●五十音《ごじゅうおん》さくいん

あいうえお あ	あ ア 13	い イ 65	う ウ 117	え エ 145	お オ 164
かきくけこ か	か カ ガが 214	き キ ギぎ 312	く ク グぐ 375	け ケ ゲげ 409	こ コ ゴご 440
さしすせそ さ	さ サ ザざ 508	し シ ジじ 551	す ス ズず 673	せ セ ゼぜ 704	そ ソ ゾぞ 743
たちつてと た	た タ ダだ [illegible]	ち チ ヂぢ [illegible]	つ ツ ヅづ [illegible]4	て テ デで 878	と ト ドど 911
なにぬねの な	な [illegible]	[illegible]	[illegible] [illegible]06	ね ネ 1010	の ノ 1021
はひふへほ は	は ハ バば パぱ 1034	ひ [illegible] ビび ピぴ 1094	ふ フ ブぶ プぷ 1136	へ ヘ べべ ぺぺ 1185	ほ ホ ボぼ ポぽ 1201
まみむめも ま	ま マ 1233	み ミ 1259	む ム 1283	め メ 1296	も モ 1310
や ゆ よ や	や ヤ 1329		ゆ ユ 1347		よ ヨ 1360
らりるれろ ら	ら ラ 1381	り リ 1389	る ル 1405	れ レ 1408	ろ ロ 1418
わ を ん わ	わ ワ 1426		を ヲ 1440		ん ン 1440

チャレンジ®

小学国語辞典

カラー版 第2版

どうぶつデザイン

監修 筑波大学名誉教授

桑原 隆

Benesse

監修――――桑原　隆
編集協力――――安部朋世・島田康行・寺井正憲・中村和弘

付録 執筆・校閲協力―島田康行
漢字校閲――――齋藤茂
校閲協力――――曽根朋之・時田裕
執筆協力――――株式会社研文社・笹平真之介・鈴木秀樹・根本陽子・南浦涼介
イラスト――――岩本孝彦
KUWAYAMA（ローググループ）
写真――――PIXTA
iStock.com／LawSquirrel・RossHelen
写真校閲――――株式会社エディット
企画進行・制作協力―株式会社ラーンズ・藤本なほ子

手話監修――――一般財団法人全日本ろうあ連盟
点字監修――――社会福祉法人日本点字図書館

本文デザイン――――荒瀬光治（あむ）・前田奈々
表紙・ケースデザイン―株式会社電通

（第三版～カラー版初版）
監修――――湊吉正
（初版・第二版）
監修――――秋山虔
（初版～カラー版初版）
編集協力――今村久二・大内敏光・大熊徹・柳富雄
執筆・校閲――青木伸生・青木松雄・秋元恵・有泉喜弘・安藤隆夫・伊井惠子・五十嵐誠・石渡政三
井東八千代・稲垣新二・井上善弘・今井惠子・今関武・浮谷司朗・内川朗子・梅崎トミ子
梅田芳樹・遠藤真司・遠藤好美・大河原晶子・大澤彰子・大森恵美子・沖本礼子・荻原千枝子
奥山恵・小幡惠・柿崎洋一・片山守道・神谷一・川村タミ・菅野由紀子・国井隆夫・國元通子
功刀道子・久保扶美子・黒川悦子・越田邦彦・小林葉子・小山恵美子・斉藤とも子・迫上真夕子
左近弌弐・佐藤宗子・品田裕子・柴田静枝・嶋英治・島村信子・菅野美樹子・添野誠・田島亮一
田中徳子・田辺純子・千葉昇・靍岡昭夫・寺井恵美子・土井成章・長島徒利・中村和弘
那須比呂子・野上純與・平岡真司・福島佐紀子・福永三作・増田好範・真瀬敦子・松原純一
宮絢子・宮田敏男・三和麻里・村上辰行・森江桂造・森田佳之・八木義弘・山内由美子
山本貴之・横須賀美也子・吉岡豊・脇智恵・渡辺カネ
イラスト――相賀久彦・石塚紀子・伊藤豊・スミタリョウコ・長谷川紀子・矢沢幸雄・横山ふさ子
渡部新平・渡辺康子

＊なお、本辞典に登場するキャラクターは実際の人物とは関係ありません。

はじめに

筑波《つくば》大学《だいがく》名誉《めいよ》教授《きょうじゅ》　桑原《くわばら》　隆《たかし》

わたしたちは、毎日《まいにち》ことばを使《つか》って生活《せいかつ》しています。動物《どうぶつ》も、声《こえ》やしぐさで仲間《なかま》に伝《つた》えたりすることはできますが、それはことばとはいえません。人間《にんげん》だけがことばによって、いろいろなことを自由《じゆう》に想像《そうぞう》したり、考《かんが》えたりすることができます。

世界中《せかいじゅう》のどこの国《くに》の人《ひと》も、それぞれことばを持《も》っています。日本《にほん》で使《つか》われていることばは、日本語《にほんご》といいますが、国語《こくご》とも呼《よ》んでいます。学校《がっこう》の教科《きょうか》の名《な》前《まえ》も国語科《こくごか》となっています。この辞典《じてん》は、国語《こくご》のことばを集《あつ》めて、あいうえお順《じゅん》に並《なら》べた国語辞典《こくごじてん》です。

新《あたら》しい学習指導要領《がくしゅうしどうようりょう》や教科書《きょうかしょ》にもとづいて、この国語辞典《こくごじてん》はつくられ、約三万五千六百《やくさんまんごせんろっぴゃく》のことばが収録《しゅうろく》されています。最近《さいきん》では、英語《えいご》などの外国語《がいこくご》がたくさん見《み》られるようになってきています。外国語《がいこくご》から日本語《にほんご》の中《なか》に入《はい》ってきたことばを外来語《がいらいご》といいます。外来語《がいらいご》は、かたかなや頭文字《かしらもじ》のアルファベットで表記《ひょうき》しています。これらの新《あたら》しい外来語《がいらいご》も増《ふ》やしました。

ことばを一《ひと》つ一《ひと》つとり上《あ》げ、そのことばの意味《いみ》や漢《かん》字《じ》、使《つか》い方《かた》をわかりやすく説明《せつめい》してあります。ことばのなりたちや、書《か》くとき・使《つか》うときの注意情報《ちゅういじょうほう》も入《い》れました。さらに、「伝統的《でんとうてき》な言語文化《げんごぶんか》」コラム、「ことばにチャレンジ！」コラム、「読書《どくしょ》のこみち」コラムなどの読《よ》み物《もの》も楽《たの》しく読《よ》むことができるように工夫《くふう》してあります。「ガッテン外国語教室《がいこくごきょうしつ》」「辞典《じてん》の外《そと》に飛《と》びだそう！ 社会《しゃかい》へのとびら」は新《あたら》しいコラムです。そのほか、カラーの写真《しゃしん》やさし絵《え》・説明図《せつめいず》なども豊富《ほうふ》にとり入《い》れ、楽《たの》しく見《み》ながら学《まな》ぶことができるようにしてあります。知《し》っていることばでも、この辞典《じてん》を開《ひら》くと新《あたら》しい発見《はっけん》がたくさんあるでしょう。

ことばを豊《ゆた》かにしていくことは、ひとりひとりの成《せい》長《ちょう》の源《みなもと》です。この国語辞典《こくごじてん》を、みなさんの机《つくえ》のすぐ手《て》が届《とど》くところに置《お》いて、いつでも手《て》にとって引《ひ》く習慣《しゅうかん》をつけるといいと思《おも》います。

国語辞典《こくごじてん》を使《つか》う前《まえ》に

いっか【一家】名詞
❶一《ひと》つの家《いえ》。例結婚《けっこん》して一家を構《かま》える。
❷家族全員《かぞくぜんいん》。例一家そろって海《うみ》に行《い》く。
❸学問《がくもん》や芸術《げいじゅつ》などで、すぐれていて独特《どくとく》だと世間《せけん》から認《みと》められている人《ひと》。
❹家族《かぞく》のような、また親分《おやぶん》と子分《こぶん》のような、結《むす》びつきの強《つよ》い人《ひと》の集《あつ》まり。
●一家《いっか》を支《ささ》える 家族《かぞく》の中心《ちゅうしん》となって働《はたら》いて、家族《かぞく》の生活《せいかつ》を守《まも》ること。
●一家《いっか》を成《な》す 学問《がくもん》や芸術《げいじゅつ》などで、独自《どくじ》の流派《りゅうは》を立《た》てること。
いっか【一過】名詞 短《みじか》い時間《じかん》にさっと通《とお》り過《す》ぎること。例台風《たいふう》一過。

そう、国語辞典《こくごじてん》を使《つか》えば……①ことばの意味《いみ》がわかる。知《し》らないことばに出《で》あったら、まず国語辞典《こくごじてん》を引《ひ》いてみよう。

ベルン
そして②ことばの使《つか》い方《かた》、書《か》き方《かた》がわかる。書《か》き方《かた》がわからない漢字《かんじ》や、あやふやな送《おく》りがなを確《たし》かめることができるんだ。

「分かる」「分る」送《おく》りがなどっちだっけ。

わかりきった【分かり切った】当然《とうぜ》めからわかっている。例分かり切ったこ質問《しつもん》するな。

わかる【分かる】動詞
❶ものごとの意味《いみ》や筋道《すじみち》などをよく飲《の》みこ
例ことばの意味《いみ》が分かる／その説明《せつめい》では分からない。

でも辞典《じてん》を引《ひ》くのって難《むずか》しそうだけど、大丈夫《だいじょうぶ》かな……。

大丈夫《だいじょうぶ》。辞典《じてん》の引《ひ》き方《かた》は、ことばの並《なら》び方《かた》のルールを覚《おぼ》えればとっても簡単《かんたん》。次《つぎ》のページから、国語辞典《こくごじてん》の仕組《しく》みについてしょうかいするよ。

この辞典《じてん》の使《つか》い方《かた》

この辞典《じてん》にのっていることば

この辞典《じてん》には、小学生《しょうがくせい》のみなさんの学習《がくしゅう》や生活《せいかつ》に役立《やくだ》つことばを、約《やく》三万《さんまん》五千《ごせん》六百《ろっぴゃく》語《ご》選《えら》んでのせています。

国語《こくご》の教科書《きょうかしょ》だけでなく、算数《さんすう》・理科《りか》・社会《しゃかい》をはじめ他教科《たきょうか》の教科書《きょうかしょ》からも大切《たいせつ》なことばを選《えら》びました。また、新聞《しんぶん》やテレビで最近《さいきん》よく見《み》かけるようになった新《あたら》しいことばものせています。

小学校《しょうがっこう》で習《なら》う漢字《かんじ》千《せん》二《に》十六字《じゅうろくじ》については、部首《ぶしゅ》や画数《かくすう》も示《しめ》しました。

見出《みだ》し語《ご》の種類《しゅるい》

この辞典《じてん》の見出《みだ》し語《ご》の種類《しゅるい》は、次《つぎ》の五種類《ごしゅるい》です。

①ふつうの見出《みだ》し語《ご》

はやおき【早起き】 名詞 動詞 朝早《あさはや》く起《お》きること。「朝起《あさお》き」ともいう。対 早寝《はやね》。

②子見出《こみだ》し

ことわざや慣用句《かんようく》は、頭《あたま》の部分《ぶぶん》のことばの見出《みだ》し語《ご》のあとに、●をつけて示《しめ》しました。

●**早起《はやお》きは三文《さんもん》の徳《とく》** ことわざ 朝早《あさはや》く起《お》きると何《なに》かとよいことがある、ということわざ。

*ただし、頭《あたま》の部分《ぶぶん》のことばが難《むずか》しいときや、言《い》い切《き》りの形《かたち》でないときは、ふつうの見出《みだ》し語《ご》として示《しめ》しました。

おしもおされもせぬ【押しも押されもせぬ】 どこへ出《で》てもはずかしくないほど、すぐれた力《ちから》を持《も》っている。

③漢字見出《かんじみだ》し

小学校《しょうがっこう》で習《なら》う千《せん》二《に》十六字《じゅうろくじ》については、大《おお》きな字《じ》で示《しめ》し、画数《かくすう》や部首《ぶしゅ》・筆順《ひつじゅん》・音読《おんよ》み・訓読《くんよ》みなどをのせました。細字《ほそじ》の読《よ》みは、常用《じょうよう》漢字表《かんじひょう》にないものです。

小学校《しょうがっこう》で習《なら》う代表的《だいひょうてき》な読《よ》みのところにのっています。

漢 **とう【東】**〔木《き》〕 8画 2年 音 トウ 訓 ひがし・あずま

一 丆 冂 冃 百 亘 車 東 東

ひがし。例 東経《とうけい》／東西《とうざい》／東方《とうほう》／東北《とうほく》／東洋《とうよう》／

④空見出《からみだ》し

引《ひ》きにくいことばや、言《い》い方《かた》がいろいろあることばについては、空見《からみ》出《だ》しを示《しめ》しました。⬇の下《した》の見出《みだ》し語《ご》に説明《せつめい》があります。

あいそう【愛想】 ⬇ 15ページ あいそ

かげき【歌劇】 ⬇ 199ページ オペラ

⑤下《した》の欄《らん》への空見出《からみだ》し

下《した》の欄《らん》にある、ことわざ・四字熟語《よじじゅくご》・故事成語《こじせいご》への空見出《からみだ》しを示《しめ》しました。

したしきなかにもれいぎあり【親しき仲にも礼儀あり】 ⬇ 207ページ ことわざ

見出《みだ》し語《ご》の並《なら》び順《じゅん》

ルール1

見出《みだ》し語《ご》はすべて、「あ・い・う・え・お……」の五十音順《ごじゅうおんじゅん》に並《なら》んでいます。

一字目《いちじめ》が同《おな》じときは二字目《にじめ》、二字目《にじめ》も同《おな》じときは三字目《さんじめ》を見《み》てください。それぞれ「あ・い・う・え・お……」の順《じゅん》に並《なら》んでいます。

＊この辞典《じてん》は、全《ぜん》ページに五十音《ごじゅうおん》を表示《ひょうじ》していますので、手《て》がかりにしてください。

あさり
いか
うさぎ

ああ
あい【愛】
あう【合う】

おおあめ【大雨】
おおい【多い】
おおう【覆う】

ルール2
清音《せいおん》（「゛」や「゜」がつかない音《おん》）→濁音《だくおん》（「゛」がつく音《おん》）→半濁音《はんだくおん》（「゜」がつく音《おん》）の順《じゅん》に並《なら》んでいます。

ひん【品】
びん【便】
ピン

ホール
ボール
ポール

ルール3
促音《そくおん》（小《ちい》さく書《か》く「っ」）・よう音《おん》（小《ちい》さく書《か》く「ゃ」「ゅ」「ょ」）は、ふつうの「つ」「や」「ゆ」「よ」のあとに並《なら》んでいます。

いつか
いっか【一家】

きよう【器用】
きょう【今日】

ルール4
長音《ちょうおん》（「ー」で表《あらわ》す、長《なが》くのばす音《おん》）は、声《こえ》に出《だ》したときの「ア・イ・ウ・エ・オ」の音《おん》に置《お》きかえた形《かたち》で並《なら》んでいます。

カーテン → カアテン
ビロード → ビロオド

ルール5
同《おな》じ音《おん》の見出《みだ》し語《ご》は、次《つぎ》のルールで並《なら》んでいます。

①ひらがな→かたかなの順番《じゅんばん》。

たい
タイ

くらす【暮らす】
クラス

②漢字《かんじ》の書《か》き表《あらわ》し方《かた》がのっていないことば→漢字《かんじ》の書《か》き表《あらわ》し方《かた》がのっていることばの順番《じゅんばん》。

する
する【刷る】

かっこう
かっこう【格好】

③ふつうの見出《みだ》し語《ご》→漢字見出《かんじみだ》しの順番《じゅんばん》。

あい【愛】 名詞
漢 **あい**【愛】〔心《こころ》〕 13画 4年 音 訓 アイ

④漢字《かんじ》の書《か》き表《あらわ》し方《かた》がのっていることばは、【 】の中《なか》の字数《じすう》の少《すく》ないほうから順《じゅん》に並《なら》んでいます。

かえる【帰る】……【 】内《ない》が二字《にじ》
かえる【変える】…【 】内《ない》が三字《さんじ》

⑤【 】の中《なか》の字数《じすう》が同《おな》じときは、漢字《かんじ》の画数《かくすう》が少《すく》ないほうから順《じゅん》に並《なら》んでいます。

かいだん【会談】 会……六画《ろくかく》
かいだん【階段】 階……十二画《じゅうにかく》

★子見出《こみだ》しについて
頭《あたま》の部分《ぶぶん》のことばの見出《みだ》し語《ご》のあとに、●をつけて示《しめ》し、たくさんあるときは、五十音順《ごじゅうおんじゅん》に並《なら》べました。

ひとめ【人目】 名詞 世間《せけん》の人《ひと》が見《み》ること。人々《ひとびと》の目《め》。例 人目《ひとめ》が多《おお》い場所《ばしょ》。
●**人目《ひとめ》に余《あま》る** ようすや行《おこな》いが目立《めだ》ちすぎて、人《ひと》にいやな思《おも》いをさせる。
●**人目《ひとめ》に付《つ》く** 目立《めだ》つ。よく目《め》につく。

★漢字見出《かんじみだ》しについて
小学校《しょうがっこう》で習《なら》う代表的《だいひょうてき》な読《よ》みのところにのせました。

見出《みだ》し語《ご》の組《く》み立《た》て

ふつうの見出《みだ》し語《ご》と子見出《こみだ》し

1. 見出《みだ》し語《ご》

見出《みだ》し語《ご》とは、この辞典《じてん》に意味《いみ》がのっていることばのことです。「走《はし》らない」「走《はし》った」などといろいろな形《かたち》に変化《へんか》することばは、「走《はし》る」のような言《い》い切《き》りの形《かたち》で出《で》ています。

見出《みだ》し語《ご》の示《しめ》し方《かた》には、次《つぎ》のルールがあります。

ルール1

外来語《がいらいご》や外国《がいこく》の地名《ちめい》・人名《じんめい》などは、かたかなで示《しめ》し、それ以外《いがい》はひらがなで示《しめ》しています。

アーモンド (almond)
アール (フランス語)
あおい

*外来語《がいらいご》については、もとになった外国語名《がいこくごめい》を示《しめ》しました。もとになった外国語《がいこくご》が英語《えいご》の場合《ばあい》は、そのつづりを示《しめ》しました。なお、もとになったことばを正《ただ》しく発音《はつおん》したものと見出《みだ》し語《ご》は、完全《かんぜん》に同《おな》じではありませんので注意《ちゅうい》してください。

ルール2

【 】で囲《かこ》まれた字《じ》がある見出《みだ》し語《ご》は、【 】の中《なか》の字《じ》がつくときとつかないときがあることばです。

あっさり【と】
じき【に】

ルール3

ほかのことばにつき、合《あ》わせて一語《いちご》になることば（接頭語《せっとうご》・接尾語《せつびご》）は、ほかのことばに当《あ》たる部分《ぶぶん》に **-**（ハイフン）を示《しめ》しました。

こ-【小】 接頭語
-どおり【通り】 接尾語

★子見出《こみだ》しについて

見出《みだ》し語《ご》の漢字《かんじ》での書《か》き表《あらわ》し方《かた》にふりがなをつける形《かたち》で示《しめ》しました。

●**息《いき》が合《あ》う**

2. 見出《みだ》し語《ご》の書《か》き表《あらわ》し方《かた》

①常用漢字《じょうようかんじ》を使《つか》った書《か》き表《あらわ》し方《かた》を【 】の中《なか》に入《い》れて示《しめ》しました。人名《じんめい》や地名《ちめい》などの特別《とくべつ》なことばについては、常用漢字《じょうようかんじ》でない漢字《かんじ》を使《つか》って表《あらわ》していることもあります。

②二《ふた》つ以上《いじょう》の書《か》き表《あらわ》し方《かた》がある場合《ばあい》は、【 】の中《なか》に並《なら》べて示《しめ》しました。

かわ【川・河】

3. 品詞《ひんし》

①見出《みだ》し語《ご》や書《か》き表《あらわ》し方《かた》の下《した》に、品詞《ひんし》を示《しめ》しました。

名詞　代名詞　動詞　形容詞　形容動詞　副詞
連体詞　接続詞　感動詞　助詞　助動詞　接頭語　接尾語

②名詞《めいし》や副詞《ふくし》の見出《みだ》し語《ご》に「する」をつけると動詞《どうし》になるものについては、名詞 動詞、副詞 動詞 として示《しめ》しています。

せいかつ【生活】 名詞 動詞
生活《せいかつ》…名詞　生活《せいかつ》する…動詞

③品詞《ひんし》が形容動詞《けいようどうし》の見出《みだ》し語《ご》は、「だ」「な」などをつけて使《つか》います。

あざやか【鮮やか】 形容動詞
鮮《あざ》やかだ・鮮《あざ》やかな・鮮《あざ》やかに　などの形《かたち》で使《つか》う。

④ことわざや慣用句《かんようく》などは、品詞《ひんし》を示《しめ》していないことがあります。

4．意味《いみ》の説明《せつめい》と用例《ようれい》

①意味《いみ》がいくつもあるときは❶❷❸……と分《わ》けて示《しめ》しました。基本的《きほんてき》な意味《いみ》やよく使《つか》われる意味《いみ》を先《さき》にのせています。意味《いみ》によって品詞《ひんし》がちがうときは、❶❷❸……の番号《ばんごう》の下《した》に品詞《ひんし》をのせています。

ぎりぎり
❶［名詞］**これ以上《いじょう》はないというものごとの限度《げんど》。**
［例］上演開始《じょうえんかいし》にぎりぎりで間《ま》に合《あ》った。
❷［副詞］**強《つよ》く巻《ま》きつけるようす。**［例］ひもでぎりぎりしばる。

②ほかのことばと決《き》まったつながり方《かた》をするものや、決《き》まった形《かたち》で使《つか》われるものについては（　）の中《なか》に示《しめ》しています。

③［例］のあとに、そのことばを使《つか》った用例《ようれい》をのせています。ここを読《よ》むと、ことばの意味《いみ》や使《つか》い方《かた》がよりよくわかります。

④用例《ようれい》の中《なか》で、見出《みだ》し語《ご》に当《あ》たる部分《ぶぶん》には、横《よこ》に赤線《あかせん》を引《ひ》いています。動詞《どうし》や形容詞《けいようし》のように、形《かたち》が変《か》わることばは、用例《ようれい》の中《なか》では見出《みだ》し語《ご》とちがう形《かたち》をしていることもあります。

あおむく【あお向く】［動詞］**上《うえ》を向《む》く。**［対］うつむく。［例］あお向いて、夜空《よぞら》の星《ほし》をながめる。

⑤ことばの使《つか》い方《かた》や意味《いみ》がよりくわしくわかる情報《じょうほう》を、次《つぎ》の記号《きごう》のあとに示《しめ》しました。

［季語］［春］季語《きご》として使《つか》われるおもな語《ご》に示《しめ》しました。季語《きご》は、昔《むかし》のこよみにもとづいているため、今《いま》の季節《きせつ》とはずれているものもあります。❷よりあとの意味《いみ》が季語《きご》として使《つか》われる場合《ばあい》には、［ことば］で説明《せつめい》をしました。
＊見出《みだ》し語《ご》の【】の中《なか》は常用漢字《じょうようかんじ》にもとづいて書《か》き表《あらわ》しているため、よく使《つか》われる季語《きご》の書《か》き表《あらわ》し方《かた》とは漢字表記《かんじひょうき》や送《おく》りがななどが異《こと》なる場合《ばあい》があります。

［ことわざ］［故事成語］ことわざ・故事成語《こじせいご》であることを示《しめ》します。

［類］意味《いみ》のよく似《に》たことばを示《しめ》しました。

［対］反対《はんたい》の意味《いみ》のことばや対《つい》になることばを示《しめ》しました。

［関連］関係《かんけい》の深《ふか》いことばを示《しめ》しました。

［教科］［算］算数《さんすう》（算）・理科《りか》（理）・社会《しゃかい》（社）の各教科《かくきょうか》で、特別《とくべつ》に使《つか》われることばの説明《せつめい》などを示《しめ》しました。

［使い方］書《か》くときや使《つか》うときの注意《ちゅうい》を示《しめ》しました。

［ことば］なりたちなど、ことばにまつわる情報《じょうほう》を示《しめ》しました。

［参考］参考《さんこう》になる情報《じょうほう》を示《しめ》しました。

［図］⇩の下《した》のページに図《ず》があります。

［漢］⇩の下《した》のページに漢字見出《かんじみだ》しがあります。

漢字見出《かんじみだ》し（［漢］で始《はじ》まる見出《みだ》し）

①漢字見出《かんじみだ》しには、次《つぎ》のようなことがらがのっています。
見出《みだ》し語《ご》　漢字《かんじ》　部首《ぶしゅ》　総画数《そうかくすう》　初《はじ》めて習《なら》う学年《がくねん》
音読《おんよ》みと訓読《くんよ》み　筆順《ひつじゅん》　整《ととの》った字《じ》を書《か》くためのポイントや注意《ちゅうい》　その漢字《かんじ》のおもな意味《いみ》　その漢字《かんじ》を使《つか》った例《れい》

②読《よ》み方《かた》がわからない漢字《かんじ》を調《しら》べるときは、画数《かくすう》を数《かぞ》えて1471ページの総《そう》画《かく》さくいんを使《つか》い、漢字見出《かんじみだ》しがのっているページを探《さが》しましょう。
＊見出《みだ》し語《ご》の－（ハイフン）よりあとは、送《おく》りがなを示《しめ》します。

イラスト・写真《しゃしん》

意味《いみ》の説明《せつめい》と合《あ》わせて見《み》ることで理解《りかい》が深《ふか》まるよう、イラストや写真《しゃしん》を掲載《けいさい》しました。
＊国名《こくめい》の見出《みだ》し語《ご》に掲載《けいさい》した国旗《こっき》は、原則《げんそく》として国連基準《こくれんきじゅん》サイズを採用《さいよう》しましたが、国《くに》により縦《たて》・横《よこ》の比率《ひりつ》などが異《こと》なる場合《ばあい》があります。

この辞典《じてん》のつくり

●子見出《こみだ》し

●空見出《からみだ》し
矢印《やじるし》の下《した》の見出《みだ》し語《ご》を見《み》よう

●漢字見出《かんじみだ》し
・部首《ぶしゅ》
・総画数《そうかくすう》
・初《はじ》めて習《なら》う学年《がくねん》
・音読《おんよ》みと訓読《くんよ》み ア
太字《ふとじ》のあとの細字部分《ほそじぶぶん》は送《おく》りがな
横《よこ》に赤線《あかせん》があるのは特別《とくべつ》な読《よ》み方《かた》
細字《ほそじ》の読《よ》みは常用漢字表《じょうようかんじひょう》にないもの
・筆順《ひつじゅん》と、整《ととの》った字《じ》を書《か》くためのポイントや注意《ちゅうい》

る知識《ちしき》 参考=参考《さんこう》になる情報《じょうほう》 漢=漢字《かんじ》としての意味《いみ》や部首《ぶしゅ》など

い ⇒いんよう

い

あいうえお かきくけこ さしすせそ たちつてと なにぬねの はひふへほ まみむめも やゆよ らりるれろ わをん

漢 い【以】〔人《ひと》〕5画 4年 音 イ 訓 もっ-て ア
丶 レ レ' 以 以（レとしない）
❶（ほかのことばの前《まえ》につけて）「それから」「それより」の意味《いみ》を表《あらわ》す。❷…によって。…を使《つか》って。例 以外《いがい》／以上《いじょう》／以来《いらい》。例 以心伝心《いしんでんしん》。

漢 い【囲】〔口《くにがまえ》〕7画 5年 音 イ 訓 かこむ・かこう ア
丨 冂 冂 冃 用 囲 囲（口につかないように）
❶とりかこむ。かこう。例 囲碁《いご》／囲み記事《かこみきじ》／包囲《ほうい》。❷まわり。例 胸囲《きょうい》／周囲《しゅうい》。

キ ク

漢 い【遺】〔辶《しんにょう》〕15画 6年 音 イ・ユイ ア
口 中 虫（ながく） 青 青 貴（とめる） 潰 遺
❶あとにのこす。例 遺産《いさん》／遺書《いしょ》／遺族《いぞく》／遺伝《いでん》／遺品《いひん》／遺言《ゆいごん》。❷わすれる。例 遺失物《いしつぶつ》。

いい ⇒1361ページ よい〔良い・善い〕

イエス（yes） ウ
❶感動詞 はい。そうです。対 ノー。エ
❷名詞 賛成《さんせい》すること。対 ノー。

イオン（ドイツ語）名詞 電気《でんき》を帯《お》びた原子《げんし》、または原子《げんし》の集《あつ》まり。プラスの電気《でんき》を帯《お》びた陽《よう》イオンと、マイナスの電気《でんき》を帯《お》びた陰《いん》イオンがある。

いがい【意外】形容動詞 自分《じぶん》の予想《よそう》とちがっているようす。思《おも》いがけないようす。例 この問題集《もんだいしゅう》は意外《いがい》に易《やさ》しかった。類 案外《あんがい》。イ

いきうまのめをぬく【生き馬の目を抜く】ことわざ すばしこく利益《りえき》を得《え》るようすのたとえ。油断《ゆだん》もすきもないことのたとえ。例 都会《とかい》は生き馬の目を抜くようなところだといわれる。ことば 生《い》きている馬《うま》の目《め》をすばやくぬきとる、ということからきたことば。

いち【一】名詞
❶数《かず》の名《な》。ひとつ。例 一足《た》す一。
❷はじめ。ものの始《はじ》まり。例 一からやり直《なお》す。
❸もっともすぐれていること。例 世界《せかい》一になる。
漢 ⇒87ページ いち〔一〕

一《いち》か八《ばち》か 運《うん》を天《てん》に任《まか》せて、やってみること。例 一か八かの勝負《しょうぶ》をしかける。ケ

一《いち》を聞《き》いて十《じゅう》を知《し》る 故事成語 一部分《いちぶぶん》を聞《き》いただけで全体《ぜんたい》がわかるほど頭《あたま》がよいことのたとえ。

いちにんしょう【一人称】名詞 話《はな》し手《て》が自分《じぶん》のことを指《さ》していうことば。「わたし」「ぼく」「おれ」など。関連 二人称《ににんしょう》。三人称《さんにんしょう》。オ

いっしをむくいる【一矢を報いる】しかえしする。不利《ふり》な状況《じょうきょう》の中《なか》で、効果的《こうかてき》な反撃《はんげき》をする。使い方 「一矢」を「いちや」と読《よ》まないよう注意《ちゅうい》。

いっとうせい【一等星】名詞 恒星《こうせい》のうちで、もっとも明《あか》るい星《ほし》。シリウス・スピカなど。教科 理 目《め》で見《み》えるもっとも暗《くら》い星《ほし》を六等星《ろくとうせい》としている。

いとこ 名詞 父母《ふぼ》のきょうだいの子供《こども》。おじやおばの子供《こども》。図 ⇒667ページ しんぞく

いもり 名詞 季語 夏 池《いけ》や川《かわ》、井戸《いど》などにすむ、とかげに似《に》た形《かたち》の動物《どうぶつ》。背中《せなか》は黒《くろ》っぽい茶色《ちゃいろ》で、腹《はら》は赤《あか》みがかっている。参考「やもり」とまちがえやすいが、やもりは虫類《ちゅうるい》で、いもりは両生類《りょうせいるい》。カ

インターネット（Internet）名詞 世界《せかい》じゅうに広《ひろ》がっているコンピューターのネットワーク。⇒115ページ 社会へのとびら

いんよう【飲用】名詞 飲《の》むために使《つか》うこと。例 飲用水《いんようすい》。

●柱《はしら》
そのページの最初《さいしょ》の見出《みだ》し語《ご》の頭《あたま》四文字《よんもじ》と最後《さいご》の見出《みだ》し語《ご》の頭《あたま》四文字《よんもじ》

●ツメ
見出《みだ》し語《ご》の一字目《いちじめ》の文字《もじ》

●五十音《ごじゅうおん》

●ふつうの見出《みだ》し語《ご》
・見出《みだ》し語《ご》
・見出《みだ》し語《ご》の書《か》き表《あらわ》し方《かた》
・品詞《ひんし》
・用例《ようれい》 イ
・外来語《がいらいご》のもとになった外国語名《がいこくごめい》。英語《えいご》の場合《ばあい》は、そのつづり ウ
・反対《はんたい》の意味《いみ》のことばや対《つい》になることば エ
・意味《いみ》のよく似《に》たことば
・関係《かんけい》の深《ふか》いことば オ
・矢印《やじるし》の下《した》のページに参照《さんしょう》してほしい図《ず》やコラム、ふろくがある
・季語《きご》としての季節《きせつ》 カ
・教科《きょうか》で特別《とくべつ》に使《つか》われることばの説明《せつめい》や、おさえたいポイント
・書《か》くときや使《つか》うときの注意《ちゅうい》
・ことばにまつわる知識《ちしき》 キ
・参考《さんこう》になる情報《じょうほう》
・ことわざ ク
・故事成語《こじせいご》 ケ

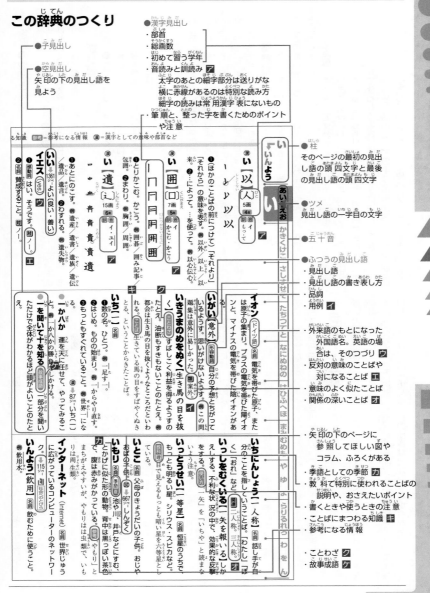

この辞典《じてん》のコラムの特長《とくちょう》

ことばにチャレンジ！

気持《きも》ちを表《あらわ》すことばをもとに、表現《ひょうげん》を広《ひろ》げるためのヒントがつまったコラムです。作文《さくぶん》のときにいつも同《おな》じことばを使《つか》うのではなく、「修行編《しゅぎょうへん》」「達人編《たつじんへん》」など、レベルアップした表現《ひょうげん》にもトライしてみましょう！

ことばにチャレンジ！

おもしろい

いろんなことばでいろんな「おもしろい」を表《あらわ》してみよう！

入門編《にゅうもんへん》

●まずは、よく使《つか》う別《べつ》のことばで

おかしい　おかしい顔《かお》をして人《ひと》を笑《わら》わせる。……p.177

楽《たの》しい　家族《かぞく》でゲームをして遊《あそ》んで、とても**楽《たの》しかっ**た。……p.807

愉快《ゆかい》　ゆうべ見《み》た映画《えいが》はなかなか**愉快《ゆかい》だっ**たよ。……p.1353

修行編《しゅぎょうへん》

●次《つぎ》に、少《すこ》しむずかしいことばで

おどける　弟《おとうと》の**おどけ**たしぐさに大笑《おおわら》いした。……p.192

ひょうきん　**ひょうきんな**兄《あに》はクラスの人気者《にんきもの》だ。……p.1127

達人編《たつじんへん》

●背《せ》のびして、もっとむずかしいことばで

こっけい　**こっけいな**お面《めん》をつけておどる。……p.485

珍妙《ちんみょう》　部屋《へや》に入《はい》ると、妹《いもうと》が**珍妙《ちんみょう》な**格好《かっこう》をしていたので、思《おも》わず笑《わら》ってしまった。……p.853

ユーモラス
主人公《しゅじんこう》の学校生活《がっこうせいかつ》を**ユーモラスに**えがいた小説《しょうせつ》。……p.1352

□の皮《かわ》がよじれる
父《ちち》の冗談《じょうだん》に、みんな**□の皮《かわ》がよじれる**ほど笑《わら》った。

□に当《あ》てはまることばは何《なに》？　p.1078にのっている見出《みだ》し語《ご》だよ！

もっ

●心《こころ》を引《ひ》かれるおもしろさを表《あらわ》して

味《あじ》わい　有名《ゆうめい》な作家《さっか》の**味《あじ》わい**深《ぶか》い文章《ぶんしょう》を読《よ》む。……p.34

ガッテン日本語《にほんご》教室《きょうしつ》

日本語《にほんご》にまつわるさまざまなおもしろい知識《ちしき》や、ことばの使《つか》い方《かた》についてのくわしい解説《かいせつ》をまとめた読《よ》み物《もの》コラム。「カステラ」はなぜ「カステラ」というのか、「かたつむり」は地方《ちほう》によってどう呼《よ》び方《かた》が変《か》わるのか、などのおもしろい情報《じょうほう》がいっぱいです。

ガッテン日本語教室

カステラ

カステラは、十分《じゅうぶん》にあわ立《だ》てた卵《たまご》に、砂糖《さとう》や小麦粉《こむぎこ》などを混《ま》ぜて蒸《む》し焼《や》きにしたお菓子《かし》。室町《むろまち》時代《じだい》の終《お》わりごろ、ポルトガル人《じん》によって日本《にほん》に伝《つた》えられたといわれている。

なぜ、「カステラ」と呼《よ》ばれるようになったかについてはいろいろな説《せつ》があるが、もともとスペインの「カスティリャ」地方《ちほう》で作《つく》られていたことからきた名《な》まえらしい。今《いま》はかたかなで書《か》くのがふつうだけれど、昔《むかし》は「加須底羅」「家主貞良」などと、漢字《かんじ》で書《か》かれていたんだって。

* 「読書《どくしょ》のこみち」のさくいんは1467ページに、そのほかのコラムのさくいんは、後《うし》ろの表紙《ひょうし》の裏《うら》にあります。（ページ下《した》の「ことわざ」「四字熟語《よじじゅくご》」「故事成語《こじせいご》」コラムは除《のぞ》く）

ガッテン外国語《がいこくご》教室《きょうしつ》

英語《えいご》・中国語《ちゅうごくご》・ポルトガル語《ご》など、さまざまな外国語《がいこくご》についての読《よ》み物《もの》コラム。料理《りょうり》に使《つか》う「焼《や》く」「煮《に》る」などのことばを英語《えいご》ではどう使《つか》い分《わ》けるのか、「茶《ちゃ》」を表《あらわ》すことばは国《くに》によってどのように発音《はつおん》されるのか、など外国語《がいこくご》への興味《きょうみ》が広《ひろ》がるテーマをとり上《あ》げました。

ガッテン外国語教室

「茶」の読《よ》み方《かた》は？

日本語《にほんご》の「茶《ちゃ》」は、英語《えいご》では「tea（ティー）」という。トルコ語《ご》では「çay（チャイ）」、タイ語《ご》では「ชา（チャー）」、フランス語《ご》では「thé（テ）」、イタリア語《ご》では「tè（テ）」という。このように世界《せかい》の「茶《ちゃ》」を表《あらわ》すことばは「チャ」系《けい》の発音《はつおん》と「テ」系《けい》の発音《はつおん》に大《おお》きく分《わ》かれている。

実《じつ》は、お茶《ちゃ》を飲《の》む習慣《しゅうかん》がある中国《ちゅうごく》では、「茶」の発音《はつおん》が地方《ちほう》によって「チャ」や「テ」に分《わ》かれており、それが世界《せかい》じゅうに広《ひろ》まったんだよ。

伝統的《でんとうてき》な言語文化《げんごぶんか》

伝統的《でんとうてき》な言語文化《げんごぶんか》に親《した》しむコラムです。慣用句《かんようく》・故事成語《こじせいご》・ことわざ、昔話《むかしばなし》・古典《こてん》の物語《ものがたり》・百人一首《ひゃくにんいっしゅ》、歌舞伎《かぶき》・落語《らくご》…。日本語《にほんご》と日本文化《にほんぶんか》がよくわかるテーマをはば広《ひろ》くとり上《あ》げました。参考図書《さんこうとしょ》もたくさんしょうかいしています。

伝統的《でんとうてき》な言語文化《げんごぶんか》

二十四節気《にじゅうしせっき》

24の季節《きせつ》

天気予報《てんきよほう》で「寒《かん》の入《い》り」などということばを聞《き》いたことがないかな？「立春《りっしゅん》」や「冬至《とうじ》」なら聞《き》いたことがあるよね。

「立春《りっしゅん》」や「冬至《とうじ》」は「二十四節気《にじゅうしせっき》」といって、一年《いちねん》を24の季節《きせつ》に分《わ》けて名《な》まえをつけたものなんだよ。季節《きせつ》が24！ そんなにたくさんの季節《きせつ》を感《かん》じとった昔《むかし》の人《ひと》の季節感《きせつかん》、すごいと思《おも》わない？

一年《いちねん》でもっとも寒《さむ》い時期《じき》は、「小寒《しょうかん》」から「立春《りっしゅん》」までの約《やく》30日間《にちかん》とされている。「寒《かん》の入《い》り」は、この期間《きかん》が始《はじ》まる日《ひ》のことなんだ。

一方《いっぽう》、暑《あつ》い季節《きせつ》は「小暑《しょうしょ》」から「立秋《りっしゅう》」までの期間《きかん》。「暑中見舞《しょちゅうみま》い」はその「小暑《しょうしょ》」から「立秋《りっしゅう》」までの間《あいだ》に出《だ》すんだよ。そして「立秋《りっしゅう》」を過《す》ぎたら「残暑見舞《ざんしょみま》い」だ。

こんなふうに、「二十四節気《にじゅうしせっき》」

辞典《じてん》の外《そと》に飛《と》びだそう！ 社会《しゃかい》へのとびら

辞典《じてん》の外《そと》にある、実際《じっさい》の社会《しゃかい》への興味《きょうみ》が広《ひろ》がるコラムです。国際理解《こくさいりかい》・情報《じょうほう》・環境《かんきょう》などに関《かん》したおもしろい読《よ》み物《もの》をたくさんのせました。もっと調《しら》べたいときの手《て》がかりになる情報《じょうほう》（参考図書《さんこうとしょ》・ホームページアドレスなど）ものっています。

辞典《じてん》の外《そと》に飛《と》びだそう！

社会《しゃかい》へのとびら

プログラミング

コンピューターに命令《めいれい》!?

コンピューターは基本的《きほんてき》には命令《めいれい》されて動《うご》く。コンピューターへの「これをしなさい」という命令《めいれい》（＝プログラム）をつくることをプログラミングというよ。

コンピューターのことば

コンピューターは人間《にんげん》のことばでは動《うご》けない。だから、コンピューターがわかることばに直《なお》して命令《めいれい》する必要《ひつよう》がある。コンピューターが理解《りかい》できて人間《にんげん》も書《か》きやすいプログラミング言語《げんご》として、JavaScript《ジャバスクリプト》、Python《パイソン》、ＰＨＰ《ピーエッチピー》などが使《つか》われるよ。

簡単《かんたん》にできるように

子供《こども》でも簡単《かんたん》にプログラミングできるように「スクラッチ」「ビスケット」などさまざまなプログラミング言語《げんご》が

使《つか》い分《わ》け

意味《いみ》によって漢字《かんじ》を書《か》き分《わ》けるのが難《むずか》しいことばをとり上《あ》げました。用例《ようれい》とイラストで、書《か》き分《わ》けがよく理解《りかい》できます。

使い分け

しめる

閉める・締める

閉める 開《ひら》いていたものをとじる。「窓《まど》を閉《し》める／ふたを閉《し》める／店《みせ》を閉《し》める」

締める ゆるみやたるみをなくし、きつくする。「帯《おび》をぎゅっと締《し》める／ねじを締《し》める」

ギュッ

ページ下《した》のコラム

「ことわざ」「四字熟語《よじじゅくご》」「故事成語《こじせいご》」をページ下《した》にのせました。「読書《どくしょ》のこみち」では、楽《たの》しい本《ほん》をたくさんしょうかいしました。高・中・低のマークで対象学年《たいしょうがくねん》も示《しめ》しています。読《よ》みたい本《ほん》をぜひ探《さが》してみてください。「あ」「い」などの音《おん》の変《か》わり目《め》では「手話《しゅわ》にチャレンジ」で簡単《かんたん》な手話《しゅわ》をしょうかいしています。

ことわざ　**枯《か》れ木《き》も山《やま》のにぎわい**　たとえかれた木《き》でも、山全体《やまぜんたい》で見《み》れば味《あじ》わいを増《ま》してくれるという意《い》…

四字熟語　**暗中模索《あんちゅうもさく》**　くらやみの中《なか》（暗中《あんちゅう》）で、手《て》さぐりでさがし求《もと》める（模索《もさく》）こと。手《て》がかりがな…

故事成語　**歳月人《さいげつひと》を待《ま》たず**　年月《ねんげつ》というものは人《ひと》の都合《つごう》に関係《かんけい》なく、どんどん過《す》ぎ去《さ》っていってしまうも…

読書のこみち　高 中 低　**『島《しま》ひきおに』山下明生《やましたはるお》文《ぶん》　梶山俊夫《かじやまとしお》絵《え》**　海《うみ》の真《ま》ん中《なか》の小《ちい》さな島《しま》にひとりで住《す》むおには、いっしょに遊《あそ》ぶ友《とも》だちがほしいだけ。けれども人間《にんげん》たちはこわがって近《ちか》づきません。…

手話にチャレンジ　**遊《あそ》ぶ**　人《ひと》さし指《ゆび》を立《た》てた両手《りょうて》を顔《かお》の両側《りょうがわ》に置《お》いて交互《こうご》に、前後《ぜんご》に2～3回動《かいうご》かす。

あ

ア

下《した》の 手話にチャレンジ を見《み》よう。

あ 感動詞 おどろいたり、ふと気《き》づいたりしたときに、思《おも》わず出《で》ることば。例 あ、飛行機《ひこうき》だ／あ、本《ほん》を忘《わす》れた。

ああ 副詞 あのように。例 ああいうふうに絵《え》がかけたらなあ。

●**ああ言《い》えばこう言《い》う** 相手《あいて》の言《い》うことに対《たい》して、いちいち逆《さか》らったり、言《い》いのがれようとしたりする。例 弟《おとうと》のああ言えばこう言う態度《たいど》に腹《はら》が立《た》つ。

ああ 感動詞 ❶ものごとに強《つよ》く感《かん》じたときに出《だ》すことば。例 ああ困《こま》った／ああうれしい。❷「そのとおりだ」「承知《しょうち》した」という意味《いみ》の、返事《へんじ》のことば。例「この本貸《ほんか》して。」「ああ、いいよ。」

アーケード (arcade) 名詞 商店街《しょうてんがい》などの、ひと続《つづ》きの屋根《やね》がついた通路《つうろ》。

アース (earth) 名詞 電気器具《でんききぐ》と地面《じめん》とをつないで、余分《よぶん》な電気《でんき》を地《ち》中《ちゅう》ににがすしかけ。感《かん》電《でん》を防《ふせ》ぐ。

アーチ (arch) 名詞 ❶屋根《やね》・橋《はし》・入《い》り口《ぐち》の上《うえ》の部分《ぶぶん》などで、石《いし》やれんがを弓形《ゆみがた》に組《く》んだもの。❷青葉《あおば》でかざった門《もん》。お祝《いわ》いのときなどにつくる。❸「ホームラン」のこと。

アーチ❶

アーチェリー (archery) 名詞 西洋式《せいようしき》の弓矢《ゆみや》を射《い》て点数《てんすう》を争《あらそ》う競技《きょうぎ》。「洋弓《ようきゅう》」ともいう。

アーティスティックスイミング (artistic swimming) 名詞 音楽《おんがく》に合《あ》わせて、水中《すいちゅう》での演《えん》技《ぎ》の美《うつく》しさと正確《せいかく》さをきそう競《きょう》技《ぎ》。

アート (art) 名詞 芸術《げいじゅつ》。とくに、美術《びじゅつ》。

アーム (arm) 名詞 ❶「うで」のこと。❷本体《ほんたい》から、うでのように出《で》ている部分《ぶぶん》。

アーメン (ヘブライ語) 感動詞 キリスト教《きょう》で、いのりの最後《さいご》に唱《とな》えることば。ことば「確《たし》かに」「そうでありますように」という意味《いみ》。

アーモンド (almond) 名詞 ばらのなかまの木《き》。種《たね》は洋菓子《ようがし》などに使《つか》われる。

アーモンド

アール (フランス語) 名詞 メートル法《ほう》の広《ひろ》さの基本《きほん》の単位《たんい》。一《いち》アールは百平方《ひゃくへいほう》メートル。記《き》号《ごう》は「a」。教科 算 一《いち》アール（＝百平方《ひゃくへいほう》メートル）は、一辺《いっぺん》十《じゅう》メートルの正方形《せいほうけい》の面積《めんせき》に当《あ》たる。

あい‐【相】 接頭語 （ほかのことばの前《まえ》につけて）❶いっしょに。おたがいに。例 相乗《の》り／相打《う》ち。❷ことばの調《ちょう》子《し》を整《とと》えたり強《つよ》めたりすることば。例 相すみません。漢 ⇩744ジペーそう〔相〕

あい【愛】 名詞 ❶かわいがったり、大事《だいじ》にしたいと思《おも》ったりする気持《きも》ち。例 親《おや》の愛／祖国《そこく》への愛。❷相手《あいて》を好《す》きだと思《おも》う気持《きも》ち。例 愛をちかう。

漢 **あい** 【愛】〔心《こころ》〕13画 4年 音 アイ 訓 —

とめない

❶いつくしむ。かわいがる。だいじにする。例 愛犬《あいけん》／愛児《あいじ》。❷こいしくおもう。例 恋愛《れんあい》。❸このむ。めでる。例 愛好《あいこう》／愛唱《あいしょう》歌《か》／愛読《あいどく》／愛用《あいよう》。❹したしむ。例 親愛《しんあい》。❺おしむ。例 割《かつ》愛《あい》。ことば「愛媛《えひめ》」は特別《とくべつ》な読《よ》み方《かた》。

あい【藍】 名詞 ❶たでのなかまの草《くさ》。葉《は》やくきから濃《こ》い青色《あおいろ》の染料《せんりょう》をとる。❷あい（＝❶）からとった染《せん》料《りょう》。例 藍染《ぞ》め。❸「あい色《いろ》」のこと。濃《こ》い青色《あおいろ》。

アイアール【IR】 ⇩642ジペーじょうほうけんさく

あいいく【愛育】 名詞 動詞 かわいがって育《そだ》てること。例 子供《こども》を愛育する。

あいいろ【藍色】 名詞 濃《こ》い青色《あおいろ》。ことば 昔《むかし》は、

あいうえお
かきくけこ
さしすせそ
たちつてと
なにぬねの
はひふへほ
まみむめも
やゆよ
らりるれろ
わをん

手話にチャレンジ　**遊《あそ》ぶ**　人《ひと》さし指《ゆび》を立《た》てた両手《りょうて》を顔《かお》の両側《りょうがわ》に置《お》いて交互《こうご》に、前後《ぜんご》に2～3回《かいうご》動かす。

「あい」という植物《しょくぶつ》からこの色《いろ》をつくった。

あいうえおじゅん【あいうえお順】名詞「五《ご》十音順《じゅうおんじゅん》」のこと。

あいいろ

あいうち【相打ち】名詞 ❶相手《あいて》が打《う》つのと同時《どうじ》にこちらも打《う》つこと。❷勝《か》ち負《ま》けがないこと。例 相打ちに終《お》わる。

アイエーイーエー【ＩＡＥＡ】名詞「国際《こくさい》原子力機関《げんしりょくきかん》」のこと。国際連合《こくさいれんごう》の機関《きかん》の一《ひと》つ。原子力《げんしりょく》の軍事使用《ぐんじしよう》を防《ふせ》ぎ、平和利用《へいわりよう》を進《すす》めるために活動《かつどう》している。一九五七年《ねん》につくられた。

アイエスオー【ＩＳＯ】⇩470ページ こくさいひょうじゅんかきこう

アイエムエフ【ＩＭＦ】⇩470ページ こくさいつうかききん

アイオーシー【ＩＯＣ】名詞「国際《こくさい》オリンピック委員会《いいんかい》」のこと。オリンピックを開《ひら》いたり、オリンピック精神《せいしん》を広《ひろ》めたりする団体《だんたい》。一八九四年《ねん》に、クーベルタンの呼《よ》びかけでつくられた。

アイオーティー【ＩｏＴ】名詞 パソコンやスマートフォンなどだけでなく、自動車《じどうしゃ》や電化《でんか》製品《せいひん》など、さまざまなものがインターネットにつながるしくみ。ことば「モノのインターネット」という意味《いみ》の英語《えいご》の頭文字《かしらもじ》からできたことば。⇩115ページ 社会へのとびら インターネット

あいかぎ【合い鍵】名詞 一《ひと》つのじょうに合《あ》うように作《つく》った別《べつ》のかぎ。

あいがも【合がも】名詞 まがもとあひるの雑《ざっ》種《しゅ》。食用《しょくよう》にする。また、「合《あい》がも農法《のうほう》」に用《もち》いられる。

あいがものうほう【合がも農法】名詞 あいがもの習性《しゅうせい》を利用《りよう》した農業《のうぎょう》のやり方《かた》。水《すい》田《でん》にあいがもを放《はな》し、雑草《ざっそう》や害虫《がいちゅう》を食《た》べさせることで、農薬《のうやく》を使《つか》わずに米《こめ》を育《そだ》てる。

あいがも

あいかわらず【相変わらず】副詞 今《いま》までと変《か》わりなく。いつものとおり。例 相変わらず元気《げんき》でがんばっています。

あいがん【哀願】名詞 動詞 相手《あいて》の同情《どうじょう》を引《ひ》くようにいっしょうけんめいにたのむこと。例「助《たす》けてください。」と哀願する。

あいがん【愛玩】名詞 動詞 小《ちい》さな動物《どうぶつ》などを、大事《だいじ》にしてかわいがること。例 愛玩動物《どうぶつ》。

あいぎ【合い着】名詞 春《はる》や秋《あき》に着《き》る服《ふく》。合《あ》い服《ふく》。

あいきどう【合気道】名詞 武道《ぶどう》の一《ひと》つ。武《ぶ》器《き》を持《も》たないで身《み》を守《まも》るための武術《ぶじゅつ》。関節《かんせつ》を利用《りよう》したおさえわざや投《な》げわざなどが特色《とくしょく》。

あいきょう【愛きょう】名詞 ❶にこにこしてかわいいこと。例 愛きょうのある顔《かお》。❷人《ひと》に好《す》かれるようなことばやふるまい。例 愛きょうをふりまく。類 愛想《あいそ》。

あいくるしい【愛くるしい】形容詞 子供《こども》などの顔《かお》やようすが、たいへんかわいらしい。例 赤《あか》ちゃんの愛くるしい顔《かお》。

あいけん【愛犬】名詞 ❶かわいがって飼《か》っている犬《いぬ》。❷犬《いぬ》をかわいがること。例 愛犬家《か》。

あいこ 名詞 勝《か》ち負《ま》けのないこと。引《ひ》き分《わ》け。例 今度《こんど》はぼくが勝《か》ったから、これであいこだ。

あいご【愛護】名詞 動詞 かわいがって、大切《たいせつ》に守《まも》ること。例 動物《どうぶつ》愛護。

あいこう【愛好】名詞 動詞 それが好《す》きで、いつも楽《たの》しんでいること。例 音楽《おんがく》を愛好する。

あいこく【愛国】名詞 自分《じぶん》の国《くに》を大切《たいせつ》に思《おも》うこと。使い方 趣味《しゅみ》などについて使《つか》う。

あいこくしん【愛国心】名詞 自分《じぶん》の国《くに》を大《たい》切《せつ》に思《おも》う気持《きも》ち。

あいことば【合い言葉】名詞 ❶仲間《なかま》であることを確《たし》かめるための、前《まえ》もって決《き》めておく合図《あいず》のことば。例「山《やま》」と言《い》ったら「川《かわ》」と答《こた》えるのを合い言葉にする。❷グループの目標《もくひょう》として決《き》めた短《みじか》いことば。例 このチームの合い言葉は、「ファイト」だ。

アイコン（icon）名詞 コンピューターの画面《がめん》上《じょう》に表示《ひょうじ》される、ファイルやソフトウェアなどを指《さ》し示《しめ》す小《ちい》さな絵文字《えもじ》。

あいさい【愛妻】名詞 ❶愛《あい》して、大切《たいせつ》にしている妻《つま》。例 愛妻弁当《べんとう》。

ことから、それまでとはうってかわってしょんぼりするようすをいうことば。

❷妻《つま》を大事《だいじ》にすること。例 愛妻家《か》。

あいさつ【挨拶】 名詞 動詞 ❶人《ひと》に会《あ》ったときや別《わか》れるときに、ことばやおじぎをやりとりすること。また、そのことばやおじぎ。❷式《しき》や会《かい》、手紙《てがみ》などで、あらたまって述《の》べることば。例 先生《せんせい》からお祝《いわ》いの挨拶があった。ことば もとは禅宗《ぜんしゅう》のことばで、おぼうさんが教《おし》えをどのくらい身《み》につけたかを知《し》るために行《おこな》った問答《もんどう》のこと。

アイザック＝ニュートン ⇒1003ジ ニュートン

あいじ【愛児】 名詞 親《おや》がかわいがっている子《こ》供《ども》。

アイシー【ＩＣ】 名詞 たくさんのトランジスターを組《く》みこんだ電子回路《でんしかいろ》。コンピューターのほか、いろいろな電気製品《でんきせいひん》に使《つか》われる。「集積回路《しゅうせきかいろ》」ともいう。

アイシーカード【ＩＣカード】 名詞 ＩＣ《アイシー》を組《く》みこんで、たくさんの情報《じょうほう》を記録《きろく》できるようにしたカード。キャッシュカードやクレジットカードなどに利用《りよう》されている。

アイシーティー【ＩＣＴ】 名詞「情報通信技術《じょうほうつうしんぎじゅつ》」のこと。コンピューターやインターネットなどを使《つか》った情報《じょうほう》の処理《しょり》や通信《つうしん》、コミュニケーションに関《かん》する技術《ぎじゅつ》。ことば 日本《にほん》では「ＩＴ《アイティー》」とほぼ同《おな》じ意味《いみ》で使《つか》われている。

あいじゃく【愛着】 ⇒16ジ あいちゃく

あいしゅう【哀愁】 名詞 なんとなくもの悲《がな》しい感《かん》じ。例 後《うし》ろ姿《すがた》に哀愁を感《かん》じる。

あいしょう【愛称】 名詞 親《した》しみをこめて呼《よ》ぶ、本名《ほんみょう》以外《いがい》の名《な》。あだ名《な》。ニックネーム。例 物知《ものし》りの兄《あに》は「博士《はかせ》」の愛称で呼ばれている。

あいしょう【愛唱】 名詞 動詞 好《す》きで、よく歌《うた》うこと。例 愛唱歌《か》／母《はは》が愛唱している歌《うた》。

あいしょう【相性・合い性】 名詞 相手《あいて》との間《あいだ》で性格《せいかく》や好《この》みが合《あ》うかどうかということ。例 二人《ふたり》の相性はぴったりだ。

あいじょう【愛情】 名詞 ❶かわいいと思《おも》う心《こころ》。大切《たいせつ》に思《おも》う温《あたた》かな心《こころ》。例 深《ふか》い愛情に包《つつ》まれて育《そだ》つ。類 情愛《じょうあい》。❷相手《あいて》を好《す》きだと思《おも》う心《こころ》。例 恋人《こいびと》に深《ふか》い愛情をいだく。

あいしょうか【愛唱歌】 名詞 好《す》きで、よく歌《うた》う歌《うた》。好《この》んで歌《うた》われる歌《うた》。

アイス（ice）名詞 ❶氷《こおり》。例 アイススケート。❷冷《ひ》やしてあること。例 アイスコーヒー。対 ホット。❸「アイスクリーム」「アイスキャンデー」の略《りゃく》。

あいず【合図】 名詞 動詞 前《まえ》から決《き》めておいた方法《ほうほう》で、知《し》らせ合《あ》うこと。また、その知《し》らせ。例 手《て》で合図を出《だ》す。

アイスキャンデー 名詞 季語 夏 ジュースなどを棒《ぼう》の形《かたち》にこおらせた菓子《かし》。アイス。ことば 英語《えいご》をもとに日本《にほん》で作《つく》られたことば。

アイスクリーム（ice cream）名詞 季語 夏 牛《ぎゅう》乳《にゅう》に砂糖《さとう》・卵《たまご》の黄身《きみ》・香料《こうりょう》などを混《ま》ぜてこおらせた食《た》べ物《もの》。アイス。

アイススケート（ice-skate）名詞 底《そこ》に金具《かなぐ》のついたくつをはき、氷《こおり》の上《うえ》をすべるスポーツ。略《りゃく》して「スケート」ともいう。

アイスブレイク（ice break）名詞 初《はじ》めて会《あ》う人同士《ひとどうし》が集《あつ》まる場面《ばめん》などで、緊張《きんちょう》をほぐしたり打《う》ち解《と》けたりするために行《おこな》う、きっかけづくりのこと。

アイスホッケー（ice hockey）名詞 氷《こおり》の上《うえ》でスケートをはいてするホッケー。一《いっ》チームは六《ろく》人《にん》。ボールではなく、パックというゴムの円盤《えんばん》を使《つか》う。

あいする【愛する】 動詞 ❶かわいがる。例 わが子《こ》を愛する。対 憎《にく》む。❷大切《たいせつ》にする。例 自然《しぜん》を愛する。❸好《この》む。例 音楽《おんがく》を愛する。❹相手《あいて》をこいしく思《おも》う。例 恋人《こいびと》を愛する。

アイゼン 名詞 登山用具《とざんようぐ》の一《ひと》つ。登山ぐつの底《そこ》につける、すべり止《ど》めの鉄《てつ》のつめ。ことば ドイツ語《ご》の「シュタイクアイゼン」の略《りゃく》。

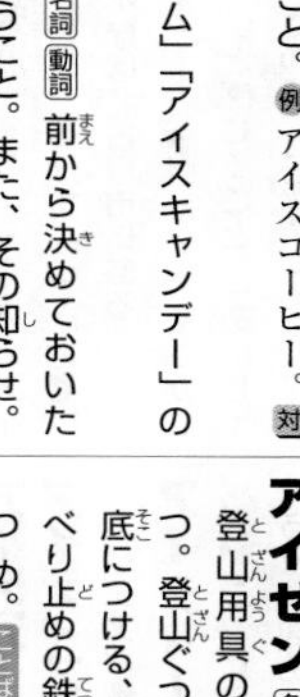
アイゼン

あいそ【愛想】 名詞 ❶人《ひと》によい感《かん》じをあたえるふるまい方《かた》。例 愛想がよい店員《てんいん》／愛想がない。類 愛《あい》きょう。❷もてなすこと。例 いそがしくて、なんのお

ことわざ **青菜《あおな》に塩《しお》** 青菜《あおな》に塩《しお》をかけると水分《すいぶん》が出《で》てしまい、みずみずしさを失《うしな》って急《きゅう》にしおれてしまう

愛想もできません。❸人《ひと》に好意《こうい》や愛情《あいじょう》を持《も》とうとする気持《きも》ち。例あの人《ひと》にはすっかり愛想がつきた。❹相手《あいて》を喜《よろこ》ばせることば。お世辞《せじ》。例お愛想を言《い》う。

使い方「愛想《あいそ》をふりまく」と言《い》うことがあるが、正《ただ》しい言《い》い方《かた》は「愛《あい》きょうをふりまく」。ことば「あいそう」ともいう。

●愛想《あいそ》を尽《つ》かす　すっかりいやになって、相手《あいて》にしなくなる。例何度《なんど》もうそをつく人《ひと》に愛想を尽かす。

あいそう【愛想】⇩15ジペーあいそ

あいそわらい【愛想笑い】名詞　相手《あいて》に気《き》に入《い》られようとして笑《わら》うこと。

あいだ【間】名詞　❶二《ふた》つのものにはさまれたところ。また、すきま。例本棚《ほんだな》と机《つくえ》の間／雲《くも》の間から日《ひ》が差《さ》す。❷ある場所《ばしょ》からある場所《ばしょ》までの道《みち》のり。例家《いえ》から駅《えき》までの間を歩《ある》く。❸ある時《とき》からある時《とき》までの、ひと続《つづ》きの時間《じかん》や期間《きかん》。例朝《あさ》から夜《よる》までの間／長《なが》い間ねむった。❹人《ひと》と人《ひと》との関係《かんけい》。例親子《おやこ》の間。

ことば❸で、「ま」と読《よ》むと、「あいだ」より短《みじか》い時間《じかん》を表《あらわ》すことが多《おお》い。漢⇩295ジペーかん〔間〕

あいたいする【相対する】動詞　❶たがいに向《む》かい合《あ》う。例長方形《ちょうほうけい》は相対する辺《へん》の長《なが》さが同《おな》じである。❷二《ふた》つのものが反対《はんたい》の立場《たちば》にある。対立《たいりつ》する。例相対する意見《いけん》。

あいだがら【間柄】名詞　人《ひと》と人《ひと》との関係《かんけい》や結《むす》びつき。例いとこ同士《どうし》の間柄。

あいたくちがふさがらない【開いた口が塞がらない】あきれ返《かえ》ってものも言《い》えない。

あいちけん【愛知県】名詞　中部地方《ちゅうぶちほう》の太平洋側《たいへいようがわ》にある県《けん》。中京工業地帯《ちゅうきょうこうぎょうちたい》の中心地《ちゅうしんち》で、農業《のうぎょう》もさかん。県庁《けんちょう》は名古屋市《なごやし》にある。

あいちゃく【愛着】名詞 動詞　強《つよ》く心《こころ》を引《ひ》かれて、はなれたくないと感《かん》じること。例この机《つくえ》には愛着がある。「あいじゃく」ともいう。

あいちょう【哀調】名詞　もの悲《がな》しい調子《ちょうし》。しんみりとした感《かん》じ。例哀調を帯《お》びた歌声《うたごえ》。

あいちょうしゅうかん【愛鳥週間】名詞　季語夏　野鳥《やちょう》をかわいがり、守《まも》る週間《しゅうかん》。五月十日《ごがつとおか》からの一週間《いっしゅうかん》。バードウイーク。

あいつ代名詞　あの人《ひと》。あれ。例あいつらしい手紙《てがみ》だな。使い方乱暴《らんぼう》な言《い》い方《かた》のため、とても親《した》しい人《ひと》か、目下《めした》の人《ひと》に対《たい》してしか使《つか》わない。

あいついで【相次いで】副詞　次々《つぎつぎ》と。例赤組《あかぐみ》と白組《しろぐみ》が相次いで入場《にゅうじょう》する。

あいつぐ【相次ぐ】動詞　次々《つぎつぎ》に続《つづ》く。例地震《じしん》が相次ぐ。

あいづちをうつ【相づちを打つ】相手《あいて》の話《はなし》を聞《き》きながら、調子《ちょうし》を合《あ》わせてうなずいたり何《なに》か言《い》ったりする。例友《とも》だちの話《はなし》に相づちを打つ。ことば刀《かたな》をつくるとき、二人《ふたり》でかわるがわるつちで鉄《てつ》を打《う》ったことからきたことば。

あいづはん【会津藩】名詞　江戸時代《えどじだい》、今《いま》の福島県《ふくしまけん》の西部《せいぶ》にあった藩《はん》。

あいて【相手】名詞　❶いっしょにものごとをする人《ひと》。例話《はな》し相手。❷試合《しあい》や競争《きょうそう》をするときの、一方《いっぽう》の人《ひと》。例対戦《たいせん》の相手。

アイデア⇩16ジペーアイディア

アイディア(idea)名詞　よい考《かんが》え。思《おも》いつき。アイデア。例アイディアがうかぶ。

アイティー【ＩＴ】名詞「情報技術《じょうほうぎじゅつ》」のこと。コンピューターやインターネットなどを使《つか》う、情報《じょうほう》の処理《しょり》や通信《つうしん》に関《かん》する技術《ぎじゅつ》。

アイディー【ＩＤ】名詞　❶その人《ひと》がどういう者《もの》であるかを証明《しょうめい》すること。身分証明《みぶんしょうめい》。例ＩＤカード。❷コンピューターなどで、利用者《りようしゃ》を見分《みわ》けるためにつける符号《ふごう》。ふつう、アルファベットや数字《すうじ》の組《く》み合《あ》わせを用《もち》いる。

アイティーかくめい【ＩＴ革命】名詞　コンピューターやインターネットなどの情報技術《じょうほうぎじゅつ》(＝ＩＴ《アイティー》)が発達《はったつ》し、広《ひろ》く行《い》きわたることによって、社会《しゃかい》が変化《へんか》すること。

アイテム(item)名詞　項目《こうもく》。品目《ひんもく》。また、品物《しなもの》。例小学生《しょうがくせい》に人気《にんき》のアイテム。

アイデンティティー(identity)名詞　自分《じぶん》はつねに自分《じぶん》であり、ほかの何者《なにもの》でもないということ。例アイデンティティーを確立《かくりつ》する。

あいとう【哀悼】名詞 動詞　人《ひと》の死《し》を深《ふか》く悲《かな》しむこと。例哀悼の意《い》をあらわす。類追悼《ついとう》。

あいどく【愛読】名詞 動詞　その本《ほん》が好《す》きで、

よく読《よ》むこと。例 母《はは》が愛読している雑誌《ざっし》。

あいどくしょ【愛読書】 名詞 好《す》きで、よく読《よ》む本《ほん》。例 愛読書は「赤毛《あかげ》のアン」だ。

アイドル (idol) 名詞 みんながあこがれている人《ひと》。人気《にんき》のある人《ひと》。例 アイドルグループ。

あいにく 形容動詞 副詞 都合《つごう》の悪《わる》いようす。例 遠足《えんそく》の朝《あさ》、あいにく雨《あめ》が降《ふ》り出《だ》した。ことば もとは「あやにく」といい、「ああにくらしい」という意味《いみ》のことば。

アイヌ 名詞 おもに北海道《ほっかいどう》に住《す》んでいる民族《みんぞく》。ことば アイヌ語《ご》で「人《ひと》」という意味《いみ》。

あいのて【合いの手】 名詞 ❶歌《うた》のとちゅうで入《い》れる、手拍子《てびょうし》やかけ声《ごえ》、楽器《がっき》の音《おと》。❷人《ひと》の話《はなし》の間《あいだ》に入《い》れることば。例 友《とも》だちの話《はなし》に、「そうそう。」と合いの手を入《い》れた。

あいのり【相乗り】 名詞 動詞 ❶同《おな》じ乗《の》り物《もの》に、ほかの人《ひと》といっしょに乗《の》ること。例 タクシーに相乗りして帰《かえ》る。❷ほかの人《ひと》の計画《けいかく》に加《くわ》わること。例 きみたちのピクニックに相乗りしたい。

アイバンク (eye bank) 名詞 自分《じぶん》が死《し》んだあと、目《め》の不自由《ふじゆう》な人《ひと》に、角膜《かくまく》をゆずるために登《とう》録《ろく》しておく機関《きかん》。目《め》の銀行《ぎんこう》。

アイピーエスさいぼう【iPS細胞】 名詞 体《からだ》じゅうのさまざまな組《そ》織《しき》や臓器《ぞうき》に成長《せいちょう》することができる万能細胞《ばんのうさいぼう》の一《ひと》つ。こわれた組《そ》織《しき》や臓器《ぞうき》を修復《しゅうふく》し再生《さいせい》させる「再生医療《さいせいいりょう》」への応用《おうよう》が期待《きたい》されている。

アイピーでんわ【IP電話】 名詞 インターネットを利用《りよう》するしくみの電話《でんわ》。音声《おんせい》をデジタルデータに変換《へんかん》してやりとりする。ことば「IP《アイピー》」は「インターネットでデータ通信《つうしん》を行《おこな》うための決《き》まり」という意味《いみ》の英語《えいご》の頭文字《かしらもじ》。

あいふく【合い服】 ⇒14ページ あいぎ

あいべや【相部屋】 名詞 旅館《りょかん》などで、他人《たにん》と一《ひと》つの部屋《へや》を使《つか》うこと。例 相部屋になる。

あいぼう【相棒】 名詞 仕事《しごと》などをいっしょにする仲間《なかま》。ことば もとは、かごをいっしょにかつぐ相手《あいて》のことをいった。

あいま【合間】 名詞 あることが終《お》わってから、次《つぎ》のことをするまでの間《あいだ》。例 勉強《べんきょう》の合間にテレビを見《み》る。

あいまい【曖昧】 形容動詞 はっきりしないようす。あやふやなようす。例 曖昧な答《こた》え。対 明《めい》瞭《りょう》。ことば「曖」も「昧」も「暗《くら》い」という意味《いみ》。

アイマスク 名詞 目《め》をおおうもの。目《め》かくし。ことば 英語《えいご》をもとに日本《にほん》で作《つく》られたことば。

あいみたがい【相身互い】 名詞 おたがいに相手《あいて》に同情《どうじょう》して助《たす》け合《あ》うこと。例 困《こま》ったときは相身互いだ。

あいよう【愛用】 名詞 動詞 気《き》に入《い》って、いつも使《つか》っていること。例 愛用のグローブ。

あいらしい【愛らしい】 形容詞 かわいらしい。例 愛らしい赤《あか》ちゃん。

アイロン (iron) 名詞 電気《でんき》などの熱《ねつ》で、布《ぬの》や服《ふく》のしわをのばしたり、折《お》り目《め》をつけたりする道《どう》具《ぐ》。例 ズボンにアイロンをかける。

アインシュタイン 名詞 (一八七九～一九五五) ドイツ生《う》まれのユダヤ人《じん》の理論物理学者《りろんぶつりがくしゃ》。「特《とく》殊相対性理論《しゅそうたいせいりろん》」「一般相対性理論《いっぱんそうたいせいりろん》」などを発表《はっぴょう》し、ノーベル物理学賞《ぶつりがくしょう》を受賞《じゅしょう》した。アルベルト=アインシュタイン。

あう【会う】 動詞 ❶約束《やくそく》して相手《あいて》と顔《かお》をあわせる。例 駅《えき》で三時《さんじ》に会おう。対 別《わか》れる。❷たまたまいっしょになる。偶然《ぐうぜん》に出会《であ》う。例 電車《でんしゃ》の中《なか》で友《とも》だちに会った。対 別《わか》れる。使い方 目上《めうえ》の人《ひと》と会《あ》うときは、自分《じぶん》がへりくだって「お目《め》にかかる」「お会《あ》いする」という。漢 ⇒218ページ かい〔会〕 ⇒ 使い分け

使い分け
あう
会う・合う・遭う

会う 顔《かお》をあわせる。人《ひと》と人《ひと》が出《で》あう。人《ひと》に出《で》くわす。「友《とも》だちと会《あ》う」

合う 両方《りょうほう》が具合《ぐあい》よく一《ひと》つになる。いっしょになる。合《あ》わさる。「気《き》が合《あ》う／ぴったりふたが合《あ》う」

遭う 思《おも》いがけないことに出《で》あう。「海《うみ》で暴風雨《ぼうふうう》に遭《あ》う／火災《かさい》に遭《あ》う」

ことわざ **頭隠《あたまかく》して尻隠《しりかく》さず** きじが草《くさ》むらにかくれようと首《くび》だけかくして、尾《お》が出《で》ていることに気《き》づくことのたとえ。

あう【合う】
❶動詞 同《おな》じになる。例 意見《いけん》が合う。
❷動詞 ぴったりする。例 体《からだ》に合う服《ふく》を着《き》る。
❸動詞 つりあう。例 この服《ふく》は妹《いもうと》によく合う。
❹接尾語 （ほかのことばのあとにつけて）いっしょに…する。例 話《はな》し合う。

あう【遭う】動詞 事故《じこ》や災難《さいなん》などに思《おも》いがけなく出《で》あう。例 旅行先《りょこうさき》で交通事故《こうつうじこ》に遭う。
漢 ↓445ジペーごう〔合〕 ↓17ジペー 使い分け

アウェー（away）名詞 サッカーなどで、相手《あいて》チームの本拠地《ほんきょち》。また、そこで行《おこな》われる試合《しあい》。↓17ジペー 使い分け 対 ホーム。

アウト（out）名詞
❶外《そと》。外側《そとがわ》。例 アウトドア。対 イン。
❷野《や》球《きゅう》で、バッターやランナーが、塁《るい》に出《で》られなかったり、塁《るい》にいられなくなったりすること。対 セーフ。
❸テニスやバレーボールなどで、ボールが決《き》められた線《せん》の外側《そとがわ》に出《で》ること。対 イン。

アウトコーナー ↓221ジペーがいかく❷

アウトドア（outdoor）名詞 野外《やがい》。家《いえ》の外《そと》。例 アウトドアスポーツ。

アウトプット（output）名詞 動詞 出力《しゅつりょく》。とくに、コンピューターなどで、処理《しょり》した結果《けっか》を外《そと》に出《だ》すこと。また、その処理結果《しょりけっか》。対 インプット。

アウトライン（outline）名詞
❶物《もの》のまわりの線《せん》。輪郭《りんかく》。
❷話《はなし》やものごとの大体《だいたい》の筋道《すじみち》。あらまし。例 計画《けいかく》のアウトラインを説明《せつめい》する。

アウトレット（outlet）名詞 売《う》れずに余《あま》ったり、少《すこ》し傷《きず》があったりする商品《しょうひん》を、ふつうより安《やす》い値段《ねだん》で売《う》ること。また、その店《みせ》。

あえぎあえぎ 副詞 苦《くる》しそうに息《いき》をしているようす。例 急《きゅう》な坂道《さかみち》をあえぎあえぎ上《のぼ》る。

あえぐ 動詞
❶苦《くる》しそうに、はあはあと息《いき》をする。例 あえぎながら坂道《さかみち》を上《のぼ》る。
❷苦《くる》しむ。例 貧《まず》しい生活《せいかつ》にあえいでいる。

あえて 副詞
❶難《むずか》しいのを知《し》っていながら、無理《むり》に。おしきって。例 雨《あめ》の中《なか》をあえて出《で》かける。
❷べつに。必《かなら》ずしも。例 あえて何《なに》も言《い》わない。

あえない 形容詞 思《おも》ったより簡単《かんたん》で、あっけない。はかない。例 予選《よせん》であえなく負《ま》けてしまった。
使い方 ❷はあとに「ない」などのことばがくる。

あえる 動詞 野菜《やさい》や魚《さかな》などを、みそ・酢《す》・ごまなどと混《ま》ぜる。例 マカロニをマヨネーズであえる。

あえる

あえん【亜鉛】名詞 青白《あおじろ》い色《いろ》をした、さびにくい金属《きんぞく》。真《しん》ちゅうやトタン板《いた》をつくるときの原料《げんりょう》になる。

あお【青】
❶名詞 よく晴《は》れた空《そら》のような色《いろ》。また、それに近《ちか》い色《いろ》。赤《あか》、黄《き》とともに、色《いろ》の三原色《さんげんしょく》の一《ひと》つ。
❷名詞 緑色《みどりいろ》。例 青葉《ば》／青虫《むし》。
❸接頭語 （ほかのことばの前《まえ》につけて）「若《わか》い」「幼《おさな》い」という意味《いみ》を表《あらわ》す。例 青二才《にさい》。
漢 ↓705ジペーせい〔青〕

あお❶

●**青《あお》は藍《あい》より出《い》でて藍《あい》より青《あお》し** 故事成語 弟《で》子《し》や教《おし》え子《ご》が、先生《せんせい》よりもりっぱになることのたとえ。
ことば 青色《あおいろ》の染料《せんりょう》は「あい」という草《くさ》からとれるが、その色《いろ》はもとのあいよりも美《うつく》しい青《あお》であることからきたことば。

あおあお【と】【青青〔と〕】副詞 動詞 たいへんあざやかな青《あお》や緑《みどり》であるようす。また、一面《いちめん》に青《あお》や緑《みどり》であるようす。例 木《こ》の葉《は》が青々としげる。

あおあらし【青嵐】名詞 季語 夏 夏《なつ》の初《はじ》めに、青葉《あおば》をゆらしてふく少《すこ》し強《つよ》い風《かぜ》。

あおい 名詞 季語 夏 夏《なつ》に、赤色《あかいろ》や白色《しろいろ》などの花《はな》のさく草《くさ》。庭《にわ》などに植《う》えられる。
ことば 漢字《かんじ》では「葵」と書《か》く。

あおい

あおい【青い】形容詞
❶よく晴《は》れた空《そら》のような色《いろ》である。
❷顔色《かおいろ》が悪《わる》い。顔《かお》に赤《あか》みがない。例 青い顔《かお》を

れからは過《す》ごしやすい気候《きこう》になっていくということ。「彼岸《ひがん》」は、春分《しゅんぶん》の日《ひ》、秋分《しゅうぶん》の日《ひ》を中心《ちゅうしん》にした七日間《なのかかん》の

していることを。
❸緑色《みどりいろ》である。例 青い野菜《やさい》を食《た》べる。
❹実《み》などが、まだ熟《じゅく》していない。例 青いトマト。
❺まだ若《わか》くて、言《い》うことやすることが幼《おさな》い。例 父《ちち》には、兄《あに》がまだ青く感《かん》じられるらしい。
漢 ⇩705ジペーせい〔青〕

あおいきといき【青息吐息】 名詞 苦《くる》しそうにため息《いき》をつくようすから、たいへん困《こま》っていること。例 宿題《しゅくだい》が難《むずか》しくて青息吐息だ。

あおうなばら【青海原】 名詞 青々《あおあお》とした広《ひろ》い海《うみ》。例 見《み》わたす限《かぎ》りの青海原。

あおがえる【青がえる】 名詞 季語 夏 背中《せなか》が緑《みどり》色《いろ》のかえる。とのさまがえる・あまがえるなど。

あおかび【青かび】 名詞 季語 夏 パン・もち・果物《くだもの》などに生《は》える緑《みどり》色《いろ》のかび。

あおきこんよう【青木昆陽】 名詞 (一六九八～一七六九) 江戸《えど》時代中《じだいなか》ごろの学者《がくしゃ》。らん学《がく》(＝オランダ語《ご》によって研究《けんきゅう》された西洋《せいよう》の学《がく》問《もん》) を学《まな》び、食料《しょくりょう》不足《ぶそく》に備《そな》えて、かんしょ (＝さつまいも) をつくることを広《ひろ》めた。

あおぎみる【仰ぎ見る】 動詞
❶顔《かお》を上《うえ》に向《む》けて、上《うえ》の方《ほう》にあるものを見《み》る。
❷尊敬《そんけい》する。例 杉《すぎ》の大木《たいぼく》を仰ぎ見る。例 師《し》と仰ぎ見る画家《がか》。

あおぐ 動詞 うちわ、扇子《せんす》などを動《うご》かして風《かぜ》を起《お》こす。例 すし飯《めし》をうちわであおぐ。

あおぐ【仰ぐ】 動詞
❶顔《かお》を上《うえ》に向《む》けて、上《うえ》の方《ほう》を見《み》る。あお向《む》く。例 夏《なつ》の夜空《よぞら》を仰ぐ。
❷尊敬《そんけい》する。敬《うやま》う。例 人生《じんせい》の師《し》と仰ぐ人物《じんぶつ》。
❸教《おし》えなどを受《う》ける。例 先生《せんせい》の指示《しじ》を仰ぐ。

あおくさい【青臭い】 形容詞
❶草《くさ》のようなにおいがする。
❷幼《おさな》い。未熟《みじゅく》である。例 青臭い考《かんが》え。

あおくなる【青くなる】 心配《しんぱい》やおそろしさのために、顔《かお》から血《ち》の気《け》がなくなる。青《あお》ざめる。例 集金袋《しゅうきんぶくろ》を落《お》として青くなる。

あおざかな【青魚】 名詞 皮《かわ》が青《あお》っぽい魚《さかな》。いわし・さば・さんまなど。「青物《あおもの》」ともいう。

あおざめる【青ざめる】 動詞 病気《びょうき》やおそろしさなどのために、顔《かお》の色《いろ》が青白《あおじろ》くなる。例 きょうふに青ざめる。

あおじそ【青じそ】 名詞 季語 夏 しその種類《しゅるい》の一《ひと》つ。くきも葉《は》も緑《みどり》色《いろ》で、葉《は》と実《み》は香《かお》りがよく、食用《しょくよう》になる。

あおじそ

あおじゃしん【青写真】 名詞
❶設計図《せっけいず》などを、青地《あおじ》に白《しろ》い線《せん》でうつし出《だ》したもの。
❷これからの予定《よてい》や計画《けいかく》、見通《みとお》し。例 この町《まち》の五十年後《ごじゅうねんご》の青写真をえがく。

あおじろい【青白い】 形容詞
❶青《あお》みがかって白《しろ》い。例 青白く光《ひか》る星《ほし》。
❷血《ち》の気《け》がなくて、顔色《かおいろ》が悪《わる》い。例 今日《きょう》妹《いもうと》は青白い顔《かお》をしている。

あおしんごう【青信号】 名詞 進《すす》んでもよいという意味《いみ》を表《あらわ》す交通《こうつう》の合図《あいず》。対 赤信号《あかしんごう》。

あおすじをたてる【青筋を立てる】 額《ひたい》やこめかみに血管《けっかん》の青《あお》い筋《すじ》がうき出《で》るほど、かんかんになっておこる。例 大切《たいせつ》な模型《もけい》飛行機《ひこうき》をこわされて、兄《あに》は青筋を立てておこった。

あおずむ【青ずむ】 動詞 青《あお》くなる。青《あお》みを帯《お》びる。例 青ずんだ夜空《よぞら》。

あおぞら【青空】 名詞
❶青《あお》く晴《は》れた空《そら》。例 青空が広《ひろ》がる。
❷屋根《やね》のないところ。屋外《おくがい》。例 青空市場《いちば》。

あおぞらきょうしつ【青空教室】 名詞 建《たて》物《もの》の外《そと》で授業《じゅぎょう》をすること。野外《やがい》で開《ひら》く教室《きょうしつ》。

あおた【青田】 名詞 季語 夏
❶いねが青々《あおあお》としている田《た》。
❷いねがまだ実《みの》っていない田《た》。
ことば ❷の意味《いみ》から、会社《かいしゃ》が早《はや》くから学生《がくせい》の採《さい》用《よう》を決《き》めることを「青田買《あおたが》い」という。

あおだいしょう【青大将】 名詞 季語 夏 へびのなかま。体長《たいちょう》一《いち》～二《に》メートルで、日本《にほん》では最大《さいだい》。体《からだ》は暗《くら》い緑《みどり》色《いろ》をしている。毒《どく》を持《も》たない。図 ⇩1062ジペーはちゅうるい

あおだけ【青竹】 名詞 幹《みき》の青々《あおあお》とした竹《たけ》。あおたけ。

あおてんじょう【青天井】 名詞
❶青《あお》い大空《おおぞら》。空《そら》を天井《てんじょう》にたとえていう。
❷値段《ねだん》がどこまでも上《あ》がり続《つづ》けること。例 株《かぶ》価《か》(＝株《かぶ》の値段《ねだん》) が青天井だ。

あおな【青菜】 名詞 ほうれんそうなど、緑《みどり》色《いろ》

ことわざ **暑《あつ》さ寒《さむ》さも彼岸《ひがん》まで** 夏《なつ》の暑《あつ》さは秋《あき》の彼岸《ひがん》のころまで、冬《ふゆ》の寒《さむ》さは春《はる》の彼岸《ひがん》のころまでで、そ
こと。

の葉《は》の部分《ぶぶん》を食《た》べる野菜《やさい》。菜《な》っ葉《ぱ》。

●**青菜《あおな》に塩《しお》** ことわざ 塩《しお》をふりかけた青菜《あおな》がしおれるように、元気《げんき》をなくしてしょんぼりするようす。

あおにさい【青二才】 名詞 年《とし》が若《わか》く、世《よ》の中《なか》のことに慣《な》れていない男《おとこ》の人《ひと》を、ばかにしていうことば。 ことば 「青《あお》」は「若《わか》い」「幼《おさな》い」という意味《いみ》。「二才《にさい》」は、「ぼら」という魚《さかな》などの幼魚《ようぎょ》をたとえたことばともいわれる。

あおのり【青のり】 名詞 浅《あさ》い海《うみ》や河口《かこう》の岩《いわ》などに生《は》える海藻《かいそう》。緑色《みどりいろ》で細長《ほそなが》く、干《ほ》して食用《しょくよう》にする。

あおば【青葉】 名詞 季語 夏 ❶緑《みどり》の木《き》の葉《は》。例 松《まつ》は冬《ふゆ》も青葉《あおば》をつけている。❷若葉《わかば》。例 青葉《あおば》が美《うつく》しい季節《きせつ》。

あおびょうたん【青びょうたん】 名詞 ❶まだ熟《じゅく》していない青《あお》いひょうたん。❷やせて顔色《かおいろ》の青《あお》ざめた人《ひと》をからかっていうことば。

あおみ【青み】 名詞 ❶青《あお》さの程度《ていど》。青《あお》っぽいこと。例 この写真《しゃしん》は青《あお》みが強《つよ》い。❷料理《りょうり》で、焼《や》き物《もの》や煮物《にもの》などにそえる、緑色《みどりいろ》の野菜《やさい》。例 青《あお》みに三《み》つ葉《ば》を入《い》れる。

あおみどり【青緑】 名詞 青《あお》みがかった緑色《みどりいろ》。青《あお》と緑《みどり》の中間《ちゅうかん》の色《いろ》。

あおみどり

あおみどろ 名詞 水田《すいでん》や池《いけ》、川辺《かわべ》などに生《は》える、糸状《いとじょう》の緑色《みどりいろ》の藻《も》。

あおむく【あお向く】 動詞 上《うえ》を向《む》く。例 あお向いて、夜空《よぞら》の星《ほし》をながめる。対 うつむく。

あおむけ【あお向け】 名詞 体《からだ》や顔《かお》を上《うえ》に向《む》けること。例 あお向けにねる。対 うつぶせ。

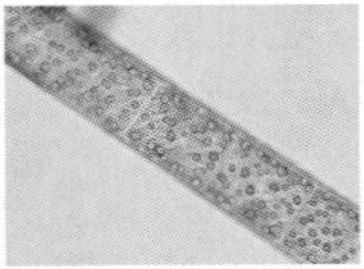
あおみどろ(拡大図《かくだいず》)

あおむし【青虫】 名詞 ちょうや「が」の幼虫《ようちゅう》。とくに、もんしろちょうなどのなかまの幼虫《ようちゅう》のこと。緑色《みどりいろ》で細長《ほそなが》く、いも虫《むし》より小《ちい》さい。キャベツの葉《は》などを食《た》べる。

あおむし

あおもの【青物】 名詞 ❶野菜《やさい》をまとめていうことば。例 青物市場《いちば》。❷「青魚《あおざかな》」のこと。

あおもののいちば【青物市場】 名詞 野菜《やさい》や果物《くだもの》などを売《う》ったり買《か》ったりする市場《いちば》。

あおもりけん【青森県】 名詞 東北地方《とうほくちほう》のいちばん北《きた》にある県《けん》。農業《のうぎょう》がさかんで、りんごの産地《さんち》として知《し》られる。県庁《けんちょう》は青森市《あおもりし》にある。

あおる 動詞 上《うえ》を向《む》くような格好《かっこう》で、酒《さけ》などをひと息《いき》に飲《の》む。例 苦《にが》い薬《くすり》をあおる。 ことば 漢字《かんじ》では「呷る」と書《か》く。

あおる 動詞 ❶風《かぜ》がふいてものを動《うご》かす。例 帽子《ぼうし》が風《かぜ》にあおられて飛《と》んでいった。❷風《かぜ》が火《ひ》の勢《いきお》いを強《つよ》くする。例 強《つよ》い風《かぜ》にあおられて大火事《おおかじ》になった。❸そのような気持《きも》ちが強《つよ》くなるようにけしかける。例 友《とも》だちをあおって、落書《らくが》きをさせた。 ことば 漢字《かんじ》では「煽る」と書《か》く。

あか 名詞 ❶古《ふる》くなった皮膚《ひふ》と、あせ・あぶら・ほこりなどがいっしょにたまったよごれ。❷水中《すいちゅう》の混《ま》じり物《もの》が固《かた》まったもの。例 水《みず》あか／湯《ゆ》あか。

あか【赤】 ❶名詞 血《ち》や燃《も》える火《ひ》、夕焼《ゆうや》けのような色《いろ》。青《あお》、黄《き》とともに、色《いろ》の三原色《さんげんしょく》の一《ひと》つ。❷名詞 「赤信号《あかしんごう》」の略《りゃく》。「危険《きけん》」「止《と》まれ」の意味《いみ》を表《あらわ》す。❸接頭語 (ほかのことばの前《まえ》につけて)まったく。すっかり。例 赤はじをかく。

漢 ⇩719ページ せき〔赤〕

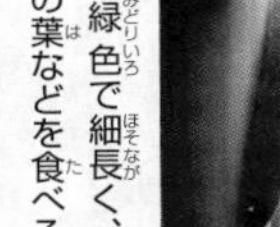
あか【赤】❶

●**赤《あか》の他人《たにん》** まったく関係《かんけい》のない人《ひと》。

あかあか〔と〕【赤赤〔と〕】 副詞 動詞 とても赤《あか》いようす。真《ま》っ赤《か》なようす。例 たいまつが赤々《あかあか》と燃《も》える。

あかあか〔と〕【明明〔と〕】 副詞 動詞 とても明《あか》るいようす。例 月《つき》の光《ひかり》が明々《あかあか》と道《みち》を照《て》らす。

あかい【赤い】 形容詞 血《ち》や燃《も》える火《ひ》のような色《いろ》をしている。例 夕焼《ゆうや》けで空《そら》が赤《あか》い／顔《かお》が赤《あか》い。

漢 ⇩719ページ せき〔赤〕

こと。

あかいしさんみゃく【赤石山脈】 名詞 本州《ほんしゅう》の中央部《ちゅうおうぶ》にあり、長野《ながの》・山梨《やまなし》・静岡《しずおか》の三《みっ》つの県《けん》にわたる山脈《さんみゃく》。南《みなみ》アルプス国立公園《こくりつこうえん》に指定《してい》されている。「南《みなみ》アルプス」とも呼《よ》ばれる。

あかいはね【赤い羽根】 名詞 季語秋 毎年《まいとし》十月《じゅうがつ》に行《おこな》われる共同募金《きょうどうぼきん》。また、募金《ぼきん》をした人《ひと》にわたす、赤《あか》く染《そ》めた羽根《はね》のこと。

アカウント（account） 名詞 コンピューターやインターネット上《じょう》のさまざまなサービスを利用《りよう》するための資格《しかく》。また、利用者《りようしゃ》ひとりひとりの資格《しかく》を表《あらわ》す、固有《こゆう》の文字列《もじれつ》。例 メールを使《つか》うにはアカウントが必要《ひつよう》だ。

あかがね 名詞 「銅《どう》」の古《ふる》い言《い》い方《かた》。関連 黄金《こがね》。しろがね。くろがね。

あかがねいろ【あかがね色】 名詞 銅《どう》のような、赤《あか》みのある茶色《ちゃいろ》。

あかがねいろ

あかがみ【赤紙】 名詞 ❶国民《こくみん》に兵隊《へいたい》になるように命《めい》じた文書《ぶんしょ》。召集令状《しょうしゅうれいじょう》。❷物品《ぶっぴん》の差《さ》しおさえのためのはり紙《がみ》。ことば ❶は、用紙《ようし》が赤《あか》いことからできた、俗《ぞく》なことば。

あかぎれ 名詞 季語冬 寒《さむ》さのため、手《て》や足《あし》の表面《ひょうめん》にできる細《こま》かいさけ目《め》。ひび。

あがく 動詞 ❶ばたばた暴《あば》れる。例 おぼれそうになって必死《ひっし》にあがく。❷苦《くる》しみからのがれようとして、いろいろなことをする。例 罪《つみ》をかくそうとしてあがく。

あかご【赤子】 名詞 生《う》まれて間《ま》もない子《こ》。赤《あか》んぼう。

●**赤子《あかご》の手《て》をひねる** 赤《あか》んぼうの小《ちい》さな手《て》をねじるように、簡単《かんたん》にできることのたとえ。「赤子《あかご》の手《て》をねじる」ともいう。

あかごめ【赤米】 名詞 ❶赤《あか》みを帯《お》びた古《ふる》い米《こめ》。❷米《こめ》の古《ふる》い品種《ひんしゅ》の一《ひと》つ。小《こ》つぶで細長《ほそなが》く、赤《あか》みがかっている。

あかさび【赤さび】 名詞 鉄《てつ》などにできる赤《あか》い色《いろ》のさび。

あかし 名詞 確《たし》かな証拠《しょうこ》。例 真実《しんじつ》のあかし。

あかじ【赤字】 名詞 ❶赤色《あかいろ》で書《か》いた字《じ》。とくに、印刷物《いんさつぶつ》のまちがいなどを直《なお》すために書《か》き入《い》れる赤色《あかいろ》の字《じ》。❷入《はい》ったお金《かね》よりも、つかったお金《かね》のほうが多《おお》いこと。例 今月《こんげつ》は赤字《あかじ》だ。対 黒字《くろじ》。ことば ❷は、帳面《ちょうめん》につけるとき、足《た》りない金額《きんがく》を赤《あか》い字《じ》で書《か》くことからきたことば。

アカシア（acacia） 名詞 ❶豆《まめ》のなかまで、一年《いちねん》じゅう緑《みどり》の葉《は》をつける、高《たか》い木《き》。オーストラリアに多《おお》い。木材《もくざい》は建築《けんちく》などに使《つか》われる。❷→996ページにせアカシア

あかしお【赤潮】 名詞 季語夏 海《うみ》の中《なか》のプランクトンがふえたために、海水《かいすい》が赤《あか》や茶色《ちゃいろ》に見《み》えること。参考 赤潮《あかしお》が発生《はっせい》すると、海水中《かいすいちゅう》の酸素《さんそ》が足《た》りなくなって、魚《さかな》や貝《かい》が死《し》ぬ害《がい》が出《で》る。

あかじこくさい【赤字国債】 名詞 国《くに》が、税金《ぜいきん》などによる収入《しゅうにゅう》の足《た》りない分《ぶん》を補《おぎな》うために発行《はっこう》する国債《こくさい》。

あかしんごう【赤信号】 名詞 ❶危険《きけん》や、止《と》まれという意味《いみ》を表《あらわ》す交通《こうつう》の合図《あいず》。対 青信号《あおしんごう》。❷危険《きけん》な状態《じょうたい》に近《ちか》づいているので注意《ちゅうい》しろという合図《あいず》。例 計画《けいかく》に赤信号《あかしんごう》がともった。

あかす【明かす】 動詞 ❶かくしていたことをはっきりさせる。打《う》ち明《あ》ける。例 手品《てじな》の種《たね》（＝しかけ）を明かす。❷ねむらずに夜《よる》を過《す》ごす。例 夜《よ》を明かす。漢→1299ページめい（明）

あかちゃける【赤茶ける】 動詞 日《ひ》に焼《や》けるなどして、赤《あか》みがかった茶色《ちゃいろ》になる。

あかちゃん【赤ちゃん】 名詞 赤《あか》んぼうを、親《した》しみをこめて呼《よ》ぶことば。

あかつき【暁】 名詞 ❶夜《よ》の明《あ》けるころ。明《あ》け方《がた》。類 あけぼの。❷望《のぞ》みがかなったとき。例 成功《せいこう》した暁《あかつき》にはみんなでお祝《いわ》いしよう。

あがったり【上がったり】 名詞 商売《しょうばい》や仕事《しごと》などがうまくいかなくなること。例 気温《きおん》が低《ひく》い日《ひ》が続《つづ》き、海《うみ》での商売《しょうばい》は上《あ》がったりだ。

あかつち【赤土】 名詞 鉄分《てつぶん》が多《おお》く、赤茶色《あかちゃいろ》でねばっこい土《つち》。

あかでんわ【赤電話】 名詞 赤《あか》い色《いろ》をした公衆電話《こうしゅうでんわ》。以前《いぜん》、店先《みせさき》などに置《お》かれていた。

あかとんぼ【赤とんぼ】 名詞 季語秋 体《からだ》の色《いろ》が赤《あか》っぽい小形《こがた》のとんぼ。あきあかね・なつあ

ことわざ　**後《あと》は野《の》となれ山《やま》となれ**　とりあえず今《いま》がよければ、あとのことはどうなっても構《かま》わないという

かねなど。秋《あき》に群《む》れをつくって飛《と》ぶ。

あかとんぼ
（あきあかね）

あかぬけ【あか抜け】名詞 動詞 姿《すがた》・形《かたち》・服装《ふくそう》などが、すっきりと上品《じょうひん》になること。

あかぬける【あか抜ける】動詞 姿《すがた》・形《かたち》・服《ふく》装《そう》などがすっきりと上品《じょうひん》になる。例 今日《きょう》の服《ふく》装《そう》はとてもあか抜けている。

あかね 名詞 野山《のやま》に生《は》えるつる草《くさ》。秋《あき》に、小《ちい》さい白《しろ》い花《はな》がさく。根《ね》は染《そ》め物《もの》や薬《くすり》に使《つか》われる。
ことば 漢字《かんじ》では「茜」と書《か》く。

あかねいろ【あかね色】名詞 植物《しょくぶつ》のあかねの根《ね》のしるで染《そ》めたような暗《くら》い赤色《あかいろ》。

あかねいろ

あがのがわ【阿賀野川】名詞 福島県《ふくしまけん》の西部《せいぶ》から流《なが》れ出《で》て、新潟県《にいがたけん》の越後平野《えちごへいや》で日本海《にほんかい》に注《そそ》ぐ川《かわ》。上流《じょうりゅう》には水力発電所《すいりょくはつでんしょ》が多《おお》い。

あかはじ【赤恥】名詞 人前《ひとまえ》でかくひどいはじ。
●**赤恥《あかはじ》をかく** ひどくはずかしい思《おも》いをする。例 買《か》い物《もの》に行《い》ってお金《かね》が足《た》りず、赤恥をかく。

あかはだか【赤裸】名詞 体《からだ》にまったく何《なに》も着《つ》けていないこと。まるはだか。

アカペラ（イタリア語《ご》）名詞 楽器《がっき》の伴奏《ばんそう》のない合唱曲《がっしょうきょく》や重唱曲《じゅうしょうきょく》。また、楽器《がっき》の伴奏《ばんそう》なしで歌《うた》うこと。

あかぼう【赤帽】名詞 ❶赤《あか》い色《いろ》の帽子《ぼうし》。❷駅《えき》で、乗《の》り降《お》りする人《ひと》の荷物《にもつ》を運《はこ》ぶ人《ひと》。
ことば ❷は、赤《あか》い色《いろ》の帽子《ぼうし》をかぶっていたことからきたことば。

あかまつ【赤松】名詞 松《まつ》のなかまで、一年《いちねん》じゅう、緑色《みどりいろ》の針《はり》のような葉《は》をつけている高《たか》い木《き》。幹《みき》は赤《あか》みがかっている。建築《けんちく》などに使《つか》われる。参考 まつたけは、この林《はやし》に生《は》える。

あかまつ

あかみ【赤み】名詞 赤《あか》さの程度《ていど》。赤《あか》っぽいこと。例 東《ひがし》の空《そら》がだんだん赤みを帯《お》びてきた。

あかみ【赤身】名詞 魚《さかな》やけものの肉《にく》の、あぶらの少《すく》ない赤《あか》い部分《ぶぶん》。関連 白身《しろみ》。

あかみがかる【赤みがかる】動詞 全体《ぜんたい》に赤《あか》っぽくなる。赤《あか》みを帯《お》びる。

あかみそ【赤みそ】名詞 赤《あか》みがかった色《いろ》のみそ。仙台《せんだい》みそ・江戸《えど》みそなど。関連 白《しろ》みそ。

あかむらさきいろ【赤紫色】名詞 赤《あか》みがかったむらさき色《いろ》。

あかむらさきいろ

あがめる 動詞 たいへんりっぱなものだとして敬《うやま》う。尊敬《そんけい》する。例 この作曲家《さっきょくか》は音楽《おんがく》の神様《かみさま》としてあがめられていた。

あからがお【赤ら顔】名詞 日《ひ》に焼《や》けたり、酒《さけ》を飲《の》んだりして赤《あか》みがかった顔《かお》。

あからさま 形容動詞 かくさないで、はっきりと表《あらわ》すようす。例 人《ひと》からの意見《いけん》をあからさまにいやがる。使い方 あまりよくない意味《いみ》に使《つか》うことが多《おお》い。

あからむ【赤らむ】動詞 赤《あか》くなる。赤《あか》みを帯《お》びる。例 興奮《こうふん》で顔《かお》が赤らむ。漢 ➡719ページ せき〔赤〕

あからむ【明らむ】動詞 夜《よ》が明《あ》けて、空《そら》が少《すこ》しずつ明《あか》るくなる。例 東《ひがし》の空《そら》が明らんできた。
漢 ➡1299ページ めい〔明〕

あからめる【赤らめる】動詞 顔《かお》やほっぺたを赤《あか》くする。例 はずかしさで顔《かお》を赤らめた。
漢 ➡719ページ せき〔赤〕

あかり【明かり】名詞 ❶まわりを明《あか》るくする光《ひかり》。例 月明《つきあ》かり。❷暗《くら》いところを照《て》らすための、ろうそくや電灯《でんとう》の光《ひかり》。例 部屋《へや》の明かりをつける。
使い方 「明り」と書《か》かないよう送《おく》りがなに注意《ちゅうい》。
漢 ➡1299ページ めい〔明〕

あがり【上がり】❶名詞 上《あ》がること。例 点数《てんすう》の上がり下《さ》がりが激《はげ》しい。対 下《さ》がり。❷名詞 終《お》わりになること。例 今日《きょう》の仕事《しごと》は午後六時《ごごろくじ》で上がりだ。❸名詞 物《もの》ができ上《あ》がること。例 一丁《いっちょう》上がり。❹名詞 すごろくで、こまが最後《さいご》の場所《ばしょ》に進《すす》む

なると、相手《あいて》の欠点《けってん》も長所《ちょうしょ》に見《み》えるということ。

こと。また、その場所《ばしょ》。対 振《ふ》り出《だ》し。例 今日《きょう》は店《みせ》の上がり が少《すく》ない。

❺ 名詞 収入《しゅうにゅう》。売《う》り上《あ》げ。

❻ 接尾語（ほかのことばのあとにつけて）前《まえ》にその職業《しょくぎょう》、身分《みぶん》、状態《じょうたい》だったことを表《あらわ》す。例 雨《あめ》上がり／病《や》み上がりでまだ元気《げんき》がない。

あかりとり【明かり取り】 名詞 家《いえ》の中《なか》に光《ひかり》をとり入《い》れるための窓《まど》。明《あ》かり窓《まど》。

あかりまど【明かり窓】 ⇒23ジペーあかりとり

あがりゆ【上がり湯】 名詞 ふろから出《で》るときに体《からだ》にかける、きれいな湯《ゆ》。

あがる【上がる】

❶ 動詞 下《した》から上《うえ》へ行《い》く。例 階段《かいだん》を上がる／坂《さか》を上がる。対 下《お》りる。下《さ》がる。

❷ 動詞 ふろやプールなどから出《で》る。

❸ 動詞 船《ふね》から陸《りく》へ移《うつ》る。

❹ 動詞 緊張《きんちょう》して落《お》ち着《つ》きがなくなる。例 本番《ほんばん》の演奏《えんそう》で上がる。

❺ 動詞 上《うえ》の段階《だんかい》に進《すす》む。例 二《に》級《きゅう》に上がる／小学校《しょうがっこう》に上がる。対 落《お》ちる。

❻ 動詞 部屋《へや》へ入《はい》る。例 居間《いま》に上がる。

❼ 動詞「食《た》べる」「飲《の》む」の尊敬《そんけい》した言《い》い方《かた》。例 何《なに》を上がりますか。

❽ 動詞 続《つづ》いていたものごとが終《お》わる。例 雨《あめ》が上がる／この仕事《しごと》は、あと三日《みっか》で上がる。

❾ 動詞 大《おお》きな音《おと》や声《こえ》が起《お》こる。例 おどろきの声《こえ》が上がる。

❿ 動詞 さかんになる。望《のぞ》ましい結果《けっか》になる。例 意気《いき》が上がる／効果《こうか》が上がる。対 下《さ》がる。

⓫ 動詞 値打《ねう》ちや程度《ていど》などが高《たか》くなる。例 値段《ねだん》が上がる／温度《おんど》が上がる／人気《にんき》が上がる。対 下《さ》がる。落《お》ちる。

⓬ 動詞「行《い》く」のへりくだった言《い》い方《かた》。例 明《あ》日《す》、お祝《いわ》いに上がります。

⓭ 接尾語（ほかのことばのあとにつけて）…し終《お》わる。例 絵《え》がかき上がる。

⓮ 接尾語（ほかのことばのあとにつけて）すっかりそのようになる。例 晴《は》れ上がる。

使い方「上がる」と書《か》かないよう送《おく》りがなに注意《ちゅうい》。「上る」は「のぼる」と読《よ》む。

漢 ⇒630ジペーじょう〔上〕 ⇒ 使い分け

使い分け
あがる
上がる・挙がる
揚がる

上がる 下《した》から上《うえ》に動《うご》いたり移《うつ》ったりする。
「階段《かいだん》を上《あ》がる」

挙がる 手《て》やうでが上《うえ》にのびる。
「手《て》が挙《あ》がる」

揚がる 高《たか》いところや上《うえ》へ移《うつ》る。
「けむりが揚《あ》がる」

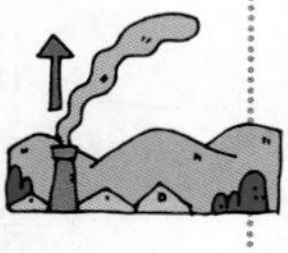

あがる【挙がる】 動詞

❶ 広《ひろ》く知《し》られるようになる。例 名《な》が挙がる。

❷ 犯人《はんにん》などがつかまる。例 犯人《はんにん》が挙がる。

❸ 証拠《しょうこ》などが見《み》つけ出《だ》される。

❹ 手《て》やうでなどが上《うえ》にのびる。例 クラス全員《ぜんいん》の手《て》が挙がった。

漢 ⇒352ジペーきょ〔挙〕 ⇒ 使い分け

あがる【揚がる】 動詞

❶ 空中《くうちゅう》の高《たか》いところへ移《うつ》る。例 花火《はなび》が揚がる。

❷ あげものができ上《あ》がる。例 てんぷらが揚がる。

⇒ 使い分け

あかるい【明るい】 形容詞

❶ 光《ひかり》の量《りょう》がじゅうぶんにあって、物《もの》がよく見《み》えている。例 南向《みなみむ》きの明るい部屋《へや》。対 暗《くら》い。

❷ 色《いろ》にくすんだ感《かん》じがなく、はっきりしているようす。例 明るい色《いろ》の服《ふく》。対 暗《くら》い。

❸ 晴《は》れ晴《ば》れとしている。楽《たの》しそうである。例 明るい性格《せいかく》。対 暗《くら》い。

❹ あるものごとについてよく知《し》っている。例 父《ちち》はこの町《まち》の歴史《れきし》に明るい。

❺ 希望《きぼう》が持《も》てるようす。例 見通《みとお》しが明るい。対 暗《くら》い。

漢 ⇒1299ジペーめい〔明〕

あかるみ【明るみ】 名詞

❶ 明《あか》るいところ。対 暗《くら》がり。

❷ 表立《おもてだ》ったところ。人々《ひとびと》に知《し》られるようなところ。例 かくされていた事実《じじつ》が明るみに出《で》た。

使い方 ❷で、「明《あか》るみに出《で》る」を「明《あか》るみになる」といわないよう注意《ちゅうい》。

あかるむ【明るむ】 動詞 明《あか》るくなる。例 東《ひがし》の空《そら》が明るむ。漢 ⇒1299ジペーめい〔明〕

ことわざ **あばたもえくぼ** あばた（天然痘《てんねんとう》のあとの皮膚《ひふ》のでこぼこ）がえくぼに見《み》えるように、好《す》きに

関連＝関係《かんけい》の深《ふか》いことば

あかんこ【阿寒湖】名詞 北海道《ほっかいどう》の東部《とうぶ》にある湖《みずうみ》。「まりも」という藻《も》が生育《せいいく》している。

あかんたい【亜寒帯】名詞 温帯《おんたい》と寒帯《かんたい》の間《あいだ》の地帯《ちたい》。冬《ふゆ》は長《なが》く厳《きび》しく、夏《なつ》は短《みじか》いが気温《きおん》は高《たか》い。日本《にほん》では北海道《ほっかいどう》がこれに当《あ》たる。「冷帯《れいたい》」ともいう。関連 熱帯《ねったい》。亜熱帯《あねったい》。温帯《おんたい》。寒帯《かんたい》。乾《かん》燥帯《そうたい》。

あかんべ 名詞 指《ゆび》で下《した》のまぶたを下《さ》げて、裏《うら》の赤《あか》いところを見《み》せること。また、そのときに言《い》うことば。相手《あいて》をからかったり、いやだという気持《きも》ちを表《あらわ》したりするときのしぐさ。「あかんべい」「あかんべえ」ともいう。

あかんぼう【赤ん坊】名詞 生《う》まれて間《ま》もない子《こ》。赤《あか》ちゃん。

あかんましゅうこくりつこうえん【阿寒摩周国立公園】名詞 北海道《ほっかいどう》の東部《とうぶ》にある国立公園《こくりつこうえん》。火山《かざん》の活動《かつどう》によってできた阿寒《あかん》湖《こ》・屈斜路湖《くっしゃろこ》・摩周湖《ましゅうこ》や、山《やま》、森《もり》など、豊《ゆた》かな自然《しぜん》が残《のこ》る。

あき【秋】名詞 季語秋 一年《いちねん》を四《よっ》つの季節《きせつ》に分《わ》けたうちの一《ひと》つ。日本《にほん》では、ふつう九《きゅう》・十《じゅう》・十《じゅう》一月《いちがつ》の三《さん》か月《げつ》をいう。対 春《はる》。関連 夏《なつ》。冬《ふゆ》。漢 ↓603ページ しゅう〔秋〕

あき【安芸】名詞 昔《むかし》の国《くに》の名《な》の一《ひと》つ。今《いま》の広島《ひろしま》県《けん》の西部《せいぶ》に当《あ》たる。

あき【飽き】名詞 同《おな》じことを続《つづ》けていやになること。例 このゲームには飽きがきた。

あき【空き・明き】名詞 ❶あいていること。空《から》っぽ。例 空きびん。❷ひま。例 空きの時間《じかん》に本《ほん》を読《よ》む。❸欠員《けついん》があること。例 チームには二《に》名《めい》の空きがある。

あきあかね【秋あかね】名詞 季語秋 赤《あか》とんぼのなかま。初夏《しょか》に羽化《うか》し、おとなになると体《からだ》が赤《あか》くなる。夏《なつ》に山《やま》の方《ほう》に移動《いどう》し、秋《あき》になると群《む》れて平地《へいち》におりてくる。

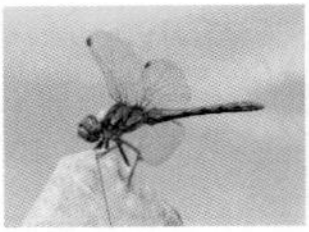
あきあかね

あきあき【飽き飽き】名詞 動詞 あきて、すっかりいやになること。うんざりすること。例 休《やす》みも長《なが》くなると飽き飽きする。

あきおしむ【秋惜しむ】季語秋 去《さ》っていく秋《あき》を残念《ざんねん》に思《おも》う。

あきかぜ【秋風】名詞 季語秋 秋《あき》にふく、少《すこ》し冷《つめ》たい風《かぜ》。

あきかん【空き缶】名詞 空《から》になったかん。

あきくさ【秋草】名詞 季語秋 秋《あき》に花《はな》がさく草《くさ》。

あきぐち【秋口】名詞 季語秋 秋《あき》の初《はじ》めごろ。例 秋口のすずしい風《かぜ》。使い方 この言《い》い方《かた》は秋《あき》だけで、「春口《はるぐち》」「夏口《なつぐち》」「冬口《ふゆぐち》」などとはいわないので注意《ちゅうい》。

あきさめ【秋雨】名詞 季語秋 秋《あき》に降《ふ》り続《つづ》く、冷《つめ》たい雨《あめ》。

あきさめぜんせん【秋雨前線】名詞 九月《くがつ》から十月《じゅうがつ》にかけて、日本付近《にほんふきん》にとどまって、長雨《ながあめ》を降《ふ》らせる前線《ぜんせん》。

あきす【空き巣】名詞 留守《るす》の家《いえ》をねらって入《はい》りこむどろぼう。「あきすねらい」の略《りゃく》。

あきたけん【秋田県】名詞 東北地方《とうほくちほう》の日本《にほん》海側《かいがわ》にある県《けん》。農業《のうぎょう》・林業《りんぎょう》がさかんで、秋田《あきた》杉《すぎ》などの産地《さんち》。県庁《けんちょう》は秋田市《あきたし》にある。

あきたへいや【秋田平野】名詞 秋田県《あきたけん》にある、日本海《にほんかい》に面《めん》する平野《へいや》。雄物川《おものがわ》が流《なが》れ、水田《すいでん》が多《おお》い。秋田市《あきたし》がある。

あきたりない【飽き足りない】形容詞 もの足《た》りない。満足《まんぞく》できない。例 あんなに遊《あそ》んでも、まだ飽き足りないようすだ。

あきち【空き地】名詞 使《つか》われていない土地《とち》。例 空き地にマンションが建《た》つ。

あきっぽい【飽きっぽい】形容詞 すぐにあきていやになってしまう。あきやすい。例 妹《いもうと》は飽きっぽいがピアノだけは長《なが》く続《つづ》けている。

あきない【商い】名詞 ❶物《もの》を売《う》ったり買《か》ったりすること。商売《しょうばい》。❷売上高《うりあげだか》。例 年末《ねんまつ》は商いが多《おお》い。

あきなう【商う】動詞 売《う》り買《か》いをする。商売《しょうばい》をする。例 昔《むかし》から瀬戸物《せともの》を商う店《みせ》。漢 ↓629ページ しょう〔商〕

あきのか【秋の蚊】季語秋 秋《あき》になっても生《い》き残《のこ》っている蚊《か》。

あきのくれ【秋の暮れ】季語秋 ❶秋《あき》の夕暮《ゆうぐ》れ。❷秋《あき》の終《お》わりごろ。晩秋《ばんしゅう》。

あきのななくさ【秋の七草】名詞 季語秋 秋《あき》の野山《のやま》にさく七種類《ななしゅるい》の草《くさ》。はぎ・すすき（＝おばな）・くず・おみなえし・ふじばかま・な

ということから、あれもこれもと欲張《よくば》ると、どれもうまくいかないことをいう。

でしこ・ききょう。関連 春《はる》の七草《ななくさ》。

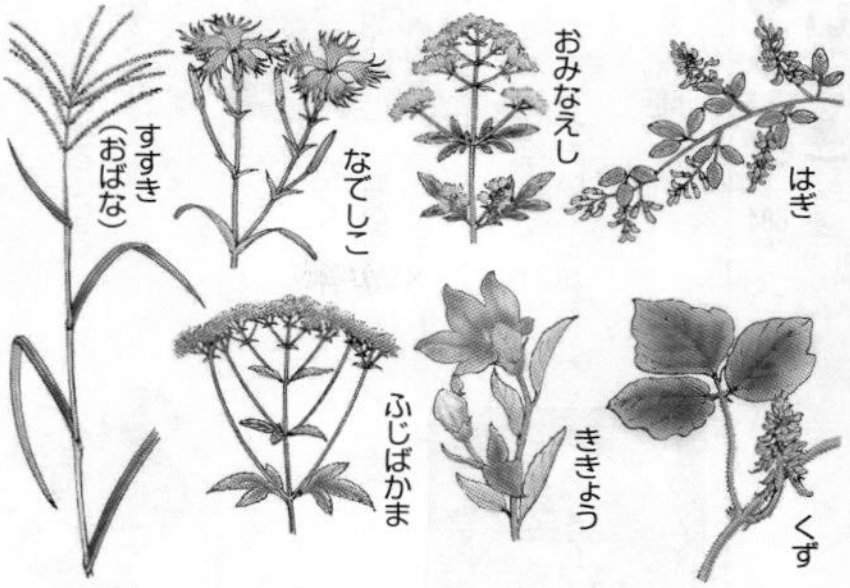

あきのななくさ

あきのよなが【秋の夜長】 秋《あき》の夜《よる》が長《なが》く感《かん》じられること。例 秋の夜長に読書《どくしょ》を楽《たの》しむ。

あきばこ【空き箱】 名詞 中《なか》に物《もの》の入《はい》っていない箱《はこ》。からばこ。例 お菓子《かし》の空き箱。

あきばれ【秋晴れ】 名詞 季語 秋 秋《あき》の空《そら》が青《あお》く晴《は》れわたること。

あきびより【秋日和】 名詞 季語 秋 空《そら》が青《あお》くすんで、よく晴《は》れわたった秋《あき》らしい天気《てんき》。

あきまつり【秋祭り】 名詞 季語 秋 秋《あき》に行《おこな》われる祭《まつ》り。秋《あき》に実《みの》った農作物《のうさくぶつ》を神《かみ》にささげ、感《かん》謝《しゃ》する祭《まつ》り。

あきめく【秋めく】 動詞 季語 秋 秋《あき》らしくなる。例 最近《さいきん》は野山《のやま》も秋めいてきた。

あきや【空き家】 名詞 人《ひと》の住《す》んでいない家《いえ》。

あきよしだい【秋吉台】 名詞 山口県西部《やまぐちけんせいぶ》にある、石灰岩《せっかいがん》でできた台地《だいち》。日本最大《にほんさいだい》のカルスト地形《ちけい》。特別天然記念物《とくべつてんねんきねんぶつ》に指定《してい》されている、しょう乳洞《にゅうどう》の秋芳洞《あきよしどう》がある。

あきらか【明らか】 形容動詞 はっきりしているようす。例 問題点《もんだいてん》を明らかにする。漢 ↓1299ジペー めい〔明〕

あきらめる【諦める】 動詞 もうだめだと思《おも》ってやめる。思《おも》いきってやめる。例 次《つぎ》のバスには間《ま》に合《あ》いそうもないので諦めた。

あきる【飽きる】 動詞 ❶じゅうぶんすぎて、それ以上《いじょう》ほしくなくなる。例 おもちを飽きるほど食《た》べた。❷同《おな》じようなものごとが長《なが》く続《つづ》いて、いやになる。例 勉強《べんきょう》に飽きる／長《なが》い映画《えいが》に飽きる。

あきれかえる【あきれ返る】 動詞 あまりにひどいので、すっかりあきれる。あきれ果《は》てる。例 散《ち》らかった部屋《へや》を見《み》て、あきれ返る。

アキレスけん 名詞 ❶かかとの上《うえ》の太《ふと》い筋《すじ》で、歩《ある》くのに大切《たいせつ》な部分《ぶん》。図 ↓287ジペー からだ ❷ただ一《ひと》つの弱点《じゃくてん》。

ことば ❷は、ギリシャ神話《しんわ》の不死身《ふじみ》の英雄《えいゆう》アキレスが、ただ一《ひと》つの弱点《じゃくてん》であるかかとの上《うえ》を射《い》られて死《し》んだという伝説《でんせつ》からきたことば。

あきれはてる【あきれ果てる】 ↓25ジペー あきれかえる

あきれる 動詞 思《おも》いがけないことや、程度《ていど》のひどいことにおどろく。あっけにとられる。例 一人《ひとり》で全部《ぜんぶ》食《た》べたとはあきれたやつだ。

あきんど 名詞 「商人《しょうにん》」の古《ふる》い言《い》い方《かた》。

あく 名詞 ❶灰《はい》を水《みず》にひたしたときの、上側《うえがわ》のすんだ水《みず》。洗濯《せんたく》や染《そ》め物《もの》をするときに使《つか》われる。❷植物《しょくぶつ》の中《なか》にふくまれているしぶみ。例 ごぼうのあくをぬく。❸人《ひと》の性質《せいしつ》や文章《ぶんしょう》などに感《かん》じられる、くせやどぎつさ。例 あくの強《つよ》い人《ひと》。

あく【悪】 名詞 悪《わる》いこと。人《ひと》として、してはいけないようなよくないこと。例 悪を憎《にく》む／悪の道《みち》に入《はい》る。対 善《ぜん》。

漢 **あく【悪】**〔心《こころ》〕 11画 3年 音 アク・オ 訓 わるい

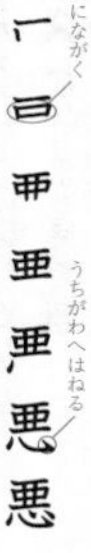

❶わるい。ただしくない。例 悪意《あくい》／悪事《あくじ》／悪人《あくにん》／悪者《わるもの》／罪悪《ざいあく》／善悪《ぜんあく》。対 善《ぜん》。❷みにくい。いやな。例 悪臭《あくしゅう》／悪寒《おかん》。❸おとっている。へたな。例 悪筆《あくひつ》／悪文《あくぶん》。❹ひどい。くるしい。例 悪戦苦闘《あくせんくとう》。❺にくむ。いやだと思《おも》う。例 嫌悪《けんお》／好悪《こうお》／憎悪《ぞうお》。

あく【明く】 動詞 開《ひら》いて明《あか》るくなる。はっきり見《み》えるようになる。例 赤《あか》ちゃんの目《め》が明く。漢 ↓1299ジペー めい〔明〕 ↓26ジペー 使い分け

あく【空く】 動詞 ❶空《から》になる。例 部屋《へや》が空く／コップが空く。対 塞《ふさ》がる。

ことわざ **あぶ蜂《はちと》取らず** あぶと蜂《はち》の両方《りょうほう》を一度《いちど》につかまえようとして、結局《けっきょく》どちらもにがしてしまう

❷すきまができる。穴《あな》ができる。例 空いたところをつめる。対 塞《ふさ》がる。
❸ひまになる。例 手《て》が空く／時間《じかん》が空く。対 塞《ふさ》がる。
❹使《つか》わなくなる。例 掃除機《そうじき》が空く。対 塞《ふさ》がる。
❺欠員《けついん》ができる。例 委員長《いいんちょう》の席《せき》が空く。
漢 ↓377ジペー くう〔空〕 ↓ 使い分け

あく【開く】 動詞 閉《し》まっていたものがひらく。例 戸《と》が開く。対 閉《し》まる。漢 ↓219ジペー かい〔開〕
↓ 使い分け

使い分け
あく
明く・空く・開く

明く 開《ひら》いて明《あか》るくなる。「目《め》が明《あ》く」

空く 空《から》になる。「席《せき》が空《あ》く」

開く その場所《ばしょ》をふさいでいたとびら・ふた・おおいなどがなくなる。「カーテンが開《あ》く」

アクアラング ↓684ジペー スキューバ

あくい【悪意】 名詞 ❶相手《あいて》に悪《わる》いことをしようとする心《こころ》。人《ひと》をにくむ気持《きも》ち。例 悪意のないいたずら。対 善意《ぜんい》。❷悪《わる》い意味《いみ》。例 ほめるつもりで言《い》ったことが悪意にとられた。対 善意《ぜんい》。

あくうん【悪運】 名詞 ❶運《うん》が悪《わる》いこと。例 悪運が続《つづ》く。❷悪《わる》いことをしてもそのばつを受《う》けずに栄《さか》える運《うん》。例 悪運の強《つよ》い人《ひと》。

あくじ【悪事】 名詞 悪《わる》い行《おこな》い。
● **悪事千里を走る**《あくじせんりをはしる》 ↓891ジペー 故事成語

あくしつ【悪質】 名詞 形容動詞 ❶品物《しなもの》などの質《しつ》が悪《わる》いこと。例 悪質な材料《ざいりょう》。対 良質《りょうしつ》。❷たちがよくないこと。例 悪質ないたずら。

あくしゅ【握手】 名詞 動詞 あいさつや、親《した》しみを表《あらわ》すなどのために、手《て》をにぎり合《あ》うこと。

あくしゅう【悪臭】 名詞 いやなにおい。対 芳香《ほうこう》。

あくしゅう【悪習】 名詞 悪《わる》い習慣《しゅうかん》。例 悪習に染《そ》まる。類 悪風《あくふう》。

あくじゅんかん【悪循環】 名詞 あるものごとが悪《わる》いせいでほかのものごとが悪《わる》くなるというように、たがいにえいきょうしあって、どんどん悪《わる》くなること。例 夜《よる》おそくまで起《お》きていて朝起《あさお》きられず、そのせいでねるのがおそくなる、という悪循環におちいる。

あくしょ【悪書】 名詞 読《よ》む人《ひと》に悪《わる》いえいきょうをあたえる本《ほん》。例 悪書追放運動《ついほううんどう》。対 良書《りょうしょ》。

アクション (action) 名詞 動作《どうさ》。行動《こうどう》。とくに、映画《えいが》やドラマで、激《はげ》しい動《うご》きの演技《えんぎ》。例 アクション映画《えいが》。

あくせい【悪声】 名詞 聞《き》くのがいやだと感《かん》じる声《こえ》。悪《わる》い声《こえ》。対 美声《びせい》。

あくせい【悪性】 名詞 形容動詞 病気《びょうき》などの性質《せいしつ》が悪《わる》いこと。例 悪性のかぜ。対 良性《りょうせい》。

あくせい【悪政】 名詞 人々《ひとびと》を苦《くる》しめるような悪《わる》い政治《せいじ》。対 善政《ぜんせい》。

あくせく【と】 副詞 動詞 小《ちい》さいことに追《お》われて、いそがしくするようす。例 毎日《まいにち》あくせくと働《はたら》く。

アクセサリー (accessory) 名詞 ❶身《み》に着《つ》けるかざり。ネックレス・指輪《ゆびわ》など。❷車《くるま》やカメラなどの機械《きかい》の付属品《ふぞくひん》。

アクセス (access) 名詞 動詞 ❶目的地《もくてきち》までの交通《こうつう》の手段《しゅだん》。例 空港《くうこう》からのアクセスがよい。❷コンピューターで、情報《じょうほう》をとり出《だ》したり書《か》きこんだりすること。例 ホームページにアクセスする。

アクセル 名詞 自動車《じどうしゃ》のしかけ。足《あし》でふんで速《はや》さを変《か》える。ことば 英語《えいご》をもとに日本《にほん》で作《つく》られたことば。

あくせんくとう【悪戦苦闘】 名詞 動詞 苦《くる》しい立場《たちば》で、死《し》にものぐるいでたたかうこと。例 なんとか問題《もんだい》を解決《かいけつ》しようと悪戦苦闘する。

アクセント (accent) 名詞 ❶一《ひと》つのことばの中《なか》で、高《たか》く言《い》ったり強《つよ》めて言《い》ったりするところ。たとえば、同《おな》じ「はし」でも「橋《はし》」のときは「し」に、食事《しょくじ》で使《つか》う「は

あとは、かえって前《まえ》よりもよい状態《じょうたい》になるということ。

し」のときは「は」にアクセントがある。❷全体《ぜんたい》の調子《ちょうし》の中《なか》で、とくに強《つよ》めるところ。[例]ブローチで服装《ふくそう》にアクセントをつける。音楽《おんがく》や絵《え》、服装《ふくそう》などについていう。

あくた　[名詞]「ごみ」「ちり」の古《ふる》い言《い》い方《かた》。

あくたい【悪態】　[名詞]悪口《わるくち》。にくまれ口《ぐち》。[例]悪態をつく（＝言《い》う）。

あくたがわりゅうのすけ【芥川龍之介】　[名詞]（一八九二～一九二七）小説家《しょうせつか》。「鼻《はな》」「羅生門《らしょうもん》」「地獄変《じごくへん》」「くもの糸《いと》」などの小説《しょうせつ》を書《か》いたが、一九二七年《ねん》に自殺《じさつ》した。

あくたれ【悪たれ】　[名詞]人《ひと》のいやがることをしたり悪口《わるくち》を言《い》ったりすること。[例]悪たれ小《こ》僧《ぞう》。

あくてんこう【悪天候】　[名詞]悪《わる》い天気《てんき》。

あくどい　[形容詞]❶色《いろ》や味《あじ》などがしつこくて、いやな感《かん》じがする。[例]あくどい色《いろ》の服《ふく》。[類]どぎつい。❷やり方《かた》がひどい。[例]あくどいいたずら。

あくとう【悪党】　[名詞]悪者《わるもの》の仲間《なかま》。また、悪《わる》いことをする人《ひと》。[類]悪人《あくにん》。

あくとく【悪徳】　[名詞]人《ひと》の道《みち》にそむいた悪《わる》い心《こころ》や行《おこな》い。[例]悪徳商人《しょうにん》。[対]美徳《びとく》。

あくにん【悪人】　[名詞]行《おこな》いや心《こころ》の悪《わる》い人《ひと》。悪《わる》者《もの》。[類]悪党《あくとう》。[対]善人《ぜんにん》。

-あぐねる　[接尾語]（ほかのことばのあとにつけて）ものごとがどうにもならなくていやになる。持《も》て余《あま》す。あぐむ。[例]自分《じぶん》の将来《しょうらい》について思《おも》いあぐねる／探《さが》しあぐねる。

あくび　[名詞]❶ねむくなったときや、退屈《たいくつ》なときに、ひとりでに出《で》る深《ふか》い呼吸《こきゅう》。❷「欠」のこと。漢字《かんじ》の部首《ぶしゅ》の一《ひと》つ。次・欲・歌などの漢字《かんじ》を作《つく》る。

[ことば]❶は、漢字《かんじ》では「欠伸」と書《か》く。

あくひつ【悪筆】　[名詞]字《じ》が下手《へた》なこと。また、下手《へた》な字《じ》。[対]達筆《たっぴつ》。

あくひょう【悪評】　[名詞]悪《わる》い評判《ひょうばん》。[例]悪評が立《た》つ。[類]不評《ふひょう》。[対]好評《こうひょう》。

あくふう【悪風】　[名詞]悪《わる》い風習《ふうしゅう》。悪《わる》い習慣《しゅうかん》。[例]悪風を改《あらた》める。[類]悪習《あくしゅう》。[対]美風《びふう》。

あくぶん【悪文】　[名詞]下手《へた》な文章《ぶんしょう》。意味《いみ》がよくわからない文章《ぶんしょう》。[対]名文《めいぶん》。

あくま【悪魔】　[名詞]人《ひと》の心《こころ》を迷《まよ》わし、悪《わる》いことをさせる魔物《まもの》。

あくまで【も】　[副詞]どこまでも。最後《さいご》まで。[例]約束《やくそく》は、あくまでも守《まも》る。

あくみょう【悪名】　⇩27ジベー あくめい

あくむ【悪夢】　[名詞]いやな夢《ゆめ》。おそろしい夢《ゆめ》。[例]悪夢にうなされる。[ことば]ほんとうにあったとは思《おも》いたくない、いやなことやこわいことをたとえていうこともある。

●**悪夢《あくむ》から覚《さ》める**　これまでのまちがった考《かんが》えや行《おこな》いに気《き》づいて、もとに返《かえ》る。

-あぐむ　[接尾語]（ほかのことばのあとにつけて）うまくいかず、いやになる。持《も》て余《あま》す。あぐねる。[例]相手《あいて》の守《まも》りがかたく、せめあぐんだ。

あくめい【悪名】　[名詞]悪《わる》い評判《ひょうばん》。よくないうわさ。「あくみょう」ともいう。[例]日本《にほん》の通勤《つうきん》電車《でんしゃ》のひどい混雑《こんざつ》は世界《せかい》でも悪名が高《たか》い。

あくやく【悪役】　[名詞]映画《えいが》や演劇《えんげき》などで、悪《あく》人《にん》の役《やく》がら。また、それを演《えん》じる人《ひと》。敵役《かたきやく》。

あくゆう【悪友】　[名詞]悪《わる》い友《とも》だち。ためにならない友《とも》だち。[対]良友《りょうゆう》。[ことば]親《した》しみをこめて、仲《なか》のよい友《とも》だちのことをいうこともある。

あくよう【悪用】　[名詞][動詞]正《ただ》しい目的《もくてき》や使《つか》い方《かた》から外《はず》れて、悪《わる》いことのために使《つか》うこと。[例]この政治家《せいじか》は地位《ちい》を悪用してたいほされた。

あぐら　[名詞]足《あし》をこしの前《まえ》に組《く》んですわること。また、その姿勢《しせい》。

●**あぐらをかく**　❶足《あし》をこしの前《まえ》に組《く》んですわる。❷いい気《き》になって、努力《どりょく》しようとしない。[例]人気《にんき》の上《うえ》にあぐらをかいていてはいけない。

[使い方]❷は、「…の上《うえ》にあぐらをかく」の形《かたち》で使《つか》う。

あくらつ【悪辣】　[形容動詞]やり方《かた》が、悪《わる》くてひどいこと。あくどいこと。[例]悪辣な手段《しゅだん》。

あくりょく【握力】　[名詞]手《て》で物《もの》をにぎる力《ちから》。[例]握力計《けい》。

アクリルせんい【アクリル繊維】　[名詞]合《ごう》成繊維《せいせんい》の一《ひと》つ。羊毛《ようもう》のようにふっくらとして、しわになりにくい。毛布《もうふ》やセーターなどに使《つか》われる。

あくる【明くる】　[連体詞]その年月日《ねんがっぴ》などの次《つぎ》の。翌《よく》。[例]明くる朝《あさ》／明くる年《とし》。[漢]⇩1299ジベー めい〔明〕

あいうえお　かきくけこ　さしすせそ　たちつてと　なにぬねの　はひふへほ　まみむめも　やゆよ　らりるれろ　わをん

ことわざ　**雨降《あめふ》って地固《じかた》まる**　雨《あめ》が降《ふ》ったあとは地面《じめん》がしっかりと固《かた》まるように、もめごとなどがあった

アクロバット (acrobat) 名詞 空中《くうちゅう》で回転《かいてん》したりするような難《むずか》しい動《うご》きを身軽《みがる》に行《おこな》うわざ。曲芸《きょくげい》。例 アクロバット飛行《ひこう》。

あげ【揚げ】 名詞 「あぶらあげ」の略《りゃく》。

あげあしをとる【揚げ足を取る】 人《ひと》の細《こま》かい言《い》いまちがいなどを大《おお》げさにとり上《あ》げて、からかったり、困《こま》らせたりする。例 いちいち揚げ足を取られては、話《はなし》ができないよ。類 言《こと》葉尻《ばじり》を捕《と》らえる。ことば すもうなどで、相手《あいて》のあげた足《あし》をとってたおすことからきたことば。

あけがた【明け方】 名詞 夜明《よあ》けごろ。類 暁《あかつき》。あけぼの。対 暮《く》れ方《がた》。

あげく【挙げ句・揚げ句】 名詞 ものごとの終《お》わり。あることをした結果《けっか》。例 さんざん迷《まよ》ったあげく、最初《さいしょ》に見《み》つけた商品《しょうひん》を買《か》った。使い方 ふつうかな書《が》きにする。ことば もとは、連歌《れんが》(=短歌《たんか》の上《かみ》の句《く》と下《しも》の句《く》を交互《こうご》によんでいく長《なが》い歌《うた》)などの最後《さいご》の句を指《さ》すことば。

●**あげくの果《は》て** …の末《すえ》。結局《けっきょく》。例 さんざんさわぎ、あげくの果てには泣《な》き出《だ》した。

あけくれ【明け暮れ】 ❶ 名詞 夜明《よあ》けと夕暮《ゆうぐ》れ。朝《あさ》と晩《ばん》。❷ 副詞 明《あ》けても暮《く》れても。いつも。例 夏休《なつやす》みは、明け暮れ野球《やきゅう》ばかりしていた。

あげしお【上げ潮】 名詞 ❶海《うみ》の水《みず》が満《み》ちてくること。満《み》ちしお。❷調子《ちょうし》がよくなること。例 上げ潮に乗《の》る。

あけすけ 形容動詞 ふつうなら言《い》いにくいようなことを、かくさずにはっきりと表《あらわ》すようす。例 なんでもあけすけに話《はな》す。

あげぞこ【上げ底】 名詞 中身《なかみ》がたくさん入《はい》っているように見《み》せるため、入《い》れ物《もの》の底《そこ》が高《たか》くなっているもの。

あけそめる【明け初める】 動詞 夜《よ》が明《あ》け始《はじ》める。例 東《ひがし》の空《そら》が明け初める。

あけたて【開けたて】 名詞 動詞 戸《と》や窓《まど》、障《しょう》子《じ》などを、開《あ》けたり閉《し》めたりすること。例 戸《と》の開けたては静《しず》かにしよう。

あけちみつひで【明智光秀】 名詞 (一五二八ごろ～一五八二) 戦国時代《せんごくじだい》の武将《ぶしょう》。仕《つか》えていた織田信長《おだのぶなが》を本能寺《ほんのうじ》で自殺《じさつ》に追《お》いこんだが、豊臣《とよとみ》秀吉《ひでよし》との戦《たたか》いに敗《やぶ》れて殺《ころ》された。

あけっぱなし【開けっ放し】 ❶ 名詞 戸《と》や窓《まど》、ふたなどを、開《あ》けたままにしておくこと。例 窓《まど》を開けっ放しにする。❷ 名詞 形容動詞 気持《きも》ちや考《かんが》えをかくさないこと。例 兄《あに》は開けっ放しな性格《せいかく》だ。類 開《あ》けっ広《びろ》げ。

あけっぴろげ【開けっ広げ】 形容動詞 ほかの人《ひと》に対《たい》して、気持《きも》ちや考《かんが》えなどをかくさないようす。例 開けっ広げな態度《たいど》。類 開《あ》けっ放《ばな》し。

あげて【挙げて】 副詞 残《のこ》らずすべて。例 児童《じどう》たちは、新任《しんにん》の先生《せんせい》を挙げてかんげいした。

あけてもくれても【明けても暮れても】 毎日《まいにち》。いつもいつも。例 弟《おとうと》は明けても暮れても本《ほん》ばかり読《よ》んでいる。

あけのみょうじょう【明けの明星】 名詞 明《あ》け方《がた》、東《ひがし》の空《そら》に明《あか》るくかがやいて見《み》える金《きん》星《せい》。対 宵《よい》の明星《みょうじょう》。

あげはちょう 名詞 季語夏 ちょうのなかま。幼《よう》虫《ちゅう》はいも虫形《むしがた》で、成虫《せいちゅう》は大《おお》きく美《うつく》しいものが多《おお》い。

あけはなす【開け放す】 動詞 戸《と》や窓《まど》などを、いっぱいに開《あ》ける。開《あ》け放《はな》つ。例 窓《まど》を開け放す。

あけはなつ【開け放つ】 ⇒28ジベー あけはなす

あけび 名詞 季語秋 山《やま》に生《は》える、つるのある植物《しょくぶつ》。秋《あき》、卵形《たまごがた》のあまい実《み》がなる。

あげはちょう

あけび

あけぼの 名詞 ❶夜《よ》が明《あ》けるころ。類 暁《あかつき》。明《あ》け方《がた》。❷新《あたら》しいものごとや時代《じだい》の始《はじ》まり。例 二十一世紀《にじゅういっせいき》のあけぼの。

あげもの【揚げ物】 名詞 油《あぶら》であげた食品《しょくひん》。てんぷら・フライ・からあげなど。

あける【明ける】 動詞 ❶朝《あさ》になる。例 夜《よ》が明ける。対 暮《く》れる。❷新《あたら》しい年《とし》になる。例 年《とし》が明ける。対 暮《く》れる。❸ある期間《きかん》が終《お》わる。例 梅雨《つゆ》が明ける。
漢 ⇒1299ジベー めい〔明〕

あける【空ける】 動詞 ❶すきまをつくる。穴《あな》をつくる。例 席《せき》を空ける。対 塞《ふさ》ぐ。
❷空《から》にする。例 コップの水《みず》を空ける。
❸ひまをつくる。例 時間《じかん》を空ける。
漢 ↓377ページ くう〔空〕

あける【開ける】 動詞 閉《し》めてあるものをひらく。例 戸《と》を開ける／店《みせ》を開ける。対 閉《し》める。
漢 ↓219ページ かい〔開〕

あげる【上げる】
❶動詞 上《うえ》に移《うつ》す。上《うえ》へやる。例 かばんをたなに上げる／頭《あたま》を上げる。対 下《さ》げる。下《お》ろす。
❷動詞 上《うえ》の段階《だんかい》に進《すす》める。例 補欠《ほけつ》の選手《せんしゅ》をレギュラーに上げる。
❸動詞 終《お》わらせる。例 仕事《しごと》を上げる。
❹動詞 大《おお》きな音《おと》や声《こえ》を立《た》てる。例 大声《おおごえ》を上げる。
❺動詞 勢《いきお》いなどをさかんにする。望《のぞ》ましい結《けっ》果《か》を得《え》る。例 意気《いき》を上げる／効果《こうか》を上げる。
❻動詞 値打《ねう》ちや程度《ていど》などを高《たか》くする。例 値段《ねだん》を上げる／温度《おんど》を上げる。対 下《さ》げる。落《お》とす。
❼動詞 神《かみ》や仏《ほとけ》に供《そな》える。例 神棚《かみだな》に水《みず》を上げる。
❽動詞 「やる」のていねいな言《い》い方《かた》。例 きみにこの本《ほん》を上げる。
❾動詞 食《た》べた物《もの》をもどす。はく。
❿動詞 (「…てあげる」の形《かたち》で)「…てやる」のていねいな言《い》い方《かた》。例 妹《いもうと》と遊《あそ》んであげる。
⓫接尾語 (ほかのことばのあとにつけて)…し終《お》える。例 作文《さくぶん》を書《か》き上げる。
使い方 ❽❿は、目上《めうえ》の人《ひと》に対《たい》しては「差《さ》し上《あ》げる」を使《つか》う。❿は、ふつうかな書《が》きにする。
漢 ↓630ページ じょう〔上〕

あげる【挙げる】 動詞
❶手《て》やうでなどを上《うえ》の方《ほう》にやる。例 手《て》を挙げる。
❷たくさんある中《なか》からとり出《だ》して示《しめ》す。例 例《れい》を挙げて説明《せつめい》する。
❸式《しき》などをする。例 結婚式《けっこんしき》を挙げる。
❹力《ちから》などを全部《ぜんぶ》出《だ》す。例 町《まち》を挙げて祝《いわ》う。
❺犯人《はんにん》などをつかまえる。例 犯人《はんにん》を挙げる。
❻戦《たたか》いを起《お》こす。例 兵《へい》を挙げる。
漢 ↓352ページ きょ〔挙〕

あげる【揚げる】 動詞
❶空中《くうちゅう》の高《たか》いところへ移《うつ》す。例 たこを揚げる。
❷熱《あつ》い油《あぶら》の中《なか》であげものをつくる。例 てんぷらを揚げる。
❸海《うみ》や船《ふね》などから陸地《りくち》に移《うつ》す。例 港《みなと》で、船《ふね》から荷物《にもつ》を揚げる。

あけわたす【明け渡す】 動詞 今《いま》までいたところをはなれて、ほかの人《ひと》にわたす。例 首位《しゅい》の座《ざ》を明け渡す。

あご【顎】 名詞
❶口《くち》の上下《じょうげ》の部分《ぶぶん》。物《もの》をかむはたらきをする。
❷口《くち》の下《した》の部分《ぶぶん》。下《した》あご。例 顎ひげ。図↓
235ページ かお
● **顎《あご》で使《つか》う** いばった態度《たいど》で人《ひと》を使《つか》う。
● **顎《あご》を出《だ》す** ひどくつかれる。へたばる。

アコーディオン (accordion) 名詞 鍵盤楽器《けんばんがっき》の一《ひと》つ。手《て》で空気《くうき》を出《だ》し入《い》れしながら音《おと》を出《だ》す。

あこがれ【憧れ】 名詞 心《こころ》がそのほうへ強《つよ》く引《ひ》きつけられること。例 憧れの舞台《ぶたい》に立《た》つ。
● **憧《あこが》れの的《まと》** 心《こころ》を強《つよ》く引《ひ》きつけるものごとや人《ひと》。例 この選手《せんしゅ》はみんなの憧れの的だ。

あこがれる【憧れる】 動詞 あることがらや人《ひと》に強《つよ》く心《こころ》を引《ひ》かれて、それに近《ちか》づきたい、そうなりたいと思《おも》う。例 人気歌手《にんきかしゅ》に憧れる。

あこぎ 形容動詞 ひどいことやずうずうしいことを、平気《へいき》でするようす。欲《よく》が深《ふか》く思《おも》いやりがないようす。例 あこぎな商売《しょうばい》をして人々《ひとびと》を苦《くる》しめる。ことば 昔《むかし》、阿漕《あこぎ》が浦《うら》(今《いま》の三重県《みえけん》の地《ち》名《めい》)で、漁師《りょうし》が何度《なんど》も密漁《みつりょう》をしてつかまったという伝説《でんせつ》からきたことば。

あこやがい【あこや貝】 名詞 暖《あたた》かい海《うみ》にすむ二枚貝《にまいがい》の一《ひと》つ。体内《たいない》に真珠《しんじゅ》ができる。真珠《しんじゅ》貝《がい》。図↓219ページ かい〔貝〕

あさ【麻】 名詞 季語 夏 くきの皮《かわ》からせんいをとる、草《くさ》の一《ひと》つ。夏《なつ》に花《はな》が開《ひら》く。高《たか》さ一《いち》〜三《さん》メートル。実《み》は鳥《とり》のえさになる。

あさ【朝】 名詞 夜《よ》が明《あ》けてからしばらくの間《あいだ》。また、夜明《よあ》けから昼《ひる》までの間《あいだ》。午前中《ごぜんちゅう》。例 朝日《ひ》／朝焼《や》け。対 夕《ゆう》。漢 ↓844ページ ちょう〔朝〕

あざ 名詞 皮膚《ひふ》の、黒《くろ》・赤《あか》・青《あお》などの色《いろ》になっているところ。例 ぶつけてあざができる。

あざ【字】 名詞 町《まち》や村《むら》をさらに小《ちい》さく分《わ》けた地《ち》域《いき》の名《な》まえ。漢 ↓553ページ じ〔字〕

あさい【浅い】 形容詞
❶表面《ひょうめん》から底《そこ》までの間《あいだ》が短《みじか》い。例 浅い川《かわ》／浅い皿／底《そこ》が浅いなべ。対 深《ふか》い。

ことわざ　案《あん》ずるより産《う》むがやすし　赤《あか》んぼうを産《う》む前《まえ》はあれこれと心配《しんぱい》するものだが、いざとなれば思《おも》

❷色《いろ》がうすい。例 林《はやし》の緑《みどり》が浅い。対 深《ふか》い。❸少《すく》ない。足《た》りない。例 考《かんが》えが浅い。対 深《ふか》い。❹日数《にっすう》がたっていない。例 転校《てんこう》してきてまだ日《ひ》が浅い。

漢 **あさ-い**【浅】〔氵《さんずい》〕9画 4年 音 セン 訓 あさい

、 氵 氵 氵 浅 浅 浅 （三《さん》ぼん）（上へはねる）

❶あさい。表面《ひょうめん》から底《そこ》までの間《あいだ》がみじかい。例 浅瀬《あさせ》／遠浅《とおあさ》。❷色《いろ》がうすい。例 浅黒《あさぐろ》い。

あさいち【朝市】名詞 朝早《あさはや》く、道《みち》ばたや広場《ひろば》で開《ひら》かれる野菜《やさい》や魚《さかな》などの市《いち》。

あさおき【朝起き】↓1077ジベー はやおき

あさがお【朝顔】名詞 季語秋 庭《にわ》やはちに植《う》えるつる草《くさ》の一《ひと》つ。夏《なつ》の朝早《あさはや》くに、青《あお》・白《しろ》・むらさき・赤《あか》などのらっぱ形《がた》の花《はな》が開《ひら》き、昼前《ひるまえ》にしぼむ。つるの長《なが》さは三《さん》メートルくらいになる。

あさがお

あさがた【朝方】名詞 朝《あさ》の早《はや》いころ。対 夕方《ゆうがた》。

あさぎいろ【浅ぎ色】名詞 少《すこ》し緑《みどり》がかったうすい青色《あおいろ》。例 浅ぎ色の帯《おび》をしめる。ことば 漢字《かんじ》では「浅葱色」と書《か》く。「うすいね

あさぎいろ

ぎの葉《は》の色《いろ》」という意味《いみ》からきた呼《よ》び名《な》。

あさぎり【朝霧】名詞 季語秋 朝《あさ》、立《た》ちこめるきり。関連 夕霧《ゆうぎり》。夜霧《よぎり》。

あさぐろい【浅黒い】形容詞 皮膚《ひふ》の色《いろ》などが少《すこ》し黒《くろ》い。例 日焼《ひや》けした浅黒い顔《かお》。

あさげ【朝げ】名詞「朝食《ちょうしょく》」の古《ふる》い言《い》い方《かた》。関連 昼《ひる》げ。夕《ゆう》げ。ことば「げ」は食事《しょくじ》のこと。

あざける【嘲る】動詞 ばかにして笑《わら》ったり、悪口《わるくち》を言《い》ったりする。例 臆病者《おくびょうもの》だと嘲る。

あさごはん【朝御飯】名詞 朝《あさ》の食事《しょくじ》。朝《ちょう》食《しょく》。

あさすず【朝涼】名詞 季語夏 夏《なつ》の朝方《あさがた》のすずしいとき。

あさせ【浅瀬】名詞 海《うみ》や川《かわ》の浅《あさ》いところ。例 船《ふね》が浅瀬に乗《の》り上《あ》げる。

あさって名詞 あしたの次《つぎ》の日《ひ》。明後日《みょうごにち》。対 おととい。

あさっぱら【朝っぱら】名詞 朝早《あさはや》く。例 朝っぱらから車《くるま》の音《おと》がさわがしい。使い方 少《すこ》し乱暴《らんぼう》な言《い》い方《かた》。ことば「朝食前《ちょうしょくまえ》の腹《はら》のすいているとき」という意味《いみ》からきたことば。

あさつゆ【朝露】名詞 季語秋 朝《あさ》、草《くさ》の葉《は》などにたまっているつゆ。例 朝露が降《お》りる。対 夜露《よつゆ》。

あさなぎ【朝なぎ】名詞 季語夏 海辺《うみべ》で、朝《あさ》、陸《りく》からふく風《かぜ》が海《うみ》からふく風《かぜ》に入《い》れかわる間《あいだ》に、一時《いちじ》風《かぜ》がやんで波《なみ》がおだやかになること。対 夕《ゆう》なぎ。

あさなゆうな【朝な夕な】副詞 朝《あさ》も晩《ばん》もいつも。例 祖父《そふ》は朝な夕なおいのりをする。

あさね【朝寝】名詞 動詞 季語春 朝《あさ》おそくまでねていること。例 休日《きゅうじつ》はいつも朝寝する。

あさねぼう【朝寝坊】名詞 朝《あさ》おそくまでねていること。また、その人《ひと》。

あさはか【浅はか】形容動詞 考《かんが》えが足《た》りないようす。例 ぼくの考《かんが》えが浅はかだった。

あさはん【朝飯】↓31ジベー あさめし

あさばん【朝晩】❶名詞 朝《あさ》と晩《ばん》。例 朝晩はまだ寒《さむ》い。❷副詞 朝《あさ》も晩《ばん》も。いつも。例 絵《え》のテーマを朝晩考《かんが》える。類 朝夕《あさゆう》。

あさひ【朝日】名詞 朝《あさ》のぼる太陽《たいよう》。また、朝《あさ》の日《ひ》の光《ひかり》。例 朝日が差《さ》す。対 夕日《ゆうひ》。

あさびえ【朝冷え】名詞 秋《あき》が深《ふか》まって感《かん》じる朝《あさ》の冷《つめ》たい空気《くうき》。

あさぼらけ【朝ぼらけ】名詞 夜《よ》が明《あ》け始《はじ》めて、辺《あた》りがほんのりと明《あか》るくなるころ。

あさましい【浅ましい】形容詞 ❶性質《せいしつ》や行《おこな》いがずるくていやしい。例 反則《はんそく》してまで勝《か》とうとは浅ましい。❷ひどくみじめで情《なさ》けない。例 浅ましい姿《すがた》になる。

あさまだき【朝まだき】名詞 夜《よ》がまだ明《あ》けきらないころ。例 朝まだきに森《もり》を歩《ある》く。

あさまやま【浅間山】名詞 群馬県《ぐんまけん》と長野県《ながのけん》の境《さかい》にある火山《かざん》。火山活動《かざんかつどう》がさかんで、まわりの景色《けしき》がよい。

あざみ名詞 季語春 野山《のやま》に生《は》える、きくのなか

ら、人《ひと》より先《さき》にすばやく利益《りえき》を得《え》るようす。また、油断《ゆだん》のならないことのたとえ。

まの草花《くさばな》。葉《は》の先《さき》にとげがあり、夏《なつ》に赤《あか》むらさき色《いろ》の花《はな》がさく。

あざみ

あさみどり【浅緑】名詞 うすい緑《みどり》色《いろ》。

あさみどり

あざむく【欺く】動詞 ❶うそをついて人《ひと》をだます。例 敵《てき》の目《め》を欺く。❷(「…を欺《あざむ》く」の形《かたち》で)…とまちがえさせる。…に負《ま》けない。例 店《みせ》の中《なか》は昼《ひる》を欺く明《あか》るさだ。

あさめし【朝飯】名詞「朝《ちょう》食《しょく》」のくだけた言《い》い方《かた》。「あさはん」ともいう。関連 昼飯《ひるめし》。夕飯《ゆうめし》。晩飯《ばんめし》。

あさめしまえ【朝飯前】名詞 朝《ちょう》食《しょく》の前《まえ》にでもできるような、簡単《かんたん》なこと。例 こんな問題《もんだい》を解《と》くのは朝飯前だ。

あさもや【朝もや】名詞 朝早《あさはや》く立《た》ちこめるうすいきり。対 夕《ゆう》もや。

あざやか【鮮やか】形容動詞 ❶色《いろ》などが明《あか》るくはっきりしていて、目立《めだ》つようす。例 木々《きぎ》の緑《みどり》が鮮やかだ。❷手際《てぎわ》よく、見事《みごと》なようす。例 鮮やかな腕前《うでまえ》。

あさやけ【朝焼け】名詞 季語夏 朝《あさ》、日《ひ》の出《で》の前《まえ》に、東《ひがし》の空《そら》が赤《あか》く染《そ》まること。対 夕焼《ゆうや》け。

●**朝焼《あさや》けは雨《あめ》、夕焼《ゆうや》けは日和《ひより》** 朝焼《あさや》けが見《み》られた日《ひ》は雨《あめ》が降《ふ》り、夕焼《ゆうや》けが見《み》られた次《つぎ》の日《ひ》は晴《は》れのよい天気《てんき》になるということ。

あさゆう【朝夕】❶名詞 朝《あさ》と夕方《ゆうがた》。例 朝夕に体操《たいそう》をする。❷副詞 いつも。毎日《まいにち》。例 最近《さいきん》、弟《おとうと》とは朝夕けんかばかりしている。類 朝晩《あさばん》。

あざらし 名詞 寒《さむ》い地《ち》方《ほう》の海《うみ》にすむ動物《どうぶつ》の一《ひと》つ。ひれの形《かたち》をした四《よん》本《ほん》の足《あし》で陸《りく》をはったり、泳《およ》いだりする。毛《け》皮《がわ》やあぶらをとる。

あざらし

あさり 名詞 季語春 浅《あさ》い砂地《すなじ》の海《うみ》にすむ二《に》枚《まい》貝《がい》。大《おお》きさ四《よん》センチメートルくらい。食用《しょくよう》になる。図 ↓219ページ《ジ》かい〔貝〕

あさる 動詞 ❶食《た》べ物《もの》を探《さが》し回《まわ》る。例 ねこがごみをあさる。❷ほしいものを探《さが》し求《もと》める。例 古本《ふるほん》をあさる。❸(ほかのことばのあとにつけて)あちこちで…する。…して回《まわ》る。例 本《ほん》を読《よ》みあさる。

あざわらう【あざ笑う】動詞 人《ひと》をばかにして笑《わら》う。せせら笑《わら》う。

あし 名詞 季語秋 いねのなかまの草《くさ》の一《ひと》つ。水辺《みずべ》に生《は》える。高《たか》さ二《に》～三《さん》メートル。ささに似《に》た葉《は》を持《も》ち、秋《あき》に穂《ほ》が出《で》る。くきですだれなどをつくる。「よし」ともいう。ことば 漢字《かんじ》では「芦」「葦」と書《か》く。

あし

あし【足・脚】名詞 ❶人《ひと》や動物《どうぶつ》の体《からだ》を支《ささ》えて、立《た》ったり、歩《ある》いたり、走《はし》ったりする部分《ぶぶん》。例 脚を組《く》んですわる。❷足首《あしくび》から下《した》の部分《ぶぶん》。例 足のサイズを測《はか》る。図 ↓287ページ《ジ》からだ ❸歩《ある》くこと。走《はし》ること。例 妹《いもうと》は足が速《はや》い。❹机《つくえ》やいすなどの、物《もの》を支《ささ》えている部分《ぶぶん》。例 テーブルの脚をたたむ。❺漢字《かんじ》を組《く》み立《た》てている部分《ぶぶん》の一《ひと》つ。漢字《かんじ》の下《した》の部《ぶ》分《ぶん》となるもの。「ひとあし(儿)」「れんが(灬)」など。❻交通《こうつう》の手段《しゅだん》。乗《の》り物《もの》。例 駅《えき》までの足がない。❼雨《あめ》や雲《くも》の動《うご》きや移《うつ》り変《か》わり。例 雨足《あまあし》／雲足《くもあし》。漢 ↓754ページ《ジ》そく〔足〕 ↓ 使い分け

使い分け
あし
足・脚

足 足首《あしくび》から下《した》のほう。また、足《あし》の全体《ぜんたい》をいうことも多《おお》い。
「足《あし》あと／足《あし》をのばしてねる」

脚 下《した》のほうにあって本体《ほんたい》を支《ささ》えている部分《ぶぶん》。
「机《つくえ》の脚《あし》／三本脚《さんぼんあし》のテーブル」

あいうえお
かきくけこ
さしすせそ
たちつてと
なにぬねの
はひふへほ
まみむめも
やゆよ
らりるれろ
わをん

ことわざ **生《い》き馬《うま》の目《め》を抜《ぬ》く** 生《い》きている馬《うま》の目《め》をぬきとるほどすばやくものごとをする、ということ

●**足《あし》が重《おも》い** あるところへ行《い》くのがいやだ。気《き》が進《すす》まない。例 今日《きょう》は家《いえ》へ帰《かえ》る足が重い。

●**足《あし》がすくむ** こわくなったりおどろいたりして、動《うご》けなくなる。例 犬《いぬ》を見《み》ると足がすくむ。

●**足《あし》がつく** 犯人《はんにん》やにげている者《もの》の手《て》がかりがわかる。例 車《くるま》のナンバーから足がついた。

●**足《あし》が出《で》る** 用意《ようい》していたお金《かね》では足《た》りなくなる。

●**足《あし》が鈍《にぶ》る** ❶歩《ある》く速《はや》さがおそくなる。例 山道《やまみち》に差《さ》しかかって足が鈍る。❷あまり気《き》が進《すす》まず、行《い》く気《き》がしなくなる。例 しかられると思《おも》うと、足が鈍る。

●**足《あし》が棒《ぼう》になる** 長《なが》い間《あいだ》立《た》ったり歩《ある》いたりして、足《あし》がひどくつかれる。「足《あし》を棒《ぼう》にする」ともいう。

●**足《あし》に任《まか》せる** 行《い》く場所《ばしょ》を決《き》めないで、気《き》の向《む》くままに歩《ある》く。例 足に任せて散歩《さんぽ》する。

●**足《あし》の踏《ふ》み場《ば》もない** 非常《ひじょう》に散《ち》らかっている。例 資料《しりょう》が散《ち》らばって足の踏み場もない部屋《へや》。

●**足《あし》を洗《あら》う** よくない仕事《しごと》や行《おこな》いをやめる。

●**足《あし》を奪《うば》われる** 事故《じこ》などで電車《でんしゃ》やバスなどが止《と》まり、利用《りよう》できなくなる。例 台風《たいふう》で電車《でんしゃ》が運休《うんきゅう》になり、帰宅《きたく》の足を奪われる。

●**足《あし》を止《と》める** 立《た》ち止《ど》まる。

●**足《あし》を伸《の》ばす** ❶正座《せいざ》ではなく、ひざを曲《ま》げない楽《らく》な姿勢《しせい》になる。くつろぐ。❷行《い》くことにしていた所《ところ》からさらに遠《とお》くまで行《い》く。例 買《か》い物《もの》のついでに公園《こうえん》まで足を伸ばす。

●**足《あし》を運《はこ》ぶ** 出《で》かけて行《い》く。訪《たず》ねて行《い》く。例 月《つき》に一度《いちど》は美術館《びじゅつかん》に足を運ぶ。

●**足《あし》を引《ひ》っ張《ぱ》る** ものごとの進行《しんこう》のじゃまをして、うまくいかないようにする。例 失敗《しっぱい》が多《おお》くてチームの足を引っ張っている。

●**足《あし》を踏《ふ》み入《い》れる** あるところに入《はい》りこむ。また、新《あたら》しくかかわりを持《も》つようになる。例 初《はじ》めての土地《とち》に足を踏み入れる。

●**足《あし》を棒《ぼう》にする** ⇒32ページ 足《あし》が棒《ぼう》になる（「足《あし》」の子《こ》見出《みだ》し）

あじ 名詞 季語 夏 暖《あたた》かい海《うみ》に群《む》れをつくってすむ魚《さかな》。体《からだ》の両側《りょうがわ》にかたい一列《いちれつ》のうろこが並《なら》ぶ。食用《しょくよう》になる。ことば 漢字《かんじ》では「鯵」と書《か》く。
図 ⇒521ページ さかな〔魚〕

あじ【味】 ❶ 名詞 舌《した》で感《かん》じる、あまい・からい・苦《にが》い・すっぱいなどの感《かん》じ。例 スープの味をみる。❷ 名詞 自分《じぶん》で体験《たいけん》して感《かん》じとったもの。例 勝《しょう》利《り》の味を知《し》る。❸ 名詞 ものごとのよさやおもしろみ。例 味のある文《ぶん》。❹ 形容動詞 気《き》がきいているようす。例 味なことを言《い》う。
漢 ⇒1260ページ み〔味〕

●**味《あじ》もそっけもない** 少《すこ》しもおもしろみや深《ふか》みがない。つまらない。

●**味《あじ》を占《し》める** 一度《いちど》うまくいったので、おもしろくなり、またうまくいくような気《き》がする。

●**味《あじ》をみる** 料理《りょうり》などがどんな味《あじ》がするか確《たし》かめる。味見《あじみ》する。

アジア 名詞 世界《せかい》の六大州《ろくだいしゅう》の一《ひと》つ。ユーラシア大陸《たいりく》の大部分《だいぶぶん》と近《ちか》くの島《しま》からなり、インド洋《よう》・太平洋《たいへいよう》・北極海《ほっきょくかい》に面《めん》していて、西側《にしがわ》はヨーロッパにつながる。世界《せかい》の陸地《りくち》の三分《さんぶん》の一《いち》、人口《じんこう》の二分《にぶん》の一《いち》以上《いじょう》をしめ、日本《にほん》・中国《ちゅうごく》・インドなどの国々《くにぐに》がある。

アジアたいへいようけいざいきょうりょくかいぎ【アジア太平洋経済協力会議】 ⇒150ページ エーペック

あしあと【足跡】 名詞 ❶歩《ある》いたあとに残《のこ》る、足《あし》やくつなどの形《かたち》。❷にげた道《みち》すじ。例 犯人《はんにん》の足跡を追《お》う。❸成《な》しとげた仕事《しごと》。例 歴史《れきし》に足跡を残《のこ》す。
ことば「そくせき」ともいう。

あしおと【足音】 名詞 歩《ある》くときの足《あし》の音《おと》。歩《ある》く音《おと》。ことば ものごとが近《ちか》づいてくることを「春《はる》の足音《あしおと》」のように表《あらわ》すことがある。

●**足音《あしおと》を忍《しの》ばせる** 音《おと》がしないように、そっと歩《ある》く。

あしおどうざん【足尾銅山】 名詞 栃木県《とちぎけん》日光市《にっこうし》足尾町《あしおまち》にあった銅《どう》山《ざん》。一六一〇年《ねん》に発見《はっけん》され、一九七三年《ねん》に閉山《へいざん》した。参考 明治時代《めいじじだい》に鉱毒《こうどく》事件《じけん》が起《お》こり、大《おお》きな社《しゃ》会問題《かいもんだい》になった。

あしか 名詞 北《きた》の海《うみ》にすむ大形《おおがた》の動物《どうぶつ》。体《からだ》は暗《くら》い

あしか

何《なに》ごともがまん強《づよ》くがんばれば、きっとよい結果《けっか》が得《え》られるということ。

茶色《ちゃいろ》で、足《あし》はひれの形《かたち》をしている。

あしかがし【足利氏】 名詞 下野《しもつけ》の国《くに》（＝今《いま》の栃木県《とちぎけん》）の足利《あしかが》に住《す》み、勢力《せいりょく》を広《ひろ》げていった一族《いちぞく》。足利尊氏《あしかがたかうじ》が室町幕府《むろまちばくふ》を開《ひら》いたが、十五代将軍義昭《じゅうごだいしょうぐんよしあき》の時《とき》、織田信長《おだのぶなが》にほろぼされた。

あしかがたかうじ【足利尊氏】 名詞 （一三〇五～一三五八）室町幕府《むろまちばくふ》の最初《さいしょ》の将軍《しょうぐん》。後醍醐天皇《ごだいごてんのう》のもとで鎌倉幕府《かまくらばくふ》をたおしたが、のちに対立《たいりつ》し、京都《きょうと》の室町《むろまち》に幕府《ばくふ》を開《ひら》いた。

あしかがよしまさ【足利義政】 名詞 （一四三六～一四九〇）室町幕府《むろまちばくふ》の八代将軍《はちだいしょうぐん》。京都《きょうと》の東山《ひがしやま》に、このころの文化《ぶんか》を代表《だいひょう》する銀閣《ぎんかく》を建《た》てた。

あしかがよしみつ【足利義満】 名詞 （一三五八～一四〇八）室町幕府《むろまちばくふ》の三代将軍《さんだいしょうぐん》。中国《ちゅうごく》との貿易《ぼうえき》を行《おこな》った。京都《きょうと》の北山《きたやま》に、このころの文化《ぶんか》を代表《だいひょう》する金閣《きんかく》を建《た》てた。

あしがかり【足掛かり】 名詞 ❶高《たか》いところに登《のぼ》るとき、足《あし》をかけるところ。足場《あしば》。❷ものごとをするときのよりどころ。例 仕事《しごと》の足掛かりをつかむ。

あしかけ【足掛け】 名詞 年月《ねんげつ》を数《かぞ》えるとき、初《はじ》めと終《お》わりの半端《はんぱ》の年《とし》や月《つき》も一《いち》として数《かぞ》える数《かぞ》え方《かた》。例 この会《かい》に入《はい》って足掛け三年《さんねん》になる。

あしかけあがり【足掛け上がり】 名詞 鉄棒《てつぼう》への上《あ》がり方《かた》の一《ひと》つ。鉄棒《てつぼう》に片足《かたあし》をかけ、反対《はんたい》の足《あし》をふって上《あ》がる。

あしがため【足固め】 名詞 ❶これからのために備《そな》えて、しっかりと準備《じゅんび》しておくこと。例 今《いま》は足固めの時期《じき》だ。❷柔道《じゅうどう》・レスリングのわざの一《ひと》つ。

あしからず 悪《わる》く思《おも》わないで。例 いっしょに行《い》けませんが、あしからずお許《ゆる》しください。

あしがる【足軽】 名詞 いちばん身分《みぶん》の低《ひく》い武士《ぶし》。馬《うま》に乗《の》らず、歩《ある》いて動《うご》いた。ことば「身軽《みがる》に走《はし》る者《もの》」という意味《いみ》。

あしくび【足首】 名詞 足《あし》のくるぶしの上《うえ》の、少《すこ》し細《ほそ》くなったところ。図⇩287ジベーからだ

あじけない【味気ない】 形容詞 おもしろみがなくつまらない。例 入院生活《にゅういんせいかつ》は味気ない。

あしげにする【足蹴にする】 ❶足《あし》で、け飛《と》ばす。❷人《ひと》に対《たい》してひどい仕打《しう》ちをする。例 友《とも》だちを足蹴にするようなことを言《い》うな。

あじさい 名詞 季語 夏 庭《にわ》に植《う》える低《ひく》い木《き》の一《ひと》つ。夏《なつ》の初《はじ》めに小《ちい》さな花《はな》が丸《まる》く固《かた》まってさく。花《はな》の色《いろ》は白《しろ》から青《あお》むらさきなどに変《か》わり、もも色《いろ》になるものもある。ことば 漢字《かんじ》では「紫陽花」と書《か》く。

あじさい

アシスタント（assistant） 名詞 仕事《しごと》の手伝《てつだ》いをする人《ひと》。助手《じょしゅ》。

あしずりうわかいこくりつこうえん【足摺宇和海国立公園】 名詞 高知県《こうちけん》の足摺岬《あしずりみさき》から愛媛県《えひめけん》の宇和海《うわかい》にまたがる国立公園《こくりつこうえん》。

あしずりみさき【足摺岬】 名詞 高知県《こうちけん》の南西部《なんせいぶ》から太平洋《たいへいよう》につき出《で》ている足摺半島先端《あしずりはんとうせんたん》のみさき。足摺宇和海国立公園《あしずりうわかいこくりつこうえん》の一部《いちぶ》。

あした 名詞 ❶今日《きょう》の次《つぎ》の日《ひ》。明日《あす》。対 昨日《きのう》。❷「朝《あさ》」の古《ふる》い言《い》い方《かた》。

あしだ【足駄】 名詞 雨《あめ》で道《みち》が悪《わる》いときなどにはく、高《たか》い二枚《にまい》の歯《は》のついたげた。

あしだい【足代】 名詞 乗《の》り物《もの》に乗《の》るときにはらうお金《かね》。交通費《こうつうひ》。

あじつけ【味付け】 名詞 動詞 料理《りょうり》に味《あじ》をつけること。また、その味《あじ》のつけ方《かた》。例 塩《しお》とこしょうで味付けした／母《はは》の味付けを覚《おぼ》える。

あしでまとい【足手まとい】 名詞 そばにいて、ものごとをするのにじゃまになること。また、その人《ひと》。例 みんなの足手まといになる。

あしどめ【足止め】 名詞 動詞 外《そと》へ出《で》られなくすること。その場《ば》から動《うご》けなくすること。例 台風《たいふう》のため、駅《えき》で足止めを食《く》う。

あしどり【足取り】 名詞 ❶歩《ある》き方《かた》。歩《ある》きぶり。例 軽《かる》い足取り。❷動《うご》いた道《みち》すじ。例 犯人《はんにん》の足取りを調《しら》べる。

あしながばち【足長蜂】 名詞 季語 春 はちのなかま。体《からだ》にしまがあり、長《なが》い後《うし》ろ足《あし》を垂《た》らしたまま飛《と》ぶ。木《き》の枝《えだ》や軒下《のきした》などに巣《す》を

あしながばち

ことわざ　石《いし》の上《うえ》にも三年《さんねん》　冷《つめ》たい石《いし》の上《うえ》でも、三年《さんねん》もすわっていればあたたかくなる、ということから、

つくる。

あしなみ【足並み】 名詞
❶いっしょに歩《ある》くときの、足《あし》のそろい方《かた》。歩調《ほちょう》。例足並みをそろえて行進《こうしん》する。
❷いっしょにものごとをするときの、人々《ひとびと》の考《かんが》えや行動《こうどう》のそろい方《かた》。例足並みを乱《みだ》すと、グループの仕事《しごと》がうまくいかない。

あしならし【足慣らし】 名詞
❶歩《ある》く練習《れんしゅう》をすること。また、スポーツの前《まえ》に軽《かる》く運動《うんどう》して足《あし》などの調子《ちょうし》を整《ととの》えること。
❷準備《じゅんび》としてやってみること。

あしば【足場】 名詞
❶足《あし》を置《お》いて立《た》つところ。例雨《あめ》で足場が悪《わる》い。
❷高《たか》いところで作業《さぎょう》をするために、丸太《まるた》や鉄《てつ》パイプで組《く》んだもの。例足場を組《く》む。
❸ものごとをするときのよりどころ。例事業《じぎょう》の足場を固《かた》める／足場を失《うしな》う。
❹交通《こうつう》の便利《べんり》さ。例駅《えき》に近《ちか》くて足場がよい。

あしばや【足早】 形容動詞 歩《ある》き方《かた》が速《はや》いようす。例人々《ひとびと》が店《みせ》の前《まえ》を足早に通《とお》り過《す》ぎていく。

あしひきの 和歌《わか》で、「山《やま》」などにかかるまくらことば。「あしびきの」ともいう。

あしびょうし【足拍子】 名詞 足《あし》ぶみなどをして拍子《ひょうし》をとること。関連手拍子《てびょうし》。

あしぶみ【足踏み】 名詞 動詞
❶その場《ば》に止《と》まったまま、足《あし》を片方《かたほう》ずつ上《あ》げたり下《さ》げたりすること。
❷ものごとが進《すす》まないこと。例工事《こうじ》はずっと足踏み状態《じょうたい》だ。

あじみ【味見】 名詞 動詞 料理《りょうり》などの味《あじ》をみるため、少《すこ》し食《た》べたり飲《の》んだりすること。

あしもと【足元・足下】 名詞
❶足《あし》の下《した》の辺《あた》り。例足元に気《き》をつけて歩《ある》く。
❷歩《ある》き方《かた》。例熱《ねつ》のため足元がふらつく。
❸その人《ひと》の生活《せいかつ》や仕事《しごと》のもとになるもの。例政治家《せいじか》としての足元を固《かた》める。

足元《あしもと》から鳥《とり》が立《た》つ
❶急《きゅう》に思《おも》いがけないことが起《お》こることのたとえ。
❷あわててものごとをすることのたとえ。例急用《きゅうよう》で足元から鳥が立つように帰《かえ》って行《い》った。

足元《あしもと》に火《ひ》が付《つ》く 危険《きけん》がすぐそばにせまることのたとえ。例あと一点《いってん》で逆転《ぎゃくてん》されるところまで追《お》いつめられて、足元に火が付いた。

足元《あしもと》にも及《およ》ばない 相手《あいて》のほうがはるかにすぐれていて、比《くら》べものにならない。例ぼくの実力《じつりょく》はきみの足元にも及ばない。

足元《あしもと》を見《み》られる 弱《よわ》みにつけこまれる。例足元を見られ、高《たか》い値段《ねだん》をつけられた。ことば 昔《むかし》、人《ひと》を乗《の》せて運《はこ》ぶ「かご」をかつぐ人《ひと》が、客《きゃく》の足《あし》を見《み》てどのくらいつかれているかを判断《はんだん》し、料金《りょうきん》を決《き》めたことからきたことば。

あしゅら【阿修羅】 名詞 インドの神話《しんわ》の中《なか》の、戦《たたか》いを好《この》む神《かみ》。仏教《ぶっきょう》では仏《ほとけ》を守《まも》る神《かみ》とされる。略《りゃく》して「修羅《しゅら》」ともいう。

あしらう 動詞
❶とりあつかう。また、相手《あいて》を見下《みくだ》していいかげんにあつかう。例口先《くちさき》で軽《かる》くあしらう。
❷とり合《あ》わせる。ちがうものをうまく組《く》み合《あ》わせる。例帽子《ぼうし》に花《はな》をあしらう。

あじわい【味わい】 名詞
❶食《た》べ物《もの》の味《あじ》。うまみ。
❷ものごとのよさやおもしろみ。例味わい深《ぶか》い話《はなし》。

あじわう【味わう】 動詞
❶食《た》べ物《もの》の味《あじ》を感《かん》じとる。食《た》べ物《もの》の味《あじ》を楽《たの》しむ。例とれたての野菜《やさい》を味わう。
❷ものごとの意味《いみ》やおもしろみを感《かん》じとる。例物語《ものがたり》を味わう。
❸体験《たいけん》する。例いなかで自然《しぜん》のよさを味わう。
使い方「味《あじ》あう」といわないよう注意《ちゅうい》。
漢➡1260ページ み〔味〕

あす【明日】 名詞
❶今日《きょう》の次《つぎ》の日《ひ》。あした。「みょうにち」ともいう。対昨日《きのう》。
❷近《ちか》い将来《しょうらい》。例明日をつくるのは、若者《わかもの》だ。

あすか【飛鳥】 名詞 奈良県《ならけん》の明日香村《あすかむら》の辺《あた》り一帯《いったい》。飛鳥時代《あすかじだい》に都《みやこ》が置《お》かれ、高松塚古墳《たかまつづかこふん》をはじめ、古代《こだい》の史跡《しせき》が多《おお》い。

あすかじだい【飛鳥時代】 名詞 今《いま》の奈良県《ならけん》飛鳥地方《あすかちほう》に都《みやこ》があった時代《じだい》。六世紀《ろくせいき》の末《すえ》ごろから七世紀《ななせいき》の中《なか》ごろまでをいう。聖徳太子《しょうとくたいし》などが活躍《かつやく》し、大陸文化《たいりくぶんか》のえいきょうを受《う》けた仏教文化《ぶっきょうぶんか》が栄《さか》えた。

あずかりもの【預かり物】 名詞 人《ひと》からたのまれて、保管《ほかん》しているもの。

あずかる 動詞

か、たたいて確《たし》かめてからわたるという意味《いみ》で、非常《ひじょう》に用心深《ようじんぶか》いことのたとえ。

あ
あいうえお
かきくけこ
さしすせそ
たちつてと
なにぬねの
はひふへほ
まみむめも
やゆよ
らりるれろ
わをん

❶目上《めうえ》の人《ひと》から好意《こうい》などを受《う》ける。例 おほめにあずかる。
❷そのことに関係《かんけい》する。例 相談《そうだん》にあずかる。

あずかる【預かる】 動詞
❶たのまれて、人《ひと》の物《もの》をしばらくの間《あいだ》自分《じぶん》のところに置《お》く。例 荷物《にもつ》を預かる。
❷任《まか》されてものごとをする。例 祖母《そぼ》の家《いえ》の留守《るす》を預かる。
❸ものごとの決《き》まりをつけずにおく。とくに、勝《か》ち負《ま》けを決《き》めずにおく。例 次回《じかい》まで勝負《しょうぶ》を預かる。
使い方「預る」と書《か》かないよう送《おく》りがなに注意《ちゅうい》。
漢 ↓1361ページ よ〔預〕

あずき【小豆】 名詞 豆《まめ》のなかまの草《くさ》の一《ひと》つ。さやの中《なか》に赤《あか》むらさき色《いろ》の豆《まめ》ができる。豆《まめ》は、あんや赤飯《せきはん》の材《ざい》料《りょう》となる。

あずき

あずける【預ける】 動詞
❶たのんで、自分《じぶん》の物《もの》をしばらくの間《あいだ》ほかのところに置《お》いてもらう。例 銀行《ぎんこう》にお年玉《としだま》を預ける。
❷物事《ものごと》の始末《しまつ》を任《まか》せる。例 仕事《しごと》を専門家《せんもんか》に預ける。
漢 ↓1361ページ よ〔預〕

アスパラガス (asparagus) 名詞 ゆりのなかまの野菜《やさい》の一《ひと》つ。若《わか》いくきを食《た》べる。観賞《かんしょう》用《よう》にするものもある。

アスパラガス

アスファルト (asphalt) 名詞 石油《せきゆ》からとれる、黒《くろ》くてねばり気《け》のあるもの。道路《どうろ》の舗装《ほそう》などに使《つか》う。

アスベスト ↓82ページ いしわた

アスペルガーしょうこうぐん【アスペルガー症候群】 名詞 発達《はったつ》障害《しょうがい》の一《ひと》つ。ことばの発達《はったつ》にはおくれがみられないが、人《ひと》とかかわることが苦手《にがて》、同《おな》じ動作《どうさ》をくり返《かえ》すなどの特徴《とくちょう》がある。

あずま 名詞 昔《むかし》、京都《きょうと》から見《み》て東《ひがし》の方《ほう》の鎌倉《かまくら》や江戸《えど》を指《さ》していったことば。ことば 漢字《かんじ》では「東」と書《か》く。

アスリート (athlete) 名詞 運動選手《うんどうせんしゅ》。

アスレチック (athletic) 名詞 運動《うんどう》。運動競技《うんどうきょうぎ》。例 フィールドアスレチック。

アスレチッククラブ (athletic club) 名詞 いろいろな運動器具《うんどうきぐ》や体育館《たいいくかん》などがある施設《しせつ》。体力《たいりょく》や運動能力《うんどうのうりょく》をつけるために使《つか》われる。

あせ【汗】 名詞 季語 夏
❶人《ひと》や動物《どうぶつ》の皮膚《ひふ》から出《で》る水分《すいぶん》。体温《たいおん》を調節《ちょうせつ》したり、体《からだ》の中《なか》のいらなくなったものを外《そと》に出《だ》したりするはたらきがある。例 汗を流《なが》す。
❷物《もの》の表面《ひょうめん》につく小《ちい》さな水《みず》のつぶ。例 氷水《こおりみず》を入《い》れたコップが汗をかいている。

あぜ 名詞 水田《すいでん》と水田《すいでん》の間《あいだ》に、境《さかい》として土《つち》を細長《ほそなが》く盛《も》り上《あ》げたところ。

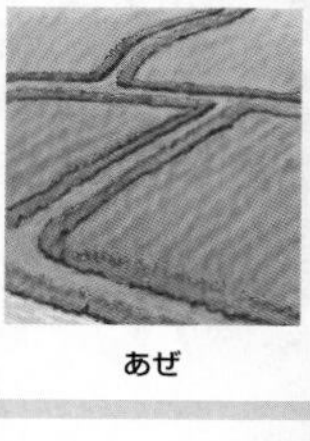
あぜ

アセアン【ASEAN】 名詞「東南《とうなん》アジア諸国連合《しょこくれんごう》」のこと。東南《とうなん》アジア地域《ちいき》の経済《けいざい》・社会《しゃかい》の発展《はってん》に向《む》けて協力《きょうりょく》していくための、国々《くにぐに》の集《あつ》まり。一九六七年《ねん》につくられた。

あぜくらづくり【校倉造り】 名詞 昔《むかし》の建物《たてもの》のつくり方《かた》の一《ひと》つ。三角《さんかく》の木材《もくざい》を横《よこ》に組《く》んでかべをつくる。奈良県東大寺《ならけんとうだいじ》の正倉院《しょうそういん》のものが有名《ゆうめい》。

あぜくらづくり

あせだく【汗だく】 形容動詞 あせをびっしょりとかくようす。例 汗だくになって働《はたら》く。

アセチレン (acetylene) 名詞 青白《あおじろ》いほのおを出《だ》して燃《も》える気体《きたい》。金属《きんぞく》の溶接《ようせつ》に使《つか》う。また、合成繊維《ごうせいせんい》や合成《ごうせい》ゴムなどの原料《げんりょう》にする。

アセテート (acetate) 名詞 パルプを原料《げんりょう》とした化学繊維《かがくせんい》。軽《かる》く、羊毛《ようもう》や絹《きぬ》に似《に》ている。スカーフ・ネクタイ・洋服《ようふく》などに使《つか》われる。

あせばむ【汗ばむ】 動詞 季語 夏 あせが少《すこ》しにじみ出《で》る。例 ひなたは汗ばむくらい暖《あたた》かい。

あせまみれ【汗まみれ】 名詞 形容動詞 体《からだ》じゅうあせでびっしょりぬれること。例 汗まみれでシュートの練習《れんしゅう》をする。

ことわざ　石橋《いしばし》をたたいて渡《わた》る　石《いし》でできたがんじょうそうな橋《はし》でも、ほんとうにだいじょうぶかどう

あせみず【汗水】名詞 水《みず》のようにたくさん流《なが》れ出《で》るあせ。例 汗水垂《た》らして働《はたら》く。

あせみずく【汗みずく】形容動詞 あせで体《からだ》じゅうびっしょりぬれているようす。例 朝《あさ》から晩《ばん》まで汗みずくになって働《はたら》く。類 汗《あせ》みどろ。

あぜみち【あぜ道】名詞 水田《すいでん》と水田《すいでん》の間《あいだ》の細《ほそ》い道《みち》。

あせみどろ【汗みどろ】形容動詞 あせで体《からだ》じゅうびっしょりぬれているようす。例 走《はし》り回《まわ》って汗みどろになる。類 汗《あせ》みずく。

あせも 名詞 季語 夏 あせのために皮膚《ひふ》にできる、赤《あか》く小《ち》さなできもの。

あせり【焦り】名詞 あせること。思《おも》いどおりにならないので、気持《きも》ちがいらいらすること。例 しめ切《き》りがせまってきて焦りを感《かん》じる。

あせる 動詞 もとの色《いろ》がぬけてきてうすくなる。あざやかさがなくなる。例 紙《かみ》の色《いろ》があせる。

あせる【焦る】動詞 早《はや》く、思《おも》うようにならないものかといらいらする。例 勝《か》ちを焦ってミスをしてしまった。類 せく。

あぜん［と］【あ然［と］】副詞 思《おも》いがけないできごとに、あきれたりびっくりしたりして、ものも言《い》えないようす。例 妹《いもうと》の自分勝手《じぶんかって》な行《こう》動《どう》にあ然とした。

あそうぎ【阿僧祇】名詞
❶数《かぞ》えられないほど大《おお》きな数《かず》。
❷大《おお》きな数《かず》を表《あらわ》すときに使《つか》う数《かず》の単位《たんい》。10の56乗《じょう》。

ことば ❷は、10の64乗《じょう》という説《せつ》もある。

あそくじゅうこくりつこうえん【阿蘇くじゅう国立公園】名詞 熊本県《くまもとけん》と大分県《おおいたけん》にまたがる国立公園《こくりつこうえん》。阿蘇山《あそさん》、くじゅう連山《れんざん》などの火山群《かざんぐん》を中心《ちゅうしん》とし、多《おお》くの温泉《おんせん》がある。

あそこ 代名詞
❶自分《じぶん》からも、相手《あいて》からもはなれている場所《ばしょ》を指《さ》すことば。例 あそこにいすがある。
❷自分《じぶん》も、相手《あいて》も知《し》っている場所《ばしょ》を指《さ》すことば。例 またあそこで待《ま》っています。

あそさん【阿蘇山】名詞 九州《きゅうしゅう》の中央部《ちゅうおうぶ》にある火山《かざん》。カルデラの大《おお》きさは世界一《せかいいち》。

あそばす【遊ばす】動詞
❶遊《あそ》びをさせる。例 公園《こうえん》で妹《いもうと》を遊ばす。
❷場所《ばしょ》や道具《どうぐ》、お金《かね》などを使《つか》わないでおく。例 遊ばしておいた土地《とち》で野菜《やさい》を作《つく》る。
❸「する」の尊敬《そんけい》した言《い》い方《かた》。例 ごらんあそばせ。

使い方 ❸は、ふつうかな書《が》きにする。ことば ❶❷は、「遊《あそ》ばせる」ともいう。

あそばせる【遊ばせる】⇩36ジベー あそばす❶❷

あそび【遊び】名詞
❶自分《じぶん》の好《す》きなことやおもしろいことをして楽《たの》しむこと。
❷機械《きかい》の部品《ぶひん》と部品《ぶひん》との間《あいだ》を、ぴったりとくっつけないで、少《すこ》しゆとりを持《も》たせてあること。例 歯車《はぐるま》の遊び。

あそびうた【遊び歌】名詞 子供《こども》が遊《あそ》ぶときに歌《うた》う歌《うた》。てまり歌《うた》・手遊《てあそ》び歌《うた》や、じゃんけん・おにごっこをするときの歌《うた》など。

あそびはんぶん【遊び半分】名詞 真剣《しんけん》にならず、いいかげんにすること。例 遊び半分にやっていては上手《じょうず》にならないよ。

あそびほうける【遊びほうける】動詞 ほかのことは何《なに》もしないで、遊《あそ》びに夢中《むちゅう》になる。例 宿題《しゅくだい》もせずに、朝《あさ》から晩《ばん》まで遊びほうける。

あそぶ【遊ぶ】動詞
❶好《す》きなことをして楽《たの》しむ。例 公園《こうえん》で遊ぶ。
❷しなければならないことをしないでぶらぶらする。例 仕事《しごと》をせずに家《いえ》で遊んでいる。
❸場所《ばしょ》や道具《どうぐ》、お金《かね》などが、使《つか》われていない状《じょう》態《たい》である。例 遊んでいる土地《とち》。
❹研究《けんきゅう》や見物《けんぶつ》のために、よその国《くに》や土地《とち》へ行《い》く。例 外国《がいこく》に遊んで、研究《けんきゅう》を深《ふか》めた。

使い方 ❹は、古《ふる》い言《い》い方《かた》。漢 ⇩1348ジベー ゆう〔遊〕

あだ 名詞 むだになったり悪《わる》い結果《けっか》になったりすること。例 親切《しんせつ》があだになる。ことば 漢字《かんじ》では「徒」と書《か》く。

あだ 名詞
❶うらみを返《かえ》そうと思《おも》う相手《あいて》。敵《てき》。例 あだをうつ。
❷害《がい》を加《くわ》えること。また、うらんでする仕返《しかえ》し。例 恩《おん》をあだで返《かえ》す。

ことば 漢字《かんじ》では「仇」と書《か》く。

あたい【価・値】名詞
❶品物《しなもの》の値段《ねだん》。例 商品《しょうひん》の価。
❷値打《ねう》ち。価値《かち》。例 値千金《せんきん》の（＝とてもすばらしい）ながめ。
❸計算《けいさん》して出《だ》した答《こた》え。例 式《しき》の値を求《もと》める。

注意《ちゅうい》しないということから、正《ただ》しいとわかっていながら自分《じぶん》では実行《じっこう》しないことのたとえ。

漢 ↓ 215ページ か〔価〕・824ページ ち〔値〕 ↓ 使い分け

使い分け

あたい

価・値

価　物《もの》の値段《ねだん》。
「品物《しなもの》の価《あたい》が高《たか》くておどろく」

値　値打《ねう》ちがあること。また、数量《すうりょう》や計算《けいさん》した答《こた》え。
「一見《いっけん》の値《あたい》がある絵《え》／式《しき》の値《あたい》を求《もと》める」

あたいする【値する】 動詞 それだけの値打《ねう》ちがある。例 見《み》るに値する映画《えいが》。

あだうち【あだ討ち】 名詞 動詞 ❶昔《むかし》、自分《じぶん》の主人《しゅじん》や親《おや》などを殺《ころ》した人《ひと》を仕返《しかえ》しに殺《ころ》したこと。かたきうち。❷仕返《しかえ》しをすること。

あたえる【与える】 動詞 ❶物《もの》などをやる。例 動物《どうぶつ》にえさを与える。❷相手《あいて》が願《ねが》っていることなどができるようにしてやる。例 時間《じかん》を与える／チャンスを与える。❸受《う》けさせる。例 台風《たいふう》が人々《ひとびと》に被害《ひがい》を与えた／その人《ひと》は、みんなにいい印象《いんしょう》を与えた。
使い方 ❶は、ふつう目上《めうえ》の人《ひと》が目下《めした》の人《ひと》に物《もの》などをやるときの言《い》い方《かた》。目上《めうえ》の人《ひと》に対《たい》しては「差《さ》し上《あ》げる」を使《つか》う。

あたかも 副詞 まるで。ちょうど。例 その子《こ》はあたかも人形《にんぎょう》のようだった。使い方 あとに「ようだ」などのことばがくる。

あたたか【温か・暖か】 形容動詞 季語 春 ❶気候《きこう》や温度《おんど》がちょうどよいようす。例 暖かな部屋《へや》。❷思《おも》いやりがあってやさしいようす。例 心《こころ》の温かな人《ひと》だ。
使い方 「温（暖）たか」「温（暖）たたか」と書《か》かないよう注意《ちゅうい》。

あたたかい【温かい・暖かい】 形容詞
漢 ↓ 211ページ おん〔温〕・816ページ だん〔暖〕
❶気温《きおん》が、暑《あつ》くはないが、心地《ここち》よい温度《おんど》であるようす。例 暖かい部屋《へや》。対 涼《すず》しい。❷物《もの》の温度《おんど》が、熱《あつ》くはないが、心地《ここち》よい温度《おんど》であるようす。例 温かい料理《りょうり》。❸思《おも》いやりがあるようす。例 温かい心《こころ》。対 冷《つめ》たい。
漢 ↓ 211ページ おん〔温〕・816ページ だん〔暖〕 ↓ 使い分け

使い分け

あたたかい

温かい・暖かい

温かい　冷《つめ》たくなくてちょうどよい温度《おんど》だ。おもに物《もの》や気持《きも》ちについて使《つか》う。
「温《あたた》かい料理《りょうり》／温《あたた》かい心《こころ》」

暖かい　寒《さむ》くなくてちょうどよい温度《おんど》だ。おもに気温《きおん》について使《つか》う。
「暖《あたた》かい日《ひ》ざし／暖《あたた》かい毛布《もうふ》」

あたたまる【温まる・暖まる】 動詞 ❶あたたかくなる。対 冷《さ》める。冷《ひ》える。例 部屋《へや》の中《なか》が暖まる／スープが温まる。❷心《こころ》がなごんでよい気持《きも》ちになる。例 心《こころ》の温まる話《はなし》だ。❸お金《かね》が手《て》に入《はい》って豊《ゆた》かになる。例 ふところが暖まる。
漢 ↓ 211ページ おん〔温〕・816ページ だん〔暖〕

あたためる【温める・暖める】 動詞 ❶あたたかくする。対 冷《さ》ます。冷《ひ》やす。例 部屋《へや》の中《なか》を暖める／料理《りょうり》を温める。❷考《かんが》えていることを、発表《はっぴょう》しないで大事《だいじ》にしまっておく。例 温めていた案《あん》を発表《はっぴょう》する。
漢 ↓ 211ページ おん〔温〕・816ページ だん〔暖〕

アタック（attack） 名詞 動詞 ❶せめること。こうげきすること。❷困難《こんなん》なことに向《む》かっていくこと。例 難《むずか》しい問題《もんだい》にアタックする。

あだな【あだ名】 名詞 ほんとうの名《な》ではなく、特徴《とくちょう》やくせをつかんでつけた名《な》。親《した》しい人《ひと》につけた呼《よ》び名《な》。類 ニックネーム。

あたふた［と］ 副詞 動詞 ひどく急《いそ》いだりあわてたりするようす。例 ねぼうしてあたふたと家《いえ》を出《で》た／突然《とつぜん》のお客様《きゃくさま》にあたふたした。

アダプター（adapter） 名詞 機械《きかい》や器具《きぐ》などをほかの目的《もくてき》に使《つか》うときにつける、調整用《ちょうせいよう》の部《ぶ》品《ひん》。

あたま【頭】 名詞 ❶首《くび》から上《うえ》の部分《ぶぶん》。例 頭を下《さ》げる。図 ↓ 287ページ

ことわざ　**医者《いしゃ》の不養生《ふようじょう》**　医者《いしゃ》が、健康《けんこう》に注意《ちゅうい》して体《からだ》を大切《たいせつ》にしなさいと言《い》いながら、自分《じぶん》の健康《けんこう》には

あいうえお
かきくけこ
さしすせそ
たちつてと
なにぬねの
はひふへほ
まみむめも
や
ゆ
よ
らりるれろ
わ
を
ん

からだ
❷物《もの》の先《さき》のほう。てっぺん。例 くぎの頭。
❸ものごとのはじめ。例 頭から数《かぞ》えて三番目《さんばんめ》。
❹かみの毛《け》。例 頭をかってもらう。
❺考《かんが》えたり、理解《りかい》したりする力《ちから》。例 頭がよい。
❻人数《にんずう》。例 頭をそろえる。㊅ ↓915ページ とう〔頭〕

● **頭《あたま》が上《あ》がらない** 相手《あいて》のほうが力《ちから》が上《うえ》だったり、相手《あいて》に世話《せわ》になっていたりして、対等《たいとう》にふるまえない。例 姉《あね》には頭が上がらない。

● **頭《あたま》が痛《いた》い** 問題《もんだい》をどう解決《かいけつ》したらよいのかわからなくて、なやむ。例 明日《あす》のテストのことを考《かんが》えると頭が痛い。

● **頭《あたま》が固《かた》い** その場《ば》に応《おう》じて考《かんが》え方《かた》を変《か》えることができない。頑固《がんこ》である。例 父《ちち》は頭が固くて、他人《たにん》の考《かんが》えを受《う》け入《い》れようとしない。

● **頭《あたま》が切《き》れる** 頭《あたま》のはたらきが速《はや》く、すぐれた能力《のうりょく》がある。

● **頭隠《あたまかく》して尻隠《しりかく》さず** ↓17ページ ことわざ

● **頭《あたま》が下《さ》がる** 相手《あいて》をりっぱだと感《かん》じて、尊敬《そんけい》する気持《きも》ちになる。例 兄《あに》の勇気《ゆうき》に頭が下がる。

● **頭《あたま》が低《ひく》い** 態度《たいど》がひかえめで、ていねいである。類 腰《こし》が低《ひく》い。

● **頭《あたま》に入《い》れる** しっかりと覚《おぼ》えておく。例 会場《かいじょう》までの道順《みちじゅん》を頭に入れてから出《で》かける。

● **頭《あたま》に来《く》る** かっとなっておこる。腹《はら》が立《た》つ。例 変《へん》なうわさを流《なが》されて頭に来る。

● **頭《あたま》に血《ち》が上《のぼ》る** おこったり興奮《こうふん》したりして、冷静《れいせい》でなくなる。かっとする。

● **頭《あたま》を痛《いた》める** 問題《もんだい》や心配《しんぱい》ごとなどについて考《かんが》え、なやむ。例 放置《ほうち》自転車《じてんしゃ》に頭を痛める。

● **頭《あたま》を抱《かか》える** どうしたらよいかわからなくて困《こま》り果《は》てる。例 難問《なんもん》に頭を抱える。

● **頭《あたま》を下《さ》げる**
❶おじぎをする。例 頭を下げてあいさつする。
❷あやまる。例「すみません。」と頭を下げる。

● **頭《あたま》を働《はたら》かせる** 苦心《くしん》してよく考《かんが》えたり、工夫《くふう》したりする。例 頭を働かせて、ピンチを切《き》りぬける。

● **頭《あたま》を離《はな》れない** 少《すこ》しの間《あいだ》も忘《わす》れることができない。例 好《す》きな子《こ》のことが頭を離れない。

● **頭《あたま》をひねる**
❶よく考《かんが》える。例 頭をひねって答《こた》えを探《さが》す。
❷おかしいなと考《かんが》える。例 道《みち》をまちがえたかな、と頭をひねる。

● **頭《あたま》を冷《ひ》やす** 落《お》ち着《つ》いて考《かんが》えられるように、気持《きも》ちを静《しず》める。

● **頭《あたま》をもたげる**
❶今《いま》まで気《き》にしていなかったことが、気持《きも》ちとなってあらわれてくる。例 不安《ふあん》が頭をもたげる。
❷勢《いきお》いが強《つよ》くなって、目立《めだ》ってくる。例 反対《はんたい》派《は》の勢力《せいりょく》が頭をもたげてきた。

あたまうち【頭打ち】 名詞 もうそれ以上《いじょう》はのびなくなること。それ以上《いじょう》よくなる見《み》こみがないこと。例 店《みせ》の売《う》り上《あ》げは頭打ちだ。

あたまかず【頭数】 名詞 人《ひと》の数《かず》。人数《にんずう》。例 サッカーチームをつくるため頭数をそろえる。

あたまきん【頭金】 名詞 物《もの》を買《か》うときに、代金《だいきん》の一部《いちぶ》として最初《さいしょ》にはらうお金《かね》。

あたまごし【頭越し】 名詞
❶ほかの人《ひと》の頭《あたま》の上《うえ》をこして、ものごとをすること。例 人波《ひとなみ》の頭越しにパレードを見《み》る。
❷関係《かんけい》のある人《ひと》を差《さ》しおいて、勝手《かって》にものごとを進《すす》めること。例 委員長《いいんちょう》の頭越しに行事《ぎょうじ》の係《かかり》を決《き》めて問題《もんだい》になった。

あたまごなし【頭ごなし】 名詞 相手《あいて》の言《い》うことを聞《き》かないで、初《はじ》めからおさえつけること。例 頭ごなしにしかりつけられた。

あたまでっかち【頭でっかち】 名詞
❶体《からだ》の大《おお》きさに比《くら》べて頭《あたま》が大《おお》きいこと。
❷理屈《りくつ》ばかり言《い》っていて、実際《じっさい》にはあまり行動《こうどう》できないこと。例 あの学者《がくしゃ》は頭でっかちだ。

あたまわり【頭割り】 名詞 お金《かね》や物《もの》を、人数《にんずう》に応《おう》じて割《わ》り当《あ》てること。例 グループで買《か》ったおみやげ代《だい》を頭割りにした。

アダム 名詞 ユダヤ教《きょう》やキリスト教《きょう》で、神《かみ》が初《はじ》めてつくったといわれる男《おとこ》の人《ひと》。

あたらしい【新しい】 形容詞
❶できたばかりである。また、使《つか》い古《ふる》されていない。例 新しいノート。対 古《ふる》い。
❷かわったばかりである。例 新しい住所《じゅうしょ》。
❸生《い》き生《い》きしている。例 とれたての新しい魚《さかな》。対 古《ふる》い。
❹今《いま》までに知《し》られていない。また、初《はじ》めてのものである。例 新しいアイディア。対 古《ふる》い。
使い方「新らしい」と書《か》かないよう注意《ちゅうい》。
㊅ ↓659ページ しん〔新〕

あたらずさわらず【当たらず障らず】 どこにも都合《つごう》が悪《わる》くないように、うまくごまかしておくようす。例 当たらず障らずの返事《へんじ》。

あたらずといえどもとおからず【当たらずといえども遠からず】 故事成語 ぴったりと合《あ》っているわけではないが、それほど外《はず》れてはいない。だいたい当《あ》たっている。例 きみの推理《すいり》は当たらずといえども遠からずだ。

あたり【辺り】 名詞 ❶まわり。近《ちか》く。例 この辺りには緑《みどり》が多《おお》い。❷だいたい…ごろ。例 来週《らいしゅう》あたりに会《あ》おう。❸…など。…くらい。例 司会役《しかいやく》だったら鈴木《すずき》さんあたりがいいんじゃないか。
使い方 ❷❸は、ふつうかな書《が》きにする。
漢 ⇒1197ジペー へん〔辺〕

あたり【当たり】 ❶名詞 ぶつかること。例 体当《たい》たり。❷名詞 命中《めいちゅう》すること。ねらったとおりになること。例 このくじは当たりだ。対 外《はず》れ。❸名詞 成功《せいこう》すること。例 当たりをとった演劇《えんげき》。❹名詞 人《ひと》に対《たい》する態度《たいど》。例 当たりのやわらかい人《ひと》だ。❺名詞 目当《めあ》て。見当《けんとう》。例 犯人《はんにん》の当たりをつける。❻名詞 野球《やきゅう》で、ボールを打《う》つこと。例 よい当たりだ。❼接尾語（ほかのことばのあとにつけて）割《わ》り当《あ》てや平均《へいきん》を表《あらわ》す。…に対《たい》して。例 一人《ひとり》当たり三《みっ》つ／一平方《いちへいほう》キロメートル当たりの人口《じんこう》。

あたりさわり【当たり障り】 名詞 具合《ぐあい》の悪《わる》いこと。さしつかえること。例 当たり障りのない話《はなし》をする。使い方 あとに「ない」がくることが多《おお》い。

あたりちらす【当たり散らす】 動詞 いらいらして、関係《かんけい》のない人《ひと》にいやな思《おも》いをさせるようなふるまいをする。例 試合《しあい》に負《ま》けた弟《おとうと》は、みんなに当たり散らした。

あたりどし【当たり年】 名詞 ❶作物《さくもつ》などがよくできた年《とし》。例 去年《きょねん》はすいかの当たり年だった。❷よいことがたくさんある年《とし》。

あたりまえ【当たり前】 名詞 形容動詞 ❶わかりきっていること。当然《とうぜん》。例 きみが合格《ごうかく》するのは当たり前だ。❷ふつうであること。例 ごく当たり前の生活《せいかつ》。

あたる【当たる】 動詞 ❶ぶつかる。例 かべに手《て》が当たった。❷命中《めいちゅう》する。例 的《まと》に当たる。対 外《はず》れる。❸一部分《いちぶぶん》がくっつく。例 くつが当たって、くつずれができた。❹予想《よそう》どおりになる。運《うん》よくねらいどおりになる。例 天気予報《てんきよほう》が当たる／くじ引《び》きに当たる。❺光《ひかり》・熱《ねつ》・雨《あめ》・風《かぜ》などを受《う》ける。例 日《ひ》の当たる道《みち》／たき火《び》に当たる／自転車《じてんしゃ》が雨《あめ》に当たる。❻等《ひと》しい。例 一《いち》キログラムは千《せん》グラムに当たる。❼つらい目《め》にあわせる。例 母《はは》にしかられて、姉《あね》に当たってしまった。❽その方向《ほうこう》にある。例 学校《がっこう》は駅《えき》の東《ひがし》に当たる。❾体《からだ》に害《がい》を受《う》ける。例 ふぐの毒《どく》に当たった。❿引《ひ》き受《う》ける。指名《しめい》される。例 日直《にっちょく》に当たる。⓫見《み》て確《たし》かめる。例 辞書《じしょ》に当たる。⓬立《た》ち向《む》かう。例 協力《きょうりょく》して敵《てき》に当たる。⓭（「…に（は）当《あ》たらない」の形《かたち》で、全体《ぜんたい》で）…する必要《ひつよう》がない。例 このことは報告《ほうこく》するには当たらない。
漢 ⇒914ジペー とう〔当〕

アチーブメントテスト（achievement test）名詞 「学力検査《がくりょくけんさ》」のこと。

あちこち ❶代名詞 あちらこちら。例 林《はやし》のあちこちで小《こ》鳥《とり》が鳴《な》いている。❷名詞 食《く》いちがうこと。例 話《はなし》があちこちになって、わかりにくい。

あちら 代名詞 ❶自分《じぶん》と相手《あいて》から遠《とお》い方向《ほうこう》や場所《ばしょ》・ものを指《さ》すことば。例 あちらを見《み》てください。❷自分《じぶん》と相手《あいて》から遠《とお》い場所《ばしょ》にいる人《ひと》を指《さ》すことば。例 あちらは、どなたですか。❸旅行《りょこう》した先《さき》。例 あちらで、たくさんの友《とも》だちができました。
使い方 「あっち」よりもていねいな言《い》い方《かた》。

あちらこちら 代名詞 方々《ほうぼう》。あちこち。例 あちらこちらで虫《むし》の声《こえ》がする。

漢 **あつ【圧】**〔土《つち》〕5画 5年 訓 音 アツ
一 厂 圧 圧 圧（下のよこぼうをながく）
❶おさえつける。例 圧縮《あっしゅく》／圧倒《あっとう》／圧力《あつりょく》。❷お

ことわざ **急《いそ》がば回《まわ》れ** 急《いそ》ぐときは、危険《きけん》な近道《ちかみち》よりも、遠回《とおまわ》りでも安全《あんぜん》な道《みち》を行《い》くほうが結局《けっきょく》は早《はや》い。

さえつける力《ちから》。例 気圧《きあつ》／血圧《けつあつ》／水圧《すいあつ》／電圧《でんあつ》。

あっ 感動詞 おどろいたとき、とても感動《かんどう》したとき、何《なに》かに気《き》づいたときなどに、思《おも》わず出《で》る短《みじか》いことば。例 あっ、危《あぶ》ない／あっ、雨《あめ》だ。

あつあげ【厚揚げ】 名詞 豆腐《とうふ》を数《すう》センチメートルの厚《あつ》さに切《き》って、油《あぶら》であげたもの。

あつあつ【熱熱】 名詞 形容動詞 ❶料理《りょうり》などがとても熱《あつ》いこと。例 熱々のシチュー。❷とても愛《あい》し合《あ》っていること。例 熱々のカップル。

あつい【厚い】 形容詞 ❶物《もの》の、一《ひと》つの面《めん》と反対側《はんたいがわ》の面《めん》との間《あいだ》のひらきが大《おお》きい。例 厚い上着《うわぎ》。対 薄《うす》い。❷思《おも》いやりがある。真心《まごころ》がこもっている。例 厚い友情《ゆうじょう》。↓使い分け

漢 **あつ-い【厚】**〔厂〕がんだれ 9画 5年 音 コウ 訓 あつい

一 厂 厂 戸 戸 戸 厚 厚 厚（はねる）

❶あつい。あつみがある。例 厚紙《あつがみ》／厚着《あつぎ》／厚手《あつで》／重厚《じゅうこう》／濃厚《のうこう》。❷心《こころ》がこもっている。例 厚意《こうい》／温厚《おんこう》。❸ゆたかにする。例 厚生《こうせい》。❹あつかましい。例 厚顔《こうがん》。

あつい【暑い】 形容詞 気温《きおん》が高《たか》い。例 今日《きょう》は真夏《まなつ》のように暑い。対 寒《さむ》い。漢↓627ページ しょ〔暑〕↓使い分け

あつい【熱い】 形容詞 ❶その物《もの》の温度《おんど》が高《たか》い。例 熱い湯《ゆ》。対 冷《つめ》たい。❷気持《きも》ちが高《たか》ぶっているようす。例 兄《あに》のやさしいことばに、胸《むね》が熱くなる。漢↓1015ページ ねつ〔熱〕↓使い分け

使い分け

あつい

厚い・暑い・熱い

厚い 物《もの》のあつみやはばがある。また、気《き》持《も》ちが強《つよ》いことを表《あらわ》すときにも使《つか》う。対 薄《うす》い
「厚《あつ》い本《ほん》を読《よ》む／人情《にんじょう》が厚《あつ》い」

暑い 気温《きおん》が高《たか》い。対 寒《さむ》い
「暑《あつ》い夏《なつ》の一日《いちにち》／蒸《む》し暑《あつ》い」

熱い 水《みず》や物《もの》の温度《おんど》が高《たか》い。感情《かんじょう》が高《たか》まっているようす。対 冷《つめ》たい
「熱《あつ》い茶《ちゃ》を飲《の》む／人々《ひとびと》の熱《あつ》い期待《きたい》にこたえる」

あっか【悪化】 名詞 動詞 悪《わる》くなること。例 傷《きず》が悪化する。対 好転《こうてん》。

あつかい【扱い】 名詞 ❶あつかうこと。あやつること。例 貴重品《きちょうひん》扱いにする／父《ちち》は機械《きかい》の扱いがうまい。❷世話《せわ》すること。もてなし。例 母《はは》は客《きゃく》の扱いに慣《な》れている。

あつかう【扱う】 動詞 ❶手《て》で物《もの》を動《うご》かして使《つか》う。例 機械《きかい》を扱う。❷仕事《しごと》として受《う》け持《も》つ。また、商品《しょうひん》として売《う》る。例 宅配便《たくはいびん》を扱う店《みせ》／日用品《にちようひん》を扱う店《みせ》。❸世話《せわ》をする。もてなす。例 客《きゃく》を大事《だいじ》に扱う。❹相手《あいて》にふさわしい対応《たいおう》をする。例 大人《おとな》として扱う。

あつかましい【厚かましい】 形容詞 はずかしいと思《おも》う気持《きも》ちがない。例 だまって人《ひと》のものを使《つか》うとは厚かましい。類 ずうずうしい。

あつがみ【厚紙】 名詞 ボール紙《がみ》などの厚手《あつで》の紙《かみ》。

あつがり【暑がり】 名詞 ふつうの人《ひと》よりも暑《あつ》さを感《かん》じやすいこと。また、そのような人《ひと》。

あっかん【圧巻】 名詞 本《ほん》やもよおしものなどの中《なか》で、もっともすぐれている部分《ぶぶん》。例 決勝《けっしょう》戦《せん》での兄《あに》のシュートは圧巻だった。ことば「圧」は「おさえつける」、「巻」は「答案《とうあん》」という意《い》味《み》。昔《むかし》の中国《ちゅうごく》で、役人《やくにん》を選《えら》ぶ試験《しけん》のとき、もっとも優秀《ゆうしゅう》な答案《とうあん》をいちばん上《うえ》にのせたことからきたことば。

あっかん【悪漢】 名詞 悪《わる》いことをする男《おとこ》。悪《わる》者《もの》。例 悪漢におそわれる。

あつぎ【厚着】 名詞 動詞 季語冬 服《ふく》をたくさん重《かさ》ねて着《き》ること。対 薄着《うすぎ》。

あつくるしい【暑苦しい】 形容詞 たいへん暑《あつ》くて息苦《いきぐる》しい。また、そのように見《み》えるようす。例 昨夜《さくや》は暑苦しくて、よくねむれなかった／暑苦しい服装《ふくそう》。

あつげしょう【厚化粧】 名詞 動詞 口紅《くちべに》やおしろいなどを、濃《こ》くぬって化粧《けしょう》すること。対 薄化粧《うすげしょう》。

かのすべてのことに当《あ》てはまるということ。

あっけない 形容詞 思《おも》ったより簡単《かんたん》でもの足《た》りない。張《は》り合《あ》いがない。例 横綱同士《よこづなどうし》の対戦《たいせん》は、あっけなく勝負《しょうぶ》がついた。

あっけにとられる 思《おも》いがけないことにあって、おどろきあきれ、ぼうっとしてしまう。

あっこう【悪口】 名詞 人《ひと》のことを悪《わる》く言《い》うこと。また、そのことば。わるくち。

あっこうぞうごん【悪口雑言】 名詞 いろいろと悪口《わるくち》を言《い》うこと。例 悪口雑言の限《かぎ》りをつくす（＝考《かんが》えられるすべての悪口《わるくち》を言《い》う）。

あつさ【厚さ】 名詞 物《もの》のある面《めん》と反対《はんたい》の面《めん》の間《あいだ》のはば。

あつさ【暑さ】 名詞 季語夏 気温《きおん》が高《たか》いこと。また、その程度《ていど》。対 寒《さむ》さ。

あっさく【圧搾】 名詞 動詞 強《つよ》い力《ちから》を加《くわ》えて、気体《きたい》をおし縮《ちぢ》めたり、液体《えきたい》をしぼりとったりすること。類 圧縮《あっしゅく》。

あっさくくうき【圧搾空気】 ⇩41ページ あっしゅくくうき

あつささむさもひがんまで【暑さ寒さも彼岸まで】 ⇩19ページ ことわざ

あっさり[と] 副詞 動詞 ❶さっぱりとしているようす。例 あっさりした味《あじ》／あっさりした性格《せいかく》。対 こってり[と]。❷簡単《かんたん》に。たやすく。例 仕事《しごと》は、思《おも》ったよりあっさりとかたづいた。

あつじ【厚地】 名詞 厚《あつ》みのある布地《ぬのじ》。例 厚地のコート。

あっしゅく【圧縮】 名詞 動詞 強《つよ》い力《ちから》を加《くわ》えて、おし縮《ちぢ》めること。例 ガスを圧縮する。類 圧搾《あっさく》。

あっしゅくくうき【圧縮空気】 名詞 圧縮《あっしゅく》ポンプでおし縮《ちぢ》められた空気《くうき》。おし返《かえ》す力《ちから》が強《つよ》いために、電車《でんしゃ》のブレーキなどに使《つか》われる。「圧搾空気《あっさくくうき》」ともいう。

あっしょう【圧勝】 名詞 動詞 試合《しあい》で大差《たいさ》をつけて勝《か》つこと。例 八対一《はちたいいち》で圧勝した。類 大勝《たいしょう》。

あっする【圧する】 動詞 ❶強《つよ》くおしつける。❷相手《あいて》をおさえつける。例 力《ちから》を合《あ》わせて相手《あいて》チームを圧する。

あっせい【圧政】 名詞 権力《けんりょく》などで人々《ひとびと》を無理《むり》やり従《したが》わせる政治《せいじ》。

あっせん【あっ旋】 名詞 動詞 二《ふた》つのものの間《あいだ》に立《た》って、世話《せわ》をすること。関係《かんけい》をとりもつこと。例 知人《ちじん》に仕事《しごと》をあっ旋する。類 周旋《しゅうせん》。

あったかい 形容詞 「あたたかい」のくだけた言《い》い方《かた》。

あっち 代名詞 「あちら」のくだけた言《い》い方《かた》。

あづちじょう【安土城】 名詞 今《いま》の滋賀県《しがけん》近江八幡市安土町《おうみはちまんしあづちちょう》に、織田信長《おだのぶなが》が全国統一《ぜんこくとういつ》の拠点《きょてん》として築《きず》いた城《しろ》。一五八二年《ねん》の本能寺《ほんのうじ》の変《へん》のあとに焼失《しょうしつ》した。

あづちももやまじだい【安土桃山時代】 名詞 おもに、織田信長《おだのぶなが》・豊臣秀吉《とよとみひでよし》が政治《せいじ》の力《ちから》をにぎっていた時代《じだい》。室町幕府《むろまちばくふ》がほろんだ一五七三年《ねん》から、江戸幕府《えどばくふ》ができる一六〇三年《ねん》までをいう。全国統一《ぜんこくとういつ》が進《すす》められた。

あつで【厚手】 名詞 紙《かみ》・布地《ぬのじ》・焼《や》き物《もの》などで、厚《あつ》くつくってあるもの。例 厚手のうつわ。対 薄手《うすで》。

あっというま【あっという間】 ほんのわずかの間《あいだ》。一瞬《いっしゅん》の間《あいだ》。例 あっという間のできごと。

あっといわせる【あっと言わせる】 人《ひと》をおどろかせたり、感動《かんどう》させたりする。例 そのニュースは子供《こども》たちをあっと言わせた。

あっとう【圧倒】 名詞 動詞 強《つよ》い力《ちから》や勢《いきお》いで、相手《あいて》を負《ま》かすこと。例 相手《あいて》の勢《いきお》いに圧倒される。

あっとうてき【圧倒的】 形容動詞 ほかのものよりはるかにすぐれていたり、大《おお》きく差《さ》をつけていたりするようす。例 圧倒的な強《つよ》さ。

あっぱく【圧迫】 名詞 動詞 ❶強《つよ》くおしつけること。例 帯《おび》が胸《むね》を圧迫する。❷相手《あいて》を力《ちから》でおさえつけて、自由《じゆう》にさせないこと。例 行動《こうどう》の自由《じゆう》を圧迫する。

あっぱれ ❶ 形容動詞 すばらしくりっぱであること。例 敵《てき》ながらあっぱれな戦《たたか》いぶりだった。❷ 感動詞 りっぱなようすをほめて言《い》うことば。例 あっぱれ、よくやった。使い方 ❷は、古《ふる》い言《い》い方《かた》。

アップ（up） 名詞 動詞 ❶上《あ》がること。例 成績《せいせき》がアップしてきた。対 ダウン。❷一部分《いちぶぶん》を大《おお》きく写《うつ》すこと。大写《おおうつ》し。英語《えいご》の

ことわざ　一事《いちじ》が万事《ばんじ》　一《ひと》つのことを見《み》れば、ほかのこともわかってしまうということ。一《ひと》つのことがほ

「クローズアップ」の略《りゃく》。例 アップの写真《しゃしん》。

アップリケ（フランス語）名詞 布地《ぬのじ》の上《うえ》に、いろいろな形《かたち》に切《き》った別《べつ》の布《ぬの》をかざりとしてぬいつけること。また、そのようにしてつくったもの。

アップル（apple）名詞「りんご」のこと。

アップルパイ（apple pie）名詞 小麦粉《こむぎこ》ででき た皮《かわ》に、あまく煮《に》たりんごをはさんで焼《や》いた菓子《かし》。

アップロード（upload）名詞 動詞 コンピューターのネットワークを使《つか》って、プログラムやデータなどを、自分《じぶん》のコンピューターから中心《ちゅうしん》となるコンピューターに送《おく》ること。対 ダウンロード。

あつぼったい【厚ぼったい】形容詞 厚《あつ》くて重《おも》たい感《かん》じであるようす。例 厚ぼったい上着《うわぎ》。

あつまり【集まり】名詞
❶集《あつ》まること。また、集《あつ》まったもの。例 今日《きょう》は部員《ぶいん》の集まりがよい／小《ち》さなつぶの集まり。
❷集会《しゅうかい》。会合《かいごう》。例 放送委員《ほうそういいん》の集まりがある。

あつまる【集まる】動詞 散《ち》らばっていた人《ひと》や物《もの》が、一《ひと》つのところにかたまる。対 散《ち》る。㊅ ↓604ジペー しゅう〔集〕

あつみはんとう【渥美半島】名詞 愛知県《あいちけん》南部《なんぶ》にある、伊勢湾《いせわん》につき出《で》た半島《はんとう》。メロンや花《はな》の温室栽培《おんしつさいばい》がさかん。

あつめる【集める】動詞 散《ち》らばっていた人《ひと》や物《もの》を、一《いっ》か所《しょ》に寄《よ》せる。例 ノートを集めます。対 散《ち》らす。㊅ ↓604ジペー しゅう〔集〕

あつらえ 名詞 注文《ちゅうもん》をして、特別《とくべつ》につくらせること。また、そうしてつくったもの。例 あつらえのドレス。

あつらえむき【あつらえ向き】形容動詞 望《のぞ》みにぴったり合《あ》っていて、ちょうどよいようす。例 泳《およ》ぐにはあつらえ向きな天気《てんき》だ。

あつらえる 動詞 注文《ちゅうもん》して、自分《じぶん》の思《おも》いどおりに特別《とくべつ》につくらせる。例 洋服《ようふく》をあつらえる。

あつりょく【圧力】名詞
❶物《もの》をおしつける力《ちから》。例 圧力なべ。
❷人《ひと》をおさえつける力《ちから》。例 反対《はんたい》する人々《ひとびと》から圧力がかかる。

あて【当て】名詞
❶目的《もくてき》。目当《めあ》て。例 当てもなく旅《たび》に出《で》る。
❷たよりにすること。見《み》こみ。例 借《か》りる当てがある。
❸体《からだ》や服《ふく》などを守《まも》るために当《あ》てるもの。例 ひじ当て／すね当て。

● **当《あ》てが外《はず》れる** こうなってほしいと思《おも》っていたことが、思《おも》ったようにならない。例 お年玉《としだま》の当てが外れる。

● **当《あ》てにする** たのみにする。期待《きたい》する。例 兄《あに》の助《たす》けを当てにする。

-あて【宛て】接尾語
❶（人《ひと》や場所《ばしょ》を表《あらわ》すことばのあとにつけて）送《おく》り先《さき》や届《とど》け先《さき》を表《あらわ》す。例 祖母《そぼ》宛てに本《ほん》を送《おく》る。
❷（数《かず》を表《あらわ》すことばのあとにつけて）割《わ》り当《あ》てや平均《へいきん》を表《あらわ》す。あたり。例 参加費用《さんかひよう》は一人《ひとり》宛て五百円《ごひゃくえん》です。

あてがう【宛てがう】動詞
❶ぴったりとくっつける。例 傷口《きずぐち》にガーゼを宛てがう。
❷相手《あいて》に適当《てきとう》だと思《おも》われるものを、割《わ》り当《あ》てたりあたえたりする。例 五人《ごにん》に一部屋《ひとへや》が宛てがわれた。

あてこすり【当てこすり】名詞 相手《あいて》に対《たい》して、遠回《とおまわ》しに文句《もんく》や悪口《わるくち》を言《い》うこと。また、そのことば。皮肉《ひにく》。

あてこする【当てこする】動詞 相手《あいて》がそれとなくわかるように、遠回《とおまわ》しに文句《もんく》や悪口《わるくち》を言《い》う。類 当《あ》てつける。

あてこむ【当て込む】動詞 あることをあてにして、ものごとをする。例 お祭《まつ》りでお客《きゃく》が増《ふ》えることを当て込んで商品《しょうひん》を仕入《しい》れる。

あてさき【宛先】名詞 手紙《てがみ》や荷物《にもつ》などを送《おく》る相手《あいて》の名前《なまえ》や住所《じゅうしょ》。類 宛名《あてな》。

あてじ【当て字】名詞 漢字《かんじ》の意味《いみ》に関係《かんけい》なく、読《よ》み方《かた》が同《おな》じ漢字《かんじ》を当《あ》てはめて使《つか》うこと。「インド」を「印度」と書《か》くなど。

あてずっぽう【当てずっぽう】名詞 形容動詞 理由《りゆう》もなく、自分勝手《じぶんかって》にこうだろうと考《かん》えること。例 当てずっぽうに答《こた》えた。

あてつける【当てつける】動詞 相手《あいて》がいやな思《おも》いをするようなことを、直接《ちょくせつ》には言《い》わず、遠回《とおまわ》しに言《い》ったりしたりする。類 当《あ》てこする。

あてどもなく【当てどもなく】はっきりした目的《もくてき》もなく。例 海岸《かいがん》を当てどもなく歩《ある》く。

あてな【宛名】名詞 手紙《てがみ》や荷物《にもつ》などを差《さ》し出《だ》

あいうえお　かきくけこ　さしすせそ　たちつてと　なにぬねの　はひふへほ　まみむめも　や　ゆ　よ　らりるれろ　わ　を　ん

し長《なが》く、技術《ぎじゅつ》や知識《ちしき》が少《すこ》しだけすぐれていること。

す相手《あいて》の名前《なまえ》。住所《じゅうしょ》をふくめていうこともある。類 宛先《あてさき》。

あてぬの【当て布】 名詞 アイロンをかけるとき、布地《ぬのじ》をいためないように、衣服《いふく》などの上《うえ》にのせる布《ぬの》。

アテネ 名詞 ギリシャの首都《しゅと》。古代《こだい》ギリシャ時代《じだい》、都市国家《としこっか》があり、今《いま》も遺跡《いせき》が数多《かずおお》く残《のこ》る。国際的《こくさいてき》な観光都市《かんこうとし》。参考 一八九六年《ねん》、ここで第《だい》一回《いっかい》の近代《きんだい》オリンピックが開《ひら》かれた。

あてはずれ【当て外れ】 名詞 願《ねが》っていたとおりにならないこと。例 当て外れの成績《せいせき》。

あてはまる【当てはまる】 動詞 ちょうどよく合《あ》う。ぴったり合《あ》う。例 かっこの中《なか》に当てはまることばを入《い》れましょう。

あてはめる【当てはめる】 動詞 ちょうど合《あ》うようにする。また、あるものをあるものに当《あ》ててみる。適用《てきよう》する。例 ほかの人《ひと》の話《はなし》を、自《じ》分《ぶん》に当てはめて考《かんが》えてみる。

あでやか 形容動詞 品《ひん》がよく、はなやかで美《うつく》しいようす。例 あでやかな装《よそお》い。

あてる【充てる】 動詞 ある目的《もくてき》のために使《つか》う。割《わ》り当《あ》てる。例 足《た》りない分《ぶん》は、預金《よきん》を充《あ》てよう。使い方「当《あ》てる」と書《か》いてもよい。

あてる【当てる】 動詞
❶ぶつける。例 かべにボールを当てる。
❷命中《めいちゅう》させる。例 的《まと》に当てる。
❸くっつける。例 傷口《きずぐち》にガーゼを当てる。
❹名指《なざ》しする。例 先生《せんせい》に当てられた。
❺光《ひかり》や風《かぜ》などにふれさせる。例 布団《ふとん》を日《ひ》に当《あ》てる。
❻希望《きぼう》どおりの状態《じょうたい》にする。例 特賞《とくしょう》を当てる。
❼当《あ》てはめる。例 漢字《かんじ》にかなを当てる。
漢 → 914ページ とう〔当〕

あてる【宛てる】 動詞 手紙《てがみ》や荷物《にもつ》などを、相《あい》手《て》に向《む》けて送《おく》る。例 友《とも》だちに宛てた手紙《てがみ》。

アテンポ（イタリア語《ご》）名詞 音楽《おんがく》で、演奏《えんそう》する速《はや》さを表《あらわ》すことばの一《ひと》つ。「もとの速《はや》さで」という意味《いみ》。

あと【後】 名詞
❶後《うし》ろ。例 先生《せんせい》の後について歩《ある》く。対 先《さき》。前《まえ》。
❷それからのち。例 食事《しょくじ》の後でテレビを見《み》る。対 先《さき》。前《まえ》。
❸残《のこ》り。例 もう夜《よる》だから後は明日《あす》にしよう。
漢 → 441ページ ご〔後〕

●**後《あと》にも先《さき》にも** 今《いま》までに、見《み》たり聞《き》いたりしたことがないようす。今《いま》までも、これから先《さき》も。例 後にも先にも、あんなにこわい思《おも》いをしたことはない。

●**後《あと》の祭《まつ》り** ことわざ 間《ま》に合《あ》わなくて、なんの役《やく》にも立《た》たないこと。例 後悔《こうかい》しても後の祭りだ。

●**後《あと》は野《の》となれ山《やま》となれ** → 21ページ ことわざ

●**後《あと》を絶《た》たない** いつまでも続《つづ》いて、終《お》わることがない。例 申《もう》しこみが後を絶たない。

●**後《あと》を引《ひ》く** あることのえいきょうがいつまでも残《のこ》る。例 昨日《きのう》のけんかがまだ後を引いている。類 尾《お》を引《ひ》く。

あと【跡】 名詞
❶ものがふれて残《のこ》るしるし。例 足跡《あしあと》／注射《ちゅうしゃ》の跡。
❷昔《むかし》何《なに》かがあったところ。例 昔《むかし》の戦場《せんじょう》の跡。
❸ゆくえ。例 犯人《はんにん》の跡を追《お》う。
❹死《し》んだりやめたりした人《ひと》の仕事《しごと》や地位《ちい》。例 しにせ（＝昔《むかし》から続《つづ》いている店《みせ》）の跡をつぐ。
使い方 ❶は、傷《きず》などの場合《ばあい》は「痕」とも書《か》く。

あど 名詞 狂言《きょうげん》で、シテ（＝主役《しゅやく》）の相手役《あいてやく》。関連 して。ことば ふつう「アド」と書《か》く。

あとあし【後足】 名詞 動物《どうぶつ》の後《うし》ろの足《あし》。後《うし》ろ足《あし》。対 前足《まえあし》。

あとあじ【後味】 名詞
❶飲《の》んだり食《た》べたりしたあと、口《くち》の中《なか》に残《のこ》る味《あじ》。
❷ものごとが終《お》わったあとに残《のこ》る感《かん》じ。例 後味の悪《わる》い試合《しあい》だった。

あとあと【後後】 名詞 これから先《さき》ずっと。のちのち。対 前前《まえまえ》。

あとおし【後押し】 名詞 動詞
❶後《うし》ろからおすこと。
❷力《ちから》を貸《か》すこと。例 委員長《いいんちょう》の後押しをする。

あとがき【後書き】 名詞 手紙《てがみ》や本《ほん》などの終《お》わりに書《か》きそえる文《ぶん》。対 前書《まえが》き。

あとかたづけ【後片付け】 名詞 動詞 何《なに》かしたあとを、きちんと整理《せいり》すること。例 食事《しょくじ》の後片付《あとかたづ》けを手伝《てつだ》う。類 後始末《あとしまつ》。

あとかたもない【跡形もない】 あとに何《なに》も残《のこ》っていない。例 大雨《おおあめ》で、古《ふる》い橋《はし》が跡形《あとかた》もなく流《なが》された。

ことわざ **一日《いちじつ》の長《ちょう》** 一日先《いちにちさき》に生《う》まれ、わずかに年《とし》が上《うえ》であるという意味《いみ》から、ほかの人《ひと》よりも経験《けいけん》が少《すこ》

あとがま【後釜】 名詞 前《まえ》の人《ひと》がやめたあと、その代《か》わりになる人《ひと》。また、その地位《ちい》。例 後釜を探《さが》す／後釜にすわる。ことば「かま」は、ごはんをたいたり湯《ゆ》をわかしたりする道具《どうぐ》。「かまどが空《あ》いたとき、その火《ひ》が消《き》えないうちに置《お》く次《つぎ》のかま」という意味《いみ》からきたことば。

あとからあとから【後から後から】 次《つぎ》から次《つぎ》へと、とぎれずに続《つづ》くようす。例 後から後からけむりがわき出《だ》してくる。

あとくされ【後腐れ】 名詞 ものごとがすんだあとで、めんどうな問題《もんだい》が起《お》きること。

あとくち【後口】 名詞 ❶飲《の》んだり食《た》べたりしたあと、口《くち》の中《なか》に残《のこ》る感《かん》じ。後味《あとあじ》。例 後口がすっきりしたスープ。❷順番《じゅんばん》があとであること。例 後口の注文《ちゅうもん》。

あどけない 形容詞 無邪気《むじゃき》でかわいらしい。例 赤《あか》ちゃんのあどけない笑顔《えがお》。

あとさき【後先】 名詞 ❶ものごとの前《まえ》とあと。例 後先を考《かんが》えない行動《こうどう》。❷ある場所《ばしょ》の前《まえ》と後《うし》ろ。例 車《くるま》の後先を見《み》てから発車《はっしゃ》する。❸ものごとの順序《じゅんじょ》。また、その順序《じゅんじょ》が入《い》れかわること。例 後先をまちがえずに作業《さぎょう》する。

● **後先《あとさき》になる** ものごとの順序《じゅんじょ》が入《い》れかわる。例 話《はなし》が後先になる。

あとじさり【後じさり】 ↓44ページ あとずさり

あとしまつ【後始末】 名詞 動詞 ものごとが終《お》わったあとを、きちんと整理《せいり》してかたづけること。例 たき火《び》の後始末をする。類 後片付《あとかたづ》け。

あとずさり【後ずさり】 名詞 動詞 前《まえ》を向《む》いたまま、後《うし》ろにさがっていくこと。あとじさり。例 犬《いぬ》ににらまれ、思《おも》わず後ずさりする。

あとずさり

あとち【跡地】 名詞 建物《たてもの》などをとりこわしたあとの土地《とち》。例 工場《こうじょう》の跡地に公園《こうえん》ができた。

あとつぎ【跡継ぎ・後継ぎ】 名詞 ❶家《いえ》の財産《ざいさん》や仕事《しごと》をつぐ人《ひと》。類 跡取《あとと》り。❷前《まえ》の人《ひと》の仕事《しごと》や地位《ちい》をつぐ人《ひと》。

あとづけ【後付け】 名詞 ❶手紙《てがみ》のいちばんあとに、日付《ひづけ》・差出人《さしだしにん》・あて名《な》などを順《じゅん》に書《か》いた部分《ぶぶん》。❷本《ほん》の本文《ほんぶん》のあとにつける、索引《さくいん》やあと書《が》きなどのこと。

あととり【跡取り】 名詞 家《いえ》の財産《ざいさん》や仕事《しごと》をつぐ人《ひと》。類 跡継《あとつ》ぎ。

アドバイス (advice) 名詞 動詞 よい知恵《ちえ》を出《だ》して、人《ひと》を助《たす》けること。助言《じょげん》。例 姉《あね》のアドバイスで問題《もんだい》が解《と》けた。

あとばらい【後払い】 名詞 動詞 品物《しなもの》を受《う》けとったり、働《はたら》いてもらったりしたあとで、その代金《だいきん》や働《はたら》きに対《たい》するお金《かね》をしはらうこと。対 先払《さきばら》い。前払《まえばら》い。

アドバルーン 名詞 広告《こうこく》のための文字《もじ》や絵《え》をつり下《さ》げて、空《そら》にあげる気球《ききゅう》。ことば 英語《えいご》をもとに日本《にほん》で作《つく》られたことば。

アトピー (atopy) 名詞 ❶生《う》まれつき、ある刺激《しげき》に対《たい》して感《かん》じやすい体質《たいしつ》。❷「アトピー性皮膚炎《せいひふえん》」の略《りゃく》。ある刺激《しげき》に感《かん》じやすい体質《たいしつ》の人《ひと》に起《お》きる皮膚病《ひふびょう》の一《ひと》つ。かゆみが強《つよ》い。

アトピーせいひふえん【アトピー性皮膚炎】 ↓44ページ アトピー❷

アドベンチャー (adventure) 名詞「冒険《ぼうけん》」のこと。

あとまわし【後回し】 名詞 順番《じゅんばん》をかえてあとにすること。例 この問題《もんだい》は後回しにしよう。

あともどり【後戻り】 名詞 動詞 ❶来《き》た方向《ほうこう》にもどること。❷よいほうに進《すす》んでいたものが、もとにもどること。例 病状《びょうじょう》が後戻りする。

アトラクション (attraction) 名詞 ❶人《ひと》を集《あつ》めるため、もよおしものにそえる演芸《えんげい》などの出《だ》し物《もの》。❷遊園地《ゆうえんち》などにある、遊《あそ》ぶための設備《せつび》。観覧車《かんらんしゃ》やジェットコースターなど。

アトランダム (at random) 形容動詞 順序《じゅんじょ》や選《えら》び方《かた》に決《き》まりがなく、手当《てあ》たりしだいであるようす。例 候補者《こうほしゃ》をアトランダムに選《えら》ぶ。

アトリエ (フランス語) 名詞 画家《がか》・彫刻家《ちょうこくか》・写真家《しゃしんか》などの仕事場《しごとば》。類 工房《こうぼう》。

アドリブ (ad lib) 名詞 演劇《えんげき》や演奏《えんそう》などで、そ

あ あいうえお かきくけこ さしすせそ たちつてと なにぬねの はひふへほ まみむめも や ゆ よ らりるれろ わ を ん

ごとを始《はじ》めるときは、最初《さいしょ》にしっかり計画《けいかく》を立《た》てたほうがよいということ。最初《さいしょ》が肝心《かんじん》である、というたとえ。

の場《ば》で思《おも》いついたせりふを言《い》ったり演技《えんぎ》したり、演奏《えんそう》したりすること。

アドレス (address) 名詞 住所《じゅうしょ》。あて先《さき》。例 アドレス帳《ちょう》／メールアドレス。

あな【穴】 名詞 ❶くぼんだところ。例 地面《じめん》に穴をほる。❷向《む》こうまでつきぬけているところ。例 針《はり》の穴。❸欠点《けってん》や弱点《じゃくてん》。例 きみの意見《いけん》には穴がある。❹お金《かね》などの足《た》りないところ。例 練習《れんしゅう》を休《やす》んだ穴をとりもどす。また、損《そん》をしたところ。漢 ⬇45ページ あな〔穴《あな》〕

● **穴《あな》があったら入《はい》りたい** 穴《あな》があればそこにかくれたいくらい、ひどくはずかしい。

● **穴《あな》の空《あ》くほど見《み》る** 人《ひと》の顔《かお》やものなどをじっと見《み》つめる。

漢 **あな【穴】** 〔穴〕《あな》 5画 6年 音 ケツ 訓 あな

❶あな。くぼんだところ。ほらあな。例 穴倉《あなぐら》。❷勝負《しょうぶ》ごとでの番《ばん》くるわせ。例 大穴《おおあな》。❸人《ひと》に知《し》られていない。例 穴場《あなば》。

あなうめ【穴埋め】 名詞 動詞 ❶穴《あな》をうめること。❷足《た》りないところや損《そん》をしたところをもとどおりにすること。例 一学期《いちがっき》に遊《あそ》びすぎた穴埋めに、夏休《なつやす》みは勉強《べんきょう》する。

アナウンサー (announcer) 名詞 ラジオやテレビなどで、ニュースを読《よ》み上《あ》げたり司会《しかい》をしたりする人《ひと》。

アナウンス (announce) 名詞 動詞 マイクを使《つか》ってみんなに知《し》らせること。放送《ほうそう》すること。

あながち 副詞 必《かなら》ずしも。例 妹《いもうと》の言《い》うこともあながちまちがいとは言《い》えない。使い方 あとに「ない」などのことばがくる。少《すこ》し古《ふる》い言《い》い方《かた》。

あなかんむり【穴冠】 名詞「⺳」のこと。漢字《かんじ》の部首《ぶしゅ》の一《ひと》つ。究・空・窓などの漢字を作《つく》る。

あなぐら【穴倉・穴蔵】 名詞 地面《じめん》に穴《あな》をほって物《もの》をしまっておくところ。

アナグラム (anagram) 名詞 ことばのつづりの並《なら》べ方《かた》をかえて、別《べつ》のことばにすること。また、その遊《あそ》び。「ビール」を「ルビー」とするなど。

あなご【穴子】 名詞 季語 夏 うなぎのなかまの魚《さかな》。細長《ほそなが》くてぬるぬるしている。食用《しょくよう》になる。図 ⬇521ページ さかな〔魚〕

あなた 代名詞 相手《あいて》の人《ひと》を指《さ》すことば。対 私《わたくし》。私《わたし》。例 あなたには、この色《いろ》がよく似合《にあ》う。使い方「おまえ」「きみ」「あんた」よりていねいな言《い》い方《かた》だが、目上《めうえ》の人《ひと》に「あなた」と呼《よ》びかけるのは失礼《しつれい》。目上《めうえ》の人《ひと》は「…さん」といったり、「…先生《せんせい》」のように職業《しょくぎょう》を表《あらわ》すことばをつけたりして呼《よ》ぶ。⬇589ページ 伝統コラム

あなた 代名詞 向《む》こうのほう。あちら。例 山《やま》のあなた。使い方 古《ふる》い言《い》い方《かた》。

あなどる【侮る】 動詞 ばかにする。類 見《み》くびる。使い方「あの人《ひと》は侮《あなど》れない」のように、「ない」をつけて、実力《じつりょく》があるのをほめるときに使《つか》うこともある。

あなば【穴場】 名詞 人《ひと》にあまり知《し》られていない、よい場所《ばしょ》や店《みせ》。例 穴場のレストラン。

アナログ (analog・analogue) 名詞 数量《すうりょう》を、長《なが》さや角度《かくど》のような連続《れんぞく》して変化《へんか》するもので表《あらわ》すこと。対 デジタル。参考「アナログ時計《どけい》」は、文字盤《もじばん》の針《はり》の角度《かくど》が変《か》わることで時刻《じこく》を示《しめ》す時計《とけい》。

あに【兄】 名詞 自分《じぶん》より年上《としうえ》の、男《おとこ》のきょうだい。にいさん。対 弟《おとうと》。図 ⬇667ページ しんぞく　漢 ⬇353ページ きょう〔兄〕

あにでし【兄弟子】 名詞 自分《じぶん》より先《さき》に、同《おな》じ先生《せんせい》について学《まな》んでいる人《ひと》。対 弟《おとうと》弟子《でし》。

アニメ ⬇45ページ アニメーション

アニメーション (animation) 名詞 形《かたち》や位置《いち》を少《すこ》しずつ変《か》えた絵《え》をさつえいしたものを、ひとこまずつすばやく映《うつ》して動《うご》いているように見《み》せるもの。動画《どうが》。略《りゃく》して「アニメ」ともいう。

あによめ【兄嫁】 名詞 兄《あに》の妻《つま》。

あね【姉】 名詞 自分《じぶん》より年上《としうえ》の、女《おんな》のきょうだい。ねえさん。対 妹《いもうと》。図 ⬇667ページ しんぞく

漢 **あね【姉】** 〔女〕《おんなへん》 8画 2年 音 シ 訓 あね

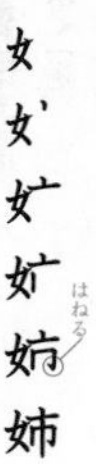

あね。自分《じぶん》より年上《としうえ》の、女《おんな》のきょうだい。例 姉妹《しまい》／姉《ねえ》さん。対 妹《いもうと》。

ことわざ　一年《いちねん》の計《けい》は元旦《がんたん》にあり　一年《いちねん》の計画《けいかく》は年《とし》の初《はじ》めに立《た》てるのがよいということ。また、何《なに》かもの

あねったい【亜熱帯】 名詞 熱帯《ねったい》と温帯《おんたい》の間《あいだ》の地帯《ちたい》。冬《ふゆ》もあまり寒《さむ》くならない。関連 熱帯《ねったい》。温帯《おんたい》。亜寒帯《あかんたい》。寒帯《かんたい》。乾燥帯《かんそうたい》。

あの 連体詞 ❶遠《とお》くにあるものを指《さ》すことば。例 さあ、あの山《やま》の頂上《ちょうじょう》を目指《めざ》して出発《しゅっぱつ》だ。❷話《はな》し手《て》も聞《き》き手《て》も知《し》っているものごとを指《さ》すことば。例 あの本《ほん》はどこにありますか。

あのよ【あの世】 名詞 死《し》んでから行《い》くと考《かんが》えられている世界《せかい》。対 この世《よ》。

アノラック（anorak） 名詞 山登《やまのぼ》りやスキーなどのときに着《き》る、寒《さむ》さや風《かぜ》を防《ふせ》ぐ上着《うわぎ》。

アパート 名詞 大《おお》きな建物《たてもの》の中《なか》を区切《くぎ》り、多《おお》くの家族《かぞく》が住《す》めるようにしたもの。ことば 英語《えいご》の「アパートメントハウス」の略《りゃく》。

あばきだす【暴き出す】 動詞 かくされているものをさぐり出《だ》して、みんなに知《し》らせる。

あばく【暴く】 動詞 ❶うめてあるものをほり出《だ》す。例 墓《はか》を暴く。❷人《ひと》の悪《わる》いところや秘密《ひみつ》にしていることを、みんなに知《し》らせる。例 人《ひと》の秘密《ひみつ》を暴く。

あばた 名詞 天然痘《てんねんとう》にかかって治《なお》ったあと、皮《ひ》膚《ふ》に残《のこ》るでこぼこしたあと。

漢 ⇩1203ジ ぼう〔暴〕

●**あばたもえくぼ** ⇩23ジ ことわざ

あばらぼね【あばら骨】 名詞 胸《むね》を囲《かこ》んで心《しん》臓《ぞう》や肺《はい》を守《まも》っている骨《ほね》。背骨《せぼね》から胸骨《きょうこつ》につながっていて、左右十二《さゆうじゅうに》対《つい》ある。ろっ骨《こつ》。

あばらや【あばら家】 名詞 あれ果《は》てた、粗《そ》末《まつ》な家《いえ》。

アパルトヘイト（apartheid） 名詞 南《みなみ》アフリカ共和国《きょうわこく》の、人種《じんしゅ》を差別《さべつ》する政策《せいさく》。一九九一年《ねん》に廃止《はいし》された。

あばれる【暴れる】 動詞 ❶乱暴《らんぼう》な行《おこな》いをする。❷思《おも》いきり力《ちから》を出《だ》す。例 試合《しあい》で大《おお》いに暴れる。

漢 ⇩1203ジ ぼう〔暴〕

あばれんぼう【暴れん坊】 名詞 乱暴《らんぼう》なことをしたり言《い》ったりする人《ひと》。

アピール（appeal） 名詞 動詞 ❶人々《ひとびと》にうったえること。例 野生動物《やせいどうぶつ》の保護《ほご》についてアピールする。❷人々《ひとびと》の心《こころ》を引《ひ》きつけること。例 この絵《え》は人《ひと》々《びと》にアピールするものがある。

あびせる【浴びせる】 動詞 ❶水《みず》などを勢《いきお》いよくたくさんかける。例 シャワーを浴びせる。❷次々《つぎつぎ》にことばを投《な》げかける。例 質問《しつもん》を浴びせる。❸激《はげ》しくぶつける。とくに、刀《かたな》などで切《き》りつける。例 ひと太刀《たち》浴びせる。漢 ⇩1368ジ よく〔浴〕

あひる 名詞 まがもを改良《かいりょう》して家畜《かちく》にした鳥《とり》。水《みず》かきがあって泳《およ》ぐ。種類《しゅるい》が多《おお》い。肉《にく》や卵《たまご》は食用《しょくよう》とし、羽毛《うもう》は羽布団《はねぶとん》にする。ことば 漢字《かんじ》では「家鴨」と書《か》く。図 ⇩954ジ とり〔鳥〕

あびる【浴びる】 動詞 ❶水《みず》などを体《からだ》いっぱいにかぶる。例 シャワーを浴びる。❷光《ひかり》や細《こま》かいものを体《からだ》いっぱいに受《う》ける。例 朝《あさ》の光《ひかり》を浴びる／砂《すな》ぼこりを浴びる。❸受《う》ける。例 拍手《はくしゅ》を浴びる。

漢 ⇩1368ジ よく〔浴〕

あぶ 名詞 季語 春 はえより少《すこ》し大《おお》きい、はえに似《に》た昆虫《こんちゅう》。おすは花粉《かふん》やみつを食《た》べるが、めすは人《ひと》や家畜《かちく》の血《ち》を吸《す》う。種類《しゅるい》が多《おお》い。ことば 漢字《かんじ》では「虻」と書《か》く。

アフガニスタン ⇩46ジ アフガニスタンイスラムきょうわこく

アフガニスタンイスラムきょうわこく【アフガニスタン・イスラム共和国】 名詞 西《にし》アジア大陸《たいりく》の内陸部《ないりくぶ》にある国《くに》。一九一九年《ねん》、イギリスから独立《どくりつ》した。首都《しゅと》はカブール。「アフガニスタン」ともいう。

（国旗《こっき》）

あぶく 名詞 「あわ」のくだけた言《い》い方《かた》。

あぶくまがわ【阿武隈川】 名詞 福島県《ふくしまけん》から宮城県《みやぎけん》を流《なが》れて太平洋《たいへいよう》に注《そそ》ぐ川《かわ》。

あぶくまこうち【阿武隈高地】 名詞 宮城《みやぎ》県南部《けんなんぶ》から福島県《ふくしまけん》を通《とお》って茨城県北部《いばらきけんほくぶ》に続《つづ》く、なだらかな山地《さんち》。「阿武隈山地《あぶくまさんち》」ともいう。

あぶくまさんち【阿武隈山地】 ⇩46ジ あぶくまこうち

アフターケア（aftercare） 名詞 ❶病気《びょうき》が治《なお》った人《ひと》の体調管理《たいちょうかんり》について、注《ちゅう》意《い》すること。

はその半分《はんぶん》の五分《ごぶ》（約《やく》1.5センチメートル）もあるということ。小《ちい》さな虫《むし》ですらそれなりの意地《いじ》や思《おも》いがあるの

❷ ↓47ページ《ジ》アフターサービス

アフターサービス 名詞 品物《しなもの》を売《う》ったあとも、その会社《かいしゃ》や店《みせ》が責任《せきにん》を持《も》って、手入《てい》れや修理《しゅうり》をすること。アフターケア。 ことば 英語《えいご》をもとに日本《にほん》で作《つく》られたことば。

あぶない【危ない】 形容詞 ❶危険《きけん》である。 例 急《きゅう》に道路《どうろ》に飛《と》び出《だ》すのは危ないよ。 ❷だめになりそうである。 例 仲間《なかま》の命《いのち》が危ない。 ❸どうなるかわからない。あてにならない。 例 あしたの天気《てんき》は危ないな。 ❹確《たし》かでなく、はらはらする。 例 危ない手《て》つき。 使い方「危い」と書《か》かないよう送《おく》りがなに注意《ちゅうい》。 漢 ↓313ページ《ジ》き〔危〕

● **危《あぶ》ない橋《はし》を渡《わた》る** 危《あぶ》ないことがわかっていながら、あえてものごとを行《おこな》う。危険《きけん》をおかす。

あぶなく【危なく】 副詞 ❶もう少《すこ》しで。 例 危なく車《くるま》にひかれるところだった。 類 危《あや》うく。 ❷やっとのことで。 例 危なく時間《じかん》に間《ま》に合《あ》った。 類 危《あや》うく。

あぶなげない【危なげない】 形容詞 しっかりしていて、はらはらするところがない。 例 決勝《けっしょう》まで危なげなく勝《か》ち進《すす》む。

あぶなっかしい【危なっかしい】 形容詞 見《み》ていて危《あぶ》なく感《かん》じられるようす。 例 危なっかしい足《あし》どり。

あぶはちとらず【あぶ蜂取らず】 ことわざ 欲張《よくば》っていくつかのものごとを一度《いちど》にしようとすると、結局《けっきょく》どれも失敗《しっぱい》するということわざ。 類 二兎《にと》を追《お》う者《もの》は一兎《いっと》をも得《え》ず。 対 一石二鳥《いっせきにちょう》。一挙両得《いっきょりょうとく》。 ことば 一度《いちど》にあぶとはちをとろうとしても、結局《けっきょく》どちらもとれないことからきたことわざ。

あぶみ 名詞 くらの両側《りょうがわ》に下《さ》げ、馬《うま》に乗《の》る人《ひと》が足《あし》をかける道具《どうぐ》。

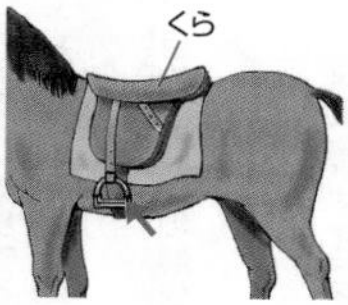

あぶみ

あぶら【油】 名詞 水《みず》よりも軽《かる》くて、燃《も》えやすく水《みず》にとけにくい液体《えきたい》。地中《ちちゅう》からくみ上《あ》げたり植物《しょくぶつ》からとったりし、食用《しょくよう》や燃料《ねんりょう》、潤滑油《じゅんかつゆ》にする。石油《せきゆ》・なたね油《あぶら》・ごま油《あぶら》など。 漢 ↓1347ページ《ジ》ゆ〔油〕

● **油《あぶら》を売《う》る** むだ話《ばなし》をして仕事《しごと》をせずに時間《じかん》をつぶしたり、なまけたりすることのたとえ。

● **油《あぶら》を絞《しぼ》る** いけないことをした人《ひと》を、厳《きび》しくしかることのたとえ。

あぶら【脂】 名詞 動物《どうぶつ》の体《からだ》にある脂肪《しぼう》。

● **脂《あぶら》が乗《の》る** ❶魚《さかな》などにあぶらがふえておいしくなる。 ❷調子《ちょうし》が出《で》て、ものごとがうまく進《すす》むことのたとえ。 例 やっと、勉強《べんきょう》に脂が乗ってきた。

あぶらあげ【油揚げ】 名詞 うすく切《き》った豆腐《とうふ》を油《あぶら》であげたもの。「あぶらげ」「あげ」ともいう。

あぶらあせ【脂汗】 名詞 非常《ひじょう》に苦《くる》しいときなどに、にじみ出《で》てくるべとべとしたあせ。 例 脂汗をうかべて言《い》い訳《わけ》をする。

あぶらいため【油いため】 名詞 フライパンなどで油《あぶら》を使《つか》っていためる調理《ちょうり》のしかた。また、そのようにして調理《ちょうり》したもの。

あぶらえ【油絵】 名詞 油《あぶら》で練《ね》った絵《え》の具《ぐ》でかいた絵《え》。 関連 水彩画《すいさいが》。

あぶらがみ【油紙】 名詞 水《みず》を防《ふせ》ぐために油《あぶら》をしみこませた紙《かみ》。

あぶらぎる【脂ぎる】 動詞 あぶら分《ぶん》が表面《ひょうめん》に出《で》て、ぎらぎらする。 例 脂ぎった顔《かお》。

あぶらけ【油気・脂気】 名詞 あぶらがふくまれていること。 例 油気のある料理《りょうり》。

あぶらぜみ【油ぜみ】 名詞 季語 夏 黒《くろ》っぽい茶色《ちゃいろ》の羽《はね》を持《も》つせみ。おすはジージーと鳴《な》くが、めすは鳴《な》かない。日本各地《にほんかくち》で見《み》られる。 図 ↓505ページ《ジ》こんちゅう

あぶらっこい【脂っこい・油っこい】 形容詞 食《た》べ物《もの》のあぶら気《け》が強《つよ》い。 例 脂っこい料理《りょうり》。

あぶらでり【油照り】 名詞 季語 夏 うすぐもりで風《かぜ》がなく、じりじりと蒸《む》し暑《あつ》い天気《てんき》。

あぶらな【油菜】 名詞 春《はる》、十字形《じゅうじけい》

あぶらな

ことわざ **一寸《いっすん》の虫《むし》にも五分《ごぶ》の魂《たましい》** たった一寸《いっすん》（約《やく》3センチメートル）くらいの虫《むし》であっても、たましいだから、小《ちい》さくて力《ちから》の弱《よわ》いものでも、けっして軽《かる》くあつかってはならない、というたとえ。

の黄色《きいろ》い花《はな》がさく草《くさ》。実《み》からなたね油《あぶら》をとる。なのはな。

あぶらねんど【油粘土】 名詞 土《つち》に油《あぶら》などを混《ま》ぜて粘土《ねんど》のようにしたもの。かんそうしにくく、固《かた》まりにくい。工作《こうさく》などに使《つか》う。

あぶらみ【脂身】 名詞 肉《にく》や魚《さかな》の、脂肪分《しぼうぶん》の多《おお》い部分《ぶぶん》。

あぶらむし【油虫】 名詞 季語 夏 ❶草《くさ》や木《き》の芽《め》・葉《は》などについて、しるを吸《す》う昆《こん》虫《ちゅう》。腹《はら》から出《だ》すあまいしるにありが集《あつ》まる。体《たい》長《ちょう》一・五〜三ミリメートル。「ありまき」ともいう。
❷「ごきぶり」のこと。
ことば 季語《きご》として使《つか》うのは❷の意味《いみ》。

あぶらわけざん【油分け算】 名詞 算数《さんすう》で、ある量《りょう》の油《あぶら》を、容量《ようりょう》のちがう別《べつ》のますを使《つか》って、等分《とうぶん》する方法《ほうほう》を考《かんが》える問題《もんだい》。

アプリ ↓48ページ アプリケーション

アフリカ 名詞 世界《せかい》の六大州《ろくだいしゅう》の一《ひと》つ。大西洋《たいせいよう》・インド洋《よう》に面《めん》し、地中海《ちちゅうかい》をへだててヨーロッパに、紅海《こうかい》をへだててアジアに接《せっ》している。長《なが》くヨーロッパの国々《くにぐに》に支配《しはい》されていたが、第二《だいに》次世界大戦後《じせかいたいせんご》、次々《つぎつぎ》と独立国《どくりつこく》が生《う》まれた。エジプト・ケニアなどの国《くに》がある。

アプリケーション (application) 名詞 コンピューターなどでする作業《さぎょう》の内容《ないよう》に合《あ》わせて作《つく》られたソフトウエア。文書《ぶんしょ》の作成《さくせい》、計算《けいさん》、メールの送受信《そうじゅしん》など、さまざまな目的《もくてき》のものがある。アプリ。「アプリケーションソフトウエア」の略《りゃく》。

あぶりだし【あぶり出し】 名詞 果物《くだもの》のしるや薬品《やくひん》などで、紙《かみ》に字《じ》や絵《え》をかき、火《ひ》であぶるとそれがあらわれるようにしたもの。

あぶる 動詞 火《ひ》に近《ちか》づけて、温《あたた》めたり焼《や》いたりする。例 のりをあぶって食《た》べる。

あふれる 動詞 ❶いっぱいになって、こぼれる。
❷余《あま》って外《そと》に出《で》るほどいっぱいである。例 喜《よろこ》びにあふれる／元気《げんき》があふれる。

あぶれる 動詞 決《き》まった人数《にんずう》からはみ出《だ》す。割《わ》り当《あ》てを手《て》に入《い》れられないでいる。例 仕事《しごと》にあぶれる。

アプローチ (approach) ❶ 名詞 動詞 近《ちか》づくこと。とくに、目的《もくてき》を持《も》って人《ひと》に近《ちか》づいたり仲《なか》よくなろうとしたりすること。例 協力《きょうりょく》してくれそうな友《とも》だちにアプローチする。
❷ 名詞 動詞 研究《けんきゅう》などで、目的《もくてき》や問題《もんだい》の解決《かいけつ》に近《ちか》づくこと。
❸ 名詞 建物《たてもの》までの通路《つうろ》。
❹ 名詞 スキーのジャンプや陸上競技《りくじょうきょうぎ》などで、助走《じょそう》するために作《つく》られた区間《くかん》。

あべこべ 名詞 形容動詞 逆《さか》さまになっていること。反対《はんたい》。例 くつを左右《さゆう》あべこべにはく。

あべのなかまろ【阿倍仲麻呂】 名詞 (六九八ごろ〜七七〇ごろ) 奈良時代《ならじだい》の学者《がくしゃ》。唐《とう》(＝今《いま》の中国《ちゅうごく》)にわたって勉強《べんきょう》したが、日本《にほん》に帰《かえ》れず唐《とう》の朝廷《ちょうてい》に仕《つか》えた。漢詩《かんし》・和歌《わか》にすぐれていた。ことば「安倍仲麿」とも書《か》く。

あへん 名詞 けしの実《み》からつくられる麻薬《まやく》。痛《いた》みをおさえるはたらきがあり、一般《いっぱん》の人《ひと》が売《う》り買《か》いしたり使《つか》ったりすることは、法律《ほうりつ》で禁止《きんし》されている。

アポ ↓48ページ アポイントメント

アポイントメント (appointment) 名詞 人《ひと》に会《あ》う約束《やくそく》。略《りゃく》して「アポ」ともいう。例 一時《いちじ》にアポイントメントをとりました。

あほうどり 名詞 大形《おおがた》の海鳥《うみどり》。つばさを広《ひろ》げると二《に》メートル以《い》上《じょう》になる。陸《りく》上《じょう》では動《うご》きがおそいが、一度《いちど》まい上《あ》がれば、風《かぜ》にのって羽《は》ばたかずに飛《と》ぶ。特《とく》別天然記念物《べってんねんきねんぶつ》。

アボカド (avocado) 名詞 熱帯地方《ねったいちほう》で育《そだ》つ植物《しょくぶつ》。実《み》は脂《し》肪分《ぼうぶん》が高《たか》く、食《しょく》用《よう》になる。

アポストロフィ (apostrophe) 名詞 ローマ字《じ》の文《ぶん》などで、字《じ》の右上《みぎうえ》に付《つ》ける「，」の記号《きごう》。

アボリジニ (aborigine) 名詞 オーストラリア大陸《たいりく》に昔《むかし》から住《す》んでいる民族《みんぞく》をまとめて呼《よ》ぶこ

アボカド

あほうどり

え。また、逆《ぎゃく》に、思《おも》いがけない幸運《こううん》にめぐりあうこともある、というたとえ。

とば。「アボリジニー」ともいう。

アポロじゅういちごう【アポロ十一号】 名詞 一九六九年七月《ねんしちがつ》に、人類初《じんるいはつ》の月面着陸《げつめんちゃくりく》に成功《せいこう》し、地球《ちきゅう》に帰《かえ》ってきたアメリカの宇宙船《うちゅうせん》。

あま【天】「天《てん》」「空《そら》」の古《ふる》い言《い》い方《かた》。「あめ」ともいう。例 天《あま》の川《がわ》。漢 ↓901ページ てん〔天〕

あま【尼】 名詞 ❶仏教《ぶっきょう》で、仏《ほとけ》に仕《つか》える女《おんな》の人《ひと》。例 尼寺《でら》。❷キリスト教《きょう》で、神《かみ》に仕《つか》える女《おんな》の人《ひと》。

あま【雨】（ほかのことばの前《まえ》につけて）「雨《あめ》」の意味《いみ》を表《あらわ》す。例 雨雲《ぐも》／雨水《みず》。漢 ↓117ページ う〔雨〕 ↓52ページ 日本語教室

あま【亜麻】 名詞 あさのなかまの草《くさ》。夏《なつ》に青《あお》むらさき色《いろ》や白色《しろいろ》の花《はな》がさく。くきのせんいから布《ぬの》を作《つく》り、種《たね》から油《あぶら》をとる。

あま【海女・海士】 名詞 季語春 海《うみ》にもぐって、海藻《かいそう》や貝《かい》などをとることを仕事《しごと》にしている人《ひと》。ことば もとは「海人」とも書《か》いた。女《おんな》の人《ひと》は「海女」と書《か》き、男《おとこ》の人《ひと》は「海士」と書《か》く。

アマ ↓50ページ アマチュア

あまあし【雨足・雨脚】 名詞 ❶雨《あめ》が線《せん》のように見《み》えるようす。例 雨足が激《はげ》しくなる。❷雨《あめ》が降《ふ》って過《す》ぎて行《い》くようす。例 雨足が速《はや》い。

あまい【甘い】 形容詞 ❶砂糖《さとう》のような味《あじ》がする。例 甘い実《み》。対 辛《から》い。❷塩気《しおけ》が少《すく》ない。塩《しお》からくない。例 甘いみそ。対 辛《から》い。❸厳《きび》しくない。例 母《はは》は弟《おとうと》に甘い。対 辛《から》い。❹ことばがうまい。人《ひと》の気《き》を引《ひ》き、心《こころ》を迷《まよ》わせる。例 甘いことばに気《き》をつける。❺よく切《き》れない。例 ナイフの刃《は》が甘い。❻しっかりしていない。ゆるい。例 考《かんが》えが甘い／ねじが甘くなる。❼快《こころよ》く、うっとりとするようだ。例 甘い声《こえ》。

あまえる【甘える】 動詞 ❶かわいがってもらおうとする。例 犬《いぬ》が鼻《はな》を鳴《な》らして甘える。❷人《ひと》の親切《しんせつ》を遠慮《えんりょ》しないで受《う》ける。例 おことばに甘えてちょうだいします。

あまえんぼう【甘えん坊】 名詞 すぐ人《ひと》にあまえたり、たよったりする人《ひと》。とくに、そうした子供《こども》。例 甘えん坊の弟《おとうと》。

あまおと【雨音】 名詞 雨水《あまみず》が物《もの》に当《あ》たる音《おと》。

あまがえる 名詞 季語夏 体長《たいちょう》四《よん》センチメートルくらいの小《ちい》さなかえる。背中《せなか》は緑色《みどりいろ》だが、まわりの色《いろ》に合《あ》わせて体《からだ》の色《いろ》を変《か》える。指《ゆび》に吸盤《きゅうばん》があり、木《き》にも登《のぼ》る。鳴《な》くのはおす。ことば 漢字《かんじ》では「雨蛙」と書《か》く。

あまがえる

あまがき【甘柿】 名詞 季語秋 しぶみがなく、そのまま食《た》べられるあまいかき。対 渋柿《しぶがき》。

あまがさ【雨傘】 名詞 雨《あめ》の降《ふ》るときに差《さ》すかさ。対 日傘《ひがさ》。

あまがっぱ【雨がっぱ】 名詞 雨《あめ》が降《ふ》ったときに着《き》る外《がい》とう。かっぱ。↓272ページ 外国語教室 雨《あめ》の日《ひ》のかっぱ

あまぐ【雨具】 名詞 雨《あめ》にぬれないように身《み》に着《つ》けるもの。かさ・雨靴《あまぐつ》・レーンコートなど。

あまくさしょとう【天草諸島】 名詞 九州《きゅうしゅう》の西側《にしがわ》にある諸島《しょとう》。大部分《だいぶぶん》が熊本県《くまもとけん》で、海岸《かいがん》は景色《けしき》がよく、国立公園《こくりつこうえん》に指定《してい》されている。

あまくさしろう【天草四郎】 名詞（一六二三?～一六三八）江戸時代《えどじだい》に起《お》こった島原《しまばら》・天草《あまくさ》一揆《いっき》の中心人物《ちゅうしんじんぶつ》。キリスト教信者《きょうしんじゃ》や農民《のうみん》とともに島原《しまばら》の原城《はらじょう》にたてこもって幕府軍《ばくふぐん》と戦《たたか》ったが、戦死《せんし》した。本名《ほんみょう》は益田時貞《ますだときさだ》。

あまくさのらん【天草の乱】 ↓591ページ しまばらあまくさいっき

あまくだり【天下り】 名詞 動詞 ❶神《かみ》が天上《てんじょう》から地上《ちじょう》に降《お》りてくること。❷公務員《こうむいん》が退職《たいしょく》したあと、関係《かんけい》のある会社《かいしゃ》や団体《だんたい》に入《はい》ること。

あまくち【甘口】 名詞 酒《さけ》・みそ・しょうゆなどの味《あじ》があまいこと。また、からみが少《すく》ないこと。例 甘口のカレー。対 辛口《からくち》。

あまぐも【雨雲】 名詞「乱層雲《らんそううん》」のこと。雨《あめ》を降《ふ》らせる雲《くも》。例 雨雲が低《ひく》く垂《た》れこめる。図 ↓395ページ くも〔雲〕

あまごい【雨乞い】 名詞 動詞 季語夏 雨《あめ》が降《ふ》らない日《ひ》が続《つづ》いて困《こま》っているとき、雨《あめ》が降《ふ》るよう

ことわざ　犬《いぬ》も歩《ある》けば棒《ぼう》に当《あ》たる　何《なに》かをしようとすると、思《おも》いがけない災難《さいなん》にあうものだ、というたと

にと神《かみ》や仏《ほとけ》にいのること。

あまざけ【甘酒】 名詞 季語夏 もち米《ごめ》のかゆに、こうじを混《ま》ぜ、発酵《はっこう》させたあまい飲《の》み物《もの》。また、酒《さけ》かすをとかして砂糖《さとう》を入《い》れた飲《の》み物《もの》。

あまざらし【雨ざらし】 名詞 おおう物《もの》がなく、雨《あめ》にぬれるままになっていること。例 道《みち》ばたで自転車《じてんしゃ》が雨ざらしになっている。

あます【余す】 動詞 ❶余《あま》らせる。残《のこ》す。例 おこづかいを余す。❷残《のこ》っている。例 今年《ことし》も余すところ十日《とおか》だ。使い方 ❷は「余《あま》すところ」の形《かたち》で使《つか》うことが多《おお》い。漢 ↓1361ページ よ〔余〕

● **余《あま》すところなく** 残《のこ》らず。くまなく。例 発《はっ》表《ぴょうかい》会で余すところなく力《ちから》を発揮《はっき》する。

あまずっぱい【甘酸っぱい】 形容詞 あまみとすっぱみとがまじった味《あじ》である。ことば「甘《あま》酸《ず》っぱい思《おも》い出《で》」のように、うれしさとつらさがまざったような気持《きも》ちを表《あらわ》すことがある。

アマゾンがわ【アマゾン川】 名詞 南《みなみ》アメリカ大陸《たいりく》の北部《ほくぶ》を流《なが》れて大西洋《たいせいよう》に注《そそ》ぐ川《かわ》。水《すい》量《りょう》や流域《りゅういき》の広《ひろ》さは世界一《せかいいち》、長《なが》さはナイル川《がわ》に次《つ》いで第二位《だいにい》。

あまた 副詞「たくさん」の古《ふる》い言《い》い方《かた》。例 あまたの家来《けらい》を引《ひ》き連《つ》れる。

あまだれ【雨垂れ】 名詞 家《いえ》の軒先《のきさき》などからしずくになって落《お》ちる雨水《あまみず》。

● **雨垂《あまだ》れ石《いし》をうがつ** ↓893ページ 故事成語

あまちゃ【甘茶】 名詞 季語春「あまちゃ」の木《き》の葉《は》からつくるあまい飲《の》み物《もの》。四月八日《しがつようか》の釈《しゃ》迦《か》の誕生日《たんじょうび》（＝花祭《はなまつ》り）に、釈迦《しゃか》の像《ぞう》にかけてお参《まい》りする。

アマチュア（amateur）名詞 職業《しょくぎょう》としないで、好《す》きでものごとをしている人《ひと》。略《りゃく》して「アマ」ともいう。例 アマチュア野球《やきゅう》。類 素人《しろうと》。対 プロ。

あまつさえ 副詞 おまけに。そのうえ。例 車《くるま》が故障《こしょう》し、あまつさえ雨《あめ》まで降《ふ》り出《だ》した。使い方 悪《わる》いことをいうときに使《つか》う。

あまったるい【甘ったるい】 形容詞 ❶いやになるほどあまい。例 甘ったるい菓子《かし》。❷ひどくあまえているようす。例 甘ったるい声《こえ》でおこづかいをねだる。

あまったれる【甘ったれる】 動詞 ひどくあまえる。例 甘ったれたことを言《い》うな。

あまど【雨戸】 名詞 雨《あめ》や風《かぜ》などを防《ふせ》ぐために、ガラス戸《ど》などの外側《そとがわ》に立《た》てる戸《と》。

あまとう【甘党】 名詞 あまい物《もの》が好《す》きな人《ひと》。

あまねく 副詞 広《ひろ》く。すみからすみまで。例 世《せ》界《かい》にあまねく知《し》れわたる。使い方 古《ふる》い言《い》い方《かた》。

あまのがわ【天の川】 名詞 季語秋 晴《は》れた夜《よ》空《ぞら》に白《しろ》く川《かわ》のように見《み》える、たくさんの星《ほし》の集《あつ》まり。「銀河《ぎんが》」ともいう。

あまのじゃく 名詞 人《ひと》が言《い》ったり、したりすることに、わざと反対《はんたい》する人《ひと》。素直《すなお》でない人《ひと》。「あまんじゃく」ともいう。

あまのはしだて【天橋立】 名詞 京都府《きょうとふ》の北部《ほくぶ》、宮津湾《みやづわん》にある、長《なが》さ約《やく》三・三キロメートルの細長《ほそなが》い砂地《すなじ》。日本三景《にほんさんけい》の一《ひと》つ。

あまみ【甘み】 名詞 あまい味《あじ》であること。

あまみおおしま【奄美大島】 名詞 九州《きゅうしゅう》の奄美諸島《あまみしょとう》の最大《さいだい》の島《しま》。鹿児島県《かごしまけん》の一部《いちぶ》。冬《ふゆ》でも暖《あたた》かく、雨《あめ》が多《おお》い。大島《おおしま》つむぎで有名《ゆうめい》。

あまみぐんとうこくりつこうえん【奄美群島国立公園】 名詞 鹿児島県南部《かごしまけんなんぶ》の奄《あま》美諸島《みしょとう》に広《ひろ》がる国立公園《こくりつこうえん》。

あまみず【雨水】 名詞 降《ふ》る雨《あめ》の水《みず》。雨《あめ》が降《ふ》ってたまった水《みず》。

あまもよう【雨模様】 ↓52ページ あめもよう

あまもり【雨漏り】 名詞 動詞 屋根《やね》や天井《てんじょう》などのこわれたところから、雨水《あまみず》が家《いえ》の中《なか》に落《お》ちてくること。

あまやかす【甘やかす】 動詞 かわいがって、したいようにさせる。例 末《すえ》っ子《こ》の妹《いもうと》は甘やかされて育《そだ》った。

あまやどり【雨宿り】 名詞 動詞 よその家《いえ》の軒《のき》下《した》や木《き》のかげなどで、雨《あめ》がやむのを待《ま》つこと。

あまり【余り】
❶ 名詞 残《のこ》り。余分《よぶん》。例 布《ぬの》の余りを使《つか》う。
❷ 名詞 割《わ》り算《ざん》で、割《わ》りきれないで残《のこ》った数《かず》。例 7を2で割《わ》ると、余りは1になる。教科 算 割《わ》る数《かず》より必《かなら》ず小《ちい》さい。
❸ 副詞 程度《ていど》をこえるようす。例 暑《あつ》さのあまり仕事《しごと》も手《て》につかない。
❹ 副詞 たいへん。例 あまりおいしいので、つい食《た》べすぎた。
❺ 副詞 それほど。例 あまりおもしろくない。
❻ 形容動詞 ひどく度《ど》をこしているようす。例 あ

い井戸《いど》の中《なか》で暮《く》らしているかえるは、広《ひろ》い海《うみ》があることを知《し》らないということから、せまい知識《ちしき》や見方《みかた》にとらわ

まりな値段《ねだん》／その言《い》い方《かた》はあまりだ。
❼ 接尾語 （数《かず》を表《あらわ》すことばのあとにつけて）それより少《すこ》し多《おお》いことを表《あらわ》す。例 十日《とおか》余りのち。
使い方 ❺は、あとに「ない」などのことばがくる。❸〜❻は、ふつうかな書《が》きにする。ことば ❹〜❻は、「あんまり」ともいう。

あまりに【余りに】 副詞 思《おも》った以上《いじょう》に。ふつうよりずっとひどく。「あまりにも」ともいう。例 被害《ひがい》の状況《じょうきょう》はあまりにひどい。使い方 ふつうかな書《が》きにする。

あまる【余る】 動詞
❶余計《よけい》にあって残《のこ》る。例 お金《かね》が余る。
❷割《わ》り算《ざん》で、割《わ》りきれないで残《のこ》る。
❸自分《じぶん》の力《ちから》や程度《ていど》をこえている。例 手《て》に余る仕事《しごと》／身《み》に余る（＝自分《じぶん》の価値《かち》以上《いじょう》の）光栄《こうえい》。
漢 ↓1361ページ よ〔余〕

あまんじゃく ↓50ページ あまのじゃく

あまんじる【甘んじる】 動詞 満足《まんぞく》でなくても、あたえられたものごとを受《う》け入《い》れる。「あまんずる」ともいう。例 補欠《ほけつ》に甘んじる。

あみ【網】 名詞
❶糸《いと》や縄《なわ》、針金《はりがね》などを編《あ》んでつくったもの。例 網戸《と》／網目《め》。
❷針金《はりがね》を編《あ》んでつくった、魚《さかな》やもちを焼《や》くための道具《どうぐ》。

● **網《あみ》を張《は》る** 人《ひと》や動物《どうぶつ》をつかまえる用意《ようい》をして待《ま》ち構《かま》える。例 網を張って犯人《はんにん》を待《ま》つ。

アミーバ ↓52ページ アメーバ

あみがさ【編みがさ】 名詞 わらやすすげなどで編《あ》んだ、頭《あたま》にかぶるかさ。図 ↓252ページ かさ

あみだ 名詞
❶極楽《ごくらく》にいて、人々《ひとびと》を救《すく》うといわれている仏《ほとけ》。阿弥陀如来《あみだにょらい》。
❷「あみだくじ」の略《りゃく》。人数分《にんずうぶん》の縦線《たてせん》に横線《よこせん》を段《だん》ちがいに組《く》み合《あ》わせ、縦線《たてせん》のはしを選《えら》んで、当《あ》たりを決《き》めるくじ。
❸「あみだかぶり」の略《りゃく》。帽子《ぼうし》を後《うし》ろにずらし、額《ひたい》を広《ひろ》く出《だ》してかぶるかぶり方《かた》。例 帽子《ぼうし》をあみだにかぶる。

あみだかぶり ↓51ページ あみだ❸

あみだくじ ↓51ページ あみだ❷

あみだす【編み出す】 動詞 工夫《くふう》して、新《あたら》しいやり方《かた》などを考《かんが》え出《だ》す。例 新《あたら》しいシュートの方法《ほうほう》を編み出した。

あみだな【網棚】 名詞 乗《の》り物《もの》などで、荷物《にもつ》をのせるためにあみを張《は》ってあるたな。

あみだにょらい【阿弥陀如来】 ↓51ページ あみだ❶

あみど【網戸】 名詞 季語 夏 虫《むし》が入《はい》るのを防《ふせ》ぐために、細《こま》かい目《め》のあみを張《は》った戸《と》。

アミノさん【アミノ酸】 名詞 たんぱく質《しつ》をつくっている化合物《かごうぶつ》。たんぱく質《しつ》は、アミノ酸《さん》に分解《ぶんかい》されて体内《たいない》にとり入《い》れられる。

あみのめ【網の目】 名詞 あみになっているものの、一《ひと》つ一《ひと》つのすきま。網目《あみめ》。

● **網《あみ》の目《め》のよう** 張《は》りわたしたあみの目《め》のように、細《こま》かく行《い》き届《とど》いているようす。例 バスの路線《ろせん》が町《まち》じゅうを網の目のように走《はし》っている。

あみめ【網目】 ↓51ページ あみのめ

あみもと【網元】 名詞 漁船《ぎょせん》やあみなどの道具《どうぐ》を持《も》ち、大勢《おおぜい》の漁師《りょうし》を使《つか》って漁業《ぎょぎょう》をする人《ひと》。

あみもの【編み物】 名詞 毛糸《けいと》などを編《あ》んで、着《き》る物《もの》やかざり物《もの》などを作《つく》ること。また、編《あ》んで作《つく》ったもの。

アミラーゼ （ドイツ語）名詞 でんぷんなどを分解《ぶんかい》して糖分《とうぶん》に変《か》えるはたらきをする酵素《こうそ》。

あむ【編む】 動詞
❶糸《いと》・竹《たけ》・かみの毛《け》のような細長《ほそなが》いものを、たがいちがいに組《く》み合《あ》わせて物《もの》を作《つく》る。例 セーターを編む。
❷文章《ぶんしょう》を集《あつ》めて本《ほん》をつくる。編集《へんしゅう》する。例 今《いま》まで書《か》いてきた詩《し》を集《あつ》めて詩集《ししゅう》を編む。
漢 ↓1197ページ へん〔編〕

アムンゼン 名詞 （一八七二〜一九二八）ノルウェーの探検家《たんけんか》。一九一一年《ねん》、世界《せかい》で初《はじ》めて南極点《なんきょくてん》に到達《とうたつ》した。

あめ 名詞 口《くち》の中《なか》でとかしながら食《た》べる、あまい菓子《かし》。例 あめ玉《だま》。類 キャンデー。ドロップ。

あめ【天】 名詞 「天《てん》」「空《そら》」のこと。「あま」ともいう。漢 ↓901ページ てん〔天〕

あめ【雨】 名詞
❶地面《じめん》や海《うみ》から蒸発《じょうはつ》した水蒸気《すいじょうき》が上空《じょうくう》で冷《ひ》やされて、しずくになって落《お》ちるもの。例 通《とお》り雨／にわか雨／雨が降《ふ》る。
❷雨《あめ》（＝❶）の降《ふ》る天気《てんき》。雨降《あめふ》り。
❸絶《た》え間《ま》なく降《ふ》り注《そそ》ぐもののたとえ。例 なみだの雨。

ことわざ **井《い》の中《なか》のかわず**　「井《い》の中《なか》のかわず大海《たいかい》を知《し》らず」の略《りゃく》。「かわず」は「かえる」のこと。せまれていて、ほかにもっと広《ひろ》い世界《せかい》があることを知《し》らないこと。世間知《せけんし》らず。

使い方 ほかのことばの前《まえ》につくときは「あま」、あとにつくときは「さめ」となることが多《おお》い。「雨雲《あまぐも》」「小雨《こさめ》」など。

漢 ↓117ページ う〔雨〕 ↓52ページ 日本語教室

●**雨《あめ》が降《ふ》ろうがやりが降《ふ》ろうが** どんなことがあっても。決心《けっしん》が非常《ひじょう》に固《かた》いことのたとえ。「雨《あめ》が降《ふ》ろうとやりが降《ふ》ろうと」ともいう。

●**雨《あめ》降《ふ》って地《じ》固《かた》まる** ことわざ 雨《あめ》が降《ふ》ったあと地面《じめん》が固《かた》まるように、もめごとなどがあったあとは落《お》ち着《つ》いてよくなるということわざ。

あめあがり【雨上がり】 名詞 雨《あめ》がやんだあと。例 雨上がりの空《そら》に、にじがかかった。

あめいろ【あめ色】 名詞 水《みず》あめのようなすき通《とお》った黄色《きいろ》。

あめいろ

アメーバ（ドイツ語） 名詞 池《いけ》やぬまにいる非常《ひじょう》に小《ちい》さい生物《せいぶつ》。一《ひと》つの細胞《さいぼう》からできていて、形《かたち》を変《か》えて動《うご》く。「アミーバ」ともいう。

あめかんむり【雨冠】 名詞 「⻗」のこと。漢《かん》字《じ》の部首《ぶしゅ》の一《ひと》つ。雨《あめ》に関係《かんけい》のある漢字《かんじ》を作《つく》ることが多《おお》い。雪・雲・電など。

アメダス【AMeDAS】 名詞 気象庁《きしょうちょう》の地域気象観測《ちいききしょうかんそく》システムのこと。毎日一定《まいにちいってい》の時《じ》間《かん》に、全国約千三百《ぜんこくやくせんさんびゃっ》か所《しょ》の観測所《かんそくじょ》から、コンピューターを使《つか》って、雨《あめ》やそのほかの天気《てんき》のようすを集《あつ》め、天気予報《てんきよほう》の係《かかり》や気象台《きしょうだい》などに知《し》らせる。ことば 英語《えいご》の頭文字《かしらもじ》をつないで日本《にほん》で作《つく》られたことば。

あめだま【あめ玉】 名詞 玉《たま》の形《かたち》をしたあめ。

アメフト ↓52ページ アメリカンフットボール

あめもよう【雨模様】 名詞 雨《あめ》が降《ふ》りそうな空《そら》のようす。「あまもよう」ともいう。

アメリカ（America） 名詞 ❶「アメリカ合衆国《がっしゅうこく》」のこと。❷「アメリカ大陸《たいりく》」のこと。北《きた》アメリカ大陸《たいりく》と南《みなみ》アメリカ大陸《たいりく》を合《あ》わせていう呼《よ》び名《な》。

アメリカがっしゅうこく【アメリカ合衆国】 名詞 北《きた》アメリカ大陸《たいりく》にある国《くに》。面積《めんせき》は日本《にほん》の約《やく》二十五倍《にじゅうごばい》。一七七六年《ねん》、イギリスから独立《どくりつ》した。政《せい》治《じ》・経済《けいざい》・文化《ぶんか》など、多《おお》くの面《めん》で世界《せかい》の大国《たいこく》である。首都《しゅと》はワシントン。「アメリカ」「米国《べいこく》」ともいう。

（国旗《こっき》）

アメリカこうくううちゅうきょく【アメリカ航空宇宙局】 ↓973ページ ナサ

アメリカざりがに ↓541ページ ざりがに❷

アメリカしろひとり 名詞 北《きた》アメリカから入《はい》ってきた、がのなかま。白色《しろいろ》の羽《はね》に黒《くろ》い点《てん》がある。幼虫《ようちゅう》は黒《くろ》く、白《しろ》く長《なが》い毛《け》を持《も》ち、桜《さくら》などの葉《は》を食《た》べる害虫《がいちゅう》。

アメリカしろひとり

アメリカたいりく【アメリカ大陸】 名詞 太平洋《たいへいよう》と大西洋《たいせいよう》にはさまれた大陸《たいりく》。北《きた》アメリカ大陸《たいりく》と南《みなみ》アメリカ大陸《たいりく》を合《あ》わせていう。

アメリカやまぼうし ↓1071ページ はなみずき

アメリカンフットボール（American football） 名詞 ラグビーに似《に》た球技《きゅうぎ》の一《ひと》つ。ヘルメットなどをつけ、一《いっ》チーム十一人《じゅういちにん》で競技《きょうぎ》する。略《りゃく》して「アメフト」ともいう。

あめんぼ 名詞 季語 夏 池《いけ》や川《かわ》にすむ昆虫《こんちゅう》。細《ほそ》長《なが》い体《からだ》と長《なが》い足《あし》で水面《すいめん》をすべるように走《はし》る。体《からだ》はあめのようなにおいがする。参考 「みずすまし」ということもあるが、もともとは「あめんぼ」と「みずすまし」は別《べつ》の昆虫《こんちゅう》。図 ↓505ページ こんちゅう

あや 名詞 ❶模様《もよう》。色合《いろあ》い。

ガッテン日本語教室

あめ？あま？

同《おな》じ漢字《かんじ》でも、ほかのことばの前《まえ》につくと、訓《くん》読《よ》みのしかたが少《すこ》し変《か》わることがある。

たとえば「雨《あめ》」という字《じ》。「雨降《ふ》り」や「雨風《かぜ》」のときは「あめ」と読《よ》むけれど、「雨がえる」や「雨水《みず》」のときは「あま」と読《よ》む。「雨模様《もよう》」などは、人《ひと》によって読《よ》み方《かた》がちがったりもする。

こんなふうに、読《よ》み方《かた》が少《すこ》し変《か》わる漢字《かんじ》は意外《いがい》に多《おお》い。上（うえ・うわ）、酒（さけ・さか）、胸（むね・むな）などもそうだね。みんなも、身近《みぢか》なことばの中《なか》から探《さが》してみてね。

きりと言《い》わないでおくほうがよいこともあるということ。

類=意味《いみ》のよく似《に》たことば　対=反対《はんたい》の意味《いみ》のことばや対《つい》になることば

❷美《うつく》しい模様《もよう》の絹《きぬ》の布《ぬの》。例あや絹《ぎぬ》。❸文《ぶん》や語句《ごく》のかざった言《い》い回《まわ》し。例ことばのあや。

あやうい【危うい】形容詞 危険《きけん》なようす。危《あぶ》ない。例危ういところを助《たす》けられた。漢↓313ページ き〔危〕

あやうく【危うく】副詞 ❶もう少《すこ》しで。例つまずいて、危うく転《ころ》びそうになった。類危《あぶ》なく。❷やっとのことで。例ランナーは危うくセーフになった。類危《あぶ》なく。

あやかる 動詞 すぐれた人《ひと》や幸《しあわ》せな人《ひと》に似《に》て、自分《じぶん》もそのようになる。例あなたの幸運《こううん》にわたしもあやかりたい。

あやしい【怪しい】形容詞 ❶変《へん》なようすである。気味《きみ》が悪《わる》い。例怪しい物音《ものおと》で目《め》が覚《さ》めた。❷信用《しんよう》できない。疑《うたが》わしい。例掃除《そうじ》をしたと言《い》うが、どうも怪しい。

あやしむ【怪しむ】動詞 あやしいと思《おも》う。不《ふ》思議《しぎ》に思《おも》う。疑《うたが》う。例友人《ゆうじん》の行動《こうどう》を怪しむ。

あやす 動詞 小《ちい》さな子供《こども》の機嫌《きげん》をとる。例泣《な》いている赤《あか》ちゃんをあやす。

あやつりにんぎょう【操り人形】名詞 頭《あたま》や手足《てあし》に糸《いと》をつけ、その糸《いと》を引《ひ》いて動《うご》かすしかけの人形《にんぎょう》。また、その人形《にんぎょう》をつかう芝居《しばい》。「マリオネット」ともいう。

あやつる【操る】動詞 ❶人形《にんぎょう》などに糸《いと》をつけて動《うご》かす。❷道具《どうぐ》や機械《きかい》をうまく動《うご》かして使《つか》う。例ヨットを操る。❸外国語《がいこくご》などのことばをうまく使《つか》う。例英語《えいご》を操る。❹かげで人《ひと》を自分《じぶん》の思《おも》いどおりに動《うご》かす。漢↓745ページ そう〔操〕

あやとり【あや取り】名詞 輪《わ》にした糸《いと》を手《て》首《くび》や指《ゆび》にかけ、いろいろな形《かたち》を作《つく》る遊《あそ》び。「糸《いと》取《と》り」ともいう。

あやぶむ【危ぶむ】動詞 危《あぶ》ないと思《おも》い、心配《しんぱい》する。例弟《おとうと》が祖母《そぼ》の家《いえ》までひとりで行《い》けるかどうか危ぶむ。漢↓313ページ き〔危〕

あやふや 形容動詞 はっきりせず、あてにならないようす。例あやふやな返事《へんじ》。

あやまち【過ち】名詞 ❶まちがうこと。❷うっかりやってしまった失敗《しっぱい》。漢↓216ページ か〔過〕

あやまつ【過つ】動詞 「やりそこなう」「失敗《しっぱい》する」の古《ふる》い言《い》い方《かた》。例矢《や》は過たず的《まと》に当《あ》たった。漢↓216ページ か〔過〕

あやまり【誤り】名詞 まちがい。例計算《けいさん》の誤りに気《き》づく。

あやまる【誤る】動詞 まちがえる。正《ただ》しくないやり方《かた》をする。例判断《はんだん》を誤る。漢↓441ページ ご〔誤〕 ↓使い分け

あやまる【謝る】動詞 自分《じぶん》が悪《わる》かったと思《おも》い、許《ゆる》してくれるようにたのむ。わびる。漢↓595ページ しゃ〔謝〕 ↓使い分け

使い分け
あやまる
誤る・謝る

誤る よくない判断《はんだん》をする。まちがう。
「計算《けいさん》を誤《あやま》る／方向《ほうこう》を誤《あやま》る」

謝る ことばや態度《たいど》で許《ゆる》してくれるようにたのむ。わびる。
「ごめんなさいと謝《あやま》る」

あやめ 名詞 季語夏 六月《ろくがつ》ごろ、はなしょうぶに似《に》た花《はな》がさく草《くさ》花《ばな》。かわいた日当《ひあ》たりのよいところに生《は》える。花《はな》の色《いろ》は、白《しろ》またはむらさき。葉《は》は細長《ほそなが》く、先《さき》がとがっている。ことば 漢字《かんじ》では「菖蒲」と書《か》く。

あやめ

あゆ 名詞 季語夏 水《みず》のきれいな川《かわ》にすむ魚《さかな》。子《こ》供《ども》は海《うみ》で冬《ふゆ》をこし、春《はる》、川《かわ》に上《のぼ》り、石《いし》についたこけを食《た》べて成長《せいちょう》する。秋《あき》、川《かわ》を下《くだ》って中《ちゅう》・下流《かりゅう》で卵《たまご》を産《う》んで死《し》ぬ。食用《しょくよう》になる。ことば 漢字《かんじ》では「鮎」と書《か》く。図↓521ページ さかな〔魚〕

あゆみ【歩み】名詞 ❶歩《ある》くこと。例歩みを止《と》める。❷歩《ある》く調子《ちょうし》。例歩みをそろえる。

ことわざ　**言《い》わぬが花《はな》**　はっきりと言《い》わないところによさや味《あじ》わいがあるものだということ。また、はっ

❸ものごとが進《すす》んできたあと。例一年《いちねん》の歩み。

あゆみよる【歩み寄る】 動詞
❶歩《ある》いて近寄《ちかよ》る。例象《ぞう》のおりに歩み寄る。
❷両方《りょうほう》がゆずり合《あ》って、おたがいの考《かんが》えを近《ちか》づける。例二人《ふたり》が歩み寄って話《はなし》がまとまった。

あゆむ【歩む】 動詞
❶「歩《ある》く」の古《ふる》い言《い》い方《かた》。例ゆっくりと歩む。
❷ものごとが進《すす》む。例平和《へいわ》を目指《めざ》して歩む。

あら【粗】 名詞
❶悪《わる》いところ。欠点《けってん》。例人《ひと》の粗を探《さが》す。
❷魚《さかな》の身《み》をとったあとの、少《すこ》し肉《にく》のついた頭《あたま》や尾《お》や、骨《ほね》の部分《ぶぶん》。例さけの粗。
漢→1201ジペーほ〔歩〕

アラーム (alarm) 名詞
❶警報《けいほう》。
❷目覚《めざ》まし時計《どけい》。例アラームをセットする。

あらあらしい【荒荒しい】 形容詞 たいへん乱暴《らんぼう》なようす。例荒々しい声《こえ》。類荒《あら》っぽい。

あらい【荒い】 形容詞
❶乱暴《らんぼう》である。例ことばづかいが荒い。
❷勢《いきお》いが激《はげ》しい。例息《いき》が荒い／波《なみ》が荒い。

あらい【粗い】 形容詞
❶すきまが大《おお》きい。また、細《こま》かくない。例編《あ》み目《め》の粗いセーター。対細《こま》かい。
❷ざらざらしている。例手《て》ざわりの粗い紙《かみ》。
❸大《おお》ざっぱで、ていねいでない。例掃除《そうじ》のしかたが粗い。

あらいおとす【洗い落とす】 動詞 よごれなどを洗《あら》ってきれいにする。

あらいぐま 名詞 たぬきに似《に》た動《どう》物《ぶつ》。しっぽが太《ふと》く、黒《くろ》い輪《わ》の模様《もよう》がある。おもに北《きた》アメリカにすむ。

あらいぐま

あらいざらい【洗いざらい】 副詞 残《のこ》すことなく全部《ぜんぶ》。例本心《ほんしん》を洗いざらい打《う》ち明《あ》ける。

あらいざらし【洗いざらし】 名詞 何度《なんど》も洗《あら》って色《いろ》があせていること。例洗いざらしのシャツ。

あらいながす【洗い流す】 動詞 洗《あら》ってよごれなどをとり除《のぞ》く。例あせを洗い流す。

あらいはくせき【新井白石】 名詞 （一六五七～一七二五）江戸時代《えどじだい》の中《なか》ごろの学者《がくしゃ》・政治家《せいじか》。六代将軍徳川家宣《ろくだいしょうぐんとくがわいえのぶ》に仕《つか》え、政治《せいじ》・経済《けいざい》の建《た》て直《なお》しにつくした。「西洋紀聞《せいようきぶん》」「読史余論《とくしよろん》」などを書《か》いた。

あらう【洗う】 動詞
❶水《みず》や湯《ゆ》などでよごれを落《お》とす。例手《て》を洗う。
❷わかっていないことをくわしく調《しら》べてはっきりさせる。例犯人《はんにん》の身元《みもと》を洗う。
漢→732ジペーせん〔洗〕

あらうみ【荒海】 名詞 波《なみ》のあらい海《うみ》。

あらかじめ 副詞 前《まえ》もって。前《まえ》から。例質問《しつもん》することをあらかじめ書《か》き出《だ》しておく。

あらかた 副詞 だいたい。ほとんど。例宿題《しゅくだい》はあらかたすませた。

あらかべ【粗壁】 名詞 下《した》ぬりをしただけのかべ。

アラカルト (フランス語) 名詞 メニューから一《いっ》品《ぴん》ずつ選《えら》ぶ料理《りょうり》。

あらぎょう【荒行】 名詞 おぼうさんなどがする、激《はげ》しくつらい修行《しゅぎょう》。

あらくれ【荒くれ】 名詞 あらあらしくふるまうこと。また、そのような人《ひと》。

あらけずり【粗削り】
❶ 名詞 ざっとけずること。例粗削りの板《いた》。
❷ 形容動詞 大《おお》ざっぱで、ていねいさが足《た》りないようす。例粗削りな選手《せんしゅ》だが、魅力《みりょく》がある。

あらさがし【粗探し・粗捜し】 名詞 動詞 悪《わる》口《くち》を言《い》うこと。人《ひと》の欠点《けってん》やまちがいをわざわざ探《さが》し出《だ》して、悪口を言うこと。例人《ひと》の粗探しばかりするな。

あらし【嵐】 名詞 激《はげ》しくふく風《かぜ》。または、雨《あめ》混《ま》じりの強《つよ》い風《かぜ》。暴風雨《ぼうふうう》。

● **嵐《あらし》の前《まえ》の静《しず》けさ** 大《おお》きな変化《へんか》や大変《たいへん》なできごとが起《お》こる前《まえ》の、気味《きみ》が悪《わる》いくらい静《しず》かなようす。例先週《せんしゅう》は客《きゃく》が少《すく》なかったが、嵐の前の静けさだったのか、今週《こんしゅう》は大《おお》いそがしだ。

あらす【荒らす】 動詞
❶こわしたり散《ち》らかしたりする。めちゃくちゃにする。例犬《いぬ》が庭《にわ》を荒らす。
❷人《ひと》の家《いえ》や土地《とち》に入《はい》って、物《もの》をぬすんだり乱暴《らんぼう》したりする。例どろぼうが家《いえ》の中《なか》を荒らした。

アラスカ 名詞 北《きた》アメリカ大陸《たいりく》の北西《ほくせい》のはしにある、アメリカ合衆国《がっしゅうこく》の州《しゅう》。

あらすじ【粗筋】 名詞 物語《ものがたり》や劇《げき》などのだいたいの筋《すじ》。

う意味《いみ》から、相手《あいて》が自分《じぶん》に親《した》しい気持《きも》ちを持《も》てば、自分《じぶん》もまたそれを感《かん》じとって好意《こうい》を持《も》つものだということ。

あらそい【争い】 名詞 勝《か》とうとして争《あらそ》うこと。けんか。もめごと。例 争いがたえない。

あらそう【争う】 動詞 ❶おたがいに、相手《あいて》に勝《か》とうとしてがんばる。競争《きょうそう》する。例 勝《か》ち負《ま》けを争う。❷けんかをする。相手《あいて》をせめ合《あ》う。例 ささいなことで争うのはやめよう。
使い方「争そう」と書《か》かないよう注意《ちゅうい》。
漢 ↓744ページ そう〔争〕

あらそえない【争えない】 だれが見《み》てもはっきりしていて、かくすことができない。例 年齢《ねんれい》によるおとろえは争えない。

あらた【新た】 形容動詞 新《あたら》しいようす。新《あたら》しく始《はじ》めるようす。例 新たな計画《けいかく》／新たに作《つく》る。
漢 ↓659ページ しん〔新〕

あらたか 形容動詞 神《かみ》や仏《ほとけ》の不思議《ふしぎ》な力《ちから》や薬《くすり》の効《き》き目《め》が、はっきりとあらわれるようす。例 霊験《れいげん》（＝神《かみ》や仏《ほとけ》の御利益《ごりやく》）あらたかな神様《かみさま》。

あらだてる【荒立てる】 動詞 ❶あらくする。例 声《こえ》を荒立てておこる。❷ほうっておけばよいものごとをいっそうめんどうにする。例 事《こと》を荒立てないようにする。

あらたまる【改まる】 動詞 ❶新《あたら》しくなる。新《あたら》しいものにかわる。例 規則《きそく》が改まる。❷かわって前《まえ》よりもよくなる。例 先生《せんせい》に注意《ちゅうい》されて、ことばづかいが改まった。❸ふだんとはちがう、きちんとしたようすになる。例 改まって相談《そうだん》する。
漢 ↓218ページ かい〔改〕

あらためて【改めて】 副詞 ❶また。別《べつ》の時《とき》に。例 後日《ごじつ》改めて参《まい》ります。❷今《いま》さら。例 改めて言《い》うまでもない。

あらためる【改める】 動詞 ❶新《あたら》しくする。例 気持《きも》ちを改めてがんばる。❷かえて前《まえ》よりもよくする。例 態度《たいど》を改める。❸調《しら》べる。例 かばんの中《なか》を改める。❹ふだんとはちがう、きちんとしたようすにする。例 服装《ふくそう》を改める。
漢 ↓218ページ かい〔改〕

あらっぽい【荒っぽい】 形容詞 ❶乱暴《らんぼう》なようす。例 ことばづかいが荒っぽくなる。類 荒荒《あらあら》しい。❷大《おお》ざっぱでいいかげんである。例 掃除《そうじ》のしかたが荒っぽい。

あらて【新手】 名詞 ❶まだ戦《たたか》っていない、元気《げんき》のよい選手《せんしゅ》や兵隊《へいたい》。❷新《あたら》しく入《はい》った仲間《なかま》。例 会《かい》に新手が加《くわ》わる。対 古手《ふるて》。❸新《あたら》しいやり方《かた》。例 新手の商売《しょうばい》を始《はじ》める。

あらなみ【荒波】 名詞 ❶あれくるう波《なみ》。❷人生《じんせい》で出《で》あう苦《くる》しみ。例 世間《せけん》の荒波にもまれる。
ことば ❷は、人生《じんせい》を航海《こうかい》にたとえたことば。

あらなわ【荒縄】 名詞 わらで作《つく》った太《ふと》い縄《なわ》。例 荒縄で竹《たけ》をしばる。

あらの【荒野】 ↓59ページ あれの

アラビア 名詞 アジアの南西《なんせい》にある世界最大《せかいさいだい》の

伝統的《でんとうてき》な言語文化《げんごぶんか》

ひらがな・カタカナ

漢字《かんじ》から生《う》まれた日本《にほん》の文字《もじ》

ひらがなの「か」と、カタカナの「カ」ってなんだか似《に》ているね。どうしてだろう？

ひらがな・カタカナは、1000年《ねん》以上前《いじょうまえ》に、漢字《かんじ》をもとにして作《つく》られたものだ。

そして「か」と「カ」は、実《じつ》は、同《おな》じ漢字《かんじ》の「加《か》」からできた文字《もじ》なんだよ。

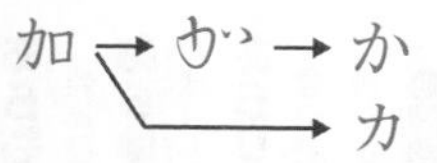

ひらがなの「か」は「加《か》」をくずして書《か》いた形《かたち》からできた文字《もじ》で、カタカナの「カ」は「加《か》」の左側《ひだりがわ》の部分《ぶぶん》を使《つか》った文字《もじ》だ。

「い」と「イ」のように別《べつ》の漢字《かんじ》がもとになったものもあるよ。「い」は「以《い》」をくずして書《か》いた形《かたち》から、「イ」は「伊《い》」の初《はじ》めの２画《かく》からできた文字《もじ》だ。

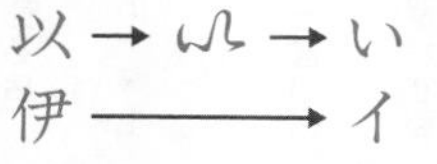

ひらがなもカタカナも、日本語《にほんご》の一《ひと》つ一《ひと》つの音《おん》を書《か》き表《あらわ》すために作《つく》られたものだ。でも、初《はじ》めは別々《べつべつ》の目的《もくてき》で作《つく》られて、別々《べつべつ》の場所《ばしょ》で使《つか》われていたんだよ。ひらがなは歌《うた》や物語《ものがたり》などを書《か》くために、そしてカタカナはおぼうさんがお経《きょう》の勉強《べんきょう》をするために作《つく》られたものだったんだ。今《いま》の使《つか》い分《わ》け方《かた》とはずいぶんちがっているね。

もっとみてみよう！

- 「ひらがな　いろは」（日本地域社会研究所《にほんちいきしゃかいけんきゅうじょ》）
- 「日本《にほん》の文字《もじ》のふしぎふしぎ」（アリス館《かん》）

ことわざ　魚心《うおごころ》あれば水心《みずごころ》　魚《さかな》に水《みず》となじむ気持《きも》ちがあれば、水《みず》もそれにこたえる気持《きも》ちになる、とい

半島《はんとう》。雨《あめ》が少《すく》なく、砂漠《さばく》が多《おお》い。昔《むかし》から文化《ぶんか》が栄《さか》えた。石油《せきゆ》の大産地《だいさんち》として豊《ゆた》かな国《くに》が多《おお》い。

アラビアすうじ【アラビア数字】 名詞 算《さん》数《すう》などで使《つか》う、0123456789の数字《すうじ》。関連 算用数字《さんようすうじ》。漢数字《かんすうじ》。ローマ数字《すうじ》。ことば もともとはインドでつくられた数字《すうじ》だが、アラビアを通《とお》ってヨーロッパに伝《つた》えられたので、ヨーロッパの人々《ひとびと》が「アラビア数字《すうじ》」とよんだ。

アラビアンナイト (Arabian Nights) 名詞 インドや中近東《ちゅうきんとう》に伝《つた》えられた物語《ものがたり》を集《あつ》めたもの。日本語《にほんご》では「千夜一夜物語《せんやいちやものがたり》」「千一夜物語《せんいちやものがたり》」という。↓1061ページ 読書

アラブしゅちょうこくれんぽう【アラブ首長国連邦】 名詞 西《にし》アジアにある国《くに》。アラビア半《はん》島《とう》の東部《とうぶ》にあり、ペルシア湾《わん》に面《めん》する。七《なな》つの首長《しゅちょう》国《こく》からなり、石油生産《せきゆせいさん》がさかん。首都《しゅと》はアブダビ。

(国旗《こっき》)

あらまき【新巻き】 名詞 季語 冬 内臓《ないぞう》をとって塩《しお》をつめたさけ。ことば もとは、荒縄《あらなわ》という太《ふと》い縄《なわ》で巻《ま》いたので、「荒巻き」とも書《か》く。

あらまし
❶ 名詞 だいたいの内容《ないよう》。あらすじ。例 計画《けいかく》のあらましをまとめる。
❷ 副詞 だいたい。おおよそ。例 宿題《しゅくだい》はあらまし終《お》わった。

あらもの【荒物】 名詞 ほうき・ちりとり・バケツ・なべなど、日常生活《にちじょうせいかつ》に使《つか》う細《こま》かな品物《しなもの》。

あらものや【荒物屋】 名詞 荒物《あらもの》を売《う》る店《みせ》。雑貨屋《ざっかや》。

あらゆる 連体詞 すべての。ある限《かぎ》りの。例 地《ち》球上《きゅうじょう》のあらゆる生物《せいぶつ》。

あらりょうじ【荒療治】 名詞 動詞
❶患者《かんじゃ》の痛《いた》みなど気《き》にしないで、あらっぽい治《ち》療《りょう》をすること。
❷問題《もんだい》を解決《かいけつ》するために思《おも》いきった改革《かいかく》をすること。例 荒療治で会社《かいしゃ》を建《た》て直《なお》す。

あられ 名詞 季語 冬
❶雪《ゆき》の結晶《けっしょう》に水滴《すいてき》がついてこおり、直径五《ちょっけいご》ミリメートル未満《みまん》の小《ちい》さな氷《こおり》のつぶになって降《ふ》ってくるもの。
❷小《ちい》さく切《き》ったもちを、かわかして、いった菓《か》子《し》。
参考 ❶で、直径《ちょっけい》が五《ご》ミリメートル以上《いじょう》のものは「ひょう」とよぶ。

あらわ 形容動詞
❶ふつうならかくしておくようなものが、はっきりと外《そと》にあらわれているようす。むき出《だ》し。例 はだをあらわにする。
❷気持《きも》ちやものごとのありさまが、はっきりとあらわれるようす。例 悲《かな》しみをあらわにする。

あらわす【表す】 動詞 考《かんが》えや気持《きも》ちなどを表《おもて》に出《だ》す。例 喜《よろこ》びを顔《かお》に表す。漢 ↓1126ページ ひょう〔表〕 ↓ 使い分け

あらわす【現す】 動詞 かくれていたものが、すがたや形《かたち》を見《み》えるようにする。例 一頭《いっとう》の馬《うま》がすがたを現した。漢 ↓429ページ げん〔現〕 ↓ 使い分け

あらわす【著す】 動詞 本《ほん》に書《か》いて世《よ》の中《なか》に出《だ》す。例 歴史小説《れきししょうせつ》を著す。漢 ↓843ページ ちょ〔著〕 ↓ 使い分け

使い分け

あらわす

表す・現す・著す

表す はっきり表《おもて》に出《だ》してわかるようにする。
「うれしい気持《きも》ちを表《あらわ》す／感謝《かんしゃ》の心《こころ》を表《あらわ》す」

現す 今《いま》までかくれていたものを見《み》えるようにする。
「会場《かいじょう》に姿《すがた》を現《あらわ》す／正体《しょうたい》を現《あらわ》す」

著す 考《かんが》えや研究《けんきゅう》などを書物《しょもつ》にして発表《はっぴょう》する。
「書物《しょもつ》を著《あらわ》す／その本《ほん》を著《あらわ》した人《ひと》」

あらわれる【表れる】 動詞 気持《きも》ちなどが表《おもて》に出《で》る。例 思《おも》ったことが、すぐ顔《かお》に表れる。漢 ↓1126ページ ひょう〔表〕

あらわれる【現れる】 動詞 かくれていたものが見《み》えてくる。また、かくしていたことが人《ひと》に知《し》れる。例 暗《くら》やみから人《ひと》が現れた。漢 ↓

どんな教育《きょういく》を受《う》けたかというほうが大切《たいせつ》である、ということ。

429ページ げん〔現〕

あらんかぎり【有らん限り】 あるだけ全《ぜん》部《ぶ》。ありったけ。例 有らん限りの力《ちから》を出《だ》す。

あり 名詞 季語 夏 体《からだ》は黒《くろ》または赤茶色《あかちゃいろ》で、胸《むね》と腹《はら》の間《あいだ》がくびれた昆虫《こんちゅう》。種類《しゅるい》が多《おお》い。土《つち》の中《なか》やくさった木《き》の中《なか》に巣《す》をつくる。めすあり（＝女王《じょおう》あり）を中心《ちゅうしん》に、おすあり、たくさんのはたらきありが集団《しゅうだん》で生活《せいかつ》をする。ことば 漢字《かんじ》では「蟻」と書《か》く。図⇒505ページ こんちゅう

●**ありのはい出《で》るすき間《ま》もない** 小《ちい》さなありでも通《とお》れないほど、わずかのすきまもなく、警《けい》戒《かい》が厳《きび》しいこと。

ありあけ【有り明け】 名詞 月《つき》が空《そら》に残《のこ》ったまま夜《よ》が明《あ》けること。また、明《あ》け方《がた》。

ありあけかい【有明海】 名詞 九州《きゅうしゅう》の福岡《ふくおか》・佐賀《さが》・長崎《ながさき》・熊本《くまもと》の四県《よんけん》にまたがる、島原湾《しまばらわん》のおくにある浅《あさ》い海《うみ》。潮《しお》の満《み》ち引《ひ》きの差《さ》が大《おお》きく、広大《こうだい》な干潟《ひがた》が特徴《とくちょう》。古《ふる》くから干拓《かんたく》が進《すす》められた。

ありあけのつき【有り明けの月】 夜《よ》が明《あ》けても、まだしずまずに空《そら》に残《のこ》っている月《つき》。

ありあまる【有り余る】 動詞 余《あま》ってしまうほどたくさんある。例 体力《たいりょく》が有り余っている。

ありあり［と］ 副詞 まるで目《め》に見《み》えるように。例 遠《とお》い故郷《こきょう》のことがありありと思《おも》いうかんだ。

ありあわせ【有り合わせ】 名詞 わざわざ用《よう》意《い》するのでなく、ちょうどその場《ば》にあること。また、あるもの。例 有り合わせの材料《ざいりょう》。

ありうる【有り得る】 ありそうである。あってもおかしいとはいえない。「ありえる」ともいう。例 この調子《ちょうし》だと優勝《ゆうしょう》もありうるな。対 有《あ》り得《え》ない。使い方 ふつうかな書《が》きにする。

ありえない【有り得ない】 あるはずがない。例 ふつうありえないような事件《じけん》が起《お》きた。対 有《あ》り得《う》る。使い方 ふつうかな書《が》きにする。

ありえる【有り得る】 ⇒57ページ ありうる

ありか【在りか】 名詞 物《もの》のある場所《ばしょ》。また、人《ひと》がかくれているところ。例 宝《たから》のありか。

ありかた【在り方】 名詞 ものや人《ひと》の現在《げんざい》の状《じょう》態《たい》。とくに、ほんとうはこうでなければならないという状態《じょうたい》。例 生活《せいかつ》の在り方を考《かんが》える。使い方 ふつうかな書《が》きにする。

ありがたい【有り難い】 形容詞 ❶感謝《かんしゃ》したい気持《きも》ちである。うれしい。例 友《とも》だちの親切《しんせつ》をありがたく思《おも》う。❷もったいない。りっぱだと思《おも》って、尊敬《そんけい》しないではいられない。例 ありがたいお経《きょう》をきく。使い方 ふつうかな書《が》きにする。ことば もとは「ありそうもない。めったにない」という意味《いみ》のことば。

ありがたみ【有り難み】 名詞 ありがたいという感《かん》じ。例 親《おや》のありがたみがわかる。使い方 ふつうかな書《が》きにする。

ありがためいわく【有り難迷惑】 名詞 形容動詞 相手《あいて》が親切《しんせつ》でやってくれることが、かえって迷惑《めいわく》になること。

ありがち 形容動詞 それと同《おな》じようなことが、よくあるようす。例 ありがちなまちがい。

ありがとう 感動詞 お礼《れい》の気持《きも》ちを表《あらわ》すことば。例 どうもありがとう。ことば「有《あ》り難《がた》く（＝ありそうもなく）」が変化《へんか》してできたことば。

ありがね【有り金】 名詞 その時《とき》、手元《てもと》にあるお金全部《かねぜんぶ》。例 有り金をはたいて買《か》う。

ありきたり 名詞 形容動詞 どこにでもあって、めずらしくないようす。例 ありきたりの話《はなし》。

ありさま【有り様】 名詞 ものごとのようす。例 一学期《いちがっき》の成績《せいせき》はひどいありさまだった。使い方 ふつうかな書《が》きにする。

ありじごく 名詞 季語 夏 うすばかげろうの幼虫《ようちゅう》。かわいた土《つち》にすりばちのような形《かたち》の巣《す》をつくり、その底《そこ》にかくれてすべり落《お》ちるありなどをとって食《た》べる。ことば 漢字《かんじ》では「蟻地獄」と書《か》く。

ありじごく

ありしひ【在りし日】 ❶その人《ひと》が生《い》きていた時《とき》。例 在りし日の祖父《そふ》の写真《しゃしん》。❷過《す》ぎ去《さ》った日《ひ》。昔《むかし》。例 同窓会《どうそうかい》で在りし日のことをなつかしむ。

アリストテレス 名詞（紀元前《きげんぜん》三八四～紀元前《きげんぜん》三二二）古代《こだい》ギリシャの哲学者《てつがくしゃ》。プラトンの弟子《でし》で、アレクサンドロス（＝アレキサンダー大《だい》王《おう》）の教育係《きょういくがかり》も務《つと》めた。哲学《てつがく》のほか、自然《しぜん》・社会《しゃかい》・芸術《げいじゅつ》などさまざまな分野《ぶんや》の研究《けんきゅう》をした。

ありたやき【有田焼】 名詞 佐賀県《さがけん》の有田町《ありたちょう》

ことわざ **氏《うじ》より育《そだ》ち** 生《う》まれた家《いえ》の家《いえ》がらがりっぱであるかどうかよりも、どんな環境《かんきょう》で育《そだ》ったか、

を中心《ちゅうしん》に作《つく》られる磁器《じき》。参考 十七世紀《じゅうななせいき》の初《はじ》めに朝鮮《ちょうせん》から来《き》た陶工《とうこう》の李参平《りさんぺい》によって作《つく》られたのが始《はじ》まり。伊万里港《いまりこう》から積《つ》み出《だ》したので「伊万里焼《いまりやき》」ともいう。

ありつく 動詞 ほしかったものを、やっと手《て》に入《い》れる。例 夜《よる》おそくに夕食《ゆうしょく》にありついた。

ありったけ 名詞 持《も》っている限《かぎ》り。すべて。例 ありったけの力《ちから》を出《だ》す。

ありとあらゆる 連体詞 あると考《かんが》えられるものの全部《ぜんぶ》の。すべての。例 ありとあらゆるジャンルの本《ほん》を読《よ》む。ことば「あらゆる」を強《つよ》めた言《い》い方《かた》。

ありのまま 名詞 あったとおり。そのまま。あるがまま。例 ありのままを話《はな》す。

アリバイ (alibi) 名詞 事件《じけん》が起《お》きた時《とき》、その場《ば》所《しょ》にいなかったという証明《しょうめい》。ことば もとはラテン語《ご》で「ほかのところに」という意味《いみ》。

ありふれた 連体詞 どこにでもある。よくある。めずらしくない。例 ありふれた品物《しなもの》。

ありまき ↓48ページ あぶらむし❶

ありゅう【亜流】 名詞 学問《がくもん》や芸術《げいじゅつ》などで、一《いち》流《りゅう》の人《ひと》のまねをするだけで、個性《こせい》がないこと。また、そのような人《ひと》。例 ゴッホの亜流の画家《がか》。

ありわらのなりひら【在原業平】 名詞 (八二五〜八八〇) 平安時代《へいあんじだい》の初《はじ》めごろの歌人《かじん》。情《じょう》熱的《ねってき》な歌《うた》をよみ、「古今和歌集《こきんわかしゅう》」などにのせられた。また、女性《じょせい》との恋愛《れんあい》が多《おお》かったことでも有名《ゆうめい》で、美男子《びなんし》の代表《だいひょう》とされている。

ある 連体詞 はっきりしないものごとや、はっきり言《い》いたくないものごとを指《さ》すことば。例 ある日《ひ》／ある時《とき》／ある人《ひと》から聞《き》いた話《はなし》です。

ある【有る・在る】 動詞 ❶そこに存在《そんざい》する。例 本《ほん》がある。対 無《な》い。❷起《お》こる。行《おこな》われる。例 昨日《きのう》火事《かじ》があった／あしたはテストがある。❸持《も》っている。備《そな》わっている。例 お金《かね》のある人《ひと》／父《ちち》は八十《はちじっ》キログラムある。対 無《な》い。❹そこに位置《いち》している。例 駅前《えきまえ》にある店《みせ》。❺人《ひと》がその状態《じょうたい》でいる。例 会長《かいちょう》の職《しょく》にある。❻(「…てある」の形《かたち》で) 今《いま》も動作《どうさ》や状態《じょうたい》が続《つづ》いていることを表《あらわ》す。例 本《ほん》が机《つくえ》に置《お》いてある。❼(「…である」の形《かたち》で)「…だ」の意味《いみ》を表《あらわ》す。例 日本《にほん》は島国《しまぐに》である。使い方 ふつうかな書《が》きにする。漢 ↓1348ページ ゆう〔有〕・511ページ ざい〔在〕 ↓108ページ 日本語教室

あるいは ❶接続詞 または。例 バスあるいは電車《でんしゃ》で行《い》く。❷接続詞 (「あるいは…あるいは…」の形《かたち》で) 同《おな》じようなことがらを並《なら》べることば。例 あるいは森《もり》へ、あるいは野原《のはら》へと人々《ひとびと》は散《ち》っていく。❸副詞 もしかしたら。ひょっとして。例 あしたは、あるいは雨《あめ》かもしれない。

あるがまま 名詞 かくしたり変《か》えたりしない、実際《じっさい》の状態《じょうたい》のまま。ありのまま。例 風景《ふうけい》をあるがままにえがく。

アルカリ (オランダ語) 名詞 アンモニアや水酸《すいさん》化《か》ナトリウムなどのように、水《みず》にとけ、その水《すい》溶液《ようえき》がアルカリ性《せい》を示《しめ》すもの。

アルカリせい【アルカリ性】 名詞 石《せっ》けん水《すい》や石灰水《せっかいすい》などの持《も》つ、酸《さん》を中和《ちゅうわ》する性質《せいしつ》。対 酸性《さんせい》。教科 理 赤色《あかいろ》リトマス紙《し》を青色《あおいろ》に変《か》える。

アルキメデス 名詞 (紀元前《きげんぜん》二八七ごろ〜紀元前《きげんぜん》二一二) 古代《こだい》ギリシャの数学者《すうがくしゃ》・物理学者《ぶつりがくしゃ》。円《えん》などの面積《めんせき》の求《もと》め方《かた》・てこの原理《げんり》・アルキメデスの原理《げんり》などを発見《はっけん》した。

あるく【歩く】 動詞 足《あし》を動《うご》かして前《まえ》に進《すす》む。例 森《もり》の中《なか》を歩く。漢 ↓1201ページ ほ〔歩〕

アルコール (オランダ語) 名詞 ❶気体《きたい》になりやすく燃《も》えやすい、色《いろ》のない液《えき》体《たい》。米《こめ》やいもなどのでんぷんから作《つく》り、薬《くすり》・燃《ねん》料《りょう》に使《つか》われる。酒《さけ》にもふくまれる。❷「酒《さけ》」のこと。

アルコールランプ (オランダ語) 名詞 アルコールを燃料《ねんりょう》とするランプ。理科《りか》の実験《じっけん》で使《つか》う。

アルゴリズム (algorithm) 名詞 問題《もんだい》を解《と》いたり、課題《かだい》を解決《かいけつ》したりするための手順《てじゅん》や方法《ほうほう》。コンピューターに仕事《しごと》をさせるときの基盤《きばん》となる。

あるじ 名詞 ❶一家《いっか》の中心《ちゅうしん》になる人《ひと》。主人《しゅじん》。❷店《みせ》などの持《も》ち主《ぬし》。

アルゼンチン ↓58ページ アルゼンチンきょうわこく

アルゼンチンきょうわこく【アルゼンチン共和国】 名詞 南《みなみ》アメリカ南部《なんぶ》の、大西洋《たいせいよう》に面《めん》した国《くに》。とても広《ひろ》い平原《へいげん》があり、農業《のうぎょう》・

てしまうこと。

牧畜《ぼくちく》がさかん。首都《しゅと》はブエノスアイレス。「アルゼンチン」ともいう。

(国旗《こっき》)

アルタイル（アラビア語）名詞 わし座の中《なか》で、もっとも明《あか》るい星《ほし》。「ひこ星《ぼし》」「けん牛星《ぎゅうせい》」ともいう。教科 理 白鳥座《はくちょうざ》のデネブ、こと座《ざ》のベガとともに、夏《なつ》の大三角《だいさんかく》の一《ひと》つ。

アルツハイマーびょう【アルツハイマー病】 名詞 記憶《きおく》力《りょく》や知能《ちのう》が下《さ》がり、脳《のう》のはたらきがおとろえる病気《びょうき》。

アルト（イタリア語）名詞 歌《うた》を歌《うた》うときの声《こえ》の種類《しゅるい》で、女性《じょせい》のいちばん低《ひく》い声《こえ》の範囲《はんい》。また、その声《こえ》で歌《うた》う人《ひと》。関連 ソプラノ。メッゾソプラノ。

アルバイト（ドイツ語）名詞 その人《ひと》がおもに行《おこな》っている仕事《しごと》や学業《がくぎょう》のほかにする仕事《しごと》。また、それをする人《ひと》。略《りゃく》して「バイト」ともいう。

アルバム（album）名詞 ❶写真《しゃしん》をはっておくための、本《ほん》の形《かたち》をしたもの。❷いくつかの曲《きょく》がまとめて入《はい》っているCD《シーディー》やレコード。

アルファ（ギリシャ語）名詞 ❶ギリシャ語《ご》のアルファベットの一番初《いちばんはじ》めの字《じ》。「α」と書《か》く。❷あるはっきりしない数《かず》や量《りょう》。例 家族《かぞく》の応援《おうえん》のおかげで、プラスアルファの力《ちから》が出《だ》せた。

アルファベット（alphabet）名詞 決《き》まった順《じゅん》に並《なら》べられた、英語《えいご》などの文字《もじ》の集《あつ》まり。ローマ字《じ》では、A《エー》・B《ビー》・C《シー》・D《ディー》・E《イー》・F《エフ》・G《ジー》・H《エッチ》・I《アイ》・J《ジェー》・K《ケー》・L《エル》・M《エム》・N《エヌ》・O《オー》・P《ピー》・Q《キュー》・R《アール》・S《エス》・T《ティー》・U《ユー》・V《ブイ》・W《ダブリュー》・X《エックス》・Y《ワイ》・Zの《ズィー》二十六《にじゅうろく》文字《もじ》がある。

アルプス 名詞 イタリア・フランス・スイス・ドイツ・オーストリアにわたる大山脈《だいさんみゃく》。氷河《ひょうが》や万年雪《まんねんゆき》が見《み》られ、山々《やまやま》は険《けわ》しくて美《うつく》しい。

アルベルト＝アインシュタイン ⇩17ページ《ジ》 アインシュタイン

アルマイト 名詞 アルミニウムをじょうぶでさびないようにしたもの。台所《だいどころ》用品《ようひん》などに使《つか》う。ことば 英語《えいご》をもとに日本《にほん》で作《つく》られた商標名《しょうひょうめい》。ことば。

あるまじき そうであってはならない。例 花《か》壇《だん》をふみあらすとはあるまじき行《おこな》いだ。

アルミ ⇩59ページ《ジ》 アルミニウム

アルミニウム（aluminium）名詞 銀色《ぎんいろ》がかった白色《しろいろ》の、軽《かる》くてさびにくい金属《きんぞく》。食器《しょっき》・台所《だいどころ》用具《ようぐ》・建物《たてもの》の材料《ざいりょう》などに使《つか》われる。略《りゃく》して「アルミ」ともいう。

アルミはく 名詞 アルミニウムの板《いた》をうすくのばしたもの。食《た》べ物《もの》や薬《くすり》などを包《つつ》むのに使《つか》う。「アルミホイル」ともいう。

アルミホイル ⇩59ページ《ジ》 アルミはく

あれ 代名詞 ❶自分《じぶん》からも、相手《あいて》からも遠《とお》いものごとを指《さ》すことば。例 あれがぼくの家《いえ》だ。❷あの人《ひと》。例 あれにはもう伝《つた》えたよ。❸自分《じぶん》も相手《あいて》も知《し》っていることがらを指《さ》すことば。例 この前《まえ》のあれはどこにあるかな。使い方 ❷は、目下《めした》の人《ひと》でとても身近《みぢか》な人《ひと》に対《たい》して使《つか》う。

アレキサンダーだいおう【アレキサンダー大王】 ⇩59ページ《ジ》 アレクサンドロス

アレクサンドロス 名詞（紀元前《きげんぜん》三五六～紀元前《きげんぜん》三二三）古代《こだい》ギリシャの国《くに》マケドニアの王《おう》。二《に》十才《じっさい》で王《おう》となり、エジプトからインド西部《せいぶ》にまで広《ひろ》がる大帝国《だいていこく》をつくった。「アレキサンダー大王《だいおう》」とも呼《よ》ばれる。

あれくるう【荒れ狂う】 動詞 あらあらしく暴《あば》れる。非常《ひじょう》に激《はげ》しくなる。例 荒れ狂う海《うみ》。

アレグロ（イタリア語）名詞 音楽《おんがく》で、演奏《えんそう》する速《はや》さを表《あらわ》すことばの一《ひと》つ。「軽快《けいかい》に速《はや》く」という意味《いみ》。

あれこれ【と】 副詞 いろいろ。あれやこれや。例 あれこれ考《かんが》える／あれこれと指示《しじ》する。

あれち【荒れ地】 名詞 作物《さくもつ》などのよく育《そだ》たない、岩《いわ》や石《いし》の多《おお》い土地《とち》。また、耕《たがや》していない自《し》然《ぜん》のままの土地《とち》。

あれの【荒れ野】 名詞 自然《しぜん》のままで人《ひと》の手《て》が入《はい》っていない野原《のはら》。荒野《こうや》。「あらの」ともいう。

あれはてる【荒れ果てる】 動詞 手入《てい》れなどがされず、すっかりだめになる。

あれほど 名詞 副詞 あのように。あんなに。あれくらい。例 あれほど注意《ちゅうい》したのに。

あれもよう【荒れ模様】 名詞 ❶雨《あめ》や風《かぜ》などが強《つよ》くなりそうなようす。

ことわざ **うそから出《で》たまこと** うそや冗談《じょうだん》のつもりで言《い》ったことが、意外《いがい》にもほんとうのことになっ

❷人《ひと》の機嫌《きげん》やその場《ば》の雰囲気《ふんいき》が悪《わる》くなりそうなようす。例 今日《きょう》の妹《いもうと》は荒れ模様だ。

あれよあれよ ものごとの思《おも》いがけない進《すす》み方《かた》に、おどろいたり心配《しんぱい》したりするようすを表《あらわ》すことば。例 あれよあれよという間《ま》にバスが発車《はっしゃ》してしまった。

あれる【荒れる】 動詞
❶激《はげ》しく、勢《いきお》いが強《つよ》くなる。乱《みだ》れる。例 海《うみ》が荒れる／話《はな》し合《あ》いが荒れる。
❷手入《てい》れがされないで、いたんでだめになる。例 荒れた庭《にわ》。
❸なめらかでなくなる。はだがかさかさになる。例 手《て》が荒れる。

アレルギー（ドイツ語）名詞 食《た》べ物《もの》や薬品《やくひん》などに対《たい》して体《からだ》が起《お》こす、異常《いじょう》な反応《はんのう》。花粉《かふん》のせいでくしゃみや鼻水《はなみず》が出《で》たり、卵《たまご》を食《た》べてじんましんが出《で》たりするなど。

アレンジ（arrange）名詞 動詞
❶すでにあるものに手《て》を加《くわ》えて、作《つく》りかえること。
❷準備《じゅんび》や手《て》はずをととのえること。例 卒業《そつぎょう》生《せい》との交流会《こうりゅうかい》をアレンジする。
❸音楽《おんがく》で、編曲《へんきょく》すること。例 若者《わかもの》に人気《にんき》のある歌《うた》を合唱《がっしょう》曲《きょく》にアレンジする。

アロエ（ラテン語）名詞 暖《あたた》かい地方《ちほう》で育《そだ》つ植物《しょくぶつ》。葉《は》が厚《あつ》くてとげがあり、観賞《かんしょう》用《よう》や薬用《やくよう》になる。

アロエ

アロハ（ハワイ語）
❶感動詞 ハワイで、「ようこそ」「こんにちは」「さようなら」などの意味《いみ》を表《あらわ》すあいさつのことば。
❷名詞 「アロハシャツ」の略《りゃく》。

アロハシャツ（aloha shirt）名詞 季語 夏 夏《なつ》に着《き》る、はでな色《いろ》のがらがかいてあるシャツ。半《はん》そでで、えりがついている。略《りゃく》して「アロハ」ともいう。

あわ 名詞 季語 秋 いねのなかまの作《さく》物《もつ》の一《ひと》つ。実《み》は小《ちい》さく、あめやもちをつくる。小鳥《ことり》のえさにもする。
ことば 漢字《かんじ》では「粟」と書《か》く。

あわ

あわ【泡】 名詞
❶液体《えきたい》の中《なか》に入《はい》った空気《くうき》やガスが丸《まる》くなった小《ちい》さな玉《たま》。あぶく。
❷口《くち》から飛《と》び散《ち》るつば。
●**泡《あわ》を食《く》う** びっくりしてあわてることのたとえ。例「お化《ば》けだ！」の声《こえ》に、泡を食ってにげ出《だ》した。ことば「あわ」は、「あわてる」の「あわ」からきたといわれる。

あわ【安房】 名詞 昔《むかし》の国《くに》の名《な》の一《ひと》つ。今《いま》の千葉《ちば》県《けん》南部《なんぶ》に当《あ》たる。

あわ【阿波】 名詞 昔《むかし》の国《くに》の名《な》の一《ひと》つ。今《いま》の徳島《とくしま》県《けん》に当《あ》たる。

あわい【淡い】 形容詞
❶色《いろ》や味《あじ》などがうすく、あっさりしている。例 淡いむらさき色《いろ》の花《はな》。対 濃《こ》い。
❷かすかである。ぼんやりしている。例 淡い期待《きたい》を寄《よ》せる。

あわさる【合わさる】 動詞 ぴったり重《かさ》なる。例 つかれていつのまにかまぶたが合わさる。

あわじ【淡路】 名詞 昔《むかし》の国《くに》の名《な》の一《ひと》つ。今《いま》の兵庫《ひょうご》県《けん》の淡路島《あわじしま》に当《あ》たる。

あわじしま【淡路島】 名詞 瀬戸《せと》内海《ないかい》の最大《さいだい》の島《しま》。兵庫《ひょうご》県《けん》の南部《なんぶ》にある。

あわす【会わす】 ↓60ページ あわせる〔会わせる〕

あわす【合わす】 ↓60ページ あわせる〔合わせる・併せる〕

あわせ 名詞 季語 夏 裏地《うらじ》のついた着物《きもの》。対 ひとえ。
漢 ↓445ページ ごう〔合〕

あわせみそ【合わせみそ】 名詞 二《ふた》つ以上《いじょう》の種類《しゅるい》のちがうみそを混《ま》ぜたもの。

あわせる【会わせる】 動詞 面会《めんかい》させる。対《たい》面《めん》させる。ことば「あわす」ともいう。

あわせる【合わせる・併せる】 動詞
❶合計《ごうけい》する。いっしょにする。例 二《ふた》つの値段《ねだん》を合わせると千円《せんえん》になる／力《ちから》を合わせる／三《みっ》つの町村《ちょうそん》を併せて、新《あたら》しい市《し》にする。
❷ぴったり重《かさ》ねる。例 手《て》を合わせて拝《おが》む。
❸そろえる。同《おな》じにする。例 声《こえ》を合わせる。
❹つりあいをよくする。例 服《ふく》に合わせてくつを買《か》った。

しまうから、うそをついてはいけないということ。

❺比《くら》べて確《たし》かめる。例 答《こた》えを合わせる。❻混《ま》ぜる。例 しょうゆとわさびを合わせる。

ことば「あわす」ともいう。漢⬇445ジペー ごう〔合〕

●**合《あ》わせる顔《かお》がない** 自分《じぶん》のしたことがはずかしくて、相手《あいて》に平気《へいき》で会《あ》うことができない。例 一回戦《いっかいせん》で負《ま》け、みんなに合わせる顔がない。

あわただしい【慌ただしい】 形容詞 いそがしくて落《お》ち着《つ》かない。例 急《きゅう》な出発《しゅっぱつ》で、慌ただしく準備《じゅんび》をした。

あわだつ【泡立つ】 動詞 表面《ひょうめん》にあわができる。例 白《しろ》く泡立つ波《なみ》。

あわてふためく【慌てふためく】 動詞 ひどくあわててさわぐ。例 敵《てき》は慌てふためいてにげ出《だ》した。

あわてもの【慌て者】 名詞 落《お》ち着《つ》きがなく、急《いそ》いでやって、よく失敗《しっぱい》する人《ひと》。そそっかしい人《ひと》。

あわてる【慌てる】 動詞
❶おどろいてまごまごする。例 英語《えいご》で話《はな》しかけられて慌てた。対 落《お》ち着《つ》く。
❷ひどく急《いそ》ぐ。例 ねぼうした兄《あに》は慌てて出発《しゅっぱつ》した。

あわてんぼう【慌てん坊】 名詞 急《いそ》いでやってよく失敗《しっぱい》する人《ひと》。そそっかしい人《ひと》。あわて者《もの》。

あわび 名詞 季語 夏 巻《ま》き貝《がい》の一《ひと》つ。海底《かいてい》の岩《いわ》につく。だ円形《えんけい》の貝殻《かいがら》からは、ボタンや貝細工《かいざいく》が作《つく》られ、肉《にく》は食用《しょくよう》になる。大《おお》きさ二十《にじっ》センチメートルくらい。図⬇219ジペー かい〔貝〕

あわや 副詞 もう少《すこ》しで、危《あぶ》なく。例 あわやけんかになるところだった。使い方 よくないことが起《お》こりそうになったが、あと少《すこ》しのところで起《お》こらずにすんだというときに使《つか》う。

あわゆき【淡雪】 名詞 季語 春 春《はる》の初《はじ》めに降《ふ》る、とけやすい雪《ゆき》。

あわよくば 副詞 うまくいけば。運《うん》がよければ。例 あわよくば優勝《ゆうしょう》も夢《ゆめ》じゃない。

あわれ【哀れ】 名詞 形容動詞
❶かわいそうなようす。例 哀れな捨《す》てねこ。
❷みすぼらしいようす。みじめなようす。例 落《お》ちぶれた哀れなすがた。
❸しみじみとした感《かん》じ。例 哀れを感《かん》じる歌声《うたごえ》。

あわれみ【哀れみ】 名詞 かわいそうに思《おも》うこと。同情《どうじょう》。例 哀れみをさそう悲《かな》しいできごと。

あわれみぶかい【哀れみ深い】 形容詞 かわいそうだと思《おも》う気持《きも》ちが強《つよ》い。

あわれむ【哀れむ】 動詞 かわいそうに思《おも》う。同情《どうじょう》する。例 捨《す》て犬《いぬ》を哀れみ、連《つ》れて帰《かえ》る。

あん 名詞 あずきなどを煮《に》て、つぶしたり、こしたりしてあまく味《あじ》をつけた食《た》べ物《もの》。あんこ。

漢 **あん【安】**〔宀《うかんむり》〕6画 3年 音 アン 訓 やすい

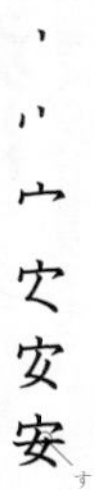

❶やすらか。心配《しんぱい》がない。例 安心《あんしん》／安静《あんせい》／安全《あんぜん》／安定《あんてい》／不安《ふあん》／平安《へいあん》。対 危《き》。❷たやすい。やさしい。例 安易《あんい》／安産《あんざん》。❸ねだんがやすい。例 安価《あんか》／安物《やすもの》。

あん【行】 漢⬇443ジペー こう〔行〕

あん【案】 名詞
❶こうしてはどうだろうかという考《かんが》え。意見《いけん》。例 問題《もんだい》の解《と》き方《かた》のいい案がうかぶ。
❷何《なに》かを行《おこな》うための計画《けいかく》。例 お楽《たの》しみ会《かい》の案を立《た》てる。

漢 **あん【案】**〔木《き》〕10画 4年 音 アン

❶かんがえる。しらべる。例 案《あん》じる／考案《こうあん》／思案《しあん》。❷かんがえ。計画《けいかく》。例 原案《げんあん》／提案《ていあん》／答案《とうあん》／名案《めいあん》。❸したがき。例 案文《あんぶん》／法案《ほうあん》。

漢 **あん【暗】**〔日《ひへん》〕13画 3年 音 アン 訓 くらい

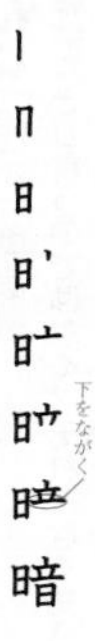

❶くらい。例 暗黒《あんこく》／暗室《あんしつ》／暗闇《くらやみ》／明暗《めいあん》。対 明《めい》。❷人《ひと》に知《し》られない。ひそか。例 暗号《あんごう》／暗示《あんじ》。❸そらでおぼえる。例 暗記《あんき》／暗算《あんざん》／暗唱《あんしょう》。

あんい【安易】 形容動詞
❶簡単《かんたん》にできるようす。例 だれでもできる安易な仕事《しごと》。
❷深《ふか》く考《かんが》えたり努力《どりょく》したりせず、いいかげんなようす。例 安易に意見《いけん》を変《か》える。

あんうん【暗雲】 名詞
❶黒《くろ》くて、今《いま》にも雨《あめ》が降《ふ》り出《だ》しそうな雲《くも》。
❷悪《わる》いことが起《お》こりそうなようすのたとえ。例 計画《けいかく》の行《ゆ》く手《て》には暗雲が立《た》ちこめている。

あんか【行火】 名詞 季語 冬 手《て》や足《あし》を暖《あたた》めるた

ことわざ **うそつきは泥棒《どろぼう》の始《はじ》まり** うそを平気《へいき》でつくような人《ひと》は、どろぼうも平気《へいき》でするようになって

ことば＝ことばにまつわる知識《ちしき》　参考＝参考《さんこう》になる情報《じょうほう》　㊇＝漢字《かんじ》としての意味《いみ》や部首《ぶしゅ》など

めの、小形《こがた》の道具《どうぐ》。木《き》などで作《つく》った箱《はこ》の中《なか》に炭《すみ》火《び》を入《い》れたもの。今《いま》は電熱式《でんねつしき》のものもある。

あんか【安価】 名詞 形容動詞 ❶値段《ねだん》が安《やす》いこと。例 安価な品物《しなもの》を選《えら》んで買《か》う。類 廉価《れんか》。対 高価《こうか》。❷安《やす》っぽいこと。例 安価な同情《どうじょう》はいらない。

アンカー（anchor）名詞 ❶船《ふね》のいかり。❷リレーで、最後《さいご》に走《はし》る人《ひと》や、泳《およ》ぐ人《ひと》。

あんがい【案外】 副詞 思《おも》っていたこととちがうようす。思《おも》いのほか。例 今日《きょう》のテストは案外易《やさ》しかった。類 意外《いがい》。

あんき【暗記】 名詞 動詞 書《か》いたものを見《み》なくても言《い》えるように、覚《おぼ》えること。例 丸《まる》暗記／九九《くく》を暗記する。

あんぎゃ【行脚】 名詞 動詞 ❶おぼうさんが、仏教《ぶっきょう》の修行《しゅぎょう》のために、あちこちの土地《とち》を回《まわ》ること。❷旅《たび》をして回《まわ》ること。例 各地《かくち》の民話《みんわ》を集《あつ》めるために、全国《ぜんこく》を行脚する。

あんきょ【暗きょ】 名詞 地下《ちか》につくった水《すい》路《ろ》。

アングラ 名詞 おもに映画《えいが》や芝居《しばい》を中心《ちゅうしん》とした、実験的《じっけんてき》な芸術《げいじゅつ》。ことば 英語《えいご》の「アンダーグラウンド」の略《りゃく》。

あんぐり［と］ 副詞 口《くち》を大《おお》きく開《あ》け、あきれたり、おどろいたりしているようす。例 妹《いもうと》は口《くち》をあんぐりと開《あ》けて手品《てじな》を見《み》ていた。

アングル（angle）名詞 ❶角度《かくど》。例 アングルを変《か》えて写真《しゃしん》をとる。❷ものの見方《みかた》。例 課題《かだい》について別《べつ》のアングルから考《かんが》え直《なお》す。

あんくん【暗君】 名詞 おろかな君主《くんしゅ》。対 明《めい》君《くん》。

アンケート（フランス語）名詞 同《おな》じ質問《しつもん》に対《たい》して多《おお》くの人《ひと》に答《こた》えてもらい、考《かんが》えや意見《いけん》を知《し》る調査《ちょうさ》。

あんこ ↓61ページ《ぺーじ》・あん

あんこう 名詞 季語 冬 深《ふか》い海《うみ》の底《そこ》にすむ魚《さかな》。体《からだ》は平《ひら》たく、頭《あたま》と口《くち》が大《おお》きい。おもになべ料理《りょうり》にして食《た》べる。

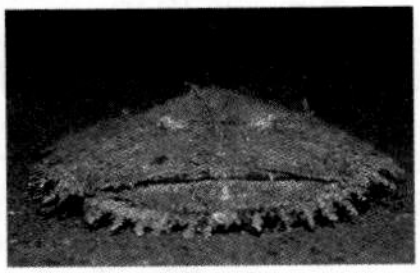
あんこう

あんごう【暗号】 名詞 秘密《ひみつ》がもれないように、仲間《なかま》だけがわかるように決《き》めた、通信《つうしん》のための記号《きごう》。例 暗号を解読《かいどく》する。

アンコール（フランス語）名詞 ❶演奏《えんそう》や演技《えんぎ》が終《お》わったあと、拍手《はくしゅ》やかけ声《ごえ》で、もう一度《いちど》演《えん》じるようにたのむこと。❷テレビ・ラジオの番組《ばんぐみ》や映画《えいが》を、もう一度《いちど》放送《ほうそう》したり、上映《じょうえい》したりすること。

アンコールワット 名詞 カンボジアにある、寺院《じいん》の遺跡《いせき》。世界遺産《せかいいさん》の一《ひと》つ。

あんこく【暗黒】 名詞 ❶真《ま》っ暗《くら》なこと。暗《くら》やみ。❷道徳《どうとく》や文化《ぶんか》がおとろえ、世《よ》の中《なか》が乱《みだ》れて、人《ひと》々《びと》が安心《あんしん》して暮《く》らせないこと。例 暗黒時代《じだい》。

あんさつ【暗殺】 名詞 動詞 すきをねらって、対立《たいりつ》する人《ひと》をひそかに殺《ころ》すこと。

あんざん【安産】 名詞 動詞 あまり苦《くる》しまずに、無事《ぶじ》に子供《こども》を産《う》むこと。対 難産《なんざん》。

あんざん【暗算】 名詞 動詞 紙《かみ》や計算機《けいさんき》などを使《つか》わないで、頭《あたま》の中《なか》で計算《けいさん》すること。例 買《か》い物《もの》の合計金額《ごうけいきんがく》を暗算する。関連 珠算《しゅざん》。筆算《ひっさん》。

あんざんがん【安山岩】 名詞 火山岩《かざんがん》の一《ひと》つ。暗《くら》い灰色《はいいろ》で、建築材料《けんちくざいりょう》や墓石《はかいし》などに使《つか》われる。

アンサンブル（フランス語）名詞 ❶ドレス・スカート・ベストなどを組《く》み合《あ》わせて着《き》るようにつくった、ひとそろいの婦人服《ふじんふく》。❷少人数《しょうにんずう》の合奏《がっそう》。また、室内楽団《しつないがくだん》。

あんじ【暗示】 名詞 動詞 ❶はっきり言《い》うのではなく、それとなく知《し》らせること。例「いやだ」という気持《きも》ちを態度《たいど》で暗示する。対 明示《めいじ》。❷相手《あいて》に、知《し》らず知《し》らずのうちに、あることを思《おも》いこませること。例 暗示をかける。

あんしつ【暗室】 名詞 光《ひかり》が入《はい》らないようにした部屋《へや》。ふつう、写真《しゃしん》の現像《げんぞう》をするときなどに使《つか》う部屋《へや》をいう。

あんじゅう【安住】 名詞 動詞 ❶なんの心配《しんぱい》もなく安心《あんしん》して住《す》むこと。❷今《いま》の状態《じょうたい》に満足《まんぞく》してしまうこと。例 今《いま》の成《せい》績《せき》に安住していてはだめだ。

あんしょう【暗唱】 名詞 動詞 暗記《あんき》しておいて、書《か》いたものを見《み》ないで言《い》うこと。例 好《す》きな詩《し》を暗唱する。

いうこと。「方便《ほうべん》」は、目的《もくてき》を果《は》たすために使《つか》う、その場《ば》だけの都合《つごう》のよい方法《ほうほう》のこと。

あんしょう【暗礁】 名詞 海《うみ》の中《なか》にかくれていて見《み》えない岩《いわ》。

● **暗礁《あんしょう》に乗《の》り上《あ》げる** ❶船《ふね》が海中《かいちゅう》の岩《いわ》に乗《の》り上《あ》げて、動《うご》けなくなる。❷思《おも》いがけない問題《もんだい》があって、先《さき》に進《すす》まなくなる。例 計画《けいかく》が暗礁に乗り上げる。

あんじる【案じる】 動詞 ❶よく考《かんが》える。工夫《くふう》する。例 解決《かいけつ》の方法《ほうほう》を案じる。❷心配《しんぱい》する。例 病気《びょうき》のおじいさんを案じる。

ことば 「あんずる」ともいう。

あんしん【安心】 名詞 動詞 形容動詞 心配《しんぱい》がなく、心《こころ》が落《お》ち着《つ》いていること。例 病気《びょうき》が治《なお》って安心した／これで安心だ。対 心配《しんぱい》。不安《ふあん》。

あんず 名詞 季語 夏 梅《うめ》に似《に》た、あまずっぱい実《み》がなる木《き》。実《み》は干《ほ》したり、ジャムにしたりして食《た》べる。ことば 漢字《かんじ》では「杏」と書《か》く。

あんず

あんずる【案ずる】 ⇩63ページ あんじる

● **案《あん》ずるより産《う》むがやすし** ことわざ ものごとをやる前《まえ》にはいろいろと心配《しんぱい》するが、実際《じっさい》にやってみると、案外簡単《あんがいかんたん》にできるものだ。

あんせい【安静】 名詞 病人《びょうにん》やけが人《にん》などが、体《からだ》を動《うご》かさずに静《しず》かに休《やす》んでいること。

あんぜん【安全】 名詞 形容動詞 危《あぶ》なくないこと。危険《きけん》がないこと。例 安全な場所《ばしょ》で遊《あそ》ぼう／旅《たび》の安全をいのる。対 危険《きけん》。

あんぜんき【安全器】 名詞 決《き》まった量《りょう》より大《おお》きい電流《でんりゅう》が流《なが》れると、電流《でんりゅう》が止《と》まるようにしたしかけ。家《いえ》に電線《でんせん》を引《ひ》きこむところや電気《でんき》器具《きぐ》の中《なか》についている。

あんぜんしゅうかん【安全週間】 名詞 工場《こうじょう》や交通機関《こうつうきかん》で、安全《あんぜん》にとくに気《き》をつける一週間《いっしゅうかん》。

あんぜんちたい【安全地帯】 名詞 危《あぶ》なくない場所《ばしょ》。とくに、道路上《どうろじょう》で電車《でんしゃ》やバスなどの乗《の》り降《お》りをする人《ひと》の安全《あんぜん》を守《まも》るためにつくられた、車《くるま》の入《はい》れないところ。

あんぜんピン【安全ピン】 名詞 針《はり》の先《さき》をおおって外《そと》に出《で》ないようにした、だ円形《えんけい》のピン。

あんぜんべん【安全弁】 名詞 ❶ボイラーなどの内部《ないぶ》の圧力《あつりょく》が一定以上《いっていいじょう》になると、気体《きたい》を自動的《じどうてき》ににがして、安全《あんぜん》を保《たも》つ装置《そうち》。❷危険《きけん》を前《まえ》もって防《ふせ》ぐのに役立《やくだ》つもののたとえ。

あんぜんほしょうじょうやく【安全保障条約】 名詞 国家《こっか》の安全《あんぜん》を守《まも》るために、二国《にこく》間《かん》、または数《すう》か国《こく》の間《あいだ》で結《むす》ぶ条約《じょうやく》。とくに、日本《にほん》では「日米安全保障条約《にちべいあんぜんほしょうじょうやく》」をいう。

あんぜんほしょうりじかい【安全保障理事会】 名詞 国際連合《こくさいれんごう》の主要《しゅよう》な機関《きかん》の一《ひと》つ。世界《せかい》の平和《へいわ》と安全《あんぜん》を守《まも》るための活動《かつどう》をしている。五《ご》か国《こく》（＝アメリカ・イギリス・ロシア・フランス・中国《ちゅうごく》）の常任理事国《じょうにんりじこく》と、十《じっ》か国《こく》の非常任理事国《ひじょうにんりじこく》からなる。

あんぜんマップ【安全マップ】 ⇩824ページ ちいきあんぜんマップ

あんそく【安息】 名詞 動詞 心《こころ》や体《からだ》を安《やす》らかにして、休《やす》むこと。例 仕事《しごと》の合間《あいま》に短《みじか》い安息を楽《たの》しむ。

あんそくにち【安息日】 ⇩63ページ あんそくび

あんそくび【安息日】 名詞 仕事《しごと》を休《やす》み、神《かみ》に感謝《かんしゃ》のいのりをささげる日《ひ》。キリスト教《きょう》では日曜日《にちようび》、ユダヤ教《きょう》では金曜日《きんようび》の日没《にちぼつ》から土曜日《どようび》の日没《にちぼつ》までをいう。「あんそくにち」ともいう。

アンソロジー（anthology） 名詞 詩歌《しいか》や文学《ぶんがく》作品《さくひん》などをある基準《きじゅん》に沿《そ》って集《あつ》め、まとめたもの。

あんだ【安打】 ⇩1112ページ ヒット❶

アンダーライン（underline） 名詞 横書《よこが》きの文《ぶん》の中《なか》で、注意《ちゅうい》する文字《もじ》や文章《ぶんしょう》の下《した》に引《ひ》く線《せん》。

関連 サイドライン。

あんたい【安泰】 名詞 形容動詞 危険《きけん》や心配《しんぱい》がなく、安心《あんしん》であること。例 会社《かいしゃ》の将来《しょうらい》は安泰だ。

アンタレス（ギリシャ語） 名詞 さそり座《ざ》でもっとも明《あか》るい赤《あか》い星《ほし》。夏《なつ》の夜《よる》、南《みなみ》の空《そら》の低《ひく》いところに見《み》える。

アンダンテ（イタリア語） 名詞 音楽《おんがく》で、演奏《えんそう》する速《はや》さを表《あらわ》すことばの一《ひと》つ。「歩《ある》く速《はや》さで」という意味《いみ》。

あんたんと【暗たんと】 副詞 先《さき》の見通《みとお》しがつかなくて、希望《きぼう》が持《も》てないようす。例 明日《あす》の試験《しけん》のことを考《かんが》えると、暗たんとした気分《きぶん》に

ことわざ **うそも方便《ほうべん》** うそをつくのはよくないことだが、場合《ばあい》によっては、うそをつくことも必要《ひつよう》だと

関連 = 関係《かんけい》の深《ふか》いことば

なる。

あんち【安置】 名詞 動詞 神《かみ》や仏《ほとけ》の像《ぞう》、遺体《いたい》などを、決《き》まった場所《ばしょ》に大事《だいじ》に置《お》いておくこと。

あんちゅうもさく【暗中模索】 ↓497ページ 四字熟語

あんちょく【安直】 形容動詞 手間《てま》をかけず、手軽《てがる》であるようす。安易《あんい》。例 安直なやり方《かた》。

あんちょこ 名詞 教科書《きょうかしょ》にそって説明《せつめい》や問題《もんだい》の答《こた》えが書《か》いてある、自習用《じしゅうよう》の参考書《さんこうしょ》。とらの巻《まき》。ことば「安直《あんちょく》」が変化《へんか》してできたことば。

アンチロックブレーキシステム ↓150ページ エービーエス

アンツーカー (フランス語) 名詞 特別《とくべつ》な粘土《ねんど》を焼《や》いてつくった粉《こな》を使《つか》って、水《みず》はけをよくした赤茶色《あかちゃいろ》の土《つち》。また、それをしいて、雨《あめ》の日《ひ》でも使《つか》えるようにしたグラウンドやテニスコート。

あんてい【安定】 名詞 動詞 ❶激《はげ》しい変化《へんか》などがなく、落《お》ち着《つ》いていること。例 気持《きも》ちが安定する。
❷バランスがとれていて、たおれにくいこと。例 安定のよい机《つくえ》。

アンデスさんみゃく【アンデス山脈】 名詞 南《みなみ》アメリカ大陸《たいりく》の太平洋側《たいへいようがわ》に南北《なんぼく》に連《つら》なる山脈《さんみゃく》。かつてアンデス文明《ぶんめい》が栄《さか》えた。

アンテナ (antenna) 名詞 テレビ・無線電信《むせんでんしん》などの電波《でんぱ》を、出《だ》したり受《う》けたりする装置《そうち》。

アンデルセン 名詞 (一八〇五〜一八七五) デンマークの童話作家《どうわさっか》。「マッチ売《う》りの少女《しょうじょ》」「人魚姫《にんぎょひめ》」などを書《か》いた。「童話《どうわ》の父《ちち》」といわれる。

あんてん【暗転】 名詞 動詞 ❶劇《げき》などで、幕《まく》を下《お》ろさないで、舞台《ぶたい》を暗《くら》くして場面《ばめん》をかえること。
❷ものごとが悪《わる》い方向《ほうこう》に変《か》わること。例 ほっとしたのもつかの間《ま》、事態《じたい》は暗転した。

あんど【安ど】 名詞 動詞 安心《あんしん》すること。例 全《ぜん》員無事《いんぶじ》と聞《き》き、安どした。

あんどうひろしげ【安藤広重】 ↓127ページ うたがわひろしげ

アンドロイド (android) 名詞 人間《にんげん》そっくりにつくられたロボット。SF《エスエフ》などに登場《とうじょう》する。

アンドロメダぎんが【アンドロメダ銀河】 名詞 秋《あき》の星座《せいざ》、アンドロメダ座《ざ》の近《ちか》くにある銀河《ぎんが》。アンドロメダ星雲《せいうん》。

アンドロメダざ【アンドロメダ座】 名詞 秋《あき》に真上《まうえ》あたりの空《そら》に見《み》える星座《せいざ》。近《ちか》くにアンドロメダ銀河《ぎんが》がある。ギリシャ神話《しんわ》のアンドロメダ王女《おうじょ》に見立《みた》てた星座《せいざ》。

アンドロメダせいうん【アンドロメダ星雲】 ↓64ページ アンドロメダぎんが

あんどん 名詞 昔《むかし》使《つか》われていた明《あ》かり。木《き》や竹《たけ》のわくに紙《かみ》を張《は》り、中《なか》に油《あぶら》を入《い》れた皿《さら》を置《お》いて火《ひ》をともした。ことば 昼《ひる》にあんどんをつけても、周《まわ》りが明《あか》るいので役《やく》に立《た》たないことから、ぼんやりして間《ま》のぬけた人《ひと》のことを「昼《ひる》あんどん」という。

あんどん

あんな 連体詞 あのような。ああいう。例 あんなよい演奏《えんそう》は、めったにきけない。

あんない【案内】 名詞 動詞 ❶人《ひと》に道《みち》や場所《ばしょ》を教《おし》えたり、そこに連《つ》れていったりすること。例 駅《えき》まで案内した。
❷知《し》らせること。通知《つうち》。例 誕生会《たんじょうかい》の案内。
❸ようすがわかるようにしたもの。手引《てび》き。例 入学《にゅうがく》案内。

あんに【暗に】 副詞 それとなく。遠回《とおまわ》しに。例 自分《じぶん》の考《かんが》えを暗にほのめかす。

あんのじょう【案の定】 副詞 やっぱり思《おも》ったとおり。例 案の定失敗《しっぱい》した。使い方「案《あん》の上」と書《か》かないよう注意《ちゅうい》。

あんのん【安穏】 名詞 形容動詞 何《なに》ごともなくおだやかなこと。例 安穏な日々《ひび》を過《す》ごす。

あんば【あん馬】 名詞 器械体操《きかいたいそう》の種目《しゅもく》の一《ひと》つ。馬《うま》の背中《せなか》のような形《かたち》の台《だい》の上《うえ》で、足《あし》がふれないように演技《えんぎ》する。また、それに使《つか》う器具《きぐ》。

あんばい
❶ 名詞 料理《りょうり》の味《あじ》の具合《ぐあい》。例 スープのあんばいをみる。
❷ 名詞 ものごとや体《からだ》の具合《ぐあい》。例 よいあんばいに天気《てんき》になった。
❸ 名詞 動詞 ものごとをよい具合《ぐあい》にととのえたり進《すす》めたりすること。例 仕事《しごと》の分担《ぶんたん》をあんばいする。
ことば 漢字《かんじ》では「塩梅」とも書《か》く。塩《しお》と梅酢《うめず》で料理《りょうり》の味《あじ》つけをしたことからきたことば。

アンパイア (umpire) 名詞 スポーツで、選手《せんしゅ》が規則《きそく》どおりに試合《しあい》を進《すす》めるように見張《みは》って、

せて胸《むね》の前《まえ》で合《あ》わせよう。両手《りょうて》の人《ひと》さし指《ゆび》がいっしょになるようすを表《あらわ》しているよ。

勝《か》ち負《ま》けを決《き》める人《ひと》。審判《しんぱん》。

あんパン 名詞 中《なか》にあんを入《い》れたパン。

あんぴ【安否】 名詞 無事《ぶじ》かどうかということ。例 安否を気《き》づかう／家族《かぞく》の安否確認《かくにん》をする。

アンプラグド 名詞 ❶電気楽器《でんきがっき》を使《つか》わないで演奏《えんそう》をすること。❷プログラミング教育《きょういく》で、コンピューターを使《つか》わないで授業《じゅぎょう》を行《おこな》うこと。

アンプル（フランス語）名詞 注射液《ちゅうしゃえき》や薬《くすり》を入《い》れておく小《ちい》さなガラスの入《い》れ物《もの》。

あんぶん【案文】 名詞 案《あん》として書《か》いた文章《ぶんしょう》。また、その文章《ぶんしょう》を書《か》くこと。

アンペア（ampere）名詞 電流《でんりゅう》の強《つよ》さを表《あらわ》す単《たん》位《い》。記号《きごう》は「A」。

あんぽ【安保】 ➡996ジベーにちべいあんぜんほしょうじょうやく

あんぽじょうやく【安保条約】 ➡996ジベーにちべいあんぜんほしょうじょうやく

あんま 名詞 人《ひと》の体《からだ》をもんで、こったところをほぐすこと。マッサージ。また、それを仕事《しごと》にしている人《ひと》。

あんまく【暗幕】 名詞 部屋《へや》を暗《くら》くするために張《は》る黒《くろ》い幕《まく》。昼間《ひるま》、映画《えいが》やスライドを映《うつ》すときなどに使《つか》う。

あんまり
❶ 副詞 たいへん。例 あんまり雨《あめ》が強《つよ》いので、前《まえ》がよく見《み》えない。
❷ 副詞 それほど。例 あんまりおいしくない。
❸ 形容動詞 度《ど》をこして、ひどいようす。例 先《さき》に行《い》ってしまうなんてあんまりだ。
使い方 ❷は、あとに「ない」などのことばがくる。 ことば 「あまり」を強《つよ》めた言《い》い方《かた》。

あんみん【安眠】 名詞 動詞 ぐっすりとよくねむること。例 工事《こうじ》の音《おと》で安眠できない。

あんもく【暗黙】 名詞 あることについて、口《くち》に出《だ》して言《い》わないこと。例 食事《しょくじ》の時《とき》にはテレビを見《み》ないという暗黙の了解《りょうかい》がある。

アンモナイト（ammonite）名詞 中生代《ちゅうせいだい》（約《やく》二億四千五百万年前《におくよんせんごひゃくまんねんまえ》から六千五百万年前《ろくせんごひゃくまんねんまえ》）に栄《さか》えた動物《どうぶつ》。生物《せいぶつ》の種類《しゅるい》としては、いかやたこに近《ちか》い。化石《かせき》となって出《で》る。

アンモナイト（化石《かせき》）

アンモニア（ammonia）名詞 鼻《はな》をさすようないやなにおいのする気体《きたい》。色《いろ》はなく、水《みず》によくとける。肥料《ひりょう》や火薬《かやく》などをつくるのに使《つか》う。

アンモニアすい【アンモニア水】 名詞 アンモニアの水溶液《すいようえき》。強《つよ》い刺激的《しげきてき》なにおいがある。アルカリ性《せい》。

あんやく【暗躍】 名詞 動詞 かげでひそかに行《こう》動《どう》すること。例 スパイが暗躍する。

あんらく【安楽】 名詞 形容動詞 心配《しんぱい》や苦《くる》しみがなく、安《やす》らかでゆったりしていること。例 安楽いす／安楽に暮《く》らす。

あんらくし【安楽死】 名詞 病気《びょうき》がどうしても治《なお》る見《み》こみのない病人《びょうにん》を、それ以上苦《いじょうくる》しみが続《つづ》かないように、楽《らく》に死《し》なせること。

い

イ

い【井】 名詞 「井戸《いど》」の古《ふる》い言《い》い方《かた》。

●**井《い》の中《なか》のかわず** ことわざ 世間知《せけんし》らずで、自《じ》分《ぶん》の経験《けいけん》や考《かんが》え方《かた》などのせまさや小《ちい》ささに気《き》がつかないでいること。 ことば 「井《い》の中《なか》のかわず大海《たいかい》を知《し》らず」の略《りゃく》。せまい井戸《いど》の中《なか》にいるかえる（＝かわず）は、広《ひろ》い海《うみ》があることを知《し》らないということからきたことば。

漢 **い【井】**〔二《に》〕 4画 4年 音 セイ・ショウ 訓 い

一 二 井 井（上よりながく・はらう）

❶いど。水《みず》などをくみだすところ。❷いげた。いげたのように整《ととの》っているかたち。例 天井《てんじょう》。❸まち。いどのまわりに人家《じんか》が集《あつ》まることからいう。

漢 **い【以】**〔人《ひと》〕 5画 4年 音 イ 訓 もっ-て

丨 レ レ' 以 以（レとしない）

❶（ほかのことばの前《まえ》につけて）「それより」「それから」の意味《いみ》を表《あらわ》す。例 以外《いがい》／以上《いじょう》／以《い》来《らい》。❷…によって。…を使《つか》って。例 以心伝心《いしんでんしん》。

手話にチャレンジ **いっしょ** 人《ひと》さし指《ゆび》の指先《ゆびさき》を前《まえ》に向《む》けた両手《りょうて》を、体《からだ》の両《りょう》わきに置《お》く。左右《さゆう》から同時《どうじ》に引《ひ》き寄《よ》

い【亥】 名詞 ❶十二支《じゅうにし》の十二番目《じゅうにばんめ》。いのしし。例 亥年《どし》生《う》まれ。❷昔《むかし》の時刻《じこく》の呼《よ》び名《な》。今《いま》の午後《ごご》十時《じゅうじ》ごろ。また、その前後《ぜんご》二時間《にじかん》くらい。❸昔《むかし》の方角《ほうがく》の呼《よ》び名《な》。北北西《ほくほくせい》。
図→611ページ じゅうにし

漢 **い【衣】**〔衣《ころも》〕6画 4年 音 イ 訓 ころも

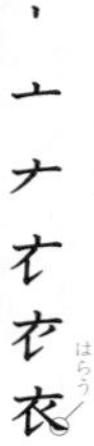

体《からだ》に着《つ》けるもの。着物《きもの》。例 衣食住《いしょくじゅう》／衣服《いふく》／衣《い》料《りょう》／衣類《いるい》／白衣《はくい》／羽衣《はごろも》。

漢 **い【位】**〔亻《にんべん》〕7画 4年 音 イ 訓 くらい

❶くらい。身分《みぶん》。例 学位《がくい》／地位《ちい》。❷場所《ばしょ》。例 位置《いち》／水位《すいい》。❸方向《ほうこう》。例 方位《ほうい》。❹順番《じゅんばん》などを表《あらわ》す。例 首位《しゅい》／上位《じょうい》／千《せん》の位《くらい》／第一位《だいいちい》。

い【医】 名詞 病気《びょうき》やけがを治《なお》すこと。また、その技術《ぎじゅつ》。
漢→66ページ い〔医〕

● **医《い》は仁術《じんじゅつ》** 医学《いがく》は、思《おも》いやりの心《こころ》をもって人《ひと》の命《いのち》や苦《くる》しみを救《すく》う道《みち》であるということ。

漢 **い【医】**〔匚《かくしがまえ》〕7画 3年 音 イ

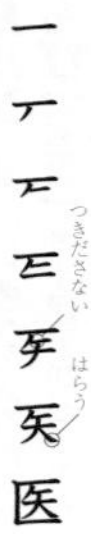

❶いやす。病気《びょうき》やけがをなおす。例 医院《いいん》／医学《がく》／医療《いりょう》。❷病気《びょうき》をなおすひと。例 校医《こうい》／名医《めいい》。

漢 **い【囲】**〔囗《くにがまえ》〕7画 5年 音 イ 訓 かこむ・かこう

❶とりかこむ。かこう。例 囲碁《いご》／囲《かこ》み記事《きじ》／包囲《ほうい》。❷まわり。例 胸囲《きょうい》／周囲《しゅうい》。

漢 **い【委】**〔女《おんな》〕8画 3年 音 イ 訓 ゆだねる

❶まかせる。ゆだねる。例 委員《いいん》／委任《いにん》。❷くわしい。例 委細《いさい》。

い【易】 たやすいこと。例 安易《あんい》。容易《ようい》。対 難《なん》。
漢→150ページ えき〔易〕

い【胃】 名詞 消化管《しょうかかん》の一部《いちぶ》。食道《しょくどう》に続《つづ》いていて、食物《しょくもつ》をこなすところ。胃袋《いぶくろ》。
図→966ページ ないぞう〔内臓〕

漢 **い【胃】**〔月《にくづき》〕9画 6年 音 イ

い。消化管《しょうかかん》の一部《いちぶ》。食《た》べたものをこなすところ。例 胃液《いえき》／胃腸《いちょう》。

漢 **い【異】**〔田《た》〕11画 6年 音 イ 訓 こと

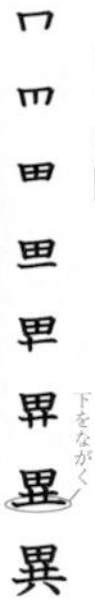

❶それとはちがう。べつの。ことなる。例 異《い》議《ぎ》／異口同音《いくどうおん》／異同《いどう》／異を唱《とな》える／立場《たちば》を異《こと》にする。対 同《どう》。❷ふつうでない。かわった。例 異常《いじょう》／異変《いへん》／異例《いれい》。❸ほかの。例 異国《いこく》。

漢 **い【移】**〔禾《のぎへん》〕11画 5年 音 イ 訓 うつる・うつす

❶場所《ばしょ》や位置《いち》がかわる。例 移行《いこう》／移住《いじゅう》／移植《しょく》／移転《いてん》／移動《いどう》／移民《いみん》／移《うつ》り変《か》わり／転移《てんい》。❷時間《じかん》がすぎる。例 推移《すいい》。

い【意】 名詞 心《こころ》に思《おも》っていること。気持《きも》ち。考《かんが》え。例 感謝《かんしゃ》の意《い》を表《あらわ》す／意《い》を強《つよ》くする。
漢→66ページ い〔意〕

● **意《い》のまま** →103ページ いのまま

● **意《い》を決《けっ》する** 決心《けっしん》する。例 意を決して、劇《げき》の主役《しゅやく》に立候補《りっこうほ》する。

漢 **い【意】**〔心《こころ》〕13画 3年 音 イ

❶おもう。おもい。かんがえ。例 意見《いけん》／意志《いし》／意識《いしき》／決意《けつい》／注意《ちゅうい》／意味《いみ》／大意《たいい》／文意《ぶんい》。❷いみ。わけ。例 意義《いぎ》。

漢 **い【遺】**〔辶《しんにょう》〕15画 6年 音 イ・ユイ

❶あとにのこす。例 遺産《いさん》／遺書《いしょ》／遺族《いぞく》／遺伝《いでん》

あいうえお　い　かきくけこ　さしすせそ　たちつてと　なにぬねの　はひふへほ　まみむめも　やゆよ　らりるれろ　わをん

ことから、体《からだ》ばかり大《おお》きくて、役《やく》に立《た》たない人《ひと》のたとえ。

／遺品《いひん》／遺言《ゆいごん》。❷わすれる。例遺失物《いしつぶつ》。

いあつ【威圧】 名詞 動詞 相手《あいて》をおそれさせ、おさえつけること。例大《おお》きな声《こえ》で、相手《あいて》をすっかり威圧した。

いあわせる【居合わせる】 動詞 ちょうどその場《ば》にいる。例事件《じけん》の現場《げんば》に居合わせる。

いあん【慰安】 名詞 動詞 心《こころ》をなぐさめ、楽《たの》しませること。例慰安旅行《りょこう》。

いい ↓1361ジベー よい〔良い・善い〕

いいあい【言い合い】 名詞 動詞 言《い》い争《あらそ》うこと。口《くち》げんか。例どのテレビ番組《ばんぐみ》を見《み》るかで、兄《あに》と言い合いになる。

いいあう【言い合う】 動詞 ❶おたがいに自分《じぶん》の意見《いけん》などを言《い》う。例本《ほん》を読《よ》んで感想《かんそう》を言い合う。❷言《い》い争《あらそ》う。口《くち》げんかをする。例兄《あに》と姉《あね》は言い合ってばかりいる。

いいあらそう【言い争う】 動詞 ことばでせめ合《あ》う。口《くち》げんかをする。

いいあらわす【言い表す】 動詞 ものごとのようすや考《かんが》え、気持《きも》ちなどを、ことばで表《あらわ》す。

いいあわせたように【言い合わせたように】 前《まえ》もって話《はな》し合《あ》って決《き》めていたかのように。例クラス全員《ぜんいん》が言い合わせたようにその意見《いけん》に賛成《さんせい》した。

いいえ 感動詞 相手《あいて》の言《い》ったことに対《たい》して、そうではないと答《こた》えることば。例「いっしょに行《い》きますか。」「いいえ、行《い》きません。」対はい。

イーエスさいぼう【ＥＳ細胞】 名詞 体《からだ》じゅうのさまざまな組織《そしき》や臓器《ぞうき》に成長《せいちょう》することができる万能細胞《ばんのうさいぼう》の一《ひと》つ。受精卵《じゅせいらん》の一部《いちぶ》をとり出《だ》して作《つく》られる。こわれた組織《そしき》や臓器《ぞうき》を修復《しゅうふく》し再生《さいせい》させる「再生医療《さいせいいりょう》」への応用《おうよう》が期待《きたい》されている。

イーエスディー【ＥＳＤ】 名詞 「持続可能《じぞくかのう》な開発《かいはつ》のための教育《きょういく》」のこと。世界《せかい》にあるさまざまな問題《もんだい》を自分自身《じぶんじしん》の問題《もんだい》としてとらえて、身近《みぢか》なところからとりくみ、持続可能《じぞくかのう》な社会《しゃかい》をつくっていく人物《じんぶつ》を育《そだ》てる学習《がくしゅう》や活動《かつどう》。

いいおとす【言い落とす】 動詞 言《い》わなければならないことを、言《い》い忘《わす》れる。例うっかりして、集合時間《しゅうごうじかん》を言い落とした。

いいかえす【言い返す】 動詞 ❶くり返《かえ》して言《い》う。例せりふを何度《なんど》も言い返す。❷相手《あいて》の言《い》ったことに反対《はんたい》することばを返《かえ》す。口答《くちごた》えをする。例負《ま》けずに言い返す。

いいかえる【言い換える】 動詞 同《おな》じ意味《いみ》のことを、別《べつ》のことばで言《い》い表《あらわ》す。言《い》い直《なお》す。例ていねいなことばで言い換える。

いいがかり【言いがかり】 名詞 無理《むり》なことを言《い》って、人《ひと》を困《こま》らせること。例言いがかりをつける。

いいかげん【いい加減】 ❶形容動詞 無責任《むせきにん》で、あてにならないようす。例仕事《しごと》の後始末《あとしまつ》がいいかげんで困《こま》る。❷形容動詞 ほどよいようす。例お湯《ゆ》の温度《おんど》がちょうどいいかげんになった。❸副詞 かなり。だいぶ。例いいかげんつかれた。

使い方 ふつうかな書《が》きにする。

いいかた【言い方】 名詞 ことばのつかい方《かた》。話《はな》し方《かた》。例ふざけた言い方をする。

いいかねる【言いかねる】 動詞 言《い》いにくいことなので、言《い》うことをためらう。例あんなに楽《たの》しみにしていたのに、今《いま》さら中止《ちゅうし》だとは言いかねる。

いいかわす【言い交わす】 動詞 ❶おたがいに言《い》う。ことばをかけ合《あ》う。例あいさつを言い交わす。❷口約束《くちやくそく》をする。例来年《らいねん》の夏休《なつやす》みにまた会《あ》うことを言い交わして別《わか》れた。

ことば ❷は、もともと、結婚《けっこん》の約束《やくそく》をするときに使《つか》われた言《い》い方《かた》。

いいき【いい気】 形容動詞 自分《じぶん》ひとりで得意《とくい》になっているようす。例自慢《じまん》話《ばなし》ばかりしていい気なものだ。

●**いい気《き》になる** 調子《ちょうし》に乗《の》って得意《とくい》になる。例いい気になって、勝手《かって》なことばかり言《い》う。

いいきかせる【言い聞かせる】 動詞 よくわかるように話《はな》して聞《き》かせる。例勉強《べんきょう》の大切《たいせつ》さを言い聞かせる。

いいきみ【いい気味】 名詞 形容動詞 胸《むね》がすっとして、気分《きぶん》がよいこと。例あいつが負《ま》けていい気味だ。

使い方 にくらしい相手《あいて》などが困《こま》ったり失敗《しっぱい》したりしたときに使《つか》う。

いいきり【言い切り】 名詞 ことばや文《ぶん》を言《い》

ことわざ **うどの大木《たいぼく》**　うどは人《ひと》の背丈《せたけ》くらいにものびるが、くきはやわらかくて材木《ざいもく》としては使《つか》えない

い終《お》えること。例 言い切りの形《かたち》（＝終止形《しゅうしけい》）。

いいきる【言い切る】動詞 ❶きっぱりと言《い》う。自信《じしん》を持《も》ってはっきり言《い》う。例 次《つぎ》は必《かなら》ず勝《か》つと言い切った。❷言《い》い終《お》える。例 相手《あいて》が言い切るのを待《ま》ってすぐ質問《しつもん》した。

いいぐさ【言い草】名詞 ❶言《い》うことば。言《い》い方《かた》。例 ひどい言い草だ。❷言《い》い訳《わけ》。口実《こうじつ》。例 その言い草は通《つう》じないよ。

いいくるめる【言いくるめる】動詞 うまいことを言《い》って、相手《あいて》を自分《じぶん》の思《おも》いどおりにする。例 いやがる妹《いもうと》を言いくるめて連《つ》れてきた。

いいこめる【言い込める】動詞 理屈《りくつ》などをうまく使《つか》って、相手《あいて》を言《い》い負《ま》かす。例 姉《あね》にうまく言い込められた。使い方「言《い》い込《こ》められる」の形《かたち》で使《つか》うことが多《おお》い。

イーシー【ＥＣ】名詞 ヨーロッパの国々《くにぐに》が経済《けいざい》を共同《きょうどう》で発展《はってん》させるためにつくった組織《そしき》。一九九三年《ねん》、ＥＵ《イーユー》（＝ヨーロッパ連合《れんごう》）となった。「ヨーロッパ共同体《きょうどうたい》」ともいう。

イージーオーダー 名詞 洋服《ようふく》を、店《みせ》で決《き》めてある布《ぬの》や型《かた》の中《なか》から選《えら》んでつくること。ことば 英語《えいご》をもとに日本《にほん》で作《つく》られたことば。

いいしぶる【言い渋る】動詞 言《い》うのをいやがって、なかなか言《い》わない。例 弟《おとうと》は、おそくなった訳《わけ》を言い渋った。

いいしれぬ【言い知れぬ】ことばではとても言《い》い表《あらわ》すことができない。なんとも言《い》いようのない。例 この作家《さっか》が成功《せいこう》するまでには、言い知れぬ苦労《くろう》があったそうだ。

いいすぎ【言い過ぎ】名詞 度《ど》をこして言《い》うこと。言《い》ってよいという程度《ていど》をこえていること。例 いくら家族《かぞく》でもそれは言い過ぎだ。

イースター ⇒1159ページ ふっかつさい

いいすてる【言い捨てる】動詞 自分《じぶん》の言《い》いたいことだけ言《い》って、相手《あいて》の返事《へんじ》を聞《き》こうとしない。言《い》いっぱなしにする。例「もうやめた。」と言い捨てて出《で》て行《い》ってしまった。

イースト (yeast) 名詞「酵母菌《こうぼきん》」のこと。とくに、パンをふくらませる酵母菌《こうぼきん》。

いいそえる【言い添える】動詞 足《た》りないところをつけ加《くわ》えて言《い》う。例 今《いま》のお話《はなし》に、もう少《すこ》し言い添えたいことがあります。

いいそこなう【言い損なう】動詞 ❶言《い》いまちがえる。まちがった言《い》い方《かた》をする。例 あわてて、答《こた》えを言い損なった。❷言《い》おうと思《おも》いながら、言《い》わないで終《お》わってしまう。言《い》いそびれる。例 今日《きょう》もその話《はなし》を言い損なってしまった。

いいそびれる【言いそびれる】動詞 言《い》おうと思《おも》いながら、言《い》わないで終《お》わってしまう。例 自分《じぶん》の意見《いけん》を言いそびれた。

いいだす【言い出す】動詞 ❶口《くち》に出《だ》して言《い》う。例 あまりにずうずうしいお願《ねが》いで言い出しにくい。❷言《い》い始《はじ》める。例 遊《あそ》びに行《い》こうと言い出したのはぼくだ。

いいたてる【言い立てる】動詞 ❶とくに強《つよ》く言《い》う。例 絶対《ぜったい》に計画《けいかく》を中止《ちゅうし》すべきだと言い立てる。❷一《ひと》つ一《ひと》つ並《なら》べ立《た》てて言《い》う。例 反対《はんたい》の理由《りゆう》を言い立てる。

いいつかる【言い付かる】動詞 言《い》いつけられる。命令《めいれい》される。例 父《ちち》から用事《ようじ》を言い付かる。

いいつぐ【言い継ぐ】動詞 ❶それまで話《はな》してきたことばに続《つづ》けて言《い》う。例 みんなの顔《かお》をゆっくり見回《みまわ》して言い継ぐ。❷次々《つぎつぎ》に、ことばで語《かた》り伝《つた》えていく。言《い》い伝《つた》える。例 祖先《そせん》の話《はなし》を言い継ぐ。

いいつくす【言い尽くす】動詞 言《い》いたいことを残《のこ》らずすべて言《い》う。例 その時《とき》の感動《かんどう》は、ことばではとても言い尽くせない。

いいつけ【言い付け】名詞 ❶命令《めいれい》。注意《ちゅうい》。例 コーチの言い付けを守《まも》って練習《れんしゅう》する。❷つげ口《ぐち》。

いいつける【言い付ける】動詞 ❶命令《めいれい》する。例 先生《せんせい》に言い付けられた用事《ようじ》をすませる。❷つげ口《ぐち》をする。例 弟《おとうと》のいたずらを母《はは》に言い付ける。❸いつもよく言《い》っている。言《い》い慣《な》れている。例 言いつけない敬語《けいご》で話《はな》して、つかれた。使い方 ❸は、ふつう「言いつける」と書《か》く。

いいつたえ【言い伝え】名詞 昔《むかし》から語《かた》り伝《つた》えられてきた話《はなし》。伝説《でんせつ》。例 村《むら》の言い伝え。

ことから、いくら言《い》い聞《き》かせても効《き》き目《め》がないことのたとえ。

いいつたえる【言い伝える】 動詞 ❶のちの世《よ》まで残《のこ》るように、語《かた》り伝《つた》える。例 地域《ちいき》にまつわる話《はなし》を、子供《こども》たちに言い伝える。❷言《こと》づけをする。伝言《でんごん》する。例 友《とも》だちのお母《かあ》さんに、電話《でんわ》で明日《あす》の予定《よてい》を言い伝える。

イーティーシー【ETC】 名詞 有料道路《ゆうりょうどうろ》の料金所《りょうきんじょ》で、車《くるま》を止《と》めずに通過《つうか》するだけで料金《りょうきん》が精算《せいさん》できるしくみ。「ノンストップ自動《じどう》料金収受《りょうきんしゅうじゅ》システム」ともいう。

いいなおす【言い直す】 動詞 前《まえ》に言《い》ったことをもう一度《いちど》言《い》う。また、別《べつ》の言《い》い方《かた》をしたり、正《ただ》しく言《い》いかえたりする。

いいなおすけ【井伊直弼】 名詞（一八一五～一八六〇）江戸時代《えどじだい》の末《すえ》ごろの政治家《せいじか》。大老《たいろう》となって外国《がいこく》と通商条約《つうしょうじょうやく》を結《むす》んだが、反対《はんたい》する人《ひと》たちをおさえつけたため、江戸城《えどじょう》の桜田門《さくらだもん》外《がい》で殺《ころ》された。

いいなずけ 名詞 結婚《けっこん》の約束《やくそく》をした相手《あいて》。婚約者《こんやくしゃ》。

いいならわし【言い習わし】 名詞 昔《むかし》から言《い》い伝《つた》えてきたことばやことがら。例「朝焼《あさや》けは雨《あめ》のきざし」との言い習わしがある。

いいなり【言いなり】 名詞 相手《あいて》の言《い》うとおりにすること。「いうなり」ともいう。例 親《おや》の言いなりになる。

いいにくい【言いにくい】 形容詞 ❶言《い》うことが難《むずか》しい。例 言いにくいせりふ。❷言《い》うことがためらわれる。例 本人《ほんにん》の前《まえ》では言いにくい話《はなし》だ。

いいぬける【言い抜ける】 動詞 うまいことを言《い》ってにげる。言《い》いのがれる。例 問《と》いつめられたが、なんとか言い抜けた。

いいね【言い値】 名詞 売《う》る人《ひと》の言《い》うとおりの値段《ねだん》。例 相手《あいて》の言い値で買《か》う。

いいのがれ【言い逃れ】 名詞 言《い》いのがれること。また、そのことば。例 都合《つごう》が悪《わる》かったので、ついつい言い逃れをしてしまった。

いいのがれる【言い逃れる】 動詞 うまく話《はなし》をして、責任《せきにん》などをごまかす。例 失敗《しっぱい》の原因《げんいん》を追及《ついきゅう》されたが、なんとか言い逃れる。

いいのこす【言い残す】 動詞 ❶あとに残《のこ》る人《ひと》に言《い》っておく。例「すぐもどってきます。」と言い残して部屋《へや》を出《で》た。❷言《い》うべきことを言《い》わないで、残《のこ》してしまう。例 昨日《きのう》言い残したことを先《さき》に話《はな》します。

いいはなつ【言い放つ】 動詞 思《おも》ったことを遠慮《えんりょ》せずにきっぱりと言《い》う。例「必《かなら》ず合格《ごうかく》してみせる。」と言い放った。

いいはる【言い張る】 動詞 自分《じぶん》の考《かんが》えを通《とお》そうとして強《つよ》く言《い》う。例 友《とも》だちは、ガラスを割《わ》ったのは自分《じぶん》ではないと言い張った。

いいふくめる【言い含める】 動詞 よくわかるように言《い》い聞《き》かせる。例 車《くるま》に気《き》をつけるように言い含めて妹《いもうと》を使《つか》いに出《だ》した。

いいふらす【言い触らす】 動詞 多《おお》くの人《ひと》に無責任《むせきにん》に話《はなし》を広《ひろ》める。例 うわさを言い触らす。

いいふるす【言い古す】 動詞 前《まえ》からよく言《い》われていて、新《あたら》しさがなくなる。例 言い古されたことば。

いいぶん【言い分】 名詞 言《い》いたいこと。例 ほかの人《ひと》の言い分も聞《き》いてみよう。

いいまかす【言い負かす】 動詞 言《い》い争《あらそ》って、相手《あいて》に自分《じぶん》の考《かんが》えを認《みと》めさせる。例 三才《さんさい》上《うえ》の兄《あに》を言い負かした。類 論破《ろんぱ》。

いいまわし【言い回し】 名詞 言《い》い表《あらわ》し方《かた》。ことばの使《つか》い方《かた》。例 うまい言い回しをする。

イーメール【Eメール】 ⇒906ページ でんしメール

いいもらす【言い漏らす】 動詞 言《い》おうとしていたことを言《い》い忘《わす》れる。例 大事《だいじ》なことを言い漏らした。

イーユー【EU】 名詞 ヨーロッパの国々《くにぐに》が、いっしょになって政治《せいじ》や経済《けいざい》を発展《はってん》させるためにつくった組織《そしき》。一九九三年《ねん》に、EC《イーシー》（＝ヨーロッパ共同体《きょうどうたい》）がもとになってできた。「ヨーロッパ連合《れんごう》」「欧州連合《おうしゅうれんごう》」ともいう。

いいよどむ【言いよどむ】 動詞 話《はなし》のとちゅうで、ことばにつまる。また、言《い》おうとして、とちゅうでやめてしまう。例 肝心《かんじん》なところで言いよどんでしまった。

いいわけ【言い訳】 名詞 動詞 自分《じぶん》の失敗《しっぱい》などについて、あれこれと理由《りゆう》を説明《せつめい》すること。例 時間《じかん》におくれて言い訳する。

いいわたす【言い渡す】 動詞 決《き》まったことや命令《めいれい》などを伝《つた》える。申《もう》しわたす。例 裁判官《さいばんかん》は判決《はんけつ》を言い渡した。使い方 目上《めうえ》の人《ひと》が目下《めした》の人《ひと》に言《い》うときに使《つか》うことが多《おお》い。

ことわざ　**馬《うま》の耳《みみ》に念仏《ねんぶつ》**　馬《うま》に念仏《ねんぶつ》を聞《き》かせても、ありがたみなどまったくわからないのでむだだという

いいん【医院】 名詞 医者《いしゃ》が病人《びょうにん》やけが人《にん》を診察《しんさつ》したり治療《ちりょう》したりするところ。類 診療所《しんりょうじょ》。参考 医者《いしゃ》が個人《こじん》で運営《うんえい》していて、「病院《びょういん》」より小《ち》さいものをさす。

いいん【委員】 名詞 選《えら》ばれて、代表《だいひょう》としてある仕事《しごと》を任《まか》せられている人《ひと》。例 図書《としょ》委員。

いいんかい【委員会】 名詞 委員《いいん》が集《あつ》まって話《はな》し合《あ》う会《かい》。例 放送《ほうそう》委員会を開《ひら》く。

いう【言う】 動詞 ❶ことばで表《あらわ》す。話《はな》す。例 お礼《れい》を言う。❷一般《いっぱん》にそう呼《よ》ぶ。例 田中《たなか》という人《ひと》。❸音《おと》を立《た》てる。例 机《つくえ》がガタガタいう。❹(「こう」「そう」「ああ」などのあとにつけて) そのようすである。例 そういう危《あぶ》ない場《ば》所《しょ》で遊《あそ》んではいけない。❺(「…という…」の形《かたち》で) …は全部《ぜんぶ》。例 大売《おおう》り出《だ》しで、店《みせ》という店《みせ》は人《ひと》でいっぱいだ。使い方 尊敬《そんけい》した言《い》い方《かた》は「おっしゃる」、へりくだった言《い》い方《かた》は「申《もう》す」「申《もう》し上《あ》げる」。❷～❺は、ふつうかな書《が》きにする。ことば「ゆう」と発音《はつおん》することがあるが、「ゆう」とは書《か》かない。

㊥ ↓429ジペー げん〔言《い》〕

● **言うは易《やす》く行《おこな》うは難《かた》し** ↓895ジペー 故事成語

いうことなし【言うことなし】 何《なに》も文句《もんく》がないほど、すばらしい。例 この仕上《しあ》がりなら言うことなしだ。

いうなり【言うなり】 ❶言《い》うとすぐ。例 「ただいま。」と言うなり遊《あそ》びに出《で》かける。❷↓69ジペー いいなり

いうまでもない【言うまでもない】 とくに言《い》わなくてもわかりきっている。当《あ》たり前《まえ》のことである。例 今《いま》さら言うまでもないことだが、学校《がっこう》は勉強《べんきょう》をするところだ。

いえ【家】 名詞 ❶人《ひと》が住《す》むための建物《たてもの》。家屋《かおく》。例 空《あ》き地《ち》に新《あたら》しい家が建《た》つ。❷自分《じぶん》のうち。わが家《や》。例 まっすぐ家に帰《かえ》る。❸家庭《かてい》。家族《かぞく》。例 家の者《もの》が力《ちから》を合《あ》わせる。❹昔《むかし》から続《つづ》いてきた家族《かぞく》のつながり。家系《かけい》。家《いえ》がら。例 家をつぐ。ことば ❶は、「一軒《いっけん》」と数《かぞ》える。

㊥ ↓216ジペー か〔家〕

いえがら【家柄】 名詞 その家《いえ》の、昔《むかし》から受《う》けついできた地位《ちい》や格式《かくしき》。例 武士《ぶし》の家柄。

いえき【胃液】 名詞 胃《い》から出《で》る、食《た》べた物《もの》を消化《しょうか》するはたらきをする液《えき》。

いえじ【家路】 名詞 家《いえ》に帰《かえ》る道《みち》。帰《かえ》り道《みち》。例 家路につく（＝家《いえ》へ帰《かえ》る）／家路を急《いそ》ぐ。

いえじゅう【家中】 名詞 ❶家《いえ》の中全体《なかぜんたい》。例 家中を大掃除《おおそうじ》した。❷家《いえ》の人全部《ひとぜんぶ》。例 家中で応援《おうえん》に行《い》った。

イエス (yes) ❶ 感動詞 はい。そうです。対 ノー。❷ 名詞 賛成《さんせい》すること。対 ノー。

イエス＝キリスト 名詞 (紀元前《きげんぜん》四ごろ～紀元《きげん》三〇ごろ) キリスト教《きょう》を開《ひら》いた人《ひと》。ユダヤのベツレヘムに生《う》まれた。神《かみ》による愛《あい》の道《みち》を説《と》いたが、反対者《はんたいしゃ》に十字架《じゅうじか》にかけられ殺《ころ》された。

いえで【家出】 名詞 動詞 帰《かえ》らないつもりで家《いえ》を出《で》て、よそへ行《い》くこと。

いえなみ【家並み】 名詞 たくさんの家《いえ》が並《なら》んで建《た》っているようす。また、その家々《いえいえ》。「やなみ」ともいう。例 古《ふる》い家並みが続《つづ》く町《まち》。

いえもと【家元】 名詞 おどり・生《い》け花《ばな》・茶道《さどう》などで、その流派《りゅうは》の芸《げい》を正《ただ》しく受《う》けつぎ、伝《つた》えていく中心《ちゅうしん》になっている家《いえ》。また、その人《ひと》。

いえやしき【家屋敷】 名詞 家《いえ》と、家《いえ》の建《た》っている土地《とち》。例 家屋敷を手《て》ばなす。

いえる【癒える】 動詞 病気《びょうき》やけがが治《なお》る。回《かい》復《ふく》する。例 事故《じこ》の傷《きず》もようやく癒えました。

イエロー (yellow) 名詞 「黄《き》」「黄色《きいろ》」のこと。

イエローカード (yellow card) 名詞 サッカーなどで、悪質《あくしつ》な反則《はんそく》などをした選手《せんしゅ》に、審判《しんぱん》が警告《けいこく》のために出《だ》す黄色《きいろ》いカード。関連 レッドカード。

いおう【硫黄】 名詞 元素《げんそ》の一《ひと》つ。黄色《きいろ》の結晶《けっしょう》で、青白《あおじろ》いほのおを上《あ》げて燃《も》える。火山《かざん》のあるところでとれ、マッチや火薬《かやく》などの原料《げんりょう》になる。

いおとす【射落とす】 動詞 ❶矢《や》をえものに命中《めいちゅう》させて落《お》とす。例 飛《と》んでいる鳥《とり》を射落とす。❷ねらっていたものを手《て》に入《い》れる。例 社長《しゃちょう》の座《ざ》を射落とす。

いおり 名詞 草《くさ》や木《き》でつくった粗末《そまつ》な家《いえ》。とくに、おぼうさんなどが住《す》む小《ち》さな家《いえ》。

イオン (ドイツ語) 名詞 電気《でんき》を帯《お》びた原子《げんし》、また

親《おや》のほうがありがたい、ということ。

は原子《げんし》の集《あつ》まり。プラスの電気《でんき》を帯《お》びた陽《よう》イオンと、マイナスの電気《でんき》を帯《お》びた陰《いん》イオンがある。

いおんびん【イ音便】 名詞 音便《おんびん》の一《ひと》つ。「き」「ぎ」などの音《おと》が、発音《はつおん》しやすいように「い」の音《おと》に変《か》わること。「書《か》きて」が「書《か》いて」、「泳《およ》ぎて」が「泳《およ》いで」になるなど。関連 ウ音《おん》便《びん》。はつ音《おん》便《びん》。促《そく》音《おん》便《びん》。⇩322ページ

いか 日本語教室 聞《き》く・聞《き》いて 名詞 海《うみ》にすむ体《からだ》のやわらかい動物《どうぶつ》の一《ひと》つ。口《くち》のまわりに十本《じっぽん》の足《あし》がある。敵《てき》にあうとすみをはいてにげる。やりいか・するめいかなど種類《しゅるい》が多《おお》く、食用《しょくよう》になる。ことば 漢字《かんじ》では「烏賊」と書《か》く。「一杯《いっぱい》」「一本《いっぽん》」「一匹《いっぴき》」と数《かぞ》える。

いか
（やりいか）

いか【以下】 名詞 ❶その数《かず》も入《い》れて、それから下《した》の数《かず》。たとえば「五以下《ごいか》の数《かず》」は、五《ご》と、五《ご》より小《ちい》さな数《かず》。例 五才《ごさい》以下は入《にゅう》場《じょう》無《む》料《りょう》です。対 以《い》上《じょう》。教科 算 これに対《たい》し、その数《かず》をふくめずそれより下《した》の数《かず》をいうときは、「…未満《みまん》」で表《あらわ》す。❷程度《ていど》などがそれよりおとっていること。例 ぼくの体力《たいりょく》はきみ以下だ。対 以《い》上《じょう》。❸そこからあと。例 以下同文《どうぶん》。対 以《い》上《じょう》。❹代《だい》表《ひょう》となる人《ひと》もふくめ、そのほか全部《ぜんぶ》のもの。例 班《はん》長《ちょう》以下五名《ごめい》。

いか【医科】 名詞 内《ない》科《か》・外《げ》科《か》・小《しょう》児《に》科《か》など、人間《にんげん》の体《からだ》や病《びょう》気《き》のしくみについて研《けん》究《きゅう》する学《がっ》科《か》。

いが 名詞 くりの実《み》などの外側《そとがわ》にある、とげの生《は》えた皮《かわ》。

いが【伊賀】 名詞 昔《むかし》の国《くに》の名《な》の一《ひと》つ。今《いま》の三重《みえ》県《けん》の北西部《ほくせいぶ》に当《あ》たる。

いがい【以外】 名詞 それを除《のぞ》いたほかのもの。…のほか。例 月曜《げつよう》以外ならいつ来《き》てもいいですよ。

いがい【意外】 形容動詞 自分《じぶん》の予想《よそう》とちがっているようす。思《おも》いがけないようす。例 この問《もん》題集《だいしゅう》は意外に易《やさ》しかった。類 案外《あんがい》。

いがい【遺骸】 名詞 死《し》んだ人《ひと》の体《からだ》。類 遺《い》体《たい》。使い方「死《し》体《たい》」よりもていねいな言《い》いながら。い方《かた》。

いかいよう【胃潰瘍】 名詞 胃《い》の内側《うちがわ》のかべがただれる病《びょう》気《き》。

いかが 副詞 ❶どう。どんなふう。人《ひと》にたずねるときに使《つか》うことば。例 いかがお過《す》ごしですか。❷人《ひと》に何《なに》かをすすめるときに使《つか》うことば。例 お代《か》わりはいかがですか。❸賛成《さんせい》できない気持《きも》ちを遠回《とおまわ》しに表《あらわ》すことば。例 その計画《けいかく》はいかがなものでしょう。使い方「いかがですか」は「どうですか」よりていねいな言《い》い方《かた》。

いかがわしい 形容詞 ❶疑《うたが》わしい。あやしい。例 いかがわしい品物《しなもの》。❷下《げ》品《ひん》でよくない。例 いかがわしい映《えい》画《が》。

いかく【威嚇】 名詞 動詞 相手《あいて》をこわがらせて、おどすこと。例 犬《いぬ》がうなり声《ごえ》を上《あ》げて相手《あいて》を威嚇する。

いがく【医学】 名詞 人間《にんげん》の健康《けんこう》を守《まも》るため、病《びょう》気《き》の予防《よぼう》や治《なお》し方《かた》などについて研《けん》究《きゅう》する学《がく》問《もん》。例 医学博《はか》士《せ》。

いがぐり 名詞 季語 秋 いが（＝とげの生《は》えた皮《かわ》）に包《つつ》まれたままのくりの実《み》。

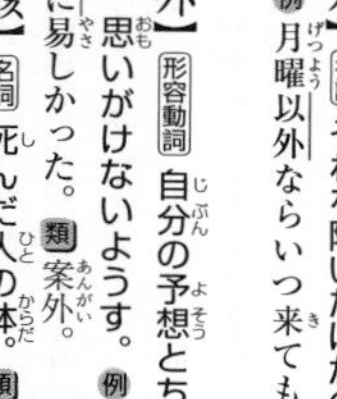
いがぐり

いかさま 名詞 うそのことを、いかにもほんとうらしく見《み》せかけること。いんちき。

いかす【生かす】 動詞 ❶生《い》きているままにする。例 つった魚《さかな》を水《すい》槽《そう》に入《い》れて生かしておく。対 殺《ころ》す。❷上手《じょうず》に利《り》用《よう》する。役《やく》立《だ》たせる。例 経《けい》験《けん》を生かす／学《まな》んだことを生《せい》活《かつ》に生かす。対 殺《ころ》す。

漢 ⇩704ページ せい〔生〕

いかだ 名詞 木《き》や竹《たけ》などを、何本《なんぼん》も結《むす》び合《あ》わせて水《みず》にうかべるようにしたもの。切《き》った木《き》を運《はこ》ぶのに使《つか》ったり、人《ひと》を乗《の》せたり

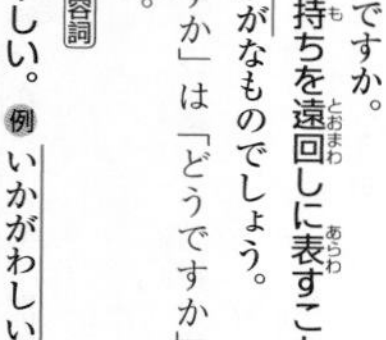
いかだ

ことわざ **生《う》みの親《おや》より育《そだ》ての親《おや》** 自分《じぶん》を産《う》んだだけの実《じつ》の親《おや》より、もとは他人《たにん》であっても育《そだ》ててくれた

する。

いがた【鋳型】 名詞 鋳物《いもの》をつくるとき、とかした金属《きんぞく》を流《なが》しこむ型《かた》。同《おな》じ形《かたち》の物《もの》をいくつもつくることができる。

いかだながし【いかだ流し】 名詞 切《き》り出《だ》した木材《もくざい》でいかだを作《つく》り、川《かわ》を下《くだ》ること。また、それをする人《ひと》。参考 山《やま》から木材《もくざい》を下《お》ろすためにこの方法《ほうほう》が用《もち》いられる。

いかつい 形容詞 丸《まる》みややわらかみがなく、ごつごつしているようす。例 いかつい手《て》。

いかつりりょう【いか釣り漁】 名詞 いかが光《ひかり》に集《あつ》まる性質《せいしつ》を利用《りよう》した漁《りょう》のやり方《かた》。夜《よる》、明《あ》かりをつけていかを集《あつ》め、はりにひっかけてつり上《あ》げる。

いかなる 連体詞 どのような。どんな。例 いかなるときも、あわてずに行動《こうどう》しなさい。使い方 少《すこ》し古《ふる》い言《い》い方《かた》。

いかに 副詞
❶どのように。どう。例 事故《じこ》をいかにして防《ふせ》ぐかが問題《もんだい》です。
❷どれほど。どんなに。例 いかに力《ちから》が強《つよ》いといっても、まだ小学生《しょうがくせい》だ。
使い方 ❷は、あとに「ても」「でも」などのことばがくる。

いかにも 副詞
❶どう見《み》ても。ほんとうに。例 妹《いもうと》はいかにもうれしそうな顔《かお》で帰《かえ》ってきた。
❷まったく。なるほど。例 いかにも、きみの言《い》うとおりだ。
❸まるで。さも。例 いかにも初《はじ》めて聞《き》いたかのようなふりをした。

いかほど 副詞
❶どのくらい。いくら。例 この品物《しなもの》の値段《ねだん》はいかほどですか。
❷どれほど。どんなに。どの程度《ていど》。例 両親《りょうしん》の心配《しんぱい》はいかほどであったろうか。
使い方 あらたまった言《い》い方《かた》。

いがみあう【いがみ合う】 動詞 おたがいに相手《あいて》をにくいと思《おも》って争《あらそ》う。

いかめしい 形容詞 りっぱで重々《おもおも》しい感《かん》じがあり、近寄《ちかよ》りにくい。例 いかめしい顔《かお》の仁王像《におうぞう》。

いカメラ【胃カメラ】 名詞 胃《い》の中《なか》を見《み》るための道具《どうぐ》。細長《ほそなが》い管《くだ》の先《さき》に、カメラなどがついている。

いかものぐい【いか物食い】 名詞 ふつうの人《ひと》が食《た》べないような変《か》わったものを、好《この》んで食《た》べること。また、そのような人《ひと》。

いかよう 形容動詞 どのよう。どんなふう。例 盛《も》りつけは、いかようにもいたします。

いからす【怒らす】 動詞
❶おこらせる。
❷おこったようなようすをする。例 かたを怒らして歩《ある》く。

いかり 名詞 船《ふね》をある場所《ばしょ》にとどめるために、水中《すいちゅう》にしずめるおもり。例 いかりを下《お》ろす。

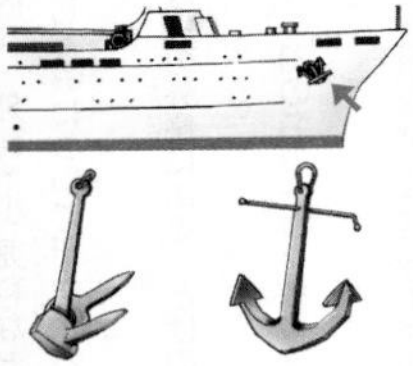
いかり

いかり【怒り】 名詞 腹《はら》を立《た》てること。おこること。例 怒りで体《からだ》がふるえた。

いかる【怒る】 動詞
❶腹《はら》を立《た》てる。おこる。
❷角張《かくば》る。例 あの人《ひと》は、かたが怒っている。

いかん【遺憾】 名詞 形容動詞 思《おも》いどおりにならなくて、残念《ざんねん》なこと。例 まことに遺憾なできごとです。使い方 あいさつや手紙《てがみ》など、あらたまったところで使《つか》うことが多《おお》い。

● **遺憾《いかん》に堪《た》えない** 残念《ざんねん》でたまらない。

いがん【胃がん】 名詞 胃《い》にできる、悪性《あくせい》のはれもの。胃《い》のがん。

いかんなく【遺憾なく】 副詞 心残《こころのこ》りなく。思《おも》う存分《ぞんぶん》。例 実力《じつりょく》を遺憾なく出《だ》しきる。

いき【息】 名詞
❶口《くち》や鼻《はな》から空気《くうき》を吸《す》ったりはいたりすること。また、その空気《くうき》。例 ため息／息をする。
❷いっしょにものごとをする人《ひと》たちの気持《きも》ちや調子《ちょうし》。例 兄弟《きょうだい》だけあって息はぴったりだ。
漢 ⇩755ページ《ジペー》 そく〔息〕

● **息《いき》が合《あ》う** おたがいの気持《きも》ちが、ぴったり一《ひと》つになる。呼吸《こきゅう》が合《あ》う。

● **息《いき》がかかる** 有力《ゆうりょく》な人《ひと》に守《まも》られたり、言《い》うことを決《き》められたりする。例 政治家《せいじか》の息がかかった人物《じんぶつ》。

● **息《いき》が切《き》れる**
❶息《いき》をするのが苦《くる》しくなる。例 全速力《ぜんそくりょく》で走《はし》って息が切れた。

ぐれた子供《こども》が生《う》まれることはないということのたとえ。

❷苦《くる》しくて、続《つづ》けられなくなる。

● **息《いき》が絶《た》える** 息《いき》が止《と》まる。死《し》ぬ。

● **息《いき》が詰《つ》まる** ❶呼吸《こきゅう》がしにくくて苦《くる》しくなる。❷緊張《きんちょう》したり、きゅうくつな思《おも》いをしたりする。例 かた苦《くる》しい儀式《ぎしき》で、息が詰まった。

● **息《いき》が長《なが》い** 一《ひと》つのことが長《なが》い間《あいだ》続《つづ》いているようす。息《いき》の長《なが》い。例 このドラマは息が長い。

● **息《いき》の下《した》** 死《し》ぬ間際《まぎわ》の、今《いま》にも息《いき》が止《と》まりそうな状態《じょうたい》。例 苦《くる》しい息の下、家族《かぞく》への感謝《かんしゃ》のことばを言《い》い残《のこ》した。

● **息《いき》の根《ね》を止《と》める** ↓76ページ「息《いき》の根《ね》」の子見出《こみだ》し

● **息《いき》も絶《た》え絶《だ》え** 今《いま》にも呼吸《こきゅう》が止《と》まりそうなようす。例 息も絶え絶えに、山頂《さんちょう》に着《つ》いた。

● **息《いき》もつかず** とちゅうで息《いき》もしないほど、夢中《むちゅう》になるようす。例 ずっと読《よ》みたかった本《ほん》を息もつかずに読《よ》んだ。

● **息《いき》を凝《こ》らす** 張《は》りつめた気持《きも》ちで、呼吸《こきゅう》をおさえてじっとしている。息《いき》をつめる。例 実験《じっけん》のようすを息を凝らして見《み》つめる。

● **息《いき》を殺《ころ》す** 息《いき》を止《と》めるようにして、じっとする。例 物陰《ものかげ》にかくれて、息を殺した。

● **息《いき》をつく** ❶ためていた息《いき》をはく。❷ほっとする。仕事《しごと》の間《あいだ》に少《すこ》し休《やす》む。例 夕方《ゆうがた》に仕事《しごと》が終《お》わり、やっと息をついた。

● **息《いき》をつく暇《ひま》もない** ひと休《やす》みするゆとりもない。例 今日《きょう》は朝《あさ》からいそがしくて息をつく暇もない。

● **息《いき》を詰《つ》める** 呼吸《こきゅう》を止《と》めるようにして、じっとしている。息《いき》をこらす。例 どうなることかと息を詰めて見守《みまも》る。

● **息《いき》を抜《ぬ》く** 仕事《しごと》など、続《つづ》けていることを少《すこ》しの間《あいだ》やめて、休《やす》んだり気分《きぶん》を変《か》えたりする。

● **息《いき》をのむ** 非常《ひじょう》におどろいて、はっとする。例 映画《えいが》の迫力《はくりょく》に思《おも》わず息をのんだ。

● **息《いき》を弾《はず》ませる** 激《はげ》しく息《いき》をする。例 兄《あに》は、合格《ごうかく》したことを息を弾ませながら知《し》らせた。

● **息《いき》を引《ひ》き取《と》る** 死《し》ぬ。

● **息《いき》を潜《ひそ》める** 見《み》つからないように、息《いき》の音《おと》をなるべく立《た》てないでじっとしている。例 おし入《い》れの中《なか》に隠《かく》れて息を潜める。

● **息《いき》を吹《ふ》き返《かえ》す** ❶死《し》んでいたものが生《い》き返《かえ》る。❷死《し》にかけていたものが元気《げんき》になる。また、おとろえていたものが、再《ふたた》びさかんになる。例 雨《あめ》が降《ふ》って、作物《さくもつ》が息を吹き返した。

いき【粋】 名詞 形容動詞 ❶すっきりとして、しゃれたようす。例 粋な服装《ふくそう》。対 やぼ。❷世《よ》の中《なか》のことや人《ひと》の気持《きも》ちの動《うご》き方《かた》がよくわかっており、気《き》がきいていること。例 粋なことを言《い》う。対 やぼ。

漢 **いき【域】** 〔土〕つちへん 11画 6年 訓 音 イキ

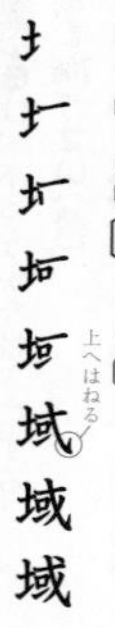

限《かぎ》られた場所《ばしょ》。くぎり。例 海域《かいいき》／区域《くいき》／声域《せいいき》／地域《ちいき》／流域《りゅういき》／領域《りょういき》。

いき【生き】 名詞 ❶生《い》きること。例 生き死《し》に。❷魚《さかな》などの新《あたら》しさ。新鮮《しんせん》さ。例 生きのいい魚《さかな》。

いき【行き】 名詞 ❶目的地《もくてきち》に向《む》かって進《すす》むこと。また、そのとちゅう。例 行きの切符《きっぷ》を買《か》う。対 帰《かえ》り。❷地名《ちめい》のあとにつけて、乗《の》り物《もの》の目的地《もくてきち》を表《あらわ》すことば。例 青森《あおもり》行きの夜行列車《やこうれっしゃ》。❸返信用《へんしんよう》のふうとうやはがきの、自分《じぶん》あてのあて名《な》につけることば。

ことば 「ゆき」ともいう。

いき【壱岐】 名詞 昔《むかし》の国《くに》の名《な》の一《ひと》つ。今《いま》の長崎《ながさき》県《けん》の一部《いちぶ》、壱岐《いき》の島《しま》に当《あ》たる。

いき【意気】 名詞 張《は》りきった気持《きも》ち。元気《げんき》。例 試合《しあい》に勝《か》って、大《おお》いに意気が上《あ》がった。

いぎ【威儀】 名詞 きちんとした場所《ばしょ》にふさわしい、りっぱな身《み》なりやふるまい。例 威儀を正《ただ》して、卒業生《そつぎょうせい》の名前《なまえ》を読《よ》み上《あ》げる。

いぎ【異議】 名詞 ちがった考《かんが》えや意見《いけん》。とくに、反対《はんたい》の意見《いけん》。例 この提案《ていあん》に異議はありませんか。類 異存《いぞん》。異論《いろん》。

いぎ【意義】 名詞 ❶値打《ねう》ち。例 意義のある一年《いちねん》だった。類 意味《いみ》。❷ことばの表《あらわ》す内容《ないよう》。ことばの意味《いみ》。

いきあう【行き会う・行き合う】 動詞 行《い》くとちゅうで、偶然《ぐうぜん》人《ひと》と出会《であ》う。ゆきあう。

いきあたりばったり【行き当たりばったり】 名詞 前《まえ》もって準備《じゅんび》をしないで、その場《ば》

ことわざ **うりのつるになすびはならぬ** うりのつるになすがなることはないように、ふつうの親《おや》からす

の成《な》り行《ゆ》きに任《まか》せること。ゆきあたりばったり。例 行き当たりばったりの旅《たび》をする。

いきあたる【行き当たる】 動詞 ❶進《すす》んで行《い》ってつき当《あ》たる。ぶつかる。例 この道《みち》は、踏切《ふみきり》に行き当たる。❷うまくいかなくなる。行《い》きづまる。例 計画《けいかく》は大《おお》きな問題《もんだい》に行き当たった。
ことば「ゆきあたる」ともいう。

いきいき［と］【生き生き［と］】 副詞 動詞 元気《げんき》いっぱいのようす。また、新鮮《しんせん》なようす。例 動物《どうぶつ》たちを生き生きとえがいた絵《え》。

いきうつし【生き写し】 名詞 顔《かお》や姿《すがた》が、ほかの人《ひと》と非常《ひじょう》によく似《に》ていること。例 姉《あね》は母《はは》の若《わか》いころに生き写しだ。類 うり二《ふた》つ。

いきうまのめをぬく【生き馬の目を抜く】 ことわざ すばしこく利益《りえき》を得《え》るようすのたとえ。油断《ゆだん》もすきもないことのたとえ。例 都会《とかい》は生き馬の目を抜くようなところだといわれる。ことば 生《い》きている馬《うま》の目《め》をすばやくぬきとる、ということからきたことば。

いきうめ【生き埋め】 名詞 生《い》きたままうめること。また、うまること。

いきおい【勢い】 ❶名詞 ものごとが動《うご》いたりするときの強《つよ》い力《ちから》。威勢《いせい》。元気《げんき》。例 相手《あいて》の勢いにおされる。❷名詞 はずみ。例 飛《と》び降《お》りた勢いで転《ころ》んだ。❸名詞 自然《しぜん》にそうなっていくこと。成《な》り行《ゆ》き。例 時代《じだい》の勢いに流《なが》される。❹副詞 自然《しぜん》の成《な》り行《ゆ》きとして。どうしても。例 ほめられて、いきおい歌《うた》うことになった。
使い方 ❹は、ふつうかな書《が》きにする。
漢 ⇩706ページ せい〔勢〕

いきおいこむ【勢い込む】 動詞 あることをしようとして、元気《げんき》づく。張《は》りきる。例 勢い込んで試合《しあい》に出《で》かけた。

いきおいづく【勢いづく】 動詞 あることをきっかけにして、元気《げんき》がよくなる。例 同点《どうてん》に追《お》いついて、チームが勢いづく。

いきがい【生きがい】 名詞 生《い》きていく上《うえ》で、心《こころ》の支《ささ》えとなるもの。例 音楽《おんがく》はわたしの生きがいだ。

いきかう【行き交う】 動詞 人《ひと》や車《くるま》が行《い》ったり来《き》たりする。ゆきかう。例 夕方《ゆうがた》の町《まち》は行き交う人《ひと》でにぎやかだ。

いきかえり【行き帰り】 名詞 行《い》きと帰《かえ》り。往復《おうふく》。ゆきかえり。例 学校《がっこう》の行き帰りはいつも同《おな》じ道《みち》を通《とお》る。

いきかえる【生き返る】 動詞 ❶一度《いちど》死《し》んだものが命《いのち》をとりもどす。❷再《ふたた》び元気《げんき》をとりもどして生《い》き生《い》きとする。例 やっと雨《あめ》が降《ふ》り、庭《にわ》の草木《くさき》が生き返った。

いきがかり【行きがかり】 名詞 やりかけた勢《いきお》い。ゆきがかり。例 それまでの行きがかりから、仕事《しごと》を全部《ぜんぶ》引《ひ》き受《う》けた。

いきがけ【行きがけ】 名詞 行《い》くとちゅう。行《い》くついで。ゆきがけ。例 学校《がっこう》への行きがけに捨《す》てねこを見《み》つけた。対 帰《かえ》りがけ。

いきかた【生き方】 名詞 人間《にんげん》として生《い》きていく態度《たいど》。生活《せいかつ》のしかた。

いきき【行き来】 名詞 動詞 ❶行《い》ったり来《き》たりすること。例 大通《おおどお》りは車《くるま》の行き来が激《はげ》しい。❷つきあい。交際《こうさい》。例 昔《むかし》から行き来がある家《いえ》。
ことば「ゆきき」ともいう。

いきぎれ【息切れ】 名詞 動詞 ❶息《いき》が続《つづ》かなくなり、苦《くる》しくてはあはあすること。例 急《きゅう》な坂《さか》を上《のぼ》ったので息切れがする。❷ものごとがいやになったりつかれたりして、続《つづ》かなくなること。例 あとで息切れしないよう、ゆっくりと仕事《しごと》を進《すす》める。

いきぐるしい【息苦しい】 形容詞 ❶息《いき》をするのが苦《くる》しい。例 けむりで息苦しい。❷胸《むね》がおさえつけられるような、重苦《おもくる》しい感《かん》じである。例 二人《ふたり》の意見《いけん》が激《はげ》しく対立《たいりつ》して、話《はな》し合《あ》いは息苦しい雰囲気《ふんいき》だった。

いきごみ【意気込み】 名詞 進《すす》んでものごとをしようとする、元気《げんき》いっぱいな気持《きも》ち。例 この試合《しあい》にかける兄《あに》の意気込みはすごい。類 意欲《いよく》。

いきごむ【意気込む】 動詞 あることをしようとして、張《は》りきる。例 今年《ことし》こそは優勝《ゆうしょう》するぞと意気込む。

いきさき【行き先】 名詞 これから行《い》くところ。また、行《い》ったところ。ゆきさき。

いきさつ 名詞 そうなった訳《わけ》。事情《じじょう》。例 これまでのいきさつを話《はな》す。類 経緯《けいい》。

いきじびき【生き字引】 名詞 字引《じびき》（＝辞典《じてん》）

のうわさ話《ばなし》をしていると、その人《ひと》がその場《ば》に現《あらわ》れるものだ、ということ。

のようになんでもよく知《し》っている人《ひと》。もの知《し》り。ことば 英語《えいご》では「ウォーキングディクショナリー（＝歩《ある》く辞典《じてん》）」という。

いきじめ【いき締め】名詞 鮮度《せんど》が落《お》ちないように、生《い》きている魚《さかな》の急所《きゅうしょ》に包丁《ほうちょう》などを入《い》れて、血《ち》をぬくこと。

いきしょうちん【意気消沈】名詞 動詞 がっかりして元気《げんき》がなくなること。例 せっかくの計画《けいかく》が失敗《しっぱい》し、意気消沈してしまった。

いきしろし【息白し】季語 冬 空気《くうき》が冷《つめ》たいために、はく息《いき》が白《しろ》い。

いきすぎ【行き過ぎ】名詞 必要以上《ひつよういじょう》にすること。ゆきすぎ。例 そこまでやるのは行き過ぎだ。

いきすぎる【行き過ぎる】動詞 ❶目的《もくてき》の所《ところ》よりも先《さき》へ行《い》ってしまう。例 案内《あんない》板《ばん》を見落《みお》として、行き過ぎてしまった。❷通《とお》り過《す》ぎる。例 目《め》の前《まえ》を船《ふね》が行き過ぎる。❸必要以上《ひつよういじょう》にものごとをする。やりすぎる。例 行き過ぎた練習《れんしゅう》で体調《たいちょう》をくずす。ことば「ゆきすぎる」ともいう。

いきせききって【息せき切って】息《いき》がはあはあするほど急《いそ》いで。例 時間《じかん》におくれそうになり、息せき切ってかけつける。

いきだおれ【行き倒れ】名詞 寒《さむ》さや病気《びょうき》などのために、道《みち》の上《うえ》でたおれること。また、たおれて死《し》ぬこと。ゆきだおれ。

いきたここちもしない【生きた心地もしない】生《い》きている感《かん》じがしなくなるくらいおそろしい。例 家族《かぞく》の無事《ぶじ》がわかるまで生きた心地もしなかった。

いきち【生き血】名詞 生《い》きている動物《どうぶつ》の血《ち》。

いきちがい【行き違い】名詞 ❶人《ひと》や物《もの》がすれちがって、出《で》あうことができないこと。例 友《とも》だちと行き違いになる。❷おたがいの考《かんが》えがうまく伝《つた》わらず、食《く》いちがうこと。例 行き違いからけんかになった。ことば「ゆきちがい」ともいう。

いきちがう【行き違う】動詞 ❶おたがいに出会《であ》うつもりで行《い》って、出会《であ》えない。すれちがう。例 約束《やくそく》の場所《ばしょ》に行《い》ったが、行き違って会《あ》えなかった。❷考《かんが》えなどがうまく伝《つた》わらずに食《く》いちがう。例 話《はなし》が行き違って口《くち》げんかになる。ことば「ゆきちがう」ともいう。

いきづかい【息遣い】名詞 息《いき》をするようす。息《いき》の調子《ちょうし》。例 息遣いがあらい。

いきつぎ【息継ぎ】名詞 動詞 ❶歌《うた》ったり泳《およ》いだりしているとちゅうで、息《いき》をすること。❷仕事《しごと》や移動《いどう》のとちゅうで少《すこ》し休《やす》むこと。

いきつく【行き着く】動詞 目当《めあ》てのところに着《つ》く。到着《とうちゃく》する。ゆきつく。

いきづく【息づく】動詞 ❶息《いき》をする。❷生《い》きている。例 昔《むかし》からの習慣《しゅうかん》が息づく村《むら》。

いきつけ【行きつけ】名詞 いつもよく行《い》くこと。ゆきつけ。例 行きつけの本屋《ほんや》さん。

いきづまる【息詰まる】動詞 緊張《きんちょう》して、息《いき》が苦《くる》しくなる。例 息詰まる接戦《せっせん》。

いきづまる【行き詰まる】動詞 ❶道《みち》がなくて、先《さき》へ行《い》けなくなる。行《い》き止《ど》まりになる。❷ものごとがうまく進《すす》まなくなる。行《い》き当《あ》たる。例 仕事《しごと》が行き詰まってしまう。ことば「ゆきづまる」ともいう。

いきつもどりつ【行きつ戻りつ】同《おな》じところを何度《なんど》も行《い》ったり来《き》たりすること。ゆきつもどりつ。例 そのくつを買《か》うかどうかなやんで、店《みせ》の前《まえ》を行きつ戻りつした。

いきとうごう【意気投合】名詞 動詞 おたがいの考《かんが》えや気持《きも》ちがぴったり合《あ》うこと。例 話《はなし》をしているうちに、すっかり意気投合した。

いきどおり【憤り】名詞 ひどく腹《はら》を立《た》てること。いかり。例 ルール違反《いはん》に憤りを感《かん》じる。

いきどおる【憤る】動詞 ひどく腹《はら》を立《た》てる。いかる。例 敵《てき》のひきょうなやり方《かた》に憤る。

いきとどく【行き届く】動詞 細《こま》かいところまで、よく注意《ちゅうい》されている。すみずみまで気《き》配《くば》りが届《とど》く。ゆきとどく。例 行き届いたサービス。

いきどまり【行き止まり】名詞 道《みち》がふさがっていて、先《さき》へ行《い》けないこと。また、その場所《ばしょ》。ゆきどまり。

いきながらえる【生き長らえる】動詞 ❶長《なが》く生《い》き続《つづ》ける。長生《ながい》きする。❷生《い》き延《の》びる。生《い》き残《のこ》る。例 厳《きび》しい訓練《くんれん》と努《と》

ことわざ **うわさをすれば影《かげ》**　「うわさをすれば影《かげ》がさす」の略《りゃく》で、「影《かげ》がさす」は、姿《すがた》が現《あらわ》れること。人《ひと》

力《りょく》で、この選手《せんしゅ》はプロとして生き長らえた。

いきなやむ【行き悩む】 動詞 ❶じゃまがあって思《おも》うように先《さき》に進《すす》めない。例 ふぶきの中《なか》で車《くるま》が行き悩む。❷ものごとがうまく進《すす》まない。例 計画《けいかく》が行き悩む。

ことば 「ゆきなやむ」ともいう。

いきなり 副詞 突然《とつぜん》。急《きゅう》に。だしぬけに。例 止《と》まっていた自動車《じどうしゃ》がいきなり走《はし》り出《だ》した。

いきぬき【息抜き】 名詞 動詞 ❶勉強《べんきょう》や仕事《しごと》の間《あいだ》にひと休《やす》みして、気分《きぶん》をかえること。例 勉強《べんきょう》につかれたので、息抜きにテレビを見《み》た。❷空気《くうき》を入《い》れかえるための小窓《こまど》。

いきぬく【生き抜く】 動詞 苦《くる》しいことや、つらいことに負《ま》けないで生《い》きていく。例 野生《やせい》動物《どうぶつ》は厳《きび》しい自然《しぜん》の中《なか》を生き抜いていく。

いきのこる【生き残る】 動詞 ほかの人《ひと》たちが死《し》んでも、死《し》なないで残《のこ》る。

いきのね【息の根】 名詞 呼《こ》吸《きゅう》。命《いのち》。使い方 「息《いき》の音」と書《か》かないよう注《ちゅう》意《い》。

●**息の根を止める**
❶殺《ころ》す。
❷相手《あいて》を完全《かんぜん》に打《う》ちのめす。例 相手《あいて》チームの息の根を止めるヒットを放《はな》った。

いきのびる【生き延びる】 動詞 ❶死《し》にそうなところを助《たす》かり、生《い》き残《のこ》る。例 大火事《おおかじ》の中《なか》から助《たす》け出《だ》されて生き延びた。❷長《なが》く生《い》き続《つづ》ける。長《なが》生《い》きする。

いぎぶかい【意義深い】 形容詞 大《おお》きな価値《かち》がある。たいへん値打《ねう》ちがある。

いきぼとけ【生き仏】 名詞 まるで仏《ほとけ》のような、情《なさ》け深《ぶか》い心《こころ》を持《も》った人《ひと》。

いきまく【息巻く】 動詞 激《はげ》しい勢《いきお》いで言《い》ったり、おこったりする。例 絶対《ぜったい》勝《か》つぞと息巻く／兄《あに》は「今日《きょう》はゆるさない。」と息巻いた。

使い方 「意気巻く」と書《か》かないよう注《ちゅう》意《い》。

いきもの【生き物】 名詞 生《い》きているもの。生《せい》物《ぶつ》。ことば おもに動物《どうぶつ》をいう。

いきょう【異郷・異境】 名詞 生《う》まれた土地《とち》でない、よその土地《とち》。また、よその国《くに》。例 家《いえ》を出《で》て、異郷での生活《せいかつ》を始《はじ》める。

いぎょう【偉業】 名詞 歴史《れきし》に残《のこ》るような、りっぱな仕事《しごと》。例 偉業を成《な》しとげる。

いぎょう【遺業】 名詞 死《し》んだ人《ひと》がやり残《のこ》した仕事《しごと》。例 父《ちち》の遺業をついで、学者《がくしゃ》になる。

いきょうと【異教徒】 名詞 自分《じぶん》の信《しん》じている宗《しゅう》教《きょう》とはちがう宗《しゅう》教《きょう》を信《しん》じている人《ひと》たち。

いきようよう［と］【意気揚揚［と］】 副詞 得意《とくい》そうに。元気《げんき》いっぱいで。例 優勝《ゆうしょう》チームが意気揚々と引《ひ》き上《あ》げてきた。使い方 「意気揚々たる姿《すがた》」などの形《かたち》でも使《つか》う。

イギリス 名詞 ヨーロッパ大陸《たいりく》の北西《ほくせい》の海上《かいじょう》にある島国《しまぐに》。工業《こうぎょう》がさかんで、古《ふる》くから議会政治《ぎかいせいじ》が行《おこな》われている。首都《しゅと》はロンドン。

（国旗《こっき》）

「英国《えいこく》」ともいう。正式《せいしき》には「グレートブリテン及《およ》び北《きた》アイルランド連合王国《れんごうおうこく》」。

いきりたつ【いきり立つ】 動詞 激《はげ》しくおこって興奮《こうふん》する。例 悪口《わるくち》を言《い》われていきり立つ。

いきる【生きる】 動詞
❶命《いのち》がある。例 百《ひゃく》才《さい》まで生きる。対 死《し》ぬ。
❷生活《せいかつ》する。また、あるものに生《い》きがいを持《も》って生活《せいかつ》する。例 学問《がくもん》に生きる。
❸生《い》き生《い》きとしている。例 この人物画《じんぶつが》の目《め》は生きている。対 死《し》ぬ。
❹効《き》き目《め》がある。役《やく》に立《た》つ。効果《こうか》がある。例 背景《はいけい》の色《いろ》が生きている。
❺昔《むかし》のもののえいきょうなどが残《のこ》る。例 祖母《そぼ》の教《おし》えが、心《こころ》の中《なか》に生きている。
❻野《や》球《きゅう》で、セーフになる。対 死《し》ぬ。

漢 ↓ 704ページせい〔生〕

いきわかれ【生き別れ】 名詞 親子《おやこ》やきょうだいなどが、生《い》きていながら、はなればなれになっていること。類 生別《せいべつ》。対 死《し》に別《わか》れ。

いきわたる【行き渡る】 動詞 すみずみにまで届《とど》く。全体《ぜんたい》に、もれなく伝《つた》わる。ゆきわたる。例 宿《しゅく》題《だい》のプリントは全員《ぜんいん》に行き渡りましたか。

漢 **いく【育】**〔月〕にくづき 8画 3年 訓 音 イク そだつ・そだてる・はぐくむ

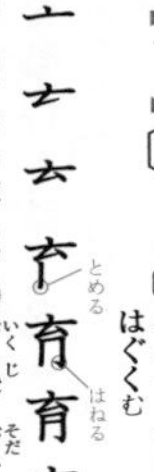

❶そだてる。やしなう。例 教育《きょういく》／飼育《しいく》／体育《たいいく》。❷そだつ。大《おお》きくなる。例 育児《いくじ》／育《そだ》ての親《おや》／

まったく関係《かんけい》のないことや思《おも》いもしなかったところで、昔《むかし》のうらみを晴《は》らすこと。

類＝意味《いみ》のよく似《に》たことば　対＝反対《はんたい》の意味《いみ》のことばや対《つい》になることば

例 成育《せいいく》／発育《はついく》／アメリカ育《そだ》ち。

いく-【幾】 接頭語 （ほかのことばの前《まえ》につけて）❶数《かず》や量《りょう》がはっきりわからないことを表《あらわ》す。例 幾人《にん》／幾度《たび》／幾つ／幾重《え》。❷数《かず》や量《りょう》が多《おお》いことを表《あらわ》す。例 幾千年《せんねん》。

いく【行く】 動詞 ❶目当《めあ》てのところに向《む》かって進《すす》む。例 学校《がっこう》へ行く／デパートに行く。対 帰《かえ》る。❷通《とお》り過《す》ぎる。例 道《みち》を行く人《ひと》。❸遠《とお》くへ去《さ》る。過《す》ぎる。例 行く春《はる》をおしむ。❹その場所《ばしょ》からはなれる。例 そろそろ行こう。❺ある場所《ばしょ》に何《なに》かが届《とど》く。例 正式《せいしき》な知《し》らせがいくと思《おも》う。❻年《とし》をとって成長《せいちょう》する。例 年《とし》のいった人《ひと》。❼行《おこな》われる。例 実験《じっけん》がうまくいった。❽望《のぞ》んでいた状態《じょうたい》になる。例 満足《まんぞく》がいく。❾(「…ていく」の形《かたち》で) だんだん…する。引《ひ》き続《つづ》いて…する。例 空《そら》が晴《は》れていく／生《い》きていく。

使い方 尊敬《そんけい》した言《い》い方《かた》は「いらっしゃる」「おいでになる」、へりくだった言《い》い方《かた》は「参《まい》る」。❺～❾は、かな書《が》きにすることが多《おお》い。ことば 「ゆく」ともいう。漢 ➡443ジペー こう〔行〕

いく【逝く】 ➡1355ジペー ゆく〔逝く〕

いくえい【育英】 名詞 すぐれた才能《さいのう》を持《も》っている若《わか》い人《ひと》を教育《きょういく》すること。例 育英資金《しきん》。

いくえにも【幾重にも】 副詞 ❶いくつも重《かさ》なって。例 花《はな》びらが幾重にも重《かさ》なったばらの花《はな》。❷何度《なんど》も。くり返《かえ》し。例 幾重にもおわびいたします。

いくさ【戦】 名詞 「戦争《せんそう》」「たたかい」の古《ふる》い言《い》い方《かた》。漢 ➡732ジペー せん〔戦〕

いぐさ 名詞 しめった土地《とち》によく育《そだ》つ草《くさ》の一《ひと》つ。暖《あたた》かい地方《ちほう》で、冬《ふゆ》に水田《すいでん》に植《う》え、夏《なつ》にかりとる。高《たか》さ一《いち》メートルくらい。くきは、たたみの表《おもて》やむしろに使《つか》われる。

いぐさ

いくさき【行く先】 ➡1355ジペー ゆくさき

いくじ【育児】 名詞 子供《こども》を育《そだ》てること。

いくじ【意気地】 名詞 思《おも》っていることをやりぬこうとする、しっかりとした強《つよ》い気持《きも》ち。例 意気地のない人《ひと》。類 根性《こんじょう》。

いくじなし【意気地無し】 名詞 思《おも》っていることをやりぬこうとする強《つよ》い気持《きも》ちのないこと。また、そのような人《ひと》。弱虫《よわむし》。

いくすえ【行く末】 ➡1355ジペー ゆくすえ

いぐすり【胃薬】 名詞 胃《い》の病気《びょうき》を治《なお》したり、調子《ちょうし》を整《ととの》えたりするための薬《くすり》。

いくせい【育成】 名詞 動詞 りっぱに育《そだ》て上《あ》げること。例 選手《せんしゅ》を育成する。類 養成《ようせい》。

いくた【幾多】 名詞 たくさん。多数《たすう》。例 この計画《けいかく》は幾多の困難《こんなん》を乗《の》りこえて成功《せいこう》した。使い方 少《すこ》し古《ふる》い言《い》い方《かた》。

いくたび【幾度】 名詞 何度《なんど》。何回《なんかい》。「いくど」ともいう。例 幾度もふり返《かえ》る。

いくつ【幾つ】 名詞 ❶どれほどの数《かず》。何個《なんこ》。例 残《のこ》りは幾つですか。❷何才《なんさい》。例 年《とし》は幾つですか。

いくて【行く手】 ➡1355ジペー ゆくて

いくど【幾度】 名詞 何回《なんかい》。何度《なんど》。「いくたび」ともいう。例 成功《せいこう》まで、幾度でもやり直《なお》す。

いくどうおん【異口同音】 名詞 多《おお》くの人《ひと》が、口《くち》をそろえて同《おな》じことを言《い》うこと。例 異口同音に賛成《さんせい》した。使い方 「異句同音」と書《か》かないよう注意《ちゅうい》。

いくとし【行く年】 ➡1355ジペー ゆくとし

いくにち【幾日】 名詞 ❶何日《なんにち》。どれほどの日数《にっすう》。❷月《つき》のどの日《ひ》。何日《なんにち》。例 前《まえ》に会《あ》ったのは先月《せんげつ》の幾日だったでしょうか。

いくぶん【幾分】 副詞 少《すこ》し。いくらか。多少《たしょう》。例 いくぶん、日《ひ》が短《みじか》くなったようだ。使い方 ふつうかな書《が》きにする。

いくら【幾ら】 ❶名詞 どれほど。例 値段《ねだん》はいくらですか。教科 算 長《なが》さ・体積《たいせき》・重《おも》さ・値段《ねだん》などをきくときに使《つか》う。❷名詞 多《おお》さや少《すく》なさを強《つよ》めていうことば。例 やりたい人《ひと》はいくらでもいる／こづかいはいくらも残《のこ》っていない。❸副詞 (「いくら…ても」の形《かたち》で) どんなに。どれほど。例 いくら走《はし》っても追《お》いつかない。使い方 ふつうかな書《が》きにする。❸は、あとに「ない」などのことばがくることが多《おお》い。

ことわざ **江戸《えど》の敵《かたき》を長崎《ながさき》で討《う》つ** 江戸《えど》（東京《とうきょう》）と長崎《ながさき》では遠《とお》くはなれていて何《なん》の関係《かんけい》もないように、

イクラ（ロシア語）名詞 さけやますの卵《たまご》を塩《しお》づけにした食品《しょくひん》。日本《にほん》では、「筋子《すじこ》」に対《たい》して、一《ひと》つぶずつばらばらにほぐしたものをいう。

イクラ

いくらなんでも【幾ら何でも】 どんな理《り》由《ゆう》があるとしても。どう考《かんが》えても。例 全部《ぜんぶ》うそだったとは、いくらなんでもひどい。使い方 ふつうかな書《が》きにする。

いけ【池】 名詞 地面《じめん》がくぼんで、水《みず》のたまっているところ。また、人《ひと》が地面《じめん》をほって水《みず》をためたところ。ことば ふつう、湖《みずうみ》より小《ちい》さいものをいう。漢 ⇒823ページ・ち〔池〕

いけがき【生け垣】 名詞 低《ひく》い木《き》を植《う》えてつくった垣根《かきね》。

いけす【生けす】 名詞 とった魚《さかな》を、料《りょう》理《り》などに使《つか》うために生《い》かしたまま飼《か》っておく、水《すい》中《ちゅう》の囲《かこ》いや水槽《すいそう》。

いげた【井桁】 名詞 ❶木《き》で「井」の字《じ》の形《かたち》に組《く》んだ井戸《いど》のふち。❷「井」の字《じ》の形《かたち》にしたもの。例 キャンプファイアのまきを井桁に積《つ》む。

いけどり【生け捕り】 名詞 生《い》きたままつかまえること。例 うさぎを生け捕りにする。

いけどる【生け捕る】 動詞 人《ひと》や動物《どうぶつ》を生《い》きたままつかまえる。例 くまを生け捕る。

いけない 形容詞 ❶よくない。悪《わる》い。例 うそをつくなんていけない子《こ》だね。❷してはならない。例 このさくの中《なか》に入《はい》ってはいけない。❸〔「…なければいけない」の形《かたち》で、全体《ぜんたい》で〕しなくてはならない。例 もう帰《かえ》らなければいけない。❹困《こま》る。例 ここは暑《あつ》くていけない。

いけにえ 名詞 ❶生《い》き物《もの》を、生《い》きたまま神《かみ》に供《そな》えること。また、その生《い》き物《もの》。例 いけにえをささげる。❷ぎせい。例 戦争《せんそう》のいけにえになる。

いけばな【生け花】 名詞 草木《くさき》の枝《えだ》・葉《は》・花《はな》などをよい形《かたち》に整《ととの》え、うつわにさしたもの。また、そのやり方《かた》。華道《かどう》。

いける 動詞 ❶炭火《すみび》などを消《け》さないように、灰《はい》の中《なか》にうめる。例 火鉢《ひばち》の炭火《すみび》をいける。❷野菜《やさい》などをたくわえておくために土《つち》の中《なか》にうめる。例 穴《あな》をほって、さといもをいける。

いける【生ける】 動詞 花《はな》や枝《えだ》などを、美《うつく》しく見《み》えるようにうつわにさす。例 花《はな》を生《い》ける。漢 ⇒704ページ・せい〔生〕

いける【行ける】 動詞 ❶行《い》くことができる。❷ものごとを上手《じょうず》にできる。例 姉《あね》の歌《うた》はなかなかいける。❸おいしい。うまい。例 あの店《みせ》の魚《さかな》料《りょう》理《り》はいける。使い方 ❷と❸は、ふつうかな書《が》きにする。

いけん【意見】 ❶名詞 あるものごとについての考《かんが》え。類 見解《けんかい》。❷名詞 動詞 考《かんが》えを言《い》って注《ちゅう》意《い》すること。例 一《いち》日《にち》じゅう遊《あそ》んでいたら、父《ちち》に意見された。

いけん【違憲】 名詞 憲法《けんぽう》に違反《いはん》していること。例 違憲判決《はんけつ》。対 合憲《ごうけん》。

いげん【威厳】 名詞 りっぱで重々《おもおも》しく、気軽《きがる》に近《ちか》づけない感《かん》じがすること。例 威厳のある顔《かお》つき。

いけんぶん【意見文】 名詞 あるものごとについて自分《じぶん》が持《も》っている考《かんが》えを、そう考《かんが》える理《り》由《ゆう》をはっきりさせて書《か》いた文章《ぶんしょう》。例 賛成《さんせい》か反《はん》対《たい》かの立場《たちば》を決《き》めて意見文を書《か》く。

いご【以後】 名詞 ❶それからあと。例 入院《にゅういん》以後は、健康《けんこう》に注《ちゅう》意《い》している。類 以降《いこう》。対 以前《いぜん》。❷今《いま》よりあと。今後《こんご》。例 以後気《き》をつけます。

いご【囲碁】 ⇒441ページ・ご〔碁〕

いこい【憩い】 名詞 ゆっくりした気分《きぶん》で休《やす》むこと。休息《きゅうそく》。例 憩いのひとときを過《す》ごす。

いこう【以降】 名詞 ある時《とき》からあと。例 来月《らいげつ》以降、下校時間《げこうじかん》が早《はや》くなる。類 以後《いご》。対 以前《いぜん》。

いこう【威光】 名詞 自然《しぜん》に人《ひと》をおそれさせ、従《したが》わせる力《ちから》。例 王《おう》の威光。

いこう【移行】 名詞 動詞 ものごとが移《うつ》り変《か》わっていくこと。例 新《あたら》しい制度《せいど》に移行する。

いこう【意向】 名詞 どのようにするかという

金《かね》や少《すこ》しのはたらきで、たくさんの利益《りえき》を手《て》に入《い》れること。

考《かんが》えや気持《きも》ち。例 みんなの意向を聞《き》く。

いこう【憩う】 動詞 くつろいで、つかれをとる。ゆっくり休《やす》む。例 公園《こうえん》の木《こ》かげで憩う。

いこう【憩う】

イコール（equal） 名詞 ❶算数《さんすう》で、二《ふた》つの数《かず》や式《しき》が等《ひと》しいことを表《あらわ》す記《き》号《ごう》。等号《とうごう》。記号《きごう》は「＝」。❷等《ひと》しいこと。同《おな》じであること。例 最近《さいきん》は、放課後《ほうかご》イコールサッカーの時間《じかん》だ。

いこく【異国】 名詞 よその国《くに》。外国《がいこく》。

いこくじょうちょ【異国情緒】 名詞 外国《がいこく》風《ふう》の感《かん》じや気分《きぶん》。例 異国情緒のあふれる町《まち》。

いごこち【居心地】 名詞 そこにいて感《かん》じる気《き》分《ぶん》や気持《きも》ち。例 居心地のよい部屋《へや》。

いこじ 名詞 どこまでも、頑固《がんこ》に意地《いじ》を張《は》ること。強情《ごうじょう》なこと。「えこじ」ともいう。例 いこじになる。

いこつ【遺骨】 名詞 死《し》んだ人《ひと》の骨《ほね》。

いこん【遺恨】 名詞 いつまでも忘《わす》れられないうらみ。長《なが》くうらみを残《のこ》すこと。例 どちらが勝《か》っても遺恨を残《のこ》さないと約束《やくそく》する。

いざ 感動詞 人《ひと》をさそうときや、何《なに》かを始《はじ》めようとするときに言《い》うことば。さあ。例 頂上目指《ちょうじょうめざ》して、いざ出発《しゅっぱつ》だ。

●**いざという時《とき》** 何《なに》か大変《たいへん》なことや大事《だいじ》なことが起《お》きたとき。例 いざという時のために避難《ひなん》訓練《くんれん》をする。

●**いざとなると** 大変《たいへん》なことや大事《だいじ》なことが起《お》きたときには。肝心《かんじん》なときには。例 いざとなるとさすがに姉《あね》はたよりになる。

いさい【委細】 名詞 くわしいこと。また、くわしい事情《じじょう》のすべて。例 委細はのちほどお話《はな》しします。類 子細《しさい》。詳細《しょうさい》。ことば「委細《いさい》かまわず」というと「どんな事情《じじょう》があっても」という意味《いみ》。

いさい【異彩】 名詞 ほかとちがって、とくに目立《めだ》つこと。きわだってすぐれているようす。

●**異彩《いさい》を放《はな》つ** いちだんとすぐれている。例 美《び》術館《じゅつかん》でひときわ異彩を放つ絵《え》。

いさかい 名詞 言《い》い争《あらそ》い。けんか。例 いさかいが絶《た》えない。使い方 少《すこ》し古《ふる》い言《い》い方《かた》。

いさぎよい【潔い】 形容詞 さっぱりとして思《おも》いきりがよい。また、ひきょうなところがなく、りっぱである。例 自分《じぶん》が悪《わる》いとわかり、潔くあやまった。漢 ⇩422ジ《ぺー》けつ〔潔〕

いさく【遺作】 名詞 生《い》きているうちに発表《はっぴょう》されないで、死後《しご》に残《のこ》された作品《さくひん》。

いざこざ 名詞 小《ちい》さなもめごと。争《あらそ》いごと。ごたごた。例 いざこざを起《お》こす。

いささか 副詞 ❶少《すこ》しばかり。いくらか。例 今回《こんかい》の旅《たび》はいささかつかれた。❷（「いささかも」の形《かたち》で）全然《ぜんぜん》。少《すこ》しも。例 不安《ふあん》はいささかもない。使い方 ❷は、あとに「ない」などのことばがくる。❶❷とも、少《すこ》し古《ふる》い言《い》い方《かた》。

いさましい【勇ましい】 形容詞 ❶勢《いきお》いがよく、何《なに》ものもおそれない。勇敢《ゆうかん》である。例 勇ましく戦《たたか》う。❷心《こころ》が勢《いきお》いづくようである。活発《かっぱつ》である。例 勇ましい行進曲《こうしんきょく》。使い方「勇しい」「勇さましい」と書《か》かないよう送《おく》りがなに注意《ちゅうい》。

いさみあし【勇み足】 名詞 ❶すもうで、相手《あいて》を追《お》いつめながら、勢《いきお》い余《あま》って自分《じぶん》の足《あし》を土俵《どひょう》の外《そと》に出《だ》して負《ま》けること。❷調子《ちょうし》に乗《の》りすぎて、失敗《しっぱい》すること。例 勇み足の発言《はつげん》をしてしまった。

いさみたつ【勇み立つ】 動詞 張《は》りきって勢《いきお》いづく。例 試合《しあい》を前《まえ》に勇み立つ。

いさむ【勇む】 動詞 やる気《き》になって、張《は》りきる。例 試合《しあい》の日《ひ》の朝《あさ》、弟《おとうと》は勇んで出《で》かけた。漢 ⇩1348ジ《ぺー》ゆう〔勇〕

いさめる 動詞 人《ひと》に、悪《わる》い行《おこな》いやまちがいなどを直《なお》すように言《い》う。注意《ちゅうい》する。使い方 ふつう、目下《めした》の人《ひと》が目上《めうえ》の人《ひと》に向《む》かって言《い》うときに使《つか》う。目下の人に対《たい》しては「たしなめる」などを使《つか》う。

いざよい【十六夜】 名詞 季語 秋 昔《むかし》のこよみで、十六日《じゅうろくにち》の夜《よる》。満月《まんげつ》の次《つぎ》の夜《よる》。また、その夜《よる》に出《で》る月《つき》。十六夜月《いざよいづき》。ことば 季語《きご》としては、古《ふる》いこよみの八月《はちがつ》の場合《ばあい》に使《つか》う。⇩1449ジ《ぺー》昔《むかし》のこよみと年《とし》・月《つき》・季節《きせつ》のことば

いさりび【いさり火】 名詞 夜《よる》、魚《さかな》をさそい寄《よ》せるために、漁船《ぎょせん》の上《うえ》でたく火《ひ》。

ことわざ **えびでたいを釣《つ》る** 小《ちい》さなえびをえさにして、りっぱなたいをつり上《あ》げるように、わずかなお

いさん【胃酸】 名詞 胃液《いえき》の中《なか》にふくまれる酸《さん》。おもに塩酸《えんさん》で、消化《しょうか》のはたらきを助《たす》ける。

いさん【遺産】 名詞 ❶死《し》んだ人《ひと》が残《のこ》した財産《ざいさん》。例 遺産をつぐ。❷昔《むかし》の人《ひと》が残《のこ》した、価値《かち》のあるもの。例 文化《ぶんか》遺産。

いし【石】 名詞 ❶岩《いわ》のかけら。例 小石《こ》。❷石材《せきざい》。例 石でつくった柱《はしら》。❸碁石《ごいし》や宝石《ほうせき》。例 指輪《ゆびわ》の石。❹じゃんけんで、手《て》をにぎった形《かたち》。「グー」のこと。

漢 ↓ 719ページ《ジ》 せき〔石〕

● **石《いし》にかじりついても** どんなに苦《くる》しくてもがんばって。例 この仕事《しごと》は石にかじりついてもやりとげる。使い方 「石《いし》にしがみついても」といわないよう注意《ちゅうい》。

● **石《いし》の上《うえ》にも三年《さんねん》** ことわざ 何《なに》ごともしんぼう強《づよ》くやれば、よい結果《けっか》が得《え》られるということのたとえ。ことば 冷《つめ》たい石《いし》の上《うえ》でも、三年《さんねん》もすわっていればあたたかくなるということからきたことば。

いし【医師】 名詞 病《びょう》気《き》やけがを治《なお》すことを仕《し》事《ごと》とする人《ひと》。医者《いしゃ》。

いし【意志】 名詞 ❶ものごとをすすんでやりとげようとする気《き》持《も》ち。例 強《つよ》い意志を持《も》って研《けん》究《きゅう》を進《すす》める。❷考《かんが》えたり、選《えら》んだり、実行《じっこう》しようとしたりする心《こころ》のはたらき。↓ 使い分け

いし【意思】 名詞 あることをしたいという、その考《かんが》え。思《おも》っていること。例 本人《ほんにん》の意思を確《たし》かめる。↓ 使い分け

使い分け
いし
意志・意思

意志 ものごとをするにあたっての気《き》持《も》ちや考《かんが》え。「意志《いし》の強《つよ》い人《ひと》／留《りゅう》学《がく》の意志《いし》を固《かた》める」

意思 何《なに》かをしようとする気《き》持《も》ちや考《かんが》え。思《おも》い。「意《い》思《し》表《ひょう》示《じ》」

いし【遺志】 名詞 死《し》んだ人《ひと》が、生《い》きている間《あいだ》にやろうとしてできなかった望《のぞ》み。例 父《ちち》の遺志をついで、医者《いしゃ》になる。

いじ【意地】 名詞 ❶自分《じぶん》が考《かんが》えたことをどこまでもやり通《とお》そうとする気《き》持《も》ち。例 意地を通《とお》す。❷気《き》立《だ》て。心《こころ》持《も》ち。例 意地が悪《わる》い人《ひと》。

● **意地《いじ》が汚《きたな》い** 品物《しなもの》や食《た》べ物《もの》をやたらにほしがる。「意《い》地《じ》汚《きたな》い」ともいう。

● **意地《いじ》になる** 反対《はんたい》されて、かえって自分《じぶん》の考《かんが》えをおし通《とお》そうとする。

● **意地《いじ》を通《とお》す** 自分《じぶん》の考《かんが》えを最後《さいご》まで曲《ま》げずにおし通《とお》す。例 意地を通して、冬《ふゆ》じゅうずっと半《はん》ズボンで過《す》ごした。

● **意地《いじ》を張《は》る** 自分《じぶん》の考《かんが》えをおし通《とお》そうとする。

いじ【維持】 名詞 動詞 今《いま》のままの状《じょう》態《たい》を、保《たも》ち続《つづ》けること。例 体《たい》力《りょく》を維持する。類 保《ほ》持《じ》。

いじ【遺児】 名詞 親《おや》が死《し》んで、あとに残《のこ》された子供《こども》。例 交通《こうつう》遺児（＝交通《こうつう》事《じ》故《こ》で親《おや》をなくした子《こ》供《ども》）。

いしあたま【石頭】 名詞 ❶石《いし》のようにかたい頭《あたま》。❷頑固《がんこ》で、新《あたら》しいものごとを受《う》け入《い》れようとしないこと。また、そのような人《ひと》。例 あのおじいさんは話《はなし》のわからない石頭だ。

いしうす【石臼】 名詞 石《いし》でつくったうす。図

↓ 125ページ《ジ》 うす

いしがき【石垣】 名詞 石《いし》や岩《いわ》を、垣《かき》根《ね》やかべのように積《つ》み重《かさ》ねたもの。

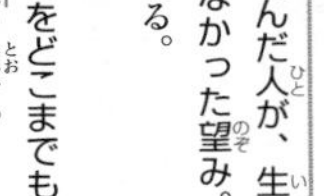

いしがき

いしかりがわ【石狩川】 名詞 北海道《ほっかいどう》の石狩平野《いしかりへいや》を流《なが》れて日本《にほん》海《かい》に注《そそ》ぐ川《かわ》。北海道《ほっかいどう》でいちばん長《なが》い。

いしかりへいや【石狩平野】 名詞 北海道《ほっかいどう》でいちばん広《ひろ》い平野《へいや》。日本海《にほんかい》に面《めん》し、石狩川《いしかりがわ》が流《なが》れている。札幌市《さっぽろし》がある。

いしかわけん【石川県】 名詞 中《ちゅう》部《ぶ》地《ち》方《ほう》の日《に》本海側《ほんかいがわ》にある県《けん》。伝統工芸《でんとうこうげい》がさかんで、ぬり物《もの》や焼《や》き物《もの》が有名《ゆうめい》。県《けん》庁《ちょう》は金沢市《かなざわし》にある。

こと。また、他人《たにん》の活躍《かつやく》をかげで支《ささ》える人《ひと》をいうことば。

いしかわたくぼく【石川啄木】 名詞 （一八八六〜一九一二） 明治時代《めいじじだい》の歌人《かじん》。岩手県生《いわてけんう》まれ。貧《まず》しい生活《せいかつ》を送《おく》りながら、短歌《たんか》をはじめ詩《し》・小説《しょうせつ》・評論《ひょうろん》を書《か》いた。代表作《だいひょうさく》は、歌集《かしゅう》の「一握《いちあく》の砂《すな》」「悲《かな》しき玩具《がんぐ》」など。

いしき【意識】
❶ 名詞 自分《じぶん》の状態《じょうたい》がはっきりわかる心《こころ》のはたらき。 例 頭《あたま》を打《う》って意識を失《うしな》う。
❷ 名詞 動詞 あるものごとについてはっきりと感《かん》じること。 例 人《ひと》の目《め》を意識する。

いじきたない【意地汚い】 ➡80ジペー 意地《いじ》が汚《きたな》い（「意地《いじ》」の子見出《こみだ》し）

いしきてき【意識的】 形容動詞 わかっていて、わざとするようす。 例 声《こえ》をかけられても意識的に聞《き》こえないふりをする。

いしく【石工】 名詞 石《いし》を切《き》り出《だ》したり、刻《きざ》んで細工《さいく》したりすることを仕事《しごと》とする人《ひと》。

いじける 動詞
❶おそろしさや寒《さむ》さのために、縮《ちぢ》こまって元気《げんき》がなくなる。 例 寒《さむ》さで草《くさ》の芽《め》がいじける。
❷ 心《こころ》がひねくれて、すねたり臆病《おくびょう》になったりする。 例 ひどくおこられていじける。

いしころ【石ころ】 名詞 小《ちい》さな石《いし》。小石《こいし》。

いしずえ【礎】 名詞
❶建物《たてもの》の柱《はしら》の下《した》に置《お》く土台《どだい》の石《いし》。
❷ものごとのもとになる大切《たいせつ》なこと。基礎《きそ》。 例 会社《かいしゃ》の礎を築《きず》く。

いしだたみ【石畳】 名詞 石《いし》を平《たい》らにしきつめたところ。 例 石畳の道《みち》。

いしだみつなり【石田三成】 名詞 （一五六〇〜一六〇〇） 安土桃山時代《あづちももやまじだい》の武将《ぶしょう》。豊臣秀吉《とよとみひでよし》に仕《つか》えて、政治《せいじ》に力《ちから》を発揮《はっき》した。秀吉《ひでよし》の死後《しご》、徳《とく》川家康《がわいえやす》と対立《たいりつ》し、関ケ原《せきがはら》の戦《たたか》いに敗《やぶ》れて殺《ころ》された。

いしだん【石段】 名詞 石《いし》でつくった階段《かいだん》。

いしつ【異質】 形容動詞 性質《せいしつ》がほかのものとちがうようす。 例 外国《がいこく》の異質な文化《ぶんか》にふれる。 対 同質《どうしつ》。

いしづき【石突き】 名詞
❶傘《かさ》やつえなどの、立《た》てたときに地面《じめん》につく部《ぶ》分《ぶん》。また、その部分《ぶぶん》にはめた金具《かなぐ》。
❷きのこの、じくの下《した》のほうのかたいところ。

いしづちさん【石鎚山】 名詞 愛媛県《えひめけん》の中部《ちゅうぶ》にある山《やま》。四国地方《しこくちほう》でいちばん高《たか》い。

いじっぱり【意地っ張り】 名詞 形容動詞 自《じ》分《ぶん》の考《かんが》えを、どこまでもおし通《とお》そうとすること。また、そのような人《ひと》。

いしつぶつ【遺失物】 名詞 落《お》とし物《もの》や忘《わす》れ物《もの》。 例 駅《えき》の遺失物係《がかり》。

いしはくじゃく【意志薄弱】 形容動詞 意志《いし》が弱《よわ》くて、ものごとをやりとげるためのがまんや決断《けつだん》ができないようす。 例 何《なに》を習《なら》っても、意志薄弱で長続《ながつづ》きしない。

いしばし【石橋】 名詞 石《いし》でつくってある橋《はし》。

●**石橋《いしばし》をたたいて渡《わた》る** ことわざ 石《いし》でつくったがんじょうな橋《はし》でも、こわれないかとたたいて確《たし》かめてからわたるように、たいへん用心深《ようじんぶか》いことのたとえ。

いしへん【石偏】 名詞 「石」のこと。漢字《かんじ》の部首《ぶしゅ》の一《ひと》つ。石《いし》や鉱物《こうぶつ》に関係《かんけい》のある漢字《かんじ》を作《つく》ることが多《おお》い。研・確・砂・破など。

いしぼうちょう【石包丁】 名詞 弥生時代《やよいじだい》の石器《せっき》の一《ひと》つ。穀物《こくもつ》の穂先《ほさき》をかりとるのに使《つか》った。

いしぼとけ【石仏】 ➡722ジペー せきぶつ

いしむろ【石室】 名詞 石《いし》を積《つ》み重《かさ》ねてつくった部屋《へや》や小屋《こや》。

いじめ 名詞 弱《よわ》いものをわざと苦《くる》しめたり困《こま》らせたりすること。とくに、学校《がっこう》で立場《たちば》の弱《よわ》い人《ひと》をいじめること。

いじめる 動詞 強《つよ》いものが弱《よわ》いものを、わざと苦《くる》しめたり困《こま》らせたりする。

いしや【石屋】 名詞 石《いし》を切《き》り出《だ》したり、石《いし》に細工《さいく》をしたりする人《ひと》。また、そうした石《いし》を売《う》る人《ひと》や店《みせ》。

いしゃ【医者】 名詞 病気《びょうき》やけがを治《なお》すことを仕事《しごと》とする人《ひと》。医師《いし》。

●**医者《いしゃ》の不養生《ふようじょう》** ことわざ 医者《いしゃ》が、人《ひと》には体《からだ》に気《き》をつけるように言《い》いながら、自分《じぶん》の体《からだ》には不《ふ》注意《ちゅうい》であることから、わかっていながら、自《じ》分《ぶん》では実行《じっこう》しないことのたとえ。

いしゅ【異種】 名詞 ちがう種類《しゅるい》。 対 同種《どうしゅ》。

いじゅう【移住】 名詞 動詞 よその土地《とち》やほかの国《くに》に移《うつ》っていって、そこに住《す》むこと。 例 海外《かいがい》へ移住した。

いしゅく【萎縮】 名詞 動詞
❶しなびて縮《ちぢ》んでしまうこと。

ことわざ　**縁《えん》の下《した》の力《ちから》持《も》ち**　人《ひと》の目《め》につかないところで、ほかの人《ひと》のために努力《どりょく》したり苦労《くろう》したりする

❷気持《きも》ちが縮《ちぢ》こまって元気《げんき》がなくなること。例 しかられて、すっかり萎縮してしまった。

いしゅつ【移出】 名詞 動詞 その土地《とち》でできるものを、国内《こくない》のほかの地方《ちほう》へ送《おく》り出《だ》すこと。ことば 外国《がいこく》へ送《おく》り出《だ》すことは「輸出《ゆしゅつ》」という。対 移入《いにゅう》。

いじゅつ【医術】 名詞 病気《びょうき》やけがを治《なお》すわざ。

いしょ【遺書】 名詞 自分《じぶん》が死《し》んだあとに人《ひと》に読《よ》んでもらうために、書《か》き残《のこ》しておくもの。遺言状《ゆいごんじょう》。

いしょう【衣装】 名詞 ❶服《ふく》。着物《きもの》。例 花嫁衣装《はなよめいしょう》。❷劇《げき》やおどりなどで身《み》に着《つ》ける服《ふく》。例 衣装係《がかり》。

いしょう【異称】 名詞 ほんとうの名《な》まえとは別《べつ》の呼《よ》び名《な》。類 別名《べつめい》。

いしょう【意匠】 名詞 品物《しなもの》を美《うつく》しく見《み》せるための、形《かたち》・色《いろ》・模様《もよう》などのいろいろな工夫《くふう》。デザイン。例 意匠をこらした家具《かぐ》。

いじょう【以上】 名詞 ❶その数《かず》も入《い》れて、それから上《うえ》の数《かず》。たとえば「五以上《ごいじょう》の数《かず》」は、五《ご》と、五《ご》より大《おお》きな数《かず》。例 八十点《はちじってん》以上が合格《ごうかく》です。対 以下《いか》。❷程度《ていど》がそれよりも上《うえ》であること。例 あの映画《えいが》は予想《よそう》以上におもしろかった。対 以下《いか》。❸それまでに述《の》べたこと。例 以上がわたしの考《かんが》えです。対 以下《いか》。❹…するからには。例 わたしが来《き》た以上、もう乱暴《らんぼう》は許《ゆる》さない。

❺話《はなし》や書類《しょるい》などの最後《さいご》につけて、「終《お》わり」の意味《いみ》を表《あらわ》すことば。

いじょう【異状】 名詞 ふだんとちがったようす。例 体《からだ》の調子《ちょうし》に異状はない。類 別状《べつじょう》。

いじょう【異常】 名詞 形容動詞 ふつうとちがっていること。例 異常気象《きしょう》。対 正常《せいじょう》。

いじょうきしょう【異常気象】 名詞 災害《さいがい》の原因《げんいん》ともなるような、めったにない気象《きしょう》。集中豪雨《しゅうちゅうごうう》や竜巻《たつまき》など。
↓83ページ 社会へのとびら

いしょく【衣食】 名詞 ❶着《き》る物《もの》と食《た》べる物《もの》。❷生活《せいかつ》。暮《く》らし。例 衣食には困《こま》っていない。

いしょく【委嘱】 名詞 動詞 仕事《しごと》などを、ほかの人《ひと》にたのんでやってもらうこと。例 政府《せいふ》の委嘱で調査《ちょうさ》を行《おこな》う。類 委託《いたく》。

いしょく【異色】 名詞 特別《とくべつ》に変《か》わっていて、目立《めだ》つこと。例 異色の新人《しんじん》。

いしょく【移植】 名詞 動詞 ❶草木《くさき》をほかの場所《ばしょ》に植《う》えかえること。例 庭《にわ》の花《はな》を日当《ひあ》たりのよい所《ところ》に移植する。❷内臓《ないぞう》や皮膚《ひふ》を切《き》り取《と》って、自分《じぶん》の体《からだ》の別《べつ》の部分《ぶぶん》やほかの人《ひと》の体《からだ》に移《うつ》すこと。例 腎臓《じんぞう》移植。

いしょくじゅう【衣食住】 名詞 ❶着《き》る物《もの》と、食《た》べる物《もの》と、住《す》む所《ところ》。人間《にんげん》の暮《く》らしになくてはならないもののこと。❷生活《せいかつ》。暮《く》らし。例 衣食住の世話《せわ》をする。

いじらしい 形容詞 子供《こども》などのいっしょうけんめいな姿《すがた》が、痛々《いたいた》しく、心《こころ》を打《う》たれるようす。例 小《ちい》さな子《こ》が、病気《びょうき》の母親《ははおや》を気《き》づかうようすがいじらしい。

いじる 動詞 ❶手《て》でさわったりなで回《まわ》したりする。例 かみの毛《け》をいじる／かさぶたをいじる。❷興味《きょうみ》を持《も》ってあつかう。例 ぼくは機械《きかい》をいじるのが好《す》きだ。❸きちんとした考《かんが》えもなく、あれこれと手《て》を加《くわ》える。例 規則《きそく》をいじる。

いしわた【石綿】 名詞 鉱物《こうぶつ》が綿《わた》のようにやわらかく変《か》わったもの。熱《ねつ》や電気《でんき》を通《とお》しにくいので、以前《いぜん》は防火《ぼうか》や保温《ほおん》の材料《ざいりょう》として使《つか》われていたが、体《からだ》に害《がい》のあることがわかり、使《つか》われなくなった。「アスベスト」ともいう。

いじわる【意地悪】 名詞 形容動詞 人《ひと》が困《こま》ることやいやがることをわざとすること。また、そのような人《ひと》。例 意地悪をする。

いしん【威信】 名詞 人《ひと》を従《したが》わせるような強《つよ》い力《ちから》と、ほかから受《う》ける信用《しんよう》。例 この大会《たいかい》の成功《せいこう》に、国《くに》の威信がかかっている。

いしん【維新】 名詞 ❶すべてが改《あらた》まって新《あたら》しくなること。❷「明治維新《めいじいしん》」のこと。

いじん【異人】 名詞 ❶別《べつ》の人《ひと》。例 同名《どうめい》異人。❷「外国人《がいこくじん》」の古《ふる》い言《い》い方《かた》。例 異人館《かん》。

いじん【偉人】 名詞 たいへんすぐれた、りっぱな人《ひと》。例 偉人の伝記《でんき》を読《よ》む。

いしんでんしん【以心伝心】 名詞 ことばにしなくても、考《かんが》えや気持《きも》ちがおたがいに通《つう》じ

きには自分《じぶん》より年少《ねんしょう》の人《ひと》や経験《けいけん》の浅《あさ》い人《ひと》から教《おし》えられることがあるというたとえ。

ること。例 ぼくの気持《きも》ちは、以心伝心でお父《とう》さんに伝《つた》わった。使い方「異・心伝心」「意・心伝心」と書《か》かないよう注意《ちゅうい》。

いす【椅子】 名詞 ❶こしをかける道具《どうぐ》。こしかけ。例 長《なが》椅子。❷地位《ちい》。例 社長《しゃちょう》の椅子をねらう。ことば ❶は、「一脚《いっきゃく》」と数《かぞ》える。

いず【伊豆】 名詞 昔《むかし》の国《くに》の名《な》の一《ひと》つ。今《いま》の静岡《しずおか》県東部《けんとうぶ》の伊豆半島《いずはんとう》と、東京都《とうきょうと》の伊豆諸島《いずしょとう》に当《あ》たる。

いすくまる【居すくまる】 動詞 動《うご》くことができなくなって、その場《ば》でじっとしている。例 あまりのおそろしさに居すくまる。

いずこ 代名詞 「どこ」「どちら」の古《ふる》い言《い》い方《かた》。例 いずこからともなく鳥《とり》の声《こえ》が聞《き》こえる。

いずしょとう【伊豆諸島】 名詞 伊豆半島《いずはんとう》の南東《なんとう》、小笠原諸島《おがさわらしょとう》の北《きた》の太平洋上《たいへいようじょう》にある島々《しまじま》。伊豆七島《いずしちとう》がある。東京都《とうきょうと》の一部《いちぶ》。

いずはんとう【伊豆半島】 名詞 静岡県東《しずおかけんとう》部《ぶ》、相模湾《さがみわん》と駿河湾《するがわん》の間《あいだ》につき出《だ》した半島《はんとう》。熱海《あたみ》・伊東《いとう》など温泉《おんせん》が多《おお》い。富士箱根伊豆国立公《ふじはこねいずこくりつこう》園《えん》の一部《いちぶ》。

いずまい【居住まい】 名詞 すわっている姿勢《しせい》やようす。例 居住まいを正《ただ》して話《はなし》を聞《き》く。

いずみ【泉】 名詞 季語 夏 ❶土《つち》の中《なか》から自然《しぜん》にわき出《で》る水《みず》。❷ものごとの源《みなもと》。例 知識《ちしき》の泉。
漢 →732ジベー せん〔泉〕

いずみ【和泉】 名詞 昔《むかし》の国《くに》の名《な》の一《ひと》つ。今《いま》の大阪府《おおさかふ》の南部《なんぶ》に当《あ》たる。

いずも【出雲】 名詞 昔《むかし》の国《くに》の名《な》の一《ひと》つ。今《いま》の島根県《しまねけん》の東部《とうぶ》に当《あ》たる。

いずものおくに【出雲阿国】 名詞 （十七世紀《じゅうななせいき》ごろ）かぶきのもとになった「阿国歌舞伎《おくにかぶき》」というおどりを始《はじ》めた女性《じょせい》。出雲大社《いずもたいしゃ》のみこだったといわれる。

イスラエル →83ジベー イスラエルこく

イスラエルこく【イスラエル国】 名詞 アジアの西部《せいぶ》の地中海沿岸《ちちゅうかいえんがん》にあるユダヤ人《じん》の国《くに》。首都《しゅと》はエルサレムとしている。「イスラエル」ともいう。参考 ユダヤ人《じん》の国《くに》は、約二千五百年前《やくにせんごひゃくねんまえ》にほろび、それからのちは国《くに》を持《も》たない民族《みんぞく》として世界《せかい》の各地《かくち》に住《す》んだが、第二次世《だいにじせ》界大戦後《かいたいせんご》、国《くに》を建《た》てた。

（国旗《こっき》）

イスラムきょう【イスラム教】 名詞 七世《ななせい》紀《き》の初《はじ》めごろ、アラビアのムハンマド（＝マホメット）が説《と》いた、アッラーをただ一《ひと》つの神《かみ》とする宗教《しゅうきょう》。「回教《かいきょう》」ともいう。参考 キリスト教《きょう》・仏教《ぶっきょう》とともに世界三大宗教《せかいさんだいしゅうきょう》の一《ひと》つ。

いずれ ❶代名詞 どちら。どれ。例 いずれもりっぱな

辞典《じてん》の外《そと》に飛《と》びだそう！

社会《しゃかい》へのとびら

異常気象《いじょうきしょう》

地球《ちきゅう》からのＳＯＳ《エスオーエス》？

「今年《ことし》の夏《なつ》は猛暑《もうしょ》になりそうです」というニュースを見《み》たり聞《き》いたりしたことはないかな？

近年《きんねん》、昔《むかし》と比《くら》べて夏《なつ》が異常《いじょう》に暑《あつ》かったり、冬《ふゆ》が寒《さむ》すぎたりする年《とし》がある。そうかと思《おも》えば冷夏《れいか》や暖冬《だんとう》の年《とし》もある。どうもバランスがよくないんだ。

？ 異常気象《いじょうきしょう》とは？

極端《きょくたん》な暑《あつ》さや寒《さむ》さなど、平均《へいきん》から大《おお》きく外《はず》れた天気《てんき》のことを「異常気象《いじょうきしょう》」という。異常気象《いじょうきしょう》には、ほかに記録的《きろくてき》な豪雨《ごうう》や豪雪《ごうせつ》、竜巻《たつまき》、干《かん》ばつなどがある。

！ 生活《せいかつ》への影響《えいきょう》も

異常気象《いじょうきしょう》はわたしたちの生活《せいかつ》に大《おお》きなえいきょうをもたらす。異常《いじょう》な気温《きおん》や雨《あめ》のために、農作物《のうさくぶつ》の生育《せいいく》が悪《わる》くなり、品薄《しなうす》になって値段《ねだん》が上《あ》がることなどがある。また、豪雨《ごうう》や洪水《こうずい》などによって、建物《たてもの》や田畑《たはた》がひどい被害《ひがい》を受《う》ける場合《ばあい》もある。

？ なぜ起《お》こるの？

なぜ異常気象《いじょうきしょう》が発生《はっせい》するのかは、実《じつ》はよくわかっていないんだ。でも、地球温暖化《ちきゅうおんだんか》による気温《きおん》の上昇《じょうしょう》が原因《げんいん》の一《ひと》つだろうといわれている。

昔《むかし》も、ときどき天気《てんき》がおかしくなることはあった。でもここ数十年《すうじゅうねん》は異常気象《いじょうきしょう》が増《ふ》えているようだ。異常気象《いじょうきしょう》は、地球《ちきゅう》から人間《にんげん》へのＳＯＳ《エスオーエス》かもしれないね。

もっとしらべてみよう！

●参考図書《さんこうとしょ》
「異常気象《いじょうきしょう》　天気《てんき》のしくみ」（学研《がっけん》プラス）

ことわざ **負《お》うた子《こ》に教《おし》えられる** 背負《せお》った子《こ》に水《みず》の浅《あさ》い所《ところ》を教《おし》えられて川《かわ》をわたるということから、と

品物《しなもの》だ。

❷ 副詞 そのうち。近《ちか》いうち。例 いずれおうかがいいたします。

❸ 副詞 どうせ。例 お皿《さら》を割《わ》ったことをかくしてもいずれわかるだろう。

いずれにしても どちらにしても。例 どちらが勝《か》つか、いずれにしてもいい試合《しあい》になりそうだ。

いすわる【居座る】 動詞 ❶すわりこんだまま動《うご》かない。例 玄関《げんかん》に居座って長話《ながばなし》をする。 ❷同《おな》じ地位《ちい》にひきつづきとどまっている。例 この人物《じんぶつ》は会長《かいちょう》の地位《ちい》に十年《じゅうねん》も居座った。

いせ【伊勢】 名詞 昔《むかし》の国《くに》の名《な》の一《ひと》つ。今《いま》の三重《みえ》県《けん》の大部分《だいぶぶん》に当《あ》たる。

いせい【威勢】 名詞 ❶元気《げんき》。勢《いきお》い。例 威勢のよいかけ声《ごえ》。 ❷人《ひと》をおそれさせ、従《したが》わせる力《ちから》。例 王《おう》の威勢。

いせい【異性】 名詞 男《おとこ》からみて女《おんな》、女《おんな》からみて男《おとこ》のこと。例 異性の友人《ゆうじん》。対 同性《どうせい》。

いせえび 名詞 季語 新年 あたたかい海《うみ》にすむ、体長《たいちょう》三十《さんじっ》センチメートルくらいの大形《おおがた》のえび。赤《あか》い色《いろ》で、ひげが長《なが》く、はさみはない。お祝《いわ》いの時《とき》の料理《りょうり》やかざりによく使《つか》われる。

いせえび

いせき【移籍】 名詞 動詞 戸籍《こせき》をほかへ移《うつ》すこと。また、入《はい》っている団体《だんたい》などを変《か》えること。例 あの選手《せんしゅ》はほかのチームへ移籍した。

いせき【遺跡】 名詞 昔《むかし》の、歴史《れきし》に残《のこ》るような建物《たてもの》やできごとのあったあと。

いせしまこくりつこうえん【伊勢志摩国立公園】 名詞 三重《みえ》県《けん》志摩《しま》半島《はんとう》を中心《ちゅうしん》とした国立公園《こくりつこうえん》。沿岸部《えんがんぶ》はリアス海岸《かいがん》で、真珠《しんじゅ》の養殖《ようしょく》で有名《ゆうめい》な英虞湾《あごわん》がある。

いせじんぐう【伊勢神宮】 名詞 三重《みえ》県《けん》伊勢《いせ》市《し》にある大《おお》きな神社《じんじゃ》。天照大神《あまてらすおおみかみ》をまつる内宮《ないくう》と、豊受大神《とようけのおおかみ》をまつる外宮《げくう》がある。

いせつ【異説】 名詞 ちがう考《かんが》えや意見《いけん》。ふつうとちがう考《かんが》え。例 異説を唱《とな》える。

いせへいや【伊勢平野】 名詞 三重《みえ》県《けん》にある、伊勢湾《いせわん》に面《めん》する平野《へいや》。北部《ほくぶ》は中京工業地帯《ちゅうきょうこうぎょうちたい》の一部《いちぶ》で、工業《こうぎょう》がさかん。

いせわん【伊勢湾】 名詞 愛知県《あいちけん》の知多半島《ちたはんとう》と三重県《みえけん》の志摩半島《しまはんとう》に囲《かこ》まれた湾《わん》。

いせん【緯線】 名詞 地球上《ちきゅうじょう》の南北《なんぼく》の位置《いち》を表《あらわ》す、赤道《せきどう》に平行《へいこう》な線《せん》。経線《けいせん》と直角《ちょっかく》に交《まじ》わる。対 経線《けいせん》。図 ↓99ジベー いど〔緯度〕

いぜん【以前】 名詞 ❶ある時《とき》より前《まえ》。例 八時《はちじ》以前に電話《でんわ》をください。対 以後《いご》。以降《いこう》。 ❷昔《むかし》。今《いま》よりも前《まえ》。例 以前からの知《し》り合《あ》い。 ❸それよりずっと程度《ていど》の低《ひく》いこと。例 それは常識《じょうしき》以前の問題《もんだい》だ。

いぜん［と］【依然［と］】 副詞 もとのまま。あいかわらず。例 風《かぜ》は依然として強《つよ》い。

いそ 名詞 海岸《かいがん》の波打《なみう》ち際《ぎわ》で、とくに岩《いわ》の多《おお》いところ。例 いそづり。

いそあそび【いそ遊び】 名詞 季語 春 潮《しお》の引《ひ》いたいそで遊《あそ》ぶこと。とくに、春《はる》にしおひがりなどをして楽《たの》しむこと。

いそいそ［と］ 副詞 楽《たの》しそうに何《なに》かをするようす。これからのことが楽《たの》しみで、心《こころ》が急《いそ》ぐようす。例 新《あたら》しい服《ふく》を着《き》ていそいそと出《で》かける。

いそうろう【居候】 名詞 よその家《いえ》に住《す》んで、世話《せわ》になっている人《ひと》。

いそがしい【忙しい】 形容詞 ❶することが多《おお》くてひまがない。 ❷落《お》ち着《つ》かない。例 忙しく歩《ある》き回《まわ》る。

いそがばまわれ【急がば回れ】 ↓39ジベー

ことわざ

いそぎ【急ぎ】 名詞 急《いそ》ぐこと。また、急《いそ》ぐ必要《ひつよう》があること。例 急ぎの仕事《しごと》をたのまれる。

いそぎあし【急ぎ足】 名詞 急《いそ》いで歩《ある》くこと。また、その足《あし》どり。早足《はやあし》。例 駅《えき》まで急ぎ足で行《い》く。

いそぎんちゃく 名詞 季語 春 浅《あさ》い海《うみ》の岩《いわ》などについている、骨《ほね》のない動物《どうぶつ》の一《ひと》つ。全体《ぜんたい》がやわらかく、つつのような形《かたち》をしている。口《くち》のまわりにはたくさんの触手《しょくしゅ》があり、これで小《ちい》さい動物《どうぶつ》などをつかまえて食《た》べる。

いそぎんちゃく

いそぐ【急ぐ】 動詞 ❶ものごとを早《はや》くしようとする。例 急いで宿《しゅく》題《だい》をやる。

ぬきまたはあなぐま）だという意味《いみ》から、一見《いっけん》、無関係《むかんけい》のようだが、実《じつ》は同類《どうるい》または仲間《なかま》であることのたと

類＝意味《いみ》のよく似《に》たことば　対＝反対《はんたい》の意味《いみ》のことばや対《つい》になることば

❷早《はや》く行《い》こうとする。例 夜道《よみち》を急ぐ。❸あせる。例 気ばかり急いでも勉強《べんきょう》は進《すす》まない。
漢 ⇩346ジベー きゅう〔急〕

いぞく【遺族】 名詞 死《し》んだ人《ひと》の、あとに残《のこ》った家族《かぞく》や親戚《しんせき》。例 遺族におくやみを述《の》べる。

いそしむ 動詞 いっしょうけんめいにものごとをする。はげむ。例 読書《どくしょ》にいそしむ。

イソップものがたり【イソップ物語】 名詞 紀元前六世紀《きげんぜんろくせいき》ごろ、ギリシャ人《じん》イソップが作《つく》ったとされるたとえ話《ばなし》。「うさぎとかめ」など、動物《どうぶつ》を主人公《しゅじんこう》にして人間《にんげん》の生《い》き方《かた》をえがく話《はなし》が多《おお》い。⇩1069ジベー 読書

いそん【依存】 名詞 動詞 ほかのものにたよっていること。「いぞん」ともいう。例 日本《にほん》は石《せき》油《ゆ》を外国《がいこく》からの輸入《ゆにゅう》に依存している。

いぞん【依存】 ⇩85ジベー いそん

いぞん【異存】 名詞 ちがう考《かんが》え。反対《はんたい》の意見《いけん》。例 その案《あん》にぼくも異存はない。類 異議《いぎ》。異論《いろん》。

いそんせい【依存性】 名詞 麻薬《まやく》などの薬物《やくぶつ》が持《も》っているような、何度《なんど》もくり返《かえ》して使《つか》いたくなる性質《せいしつ》。「いぞんせい」ともいう。

いぞんせい【依存性】 ⇩85ジベー いそんせい

いた【板】 名詞
❶うすく、平《たい》らにけずった木材《もくざい》。
❷金属《きんぞく》・ガラス・石《いし》などをうすくし、平《たい》らにしたもの。例 トタン板／板チョコ。
漢 ⇩1086ジベー はん〔板〕

●**板《いた》につく** 役職《やくしょく》や仕事《しごと》などに慣《な》れて、ぴったりと合《あ》った感《かん》じになる。例 図書委員《としょいいん》としての仕事《しごと》ぶりも板についてきた。ことば「板《いた》」は舞《ぶ》台《たい》のこと。もとは、役者《やくしゃ》が経験《けいけん》を積《つ》んで、芸《げい》が舞台《ぶたい》に似合《にあ》ってくることをいった。

いたい【痛い】 形容詞
❶病気《びょうき》や傷《きず》などで体《からだ》に痛《いた》みを感《かん》じる。
❷心《こころ》に苦《くる》しみを感《かん》じる。とても困《こま》る。例 それを言《い》われると耳《みみ》が痛い／きみの退部《たいぶ》は痛い。
漢 ⇩855ジベー つう〔痛〕

●**痛《いた》い目《め》に遭《あ》う** つらい思《おも》いをする。ひどい目《め》にあう。痛《いた》い目《め》を見《み》る。例 うそばかりついていると、いつか痛い目に遭うぞ。

いたい【遺体】 名詞 死《し》んだ人《ひと》の体《からだ》。類 遺骸《いがい》。使い方「死体《したい》」よりていねいな言《い》い方《かた》。

いだい【偉大】 形容動詞 たいへんすぐれていて、りっぱなようす。例 偉大な芸術家《げいじゅつか》。

イタイイタイびょう【イタイイタイ病】 名詞 富山県《とやまけん》の神通川流域《じんづうがわりゅういき》で発生《はっせい》した公害《こうがい》病《びょう》。鉱山《こうざん》から流《なが》れ出《で》たカドミウムが原因《げんいん》の中《ちゅう》毒《どく》で、全身《ぜんしん》が激《はげ》しく痛《いた》み、骨《ほね》がもろくなって折《お》れやすくなる病気《びょうき》。

いたいけ 形容動詞 幼《おさな》くてかわいらしいようす。幼《おさな》くていじらしいようす。例 赤《あか》ちゃんのいたいけな寝顔《ねがお》／子供《こども》たちのいたいけなことば。

いたいたしい【痛痛しい】 形容詞 とてもかわいそうで、見《み》ていると、その人《ひと》の痛《いた》さが伝《つた》わってくるように感《かん》じられるようす。例 足《あし》の白《しろ》い包帯《ほうたい》が痛々しく感《かん》じられた。

いたがきたいすけ【板垣退助】 名詞（一八三七～一九一九）明治時代《めいじじだい》の政治家《せいじか》。今《いま》の高知県《こうちけん》の生《う》まれ。明治政府《めいじせいふ》に対《たい》して国会《こっかい》を開《ひら》くように文書《ぶんしょ》を出《だ》し、自由民権運動《じゆうみんけんうんどう》を起《お》こした。また、一八八一年《ねん》、日本《にほん》で初《はじ》めての政党《せいとう》をつくった。

いたガラス【板ガラス】 名詞 板《いた》のような形《かたち》のガラス。

いたく 副詞 とても。たいへん。非常《ひじょう》に。例 友《とも》だちのことばにいたく感心《かんしん》する。

いたく【委託】 名詞 動詞 仕事《しごと》などを、人《ひと》に任《まか》せて、代《か》わりにやってもらうこと。例 ビルの管理《かんり》を、専門《せんもん》の業者《ぎょうしゃ》に委託する。類 委嘱《いしょく》。

いだく【抱く】 動詞
❶うででかかえる。だく。
❷心《こころ》の中《なか》に、ある考《かんが》えや気持《きも》ちを持《も》つ。例 バレリーナになる夢《ゆめ》を抱く。

いたくもないはらをさぐられる【痛くもない腹を探られる】 悪《わる》いことなどしていないのに、疑《うたが》いをかけられる。例 痛くもない腹を探られて不愉快《ふゆかい》だ。

いたけだか【居丈高】 形容動詞 相手《あいて》を上《うえ》からおさえつけて、おどすような態度《たいど》をとるようす。例 居丈高にどなりつける。

いたしかたがない【致し方がない】 ⇩85ジベー いたしかたない

いたしかたない【致し方ない】 形容詞 ほかに方法《ほうほう》がない。しようがない。「いたしかたがない」ともいう。例 今《いま》さら気《き》づいても致し方ない。使い方「仕方《しかた》ない」のあらたまった言《い》い方《かた》。

いたしかゆし【痛しかゆし】 かくと痛《いた》い

ことわざ **同《おな》じ穴《あな》のむじな** ちょっと見《み》ると別《べつ》の穴《あな》にすんでいるようだが、実《じつ》は同《おな》じ穴《あな》にすむむじな（たえ。とくに、悪事《あくじ》をはたらく者《もの》についていう。

あいうえお　い
かきくけこ　さしすせそ　たちつてと　なにぬねの　はひふへほ　まみむめも　や　ゆ　よ　らりるれろ　わ　を　ん

し、かかないとかゆいという意味《いみ》から、どちらにしてもうまくいかず、困《こま》ってしまうこと。

いたじき【板敷き】 名詞 ゆかに板《いた》を張《は》ったところ。類 板《いた》の間《ま》。

いたす【致す】 動詞

❶「する」のへりくだった言《い》い方《かた》。例 会場《かいじょう》までの案内《あんない》はわたしがいたします。

❷引《ひ》き起《お》こす。例 この失敗《しっぱい》は、わたしの不注《ふちゅう》意《い》の致すところです。

❸心《こころ》などをその方向《ほうこう》に向《む》けて届《とど》かせる。至《いた》らせる。例 ふるさとに思《おも》いを致す。

使い方 ❶は、かな書《が》きにすることが多《おお》い。

いたずら 名詞 動詞 形容動詞 ふざけて、人《ひと》が困《こま》るようなことをすること。例 いたずらっ子《こ》／妹《いもうと》はいたずらばかりしている。

いたずらに 副詞 むだに。なんの意味《いみ》もなく。例 いたずらに時《とき》を過《す》ごす。

いただき【頂】 名詞 山《やま》などのいちばん高《たか》いところ。てっぺん。頂上《ちょうじょう》。例 頂にまだ雪《ゆき》が残《のこ》っている。類 山頂《さんちょう》。対 麓《ふもと》。漢 ⇒844ページ・ちょう〔頂〕

いただきます 食《た》べ始《はじ》める前《まえ》に言《い》う、あいさつのことば。

いただきもの【頂き物・戴き物】 名詞 「もらい物《もの》」のていねいな言《い》い方《かた》。

いただく【頂く・戴く】 動詞

❶「もらう」のへりくだった言《い》い方《かた》。例 先生《せんせい》から頂いた本《ほん》。

❷「飲《の》む」「食《た》べる」などの、へりくだった言《い》い方《かた》。また、ていねいな言《い》い方《かた》。例 ごちそうを頂く。

❸頭《あたま》にのせる。例 雪《ゆき》を頂いたアルプスの山々《やまやま》。

❹目上《めうえ》の人《ひと》として、尊敬《そんけい》して従《したが》う。例 祖父《そふ》を書道《しょどう》の先生《せんせい》として頂く。

❺〔「…ていただく」の形《かたち》で〕「…てもらう」のへりくだった言《い》い方《かた》。例 先生《せんせい》に教《おし》えていただきました。

使い方 ❺は、ふつうかな書《が》きにする。

漢 ⇒844ページ・ちょう〔頂〕

いたたまらない【居たたまらない】 ⇒86ページ・いたたまれない

いたたまれない【居たたまれない】 その場《ば》にじっとがまんしていられない。「いたたまらない」ともいう。例 みんなの前《まえ》で失敗《しっぱい》し、居たたまれない気持《きも》ちになった。

いたち 名詞 季語冬 体《からだ》が赤茶色《あかちゃいろ》で細長《ほそなが》く、しっぽの長《なが》い動物《どうぶつ》。種類《しゅるい》が多《おお》い。小《ちい》さな動物《どうぶつ》や魚《さかな》などをとって食《た》べる。敵《てき》に追《お》いつめられると、いやなにおいを出《だ》してにげる。

いたち

いたちごっこ 名詞 両方《りょうほう》が同《おな》じことをくり返《かえ》すだけで、きりがないこと。例 掃除《そうじ》してもすぐ散《ち》らかされて、これではいたちごっこだ。

いたって【至って】 副詞 とても。非常《ひじょう》に。例 祖父《そふ》はいたって健康《けんこう》です。使い方 ふつうかな書《が》きにする。

いたで【痛手】 名詞

❶深《ふか》い傷《きず》。大《おお》きなけが。例 足《あし》に痛手を負《お》う。

❷大《おお》きな損害《そんがい》。例 台風《たいふう》で大《おお》きな痛手を受《う》けた。

いだてん【韋駄天】 名詞

❶仏教《ぶっきょう》の守《まも》り神《がみ》の一人《ひとり》。足《あし》がとても速《はや》いといわれる。

❷足《あし》の速《はや》い人《ひと》。

いたのま【板の間】 名詞 ゆかに板《いた》を張《は》った部屋《へや》。類 板敷《いたじ》き。

いたばさみ【板挟み】 名詞 対立《たいりつ》する二《ふた》つのもののどちらにつくこともできず、なやむこと。例 友《とも》だち二人《ふたり》がけんかして、ぼくは板挟みになった。ことば 板《いた》と板《いた》の間《あいだ》にはさまって動《うご》けないようすからきたことば。

いたばり【板張り】 名詞 板《いた》を張《は》りつけること。また、板《いた》を張《は》ったところ。

いたべい【板塀】 名詞 板《いた》でつくったへい。

いたまえ【板前】 名詞 日本料理《にほんりょうり》を作《つく》ることを仕事《しごと》とする人《ひと》。ことば「板《いた》」は、「まないた」のこと。

いたましい【痛ましい】 形容詞 気《き》の毒《どく》で見《み》ていられないほど、かわいそうなようす。例 痛ましい事故《じこ》。使い方「痛しい」と書《か》かないよう送《おく》りがなに注意《ちゅうい》。

いたみ【痛み】 名詞

❶体《からだ》に感《かん》じる苦《くる》しみ。例 歯《は》の痛み。

❷心《こころ》に感《かん》じる苦《くる》しみ。例 人《ひと》の痛みがわかる。

いたみ【傷み】 名詞

❶物《もの》がこわれたり傷《きず》ついたりすること。例 家《いえ》の傷みが激《はげ》しい。

さらに強《つよ》くなることのたとえ。

❷食《た》べ物《もの》がくさること。また、食《た》べ物《もの》に傷《きず》がつくこと。例 生物《なまもの》は傷みが早《はや》い。

いたむ【悼む】 動詞 人《ひと》の死《し》を悲《かな》しく思《おも》う。例 好《す》きだった作家《さっか》の死《し》を悼む。

いたむ【痛む】 動詞 ❶体《からだ》に痛《いた》みを感《かん》じる。例 むし歯《ば》が痛む。❷心《こころ》に苦《くる》しみを感《かん》じる。なやむ。例 後悔《こうかい》に胸《むね》が痛む。漢 ⇒855ジベー つう〔痛〕

いたむ【傷む】 動詞 ❶物《もの》に傷《きず》がつく。悪《わる》くなる。例 このくつもずいぶん傷んだ。❷食《た》べ物《もの》がくさる。また、食《た》べ物《もの》に傷《きず》がつく。漢 ⇒630ジベー しょう〔傷〕

いため【板目】 名詞 板《いた》の、山《やま》や波《なみ》のような形《かたち》になっている木目《もくめ》。対 正目《まさめ》。図 ⇒1315ジベー もくめ

いためつける【痛めつける】 動詞 ひどい目《め》にあわせる。例 敵《てき》をさんざんに痛めつける。

いためる 動詞 食《た》べ物《もの》を、油《あぶら》を少《すこ》し入《い》れたなべなどの中《なか》で、かき混《ま》ぜながら熱《ねっ》する。例 ごはんをいためてチャーハンを作《つく》る。

いためる【痛める】 動詞 ❶体《からだ》のある部分《ぶぶん》を痛《いた》くしたり、悪《わる》くしたりする。例 転《ころ》んで足《あし》を痛めてしまった。❷心《こころ》を苦《くる》しめる。なやます。例 胸《むね》を痛める。漢 ⇒855ジベー つう〔痛〕

いためる【傷める】 動詞 ❶物《もの》に傷《きず》をつける。物《もの》をこわす。例 乱暴《らんぼう》にあつかって、筆《ふで》を傷めてしまった。❷食《た》べ物《もの》をくさらせる。食《た》べ物《もの》に傷《きず》をつける。例 冷蔵庫《れいぞうこ》に入《い》れ忘《わす》れて、魚《さかな》を傷めてしまった。漢 ⇒630ジベー しょう〔傷〕

いたらぬ【至らぬ】 考《かんが》えが足《た》りず、行《い》き届《とど》かない。例 何《なに》かと至らぬことも多《おお》く、ご不便《ふべん》をおかけいたしました。

いたり【至り】 名詞 ❶この上《うえ》ないこと。それ以上《いじょう》はないこと。例 大先輩《だいせんぱい》におほめいただき光栄《こうえい》の至りです。❷あることの結果《けっか》。例 若気《わかげ》の至りで軽《かる》はずみなことをしてしまった。

イタリアきょうわこく【イタリア共和国】 名詞 ヨーロッパの南部《なんぶ》にある、地中海《ちちゅうかい》につき出《で》た長《なが》靴形《ぐつがた》の半島《はんとう》の国《くに》。古《ふる》くから文化《ぶんか》が栄《さか》えた。首都《しゅと》はローマ。「イタリア」ともいう。

(国旗《こっき》)

いたる【至る】 動詞 ❶ある場所《ばしょ》に行《い》き着《つ》く。例 東京《とうきょう》に至る道路《どうろ》。❷ある状態《じょうたい》や段階《だんかい》になる。例 けがは大事《だいじ》には至らなかった。❸その時期《じき》、または時間《じかん》になる。例 手《て》がかりのないまま、今《いま》に至る。漢 ⇒552ジベー し〔至〕

いたるところ【至る所】 あちらもこちらも、どこにでも。どこもみんな。例 駅《えき》のかべの至る所にポスターがはってある。

いたれりつくせり【至れり尽くせり】 心《こころ》づかいがじゅうぶんに行《い》き届《とど》いていること。例 至れり尽くせりのサービス。

いたわしい 形容詞 かわいそうなようす。気《き》の毒《どく》なようす。例 なんておいたわしいできごとでしょう。

いたわる 動詞 ❶弱《よわ》いものなどを、相手《あいて》の身《み》になって大切《たいせつ》にあつかう。例 お年寄《としよ》りをいたわる。❷人《ひと》の苦労《くろう》を、温《あたた》かい気持《きも》ちでなぐさめる。例 退職《たいしょく》する人々《ひとびと》をいたわる。類 ねぎらう。

いたん【異端】 名詞 その時代《じだい》や社会《しゃかい》において、正《ただ》しいとは認《みと》められない考《かんが》え方《かた》や、学問《がくもん》・宗教《しゅうきょう》など。対 正統《せいとう》。

いち【一】 名詞 ❶数《かず》の名《な》。ひとつ。例 一足す一。❷はじめ。ものの始《はじ》まり。例 一からやり直《なお》す。❸もっともすぐれていること。例 世界《せかい》一になる。漢 ⇒87ジベー いち〔一〕

● **一《いち》か八《ばち》か** 運《うん》を天《てん》に任《まか》せて、やってみること。例 一か八かの勝負《しょうぶ》をしかける。

● **一《いち》から十《じゅう》まで** 何《なに》から何《なに》まで。すべて。例 一から十までめんどうをみてもらう。

● **一《いち》も二《に》もなく** あれこれ言《い》うまでもなく、ただちに。例 一も二もなく賛成《さんせい》した。

● **一《いち》を聞《き》いて十《じゅう》を知《し》る** 故事成語 一部分《いちぶぶん》を聞《き》いただけで全体《ぜんたい》がわかるほど頭《あたま》がよいことのたとえ。

漢 **いち【一】**〔一《いち》〕 1画 1年 音 イチ・イツ 訓 ひと・ひとつ

ことわざ **鬼《おに》に金棒《かなぼう》** ただでさえ強《つよ》い鬼《おに》に強力《きょうりょく》な武器《ぶき》（金棒《かなぼう》）を持《も》たせるように、もともと強《つよ》いものが

❶ひとつ。いち。例一度《いちど》／一例《いちれい》／万一《まんいち》／唯一《ゆいいつ》。❷はじめ。例一番《いちばん》／第一《だいいち》。❸もっともすぐれている。並《なら》ぶものがない。例一流《いちりゅう》／世界一《せかいいち》。❹すべて。ひとまとめ。例一同《いちどう》／一式《いっしき》。❺おなじ。ひとしい。例均一《きんいつ》／統一《とういつ》。❻わずか。ちょっと。例一見《いっけん》。

いち【市】 名詞 人《ひと》が集《あつ》まって品物《しなもの》を売《う》ったり買《か》ったりすること。また、その場所《ばしょ》。例市が立《た》つ。参考 朝市《あさいち》・植木市《うえきいち》・のみの市《いち》など、いろいろな種類《しゅるい》の市《いち》がある。漢 ⇒551ページ し〔市〕

いち【位置】 名詞 動詞 ❶もののある場所《ばしょ》。また、ものがその場所《ばしょ》にあること。例北海道《ほっかいどう》は日本《にほん》の北《きた》に位置する。❷社会《しゃかい》などの中《なか》での地位《ちい》。立場《たちば》。例このチームは優勝《ゆうしょう》をねらえる位置にいる。

いちいせんしん【一意専心】 副詞 一《ひと》つのことだけに気持《きも》ちを集中《しゅうちゅう》させるようす。例一意専心勉学《べんがく》にはげむ。

いちいち 副詞 一《ひと》つ一《ひと》つ。残《のこ》らず。そのたびに。例ぼくのすることにいちいち文句《もんく》を言《い》う。

いちいん【一因】 名詞 いくつかの原因《げんいん》のうちの一《ひと》つ。例人《ひと》がらのよさも、成功《せいこう》の一因だ。

いちいん【一員】 名詞 仲間《なかま》の一人《ひとり》。例クラスの一員／犬《いぬ》のポチも家族《かぞく》の一員だ。

いちえん【一円】 名詞 その辺《あた》り一帯《いったい》。ある地《ち》方全体《ほうぜんたい》。例北九州《きたきゅうしゅう》一円を大雨《おおあめ》がおそった。

いちおう【一応】 副詞 ❶じゅうぶんではないかもしれないが、ひととおり。とりあえず。例話《はなし》はいちおう聞《き》いた。❷念《ねん》のため。例もう知《し》っているかもしれないが、いちおう知《し》らせておこう。使い方 かな書《が》きにすることが多《おお》い。

いちがいに【一概に】 副詞 ひと口《くち》に。ひとまとめにして。例一概にきみが悪《わる》いとはいえない。使い方 あとに「ない」などのことばがくる。

いちかわふさえ【市川房枝】 名詞（一八九三～一九八一）大正《たいしょう》・昭和時代《しょうわじだい》の女性運動家《じょせいうんどうか》・政治家《せいじか》。平塚《ひらつか》らいてう（らいちょう）らと新婦人協会《しんふじんきょうかい》をつくり、女性《じょせい》が参政権《さんせいけん》を得《え》るために力《ちから》をつくした。第二次世界大戦後《だいにじせかいたいせんご》、日本婦人有権者同盟《にほんふじんゆうけんしゃどうめい》を結成《けっせい》。

いちがん【一丸】 名詞 一《ひと》つのかたまり。ひとまとまり。例全員《ぜんいん》一丸となって戦《たたか》う。

いちがんレフ【一眼レフ】 名詞 レンズが一《ひと》つのカメラ。さつえいのためのレンズが、ファインダー（＝像《ぞう》を見《み》るための窓《まど》）から像《ぞう》を見《み》るのにも使《つか》われる。

いちぐう【一隅】 名詞 片隅《かたすみ》。一方《いっぽう》のすみ。例校庭《こうてい》の一隅にいちょうの木《き》が立《た》っている。

いちぐん【一群】 名詞 ひと群《む》れ。ひとかたまり。例今年《ことし》も白鳥《はくちょう》の一群がやってきた。

いちげいにひいでる【一芸に秀でる】 ある一《ひと》つのわざや才能《さいのう》が、人《ひと》よりすぐれている。

いちげき【一撃】 名詞 動詞 相手《あいて》を一回打《いっかいう》つこと。一度《いちど》のこうげき。例あごに一撃を受《う》ける。

いちげんこじ【一言居士】 名詞 どんなことにでも、必《かなら》ず意見《いけん》をひと言言《ことい》いたがる人《ひと》。

いちご 名詞 季語 夏 ばらのなかまの植物《しょくぶつ》の一《ひと》つ。野山《のやま》に生《は》える木《き》いちごや、食用《しょくよう》としてさいばいされるオランダいちごなどがある。ことば 漢字《かんじ》では「苺」と書《か》く。

いちご

いちごいちえ【一期一会】 ⇒507ページ 四字熟語

いちごん【一言】 名詞 一《ひと》つのことば。短《みじか》いことば。ひと言《こと》。

●**一言《いちごん》もない** まったく言《い》い訳《わけ》できない。ひと言《こと》も言《い》い返《かえ》せない。例自分《じぶん》が悪《わる》いとわかっていたので、一言もなかった。

いちごんいっく【一言一句】 名詞 一《ひと》つ一《ひと》つのことば。例先生《せんせい》の一言一句が心《こころ》に残《のこ》る。

いちごんはんく【一言半句】 名詞 ほんの少《すこ》しのことば。例大切《たいせつ》なことは一言半句も聞《き》きもらさない。使い方 あとに「ない」などのことばがくることが多《おお》い。

いちざ【一座】 名詞 ❶演芸《えんげい》などをする人々《ひとびと》の団体《だんたい》。例芝居《しばい》の一座。❷同《おな》じ場所《ばしょ》にいる人《ひと》の全部《ぜんぶ》。例一座を見回《みまわ》す。

いちじ【一次】 名詞 一回目《いっかいめ》。最初《さいしょ》。例一次試験《しけん》。

いちじ【一時】 名詞 副詞 ❶少《すこ》しの間《あいだ》。しばらく。例一時停止《ていし》。

だり、のんびりと好《す》きなことをしたりすること。「洗濯《せんたく》」は「命《いのち》の洗濯《せんたく》」のことで、息《いき》ぬきの意味《いみ》。

❷過去《かこ》の、ある時《とき》。例一時はクラブをやめようかと思《おも》った。❸そのときかぎり。例一時しのぎの言《い》い訳《わけ》。

いちじいっく【一字一句】 名詞 一《ひと》つの字《じ》や一《ひと》つのことば。ことばの細《こま》かな部分《ぶぶん》の一《ひと》つ一《ひと》つ。例一字一句、ていねいに読《よ》み上《あ》げる。

いちじがばんじ【一事が万事】 ことわざ 一《ひと》つのことを見《み》れば、そこからほかのことまでおし量《はか》れるということ。例お使《つか》いに行《い》けばおつりを忘《わす》れてくる、一事が万事この調子《ちょうし》だ。

いちじきん【一時金】 名詞 ボーナスや退職《たいしょく》金《きん》のように、そのときかぎりで、まとめてしはらわれるお金《かね》。

いちじく 名詞 季語 秋 くわのなかまの木《き》の一《ひと》つ。夏《なつ》から秋《あき》になるびわに似《に》た形《かたち》の実《み》は、花《はな》がたくさん集《あつ》まったもので、食用《しょくよう》になる。使い方「いちぢく」と書《か》かないよう注意《ちゅうい》。ことば 漢字《かんじ》では「無花果」と書《か》く。

いちじく

いちじげん【一次元】 名詞 直線《ちょくせん》で表《あらわ》される広《ひろ》がり。

いちじつせんしゅう【一日千秋】 名詞 とても待《ま》ち遠《どお》しいこと。「いちにちせんしゅう」ともいう。例一日千秋の思《おも》い。ことば「千秋《せんしゅう》」は「千年《せんねん》」という意味《いみ》。一日《いちにち》が千年《せんねん》ほどにも長《なが》く感《かん》じられる、という意味《いみ》からきたことば。

いちじつのちょう【一日の長】 ことわざ ほかの人《ひと》よりも、技術《ぎじゅつ》や知識《ちしき》などが少《すこ》しだけすぐれていること。例水泳《すいえい》では、きみに一日の長がある。ことば 一日《いちにち》だけ先《さき》に生《う》まれたという意味《いみ》からきたことば。

いちじに【一時に】 ⇩89ページいちどきに

いちじゅん【一巡】 名詞 動詞 ひと回《まわ》りすること。ひとめぐりすること。例庭園《ていえん》を一巡する。

いちじるしい【著しい】 形容詞 目立《めだ》ってはっきりしている。例現代《げんだい》の医学《いがく》は、著しく進《しん》歩《ぽ》している。使い方「いちぢるしい」と書《か》かないよう注意《ちゅうい》。漢⇩843ページちょ〔著〕

いちじん【一陣】 名詞 風《かぜ》や雨《あめ》が、しばらくの間《あいだ》ふいたり降《ふ》ったりすること。例一陣の風《かぜ》が通《とお》り過《す》ぎていった。

いちず 形容動詞 ある一《ひと》つのことだけを思《おも》って、夢中《むちゅう》になるようす。例いちずに練習《れんしゅう》を続《つづ》ける。

いちぞく【一族】 名詞 血《ち》のつながりのある人《ひと》たち。例源氏《げんじ》の一族。類一門《いちもん》。

いちぞん【一存】 名詞 自分《じぶん》ひとりの考《かんが》え。例わたしの一存で決《き》めるわけにはいかない。

いちだ【一だ】 名詞 ❶花《はな》のひと枝《えだ》。一輪《いちりん》の花《はな》。例一だのゆりの花《はな》。❷ひとかたまり。例一だの雲《くも》。ことば 漢字《かんじ》では「一朶」と書《か》く。

いちだい【一代】 名詞 ❶人《ひと》の一生《いっしょう》。例一代記《き》。❷ある一人《ひとり》の人《ひと》が主人《しゅじん》として家《いえ》や家業《かぎょう》を営《いとな》んでいる間《あいだ》。例一代で財産《ざいさん》を築《きず》く。❸一人《ひとり》の王《おう》や天皇《てんのう》が位《くらい》についている間《あいだ》。❹ある一《ひと》つの時代《じだい》。例一代の英雄《えいゆう》。

いちだいじ【一大事】 名詞 大変《たいへん》なこと。大《だい》事件《じけん》。例土手《どて》がくずれたら一大事だ。

いちだま【一玉】 名詞 そろばんで、下段《げだん》にある四個《よんこ》のたま。たまの置《お》かれている位置《いち》により、0から4の数《かず》を表《あらわ》す。関連 五玉《ごだま》。

いちだん【一団】 名詞 一《ひと》つの集《あつ》まり。人《ひと》などの、ひとかたまり。例旅行者《りょこうしゃ》の一団。

いちだん【一段】 ❶名詞 階段《かいだん》などの、一《ひと》つの段《だん》。❷副詞 いっそう。ますます。例今回《こんかい》の作文《さくぶん》は一段とすばらしい。使い方❷は、「一段《いちだん》と」の形《かたち》でも使《つか》う。

いちだんらく【一段落】 名詞 動詞 仕事《しごと》や勉《べん》強《きょう》などが、ひと区切《くぎ》りつくこと。例仕事《しごと》が一段落したら、ひと休《やす》みしよう。

いちづけ【位置付け】 名詞 あるものごとの、全体《ぜんたい》の中《なか》での役割《やくわり》や意味《いみ》を定《さだ》めること。また、その役割《やくわり》や意味《いみ》。例学校《がっこう》における各行事《かくぎょうじ》の位置付けを考《かんが》える。

いちど【一度】 名詞 いっぺん。一回《いっかい》。

いちどう【一同】 名詞 そこにいる人《ひと》みんな。全員《ぜんいん》。例一同起立《きりつ》／教《おし》え子《ご》一同。

いちどう【一堂】 名詞 同《おな》じ建物《たてもの》や部屋《へや》。また、同《おな》じ場所《ばしょ》。使い方「一同」と書《か》かないよう注《ちゅう》意《い》。

●**一堂《いちどう》に会《かい》する** たくさんの人《ひと》が一《ひと》つの場所《ばしょ》に集《あつ》まる。例卒業生《そつぎょうせい》が一堂に会した。

いちどきに【一時に】 副詞 一度《いちど》に。同《おな》じ時《とき》に。いちじに。例 用事《ようじ》を一時にすませる。

いちどく【一読】 名詞 動詞 一度《いちど》読《よ》むこと。ひととおり読《よ》むこと。例 一読の価値《かち》がある本《ほん》。

いちどに【一度に】 副詞 同時《どうじ》に。いっぺんに。例 この荷物《にもつ》を一度に運《はこ》べますか。

いちなんさってまたいちなん【一難去ってまた一難】 ことわざ 困《こま》ったことからぬけ出《だ》したと思《おも》ったら、すぐ別《べつ》の困《こま》ったことが起《お》きること。例 かぜがやっと治《なお》ったら転《ころ》んでひざをすりむくとは、一難去ってまた一難だ。

いちにち【一日】 名詞 ❶午前零時《ごぜんれいじ》から午後十二時《ごごじゅうにじ》まで。❷ある時刻《じこく》から二十四時間《にじゅうよじかん》。❸朝《あさ》から晩《ばん》まで。例 昨日《きのう》は一日海《うみ》で泳《およ》いだ。❹ある日《ひ》。例 秋《あき》の一日、家族《かぞく》で山《やま》に出《で》かけた。❺月《つき》の最初《さいしょ》の日《ひ》。ついたち。

いちにちせんしゅう【一日千秋】 ⇩89ページ いちじつせんしゅう

いちにをあらそう【一二を争う】 一番《いちばん》か二番《にばん》かを争《あらそ》う。ほかよりとくにすぐれている。例 校内《こうない》で一二を争う長身《ちょうしん》の先生《せんせい》。

いちにん【一任】 名詞 動詞 人《ひと》にすっかり任《まか》せること。例 この仕事《しごと》はあなたに一任します。

いちにんしょう【一人称】 名詞 話《はな》し手《て》が自《じ》分《ぶん》のことを指《さ》していうことば。「わたし」「ぼく」「おれ」など。関連 二人称《ににんしょう》。三人称《さんにんしょう》。

いちにんまえ【一人前】 名詞 ❶ふつうの大人《おとな》と同《おな》じような知識《ちしき》や能力《のうりょく》を持《も》っていること。例 一人前に仕事《しごと》ができるようになった。対 半人前《はんにんまえ》。❷一人分《ひとりぶん》の量《りょう》。例 すしを一人前注文《ちゅうもん》する。

いちねん【一年】 名詞 ❶一月一日《いちがつついたち》から十二月三十一日《じゅうにがつさんじゅういちにち》までの間《あいだ》。❷十二《じゅうに》か月《げつ》。例 九月《くがつ》から一年、外国《がいこく》で暮《く》らす。❸年号《ねんごう》や紀元《きげん》の初《はじ》めの年《とし》。❹一年生《いちねんせい》。一学年《いちがくねん》。

● **一年《いちねん》の計《けい》は元旦《がんたん》にあり** ことわざ 一年《いちねん》の計画《けいかく》は年《とし》の初《はじ》めに立《た》てるのがよい。また、ものごとを始《はじ》めるときには、最初《さいしょ》に計画《けいかく》を立《た》てたほうがよい。

いちねん【一念】 名詞 深《ふか》く心《こころ》に思《おも》いつめること。例 助《たす》かりたい一念で岸《きし》に泳《およ》ぎついた。

いちねんそう【一年草】 名詞 春《はる》に種《たね》から芽《め》を出《だ》し、夏《なつ》から秋《あき》に花《はな》がさいて実《み》がなり、冬《ふゆ》にはかれてしまう草《くさ》。関連 二年草《にねんそう》。多年草《たねんそう》。

いちねんほっき【一念発起】 名詞 動詞 思《おも》い立《た》って、あることを成《な》しとげようと決心《けっしん》すること。例 一念発起して、苦手《にがて》な科目《かもく》を勉強《べんきょう》した。

いちば【市場】 名詞 ❶商人《しょうにん》が集《あつ》まって、産地《さんち》から集《あつ》められた品物《しなもの》を売《う》り買《か》いするところ。例 魚《うお》市場。❷日用品《にちようひん》・食料品《しょくりょうひん》などを売《う》る店《みせ》が集《あつ》まっているところ。マーケット。

いちばまち【市場町】 名詞 昔《むかし》、市場《いちば》を中心《ちゅうしん》にして人《ひと》が住《す》みついてできた町《まち》。参考 四日市《よっかいち》・五日市《いつかいち》・八日市《ようかいち》などは、市場《いちば》の名《な》が地名《ちめい》になったもの。

いちはやく【いち早く】 副詞 真《ま》っ先《さき》に。すぐに。例 妹《いもうと》は母《はは》の姿《すがた》をいち早く見《み》つけた。

いちばん【一番】 ❶名詞 順番《じゅんばん》の初《はじ》め。最初《さいしょ》。例 朝《あさ》一番の電車《でんしゃ》。❷名詞 もっともすぐれていること。一位《いちい》。一等《いっとう》。例 かけっこで一番になった。❸名詞 囲碁《いご》・将棋《しょうぎ》・すもうなどの一回《いっかい》の勝負《しょうぶ》。例 大関同士《おおぜきどうし》の一番。❹副詞 もっとも。どれよりも。例 世界《せかい》でいちばん高《たか》い山《やま》はエベレストだ。使い方 ❹は、ふつうかな書《が》きにする。

いちばんどり【一番どり】 名詞 明《あ》け方《がた》、いちばん先《さき》に鳴《な》くにわとり。また、その鳴《な》き声《ごえ》。

いちばんのり【一番乗り】 名詞 いちばん先《さき》に、目指《めざ》すところに着《つ》くこと。例 今朝《けさ》は、ぼくが一番乗りだ。ことば 敵《てき》の陣地《じんち》に、いちばん先《さき》に馬《うま》で乗《の》りこむという意味《いみ》からきたことば。

いちばんぼし【一番星】 名詞 日《ひ》が暮《く》れて、いちばん先《さき》に目《め》につく星《ほし》。

いちぶ【一分】 名詞 ❶一割《いちわり》の十分《じゅうぶん》の一《いち》。一《いち》パーセント。❷昔《むかし》、日本《にほん》で使《つか》われていた長《なが》さの単位《たんい》で、一寸《いっすん》の十分《じゅうぶん》の一《いち》。約三《やくさん》ミリメートル。❸ごくわずか。例 一分のすきもない用心深《ようじんぶか》さ。

いちぶ【一部】 名詞 ❶全体《ぜんたい》の中《なか》の部分《ぶぶん》。例 一部の人《ひと》は、もう家《いえ》に帰《かえ》った。対 全部《ぜんぶ》。❷新聞《しんぶん》や雑誌《ざっし》、本《ほん》などの一冊《いっさつ》。

いちぶしじゅう【一部始終】 名詞 始《はじ》めから終《お》わりまで。全部《ぜんぶ》。すべて。例 どうしてけ

ない人《ひと》も、情《なさ》け深《ぶか》くなることがあるということのたとえ。

んかになったのか、一部始終を聞《き》く。

いちふじにたかさんなすび【一富士二たか三なすび】 初夢《はつゆめ》に見《み》ると縁起《えんぎ》がよいとされているものを並《なら》べたことば。一番縁起《いちばんえんぎ》がよいのが富士山《ふじさん》、二番《にばん》がたか、三番《さんばん》がなすとされている。

いちぶぶん【一部分】 名詞 全体《ぜんたい》の中《なか》の一《ひと》つの部分《ぶぶん》。小《ちい》さな部分《ぶぶん》。対 大部分《だいぶぶん》。

いちぼう【一望】 名詞 動詞 広《ひろ》い場所《ばしょ》をひと目《め》で見《み》わたすこと。例 屋上《おくじょう》から町《まち》を一望する。

いちぼうせんり【一望千里】 名詞 ひと目《め》で、遠《とお》くまで見《み》わたせること。例 一望千里の大草原《だいそうげん》。

いちまつ【一抹】 名詞 ほんの少《すこ》し。例 まだ、一抹の不安《ふあん》が残《のこ》っている。

いちみ【一味】 名詞 同《おな》じ仲間《なかま》。例 どろぼうの一味。ことば 多《おお》くは、悪《わる》い仲間《なかま》のことをいう。

いちめい【一名】 名詞 ❶一人《ひとり》。例 代表《だいひょう》を一名選《えら》ぶ。❷別《べつ》の名《な》。例「すすき」は一名「おばな」という。

いちめい【一命】 名詞 たった一《ひと》つの、大切《たいせつ》な命《いのち》。例 一命をとりとめる（＝命《いのち》が助《たす》かる）。

いちめん【一面】 名詞 ❶その辺《あた》り全部《ぜんぶ》。例 一面の花畑《はなばたけ》。❷一方《いっぽう》。ちがった面《めん》。例 弟《おとうと》は、明《あか》るい性格《せいかく》だが、一面わがままでもある。❸新聞《しんぶん》の第一《だいいち》ページ。

いちめんしき【一面識】 名詞 一度《いちど》だけ、また少《すこ》しだけ会《あ》って、ちょっと知《し》っていること。例 その人《ひと》とは一面識もない。

いちめんてき【一面的】 形容動詞 ものごとの見方《みかた》や意見《いけん》などが、ある一《ひと》つの方向《ほうこう》にかたよっているようす。例 一面的な考《かんが》え。対 多面的《ためんてき》。

いちもうさく【一毛作】 名詞 一《ひと》つの田畑《たはた》で、一年《いちねん》に一回《いっかい》、作物《さくもつ》をつくること。類 単作《たんさく》。関連 二毛作《にもうさく》。多毛作《たもうさく》。

いちもうだじん【一網打尽】 名詞 悪人《あくにん》などを一度《いちど》に全部《ぜんぶ》つかまえること。ことば あみを一回投《いっかいな》げるだけで、全部《ぜんぶ》の魚《さかな》をとってしまうという意味《いみ》からきたことば。

いちもくおく【一目置く】 相手《あいて》のほうが自分《じぶん》よりすぐれていると認《みと》め、一歩《いっぽ》ゆずった態度《たいど》をとる。ことば 囲碁《いご》で、弱《よわ》いほうが先《さき》に石《いし》を一《ひと》つ置《お》いて勝負《しょうぶ》を始《はじ》めることからきたことば。

いちもくさんに【一目散に】 副詞 まわりのことには目《め》もくれずに進《すす》むようす。まっしぐらに。例 一目散ににげる。

いちもくりょうぜん【一目瞭然】 形容動詞 ひと目見《めみ》ただけで、はっきりわかること。

いちもん【一文】 名詞 ❶昔《むかし》、日本《にほん》でつかわれていたお金《かね》で、いちばん低《ひく》い単位《たんい》。❷少《すこ》しのお金《かね》。例 一文の得《とく》にもならない。

いちもん【一門】 名詞 ❶同《おな》じ姓《せい》を名《な》のる人々《ひとびと》。例 平氏《へいし》の一門。類 一《いち》族《ぞく》。❷同《おな》じ先生《せんせい》についている仲間《なかま》。例 夏目漱石《なつめそうせき》一門の作家《さっか》。

いちもんいっとう【一問一答】 名詞 動詞 質問《しつもん》と答《こた》えをくり返《かえ》すこと。一《ひと》つの質問《しつもん》に対《たい》して一《ひと》つ答《こた》えること。

いちもんじ【一文字】 名詞「一」の字《じ》のように横《よこ》にまっすぐなこと。例 口《くち》を一文字に結《むす》ぶ。

いちもんなし【一文無し】 名詞 お金《かね》をまったく持《も》っていないこと。類 無一文《むいちもん》。文無《もんな》し。

いちや【一夜】 名詞 ❶一晩《ひとばん》。例 ねむれない一夜を明《あ》かす。❷ある夜《よる》。例 一夜、先生《せんせい》の家《いえ》を訪《たず》ねた。

いちやく【一躍】 副詞 急《きゅう》に進歩《しんぽ》したり出世《しゅっせ》したりするようす。例 一躍有名《ゆうめい》になる。

いちやづけ【一夜漬け】 名詞 ❶一晩《ひとばん》でつけた漬物《つけもの》。例 なすの一夜漬け。❷勉強《べんきょう》や仕事《しごと》などを急《いそ》いで間《ま》に合《あ》わせること。例 一夜漬けで勉強《べんきょう》をする。類 付《つ》け焼《や》き刃《ば》。

いちゅう【意中】 名詞 心《こころ》の中《なか》で思《おも》っていること。例 親《した》しい友人《ゆうじん》に意中をもらす。

いちよう【一様】 形容動詞 ものごとのようすや性質《せいしつ》などが、どれもみんな同《おな》じであるようす。例 人《ひと》の考《かんが》えは一様ではない。対 多様《たよう》。

いちょう 名詞 高《たか》い木《き》の一《ひと》つ。葉《は》はおうぎのような形《かたち》で、秋《あき》には

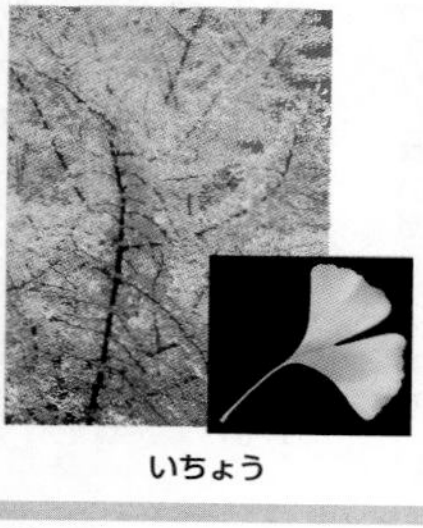
いちょう

ことわざ　**鬼《おに》の目《め》にも涙《なみだ》**　人情《にんじょう》のない鬼《おに》もときには目《め》になみだをうかべるように、どんなにやさしさの

あいうえお　かきくけこ　さしすせそ　たちつてと　なにぬねの　はひふへほ　まみむめも　やゆよ　らりるれろ　わをん

関連＝関係《かんけい》の深《ふか》いことば

黄色《きいろ》くなって落《お》ちる。実《み》は「ぎんなん」といい、食用《しょくよう》になる。ことば 漢字《かんじ》では「銀杏」と書《か》く。

いちょう【胃腸】 名詞 胃《い》と腸《ちょう》。例 胃腸薬《やく》。

いちょう【移調】 名詞 動詞 曲《きょく》のメロディーを変《か》えないで、ほかの調《ちょう》に移《うつ》すこと。

いちょうぎり【いちょう切り】 名詞 だいこんやにんじんなどを縦《たて》に十文字《じゅうもんじ》に切《き》り、それをはしからうすく切《き》ること。いちょうの葉《は》のような形《かたち》になる。図 ↓368ジペー きる〔切る〕

いちようらいふく【一陽来復】 名詞
❶冬《ふゆ》が終《お》わって春《はる》になること。
❷よくないことが続《つづ》いたあとに、やっと幸運《こううん》がめぐってくること。
ことば もとは、昔《むかし》のこよみの十一月《じゅういちがつ》、または冬《とう》至《じ》を指《さ》すことば。

いちらん【一覧】
❶ 名詞 動詞 ひととおり、ざっと目《め》を通《とお》すこと。例 資料《しりょう》を一覧する。
❷ 名詞 ひと目《め》でわかるようにまとめて表《ひょう》にしたもの。例 一覧表《ひょう》／参加校《さんかこう》の一覧。

いちり【一理】 名詞 なるほどと思《おも》えるような、一《ひと》つの考《かんが》え方《かた》。例 きみの言《い》い分《ぶん》にも一理ある。

いちりいちがい【一利一害】 名詞 利益《りえき》がある一方《いっぽう》で、害《がい》もあること。

いちりつ【一律】 名詞 形容動詞
❶すべてのものを同《おな》じやり方《かた》であつかうこと。例 みんな一律に参加賞《さんかしょう》をもらった。
❷同《おな》じ調子《ちょうし》が続《つづ》いて、変化《へんか》がないこと。

いちりづか【一里塚】 名詞 昔《むかし》の、道《みち》のりの目印《めじるし》。おもな道《みち》の両《りょう》わきに、一里《いちり》（＝約《やく》三・九キロメートル）ごとに土《つち》を高《たか》く盛《も》り上《あ》げ、木《き》を植《う》えておいたもの。
使い方「一率」と書《か》かないよう注意《ちゅうい》。

いちりゅう【一流】 名詞
❶もっともすぐれていること。例 一流の画家《がか》。
❷その人《ひと》だけの独特《どくとく》のやり方《かた》。例 父《ちち》一流の冗《じょう》談《だん》に、みんなが笑《わら》い転《ころ》げた。

いちりょうじつ【一両日】 名詞 一日《いちにち》または二日《ふつか》。例 一両日のうちにお届《とど》けいたします。

いちりん【一輪】 名詞
❶車輪《しゃりん》一《ひと》つ。例 一輪車《しゃ》。
❷花《はな》一《ひと》つ。例 一輪のばら。

いちりんざし【一輪挿し】 名詞 一輪《いちりん》か二輪《にりん》の花《はな》をさすための、小《ちい》さな花瓶《かびん》。

いちりんしゃ【一輪車】 名詞
❶車輪《しゃりん》が一《ひと》つの手押《てお》し車《ぐるま》。工事現場《こうじげんば》などで使《つか》われる。
❷車輪《しゃりん》が一《ひと》つの自転車《じてんしゃ》。

いちれい【一礼】 名詞 動詞 一度《いちど》おじぎをすること。軽《かる》くおじぎをすること。

いちれい【一例】 名詞 一《ひと》つの例《れい》。あるたとえ。例 一例を挙《あ》げて説明《せつめい》いたします。

いちれん【一連】 名詞 ひと続《つづ》き。ひとつながり。例 一連の事件《じけん》が解決《かいけつ》した。

いちろ【一路】
❶ 名詞 ひと筋《すじ》の道《みち》。
❷ 副詞 ひたすら。まっすぐに。例 飛行機《ひこうき》は一路ロンドンへ向《む》かった。

いつ 代名詞 はっきりしない時《とき》を表《あらわ》すことば。例 いつまで遊《あそ》んでいるの／完成《かんせい》はいつですか。

いつ【一】 漢 ↓87ジペー いち〔一〕

いつ【五】（ほかのことばの前《まえ》につけて）「いつつ」の意味《いみ》を表《あらわ》す。例 五日《か》。漢 ↓441ジペー ご〔五〕

いつか 副詞
❶過去《かこ》の、はっきりしないある時《とき》を表《あらわ》す。以《い》前《ぜん》。前《まえ》に。例 ここにはいつか来《き》たことがある。
❷未来《みらい》の、はっきりしないある時《とき》を表《あらわ》す。例 またいつか会《あ》おうね。
❸知《し》らない間《あいだ》に。気《き》がつかないうちに。いつの間《ま》にか。例 いつか日《ひ》も暮《く》れていた。

いつか【五日】 名詞
❶月《つき》の五番目《ごばんめ》の日《ひ》。例 五月《ごがつ》五日。
❷五日間《ごにちかん》。例 試合《しあい》まであと五日とせまった。

いっか【一家】 名詞
❶一《ひと》つの家《いえ》。例 結婚《けっこん》して一家を構《かま》える。
❷家族全員《かぞくぜんいん》。例 一家そろって海《うみ》に行《い》く。
❸学問《がくもん》や芸術《げいじゅつ》などで、すぐれていて独特《どくとく》だと世間《せけん》から認《みと》められている人《ひと》。
❹家族《かぞく》のような、また親分《おやぶん》と子分《こぶん》のような、結《むす》びつきの強《つよ》い人《ひと》の集《あつ》まり。

● **一家《いっか》を支《ささ》える** 家族《かぞく》の中心《ちゅうしん》となって働《はたら》いて、家族《かぞく》の生活《せいかつ》を守《まも》ること。

● **一家《いっか》を成《な》す** 学問《がくもん》や芸術《げいじゅつ》などで、独自《どくじ》の流《りゅう》派《は》を立《た》てること。

いっか【一過】 名詞 短《みじか》い時間《じかん》にさっと通《とお》り過《す》ぎること。例 台風《たいふう》一過。

使《つか》えないひものように、中途半端《ちゅうとはんぱ》で役《やく》に立《た》たないことのたとえ。

いつかいちけんぽう【五日市憲法】 名詞 明治時代《めいじじだい》の初《はじ》め、五日市《いつかいち》（今《いま》の東京《とうきょう》都西部《とせいぶ》の地名《ちめい》）で、民間人《みんかんじん》によって作《つく》られた憲法《けんぽう》の案《あん》。国民《こくみん》の権利《けんり》についてくわしく定《さだ》めている。

いっかく【一角】 名詞 ❶一《ひと》つの角《かく》。例 三角形《さんかくけい》の一角。❷片隅《かたすみ》。一部分《いちぶぶん》。例 堤防《ていぼう》の一角がくずれる。❸一本《いっぽん》の角《つの》。例 一角獣《じゅう》。

いっかくせんきん【一獲千金】 ↓527ページ

四字熟語

いっかつ【一括】 名詞 動詞 一《ひと》つにまとめること。例 品物《しなもの》を一括して注文《ちゅうもん》する。

いっかつ【一喝】 名詞 動詞 おどろくほど大《おお》きな声《こえ》でどなりつけること。例 先生《せんせい》の一喝で、みんな静《しず》かになった。

いっかん【一貫】 名詞 動詞 初《はじ》めから終《お》わりまで、同《おな》じ考《かんが》え方《かた》やり方《かた》をつらぬくこと。例 ぼくの意見《いけん》は一貫して変《か》わらないよ。

いっかん【一環】 名詞 全体《ぜんたい》につながりがある中《なか》の一部分《いちぶぶん》。例 リサイクル活動《かつどう》の一環として、空《あ》きかんを回収《かいしゅう》する。

いっかんのおわり【一巻の終わり】 ものごとがすべて終《お》わること。また、死《し》ぬこと。例 あそこでブレーキをかけなかったら、一巻の終わりだった。

いっき【一揆】 名詞 室町時代《むろまちじだい》から明治時代《めいじじだい》にかけて、大勢《おおぜい》の人々《ひとびと》が団結《だんけつ》して起《お》こした暴動《ぼうどう》。例 農民《のうみん》一揆。

いっきいちゆう【一喜一憂】 名詞 動詞 ようすが変《か》わるたびに、喜《よろこ》んだり心配《しんぱい》したりすること。例 試合《しあい》の進行《しんこう》に一喜一憂する。

いっきうち【一騎打ち・一騎討ち】 名詞 動詞 敵《てき》と味方《みかた》が一対一《いったいいち》で戦《たたか》うこと。例 今回《こんかい》の選挙《せんきょ》は、二人《ふたり》の候補《こうほ》の一騎打ちとなった。

いっきとうせん【一騎当千】 名詞 一人《ひとり》で千人《せんにん》の敵《てき》を相手《あいて》にできるほど強《つよ》いこと。とても強《つよ》いことのたとえ。例 一騎当千のさむらい。

いっきに【一気に】 副詞 休《やす》まないでいっぺんに。ひと息《いき》に。例 物語《ものがたり》を一気に読《よ》み終《お》える。

いっきゅう【一休】 名詞 （一三九四〜一四八一）室町時代《むろまちじだい》のおぼうさん。詩《し》や絵《え》にすぐれていた。「一休《いっきゅう》のとんちばなし」が伝説《でんせつ》として伝《つた》わっている。

いっきゅうかせん【一級河川】 名詞 国土《こくど》の保全《ほぜん》や国民《こくみん》の生活《せいかつ》の上《うえ》でとくに重要《じゅうよう》であるとして、法律《ほうりつ》で指定《してい》された川《かわ》。国《くに》が管理《かんり》する。

いっきょいちどう【一挙一動】 名詞 一《ひと》つ一《ひと》つの細《こま》かな体《からだ》の動《うご》きやふるまい。一挙手一投足《いっきょしゅいっとうそく》。例 野球選手《やきゅうせんしゅ》の一挙一動をよく観察《かんさつ》する。

いっきょしゅいっとうそく【一挙手一投足】 ↓93ページ いっきょいちどう

いっきょに【一挙に】 副詞 いっぺんに。一度《いちど》に。例 全部《ぜんぶ》の仕事《しごと》を一挙にかたづけた。

いっきょりょうとく【一挙両得】 名詞 一《ひと》つのことをして、二《ふた》つの得《とく》をすること。例 早起《はやお》きは、体《からだ》によいし気持《きも》ちにゆとりができるので一挙両得だ。類 一石二鳥《いっせきにちょう》。対 あぶ蜂取《はちと》らず。二兎《にと》を追《お》う者《もの》は一兎《いっと》をも得《え》ず。

いつく【居着く】 動詞 よそから来《き》て、ほかへ行《い》こうとせず、そこに落《お》ち着《つ》いて住《す》む。例 のらねこが裏庭《うらにわ》に居着く。

いつくしま【厳島】 名詞 広島県《ひろしまけん》の南西部《なんせいぶ》、広島湾《ひろしまわん》にある島《しま》。島内《とうない》にある厳島神社《いつくしまじんじゃ》が世界文化遺産《せかいぶんかいさん》に登録《とうろく》された。日本三景《にほんさんけい》の一《ひと》つ。「宮島《みやじま》」ともいう。

いつくしむ【慈しむ】 動詞 大切《たいせつ》に思《おも》い、かわいがる。

いっけいをあんじる【一計を案じる】 一《ひと》つのはかりごとを考《かんが》え出《だ》す。例 試合《しあい》に勝《か》つために一計を案じる。

いっけん【一見】 ❶名詞 動詞 一度《いちど》見《み》ること。ちょっと見《み》ること。例 一見してにせものとわかる。❷副詞 ちょっと見《み》たところ。例 一見まじめそうな人《ひと》だ。

いっけんや【一軒家】 名詞 ❶まわりに家《いえ》がなく、一軒《いっけん》だけぽつんと建《た》っている家《いえ》。例 村《むら》はずれの一軒家。❷アパートなどの集合住宅《しゅうごうじゅうたく》ではなく、独立《どくりつ》した家《いえ》。

いっこう【一考】 名詞 動詞 一度《いちど》、きちんと考《かんが》えること。例 この計画《けいかく》は一考する必要《ひつよう》がある。

いっこう【一行】 名詞 いっしょに連《つ》れ立《だ》って行《い》く仲間《なかま》。例 一行は元気《げんき》に旅立《たびだ》った。

いっこう［に］【一向［に］】 副詞 全然《ぜんぜん》。少《すこ》しも。まったく。例 病気《びょうき》はいっこうによくならない。使い方 ふつうかな書《が》きにする。また、あ

ことわざ　帯《おび》に短《みじか》し、たすきに長《なが》し　帯《おび》として使《つか》うには短《みじか》いし、たすきにするには長《なが》すぎて、どちらにも

とに「ない」などのことばがくる。

いっこういっき【一向一揆】 名詞 戦国時《せんごくじ》代《だい》、一向宗《いっこうしゅう》（＝浄土真宗《じょうどしんしゅう》）の信者《しんじゃ》たちが大《だい》名《みょう》などに対《たい》して起《お》こした戦《たたか》い。

いっこうしゅう【一向宗】 ⇩640ページ じょうどしんしゅう

いっこく【一刻】
❶ 名詞 わずかの時間《じかん》。例 一刻も早《はや》く帰《かえ》りたい。
❷ 名詞 昔《むかし》の時間《じかん》の数《かぞ》え方《かた》で、今《いま》の約三十分《やくさんじっぷん》。
❸ 形容動詞 頑固《がんこ》なようす。

いっこくもの【一刻者】 名詞 自分《じぶん》の考《かんが》えを頑固《がんこ》に守《まも》って、変《か》えない人《ひと》。

いっさ【一茶】 ⇩491ページ こばやしいっさ

いっさい【一切】
❶ 名詞 残《のこ》らず。全部《ぜんぶ》。例 一切を説明《せつめい》した。
❷ 副詞 全然《ぜんぜん》。例 一切わからない。
使い方 ❷は、あとに「ない」などのことばがくる。

いっさいがっさい【一切合切・一切合財】 名詞 副詞 何《なに》もかも全部《ぜんぶ》。残《のこ》らず。ことば「いっさい」を強《つよ》めた言《い》い方《かた》。

いっさくじつ【一昨日】 名詞 昨日《きのう》の前《まえ》の日《ひ》。おととい。対 明後日《みょうごにち》。

いっさくねん【一昨年】 名詞 昨年《さくねん》の前《まえ》の年《とし》。おととし。対 再来年《さらいねん》。

いっさんかたんそ【一酸化炭素】 名詞 木《もく》炭《たん》などが完全《かんぜん》に燃《も》えないときに出《で》るガス。色《いろ》もにおいもない。吸《す》うと中毒《ちゅうどく》を起《お》こす。

いっさんに【一散に】 副詞 わき目《め》もふらずに急《いそ》ぐようす。一目散《いちもくさん》に。例 へびが出《で》たので一散ににげ出《だ》した。

いつしか 副詞 いつの間《ま》にか。知《し》らないうちに。例 夢中《むちゅう》で遊《あそ》んでいたら、いつしか夕方《ゆうがた》になっていた。

いっしき【一式】 名詞 道具《どうぐ》などのひとそろい。例 油絵《あぶらえ》の具《ぐ》一式／大工道具《だいくどうぐ》一式。

いっしみだれず【一糸乱れず】 少《すこ》しも乱《みだ》れることなく、きちんとそろっているようす。例 選手《せんしゅ》たちは一糸乱れず行進《こうしん》した。

いっしもまとわず【一糸もまとわず】 服《ふく》などを何《なに》も着《き》ないで。

いっしゅ【一首】 名詞 短歌《たんか》などの一《ひと》つをいうときに使《つか》うことば。例 歌《うた》を一首よむ。

いっしゅ【一種】
❶ 名詞 同《おな》じなかまの一《ひと》つ。例 ねこは動物《どうぶつ》の一種だ。
❷ 名詞 ある考《かんが》え方《かた》では同《おな》じなかまに入《い》れられるもの。例 あの人《ひと》は、一種の学者《がくしゃ》である。
❸ 副詞 はっきりとはいえないが、なんとなく。例 この絵《え》には一種独特《どくとく》の味《あじ》わいがある。

いっしゅう【一周】 名詞 動詞 ひと回《まわ》りすること。例 校庭《こうてい》を一周する／世界《せかい》一周。

いっしゅん【一瞬】 名詞 まばたきする間《あいだ》。ほんのわずかの時間《じかん》。例 それは、一瞬のできごとであった。類 瞬間《しゅんかん》。瞬時《しゅんじ》。

いっしょ【一緒】 名詞
❶別々《べつべつ》のものを一《ひと》つにすること。一《ひと》つになること。例 会場《かいじょう》で友《とも》だちと一緒になる。
❷ともに行動《こうどう》すること。例 一緒に遊《あそ》ぶ。
❸同時《どうじ》。例 一緒に立《た》ち上《あ》がった。
❹同《おな》じ。例 きみとぼくはくつが一緒だ。
❺（「ご一緒《いっしょ》する」の形《かたち》で、全体《ぜんたい》で）連《つ》れ立《だ》って行《い》く。例 そこまでご一緒しましょう。

いっしょう【一生】 名詞 生《う》まれてから死《し》ぬまでの間《あいだ》。類 生涯《しょうがい》。終生《しゅうせい》。

● **一生《いっしょう》をささげる** 死《し》ぬまでの間《あいだ》、一《ひと》つのことをやり続《つづ》ける。例 研究《けんきゅう》に一生をささげる。

いっしょうがい【一生涯】 名詞 生《う》まれてから死《し》ぬまでの間《あいだ》。一生《いっしょう》。例 父《ちち》は研究《けんきゅう》に一生涯をかけた。

いっしょうけんめい【一生懸命】 形容動詞 副詞 ありったけの力《ちから》を出《だ》してがんばるようす。「一所懸命《いっしょけんめい》」ともいう。例 一生懸命に仕事《しごと》をする／ゴールまで一生懸命走《はし》った。教科 社 武士《ぶし》が一《いっ》か所《しょ》の領地《りょうち》を命《いのち》をかけて守《まも》ることを「一所《いっしょ》懸命《けんめい》」といったことからきたことば。

いっしょうにふす【一笑に付す】 ばかにしてちょっと笑《わら》って、相手《あいて》にしない。例 思《おも》いつきを提案《ていあん》したが、一笑に付された。

いっしょく【一色】 名詞
❶一《ひと》つの色《いろ》。
❷全体《ぜんたい》の雰囲気《ふんいき》やようすなどが、一《ひと》つの方向《ほうこう》に向《む》いていること。例 お祭《まつ》りムード一色になる。

いっしょくそくはつ【一触即発】 名詞 ちょっとさわっただけでも爆発《ばくはつ》しそうなくらい、非常《ひじょう》に危険《きけん》な状態《じょうたい》であること。例 二国《にこく》の関係《かんけい》は一触即発の危機《きき》にある。

るように、困《こま》りきっているときは、たよりになりそうもないものにもたよろうとするものだ、というたとえ。

いっしょけんめい【一所懸命】 ❶名詞 武士《ぶし》が一《いっ》か所《しょ》の領《りょう》地《ち》を命《いのち》をかけて守《まも》ること。
❷ ⇒94ページ いっしょうけんめい

いっしをむくいる【一矢を報いる】 しかえしする。不利《ふり》な状《じょう》況《きょう》の中《なか》で、効果的《こうかてき》な反撃《はんげき》をする。使い方「一矢」を「いちや」と読《よ》まないよう注《ちゅう》意《い》。

いっしん【一心】 名詞 一《ひと》つのことに心《こころ》を集《しゅう》中《ちゅう》すること。例 一心にいのる。

いっしん【一身】 名詞 自分《じぶん》ひとりの体《からだ》。自分《じぶん》自身《じしん》。例 責任《せきにん》を一身に背《せ》負《お》う。

●**一身《いっしん》をささげる** あることのために、自分《じぶん》の力《ちから》のすべてを出《だ》しきってはたらく。例 世《せ》界《かい》の平和《へいわ》のために一身をささげる。

いっしん【一新】 名詞 動詞 すべてのことを新《あたら》しくすること。新《あたら》しくなること。例 気《き》分《ぶん》を一新して新学期《しんがっき》をむかえる。

いっしんいったい【一進一退】 名詞 動詞 ❶進《すす》んだりあともどりしたりすること。例 一進一退をくり返《かえ》しながら前《まえ》に進《すす》む。❷よくなったり、悪《わる》くなったりすること。例 父《ちち》の病《びょう》気《き》は一進一退している。

いっしんじょう【一身上】 名詞 自分《じぶん》の身《み》の上《うえ》に関係《かんけい》すること。個人的《こじんてき》な事《じ》情《じょう》。例 一身上の都合《つごう》で会社《かいしゃ》をやめることにした。

いっしんどうたい【一心同体】 名詞 二人《ふたり》以上《いじょう》の人《ひと》が、まるで一人《ひとり》であるように考《かんが》えや行動《こうどう》が同《おな》じであること。例 きみとぼくは一心同体だ。使い方「一身同体」と書《か》かないよう注《ちゅう》意《い》。

いっしんふらん【一心不乱】 名詞 形容動詞 ほかのことを考《かんが》えずに、一《ひと》つのことを集《しゅう》中《ちゅう》して行《おこな》うこと。例 一心不乱に勉《べん》強《きょう》する。

いっすい【一睡】 名詞 動詞 ちょっとねむること。例 昨日《きのう》は一睡もできなかった。

いっする【逸する】 動詞 ❶とりにがす。のがす。例 絶好《ぜっこう》のチャンスを逸する。❷はずれる。それる。例 常識《じょうしき》を逸した行動《こうどう》。

いっすん【一寸】 名詞 ❶昔《むかし》、日本《にほん》で使《つか》われていた長《なが》さの単位《たんい》。約三《やくさん》センチメートル。❷わずかであること。とても小《ちい》さいこと。例 一寸法師《ぼうし》。

●**一寸先《いっすんさき》は闇《やみ》** ことわざ ほんの少《すこ》し将《しょう》来《らい》のことでも、どうなるかはまったくわからないということ。

●**一寸《いっすん》の虫《むし》にも五分《ごぶ》の魂《たましい》** ことわざ どんなに小《ちい》さくて弱《よわ》いものにも、それなりの意地《いじ》があるから、軽《かる》くあつかってはいけないということ。ことば「五分《ごぶ》」は一寸《いっすん》の半分《はんぶん》で、約《やく》一・五センチメートル。

いっせい【一世】 名詞 ❶人《ひと》の生《い》きている間《あいだ》。一生《いっしょう》。❷その時代《じだい》。例 一世をふうびした（＝ある時《じ》代《だい》にたいへん流行《りゅうこう》した）歌手《かしゅ》。❸同《おな》じ名《な》まえの国王《こくおう》や皇帝《こうてい》などのうち、最初《さいしょ》に位《くらい》についた人《ひと》。例 エリザベス一世。❹移民《いみん》などの、最初《さいしょ》の代《だい》の人《ひと》。

いっせい【一斉】 名詞 多《おお》くのものが同時《どうじ》に何《なに》かをすること。例 みんなは一斉に走《はし》り出《だ》した。

いっせいちだい【一世一代】 名詞 一生《いっしょう》に二度《にど》とないほどすばらしいこと。例 一世一代の名演技《めいえんぎ》。

いっせきにちょう【一石二鳥】 名詞 一《ひと》つの石《いし》を投《な》げて、二羽《にわ》の鳥《とり》をうち落《お》とすということから、一《ひと》つのことをして二《ふた》つの得《とく》をすること。例 弟《おとうと》に勉強《べんきょう》を教《おし》えるのは、自分《じぶん》のためにもなって一石二鳥だ。類 一挙両得《いっきょりょうとく》。対 あぶ蜂《はち》取《と》らず。二兎《にと》を追《お》う者《もの》は一兎《いっと》をも得《え》ず。

いっせつ【一節】 名詞 文章《ぶんしょう》・音楽《おんがく》などのひと区切《くぎ》り。例 詩《し》の一節を朗読《ろうどく》する。

いっせつ【一説】 名詞 一《ひと》つの意見《いけん》。また、ある意見《いけん》。別《べつ》の考《かんが》え方《かた》。例 一説によれば、ここは昔《むかし》王様《おうさま》の住《す》まいだったらしい。

いっせん【一線】 名詞 ❶一本《いっぽん》の線《せん》。例 横《よこ》一線に並《なら》ぶ。❷はっきりした区切《くぎ》り。けじめ。例 一線を画《かく》して（＝はっきり区別《くべつ》をつけて）つきあう。❸中心《ちゅうしん》となって活動《かつどう》している場所《ばしょ》。第一線《だいいっせん》。例 現場《げんば》の一線からしりぞく。

いっそ 副詞 思《おも》いきって。例 そんなにピアノの練習《れんしゅう》がきらいなら、いっそやめたほうがよい。

いっそう【一掃】 名詞 動詞 すっかりとり除《のぞ》くこと。例 夏物《なつもの》一掃バーゲンセール。

いっそう【一層】 副詞 さらに。ますます。例

ことわざ **溺《おぼ》れる者《もの》はわらをもつかむ** 水《みず》におぼれた人《ひと》が、わらのようなものでもつかんで助《たす》かろうとす

試合《しあい》を前《まえ》にいっそう練習《れんしゅう》にはげむ。使い方 ふつうかな書《が》きにする。

いっそくとび【一足飛び】 名詞
❶両足《りょうあし》をそろえてとぶこと。
❷順序《じゅんじょ》をふまないで、先《さき》へとびこすこと。例 剣道《けんどう》の級《きゅう》が一足飛びに上《あ》がった。

いつぞや 副詞 いつだったか。先日《せんじつ》。例 いつぞやはお世話《せわ》になりました。使い方 やや古《ふる》い、あらたまった言《い》い方《かた》。

いったい【一体】
❶ 名詞 いくつかのものがまとまって一《ひと》つになること。また、一《ひと》つになったもの。例 みんなの心《こころ》が一体になる。
❷ 名詞 仏像《ぶつぞう》などの一《ひと》つをいうときに使《つか》うことば。
❸ 副詞 (「いったいに」の形《かたち》で)一般《いっぱん》に。全体《ぜんたい》として。例 今年《ことし》のコンクールは、いったいに作品《さくひん》の質《しつ》が高《たか》い。
❹ 副詞 強《つよ》い疑問《ぎもん》の気持《きも》ちを表《あらわ》すことば。ほんとうに。例 いったい、どうして笑《わら》っているの。
使い方 ❸❹は、ふつうかな書《が》きにする。

いったい【一帯】 名詞 その辺《あた》り全体《ぜんたい》。例 関東《かんとう》一帯が大雪《おおゆき》となるでしょう。類 一円《いちえん》。

いったいぜんたい【一体全体】 副詞 「一《いっ》体《たい》」を強《つよ》めた言《い》い方《かた》。強《つよ》い疑問《ぎもん》の気持《きも》ちを表《あらわ》すことば。例 一体全体どうしたんだろう。

いったん【一旦】 副詞
❶一度《いちど》。ひとたび。例 いったん決《き》めたことは、やりぬこう。
❷一時的《いちじてき》に。例 踏切《ふみきり》でいったん停止《ていし》する。
使い方 ふつうかな書《が》きにする。

いったん【一端】 名詞
❶一方《いっぽう》のはし。例 棒《ぼう》の一端を持《も》つ。
❷一部分《いちぶぶん》。例 考《かんが》えの一端を話《はな》す。

いっち【一致】 名詞 動詞 別々《べつべつ》のものが一《ひと》つになること。同《おな》じになること。例 一致団結《だんけつ》する／二人《ふたり》の考《かんが》えが一致した。類 合致《がっち》。

いっちゅうや【一昼夜】 名詞 まる一日《いちにち》。二十四時間《にじゅうよじかん》。例 一昼夜、雨《あめ》が降《ふ》り続《つづ》いた。

いっちょういっせき【一朝一夕】 名詞 「ひと朝《あさ》とひと晩《ばん》」という意味《いみ》から、短《みじか》い期間《きかん》。例 学問《がくもん》は、一朝一夕にはならない。使い方 「一鳥一石」と書《か》かないよう注意《ちゅうい》。

いっちょういったん【一長一短】 名詞 よいところも悪《わる》いところも両方《りょうほう》あること。例 どのやり方《かた》にも一長一短がある。

いっちょうら【一張羅】 名詞 自分《じぶん》の服《ふく》の中《なか》でいちばんよいもの。また、一枚《いちまい》しか持《も》っていない服《ふく》。例 一張羅を着《き》て会《かい》に出席《しゅっせき》する。

いっちょくせん【一直線】 名詞
❶一本《いっぽん》のまっすぐな線《せん》。
❷まっすぐ。例 一直線にかけぬける。

いつつ【五つ】 名詞
❶数《かず》の名《な》。ご。
❷五才《ごさい》のこと。
漢 ⇩441ページ ご〔五〕

いっつい【一対】 名詞 二《ふた》つでひと組《くみ》になっているもの。また、そのひと組《くみ》。例 一対のひな人形《にんぎょう》。

いって【一手】 名詞
❶すべてをひとりですること。例 学級文庫《がっきゅうぶんこ》の整理《せいり》を一手に引《ひ》き受《う》けた。
❷一《ひと》つの方法《ほうほう》。例 おしの一手で成功《せいこう》する。
❸囲碁《いご》や将棋《しょうぎ》で、石《いし》やこまを一《ひと》つ置《お》いたり、動《うご》かしたりすること。

いってい【一定】 名詞 動詞 一《ひと》つに決《き》まったまま、変《か》わらないこと。例 室温《しつおん》を一定に保《たも》つ。

いってき【一滴】 名詞 ひとしずく。

いってつ【一徹】 名詞 形容動詞 自分《じぶん》の考《かんが》えなどをどこまでもおし通《とお》すこと。頑固《がんこ》なこと。例 信念《しんねん》を通《とお》す一徹な職人《しょくにん》。

いってん【一転】 名詞 動詞
❶ひと回《まわ》りすること。一回転《いっかいてん》。
❷ようすがすっかり変《か》わること。例 そのシュートで、試合《しあい》の成《な》り行《ゆ》きは一転した。類 一変《いっぺん》。

いってんばり【一点張り】 名詞 ある一《ひと》つのことだけをおし通《とお》すこと。例 何《なに》を聞《き》かれても「わからない」の一点張りだ。

いっとう【一等】
❶ 名詞 等級《とうきゅう》のいちばん上《うえ》。最上《さいじょう》。例 徒競走《ときょうそう》で一等になる。
❷ 副詞 いちばん。もっとも。何《なに》よりも。例 うそをつくのが一等悪《わる》い。
ことば ❷は、やや古《ふる》い言《い》い方《かた》。

いっとうしょう【一等賞】 名詞 競争《きょうそう》などで一番《いちばん》になること。例 一等賞をとる。

いっとうせい【一等星】 名詞 恒星《こうせい》のうちで、もっとも明《あか》るい星《ほし》。シリウス・スピカなど。

ということ。「吉日《きちじつ》」は、うらないで縁起《えんぎ》がよいとされる日《ひ》のこと。

教科 理 目《め》で見《み》えるもっとも暗《くら》い星《ほし》を六等星《ろくとうせい》としている。

いっとうりょうだん【一刀両断】 名詞 ものごとをすばやく決断《けつだん》し、はっきりと始末《しまつ》すること。 ことば 刀《かたな》を一回動《いっかいうご》かすだけで、ものをまっ二《ぷた》つにするという意味《いみ》からきたことば。

いっとき【一時】 名詞 ❶昔《むかし》の時間《じかん》の数《かぞ》え方《かた》で、だいたい今《いま》の二時間《にじかん》。❷少《すこ》しの時間《じかん》。例 一時家《いえ》を留守《るす》にします。❸ある一時期《いちじき》。例 一時の苦労《くろう》がうそのようだ。

いっとはなしに いつの間《ま》にか。知《し》らない間《あいだ》に。例 いっとはなしに、痛《いた》みがなくなった。

いつになく いつもとちがって。例 父《ちち》はいつになく不機嫌《ふきげん》なようすだった。

いつのまにか【いつの間にか】 知《し》らない間《あいだ》に。気《き》がつかないでいるうちに。例 いつの間にか、雪《ゆき》はとけてしまった。

いっぱ【一派】 名詞 ❶学問《がくもん》や芸《げい》などで、いくつかに分《わ》かれている中《なか》の一《ひと》つの流《なが》れ。また、そこに入《はい》っている集団《しゅうだん》や団体《だんたい》。例 生《い》け花《ばな》の新《あたら》しい一派。❷同《おな》じ考《かんが》えを持《も》つ仲間《なかま》。例 反対意見《はんたいいけん》を持《も》つ一派。

いっぱい【一杯】 ❶名詞 入《い》れ物一《ものひと》つに入《はい》るだけの量《りょう》。例 コップ一杯の水《みず》。❷名詞 少《すこ》しの酒《さけ》。また、酒《さけ》を少《すこ》し飲《の》むこと。❸形容動詞 副詞 あふれるほどたくさんなようす。例 道《みち》は人《ひと》でいっぱいだ／いっぱい食《た》べる。❹形容動詞 副詞 ある範囲《はんい》の期間全部《きかんぜんぶ》。例 この仕《し》事《ごと》は今年《ことし》いっぱいかかる。

使い方 ❸❹は、ふつうかな書《が》きにする。

● **一杯《いっぱい》食《く》わす** だます。例 あの人《ひと》には一杯食わされたよ。

いっぱく【一泊】 名詞 動詞 一晩《ひとばん》とまること。

いっぱん【一般】 名詞 広《ひろ》く行《い》きわたっていること。全体《ぜんたい》に共通《きょうつう》していること。ふつう。例 一般に使《つか》われる言《い》い方《かた》。対 特殊《とくしゅ》。

いっぱんか【一般化】 名詞 動詞 ❶広《ひろ》く行《い》きわたること。例 パソコンを使《つか》った授業《じゅぎょう》が一般化する。❷広《ひろ》く全体《ぜんたい》に当《あ》てはめること。例 このみかんがすっぱいからといって、みかんとはすっぱいものだと一般化してはいけない。

いっぱんてき【一般的】 形容動詞 ❶ふつうであるようす。広《ひろ》く行《い》きわたっているようす。例 一般的な意見《いけん》に従《したが》う。❷全体的《ぜんたいてき》に共通《きょうつう》しているようす。例 一般的にいえば、日本人《にほんじん》は魚料理《さかなりょうり》が好《す》きだ。

いっぴつ【一筆】 名詞 ❶とちゅうでやめないで、初《はじ》めから終《お》わりまで続《つづ》けて書《か》くこと。ひとふで。❷簡単《かんたん》に書《か》くこと。また、簡単《かんたん》な文章《ぶんしょう》や手紙《てがみ》。ひとふで。例 一筆したためる。

いっぷうかわった【一風変わった】 ほかと、どこかちがっている。例 一風変わった人《ひと》。

いっぷく【一服】 名詞 動詞

伝統的《でんとうてき》な言語文化《げんごぶんか》

漢字《かんじ》

遠《とお》い昔《むかし》、海《うみ》をこえてきた文字《もじ》

漢字《かんじ》って全部《ぜんぶ》でいくつあるか知《し》っているかな。小学校《しょうがっこう》で学《まな》ぶ漢字《かんじ》だけでも1026字《じ》。新聞《しんぶん》や雑誌《ざっし》でよく使《つか》われる漢字《かんじ》は2000～3000字《じ》ぐらい。大《おお》きな漢和辞典《かんわじてん》には何万字《なんまんじ》ものっているよ。

漢字《かんじ》ははじめから日本《にほん》にあったものではなく、遠《とお》い昔《むかし》に中国《ちゅうごく》から伝《つた》えられたものなんだ。もともと中国《ちゅうごく》の文字《もじ》だった漢字《かんじ》が、どのようにして日本《にほん》の文字《もじ》になったんだろう？

九州《きゅうしゅう》では、2000年《ねん》も前《まえ》に作《つく》られた、漢字《かんじ》のほられた金印《きんいん》が見《み》つかったことがあるよ。これは日本《にほん》に漢字《かんじ》がたどり着《つ》いたすごく早《はや》い例《れい》なんだ。

漢字《かんじ》が日本《にほん》に伝《つた》わったのは、奈良時代《ならじだい》（710年《ねん》～）より、もっとずっと昔《むかし》のこと。朝鮮半島《ちょうせんはんとう》からわたってきた人々《ひとびと》によって伝《つた》えられたらしい。

漢字《かんじ》と出合《であ》った日本人《にほんじん》は、いろいろな工夫《くふう》を重《かさ》ね、日本語《にほんご》を書《か》き表《あらわ》す文字《もじ》として、漢字《かんじ》を使《つか》うようになったんだよ。たとえば、「山」「海」を「やま」「うみ」と読《よ》む「訓読《くんよ》み」もそんな工夫《くふう》の一《ひと》つだ。「山」「海」という中国語《ちゅうごくご》の文字《もじ》に「やま」「うみ」という日本語《にほんご》のことばを当《あ》てはめて、中国語《ちゅうごくご》の文字《もじ》だった漢字《かんじ》を、日本語《にほんご》を書《か》き表《あらわ》すための文字《もじ》として使《つか》えるようにしたんだね。

もっとみてみよう！

- 「日本語《にほんご》の大常識《だいじょうしき》」（ポプラ社《しゃ》）
- 「日本《にほん》の文字《もじ》のふしぎふしぎ」（アリス館《かん》）

ことわざ　思《おも》い立《た》ったが吉日《きちじつ》　何《なに》かをしようと思《おも》ったら、先延《さきの》ばししたりせずに、すぐに始《はじ》めるのがよい

❶お茶《ちゃ》や薬《くすり》の一回分《いっかいぶん》。また、それを飲《の》むこと。例お茶《ちゃ》を一服どうぞ。
❷ひと休《やす》みすること。例ここらで一服しよう。

いっぺん【一片】 名詞
❶一枚《いちまい》。例一片の花《はな》びら。
❷ひと切れ。全体《ぜんたい》から切りとった一部分《いちぶぶん》。例一片の鳥肉《とりにく》。
❸わずか。少《すこ》し。例一片の同情心《どうじょうしん》もない。

いっぺん【一変】 名詞 動詞 ようすががらりと変《か》わること。例子犬《こいぬ》を飼《か》ってから、毎日《まいにち》の生《せい》活《かつ》が一変した。類一転《いってん》。

いっぺん【一遍】 名詞
❶一度《いちど》。一回《いっかい》。
❷ひととおり。ふつうの。例通《とお》りいっぺんの返事《へんじ》。
使い方 ふつうかな書《が》きにする。

いっぺん【一編】 名詞 詩《し》や小説《しょうせつ》などを数《かぞ》えることば。例一編の名作童話《めいさくどうわ》を読《よ》む。

いっぺんとう【一辺倒】 名詞 ある一《ひと》つのことだけにかたよること。例和食《わしょく》一辺倒の食事《しょくじ》。

いっぺんに【一遍に】 副詞 同時《どうじ》に。いちどきに。例用事《ようじ》がいっぺんに片《かた》づく。使い方 ふつうかな書《が》きにする。

いっぽ【一歩】 名詞
❶ひと足《あし》。例一歩前《まえ》に進《すす》む。
❷一段階《いちだんかい》。例研究《けんきゅう》が一歩前進《ぜんしん》する。

いっぽう【一方】
❶名詞 一《ひと》つの方向《ほうこう》。例雲《くも》が一方へ流《なが》れる。
❷名詞 片方《かたほう》。例一方の手《て》にかばんを、もう一方にコートを持《も》つ。対両方《りょうほう》。
❸名詞 そればかりであること。例世界《せかい》の人口《じんこう》は増《ふ》える一方だ。
❹名詞 別《べつ》の面《めん》。例ペットボトルは便利《べんり》だが、一方ではごみ処理《しょり》の問題《もんだい》がある。
❺接続詞 ところで。もう一《ひと》つの側《がわ》では。例山《やま》は雨《あめ》だった。一方、海沿《うみぞ》いでは快晴《かいせい》だった。

いっぽう【一報】 名詞 動詞 簡単《かんたん》に知《し》らせること。また、その知らせ。例宿《やど》に着《つ》いたらご一報ください。

いっぽうつうこう【一方通行】 名詞 道《みち》で、車《くるま》や人《ひと》などを一《ひと》つの方向《ほうこう》にだけ通《とお》すこと。

いっぽうてき【一方的】 形容動詞
❶一方《いっぽう》だけにかたよっているようす。例一方的な勝利《しょうり》。
❷自分勝手《じぶんかって》なようす。例一方的な考《かんが》え。

いっぽんぎ【一本気】 名詞 形容動詞 思《おも》いこんだことを、ひと筋《すじ》につらぬこうとするようす。また、そのような純粋《じゅんすい》な性質《せいしつ》。例一本気な人《ひと》。

いっぽんだち【一本立ち】 名詞 動詞 人《ひと》に助《たす》けてもらわないで、自分《じぶん》の力《ちから》で生活《せいかつ》していくこと。例一本立ちして、自分《じぶん》の店《みせ》を開《ひら》いた。

いっぽんぢょうし【一本調子】 名詞 形容動詞 初《はじ》めから終《お》わりまで同《おな》じ調子で、変化《へんか》がないこと。単調《たんちょう》。例一本調子な声《こえ》。

いっぽんづり【一本釣り】 名詞 一本《いっぽん》のつり糸《いと》で、魚《さかな》を一《いっ》ぴきずつつり上《あ》げること。例かつおの一本釣り。

いっぽんとる【一本取る】
❶柔道《じゅうどう》や剣道《けんどう》で、わざを決《き》める。
❷相手《あいて》をことばで負《ま》かす。例妹《いもうと》に一本取られた。

いっぽんやり【一本やり】 名詞 同《おな》じ一《ひと》つのやり方《かた》をずっとおし通《とお》すこと。例まじめ一本やりの人《ひと》。

いつも
❶名詞 ふつうの場合《ばあい》。ふだん。例いつもは早《はや》く起《お》きるのに、今日《きょう》はおそいね。
❷副詞 どんなときでも。常《つね》に。例あの人《ひと》はいつも笑顔《えがお》を忘《わす》れない。

いつわ【逸話】 名詞 世間《せけん》にあまり知《し》られていない、ちょっとしたおもしろい話《はなし》。エピソード。例これは有名《ゆうめい》な作家《さっか》の逸話を集《あつ》めた本《ほん》だ。

いつわり【偽り】 名詞 ほんとうでないこと。うそ。例偽りはけっして言《い》わない。

いつわる【偽る】 動詞 うそを言《い》う。例年《とし》を偽る。

いてざ【射手座】 名詞 夏《なつ》に、南《みなみ》の空《そら》の天《あま》の川《がわ》の中《なか》に見《み》える星座《せいざ》。上半身《じょうはんしん》は弓《ゆみ》を引《ひ》く人《ひと》の姿《すがた》、下半身《かはんしん》は馬《うま》の形《かたち》に見立《みた》てている。

いでたち【いで立ち】 名詞 服装《ふくそう》。これから何《なに》かしようとするときの身《み》じたく。例りっぱないで立ち。

いてつく 動詞 こおりつく。例いてつくような寒《さむ》さの日《ひ》。

いてもたってもいられない【居ても立ってもいられない】 心配《しんぱい》や不安《ふあん》などのために、じっとしていられない。例弟《おとうと》の手術《しゅじゅつ》の

を言《い》ったりしたりするものだということ。

ことを考《かんが》えると居ても立ってもいられない。

いてん【移転】 名詞 動詞 場所《ばしょ》や家《いえ》などを移《うつ》すこと。例 店《みせ》はとなり町《まち》へ移転しました。

いでん【遺伝】 名詞 動詞 親《おや》の体《からだ》の形《かたち》や性質《せいしつ》などが、子《こ》や孫《まご》などに伝《つた》わること。

いでんし【遺伝子】 名詞 生物《せいぶつ》の細胞《さいぼう》の中《なか》にあり、いろいろな性質《せいしつ》を親《おや》から子《こ》へ伝《つた》えるもとになるもの。本体《ほんたい》はＤＮＡ《ディーエヌエー》。

いでんしくみかえ【遺伝子組み換え】 名詞 ある生物《せいぶつ》の一部分《いちぶぶん》の遺伝子《いでんし》を、ほかの生物《せいぶつ》の遺伝子《いでんし》に組《く》み入《い》れる技術《ぎじゅつ》。この技術《ぎじゅつ》により、これまでにない性質《せいしつ》の生物《せいぶつ》をつくることができる。

いと【糸】 名詞 ❶綿《わた》・まゆ・あさ・毛《け》などのせんいを細《ほそ》く引《ひ》きのばしてより合《あ》わせたもの。❷糸《いと》（＝❶）のように細長《ほそなが》いもの。例 くもが糸を出《だ》す。❸「こと」や三味線《しゃみせん》に張《は》って鳴《な》らす、弦《げん》。

漢 ⇩552ページ《ジ》 し〔糸《いと》〕

●**糸《いと》を引《ひ》く** ❶糸《いと》を引《ひ》っ張《ぱ》ったように、細長《ほそなが》くのびる。例 納豆《なっとう》が糸を引く。❷裏《うら》で人《ひと》をあやつる。例 かげで糸を引く人間《にんげん》がいるにちがいない。

ことば ❷は、人形劇《にんぎょうげき》で、あやつり人形《にんぎょう》の糸《いと》を裏《うら》からあやつることからきたことば。

いと【意図】 名詞 動詞 これをしよう、こうしよう、と考《かんが》えること。また、その考《かんが》えやねらい。例 筆者《ひっしゃ》の意図を読《よ》みとる。

いど【井戸】 名詞 地面《じめん》を深《ふか》くほって、地下水《ちかすい》をくみ上《あ》げるようにしたもの。例 井戸水《みず》。

いど【緯度】 名詞 地球上《ちきゅうじょう》のある場所《ばしょ》が、赤道《せきどう》から南《みなみ》または北《きた》へどのくらいはなれているかを表《あらわ》す度合《どあ》い。赤道《せきどう》を〇度《ど》とし、北《きた》と南《みなみ》へそれぞれ九〇度《ど》ずつに分《わ》けてある。対 経度《けいど》。

ことば 「緯」は、「横糸《よこいと》」という意味《いみ》。

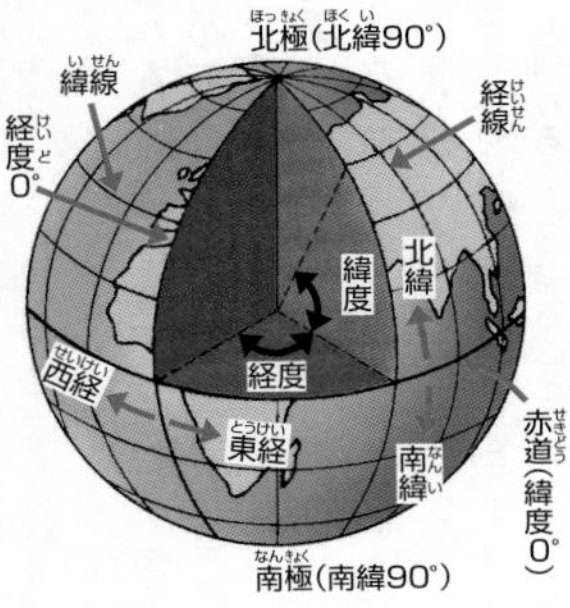

いど【緯度】

いとう 動詞 ❶いやだと思《おも》う。きらう。例 雨《あめ》の日《ひ》もいとわずに新聞《しんぶん》を配達《はいたつ》する。❷大事《だいじ》にする。例 お体《からだ》をおいといください。

いどう【異同】 名詞 いくつかのもののちがっているところ。類 差異《さい》。相違《そうい》。

いどう【移動】 名詞 動詞 ほかのところへ移《うつ》っていくこと。場所《ばしょ》をかえること。例 席《せき》を移動する。⇩使い分け

いどう【異動】 名詞 動詞 勤《つと》めの地位《ちい》や場所《ばしょ》、仕事《しごと》がかわること。例 先生《せんせい》が別《べつ》の学校《がっこう》に異動した。⇩使い分け

使い分け **いどう** 移動・異動

移動 場《ば》所《しょ》がかわること。また、かえること。「家具《かぐ》を移動《いどう》する／移動《いどう》教《きょう》室《しつ》」

異動 職《しょく》場《ば》の中《なか》で地位《ちい》や仕事《しごと》などがかわること。「人事《じんじ》異動《いどう》／定期《ていき》異動《いどう》」

いどうせいこうきあつ【移動性高気圧】 名詞 西《にし》の方《ほう》から移動《いどう》してくる高気圧《こうきあつ》。春《はる》や秋《あき》に多《おお》く現《あらわ》れ、よい天気《てんき》をもたらす。

いとうひろぶみ【伊藤博文】 名詞（一八四一～一九〇九）明治時代《めいじじだい》の政治家《せいじか》。今《いま》の山口県《やまぐちけん》の生《う》まれ。一八八五年《ねん》、日本《にほん》で最初《さいしょ》の内閣総理大臣《ないかくそうりだいじん》となり、大日本帝国憲法《だいにほんていこくけんぽう》の制定《せいてい》につくした。

いとおしい ⇩100ページ《ジ》 いとしい

いとおしむ 動詞 かけがえのないものとして、大事《だいじ》にする。例 わが子《こ》をいとおしむ。

いときりば【糸切り歯】 名詞 前歯《まえば》の横《よこ》の、先《さき》のとがった歯《は》。犬歯《けんし》。関連 奥歯《おくば》。前歯《まえば》。

ことば 糸《いと》を切《き》るのに使《つか》うことからこの名《な》がある。

いときりばさみ【糸切りばさみ】 名詞 糸《いと》

ことわざ **親《おや》の心《こころ》子《こ》知《し》らず** 子供《こども》のことを思《おも》う親《おや》の深《ふか》い愛《あい》情《じょう》にも気《き》づかないで、子供《こども》は自《じ》分《ぶん》勝《かっ》手《て》なこと

を切《き》るときに使《つか》うはさみ。

いとぐち【糸口】名詞 ❶巻《ま》かれた糸《いと》のはし。❷ものごとを始《はじ》めるきっかけ。手《て》がかり。例 問題《もんだい》を解決《かいけつ》する糸口が見《み》つかった。

いとぐるま【糸車】名詞 手《て》で回《まわ》して、蚕《かいこ》のまゆや綿花《めんか》から糸《いと》をとったり、糸《いと》をより合《あ》わせたりする道具《どうぐ》。

いときりばさみ

いとけない 形容詞 幼《おさな》くてかわいい。あどけない。例 いとけない幼子《おさなご》。

いとこ 名詞 父母《ふぼ》のきょうだいの子供《こども》。おじやおばの子供《こども》。図↓667ページ しんぞく

いどころ【居所】名詞 いるところ。また、住《す》んでいる場所《ばしょ》。居場所《いばしょ》。例 居所をつきとめる。

いとしい 形容詞 かわいくてしかたがない。こいしい。いとおしい。例 いとしいわが子《こ》。

いとでんわ【糸電話】名詞 二個《にこ》のつつの底《そこ》にうすい紙《かみ》をはり、紙《かみ》の中心《ちゅうしん》に糸《いと》をつけて結《むす》んだもの。糸《いと》を張ってたがいにつつを持《も》ち、口《くち》に当《あ》てて話《はな》すと、声《こえ》が糸《いと》を振動《しんどう》させてもう一《いっ》方《ぽう》に伝《つた》わる。

いとり【糸取り】名詞 季語夏 ❶まゆや綿花《めんか》からせんいを取《と》って、糸《いと》にすること。また、それをする人《ひと》。❷「あや取《と》り」のこと。

いとなみ【営み】名詞 生《い》きていく上《うえ》での活動《かつどう》。仕事《しごと》。例 日々《ひび》の営み。

いとなむ【営む】動詞 ❶生活《せいかつ》のために仕事《しごと》として行《おこな》う。商売《しょうばい》をする。例 クリーニング店《てん》を営む。❷ものごとを行《おこな》う。例 家庭生活《かていせいかつ》を営む。使い方「営なむ」と書かないよう注意《ちゅうい》。漢↓146ページ えい【営】

いとのこ【糸のこ】名詞 刃《は》が糸《いと》のように細《ほそ》くてうすいのこぎり。板《いた》をくりぬいたり、曲線《きょくせん》に切ったりするために使《つか》う。

いどばたかいぎ【井戸端会議】名詞 女《おんな》の人《ひと》が集《あつ》まっておしゃべりをすること。ことば 女《おんな》の人《ひと》たちが、井戸《いど》のそばで水《みず》くみや洗濯《せんたく》などをしながら、世間話《せけんばなし》をしたことからきたことば。

いとへん【糸偏】名詞「糸」のこと。漢字《かんじ》の部首《ぶしゅ》の一《ひと》つ。糸《いと》に関係《かんけい》のある漢字《かんじ》を作《つく》ることが多《おお》い。結・経・細・組など。

いとま 名詞 ❶用《よう》のない時《とき》。ひまな時間《じかん》。例 お茶《ちゃ》を飲《の》むいとまもないほどいそがしい。❷仕事《しごと》を休《やす》むこと。例 数日間《すうじつかん》いとまをもらう。❸人《ひと》と別《わか》れること。帰《かえ》ること。例 そろそろおいとまいたしましょう。❹勤《つと》めをやめること。例 今日限《きょうかぎ》り、いとまをとらせていただきます。使い方 ❸は、「お」をつけて使《つか》うことが多《おお》い。

いとまき【糸巻き】名詞 糸《いと》を巻《ま》きつけておくためのもの。

いとまごい【いとま乞い】名詞 動詞 別《わか》れのあいさつをすること。また、そのあいさつ。

いとみみず 名詞 下水《げすい》や池《いけ》、ぬまなどに群《む》れている、糸《いと》のような細《ほそ》いみみず。金魚《きんぎょ》などのえさになる。

いどむ【挑む】動詞 ❶難《むずか》しいものごとに立《た》ち向《む》かう。例 エベレストの登頂《とうちょう》に挑む。❷戦《たたか》いや争《あらそ》いをしかける。例 となりの学校《がっこう》に、サッカーの試合《しあい》を挑む。

いとめ【糸目】名詞 たこをあげるとき、つりあいをとるためにたこの各部分《かくぶぶん》につける糸《いと》。

●**糸目《いとめ》を付《つ》けない** お金《かね》などをおしまないでつかう。ことば 糸目《いとめ》をつけないたこは風《かぜ》のふくままに飛《と》んでいくことからきたことば。

いとめる【射止める】動詞 ❶弓《ゆみ》や鉄砲《てっぽう》などでねらって殺《ころ》す。❷ねらったものをうまく自分《じぶん》のものにする。例 優勝《ゆうしょう》を射止める。

いとも 副詞 まことに。たいへん。例 兄《あに》は難《むずか》しい問題《もんだい》をいとも簡単《かんたん》にやりとげた。

いとわしい 形容詞 いやである。不愉快《ふゆかい》である。例 人《ひと》の悪口《わるぐち》を聞《き》くのはいとわしい。

いとわない いやがらない。例 実験《じっけん》が成功《せいこう》するまでは、どんな苦労《くろう》もいとわない。

いな【否】❶感動詞「いいえ」「いや」の古《ふる》い言《い》い方《かた》。❷名詞 そうではないこと。例 賛成《さんせい》か否か。漢↓1095ページ ひ【否】

いない【以内】名詞 数《かず》や量《りょう》などが、それをふくめて、それより少《すく》ないこと。また、場所《ばしょ》など

えうまくいけばよいということ。

が、それより内側《うちがわ》であること。例 十分《じっぷん》以内に来《き》てください。

いなおる【居直る】動詞 ❶きちんとすわり直《なお》す。❷急《きゅう》に強《つよ》い態度《たいど》に変《か》わる。例 うそがばれて居直った。

いなか【田舎】名詞 ❶都会《とかい》からはなれた、山《やま》や田畑《たはた》の多《おお》い場所《ばしょ》。例 のどかな田舎。対 都会《とかい》。❷生《う》まれ育《そだ》ったところ。故郷《こきょう》。

いなかびた【田舎びた】連体詞 いなかの感《かん》じがする。いなか風《ふう》な。例 田舎びた景色《けしき》。

いなかふう【田舎風】名詞 形容動詞 いなからしい感《かん》じがすること。いなかの特徴《とくちょう》が出《で》ていること。例 田舎風の煮《に》こみ料理《りょうり》。

いながら【居ながら】副詞 （多《おお》く「居《い》ながらにして」の形《かたち》で）家《いえ》にいたまま。出《で》かけて行《い》かなくても。例 人工衛星《じんこうえいせい》のおかげで、居ながらにして世界《せかい》のニュースを見《み》ることができる。

いなご 名詞 季語 秋 ばったのなかまの昆虫《こんちゅう》の一《ひと》つ。いねを食《く》いあらす害虫《がいちゅう》。食用《しょくよう》になる。図

⇩505ジベー こんちゅう

いなさく【稲作】名詞 ❶いねを作《つく》ること。類 米作《べいさく》。❷いねのでき具合《ぐあい》。例 今年《ことし》の稲作は平年並《へいねんな》みだ。類 米作《べいさく》。

いなずま【稲妻】⇩101ジベー いなびかり

いなだ【稲田】名詞 いねの植《う》えてある田《た》。

いなたば【稲束】名詞 かりとったいねを束《たば》にしたもの。

いななく 動詞 馬《うま》が、ヒヒンと声高《こえたか》く鳴《な》く。

いなば【因幡】名詞 昔《むかし》の国《くに》の名《な》の一《ひと》つ。今《いま》の鳥取県《とっとりけん》の東部《とうぶ》に当《あ》たる。

いなびかり【稲光】名詞 季語 秋 かみなりが鳴《な》るときに空中《くうちゅう》で発生《はっせい》する光《ひかり》。いなずま。

いなほ【稲穂】名詞 季語 秋 いねのくきの先《さき》に実《み》がついたもの。いねのほ。

いなむら【稲むら】名詞 かりとったいねを積《つ》み重《かさ》ねたもの。

いなむら

いなめない【否めない】打《う》ち消《け》すことができない。否定《ひてい》できない。例 準備《じゅんび》不足《ぶそく》は否めない事実《じじつ》だ。

いなや【否や】…するとすぐに。…すると同時《どうじ》に。例 席《せき》に着《つ》くやいなやしゃべり始《はじ》めた。使い方 ふつう、「…やいなや」の形《かたち》で使《つか》う。

いならぶ【居並ぶ】動詞 ずらりと並《なら》ぶ。例 有名選手《ゆうめいせんしゅ》の居並ぶ競技場《きょうぎじょう》。

いなり【稲荷】名詞 穀物《こくもつ》の実《みの》りを守《まも》ってくれる神《かみ》。また、その神《かみ》をまつった神社《じんじゃ》。きつねがその使《つか》いとされる。ことば きつねは油《あぶら》あげが好物《こうぶつ》だといわれたことから、油《あぶら》あげの中《なか》にすし飯《めし》をつめた料理《りょうり》を「いなりずし」と呼《よ》ぶようになった。

いなわしろこ【猪苗代湖】名詞 福島県《ふくしまけん》の中部《ちゅうぶ》にある湖《みずうみ》。北《きた》に磐梯山《ばんだいさん》がある。

いなわら【稲わら】名詞 いねのくきをかわかしたもの。いねのわら。

イニシアチブ（initiative）名詞 人々《ひとびと》の先《さき》に立《た》ってものごとを動《うご》かしていくこと。例 会議《かいぎ》のイニシアチブをとる。

イニシアル（initial）名詞 人《ひと》の名前《なまえ》をローマ字《じ》で書《か》くときの最初《さいしょ》の文字《もじ》。イニシャル。例 ぼくのイニシアルは「Y. K.」だ。

いにしえ 名詞「昔《むかし》」の古《ふる》い言《い》い方《かた》。例 いにしえの奈良《なら》の都《みやこ》。

イニシャル ⇩101ジベー イニシアル

いにゅう【移入】名詞 動詞 ❶国内《こくない》のほかの地方《ちほう》からその土地《とち》でできるものを運《はこ》び入《い》れること。対 移出《いしゅつ》。❷移《うつ》し入《い》れること。例 登場人物《とうじょうじんぶつ》に感情《かんじょう》を移入する。

ことば ❶に対《たい》し、外国《がいこく》から運《はこ》び入《い》れることは「輸入《ゆにゅう》」という。

いにん【委任】名詞 動詞 ほかの人《ひと》に、仕事《しごと》や役割《やくわり》などを任《まか》せること。例 委任状《じょう》。

いぬ【犬】名詞 人《ひと》に飼《か》われることが多《おお》い動物《どうぶつ》の一《ひと》つ。においをかぎ分《わ》けたり、音《おと》を聞《き》いたりする力《ちから》にすぐれている。人《ひと》によく従《したが》い、家《いえ》の番《ばん》や目《め》の不自由《ふじゆう》な人《ひと》の案内《あんない》などに役立《やくだ》つほか、ペットとされる。ことば 敵《てき》の回《まわ》し者《もの》や主人《しゅじん》の言《い》いなりに動《うご》く人《ひと》をたとえていうことがある。漢 427ジベー けん〔犬〕

● **犬《いぬ》の遠《とお》ぼえ** 犬《いぬ》が遠《とお》くに向《む》かってほえること ⇩

あいうえお　い　かきくけこ　さしすせそ　たちつてと　なにぬねの　はひふへほ　まみむめも　や　ゆ　よ　らりるれろ　わ　を　ん

ことわざ　終《お》わりよければすべてよし　ものごとは、とちゅうでうまくいかないことがあっても、最後《さいご》さ

から、臆病者《おくびょうもの》がかげで悪口《わるくち》を言《い》ったりいばったりすること。

●**犬《いぬ》も歩《ある》けば棒《ぼう》に当《あ》たる** ことわざ ❶何《なに》かをしようとすると、思《おも》いがけない災難《さいなん》にあうものだというたとえ。❷何《なに》かやっていると、思《おも》いがけないよいことがあるものだというたとえ。
使い方 もともとは❶の意味《いみ》で使《つか》われていたが、今《いま》では❷の意味《いみ》で使《つか》うことも多《おお》い。

いぬ【戌】 名詞 ❶十二支《じゅうにし》の十一番目《じゅういちばんめ》。犬《いぬ》。❷昔《むかし》の時刻《じこく》の名前《なまえ》。今《いま》の午後八時《ごごはちじ》ごろ。また、その前後二時間《ぜんごにじかん》くらい。❸昔《むかし》の方角《ほうがく》の名前《なまえ》。西北西《せいほくせい》。
図 ⇒611ページ じゅうにし

イヌイット (Inuit) 名詞 カナダの北部《ほくぶ》・グリーンランド・アラスカなど、北極海《ほっきょくかい》に近《ちか》い地方《ちほう》に古《ふる》くから住《す》んでいる人々《ひとびと》。魚《さかな》・トナカイ・あざらしなどをとって生活《せいかつ》してきた。

いぬかき【犬かき】 名詞 水面《すいめん》から頭《あたま》を出《だ》して両腕《りょううで》で水《みず》をかく、犬《いぬ》の動《うご》きに似《に》た泳《およ》ぎ方《かた》。

いぬじに【犬死に】 名詞 動詞 なんの役《やく》にも立《た》たないような死《し》に方《かた》をすること。むだ死《じ》に。

いぬぞり【犬ぞり】 名詞 雪《ゆき》や氷《こおり》の上《うえ》を犬《いぬ》に引《ひ》かせて走《はし》るそり。

いぬのふぐり 名詞 季語 春 土手《どて》や道《みち》ばたに生《は》える草花《くさばな》の一《ひと》つ。春先《はるさき》、青《あお》むらさきの小《ちい》さな花《はな》がさく。いぬふぐり。

いぬぼうかるた【犬棒かるた】 名詞 いろはがるたの一種《いっしゅ》で、最初《さいしょ》の「い」の札《ふだ》が「犬《いぬ》も歩《ある》けば棒《ぼう》に当《あ》たる」のもの。いぬぼうがるた。

いね【稲】 名詞 季語 秋 米《こめ》が実《みの》る草《くさ》。高《たか》さ八十《はちじゅう》～百《ひゃく》センチメートルくらい。田《た》んぼにつくるいね（＝水稲《すいとう》）と畑《はたけ》につくるいね（＝陸稲《りくとう》・おかぼ）とがある。使い方 ほかのことばの前《まえ》につくときは「いな」となることが多《おお》い。「稲作《いなさく》」「稲《いな》穂《ほ》」など。

いね

いねかり【稲刈り】 名詞 季語 秋 実《みの》ったいねをかりとること。

いねこき【稲こき】 名詞 季語 秋 いねの穂《ほ》から、もみをかき落《お》とすこと。また、その道具《どうぐ》。

いねむり【居眠り】 名詞 動詞 すわったままねむること。例 電車《でんしゃ》の中《なか》で居眠りした。

いのいちばん【いの一番】 名詞 いちばん早《はや》いこと。真《ま》っ先《さき》。例 いの一番に教室《きょうしつ》を飛《と》び出《だ》した。ことば 「い」は「いろは」の「い」で、いちばん初《はじ》めであることからきたことば。

いのうただたか【伊能忠敬】 名詞 （一七四五～一八一八）江戸時代《えどじだい》の末《すえ》ごろの地理学者《ちりがくしゃ》。幕府《ばくふ》の命令《めいれい》で日本全国《にほんぜんこく》を測量《そくりょう》し、正《ただ》しい日本地《にほんち》図《ず》を初《はじ》めてつくった。

いのこり【居残り】 名詞 動詞 い残《のこ》ること。例 宿題《しゅくだい》を忘《わす》れて居残りを命《めい》じられた。

いのこる【居残る】 動詞 ほかの人《ひと》が帰《かえ》ったあとまで残《のこ》る。また、決《き》められた時間《じかん》のあとまで残《のこ》る。例 会社《かいしゃ》に居残って仕事《しごと》をする。

いのしし 名詞 季語 秋 山《やま》にすむ動物《どうぶつ》の一《ひと》つ。首《くび》が短《みじか》く、するどいきばがあり、黒《くろ》っぽい茶色《ちゃいろ》の毛《け》におおわれている。気《き》があらく、形《かたち》はぶたに似《に》ている。肉《にく》は食用《しょくよう》になる。「しし」ともいう。ことば 漢字《かんじ》では「猪」と書《か》く。

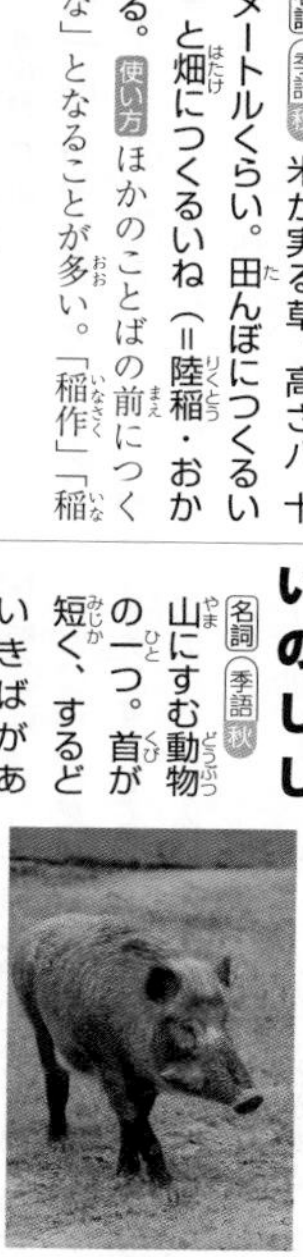
いのしし

いのち【命】 名詞 ❶生《い》き物《もの》が生《い》きるもとになる力《ちから》。❷生《い》きている間《あいだ》。一生《いっしょう》。例 花《はな》の命は短《みじか》い。❸いちばん大切《たいせつ》なもの。例 音楽家《おんがくか》は耳《みみ》が命だ。
漢 ⇒1299ページ めい〔命〕

●**命《いのち》の恩人《おんじん》** 命《いのち》を助《たす》けてくれた人《ひと》。

●**命《いのち》の綱《つな》** 生《い》きていくために、なくてはならないもの。よりどころとなる大切《たいせつ》なもの。

●**命《いのち》を落《お》とす** 死《し》んでしまう。

●**命《いのち》を懸《か》ける** 死《し》んでも構《かま》わないという気持《きも》ちで、あるものごとにとりくむ。命《いのち》がけでする。例 医学《いがく》の進歩《しんぽ》に命を懸ける。

●**命《いのち》をささげる** あることのために、死《し》ぬのもおそれずに力《ちから》をつくす。

●**命《いのち》をつなぐ** 死《し》なずにどうにか生《い》き続《つづ》ける。生《い》き延《の》びる。例 わずかな食料《しょくりょう》で命をつなぐ。

いのちがけ【命懸け】 名詞 死《し》んでも構《かま》わな

すること。「あだ」は、危害《きがい》を加《くわ》えることという意味《いみ》。

いという心構《こころがま》えで何《なに》かをすること。例 命懸けでおぼれた人《ひと》を助《たす》けた。類 決死《けっし》。

いのちからがら【命からがら】 副詞 なんとか命《いのち》だけは助《たす》かって。例 山《やま》でくまに出《で》あい、命からがらにげてきた。

いのちごい【命乞い】 名詞 動詞 殺《ころ》さないで助《たす》けてくれるようにたのむこと。

いのちしらず【命知らず】 名詞 形容動詞 死《し》ぬことや危険《きけん》をおそれずに行動《こうどう》すること。また、そのような人《ひと》。例 命知らずな行《おこな》い。

いのちづな【命綱】 名詞 高《たか》いところで仕事《しごと》をしたり、海《うみ》にもぐったりする人《ひと》が、安全《あんぜん》のために体《からだ》に結《むす》んでおくつな。ことば たよりにしたり、それを信《しん》じきって自分《じぶん》の身《み》を預《あず》けていたりするものをたとえていうこともある。

いのちとり【命取り】 名詞 ❶死《し》ぬもとになるもの。例 命取りの病気《びょうき》。❷とり返《かえ》しがつかなくなる原因《げんいん》。例 前半戦《ぜんはんせん》での失敗《しっぱい》が命取りになって負《ま》けてしまった。

いのちびろい【命拾い】 名詞 動詞 死《し》にそうだったところを、運《うん》よく助《たす》かること。例 おぼれかけていたところを発見《はっけん》され、命拾いした。

いのなかのかわず【井の中のかわず】
⇩65ページ「井《い》」の子見出《こみだ》し

いのまま【意のまま】 自分《じぶん》の思《おも》うとおりに。例 カードを意のままにあやつる手品師《てじなし》。

いのり【祈り】 名詞 いのること。例 祈りをささげる。

いのる【祈る】 動詞 ❶神《かみ》や仏《ほとけ》にお願《ねが》いする。例 神《かみ》に祈る。❷心《こころ》からそうなることを願《ねが》う。とくに、人《ひと》のために願《ねが》う。例 世界《せかい》の平和《へいわ》を祈ります。

いはい【位はい】 名詞 戒名《かいみょう》（＝死《し》んだ人《ひと》におぼうさんがつける名前《なまえ》）などを書《か》いて、仏壇《ぶつだん》に置《お》く木《き》の札《ふだ》。

いばしょ【居場所】 名詞 いるところ。いどころ。例 友《とも》だちに居場所を知《し》らせる。

いばら【茨】 名詞 ❶のいばらなどの、とげのある低《ひく》い木《き》をまとめていうことば。❷植物《しょくぶつ》のとげ。
漢 ⇩103ページ いばら〔茨〕

●**茨《いばら》の道《みち》** 苦《くる》しいことやつらいことの多《おお》い仕事《しごと》や人生《じんせい》のたとえ。

漢 **いばら【茨】**〔艹《くさかんむり》〕9画 4年 訓 音 いばら

一 十 艹 艹 艹 芡 茨

いばら。とげのある低木《ていぼく》。

いばらきけん【茨城県】 名詞 関東地方《かんとうちほう》の北《ほく》東部《とうぶ》にある県《けん》。農業《のうぎょう》がさかん。県庁《けんちょう》は水戸市《みとし》にある。

いはらさいかく【井原西鶴】 名詞（一六四二〜一六九三）江戸時代《えどじだい》の初《はじ》めごろの小説家《しょうせつか》・俳人《はいじん》。今《いま》の大阪府《おおさかふ》の生《う》まれ。代表作《だいひょうさく》に「日本永代蔵《にっぽんえいたいぐら》」「世間胸算用《せけんむねさんよう》」などがある。

いばりちらす【威張り散らす】 動詞 やたらにえらそうな態度《たいど》をとる。

いばる【威張る】 動詞 えらそうにふるまう。例 妹《いもうと》が作文《さくぶん》で賞《しょう》をもらって威張っている。

いはん【違反】 名詞 動詞 規則《きそく》や決《き》まりを破《やぶ》ること。例 選挙違反《せんきょいはん》／校則《こうそく》に違反する。

いびき 名詞 ねむっているときに、息《いき》とともに鼻《はな》やのどから出《で》る音《おと》。例 いびきをかく。

いびつ 形容動詞 形《かたち》がきちんと整《ととの》っていないようす。ゆがんでいるようす。例 ふたがいびつになって、はまらない。

いひょう【意表】 名詞 思《おも》ってもみないこと。意外《いがい》なこと。

●**意表《いひょう》をつく** 相手《あいて》が思《おも》ってもみないことをしておどろかせる。例 敵《てき》の意表をつく作戦《さくせん》。

いびる 動詞 弱《よわ》い相手《あいて》をいじめて苦《くる》しめる。

いひん【遺品】 名詞 死《し》んだ人《ひと》が生《い》きている間《あいだ》に使《つか》っていた物《もの》。形見《かたみ》。例 父《ちち》の遺品。類 遺物《いぶつ》。

イブ 名詞 ユダヤ教《きょう》やキリスト教《きょう》で、神《かみ》が初《はじ》めてつくったといわれる女《おんな》の人《ひと》。

いふうどうどう【威風堂堂[と]】 副詞 威厳《いげん》があってりっぱなようす。例 威風堂々と、選手団《せんしゅだん》が入場《にゅうじょう》する。

いぶかしい 形容詞 疑《うたが》わしい。あやしい。例 これが本物《ほんもの》かどうか、いぶかしい。

いぶかる 動詞 変《へん》だと思《おも》う。あやしいと思《おも》う。例 ほんとうだろうかといぶかる。

いぶき【息吹】 名詞 気配《けはい》。ようす。例 春《はる》の息吹。ことば もとは、「息《いき》」「呼吸《こきゅう》」を表《あらわ》すことば。

いふく【衣服】 名詞 着《き》る物《もの》。服《ふく》。洋服《ようふく》や和服《わふく》。

いぶくろ【胃袋】 名詞「胃《い》」のくだけた言《い》い

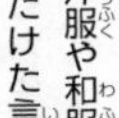
ことわざ **恩《おん》をあだで返《かえ》す** 人《ひと》にたいへん親切《しんせつ》にされたのに、感謝《かんしゃ》するどころか、その人《ひと》にひどいことを

方《かた》。

いぶす 動詞
❶物《もの》を燃《も》やしてけむりを出《だ》す。例 集《あつ》めた木《き》の枝《えだ》をいぶす。
❷けむりを当《あ》てる。また、けむりを当《あ》ててすすで黒《くろ》くする。例 ガラスをいぶす。
❸いおうなどを燃《も》やして、金属《きんぞく》の表面《ひょうめん》に黒《くろ》っぽい色《いろ》をつける。例 いぶした銀《ぎん》。

いぶつ【異物】 名詞
❶ほかとちがったもの。
❷体《からだ》の中《なか》にできたり、外《そと》から入《はい》ってきたりして、体《からだ》の組織《そしき》になじまないもの。がん・飲《の》みこんだピン・魚《さかな》の骨《ほね》など。

いぶつ【遺物】 名詞
❶今《いま》でも残《のこ》っている、古《ふる》い時代《じだい》のもの。例 この石《いし》の矢《や》じりは石器時代《せっきじだい》の遺物だ。
❷死《し》んだ人《ひと》が残《のこ》した物《もの》。形見《かたみ》。類 遺品《いひん》。

いぶりだす【いぶり出す】 動詞 物《もの》を焼《や》いてけむりを出《だ》し、穴《あな》の中《なか》にいる生《い》き物《もの》などをけむたがらせて外《そと》に追《お》い出《だ》す。

いぶる 動詞 よく燃《も》えないで、けむりばかりがたくさん出《で》る。くすぶる。

いへん【異変】 名詞 ふつうにはないような、変《か》わったできごと。例 病状《びょうじょう》に異変が起《お》きた。

イベント (event) 名詞
❶行事《ぎょうじ》。もよおしもの。
❷スポーツなどの勝負《しょうぶ》。試合《しあい》。例 本日《ほんじつ》のメーンイベント。

いぼ 名詞
❶皮膚《ひふ》の表面《ひょうめん》にできる、小《ちい》さな丸《まる》い出《で》っぱり。
❷物《もの》の表面《ひょうめん》にある、小《ちい》さな出《で》っぱり。例 きゅうりのいぼ。

いほう【違法】 名詞 法律《ほうりつ》に従《したが》っていないこと。類 不法《ふほう》。対 合法《ごうほう》。

いま【今】
❶名詞 現在《げんざい》。ちょうどこの時《とき》。例 今はちょうど八時《はちじ》だ。
❷名詞 現代《げんだい》。例 昔《むかし》から今に伝《つた》わるお話《はなし》。対 昔《むかし》。
❸副詞 少《すこ》し前《まえ》。例 いま、出《で》ていったよ。
❹副詞 もうすぐ。やがて。例 いま終《お》わるよ。
❺副詞 さらに。もう。例 いま一度《いちど》やってみる。
使い方 ❸~❺は、ふつうかな書《が》きにする。
漢 ⇒500ジ゙ー こん〔今〕

●**今《いま》か今《いま》かと** 早《はや》くそうなればよいと、待《ま》っているようす。例 友《とも》だちが来《く》るのを今か今かと待《ま》っている。

●**今《いま》泣《な》いたからすがもう笑《わら》う** 少《すこ》し前《まえ》まで泣《な》いていた人《ひと》が、もう笑《わら》っている。使い方 おもに子供《こども》の機嫌《きげん》の変《か》わりやすさをいうときに使《つか》う。

●**今《いま》を盛《さか》りと** 今《いま》がいちばんさかんな時《とき》だというように。例 ばらが、今を盛りとさきほこる。

いま【居間】 名詞 家族《かぞく》がふだん使《つか》う部屋《へや》。家族《かぞく》が集《あつ》まったり、くつろいだりする部屋《へや》。類 茶《ちゃ》の間《ま》。

いまいましい【忌ま忌ましい】 形容詞 しゃくにさわる。腹立《はらだ》たしい。例 弟《おとうと》ばかりが魚《さかな》を五《ご》ひきもつったとは忌ま忌ましい。

いまがわよしもと【今川義元】 名詞 (一五一九~一五六〇) 戦国時代《せんごくじだい》の武将《ぶしょう》。勢力《せいりょく》を拡大《かくだい》したが、桶狭間《おけはざま》の戦《たたか》いで織田信長《おだのぶなが》に敗《やぶ》れた。

いまごろ【今頃】
❶名詞 今《いま》の時刻《じこく》。今時分《いまじぶん》。
❷副詞 今《いま》になって。今《いま》さら。例 今頃来《き》たって、もうおそいよ。

いまさら【今更】 副詞 今《いま》になって。例 今更あやまってもしかたがない。使い方 あとに「ない」などのことばがくることが多《おお》い。

●**今更《いまさら》のように** 今初《いまはじ》めて知《し》ったかのように。あらためて。例 今更のようにおどろく。

いましがた【今し方】 副詞 たった今《いま》。ついさっき。例 兄《あに》は今し方帰《かえ》ったところです。

いましめ【戒め】 名詞
❶教《おし》えさとすこと。例 父《ちち》の戒めを守《まも》る。
❷こらしめること。例 戒めのために外出《がいしゅつ》を禁止《きんし》された。

いましめる【戒める】 動詞
❶まちがったことをしないように、前《まえ》もって注意《ちゅうい》する。教《おし》えさとす。例 先生《せんせい》から、みんな仲《なか》よくするようにと戒めるお話《はなし》があった。
❷しかる。こらしめる。例 いたずらが見《み》つかって、強《つよ》く戒められた。
使い方 目上《めうえ》の人《ひと》から目下《めした》の人《ひと》にいうときに使《つか》う。

いましも【今しも】 副詞 たった今《いま》。今《いま》まさに。ちょうどその時《とき》。例 今しも出《で》かけようとしているところに電話《でんわ》が鳴《な》った。

いまだ[に] 副詞 今《いま》になっても。まだ。例 妹《いもうと》

り、かわいがってやったりした人《ひと》から思《おも》いがけず害《がい》を受《う》けること。

は、いまだにひとりでねることができない。使い方 漢字《かんじ》では「未だに」と書《か》く。「今だに」と書かないよう注意《ちゅうい》。

いまだかつて 副詞 今《いま》までに一度《いちど》も。例 いまだかつて見《み》たことがないほど大《おお》きな魚《さかな》だ。使い方 あとに「ない」などのことばがくる。

いまちづき【居待ち月】 名詞 季語秋 昔《むかし》のこよみで、十八日《じゅうはちにち》の夜《よる》の月《つき》。とくに、八月十八日《はちがつじゅうはちにち》の月《つき》。居待《いま》ちの月《つき》。⇒1449ジペー 昔《むかし》のこよみと年《とし》・月《つき》・季節《きせつ》のことば

いまちのつき【居待ちの月】 ⇒105ジペー いまちづき

いまどき【今時】 名詞 ❶このごろ。最近《さいきん》。例 今時めずらしい家具《かぐ》だ。❷今《いま》になって。例 今時出《だ》しても間《ま》に合《あ》わない。

いまなお【今なお】 副詞 今《いま》でもまだ引《ひ》き続《つづ》いて。今《いま》になっても。例 今なお残《のこ》る、戦争《せんそう》のきずあと。

いまに【今に】 副詞 そのうちに。近《ちか》いうちに。まもなく。例 親《おや》の気持《きも》ちも今にわかるだろう。

いまにも【今にも】 副詞 すぐにも。もう少《すこ》しで。例 今にも雨《あめ》が降《ふ》りそうだ。

いまもって【今もって】 副詞 今《いま》になっても。いまだに。例 今もって連絡《れんらく》がない。使い方 あとに「ない」などのことばがくる。

いまや【今や】 副詞 今《いま》ではもう。例 この町《まち》も今や大都市《だいとし》だ。

● **今《いま》や遅《おそ》しと** 早《はや》くそうならないかと、待《ま》ちかまえているようす。今《いま》か今《いま》かと。例 春《はる》のおとずれを今や遅しと待《ま》っている。

いまよう【今様】 名詞 ❶現代風《げんだいふう》。今風《いまふう》。❷「今様歌《いまようた》」の略《りゃく》。平安時代《へいあんじだい》の末期《まっき》に流行《りゅうこう》した、七五調《しちごちょう》の歌《うた》。

いまりやき【伊万里焼】 名詞 佐賀県《さがけん》の伊万《いま》里港《りこう》から積《つ》み出《だ》した磁器《じき》の呼《よ》び名《な》。おもに「有《あり》田焼《たやき》」のことをいう。

いまわしい【忌まわしい】 形容詞 ❶縁起《えんぎ》が悪《わる》い。例 忌まわしい予感《よかん》がする。❷ひどくいやである。例 忌まわしい記憶《きおく》。

いまわのきわ【今わの際】 死《し》にかかっている時《とき》。死《し》にぎわ。

いみ【意味】 ❶ 名詞 動詞 ことばや文《ぶん》が表《あらわ》しているもの。例 意味を調《しら》べる／「止《と》まれ」を意味するマーク。❷ 名詞 ものごとの裏《うら》にある訳《わけ》。例 兄《あに》のおこっている意味がわからない。❸ 名詞 値打《ねう》ち。例 この研究《けんきゅう》は、とても意味のあるものです。類 意義《いぎ》。

いみありげ【意味ありげ】 形容動詞 特別《とくべつ》な意味《いみ》があるように感《かん》じられるようす。例 意味ありげな笑《わら》い。

いみじくも 副詞 非常《ひじょう》にうまく。適切《てきせつ》に。例「時《とき》は金《かね》なり」とはいみじくも言《い》ったものだ。

いみしんちょう【意味深長】 形容動詞 ことばや動作《どうさ》などの裏《うら》に、深《ふか》い意味《いみ》がかくされているようす。例 意味深長なことばを残《のこ》す。

イミテーション (imitation) 名詞 本物《ほんもの》をまねてつくったもの。にせもの。例 真珠《しんじゅ》のイミテーション。

いみん【移民】 名詞 動詞 働《はたら》くために、自分《じぶん》の国《くに》をはなれて外国《がいこく》に移《うつ》り住《す》むこと。また、その人々《ひとびと》。例 アメリカへ移民した人々《ひとびと》。

いむ【忌む】 動詞 ❶縁起《えんぎ》の悪《わる》いこと、よくないこととしてさける。例 肉食《にくしょく》を忌む宗教《しゅうきょう》。❷にくむ。ひどくきらう。例 忌みきらう。

イメージ (image) 名詞 動詞 心《こころ》の中《なか》にえがかれる姿《すがた》や形《かたち》、ようす。印象《いんしょう》。例 春《はる》のイメージを曲《きょく》にする／イメージが変《か》わる。

いも【芋】 名詞 季語秋 植物《しょくぶつ》の根《ね》や地下《ちか》けいが養分《ようぶん》をたくわえ、大《おお》きくなったもの。さつまいも・じゃがいも・さといもなど。

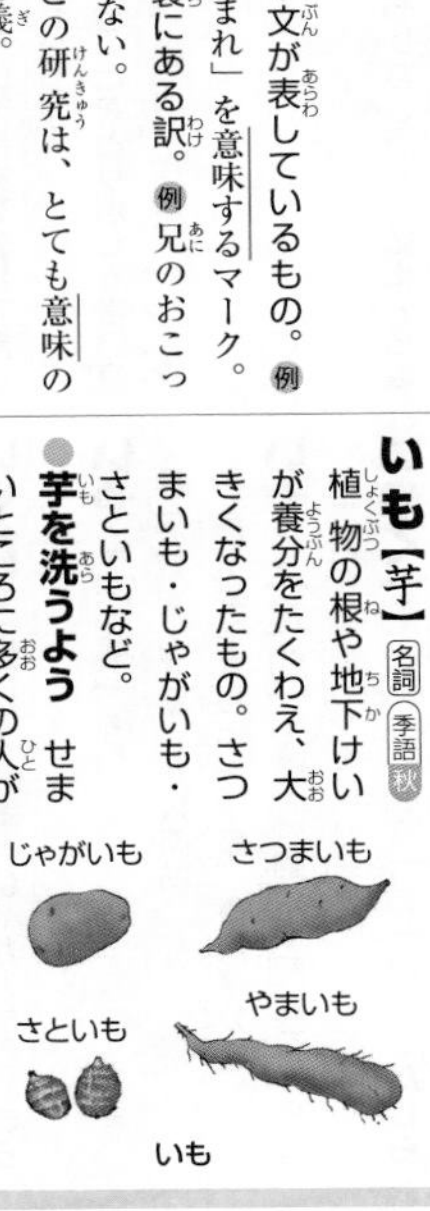

● **芋《いも》を洗《あら》うよう** せまいところに多《おお》くの人《ひと》が集《あつ》まって、混《こ》み合《あ》っているようす。例 会場《かいじょう》は芋を洗うようで、すごい熱気《ねっき》だ。

いもうと【妹】 名詞 自分《じぶん》より年下《としした》の、女《おんな》のきょうだい。対 姉《あね》。図 ⇒667ジペー しんぞく

漢 **いもうと【妹】** 〔女〕おんなへん 8画 2年 音 マイ 訓 いもうと

く 女 女 女 妹 妹 妹 妹 （とめる）

いもうと。自分《じぶん》より年下《としした》の、女《おんな》のきょうだい。

ことわざ **飼《か》い犬《いぬ》に手《て》をかまれる** かわいがって飼《か》っている犬《いぬ》に手《て》をかまれるように、世話《せわ》をしてやった

例 姉妹《しまい》／弟妹《ていまい》。対 姉《あね》。

いもちびょう【いもち病】名詞 いねの葉《は》や穂《ほ》、くきに斑点《はんてん》ができて、実《み》が実《みの》らなくなる病気《びょうき》。雨《あめ》が多《おお》く、気温《きおん》の低《ひく》い年《とし》に多《おお》い。

いもづるしき【芋づる式】名詞 一《ひと》つのことから、それに関係《かんけい》のある多《おお》くのものが次々《つぎつぎ》にあらわれること。例 犯人《はんにん》が芋づる式につかまった。ことば さつまいもなどのつるを引《ひ》くと、一本《いっぽん》のつるにたくさんのいもがくっついて出《で》てくることからきたことば。

いもの【鋳物】名詞 鉄《てつ》・銅《どう》・アルミニウムなどの金属《きんぞく》をとかし、型《かた》に流《なが》しこんでつくったもの。なべやかまなど。

いもばん【芋版】名詞 さつまいもやじゃがいもなどの切《き》り口《くち》に、字《じ》や絵《え》をほりつけたもの。絵《え》の具《ぐ》やすみをぬって紙《かみ》などにおす。

いもはんが【芋版画】名詞 版画《はんが》の一《ひと》つ。芋《いも》版《ばん》で作《つく》った版画《はんが》。

いもほり【芋掘り】名詞 畑《はたけ》からいもをほりだすこと。

いもむし【芋虫】名詞 季語 秋 ちょうや「が」などの幼虫《ようちゅう》で、毛《け》のないもの。緑色《みどりいろ》や茶色《ちゃいろ》のものが多《おお》い。

いもめいげつ【芋名月】名詞 季語 秋 昔《むかし》のこよみで、八月十五日《はちがつじゅうごにち》の夜《よる》に出《で》る月《つき》。中秋《ちゅうしゅう》の名月《めいげつ》。ことば さといもを供《そな》えて月見《つきみ》をすることからきたことば。

いもり 名詞 季語 夏 池《いけ》や川《かわ》、井戸《いど》などにすむ、とかげに似《に》た形《かたち》の動物《どうぶつ》。背中《せなか》は黒《くろ》っぽい茶色《ちゃいろ》で、腹《はら》は赤《あか》みがかっている。参考「やもり」とまちがえやすいが、やもりは は虫類《ちゅうるい》で、いもりは両生類《りょうせいるい》。

いもり

いもん【慰問】名詞 動詞 病人《びょうにん》や苦労《くろう》している人《ひと》などを、訪《たず》ねて行《い》って楽《たの》しませること。例 老人《ろうじん》ホームを慰問する。

いや
❶ 感動詞 相手《あいて》に賛成《さんせい》しない気持《きも》ちを表《あらわ》して言《い》うことば。例 いや、それはちがう。
❷ 接続詞 自分《じぶん》の言《い》ったことをとり消《け》して言《い》い直《なお》すときに言《い》うことば。例 明日《あす》には、いや今夜《こんや》には終《お》わると思《おも》うよ。
使い方 少《すこ》しぞんざいなことば。目上《めうえ》の人《ひと》には「いいえ」を使《つか》う。

いや【嫌】形容動詞 きらいなようす。気《き》に入《い》らないようす。例 その服《ふく》を着《き》るのは嫌だ。

● **嫌《いや》というほど**
❶もうこれ以上《いじょう》はいらないというくらい。とてもたくさん。例 嫌というほどもちを食《た》べた。
❷とてもひどく。激《はげ》しく。例 戸《と》に頭《あたま》を嫌というほどぶつけた。

いやいや【嫌嫌】副詞 いやだと思《おも》いながら、しかたなく。しぶしぶ。例 いやいやお使《つか》いに行《い》く。使い方 ふつうかな書《が》きにする。

いやおうなしに【いや応なしに】よいともいやだとも言《い》わせずに。無理《むり》やりに。例 いや応なしに、働《はたら》かされた。類 いやが応《おう》でも。

いやがうえに【いやが上に［も］】【いやが上に［も］】その上《うえ》にも、ますます。さらにいっそう。例 優勝《ゆうしょう》したチームの人気《にんき》はいやが上にも高《たか》まった。

いやがおうでも【いやが応でも】いやであろうとなかろうと。何《なに》がなんでも。例 いやが応でも、この仕事《しごと》はきみにやってもらう。類 いや応《おう》なしに。

いやがらせ【嫌がらせ】名詞 人《ひと》がいやがることを、わざと言《い》ったりしたりすること。

いやがる【嫌がる】動詞 いやだと思《おも》う。きらう。

いやく【医薬】名詞
❶病気《びょうき》を治《なお》す薬《くすり》。例 医薬品《ひん》。
❷病気《びょうき》を治《なお》す技術《ぎじゅつ》と、薬《くすり》。例 医薬分業《ぶんぎょう》。

いやく【違約】名詞 動詞 約束《やくそく》や契約《けいやく》を守《まも》らないこと。例 違約金《きん》をはらう。

いやく【意訳】名詞 動詞 一語一語《いちごいちご》にこだわらずに、文章全体《ぶんしょうぜんたい》の内容《ないよう》が伝《つた》わるように訳《やく》すこと。対 直訳《ちょくやく》。

いやくひん【医薬品】名詞 病気《びょうき》を治《なお》す薬《くすり》。参考 法律《ほうりつ》で定《さだ》められたものだけを「医薬品《いやくひん》」と呼《よ》ぶことができる。

いやけがさす【嫌気が差す】いやになる。使い方「嫌気《いやけ》がする」といわないよう注意《ちゅうい》。

いやしい【卑しい】形容詞
❶粗末《そまつ》で貧《まず》しそうである。例 卑しい身《み》なり。
❷世《よ》の中《なか》での立場《たちば》や地位《ちい》が低《ひく》い。
❸下品《げひん》である。また、ずるくて心《こころ》がきたない。例 行《おこな》いが卑しい。

ることから、子供《こども》は親《おや》に似《に》るものである、ということ。

❹欲《よく》が深《ふか》い。例人《ひと》の物《もの》を卑しくほしがる。

いやしくも 副詞 仮《かり》にも。たとえどうであろうとも。例いやしくも六年生《ろくねんせい》のやることではない。使い方 あらたまった言《い》い方《かた》。

いやしむ【卑しむ】 ⇒107ジペーいやしめる

いやしめる【卑しめる】 動詞 程度《ていど》が低《ひく》いものだとして、ばかにする。いやしむ。

いやす【癒やす】 動詞 病気《びょうき》・苦《くる》しみ・空腹《くうふく》・かわきなどをなおす。例温泉《おんせん》でつかれた体《からだ》を癒やした／のどのかわきを癒やす。

いやに 副詞 いつもとちがって、みょうに。また、非常《ひじょう》に。例今日《きょう》はいやに帰《かえ》りが早《はや》い。

いやはや 感動詞 おどろいたり、あきれたりしたときに言《い》うことば。まったく。例いやはや、きみのいたずらには困《こま》ったものだ。

イヤホン (earphone) 名詞 耳《みみ》に差《さ》しこみ、ラジオやテレビなどの音《おと》を自分《じぶん》だけで聞《き》く道具《どうぐ》。

いやみ【嫌味】 名詞 形容動詞 相手《あいて》にいやな感《かん》じをあたえることを言《い》ったりしたりすること。また、そのようなことばや態度《たいど》。

いやらしい【嫌らしい】 形容詞 ❶いやな気持《きも》ちになるようなことを、言《い》ったりしたりして、感《かん》じが悪《わる》い。❷下品《げひん》で、いやな感《かん》じだ。例嫌らしい目《め》つき。

イヤリング (earring) 名詞 耳《みみ》につけるアクセサリー。耳《みみ》かざり。

いよ【伊予】 名詞 昔《むかし》の国《くに》の名《な》の一《ひと》つ。今《いま》の愛媛《えひめ》県《けん》に当《あ》たる。

いよいよ 副詞 ❶ますます。前《まえ》よりもっと。例夜《よる》になって、雨《あめ》はいよいよ強《つよ》くなった。❷とうとう。ついに。例いよいよ試合《しあい》が始《はじ》まった。❸確《たし》かに。ほんとうに。例きみの入選《にゅうせん》は、これでいよいよまちがいない。

いよう【異様】 形容動詞 ようすがふつうとはかなりちがっているようす。例異様な静《しず》けさ。

いよく【意欲】 名詞 ものごとを進《すす》んでやろうとする、張《は》りきった気持《きも》ち。類意気込《いきご》み。

いよくてき【意欲的】 形容動詞 意欲《いよく》にあふれているようす。例委員会活動《いいんかいかつどう》に意欲的な生徒《せいと》。

いらい【以来】 名詞 その時《とき》から今《いま》まで。例入学《にゅうがく》して以来の仲《なか》よし。

いらい【依頼】 名詞 動詞 ❶あることをしてくれるよう、人《ひと》にたのむこと。例研究所《けんきゅうじょ》に調査《ちょうさ》を依頼した。❷人《ひと》にたよること。例依頼心《しん》が強《つよ》い。

いらいら【と】 名詞 副詞 動詞 思《おも》いどおりにならなくて、気持《きも》ちが落《お》ち着《つ》かないようす。例名《な》前《まえ》が思《おも》い出《だ》せなくていらいらする。

いらか 名詞 「屋根《やね》がわら」や「かわらぶきの屋《や》根《ね》」の古《ふる》い言《い》い方《かた》。

イラク ⇒107ジペーイラクきょうわこく

イラクきょうわこく【イラク共和国】 名詞 アジアの南西部《なんせいぶ》にある国《くに》。世界最古《せかいさいこ》の文明《ぶんめい》の一《ひと》つが栄《さか》えたところ。石油《せきゆ》を多《おお》く産出《さんしゅつ》する。首都《しゅと》はバグダッド。「イラク」ともいう。

(国旗《こっき》)

イラクせんそう【イラク戦争】 名詞 二〇〇三年《ねん》、アメリカが、イラクによるクルド人《じん》への弾圧《だんあつ》をやめさせるためや、大量破壊兵器《たいりょうはかいへいき》の発見《はっけん》などを目的《もくてき》として始《はじ》めた戦争《せんそう》。日本《にほん》も人道《じんどう》支援《しえん》の名目《めいもく》で自衛隊《じえいたい》を送《おく》った。

イラスト 名詞 本《ほん》や広告《こうこく》などにある、内容《ないよう》をわかりやすくしたり、楽《たの》しく見《み》せたりするためのさし絵《え》や図《ず》。ことば 英語《えいご》の「イラストレーション」の略《りゃく》。

イラストレーション ⇒107ジペーイラスト

イラストレーター (illustrator) 名詞 さし絵《え》や図《ず》をかくことを仕事《しごと》としている人《ひと》。

いらだつ【いら立つ】 動詞 気持《きも》ちがいらいらする。例なかなかバスが来《こ》なくていら立つ。

いらっしゃい ❶「来《き》なさい」「いなさい」の尊敬《そんけい》した言《い》い方《かた》。例早《はや》くいらっしゃい／そこで待《ま》っていらっしゃい。❷感動詞 人《ひと》をむかえるときのあいさつ。「よくいらっしゃいました」を略《りゃく》した言《い》い方《かた》。

いらっしゃる 動詞 「いる」「来《く》る」「行《い》く」などの尊敬《そんけい》した言《い》い方《かた》。例いま、先生《せんせい》はいらっしゃいますか／お客様《きゃくさま》がいらっしゃる／どこへいらっしゃるのですか。

イラン ⇒107ジペーイランイスラムきょうわこく

イランイスラムきょうわこく【イラン・イスラム共和国】 名詞 アジアの南西《なんせい》

あいうえお
い
かきくけこ
さしすせそ
たちつてと
なにぬねの
はひふへほ
まみむめも
や
ゆ
よ
らりるれろ
わ
を
ん

ことわざ　**かえるの子《こ》はかえる**　親《おや》のかえるとは形《かたち》がちがうおたまじゃくしも、いつかは親《おや》と同《おな》じ姿《すがた》にな

部《ぶ》にある国《くに》。昔《むかし》はペルシア帝国《ていこく》として栄《さか》えた。石油《せきゆ》を多《おお》く産出《さんしゅつ》する。首都《しゅと》はテヘラン。「イラン」ともいう。

(国旗《こっき》)

いり【入り】 名詞 ❶入《はい》ること。例 楽屋《がくや》入り ❷中《なか》に入《はい》っていること。例 砂糖《さとう》入りの紅茶《こうちゃ》。❸太陽《たいよう》や月《つき》がしずむこと。例 日《ひ》の入り。対 出《で》。❹入《はい》ってくるお金《かね》。例 今日《きょう》は入りが少《すく》ない。❺季節《きせつ》や行事《ぎょうじ》などの始《はじ》まる日《ひ》。例 梅雨《つゆ》の入り。をする。対 出《で》。

いりうみ【入り海】 名詞 海《うみ》が陸地《りくち》に入《はい》りこんでいるところ。類 湾《わん》。

いりえ【入り江】 名詞 海《うみ》や湖《みずうみ》が陸地《りくち》に入《はい》りこんでいるところ。例 波《なみ》の静《しず》かな入り江。

いりおもていしがきこくりつこうえん【西表石垣国立公園】 名詞 沖縄県《おきなわけん》の八重山列島《やえやまれっとう》の西表島《いりおもてじま》・石垣島《いしがきじま》を中心《ちゅうしん》とする国立《こくりつ》公園《こうえん》。亜熱帯《あねったい》の原生林《げんせいりん》やさんご礁《しょう》が美《うつく》しい。

いりおもてじま【西表島】 名詞 沖縄県《おきなわけん》の八重山列島《やえやまれっとう》で最大《さいだい》の島《しま》。亜熱帯《あねったい》にあり、特別天然記念物《とくべつてんねんきねんぶつ》のいりおもてやまねこなどが生息《せいそく》している。西表石垣国立公園《いりおもていしがきこくりつこうえん》にふくまれる。

いりぐち【入り口】 名詞 ❶中《なか》に入《はい》るところ。例 店《みせ》の入り口。対 出口《でぐち》。❷ものごとのはじめ。例 学問《がくもん》の入り口。

いりくむ【入り組む】 動詞 複雑《ふくざつ》にからみ合《あ》う。こみいる。例 話《はなし》が入り組んでいる。

いりたまご【いり卵】 名詞 卵《たまご》をといて調味料《ちょうみりょう》を入《い》れ、かきまぜながらいためた料理《りょうり》。

いりひ【入り日】 名詞 しずみかけている太陽《たいよう》。夕日《ゆうひ》。例 美《うつく》しい山《やま》の入り日。類 落日《らくじつ》。

いりびたる【入り浸る】 動詞 ある場所《ばしょ》に、しょっちゅう行《い》く。また、そこにずっといる。例 友《とも》だちの家《いえ》に入り浸る。

いりふね【入り船】 名詞 港《みなと》に入《はい》ってくる船《ふね》。対 出船《でふね》。

いりまじる【入り交じる・入り混じる】 動詞 いろいろなものがまじり合《あ》う。例 大人《おとな》と子供《こども》が入り交じって遊《あそ》ぶ。

いりみだれる【入り乱れる】 動詞 たくさんのものが交《ま》じり合《あ》って、ごちゃごちゃになる。例 赤組《あかぐみ》と白組《しろぐみ》が入り乱れて戦《たたか》う。

いりもやづくり【入り母屋造り】 名詞 屋根《やね》のつくり方《かた》の一《ひと》つ。上《うえ》のほうを切《き》り妻造《づまづく》りにし、下《した》のほうにひさし屋根《やね》を張《は》り出《だ》した形《かたち》の屋根《やね》。また、そのような屋根《やね》の建《たて》物《もの》。神社《じんじゃ》や寺《てら》に多《おお》い。関連 切《き》り妻造《づまづく》り。

いりもやづくり

いりよう【入り用】 名詞 形容動詞 必要《ひつよう》なこと。例 旅行《りょこう》に入り用な品《しな》をそろえる。

いりょう【衣料】 名詞 服《ふく》や下着《したぎ》、靴下《くつした》など、着《き》る物《もの》すべてをまとめていうことば。また、その材料《ざいりょう》となる布《ぬの》や糸《いと》などのこと。類 衣類《いるい》。

いりょう【医療】 名詞 医者《いしゃ》にかかって、病気《びょうき》やけがを治《なお》すこと。例 医療費《ひ》。類 治療《ちりょう》。

いりょうひん【衣料品】 名詞 商品《しょうひん》としての衣服《いふく》。例 衣料品をあつかう店《みせ》。

いりょく【威力】 名詞 人《ひと》をおそれさせるような強《つよ》い力《ちから》。例 ダイナマイトの威力。

いる【入る】 ❶ 動詞 「はいる」の古《ふる》い言《い》い方《かた》。例 念《ねん》の入った仕事《しごと》。対 出《で》る。❷ 接尾語 (ほかのことばのあとにつけて) すっかり…する。完全《かんぜん》に…する。例 聞《き》き入る。
漢 ⇩1001ジ《ペー》 にゅう〔入〕

いる【居る】 動詞 ❶人《ひと》や動物《どうぶつ》がそこにある。例 部屋《へや》に人《ひと》がいる。❷住《す》んでいる。例 おばは、今《いま》外国《がいこく》にいます。

ガッテン日本語教室

「いる」と「ある」

「人《ひと》がいる」とはいうけれど、ふつう「人《ひと》がある」とはいわないね。また、「木《き》がある」とはいっても、「木《き》がいる」とはいわない。

人《ひと》や動物《どうぶつ》には「いる」を使《つか》って、それ以外《いがい》のものには「ある」を使《つか》うのがふつうだ。

でも、昔《むかし》は人《ひと》や動物《どうぶつ》、木《き》にも「ある」(昔《むかし》の形《かたち》では「あり」)を使《つか》っていたんだ。「いる」は「すわっている」という意味《いみ》だったんだよ。

ただ、今《いま》でも、人《ひと》や動物《どうぶつ》も「ある」という地方《ちほう》があるそうだよ。

も、どんなひどいことをされても、平気《へいき》でいることのたとえ。

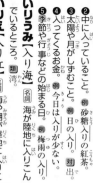

❸（「…ている」の形《かたち》で）今《いま》もそれが続《つづ》いている。例 雪《ゆき》が降《ふ》っている／かぎがかかっている。使い方 ふつうかな書《が》きにする。尊敬《そんけい》した言《い》い方《かた》は「いらっしゃる」「おいでになる」、へりくだった言《い》い方《かた》は「おる」。「おる」は「おります」の形《かたち》で使《つか》うことが多《おお》い。

漢 ↓352ページ きょ〔居〕 ↓108ページ 日本語教室

いる【要る】 動詞 ないと困《こま》る。例 鉛筆《えんぴつ》を買《か》うのに百円《ひゃくえん》いる。使い方 かな書《が》きにすることが多《おお》い。漢 ↓1362ページ よう〔要〕

いる【射る】 動詞 ❶弓《ゆみ》で矢《や》を飛《と》ばす。また、矢《や》をねらったものに当《あ》てる。例 的《まと》を射る。❷光《ひかり》がするどく当《あ》たる。強《つよ》く照《て》らす。例 太陽《たいよう》の光《ひかり》が目《め》を射る。漢 ↓595ページ しゃ〔射〕

いる【煎る】 動詞 火《ひ》にかけて水気《みずけ》がなくなるまで熱《ねつ》を加《くわ》える。例 豆《まめ》を煎る／ごまを煎る。

いる【鋳る】 動詞 金属《きんぞく》をとかし、型《かた》に入《い》れて物《もの》をつくる。例 この大仏《だいぶつ》は銅《どう》を鋳てつくられた。

いるい【衣類】 名詞 服《ふく》や下着《したぎ》、靴下《くつした》など、着《き》る物《もの》すべてをまとめていうことば。類 衣料《いりょう》。

いるか 名詞 海《うみ》にすむ動物《どうぶつ》で、くじらのなかま。群《む》れをなして泳《およ》ぎ、人《ひと》によくなつく。ことば 漢字《かんじ》では「海豚」と書《か》く。

いるか

いるす【居留守】 名詞 家《いえ》にいるのに、いないふりをすること。例 居留守を使《つか》う。

イルミネーション（illumination） 名詞 たくさんの電灯《でんとう》をつけて、建物《たてもの》や木《き》などをかざること。

いれい【異例】 名詞 今《いま》までになかったこと。ほかに例《れい》がないような、特別《とくべつ》なこと。例 一週間《いっしゅうかん》以上《いじょう》委員《いいん》が決《き》まらないとは異例の事態《じたい》だ。

いれい【慰霊】 名詞 動詞 死《し》んだ人《ひと》のたましいをなぐさめること。例 慰霊碑《ひ》。

いれかえる【入れ替える・入れ換える】 動詞 ❶今《いま》あるもののかわりに、別《べつ》のものを入《い》れる。例 心《こころ》を入れ替えて練習《れんしゅう》にとりくむ。❷入《はい》っていたものを別《べつ》のものに入《い》れる。例 おもちゃを段《だん》ボール箱《ばこ》に入れ替える。

いれかわりたちかわり【入れ替わり立ち替わり】 大勢《おおぜい》の人《ひと》が次々《つぎつぎ》にやって来《き》てはいなくなるようす。次《つぎ》から次《つぎ》へと。例 ファンが入れ替わり立ち替わりサインをもらいに来《く》る。

いれかわる【入れ替わる・入れ代わる】 動詞 別《べつ》の人《ひと》やものとかわる。交替《こうたい》する。例 となりの人《ひと》と席《せき》を入れ替わる。

いれこざん【入れ子算】 名詞 算数《さんすう》で、となり合《あ》っているものの差《さ》の量《りょう》と全部《ぜんぶ》の合計量《ごうけいりょう》から、一《ひと》つのものの量《りょう》を求《もと》めるような問題《もんだい》。ことば「入《い》れ子《こ》」は、小《ちい》さな物《もの》が順《じゅん》に大《おお》きな物《もの》に収《おさ》まるように作《つく》られた箱《はこ》やうつわのこと。

いれずみ【入れ墨】 名詞 皮膚《ひふ》に針《はり》で絵《え》や文字《もじ》などをほり、そこに色《いろ》をつけること。また、そうしてつけたもの。

いれぢえ【入れ知恵】 名詞 動詞 人《ひと》にこうしなさいと教《おし》えること。また、人《ひと》から教《おし》えられたこと。例 あの子《こ》がこんなことをするなんて、きっとだれかの入れ知恵だ。使い方 ふつう、悪《わる》いことの場合《ばあい》に使《つか》う。

いれちがい【入れ違い】 名詞 ❶片方《かたほう》が出《で》ていくと、もう片方《かたほう》が入《はい》り、両方《りょうほう》がいっしょにならないこと。例 妹《いもうと》と入れ違いに姉《あね》が帰《かえ》ってきた。❷別《べつ》の物《もの》を入《い》れること。入《い》れまちがい。❸たがいちがい。例 発表《はっぴょう》する人《ひと》の順番《じゅんばん》が入れ違いになってしまった。

いれば【入れ歯】 名詞 ぬけた歯《は》の代《か》わりに、つくった歯《は》を入《い》れること。また、その歯《は》。

いれもの【入れ物】 名詞 物《もの》を入《い》れるためのもの。うつわ。例 ガラスの入れ物。

いれる【入れる】 動詞 ❶外《そと》から中《なか》に移《うつ》す。例 箱《はこ》に入れる。対 出《だ》す。❷ふくめる。例 きみをグループに入れよう。❸お茶《ちゃ》などを飲《の》めるようにする。例 コーヒーを入れる。❹直《なお》す。加《くわ》える。補《おぎな》う。例 先生《せんせい》が生徒《せいと》の字《じ》に筆《ふで》を入れる。❺相手《あいて》に届《とど》くようにする。例 電話《でんわ》を入れる。❻あるものがはたらくようにする。例 エアコンのスイッチを入れる。❼はさむ。はめこむ。例 人《ひと》の話《はなし》に口《くち》を入れる。❽こめる。例 力《ちから》を入れてつなを引《ひ》く。

ことわざ **かえるの面《つら》に水《みず》** かえるが顔《かお》に水《みず》をかけられてもまったく平気《へいき》でいるように、何《なに》を言《い》われて

❾認《みと》めて許《ゆる》す。例 願《ねが》いを入れて留学《りゅうがく》させる。
❿ある人《ひと》に投票《とうひょう》する。例 選挙《せんきょ》で××氏《し》に入れた。
漢 ⇒1001ページ にゅう【入】

いろ【色】名詞
❶赤《あか》・青《あお》・黄《き》などの、目《め》に感《かん》じる光《ひかり》の種類《しゅるい》。
❷はだの色《いろ》（＝❶）。例 色の白《しろ》い人《ひと》。
❸表情《ひょうじょう》。顔《かお》つき。例 友《とも》だちの顔《かお》にいかりの色があらわれた。
❹ようす。例 負《ま》けの色がこくなる。
漢 ⇒645ページ しょく【色】 ⇒503ページ 伝統コラム
●**色《いろ》を失《うしな》う** おどろいたりおそれたりして、顔《かお》色が青《あお》ざめる。例 母《はは》が急病《きゅうびょう》だとの知《し》らせに色を失う。

いろあい【色合い】名詞 色《いろ》の具合《ぐあい》。色《いろ》の調子《ちょうし》。例 落《お》ち着《つ》いた色合いのカーテン。

いろあせる【色あせる】動詞
❶色《いろ》がうすくなる。例 色あせたユニフォーム。
❷古《ふる》くなってぼやける。例 色あせた思《おも》い出《で》。
❸そのものごとの魅力《みりょく》がうすれる。例 何度《なんど》もその話《はなし》を聞《き》き、感動《かんどう》が色あせてしまった。

いろいろ【色色】形容動詞 副詞 種類《しゅるい》がたくさんあるようす。さまざま。例 いろいろ話《はなし》をする。
使い方 ふつうかな書《が》きにする。

いろう【慰労】名詞 動詞 いっしょうけんめい働《はたら》いてくれた人《ひと》たちのこれまでの苦労《くろう》に感謝《かんしゃ》し、いたわること。例 会社《かいしゃ》の慰労会《かい》。

いろか【色香】名詞
❶きれいな色《いろ》とよい香《かお》り。例 桜《さくら》の色香を楽《たの》しむ。
❷女性《じょせい》の姿《すがた》や顔《かお》の美《うつく》しさ。例 色香がただよう。

いろがみ【色紙】名詞 いろいろな色《いろ》に染《そ》めた紙《かみ》。折《お》り紙遊《がみあそ》びや工作《こうさく》などに使《つか》われる。ことば 「しきし」と読《よ》むと別《べつ》の意味《いみ》。

いろじろ【色白】名詞 形容動詞 はだの色《いろ》が白《しろ》いこと。例 色白で目《め》の大《おお》きな人《ひと》。

いろずり【色刷り】名詞 黒《くろ》だけでなく、二《ふた》つ以上《いじょう》の色《いろ》を使《つか》って印刷《いんさつ》すること。また、そのもの。例 色刷りの絵《え》。

いろづく【色付く】動詞 植物《しょくぶつ》の葉《は》や実《み》に色《いろ》がつく。例 もみじが色付いてきた。

いろつや【色艶】名詞
❶色《いろ》とつや。例 色艶のよいリンゴ。
❷顔《かお》の色《いろ》やはだのつや。例 色艶のよい顔《かお》。

いろどり【彩り】名詞
❶色《いろ》をつけること。例 焼《や》き物《もの》に彩りをする。
❷色《いろ》と色《いろ》のとり合《あ》わせ。配色《はいしょく》。例 彩りのあざやかなドレス。
❸かざり。おもしろみ。例 先生《せんせい》たちのおどりが大会《たいかい》に彩りをそえた。

いろとりどり【色とりどり】名詞 形容動詞
❶いろいろな色《いろ》があること。
❷いろいろな種類《しゅるい》があること。例 テーブルには色とりどりの料理《りょうり》が並《なら》んだ。

いろどる【彩る】動詞
❶色《いろ》をつける。例 門《もん》をペンキで彩る。
❷いろいろな色《いろ》をうまく組《く》み合《あ》わせてかざる。例 花《はな》で部屋《へや》を彩る。

いろは 名詞
❶「いろはにほへと」で始《はじ》まるいろは歌《うた》の、四十七文字《よんじゅうななもじ》のひらがなのこと。また、いろは歌《うた》のこと。
❷ものごとの習《なら》い始《はじ》め。初歩《しょほ》。例 料理《りょうり》のいろはを祖母《そぼ》に教《おそ》わる。
参考 ❶の四十七文字《よんじゅうななもじ》には、今《いま》は使《つか》わない字《じ》の「ゐ」「ゑ」があり、「ん」はふくまれていない。

いろはうた【いろは歌】名詞 「いろは」の四十七文字《よんじゅうななもじ》を一度《いちど》ずつ使《つか》ってつくった、七五調《しちごちょう》の歌《うた》。「色《いろ》はにほへど（と）　散《ち》りぬるを　我《わ》が（か）　世《よ》だ（た）れぞ（そ）　常《つね》ならむ　有《う》為《い》（ゐ）の奥山《おくやま》　今日《きょう》（けふ）　越《こ》えて　浅《あさ》き夢《ゆめ》みじ（し）　酔《え》（ゑ）ひもせず（す）」

いろはがるた 名詞 季語 新年 「いろは」の四十七文字《よんじゅうななもじ》に「京《きょう》」を加《くわ》えた四十八文字《よんじゅうはちもじ》の一字《いちじ》一字《いちじ》を頭《あたま》のひと文字《もじ》にした、ことわざのかるた。「犬《いぬ》も歩《ある》けば棒《ぼう》に当《あ》たる」「論《ろん》より証拠《しょうこ》」「花《はな》より団子《だんご》」などがある。いろはかるた。

いろめがね【色眼鏡】名詞
❶レンズに色《いろ》のついためがね。サングラス。
❷初《はじ》めからこうだと決《き》めてかかる、かたよった見方《みかた》。例 人《ひと》を色眼鏡で見《み》てはいけない。
使い方 ❶は、古《ふる》い言《い》い方《かた》。❷は、よい意味《いみ》には使《つか》われない。

いろめきたつ【色めき立つ】動詞 急《きゅう》に元気《げんき》が出《で》て、生《い》き生《い》きとしてくる。活気《かっき》づく。例 お祭《まつ》りの太鼓《たいこ》の音《おと》に、みんな色めき立《た》った。

いろめく【色めく】動詞
❶色《いろ》がつく。例 秋《あき》の野山《のやま》が色めいてきた。

❷緊張《きんちょう》したり興奮《こうふん》したりしたようすがあらわれる。例 味方《みかた》のチャンスに応援席《おうえんせき》は色めいた。

いろもの【色物】 名詞 服《ふく》や布地《ぬのじ》で、白《しろ》・黒《くろ》以《い》外《がい》の色《いろ》があるもの。例 色物のシャツ。

いろよい【色よい】 連体詞 都合《つごう》のよい。望《のぞ》むとおりの。例 色よい返事《へんじ》を期待《きたい》する。

いろり【囲炉裏】 名詞 季語冬 部屋《へや》のゆかを大《おお》きく四角《しかく》に切《き》り、火《ひ》をたくようにしたところ。部屋《へや》を暖《あたた》めたり、食物《しょくもつ》を煮《に》たり焼《や》いたりする。

いろり

いろりばた【囲炉裏端】 名詞 いろりの周《まわ》り。例 囲炉裏端で昔話《むかしばなし》をきく。類 炉端《ろばた》。

いろわけ【色分け】 名詞 動詞 ❶色《いろ》をつけて区別《くべつ》すること。例 グラフを色分けする。❷種類《しゅるい》によって物《もの》を分《わ》けること。分類《ぶんるい》。例 みんなの工作《こうさく》を、材料《ざいりょう》によって色分けする。

いろん【異論】 名詞 人《ひと》とちがった意見《いけん》。別《べつ》の考《かんが》え。また、反対《はんたい》の意見《いけん》。例 異論を唱《とな》える。類 異議《いぎ》。異存《いぞん》。

いろんな 連体詞 いろいろな。さまざまな。使い方「いろいろな」よりもくだけた言《い》い方《かた》で、あらたまった場所《ばしょ》や文章《ぶんしょう》では使《つか》わない。

いわ【岩】 名詞 石《いし》の大《おお》きいもの。岩石《がんせき》。漢 ➡ 296ページ《ジ》がん〔岩〕

いわあな【岩穴】 名詞 岩《いわ》にできたほら穴《あな》。

いわい【祝い】 名詞 ❶めでたいことを喜《よろこ》ぶこと。例 お祝いの会《かい》。❷めでたいことを喜《よろこ》んでおくる品《しな》。例 出産《しゅっさん》祝い／卒業《そつぎょう》祝い。

いわう【祝う】 動詞 ❶めでたいことを喜《よろこ》ぶ。例 合格《ごうかく》を祝う。❷幸《しあわ》せであるようにいのる。例 門出《かどで》を祝う。漢 ➡ 615ページ《ジ》しゅく〔祝〕

いわお 名詞 高《たか》くつき出《で》た大《おお》きな岩《いわ》。使い方 古《ふる》い言《い》い方《かた》。

いわかげ【岩陰】 名詞 岩《いわ》の後《うし》ろや岩《いわ》にかくれたところ。

いわかん【違和感】 名詞 まわりのものとの間《あいだ》にちがいがあり、ちぐはぐな感《かん》じ。しっくりしない感《かん》じ。例 ことばとことばのつながり方《かた》に違和感を覚《おぼ》える。

いわき【磐城】 名詞 昔《むかし》の国《くに》の名《な》の一《ひと》つ。今《いま》の福島県《ふくしまけん》の東部《とうぶ》と宮城県《みやぎけん》の南部《なんぶ》に当《あ》たる。

いわきさん【岩木山】 名詞 青森県《あおもりけん》の西部《せいぶ》にある火山《かざん》。一八六三年《ねん》からのちは噴火《ふんか》がない。「津軽富士《つがるふじ》」とも呼《よ》ばれる。

いわくらともみ【岩倉具視】 名詞（一八二五～一八八三）明治時代《めいじじだい》の初《はじ》めごろの政治家《せいじか》。明《めい》治政府《じせいふ》の成立《せいりつ》を進《すす》め、新政府《しんせいふ》の右大臣《うだいじん》となって政治《せいじ》を行《おこな》った。教科 社 大久保利通《おおくぼとしみち》らとともに、使節団《しせつだん》としてアメリカやヨーロッパをおとずれた。

いわし 名詞 季語秋 海《うみ》にすむ魚《さかな》の一《ひと》つ。体《からだ》は小《こ》形《がた》で細長《ほそなが》く、背中《せなか》は青緑色《あおみどりいろ》で腹《はら》は銀色《ぎんいろ》がかった白色《しろいろ》をしている。食用《しょくよう》にするほか、肥料《ひりょう》にしたり、油《あぶら》をとったりする。ことば 漢字《かんじ》では「鰯」と書《か》く。図 ➡ 521ページ《ジ》さかな〔魚〕

いわしくじら 名詞 くじらのなかま。全長《ぜんちょう》十七《じゅうなな》メートルくらいで、ほっそりした形《かたち》をしている。図 ➡ 383ページ《ジ》くじら

いわしぐも【いわし雲】 名詞 季語秋「巻積雲《けんせきうん》」のこと。いわしが群《むら》がったように広《ひろ》がる。「うろこ雲《ぐも》」ともいう。参考 この雲《くも》が出《で》るといわしが多《おお》くとれるという言《い》い伝《つた》えがある。

いわしろ【岩代】 名詞 昔《むかし》の国《くに》の名《な》の一《ひと》つ。今《いま》の福島県《ふくしまけん》の西部《せいぶ》に当《あ》たる。

いわずもがな【言わずもがな】 ❶言《い》わないほうがよい。例 あのひと言《こと》は言わずもがなだった。❷言《い》うまでもなく。もちろん。例 子供《こども》は言わずもがな、大人《おとな》にもわかりにくい話《はなし》だ。

いわてけん【岩手県】 名詞 東北地方《とうほくちほう》の太平《たいへい》洋側《ようがわ》にある県《けん》。漁業《ぎょぎょう》がさかん。県庁《けんちょう》は盛岡市《もりおかし》にある。

いわてさん【岩手山】 名詞 岩手県《いわてけん》の北西部《ほくせいぶ》にある火山《かざん》。付近《ふきん》は国立公園《こくりつこうえん》になっている。「岩手富士《いわてふじ》」とも呼《よ》ばれる。

いわてふじ【岩手富士】 ➡ 111ページ《ジ》いわてさん

いわな 名詞 季語夏 川《かわ》の上流《じょうりゅう》にすむ魚《さかな》。体長《たいちょう》

ことわざ　学問《がくもん》に王道《おうどう》なし　楽《らく》に学問《がくもん》を修《おさ》められる方法《ほうほう》などないということ。だれであろうと学問《がくもん》は努力《どりょく》

三十《さんじっ》センチメートルくらい。茶色《ちゃいろ》っぽい体《からだ》に、白《しろ》や赤色《あかいろ》の斑点《はんてん》が散《ち》らばっている。食用《しょくよう》にする。ことば 漢字《かんじ》では「岩魚」と書《か》く。図 ⇒521ページ

さかな〔魚〕

いわぬがはな【言わぬが花】 ことわざ はっきりと言《い》わないところによさがあるものだ。例 よけいなことは言わぬが花だ。

いわば【岩場】 名詞 山《やま》や海岸《かいがん》などで、多《おお》くの岩《いわ》がむき出《だ》しになっているところ。

いわば【言わば】 副詞 たとえて言《い》えば。言《い》ってみると。例 この本《ほん》はいわばぼくの先生《せんせい》だ。

使い方 ふつうかな書《が》きにする。

いわはだ【岩肌】 名詞 岩《いわ》の表面《ひょうめん》。

いわみ【石見】 名詞 昔《むかし》の国《くに》の名《な》の一《ひと》つ。今《いま》の島根県《しまねけん》の西部《せいぶ》に当《あ》たる。

いわみぎんざん【石見銀山】 名詞 島根県《しまねけん》中部《ちゅうぶ》にある、銀《ぎん》をふくんだ鉱石《こうせき》をほり出《だ》していた山《やま》。遺跡《いせき》や周《まわ》りの森林《しんりん》などが世界文化遺産《せかいぶんかいさん》に登録《とうろく》された。「大森銀山《おおもりぎんざん》」ともいう。

いわむろ【岩室】 名詞 岩《いわ》の間《あいだ》に自然《しぜん》にできたほら穴《あな》。また、岩《いわ》に穴《あな》をほってつくった住《す》まい。岩屋《いわや》。

いわや【岩屋】 名詞 岩《いわ》にできたほら穴《あな》。また、岩《いわ》に穴《あな》をほってつくった住《す》まい。

いわやさざなみ【巌谷小波】 名詞 (一八七〇～一九三三) 明治《めいじ》・大正《たいしょう》時代《じだい》の童話作家《どうわさっか》。明治《めいじ》児童文学《じどうぶんがく》の第一人者《だいいちにんしゃ》として活躍《かつやく》。作品《さくひん》に「こがね丸《まる》」などがある。

いわやま【岩山】 名詞 岩《いわ》の多《おお》い山《やま》。

いわゆる 連体詞 世《よ》の中《なか》でよく言《い》われている。例 父《ちち》はいわゆる鉄道《てつどう》マニアです。

いわれ 名詞 ❶そう言《い》われる訳《わけ》。理由《りゆう》。例 いわれのない罪《つみ》に問《と》われる。❷古《ふる》くからの言《い》い伝《つた》え。例 古《ふる》い仏像《ぶつぞう》のいわれ。

いわんばかり【言わんばかり】 はっきりとは言《い》わないが、態度《たいど》や行動《こうどう》などで、明《あき》らかにそのようだと示《しめ》しているようである。例 いっしょはいやだと言《い》わんばかりの態度《たいど》をとる。

いわんや 副詞 言《い》うまでもなく。まして。例 この荷物《にもつ》は大人《おとな》でも重《おも》い。いわんや子供《こども》に持《も》てるはずがない。

漢 **いん【引】** 〔弓〕ゆみへん 4画 2年 音 イン 訓 ひく・ひける

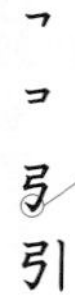

❶ひく。長《なが》くする。ひきのばす。例 引用《いんよう》／引力《いんりょく》／索引《さくいん》／綱引《つなひ》き。❷つれていく。例 引率《いんそつ》。❸しりぞく。例 引退《いんたい》。

いん【印】 名詞 個人《こじん》や団体《だんたい》などのしるしとして、文書《ぶんしょ》の責任《せきにん》などを明《あき》らかにするためにおすもの。はん。はんこ。例 許可《きょか》の印《いん》をもらう。

漢 **いん【印】** 〔卩〕ふしづくり 6画 4年 音 イン 訓 しるし

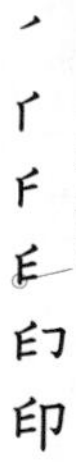

❶はん。はんこ。はんをおす。例 印鑑《いんかん》／実印《じついん》／調印《ちょういん》／認《みと》め印《いん》。❷しるし。しるしをつける。例 印刷《いんさつ》／印象《いんしょう》／目印《めじるし》／矢印《やじるし》。

漢 **いん【因】** 〔口〕くにがまえ 6画 5年 音 イン 訓 よる

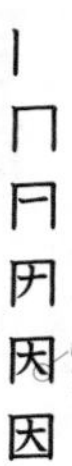

❶ものごとの起《お》こり。もと。例 因果《いんが》／原因《げんいん》／勝因《しょういん》／要因《よういん》。対 果《か》。❷よる。したがう。例 因習《いんしゅう》。

いん【音】 漢 ⇒211ページ おん〔音〕

漢 **いん【員】** 〔口〕くち 10画 3年 音 イン

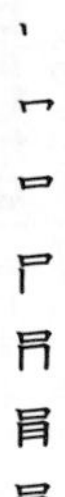

❶人《ひと》や物《もの》の数《かず》。例 人員《じんいん》／全員《ぜんいん》／定員《ていいん》／満員《まんいん》。❷仕事《しごと》や役《やく》についている人《ひと》。係《かかり》の人《ひと》。例 委員《いいん》／会員《かいいん》／議員《ぎいん》／社員《しゃいん》／役員《やくいん》。

いん【院】 名詞 ❶上皇《じょうこう》・法皇《ほうおう》などの住《す》まい。また、上皇《じょうこう》・法皇《ほう》などを尊敬《そんけい》していうことば。❷「大学院《だいがくいん》」の略《りゃく》。例 兄《あに》は院に進学《しんがく》した。

漢 **いん【院】** 〔阝〕こざとへん 10画 3年 音 イン

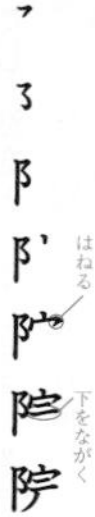

❶かきねをめぐらしたたてもの。役所《やくしょ》・寺《てら》・学校《がっこう》などの機関《きかん》。例 院長《いんちょう》／寺院《じいん》／入院《にゅういん》／病院《びょういん》。❷昔《むかし》、上皇《じょうこう》・法皇《ほうおう》などが住《す》んでいたところ。また、その上皇《じょうこう》・法皇《ほうおう》。例 院政《いんせい》。

いん【陰】 名詞

はないということ。

❶光《ひかり》が当《あ》たらないところ。かくれたところ。かげ。
❷電気《でんき》・磁石《じしゃく》のマイナスのほう。例 陰極《きょく》。
❸「月《つき》」のこと。例 陰暦《れき》。

●**陰《いん》にこもる** 感情《かんじょう》などが表《おもて》にあらわれず、心《こころ》の中《なか》にたまる。また、暗《くら》い感《かん》じである。

㊎**いん【飲】**〔食〕しょくへん 12画 3年 音 イン 訓 のむ

のむ。のみもの。例 飲食《いんしょく》／飲料《いんりょう》／飲《の》み水《みず》／暴飲《ぼういん》。

いん【韻】 名詞 詩《し》や歌《うた》で、調子《ちょうし》を整《ととの》えるために、行《ぎょう》や句《く》の始《はじ》めや終《お》わりに、同《おな》じようなひびきの語《ご》をくり返《かえ》すこと。例 韻をふむ。

イン（in）名詞 ❶中《なか》。内側《うちがわ》。例 インドア。対 アウト。
❷テニスやバレーボールなどで、ボールが決《き》められた線《せん》の内側《うちがわ》に入《はい》ること。対 アウト。

いんえい【陰影】 名詞 ❶光《ひかり》の当《あ》たらない暗《くら》い部分《ぶぶん》。かげ。
❷細《こま》かい変化《へんか》があり、味《あじ》わい深《ぶか》いこと。例 陰影の深《ふか》い作品《さくひん》。

いんか【引火】 名詞 動詞 火《ひ》が移《うつ》って燃《も》えること。例 たき火《び》の火《ひ》がガソリンに引火する。

いんが【因果】 ❶名詞 原因《げんいん》と結果《けっか》。例 事件《じけん》の因果を調《しら》べる。
❷名詞 仏教《ぶっきょう》の考《かんが》え方《かた》で、以前《いぜん》の悪《わる》い行《おこな》いのむくい。例 なんの因果か苦労《くろう》が絶《た》えない。
❸形容動詞 運《うん》が悪《わる》いようす。例 因果なことだ。

●**因果《いんが》を含《ふく》める** 理由《りゆう》をていねいに話《はな》して聞《き》かせて、やむをえないと納得《なっとく》させる。

いんがおうほう【因果応報】 名詞 行《おこな》いのよい悪《わる》いによって、それに応《おう》じたむくいがあること。おもに、悪《わる》い行《おこな》いについていう。

いんがかんけい【因果関係】 名詞 一方《いっぽう》が原因《げんいん》で、他方《たほう》がその結果《けっか》であるという関係《かんけい》。

いんがし【印画紙】 名詞 写真《しゃしん》を焼《や》きつけるための紙《かみ》。

インカていこく【インカ帝国】 名詞 十三《じゅうさん》世紀《せいき》ごろから十六世紀《じゅうろくせいき》にかけて、南《みなみ》アメリカのアンデス山脈《さんみゃく》を中心《ちゅうしん》に栄《さか》えた、インカ族《ぞく》の国《くに》。道路《どうろ》や巨大《きょだい》な石造建築《せきぞうけんちく》などをつくり、文明《ぶんめい》が栄《さか》えたが、一五三三年《ねん》、スペイン人《じん》によってほろぼされた。

いんかん【印鑑】 名詞 判《はん》こ。印《いん》。

いんき【陰気】 形容動詞 気分《きぶん》や雰囲気《ふんいき》などが、暗《くら》い感《かん》じであるようす。対 陽気《ようき》。

インキ ⇒113ページ インク

いんきょ【隠居】 名詞 動詞 年《とし》をとって仕事《しごと》をやめ、好《す》きなことをしてのんびりと暮《く》らすこと。また、その人《ひと》。

いんきょく【陰極】 ⇒1235ページ マイナスきょく

インク（ink）名詞 ペンでものを書《か》くときや印《いん》刷《さつ》をするときに使《つか》う、色《いろ》のついた液体《えきたい》。「インキ」ともいう。

イングランド（England）名詞 ❶イギリスのグレートブリテン島《とう》の南半分《みなみはんぶん》の地域《ちいき》。
❷「イギリス」のこと。

イングリッシュ（English）名詞「英語《えいご》」のこと。

イングリッシュホルン（English horn）名詞 オーボエのなかまの木管楽器《もっかんがっき》。オーボエより少《すこ》し大《おお》きく、やや低《ひく》い音《おと》が出《だ》せる。

いんけん【陰険】 形容動詞 うわべはよく見《み》せているが、心《こころ》の中《なか》に悪《わる》い考《かんが》えを持《も》ち、かげでひどいことをするようす。

いんげんまめ【隠元豆】 名詞 季語 秋 豆《まめ》のなかまの作物《さくもつ》の一《ひと》つ。種《たね》は細長《ほそなが》いさやの中《なか》に入《はい》っており、さやごとゆでて食《た》べたり、種《たね》をあんなどにしたりする。

いんげんまめ
（さやいんげん）

ことば「隠元《いんげん》」という名《な》のおぼうさんが、この豆《まめ》を中国《ちゅうごく》から日本《にほん》に持《も》って来《き》たといわれることからついた名《な》。

いんこ 名詞 おうむのなかまの鳥《とり》。小形《こがた》で、羽《はね》の色《いろ》があざやかなものが多《おお》い。人《ひと》のことばを上手《じょうず》にまねる種類《しゅるい》もある。図 ⇒954ページ とり〔鳥〕

インコーナー ⇒965ページ ないかく〔内角〕

インサイダーとりひき【インサイダー取引】 名詞 ある会社《かいしゃ》の、一般《いっぱん》には公開《こうかい》していない重要《じゅうよう》な内部《ないぶ》情報《じょうほう》を知《し》っている人《ひと》が、それを利用《りよう》して行《おこな》う株式《かぶしき》などの不正《ふせい》な売《う》り買《か》い。

ことば「インサイダー」は英語《えいご》で「内部《ないぶ》の人《ひと》」という意味《いみ》。

いんさつ【印刷】 名詞 動詞 文字《もじ》や絵《え》や写真《しゃしん》を版《はん》にして、紙《かみ》などにすり写《うつ》すこと。

いんさつぶつ【印刷物】 名詞 印刷《いんさつ》された物《もの》。新聞《しんぶん》・雑誌《ざっし》・本《ほん》・ちらしなど。

いんし【印紙】 名詞 税金《ぜいきん》や手数料《てすうりょう》を国《くに》に納《おさ》めたことを表《あらわ》すために証書《しょうしょ》などにはる、切手《きって》に似《に》た紙《かみ》。参考 政府《せいふ》が発行《はっこう》するもので、「収入《しゅうにゅう》印紙《いんし》」「特許印紙《とっきょいんし》」などがある。

いんじ【印字】 名詞 動詞 プリンターなどで、紙《かみ》などに文字《もじ》や符号《ふごう》を打《う》ち出《だ》すこと。

いんしゅ【飲酒】 名詞 動詞 酒《さけ》を飲《の》むこと。

いんしゅう【因習】 名詞 古《ふる》くから伝《つた》わっている習慣《しゅうかん》。おもに、よくないものに用《もち》いる。例 因習にとらわれて新《あたら》しい発想《はっそう》ができない。

いんしょう【印象】 名詞 何《なに》かを見《み》たり聞《き》いたりして、心《こころ》に受《う》けた感《かん》じ。心《こころ》に残《のこ》り、忘《わす》れられない感《かん》じ。例 よい印象をあたえる／強《つよ》い印象を受《う》ける。

いんしょうてき【印象的】 形容動詞 心《こころ》に深《ふか》く感《かん》じられ、忘《わす》れられないようす。例 ラストシーンが印象的だった。

いんしょうは【印象派】 名詞 見《み》たとおりにえがくのではなく、受《う》けた印象《いんしょう》を絵《え》にあらわそうとする一派《いっぱ》。十九世紀後半《じゅうきゅうせいきこうはん》のフランスで起《お》こった芸術《げいじゅつ》についての考《かんが》え方《かた》で、絵画《かいが》から始《はじ》まって音楽《おんがく》・文学《ぶんがく》などにも広《ひろ》がった。

いんしょうぶかい【印象深い】 形容詞 何《なに》かを見《み》たり聞《き》いたりしたときに受《う》けた感《かん》じが、深《ふか》く心《こころ》に残《のこ》るようす。例 朝礼《ちょうれい》での校長先生《こうちょうせんせい》のお話《はなし》はとても印象深かった。

いんしょく【飲食】 名詞 動詞 飲《の》んだり食《た》べたりすること。例 飲食店《てん》／飲食物《ぶつ》。

いんしょくてん【飲食店】 名詞 飲《の》み物《もの》や食《た》べ物《もの》を客《きゃく》に出《だ》す店《みせ》。

いんずう【員数】 名詞 あるわくの中《なか》で決《き》められている、一定《いってい》の人数《にんずう》や物《もの》の数《かず》。

インスタント（instant）名詞 すぐに、簡単《かんたん》にできること。即席《そくせき》。例 インスタントラーメン。

インスタントしょくひん【インスタント食品】 名詞 時間《じかん》をかけないで簡単《かんたん》に調理《ちょうり》でき、すぐに食《た》べられる加工食品《かこうしょくひん》。

インストール（install）名詞 動詞 コンピューターのハードウエアに、ソフトウエアなどをコピーし、その機能《きのう》を使《つか》える状態《じょうたい》にすること。

インストラクター（instructor）名詞 技術《ぎじゅつ》を教《おし》えたり訓練《くんれん》したりする人《ひと》。講習《こうしゅう》などの指導員《しどういん》。

インスピレーション（inspiration）名詞 急《きゅう》に頭《あたま》の中《なか》にひらめく、すばらしい考《かんが》え。例 インスピレーションがわく。

いんせい【院政】 名詞 昔《むかし》、天皇《てんのう》の位《くらい》を退《しりぞ》いた上皇《じょうこう》や法皇《ほうおう》が、その後《ご》もその住《す》まいの「院《いん》」で行《おこな》った国《くに》の政治《せいじ》。参考 一〇八六年《ねん》に、白河上皇《しらかわじょうこう》が初《はじ》めて行《おこな》った。

いんせい【陰性】 名詞 形容動詞 ❶病気《びょうき》などの検査《けんさ》で、その状態《じょうたい》を示《しめ》す反応《はんのう》がはっきり出《で》ないこと。対 陽性《ようせい》。❷暗《くら》い感《かん》じがすること。対 陽性《ようせい》。

いんせき【引責】 名詞 動詞 責任《せきにん》をとること。例 事故《じこ》のあと、社長《しゃちょう》が引責して辞任《じにん》した。

いんせき【いん石】 名詞 流《なが》れ星《ぼし》が、大気中《たいきちゅう》で燃《も》えきらずに、地球上《ちきゅうじょう》に落《お》ちてきたもの。

いんそつ【引率】 名詞 動詞 たくさんの人《ひと》を連《つ》れて、どこかへ行《い》くこと。例 先生《せんせい》に引率されて植物園《しょくぶつえん》に行《い》った。使い方「引卒」と書《か》かないよう注意《ちゅうい》。

インターチェンジ（interchange）名詞 高速《こうそく》道路《どうろ》とふつうの道路《どうろ》を結《むす》ぶ、高速道路《こうそくどうろ》の出入《でい》り口《ぐち》。略《りゃく》して「インター」ともいう。

インターナショナル（international）形容動詞 国《くに》と国《くに》との間《あいだ》の。国際的《こくさいてき》な。

インターネット（Internet）名詞 世界《せかい》じゅうに広《ひろ》がっているコンピューターのネットワーク。⇒115ジペー 社会へのとびら

インターネットエチケット ⇒1015ジペー ネチケット

インターネットショッピング ⇒214ジペー オンラインショッピング

インターハイ 名詞 「全国高等学校総合体育大会《ぜんこくこうとうがっこうそうごうたいいくたいかい》」のこと。全国《ぜんこく》の高等学校《こうとうがっこう》が対抗《たいこう》して競技《きょうぎ》を行《おこな》う大会《たいかい》。「高校総体《こうこうそうたい》」ともいう。ことば 英語《えいご》をもとに日本《にほん》で作《つく》られたことば。

インターバル（interval）名詞 ❶時間《じかん》の間隔《かんかく》。例 インターバルをおく。❷野球《やきゅう》で、投球《とうきゅう》と投球《とうきゅう》の間《あいだ》。

はいけないということ。

③劇場《げきじょう》などでの休憩時間《きゅうけいじかん》。

インターホン（interphone）名詞 部屋《へや》と部屋《へや》、または門《もん》や玄関《げんかん》と部屋《へや》の連絡《れんらく》などに使《つか》う、簡単《かんたん》な電話《でんわ》。

インターンシップ（internship）名詞 学生《がくせい》が、一定《いってい》の期間《きかん》、会社《かいしゃ》などで仕事《しごと》の体験《たいけん》をすること。例 姉《あね》は夏休《なつやす》みに企業《きぎょう》のインターンシップに参加《さんか》した。

いんたい【引退】 名詞 動詞 今《いま》までの仕事《しごと》や役《やく》目《め》を終《お》えて、やめること。

インダスがわ【インダス川】 名詞 パキスタンの東部《とうぶ》を流《なが》れる大《おお》きな川《かわ》。カラコルム山《さん》脈《みゃく》から流《なが》れ出《で》て、アラビア海《かい》に注《そそ》ぐ。中流《ちゅうりゅう》、下流《かりゅう》には古《ふる》くから文明《ぶんめい》が栄《さか》えた。

インタビュー（interview）名詞 動詞 新聞《しんぶん》・放《ほう》送《そう》・雑誌《ざっし》の記者《きしゃ》などが、記事《きじ》や番組《ばんぐみ》をつくるために、人《ひと》に会《あ》って話《はなし》を聞《き》くこと。

インチ（inch）名詞 イギリスやアメリカなどで使《つか》われている長《なが》さの単位《たんい》。一《いち》インチは約《やく》二・五四センチメートル。

いんちき 名詞 形容動詞 ごまかすこと。ずるいやり方《かた》をしたり、本物《ほんもの》でなかったりすること。例 いんちきをする／いんちきな商品《しょうひん》。

いんちょう【院長】 名詞 病院《びょういん》など、「院《いん》」とつくところで、地位《ちい》がいちばん上《うえ》の人《ひと》。

インディアン（Indian）名詞 アメリカ大陸《たいりく》に、昔《むかし》から住《す》んでいる人《ひと》たち。今《いま》は「ネイティブアメリカン」という。

インディカまい【インディカ米】 名詞 米《こめ》の種類《しゅるい》の一《ひと》つ。つぶは細長《ほそなが》く、たいたときのねばり気《け》が少《すく》ない。気温《きおん》が高《たか》く、雨《あめ》の多《おお》い地域《ちいき》でさいばいされる。関連 ジャポニカ米《まい》。

インテリ 名詞 学問《がくもん》・知識《ちしき》がある人《ひと》や、それらに関係《かんけい》のある職業《しょくぎょう》についている人《ひと》。知識人《ちしきじん》。ことば ロシア語《ご》の「インテリゲンチア」の略《りゃく》。

インテリア（interior）名詞 部屋《へや》の中《なか》や家《いえ》の中《なか》をかざること。また、その家具《かぐ》や調度品《ちょうどひん》。

インド 名詞 アジアの南部《なんぶ》にある、インド半島《はんとう》の大部《だいぶ》分《ぶん》をしめる国《くに》。人口《じんこう》は中《ちゅう》国《ごく》に次《つ》ぐ世界第二位《せかいだいにい》。農業《のうぎょう》がさかんで、大昔《おおむかし》から文明《ぶんめい》が栄《さか》えた。首都《しゅと》はニューデリー。

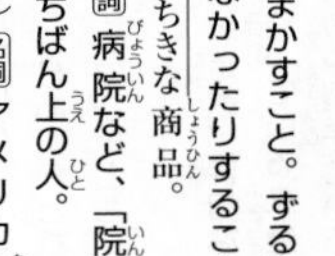
（国旗《こっき》）

いんどうをわたす【引導を渡す】 これで終《お》わりだと相手《あいて》に伝《つた》えて、あきらめさせる。ことば「引導《いんどう》」は、もとは仏教《ぶっきょう》のことばで、死《し》んだ人《ひと》のたましいが迷《まよ》わず仏《ほとけ》のもとに行《い》けるように導《みちび》くこと。

イントネーション（intonation）名詞 話《はな》したり読《よ》んだりするときの、声《こえ》の上《あ》がり下《さ》がりの調《ちょう》子《し》。たとえば、疑問文《ぎもんぶん》の終《お》わりは声《こえ》の調子《ちょうし》を上《あ》げることなど。類 抑揚《よくよう》。

インドネシア ➡116ページ インドネシアきょうわこ

辞典《じてん》の外《そと》に飛《と》びだそう！

社会《しゃかい》へのとびら

インターネット

広《ひろ》がるインターネットの世界《せかい》

インターネットに接続《せつぞく》するのに、きみは何《なに》を使《つか》う？　パソコンやタブレット型端末《がたたんまつ》、スマートフォン（＝スマホ）を使《つか》う人《ひと》が多《おお》いかもしれないね。今《いま》はいろいろなものがインターネットにつながっていて、そのしくみをＩｏＴ《アイオーティー》（Internet of Things《インターネットオブシングス》＝モノのインターネット）というよ。

どんなしくみ？

インターネットにつながった先《さき》にはクラウドがあって、そのクラウドを通《とお》して、スマホなどと家電《かでん》などのモノとがつながるしくみだ。クラウドにはたくさんの情報《じょうほう》が蓄積《ちくせき》されていて、スマホなどでアクセスすれば、いつでもどこでもその情報《じょうほう》を使《つか》うことができる。

たとえば、家電《かでん》がインターネットにつながっていると、外出先《がいしゅつさき》からテレビ番組《ばんぐみ》の録画予約《ろくがよやく》ができたり、エアコンの操作《そうさ》ができたりする。

危険《きけん》もある

生活《せいかつ》が便利《べんり》になっている一方《いっぽう》で、インターネットを通《とお》してコンピューターウイルスに感染《かんせん》すると、家電《かでん》が勝手《かって》に操作《そうさ》されてしまうなどの危険《きけん》がある。ソフトウェアを最新版《さいしんばん》にしておくなど、感染《かんせん》を防《ふせ》ぐ対策《たいさく》をとっておかなければならない。

可能性《かのうせい》を考《かんが》えよう！

ＩｏＴ《アイオーティー》でどんなことができるようになると、生活《せいかつ》がもっと便利《べんり》になるだろうか？

ちょうせんしてみよう！

インターネット ルール＆マナー検定《けんてい》
（一般財団法人《いっぱんざいだんほうじん》インターネット協会《きょうかい》）
https://rm.iajapan.org/

ことわざ **風邪《かぜ》は万病《まんびょう》のもと**　かぜは、あらゆる病気《びょうき》の原因《げんいん》となるから、大《たい》したことはないと軽《かる》くみて

く

インドネシアきょうわこく【インドネシア共和国】 [名詞] 東南《とうなん》アジアにある国《くに》。スマトラ島《とう》・ジャワ島《とう》などの島々《しまじま》からなる。ゴム・コーヒー・すず・石油《せきゆ》などがとれる。首都《しゅと》はジャカルタ。「インドネシア」ともいう。

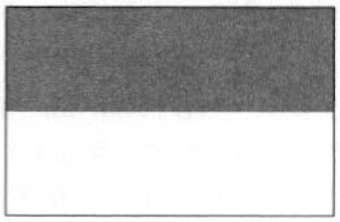

（国旗《こっき》）

インドよう【インド洋】 [名詞] 世界《せかい》の三大洋《さんたいよう》の一《ひと》つ。太平洋《たいへいよう》・大西洋《たいせいよう》の次《つぎ》に大《おお》きい。アジア・アフリカ・オーストラリア・南極《なんきょく》大陸《たいりく》に囲《かこ》まれている。

いんねん【因縁】 [名詞] ❶前《まえ》から決《き》まっている運命《うんめい》。[例] ぼくらが出会《であ》ったのも、何《なに》かの因縁にちがいない。❷そうなった深《ふか》い訳《わけ》。[例] ここに寺《てら》ができた因縁を聞《き》く。❸関係《かんけい》。[例] この人《ひと》とは深《ふか》い因縁がある。❹言《い》いがかり。[例] 因縁をつけられる。

インパクト (impact) [名詞] ❶ものごとが、人《ひと》や社会《しゃかい》にあたえる強《つよ》いえいきょうや印象《いんしょう》。[例] インパクトをあたえる。❷野球《やきゅう》やテニスなどで、ボールがバットやラケットに当《あ》たる瞬間《しゅんかん》。

インフォームドコンセント (informed consent) [名詞] 治療《ちりょう》の目的《もくてき》や方法《ほうほう》などについて、医師《いし》が患者《かんじゃ》に十分《じゅうぶん》な説明《せつめい》をし、患者《かんじゃ》がそれを理解《りかい》した上《うえ》で同意《どうい》すること。

インフォグラフィックス (infographics) [名詞] 伝《つた》えたい情報《じょうほう》やデータを、絵《え》やグラフなどを使《つか》って、わかりやすくデザインしたもの。[ことば] 英語《えいご》の「インフォメーション」と「グラフィックス（＝絵《え》や図《ず》）」を合《あ》わせて作《つく》られたことば。

インフォメーション (information) [名詞] ❶案内所《あんないしょ》。[例] 駅《えき》のインフォメーション。❷情報《じょうほう》。

インプット (input) [名詞] [動詞] 入力《にゅうりょく》。コンピューターなどに情報《じょうほう》を入《い》れること。[対] アウトプット。

インフルエンザ (influenza) [名詞] インフルエンザウイルスによって起《お》こる感染症《かんせんしょう》。高《たか》い熱《ねつ》が出《で》て、頭《あたま》や手足《てあし》が痛《いた》くなるなど、かぜに似《に》た症状《しょうじょう》が出《で》る。おもに、冬《ふゆ》から春先《はるさき》にかけて流行《りゅうこう》する。「流行性感冒《りゅうこうせいかんぼう》」「流感《りゅうかん》」ともいう。

↓117ページ 社会へのとびら

インフレ [名詞] 「インフレーション」の略《りゃく》。

インフレーション (inflation) [名詞] お金《かね》の値打《ねう》ちが下《さ》がり、物《もの》の値段《ねだん》がどんどん上《あ》がること。出回《でまわ》っている商品《しょうひん》が少《すく》ないのに、お金《かね》はたくさん発行《はっこう》されていて、つりあいがとれないときに起《お》こる。略《りゃく》して「インフレ」ともいう。[対] デフレーション。

いんぶん【韻文】 [名詞] 詩《し》や短歌《たんか》、俳句《はいく》などのような、リズムや形式《けいしき》が整《ととの》っている文章《ぶんしょう》。五《ご》七調《しちちょう》・七五調《しちごちょう》など、音《おと》の数《かず》や調子《ちょうし》にいろいろな決《き》まりがある。[対] 散文《さんぶん》。

いんぼう【陰謀】 [名詞] 人《ひと》に知《し》られないようにかげで計画《けいかく》した、悪《わる》いたくらみ。悪《わる》だくみ。[例] 陰謀をくわだてる。

いんよう【引用】 [名詞] [動詞] 人《ひと》のことばや文章《ぶんしょう》を、自分《じぶん》の話《はなし》や文章《ぶんしょう》の中《なか》で使《つか》うこと。[例] ことわざを引用して話《はなし》をする。

いんよう【陰陽】 [名詞] ❶古代《こだい》の中国《ちゅうごく》のうらないで、すべてのもとになる、対立《たいりつ》する二《ふた》つの性質《せいしつ》。男《おとこ》・昼《ひる》などは「陽《よう》」、女《おんな》・夜《よる》などは「陰《いん》」とされる。❷電気《でんき》や磁石《じしゃく》の陰極《いんきょく》（＝マイナス極《きょく》）と陽極《ようきょく》（＝プラス極《きょく》）。

いんよう【飲用】 [名詞] 飲《の》むために使《つか》うこと。[例] 飲用水《すい》。

いんりつ【韻律】 [名詞] 音《おと》の長《なが》さ・強《つよ》さ・高《たか》さ・並《なら》べ方《かた》・数《かず》などによって表《あらわ》される、ことばの調子《ちょうし》。リズム。

いんりょう【飲料】 [名詞] 人《ひと》が飲《の》むためのもの。飲《の》み物《もの》。[例] 清涼《せいりょう》飲料／炭酸《たんさん》飲料。

いんりょうすい【飲料水】 [名詞] 飲《の》むための水《みず》。飲《の》み水《みず》。

いんりょく【引力】 [名詞] 物《もの》と物《もの》とが、たがいに引《ひ》き合《あ》う力《ちから》。物《もの》が下《した》に落《お》ちるのは、地球《ちきゅう》と物《もの》との間《あいだ》に引力《いんりょく》がはたらいているため。[参考] ニュートンが「万有引力《ばんゆういんりょく》の法則《ほうそく》」を発見《はっけん》した。

いんれい【引例】 [名詞] わかりやすく説明《せつめい》するために、ほかの書物《しょもつ》などから例《れい》を持《も》ってくること。また、その例《れい》。

いんれき【陰暦】 ↓772ページ たいいんれき

がら前《まえ》に出《だ》す。リズムにのって歌声《うたごえ》が口《くち》から流《なが》れ出《で》ていくように動《うご》かそう。

う

ウ

下《した》の 手話にチャレンジ を見《み》よう。

う 名詞 季語 夏 川《かわ》・湖《みずうみ》・海《うみ》にすむ大《おお》きな黒《くろ》い水《みず》鳥《とり》。首《くび》が長《なが》くくちばしの先《さき》が曲《ま》がっていて、水中《すいちゅう》で魚《さかな》をとらえる。多《おお》くの種類《しゅるい》があり、海《うみ》うはう飼《か》いに使《つか》う。 ことば 漢字《かんじ》では「鵜」と書《か》く。

う

●**うの目《め》たかの目《め》** ことわざ 「う」や「たか」が獲物《えもの》を探《さが》すときのように、するどい目《め》つきで目《め》当《あ》ての物《もの》を一心《いっしん》に探《さが》すようす。 例 うの目たかの目で、少《すこ》しでもよい商品《しょうひん》を探《さが》す。

う 助動詞 （ほかのことばのあとにつけて）❶そうしようという気持《きも》ちを表《あらわ》す。 例 よし、これからはしっかりやろう。❷相手《あいて》にさそいかける気持《きも》ちを表《あらわ》す。 例 きみもいっしょに行《い》こうよ。❸「たぶん…だろう」とおし量《はか》る気持《きも》ちを表《あらわ》す。 例 きっといいこともあろう。

う【卯】 名詞 ❶十二支《じゅうにし》の四番目《よんばんめ》。うさぎ。 例 卯年生《どしう》まれ。❷昔《むかし》の時刻《じこく》の呼《よ》び名《な》。今《いま》の午前六時《ごぜんろくじ》ごろ。また、その前後《ぜんご》二時間《にじかん》くらい。❸昔《むかし》の方角《ほうがく》の呼《よ》び名《な》。東《ひがし》。 図 611ページ じゅうにし

漢 **う【右】**〔口《くち》〕 5画 1年 音 ウ・ユウ 訓 みぎ

ノ ナ 才 右 右 （つきだす）

❶みぎ。みぎがわ。みぎて。 例 右往左往《うおうさおう》／右折《うせつ》／右辺《うへん》／右側《みぎがわ》／右手《みぎて》／左右《さゆう》。 対 左《さ》。❷世《よ》の中《なか》のしくみを、これまでどおりに守《まも》ろうとする考《かんが》え方《かた》。 例 右派《うは》。 対 左《さ》。

漢 **う【宇】**〔宀《うかんむり》〕 6画 6年 音 ウ 訓

丶 丶 宀 宀 宇 （下をながく）（はねる）

やね。そら。天《てん》。広《ひろ》い空間《くうかん》。 例 宇宙《うちゅう》。

う【有】 漢 1348ページ ゆう〔有〕

う【羽】 漢 1034ページ は〔羽〕

漢 **う【雨】**〔雨《あめ》〕 8画 1年 音 ウ 訓 あめ・あま

一 厂 ⼌ 币 雨 雨 雨 雨 （はねる）（とめる）（てんのうちかたちゅうい）

あめ。 例 雨足《あまあし》／雨音《あまおと》／雨具《あまぐ》／雨雲《あまぐも》／雨模様《あめもよう》／雨季《うき》／雨天中止《うてんちゅうし》／雨量《うりょう》／大雨《おおあめ》／晴雨《せいう》。

うい-【初】 接頭語 （ほかのことばの前《まえ》につけて）

辞典《じてん》の外《そと》に飛《と》びだそう！

社会《しゃかい》へのとびら

インフルエンザ

インフルエンザは
かぜじゃない!?

インフルエンザとふつうのかぜは別《べつ》ものだって知《し》っている？　インフルエンザは、インフルエンザウイルスによってかぜに似《に》た症状《しょうじょう》を起《お》こす感染症《かんせんしょう》で、ふつうのかぜよりずっと危険《きけん》なんだ。

！ 日常生活《にちじょうせいかつ》で感染《かんせん》

インフルエンザは、せきやくしゃみなどによって感染《かんせん》したり、ドアノブや手《て》すりなどとの接触《せっしょく》によって感染《かんせん》したりする。体《からだ》が弱《よわ》っていると、症状《しょうじょう》が重《おも》くなって命《いのち》にかかわることもある。とくにお年寄《としよ》りや子供《こども》は注意《ちゅうい》が必要《ひつよう》で、インフルエンザ脳症《のうしょう》という合併症《がっぺいしょう》を起《お》こすこともある。

予防《よぼう》しよう

インフルエンザはとくに12～3月《がつ》に流行《りゅうこう》しやすい。流行《りゅうこう》する前《まえ》に予防《よぼう》接種《せっしゅ》を受《う》けておくと、免疫《めんえき》ができてかかりにくくなったり、症状《しょうじょう》が軽《かる》くすんだりする。また、ふだんから早寝早《はやねはや》起《お》きや運動《うんどう》を心《こころ》がけておくと、免疫《めんえき》力《りょく》が高《たか》くなり、ウイルスを撃退《げきたい》しやすくなるんだ。

また、ウイルスはかんそうした場所《ばしょ》で増《ふ》えやすいから、部屋《へや》を加湿《かしつ》することも大切《たいせつ》。人《ひと》ごみに行《い》くのをさける、帰宅《きたく》したら手洗《てあら》いやうがいをするなど、ふだんから気《き》をつけて生活《せいかつ》することがとても大切《たいせつ》だ。

考《かんが》えてみよう！

予防《よぼう》するだけでなく感染《かんせん》を広《ひろ》げない行動《こうどう》も必要《ひつよう》だ。せきやくしゃみが出《で》るときはマスクを積極的《せっきょくてき》につけるなどの「咳《せき》エチケット」を意識《いしき》しよう。ほかにどのようなことを心《こころ》がけておくとよいか、考《かんが》えてみよう。

手話にチャレンジ　**歌《うた》う**　人《ひと》さし指《ゆび》と中指《なかゆび》を立《た》てて口元《くちもと》に置《お》く。指先《ゆびさき》は上《うえ》に向《む》けたままで、くるりと一回転《いっかいてん》させな

初《はじ》めての。例 初陣《じん》／初孫《まご》。漢 ↓627ジしょ〔初〕

ウイーク (week) 名詞 「週《しゅう》」「週間《しゅうかん》」のこと。例 ゴールデンウイーク。

ウイークエンド (weekend) 名詞 一週間《いっしゅうかん》の終《お》わり。週末《しゅうまつ》。ことば ふつう、土曜《どよう》と日曜《にちよう》を指《さ》す。金曜《きんよう》を入《い》れることもある。

ウイークデー (weekday) 名詞 土曜日《どようび》と日曜《にちよう》日以外《びいがい》の日《ひ》。平日《へいじつ》。ことば 日曜日《にちようび》だけを除《のぞ》いていうこともある。

ウイークポイント (weak point) 名詞 「弱《じゃく》点《てん》」「弱《よわ》み」のこと。例 敵《てき》のウイークポイントをついてせめる。

ウィーン 名詞 オーストリアの首都《しゅと》。ドナウ川《がわ》が流《なが》れ、音楽《おんがく》の都《みやこ》として有名《ゆうめい》。

ういういしい【初初しい】 形容詞 年《とし》が若《わか》く、ものごとによく慣《な》れていなくて、素直《すなお》な感《かん》じがするようす。例 新入部員《しんにゅうぶいん》たちの初々しい姿《すがた》。

ういじん【初陣】 名詞 ❶初《はじ》めて戦場《せんじょう》に出《で》ること。❷初《はじ》めて試合《しあい》に出《で》ること。

ウイスキー (whisky・whiskey) 名詞 洋酒《ようしゅ》の一《ひと》つ。大麦《おおむぎ》などを発酵《はっこう》させ、蒸留《じょうりゅう》してつくる飲《の》み物《もの》。

ういまご【初孫】 ↓1067ジはつまご

ウイルス (ドイツ語) 名詞 ❶はしかやインフルエンザなどの病気《びょうき》を起《お》こすもとになる生物《せいぶつ》。細菌《さいきん》より小《ちい》さく、ふつうの顕微鏡《けんびきょう》では見《み》えない。「ビールス」ともいう。❷「コンピューターウイルス」の略《りゃく》。

ウインク (wink) 名詞 動詞 片目《かため》をちょっと閉《と》じて、合図《あいず》を送《おく》ること。

ウインタースポーツ (winter sports) 名詞 おもに冬《ふゆ》に行《おこな》われるスポーツ。スキー、スケート、アイスホッケーなど。

ウインチ (winch) 名詞 ロープを巻《ま》きつけて、そのはしにとりつけた重《おも》い物《もの》をつり上《あ》げたり引《ひ》き寄《よ》せたりする機械《きかい》。

ウインチ

ウインドー (window) 名詞 ❶「窓《まど》」のこと。❷「ショーウインドー」の略《りゃく》。

ウインドサーフィン (windsurfing) 名詞 サーフボードの上《うえ》に帆《ほ》を張《は》って、風《かぜ》の力《ちから》で水面《すいめん》を進《すす》むスポーツ。「ボードセーリング」ともいう。

ウインナーソーセージ (Vienna sausage) 名詞 羊《ひつじ》などの腸《ちょう》にひき肉《にく》をつめた、小《ちい》さめのソーセージ。

ウール (wool) 名詞 羊毛《ようもう》。また、羊毛《ようもう》を原料《げんりょう》とした毛糸《けいと》や毛織物《けおりもの》。

ウーロンちゃ【ウーロン茶】 名詞 中国茶《ちゅうごくちゃ》の一《ひと》つ。発酵《はっこう》のとちゅうで茶葉《ちゃば》に熱《ねつ》を加《くわ》え、もんでからかわかして作《つく》る。色《いろ》は褐色《かっしょく》。ことば 「ウーロン」は「烏竜」の中国語読《ちゅうごくごよ》み。茶葉《ちゃば》がからす（烏）のように黒《くろ》く、竜《りゅう》のつめのように曲《ま》がっていることから名《な》づけられたといわれる。古《ふる》い字形《じけい》で「烏龍」と書《か》かれることが多《おお》い。

うえ【上】 ❶名詞 位置《いち》の高《たか》いところ。例 上から転《ころ》がす／山《やま》の上。対 下《した》。❷名詞 外側《そとがわ》。表《おもて》。表面《ひょうめん》。例 セーターの上にコートを着《き》る／水《みず》の上にうかべる。対 下《した》。❸名詞 年齢《ねんれい》が高《たか》いこと。例 年上《とし》。対 下《した》。❹名詞 力《ちから》や地位《ちい》などが高《たか》いこと。例 係長《かかりちょう》の上は課長《かちょう》だ。対 下《した》。❺名詞 ものを考《かんが》えるとき、目《め》をつけるところ。例 この机《つくえ》は、見《み》た目《め》はよいが、使《つか》う上では不《ふ》便《べん》だ。❻名詞 …したのち。…の結果《けっか》。例 よく話《はな》し合《あ》った上で決《き》めよう。❼名詞 …に加《くわ》えて、さらに。例 大雨《おおあめ》の上に風《かぜ》も強《つよ》くなってきた。❽接尾語 (ほかのことばのあとにつけて) 尊敬《そんけい》する気持《きも》ちを表《あらわ》すことば。例 父上《ちち》。使い方 ほかのことばの前《まえ》につくときは、「うわ」となることが多《おお》い。「上着《うわぎ》」「上《うわ》ばき」など。漢 ↓630ジじょう〔上〕

● **上《うえ》には上《うえ》がある** それがいちばんすぐれていると思《おも》っても、さらにすぐれているものがある。使い方 人《ひと》については「上《うえ》には上《うえ》がいる」ということが多《おお》い。

● **上《うえ》を下《した》への大騒《おおさわ》ぎ** たくさんの人《ひと》が入《い》り乱《みだ》れて混《こ》み合《あ》うこと。例 人気俳優《にんきはいゆう》の来日《らいにち》に、空《くう》港《こう》は上を下への大騒ぎになった。

うえ【飢え】 名詞 食《た》べ物《もの》がなくて、ひどくおな

気《き》をゆるめず、かぶとのあごひもをしっかりしめ直《なお》しなさいということで、成功《せいこう》しても油断《ゆだん》せず、用心深《ようじんぶか》くする

かが減《へ》ること。例 飢えに苦《くる》しむ。類 飢餓《きが》。

ウエーター (waiter) 名詞 レストランや喫茶《きっさ》店《てん》で、注文《ちゅうもん》をとったり、注文《ちゅうもん》の品《しな》を運《はこ》んだりする男《おとこ》の人《ひと》。

ウエートリフティング ↓614ページ じゅうりょうあげ

ウエートレス (waitress) 名詞 レストランや喫茶店《きっさてん》で、注文《ちゅうもん》をとったり、注文《ちゅうもん》の品《しな》を運《はこ》んだりする女《おんな》の人《ひと》。

うえき【植木】 名詞 公園《こうえん》や庭《にわ》、はちなどに植《う》えた木《き》。例 植木市《いち》／植木ばち。ことば 土《つち》に植《う》えてあるものは「一株《ひとかぶ》」「一株《いっしゅ》」、鉢《はち》に植《う》えてあるものは「一鉢《ひとはち》」と数《かぞ》える。

うえきばち【植木鉢】 名詞 草木《くさき》を植《う》えて育《そだ》てるための、底《そこ》の深《ふか》い入《い》れ物《もの》。例 植木鉢にあさがおの種《たね》をまく。

うえこみ【植え込み】 名詞 庭《にわ》などで、草《くさ》や木《き》をたくさん植《う》えたところ。

うえじに【飢え死に】 名詞 動詞 食《た》べる物《もの》がなく、ひどくおなかが減《へ》って死《し》ぬこと。餓死《がし》。

うえすぎけんしん【上杉謙信】 名詞 （一五三〇～一五七八）戦国時代《せんごくじだい》の武将《ぶしょう》。越後《えちご》（＝今《いま》の新潟県《にいがたけん》）を治《おさ》めた。武田信玄《たけだしんげん》との川中島《かわなかじま》の戦《たたか》いが有名《ゆうめい》。

うえすぎし【上杉氏】 名詞 鎌倉時代《かまくらじだい》以降《いこう》に東国《とうごく》を中心《ちゅうしん》に栄《さか》えた一族《いちぞく》。越後《えちご》（＝今《いま》の新潟《にいがた》県《けん》）の長尾景虎《ながおかげとら》（＝上杉謙信《うえすぎけんしん》）が名《な》をついだ。

ウエスト (waist) 名詞 こしと胸《むね》の間《あいだ》の、細《ほそ》くなっているところ。また、そのまわりの長《なが》さ。

うえつける【植え付ける】 動詞 ❶なえなどを、ほかから移《うつ》して植《う》える。❷心《こころ》にはっきりと刻《きざ》みつける。例 よい印象《いんしょう》を植え付ける。

ウエディング (wedding) 名詞 結婚《けっこん》。結婚《けっこん》式《しき》。例 ウエディングケーキ。

ウエディングドレス (wedding dress) 名詞 結婚式《けっこんしき》のときに花嫁《はなよめ》が着《き》るドレス。

ウェブ ↓1426ページ ワールドワイドウェブ

ウェブサイト (web site) 名詞 インターネットで公開《こうかい》されているさまざまな情報《じょうほう》の、発信《はっしん》元《もと》ごとのまとまり。「サイト」ともいう。ことば 英語《えいご》の「ウェブ」と「サイト（＝敷地《しきち》）」を合《あ》わせて作《つく》られたことば。「ウェブ」はもとは「くもの巣《す》」という意味《いみ》。

ウェブログ ↓1178ページ ブログ

うえる【飢える】 動詞 ❶食《た》べ物《もの》がなくて、ひどくおなかがすく。❷望《のぞ》むものが得《え》られず、それを強《つよ》くほしがる。例 愛情《あいじょう》に飢える。

うえる【植える】 動詞 草木《くさき》を育《そだ》てるために、根《ね》を土《つち》の中《なか》にうめる。例 庭《にわ》に桜《さくら》の木《き》を植える。
漢 ↓646ページ しょく〔植〕

うお【魚】 名詞 水《みず》の中《なか》にすみ、えらで呼吸《こきゅう》する、うろことひれのある動物《どうぶつ》。さかな。漢 ↓352ページ ぎょ〔魚〕

うおいちば【魚市場】 名詞 魚《さかな》や貝《かい》などを売《う》り買《か》いする市場《いちば》。

うおうさおう【右往左往】 名詞 動詞 あわてたり、どうしたらよいかわからなかったりして、あちこち動《うご》き回《まわ》ること。例 出口《でぐち》がどこなのかわからず、右往左往する。

ウォーキング (walking) 名詞 歩《ある》くこと。とくに、健康《けんこう》のための運動《うんどう》として歩《ある》くこと。例 朝晩《あさばん》、ウォーキングをする。

ウォークラリー 名詞 野外《やがい》ゲームの一《ひと》つ。何《なん》人《にん》かが組《くみ》になり、とちゅうのチェックポイントで、指示《しじ》された問題《もんだい》を解《と》きながら、決《き》められたきょりを歩《ある》くもの。ことば 英語《えいご》をもとに日本《にほん》で作《つく》られたことば。

ウォーター (water) 名詞 「水《みず》」のこと。とくに、「飲《の》み水《みず》」のこと。例 ミネラルウォーター。

ウォーミングアップ (warming-up) 名詞 試《し》合《あい》や激《はげ》しい運動《うんどう》の前《まえ》にする、軽《かる》い体操《たいそう》。準備《じゅんび》運動《うんどう》。「ウォームアップ」ともいう。

ウォームアップ ↓119ページ ウォーミングアップ

ウォームビズ 名詞 冬《ふゆ》、暖房《だんぼう》をなるべく使《つか》わないで過《す》ごせるように、暖《あたた》かい服装《ふくそう》をすること。また、適切《てきせつ》な暖房《だんぼう》使用《しよう》を呼《よ》びかけるとりくみ。関連 クールビズ。ことば 英語《えいご》をもとに日本《にほん》で作《つく》られたことば。参考 地球温暖化《ちきゅうおんだんか》防止《ぼうし》のため、環境省《かんきょうしょう》が提案《ていあん》して進《すす》められている。

うおがし【魚河岸】 名詞 川《かわ》べりにある、魚《さかな》や貝《かい》などを売《う》り買《か》いする市場《いちば》。

うおごころあればみずごころ【魚心あれば水心】 ↓55ページ ことわざ

うおつきほあんりん【魚付き保安林】 ↓120ページ うおつきりん

ことわざ **勝《か》ってかぶとの緒《お》を締《し》めよ** 「緒《お》」は、かぶとのあごひものこと。戦《たたか》いに勝《か》ったからといって
ように、といういましめのことば。

うおつきりん【魚付き林】 名詞 魚《さかな》が集《あつ》まってきて育《そだ》ちやすいように、海岸《かいがん》・川岸《かわぎし》などの近《ちか》くに作《つく》られた森林《しんりん》。魚付《うおつ》き保安林《ほあんりん》。

うおのめ【魚の目】 名詞 足《あし》の裏《うら》などの皮膚《ひふ》の一部《いちぶ》がかたくなって、中《なか》に深《ふか》く入《はい》りこんだもの。おすと痛《いた》む。 ことば 中央《ちゅうおう》にしんがあり、魚《さかな》の目《め》のように見《み》えることからきた呼《よ》び名《な》。

ウォン （朝鮮語） 名詞 大韓民国《だいかんみんこく》と朝鮮民主主義《ちょうせんみんしゅしゅぎ》人民共和国《じんみんきょうわこく》のお金《かね》の単位《たんい》。記号《きごう》は「₩」。 ⇩158ジペー 外国語教室

うおんびん【ウ音便】 名詞 音便《おんびん》の一《ひと》つ。「く」「ぐ」などの音《おと》が、発音《はつおん》しやすいように「う」の音《おと》に変《か》わること。「お寒《さむ》くございます」が「お寒《さむ》うございます」、「よく」が「よう」になるなど。 関連 イ音便《おんびん》。はつ音便《おんびん》。促音便《そくおんびん》。

うか【羽化】 名詞 動詞 昆虫《こんちゅう》のさなぎや幼虫《ようちゅう》が、からを出《で》て羽《はね》の生《は》えた成虫《せいちゅう》になること。

うかい【う回】 名詞 動詞 回《まわ》り道《みち》すること。遠《とお》回《まわ》りすること。 例 道路工事中《どうろこうじちゅう》なのでう回する。

うかい【う飼い】 名詞 季語夏 鳥《とり》の「う」を飼《か》いならして、あゆなどの川魚《かわざかな》をとらえさせること。また、それを仕事《しごと》にしている人《ひと》。 参考 岐阜県《ぎふけん》の長良川《ながらがわ》のう飼《か》いが有名《ゆうめい》。

うがい 名詞 動詞 水《みず》や薬《くすり》で、口《くち》の中《なか》やのどをすすぐこと。 例 うがい薬《ぐすり》。

うかうか【と】 副詞 動詞
❶はっきりした考《かんが》えもなく、ぼんやり時《とき》を過《す》ごすようす。 例 大会《たいかい》も近《ちか》いし、うかうかしていられない。
❷不注意《ふちゅうい》で、気《き》づかないようす。うっかり。 例 うかうかとだまされる。

うかがう 動詞
❶こっそりようすを見《み》る。 例 窓《まど》から外《そと》のようすをうかがう／相手《あいて》の顔色《かおいろ》をうかがう。
❷よい機会《きかい》が来《く》るのを待《ま》つ。 例 とうるいのチャンスをうかがう。

うかがう❷

うかがう【伺う】 動詞
❶「問《と》う」「（あることを）たずねる」のへりくだった言《い》い方《かた》。 例 先生《せんせい》に意見《いけん》を伺う。
❷「聞《き》く」のへりくだった言《い》い方《かた》。 例 先生《せんせい》のお話《はなし》を伺う。
❸「（人《ひと》を）訪《たず》ねる」「おとずれる」のへりくだった言《い》い方《かた》。 例 来週《らいしゅう》、お宅《たく》に伺います。

うかされる【浮かされる】 動詞
❶あることに心《こころ》をうばわれて夢中《むちゅう》になる。 例 流行《りゅうこう》に浮かされる。
❷高《たか》い熱《ねつ》のために頭《あたま》がぼんやりとする。 例 ひどい熱《ねつ》に浮かされてうわごとを言《い》う。

うかす【浮かす】 動詞
❶水面《すいめん》や空中《くうちゅう》にうくようにする。 例 水槽《すいそう》に水《みず》草《くさ》を浮かす／こしを浮かしてのぞきこむ。
❷工夫《くふう》して、余《あま》りが出《で》るようにする。 例 隣町《となりまち》まで歩《ある》いてバス代《だい》を浮かした。 ことば 「うかせる」ともいう。

うかせる【浮かせる】 ⇩120ジペー うかす

うかつ 形容動詞 注意《ちゅうい》や考《かんが》えが足《た》りないこと。うっかりしていること。 例 うかつな発言《はつげん》。

うがつ 動詞
❶穴《あな》をあける。 例 岩《いわ》をうがって道《みち》を通《とお》す。
❷ものごとのかくれていてわかりにくいところをとらえる。 例 きみはうがった意見《いけん》を言《い》うね。
使い方 ❶は、古《ふる》い言《い》い方《かた》。

うかないかお【浮かない顔】 心配《しんぱい》なことなどがありそうな、元気《げんき》のない顔《かお》つき。「浮《う》かぬ顔《かお》」ともいう。 例 浮かない顔で返事《へんじ》をする。

うかびあがる【浮かび上がる】 動詞
❶水中《すいちゅう》から水面《すいめん》へ、また、地上《ちじょう》から空中《くうちゅう》に上《あ》がってくる。 例 気球《ききゅう》が浮かび上がる。
❷かくれていたものが表面《ひょうめん》に出《で》てくる。 例 話《はな》し合《あ》いの結果《けっか》、問題点《もんだいてん》が浮かび上がってきた。

うかぶ【浮かぶ】 動詞
❶しずまないで、水面《すいめん》にある。 例 池《いけ》に桜《さくら》の花《はな》びらが浮かぶ。 対 沈《しず》む。
❷地上《ちじょう》に落《お》ちないで、空中《くうちゅう》にある。 例 青空《あおぞら》に白《しろ》い雲《くも》が浮かぶ。
❸表面《ひょうめん》にあらわれる。 例 なみだが浮かぶ。
❹頭《あたま》の中《なか》にあらわれる。また、思《おも》い出《だ》される。 例 すばらしいアイディアが浮かぶ。

うかべる【浮かべる】 動詞
❶水面《すいめん》や空中《くうちゅう》にうかぶようにする。 例 湖《みずうみ》にボートを浮かべる。 対 沈《しず》める。

❷表面《ひょうめん》にあらわす。例 笑《わら》いを浮かべる。❸頭《あたま》の中《なか》にあらわす。また、思《おも》い出《だ》す。例 おばあさんの顔《かお》を心《こころ》に浮かべる。

うかる【受かる】 動詞 合格《ごうかく》する。例 試験《しけん》に受かる。類 通《とお》る。対 落《お》ちる。漢 ⇩602ページ じゅ〔受〕

うかれる【浮かれる】 動詞 うきうきする。調子《ちょうし》に乗《の》ってはしゃぐ。例 陽気《ようき》なリズムに浮かれておどり出《だ》した。

うがん【右岸】 名詞 川《かわ》が流《なが》れる方向《ほうこう》に向《む》かって、右側《みぎがわ》の岸《きし》。対 左岸《さがん》。

うかんむり【ウ冠】 名詞 「宀」のこと。漢字《かんじ》の部首《ぶしゅ》の一《ひと》つ。家《いえ》や屋根《やね》に関係《かんけい》のある漢字《かんじ》を作《つく》ることが多《おお》い。安・客・室など。ことば かたかなの「ウ」に形《かたち》が似《に》ていることからついた名《な》。

うき【右記】 名詞 縦書《たてが》きの文章《ぶんしょう》で、その右《みぎ》に書《か》いてあること。これまでに書《か》いた部分《ぶぶん》。例 右記のとおり、発表会《はっぴょうかい》を開《ひら》きます。対 左記《さき》。

うき【浮き】 名詞 魚《さかな》をとるときに、糸《いと》やあみにつけて水《みず》にうかせ、目印《めじるし》にするもの。

うき【雨季・雨期】 名詞 一年《いちねん》のうちで雨《あめ》の多《おお》い期間《きかん》。対 乾季《かんき》・乾期《かんき》。参考 日本《にほん》では、ふつう梅雨《つゆ》の時期《じき》と秋雨《あきさめ》の時期《じき》を指《さ》す。

うきあがる【浮き上がる】 動詞 ❶水中《すいちゅう》から水面《すいめん》へ、また、地上《ちじょう》から空中《くうちゅう》に上《あ》がる。例 気球《ききゅう》がふわっと浮き上がった。❷周《まわ》りのものとはっきり区別《くべつ》されて見《み》える。例 夕焼《ゆうや》け空《ぞら》に城《しろ》のすがたが浮き上がる。❸周《まわ》りの人《ひと》たちと気持《きも》ちがはなれる。例 勝手《かって》なことをして、仲間《なかま》から浮き上がる。

うきあしだつ【浮き足立つ】 動詞 落《お》ち着《つ》いていられなくなる。今《いま》にもにげ出《だ》しそうになる。例 相手《あいて》の強《つよ》さを見《み》て浮き足立つ。

うきうき［と］【浮き浮き［と］】 副詞 動詞 うれしくて心《こころ》が落《お》ち着《つ》かないようす。例 あしたは運動会《うんどうかい》だと思《おも》うと心《こころ》が浮き浮きする。

うきくさ【浮き草】 名詞 季語 夏 ❶池《いけ》やぬまにうかんでいる小《ちい》さい水草《みずくさ》のなかま。❷決《き》まった家《いえ》や仕事《しごと》がない、不安定《ふあんてい》な生活《せいかつ》のたとえ。例 浮き草のような暮《く》らし。

うきぐも【浮き雲】 名詞 空《そら》にうかぶ雲《くも》。

うきしずみ【浮き沈み】 名詞 ❶うくこととしずむこと。❷栄《さか》えたり、おとろえたりすること。例 浮き沈みの激《はげ》しい人生《じんせい》。

うきたつ【浮き立つ】 動詞 楽《たの》しくて、心《こころ》がうきうきする。例 旅行《りょこう》の前《まえ》は心《こころ》が浮き立つ。

うきぶくろ【浮き袋】 名詞 ❶水《みず》の中《なか》でうくために使《つか》う、ゴムやビニールなどのふくろ。中《なか》に空気《くうき》を入《い》れて使《つか》う。❷魚《さかな》の体《からだ》の中《なか》にある、うすい膜《まく》でできたふくろ。のび縮《ちぢ》みさせて、水中《すいちゅう》でういたりしずんだりする。

うきぼり【浮き彫り】 名詞 ❶物《もの》の形《かたち》がうき上《あ》がるようにほったほりもの。「レリーフ」ともいう。❷ものごとのようすをはっきりとわかるようにすること。例 真実《しんじつ》を浮き彫りにした記事《きじ》。

うきめ【憂き目】 名詞 つらい経験《けいけん》。悲《かな》しい目《め》。例 落選《らくせん》の憂き目にあう。

うきよ【浮き世】 名詞 ❶苦《くる》しみや、つらいことの多《おお》い世《よ》の中《なか》。例 浮き世の風《かぜ》が身《み》にしみる。❷世《よ》の中《なか》。世間《せけん》。例 浮き世ばなれした（＝世《よ》の中《なか》のことに関心《かんしん》がなく、自分独自《じぶんどくじ》の考《かんが》え方《かた》で生《い》きている）人《ひと》。

うきよえ【浮世絵】 名詞 江戸時代《えどじだい》に流行《りゅうこう》した絵《え》で、人物《じんぶつ》や景色《けしき》、生活《せいかつ》のようすなどを筆《ふで》や版画《はんが》で表《あらわ》したもの。喜多川歌麿《きたがわうたまろ》・歌川広重《うたがわひろしげ》・葛飾北斎《かつしかほくさい》などのかいたものが有名《ゆうめい》。

うきわ【浮き輪】 名詞 季語 夏 水《みず》の中《なか》でうくために使《つか》う、輪《わ》の形《かたち》をしたうきぶくろ。

うく【浮く】 動詞 ❶しずまないでいる。例 油《あぶら》が水面《すいめん》に浮く。対 沈《しず》む。❷空中《くうちゅう》にある。例 風船《ふうせん》が浮いている。❸表面《ひょうめん》にあらわれる。例 額《ひたい》にあせが浮く。❹楽《たの》しくなる。うわつく。例 妹《いもうと》が病気《びょうき》なので、気分《きぶん》が浮かない。対 沈《しず》む。❺ぐらつく。ゆるむ。例 前歯《まえば》が浮く。❻余《あま》りが出《で》る。例 歩《ある》いて行《い》ったので電車賃《でんしゃちん》が浮いた。❼周《まわ》りの人《ひと》たちと気持《きも》ちがはなれる。例 仲間《なかま》から浮く。

うぐいす 名詞 季語 春 野《の》や山《やま》にすむ小鳥《ことり》のなかま。背中《せなか》は茶色《ちゃいろ》っぽい緑《みどり》で、腹《はら》は白《しろ》い。春先《はるさき》に、「ホーホケキョ」と美《うつく》しい声《こえ》で鳴《な》く。ことば

ことわざ　**かっぱの川流《かわなが》れ**　泳《およ》ぎの上手《じょうず》なかっぱでも、おぼれて水《みず》に流《なが》されることがあることから、どん

漢字《かんじ》では「鶯」と書《か》く。「春《はる》告《つ》げ鳥《どり》」ともいう。

うぐいすもち【うぐいす餅】名詞 季語春 あんの入《はい》ったもちに緑色《みどりいろ》のきな粉《こ》をまぶし、うぐいすに似《に》せた和菓子《わがし》。

うぐいす

ウクレレ（ukulele）名詞 ハワイの弦楽器《げんがっき》。ギターに似《に》ているが、大《おお》きさはギターよりずっと小《ちい》さく、四本《よんほん》の弦《げん》を指《ゆび》ではじいて音《おと》を出《だ》す。

うけ【受け】名詞 ❶受《う》けること。受《う》けるもの。例 郵便《ゆうびん》受け。❷人《ひと》にあたえる感《かん》じ。評判《ひょうばん》。例 わたしの母《はは》は友《とも》だちの受けがよい。

うけあい【請け合い・受け合い】名詞 まちがいないと保証《ほしょう》すること。例 これだけ練習《れんしゅう》すれば、発表会《はっぴょうかい》は成功《せいこう》すること請け合いだ。

うけあう【請け合う・受け合う】動詞 ❶まちがいのない、確《たし》かなものであると保証《ほしょう》する。例 母《はは》の料理《りょうり》の味《あじ》はぼくが請け合います。❷責任《せきにん》を持《も》って引《ひ》き受《う》ける。

うけいれる【受け入れる】動詞 ❶受《う》けとって収《おさ》める。❷人《ひと》の言《い》うことを聞《き》き入《い》れる。承知《しょうち》する。例 わたしの言《い》い分《ぶん》を受け入れてほしい。❸引《ひ》きとって、めんどうをみる。引《ひ》き受《う》ける。例 留学生《りゅうがくせい》を受け入れる。

うけうり【受け売り】名詞 動詞 人《ひと》の考《かんが》えを、そのまま自分《じぶん》の意見《いけん》のようにして言《い》うこと。例 この話《はなし》は昨日《きのう》読《よ》んだ本《ほん》の受け売りです。

うけおい【請負】名詞 いつまでにいくらで仕上《しあ》げると約束《やくそく》して、仕事《しごと》を引《ひ》き受《う》けること。

うけおう【請け負う】動詞 いつまでにいくらで仕上《しあ》げると約束《やくそく》して、仕事《しごと》を引《ひ》き受《う》ける。例 道路工事《どうろこうじ》を請け負う。

うけこたえ【受け答え】名詞 動詞 相手《あいて》のことばや質問《しつもん》に対《たい》して、返事《へんじ》をすること。例 はきはきと受け答えする。

うけたまわる【承る】動詞 ❶「聞《き》く」のへりくだった言《い》い方《かた》。例 みなさんのご意見《いけん》を承りたいと思《おも》います。❷「承知《しょうち》する」「引《ひ》き受《う》ける」のへりくだった言《い》い方《かた》。例 洋服《ようふく》のご注文《ちゅうもん》を承ります。使い方「承わる」と書《か》かないよう注意《ちゅうい》。漢 ↓628ページ しょう〔承〕

うけつぐ【受け継ぐ】動詞 人《ひと》のしてきたことを、あとを続《つづ》けてする。例 伝統《でんとう》を受け継ぐ。

うけつけ【受け付け・受付】名詞 ❶申《もう》しこみを受《う》けること。例 会《かい》への参加希望《さんかきぼう》の受け付けが始《はじ》まる。❷外《そと》から来《き》た人《ひと》の用事《ようじ》を聞《き》き、中《なか》の人《ひと》にとりつぐ場所《ばしょ》。また、その係《かかり》の人《ひと》。例 受付係《がかり》。

うけつける【受け付ける】動詞 ❶申《もう》しこみなどを受《う》ける。例 先着順《せんちゃくじゅん》に受け付ける。❷人《ひと》の言《い》うことを聞《き》き入《い》れる。例 弟《おとうと》は人《ひと》の忠告《ちゅうこく》をまったく受け付けなかった。❸あたえられたものを体《からだ》の中《なか》にとり入《い》れる。例 具合《ぐあい》が悪《わる》くて、食事《しょくじ》を受け付けない。使い方 ❸は、「受《う》け付《つ》けない」の形《かたち》で使《つか》うことが多《おお》い。

うけて【受け手】名詞 物《もの》や情報《じょうほう》などを受《う》ける側《がわ》の人《ひと》。対 送《おく》り手《て》。

うけとめる【受け止める】動詞 ❶自分《じぶん》に向《む》かってくるものをとらえて、それが進《すす》むのを止《と》める。例 ボールを受け止める。❷自分《じぶん》に向《む》かってくることに、にげずに対応《たいおう》する。例 友人《ゆうじん》の忠告《ちゅうこく》をしっかりと受け止める。

うけとり【受け取り・受取】名詞 ❶品物《しなもの》などを受《う》けとること。❷お金《かね》や品物《しなもの》などを受《う》けとったという証拠《しょうこ》にわたす書類《しょるい》。受取証《うけとりしょう》。

うけとる【受け取る】動詞 ❶自分《じぶん》のところに来《き》たものを、手《て》に取《と》って収《おさ》める。例 手紙《てがみ》を受け取る。❷その人《ひと》なりに理解《りかい》する。例 人《ひと》の親切《しんせつ》を、おせっかいと受け取る。

うけながす【受け流す】動詞 相手《あいて》のこうげきを軽《かる》くそらす。例 するどい質問《しつもん》を受け流す。

うけみ【受け身】名詞 ❶ほかからのはたらきかけを受《う》ける立場《たちば》。例 受け身の態度《たいど》をとる。❷柔道《じゅうどう》で、投《な》げられてもけがをしないようなたおれ方《かた》。❸文法《ぶんぽう》で、動詞《どうし》に「れる」「られる」をつけて、ほかからのはたらきかけを受《う》けることを表《あらわ》す言《い》

ないということ。

い方《かた》。「開《ひら》かれる」「助《たす》けられる」など。

うけもち【受け持ち】 名詞 自分《じぶん》の仕事《しごと》として引《ひ》き受《う》けること。また、引《ひ》き受《う》けた仕事《しごと》や人《ひと》。例 ふろ掃除《そうじ》はぼくの受け持ちだ。

うけもつ【受け持つ】 動詞 自分《じぶん》の仕事《しごと》として引《ひ》き受《う》ける。担当《たんとう》する。例 司会《しかい》を受け持つ。

うける【受ける】 動詞
❶ほかからはたらきかけをされる。例 風《かぜ》を受ける／注文《ちゅうもん》を受ける。
❷ほかから来《く》るものをとる。例 ボールを手《て》で受ける／電波《でんぱ》を受ける。
❸あたえられる。例 命令《めいれい》を受ける。
❹自分《じぶん》に対《たい》して行《おこな》われることに応《おう》じる。例 テストを受ける／手術《しゅじゅつ》を受ける。
❺引《ひ》きつぐ。例 前《まえ》の委員《いいん》のあとを受けて働《はたら》く。
❻よい評判《ひょうばん》を得《え》る。例 多《おお》くの人《ひと》に受けた漫画《まんが》。
使い方 ❻は、くだけた言《い》い方《かた》。
漢 ↓602ページ じゅ〔受〕

うける【請ける】 動詞 仕事《しごと》を引《ひ》き受《う》ける。例 学校《がっこう》の改築工事《かいちくこうじ》を請ける。

うけわたし【受け渡し】 名詞 品物《しなもの》などを、一方《いっぽう》が渡《わた》して、もう一方《いっぽう》が受《う》けとること。例 玄関先《げんかんさき》で荷物《にもつ》の受け渡しをする。

うげん【右舷】 名詞 船《ふね》の進《すす》む方向《ほうこう》に向《む》かって、右側《みぎがわ》の船《ふな》べり。対 左舷《さげん》。

うご【羽後】 名詞 昔《むかし》の国《くに》の名《な》の一《ひと》つ。今《いま》の秋田《あきた》県《けん》の大部分《だいぶぶん》と山形県《やまがたけん》の北部《ほくぶ》に当《あ》たる。

うごうのしゅう【烏合の衆】 ↓899ページ 故事成語

うごかす【動かす】 動詞
❶位置《いち》や場所《ばしょ》を変《か》える。例 机《つくえ》を動かす。
❷はたらかせる。活動《かつどう》させる。運転《うんてん》する。例 工場《こうじょう》の機械《きかい》を動かす。
❸ゆさぶる。ゆする。例 風《かぜ》が木《き》の枝《えだ》を動かす。
❹心《こころ》を打《う》つ。感動《かんどう》させる。例 心《こころ》を動かす話《はなし》。
❺ようすを変《か》える。例 市民《しみん》の声《こえ》が政治《せいじ》を動かした。
使い方 「動《うご》かせない事実《じじつ》」のように、「動《うご》かせない」というと「否定《ひてい》できない」「確《たし》かだ」という意味《いみ》にもなる。
漢 ↓915ページ どう〔動〕

うごき【動き】 名詞
❶動《うご》くこと。例 目《め》の動き。
❷移《うつ》り変《か》わり。例 世界《せかい》の動きを見守《みまも》る。
● **動《うご》きが取《と》れない**
❶体《からだ》を動《うご》かすことができない。
❷自由《じゆう》にできない。どうすることもできない。例 やることが多《おお》くて、今日《きょう》は動きが取れない。

うごく【動く】 動詞
❶位置《いち》や場所《ばしょ》が変《か》わる。例 時計《とけい》の針《はり》が動く。対 止《と》まる。
❷ゆれる。例 風《かぜ》で葉《は》が動く。
❸移《うつ》り変《か》わる。ようすが変《か》わる。例 世《よ》の中《なか》が激《はげ》しく動く。
❹はたらきをする。活動《かつどう》する。例 故障《こしょう》が直《なお》って、機械《きかい》が動くようになった。
❺心《こころ》がぐらつく。例 友人《ゆうじん》のさそいに心《こころ》が動く。
漢 ↓915ページ どう〔動〕

うごのたけのこ【雨後の竹の子】 同《おな》じようなことが続《つづ》いて起《お》こったり、あらわれたりすることのたとえ。例 駅前《えきまえ》に新《あたら》しい店《みせ》が雨後の竹の子のようにオープンした。ことば 雨《あめ》が降《ふ》ったあとに、たけのこが次々《つぎつぎ》と出《で》てくることからきたことば。

うごめかす 動詞 ひくひくと動《うご》かす。例 犬《いぬ》が鼻《はな》をうごめかしている。

うごめく 動詞 虫《むし》などがはうように、もぞもぞと少《すこ》しずつ動《うご》く。

うさぎ 名詞 季語 耳《みみ》が長《なが》く、しっぽが短《みじか》い小《ちい》さな動物《どうぶつ》。後《うし》ろ足《あし》が発達《はったつ》していて、よくはねる。
ことば 漢字《かんじ》では「兎」と書《か》く。「一《いち》羽《わ》」「一匹《いっぴき》」と数《かぞ》える。

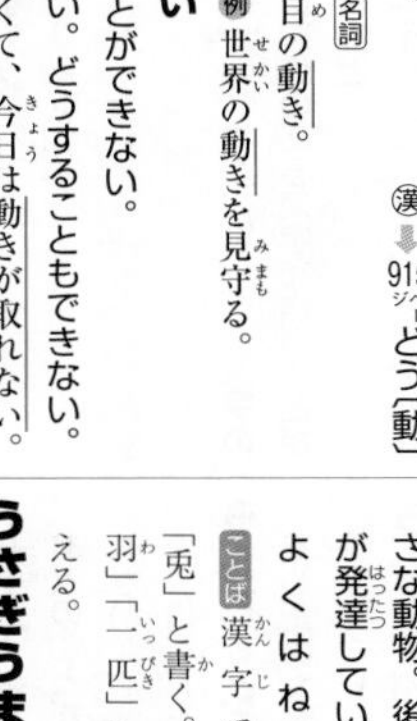
うさぎ

うさぎうま 名詞 「ろば」の別《べつ》の名《な》まえ。

うさばらし【憂さ晴らし】 名詞 いやなことやつらいことを忘《わす》れるためにすること。例 憂さ晴らしに思《おも》いきり歌《うた》った。類 気晴《きば》らし。

うさんくさい【うさん臭い】 形容詞 なんとなくあやしくて、気《き》にかかるようす。例 簡単《かんたん》にお金《かね》がもうかるなんて、うさん臭い話《はなし》だ。

うし【丑】 名詞
❶十二支《じゅうにし》の二番目《にばんめ》。牛《うし》。例 丑年生《どしう》まれ。
❷昔《むかし》の時刻《じこく》の呼《よ》び名《な》。今《いま》の午前二時《ごぜんにじ》ごろ。また、その前後二時間《ぜんごにじかん》くらい。

ことわざ **金《かね》は天下《てんか》の回《まわ》り物《もの》** お金《かね》は人《ひと》から人《ひと》へと回《まわ》っていくものだから、今《いま》は貧乏《びんぼう》でも心配《しんぱい》することは

❸昔《むかし》の方角《ほうがく》の呼《よ》び名《な》。北北東《ほくほくとう》。
図 ↓ 611ページ《ジ》 じゅうにし

うし【牛】 名詞 頭《あたま》に二《に》本《ほん》の角《つの》があり、大《おお》きくて力《ちから》が強《つよ》く、古《ふる》くから家《か》畜《ちく》として飼《か》われてきた動物《どうぶつ》。乳《ちち》をとる乳《にゅうぎゅう》牛、農作業《のうさぎょう》などに使《つか》う役牛《えきぎゅう》、肉《にく》をとる肉《にくぎゅう》牛がある。ことば「一《いっ》頭《とう》」「一匹《いっぴき》」と数《かぞ》える。漢 ↓ 347ページ《ジ》 ぎゅう〔牛〕

うし【牛】
（ホルスタイン）

● **牛《うし》の歩《あゆ》み** ことわざ 牛《うし》がのろのろと歩《ある》くように、ものごとの進《すす》み方《かた》がおそいことのたとえ。

うじ 名詞 はえやあぶの幼虫《ようちゅう》。筒形《つつがた》をして白《しろ》く、足《あし》がない。うじ虫《むし》。

うじ【氏】 名詞
❶名字《みょうじ》。
❷家《いえ》がら。漢 ↓ 551ページ《ジ》 し〔氏〕

● **氏《うじ》より育《そだ》ち** ことわざ 人《ひと》は、家《いえ》がらより、どのように育《そだ》ったかのほうが大切《たいせつ》だ、ということわざ。

うじうじ［と］ 副詞 動詞 ためらってばかりで、態度《たいど》がはっきりしないようす。例 いつまでもうじうじとなやむ。

うしお 名詞 「潮《しお》」の古《ふる》い言《い》い方《かた》。

うしかい【牛飼い】 名詞 牛《うし》を育《そだ》てたり、仕事《しごと》をさせたりする人《ひと》。

うじがみ【氏神】 名詞
❶一族《いちぞく》の先祖《せんぞ》として祭《まつ》る神《かみ》。
❷その土地《とち》の人々《ひとびと》を守《まも》る神《かみ》。

うじこ【氏子】 名詞 同《おな》じ氏神《うじがみ》を祭《まつ》り、その神《かみ》に守《まも》られている人々《ひとびと》。

うじし【宇治市】 名詞 京都府《きょうとふ》の南部《なんぶ》にある市《し》。茶《ちゃ》の名産地《めいさんち》。市内《しない》にある平等院《びょうどういん》と宇治上《うじがみ》神社《じんじゃ》が世界文化遺産《せかいぶんかいさん》に登録《とうろく》された。

うしなう【失う】 動詞
❶持《も》っていたものをなくす。例 火事《かじ》で家《いえ》を失う／信用《しんよう》を失う／自信《じしん》を失う。対 得《え》る。
❷手《て》に入《い》れることができず、にがす。例 せっかくのチャンスを失う。
❸人《ひと》に死《し》なれる。例 親《おや》を失う。
使い方 「失なう」と書《か》かないよう注意《ちゅうい》。
漢 ↓ 577ページ《ジ》 しつ〔失〕

うしへん【牛偏】 名詞 「牜」のこと。漢字《かんじ》の部首《ぶしゅ》の一《ひと》つ。牛《うし》に関係《かんけい》のある漢字《かんじ》を作《つく》ることが多《おお》い。物・牧・特など。

うしみつどき【うし三つ時】 名詞 昔《むかし》の時《じ》刻《こく》の言《い》い方《かた》で、午前《ごぜん》二《に》時《じ》から二《に》時《じ》半《はん》ごろ。また、真夜中《まよなか》。例 草木《くさき》もねむるうし三つ時。

うじむし【うじ虫】 ↓ 124ページ《ジ》 うじ

うじゃうじゃ 副詞 動詞
❶小《ちい》さい虫《むし》などが、たくさん集《あつ》まって動《うご》いているようす。例 ありがうじゃうじゃいる。
❷つまらないことを、くどくどと言《い》うようす。例 終《お》わったことを、うじゃうじゃ言《い》うな。

うじよりそだち【氏より育ち】 ↓ 124ページ《ジ》 「氏《うじ》」の子見出《こみだ》し

うしろ【後ろ】 名詞
❶背中《せなか》の方向《ほうこう》。あと。例 列《れつ》の後ろに並《なら》ぶ／後ろをふり返《かえ》る。対 前《まえ》。
❷背中《せなか》。例 後ろ姿《すがた》。
❸見《み》えないところ。かげ。例 ドアの後ろにかくれる。
漢 ↓ 441ページ《ジ》 ご〔後〕

● **後《うし》ろを見《み》せる** かなわないので、背《せ》を向《む》けてにげる。例 敵《てき》に後ろを見せる。

うしろあし【後ろ足】 名詞 動物《どうぶつ》の後《うし》ろの足《あし》。あと足《あし》。対 前足《まえあし》。

うしろがみをひかれる【後ろ髪を引かれる】 かみの毛《け》を後《うし》ろに引《ひ》っ張《ぱ》られるように、あとのことが気《き》にかかって、きっぱりと思《おも》いきれない。心残《こころのこ》りだ。例 後ろ髪を引かれる思《おも》いで、出発《しゅっぱつ》した。

うしろぐらい【後ろ暗い】 形容詞 悪《わる》いことをしたのをかくしていて、気《き》がとがめる。類 後《うし》ろめたい。やましい。

うしろすがた【後ろ姿】 名詞 後《うし》ろから見《み》た、人《ひと》の姿《すがた》。例 父《ちち》の後ろ姿を見送《みおく》る。

うしろだて【後ろ盾】 名詞 かげにいて助《たす》けてくれること。また、その人《ひと》。例 兄《あに》の留学《りゅうがく》では、現地《げんち》に住《す》むおばが後ろ盾になってくれた。

うしろで【後ろ手】 名詞 両手《りょうて》を後《うし》ろに回《まわ》すこと。例 後ろ手にしばられる。

うしろまえ【後ろ前】 名詞 服《ふく》を着《き》たとき、後《うし》ろと前《まえ》が反対《はんたい》になること。

うしろむき【後ろ向き】 名詞
❶こちらに背《せ》を向《む》けていること。対 前向《まえむ》き。

がいるかもしれないという意味《いみ》で、だれがどこで聞《き》いたり見《み》たりしているかわからないということ。秘密《ひみつ》がもれ

❷よりよくすることに対《たい》して消極的《しょうきょくてき》なこと。例 後ろ向きの考《かんが》え方《かた》。対 前向《まえむ》き。

うしろめたい【後ろめたい】 形容詞 自分《じぶん》に悪《わる》いと思《おも》うところがあって、気《き》がとがめる。例 掃除《そうじ》をずる休《やす》みしたので後ろめたく感《かん》じる。類 後《うし》ろ暗《ぐら》い。やましい。

うしろゆびをさされる【後ろ指を指される】 かげであれこれと悪口《わるくち》を言《い》われる。
ことば 後《うし》ろから指《ゆび》を指《さ》して悪口《わるくち》を言《い》うことからきたことば。

うす【臼】 名詞 ❶木《き》や石《いし》をくりぬいたもので、きねを使《つか》ってその中《なか》でもちなどをつく道具《どうぐ》。❷上下《じょうげ》に重《かさ》ねた二《ふた》つの筒形《つつがた》の石《いし》の間《あいだ》に穀物《こくもつ》を入れ、上《うえ》の石《いし》を回《まわ》して粉《こな》にする道具《どうぐ》。「ひきうす」ともいう。

うすー【薄】 接頭語 （ほかのことばの前《まえ》につけて）❶厚《あつ》みや色《いろ》、味《あじ》などがうすいことを表《あらわ》す。例 薄紙《がみ》／薄むらさき色《いろ》／薄味《あじ》の料理《りょうり》。❷なんとなく。ちょっと。例 夜《よる》の公園《こうえん》は薄気《き》味悪《みわる》い。

うず【渦】 名詞 ❶水《みず》や空気《くうき》などの、中心《ちゅうしん》に向《む》かって回《まわ》る流《なが》れ。うず巻《ま》き。例 渦を巻《ま》く。❷激《はげ》しく動《うご》いていて、入《い》り乱《みだ》れた状態《じょうたい》。例 お祭《まつ》りの人《ひと》の渦に巻《ま》きこまれる。

うすい【雨水】 名詞 季語 春 ❶あまみず。❷二十四節気《にじゅうしせっき》の一《ひと》つ。雪《ゆき》や氷《こおり》がとけ、草木《くさき》の芽《め》が出始《ではじ》めるころ。二月十九日《にがつじゅうくにち》ごろ。⇒1450ページ 二十四節気《にじゅうしせっき》
ことば 季語《きご》として使《つか》うのは❷の意味《いみ》。

うすい【薄い】 形容詞 ❶物《もの》の厚《あつ》みが少《すく》ない。例 薄い本《ほん》／薄い布団《ふとん》。対 厚《あつ》い。❷色《いろ》や味《あじ》があっさりしている。例 薄い黄色《きいろ》／このスープは塩味《しおあじ》が薄い。対 濃《こ》い。❸あるものの中《なか》にふくまれているものが少《すく》ない。例 薄いコーヒー。対 濃《こ》い。❹まばらだ。例 かみの毛《け》が薄い。対 濃《こ》い。❺ものごとの程度《ていど》が少《すく》ない。例 愛情《あいじょう》が薄い。対 濃《こ》い。❻もうけが少《すく》ない。例 利益《りえき》が薄い。

うすうす【薄薄】 副詞 なんとなく感《かん》じられるようす。かすかに。例 薄々気《き》がつく。

うずうず【と】 副詞 動詞 何《なに》かがしたくて、じっとしていられないようす。むずむず。例 早《はや》く試合《しあい》に出《で》たくてうずうずする。

うすがみをはぐように【薄紙を剥ぐように】 病気《びょうき》などが、少《すこ》しずつよくなっていくようす。例 傷《きず》の痛《いた》みが薄紙を剥ぐように消《き》えていった。

うすぎ【薄着】 名詞 動詞 少《すこ》ししか服《ふく》を着《き》ないこと。対 厚着《あつぎ》。

うすぎたない【薄汚い】 形容詞 なんとなくきたない。例 薄汚い身《み》なり。

うすきみわるい【薄気味悪い】 形容詞 なんとなくこわい感《かん》じがして、気味《きみ》が悪《わる》い。例 だれもいない夜《よる》の学校《がっこう》は薄気味悪い。

うずく 動詞 ずきずきと痛《いた》む。例 傷口《きずぐち》がうずく／悲《かな》しい思《おも》い出《で》に、今《いま》も心《こころ》がうずく。

うずくまる 動詞 体《からだ》を丸《まる》めてしゃがみこむ。例 おなかが痛《いた》くなって、その場《ば》にうずくまった。

うすぐも【薄雲】 名詞 うすく広《ひろ》がる雲《くも》。巻層雲《けんそううん》をいうことが多《おお》い。図⇒395ページ くも〔雲〕

うすぐもり【薄曇り】 名詞 空《そら》にうすい雲《くも》がかかって、一面《いちめん》にくもっていること。

うすぐらい【薄暗い】 形容詞 少《すこ》し暗《くら》い。例 いつの間《ま》にか辺《あた》りは薄暗くなっていた。

うすくらがり【薄暗がり】 名詞 少《すこ》し暗《くら》いところ。例 薄暗がりに人《ひと》のかげが見《み》える。

うすげしょう【薄化粧】 名詞 動詞 ❶目立《めだ》たない程度《ていど》に、うすく化粧《けしょう》をすること。対 厚化粧《あつげしょう》。❷山《やま》などに雪《ゆき》がうっすらと積《つ》もること。

うずしお【渦潮】 名詞 季語 春 うずを巻《ま》いて流《なが》れている海水《かいすい》。例 鳴門海峡《なるとかいきょう》の渦潮は有名《ゆうめい》だ。

うずたかい 形容詞 物《もの》が積《つ》まれて高《たか》くなっているようす。例 うずたかい本《ほん》の山《やま》。

うすっぺら【薄っぺら】 形容動詞 ❶たよりないほど厚《あつ》みがないようす。例 薄っ

ことわざ **壁《かべ》に耳《みみ》あり障子《しょうじ》に目《め》あり** かべに耳《みみ》をつけて聞《き》いている人《ひと》や、障子《しょうじ》に穴《あな》をあけて見《み》ている人《ひと》
やすいことのたとえ。

ぺらな布団《ふとん》。

❷考《かんが》えなどに深《ふか》みがなく、軽々《かるがる》しいようす。例 薄っぺらな人間《にんげん》。

うすで【薄手】 名詞 紙《かみ》・布地《ぬのじ》・焼《や》き物《もの》などの厚《あつ》さがうすいもの。例 薄手の茶《ちゃ》わん。対 厚手《あつで》。

うすばかげろう【薄羽かげろう】 名詞 季語 秋 とんぼに似《に》た昆《こん》虫《ちゅう》。夏《なつ》から秋《あき》にかけての夕方《ゆうがた》に見《み》られる。幼虫《ようちゅう》は、「ありじごく」という。ことば 俳句《はいく》などでは「薄翅蜉蝣」とも書《か》く。

うすばかげろう

うすび【薄日】 名詞 弱《よわ》い日《ひ》ざし。例 雲《くも》の間《あいだ》から薄日が差《さ》してきた。

うずまき【渦巻き】 名詞 ❶水《みず》や空気《くうき》などがうずを巻《ま》くこと。❷うずを巻《ま》いた形《かたち》や模様《もよう》。

うずまく【渦巻く】 動詞 水《みず》や空気《くうき》などが、うずになって回《まわ》る。例 川《かわ》の水《みず》が渦巻いている。

うずまる 動詞 ❶物《もの》におおわれて見《み》えなくなる。❷場所《ばしょ》がすきまなくいっぱいになる。例 花火《はなび》を見《み》る人《ひと》で土手《どて》がうずまる。

うすめる【薄める】 動詞 色《いろ》・味《あじ》などをうすくする。例 絵《え》の具《ぐ》を水《みず》で薄める。

うずめる 動詞 ❶物《もの》でおおって見《み》えなくする。例 宝物《たからもの》を土《つち》の中《なか》にうずめる。

❷場所《ばしょ》をすきまなくいっぱいにする。例 野球《やきゅう》場《じょう》をうずめた大観衆《だいかんしゅう》。

うずもれる 動詞 ❶物《もの》におおわれて見《み》えなくなる。例 両手《りょうて》いっぱいの花束《はなたば》にうずもれて笑顔《えがお》を見《み》せる。❷価値《かち》を世《よ》の中《なか》の人々《ひとびと》に知《し》られずにいる。例 うずもれていた才能《さいのう》を発見《はっけん》する。

うずら 名詞 季語 秋 きじのなかまの鳥《とり》。体《たい》長《ちょう》二十《にじっ》センチメートルくらいで、体《からだ》は丸《まる》く、尾《お》が短《みじか》い。茶色《ちゃいろ》の体《からだ》に黒色《くろいろ》のまだらがある。肉《にく》と卵《たまご》は食用《しょくよう》になる。

うずら

うすらぐ【薄らぐ】 動詞 ❶だんだんうすくなる。例 朝《あさ》もやが薄らぐ。❷少《すく》なくなる。軽《かる》くなる。例 痛《いた》みが薄らぐ。

うすらさむい【薄ら寒い】 形容詞 なんとなく寒《さむ》い。例 朝夕《あさゆう》は薄ら寒い季節《きせつ》になった。

うすれる【薄れる】 動詞 ❶だんだんうすくなる。例 色《いろ》が薄れる。❷少《すく》なくなる。弱《よわ》くなる。例 興味《きょうみ》が薄れる／痛《いた》みが薄れる。

うすわらい【薄笑い】 名詞 動詞 相手《あいて》をばかにしたような感《かん》じで、かすかに笑《わら》うこと。例 口《くち》元《もと》に薄笑いをうかべる。

うせつ【右折】 名詞 動詞 右《みぎ》へ曲《ま》がること。対 左折《させつ》。

うせる 動詞 ❶なくなる。消《き》える。例 やる気《き》がうせる。❷いなくなる。去《さ》る。例 さっさとうせろ。使い方 ❷は、乱暴《らんぼう》な言《い》い方《かた》。

うぜん【羽前】 名詞 昔《むかし》の国《くに》の名《な》の一《ひと》つ。今《いま》の山形県《やまがたけん》の大部分《だいぶぶん》に当《あ》たる。

うそ 名詞 ❶ほんとうでないこと。例 うそをつく。対 本《ほん》当《とう》。❷まちがっていること。誤《あやま》り。例 うそ字《じ》。❸適切《てきせつ》でないこと。あってはならないこと。例 きみが入選《にゅうせん》しなければうそだ。

● **うそから出《で》たまこと** ことわざ うそや冗談《じょうだん》のつもりで言《い》ったことが、意外《いがい》にもほんとうになること。

うそからでたまこと

● **うそも方便《ほうべん》** ことわざ 場合《ばあい》によっては、うそをつくことも必《ひつ》要《よう》だということ。

うぞうむぞう【有象無象】 名詞 世《よ》の中《なか》にいくらでもいるような、つまらない人《ひと》たち。くだらない連中《れんちゅう》。例 有象無象の集《あつ》まり。

うそじ【うそ字】 名詞 まちがった字《じ》。正《ただ》しくない字《じ》。

うそつき 名詞 うそをつくこと。また、うそをつく人《ひと》。

あせらないで気長《きなが》に待《ま》つのがよい、ということ。

●**うそつきは泥棒《どろぼう》の始《はじ》まり** ことわざ うそを平《へい》気《き》でつくような人《ひと》は、どろぼうも平気《へいき》でするようになってしまうから、うそをついてはいけないということ。

うそぶく 動詞
❶とぼけて知《し》らないふりをする。例「そんなこと言《い》ってないよ。」とうそぶく。
❷えらそうなことを言《い》う。例全国優勝《ぜんこくゆうしょう》なんて簡単《かんたん》だとうそぶく。

うた【歌】 名詞
❶ことばに節《ふし》やリズムをつけて歌《うた》うもの。
❷「和歌《わか》」「短歌《たんか》」のこと。
使い方 ❶は、民謡《みんよう》などの場合《ばあい》は「唄」とも書《か》く。
漢→216ページ か〔歌〕

うたい【謡】 名詞 能楽《のうがく》で、節《ふし》をつけてうたうことば。また、それをうたうこと。謡曲《ようきょく》。

うたいあげる【歌い上げる】 動詞
❶声《こえ》を大《おお》きく張《は》り上《あ》げて、最後《さいご》まで歌《うた》う。例卒業生全員《そつぎょうせいぜんいん》で、「蛍《ほたる》の光《ひかり》」を歌い上げる。
❷心《こころ》に思《おも》っていることをあらわして、詩《し》や歌《うた》などを作《つく》る。例喜《よろこ》びを短歌《たんか》に歌い上げる。

うだいじん【右大臣】 名詞
❶律令制《りつりょうせい》の政治体制《せいじたいせい》の、太政大臣《だいじょうだいじん》、左大臣《さだいじん》の次《つぎ》の位《くらい》。
❷明治政府初期《めいじせいふしょき》の太政官制《だいじょうかんせい》の、太政大臣《だいじょうだいじん》、左《さ》大臣《だいじん》の次《つぎ》の位《くらい》。

うたいて【歌い手】 名詞 歌《うた》を歌《うた》う人《ひと》。また、歌《うた》の上手《じょうず》な人《ひと》。歌手《かしゅ》。

うたう 動詞
❶多《おお》くの人《ひと》にわかるように、はっきりとことばに表《あらわ》す。例平和《へいわ》をうたった憲法《けんぽう》。
❷多《おお》くの人《ひと》がほめたたえる。例その作曲家《さっきょくか》は「ピアノの詩人《しじん》」とうたわれた。

うたう【歌う】 動詞
❶ことばに節《ふし》をつけて、声《こえ》に出《だ》す。
❷短歌《たんか》や詩《し》などに作《つく》る。例春《はる》を歌った詩《し》。
漢→216ページ か〔歌〕

うたう【謡う】 動詞 謡曲《ようきょく》の歌詞《かし》に節《ふし》をつけて、声《こえ》に出《だ》す。

うたがい【疑い】 名詞 あやしいと思《おも》うこと。疑《うたが》うこと。例疑いをかける／疑いが晴《は》れる。

うたがいぶかい【疑い深い】 形容詞 ものごとをなかなか信《しん》じない性格《せいかく》である。うたぐり深《ぶか》い。

うたがう【疑う】 動詞
❶悪《わる》いことについて、そうらしいと思《おも》う。あやしむ。例あの男《おとこ》が犯人《はんにん》ではないかと疑う。
❷ほんとうのことでないと思《おも》う。例本物《ほんもの》の宝《ほう》石《せき》かどうかを疑う。対信《しん》じる。
❸気《き》がかりに思《おも》う。あやぶむ。例成功《せいこう》するかどうかを疑う。
漢→316ページ ぎ〔疑〕

うたがわしい【疑わしい】 形容詞
❶ほんとうかどうかわからない。確《たし》かでない。例明日《あす》晴《は》れるかどうかは疑わしい。
❷変《へん》なようすである。はっきりしないところがあって、あやしい。例疑わしい人物《じんぶつ》。
使い方「疑しい」と書《か》かないよう送《おく》りがなに注《ちゅう》意《い》。

うたがわひろしげ【歌川広重】 名詞（一七九七〜一八五八）江戸時代《えどじだい》の末《すえ》ごろの浮世絵師《うきよえし》。「東海道五十三次《とうかいどうごじゅうさんつぎ》」などの作品《さくひん》が有名《ゆうめい》。「安藤《あんどう》広重《ひろしげ》」ともいう。

うたぐりぶかい【うたぐり深い】→127ページ うたがいぶかい

うたぐる 動詞「疑《うたが》う」のくだけた言《い》い方《かた》。

うたごえ【歌声】 名詞 歌《うた》を歌《うた》う声《こえ》。

うたたね【うたた寝】 名詞 動詞 ねどこに入《はい》らないで、うとうとねむってしまうこと。

うだつがあがらない【うだつが上がらない】 地位《ちい》が上《あ》がったり、生活《せいかつ》がよくなったりしない。ぱっとしない。

うたまろ【歌麿】→332ページ きたがわうたまろ

うだる 動詞
❶熱《あつ》い湯《ゆ》の中《なか》で煮《に》える。ゆだる。例卵《たまご》がうだる。
❷暑《あつ》くて体《からだ》がぐったりする。例うだるような暑《あつ》さだ。

うたわれる 動詞
❶多《おお》くの人《ひと》にわかるように、はっきりとことばで示《しめ》される。例憲法《けんぽう》には、言論《げんろん》の自由《じゆう》がうたわれている。
❷多《おお》くの人《ひと》にほめたたえられる。例天才作曲家《てんさいさっきょくか》とうたわれる。

うち 名詞 自分《じぶん》の家《いえ》。また、自分《じぶん》の家庭《かてい》。例急《いそ》いでうちに帰《かえ》る／うちはみんな音楽好《おんがくず》きだ。
ことば 漢字《かんじ》で「家」と書《か》くこともある。

うち【内】 名詞

ことわざ **果報《かほう》は寝《ね》て待《ま》て**「果報《かほう》」は、幸運《こううん》のこと。幸《しあわ》せは人《ひと》の力《ちから》だけでつかめるものではないから、

う　あいうえお　かきくけこ　さしすせそ　たちつてと　なにぬねの　はひふへほ　まみむめも　や　ゆ　よ　らりるれろ　わ　を　ん

❶中《なか》。中側《なかがわ》。例 内側《がわ》／心《こころ》の内。対 外《そと》。❷ある時間《じかん》の間《あいだ》。例 朝《あさ》のうちに勉強《べんきょう》をする。❸自分《じぶん》がその中《なか》に入《はい》っているもの。通《かよ》っている学校《がっこう》や会社《かいしゃ》など。例 うちのクラス。

使い方 ❷❸は、ふつうかな書《が》きにする。

漢 ⇩964ページ ない〔内〕

うち－【打ち】 接頭語 （ほかのことばの前《まえ》につけて）そのことばの意味《いみ》を強《つよ》めたり、調子《ちょうし》を整《ととの》えたりすることば。例 打ち続《つづ》く雨《あめ》／打ちしずんだ表情《ひょうじょう》。

うちあけばなし【打ち明け話】 名詞 今《いま》まで話《はな》さなかったことを、かくさずに言《い》う話《はなし》。

うちあげはなび【打ち上げ花火】 名詞 季語 夏 つつを使《つか》って打《う》ち上《あ》げ、上空《じょうくう》で開《ひら》くようにした花火《はなび》。ことば 俳句《はいく》などでは「打揚花火」とも書《か》く。

うちあける【打ち明ける】 動詞 かくしていたことや思《おも》っていたことを、初《はじ》めて話《はな》す。例 秘密《ひみつ》を友《とも》だちに打ち明ける。

うちあげる【打ち上げる】 動詞 ❶勢《いきお》いよく上《うえ》の方《ほう》に上《あ》げる。例 ロケットを打ち上げる。❷打《う》って高《たか》く上《あ》げる。例 ボールを打ち上げる。❸すもうや芝居《しばい》などを終《お》える。❹波《なみ》が物《もの》を運《はこ》んで岸《きし》におし上《あ》げる。例 流木《りゅうぼく》が浜辺《はまべ》に打ち上げられる。

うちあわせ【打ち合わせ】 名詞 動詞 もののやり方《かた》などを、前《まえ》もって相談《そうだん》すること。

うちあわせる【打ち合わせる】 動詞 ❶前《まえ》もって相談《そうだん》する。例 発表《はっぴょう》の順番《じゅんばん》について打ち合わせる。❷物《もの》と物《もの》とをぶつけ合《あ》わせる。

うちいり【討ち入り】 名詞 動詞 敵《てき》の城《しろ》や家《いえ》などにせめ入《い》ること。例 赤穂浪士《あこうろうし》の討ち入り。

うちいわい【内祝い】 名詞 ❶親《した》しい人《ひと》だけで祝《いわ》うこと。❷自分《じぶん》の家《いえ》にお祝《いわ》いがあったとき、それを記念《きねん》して人《ひと》におくり物《もの》をすること。また、その品《しな》物《もの》。例 出産《しゅっさん》の内祝いをおくる。

うちうち【内内】 名詞 表《おもて》に出《だ》さないで、家族《かぞく》や身近《みぢか》な人《ひと》だけで何《なに》かをすること。例 結婚《けっこん》のお祝《いわ》いを内々で行《おこな》った。類 内内《ないない》。

うちうみ【内海】 名詞 周《まわ》りをほとんど陸地《りくち》で囲《かこ》まれている海《うみ》。「ないかい」ともいう。対 外海《そとうみ》。

うちかえす【打ち返す】 動詞 ❶たたき返《かえ》す。❷打《う》って相手《あいて》の方《ほう》に返《かえ》す。例 球《たま》を打ち返す。❸田《た》や畑《はたけ》を耕《たがや》す。❹古《ふる》い綿《わた》をやわらかくする。例 布団《ふとん》を打ち返す。❺くり返《かえ》して寄《よ》ってくる。例 波《なみ》が打ち返す。

うちかつ【打ち勝つ】 動詞 ❶「勝《か》つ」を強《つよ》めた言《い》い方《かた》。例 強敵《きょうてき》に打ち勝つ。❷苦《くる》しみや困難《こんなん》に負《ま》けないで乗《の》りこえる。例 病気《びょうき》に打ち勝つ。❸野球《やきゅう》などで、相手《あいて》よりよく打《う》って勝《か》つ。

うちがわ【内側】 名詞 物《もの》や場所《ばしょ》などの中《なか》のほう。例 箱《はこ》の内側／さくの内側に入《はい》る。対 外側《そとがわ》。

うちき【内気】 名詞 形容動詞 おとなしく、ひかえめなこと。気《き》が弱《よわ》くて、人《ひと》の前《まえ》で進《すす》んでものごとができないこと。また、そのような性質《せいしつ》。

うちきる【打ち切る】 動詞 とちゅうでやめて終《お》わりにする。例 雨《あめ》で、試合《しあい》が打ち切られる。

うちきん【内金】 名詞 代金《だいきん》の一部《いちぶ》として、先《さき》にしはらうお金《かね》。例 旅行代金《りょこうだいきん》の内金をはらう。

うちくだく【打ち砕く】 動詞 たたきこわす。粉々《こなごな》にする。例 岩《いわ》を打ち砕く／夢《ゆめ》が打ち砕かれた。

うちけし【打ち消し】 名詞 ❶そうではないと言《い》うこと。否定《ひてい》すること。❷文法《ぶんぽう》で、動詞《どうし》に「ない」をつけて、そうではないことを表《あらわ》す言《い》い方《かた》。「本《ほん》を読《よ》まない」など。

うちけす【打ち消す】 動詞 そうではないと言《い》う。否定《ひてい》する。例 うわさを打ち消す。

うちこむ【打ち込む】 動詞 ❶打《う》って、中《なか》に入《い》れる。たたきこむ。例 くぎを打ち込む。❷一《ひと》つのことにいっしょうけんめいになる。そのことだけに熱中《ねっちゅう》する。例 研究《けんきゅう》に打ち込む。

うちこわし【打ち壊し】 名詞 江戸時代《えどじだい》、ききんや、米《こめ》の値段《ねだん》が高《たか》くなったことで生活《せいかつ》が苦《くる》しくなった人《ひと》たちが、米問屋《こめどんや》や金持《かねも》ちの商人《しょうにん》などをおそったできごと。江戸《えど》時代中期以降《じだいちゅうきいこう》によく起《お》こった。

うちしずむ【打ち沈む】 動詞 すっかり元気《げんき》がなくなる。例 悲《かな》しみに打ち沈む。

うちじに【討ち死に】 名詞 動詞 敵《てき》と戦《たたか》って死《し》

打《う》ちがあるということ。年《とし》をとった人《ひと》が積《つ》み上《あ》げた経験《けいけん》や知恵《ちえ》は、価値《かち》があって尊敬《そんけい》すべきものだということ。

ぬこと。使い方 古《ふる》い言《い》い方《かた》。

うちだす【打ち出す】 動詞 ❶打《う》って外《そと》に出《だ》す。❷はっきりと示《しめ》す。強《つよ》く表《あらわ》す。例 新《あたら》しい方針《ほうしん》を打ち出す。

うちたてる【打ち立てる】 動詞 しっかりとつくり上《あ》げる。例 新記録《しんきろく》を打ち立てる。

うちつける【打ち付ける】 動詞 ❶くぎなどを打《う》って、物《もの》をくっつける。例 かべに看板《かんばん》を打ち付ける。❷強《つよ》くぶつける。例 柱《はしら》に足《あし》を打ち付ける。

うちつづく【打ち続く】 動詞 いつまでも続《つづ》く。例 打ち続く雨《あめ》。

うちでし【内弟子】 名詞 先生《せんせい》の家《いえ》に住《す》みこんで、家事《かじ》を手伝《てつだ》いながら芸《げい》ごとなどを習《なら》う弟子《でし》。例 落語家《らくごか》の内弟子になる。

うちとける【打ち解ける】 動詞 遠慮《えんりょ》がなくなって、親《した》しくなる。例 転入生《てんにゅうせい》も、みんなと打ち解けてきた。

うちとる【打ち取る・討ち取る】 動詞 ❶競技《きょうぎ》などで相手《あいて》を負《ま》かす。例 四番打者《よばんだしゃ》を三振《さんしん》に打ち取る。❷武器《ぶき》を使《つか》って相手《あいて》を殺《ころ》す。例 敵《てき》の大将《たいしょう》を討ち取る。

うちのめす【打ちのめす】 動詞 ❶二度《にど》と立《た》ち上《あ》がれなくなるほどひどくなぐる。❷大《おお》きな損害《そんがい》やひどい痛手《いたで》をあたえる。例 村《むら》は台風《たいふう》に打ちのめされた。

うちのり【内のり】 名詞 入《い》れ物《もの》などの内側《うちがわ》の寸法《すんぽう》。対 外《そと》のり。

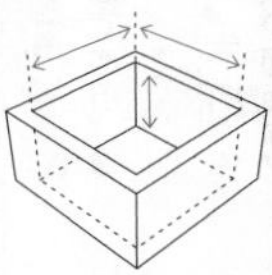
うちのり

うちはらう【打ち払う】 動詞 ❶はらい落《お》とす。たたいて落《お》とす。例 木《き》の枝《えだ》に積《つ》もった雪《ゆき》を打ち払う。❷こうげきして追《お》いはらう。例 おし寄《よ》せる敵《てき》を打ち払う。

うちひしがれる【打ちひしがれる】 動詞 がっかりしたりショックを受《う》けたりして、元気《げんき》をすっかりなくす。例 悲《かな》しみに打ちひしがれる。

うちべんけい【内弁慶】 名詞 外《そと》ではおとなしいが、自分《じぶん》の家《いえ》の中《なか》ではいばっていること。また、そのような人《ひと》。「陰弁慶《かげべんけい》」ともいう。ことば 「弁慶《べんけい》」は、源義経《みなもとのよしつね》に仕《つか》えた、武力《ぶりょく》にすぐれた僧《そう》の名前《なまえ》。

うちまかす【打ち負かす】 動詞 「負《ま》かす」を強《つよ》めた言《い》い方《かた》。すっかり負《ま》かす。例 対戦相手《たいせんあいて》を見事《みごと》に打ち負かした。

うちまく【内幕】 名詞 外《そと》からはわからない、中《なか》のようすや事情《じじょう》。内情《ないじょう》。ことば もとは、軍《ぐん》の陣営《じんえい》に張《は》る二枚《にまい》の幕《まく》のうちの、内側《うちがわ》の幕《まく》のこと。いくさのとき、その中《なか》で作戦《さくせん》を練《ね》った。

うちみ【打ち身】 名詞 体《からだ》を強《つよ》く打《う》ったとき、皮膚《ひふ》の内側《うちがわ》にできる傷《きず》。

うちみず【打ち水】 名詞 季語 夏 ほこりが立《た》たないように、また、すずしくなるように、道《みち》や庭《にわ》などに水《みず》をまくこと。

うちむらかんぞう【内村鑑三】 名詞 (一八六一～一九三〇) 明治《めいじ》・大正時代《たいしょうじだい》の宗教家《しゅうきょうか》。キリスト教《きょう》にとって大切《たいせつ》なものは、教会《きょうかい》のしくみや決《き》まりではなく、神《かみ》を信《しん》じる心《こころ》と聖書《せいしょ》だけだとする教《おし》えを説《と》いた。日露戦争《にちろせんそう》に反対《はんたい》した。

うちやぶる【打ち破る】 動詞 ❶たたいてこわす。例 とびらを打ち破る。❷戦《たたか》って相手《あいて》を負《ま》かす。例 強《つよ》い相手《あいて》を打ち破って、決勝《けっしょう》に進《すす》む。使い方 ❷は、「撃ち破る」とも書《か》く。

うちゅう【宇宙】 名詞 地球《ちきゅう》・太陽《たいよう》・星《ほし》などすべての天体《てんたい》をふくむ空間《くうかん》。例 宇宙旅行《りょこう》。

うちゅうこうくうけんきゅうかいはつきこう【宇宙航空研究開発機構】 ➡597ページ ジャクサ

うちゅうステーション【宇宙ステーション】 名詞 宇宙船《うちゅうせん》がとちゅうで立《た》ち寄《よ》る大《おお》きな人工衛星《じんこうえいせい》。そこで観測《かんそく》やいろいろな作業《さぎょう》をする。

うちゅうせん【宇宙船】 名詞 人間《にんげん》が乗《の》って宇宙《うちゅう》を飛《と》ぶための乗《の》り物《もの》。

うちゅうひこうし【宇宙飛行士】 名詞 宇宙船《うちゅうせん》の乗組員《のりくみいん》。宇宙《うちゅう》を飛《と》ぶために、特別《とくべつ》な訓練《くんれん》を受《う》ける。

うちゅうゆうえい【宇宙遊泳】 名詞 宇宙服《うちゅうふく》を着《き》て、宇宙船《うちゅうせん》の外《そと》の重力《じゅうりょく》のない宇宙空間《うちゅうくうかん》に出《で》て、泳《およ》ぐように動《うご》くこと。

ことわざ　**亀《かめ》の甲《こう》より年《とし》の功《こう》**　1万年《まんねん》も生《い》きるというかめのこうらより、人間《にんげん》の長《なが》い間《あいだ》の経験《けいけん》のほうが値《ね》

うちょうてん【有頂天】 名詞 形容動詞 あまりのうれしさに、ほかのことを忘《わす》れて喜《よろこ》ぶこと。例 優勝《ゆうしょう》して、有頂天になった。使い方「有頂点」と書《か》かないよう注意《ちゅうい》。ことば もとは仏教《ぶっきょう》のことばで、この世でいちばん高《たか》いところにある天《てん》のことをいった。

うちよせる【打ち寄せる】 動詞 寄《よ》せて来《く》る。おし寄《よ》せる。例 砂浜《すなはま》に波《なみ》が打ち寄せる。

うちわ 名詞 季語夏 竹《たけ》やプラスチックでつくった骨《ほね》に紙《かみ》などをはった、風《かぜ》を起《お》こすための道具《どうぐ》。

うちわ【内輪】 名詞 ❶家族《かぞく》や親《した》しい仲間《なかま》。例 内輪でお祝《いわ》いをする。❷実際《じっさい》より少《すく》なめであること。例 内輪に見積《みつ》もっても一万円《いちまんえん》はかかりそうだ。

うちわけ【内訳】 名詞 かかったお金《かね》や品物《しなもの》の内容《ないよう》を、種類《しゅるい》ごとに細《こま》かく分《わ》けたもの。例 旅行《りょこう》の費用《ひよう》の内訳を書《か》いておく。類 明細《めいさい》。

うちわもめ【内輪もめ】 名詞 家族《かぞく》や仲間《なかま》の間《あいだ》に起《お》こる争《あらそ》い。内輪《うちわ》げんか。

うつ【鬱】 名詞 なやみや心配《しんぱい》などのために、心《こころ》が重《おも》く晴《は》れ晴《ば》れしないこと。ゆううつ。参考 うつ状態《じょうたい》が続《つづ》き、日常生活《にちじょうせいかつ》を送《おく》れないほどになった場合《ばあい》、「うつ病《びょう》」として治療《ちりょう》が必要《ひつよう》になることもある。

うつ【打つ】 動詞 ❶たたく。ぶつ。例 激《はげ》しい雨《あめ》が窓《まど》を打つ／ほおを打つ。❷物《もの》に当《あ》てる。ぶつける。例 転《ころ》んで頭《あたま》を打つ。❸強《つよ》くたたいて入《い》れる。はめこむ。例 くぎを打つ。❹たたいて鳴《な》らす。時《とき》を知《し》らせる。例 合図《あいず》の太鼓《たいこ》を打つ／時計《とけい》が六時《ろくじ》を打つ。❺たたくような動作《どうさ》でものごとをする。例 水《みず》を打つ（＝まく）／うどんを打つ（＝つくる）／碁《ご》を打つ／電報《でんぽう》を打つ。❻広《ひろ》げて投《な》げる。例 船《ふね》からあみを打つ。❼しるしをつける。例 点《てん》を打つ。❽感動《かんどう》させる。例 心《こころ》を打つ話《はなし》。❾ある方法《ほうほう》や手段《しゅだん》をとる。例 失敗《しっぱい》したときのことを考《かんが》えて、次《つぎ》の手《て》を打った。漢 ⇒769ページ だ〔打〕

うつ【討つ】 動詞 敵《てき》をほろぼす。やっつける。例 かたきを討つ。漢 ⇒914ページ とう〔討〕

うつ【撃つ】 動詞 鉄砲《てっぽう》やピストルなどのたまを発射《はっしゃ》する。例 鉄砲《てっぽう》を撃つ。

うっかり【と】 副詞 動詞 ぼんやりして気《き》づかないようす。例 傘《かさ》をうっかり置《お》き忘《わす》れた。

うづき【卯月】 名詞 季語夏 昔《むかし》のこよみで四月《しがつ》のこと。ことば「うの花《はな》（＝うつぎという植物《しょくぶつ》の花）のさく月《つき》」という意味《いみ》からきたともいわれる。⇒1450ページ 十二《じゅうに》か月《げつ》の古《ふる》い呼《よ》び方《かた》

うつくしい【美しい】 形容詞 ❶形《かたち》・色《いろ》・音《おと》などがきれいで感《かん》じがよい。例 美しい花《はな》／美しい音色《ねいろ》。対 醜《みにく》い。❷人《ひと》の心《こころ》や行《おこな》いがりっぱである。例 美しい友《ゆう》情《じょう》で結《むす》ばれる。対 醜《みにく》い。漢 ⇒1095ページ び〔美〕 ⇒261ページ 伝統コラム

うつし【写し】 名詞 書類《しょるい》や図面《ずめん》などを、ひかえとしてうつしとったもの。コピー。

うつしだす【映し出す】 動詞 光《ひかり》を当《あ》てて、物《もの》の形《かたち》などをほかの物《もの》の上《うえ》に表《あらわ》し出《だ》す。例 スクリーンにスライドを映し出す。

うつす【写す】 動詞 ❶下《した》の文字《もじ》や絵《え》を、なぞってかいたり、すかしてかきとったりする。例 地図《ちず》をうす紙《がみ》にすかして写した。❷文字《もじ》や絵《え》を、見《み》ながらそのとおりにかきとる。例 黒板《こくばん》の文字《もじ》をノートに写す。❸写真《しゃしん》にとる。漢 ⇒595ページ しゃ〔写〕 ⇒使い分け

使い分け

うつす

写す・映す・移す

写す 文字《もじ》や絵《え》などを見《み》ながらそのとおりにかきとる。「手本《てほん》を写す」

映す 光《ひかり》やかげをほかの物《もの》の表面《ひょうめん》にあらわす。「鏡《かがみ》に姿《すがた》を映《うつ》す」

移す 場所《ばしょ》や位置《いち》をかえる。「家《いえ》を東京《とうきょう》に移《うつ》す／会場《かいじょう》を移《うつ》す／席《せき》を移《うつ》す」

うつす【映す】 動詞

ってとてもおとなしいことのたとえ。

❶光《ひかり》の反射《はんしゃ》によって、物《もの》のすがたやかげをほかの物《もの》の上《うえ》にあらわす。例 鏡《かがみ》に顔《かお》を映す。
❷映画《えいが》やスライドをスクリーンなどの上《うえ》にあらわす。
漢 ↓146ページ えい〔映〕 ↓ 使い分け

うつす【移す】 動詞
❶場所《ばしょ》や位置《いち》をかえる。例 駅前《えきまえ》に店《みせ》を移した。
❷関心《かんしん》や興《きょう》味《み》などをちがうものに向《む》ける。例 注《ちゅう》意《い》をほかに移す。
❸病《びょう》気《き》を感染《かんせん》させる。例 かぜをうつされた。
❹ものごとを進《すす》める。例 計画《けいかく》を行動《こうどう》に移す。
使い方 ❸は、ふつうかな書《が》きにする。
漢 ↓66ページ い〔移〕 ↓ 使い分け

うっすら［と］ 副詞 かすかに。ほんの少《すこ》し。例 朝《あさ》もやの中《なか》にうっすらと山《やま》が見《み》える。

うっそう［と］ 副詞 辺《あた》りが暗《くら》くなるほど草《くさ》や木《き》がしげっているようす。例 うっそうとしげる林《はやし》。

うったえ【訴え】 名詞 うったえること。また、うったえた内容《ないよう》。例 裁判所《さいばんしょ》に訴えを起《お》こす／市民《しみん》の訴えを議会《ぎかい》でとり上《あ》げる。

うったえる【訴える】 動詞
❶よい悪《わる》いを決《き》めてもらうために、裁判所《さいばんしょ》に申《もう》し出《で》る。例 事故《じこ》を起《お》こした会社《かいしゃ》を訴える。
❷人《ひと》の心《こころ》を動《うご》かすように呼《よ》びかける。例 世界《せかい》の平和《へいわ》を人々《ひとびと》に訴える。
❸苦《くる》しみ、痛《いた》み、不満《ふまん》などを人《ひと》に知《し》らせようとして、ことばや態度《たいど》に表《あらわ》す。例 空腹《くうふく》を訴える。
❹自分《じぶん》の目的《もくてき》を果《は》たそうとして、あるやり方《かた》を使《つか》う。例 腕《わん》力《りょく》に訴える。

うっちゃる 動詞
❶投《な》げ捨《す》てる。
❷ほうっておく。例 宿《しゅく》題《だい》をうっちゃって遊《あそ》ぶ。
❸すもうで、土《ど》俵《ひょう》ぎわで自分《じぶん》の体《からだ》をひねって、相手《あいて》を土《ど》俵《ひょう》の外《そと》に出《だ》す。

うつつ 名詞
❶目《め》が覚《さ》めている状態《じょうたい》。現実《げんじつ》。例 夢《ゆめ》かうつつか。
❷気《き》が確《たし》かであること。正《しょう》気《き》。

●**うつつを抜《ぬ》かす** あることに夢《む》中《ちゅう》になって、本来《ほんらい》やるべきことを忘《わす》れてしまう。例 ゲームにうつつを抜かす。

うってかわる【打って変わる】 動詞 ようすや態度《たいど》が急《きゅう》に変《か》わる。前《まえ》とすっかり変《か》わる。例 昨日《きのう》とは打って変わって今日《きょう》は快晴《かいせい》だ。

うってつけ【打って付け】 名詞 ぴったり合《あ》うこと。ほんとうにふさわしいこと。例 この仕事《しごと》は、きみにはうってつけだ。類 もってこい。使い方 ふつうかな書《が》きにする。

うっとうしい【鬱陶しい】 形容詞
❶天《てん》気《き》や気分《きぶん》が重苦《おもくる》しく、晴《は》れ晴《ば》れしない。
❷じゃまで気《き》になる。うるさい。例 のびた前《まえ》髪《がみ》がうっとうしい。
使い方 ふつうかな書《が》きにする。「うっとおしい」と書《か》かないよう注《ちゅう》意《い》。

ウッドブロック（wood block） 名詞 かたい木《き》をくりぬいて作《つく》った円筒形《えんとうけい》や箱形《はこがた》の打楽器《だがっき》。図 ↓269ページ がっき〔楽器〕

うっとり［と］ 副詞 動詞 心《こころ》が引《ひ》きつけられて、ぼんやりするようす。例 きれいな服《ふく》にうっとりと見《み》とれる／心地《ここち》よい音楽《おんがく》にうっとりする。

うつのみやし【宇都宮市】 名詞 栃《とち》木《ぎ》県《けん》の中《ちゅう》央部《おうぶ》にある市《し》。栃《とち》木《ぎ》県《けん》の県《けん》庁《ちょう》がある。

うつびょう【鬱病】 名詞 心《こころ》が重《おも》く晴《は》れ晴《ば》れしない状《じょう》態《たい》が続《つづ》き、日《にち》常《じょう》生活《せいかつ》が送《おく》れないほどひどくなってしまう病《びょう》気《き》。つかれやすくなる、食《しょく》欲《よく》が落《お》ちる、ねむれなくなるなど、さまざまな症《しょう》状《じょう》が出《で》る。

うつぶせ 名詞 顔《かお》やおなかを下《した》にしてふせること。例 うつぶせで横《よこ》になる。対 あお向《む》け。

うつぶせる 動詞
❶顔《かお》やおなかを下《した》にしてふせる。
❷物《もの》を逆《さか》さまにして置《お》く。例 テーブルにグラスをうつぶせる。

うっぷん【鬱憤】 名詞 それまでがまんしていた、不満《ふまん》やいかり。例 鬱憤を晴《は》らす。

うつぼかずら 名詞 東《とう》南《なん》アジアなどに生《は》える草《くさ》。食《しょく》虫《ちゅうしょく》植物《ぶつ》。葉《は》の先《さき》につぼのような形《かたち》のふくろがあり、そこに落《お》ちた虫《むし》をつかまえる。

うつぼかずら

うつむく 動詞 下《した》を向《む》く。顔《かお》をふせる。例 問題《もんだい》に答《こた》えられなくて、うつむいてしまった。対 あお向《む》く。

うつむく

うつらうつら［と］ 副詞 動詞 浅《あさ》くねむってい

ことわざ　借《か》りてきた猫《ねこ》　ねこは、よその家《いえ》ではおとなしくなってしまうということから、いつもとちが

関連＝関係《かんけい》の深《ふか》いことば

るようす。例 電車《でんしゃ》の中《なか》でうつらうつらする。

うつりが【移り香】 名詞 ほかのものから移《うつ》って残《のこ》っている香《かお》り。

うつりかわり【移り変わり】 名詞 時《とき》がたつに従《したが》って、ようすがだんだんに変《か》わっていくこと。例 季節《きせつ》の移り変わりを感《かん》じる。

うつりかわる【移り変わる】 動詞 時《とき》がたつに従《したが》って、ようすがだんだんに変《か》わっていく。例 世《よ》の中《なか》はどんどん移り変わっていく。

うつりぎ【移り気】 名詞 形容動詞 気《き》持《も》ちや興《きょう》味《み》が一《ひと》つのことに集《しゅう》中《ちゅう》せず、次々《つぎつぎ》と移《うつ》り変《か》わっていくこと。例 移り気な性格《せいかく》。

うつる【写る】 動詞 ❶裏側《うらがわ》や下《した》にあるものがすけて見《み》える。例 裏《うら》のページの字《じ》が写って見《み》える。❷写真《しゃしん》に形《かたち》があらわれる。例 姉《あね》が写った写真《しゃしん》。
漢 ➡ 595ジ《ぺー》 しゃ〔写〕

うつる【映る】 動詞 ❶光《ひかり》の反射《はんしゃ》によって、物《もの》のすがたやかげがほかの物《もの》の上《うえ》にあらわれる。例 月《つき》が湖《みずうみ》に映る。❷よく似合《にあ》う。とり合《あ》わせがよい。例 緑《みどり》の林《はやし》に赤《あか》い屋根《やね》がよく映る。
漢 ➡ 146ジ《ぺー》 えい〔映〕

うつる【移る】 動詞 ❶場所《ばしょ》がかわる。例 新《あたら》しい席《せき》に移る。❷色《いろ》やにおいがほかの物《もの》にしみつく。例 油《あぶら》のにおいが手《て》に移る。❸時間《じかん》がたつ。例 時《とき》が移る。❹病気《びょうき》が感染《かんせん》する。例 かぜがうつる。❺興味《きょうみ》や関心《かんしん》などがほかのものにかわる。例 最近《さいきん》、編《あ》み物《もの》から料理《りょうり》に関心《かんしん》が移った。例 季節《きせつ》が移る／実験《じっけん》が次《つぎ》の段階《だんかい》に移る。❻今《いま》までとはちがう状態《じょうたい》になる。
使い方 ❹は、ふつうかな書《が》きにする。
漢 ➡ 66ジ《ぺー》 い〔移〕

うつろ 形容動詞 ❶中身《なかみ》が何《なに》もないようす。空《から》っぽ。❷ぼんやりしていて、元気《げんき》のないようす。例 つかれてうつろな目《め》をしている。

うつろう【移ろう】 動詞 時《とき》が過《す》ぎるとともに、ようすが変化《へんか》していく。例 人《ひと》の心《こころ》は移ろいやすい。

うつわ【器】 名詞 ❶物《もの》を入《い》れるもの。入《い》れ物《もの》。例 ガラスの器。❷才能《さいのう》や人物《じんぶつ》の大《おお》きさ。例 委員《いいん》長《ちょう》にふさわしい器／器が大《おお》きい（＝能力《のうりょく》や才能《さいのう》がある）。
漢 ➡ 316ジ《ぺー》 き〔器〕

うで【腕】 名詞 ❶かたから手首《てくび》までの間《あいだ》。例 腕組《ぐ》み。図 ➡ 287ジ《ぺー》 からだ ❷ものごとを上手《じょうず》に行《おこな》う力《ちから》。腕前《うでまえ》。例 腕のよい美容師《びようし》。❸腕《うで》（＝❶）のように横《よこ》につき出《で》ているもの。例 いすの腕。教科 理 てこや天《てん》びんのこの部分《ぶぶん》のことも、たとえて「うで」という。

● **腕《うで》が上《あ》がる** 上手《じょうず》になる。上達《じょうたつ》する。例 料《りょう》理《り》の腕が上がる。対 腕《うで》が落《お》ちる。

● **腕《うで》が落《お》ちる** 下手《へた》になる。例 最近《さいきん》練習《れんしゅう》していなかったので、腕が落ちた。対 腕《うで》が上《あ》がる。

● **腕《うで》が立《た》つ** よい腕前《うでまえ》を持《も》っている。例 腕が立つ職人《しょくにん》／父《ちち》は剣道《けんどう》の腕が立つ。

● **腕《うで》が鳴《な》る** 腕前《うでまえ》を見《み》せたくてしかたがないようす。例 試合《しあい》を前《まえ》にして腕が鳴る。

● **腕《うで》に覚《おぼ》えがある** 腕前《うでまえ》に自信《じしん》がある。

● **腕《うで》によりをかける** 腕前《うでまえ》をじゅうぶんに見《み》せようと張《は》りきる。例 腕によりをかけた料理《りょうり》。

● **腕《うで》を上《あ》げる** 上手《じょうず》になる。上達《じょうたつ》する。例 毎《まい》日《にち》けいこして腕を上げた。

● **腕《うで》をこまねく** 自分《じぶん》からは何《なに》もしないで、ただ成《な》り行《ゆ》きを見《み》ている。「腕《うで》をこまぬく」ともいう。例 友《とも》だちのピンチを腕をこまねいて見《み》ているわけにはいかない。

● **腕《うで》を振《ふ》るう** 腕前《うでまえ》をじゅうぶんにあらわす。例 料理《りょうり》に腕を振るう。

● **腕《うで》を磨《みが》く** 熱心《ねっしん》に練習《れんしゅう》して力《ちから》をつける。例 ピアノの腕を磨く。

うできき【腕利き】 名詞 腕前《うでまえ》がすぐれていること。また、そのような人《ひと》。類 敏腕《びんわん》。

うでぐみ【腕組み】 名詞 動詞 両方《りょうほう》のうでを胸《むね》の前《まえ》で組《く》み合《あ》わせること。例 腕組みして考《かんが》えこむ。

うでくらべ【腕比べ】 名詞 動詞 力《ちから》やわざを比《くら》べること。例 工作《こうさく》の腕比べをする。

うでじまん【腕自慢】 名詞 自分《じぶん》の力《ちから》やわざに自信《じしん》があること。

うでずく【腕ずく】 名詞 力《ちから》をふるって、無理《むり》やり自分《じぶん》の思《おも》いどおりにすること。例 腕ずくで本《ほん》をとり上《あ》げた。類 力《ちから》ずく。

味《み》から、つまらないものでも、ないよりはいいということのたとえ。

うでずもう【腕相撲】 名詞 二人《ふたり》が台《だい》の上《うえ》にうでを立《た》て、手《て》をにぎり合《あ》って相手《あいて》のうでをたおす遊《あそ》び。

うでたてふせ【腕立て伏せ】 名詞 両手《りょうて》と両足《りょうあし》のつま先《さき》で体《からだ》を支《ささ》えて、うでを曲《ま》げたりのばしたりする運動《うんどう》。

うでだめし【腕試し】 名詞 自分《じぶん》の力《ちから》やわざがどのくらいか知《し》るために、ためしてみること。例 腕試しに試験《しけん》を受《う》ける。類 力試《ちからだめ》し。

うでっぷし【腕っ節】 名詞 うでの力《ちから》。腕力《わんりょく》。例 腕っ節の強《つよ》い人《ひと》。

うでどけい【腕時計】 名詞 手首《てくび》につける小《こ》型《がた》の時計《とけい》。

うてばひびく【打てば響く】 はたらきかけに対《たい》してすぐに反応《はんのう》する。例 何《なに》を聞《き》いても、打てば響くように答《こた》えが返《かえ》ってくる。

うでまえ【腕前】 名詞 ものごとを上手《じょうず》に行《おこな》う力《ちから》やわざ。例 父《ちち》の料理《りょうり》の腕前はプロ並《な》みだ。

うでまくり【腕まくり】 名詞 動詞 そでをまくり上《あ》げてうでを出《だ》すこと。また、張《は》りきってものごとをするようすを表《あらわ》す。例 腕まくりをして大掃除《おおそうじ》にはげむ。

うでる ↓1357ジ ゆでる

うてん【雨天】 名詞 雨《あめ》の降《ふ》る天気《てんき》。雨降《あめふ》り。例 雨天の場合《ばあい》、遠足《えんそく》は中止《ちゅうし》です。関連 晴天《せいてん》。曇天《どんてん》。

うてんじゅんえん【雨天順延】 名詞 行事《ぎょうじ》などが予定《よてい》されていた日《ひ》が雨《あめ》の場合《ばあい》、雨《あめ》が上《あ》がって、できるようになる日《ひ》まで、一日《いちにち》ずつ順《じゅん》に延《の》ばすこと。

うど 名詞 季語 春 野山《のやま》に生《は》える、高《たか》さ二《に》メートルくらいになる草《くさ》。春《はる》に出《で》る若《わか》いくきは食用《しょくよう》になる。夏《なつ》ごろ、小《ちい》さい白《しろ》い花《はな》がさく。

●**うどの大木《たいぼく》** ことわざ 体《からだ》ばかり大《おお》きくて、役《やく》に立《た》たない人《ひと》のたとえ。ことば「うど」のくきは長《なが》くて太《ふと》いが、やわらかくて材木《ざいもく》としては使《つか》えないことからきたことば。

うとい【疎い】 形容詞 ❶よく知《し》らない。例 流行《りゅうこう》に疎い。❷親《した》しくない。例 親戚《しんせき》との間《あいだ》が疎くなる。

うとうと［と］ 副詞 動詞 浅《あさ》くねむりかけているようす。例 テレビを見《み》ながらうとうとする。

うとましい【疎ましい】 形容詞 いやで、遠《とお》ざけたい。例 あまりにひどいできばえで、見《み》るのも疎ましい。

うとむ【疎む】 動詞 いやだと思《おも》って遠《とお》ざける。例 いつも自分《じぶん》の考《かんが》えをおし通《とお》すので仲間《なかま》から疎まれる。

うどん 名詞 小麦粉《こむぎこ》をこねてうすくのばし、細《ほそ》長《なが》く切《き》った食品《しょくひん》。

うとんじる【疎んじる】 動詞 きらって遠《とお》ざける。「うとんずる」ともいう。例 悪口《わるくち》ばかり言《い》う人《ひと》を疎んじる。

うとんずる【疎んずる】 ↓133ジ うとんじる

うながす【促す】 動詞 ❶早《はや》くするように言《い》う。さいそくする。例 返《へん》事《じ》を促す。❷そのことをするようにさせる。例 注意《ちゅうい》を促す。

うなぎ 名詞 季語 夏 川《かわ》やぬまにすむ、細長《ほそなが》くぬるぬるした魚《さかな》。深《ふか》い海《うみ》で卵《たまご》からかえり、川《かわ》で成《せい》長《ちょう》する。養殖《ようしょく》もさかん。かば焼《や》きなどにして食《た》べる。ことば 漢字《かんじ》では「鰻」と書《か》く。「一本《いっぽん》」「一匹《いっぴき》」「一尾《いちび》」と数《かぞ》える。図 ↓521ジ さかな〔魚〕

●**うなぎの寝床《ねどこ》** はばがせまくて細長《ほそなが》い家《いえ》や部《へ》屋《や》などのたとえ。

うなぎのぼり【うなぎ登り・うなぎ上り】 名詞 温度《おんど》・物《もの》の値段《ねだん》・地位《ちい》などが、どんどん上《あ》がること。例 気温《きおん》がうなぎ登りに上《あ》がる。ことば ある説《せつ》では、うなぎはどんな急流《きゅうりゅう》でもさかのぼって泳《およ》いでいくことからきたことばといわれる。

うなされる 動詞 こわい夢《ゆめ》を見《み》て、ねているときに苦《くる》しそうな声《こえ》を出《だ》す。例 悪《わる》い夢《ゆめ》にうなされる。

うなじ 名詞 首《くび》の後《うし》ろの部分《ぶぶん》。首筋《くびすじ》。例 うなじを垂《た》れる（＝元気《げんき》なく下《した》を向《む》く）。類 襟首《えりくび》。図 ↓287ジ からだ

うなずく 動詞 わかったという気持《きも》ちなどを表《あらわ》すために、首《くび》を縦《たて》にふる。

うなだれる 動詞 がっかりしたり悲《かな》しかったりして、元気《げんき》なく首《くび》を前《まえ》に垂《た》れる。例 しかられてうなだれる。ことば「うなじを垂《た》れる」という意味《いみ》からきたことば。

うなばら【海原】 名詞 広々《ひろびろ》とした海《うみ》。例 大海《おお》原を船《ふね》が進《すす》む／青《あお》海原。

うなり 名詞 うなること。また、その声《こえ》や音《おと》。

ことわざ **枯《か》れ木《き》も山《やま》のにぎわい** たとえかれた木《き》でも、山全体《やまぜんたい》で見《み》れば味《あじ》わいを増《ま》してくれるという意《い》

例 風《かぜ》がうなりを上《あ》げる。

うなる 動詞 ❶苦《くる》しそうな声《こえ》を出《だ》す。❷動物《どうぶつ》が低《ひく》い声《こえ》で鳴《な》く。例 犬《いぬ》がうなる。❸音《おと》が長《なが》く鳴《な》りひびく。例 車《くるま》のエンジンがうなる／風《かぜ》がうなる。❹感心《かんしん》して、思《おも》わず声《こえ》を上《あ》げる。例 人《ひと》をうならせるできばえ。❺のどをしぼった声《こえ》で歌《うた》う。例 なにわ節《ぶし》をうなる。❻物《もの》や力《ちから》があり余《あま》っている。例 お金《かね》がうなるほどある。

うに 名詞 季語春 かたくて丸《まる》いからにたくさんのとげが生《は》えている、くりのいがに似《に》た動物《どうぶつ》。海《うみ》の底《そこ》にすみ、食用《しょくよう》になる。

うに

うぬぼれる 動詞 自分《じぶん》で自分《じぶん》をすぐれていると思《おも》って、得意《とくい》になる。

うね【畝】 名詞 作物《さくもつ》を植《う》えつけたり種《たね》をまいたりするため、畑《はたけ》の土《つち》を細長《ほそなが》く盛《も》り上《あ》げたところ。

うねうね【と】 副詞 高《たか》くなったり低《ひく》くなったり、曲《ま》がりくねったりして、長《なが》く続《つづ》くようす。例 川《かわ》に沿《そ》ってうねうねと続《つづ》く道《みち》。

うねり 名詞 ❶上下左右《じょうげさゆう》に大《おお》きく曲《ま》がっていること。例 かみの毛《け》のうねり。❷波《なみ》が高《たか》く大《おお》きくゆれること。例 今日《きょう》の海《うみ》はうねりが高《たか》い。

うねる 動詞 ❶上下左右《じょうげさゆう》に大《おお》きく曲《ま》がりくねりながら続《つづ》く。例 うねった山道《やまみち》。❷波《なみ》が高《たか》く大《おお》きく動《うご》く。

うのはな【うの花】 名詞 季語夏 ❶うつぎという植《しょく》物《ぶつ》の花《はな》。色《いろ》は白《しろ》く、夏《なつ》の初《はじ》めにさく。❷「おから」のこと。

うのはな❶

うのみ 名詞 ❶鳥《とり》の「う」が魚《さかな》をのみこむように、食《た》べ物《もの》をかまないでのみこむこと。❷本《ほん》に書《か》いてあることや人《ひと》の言《い》うことを、よく考《かんが》えないでそのまま受《う》け入《い》れること。例 人《ひと》の話《はなし》をうのみにする。

うのめたかのめ【うの目たかの目】 ↓117ページ「う」の子見出《こみだ》し

うは【右派】 名詞 政治《せいじ》などの集《あつ》まりの中《なか》で、昔《むかし》からのしきたりや考《かんが》え方《かた》を守《まも》っていこうとする人々《ひとびと》。対 左派《さは》。

うば【乳母】 名詞 母親《ははおや》の代《か》わりに、赤《あか》んぼうに乳《ちち》をやって育《そだ》てる女《おんな》の人《ひと》。

うばう【奪う】 動詞 ❶無理《むり》にとり上《あ》げる。例 人《ひと》の持《も》ち物《もの》を奪《うば》う。❷人《ひと》の注意《ちゅうい》や心《こころ》を引《ひ》きつける。例 その絵《え》の美《うつく》しさに、人々《ひとびと》は目《め》を奪《うば》われた。

うぶ 形容動詞 世《よ》の中《なか》のことをまだあまり知《し》らず、素直《すなお》なようす。例 うぶな人《ひと》。

うぶ【産】 接頭語 （ほかのことばの前《まえ》につけて）生《う》まれたときの。例 産着《ぎ》／産声《ごえ》／産湯《ゆ》。漢 ↓543ページ・さん〔産〕

うぶぎ【産着】 名詞 生《う》まれたばかりの赤《あか》んぼうに着《き》せる着物《きもの》。

うぶげ【産毛】 名詞 ❶生《う》まれたときから生《は》えているかみの毛《け》。❷顔《かお》などに生《は》えている、うすくやわらかな毛《け》。

うぶごえ【産声】 名詞 赤《あか》んぼうが生《う》まれたときに、初《はじ》めて出《だ》す泣《な》き声《ごえ》。

うぶゆ【産湯】 名詞 生《う》まれたばかりの赤《あか》んぼうを初《はじ》めて湯《ゆ》に入《い》れること。また、その湯《ゆ》。

うへん【右辺】 名詞 数式《すうしき》で、等号《とうごう》や不等号《ふとうごう》の右側《みぎがわ》に書《か》いてある数《かず》や式《しき》。対 左辺《さへん》。

うま【午】 名詞 ❶十二支《じゅうにし》の七番目《ななばんめ》。馬《うま》。例 午年《どし》生《う》まれ。❷昔《むかし》の時刻《じこく》の呼《よ》び名《な》。今《いま》の正午《しょうご》ごろ。また、その前後《ぜんご》二時間《にじかん》くらい。❸昔《むかし》の方角《ほうがく》の呼《よ》び名《な》。南《みなみ》。図 ↓611ページ じゅうにし

うま【馬】 名詞 顔《かお》や首《くび》、足《あし》が長《なが》く、たてがみのある大《おお》

うま【馬】
（サラブレッド）

世間《せけん》に出《だ》していろいろ苦労《くろう》させたほうがその子《こ》のためになるものだという教《おし》え。

きな動物《どうぶつ》。足《あし》が速《はや》く力《ちから》が強《つよ》いので、乗馬《じょうば》・運搬《うんぱん》・農耕《のうこう》などに使《つか》われる。ことば「一頭《いっとう》」「一匹《いっぴき》」と数《かぞ》える。漢 ↓1035ジベーば〔馬〕

●**馬《うま》が合《あ》う**　気《き》が合《あ》う。例あの二人《ふたり》は馬が合うようだ。ことば馬《うま》と乗《の》り手《て》の動《うご》きがぴったり合《あ》っているところからきたことば。

●**馬《うま》の耳《みみ》に念仏《ねんぶつ》**　ことわざ　馬《うま》にありがたい念仏《ねんぶつ》を聞《き》かせてもむだだということから、いくら言《い》っても効《き》き目《め》がないこと。類馬耳東風《ばじとうふう》。

うまい　形容詞　❶味《あじ》がよい。おいしい。例うまい料理《りょうり》。対まずい。❷上手《じょうず》である。例字《じ》がうまい／歌《うた》がうまい。対まずい。下手《へた》。❸都合《つごう》がよい。例計画《けいかく》がうまくいく。対まずい。

●**うまい汁《しる》を吸《す》う**　自分《じぶん》は苦労《くろう》しないで、人《ひと》を利用《りよう》して利益《りえき》を得《え》る。

うまおい【馬追い】　名詞　季語秋　きりぎりすのなかまの昆虫《こんちゅう》。スイッチョと鳴《な》く。「うまおいむし」ともいう。

うまおい

うまおいむし【馬追い虫】　↓135ジベーうまおい

うまごや【馬小屋】　名詞　馬《うま》を飼《か》う小屋《こや》。

うまのあしがた【馬の足形】　名詞「きんぽうげ」の別《べつ》の名《な》まえ。

うまのり【馬乗り】　名詞　❶馬《うま》に乗《の》ること。❷馬《うま》に乗《の》るように、人《ひと》や物《もの》にまたがること。例父《ちち》の背中《せなか》に馬乗りになる。

うまみ　名詞　❶食《た》べ物《もの》のおいしい味《あじ》。例スープのうまみ。❷おもしろみ。味《あじ》わい。例うまみのある演技《えんぎ》。❸もうけが多《おお》いこと。例うまみのない仕事《しごと》。

うまみちょうみりょう【うま味調味料】　名詞　こんぶやかつおぶしなどのうまみを、化学《かがく》を応用《おうよう》してつくり出《だ》した物《もの》。化学調味料《かがくちょうみりょう》。

うまや【馬屋】　名詞　馬《うま》を飼《か》うための建物《たてもの》。馬《うま》小屋《ごや》。

うまる【埋まる】　動詞　❶物《もの》におおわれて見《み》えなくなる。例道《みち》が雪《ゆき》に埋まってしまった。❷場所《ばしょ》がすきまなくいっぱいになる。例客席《きゃくせき》は観衆《かんしゅう》で埋まった。❸足《た》りないところのうめ合《あ》わせがつく。例メンバーの欠員《けついん》が埋まる。

うまれ【生まれ】　名詞　❶生《う》まれた時期《じき》。例明治《めいじ》生まれの作家《さっか》。❷生《う》まれた土地《とち》。例岩手県《いわてけん》の生まれ。❸生《う》まれた家《いえ》がら。

うまれかわる【生まれ変わる】　動詞　❶死《し》んだのち、別《べつ》のものになってまた生《う》まれてくる。❷心《こころ》を入《い》れかえて、すっかり性格《せいかく》がよくなる。例生まれ変わったようによく働《はたら》く。

うまれつき【生まれつき】　名詞　副詞　生《う》まれた時《とき》からある性質《せいしつ》を持《も》っていること。また、その性質《せいしつ》。例声《こえ》がよいのは生まれつきだ。

うまれながら【生まれながら】　副詞　生《う》まれた時《とき》から。生《う》まれつき。例あの人《ひと》は生まれながらの音楽家《おんがくか》だ。

うまれる【生まれる・産まれる】　動詞　❶子《こ》や卵《たまご》が母親《ははおや》の体《からだ》の中《なか》から出《で》る。誕生《たんじょう》する。例ぼくは東京《とうきょう》で生まれた。対死《し》ぬ。❷それまでになかったものが、新《あたら》しくできる。例大会《たいかい》で新記録《しんきろく》が生まれた／疑問《ぎもん》が生まれる。漢 ↓704ジベーせい〔生〕・543ジベーさん〔産〕

うみ　名詞　傷《きず》やおできがうんだときに出《で》る、黄色《きいろ》いしる。例うみがたまる／うみを出《だ》す。ことば悪《わる》いものごとをたとえていうこともある。長《なが》い間《あいだ》にたまった、とり除《のぞ》いたほうがよい、悪いものごとをたとえていうこともある。

うみ【海】　名詞　❶陸地《りくち》を囲《かこ》んでいる、塩水《しおみず》をたたえたところ。地球《ちきゅう》の表面《ひょうめん》の約七割《やくななわり》をしめる。❷一面《いちめん》に広《ひろ》がっているもの。例火《ひ》の海。漢 ↓219ジベーかい〔海〕

●**海《うみ》のものとも山《やま》のものともつかない**　これから先《さき》どのようになっていくのか、まったくわからないことのたとえ。

うみがめ【海亀】　名詞　海《うみ》にすむかめをまとめていう呼《よ》び

うみがめ

あいうえお　う　かきくけこ　さしすせそ　たちつてと　なにぬねの　はひふへほ　まみむめも　や　ゆ　よ　らりるれろ　わ　を　ん

ことわざ　かわいい子《こ》には旅《たび》をさせよ　自分《じぶん》の子《こ》をほんとうにかわいいと思《おも》うなら、あまやかさないで、名《な》。大形《おおがた》で、四本《よんほん》の足《あし》はひれのようになっている。暖《あたた》かい海《うみ》にすみ、産卵《さんらん》するときは陸《りく》に上《あ》がる。

うみせんやません【海千山千】↓571ページ
四字熟語

うみだす【生み出す・産み出す】動詞 ❶子《こ》や卵《たまご》をうむ。また、うみ始《はじ》める。❷新《あたら》しいものをつくり出《だ》す。例 新曲《しんきょく》を次々《つぎつぎ》と生み出す。

うみつける【産み付ける】動詞 虫《むし》や魚《さかな》が卵《たまご》を産《う》んで、木《き》や草《くさ》などにくっつける。例 金《きん》魚《ぎょ》が水草《みずくさ》に卵《たまご》を産み付ける。

うみどり【海鳥】名詞 海《うみ》の近《ちか》くにすんで、魚《さかな》などを食《た》べる鳥《とり》。かもめやあほうどりなど。

うみなり【海鳴り】名詞 大《おお》きな波《なみ》が海岸《かいがん》にぶつかってひびく音《おと》。参考 台風《たいふう》や津波《つなみ》などの前《まえ》ぶれとなる。

うみねこ【海猫】名詞 かもめのなかまの海鳥《うみどり》。体《からだ》は白《しろ》く、背中《せなか》とつばさは青《あお》っぽい灰色《はいいろ》で、尾《お》に黒《くろ》い帯《おび》があり、くちばしの先《さき》が赤《あか》い。鳴《な》き声《ごえ》がねこに似《に》ている。

うみねこ

うみのおや【生みの親・産みの親】名詞 ❶自分《じぶん》を産《う》んだ親《おや》。実《じつ》の親《おや》。対 育《そだ》ての親《おや》。❷あるものごとを初《はじ》めてつくり出《だ》した人《ひと》。

●**生《う》みの親《おや》より育《そだ》ての親《おや》** ことわざ 自分《じぶん》を産《う》んだだけの親《おや》より、他人《たにん》であっても育《そだ》ててくれた親《おや》のほうがありがたい、ということわざ。

うみのさち【海の幸】名詞 海《うみ》でとれる物《もの》。魚《さかな》や貝《かい》、海藻《かいそう》など。対 山《やま》の幸《さち》。

うみのひ【海の日】名詞 季語 夏 国民《こくみん》の祝日《しゅくじつ》の一《ひと》つ。七月《しちがつ》の第三月曜日《だいさんげつようび》。海《うみ》のめぐみに感謝《かんしゃ》する日《ひ》。

うみびらき【海開き】名詞 季語 夏 夏《なつ》になって、海水浴場《かいすいよくじょう》を開《ひら》くこと。また、その日《ひ》。関連 川開《かわびら》き。山開《やまびら》き。

うみべ【海辺】名詞 海《うみ》に近《ちか》いところ。海岸《かいがん》の辺《あた》り。例 海辺の村《むら》。

うむ 動詞 できものや傷口《きずぐち》にうみがたまる。化《か》のうする。

うむ【有無】名詞 ❶あるかないか。例 けがの有無を調《しら》べる。❷承知《しょうち》するか、しないか。

●**有無《うむ》を言《い》わせず** 相手《あいて》の都合《つごう》や気持《きも》ちなど構《かま》わず、無理《むり》やりに。例 有無を言わせず、いっしょに連《つ》れていく。

うむ【生む・産む】動詞 ❶母親《ははおや》が、子《こ》や卵《たまご》を体《からだ》の外《そと》に出《だ》す。❷それまでになかったものを新《あたら》しくつくり出《だ》す。例 すばらしい作品《さくひん》を生む。

うめ【梅】名詞 季語 春 庭《にわ》などに植《う》える木《き》のなかま。春先《はるさき》に、白《しろ》や赤《あか》の香《かお》りのよい花《はな》をつける。六月《ろくがつ》ごろに実《み》がなり、梅干《うめぼ》しなどにする。参考 松《まつ》や竹《たけ》と合《あ》わせて「松竹梅《しょうちくばい》」と呼《よ》ばれ、めでたい植物《しょくぶつ》とされる。漢 ↓704ページ せい〔生〕・543ページ さん〔産〕 漢 ↓1038ページ ばい〔梅〕

うめ

うめあわせる【埋め合わせる】動詞 足《た》りないところや損《そん》した分《ぶん》を、ほかのもので補《おぎな》う。例 今《いま》までの失敗《しっぱい》を埋め合わせる。

うめきごえ【うめき声】名詞 痛《いた》みや苦《くる》しさなどのために出《で》るうなり声《ごえ》。

うめく 動詞 苦《くる》しくて、うなる。例 あまりに痛《いた》くて、思《おも》わずうめく。

うめくさ【埋め草】名詞 新聞《しんぶん》・雑誌《ざっし》などで、紙面《しめん》の空《あ》いてしまった場所《ばしょ》をうめるための、短《みじか》い文章《ぶんしょう》や記事《きじ》。

うめしゅ【梅酒】名詞 季語 夏 青《あお》い梅《うめ》の実《み》を、氷《こおり》砂糖《ざとう》といっしょに、しょうちゅうなどにつけてつくったお酒《さけ》。

うめず【梅酢】名詞 季語 夏 梅《うめ》の実《み》を塩《しお》づけにすると出《で》る、すっぱいしる。そのまま、またはしその葉《は》で赤《あか》く色《いろ》をつけて、料理《りょうり》や漬物《つけもの》に使《つか》う。

うめたてる【埋め立てる】動詞 海《うみ》・川《かわ》・ぬまなどをうめて、陸地《りくち》にする。

うめぼし【梅干し】名詞 季語 夏 梅《うめ》の実《み》を塩《しお》づけにして干《ほ》した、すっぱい食《た》べ物《もの》。ふつう、

しその葉《は》で赤《あか》く色《いろ》をつける。長《なが》く保存《ほぞん》できる。

うめみ【梅見】 名詞 季語 春 梅《うめ》の花《はな》を観賞《かんしょう》すること。

うめる【埋める】 動詞 ❶穴《あな》をあけて中《なか》に入《い》れ、上《うえ》から物《もの》でおおって見《み》えなくする。例 宝物《たからもの》を埋める。❷空《あ》いているところをふさぐ。場所《ばしょ》をすきまなくいっぱいにする。例 かべの穴《あな》を埋める／ノートを字《じ》で埋める。❸足《た》りない分《ぶん》や損《そん》をした分《ぶん》を補《おぎな》う。例 費用《ひよう》の足《た》りない分《ぶん》を埋める。❹湯《ゆ》に水《みず》を入《い》れて、ぬるくする。例 ふろをうめる。

使い方 ❹は、ふつうかな書《が》きにする。

うもう【羽毛】 名詞 鳥《とり》の体《からだ》に生《は》えている、ふわふわした羽《はね》。例 羽毛布団《ぶとん》。

うもれる【埋もれる】 動詞 ❶物《もの》におおわれて見《み》えなくなる。例 車《くるま》が雪《ゆき》に埋もれてしまった。❷価値《かち》を世《よ》の中《なか》の人々《ひとびと》に知《し》られずにいる。例 才能《さいのう》を埋もれさせておくのはもったいない。

うやうやしい【恭しい】 形容詞 礼儀正《れいぎただ》しくて、ていねいなようす。例 恭しくおじぎする。

うやまう【敬う】 動詞 相手《あいて》をりっぱだと思《おも》い、礼儀正《れいぎただ》しい態度《たいど》をとる。尊敬《そんけい》する。例 相《あい》手《て》を敬って敬語《けいご》を使《つか》う。漢 ⇒410ページ けい〔敬〕

うやむや 名詞 形容動詞 いいかげんで、はっきりわからないこと。例 うやむやな返事《へんじ》をする。

ウユニこ【ウユニ湖】 名詞 南《みなみ》アメリカのボリビアにある、塩分《えんぶん》を多《おお》くふくむ湖《みずうみ》。周《まわ》りの山《やま》々から、地中《ちちゅう》の塩《しお》がとけた水《みず》が流《なが》れこみ、かんそうした気候《きこう》のため、とけきれない塩《しお》の結《けっ》晶《しょう》ができる。

うようよ【と】 副詞 動詞 小《ちい》さな生《い》き物《もの》がたくさん集《あつ》まって動《うご》いているようす。例 池《いけ》の中《なか》でおたまじゃくしがうようよ泳《およ》いでいる。

うよきょくせつ【紆余曲折】 ⇒573ページ 四字熟語

うよく【右翼】 名詞 ❶鳥《とり》や飛行機《ひこうき》などの右《みぎ》のつばさ。対 左翼《さよく》。❷列《れつ》など、横《よこ》に広《ひろ》がったものの、右《みぎ》の部分《ぶぶん》。例 宮殿《きゅうでん》の右翼に大広間《おおひろま》がある。対 左翼《さよく》。❸政治《せいじ》などの考《かんが》え方《かた》で、昔《むかし》からのしきたりを重《おも》んじようとする人々《ひとびと》。また、その立場《たちば》。対 左翼《さよく》。❹野球《やきゅう》で、本塁《ほんるい》から見《み》て右側《みぎがわ》の外野《がいや》。ライト。対 左翼《さよく》。

うら【浦】 名詞 ❶海《うみ》や湖《みずうみ》が陸地《りくち》に入《はい》りこんでいる、波《なみ》の静《しず》かな所《ところ》。入《い》り江《え》。❷海辺《うみべ》。浜辺《はまべ》。

使い方 古《ふる》い言《い》い方《かた》。ことば「田子《たご》の浦《うら》」など、地《ち》名《めい》に多《おお》く残《のこ》っている。

うら【裏】 名詞 ❶物《もの》の二《ふた》つの面《めん》のうち、かくれているほうの側《がわ》。例 用紙《ようし》の裏にメモする。対 表《おもて》。❷物陰《ものかげ》。後《うし》ろ側《がわ》。例 裏通《どお》り／ドアの裏。❸かくされていること。例 裏話《ばなし》／ことばの裏

伝統的《でんとうてき》な言語文化《げんごぶんか》

外来語《がいらいご》

「てんぷら」も「コーヒー」も

「てんぷら」「こんぺいとう」「かるた」…。この３つのことばの共《きょう》通点《つうてん》がわかるかな？

３つとも外来語《がいらいご》、つまり、もともと外国語《がいこくご》だったことばなんだ。この３つはもともとポルトガル語《ご》だよ。

「てんぷら」は16世紀《せいき》ごろ日本《にほん》に来《き》た外国人《がいこくじん》の宣教師《せんきょうし》たちが伝《つた》えた料理《りょうり》といわれているよ。そして、その料理《りょうり》といっしょに「てんぷら」という名《な》まえも伝《つた》わったというわけだ。

古《ふる》くからある外来語《がいらいご》には、ポルトガル語《ご》のほかに、「ガス」「コーヒー」など、オランダ語《ご》がもとになったものが多《おお》いんだ。オランダとは江《え》戸時代《どじだい》にもさかんな交流《こうりゅう》があったからね。

外国《がいこく》からいろいろなものごとが伝《つた》わってくると、名《な》まえもいっしょに伝《つた》わってきて、外来語《がいらいご》が増《ふ》えていくよ。「クラス」「レポート」「テーマ」…。かたかなで書《か》く外来語《がいらいご》は、なんとなく新《あたら》しい感《かん》じ、スマートな感《かん》じがするよね。よく似《に》た意味《いみ》の「学級《がっきゅう》」「報告《ほうこく》」「主題《しゅだい》」などのことばと比《くら》べてみよう。

もっとみてみよう！

- 「まんが外来語《がいらいご》なんでも事典《じてん》」（金《きん》の星社《ほししゃ》）
- 「日本語《にほんご》の大常識《だいじょうしき》」（ポプラ社《しゃ》）
- 「ことば遊《あそ》びの王様《おうさま》2　クイズの王様《おうさま》」（岩崎書店《いわさきしょてん》）

ことわざ　かわいさ余《あま》って憎《にく》さ百倍《ひゃくばい》　かわいいと思《おも》っていた相手《あいて》に対《たい》して、いったんにくいと思《おも》い始《はじ》め

を読《よ》みとる。対 表《おもて》。❹野球《やきゅう》などの試合《しあい》の、各回《かくかい》の後半《こうはん》。例 九回《きゅうかい》裏。対 表《おもて》。

●裏《うら》をかく 相手《あいて》が思《おも》っていることと反対《はんたい》のことをする。例 相手《あいて》の裏をかいてにげる。

漢 **うら【裏】**〔衣《ころも》〕13画 6年 音 リ 訓 うら

（みぎからはらう）

❶うら。物《もの》の二《ふた》つの面《めん》のうち、かくれているほうのがわ。例 裏口《うらぐち》／裏面《りめん》／表裏《ひょうり》。❷うち。なか。例 脳裏《のうり》／秘密裏《ひみつり》。

うらうち【裏打ち】 名詞 動詞 ❶紙《かみ》や布《ぬの》をじょうぶにするために、別《べつ》の紙《かみ》や布《ぬの》を裏《うら》にはりつけること。❷証拠《しょうこ》などを挙《あ》げて、ものごとを確実《かくじつ》なものにすること。例 自分《じぶん》の考《かんが》えを裏打ちする資料《しりょう》をそろえる。類 裏付《うらづ》け。

うらうら［と］ 副詞 よく晴《は》れて暖《あたた》かく、のどかなようす。うららかに。例 野《の》に出《で》ると、春《はる》の日《ひ》がうらうらと照《て》っている。

うらおもて【裏表】 名詞 ❶裏《うら》と表《おもて》。例 紙《かみ》の裏表を調《しら》べる。❷裏《うら》と表《おもて》が反対《はんたい》になっていること。裏返《うらがえ》し。例 シャツを裏表に着《き》る。❸見《み》かけと実際《じっさい》がちがうこと。例 裏表のない人《ひと》。

うらがえし【裏返し】 名詞 裏面《うらめん》を表《おもて》にすること。また、そのような状態《じょうたい》。

うらがえす【裏返す】 動詞 裏面《うらめん》を表《おもて》にする。ひっくり返《かえ》す。例 靴下《くつした》を裏返す。

うらがき【裏書き】 名詞 動詞 ❶小切手《こぎって》などの裏《うら》に、本物《ほんもの》であることをはっきりさせるために名前《なまえ》などを書《か》くこと。❷確《たし》かだということを証明《しょうめい》すること。例 この学者《がくしゃ》の説《せつ》を裏書きする事実《じじつ》が発見《はっけん》された。

うらかた【裏方】 名詞 ❶表《おもて》には出《で》ずに、重要《じゅうよう》な働《はたら》きをする人《ひと》。例 裏方に回《まわ》って大会《たいかい》の運営《うんえい》を助《たす》ける。❷芝居《しばい》などで、舞台《ぶたい》の裏《うら》で働《はたら》く人《ひと》。道具係《どうぐがかり》・照明係《しょうめいがかり》・衣装係《いしょうがかり》など。

うらがわ【裏側】 名詞 ❶裏《うら》のほう。対 表側《おもてがわ》。❷ものごとのかくされた部分《ぶぶん》。例 社会《しゃかい》の裏側。

うらぎる【裏切る】 動詞 ❶味方《みかた》にそむいて敵《てき》のほうにつく。人《ひと》の信頼《しんらい》にそむくことをする。例 仲間《なかま》を裏切る。❷思《おも》っていたことと反対《はんたい》の結果《けっか》になる。例 みんなの期待《きたい》を裏切って試合《しあい》に負《ま》けてしまった。

うらぐち【裏口】 名詞 ❶建物《たてもの》の裏《うら》にある出入《でい》り口《ぐち》。勝手口《かってぐち》。対 表口《おもてぐち》。❷こっそりと、よくないやり方《かた》ですること。例 裏口入学《にゅうがく》。

うらごえ【裏声】 名詞 自然《しぜん》な声《こえ》の出《だ》し方《かた》では出《だ》せないような、高《たか》い声《こえ》。例 裏声で歌《うた》う。

うらごし【裏ごし】 名詞 動詞 目《め》の細《こま》かいあみや布《ぬの》を使《つか》って、豆《まめ》やいもなどをつぶしたりこしたりすること。また、その道具《どうぐ》。

うらさく【裏作】 名詞 おもな作物《さくもつ》をとり入《い》れたあとの田畑《たはた》で、ほかの作物《さくもつ》をつくること。また、その作物《さくもつ》。例 米《こめ》の裏作に野菜《やさい》をつくる。対 表作《おもてさく》。

うらさびしい【うら寂しい】 形容詞 なんとなくさびしい。例 うら寂しい夕暮《ゆうぐ》れの一本道《いっぽんみち》。

うらじ【裏地】 名詞 衣服《いふく》の裏《うら》につけるうすい布《ぬの》。

うらじろ【裏白】 名詞 季語 新年 しだのなかまの植物《しょくぶつ》。葉《は》は羽《はね》のような形《かたち》をしていて、裏側《うらがわ》が白《しろ》い。正月《しょうがつ》のかざりに使《つか》う。

うらじろ

うらづけ【裏付け】 名詞 確《たし》かであるということを証明《しょうめい》すること。また、そのようなもの。確《たし》かな証拠《しょうこ》。例 推理《すいり》の裏付けとなる事実《じじつ》。類 裏打《うらう》ち。

うらづける【裏付ける】 動詞 それが確《たし》かだということを、ほかのことで証明《しょうめい》する。例 その考《かんが》えを裏付ける証拠《しょうこ》が見《み》つかった。

うらて【裏手】 名詞 裏《うら》のほう。裏側《うらがわ》。例 校舎《こうしゃ》の裏手にある池《いけ》。

うらど【裏戸】 名詞 家《いえ》の裏側《うらがわ》にある戸《と》。

うらどおり【裏通り】 名詞 大通《おおどお》りから引《ひ》っこんだところにある、せまい通《とお》り。対 表通《おもてどお》り。

うらない【占い】 名詞 うらなうこと。また、それを仕事《しごと》にする人《ひと》。例 トランプ占い。

る深《ふか》い意味《いみ》まで読《よ》みとることをいう。

うらないし【占い師】 名詞 うらないを仕事《しごと》にしている人《ひと》。

うらなう【占う】 動詞 ものごとの成り行《ゆ》きや人《ひと》の運命《うんめい》などを、星《ほし》の動《うご》きや手相《てそう》などをもとにして予想《よそう》する。例 トランプで運勢《うんせい》を占う。

うらなり 名詞 ❶うりなどのつるの先《さき》のほうに、おそい時期《じき》になった実《み》。ふつうのものより味《あじ》が落《お》ちる。例 うらなりのかぼちゃ。対 本《もと》なり。❷顔色《かおいろ》が悪《わる》く、元気《げんき》のない人《ひと》をばかにしていうことば。

ウラニウム ⇒139ページ・ウラン

うらにわ【裏庭】 名詞 家《いえ》などの裏側《うらがわ》にある庭《にわ》。例 裏庭に花壇《かだん》がある。

うらばなし【裏話】 名詞 世間《せけん》の人《ひと》にはあまり知《し》られていない話《はなし》。例 テレビドラマの裏話。

うらはら【裏腹】 形容動詞 反対《はんたい》になっているようす。あべこべ。例 言うことと行動《こうどう》が裏腹だ。

うらびょうし【裏表紙】 名詞 本《ほん》の後《うし》ろ側《がわ》の表紙《ひょうし》。

うらぶれる 動詞 貧乏《びんぼう》になったり不幸《ふこう》な目《め》にあったりして、みじめなすがたになる。例 商売《しょうばい》が失敗《しっぱい》して、うらぶれた生活《せいかつ》を送《おく》る。

うらぼん【うら盆】 名詞 季語秋 仏教《ぶっきょう》で、祖先《そせん》のたましいをむかえてなぐさめる行事《ぎょうじ》。七《しち》月十五日《がつじゅうごにち》または八月十五日《はちがつじゅうごにち》ごろに行《おこな》われる。おぼん。ことば もとは古代《こだい》インドのことば。

うらまち【裏町】 名詞 表通《おもてどお》りの裏《うら》にある、にぎやかでない町《まち》。

うらみ【恨み】 名詞 相手《あいて》をにくいと思《おも》うこと。うらむこと。また、その気持《きも》ち。例 恨みを晴《は》らす／恨みをいだく。

●**恨《うら》みを買《か》う** 人《ひと》にうらまれる。

うらみち【裏道】 名詞 ❶表通《おもてどお》りから外《はず》れた道《みち》。裏通《うらどお》りの道《みち》。❷正《ただ》しくないやり方《かた》。まともでない生活《せいかつ》。

うらむ【恨む】 動詞 ❶ひどいことをされて、相手《あいて》をにくいと思《おも》う。❷思《おも》いどおりにならなくて残念《ざんねん》に思《おも》う。例 あいにくの雨《あめ》を恨む。

うらめしい【恨めしい】 形容詞 いやなことがあって、うらみたくなるようす。思《おも》いどおりにならなくて、残念《ざんねん》なようす。例 せっかくの日曜《にちよう》に降《ふ》るとは、恨めしい雨《あめ》だ。

うらめにでる【裏目に出る】 よいと思《おも》ってしたことが、逆《ぎゃく》の結果《けっか》になる。ことば「裏目《うらめ》」は、さいころで、ある目《め》の反対側《はんたいがわ》の目《め》のこと。

うらもん【裏門】 名詞 建物《たてもの》の裏《うら》にある門《もん》。対 表門《おもてもん》。正門《せいもん》。

うらやましい【羨ましい】 形容詞 人《ひと》が自分《じぶん》よりすぐれているようすなどを見《み》て、自分《じぶん》もそうなりたいと思《おも》うようす。例 スポーツの得意《とくい》な人《ひと》が羨ましい。

うらやむ【羨む】 動詞 人《ひと》の自分《じぶん》よりよいようすを見《み》て、自分《じぶん》もそうなりたいと思《おも》う。例 妹《いもうと》はみんなが羨むほど足《あし》が速《はや》い。

うららか 形容動詞 季語春 空《そら》がよく晴《は》れていて、のんびりと気持《きも》ちのよいようす。例 うららかな春《はる》の空《そら》。

うらわかい【うら若い】 形容詞 とても若々《わかわか》しい。若《わか》く、ういういしい。例 うら若い女性《じょせい》。

ウラン（ドイツ語）名詞 放射能《ほうしゃのう》を持《も》つ元素《げんそ》の一《ひと》つ。原子力《げんしりょく》発電《はつでん》や原子《げんし》爆弾《ばくだん》に使《つか》われる。「ウラニウム」ともいう。ことば「ウラノス（＝天王星《てんのうせい》のこと）」からこの名《な》がついた。

うり 名詞 季語夏 すいか・きゅうり・メロン・しろうり・まくわうりなどをまとめていうことば。ことば 漢字《かんじ》では「瓜」と書《か》く。

●**うりのつるになすびはならぬ** ことわざ 平凡《へいぼん》な親《おや》からすぐれた子供《こども》が生《う》まれることはないというたとえ。対 とんびがたかを生《う》む。

うりあげ【売り上げ・売上】 名詞 品物《しなもの》を売《う》ったお金《かね》。例 売上高《うりあげだか》／売り上げがのびる。

うりおしみ【売り惜しみ】 名詞 動詞 なかなか売《う》ろうとしないこと。例 値段《ねだん》が上《あ》がると見《み》こんで、売り惜しみする。

うりかい【売り買い】 名詞 動詞 売《う》ったり買《か》ったりすること。売買《ばいばい》。例 品物《しなもの》を売り買いする。

うりきれる【売り切れる】 動詞 商品《しょうひん》が全《ぜん》部《ぶ》売れてなくなる。例 午前中《ごぜんちゅう》に売り切れた。

うりこ【売り子】 名詞 店《みせ》で、客《きゃく》に品物《しなもの》を売《う》る人《ひと》。

うりことばにかいことば【売り言葉に買い言葉】 こちらにけんかをしかけてくるようなことばに対《たい》して、相手《あいて》になって言《い》い返《かえ》すこと。例 売り言葉に買い言葉でけんかになる。

うりこむ【売り込む】 動詞

ことわざ **眼光紙背《がんこうしはい》に徹《てっ》する** 文字《もじ》が書《か》かれている紙《かみ》の裏《うら》まで見通《みとお》すということから、文章《ぶんしょう》のおくにあ

❶さかんにすすめて、品物《しなもの》を買《か》わせる。例 新《しん》製品《せいひん》を売り込む。
❷うまく宣伝《せんでん》してとり立《た》ててもらおうとする。例 自分《じぶん》の名前《なまえ》を売り込む。

うりさばく【売りさばく】動詞 多《おお》くの商品《しょうひん》を、売《う》れ残《のこ》らないようにうまく売《う》ってしまう。例 倉庫《そうこ》の品《しな》をすっかり売りさばく。

うりだし【売り出し】名詞
❶売《う》り始《はじ》めること。
❷店《みせ》が、日《ひ》を決《き》めて品物《しなもの》を安《やす》く売《う》ること。セール。例 大《おお》売り出し。
❸世間《せけん》に名《な》を広《ひろ》めること。例 売り出し中《ちゅう》の歌《か》手《しゅ》。

うりだす【売り出す】動詞
❶売《う》り始《はじ》める。発売《はつばい》する。例 新製品《しんせいひん》を売り出す。
❷宣伝《せんでん》や安売《やすう》りなどをして、大《おお》がかりに売《う》る。例 ちらしを作《つく》って売り出す。
❸宣伝《せんでん》して、大《おお》いに名《な》を広《ひろ》める。例 新人《しんじん》歌手《かしゅ》として売り出す。

うりつける【売り付ける】動詞 無理《むり》やり買《か》わせる。例 客《きゃく》をだまして売り付ける。

うりて【売り手】名詞 売《う》り買《か》いするときの、売《う》るほうの人《ひと》。対 買《か》い手《て》。

うりとばす【売り飛ばす】動詞 おしげもなく安《やす》く売《う》ってしまう。例 残《のこ》った品物《しなもの》を安《やす》い値《ね》段《だん》で売り飛ばす。

うりね【売値】名詞 品物《しなもの》を売《う》るときの値《ね》段《だん》。対 買値《かいね》。

うりば【売り場】名詞 品物《しなもの》を売《う》る場所《ばしょ》。例 デパートの食料品《しょくりょうひん》売り場。

うりはらう【売り払う】動詞 全部《ぜんぶ》売《う》ってしまう。例 いらない本《ほん》を売り払う。

うりふたつ【うり二つ】一《ひと》つのうりを二《ふた》つに割《わ》ったそれぞれのように、顔《かお》つきなどがとてもよく似《に》ているようす。類 生《い》き写《うつ》し。

うりもの【売り物】名詞
❶売《う》るための品物《しなもの》。例 そこにある絵《え》は売り物だよ。
❷客《きゃく》を引《ひ》きつけるためのもの。例 店員《てんいん》の笑顔《えがお》が売り物の店《みせ》。

うりょう【雨量】名詞 地表《ちひょう》に降《ふ》った雨《あめ》や雪《ゆき》などの量《りょう》。とくに雨《あめ》の量《りょう》を指《さ》す。ミリメートルで表《あらわ》す。降水量《こうすいりょう》。

うりょうけい【雨量計】名詞 ある時間内《じかんない》に降《ふ》った雨《あめ》の量《りょう》をはかる装置《そうち》。

うる【売る】動詞
❶お金《かね》と引《ひ》きかえに品物《しなもの》をわたす。対 買《か》う。
❷相手《あいて》に向《む》かってしかける。例 けんかを売る。
❸世《よ》の中《なか》の人々《ひとびと》に知《し》られるようにする。例 名《な》を売る／顔《かお》を売る。
❹自分《じぶん》の利益《りえき》のために裏切《うらぎ》る。例 仲間《なかま》を売る。
漢 ⇩ 1038ジペー ばい〔売〕

うる【得る】動詞 「得《え》る」の少《すこ》し古《ふる》い言《い》い方《かた》。例 知識《ちしき》を得る／それもあり得ることだ。漢 ⇩ 932ジペー とく〔得〕

うるうづき【うるう月】名詞 昔《むかし》のこよみで、二年《にねん》か三年《さんねん》に一度《いちど》、一年《いちねん》の十二《じゅうに》か月《げつ》にさらに加《くわ》えた一《いっ》か月《げつ》。

うるうどし【うるう年】名詞 ふつうの年《とし》より一日多《いちにちおお》く、三百六十六日《さんびゃくろくじゅうろくにち》ある年《とし》。四年《よねん》に一《いっ》回《かい》あり、その年《とし》の二月《にがつ》は二十九日《にじゅうくにち》まである。
参考 こよみの上《うえ》では一年《いちねん》を三百六十五日《さんびゃくろくじゅうごにち》と数《かぞ》えているが、実際《じっさい》には、地球《ちきゅう》は太陽《たいよう》のまわりを三百六十五・二四二二日《にち》で一周《いっしゅう》するから、四年《よねん》ごとに一日《いちにち》を加《くわ》えて、ずれをなくす。

うるおい【潤い】名詞
❶ほどよいしめり気《け》。例 はだの潤いを保《たも》つ。
❷心《こころ》にゆとりがあること。例 潤いのある生活《せいかつ》を送《おく》る。
❸豊《ゆた》かになること。例 家計《かけい》に潤いをもたらす。

うるおう【潤う】動詞
❶しめり気《け》を帯《お》びる。ぬれる。例 久《ひさ》しぶりの雨《あめ》で大地《だいち》が潤う。
❷心《こころ》がなぐさめられる。例 よい音楽《おんがく》をきいて心《こころ》が潤う。
❸豊《ゆた》かになる。例 ボーナスで暮《く》らしが潤う。

うるおす【潤す】動詞
❶しめらせる。ぬらす。例 お茶《ちゃ》でのどを潤す。
❷豊《ゆた》かにさせる。例 町《まち》を潤す産業《さんぎょう》。

うるさい 形容詞
❶音《おと》や声《こえ》が耳障《みみざわ》りで、じゃまになる。やかましい。例 工事《こうじ》の音《おと》がうるさい。
❷しつこくて、いやになる。うっとうしい。例 はえがうるさくつきまとう／前髪《まえがみ》がのびてうるさい。
❸口《くち》やかましい。好《この》みが難《むずか》しい。例 兄《あに》は味《あじ》に

とや困難《こんなん》を乗《の》りこえることによって、りっぱになっていくものだ。「かん難《なん》」は苦難《くなん》にあうこと、「なんじ」は

うるさい。❹めんどうである。やっかいだ。例 あの人《ひと》に相談《そうだん》すると、かえってうるさいことになる。

うるさがた【うるさ型】 名詞 なんにでも口《くち》を出《だ》し、文句《もんく》を言《い》いたがる人《ひと》。

うるし【漆】 名詞 野山《のやま》に生《は》え、秋《あき》に紅葉《こうよう》する木《き》のなかま。木《き》の皮《かわ》につけた傷《きず》から流《なが》れ出《で》るしるをぬり物《もの》に使《つか》う。さわるとかぶれることがある。

うるち 名詞 ねばり気《け》の少《すく》ない、ふつうに食《た》べる米《こめ》。対 もち米《ごめ》。

うるむ【潤む】 動詞 ❶しめり気《け》を帯《お》びる。しめり気《け》を帯《お》びてぼやける。例 なみだで目《め》が潤む。❷涙声《なみだごえ》になる。例 声《こえ》を潤ませて語《かた》る。

うるわしい【麗しい】 形容詞 ❶整《ととの》っていて美《うつく》しい。例 麗しい顔立《かおだ》ち。❷心温《こころあたた》まるようすである。例 麗しい友情《ゆうじょう》。❸気分《きぶん》がよい。晴《は》れやかである。例 ご機嫌《きげん》麗しい。

うれい【憂い・愁い】 名詞 ❶心配《しんぱい》。おそれ。例 将来《しょうらい》に憂いをいだく。❷悲《かな》しみ。例 愁いにしずむ。

うれえる【憂える・愁える】 動詞 悪《わる》いことにならないかと、心配《しんぱい》する。また、悲《かな》しむ。例 将来《しょうらい》を憂える／野生《やせい》の動物《どうぶつ》が減《へ》ったことを憂える。

うれしい 形容詞 満足《まんぞく》して、楽《たの》しいと思《おも》うようす。喜《よろこ》ばしく感《かん》じるようす。例 試合《しあい》に勝《か》ってうれしい。対 悲《かな》しい。↓142ページ ことばにチャレンジ

うれしがる 動詞 うれしく思《おも》う。うれしそうなようすをする。喜《よろこ》ぶ。例 弟《おとうと》がうれしがるようなプレゼントをおくる。

うれしなき【うれし泣き】 名詞 動詞 あまりにうれしくて、泣《な》いてしまうこと。

うれしなみだ【うれし涙】 名詞 とてもうれしくて出《で》るなみだ。例 思《おも》いがけなくめぐり会《あ》った二人《ふたり》は、うれし涙を流《なが》した。

うれっこ【売れっ子】 名詞 人気《にんき》があって、あちこちから仕事《しごと》をたのまれる人《ひと》。例 今《いま》売れっ子の歌手《かしゅ》。

うれゆき【売れ行き】 名詞 品物《しなもの》が売《う》れていく速《はや》さや量《りょう》のようす。売《う》れ具合《ぐあい》。例 売れ行きのよいおもちゃ。

うれる【売れる】 動詞 ❶お金《かね》と引《ひ》きかえに品物《しなもの》が買《か》われる。例 夏《なつ》はジュースがよく売れる。❷よく知《し》られる。例 名《な》の売れた歌手《かしゅ》。漢 ↓1038ページ ばい〔売〕

うれる【熟れる】 動詞 実《み》が熟《じゅく》す。例 かきの実《み》がすっかり熟れた。漢 ↓616ページ じゅく〔熟〕

うれる【熟れる】

うろ 名詞 中《なか》が空《から》っぽになっているところ。また、その穴《あな》。例 木《き》のうろに鳥《とり》が巣《す》をつくる。

うろうろ【と】 副詞 動詞 あてもなく、あっちへ行《い》ったりこっちへ行《い》ったりするようす。例 道《みち》に迷《まよ》ってうろうろ歩《ある》き回《まわ》った。

うろおぼえ【うろ覚え】 名詞 ぼんやりと覚《おぼ》えていること。例 お店《みせ》の名《な》まえはうろ覚えです。

うろこ 名詞 魚《さかな》やへびなどの体《からだ》の表面《ひょうめん》にたくさんついている、うすくてかたいもの。

うろこぐも【うろこ雲】 名詞 季語 秋 「巻積雲《けんせきうん》」のこと。まだらに広《ひろ》がって見《み》え、魚《さかな》のうろこに似《に》ているのでこの名《な》まえがある。「いわし雲《ぐも》」ともいう。参考 秋《あき》の空《そら》に多《おお》く見《み》られる。図 ↓395ページ くも〔雲〕

うろたえる 動詞 どうしたらよいのかわからなくて、あわてる。例 秘密《ひみつ》にしていたことを急《きゅう》に聞《き》かれてうろたえる。

うろたえる

うろちょろ【と】 副詞 動詞 うるさく感《かん》じられるほど、落《お》ち着《つ》きなく動《うご》き回《まわ》るようす。例 料理《りょうり》する母《はは》のまわりをうろちょろする。

うろつく 動詞 あてもなく歩《ある》き回《まわ》る。うろうろする。例 のら犬《いぬ》がうろついている。

うわ【上】（ほかのことばの前《まえ》につけて）「上《うえ》」の意味《いみ》を表《あらわ》す。例 上ばき／上着《ぎ》。漢 ↓630ページ じょう〔上〕

うわあご【上顎】 名詞 上《うえ》のほうのあご。対 下顎《したあご》。

うわがき【上書き】 名詞 動詞 ❶ふうとうや小包《こづつみ》、本《ほん》などの表《おもて》に字《じ》を書《か》くこ

ことわざ　**かん難《なん》なんじを玉《たま》にす**　ほり出《だ》された石《いし》がみがかれて美《うつく》しい玉《たま》になるように、人《ひと》は、苦《くる》しいこ
「あなた」という意味《いみ》。

ことばにチャレンジ！

うれしい

いろんなことばでいろんな「うれしい」を表《あらわ》してみよう！

入門編《にゅうもんへん》

●まずは、よく使《つか》う別《べつ》のことばで

はしゃぐ　旅行《りょこう》に出《で》かける前《まえ》の日《ひ》から、姉《あね》といっしょに**はしゃい**でいた。……p.1054

喜《よろこ》ぶ　わたしたちがおみまいに行《い》くと、おじさんはとても**喜《よろこ》ん**でくれた。……p.1379

満足《まんぞく》　最後《さいご》まであきらめずにがんばることができて、わたしは**満足《まんぞく》だ**。……p.1257

修行編《しゅぎょうへん》

●次《つぎ》に、少《すこ》しむずかしいことばで

うかれる　決勝進出《けっしょうしんしゅつ》が決《き》まり、チームのみんなが**うかれ**ている。……p.121

気《き》をよくする　新《あたら》しい髪形《かみがた》が似合《にあ》うと言《い》われて、すっかり**気《き》をよくした**。……p.314

心《こころ》がはずむ　明日《あす》からキャンプだと思《おも》うと**心《こころ》がはずむ**。……p.476

胸《むね》をおどらせる

大学生《だいがくせい》のいとこは、初《はじ》めての海外旅行《かいがいりょこう》を前《まえ》に**胸《むね》をおどらせ**ている。……p.1293

胸《むね》をときめかせる　新学年《しんがくねん》をむかえ、新《あたら》しい生活《せいかつ》に**胸《むね》をときめかせる**。……p.1293

達人編《たつじんへん》

●背《せ》のびして、もっとむずかしいことばで

夢心地《ゆめごこち》　まさかわたしが大賞《たいしょう》をとるなんて、まるで**夢心地《ゆめごこち》**だ。……p.1359

有頂天《うちょうてん》　クラス対抗《たいこう》リレーで一位《いちい》になったと聞《き》いて、**有頂天《うちょうてん》に**なった。……p.130

歓喜《かんき》　当選《とうせん》の知《し》らせに、わたしたちは**歓喜《かんき》**の声《こえ》を上《あ》げた。……p.298

狂喜《きょうき》　ロスタイムでの逆転《ぎゃくてん》ゴールに、家族全員《かぞくぜんいん》が**狂喜《きょうき》し**た。……p.355

本望《ほんもう》　最強《さいきょう》のチームと戦《たたか》えるなら**本望《ほんもう》**だ。……p.1232

もっと

●うれしい気持《きも》ちが外《そと》に表《あらわ》れた表現《ひょうげん》で

小《こ》おどりする　くじ引《び》きで一等《いっとう》が当《あ》たったと聞《き》いて、思《おも》わず**小《こ》おどりした**。……p.465

とび上《あ》がる　運動会《うんどうかい》の朝《あさ》には雨《あめ》がやみ、弟《おとうと》は**とび上《あ》がっ**て喜《よろこ》んだ。……p.947

□をかがやかす

テーブルの上《うえ》のごちそうに、みんなは□**をかがやかし**た。

□に当《あ》てはまることばは何《なに》？
p.1298にのっている見出《みだ》し語《ご》だよ！

まねことば

●ようすまねことばを使《つか》って

うきうき[と]

昨日《きのう》の夜《よる》は、**うきうきし**ながら遠足《えんそく》の準備《じゅんび》をした。……p.121

ほくほく[と]

弟《おとうと》はお年玉《としだま》をたくさんもらって**ほくほくし**ている。……p.1216

わくわく[と]　**わくわくし**ながら物語《ものがたり》の続《つづ》きを読《よ》んだ。……p.1430

極楽《ごくらく》と地獄《じごく》ほどもちがうということ。聞《き》くのと実際《じっさい》に見《み》るのとでは大《おお》きなちがいがあることのたとえ。

と。また、書《か》いた字《じ》。表書《おもてが》き。

❷パソコンなどで、もとの文書《ぶんしょ》を修正《しゅうせい》して、新《あたら》しく保存《ほぞん》し直《なお》すこと。

うわき【浮気】

❶名詞 形容動詞 心《こころ》がうわついていて、変《か》わりやすいこと。例 浮気な性格《せいかく》。

❷名詞 動詞 形容動詞 ひとりの人《ひと》だけを愛《あい》さず、ほかの人《ひと》に心《こころ》を移《うつ》すこと。

うわぎ【上着】 名詞

❶体《からだ》の上半身《じょうはんしん》に着《き》る服《ふく》。

❷外側《そとがわ》に着《き》る服《ふく》。対 下着《したぎ》。

うわぐすり【上薬】 名詞 茶《ちゃ》わんや皿《さら》などの陶《とう》磁器《じき》を焼《や》くときに、つやを出《だ》してなめらかにするため、表面《ひょうめん》にぬる薬《くすり》。

うわごと【うわ言】 名詞 熱《ねつ》が高《たか》いときなどに、自分《じぶん》では気《き》がつかないで言《い》うことば。

うわさ 名詞 動詞

❶世間《せけん》の人《ひと》が言《い》い広《ひろ》める、確《たし》かかどうかわからない話《はなし》。例 来月《らいげつ》、転入生《てんにゅうせい》が来《く》るとのうわさがたつ。

❷そこにいない人《ひと》のことをあれこれ言《い》うこと。

●**うわさをすれば影《かげ》** ⇒75ページ ことわざ

うわざらてんびん【上皿天びん】 名詞 左右《さゆう》の皿《さら》が、うでの上《うえ》にのっている形《かたち》の天《てん》びん。分銅《ふんどう》を使《つか》って、正確《せいかく》に物《もの》の重《おも》さを量《はか》ることができる。

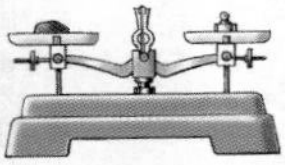

うわざらてんびん

うわすべり【上滑り】 名詞 動詞 形容動詞 ものごとのうわべだけを見《み》て、深《ふか》い考《かんが》えがないこと。軽々《かるがる》しいこと。例 上滑りなことば。

うわずみ【上澄み】 名詞 液体《えきたい》の中《なか》に混《ま》じっている物《もの》が下《した》にしずんで、上《うえ》のほうにできるすんだ液《えき》。上澄《うわず》み液《えき》。

うわずる【上ずる】 動詞

❶声《こえ》の調子《ちょうし》が高《たか》くなる。例 声《こえ》が上ずる。

❷興奮《こうふん》したり、緊張《きんちょう》したりして、落《お》ち着《つ》かなくなる。例 上ずった気持《きも》ち。

うわぜい【上背】 名詞 背《せ》の高《たか》さ。身長《しんちょう》。例 上背のある（＝背《せ》が高《たか》い）人《ひと》。

うわつく【浮つく】 動詞 気持《きも》ちがうきうきして落《お》ち着《つ》かなくなる。例 旅行《りょこう》の日《ひ》が近《ちか》づき、みんな浮ついている。

うわっつら【上っ面】 名詞 外《そと》から見《み》えるところ。表面《ひょうめん》。うわべ。見《み》かけ。

うわっぱり【上っ張り】 名詞 仕事《しごと》などをするとき、服《ふく》をよごさないように上《うえ》に着《き》るもの。

うわづみ【上積み】 名詞 動詞

❶積《つ》んだ荷物《にもつ》の上《うえ》に、さらに荷物《にもつ》を積《つ》むこと。また、その荷物《にもつ》。

❷決《き》まっている金額《きんがく》や数量《すうりょう》の上《うえ》に、さらにいくらかを加《くわ》えること。例 手数料《てすうりょう》を上積みする。

うわて【上手】 名詞

❶上《うえ》の方《ほう》。対 下手《したて》。

❷相手《あいて》よりすぐれていること。例 スポーツならぼくのほうが上手だ。

❸すもうで組《く》んだとき、相手《あいて》のうでの上《うえ》からまわしをとること。例 上手をとる。対 下手《したて》。

うわぬり【上塗り】 名詞 動詞

❶かべなどをぬるとき、最後《さいご》にもう一度《いちど》ぬって仕上《しあ》げること。

❷同《おな》じことをくり返《かえ》すこと。例 はじの上塗り（＝重《かさ》ねてはじをかくこと）。

ことば 「じょうず」「かみて」と読《よ》むと別《べつ》の意味《いみ》。

うわのせ【上乗せ】 名詞 動詞 ある決《き》まった金額《きんがく》や数量《すうりょう》に、さらにつけ加《くわ》えること。例 代金《だいきん》に、交通費《こうつうひ》を上乗せしてしはらう。

うわのそら【上の空】 名詞 ほかのことに気《き》をとられていて、今必要《いまひつよう》なことに注意《ちゅうい》が向《む》かないこと。例 漫画《まんが》に夢中《むちゅう》になっている妹《いもうと》は、何《なに》を言《い》われても上の空だ。

うわばき【上履き】 名詞 室内《しつない》ではくための、はき物《もの》。対 下履《したば》き。

うわべ【上辺】 名詞 外《そと》から見《み》えるところ。表《ひょう》面《めん》。見《み》かけ。例 上辺はおとなしそうだが、実《じっ》は大変《たいへん》ないたずらっ子《こ》だ。類 上《うわ》っ面《つら》。

うわまえをはねる【上前をはねる】 人《ひと》にわたす分《ぶん》の一部《いちぶ》を、自分《じぶん》のものにする。

うわまわる【上回る】 動詞 ある数《かず》や量《りょう》より多《おお》くなる。例 入場者数《にゅうじょうしゃすう》は、百万人《ひゃくまんにん》を上回った。対 下回《したまわ》る。

うわむき【上向き】 名詞

❶上《うえ》のほうを向《む》いていること。例 荷物《にもつ》を上向きに置《お》く。対 下向《したむ》き。

❷ものごとがよい方向《ほうこう》に向《む》かうこと。例 チームの成績《せいせき》が上向きになる。対 下向《したむ》き。

うわむく【上向く】 動詞 ものごとがよい方向《ほうこう》

ことわざ **聞《き》いて極楽《ごくらく》見《み》て地獄《じごく》** 話《はなし》に聞《き》いたときにはとてもよいように思《おも》えたが、実際《じっさい》には非常《ひじょう》に悪《わる》く、に向《む》かう。例 経済《けいざい》が上向いてきた。

うわめづかい【上目遣い】 名詞 顔《かお》を上《あ》げないで、目《め》だけを上《うえ》へ向《む》けて見《み》ること。例 上目遣いでちらっと見《み》た。

うわやく【上役】 名詞 会社《かいしゃ》や役所《やくしょ》などで、地《ち》位《い》が上《うえ》の人《ひと》。また、その役《やく》。対 下役《したやく》。

うわる【植わる】 動詞 植《う》えられている。植《う》えられる。例 道《みち》ばたにコスモスが植わっている。

漢 ⇩646ページ しょく〔植〕

うん【運】 名詞 人《ひと》の力《ちから》では変《か》えられないめぐり合《あ》わせ。例 運がよい／運がない。漢 ⇩144ページ うん〔運〕

● **運《うん》が開《ひら》ける** 幸運《こううん》がめぐってくる。運《うん》がよくなる。

● **運《うん》の尽《つ》き** 運《うん》がつきること。運《うん》がなくなること。例 ここで見《み》つかったのが運の尽きだ。

● **運《うん》を天《てん》に任《まか》せる** 自分《じぶん》の力《ちから》ではどうにもならないことを、成《な》り行《ゆ》きに任《まか》せる。例 あれだけ練習《れんしゅう》したのだから、あとは運を天に任せよう。

漢 **うん【運】**〔辶《しんにょう》〕 12画 3年 音 ウン 訓 はこぶ

、 冖 冖 冒 冒 軍 軍 運（下をながく）

❶はこぶ。うごかす。例 運行《うんこう》／運送《うんそう》／運転《うんてん》／運動《うんどう》／海運《かいうん》。❷もちいる。はたらかせる。例 運営《うんえい》／運用《うんよう》。❸めぐりあわせ。うん。例 運勢《うんせい》／運命《うんめい》／幸運《こううん》／不運《ふうん》。

漢 **うん【雲】**〔雨《あめかんむり》〕 12画 2年 音 ウン 訓 くも

一 𠂉 雨 雨 雨 雪 雲 雲（とめる）（下をながく）

くも。また、くものように見《み》えるもの。例 雲《うん》海《かい》／雲足《くもあし》／雲行《くもゆ》き／雨雲《あまぐも》／暗雲《あんうん》／星雲《せいうん》／積雲《せきうん》／積乱雲《せきらんうん》。

うんえい【運営】 名詞 動詞 しくみをうまくはたらかせて、仕事《しごと》を進《すす》めること。例 六年生《ろくねんせい》が中心《ちゅうしん》になってクラブを運営する。

うんか 名詞 季語秋 せみに形《かたち》が似《に》ている昆虫《こんちゅう》。体長《たいちょう》は五《ご》ミリメートルくらいで、いねのくきや葉《は》から液《えき》を吸《す》ってかれさせる害虫《がいちゅう》。

うんが【運河】 名詞 船《ふね》を通《とお》したり田畑《たはた》に水《みず》を引《ひ》いたりするために、陸地《りくち》をほってつくった川《かわ》。例 パナマ運河／スエズ運河。

うんかい【雲海】 名詞 季語夏 高《たか》い山《やま》や飛行機《ひこうき》の上《うえ》から見下《みお》ろしたとき、重《かさ》なり合《あ》って広《ひろ》がった雲《くも》が海《うみ》のように見《み》えるもの。

うんきゅう【運休】 名詞 動詞 列車《れっしゃ》やバスなどの運転《うんてん》を休《やす》むこと。例 大雪《おおゆき》で新幹線《しんかんせん》が運休する。

うんけい【運慶】 名詞（?〜一二二三）鎌倉時代《かまくらじだい》の彫刻家《ちょうこくか》。代表作《だいひょうさく》に、東大寺南大門《とうだいじなんだいもん》の仁王像《におうぞう》などがある。

うんこう【運行】 名詞 動詞 ❶交通機関《こうつうきかん》が、決《き》まった道《みち》を決《き》まった時刻《じこく》に運転《うんてん》すること。例 台風《たいふう》でバスの運行が乱《みだ》れる。❷星《ほし》などが、決《き》まった道《みち》を進《すす》むこと。

うんざり 副詞 動詞 あきて、すっかりいやになるようす。例 何日《なんにち》もカレーライスが続《つづ》き、さすがにうんざりしてきた。

うんさんむしょう【雲散霧消】 ⇩575ページ 四字熟語

うんし【運指】 名詞 楽器《がっき》を演奏《えんそう》するときの、指《ゆび》の使《つか》い方《かた》。指使《ゆびづか》い。

うんしひょう【運指表】 名詞 リコーダーなどの楽器《がっき》について、どの指《ゆび》を使《つか》って出《だ》したい音《おと》を出《だ》すかを、わかりやすく図《ず》で表《あらわ》したもの。

うんしん【運針】 名詞 布《ぬの》などをぬうときの、針《はり》の動《うご》かし方《かた》。ぬい方《かた》。

うんせい【運勢】 名詞 その人《ひと》に、幸福《こうふく》や不幸《ふこう》がどのようにめぐってくるかという具合《ぐあい》。

うんぜんあまくさこくりつこうえん【雲仙天草国立公園】 名詞 長崎県《ながさきけん》・熊本《くまもと》県《けん》・鹿児島県《かごしまけん》にまたがる国立公園《こくりつこうえん》。雲仙岳《うんぜんだけ》や天草諸島《あまくさしょとう》などからなる。

うんぜんだけ【雲仙岳】 名詞 長崎県《ながさきけん》の島原半島《しまばらはんとう》にある火山群《かざんぐん》。雲仙天草国立公園《うんぜんあまくさこくりつこうえん》の一部《いちぶ》。一九九〇年《ねん》〜一九九四年《ねん》に、普賢岳《ふげんだけ》が噴火《ふんか》して、大《おお》きな被害《ひがい》を出《だ》した。

うんそう【運送】 名詞 動詞 品物《しなもの》などを目的《もくてき》の場所《ばしょ》に送《おく》り届《とど》けること。例 運送会社《がいしゃ》。

うんち 名詞 動詞 「大便《だいべん》」のこと。

うんちん【運賃】 名詞 人《ひと》が乗《の》り物《もの》に乗《の》ったり、荷物《にもつ》を運《はこ》んでもらったりするのにかかるお金《かね》。

うんてい【雲てい】 名詞 公園《こうえん》や小学校《しょうがっこう》などにある、はしごを横《よこ》にして柱《はしら》で支《ささ》えたような形《かたち》の遊《あそ》び道具《どうぐ》。

にして前後《ぜんご》に並《なら》べる。そのまま両手《りょうて》を同時《どうじ》に前《まえ》へ出《だ》す。人《ひと》が並《なら》んで歩《ある》くようすだよ。

うんでいのさ【雲泥の差】 天《てん》にある雲《くも》と地《ち》にあるどろほどの大《おお》きなちがいがあること。例 うでの力《ちから》の強《つよ》さは、兄《あに》とぼくでは雲泥の差がある。

うんてん【運転】 名詞 動詞 乗《の》り物《もの》や大《おお》きな機械《きかい》などを動《うご》かすこと。例 自動車《じどうしゃ》を運転する。

うんてんし【運転士】 名詞 仕事《しごと》として、自《じ》動車《どうしゃ》や電車《でんしゃ》、機械《きかい》などを運転《うんてん》する人《ひと》。

うんてんしゅ【運転手】 名詞 自動車《じどうしゃ》や電車《でんしゃ》などを運転《うんてん》する人《ひと》。

うんと 副詞 程度《ていど》や数量《すうりょう》が大《おお》きいようす。すごく。たくさん。例 試験《しけん》に合格《ごうかく》するようにうんとがんばる／梅《うめ》の実《み》がうんととれた。

うんどう【運動】 名詞 動詞 ❶体《からだ》をきたえ、健康《けんこう》を保《たも》つために体《からだ》を動《うご》かすこと。例 運動会《かい》／祖父《そふ》は毎日《まいにち》運動している。❷物《もの》が動《うご》くこと。例 ふりこの運動。対 静止《せいし》。❸ある目的《もくてき》のために、ほかの人《ひと》にはたらきかけること。例 自然《しぜん》を守《まも》るための運動。

うんどうかい【運動会】 名詞 季語秋 たくさんの人《ひと》が集《あつ》まって、さまざまな運動競技《うんどうきょうぎ》などを行《おこな》う行事《ぎょうじ》。

うんどうじょう【運動場】 名詞 さまざまな運動《うんどう》をするためにつくられた場所《ばしょ》。

うんどうしんけい【運動神経】 名詞 ❶体《からだ》の筋肉《きんにく》を動《うご》かすはたらきをする神経《しんけい》。❷運動《うんどう》がうまくできる能力《のうりょく》。例 運動神経がよい。

うんともすんとも ひと言《こと》も。なんのことばも。例 手紙《てがみ》を出《だ》したが、うんともすんとも言《い》ってこない。使い方 あとに「言《い》わない」という意味《いみ》のことばがくる。

うんぬん ❶名詞 動詞 あれこれと言《い》うこと。例 すんだことをうんぬんするな。❷名詞 文章《ぶんしょう》をとちゅうで切《き》り、あとを省《はぶ》くときに使《つか》うことば。例 海《うみ》へ行《い》って、山《やま》にも行《い》って、うんぬん。

うんぱん【運搬】 名詞 動詞 物《もの》をほかのところに運《はこ》ぶこと。例 車《くるま》で家具《かぐ》を運搬する。使い方 大《おお》きなものや量《りょう》の多《おお》いものを運《はこ》ぶときに使《つか》う。

うんぴつ【運筆】 名詞 字《じ》を書《か》くときの筆《ふで》の動《うご》かし方《かた》。筆《ふで》づかい。類 筆法《ひっぽう》。

うんめい【運命】 名詞 人《ひと》の意志《いし》では変《か》えることができない、幸《こう》・不幸《ふこう》のめぐり合《あ》わせ。これから先《さき》の成《な》り行《ゆ》き。例 運命に従《したが》う。類 宿命《しゅくめい》。

うんも【雲母】 名詞 うすくはがれやすい性質《せいしつ》を持《も》つ鉱物《こうぶつ》。電気《でんき》を通《とお》さず、熱《ねつ》にとけないので、電気器具《でんききぐ》の絶縁体《ぜつえんたい》などに使《つか》われる。

うんゆ【運輸】 名詞 人《ひと》や物《もの》を、列車《れっしゃ》・自動車《じどうしゃ》・船《ふね》・飛行機《ひこうき》などで運《はこ》ぶこと。例 運輸業《ぎょう》。類 輸送《ゆそう》。

うんよう【運用】 名詞 動詞 お金《かね》や決《き》まりなどを、うまくつかって役立《やくだ》たせること。例 規則《きそく》を正《ただ》しく運用する。

うんりょう【雲量】 名詞 空《そら》にある雲《くも》の、空全《そうぜん》体《たい》に対《たい》する割合《わりあい》。雲《くも》が空《そら》いっぱいにあるときを10、雲《くも》がまったくないときを0とする。

え

エ

下《した》の 手話にチャレンジ を見《み》よう。

え【会】 漢 ↓218ページ かい〔会〕

え【回】 漢 ↓218ページ かい〔回〕

え【柄】 名詞 道具《どうぐ》やうつわについた、手《て》で持《も》つための細長《ほそなが》い部分《ぶぶん》。例 ほうきの柄。

-え【重】 接尾語 (数《かず》を表《あらわ》すことばのあとにつけて) 重《かさ》なっているものを数《かぞ》えることば。例 二重《ふたえ》まぶた／八重《やえ》ざくら。漢 ↓604ページ じゅう〔重〕

え【絵】 名詞 ものの形《かたち》やようすなどを、線《せん》や色《いろ》を使《つか》ってえがいたもの。絵画《かいが》。例 絵日記《にっき》／似《に》顔絵《がおえ》。ことば「え」は音読《おんよ》みであることに注意《ちゅうい》。漢 ↓219ページ かい〔絵〕

え【餌】 名詞 えさ。例 餌づけをする。

エア (air) 名詞 ❶「空気《くうき》」のこと。例 エアコン。❷航空《こうくう》に関《かん》すること。例 エアメール。

エアーバッグ ↓146ページ エアバッグ

エアコン 名詞 部屋《へや》の中《なか》の温度《おんど》や湿度《しつど》を自動的《じどうてき》に調節《ちょうせつ》する装置《そうち》。ことば 英語《えいご》の「エアコンディショナー」の略《りゃく》。

エアサスペンション (air suspension) 名詞 空気《くうき》を利用《りよう》したばねを使《つか》って、車輪《しゃりん》からの振動《しんどう》を吸収《きゅうしゅう》する装置《そうち》。バスなどに多《おお》く使《つか》われてい

手話にチャレンジ **遠足《えんそく》** 両手《りょうて》の指《ゆび》を軽《かる》く開《ひら》き、指先《ゆびさき》を上《うえ》に向《む》け、左手《ひだりて》の親指《おやゆび》の後《うし》ろに右手《みぎて》の小指《こゆび》をつけるよう

る。

エアストーン (air stone) 名詞 水槽《すいそう》で魚《さかな》などを飼《か》うときに使《つか》う、水《みず》の中《なか》に酸素《さんそ》を送《おく》りこむ装《そう》置《ち》の先《さき》についている石《いし》のようなもの。

エアバッグ (air bag) 名詞 自動車《じどうしゃ》がしょうとつしたときに、自動的《じどうてき》にふくらんで、乗《の》っている人《ひと》をしょうげきから守《まも》る空気《くうき》ぶくろ。「エアーバッグ」ともいう。

エアポート (airport) 名詞 飛行機《ひこうき》が発着《はっちゃく》するところ。飛行場《ひこうじょう》。空港《くうこう》。

エアポケット (air pocket) 名詞 大気《たいき》の流《なが》れが乱《みだ》れて下《した》に向《む》かっているところ。飛行機《ひこうき》がそこを通《とお》ると、激《はげ》しくゆれたり急《きゅう》に高度《こうど》が落《お》ちたりする。

エアメール ➡450ページ こうくうびん

エアロビクス (aerobics) 名詞 酸素《さんそ》を体《からだ》にたくさんとり入《い》れながら行《おこな》う全身運動《ぜんしんうんどう》。

えい 名詞 季語 夏 体《からだ》がひし形《がた》で平《ひら》たく、むちのような細長《ほそなが》い尾《お》を持《も》った魚《さかな》。尾《お》に毒《どく》の針《はり》を持《も》つものがいる。

えい

漢 **えい【永】**〔水《みず》〕5画 5年 音 エイ 訓 ながい

時間《じかん》がながい。例 永遠《えいえん》／永久《えいきゅう》／永住《えいじゅう》／永続《えいぞく》。

漢 **えい【英】**〔艹〕くさかんむり 8画 4年 音 エイ

❶すぐれている。また、その人《ひと》。例 英気《えいき》／英才《えいさい》／英雄《えいゆう》／育英《いくえい》。❷イギリスのこと。例 英語《えいご》／英国《えいこく》／英文《えいぶん》。

漢 **えい【泳】**〔氵〕さんずい 8画 3年 音 エイ 訓 およぐ

およぐ。およぎ。例 泳法《えいほう》／遠泳《えんえい》／競泳《きょうえい》／水泳《すいえい》／背泳《せおよ》ぎ／遊泳《ゆうえい》。

漢 **えい【映】**〔日〕ひへん 9画 6年 音 エイ 訓 うつる・うつす・はえる

❶はえる。てりかがやく。例 夕映《ゆうば》え。❷うつす。うつしだす。例 映画《えいが》／映写《えいしゃ》／映像《えいぞう》／反映《はんえい》。

漢 **えい【栄】**〔木〕き 9画 4年 音 エイ 訓 さかえる・はえ・はえる

❶さかえる。さかんになる。例 栄転《えいてん》／栄養《えいよう》／繁栄《はんえい》。❷ほまれ。めいよ。例 栄誉《えいよ》／光栄《こうえい》。

漢 **えい【営】**〔⺍〕つ 12画 5年 音 エイ 訓 いとなむ

❶いとなむ。仕事《しごと》をする。例 営業《えいぎょう》／運営《うんえい》／経《けい》営《えい》／国営《こくえい》。❷こしらえる。例 造営《ぞうえい》。❸兵隊《へいたい》がとまるところ。例 野営《やえい》。

漢 **えい【衛】**〔行〕ぎょうがまえ 16画 5年 音 エイイイ彳彳彳往往徫徫衛衛

❶まもる。ふせぐ。例 衛生《えいせい》／護衛《ごえい》／自衛《じえい》／守《しゅ》衛《えい》／防衛《ぼうえい》。❷まわる。例 衛星《えいせい》。

えいえい【と】【営営［と］】 副詞 一《ひと》つの仕事《しごと》をせっせと行《おこな》うようす。例 毎日《まいにち》営々と働《はたら》く。

えいえん【永遠】 名詞 いつまでも限《かぎ》りなく続《つづ》くこと。例 平和《へいわ》が永遠に続《つづ》くようにいのる。類 永久《えいきゅう》。とわ。

● **永遠《えいえん》の眠《ねむ》り** 覚《さ》めることのないねむりという意味《いみ》から、死《し》ぬこと。例 永遠の眠りにつく。

えいが【映画】 名詞 物語《ものがたり》や記録《きろく》などをフィル

ガッテン外国語教室

英語《えいご》で伝《つた》え合《あ》おう

「英語《えいご》が使《つか》われている国《くに》」というとアメリカやイギリスが思《おも》いうかぶよね。もし、「中国語《ちゅうごくご》を知《し》らない日本人《にほんじん》」と「日本語《にほんご》を知《し》らない中国人《ちゅうごくじん》」が話《はな》すとしたら何語《なにご》を使《つか》うだろうか。今《いま》だと「英語《えいご》」を選択《せんたく》することが多《おお》そうだ。英語《えいご》は今《いま》、「ある国《くに》のことば」ではなく「世界《せかい》の共通語《きょうつうご》」、つまり「みんなのもの」になりつつある。だから、上手《じょうず》に話《はな》せなくても「がんばって気持《きも》ちを伝《つた》えよう」という気持《きも》ちをおたがいに持《も》つことが大事《だいじ》なんだね。

ムやビデオテープにさつえいし、スクリーンなどに映《うつ》し出《だ》して見《み》せるもの。シネマ。例 映画館《かん》。

えいが【栄華】 名詞 権力《けんりょく》や富《とみ》などを持《も》って、はなやかに栄《さか》えること。例 栄華をきわめた（＝これ以上《いじょう》ないほど栄《さか》えた）貴族《きぞく》。

えいかいわ【英会話】 名詞 英語《えいご》で話《はなし》をすること。

えいかく【鋭角】 名詞 ❶するどい角度《かくど》。例 棒《ぼう》の先《さき》を鋭角にけずる。❷直角《ちょっかく》（＝九〇度《ど》）より小《ちい》さい角《かく》。対 鈍角《どんかく》。図→242ページ かく〔角〕

えいかん【栄冠】 名詞 ❶勝利《しょうり》のしるしとしてあたえられるかんむり。❷勝利《しょうり》の名誉《めいよ》。例 優勝《ゆうしょう》の栄冠にかがやく。

えいき【英気】 名詞 あふれるような元気《げんき》。例 ゆっくり休《やす》んで英気を養《やしな》う。

えいきごう【えい記号】 →595ページ シャープ❷

えいきゅう【永久】 名詞 限《かぎ》りなく、ずっと続《つづ》くこと。例 ダイヤモンドのかがやきは永久に変《か》わらない。類 永遠《えいえん》。とわ。

えいきゅうし【永久歯】 名詞 乳歯《にゅうし》がぬけたあと、六才《ろくさい》ごろから生《は》える歯《は》。ふつう、上下《じょうげ》合《あ》わせて三十二本《さんじゅうにほん》ある。対 乳歯《にゅうし》。

えいきゅうじしゃく【永久磁石】 名詞 磁《じ》石《しゃく》の性質《せいしつ》をいつまでも失《うしな》わない物《もの》。

えいきゅうふへん【永久不変】 名詞 いつまでもずっと変《か》わらないこと。例 永久不変の平和《へいわ》は人類《じんるい》の願《ねが》いだ。

えいきょう【影響】 名詞 動詞 あることがらのはたらきが、ほかのことがらを変化《へんか》させること。例 外国《がいこく》の影響を強《つよ》く受《う》けた文化《ぶんか》。

えいぎょう【営業】 名詞 動詞 利益《りえき》を得《え》るために商売《しょうばい》や仕事《しごと》をすること。また、店《みせ》を開《ひら》いていること。例 新《あたら》しい店《みせ》が営業を始《はじ》める。

えいけつ【永けつ】 名詞 動詞 永遠《えいえん》に別《わか》れること。死《し》んで別《わか》れること。

えいご【英語】 名詞 イギリス、アメリカなどで使《つか》われていることば。参考 ほかにもカナダ、オーストラリアなど、世界《せかい》の多《おお》くの地域《ちいき》で使《つか》われている。→146ページ 外国語教室

えいこう【栄光】 名詞 りっぱなことを成《な》しとげた、かがやかしい名誉《めいよ》。例 全国大会優勝《ぜんこくたいかいゆうしょう》の栄光にかがやく。類 栄誉《えいよ》。

えいこく【英国】 名詞 「イギリス」のこと。

えいこせいすい【栄枯盛衰】 名詞 人《ひと》や国《くに》などが、栄《さか》えたりおとろえたりすること。

えいさい【英才】 名詞 非常《ひじょう》にすぐれた知恵《ちえ》や才能《さいのう》。また、それを持《も》つ人《ひと》。例 英才教育《きょういく》。類 秀才《しゅうさい》。

えいさい【栄西】 名詞（一一四一〜一二一五）鎌《かま》倉時代《くらじだい》のおぼうさん。中国《ちゅうごく》にわたって仏教《ぶっきょう》を学《まな》び、臨済宗《りんざいしゅう》を日本《にほん》に伝《つた》えた。

えいしゃ【映写】 名詞 動詞 映画《えいが》やスライドなどを、スクリーンに映《うつ》し出《だ》すこと。

えいしゃき【映写機】 名詞 映画《えいが》やスライドなどをスクリーンに映《うつ》す機械《きかい》。

えいじゅう【永住】 名詞 動詞 死《し》ぬまでその土《と》地《ち》に住《す》み続《つづ》けること。例 アメリカに永住する。

えいじる【映じる】 動詞 ❶光《ひかり》や物《もの》のかげ、形《かたち》などがほかのものにうつる。例 月《つき》の光《ひかり》が湖面《こめん》に映じる。❷光《ひかり》に照《て》らされてかがやく。例 朝日《あさひ》に映じる山々《やまやま》のすがた。❸ある印象《いんしょう》を持《も》って感《かん》じられる。例 旅行者《りょこうしゃ》の目《め》に、この国《くに》はどのように映じるだろうか。ことば「えいずる」ともいう。

えいしん【栄進】 名詞 動詞 上《うえ》の地位《ちい》に進《すす》むこと。例 支店長《してんちょう》に栄進する。類 昇進《しょうしん》。昇格《しょうかく》。

エイズ【ＡＩＤＳ】 名詞 病原菌《びょうげんきん》などから体《からだ》を守《まも》るしくみがこわされる病気《びょうき》。「後天性免疫《こうてんせいめんえき》不全症候群《ふぜんしょうこうぐん》」ともいう。参考 血液《けつえき》などから感《かん》染《せん》する。

えいずる【映ずる】 →147ページ えいじる

えいせい【衛生】 名詞 身《み》の回《まわ》りをきれいにし、体《からだ》をじょうぶにして、病気《びょうき》にかからないようにすること。例 公衆衛生《こうしゅうえいせい》。

えいせい【衛星】 名詞 惑星《わくせい》の周《まわ》りを回《まわ》る星《ほし》。惑星《わくせい》の周《まわ》りを回《まわ》りながら、その惑星《わくせい》といっしょに恒星《こうせい》の周《まわ》りを回《まわ》っている。関連 恒星《こうせい》。惑星《わくせい》。参考 月《つき》は地球《ちきゅう》の衛星《えいせい》である。

えいせいこく【衛星国】 名詞 大国《たいこく》の周《まわ》りにあり、その国《くに》から政治《せいじ》や経済《けいざい》のえいきょうを強《つよ》く受《う》けている国《くに》。

えいせいちゅうけい【衛星中継】 名詞 人《じん》工衛星《こうえいせい》を中継《なかつ》ぎにして、電波《でんぱ》の届《とど》きにくい遠《とお》くの場所《ばしょ》に電波《でんぱ》を送《おく》ること。

ことわざ **聞《き》くは一時《いっとき》の恥《はじ》、聞《き》かぬは一生《いっしょう》の恥《はじ》** 人《ひと》にものを聞《き》くのははずかしいものだが、知《し》らないま

えいせいちゅうりつこく【永世中立国】 名詞 永久《えいきゅう》によその国《くに》の戦争《せんそう》に関係《かんけい》しないで平和《へいわ》を守《まも》ると決《き》め、どの国《くに》からも、独立《どくりつ》と領《りょう》土《ど》の安全《あんぜん》を保障《ほしょう》されている国《くに》。スイス・オーストリアなど。

えいせいてき【衛生的】 形容動詞 清潔《せいけつ》で、健《けん》康《こう》によいようす。例 キッチンを衛生的に保《たも》つ。

えいせいとし【衛星都市】 名詞 大都市《だいとし》の周《まわ》りにあり、それと深《ふか》い関係《かんけい》がある都市《とし》。

えいせいは【衛星波】 名詞 放送衛星《ほうそうえいせい》や通信《つうしん》衛星《えいせい》を通《とお》して送《おく》られる電波《でんぱ》。関連 地上波《ちじょうは》。

えいせいほうそう【衛星放送】 名詞 人工《じんこう》衛星《えいせい》を使《つか》って、放送局《ほうそうきょく》からテレビのアンテナまで電波《でんぱ》を送《おく》る方式《ほうしき》の放送《ほうそう》。

えいぞう【映像】 名詞 ❶光《ひかり》によって映《うつ》し出《だ》された物《もの》のすがたや形《かたち》。とくに、テレビや映画《えいが》などの画像《がぞう》。❷頭《あたま》や心《こころ》の中《なか》にうかぶすがたや形《かたち》。イメージ。例 その文《ぶん》を読《よ》むと雪山《ゆきやま》の映像が心《こころ》にうかんだ。

えいぞく【永続】 名詞 動詞 いつまでも続《つづ》くこと。例 世界平和《せかいへいわ》の永続を願《ねが》う。

えいたつ【栄達】 名詞 動詞 高《たか》い地位《ちい》や身分《みぶん》になること。出世《しゅっせ》すること。例 会社《かいしゃ》での栄達を願《ねが》う。

えいたん【詠嘆】 名詞 動詞 ものごとに深《ふか》く感動《かんどう》すること。また、感動《かんどう》して声《こえ》を出《だ》すこと。例 思《おも》わず詠嘆の声《こえ》を上《あ》げる。類 驚嘆《きょうたん》。

えいだん【英断】 名詞 大事《だいじ》なことを、思《おも》いきってきっぱりと決《き》めること。また、そのようなすぐれた判断《はんだん》。例 雪《ゆき》が降《ふ》り出《だ》した時点《じてん》で引《ひ》き返《かえ》したのは、英断だった。類 勇断《ゆうだん》。

えいち【英知】 名詞 ものごとのもっとも大切《たいせつ》なところを見通《みとお》す、深《ふか》くすぐれた知恵《ちえ》。例 世《せ》界《かい》の英知を集《あつ》めて環境問題《かんきょうもんだい》にとりくむ。

えいてん【栄転】 名詞 動詞 今《いま》までよりも高《たか》い役職《やくしょく》や地位《ちい》に移《うつ》ること。例 本社《ほんしゃ》の部長《ぶちょう》に栄転する。対 左遷《させん》。

えいびん【鋭敏】 形容動詞 ❶ものの感《かん》じ方《かた》がとてもするどいようす。例 犬《いぬ》はにおいを鋭敏にかぎ分《わ》ける。類 敏感《びんかん》。❷頭《あたま》のはたらきがするどく、かしこいようす。例 鋭敏な頭脳《ずのう》。

えいぶん【英文】 名詞 ❶英語《えいご》で書《か》いた文章《ぶんしょう》。例 英文を日本語《にほんご》に訳《やく》す。❷「英文学《えいぶんがく》」の略《りゃく》。イギリスの文学《ぶんがく》。例 英文科《か》。

えいへい【衛兵】 名詞 警備《けいび》や取《と》りしまりのために配置《はいち》されている兵士《へいし》。番兵《ばんぺい》。

えいほう【泳法】 名詞 泳《およ》ぎ方《かた》。泳《およ》ぎの型《かた》。クロール・平泳《ひらおよ》ぎ・背泳《せおよ》ぎ・バタフライなど。

えいみん【永眠】 名詞 動詞 永《なが》いねむりにつくという意味《いみ》から、死《し》ぬこと。例 この作家《さっか》は九《きゅう》十才《じっさい》で永眠した。使い方 あらたまった言《い》い方《かた》。

えいやく【英訳】 名詞 動詞 ある国《くに》のことばや文章《ぶんしょう》を英語《えいご》に翻訳《ほんやく》すること。

えいゆう【英雄】 名詞 すぐれた才能《さいのう》や知恵《ちえ》・勇気《ゆうき》があって、りっぱなことを成《な》しとげた人《ひと》。ヒーロー。例 初《はじ》めて月面《げつめん》に着陸《ちゃくりく》した宇宙飛行《うちゅうひこう》士《し》は、人類《じんるい》の英雄となった。

えいよ【栄誉】 名詞 人《ひと》からりっぱだと認《みと》められ、ほめたたえられること。名誉《めいよ》。例 ノーベル賞受賞《しょうじゅしょう》の栄誉にかがやく。類 栄光《えいこう》。

えいよう【栄養】 名詞 生物《せいぶつ》が成長《せいちょう》し、生《い》きていくために必要《ひつよう》な養分《ようぶん》。例 栄養のある食《た》べ物《もの》。

えいようえいが【栄耀栄華】 名詞 はなやかに栄《さか》えて、ぜいたくをきわめること。「えようえいが」ともいう。例 栄耀栄華をつくす。

えいようか【栄養価】 名詞 食《た》べ物《もの》が、体《からだ》の中《なか》で栄養《えいよう》としてどれだけ役《やく》に立《た》つかを表《あらわ》したもの。例 チーズは栄養価が高《たか》い。

えいようし【栄養士】 名詞 食事《しょくじ》の栄養《えいよう》について指導《しどう》する資格《しかく》を持《も》つ人《ひと》。

えいようしっちょう【栄養失調】 名詞 栄《えい》養分《ようぶん》が不足《ふそく》したりかたよったりして、体《からだ》の調《ちょう》子《し》が悪《わる》くなること。

えいようそ【栄養素】 名詞 体《からだ》の栄養《えいよう》となるおもな成分《せいぶん》。たんぱく質《しつ》・しぼう・炭水化物《たんすいかぶつ》・無機質《むきしつ》・ビタミンなど。

えいようぶん【栄養分】 名詞 生《い》き物《もの》が育《そだ》つために必要《ひつよう》な栄養《えいよう》の成分《せいぶん》。養分《ようぶん》。

えいり【営利】 名詞 お金《かね》をもうけるために何《なに》かをすること。例 営利を目的《もくてき》とした事業《じぎょう》。

えいり【鋭利】 形容動詞 ❶刃物《はもの》などが、するどくてよく切《き》れること。例 鋭利なナイフ。❷頭《あたま》のはたらきがするどいこと。例 鋭利な頭《ず》脳《のう》を持《も》つ。

えいりんしょ【営林署】 名詞 国《くに》が持《も》ってい

という意味《いみ》で、余計《よけい》なことを言《い》ったせいで、ひどい目《め》にあってしまうことのたとえ。

る林《はやし》を、守《まも》ったり管理《かんり》したりした役所《やくしょ》。現在《げんざい》は「森林管理署《しんりんかんりしょ》」という。

えいわ【英和】 名詞 ❶英語《えいご》と日本語《にほんご》。❷「英和辞典《えいわじてん》」の略《りゃく》。英語《えいご》のことばの意味《いみ》や使《つか》い方《かた》を日本語《にほんご》で説明《せつめい》した辞典《じてん》。対 和英。

ええ 感動詞 ❶相手《あいて》の言《い》ったことに対《たい》して、そうであると答《こた》えることば。例「これはあなたの物《もの》ですか。」「ええ、そうです。」類 はい。❷おどろいたり、聞《き》き返《かえ》したりするときに言《い》うことば。例 ええ、それはほんとうですか。❸話《はなし》の初《はじ》めやとちゅうに入《い》れて調子《ちょうし》を整《ととの》えることば。例 それは、ええ、去年《きょねん》のことでした。

エーアイ【AI】 名詞「人工知能《じんこうちのう》」のこと。学習《がくしゅう》や判断《はんだん》など、人間《にんげん》と同《おな》じようにできる機《き》能《のう》を持《も》ったコンピューターシステム。例 AIと将棋《しょうぎ》の勝負《しょうぶ》をする。⇒149ジペー 社会へのとびら

エーエム【a.m.・A.M.】 名詞 午前《ごぜん》。対 ピーエム。使い方 時刻《じこく》を表《あらわ》す数字《すうじ》のあとにつけて、「9：00a.m.」のように使《つか》う。

エーオーにゅうし【AO入試】 名詞 大学《だいがく》の入学試験《にゅうがくしけん》のやり方《かた》の一《ひと》つ。学力試験《がくりょくしけん》の結果《けっか》だけでなく、高校《こうこう》での成績《せいせき》や学業《がくぎょう》以外《いがい》の活動《かつどう》内容《ないよう》などを調《しら》べ、面接《めんせつ》を行《おこな》って、合格《ごうかく》かどうかを決《き》める。ことば「AO《エーオー》」は「アドミッションズ・オフィス（＝学生《がくせい》の募集《ぼしゅう》・選抜《せんばつ》などを担《たん》当《とう》する大学《だいがく》の事務局《じむきょく》）」の略《りゃく》。

エース（ace） 名詞 ❶トランプの1の札《ふだ》。❷仲間《なかま》の中《なか》で、もっともすぐれている人《ひと》。第一《だいいち》人者《にんしゃ》。例 野球部《やきゅうぶ》のエース（＝中心《ちゅうしん》となるピッチャー）。

エーディー【A.D.】 名詞 紀元後《きげんご》（＝西暦《せいれき》の元《がん》年以後《ねんいご》）であることを表《あらわ》すことば。対 B.C.《ビーシー》。ことば「主《しゅ》（＝神《かみ》）の年《とし》に」という意味《いみ》のラテン語《ご》の頭文字《かしらもじ》からできたことば。

エーディー【AD】 名詞 ❶映画《えいが》や演劇《えんげき》などで、美術《びじゅつ》を担当《たんとう》するかんとく。❷テレビ・映画《えいが》などで、ディレクターの助手《じょしゅ》をする人《ひと》。ことば ❶は英語《えいご》の「アートディレクター」、❷は英語《えいご》の「アシスタントディレクター」の頭文《かしらも》字《じ》からできたことば。

エーディーエスエル【ADSL】 名詞 電《でん》話回線《わかいせん》を使《つか》って、高速《こうそく》でデータのやりとりができる通信《つうしん》の技術《ぎじゅつ》。「非対称《ひたいしょう》デジタル加入者線《かにゅうしゃせん》」ともいう。

エーディーエッチディー【ADHD】 名詞 発達障害《はったつしょうがい》の一《ひと》つ。幼《おさな》いときから、落《お》ち着《つ》きがなく動《うご》き回《まわ》る、集中力《しゅうちゅうりょく》が続《つづ》かないなどの特徴《とくちょう》がある。「注意欠陥《ちゅういけっかん》・多動性障害《たどうせいしょうがい》」ともいう。

辞典《じてん》の外《そと》に飛《と》びだそう!

社会《しゃかい》へのとびら

AI《エーアイ》

身近《みぢか》になったAI《エーアイ》

最近《さいきん》は「人工知能《じんこうちのう》」ということばより、「AI《エーアイ》」の2文字《もじ》を目《め》にすることのほうが多《おお》いかもしれないね。AI《エーアイ》は身近《みぢか》な存在《そんざい》になってきた。AI《エーアイ》スピーカーに向《む》かって「今日《きょう》の天気《てんき》は？」と聞《き》いたことがある人《ひと》もいるかな？

AI《エーアイ》と勝負《しょうぶ》!?

たとえば、AI《エーアイ》スピーカーに「しりとりをしよう」と呼《よ》びかけてみる。「駅名《えきめい》しりとりをしましょう」と返《かえ》ってきたら、きみは勝《か》てる？　全駅名《ぜんえきめい》のデータを持《も》っているAI《エーアイ》であれば、きみが「東京《とうきょう》」と言《い》うと、「う」で始《はじ》まる駅名《えきめい》を検索《けんさく》して、瞬時《しゅんじ》に答《こた》えてくるだろう。AI《エーアイ》はたくさんの情報《じょうほう》を一瞬《いっしゅん》で処理《しょり》することができるんだ。

こんなところにも

「AI《エーアイ》を持《も》つ掃除機《そうじき》が部屋《へや》のすみずみまで掃除《そうじ》する」「AI《エーアイ》がエレベーターの動《うご》きを状況《じょうきょう》に合《あ》わせてコントロールする」など、AI《エーアイ》は身近《みぢか》なものに活用《かつよう》されている。「AI《エーアイ》を持《も》つドローンが荷物《にもつ》を宅配《たくはい》する」なんていうことも近《ちか》いうちに実現《じつげん》するかもしれない。

考《かんが》えてみよう

わたしたちの身《み》の回《まわ》りで、どのようなことにAI《エーアイ》を活用《かつよう》すると生活《せいかつ》がさらに便利《べんり》になるかな？　また、障害《しょうがい》のある人《ひと》やお年寄《としよ》りなど助《たす》けが必要《ひつよう》な人《ひと》にとってはどうだろう。考《かんが》えてみよう。

ことわざ　**きじも鳴《な》かずば撃《う》たれまい**　きじも鳴《な》かなければ見《み》つからず、うたれることもなかったのに、

エーティーエム【ＡＴＭ】 名詞 銀行《ぎんこう》などで、キャッシュカードや通帳《つうちょう》を使《つか》って、お金《かね》を預《あず》け入《い》れたり、引《ひ》き出《だ》したり、ふりこんだりできる機械《きかい》。「現金自動預《げんきんじどうあず》け払《ばら》い機《き》」ともいう。

エーデルワイス（ドイツ語）名詞 白《しろ》い花《はな》をつける、きくのなかまの草《くさ》花《ばな》。アルプスなどの高山《こうざん》に生《は》える。

エーデルワイス

エービーエス【ＡＢＳ】 名詞 自動車《じどうしゃ》が急《きゅう》ブレーキをかけたときに、タイヤが横《よこ》にすべったり、ハンドルの操作《そうさ》ができなくなったりするのを防《ふせ》ぐために、ブレーキの効《き》き具合《ぐあい》を自動《じどう》で調整《ちょうせい》する装置《そうち》。「アンチロックブレーキシステム」ともいう。

エープリルフール（April fool）名詞 季語 春 四月一日《しがつついたち》に軽《かる》いうそをついてふざけ合《あ》う西洋《せいよう》の習《なら》わし。「四月《しがつ》ばか」ともいう。

エーペック【ＡＰＥＣ】 名詞 「アジア太平洋《たいへいよう》経済協力会議《けいざいきょうりょくかいぎ》」のこと。アジア・太平洋地域《たいへいようちいき》の経済協力《けいざいきょうりょく》のための集《あつ》まり。一九八九年《ねん》につくられ、日本《にほん》・アメリカ・中国《ちゅうごく》・韓国《かんこく》・ロシアなど、二十以上《にじゅういじょう》の国《くに》と地域《ちいき》が参加《さんか》している。

えがお【笑顔】 名詞 笑《わら》い顔《がお》。にこにこした顔《かお》。

えかき【絵描き】 名詞 絵《え》をかくことを仕事《しごと》にしている人《ひと》。画家《がか》。

えかきうた【絵かき歌】 名詞 歌《うた》いながら歌詞《かし》に合《あ》わせ絵《え》をかいていく、子供《こども》の遊《あそ》びの歌《うた》。

えがく【描く】 動詞 ❶絵《え》や図《ず》をかく。例 色鉛筆《いろえんぴつ》で花《はな》を描く。❷ものごとのありさまを文章《ぶんしょう》などで表《あらわ》す。例 海辺《うみべ》に住《す》む人々《ひとびと》の生活《せいかつ》を描いた小説《しょうせつ》。❸心《こころ》に思《おも》いうかべる。例 大《おお》きな夢《ゆめ》を描く。

えがたい【得難い】 形容詞 手《て》に入《い》れにくい。めったになく、貴重《きちょう》である。例 得難い体験《たいけん》。

えがら【絵柄】 名詞 品物《しなもの》の模様《もよう》。図案《ずあん》。例 花《はな》の絵柄の茶《ちゃ》わん。

えき【役】 漢 ⇩1332ページ やく〔役〕

えき【易】 名詞 中国《ちゅうごく》から伝《つた》わったうらない。

漢 **えき【易】**〔日《ひ》〕 8画 5年 音 エキ・イ 訓 やさしい

丨 冂 日 日 旦 号 易 易（易としない）

❶（「エキ」と読《よ》んで）とりかえる。かわる。例 交易《こうえき》／貿易《ぼうえき》。❷（「エキ」と読《よ》んで）うらない。例 易者《えきしゃ》。❸（「イ」と読《よ》んで）やさしい。たやすい。例 安易《あんい》／簡易《かんい》／難易《なんい》／平易《へいい》／容易《ようい》。対 難《なん》。

えき【益】 名詞 ❶ためになったり役《やく》に立《た》ったりすること。例 人々《ひとびと》の益になる活動《かつどう》／社会《しゃかい》に益をもたらす。❷もうけ。利益《りえき》。例 益が出《で》る。対 損《そん》。

漢 **えき【益】**〔皿《さら》〕 10画 5年 音 エキ・ヤク

丷 䒑 并 关 关 谷 益 益 益（はらう）

❶役《やく》に立《た》つ。ためになる。例 益《えき》する／益虫《えきちゅう》／益鳥《えきちょう》／無益《むえき》／有益《ゆうえき》。❷もうけ。例 実益《じつえき》／収《しゅう》益《えき》／損益《そんえき》／利益《りえき》。

えき【液】 名詞 水《みず》のように決《き》まった形《かたち》がなく、流《なが》れる性質《せいしつ》を持《も》ったもの。液体《えきたい》。例 びんに液を入《い》れる。

漢 **えき【液】**〔氵《さんずい》〕 11画 5年 音 エキ

丶 氵 氵 汁 汸 液 液 液（てんは一つ）

水《みず》のような状態《じょうたい》のもの。しる。例 液化《えきか》／液状《えきじょう》／液体《えきたい》／胃液《いえき》／血液《けつえき》／樹液《じゅえき》／乳液《にゅうえき》。

えき【駅】 名詞 列車《れっしゃ》や電車《でんしゃ》がとまり、人《ひと》が乗《の》り降《お》りするところ。

漢 **えき【駅】**〔馬《うまへん》〕 14画 3年 音 エキ

丨 厂 㔾 馬 馬 馬 駅 駅（はらう）

❶えき。列車《れっしゃ》・電車《でんしゃ》がとまるところ。例 駅員《えきいん》／駅長《えきちょう》／駅弁《えきべん》／駅前《えきまえ》／始発駅《しはつえき》。❷宿場《しゅくば》。昔《むかし》の馬《うま》の乗《の》りつぎ場《ば》。例 宿駅《しゅくえき》。

えきいん【駅員】 名詞 鉄道《てつどう》などの駅《えき》に勤《つと》めていて、駅《えき》の仕事《しごと》をする人《ひと》。

えきか【液化】 名詞 動詞 気体《きたい》または固体《こたい》が液《えき》体《たい》になること。関連 気化《きか》。凝固《ぎょうこ》。

えきかてんねんガス【液化天然ガス】 名詞 天然《てんねん》ガスを冷《ひ》やして液体《えきたい》にしたもの。「Ｌ《エル》ＮＧ《エヌジー》」ともいう。参考 石油《せきゆ》や石炭《せきたん》に比《くら》べて、燃《も》やしたときに発生《はっせい》する二酸化炭素《にさんかたんそ》が少《すく》ないといわれている。

絶体絶命《ぜったいぜつめい》の危機《きき》から奇跡的《きせきてき》に助《たす》かること。

えきぎゅう【役牛】 名詞 車《くるま》を引《ひ》かせて荷物《にもつ》を運《はこ》んだり、田畑《たはた》を耕《たがや》したりするのに使《つか》う牛《うし》。関連 肉牛《にくぎゅう》。乳牛《にゅうぎゅう》。

エキサイト (excite) 名詞 動詞 気持《きも》ちが高《たか》ぶること。興奮《こうふん》すること。例 観客《かんきゃく》はますますエキサイトしてきた。

エキジビション (exhibition) 名詞 多《おお》くの人《ひと》に見《み》せること。また、そのためのもよおし。「エキシビション」ともいう。例 エキジビションゲーム（＝勝負《しょうぶ》や記録《きろく》のためでない試合《しあい》）。

えきしゃ【易者】 名詞 人《ひと》の運勢《うんせい》をうらなうことを仕事《しごと》にしている人《ひと》。うらない師《し》。参考 手相《てそう》を見《み》たり、「ぜいちく」という竹《たけ》の棒《ぼう》を使《つか》ってうらなったりする。

えきしゃ【駅舎】 名詞 鉄道《てつどう》の駅《えき》の建物《たてもの》。

えきしょう【液晶】 名詞 液体《えきたい》と固体《こたい》の中間《ちゅうかん》の状態《じょうたい》にある物質《ぶっしつ》。電気《でんき》を流《なが》すと色《いろ》が変《か》わったりすき通《とお》ったりする性質《せいしつ》を持《も》つ。テレビ・コンピューターなどの表示画面《ひょうじがめん》に使《つか》われる。

えきじょう【液状】 名詞 水《みず》や油《あぶら》のような、液《えき》体《たい》の状態《じょうたい》にあること。

えきしょうインク【液晶インク】 名詞 温《おん》度《ど》によって色《いろ》が変化《へんか》するインク。実験《じっけん》などで使《つか》われる。

えきしょうおんどけい【液晶温度計】 名詞 温度《おんど》を液晶《えきしょう》の色《いろ》によって表示《ひょうじ》する温度計《おんどけい》。カードやシールの形《かたち》のものなどがある。

えきじょうか【液状化】 名詞 動詞 地震《じしん》などのゆれにより、地盤《じばん》が液体《えきたい》のようになること。

えきしょうテレビ【液晶テレビ】 名詞 画《が》面《めん》に液晶《えきしょう》を利用《りよう》して作《つく》ったテレビ。

エキス 名詞 ❶薬《くすり》や食《た》べ物《もの》などの中《なか》から、体《からだ》によいものをぬき出《だ》して、濃《こ》い液体《えきたい》にしたもの。❷ものごとのいちばん大切《たいせつ》な部分《ぶぶん》。例 長年《ながねん》の研究成果《けんきゅうせいか》のエキスをまとめた本《ほん》。

エキストラ (extra) 名詞 劇《げき》や映画《えいが》で、簡単《かんたん》な役《やく》をするために、臨時《りんじ》にやとわれる人《ひと》。ことば オランダ語《ご》の「エキストラクト」の略《りゃく》。

エキスパート (expert) 名詞 あることがらについて、とくにすぐれた才能《さいのう》やわざを持《も》つ人《ひと》。

エキスパンダー (expander) 名詞 筋肉《きんにく》の力《ちから》を強《つよ》くするための体操用具《たいそうようぐ》。手《て》や足《あし》につけて、両端《りょうはし》を引《ひ》っ張《ぱ》って使《つか》う。

えきする【益する】 動詞 ためになる。利益《りえき》をあたえる。例 社会《しゃかい》に益する仕事《しごと》をする。

エキゾチック (exotic) 形容動詞 外国風《がいこくふう》の感《かん》じがするようす。異国情緒《いこくじょうちょ》があるようす。例 神《こう》戸《べ》のエキゾチックな町並《まちな》み。

えきたい【液体】 名詞 水《みず》・油《あぶら》・アルコールなど、入《い》れ物《もの》により形《かたち》は変《か》わるが、体積《たいせき》は変《か》わらない性質《せいしつ》を持《も》っているもの。関連 気体《きたい》。固体《こたい》。

えきたいくうき【液体空気】 名詞 空気《くうき》を低《ひく》い温度《おんど》で圧縮《あっしゅく》して、液体《えきたい》にしたもの。うすい青色《あおいろ》をしている。

えきたいねんりょう【液体燃料】 名詞 石《せき》油《ゆ》やアルコールのような、液体《えきたい》の燃料《ねんりょう》。

えきだめ【液だめ】 名詞 温度計《おんどけい》で、温度《おんど》を指《さ》し示《しめ》すための液体《えきたい》が入《はい》っている部分《ぶぶん》。

えきちゅう【益虫】 名詞 人間《にんげん》のために役《やく》に立《た》つ虫《むし》。対 害虫《がいちゅう》。参考 植物《しょくぶつ》につく害虫《がいちゅう》を食《た》べるてんとう虫《むし》、絹糸《きぬいと》をつくる蚕《かいこ》などをいう。

えきちょう【益鳥】 名詞 害虫《がいちゅう》を食《た》べるなどして、人間《にんげん》のために役《やく》に立《た》つ鳥《とり》。つばめやひばりなど。対 害鳥《がいちょう》。

えきちょう【駅長】 名詞 駅《えき》の仕事《しごと》をしている人《ひと》の中《なか》で、地位《ちい》がいちばん高《たか》く、責任《せきにん》のある人《ひと》。

えきでん【駅伝】 名詞 長《なが》いきょりをいくつかの区間《くかん》に分《わ》け、次々《つぎつぎ》と選手《せんしゅ》がかわって走《はし》る競《きょう》技《ぎ》。「駅伝競走《えきでんきょうそう》」の略《りゃく》。

えきとう【駅頭】 名詞 駅《えき》。また、鉄道《てつどう》の駅《えき》のすぐ近《ちか》く。例 駅頭で演説《えんぜつ》をする。

えきびょう【疫病】 名詞 たちの悪《わる》い伝染病《でんせんびょう》。

えきべん【駅弁】 名詞 鉄道《てつどう》の駅《えき》で売《う》っている弁当《べんとう》。

えきまえ【駅前】 名詞 鉄道《てつどう》の駅《えき》の前《まえ》。例 駅前のバスターミナル。

えきり【疫痢】 名詞 子供《こども》にみられる感染症《かんせんしょう》の一《ひと》つ。高《たか》い熱《ねつ》が出《で》て、けいれんや下痢《げり》を起《お》こす。赤痢菌《せきりきん》が原因《げんいん》の場合《ばあい》が多《おお》い。

エクササイズ (exercise) 名詞 ❶練習問題《れんしゅうもんだい》。

ことわざ　九死《きゅうし》に一生《いっしょう》を得《え》る　ほとんど死《し》にそうだったところを、ようやくのことで命《いのち》が助《たす》かること。

❷運動《うんどう》。体操《たいそう》。

エクスクラメーションマーク ⇒306ページ《ジ》かんたんふ

えくぼ 名詞 笑《わら》ったとき、ほおにできる小《ちい》さなくぼみ。

えグラフ【絵グラフ】 名詞 物《もの》の数《かず》や量《りょう》の割《わり》合《あい》を、その物《もの》の絵《え》で表《あらわ》したグラフ。

えぐりとる【えぐり取る】 動詞 刃物《はもの》などをつきさし、回《まわ》すようにして切《き》りとる。例 玉《たま》ねぎのしんをえぐり取る。

えぐる 動詞
❶刃物《はもの》などをつきさし、回《まわ》してほりぬく。例 りんごのくさったところをえぐる。
❷人《ひと》の心《こころ》に強《つよ》い苦痛《くつう》をあたえる。例 胸《むね》をえぐるようなことば。
❸ものごとを明《あき》らかにしようと、するどくつく。例 事件《じけん》の真相《しんそう》をえぐる。

エクレア (フランス語) 名詞 細長《ほそなが》いシュークリームの上《うえ》にチョコレートをぬった洋菓子《ようがし》。

えげつない 形容詞 言《い》い方《かた》やり方《かた》が下品《げひん》でひどい。ことば もとは関西地方《かんさいちほう》の方言《ほうげん》。

エコ 名詞 英語《えいご》の「エコロジー」の略《りゃく》。とくに、自然《しぜん》や環境《かんきょう》を守《まも》ろうという考《かんが》え。例 エコマーク。ことば ほかのことばの前《まえ》につけて、「環境《かんきょう》に気《き》をつかった」という意味《いみ》を表《あらわ》す。

エゴイスト (egoist) 名詞 自分《じぶん》のことしか考《かんが》えない人《ひと》。利己主義者《りこしゅぎしゃ》。

エゴイズム (egoism) 名詞 自分《じぶん》さえよければ、ほかの人《ひと》のことはどうでもよいという考《かんが》え方《かた》。類 利己主義《りこしゅぎ》。

えこう【回向】 名詞 動詞 死《し》んだ人《ひと》のたましいをなぐさめるために、お経《きょう》を読《よ》んでいのること。

エコカー 名詞 排気《はいき》ガスにふくまれる汚染物質《おせんぶっしつ》を少《すく》なくした自動車《じどうしゃ》。電気自動車《でんきじどうしゃ》や、天然《てんねん》ガスなどを燃料《ねんりょう》とした自動車《じどうしゃ》、ハイブリッドカーなど。ことば 英語《えいご》をもとに日本《にほん》で作《つく》られたことば。

えこじ ⇒153ページ《ジ》いこじ

エコスクール 名詞 環境《かんきょう》に配慮《はいりょ》した設備《せつび》をととのえたり、環境《かんきょう》を守《まも》るための活動《かつどう》を行《おこな》ったりしている学校《がっこう》。ことば 英語《えいご》をもとに日本《にほん》で作《つく》られたことば。参考 太陽光発電《たいようこうはつでん》や太陽熱《たいようねつ》を利用《りよう》したり、屋上《おくじょう》や屋外《おくがい》に草木《くさき》を植《う》えたりするなど、さまざまなとりくみが行《おこな》われている。

⇒79ページ《ジ》 社会へのとびら

エコタウン 名詞 ごみを出《だ》さない社会《しゃかい》を目指《めざ》し、環境《かんきょう》と調和《ちょうわ》したまちづくりが進《すす》められる地域《ちいき》。ことば 英語《えいご》をもとに日本《にほん》で作《つく》られたことば。

エコツアー 名詞 自然《しぜん》や文化《ぶんか》を大切《たいせつ》にしながら、自然《しぜん》そのものや、人《ひと》と自然《しぜん》とのかかわりを楽《たの》しむことを目的《もくてき》に計画《けいかく》された旅行《りょこう》。ことば 英《えい》語《ご》をもとに日本《にほん》で作《つく》られたことば。

エコノミー (economy) 名詞
❶経済《けいざい》。
❷節約《せつやく》。例 エコノミークラス（＝旅客機《りょかっき》などで、運賃《うんちん》の安《やす》い普通席《ふつうせき》）。

エコバッグ 名詞 買《か》った品物《しなもの》を入《い》れて持《も》ち歩《ある》くための、自分《じぶん》で用意《ようい》するバッグ。ことば 英語《えいご》をもとに日本《にほん》で作《つく》られたことば。

えこひいき 名詞 動詞 好《す》きな人《ひと》だけをとくにかわいがること。

エコマーク 名詞 資源《しげん》を再利用《さいりよう》した商品《しょうひん》など、環境《かんきょう》を守《まも》ることを考《かんが》えてつくられていると認《みと》められた商品《しょうひん》についているマーク。ことば 英語《えいご》をもとに日本《にほん》で作《つく》られたことば。

エコマーク

エコロジー (ecology) 名詞
❶生物《せいぶつ》と環境《かんきょう》の関係《かんけい》や、生物同士《せいぶつどうし》の関係《かんけい》を考《かんが》える科学《かがく》。生態学《せいたいがく》。
❷人間《にんげん》の利害《りがい》にとらわれないで、自然《しぜん》を守《まも》ろうという運動《うんどう》。

えコンテ【絵コンテ】 名詞 映画《えいが》などのさつえいのために、それぞれの場面《ばめん》の物《もの》の位置《いち》や人《ひと》の動《うご》きなどを絵《え》で示《しめ》した台本《だいほん》。

えさ【餌】 名詞
❶鳥《とり》・けもの・魚《さかな》・虫《むし》などの生《い》き物《もの》を育《そだ》てたり、とらえたりするための食物《しょくもつ》。え。
❷人《ひと》をおびき寄《よ》せたり、さそったりするためのもの。例 おやつを餌に妹《いもうと》をさそい出《だ》す。

えざら【絵皿】 名詞
❶風景《ふうけい》や花《はな》などの絵《え》がかいてある、部屋《へや》のかざりに使《つか》う皿《さら》。例 たなに絵皿をかざる。
❷日本画《にほんが》で、絵《え》の具《ぐ》をとくときに使《つか》う皿《さら》。

えし【絵師】 名詞

都《と》にある清水寺《きよみずでら》の本堂《ほんどう》の一部《いちぶ》のことで、高《たか》いがけの上《うえ》に張《は》り出《だ》すようにつくられていることから。

あいうえお
え
かきくけこ
さしすせそ
たちつてと
なにぬねの
はひふへほ
まみむめも
や ゆ よ
らりるれろ
わ を ん

❶画家《がか》。絵《え》かき。
❷昔《むかし》、日本《にほん》で、朝廷《ちょうてい》や幕府《ばくふ》に属《ぞく》した画家《がか》。

えじき【餌食】 名詞 ❶ほかの動物《どうぶつ》のえさとなる生《い》き物《もの》。例 傷《きず》ついたしまうまが、ライオンの餌食になった。
❷だまされて利用《りよう》されること。ぎせいになること。例 悪人《あくにん》の餌食になる。

エジソン 名詞（一八四七～一九三一）アメリカの発明家《はつめいか》。映写機《えいしゃき》・電灯《でんとう》・蓄音機《ちくおんき》など数多《かずおお》くの発《はつ》明《めい》をして、「発明王《はつめいおう》」といわれている。トーマス（トマス）＝エジソン。

エジプト ⇩153ページ エジプトアラブきょうわこく

エジプトアラブきょうわこく【エジプト・アラブ共和国】 名詞 アフリカの北東部《ほくとうぶ》にある国《くに》。ナイル川《がわ》を中心《ちゅうしん》に古《ふる》くから文明《ぶんめい》が栄《さか》え、今《いま》もピラミッドやスフィンクスなどが残《のこ》っている。農業《のうぎょう》がさかん。首《しゅ》都《と》はカイロ。「エジプト」ともいう。

（国旗《こっき》）

エジプトもじ【エジプト文字】 名詞 古代《こだい》エジプトで使《つか》われた文字《もじ》。もっとも古《ふる》いものは象形文字《しょうけいもじ》で、「ヒエログリフ」と呼《よ》ばれる。

えしゃく【会釈】 名詞 動詞 少《すこ》し頭《あたま》を下《さ》げて、おじぎをすること。例 先生《せんせい》に会釈する。

エス【S】 名詞 服《ふく》などのサイズがふつうより小《ちい》さいことを表《あらわ》す記号《きごう》。S《エス》サイズ。関連 M《エム》。L《エル》。

えず【絵図】 名詞 ❶絵《え》。
❷家《いえ》や土地《とち》の平面図《へいめんず》。絵図面《えずめん》。

エスエヌエス【SNS】 ⇩754ページ ソーシャルネットワーキングサービス

エスエフ【SF】 名詞 科学《かがく》をもとに、空想《くうそう》の世界《せかい》をえがいた小説《しょうせつ》。「空想科学小説《くうそうかがくしょうせつ》」ともいう。ことば 英語《えいご》の「サイエンスフィクション」の頭文字《かしらもじ》からできたことば。

エスエル【SL】 名詞 「蒸気機関車《じょうききかんしゃ》」のこと。

エスオーエス【SOS】 名詞 ❶飛行機《ひこうき》や船《ふね》が遭難《そうなん》したときに、助《たす》けを求《もと》めるために使《つか》われていた無線電信《むせんでんしん》の信号《しんごう》。
❷困《こま》ったときなどに人《ひと》に助《たす》けを求《もと》めること。また、そのサイン。例 わからない問題《もんだい》があったので、先生《せんせい》にSOSを出《だ》す。
ことば 単《たん》なる信号《しんごう》として定《さだ》められたもので、「SOS」の文字自体《もじじたい》に意味《いみ》はない。

エスカレーター（escalator）名詞 電気《でんき》の力《ちから》で動《うご》き、人《ひと》を上《うえ》や下《した》へ運《はこ》ぶ、階段《かいだん》の形《かたち》をした装《そう》置《ち》。

エスカレート（escalate）名詞 動詞 ものごとの程度《ていど》や規模《きぼ》が、だんだん大《おお》きく、激《はげ》しくなっていくこと。例 さわぎがエスカレートする。

エスキモー（Eskimo）名詞 北極海《ほっきょくかい》に近《ちか》い地《ち》方《ほう》に古《ふる》くから住《す》んでいる人々《ひとびと》。イヌイットもふ

辞典《じてん》の外《そと》に飛《と》びだそう！

社会《しゃかい》へのとびら

エコカー

地球《ちきゅう》にやさしい自動車《じどうしゃ》

ガソリンではなく電気《でんき》で走《はし》る車《くるま》を知《し》っているかな？　電池《でんち》を充電《じゅうでん》して走《はし》る電気自動車《でんきじどうしゃ》だ。

クリーンな自動車《じどうしゃ》

ガソリン自動車《じどうしゃ》の排気《はいき》ガスには二酸《にさん》化炭素《かたんそ》や一酸化炭素《いっさんかたんそ》などがふくまれていて、地球温暖化《ちきゅうおんだんか》や大気汚染《たいきおせん》の原因《げんいん》となる。一方《いっぽう》、電気自動車《でんきじどうしゃ》は電気《でんき》モーターを使《つか》って走《はし》るため、排気《はいき》ガスをまったく出《だ》さない。地球《ちきゅう》にやさしい自《じ》動車《どうしゃ》なんだ。

ほかにもあるエコカー

たとえばハイブリッドカーは、ガソリンエンジンと電気《でんき》モーターの両方《りょうほう》を使《つか》う車《くるま》で、より少《すく》ない燃料《ねんりょう》で、空《くう》気《き》もあまりよごさずに走《はし》ることができる。ハイブリッドカーのなかでもプラグインハイブリッドカーは、バッテリーの容量《ようりょう》も大《おお》きくて、家庭《かてい》のコンセントから充電《じゅうでん》できるんだよ。

充電中《じゅうでんちゅう》の電気自動車《でんきじどうしゃ》

もっとしらべてみよう！

●参考《さんこう》ホームページ
トヨタ　クルマこどもサイト「環境《かんきょう》にやさしいクルマづくり」
https://www.toyota.co.jp/jp/kids/eco/index.html

●参考図書《さんこうとしょ》
「エコカーのしくみ見学《けんがく》」（全《ぜん》４巻《かん》）（ほるぷ出版《しゅっぱん》）

ことわざ　**清水《きよみず》の舞台《ぶたい》から飛《と》び降《お》りる**　思《おも》いきってものごとを行《おこな》うことのたとえ。「清水《きよみず》の舞台《ぶたい》」は、京《きょう》

くまれる。

エスきょく【S極】名詞 棒磁《ぼうじ》石《しゃく》を自由《じゆう》に回《かい》転《てん》できるようにしておいたとき、南《みなみ》の方《ほう》を指《さ》すはしの部分《ぶぶん》。対 N極《エヌきょく》。

エスジーマーク【SGマーク】名詞 生活《せいかつ》用《よう》の製品《せいひん》が安全《あんぜん》であることを表《あらわ》すしるし。
ことば「SG《エスジー》」は「安全《あんぜん》な製品《せいひん》」という意味《いみ》の英語《えいご》の頭《かしら》文字《もじ》。

エスディージーズ【SDGs】名詞 二〇一五年《ねん》の国連《こくれん》サミットで採択《さいたく》された、「持続可《じぞくか》能《のう》な開発目標《かいはつもくひょう》」のこと。貧困《ひんこん》、男女平等《だんじょびょうどう》、気《き》候変動《こうへんどう》、自然環境《しぜんかんきょう》などに関《かん》する十七項目《じゅうななこうもく》が、二〇三〇年《ねん》までの世界共通《せかいきょうつう》の目標《もくひょう》として定《さだ》められている。

エスは【S波】名詞 地震《じしん》のときに、P波《ピーは》（＝最初《さいしょ》に届《とど》く縦波《たてなみ》）よりおくれて届《とど》く横波《よこなみ》。関連 P波《ピーは》。
ことば「S《エス》」は、「第二波《だいには》」という意味《いみ》の英語《えいご》の頭《かしら》文字《もじ》。

エスペラント 名詞 世界《せかい》じゅうの人《ひと》に通《つう》じるように、世界《せかい》の共通語《きょうつうご》を目指《めざ》して作《つく》られたことば。参考 ポーランドのザメンホフが考《かんが》え出《だ》した。

えずめん【絵図面】⇒153ページ《ジ》 えず❷

えぞ 名詞
❶昔《むかし》、東北地方《とうほくちほう》から北海道《ほっかいどう》にかけて住《す》んでいた人々《ひとびと》を呼《よ》ぶ言《い》い方《かた》。
❷⇒154ページ《ジ》 えぞち

えぞち【えぞ地】名詞 明治時代以前《めいじじだいいぜん》の、北海《ほっかい》道《どう》・千島《ちしま》・樺太《からふと》の呼《よ》び名《な》。えぞ。

えぞまつ【えぞ松】名詞 松《まつ》のなかま。北海道《ほっかいどう》などの寒《さむ》い土地《とち》に生《は》える。パルプの原料《げんりょう》や建《けん》築《ちく》などの材料《ざいりょう》に使《つか》う。

えそらごと【絵空事】名詞 現実《げんじつ》にはありえない、つくりごと。うそだったり大《おお》げさだったりして、実際《じっさい》とはちがうこと。例 絵空事ばかり言《い》っていてもしかたがない。

えだ【枝】名詞
❶木《き》の幹《みき》から分《わ》かれている部分《ぶぶん》。対 幹《みき》。
❷もとになるものから分《わ》かれたもの。例 枝道《みち》。

漢 **えだ**
【枝】〔木〕きへん
8画　5年　音 シ　訓 えだ
一 十 才 木 木一 村 枝 枝

❶えだ。木《き》の幹《みき》から分《わ》かれている部分《ぶぶん》。例 小《こ》枝《えだ》。❷本《ほん》すじから分《わ》かれたもの。例 枝川《えだがわ》／枝《えだ》道《みち》。

えたいがしれない【得体が知れない】ほんとうのすがたがわからない。正体《しょうたい》がわからない。例 得体が知れない人物《じんぶつ》。

えだうち【枝打ち】名詞 動詞 木《き》のかれ枝《えだ》や下《した》の枝《えだ》を切《き》り落《お》とすこと。木《き》の生長《せいちょう》をよくするためや、節《ふし》のない木材《もくざい》をつくるために行《おこな》う。

えだがわ【枝川】名詞 本流《ほんりゅう》に流《なが》れこむ川《かわ》。また、本流《ほんりゅう》から分《わ》かれ出《で》た川《かわ》。支流《しりゅう》。

えだは【枝葉】名詞
❶枝《えだ》と葉《は》。
❷ものごとのあまり大切《たいせつ》でない細《こま》かい部分《ぶぶん》。例 枝葉にとらわれてはいけない。

えだぶり【枝ぶり】名詞 枝《えだ》の形《かたち》。枝《えだ》のつき具《ぐ》合《あい》。例 枝ぶりのよい松《まつ》の木《き》。

えだまめ【枝豆】名詞 季語 秋 まだ熟《じゅく》していない大豆《だいず》を、枝《えだ》ごと切《き》りとったもの。ふつう、さやのままゆでて、中《なか》の豆《まめ》を食《た》べる。

えだまめ

えだみち【枝道】名詞
❶本道《ほんどう》から分《わ》かれ出《で》た細《ほそ》い道《みち》。横道《よこみち》。脇道《わきみち》。
❷ものごとの本筋《ほんすじ》から外《はず》れたところ。例 話《はなし》が枝道にそれる。類 横道《よこみち》。脇道《わきみち》。

えだわかれ【枝分かれ】名詞 動詞
❶幹《みき》や枝《えだ》から、別《べつ》の枝《えだ》が分《わ》かれ出《で》ること。
❷もとは一《ひと》つのものが、とちゅうからいくつかのものに分《わ》かれること。例 川《かわ》の流《なが》れが枝分かれする。

エチオピア⇒154ページ《ジ》 エチオピアれんぽうみんしゅきょうわこく

エチオピアれんぽうみんしゅきょうわこく【エチオピア連邦民主共和国】名詞 アフリカ北東部《ほくとうぶ》にある国《くに》。おもな産業《さんぎょう》は農業《のうぎょう》で、コーヒーの原産地《げんさんち》。首都《しゅと》はアディスアベバ。「エチオピア」ともいう。

（国旗《こっき》）

エチケット（フランス語）名詞 礼儀《れいぎ》。作法《さほう》。例

ごとの細《こま》かいところばかりを気《き》にして、全体《ぜんたい》が見《み》えないことのたとえ。

山《やま》では、ごみは持《も》ち帰《かえ》るのがエチケットだ。今《いま》の

えちご【越後】 名詞 昔《むかし》の国《くに》の名《な》の一《ひと》つ。今の新潟《にいがた》県の大部分《だいぶぶん》に当《あ》たる。

えちごさんみゃく【越後山脈】 名詞 新潟県《にいがたけん》と福島県《ふくしまけん》・群馬県《ぐんまけん》の境《さかい》に連《つら》なる山脈《さんみゃく》。

えちごへいや【越後平野】 名詞 新潟県中《にいがたけんちゅう》部《ぶ》にある平野《へいや》。日本海《にほんかい》に面《めん》し、信濃川《しなのがわ》と阿賀野《あがの》川《がわ》が流《なが》れる。稲作《いなさく》がさかん。新潟市《にいがたし》がある。「新潟平野《にいがたへいや》」ともいう。

えちごや【越後屋】 名詞 一六七三年《ねん》に、三井《みつい》高利《たかとし》が、江戸日本橋《えどにほんばし》に開《ひら》いた呉服店《ごふくてん》。

えちず【絵地図】 名詞 絵《え》で表《あらわ》した地図《ちず》。

えちぜん【越前】 名詞 昔《むかし》の国《くに》の名《な》の一《ひと》つ。今《いま》の福井県《ふくいけん》の東部《とうぶ》に当《あ》たる。

えちぜんはん【越前藩】 ⇒1148ページ ふくいはん

えっきょう【越境】 名詞 動詞 国境《こっきょう》などのような、土地《とち》の境目《さかいめ》をこえること。例 越境入学《にゅうがく》（=定《さだ》められた学区《がっく》の公立学校《こうりつがっこう》ではなく、ほかの学区《がっく》の学校《がっこう》に入《はい》ること）。

エックスせん【X線】 名詞 目《め》には見《み》えないが、物《もの》を通《とお》りぬける力《ちから》の強《つよ》い光線《こうせん》。体《からだ》の中《なか》の骨《ほね》や肺《はい》などを写真《しゃしん》にとり、ようすを調《しら》べるときに使《つか》う。「レントゲン線《せん》」ともいう。参考 一八九五年《ねん》、ドイツのレントゲンが発見《はっけん》した。

えつけ【絵付け】 名詞 動詞 陶磁器《とうじき》に絵《え》や模様《もよう》をかいて、焼《や》きつけること。

えづけ【餌付け】 名詞 動詞 野生《やせい》の動物《どうぶつ》にえさをあたえて、人間《にんげん》に慣《な》れさせること。例 この公園《こうえん》では、野鳥《やちょう》の餌付けは禁止《きんし》されている。

エッセー (essay) 名詞 考《かん》えたことや感《かん》じたことを、自由《じゆう》な形式《けいしき》で書《か》いた文章《ぶんしょう》。随筆《ずいひつ》。

エッセンス (essence) 名詞 ❶植物《しょくぶつ》などからとり出《だ》した、かおりの成分《せいぶん》。食品《しょくひん》などの香《かお》りづけに使《つか》う。例 バニラエッセンス。❷ものごとの本質《ほんしつ》となる部分《ぶぶん》。例 江戸文化《えどぶんか》のエッセンスをわかりやすく解説《かいせつ》した本《ほん》。

エッチアイブイ【HIV】 名詞 人間《にんげん》の体《からだ》の免疫《めんえき》のはたらきを弱《よわ》めて、エイズの原因《げんいん》となるウイルス。「ヒト免疫不全《めんえきふぜん》ウイルス」ともいう。

エッチアイブイかんせんしょう【HIV感染症】 名詞 HIV《エッチアイブイ》ウイルスが体《からだ》の中《なか》に入《はい》ることによって起《お》こる病気《びょうき》。ひどくなると、「エイズ」と呼《よ》ばれる状態《じょうたい》になる。

エッチティーエムエル【HTML】 名詞 インターネットのホームページをつくるときに使《つか》われる、コンピューター用《よう》の言語《げんご》。

えっちゅう【越中】 名詞 昔《むかし》の国《くに》の名《な》の一《ひと》つ。今《いま》の富山県《とやまけん》に当《あ》たる。

エッチング (etching) 名詞 版画印刷《はんがいんさつ》の方法《ほうほう》の一《ひと》つ。また、その方法《ほうほう》でつくった作品《さくひん》。銅板《どうばん》にろうをぬって針《はり》で絵《え》をほり、そこを硝酸《しょうさん》でくさらせて、版《はん》をつくる。

えっとう【越冬】 名詞 動詞 冬《ふゆ》をこすこと。冬《ふゆ》の季節《きせつ》を乗《の》りきること。例 つるの越冬地《ち》。

えつにいる【悦に入る】 ものごとがうまくいって、心《こころ》の中《なか》で喜《よろこ》ぶ。ひとりでうれしがる。例 自分《じぶん》がかいた絵《え》を見《み》て、悦に入っている。

えつねん【越年】 名詞 動詞 年《とし》をこして、新年《しんねん》をむかえること。年越《としこ》し。使い方 「入る」を「はいる」と読《よ》まないよう注意《ちゅうい》。

えつねんそう【越年草】 ⇒999ページ にねんそう

えつらん【閲覧】 名詞 動詞 本《ほん》・新聞《しんぶん》・書類《しょるい》などを調《しら》べたり、読《よ》んだりすること。例 閲覧室《しつ》。

えて【得手】 名詞 形容動詞 得意《とくい》なこと。例 得手、不得手《ふえて》はだれにでもあるものだ。対 不得手《ふえて》。

えてかって【得手勝手】 名詞 形容動詞 ほかの人《ひと》のことを考《かんが》えず、自分《じぶん》に都合《つごう》のよいことだけをすること。わがまま。自分勝手《じぶんかって》。例 ずいぶん得手勝手なやり方《かた》だ。

えてがみ【絵手紙】 名詞 手《て》がきの絵《え》を中心《ちゅうしん》にして書《か》いた手紙《てがみ》。商標名《しょうひょうめい》。

えてして【得てして】 副詞 そうなることが多《おお》いようす。とかく。例 大《おお》きな失敗《しっぱい》をすると、得てして弱気《よわき》になるものだ。使い方 あとにはよくない意味《いみ》のことばがくる場合《ばあい》が多《おお》い。

えと【干支】 名詞 十干《じっかん》と十二支《じゅうにし》を組《く》み合《あ》わせたもの。昔《むかし》、年月日《ねんがっぴ》・時《とき》・方位《ほうい》などを表《あらわ》すのに使《つか》った。「甲子《きのえね》」「丙午《ひのえうま》」など六十種類《ろくじっしゅるい》ある。

⇒669ページ 伝統コラム ⇒1451ページ 干支《えと》

えど【江戸】 名詞 東京《とうきょう》の昔《むかし》の呼《よ》び名《な》。教科 社 江《え》戸《ど》時代《じだい》には、「将軍《しょうぐん》のおひざもと」と呼《よ》ばれ、人口《じんこう》が百万人《ひゃくまんにん》をこえる大都市《だいとし》となった。参考 今《いま》でも、東京《とうきょう》に生《う》まれ育《そだ》った人《ひと》を「江戸《えど》っ子《こ》」、東京風《とうきょうふう》のすしを「江戸前《えどまえ》」などという。

●**江戸《えど》の敵《かたき》を長崎《ながさき》で討《う》つ** ⇒77ページ ことわざ

ことわざ **木《き》を見《み》て森《もり》を見《み》ず** 木《き》の一本一本《いっぽんいっぽん》は見《み》ていても森全体《もりぜんたい》のことは見《み》ていないという意味《いみ》で、もの

えとく【会得】 名詞 動詞 ものごとのやり方《かた》や知識《ちしき》などをじゅうぶんにわかって、自分《じぶん》のものとすること。例 こつを会得する。類 体得《たいとく》。

えどじだい【江戸時代】 名詞 一六〇三年《ねん》に徳川家康《とくがわいえやす》が江戸《えど》に幕府《ばくふ》を開《ひら》いてから、一八六七年《ねん》に明治政府《めいじせいふ》ができるまでの約《やく》二百六十《にひゃくろくじゅう》年《ねん》の間《あいだ》。「徳川時代《とくがわじだい》」ともいう。

えどじょう【江戸城】 名詞 江戸幕府《えどばくふ》がおかれた城《しろ》。一四五七年《ねん》に、太田道灌《おおたどうかん》が江戸《えど》に築《きず》き、一五九〇年《ねん》に、徳川家康《とくがわいえやす》が入《はい》った。明治時代《めいじじだい》から、皇居《こうきょ》となっている。

えどっこ【江戸っ子】 名詞 江戸《えど》で生《う》まれて、江戸《えど》で育《そだ》った人《ひと》。参考 今《いま》では、東京《とうきょう》で生《う》まれ育《そだ》った人《ひと》にもいう。

えどばくふ【江戸幕府】 名詞 一六〇三年《ねん》に徳川家康《とくがわいえやす》が江戸《えど》（＝今《いま》の東京《とうきょう》）に開《ひら》いた政権《せいけん》。「徳川幕府《とくがわばくふ》」ともいう。

えとろふとう【択捉島】 名詞 北海道東部《ほっかいどうとうぶ》の千島列島《ちしまれっとう》にある島《しま》。千島列島《ちしまれっとう》中《ちゅう》最大《さいだい》。参考 第《だい》二次世界大戦《にじせかいたいせん》のとき、ソ連軍《れんぐん》に占領《せんりょう》され、その後《ご》、日本《にほん》とロシアとの間《あいだ》で領土交渉《りょうどこうしょう》が続《つづ》いている。

エナメル（enamel） 名詞 ❶金属《きんぞく》のうつわなどの表面《ひょうめん》に焼《や》きつける、ガラス質《しつ》の上薬《うわぐすり》。ほうろう。❷ニスに色《いろ》をつけた塗料《とりょう》。くつやハンドバッグなどに使《つか》う。

エナメルしつ【エナメル質】 名詞 歯《は》の表面《ひょうめん》をおおっている、かたい物質《ぶっしつ》。中《なか》の象牙質《ぞうげしつ》を守《まも》っている。図 1034ページ は〔歯〕

エナメルせん【エナメル線】 名詞 銅線《どうせん》にエナメルをぬって、電流《でんりゅう》が外《そと》に流《なが》れ出《で》ないようにした電線《でんせん》。

えにっき【絵日記】 名詞 毎日《まいにち》のできごとを、絵《え》と短《みじか》い文章《ぶんしょう》でかいた日記《にっき》。

エヌエイチケー【ＮＨＫ】 名詞 日本《にほん》の公共放送《こうきょうほうそう》を行《おこな》っている放送局《ほうそうきょく》。正式《せいしき》には「日本《にっぽん》放送協会《ほうそうきょうかい》」。ことば「Nippon Hoso Kyokai」の頭《かしら》文字《もじ》をつないだことば。

エヌきょく【Ｎ極】 名詞 棒磁石《ぼうじしゃく》を自由《じゆう》に回転《かいてん》できるようにしておいたとき、北《きた》の方《ほう》を指《さ》すはしの部分《ぶぶん》。対 Ｓ極《エスきょく》。

エヌジーオー【ＮＧＯ】 名詞 お金《かね》もうけを目的《もくてき》とせず、政府《せいふ》に属《ぞく》さない団体《だんたい》。日本《にほん》では、難民《なんみん》への支援《しえん》、環境保護《かんきょうほご》などの国際協力《こくさいきょうりょく》を行《おこな》う団体《だんたい》をいう場合《ばあい》が多《おお》い。「非政府組織《ひせいふそしき》」ともいう。

エヌピーオー【ＮＰＯ】 名詞 お金《かね》もうけを目的《もくてき》とせず、政府《せいふ》や企業《きぎょう》に属《ぞく》さない団体《だんたい》。さまざまな社会的活動《しゃかいてきかつどう》を行《おこな》う。「民間非営利団体《みんかんひえいりだんたい》」「非営利組織《ひえいりそしき》」などともいう。

エネルギー（ドイツ語） 名詞 ❶ある物《もの》が持《も》っている、仕事《しごと》をする力《ちから》。例 上《うえ》から落《お》ちる水《みず》のエネルギーで発電《はつでん》する。❷活動《かつどう》するための心《こころ》や体《からだ》の力《ちから》。例 マラソンでエネルギーを使《つか》いきる。

えのきたけ 名詞 きのこの一《ひと》つ。ねばり気《け》があり、かさは茶色《ちゃいろ》っぽくて大《おお》きい。食用《しょくよう》になる。さいばいされたものは白《しろ》っぽくて細長《ほそなが》く、かさが小《ちい》さい。図 336ページ きのこ

えのぐ【絵の具】 名詞 絵《え》に色《いろ》をつけるための材料《ざいりょう》。例 水彩《すいさい》絵の具。

えのころぐさ【えのころ草《くさ》】 名詞 季語 秋 いねのなかまの草《くさ》の一《ひと》つ。草地《くさち》や道《みち》ばたなどに生《は》え、太《ふと》い緑色《みどりいろ》の穂《ほ》をつける。「ねこじゃらし」ともいう。

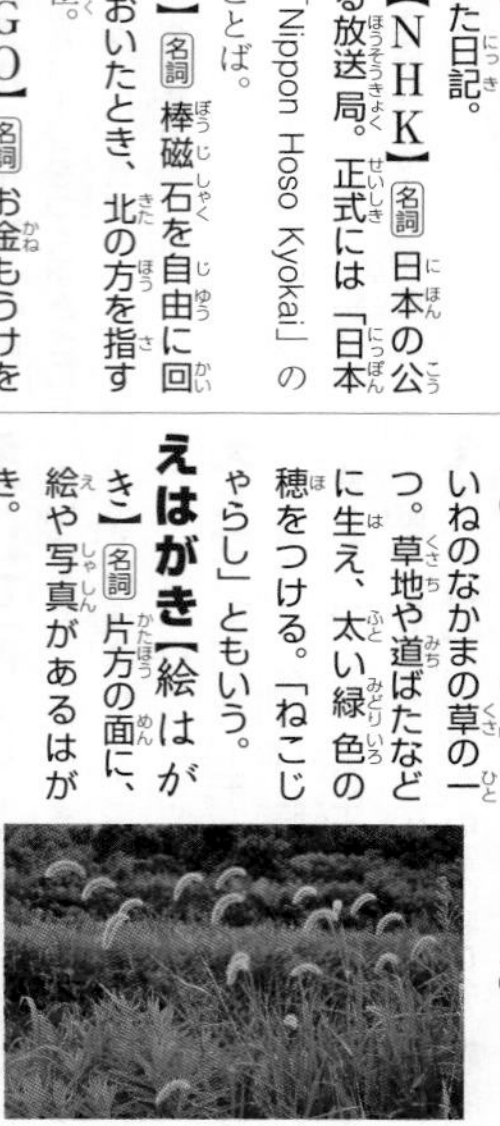
えのころぐさ

えはがき【絵はがき】 名詞 片方《かたほう》の面《めん》に、絵《え》や写真《しゃしん》があるはがき。

えび 名詞 海《うみ》や川《かわ》にすみ、かたいからで包《つつ》まれ、十本《じっぽん》の足《あし》と二対《につい》の触角《しょっかく》を持《も》つ動物《どうぶつ》。いろいろな種類《しゅるい》があり、多《おお》くは食《た》べられる。ことば 漢字《かんじ》では「海老」「蝦」と書《か》く。

えびでたいを釣《つ》る ことわざ わずかなお金《かね》や少《すこ》しのはたらきで、たくさんの利益《りえき》を手《て》に入《い》れることのたとえ。

えびす【恵比寿・恵比須】 名詞 七福神《しちふくじん》の一人《ひとり》で、商売《しょうばい》や漁業《ぎょぎょう》の神《かみ》。右手《みぎて》につりざおを持《も》ち、左手《ひだりて》でたいをかかえている。図 577ページ しちふくじん

エピソード（episode） 名詞 ❶ある人《ひと》やできごとについての、ちょっとしたおもしろい話《はなし》。逸話《いつわ》。例 旅行《りょこう》でのエピソード。❷物語《ものがたり》の間《あいだ》にはさみこまれた短《みじか》い話《はなし》。挿話《そうわ》。

とばかり、また、いいことばかりが続《つづ》くことはない、ということ。

えびちゃいろ【えび茶色】 名詞 少《すこ》し黒《くろ》っぽい赤《あか》茶色《ちゃいろ》。

えびちゃいろ

えひめけん【愛媛県】 名詞 四国《しこく》地方《ちほう》の北西部《ほくせいぶ》にある県《けん》。みかんの代表的《だいひょうてき》な産地《さんち》。県庁《けんちょう》は松山市《まつやまし》にある。

エピローグ（epilogue） 名詞 ❶詩《し》や小説《しょうせつ》、演劇《えんげき》などの、終《お》わりの部分《ぶぶん》。対 プロローグ。❷ものごとの終《お》わりの部分《ぶぶん》。対 プロローグ。

エフエム【FM】 名詞 ❶放送《ほうそう》に使《つか》う電波《でんぱ》の一《ひと》つ。雑音《ざつおん》が少《すく》なく、自然《しぜん》に近《ちか》い音《おと》を伝《つた》える。❷「エフエム放送《ほうそう》」の略《りゃく》。

エフエムほうそう【FM放送】 名詞 エフエム（=❶）を使《つか》うラジオ放送《ほうそう》。略《りゃく》して「エフエム」ともいう。

えふで【絵筆】 名詞 絵《え》をかくときに使《つか》う筆《ふで》。

エフティーエー【FTA】 名詞 「自由貿易協定《じゆうぼうえききょうてい》」のこと。国《くに》や地域《ちいき》の間《あいだ》で結《むす》ばれる、貿易《ぼうえき》を行《おこな》ううえでの取《と》り決《き》め。関税《かんぜい》や輸出入《ゆしゅつにゅう》にかかわる制限《せいげん》をなくしたり減《へ》らしたりして、なるべく自由《じゆう》に貿易《ぼうえき》ができるようにするためのもの。

えふみ【絵踏み】 名詞 江戸時代《えどじだい》に、人々《ひとびと》がキリスト教《きょう》の信者《しんじゃ》かどうかを見分《みわ》けるために、幕府《ばくふ》が行《おこな》ったこと。キリストやマリアの姿《すがた》をほった板《いた》を足《あし》でふませて、信者《しんじゃ》ではないことを証明《めい》させた。

エプロン（apron） 名詞 仕事《しごと》などをするとき、服《ふく》がよごれないように体《からだ》の前側《まえがわ》に着《つ》けるもの。

エフワンレース【F1レース】 名詞 国際《こくさい》自動車連盟《じどうしゃれんめい》が行《おこな》う四輪自動車《よんりんじどうしゃ》レースのうち、もっとも性能《せいのう》が高《たか》い一人《ひとり》乗《の》りの競走用《きょうそうよう》自動車《じどうしゃ》で行《おこな》われるレース。

エベレスト 名詞 南《みなみ》アジアのヒマラヤ山脈《さんみゃく》にある、世界《せかい》でいちばん高《たか》い山《やま》。高《たか》さ八八四八メートル。「チョモランマ」ともいう。

えぼし 名詞 昔《むかし》、成人《せいじん》した男《おとこ》の人《ひと》がかぶった帽子《ぼうし》。今《いま》では、神主《かんぬし》やすもうの行司《ぎょうじ》などがかぶる。

えぼし

エボナイト（ebonite） 名詞 生《なま》ゴムに硫黄《いおう》を混《ま》ぜてつくった、黒《くろ》くてかたい物質《ぶっしつ》。万年筆《まんねんひつ》や電気器具《でんききぐ》などに使《つか》われる。

えほん【絵本】 名詞 絵《え》を中心《ちゅうしん》にしてかかれた本《ほん》。

えま【絵馬】 名詞 願《ねが》いごとや、それがかなったときのお礼《れい》のために神社《じんじゃ》や寺《てら》に納《おさ》める、馬《うま》の絵《え》などをかいた額《がく》。

えま

えまきもの【絵巻物】 名詞 物語《ものがたり》や伝説《でんせつ》、寺《てら》や神社《じんじゃ》の起《お》こりなどを、絵《え》と短《みじか》い説明《せつめい》で表《あらわ》した巻《ま》き物《もの》。

えみ【笑み】 名詞 にっこりと笑《わら》うこと。ほほえみ。例 やさしい笑みをたたえた仏像《ぶつぞう》。

●**笑《え》みを浮《う》かべる** にっこりと笑《わら》う。ほほえむ。

えむ【笑む】 動詞 笑《わら》う。にっこりする。ほほえむ。漢 ⬇1437ジペー わら-う〔笑〕

エム【M】 名詞 服《ふく》などのサイズが、ふつうくらいの大《おお》きさであることを表《あらわ》す記号《きごう》。M《エム》サイズ。関連 S《エス》。L《エル》。

エムアンドエー【M&A】 名詞 ある会社《かいしゃ》が別《べつ》の会社《かいしゃ》と合体《がったい》したり、別《べつ》の会社《かいしゃ》を買《か》いとったりすること。会社《かいしゃ》を大《おお》きくする方法《ほうほう》として行《おこな》われる。ことば 「M《エム》」は「合併《がっぺい》」、「A《エー》」は「買収《ばいしゅう》」という意味《いみ》の英語《えいご》の頭文字《かしらもじ》。

エムオー【MO】 名詞 レーザー光線《こうせん》と磁気《じき》を使《つか》って、コンピューターのデータを記録《きろく》するもの。MO《エムオー》ディスク。「光磁気《ひかりじき》ディスク」ともいう。

エムディー【MD】 名詞 磁気《じき》や光《ひかり》を利用《りよう》して音《おと》を録音《ろくおん》・再生《さいせい》する、小《ちい》さな円盤《えんばん》。

エムティーサット【MTSAT】 名詞 「運輸多目的衛星《うんゆたもくてきえいせい》」のこと。気象衛星《きしょうえいせい》ひまわり六号《ろくごう》と七号《ななごう》がある。気象観測《きしょうかんそく》のほか、航空《こうくう》に関《かん》する測定《そくてい》も行《おこな》っている。

エメラルド（emerald） 名詞 濃《こ》い緑色《みどりいろ》をした宝石《ほうせき》。

えもじ【絵文字】 名詞 ものごとや考《かんが》えなどを絵《え》で表《あらわ》し、ことばの代《か》わりにしたもの。

えもの【獲物】 名詞 かりや漁《りょう》でとった、鳥《とり》・けもの・魚《さかな》などのこと。

ことわざ　**苦《く》あれば楽《らく》あり**　苦《くる》しいことのあとには、必《かなら》ず楽《たの》しいこともあるものだということ。苦《くる》しいこ

えものがたり【絵物語】 名詞 絵《え》を中心《ちゅうしん》にしてかかれた物語《ものがたり》の本《ほん》。

えもんかけ【えもん掛け】 名詞 着物《きもの》をかけて、つるしておく道具《どうぐ》。類 ハンガー。

えようえいが【栄耀栄華】 ⇩148ジベーえいようえいが

えら 名詞 魚《さかな》など、水《みず》の中《なか》にすむ動物《どうぶつ》が呼吸《こきゅう》するところ。ここから水中《すいちゅう》の酸素《さんそ》をとり入《い》れる。

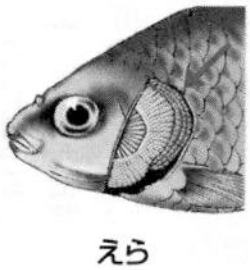

えら

エラー（error） 名詞 動詞 失敗《しっぱい》すること。やりそこなうこと。

えらい【偉い】 形容詞
❶行《おこな》いなどがすぐれていて、りっぱである。例 お年寄《としよ》りに席《せき》をゆずってあげて偉いね。
❷世《よ》の中《なか》での立場《たちば》や地位《ちい》が高《たか》い。例 会社《かいしゃ》の偉い人《ひと》に会《あ》う。
❸程度《ていど》が激《はげ》しい。ひどい。例 今日《きょう》はえらく暑《あつ》い／どえらい目《め》にあう。
使い方 ❸は、ふつうかな書《が》きにする。

えらびだす【選び出す】 動詞 いくつかのものの中《なか》から、条件《じょうけん》に合《あ》うものをとり出《だ》す。

えらぶ【選ぶ】 動詞 二《ふた》つ以上《いじょう》のものの中《なか》から、目的《もくてき》に合《あ》ったものを決《き》める。また、決《き》めてとり出《だ》す。例 服《ふく》を選ぶ。㊥ ⇩732ジベーせん〔選〕

えらぶた【えら蓋】 名詞 魚《さかな》の、えらの外側《そとがわ》にある部分《ぶぶん》。呼吸《こきゅう》に合《あ》わせて開《ひら》いたり閉《と》じたりする。

えり【襟】 名詞
❶服《ふく》の、首《くび》のまわりの部分《ぶぶん》。例 シャツの襟。
❷首《くび》の後《うし》ろ。首筋《くびすじ》。うなじ。
● **襟《えり》を正《ただ》す** 身《み》なりを整《ととの》え、姿勢《しせい》を正《ただ》しくして、気持《きも》ちを引《ひ》きしめる。

エリア（area） 名詞 ある決《き》まった範囲《はんい》の地域《ちいき》。区域《くいき》。例 サービスエリア。

えりあし【襟足】 名詞 首《くび》の後《うし》ろの、かみの生《は》えぎわの辺《あた》り。

エリート（フランス語） 名詞 多《おお》くの中《なか》から選《えら》ばれた、すぐれた人《ひと》。例 エリート意識《いしき》。

えりくび【襟首】 名詞 首《くび》の後《うし》ろの部分《ぶぶん》。例 襟首をつかむ。類 うなじ。首筋《くびすじ》。

えりごのみ【えり好み】 ⇩1378ジベーよりごのみ

えりすぐり ⇩1378ジベーよりすぐり

えりすぐる ⇩1378ジベーよりすぐる

えりぬき【えり抜き】 ⇩1378ジベーよりぬき

えりまき【襟巻き】 名詞 季語冬 寒《さむ》さを防《ふせ》ぐために、首《くび》に巻《ま》く布《ぬの》などのこと。マフラー。

えりもと【襟元】 名詞 服《ふく》のえりの辺《あた》り。また、着物《きもの》の左右《さゆう》のえりが重《かさ》なる辺《あた》り。

えりわける【えり分ける】 ⇩1379ジベーよりわける

える ⇩1379ジベーよる

える【得る】 動詞
❶自分《じぶん》のものにする。例 知識《ちしき》を得る。対 失《うしな》う。
❷（ほかのことばのあとにつけて）…できる。例 それはあり得ない話《はなし》だ。
ことば「うる」ともいう。
㊥ ⇩932ジベーとく〔得〕

ガッテン外国語教室

円《えん》も元《げん》もウォンも同《おな》じ？

日本《にほん》のお金《かね》の単位《たんい》は「円《えん》」、中国《ちゅうごく》は「元《げん》」。ちがう単位《たんい》だけれど、記号《きごう》で書《か》くとどちらも「¥」だ。「ドル」は「$」、ヨーロッパの「ユーロ」は「€」と書《か》く。円《えん》と元《げん》はもとは同《おな》じ漢字《かんじ》の「圓《えん》」を簡単《かんたん》にしたもの。中国《ちゅうごく》では「圓」が「园」となり「元」となった。だからどちらも円《えん》マークの「¥」を使《つか》うんだね。「元」の発音《はつおん》は「ユアン（yuan）」で、円の発音《はつおん》の「イェン（yen）」と似《に》ているね。韓国《かんこく》の「ウォン」も、もとは「圓《えん》」なんだよ。

エル【L】 名詞 服《ふく》などのサイズが、ふつうより大《おお》きいことを表《あらわ》す記号《きごう》。L《エル》サイズ。関連 S《エス》。M《エム》。

エルイーディー【LED】 ⇩1064ジベーはっこうダイオード

エルエスアイ【LSI】 名詞 一枚《いちまい》の小《ちい》さな板《いた》の上《うえ》に、たくさんの電子回路《でんしかいろ》を組《く》みこんだもの。「大規模集積回路《だいきぼしゅうせきかいろ》」ともいう。

エルエヌジー【LNG】 ⇩150ジベーえきかてんねんガス

エルサレム 名詞 イスラエルが首都《しゅと》としている都市《とし》。ユダヤ教《きょう》・キリスト教《きょう》・イスラム教《きょう》の三《みっ》つの宗教《しゅうきょう》の聖地《せいち》。

エルステッド 名詞（一七七七～一八五一）デンマークの物理学者《ぶつりがくしゃ》。電流《でんりゅう》の磁気効果《じきこうか》を発見《はっけん》した。

たり、ごまかしたりすることのたとえ。

D】 ↓244ジー がくしゅうしょう

エル…んしょう【エルニーニ…】名詞 太平洋《たいへいよう》の赤道付近《せきどうふきん》の水温《すいおん》が、長《ちょう》年に比《くら》べて高《たか》くなること。関連 ラニー…現象《んしょう》。参考 異常気象《いじょうきしょう》の原因《げんいん》となる。日本《にほん》では冷夏《れいか》や暖冬《だんとう》になることが多《おお》いといわれる。

エルピー【LP】名詞 長時間《ちょうじかん》かけられるレコード盤《ばん》。一分間《いっぷんかん》に三十三《さんじゅうさん》と三分《さんぶん》の一回転《いっかいてん》する。

エレガント（elegant）形容動詞 ふるまい方《かた》や姿《すがた》などが、上品《じょうひん》で美《うつく》しいようす。例 エレガントなドレス。

エレクトロニクス（electronics）名詞 電子《でんし》のはたらきを研究《けんきゅう》し、役立《やくだ》てようとする学問《がくもん》や技術《ぎじゅつ》。電子工学《でんしこうがく》。

エレクトロン ↓905ジー でんし

エレジー（elegy）名詞 悲《かな》しい気持《きも》ちを歌《うた》った詩《し》や音楽《おんがく》。悲歌《ひか》。

エレベーター（elevator）名詞 電気《でんき》の力《ちから》で大《おお》きな箱《はこ》を動《うご》かし、人《ひと》や物《もの》を上下《じょうげ》に運《はこ》ぶ機械《きかい》。

えん【円】 名詞 ❶まる。まるいこと。例 円をえがく。❷日本《にほん》のお金《かね》の単《たん》位《い》。記号《きごう》は「¥」。例 百円玉《ひゃくだま》。

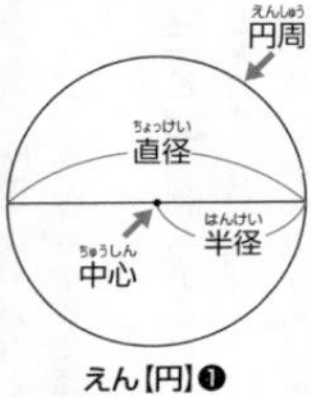

えん【円】❶

↓158ジー 外国語教室

漢 **えん【円】**〔冂《けいがまえ》〕4画 1年 音 エン 訓 まるい

❶まるい。例 円形《えんけい》／円周《えんしゅう》／円盤《えんばん》／半円《はんえん》。❷なめらか。角《かど》がない。例 円滑《えんかつ》。❸みちたりている。欠《か》けたところがない。例 円熟《えんじゅく》／円満《えんまん》。❹あたり。一帯《いったい》。例 九州一円《きゅうしゅういちえん》。❺日本《にほん》のお金《かね》の単位《たんい》。例 一万円《いちまんえん》。

漢 **えん【延】**〔廴《えんにょう》〕8画 6年 音 エン 訓 のびる・のべる・のばす

のびる。のばす。例 延期《えんき》／延長《えんちょう》／順延《じゅんえん》。

漢 **えん【沿】**〔氵《さんずい》〕8画 6年 音 エン 訓 そう

ふちにそっている。例 沿岸《えんがん》／沿線《えんせん》／沿道《えんどう》。

漢 **えん【媛】**〔女《おんなへん》〕12画 4年 音 エン 訓 ひめ

❶美《うつく》しくすぐれた女性《じょせい》。例 才媛《さいえん》。❷ひめ。身《み》分《ぶん》の高《たか》い女性《じょせい》をよぶことば。

漢 **えん【園】**〔囗《くにがまえ》〕13画 2年 音 エン 訓 その

❶草木《くさき》や野菜《やさい》などを植《う》えてある土地《とち》。例 園芸《えんげい》／菜園《さいえん》。❷ひとくぎりの土地《とち》。庭《にわ》。例 公園《こうえん》／動物園《どうぶつえん》／遊園地《ゆうえんち》。

漢 **えん【塩】**〔土《つちへん》〕13画 4年 音 エン 訓 しお

しお。例 塩分《えんぶん》／塩味《しおあじ》／塩水《しおみず》／岩塩《がんえん》／食塩《しょくえん》。

漢 **えん【遠】**〔辶《しんにょう》〕13画 2年 音 エン・オン 訓 とおい

❶とおい。例 遠泳《えんえい》／遠近《えんきん》／遠足《えんそく》／遠路《えんろ》／遠出《とおで》／永遠《えいえん》／久遠《くおん》／望遠鏡《ぼうえんきょう》。対 近《きん》。❷とおざける。とおざかる。例 遠心力《えんしんりょく》／敬遠《けいえん》。

漢 **えん【演】**〔氵《さんずい》〕14画 5年 音 エン

❶人《ひと》の前《まえ》でおこなう。例 演劇《えんげき》／演奏《えんそう》／出演《しゅつえん》／上演《じょうえん》。❷考《かんが》えをのべる。例 演説《えんぜつ》／講演《こうえん》。

えん【縁】 名詞 ❶つながり。関係《かんけい》。例 夫婦《ふうふ》の縁を結《むす》ぶ／親子《おやこ》の縁／お金《かね》に縁がない。❷めぐり合《あ》わせ。きっかけ。例 不思議《ふしぎ》な縁で友《とも》だちになった。❸部屋《へや》の外側《そとがわ》にとりつけた、細長《ほそなが》い板《いた》じき。縁《えん》側《がわ》。

● **縁《えん》の下《した》** ↓163ジー えんのした

● **縁《えん》を切《き》る** 関係《かんけい》をやめる。結《むす》びつきを断《た》つ。例 親子《おやこ》の縁を切る。

ことわざ **臭《くさ》い物《もの》に蓋《ふた》をする** 都合《つごう》の悪《わる》いことを、ほかの人《ひと》たちに知《し》られないように一時《いちじ》しのぎにかくし

あいうえお え かきくけこ さしすせそ たちつてと なにぬねの はひふへほ まみむめも や ゆ よ らりるれろ わ を ん

えんいん【遠因】 名詞 ものごとが起《お》こった、遠《とお》い原因《げんいん》。間接的《かんせつてき》な原因《げんいん》。例 事故《じこ》の遠因を探《さぐ》る。

えんえい【遠泳】 名詞 動詞 季語夏 海《うみ》や湖《みずうみ》などで、長《なが》いきょりを泳《およ》ぐこと。例 臨海学校《りんかいがっこう》で遠泳をする。

えんえん【と】【延延【と】】 副詞 ものごとが長《なが》く続《つづ》くようす。例 延々三《さん》時《じ》間話《かんはな》し続《つづ》けた。

えんえん【と】【炎炎【と】】 副詞 火《ひ》が勢《いきお》いよく燃《も》え上《あ》がるようす。例 炎々と燃《も》えさかる。

使い方「炎々たるほのお」などの形《かたち》でも使《つか》う。

えんか【演歌】 名詞 日本的《にほんてき》な内容《ないよう》やメロディーの歌謡《かよう》曲《きょく》。

えんかい【沿海】 名詞 ❶海《うみ》に沿《そ》った陸地《りくち》。海《うみ》べり。例 沿海の都市《とし》。❷陸地《りくち》に近《ちか》い海《うみ》。例 沿海漁業《ぎょぎょう》。類 近海《きんかい》。対 遠《えん》海《かい》。遠洋《えんよう》。

えんかい【宴会】 名詞 大勢《おおぜい》の人《ひと》が集《あつ》まって、飲《の》んだり食《た》べたり歌《うた》ったりして楽《たの》しむ会《かい》。

えんかい【遠海】 名詞 陸地《りくち》から遠《とお》くはなれた海《うみ》。遠洋《えんよう》。対 近海《きんかい》。沿海《えんかい》。

えんがい【塩害】 名詞 海《うみ》からふく風《かぜ》や、入《はい》りこんだ海水《かいすい》の塩分《えんぶん》によって、農作物《のうさくぶつ》などが受《う》ける害《がい》。

えんかく【沿革】 名詞 ものごとの移《うつ》り変《か》わり。歴史《れきし》。例 自分《じぶん》が住《す》む町《まち》の沿革を調《しら》べる。

［えんか］く【遠隔】 名詞 遠《とお》くはなれていること。［例 遠］隔地《ち》／遠隔操作《そうさ》でロボットに作業《さぎょう》を

関連＝関係《かんけい》の深《ふか》［…］

えんかくいりょう【遠隔医療】 名詞 インターネットなどの通信技術《つうしんぎじゅつ》を利用《りよう》して、医者《いしゃ》と患者《かんじゃ》がはなれたところにいながら、診断《しんだん》や治《ち》療《りょう》を行《おこな》うこと。

えんかくそうさ【遠隔操作】 ⇩1396ジ゙ー リモートコントロール

えんかすいそ【塩化水素】 名詞 強《つよ》い刺激的《しげきてき》なにおいのする、色《いろ》のない気体《きたい》。塩素《えんそ》と水素《すいそ》からできている。

えんかつ【円滑】 形容動詞 ものごとが、すらすらとうまく運《はこ》ぶようす。例 準備《じゅんび》が円滑に進《すす》む。

えんかナトリウム【塩化ナトリウム】 名詞「食塩《しょくえん》」のこと。塩素《えんそ》とナトリウムの化合《かごう》物《ぶつ》。

えんかビニル【塩化ビニル】 名詞 アセチレンに塩化水素《えんかすいそ》を加《くわ》えてできる気体《きたい》。これを原《げん》料《りょう》とした塩化《えんか》ビニル樹脂《じゅし》は、フィルムやシートなどをつくるのに使《つか》われる。

えんがわ【縁側】 名詞 部屋《へや》の外側《そとがわ》にとりつけた、細長《ほそなが》い板《いた》じき。えん。

えんがん【沿岸】 名詞 ❶海《うみ》・川《かわ》・湖《みずうみ》に沿《そ》った土地《とち》。例 日本海《にほんかい》沿岸。❷海《うみ》・川《かわ》・湖《みずうみ》の、岸《きし》に近《ちか》いところ。例 沿岸で漁《りょう》をする。

えんがんぎょぎょう【沿岸漁業】 名詞 日《ひ》帰《がえ》りできるくらいの、岸《きし》に近《ちか》い海《うみ》で行《おこな》う漁業《ぎょぎょう》。近海漁業《きんかいぎょぎょう》。関連 遠洋漁業《えんようぎょぎょう》。沖合漁業《おきあいぎょぎょう》。定置網《ていちあみ》や地引《じび》き網《あみ》による漁業《ぎょぎょう》、養殖漁業《ようしょくぎょぎょう》もふくむ。教科 社

えんき【延期】 名詞 動詞 前《まえ》から決《き》まっていた日時《にちじ》を先《さき》に延《の》ばすこと。例 遠足《えんそく》を延期する。

えんぎ【演技】 名詞 動詞 ❶役者《やくしゃ》や体操選手《たいそうせんしゅ》などが、自分《じぶん》の芸《げい》やわざを見《み》せること。また、そのわざ。例 あの俳優《はいゆう》は演技がうまい／体操《たいそう》の模範《もはん》演技。❷人《ひと》をごまかすために、見《み》せかけだけのふるまいをすること。例 妹《いもうと》のおこった顔《かお》は演技だ。

えんぎ【縁起】 名詞 ❶よいことや悪《わる》いことなどが起《お》こりそうな前《まえ》ぶれ。例 縁起が悪《わる》い／縁起でもない（＝よくないことが起《お》きそうで不吉《ふきつ》だ）。❷ものごとの起《お》こり。とくに、神社《じんじゃ》や寺《てら》などがどのようにしてできたかというといわれ。

縁起《えんぎ》を担《かつ》ぐ ちょっとしたことを、よいことや悪《わる》いことの前《まえ》ぶれだと考《かんが》えて気《き》にかける。

えんきょく【えん曲】 形容動詞 表現《ひょうげん》などが、遠回《とおまわ》しでおだやかなようす。例 友人《ゆうじん》からの申《もう》し出《で》をえん曲に断《ことわ》る。

えんきょり【遠距離】 名詞 道《みち》のりが遠《とお》いこと。例 遠距離通学《つうがく》／遠距離通勤《つうきん》。対 近距離《きんきょり》。

えんきん【遠近】 名詞 遠《とお》いところと近《ちか》いところ。遠《とお》いことと近《ちか》いこと。例 遠近感《かん》のある絵《え》。

えんきんほう【遠近法】 名詞 絵《え》をかくときなどに、きょりの感《かん》じを実際《じっさい》と同《おな》じように表《あらわ》す方法《ほうほう》。近《ちか》いものは大《おお》きく、遠《とお》いものは小《ちい》さくかく。

えんグラフ【円グラフ】 名詞 円《えん》を半径《はんけい》でいくつかの扇形《おうぎがた》に区切《くぎ》り、その面積《めんせき》で割合《わりあい》を表《あらわ》

したグラフ。関連 帯《おび》グラフ。

えんぐん【援軍】 名詞 ❶応援《おうえん》や救助《きゅうじょ》のために送《おく》られる軍隊《ぐんたい》。❷応援《おうえん》したり助《たす》けたりするためにやってくる仲《なか》間《ま》。例 人手《ひとで》が足《た》りないので援軍をたのむ。

えんけい【円形】 名詞 まるい形《かたち》。円《えん》。

えんけい【遠景】 名詞 遠《とお》くの景色《けしき》。対 近景《きんけい》。

えんげい【園芸】 名詞 果物《くだもの》・野菜《やさい》・草花《くさばな》などを植《う》えて育《そだ》てること。例 園芸農業《のうぎょう》。

えんげい【演芸】 名詞 大勢《おおぜい》の人《ひと》を楽《たの》しませるための芸《げい》。芝居《しばい》・落語《らくご》・おどり・手品《てじな》など。

えんげき【演劇】 名詞 脚本《きゃくほん》をもとに、俳優《はいゆう》が舞台《ぶたい》で演《えん》じて客《きゃく》に見《み》せる劇《げき》。芝居《しばい》。

エンゲルけいすう【エンゲル係数】 名詞 生活費《せいかつひ》全体《ぜんたい》の中《なか》で、飲食《いんしょく》につかうお金《かね》の割合《わりあい》を示《しめ》す数字《すうじ》。

えんこ【円弧】 名詞 円周《えんしゅう》の一部分《いちぶぶん》。「弧《こ》」ともいう。

えんこ【塩湖】 名詞 海《うみ》とはつながっていないのに、水《みず》に塩分《えんぶん》がふくまれている湖《みずうみ》。参考 アラビア半島北西部《はんとうほくせいぶ》にある死海《しかい》が有名《ゆうめい》。

えんこ【縁故】 名詞 ❶血《ち》のつながりや結婚《けっこん》などによって、一族《いちぞく》の関《かん》係《けい》にあること。親戚《しんせき》などのこと。例 縁故をたよって東京《とうきょう》に来《く》る。❷人《ひと》と人《ひと》や、人《ひと》とものとのつながり。関係《かんけい》。例 あの人《ひと》とは、仕事《しごと》の上《うえ》での縁故がある。

えんご【援護】 名詞 動詞 困《こま》っている人々《ひとびと》を、助《たす》けて守《まも》ること。例 被災者《ひさいしゃ》を援護する。

えんざい【えん罪】 名詞 悪《わる》いことをしていないのに、疑《うたが》われたり、罪《つみ》があるとされたりすること。無実《むじつ》の罪《つみ》。ぬれぎぬ。例 えん罪を晴《は》らす。

えんさき【縁先】 名詞 縁側《えんがわ》のはし。また、縁《えん》側《がわ》のすぐ前《まえ》。

えんさん【塩酸】 名詞 塩化水素《えんかすいそ》が水《みず》にとけたもので、鼻《はな》をつくようなにおいがするすき通《とお》った液体《えきたい》。強《つよ》い酸性《さんせい》を示《しめ》し、多《おお》くの金属《きんぞく》をとかす。いろいろな工業《こうぎょう》で使《つか》われる。

えんざん【演算】 名詞 動詞 計算《けいさん》すること。

えんし【遠視】 名詞 近《ちか》くの物《もの》がはっきり見《み》えないこと。また、その目《め》。遠視眼《えんしがん》。「遠目《とおめ》」ともいう。対 近視《きんし》。

えんじ【園児】 名詞 幼稚園《ようちえん》や保育園《ほいくえん》に通《かよ》っている子供《こども》。

えんじいろ【えんじ色】 名詞 黒《くろ》っぽい赤色《あかいろ》。

えんじいろ

エンジェル ⇩162ジー エンゼル

エンジニア（engineer）名詞 技術者《ぎじゅつしゃ》。技師《ぎし》。とくに、機械《きかい》や電気《でんき》をあつかう人《ひと》。

えんじゃ【縁者】 名詞 血《ち》のつながりや結婚《けっこん》などによって、一族《いちぞく》の関係《かんけい》にあること。親戚《しんせき》。身《み》内《うち》。例 親類縁者《しんるいえんじゃ》。

えんしゅう【円周】 名詞 円《えん》のまわり。関連 直《ちょっ》径《けい》。半径《はんけい》。図 ⇩159ジー えん〔円〕

えんしゅう【演習】 名詞 動詞 ものごとに慣《な》れるため、くり返《かえ》し習《なら》ったり練習《れんしゅう》したりすること。例 運動会《うんどうかい》の予行《よこう》演習。

えんしゅうりつ【円周率】 名詞 円《えん》のまわりの長《なが》さの、直径《ちょっけい》に対《たい》する割合《わりあい》。円《えん》の大《おお》きさに関係《かんけい》なく、約《やく》三・一四倍《ばい》。

えんじゅく【円熟】 名詞 動詞 ❶わざや芸《げい》が上達《じょうたつ》し、りっぱにできるようになること。例 円熟した演技《えんぎ》。対 未熟《みじゅく》。❷知識《ちしき》や経験《けいけん》が増《ふ》え、人《ひと》がらがおだやかに、りっぱになること。例 円熟した人物《じんぶつ》。

えんしゅつ【演出】 名詞 動詞 ❶脚本《きゃくほん》をもとに、俳優《はいゆう》に演技《えんぎ》を指導《しどう》したり、音楽《おんがく》や舞台装置《ぶたいそうち》などをまとめたりして、一《ひと》つの劇《げき》や映画《えいが》をつくり上《あ》げること。❷会《かい》や式《しき》などを盛《も》り上《あ》げるために、特別《とくべつ》な工夫《くふう》をすること。例 かんげい会《かい》の演出を考《かんが》える。

えんしょ【炎暑】 名詞 季語 夏 真夏《まなつ》の激《はげ》しい暑《あつ》さ。類 炎熱《えんねつ》。酷暑《こくしょ》。

えんじょ【援助】 名詞 動詞 助《たす》けること。力《ちから》を貸《か》して、困《こま》っている人《ひと》を救《すく》うこと。例 孫《まご》の大《だい》学入学費用《がくにゅうがくひよう》を援助する。類 支援《しえん》。

えんしょう【炎症】 名詞 体《からだ》の一部《いちぶ》がはれたり熱《ねつ》を持《も》ったり、痛《いた》くなったりすること。

えんしょう【延焼】 名詞 動詞 火事《かじ》で、火元《ひもと》から出《で》た火《ひ》が次々《つぎつぎ》と燃《も》え広《ひろ》がっていくこと。例 風《かぜ》が強《つよ》いので延焼のおそれがある。類 類焼《るいしょう》。

えんじょう【炎上】 名詞 動詞 火《ひ》が燃《も》え上《あ》がること。とくに、大《おお》きな建物《たてもの》などが火事《かじ》で焼《や》けること。例 貨物船《かもつせん》が炎上する。

ことわざ　**腐《くさ》ってもたい**　味《あじ》もよく色《いろ》も美《うつく》しい魚《さかな》のたいのように、ほんとうにすぐれたものは、どんなに

えんじる【演じる】 動詞 ❶劇《げき》や映画《えいが》などで、ある役《やく》がらを務《つと》める。例 学芸会《がくげいかい》で主役《しゅやく》を演じる。❷人前《ひとまえ》で目《め》立《だ》つことをする。しでかす。例 とんだ失敗《しっぱい》を演じてしまった。ことば「えんずる」ともいう。

えんしん【炎心】 名詞 ほのおの中心部《ちゅうしんぶ》の少《すこ》し暗《くら》くなっている部《ぶ》分《ぶん》。関連 外炎《がいえん》。内炎《ないえん》。

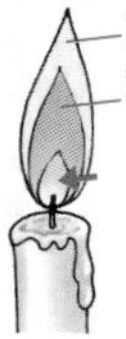

えんしん

えんじん【円陣】 名詞 多《おお》くの人《ひと》が円《まる》く輪《わ》になって並《なら》ぶこと。例 円陣を組《く》む。

エンジン (engine) 名詞 機械《きかい》や乗《の》り物《もの》などの、動《うご》く力《ちから》をつくり出《だ》すしくみ。

●**エンジンがかかる** 仕事《しごと》などが調子《ちょうし》よく進《すす》み始《はじ》める。例 作業《さぎょう》にエンジンがかかってきた。

えんしんりょく【遠心力】 名詞 物《もの》が回《まわ》っているとき、その円《えん》の中心《ちゅうしん》から外《そと》に向《む》かって遠《とお》ざかろうとする力《ちから》。対 求心力《きゅうしんりょく》。参考 乗《の》っている車《くるま》が曲《ま》がるとき、体《からだ》が外側《そとがわ》にたおれるのは、遠心力《えんしんりょく》がはたらいているため。

えんすい【円すい】 名詞 底面《ていめん》が円《えん》で、先《さき》がとがっている立体《りったい》。関連 角《かく》すい。

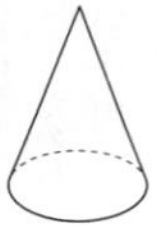
えんすい

えんずる【演ずる】 ↓162ページ えんじる

えんせい【遠征】 名詞 動詞 ❶遠《とお》くまで、敵《てき》をせめに行《い》くこと。例 王様《おうさま》の軍隊《ぐんたい》は海《うみ》をこえて遠征した。❷試合《しあい》・登山《とざん》・探検《たんけん》などのため、遠《とお》くまで出《で》かけること。例 試合《しあい》で海外《かいがい》に遠征する。

えんせきがいせん【遠赤外線】 名詞 波長《はちょう》が長《なが》い赤外線《せきがいせん》。物質《ぶっしつ》によく吸収《きゅうしゅう》され、熱《ねつ》としてはたらく。調理《ちょうり》や殺菌《さっきん》、暖房《だんぼう》などに利用《りよう》される。

えんぜつ【演説】 名詞 動詞 多《おお》くの人《ひと》の前《まえ》で、自分《じぶん》の意見《いけん》や考《かんが》えを話《はな》すこと。例 首相《しゅしょう》の演説。

エンゼル (angel) 名詞 「天使《てんし》」のこと。エンジェル。

エンゼルフィッシュ (angelfish) 名詞 アマゾン川《がわ》などにすむ熱帯魚《ねったいぎょ》。ひし形《がた》でさまざまな色《いろ》があり、ひれが細《ほそ》く長《なが》くのびている。観賞用《かんしょうよう》として飼《か》われる。

エンゼルフィッシュ

えんせん【沿線】 名詞 鉄道《てつどう》の線路《せんろ》などに沿《そ》ったところ。線路《せんろ》などに近《ちか》い地域《ちいき》。例 私鉄《してつ》沿線。

えんそ【塩素】 名詞 強《つよ》いにおいのする、黄緑《きみどり》色《いろ》の気体《きたい》。毒《どく》がある。漂白《ひょうはく》やプールなどの消《しょう》毒《どく》に使《つか》う。

えんそう【演奏】 名詞 動詞 楽器《がっき》を鳴《な》らして、音楽《おんがく》をかなでること。例 ギターを演奏する。

えんそうかい【演奏会】 名詞 客《きゃく》を集《あつ》めて音《おん》楽《がく》を演奏《えんそう》する会《かい》。

えんそく【遠足】 名詞 季語 春 遠《とお》い道《みち》のりを歩《ある》くこと。とくに、運動《うんどう》や見学《けんがく》などのために行《おこな》う、学校《がっこう》の日帰《ひがえ》りの旅行《りょこう》。

えんだい【遠大】 形容動詞 考《かんが》えや目的《もくてき》などが大《おお》きく、遠《とお》い先《さき》のことまで考《かんが》えに入《い》れているようす。例 遠大な計画《けいかく》を立《た》てる。

えんだい【演題】 名詞 大勢《おおぜい》の人《ひと》の前《まえ》で話《はなし》をするときの、話《はなし》の題名《だいめい》。

えんだい【縁台】 名詞 家《いえ》の外《そと》で使《つか》う、木《き》や竹《たけ》などでできた細長《ほそなが》いこしかけ。

えんだか【円高】 名詞 日本《にほん》のお金《かね》の円《えん》の価値《かち》が、外国《がいこく》のお金《かね》に比《くら》べて高《たか》くなっている状態《じょうたい》。対 円安《えんやす》。参考 円高《えんだか》になると、同《おな》じ金額《きんがく》の円《えん》で、より多《おお》くの外国《がいこく》のお金《かね》と交換《こうかん》できる。

えんたく【円卓】 名詞 円《まる》いテーブル。

えんたくかいぎ【円卓会議】 名詞 円《まる》いテーブルを囲《かこ》んで、席順《せきじゅん》を決《き》めないですわり、上下《じょうげ》の差《さ》なく親《した》しく話《はな》し合《あ》う会議《かいぎ》。

えんだん【演壇】 名詞 演説《えんぜつ》や講演《こうえん》などをする人《ひと》が立《た》つ、一段高《いちだんたか》いところ。

えんだん【縁談】 名詞 結婚《けっこん》をすすめるための相談《そうだん》。例 兄《あに》に縁談が持《も》ちこまれた。

えんちゃく【延着】 名詞 動詞 乗《の》り物《もの》などが、予定《よてい》の時刻《じこく》よりおくれて着《つ》くこと。

えんちゅう【円柱】 名詞 ❶まるい柱《はしら》。❷上《うえ》の面《めん》と底《そこ》の面《めん》が同《おな》じ大《おお》きさの円《えん》で、その二《ふた》つが平行《へいこう》になっている立《りっ》体《たい》。茶筒《ちゃづつ》のような形《かたち》。円《えん》筒《とう》。関連 角柱《かくちゅう》。

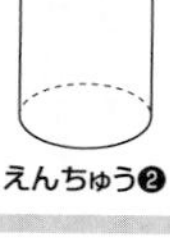
えんちゅう❷

や仏《ほとけ》にたより、助《たす》けてもらおうとすること。

えんちょう【延長】 ❶名詞 動詞 ものごとや時間《じかん》が長《なが》く延《の》びること。また、延《の》ばすこと。例 延長戦《せん》／バスの路線《ろせん》を延長する／三時《さんじ》まで延長になる。対 短縮《たんしゅく》。
❷名詞 道路《どうろ》などを一本《いっぽん》につなげたときの、全《ぜん》体《たい》の長《なが》さ。例 延長三千《さんぜん》キロメートルの線路《せんろ》。
❸名詞 形《かたち》はちがっていても、それとひと続《つづ》きであると考《かんが》えられること。例 子供《こども》にとっては遊《あそ》びも学習《がくしゅう》の延長だ。

えんちょう【園長】 名詞 幼稚園《ようちえん》・動物園《どうぶつえん》・植《しょく》物園《ぶつえん》など、「園《えん》」のつくところで、地位《ちい》がいちばん上《うえ》の人《ひと》。

えんちょうせん【延長戦】 名詞 決《き》められた時間《じかん》や回数《かいすう》で勝負《しょうぶ》がつかないときに、時間《じかん》や回数《かいすう》を延《の》ばして行《おこな》う試合《しあい》。

えんちょくせん【鉛直線】 名詞 糸《いと》の先《さき》におもりをつけてつるしたときに、糸《いと》がのびる方向《ほうこう》の直線《ちょくせん》。水平《すいへい》な線《せん》や面《めん》に対《たい》して直角《ちょっかく》である。

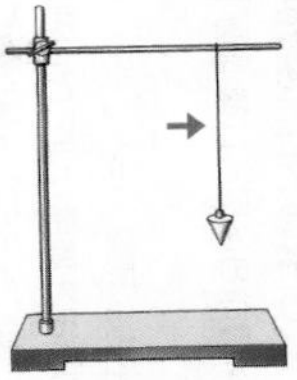
えんちょくせん

えんつづき【縁続き】 名詞 親類《しんるい》の関係《かんけい》としてつながっていること。親戚《しんせき》。

エンディング（ending）名詞 終《お》わり。終《お》わりの部分《ぶぶん》。とくに、映画《えいが》・劇《げき》・音楽《おんがく》などの終《お》わりの部分《ぶぶん》のこと。対 オープニング。

えんてん【炎天】 名詞 季語 夏 夏《なつ》の焼《や》けつくように暑《あつ》い空《そら》。また、そのような、ひどく暑《あつ》い天《てん》気《き》。例 炎天下《か》。

えんでん【塩田】 名詞 海《うみ》の水《みず》を蒸発《じょうはつ》させて塩《しお》をとるために、砂浜《すなはま》を田《た》のように区切《くぎ》ったところ。参考 昔《むかし》、瀬戸内海《せとないかい》に多《おお》く見《み》られた。

えんとう【円筒】 名詞 ❶底《そこ》が円《まる》い、柱《はしら》の形《かたち》をした入《い》れ物《もの》。つつ。
❷ ➡162ページえんちゅう❷

えんとう【遠投】 名詞 ボールなどを遠《とお》くへ投《な》げること。

えんどう【沿道】 名詞 道《みち》に沿《そ》ったところ。道《みち》沿《ぞ》い。道ばた。例 沿道の桜《さくら》並木《なみき》。

えんどう【えん豆】 名詞 季語 夏 豆《まめ》のなかまの植物《しょくぶつ》の一《ひと》つ。葉《は》の先《さき》は巻《ま》きひげになっている。二《に》メートルくらいになり、春《はる》に白《しろ》またはむらさきの花《はな》がさく。若《わか》いさやと種《たね》を食用《しょくよう》にする。

えんどう【えん豆】
（さやえんどう）

えんどおい【縁遠い】 形容詞 関係《かんけい》がうすい。例 世界一周旅行《せかいいっしゅうりょこう》など縁遠い話《はなし》だ。

えんとつ【煙突】 名詞 けむりを外《そと》に出《だ》すための長《なが》いつつ。燃料《ねんりょう》がよく燃《も》えるように、空気《くうき》の流《なが》れをつくるためにも役立《やくだ》つ。

エンドライン（end line）名詞 テニスやバレーボールなどのコートの四辺《しへん》のうち、短《みじか》いほうの二本《にほん》の線《せん》。関連 サイドライン。センターライン。

エントリー（entry）名詞 動詞 競技会《きょうぎかい》やコンクールなどに、参加《さんか》の申《もう》しこみをすること。例 サッカー大会《たいかい》にエントリーする。

えんにち【縁日】 名詞 神社《じんじゃ》や寺《てら》で、決《き》まった行事《ぎょうじ》やお祭《まつ》りが行《おこな》われる日《ひ》。その日《ひ》にお参《まい》りすると、とくにご利益《りやく》があるといわれる。参考 神社《じんじゃ》や寺《てら》に露店《ろてん》が出《で》て、たくさんの人《ひと》でにぎわう。

えんにょう【延にょう】 名詞 「廴」のこと。漢字《かんじ》の部首《ぶしゅ》の一《ひと》つ。延・建などの漢字《かんじ》を作《つく》る。

えんねつ【炎熱】 名詞 季語 夏 夏《なつ》の、焼《や》けるような激《はげ》しい暑《あつ》さ。類 炎暑《えんしょ》。

えんのした【縁の下】 名詞 縁側《えんがわ》の下《した》。また、床下《ゆかした》。

● **縁《えん》の下《した》の力持《ちからも》ち** ことわざ 人《ひと》の目《め》につかないところで、ほかの人《ひと》のために苦労《くろう》したり手助《てだす》けをしたりする人《ひと》。

えんばん【円盤】 名詞 ❶円《まる》くて平《ひら》たい形《かたち》のもの。例 空飛《そらと》ぶ円盤。
❷陸上競技《りくじょうきょうぎ》の円盤投《えんばんな》げに使《つか》う、円《まる》くて平《ひら》たい形《かたち》のもの。

えんばんなげ【円盤投げ】 名詞 円盤《えんばん》を投《な》げて、その飛《と》んだきょりをきそう陸上競技《りくじょうきょうぎ》。

えんぴつ【鉛筆】 名詞 字《じ》や絵《え》をかく道具《どうぐ》の一《ひと》つ。細《ほそ》い木《き》の中心《ちゅうしん》に、黒鉛《こくえん》と粘土《ねんど》でつくったしんを入《い》れてある。

えんびふく【えん尾服】 名詞 男《おとこ》の人《ひと》が儀式《ぎしき》のときなどに着《き》る礼服《れいふく》の一《ひと》つ。上着《うわぎ》の後《うし》ろのすそが長《なが》くて、つばめの尾《お》

えんびふく

ことわざ 苦《くる》しい時《とき》の神頼《かみだの》み　日《ひ》ごろは神《かみ》や仏《ほとけ》を信《しん》じていないような人《ひと》が、困《こま》ったことが起《お》きると急《きゅう》に神《かみ》

のように割《わ》れている。

えんぶきょく【円舞曲】⇩1439ページ ワルツ

えんぶん【塩分】名詞 物《もの》にふくまれている塩《しお》の量《りょう》。塩気《しおけ》。例 塩分をふくんだ水《みず》。

えんぽう【遠方】名詞 遠《とお》くのほう。遠《とお》いところ。例 遠方からお客《きゃく》が来《く》る。

えんま【閻魔】名詞 仏教《ぶっきょう》での、地獄《じごく》の王《おう》。死《し》んだ人《ひと》の、生《い》きていたときの行《おこな》いのよい悪《わる》いを調《しら》べ、ばつをあたえるという。閻魔大王《えんまだいおう》。参考 生《い》きていたときにうそをつくと、閻魔《えんま》に舌《した》をぬかれるといわれていた。

えんまく【煙幕】名詞 敵《てき》に、味方《みかた》の行動《こうどう》を見《み》られないようにするために立《た》てるけむり。

●**煙幕《えんまく》を張《は》る** ❶けむりを立《た》てて、敵《てき》の目《め》をくらます。❷ほんとうのことをかくすために、ほかのことを言《い》ったりしたりして、ごまかす。

えんまこおろぎ 名詞 季語秋 こおろぎのなかま。日本《にほん》のこおろぎではもっとも大《おお》きい。体《からだ》はつやのある黒《くろ》っぽい茶色《ちゃいろ》をしている。おすは、夏《なつ》に美《うつく》しい声《こえ》で鳴《な》く。図 ⇩505ページ こんちゅう

えんまだいおう【閻魔大王】⇩164ページ えんま

えんまん【円満】形容動詞 ❶争《あらそ》いなどがなく、おだやかなこと。なごやかで満《み》ち足《た》りていること。例 円満な家庭《かてい》。❷性格《せいかく》がおだやかで、とげとげしたところがないようす。例 円満な人《ひと》がら。

えんもく【演目】名詞 上演《じょうえん》される音楽《おんがく》や演劇《えんげき》などの題名《だいめい》。

えんやす【円安】名詞 日本《にほん》のお金《かね》の円《えん》の価値《かち》が、外国《がいこく》のお金《かね》に比《くら》べて低《ひく》くなっている状態《じょうたい》。対 円高《えんだか》。参考 円安《えんやす》になると、外国《がいこく》のお金《かね》と交《こう》換《かん》するのに、より多《おお》くの円《えん》が必要《ひつよう》になる。

えんゆうかい【園遊会】名詞 大勢《おおぜい》の客《きゃく》を招《まね》いて、庭園《ていえん》でもてなす会《かい》。食事《しょくじ》を出《だ》したり、演芸《えんげい》を見《み》せたりする。

えんよう【遠洋】名詞 陸地《りくち》から遠《とお》くはなれた海《うみ》。遠海《えんかい》。対 沿海《えんかい》。近海《きんかい》。

えんようぎょぎょう【遠洋漁業】名詞 遠《とお》くはなれた海《うみ》に出《で》て、何《なん》か月《げつ》もかけて行《おこな》う漁《ぎょ》業《ぎょう》。関連 沿岸漁業《えんがんぎょぎょう》。沖合漁業《おきあいぎょぎょう》。

えんらい【遠来】名詞 遠《とお》くから来《く》ること。例 遠来の客《きゃく》をもてなす。

えんらい【遠雷】名詞 季語夏 遠《とお》くで鳴《な》っているかみなり。

えんりゃくじ【延暦寺】名詞 滋賀県大津市《しがけんおおつし》の比叡山《ひえいざん》にある天台宗《てんだいしゅう》の寺《てら》。

えんりょ【遠慮】名詞 動詞 ❶ことばや行《おこな》いをひかえめにすること。例 相《あい》手《て》に遠慮して席《せき》をゆずった。❷相手《あいて》の申《もう》し出《で》を断《ことわ》るときの、遠回《とおまわ》しに言《い》うことば。例 せっかくですが遠慮いたします。

えんりょがち【遠慮がち】形容動詞 態度《たいど》やことばがひかえめであるようす。例 遠慮がちに声《こえ》をかける。

えんりょぶかい【遠慮深い】形容詞 態度《たいど》やことばが、たいへんひかえめである。

えんろ【遠路】名詞 遠《とお》い道《みち》のり。

お

オ

下《した》の 手話にチャレンジ を見《み》よう。

おー 接頭語 （ほかのことばの前《まえ》につけて）尊敬《そんけい》やていねい、親《した》しみの気持《きも》ちを表《あらわ》す。例 お茶《ちゃ》／お菓子《かし》／お願《ねが》い／お姉《ねえ》さん／先生《せんせい》をお呼《よ》びする／お元気《げんき》ですか／もっとお食《た》べなさい。

おー【小】接頭語 （ほかのことばの前《まえ》につけて）「小《ちい》さい」という意味《いみ》を表《あらわ》す。例 小川《がわ》。漢 ⇩628ページ しょう〔小〕

お【尾】名詞 ❶動物《どうぶつ》のしっぽ。例 くじゃくの尾。❷後《うし》ろのほうに長《なが》くのびているもの。例 ほうき星《ぼし》の尾。

●**尾《お》を引《ひ》く** えいきょうがあとまで続《つづ》く。例 初《はじ》めのミスが尾を引いて、最後《さいご》まで調子《ちょうし》が出《で》なかった。類 後《あと》を引《ひ》く。

お【和】漢 ⇩1426ページ わ〔和〕

お【悪】漢 ⇩25ページ あく〔悪〕

お【緒】名詞 衣服《いふく》やはき物《もの》についている、結《むす》んだりしめたりする細長《ほそなが》いひもや糸《いと》。例 げたの緒／赤《あか》い鼻緒《はなお》。

オアシス（oasis）名詞 ❶砂漠《さばく》の中《なか》で、水《みず》がわき、草《くさ》や木《き》が生《は》えているところ。

ようすを表《あらわ》しているよ。こめかみをぐりぐりえぐるようにすると「考《かんが》える」。

❷心《こころ》や体《からだ》がのびのびとして、ゆっくり休《やす》めるところ。例 公園《こうえん》は都会《とかい》のオアシスだ。

おあずけ【お預け】 名詞 ❶犬《いぬ》などの動物《どうぶつ》の前《まえ》にえさを置《お》き、よしと言《い》うまで食《た》べさせないこと。❷約束《やくそく》や話《はなし》だけで、そのことを実際《じっさい》にやるのは先《さき》に延《の》ばすこと。例 腕時計《うでどけい》を買《か》うのは、中学生《ちゅうがくせい》になるまでお預けだ。

おい 名詞 自分《じぶん》のきょうだいのむすこ。対 めい。

おい【老い】 名詞 年《とし》をとったこと。また、その人《ひと》。例 祖父《そふ》は老いを感《かん》じさせないほど元気《げんき》だ。

おいうち【追い打ち・追い討ち】 名詞 ❶にげる者《もの》を追《お》いかけて、さらにこうげきすること。例 敵《てき》に追い打ちをかける。❷弱《よわ》っているものに、さらに痛手《いたで》をあたえること。例 地震《じしん》のあとで台風《たいふう》に追い打ちをかけられ、大《おお》きな被害《ひがい》が出《で》た。

おいえげい【お家芸】 名詞 ❶その家《いえ》に何代《なんだい》も伝《つた》わっている芸《げい》。❷自分《じぶん》がいちばん得意《とくい》とする芸《げい》。例 兄《あに》のお家芸の手品《てじな》が始《はじ》まった。類 おはこ。十八番《じゅうはちばん》。

おいおい【追い追い】 副詞 そのうちだんだんに。次第《しだい》に。例 くわしいことは、これから追い追いお話《はな》ししましょう。

おいおい［と］ 副詞 声《こえ》を上《あ》げて泣《な》くようす。例 手紙《てがみ》を読《よ》んだ父《ちち》はおいおいと泣《な》いた。

おいかえす【追い返す】 動詞 来《き》たものを、追《お》い立《た》ててもとのほうにもどす。例 いっしょに来《き》たがる弟《おとうと》を追い返す。

おいかける【追い掛ける】 動詞 先《さき》に行《い》くものをあとから追《お》う。例 ねこを追い掛ける。

おいかぜ【追い風】 名詞 人《ひと》や船《ふね》の進《すす》む方向《ほうこう》に、後《うし》ろからふいてくる風《かぜ》。例 追い風を受《う》けてヨットが進《すす》む。対 向《む》かい風《かぜ》。

おいかぜ

おいかんむり【老冠】 名詞 「耂」のこと。漢字《かんじ》の部首《ぶしゅ》の一《ひと》つ。老・考・者などの漢字《かんじ》を作《つく》る。

おいごえ【追い肥】 名詞 作物《さくもつ》が育《そだ》っていくとちゅうであたえる肥料《ひりょう》。追肥《ついひ》。対 元肥《もとごえ》。

おいこす【追い越す】 動詞 あとから行《い》って、先《さき》に行《い》ったものより前《まえ》に出《で》る。例 前《まえ》の車《くるま》を追い越す。類 追《お》い抜《ぬ》く。

おいこみ【追い込み】 名詞 ものごとの終《お》わりの段階《だんかい》で、最後《さいご》の力《ちから》を出《だ》してがんばること。ラストスパート。例 宿題《しゅくだい》の追い込みに入《はい》る。

おいこむ【追い込む】 動詞 ❶あとから追《お》って、中《なか》に入《い》れる。例 牛《うし》を小屋《こや》の中《なか》に追い込む。❷相手《あいて》を苦《くる》しい立場《たちば》にする。例 ピンチに追い込まれる。

おいさき【老い先】 名詞 年《とし》をとった人《ひと》の、これから先《さき》に残《のこ》されている命《いのち》。例 老い先が短《みじか》い。

おいしい 形容詞 味《あじ》がよい。うまい。例 お母《かあ》さんの料理《りょうり》はおいしい。対 まずい。使い方 「うまい」よりもていねいな言《い》い方《かた》。

おいしげる【生い茂る】 動詞 草《くさ》や木《き》がよく育《そだ》って、枝《えだ》や葉《は》がのび広《ひろ》がる。例 川原《かわら》にはすすきが生い茂っている。

おいすがる【追いすがる】 動詞 追《お》いかけて行《い》って、しがみつく。例 母親《ははおや》に追いすがる。

おいそれと 副詞 すぐに。簡単《かんたん》に。例 この問題《もんだい》はおいそれと解《と》けそうもない。使い方 あとに「ない」などのことばがくる。

おいだす【追い出す】 動詞 そこにいるものを、追《お》い立《た》てて外《そと》に出《だ》す。

おいたち【生い立ち】 名詞 これまでどのようにして育《そだ》ってきたかということ。

おいたてる【追い立てる】 動詞 ❶その場所《ばしょ》から追《お》ってほかへ行《い》かせる。❷次《つぎ》から次《つぎ》へとやらせる。急《いそ》いでさせる。例 毎日《まいにち》宿題《しゅくだい》に追い立てられている。

おいつおわれつ【追いつ追われつ】 追《お》ったり追《お》われたりしながら。例 マラソン選手《せんしゅ》たちが追いつ追われつゴールを目指《めざ》す。

おいつく【追い付く】 動詞 あとから行《い》くものが、先《さき》を行《い》くもののところに行《い》き着《つ》く。例 先《さき》に家《いえ》を出《で》た父《ちち》に、走《はし》って追い付いた。

おいつめる【追い詰める】 動詞 それ以上《いじょう》にげられないところまで追《お》いかける。例 にげ出《だ》した小鳥《ことり》を追い詰めてつかまえた。

おいて （「…において」の形《かたち》で）❶ものごとの行《おこな》われる場所《ばしょ》や時間《じかん》を示《しめ》す。…で。…に。例 発表《はっぴょう》は教室《きょうしつ》において行《おこな》います。❷…について。…に関《かん》して。例 この選手《せんしゅ》は短距離走《たんきょりそう》においては世界《せかい》のトップクラスだ。

手話《しゅわ》にチャレンジ　思《おも》う　人《ひと》さし指《ゆび》を軽《かる》くこめかみに当《あ》てる。指先《ゆびさき》でこめかみをつつく感《かん》じにしよう。思《おも》っている

おいで ❶ 名詞 「行《い》くこと」「来《く》ること」「いること」の尊敬《そんけい》した言《い》い方《かた》。例 どうぞおいでください。❷「おいでなさい」の略《りゃく》。いらっしゃい。例 早《はや》くおいで／だまっておいで。

おいてきぼり【置いてきぼり】 名詞 その場所《ばしょ》に残《のこ》して、先《さき》に行《い》ってしまうこと。置《お》いてけぼり。ことば 昔《むかし》、「置《お》いてけ堀《ぼり》」というほりでつった魚《さかな》を持《も》ち帰《かえ》ろうとすると、中《なか》から「置《お》いてけ、置《お》いてけ」という声《こえ》がした、という話《はなし》からきたことば。

おいてはこにしたがえ【老いては子に従え】 ことわざ 年《とし》をとったら、何《なに》ごとも子供《こども》に任《まか》せて従《したが》うほうがよいということ。

おいぬく【追い抜く】 動詞 追《お》いついて、相《あい》手《て》より前《まえ》に出《で》る。例 ゴール近《ちか》くで二人《ふたり》追い抜いて一着《いっちゃく》になった。類 追《お》い越《こ》す。

おいはぎ【追い剝ぎ】 名詞 通《とお》りかかった人《ひと》をおどして、お金《かね》や持《も》ち物《もの》などをうばいとること。また、それをする人《ひと》。

おいばね【追い羽根】 名詞 季語 新年 二人《ふたり》以《い》上《じょう》で一《ひと》つの羽《は》根《ね》を羽子板《はごいた》でつきあう遊《あそ》び。おもに正月《しょうがつ》にする。羽《は》根《ね》つき。ことば 俳句《はいく》などでは「追羽子」とも書《か》く。

おいはらう【追い払う】 動詞 じゃまなものを追《お》い立《た》てて、そこをどかせる。

おいぼれる【老いぼれる】 動詞 年《とし》をとって頭《あたま》や体《からだ》のはたらきが弱《よわ》る。

おいまわす【追い回す】 動詞 ❶あちらこちらとにげるのを追《お》いかける。❷休《やす》むことなく働《はたら》かせる。例 朝《あさ》から晩《ばん》まで子《こ》供《ども》の世《せ》話《わ》に追い回される。

おいもとめる【追い求める】 動詞 目《め》指《ざ》すものを、どこまでも求《もと》め続《つづ》ける。例 画《が》家《か》は理《り》想《そう》の風景《ふうけい》を追い求めて旅《たび》に出《で》た。

おいやる【追いやる】 動詞 追《お》うようにして遠《とお》くに行《い》かせる。追《お》いはらう。

おいる【老いる】 動詞 年《とし》をとる。例 年《とし》老いた犬《いぬ》。漢 ⇒1418ジベーろう〔老〕

オイル（oil）名詞 「油《あぶら》」のこと。植《しょく》物《ぶつ》油《ゆ》・石《せき》油《ゆ》・ガソリンなど。

おいわけ【追分】 名詞 ❶道《みち》が左《さ》右《ゆう》に分《わ》かれる所《ところ》。❷民謡《みんよう》の一《ひと》つ。「追分節《おいわけぶし》」の略《りゃく》。

おいわけぶし【追分節】 ⇒166ジベーおいわけ❷

おいわさん【お岩さん】 名詞 江《え》戸《ど》時《じ》代《だい》にできた芝《しば》居《い》「東海道四谷怪談《とうかいどうよつやかいだん》」の主人公《しゅじんこう》。夫《おっと》に殺《ころ》され、お化《ば》けになって現《あらわ》れる。

おう【王】 名詞 ❶国《くに》のかしら。例 帝国《ていこく》の王となる。❷ある分野《ぶんや》でいちばんすぐれているもの。例 百《ひゃく》獣《じゅう》の王ライオン。❸将《しょう》棋《ぎ》のこまの一《ひと》つ。

漢 **おう【王】**〔王《おう》〕4画 1年 音 オウ 訓
一 丅 干 王（下をながく）
❶君主《くんしゅ》。おうさま。例 王子《おうじ》／王朝《おうちょう》／国王《こくおう》／女《じょ》王《おう》。❷ある方面《ほうめん》でいちばんすぐれているひと。例 発明王《はつめいおう》／ホームラン王《おう》。❸将《しょう》棋《ぎ》のこまの一《ひと》つ。使い方 前《まえ》につくことばが「ん」で終《お》わる場《ば》合《あい》、「のう」と読《よ》むことがある。「親王《しんのう》」など。

漢 **おう【央】**〔大《だい》〕5画 3年 音 オウ 訓
丨 冂（だす） 冂 央（つきだす） 央
まんなか。例 中央《ちゅうおう》。

漢 **おう【応】**〔心《こころ》〕7画 5年 音 オウ 訓 こたえる
丶 亠 广（しっかりとめる） 广 応（うちがわへはねる） 応 応
❶こたえる。例 応答《おうとう》／呼応《こおう》。❷ふさわしい。つりあう。例 応用《おうよう》／相応《そうおう》／適応《てきおう》。❸相手《あいて》になる。受《う》けて、動《うご》く。例 応接《おうせつ》／応戦《おうせん》／応対《おうたい》／対《たい》応《おう》／反応《はんのう》。使い方 前《まえ》につくことばが「ん」で終《お》わる場《ば》合《あい》、「のう」と読《よ》むことがある。「反応《はんのう》」「順応《じゅんのう》」など。

漢 **おう【往】**〔彳《ぎょうにんべん》〕8画 5年 音 オウ 訓 ゆ-く
ノ 〃 彳 彳 行 行 往 往（下をながく）
❶行《い》く。例 往復《おうふく》／往来《おうらい》／往路《おうろ》。❷すぎる。例 往《おう》時《じ》。❸ときどき。例 往往《おうおう》。

おう【皇】 漢 ⇒443ジベーこう〔皇〕

おう【桜】 漢 ⇒525ジベーさくら〔桜〕

漢 **おう【黄】**〔黄《き》〕11画 2年 音 コウ・オウ 訓 き・こ

るということ。

一 艹 丗《下をながく》 卄 苎 黄《つきだす》 黄 黄《とめる》

きいろ。例 黄金《おうごん》／黄身《きみ》／黄緑《きみどり》／黄河《こうが》／卵黄《らんおう》。

漢 **おう**【横】〔木〕《きへん》 15画 3年 音 オウ 訓 よこ

木 杧 栦《下をながく》 栱 栟 栣 横 横

❶よこ。例 横断《おうだん》／横転《おうてん》／横顔《よこがお》／横文字《よこもじ》／縦《じゅう》横《おう》。対 縦《じゅう》。❷かってきまま。例 横着《おうちゃく》／横暴《おうぼう》。

おう【生う】 動詞 草《くさ》や木《き》がはえる。使い方 古《ふる》い言《い》い方《かた》。漢 ⇩704ジ《ペー》せい〔生〕

おう【負う】 動詞 ❶背中《せなか》に乗《の》せる。背負《せお》う。例 赤《あか》ちゃんを負う。❷自分《じぶん》の身《み》に受《う》ける。例 重傷《じゅうしょう》を負う。❸人《ひと》の助《たす》けを受《う》ける。世話《せわ》になる。例 勝《か》てたのは、みんなの応援《おうえん》に負うところが大《おお》きい。漢 ⇩1137ジ《ペー》ふ〔負〕

おう【追う】 動詞 ❶前《まえ》に進《すす》んでいるものに行《い》き着《つ》こうとする。例 警官《けいかん》が、どろぼうを追う。対 逃《に》げる。❷別《べつ》のほうへ行《い》かせる。追《お》いはらう。例 食《た》べ物《もの》にとまったはえを追う。❸順序《じゅんじょ》に従《したが》って進《すす》む。例 順《じゅん》を追って話《はな》す。❹後《うし》ろからせきたてて、前《まえ》へ進《すす》ませる。例 小《こ》屋《や》の方《ほう》へ牛《うし》を追う。漢 ⇩854ジ《ペー》つい〔追〕

おうい【王位】 名詞 王《おう》の位《くらい》。例 王位につく。

おううさんみゃく【奥羽山脈】 名詞 東北《とうほく》地方《ちほう》の中央部《ちゅうおうぶ》を南北《なんぼく》に走《はし》る山脈《さんみゃく》。日本《にほん》でもっとも長《なが》い山脈《さんみゃく》。

おうえん【応援】 名詞 動詞 ❶味方《みかた》や、好《す》きな側《がわ》をはげますこと。例 赤組《あかぐみ》を応援する。❷力《ちから》を貸《か》して助《たす》けること。また、その人《ひと》。手《て》伝《つだ》い。例 掃除《そうじ》の応援に行《い》く。類 加勢《かせい》。

おうえんだん【応援団】 名詞 あるチームや選手《せんしゅ》を応援《おうえん》する人々《ひとびと》の集《あつ》まり。

おうおう【往往】 副詞 しばしば。よく。例 事《じ》故《こ》は往々にして不注意《ふちゅうい》によって起《お》きる。使い方 「往々《おうおう》にして」の形《かたち》で使《つか》うことが多《おお》い。

おうかがい【お伺い】 名詞 動詞 「問《と》うこと」「聞《き》くこと」「(人《ひと》を)訪《たず》ねること」などのへりくだった言《い》い方《かた》。例 社長《しゃちょう》にお伺いを立《た》てる。

おうかくまく【横隔膜】 名詞 人《ひと》や動物《どうぶつ》の胸《むね》と腹《はら》の間《あいだ》にある筋肉《きんにく》の膜《まく》。肺《はい》の呼吸《こきゅう》を助《たす》ける。参考 横隔膜《おうかくまく》がけいれんすると、しゃっくりが起《お》こる。

おうかん【王冠】 名詞 ❶王《おう》など最高《さいこう》の位《くらい》の人《ひと》がかぶるかんむり。❷びんの口《くち》をふさぐ金属《きんぞく》のふた。

おうぎ【扇】 ⇩737ジ《ペー》せんす〔扇子〕

おうぎ【奥義】 名詞 学問《がくもん》や武芸《ぶげい》などで、いちばんおく深《ぶか》く大事《だいじ》なところ。「おくぎ」ともいう。例 剣道《けんどう》の奥義をきわめる。類 極意《ごくい》。

おうぎがた【扇形】 名詞 円周《えんしゅう》の一部《いちぶ》と、その円《えん》の二《ふた》つの半径《はんけい》によって囲《かこ》まれた図形《ずけい》。おうぎを広《ひろ》げたような形《かたち》。

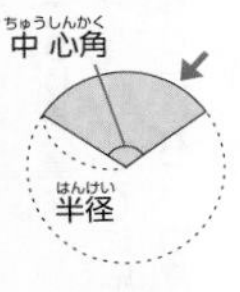

おうぎがた

おうきゅう【王宮】 名詞 王《おう》の住《す》むごてん。

おうきゅう【応急】 名詞 急《きゅう》なできごとが起《お》こったときに、とりあえず間《ま》に合《あ》わせること。例 応急処置《しょち》。

おうきゅうてあて【応急手当て】 名詞 急《きゅう》病《びょう》人《にん》やけが人《にん》が出《で》たとき、その場《ば》でする間《ま》に合《あ》わせの手当《てあ》て。

おうけ【王家】 名詞 王《おう》の一族《いちぞく》。王《おう》の家系《かけい》。

おうこう【横行】 名詞 動詞 悪《わる》いものが、勝手《かって》気《き》ままにふるまうこと。例 犯罪《はんざい》が横行する。

おうこく【王国】 名詞 ❶王《おう》や女王《じょおう》が治《おさ》めている国《くに》。❷ある一《ひと》つのものが大《おお》きな力《ちから》を持《も》っているところ。例 ブラジルはサッカー王国だ。

おうごん【黄金】 名詞 ❶金《きん》。こがね。例 黄金のかんむり。❷非常《ひじょう》に価値《かち》のあるもののたとえ。例 この選《せん》手《しゅ》は黄金の足《あし》の持《も》ち主《ぬし》だ。

おうごんじだい【黄金時代】 名詞 勢《いきお》いがいちばんさかんなとき。最盛期《さいせいき》。使い方 国《くに》や団《だん》体《たい》、人《ひと》、文化《ぶんか》などの勢《いきお》いや活動《かつどう》に対《たい》して使《つか》う。

おうごんひ【黄金比】 名詞 およそ一対《たい》一・六一八の比《ひ》。もっとも美《うつく》しい比《ひ》とされている。また、線分《せんぶん》をこの比《ひ》に分《わ》けることを「黄金分《おうごんぶん》割《かつ》」という。

おうざ【王座】 名詞 ❶王《おう》のすわる席《せき》。❷その分野《ぶんや》でのいちばん高《たか》い位《くらい》。例 日本《にほん》のサッカーの王座を目指《めざ》す。

ことわざ **芸《げい》は身《み》を助《たす》ける** 趣味《しゅみ》で身《み》につけた芸《げい》ごとや技術《ぎじゅつ》が、生活《せいかつ》に困《こま》ったときに暮《く》らしの助《たす》けにな

おうさま【王様】 名詞 ❶国《くに》のかしらを尊敬《そんけい》して呼《よ》ぶことば。❷もっともすぐれている人《ひと》や値打《ねう》ちのあるもののたとえ。例 果物《くだもの》の王様。

おうじ【王子】 名詞 王《おう》の男《おとこ》の子供《こども》。対 王女《おうじょ》。

おうじ【往時】 名詞 過《す》ぎ去《さ》った昔《むかし》。以前《いぜん》。例 アルバムを見《み》て往時をしのぶ（＝なつかしく思《おも》い出《だ》す）。類 昔日《せきじつ》。
使い方 「おおじ」と書《か》かないよう注意《ちゅうい》。

おうじ【皇子】 名詞 天皇《てんのう》の男《おとこ》の子供《こども》。対 皇女《こうじょ》。

おうしつ【王室】 名詞 王《おう》の一家《いっか》。王家《おうけ》。

おうじゃ【王者】 名詞 ❶王《おう》。国王《こくおう》。❷その仲間《なかま》のうちで、いちばん力《ちから》を持《も》っているもの。例 マラソン界《かい》の王者。

おうしゅう【応酬】 名詞 動詞 意見《いけん》などを、たがいにやりとりすること。相手《あいて》に負《ま》けずにやり返《かえ》すこと。例 激《はげ》しい意見《いけん》の応酬。

おうしゅう【押収】 名詞 動詞 裁判所《さいばんしょ》や警察《けいさつ》などが、犯罪《はんざい》の証拠《しょうこ》となる品物《しなもの》をとり上《あ》げること。例 証拠書類《しょうこしょるい》を押収する。

おうしゅう【欧州】 名詞 「ヨーロッパ」のこと。

おうしゅうかいどう【奥州街道】 名詞 江《え》戸時代《どじだい》の五街道《ごかいどう》の一《ひと》つ。江戸《えど》から今《いま》の福島県《ふくしまけん》の白河《しらかわ》までの道《みち》。図 ⇒467ページ ごかいどう

おうしゅうれんごう【欧州連合】 ⇒69ページ イーユー

おうじょ【王女】 名詞 王《おう》の女《おんな》の子供《こども》。対 王《おう》子《じ》。

おうじょ【皇女】 ⇒453ページ こうじょ〔皇女〕

おうしょう【応召】 名詞 動詞 呼《よ》び出《だ》しに応《おう》じること。とくに、国《くに》から呼《よ》び出《だ》されて、軍隊《ぐんたい》に入《はい》ること。例 応召兵《へい》。

おうじょう【往生】 名詞 動詞 ❶仏教《ぶっきょう》の考《かんが》え方《かた》で、死後《しご》、極楽《ごくらく》に生《う》まれ変《か》わること。❷死《し》ぬこと。例 大《だい》往生（＝安《やす》らかに死《し》ぬこと、また、りっぱに死《し》ぬこと）／百才《ひゃくさい》で往生した。❸どうしてよいかわからなくて、困《こま》ること。例 立《た》ち往生／雨《あめ》の日《ひ》に傘《かさ》がなくて往生した。

おうじょうぎわ【往生際】 名詞 ❶死《し》ぬ間際《まぎわ》。死《し》のうとしているとき。❷追《お》いつめられて、ものごとをあきらめなくてはならないとき。また、そのときの態度《たいど》。例 往生際が悪《わる》い。

おうしょくじんしゅ【黄色人種】 名詞 皮《ひ》膚《ふ》の色《いろ》が黄色《きいろ》い人種《じんしゅ》。おもにアジアに住《す》む。関連 黒色人種《こくしょくじんしゅ》。白色人種《はくしょくじんしゅ》。

おうじる【応じる】 動詞 ❶ほかからのはたらきかけに、こたえたり従《したが》ったりする。例 質問《しつもん》に応じる／注文《ちゅうもん》に応じる。❷ぴったり合《あ》う。当《あ》てはまる。例 その場《ば》に応じた話《はな》し方《かた》をする。
ことば 「おうずる」ともいう。

おうしん【往信】 名詞 返事《へんじ》を求《もと》めて出《だ》す手紙《てがみ》やはがき。対 返信《へんしん》。

おうしん【往診】 名詞 動詞 医者《いしゃ》が、病人《びょうにん》の家《いえ》に行《い》って診察《しんさつ》すること。

おうずる【応ずる】 ⇒168ページ おうじる

おうせい【旺盛】 形容動詞 たいへん勢《いきお》いがあったり、元気《げんき》があったりするようす。例 食欲《しょくよく》旺盛／好奇心《こうきしん》が旺盛な子供《こども》。

おうせいふっこ【王政復古】 名詞 天皇《てんのう》や王《おう》に代《か》わって武士《ぶし》や貴族《きぞく》などが行《おこな》っていた政治《せいじ》を、もとにもどすこと。日本《にほん》では、とくに明治《めいじ》維新《いしん》をいう。

おうせつ【応接】 名詞 動詞 客《きゃく》をむかえて相手《あいて》をすること。例 応接室《しつ》。類 応対《おうたい》。

おうせつま【応接間】 名詞 客《きゃく》をむかえ入《い》れて、その相手《あいて》をする部屋《へや》。類 客間《きゃくま》。

おうせん【応戦】 名詞 動詞 敵《てき》のこうげきを受《う》けて、戦《たたか》うこと。

おうたい【応対】 名詞 動詞 人《ひと》の相手《あいて》になって、話《はなし》などの受《う》け答《こた》えをすること。例 電話《でんわ》の応対をする／客《きゃく》に親切《しんせつ》に応対する。類 応接《おうせつ》。
使い方 「応体」「応待」と書《か》かないよう注意《ちゅうい》。

おうたい【横隊】 名詞 横《よこ》に長《なが》く並《なら》んだ列《れつ》の形《かたち》。例 二列《にれつ》横隊。対 縦隊《じゅうたい》。

おうたこにおしえられる【負うた子に教えられる】 ことわざ 自分《じぶん》より年下《としした》の人《ひと》や、経験《けいけん》・知識《ちしき》の少《すく》ない人《ひと》から教《おし》えられることもあるということのたとえ。
ことば 「負《お》うた子《こ》に教《おし》えられて浅瀬《あさせ》をわたる（＝背負《せお》った子《こ》に水《みず》の浅《あさ》い所《ところ》を教《おし》えられて川《かわ》をわたる）」ということわざからきたことば。

おうだん【横断】 名詞 動詞

こと。「けが」は失敗《しっぱい》のこと、「功名《こうみょう》」は手《て》がらのこと。

❶横《よこ》に断《た》ち切《き》ること。例 横断面《めん》。対 縦《じゅう》断《だん》。
❷横切《よこぎ》ること。また、東西《とうざい》の方向《ほうこう》に通《とお》りぬけること。例 横断歩《ほ》道《どう》／自転車《じてんしゃ》で島《しま》を横断する。対 縦《じゅう》断《だん》。

おうだんほどう【横断歩道】名詞 車《くるま》の通《とお》る道路《どうろ》で、歩《ある》く人《ひと》が安全《あんぜん》にわたれるようにしてある場所《ばしょ》。

おうだんほどうきょう【横断歩道橋】⇒1224ジペー ほどうきょう

おうちゃく【横着】名詞 動詞 形容動詞 やらなければいけないことをなまけてしないこと。例 横着して、見《み》えるところだけ掃除《そうじ》する。

おうちょう【王朝】名詞 天皇《てんのう》や国王《こくおう》が政治《せいじ》の中心《ちゅうしん》となって国《くに》を治《おさ》めていた時代《じだい》。日本《にほん》では、奈良《なら》・平安時代《へいあんじだい》をいう。例 王朝文化《ぶんか》。

おうて【王手】名詞
❶将棋《しょうぎ》で、相手《あいて》の王《おう》を直接《ちょくせつ》せめる手《て》。相手《あいて》が防《ふせ》ぐことができないと、次《つぎ》の一手《いって》で相手《あいて》の王《おう》をとり、勝《か》つことができる。
❷自分《じぶん》の勝利《しょうり》や成功《せいこう》を決《き》めるような、決定的《けっていてき》な手段《しゅだん》。例 優勝《ゆうしょう》に王手をかける。

おうてん【横転】名詞 動詞 横《よこ》にたおれること。例 交通事故《こうつうじこ》で車《くるま》が横転する。

おうどいろ【黄土色】名詞 黄色《きいろ》っぽい茶色《ちゃいろ》。

おうどいろ

おうとう【応答】名詞 動詞 聞《き》かれたことや呼《よ》びかけに対《たい》して答《こた》えること。

おうどう【王道】名詞
❶王《おう》が、武力《ぶりょく》ではなくて、人《ひと》としての思《おも》いやりや正《ただ》しい心《こころ》で国《くに》を治《おさ》めるやり方《かた》。
❷楽《らく》なやり方《かた》。近道《ちかみち》。例 学問《がくもん》に王道なし（＝楽《らく》に学問《がくもん》を修《おさ》められる方法《ほうほう》などない）。
❸もっとも正統的《せいとうてき》なやり方《かた》。

おうどう【黄銅】⇒667ジペー しんちゅう〔真ちゅう〕

おうとつ【凹凸】名詞 物《もの》の表面《ひょうめん》が高《たか》くなったり低《ひく》くなったりしていること。でこぼこ。

おうにんのらん【応仁の乱】名詞 室町時《むろまちじ》代《だい》の中《なか》ごろ、将軍《しょうぐん》のあとつぎ問題《もんだい》などが原因《げんいん》で、武士《ぶし》が二《ふた》つに分《わ》かれて起《お》こした戦《たたか》い。十《じゅう》一年続《いちねんつづ》いた。

おうねつびょう【黄熱病】名詞 熱帯地方《ねったいちほう》に多《おお》い急性《きゅうせい》の感染症《かんせんしょう》。蚊《か》によってうつされる。
参考 野口英世《のぐちひでよ》は、研究中《けんきゅうちゅう》に自分《じぶん》もこの病気《びょうき》にかかって死《し》んだ。

おうねん【往年】名詞 遠《とお》く過《す》ぎ去《さ》った年《とし》。昔《むかし》。例 往年の名選手《めいせんしゅ》。使い方 昔活躍《むかしかつやく》した人《ひと》のことをいうときによく使《つか》う。

おうばんぶるまい【おうばん振る舞い】名詞 盛大《せいだい》にごちそうしたり、気前《きまえ》よくこづかいをやったりして、もてなすこと。「大盤《おおばん》振《ぶ》る舞《ま》い」ともいう。ことば「おうばん」は、「椀飯」と書《か》き、椀《わん》に盛《も》った飯《めし》のこと。

おうひ【王妃】名詞 王《おう》の妻《つま》。きさき。

おうふく【往復】名詞 動詞
❶ある道《みち》のりを行《い》って、またもどってくること。行《い》きと帰《かえ》り。例 学校《がっこう》と家《いえ》を往復する。対 片道《かたみち》。
❷やりとり。例 友《とも》だちと手紙《てがみ》の往復をする。

おうふくはがき【往復はがき】名詞 用件《ようけん》を書《か》いて送《おく》る「往信《おうしん》」と、それに対《たい》する「返信《へんしん》」のはがきがセットになった郵便《ゆうびん》はがき。

おうぶん【欧文】名詞 ヨーロッパのことばで書《か》いてある文章《ぶんしょう》。また、それを書《か》き表《あらわ》す文字《もじ》。

おうへい【横柄】形容動詞 いばって、人《ひと》をばかにするようす。例 横柄な態度《たいど》をとる。

おうべい【欧米】名詞 ヨーロッパとアメリカ。例 欧米諸国《しょこく》。

おうぼ【応募】名詞 動詞 人《ひと》や作品《さくひん》などを求《もと》めているところに、申《もう》しこむこと。例 作文《さくぶん》コンクールに応募する。対 募集《ぼしゅう》。

おうぼう【横暴】名詞 形容動詞 わがままで乱暴《らんぼう》なこと。人《ひと》が困《こま》るのも構《かま》わないで、自分《じぶん》の思《おも》うままにふるまうこと。使い方 力《ちから》のある人《ひと》などが、力《ちから》のない人《ひと》や立場《たちば》の弱《よわ》い人《ひと》に対《たい》してその力《ちから》をふりまわすときに使《つか》う。

おうまがとき【おう魔が時】名詞 夕方《ゆうがた》のうす暗《ぐら》いとき。

おうみ【近江】名詞 昔《むかし》の国《くに》の名《な》の一《ひと》つ。今《いま》の滋賀県《しがけん》に当《あ》たる。

おうむ 名詞 いんこのなかまの鳥《とり》。ふつう、大《おお》形《がた》で尾《お》が短《みじか》い鳥《とり》をいう。熱帯地方《ねったいちほう》にすみ、くちばしが太《ふと》くてよく人《ひと》のことばをまねる。図⇒954ジペー とり〔鳥〕

おうむがえし【おうむ返し】名詞 おうむが人《ひと》のことばをまねるように、人《ひと》が言《い》ったこと

ことわざ　**けがの功名《こうみょう》**　何気《なにげ》なくやったことや失敗《しっぱい》したと思《おも》ったことが、思《おも》いもかけずよい結果《けっか》になる

を、そのままぐにくり返《かえ》して言《い》うこと。

おうめんきょう【凹面鏡】 名詞 真《ま》ん中《なか》が丸《まる》くくぼんでいる鏡《かがみ》。光《ひかり》を集《あつ》める性質《せいしつ》があり、反《はん》射望遠《しゃぼうえん》鏡《きょう》などに使《つか》われる。対 凸面《とつめん》鏡《きょう》。

おうよう【応用】 名詞 動詞 ある考《かんが》え方《かた》や知識《ちしき》などを、ほかの場合《ばあい》に当《あ》てはめて使《つか》うこと。例 応用問題《もんだい》／新《あたら》しい技術《ぎじゅつ》を応用する。

おうよう【おう揚】 形容動詞 小《ちい》さなことを気《き》にしないで、気持《きも》ちがゆったりとしているようす。例 あの人《ひと》はいつもおう揚に構《かま》えている。

おうらい【往来】 ❶ 名詞 動詞 人《ひと》や車《くるま》が行《い》ったり来《き》たりすること。例 買《か》い物客《ものきゃく》が往来する／車《くるま》の往来が激《はげ》しい。❷ 名詞 道路《どうろ》。通《とお》り。例 往来で遊《あそ》ぶのは危《あぶ》ない。

おうりょう【横領】 名詞 動詞 他人《たにん》の物《もの》や公共《こうきょう》の物《もの》を、勝手《かって》に自分《じぶん》の物《もの》にすること。例 会社《かいしゃ》のお金《かね》を横領する。

おうレンズ【凹レンズ】 名詞 真《ま》ん中《なか》がうすく、まわりが厚《あつ》いレンズ。近眼《きんがん》の人《ひと》のめがねなどに使《つか》う。対 凸《とつ》レンズ。図 ↓1416ページ レンズ

おうろ【往路】 名詞 行《い》くときに通《とお》る道《みち》。例 往路は飛行機《ひこうき》を利用《りよう》します。対 復路《ふくろ》。

おえかき【お絵描き】 名詞 絵《え》をかくこと。絵《え》をかいて遊《あそ》ぶこと。例 お絵描き帳《ちょう》。使い方 小《ちい》さな子供《こども》が使《つか》う。また、小《ちい》さな子供《こども》に対《たい》して使《つか》うことが多《おお》い。

おえる【終える】 動詞 あることを終《お》わりまでする。例 一日《いちにち》の仕事《しごと》を終える。対 始《はじ》める。漢 ↓604ページ しゅう〔終〕

おお-【大】 接頭語 （ほかのことばの前《まえ》につけて）❶「大《おお》きい」「広《ひろ》い」「多《おお》い」などの意味《いみ》を表《あらわ》す。例 大声《ごえ》／大海原《うなばら》／大人数《にんずう》。❷ 程度《ていど》がはなはだしいことを表《あらわ》す。例 大急《いそ》ぎ。❸ 年《とし》や位《くらい》、順序《じゅんじょ》が上《うえ》であることを表《あらわ》す。例 大だんな。❹「だいたい」「あらまし」の意味《いみ》を表《あらわ》す。例 話《はなし》の大筋《すじ》はわかった／内容《ないよう》を大づかみにする。漢 ↓771ページ だい〔大〕

おおあざ【大字】 名詞 町《まち》や村《むら》の区分《くぶん》の一《ひと》つで、いくつかの「小字《こあざ》」をふくむもの。

おおあじ【大味】 形容動詞 ❶ 食《た》べ物《もの》の味《あじ》がおおまかで、こまやかな風味《ふうみ》が感《かん》じられないようす。例 父《ちち》の料理《りょうり》は大味だ。❷ 演技《えんぎ》や作品《さくひん》などに、こまやかなおもむきや風《ふ》情《ぜい》がないようす。例 大味な演技《えんぎ》／大味な文章《ぶんしょう》。

おおあな【大穴】 名詞 ❶ 大《おお》きな穴《あな》。❷ 大《おお》きな損《そん》。例 家計《かけい》に大穴をあける。❸ 競馬《けいば》などで、予想《よそう》もしなかった結果《けっか》になること。また、それによって大《おお》もうけをすること。使い方 ❷❸とも、くだけた言《い》い方《かた》。

おおあめ【大雨】 名詞 激《はげ》しく、たくさん降《ふ》る雨《あめ》。対 小雨《こさめ》。

おおい【多い】 形容詞 数《かず》や量《りょう》がたくさんある。例 人口《じんこう》が多い町《まち》／荷物《にもつ》が多い。対 少《すく》ない。漢 ↓769ページ た〔多〕

おおい【覆い】 名詞 物《もの》の上《うえ》にかぶせるためのもの。カバー。例 鳥《とり》かごに覆いをかける。

大《おお》きい・大《おお》きな

「大《おお》きい」は、もののようすを表《あらわ》すことばだ。このほか、「小《ちい》さい」「美《うつく》しい」など、もののようすを表《あらわ》し、言《い》い切《き》りの形《かたち》にすると「い」で終《お》わることばのなかまを形容詞《けいようし》という。

「大《おお》きい」が少《すこ》し形《かたち》を変《か》えたことばに「大《おお》きな」がある。これは、連体詞《れんたいし》といわれることばで、形容詞《けいようし》が「大《おお》きく・大《おお》きければ」などと活用《かつよう》するのに対《たい》して、「大《おお》きな」は形《かたち》を変《か》えない。

このように、形容詞《けいようし》と連体詞《れんたいし》の両方《りょうほう》があることばには、「小《ちい》さい・小《ちい》さな」などもあるよ。

オーイーシーディー【ＯＥＣＤ】 名詞「経済協力開発機構《けいざいきょうりょくかいはつきこう》」のこと。経済成長《けいざいせいちょう》と生《せい》活《かつ》の向上《こうじょう》、発展途上国《はってんとじょうこく》への援助《えんじょ》、世界《せかい》の貿易《ぼうえき》の拡大《かくだい》のための、日本《にほん》やアメリカ、ヨーロッパ諸国《しょこく》などの国々《くにぐに》の集《あつ》まり。一九六一年《ねん》、「ヨーロッパ経済協力機構《けいざいきょうりょくきこう》」をもとにしてつくられた。

おおいがわ【大井川】 名詞 赤石山脈《あかいしさんみゃく》から流《なが》れ出《で》て、静岡県《しずおかけん》の中部《ちゅうぶ》を通《とお》って太平洋《たいへいよう》に注《そそ》ぐ川《かわ》。江戸時代《えどじだい》には東海道《とうかいどう》のわたし場《ば》があった。

おおいたけん【大分県】 名詞 九州《きゅうしゅう》の北東部《ほくとうぶ》にある県《けん》。別府温泉《べっぷおんせん》など温泉《おんせん》が多《おお》い。農業《のうぎょう》・漁業《ぎょぎょう》がさかん。県庁《けんちょう》は大分市《おおいたし》にある。

オーいちごなな【Ｏ１５７】 名詞 食中毒《しょくちゅうどく》を引《ひ》き起《お》こす、強《つよ》い毒性《どくせい》のある大腸菌《だいちょうきん》の一《ひと》つ。感染《かんせん》すると強《つよ》い腹痛《ふくつう》と激《はげ》しい下痢《げり》が起《お》こり、死《し》

悪《わる》いともしないで、両方《りょうほう》に同《おな》じようにばつをあたえること。

ぬこともある。

おおいに【大いに】 副詞 たくさん。さかんに。例 大いに食《た》べる。漢→771ページ だい〔大〕

おおいぬざ【大犬座】 名詞 冬《ふゆ》から春《はる》にかけて南《みなみ》の空《そら》に見《み》える星座《せいざ》の一《ひと》つ。オリオン座《ざ》の左《ひだり》下《した》にある。もっとも明《あか》るい星《ほし》はシリウス。

おおいり【大入り】 名詞 芝居《しばい》やスポーツなどで見物人《けんぶつにん》がたくさん入《はい》ること。例 大入り満員《まんいん》。

おおう【覆う】 動詞 ❶上《うえ》にかぶせる。包《つつ》む。例 車《くるま》をシートで覆う。❷広《ひろ》がって、いっぱいになる。例 空一面《そらいちめん》を雲《くも》が覆った。

おおうつし【大写し】 名詞 動詞 映画《えいが》やテレビなどで、人《ひと》や物《もの》の一部分《いちぶぶん》を大《おお》きくうつし出《だ》すこと。クローズアップ。

おおうなばら【大海原】 名詞 広々《ひろびろ》とした海《うみ》。

オーエー【ＯＡ】 名詞 役所《やくしょ》や会社《かいしゃ》で、コンピューターなどの機械《きかい》を導入《どうにゅう》して、事務《じむ》を人間《にんげん》の手《て》でやらなくてもよいようにすること。ことば 英語《えいご》の「オフィスオートメーション」の頭文字《かしらもじ》からできたことば。

オーエッチピー【ＯＨＰ】 名詞 透明《とうめい》なシートなどにかかれた文字《もじ》や図《ず》を、スクリーンに映《うつ》し出《だ》す装置《そうち》。ことば 英語《えいご》の「オーバーヘッドプロジェクター」の頭文字《かしらもじ》からできたことば。

オーエル【ＯＬ】 名詞 会社《かいしゃ》などに勤《つと》める女性《じょせい》。女性事務員《じょせいじむいん》。ことば「オフィスレディー」の頭文字《かしらもじ》からできたことば。

おおおじ【大伯父・大叔父】 名詞 親《おや》のおじさん。祖父母《そふぼ》の男《おとこ》のきょうだい。対 大伯母《おおおば》。大叔母《おおおば》。図→667ページ しんぞく

おおおば【大伯母・大叔母】 名詞 親《おや》のおばさん。祖父母《そふぼ》の女《おんな》のきょうだい。対 大伯父《おおおじ》。大叔父《おおおじ》。図→667ページ しんぞく

おおがい【大貝】 名詞「頁」のこと。漢字《かんじ》の部首《ぶしゅ》の一《ひと》つ。願・順・頭・顔などの漢字《かんじ》を作《つく》る。

おおがかり【大掛かり】 形容動詞 人手《ひとで》やお金《かね》などをたくさんかけていること。例 大掛かりな工事《こうじ》。

おおかた【大方】 ❶名詞 副詞 だいたい。ほとんど。例 宿題《しゅくだい》は大方やり終《お》えた。❷名詞 多《おお》くの人々《ひとびと》。例 大方の期待《きたい》にこたえる。❸副詞 おそらく。たぶん。例 兄《あに》がもどるのは、おおかた夜《よる》になるだろう。使い方 ❸は、ふつうかな書《が》きにする。

おおがた【大形】 名詞 形《かたち》が大《おお》きいこと。例 大形の魚《さかな》。対 小形《こがた》。

おおがた【大型】 名詞 同《おな》じ種類《しゅるい》のもののうちで、大《おお》きいほうであること。例 大型バス／大型の台風《たいふう》。対 小型《こがた》。

おおがねもち【大金持ち】 名詞 たくさんの財産《ざいさん》を持《も》っている人《ひと》。

おおかまきり 名詞 かまきりのなかまの昆虫《こんちゅう》で、日本《にほん》では最大《さいだい》。ほかの昆虫《こんちゅう》を食《た》べる肉食《にくしょく》で、草《くさ》むらや林《はやし》などにすむ。

おおかみ 名詞 犬《いぬ》のなかまの動物《どうぶつ》の一《ひと》つ。性質《せいしつ》があらく、人《ひと》をおそうこともある。日本《にほん》では明治時代《めいじじだい》に絶滅《ぜつめつ》したといわれる。ことば 漢字《かんじ》では「狼」と書《か》く。

おおかみ

おおがら【大柄】 名詞 形容動詞 ❶体《からだ》が、ふつうより大《おお》きいこと。対 小柄《こがら》。❷模様《もよう》が大《おお》きいこと。例 大柄な花模様《はなもよう》。対 小柄《こがら》。

おおかれすくなかれ【多かれ少なかれ】 副詞 多《おお》い少《すく》ないのちがいはあっても。程度《ていど》の差《さ》はあっても。例 だれにでも多かれ少なかれ弱点《じゃくてん》があるものだ。類 大《だい》なり小《しょう》なり。

おおきい【大きい】 形容詞 ❶広《ひろ》さ・かさ・高《たか》さなどが多《おお》い。例 大きい野《や》球場《きゅうじょう》／このりんごは大きい。対 小《ち》さい。❷数量《すうりょう》や程度《ていど》がはなはだしい。例 金額《きんがく》が大きい／台風《たいふう》の被害《ひがい》が大きい。対 小《ち》さい。❸年《とし》が上《うえ》である。例 大きい姉《ねえ》さん。対 小《ち》さい。❹大《おお》げさだ。例 大きいことを言《い》う。対 小《ち》さい。漢→771ページ だい〔大〕　→170ページ 日本語教室

おおきさ【大きさ】 名詞 ❶広《ひろ》さ・かさ・高《たか》さなどが多《おお》いこと。また、その程度《ていど》。例 会場《かいじょう》の大きさにおどろく。❷数量《すうりょう》や力《ちから》、規模《きぼ》などが大《おお》きいこと。また、その程度《ていど》。例 被害《ひがい》の大きさを伝《つた》える記事《きじ》。

おおきな【大きな】 連体詞 大《おお》きい。例 大きな声《こえ》。対 小《ち》さな。→170ページ 日本語教室

ことわざ　**けんか両成敗《りょうせいばい》**　「成敗《せいばい》」は、こらしめること。けんかをした者《もの》に対《たい》しては、どちらがいいとも

●**大《おお》きな顔《かお》をする** 自分《じぶん》がえらい人間《にんげん》であるような、いばった態度《たいど》をとる。

●**大《おお》きな口《くち》をきく** えらそうなことを言《い》う。例 おばあちゃんの家《いえ》まで一人《ひとり》で行《い》けると、大きな口をきいてしまった。

おおきに【大きに】
❶副詞 大《おお》いに。とても。
❷感動詞 関西地方《かんさいちほう》の方言《ほうげん》で、「どうもありがとう」という意味《いみ》。「大《おお》きにありがとう」が縮《ちぢ》まったことば。

おおきみ【大王】 名詞 古代《こだい》の日本《にほん》で、「天皇《てんのう》」という呼《よ》び名《な》ができる前《まえ》の呼《よ》び方《かた》。

おおく【多く】
❶名詞 たくさん。例 多くの国《くに》が参加《さんか》する。
❷名詞 大部分《だいぶぶん》。例 観客《かんきゃく》の多くは若者《わかもの》だ。
❸副詞 たいてい。ふつう。例 文化祭《ぶんかさい》は多く秋《あき》に行《おこな》われる。

オークション（auction）名詞 「競売《きょうばい》」のこと。例 ネットオークション（＝インターネット上《じょう》で行《おこな》われる競売《きょうばい》）。

おおぐち【大口】 名詞
❶大《おお》きな口《くち》。例 大口を開《あ》けて笑《わら》う。
❷大《おお》げさなことやえらそうなことを言《い》うこと。例 絶対《ぜったい》に負《ま》けないと大口をたたく。
❸金額《きんがく》や数量《すうりょう》が多《おお》いこと。例 大口の寄付《きふ》。対 小口《こぐち》。

おおくぼとしみち【大久保利通】 名詞 （一八三〇～一八七八）明治時代《めいじじだい》の初《はじ》めの政治家《せいじか》。今《いま》の鹿児島県《かごしまけん》の生《う》まれ。明治維新《めいじいしん》で活躍《かつやく》し、明《めい》治政府《じせいふ》の中心人物《ちゅうしんじんぶつ》として政治《せいじ》を行《おこな》った。

おおぐまざ【大熊座】 名詞 ほぼ一年《いちねん》じゅう北《きた》の空《そら》に見《み》える星座《せいざ》。北斗七星《ほくとしちせい》をふくむ。

おおくましげのぶ【大隈重信】 名詞 （一八三八～一九二二）明治《めいじ》・大正時代《たいしょうじだい》の政治家《せいじか》。今《いま》の佐賀県《さがけん》の生《う》まれ。内閣総理大臣《ないかくそうりだいじん》を二度《にど》務《つと》めた。また、早稲田大学《わせだだいがく》をつくった。

オーケー【ＯＫ】
❶感動詞 よろしい。わかった。例 ＯＫ、任《まか》せておけ。
❷名詞 動詞 承知《しょうち》すること。許可《きょか》。例 母《はは》のＯＫが出《で》る。

おおげさ【大げさ】 形容動詞 小《ちい》さなことを、大変《たいへん》なことのように言《い》ったりしたりするようす。例 小《ちい》さなけがで大げさに泣《な》く。

オーケストラ（orchestra）名詞 たくさんの管楽器《かんがっき》・弦楽器《げんがっき》・打楽器《だがっき》を使《つか》って合奏《がっそう》する音楽《おんがく》。管弦楽《かんげんがく》。また、それを演奏《えんそう》する楽団《がくだん》。管弦楽団《かんげんがくだん》。ことば もとはギリシャ語《ご》で、「歌《うた》ったりおどったりする場所《ばしょ》」という意味《いみ》。

おおごと【大事】 名詞 重大《じゅうだい》なできごと。大変《たいへん》なこと。例 うわさが広《ひろ》まって大事になった。

おおさかし【大阪市】 名詞 大阪府《おおさかふ》の府庁《ふちょう》がある大《おお》きな都市《とし》。西日本《にしにほん》の経済《けいざい》の中心地《ちゅうしんち》。

おおさかふ【大阪府】 名詞 近畿地方《きんきちほう》の中部《ちゅうぶ》にある府《ふ》。阪神工業地帯《はんしんこうぎょうちたい》があり、工業《こうぎょう》・商業《しょうぎょう》がさかん。府庁《ふちょう》は大阪市《おおさかし》にある。

おおさかへいや【大阪平野《へいや》】 名詞 近畿地《きんきち》方《ほう》の大阪湾《おおさかわん》に面《めん》する平野。大阪市《おおさかし》などがある。

おおさじ【大さじ】 名詞 大《おお》きなさじ。また、調理《ちょうり》のとき、分量《ぶんりょう》を量《はか》るさじの一《ひと》つで、十五《じゅうご》ミリリットル入《はい》るもの。関連 小《こ》さじ。

おおざっぱ【大雑把】 形容動詞
❶雑《ざつ》で、細《こま》かいことには気《き》をつかわないようす。例 大雑把な性格《せいかく》。
❷全体《ぜんたい》を大《おお》きくとらえるようす。おおまか。例 観客《かんきゃく》の数《かず》を大雑把に数《かぞ》える。

おおざと 名詞 「⻏」のこと。漢字《かんじ》の部首《ぶしゅ》の一《ひと》つ。人《ひと》が住《す》んでいるところに関係《かんけい》のある漢字《かんじ》を作《つく》ることが多《おお》い。郷・郡・都・郵など。

おおさわぎ【大騒ぎ】 名詞 動詞 ひどくさわぐこと。例 倉庫《そうこ》のかぎをなくして大騒ぎになった。

おおさんしょううお 名詞 いもりに形《かたち》が似《に》ている動物《どうぶつ》。全長《ぜんちょう》一《いち》メートルくらいで、頭《あたま》が大《おお》きく、胴《どう》が太《ふと》い。きれいな谷川《たにがわ》にすむ。特別天然記念物《とくべつてんねんきねんぶつ》に指定《してい》されている。

おおさんしょううお

おおしい【雄雄しい】 形容詞 勇《いさ》ましく力強《ちからづよ》い。対 女女《めめ》しい。

オージー【ＯＧ】 名詞 女子《じょし》の卒業生《そつぎょうせい》。女子《じょし》の先輩《せんぱい》。関連 ＯＢ《オービー》。ことば 英語《えいご》の「オールドガール」の頭文字《かしらもじ》をとって、日本《にほん》で作《つく》られたことば。

おおしお【大潮】 名詞 海水《かいすい》が満《み》ちたり引《ひ》いた

のがはやいことのたとえ。「光陰《こういん》」は「太陽《たいよう》と月《つき》」のことで、時間《じかん》を表《あらわ》す。

りするときの水面《すいめん》の高《たか》さの差《さ》が、いちばん大《おお》きくなること。また、そのころ。対 小潮《こしお》。参考 月《つき》に二回《にかい》あり、新月《しんげつ》と満月《まんげつ》の一日《いちにち》から二日《ふつか》あとに起《お》こる。

おおしおへいはちろう【大塩平八郎】名詞（一七九三～一八三七）江戸《えど》時代《じだい》の終《お》わりごろの学者《がくしゃ》。幕府《ばくふ》の役人《やくにん》をやめたあと、塾《じゅく》を開《ひら》いて人々《ひとびと》を教《おし》えた。ききんに苦《くる》しむ人々《ひとびと》を救《すく》おうと幕府《ばくふ》に対《たい》して兵《へい》を起《お》こしたが敗《やぶ》れ、自殺《じさつ》した。

おおじかけ【大仕掛け】形容動詞 しかけやしくみの規模《きぼ》が大《おお》きいようす。例 大仕掛けな手《て》品《じな》。

おおすじ【大筋】名詞 だいたいの筋《すじ》。あらまし。例 話《はなし》の大筋だけはわかった。

オーストラリア 名詞 ❶太平洋《たいへいよう》・インド洋《よう》に囲《かこ》まれた、世界《せかい》でもっとも小《ちい》さい大陸《たいりく》。オーストラリア大陸《たいりく》。❷⇩173ページ オーストラリアれんぽう

オーストラリアれんぽう【オーストラリア連邦】名詞 オーストラリア大陸《たいりく》にある国《くに》。農業《のうぎょう》・牧畜《ぼくちく》・鉱業《こうぎょう》がさかんで、羊毛《ようもう》・小麦《こむぎ》・鉄鉱石《てっこうせき》・石炭《せきたん》などがとれる。首都《しゅと》はキャンベラ。「豪州《ごうしゅう》」「オーストラリア」ともいう。

(国旗《こっき》)

オーストリア ⇩173ページ オーストリアきょうわこく

オーストリアきょうわこく【オーストリア共和国】名詞 ヨーロッパ中部《ちゅうぶ》にある国《くに》。北《ほく》部《ぶ》にはドナウ川《がわ》が流《なが》れ、南《なん》部《ぶ》・西部《せいぶ》にアルプス山脈《さんみゃく》がある。永世中立国《えいせいちゅうりつこく》で、首都《しゅと》のウィーンは「音楽《おんがく》の都《みやこ》」と呼《よ》ばれる。「オーストリア」ともいう。

(国旗《こっき》)

おおすみ【大隅】名詞 昔《むかし》の国《くに》の名《な》の一《ひと》つ。今《いま》の鹿児島県《かごしまけん》の大隅半島《おおすみはんとう》と、種子島《たねがしま》・屋久島《やくしま》などの大隅諸島《おおすみしょとう》、奄美大島《あまみおおしま》に当《あ》たる。

おおすみはんとう【大隅半島】名詞 鹿児《かご》島県《しまけん》南東部《なんとうぶ》にある半島《はんとう》。薩摩半島《さつまはんとう》とともに鹿児《かご》島湾《しまわん》を囲《かこ》む。北部《ほくぶ》にはシラス台地《だいち》が広《ひろ》がる。

おおずもう【大相撲】名詞 ❶日本相撲協会《にほんすもうきょうかい》によって行《おこな》われる、すもうのもよおし。❷すもうで、力《ちから》のこもった見《み》ごたえのある取《とり》組《くみ》。例 横綱同士《よこづなどうし》の取組《とりくみ》は大相撲になった。

おおせ【仰せ】名詞「言《い》うこと」の尊敬《そんけい》した言《い》い方《かた》。おっしゃること。例 仰せのとおり。

おおぜい【大勢】名詞 たくさんの人《ひと》。例 大勢で出《で》かける。使い方「多勢」と書《か》かないよう注《ちゅう》意《い》。ことば「たいせい」と読《よ》むと別《べつ》の意味《いみ》。

おおぜき【大関】名詞 すもうで、横綱《よこづな》の次《つぎ》の位《くらい》。

おおせつける【仰せ付ける】動詞「言《い》いつける」の尊敬《そんけい》した言《い》い方《かた》。

おおそうじ【大掃除】名詞 いつもよりもしっかりとていねいに行《おこな》う、大《おお》がかりな掃除《そうじ》。

おおぞら【大空】名詞 広《ひろ》く大《おお》きな空《そら》。

オーダー（order）❶名詞 順番《じゅんばん》。順序《じゅんじょ》。例 バッティングオーダー。❷名詞 動詞 注文《ちゅうもん》すること。例 肉料理《にくりょうり》をオーダーする。

オーダーメード 名詞 客《きゃく》の注文《ちゅうもん》に合《あ》わせてつくられた品物《しなもの》であること。また、その品物《しなもの》。例 オーダーメードの服《ふく》。対 レディーメード。ことば 英語《えいご》をもとに日本《にほん》で作《つく》られたことば。

おおだい【大台】名詞 ものの数量《すうりょう》や金額《きんがく》などで、大《おお》きな境目《さかいめ》となるけたや数字《すうじ》。例 寄付金《きふきん》が一千万円《いっせんまんえん》の大台に乗《の》る。

おおだいこ【大太鼓】名詞 打楽器《だがっき》の一《ひと》つ。大型《おおがた》の太鼓《たいこ》で、日本《にほん》の伝統的《でんとうてき》な音楽《おんがく》に使《つか》うものは二本《にほん》のばちでたたき、洋楽用《ようがくよう》のものは、ふつう頭《あたま》に玉《たま》をつけた一本《いっぽん》のばちでたたく。図 ⇩269ページ がっき〔楽器〕

おおだてもの【大立て者】名詞 その社会《しゃかい》の中《なか》で、もっとも力《ちから》があり、中心《ちゅうしん》となっている人物《じんぶつ》。例 政界《せいかい》の大立て者。

おおたどうかん【太田道灌】名詞（一四三二～一四八六）室町《むろまち》時代《じだい》の武将《ぶしょう》。江戸《えど》城《じょう》を築《きず》いた。歌人《かじん》としても有名《ゆうめい》。

おおづかみ【大づかみ】名詞 形容動詞 ❶手《て》をいっぱいに広《ひろ》げて物《もの》をつかむこと。❷だいたいのことをとらえること。例 物語《ものがたり》の筋《すじ》を大づかみにとらえる。

おおつし【大津市】名詞 滋賀県南西部《しがけんなんせいぶ》にある

ことわざ **光陰矢《こういんや》のごとし** 月日《つきひ》の過《す》ぎ去《さ》るのは、飛《と》んでいく矢《や》のようにはやいということ。月日《つきひ》がたつ

市《し》。琵琶湖《びわこ》に面《めん》する。滋賀県《しがけん》の県庁《けんちょう》がある。

おおっぴら【大っぴら】 形容動詞 ❶人《ひと》の目《め》を気《き》にしたり遠慮《えんりょ》したりしないようす。例 大っぴらに人《ひと》の悪口《わるくち》を言《い》う。❷かくされていたものごとが、人《ひと》に知《し》られるようになるようす。例 事件《じけん》が大っぴらになる。

おおつぶ【大粒】 名詞 形容動詞 つぶが大《おお》きいこと。例 大粒の雨《あめ》。対 小粒《こつぶ》。

おおづめ【大詰め】 名詞 ❶芝居《しばい》の最後《さいご》の場面《ばめん》。❷ものごとの終《お》わりの段階《だんかい》。例 試合《しあい》もいよいよ大詰めだ。

おおて【大手】 名詞 ❶同《おな》じような仕事《しごと》をする会社《かいしゃ》の中《なか》で、とくに大《おお》きな会社《かいしゃ》のこと。例 大手の自動車《じどうしゃ》メーカー。❷城《しろ》の表側《おもてがわ》の入《い》り口《ぐち》。対 からめ手《て》。
ことば「おおで」と読《よ》むと別《べつ》の意味《いみ》。

おおで【大手】 名詞 かたから手《て》の先《さき》まで。または、左右《さゆう》にのばして広《ひろ》げたうで。例 大手を広《ひろ》げて、立《た》ち止《ど》まらせる。ことば「おおて」と読《よ》むと別《べつ》の意味《いみ》。

●**大手《おおで》を振《ふ》る** だれにも遠慮《えんりょ》しないで、堂々《どうどう》とするようす。例 宿題《しゅくだい》を終《お》え、大手を振って遊《あそ》びに行《い》った。

オーディーエー【ODA】 名詞「政府開発《せいふかいはつ》援助《えんじょ》」のこと。発展途上国《はってんとじょうこく》や国際機関《こくさいきかん》への、先進国《せんしんこく》からの援助《えんじょ》や技術協力《ぎじゅつきょうりょく》。

オーディオ（audio）名詞 電気《でんき》を使《つか》って音楽《おんがく》などを録音《ろくおん》したり再生《さいせい》したりすること。また、そのしかけ。例 オーディオプレーヤー。

オーディション（audition）名詞 出演《しゅつえん》する者《もの》を選《えら》ぶために、歌手《かしゅ》や俳優《はいゆう》などの歌《うた》や演技《えんぎ》をテストすること。また、そのテスト。

おおどうぐ【大道具】 名詞 芝居《しばい》の舞台《ぶたい》で使《つか》う、家《いえ》や木《き》などの大《おお》きな道具《どうぐ》。関連 小道具《こどうぐ》。

おおどおり【大通り】 名詞 町《まち》の中《なか》を走《はし》る、道幅《みちはば》が広《ひろ》くてにぎやかな通《とお》り。表通《おもてどお》り。

おおとし【大年】 名詞 季語冬 「大《おお》みそか」のこと。おおどし。

オートバイ 名詞 エンジンで走《はし》る二輪車《にりんしゃ》。「バイク」ともいう。ことば 英語《えいご》をもとに日本《にほん》で作《つく》られたことば。

オードブル（フランス語）名詞 西洋料理《せいようりょうり》で、食事《しょくじ》の中心《ちゅうしん》になる料理《りょうり》の前《まえ》に出《だ》される、軽《かる》い食《た》べ物《もの》。類 前菜《ぜんさい》。

オートマチック（automatic）名詞 形容動詞 人手《ひとで》を使《つか》わずに、機械《きかい》の力《ちから》で動《うご》くこと。自動的《じどうてき》。

オートメーション（automation）名詞 人手《ひとで》をほとんど使《つか》わずに、機械《きかい》のはたらきで自動的《じどうてき》に仕事《しごと》をするしくみ。

おおとものやかもち【大伴家持】 名詞（七一八ごろ～七八五）奈良時代《ならじだい》の歌人《かじん》。「万葉集《まんようしゅう》」を編集《へんしゅう》したといわれている。

オートロック 名詞 閉《し》めると自動的《じどうてき》にかぎがかかること。また、そのかぎ。ことば 英語《えいご》をもとに日本《にほん》で作《つく》られたことば。

オーナー（owner）名詞 会社《かいしゃ》、店《みせ》、建物《たてもの》などの持《も》ち主《ぬし》。所有者《しょゆうしゃ》。例 ビルのオーナー。

おおなみ【大波】 名詞 大《おお》きな波《なみ》。対 小波《こなみ》。

おおなわ【大縄】 ⇩174ジペー おおなわとび

おおなわとび【大縄跳び・大縄飛び】 名詞 長《なが》くて太《ふと》い縄《なわ》を回《まわ》して、大勢《おおぜい》でとぶ遊《あそ》び。また、その縄《なわ》。大縄《おおなわ》。

おおにんずう【大人数】 名詞 人数《にんずう》が多《おお》いこと。多人数《たにんずう》。「おおにんず」ともいう。対 小人数《こにんずう》。

おおのやすまろ【太安万侶】 名詞（？～七二三）奈良時代《ならじだい》の学者《がくしゃ》。元明天皇《げんめいてんのう》の命令《めいれい》で、稗田阿礼《ひえだのあれ》とともに「古事記《こじき》」をつくった。

オーバー（over）季語冬 ❶名詞 動詞 物《もの》の上《うえ》や、ある数《かず》などをこえること。例 予定《よてい》の時間《じかん》を三分《さんぷん》オーバーした。❷形容動詞 大《おお》げさにするようす。例 ちょっとしたできごとをオーバーに話《はな》す。❸名詞 寒《さむ》さなどを防《ふせ》ぐために、服《ふく》の上《うえ》に着《き》る物《もの》。「オーバーコート」の略《りゃく》。ことば 季語《きご》として使《つか》うのは❸の意味《いみ》。

オーバーコート ⇩174ジペー オーバー❸

おおばこ 名詞 季語夏 道《みち》ばたなどに生《は》える草《くさ》。スプーン形《がた》の葉《は》が根《ね》もとから広《ひろ》がり、春《はる》から秋《あき》にかけて、小《ちい》さい白《しろ》い花《はな》が穂《ほ》になってさく。

おおはば【大幅】 ❶名詞 ふつうよりはばが広《ひろ》い布《ぬの》。❷形容動詞 数《かず》や量《りょう》の変《か》わり方《かた》が大《おお》きいこと。例 バス料金《りょうきん》が、大幅に値上《ねあ》がりした。

おおばん【大判】 名詞 ❶本《ほん》や紙《かみ》などで、ふつうよりも形《かたち》が大《おお》きいもの。例 大判のノート。

かをする前《まえ》にはよく気《き》をつけなければいけないということ。

❷おもに江戸《えど》時代《じだい》に使《つか》われた、大《おお》きなだ円形《えんけい》の金貨《きんか》。一枚《いちまい》が十両《じゅうりょう》に当《あ》たる。対 小判《こばん》。

おおばんぶるまい【大盤振る舞い】 ⇩ 169ページ おうばんぶるまい

オービー【ＯＢ】 名詞 在校生《ざいこうせい》に対《たい》して、卒業生《そつぎょうせい》。先輩《せんぱい》。例 野球部《やきゅうぶ》のＯＢ。関連 ＯＧ《オージー》。ことば 英語《えいご》の「オールドボーイ」の頭文字《かしらもじ》をとって、日本《にほん》で作《つく》られたことば。

オープニング (opening) 名詞 ❶始《はじ》まり。始《はじ》めの部分《ぶぶん》。とくに、映画《えいが》・劇《げき》・音楽《おんがく》などの始《はじ》めの部分《ぶぶん》のこと。対 エンディング。❷会《かい》や店《みせ》などを開《ひら》くこと。開会《かいかい》。開店《かいてん》。例 オープニングセレモニー（＝開会《かいかい》や開店《かいてん》の祝《いわ》いの式典《しきてん》）。

おおぶねにのったよう【大船に乗ったよう】 すべてを人《ひと》にたよって、すっかり安心《あんしん》しているようす。例 きみが手伝《てつだ》ってくれるなら、大船に乗ったようなものだ。

おおぶろしき【大風呂敷】 名詞 ❶大《おお》きなふろしき。❷できそうもない、大《おお》げさな話《はなし》。

●**大風呂敷《おおぶろしき》を広《ひろ》げる** 大《おお》げさなことを言《い》う。ほらをふく。

オーブン (oven) 名詞 食《た》べ物《もの》を蒸《む》し焼《や》きにする料理《りょうり》の道具《どうぐ》。天火《てんぴ》。

オープン (open) ❶ 名詞 動詞 開《ひら》くこと。店《みせ》などが営業《えいぎょう》を始《はじ》めること。開店《かいてん》。開館《かいかん》。例 新《あたら》しいスーパーがオープンする。

❷ 形容動詞 ものごとをかくしたりしない、あけっぴろげなようす。例 オープンな人《ひと》がら。

オープンカー (open car) 名詞 屋根《やね》のついていない自動車《じどうしゃ》。

オープンせん【オープン戦】 名詞 プロ野球《やきゅう》などで、自由《じゆう》な組《く》み合《あ》わせで行《おこな》う、公式戦《こうしきせん》でない試合《しあい》。

オーブントースター 名詞 簡単《かんたん》なオーブンの機能《きのう》を持《も》ったトースター。ことば 英語《えいご》をもとに日本《にほん》で作《つく》られたことば。

オーボエ （イタリア語） 名詞 木管楽器《もっかんがっき》の一《ひと》つ。高《たか》くてやわらかい音《おと》が出《で》る縦笛《たてぶえ》。長《なが》さ六十《ろくじゅう》～七十《ななじっ》センチメートル。図 ⇩ 269ページ がっき〔楽器〕

おおまか【大まか】 形容動詞 ❶細《こま》かいことを気《き》にしないようす。例 大まかな性格《せいかく》の人《ひと》。❷全体《ぜんたい》を大《おお》きくとらえるようす。大《おお》ざっぱ。例 予算《よさん》を大まかに立《た》ててみる。

おおまつよいぐさ【大待宵草】 名詞 川原《かわら》や道《みち》ばたなどに生《は》える草花《くさばな》。夏《なつ》の夕方《ゆうがた》に黄色《きいろ》い花《はな》がさき、翌朝《よくあさ》しぼむ。「よいまちぐさ」ともいう。

おおまつよいぐさ

おおみえをきる【大見得を切る】 ❶かぶきで、役者《やくしゃ》が特別《とくべつ》に目立《めだ》つような、大《おお》げさな表情《ひょうじょう》や動作《どうさ》をする。❷自信《じしん》があることを示《しめ》そうとして、大《おお》げさな態度《たいど》やことばづかいをする。例 絶対《ぜったい》に優勝《ゆうしょう》すると、みんなの前《まえ》で大見得を切る。

おおみず【大水】 名詞 大雨《おおあめ》などで、川《かわ》や湖《みずうみ》の水《みず》があふれ出《で》ること。洪水《こうずい》。例 大水が出《で》る。

おおみそか【大みそか】 名詞 季語冬 一年《いちねん》の最後《さいご》の日《ひ》。十二月三十一日《じゅうにがつさんじゅういちにち》。ことば 「みそか」は月《つき》の最後《さいご》の日《ひ》を指《さ》すことば。

おおみだし【大見出し】 名詞 新聞《しんぶん》や雑誌《ざっし》などで、目立《めだ》つようにするために、大《おお》きな活字《かつじ》が使《つか》われている見出《みだ》し。対 小見出《こみだ》し。

おおむかし【大昔】 名詞 非常《ひじょう》に遠《とお》い昔《むかし》。

おおむぎ【大麦】 名詞 季語夏 いねのなかまの作物《さくもつ》の一《ひと》つ。秋《あき》に種《たね》をまき、次《つぎ》の年《とし》の六月《ろくがつ》ごろに実《みの》る。そのまま食用《しょくよう》にするほか、みそ・しょうゆ・ビールなどの原料《げんりょう》にする。

おおむぎ

おおむね 副詞 だいたい。おおよそ。例 今度《こんど》の試験《しけん》はおおむねよくできた。

おおむらさき【大紫】 名詞 日本各地《にほんかくち》の林《はやし》などにいる、大形《おおがた》のちょう。羽《はね》を広《ひろ》げると九《きゅう》センチメートルくらいで、おすの羽《はね》は美《うつく》しいむらさき色《いろ》をしている。日本《にほん》の国《こく》ちょう。

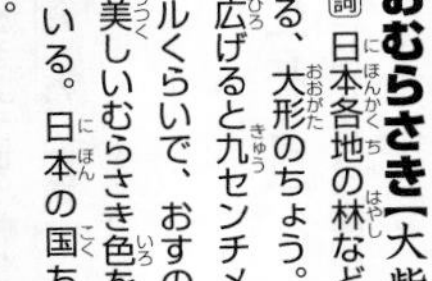

おおむらさき

おおめ【多め】 名詞 形容動詞 量《りょう》が、ふつうより

ことわざ　**後悔先《こうかいさき》に立《た》たず**　ものごとをやってしまったあとにいくらくやんでも取《と》り返《かえ》しはつかない。何《なに》

も少《すこ》し多《おお》いこと。例 暑《あつ》さが厳《きび》しいので、水分《すいぶん》を多めにとる。対 少《すく》なめ。

おおめだまをくう【大目玉を食う】 目上《めうえ》の人《ひと》からひどくしかられる。「大目玉《おおめだま》を食《く》らう」ともいう。例 大事《だいじ》な会《かい》に遅刻《ちこく》して大目玉を食った。類 お目玉《めだま》を食《く》う。

おおめにみる【大目に見る】 よくないところや失敗《しっぱい》に対《たい》して、あまりうるさいことを言《い》わないで許《ゆる》す。例 今回《こんかい》だけは大目に見よう。

おおもじ【大文字】 名詞 英語《えいご》などで、文《ぶん》の書《か》き出《だ》しや、地名《ちめい》・人名《じんめい》の書《か》き始《はじ》めなどに使《つか》う大《おお》きな文字《もじ》。A、Bなどのこと。対 小文字《こもじ》。

おおもと【大本】 名詞 ものごとの土台《どだい》となる、いちばん大事《だいじ》なもの。根本《こんぽん》。例 大本から正《ただ》す。

おおもの【大物】 名詞 ❶大《おお》きなもの。例 こいの大物がつれた。❷すぐれた人《ひと》。また、大《おお》きな力《ちから》を持《も》つ人《ひと》。例 大物の政治家《せいじか》。対 小物《こもの》。

おおもり【大盛り】 名詞 料理《りょうり》を、ふつうよりも多《おお》めにうつわに盛《も》ること。また、その盛《も》ったもの。

おおもりぎんざん【大森銀山】 ↓112ジ《ぺー》い わみぎんざん

おおや【大家】 名詞 貸家《かしや》やアパートなどの持《も》ち主《ぬし》。家主《やぬし》。ことば「たいか」と読《よ》むと別《べつ》の意《い》味《み》。

おおやいし【大谷石】 名詞 栃木県《とちぎけん》の宇都宮《うつのみや》市大谷町《しおおやまち》の辺《あた》りでとれる、青《あお》みがかった灰色《はいいろ》の石《いし》。やわらかくて加工《かこう》しやすく、かべや石垣《いしがき》などに使《つか》われる。

おおやけ【公】 名詞 ❶国《くに》や都道府県《とどうふけん》・市《し》町村《ちょうそん》などのこと。対 私《わたくし》。❷自分《じぶん》だけでなく、世《よ》の中《なか》の人《ひと》たち全体《ぜんたい》に関係《かんけい》のあること。例 公園《こうえん》は公のものだ。対 私《わたくし》。❸みんなに知《し》れわたるようになること。例 研《けん》究《きゅう》結果《けっか》を公にする。

おおゆき【大雪】 名詞 季語 冬 雪《ゆき》がたくさん降《ふ》ること。また、その雪《ゆき》。対 小雪《こゆき》。 漢 ↓442ジ《ぺー》 こう〔公〕

おおよそ ❶ 名詞 ものごとのだいたいのところ。あらまし。例 話《はなし》のおおよそはわかった。❷ 副詞 だいたい。およそ。例 家《いえ》から学校《がっこう》までおおよそ一《いち》キロメートルある／犯人《はんにん》はおおよそ見当《けんとう》がついている。

オーライ 感動詞 よろしい。よし。例 発車《はっしゃ》オーライ。ことば 英語《えいご》の「オールライト」からきたことば。

おおらか 形容動詞 こせこせしないで、気持《きも》ちが大《おお》きくゆったりしているようす。

オール (oar) 名詞 ボートをこぐ道具《どうぐ》。かい。

オール- (all) 接頭語 (ほかのことばの前《まえ》につけて) 全部《ぜんぶ》。すべて。例 オールスター。

オーロラ (aurora) 名詞 北極《ほっきょく》や南極《なんきょく》に近《ちか》い空《そら》に現《あらわ》れる、帯《おび》や幕《まく》のような美《うつく》しい光《ひかり》。「極光《きょっこう》」ともいう。ことば ローマ神話《しんわ》の、あけぼのの女《め》神《がみ》の名前《なまえ》「アウロラ」からきたことば。

おおわらわ【大わらわ】 形容動詞 なりふり構《かま》わず、いっしょうけんめいになって、いそがしくするようす。例 今日《きょう》は大掃除《おおそうじ》で、みんな大わらわだ。ことば 漢字《かんじ》では「大童」と書《か》く。戦《せん》場《じょう》で、かみをふり乱《みだ》して戦《たたか》うようすが、昔《むかし》の童《わらわ》(＝子供《こども》)の、結《むす》ばずに垂《た》らしたままの髪形《かみがた》に似《に》ていたことからきたことば。

おか【丘・岡】 名詞 土地《とち》が平地《へいち》より少《すこ》し高《たか》くなったところ。ことば 山《やま》より小《ちい》さいものをいう。

漢 **おか【岡】**〔山《やま》〕 8画 4年 訓 音 おか

おか。高《たか》く盛《も》り上《あ》がった土地《とち》。小《ちい》さな山《やま》。

おかあさん【お母さん】 名詞 母親《ははおや》を敬《うやま》い、親《した》しみをこめて呼《よ》ぶことば。使い方 ほかの人《ひと》に対《たい》して自分《じぶん》の母親《ははおや》をいうときには「母《はは》」という。

おかえし【お返し】 名詞 ❶人《ひと》から物《もの》をもらったお礼《れい》に、別《べつ》の物《もの》をおくること。また、その物《もの》。例 プレゼントのお返しをする。❷仕返《しかえ》し。例 からかわれたお返しをする。❸おつり。例 百円《ひゃくえん》のお返しです。

おかがみ【お鏡】 ↓237ジ《ぺー》 かがみもち

おがくず 名詞 のこぎりで木《き》を切《き》るときに出《で》る、細《こま》かい木《き》の切《き》りくず。

おかくらてんしん【岡倉天心】 名詞 (一八六二〜一九一三) 明治時代《めいじじだい》の美術界《びじゅつかい》の指導者《しどうしゃ》。

とが多《おお》い、ということ。

アメリカ人《じん》フェノロサのえいきょうを受《う》けて日《に》本《ほん》美《び》術《じゅつ》のよさを見直《みなお》し、その発展《はってん》につくした。

おかげ【お陰】 名詞 ❶神《かみ》や仏《ほとけ》、または、ほかの人《ひと》やものから受《う》けた助《たす》け。例 成功《せいこう》したのはみんなのお陰だ。❷あることをしたために、よい結果《けっか》になること。例 毎日《まいにち》勉強《べんきょう》したお陰で、テストに合格《ごうかく》した。❸お礼《れい》の気持《きも》ちを表《あらわ》すことば。例 お陰さまでうまくいきました。❹ほかから受《う》けたよくない結果《けっか》を遠回《とおまわ》しにいうことば。例 雨《あめ》が降《ふ》ったお陰でぬれてしまった。

おかざり【お飾り】 名詞 季語 新年 ❶神《かみ》や仏《ほとけ》の前《まえ》に置《お》く供《そな》え物《もの》やかざりつけ。❷正月《しょうがつ》の松《まつ》かざりや、しめかざり。❸見《み》かけを整《ととの》えるためだけの、中身《なかみ》のないもの。例 あの会長《かいちょう》はお飾りだ。ことば 季語《きご》として使《つか》うのは❷の意味《いみ》。

おがさわらこくりつこうえん【小笠原国立公園】 名詞 東京都《とうきょうと》の小笠原諸島《おがさわらしょとう》を中心《ちゅうしん》とする国立公園《こくりつこうえん》。亜熱帯《あねったい》の動植物《どうしょくぶつ》が多《おお》い。

おがさわらしょとう【小笠原諸島】 名詞 太平洋《たいへいよう》の伊豆諸島《いずしょとう》の南《みなみ》にある島々《しまじま》。二〇一一年《ねん》に世界自然遺産《せかいしぜんいさん》に登録《とうろく》された。東京都《とうきょうと》の一部《いちぶ》。

おかし【お菓子】 ⬇254ジペー かし〔菓子〕

おかしい 形容詞 ❶おもしろくて笑《わら》い出《だ》したくなるようす。こっけいなようす。例 おかしい話《はなし》をする。❷ふつうとちがっているようす。変《へん》である。例 おなかの具合《ぐあい》が少《すこ》しおかしい。❸あやしい。疑《うたが》わしい。例 あんなにあわてて荷物《にもつ》をかくすとは、どうもおかしい。

おかじょうき【おか蒸気】 名詞 「汽車《きしゃ》」のこと。明治時代《めいじじだい》に鉄道《てつどう》が開通《かいつう》したころの呼《よ》び方《かた》。

おかしらつき【尾頭付き】 名詞 しっぽと頭《あたま》がついたままの魚料理《さかなりょうり》。お祝《いわ》いのときの料理《りょうり》に使《つか》う。

おかす【犯す】 動詞 してはいけないことをする。例 罪《つみ》を犯す。漢 ⬇1085ジペー はん〔犯〕

おかす【侵す】 動詞 ❶よその国《くに》や土地《とち》に勝手《かって》に入《はい》りこむ。例 国境《こっきょう》を侵す。❷他人《たにん》の権利《けんり》を傷《きず》つける。例 人権《じんけん》を侵してはならない。

おかす【冒す】 動詞 ❶困難《こんなん》なことをおしきってする。例 危険《きけん》を冒す。❷害《がい》をあたえる。例 悪《わる》い病気《びょうき》に冒される。

おかず 名詞 ごはんやパンなどの主食《しゅしょく》にそえて食《た》べるもの。副食《ふくしょく》。総菜《そうざい》。ことば 「数々《かずかず》の品物《しなもの》をとり合《あ》わせる」ことからきたことば。ただし、「お数」とは書《か》かない。

おがたこうりん【尾形光琳】 名詞 （一六五八〜一七一六）江戸時代《えどじだい》の中《なか》ごろの画家《がか》。びょうぶ絵《え》などに、すぐれた作品《さくひん》を残《のこ》した。「紅白梅《こうはくばい》図屏風《ずびょうぶ》」などが有名《ゆうめい》。

おかって【お勝手】 ⬇271ジペー かって❷

おかっぱ 名詞 前髪《まえがみ》を額《ひたい》に垂《た》らし、横《よこ》や後《うし》ろのかみを耳《みみ》からえりの辺《あた》りで切《き》りそろえた髪形《かみがた》。

おかっぴき【岡っ引き】 名詞 江戸時代《えどじだい》に、役人《やくにん》にやとわれて、犯人《はんにん》をつかまえる仕事《しごと》をした人《ひと》。

おかどちがい【お門違い】 名詞 目指《めざ》すところをまちがえていること。見当《けんとう》ちがい。例 関係《かんけい》のない人《ひと》に文句《もんく》を言《い》うのはお門違いだ。ことば 「かど」は「門《もん》」のこと。目指《めざ》す家《いえ》の門《もん》をまちがえる、という意味《いみ》からきたことば。

おかね【お金】 名詞 「金《かね》」のていねいな言《い》い方《かた》。例 お金を大切《たいせつ》にする。

おがはんとう【男鹿半島】 名詞 秋田県西部《あきたけんせいぶ》にある、日本海《にほんかい》につき出《で》た半島《はんとう》。

おかぶをうばう【お株を奪う】 ある人《ひと》が得意《とくい》にしていることを、ほかの人《ひと》がうまくやってしまう。例 妹《いもうと》が母《はは》のお株を奪って、ピアノをみんなに聞《き》かせている。

おかぼ 名詞 季語 秋 水田《すいでん》でなく、畑《はたけ》で作《つく》るいね。「陸稲《りくとう》」ともいう。

おかまいなし【お構いなし】 相手《あいて》や周《まわ》りのようすを気《き》にかけないこと。例 バスの中《なか》でもお構いなしに大声《おおごえ》で話《はな》す。

おかみさん 名詞 「おくさん」のくだけた言《い》い方《かた》。また、店《みせ》などの女主人《おんなしゅじん》。

おがむ【拝む】 動詞 ❶両手《りょうて》を合《あ》わせたりおじぎをしたりして、いのる。例 仏像《ぶつぞう》を拝む。❷「見《み》る」のへりくだった言《い》い方《かた》。拝見《はいけん》する。

ことわざ **孝行《こうこう》のしたい時分《じぶん》に親《おや》はなし** 親孝行《おやこうこう》をしたいと思《おも》ったときには、親《おや》はもう亡《な》くなっているこ

例 宝物《たからもの》を拝ませていただく。

漢 ↓1037ジペ《ジベ》ー はい【拝】

おかめ 名詞 女《おんな》の面《めん》の一《ひと》つ。丸顔《まるがお》で、鼻《はな》が低《ひく》く、ほおがふっくらとしている。「お多福《たふく》」ともいう。関連 ひょっとこ。

おかめ

おかめはちもく【岡目八目】 名詞 やっている人《ひと》よりも、まわりで見《み》ている人《ひと》のほうが、ものごとのよしあしがよくわかるということ。ことば 囲碁《いご》を打《う》っている人《ひと》よりも、そばで見《み》ている人《ひと》のほうが、八目先《はちもくさき》の手《て》までわかるということからきたことば。

おかやまけん【岡山県】 名詞 中国地方《ちゅうごくちほう》の瀬《せ》戸内海側《とないかいがわ》にある県《けん》。農業《のうぎょう》・漁業《ぎょぎょう》がさかん。県《けん》庁《ちょう》は岡山市《おかやまし》にある。

おかやまし【岡山市】 名詞 岡山県《おかやまけん》の南部《なんぶ》にある大《おお》きな都市《とし》。岡山県庁《おかやまけんちょう》がある。

おかやまへいや【岡山平野】 名詞 岡山県《おかやまけん》の南部《なんぶ》にある平野《へいや》。瀬戸内海《せとないかい》に面《めん》し、農業《のうぎょう》・工業《こうぎょう》がさかん。岡山市《おかやまし》や倉敷市《くらしきし》などがある。

おから 名詞 豆腐《とうふ》をつくるときに出《で》る、大豆《だいず》のしぼりかす。食用《しょくよう》や、家畜《かちく》のえさにする。「うの花《はな》」ともいう。

オカリナ（イタリア語）名詞 粘土《ねんど》などで作《つく》った、はとのような形《かたち》の笛《ふえ》。やさしい音色《ねいろ》を出《だ》す。

おがわ【小川】 名詞 はばのせまい小《ちい》さな川《かわ》。

おがわみめい【小川未明】 名詞（一八八二～一九六一）明治末期《めいじまっき》から昭和時代《しょうわじだい》にかけての小《しょう》説家《せつか》・童話作家《どうわさっか》。「赤《あか》いろうそくと人魚《にんぎょ》」「赤《あか》い船《ふね》」などが有名《ゆうめい》。

おかわり【お代わり】 名詞 動詞 同《おな》じものを二《に》杯以上《はいいじょう》飲《の》んだり食《た》べたりすること。例 ごはんをお代わりした。

おかん【悪寒】 名詞 熱《ねつ》が出《で》たときなどに感《かん》じる、ぞくぞくするような寒気《さむけ》。例 昨夜《さくや》から悪寒がする。使い方「悪感」と書《か》かないよう注意《ちゅうい》。

おき【沖】 名詞 海《うみ》や湖《みずうみ》の、岸《きし》から遠《とお》くはなれたところ。例 船《ふね》が沖に出《で》る。

漢 **おき【沖】**〔氵〕さんずい 7画 4年 音 チュウ 訓 おき

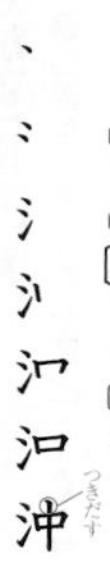

おき。海《うみ》や湖《みずうみ》の、岸《きし》から遠《とお》くはなれた水面《すいめん》。例 沖合《おきあい》。

-おき【置き】 接尾語（数《かず》を表《あらわ》すことばのあとにつけて）その数《かず》だけ間《あいだ》をあける意味《いみ》を表《あらわ》す。例 一時間《いちじかん》置き／三人《さんにん》置き。

おき【隠岐】 名詞 昔《むかし》の国《くに》の名《な》の一《ひと》つ。今《いま》の島根《しまね》県《けん》隠岐諸島《おきしょとう》に当《あ》たる。

おきあい【沖合】 名詞 おきのほう。おきの辺《あた》り。例 沖合を船《ふね》が行《い》く。

おきあいぎょぎょう【沖合漁業】 名詞 日《ひ》帰《がえ》りできないくらい遠《とお》い海《うみ》に出《で》て、数日《すうじつ》かけて行《おこな》う漁業《ぎょぎょう》。関連 沿岸漁業《えんがんぎょぎょう》。遠洋漁業《えんようぎょぎょう》。

おきあがりこぼし【起き上がり小法師】 名詞 おもちゃの人形《にんぎょう》の一《ひと》つ。たおしてもすぐに起《お》き上《あ》がるように、底《そこ》におもりがついている。だるま形《がた》のものが多《おお》い。

おきあがる【起き上がる】 動詞 横《よこ》になっている体《からだ》を起《お》こす。例 目覚《めざ》まし時計《どけい》の音《おと》におどろいて起き上がる。

おきかえ【置き換え】 名詞 置《お》きかえること。

おきかえる【置き換える】 動詞 ❶物《もの》をほかの場所《ばしょ》へ移《うつ》して置《お》く。❷今《いま》あるものをどけて、そこに別《べつ》のものを置《お》く。別《べつ》のものととりかえる。例 難《むずか》しいことばを簡単《かんたん》なことばに置き換える。

おきざり【置き去り】 名詞 そこに置《お》いたまま行《い》ってしまうこと。例 ぼくを置き去りにして、帰《かえ》ってしまったのかと思《おも》ったよ。

オキシダント（oxidant）名詞 光化学《こうかがく》スモッグの原因《げんいん》になる有毒《ゆうどく》な物質《ぶっしつ》。排気《はいき》ガスなどが日《にっ》光《こう》に当《あ》たることで発生《はっせい》する。

ガッテン日本語教室

「起《お》きる」と「起《お》こす」

「起《お》きる」と「起《お》こす」のちがいってなんだかわかるかな？

「起《お》きる」は「わたしは毎朝《まいあさ》7時《じ》に起《お》きる」のように、文《ぶん》の主語《しゅご》（＝動作《どうさ》やようすのもとになることば）が自分《じぶん》で何《なに》かをするときに使《つか》う。「起《お》こす」は、「わたしは毎朝《まいあさ》弟《おとうと》を起《お》こす」のように、主語《しゅご》がほかの人《ひと》やものにはたらきかけるときに使《つか》うんだ。ふつう「…を」の形《かたち》で、はたらきかけられる人《ひと》やものが示《しめ》されているよ。

「立《た》つ・立《た》てる」などにも同《おな》じちがいがあるね。

があるように、どんなに上手《じょうず》な人《ひと》でも、たまには失敗《しっぱい》するものだというたとえ。

オキシドール（ドイツ語）名詞 過酸化水素《かさんかすいそ》を約《やく》三《さん》パーセントふくむ水溶液《すいようえき》。殺菌《さっきん》・消毒《しょうどく》・漂白《ひょうはく》などに使《つか》う。

おきしょとう【隠岐諸島】名詞 島根県《しまねけん》の北部《ほくぶ》の日本海《にほんかい》上《じょう》にある島々《しまじま》。後醍醐天皇《ごだいごてんのう》などが流《なが》された島《しま》として知《し》られる。

おきて 名詞 守《まも》らなければならない決《き》まり。例 おきてに従《したが》う。

おきてがみ【置き手紙】名詞 出《で》かけるときなどに、用事《ようじ》を書《か》いて残《のこ》しておく手紙《てがみ》。書《か》き置《お》き。

おきな【翁】名詞 おじいさん。年《とし》をとった男《おとこ》の人《ひと》。例 竹取《たけとり》の翁。使い方 古《ふる》い言《い》い方《かた》。

おぎなう【補う】動詞 足《た》りないところに、じゅうぶんになるようにつけ加《くわ》える。例 畑に水《すい》分《ぶん》を補う／説明《せつめい》を補う。使い方「補なう」と書《か》かないよう注意《ちゅうい》。漢⇒1201ページ ほ〔補〕

おきなわけん【沖縄県】名詞 九州地方《きゅうしゅうちほう》の南部《なんぶ》の沖縄島《おきなわじま》を中心《ちゅうしん》とした島々《しまじま》からなる県《けん》。太平洋戦争《たいへいようせんそう》でアメリカ軍《ぐん》に占領《せんりょう》されたが、一九七二年《ねん》に日本《にほん》に返《かえ》された。県庁《けんちょう》は那覇市《なはし》にある。

おきにいり【お気に入り】名詞 とても気《き》に入《い》っている人《ひと》やもの。気《き》に入《い》り。例 お気に入りの人形《にんぎょう》。

おきにめす【お気に召す】「気《き》に入《い》る」の尊敬《そんけい》した言《い》い方《かた》。例 このデザートはお気に召しましたか。

おきのとりしま【沖ノ鳥島】名詞 小笠原《おがさわら》諸島《しょとう》の南《みなみ》の端《はし》にある無人島《むじんとう》。満潮《まんちょう》のときに島《しま》の一部《いちぶ》がほんの少《すこ》し海面《かいめん》から出《で》るだけなので、水没《すいぼつ》を防《ふせ》ぐための工事《こうじ》が行《おこな》われた。日本《にほん》の南《なん》端《たん》。東京都《とうきょうと》の一部《いちぶ》。北緯《ほくい》二〇度《ど》二五分《ふん》。

おきみやげ【置き土産】名詞 立《た》ち去《さ》るときに、あとに残《のこ》していくおくり物《もの》や、ことがら。

おきもの【置物】名詞 部屋《へや》などに置《お》く、かざり物《もの》。

おきゃん 名詞 形容動詞 若《わか》い女《おんな》の人《ひと》が、活発《かっぱつ》で元《げん》気《き》があること。また、そのような人《ひと》。少《すこ》し軽《かる》はずみであること。

おきゅう⇒345ページ きゅう

おきょう【お経】⇒353ページ きょう〔経〕

おきる【起きる】動詞 ❶立《た》ち上《あ》がる。例 転《ころ》んでもすぐ起きる。対 寝《ね》る。❷目《め》を覚《さ》まして、ねどこから出《で》る。例 わたしは、毎朝六時半《まいあさろくじはん》に起きる。対 寝《ね》る。❸ものごとが始《はじ》まる。発生《はっせい》する。起《お》こる。例 事件《じけん》が起きる。漢⇒315ページ き〔起〕 ⇒178ページ 日本語教室

漢 **おく【屋】**〔尸〕しかばね 9画 3年 音 オク 訓 や

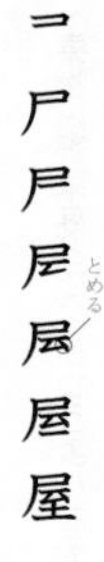

ㄱ ㄱ 尸 尸 层 层 层 屋 屋（とめる）

❶家《いえ》。たてもの。例 屋外《おくがい》／家屋《かおく》／小屋《こや》。❷やね。例 屋上《おくじょう》／屋台《やたい》。❸商店《しょうてん》などの名《な》まえにつけることば。例 屋号《やごう》／花屋《はなや》。

伝統的《でんとうてき》な言語文化《げんごぶんか》

和語《わご》・漢語《かんご》・外来語《がいらいご》

大切《たいせつ》な使《つか》い分《わ》け

子供《こども》たちの活動《かつどう》を

助《たす》ける
支援《しえん》する
サポートする

上《うえ》の３つの語《ご》はどれも同《おな》じような意味《いみ》で使《つか》われるよ。作文《さくぶん》を書《か》くとき、よく使《つか》うのはどれかな。弟《おとうと》や妹《いもうと》に話《はな》すとき、使《つか》いそうもないのはどれかな。

「ひと」「たすける」「うれしい」など、もともと日本語《にほんご》にあった語《ご》のなかまを「和語《わご》」というよ。だれにでもわかりやすい、やさしいことばだね。

「教室《きょうしつ》」「学習《がくしゅう》」「作文《さくぶん》」のように、漢字《かんじ》の音《おん》を使《つか》った熟語《じゅくご》は「漢語《かんご》」だ。じっと見《み》て一《ひと》つ一《ひと》つの漢字《かんじ》の意味《いみ》がわかると、なんとなく語全体《ごぜんたい》の意味《いみ》もわかるよね。反対《はんたい》に、字《じ》を見《み》ると意味《いみ》がわかるけど、耳《みみ》で聞《き》いただけではわかりにくいものもあるよ。

「サポート」や「データ」「パティシエ」などは、外国語《がいこくご》をもとにした「外来語《がいらいご》」だ。新《あたら》しい感《かん》じでカッコイイけど、意味《いみ》がよくわからないことばもあるね。みんながよく知《し》っているものを選《えら》んで使《つか》うようにしよう。

この３種類《しゅるい》の語《ご》のなかまを、相手《あいて》や目的《もくてき》によってうまく使《つか》い分《わ》けられる人《ひと》が、ことばづかいの名人《めいじん》なんだね。

ことわざ 弘法《こうぼう》にも筆《ふで》の誤《あやま》り　書道《しょどう》の達人《たつじん》の弘法大師《こうぼうだいし》（＝空海《くうかい》）でも、ときには字《じ》を書《か》きまちがえること

おく【奥】 名詞 ❶中《なか》へ深《ふか》く入《はい》ったところ。とくに、建物《たてもの》の中《なか》の、入《い》り口《ぐち》から遠《とお》いところ。例山《やま》の奥／客《きゃく》を奥の部屋《へや》に通《とお》す。❷ものごとの、簡単《かんたん》にはわからない深《ふか》いところ。また、そのようなこと。例心《こころ》の奥。

●**奥《おく》の手《て》**⇒180ページおくのて

おく【億】 名詞 数《かず》の名《な》。万《まん》の一万倍《いちまんばい》。また、数《かず》がきわめて多《おお》いこと。

漢 **おく【億】**〔亻〕にんべん 15画 4年 音 オク 訓

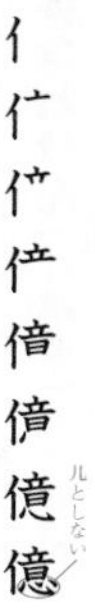

❶おく。万《まん》の一万倍《いちまんばい》。例一億円《いちおくえん》。❷数《かず》が非常《ひじょう》におおいこと。例億万長者《おくまんちょうじゃ》。

おく【置く】 動詞 ❶物《もの》をある場所《ばしょ》にのせる。例本《ほん》を机《つくえ》に置く。❷備《そな》えつける。設《もう》ける。例新《あら》たに係《かかり》を置く／「二級合格《にきゅうごうかく》」に目標《もくひょう》を置いてがんばる。❸家《いえ》にとめて世話《せわ》をする。人《ひと》をいさせる。例下宿人《げしゅくにん》を置く／留守番《るすばん》を置く。❹間《あいだ》をあける。例三日《みっか》おいてまた来《く》る。❺そのままの状態《じょうたい》が続《つづ》くようにする。例帰《かえ》る時間《じかん》を念頭《ねんとう》において遊《あそ》ぶ。❻別《べつ》にする。例この仕事《しごと》ができる人《ひと》は、きみをおいてほかにはいない。❼止《と》める。中止《ちゅうし》する。例筆《ふで》をおく（＝文章《ぶんしょう》を書《か》き終《お》える）。❽そのままにする。例お金《かね》を金庫《きんこ》にしまっておく。❾前《まえ》もって用意《ようい》する。例電車《でんしゃ》の時間《じかん》を調《しら》べておく／夕食《ゆうしょく》を作《つく》っておく。❿とりあえずそうする。例きみの言《い》い分《ぶん》は、いちおう聞《き》いておく。

使い方 ❽〜❿は、「…ておく」の形《かたち》で使《つか》う。❹〜❿は、ふつうかな書《が》きにする。

漢⇒824ページち〔置〕

おくがい【屋外】 名詞 建物《たてもの》の外《そと》。戸外《こがい》。例屋外で遊《あそ》ぶ。対屋内《おくない》。使い方「やがい」と読《よ》まないよう注意《ちゅうい》。

おくがた【奥方】 名詞 身分《みぶん》の高《たか》い人《ひと》の妻《つま》を尊敬《そんけい》していう言《い》い方《かた》。

おくぎ【奥義】⇒167ページおうぎ〔奥義〕

おくさま【奥様】 名詞 ほかの人《ひと》の妻《つま》を尊敬《そんけい》していう言《い》い方《かた》。

おくさん【奥さん】 名詞 ほかの人《ひと》の妻《つま》を尊敬《そんけい》していう言《い》い方《かた》。使い方「奥様《おくさま》」よりくだけた言《い》い方《かた》。

おくじょう【屋上】 名詞 屋根《やね》の上《うえ》。とくに、ビルなどの建物《たてもの》の上《うえ》につくった、平《たい》らな場所《ばしょ》。

おくする【臆する】 動詞 気《き》おくれする。おどおどする。おじける。例初《はじ》めての発表会《はっぴょうかい》なのに、臆することなく堂々《どうどう》としている。

おくそく【憶測・臆測】 名詞 動詞 はっきりわからないことを、だいたいこうだろうと考《かんが》えること。例きみの話《はなし》は単《たん》なる憶測にすぎない。

おくそこ【奥底】 名詞 いちばんおく深《ぶか》いところ。例心《こころ》の奥底を打《う》ち明《あ》ける。

オクターブ（フランス語）名詞 音階《おんかい》で、ある音《おと》から八度高《はちどたか》いか、低《ひく》い音《おと》。また、そのへだたり。たとえば、ドから次《つぎ》のドまでのこと。

オクターブ

おくち【奥地】 名詞 海岸《かいがん》や町《まち》から遠《とお》くはなれた、人《ひと》の少《すく》ないところ。

おくづけ【奥付】 名詞 本《ほん》の終《お》わりにある、書《か》いた人《ひと》・発行《はっこう》した人《ひと》・印刷《いんさつ》した人《ひと》・発行年月日《はっこうねんがっぴ》などをのせたところ。

おくて 名詞 ❶いね・果物《くだもの》・野菜《やさい》などで、ふつうよりおそくできるもの。対わせ。❷体《からだ》や心《こころ》の成長《せいちょう》がおそいこと。また、その人《ひと》。

おくない【屋内】 名詞 建物《たてもの》の中《なか》。例屋内競技《きょうぎ》／屋内で遊《あそ》ぶ。対屋外《おくがい》。

おくにことば【お国言葉】 名詞 その人《ひと》の生《う》まれ故郷《こきょう》で使《つか》われていることば。方言《ほうげん》。

おくのいん【奥の院】 名詞 寺《てら》の本堂《ほんどう》よりおくにあって、仏《ほとけ》などをまつってある所《ところ》。

おくのて【奥の手】 名詞 他人《たにん》には知《し》らせていない、とっておきの手段《しゅだん》。類切《き》り札《ふだ》。

おくのほそみち【おくのほそ道】 名詞 江《え》戸時代《どじだい》の中《なか》ごろに松尾芭蕉《まつおばしょう》が書《か》いた紀行文《きこうぶん》。東北地方《とうほくちほう》や北陸地方《ほくりくちほう》などの旅《たび》のようすや俳句《はいく》が収《おさ》められている。

われることから、ほんとうの名人《めいじん》は道具《どうぐ》のよしあしにかかわらず、見事《みごと》な仕事《しごと》をするということのたとえ。

おくば【奥歯】 名詞 口《くち》のおくにある歯《は》。臼歯《きゅうし》。関連 前歯《まえば》。糸切《いとき》り歯《ば》。

●**奥歯《おくば》に物《もの》が挟《はさ》まったよう** 言《い》いたいことをはっきり言《い》わないようす。

おくび 名詞 「げっぷ」の古《ふる》い言《い》い方《かた》。

●**おくびにも出《だ》さない** 自分《じぶん》の心《こころ》の中《なか》にしまいこんで、何《なに》も言《い》わず、そぶりにも見《み》せない。例 若《わか》いころの苦労《くろう》をおくびにも出さない。

おくびょう【臆病】 名詞 形容動詞 気《き》が弱《よわ》く、ちょっとしたことでもこわがること。例 臆病な人《ひと》。対 勇敢《ゆうかん》。

おくびょうかぜにふかれる【臆病風に吹かれる】 ちょっとしたことにこわがってびくびくする。例 お化《ば》け屋敷《やしき》に入《はい》ろうと列《れつ》に並《なら》んだが、臆病風に吹かれてやめてしまった。

おくぶかい【奥深い】 形容詞 ❶入《い》り口《ぐち》からおくまでが遠《とお》い。例 奥深いほら穴《あな》を探検《たんけん》する。❷深《ふか》い意味《いみ》を持《も》っている。例 奥深いことば。

ことば 「おくふかい」ともいう。

おくまる【奥まる】 動詞 おく深《ぶか》くなっている。おくのほうにある。例 広間《ひろま》の奥まったところにピアノがある／奥まった部屋《へや》。

おくまんちょうじゃ【億万長者】 名詞 たくさんのお金《かね》や財産《ざいさん》を持《も》っている人《ひと》。大金持《おおがねも》ち。

おくめんもなく【臆面もなく】 気《き》おくれしたようすもなく。ずうずうしく。例 迷惑《めいわく》をかけておきながら臆面もなく顔《かお》を出《だ》す。

おくやま【奥山】 名詞 人《ひと》の住《す》む里《さと》からはなれた山《やま》。また、山《やま》のおく深《ぶか》いところ。類 深山《しんざん》。

おくやみ【お悔やみ】 名詞 人《ひと》が死《し》んだのをおしんで、残《のこ》された家族《かぞく》などをなぐさめること。また、そのことば。

おくゆかしい【奥ゆかしい】 形容詞 ことばや態度《たいど》などがひかえめで品《ひん》がよく、心《こころ》が引《ひ》きつけられる感《かん》じである。

おくゆき【奥行き】 名詞 家《いえ》や土地《とち》、物《もの》などの、入《い》り口《ぐち》や前面《ぜんめん》からおくまでの長《なが》さ。対 間口《まぐち》。

おくゆき

オクラ (okra) 名詞 角《つの》のような形《かたち》をした実《み》を食《た》べる野菜《やさい》。刻《きざ》むとねばり気《け》が出《で》る。

オクラ

おぐらひゃくにんいっしゅ【小倉百人一首】 名詞 百人《ひゃくにん》のすぐれた歌人《かじん》の和歌《わか》を一人《ひとり》一首《いっしゅ》ずつ選《えら》んだ百人一首《ひゃくにんいっしゅ》の中《なか》で、もっとも有名《ゆうめい》なもの。鎌倉時代《かまくらじだい》の歌人《かじん》、藤原定家《ふじわらのさだいえ》が選《えら》んだといわれる。

一首《いっしゅ》を楽《たの》しもう ↓1119ページ 伝統コラム ↓1459ページ 百人《ひゃくにん》

おくりがな【送り仮名】 名詞 一《ひと》つのことばを漢字《かんじ》とかなで書《か》くときに、漢字《かんじ》のあとにつけて書《か》くかな。「見《み》る」の「る」、「美《うつく》しい」の「しい」などのこと。

おくりこむ【送り込む】 動詞 ある目的《もくてき》のために、人《ひと》や物《もの》を届《とど》ける。例 災害現場《さいがいげんば》に、救助《きゅうじょ》隊《たい》を送り込む。

おくりだす【送り出す】 動詞 出《で》かける人《ひと》や出《で》ていく人《ひと》などを、無事《ぶじ》に出発《しゅっぱつ》させる。また、物《もの》などをはなれたところに向《む》けて発送《はっそう》する。例 子供《こども》たちを学校《がっこう》に送り出す／引《ひ》っ越《こ》しの荷《に》物《もつ》を送り出す。

おくりて【送り手】 名詞 物《もの》や情報《じょうほう》などを送《おく》る側《がわ》の人《ひと》。対 受《う》け手《て》。

おくりび【送り火】 名詞 季語 秋 おぼんの終《お》わりの日《ひ》に、祖先《そせん》の霊《れい》をあの世《よ》へ送《おく》るために、家《いえ》の門《もん》の前《まえ》などでたく火《ひ》。対 迎《むか》え火《び》。

おくりもの【贈り物】 名詞 他人《たにん》に上《あ》げる品《しな》物《もの》。プレゼント。例 誕生日《たんじょうび》の贈り物。

おくる【送る】 動詞 ❶はなれた所《ところ》まで物《もの》などを届《とど》ける。例 小包《こづつみ》を送る／合図《あいず》を送る。❷去《さ》っていく人《ひと》にあるところまでついて行《い》く。例 友《とも》だちを駅《えき》まで送る。対 迎《むか》える。❸時間《じかん》を過《す》ごす。例 幸《しあわ》せな毎日《まいにち》を送る。❹送《おく》りがなをつける。

漢 ↓744ページ そう〔送〕 ↓182ページ 使い分け

おくる【贈る】 動詞 ❶品物《しなもの》などを人《ひと》に上《あ》げる。プレゼントする。例 お母《かあ》さんに花束《はなたば》を贈る。❷手《て》がらのあった人《ひと》に、賞《しょう》や位《くらい》をあたえる。例国民栄誉賞《こくみんえいよしょう》が贈られた。

↓使い分け

使い分け　おくる
送る・贈る

送る　こちらからはなれた所《ところ》へ物《もの》などを届《とど》くようにする。「荷物《にもつ》を送《おく》る／電波《でんぱ》を送《おく》る」

贈る　感謝《かんしゃ》や祝福《しゅくふく》などの気持《きも》ちをこめて物《もの》などを上《あ》げる。「誕生日《たんじょうび》に花《はな》を贈《おく》る」

おくれげ【後れ毛】 名詞 かみの毛《け》を結《むす》んだときに短《みじか》すぎて残《のこ》った、首筋《くびすじ》や耳元《みみもと》の毛《け》。

おくればせ【後ればせ】 名詞 「おくれてかけつける」という意味《いみ》から、決《き》められた時期《じき》や機会《かい》などにおくれること。例 後ればせながらおみまい申《もう》し上《あ》げます。

おくれる【後れる・遅れる】 動詞
❶あとになる。例 先頭《せんとう》から少《すこ》し後れて歩《ある》く。
❷決《き》まった時間《じかん》や期日《きじつ》に間《ま》に合《あ》わなくなる。例 集合時刻《しゅうごうじこく》に遅れる。
❸進《すす》み方《かた》がおそくなる。例 時計《とけい》が遅れる。対 進《すす》む。
❹とり残《のこ》される。例 世《よ》の中《なか》の動《うご》きに後れる。
❺おとるようになる。例 勉強《べんきょう》が後れる。
漢 ↓441ページ《ジ》 ご〔後〕

おくれをとる【後れを取る・遅れを取る】 ほかの人《ひと》に先《さき》をこされたり、負《ま》けたりする。例 みんなに後れを取らないよう、練習《れんしゅう》しよう。

おけ 名詞 木《き》でつくった入《い》れ物《もの》。丸《まる》い筒形《つつがた》の物《もの》が多《おお》く、水《みず》や食《た》べ物《もの》を入《い》れたりする。例 すしおけ。

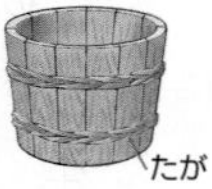

おけ

おけはざまのたたかい【桶狭間の戦い】 名詞 一五六〇年《ねん》、桶狭間《おけはざま》（今《いま》の愛知県《あいちけん》の地名《ちめい》）で、織田信長《おだのぶなが》の軍《ぐん》が、今川義元《いまがわよしもと》の軍《ぐん》に勝利《しょうり》した戦《たたか》い。

おけら 名詞
❶↓427ページ《ジ》 けら
❷持《も》っているお金《かね》がなくなること。一文《いちもん》なし。例 おけらになる。
使い方 ❷は、くだけた言《い》い方《かた》。

おける （「…における」の形《かたち》で）ものごとが起《お》こる場所《ばしょ》や時間《じかん》などを表《あらわ》す。…での。…の場合《ばあい》の。例 学校《がっこう》における水泳《すいえい》の指導《しどう》。使い方 あらたまった言《い》い方《かた》。

おこがましい 形容詞 出《で》しゃばっていて生意気《なまいき》なようす。身《み》のほど知《し》らずであるようす。例 わたしが議長《ぎちょう》なんておこがましいのですが、やってみます。類 差《さ》し出《で》がましい。

おこす 動詞 炭《すみ》などに火《ひ》をつけて、燃《も》えるようにする。例 炭火《すみび》をおこす。

おこす【興す】 動詞
❶さかんにする。例 産業《さんぎょう》を興す。
❷新《あたら》しく始《はじ》める。例 父《ちち》は自分《じぶん》で会社《かいしゃ》を興した。
漢 ↓444ページ《ジ》 こう〔興〕

おこす【起こす】 動詞
❶立《た》たせる。例 たおれた木《き》を起こす。
❷ねむりを覚《さ》まさせる。例 弟《おとうと》を七時《しちじ》に起こす。
❸ものごとを生《しょう》じさせる。例 事故《じこ》を起こす。
❹始《はじ》める。例 次《つぎ》の行動《こうどう》を起こす／筆《ふで》を起こす（＝書《か》き始《はじ》める）。
❺ほり返《かえ》す。耕《たがや》す。例 畑《はたけ》の土《つち》を起こす。
漢 ↓315ページ《ジ》 き〔起〕 ↓178ページ《ジ》 日本語教室

おごそか【厳か】 形容動詞 心《こころ》が引《ひ》きしまるほど、りっぱで重々《おもおも》しいようす。例 厳かな式典《しきてん》。
漢 ↓430ページ《ジ》 げん〔厳〕

おこたる【怠る】 動詞 しなければならないことをしない。なまける。例 注意《ちゅうい》を怠る。対 励《はげ》む。

おこつ【お骨】 名詞 死《し》んだ人《ひと》の体《からだ》を焼《や》いたあとに残《のこ》った骨《ほね》。例 お骨を拾《ひろ》う。

おこない【行い】 名詞
❶すること。行動《こうどう》。例 考《かんが》えを行いに移《うつ》す。
❷ふだんのふるまい。例 日《ひ》ごろの行いをふり返《かえ》る。

おこなう【行う】 動詞 ものごとをする。例 避《ひ》難訓練《なんくんれん》を行う。使い方 「する」よりもあらたまった言《い》い方《かた》。漢 ↓443ページ《ジ》 こう〔行〕

おこのみやき【お好み焼き】 名詞 水《みず》でといた小麦粉《こむぎこ》に、野菜《やさい》・卵《たまご》・肉《にく》などを混《ま》ぜ、鉄板《てっぱん》で焼《や》いた料理《りょうり》。ソースなどをかけて食《た》べる。

おこり【起こり】 名詞 始《はじ》まり。もと。原因《げんいん》。例 ことの起こりは聞《き》きちがいだった。

おごり 名詞

いままのはかまをはいているということから、他人《たにん》のためにばかり働《はたら》いて、自分《じぶん》のことには手《て》が回《まわ》らないことの

❶いい気《き》になってえらそうにすること。例おごりが見《み》える態度《たいど》。
❷ぜいたくをすること。例おごりをきわめる。
❸お金《かね》を出《だ》して人《ひと》にごちそうすること。例今日《きょう》の夕食《ゆうしょく》はおじのおごりだ。

おごりたかぶる【おごり高《たか》ぶる】 動詞 自分《ぶん》には力《ちから》や才能《さいのう》があるといい気になって、人《ひと》を見下《みくだ》した態度《たいど》をとる。例おごり高ぶっている人《ひと》は、いつかだれからも相手《あいて》にされなくなる。

おこる 動詞 炭《すみ》などに火《ひ》がついて、さかんに燃《も》える。

おこる【怒る】 動詞
❶腹《はら》を立《た》てる。いかる。例ぼくが怒っているのは、きみがうそをついたからだ。
❷強《つよ》く注意《ちゅうい》する。しかる。例約束《やくそく》を破《やぶ》って母《はは》に怒られた。 ↓184ページ ことばにチャレンジ

おこる【興る】 動詞 新《あたら》しく生《う》まれたり、勢《いきお》いがさかんになったりする。例産業《さんぎょう》が興る／国《くに》が興る。 漢↓444ページ こう〔興〕

おこる【起こる】 動詞 ものごとが始《はじ》まる。発《はっ》生《せい》する。例事故《じこ》が起こる／静電気《せいでんき》が起こる。
漢↓315ページ き〔起〕

おごる 動詞
❶いい気になってえらそうにする。例賞《しょう》をとったからといって、おごってはいけない。
❷ぜいたくになる。例口《くち》がおごる（＝食《た》べ物《もの》にぜいたくになる）。
❸お金《かね》を出《だ》して人《ひと》にごちそうする。例姉《あね》がケーキをおごってくれた。

おこわ 名詞 もち米《ごめ》を蒸《む》したごはん。あずきを入《い》れて赤飯《せきはん》にすることが多《おお》い。

おさえ【押さえ・抑え】 名詞
❶おさえること。また、おさえるもの。おもし。例厚《あつ》い本《ほん》を押《お》し花《ばな》の押さえにする。
❷人《ひと》に勝手《かって》なことをさせないで、従《したが》わせる力《ちから》。例リーダーの抑えがきいたチーム。

おさえつける【押さえ付ける・抑え付ける】 動詞
❶動《うご》けないように、強《つよ》くしっかりおさえる。例二人《ふたり》がかりで犯人《はんにん》を押さえ付ける。
❷自由《じゆう》に活動《かつどう》できないようにする。例反対意《はんたいい》見《けん》を抑え付ける。

おさえる【押さえる・抑える】 動詞
❶おしつける。動《うご》かないようにする。例風《かぜ》で飛《と》ばないように押さえる。
❷ふさぐ。おおう。例車《くるま》の音《おと》がうるさくて、耳《みみ》を押さえた。
❸手《て》に入れる。つかむ。例確《たし》かな証拠《しょうこ》を押さえる／要点《ようてん》を押さえて記事《きじ》を書《か》く。
❹勢《いきお》いや動《うご》きを食《く》いとめる。例商品《しょうひん》の値上《ねあ》げを抑える／相手《あいて》のこうげきを抑える。
❺低《ひく》くする。がまんする。例声《こえ》を抑えて話《はな》す。
❻思《おも》うようにさせない。例人《ひと》の発言《はつげん》を抑える。

おさがり【お下がり】 名詞
❶自分《じぶん》より年上《としうえ》の人《ひと》からもらった、使《つか》い古《ふる》しの物《もの》。例お姉《ねえ》さんのお下がりの服《ふく》。
❷神《かみ》や仏《ほとけ》に供《そな》えたあと、とり下《さ》げたもの。また、客《きゃく》に出《だ》した食《た》べ物《もの》の残《のこ》り。

おさきぼうをかつぐ【お先棒を担ぐ】 人《ひと》の手先《てさき》となってはたらく。

おざきゆきお【尾崎行雄】 名詞 （一八五八〜一九五四）明治《めいじ》から昭和《しょうわ》時代《じだい》にかけての政治《せいじ》家《か》。立憲政治《りっけんせいじ》・普通選挙《ふつうせんきょ》の実現《じつげん》につくした。

おさげ【お下げ】 名詞 髪形《かみがた》の一《ひと》つ。長《なが》いかみを編《あ》んで、両《りょう》かたに垂《た》らした形《かたち》。

おさつ【お札】 漢↓532ページ さつ〔札〕❸

おさない【幼い】 形容詞
❶年《とし》が少《すく》ない。例幼いころを思《おも》い出《だ》す。
❷年《とし》に比《くら》べて子供《こども》っぽい。例年の割《わり》に考《かんが》え方《かた》が幼い。
使い方「幼ない」「幼さない」と書かないよう注《ちゅう》意《い》。 漢↓1362ページ よう〔幼〕

おさなご【幼子】 名詞 幼《おさな》い子供《こども》。まだ年《とし》の少《すく》ない子供《こども》。

おさなごころ【幼心《おさなごころ》】 名詞 まだ小《ちい》さい子供《こども》のころの心《こころ》。例幼心にも悲《かな》しかった。

おさなともだち【幼友達】 ↓183ページ おさななじみ

おさななじみ【幼なじみ】 名詞 小《ちい》さい子供《こども》のころから仲《なか》がよかったこと。また、その人《ひと》。幼友《おさなとも》だち。類竹馬《ちくば》の友《とも》。使い方「幼《おさな》なじみ」と書かないよう注意《ちゅうい》。

おざなり 名詞 形容動詞 その場《ば》だけの間《ま》に合《あ》わせで、いいかげんなこと。例おざなりなあいさつ。使い方ものごとをほうっておく「なおざり」とまちがえないよう注意《ちゅうい》。

おさまり【収まり・納まり】 名詞

ことわざ **紺屋《こうや》の白《しろ》ばかま** 紺屋（＝染《そ》め物屋《ものや》）は、布《ぬの》を染《そ》めるのが仕事《しごと》なのに、自分《じぶん》は染めていない白《しろ》たとえ。

ことばにチャレンジ！

おこる

いろんなことばでいろんな「おこる」を表《あらわ》してみよう！

入門編《にゅうもんへん》

●まずは、よく使《つか》う別《べつ》のことばで

いかり　子犬《こいぬ》がいじめられているのを見《み》て**いかり**を覚《おぼ》えた。……p.72

頭《あたま》に来《く》る

いたずらをしてもあやまらない妹《いもうと》の態度《たいど》が**頭《あたま》に来《き》**て、どなってしまった。……p.38

腹《はら》が立《た》つ　大事《だいじ》な試合《しあい》の日《ひ》にねぼうしてしまった自分《じぶん》に**腹《はら》が立《た》**った。……p.1078

修行編《しゅぎょうへん》

●次《つぎ》に、少《すこ》しむずかしいことばで

ふくれる

弟《おとうと》は、お菓子《かし》を買《か》ってもらえず、すっかり**ふくれ**てしまった。……p.1151

激怒《げきど》　親友《しんゆう》をけなされて**激怒《げきど》**した。……p.418

立腹《りっぷく》　先生《せんせい》は、若者《わかもの》の失礼《しつれい》な態度《たいど》にひどく**立腹《りっぷく》**なさっていた。……p.1395

達人編《たつじんへん》

●背《せ》のびして、もっとむずかしいことばで

いきどおる　花壇《かだん》がふみあらされたと知《し》り、わたしたちは**いきどおっ**た。……p.75

息巻《いきま》く　そんなひきょうなやり方《かた》は許《ゆる》せない、と兄《あに》は**息巻《いきま》い**た。……p.76

逆上《ぎゃくじょう》　ひどい悪口《わるくち》を言《い》われ、**逆上《ぎゃくじょう》し**てどなり返《かえ》した。……p.342

憤慨《ふんがい》　姉《あね》は、「うそなんてついてない」と**憤慨《ふんがい》し**た。……p.1181

血相《けっそう》を変《か》える　父《ちち》は**血相《けっそう》を変《か》え**て子供《こども》たちをしかった。……p.424

もっと

●おもしろいたとえの表現《ひょうげん》を使《つか》って

青筋《あおすじ》を立《た》てる　かんとくは、**青筋《あおすじ》を立《た》て**て選手《せんしゅ》をしかりつけた。……p.19

堪忍袋《かんにんぶくろ》の緒《お》が切《き》れる　今度《こんど》という今度《こんど》は、**堪忍袋《かんにんぶくろ》の緒《お》が切《き》れ**たぞ。……p.307

口《くち》をとがらす　父《ちち》に注意《ちゅうい》されると、兄《あに》は**口《くち》をとがらし**て文句《もんく》を言《い》った。……p.387

つむじを曲《ま》げる　弟《おとうと》はすっかり**つむじを曲《ま》げ**てしまい、部屋《へや》から出《で》てこない。……p.873

はらわたが煮《に》えくり返《かえ》る　ばかにされて、**はらわたが煮《に》えくり返《かえ》**った。……p.1080

まねことば

●ようすまねことばを使《つか》って

かっと　母《はは》のことばに**かっと**して、大声《おおごえ》で言《い》い返《かえ》してしまった。……p.271

か□か□

いたずらを見《み》つけて、先生《せんせい》が**か□か□**になっているよ。

□に当《あ》てはまることばは何《なに》？　p.298にのっている見出《みだ》し語《ご》だよ！

むっと

「子供《こども》っぽいなあ」と言《い》われて**むっとする**。……p.1292

へ帰《かえ》ること。

❶物《もの》がきちんと中《なか》に入《はい》ること。例たんすの引《ひ》き出《だ》しの収《おさ》まりが悪《わる》い。
❷ものごとが解決《かいけつ》すること。例問題《もんだい》の収まりがつくまで、しばらく時間《じかん》がかかりそうだ。
❸お金《かね》や品物《しなもの》が相手《あいて》にわたること。納入《のうにゅう》されること。例町内会費《ちょうないかいひ》の納まりが悪《わる》い。

おさまる【治まる】 動詞
❶おだやかになる。例風《かぜ》が治まる。
❷世《よ》の中《なか》の乱《みだ》れが落《お》ち着《つ》いて、平和《へいわ》になる。例国《くに》が治まる。
❸病気《びょうき》や苦《くる》しみなどがしずまる。例足《あし》の痛《いた》みが治まった。
漢↓554ページじ〔治〕

おさまる【修まる】 動詞 行《おこな》いや態度《たいど》がよくなる。例素行《そこう》が修まる。漢↓603ページしゅう〔修〕

おさまる【収まる・納まる】 動詞
❶物《もの》がきちんと中《なか》に入《はい》る。例本《ほん》が本箱《ほんばこ》に収まる。
❷落《お》ち着《つ》いた状態《じょうたい》になる。例さわぎが収まる。
❸ある地位《ちい》や立場《たちば》につく。例会長《かいちょう》のいすに納まる。
❹お金《かね》や品物《しなもの》が、受《う》けとり手《て》にわたる。例注《ちゅう》文《もん》した品物《しなもの》が納まった。
漢↓603ページしゅう〔収〕・1022ページのう〔納〕

おさめる【治める】 動詞
❶しずめる。おだやかにする。例もめごとを治める。
❷支配《しはい》する。政治《せいじ》をする。例国《くに》を治める。
漢↓554ページじ〔治〕

おさめる【修める】 動詞
❶学問《がくもん》やわざを身《み》につける。学《まな》ぶ。習《なら》う。例医学《いがく》を修める。
❷心《こころ》や行《おこな》いを正《ただ》しくする。例身《み》を修める。
漢↓603ページしゅう〔修〕

おさめる【収める・納める】 動詞
❶きちんとしまいこむ。例刀《かたな》をさやに収める／不満《ふまん》を胸《むね》に納める。
❷自分《じぶん》のものとする。例勝《か》ちを収めた。
❸よい結果《けっか》を得《え》る。例よい成績《せいせき》を収めた。
❹終《お》える。終《お》わりにする。例今年《ことし》の仕事《しごと》を納める。
❺お金《かね》や品物《しなもの》を、受《う》けとり手《て》にわたす。例税《ぜい》金《きん》を納める／注文《ちゅうもん》の品《しな》を納める。
漢↓603ページしゅう〔収〕・1022ページのう〔納〕
✂使い分け↓

使い分け
おさめる
収める・納める

収める 物《もの》を何《なに》かの中《なか》にきちんと入《い》れる。また、手《て》に入《い》れる。「引《ひ》き出《だ》しに収める／大成功《だいせいこう》を収める」

納める 受《う》けとり手《て》のもとにわたす。また、はらいこむ。「店《みせ》に品物《しなもの》を納める／授業料《じゅぎょうりょう》を納める」

おさらい 名詞 動詞 習《なら》ったことをくり返《かえ》し練習《れんしゅう》すること。復習《ふくしゅう》。

おし【押し】 名詞
❶おすこと。
❷自分《じぶん》の考《かんが》えを無理《むり》に通《とお》そうとすること。例押しが強《つよ》い人《ひと》。
❸おもし。例漬物《つけもの》に押しをする。
● **押《お》しが利《き》く** 自分《じぶん》の意見《いけん》や考《かんが》えを強《つよ》くおし通《とお》すことができる。

おじ【伯父・叔父】 名詞 父《ちち》や母《はは》の、男《おとこ》のきょうだい。また、父《ちち》や母《はは》の、女《おんな》のきょうだいの夫《おっと》。おじさん。対伯母《おば》。叔母《おば》。使い方「伯父《おじ》」は、父《ちち》や母《はは》の兄《あに》や、姉《あね》の夫《おっと》に対《たい》して使《つか》う。「叔父《おじ》」は、父《ちち》や母《はは》の弟《おとうと》や、妹《いもうと》の夫《おっと》に対《たい》して使《つか》う。図↓667ページしんぞく

おしあいへしあい【押し合いへし合い】 名詞 動詞 大勢《おおぜい》の人《ひと》が集《あつ》まって、ひどく混《こ》み合《あ》っているようす。

おしい【惜しい】 形容詞
❶大切《たいせつ》なものなので、なくしたりむだにしたりするのが残念《ざんねん》である。もったいない。例この本《ほん》を上《あ》げてしまうのは惜しい。
❷あと少《すこ》しのところで思《おも》うようにならなくて、残念《ざんねん》である。例惜しいところで負《ま》けた。

おじいさん 名詞
❶父《ちち》や母《はは》のお父《とう》さん。対おばあさん。図↓667ページしんぞく
❷年《とし》をとった男《おとこ》の人《ひと》。対おばあさん。
使い方 ほかの人《ひと》に対《たい》して自分《じぶん》のおじいさんをいうときは「祖父《そふ》」という。

ことわざ **故郷《こきょう》へ錦《にしき》を飾《かざ》る** 「にしき」は、りっぱで美《うつく》しい衣服《いふく》のこと。仕事《しごと》などで成功《せいこう》して、ふるさと

おしいただく【押し頂く】動詞 物《もの》を、両《りょう》手《て》で頭《あたま》の上《うえ》にうやうやしく持《も》つ。また、頭《あたま》の上《うえ》に持《も》って、品物《しなもの》をていねいに受《う》けとる。

おしいる【押し入る】動詞 他人《たにん》の家《いえ》などに、むりやり入《はい》りこむ。例 どろぼうが押し入る。

おしいれ【押し入れ】名詞 ふすまのついた、部屋《へや》につくりつけの物入《ものい》れ。布団《ふとん》や道具《どうぐ》などを入《い》れる。

おしうり【押し売り】名詞 動詞 品物《しなもの》などを無《む》理《り》に売《う》りつけること。また、その人《ひと》。

おしえ【教え】名詞 教《おし》えること。また、教《おし》えることがら。教訓《きょうくん》。

おしえご【教え子】名詞 先生《せんせい》として、教《おし》えている生徒《せいと》。また、前《まえ》に教《おし》えたことのある生徒《せいと》。

おしえさとす【教え諭す】動詞 ものごとの道筋《みちすじ》を、相手《あいて》がよくわかるように話《はな》して聞《き》かせる。

おしえる【教える】動詞
❶学問《がくもん》や芸《げい》などが身《み》につくように導《みちび》く。指導《しどう》する。例 国語《こくご》を教える。
❷知《し》っていることを人《ひと》に知《し》らせる。例 道《みち》を教える。
❸教訓《きょうくん》をあたえる。例 友《とも》だちに勇気《ゆうき》の大切《たいせつ》さを教えられる。
使い方 ❸は「教《おし》えられる」の形《かたち》で使《つか》うことが多《おお》い。
漢 → 353ページ きょう〔教〕

おしおき【お仕置き】名詞 動詞 ばつをあたえてこらしめること。また、そのばつ。

おしかける【押し掛ける】動詞 招《まね》かれないのに、進《すす》んで出《で》かけて行《い》く。例 先生《せんせい》の家《いえ》にみんなで押し掛けていった。

おしかはんとう【牡鹿半島】名詞 宮城県《みやぎけん》東部《とうぶ》にある、太平洋《たいへいよう》につき出《で》た半島《はんとう》。三陸海岸《さんりくかいがん》の南端《なんたん》にあたる。

おじぎ【お辞儀】名詞 動詞 頭《あたま》を下《さ》げてあいさつをすること。例 先生《せんせい》にお辞儀した。

おしきる【押し切る】動詞
❶おすように力《ちから》を入《い》れて切《き》る。
❷自分《じぶん》の考《かんが》えを無理《むり》に通《とお》す。例 親《おや》の反対《はんたい》を押し切って結婚《けっこん》した。

おしくも【惜しくも】副詞 おしいところで。例 一点差《いってんさ》で惜しくも敗《やぶ》れた。

おじけ 名詞 こわいと思《おも》う気持《きも》ち。

おじけづく 動詞 こわいという気持《きも》ちになる。例 つり橋《ばし》を前《まえ》にしておじけづく。

おしげもなく【惜しげもなく】おしがるようすもなく。もったいないとも思《おも》わず。例 父《ちち》は大事《だいじ》なカメラを惜しげもなくくれた。

おじける 動詞 おそろしくてびくびくする。しりごみする。例 おじけてものも言《い》えない。

おしこむ【押し込む】動詞
❶中《なか》に無理《むり》やり入《い》れる。つめこむ。例 かばんに本《ほん》を押し込む。
❷人《ひと》の家《いえ》に無理《むり》やり入《はい》る。

おしこめる【押し込める】動詞
❶中《なか》に入《い》れて、外《そと》に出《で》られないようにする。閉《と》じこめる。
❷中《なか》に無理《むり》やり入《い》れる。つめこむ。例 荷物《にもつ》をかばんに押し込める。

おしころす【押し殺す】動詞 声《こえ》や表情《ひょうじょう》、感《かん》情《じょう》などをおさえて、表《おもて》に出《だ》さないようにがまんする。例 声《こえ》を押し殺して笑《わら》う。

おじさん 名詞
❶ → 185ページ おじ
❷よその中年《ちゅうねん》の男《おとこ》の人《ひと》を親《した》しんで呼《よ》ぶことば。例 となりのおじさん。対 おばさん。

おしすすめる【推し進める】動詞 ものごとをどんどん進《すす》める。例 クラス旅行《りょこう》の計画《けいかく》を推し進める。

おしせまる【押し迫る】動詞 すぐ近《ちか》くにくる。間近《まぢか》になる。例 入学試験《にゅうがくしけん》が押し迫る。

おしだし【押し出し】名詞
❶おして出《だ》すこと。とくに、すもうで、相手《あいて》を土俵《どひょう》の外《そと》におして出《だ》すわざ。
❷その人《ひと》に備《そな》わった、どっしりとしたようす。かんろく。例 りっぱな押し出しの人《ひと》。
❸野球《やきゅう》で、満塁《まんるい》のとき、フォアボールかデッドボールで一点入《いってんはい》ること。

おしだす【押し出す】動詞 中《なか》にあるものを、おして外《そと》に出《だ》す。例 チューブから絵《え》の具《ぐ》を押し出す。

おしたてる【押し立てる】動詞 力強《ちからづよ》く立《た》てる。例 旗《はた》を押し立てて行進《こうしん》する。

おしちや【お七夜】名詞 子供《こども》が生《う》まれてから七日目《なのかめ》の夜《よる》。また、その夜《よる》のお祝《いわ》い。参考 このときに名前《なまえ》をつけることが多《おお》い。

おしつけがましい【押し付けがまし

前《まえ》もってじゅうぶん注意《ちゅうい》して、準備《じゅんび》しておくことが大切《たいせつ》だということ。

い】 形容詞 自分《じぶん》の考《かんが》えや気持《きも》ちを無理《むり》に人《ひと》におしつけようとするようす。

おしつける【押し付ける】 動詞 ❶強《つよ》くおして、ほかの物《もの》につける。❷無理《むり》やり引《ひ》き受《う》けさせる。例 掃除当番《そうじとうばん》を押し付ける。

おしっこ 名詞「小便《しょうべん》」のこと。

おしつまる【押し詰まる】 動詞 ❶期限《きげん》が近《ちか》づく。例 仕事《しごと》が押し詰まる。❷一年《いちねん》の終《お》わりが近《ちか》づく。例 いよいよ今年《ことし》も押し詰まってきた。

おしとおす【押し通す】 動詞 ❶無理《むり》に通《とお》す。例 自分《じぶん》の考《かんが》えを押し通す。❷成《な》しとげる。やりぬく。例 計画《けいかく》どおり押し通した。

おしどり 名詞 季語 冬「がん」や「かも」のなかまの水鳥《みずとり》。おすは羽《はね》が美《うつく》しい。ことば おすとめすがいっしょにいることが多《おお》いことから、仲《なか》のよい夫婦《ふうふ》を「おしどり夫婦《ふうふ》」とたとえることがある。

おしどり(左《ひだり》がおす)

おしなべて【押しなべて】 副詞 全体《ぜんたい》がほとんど同《おな》じように。だいたい。例 今日《きょう》の発表会《はっぴょうかい》は全員《ぜんいん》おしなべてよくできた。使い方 ふつうかな書《が》きにする。

おしのける【押しのける】 動詞 じゃまなものを無理《むり》にどかせる。例 周《まわ》りの人《ひと》を押しのけて前《まえ》に出《で》る。

おしのび【お忍び】 名詞 身分《みぶん》や地位《ちい》をかくしてこっそり外出《がいしゅつ》すること。

おしば【押し葉】 名詞 植物《しょくぶつ》の葉《は》を、本《ほん》や紙《かみ》の間《あいだ》にはさんで、おさえつけてかわかしたもの。

おしはかる【推し量る】 動詞 何《なに》かについて、たぶんこうではないかと考《かんが》える。推量《すいりょう》する。推測《すいそく》する。例 人《ひと》の気持《きも》ちを推し量る。

おしばな【押し花】 名詞 花《はな》を、本《ほん》や紙《かみ》の間《あいだ》にはさんで、おさえつけてかわかしたもの。

おしピン【押しピン】 ⇩278ページがびょう

おしべ【雄しべ】 名詞 花《はな》の一部分《いちぶぶん》で、花粉《かふん》ができるところ。花粉《かふん》がめしべの先《さき》につくと実《み》や種子《しゅし》ができる。対 雌《め》しべ。教科 理 あさがおのように、おしべとめしべが一《ひと》つの花《はな》につくものと、かぼちゃのように、別々《べつべつ》の花《はな》につくものがある。図 ⇩1068ページはな〔花〕

おしぼり【お絞り】 名詞 手《て》などをふくために、水《みず》や湯《ゆ》でぬらしてしぼった小《ちい》さなタオルや手《て》ぬぐい。紙《かみ》などでできたものもある。

おしまい 名詞 ❶終《お》わり。例 今日《きょう》の仕事《しごと》はこれでおしまいだ。❷見《み》こみがないこと。だめになること。例 ここで点《てん》をとられたらもうおしまいだ。

おしまはんとう【渡島半島】 名詞 北海道《ほっかいどう》南西部《なんせいぶ》にある、本州《ほんしゅう》に向《む》かってつき出《で》た半島《はんとう》。

おしむ【惜しむ】 動詞 ❶残念《ざんねん》に思《おも》う。例 失敗《しっぱい》が惜しまれる。❷もったいないと思《おも》う。大切《たいせつ》にする。例 ひまを惜しんで練習《れんしゅう》する。❸することをいやがる。例 協力《きょうりょく》を惜しまない。使い方 ❸は、あとに「ない」などのことばがくることが多《おお》い。

おしめ ⇩200ページおむつ

おしめり【お湿り】 名詞 かわいた地面《じめん》をちょうどよくぬらすくらいの、軽《かる》い雨降《あめふ》り。

おしもおされもしない【押しも押されもしない】 ⇩187ページおしもおされもせぬ

おしもおされもせぬ【押しも押されもせぬ】 どこへ出《で》てもはずかしくないほど、すぐれた力《ちから》を持《も》っている。おしもおされもしない。例 押しも押されもせぬ名選手《めいせんしゅ》。使い方「押《お》しも押《お》されぬ」といわないよう注意《ちゅうい》。

おしもんどう【押し問答】 名詞 動詞 おたがいに自分《じぶん》の意見《いけん》を通《とお》そうとして、いつまでも言《い》い合《あ》うこと。例 押し問答をくり返《かえ》す。

おじや 名詞 季語 冬 野菜《やさい》などの具《ぐ》を入《い》れて、味《あじ》つけしたかゆ。雑炊《ぞうすい》。

おしゃべり ❶ 名詞 動詞 気楽《きらく》に話《はなし》をすること。❷ 名詞 形容動詞 口数《くちかず》が多《おお》く、よく話《はな》すようす。また、その人《ひと》。例 妹《いもうと》はおしゃべりだ。

おしゃま 名詞 形容動詞 女《おんな》の子《こ》が、年《とし》のわりに、ませていること。また、そのような女《おんな》の子《こ》。

おじゃま【お邪魔】 名詞 動詞 人《ひと》のところを訪《たず》ねること。例 先生《せんせい》、お宅《たく》にお邪魔してもいいですか。使い方「お邪魔《じゃま》します」「お邪魔《じゃま》しまし

ことわざ　**転《ころ》ばぬ先《さき》のつえ**　転《ころ》ばないように、あらかじめつえをつくということから、失敗《しっぱい》しないように

た」の形《かたち》で、人《ひと》のところを訪《たず》ねるときや、帰《かえ》るときのあいさつとしても使《つか》う。

おしやる【押しやる】 動詞 おして向《む》こうのほうへ動《うご》かす。おしのける。例 テーブルをすみに押しやる。

おしゃれ 名詞 動詞 形容動詞 顔《かお》や髪形《かみがた》、身《み》なりに気《き》をつかってかざること。また、そうする人《ひと》。

おじゃん 名詞 やりかけていたことが、とちゅうでだめになること。例 旅行《りょこう》が台風《たいふう》のせいでおじゃんになる。ことば 昔《むかし》、火事《かじ》が消《き》えたときに鳴《な》らしたかねの音《おと》からきたことばといわれる。

おしょう【和尚】 名詞 おぼうさん。僧《そう》。

おじょうさん【お嬢さん】 名詞 よその家《いえ》の女《おんな》の子《こ》や、若《わか》い女《おんな》の人《ひと》をていねいに言《い》うことば。

おしょく【汚職】 名詞 公務員《こうむいん》などが、地位《ちい》や立場《たちば》を利用《りよう》して、自分《じぶん》の利益《りえき》になるような悪《わる》いことをすること。

おしよせる【押し寄せる】 動詞 多《おお》くのものが勢《いきお》いよく一度《いちど》にせまってくる。例 たくさんの人《ひと》がバーゲン会場《かいじょう》に押し寄せる。

おしらせ【お知らせ】 名詞 知《し》らせること。また、知《し》らせる内容《ないよう》や、知《し》らせるもの。通知《つうち》。案内《あんない》。例 先生《せんせい》からお知らせがあります。

おしり【お尻】 ↓654ページ しり❶

おしろい 名詞 はだを美《うつく》しく見《み》せるために、顔《かお》などにぬる化粧品《けしょうひん》。ことば 漢字《かんじ》では「白粉」と書《か》く。

おしろいばな【おしろい花】 名詞 季語 秋 夏《なつ》から秋《あき》にかけて、らっぱ形《がた》の赤《あか》・白《しろ》・黄色《きいろ》などの花《はな》をさかせる草花《くさばな》。黒《くろ》い球形《きゅうけい》の実《み》の中《なか》に、白《しろ》い粉《こな》のようなものがある。

おしろいばな

おしんこ【お新香】 名詞 つけもの。野菜《やさい》などをぬかや塩《しお》などにつけた食《た》べ物《もの》。

おす【雄】 名詞 動物《どうぶつ》のうち、精子《せいし》をつくるほう。人間《にんげん》でいえば男《おとこ》に当《あ》たるほう。対 雌《めす》。

おす【押す】 動詞 ❶力《ちから》を入《い》れて前《まえ》の方《ほう》へ動《うご》かす。例 とびらを押す。対 引《ひ》く。❷上《うえ》から下《した》へ力《ちから》を加《くわ》える。例 判《はん》こを押す。❸無理《むり》にする。例 反対《はんたい》を押して出《で》かけた。❹確《たし》かにしようとする。例 念《ねん》を押す（＝まちがいのないよう、もう一度《いちど》確《たし》かめる）。❺相手《あいて》より勢《いきお》いがある。圧倒《あっとう》する。例 勢《いきお》いに押されて、思《おも》わずあとずさりした。

おす【推す】 動詞 ❶あることにふさわしいと思《おも》ってすすめる。推《すい》薦《せん》する。例 会長《かいちょう》に推される。❷それをもとにして考《かんが》える。推量《すいりょう》する。例 あの表情《ひょうじょう》から推すと、実験《じっけん》は成功《せいこう》したようだ。
漢 ↓673ページ すい〔推〕

おすい【汚水】 名詞 よごれた水《みず》。きたないものが混《ま》じった水《みず》。

おずおず［と］ 副詞 ためらいながら。こわごわ。例 おずおずと手《て》を挙《あ》げた。

おすすめ【お薦め・お勧め】 名詞 自分《じぶん》がよいと思《おも》うものごとを、客《きゃく》や目上《めうえ》の人《ひと》などにすすめること。また、その品物《しなもの》などのこと。

おすそわけ【お裾分け】 名詞 動詞 よそからもらったものなどの一部《いちぶ》を、ほかの人《ひと》にも分《わ》けること。また、そのもの。

おすなおすな【押すな押すな】 たくさんの人《ひと》がおしかけてきて、混《こ》み合《あ》っているようす。例 押すな押すなの大《おお》さわぎ。

おすまし【お澄まし】 ❶名詞 動詞 とりすまして、気取《きど》ること。例 妹《いもうと》はお澄まししてすわっている。❷名詞 「すましじる」のていねいな言《い》い方《かた》。

オセアニア 名詞 世界《せかい》の六大州《ろくだいしゅう》の一《ひと》つ。オーストラリア大陸《たいりく》・ニュージーランドと、太平洋《たいへいよう》上《じょう》のメラネシア・ミクロネシア・ポリネシアなどの島々《しまじま》からなる。「大洋州《たいようしゅう》」ともいう。

おぜこくりつこうえん【尾瀬国立公園】 名詞 福島《ふくしま》・栃木《とちぎ》・群馬《ぐんま》・新潟《にいがた》の四県《よんけん》にまたがる国立公園《こくりつこうえん》。尾瀬《おぜ》ケ原《がはら》などの湿原《しつげん》や山々《やまやま》が特色《とくしょく》。

おせじ【お世辞】 名詞 相手《あいて》に気《き》に入《い》られようとして言《い》うほめことば。

おせち【お節】 ↓188ページ おせちりょうり

おせちりょうり【お節料理】 名詞 正月《しょうがつ》や節句《せっく》などのときに作《つく》る、特別《とくべつ》の料理《りょうり》。「おせち」ともいう。ことば 今《いま》は、正月《しょうがつ》のものについ

とのたとえ。アメリカ大陸《たいりく》に到達《とうたつ》したコロンブスが、そんなことはだれにでもできると言《い》われ、それなら卵《たまご》を立《た》てみせたという話《はなし》から。

てだけいう。

おせっかい【お節介】名詞 形容動詞 余計《よけい》な世《せ》話《わ》を焼《や》くこと。また、そのようなことをする人《ひと》。

おせん【汚染】名詞 動詞 細菌《さいきん》や薬品《やくひん》、排気《はいき》ガスなどによって、空気《くうき》や水《みず》、食品《しょくひん》などがよごれること。例 大気《たいき》汚染。

おぜん【お膳】名詞「ぜん（＝食事《しょくじ》のときに食《た》べ物《もの》をのせる台《だい》）」をていねいに言《い》うことば。また、「食卓《しょくたく》」をていねいに言《い》うことば。

おぜんだて【お膳立て】名詞 動詞 ❶食《しょく》事《じ》の用意《ようい》をすること。❷ものごとの準《じゅん》備《び》をすること。例 かんげい会《かい》のお膳立てをする。

おそい【遅い】形容詞 ❶ものごとをするのに時間《じかん》がかかる。のろい。例 歩《ある》くのが遅い。対 速《はや》い。❷時《とき》が過《す》ぎている。決《き》まった時《とき》よりあとである。例 今年《ことし》は、梅雨《つゆ》明《あ》けが遅い。対 早《はや》い。❸間《ま》に合《あ》わない。例 今《いま》ごろ気《き》づいても遅い。

おそいかかる【襲いかかる】動詞 相手《あいて》にとびかかるなどして、勢《いきお》いよくこうげきし始《はじ》める。例 ねこがねずみに襲いかかる。

おそう【襲う】動詞 ❶不意《ふい》におし寄《よ》せる。せめかかる。例 台風《たいふう》が島《しま》を襲う／おおかみが羊《ひつじ》を襲う。❷急《きゅう》にそのような感《かん》じがする。例 不安《ふあん》に襲われる。

おそうまれ【遅生まれ】名詞 四月二日《しがつふつか》から十二月三十一日《じゅうにがつさんじゅういちにち》までに生《う》まれること。また、そのときに生まれた人《ひと》。対 早生《はやう》まれ。

おそかれはやかれ【遅かれ早かれ】副詞 おそいか早《はや》いかのちがいはあっても。いつかは。例 遅かれ早かれみんなに知《し》られることだ。

おそざき【遅咲き】名詞 花《はな》がふつうの時期《じき》よりも、おそくさくこと。時期《じき》におくれてさくこと。例 遅咲きの桜《さくら》。対 早咲《はやざ》き。

おそなえ【お供え】名詞 ❶神《かみ》や仏《ほとけ》に供《そな》えること。また、そのもの。❷正月《しょうがつ》に神《かみ》に供《そな》える、大小《だいしょう》のもちを重《かさ》ねたもの。鏡《かがみ》もち。

おそまき【遅まき】名詞 ❶ふつうの時期《じき》よりおくれて種《たね》をまくこと。❷ものごとを、ふつうの時期《じき》よりおくれて始《はじ》めること。例 遅まきながらお手伝《てつだ》いします。

おそらく【恐らく】副詞 たぶん。おおかた。例 あしたは、恐らく雨《あめ》が降《ふ》るだろう。使い方 あとに「だろう」などのことばがくる。

おそるおそる【恐る恐る】副詞 びくびくしながら。例 大《おお》きな犬《いぬ》を恐る恐るなでる。

おそれ【恐れ】名詞 ❶こわがること。例 恐れをなしてにげ出《だ》す。❷よくないことが起《お》こりそうな心配《しんぱい》。例 大雨《おおあめ》になるおそれがある。使い方 ❷は、漢字《かんじ》では「虞」と書《か》くが、ふつうかな書《が》きにする。

おそれいる【恐れ入る】動詞 ❶申《もう》し訳《わけ》ないと思《おも》う。例 恐れ入りますが、こちらに来《き》ていただけますか。❷ありがたいと思《おも》う。例 わざわざ届《とど》けていただいて、恐れ入ります。❸相手《あいて》の力《ちから》を見《み》て参《まい》ってしまう。例 あなたの強《つよ》さには恐れ入りました。❹おどろいてあきれる。例 あの人《ひと》の言《い》い訳《わけ》には、まったく恐れ入った。

おそれおおい【恐れ多い・畏れ多い】形容詞 ❶身分《みぶん》の高《たか》い人《ひと》などに対《たい》して、失礼《しつれい》なようす。例 王様《おうさま》に向《む》かって文句《もんく》を言《い》うとは恐れ多い。❷身分《みぶん》の高《たか》い人《ひと》の行《おこな》いが、ありがたく、自分《じぶん》にはもったいない。例 名高《なだか》い画家《がか》に自分《じぶん》の絵《え》を見《み》てもらえるなんて恐れ多いことだ。

おそれおののく【恐れおののく】動詞 ひどくこわがって、ふるえる。例 突然《とつぜん》の大事故《だいじこ》に人々《ひとびと》は恐れおののいた。

おそれる【恐れる・畏れる】動詞 ❶こわがる。例 このねこは、犬《いぬ》を恐れない。❷心配《しんぱい》する。例 雨《あめ》が降《ふ》り続《つづ》くので、洪水《こうずい》になりはしないかと恐れる。❸大《おお》きな力《ちから》に対《たい》して、敬《うやま》う気《き》持《も》ちを持《も》つ。例 島《しま》の人《ひと》たちは、海《うみ》の神《かみ》を畏れていた。

おそろしい【恐ろしい】形容詞 ❶こわい。例 恐ろしい目《め》にあった。❷程度《ていど》が激《はげ》しい。ものすごい。例 自動車《じどうしゃ》が、恐ろしいスピードで走《はし》ってきた。

おそわる【教わる】動詞 教《おし》えてもらう。人《ひと》に習《なら》う。例 勉強《べんきょう》を教わる。漢 ➡353ページ《ジペー》 きょう〔教〕

ことわざ　**コロンブスの卵《たまご》**　簡単《かんたん》にできそうなことでも、それを最初《さいしょ》に思《おも》いつくことは難《むずか》しい、というこ
ててみよと言《い》った。だれにもできないのを見《み》ると、コロンブスは卵《たまご》のはしを少《すこ》しつぶして立《た》て

オゾン (ozone) 名詞 酸素《さんそ》の原子《げんし》が三個結合《さんこけつごう》した気体《きたい》。独特《どくとく》なにおいがある。漂白《ひょうはく》や殺菌《さっきん》などに使《つか》う。

オゾンそう【オゾン層】 名詞 大気《たいき》の中《なか》の、オゾンが多《おお》くふくまれている層《そう》。地上《ちじょう》の生物《せいぶつ》にとって有害《ゆうがい》な、太陽《たいよう》からの紫外線《しがいせん》を吸収《きゅうしゅう》している。参考 フロンガスなどで破壊《はかい》される。

オゾンホール (ozone hole) 名詞 オゾン層《そう》のオゾンが、ひどく少《すく》なくなった部分《ぶぶん》。南極《なんきょくじょう》上空《くう》で、大《おお》きなオゾンホールが見《み》つかっている。ことば「ホール」は穴《あな》のこと。人工衛星《じんこうえいせい》からのデータで、オゾン層《そう》に穴《あな》があいたように見《み》えることからきたことば。

おたがい【お互い】 ↓788ジペー たがい

おたく【お宅】 名詞 ❶相手《あいて》の人《ひと》の家《いえ》をていねいに言《い》う言《い》い方《かた》。例 明日《あす》、お宅におうかがいします。❷あなた。例 お宅はどちらのご出身《しゅっしん》ですか。使い方 ❷は、目上《めうえ》の人《ひと》に対《たい》しては使《つか》わない。

おたけび【雄たけび】 名詞 勢《いきお》いのある、勇《いさ》ましいさけび声《ごえ》。例 雄たけびを上《あ》げる。

おだてる 動詞 人《ひと》をほめて、いい気分《きぶん》にさせる。例 兄《あに》をおだてて、宿題《しゅくだい》を手伝《てつだ》ってもらう。

おだのぶなが【織田信長】 名詞 (一五三四～一五八二) 戦国時代《せんごくじだい》の武将《ぶしょう》。各地《かくち》の武将《ぶしょう》をたおして、全国統一《ぜんこくとういつ》を目指《めざ》した。一五七三年《ねん》には室《むろ》町幕府《まちばくふ》をたおしたが、家来《けらい》の明智光秀《あけちみつひで》にそむかれ、京都《きょうと》の本能寺《ほんのうじ》で自殺《じさつ》した。

おたふく【お多福】 ↓178ジペー おかめ

おたふくかぜ【お多福風邪】 名詞 ほおがはれ、熱《ねつ》が出《で》る病気《びょうき》。ウイルスによって起《お》こる感染症《かんせんしょう》。子供《こども》に多《おお》い。「流行性耳下腺炎《りゅうこうせいじかせんえん》」の俗《ぞく》な言《い》い方《かた》。

おたま ↓190ジペー おたまじゃくし❷

おたまじゃくし 名詞 季語 春 ❶卵《たまご》からかえったばかりのかえるの子《こ》。水《すい》中《ちゅう》にすみ、えらで呼《こ》吸《きゅう》する。頭《あたま》が丸《まる》く、尾《お》をふって泳《およ》ぐ。❷しるをすくう、円《まる》くて「え」のついたしゃくし。略《りゃく》して「おたま」ともいう。❸形《かたち》が❶に似《に》ているところから、楽譜《がくふ》に使《つか》う「音符《おんぷ》」のこと。

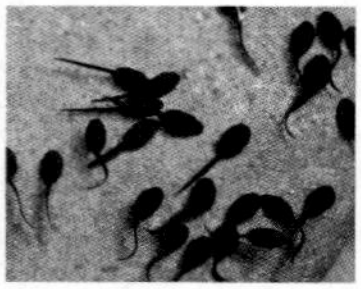
おたまじゃくし❶

おだやか【穏やか】 形容動詞 ❶のんびりとしていて、静《しず》かなようす。例 穏やかな春《はる》の日《ひ》ざし。❷心《こころ》がゆったりとして、落《お》ち着《つ》いているようす。例 あの人《ひと》は、とても穏やかに話《はな》す。

おち【落ち】 名詞 ❶不十分《ふじゅうぶん》なところがあること。手落《てお》ち。例 準《じゅん》備《び》に落ちはないはずだ。❷終《お》わり。落《お》ち着《つ》くところ。例 ここであわてても失敗《しっぱい》するのが落ちだ。❸落語《らくご》などの最後《さいご》にくる、気《き》のきいたしゃれ。例 話《はなし》に落ちをつける。

おちあう【落ち合う】 動詞 一《ひと》つのところでいっしょになる。例 友人《ゆうじん》と駅前《えきまえ》で落ち合う。

おちいる【陥る】 動詞 ❶落《お》ちて入《はい》る。落《お》ちこむ。例 深《ふか》い谷底《たにそこ》に陥る。❷苦《くる》しいありさまになる。例 ピンチに陥る。❸はかりごとに引《ひ》っかかる。例 わなに陥る。❹せめ落《お》とされる。例 城《しろ》が敵《てき》の手《て》に陥る。

おちおち 副詞 ゆっくりと落《お》ち着《つ》いて。安心《あんしん》して。例 車《くるま》が多《おお》くておちおち歩《ある》いていられない。使い方 あとに「ない」などのことばがくる。

おちこむ【落ち込む】 動詞 ❶穴《あな》などの中《なか》に落《お》ちて入《はい》る。❷まわりよりもへこんで、くぼむ。例 つかれて目《め》が落ち込んでいる。❸悪《わる》い状態《じょうたい》になる。例 売《う》り上《あ》げが落ち込む。❹元気《げんき》がなくなる。例 失敗《しっぱい》して落ち込む。

おちつきはらう【落ち着き払う】 動詞 あわてないで、とてもゆったりとしている。

おちつく【落ち着く】 動詞 ❶気持《きも》ちや動作《どうさ》が静《しず》かになる。例 落ち着いて行動《こうどう》する。対 慌《あわ》てる。❷乱《みだ》れたりあれたりしていたものごとがしずまる。例 五月《ごがつ》になって天候《てんこう》がだいぶ落ち着いた。❸住所《じゅうしょ》や勤《つと》め先《さき》が決《き》まる。例 川沿《かわぞ》いのアパートに落ち着く。❹色《いろ》などがはでではなく、心《こころ》が休《やす》まる。例 落ち着いた色《いろ》。❺結果《けっか》が出《で》る。例 今度《こんど》の日曜日《にちようび》は、ハイキングに行《い》くことに落ち着いた。

おちど【落ち度】 名詞 あやまち。まちがい。

ら、どんなにその道《みち》にすぐれている人《ひと》でも失敗《しっぱい》することはあるものだということ。

例 ぼくのほうにも落ち度はあった。

おちのびる【落ち延びる】 動詞 つかまらないで、遠《とお》くまでにげる。にげのびる。

おちば【落ち葉】 名詞 季語冬 かれて落《お》ちた木《き》の葉《は》。

おちぶれる【落ちぶれる】 動詞 よい生活《せいかつ》をしていた人《ひと》やよい地位《ちい》にいた人《ひと》が、財産《ざいさん》や地位《ちい》をなくしてみじめな状態《じょうたい》になる。

おちぼ【落ち穂】 名詞 季語秋 とり入《い》れがすんだあとに落《お》ちている、いねや麦《むぎ》のほ。

おちぼひろい【落ち穂拾い】 名詞 季語秋 とり入《い》れがすんだあとに落《お》ちている、いねや麦《むぎ》の穂《ほ》を拾《ひろ》い集《あつ》めること。

おちめ【落ち目】 名詞 だんだん運《うん》が悪《わる》くなって、うまくいかなくなること。例 あの歌手《かしゅ》もこのごろは落ち目になってきた。

おちゃ【お茶】 名詞 ❶「茶《ちゃ》」のていねいな言《い》い方《かた》。❷仕事《しごと》の合間《あいま》などにひと休《やす》みすること。例 ここらでお茶にしよう。❸「茶の湯《ちゃのゆ》」のこと。例 お茶のけいこ。

お茶《ちゃ》を濁《にご》す いいかげんなことを言《い》ったりしたりして、うまくその場《ば》をごまかす。ことば「茶道《さどう》をよく知《し》らない人《ひと》が、適当《てきとう》にお茶《ちゃ》をかき混《ま》ぜてごまかす」という意味《いみ》からきたことば。

おちゃのこさいさい【お茶の子さいさい】 簡単《かんたん》にできること。例 逆上《さかあ》がりくらいお茶の子さいさいだ。使い方 くだけた言《い》い方《かた》。

おちゃめ【お茶目】 ⇒836ジベーちゃめ

おちょぼぐち【おちょぼ口】 名詞 先《さき》を小《ち》さくとがらすようにした、かわいらしい口《くち》。ことば「ちょぼ」は「小《ち》さい」という意味《いみ》。

おちる【落ちる】 動詞 ❶上《うえ》から下《した》に、急《きゅう》に下《さ》がる。例 木《き》から落ちる。❷中《なか》にはまりこむ。例 川《かわ》に落ちておぼれる。❸しずむ。例 日《ひ》が落ちる。❹悪《わる》くなる。例 品物《しなもの》の質《しつ》が落ちる。対 上《あ》がる。❺とれる。なくなる。例 体《からだ》のよごれが落ちる。❻おとろえる。例 人気《にんき》が落ちる。対 上《あ》がる。❼不合格《ふごうかく》になる。落第《らくだい》する。例 試験《しけん》に落ちる。対 受《う》かる。❽ぬける。もれる。例 文字《もじ》が一字《いちじ》落ちている。❾こっそりとにげる。例 敵《てき》の軍《ぐん》は都《みやこ》を落ちていった。❿せめ落《お》とされる。例 城《しろ》が落ちる。

おつ【乙】 ❶ 名詞 十干《じっかん》の二番目《にばんめ》。きのと。❷ 名詞 ものごとの二番目《にばんめ》。例 甲《こう》乙つけがたい（＝どちらがすぐれているかきめられない）。❸ 形容動詞 少《すこ》し変《か》わっていて、気《き》がきいているようす。例 この料理《りょうり》は乙な味《あじ》がする。❹ 形容動詞 いつもとちがっているようす。例 妹《いもうと》が着物《きもの》を着《き》て乙にすましている。
漢 ⇒1383ジベーらく〔落〕

おつかい【お使い】 ⇒857ジベーつかい❶

おっかない 形容詞 こわい。おそろしい。

おっかなびっくり 副詞 びくびくしながら。こわごわ。例 おっかなびっくり橋《はし》をわたる。

おっくう 形容動詞 めんどうに感《かん》じられ、気《き》が進《すす》まないようす。例 雨《あめ》が降《ふ》っているので、出《で》かけるのがおっくうだ。ことば 仏教《ぶっきょう》のことばである「億劫《おっこう》」が変化《へんか》してできたことば。「億劫《おっこう》」は「非常《ひじょう》に長《なが》い時間《じかん》」という意味《いみ》。

おつげ【お告げ】 名詞 神《かみ》や仏《ほとけ》が、考《かんが》えや予言《よげん》などを人《ひと》に知《し》らせること。また、そのことば。

おっしゃる 動詞「言《い》う」の尊敬《そんけい》した言《い》い方《かた》。例 先生《せんせい》のおっしゃることをよく聞《き》く。

おっちょこちょい 名詞 形容動詞 考《かんが》えが浅《あさ》く、落《お》ち着《つ》きがなくて、いいかげんに行動《こうどう》すること。また、そのような人《ひと》。

おって【追って】 副詞 あとから。あとで。例 くわしいことは追って知《し》らせます。

おって【追っ手】 名詞 にげる人《ひと》をつかまえようとして追《お》いかける人《ひと》。例 追っ手につかまる。

おっと【夫】 名詞 結婚《けっこん》している男女《だんじょ》のうち、男《おとこ》のほう。対 妻《つま》。漢 ⇒1136ジベーふ〔夫〕

おっとせい 名詞 北《きた》の海《うみ》にすむ動物《どうぶつ》で、あしかのなかまの一《ひと》つ。足《あし》はひれの形《かたち》になっていて、上手《じょうず》に泳《およ》ぎ、魚《さかな》をとって食《た》べる。

おっとせい

おっとり【と】 副詞 動詞 ゆったりとして、落《お》ち着《つ》いているようす。こせこせしていないようす。例 おっとりと話《はな》す／おっとりした

ことわざ **猿《さる》も木《き》から落《お》ちる** 木登《きのぼ》りのうまいさるでも、ときには木《き》から落《お》ちることもあるということか

性格《せいかく》。

おつまみ →872ページ つまみ❸

おつむ 名詞 「頭《あたま》」のこと。例 おつむをなでる。使い方 小《ちい》さな子供《こども》に対《たい》して使《つか》うことが多《おお》い。

おつり【お釣り】→876ページ つりせん

おてあげ【お手上げ】名詞 降参《こうさん》して両手《りょうて》を上《あ》げるようすから、行《い》きづまってどうしようもなくなること。例 この問題《もんだい》には、もうお手上げだ。

おでき 名詞 皮膚《ひふ》がうんで、はれ上《あ》がったもの。できもの。

おでこ 名詞 ❶顔《かお》の、まゆ毛《げ》の上《うえ》からかみの毛《け》の生《は》えているところまでの部分《ぶぶん》。額《ひたい》。例 おでこが広《ひろ》い。❷額《ひたい》がつき出《で》ていること。また、その人《ひと》。使い方 くだけた言《い》い方《かた》。

おてだま【お手玉】名詞 小《ちい》さな布《ぬの》のふくろの中《なか》に、あずきなどを入《い》れたおもちゃ。また、それをほうり上《あ》げては受《う》け止《と》める遊《あそ》び。

おてのもの【お手の物】とてもよく慣《な》れていて、得意《とくい》なこと。例 泳《およ》ぎはお手の物だ。

おでまし【お出まし】名詞 「出《で》かけること」「来《く》ること」を敬《うやま》っていうことば。例 女王陛下《じょおうへいか》がお出ましになる。

おてもり【お手盛り】名詞 自分《じぶん》に都合《つごう》がよいように、勝手《かって》にものごとを決《き》めてしまうこと。例 お手盛りの計画《けいかく》。

おてやわらかに【お手柔らかに】厳《きび》しくしないで、手加減《てかげん》してくれるように相手《あいて》にたのむことば。例 お手柔らかにお願《ねが》いします。使い方 スポーツの試合《しあい》などの前《まえ》に、あいさつとして使《つか》う。

おてん【汚点】名詞 ❶よごれ。しみ。❷名誉《めいよ》を傷《きず》つけることがら。例 町《まち》の歴史《れきし》に汚点を残《のこ》す。

おでん 名詞 季語冬 だいこん・こんにゃく・はんぺん・ちくわなどをだしで煮《に》こんだ料理《りょうり》。

おてんきや【お天気屋】名詞 気分《きぶん》の変《か》わりやすい人《ひと》。

おてんば 名詞 形容動詞 女《おんな》の子《こ》が、男《おとこ》の子《こ》にも負《ま》けないほど元気《げんき》に動《うご》き回《まわ》ること。また、そのような子《こ》。ことば オランダ語《ご》の「オテンバール（＝手《て》に負《お》えないという意味《いみ》）」からきたことばともいわれる。

おと【音】名詞 ❶空気《くうき》を伝《つた》わって、耳《みみ》に聞《き》こえるひびき。セ氏《し》十五度《じゅうごど》で一秒間《いちびょうかん》におよそ三百四十《さんびゃくよんじゅう》メートルの速《はや》さで伝《つた》わる。❷人《ひと》からの連絡《れんらく》。便《たよ》り。例 音さた。漢 →211ページ おん〔音〕

●**音《おと》に聞《き》く** 有名《ゆうめい》な。評判《ひょうばん》の高《たか》い。例 これが音に聞く松島《まつしま》の景色《けしき》である。

おとうさん【お父さん】名詞 父親《ちちおや》を敬《うやま》い、親《した》しみをこめてよぶことば。使い方 ほかの人《ひと》に対《たい》して自分《じぶん》の父親《ちちおや》をいうときには「父《ちち》」という。

おとうと【弟】名詞 自分《じぶん》より年下《としした》の、男《おとこ》のきょうだい。対 兄《あに》。図 →667ページ しんぞく 漢 →771ページ だい〔弟〕

おとうとでし【弟弟子】名詞 同《おな》じ先生《せんせい》のところに、あとから入門《にゅうもん》した弟子《でし》。対 兄弟子《あにでし》。

おどおど［と］副詞 動詞 不安《ふあん》だったりおびえたりして、落《お》ち着《つ》かないようす。例 質問《しつもん》におどおどと答《こた》える。

おどかす【脅かす】動詞 こわがらせる。びっくりさせる。例 急《きゅう》に声《こえ》をかけて脅かした。

おとがめ →930ページ とがめ

おとぎぞうし【御伽草子】名詞 室町時代《むろまちじだい》から江戸時代初《えどじだいはじ》めにかけて作《つく》られた、たくさんの短編物語《たんぺんものがたり》。「浦島太郎《うらしまたろう》」「一寸法師《いっすんぼうし》」「ものぐさ太郎《たろう》」など。→831ページ 伝統コラム 伝承《でんしょう》

おとぎばなし【おとぎ話】名詞 子供《こども》のための、空想的《くうそうてき》なお話《はなし》。昔《むかし》から伝《つた》えられてきたお話《はなし》。参考 日本《にほん》では「桃太郎《ももたろう》」「花《はな》さかじじい」などがある。

おどける 動詞 人《ひと》を笑《わら》わせようとして、おかしなことをする。例 おどけてみんなを笑《わら》わせる。

おとこ【男】名詞 人間《にんげん》を性《せい》によって分《わ》けたとき、子供《こども》を産《う》むはたらきを持《も》たないほう。男子《だんし》。男性《だんせい》。対 女《おんな》。漢 →816ページ だん〔男〕

おとこで【男手】名詞 男《おとこ》の手《て》。男《おとこ》の働《はたら》き手《て》。例 男手ひとつで育《そだ》てる／男手が足《た》りない。

おとこなき【男泣き】名詞 動詞 男《おとこ》が、感情《かんじょう》をおさえきれなくなって泣《な》くこと。

おとこまえ【男前】名詞 男性《だんせい》の顔《かお》つきや姿《すがた》がよいこと。ハンサム。

その人《ひと》の自由《じゆう》にさせるということ。

おとこまさり【男勝り】 名詞 形容動詞 女《おんな》の人《ひと》が、男《おとこ》の人《ひと》もかなわないほど強《つよ》くしっかりした気性《きしょう》を持《も》っていること。また、そのような人《ひと》。

おとこやもめ【男やもめ】 ⇩1345ページ やもめ❷

おとさた【音沙汰】 名詞 便《たよ》り。連絡《れんらく》。知《し》らせ。例 友《とも》だちから音沙汰がない。使い方「ない」などのことばと合《あ》わせて使《つか》うことが多《おお》い。

おとしあな【落とし穴】 名詞 ❶動物《どうぶつ》などを落《お》としてつかまえるための穴《あな》。❷人《ひと》をだます、悪《わる》い計画《けいかく》。例 この話《はなし》には、何《なに》か落とし穴がありそうだ。

おとしいれる【陥れる】 動詞 ❶人《ひと》をだまして、ひどい目《め》にあわせる。例 人《ひと》を陥れる。❷せめ落《お》とす。例 敵《てき》の城《しろ》を陥れる。

おとしだま【お年玉】 名詞 季語 新年 新年《しんねん》を祝《いわ》って子供《こども》たちにおくる品物《しなもの》やお金《かね》。ことば「玉《たま》」は「たまもの（＝神様《かみさま》や身分《みぶん》の高《たか》い人《ひと》などがくださったもの）」のこと。昔《むかし》は、子供《こども》にだけでなく、おとな同士《どうし》や家《いえ》の間《あいだ》でも正月《しょうがつ》のおくり物《もの》をしあった。

おとしぬし【落とし主】 名詞 その品物《しなもの》やお金《かね》を落《お》とした人《ひと》。例 財布《さいふ》の落とし主をさがす。

おとしもの【落とし物】 名詞 気《き》がつかずに落《お》としてなくすこと。また、その物《もの》。

おとす【落とす】 動詞 ❶高《たか》いところから低《ひく》いところへ移《うつ》す。例 橋《はし》の上《うえ》から、石《いし》を落とす。❷ついていたものをとり除《のぞ》く。例 体《からだ》のよごれを落とす。対 付《つ》ける。❸身《み》に着《つ》けていたものをなくす。失《うしな》う。例 ハンカチを落とす。❹ぬかす。もらす。例 名簿《めいぼ》にきみの名前《なまえ》をうっかり落としてしまった。❺程度《ていど》を下《さ》げる。例 速度《そくど》を落とす。対 上《あ》げる。❻不合格《ふごうかく》にする。落第《らくだい》させる。❼悪《わる》くする。悪《わる》い状態《じょうたい》にする。例 品物《しなもの》の質《しつ》を落とす／人《ひと》を罪《つみ》に落とす。❽せめとる。例 敵《てき》の陣地《じんち》を落とす。
漢 ⇩1383ページ らく〔落〕

おどす【脅す】 動詞 こわがらせる。おそれさせる。例 大声《おおごえ》を出《だ》してのらねこを脅す。

おとずれ【訪れ】 名詞 おとずれること。やって来《く》ること。例 春《はる》の訪れ。

おとずれる【訪れる】 動詞 ❶人《ひと》の家《いえ》などをたずねる。訪問《ほうもん》する。❷ある季節《きせつ》やようすになる。例 平和《へいわ》が訪れる。

おととい 名詞 昨日《さくじつ》の前《まえ》の日《ひ》。一昨日《いっさくじつ》。対 あさって。
漢 ⇩1203ページ ほう〔訪〕

おととし 名詞 去年《きょねん》の前《まえ》の年《とし》。一昨年《いっさくねん》。

おとな【大人】 名詞 ❶一人前《いちにんまえ》に成長《せいちょう》した人《ひと》。成人《せいじん》。対 子供《こども》。小人《しょうじん》。❷しっかりとした考《かんが》えを持《も》っていること。また、その人《ひと》。例 もっと大人になりなさい。対 子供《こども》。

おとなげない【大人げない】 形容詞 言《い》うことやることが大人《おとな》らしくない。子供《こども》っぽい。例 わがままばかり言《い》って大人げない。

おとなしい【大人しい】 形容詞 ❶性質《せいしつ》がおだやかで、素直《すなお》なようす。例 うちの犬《いぬ》はおとなしくて、めったにほえない。❷さわいだりせずに、静《しず》かにしているようす。例 妹《いもうと》はおとなしく本《ほん》を読《よ》んでいる。❸はでなく、落《お》ち着《つ》いたようす。例 おとなしい色《いろ》の服《ふく》を着《き》る。使い方 ふつうかな書《が》きにする。

おとなびる【大人びる】 動詞 大人《おとな》っぽくなる。例 兄《あに》は近《ちか》ごろ急《きゅう》に大人びてきた。

おとめ【乙女】 名詞 年《とし》の若《わか》いむすめ。少女《しょうじょ》。

おとめざ【乙女座】 名詞 春《はる》に南東《なんとう》の空《そら》に見《み》える星座《せいざ》。もっとも明《あか》るい星《ほし》はスピカ。

おとも【お供】 名詞 動詞 「供《とも》」のていねいな言《い》い方《かた》。目上《めうえ》の人《ひと》などについて行《い》くこと。また、その人《ひと》。例 わたしもお供します。

おとり 名詞 ❶鳥《とり》やけものをさそい寄《よ》せてつかまえるために使《つか》う、同《おな》じなかまの鳥《とり》やけもの。❷人《ひと》をさそい寄《よ》せるために使《つか》う物《もの》や人《ひと》。例 おとりを使《つか》って犯人《はんにん》をつかまえる。

おどり【踊り】 名詞 音楽《おんがく》などに合《あ》わせて、体《からだ》を動《うご》かすこと。

おどりあがる【躍り上がる】 動詞 勢《いきお》いよくとび上《あ》がる。例 躍り上がって喜《よろこ》んだ。

おどりかかる【躍りかかる】 動詞 勢《いきお》いよくとびかかる。例 とらがえものに躍りかかる。

おどりこ【踊り子】 名詞 おどりを仕事《しごと》にして

ことわざ **去《さ》る者《もの》は追《お》わず** 自分《じぶん》からはなれていこうとする人《ひと》のことは、無理《むり》に引《ひ》き止《と》めたりしないで、

いる女《おんな》の人《ひと》。

おとりさま【おとり様】 ↓957ジペー とりのいち

おどりじ【踊り字】 名詞 同《おな》じ字《じ》を続《つづ》けて書《か》くときに、二《ふた》つめの字《じ》を書《か》く代《か》わりに使《つか》う符号《ふごう》。「人々《ひとびと》」「時々《ときどき》」の「々」などのこと。↓194ジペー

日本語教室「人々」の「々」って?

おどりでる【躍り出る】 動詞 ❶勢《いきお》いよく飛《と》び出《だ》す。例 ダンサーが舞《ぶ》台《たい》に躍り出る。❷急《きゅう》に目《め》立《だ》つ位《い》置《ち》や場《ば》所《しょ》に立《た》つ。例 五連《ごれん》勝《しょう》して、一《いっ》気《き》に首《しゅ》位《い》に躍り出た。

おどりば【踊り場】 名詞 階《かい》段《だん》のとちゅうにある、少《すこ》し広《ひろ》くて平《たい》らになったところ。

おどりば

おとる【劣る】 動詞 ほかと比《くら》べて、よくない。例 体《たい》力《りょく》が劣る。対 勝《まさ》る。優《すぐ》れる。

おどる【踊る・躍る】 動詞 ❶リズムに合《あ》わせて、調《ちょう》子《し》よく体《からだ》を動《うご》かす。例 フォークダンスを踊る。❷ほかの人《ひと》にあやつられて行《こう》動《どう》する。例 宣《せん》伝《でん》に踊らされる。❸うれしくて、わくわくする。例 心《こころ》が躍る。❹とびはねる。例 身《み》を躍らせて川《かわ》に飛《と》びこむ。

おとろえ【衰え】 名詞 勢《いきお》いや体《たい》力《りょく》などが弱《よわ》くなること。例 足《あし》腰《こし》の衰えを感《かん》じる。

おとろえる【衰える】 動詞 ❶勢《いきお》いが弱《よわ》くなる。例 国《くに》が衰える。❷体《からだ》や能《のう》力《りょく》が弱《よわ》くなる。例 足《あし》が衰える。対 栄《さか》える。

おどろかす【驚かす】 動詞 びっくりさせる。おどかす。例 大声《おおごえ》を出《だ》して驚かす。

おどろき【驚き】 名詞 思《おも》いがけないことにびっくりすること。例 突《とつ》然《ぜん》のできごとに、驚きをかくせない。

おどろく【驚く】 動詞 突《とつ》然《ぜん》のことや、思《おも》いがけないことでびっくりする。↓195ジペー ことばにチャレンジ

おないどし【同い年】 名詞 年《ねん》齢《れい》が同《おな》じであること。

おなか 名詞 「腹《はら》」のていねいな言《い》い方《かた》。

●**おなかを壊《こわ》す** おなかの具《ぐ》合《あい》を悪《わる》くする。下《げ》痢《り》をする。

おながどり【尾長鶏】 名詞 にわとりのなかまの鳥《とり》。おすの尾《お》の羽《はね》は、ぬけかわらずに長《なが》くのび、八《はち》メートル以《い》上《じょう》になる。特《とく》別《べつ》天《てん》然《ねん》記《き》念《ねん》物《ぶつ》に指《し》定《てい》されている。参考 江《え》戸《ど》時《じ》代《だい》に高《こう》知《ち》県《けん》で作《つく》られた品《ひん》種《しゅ》。図 ↓954ジペー とり〔鳥〕

おなじ【同じ】 ❶形容動詞 ちがいがないこと。いっしょ。例 昨《き》日《のう》と同じ服《ふく》を着《き》る／妹《いもうと》とクラブが同じだ。❷副詞 どうせ。例 同じやるなら、みんなのためになることをやろう。漢 ↓915ジペー どう〔同〕

●**同《おな》じ穴《あな》のむじな** ↓85ジペー ことわざ

●**同《おな》じ釜《かま》の飯《めし》を食《く》う** いっしょに生《せい》活《かつ》する。親《した》しい仲《なか》間《ま》であることのたとえ。

ガッテン日本語教室

「人々」の「々」って？

「人々」「時々」「様々」…それぞれなんと読《よ》むのかな？ 順《じゅん》に、「ひとびと」「ときどき」「さまざま」と読《よ》むのが正解《せいかい》。

では、「々」はなんと読《よ》むんだろう？ 「びと」「どき」など、いろいろな読《よ》み方《かた》があるのかな。

「々」は、同《おな》じ字《じ》を二《ふた》つ続《つづ》けて書《か》くときに使《つか》う符号《ふごう》で、読《よ》み方《かた》は一《ひと》つめの漢字《かんじ》と同《おな》じ読《よ》みか、1字《じ》めがにごった読《よ》み方《かた》になる。つまり、「々」にはとくに読《よ》み方《かた》はないんだ。こういう符号《ふごう》のことを踊《おど》り字《じ》というんだよ。

おなじく【同じく】 ❶副詞 同《おな》じように。同《どう》様《よう》に。例 昨《き》日《のう》と同じく図《と》書《しょ》室《しつ》で会《あ》おう。❷接続詞 同《おな》じことばの代《か》わりに使《つか》うことば。ならびに。および。例 三《さん》年《ねん》一《いち》組《くみ》代《だい》表《ひょう》の山《やま》下《した》です。同じく田《た》中《なか》です。

おなじみ 名詞 慣《な》れて親《した》しんでいること。また、その人《ひと》。なじみ。例 おなじみのメニュー。

おなら 名詞 腸《ちょう》にたまったガスが、おしりから出《で》たもの。へ。

おに【鬼】 ❶名詞 想《そう》像《ぞう》上《じょう》の生《い》き物《もの》の一《ひと》つ。人《ひと》の姿《すがた》をし、角《つの》・きばがあり、力《ちから》が強《つよ》い。はだかにとらの皮《かわ》のふんどしをつけている。例 鬼退《たい》治《じ》。❷名詞 おにごっこのときに、人《ひと》をつかまえる

と。めんどうなことにはかかわらないほうが無《ぶ》難《なん》だということ。

ことばにチャレンジ！

おどろく

いろんなことばでいろんな「おどろく」を表《あらわ》してみよう！

入門編《にゅうもんへん》

●まずは、よく使《つか》う別《べつ》のことばで

たまげる　これだけの仕事《しごと》を一日《いちにち》でやってしまったとは、**たまげ**たなあ。……p.810

びっくり

びっくりするようなニュースがあるよ。……p.1110

目《め》を丸《まる》くする

あまりの値段《ねだん》の高《たか》さに**目《め》を丸《まる》くする**。……p.1298

修行編《しゅぎょうへん》

●次《つぎ》に、少《すこ》しむずかしいことばで

面食《めんく》らう　急《きゅう》に質問《しつもん》されて、**面食《めんく》らっ**てしまった。……p.1309

仰天《ぎょうてん》　家《いえ》じゅうぴかぴかなのを見《み》た母《はは》は、すっかり**仰天《ぎょうてん》し**たようすだった。……p.359

あっけにとられる　見事《みごと》な手品《てじな》に、みんなは**あっけにとられ**た。……p.41

息《いき》をのむ　花嫁《はなよめ》の美《うつく》しい姿《すがた》に**息《いき》をのむ**。……p.73

目《め》を疑《うたが》う　合格発表《ごうかくはっぴょう》の結果《けっか》に**目《め》を疑《うたが》っ**た。……p.1298

「目《め》」のほかにも「□を疑《うたが》う」という表現《ひょうげん》があるよ。何《なに》かな？　p.1278にのっている見出《みだ》し語《ご》だよ！

達人編《たつじんへん》

●背《せ》のびして、もっとむずかしいことばで

驚嘆《きょうたん》　生命《せいめい》の不思議《ふしぎ》に**驚嘆《きょうたん》する**。……p.359

ぼう然《ぜん》[と]　火事《かじ》で焼《や》け落《お》ちた自宅《じたく》のあとを**ぼう然《ぜん》と**見《み》つめる。……p.1208

あわを食《く》う　突然《とつぜん》のこうげきに、敵《てき》は**あわを食《く》っ**てにげ出《だ》した。……p.60

青天《せいてん》のへきれき　かれが児童会長《じどうかいちょう》になるとは、まさに**青天《せいてん》のへきれき**だ。……p.977の下《した》

寝耳《ねみみ》に水《みず》　先生《せんせい》が九月《くがつ》でおやめになるなんて、**寝耳《ねみみ》に水《みず》**だ。……p.1018

もっと

●どうなるほどおどろいたかを、たとえを使《つか》って表《あらわ》して

立《た》ちすくむ　暗《くら》やみの中《なか》から声《こえ》が聞《き》こえた気《き》がして**立《た》ちすくむ**。……p.799

とび上《あ》がる　目《め》の前《まえ》にへびが現《あらわ》れて、**とび上《あ》がっ**た。……p.947

きもをつぶす　子供《こども》が道《みち》に飛《と》び出《だ》しかけるのを見《み》て**きもをつぶし**た。……p.340

こしをぬかす　後《うし》ろから突然《とつぜん》かたをたたかれて、**こしをぬかし**そうになった。……p.479

まねことば

●ようすまねことばを使《つか》って

□に当《あ》てはまることばは何《なに》？　p.62にのっている見出《みだ》し語《ご》だよ！

あ□□り[と]

母《はは》のすばやい働《はたら》きぶりを、みんな口《くち》を**あ□□りと**開《あ》けて見《み》ていた。

ぎょっと　教科書《きょうかしょ》を忘《わす》れたかと思《おも》い、一瞬《いっしゅん》**ぎょっとする**。……p.364

はっと　声《こえ》をかけると、友《とも》だちは**はっとし**てふり向《む》いた。……p.1066

ことわざ　**触《さわ》らぬ神《かみ》にたたりなし**　ものごとにかかわりあわなければ被害《ひがい》を受《う》けることもないというこ

役《やく》の人《ひと》。❸名詞 やさしさのないようす。例心《こころ》を鬼にする（＝その人《ひと》のためにしかたなく厳《きび》しくする）。❹名詞 ものごとにいっしょうけんめいになっている人《ひと》。例仕事《しごと》の鬼／野球《やきゅう》の鬼。❺接頭語（ほかのことばの前《まえ》につけて）おそろしいものや大《おお》きいものを表《あらわ》すことば。例鬼コーチ／鬼やんま。

●**鬼《おに》が笑《わら》う** どうなるかわからない将来《しょうらい》のことを、あれこれ言《い》うのをからかっていうことば。例来年《らいねん》のことを言《い》うと鬼が笑うぞ。

●**鬼《おに》に金棒《かなぼう》** ことわざ 強《つよ》いおにに金棒《かなぼう》を持《も》たせたように、強《つよ》いものがいっそう強《つよ》くなること。例きみがチームに入《はい》ってくれれば、鬼に金棒だ。

●**鬼《おに》の居《い》ぬ間《ま》に洗濯《せんたく》** ことわざ こわい人《ひと》がいない間《あいだ》に、のんびりと好《す》きなことをすることのたとえ。

おにのいぬまにせんたく

●**鬼《おに》の首《くび》を取《と》ったよう** 大《おお》きな手《て》がらを立《た》てたかのように、得意《とくい》になって大喜《おおよろこ》びをするようす。例一回戦《いっかいせん》に勝《か》っただけなのに、鬼の首を取ったようにさわぐ。

●**鬼《おに》の目《め》にも涙《なみだ》** ↓91ページ ことわざ

●**鬼《おに》は外《そと》、福《ふく》は内《うち》** ↓1148ページ 福《ふく》は内《うち》、鬼《おに》は外《そと》（「福《ふく》」の子見出《こみだ》し）

おにがわら【鬼瓦】 名詞 かわら屋根《やね》の、むねの両端《りょうはし》につける大《おお》きなかわら。ことば 魔《ま》よけのために、おにの顔《かお》に似《に》せたことからきた呼《よ》び名《な》。

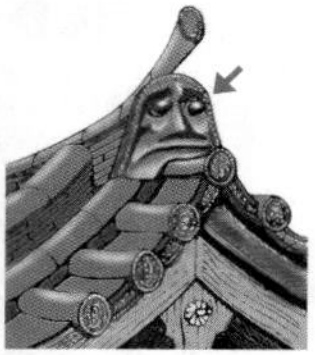
おにがわら

おにぎり【お握り】 ↓992ページ にぎりめし

おにごっこ【鬼ごっこ】 名詞 子供《こども》の遊《あそ》びの一《ひと》つ。おにになった者《もの》がほかの者《もの》を追《お》いかけて、つかまった者《もの》が次《つぎ》のおにになる。

おにやんま【鬼やんま】 名詞 とんぼのなかま。体長十《たいちょうじっ》センチメートルくらいで、日本《にほん》のとんぼではもっとも大《おお》きい。体《からだ》は黒色《くろいろ》に黄色《きいろ》のまだらが入《はい》っている。

おにやんま

おね【尾根】 名詞 山《やま》の頂上《ちょうじょう》から頂上《ちょうじょう》へと続《つづ》いている部分《ぶぶん》。「りょう線《せん》」ともいう。例尾根づたいに行《い》く。教科 社 地図《ちず》では、山の頂上《ちょうじょう》から見《み》て、等高線《とうこうせん》が外《そと》に出《で》ている部分《ぶぶん》が「尾根《おね》」にあたる。

おね

おねがい【お願い】 名詞「願《ねが》い」を、ていねいに、または相手《あいて》を尊敬《そんけい》していうことば。

おねしょ ↓1014ページ ねしょうべん

おの 名詞 木《き》を割《わ》ったり切《き》ったりする道具《どうぐ》。じょうぶな鉄《てつ》の刃《は》に、木《き》の柄《え》がついている。

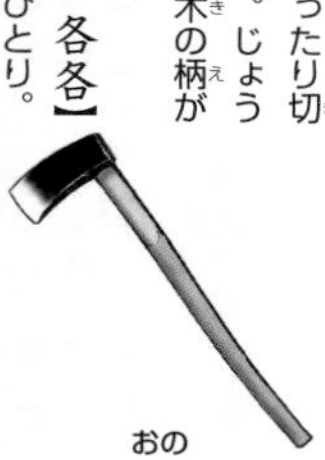
おの

おのおの【各・各各】 名詞 副詞 ひとりひとり。それぞれ。めいめい。例おのおのが自分《じぶん》の考《かんが》えを述《の》べる。類 各自《かくじ》。各人《かくじん》。使い方 ふつうかな書《が》きにする。漢 ↓242ページ かく〔各〕

おのずから 副詞 自然《しぜん》と。ひとりでに。例やさしい心《こころ》は、おのずから態度《たいど》に表《あらわ》れる。

おのずと 副詞 自然《しぜん》に。ひとりでに。おのずから。例練習《れんしゅう》を重《かさ》ねればおのずと上達《じょうたつ》する。

おののいもこ【小野妹子】 名詞（六〇〇ごろ）飛鳥時代《あすかじだい》に朝廷《ちょうてい》に仕《つか》えた人《ひと》。六〇七年《ねん》、聖徳太子《しょうとくたいし》の命令《めいれい》で遣隋使《けんずいし》として中国《ちゅうごく》にわたった。

おののく 動詞 おそろしくてふるえる。例きょうふにおののく。

おののこまち【小野小町】 名詞（一〇〇〇ごろ）平安時代《へいあんじだい》の女性《じょせい》の文学者《ぶんがくしゃ》。すぐれた和歌《わか》を残《のこ》した。たいへん美《うつく》しかったと伝《つた》えられている。

オノマトペ（フランス語）名詞「擬音語《ぎおんご》（擬声語《ぎせいご》）」「擬態語《ぎたいご》」のこと。

おのれ【己】 ❶名詞「自分自身《じぶんじしん》」の古《ふる》い言《い》い方《かた》。例常《つね》に己をかえりみる。❷感動詞 くやしいときやおこったときに言《い》うことば。例おのれ、許《ゆる》さないぞ。

小《ちい》さくても気《き》が強《つよ》くすぐれた力《ちから》を持《も》っていて、ばかにすることはできないことのたとえ。

あいうえお
かきくけこ
さしすせそ
たちつてと
なにぬねの
はひふへほ
まみむめも
やゆよ
らりるれろ
わをん

❸ 代名詞 相手《あいて》を軽蔑《けいべつ》して呼《よ》ぶことば。
漢 ↓440ジ こ〔己〕

おば【伯母・叔母】 名詞 父《ちち》や母《はは》の、女《おんな》のきょうだい。また、父《ちち》や母《はは》の、男《おとこ》のきょうだいの妻《つま》。おばさん。対 伯父《おじ》。叔父《おじ》。使い方「伯母《おば》」は父《ちち》や母《はは》の姉《あね》や、兄《あに》の妻《つま》に対《たい》して使《つか》う。「叔母《おば》」は父《ちち》や母《はは》の妹《いもうと》や、弟《おとうと》の妻《つま》に対《たい》して使《つか》う。図 ↓667ジ しんぞく

おばあさん 名詞 ❶父《ちち》や母《はは》のお母《かあ》さん。対 おじいさん。図 ↓667ジ しんぞく
❷年《とし》をとった女《おんな》の人《ひと》。対 おじいさん。
使い方 ほかの人《ひと》に対《たい》して自分《じぶん》のおばあさんをいうときは「祖母《そぼ》」という。

おはぎ ↓1221ジ ぼたもち

おはぐろ【お歯黒】 名詞 歯《は》を黒《くろ》く染《そ》めること。また、そのために使《つか》う液体《えきたい》。参考 江戸時代《えどじだい》には、結婚《けっこん》した女《おんな》の人《ひと》は歯《は》を黒《くろ》く染《そ》めていた。

おばけ【お化け】 名詞 ❶化《ば》け物《もの》。ゆうれい。例 お化け屋敷《やしき》。
❷ふつうよりも並外《なみはず》れて大《おお》きいもの。例 お化けかぼちゃ。

おはこ 名詞 その人《ひと》が得意《とくい》とする芸《げい》。「十八番《じゅうはちばん》」ともいう。例 この歌《うた》は父《ちち》のおはこだ。類 お家芸《いえげい》。

おばさん 名詞 ❶↓197ジ おば
❷よその中年《ちゅうねん》の女《おんな》の人《ひと》を親《した》しんで呼《よ》ぶことば。例 となりのおばさん。対 おじさん。

おはじき 名詞 ガラスの平《ひら》たい玉《たま》や貝殻《かいがら》などをばらまき、指先《ゆびさき》ではじいてとり合《あ》う遊《あそ》び。また、それに使《つか》う玉《たま》や貝殻《かいがら》。

おはち【お鉢】 名詞 たいたごはんを移《うつ》して入《い》れておく入《い》れ物《もの》。飯《めし》びつ。類 おひつ。

●**お鉢《はち》が回《まわ》ってくる** 自分《じぶん》の番《ばん》が回《まわ》ってくる。

おはつ【お初】 名詞 ❶初《はじ》めてのもの。初物《はつもの》。例 いちごのお初を食《た》べる。
❷初《はじ》めてのこと。例 お初にお目《め》にかかります。

おばな【尾花】 ↓689ジ すすき

おばな【雄花】 名詞 おしべだけあって、めしべのない花《はな》。対 雌花《めばな》。教科 理 松《まつ》・へちまなどは一本《いっぽん》に雄花《おばな》と雌花《めばな》をつけるが、いちょうのように別々《べつべつ》の木《き》につけるものもある。

おはなばたけ【お花畑】 名詞 高山《こうざん》などで、たくさんの高山植物《こうざんしょくぶつ》の花《はな》がさいているところ。

おはやし ↓1077ジ はやし

おはよう 感動詞 朝《あさ》、初《はじ》めて会《あ》ったときに言《い》うあいさつのことば。

おはらいばこ【お払い箱】 名詞 ❶やとっている人《ひと》をやめさせること。
❷いらなくなった物《もの》を捨《す》てること。例 古《ふる》い自《じ》転車《てんしゃ》をお払い箱にする。

おび【帯】 名詞 ❶着物《きもの》を着《き》るとき、こしの辺《あた》りに巻《ま》いて結《むす》ぶ細《ほそ》長《なが》い布《ぬの》。また、そのような形《かたち》の物《もの》。例 着物《きもの》の帯をしめる／帯グラフ。
❷↓197ジ おびがみ
漢 ↓770ジ たい〔帯〕

●**帯《おび》に短《みじか》し、たすきに長《なが》し** ↓93ジ ことわざ

おびえる 動詞 こわがって、びくびくする。例 あやしい物音《ものおと》におびえる。

おびがみ【帯紙】 名詞 ❶新聞《しんぶん》やうすい雑誌《ざっし》などを郵便《ゆうびん》で送《おく》るときに、あて名《な》を書《か》いて帯《おび》のように巻《ま》く紙《かみ》。「帯封《おびふう》」ともいう。
❷本《ほん》の表紙《ひょうし》や箱《はこ》に帯《おび》のように巻《ま》く紙《かみ》。内容《ないよう》しょうかいや宣伝文句《せんでんもんく》などが書《か》かれている。帯《おび》。

おびかわ【帯皮・帯革】 名詞 かわでできた帯《おび》。

オビがわ【オビ川】 名詞 ロシア連邦《れんぽう》のシベリア西部《せいぶ》を流《なが》れて北極海《ほっきょくかい》に注《そそ》ぐ、長《なが》い川《かわ》。

おびきだす【おびき出す】 動詞 だましてさそい出《だ》す。例 うまく犯人《はんにん》をおびき出した。

おびきよせる【おびき寄せる】 動詞 だまして、近《ちか》くに来《こ》させる。例 えさをまいて、ねずみをおびき寄せる。

おびグラフ【帯グラフ】 名詞 帯《おび》のように細《ほそ》長《なが》い長方形《ちょうほうけい》をいくつかに区《く》切《ぎ》って、数《かず》や量《りょう》の割合《わりあい》を表《あらわ》したグラフ。関連 円《えん》グラフ。

おひさま【お日様】 名詞「太陽《たいよう》」を親《した》しみをこめて呼《よ》ぶことば。

おひたし 名詞 ほうれんそうなどの青菜《あおな》をゆでて、しょうゆなどをかけて食《た》べる料理《りょうり》。

おびただしい 形容詞 ❶数《かず》や量《りょう》が非常《ひじょう》に多《おお》い。例 花火大会《はなびたいかい》のため、川原《かわら》にはおびただしい数《かず》の人《ひと》が集《あつ》まった。
❷程度《ていど》がひどい。はなはだしい。例 うるさいことおびただしい。

ことわざ　山《さん》しょうは小粒《こつぶ》でもぴりりと辛《から》い　さんしょうの実《み》は小《ちい》さいが非常《ひじょう》にからいことから、体《からだ》は

おひつ 名詞 たき上《あ》がったごはんを移《うつ》して入《い》れておく入《い》れ物《もの》。飯《めし》びつ。類 お鉢《はち》。

おひとよし【お人よし】 名詞 形容動詞 性格《せいかく》が素直《すなお》で、すぐに人《ひと》を信《しん》じて言《い》うとおりにすること。また、そのような人《ひと》。ことば すぐ人《ひと》にだまされる人《ひと》などのことを、少《すこ》し同情《どうじょう》の気《き》持《も》ちをこめていうことがある。

おひなさま【おひな様】 名詞 「ひな人形《にんぎょう》」「ひな祭《まつ》り」のていねいな言《い》い方《かた》。

おびふう【帯封】 名詞 新聞《しんぶん》やうすい雑誌《ざっし》などを郵便《ゆうびん》で送《おく》るときに、あて名《な》を書《か》いた紙《かみ》を帯《おび》のように巻《ま》くこと。また、その紙《かみ》。

おひや【お冷や】 名詞 冷《つめ》たい飲《の》み水《みず》。

おびやかす【脅かす】 動詞 ❶こわがらせる。おそれさせる。❷人《ひと》の地位《ちい》や生活《せいかつ》などをあやうくする。例 強力《きょうりょく》なライバルがチャンピオンの地位《ちい》を脅かす。

おひゃくどをふむ【お百度を踏む】 ❶願《ねが》いごとがかなうように、神社《じんじゃ》や寺《てら》の境内《けいだい》の決《き》まった場所《ばしょ》を百回往復《ひゃっかいおうふく》して、そのたびに拝《おが》むこと。❷同《おな》じ人《ひと》のところに何度《なんど》も出《で》かけて行《い》ってたのむこと。例 どうしても弟子《でし》にしてもらいたくて、お百度を踏む。

おひらき【お開き】 名詞 会《かい》などを、終《お》わりにすること。例 パーティーがお開きになる。ことば 「終《お》わる」「閉《と》じる」ということばは縁起《えんぎ》が悪《わる》いとされることから、その代《か》わりに使《つか》うことば。

おびる【帯びる】 動詞 ❶こしに下《さ》げる。体《からだ》に着《つ》ける。例 刀《かたな》を帯びる。❷ある性質《せいしつ》や感《かん》じを持《も》つ。例 赤《あか》みを帯びた葉《は》。❸引《ひ》き受《う》ける。受《う》け持《も》つ。例 命令《めいれい》を帯びて出発《しゅっぱつ》した。㊥ ⇩770ページ たい〔帯〕

おひれ【尾ひれ】 名詞 魚《さかな》の尾《お》と、ひれ。

● **尾《お》ひれを付《つ》ける** 大《おお》げさに言《い》う。例 妹《いもうと》は、なんでも尾ひれを付けて話《はな》すくせがある。

おびれ【尾びれ】 名詞 魚《さかな》の体《からだ》のはしにある、しっぽのようなひれ。おもに、急《いそ》いで進《すす》んだり方向《ほうこう》を変《か》えたりするのに使《つか》う。図 ⇩1133ページ ひれ

おひろめ 名詞 動詞 それまで知《し》られていないものごとを、広《ひろ》く人々《ひとびと》に知《し》らせたり見《み》せたりすること。結婚《けっこん》などのときにする。例 最優秀賞《さいゆうしゅうしょう》をとった写真《しゃしん》がおひろめされた。ことば 「お広《ひろ》め」の意味《いみ》。漢字《かんじ》では「お披露目」と書《か》く。

オフ (off) 名詞 ❶電気《でんき》や機械《きかい》のスイッチが入《はい》っていないこと。例 テレビのスイッチをオフにする。対 オン。❷時期《じき》が外《はず》れていること。その期間《きかん》でないこと。例 シーズンオフ。

オフィス (office) 名詞 会社《かいしゃ》などの仕事《しごと》をするところ。事務所《じむしょ》。

おぶう 動詞 人《ひと》を背負《せお》う。例 幼《おさな》い子《こ》をおぶう。

オフェンス (offense) 名詞 スポーツで、こうげきすること。対 ディフェンス。

おふくろ【お袋】 名詞 自分《じぶん》の母親《ははおや》のことを、親《した》しみをこめていうことば。対 おやじ。

オブザーバー (observer) 名詞 会議《かいぎ》などで、出席《しゅっせき》するが、賛成《さんせい》や反対《はんたい》の決定《けってい》には加《くわ》われない人《ひと》。

オフサイド (offside) 名詞 サッカーやラグビーなどの反則《はんそく》の一《ひと》つ。選手《せんしゅ》がプレーしてはいけない位置《いち》にいて、プレーすること。

おぶさる 動詞 人《ひと》に背負《せお》われる。例 母《はは》の背《せ》におぶさる。

オフシーズン ⇩555ページ シーズンオフ

おふせ【お布施】 名詞 おぼうさんにわたす、お金《かね》や品物《しなもの》。使い方 「布施《ふせ》」のていねいな言《い》い方《かた》。

おふだ【お札】 ⇩1157ページ ふだ❷

おぶつ【汚物】 名詞 きたない物《もの》。とくに、大便《だいべん》や小便《しょうべん》などのこと。

オブラート (オランダ語) 名詞 でんぷんで作《つく》った、うすい紙《かみ》のようなもの。粉薬《こなぐすり》や菓子《かし》などを包《つつ》むのに使《つか》う。例 オブラートに包《つつ》む（＝直接的《ちょくせってき》に表現《ひょうげん》しないで遠回《とおまわ》しに言《い》う）。

オフライン (off-line) 名詞 あるコンピューターが、ネットワークやほかのコンピューターにつながっていない状態《じょうたい》。対 オンライン。

おふれ【お触れ】 名詞 役所《やくしょ》から出《で》る知《し》らせや命令《めいれい》。使い方 古《ふる》い言《い》い方《かた》。

おふれがき【お触れ書き】 名詞 江戸時代《えどじだい》に、幕府《ばくふ》や大名《だいみょう》が一般《いっぱん》の人《ひと》たちに出《だ》した、決《き》まりや命令《めいれい》の文書《ぶんしょ》。

おべっか 名詞 相手《あいて》の機嫌《きげん》をとるようなことを言《い》うこと。また、そのことば。お世辞《せじ》。例 おべっかを使《つか》う。

いうこと。

オペラ（イタリア語）名詞 オーケストラの演奏《えんそう》に合《あ》わせ、歌《うた》いながら演《えん》じる劇《げき》。「歌劇《かげき》」ともいう。

オペレーター（operator）名詞 機械《きかい》を操作《そうさ》する人《ひと》。コンピューターの操作《そうさ》を仕事《しごと》とする人《ひと》などのこと。

オペレッタ（イタリア語）名詞 愉快《ゆかい》でこっけいな内容《ないよう》の、気軽《きがる》に楽《たの》しめる歌劇《かげき》。

おぼうさん【お坊さん】↓1206ページ ぼうさん

おぼえ【覚え】名詞
❶教《おそ》わったことを身《み》につける力《ちから》。記憶《きおく》する力《ちから》。例 兄《あに》はとても覚えがよい／覚えが早《はや》い。
❷自信《じしん》。例 木登《きのぼ》りなら、うでに覚えがある。
❸思《おも》い当《あ》たること。例 しかられる覚えはない。

おぼえがき【覚え書き・覚書】名詞
❶忘《わす》れないように、ちょっとメモしたもの。
❷外国《がいこく》とやりとりする、簡単《かんたん》な形式《けいしき》の文書《ぶんしょ》。例 覚書をかわす。

おぼえる【覚える】動詞
❶頭《あたま》の中《なか》に入《い》れて忘《わす》れないようにする。記憶《きおく》する。例 漢字《かんじ》を覚える。
❷習《なら》って身《み》につける。例 泳《およ》ぎのこつを覚えた。
❸気《き》がつく。感《かん》じる。例 深《ふか》い感動《かんどう》を覚える。
漢 ↓242ページ かく〔覚〕

オホーツクかい【オホーツク海】名詞 アジアの北東部《ほくとうぶ》とカムチャツカ半島《はんとう》に囲《かこ》まれた海《うみ》。さけ・かにが多《おお》くとれる。

おぼしめし【おぼし召し】名詞「考《かんが》え」「気《き》持《も》ち」の尊敬《そんけい》した言《い》い方《かた》。例 神《かみ》のおぼし召し。

おぼつかない 形容詞
❶うまくいくかどうか、わからない。確《たし》かでない。例 この調子《ちょうし》では優勝《ゆうしょう》はおぼつかない。
❷しっかりしていなくて危《あぶ》なげなようす。例 おぼつかない足《あし》どりで歩《ある》く。

おぼれる【溺れる】動詞
❶水《みず》にしずんで苦《くる》しむ。また、水《みず》の中《なか》で死《し》ぬ。
❷一《ひと》つのことに夢中《むちゅう》になる。例 ゲームに溺れて勉強《べんきょう》を忘《わす》れている。

● **溺《おぼ》れる者《もの》はわらをもつかむ** ↓95ページ ことわざ

おぼろ
❶形容動詞 ぼんやりとかすんでいるようす。はっきりしないようす。例 月《つき》がおぼろにかすむ。
❷名詞 魚肉《ぎょにく》をすりつぶし、味《あじ》をつけた食《た》べ物《もの》。

おぼろぐも【おぼろ雲】名詞 空一面《そらいちめん》に広《ひろ》がる灰色《はいいろ》の雲《くも》。雨《あめ》が降《ふ》り出《だ》すしるしといわれる。高層雲《こうそううん》。図 ↓395ページ くも〔雲〕

おぼろげ 形容動詞 はっきりしないようす。例 おぼろげな記憶《きおく》をたどる。

おぼろづき【おぼろ月】名詞 季語 春 春《はる》の夜《よる》、ぼんやりとかすんで見《み》える月《つき》。

おぼろづきよ【おぼろ月夜】名詞 季語 春 月《つき》がぼんやりとかすんで見《み》える、うす明《あか》るい春《はる》の夜《よる》。

おぼん【お盆】↓139ページ うらぼん

おまいり【お参り】名詞 神社《じんじゃ》・寺《てら》・墓《はか》などへ、神《かみ》や仏《ほとけ》などを拝《おが》みに行《い》くこと。

おまえ【お前】代名詞 仲《なか》のよい人《ひと》や目下《めした》の人《ひと》をぞんざいに呼《よ》ぶときのことば。例 お前も来《こ》いよ。ことば 昔《むかし》は神《かみ》や仏《ほとけ》、身分《みぶん》の高《たか》い人《ひと》を呼《よ》ぶ、尊敬《そんけい》した呼《よ》び方《かた》だった。

おまけ 名詞
❶値段《ねだん》を安《やす》くすること。例 百円《ひゃくえん》のおまけをしてくれた。
❷商品《しょうひん》に、景品《けいひん》や付録《ふろく》をつけること。また、そのつけられたもの。例 おまけつきのお菓子《かし》。

おまけに 接続詞 そのことだけでなく、それに加《くわ》えて。例 雨《あめ》が強《つよ》く、おまけに風《かぜ》までふき始《はじ》めた。

おまちどおさま【お待ち遠様】感動詞 相《あい》手《て》を待《ま》たせたときに言《い》う、あいさつのことば。

おまつりさわぎ【お祭り騒ぎ】名詞 大勢《おおぜい》で、にぎやかにさわぎ立《た》てること。例 地元《じもと》の選手《せんしゅ》が優勝《ゆうしょう》して町《まち》じゅうお祭り騒ぎだ。

おまもり【お守り】名詞 持《も》ち主《ぬし》を神《かみ》や仏《ほとけ》が災《さい》難《なん》から守《まも》ってくれるという札《ふだ》。ことば「おもり」と読《よ》むと別《べつ》の意味《いみ》。

おまわりさん【お巡りさん】名詞「警察《けいさつ》官《かん》」を親《した》しみをこめて呼《よ》ぶことば。

おみおつけ 名詞「みそしる」のていねいな言《い》い方《かた》。

おみき【お神酒】名詞 神《かみ》に供《そな》える酒《さけ》。

おみくじ 名詞 神社《じんじゃ》や寺《てら》にお参《まい》りした人《ひと》がひいて、これからの運《うん》をうらなうくじ。

おみこし ↓1263ページ みこし

おみずとり【お水取り】名詞 季語 春 奈良《なら》の東大寺《とうだいじ》の二月堂《にがつどう》で行《おこな》われる儀式《ぎしき》。三月十三日《さんがつじゅうさんにち》

ことわざ　三度目《さんどめ》の正直《しょうじき》　二度《にど》まではうまくいかなくても、三度目《さんどめ》は期待《きたい》していた結果《けっか》になるものだと

関連＝関係《かんけい》の深《ふか》いことば

の夜明《よあ》け前《まえ》に、そばの井戸《いど》から水《みず》をくんで本堂《ほんどう》に運《はこ》ぶ。参考 この水《みず》を飲《の》むと病気《びょうき》が治《なお》るといわれている。

おみそれ【お見それ】 名詞 動詞 ❶知《し》っている人《ひと》に会《あ》ったのに、その人《ひと》と気《き》づかなかったりだれだか思《おも》い出《だ》せなかったりしたときに使《つか》うことば。例 すっかり大《おお》きくなられて、お見それしました。❷相手《あいて》に、思《おも》いがけずすぐれているところがあると気《き》づいたときに使《つか》うことば。例 あんなに歌《うた》が上手《じょうず》だとは、お見それしました。

おみなえし 名詞 季語 秋 秋《あき》の七草《ななくさ》の一《ひと》つ。山《やま》や野原《のはら》に生《は》え、黄色《きいろ》い小《ちい》さな花《はな》が、枝《えだ》の先《さき》にたくさん集《あつ》まってさく。ことば 漢字《かんじ》では「女郎花」と書《か》く。図 ↓25ページ あきのななくさ

おみぬぐい【お身拭い】 名詞 おぼうさんたちが、仏像《ぶつぞう》に積《つ》もった一年間《いちねんかん》のほこりをはらう行事《ぎょうじ》。

おみや【お宮】 名詞 「宮《みや》（＝神社《じんじゃ》）」のていねいな言《い》い方《かた》。例 お宮参《まい》り。

おみやまいり【お宮参り】 名詞 「宮参《みやまい》り」のていねいな言《い》い方《かた》。

おむすび【お結び】 ↓992ページ にぎりめし

おむつ 名詞 赤《あか》んぼうなどの大小便《だいしょうべん》を受《う》けるために、またにあてる布《ぬの》や紙《かみ》。おしめ。

オムレツ（フランス語）名詞 卵《たまご》をときほぐして焼《や》いた料理《りょうり》。ひき肉《にく》や刻《きざ》んだたまねぎなどを中《なか》にくるんだものもある。

おめい【汚名】 名詞 悪《わる》い評判《ひょうばん》。例 汚名を返《へん》上《じょう》する。使い方「汚名《おめい》を挽回《ばんかい》する」「汚名《おめい》を回復《かいふく》する」などと言《い》わないよう注意《ちゅうい》。

おめおめ[と] 副詞 はじるべきことをはずかしいとも思《おも》わないで。平気《へいき》で。例 一勝《いっしょう》もしないままおめおめと帰《かえ》るわけにはいかない。

おめかし 名詞 動詞 化粧《けしょう》をしたり、着《き》かざったりすること。おしゃれをすること。例 妹《いもうと》が七五三《しちごさん》でおめかしする。

おめし【お召し】 名詞 「呼《よ》び寄《よ》せること」「着《き》ること」「乗《の》ること」「食《た》べること」などの尊敬《そんけい》した言《い》い方《かた》。例 上着《うわぎ》をお召しになる。

おめだま【お目玉】 名詞 目上《めうえ》の人《ひと》からしかられること。

●**お目玉《めだま》を食《く》う** 目上《めうえ》の人《ひと》からしかられる。「お目玉《めだま》を食《く》らう」ともいう。例 いたずらをしてお目玉を食った。類 大目玉《おおめだま》を食《く》う。

おめつけやく【お目付役】 名詞 他人《たにん》の行動《こうどう》を注意《ちゅうい》して見張《みは》る役《やく》。例 お目付役に任命《にんめい》される。

おめでた 名詞 めでたいこと。とくに、結婚《けっこん》やにんしん、出産《しゅっさん》についていう。例 おばは三月《さんがつ》におめでただそうだ。

おめでたい 形容詞 ❶「めでたい」のていねいな言《い》い方《かた》。例 おめでたいできごとが続《つづ》く。❷お人《ひと》よしだ。考《かんが》えが少《すこ》し足《た》りず、ぬけている。例 今《いま》ごろ気《き》がつくなんて、おめでたい人《ひと》だ。

おめでとう 感動詞 お祝《いわ》いの気持《きも》ちを表《あらわ》すあいさつのことば。例 卒業《そつぎょう》おめでとう。

おめにかかる【お目にかかる】「会《あ》う」のへりくだった言《い》い方《かた》。お会《あ》いする。例 有名《ゆうめい》な先生《せんせい》にお目にかかる。

おめん【お面】 名詞 顔《かお》の形《かたち》に似《に》せて作《つく》ったもの。演劇《えんげき》や子供《こども》の遊《あそ》びなどで、その役《やく》を演《えん》じるために顔《かお》につける。類 仮面《かめん》。

おも【主】 形容動詞 ❶おもだったようす。中心《ちゅうしん》になっているようす。例 劇《げき》の主な登場人物《とうじょうじんぶつ》／今日《きょう》の主な記事《きじ》。❷大部分《だいぶぶん》をしめるようす。例 この地方《ちほう》の産業《さんぎょう》は漁業《ぎょぎょう》が主だ／朝《あさ》は主にパンを食《た》べる。

おも【主】 漢 ↓602ページ しゅ〔主〕

おも【面】 名詞 平《たい》らなものの表面《ひょうめん》。例 池《いけ》の面。

漢 ↓1309ページ めん〔面〕

おもい【思い】 名詞 ❶考《かんが》え。思《おも》うこと。例 自分《じぶん》の思いを語《かた》る。❷心配《しんぱい》や悲《かな》しみ。例 ひとりで思いにしずむ。❸願《ねが》い。望《のぞ》み。例 友《とも》だちの思いをかなえる。❹ある気持《きも》ちや感《かん》じを持《も》った経験《けいけん》。例 今年《ことし》の夏《なつ》は、楽《たの》しい思いをした。

●**思《おも》いにふける** じっと考《かんが》えこむ。

●**思《おも》いの外《ほか》** ↓202ページ おもいのほか

●**思《おも》いのまま[に]** ↓202ページ おもいのまま[に]

●**思《おも》いも寄《よ》らない** 予想《よそう》もしない。例 ここで先生《せんせい》に会《あ》うなんて思いも寄らなかった。

●**思《おも》いをはせる** 遠《とお》くにあるものや遠《とお》くにいる人《ひと》のことを、思《おも》ったり想像《そうぞう》したりする。例 故郷《こきょう》に思いをはせる。

●**思《おも》いを巡《めぐ》らす** あれこれと考《かんが》える。例 卒業《そつぎょう》

かんでくるものだということ。「文殊《もんじゅ》」は、知恵《ちえ》のあるぼさつの名前《なまえ》。

を前《まえ》に、六年間《ろくねんかん》のできごとに思いを巡らした。

おもい【重い】 形容詞 ❶目方《めかた》が多《おお》い。例 重い箱《はこ》。対 軽《かる》い。❷大事《だいじ》である。例 責任《せきにん》が重い。対 軽《かる》い。❸ひどい。例 病気《びょうき》が重くなった。対 軽《かる》い。❹気持《きも》ちが晴《は》れ晴《ば》れしない。うっとうしい。例 宿題《しゅくだい》が多《おお》くて気《き》が重い。対 軽《かる》い。❺てきぱきと活発《かっぱつ》に動《うご》かない。はたらきがにぶい。例 動《うご》きが重い。対 軽《かる》い。

漢→604ページ じゅう〔重〕

おもいあがる【思い上がる】 動詞 自分《じぶん》がすぐれていると思《おも》って、いい気《き》になる。うぬぼれる。例 みんなにほめられて思い上がる。

おもいあたる【思い当たる】 動詞 なるほどそうかと気《き》がつく。例 話《はなし》を聞《き》いていて、思い当たるふしがあった。

おもいあまる【思い余る】 動詞 よい解決《かいけつ》のしかたが思《おも》いつかず、どうしてよいかわからなくなる。例 思い余って友《とも》だちに相談《そうだん》した。

おもいうかべる【思い浮かべる】 動詞 ようすを思《おも》い出《だ》して心《こころ》の中《なか》にえがく。例 年賀状《ねんがじょう》を見《み》ながら、友《とも》だちの顔《かお》を思い浮かべた。

おもいえがく【思い描く】 動詞 そこにないものや自分《じぶん》が経験《けいけん》していないことについて、姿《すがた》や情景《じょうけい》などを心《こころ》にうかべる。例 世界《せかい》で活躍《かつやく》する自分《じぶん》の姿《すがた》を思い描く。

おもいおこす【思い起こす】 動詞 前《まえ》にあったことを思《おも》い出《だ》す。例 幼《おさな》いころの暮《く》らしを思い起こす。

おもいおもい［に］【思い思い［に］】 副詞 ひとりひとりが思《おも》うとおりに。例 絵《え》を見《み》て、思い思いに感想《かんそう》を発表《はっぴょう》した。

おもいかえす【思い返す】 動詞 ❶一度《いちど》決《き》めたことを、もう一度《いちど》考《かんが》え直《なお》す。例 行《い》くつもりだったが、思い返してやめた。❷過《す》ぎたことを思《おも》い出《だ》す。例 去年《きょねん》のできごとを思い返してみる。

おもいがけず【思いがけず】 副詞 思《おも》ってもみなかったことが起《お》こるようす。意外《いがい》にも。例 思いがけず主役《しゅやく》に選《えら》ばれる。

おもいがけない【思いがけない】 形容詞 思《おも》ってもみない。意外《いがい》なようす。例 思いがけないところで友《とも》だちに会《あ》った。

おもいきり【思い切り】 ❶名詞 迷《まよ》っていないで決心《けっしん》すること。すっぱりあきらめること。例 思い切りがよい性格《せいかく》。❷副詞 力《ちから》の限《かぎ》り。思《おも》う存分《ぞんぶん》。例 思い切り走《はし》る。

おもいきる【思い切る】 動詞 ❶あれこれ迷《まよ》うのをやめて決心《けっしん》する。例 思い切って発言《はつげん》してみよう。❷あきらめる。例 病気《びょうき》のため旅行《りょこう》を思い切った。

おもいこむ【思い込む】 動詞 ❶そうにちがいないと強《つよ》く思《おも》う。例 うわさをほんとうだと思い込む。❷心《こころ》に固《かた》く決《き》める。決心《けっしん》する。例 一度《いちど》思い込んだら必《かなら》ずやり通《とお》す。

おもいしる【思い知る】 動詞 なるほどそうだとはっきりわかる。例 実力《じつりょく》のなさを思い知る。

おもいすごし【思い過ごし】 名詞 余計《よけい》なことまで考《かんが》えること。例 姉《あね》がおこっていると思《おも》ったのは、ぼくの思い過ごしだった。

おもいだす【思い出す】 動詞 前《まえ》にあったことや忘《わす》れていたことを、もう一度《いちど》心《こころ》にうかべる。例 夏休《なつやす》みの楽《たの》しい旅行《りょこう》を思い出す。

おもいたつ【思い立つ】 動詞 何《なに》かをしようという気《き》を起《お》こす。例 毎朝《まいあさ》サッカーの練習《れんしゅう》をしようと思い立った。

おもいたったがきちじつ【思い立ったが吉日】 →97ページ ことわざ

おもいちがい【思い違い】 名詞 動詞 まちがって考《かんが》えたり理解《りかい》したりしていること。かんちがい。例 遠足《えんそく》が木曜日《もくようび》だというのは思い違いだった。

おもいつき【思い付き】 名詞 ❶ふと心《こころ》にうかんだ考《かんが》え。例 思い付きを話《はな》す。❷よい考《かんが》え。ちょっとした工夫《くふう》。例 思い付きを作品《さくひん》にいかす。

おもいつく【思い付く】 動詞 考《かんが》えが急《きゅう》に心《こころ》にうかぶ。例 よいことを思い付いた。

おもいつめる【思い詰める】 動詞 そのことだけを深《ふか》く考《かんが》え続《つづ》けて、なやむ。例 そんなに思い詰めないで、先生《せんせい》に相談《そうだん》しよう。

おもいで【思い出】 名詞 前《まえ》にあったことが思《おも》い出《だ》されること。また、そのことがら。

おもいどおり【思い通り】 名詞 考《かんが》えていたとおりになること。例 計画《けいかく》が思い通りに進《すす》む。

ことわざ　三人《さんにん》寄《よ》れば文殊《もんじゅ》の知恵《ちえ》　ふつうの人《ひと》でも、三人《さんにん》も集《あつ》まって相談《そうだん》すれば、なんとかよい考《かんが》えがう

おもいとどまる【思いとどまる】 [動詞] しようとしていたことを、考《かんが》え直《なお》してやめる。例 古本《ふるほん》を捨《す》てようかと思《おも》ったが、思いとどまった。

おもいなおす【思い直す】 [動詞] 考《かんが》えを変《か》える。考《かんが》え直《なお》す。例 クラブをやめようと思《おも》ったが、先生《せんせい》のひと言《こと》で思い直した。

おもいのこす【思い残す】 [動詞] したいことができなくて、心残《こころのこ》りを感《かん》じる。例 全力《ぜんりょく》を出《だ》しきったので、思い残すことはない。

おもいのほか【思いの外】 [副詞] 思《おも》っていたのとちがって。案外《あんがい》。例 成績《せいせき》が思いの外よかった。

おもいのまま［に］【思いのまま［に］】 思《おも》うとおりに。例 思いのままに歩《ある》き回《まわ》る。

おもいめぐらす【思い巡らす】 [動詞] あれこれと考《かんが》える。例 将来《しょうらい》のことを思い巡らす。

おもいやられる【思いやられる】 [動詞] 先《さき》のことが心配《しんぱい》である。気《き》がかりである。例 このままでは、将来《しょうらい》が思いやられる。

おもいやり【思いやり】 [名詞] その人《ひと》の身《み》になって、親切《しんせつ》に考《かんが》えてあげること。例 思いやりのあるひと言《こと》。

おもいやりよさん【思いやり予算】 [名詞] 日本《にほん》にいるアメリカの軍隊《ぐんたい》が必要《ひつよう》とする費用《ひよう》の一部《いちぶ》を、日本《にほん》が負担《ふたん》するための予算《よさん》。

おもいやる【思いやる】 [動詞] ❶相手《あいて》の気持《きも》ちになって、考《かんが》える。例 友《とも》だちのことを思いやる。❷遠《とお》くはなれている人《ひと》のことを考《かんが》える。例 いなかの祖母《そぼ》を思いやる。

おもう【思う】 [動詞] ❶考《かんが》える。例 きみの意見《いけん》が正《ただ》しいと思う。❷予想《よそう》する。おし量《はか》る。例 明日《あす》は晴《は》れると思う。❸感《かん》じる。例 ほめられてうれしく思った。❹心《こころ》にかけて心配《しんぱい》する。例 母《はは》の病気《びょうき》のことを思う。❺過《す》ぎたことを心《こころ》にうかべる。例 去年《きょねん》の遠足《えんそく》のことを思う。❻大切《たいせつ》に考《かんが》える。例 親《おや》は子《こ》のことをいつも思っている。❼願《ねが》う。望《のぞ》む。例 思ったとおりにでき上《あ》がった。
漢 ➡ 552ページ し〔思〕

おもうぞんぶん【思う存分】 [副詞] 好《す》きなだけじゅうぶんに。満足《まんぞく》できるまで。例 広《ひろ》いところで思う存分ボールをけりたい。

おもうつぼ【思うつぼ】 [名詞] 考《かんが》えていたとおりになること。例 相手《あいて》の思うつぼにはまる。

おもおもしい【重重しい】 [形容詞] どっしりとして、落《お》ち着《つ》いた感《かん》じであるようす。例 重々しい口調《くちょう》で話《はな》す。対 軽軽《かるがる》しい。

おもかげ【面影】 [名詞] ❶心《こころ》に残《のこ》っている、ある人《ひと》の顔《かお》つき。例 亡《な》くなった祖母《そぼ》の面影。❷心《こころ》の中《なか》にうかぶすがたやようす。例 昔《むかし》の面影が残《のこ》る町並《まちな》み。

おもかじ【面かじ】 [名詞] 船《ふね》の進《すす》む方向《ほうこう》を右《みぎ》へ向《む》けるときの、かじのとり方《かた》。対 取《と》りかじ。

おもきをおく【重きを置く】 大切《たいせつ》だと考《かんが》える。重視《じゅうし》する。例 結果《けっか》より内容《ないよう》に重きを置く。

おもきをなす【重きをなす】 大事《だいじ》な立場《たちば》にある。重《おも》んじられている。

おもくるしい【重苦しい】 [形容詞] おさえつけられるようで苦《くる》しく、気《き》が晴《は》れ晴《ば》れしない。例 重苦しい雰囲気《ふんいき》。

おもさ【重さ】 [名詞] ❶重《おも》いこと。また、その程度《ていど》。例 重さを量《はか》る。教科 算 単位《たんい》はグラム（g）、キログラム（kg）、トン（t）。❷大切《たいせつ》さ。例 責任《せきにん》の重さ。

おもざし【面差し】 [名詞] 顔《かお》のようす。顔《かお》つき。例 母《はは》そっくりの面差し。使い方 古《ふる》い言《い》い方《かた》。

おもし【重し】 [名詞] ❶物《もの》の上《うえ》にのせておさえつけるもの。❷人《ひと》をおさえる力《ちから》。例 重しのきく人《ひと》。

おもしろい【面白い】 [形容詞] ❶笑《わら》い出《だ》したくなるようす。おかしい。例 面白い顔《かお》をして笑《わら》わせる。❷楽《たの》しい。愉快《ゆかい》である。例 海水浴《かいすいよく》はとても面白かった。❸心《こころ》を引《ひ》かれる。興味深《きょうみぶか》い。例 その意見《いけん》は、なかなか面白い。❹（「おもしろくない」の形《かたち》で、全体《ぜんたい》で）思《おも》うとおりではない。好《この》ましくない。例 試合《しあい》は、逆転負《ぎゃくてんま》けという面白くない結果《けっか》に終《お》わった。
ことば 「おも」は顔《かお》のこと。目《め》の前《まえ》が白《しろ》く（＝ぱっと明《あか》るく）なる、ということからきたことば。昔《むかし》は、明《あか》るく美《うつく》しい風景《ふうけい》などを表《あらわ》すときに

ことばにチャレンジ！

おもしろい

いろんなことばでいろんな「おもしろい」を表《あらわ》してみよう！

入門編《にゅうもんへん》

●まずは、よく使《つか》う別《べつ》のことばで

おかしい　**おかしい**顔《かお》をして人《ひと》を笑《わら》わせる。……p.177

楽《たの》しい　家族《かぞく》でゲームをして遊《あそ》んで、とても**楽《たの》しかっ**た。……p.807

愉快《ゆかい》　ゆうべ見《み》た映画《えいが》はなかなか**愉快《ゆかい》だっ**たよ。……p.1353

修行編《しゅぎょうへん》

●次《つぎ》に、少《すこ》しむずかしいことばで

おどける　弟《おとうと》の**おどけ**たしぐさに大笑《おおわら》いした。……p.192

ひょうきん　**ひょうきんな**兄《あに》はクラスの人気者《にんきもの》だ。……p.1127

達人編《たつじんへん》

●背《せ》のびして、もっとむずかしいことばで

こっけい　**こっけいな**お面《めん》をつけておどる。……p.485

珍妙《ちんみょう》　部屋《へや》に入《はい》ると、妹《いもうと》が**珍妙《ちんみょう》な**格好《かっこう》をしていたので、思《おも》わず笑《わら》ってしまった。……p.853

ユーモラス

主人公《しゅじんこう》の学校生活《がっこうせいかつ》を**ユーモラスに**えがいた小説《しょうせつ》。……p.1352

□の皮《かわ》がよじれる

父《ちち》の冗談《じょうだん》に、みんな□**の皮《かわ》がよじれる**ほど笑《わら》った。

□に当《あ》てはまることばは何《なに》？　p.1078にのっている見出《みだ》し語《ご》だよ！

もっと

●心《こころ》を引《ひ》かれるおもしろさを表《あらわ》して

味《あじ》わい　有名《ゆうめい》な作家《さっか》の**味《あじ》わい**深《ぶか》い文章《ぶんしょう》を読《よ》む。……p.34

おもむき　よく手入《てい》れされた、**おもむき**のある庭《にわ》。……p.204

見《み》ごたえ　この連続《れんぞく》ドラマは**見《み》ごたえ**があった。……p.1264

魅力《みりょく》　不思議《ふしぎ》な**魅力《みりょく》**のある絵画《かいが》。……p.1281

●気持《きも》ちがよくなるようなおもしろさを表《あらわ》して

小気味《こきみ》よい　大関《おおぜき》が横綱《よこづな》を**小気味《こきみ》よく**投《な》げとばす。……p.468

痛快《つうかい》　少年探偵団《しょうねんたんていだん》の**痛快《つうかい》な**物語《ものがたり》。……p.856

胸《むね》がすく　最終回《さいしゅうかい》での逆転《ぎゃくてん》ホームランは**胸《むね》がすく**ようだった。……p.1293

まねことば

●ようすまねことばを使《つか》って

ぞくぞく[と]　冒険小説《ぼうけんしょうせつ》を、**ぞくぞくし**ながら読《よ》んだ。……p.757

どきどき　主人公《しゅじんこう》がこれからどうなるのか考《かんが》えると**どきどきする**。……p.931

わくわく[と]　番組《ばんぐみ》が始《はじ》まるのを**わくわくし**て待《ま》っている。……p.1430

ことわざ　**地獄《じごく》で仏《ほとけ》に会《あ》う**　苦《くる》しいとき、困《こま》っているときに、思《おも》いがけない助《たす》けにあうこと。

この語《ご》を使《つか》った。

おもしろがる【面白がる】 動詞 おもしろいと思《おも》う。例 みんなが面白がるような遊《あそ》びを考《かんが》える。 ことばにチャレンジ 203ページ

おもしろはんぶん【面白半分】 名詞 おもしろそうだというだけで、真剣《しんけん》でなく無責任《むせきにん》な気《き》持《も》ちでものごとを行《おこな》うこと。例 面白半分にペットを飼《か》うのはやめたほうがよい。

おもたい【重たい】 形容詞 重《おも》い感《かん》じである。例 重たいかばん。

おもだった【主だった】 連体詞 中《ちゅう》心《しん》となっている。中《ちゅう》心的《しんてき》な。例 主だったメンバー。

おもちゃ 名詞 ❶子《こ》供《ども》の遊《あそ》び道《どう》具《ぐ》。❷自《じ》分《ぶん》のなぐさめのために、ばかにしたり、からかったりすること。また、そのもの。例 ねこをおもちゃにして引《ひ》っかかれた。

おもて【表】 名詞 ❶物《もの》の二《ふた》つの面《めん》のうち、上《うえ》や外《そと》になる側《がわ》。表《ひょう》面《めん》。例 ふうとうの表にあて名《な》を書《か》く。対 裏《うら》。❷家《いえ》の前《まえ》や外《そと》。例 表に出《で》て遊《あそ》ぶ。❸人《ひと》に見《み》えるほう。うわべ。見《み》え。例 表をかざる。対 裏《うら》。❹正《せい》式《しき》。おおやけ。例 神《じん》社《じゃ》の表門《もん》。対 裏《うら》。❺野《や》球《きゅう》などの試《し》合《あい》の、各《かく》回《かい》の前《ぜん》半《はん》。対 裏《うら》。

漢 1126ページ ひょう〔表〕

おもて【面】 名詞 ❶顔《かお》。例 面を上《あ》げる。❷能《のう》楽《がく》で使《つか》われるおめん。❸平《たい》らなものの表《ひょう》面《めん》。例 池《いけ》の面に波《なみ》が立《た》つ。

漢 1309ページ めん〔面〕

おもてがき【表書き】 名詞 ふうとうなどの表《おもて》に、あて先《さき》の住《じゅう》所《しょ》や名《な》前《まえ》を書《か》くこと。また、書《か》いた住《じゅう》所《しょ》や名《な》前《まえ》。

おもてがわ【表側】 名詞 表《おもて》のほう。表《ひょう》面《めん》。例 ノートの表側に名《な》前《まえ》を書《か》く。対 裏《うら》側《がわ》。

おもてぐち【表口】 名詞 建《たて》物《もの》の正《しょう》面《めん》の出《で》入《い》り口《ぐち》。対 裏《うら》口《ぐち》。

おもてげんかん【表玄関】 名詞 ❶家《いえ》の正《しょう》面《めん》にある玄《げん》関《かん》。❷国《くに》や大《だい》都《と》市《し》のおもな出《で》入《い》り口《ぐち》となっている空《くう》港《こう》や駅《えき》。例 成《なり》田《た》空《くう》港《こう》は日《に》本《ほん》の表玄関である。

おもてさく【表作】 名詞 同《おな》じ耕《こう》地《ち》で一《いち》年《ねん》間《かん》に二《に》回《かい》、時《じ》期《き》をずらして別《べつ》の種《しゅ》類《るい》の作《さく》物《もつ》をつくるとき、おもなほうの作《さく》物《もつ》。対 裏《うら》作《さく》。

おもてざた【表沙汰】 名詞 かくしておきたいことが、世《せ》間《けん》に知《し》れわたること。例 事《じ》件《けん》が表沙汰になる。

おもてだつ【表立つ】 動詞 はっきり人《ひと》目《め》につくようになる。広《ひろ》く世《せ》間《けん》に知《し》られる。例 表立った行《こう》動《どう》をひかえる。

おもてど【表戸】 名詞 家《いえ》の表《おもて》側《がわ》にある戸《と》。

おもてどおり【表通り】 名詞 乗《の》り物《もの》や人《ひと》の行《い》き来《き》の多《おお》い、広《ひろ》くてにぎやかな通《とお》り。対 裏《うら》通《どお》り。

おもてむき【表向き】 名詞 ❶外《そと》から見《み》たところ。うわべ。例 表向きは平《へい》気《き》な顔《かお》をしていたが、ほんとうは痛《いた》かった。❷公《こう》式《しき》であること。例 主《しゅ》役《やく》が入《にゅう》院《いん》したというのは、上《じょう》演《えん》中《ちゅう》止《し》の表向きの理《り》由《ゆう》です。

おもてもん【表門】 名詞 建《たて》物《もの》の表《おもて》にある門《もん》。正《せい》門《もん》。対 裏《うら》門《もん》。

おもな【主な】 連体詞 中《ちゅう》心《しん》となる。大《たい》切《せつ》な。例 この小《しょう》説《せつ》の主な登《とう》場《じょう》人《じん》物《ぶつ》。

おもなが【面長】 名詞 顔《かお》が少《すこ》し長《なが》めであること。例 面長の男《おとこ》の人《ひと》。

おもに【主に】 副詞 大《だい》部《ぶ》分《ぶん》であるようす。例 この店《みせ》の客《きゃく》は主に子《こ》供《ども》です。

おもに【重荷】 名詞 ❶重《おも》い荷《に》物《もつ》。❷自《じ》分《ぶん》の力《ちから》以《い》上《じょう》の仕《し》事《ごと》や責《せき》任《にん》。

● **重《おも》荷《に》を下《お》ろす** 大《たい》切《せつ》な仕《し》事《ごと》や役《やく》割《わり》が無《ぶ》事《じ》に終《お》わってほっとする。心《しん》配《ぱい》ごとがなくなって安《あん》心《しん》する。

おもねる 動詞 人《ひと》に気《き》に入《い》られようとして機《き》嫌《げん》をとる。例 人《ひと》におもねるようなことを言《い》う。

おもはゆい【面はゆい】 形容詞 照《て》れくさい。なんとなくはずかしい。例 そんなにほめられると面はゆい。

おもみ【重み】 名詞 ❶重《おも》いこと。また、その程《てい》度《ど》。例 荷《に》物《もつ》の重みでたながゆがむ。❷重《おも》々《おも》しいこと。かんろくがあること。重《じゅう》要《よう》なこと。例 祖《そ》母《ぼ》のことばには重みがある。

おもむき【趣】 名詞 ❶感《かん》じ。ようす。ありさま。例 この町《まち》には、まだ江《え》戸《ど》時《じ》代《だい》の趣が残《のこ》っている。

あいうえお　かきくけこ　さしすせそ　たちつてと　なにぬねの　はひふへほ　まみむめも　や　ゆ　よ　らりるれろ　わ　を　ん

や事《じ》実《じつ》のほうがかえって不《ふ》思《し》議《ぎ》なものだということ。

❷おもしろみ。深《ふか》い味《あじ》わい。例 趣のある庭《にわ》。❸伝《つた》えようとしていることがらの意味《いみ》や内容《ないよう》。例 おっしゃることの趣はよくわかりました。

おもむく【赴く】動詞 ❶ある目当《めあ》てに向《む》かって出《で》かけて行《い》く。例 父《ちち》は仕事《しごと》で、外国《がいこく》に赴くことになった。❷ものごとがある状態《じょうたい》に向《む》かう。例 病気《びょうき》は快《かい》方《ほう》に赴いている（＝だんだんよくなっている）。

おもむろに 副詞 動《うご》きが静《しず》かでゆっくりしているようす。例 父《ちち》はおもむろに立《た》ち上《あ》がった。

おももち【面持ち】名詞 そのときの気持《きも》ちが表《あらわ》れている顔《かお》つき。表情《ひょうじょう》。例 不思議《ふしぎ》そうな面持ち。

おもや【母屋・母家】名詞 はなれや物置《ものおき》などに対《たい》して、住《す》まいの中心《ちゅうしん》となっている建物《たてもの》。

おもゆ【重湯】名詞 水《みず》を多《おお》くして米《こめ》を煮《に》た、のりのようなしる。病人《びょうにん》などの食《た》べ物《もの》にする。

おもり 名詞 ❶重《おも》さを増《ふ》やすためにつけ加《くわ》えるもの。❷はかりの分銅《ふんどう》。

おもり【お守り】名詞 動詞 赤《あか》んぼうや子供《こども》の世話《せわ》をすること。また、その人《ひと》。子守《こもり》。ことば「おまもり」と読《よ》むと別《べつ》の意味《いみ》。

おもわく【思惑】名詞 ❶ものごとがどうなるかという予想《よそう》や期待《きたい》。例 思惑どおりの結果《けっか》になった。❷その人《ひと》についての他人《たにん》の考《かんが》え。評判《ひょうばん》。例 世《せ》間《けん》の思惑を気《き》にする。

おもわしくない【思わしくない】思《おも》うようにいかない。望《のぞ》ましくない。例 病気《びょうき》からの回復《かいふく》が思わしくない。

おもわず【思わず】副詞 そうしようと思《おも》わないのに、ひとりでに。つい。例 おどろいて思わず立《た》ち上《あ》がった。

おもわせぶり【思わせぶり】名詞 形容動詞 何《なに》か特別《とくべつ》な意味《いみ》やかくしていることがあるかのように、相手《あいて》に見《み》せかけること。例 思わせぶりな言《い》い方《かた》をする。

おもわぬ【思わぬ】連体詞 思《おも》いがけない。例 思わぬ来客《らいきゃく》にあわててしまった。

おもんじる【重んじる】動詞 重《おも》くみて、大《だい》事《じ》にあつかう。大切《たいせつ》にする。「おもんずる」ともいう。例 礼儀《れいぎ》を重んじる。対 軽《かろ》んじる。

おもんずる【重んずる】⬇205ページ おもんじる

おや 感動詞 思《おも》いがけないことに出《で》あったり、不《ふ》思議《しぎ》に思《おも》ったりしたときに出《だ》すことば。例 おや、これはだれの本《ほん》だろう。

おや【親】❶名詞 父《ちち》や母《はは》。また、動物《どうぶつ》で子《こ》や卵《たまご》を産《う》んだもの。例 母親《ははおや》／親ねこ。対 子《こ》。子供《こども》。❷名詞 トランプなどで中心《ちゅうしん》になってゲームを進《すす》める人《ひと》。❸接頭語（ほかのことばの前《まえ》につけて）中心《ちゅうしん》になるもの。例 親会社《がいしゃ》。対 子《こ》。

漢 ⬇659ページ しん〔親〕

●親《おや》の心子知《こころこし》らず ⬇99ページ ことわざ

●親《おや》のすねをかじる ⬇694ページ すねをかじる（「すね」の子見出《こみだ》し）

おやがいしゃ【親会社】名詞 ほかの会社《かいしゃ》に多《おお》くの資金《しきん》を出《だ》し、その会社《かいしゃ》（＝子会社《こがいしゃ》）の経《けい》営《えい》を支配《しはい》している会社《かいしゃ》。対 子会社《こがいしゃ》。

おやかた【親方】名詞 ❶職人《しょくにん》などで、いちばん上《うえ》に立《た》つ人《ひと》。❷すもうで、引退《いんたい》したあとで弟子《でし》の指導《しどう》をしている人《ひと》。

おやがわり【親代わり】名詞 親《おや》に代《か》わって、子供《こども》のめんどうをみること。また、その人《ひと》。

おやこ【親子】名詞 親《おや》と子《こ》。また、親《おや》と子《こ》のような関係《かんけい》のもの。例 親子電話《でんわ》。

おやこうこう【親孝行】名詞 形容動詞 親《おや》を、真心《まごころ》を持《も》って大切《たいせつ》にすること。対 親不孝《おやふこう》。

おやごころ【親心】名詞 親《おや》が子供《こども》を大事《だいじ》に思《おも》う心《こころ》。また、それと同《おな》じような温《あたた》かい親切《しんせつ》な心《こころ》。例 親心から厳《きび》しく注意《ちゅうい》する。

おやこどんぶり【親子丼】名詞 とり肉《にく》・たまねぎなどを煮《に》て卵《たまご》でとじたものを、ごはんにのせたどんぶり。ことば とりと卵《たまご》が「親子《おやこ》」であることから。

おやじ 名詞 ❶自分《じぶん》の父親《ちちおや》のことを、親《した》しみをこめていうことば。対 お袋《ふくろ》。❷店《みせ》の男《おとこ》の主人《しゅじん》などを親《した》しんで呼《よ》ぶことば。例 すし屋《や》のおやじ。❸中年以上《ちゅうねんいじょう》の男《おとこ》の人《ひと》を、親《した》しみをこめて、あるいは軽蔑《けいべつ》の気持《きも》ちをこめて呼《よ》ぶことば。

おやじ【親字】名詞 漢和辞典《かんわじてん》の見出《みだ》しとなっている漢字《かんじ》のこと。

ことわざ　事実《じじつ》は小説《しょうせつ》よりも奇《き》なり　小説《しょうせつ》や物語《ものがたり》などの作《つく》りごとより、世《よ》の中《なか》で実際《じっさい》に起《お》こるものごと

おやしお【親潮】 名詞 千島列島《ちしまれっとう》から北海道《ほっかいどう》、本州《ほんしゅう》東《ひがし》海岸《かいがん》に沿《そ》って南《みなみ》に流《なが》れる、冷《つめ》たい海水《かいすい》の流《なが》れ。「千島《ちしま》海流《かいりゅう》」ともいう。関連 黒潮《くろしお》。参考 水温《すいおん》が低《ひく》く、さんまなどが多《おお》くとれる。図

↓231ページ かいりゅう

おやしらず【親知らず】 名詞 いちばんおそく生《は》える、四本《よんほん》の奥歯《おくば》。

おやすいごよう【お安い御用】 簡単《かんたん》だ。たやすい。例 荷物《にもつ》を届《とど》けるだけなら、お安い御用だ。使い方 人《ひと》からたのまれたことに対《たい》して使《つか》うことば。

おやすみ【お休み】 ❶ 名詞 「休《やす》み」のていねいな言《い》い方《かた》。❷ 感動詞 ねる前《まえ》に言《い》う、あいさつのことば。「おやすみなさい」の略《りゃく》。

おやだま【親玉】 名詞 仲間《なかま》の中《なか》で、いちばん上《うえ》にたつ人《ひと》。親分《おやぶん》。

おやつ【お八つ】 名詞 食事《しょくじ》の間《あいだ》に食《た》べる軽《かる》い食《た》べ物《もの》。

おやのななひかり【親の七光】 ことわざ 親《おや》の地位《ちい》や高《たか》い評判《ひょうばん》のおかげで、子供《こども》が得《とく》をしたり出世《しゅっせ》したりすること。

おやばか【親ばか】 名詞 自分《じぶん》の子供《こども》をかわいがりすぎて、人《ひと》からはおかしく見《み》えることをしたり言《い》ったりすること。また、そのような親《おや》。

おやふこう【親不孝】 名詞 形容動詞 親《おや》を大切《たいせつ》にしないで、心配《しんぱい》や苦労《くろう》をかけること。対 親《おや》孝行《こうこう》。使い方 「親不幸」と書《か》かないよう注意《ちゅうい》。

おやぶん【親分】 名詞 仲間《なかま》の中心《ちゅうしん》となり、みんながたよりにする人《ひと》。対 子分《こぶん》。

おやま 名詞 かぶきで、女《おんな》の役《やく》をする男《おとこ》の役者《やくしゃ》。「おんながた」ともいう。ことば 漢字《かんじ》では「女形」と書《か》く。

おやもと【親元】 名詞 親《おや》が住《す》んでいるところ。例 親元をはなれて、ひとり暮《ぐ》らしをする。

おやゆずり【親譲り】 名詞 親《おや》から受《う》けつぐこと。また、そのもの。

おやゆび【親指】 名詞 手足《てあし》の、いちばん太《ふと》い指《ゆび》。

おゆうぎ【お遊戯】 ↓1349ページ ゆうぎ❷

およぎ【泳ぎ】 名詞 季語 夏 泳《およ》ぐこと。水泳《すいえい》。

およぐ【泳ぐ】 動詞 ❶手足《てあし》やひれを動《うご》かして、水中《すいちゅう》や水面《すいめん》を進《すす》む。❷体《からだ》が前《まえ》のめりになってよろける。例 つきとばされて、体《からだ》が泳いでしまった。❸上手《じょうず》に世《よ》の中《なか》をわたっていく。例 世間《せけん》をうまく泳いでいく。漢 ↓146ページ えい〔泳〕

およそ 副詞 ❶だいたいの数《かず》をいうときに使《つか》うことば。約《やく》。例 パーティーにはおよそ百人《ひゃくにん》が集《あつ》まった。❷全体《ぜんたい》として。一般的《いっぱんてき》に。例 およそ遊《あそ》びのきらいな子供《こども》はいない。❸全然《ぜんぜん》。まったく。例 賞《しょう》とはおよそ縁《えん》がない。使い方 ❸は、あとに「ない」などのことばがくる。

およばずながら【及ばずながら】 副詞 じゅうぶんなことはできないが。例 及ばずながらわたしがお手伝《てつだ》いします。使い方 人《ひと》に力《ちから》を貸《か》すときに、へりくだって使《つか》うことば。

およばない【及ばない】 ❶実力《じつりょく》などがかなわない。届《とど》かない。例 スポーツではとても兄《あに》に及ばない。❷(「…には及《およ》ばない」の形《かたち》で)…する必要《ひつよう》がない。…しなくてよい。例 礼《れい》には及ばないよ。

およばれ【お呼ばれ】 名詞 人《ひと》に招《まね》かれて、ごちそうになること。招待《しょうたい》されること。例 お呼ばれにあずかる。

および【及び】 接続詞 また。それから。例 日《にち》曜《よう》及び祭日《さいじつ》は休《やす》みです。

およびもつかない【及びもつかない】 とてもかなわない。例 あの人《ひと》の料理《りょうり》の腕前《うでまえ》には、わたしなど及びもつかない。

およぶ【及ぶ】 動詞 ❶あるところまで達《たっ》する。例 手術《しゅじゅつ》は五時間《ごじかん》に及んだ。❷行《い》きわたる。例 その歌手《かしゅ》の人気《にんき》は世界《せかい》じゅうに及ぶ。

およぼす【及ぼす】 動詞 ものごとのえいきょうなどを、ほかのものにあたえる。例 食生活《しょくせいかつ》は健康《けんこう》に大《おお》きなえいきょうを及ぼす。

オランウータン (orangutan) 名詞 さるのなかま。体《からだ》は長《なが》い茶色《ちゃいろ》の毛《け》でおおわれ、手《て》がとても長《なが》い。インドネシアのボルネオ島《とう》やスマトラ

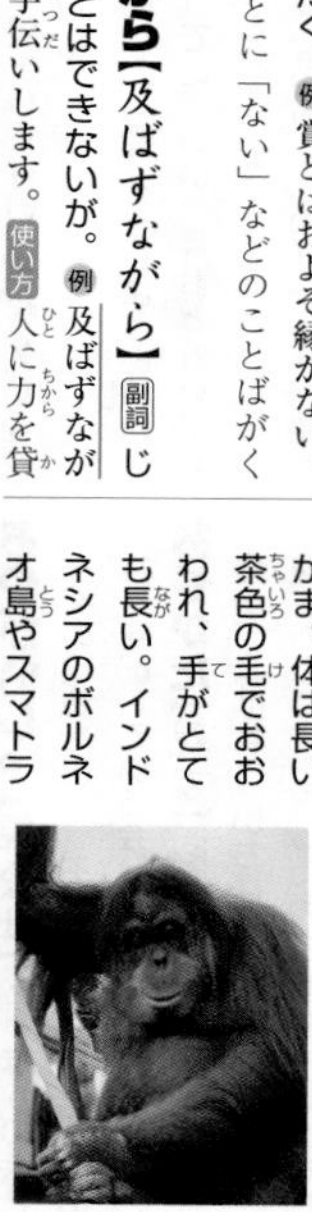

オランウータン

ることがあるので、相手《あいて》に対《たい》する礼儀《れいぎ》を忘《わす》れてはいけない、といういましめ。

島《とう》にすむ。ことば もとはマレー語《ご》で「森《もり》の人《ひと》」という意味《いみ》。

オランダ ⇒207ジベーオランダおうこく

オランダおうこく【オランダ王国】 名詞 ヨーロッパの北西部《ほくせいぶ》にある国《くに》。国土《こくど》の四分《よんぶん》の一《いち》は海面《かいめん》よりも低《ひく》い。チューリップのさいばいと風車《ふうしゃ》で有名《ゆうめい》。首都《しゅと》はアムステルダム。「オランダ」ともいう。

（国旗《こっき》）

おり 名詞 けものなどをにがさないように入《い》れておく、箱《はこ》や部屋《へや》。

おり【折り・折】 名詞 ❶折《お》ること。折《お》ったもの。例 折り目《め》。❷菓子《かし》や料理《りょうり》を入《い》れる、うすい板《いた》や厚紙《あつがみ》で作《つく》った箱《はこ》。例 折りにつめたおすし。❸とき。機会《きかい》。例 近《ちか》くにおいでの折にはお立《た》ち寄《よ》りください。❹季節《きせつ》。時節《じせつ》。例 暑《あつ》さの折、お体《からだ》にお気《き》をつけください。
使い方 ❹は、手紙《てがみ》やあいさつなどあらたまったところで使《つか》うことが多《おお》い。漢 ⇒723ジベーせつ〔折〕

●**折《おり》に触《ふ》れて** 機会《きかい》があるごとに。例 折に触れて転校《てんこう》した友《とも》だちを思《おも》い出《だ》す。

おりあい【折り合い】 名詞 ❶人《ひと》と人《ひと》との関係《かんけい》。仲《なか》。例 友《とも》だちとの折り合いが悪《わる》くなる。❷おたがいにゆずり合《あ》って解決《かいけつ》すること。例 両国《りょうこく》の間《あいだ》の問題《もんだい》にやっと折り合いがついた。

おりあう【折り合う】 動詞 おたがいに相手《あいて》の要求《ようきゅう》や条件《じょうけん》などを認《みと》めて、意見《いけん》を合《あ》わせる。例 値段《ねだん》がどうしても折り合わない。

おりあしく【折あしく】 副詞 都合《つごう》が悪《わる》いことに。あいにく。例 外《そと》に出《で》たところで、折あしく雨《あめ》が降《ふ》ってきた。対 折《おり》よく。

おりいって【折り入って】 副詞 特別《とくべつ》に。ぜひとも。例 折り入ってお願《ねが》いがあります。

オリーブ (olive) 名詞 もくせいのなかまの高《たか》い木《き》。地中海地方《ちちゅうかいちほう》などの暖《あたた》かい土地《とち》に育《そだ》つ。実《み》は食用《しょくよう》にするほか、オリーブ油《ゆ》をとる。参考 枝《えだ》は平和《へいわ》のシンボルとされ、国際連合《こくさいれんごう》の旗《はた》にもえがかれている。

オリーブいろ【オリーブ色】 名詞 オリーブの実《み》のような、黄色《きいろ》みがかった少《すこ》しくすんだ緑色《みどりいろ》。

オリーブいろ

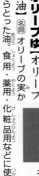

オリーブゆ【オリーブ油】 名詞 オリーブの実《み》からとった油《あぶら》。食用《しょくよう》・薬用《やくよう》・化粧品用《けしょうひんよう》などに使《つか》われる。

オリエンテーリング (orienteering) 名詞 広《ひろ》い野山《のやま》の中《なか》で、決《き》められたいくつかの地点《ちてん》を磁石《じしゃく》と地図《ちず》を使《つか》って探《さが》し、それを全部通《ぜんぶとお》ってゴールするまでの速《はや》さをきそう競技《きょうぎ》。

おりおり【折折】 ❶ 名詞 その時《とき》その時《とき》。例 四季《しき》折々の景色《けしき》。❷ 副詞 時々《ときどき》。例 祖父《そふ》とはおりおり会《あ》います。

オリオンざ【オリオン座】 名詞 冬《ふゆ》の代表《だいひょう》的《てき》な星座《せいざ》。南《みなみ》の空《そら》に見《み》える。真《ま》ん中《なか》に三《みっ》つの星《ほし》が並《なら》んでおり、その近《ちか》くに大星雲《だいせいうん》がある。参考 「オリオン」は、ギリシャ神話《しんわ》に出《で》てくるかりの名人《めいじん》。さそりにさされて命《いのち》を落《お》とし、星《ほし》になったと言《い》われている。

オリオンざ

使い方 ❷は、ふつうかな書《が》きにする。

おりかえし【折り返し】 ❶ 名詞 折《お》って重《かさ》ねること。また、その部分《ぶぶん》。例 ズボンの折り返し。❷ 名詞 来《き》たほうに引《ひ》き返《かえ》すこと。例 トップランナーが折り返し地点《ちてん》を通過《つうか》した。❸ 副詞 すぐに。ただちに。例 手紙《てがみ》を読《よ》んで、折り返し返事《へんじ》を出《だ》した。

おりかえす【折り返す】 動詞 ❶折《お》って重《かさ》ねる。例 そでを折り返す。❷来《き》たほうに引《ひ》き返《かえ》す。例 バスが終点《しゅうてん》で折り返す。

おりかさなる【折り重なる】 動詞 たくさんのものが重《かさ》なり合《あ》う。積《つ》み重《かさ》なる。例 出口《でぐち》から出《で》ようとした人々《ひとびと》が折り重なってたおれた。

おりがみ【折り紙】 名詞 ❶紙《かみ》を折《お》っていろいろな物《もの》の形《かたち》を作《つく》る遊《あそ》び。また、それに使《つか》う、色《いろ》や模様《もよう》がついた四角《しかく》い紙《かみ》。❷美術品《びじゅつひん》などの価値《かち》が確《たし》かであることを証明《しょうめい》する書類《しょるい》。

ことわざ **親《した》しき仲《なか》にも礼儀《れいぎ》あり** どんなに親《した》しい間《あいだ》がらであっても、なれなれしくしすぎると不和《ふわ》にな

おりがみつき【折り紙付き】 名詞 まちがいないという証明《しょうめい》がついていること。確《たし》かだという評判《ひょうばん》があること。例 折り紙付きの腕前《うでまえ》を持《も》つ。

おりから【折から】
❶ 副詞 ちょうどその時《とき》。例 折から雨《あめ》が降《ふ》り出《だ》し、運動会《うんどうかい》は中止《ちゅうし》になった。
❷…の時《とき》であるから。例 寒《さむ》さの折からお体《からだ》をお大事《だいじ》に。
使い方 ❷は、手紙《てがみ》の中《なか》で使《つか》うことが多《おお》い。

おりく【折り句】 名詞 和歌《わか》や俳句《はいく》などで、それぞれの句《く》の初《はじ》めに、物《もの》の名《な》まえなどを当《あ》ててよんだもの。「かきつばた」をよみこんだ和歌《わか》「からころも　きつつなれにし　つましあれば　はるばるきぬる　たびをしぞおもふ」などが有《ゆう》名《めい》。

おりこみ【折り込み】 名詞 新聞《しんぶん》や雑誌《ざっし》の間《あいだ》に広告《こうこく》などをはさんで配《くば》ること。また、その広《こう》告《こく》などのこと。

おりこむ【織り込む】 動詞
❶色《いろ》や種類《しゅるい》のちがう糸《いと》を入《い》れて織《お》る。例 金糸《きんし》と銀糸《ぎんし》を織り込む。
❷あるものごとの中《なか》に、別《べつ》の考《かんが》えやものごとをとり入《い》れる。例 計画《けいかく》に母《はは》の意見《いけん》も織り込んだ。

オリジナル（original）
❶ 名詞 もとのもの。原作《げんさく》。
❷ 形容動詞 自分《じぶん》の考《かんが》えでつくったもので、今《いま》までにない新《あたら》しさがあるようす。例 オリジナルなデザイン。

おりしも【折しも】 副詞 ちょうどその時《とき》。例 空《そら》を見《み》上《あ》げると、折しも雨《あめ》が降《ふ》ってきた。

おりたたみ【折り畳み】 名詞 折《お》り重《かさ》ねて小《ちい》さくすること。また、折《お》りたたんだもの。例 折り畳みのかさ。

おりたたむ【折り畳む】 動詞 折《お》り重《かさ》ねて小《ちい》さくする。例 シーツを折り畳む。

おりたつ【降り立つ・下り立つ】 動詞 低《ひく》いところにおりて、そこに立《た》つ。乗《の》り物《もの》などからおりて、そこに立《た》つ。例 駅《えき》に降り立つ。

おりづめ【折り詰め】 名詞 食《た》べ物《もの》を折《お》り箱《ばこ》に入《い》れること。また、折《お》り箱《ばこ》につめた食《た》べ物《もの》。例 折り詰めの弁当《べんとう》。

おりづる【折り鶴】 名詞 折《お》り紙《がみ》を折《お》って作《つく》ったつる。

おりなす【織り成す】 動詞
❶糸《いと》を織《お》って、模様《もよう》などをつくる。
❷いろいろなものを組《く》み合《あ》わせて変化《へんか》のあるものにする。例 多《おお》くの登場人物《とうじょうじんぶつ》が織り成す物語《ものがたり》。

おりばこ【折り箱】 名詞 うすい板《いた》やボール紙《がみ》を折《お》り曲《ま》げて作《つく》った箱《はこ》。食《た》べ物《もの》などを入《い》れるのに使《つか》う。折《お》り。

おりひめ【織り姫】 名詞
❶織物《おりもの》を織《お》って働《はたら》く女性《じょせい》。
❷「織姫星《おりひめぼし》」の略《りゃく》。

おりひめぼし【織姫星】 名詞 こと座《ざ》の星《ほし》、「ベガ」のこと。七夕《たなばた》の夜《よる》、天《あま》の川《がわ》をわたって、ひこ星《ぼし》と会《あ》うという中国《ちゅうごく》の伝説《でんせつ》がある。「織《しょく》女星《じょせい》」「織《お》り姫《ひめ》」「機織《はたお》り星《ぼし》」ともいう。教科 理 わし座《ざ》のアルタイル、白鳥座《はくちょうざ》のデネブとともに、夏《なつ》の大三角《だいさんかく》の一《ひと》つ。

おりふし【折節】
❶ 名詞 季節《きせつ》。例 折節の移《うつ》り変《か》わり。
❷ 副詞 ときどき。例 折節見《み》かける人《ひと》。
❸ 副詞 ちょうどそのとき。
使い方 文章《ぶんしょう》でよく使《つか》うことば。

おりまげる【折り曲げる】 動詞 折《お》って曲《ま》げる。例 針金《はりがね》を折り曲げる。

おりめ【折り目】 名詞
❶紙《かみ》や布《ぬの》を折《お》ったときにできる筋《すじ》。
❷行儀作法《ぎょうぎさほう》。けじめ。例 折り目正《ただ》しいあいさつをする。
❸仕事《しごと》などの区切《くぎ》り。例 台所《だいどころ》仕事《しごと》に折り目をつける。

おりめただしい【折り目正しい】 形容詞 礼儀《れいぎ》正《ただ》しく、行《おこな》いがきちんとしている。例 折り目正しくあいさつする。

おりもの【織物】 名詞 糸《いと》を織《お》ってつくった布《ぬの》。

おりよく【折よく】 副詞 ちょうどよい時《とき》に。都合《つごう》よく。例 ホームに着《つ》くと折よく電車《でんしゃ》が入《はい》ってきた。対 折《おり》あしく。

おりる【下りる・降りる】 動詞
❶高《たか》いところから低《ひく》いところへ移《うつ》る。例 階段《かいだん》を下りる。対 上《あ》がる。登《のぼ》る。
❷乗《の》り物《もの》から出《で》る。例 車《くるま》から降りる。対 乗《の》る。
❸仕事《しごと》や位《くらい》からはなれる。やめる。例 議長《ぎちょう》を降りる／主役《しゅやく》を降りる。対 就《つ》く。

道《みち》が開《ひら》かれるということ。

類＝意味《いみ》のよく似《に》たことば　対＝反対《はんたい》の意味《いみ》のことばや対《つい》になることば

❹つゆ・しもなどができる。例 庭《にわ》にしもが降りる。

❺命令《めいれい》や許可《きょか》が出《で》る。例 社長《しゃちょう》の命令《めいれい》が下りた。

使い方「下る」と書《か》かないよう送《おく》りがなに注意《ちゅうい》。「下る」は「くだる」と読《よ》む。

漢 ↓214ジ《ペー》か〔下〕・444ジ《ペー》こう〔降〕 ↓ 使い分け

使い分け　おりる
下りる・降りる

下りる　上《うえ》から下《した》へ動《うご》く。
「山《やま》を下《お》りる／幕《まく》が下《お》りる」

降りる　乗《の》り物《もの》などからおりる。また、役職《やくしょく》や役割《やくわり》などをやめる。
「次《つぎ》の駅《えき》で降《お》りる／宇宙飛行士《うちゅうひこうし》が月面《げつめん》に降《お》りる／社長《しゃちょう》職《しょく》を降《お》りる」

オリンピック（Olympics）名詞 四年《よねん》ごとに世界各国《せかいかっこく》の選手《せんしゅ》が集《あつ》まって開《ひら》かれるスポーツ競技会《きょうぎかい》。夏季《かき》に行《おこな》われるものと冬季《とうき》に行《おこな》われるものがある。参考 もとは、古代《こだい》ギリシャで行《おこな》われた、神《かみ》を祭《まつ》るための、運動《うんどう》・詩《し》・音楽《おんがく》などの競技会《きょうぎかい》のことをいった。↓209ジ《ペー》 社会へのとびら

おる 動詞
❶（「おります」の形《かたち》で、全体《ぜんたい》で）「います」のへりくだったりていねいにしたりした言い方《いいかた》。例 わたしはここにおります。
❷「いる」の目下《めした》の人《ひと》に対《たい》する言い方《いいかた》。例 だれかおるか。
❸「いる」の少《すこ》し古《ふる》い言い方《いいかた》。例 わしはねておった。

おる【折る】 動詞
❶曲《ま》げる。または、曲《ま》げて重《かさ》ねる。例 指《ゆび》を折って数《かぞ》える／折《お》り紙《がみ》を折る。
❷曲《ま》げて切《き》りはなす。例 のびた木《き》の枝《えだ》を折った。
❸それまでしてきたことを、やめたり変《か》えたりする。例 友《とも》だちの話《はなし》のこしを折る（＝とちゅうで口出《くちだ》しして、じゃまをする）。

漢 ↓723ジ《ペー》せつ〔折〕

おる【織る】 動詞 糸《いと》を縦横《たてよこ》に組《く》み合《あ》わせて布《ぬの》にする。例 布《ぬの》を織る／機《はた》を織る。漢 ↓562ジ《ペー》しき〔織〕

オルガン（ポルトガル語）名詞 ピアノに似《に》たけんばん楽器《がっき》。足《あし》ふみや電気《でんき》で風《かぜ》を送《おく》りながらけんばんをおして音《おと》を出《だ》す。図 ↓269ジ《ペー》がっき〔楽器〕

オルゴール（オランダ語）名詞 ぜんまいじかけで、決《き》まった曲《きょく》をくり返《かえ》して鳴《な》らす器械《きかい》。ことば 英語《えいご》では「ミュージック・ボックス」という。

おれ【俺】 代名詞 おもに男《おとこ》の人《ひと》が、仲間《なかま》や目下《めした》の人《ひと》と話《はな》すとき、自分《じぶん》を指《さ》していうことば。

辞典《じてん》の外《そと》に飛《と》びだそう！
社会《しゃかい》へのとびら

オリンピック

世界《せかい》の平和《へいわ》を願《ねが》う
スポーツの祭典《さいてん》

スポーツマンあこがれの夢《ゆめ》の舞台《ぶたい》、オリンピック。その始《はじ》まりは、古代《こだい》ギリシャで4年《ねん》ごとに開《ひら》かれた、神《かみ》にささげる競《きょう》技会《ぎかい》だ。この古代《こだい》オリンピックは約《やく》1200年《ねん》もの間《あいだ》行《おこな》われ、開催時《かいさいじ》には戦争《せんそう》さえ中止《ちゅうし》されたという。オリンピックは昔《むかし》から「平和《へいわ》の祭典《さいてん》」だったんだね。

近代《きんだい》のオリンピック

古代《こだい》オリンピックがほろびてから約《やく》1500年《ねん》ののち、オリンピックが復活《ふっかつ》した。

オリンピック・シンボルの五《いつ》つの輪《わ》は、世界《せかい》の五《いつ》つの大陸《たいりく》（アジア・南北《なんぼく》アメリカ・アフリカ・ヨーロッパ・オセアニア）の表現《ひょうげん》だ。このシンボルは、世界《せかい》の団結《だんけつ》と友好《ゆうこう》を深《ふか》めることを表《あらわ》している。

オリンピックの競技《きょうぎ》

1896年《ねん》の第《だい》1回《かい》アテネオリンピックは、陸上《りくじょう》、水泳《すいえい》、体操《たいそう》などの8競《きょう》技《ぎ》できそわれた。その後、競技《きょうぎ》はどんどん増《ふ》えて、今《いま》では30競技以上《きょうぎいじょう》にのぼる。過去《かこ》に実施《じっし》された競技《きょうぎ》には、つな引《ひ》きや、水中障害物競走《すいちゅうしょうがいぶつきょうそう》などもあったんだよ。

競技《きょうぎ》について知《し》ろう

きみの好《す》きなオリンピック競技《きょうぎ》は何《なに》かな？　その歴史《れきし》や内容《ないよう》について、調《しら》べてみよう。

もっとしらべてみよう！
●参考図書《さんこうとしょ》
「オリンピック・パラリンピック大百科《だいひゃっか》」（全《ぜん》8巻《かん》）（小峰書店《こみねしょてん》）
●関連《かんれん》コラム
パラリンピック……………… p.1081

ことわざ　**失敗《しっぱい》は成功《せいこう》のもと**　失敗《しっぱい》しても、その原因《げんいん》をはっきりさせて直《なお》していくことで、必《かなら》ず成功《せいこう》への

おれい【お礼】 名詞 感謝《かんしゃ》の気持《きも》ちを表《あらわ》すこと。また、そのことばや、相手《あいて》におくる品物《しなもの》。

おれせんグラフ【折れ線グラフ】 名詞 数《かず》や量《りょう》を表《あらわ》す点《てん》を直線《ちょくせん》で結《むす》んで表《あらわ》したグラフ。数《かず》や量《りょう》の変化《へんか》がわかりやすい。

おれる【折れる】 動詞 ❶曲《ま》がる。または、曲《ま》がってはなれる。例 ページのはしが折れる／鉛筆《えんぴつ》のしんが折れる。❷向《む》きを変《か》える。例 次《つぎ》の角《かど》を右《みぎ》に折れると公園《こうえん》がある。❸自分《じぶん》の気持《きも》ちをおさえて、相手《あいて》にゆずる。例 わたしが折れたので、もめごとは解決《かいけつ》した。
漢 ↓723ページ せつ〔折〕

オレンジ（orange） 名詞 ❶みかんのなかまの木《き》の一《ひと》つ。実《み》はだいだい色《いろ》で香《かお》りがよく、あまい。❷「オレンジ色《いろ》」の略《りゃく》。

オレンジいろ【オレンジ色】 名詞 オレンジの実《み》のような色《いろ》。赤《あか》みがかった黄色《きいろ》。だいだい色《いろ》。

オレンジいろ

おろおろ［と］ 副詞 動詞 どうしてよいかわからなくて、困《こま》っているようす。例 赤《あか》ちゃんが泣《な》きやまず、おろおろしてしまった。

おろか 副詞 （「…はおろか」の形《かたち》で）…は言《い》うまでもなく。例 これなら十年《じゅうねん》はおろか、百年《ひゃくねん》でも保存《ほぞん》できそうだ。

おろか【愚か】 形容動詞 考《かんが》えや知恵《ちえ》が足《た》りないこと。例 愚かなことをしてしまった。

おろし 名詞 山《やま》などの高《たか》いところからふきおろしてくる風《かぜ》。使い方「比叡《ひえい》おろし」のように、山《やま》の名《な》まえにつけて使《つか》われることが多《おお》い。

おろし【卸】 名詞 「卸《おろ》し売《う》り」の略《りゃく》。

おろし【下ろし】 名詞 ❶だいこん・しょうが・わさびなどをすりおろしたもの。❷新《あたら》しい品物《しなもの》を使《つか》い始《はじ》めること。例 仕立《した》て下ろしの（＝新《あたら》しく作《つく》って初《はじ》めて着《き》る）ゆかた。

おろしうり【卸し売り】 名詞 問屋《とんや》が、品物《しなもの》をつくる人《ひと》から買《か》ったものを、小売《こう》りの商人《しょうにん》に売《う》ること。対 小売《こう》り。

おろしがね【下ろし金】 名詞 だいこんやわさびなどをすりおろすのに使《つか》う道具《どうぐ》。

おろしね【卸値】 名詞 問屋《とんや》が小売《こう》りの商人《しょうにん》に品物《しなもの》を売《う》るときの値段《ねだん》。

おろす【卸す】 動詞 問屋《とんや》が、品物《しなもの》を小売《こう》りの店《みせ》に売《う》る。例 洋服《ようふく》をデパートに卸す。

おろす【下ろす・降ろす】 動詞 ❶高《たか》いところから低《ひく》いところへ移《うつ》す。下《さ》げる。例 屋根《やね》の雪《ゆき》を下ろす／幕《まく》を下ろす。対 上《あ》げる。❷新《あたら》しい品物《しなもの》を使《つか》い始《はじ》める。例 ノートを使《つか》い終《お》わったので、新《あたら》しいものを下ろした。❸仕事《しごと》や役目《やくめ》などをやめさせる。例 主役《しゅやく》を降ろされた。❹切《き》り落《お》とす。例 庭木《にわき》の枝《えだ》を下ろす。❺魚《さかな》などを切《き》る。例 魚《さかな》を三枚《さんまい》に下ろす。❻下《お》ろし金《がね》でする。例 だいこんを下ろす。❼貯金《ちょきん》を引《ひ》き出《だ》す。例 銀行《ぎんこう》でお金《かね》を下ろす。❽乗《の》り物《もの》から出《だ》す。例 次《つぎ》の交差点《こうさてん》で降ろしてください／荷物《にもつ》を降ろす。対 乗《の》せる。載《の》せる。❾お供《そな》え物《もの》を下《さ》げる。
漢 ↓214ページ か〔下〕・444ページ こう〔降〕

おろそか 形容動詞 ものごとをいいかげんにするようす。例 練習《れんしゅう》をおろそかにする／注意《ちゅうい》がおろそかになる。類 なおざり。

おわび 名詞 動詞 あやまること。「わび」のていねいな言《い》い方《かた》。例 お客様《きゃくさま》におわびする。

おわり【尾張】 名詞 昔《むかし》の国《くに》の名《な》の一《ひと》つ。今《いま》の愛知県《あいちけん》の西部《せいぶ》に当《あ》たる。

おわり【終わり】 名詞 終《お》わること。これから先《さき》がないという状態《じょうたい》。おしまい。最後《さいご》。対 始《はじ》まり。

●**終《お》わりよければすべてよし** ↓101ページ ことわざ

●**終《お》わりを告《つ》げる** ❶終《お》わりを知《し》らせる。例 試験《しけん》の終わりを告げるチャイムが鳴《な》る。❷ものごとがおしまいになる。例 あと一《いっ》か月《げつ》で、小学校生活《しょうがっこうせいかつ》も終わりを告げる。

おわりはん【尾張藩】 名詞 江戸時代《えどじだい》、今《いま》の愛知県《あいちけん》にあった藩《はん》。徳川氏《とくがわし》の親藩《しんぱん》で、御三家《ごさんけ》の一《ひと》つ。

おわる【終わる】 動詞 ❶続《つづ》いていたものごとがおしまいになる。また、おしまいにする。例 映画《えいが》が終わる／夏休《なつやす》みが終わる／朝《あさ》の会《かい》を終わります。対 始《はじ》まる。

んだ人《ひと》からは何《なに》も聞《き》き出《だ》せない、ということ。

❷（「…に終《お》わる」の形《かたち》で）…してしまった。…になってしまった。例 作戦《さくせん》は失敗《しっぱい》に終わった。

おん【音】 名詞 漢 ⇒604ページ しゅう〔終〕
❶おと。声《こえ》。❷昔《むかし》の中国《ちゅうごく》の発音《はつおん》にもとづいた漢字《かんじ》の読《よ》み方《かた》。対 訓《くん》。

漢 **おん【音】**〔音《おと》〕 9画 1年 音 オン・イン 訓 おと・ね

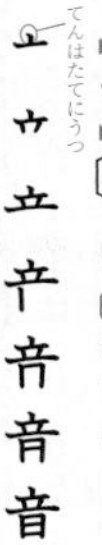

❶おと。耳《みみ》に聞《き》こえるひびき。例 音響《おんきょう》／音波《おんぱ》／音色《ねいろ》／足音《あしおと》／子音《しいん》／母音《ぼいん》。❷こえ。例 音声《おんせい》／音読《おんどく》／発音《はつおん》。❸ふし。おんがく。例 音階《おんかい》／音程《おんてい》。❹たより。例 音信《おんしん》。❺中国《ちゅうごく》から伝《つた》わった漢字《かんじ》のよみ。例 音訓《おんくん》／音読《おんよ》み。対 訓《くん》。

おん【恩】 名詞 人《ひと》から受《う》けた情《なさ》けやめぐみ。例 親《おや》の恩／恩を受《う》ける。漢 ⇒211ページ おん〔恩〕

●**恩《おん》に着《き》せる** 人《ひと》に何《なに》かをしてやるとき、ありがたく思《おも》うよう、相手《あいて》に強《つよ》く求《もと》める。

●**恩《おん》に着《き》る** 人《ひと》から受《う》けた親切《しんせつ》をありがたく思《おも》い、忘《わす》れないようにする。

●**恩《おん》をあだで返《かえ》す** ⇒103ページ ことわざ

漢 **おん【恩】**〔心《こころ》〕 10画 6年 音 オン 訓

おん。めぐみ。人《ひと》から受《う》けるなさけ。例 恩義《おんぎ》／恩師《おんし》／恩人《おんじん》／謝恩《しゃおん》。

おん-【御】 接頭語 （ほかのことばの前《まえ》につけて）尊敬《そんけい》やていねいな気持《きも》ちを表《あらわ》す「お」をさらに強《つよ》めた言《い》い方《かた》。例 あつく御礼申《れいもう》し上《あ》げます。

漢 **おん【温】**〔氵《さんずい》〕 12画 3年 音 オン 訓 あたたか・あたたかい・あたたまる・あたためる

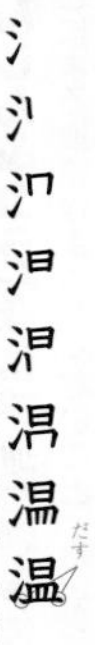

❶あたたかい。例 温室《おんしつ》／温泉《おんせん》／温帯《おんたい》／温暖《おんだん》。対 冷《れい》。❷あたたかさ。例 温度《おんど》／気温《きおん》／体温《たいおん》／保温《ほおん》。❸おだやか。例 温情《おんじょう》／温和《おんわ》。❹たいせつにする。例 温存《おんぞん》。

おん【遠】 漢 ⇒159ページ えん〔遠〕

オン（on） 名詞 電気《でんき》や機械《きかい》のスイッチが入《はい》っていること。対 オフ。

おんいき【音域】 名詞 声《こえ》や楽器《がっき》が出《だ》すことのできる、いちばん高《たか》い音《おと》からいちばん低《ひく》い音《おと》までの範囲《はんい》。例 音域の広《ひろ》い歌手《かしゅ》。

おんかい【音階】 名詞 音楽《おんがく》で使《つか》う音《おと》を高《たか》さの順《じゅん》に並《なら》べたもの。西洋《せいよう》音楽《おんがく》では、大《おお》きく分《わ》けて長音階《ちょうおんかい》と短音階《たんおんかい》との二種類《にしゅるい》がある。

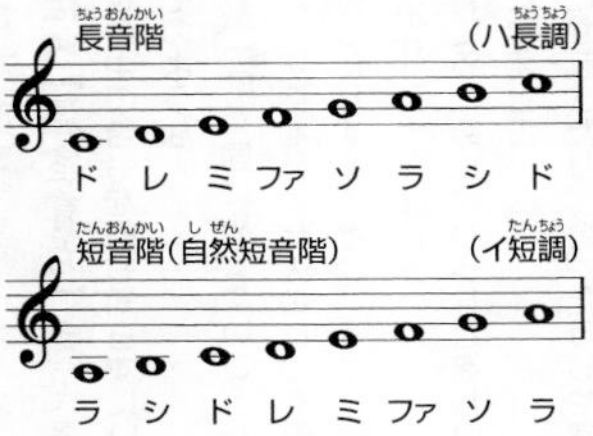

おんかい

おんがえし【恩返し】 名詞 動詞 世話《せわ》になったことをありがたいと思《おも》い、その人《ひと》のためになることをすること。

おんがく【音楽】 名詞 音《おと》を組《く》み合《あ》わせて声《こえ》や楽器《がっき》で表《あらわ》し楽《たの》しむ芸術《げいじゅつ》。例 民族《みんぞく》音楽／音楽会《かい》を開《ひら》く。

おんがくたい【音楽隊】 名詞 音楽《おんがく》を演奏《えんそう》する一団《いちだん》。おもに、吹奏楽《すいそうがく》を野外《やがい》で演奏《えんそう》する楽団《がくだん》をいう。

おんかん【音感】 名詞 音《おと》の高低《こうてい》・音色《ねいろ》・調子《ちょうし》などを聞《き》き分《わ》ける力《ちから》。例 音感がよい。

おんぎ【恩義】 名詞 お返《かえ》しをしなければならないと思《おも》うような、人《ひと》から受《う》けたありがたいこと。例 恩義を感《かん》じる。

おんきゅう【恩給】 名詞 ある一定《いってい》の年数《ねんすう》を勤《つと》めた公務員《こうむいん》が、仕事《しごと》をやめたり死《し》んだりしたあとに、本人《ほんにん》や遺族《いぞく》が国《くに》からもらうお金《かね》。参考 今《いま》は「共済年金《きょうさいねんきん》」という。

おんきょう【音響】 名詞 音《おと》とそのひびき。例 音響のよいスピーカー。

おんくん【音訓】 名詞 漢字《かんじ》の音読《おんよ》みと訓読《くんよ》み。たとえば「音」という字《じ》の音訓《おんくん》は「オン・イン」と「おと・ね」である。ことば 音読《おんよ》みは中国《ちゅうごく》の発音《はつおん》をもとにした読《よ》み方《かた》。訓読《くんよ》みは同《おな》じ意味《いみ》の日本語《にほんご》を当《あ》てた読《よ》み方《かた》。

おんくんさくいん【音訓索引】 名詞 漢和《かんわ》辞典《じてん》などで、音読《おんよ》みと訓読《くんよ》みから漢字《かんじ》を探《さが》すための索引《さくいん》。関連 部首索引《ぶしゅさくいん》。総画索引《そうかくさくいん》。

おんくんびき【音訓引き】 名詞 漢和《かんわ》辞典《じてん》な

ことわざ **死人《しにん》に口《くち》なし** 死《し》んだ人《ひと》は、事実《じじつ》がどうであっても弁解《べんかい》や証言《しょうげん》ができない、ということ。死《し》

どを、音訓索引《おんくんさくいん》を使《つか》って引《ひ》くこと。関連 部首引《ぶしゅび》き。総画引《そうかくび》き。

おんけい【恩恵】 名詞 情《なさ》け。めぐみ。例 すべての生物《せいぶつ》は太陽《たいよう》の恩恵を受《う》けている。

おんけん【穏健】 形容動詞 やり方《かた》や考《かんが》え方《かた》が、おだやかで落《お》ち着《つ》いているようす。例 穏健な方法《ほうほう》で問題《もんだい》を解決《かいけつ》する。対 過激《かげき》。

おんこう【温厚】 形容動詞 心《こころ》がおだやかでやさしいようす。例 温厚な人《ひと》がら。使い方「温好」と書《か》かないよう注意《ちゅうい》。

おんこちしん【温故知新】 ⇒901ジペー 故事成語

おんさ【音さ】 名詞 U《ユー》字形《じがた》の金属《きんぞく》に柄《え》をつけた道具《どうぐ》。たたくと、いつも同《おな》じ高《たか》さの音《おと》が出《で》るので、音《おと》の高《たか》さを調《しら》べるのに使《つか》う。

おんさ

おんし【恩師】 名詞 教《おし》えを受《う》けた先生《せんせい》。

おんしつ【音質】 名詞 音《おと》や声《こえ》の質《しつ》。音《おと》のよしあし。例 このスピーカーは高音《こうおん》の音質がよい。

おんしつ【温室】 名詞 季語冬 寒《さむ》さに弱《よわ》い植物《しょくぶつ》を寒《さむ》さから守《まも》ったり、野菜《やさい》などを季節《きせつ》に関係《かんけい》なくつくったりするための、中《なか》を暖《あたた》かくした建物《たてもの》。

おんしつこうか【温室効果】 名詞 大気中《たいきちゅう》の二酸化炭素《にさんかたんそ》などの気体《きたい》が持《も》つ、地球《ちきゅう》から熱《ねつ》がにげないようにするはたらき。

おんしつこうかガス【温室効果ガス】 名詞 地球《ちきゅう》から熱《ねつ》がにげないようなはたらきをする気体《きたい》のこと。二酸化炭素《にさんかたんそ》・水蒸気《すいじょうき》・メタンガス・フロンガスなど。

おんしつそだち【温室育ち】 名詞 大事《だいじ》に育《そだ》てられて、世《よ》の中《なか》の苦労《くろう》を何《なに》も知《し》らずにいること。また、そのような人《ひと》。

おんしゃ【恩赦】 名詞 国《くに》にめでたいことがあったときなどに、法律《ほうりつ》を破《やぶ》った人《ひと》のばつを軽《かる》くしたり、罪《つみ》を許《ゆる》したりすること。

おんしょう【温床】 名詞 季語春 ❶なえを早《はや》く育《そだ》てるために、わらなどをしいて温《あたた》かくつくったなえどこ。❷よくないことが起《お》きたり、育《そだ》ったりしやすいところ。例 悪《あく》の温床。

おんじょう【温情】 名詞 思《おも》いやりのあるやさしい心《こころ》。温《あたた》かい心《こころ》。例 温情あふれることば。

おんしらず【恩知らず】 名詞 形容動詞 人《ひと》の親切《しんせつ》や世話《せわ》を受《う》けても、少《すこ》しもありがたいと思《おも》わないこと。また、そのような人《ひと》。

おんしん【音信】 名詞 手紙《てがみ》などによる連絡《れんらく》。便《たよ》り。例 音信不通《ふつう》。

おんじん【恩人】 名詞 非常《ひじょう》に世話《せわ》になった人《ひと》。例 あの人《ひと》は父《ちち》の恩人です。

おんしんふつう【音信不通】 名詞 手紙《てがみ》などによる連絡《れんらく》がまったくないこと。例 引《ひ》っ越《こ》した友《とも》だちと、いつのまにか音信不通になった。

オンス（ounce）名詞 イギリスやアメリカなどで使《つか》われている重《おも》さの単位《たんい》。一《いち》オンスは約《やく》二十八・四グラム。

おんすい【温水】 名詞 温《あたた》かい水《みず》。お湯《ゆ》。例 温水プール。対 冷水《れいすい》。

おんせい【音声】 名詞 ❶人《ひと》がものを言《い》うときに出《だ》す声《こえ》。❷テレビ・ラジオなどから流《なが》れてくる、声《こえ》や音《おと》。例 パソコンの音声が出《で》ない。

おんせつ【音節】 名詞 ことばを作《つく》っている音《おと》のひと区切《くぎ》り。たとえば「ことり」は、「こ」「と」「り」の三《みっ》つの音節《おんせつ》から成《な》り立《た》っている。

おんせん【温泉】 名詞 地中《ちちゅう》の熱《ねつ》で温《あたた》められて出《で》てくる地下水《ちかすい》。また、それの出《で》るところ。参考 正式《せいしき》には、セ氏二十五度以上《しにじゅうごどいじょう》のものを「温泉《おんせん》」といい、それより温度《おんど》の低《ひく》いものは「冷泉《れいせん》」という。

おんせんきょう【温泉郷】 名詞 温泉場《おんせんば》が集《あつ》まっている場所《ばしょ》。

おんそく【音速】 名詞 音《おと》が伝《つた》わる速《はや》さ。空気《くうき》中《ちゅう》では、セ氏十五度《しじゅうごど》のとき、一秒間《いちびょうかん》におよそ三百四十《さんびゃくよんじゅう》メートル。

おんぞん【温存】 名詞 動詞 使《つか》わずに大事《だいじ》にとっておくこと。例 体力《たいりょく》を温存する。

おんたい【温帯】 名詞 熱帯《ねったい》と寒帯《かんたい》の間《あいだ》の地帯《ちたい》。気候《きこう》がおだやかで、四季《しき》がはっきりしている。日本《にほん》は北半球《きたはんきゅう》の温帯《おんたい》にある。関連 熱帯《ねったい》。亜熱帯《あねったい》。亜寒帯《あかんたい》。寒帯《かんたい》。乾燥帯《かんそうたい》。

おんたいていきあつ【温帯低気圧】 名詞 北《きた》からの冷《つめ》たい空気《くうき》と南《みなみ》からの温《あたた》かい空気《くうき》が接《せっ》するところにできる、前線《ぜんせん》をともなう低気圧《ていきあつ》。天候《てんこう》の変化《へんか》の原因《げんいん》となる。関連 熱帯低気圧《ねったいていきあつ》。

おんだん【温暖】 名詞 形容動詞 気候《きこう》がおだやかで暖《あたた》かいこと。例 温暖な地方《ちほう》。対 寒冷《かんれい》。

ものごとを知《し》っている人《ひと》にものを教《おし》えるというおろかさのたとえ。

おんだんか【温暖化】 名詞 動詞 地球《ちきゅう》の気温《きおん》が上《あ》がること。地球温暖化《ちきゅうおんだんか》。参考 石油《せきゆ》や石炭《せきたん》などを燃《も》やしたときにできる二酸化炭素《にさんかたんそ》によって、地球《ちきゅう》から熱《ねつ》がにげにくくなることがおもな原因《げんいん》とされる。

おんだんぜんせん【温暖前線】 名詞 温《あたた》かい空気《くうき》が冷《つめ》たい空気《くうき》をおしのけていくところにできる、空気《くうき》の境目《さかいめ》。対 寒冷前線《かんれいぜんせん》。図 →737ページ ぜんせん〔前線〕

おんち【音痴】 名詞 ❶音《おと》の高《たか》さを正《ただ》しく感《かん》じとれず、正《ただ》しい音《おと》の高《たか》さで歌《うた》が歌《うた》えないこと。また、その人《ひと》。❷あることに対《たい》しての感覚《かんかく》がにぶいこと。例 方向音痴《ほうこうおんち》。

おんちゅう【御中】 名詞 会社《かいしゃ》や学校《がっこう》などの団《だん》体《たい》にあてた手紙《てがみ》のあて名《な》の下《した》に、「様《さま》」の代《か》わりに書《か》くことば。例 ××小学校御中《しょうがっこうおんちゅう》。

おんてい【音程】 名詞 二《ふた》つの音《おと》の高《たか》さのちがい。例 音程《おんてい》がくるう／一《いち》オクターブの音程。

おんど【音頭】 名詞 ❶大勢《おおぜい》で歌《うた》うとき、先《さき》に歌《うた》い出《だ》して調子《ちょうし》をとること。❷大勢《おおぜい》の人《ひと》が歌《うた》に合《あ》わせていっしょにおどること。また、その歌《うた》やおどり。例 東京音頭《とうきょうおんど》。

● **音頭《おんど》を取《と》る** ❶先《さき》に歌《うた》って調子《ちょうし》をとる。❷人《ひと》の先《さき》に立《た》ってものごとをする。例 ぼくが音頭を取って、みんなで文集《ぶんしゅう》を作《つく》った。

おんど【温度】 名詞 温《あたた》かさや、冷《つめ》たさの度合《どあ》い。例 温度計《おんどけい》。

おんとう【穏当】 形容動詞 考《かんが》え方《かた》や行《おこな》いが、おだやかでちょうどよいようす。例 穏当な意見《いけん》。

おんどく【音読】 名詞 動詞 ❶声《こえ》を出《だ》して読《よ》むこと。例 教科書《きょうかしょ》の文章《ぶんしょう》を音読する。対 黙読《もくどく》。❷→214ページ おんよみ

おんどくげき【音読劇】 名詞 声《こえ》だけで演《えん》じる劇《げき》。

おんどけい【温度計】 名詞 温度《おんど》を測《はか》る器具《きぐ》。水銀《すいぎん》やアルコールが熱《ねつ》で膨張《ぼうちょう》する性質《せいしつ》を利用《りよう》して温度《おんど》を測《はか》るものなどがある。

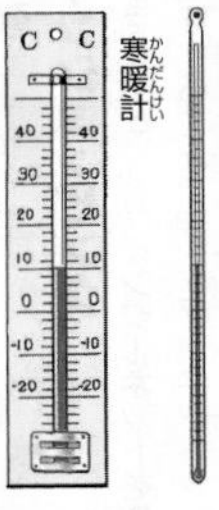

おんどけい

おんどり 名詞 おすの鳥《とり》。とくに、おすのにわとり。対 めんどり。

おんな【女】 名詞 人間《にんげん》を性《せい》によって分《わ》けたとき、子供《こども》を産《う》むはたらきを持《も》つほう。女子《じょし》。女性《じょせい》。対 男《おとこ》。漢 →627ページ じょ〔女〕

おんながた【女形】 →206ページ おやま

おんなで【女手】 名詞 ❶女《おんな》の働《はたら》き手《て》。例 女手一《ひと》つで子《こ》を育《そだ》てる。❷女《おんな》の人《ひと》の書《か》いた文字《もじ》。例 女手の手紙《てがみ》。

おんなへん【女偏】 名詞 「女」のこと。漢字《かんじ》の部首《ぶしゅ》の一《ひと》つ。女《おんな》に関係《かんけい》のある漢字《かんじ》を作《つく》ることが多《おお》い。好・姉・始・妹など。

おんぱ【音波】 名詞 人間《にんげん》の耳《みみ》に音《おと》として感《かん》じられる、空気中《くうきちゅう》や水中《すいちゅう》を伝《つた》わっていく波《なみ》。

おんびき【音引き】 名詞 ❶辞典《じてん》などで、調《しら》べたい漢字《かんじ》やことばを発音《はつおん》で探《さが》し出《だ》すこと。関連 画引《かくび》き。❷長《なが》くのばす音《おと》をあらわす記号《きごう》「ー」のこと。

おんびん【音便】 名詞 あることばの音《おと》が、発《はつ》音《おん》しやすいように、もとの音《おと》から変《か》わること。書《か》きて→書いて（イ音便《おんびん》）、お寒《さむ》くございます→お寒《さむ》うございます（ウ音便《おんびん》）、読《よ》みて→読《よ》んで（はつ音便《おんびん》）、走《はし》りて→走《はし》って（促音便《そくおんびん》）などをいう。

おんびん【穏便】 形容動詞 考《かんが》え方《かた》やり方《かた》が、おだやかで、ものごとをあら立《だ》てないようす。

おんぶ 名詞 動詞 ❶人《ひと》を背負《せお》うこと。また、背負《せお》われること。❷人《ひと》にたよること。例 足《た》りないお金《かね》を親《おや》におんぶして、旅行《りょこう》に行《い》く。

おんぷ【音符】 名詞 楽譜《がくふ》に使《つか》う記号《きごう》。音《おと》の長《なが》さや高《たか》さを表《あらわ》す。例 四分音符《しぶおんぷ》。

音	符	長《なが》さの割合《わりあい》
全《ぜん》音符	𝅝	4
付点二分音符《ふてんにぶ》	𝅗𝅥.	3
二分《にぶ》音符	𝅗𝅥	2
付点四分音符《ふてんしぶ》	♩.	1½
四分《しぶ》音符	♩	この長さを1とすると
付点八分音符《ふてんはちぶ》	♪.	3/4
八分《はちぶ》音符	♪	1/2
付点十六分音符《ふてんじゅうろくぶ》	𝅘𝅥𝅯.	3/8
十六分音符《じゅうろくぶ》	𝅘𝅥𝅯	1/4

おんぷ【音符】

ことわざ **釈迦《しゃか》に説法《せっぽう》** 仏教《ぶっきょう》を開《ひら》いたお釈迦《しゃか》さまに仏《ほとけ》の教《おし》えを聞《き》かせるという意味《いみ》から、自分《じぶん》よりよく

ことば＝ことばにまつわる知識《ちしき》　参考＝参考《さんこう》になる情報《じょうほう》　漢＝漢字《かんじ》としての意味《いみ》や部首《ぶしゅ》など

おんぷ【音譜】 名詞 「楽譜《がくふ》」のこと。

おんぶばった 名詞 ばったのなかまの昆《こん》虫《ちゅう》。緑《みどり》色《いろ》または茶《ちゃ》色《いろ》で、畑《はたけ》や草地《くさち》にすむ。ことば めすの上《うえ》におすが乗《の》っていることが多《おお》いので、この名《な》がついた。

おんぶばった

おんみつ【隠密】 ❶名詞 江戸《えど》時代《じだい》に、幕府《ばくふ》や藩《はん》のため、スパイのように働《はたら》いた下《か》級《きゅう》の武士《ぶし》。室町《むろまち》時代《じだい》からあった。❷形容動詞 ほかの人《ひと》に知《し》られないように、こっそりと行《おこな》うようす。例 この計画《けいかく》は隠密に進《すす》めよう。

おんめい【音名】 名詞 音楽《おんがく》で、音《おと》の高《たか》さを表《あらわ》す名《な》まえ。日本《にほん》ではハ・ニ・ホ・ヘ・ト・イ・ロでよぶ。半音高《はんおんたか》い音《おと》は「嬰《えい》」(記号《きごう》は♯)、半音《はんおん》低《ひく》い音《おと》は「変《へん》」(記号《きごう》は♭)をつけて表《あらわ》す。関連 階名《かいめい》。

おんめい

おんよみ【音読み】 名詞 動詞 漢字《かんじ》を音《おん》で読《よ》むこと。たとえば、「雲」を音読《おんよ》みすると「ウン」となる。「おんどく」ともいう。対 訓読《くんよ》み。

オンライン (on-line) 名詞 あるコンピューターが、ネットワークやほかのコンピューターにつながっている状態《じょうたい》。対 オフライン。例 パソコンをオンラインにして動《どう》画《が》を見《み》る。

オンラインゲーム (on-line game) 名詞 コンピューターをインターネットにつないで遊《あそ》ぶゲーム。複数《ふくすう》の人《ひと》が同時《どうじ》に遊《あそ》ぶことができる。「ネットゲーム」ともいう。

オンラインシステム (on-line system) 名詞 中《ちゅう》心《しん》になるコンピューターと、各地《かくち》の機械《きかい》がつながっていて、情《じょう》報《ほう》がすぐにわかったり、お金《かね》を出《だ》し入《い》れできたりするしくみ。銀行《ぎんこう》などで使《つか》われる。

オンラインショッピング (on-line shopping) 名詞 インターネットを使《つか》って買《か》い物《もの》をすること。「インターネットショッピング」「ネットショッピング」「ネット通販《つうはん》」などともいう。例 オンラインショッピングで買《か》ったものが家《いえ》に届《とど》いた。

おんりょう【音量】 名詞 音《おと》の大《おお》きさや豊《ゆた》かさのこと。例 テレビの音量を上《あ》げる／夜《よる》になったので、音量をしぼって音楽《おんがく》をきいた。類 ボリューム。

おんわ【温和】 形容動詞 ❶性質《せいしつ》がおだやかでやさしいようす。例 温和な青年《せいねん》。❷気候《きこう》が暖《あたた》かでおだやかなようす。例 温和な気候《きこう》の土地《とち》。使い方 ❶は、「穏和」とも書《か》く。

か

カ
ガ が

下《した》の 手話にチャレンジ を見《み》よう。

か 助詞 (ほかのことばのあとにつけて) ❶たずねる気持《きも》ちを表《あらわ》す。例 本《ほん》はどこですか。❷疑《うたが》いの気持《きも》ちを表《あらわ》す。例 父《ちち》は来《く》るだろうか。❸打《う》ち消《け》しの気持《きも》ちを疑問《ぎもん》の形《かたち》で表《あらわ》す。例 そんなひどいことをあの人《ひと》が言《い》うだろうか。❹念《ねん》をおす気持《きも》ちを表《あらわ》す。例 試合《しあい》はあしただぞ、いいか。❺相手《あいて》をさそう気持《きも》ちを表《あらわ》す。例 雨《あめ》がやんだ。さあ、行《い》こうか。❻(「…ないか」などの形《かたち》で) 命令《めいれい》する気持《きも》ちを表《あらわ》す。例 もういいかげんにやめないか。❼強《つよ》く感《かん》じる気持《きも》ちを表《あらわ》す。例 あ、そうか。❽あまり確《たし》かでないことを表《あらわ》す。例 おなかがすいたのか、犬《いぬ》が鳴《な》く／二人《ふたり》か三人《さんにん》で行《い》く。

か- 接頭語 (ほかのことばの前《まえ》につけて) そのことばの意味《いみ》を強《つよ》めたり、調子《ちょうし》を整《ととの》えたりすることば。例 か弱《よわ》いうで／か細《ぼそ》い声《こえ》で鳴《な》く。

漢 **か【下】**〔一《いち》〕 3画 1年
音 カ・ゲ
訓 した・しも・もと・さげる・さがる・くだる・くだす・くださる・おろす・おりる

一 丅 下 つきださない

❶したのほう。した。しも。例下流《かりゅう》／下巻《げかん》／以下《いか》／風下《かざしも》／地下《ちか》／天下《てんか》／真下《ました》。対上《じょう》。❷おとっている。いやしい。例下等《かとう》／下品《げひん》。対上《じょう》。❸おりる。くだる。例下車《げしゃ》／落下《らっか》。対上《じょう》。

漢 **か【化】**〔亻〕にんべん 4画 3年 音カ・ケ 訓ばける・ばかす

ノ 亻 化（みぎからはらう）

❶形《かたち》や性質《せいしつ》がかわる。例化学《かがく》／化石《かせき》／化粧《けしょう》／気化《きか》／権化《ごんげ》／消化《しょうか》／進化《しんか》／変化《へんか》。❷人《ひと》をよいほうにかえる。例感化《かんか》／教化《きょうか》。

-か【日】 接尾語 （数《かず》を表《あらわ》すことばのあとにつけて）日《ひ》かず・日《ひ》にちを表《あらわ》すことば。例十日《とおか》。

漢⇩996ページ　にち【日】

漢 **か【火】**〔火〕ひ 4画 1年 音カ 訓ひ・ほ

丶 丷 火 火（みぎからはらう）

❶ひ。例火災《かさい》／火山《かざん》／火薬《かやく》／火影《ほかげ》／灯火《とうか》／花火《はなび》／防火《ぼうか》。❷さしせまっている。例火急《かきゅう》。

漢 **か【加】**〔力〕ちから 5画 4年 音カ 訓くわえる・くわわる

フ カ 加 加 加（はねる）

くわえる。くわわる。ふやす。例加減《かげん》／加工《かこう》／加熱《かねつ》／参加《さんか》／増加《ぞうか》／追加《ついか》。

か【可】 名詞 よいと認《みと》めること。例ペット入店《にゅうてん》可《か》の店《みせ》。漢⇩215ページ か【可】

●**可《か》もなく不可《ふか》もなし** とくによくもないが、悪《わる》くもない。ごくふつうである。例今日《きょう》の料理《りょうり》は可もなく不可もなしだ。

漢 **か【可】**〔口〕くち 5画 5年 音カ

一（たてぼうとつづけない） 丁 丁 可 可

❶よい。よいとみとめる。例可決《かけつ》／可否《かひ》／認可《にんか》。❷できる。例可能《かのう》。

漢 **か【仮】**〔亻〕にんべん 6画 5年 音カ・ケ 訓かり

ノ 亻 仁 仮（上につきださない） 仮 仮

❶かり。まにあわせ。例仮設《かせつ》／仮定《かてい》。❷本物《ほんもの》でない。にせもの。例仮装《かそう》／仮面《かめん》／仮病《けびょう》。

か【何】 漢⇩978ページ なに【何】

漢 **か【花】**〔艹〕くさかんむり 7画 1年 音カ 訓はな

一 十 艹 艹 芀 花（みぎからはらう） 花

❶はな。例花粉《かふん》／花束《はなたば》／開花《かいか》／草花《くさばな》／造花《ぞうか》。❷はなのように美《うつく》しい。例花形《はながた》／花火《はなび》。

漢 **か【価】**〔亻〕にんべん 8画 5年 音カ 訓あたい

ノ 亻 仁 仁 価 価 価 価（西としない）

❶ねだん。例価格《かかく》／高価《こうか》／定価《ていか》／物価《ぶっか》。❷ねうち。例価値《かち》／評価《ひょうか》。

漢 **か【河】**〔氵〕さんずい 8画 5年 音カ 訓かわ

丶 丷 氵 汀 沪 沪 河 河（はねる）

❶大《おお》きなかわ。例河口《かこう》／河川《かせん》／河原《かわら》／大河《たいが》。❷かわのようなもの。例運河《うんが》／銀河《ぎんが》／氷河《ひょうが》。

漢 **か【果】**〔木〕き 8画 4年 音カ 訓はたす・はてる・はて

丨 口 日 日 旦 甲 果 果

❶くだもの。木《き》の実《み》。例果実《かじつ》／果樹《かじゅ》／果汁《かじゅう》／青果《せいか》。❷原因《げんいん》によって起《お》こるものごと。むくい。例果報《かほう》／因果《いんが》／結果《けっか》／効果《こうか》／成果《せいか》。対因《いん》。❸おもいきってする。例果敢《かかん》。

漢 **か【科】**〔禾〕のぎへん 9画 2年 音カ

ノ（みぎから） 二 千（とめる） 禾 禾 禾 禾 科 科

❶くわけした一《ひと》つ一《ひと》つ。例科目《かもく》／いね科《か》／教科《きょうか》／内科《ないか》。❷つみ。とが。例科《か》する。

か【香】 名詞 よいにおい。かおり。例梅《うめ》の香。

漢 **か【香】**〔香〕かおり 9画 4年 音コウ・キョウ 訓か・かおり・かおる

ノ 二 千（とめる） 禾 禾（はらう） 禾 香 香 香

❶かおり。におい。例芳香《ほうこう》／香水《こうすい》。❷かおる。よいにおいがする。

漢 **か【夏】**〔夂〕ふゆがしら 10画 2年 音カ・ゲ 訓なつ

一 丆（すこしひだりへ） 丆 百 百 頁 頁 夏 夏

あいうえお　かきくけこ　か　さしすせそ　たちつてと　なにぬねの　はひふへほ　まみむめも　や　ゆ　よ　らりるれろ　わ　を　ん

手話にチャレンジ　**帰《かえ》る**　右手《みぎて》の親指《おやゆび》とほかの４本《ほん》の指《ゆび》を開《ひら》いて、前《まえ》に出《だ》しながら指先《ゆびさき》を閉《と》じる。帰《かえ》って行《い》く人《ひと》の

なつ。例 夏期《かき》／夏至《げし》／初夏《しょか》／真夏《まなつ》。対 冬《とう》。

漢 **か【家】**〔宀〕うかんむり 10画 2年 音 カ・ケ 訓 いえ・や

❶いえ。うち。例 家事《かじ》／家族《かぞく》／家庭《かてい》／家賃《やちん》／一家《いっか》／借家《しゃくや》。❷いえがら。例 王家《おうけ》／武家《ぶけ》。❸そのことを仕事《しごと》とする人《ひと》。例 画家《がか》／作家《さっか》。

か【荷】 漢 ⇩990ジベーに〔荷〕

か【蚊】 名詞 季語 夏 夏《なつ》に多《おお》く発生《はっせい》する小《ちい》さな昆《こん》虫《ちゅう》。めすは人《ひと》や動《どう》物《ぶつ》の血《ち》を吸《す》う。幼《よう》虫《ちゅう》は「ぼうふら」という。参考 マラリアなどの感染症《かんせんしょう》をうつす有害《ゆうがい》な種類《しゅるい》もある。

か【蚊】

● **蚊《か》の鳴《な》くような声《こえ》** とても小《ちい》さくて弱々《よわよわ》しい声《こえ》。

漢 **か【貨】**〔貝〕かい 11画 4年 音 カ 訓

❶おかね。例 貨幣《かへい》／外貨《がいか》／金貨《きんか》／通貨《つうか》。❷品《しな》物《もの》。例 貨車《かしゃ》／貨物《かもつ》／雑貨《ざっか》／百貨店《ひゃっかてん》。

か【鹿】 漢 ⇩559ジベーしか〔鹿〕

漢 **か【過】**〔辶〕しんにょう 12画 5年 音 カ 訓 すぎる・すごす・あやまつ・あやまち

❶通《とお》りすぎる。例 通過《つうか》。❷時《とき》がたつ。例 過去《かこ》／過日《かじつ》／昼過《ひるす》ぎ。❸程度《ていど》をこす。例 過激《かげき》／過信《かしん》／過大《かだい》／過度《かど》／過労《かろう》／食《た》べ過《す》ぎ。❹あやまち。まちがい。例 過失《かしつ》。

漢 **か【歌】**〔欠〕あくび 14画 2年 音 カ 訓 うた・うたう

❶うたう。また、そのうた。例 歌声《うたごえ》／歌劇《かげき》／歌詞《かし》／歌手《かしゅ》／校歌《こうか》／鼻歌《はなうた》。❷日本《にほん》で古《ふる》くから作《つく》られているうた。和歌《わか》。例 歌人《かじん》／詩歌《しいか》／短歌《たんか》。

か【課】 名詞 ❶会社《かいしゃ》や役所《やくしょ》などで、仕事《しごと》の内容《ないよう》で分《わ》けた組織《そしき》の区分《くぶん》。ふつう、「部《ぶ》」より小《ちい》さい。例 会計《かいけい》課。❷教科書《きょうかしょ》などの内容《ないよう》の区切《くぎ》り。例 来週《らいしゅう》の授業《じゅぎょう》から次《つぎ》の課に進《すす》みます。

漢 **か【課】**〔言〕ごんべん 15画 4年 音 カ 訓

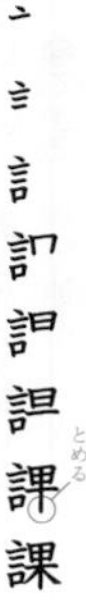

❶わりあてる。わりあて。例 課税《かぜい》／課題《かだい》／日課《にっか》。❷役所《やくしょ》や会社《かいしゃ》で仕事《しごと》の一部《いちぶ》を受《う》け持《も》つところ。例 課長《かちょう》／人事課《じんじか》。

が 名詞 季語 夏 ちょうに似《に》た昆虫《こんちゅう》。種類《しゅるい》が多《おお》く、ちょうより地味《じみ》な色《いろ》で、夜《よる》に飛《と》ぶものが多《おお》い。幼虫《ようちゅう》はいも虫《むし》や毛虫《けむし》で、木《き》や草《くさ》の葉《は》を食《た》べる。ことば 漢字《かんじ》では「蛾」と書《か》く。参考 ちょうよりも胴体《どうたい》が太《ふと》いものが多《おお》い。また、ちょうは多《おお》くが羽《はね》を閉《と》じて止《と》まるが、「が」は羽《はね》を開《ひら》いて止《と》まるものが多《おお》い。

が 助詞 （ほかのことばのあとにつけて）❶前《まえ》にあることばが主語《しゅご》であることを示《しめ》す。例 空《そら》|が青《あお》い。❷それができるかできないか、好《す》きかきらいか、などを表《あらわ》す。例 逆上《さかあ》がり|ができた／チーズ|がきらいだ。❸「…けれども」の意味《いみ》を表《あらわ》す。例 よく考《かんが》えた|が、わからない。❹対照的《たいしょうてき》な二《ふた》つのものを比《くら》べる。例 声《こえ》は悪《わる》い|が、すがたが美《うつく》しい鳥《とり》。❺あとにいうことの前置《まえお》きになることを示《しめ》す。

カード・カルテ・かるた

カードということばは知《し》っているよね？

これは英語《えいご》から日本語《にほんご》になった外来語《がいらいご》だ。それから「かるた」や、お医者《いしゃ》さんが患者《かんじゃ》のようすを書《か》きこむ「カルテ」も外来語《がいらいご》なんだよ。

実《じつ》は、この三《みっ》つはもともと同《おな》じ一《ひと》つのことばで、小《ちい》さな紙《かみ》や札《ふだ》のことを指《さ》す。「かるた」は室町時代《むろまちじだい》にポルトガルから入《はい》った遊《あそ》びで、もともとポルトガル語《ご》。カルテはドイツ語《ご》だ。いろんな時代《じだい》にいろんな国《くに》から入《はい》ってきたけれど、今《いま》では日本《にほん》で当《あ》たり前《まえ》のように使《つか》っているよね。

例その映画《えいが》は先週《せんしゅう》見《み》たが、とてもよかった。❻自分《じぶん》の願《ねが》いがかなうかどうか、不安《ふあん》な気持《きも》ちを表《あらわ》す。例早《はや》く雨《あめ》がやめばいいが。❼はっきり言《い》うのをひかえる気持《きも》ちを表《あらわ》す。例もう家《いえ》に着《つ》いているはずだが。

が【我】 名詞 自分勝手《じぶんかって》にものごとをしようとする気持《きも》ち。例我《が》を通《とお》す。漢⇩1439ページ われ（我）

●**我《が》が強《つよ》い** 自分《じぶん》の考《かんが》えや意見《いけん》を、相手《あいて》におしつけようとする。例妹《いもうと》は我《が》が強《つよ》く、一度《いちど》言《い》い出《だ》したらゆずらない。

●**我《が》を張《は》る** 自分《じぶん》の考《かんが》えをおし通《とお》そうとする。例弟《おとうと》が、今日《きょう》はどうしても遊園地《ゆうえんち》に行《い》きたい、と我《が》を張《は》っている。

漢 **が【画】**〔凵《かんにょう》〕8画 2年 音 ガ・カク 訓

一 丆 冂 币 帀 亩 画 画（つきださない）

❶（「ガ」と読《よ》んで）絵《え》。絵《え》をかく。例画家《がか》／絵画《かいが》／図画《ずが》。❷（「カク」と読《よ》んで）くぎり。例区画《くかく》。❸（「カク」と読《よ》んで）はかりごと。例画策《かくさく》／計画《けいかく》。❹（「カク」と読《よ》んで）漢字《かんじ》の、一筆《ひとふで》で書《か》く点《てん》や線《せん》。例画数《かくすう》。

漢 **が【芽】**〔艹《くさかんむり》〕8画 4年 音 ガ 訓 め

一 十 艹 艹 芒 芋 芽 芽（下をながく）（はねる）

草《くさ》や木《き》のめ。例芽生《めば》え／新芽《しんめ》／麦芽《ばくが》／発芽《はつが》。

漢 **が【賀】**〔貝《かい》〕12画 4年 音 ガ 訓

フ カ か 加 加 智 智 賀 賀（とめる）

いわう。よろこぶ。例賀正《がしょう》／祝賀《しゅくが》／年賀状《ねんがじょう》。

カー（car）名詞「自動車《じどうしゃ》」のこと。例ミニカー。

カーキいろ【カーキ色《いろ》】 名詞 茶色《ちゃいろ》がかった黄色《きいろ》。かれ草色《くさいろ》。

ガーゼ（ドイツ語）名詞 目《め》をあらくして織《お》った、白《しろ》くてやわらかいもめんの布《ぬの》。傷《きず》の手当《てあ》てやマスクなどに使《つか》う。

カーキいろ

カーソル（cursor）名詞 コンピューターの画面《がめん》上《じょう》で、文字《もじ》を入力《にゅうりょく》する位置《いち》を示《しめ》す印《しるし》。

カーディガン（cardigan）名詞 季語冬 毛糸《けいと》などで編《あ》んだ前開《まえあ》きの上着《うわぎ》。

ガーデニング（gardening）名詞 趣味《しゅみ》として、園芸《えんげい》や庭《にわ》づくりをすること。

カーテン（curtain）名詞 窓《まど》からの光《ひかり》をさえぎったり、部屋《へや》を仕切《しき》ったりするためにつるす布《ぬの》。

ガーデン（garden）名詞「庭《にわ》」「庭園《ていえん》」のこと。

カート（cart）名詞 手《て》でおして動《うご》かす車《くるま》。手押《てお》し車《ぐるま》。

カード（card）名詞 ❶字《じ》などを書《か》くために、厚《あつ》い紙《かみ》を小《ちい》さく切《き》ったもの。例漢字《かんじ》をカードに書《か》いて覚《おぼ》えた。❷トランプの札《ふだ》。❸「クレジットカード」や「キャッシュカード」などの略《りゃく》。例代金《だいきん》をカードではらう。❹試合《しあい》の組《く》み合《あ》わせ。例今日《きょう》の試合《しあい》は今《こん》シーズン最高《さいこう》のカードだ。

ガード 名詞 道路《どうろ》などの上《うえ》にかけられた鉄橋《てっきょう》。⇩216ページ 日本語教室
ことば 英語《えいご》の「ガーダーブリッジ」からきたことば。

ガード（guard）名詞 ❶見張《みは》りや護衛《ごえい》をすること。また、その人《ひと》。例ボディーガード。❷ボクシングなどのスポーツで、相手《あいて》のこうげきを防《ふせ》ぐこと。例ガードを固《かた》める。

ガードマン 名詞 ビルなどを警備《けいび》したり、人《ひと》や物《もの》を守《まも》ったりする人《ひと》。ことば 英語《えいご》をもとに日本《にほん》で作《つく》られたことば。

ガードレール（guardrail）名詞 交通事故《こうつうじこ》を防《ふせ》ぐために、道路《どうろ》のはしにつくられたさく。

カーナビゲーションシステム（car navigation system）名詞 自動車《じどうしゃ》の現在地《げんざいち》や目的地《もくてきち》までの情報《じょうほう》を、人工衛星《じんこうえいせい》を使《つか》って音声《おんせい》や画像《がぞう》で示《しめ》す装置《そうち》。カーナビ。

カーニバル（carnival）名詞 季語春 ❶キリスト教《きょう》のカトリックで、復活祭《ふっかつさい》の前《まえ》に行《おこな》われる祭《まつ》り。仮装行列《かそうぎょうれつ》などをしてにぎやかにさわぐ。「謝肉祭《しゃにくさい》」ともいう。❷お祭《まつ》りのようににぎやかなもよおし。

カーネーション（carnation）名詞 季語夏 なでしこのなかまの草花《くさばな》。

カーネーション

ことわざ **正直《しょうじき》のこうべに神宿《かみやど》る** 正直《しょうじき》な人《ひと》は、いつでもどこにいても神様《かみさま》が守《まも》ってくれるものだという

春《はる》から夏《なつ》に赤《あか》・白《しろ》・ピンクなどの花《はな》をつける。参考 母《はは》の日《ひ》におくる。

カーブ（curve）名詞 動詞 ❶曲《ま》がること。また、曲《ま》がっているところ。例 道《みち》がカーブする。❷野球《やきゅう》で、ピッチャーの投《な》げた球《たま》がバッターの近《ちか》くで曲《ま》がること。また、その球《たま》。

カーフェリー（car ferry）名詞 乗客《じょうきゃく》と、乗客《じょう》の自動車《じどうしゃ》をいっしょに運《はこ》ぶ船《ふね》。

カーブミラー 名詞 見通《みとお》しの悪《わる》い曲《ま》がり角《かど》や交差点《こうさてん》に、道路《どうろ》を見通《みとお》せるようにとりつける鏡《かがみ》。ことば 英語《えいご》をもとに日本《にほん》で作《つく》られたことば。

カーペット（carpet）名詞 季語 冬 じゅうたん。敷物《しきもの》。

カーボンオフセット（carbon offset）名詞 生活《せいかつ》の中《なか》で二酸化炭素《にさんかたんそ》を出《だ》してしまった分《ぶん》を、別《べつ》の活動《かつどう》でうめ合《あ》わせること。飛行機《ひこうき》に乗《の》ったうめ合《あ》わせに、森林保護《しんりんほご》や植林《しょくりん》の事業《じぎょう》にお金《かね》を寄付《きふ》するなど。ことば「カーボン」は「二酸《にさん》化炭素《かたんそ》」、「オフセット」は「うめ合《あ》わせ」という意味《いみ》。

ガーリック（garlic）名詞「にんにく」のこと。

カーリング（curling）名詞 氷《こおり》の上《うえ》で重《おも》くてまるい石《いし》をすべらせて、それを円《えん》の中《なか》に入《い》れて得点《とくてん》を争《あらそ》う競技《きょうぎ》。四人《よにん》ずつの二《に》チームに分《わ》かれて行《おこな》う。

カール（curl）名詞 動詞 かみの毛《け》がくるくると巻《ま》くこと。また、そのようになっている毛《け》。

ガール（girl）名詞「女《おんな》の子《こ》」「少女《しょうじょ》」のこと。例 ガールフレンド。対 ボーイ。

ガールスカウト（Girl Scouts）名詞 少女《しょうじょ》たちの心《こころ》や体《からだ》をきたえ、社会《しゃかい》のためになる人《ひと》を育《そだ》てるための団体《だんたい》。関連 ボーイスカウト。

ガールフレンド（girl friend）名詞 男《おとこ》の人《ひと》にとっての、女《おんな》の友《とも》だち。対 ボーイフレンド。

かい 名詞 ふねを進《すす》める道具《どうぐ》。細長《ほそなが》い棒《ぼう》の先《さき》のはばが広《ひろ》くなっていて、これで水《みず》をかく。オール。類 ろ。ことば 漢字《かんじ》では「櫂」と書《か》く。

かい 名詞 効《き》き目《め》。しるし。例 勉強《べんきょう》したかいがあって、成績《せいせき》がよくなった。使い方「かいがある」「かいがない」の形《かたち》で使《つか》うことが多《おお》い。ことば 漢字《かんじ》では「甲斐」と書《か》く。

かい【会】 名詞 ❶人々《ひとびと》の集《あつ》まり。例 朝《あさ》の会／会を開《ひら》く。❷ある目的《もくてき》のために集《あつ》まった人々《ひとびと》の団体《だんたい》。例 自然《しぜん》を守《まも》る会。

漢 **かい【会】**〔人《ひとやね》〕6画 2年 訓 あう 音 カイ・エ

❶あう。であう。例 会釈《えしゃく》／会見《かいけん》／再会《さいかい》／面会《めんかい》。❷あつまり。よりあい。例 会議《かいぎ》／会合《かいごう》／集会《しゅうかい》。❸おり。そのとき。例 機会《きかい》。❹さとる。よくわかる。例 会得《えとく》。❺かぞえる。一《ひと》つにあわせる。例 会計《かいけい》。

かい【回】 ❶名詞 何度《なんど》もくり返《かえ》すときの、ひとまわり。例 練習《れんしゅう》の回を重《かさ》ねるごとに上達《じょうたつ》した。❷接尾語（数《かず》を表《あらわ》すことばのあとにつけて）回《かい》数《すう》を数《かぞ》えることば。例 三回目《さんかいめ》。

漢 **かい【回】**〔口《くにがまえ》〕6画 2年 訓 まわる・まわす 音 カイ・エ

❶まわる。まわす。例 回転《かいてん》／回覧《かいらん》／巡回《じゅんかい》／手回《てまわ》し。❷もとにもどる。例 回収《かいしゅう》／回送《かいそう》／回復《かいふく》。❸ふりかえる。例 回顧《かいこ》／回想《かいそう》。❹ひとまわり。ものごとの度数《どすう》を表《あらわ》すことば。例 一回《いっかい》／今回《こんかい》。

かい【灰】 漢 ↓1037ページ はい〔灰〕

漢 **かい【快】**〔忄《りっしんべん》〕7画 5年 訓 こころよい 音 カイ

❶気持《きも》ちがよい。例 快挙《かいきょ》／快晴《かいせい》／快適《かいてき》／痛快《つうかい》／不快《ふかい》／愉快《ゆかい》。❷病気《びょうき》がよくなる。例 快復《かいふく》／快方《かいほう》／全快《ぜんかい》。❸はやい。例 快速《かいそく》。

漢 **かい【改】**〔攵《のぶん》〕7画 4年 訓 あらためる・あらたまる 音 カイ

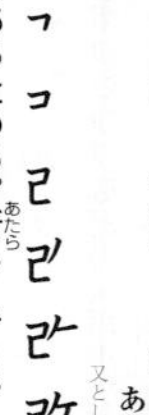

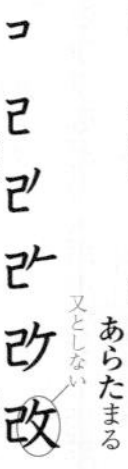

❶あらためる。新《あたら》しくする。例 改革《かいかく》／改行《かいぎょう》／改心《かいしん》／改正《かいせい》／改善《かいぜん》／改装《かいそう》／改造《かいぞう》。❷しらべる。例 改札《かいさつ》。

かい【貝】 名詞 ❶からを持《も》っていて、海《うみ》や川《かわ》にすんでいる動物《どうぶつ》。食用《しょくよう》になるものが多《おお》い。

だということ。

❷貝《かい》がら。例 貝のイヤリング。

かい【貝】❶

漢 **かい【貝】**〔貝《かい》〕7画 1年 音訓 かい

丨 冂 冃 月 目 貝 貝（なかは二ほん）（とめる）

かい。かいがら。例 貝細工《かいざいく》／貝塚《かいづか》／貝柱《かいばしら》／二《に》枚貝《まいがい》。

漢 **かい【海】**〔氵《さんずい》〕9画 2年 音訓 カイ うみ

丶 氵 氵 汇 汇 海 海 海 海（かたちにちゅうい）（母としない）

❶うみ。例 海原《うなばら》／海鳴《うみな》り／海辺《うみべ》／海外《かいがい》／海岸《かいがん》／海水《かいすい》／海底《かいてい》／海流《かいりゅう》／航海《こうかい》。対 陸《りく》。❷一面《いちめん》に広《ひろ》がっていることのたとえ。例 樹海《じゅかい》／火《ひ》の海《うみ》。

漢 **かい【界】**〔田《た》〕9画 3年 音訓 カイ

丨 冂 冃 田 田 甲 罘 界 界（はらう）

❶くぎり。さかい。例 境界《きょうかい》／限界《げんかい》。❷ある範《はん》囲《い》の中《なか》。例 外界《がいかい》／視界《しかい》／社交界《しゃこうかい》／世界《せかい》／政界《せいかい》。

漢 **かい【械】**〔木《きへん》〕11画 4年 音訓 カイ

十 木 木 杠 杆 械 械 械 械（はねる）（わすれないように）

しかけ。しくみ。例 器械《きかい》／機械《きかい》。

かい【階】 ❶ 名詞 建物《たてもの》の中《なか》の同《おな》じ高《たか》さのところ。例 アパートの同《おな》じ階に友《とも》だちが住《す》んでいる。❷ 接尾語 （数《かず》を表《あらわ》すことばのあとにつけて）建《たて》物《もの》の中《なか》の同じ高《たか》さのところを数《かぞ》えることば。例 五階建《ごかいだ》てのビル／二階《にかい》に上《あ》がる。

漢 **かい【階】**〔阝《こざとへん》〕12画 3年 音訓 カイ

阝 阝 阝 阝 阝比 阝比 階 階 階（はねる）

❶だんだん。はしご。例 階段《かいだん》。❷建物《たてもの》の上下《じょうげ》のかさなり。例 階下《かいか》／階上《かいじょう》／地階《ちかい》。❸身分《みぶん》や地位《ちい》の上下《じょうげ》・順位《じゅんい》。例 階級《かいきゅう》／階層《かいそう》。

漢 **かい【絵】**〔糸《いとへん》〕12画 2年 音訓 カイ・エ

く 幺 糸 糸 糸 絵 絵 絵 絵

え。例 絵日記《えにっき》／絵本《えほん》／絵画《かいが》／油絵《あぶらえ》／似顔絵《にがおえ》。

かい【街】 漢 ➡220ページ がい【街】

漢 **かい【開】**〔門《もんがまえ》〕12画 3年 音訓 カイ ひらく・ひらける・あく・あける

丨 冂 冂 冂 門 門 開 開 開（とめる）（はねる）

❶ひらく。ひらける。例 開花《かいか》／開港《かいこう》／開場《かいじょう》／開閉《かいへい》／公開《こうかい》／満開《まんかい》。対 閉《へい》。❷はじめる。例 開会《かいかい》／開業《かいぎょう》／開始《かいし》／開店《かいてん》／開幕《かいまく》／山開《やまびら》き。対 閉《へい》。

かい【解】 名詞 問題《もんだい》の答《こた》え。例 計算問題《けいさんもんだい》の解《かい》を求《もと》める。

漢 **かい【解】**〔角《つの》〕13画 5年 音訓 カイ・ゲ とく・とかす・とける

ク 角 角 角 角 角 解 解 解（はねる）（はねる）

❶わける。ばらばらにする。例 解散《かいさん》／解体《かいたい》／分解《ぶんかい》。❷わかる。ときあかす。こたえをだす。例 解説《かいせつ》／解答《かいとう》／正解《せいかい》／理解《りかい》。❸とりのぞく。なくす。例 解禁《かいきん》／解熱《げねつ》。❹やめさせる。例 解雇《かいこ》／解任《かいにん》。

かい【下位】 名詞 位《くらい》や順番《じゅんばん》が下《した》のほうにあること。対 上位《じょうい》。

かい【甲斐】 名詞 昔《むかし》の国《くに》の名《な》の一《ひと》つ。今《いま》の山梨《やまなし》県《けん》に当《あ》たる。

漢 **がい【外】**〔夕《ゆう》〕5画 2年 音訓 ガイ・ゲ そと・ほか・はずす・はずれる

ノ ク タ 外 外（とめる）

❶そと。例 外見《がいけん》／外面《がいめん》／外科《げか》／外側《そとがわ》／屋外《おくがい》。

ことわざ **上手《じょうず》の手《て》から水《みず》が漏《も》れる** どんなにすぐれた腕前《うでまえ》の人《ひと》でも、ときには失敗《しっぱい》することがあるもの

対 内《ない》。❷ほか。よそ。例 外交《がいこう》／外国《がいこく》／外出《がいしゅつ》／外食《がいしょく》／以外《いがい》／思《おも》いの外《ほか》。対 内《ない》。❸はずす。のけものにする。例 除外《じょがい》／疎外《そがい》／仲間外《なかまはず》れ。

がい【害】 名詞 ものごとをだめにしたり傷《きず》つけたりすること。例 睡眠不足《すいみんぶそく》は体《からだ》の害になる。

漢 **がい【害】**〔宀《うかんむり》〕10画 4年 音 ガイ 訓

上へつきだす　下へつきださない

❶そこなう。きずつける。例 害悪《がいあく》／害虫《がいちゅう》／危《き》害《がい》／公害《こうがい》／損害《そんがい》／被害《ひがい》／無害《むがい》。❷わざわい。災《さい》難《なん》。例 災害《さいがい》／水害《すいがい》。❸さまたげる。じゃまする。例 妨害《ぼうがい》。❹せめるのが、難《むずか》しいところ。例 要害《ようがい》。

漢 **がい【街】**〔行《ぎょうがまえ》〕12画 4年 音 ガイ・カイ 訓 まち

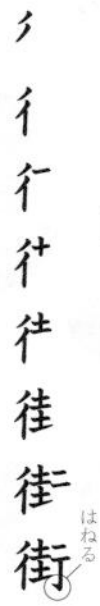

はねる

まち。大通《おおどお》り。例 街道《かいどう》／街灯《がいとう》／街頭《がいとう》／街路樹《がいろじゅ》／街角《まちかど》／市街《しがい》／商店街《しょうてんがい》。

かいあく【改悪】 名詞 動詞 直《なお》したためにかえって前《まえ》より悪《わる》くなること。例 この規則《きそく》の変更《へんこう》は、改善《かいぜん》というよりむしろ改悪だ。対 改善《かいぜん》。

がいあく【害悪】 名詞 害《がい》となるような悪《わる》いこと。例 社会《しゃかい》から害悪をなくす。

かいあげる【買い上げる】 動詞 国《くに》などが人《ひと》々《びと》から買《か》いとる。例 市《し》が土地《とち》を買い上げる。

かいあさる【買いあさる】 動詞 あちこち探《さが》し回《まわ》って買《か》い集《あつ》める。例 好《す》きな作家《さっか》の本《ほん》を買いあさる。

かいあわせ【貝合わせ】 名詞 ❶昔《むかし》の遊《あそ》びの一《ひと》つ。三百六十個《さんびゃくろくじっこ》のはまぐりの貝《かい》殻《がら》をそれぞれ二《ふた》つに分《わ》け、片方《かたほう》をすべてふせて、対《つい》になる貝《かい》を見《み》つける。貝《かい》の内側《うちがわ》に絵《え》や和歌《わか》をかくこともあった。❷昔《むかし》の遊《あそ》びの一《ひと》つ。左右二組《さゆうふたくみ》に分《わ》かれて貝《かい》を出《だ》し合《あ》い、美《うつく》しさやめずらしさなどを比《くら》べた。

かいあさる

かいいき【海域】 名詞 区切《くぎ》られた範囲《はんい》の海《うみ》。例 北海道周辺《ほっかいどうしゅうへん》の海域。

かいいぬ【飼い犬】 名詞 人《ひと》が飼《か》っている犬《いぬ》。

●**飼《か》い犬《いぬ》に手《て》をかまれる** ⇒105ページ ことわざ

かいいもじ【会意文字】 名詞 二《ふた》つ以上《いじょう》の漢《かん》字《じ》を組《く》み合《あ》わせて作《つく》った漢字《かんじ》。漢字《かんじ》の意味《いみ》を合《あ》わせて、別《べつ》の意味《いみ》を表《あらわ》すもの。「木」と「木」を組《く》み合《あ》わせた「林」、「日」と「月」を組《く》み合《あ》わせた「明」などがある。

かいいれる【買い入れる】 動詞 お金《かね》をはらって、品物《しなもの》を自分《じぶん》のものにする。例 米《こめ》を大量《たいりょう》に買い入れる。

かいいん【会員】 名詞 会《かい》に入《はい》っている人《ひと》。その会《かい》の仲間《なかま》。

かいうん【海運】 名詞 海《うみ》を通《とお》って、船《ふね》で人《ひと》や荷物《にもつ》を運《はこ》ぶこと。対 陸運《りくうん》。

かいうん【開運】 名詞 運《うん》が開《ひら》けること。運《うん》がよくなること。例 開運のお守《まも》り。

かいえん【開園】 名詞 動詞 ❶動物園《どうぶつえん》や遊園地《ゆうえんち》などがつくられて、初《はじ》めて入《にゅう》場《じょう》者《しゃ》を入《い》れること。❷動物園《どうぶつえん》や遊園地《ゆうえんち》などが開《あ》くこと。例 動物園《どうぶつえん》の開園は十時《じゅうじ》です。

かいえん【開演】 名詞 動詞 劇《げき》や音楽会《おんがくかい》などを始《はじ》めること。また、始《はじ》まること。対 終演《しゅうえん》。

がいえん【外炎】 名詞 ほのおのいちばん外側《そとがわ》の部分《ぶぶん》。あまり明《あか》るくないが、完全《かんぜん》に燃《も》えていて、温度《おんど》はもっとも高《たか》い。関連 炎心《えんしん》。内炎《ないえん》。図 ⇒162ページ えんしん

がいえん【外えん】 名詞 皇居《こうきょ》や神社《じんじゃ》の外側《そとがわ》にある広《ひろ》い庭《にわ》。例 明治神宮《めいじじんぐう》外えん。

かいえんたい【海援隊】 名詞 一八六四年《ねん》に、坂本竜馬《さかもとりょうま》らが、長崎《ながさき》で組織《そしき》した集団《しゅうだん》。初《はじ》めは「亀山社中《かめやましゃちゅう》」といった。おもに薩摩《さつま》（＝今《いま》の鹿《か》児島県《ごしまけん》）・長州《ちょうしゅう》（＝今《いま》の山口県《やまぐちけん》）両藩《りょうはん》のために物資《ぶっし》の輸送《ゆそう》や物産《ぶっさん》の輸入《ゆにゅう》などに当《あ》たった。

かいおうせい【海王星】 名詞 太陽《たいよう》に近《ちか》いほうから数《かぞ》えて八番目《はちばんめ》にある惑星《わくせい》。重《おも》さが地球《ちきゅう》の約十七倍《やくじゅうななばい》ある。図 ⇒785ページ たいようけい

かいおき【買い置き】 名詞 動詞 必要《ひつよう》なときのために、あらかじめ買《か》っておくこと。また、その品物《しなもの》。例 石《せっ》けんを買い置きする。

かいか【階下】 名詞 ある階《かい》から見《み》て、それより下《した》の階《かい》。対 階上《かいじょう》。

かいか【開化】 名詞 動詞 新《あたら》しい知識《ちしき》をとり入《い》れて世《よ》の中《なか》が開《ひら》け、学問《がくもん》や文化《ぶんか》が進《すす》むこと。

うこと。

例 文明開化《ぶんめいかいか》。

かいか【開花】 名詞 動詞 ❶花《はな》のつぼみが開《ひら》くこと。❷努力《どりょく》などの結果《けっか》があらわれること。例 この作家《さっか》は年《とし》をとってから才能《さいのう》が開花した。

かいが【絵画】 名詞 絵《え》。図画《ずが》。例 絵画教室《きょうしつ》。

がいか【外貨】 名詞 外国《がいこく》のお金《かね》。

がいか【がい歌】 名詞 戦《たたか》いに勝《か》ったときに歌《うた》う、喜《よろこ》びの歌《うた》。例 白組《しろぐみ》にがい歌が上《あ》がる。

かいかい【開会】 名詞 動詞 会《かい》を始《はじ》めること。また、始《はじ》まること。例 開会式《しき》。対 閉会《へいかい》。

かいがい【海外】 名詞 海《うみ》の向《む》こうにある外国《がいこく》。例 海外旅行《りょこう》。

がいかい【外海】 名詞 陸地《りくち》に囲《かこ》まれていないで、外《そと》に広《ひろ》がっている海《うみ》。また、陸地《りくち》から遠《とお》くはなれた海《うみ》。「そとうみ」ともいう。対 内海《ないかい》。

がいかい【外界】 名詞 自分《じぶん》をとり巻《ま》く、外《そと》の世界《せかい》。外《そと》。例 は虫類《ちゅうるい》の体温《たいおん》は外界の温度《おんど》によって変化《へんか》する。

かいがいしい 形容詞 苦労《くろう》をいやがらずに、きびきびと働《はたら》くようす。例 かいがいしく手伝《てつだ》う。

かいかく【改革】 名詞 動詞 決《き》まりやしくみをよいものに変《か》えること。例 組織《そしき》を改革する。

がいかく【外角】 名詞 ❶多角形《たかくけい》の一辺《いっぺん》をのばした線《せん》と、そのとなり合《あ》う辺《へん》とがつくる角《かく》。対 内角《ないかく》。❷野球《やきゅう》で、ホームベースのバッターから遠《とお》いほうの側《がわ》。「アウトコーナー」ともいう。例 外角低《ひく》めの直球《ちょっきゅう》。対 内角《ないかく》。

がいかく❶

かいかつ【快活】 形容動詞 気持《きも》ちが明《あか》るくて元《げん》気《き》がよいこと。例 快活な少女《しょうじょ》。

がいかつ【概括】 名詞 動詞 内容《ないよう》を大《おお》ざっぱにまとめること。例 会議《かいぎ》の意見《いけん》を概括する。

かいかぶる【買いかぶる】 動詞 人《ひと》の能力《のうりょく》などを実際《じっさい》以上《いじょう》によくみる。例 そんなにわたしを買いかぶらないでください。

かいがら【貝殻】 名詞 貝《かい》の身《み》を包《つつ》んでいる、外側《そとがわ》のかたいもの。

かいかん【会館】 名詞 大勢《おおぜい》の人《ひと》が集《あつ》まって集《しゅう》会《かい》などをするときに使《つか》う建物《たてもの》。

かいかん【快感】 名詞 快《こころよ》い感《かん》じ。よい気持《きも》ち。例 思《おも》いきり走《はし》って、快感を味《あじ》わった。

かいかん【開館】 名詞 動詞 ❶図書館《としょかん》や博物館《はくぶつかん》などが開《あ》いて、その日《ひ》の仕事《しごと》を始《はじ》めること。対 閉館《へいかん》。❷図書館《としょかん》や博物館《はくぶつかん》などが完成《かんせい》して、仕事《しごと》を始《はじ》めること。対 閉館《へいかん》。

かいがん【海岸】 名詞 海《うみ》と陸《りく》との境目《さかいめ》。

かいがん【開眼】 名詞 動詞 ❶目《め》が見《み》えるようにすること。また、目《め》が見《み》えるようになること。例 開眼手術《しゅじゅつ》。❷ ⇩223ジベー かいげん〔開眼〕❷

がいかん【外観】 名詞 外《そと》から見《み》たようす。見《み》かけ。例 外観のりっぱな家《いえ》。

伝統的《でんとうてき》な言語文化《げんごぶんか》

文語《ぶんご》

「なり」？「ごとし」？

「時《とき》は金《かね》なり」や「光陰矢《こういんや》のごとし」などのことわざを聞《き》いたことがあるよね。その中《なか》に出《で》てくる「なり」や「ごとし」ってなんだろう？ふだんは使《つか》わないことばだよね。

これは、日本《にほん》の古《ふる》い時代《じだい》のことばで「文語《ぶんご》」というんだ。ずっと古《ふる》い時代《じだい》から、昭和《しょうわ》の初《はじ》めぐらいまで、日本語《にほんご》の文章《ぶんしょう》はこのようなことばで書《か》かれていたんだよ。

今《いま》でも、ことわざなどにはそのなごりが見《み》られるよ。きみたちの身《み》の回《まわ》りにも見《み》つかるはずだから探《さが》してごらん。漫画《まんが》やゲームのタイトルにも「失《うしな》われし…」「はるかなる…」などの変《か》わった言《い》い回《まわ》しがあるだろう。あれは古《ふる》い言《い》い方《かた》をわざと使《つか》っているんだよ。どんな感《かん》じが出《で》ているかな。

ことわざのほかにも、古《ふる》い時代《じだい》のことばで書《か》かれた物語《ものがたり》や歌《うた》など、つまり「古典《こてん》」の作品《さくひん》は、今《いま》でもたくさん残《のこ》っている。そこで使《つか》われている古《ふる》い時代《じだい》のことばの意味《いみ》は「古語辞典《こごじてん》」という辞典《じてん》で調《しら》べられるんだ。「なり」や「ごとし」ものっているよ。ぜひ手《て》にとって調《しら》べてみよう。

もっとみてみよう！

●古語《こご》の世界《せかい》をのぞいてみよう（→p.1455）
●文語《ぶんご》の詩《し》（→p.1159）

ことわざ　初心忘《しょしんわす》るべからず　ものごとを決心《けっしん》したときの最初《さいしょ》の純粋《じゅんすい》な気持《きも》ちを忘《わす》れてはいけないとい

がいかん【概観】 名詞 動詞 だいたいのようす。また、全体《ぜんたい》のようすをざっと見《み》ること。例 日《に》本《ほん》の産業《さんぎょう》を概観する。

かいがんせん【海岸線】 名詞 海《うみ》と陸《りく》との境《さかい》目《め》の線《せん》。

かいがんだんきゅう【海岸段丘】 名詞 海《かい》岸線《がんせん》に沿《そ》ってできた、階段《かいだん》のようになっている地形《ちけい》。

かいき【回忌】 名詞 人《ひと》が死《し》んだあと、毎年《まいとし》めぐってくる命日《めいにち》。例 祖父《そふ》の三《さん》回忌（＝死《し》んだ日《ひ》から二年後《にねんご》の命日《めいにち》）の法要《ほうよう》を営《いとな》む。類 周忌《しゅうき》。

かいき【会期】 名詞 会《かい》が開《ひら》かれている期間《きかん》。

かいき【怪奇】 形容動詞 不思議《ふしぎ》で変《か》わっているようす。あやしくて気味《きみ》が悪《わる》いようす。例 怪奇な事件《じけん》が起《お》きる／怪奇現象《げんしょう》。

かいぎ【会議】 名詞 人々《ひとびと》が集《あつ》まって、問題《もんだい》となっていることについて相談《そうだん》すること。

かいぎ【懐疑】 名詞 動詞 疑《うたが》いを持《も》つこと。例 懐疑心《しん》をいだく。

がいき【外気】 名詞 家《いえ》の外《そと》の空気《くうき》。例 ひんやりとした外気にふれる。

かいきげっしょく【皆既月食】 名詞 月全《つきぜん》体《たい》が地球《ちきゅう》の影《かげ》の中《なか》に入《はい》り、かくされる現象《げんしょう》。太陽《たいよう》・地球《ちきゅう》・月《つき》が一直線《いっちょくせん》に並《なら》んだときに起《お》きる。関連 部分月食《ぶぶんげっしょく》。図 ↓424ページ げっしょく

かいきしょく【皆既食】 名詞 日食《にっしょく》や月食《げっしょく》で、太陽《たいよう》または月《つき》が、全部《ぜんぶ》かくされて見《み》えなくなる現象《げんしょう》。関連 部分食《ぶぶんしょく》。図 ↓424ページ げっしょく・998ページ にっしょく

かいきせん【回帰線】 名詞 赤道《せきどう》を中心《ちゅうしん》に、北《きた》と南《みなみ》の緯度《いど》二三度《ど》二七分《ふん》のところを通《とお》る線《せん》。参考 北回帰線《きたかいきせん》と南回帰線《みなみかいきせん》があり、太陽《たいよう》が北回《きたかい》帰線《きせん》の真上《まうえ》を通《とお》る日《ひ》を夏至《げし》、南回帰線《みなみかいきせん》の真上《まうえ》を通《とお》る日《ひ》を冬至《とうじ》という。

かいきにっしょく【皆既日食】 名詞 太陽《たいよう》のすがた全体《ぜんたい》が月《つき》にかくされる現象《げんしょう》。太陽《たいよう》・月《つき》・地球《ちきゅう》が一直線《いっちょくせん》に並《なら》んだときに起《お》きる。関連 金環日食《きんかんにっしょく》。部分日食《ぶぶんにっしょく》。図 ↓998ページ にっしょく

かいきゅう【階級】 名詞 ❶位《くらい》。段階《だんかい》。例 ボクシングの階級。❷世《よ》の中《なか》で、財産《ざいさん》や地位《ちい》などがだいたい同《おな》じくらいの人々《ひとびと》の集《あつ》まり。例 上流《じょうりゅう》階級。

かいきょ【快挙】 名詞 胸《むね》がすっとするような、すばらしい行《おこな》い。例 三回連続優勝《さんかいれんぞくゆうしょう》の快挙。

かいきょう【回教】 ↓83ページ イスラムきょう

かいきょう【海峡】 名詞 陸地《りくち》と陸地《りくち》にはさまれて、海《うみ》がせまくなっているところ。例 津軽《つがる》海峡／鳴門《なると》海峡。

かいぎょう【改行】 名詞 動詞 文章《ぶんしょう》のとちゅうで、その前《まえ》と内容《ないよう》などがちがうことを書《か》くとき、行《ぎょう》をかえること。参考 改行《かいぎょう》するときは、初《はじ》めを一字分下《いちじぶんさ》げて書《か》く。

かいぎょう【開業】 名詞 動詞 ❶商売《しょうばい》や事業《じぎょう》を新《あたら》しく始《はじ》めること。例 レストランを開業する。対 廃業《はいぎょう》。❷営業《えいぎょう》していること。例 開業時間《じかん》。

がいきょう【概況】 名詞 ものごとのだいたいのありさま。例 天気《てんき》概況。

かいきん【皆勤】 名詞 動詞 学校《がっこう》や勤《つと》めなどに一日《いちにち》も休《やす》まずに出《で》ること。例 皆勤賞《しょう》。

かいきん【解禁】 名詞 動詞 規則《きそく》などで禁止《きんし》されていたことが、してもよいようになること。例 あゆつりが解禁になる。

かいぐい【買い食い】 名詞 動詞 子供《こども》が、菓子《かし》などを自分《じぶん》で買《か》って食《た》べること。

かいくぐる 動詞 体《からだ》をかわして、うまく通《とお》りぬける。すりぬける。例 人混《ひとご》みをかいくぐる。

かいぐん【海軍】 名詞 おもに海《うみ》で戦《たたか》う軍隊《ぐんたい》。関連 陸軍《りくぐん》。空軍《くうぐん》。

かいぐんそうれんじょ【海軍操練所】 名詞 一八六四年《ねん》に、江戸幕府《えどばくふ》が神戸《こうべ》に開《ひら》いた海《かい》軍《ぐん》の教育機関《きょういくきかん》。勝海舟《かつかいしゅう》が全体《ぜんたい》を管理《かんり》した。

かいけい【会計】 名詞 ❶お金《かね》の出《だ》し入《い》れや計算《けいさん》をすること。また、それをする人《ひと》。類 経理《けいり》。❷お金《かね》のしはらいをすること。例 会計をすませて食堂《しょくどう》を出《で》る。類 勘定《かんじょう》。

かいけい【快慶】 名詞 （一二〇〇ごろ）鎌倉時代《かまくらじだい》の彫刻家《ちょうこくか》。代表作《だいひょうさく》に、東大寺《とうだいじ》の僧形八幡像《そうぎょうはちまんぞう》・地蔵菩薩像《じぞうぼさつぞう》などがある。

がいけい【外形】 名詞 外《そと》から見《み》た形《かたち》。

がいけい【外径】 名詞 円筒《えんとう》などの外側《そとがわ》の直《ちょっ》径《けい》。対 内径《ないけい》。

かいけつ【怪傑】 名詞 不思議《ふしぎ》な力《ちから》を持《も》つ人物《じんぶつ》。

かいけつ【解決】 名詞 動詞 事件《じけん》や問題《もんだい》を、うまくかたづけること。また、かたづくこと。例 事件《じけん》は無事《ぶじ》に解決した。

かいけん【会見】 名詞 動詞 あらたまった話《はなし》をするために、人《ひと》と会《あ》うこと。例 記者《きしゃ》会見。

かいけん【改憲】 名詞 動詞 憲法《けんぽう》を改正《かいせい》すること。

かいげん【改元】 名詞 動詞 国《くに》の元号《げんごう》を改《あらた》めること。例 平成《へいせい》から令和《れいわ》に改元する。

かいげん【開眼】 名詞 動詞 ❶仏像《ぶつぞう》などができ上《あ》がったとき、最後《さいご》に目《め》を入《い》れて、たましいをむかえ入《い》れること。また、その儀式《ぎしき》。例 開眼供養《くよう》。❷ものごとの真理《しんり》や、こつなどをさとること。さとりを開《ひら》くこと。「かいがん」ともいう。例 演技《えんぎ》に開眼する。

がいけん【外見】 名詞 外《そと》から見《み》たようす。例 人《ひと》は、外見ではわからない。

かいげんしき【開眼式】 名詞 仏像《ぶつぞう》や仏画《ぶつが》ができ上《あ》がったとき、最後《さいご》に目《め》を入《い》れて仏《ほとけ》のたましいをむかえ入《い》れるための儀式《ぎしき》。

かいこ【蚕】 名詞 季語 春 「かいこが」の幼虫《ようちゅう》。いも虫形《むしがた》で色《いろ》は白《しろ》い。くわの葉《は》を食《た》べて育《そだ》ち、まゆをつくる。まゆから絹糸《きぬいと》をとる。漢 ⇩543ページ さん〔蚕〕

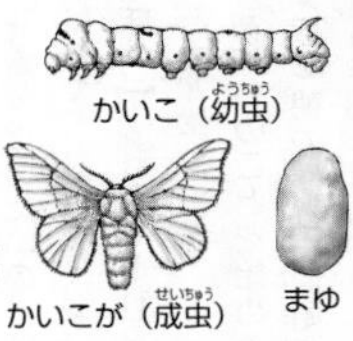

かいこ【蚕】

かいこ【回顧】 名詞 動詞 昔《むかし》のことをふり返《かえ》って考《かんが》えること。例 明治時代《めいじじだい》を回顧する。類 回想《かいそう》。

かいこ【解雇】 名詞 動詞 やとっている人《ひと》を辞《や》めさせること。例 社員《しゃいん》を解雇する。

かいこ【懐古】 名詞 動詞 昔《むかし》のことを、なつかしく思《おも》い起《お》こすこと。例 懐古趣味《しゅみ》。

かいご【介護】 名詞 動詞 お年寄《としよ》りや病気《びょうき》の人《ひと》、体《からだ》の不自由《ふじゆう》な人《ひと》などの世話《せわ》をすること。⇩223ページ 社会へのとびら

かいこう【海溝】 名詞 海《うみ》の底《そこ》で、深《ふか》いみぞのようになって長《なが》く続《つづ》いているところ。ふつう六《ろく》千《せん》メートルより深《ふか》いものをいう。例 日本《にほん》海溝。

かいこう【開口】 名詞 口《くち》を開《ひら》くこと。話《はな》し始《はじ》めること。例 開口一番《いちばん》（＝話《はな》し始《はじ》めるとすぐに）。

かいこう【開校】 名詞 動詞 新《あたら》しく学校《がっこう》をつくって授業《じゅぎょう》を始《はじ》めること。例 開校記念日《きねんび》。

かいこう【開港】 名詞 動詞 貿易《ぼうえき》などのために、港《みなと》や空港《くうこう》を開《ひら》いて外国《がいこく》の船《ふね》や飛行機《ひこうき》の出入《でい》りを許《ゆる》すこと。

かいごう【会合】 名詞 動詞 話《はな》し合《あ》いをするために人々《ひとびと》が集《あつ》まること。また、その集《あつ》まり。例 公民館《こうみんかん》で会合を開《ひら》く。類 集会《しゅうかい》。

がいこう【外交】 名詞 ❶外国《がいこく》とつきあうこと。例 平和《へいわ》外交を進《すす》める。❷外《そと》に出《で》かけて行《い》って、注文《ちゅうもん》をとったり取《と》り引《ひ》きしたりすること。例 保険《ほけん》の外交員《いん》。

がいこうかん【外交官】 名詞 外国《がいこく》にいて、その国《くに》と自分《じぶん》の国《くに》とがつきあっていくのに必要《ひつよう》

辞典《じてん》の外《そと》に飛《と》びだそう!

社会《しゃかい》へのとびら

介護《かいご》

お年寄《としよ》りの暮《く》らしを助《たす》ける

きみの家族《かぞく》や親戚《しんせき》には、食事《しょくじ》や入浴《にゅうよく》、トイレなどの手助《てだす》け（＝介《かい》護《ご》）が必要《ひつよう》なお年寄《としよ》りはいないかな？

もしいる場合《ばあい》、だれが介護《かいご》をしているだろう？

！介護《かいご》の人手《ひとで》が減《へ》っている

日本《にほん》では昔《むかし》から、おもにいっしょに住《す》んでいる家族《かぞく》が介護《かいご》を行《おこな》ってきた。でも、最近《さいきん》はお年寄《としよ》りと同居《どうきょ》しない家《か》族《ぞく》の形《かたち》が増《ふ》えてきている。

それに日本《にほん》は若《わか》い人《ひと》に比《くら》べてお年寄《としよ》りが多《おお》くなっているため、介護《かいご》の人手《ひとで》が足《た》りない。実際《じっさい》、お年寄《としよ》りがお年寄《としよ》りのお世話《せわ》をしている世帯《せたい》や、介護《かいご》が必要《ひつよう》なお年寄《としよ》りがひとり暮《ぐ》らしをしている世帯《せたい》もたくさんあるんだよ。

介護《かいご》のプロ！

「ホームヘルパー」「ケアマネージャー」「介護福祉士《かいごふくしし》」などの仕事《しごと》は、介《かい》護《ご》に関《かん》する専門的《せんもんてき》な資格《しかく》を持《も》ち、介護《かいご》が必要《ひつよう》な人《ひと》の家《いえ》に行《い》ったり施設《しせつ》に勤《つと》めたりして、生活《せいかつ》を助《たす》けているんだ。

また、介護保険制度《かいごほけんせいど》という、介護《かいご》を家族《かぞく》に任《まか》せきりにするのではなく、社《しゃ》会全体《かいぜんたい》で支《ささ》えるしくみもある。

もっと知《し》ろう！

お年寄《としよ》りの生活《せいかつ》を支《ささ》える施設《しせつ》で介護《かいご》のプロはどのような仕事《しごと》をしているか調《しら》べてみよう。

もっとしらべてみよう！

●参考《さんこう》ホームページ
「日々《ひび》の暮《く》らしを支《ささ》える仕事《しごと》　福祉《ふくし》・介護《かいご》のお仕事《しごと》（小学生版《しょうがくせいばん》）」（石川県《いしかわけん》）
https://www.pref.ishikawa.lg.jp/kousei/miryoku/documents/syou_guide.pdf

ことわざ **知《し》らぬが仏《ほとけ》** 知《し》ってしまうと心《こころ》が動揺《どうよう》するようなことでも、知《し》らなければ仏《ほとけ》のようにおだやか

な仕事《しごと》をする公務員《こうむいん》。大使《たいし》・公使《こうし》など。

がいこうてき【外向的】 形容動詞 進《すす》んで人《ひと》とつきあったり、行動《こうどう》したりするようす。例 妹《いもうと》は外向的で友《とも》だちも多《おお》い。対 内向的《ないこうてき》。

かいこく【海国】 名詞 海《うみ》にまわりを囲《かこ》まれている国《くに》。

かいこく【開国】 名詞 動詞 ❶独立《どくりつ》して新《あたら》しく国《くに》をつくること。❷外国《がいこく》とのつきあいを始《はじ》めること。対 鎖国《さこく》。

がいこく【外国】 名詞 自分《じぶん》の国《くに》以外《いがい》の、よその国《くに》。

がいこくご【外国語】 名詞 外国《がいこく》のことば。
↓224ジベー 外国語教室

がいこくじん【外国人】 名詞 よその国《くに》の人《ひと》。外人《がいじん》。

かいごしえんせんもんいん【介護支援専門員】 ↓410ジベーケアマネージャー

がいこつ【骸骨】 名詞 死体《したい》の肉《にく》がとれて骨《ほね》だけになったもの。類 白骨《はっこつ》。

かいごふくしし【介護福祉士】 名詞 お年《とし》寄《よ》りや体《からだ》の不自由《ふじゆう》な人《ひと》など、日常《にちじょう》生活《せいかつ》を送《おく》る上《うえ》でさしつかえがある人《ひと》の介護《かいご》や、介護《かいご》をする人《ひと》の指導《しどう》を仕事《しごと》にしている人《ひと》。↓223ジベー
社会へのとびら 介護《かいご》

かいごほけん【介護保険】 名詞 介護《かいご》が必要《ひつよう》になったお年寄《としよ》りなどに、介護《かいご》サービスを提供《ていきょう》するための保険制度《ほけんせいど》。↓223ジベー 社会へのとびら 介護《かいご》

かいこむ【買い込む】 動詞 品物《しなもの》をたくさん買《か》い入《い》れる。例 食料品《しょくりょうひん》を買い込む。

かいこん【開墾】 名詞 動詞 山《やま》や野《の》を切《き》り開《ひら》いて田《た》や畑《はたけ》にすること。類 開拓《かいたく》。

かいさい【開催】 名詞 動詞 会《かい》やもよおしものなどを開《ひら》くこと。例 運動会《うんどうかい》が開催された。

かいざいく【貝細工】 名詞 貝殻《かいがら》を材料《ざいりょう》にして、器具《きぐ》や細工物《さいくもの》を作《つく》ること。また、そのもの。

かいさく【改作】 名詞 動詞 作品《さくひん》をつくりかえること。また、つくりかえた作品《さくひん》。例 昔《むかし》作《つく》った曲《きょく》を改作する。

かいさつ【改札】 名詞 動詞 駅《えき》の出入《でい》り口《ぐち》などで乗客《じょうきゃく》の切符《きっぷ》を調《しら》べること。また、その場所《ばしょ》。

かいさつぐち【改札口】 名詞 駅《えき》で、改札《かいさつ》を行《おこな》う出入《でい》り口《ぐち》。例 改札口で待《ま》ち合《あ》わせる。

かいさん【解散】 名詞 動詞 ❶集《あつ》まっていた人々《ひとびと》が別《わか》れること。例 会議《かいぎ》がすんで解散する。類 散会《さんかい》。対 集合《しゅうごう》。❷議会《ぎかい》で、任期《にんき》がくる前《まえ》に全議員《ぜんぎいん》の資格《しかく》を失《うしな》わせること。❸会社《かいしゃ》や団体《だんたい》、グループなどが活動《かつどう》をやめること。例 人気《にんき》グループが解散する。対 結成《けっせい》。

がいさん【概算】 名詞 動詞 だいたいの計算《けいさん》をすること。例 費用《ひよう》は概算で三万円《さんまんえん》くらいだ。

かいさんぶつ【海産物】 名詞 海《うみ》でとれる物《もの》。魚《さかな》・貝《かい》・海藻《かいそう》など。類 水産物《すいさんぶつ》。

かいし【開始】 名詞 動詞 ものごとを始《はじ》めること。また、始《はじ》まること。例 朝《あさ》の練習《れんしゅう》を開始する／試合《しあい》開始は午後一時《ごごいちじ》だ。対 終了《しゅうりょう》。

がいし【外資】 名詞 国内《こくない》の事業《じぎょう》のために、外国《がいこく》や外国人《がいこくじん》が出《だ》すお金《かね》。外国資本《がいこくしほん》。例 外資系《がいしけい》の会社《かいしゃ》で働《はたら》く。

がいし【がい子】 名詞 電線《でんせん》を電柱《でんちゅう》や鉄塔《てっとう》などにとりつけるときに使《つか》う器具《きぐ》。電気《でんき》を通《とお》さない陶器《とうき》やプラスチックなどでつくられる。ことば 漢字《かんじ》では「碍子」と書《か》く。

がいして【概して】 副詞 だいたい。一般《いっぱん》に。例 この季節《きせつ》は概して雨《あめ》が多《おお》いものだ。

かいしめる【買い占める】 動詞 品物《しなもの》などを、全部《ぜんぶ》ひとりで買《か》ってしまう。例 店《みせ》に残《のこ》っていた商品《しょうひん》を買い占める。

かいしゃ【会社】 名詞 仕事《しごと》をしてお金《かね》をもうけるために、つくるしくみ。例 株式会社《かぶしきがいしゃ》。

がいしゃ【外車】 名詞 外国製《がいこくせい》の自動車《じどうしゃ》。

かいしゃく【解釈】 名詞 動詞 ことばやものごとの意味《いみ》をわかりやすく説明《せつめい》すること。また、

ガッテン外国語教室

外国語《がいこくご》は「外《そと》」のことば？

電車《でんしゃ》の駅《えき》の看板《かんばん》にはいくつのことばで駅名《えきめい》が書《か》かれているだろう？「とうきょう」「東京」「TOKYO」だけでなく「东京」や「도쿄」と書《か》かれているものもある。読《よ》めなくても「東京」の文字《もじ》の横《よこ》に並《なら》んでいたら意味《いみ》はわかるね。わたしたちの生活《せいかつ》には外国語《がいこくご》が当《あ》たり前《まえ》のようにあって「（日本《にほん》の）外《そと》」のことばではなくなっている。「طوكيو」（アラビア語《ご》で「東京《とうきょう》」）のようにまだ遠《とお》く感《かん》じる外国語《がいこくご》もあるけれど、身近《みぢか》に感《かん》じられる外国語《がいこくご》が多《おお》くなったよね。

るので自然《しぜん》に上達《じょうたつ》するということ。

理解《りかい》すること。例 文章《ぶんしょう》を正《ただ》しく解釈する。

かいしゅう【回収】 名詞 動詞 一度《いちど》配《くば》ったものや使《つか》ったものを集《あつ》めること。例 廃品《はいひん》回収。

かいしゅう【改宗】 名詞 動詞 それまで信《しん》じていた宗《しゅう》教《きょう》を捨《す》てて、別《べつ》の宗《しゅう》教《きょう》を信《しん》じるようになること。

かいしゅう【改修】 名詞 動詞 古《ふる》くなったり悪《わる》くなったりしたところをつくり直《なお》すこと。修《しゅう》理《り》すること。例 道《どう》路《ろ》の改修工事《こうじ》。使い方 建物《たてもの》や橋《はし》など、大《おお》きなものをつくり直《なお》すときに使《つか》う。

かいじゅう【怪獣】 名詞 ❶見慣《みな》れない、不思議《ふしぎ》なけもの。❷映画《えいが》やテレビなどに出《で》てくる、おそろしい力《ちから》を持《も》った、きみょうな形《かたち》の空想《くうそうじょう》上の動物《どうぶつ》。

かいじゅう【海獣】 名詞 海《うみ》にすむ哺《ほ》乳《にゅう》類《るい》をまとめていう呼《よ》び名《な》。くじら・あざらし・おっとせいなど。

がいしゅう【外周】 名詞 外側《そとがわ》の周《まわ》り。また、その長《なが》さ。例 学校《がっこう》の外周／池《いけ》の外周を測《はか》る。

がいしゅつ【外出】 名詞 動詞 よそに出《で》かけること。外《そと》へ出《で》かけること。例 外出先《さき》／外出中《ちゅう》。

かいしょ【楷書】 名詞 漢《かん》字《じ》の書体《しょたい》の一《ひと》つ。漢《かん》字《じ》の形《かたち》をくずさないで、きちんと書《か》く書き方《かた》。関連 行書《ぎょうしょ》。草書《そうしょ》。図→650ページ しょたい〔書体〕❶

かいじょ【介助】 名詞 動詞 病《びょう》気《き》の人《ひと》やお年寄《としよ》り、体《からだ》の不《ふ》自《じ》由《ゆう》な人《ひと》などにつきそって、生活《せいかつ》をする上《うえ》での手助《てだす》けをすること。

かいじょ【解除】 名詞 動詞 禁《きん》止《し》したり制限《せいげん》したりしていたのをやめて、もとにもどすこと。例 大雪《おおゆき》注《ちゅう》意《い》報《ほう》が解除された。

かいしょう【改称】 名詞 動詞 呼《よ》び名《な》をかえること。また、かえた名《な》。類 改名《かいめい》。

かいしょう【快勝】 名詞 動詞 気持《きも》ちよいほど見事《みごと》に勝《か》つこと。例 十点差《じってんさ》で快勝した。

かいしょう【解消】 名詞 動詞 それまでの約束《やくそく》や関係《かんけい》、状態《じょうたい》などをなくすこと。例 契約《けいやく》を解消する／ストレスを解消する。

かいじょう【会場】 名詞 会《かい》を開《ひら》く場所《ばしょ》。例 試験《しけん》会場／パーティーの会場。

かいじょう【海上】 名詞 海《うみ》の上《うえ》。対 陸上《りくじょう》。

かいじょう【階上】 名詞 ある階《かい》から見《み》て、それより上《うえ》の階《かい》。対 階下《かいか》。

かいじょう【開場】 名詞 動詞 会場《かいじょう》の入《い》り口《ぐち》を開《ひら》いて、人《ひと》を入《い》れること。例 一時《いちじ》開場です。

がいしょう【外相】 名詞 「外務大臣《がいむだいじん》」のこと。外務省《がいむしょう》の、もっとも上《うえ》の役目《やくめ》。

がいしょう【外傷】 名詞 体《からだ》の外側《そとがわ》に受《う》けた傷《きず》。切《き》り傷《きず》・すり傷《きず》・やけどなど。

かいじょうほあんちょう【海上保安庁】 名詞 日本近海《にほんきんかい》の海上《かいじょう》の安全《あんぜん》を守《まも》ったり、法律《ほうりつ》に違《い》反《はん》する行《おこな》いを防《ふせ》いだりとりしまったりする国《くに》の役所《やくしょ》。国土交通《こくどこうつう》省《しょう》の下《した》にある。

かいしょく【会食】 名詞 動詞 ある目的《もくてき》があって、人々《ひとびと》が集《あつ》まっていっしょに食《しょく》事《じ》をすること。例 祖《そ》父《ふ》の誕《たん》生《じょう》日《び》に会食した。

がいしょく【外食】 名詞 動詞 家《いえ》ではなく、食《しょく》堂《どう》やレストランなどで食《しょく》事《じ》をすること。また、その食《しょく》事《じ》。

かいじょけん【介助犬】 名詞 体《からだ》の不《ふ》自《じ》由《ゆう》な人《ひと》につきそって、生活《せいかつ》の手助《てだす》けをするように訓《くん》練《れん》された犬《いぬ》。関連 聴導犬《ちょうどうけん》。盲導犬《もうどうけん》。

かいしん【会心】 名詞 思《おも》いどおりになって満《まん》足《ぞく》すること。例 この絵《え》は会心のできだ。

かいしん【回診】 名詞 動詞 病《びょう》院《いん》で、医《い》者《しゃ》が病《びょう》室《しつ》を回《まわ》って、入《にゅう》院《いん》患《かん》者《じゃ》を診《しん》察《さつ》すること。例 今日《きょう》は院《いん》長《ちょう》先《せん》生《せい》の回診があります。

かいしん【改心】 名詞 動詞 悪《わる》かったと気《き》がついて、心《こころ》を入《い》れかえること。例 改心をちかう。

かいしん【改新】 名詞 動詞 制《せい》度《ど》や方法《ほうほう》などを改《あらた》めて、新《あたら》しくすること。例 大化《たいか》の改新。

がいじん【外人】 →224ページ がいこくじん

かいじんにきする【灰じんに帰する】 すっかり焼《や》けてなくなる。例 戦争《せんそう》で、町《まち》は灰じんに帰した。ことば 「灰《かい》じん」は、燃《も》えたあとに残《のこ》る灰《はい》と燃《も》えかすのこと。

かいしんのえみ【会心の笑み】 思《おも》いどおりになって満足《まんぞく》したときに出《で》る、心《こころ》からのほほえみ。例 会心の笑みをうかべる。

かいず【海図】 名詞 海《うみ》の深《ふか》さ・潮《しお》の流《なが》れ・海《かい》底《てい》のようすなどを、くわしくかき表《あらわ》した航海用《こうかいよう》の地図《ちず》。

かいすい【海水】 名詞 海《うみ》の水《みず》。

かいすいぎ【海水着】 名詞 季語 夏 水着《みずぎ》。

かいすいぎょ【海水魚】 名詞 海《うみ》にすむ魚《さかな》。あじ・さば・まぐろなど。図→521ページ さかな〔魚〕

かいすいよく【海水浴】 名詞 季語 夏 海《うみ》で泳《およ》いだり、遊《あそ》んだりすること。

ことわざ 好《す》きこそ物《もの》の上手《じょうず》なれ　自分《じぶん》の好《す》きなことにはいっしょうけんめいに努力《どりょく》するし、研究《けんきゅう》もす

かいすう【回数】 名詞 ものごとが何回起《なんかいお》こったか、また、行《おこな》われたかという数《かず》。

がいすう【概数】 名詞 おおよその数《かず》。例 全校《ぜんこう》生徒《せいと》の数《かず》を概数で表《あらわ》す。教科 算「約千人《やくせんにん》」などのように「約《やく》」をつけて表《あらわ》す。

かいすうけん【回数券】 名詞 何回分《なんかいぶん》かの券《けん》がひとまとめになったもの。

かいする【介する】 動詞 間《あいだ》に入《い》れる。仲立《なかだ》ちとする。例 人《ひと》を介してお願《ねが》いする。

かいする【会する】 動詞 何人《なんにん》かの人《ひと》が同《おな》じ所《ところ》に集《あつ》まる。例 同級生《どうきゅうせい》が一堂《いちどう》に会した。

かいする【解する】 動詞 ものごとやことばの意味《いみ》などを理解《りかい》する。わかる。例 芸術《げいじゅつ》を解する心《こころ》を養《やしな》う。

がいする【害する】 動詞 気分《きぶん》や体《からだ》などを悪《わる》くする。そこなう。例 父《ちち》は健康《けんこう》を害している。

かいせい【改正】 名詞 動詞 よくないところや足《た》りないところを直《なお》して、よりよいものに改《あらた》めること。例 規則《きそく》を改正する。使い方 法律《ほうりつ》などの決《き》まりごとに対《たい》して使《つか》う。

かいせい【改姓】 名詞 動詞 名字《みょうじ》をかえること。

かいせい【快晴】 名詞 空《そら》に雲《くも》がほとんどなく、気持《きも》ちよく晴《は》れわたること。例 旅行《りょこう》は快晴にめぐまれた。

かいせつ【開設】 名詞 動詞 人々《ひとびと》が使《つか》う建物《たてもの》などを新《あたら》しくつくり、使《つか》い始《はじ》めること。例 図書《としょ》館《かん》が開設される。

かいせつ【解説】 名詞 動詞 ものごとの意味《いみ》や内容《ないよう》などをわかりやすく説明《せつめい》すること。また、その説明《せつめい》。例 解説書《しょ》／ニュース解説。

がいせつ【概説】 名詞 動詞 全体《ぜんたい》にわたって、その要点《ようてん》を大《おお》まかに説明《せつめい》すること。また、その説明《せつめい》。例 児童文学《じどうぶんがく》概説。

かいせん【回線】 名詞 電信《でんしん》・電話《でんわ》などで、通《つう》信《しん》に使《つか》われる線《せん》。例 電話《でんわ》回線が不通《ふつう》になる。

かいせん【改選】 名詞 動詞 議員《ぎいん》や役員《やくいん》などを選《えら》び直《なお》すこと。

かいせん【開戦】 名詞 動詞 戦争《せんそう》を始《はじ》めること。また、戦争《せんそう》が始《はじ》まること。対 終戦《しゅうせん》。

かいぜん【改善】 名詞 動詞 悪《わる》いところを改《あらた》めてよくすること。例 乱《みだ》れた食生活《しょくせいかつ》を改善する／病院《びょういん》の設備《せつび》を改善する。類 改良《かいりょう》。対 改悪《かいあく》。

がいせん【外線】 名詞 会社《かいしゃ》などで、外部《がいぶ》に通《つう》じている電話《でんわ》。対 内線《ないせん》。

がいせん【がい旋】 名詞 動詞 戦《たたか》いに勝《か》って帰《かえ》ること。例 優勝《ゆうしょう》チームのがい旋パレード。

がいせんもん【がい旋門】 名詞 戦《たたか》いに勝《か》った軍隊《ぐんたい》をむかえるためにつくられた門《もん》。参考 フランスのパリのものが有名《ゆうめい》。

かいそ【改組】 名詞 動詞 会社《かいしゃ》や団体《だんたい》などの組《そ》織《しき》を変《か》えること。例 大学《だいがく》の改組を行《おこな》う。

かいそ【開祖】 名詞 ❶仏教《ぶっきょう》で、その宗派《しゅうは》を新《あたら》しく開《ひら》いた人《ひと》。教祖《きょうそ》。❷芸能《げいのう》で、その流派《りゅうは》を新《あたら》しく始《はじ》めた人《ひと》。

かいそう【回送】 名詞 動詞 ❶送《おく》られてきたものを別《べつ》のところに回《まわ》すこと。例 手紙《てがみ》を引《ひ》っ越《こ》し先《さき》へ回送する。類 転送《てんそう》。❷車《くるま》に客《きゃく》や荷物《にもつ》を乗《の》せないで、目的《もくてき》のところまで走《はし》らせること。例 回送電車《でんしゃ》。

かいそう【会葬】 名詞 動詞 葬式《そうしき》に参列《さんれつ》すること。例 会葬者《しゃ》／告別式《こくべつしき》に会葬する。

かいそう【回想】 名詞 動詞 過《す》ぎ去《さ》った昔《むかし》のことを思《おも》い返《かえ》すこと。類 回顧《かいこ》。

かいそう【快走】 名詞 動詞 気持《きも》ちがよいほど速《はや》く走《はし》ること。例 海沿《うみぞ》いを自転車《じてんしゃ》で快走する。

かいそう【改装】 名詞 動詞 店《みせ》や部屋《へや》などのかざりつけや設備《せつび》などを変《か》えること。例 店内《てんない》の改装工事《こうじ》をする。

かいそう【海草】 名詞 海岸近《かいがんちか》くの海《うみ》に生《は》える、花《はな》をつける植物《しょくぶつ》のなかま。

かいそう【海藻】 名詞 海《うみ》の中《なか》に生《は》える、花《はな》をつけない植物《しょくぶつ》のなかま。こんぶ・わかめなど。

かいそう【階層】 名詞 社会《しゃかい》をかたちづくっている人々《ひとびと》を、職業《しょくぎょう》・年齢《ねんれい》・収入《しゅうにゅう》などのいろいろの面《めん》から分《わ》けた、それぞれのまとまり。

かいぞう【改造】 名詞 動詞 つくりかえること。具合《ぐあい》の悪《わる》いところに手《て》を加《くわ》えて直《なお》すこと。例 自動車《じどうしゃ》を改造する。

かいそく【会則】 名詞 会《かい》の規則《きそく》。会《かい》の決《き》まり。

かいそく【快足】 名詞 走《はし》るのが速《はや》いこと。例 快足のランナー。

かいそく【快速】 名詞 ❶気持《きも》ちがよいほど速《はや》いこと。❷ふつうよりとまる駅《えき》が少《すく》なくて速《はや》い列車《れっしゃ》や電《でん》車《しゃ》。「快速列車《かいそくれっしゃ》」「快速電車《かいそくでんしゃ》」の略《りゃく》。

かいぞく【海賊】 名詞 海上《かいじょう》で船《ふね》をおそって、品物《しなもの》などをうばいとる悪者《わるもの》。関連 山賊《さんぞく》。

ないことから、子供《こども》のとき身《み》についた習慣《しゅうかん》は年《とし》をとっても変《か》わらない、というたとえ。

かいたい【解体】 名詞 動詞 一《ひと》つにまとまっているものをばらばらにすること。また、ばらばらになること。例 ビルの解体工事《こうじ》。

かいたいしんしょ【解体新書】 名詞 江戸《えど》時代《じだい》、杉田玄白《すぎたげんぱく》らがオランダ語《ご》から日本語《にほんご》に訳《やく》した、日本《にほん》で最初《さいしょ》の西洋医学《せいよういがく》の本《ほん》。

かいたく【開拓】 名詞 動詞 ❶あれた土地《とち》を切《き》り開《ひら》いて田《た》や畑《はたけ》にすること。例 新《あら》たに開拓された土地《とち》。類 開墾《かいこん》。❷仕事《しごと》や研究《けんきゅう》などで、新《あたら》しい方面《ほうめん》を切《き》り開《ひら》くこと。例 新《あたら》しい漁場《ぎょじょう》を開拓する。

かいだく【快諾】 名詞 動詞 気持《きも》ちよく引《ひ》き受《う》けること。例 出席《しゅっせき》を快諾する。

かいだし【買い出し】 名詞 市場《いちば》や産地《さんち》などに出《で》かけて、品物《しなもの》を買《か》ってくること。例 食料《しょくりょう》の買い出しに行《い》く。

かいだす【かい出す】 動詞 水《みず》などをくんで、外《そと》に出《だ》す。例 池《いけ》の水《みず》をバケツでかい出す。

かいたたく【買いたたく】 動詞 非常《ひじょう》に安《やす》い値段《ねだん》まで下《さ》げさせて買《か》う。

かいだめ【買いだめ】 名詞 動詞 品物《しなもの》が値上《ねあ》がりしたり足《た》りなくなったりすることを予想《よそう》して、たくさん買《か》ってためておくこと。

かいだん【会談】 名詞 動詞 会《あ》って話《はな》し合《あ》うこと。例 日米首脳《にちべいしゅのう》会談。使い方 ふつう、政治家《せいじか》などの、おおやけの話《はな》し合《あ》いについて使《つか》う。

かいだん【怪談】 名詞 お化《ば》けやゆうれいなどが出《で》てくるこわい話《はなし》。

かいだん【階段】 名詞 高《たか》さのちがう場所《ばしょ》を上《のぼ》ったり下《お》りたりするための、段《だん》になっている通《つう》路《ろ》。例 非常《ひじょう》階段。

ガイダンス（guidance） 名詞 学校《がっこう》などで、生《せい》徒《と》の生活《せいかつ》や学習《がくしゅう》などのすべてについて、指導《しどう》したり助言《じょげん》したりすること。

がいち【外地】 名詞 国外《こくがい》の土地《とち》。外国《がいこく》。対 内地《ないち》。

かいちく【改築】 名詞 動詞 建物《たてもの》の全部《ぜんぶ》、または一部《いちぶ》をつくり直《なお》すこと。例 家《いえ》を改築する。

かいちゅう【回虫】 名詞 人間《にんげん》や家畜《かちく》の小腸《しょうちょう》などにすんで害《がい》をあたえる、みみずに似《に》た細長《ほそなが》い寄生虫《きせいちゅう》。長《なが》さ十七《じゅうなな》センチメートルくらい。

かいちゅう【海中】 名詞 海《うみ》の中《なか》。

かいちゅう【懐中】 名詞 ふところやポケットの中《なか》。例 懐中時計《どけい》／懐中のお金《かね》を出《だ》す。

がいちゅう【外注】 名詞 動詞 会社《かいしゃ》や工場《こうじょう》が仕《し》事《ごと》を外部《がいぶ》へ注文《ちゅうもん》すること。例 自動車会社《じどうしゃがいしゃ》が、部品《ぶひん》の製造《せいぞう》を小《ちい》さな工場《こうじょう》に外注する。

がいちゅう【害虫】 名詞 人《ひと》や家畜《かちく》、農作物《のうさくぶつ》などに害《がい》をあたえる虫《むし》。か・のみ・あぶらむし・しろありなど。対 益虫《えきちゅう》。

かいちゅうでんとう【懐中電灯】 名詞 乾《かん》電池《でんち》を使《つか》った、小型《こがた》で持《も》ち運《はこ》びのできる電灯《でんとう》。

かいちょう【会長】 名詞 ❶会《かい》の仕事《しごと》をまとめ、会《かい》を代表《だいひょう》する人《ひと》。例 町《ちょう》内会《ないかい》の会長。❷会社《かいしゃ》で、社長《しゃちょう》の上《うえ》の地位《ちい》の人《ひと》。

かいちょう【快調】 名詞 形容動詞 体《からだ》などの調《ちょう》子《し》やものごとの進《すす》み具合《ぐあい》が、すばらしくよいこと。例 快調なスタートを切《き》る。類 好調《こうちょう》。

かいちょう【開帳】 名詞 動詞 季語 春 お寺《てら》で、いつもは見《み》せていない仏像《ぶつぞう》などを人々《ひとびと》に見《み》せること。

がいちょう【害鳥】 名詞 人《ひと》の暮《く》らしに害《がい》をあたえる鳥《とり》。作物《さくもつ》などをあらす、すずめ・からすなど。対 益鳥《えきちょう》。

かいつう【開通】 名詞 動詞 鉄道《てつどう》・道路《どうろ》・電話《でんわ》などが初《はじ》めて通《つう》じること。例 新幹線《しんかんせん》が開通する／トンネルの開通式《しき》。

かいづか【貝塚】 名詞 大昔《おおむかし》の人々《ひとびと》が、貝殻《かいがら》や魚《さかな》の骨《ほね》などを捨《す》てた場所《ばしょ》のあと。参考 中《なか》から土《ど》器《き》のかけらなどもほり出《だ》され、大昔《おおむかし》の暮《く》らしを知《し》る手《て》がかりになる。

かいつけ【買い付け】 名詞 ❶商売《しょうばい》として売《う》るための品物《しなもの》を、たくさん買《か》い入《い》れること。例 魚市場《うおいちば》へ買い付けに行《い》く。❷いつもそこで買《か》うこと。例 買い付けの店《みせ》。

かいつまんで 大事《だいじ》なところだけを簡単《かんたん》にまとめて。例 事件《じけん》の内容《ないよう》をかいつまんで話《はな》す。

かいて【買い手】 名詞 売《う》り買《か》いするときの、買《か》うほうの人《ひと》。対 売《う》り手《て》。

かいてい【改定】 名詞 動詞 前《まえ》に決《き》めてあることを決《き》め直《なお》すこと。例 料金《りょうきん》を改定する。

かいてい【改訂】 名詞 動詞 まちがいを正《ただ》したり、よりよくしたりするために、本《ほん》などの内容《ないよう》を直《なお》すこと。例 教科書《きょうかしょ》が改訂された。

かいてい【海底】 名詞 海《うみ》の底《そこ》。

かいていかざん【海底火山】 名詞 海底《かいてい》にできた火山《かざん》。海面《かいめん》に出《で》て火山島《かざんとう》になることもあ

あいうえお　かきくけこ　さしすせそ　たちつてと　なにぬねの　はひふへほ　まみむめも　やゆよ　らりるれろ　わをん

ことわざ　**すずめ百《ひゃく》まで踊《おど》り忘《わす》れず**　すずめがぴょんぴょんとおどるように歩《ある》くようすは死《し》ぬまで変《か》わら

る。

かいていケーブル【海底ケーブル】 名詞 海底《かいてい》にしいた電線《でんせん》。電信《でんしん》や電話《でんわ》、電力《でんりょく》輸送《ゆそう》などに使《つか》う。海底電線《かいていでんせん》。

かいていさんみゃく【海底山脈】 ↓232ジペー かいれい

かいていじしん【海底地震】 名詞 海底《かいてい》に震源地《しんげんち》のある地震《じしん》。津波《つなみ》を起《お》こすことが多《おお》い。

かいていでんせん【海底電線】 ↓228ジペー かいていケーブル

かいていトンネル【海底トンネル】 名詞 列車《れっしゃ》や自動車《じどうしゃ》が通《とお》れるように、海《うみ》の底《そこ》にほったトンネル。青函《せいかん》トンネルなど。

かいてき【快適】 形容動詞 非常《ひじょう》に気持《きも》ちがよいようす。例 快適な船《ふね》の旅《たび》。

がいてき【外敵】 名詞 外《そと》からこうげきしてくる敵《てき》。例 外敵から身《み》を守《まも》る。

かいてん【回転】 名詞 動詞 ❶くるくると回《まわ》ること。例 プロペラが回転する／体操選手《たいそうせんしゅ》が空中《くうちゅう》で回転する。❷はたらき。例 頭《あたま》の回転が速《はや》い。❸店《みせ》の客《きゃく》が入《い》れかわること。例 回転がよい店《みせ》。

かいてん【開店】 名詞 動詞 ❶店《みせ》を開《あ》けて、その日《ひ》の商売《しょうばい》を始《はじ》めること。例 九時《くじ》に開店します。類 店開《みせびら》き。対 閉店《へいてん》。❷新《あたら》しく店《みせ》を開《ひら》いて商売《しょうばい》を始《はじ》めること。例 駅《えき》前《まえ》に書店《しょてん》が開店した。類 店開《みせびら》き。対 閉店《へいてん》。

がいでん【外電】 名詞 ニュースなどを伝《つた》えるために、外国《がいこく》から打《う》ってくる電報《でんぽう》。

かいてんもくば【回転木馬】 ↓1308ジペー メリーゴーランド

ガイド (guide) ❶名詞 動詞 その場所《ばしょ》やものをよく知《し》らない人《ひと》を案内《あんない》すること。また、その人《ひと》。例 バスガイド。❷名詞 解説書《かいせつしょ》。手引《てび》き。例 ガイドブック。

かいとう【回答】 名詞 動詞 質問《しつもん》や要求《ようきゅう》などに答《こた》えること。返事《へんじ》。類 返答《へんとう》。↓ 使い分け

かいとう【怪盗】 名詞 ぬすみのやり方《かた》があざやかで、正体《しょうたい》がわからず、なかなかつかまらない盗賊《とうぞく》。

かいとう【解凍】 名詞 動詞 冷凍《れいとう》した食品《しょくひん》などをとかして、もとの状態《じょうたい》にすること。対 冷凍《れいとう》。

かいとう【解答】 名詞 動詞 問題《もんだい》を解《と》いて答《こた》えること。また、その答《こた》え。↓ 使い分け

> **使い分け　かいとう**　回答・解答
>
> **回答**　質問《しつもん》や要求《ようきゅう》などに答《こた》えること。また、その答《こた》え。
> 「問《と》い合《あ》わせに回答《かいとう》する／アンケートの回答《かいとう》」
>
> 
>
> **解答**　問題《もんだい》を解《と》いて答《こた》えを出《だ》すこと。また、その答《こた》え。
> 「テストの解答用紙《かいとうようし》を配《くば》る／クイズの解答《かいとう》」
>
> 

かいどう【街道】 名詞 国《くに》の中《なか》のあちらこちらを結《むす》んでいるおもな道路《どうろ》。

がいとう【外灯】 名詞 家《いえ》の外《そと》につけた電灯《でんとう》。

がいとう【街灯】 名詞 道路《どうろ》を照《て》らすため、道《みち》ばたにつけた電灯《でんとう》。

がいとう【街頭】 名詞 まちの通《とお》り。まちの中《なか》。類 町角《まちかど》。例 街頭募金《ぼきん》／街頭でちらしを配《くば》る。

がいとう【該当】 名詞 動詞 ある条件《じょうけん》に当《あ》てはまること。例 該当する項目《こうもく》に○をつける。

がいとう【外とう】 名詞 季語冬 寒《さむ》さや雨《あめ》を防《ふせ》ぐため、洋服《ようふく》の上《うえ》に着《き》る服《ふく》。オーバーコート。使い方 古《ふる》い言《い》い方《かた》。

かいどく【解読】 名詞 動詞 わかりにくい文《も》字《じ》・文章《ぶんしょう》・暗号《あんごう》などを読《よ》み解《と》くこと。例 古代《こだい》の文字《もじ》を解読する。

がいどく【害毒】 名詞 世《よ》の中《なか》に悪《わる》いえいきょうをあたえたり、人《ひと》の心《こころ》や体《からだ》を悪《わる》くしたりするもの。例 社会《しゃかい》に害毒を流《なが》す。

ガイドブック (guidebook) 名詞 案内書《あんないしょ》。手《て》引《び》き書《しょ》。例 旅行《りょこう》のガイドブック。

ガイドマップ 名詞 ある地域《ちいき》や町《まち》について、どこに何《なに》があるかをわかりやすくかき表《あらわ》した地《ち》図《ず》。ことば 英語《えいご》をもとに日本《にほん》で作《つく》られたことば。

かいとる【買い取る】 動詞 買《か》って自分《じぶん》のものにする。例 古本《ふるほん》を買い取ってもらう。

かいな 名詞 「うで」の古《ふる》い言《い》い方《かた》。

かいならす【飼いならす】 動詞 動物《どうぶつ》にえさをあたえるなどして、人《ひと》になつくようにする。例 野生《やせい》の動物《どうぶつ》を飼いならす。

かいなん【海難】 名詞 航海中《こうかいちゅう》に起《お》こる船《ふね》の事《じ》

故《こ》。しょうとつ・ちんぼつ・座礁《ざしょう》・火事《かじ》など。例 海難事故《じこ》／海難救助《きゅうじょ》。

かいにゅう【介入】 名詞 動詞 事件《じけん》や問題《もんだい》などがあったときに、そのことに直接関係《ちょくせつかんけい》のない人《ひと》が割《わ》りこむこと。例 外国《がいこく》の問題に介入する。

かいにん【解任】 名詞 動詞 仕事上《しごとじょう》の役目《やくめ》をやめさせること。例 社長《しゃちょう》を解任する。類 免職《めんしょく》。対 任命《にんめい》。

かいぬし【飼い主】 名詞 その動物《どうぶつ》を飼《か》っている人《ひと》。

かいね【買値】 名詞 品物《しなもの》を買《か》うときの値段《ねだん》。対 売値《うりね》。

がいねん【概念】 名詞 あるものごとが「何《なに》か」ということ。例 数《かず》の概念／幸《しあわ》せの概念。

かいば【飼い葉】 名詞 牛《うし》や馬《うま》のえさにする、わらやほし草《くさ》。例 飼い葉おけ。

がいはく【外泊】 名詞 動詞 自分《じぶん》の家《いえ》に帰《かえ》らないで、よそにとまること。

かいばしら【貝柱】 名詞 二枚貝《にまいがい》の貝殻《かいがら》を開《ひら》いたり閉《と》じたりする筋肉《きんにく》。ほたて貝《がい》などの貝柱《かいばしら》は食用《しょくよう》になる。

かいはつ【開発】 名詞 動詞 ❶土地《とち》を新《あたら》しく切《き》り開《ひら》いて、いろいろなことに利用《りよう》すること。例 国土《こくど》を開発する。❷新《あたら》しい品物《しなもの》をつくり出《だ》して、実際《じっさい》に役《やく》に立《た》つようにすること。例 新《あたら》しい薬《くすり》の開発が進《すす》む。❸その人《ひと》の能力《のうりょく》を引《ひ》き出《だ》して育《そだ》てること。

かいばつ【海抜】 名詞 海面《かいめん》から測《はか》った、土地《とち》や山《やま》の高《たか》さ。例 海抜千《せん》メートルの山《やま》。類 標高《ひょうこう》。

かいはつとじょうこく【開発途上国】 ↓ 1066ページ はってんとじょうこく

かいひ【会費】 名詞 ❶会《かい》の活動《かつどう》のために必要《ひつよう》な費用《ひよう》として、会員《かいいん》が出《だ》し合《あ》うお金《かね》。例 ＰＴＡ《ピーティーエー》の会費。❷パーティーや会《かい》に出席《しゅっせき》する人《ひと》がはらうお金《かね》。

かいひ【回避】 名詞 動詞 問題《もんだい》のあるところなどにぶつからないよう、よけること。例 道路《どうろ》の混雑《こんざつ》を回避する／責任《せきにん》を回避する。

かいひょう【開票】 名詞 動詞 投票箱《とうひょうばこ》を開《あ》けて、投票《とうひょう》の結果《けっか》を調《しら》べること。例 開票結果《けっか》。

かいひん【海浜】 名詞 海辺《うみべ》。浜辺《はまべ》。海岸《かいがん》。

がいぶ【外部】 名詞 ❶外側《そとがわ》。例 建物《たてもの》の外部。対 内部《ないぶ》。❷仲間以外《なかまいがい》。例 話《はなし》が外部にもれる。対 内部《ないぶ》。

かいふう【海風】 名詞 ❶海《うみ》の上《うえ》をふく風《かぜ》。❷昼間《ひるま》、海《うみ》から陸《りく》に向《む》かってふく風《かぜ》。対 陸風《りくふう》。参考 ❷昼《ひる》は、陸《りく》のほうが海《うみ》よりも早《はや》く温度《おんど》が上《あ》がるために起《お》こる。

かいふう【開封】 ❶ 名詞 動詞 手紙《てがみ》など、ふうがしてあるものを開《ひら》くこと。❷ 名詞 中《なか》の物《もの》が見《み》えるように、ふうの一部《いちぶ》を開《あ》けて送《おく》る郵便物《ゆうびんぶつ》。

かいふく【回復】 名詞 動詞 ❶悪《わる》い状態《じょうたい》になったものが、もとのよい状態《じょうたい》にもどること。例 けがの回復が早《はや》い。❷一度《いちど》失《うしな》った信用《しんよう》などをとりもどすこと。例 名誉《めいよ》を回復する。

かいふく【快復】 名詞 動詞 病気《びょうき》やけががすっかりよくなること。例 かぜから快復した。

かいぶつ【怪物】 名詞 ❶あやしい化《ば》け物《もの》。❷並外《なみはず》れた才能《さいのう》や力《ちから》を持《も》っている人《ひと》。例 十連《じゅうれん》勝《しょう》もするなんて、あの選手《せんしゅ》は怪物だ。

かいぶん【回文】 名詞 上《うえ》から読《よ》んでも下《した》から読《よ》んでも同《おな》じ読《よ》み方《かた》になる文句《もんく》や文《ぶん》。「竹《たけ》やぶ焼《や》けた」「貝《かい》といか」など。

がいぶん【外聞】 名詞 ❶自分《じぶん》に対《たい》する世間《せけん》の評判《ひょうばん》。うわさ。例 外聞を気《き》にする。❷世《よ》の中《なか》の人《ひと》の目《め》に映《うつ》る格好《かっこう》。例 弟《おとうと》に泣《な》かされているようでは外聞が悪《わる》い。

かいへい【開閉】 名詞 動詞 開《ひら》いたり閉《と》じたりすること。例 ドアを開閉する。

がいへき【外壁】 名詞 外側《そとがわ》のかべ。また、かべの外側《そとがわ》の面《めん》。例 家《いえ》の外壁をぬりかえる。

かいへん【貝偏】 名詞 「貝」のこと。漢字《かんじ》の部首《ぶしゅ》の一《ひと》つ。財宝《ざいほう》や貨幣《かへい》に関係《かんけい》のある漢字《かんじ》を作《つく》ることが多《おお》い。財・貯など。

かいほう【介抱】 名詞 動詞 病人《びょうにん》やけが人《にん》の世《せ》話《わ》をすること。例 けが人《にん》を介抱する。類 看護《かんご》。

かいほう【会報】 名詞 会《かい》のことについて会員《かいいん》に知《し》らせるための印刷物《いんさつぶつ》。

かいほう【快方】 名詞 病気《びょうき》やけがなどがよくなっていくこと。例 病気《びょうき》は快方に向《む》かった。

かいほう【快報】 名詞 よい知《し》らせ。例 快報を

ことわざ　**捨《す》てる神《かみ》あれば拾《ひろ》う神《かみ》あり**　世《よ》の中《なか》には、自分《じぶん》のことを見捨《みす》てる人《ひと》がいるかと思《おも》えば、助《たす》けて

お待《ま》ちしています。類 吉報《きっぽう》。

かいほう【開放】 名詞 動詞 ❶戸《と》や窓《まど》を開《あ》け放《はな》しにすること。対 閉鎖《へいさ》。❷だれでも自由《じゆう》に利用《りよう》できるようにすること。例 夏休《なつやす》みには学校《がっこう》のプールを開放します。
↓ 使い分け

かいほう【解放】 名詞 動詞 自由《じゆう》でなかった人《ひと》を解《と》き放《はな》して、自由《じゆう》にすること。例 人質《ひとじち》を解放する。対 束縛《そくばく》。
↓ 使い分け

使い分け
かいほう 開放・解放

開放 開《あ》け放《はな》すこと。自由《じゆう》に出入《でい》りしたり使用《しよう》したりできるようにすること。
「ドアを開放《かいほう》する／校庭《こうてい》を開放《かいほう》する」

解放 とらわれていた人《ひと》、制限《せいげん》や束縛《そくばく》を受《う》けていた人《ひと》を自由《じゆう》にすること。
「人質解放《ひとじちかいほう》／宿題《しゅくだい》から解放《かいほう》される」

かいぼう【解剖】 名詞 動詞 ❶生物《せいぶつ》の体《からだ》を切《き》り開《ひら》いて、その中《なか》のしくみやようすをくわしく調《しら》べること。❷事件《じけん》やものごとをくわしく調《しら》べること。

かいぼうけんびきょう【解剖顕微鏡】 名詞 接眼《せつがん》レンズをのぞきながら解剖《かいぼう》ができる顕《けん》微鏡《びきょう》。プレパラートは必要《ひつよう》なく、見《み》たいものを直《ちょく》接台《せつだい》にのせることができる。

かいほうてき【開放的】 形容動詞 かくしごとや制限《せいげん》がなく、自由《じゆう》な雰囲気《ふんいき》であるようす。例 開放的な性格《せいかく》／開放的な庭《にわ》。対 閉鎖的《へいさてき》。

かいほうれい【解放令】 名詞 明治政府《めいじせいふ》が一八七一年《ねん》に出《だ》した法令《ほうれい》。えた・非人《ひにん》などの呼《よ》び名《な》をやめ、身分《みぶん》を平民《へいみん》と同《おな》じとし、職業《しょくぎょう》の自《じ》由《ゆう》を認《みと》めた。

がいまい【外米】 名詞 外国《がいこく》から輸入《ゆにゅう》した米《こめ》。外国米《がいこくまい》。

かいまき【かい巻き】 ↓1368ジ《ペー》 よぎ〔夜着〕❷

かいまく【開幕】 名詞 動詞 ❶幕《まく》が開《ひら》いて、劇《げき》などが始《はじ》まること。対 終幕《しゅうまく》。❷もよおしものなどが始《はじ》まること。対 閉幕《へいまく》。

かいまみる【かい間見る】 動詞 ❶物《もの》のすきまからのぞいて見《み》る。ちらっと見《み》る。例 廊下《ろうか》から室内《しつない》のようすをかい間見る。❷ものごとの一部《いちぶ》を知《し》る。例 友《とも》だちの本心《ほんしん》をかい間見る。

かいみょう【戒名】 名詞 ❶仏教《ぶっきょう》で、死《し》んだ人《ひと》におぼうさんがつける名《な》まえ。対 俗名《ぞくみょう》。❷仏門《ぶつもん》に入《はい》った人《ひと》にあたえられる名《な》まえ。対 俗名《ぞくみょう》。

かいむ【皆無】 名詞 形容動詞 まったくないこと。例 失敗《しっぱい》する可能性《かのうせい》は皆無だ。

がいむしょう【外務省】 名詞 外国《がいこく》とのつきあいや条約《じょうやく》のとり決《き》めなど、外交《がいこう》についての仕事《しごと》をする国《くに》の役所《やくしょ》。

がいむだいじん【外務大臣】 ↓225ジ《ペー》 がいしょう〔外相〕

かいめい【改名】 名詞 動詞 名前《なまえ》を変《か》えること。類 改称《かいしょう》。

かいめい【階名】 名詞 音楽《おんがく》で、音階《おんかい》の音《おと》の一《ひと》つ一《ひと》つにつけられた名《な》まえ。ド・レ・ミ・ファ・ソ・ラ・シで表《あらわ》される。関連 音名《おんめい》。

かいめい【解明】 名詞 動詞 わからないことをはっきりさせること。例 なぞの解明。類 究明《きゅうめい》。

かいめいしょう【階名唱】 名詞 一《ひと》つ一《ひと》つの音《おと》に階名《かいめい》（ド・レ・ミ・ファ・ソ・ラ・シ）をつけて歌《うた》うこと。

かいめつ【壊滅・潰滅】 名詞 動詞 立《た》て直《なお》しができそうもないほど、すっかりこわれてだめになること。例 台風《たいふう》で畑《はたけ》が壊滅状態《じょうたい》だ。

ガッテン日本語教室

もとの発音《はつおん》は？

お祭《まつ》りなどで売《う》られている「ラムネ」は、実《じつ》は別《べつ》の飲《の》み物《もの》の名《な》まえだった。「ラムネ」のもとは「lemonade」、つまりレモネードだ。日本語《にほんご》に外《がい》来語《らいご》としてとり入《い》れたら、もとの発音《はつおん》に近《ちか》いはずの「ラムネ」が、レモネードとはちがうものを表《あらわ》すようになった。このように、外来語《がいらいご》をかたかなのまま読《よ》んでも意味《いみ》が通《つう》じないことも多《おお》いよ。

「サイダー」は、もとは「cider」で発音《はつおん》は近《ちか》いけれど、「cider」はりんご酒《しゅ》のことなんだ。

ところでも住《す》んでいれば親《した》しみがわいて、居心地《いごこち》がよいところになるということ。

かいめん【海面】 名詞 海《うみ》の表面《ひょうめん》。

かいめん【海綿】 名詞 ❶海《うみ》の岩《いわ》などについている下等《かとう》な動物《どうぶつ》。海綿動《かいめんどう》物《ぶつ》。❷海綿《かいめん》（＝❶）の、せんいのようになっている骨《ほね》をかわかしたもの。やわらかくて水《みず》をよく吸《す》い、文房具《ぶんぼうぐ》や化粧《けしょう》道具《どうぐ》などに使《つか》われる。スポンジ。

がいめん【外面】 名詞 ❶物《もの》の外側《そとがわ》の面《めん》。対内面《ないめん》。❷外《そと》にあらわれたようす。うわべ。見《み》かけ。例外面は、おとなしそうに見《み》える。対内面《ないめん》。

かいめんどうぶつ【海綿動物】 ⇩231ページ・かいめん（海綿）❶

かいもく【皆目】 副詞 まったく。少《すこ》しも。例この問題《もんだい》は難《むずか》しすぎて、皆目わからない。使い方 あとに「ない」などのことばがくる。

かいもの【買い物】 名詞 ❶品物《しなもの》を買《か》うこと。また、買《か》った物《もの》。❷買《か》って得《とく》をするもの。例この皿《さら》は買い物だ。

かいもん【開門】 名詞 動詞 門《もん》を開《あ》けること。例八時《はちじ》に開門する。対閉門《へいもん》。

がいや【外野】 名詞 野球《やきゅう》で、内野《ないや》の後《うし》ろのほう。また、そこを守《まも》る人《ひと》。対内野《ないや》。ことば「外《がい》野《や》がうるさい」など、そのことがらに直接《ちょくせつ》関係《けい》のない人《ひと》をたとえていうことがある。

かいやく【解約】 名詞 動詞 契約《けいやく》をとり消《け》すこと。例保険《ほけん》を解約する。類キャンセル。対契約《けいやく》。

かいゆう【回遊】 名詞 動詞 ❶あちらこちらを旅行《りょこう》してまわること。例回遊乗車券《じょうしゃけん》。類周遊《しゅうゆう》。❷魚《さかな》などが、群《む》れをつくって同《おな》じ道《みち》すじを定《てい》期的《きてき》に移動《いどう》すること。例回遊魚《ぎょ》。

がいゆう【外遊】 名詞 動詞 見学《けんがく》や勉強《べんきょう》などのために、外国《がいこく》に旅行《りょこう》すること。例首相《しゅしょう》がヨーロッパに外遊する。

かいよう【海洋】 名詞 広々《ひろびろ》とした海《うみ》。

かいよう【潰瘍】 名詞 皮膚《ひふ》やねんまくがただれて、くずれること。例胃《い》潰瘍。

がいよう【外洋】 名詞 陸《りく》から遠《とお》くはなれた、広々《ひろびろ》とした海《うみ》。外海《がいかい》。

がいよう【概要】 名詞 ものごとのおおよそのようす。あらまし。例事件《じけん》の概要。類概略《がいりゃく》。

かいようせいきこう【海洋性気候】 名詞 海《うみ》のえいきょうを多《おお》く受《う》けた、海岸《かいがん》地方《ちほう》のおだやかな気候《きこう》。夏《なつ》と冬《ふゆ》の気温《きおん》の差《さ》があまりなく、雨《あめ》が多《おお》い。対大陸性気候《たいりくせいきこう》。

がいようやく【外用薬】 名詞 体《からだ》の外側《そとがわ》から、ぬったりはったりする薬《くすり》。対内服薬《ないふくやく》。

がいらい【外来】 名詞 ❶外国《がいこく》など、よそから入《はい》ってくること。例外来語《ご》／外来種《しゅ》／外来の文化《ぶんか》。❷病院《びょういん》に入院《にゅういん》していないで、診察《しんさつ》を受《う》けに通《かよ》ってくること。例外来患者《かんじゃ》。

がいらいご【外来語】 名詞 外国語《がいこくご》から日本《にほん》語《ご》の中《なか》に入《はい》ってきたことば。コップ・シャツなど。関連漢語《かんご》。和語《わご》。⇩230ページ 日本語教室 もとの発音《はつおん》は？ ⇩137ページ・179ページ 伝統コラム

がいらいしゅ【外来種】 名詞 ほかの土地《とち》からわたって来《き》て、その土地《とち》にすみついた生物《せいぶつ》。日本《にほん》に来《き》た外来種《がいらいしゅ》には、せいたかあわだちそうやアメリカしろひとりなどがある。

かいらく【快楽】 名詞 気持《きも》ちがよく楽《たの》しいこと。例快楽を求《もと》める。

かいらん【回覧】 名詞 動詞 順《じゅん》に回《まわ》して見《み》ること。例回覧板《ばん》／雑誌《ざっし》を回覧する。

かいり【海里】 名詞 海上《かいじょう》のきょりを表《あらわ》す単位《たんい》。一海里《いちかいり》は、千八百五十二《せんはっぴゃくごじゅうに》メートル。

かいりき【怪力】 名詞 信《しん》じられないほど強《つよ》い力《ちから》。例怪力の持《も》ち主《ぬし》。

がいりゃく【概略】 名詞 ものごとのだいたいのようす。おおよそ。あらまし。例計画《けいかく》の概略を説明《せつめい》する。類概要《がいよう》。

かいりゅう【海流】 名詞 決《き》まった方向《ほうこう》に流《なが》れている海水《かいすい》の流《なが》れ。千島海流《ちしまかいりゅう》（＝親潮《おやしお》）・リマン海流・日本海流《にほんかいりゅう》（＝黒潮《くろしお》）・対馬海流《つしまかいりゅう》など。

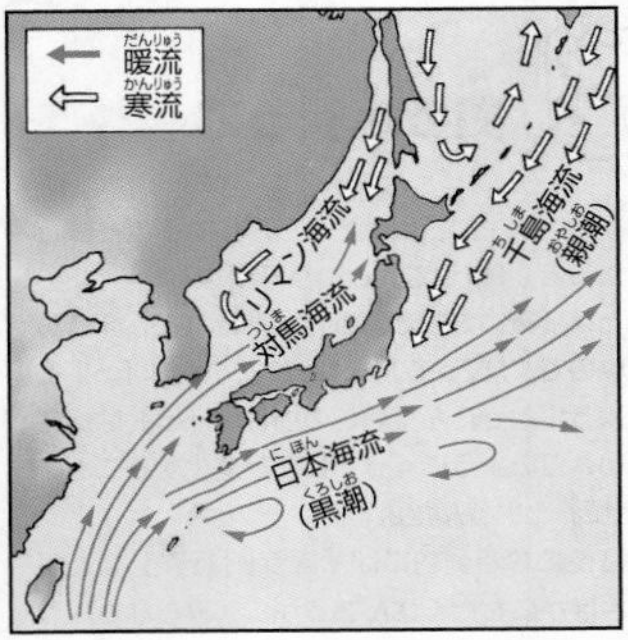

かいりゅう

ことわざ 住《す》めば都《みやこ》　たとえ不便《ふべん》で住《す》みづらいところでも、住《す》みなれれば都《みやこ》のように思《おも》えてくる。どんな

関連 = 関係《かんけい》の深《ふか》いことば

かいりょう【改良】 名詞 動詞 足《た》りないところや悪《わる》いところを改《あらた》めて、よくすること。例 品《ひん》種《しゅ》改良／機械《きかい》の部品《ぶひん》を改良する。類 改善《かいぜん》。

がいりんざん【外輪山】 名詞 火山《かざん》で、火口《かこう》の中《なか》にできた新《あたら》しい火口《かこう》をとり囲《かこ》んでいる、もとの火《か》口《こう》のふちからなる山《やま》。箱根《はこね》山《やま》・阿蘇山《あそさん》などに見《み》られる。関連 内輪《ないりん》山《ざん》。

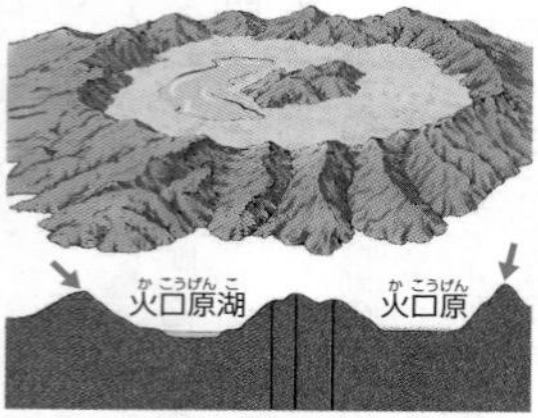

がいりんざん

かいれい【海嶺】 名詞 海底《かいてい》にある、山脈《さんみゃく》のような地形《ちけい》。急《きゅう》な斜面《しゃめん》を持《も》つ。「海底山脈《かいていさんみゃく》」ともいう。

かいろ【回路】 名詞 電流《でんりゅう》が電源《でんげん》から出《で》てひと回《まわ》りし、再《ふたた》びもとの電源《でんげん》にもどるまでの道筋《みちすじ》。教科 理 「回路《かいろ》ができる」と電気《でんき》が通《とお》り、豆電《まめでん》球《きゅう》が点灯《てんとう》したり、モーターが回《まわ》ったりする。ことば 「思考回路《しこうかいろ》」のように、ものごとの進《すす》んでいく筋道《すじみち》をいうときに使《つか》うこともある。

かいろ【海路】 名詞 船《ふね》が通《とお》る海上《かいじょう》の道《みち》。また、船《ふね》を使《つか》って行《い》くこと。例 待《ま》てば海路の日和《ひより》あり（＝待《ま》っていれば、よいときもくる）。関連 空路《くうろ》。陸路《りくろ》。

かいろ【懐炉】 名詞 季語 冬 ポケットなどに入《い》れて体《からだ》をあたためる道具《どうぐ》。

カイロ 名詞 エジプトの首都《しゅと》。ナイル川《がわ》の下流《かりゅう》にあるアフリカ最大《さいだい》の都市《とし》。近郊《きんこう》のギザには、クフ王《おう》のピラミッドやスフィンクス像《ぞう》がある。

がいろ【街路】 名詞 まちの道路《どうろ》。

かいろう【回廊】 名詞 神社《じんじゃ》や城《しろ》などにある、建物《たてもの》や中庭《なかにわ》のまわりを囲《かこ》うようにつくられた、長《なが》い廊下《ろうか》。

がいろじゅ【街路樹】 名詞 まちの通《とお》りに沿《そ》って植《う》えてある木《き》。類 並木《なみき》。

がいろん【概論】 名詞 動詞 全体《ぜんたい》にわたって、だいたいの内容《ないよう》を述《の》べること。また、述《の》べたもの。例 日本史《にほんし》概論。

かいわ【会話】 名詞 動詞 人《ひと》と、ことばをかわして話《はなし》をすること。また、その話《はなし》。例 英《えい》会話／友《とも》だちとの会話を楽《たの》しむ。

かいわい【界わい】 名詞 ある場所《ばしょ》と、その辺《あた》り。例 この界わいは飲食店《いんしょくてん》が多《おお》い。

かいわぶん【会話文】 名詞 人《ひと》が話《はな》したことばをそのままに書《か》いた文《ぶん》。ふつう「　」の中《なか》に入《い》れる。対 地《じ》の文《ぶん》。

かいん【下院】 名詞 イギリスやアメリカなどの議会《ぎかい》のしくみで、二《ふた》つある議院《ぎいん》のうち、日本《にほん》の衆議院《しゅうぎいん》に当《あ》たるもの。対 上院《じょういん》。

かう 動詞 棒《ぼう》などを当《あ》てて、支《ささ》えにする。例 植《う》木《き》につっかい棒《ぼう》をかう。

かう【交う】 動詞 （動作《どうさ》を表《あらわ》すことばのあとにつけて）たがいに…し合《あ》う。ある動作《どうさ》が、すれちがったり、交《ま》じり合《あ》ったりするように行《おこな》われる。例 つばめが飛《と》び交う／人《ひと》が行《い》き交う。漢 ⬇ 443ジペー こう〔交〕

かう【買う】 動詞 ❶お金《かね》をはらって、品物《しなもの》を自分《じぶん》のものにする。例 本《ほん》を買う。対 売《う》る。❷価値《かち》を認《みと》める。例 あの人《ひと》の才能《さいのう》を買う。❸すすんで引《ひ》き受《う》ける。例 けんかを買う。❹人《ひと》から受《う》ける。例 弟《おとうと》のうらみを買う。漢 ⬇ 1038ジペー ばい〔買〕 ⬇ 232ジペー 日本語教室

かう【飼う】 動詞 動物《どうぶつ》にえさをやって育《そだ》てる。漢 ⬇ 553ジペー し〔飼〕

ガウス 名詞 （一七七七～一八五五）ドイツの数学《すうがく》者《しゃ》・物理学者《ぶつりがくしゃ》・天文学者《てんもんがくしゃ》。はば広《ひろ》い分野《ぶんや》で活躍《かつやく》した。「数学《すうがく》の王《おう》」といわれる。

カウボーイ （cowboy） 名詞 アメリカ西部《せいぶ》などの牧場《ぼくじょう》で、牛《うし》の世話《せわ》や番《ばん》をして働《はたら》く男《おとこ》の人《ひと》。

ガッテン日本語教室

買《か》う・買《か》って

「買《か》う」ということばが「て」ということばとつながると、「買《か》って」という形《かたち》になる。

もとは「買《か》いて」と言《い》っていたけれど、発音《はつおん》しにくいので、「買《か》って」のように、小《ちい》さな「っ」を使《つか》うようになったんだ。この小《ちい》さな「っ」は促音《そくおん》といい、このように「っ」に形《かたち》が変化《へんか》することを「促音便《そくおんびん》」というんだよ。

促音便《そくおんびん》になる動詞《どうし》には「言《い》う」「行《い》く」などがある。ほかにもたくさんあるから、みんなも探《さが》してみてね。

に急《いそ》いでいても、あわてないで落《お》ち着《つ》いてやりなさい、といういましめのことば。

ガウン（gown）名詞 室内《しつない》で着《き》る、長《なが》くてゆったりした上着《うわぎ》。

カウンセラー（counselor）名詞 なやみを持《も》つ人《ひと》の相談《そうだん》に乗《の》り、助言《じょげん》をする職業《しょくぎょう》の人《ひと》。相談員《そうだんいん》。例 スクールカウンセラー。

カウンセリング（counseling）名詞 なやみを持《も》つ人《ひと》の相談《そうだん》に乗《の》り、解決《かいけつ》するための助言《じょげん》をすること。例 カウンセリングを受《う》ける。

カウンター（counter）名詞
❶事務所《じむしょ》・銀行《ぎんこう》・飲食店《いんしょくてん》などで、それをはさんで客《きゃく》の相手《あいて》をする、横《よこ》に長《なが》い台《だい》。
❷数《かず》を数《かぞ》える道具《どうぐ》。

カウンターパンチ（counterpunch）名詞 ボクシングで、相手《あいて》がパンチを打《う》ってくるところに、こちらから反撃《はんげき》すること。相手《あいて》の力《ちから》を利用《りよう》することで、より強《つよ》いパンチになる。「カウンターブロー」ともいう。

カウンターブロー ↓233ページ カウンターパンチ

カウント（count）
❶名詞 動詞 数《かず》を数《かぞ》えること。
❷名詞 動詞 スポーツの試合《しあい》で、勝《か》ち負《ま》けをはっきりさせるために、点数《てんすう》や時間《じかん》などを数《かぞ》えること。
❸名詞 野球《やきゅう》で、ピッチャーが投《な》げた球《たま》の、ストライクとボールの数《かず》。例 ボールカウント。

かえうた【替え歌】 名詞 ある歌《うた》の、節《ふし》はそのままで歌詞《かし》をかえた歌《うた》。

かえしぬい【返し縫い】 名詞 ぬい方《かた》の一《ひと》つ。ひと針《はり》ごとに半分《はんぶん》引《ひ》き返《かえ》しながらぬう半返《はんがえ》しぬいと、全部《ぜんぶ》引《ひ》き返《かえ》す本返《ほんがえ》しぬいがある。図 ↓1006ページ ぬう〔縫う〕

かえしぶみ【返し文】 名詞 手紙《てがみ》の返事《へんじ》。

かえす 動詞 卵《たまご》を温《あたた》めるなどして、子《こ》にする。例 にわとりが卵《たまご》をかえす。

かえす【返す】
❶動詞 物《もの》をもとのところにもどす。例 図書館《としょかん》に本《ほん》を返す。
❷動詞 相手《あいて》から受《う》けた行《おこな》いを、自分《じぶん》からもする。例 あの時《とき》受《う》けた恩《おん》を、今《いま》こそ返そう。
❸動詞 裏《うら》と表《おもて》を入《い》れかえる。ひっくり返《かえ》す。例 手《て》のひらを返す。
❹動詞 もとの状態《じょうたい》にもどす。例 計画《けいかく》を白紙《はくし》に返した。
❺接尾語 （ほかのことばのあとにつけて）その動作《どうさ》を二度《にど》以上《いじょう》行《おこな》う。例 手紙《てがみ》を何度《なんど》も読《よ》み返す。
漢 ↓1197ページ へん〔返〕　↓ 使い分け

使い分け　**かえす**　返す・帰す

返す　もともとあったところにもどす。もとの状態《じょうたい》にもどす。
「借《か》りた物《もの》を返《かえ》す／引《ひ》き返《かえ》す」

帰す　人《ひと》をもとのところにもどらせる。帰《かえ》らせる。
「子供《こども》を家《いえ》に帰《かえ》す」

かえす【帰す】 動詞 人《ひと》をもとのところにもどらせる。帰《かえ》らせる。例 弟《おとうと》を先《さき》に家《いえ》に帰す。漢 ↓315ページ き〔帰〕 ↓ 使い分け

かえすがえす【返す返す［も］】【返す返す［も］】 副詞
❶何度《なんど》考《かんが》えてみても。まったく。例 きみが来《こ》なかったことは、返す返すもくやまれる。
❷くれぐれも。何度《なんど》もくり返《かえ》して。例 返す返すもよろしくお願《ねが》いします。
使い方 ❶は、あとに残念《ざんねん》な気持《きも》ちを表《あらわ》すことばがくる。❷は、人《ひと》にものをたのむときに使《つか》うことが多《おお》い。

かえだま【替え玉】 名詞 本人《ほんにん》や本物《ほんもの》の代《か》わりに使《つか》う、にせもの。例 大統領《だいとうりょう》の替え玉。

かえって 副詞 逆《ぎゃく》に。反対《はんたい》に。例 しかられるかと思《おも》ったら、かえってほめられた。

かえで 名詞 葉《は》が小《ちい》さな手《て》のひらに似《に》た形《かたち》をしている木《き》。秋《あき》になると葉《は》は赤《あか》く色《いろ》づく。種類《しゅるい》が多《おお》い。「もみじ」ともいう。ことば 漢字《かんじ》では「楓」と書《か》く。葉《は》の形《かたち》がかえるの手《て》に似《に》ていることから、もとは「かえるで」といった。

かえで

かえり【帰り】 名詞
❶もとの場所《ばしょ》にもどること。帰《かえ》ること。例 練習《れんしゅう》で帰りがおそくなる。対 行《い》き。
❷目的《もくてき》の場所《ばしょ》にもどるとちゅう。帰《かえ》り道《みち》。例 帰りに友《とも》だちの家《いえ》に寄《よ》る。対 行《い》き。

ことわざ　**せいては事《こと》を仕損《しそん》じる**　ものごとは、急《いそ》ぐとかえって失敗《しっぱい》するものだという意味《いみ》から、どんな

かえりがけ【帰りがけ】 名詞 帰《かえ》るとちゅう。帰《かえ》るついで。例 買《か》い物《もの》の帰りがけに友《とも》だちと会《あ》う。対 行《い》きがけ。

かえりぎわ【帰り際】 名詞 帰《かえ》ろうとするとき。例 帰り際に先生《せんせい》と話《はなし》をした。

かえりざき【返り咲き】 名詞 ❶花《はな》の季節《きせつ》がすんでから、もう一度《いちど》さくこと。❷ある地位《ちい》を失《うしな》ったものが、もとの地位《ちい》にもどること。例 チャンピオンに返り咲きを果《は》たす。

かえりみち【帰り道】 名詞 帰《かえ》りの道《みち》。帰《かえ》るとちゅう。例 学校《がっこう》からの帰り道に公園《こうえん》に寄《よ》る。

かえりみる【省みる】 動詞 自分《じぶん》の行動《こうどう》や気《き》持《も》ちを、ふり返《かえ》って考《かんが》えてみる。反省《はんせい》する。例 今《いま》までの生活《せいかつ》を省みる。使い方「省りみる」と書《か》かないよう注意《ちゅうい》。漢 ⇒705ページ せい〔省〕

かえりみる【顧みる】 動詞 ❶後《うし》ろをふり向《む》く。例 歩《ある》いてきた道《みち》を顧みる。❷過《す》ぎ去《さ》った昔《むかし》のことを思《おも》う。例 入学《にゅうがく》したころのことを顧みる。❸気《き》にかける。心配《しんぱい》する。例 家《いえ》のことを顧みるひまがないほどいそがしい。

かえる 名詞 季語 春 水陸《すいりく》のどちらにもすむ小《ちい》さい動物《どうぶつ》。種類《しゅるい》が多《おお》い。子《こ》はおたまじゃくしといい、水中《すいちゅう》でえら呼吸《こきゅう》をするが、成長《せいちょう》すると肺呼《はいこ》吸《きゅう》をするようになる。食用《しょくよう》になるものもある。ことば 漢字《かんじ》では「蛙」と書《か》く。

かえる
（あまがえる）

●**かえるの子《こ》はかえる** ⇒107ページ ことわざ

●**かえるの面《つら》に水《みず》** ⇒109ページ ことわざ

かえる 動詞 卵《たまご》が子《こ》になる。例 鳥《とり》の卵《たまご》がかえる。

かえる【返る】 ❶動詞 もとのようすにもどる。例 我《われ》に返る（＝正気《しょうき》にもどる）。❷動詞 もとあった場所《ばしょ》にもどる。例 なくなったと思《おも》っていた本《ほん》が返ってきた。❸動詞 こちらのはたらきかけに相手《あいて》が応《おう》じる。例 友《とも》だちに声《こえ》をかけると元気《げんき》な返事《へんじ》が返ってきた。❹動詞 裏《うら》と表《おもて》が入《い》れかわる。ひっくり返《かえ》る。例 風《かぜ》にスカートのすそが返る。❺接尾語（ほかのことばのあとにつけて）すっかり…する。例 静《しず》まり返る／あきれ返る。漢 ⇒1197ページ へん〔返〕

かえる【帰る】 動詞 もとのところにもどる。例 故郷《こきょう》に帰る／父《ちち》は夕方《ゆうがた》帰ってきた。対 行《い》く。漢 ⇒315ページ き〔帰〕

かえる【変える】 動詞 前《まえ》とちがうようにする。例 行《い》き先《さき》を変える／髪形《かみがた》を変える／考《かんが》えを変える／机《つくえ》の位置《いち》を変える。漢 ⇒1197ページ へん〔変〕 ⇒ 使い分け

かえる【代える・換える・替える】 動詞 ❶あるもののはたらきを、ほかのものにさせる。かわりをさせる。例 バッターを代える。❷それまであったものを別《べつ》のものにする。例 チケットをお金《かね》に換える／商売《しょうばい》を替える。漢 ⇒771ページ だい〔代〕 ⇒ 使い分け

使い分け

かえる
変える・代える
換える・替える

変える 前《まえ》とはちがった状態《じょうたい》に変化《へんか》させる。
「形《かたち》を変《か》える／予定《よてい》を変《か》える」

代える 別《べつ》の人《ひと》やものにかわりをさせる。
「選手《せんしゅ》を代《か》える」

換える あるものを別《べつ》なものととりかえる。交換《こうかん》する。
「品物《しなもの》をお金《かね》に換《か》える／部屋《へや》の空気《くうき》を換《か》える」

替える 前《まえ》の形《かたち》をやめて別《べつ》の形《かたち》にする。
「円《えん》をドルに替《か》える／商売《しょうばい》を替《か》える」

かえん【火炎】 名詞 大《おお》きく燃《も》え上《あ》がるほのお。例 火炎が上《あ》がる。

かお【顔】 名詞 ❶目《め》・鼻《はな》・口《くち》などがあるところ。❷顔《かお》（＝❶）のつくり。例 整《ととの》った顔。❸顔《かお》つき。表情《ひょうじょう》。例 悲《かな》しそうな顔。❹他人《たにん》に対《たい》する体面《たいめん》。評判《ひょうばん》や名誉《めいよ》。例 失敗《しっぱい》ば

かりしたので、みんなに合《あ》わせる顔がない。
❺人数《にんずう》。メンバー。例いつもの顔がそろった。
漢↓296ジベーがん〔顔〕

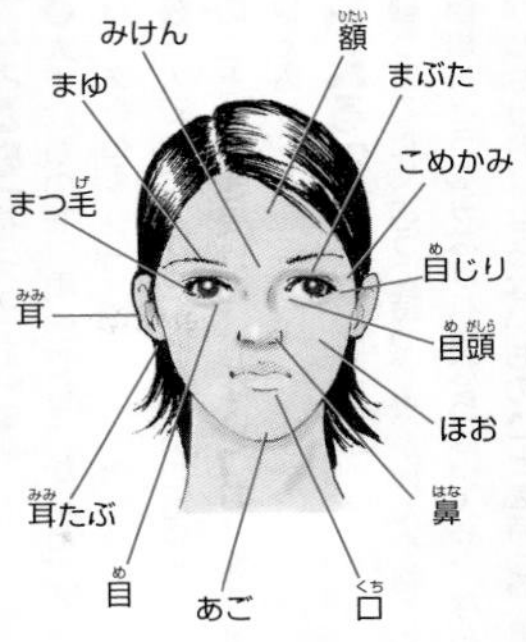

かお❶

●**顔《かお》が売《う》れる**　世《よ》の中《なか》に広《ひろ》く知《し》られる。有名《ゆうめい》になる。

●**顔《かお》が利《き》く**　相手《あいて》に信用《しんよう》されていて、ものをたのんだりすることができる。例この店《みせ》では顔が利く。

●**顔《かお》がそろう**　集《あつ》まる予定《よてい》の人《ひと》が、みんな集《あつ》まる。例顔がそろったので、会《かい》を始《はじ》めましょう。

●**顔《かお》が立《た》つ**　名誉《めいよ》が守《まも》られる。体面《たいめん》が保《たも》たれる。例一回戦《いっかいせん》で負《ま》けてしまっては顔が立たない。

●**顔《かお》が潰《つぶ》れる**　はじをかく。面目《めんぼく》をなくす。例今度《こんど》の失敗《しっぱい》で顔が潰れた。

●**顔《かお》が広《ひろ》い**　つきあいが広《ひろ》く、多《おお》くの人《ひと》に知《し》られている。例父《ちち》は町長《ちょうちょう》なので、顔が広い。

●**顔《かお》から火《ひ》が出《で》る**　たいへんはずかしい思《おも》いをすることのたとえ。使い方「とてもおこっていること」のたとえではないので注意《ちゅうい》。

●**顔《かお》に出《で》る**　気持《きも》ちや体調《たいちょう》などが、表情《ひょうじょう》に表《あらわ》れる。例うれしいときはすぐに顔に出る。

●**顔《かお》に泥《どろ》を塗《ぬ》る**　はじをかかせる。

●**顔《かお》を赤《あか》らめる**　はずかしい気持《きも》ちが、表情《ひょうじょう》に表《あらわ》れる。例ほめられて顔を赤らめた。

●**顔《かお》を合《あ》わせる**　❶人《ひと》と会《あ》う。例友《とも》だちと駅《えき》でばったり顔を合わせた。❷試合《しあい》などで、対戦《たいせん》する。例決勝戦《けっしょうせん》で顔を合わせる。

●**顔《かお》を売《う》る**　世《よ》の中《なか》に広《ひろ》く自分《じぶん》を知《し》ってもらおうとする。例いろいろな会《かい》に出《で》て顔を売る。

●**顔《かお》を曇《くも》らせる**　心配《しんぱい》ごとや困《こま》ったことなどで、表情《ひょうじょう》が暗《くら》くなる。例元気《げんき》のない姉《あね》のようすに、母《はは》は顔を曇らせた。

●**顔《かお》を背《そむ》ける**　顔《かお》をよその方《ほう》へ向《む》ける。例事故《じこ》の現場《げんば》から顔を背ける。

●**顔《かお》を出《だ》す**　❶すがたを見《み》せる。例雲間《くもま》から月《つき》が顔を出す。❷人《ひと》の家《いえ》をおとずれる。例実家《じっか》に顔を出す。❸会《かい》などに出《で》る。例新年会《しんねんかい》に顔を出す。

●**顔《かお》を立《た》てる**　相手《あいて》の名誉《めいよ》を傷《きず》つけないようにする。例先輩《せんぱい》の顔を立ててだまっていた。

かおあわせ【顔合わせ】名詞 動詞　❶いっしょに仕事《しごと》を始《はじ》める前《まえ》に、初《はじ》めてみんなで集《あつ》まること。例新《しん》メンバーが顔合わせする。❷劇《げき》や試合《しあい》などで、いっしょに出《で》たり戦《たたか》ったりすること。例今日《きょう》の対戦《たいせん》が初《はつ》顔合わせだ。

かおいろ【顔色】名詞　❶顔《かお》の色《いろ》。例熱《ねつ》が下《さ》がって顔色がよくなった。❷表情《ひょうじょう》。機嫌《きげん》。例兄《あに》の顔色をうかがう。

かおく【家屋】名詞　人《ひと》が住《す》むための建物《たてもの》。家《いえ》。住《す》まい。使い方あらたまった言《い》い方《かた》。

かおだち【顔立ち】名詞　生《う》まれつきの顔《かお》のようす。例妹《いもうと》は父《ちち》によく似《に》た顔立ちをしている。

かおつき【顔つき】名詞　❶顔《かお》のようすや形《かたち》。例顔つきが似《に》た兄弟《きょうだい》。❷顔《かお》にあらわれた心《こころ》のようす。例不機嫌《ふきげん》な顔つきになる。

かおなじみ【顔なじみ】名詞　何度《なんど》も会《あ》って、おたがいによく知《し》り合《あ》っていること。また、その人《ひと》。例子供《こども》のころから顔なじみのおじさん。

かおぶれ【顔ぶれ】名詞　会《かい》や仕事《しごと》などの集《あつ》まりに加《くわ》わる人々《ひとびと》。メンバー。例いつもの顔ぶれが集《あつ》まった。

かおまけ【顔負け】名詞 動詞　相手《あいて》がすぐれていたり、とても勢《いきお》いがあったりして、こちらがはずかしく思《おも》うこと。例プロも顔負けの腕前《うでまえ》。

かおみしり【顔見知り】名詞　深《ふか》いつきあいはないが、顔《かお》は知《し》っているくらいの間《あいだ》がら。

かおむけができない【顔向けができない】　自分《じぶん》のしたことがはずかしかったり、申《もう》し訳《わけ》なかったりして、顔《かお》を合《あ》わせられない。例約束《やくそく》を忘《わす》れてしまい、弟《おとうと》に顔向けができない。

かおやく【顔役】名詞　その地域《ちいき》や仲間《なかま》の間《あいだ》で、よく知《し》られていて、力《ちから》のある人《ひと》。ボス。

かおり【香り・薫り】名詞　よいにおい。例ばらの香りがただよう／香りが高《たか》い（=よい）。

ことわざ　**背《せ》に腹《はら》はかえられない**　背中《せなか》を守《まも》るために、大切《たいせつ》な内臓《ないぞう》の入《はい》っている腹《はら》をぎせいにすることはと。

漢 ⇩215ページ か〔香〕

かおる【香る・薫る】動詞 よいにおいがする。例 梅《うめ》の花《はな》が香る／風《かぜ》薫る五月《ごがつ》。漢 ⇩215ページ か〔香〕

かが【加賀】名詞 昔《むかし》の国《くに》の名《な》の一《ひと》つ。今《いま》の石川《いしかわ》県《けん》の南部《なんぶ》に当《あ》たる。

がか【画家】名詞 絵《え》をかくことを仕事《しごと》にしている人《ひと》。絵《え》かき。

ガガーリン 名詞（一九三四～一九六八）ソ連《れん》の宇《う》宙《ちゅう》飛行士《ひこうし》。一九六一年《ねん》、人工衛星《じんこうえいせい》ボストーク一号《いちごう》で地球《ちきゅう》を一周《いっしゅう》し、人類《じんるい》で初《はじ》めて宇宙《うちゅう》飛行《ひこう》に成功《せいこう》した。

かがい【課外】名詞 学校《がっこう》で、決《き》められた学課《がっか》以外《いがい》のこと。例 課外活動《かつどう》。

かがいしゃ【加害者】名詞 他人《たにん》を傷《きず》つけたり、害《がい》をあたえたりした人《ひと》。対 被害者《ひがいしゃ》。

かかえこむ【抱え込む】動詞 ❶大《おお》きなものを、両腕《りょううで》でしっかりとだく。例 バッグを抱え込む。❷一人《ひとり》でかたづけるには難《むずか》しいことやたくさんのことを引《ひ》き受《う》ける。しょいこむ。例 仕事《しごと》を抱え込む。

かかえる【抱える】動詞 ❶うでだくように持《も》つ。例 かばんを抱える。❷めんどうをみなければならない人《ひと》や、なんとかしなければならないものごとを持《も》つ。例 三《さん》人《にん》の子《こ》を抱える／たくさんの問題《もんだい》を抱える。❸人《ひと》をやとう。例 多《おお》くの社員《しゃいん》を抱える会社《かいしゃ》。

カカオ（スペイン語）名詞 熱帯《ねったい》地方《ちほう》に生《は》える高《たか》い木《き》。種《たね》をココアやチョコレートの原料《げんりょう》にする。

カカオ

かかく【価格】名詞 物《もの》の値段《ねだん》。例 土地《とち》の価格が上《あ》がる。

かがく【化学】名詞 いろいろな物質《ぶっしつ》の成《な》り立《た》ち・性質《せいしつ》・かわり方《かた》などを研究《けんきゅう》する学問《がくもん》。

かがく【科学】名詞 自然《しぜん》や人間《にんげん》の生活《せいかつ》に関係《かんけい》のあるいろいろなことがらを深《ふか》く調《しら》べ、その意《い》味《み》やつながりを筋道《すじみち》を立《た》てて説明《せつめい》し、さらにそれを生活《せいかつ》に役立《やくだ》てようとする学問《がくもん》。とくに、自然科学《しぜんかがく》のこと。例 科学技術《ぎじゅつ》／科学者《しゃ》。

ががく【雅楽】名詞 宮中《きゅうちゅう》や神社《じんじゃ》などに、古《ふる》くから伝《つた》わっている音楽《おんがく》。儀式《ぎしき》によく使《つか》われる。二〇〇九年《ねん》に無形文化遺産《むけいぶんかいさん》に登録《とうろく》された。

かがくこうぎょう【化学工業】名詞 化学《かがく》を応用《おうよう》して、物《もの》をつくり出《だ》す工業《こうぎょう》。薬品《やくひん》・肥料《ひりょう》・ガラス・プラスチックなどをつくる。

かがくしゃ【科学者】名詞 自然科学《しぜんかがく》を研究《けんきゅう》する人《ひと》。

かがくせいひん【化学製品】名詞 化学工業《かがくこうぎょう》によってつくられた物《もの》。

かがくせんい【化学繊維】名詞 パルプ・石炭《せきたん》・石油《せきゆ》などを原料《げんりょう》に、化学《かがく》を応用《おうよう》してつくったせんい。レーヨン・ナイロン・ビニロン・ポリエステルなど。略《りゃく》して「化繊《かせん》」ともいう。類 合成繊維《ごうせいせんい》。

かがくちょうみりょう【化学調味料】⇩135ページ うまみちょうみりょう

かがくてき【科学的】形容動詞 事実《じじつ》をもとに、正《ただ》しい筋道《すじみち》を立《た》てて調《しら》べたり考《かんが》えたりするようす。例 科学的な調査《ちょうさ》。

かがくはんのう【化学反応】名詞 あるものが変化《へんか》して、もとの物質《ぶっしつ》とは別《べつ》の物質《ぶっしつ》ができること。化学変化《かがくへんか》。

かがくひりょう【化学肥料】名詞 化学《かがく》を応用《おうよう》してつくった肥料《ひりょう》。硫安《りゅうあん》（＝硫酸《りゅうさん》アンモニウム）・過《か》りん酸石灰《さんせっかい》など。

かがくぶっしつ【化学物質】名詞 化学《かがく》の研究《けんきゅう》の対象《たいしょう》となる物質《ぶっしつ》。また、人工的《じんこうてき》につくられた物質《ぶっしつ》。

かがくへんか【化学変化】名詞 あるものが変化《へんか》して、性質《せいしつ》のちがう別《べつ》のものができること。炭《すみ》（＝炭素《たんそ》）が燃《も》えて二酸化炭素《にさんかたんそ》ができることなど。

かがくやくひん【化学薬品】名詞 化学工業《かがくこうぎょう》によってつくり出《だ》される薬品《やくひん》。

かかげる【掲げる】動詞 ❶高《たか》く上《あ》げる。人目《ひとめ》につくように示《しめ》す。例 旗《はた》を掲げる／看板《かんばん》を掲げる。❷ある考《かんが》えや意見《いけん》をはっきりと示《しめ》す。例 理想《りそう》を掲げる／民主主義《みんしゅしゅぎ》を掲げる。❸記事《きじ》を新聞《しんぶん》や雑誌《ざっし》などに書《か》いてのせる。掲載《けいさい》する。例 事件《じけん》のニュースを第一面《だいいちめん》に掲げる。

かかし 名詞 季語 秋 作物《さくもつ》をあらす鳥《とり》などをおどすために、田《た》や畑《はたけ》に立《た》てる人形《にんぎょう》。ことば 漢字《かんじ》で

したばかりのふたばのころからよいかおりがする、ということから、りっぱになる人《ひと》には小《ちい》さいころからすぐれ

は「案山子」と書《か》く。もとは「かがし」といい、「においをかがせるもの」という意味《いみ》。昔《むかし》、鳥《とり》などがいやがるにおいのものを田《た》や畑《はたけ》に立《た》てたことからきたことば。

かかし

かかす【欠かす】 動詞 ❶なしですます。例 村《むら》の人々《ひとびと》にとって、秋《あき》のお祭《まつ》りは欠かすことのできない行事《ぎょうじ》だ。❷続《つづ》けてやっていることを、ある時《とき》だけぬかす。休《やす》む。例 毎日《まいにち》欠かすことなく走《はし》る。使い方 あとに「ない」などのことばがくることが多《おお》い。

かかと 名詞 足《あし》の裏《うら》の後《うし》ろの部分《ぶぶん》。また、はきものの底《そこ》の後《うし》ろの部分《ぶぶん》。図⇒287ページ《ジ》からだ

かがはん【加賀藩】 名詞 江戸《えど》時代《じだい》、今《いま》の石川《いしかわ》県《けん》から富山県《とやまけん》の辺《あた》りにあった藩《はん》。藩主《はんしゅ》は前田《まえだ》氏《し》。「金沢藩《かなざわはん》」ともいう。

かがみ 名詞 人《ひと》の手本《てほん》になるもの。模範《もはん》。使い方 漢字《かんじ》では「鑑」と書《か》く。この意味《いみ》で使《つか》うときは「鏡」とは書《か》かないので注意《ちゅうい》。

かがみ【鏡】 名詞 人《ひと》や物《もの》のすがたを映《うつ》して見《み》る道具《どうぐ》。ことば「一面《いちめん》」「一枚《いちまい》」と数《かぞ》える。漢⇒354ページ《ジ》きょう〔鏡〕

かがみびらき【鏡開き】 名詞 季語 新年 正月《しょうがつ》にかざった鏡《かがみ》もちを割《わ》って、雑煮《ぞうに》や汁粉《しるこ》にして食《た》べること。一月十一日《いちがつじゅういちにち》に行《おこな》うことが多《おお》い。

かがみもち【鏡餅】 名詞 季語 新年 正月《しょうがつ》やめでたいときに神《かみ》や仏《ほとけ》に供《そな》えるもち。ふつう、丸《まる》くて平《ひら》たい大小《だいしょう》二《ふた》つのもちを重《かさ》ねる。「お鏡《かがみ》」ともいう。

かがみもち

かがむ 動詞 足《あし》やこしなどを曲《ま》げて姿《し》勢《せい》を低《ひく》くする。こごむ。例 前《まえ》の人《ひと》はかがんで見《み》なさい。

かがむ

かがめる 動詞 足《あし》やこしなどを折《お》り曲《ま》げる。こごめる。例 こしをかがめて、おじぎをする。

かがやかしい【輝かしい】 形容詞 ❶きらきら光《ひか》ってまぶしい。❷たいへんすばらしく、りっぱである。例 輝かしい成績《せいせき》を収《おさ》める。

かがやかす【輝かす】 動詞 きらきらと光《ひか》らせる。例 弟《おとうと》は目《め》を輝かして電車《でんしゃ》の話《はなし》をする。

かがやく【輝く】 動詞 ❶きらきら光《ひか》る。例 夜空《よぞら》に星《ほし》が輝く。❷まぶしいほど生《い》き生《い》きしている。例 妹《いもうと》の顔《かお》は喜《よろこ》びに輝いていた。❸名誉《めいよ》や賞《しょう》を受《う》ける。例 ノーベル賞《しょう》に輝く。

かかり【係】 名詞 ある仕事《しごと》を受《う》け持《も》つこと。また、その人《ひと》。例 給食《きゅうしょく》の係。漢⇒410ページ《ジ》けい〔係〕

-がかり【掛かり】 接尾語 ❶(数《かず》を表《あらわ》すことばのあとにつけて) それだけの時間《じかん》や人数《にんずう》が必要《ひつよう》であることを表《あらわ》す。例 一年《いちねん》がかりの大仕事《おおしごと》／三人《さんにん》がかりで持《も》つ。❷(ほかのことばのあとにつけて)「…のとちゅう」の意味《いみ》を表《あらわ》す。例 通《とお》りがかりに立《た》ち寄《よ》る。❸(人《ひと》を表《あらわ》すことばのあとにつけて) 世話《せわ》になることを表《あらわ》す。例 親《おや》がかり。使い方 ふつうかな書《が》きにする。

かかりあい【掛かり合い】 名詞 関係《かんけい》すること。つながり。例 その事件《じけん》にはぼくは掛かり合いがない。

かかりいん【係員】 名詞 ある仕事《しごと》を受《う》け持《も》っている人《ひと》。例 係員の指示《しじ》に従《したが》う。

かかりつけ【掛かり付け】 名詞 いつも決《き》まってその医者《いしゃ》にみてもらっていること。使い方 かな書《が》きにすることが多《おお》い。

かがりぬい【かがり縫い】 名詞 切《き》った布《ぬの》がほつれないように、布《ぬの》のはしに糸《いと》を巻《ま》きつけるようにしてぬうぬい方《かた》。図⇒1006ページ《ジ》ぬう

かがりび【かがり火】 名詞 夜《よる》、まわりを照《て》らすために燃《も》やす火《ひ》。祭《まつ》りのときや、魚《さかな》をとるときなどに使《つか》う。

かかる 動詞 病気《びょうき》になる。例 はしかにかかる。

かかる【係る】 動詞 つながりがある。関係《かんけい》する。例 名誉《めいよ》に係る問題《もんだい》。漢⇒410ページ《ジ》けい〔係〕

かかる【架かる・掛かる・懸かる】 ❶動詞 一方《いっぽう》から他方《たほう》へわたされる。例 橋《はし》が架かる。❷動詞 物《もの》が、支《ささ》えられたりひっかけられたりして、落《お》ちないようになっている。例 屋上《おくじょう》からたれ幕《まく》が掛かる／かべに絵《え》が掛かる。❸動詞 上《うえ》にかぶさる。例 みつが掛かった菓子《かし》。

ことわざ **せんだんは双葉《ふたば》より芳《かんば》し**　「せんだん」は、びゃくだんの木《き》のこと。びゃくだんの木《き》は芽《め》を出《だ》したところがある、ということ。

❹ 動詞 火《ひ》などの上《うえ》にある。例 ストーブにやかんが掛かっている。
❺ 動詞 空中《くうちゅう》にある。例 月《つき》が中天《ちゅうてん》に懸かる。
❻ 動詞 液体《えきたい》や粉《こな》などが飛《と》んできてつく。例 水《みず》しぶきがかかった。
❼ 動詞 えいきょうがおよぶ。例 迷惑《めいわく》がかかる。
❽ 動詞 つかまえられたり、だまされたりする。例 魚《さかな》があみにかかる／わなにかかる。
❾ 動詞 どうなるかがそれによって決《き》まる。例 この試合《しあい》に優勝《ゆうしょう》がかかっている。
❿ 動詞 ほかからの動作《どうさ》やことばを受《う》ける。例 電話《でんわ》がかかる／声《こえ》がかかる。
⓫ 動詞 お金《かね》や時間《じかん》などが必要《ひつよう》である。例 送料《そうりょう》が千円《せんえん》かかる／学校《がっこう》まで歩《ある》いて十分《じっぷん》かかる。
⓬ 動詞 ものごとをし始《はじ》める。例 仕事《しごと》にかかる。
⓭ 動詞 機械《きかい》や装置《そうち》がはたらき始《はじ》める。例 エンジンがかかる／ブレーキがかかる。
⓮ 動詞 たよる。世話《せわ》になる。例 医者《いしゃ》にかかる。
⓯ 動詞 ちょうどその場《ば》に来《く》る。例 物語《ものがたり》の山場《やまば》にかかる。
⓰ 動詞 すすんでせめる。例 さあかかってこい。
⓱ 動詞 （「気《き》にかかる」「心《こころ》にかかる」の形《かたち》で、全体《ぜんたい》で）心配《しんぱい》になる。例 明日《あす》の天気《てんき》が気《き》にかかる。
⓲ 動詞 （「お目《め》にかかる」の形《かたち》で、全体《ぜんたい》で）「会《あ》う」のへりくだった言《い》い方《かた》。例 お目《め》にかかってお話《はな》しします。
⓳ 接尾語 （ほかのことばのあとにつけて）…し始《はじ》める。ちょうど…しようとする。例 ろうそくの火《ひ》が消《き》えかかる。
使い方 ❻～⓳は、ふつうかな書《が》きにする。

かがる 動詞 布《ぬの》のはしなどを、糸《いと》をからめるようにしてぬう。例 ボタン穴《あな》をかがる。

-がかる 接尾語 （ほかのことばのあとにつけて）
❶「…に似《に》ている」「…のようである」の意味《いみ》を表《あらわ》す。例 芝居《しばい》がかった話《はな》し方《かた》。
❷「その色《いろ》の感《かん》じがする」の意味《いみ》を表《あらわ》す。例 青《あお》みがかった緑《みどり》。

かがわけん【香川県】 名詞 四国地方《しこくちほう》の北東《ほくとう》部《ぶ》にある県《けん》。瀬戸内海《せとないかい》に面《めん》し、農業《のうぎょう》・工業《こうぎょう》がさかん。県庁《けんちょう》は高松市《たかまつし》にある。

かかわらず
❶…に関係《かんけい》なく。例 来《く》る、来《こ》ないにかかわらず連絡《れんらく》してください。
❷…であるのに。例 雨《あめ》にもかかわらず試合《しあい》を続《つづ》けた。

かかわり【関わり】 名詞 関係《かんけい》。つながり。例 関わりを持《も》つ／姉《あね》はこの件《けん》とは関わりがない。

かかわりあう【関わり合う】 動詞 関係《かんけい》やつながりを持《も》つ。例 事件《じけん》に関わり合う。

かかわる【関わる】 動詞
❶関係《かんけい》する。例 クラス全体《ぜんたい》に関わる問題《もんだい》。
❷気《き》にする。こだわる。例 つまらないことに、いつまでもかかわらないほうがよい。
使い方 ❷は、ふつうかな書《が》きにする。

かかん【果敢】 形容動詞 思《おも》いきってものごとを行《おこな》うようす。例 強敵《きょうてき》に果敢に挑戦《ちょうせん》する。
漢 ➡ 296ページ《ベージ》 かん〔関〕

かがんだんきゅう【河岸段丘】 名詞 川《かわ》の岸《きし》に沿《そ》ってできた、階段《かいだん》のようになっている地形《ちけい》。

かき 名詞 季語冬 浅《あさ》い海《うみ》の岩《いわ》などについている二《に》枚貝《まいがい》。食用《しょくよう》として養殖《ようしょく》される。ことば 漢字《かんじ》では「牡蠣」と書《か》く。

かき

かき【垣】 名詞 家《いえ》や庭《にわ》の囲《かこ》いや仕切《しき》り。例 生《い》け垣／石《いし》垣。

かき【垣】

かき【柿】

かき【柿】 名詞 季語秋 夏《なつ》の初《はじ》めに白《しろ》い花《はな》がさき、秋《あき》に実《み》が赤《あか》く熟《じゅく》す木《き》。あまがきとしぶがきがある。

かき【下記】 名詞 文章《ぶんしょう》などで、その下《した》やあとに書《か》いてあること。例 下記のとおり、会議《かいぎ》を開《ひら》きます。対 上記《じょうき》。

かき【火気】 名詞
❶火《ひ》の気《け》。例 ここは火気厳禁《げんきん》です。
❷火《ひ》の勢《いきお》い。例 火気が強《つよ》くなった。

かき【火器】 名詞
❶火《ひ》を入《い》れる器具《きぐ》。火《ひ》ばちなど。

❷火薬《かやく》を使《つか》う武器《ぶき》。鉄砲《てっぽう》や大砲《たいほう》など。

かき【夏季】 名詞 夏《なつ》の季節《きせつ》。例 花火《はなび》は夏季の風物《ふうぶつ》だ。対 冬季《とうき》。関連 春季《しゅんき》。秋季《しゅうき》。

かき【夏期】 名詞 夏《なつ》の期間《きかん》。夏《なつ》の間《あいだ》。対 冬期《とうき》。関連 春期《しゅんき》。秋期《しゅうき》。

かぎ 名詞 ❶先《さき》が曲《ま》がった金属製《きんぞくせい》の細長《ほそなが》い道具《どうぐ》。ものを引《ひ》っかけるのに使《つか》う。❷かぎ（＝❶）の形《かたち》をしたもの。例 かぎ鼻《ばな》。❸⇒239ジ《ベー》かぎかっこ

かぎ【鍵】 名詞 ❶戸《と》やとびら・ふたなどにとりつけたじょうを、開《あ》けたり閉《し》めたりするもの。❷「じょう」のこと。例 ドアの鍵を開《あ》ける。❸問題《もんだい》を解《と》くためにいちばん大切《たいせつ》なところ。例 なぞを解《と》く鍵／事件《じけん》の鍵。類 ヒント。

がき【餓鬼】 名詞 ❶仏教《ぶっきょう》で、死《し》んでから地獄《じごく》に落《お》ちて、おなかをすかせて苦《くる》しんでいる人《ひと》。❷子供《こども》を悪《わる》くいう呼《よ》び方《かた》。例 餓鬼大将《だいしょう》。

かきあつめる【かき集める】 動詞 一《ひと》つのところに寄《よ》せ集《あつ》める。例 落《お》ち葉《ば》をかき集める。

かきあらためる【書き改める】 動詞 文章《ぶんしょう》などを書《か》き直《なお》す。書《か》きかえる。例 説明文《せつめいぶん》をわかりやすく書き改める。

かきあらわす【書き表す】 動詞 気持《きも》ちやようすを、文章《ぶんしょう》に書《か》いて表《あらわ》す。表現《ひょうげん》する。例 あの時《とき》の感動《かんどう》を作文《さくぶん》に書き表す。

かきいれどき【書き入れ時】 名詞 品物《しなもの》などがたくさん売《う》れて、もうけが多《おお》いとき。

ことば「帳簿《ちょうぼ》の書《か》き入《い》れにいそがしいとき」という意味《いみ》からきたことば。

かきうつす【書き写す】 動詞 文字《もじ》・文章《ぶんしょう》・絵《え》などを見《み》て、別《べつ》の紙《かみ》にそのとおりにかく。例 歌詞《かし》をノートに書き写す。

かきおき【書き置き】 名詞 動詞 ❶相手《あいて》がいないときなどに、用件《ようけん》を書《か》いて残《のこ》しておくこと。また、その手紙《てがみ》。❷死《し》ぬときや家出《いえで》するときなどに書《か》き残《のこ》しておく手紙《てがみ》。

かきおとす【書き落とす】 動詞 書《か》くべきことをぬかして書《か》く。例 氏名《しめい》を書き落とす。

かきおろし【書き下ろし】 名詞 前《まえ》に発表《はっぴょう》したものでなく、出版《しゅっぱん》したり上演《じょうえん》したりするために新《あたら》しく書《か》いた作品《さくひん》。

かきおろす【書き下ろす】 動詞 出版《しゅっぱん》したり上演《じょうえん》したりするために、小説《しょうせつ》や劇《げき》の台本《だいほん》などを新《あたら》しく書《か》く。例 ドラマの脚本《きゃくほん》を書き下ろす。

かきかえる【書き替える・書き換える】 動詞 ❶文章《ぶんしょう》などを書《か》き直《なお》す。書《か》き改《あらた》める。例 わかりにくい部分《ぶぶん》を易《やさ》しい表現《ひょうげん》に書き替える。❷古《ふる》い証書《しょうしょ》を新《あたら》しいものに作《つく》り直《なお》す。例 免許《めんきょ》証《しょう》を書き替える。

かきかた【書き方】 名詞 ❶字《じ》や文《ぶん》を書《か》く方法《ほうほう》。例 漢字《かんじ》の正《ただ》しい書き方。❷習字《しゅうじ》。書道《しょどう》。例 書き方の手本《てほん》を見《み》る。

かぎかっこ【かぎ括弧】 名詞 文章《ぶんしょう》の中《なか》で、会話《かいわ》や引用部分《いんようぶぶん》などにつける「　」や『　』の記号《きごう》。略《りゃく》して「かぎ」ともいう。

かきくわえる【書き加える】 動詞 すでに書《か》かれているものに、さらに足《た》して書《か》く。例 作文《さくぶん》に、その後《ご》の話《はなし》を書き加える。

かきけす【かき消す】 動詞 すっかり消《け》す。例 雑音《ざつおん》が声《こえ》をかき消した／かき消すように姿《すがた》が見《み》えなくなった。また、急《きゅう》に見《み》えなくする。

かきごおり【かき氷】 名詞 季語 夏 氷《こおり》を細《こま》かくけずって、シロップなどをかけた食《た》べ物《もの》。

かきことば【書き言葉】 名詞 文《ぶん》を書《か》くときに使《つか》うことば。対 話《はな》し言葉《ことば》。

かきこむ【書き込む】 動詞 書《か》き入《い》れる。記《き》入《にゅう》する。例 約束《やくそく》の時間《じかん》を手帳《てちょう》に書き込む。

かぎざき【かぎ裂き】 名詞 衣服《いふく》をくぎなどに引《ひ》っかけて、L字《エルじ》の形《かたち》にさくこと。また、そのさけ目《め》。

かきしぶ【柿渋】 名詞 しぶがきからとれる赤《あか》っぽい茶色《ちゃいろ》の液《えき》。防腐《ぼうふ》・防水《ぼうすい》のために紙《かみ》や木《き》などにぬる。

かきじゅん【書き順】 名詞 一《ひと》つの文字《もじ》を書《か》くときの順序《じゅんじょ》。筆順《ひつじゅん》。

かきしるす【書き記す】 動詞 書《か》きつける。書《か》いて記録《きろく》する。例 本《ほん》に名前《なまえ》を書き記す。

かきそえる【書き添える】 動詞 つけ加《くわ》えて書《か》く。書《か》き加《くわ》える。例 手紙《てがみ》にお年玉《としだま》へのお礼《れい》を書き添える。

かきぞめ【書き初め】 名詞 季語 新年 新年《しんねん》になって、初《はじ》めて筆《ふで》で字《じ》を書《か》く行事《ぎょうじ》。また、その

ことわざ　船頭多《せんどうおお》くして船山《ふねやま》に登《のぼ》る　船頭《せんどう》が何人《なんにん》もいてそれぞれが命令《めいれい》をしたら、船《ふね》は山《やま》に登《のぼ》るようなと

ときに書《か》いたもの。ふつう、正月二日《しょうがつふつか》に行《おこな》う。

がきだいしょう【餓鬼大将】 名詞 いたずらっ子《こ》たちの中《なか》の親分《おやぶん》。

かきだし【書き出し】 名詞 文章《ぶんしょう》の書《か》き始《はじ》めのところ。

かきたす【書き足す】 動詞 足《た》りないところをつけ足《た》して書《か》く。書《か》き加《くわ》える。例 昨日《きのう》の作文《ぶん》に文《ぶん》を一《ひと》つ書き足す。

かきだす【書き出す】 動詞
❶書《か》き始《はじ》める。
❷必要《ひつよう》な部分《ぶぶん》を、ぬき出《だ》して書《か》く。例 意味《いみ》のわからないことばを書き出す。

かきたてる【かき立てる】 動詞
❶勢《いきお》いよくかき回《まわ》す。例 いろりの火《ひ》を火《ひ》ばしでかき立てる。
❷心《こころ》を刺激《しげき》して、ある気持《きも》ちを強《つよ》くわき上《あ》がらせる。例 好奇心《こうきしん》がかき立てられる。

かきたてる【書き立てる】 動詞
❶目立《めだ》つように、さかんに書《か》く。例 新聞《しんぶん》や雑誌《ざっし》がその事件《じけん》を書き立てた。
❷一《ひと》つ一《ひと》つ書《か》き並《なら》べる。
使い方 ❶は、あまりよい意味《いみ》には使《つか》われない。

かきちらす【書き散らす】 動詞
❶思《おも》いつくまま、どんどん書《か》く。例 紙《かみ》に思《おも》ったことを書き散らす。
❷あちこちに書《か》く。例 かべにいたずら書《が》きが書き散らしてある。

かきつけ【書き付け】 名詞
❶あることがらを書《か》いたもの。
❷かかったお金《かね》を細《こま》かく書《か》いてあるもの。勘定《かんじょう》書《が》き。

かきつける【書き付ける】 動詞
❶忘《わす》れないように、書《か》いておく。書《か》き留《と》める。例 予定《よてい》をカレンダーに書き付ける。
❷いつも書《か》いていて慣《な》れている。書《か》き慣《な》れる。例 漢字《かんじ》は書き付けていないと忘《わす》れる。

かぎつける【嗅ぎ付ける】 動詞
❶においをかいで物《もの》を見《み》つけ出《だ》す。例 ねこが魚《さかな》のにおいを嗅ぎ付ける。
❷人《ひと》がかくしているものごとを、さがして見《み》つけ出《だ》す。例 秘密《ひみつ》の場所《ばしょ》を嗅ぎ付けた。

かぎって【限って】 (「…に限《かぎ》って」の形《かたち》で)…だけは。また、いつもとちがって…だけとくに。例 妹《いもうと》に限ってそんなことはしない/今日《きょう》に限って雨《あめ》が降《ふ》るとは残念《ざんねん》だ。使い方 あとに「ない」などのことばがくることが多《おお》い。

かきつばた 名詞 季語 夏 あやめのなかまの草花《くさばな》。しめった土地《とち》に生《は》え、初夏《しょか》に紫色《むらさきいろ》の大《おお》きな花《はな》がさく。

かきつばた

かきつらねる【書き連ねる】 動詞 書《か》き並《なら》べる。長々《ながなが》と書《か》く。例 会員《かいいん》の名《な》を書き連ねる。

かきて【書き手】 名詞
❶文字《もじ》・文章《ぶんしょう》・絵《え》などをかく人《ひと》。また、かいた人《ひと》。対 読《よ》み手《て》。
❷文字《もじ》・文章《ぶんしょう》・絵《え》などをかくのがうまい人《ひと》。例 このコラムの筆者《ひっしゃ》はなかなかの書き手だ。

かきとめ【書留】 名詞 手紙《てがみ》などがまちがいなく届《とど》くように、帳簿《ちょうぼ》に記録《きろく》して特別《とくべつ》にあつかう郵便《ゆうびん》。「書留郵便《かきとめゆうびん》」の略《りゃく》。使い方「書き留」と書《か》かないよう注意《ちゅうい》。

かきとめゆうびん【書留郵便】 ⇩240ジベー かきとめ

かきとめる【書き留める】 動詞 あとで見《み》るために、書《か》いて残《のこ》しておく。例 友《とも》だちの電話《でんわ》番号《ばんごう》を書き留める。

かきとり【書き取り】 名詞
❶書《か》き写《うつ》すこと。
❷読《よ》み上《あ》げられたことばや、かなで書《か》かれたことばを正《ただ》しい漢字《かんじ》で書《か》くこと。例 漢字《かんじ》の書き取りのテスト。

かぎとる【嗅ぎ取る】 動詞
❶においを感《かん》じとる。
❷ようすや雰囲気《ふんいき》から、あることに気《き》がつく。例 危険《きけん》を嗅ぎ取る。

かきなおす【書き直す】 動詞 まちがいを直《なお》したり、よりよいものにしたりするために、もう一度《いちど》書《か》く。書《か》きかえる。例 手紙《てがみ》を書き直す。

かきながす【書き流す】 動詞 あまり考《かんが》えずに、さらさらと書《か》く。例 思《おも》いつきを書き流す。

かきなぐる【書きなぐる】 動詞 乱暴《らんぼう》に書《か》く。例 ノートいっぱいに文字《もじ》を書きなぐる。

かきならす【かき鳴らす】 動詞 ギターなどの弦楽器《げんがっき》を、指先《ゆびさき》でかくようにして鳴《な》らす。

がよい。

かきぬく【書き抜く】 動詞 文《ぶん》の中《なか》の一部分《いちぶぶん》をぬき出《だ》して書《か》く。例 詩《し》の一節《いっせつ》を書き抜く。

かきね【垣根】 名詞 家《いえ》や庭《にわ》のまわりを囲《かこ》ってある仕切《しき》り。かき。

かきのこす【書き残す】 動詞
❶書《か》いて、後《あと》に残《のこ》す。例 行《い》き先《さき》を書き残す。
❷書《か》くべきことを書《か》き終《お》わらないまま、残《のこ》す。例 時間《じかん》が足《た》りなくて、作文《さくぶん》を書き残した。

かぎのて【かぎの手】 名詞 ほぼ直角《ちょっかく》に曲《ま》がっていること。また、その形《かたち》。例 かぎの手になった道《みち》。

かきのもとのひとまろ【柿本人麻呂】 名詞 （七〇〇ごろ）飛鳥時代《あすかじだい》の歌人《かじん》。朝廷《ちょうてい》に仕《つか》え、すぐれた和歌《わか》を数多《かずおお》く残《のこ》した。「万葉集《まんようしゅう》」の代表的《だいひょうてき》な歌人《かじん》として知《し》られる。

かきぶり【書きぶり】 名詞 字《じ》や文章《ぶんしょう》などの書《か》き方《かた》。例 喜《よろこ》びが文《ぶん》の書きぶりに表《あらわ》れている。

かきまぜる【かき混ぜる】 動詞 かき回《まわ》して混《ま》ぜる。例 ココアをスプーンでかき混ぜる。

かきまわす【かき回す】 動詞
❶手《て》や棒《ぼう》などを入《い》れて、中《なか》の物《もの》を回《まわ》す。例 おふろの湯《ゆ》をかき回す。
❷中《なか》の物《もの》をごちゃごちゃにする。例 たんすの中《なか》をかき回してさがす。
❸わざと混乱《こんらん》させる。例 クラスの中《なか》をかき回す。

かきみだす【かき乱す】 動詞 めちゃくちゃにして、混乱《こんらん》させる。例 会議《かいぎ》をかき乱す。

かきむしる 動詞 激《はげ》しくひっかく。指先《ゆびさき》で、続《つづ》けて強《つよ》くかく。例 かみの毛《け》をかきむしる。

かきもの【書き物】 名詞
❶字《じ》や文章《ぶんしょう》を書《か》いたもの。書類《しょるい》。
❷文章《ぶんしょう》を書《か》くこと。例 部屋《へや》で書き物をする。

かきゃくせん【貨客船】 名詞 旅客《りょかく》も乗《の》せられる貨物船《かもつせん》。

かきゅう【下級】 名詞 学年《がくねん》や位《くらい》、等級《とうきゅう》などが下《した》であること。例 下級生《せい》。対 上級《じょうきゅう》。

かきゅう【火急】 名詞 形容動詞 非常《ひじょう》に急《いそ》ぐこと。例 火急の用事《ようじ》ができた。類 至急《しきゅう》。

かきゅうせい【下級生】 名詞 自分《じぶん》より学年《がくねん》が下《した》の児童《じどう》・生徒《せいと》・学生《がくせい》。対 上級生《じょうきゅうせい》。

かきょう【華きょう】 名詞 外国《がいこく》に住《す》む中国人《ちゅうごくじん》。とくに、中国《ちゅうごく》の国籍《こくせき》を持《も》ったままの人《ひと》をいう。

かぎょう【家業】 名詞 暮《く》らしていくための仕事《しごと》として、その家《いえ》が代々《だいだい》行《おこな》っている職業《しょくぎょう》。例 家業の旅館《りょかん》をつぐ。

かきょく【歌曲】 名詞 声楽《せいがく》のために作《つく》られた曲《きょく》。

かきよせる【かき寄せる】 動詞 自分《じぶん》のほうに寄《よ》せ集《あつ》める。かき集《あつ》める。

かぎり【限り】 名詞
❶区切《くぎ》り。終《お》わり。境《さかい》。例 限りある資源《しげん》。
❷ありったけ。全部《ぜんぶ》。例 力《ちから》の限り応援《おうえん》する。
❸…で最後《さいご》。…だけ。例 一学期《いちがっき》も今日《きょう》限りだ。
❹…の間《あいだ》。例 勉強《べんきょう》しない限りは合格《ごうかく》できない。

かぎりない【限りない】 形容詞
❶終《お》わりがない。果《は》てしがない。例 限りなく続《つづ》く青空《あおぞら》。
❷これ以上《いじょう》のものがない。最高《さいこう》の。この上《うえ》ない。例 限りない喜《よろこ》びを感《かん》じる。

かぎる【限る】 動詞
❶区切《くぎ》りや範囲《はんい》を決《き》める。例 入場人数《にゅうじょうにんずう》を限る／使用時間《しようじかん》を限る。
❷（「…に限《かぎ》る」の形《かたち》で）いちばんよい。例 暑《あつ》いときはプールで泳《およ》ぐに限る。
❸（「…に限《かぎ》って」の形《かたち》で）…だけは。例 うちの犬《いぬ》に限ってそんないたずらはしない。
❹（「…とは限《かぎ》らない」「…に限《かぎ》らず」などの形《かたち》で）必《かなら》ずしも…ではない。…ばかりではない。例 梅雨《つゆ》でも毎日《まいにち》が雨《あめ》とは限らない／きみに限らず、だれもが夏休《なつやす》みは楽《たの》しみだ。
漢 ↓ 429ページ《ジ》 げん〔限〕

かきわける【かき分ける】 動詞 左右《さゆう》におし分《わ》ける。例 人々《ひとびと》をかき分けて外《そと》に出《で》る。

かきわける【書き分ける】 動詞 区別《くべつ》して書《か》く。例 小説《しょうせつ》の登場人物《とうじょうじんぶつ》の性格《せいかく》を書き分ける。

かぎわける【嗅ぎ分ける】 動詞 においをかいで、物《もの》を区別《くべつ》する。例 犬《いぬ》はいろいろなものを嗅ぎ分けることができる。

かく 動詞
❶つめや指先《ゆびさき》でこする。例 頭《あたま》をかく。
❷おしのけたり、寄《よ》せ集《あつ》めたりする。例 シャベルで雪《ゆき》をかく。
❸切《き》ったりけずっ

かく❷

ことわざ **善《ぜん》は急《いそ》げ**　よいと思《おも》うことは、気《き》が変《か》わったりじゃまが入《はい》ったりする前《まえ》に、すぐ実行《じっこう》に移《うつ》すのたりする。例 氷《こおり》をかいてシロップをかける。❹あるものが表《おもて》に出《で》る。例 あせをかく／いびきをかく／べそをかく／はじをかく。

漢 **かく【各】**〔口《くち》〕6画 4年 音 カク 訓 おのおの

ノ ク 夂 夂 各 各（夕としない）

それぞれ。めいめい。例 各位《かくい》／各自《かくじ》／各種《かくしゅ》／各地《かくち》／各国《かっこく》。

かく【角】 名詞 ❶かどばった形《かたち》。とくに、四角形《しかくけい》。例 角砂糖《かくざとう》。❷算数《さんすう》で、二本《にほん》の直線《ちょくせん》が交《まじ》わってできる図形《ずけい》。❸将棋《しょうぎ》のこまの一《ひと》つ。

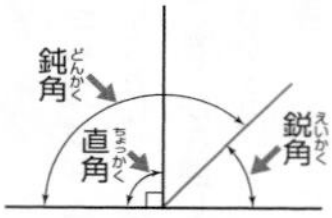

かく【角】❷

漢 **かく【角】**〔角《つの》〕7画 2年 音 カク 訓 かど・つの

ノ ク 𠂊 角 角 角 角（かるくはらう・はねる・つきださない）

❶つの。動物《どうぶつ》の頭《あたま》にかたくつき出《で》たもの。例 触角《しょっかく》／角笛《つのぶえ》。❷かど。とがったところ。例 角材《かくざい》／角柱《かくちゅう》／町角《まちかど》。❸二本《にほん》の直線《ちょくせん》が交《まじ》わってできる図形《ずけい》。例 角度《かくど》／三角《さんかく》。

かく【画】 漢 ↓217ページ が【画】

漢 **かく【拡】**〔扌《てへん》〕8画 6年 音 カク

一 扌 扌 扌 扩 扩 拡 拡（はねる・とめる）

ひろげる。ひろがる。例 拡散《かくさん》／拡声器《かくせいき》／拡大《かくだい》。

かく【客】 漢 ↓342ページ きゃく【客】

漢 **かく【革】**〔革《つくりがわ》〕9画 6年 音 カク 訓 かわ

一 十 廾 廿 芇 芇 苩 莒 革（よこぼうをわすれないように・つきだす）

❶あらためる。あらたまる。例 革新《かくしん》／革命《かくめい》／改革《かいかく》／変革《へんかく》。❷なめしがわ。例 革靴《かわぐつ》。

かく【格】 名詞 地位《ちい》や身分《みぶん》、価値《かち》などの位置《いち》づけ。例 対戦相手《たいせんあいて》との格《かく》のちがいを感《かん》じる。

漢 **かく【格】**〔木《きへん》〕10画 5年 音 カク・コウ

一 十 才 木 杓 枚 柊 柊 格 格

❶きまり。規則《きそく》。例 格式《かくしき》／規格《きかく》／合格《ごうかく》。❷程度《ていど》。みぶん。例 格調《かくちょう》／資格《しかく》／人格《じんかく》。❸かたち。例 格子《こうし》／骨格《こっかく》。❹手《て》でうつ。例 格闘《かくとう》。

かく【核】 名詞 ❶植物《しょくぶつ》の種《たね》を包《つつ》んでいる、かたいから。❷ものごとの中心《ちゅうしん》となる部分《ぶぶん》。例 細胞核《さいぼうかく》／チームの核《かく》となる選手《せんしゅ》。❸「原子核《げんしかく》」「核兵器《かくへいき》」の略《りゃく》。例 核分裂《かくぶんれつ》。

漢 **かく【覚】**〔見《みる》〕12画 4年 音 カク 訓 おぼえる・さます・さめる

丶 ⺍ 𭕄 ⺌ 𫝀 覚 覚 覚（ツとしない・上へはねる）

❶かんじる。かんづく。例 感覚《かんかく》／視覚《しかく》／知覚《ちかく》／味覚《みかく》。❷目《め》がさめる。さとる。例 覚悟《かくご》／自覚《じかく》／先覚者《せんかくしゃ》／目覚《めざ》まし時計《どけい》。❸おぼえる。記憶《きおく》する。例 物覚《ものおぼ》え。

漢 **かく【閣】**〔門《もんがまえ》〕14画 6年 音 カク

丨 𠃌 門 門 門 閂 閃 閣（とめる・はねる）

❶高《たか》いたてもの。例 天守閣《てんしゅかく》。❷政府《せいふ》の中心《ちゅうしん》となる役所《やくしょ》。例 閣議《かくぎ》／内閣《ないかく》。

漢 **かく【確】**〔石《いしへん》〕15画 5年 音 カク 訓 たしか・たしかめる

一 ア 石 矿 砟 砟 碓 確（はねる・つきだす）

❶たしか。まちがいがない。例 確実《かくじつ》／確認《かくにん》／正確《せいかく》。❷しっかりしてぐらつかない。例 確信《かくしん》／確保《かくほ》／確約《かくやく》／確立《かくりつ》。

かく【欠く】 動詞 ❶一部《いちぶ》をこわす。例 茶《ちゃ》わんを欠《か》く。❷必要《ひつよう》なことが足《た》りない。必要《ひつよう》なものをぬかす。例 注意《ちゅうい》を欠《か》く／生《い》き物《もの》にとって、水《みず》は欠《か》くことができないものだ。漢 ↓421ページ けつ【欠】

かく【書く】 動詞 ❶文字《もじ》を、目《め》に見《み》える形《かたち》にして表《あらわ》す。❷文章《ぶんしょう》を作《つく》る。例 感想文《かんそうぶん》を書《か》く。漢 ↓627ページ しょ【書】

かく【描く】 動詞 絵《え》や図《ず》を表《あらわ》す。えがく。

かぐ【家具】 名詞 たんす・机《つくえ》など、家《いえ》の中《なか》に備《そな》えつけて使《つか》う道具《どうぐ》。ことば ふだんは置《お》き場所《ばしょ》を変《か》えないで使《つか》う、大《おお》きなもののことをいう。また、洗濯機《せんたくき》や冷蔵庫《れいぞうこ》などの電化製品《でんかせいひん》はふくまないのがふつう。

かぐ【嗅ぐ】 動詞 においを鼻《はな》で感《かん》じとる。

たかかわりも、ただの偶然《ぐうぜん》ではなく、生《う》まれる前《まえ》からのめぐり合《あ》わせによるものだということ。

がく 名詞 花《はな》びらの外側《そとがわ》にあって、花《はな》を支《ささ》え守《まも》る役目《やくめ》をするもの。図⬇1068ページ はな〔花〕

がく【学】 名詞 学問《がくもん》。知識《ちしき》。例 学を修《おさ》める／学がある人《ひと》。

㊥ **がく【学】〔子《こ》〕** 8画 1年 音 ガク 訓 まなぶ

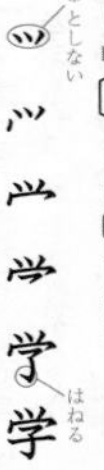

❶まなぶ。ならいおぼえる。例 学習《がくしゅう》／見学《けんがく》。❷がくもん。知識《ちしき》。例 学識《がくしき》／科学《かがく》。❸まなびや。まなぶところ。例 学校《がっこう》／在学《ざいがく》／進学《しんがく》／大《だい》学《がく》／入学《にゅうがく》。

㊥ **がく【楽】〔木《き》〕** 13画 2年 音 ガク・ラク 訓 たのしい・たのしむ

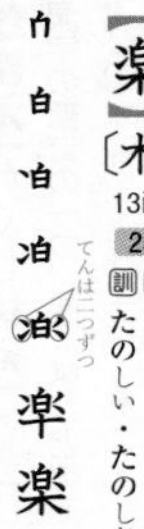

❶（「ガク」と読《よ》んで）おんがく。例 楽隊《がくたい》／楽《がく》団《だん》／楽器《がっき》。❷（「ラク」と読《よ》んで）たのしい。例 楽園《らくえん》／行楽《こうらく》／極楽《ごくらく》／娯楽《ごらく》。❸（「ラク」と読《よ》んで）たやすい。例 楽勝《らくしょう》。❹（「ラク」と読《よ》んで）しばいやすもうの終《お》わりの日《ひ》。例 千秋楽《せんしゅうらく》。

がく【額】 名詞 ❶お金《かね》の量《りょう》。例 額が大《おお》きい。❷絵《え》や写真《しゃしん》などを入《い》れてかべなどにかけるもの。例 賞状《しょうじょう》を額に入《い》れてかざる。

㊥ **がく【額】〔頁《おおがい》〕** 18画 5年 音 ガク 訓 ひたい

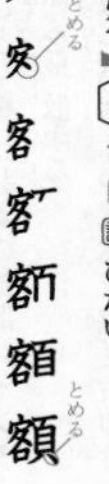

❶ひたい。例 前額《ぜんがく》／額《ひたい》を集《あつ》める。❷分量《ぶんりょう》。お金《かね》の量《りょう》。例 額面《がくめん》／金額《きんがく》／差額《さがく》／全額《ぜんがく》／半額《はんがく》。❸がく。絵《え》や書《しょ》を入《い》れてかべにかけるもの。例 額縁《がくぶち》。

かくあげ【格上げ】 名詞 動詞 地位《ちい》や等級《とうきゅう》などを上《あ》げること。例 同好会《どうこうかい》を部《ぶ》に格上げする。類 昇格《しょうかく》。対 格下《かくさ》げ。

かくい【各位】 名詞 多《おお》くの人《ひと》のひとりひとりを尊敬《そんけい》していうことば。みなさまがた。例 参《さん》加者《かしゃ》各位におかれましては…。

がくい【学位】 名詞 大学《だいがく》に出《だ》した論文《ろんぶん》が、すぐれた研究《けんきゅう》であると認《みと》められた人《ひと》におくられる呼《よ》び名《な》。学士《がくし》・修士《しゅうし》・博士《はくし》がある。

かくいつてき【画一的】 形容動詞 どれもみんな同《おな》じようであるようす。一《ひと》つ一《ひと》つの特徴《とくちょう》やちがいを無視《むし》するようす。例 画一的な文章《ぶんしょう》／患者《かんじゃ》を画一的にあつかうことはできない。

かくう【架空】 名詞 頭《あたま》の中《なか》で想像《そうぞう》してつくり出《だ》すこと。例 架空の物語《ものがたり》。対 実在《じつざい》。

がくえん【学園】 名詞 学校《がっこう》。参考 私立《しりつ》の学校《がっこう》の名《な》まえに使《つか》うことが多《おお》い。また、小学校《しょうがっこう》・中学校《ちゅうがっこう》・高校《こうこう》・大学《だいがく》などのいくつかが合《あ》わさったものが多《おお》い。

かくかぞく【核家族】 名詞 夫婦《ふうふ》と、まだ結《けっ》婚《こん》していないその子供《こども》だけの家族《かぞく》。

かくぎ【閣議】 名詞 大臣《だいじん》たちが集《あつ》まって政治《せいじ》の話《はな》し合《あ》いをする会議《かいぎ》。

がくぎょう【学業】 名詞 学校《がっこう》の勉強《べんきょう》。例 学業にはげむ。

がくげい【学芸】 名詞 学問《がくもん》と芸術《げいじゅつ》。

がくげいいん【学芸員】 名詞 博物館《はくぶつかん》や美術《びじゅつ》館《かん》で、資料《しりょう》について研究《けんきゅう》したり、資料《しりょう》を集《あつ》めて展示《てんじ》をしたりする専門《せんもん》の職員《しょくいん》。

がくげいかい【学芸会】 名詞 学校《がっこう》で、児童《じどう》や生徒《せいと》が劇《げき》や歌《うた》などを発表《はっぴょう》する会《かい》。

かくげつ【隔月】 名詞 一月《ひとつき》おき。例 隔月で委《い》員会《いんかい》を開《ひら》く／隔月刊《かん》の雑誌《ざっし》。

かくげん【格言】 名詞 昔《むかし》から伝《つた》わる、世《よ》の中《なか》で暮《く》らすための教《おし》えやいましめなどを表《あらわ》した短《みじか》いことば。「時《とき》は金《かね》なり」「急《いそ》がば回《まわ》れ」など。類 金言《きんげん》。ことわざ。

かくご【覚悟】 名詞 動詞 そのことからにげないで向《む》かっていこう、と心《こころ》を決《き》めること。心《こころ》構《がま》えをすること。例 覚悟を決《き》めて戦《たたか》う。

かくさ【格差】 名詞 価格《かかく》・資格《しかく》・等級《とうきゅう》などのちがい。差《さ》。例 賃金《ちんぎん》格差。

かくざい【角材】 名詞 切《き》り口《くち》が四角《しかく》い木材《もくざい》。

かくさく【画策】 名詞 動詞 計画《けいかく》を立《た》てること。また、その計画《けいかく》を実行《じっこう》すること。例 弟《おとうと》がまたいたずらを画策しているらしい。使い方 よくない計画《けいかく》について使《つか》うことが多《おお》い。

かくさげ【格下げ】 名詞 動詞 地位《ちい》や等級《とうきゅう》などを下《さ》げること。例 レギュラーから補欠《ほけつ》に格下げする。類 降格《こうかく》。対 格上《かくあ》げ。

かくざとう【角砂糖】 名詞 小《ちい》さな四角《しかく》い形《かたち》に固《かた》めた砂糖《さとう》。例 紅茶《こうちゃ》に角砂糖を一《ひと》つ入《い》れる。

かくさん【拡散】 名詞 動詞 ❶広《ひろ》がって、散《ち》らばること。また、広《ひろ》く行《い》きわ

ことわざ　袖振《そでふ》り合《あ》うも他生《たしょう》の縁《えん》　道《みち》ですれちがう人《ひと》と着物《きもの》のそでがふれ合《あ》うほどのほんのちょっとし

たらせること。例 核兵器《かくへいき》の拡散／インターネットで情報《じょうほう》を拡散する。❷二種類以上《にしゅるいいじょう》の液体《えきたい》や気体《きたい》を混《ま》ぜ合《あ》わせたとき、全体《ぜんたい》が均一《きんいつ》になること。

かくじ【各自】 名詞 ひとりひとり。めいめい。おのおの。例 昼食《ちゅうしょく》は各自持参《じさん》する。類 各人《かくじん》。

がくし【学士】 名詞 大学《だいがく》の学部《がくぶ》を卒業《そつぎょう》した人《ひと》にあたえられる呼《よ》び名《な》。

がくし【学資】 名詞 学校《がっこう》に通《かよ》って勉強《べんきょう》をするために必要《ひつよう》なお金《かね》。類 学費《がくひ》。

かくしえ【隠し絵】 名詞 絵《え》の中《なか》に、よく見《み》ないとわからないように工夫《くふう》して、ほかの絵《え》をかきこんだもの。

かくしがまえ【かくし構え】 名詞 「匸」の漢字《かんじ》の部首《ぶしゅ》の一《ひと》つ。医・区などの漢字《かんじ》を作《つく》る。参考 「匚」は本来《ほんらい》は「はこがまえ」という部首《ぶしゅ》。「かくしがまえ」はもとは「匸」の形《かたち》だったが、今《いま》は「匚」の形《かたち》になっている。

かくしき【格式】 名詞 身分《みぶん》や家《いえ》がらなどにもとづいた、生活上《せいかつじょう》の決《き》まりや礼儀作法《れいぎさほう》。例 格式の高《たか》い家《いえ》。

がくしき【学識】 名詞 学問《がくもん》をして身《み》につけた、知識《ちしき》や考《かんが》える力《ちから》。例 学識豊《ゆた》かな人《ひと》。

かくしきばる【格式張る】 動詞 礼儀《れいぎ》や作法《さほう》などを大切《たいせつ》に考《かんが》えて、かた苦《くる》しく行動《こうどう》する。例 格式張ったあいさつをかわす。

かくしげい【隠し芸】 名詞 ふだん人前《ひとまえ》ではしないで、宴会《えんかい》などのときにやって見《み》せる芸《げい》。

かくしごと【隠し事】 名詞 人《ひと》に知《し》られないように秘密《ひみつ》にしておくこと。また、その秘密《ひみつ》。

かくしだて【隠しだて】 名詞 動詞 かくして人《ひと》に知《し》られないようにすること。例 隠しだてせず、なんでも話《はな》し合《あ》おう。

かくじつ【隔日】 名詞 一日《いちにち》おき。例 この売店《ばいてん》は隔日で営業《えいぎょう》している。

かくじつ【確実】 形容動詞 確《たし》かで、まちがいがないようす。例 確実に覚《おぼ》える／成功《せいこう》は確実だ。

かくじっけん【核実験】 名詞 原子爆弾《げんしばくだん》や水《すい》素爆弾《そばくだん》の性能《せいのう》を調《しら》べる実験《じっけん》。

がくしゃ【学者】 名詞 ❶学問《がくもん》の研究《けんきゅう》を仕事《しごと》とする人《ひと》。❷いろいろなことをよく知《し》っている人《ひと》。例 あの人《ひと》はなかなかの学者だ。

かくしゅ【各種】 名詞 いろいろな種類《しゅるい》。さまざま。例 店《みせ》には各種の製品《せいひん》がそろっていた。

かくしゅう【隔週】 名詞 一週間《いっしゅうかん》おき。例 隔週の土曜日《どようび》にサッカーの試合《しあい》がある。

かくじゅう【拡充】 名詞 動詞 設備《せつび》やしくみなどを大《おお》きくして、内容《ないよう》を豊《ゆた》かにすること。例 理科《りか》の実験設備《じっけんせつび》が拡充された。

がくしゅう【学習】 名詞 動詞 学《まな》ぶこと。学校《がっこう》などで勉強《べんきょう》すること。例 かけ算《ざん》を学習する。

がくしゅうかんじ【学習漢字】 ➡354ページ《ジ》 きょういくかんじ

がくしゅうしどうようりょう【学習指導要領】 名詞 小《しょう》・中《ちゅう》・高等学校《こうとうがっこう》、特別支援学校《とくべつしえんがっこう》などで学《まな》ぶ内容《ないよう》や授業時間《じゅぎょうじかん》などを定《さだ》めたもの。教科書《きょうかしょ》を編集《へんしゅう》するときの基準《きじゅん》にもなる。

がくしゅうしょうがい【学習障害】 名詞 発達障害の一つ。知能《ちのう》の発達《はったつ》におくれはないが、聞《き》く、話《はな》す、読《よ》む、書《か》く、計算《けいさん》する、推論《すいろん》するといった能力《のうりょく》のうち、特定《とくてい》の分野《ぶんや》で学習《がくしゅう》のおくれが見《み》られる状態《じょうたい》。「LD《エルディー》」ともいう。

がくじゅつ【学術】 名詞 ❶学問《がくもん》。とくに、専門的《せんもんてき》な学問《がくもん》。例 学術書《しょ》。❷学問《がくもん》と芸術《げいじゅつ》。

がくじゅつようご【学術用語】 名詞 学問《がくもん》や技術《ぎじゅつ》などの研究《けんきゅう》で使《つか》われる、それぞれの分《ぶん》野《や》の専門《せんもん》のことば。術語《じゅつご》。

かくしょう【確証】 名詞 確《たし》かな証拠《しょうこ》。例 あの人《ひと》が犯人《はんにん》だという確証をつかむ。

がくしょう【楽章】 名詞 交響曲《こうきょうきょく》やソナタなどの長《なが》い曲《きょく》の、大《おお》きなひと区切《くぎ》り。

かくしん【革新】 名詞 動詞 これまでの古《ふる》い考《かんが》え方《かた》ややり方《かた》をかえて、新《あたら》しくすること。例 技術《ぎじゅつ》を革新する。対 保守《ほしゅ》。

かくしん【核心】 名詞 ものごとの中心《ちゅうしん》となる大事《だいじ》な部分《ぶぶん》。例 話《はなし》の核心にふれる。

かくしん【確信】 名詞 動詞 確《たし》かにそうだと心《こころ》から信《しん》じること。例 勝利《しょうり》を確信する。

かくじん【各人】 名詞 ひとりひとり。おのおの。例 参加《さんか》については各人の自由《じゆう》だ。類 各自《かくじ》。

かくじんかくよう【各人各様】 名詞 ひとりひとりがそれぞれちがっているようす。例 服装《ふくそう》の好《この》みは各人各様だ。

かくしんてき【革新的】 形容動詞 今《いま》までのやり方《かた》や考《かんが》え方《かた》などをかえて、新《あたら》しくしようとす

関係《かんけい》もないことのたとえ。また、気《き》にかけないようすのたとえ。

るようす。例 革新的なとりくみ。対 保守的《ほしゅてき》。

かくす【隠す】 動詞 ものごとを人《ひと》に見《み》られたり、知《し》られたりしないようにする。例 失敗《しっぱい》を隠す。

かくすい【角すい】 名詞 底面《ていめん》が多角形《たかくけい》、側面《そくめん》が三角《さんかく》形《けい》で、先《さき》がとがっている立《りっ》体《たい》。底面《ていめん》の形《かたち》により「三角《さんかく》すい」「四角《しかく》すい」などという。関連 円《えん》すい。図→686ジ《ペー》ずけい

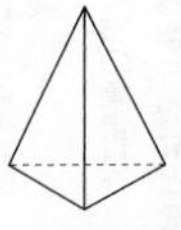
かくすい

かくすう【画数】 名詞 漢字《かんじ》を組《く》み立《た》てている一《ひと》つ一《ひと》つの線《せん》や点《てん》の数《かず》。一筆《ひとふで》で書《か》く線《せん》や点《てん》を一《いっ》画《かく》と数《かぞ》える。たとえば「本」の画数《かくすう》は五画《ごかく》。

かくする【画する】 動詞 はっきりと区別《くべつ》する。例 一線《いっせん》を画する。使い方「がする」と読《よ》まないよう注意《ちゅうい》。

がくせい【学生】 名詞 学校《がっこう》へ行《い》って勉強《べんきょう》している人《ひと》。とくに、大学生《だいがくせい》。

がくせい【学制】 名詞 学校《がっこう》教育《きょういく》に関《かん》する制《せい》度《ど》。

がくせい【楽聖】 名詞 たいへんすぐれた音楽《おんがく》家《か》。

かくせいき【拡声器】 名詞 遠《とお》くまで聞《き》こえるよう、電気《でんき》を使《つか》って音《おと》や声《こえ》を大《おお》きくする器械《きかい》。

かくせいざい【覚醒剤】 名詞 脳《のう》を興奮《こうふん》させて、一時的《いちじてき》につかれをおさえる、ねむ気《け》をなくすなどの作用《さよう》のある薬《くすり》。中毒《ちゅうどく》を起《お》こすため、法律《ほうりつ》で販売《はんばい》や使用《しよう》が厳《きび》しく制限《せいげん》されている。

がくせいふく【学生服】 名詞 学生《がくせい》・生徒《せいと》の制服《せいふく》。とくに、男子生徒《だんしせいと》の、黒地《くろじ》・つめえり・長《なが》そで長《なが》ズボンの制服《せいふく》。

がくせつ【学説】 名詞 学問上《がくもんじょう》の意見《いけん》。

かくだい【拡大】 名詞 動詞 広《ひろ》げて大《おお》きくすること。また、大《おお》きくなること。例 拡大図《ず》／被《ひ》害《がい》が拡大する。対 縮小《しゅくしょう》。

がくたい【楽隊】 名詞 いっしょに音楽《おんがく》を演奏《えんそう》するための集《あつ》まり。おもに、らっぱ・笛《ふえ》・太鼓《たいこ》などの楽器《がっき》を使《つか》うもののこと。類 楽団《がくだん》。

かくだいきょう【拡大鏡】 名詞 とつレンズを使《つか》って、小《ち》さいものを大《おお》きく見《み》せる道具《どうぐ》。虫《むし》めがねやルーペなど。

かくだいず【拡大図】 名詞 もとの形《かたち》を変《か》えないで、大《おお》きさを広《ひろ》げてかいた図《ず》。対 縮図《しゅくず》。

かくだん【格段】 名詞 ものごとの程度《ていど》に大《おお》きなちがいがあること。段《だん》ちがいであること。例 去年《きょねん》に比《くら》べて格段の進歩《しんぽ》がある。類 格別《かくべつ》。

がくだん【楽団】 名詞 いっしょに音楽《おんがく》を演奏《えんそう》するための集《あつ》まり。類 楽隊《がくたい》。

かくち【各地】 名詞 あちらこちらの土地《とち》。例 全国《ぜんこく》各地の代表《だいひょう》。

かくちゅう【角柱】 名詞 ❶四角《しかく》い柱《はしら》。❷上《うえ》の面《めん》と底《そこ》の面《めん》が形《かたち》も大《おお》きさも同《おな》じ多角形《たかくけい》で、その二《ふた》つが平行《へいこう》になっている立体《りったい》。底面《ていめん》の形《かたち》により「三角柱《さんかくちゅう》」「五角《ごかく》柱《ちゅう》」などという。関連 円柱《えんちゅう》。図→686ジ《ペー》ずけい

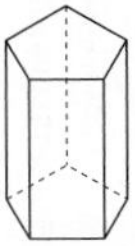
かくちゅう❷

かくちょう【拡張】 名詞 動詞 範囲《はんい》や勢力《せいりょく》などを広《ひろ》げて大《おお》きくすること。例 道路《どうろ》を拡張する。

かくちょう【格調】 名詞 文章《ぶんしょう》・詩歌《しいか》・音楽《おんがく》・絵画《かいが》などが持《も》っている、りっぱで気品《きひん》がある感《かん》じ。例 格調の高《たか》い歌《うた》。

がくちょう【学長】 名詞 その大学《だいがく》でもっとも責任《せきにん》のある役《やく》の人《ひと》。

かくて 接続詞 このようにして。こうして。例 かくて争《あらそ》いは終結《しゅうけつ》した。使い方 文章《ぶんしょう》の中《なか》やあらたまったところで使《つか》うことが多《おお》い。

かくてい【確定】 名詞 動詞 はっきり決《き》まること。また、決《き》めること。例 旅行《りょこう》の日程《にってい》が確定する／決勝進出《けっしょうしんしゅつ》が確定する。類 決定《けってい》。

カクテル（cocktail） 名詞 ❶何種類《なんしゅるい》かの洋酒《ようしゅ》やジュースなどをまぜ合《あ》わせて作《つく》った飲《の》み物《もの》。❷いろいろなものをまぜ合《あ》わせたもの。例 フルーツカクテル。

がくてん【楽典】 名詞 楽譜《がくふ》を読《よ》み書《か》きするのに必要《ひつよう》な規則《きそく》。また、その規則《きそく》を書《か》いた本《ほん》。

かくど【角度】 名詞 ❶二《ふた》つの直線《ちょくせん》が交《まじ》わってできる角《かく》の開《ひら》き具合《ぐあい》。単位《たんい》は「度《ど》」。教科 算 たとえば、正三角形《せいさんかくけい》の一《ひと》つの角《かく》の角度《かくど》は六〇度《ど》。❷ものごとを見《み》る立場《たちば》。例 事件《じけん》の原因《げんいん》を、さまざまな角度から考《かんが》えてみた。

がくと【学徒】 名詞 ❶学校《がっこう》で勉強《べんきょう》している学生《がくせい》や生徒《せいと》。❷学問《がくもん》を研究《けんきゅう》している人《ひと》。使い方 古《ふる》い言《い》い方《かた》。

かくとう【格闘】 名詞 動詞 ❶たがいに取《と》っ組《く》み合《あ》って戦《たたか》うこと。取《と》っ組《く》み

ことわざ　**対岸《たいがん》の火事《かじ》**　川《かわ》の向《む》こう岸《ぎし》の火事《かじ》は、こちらに火《ひ》が移《うつ》る心配《しんぱい》がないことから、自分《じぶん》にはなんの

合《あ》い。例 格闘技《ぎ》。
❷苦労《くろう》してとりくむこと。例 難問《なんもん》と格闘する。

かくとう【確答】 名詞 動詞 はっきりとした返《へん》事《じ》。例 自信《じしん》がないので確答はできません。

がくどう【学童】 名詞 小学校《しょうがっこう》に通《かよ》っている子《こ》供《ども》。類 児童《じどう》。

がくどうそかい【学童疎開】 名詞 第二次《だいにじ》世界大戦《せかいたいせん》の末期《まっき》に、戦争《せんそう》の被害《ひがい》を防《ふせ》ぐため、大《だい》都市《とし》の児童《じどう》を地方《ちほう》都市《とし》や農村《のうそん》、山村《さんそん》に移動《いどう》させたこと。関連 集団疎開《しゅうだんそかい》。

がくどうほいく【学童保育】 名詞 学校《がっこう》などの施設《しせつ》を利用《りよう》して、放課後《ほうかご》に児童《じどう》を預《あず》かってめんどうを見《み》ること。

かくとく【獲得】 名詞 動詞 努力《どりょく》して手《て》に入《い》れること。自分《じぶん》のものにすること。例 金《きん》メダルの獲得を目指《めざ》す。

がくとどういん【学徒動員】 名詞 第二次《だいにじ》世界大戦《せかいたいせん》のときに、学生《がくせい》や生徒《せいと》を工場《こうじょう》などで働《はたら》かせたこと。

かくにん【確認】 名詞 動詞 ほんとうにそうであると確《たし》かめること。例 持《も》ち物《もの》を確認する。

がくねん【学年】 名詞
❶学校《がっこう》での一年間《いちねんかん》ごとの区切《くぎ》り。日本《にほん》では、四《し》月《がつ》から次《つぎ》の年《とし》の三月《さんがつ》までの一年間《いちねんかん》。
❷同《おな》じ年度《ねんど》に入学《にゅうがく》した生徒《せいと》たちの集《あつ》まり。

かくのうこ【格納庫】 名詞 飛行機《ひこうき》などをしまっておく建物《たてもの》。

がくは【学派】 名詞 一《ひと》つの学問《がくもん》上《じょう》で、同《おな》じ考《かんが》えを持《も》っている人々《ひとびと》の集《あつ》まり。

かくばくはつ【核爆発】 名詞 原子核《げんしかく》が分裂《ぶんれつ》したり融合《ゆうごう》したりするときに起《お》こる爆発《ばくはつ》。

かくばる【角張る】 動詞
❶四角《しかく》くなっている。角《かど》ができている。例 角張った顔《かお》。類 四角張《しかくば》る。
❷まじめなかた苦《くる》しい態度《たいど》をとる。例 そんなに角張らずに、楽《らく》にしなさい。類 四角張《しかくば》る。

かくはん 名詞 動詞 よく混《ま》ざるようにかき回《まわ》すこと。例 生《なま》クリームをかくはんする。

がくひ【学費】 名詞 学校《がっこう》に通《かよ》って勉強《べんきょう》するのにかかるお金《かね》。類 学資《がくし》。

かくびき【画引き】 名詞 辞典《じてん》などで、調《しら》べたい漢字《かんじ》やことばを画数《かくすう》で探《さが》し出《だ》すこと。関連 音《おん》引《び》き。

がくふ【楽譜】 名詞 音楽《おんがく》を、音符《おんぷ》などの記号《きごう》を使《つか》って、書《か》き表《あらわ》したもの。「音譜《おんぷ》」ともいう。

がくぶ【学部】 名詞 大学《だいがく》で、専門《せんもん》に研究《けんきゅう》する学問《がくもん》によって大《おお》きく分《わ》けたまとまり。文学部《ぶんがくぶ》・法学部《ほうがくぶ》・医学部《いがくぶ》・工学部《こうがくぶ》など。

がくふう【学風】 名詞
❶学問《がくもん》の研究《けんきゅう》のしかたや考《かんが》え方《かた》。
❷学校《がっこう》の雰囲気《ふんいき》やようす。類 校風《こうふう》。

かくぶそう【核武装】 名詞 動詞 核兵器《かくへいき》を備《そな》えること。

がくぶち【額縁】 名詞 絵《え》や写真《しゃしん》をはめてかざるためのわく。

かくぶっしつ【核物質】 名詞 原子力《げんしりょく》発電《はつでん》や原子爆弾《げんしばくだん》などの原料《げんりょう》として用《もち》いられる、ウランやプルトニウムなどのこと。核分裂《かくぶんれつ》によって大《おお》きなエネルギーが出《で》る。

かくぶんれつ【核分裂】 名詞
❶ウランやプルトニウムなどの原子核《げんしかく》が、二《ふた》つ以上《いじょう》に分《わ》かれること。そのときに大《おお》きなエネルギーが出《で》る。原子力《げんしりょく》発電《はつでん》は、このエネルギーを利用《りよう》したもの。原子核分裂《げんしかくぶんれつ》。対 核融合《かくゆうごう》。
❷細胞分裂《さいぼうぶんれつ》で、細胞《さいぼう》の核《かく》が二《ふた》つに分《わ》かれること。

かくへいき【核兵器】 名詞 核爆発《かくばくはつ》の大《おお》きな力《ちから》を利用《りよう》してつくった兵器《へいき》。原子爆弾《げんしばくだん》や水素爆《すいそばく》弾《だん》などがある。

かくべつ【格別】
❶形容動詞 ふつうとはちがうようす。とくに程《てい》度《ど》が大《おお》きいようす。例 今年《ことし》の暑《あつ》さは格別だ。類 格段《かくだん》。
❷副詞 べつに。とりわけ。例 格別行《い》くこともないだろう。
使い方 ❷は、あとに「ない」などのことばがくることが多《おお》い。

かくほ【確保】 名詞 動詞 しっかりと自分《じぶん》のものにしておくこと。例 窓際《まどぎわ》の席《せき》を確保する。

かくぼう【角帽】 名詞 上《うえ》の部分《ぶぶん》が四角《しかく》になっている帽《ぼう》子《し》。男子大学生《だんしだいがくせい》がかぶった。

かくまう 動詞 追《お》われている人《ひと》などをかばって、人《ひと》に見《み》つからないようにかくす。

かくまく【角膜】 名詞 目《め》の玉《たま》の前《まえ》の部分《ぶぶん》の、いちばん外側《そとがわ》をおおっている、すき通《とお》った膜《まく》。

かくめい【革命】 名詞 国《くに》の政治《せいじ》や世《よ》の中《なか》のしくみなどを、すっかり変《か》えること。例 フランス革命／産業《さんぎょう》革命／印刷技術《いんさつぎじゅつ》の革命。

みが一《いっ》ぴきだけという意味《いみ》で、さわぎばかり大《おお》きくて結果《けっか》はごくわずかだということ。

がくめい【学名】 名詞 動物《どうぶつ》や植物《しょくぶつ》につける、世界共通《せかいきょうつう》の学問上《がくもんじょう》の名前《なまえ》。ラテン語《ご》を使《つか》う。

がくめん【額面】 名詞 ❶株券《かぶけん》やお金《かね》などの表《おもて》に書《か》いてある金額《きんがく》。❷ことばの表面上《ひょうめんじょう》の意味《いみ》。例 人《ひと》のことばを額面どおりに受《う》けとる。

かくも 副詞 これほど。こんなにも。例 かくも美《うつく》しい絵《え》はない。使い方 あらたまった言《い》い方《かた》。

がくもん【学問】 名詞 ❶今《いま》まで知《し》らなかったことを学《まな》ぶこと。また、それで得《え》た知識《ちしき》。例 学問のある人《ひと》。❷多《おお》くの人《ひと》の研究《けんきゅう》によって得《え》られた知識《ちしき》の、合《あ》わせまとめられたもの。例 学問の進歩《しんぽ》。

●**学問《がくもん》に王道《おうどう》なし** ことわざ 楽《らく》に学問《がくもん》を修《おさ》める方法《ほうほう》などない。だれであろうと学問《がくもん》は努力《どりょく》して身《み》につけるしかない。ことば 王様《おうさま》から、「楽《らく》に学問《がくもん》を身《み》につける方法《ほうほう》はないか。」と聞《き》かれたギリシャの数学者《すうがくしゃ》ユークリッドが答《こた》えたことばといわれる。

がくもんのすすめ【学問のすすめ】 名詞 福沢諭吉《ふくざわゆきち》が一八七二年《ねん》から一八七六年《ねん》にかけて出《だ》した論文集《ろんぶんしゅう》。参考「天《てん》は人《ひと》の上《うえ》に人《ひと》を造《つく》らず、人《ひと》の下《した》に人《ひと》を造《つく》らずと云《い》えり。」で始《はじ》まる。

がくや【楽屋】 名詞 劇場《げきじょう》などで、出演者《しゅつえんしゃ》が準備《じゅんび》をしたり、休《やす》んだりするための部屋《へや》。

かくやく【確約】 名詞 動詞 固《かた》く、しっかりと約束《やくそく》すること。また、その約束《やくそく》。例 必《かなら》ず出席《しゅっせき》すると確約する。

かくやす【格安】 形容動詞 品物《しなもの》の値打《ねう》ちに比《くら》べて値段《ねだん》が安《やす》いようす。また、ほかと比《くら》べて値段《ねだん》が安《やす》いようす。例 自転車《じてんしゃ》を格安で買《か》う。

がくゆう【学友】 名詞 学校《がっこう》でいっしょに勉強《べんきょう》する友《とも》だち。

かくゆうごう【核融合】 名詞 いくつかの軽《かる》い原子核《げんしかく》が、大《おお》きなエネルギーを出《だ》しながら一《ひと》つの重《おも》い原子核《げんしかく》になること。水素《すいそ》やヘリウムなどで起《お》こる。太陽《たいよう》のエネルギーや水素爆弾《すいそばくだん》は、これによるもの。原子核融合《げんしかくゆうごう》。対 核分裂《かくぶんれつ》。

がくようひん【学用品】 名詞 学校《がっこう》で勉強《べんきょう》するのに使《つか》う品物《しなもの》。鉛筆《えんぴつ》・ノートなど。

かぐら【神楽】 名詞 季語 冬 神《かみ》を祭《まつ》るとき、神《かみ》の前《まえ》で行《おこな》う音楽《おんがく》とおどり。

かくらん【かく乱】 名詞 動詞 かき回《まわ》して、ものごとを混乱《こんらん》させること。例 敵《てき》をかく乱する。

かくり【隔離】 名詞 動詞 ほかから引《ひ》きはなして、別《べつ》にすること。とくに、感染症《かんせんしょう》にかかった人《ひと》などを、ほかの人《ひと》からはなれた一定《いってい》の場所《ばしょ》におくこと。

かくりつ【確立】 名詞 動詞 しっかりとしたものにすること。しっかりと定《さだ》めること。例 自《じ》分独自《ぶんどくじ》の勉強方法《べんきょうほうほう》を確立する。

かくりつ【確率】 名詞 あることがらが起《お》こる割合《わりあい》。確《たし》からしさ。例 あしたは雨《あめ》が降《ふ》る確率が高《たか》い。使い方「確率《かくりつ》が多《おお》い（少《すく》ない）」「確率《かくりつ》が大《おお》きい（小《ちい》さい）」などと言《い》うことがあるが、正《ただ》しい言《い》い方《かた》は「確率《かくりつ》が高《たか》い（低《ひく》い）」。

かくりょう【閣僚】 名詞 内閣《ないかく》をつくっている大臣《だいじん》たち。ことば 総理大臣《そうりだいじん》はふくまない。

がくりょく【学力】 名詞 勉強《べんきょう》して身《み》につけた力《ちから》。例 学力テスト。

がくれい【学齢】 名詞 ❶小学校《しょうがっこう》に初《はじ》めて入《はい》る年齢《ねんれい》。満六才《まんろくさい》。❷小学校《しょうがっこう》・中学校《ちゅうがっこう》で勉強《べんきょう》しなければならない年齢《ねんれい》。満六才《まんろくさい》から十五才《じゅうごさい》まで。

かくれが【隠れ家】 名詞 人《ひと》に見《み》つからないように、かくれて住《す》む家《いえ》。

がくれき【学歴】 名詞 その人《ひと》が今《いま》までにどんな学校《がっこう》で、どんな勉強《べんきょう》をしたかということ。

かくれみの【隠れみの】 名詞 ❶着《き》ると体《からだ》が見《み》えなくなるという、想像上《そうぞうじょう》のみの。❷ほんとうの姿《すがた》をかくすための手段《しゅだん》。例 かぜを隠れみのに、練習《れんしゅう》をサボる。

かくれる【隠れる】 動詞 ❶物《もの》のかげになって見《み》えなくなる。例 飛行機《ひこうき》が雲《くも》に隠れた。❷人《ひと》に見《み》つからないようにする。例 机《つくえ》の下《した》に隠れる。❸多《おお》くの人《ひと》に知《し》られていない。例 隠れた才能《さいのう》。❹（「お隠《かく》れになる」の形《かたち》で、全体《ぜんたい》で）身分《みぶん》の高《たか》い人《ひと》が死《し》ぬことを尊敬《そんけい》していうことば。

かくれんぼう【隠れん坊】 名詞 子供《こども》の遊《あそ》びの一《ひと》つ。おにになった人《ひと》が、物《もの》かげにかくれている人《ひと》をさがし出《だ》す遊《あそ》び。かくれんぼ。

かくろん【各論】 名詞 全体《ぜんたい》の中《なか》の、一《ひと》つ一《ひと》つについての意見《いけん》や議論《ぎろん》。対 総論《そうろん》。

かぐわしい 形容詞 よい香《かお》りがする。例 なんと

ことわざ **大山鳴動《たいざんめいどう》してねずみ一匹《いっぴき》** 大《おお》きな山《やま》がゆれ動《うご》くほどの地鳴《じな》りがあったのに、出《で》てきたのはねず

かぐわしい花《はな》だろう。

かけ【掛け】
❶ 名詞 お金《かね》をあとでやりとりする約束《やくそく》で、物《もの》を売《う》り買《か》いすること。「掛《か》け売《う》り」「掛《か》け買《が》い」の略《りゃく》。
❷ 名詞 熱《あつ》いしるをかけたそば、または、うどん。「かけそば」「かけうどん」の略《りゃく》。
❸ 接尾語 (ほかのことばのあとにつけて) …するとちゅう。例 読《よ》みかけの本《ほん》。
❹ 接尾語 (ほかのことばのあとにつけて) かけるもの。例 洋服《ようふく》掛け。
使い方 ❷❸は、ふつうかな書《が》きにする。

かけ【賭け】 名詞 お金《かね》や品物《しなもの》を出《だ》し合《あ》って勝《しょう》負《ぶ》をし、勝《か》ったほうがそれをとること。

かげ【陰】 名詞
❶日光《にっこう》が当《あ》たらないところ。物《もの》の、光《ひかり》の当《あ》たらない面《めん》。日陰《ひかげ》。例 木《き》の陰で休《やす》む。
❷物《もの》にかくれて見《み》えないところ。例 ビルの陰になって見《み》えない。
❸人《ひと》の知《し》らないところ。例 陰で文句《もんく》を言《い》う。

● **陰《かげ》で糸《いと》を引《ひ》く** 目《め》立《だ》たないようにかくれたところで、人《ひと》を自分《じぶん》の思《おも》うとおりに動《うご》かす。

● **陰《かげ》になり日《ひ》なたになり** あるときは人《ひと》の知《し》らないところで、またあるときは表面《ひょうめん》に出《で》て。例 ひとり暮《ぐ》らしを始《はじ》めた兄《あに》を、おじが陰になり日なたになり助《たす》けている。使い方 力《ちから》を貸《か》したりめんどうをみたりする場合《ばあい》に使《つか》う。

かげ【影】 名詞
❶あるものが光《ひかり》をさえぎったとき、そのものの形《かたち》が反対側《はんたいがわ》に映《うつ》る暗《くら》い部分《ぶぶん》。例 障子《しょうじ》に人《ひと》の影が映《うつ》る。
❷鏡《かがみ》や水《みず》に映《うつ》って見《み》えるもの。例 湖《みずうみ》に山《やま》の影が映《うつ》る。
❸すがたや形《かたち》。例 見《み》る影もなくやつれる。
❹月《つき》・星《ほし》などの光《ひかり》。例 月《つき》影がさえる。

● **影《かげ》が薄《うす》い** なんとなく元気《げんき》がなくて、目《め》立《だ》たない。例 賛成《さんせい》する人《ひと》が多《おお》く、反対派《はんたいは》は影が薄い。

● **影《かげ》も形《かたち》もない** 前《まえ》とはすっかりちがってしまっている。また、すっかりなくなってあとかたもない。例 古《ふる》い校舎《こうしゃ》は建《た》てかえられ、影も形もない。

がけ【崖】 名詞 山《やま》や岸《きし》などで、とても険《けわ》しく切《き》り立《た》っていて、登《のぼ》り下《くだ》りができないようなところ。

-がけ【掛け】 接尾語
❶(人数《にんずう》を表《あらわ》すことばのあとにつけて) その人《にん》数《ずう》まですわれることを表《あらわ》す。例 五人《ごにん》掛け。
❷(数《かず》を表《あらわ》すことばのあとにつけて) 割合《わりあい》の意《い》味《み》を表《あらわ》す。例 定価《ていか》の七《なな》掛け (＝七割《ななわり》) で買《か》う。
❸(服装《ふくそう》などのことばのあとにつけて) 身《み》に着《つ》けていることを表《あらわ》す。例 浴衣《ゆかた》掛けで出《で》かける。
❹(動作《どうさ》を表《あらわ》すことばのあとにつけて)「ついで」「…のとちゅう」の意味《いみ》を表《あらわ》す。例 帰《かえ》りがけに夕食《ゆうしょく》のおかずを買《か》う。
使い方 ❹は、ふつうかな書《が》きにする。

かけあう【掛け合う】 動詞
❶おたがいに相手《あいて》に掛《か》ける。例 水《みず》を掛け合う。
❷願《ねが》いをかなえるために、相手《あいて》と話《はな》し合《あ》う。交《こう》渉《しょう》する。例 値引《ねび》きしてくれるよう掛け合う。

かけあし【駆け足】 名詞
❶速《はや》く走《はし》ること。例 駆け足で学校《がっこう》に行《い》く。
❷ものごとの進《すす》み方《かた》が早《はや》いこと。例 時間《じかん》がないので駆け足で説明《せつめい》します。

かけあわせる【掛け合わせる】 動詞
❶かけ算《ざん》をする。例 五《ご》と七《なな》を掛け合わせる。
❷動物《どうぶつ》や植物《しょくぶつ》を交配《こうはい》する。

かけい ➡249ページ かけひ

かけい【家系】 名詞 その家《いえ》の先祖《せんぞ》からのつながり。家《いえ》の血筋《ちすじ》。

かけい【家計】 名詞 一《ひと》つの家族《かぞく》が生活《せいかつ》するために必要《ひつよう》なお金《かね》のやりくり。家《いえ》の暮《く》らし向《む》き。例 家計が楽《らく》になる。類 生計《せいけい》。

かけいぼ【家計簿】 名詞 暮《く》らしに必要《ひつよう》なお金《かね》の出《だ》し入《い》れをつけておくノート。

かけうり【掛け売り】 ➡248ページ かけ〔掛け〕❶

かげえ【影絵】 名詞 手《て》を組《く》み合《あ》わせたり、紙《かみ》を切《き》りぬいたりしたものに光《ひかり》を当《あ》てて、そのかげを障子《しょうじ》やかべなどに映《うつ》す遊《あそ》び。

かけがい【掛け買い】 ➡248ページ かけ〔掛け〕❶

かけがえ【掛け替え】 名詞 代《か》わりになるもの。

● **掛《か》け替《が》えのない** 代《か》わりになるものがない。何《なに》よりも大切《たいせつ》だ。例 掛け替えのない命《いのち》。使い方「かけがいのない」といわないよう注意《ちゅうい》。

かげき【過激】 形容動詞 やり方《かた》や考《かんが》え方《かた》が非《ひ》常《じょう》に激《はげ》しいようす。例 痛《いた》みがなくなるまで、過激な運動《うんどう》はやめること。対 穏健《おんけん》。

代《か》わりとして使《つか》うことができる、ということ。

かげき【歌劇】 ↓199ページ　オペラ

かげぐち【陰口】 名詞 本人《ほんにん》のいないところで悪口《わるくち》を言《い》うこと。例 人《ひと》の陰口をたたく。

かけごえ【掛け声】 名詞 ❶呼《よ》びかけたり、はげましたりするときに出《だ》す声《こえ》。例「がんばれ。」と掛け声をかける。❷拍子《ひょうし》をとったり、力《ちから》を入《い》れたりするときに出《だ》す声《こえ》。「それっ」「よいしょ」など。

かけごと【賭け事】 名詞 お金《かね》や品物《しなもの》をかけて勝《か》ち負《ま》けを争《あらそ》うこと。とばく。ギャンブル。

かけことば【掛けことば・懸けことば】 名詞 和歌《わか》などで、一《ひと》つのことばに二《ふた》つの意味《いみ》を持《も》たせたもの。たとえば、「秋《あき》の野《の》に人《ひと》まつ虫《むし》の声《こえ》すなり」の「まつ」は、「人《ひと》(を)待《ま》つ」と、虫《むし》の名《な》の「松虫《まつむし》」の掛《か》けことば。

かけこむ【駆け込む】 動詞 走《はし》って入《はい》る。例 交番《こうばん》に駆け込む。

かけざん【掛け算】 名詞 二《ふた》つ以上《いじょう》の数《かず》をかけ合《あ》わせる計算《けいさん》。乗法《じょうほう》。対 割《わ》り算《ざん》。

かけじく【掛け軸】 名詞 日本画《にほんが》や書《しょ》などがかいてあり、とこの間《ま》などにかけてかざるもの。くるくると巻《ま》いてかたづけることができる。「掛《か》け物《もの》」ともいう。ことば「一《ひと》軸《じく》」「一幅《いっぷく》」「一本《いっぽん》」と数《かぞ》える。

かけじく

かけず【掛け図】 名詞 かべにかけてみんなで見《み》られるようにした地図《ちず》や絵《え》。

かけだし【駆け出し】 名詞 その仕事《しごと》についたばかりであること。また、その人《ひと》。例 駆け出しの新聞記者《しんぶんきしゃ》。類 新米《しんまい》。

かけだす【駆け出す】 動詞 ❶走《はし》り始《はじ》める。例 子供《こども》が急《きゅう》に駆け出す。❷走《はし》って外《そと》へ出《で》る。例 家《いえ》から駆け出す。

かけちがう【掛け違う】 動詞 かけまちがえる。例 ボタンを掛け違う。

かけつ【可決】 名詞 動詞 会議《かいぎ》などで、ある案《あん》について話《はな》し合《あ》い、それでよいと決《き》めること。例 わたしの提案《ていあん》が可決された。対 否決《ひけつ》。

-かげつ【箇月】 接尾語 (数《かず》を表《あらわ》すことばのあとにつけて) 月数《つきすう》を数《かぞ》えることば。例 三《さん》か月。使い方 ふつう「か月」「ケ月」と書《か》く。

かけつける【駆け付ける】 動詞 急《いそ》いでその場所《ばしょ》に行《い》く。例 会場《かいじょう》に駆け付ける。

かけっこ【駆けっこ】 名詞 動詞 いっしょに走《はし》って足《あし》の速《はや》さを比《くら》べること。類 競走《きょうそう》。

かけて
❶ある時間《じかん》や場所《ばしょ》にわたってずっと。例 首《くび》からかたにかけて痛《いた》みを感《かん》じた／六月《ろくがつ》から七月《しちがつ》にかけては雨《あめ》の日《ひ》が多《おお》い。
❷…について。…に関《かん》して。例 スポーツにかけてはだれにも負《ま》けない。

かげながら【陰ながら】 副詞 その人《ひと》の知《し》らないところで。ひそかに。例 ご成功《せいこう》を陰ながらおいのりいたします。

かけね【掛け値】 名詞 ❶ほんとうより高《たか》くつけた値段《ねだん》。❷ものごとを大《おお》げさに言《い》うこと。例 きみの作品《さくひん》には掛け値なしに感心《かんしん》した。

かけはし【懸け橋・架け橋】 名詞 ❶谷《たに》をまたいでかけた橋《はし》。❷なかだち。はしわたし。例 二《ふた》つのグループの友情《ゆうじょう》の懸け橋となる。

かけはなれる【懸け離れる】 動詞 ❶遠《とお》くはなれる。例 ここから何万《なんまん》キロメートルも懸け離れた場所《ばしょ》にいる。❷ひどくちがう。例 結果《けっか》が予想《よそう》と懸け離れる。

かけひ 名詞 庭《にわ》などに水《みず》を引《ひ》いてくるために、地面《じめん》の上《うえ》にかけわたすとい。かけい。

かけひき【駆け引き】 名詞 動詞 商売《しょうばい》や話《はな》し合《あ》い、試合《しあい》などで、相手《あいて》のようすを見《み》ながら、自分《じぶん》の得《とく》になるようにものごとを進《すす》めること。ことば もとは、戦場《せんじょう》で相手《あいて》の出方《でかた》を見《み》て兵《へい》を進《すす》めたり、さがらせたりすることをいうことば。

かげひなた【陰ひなた】 名詞 人《ひと》が見《み》ているときと見《み》ていないときでは、言《い》うことやることがちがうこと。例 陰ひなたなく働《はたら》く。

かけぶとん【掛け布団】 名詞 ねるときに、体《からだ》の上《うえ》にかける布団《ふとん》。対 敷《し》き布団《ぶとん》。

かげべんけい【陰弁慶】 ↓129ページ　うちべんけい

かげぼうし【影法師】 名詞 地面《じめん》やかべなどに映《うつ》った人《ひと》のかげ。

かげぼし【陰干し】 名詞 動詞 日陰《ひかげ》に干《ほ》すこと。対 日干《ひぼ》し。

ことわざ　**大《だい》は小《しょう》を兼《か》ねる**　小《ちい》さなものは大《おお》きなものの代《か》わりにしにくいが、大《おお》きなものは小《ちい》さなものの

かげむしゃ【影武者】 名詞
❶昔《むかし》の戦《たたか》いで、敵《てき》をだますために大将《たいしょう》などと同《おな》じ服装《ふくそう》をした武者《むしゃ》。
❷かげで指図《さしず》する人《ひと》。

かけめぐる【駆け巡る】 動詞 あちこち走《はし》り回《まわ》る。例 馬《うま》で草原《そうげん》を駆け巡る。

かけもち【掛け持ち】 名詞 動詞 一度《いちど》に二《ふた》つ以《い》上《じょう》の仕事《しごと》や役目《やくめ》を受《う》け持《も》つこと。例 体育大会《たいいくたいかい》では、二種目《にしゅもく》掛け持ちで出場《しゅつじょう》した。

かけもの【掛け物】 名詞 「かけじく」のこと。

かけよる【駆け寄る】 動詞 走《はし》って近《ちか》づく。例 家《いえ》に帰《かえ》ると、妹《いもうと》が駆け寄ってきた。

かけら 名詞
❶物《もの》が割《わ》れたり欠《か》けたりしてばらばらになった、その一部分《いちぶぶん》。例 ガラスのかけら。
❷ほんの少《すこ》し。例 やさしさのかけらもない。

かける【欠ける】 動詞
❶一部分《いちぶぶん》がこわれる。例 お皿《さら》のふちが欠ける。
❷必要《ひつよう》なものが足《た》りない。例 トランプが一枚《いちまい》欠けている／常識《じょうしき》に欠けている。
❸月《つき》が細《ほそ》くなる。対 満《み》ちる。
漢 ⇩421ページ けつ〔欠〕

かける【駆ける】 動詞 速《はや》く走《はし》る。

かける【賭ける】 動詞 負《ま》けた人《ひと》が勝《か》った人《ひと》にお金《かね》や物《もの》をわたす約束《やくそく》で勝負《しょうぶ》する。例 お菓子《かし》を賭けてトランプをする。

かける【架ける・掛ける・懸ける】
❶動詞 一方《いっぽう》から他方《たほう》へわたす。例 橋《はし》を架ける。
❷動詞 物《もの》を、支《ささ》えたりひっかけたりして、落《お》ちないようにする。例 服《ふく》をハンガーに掛ける。
❸動詞 上《うえ》にのせる。かぶせる。例 食器《しょっき》の上《うえ》にふきんを掛ける。
❹動詞 火《ひ》などの上《うえ》に置《お》く。例 やかんを火《ひ》に掛ける。
❺動詞 液体《えきたい》や粉《こな》などを浴《あ》びせる。注《そそ》ぐ。例 植《うえ》木《き》に水《みず》をかける／塩《しお》をかける。
❻動詞 開《ひら》かないように留《と》める。例 部屋《へや》のかぎをかける。
❼動詞 だます。例 わなにかける。
❽動詞 大事《だいじ》なことを、そのものによって決《き》まるようにする。例 運《うん》にかける／命《いのち》をかける。
❾動詞 ほかのものに、声《こえ》に出《だ》して言《い》う。例 電《でん》話《わ》をかける／声《こえ》をかける。
❿動詞 持《も》ち出《だ》す。例 図書委員《としょいいん》から出《だ》された問《もん》題《だい》を会議《かいぎ》にかける。
⓫動詞 時間《じかん》やお金《かね》などをつかう。例 時間《じかん》をかけてとりくむ。
⓬動詞 機械《きかい》や道具《どうぐ》をはたらかせる。例 アイロンをかける／ミシンをかける。
⓭動詞 世話《せわ》を受《う》けさせる。例 医者《いしゃ》にかける／手《て》間《ま》をかけて育《そだ》てる。
⓮動詞 かけ算《ざん》をする。例 三《さん》に五《ご》をかける。対 割《わ》る。
⓯動詞 （「気《き》にかける」「心《こころ》にかける」の形《かたち》で、全体《ぜんたい》で）心配《しんぱい》する。注意《ちゅうい》する。例 かぜ気味《ぎみ》の妹《いもうと》を気《き》にかける／遠《とお》くに住《す》む祖父《そふ》のことをいつも心《こころ》にかけている。
⓰動詞 （「目《め》をかける」の形《かたち》で、全体《ぜんたい》で）とり立《た》てる。ひいきにする。例 弟《おとうと》は柔道部《じゅうどうぶ》のかんとくに目《め》をかけられている。
⓱接尾語 （ほかのことばのあとにつけて）…し始《はじ》める。とちゅうまで…する。例 ねむりかけたとき、外《そと》で大《おお》きな音《おと》がした。
使い方 ❺～⓱は、ふつうかな書《が》きにする。

かげる【陰る】 動詞
❶光《ひかり》が何《なに》かにさえぎられて、暗《くら》くなる。例 雲《くも》が出《で》て、日《ひ》が陰った。対 照《て》る。
❷夕方《ゆうがた》になって、日《ひ》ざしが弱《よわ》くなる。例 日《ひ》が陰らないうちに帰《かえ》る。
ことば 表情《ひょうじょう》が暗《くら》くなったり商売《しょうばい》がうまくいかなかったりするようすをいうこともある。

かげろう 名詞 季語春 暖《あたた》かくて風《かぜ》のない日《ひ》に、地面《じめん》から空気《くうき》がゆらゆらと立《た》ち上《のぼ》り、そのため物《もの》がゆれて見《み》えること。春《はる》と夏《なつ》に多《おお》い。ことば 漢字《かんじ》では「陽炎」と書《か》く。

かげろう 名詞 季語秋 形《かたち》がとんぼに似《に》ていて、体《からだ》や羽《はね》が小《ちい》さくて細《ほそ》い昆《こん》虫《ちゅう》。夏《なつ》に水辺《みずべ》を飛《と》び、卵《たまご》を産《う》むと数時間《すうじかん》で死《し》ぬ。ことば 命《いのち》が短《みじか》いことから、はかないもののたとえに使《つか》われる。漢字《かんじ》では「蜉蝣」と書《か》く。

かげろう
（うすばかげろう）

かけわたす【架け渡す】 動詞 一方《いっぽう》からもう一方《いっぽう》にわたしてかける。例 橋《はし》を架け渡す。

かげん【加減】
❶名詞 動詞 加《くわ》えることと、減《へ》らすこと。足《た》し算《ざん》

やすぐれた才能《さいのう》を持《も》っていながら、それを使《つか》わないでいること。

と引き算《ざん》。❷ 名詞 動詞 ちょうどよくすること。例 力《ちから》を加減して、弟《おとうと》とうでずもうをした。❸ 名詞 ものの程度《ていど》や具合《ぐあい》。また、体《からだ》の調子《ちょうし》。例 体《からだ》のお加減はどうですか。❹ 接尾語 (ほかのことばのあとにつけて) 程度《ていど》や具合《ぐあい》。例 料理《りょうり》の火《ひ》加減をみる。❺ 接尾語 (ほかのことばのあとにつけて) 少《すこ》し…のようすであること。例 うつむき加減。

かげんじょうじょ【加減乗除】 名詞 計算《けいさん》の四《よっ》つのしかた。足《た》し算《ざん》(＝加《か》)、引《ひ》き算《ざん》(＝減《げん》)、かけ算《ざん》(＝乗《じょう》)、割《わ》り算《ざん》(＝除《じょ》)のこと。

かげんのつき【下弦の月】 名詞 季語 秋 左《ひだり》半分《はんぶん》の光《ひか》っている半月《はんげつ》。満月《まんげつ》の七日《なのか》くらいあとに見《み》える。半月《はんげつ》の直線《ちょくせん》の部分《ぶぶん》(＝弓《ゆみ》の弦《つる》の部分《ぶぶん》)を下《した》にしてしずむので、この名《な》がある。対 上弦《じょうげん》の月《つき》。図 ⇒425ページ げつれい〔月齢〕

かこ【過去】 名詞 ❶過《す》ぎ去《さ》った時《とき》。昔《むかし》。関連 現在《げんざい》。未来《みらい》。❷その人《ひと》が以前《いぜん》にしたことや、関係《かんけい》したこと。例 自分《じぶん》の過去を語《かた》る。

かご 名詞 人《ひと》を乗《の》せて、前《まえ》と後《うし》ろからかついで運《はこ》ぶ、昔《むかし》の乗《の》り物《もの》。ことば 漢字《かんじ》では「駕籠」と書《か》く。

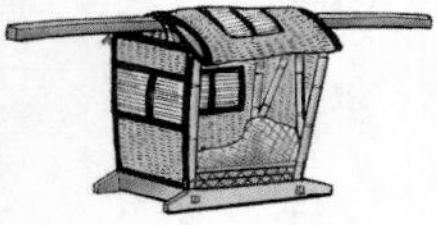
かご

かご【籠】 名詞 竹《たけ》・針金《はりがね》などで編《あ》んだ入《い》れ物《もの》。例 買《か》い物《もの》籠／鳥《とり》籠。

かご【加護】 名詞 動詞 神《かみ》や仏《ほとけ》が人《ひと》を守《まも》ってくれること。例 神《かみ》のご加護がありますように。

かこい【囲い】 名詞 まわりをとり囲《かこ》むこと。また、囲《かこ》うもの。へいや垣根《かきね》など。

かこう【下降】 名詞 動詞 下《した》に下《さ》がること。降《お》りること。例 ヘリコプターが下降する。類 降《こう》下《か》。対 上昇《じょうしょう》。

かこう【火口】 名詞 火山《かざん》で、溶岩《ようがん》や火山灰《かざんばい》をふき出《だ》す口《くち》。噴火口《ふんかこう》。例 火口湖《こ》。

かこう【加工】 名詞 動詞 原料《げんりょう》や材料《ざいりょう》に手《て》を加《くわ》えて、別《べつ》のものにすること。例 加工食品《しょくひん》。

かこう【囲う】 動詞 ❶まわりをとり囲《かこ》む。例 畑《はたけ》をロープで囲う。❷かくしておいておく。例 犯人《はんにん》を囲う。❸野菜《やさい》などをたくわえる。漢 ⇒66ページ い〔囲〕

かこう【河口】 名詞 川《かわ》が海《うみ》や湖《みずうみ》に流《なが》れこむところ。川口《かわぐち》。

かごう【化合】 名詞 動詞 二《ふた》つ以上《いじょう》の物質《ぶっしつ》がいっしょになって、もとのどれとも性質《せいしつ》のちがう物質《ぶっしつ》となること。例 化合物《ぶつ》／酸素《さんそ》と水素《すいそ》が化合して水《みず》ができる。

がごう【雅号】 名詞 芸術家《げいじゅつか》などが、本名《ほんみょう》とは別《べつ》につける味《あじ》わいのある名前《なまえ》。例「夏目漱石《なつめそうせき》」の「漱石《そうせき》」は雅号だ。

かこうがん【花こう岩】 名詞 深成岩《しんせいがん》の一《ひと》つ。白《しろ》っぽくて黒《くろ》い点《てん》があり、かたくて美《うつく》しい。建築《けんちく》などに使《つか》われる。「みかげ石《いし》」ともいう。

かこうぎょう【加工業】 名詞 もとになる材料《ざいりょう》に手《て》を加《くわ》えて、品物《しなもの》として仕上《しあ》げたり、新《あたら》しい物《もの》につくりかえたりする仕事《しごと》。

かこうげん【火口原】 名詞 古《ふる》い火口《かこう》の中《なか》に新《あたら》しい火口《かこう》ができ、これが山《やま》になったとき、この山《やま》と古《ふる》い火口《かこう》との間《あいだ》にできる広《ひろ》い平地《へいち》。箱根《はこね》の仙石原《せんごくはら》や阿蘇《あそ》の草千里《くさせんり》など。図 ⇒232ページ がいりんざん

かこうげんこ【火口原湖】 名詞 火口原《かこうげん》に水《みず》がたまってできた湖《みずうみ》。図 ⇒232ページ がいりんざん

かこうこ【火口湖】 名詞 火山《かざん》の噴火口《ふんかこう》に水《みず》がたまってできた湖《みずうみ》。

かこうしょくひん【加工食品】 名詞 自然《しぜん》のままの材料《ざいりょう》に手《て》を加《くわ》えてつくられた食《た》べ物《もの》。豆腐《とうふ》・ハム・バターなど。

かごうぶつ【化合物】 名詞 二《ふた》つ以上《いじょう》の元素《げんそ》が化合《かごう》してできた、もとのどれともちがう物質《ぶっしつ》。参考 たとえば、水《みず》は水素《すいそ》と酸素《さんそ》の化合物《かごうぶつ》。

かこうぼうえき【加工貿易】 名詞 外国《がいこく》から原料《げんりょう》を買《か》い、それに手《て》を加《くわ》えてつくった品物《しなもの》を外国《がいこく》に売《う》る貿易《ぼうえき》。参考 日本《にほん》のように資源《しげん》が少《すく》なく、工業《こうぎょう》が発達《はったつ》した国《くに》でよく行《おこな》われる。

かこく【過酷】 形容動詞 厳《きび》しすぎるようす。例 ひどい暑《あつ》さで、午後《ごご》は過酷な試合《しあい》となった。

かこけい【過去形】 名詞 文法《ぶんぽう》で、過去《かこ》のことを表《あらわ》すときの、ことばの形《かたち》。

かごしまけん【鹿児島県】 名詞 九州地方《きゅうしゅうちほう》の南部《なんぶ》にある県《けん》。農業《のうぎょう》がさかん。県庁《けんちょう》は鹿児島《かご》市《しまし》にある。

かごしまはん【鹿児島藩】 ⇒534ページ さつまはん

かこつける 動詞 ほかのことのせいにする。そ

ことわざ **宝《たから》の持《も》ち腐《ぐさ》れ** 宝《たから》を持《も》っていながらそのままくさらせてしまうということから、役《やく》に立《た》つ品物《しなもの》

のことを口実《こうじつ》にする。例 ぼくは勉強《べんきょう》にかこつけて、お使《つか》いを断《ことわ》った。

かこみ【囲み】 名詞 ❶中《なか》のものをせめたり見張《みは》ったりするため、まわりをとり巻《ま》いている人々《ひとびと》。例 敵《てき》の囲みを破《やぶ》ってにげる。❷ほかと区別《くべつ》するために、まわりを囲《かこ》んだ線《せん》やわくなど。例 囲みの中《なか》から答《こた》えを選《えら》ぶ。❸「囲《かこ》み記事《きじ》」の略《りゃく》。

かこみきじ【囲み記事】 名詞 新聞《しんぶん》や雑誌《ざっし》などの、周《まわ》りをわくや線《せん》で囲《かこ》んである記事《きじ》。囲《かこ》み。コラム。

かこむ【囲む】 動詞 まわりをとり巻《ま》く。例 庭《にわ》のまわりをへいで囲む。漢 ⇒66ジペー い〔囲〕

かこん【禍根】 名詞 わざわいや不幸《ふこう》の起《お》こるもとになるもの。例 将来《しょうらい》に禍根を残《のこ》す。

かごん【過言】 名詞 大《おお》げさに言《い》うこと。言《い》いすぎ。例 天才《てんさい》と言《い》っても過言ではない。

かさ 名詞 物《もの》の大《おお》きさや、分量《ぶんりょう》。例 かさの大《おお》きな荷物《にもつ》／水《みず》かさが増《ふ》える。ことば 漢字《かんじ》では「嵩」と書《か》く。

●**かさにかかる** 勢《いきお》いに乗《の》って、相手《あいて》を力《ちから》でおさえつけるような態度《たいど》をとる。例 相手《あいて》が弱《よわ》いとみると、かさにかかってせめる。

かさ 名詞 太陽《たいよう》や月《つき》のまわりにできる円形《えんけい》の光《ひかり》。例 月《つき》がかさをかぶる。ことば 漢字《かんじ》では「暈」と書《か》く。

かさ 名詞 ❶雨《あめ》・雪《ゆき》・日光《にっこう》などを防《ふせ》ぐために、頭《あたま》にかぶるもの。❷かさ（＝❶）のような形《かたち》をしたもの。例 きのこのかさ。ことば 漢字《かんじ》では「笠」と書《か》く。

かさ❶

●**かさに着《き》る** 力《ちから》のあるものを利用《りよう》して、勝手《かって》なことをする。例 親《おや》の力《ちから》をかさに着る。

かさ【傘】 名詞 雨《あめ》・雪《ゆき》・日光《にっこう》などをよけるために差《さ》すもの。例 日傘《ひがさ》。

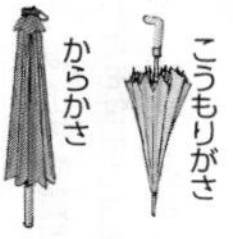

かさ【傘】

かざ【風】（ほかのことばの前《まえ》につけて）「風《かぜ》」の意味《いみ》を表《あらわ》す。例 風上《かざかみ》／風車《かざぐるま》。漢 ⇒1141ジペー ふう〔風〕

かざあな【風穴】 名詞 ❶風《かぜ》の通《とお》る穴《あな》やすきま。❷山《やま》などにあって、冷《つめ》たい風《かぜ》がふき出《で》てくるおく深《ぶか》い穴《あな》。「ふうけつ」ともいう。

かさい【火災】 名詞 火事《かじ》による災害《さいがい》。また、火事《かじ》。例 火災予防《よぼう》。

かざい【家財】 名詞 ❶家《いえ》にある道具《どうぐ》や家具《かぐ》。例 家財道具《どうぐ》。❷その家《いえ》の財産《ざいさん》。例 家財をなげうつ。

がざい【画材】 名詞 ❶絵《え》をかくための道具《どうぐ》や材料《ざいりょう》。筆《ふで》・絵《え》の具《ぐ》など。例 画材店《てん》。❷絵《え》にかこうとするもの。景色《けしき》・人物《じんぶつ》など。例 画材を探《さが》して山道《やまみち》を歩《ある》く。

かざいどうぐ【家財道具】 名詞 家具《かぐ》や器具《きぐ》、衣類《いるい》など、家《いえ》にある道具《どうぐ》をまとめていうことば。

かさいほうちき【火災報知機】 名詞 火事《かじ》が起《お》きたことを、建物《たてもの》の管理室《かんりしつ》や消防署《しょうぼうしょ》などに知《し》らせる装置《そうち》。

かさいりゅう【火砕流】 名詞 火山《かざん》が噴火《ふんか》するとき、高温《こうおん》の火山灰《かざんばい》や火山岩《かざんがん》・軽石《かるいし》・ガスなどがいっしょになって、高速《こうそく》で山《やま》を流《なが》れくだるもの。速《はや》さは時速《じそく》百《ひゃっ》キロメートル以上《いじょう》になることもあり、山《やま》のふもとの地域《ちいき》に大《おお》きな被害《ひがい》をあたえることがある。

かさかさ ❶ 副詞 動詞 かわいた物《もの》がふれ合《あ》う音《おと》のようす。例 落《お》ち葉《ば》がかさかさ音《おと》を立《た》てる。❷ 副詞 動詞 形容動詞 表面《ひょうめん》がかわいて、水分《すいぶん》や油気《あぶらけ》がないようす。例 はだがかさかさになる。使い方 ❶は、「かさかさと」の形《かたち》でも使《つか》う。

がさがさ ❶ 副詞 動詞 かわいた物《もの》がふれ合《あ》う、少《すこ》し大《おお》きな音《おと》のようす。例 木立《こだち》が風《かぜ》で、がさがさゆれる。❷ 副詞 動詞 形容動詞 表面《ひょうめん》がかわいて、あれているようす。例 手《て》ががさがさになる。使い方 ❶は、「がさがさと」の形《かたち》でも使《つか》う。

かざかみ【風上】 名詞 風《かぜ》がそちらからふいてくる方向《ほうこう》。対 風下《かざしも》。

●**風上《かざかみ》にも置《お》けない** くさい物《もの》が風上《かざかみ》にあるとにおうことから、人《ひと》がらや行《おこな》いの悪《わる》い人《ひと》のことをにくんでいうことば。例 スポーツマンの

いという意味《いみ》から、理屈《りくつ》や方法《ほうほう》を知《し》っているだけで実際《じっさい》の役《やく》には立《た》たないこと。

風上にも置けないひきょうな男《おとこ》だ。

かさく【佳作】 名詞 ❶できのよい作品《さくひん》。例 心温《こころあたた》まる佳作だ。❷入選《にゅうせん》したものの次《つぎ》によい作品《さくひん》。例 ぼくの絵《え》が佳作に選《えら》ばれた。

かさぐも【かさ雲】 名詞 山《やま》の上《うえ》に、かさのようにかかる雲《くも》。

かざぐるま【風車】 名詞 季語 春 ❶風《かぜ》が当《あ》たるとくるくる回《まわ》るしかけのおもちゃ。❷→1142ジ《ペー》ふうしゃ

かさこそ［と］ 副詞 かわいた小《ちい》さい物《もの》がふれ合《あ》うかすかな音《おと》のようす。例 かさこそと落《お》ち葉《ば》をふむ音《おと》がする。

かささぎ 名詞 からすのなかまの鳥《とり》。からすよりもやや小《ちい》さく、尾《お》が長《なが》い。全体《ぜんたい》に黒《くろ》っぽく、腹《はら》とかたが白《しろ》い。

かささぎ

かざしも【風下】 名詞 風《かぜ》がそちらへとふいていく方向《ほうこう》。対 風上《かざかみ》。

かざす 動詞 ❶ものの上《うえ》におおうように差《さ》し出《だ》す。例 冷《つめ》たくなった手《て》を火《ひ》にかざす。❷頭《あたま》や物《もの》の上《うえ》に差《さ》しかけてかげにする。例 手《て》をかざして飛行機《ひこうき》を見上《みあ》げる。❸頭《あたま》の上《うえ》の方《ほう》に上《あ》げる。例 旗《はた》をかざして選手《せんしゅ》が入場《にゅうじょう》してきた。

かざす❶　かざす❷

がさつ 形容動詞 動作《どうさ》やものの言《い》い方《かた》が乱暴《らんぼう》で、落《お》ち着《つ》きがないようす。例 がさつな仕事《しごと》ぶり。

かざとおし【風通し】 →259ジ《ペー》かぜとおし

かさなりあう【重なり合う】 動詞 二《ふた》つ以《い》上《じょう》の物《もの》や人《ひと》が、おたがいに重《かさ》なる。例 人《ひと》が重なり合ってたおれていた。

かさなる【重なる】 動詞 ❶ある物《もの》の上《うえ》にさらに物《もの》がのる。例 皿《さら》が何枚《なんまい》も重なっている。❷あることにさらに同《おな》じようなことが加《くわ》わる。例 事故《じこ》が重なる。漢 →604ジ《ペー》じゅう〔重〕

かさね【重ね】 ❶ 名詞 重《かさ》ねること。また、重《かさ》ねたもの。❷ 接尾語 （数《かず》を表《あらわ》すことばのあとにつけて）重《かさ》ねたものを数《かぞ》えることば。例 布団一重《ふとんひと》ね。

かさねがさね【重ね重ね】 副詞 ❶たびたび。例 重ね重ねご迷惑《めいわく》をおかけしてすみません。❷くれぐれも。例 重ね重ねお願《ねが》いします。

かさねぎ【重ね着】 名詞 動詞 季語 冬 衣服《いふく》を何《なん》枚《まい》か重《かさ》ねて着《き》ること。

かさねて【重ねて】 副詞 もう一度《いちど》。くり返《かえ》して。例 重ねてお願《ねが》いします。

かさねる【重ねる】 動詞 ❶ある物《もの》の上《うえ》にさらに物《もの》をのせる。例 寒《さむ》いので布団《ふとん》を二枚《にまい》重ねた。❷あることをくり返《かえ》す。例 練習《れんしゅう》を重ねる。

かざはな【風花】 名詞 季語 冬 ❶晴《は》れた空《そら》にちらつく雪《ゆき》。山《やま》に積《つ》もった雪《ゆき》が風《かぜ》にふかれて飛《と》んできたもの。❷冬《ふゆ》の初《はじ》めの晴《は》れた日《ひ》に、ぱらぱらと降《ふ》る雨《あめ》や雪《ゆき》。
ことば「かざばな」ともいう。

漢 →604ジ《ペー》じゅう〔重〕

かさばる【かさ張る】 動詞 荷物《にもつ》などが、じゃまになるほど大《おお》きい。重《おも》さのわりに大《おお》きい。例 着《き》がえが多《おお》くて荷物《にもつ》がかさ張る。

かさぶた 名詞 傷口《きずぐち》の表面《ひょうめん》がかわいて固《かた》まったもの。

かざみ【風見】 名詞 風向《かざむ》きを知《し》るための道具《どうぐ》。屋根《やね》などにとりつける。風向計《ふうこうけい》。

かざみどり【風見鶏】 名詞 ❶にわとりの形《かたち》をした、風向《かざむ》きを知《し》るための道《どう》具《ぐ》。❷まわりのようすを見《み》て、態度《たいど》を変《か》える人《ひと》。
ことば ❷は、風見鶏《かざみどり》（＝❶）が風《かぜ》のふく方向《ほうこう》によって絶《た》えず向《む》きを変《か》えることからきたことば。

かさむ 動詞 ❶大《おお》きさや量《りょう》が大《おお》きくなる。例 荷物《にもつ》がかさむ。❷予定《よてい》より出費《しゅっぴ》が多《おお》くなる。例 食費《しょくひ》がかさむ。

かざむき【風向き】 名詞 ❶風《かぜ》のふいてくる方向《ほうこう》。❷ものごとの成《な》り行《ゆ》き。例 そのひと言《こと》で会議《かいぎ》の風向きが変《か》わった。❸人《ひと》の機嫌《きげん》。例 今朝《けさ》は母《はは》の風向きがいい。

● **風向《かざむ》きが悪《わる》い**

ことわざ **畳《たたみ》の上《うえ》の水練《すいれん》** たたみの上《うえ》でいくら水泳《すいえい》の練習《れんしゅう》をしても、ほんとうに泳《およ》げるようにはならな

❶ものごとの成《な》り行《ゆ》きがよくない。例 試合《しあい》の風向きが悪くなった。❷機嫌《きげん》が悪《わる》い。例 今朝《けさ》の父《ちち》は風向きが悪い。

かざり【飾り】 名詞 季語 新年 ❶ものを使《つか》って、美《うつく》しく見《み》せようとすること。また、そのためのもの。❷（「お飾《かざ》り」の形《かたち》で）正月《しょうがつ》の松《まつ》かざりや、しめかざりのこと。

かざりけ【飾り気】 名詞 自分《じぶん》をよく見《み》せようとする気持《きも》ち。例 飾り気のない人《ひと》。使い方「ない」などのことばと合《あ》わせて、人《ひと》をよく言《い》うときに使《つか》う。ことば 季語《きご》として使《つか》うのは❷の意味《いみ》。

かざりたてる【飾り立てる】 動詞 はでにかざる。例 宝石《ほうせき》で飾り立てられたかんむり。

かざりつけ【飾り付け】 名詞 いろいろなものをとりつけて美《うつく》しく見《み》せること。

かざる【飾る】 動詞 ❶ものを使《つか》って美《うつく》しく見《み》えるようにする。例 机《つくえ》の上《うえ》に花《はな》を飾る。❷うわべだけをきれいに見《み》せる。例 うわべを飾る／飾らない性格《せいかく》。❸りっぱにやりとげる。例 最後《さいご》を勝利《しょうり》で飾る。

かさん【加算】 名詞 動詞 ❶数《かず》や量《りょう》を加《くわ》えて数《かぞ》えること。例 一時間《いちじかん》をこえると駐車料金《ちゅうしゃりょうきん》が加算される。❷足《た》し算《ざん》。対 減算《げんざん》。

かざん【火山】 名詞 地《ち》中《ちゅう》から高熱《こうねつ》でとけた岩《いわ》やガスなどがふき出《だ》すところ。また、それによってできた地形《ちけい》。

かさんかすいそ【過酸化水素】 名詞 酸素《さんそ》と水素《すいそ》の化合《かごう》した液体《えきたい》。水《みず》にとかして、傷口《きずぐち》の消毒《しょうどく》や漂白《ひょうはく》に使《つか》う。

かさんかすいそすい【過酸化水素水】 名詞 過酸化水素《かさんかすいそ》を水《みず》にとかしたもの。参考 約三《やくさん》パーセントの過酸化水素《かさんかすいそ》をふくんだものを「オキシドール」という。

かざんがん【火山岩】 名詞 マグマが、地表《ちひょう》や地表《ちひょう》の近《ちか》くで急《きゅう》に冷《ひ》えて固《かた》まってできた岩《いわ》。関連 深成岩《しんせいがん》。

かざんたい【火山帯】 名詞 火山《かざん》が、広《ひろ》い範《はん》囲《い》で帯《おび》のように長《なが》く並《なら》んでいるところ。

かざんだん【火山弾】 名詞 火山《かざん》の噴火《ふんか》のとき飛《と》び出《だ》したマグマが、空中《くうちゅう》で冷《ひ》え、球形《きゅうけい》・だ円形《えんけい》などに固《かた》まってできた石《いし》。

かざんばい【火山灰】 名詞 火山《かざん》の噴火《ふんか》のときにふき出《で》る、細《こま》かい岩石《がんせき》のつぶ。

かし 名詞 ぶなのなかまの高《たか》い木《き》。暖《あたた》かい地方《ちほう》に生《は》える。木《き》の幹《みき》はかたく、建築《けんちく》などに広《ひろ》く使《つか》われる。果実《かじつ》はどんぐり。ことば 漢字《かんじ》では「樫」と書《か》く。

かし【仮死】 名詞 実際《じっさい》にはまだ生《い》きているが、意識《いしき》がなく呼吸《こきゅう》が止《と》まっていて、死《し》んだように見《み》える状態《じょうたい》。

かし【河岸】 名詞 ❶川《かわ》の岸《きし》。とくに、船《ふね》をつけて人《ひと》の乗《の》り降《お》りや荷物《にもつ》の積《つ》み下《お》ろしをするところ。❷川《かわ》の岸《きし》にある市場《いちば》。おもに魚市場《うおいちば》。

かし【菓子】 名詞 食事《しょくじ》以外《いがい》に食《た》べる食《た》べ物《もの》。お菓子《かし》。

かし【貸し】 名詞 ❶貸《か》すこと。また、その貸《か》した品物《しなもの》やお金《かね》。例 あの人《ひと》には二千円《にせんえん》の貸しがある。対 借《か》り。❷ほかの人《ひと》にあたえた恩《おん》。対 借《か》り。

かし【歌詞】 名詞 曲《きょく》に合《あ》わせて歌《うた》うことば。

カし【カ氏】 名詞 「カ氏温度《しおんど》」の略《りゃく》。水《みず》がこおる温度《おんど》を三十二度《さんじゅうにど》、ふっとうする温度《おんど》を二百十二度《にひゃくじゅうにど》として、その間《あいだ》を百八十等分《ひゃくはちじっとうぶん》した温度《おんど》の測《はか》り方《かた》。また、その温度《おんど》。記号《きごう》は「°F」。対 セ氏《し》。参考 現在《げんざい》はアメリカなどで使《つか》われている。

かじ 名詞 船《ふね》の後《うし》ろについている、進《すす》む方向《ほうこう》を変《か》えるための道具《どうぐ》。

●**かじを取《と》る** ❶かじを使《つか》って船《ふね》を行《い》きたい方《ほう》へ進《すす》める。❷ものごとがうまくいくように導《みちび》く。例 父《ちち》は社長《しゃちょう》として会社《かいしゃ》のかじを取っている。

かじ【火事】 名詞 季語 冬 建物《たてもの》・船《ふね》・山《やま》などが燃《も》えること。火災《かさい》。

かじ【家事】 名詞 掃除《そうじ》や洗濯《せんたく》、食事《しょくじ》のしたくなど、家《いえ》の中《なか》のいろいろな仕事《しごと》。

かじ【鍛冶】 名詞 金属《きんぞく》を熱《ねっ》して打《う》ち、刃物《はもの》などの道具《どうぐ》をつくること。また、それを仕事《しごと》にしている人《ひと》。

がし【餓死】 名詞 動詞 食《た》べ物《もの》がなく、ひどくおなかが減《へ》って死《し》ぬこと。うえ死《じ》に。

カシオペヤざ【カシオペヤ座】 名詞 北《きた》の空《そら》に見《み》えるW《ダブリュー》形《がた》の星座《せいざ》。北極星《ほっきょくせい》をはさんで北斗七星《ほくとしちせい》と向《む》かい合《あ》う。

かじか 名詞 季語 夏 「かじかがえる」の略《りゃく》。あおがえるのなかまで、山《やま》あいの谷《たに》川《がわ》にすむ。おすは夏《なつ》に美《うつく》しい声《こえ》で鳴《な》く。

かじか

かじかむ 動詞 季語 冬 寒《さむ》さのために手足《てあし》がこごえて、思《おも》うように動《うご》かなくなる。

かしかり【貸し借り】 名詞 動詞 貸《か》したり、借《か》りたりすること。例 本《ほん》の貸し借り。

かしきり【貸し切り】 名詞 ある期間《きかん》、乗《の》り物《もの》や場所《ばしょ》などを、決《き》まった人《ひと》や団体《だんたい》だけに貸《か》すこと。例 食堂《しょくどう》は今日《きょう》は貸し切りです。

かしぐ 動詞 ななめになる。かたむく。例 古《ふる》い家《いえ》なので、柱《はしら》がかしいでいる。

かしげる 動詞 ななめにする。かたむける。例 首《くび》をかしげる。

かしこい【賢い】 形容詞 ❶頭《あたま》がよい。例 この犬《いぬ》はとても賢い。❷ぬけ目《め》がない。例 なかなか賢いやり方《かた》だ。

かしこまる 動詞 ❶目上《めうえ》の人《ひと》の前《まえ》などで、きちんとした態度《たいど》をとる。例 校長先生《こうちょうせんせい》の話《はなし》をかしこまって聞《き》く。❷きちんとした姿勢《しせい》ですわる。正座《せいざ》する。❸(「かしこまりました」の形《かたち》で) 相手《あいて》の言《い》ったことに承知《しょうち》したことを、ていねいに表《あらわ》す言《い》い方《かた》。

かしずく 動詞 人《ひと》に仕《つか》えてその世話《せわ》をする。例 王様《おうさま》は家来《けらい》たちにかしずかれて暮《く》らしている。

かしだし【貸し出し】 名詞 動詞 お金《かね》や品物《しなもの》を貸《か》して、外《そと》に持《も》ち出《だ》させること。

かしだす【貸し出す】 動詞 お金《かね》や品物《しなもの》を貸《か》して、外《そと》に持《も》ち出《だ》させる。例 図書室《としょしつ》では、一《いっ》回《かい》に二冊《にさつ》まで本《ほん》を貸し出しています。

かしつ【過失】 名詞 うっかりしてやってしまったまちがいや失敗《しっぱい》。あやまち。例 過失による事故《じこ》。

かじつ【果実】 名詞 植物《しょくぶつ》の実《み》。とくに果物《くだもの》。例 果実酒《しゅ》。

かじつ【過日】 名詞 過《す》ぎ去《さ》ったある日《ひ》。この間《あいだ》。先日《せんじつ》。例 過日はありがとうございました。使い方 手紙《てがみ》やあいさつなどで使《つか》う。

がしつ【画質】 名詞 写真《しゃしん》やテレビなどの画像《がぞう》の質《しつ》。例 高《こう》画質／画質のいいテレビ。

かしつける【貸し付ける】 動詞 利子《りし》や返《かえ》す期限《きげん》を決《き》めて、お金《かね》などを貸《か》す。例 銀行《ぎんこう》が企《き》業《ぎょう》に資金《しきん》を貸し付ける。

かしほん【貸本】 名詞 お金《かね》をとって客《きゃく》に本《ほん》などを貸《か》すこと。また、その本《ほん》。

かしま【貸間】 名詞 お金《かね》をとって人《ひと》に貸《か》す部《へ》屋《や》。

かしましい 形容詞 話《はな》し声《ごえ》がやかましい。例 少《しょう》女《じょ》たちがかしましくおしゃべりしている。

かしまりんかいこうぎょうちいき【鹿島臨海工業地域】 名詞 茨城県南東部《いばらきけんなんとうぶ》の沿《えん》岸《がん》にある、工業《こうぎょう》のさかんな地域《ちいき》。

かしや【貸家】 名詞 お金《かね》をとって人《ひと》に貸《か》す家《いえ》。

かしゃ【仮借】 名詞 ある漢字《かんじ》のもともとの意《い》味《み》に関係《かんけい》なく、音《おん》を借《か》りてほかのことばを表《あらわ》すこと。もともと食《た》べ物《もの》を盛《も》るうつわを表《あらわ》した「豆《とう》」という漢字《かんじ》を、同《おな》じトウという音《おん》を持《も》つ穀物《こくもつ》の「まめ」を表《あらわ》すのに用《もち》いる、など。ことば「かしゃく」と読《よ》むと別《べつ》の意味《いみ》。

かしゃ【貨車】 名詞 鉄道《てつどう》で、荷物《にもつ》を運《はこ》ぶ車両《しゃりょう》。対 客車《きゃくしゃ》。

かじや【鍛冶屋】 名詞 鉄《てつ》などを熱《ねっ》してたたき、いろいろな道具《どうぐ》をつくる店《みせ》。また、その人《ひと》。

かしゃく【仮借】 名詞 動詞 見《み》のがすこと。許《ゆる》すこと。例 失敗《しっぱい》を仮借なく責《せ》める。使い方 あとに「ない」などのことばがくることが多《おお》い。ことば「かしゃ」と読《よ》むと別《べつ》の意味《いみ》。

かしゅ【歌手】 名詞 歌《うた》を歌《うた》うことを仕事《しごと》にしている人《ひと》。例 人気《にんき》歌手／オペラ歌手。

かじゅ【果樹】 名詞 果物《くだもの》がなる木《き》。

カジュアル (casual) 形容動詞 服装《ふくそう》などが、気《き》軽《がる》でかた苦《くる》しくないようす。例 カジュアルな服装《ふくそう》／カジュアルな食事会《しょくじかい》。対 フォーマル。

かしゅう【歌集】 名詞 ❶和歌《わか》を集《あつ》めた本《ほん》。「万葉集《まんようしゅう》」「山家集《さんかしゅう》」「啄木《たくぼく》歌集《かしゅう》」など。❷歌《うた》を集《あつ》めた本《ほん》。例 愛唱《あいしょう》歌集。

かじゅう【果汁】 名詞 果物《くだもの》をしぼったしる。

がしゅう【画集】 名詞 絵《え》を集《あつ》めて本《ほん》にしたもの。

かじゅえん【果樹園】 名詞 果物《くだもの》をつくって

ことわざ **ただより高《たか》い物《もの》はない** ただで物《もの》をもらうと、そのときは安上《やすあ》がりに思《おも》えても、お返《かえ》しにお金《かね》

いる農園《のうえん》。

かしょ【箇所】
❶ 名詞 その場所《ばしょ》。その部分《ぶぶん》。例 よごれた箇所。
❷ 接尾語 （数《かず》を表《あらわ》すことばのあとにつけて）場《ば》所《しょ》や部分《ぶぶん》の数《かず》を表《あらわ》すことば。例 二《に》か所。
使い方 ❷は、ふつう「か所」「ケ所」と書《か》く。

かじょ【加除】 名詞 動詞 加《くわ》えることと、とり除《のぞ》くこと。例 書類《しょるい》の一部《いちぶ》を加除訂正《ていせい》する。

かしょう【過小】 形容動詞 実際《じっさい》よりも、また必《ひつ》要以上《よういじょう》に、程度《ていど》が小《ちい》さすぎるようす。例 相手《あいて》の力《ちから》を過小に評価《ひょうか》する。対 過大《かだい》。

かしょう【過少】 形容動詞 少《すく》なすぎるようす。例 費用《ひよう》を過少に見積《みつ》もる／過少申告《しんこく》。対 過多《かた》。

かしょう【歌唱】 名詞 動詞 歌《うた》を歌《うた》うこと。また、歌《うた》。例 歌唱力《りょく》。

かじょう【過剰】 名詞 形容動詞 多《おお》すぎること。ふさわしい分量《ぶんりょう》や程度《ていど》をこえていること。例 生産《せいさん》過剰／人口《じんこう》が過剰になる。

かじょう【箇条】
❶ 名詞 いくつかに分《わ》けて書《か》いたときの、その一《ひと》つ一《ひと》つのことがら。
❷ 接尾語 （数《かず》を表《あらわ》すことばのあとにつけて）ことがらの数《かず》を表《あらわ》すことば。例 十三《じゅうさん》か条の法律《ほうりつ》。
使い方 ❷は、ふつう「か条」「ケ条」と書《か》く。

がしょう【画商】 名詞 絵《え》の売《う》り買《か》いを仕事《しごと》にしている人《ひと》。また、その職業《しょくぎょう》。

がしょう【賀正】 名詞 新年《しんねん》を祝《いわ》うこと。

がじょう【賀状】 名詞 季語 新年 祝《いわ》いの手紙《てがみ》。とくに、年賀状《ねんがじょう》。

かじょうがき【箇条書き】 名詞 ことがらを一《ひと》つ一《ひと》つ並《なら》べて書《か》く書《か》き方《かた》。また、そのように書《か》いたもの。例 質問《しつもん》を箇条書きにする。

かしら 助詞 （ほかのことばのあとにつけて）
❶ 疑《うたが》いの気持《きも》ちを表《あらわ》す。例 弟《おとうと》にわかるかしら。
❷ 希望《きぼう》を表《あらわ》す。例 だれか来《き》てくれないかしら。

かしら【頭】 名詞
❶ あたま。
❷ いちばん上《うえ》。いちばん初《はじ》め。例 ぼくには六《ろく》年生《ねんせい》の兄《あに》を頭に三人《さんにん》のきょうだいがいます。
❸ 職人《しょくにん》などの、上《うえ》に立《た》つ人《ひと》。親方《おやかた》。
漢 ⇩ 915ページ とう〔頭〕

かしらもじ【頭文字】 名詞 ローマ字《じ》や英語《えいご》などで、文《ぶん》の初《はじ》めや、人名《じんめい》・地名《ちめい》などの初《はじ》めに書《か》く大文字《おおもじ》。

かじりつく【かじり付く】 動詞
❶ 強《つよ》くかみつく。かぶりつく。
❷ はなれないように、しっかりくっつく。例 バスがゆれるので、いすにかじり付く。

かじる 動詞
❶ 歯《は》でかたいものを少《すこ》しずつかむ。
❷ ものごとを少《すこ》しだけやってみる。例 中国語《ちゅうごくご》は少《すこ》しかじっただけで、ほとんど話《はな》せない。

かしわ 名詞 山林《さんりん》に生《は》える、ぶなのなかまの木《き》。葉《は》は、かしわもちを包《つつ》むのに使《つか》われる。
ことば 漢字《かんじ》では「柏」と書《か》く。

かしわで【かしわ手】 名詞 神《かみ》を拝《おが》むとき、神社《じんじゃ》や神棚《かみだな》に向《む》かって、両方《りょうほう》の手《て》のひらを打《う》ち合《あ》わせて鳴《な》らすこと。例 かしわ手を打《う》つ。

かしわもち【かしわ餅】 名詞 季語 夏 かしわの葉《は》で包《つつ》んだあん入《い》りのもち。五月五日《ごがついつか》の節句《せっく》に食《た》べる習《なら》わしがある。

かしん【家臣】 名詞 殿様《とのさま》などに仕《つか》える人《ひと》。家《け》来《らい》。

かしん【過信】 名詞 動詞 信用《しんよう》しすぎること。例 自分《じぶん》の力《ちから》を過信して失敗《しっぱい》した。

かじん【家人】 名詞 その家《いえ》の人《ひと》。家族《かぞく》。例 わたしの代《か》わりに家人がうかがいます。

かじん【歌人】 名詞 和歌《わか》を作《つく》る人《ひと》。関連 俳人《はいじん》。

かす 名詞
❶ 酒《さけ》や油《あぶら》をつくるとき、しぼったあとに残《のこ》ったもの。例 酒《さけ》かす／油《あぶら》かす。
❷ よいところを取《と》った残《のこ》り。つまらないもの。例 食《た》べかす／かすをつかまされる。

ガッテン日本語教室

カステラ

カステラは、十分《じゅうぶん》にあわ立《だ》てた卵《たまご》に、砂糖《さとう》や小麦粉《こむぎこ》などを混《ま》ぜて蒸《む》し焼《や》きにしたお菓子《かし》。室町《むろまち》時代《じだい》の終《お》わりごろ、ポルトガル人《じん》によって日本《にほん》に伝《つた》えられたといわれている。

なぜ、「カステラ」と呼《よ》ばれるようになったかについてはいろいろな説《せつ》があるが、もともとスペインの「カスティリャ」地方《ちほう》で作《つく》られていたことからきた名《な》まえらしい。今《いま》はかたかなで書《か》くのがふつうだけれど、昔《むかし》は「加須底羅」「家主貞良」などと、漢字《かんじ》で書《か》かれていたんだって。

たあとが見苦《みぐる》しくないように、きちんと後始末《あとしまつ》をしなさい、ということ。

❸ためてある液体《えきたい》の底《そこ》にたまる混《ま》じりもの。

かす【貸す】 動詞 ❶あとで返《かえ》してもらう約束《やくそく》で、お金《かね》や品物《しなもの》を人《ひと》につかわせる。例 本《ほん》を貸す。対 借《か》りる。❷自分《じぶん》の知恵《ちえ》や力《ちから》を使《つか》って人《ひと》を助《たす》ける。例 たなを運《はこ》ぶので、手《て》を貸してください。対 借《か》りる。

漢 **かーす**

【貸】〔貝《かい》〕12画 5年 音 タイ 訓 かす

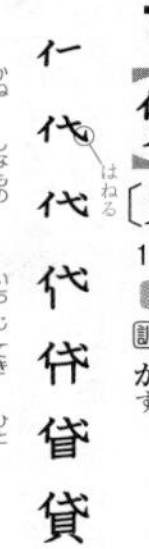

お金《かね》や品物《しなもの》を、一時的《いちじてき》に人《ひと》につかわせる。例 貸家《かしや》／貸借《たいしゃく》／貸与《たいよ》／賃貸《ちんたい》。

かす【課す】 ⇒258ジ《ぺー》かする〔課する〕

かず【数】 名詞 ❶ものごとの多《おお》い少《すく》ないを表《あらわ》すもの。「すう」ともいう。例 数を数《かぞ》える。❷たくさん。いろいろ。例 数ある作文《さくぶん》の中《なか》からわたしのものが選《えら》ばれた。❸とくにとり上《あ》げて数《かぞ》える値打《ねう》ちがあるもの。例 ものの数に入《はい》らない。漢 ⇒679ジ《ぺー》すう〔数〕

●**数《かず》をこなす** たくさんのものごとをやりとげる。例 計算問題《けいさんもんだい》の数をこなす。

ガス（オランダ語）名詞 ❶気体《きたい》。例 炭酸《たんさん》ガス。❷燃料用《ねんりょうよう》に使《つか》われる気体《きたい》。例 プロパンガス。❸海《うみ》や山《やま》などで出《で》る、濃《こ》いきり。例 山道《やまみち》にガスが立《た》ちこめる。

かずある【数ある】 たくさんある。数多《かずおお》くの。例 数ある作品《さくひん》から一《ひと》つを選《えら》ぶ。

かすか 形容動詞 あるのかないのかはっきりしないくらいに、ほんのわずかであること。例 昔《むかし》のことをかすかに覚《おぼ》えている／かすかな光《ひかり》。

かすがい 名詞 ❶材木《ざいもく》と材木《ざいもく》をつなぎ合《あ》わせるときに使《つか》う「コ」の字《じ》の形《かたち》をしたくぎ。❷二《ふた》つのものをつなぎ留《と》めるもの。例 子《こ》はかすがい（＝子供《こども》は夫婦《ふうふ》の仲《なか》をつなぎとめるもの）。

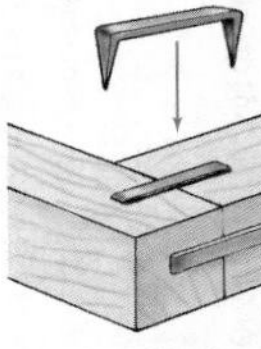
かすがい❶

かずかぎりない【数限りない】 数《かず》が多《おお》すぎて数《かぞ》えきれない。例 数限りない星々《ほしぼし》。

かずかず【数数】 名詞 いろいろ。たくさん。例 思《おも》い出《で》の数々／数々の作品《さくひん》。

ガスこんろ 名詞 ガスを燃《も》やし、物《もの》を煮《に》たり焼《や》いたりする器具《きぐ》。

かずさ【上総】 名詞 昔《むかし》の国《くに》の名《な》の一《ひと》つ。今《いま》の千葉県《ちばけん》の中央部《ちゅうおうぶ》に当《あ》たる。

かずしれない【数知れない】 数《かず》が多《おお》すぎて数《かぞ》えきれない。例 楽《たの》しい思《おも》い出《で》は数知れない。

ガスストーブ 名詞 ガスを使《つか》った暖房器具《だんぼうきぐ》。ことば 英語《えいご》をもとに日本《にほん》で作《つく》られたことば。

カスタネット（castanet）名詞 二枚《にまい》の円《まる》い板《いた》を手《て》ににぎり、打《う》ち合《あ》わせて拍子《ひょうし》をとる打楽器《だがっき》。ことば もとはスペイン語《ご》で、植物《しょくぶつ》の「くり」という意味《いみ》。図 ⇒269ジ《ぺー》がっき〔楽器〕

カステラ（ポルトガル語）名詞 小麦粉《こむぎこ》・卵《たまご》・砂糖《さとう》などを混《ま》ぜ、蒸《む》し焼《や》きにした菓子《かし》。⇒256ジ《ぺー》

日本語教室

ガスでん【ガス田】 名詞 天然《てんねん》ガスのとれるところ。

ガスとう【ガス灯】 名詞 石炭《せきたん》ガスを燃《も》やして光《ひかり》を出《だ》す照明器具《しょうめいきぐ》。参考 日本《にほん》では、一八七二年《ねん》に横浜《よこはま》で初《はじ》めて使用《しよう》された。

かずのこ【数の子】 名詞 季語 新年 にしんの卵《たまご》を干《ほ》したり塩《しお》づけにしたりした食《た》べ物《もの》。参考 正《しょう》月《がっ》に多《おお》く食《た》べる。

ガスバーナー（gas burner）名詞 ガスを燃《も》やして、物《もの》を熱《ねっ》する器具《きぐ》。

カスピかい【カスピ海】 名詞 中央《ちゅうおう》アジア西《せい》部《ぶ》にある、世界最大《せかいさいだい》の湖《みずうみ》。ロシア・イランなど五《ご》か国《こく》に接《せっ》している。水《みず》は塩《しお》からい。

ガスボンベ（ドイツ語）名詞 気体《きたい》をおし縮《ちぢ》めて入《い》れるための容器《ようき》。

かすみ 名詞 季語 春 春《はる》の朝《あさ》や夕方《ゆうがた》、山《やま》のふもとなどをおおう、うすい雲《くも》のようなもの。また、遠《とお》くがはっきり見《み》えなくなったりすること。空《くう》気中《きちゅう》の細《こま》かい水《みず》のつぶやちりなどのために起《お》こる。例 春《はる》がすみ／かすみがかかる。ことば ふつう、秋《あき》にかかるものは「きり」という。

かすみがうら【霞ケ浦】 名詞 関東地方東部《かんとうちほうとうぶ》にある湖《みずうみ》。広《ひろ》さは日本第二位《にほんだいにい》。昔《むかし》は海《うみ》だった。

かすむ 動詞 ❶かすみがかかる。例 春《はる》の山《やま》がかすんでいる。❷はっきり見《み》えなくなる。例 なみだで目《め》がかすむ。❸ほかのもののせいで目立《めだ》たなくなる。例 き

ことわざ　**立《た》つ鳥跡《とりあと》を濁《にご》さず**　水鳥《みずとり》が飛《と》び去《さ》ったあとの水《みず》はきれいにすんでいるという意味《いみ》で、立《た》ち去《さ》っ

みの活躍《かつやく》でぼくのヒットがかすんでしまった。

かすめる 動詞
❶すばやくうばいとる。
❷すきをねらって悪《わる》いことをする。例 先生《せんせい》の目《め》をかすめていたずらをする。
❸すれすれに通《とお》る。例 台風《たいふう》が日本《にほん》をかすめる。
❹考《かんが》えなどが思《おも》いうかんで消《き》える。例 失敗《しっぱい》するかもしれないという不安《ふあん》が心《こころ》をかすめた。

かすり 名詞 ところどころかすれたような模様《もよう》。また、その模様《もよう》の織《お》り物《もの》や染《そ》め物《もの》。

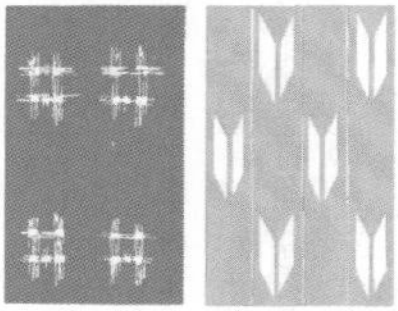
いげたがすり　矢《や》がすり
かすり

かすりきず【かすり傷】 名詞 皮《ひ》膚《ふ》をかすって少《すこ》し血《ち》が出《で》た程度《ていど》の、軽《かる》い傷《きず》。

かする 動詞 こするようにちょっとふれて、通《とお》り過《す》ぎる。例 バットがボールをかする。

かする【化する】 動詞 形《かたち》や性質《せいしつ》が前《まえ》とは変《か》わってしまって、別《べつ》のものになる。例 町《まち》はたちまち火《ひ》の海《うみ》と化した。

かする【科する】 動詞 法律《ほうりつ》によってばつをあたえる。例 罰金《ばっきん》を科する。

かする【課する】 動詞
❶義務《ぎむ》として割《わ》り当《あ》てる。例 税金《ぜいきん》を課する。
❷あることを言《い》いつけてさせる。例 一日《いちにち》二十《にじっ》回《かい》のうで立《た》てふせを自分《じぶん》に課した。
ことば 「課す」ともいう。

かすれる 動詞
❶すみやインクなどの量《りょう》が少《すく》なくて、よくつかないところができる。例 字《じ》がかすれる。
❷声《こえ》がかれて、はっきり出《で》なくなる。例 大声《おおごえ》を出《だ》しすぎて声《こえ》がかすれる。

ガスレンジ (gas range) 名詞 ガスこんろやオーブンなどをとりつけた、料理《りょうり》用《よう》の器具《きぐ》。

かぜ【風】 名詞
❶気圧《きあつ》の高《たか》いほうから低《ひく》いほうへ動《うご》く空気《くうき》の流《なが》れ。例 南《みなみ》風／風が強《つよ》い。
❷（あることばのあとにつけて）…のようなそぶり。例 先輩《せんぱい》風をふかせる。
使い方 ほかのことばの前《まえ》につくときは、「かざ」となることが多《おお》い。「風車《かざぐるま》」「風向《かざむ》き」など。
漢 ⇒1141ページ ふう〔風〕

●**風《かぜ》が吹《ふ》けばおけ屋《や》がもうかる** ことわざ 何《なに》か事《こと》が起《お》こると、めぐりめぐって、つながりのないように思《おも》えるところにまでえいきょうが出《で》ることのたとえ。ことば 風《かぜ》がふくとほこりで目《め》の悪《わる》い人《ひと》が増《ふ》え、その人《ひと》たちが習《なら》う三味線《しゃみせん》を作《つく》るためにねこの皮《かわ》が必要《ひつよう》になって、ねこが減《へ》りねずみが増《ふ》えておけをかじるので、おけが売《う》れておけ屋《や》がもうかる、という笑《わら》い話《ばなし》からきたことば。

●**風《かぜ》の便《たよ》り** どこからともなく伝《つた》わってくるうわさ。例 風の便りに昔《むかし》の友人《ゆうじん》の話《はなし》を聞《き》いた。

●**風《かぜ》を切《き》る** 勢《いきお》いのよいようす。例 車《くるま》は風を切って走《はし》り去《さ》った。

かぜ【風邪】 名詞 季語 冬 寒気《さむけ》がしたり、鼻水《はなみず》・せき・熱《ねつ》などが出《で》たりする病気《びょうき》。「感冒《かんぼう》」ともいう。例 風邪をひく。

●**風邪《かぜ》は万病《まんびょう》のもと** ⇒115ページ ことわざ

かぜあたり【風当たり】 名詞
❶風《かぜ》がふき当《あ》たること。また、その強《つよ》さ。
❷外《そと》から受《う》ける反対《はんたい》や批判《ひはん》。例 世間《せけん》の風当たりが強《つよ》い。

かせい【火星】 名詞 太陽《たいよう》に四番目《よんばんめ》に近《ちか》い惑星《わくせい》。地球《ちきゅう》のすぐ外側《そとがわ》にあり、赤《あか》く見《み》える。図 ⇒785ページ たいようけい

かせい【火勢】 名詞 火《ひ》の燃《も》える勢《いきお》い。例 火勢が弱《よわ》まる。類 火力《かりょく》。

かせい【加勢】 名詞 動詞 力《ちから》を貸《か》して助《たす》けること。また、その人《ひと》。例 加勢をたのむ。類 応援《おうえん》。

かぜい【課税】 名詞 動詞 税金《ぜいきん》を割《わ》り当《あ》てること。

かせいがん【火成岩】 名詞 マグマが冷《ひ》えて固《かた》まり、できた岩《いわ》。地下《ちか》の深《ふか》い場所《ばしょ》でゆっくり冷《ひ》えてできたものを深成岩《しんせいがん》、地面《じめん》の近《ちか》くで急《きゅう》に冷《ひ》えてできたものを火山岩《かざんがん》という。関連 堆積岩《たいせきがん》。

かせいソーダ【苛性ソーダ】 ⇒675ページ すいさんかナトリウム

かせいふ【家政婦】 名詞 ほかの人《ひと》の家《いえ》で家事《かじ》をすることを仕事《しごと》にしている女《おんな》の人《ひと》。

かぜかおる【風薫る】 季語 夏 初夏《しょか》、若葉《わかば》の中《なか》をさわやかな風《かぜ》がふく。例 風薫る五月《ごがつ》。

かせき【化石】 名詞 大昔《おおむかし》の動物《どうぶつ》や植物《しょくぶつ》が地中《ちちゅう》にうまって、長《なが》い間《あいだ》にかたくなって残《のこ》ったもの。例 きょうりゅうの化石。

ようすのたとえ。

かせぎ【稼ぎ】 名詞 ❶働《はたら》いてお金《かね》を手《て》に入《い》れること。また、そのお金《かね》。例 稼ぎがある／稼ぎが少《すく》ない。❷お金《かね》を手《て》に入《い》れるための仕事《しごと》。例 出《で》稼ぎ。

かせきねんりょう【化石燃料】 名詞 大昔《おおむかし》の動植物《どうしょくぶつ》が変化《へんか》してできた、石炭《せきたん》・石油《せきゆ》・天然《てんねん》ガスなどの燃料《ねんりょう》。参考 現在《げんざい》のエネルギー資源《しげん》の大部分《だいぶぶん》が化石燃料《かせきねんりょう》だが、地球温暖化《ちきゅうおんだんか》などの原因《げんいん》ともなっている。

かせぐ【稼ぐ】 動詞 ❶働《はたら》いてお金《かね》を手《て》に入《い》れる。例 生活費《せいかつひ》を稼ぐ。❷努力《どりょく》して、自分《じぶん》の得《とく》になるものを手《て》に入《い》れる。例 点数《てんすう》を稼ぐ。

●**稼《かせ》ぐに追《お》いつく貧乏《びんぼう》なし** ⇒113ページ ことわざ

かせつ【仮設】 名詞 動詞 一時的《いちじてき》に、間《ま》に合《あ》わせのものとしてつくること。例 仮設ステージ。

かせつ【仮説】 名詞 あることを説明《せつめい》するために、仮《かり》に立《た》ててみた考《かんが》え。例 仮説を立《た》てる。

かせつ【架設】 名詞 動詞 かけわたすこと。例 電話線《でんわせん》を架設する。

かせつじゅうたく【仮設住宅】 名詞 地震《じしん》や台風《たいふう》などの災害《さいがい》で住《す》む家《いえ》がなくなった人《ひと》のために建《た》てられる、仮《かり》の住《す》まい。

カセット (cassette) 名詞 録音《ろくおん》テープや録画《ろくが》テープなどを小《ちい》さな箱《はこ》に収《おさ》め、機械《きかい》へのとり外《はず》しが簡単《かんたん》にできるようにしたもの。

かぜとおし【風通し】 名詞 風《かぜ》がふきぬけること。かざとおし。例 風通しのよい部屋《へや》。

かぜひかる【風光る】 季語 春 春《はる》の日《ひ》の光《ひかり》の中《なか》を、そよ風《かぜ》がふく。

かぜよけ【風よけ】 名詞 風《かぜ》をよけること。また、そのためにつくられた物《もの》。

かせん【化繊】 名詞 「化学繊維《かがくせんい》」の略《りゃく》。

かせん【河川】 名詞 大《おお》きい河《かわ》と小《ちい》さい川《かわ》をまとめていうことば。川《かわ》。

かせん【架線】 名詞 電線《でんせん》をかけわたすこと。また、その電線《でんせん》。とくに、電車《でんしゃ》に電気《でんき》を送《おく》る電線《でんせん》。例 架線工事《こうじ》。

かせん【寡占】 名詞 少数《しょうすう》の会社《かいしゃ》などが、ある種類《しゅるい》の商品《しょうひん》の市場《しじょう》を支配《しはい》している状態《じょうたい》。

がぜん 副詞 にわかに。急《きゅう》に。例 安心《あんしん》したら、がぜん食欲《しょくよく》がわいてきた。

かせんしき【河川敷】 名詞 堤防《ていぼう》や川原《かわら》など、法律《ほうりつ》で河川《かせん》の一部《いちぶ》として定《さだ》められている土地《とち》。かせんじき。

かそ【過疎】 名詞 ある地域《ちいき》に住《す》む人《ひと》の数《かず》が少《すく》なすぎること。例 過疎の村《むら》／過疎化《か》。対 過密《かみつ》。

かそう【下層】 名詞 ❶いくつも重《かさ》なっているものの下《した》のほう。例 ビルの下層。対 上層《じょうそう》。❷下《した》のほうの地位《ちい》。対 上層《じょうそう》。

かそう【火葬】 名詞 動詞 死体《したい》を焼《や》いて、その骨《ほね》をほうむること。関連 水葬《すいそう》。土葬《どそう》。

かそう【仮装】 名詞 動詞 仮《かり》にほかのものにすがたをかえること。ほかのものに変装《へんそう》すること。例 仮装行列《ぎょうれつ》。

かそう【仮想】 名詞 動詞 もしほんとうにそうだったらどうなるだろうか、と仮《かり》に考《かんが》えてみること。例 災害《さいがい》の発生《はっせい》を仮想した避難訓練《ひなんくんれん》。

がぞう【画像】 名詞 ❶絵《え》にかいた人《ひと》のすがた。❷テレビなどの画面《がめん》に映《うつ》ったもののすがた。

かそうげんじつ【仮想現実】 ⇒1036ページ バーチャルリアリティー

かそうつうか【仮想通貨】 名詞 お札《さつ》や硬貨《こうか》のような形《かたち》がなく、インターネット上《じょう》でお金《かね》としてやりとりされるデータのこと。国《くに》によって発行《はっこう》されたお金《かね》ではなく、その価値《かち》を認《みと》めた人《ひと》たちの間《あいだ》でだけ通用《つうよう》する。

かぞえうた【数え歌】 名詞 「一《ひと》つとや」「二《ふた》つとや」などと、歌《うた》いながら数《かず》を数《かぞ》える歌《うた》。

かぞえきれない【数えきれない】 多《おお》すぎて、数《かぞ》えることができない。例 小学校六年間《しょうがっこうろくねんかん》で、数えきれない思《おも》い出《で》ができた。

かぞえどし【数え年】 名詞 生《う》まれた年《とし》を一才《いっさい》として、新年《しんねん》がくるたびに一才《いっさい》ずつ足《た》して数《かぞ》える年齢《ねんれい》。「数《かぞ》え」ともいう。関連 満年齢《まんねんれい》。

かぞえぼう【数え棒】 名詞 算数《さんすう》で、足《た》し算《ざん》や引《ひ》き算《ざん》、位取《くらいど》りなど、数《かず》や計算《けいさん》の学習《がくしゅう》をするときに用《もち》いる棒《ぼう》。一《いち》・十《じゅう》・百《ひゃく》の束《たば》がある。

かぞえる【数える】 動詞 ❶数《かず》を調《しら》べる。❷一《ひと》つ一《ひと》つとり上《あ》げる。例 楽《たの》しかった思《おも》い出《で》は、数えればきりがない。漢 ⇒679ページ すう〔数〕

かぞえるほど【数えるほど】 ほんの少《すこ》し。例 全問正解《ぜんもんせいかい》の人《ひと》は数えるほどしかいない。

かぞく【加速】 名詞 動詞 速度《そくど》を速《はや》くすること。

ことわざ **立《た》て板《いた》に水《みず》** 立《た》てかけた板《いた》に水《みず》を流《なが》すと一気《いっき》に流《なが》れ落《お》ちるように、すらすらとよどみなく話《はな》す

例 車《くるま》が急《きゅう》に加速した／加速度《ど》。対 減速《げんそく》。

かぞく【家族】 名詞 親子《おやこ》やきょうだいなどの人々《ひとびと》。ふつう、一《ひと》つの家《いえ》でいっしょに暮《く》らしている人々《ひとびと》をいう。

かぞく【華族】 名詞 明治時代《めいじじだい》につくられた身《み》分《ぶん》の一《ひと》つ。多《おお》くの特権《とっけん》を持《も》っていたが、第二次《だいにじ》世界大戦後《せかいたいせんご》に廃止《はいし》された。

かぞくせいど【家族制度】 名詞 社会《しゃかい》のしきたりや規則《きそく》などで決《き》まる、家族《かぞく》の形《かたち》やあり方《かた》。

かそくど【加速度】 名詞 速《はや》さが次第《しだい》に増《ま》していくこと。また、その度合《どあ》い。例 坂《さか》を下《くだ》る自《じ》転車《てんしゃ》に加速度がつく。

ガソリン（gasoline）名詞 原油《げんゆ》からつくられる、燃《も》えやすい油《あぶら》。自動車《じどうしゃ》や飛行機《ひこうき》などの燃《ねん》料《りょう》にする。

ガソリンスタンド 名詞 道路《どうろ》に面《めん》していて、自動車《じどうしゃ》やオートバイなどのガソリンを売《う》るところ。ことば 英語《えいご》をもとに日本《にほん》で作《つく》られたことば。

かた【方】
❶ 名詞 人《ひと》を指《さ》すときのていねいな言《い》い方《かた》。例 あの方がぼくの先生《せんせい》です。
❷ 名詞 「方角《ほうがく》」「方向《ほうこう》」の少《すこ》し古《ふる》い言《い》い方《かた》。例 西《にし》の方をながめる。
❸ 接尾語 …の方法《ほうほう》。しかた。例 作《つく》り方。
❹ 接尾語 ほかの人《ひと》の家《いえ》に住《す》んでいることを表《あらわ》す。手紙《てがみ》のあて名《な》などに使《つか》われる。例 林様《はやしさま》方。
❺ 接尾語 二《ふた》つ以上《いじょう》あるものの一方《いっぽう》。例 母《はは》方の祖父《そふ》。

使い方 ❸～❺はほかのことばのあとにつけて使《つか》う。
漢 ↓ 1202ジ《ペー》 ほう〔方〕

かた【片】
❶ 名詞 ものごとの処理《しょり》。決着《けっちゃく》。始末《しまつ》。例 仕事《しごと》の片をつける（＝処理《しょり》して終《お》わらせる）。
❷ 接頭語 二《ふた》つのもののうち一方《いっぽう》であることを表《あらわ》す。例 片手《て》／片目《め》。
❸ 接頭語 完全《かんぜん》でないことを表《あらわ》す。例 片言《こと》の英《えい》語《ご》。
❹ 接頭語 中心《ちゅうしん》からはなれていることを表《あらわ》す。例 片隅《すみ》／片田舎《いなか》。
❺ 接頭語 わずかなこと。例 片時《とき》。

使い方 ❷～❺はほかのことばの前《まえ》につけて使《つか》う。
漢 ↓ 260ジ《ペー》 かた〔片〕

● **片《かた》が付く** ものごとの処理《しょり》が終《お》わる。例 その事件《じけん》は片が付いた。

漢 **かた【片】**〔片《かた》〕 4画 6年 音 ヘン 訓 かた

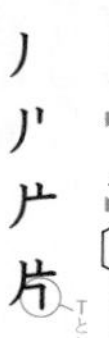

❶かたいっぽう。二《ふた》つあるもののうちのひとつ。例 片腕《かたうで》／片方《かたほう》。❷きれはし。例 一片《いっぺん》／破《は》片《へん》。

かた【形】 名詞
❶物《もの》のかたち。例 ひし形。
❷あと。しるし。例 砂浜《すなはま》に足《あし》の形がつく。
❸お金《かね》を借《か》りるとき、代《か》わりに預《あず》けるもの。例 カメラを形にお金《かね》を借《か》りる。類 担保《たんぽ》。抵当《ていとう》。
漢 ↓ 410ジ《ペー》 けい〔形〕 ↓ 使い分け

使い分け **かた** 形・型

形 目《め》に見《み》えるもののかたちのこと。あるもののすがた。「三日月形《みかづきがた》／力士《りきし》の手形《てがた》／水泳《すいえい》の自《じ》由形《ゆうがた》」

型 物《もの》をつくり上《あ》げるときのもとになる形《かたち》やわくのこと。「子供服《こどもふく》の型紙《かたがみ》／新《あたら》しい型《かた》の車《くるま》／クッキーの型《かた》をぬく」

かた【肩】 名詞
❶うでの付《つ》け根《ね》の上《うえ》の部分《ぶぶん》。例 肩がこる／肩をたたく。図 ↓ 287ジ《ペー》 からだ
❷服《ふく》のかた（＝❶）に当《あ》たる部分《ぶぶん》。例 上着《うわぎ》の肩。
❸物《もの》の上《うえ》の角《かど》。例 文字《もじ》の右肩《みぎ》に印《しるし》をつける。

● **肩《かた》が軽《かる》くなる**
❶かたのこりがなくなって楽《らく》になる。
❷責任《せきにん》や義務《ぎむ》などがなくなって、ほっとする。例 委員《いいん》長《ちょう》をやめて、肩が軽くなる。

● **肩《かた》が凝《こ》る**
❶かたの筋肉《きんにく》が固《かた》くなる。
❷気《き》をつかってつかれる。例 年上《としうえ》の人《ひと》と話《はな》すと、緊張《きんちょう》して肩が凝る。

● **肩《かた》で息《いき》をする** かたを上下《じょうげ》に動《うご》かして、はあはあと苦《くる》しそうな息《いき》をする。

● **肩《かた》で風《かぜ》を切《き》る** いばって歩《ある》く。

● **肩《かた》の荷《に》が下《お》りる** 気《き》にしていたことや仕事《しごと》が

の好《この》みはさまざまであるということ。

なくなって、気《き》が楽《らく》になる。例 試験《しけん》が終《お》わって、やっと肩の荷が下りた。

● **肩《かた》を怒《いか》らす** かたを上《あ》げて、いばった格好《かっこう》をする。

● **肩《かた》を落《お》とす** がっかりする。元気《げんき》をなくす。例 試合《しあい》に負《ま》け、肩を落として帰《かえ》った。

● **肩《かた》を貸《か》す** ❶人《ひと》をかたにつかまらせて支《ささ》える。❷助《たす》ける。力《ちから》を貸《か》す。例 困《こま》ったら肩を貸すよ。

● **肩《かた》をすくめる** かたを縮《ちぢ》める。やれやれという気持《きも》ちや、がっかりした気持《きも》ちを表《あらわ》す。

● **肩《かた》をすぼめる** 失敗《しっぱい》したときなどに、引《ひ》け目《め》を感《かん》じて小《ちい》さくなる。

● **肩《かた》をそびやかす** かたをわざと高《たか》くしていばったようすをする。例 肩をそびやかして歩《ある》く。

● **肩《かた》を並《なら》べる** ❶人《ひと》と並《なら》んで立《た》つ。また、並《なら》んで行《い》く。❷同《おな》じくらいの力《ちから》を持《も》つ。例 スポーツでは中《ちゅう》学生《がくせい》と肩を並べている。

● **肩《かた》を持《も》つ** 味方《みかた》をする。ひいきする。例 困《こま》っている弟《おとうと》の肩を持つ。

かた【型】 名詞 ❶ある形《かたち》をつくるもとになるもの。例 型紙《がみ》。❷武道《ぶどう》などの、基本《きほん》になるやり方《かた》。例 新《あたら》しい型を練習《れんしゅう》する。❸決《き》まりきったやり方《かた》。例 型を破《やぶ》る。❹人《ひと》や物《もの》を形《かたち》や性質《せいしつ》で分《わ》けたもの。タイプ。例 古《ふる》い型の人《ひと》／新《あたら》しい型の車《くるま》。

漢 ↓ 410ページ けい〔型〕 ↓ 使い分け

● **型《かた》にはまる** 決《き》まりきったやり方《かた》で、新《あたら》しさがない。例 型にはまったあいさつをかわす。

かた【潟】 名詞 ❶遠浅《とおあさ》の海岸《かいがん》で、潮《しお》が満《み》ちると海底《かいてい》がかくれ、潮《しお》が引《ひ》くと海底《かいてい》があらわれるところ。例 干潟《ひ》。❷もとは海《うみ》だったところが、砂州《さす》・砂丘《さきゅう》・三角州《さんかくす》などで外海《がいかい》と切《き》りはなされてできた湖《みずうみ》。

漢 **かた【潟】**〔氵《さんずい》〕 15画 4年 訓 音 かた

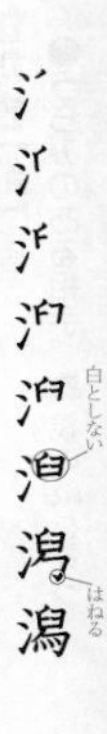

❶かた。潮《しお》が満《み》ちてくるとかくれ、引《ひ》くとあらわれるところ。❷海岸《かいがん》のそばで砂《すな》に囲《かこ》まれてできたみずうみやぬま。

かた【過多】 名詞 多《おお》すぎること。過剰《かじょう》。例 胃《い》酸《さん》過多。対 過少《かしょう》。

-がた【方】 接尾語 (ほかのことばのあとにつけて) ❶二人《ふたり》以上《いじょう》の人《ひと》を尊敬《そんけい》していうことば。例 あなた方。❷そのほうの仲間《なかま》であることを表《あらわ》す。例 敵方《てき》。❸だいたいの時間《じかん》を表《あらわ》す。例 明《あ》け方／朝《あさ》方。❹だいたいの程度《ていど》を表《あらわ》す。例 ほかの店《みせ》と比《くら》べて、二割《にわり》方安《やす》い。

かたあしをつっこむ【片足を突っ込む】 あることに少《すこ》しだけかかわる。例 父《ちち》は昔《むかし》、演劇《えんげき》の世界《せかい》に片足を突っ込んでいたそうだ。

かたい【難い】 形容詞 むずかしい。例 想像《そうぞう》に

伝統的《でんとうてき》な言語文化《げんごぶんか》

昔《むかし》のことばと今《いま》のことば

「うつくし」から「かわいい」へ

うつくしきもの。瓜《うり》にかきたるちごの顔《かお》。雀《すずめ》の子《こ》のねずなきするにをど《（お）》り来《く》る。…

これは今《いま》から1000年《ねん》ほど前《まえ》に書《か》かれた「枕草子《まくらのそうし》」という「随筆《ずいひつ》」の一部《いちぶ》で、作者《さくしゃ》の清少納言《せいしょうなごん》が「うつくし」と感《かん》じたものを並《なら》べた部分《ぶぶん》なんだ。彼女《かのじょ》が何《なに》を「うつくし」と感《かん》じているのか、わかるかな。今《いま》のことばに直《なお》したものを見《み》てみよう。

うりにえがいた幼《おさな》い子《こ》の顔《かお》。ちゅうちゅうと鳴《な》きまねをすると、おどるようにやって来《く》るすずめの子《こ》。…

おや？「美《うつく》しいもの」というよりは、なんだか「かわいいもの」みたいだね。そのとおり。実《じつ》は、昔《むかし》の「うつくし」は今《いま》の「かわいい」という意味《いみ》だったんだよ。

このように、ことばの意味《いみ》は長《なが》い時間《じかん》をかけて変《か》わっていくものなんだ。

昔《むかし》のことばと今《いま》のことばを比《くら》べると、形《かたち》は同《おな》じでも意味《いみ》がちがっているものがいろいろあるよ。たとえば「きみ」や「あした」もそうだ。もともとどんな意味《いみ》だったのかな？「古語辞典《こごじてん》」で調《しら》べてみよう。

もっとみてみよう！

●古語《こご》の世界《せかい》をのぞいてみよう
「おもな古語《こご》のことば」
（→p.1458）

ことわざ　たで食《く》う虫《むし》も好《す》き好《ず》き　「たで」のようなからい植物《しょくぶつ》の葉《は》を好《この》んで食《た》べる虫《むし》もいるように、人《ひと》

難くない（＝簡単《かんたん》に想像《そうぞう》できる）。対 やすい。使い方「…に難《かた》くない」の形《かたち》で使《つか》うことが多《おお》い。漢 ↓986ページ なん〔難〕

かたい【固い・堅い・硬い】 形容詞 ❶しっかりしていてこわれにくい。例 堅い木《き》／ダイヤモンドはとても硬い。対 柔《やわ》らかい。❷確《たし》かでまちがいがない。信用《しんよう》できる。例 固い約束《やくそく》／三組《さんくみ》の優勝《ゆうしょう》は堅いだろう。❸生《き》まじめで、頑固《がんこ》である。例 頭《あたま》が固い。対 柔《やわ》らかい。❹しっかりしまっていて、動《うご》きにくい。例 水《すい》道《どう》の蛇口《じゃぐち》が固い。対 緩《ゆる》い。❺緊張《きんちょう》して、顔《かお》や体《からだ》がこわばっている。例 硬い表情《ひょうじょう》で劇《げき》の出番《でばん》を待《ま》つ。対 柔《やわ》らかい。❻決心《けっしん》が強《つよ》い。厳《きび》しい。例 固く心《こころ》に決《き》める／外出《がいしゅつ》を堅く禁《きん》じる。漢 ↓440ページ こ〔固〕

かだい【仮題】 名詞 かりにつけた題名《だいめい》。

かだい【過大】 形容動詞 実際《じっさい》よりも、また必要《ひつよう》以上《いじょう》に、程度《ていど》が大《おお》きすぎるようす。例 選手《せんしゅ》の力《ちから》を過大に評価《ひょうか》する。対 過小《かしょう》。

かだい【課題】 名詞 あたえられた問題《もんだい》。また、解決《かいけつ》することが必要《ひつよう》な問題《もんだい》。例 世界《せかい》の平和《へいわ》は人類《じんるい》の課題だ。

-がたい【難い】 接尾語 （ほかのことばのあとにつけて）…するのが難《むずか》しい。例 信《しん》じ難い。

がだい【画題】 名詞 ❶絵《え》につける題名《だいめい》。❷絵《え》の題材《だいざい》。例 身近《みぢか》な風景《ふうけい》を画題にする。

かたいじ【片意地】 名詞 形容動詞 自分《じぶん》の考《かんが》えやり方《かた》を頑固《がんこ》におし通《とお》すこと。また、そのような性質《せいしつ》。例 ひとりで片意地をはる。

かたいっぽう【片一方】 名詞 二《ふた》つあるうちの一《ひと》つ。片方《かたほう》。例 片一方の目《め》をつぶる。

かたいなか【片田舎】 名詞 都会《とかい》から遠《とお》くはなれ、交通《こうつう》などが不便《ふべん》ないなか。

かたいれ【肩入れ】 名詞 動詞 とくにひいきにすること。応援《おうえん》して、援助《えんじょ》などをすること。例 地元《じもと》のチームに肩入れする。

かたうで【片腕】 名詞 ❶片方《かたほう》のうで。❷仕事《しごと》などで自分《じぶん》を助《たす》けてくれる、いちばんたよりになる人《ひと》。例 むすこが親《おや》の片腕となる。

がたおち【がた落ち】 名詞 動詞 量《りょう》や値打《ねう》ち、評価《ひょうか》などが、急《きゅう》に落《お》ちること。例 成績《せいせき》ががた落ちする。

かたおもい【片思い】 名詞 一方《いっぽう》だけが、相《あい》手《て》をこいしく思《おも》うこと。

かたおや【片親】 名詞 ❶父親《ちちおや》か母親《ははおや》か、どちらか一方《いっぽう》。❷両親《りょうしん》のうち、どちらか一方《いっぽう》しかいないこと。対 二親《ふたおや》。

かたがき【肩書き】 名詞 その人《ひと》の職業《しょくぎょう》や地《ち》位《い》などのこと。

かたかけ【肩掛け】 名詞 季語冬 防寒《ぼうかん》やおしゃれなどのために、かたにかけるもの。ショール。

-かたがた 接尾語 （ほかのことばのあとにつけて）…のついでに。…をかねて。例 ごあいさつかたがたおうかがいします。

がたがた ❶副詞 動詞 かたいものがふれ合《あ》う大《おお》きな音《おと》のようす。例 強《つよ》い風《かぜ》で窓《まど》ががたがたゆれる。❷副詞 動詞 おそろしさや緊張《きんちょう》、寒《さむ》さなどのために、体《からだ》が激《はげ》しくゆれ動《うご》くようす。例 出番《でばん》を前《まえ》にして、体《からだ》ががたがたふるえる。❸形容動詞 物《もの》がこわれそうになっていたり、状《じょう》態《たい》が悪《わる》くなっていたりするようす。例 体《からだ》の調《ちょう》子《し》ががたがただ。❹副詞 不平《ふへい》や不満《ふまん》などをあれこれ言《い》うようす。例 文句《もんく》ばかりがたがた言《い》うな。使い方 ❶❷は、「がたがたと」の形《かたち》でも使《つか》う。

かたかな【片仮名】 名詞 漢字《かんじ》の一部分《いちぶぶん》をとって日本《にほん》で作《つく》られた文字《もじ》。外国《がいこく》から伝《つた》わってきたことばや、音《おと》などを書《か》き表《あらわ》すときに使《つか》う。対 平仮名《ひらがな》。↓55ページ 伝統コラム

かたがみ【型紙】 名詞 ❶洋裁《ようさい》で、ある形《かたち》に切《き》りぬいた紙《かみ》。これを布《ぬの》に当《あ》てて切《き》る。❷染《そ》め物《もの》で、模様《もよう》を切《き》りぬいた紙《かみ》。これを布《ぬの》に当《あ》てて染料《せんりょう》をすりこむ。

かたがわ【片側】 名詞 表《おもて》と裏《うら》・右側《みぎがわ》と左側《ひだりがわ》などの、一方《いっぽう》の側《がわ》。例 片側通行《つうこう》。対 両側《りょうがわ》。

かたがわり【肩代わり】 名詞 動詞 ほかの人《ひと》の責任《せきにん》や負担《ふたん》を、代《か》わって引《ひ》き受《う》けること。例 親戚《しんせき》の借金《しゃっきん》を肩代わりする。ことば もとは、人《ひと》を乗《の》せるかごなどをかつぐ人《ひと》が、かつぐのを交《こう》代《たい》することをいうことば。

かたき【敵】 名詞 ❶うらみのある相手《あいて》。例 親《おや》の敵をうつ。

い幸運《こううん》に出《で》あうこと。

❷競争《きょうそう》する相手《あいて》。例 商売敵《しょうばいがたき》。

漢 ⇩888ページ てき〔敵〕

かたぎ 名詞 ある職業《しょくぎょう》・身分《みぶん》・年齢《ねんれい》などの人《ひと》たちが共通《きょうつう》して持《も》っている、特別《とくべつ》な考《かんが》え方《かた》や感《かん》じ方《かた》。例 職人《しょくにん》かたぎ／昔《むかし》かたぎ。

かたぎ【堅気】 名詞 形容動詞 まじめで地道《じみち》な職《しょく》業《ぎょう》についていること。また、その職業《しょくぎょう》の人《ひと》。

かたきうち【敵討ち】 名詞 動詞 ❶昔《むかし》、自分《じぶん》の主人《しゅじん》や家族《かぞく》などを殺《ころ》した人《ひと》を仕《し》返《かえ》しに殺《ころ》したこと。あだうち。❷仕返《しかえ》しをすること。例 前回《ぜんかい》の試合《しあい》の敵討ちだ。

かたきやく【敵役】 名詞 ❶芝居《しばい》や映画《えいが》などで、主人公《しゅじんこう》に敵対《てきたい》する役《やく》。悪《あく》人《にん》の役《やく》。❷周囲《しゅうい》からにくまれる役目《やくめ》。にくまれ役《やく》。例 敵役を買《か》って出《で》る。

かたくな 形容動詞 素直《すなお》に人《ひと》の言《い》うことを聞《き》き入《い》れず、自分《じぶん》の考《かんが》えや態度《たいど》を変《か》えないようす。頑固《がんこ》。例 かたくなな態度《たいど》／かたくなにだまる。

かたくりこ【かたくり粉】 名詞 かたくりの根《ね》からとれる、でんぷんの白《しろ》い粉《こな》。料理《りょうり》に使《つか》う。現在《げんざい》は、じゃがいもからとることが多《おお》い。

かたくるしい【堅苦しい】 形容詞 打《う》ち解《と》けず、きゅうくつなようす。例 友《とも》だちなのだから、堅苦しいあいさつはぬきにしよう。

かたぐるま【肩車】 名詞 子供《こども》などをかたにまたがらせてかつぐこと。

かたごし【肩越し】 名詞 人《ひと》のかたの後《うし》ろからものごとを行《おこな》うこと。例 肩越しにのぞきこむ。

かたこと【片言】 名詞 そのことばをうまく使《つか》えない人《ひと》の、完全《かんぜん》でない話《はな》し方《かた》。例 片言のドイツ語《ご》で話《はな》す。

かたじけない 形容詞 人《ひと》からの親切《しんせつ》などが、ありがたい。例 まことに、かたじけないことでございます。使い方 古《ふる》い言《い》い方《かた》。

かたすかしをくう【肩透かしを食う】 勢《いきお》いづいて向《む》かっていった相手《あいて》に、うまくはぐらかされる。張《は》りきってやろうとしたことが、むだになる。例 毎日練習《まいにちれんしゅう》したのに発表会《はっぴょうかい》が中《ちゅう》止《し》になって、肩透かしを食った。

かたすみ【片隅】 名詞 真《ま》ん中《なか》からはなれた、目《め》立《だ》たないすみ。すみっこ。

かたずをのむ【固唾をのむ】 この先《さき》どうなることかと心《しん》配《ぱい》して、息《いき》を止《と》めるようにしてじっと見守《みまも》る。例 赤組《あかぐみ》と白組《しろぐみ》の勝負《しょうぶ》を、固唾をのんで見《み》つめる。ことば 「かたず」は、緊張《きんちょう》しているときに口《くち》の中《なか》にたまるつばのこと。

かたずをのむ

かたち【形】 名詞 ❶物《もの》のすがた。格好《かっこう》。例 変《か》わった形の家《いえ》。❷中身《なかみ》などに対《たい》して、外《そと》から見《み》たようす。例 形ばかりのあいさつをする。

漢 ⇩410ページ けい〔形〕

かたちづくる【形作る】 動詞 あるまとまった形《かたち》をつくり上《あ》げる。例 岩々《いわいわ》が島《しま》を形作る。

かたづく【片付く】 動詞 ❶散《ち》らかっていたものが、きちんと整理《せいり》される。例 部屋《へや》が片付く。❷気《き》になっていたことが、解決《かいけつ》する。例 夏休《なつやす》みの宿題《しゅくだい》がやっと片付いた。

かたづける【片付ける】 動詞 ❶散《ち》らかっているものを、きちんと整理《せいり》する。例 机《つくえ》の上《うえ》を片付ける。❷気《き》になっていたことを、やって終《お》わりにする。始末《しまつ》する。例 宿題《しゅくだい》を片付ける。使い方 「かたずける」と書《か》かないよう注意《ちゅうい》。

かたっぱしから【片っ端から】 次々《つぎつぎ》に。手当《てあ》たり次第《しだい》に。例 包《つつ》みを片っ端から開《ひら》く。

かたっぽう【片っ方】 ⇩264ページ かたほう

かたつむり 名詞 季語 夏 陸《りく》にすむ巻《ま》き貝《がい》の一《ひと》つ。湿気《しっけ》の多《おお》いところを好《この》む。草木《くさき》のつゆをなめ、若葉《わかば》を食《た》べる。「でんでんむし」ともいう。

かたつむり

264ページ 日本語教室

かたて【片手】 名詞 片《かた》方《ほう》の手《て》。

かたてま【片手間】 名詞 おもな仕事《しごと》の合間《あいま》にほかのことをすること。例 妹《いもうと》の看病《かんびょう》の片手間に本《ほん》を読《よ》む。

かたどおり【型通り】 名詞 ふつうに行《おこな》われ

ことわざ **棚《たな》からぼた餅《もち》** たなからごちそうのぼたもちが落《お》ちてきて口《くち》に入《はい》るという意味《いみ》で、思《おも》いがけなているやり方《かた》のとおり。例 型通りのあいさつ。

かたとき【片時】 名詞 ほんのちょっとの間《あいだ》。例 片時もそのことが忘《わす》れられない。使い方 あとに「ない」などのことばがくることが多《おお》い。

かたどる 動詞 ある形《かたち》に似《に》せてつくる。形《かたち》をまねる。例 花《はな》をかたどった印《しるし》。

かたな【刀】 名詞 細長《ほそなが》い刃《は》のついた武器《ぶき》。昔《むかし》、武《ぶ》士《し》がこしに差《さ》していた。ことば「一本《いっぽん》」「一《ひと》ふり」と数《かぞ》える。漢 ⇒913ジ《ペー》 とう〔刀〕

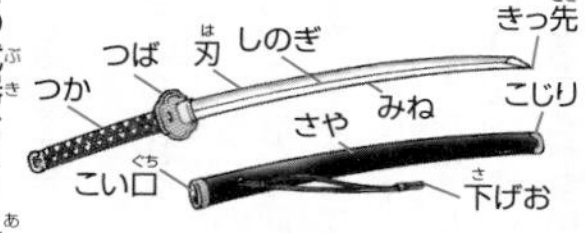

かたな

かたなかじ【刀鍛冶】 名詞 刀《かたな》をつくる職人《しょくにん》。

かたながり【刀狩り】 名詞 昔《むかし》、農民《のうみん》などの反抗《はんこう》を防《ふせ》ぐために、刀《かたな》やりなどの武器《ぶき》をとり上《あ》げたこと。豊臣秀吉《とよとみひでよし》が行《おこな》ったものが有名《ゆうめい》。

かたながりれい【刀狩令】 名詞 一五八八年《ねん》に豊臣秀吉《とよとみひでよし》が出《だ》した、武士《ぶし》以外《いがい》の者《もの》が武器《ぶき》を持《も》つことを禁止《きんし》した命令《めいれい》。

かたなし【形無し】 名詞 形容動詞 ほかの人《ひと》に対《たい》して、格好《かっこう》がつかなくなること。例 こう試《し》合《あい》に負《ま》けてばかりいては形無しだ。

かたならし【肩慣らし】 名詞 動詞 軽《かる》くボールを投《な》げて、かたの調子《ちょうし》を整《ととの》える準備運動《じゅんびうんどう》。また、作業《さぎょう》を始《はじ》める前《まえ》にする下準備《したじゅんび》のこと。

かたはし【片端】 名詞 ❶一方《いっぽう》のはし。例 ひもの片端を結《むす》ぶ。❷一部分《いちぶぶん》。わずかのもの。例 話《はなし》の片端だけ聞《き》く。

かたばみ 名詞 季語 夏 春《はる》から秋《あき》にかけて、小《ちい》さな黄色《きいろ》い花《はな》がさく草《くさ》花《ばな》。夜《よる》になると、葉《は》を閉《と》じる。熟《じゅく》すと実《み》がはじけて、種《たね》を飛《と》ばす。ことば 俳《はい》句《く》などでは「酢漿草」とも書《か》く。

かたばみ

かたはらいたい【片腹痛い】 形容詞 あまりにばかげていて、こっけいなようす。例 今《いま》さら助《たす》けを求《もと》めるとは片腹痛い。ことば 笑《わら》いすぎるとわき腹《ばら》が痛《いた》くなることからきたことば。

カタピラー ⇒344ジ《ペー》 キャタピラー

かたへん【方偏】 名詞 「方」のこと。漢字《かんじ》の部首《ぶしゅ》の一《ひと》つ。旅・族・旗などの漢字《かんじ》を作《つく》る。

かたへん【片偏】 名詞 「片」のこと。漢字《かんじ》の部首《ぶしゅ》の一《ひと》つ。「版」などの漢字《かんじ》を作《つく》る。

かたほう【片方】 名詞 二《ふた》つのうちの一《ひと》つ。片《かた》一方《いっぽう》。かたっぽう。対 両方《りょうほう》。

かたぼうをかつぐ【片棒を担ぐ】 ある仕《し》事《ごと》の一部《いちぶ》を受《う》け持《も》って手伝《てつだ》う。いっしょにする。例 兄《あに》のいたずらの片棒を担いでしかられた。使い方 あまりよい意味《いみ》では使《つか》わない。ことば もとは、かごをいっしょにかつぐ二人《ふたり》のうちの一人《ひとり》を「片棒《かたぼう》」といったことからきたことば。

かたまり【固まり・塊】 名詞 ❶固《かた》まったもの。例 土《つち》の塊。❷一《いっ》か所《しょ》に集《あつ》まったもの。例 ひと固まりになる。❸ある性質《せいしつ》がとても強《つよ》いこと。例 欲《よく》の固まり。

かたまる【固まる】 動詞 ❶やわらかいものがかたくなる。例 コンクリートが固まる。❷一《いっ》か所《しょ》に集《あつ》まる。例 人《ひと》の固まっている場所《ばしょ》。❸しっかりとしたものになる。例 練習《れんしゅう》をくり返《かえ》して、基礎《きそ》が固まった／決心《けっしん》が固まる。漢 ⇒440ジ《ペー》 こ〔固〕

かたみ【形見】 名詞 死《し》んだ人《ひと》や別《わか》れた人《ひと》が残《のこ》した、思《おも》い出《で》となる品物《しなもの》。例 祖母《そぼ》の形見の本《ほん》。

かたみがせまい【肩身が狭い】 周《まわ》りの人《ひと》や世間《せけん》に対《たい》して引《ひ》け目《め》を感《かん》じる。例 失敗《しっぱい》ばかりして肩身が狭い。

かたみち【片道】 名詞 行《い》きと帰《かえ》りの、どちら

かたつむり

雨《あめ》が降《ふ》ったあとなどに、木《き》の枝《えだ》をはっているかたつむりを見《み》かけたことはあるかな？

ところで、このかたつむり、地方《ちほう》によって呼《よ》び方《かた》が変《か》わるんだよ。関東《かんとう》では「マイマイツブロ」「ダイロ」、東北地方《とうほくちほう》では「タマクラ」「ナメト」、中国地方《ちゅうごくちほう》では「マイマイ」「モイモイ」、九州《きゅうしゅう》では「ツグラメ」などというんだ。「デンデンムシ」という呼《よ》び方《かた》は、全国《ぜんこく》で使《つか》われている。みんなの地域《ちいき》では、なんていうのかな？

ことをしてもその場《ば》かぎりのことだから平気《へいき》だ、ということ。

か一方《いっぽう》。例 片道乗車券《じょうしゃけん》。

かたむき【傾き】 名詞 ななめになること。また、その程度《ていど》。例 屋根《やね》の傾き／傾きが大《おお》きい。対 往復《おうふく》。

かたむく【傾く】 動詞
❶ななめになる。例 台風《たいふう》でアンテナが傾いた。
❷気持《きも》ちが引《ひ》かれる。例 その発言《はつげん》で、みんなの意見《いけん》は賛成《さんせい》のほうに傾いた。
❸太陽《たいよう》や月《つき》がしずもうとする。例 日《ひ》が傾く。
❹勢《いきお》いがおとろえる。例 商売《しょうばい》が傾く。

かたむける【傾ける】 動詞
❶ななめにする。例 頭《あたま》を左《ひだり》に傾ける。
❷勢《いきお》いをおとろえさせる。例 会社《かいしゃ》を傾ける。
❸そのことにいっしょうけんめいになる。例 野球《やきゅう》の練習《れんしゅう》に全力《ぜんりょく》を傾ける。

かためる【固める】 動詞
❶やわらかいものをかたくする。例 雪《ゆき》をふんで固める。
❷一《いっ》か所《しょ》に集《あつ》める。例 荷物《にもつ》を固めて置《お》く。
❸しっかりとしたものにする。例 基礎《きそ》を固める／決心《けっしん》を固める。
❹しっかりと守《まも》る。例 ゴール前《まえ》を固める。
漢 ↓440ジ《ペー》こ〔固〕

かためん【片面】 名詞 表《おもて》と裏《うら》のあるものの、片方《かたほう》の面《めん》。例 片面コピー。対 両面《りょうめん》。

かたやぶり【型破り】 名詞 形容動詞 世間《せけん》の習慣《しゅうかん》や決《き》まったやり方《かた》にこだわらないこと。例 型破りなアイディア。

かたゆでたまご【固ゆで卵】 名詞 白身《しろみ》も黄身《きみ》もかたくゆでた卵《たまご》。

かたよる【片寄る・偏る】 動詞
❶一方《いっぽう》に多《おお》く集《あつ》まる。例 リュックの中《なか》の荷物《にもつ》が右側《みぎがわ》に片寄っている／栄養《えいよう》が偏る。
❷公平《こうへい》でなくなる。例 偏った考《かん》がえ。

かたらう【語らう】 動詞 親《した》しく話《はな》し合《あ》う。例 友《とも》だちとともに語らう。
漢 ↓441ジ《ペー》ご〔語〕

かたり【語り】 名詞
❶話《はなし》をすること。また、その話《はなし》。
❷能楽《のうがく》や狂言《きょうげん》・文楽《ぶんらく》で、できごとや物語《ものがたり》の由来《ゆらい》などを語《かた》ること。また、その文句《もんく》。
❸映画《えいが》やテレビなどで、話《はなし》のすじや場面《ばめん》などを説明《せつめい》すること。ナレーション。

かたりあかす【語り明かす】 動詞 一晩《ひとばん》じゅう話《はな》し続《つづ》けて夜《よ》を明《あ》かす。

かたりぐさ【語り草】 名詞 いつまでも話題《わだい》になるようなことがら。例 若《わか》いころの祖父《そふ》の活躍《かつやく》は、語り草になっている。

かたりくち【語り口】 名詞 語《かた》るときのようす。話《はな》し方《かた》。例 もの静《しず》かな語り口。

かたりつぐ【語り継ぐ】 動詞 ある時代《じだい》の人《ひと》から次《つぎ》の時代《じだい》の人《ひと》へと、何代《なんだい》にもわたって話《はな》して伝《つた》える。例 伝説《でんせつ》を語り継ぐ。

かたりつたえる【語り伝える】 動詞 人《ひと》から人《ひと》へと言《い》い伝《つた》える。例 民話《みんわ》を語り伝える。

かたりて【語り手】 名詞
❶話《はなし》をする人《ひと》。
❷放送劇《ほうそうげき》などで、場面《ばめん》の説明《せつめい》をしたり話《はなし》のすじを話《はな》したりする人《ひと》。ナレーター。

かたりべ【語り部】 名詞
❶昔《むかし》、朝廷《ちょうてい》に仕《つか》え、歴史《れきし》や伝説《でんせつ》を語《かた》り伝《つた》えることを仕事《しごと》としていた家《いえ》がらの人《ひと》。
❷自分《じぶん》が体験《たいけん》したことや聞《き》いたことなどを、次《つぎ》の世代《せだい》に語《かた》り伝《つた》える人《ひと》。例 原爆《げんばく》の語り部。

かたる 動詞 うその名前《なまえ》を名乗《なの》ったり、身分《みぶん》をいつわったりする。例 社長《しゃちょう》だとかたる。

かたる【語る】 動詞
❶話《はな》して聞《き》かせる。例 祖父《そふ》が昔話《むかしばなし》を語る。
❷節《ふし》をつけて物語《ものがたり》を話《はな》す。例 じょうるりを語る。
漢 ↓441ジ《ペー》ご〔語〕

● **語《かた》るに足《た》る** 話《はな》すだけの価値《かち》がある。例 大切《たいせつ》なことを語るに足る人物《じんぶつ》。

カタログ（catalog） 名詞 品物《しなもの》の名《な》まえや値段《ねだん》などを、わかりやすく書《か》いたもの。商品目録《しょうひんもくろく》。

カタログはんばい【カタログ販売】 名詞 お店《みせ》で商品《しょうひん》を売《う》るのではなく、商品《しょうひん》のカタログを送《おく》って注文《ちゅうもん》をとり、小包《こづつみ》などで商品《しょうひん》を送《おく》るという売《う》り方《かた》。

かたわら【傍ら】 名詞
❶そば。わき。例 道《みち》の傍らに花《はな》がさいていた。
❷一《ひと》つのことをしながら、一方《いっぽう》で。例 姉《あね》は勉強《べんきょう》をするかたわら音楽《おんがく》をきいている。
使い方 ❷は、ふつうかな書《が》きにする。

かたわれ【片割れ】 名詞
❶割《わ》れたものの、ひとかけら。また、二《ふた》つでひと組《くみ》になっているものの、片方《かたほう》。例 割《わ》れた皿《さら》の片割れをふむ／靴下《くつした》の片割れ。
❷仲間《なかま》の一人《ひとり》。例 どろぼうの片割れ。

かたん【荷担・加担】 名詞 動詞 力《ちから》を貸《か》すこ

ことわざ　**旅《たび》の恥《はじ》はかき捨《す》て**　旅先《たびさき》では知《し》っている人《ひと》もいないので、ふだんならしないようなはずかしい

と。仲間《なかま》に加《くわ》わって助《たす》けること。味方《みかた》をすること。例 悪事《あくじ》に荷担する。

かだん【花壇】 名詞 庭《にわ》や公園《こうえん》などの一部《いちぶ》を区《く》切《ぎ》って、草花《くさばな》を植《う》えてあるところ。

カタンいと【カタン糸】 名詞 ミシンぬいをするときに使《つか》う綿《めん》の糸《いと》。ことば「カタン（＝コットン）」は英語《えいご》で「もめん」という意味《いみ》。

かち【価値】 名詞 あるもののよさや、役《やく》に立《た》つ程度《ていど》。値打《ねう》ち。例 品物《しなもの》の価値が下《さ》がる／この映画《えいが》は見《み》る価値があるよ。

かち【勝ち】 名詞 勝《か》つこと。勝利《しょうり》。対 負《ま》け。

-がち 接尾語 （ほかのことばのあとにつけて）「…が多《おお》い」「…にかたよる」という意味《いみ》を表《あらわ》す。例 黒目《くろめ》がち／病気《びょうき》がち／くもりがちの空《そら》。

かちあう【かち合う】 動詞 ❶二《ふた》つのものがぶつかり合《あ》う。例 車《くるま》がかち合う。❷二《ふた》つのことが重《かさ》なる。例 ピアノの発表会《はっぴょうかい》と運動会《うんどうかい》がかち合ってしまった。

かちいくさ【勝ち戦】 名詞 戦《たたか》いに勝《か》つこと。また、その戦《たたか》い。対 負《ま》け戦《いくさ》。

かちかち
❶ 副詞 小《ちい》さくかたい物《もの》がふれ合《あ》う音《おと》のようす。例 火《ひ》の用心《ようじん》の拍子木《ひょうしぎ》をかちかちと打《う》ち鳴《な》らす。
❷ 形容動詞 非常《ひじょう》にかたいようす。例 路面《ろめん》がかちかちにこおる。
❸ 形容動詞 非常《ひじょう》に緊張《きんちょう》しているようす。例 初《はじ》めての試合《しあい》でかちかちになる。
❹ 形容動詞 非常《ひじょう》に頑固《がんこ》なようす。例 かちかちの石頭《いしあたま》。
使い方 ❶は、「かちかちと」の形《かたち》でも使《つか》う。

がちがち 形容動詞 副詞 「かちかち」を強《つよ》めた言《い》い方《かた》。

かちき【勝ち気】 名詞 形容動詞 人《ひと》に負《ま》けることがきらいな、強《つよ》い性質《せいしつ》。類 負《ま》けん気《き》。

かちく【家畜】 名詞 人《ひと》の生活《せいかつ》に役立《やくだ》てるために飼《か》う動物《どうぶつ》。牛《うし》・ぶた・馬《うま》・にわとりなど。

かちこし【勝ち越し】 名詞 勝《か》った回数《かいすう》が、負《ま》けた回数《かいすう》より多《おお》いこと。対 負《ま》け越《こ》し。

かちどき【勝ちどき】 名詞 戦《たたか》いに勝《か》ったときに上《あ》げる喜《よろこ》びの声《こえ》。例 勝ちどきを上《あ》げる。

かちぬき【勝ち抜き】 名詞 勝《か》ったもの同士《どうし》が次々《つぎつぎ》に戦《たたか》って、最後《さいご》に優勝《ゆうしょう》を決《き》めるやり方《かた》。対 総当《そうあ》たり。

かちほこる【勝ち誇る】 動詞 勝《か》って得意《とくい》になる。例 強《つよ》い相手《あいて》をたおして勝ち誇る。

かちまけ【勝ち負け】 名詞 勝《か》つことと負《ま》けること。勝《か》つか負《ま》けるか。勝敗《しょうはい》。

かちみ【勝ち味】 名詞 勝《か》つ見《み》こみ。勝《か》ち目《め》。例 勝ち味のない試合《しあい》。

かちめ【勝ち目】 名詞 勝《か》つ見《み》こみ。例 相手《あいて》が兄《あに》では勝ち目がない。

かちゅう【渦中】 名詞 事件《じけん》やもめごとなどの真《ま》っただ中《なか》。例 争《あらそ》いごとの渦中にある人《ひと》。

かちゅうのくりをひろう【火中のくりを拾う】 ことわざ 自分《じぶん》の利益《りえき》にはならないと知《し》っていながら、他人《たにん》のために危《あぶ》ないことや困難《こんなん》なことをすることのたとえ。

かちょう【課長】 名詞 会社《かいしゃ》や役所《やくしょ》などで、一《ひと》つの課《か》をまとめ、管理《かんり》する役《やく》。また、その人《ひと》。

がちょう 名詞 白《しろ》または茶色《ちゃいろ》の、大形《おおがた》の水鳥《みずとり》。野生《やせい》のがんを飼《か》いならしたもの。くちばしの付《つ》け根《ね》にこぶがある。食用《しょくよう》になる。

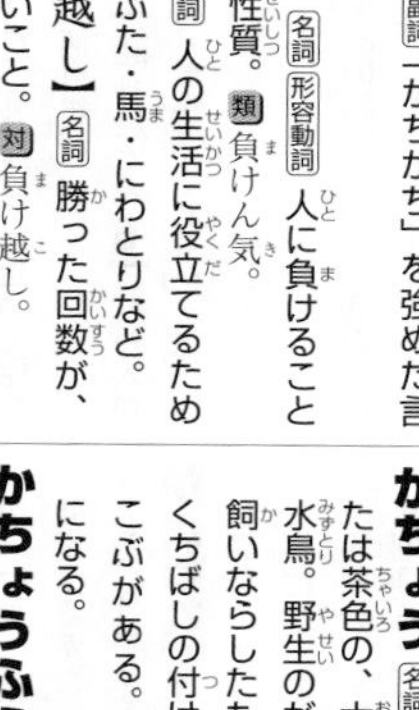
がちょう

かちょうふうげつ【花鳥風月】 ↓579ページ 四字熟語

かちんとくる【かちんと来る】 相手《あいて》の言《い》ったことやしたことに、気分《きぶん》を悪《わる》くする。例 わかっていることを注意《ちゅうい》されてかちんと来た。

かつ【活】 名詞 生《い》きること。例 死中《しちゅう》に活を求《もと》める（＝苦《くる》しい状態《じょうたい》の中《なか》で、生《い》き延《の》びる道《みち》を求《もと》める）。漢 ↓266ページ かつ〔活〕

●**活《かつ》を入《い》れる** ❶気絶《きぜつ》した人《ひと》の意識《いしき》をとりもどさせる。❷はげましたりしかったりして、元気《げんき》ややる気《き》を出《だ》させる。例 かんとくが選手《せんしゅ》に活を入れる。

漢 **かつ【活】** 〔氵〕《さんずい》 9画 2年 音 カツ 訓 い-きる

❶いきる。いかす。くらす。例 活動《かつどう》／活用《かつよう》／活力《かつりょく》／自活《じかつ》／生活《せいかつ》／復活《ふっかつ》。❷いきいきしている。例 活気《かっき》／活発《かっぱつ》／快活《かいかつ》。

かつ【割】 漢 ↓1438ページ わ-る〔割〕

かつ【且つ】

を生《い》きてゆくには、たがいに助《たす》け合《あ》う思《おも》いやりの心《こころ》が大切《たいせつ》だ、ということ。

ことばにチャレンジ！

がっかり

いろんなことばでいろんな「がっかり」を表《あらわ》してみよう！

入門編《にゅうもんへん》

●まずは、よく使《つか》う別《べつ》のことばで

落《お》ちこむ　先発《せんぱつ》メンバーに選《えら》ばれなくて**落ちこん**でいる。……p.190

残念《ざんねん》　きみがキャンプに来ないなんて、とても**残念《ざんねん》だ**。……p.549

失望《しつぼう》　物語《ものがたり》のとちゅうで、主人公《しゅじんこう》の勇気のない態度《たいど》に**失望《しつぼう》**した。……p.582

修行編《しゅぎょうへん》

●次《つぎ》に、少《すこ》しむずかしいことばで

うなだれる　日本《にほん》チームが優勝《ゆうしょう》をのがしたので、家族《かぞく》はみんな**うなだれ**ている。……p.133

しょげる　自信作《じしんさく》だったのに評判《ひょうばん》が悪《わる》くて、すっかり**しょげ**てしまった。……p.648

かたを落《お》とす　今回《こんかい》も入選《にゅうせん》できず、友人《ゆうじん》は**かたを落《お》とし**ている。……p.261

力《ちから》を落《お》とす　飼《か》っていたねこがいなくなってしまい、妹《いもうと》は**力《ちから》を落《お》とし**ている。……p.827

達人編《たつじんへん》

●背《せ》のびして、もっとむずかしいことばで

幻滅《げんめつ》　あこがれていたクラブに入《はい》ったが、全然《ぜんぜん》おもしろくなくて**幻滅《げんめつ》**した。……p.439

落胆《らくたん》　優勝候補《ゆうしょうこうほ》だったのに予選落《よせんお》ちしてしまい、みんな**落胆《らくたん》**してしまった。……p.1384

意《い》□消沈《しょうちん》　何度《なんど》挑戦《ちょうせん》しても段位《だんい》が上《あ》がらなくて、**意《い》□消沈《しょうちん》**している。

□に当《あ》てはまることばは何《なに》？ p.75にのっている見出《みだ》し語だよ！

まねことば

●ようすまねことばを使《つか》って

がっくり[と]　一回戦《いっかいせん》で負《ま》けてしまって**がっくりした**。……p.268

しおしお[と]　母《はは》にしかられ、**しおしおと**部屋《へや》にもどった。……p.558

しょんぼり[と]　親友《しんゆう》とクラスが分《わ》かれ、妹《いもうと》は**しょんぼりし**ている。……p.652

---

❶ 接続詞 そのうえ。さらにまた。例 明《あか》るくかつ仲《なか》のよい家族《かぞく》。
❷ 副詞 一方《いっぽう》では。…したり…したり。例 大《おお》いに遊《あそ》び、かつ学《まな》ぶ。
使い方 ふつうかな書《が》きにする。

かつ【勝つ】 動詞 ❶ 戦《たたか》って、相手《あいて》を負《ま》かす。例 うでずもうに勝つ。対 負《ま》ける。敗《やぶ》れる。❷ 難《むずか》しいことや苦《くる》しいことを乗《の》りこえる。例 練習《れんしゅう》をサボりたい気持《きも》ちに勝つ。対 負《ま》ける。❸ その傾向《けいこう》が強《つよ》い。その部分《ぶぶん》が多《おお》い。例 あまみの勝ったりんご。漢 ⬇629ジベー しょう〔勝〕

カツ 名詞 「カツレツ」の略《りゃく》。例 とんカツ。

かっ【合】 漢 ⬇445ジベー ごう〔合〕

-がつ【月】 接尾語 〔数《かず》を表《あらわ》すことばのあとにつけて〕一年《いちねん》を十二《じゅうに》に分《わ》けた一《ひと》つを表《あらわ》すことば。例 一《いち》月。漢 ⬇422ジベー げつ〔月〕

がっ【合】 漢 ⬇445ジベー ごう〔合〕

かつあい【割愛】 名詞 動詞 残《のこ》しておきたいと思《おも》うものを、思《おも》いきって省《はぶ》くこと。例 時間《じかん》がないので、このあとの話《はなし》は割愛します。

かつお 名詞 季語 夏 群《む》れをなして泳《およ》ぐ魚《さかな》。背《せ》が青黒《あおぐろ》く、腹《はら》は銀色《ぎんいろ》でしまがある。全長《ぜんちょう》九十《きゅうじっ》センチメートルくらい。刺身《さしみ》やかつおぶしなどにする。ことば 干《ほ》すと身《み》がかたくなることから、昔《むかし》は「かたうお」と呼《よ》ばれ、これが変化《へんか》して「かつお」となったともいわれる。漢字《かんじ》では「鰹」と書《か》く。図 ⬇521ジベー さかな〔魚〕

かつおぎ【かつお木】 名詞 神社《じんじゃ》などの屋根《やね》

ことわざ **旅《たび》は道連《みちづ》れ世《よ》は情《なさ》け**　旅《たび》をするとき、道連《みちづ》れがあればたがいに助《たす》け合《あ》えて心強《こころづよ》いし、世《よ》の中《なか》

の棟《むね》の上《うえ》に、直角《ちょっかく》に並《なら》べてある、かざりの木《き》。図↓827ジペーちぎ

かつおぶし【かつお節】 名詞 かつおの身《み》を煮《に》て、よく干《ほ》してかたくしたもの。けずってだしをとったり料理《りょうり》にかけたりする。

かっか【閣下】 名詞 位《くらい》や身分《みぶん》の高《たか》い人《ひと》を尊敬《そんけい》して呼《よ》ぶことば。例 大統領《だいとうりょう》閣下。

がっか【学科】 名詞 学校《がっこう》で勉強《べんきょう》することがらを、「国語《こくご》」「算数《さんすう》」のように、内容《ないよう》によって分《わ》けたもの。とくに、大学《だいがく》での「英文学科《えいぶんがっか》」「経済学科《けいざいがっか》」などの専門分野《せんもんぶんや》の区分《くわ》け。

がっか【学課】 名詞 学校《がっこう》で勉強《べんきょう》するように決《き》められている、学問《がくもん》の内容《ないよう》とその順序《じゅんじょ》。

かっかい【各界】 名詞 それぞれの職業《しょくぎょう》の社会《しゃかい》。例 各界の代表《だいひょう》が集《あつ》まる。

がっかい【学会】 名詞 同《おな》じ専門分野《せんもんぶんや》の研究者《けんきゅうしゃ》が集《あつ》まって作《つく》る会《かい》。また、その会議《かいぎ》。例 今年《ことし》の学会は京都《きょうと》で開催《かいさい》される／日本医学会《にほんいがっかい》。

がっかい【学界】 名詞 学問《がくもん》の世界《せかい》。学者《がくしゃ》の社会《しゃかい》。

かつかいしゅう【勝海舟】 名詞 （一八二三〜一八九九）江戸時代《えどじだい》の末《すえ》から明治時代《めいじじだい》にかけての政治家《せいじか》。日本《にほん》の船《ふね》で初《はじ》めてアメリカにわたった。明治維新《めいじいしん》のとき、西郷隆盛《さいごうたかもり》と会見《かいけん》して平和《へいわ》のうちに江戸城《えどじょう》を引《ひ》きわたすことに成功《せいこう》した。

かっかざん【活火山】 名詞 噴火《ふんか》したり、けむりをはいたりして活動《かつどう》している火山《かざん》。または、過去《かこ》一万年以内《いちまんねんいない》に噴火《ふんか》した火山《かざん》。

がつがつ【と】 副詞 動詞 ❶食《た》べ物《もの》をやたらにほしがるようす。また、食《た》べ物《もの》をむさぼり食《た》べるようす。❷むやみやたらによくばるようす。例 がつがつと勉強《べんきょう》する／お金《かね》にがつがつする。

がっかり 副詞 動詞 思《おも》いどおりにならないで、気《き》を落《お》とすようす。例 雨《あめ》で遠足《えんそく》が中止《ちゅうし》になってがっかりした。↓267ジペー ことばにチャレンジ

かっき【活気】 名詞 勢《いきお》いがよく、生《い》き生《い》きとしたようす。例 活気のあふれるクラス。

がっき【学期】 名詞 一年間《いちねんかん》の学校生活《がっこうせいかつ》をいくつかの期間《きかん》に区切《くぎ》ったときの一《ひと》つ。例 一学期《いちがっき》。

がっき【楽器】 名詞 音楽《おんがく》を演奏《えんそう》するために使《つか》う器具《きぐ》。管楽器《かんがっき》・弦楽器《げんがっき》・打楽器《だがっき》など。図↓269ジペー

かっきづく【活気づく】 動詞 生《い》き生《い》きとしてにぎやかになる。例 店《みせ》が客《きゃく》で活気づく。

かっきてき【画期的】 形容動詞 今《いま》までになかったもので、まったく新《あたら》しく、すぐれているようす。例 画期的な発明《はつめい》。

がっきゅう【学究】 名詞 ひたすら学問《がくもん》を研究《けんきゅう》すること。学問《がくもん》にうちこむこと。また、その人《ひと》。例 学究はだの人《ひと》。

がっきゅう【学級】 名詞 学校《がっこう》などで、一学年《いちがくねん》の児童《じどう》・生徒《せいと》をいくつかの集《あつ》まりに分《わ》けたもの。組《くみ》。

がっきゅういいん【学級委員】 名詞 学級《がっきゅう》のみんなの中《なか》から選《えら》ばれて、いろいろな世話《せわ》をする児童《じどう》・生徒《せいと》。

がっきゅうかい【学級会】 名詞 ある問題《もんだい》について学級《がっきゅう》のみんなで話《はな》し合《あ》う会《かい》。

がっきゅうしんぶん【学級新聞】 名詞 学《がっ》級《きゅう》の児童《じどう》・生徒《せいと》が作《つく》る新聞《しんぶん》。

がっきゅうぶんこ【学級文庫】 名詞 学級《がっきゅう》のみんなが利用《りよう》するために、教室《きょうしつ》に備《そな》えた本《ほん》。

がっきゅうへいさ【学級閉鎖】 名詞 人《ひと》にうつる病気《びょうき》が流行《りゅうこう》したとき、病気《びょうき》になる人《ひと》が増《ふ》えることを防《ふせ》ぐために、その学級《がっきゅう》の児童《じどう》・生徒全員《せいとぜんいん》を登校《とうこう》させないようにすること。

かつぎょ【活魚】 名詞 生《い》きている魚《さかな》。生《い》きのよい魚《さかな》。例 活魚料理店《りょうりてん》。

かっきょう【活況】 名詞 商売《しょうばい》などが活発《かっぱつ》に行《おこな》われていて、景気《けいき》がよいようす。例 年末《ねんまつ》の商店街《しょうてんがい》は活況にわいている。

がっきょく【楽曲】 名詞 音楽《おんがく》の曲《きょく》。例 モーツァルトの楽曲を演奏《えんそう》する／人気《にんき》の楽曲をダウンロードする。

かっきり【と】 副詞 数量《すうりょう》や時間《じかん》などに、はんぱがないようす。ちょうど。例 五時《ごじ》かっきり。

かつぐ【担ぐ】 動詞 ❶物《もの》をかたにのせる。例 重《おも》いかばんを担ぐ。❷ふざけてだます。例 友《とも》だちに担がれた。❸迷信《めいしん》などを信《しん》じて気《き》にする。例 縁起《えんぎ》を担ぐ。❹ある役《やく》につくように強《つよ》く推薦《すいせん》する。例 ぼくは今年《ことし》も会長《かいちょう》に担がれた。漢↓815ジペーたん〔担〕

がっく【学区】 名詞 公立《こうりつ》の学校《がっこう》ごとに決《き》められた、通学区域《つうがくくいき》。校区《こうく》。

がっくり【と】 副詞 動詞 ❶力《ちから》がぬけて、体《からだ》が急《きゅう》にくずれたようになる

たりすると、人《ひと》とのつきあいや仕事《しごと》もうまくいかなくなる、ということ。

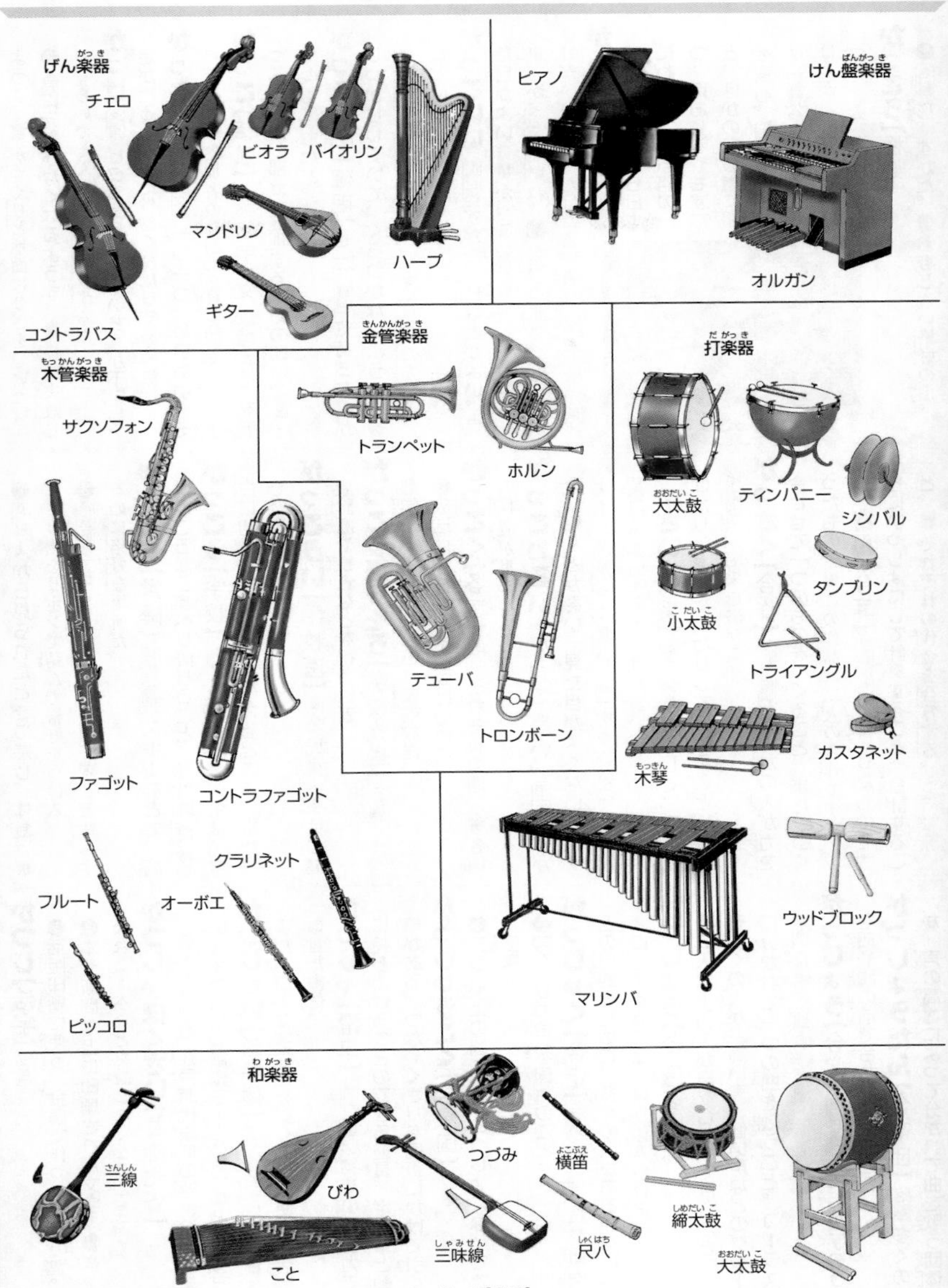

がっき【楽器】

ことわざ　**短気《たんき》は損気《そんき》**　短気《たんき》を起《お》こすと結局《けっきょく》は自分《じぶん》が損《そん》をするということ。がまんできずにすぐおこっようす。例 がっくりと地面《じめん》にひざをついた。❷急《きゅう》に元気《げんき》がなくなるようす。例 一度《いちど》失敗《しっぱい》したぐらいでそんなにがっくりするなよ。

かっけ 名詞 ビタミンB_1（ビーいち）が不足《ふそく》し、足《あし》がだるくなったりむくんだりする病気《びょうき》。

かっこ【各個】 名詞 一《ひと》つ一《ひと》つ。めいめい。それぞれ。例 参加者《さんかしゃ》の各個に意見《いけん》を聞《き》く。

かっこ【括弧】 名詞 文字《もじ》・文《ぶん》・数字《すうじ》などを囲《かこ》って、ほかの部分《ぶぶん》と区別《くべつ》するための印《しるし》。「　」・（　）・〔　〕など。

かっこ［と］【確固［と］】 副詞 気持《きも》ちなどがしっかりしていて、ぐらつかないようす。例 確固とした考《かんが》えを持《も》つ。使い方「確固たる態度《たいど》」などの形《かたち》でも使《つか》う。

かっこいい 形容詞 すがた・形《かたち》などがよい。見《み》た目《め》がよい。例 かっこいいね。かっこいい髪形《かみがた》／きみの自転《じてん》車《しゃ》、かっこいい。対 かっこ悪《わる》い。使い方「格好《こう》がいい」のくだけた言《い》い方《かた》。

かっこう 名詞 季語 夏 五月《ごがつ》ごろ南方《なんぽう》から日本《にほん》にわたってくる鳥《とり》の一《ひと》つ。ほおじろやもずなど、ほかの鳥《とり》の巣《す》に卵《たまご》を産《う》む。ことば 漢字《かんじ》では「郭公《かっこう》」と書《か》く。昔《むかし》は「かんこ鳥《どり》」ともいった。

かっこう

かっこう【格好】
❶名詞 形《かたち》。すがた。例 おもしろい格好の山《やま》。
❷名詞 人《ひと》から見《み》られたときの感《かん》じ。体裁《ていさい》。例 おくり物《もの》をリボンで結《むす》んで格好をつける。
❸形容動詞 ちょうどよいようす。例 ひと休《やす》みするのに格好な場所《ばしょ》だ。

かっこう【滑降】 名詞 動詞 スキーなどで、高《たか》いところからすべり降《お》りること。例 滑降競技《きょうぎ》。

がっこう【学校】 名詞 先生《せんせい》が児童《じどう》・生徒《せいと》・学《がく》生《せい》に知識《ちしき》や技術《ぎじゅつ》などを教《おし》えるところ。また、その建物《たてもの》。

がっこうい【学校医】 名詞 児童《じどう》・生徒《せいと》の健《けん》康診断《こうしんだん》や検査《けんさ》などを行《おこな》う医者《いしゃ》。

がっこうほうそう【学校放送】 名詞
❶学校《がっこう》の中《なか》で行《おこな》う放送《ほうそう》。校内放送《こうないほうそう》。
❷放送局《ほうそうきょく》が行《おこな》う、学校向《がっこうむ》けの放送《ほうそう》。

かっこく【各国】 名詞 それぞれの国《くに》。例 各国の代表《だいひょう》が集《あつ》まる。

かっこわるい【かっこ悪い】 形容詞 すがた・形《かたち》などが悪《わる》い。見《み》た目《め》がよくない。例 デザインがかっこ悪い。対 かっこいい。使い方「格好《かっこう》が悪《わる》い」のくだけた言《い》い方《かた》。

かっさい【喝采】 名詞 動詞 感心《かんしん》して、声《こえ》を上《あ》げたり手《て》をたたいたりしてほめること。例 拍《はく》手《しゅ》喝采／喝采を浴《あ》びる。

がっさく【合作】 名詞 動詞 何人《なんにん》かの人《ひと》が力《ちから》を合《あ》わせて一《ひと》つのものをつくること。また、つくったもの。例 この作品《さくひん》は二人《ふたり》の合作です。

がっさん【合算】 名詞 動詞 計算《けいさん》したものをさらにいっしょにして計算《けいさん》すること。合計《ごうけい》すること。例 それぞれの代金《だいきん》を合算する。

かつじ【活字】 名詞
❶活版印刷《かっぱんいんさつ》に使《つか》う、金属《きんぞく》で作《つく》った文字《もじ》の型《かた》。
❷本《ほん》や新聞《しんぶん》などに印刷《いんさつ》された文字《もじ》。例 活字ばなれ（＝本《ほん》などを読《よ》まなくなること）。

かつしかほくさい【葛飾北斎】 名詞（一七六〇～一八四九）江戸《えど》時代《じだい》末期《まっき》の浮世絵師《うきよえし》。富《ふ》士山《さん》をえがいた「富嶽三十六景《ふがくさんじゅうろっけい》」などが有名《ゆうめい》。

かつじたい【活字体】 名詞 活字《かつじ》に使《つか》う書体《しょたい》。また、ローマ字《じ》などを書《か》くときに使《つか》う、活字《かつじ》に似《に》せた書体《しょたい》。

かっしゃ【滑車】 名詞 重《おも》い物《もの》を小《ちい》さい力《ちから》で楽《らく》に持《も》ち上《あ》げることのできる道具《どうぐ》。定滑車《ていかっしゃ》と動滑《どうかっ》車《しゃ》がある。つなやくさりを円板《えんばん》にかけて引《ひ》く。

がっしゅうこく【合衆国】 名詞
❶二《ふた》つ以上《いじょう》の国《くに》や州《しゅう》がいっしょになってできた国家《こっか》。
❷「アメリカ合衆国《がっしゅうこく》」のこと。

がっしゅく【合宿】 名詞 動詞 練習《れんしゅう》や研究《けんきゅう》などの目的《もくてき》のために、多《おお》くの人《ひと》がある期間《きかん》いっしょに生活《せいかつ》すること。例 夏休《なつやす》みの合宿。

がっしょう【合唱】 名詞 動詞
❶二人《ふたり》以上《いじょう》の人《ひと》が声《こえ》を合《あ》わせて歌《うた》うこと。
❷多《おお》くの人《ひと》が、高《たか》い声《こえ》、低《ひく》い声《こえ》などのグループに分《わ》かれて一《ひと》つの曲《きょく》を歌《うた》うこと。コーラス。関連 斉唱《せいしょう》。独唱《どくしょう》。

がっしょう【合掌】 名詞 動詞 両方《りょうほう》の手《て》のひらを顔《かお》や胸《むね》の前《まえ》で合《あ》わせて拝《おが》むこと。

がっしょうだん【合唱団】 名詞 多《おお》くの人《ひと》が、声《こえ》の高《たか》さによって分《わ》かれて曲《きょく》を歌《うた》う団体《だんたい》。

うように、あまりにもその差《さ》が大《おお》きいこと。つりあいがとれないことや、比《くら》べものにならないことのたとえ。

がっしょうづくり【合掌造り】 名詞 二本《にほん》の木材《もくざい》を山形《やまがた》に組《く》み合《あ》わせたものを並《なら》べて屋根《やね》を支《ささ》えた、家《いえ》のつくり方《かた》。

かっしょく【褐色】 名詞 黒《くろ》っぽい茶色《ちゃいろ》。こげ茶色《ちゃいろ》。

かっしょく

がっしり［と］ 副詞 動詞 しっかりして、力強《ちからづよ》いようす。がっちり。例 がっしりした体格《たいかく》。

かっすい【渇水】 名詞 動詞 雨《あめ》が降《ふ》らないため、水《みず》が足《た》りなくなること。水《みず》がかれること。

かっせいたん【活性炭】 名詞 においや色《いろ》、よごれなどをとりこむはたらきがある、細《こま》かい粒状《つぶじょう》の炭《すみ》。脱臭剤《だっしゅうざい》や脱色剤《だっしょくざい》などに使《つか》われる。

かっせん【合戦】 名詞 動詞 敵《てき》と味方《みかた》が出会《であ》って戦《たたか》うこと。例 関ケ原《せきがはら》の合戦／雪《ゆき》合戦。使い方 戦《せん》争《そう》のことをいう場合《ばあい》は、昔《むかし》の戦争《せんそう》について使《つか》う。

かっそう【滑走】 名詞 動詞
❶すべるように走《はし》ること。
❷飛行機《ひこうき》が地上《ちじょう》を走《はし》ること。例 滑走路《ろ》。

がっそう【合奏】 名詞 動詞 二《ふた》つ以上《いじょう》の楽器《がっき》で、いっしょに曲《きょく》を演奏《えんそう》すること。対 独奏《どくそう》。

かっそうろ【滑走路】 名詞 飛行機《ひこうき》が飛《と》び立《た》ったり着陸《ちゃくりく》したりするときに走《はし》る道《みち》。図⇩378ジ《ページ》ーくうこう

カッター（cutter）名詞
❶物《もの》を切《き》る道具《どうぐ》。
❷汽船《きせん》などに積《つ》む大型《おおがた》のボート。

カッターマット 名詞 カッターで紙《かみ》などを切《き》るとき、机《つくえ》を傷《きず》つけないよう、紙《かみ》の下《した》に置《お》くマット。ことば 英語《えいご》をもとに日本《にほん》で作《つく》られたことば。

がったい【合体】 名詞 動詞 二《ふた》つ以上《いじょう》のものが一《ひと》つになること。例 二《ふた》つのクラブが合体する。

かつだんそう【活断層】 名詞 以前《いぜん》ずれたことがあり、この先《さき》また活動《かつどう》するかもしれない断層《だんそう》。断層《だんそう》が活動《かつどう》すると地震《じしん》が起《お》きる可能性《かのうせい》が高《たか》い。

がっち【合致】 名詞 動詞 ぴったりと合《あ》うこと。例 条件《じょうけん》に合致した品物《しなもの》を探《さが》す。類 一致《いっち》。

がっちり［と］ 副詞 動詞
❶体《からだ》や物《もの》のつくりが、しっかりしているようす。例 まわりをがっちりと囲《かこ》う。
❷ぬけ目《め》がないようす。例 がっちり貯金《ちょきん》する。

ガッツポーズ 名詞 ものごとがうまくいったときや試合《しあい》に勝《か》ったときなどにするポーズ。胸《むね》の前《まえ》でにぎりこぶしを作《つく》ったり、そのこぶしを頭《あたま》の上《うえ》に上《あ》げたりする。ことば 英語《えいご》をもとに日《に》本《ほん》で作《つく》られたことば。

かつて 副詞
❶今《いま》までに一度《いちど》も。例 こんなに美《うつく》しい絵《え》はかつて見《み》たことがない。
❷前《まえ》のある時《とき》。昔《むかし》。例 かつての名選手《めいせんしゅ》。
使い方 ❶は、あとに「ない」などのことばがくる。❶❷とも、少《すこ》しあらたまった言《い》い方《かた》。

かって【勝手】
❶ 形容動詞 自分《じぶん》の思《おも》うようにするようす。わがまま。例 勝手な行動《こうどう》／他人《たにん》の物《もの》を勝手に使《つか》う。
❷ 名詞 台所《だいどころ》。「お勝手《かって》」ともいう。例 勝手口《ぐち》。
❸ 名詞 ようす。事情《じじょう》。例 一年生《いちねんせい》の弟《おとうと》は、まだ学校《がっこう》の勝手がわからない。
●**勝手《かって》が違《ちが》う** いつもとようすがちがっていて、やりづらい。例 部屋《へや》の模様《もよう》がえをしたら、勝手が違ってとまどう。

かってかぶとのおをしめよ【勝ってかぶとの緒を締めよ】 ⇩119ジ《ページ》ー ことわざ

かってきまま【勝手気まま】 形容動詞 ほかの人《ひと》のことは考《かんが》えず、自分《じぶん》のしたいようにするようす。例 勝手気ままにふるまう。

かってぐち【勝手口】 名詞 台所《だいどころ》の出入《でい》り口《ぐち》。また、玄関《げんかん》とは別《べつ》に設《もう》けた、外《そと》から台所《だいどころ》に通《つう》じる出入《でい》り口《ぐち》。例 勝手口に回《まわ》ってください。

かってでる【買って出る】 自分《じぶん》から進《すす》んで引《ひ》き受《う》ける。例 人《ひと》のいやがる役《やく》を買って出る。

がってん【合点】 名詞 動詞 承知《しょうち》すること。よくわかって納得《なっとく》すること。例 よしきた、合点だ。

かっと
❶ 副詞 光《ひかり》や火《ひ》が急《きゅう》に強《つよ》くなるようす。例 真夏《まなつ》の日差《ひざ》しがかっと照《て》りつける。
❷ 副詞 目《め》や口《くち》を急《きゅう》に大《おお》きく開《ひら》くようす。例 目《め》をかっと見開《みひら》いて、対戦相手《たいせんあいて》をにらみつける。
❸ 副詞 動詞 急《きゅう》におこったり興奮《こうふん》したりするようす。例 かっとして、思《おも》わず大声《おおごえ》でどなる。

カット（cut）
❶ 名詞 動詞 切《き》ること。切《き》りとること。
❷ 名詞 動詞 テニスなどで、ボールをななめに切《き》るようにして打《う》ち返《かえ》すこと。
❸ 名詞 本《ほん》や新聞《しんぶん》などに入《い》れる簡単《かんたん》なさし絵《え》。

ことわざ **ちょうちんに釣《つ》り鐘《がね》** ちょうちんとつりがねは形《かたち》は似《に》ているが、大《おお》きさや重《おも》さがまったくちが

❹ 名詞 映画《えいが》の一場面《いちばめん》。

ガット【GATT】 名詞 世界《せかい》の貿易《ぼうえき》の発展《はってん》をはかるために結《むす》ばれた国際貿易協定《こくさいぼうえききょうてい》。一九九五年《ねん》に「世界貿易機関《せかいぼうえききかん》（WTO《ダブリューティーオー》）」に吸収《きゅうしゅう》された。

かっとう【葛藤】 名詞 動詞 ❶心《こころ》の中《なか》にいくつかの考《かんが》えがあって、どれを選《えら》ぶか迷《まよ》ったり、なやんだりすること。例 進路《しんろ》を決定《けってい》するまで葛藤した。❷人間関係《にんげんかんけい》などがごたごたして、うまくいかないこと。例 兄弟《きょうだい》の葛藤。 ことば 藤《ふじ》などのつるがのびて、からみ合《あ》うことからきたことば。

かつどう【活動】 ❶ 名詞 動詞 元気《げんき》よく動《うご》くこと。また、あるはたらきをすること。例 夜《よる》活動する動物《どうぶつ》。❷ 名詞 「映画《えいが》」の古《ふる》い言《い》い方《かた》。「活動写真《かつどうしゃしん》」の略《りゃく》。

かつどうてき【活動的】 形容動詞 ❶元気《げんき》よく活発《かっぱつ》に動《うご》いたり、はたらいたりするようす。例 祖父《そふ》は活動的な生活《せいかつ》を送《おく》っている。❷動《うご》きやすいようす。例 活動的な服装《ふくそう》。

カットグラス（cut glass） 名詞 刃物《はもの》で切《き》りこんで模様《もよう》をつけたガラスの器《うつわ》。

かっぱ 名詞 想像上《そうぞうじょう》の生《い》き物《もの》の一《ひと》つ。子供《こども》のようなすがたをしていて、背中《せなか》にこうら、頭《あたま》の上《うえ》に皿《さら》があり、川《かわ》やぬまにすむと言《い》い伝《つた》えられている。 ことば 漢字《かんじ》では「河童」と書《か》く。

●**かっぱの川流《かわなが》れ** ことわざ どんな名人《めいじん》でも、ときには失敗《しっぱい》することがあるということわざ。 類 弘法《こうぼう》にも筆《ふで》の誤《あやま》り。猿《さる》も木《き》から落《お》ちる。 ことば 泳《およ》ぎの上手《じょうず》なかっぱでもおぼれることがある、ということからきたことわざ。

かっぱ 名詞 雨《あめ》が降《ふ》ったときに着《き》る外《がい》とう。雨《あま》がっぱ。 ことば もとはポルトガル語《ご》。漢字《かんじ》では「合羽」と書《か》く。 ↓272ページ《ジ》 外国語教室

かっぱつ【活発】 形容動詞 生《い》き生《い》きとして元気《げんき》がよいようす。例 活発に意見《いけん》を言《い》う。

かっぱらう 動詞 人《ひと》の油断《ゆだん》やすきをついてぬすむ。 使い方 乱暴《らんぼう》な言《い》い方《かた》。

かっぱん【活版】 名詞 活字《かつじ》を組《く》み合《あ》わせてつくった印刷版《いんさつばん》。例 活版印刷《いんさつ》。

がっぴょう【合評】 名詞 動詞 何人《なんにん》かが集《あつ》まって、同《おな》じ作品《さくひん》や問題《もんだい》についてそれぞれ意見《いけん》を述《の》べ合《あ》うこと。例 短歌《たんか》の合評会《かい》。

カップ（cup） 名詞 ❶持《も》つところのついた茶《ちゃ》わん。❷賞《しょう》としてあたえられる、さかずきの形《かたち》をしたもの。例 優勝《ゆうしょう》カップ。❸料理《りょうり》などで、粉《こな》や液体《えきたい》の量《りょう》を量《はか》るために使《つか》う、目盛《めも》りがついたうつわ。例 計量《けいりょう》カップ。

かっぷく【かっ幅】 名詞 体《からだ》の格好《かっこう》。体《からだ》つき。例 堂々《どうどう》としたかっ幅の人《ひと》。

カップル（couple） 名詞 夫婦《ふうふ》や恋人同士《こいびとどうし》などの二人一組《ふたりひとくみ》。

がっぺい【合併】 名詞 動詞 二《ふた》つ以上《いじょう》のものが合《あ》わさって一《ひと》つになること。また、一《ひと》つにすること。例 会社《かいしゃ》が合併する。 類 統合《とうごう》。併合《へいごう》。

かっぽ【かっ歩】 名詞 動詞 大《おお》またで堂々《どうどう》と歩《ある》くこと。例 街《まち》をかっ歩する。

かつぼう【渇望】 名詞 動詞 のどのかわいた人《ひと》が水《みず》をほしがるように、心《こころ》から希望《きぼう》すること。例 世界平和《せかいへいわ》を渇望する。

かっぽう【割ぽう】 名詞 料理《りょうり》を作《つく》ること。とくに、和風料理《わふうりょうり》を作《つく》ること。また、その店《みせ》。

かっぽうぎ【割ぽう着】 名詞 料理《りょうり》するときなどに着《き》る、そでつきのエプロン。

かっぽうぎ

かつやく【活躍】 名詞 動詞 すばらしいはたらきをすること。目覚《めざ》ましく活動《かつどう》すること。例 クラス委員《いいん》として活躍する。

かつよう【活用】 名詞 動詞 ❶もののはたらきをうまく生《い》かして使《つか》うこと。

ガッテン外国語教室

雨《あめ》の日《ひ》のかっぱ

雨《あめ》のときに着《き》る外《がい》とうは「かっぱ（雨《あま》がっぱ）」と呼《よ》ばれる。この「かっぱ」は、もともと「capa《カパ》」というポルトガル語《ご》なんだ。戦国時代《せんごくじだい》にポルトガルのキリスト教《きょう》の宣教師《せんきょうし》たちが日本《にほん》に来《き》た時《とき》に着《き》ていたのが「capa《カパ》」と呼《よ》ばれるコートのような服《ふく》だ。見《み》た目《め》がごうかだったので、織田信長《おだのぶなが》や豊臣秀吉《とよとみひでよし》など、戦国時代《せんごくじだい》の武将《ぶしょう》たちに愛用《あいよう》されたんだよ。それが現在《げんざい》の雨用《あめよう》のコートのような服《ふく》、つまり「かっぱ（雨《あま》がっぱ）」になったんだね。

わずかなものでも積《つ》み重《かさ》ねていけば大《おお》きなものになる、ということ。

例 空《あ》きかんを筆立《ふでた》てに活用する。類 利用《りよう》。❷ことばの終《お》わりの部分《ぶぶん》が、使《つか》い方《かた》によって規《き》則的《そくてき》にかわること。たとえば「読《よ》む」は、「読ま（ない）・読み（ます）・読む・読む（とき）・読め（ば）・読め」と活用《かつよう》する。

かつようけい【活用形】 名詞 動詞《どうし》・形容《けいよう》詞《し》・形容動詞《けいようどうし》・助動詞《じょどうし》が活用《かつよう》するときの、それぞれの形《かたち》。

かつようご【活用語】 名詞 ことばの終《お》わりの部分《ぶぶん》が規則的《きそくてき》にかわることば。動詞《どうし》・形容《けいよう》詞《し》・形容動詞《けいようどうし》・助動詞《じょどうし》がある。

かつら 名詞 髪形《かみがた》を変《か》えたり、かみが少《すく》ない部《ぶ》分《ぶん》をかくしたりするために、頭《あたま》にかぶるもの。

かつりょく【活力】 名詞 活動《かつどう》のもとになる力《ちから》。生活《せいかつ》する力《ちから》。例 全身《ぜんしん》に活力がみなぎる。類 精力《せいりょく》。

カツレツ（cutlet） 名詞 牛《うし》やぶたなどの肉《にく》に、小麦粉《こむぎこ》や卵《たまご》、パン粉《こ》などをつけて、油《あぶら》であげたもの。略《りゃく》して「カツ」ともいう。

かつろ【活路】 名詞 生《い》き延《の》びるための道《みち》。また、行《い》きづまったところからぬけ出《だ》す方法《ほうほう》。例 新製品《しんせいひん》の開発《かいはつ》に活路を見《み》いだした。

かて【糧】 名詞 ❶食《た》べ物《もの》。例 その日《ひ》の糧にも困《こま》る。❷人《ひと》の心《こころ》を育《そだ》てて豊《ゆた》かにするもの。例 本《ほん》を読《よ》んで心《こころ》の糧にする。

かてい【下底】 名詞 台形《だいけい》の平行《へいこう》な二《ふた》つの辺《へん》のうちの一辺《いっぺん》。教科 算 もう一《ひと》つの辺《へん》を「上底《じょうてい》」という。

かてい【仮定】 名詞 動詞 こうであると、仮《かり》に決《き》めること。例 大地震《おおじしん》を仮定した避難訓練《ひなんくんれん》。

かてい【家庭】 名詞 親子《おやこ》・夫婦《ふうふ》など、いっしょに暮《く》らしている家族《かぞく》のまとまり。また、いっしょに暮《く》らしているところ。

かてい【過程】 名詞 ものごとが移《うつ》り変《か》わっていく道筋《みちすじ》。例 動物《どうぶつ》の進化《しんか》の過程を調《しら》べる。

かてい【課程】 名詞 学校《がっこう》などで、ある期間《きかん》に学習《がくしゅう》する内容《ないよう》や順序《じゅんじょ》を決《き》めたもの。カリキュラム。

かていか【家庭科】 名詞 学校《がっこう》で習《なら》う教科《きょうか》の一《ひと》つ。家庭生活《かていせいかつ》に必要《ひつよう》な知識《ちしき》や技能《ぎのう》、態度《たいど》を勉《べん》強《きょう》する。

かていきょうし【家庭教師】 名詞 家《いえ》まで来《き》て、一対一《いったいいち》で勉強《べんきょう》を教《おし》えてくれる人《ひと》。

かていごみ【家庭ごみ】 名詞 家庭《かてい》から出《で》るごみ。また、その中《なか》で、資源《しげん》として分別《ぶんべつ》できないもの。

かていさいばんしょ【家庭裁判所】 名詞 家庭《かてい》の中《なか》での争《あらそ》いや、二十才《にじっさい》にならない少年《しょうねん》少女《しょうじょ》の起《お》こした事件《じけん》をとりあつかう裁判所《さいばんしょ》。

かてばかんぐん【勝てば官軍】 ことわざ たとえまちがっていることでも、争《あらそ》いに勝《か》てばそちらが正義《せいぎ》となることのたとえ。

-がてら 接尾語（ほかのことばのあとにつけて）…しながら。…のついでに。例 散歩《さんぽ》がてら友《とも》だちの家《いえ》に寄《よ》った。

かでん【家伝】 名詞 その家《いえ》に代々伝《だいだいつた》わっていること。例 家伝の宝物《たからもの》。

かでん【家電】 名詞 冷蔵庫《れいぞうこ》・テレビ・掃除機《そうじき》など、家庭《かてい》で使《つか》う電気器具《でんきぐ》のこと。

がてん【合点】 名詞 動詞 よく理解《りかい》すること。納得《なっとく》すること。がってん。例 早《はや》合点。

●**合点《がてん》がいく** 納得《なっとく》できる。理解《りかい》できる。例 説《せつ》明《めい》を聞《き》いて、ようやく合点がいった。

がでんいんすい【我田引水】 名詞「自分《じぶん》の田《た》に水《みず》を引《ひ》く」という意味《いみ》から、自分《じぶん》の都合《つごう》のよいように発言《はつげん》したり、行動《こうどう》したりすること。

かでんリサイクルほう【家電リサイクル法】 名詞 家庭《かてい》や会社《かいしゃ》で使《つか》わなくなった電気《でんき》製品《せいひん》をリサイクルするための法律《ほうりつ》。使《つか》った人《ひと》が料金《りょうきん》をはらい、売《う》った店《みせ》が引《ひ》きとって運《はこ》び、作《つく》った会社《かいしゃ》が部品《ぶひん》や材料《ざいりょう》をリサイクルするしくみが決《き》められている。

かど【角】 名詞 ❶物《もの》のとがっているところ。例 机《つくえ》の角。❷道《みち》の曲《ま》がっているところ。例 次《つぎ》の角に花屋《はなや》さんがある。❸人《ひと》がらがおだやかでないこと。例 言《い》い方《かた》に角がある。漢 ↓242ジベー かく〔角〕

●**角《かど》が立《た》つ** 関係《かんけい》がおだやかでなくなる。例 あまり文句《もんく》ばかり言《い》うと角が立ちますよ。

●**角《かど》が取《と》れる** いろいろな経験《けいけん》を積《つ》んで、人《ひと》がらがおだやかになる。例 苦労《くろう》をして角が取れた。

かど【門】 名詞 ❶家《いえ》の出入《でい》り口《ぐち》。もん。例 門口《ぐち》／門松《まつ》。❷家《いえ》。例 笑《わら》う門には福来《ふくき》たる。使い方 古《ふる》い言《い》い方《かた》。漢 ↓1327ジベー もん〔門〕

あいうえお　かきくけこ　さしすせそ　たちつてと　なにぬねの　はひふへほ　まみむめも　や ゆ よ　らりるれろ　わ を ん

ことわざ　ちりも積《つ》もれば山《やま》となる　ちりのように小《ちい》さいものでも、たくさん積《つ》もれば山《やま》のようになる。

かど【過度】 名詞 形容動詞 ふさわしい程度《ていど》をこえていること。例 過度の運動《うんどう》。対 適度《てきど》。

かといって【かと言って】 それだからといって。そうではあるが、しかし。例 おなかはすいたが、かと言って食《た》べたい物《もの》もない。

かとう【下等】 名詞 形容動詞
❶程度《ていど》が低《ひく》いこと。例 下等な動物《どうぶつ》。関連 高等《こうとう》。中等《ちゅうとう》。
❷品質《ひんしつ》などが悪《わる》いこと。対 上等《じょうとう》。

かどう【華道】 ↓78ページ いけばな

かとうどうぶつ【下等動物】 名詞 体《からだ》のつくりの簡単《かんたん》な動物《どうぶつ》を合《あ》わせてよぶことば。対 高等動物《こうとうどうぶつ》。

かとき【過渡期】 名詞 古《ふる》いものから新《あたら》しいものに変《か》わるとちゅうの、安定《あんてい》しない時期《じき》。

かどぐち【門口】 名詞 家《いえ》や門《もん》の出入《でい》り口《ぐち》。また、その辺《あた》り。例 家《いえ》の門口で出《で》むかえる。

かどで【門出】 名詞
❶旅《たび》に出発《しゅっぱつ》するため家《いえ》から出《で》ること。旅立《たびだ》ち。
❷新《あたら》しい生活《せいかつ》を始《はじ》めること。例 人生《じんせい》の門出。

かどばる【角張る】 動詞
❶角《かど》がつき出《で》て、ごつごつしている。
❷態度《たいど》やことばなどが、打《う》ちとけず、とげとげしい感《かん》じがする。例 角張った話《はな》し方《かた》をする。

かどまつ【門松】 名詞 季語 新年 正月《しょうがつ》を祝《いわ》って、家《いえ》の門《もん》や入《い》り口《ぐち》にかざる松《まつ》。松《まつ》かざり。

カドミウム（cadmium） 名詞 亜鉛《あえん》に似《に》た、やわらかい金属《きんぞく》。めっき・電池《でんち》などに使《つか》われる。カドミウムの化合物《かごうぶつ》や蒸気《じょうき》は、体《からだ》に害《がい》がある。

かとりせんこう【蚊取り線香】 名詞 季語 夏 かを追《お》いはらったり殺《ころ》したりするために燃《も》やす線香《せんこう》。じょちゅうぎくなどから作《つく》り、うず巻《ま》き形《がた》のものが多《おお》い。

カトリック（オランダ語） 名詞 キリスト教《きょう》の一《ひと》つ。ローマ法王《ほうおう》を中心《ちゅうしん》とする。「旧教《きゅうきょう》」ともいう。対 プロテスタント。

カトレア（cattleya） 名詞 らんのなかまの草花《くさばな》。白《しろ》・ピンク・赤《あか》むらさき色《いろ》などの大《おお》きな花《はな》がさく。温室《おんしつ》などでさいばいされる。

カトレア

かどわかす 動詞 「ゆうかいする」の古《ふる》い言《い》い方《かた》。

かな 助詞 （ほかのことばのあとにつけて）強《つよ》く感《かん》じる気持《きも》ちを表《あらわ》す。…だなあ。例 流《なが》れ行《ゆ》く大根《だいこん》の葉《は》の早《はや》さかな（高浜虚子《たかはまきょし》）使い方 和歌《わか》や俳句《はいく》などで使《つか》うことば。ことば 漢字《かんじ》では「哉」と書《か》く。

かな（ほかのことばのあとにつけて）
❶問《と》いかけや疑問《ぎもん》に思《おも》う気持《きも》ちを表《あらわ》す。例 筆《ふで》箱《ばこ》をどこにしまったかな。
❷（「…ないかな」の形《かたち》で）そうなってほしいと願《ねが》う気持《きも》ちを表《あらわ》す。例 早《はや》く夏休《なつやす》みにならないかな。

かな【金】（ほかのことばの前《まえ》につけて）「金《かね》（金属《きんぞく》）」の意味《いみ》を表《あらわ》す。例 金具《ぐ》／金網《あみ》。㊥ ↓370ページ きん〔金〕

かな【仮名】 名詞 日本《にほん》で、漢字《かんじ》をもとにして作《つく》った、一字《いちじ》で一音《いちおん》を表《あらわ》す文字《もじ》。ひらがなとかたかながある。かな文字《もじ》。対 漢字《かんじ》。ことば 「仮《かり》の文字《もじ》」という意味《いみ》からきたことば。これに対《たい》して、漢字《かんじ》は「真名《まな》（＝真《しん》の文字《もじ》）」と呼《よ》ばれていた。「かめい」と読《よ》むと別《べつ》の意味《いみ》。

かなあみ【金網】 名詞 針金《はりがね》をあんでつくったあみ。

かない【家内】 名詞
❶家《いえ》の中《なか》。家族《かぞく》。例 家内安全《あんぜん》。
❷自分《じぶん》の妻《つま》。夫《おっと》が他人《たにん》に対《たい》して言《い》うときに使《つか》う。

かないこうぎょう【家内工業】 名詞 自分《じぶん》の家《いえ》で、家族《かぞく》や少数《しょうすう》の人《ひと》だけで仕事《しごと》をする、簡単《かんたん》な工業《こうぎょう》。

かなう 動詞
❶思《おも》いどおりになる。例 長年《ながねん》の望《のぞ》みがかなう。
❷うまく当《あ》てはまる。例 きみの言《い》うことは、理屈《りくつ》にかなっている。
❸勝負《しょうぶ》ができる。勝《か》てる。例 勉強《べんきょう》ではきみにかなわない。

かなえる 動詞 望《のぞ》みどおりにさせる。例 願《ねが》いごとをかなえてほしい。

かなかな ↓1104ページ ひぐらし

かながわけん【神奈川県】 名詞 関東地方《かんとうちほう》の南西部《なんせいぶ》にある県《けん》。重工業《じゅうこうぎょう》・石油化学工業《せきゆかがくこうぎょう》が発達《はったつ》している。県庁《けんちょう》は横浜市《よこはまし》にある。

かなきりごえ【金切り声】 名詞 金属《きんぞく》を切《き》る

黙《もく》は金《きん》、雄弁《ゆうべん》は銀《ぎん》」ともいう。

ときに出《で》る音《おと》のような、高《たか》くするどい声《こえ》。

かなぐ【金具】 名詞 いろいろな物《もの》にとりつけてある、金属《きんぞく》でつくった物《もの》。

かなぐりすてる【かなぐり捨てる】 動詞 ❶身《み》に着《つ》けているものを、あらっぽくぬぎ捨《す》てる。例 上着《うわぎ》をかなぐり捨てる。❷思《おも》いきってきっぱりと捨《す》てる。例 はじも外聞《がいぶん》もかなぐり捨てて、一《いち》からやり直《なお》す。

かなけ【金気】 名詞 土《つち》の中《なか》や水《みず》の中《なか》にふくまれている、金属《きんぞく》の成分《せいぶん》。とくに、鉄分《てつぶん》。例 この井戸《いど》水《みず》は金気が多《おお》い。

かなざわし【金沢市】 名詞 石川県《いしかわけん》の中央部《ちゅうおうぶ》にある市《し》。日本三名園《にほんさんめいえん》の一《ひと》つの「兼六園《けんろくえん》」がある。石川県《いしかわけん》の県庁《けんちょう》がある。

かなざわはん【金沢藩】 ⇒237ページ かがはん

かなしい【悲しい】 形容詞 つらく、心《こころ》が痛《いた》むようす。泣《な》きたいような気持《きも》ちである。例 悲しい話《はなし》。対 うれしい。漢 ⇒1095ページ ひ〔悲〕 ⇒276ページ ことばにチャレンジ

かなしげ【悲しげ】 形容動詞 いかにも悲《かな》しそうなようす。例 悲しげな泣《な》き声《ごえ》が聞《き》こえる。

かなしみ【悲しみ】 名詞 悲《かな》しむこと。悲《かな》しいと思《おも》う気持《きも》ち。例 悲しみをぐっとこらえる。対 喜《よろこ》び。

かなしむ【悲しむ】 動詞 悲《かな》しく思《おも》う。例 ペットの死《し》を悲しむ。対 喜《よろこ》ぶ。漢 ⇒1095ページ ひ〔悲〕

かなた 代名詞 向《む》こうのほう。あちら。例 山《やま》のかなたに海《うみ》が見《み》える。使い方 古《ふる》い言《い》い方《かた》。

カナダ 名詞 北《きた》アメリカの北部《ほくぶ》にある国《くに》。気温《きおん》が低《ひく》く、面積《めんせき》は広《ひろ》いが人口《じんこう》は少《すく》ない。小麦《こむぎ》・パルプ・木材《もくざい》などの農林《のうりん》業《ぎょう》や、水《すい》産《さん》業《ぎょう》・鉱《こう》業《ぎょう》がさかん。首《しゅ》都《と》はオタワ。

（国旗《こっき》）

かなづかい【仮名遣い】 名詞 日本語《にほんご》をかなで書《か》くときの決《き》まり。参考 「歴史的仮名遣《れきしてきかなづか》い」と「現代仮名遣《げんだいかなづか》い」がある。

かなづち【金づち】 名詞 ❶くぎなどを打《う》つときに使《つか》う道具《どうぐ》。頭《あたま》の部分《ぶぶん》が鉄《てつ》でできている。「とんかち」ともいう。❷泳《およ》ぎのまったくできない人《ひと》。ことば ❷は、金《かな》づち（＝❶）がすぐにしずむことからきたことば。

カナッペ （フランス語）名詞 うすく切《き》った小《ちい》さなパンに、肉《にく》・魚《さかな》・野菜《やさい》・チーズなどの具《ぐ》をのせた食《た》べ物《もの》。

かなでる【奏でる】 動詞 楽器《がっき》を鳴《な》らして、音《おん》楽《がく》を演奏《えんそう》する。例 ギターを奏でる。漢 ⇒744ページ そう〔奏〕

かなとこぐも【金床雲】 名詞 発達《はったつ》した積乱《せきらん》雲《うん》で、上《うえ》のほうが水平《すいへい》に広《ひろ》がった形《かたち》のもの。ことば 「金床《かなとこ》」は、金属《きんぞく》をたたくときにのせる鉄《てつ》の台《だい》のこと。図 ⇒395ページ くも〔雲〕

かなぶん 名詞 季語 夏 こがね虫《むし》のなかまの昆《こん》虫《ちゅう》。体《からだ》はつやのある青《あお》っぽい色《いろ》や茶色《ちゃいろ》をしている。夏《なつ》、くぬぎなどの木《き》のしるに集《あつ》まる。

かなへび 名詞 とかげに似《に》た形《かたち》の動物《どうぶつ》。尾《お》が体《からだ》の半分《はんぶん》以上《いじょう》ある。図 ⇒1062ページ はちゅうるい

かなぼう【金棒】 名詞 昔《むかし》、武器《ぶき》として使《つか》った、鉄《てつ》でできた棒《ぼう》。例 鬼《おに》に金棒。

かなめ【要】 名詞 ❶せんすの骨《ほね》を一《ひと》つに留《と》めてあるところ。図 ⇒737ページ せんす ❷ものごとのいちばん大切《たいせつ》なところ。例 何《なに》ごとも最初《さいしょ》が肝心《かんじん》要だ。漢 ⇒1362ページ よう〔要〕

かなもじ【仮名文字】 ⇒274ページ かな〔仮名〕

かなもの【金物】 名詞 金属《きんぞく》でできている器具《きぐ》や道具《どうぐ》をまとめていうことば。なべ・やかん・くぎ・かなづちなど。

かならず【必ず】 副詞 きっと。確《たし》かに。まちがいなく。例 約束《やくそく》は必ず守《まも》る。使い方 「必らず」と書《か》かないよう注意《ちゅうい》。漢 ⇒1110ページ ひつ〔必〕

かならずしも【必ずしも】 副詞 （「必《かなら》ずしも…ない」の形《かたち》で、全体《ぜんたい》で）いつも…ではない。全部《ぜんぶ》が…ではない。例 一度《いちど》勝《か》ったからといって、必ずしも次《つぎ》も勝《か》てるとは限《かぎ》らない。

かなり 形容動詞 副詞 ずいぶん。だいぶ。相当《そうとう》。例 かなりな腕前《うでまえ》／天気《てんき》はかなりよくなった。

カナリア （スペイン語）名詞 すずめくらいの大《おお》きさの小鳥《ことり》。黄色《きいろ》のものが多《おお》く、おすは美《うつく》しい声《こえ》で鳴《な》く。

カナリア

ことわざ **沈黙《ちんもく》は金《きん》** だまっていることのほうが、よくしゃべることよりも価値《かち》があるということ。「沈《ちん》

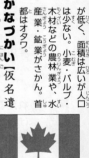

ことばにチャレンジ！

悲《かな》しい

いろんなことばでいろんな「悲《かな》しい」を表《あらわ》してみよう！

入門編《にゅうもんへん》

●まずは、よく使《つか》う別《べつ》のことばで

切《せつ》ない
映画《えいが》で別《わか》れの場面《ばめん》を見《み》ていて、**切《せつ》ない**気持《きも》ちになった。……p.727

つらい 飼《か》っている犬《いぬ》が病気《びょうき》で苦《くる》しんでいるのを、見《み》ているのが**つらい**。……p.875

なげく 旅行前《りょこうまえ》にけがをして入院《にゅういん》してしまい、自分《じぶん》の不運《ふうん》を**なげく**。……p.973

修行編《しゅぎょうへん》

●次《つぎ》に、少《すこ》しむずかしいことばで

打《う》ちひしがれる 祖母《そぼ》をなくした悲《かな》しみに**打《う》ちひしがれる**。……p.129

もの悲《がな》しい
夕暮《ゆうぐ》れの町《まち》に**もの悲《がな》しい**メロディが流《なが》れる。……p.1322

□を切《き》られる
親《した》しくしていた友《とも》だちと別《わか》れるのは**□を切《き》られる**思《おも》いだ。

□に当《あ》てはまることばは何《なに》？
p.1260にのっている見出《みだ》し語《ご》だよ！

達人編《たつじんへん》

●背《せ》のびして、もっとむずかしいことばで

うれえる 食《た》べ物《もの》にこまる人々《ひとびと》がなくならない世《よ》の中《なか》を**うれえる**。……p.141

なげかわしい ごみのポイ捨《す》てをする人《ひと》がいるのは**なげかわしい**。……p.973

断腸《だんちょう》の思《おも》い **断腸《だんちょう》の思《おも》い**でわが子《こ》と別《わか》れる母親《ははおや》。……p.820

もっと

●「胸《むね》が」ではじまるたとえの表現《ひょうげん》を使《つか》って

胸《むね》が痛《いた》む 災害《さいがい》で家《いえ》をなくした人々《ひとびと》のニュースを見《み》て、**胸《むね》が痛《いた》ん**だ。……p.1293

胸《むね》がいっぱいになる 引《ひ》っ越《こ》していく友人《ゆうじん》を見送《みおく》り、**胸《むね》がいっぱいにな**った。……p.1293

胸《むね》がつぶれる
友《とも》の悲《かな》しみを考《かんが》えると**胸《むね》がつぶれ**そうだ。……p.1293

胸《むね》がつまる
胸《むね》がつまって、うまく「さよなら」と言《い》えなかった。……p.1293

胸《むね》が張《は》りさける 別《わか》れのつらさに**胸《むね》が張《は》りさけ**そうだった。……p.1293

●悲《かな》しみが外《そと》に表《あらわ》れた表現《ひょうげん》で

泣《な》きくずれる 祖父《そふ》の死《し》のしらせに、母《はは》はその場《ば》で**泣《な》きくずれ**た。……p.971

泣《な》きじゃくる おもちゃをなくした子供《こども》が**泣《な》きじゃくっ**ている。……p.971

号泣《ごうきゅう》 戦争《せんそう》の映画《えいが》を見《み》て**号泣《ごうきゅう》する**。……p.449

嘆息《たんそく》 夏休《なつやす》みの自由研究《じゆうけんきゅう》がなかなかうまくいかず、**嘆息《たんそく》**をもらす。……p.820

るということから、二《ふた》つのものが、比《くら》べようもないくらいちがうことのたとえ。

く。ことば アフリカのカナリア諸島《しょとう》にすんでいたので、この名《な》がついた。

かなわない ❶勝《か》てない。相手《あいて》になれない。例 うでずもうでは、父《ちち》にかなわない。
❷がまんできない。やりきれない。例 七月《しちがつ》に入《はい》ってから、毎日雨《まいにちあめ》ばかりでかなわない。

かに 名詞 季語 夏 海《うみ》や川《かわ》にすみ、かたいからに包《つつ》まれている動物《どうぶつ》。二本《にほん》のはさみと、八本《はちほん》の足《あし》を持《も》っている。種類《しゅるい》が多《おお》く、ほとんどが横《よこ》に歩《ある》く。ことば 漢字《かんじ》では「蟹」と書《か》く。

かに
（さわがに）

かにく【果肉】 名詞 植物《しょくぶつ》の実《み》の種《たね》と皮《かわ》の間《あいだ》の、やわらかい肉質《にくしつ》の部分《ぶぶん》。例 ももの果肉。

かにゅう【加入】 名詞 動詞 ある団体《だんたい》に加《くわ》わること。仲間《なかま》になること。例 ファンクラブに加入する。類 加盟《かめい》。対 脱退《だったい》。

カヌー （canoe）名詞 ❶木《き》の幹《みき》をくりぬいたり、骨組《ほねぐみ》にけものの皮《かわ》を張《は》ったりしてつくった小《ちい》さなふね。
❷競技用《きょうぎよう》の小《ちい》さなふね。また、その競技《きょうぎ》。

かね【金】 名詞 ❶お金《かね》。貨幣《かへい》。例 金づかい／金回《まわ》り。
❷金属《きんぞく》。例 金づち／金具《ぐ》。
使い方 ❷は、ほかのことばの前《まえ》につくときは、「かな」となることが多《おお》い。漢 ⇒370ジ《ぺー》 きん〔金〕

● **金《かね》に糸目《いとめ》を付《つ》けない** 目的《もくてき》のためにお金《かね》をつかうことをおしまない。

● **金《かね》は天下《てんか》の回《まわ》り物《もの》** ⇒123ジ《ぺー》 ことわざ

かね【鐘】 名詞 お寺《てら》や教会《きょうかい》などで、時《とき》を知《し》らせるときなどに、ついたり、ふったりして鳴《な》らすもの。また、その音《おと》。例 除夜《じょや》の鐘。

かねあい【兼ね合い】 名詞 うまくつりあいをとること。バランスをとること。例 必要《ひつよう》な買《か》い物《もの》とおやつの値段《ねだん》の兼ね合いを考《かんが》える。

かねがね 副詞 前《まえ》から。例 おうわさはかねがね耳《みみ》にしています。

かねじゃく【かね尺】 ⇒528ジ《ぺー》 さしがね❶

かねそなえる【兼ね備える】 動詞 二《ふた》つ以上《いじょう》の性質《せいしつ》や力《ちから》などを合《あ》わせ持《も》っている。例 やさしさと勇気《ゆうき》を兼ね備えた人《ひと》。使い方 よい意味《いみ》で使《つか》うことが多《おお》い。

かねつ【加熱】 名詞 動詞 熱《ねつ》を加《くわ》えること。例 この食品《しょくひん》は加熱してから食《た》べます。

かねつ【過熱】 名詞 動詞 ❶熱《あつ》くなりすぎること。熱《あつ》くしすぎること。例 アイロンの過熱に注意《ちゅうい》する。
❷勢《いきお》いや競争《きょうそう》などが激《はげ》しくなりすぎること。例 安売《やすう》り競争《きょうそう》が過熱する。

かねて 副詞 前《まえ》から。例 かねて話《はな》したとおり…。

かねない （ほかのことばのあとにつけて）…しないとはいえない。…しそうだ。例 あの人《ひと》なら、具合《ぐあい》が悪《わる》くても遊《あそ》びに行《い》きかねない。

かねへん【金偏】 名詞「金」のこと。漢字《かんじ》の部首《ぶしゅ》の一《ひと》つ。金属《きんぞく》に関係《かんけい》のある漢字《かんじ》を作《つく》ることが多《おお》い。鏡・鉄・銀・針など。

かねまわり【金回り】 名詞 収入《しゅうにゅう》の具合《ぐあい》。ふところ具合《ぐあい》。例 金回りがいい。

かねめ【金目】 名詞 高《たか》い値打《ねう》ちのあるもの。高《たか》い値段《ねだん》がつくもの。例 金目のもの。

かねもち【金持ち】 名詞 お金《かね》をたくさん持《も》っていること。また、その人《ひと》。

かねる【兼ねる】
❶動詞 一《ひと》つのものが二《ふた》つ以上《いじょう》のはたらきや役《やく》目《め》をする。例 給食委員《きゅうしょくいいん》と学級委員《がっきゅういいん》を兼ねる。
❷接尾語 （ほかのことばのあとにつけて）「できない」「難《むずか》しい」という意味《いみ》を表《あらわ》す。例 わたくしにはわかりかねます。
使い方 ❷は、ふつうかな書《が》きにする。

かねんせい【可燃性】 名詞 燃《も》えやすい性質《せいしつ》。例 可燃性ガス。対 不燃性《ふねんせい》。

かの 連体詞 あの。例《れい》の。例 かの有名《ゆうめい》な詩人《しじん》の作《さく》品《ひん》。使い方 少《すこ》し古《ふる》い言《い》い方《かた》。

かのう【可能】 名詞 形容動詞 できること。できる見《み》こみがあること。例 実現《じつげん》可能な計画《けいかく》。対 不可能《ふかのう》。

かのう【化のう】 名詞 動詞 傷《きず》などがうみを持《も》つこと。

かのうせい【可能性】 名詞 あることが実際《じっさい》にできるかどうか、また、ほんとうに起《お》こるかどうかという見《み》こみ。例 成功《せいこう》の可能性が高《たか》い。

かのうどうし【可能動詞】 名詞「読《よ》める」「書《か》ける」のように、「…することができる」という意味《いみ》をあらわす動詞《どうし》。ことば「起《お》きれる」

ことわざ　**月《つき》とすっぽん**　月《つき》もすっぽんのこうらも、形《かたち》は同《おな》じようにまるいが、まったくちがうものであ

「食《た》べれる」などは、「ら抜《ぬ》きことば」といわれ、正《ただ》しくは「起《お》きられる」「食《た》べられる」という。可能動詞《かのうどうし》ではない。

かのじょ【彼女】 代名詞 ❶あの女《おんな》の人《ひと》。対 彼《かれ》。❷特別《とくべつ》に親《した》しい女《おんな》の友《とも》だち。恋人《こいびと》。対 彼《かれ》。

かば【河馬】 名詞 アフリカの川《かわ》やぬまにすむ、大《おお》きな動物《どうぶつ》。草《そう》食《しょく》で、昼《ひる》は水《みず》の中《なか》にひそみ、夜《よる》になると陸《りく》に上《あ》がって活動《かつどう》する。

かば

カバー (cover) ❶ 名詞 物《もの》をおおうのに使《つか》うもの。おおい。例 本《ほん》にカバーをかける。❷ 名詞 動詞 足《た》りないところを補《おぎな》うこと。例 友《ゆう》人《じん》の失敗《しっぱい》をカバーする。❸ 名詞 動詞 ある範囲《はんい》に力《ちから》がおよぶこと。例 全《ぜん》国《こく》をカバーする。

カバーガラス (cover glass) 名詞 顕微鏡《けんびきょう》で観察《かんさつ》するとき、スライドガラスの上《うえ》の見《み》るものをおさえる、うすく小《ちい》さいガラス板《いた》。

かばう 動詞 弱《よわ》いものをほかのものから守《まも》り、助《たす》ける。例 友《とも》だちがわたしをかばってくれた。

かばう

がはく【画伯】 名詞 すぐれた画家《がか》。また、画《が》家《か》を尊敬《そんけい》していうことば。

かばん 名詞 物《もの》を入《い》れて持《も》ち運《はこ》ぶ、革《かわ》やじょうぶな布《ぬの》でつくった入《い》れ物《もの》。

がばん【画板】 名詞 絵《え》をかくとき、画用紙《がようし》を留《と》めたり、のせたりする板《いた》。

かはんしん【下半身】 名詞 体《からだ》の、こしから下《した》の部分《ぶぶん》。対 上半身《じょうはんしん》。

かはんすう【過半数】 名詞 全体《ぜんたい》の半分《はんぶん》よりも多《おお》い数《かず》。例 クラスの過半数の人《ひと》が賛成《さんせい》した。

かひ【可否】 名詞 ❶よいか、悪《わる》いか。例 行動《こうどう》の可否を話《はな》し合《あ》う。❷賛成《さんせい》か、反対《はんたい》か。例 議会《ぎかい》では可否同数《どうすう》だった。

かび 名詞 季語 夏 菌糸《きんし》という糸《いと》のようなものでできている非常《ひじょう》に小《ちい》さな生物《せいぶつ》。食《た》べ物《もの》や衣類《いるい》などについてふえ、物《もの》をくさらせる。こうじかびや青《あお》かびなど、人間《にんげん》の役《やく》に立《た》つ種類《しゅるい》もある。使い方 古《ふる》くて今《いま》はもうはやらないものなどを、「かびが生《は》えた」とたとえることがある。

かびくさい【かび臭い】 形容詞 ❶かびのにおいがする。例 かび臭い部屋《へや》。❷古《ふる》くさい。例 かび臭い考《かんが》え方《かた》。

かひつ【加筆】 名詞 動詞 絵《え》や文章《ぶんしょう》などに足《た》りないところをかき加《くわ》えたり、修正《しゅうせい》したりすること。例 加筆修正《しゅうせい》／遠足《えんそく》のしおりの持《も》ち物《もの》らんにいくつか加筆した。

がびょう【画びょう】 名詞 絵《え》や紙《かみ》などをかべなどに留《と》めるのに使《つか》う、頭《あたま》の大《おお》きな短《みじか》い針《はり》。押《お》しピン。

かびる 動詞 かびが生《は》える。例 パンがかびる。

かびん【花瓶】 名詞 花《はな》を生《い》けるためのびんやつぼ。

かびん【過敏】 名詞 形容動詞 ものごとに対《たい》する感《かん》じ方《かた》が、ふつうの人《ひと》よりするどいこと。例 姉《あね》はにおいに過敏だ。

かぶ 名詞 季語 冬 根《ね》が丸《まる》くふくらむ、あぶらなのなかまの野菜《やさい》。根《ね》と葉《は》が食用《しょくよう》となる。「かぶら」「すずな」ともいう。春《はる》の七草《ななくさ》の一《ひと》つ。図 ↓1084ページ はるのななくさ

かぶ【株】 名詞 ❶木《き》を切《き》ったあとに残《のこ》る、根《ね》もとの部分《ぶぶん》。切《き》り株《かぶ》。❷草《くさ》や木《き》で根《ね》のついたもの。例 株を分《わ》けて草《くさ》花《ばな》を増《ふ》やす。❸株式《かぶしき》。株券《かぶけん》。❹得意《とくい》とすること。例 お株をうばう。

漢 ↓278ページ かぶ〔株〕

● **株《かぶ》が上《あ》がる** 評判《ひょうばん》がよくなる。例 逆転《ぎゃくてん》のシュートを決《き》めて、株が上がった。

漢 **かぶ【株】** 〔木〕きへん 10画 6年 訓 音 かぶ

❶かぶ。切《き》りたおした木《き》のあとに残《のこ》った部分《ぶぶん》。例 切《き》り株《かぶ》。❷草木《くさき》の根《ね》もとの部分《ぶぶん》。例 株分《かぶわ》け。❸株式会社《かぶしきがいしゃ》に資金《しきん》を出《だ》している人《ひと》が持《も》つ権利《けんり》。例 株式《かぶしき》。

で、少《すこ》しでもその人《ひと》のようになろうと心《こころ》がけることのたとえ。

かぶ【下部】 名詞 下《した》のほうの部分《ぶぶん》。 対 上部《じょうぶ》。

かふう【家風】 名詞 その家《いえ》に伝《つた》わる、ものごとのやり方《かた》や暮《く》らし方《かた》。 例 家風に従《したが》う。

かふう【歌風】 名詞 和歌《わか》の作《つく》り方《かた》の特徴《とくちょう》。

がふう【画風】 名詞 その画家《がか》が持《も》っている、絵《え》のかき方《かた》の特徴《とくちょう》。

カフェ（フランス語）名詞
❶「コーヒー」のこと。
❷コーヒー・紅茶《こうちゃ》などの飲《の》み物《もの》を飲《の》ませる店《みせ》。お菓子《かし》や軽食《けいしょく》を出《だ》すところもある。喫茶店《きっさてん》。

かぶき【歌舞伎】 名詞 江戸時代《えどじだい》に起《お》こった、日本《にほん》だけにある芝居《しばい》。おどりや音楽《おんがく》がまざり合《あ》っている。二〇〇八年《ねん》に無形文化遺産《むけいぶんかいさん》に登録《とうろく》された。 ⇒1279ジベー 伝統コラム

かぶけん【株券】 名詞 株式会社《かぶしきがいしゃ》が、会社《かいしゃ》として仕事《しごと》をするもとになるお金《かね》を出《だ》した人《ひと》にわたす、お金《かね》を出《だ》したというしるしの文書《ぶんしょ》。

かぶさる 動詞
❶上《うえ》におおいかかる。 例 前髪《まえがみ》が目《め》にかぶさる。
❷責任《せきにん》がかかってくる。 例 休《やす》んだ人《ひと》の仕事《しごと》がかぶさってくる。

かぶしき【株式】 名詞
❶株式会社《かぶしきがいしゃ》の元手《もとで》となる金額《きんがく》を分《わ》けた一《ひと》つ一《ひと》つの単位《たんい》。
❷「株券《かぶけん》」のこと。

かぶしきがいしゃ【株式会社】 名詞 株式《かぶしき》を発行《はっこう》し、多《おお》くの人《ひと》から集《あつ》めたお金《かね》をもとにして仕事《しごと》をする会社《かいしゃ》。

カフスボタン 名詞 ワイシャツのそで口《ぐち》をとめる、かざりをかねたボタン。 ことば 英語《えいご》とポルトガル語《ご》をもとに日本《にほん》で作《つく》られたことば。

かぶせる 動詞
❶上《うえ》からおおう。 例 ふくろをかぶせる。
❷罪《つみ》や責任《せきにん》を人《ひと》に負《お》わせる。

カプセル（ドイツ語）名詞
❶ゼラチンでつくった小《ちい》さな入《い》れ物《もの》。薬《くすり》などを入《い》れて飲《の》む。
❷すきまなくぴったりと閉《と》じられる入《い》れ物《もの》。とくに、宇宙船《うちゅうせん》の人間《にんげん》や器材《きざい》を入《い》れる部分《ぶぶん》。

かふそく【過不足】 名詞 多《おお》すぎたり少《すく》なすぎたりすること。 例 全員《ぜんいん》の分《ぶん》のおやつを過不足なく準備《じゅんび》する。

かぶと 名詞 昔《むかし》、武士《ぶし》が戦《たたか》いのときに頭《あたま》を守《まも》るためにかぶったもの。鉄《てつ》や革《かわ》でつくった。

●**かぶとを脱《ぬ》ぐ** 降参《こうさん》する。

かぶとがに 名詞 浅《あさ》い海《うみ》の底《そこ》にすむ動物《どうぶつ》。まるいこうらから細長《ほそなが》い尾《お》が出《で》ており、全長《ぜんちょう》は六十《ろくじっ》センチメートルくらい。生物《せいぶつ》の種類《しゅるい》としては、かによりも、くもに近《ちか》い。 参考 大昔《おおむかし》に栄《さか》えた種類《しゅるい》が現在《げんざい》も残《のこ》っていることから、「生《い》きた化石《かせき》」と呼《よ》ばれる。

かぶと

かぶとがに

かぶとむし【かぶと虫】 名詞 季語 夏 こがね虫《むし》のなかまの昆虫《こんちゅう》の一《ひと》つ。黒《くろ》っぽい茶色《ちゃいろ》でつやがある。おすは体《からだ》が大《おお》きく、長《なが》い角《つの》がある。 図 ⇒505ジベー こんちゅう

かぶぬし【株主】 名詞 株式会社《かぶしきがいしゃ》に、仕事《しごと》の元手《もと》となるお金《かね》を出《だ》し、株式《かぶしき》を持《も》っている人《ひと》。

がぶのみ【がぶ飲み】 名詞 動詞 飲《の》み物《もの》を一気《いっき》にたくさん飲《の》むこと。がぶがぶ飲《の》むこと。 例 のどがかわいて麦茶《むぎちゃ》をがぶ飲みする。

かぶら ⇒278ジベー かぶ

かぶりつく【かぶり付く】 動詞 大《おお》きな口《くち》を開《あ》けて、勢《いきお》いよくかみつく。

かぶりをふる【かぶりを振る】 頭《あたま》を左右《さゆう》にふって、「いやだ」または「ちがう」という気持《きも》ちを表《あらわ》す。 ことば 「かぶり」は「頭《あたま》」の古《ふる》い言《い》い方《かた》。

かぶる 動詞
❶頭《あたま》の上《うえ》からおおう。 例 帽子《ぼうし》をかぶる。 対 脱《ぬ》ぐ。
❷上《うえ》から浴《あ》びる。 例 頭《あたま》から水《みず》をかぶる。
❸人《ひと》の罪《つみ》や責任《せきにん》を引《ひ》き受《う》ける。しょいこむ。 例 友《とも》だちの罪《つみ》をかぶる。

かぶれ 名詞
❶皮膚《ひふ》がかぶれること。 例 おむつかぶれ。
❷あるものの悪《わる》いえいきょうを受《う》けること。 例 外国《がいこく》かぶれ。

かぶれる 動詞
❶薬《くすり》や植物《しょくぶつ》などのせいで皮膚《ひふ》が赤《あか》くただれる。

ことわざ　爪《つめ》のあかを煎《せん》じて飲《の》む　すぐれた人《ひと》のつめのあかをもらってせんじて薬《くすり》として飲《の》むという意味《いみ》

❷あるものの悪《わる》いえいきょうを受《う》ける。例 流《りゅう》行《こう》にかぶれる。

かぶわけ【株分け】 名詞 動詞 草《くさ》木《き》をふやすために、根《ね》をいくつかに分《わ》けて移《うつ》し植《う》えること。

かふん【花粉】 名詞 花《はな》のおしべから出《で》る粉《こな》。めしべにつくと実《み》や種《しゅ》子《し》ができる。

かぶん【過分】 名詞 形容動詞 自《じ》分《ぶん》にふさわしい程《てい》度《ど》をこえていること。自《じ》分《ぶん》の身《み》分《ぶん》以《い》上《じょう》のものであること。例 過分なおもてなしをいただき、感《かん》謝《しゃ》いたします。

かふんしょう【花粉症】 名詞 季語春 アレルギーの一《ひと》つ。すぎやぶたくさなどの植《しょく》物《ぶつ》の花《か》粉《ふん》が、鼻《はな》やのどのおくに入《はい》って起《お》こる。

かぶんすう【仮分数】 名詞 分《ぶん》子《し》が分《ぶん》母《ぼ》と同《おな》じか、分《ぶん》子《し》が分《ぶん》母《ぼ》より大《おお》きい分《ぶん》数《すう》。$\frac{3}{3}$・$\frac{5}{3}$など。関連 真《しん》分《ぶん》数《すう》。帯《たい》分《ぶん》数《すう》。

かべ【壁】 名詞 ❶家《いえ》のまわりの囲《かこ》いや部《へ》屋《や》の仕《し》切《き》りにするもの。例 白《しろ》い壁の家《いえ》。❷ものごとをそこから先《さき》に進《すす》めなくしているもの。障《しょう》害《がい》。例 研《けん》究《きゅう》は壁につき当《あ》たった。

●**壁《かべ》に耳《みみ》あり障《しょう》子《じ》に目《め》あり** ⬇125ページ ことわざ

かへい【貨幣】 名詞 物《もの》の売《ばい》買《ばい》のときに、商《しょう》品《ひん》と交《こう》換《かん》するもの。お金《かね》。紙《し》幣《へい》と硬《こう》貨《か》がある。

かべしんぶん【壁新聞】 名詞 大《おお》勢《ぜい》の人《ひと》に知《し》らせるために、学《がっ》校《こう》や町《まち》角《かど》など、人《ひと》が見《み》やすいところのかべにはる新《しん》聞《ぶん》。

かべん【花弁】 名詞 花《はな》びら。

かほう【加法】 名詞 足《た》し算《ざん》。対 減《げん》法《ぽう》。

かほう【果報】 名詞 形容動詞 よいめぐり合《あ》わせ。幸《しあわ》せ。例 果報者《もの》。

●**果《か》報《ほう》は寝《ね》て待《ま》て** ことわざ 幸《しあわ》せは人《ひと》の力《ちから》だけでつかめるものではないから、あせらずに待《ま》てばよいということわざ。

かほう【家宝】 名詞 その家《いえ》に伝《つた》わる宝《たから》。

かほうちかん【下方置換】 名詞 空《くう》気《き》より重《おも》い気《き》体《たい》を集《あつ》める方《ほう》法《ほう》。口《くち》を上《うえ》に向《む》けた容《よう》器《き》の中《なか》に気《き》体《たい》を導《みちび》き入《い》れ、容《よう》器《き》の底《そこ》に気《き》体《たい》をためる。関連 上《じょう》方《ほう》置《ち》換《かん》。水《すい》上《じょう》置《ち》換《かん》。

かほご【過保護】 名詞 形容動詞 子《こ》供《ども》などを、必《ひつ》要《よう》以《い》上《じょう》に大《だい》事《じ》に育《そだ》てること。例 過保護な親《おや》。

かぼそい【か細い】 形容詞 細《ほそ》くて弱《よわ》々《よわ》しい感《かん》じであるようす。例 か細い体《からだ》／子《こ》ねこのか細い声《こえ》。ことば 「か」は意《い》味《み》を強《つよ》めることば。

かぼちゃ 名詞 季語秋 うりのなかまの植《しょく》物《ぶつ》の一《ひと》つ。夏《なつ》に黄《き》色《いろ》の花《はな》がさき、秋《あき》に大《おお》きな実《み》がなる。実《み》の中《なか》は黄《き》色《いろ》で、食《しょく》用《よう》になる。「とうなす」ともいう。ことば カンボジアから伝《つた》えられたのでこの名《な》がある。漢《かん》字《じ》では「南瓜」と書《か》く。

かぼちゃ

かま【釜】 名詞 ごはんをたいたり、湯《ゆ》をわかしたりする道《どう》具《ぐ》。

かま【窯】 名詞 物《もの》を高《たか》い温《おん》度《ど》で焼《や》いたり、熱《ねっ》したり、とかしたりする装《そう》置《ち》。パンや瀬《せ》戸《と》物《もの》などを焼《や》くのに使《つか》う。

かま【鎌】 名詞 いねや草《くさ》などをかるための、三《み》日《か》月《づき》形《がた》の刃《は》に柄《え》をつけた道《どう》具《ぐ》。

かま【鎌】

●**鎌《かま》を掛《か》ける** 相《あい》手《て》にほんとうのことを言《い》わせようとして、それとなくうまく話《はな》しかける。例 上《じょう》手《ず》に鎌を掛けて本《ほん》心《しん》を聞《き》き出《だ》した。

がま 名詞 季語夏 「ひきがえる」の別《べつ》の呼《よ》び名《な》。

かまう【構う】 動詞 ❶いろいろとめんどうをみる。例 いそがしくて、構ってやれなくてごめんね。❷気《き》にする。例 なりふり構わず働《はたら》く。❸からかったり、いたずらしたりする。例 犬《いぬ》を構っていたら、手《て》をかまれた。漢 ⬇444ページ こう〔構〕

かまえ【構え】 名詞 ❶家《いえ》などの組《く》み立《た》てのようす。つくり。例 構えのがっちりした家《いえ》。❷姿《し》勢《せい》。身《み》構《がま》え。例 すきのない構え。❸漢《かん》字《じ》を組《く》み立《た》てている部《ぶ》分《ぶん》の一《ひと》つ。まわりを囲《かこ》む形《かたち》のもの。「もんがまえ（門）」「くにがまえ（囗）」など。

かまえる【構える】 動詞 ❶つくり上《あ》げる。りっぱに整《ととの》える。例 川《かわ》のそばに家《いえ》を構える。

いうちにきたえておいたほうがよいという教《おし》え。また、ものごとを行《おこな》うのによいときをのがしてはならないとい

❷ある姿勢《しせい》をとる。例 刀《かたな》を構える。❸ある態度《たいど》をとる。例 のんきに構える。

漢 ↓444ページ こう〔構〕

がまがえる 名詞 季語夏 「ひきがえる」の別《べつ》の呼《よ》び名《な》。

かまきり 名詞 季語秋 頭《あたま》が三角形《さんかくけい》で、前足《まえあし》がかまのような形《かたち》の昆《こん》虫《ちゅう》。胸《むね》は細《ほそ》く、腹《はら》は太《ふと》い。虫《むし》をとって食《た》べる。

かまきり

がまぐち【がま口】 名詞 口《くち》に金具《かなぐ》がついていて大《おお》きく開《ひら》くお金入《かねい》れ。ことば がま（＝ひきがえる）の口《くち》に似《に》ていることからきたことば。

かまくび【鎌首】 名詞 かまの形《かたち》のように、直《ちょっ》角《かく》に曲《ま》がった首《くび》。へびが頭《あたま》を持《も》ち上《あ》げたときなどにいう。例 鎌首をもたげる。

かまくら 名詞 季語新年 秋田県《あきたけん》などで冬《ふゆ》に行《おこな》う子供《こども》の行事《ぎょうじ》。雪《ゆき》の山《やま》を作《つく》って穴《あな》をほりぬき、水《みず》の神《かみ》をまつり、穴《あな》の中《なか》で遊《あそ》んだりもちを食《た》べたりする。また、その雪《ゆき》の部屋《へや》のこと。

かまくら

かまくらじだい【鎌倉時代】 名詞 鎌倉《かまくら》に幕府《ばくふ》があった時代《じだい》。守護《しゅご》・地頭《じとう》が置《お》かれた一一八五年《ねん》から、一三三三年《ねん》に執権《しっけん》の北条《ほうじょう》氏《し》がほろびるまでの、武士《ぶし》が支配《しはい》した時代《じだい》。

かまくらばくふ【鎌倉幕府】 名詞 一一八五年《ねん》、源頼朝《みなもとのよりとも》が鎌倉《かまくら》に開《ひら》いた、初《はじ》めての武士《ぶし》による政権《せいけん》。

かまける 動詞 そのことだけに気《き》をとられる。例 遊《あそ》びにかまけて、約束《やくそく》を忘《わす》れる。

-がましい 接尾語 （ほかのことばのあとにつけて）いかにもそのような感《かん》じがする。例 おしつけがましい／晴《は》れがましい。

かます 名詞 穀物《こくもつ》・塩《しお》・石炭《せきたん》などを入《い》れる、わらのむしろでつくったふくろ。

かます

かまど 名詞 なべ・かまなどをかけて下《した》で火《ひ》をたき、食《た》べ物《もの》を煮《に》たり湯《ゆ》をわかしたりするもの。土《つち》や石《いし》、れんがなどでつくる。

かまど

かまぼこ 名詞 魚《さかな》の肉《にく》をすりつぶしたものに味《あじ》をつけて、蒸《む》したり焼《や》いたりした食《た》べ物《もの》。板《いた》についているものが多《おお》い。ことば 魚《さかな》のすり身《み》を竹《たけ》にぬって焼《や》いたものがはじまり。「がま」という植物《しょくぶつ》の穂《ほ》に似《に》ていたことから、この名《な》がついた。

かまわない【構わない】 さしつかえない。気にしない。例 返事《へんじ》はいつでも構わないよ。

がまん【我慢】 名詞 動詞 つらさや悲《かな》しさなどをじっとこらえること。例 足《あし》の痛《いた》みを我慢する／弱《よわ》い者《もの》いじめをする人《ひと》には我慢ならない。

がまんづよい【我慢強い】 形容詞 痛《いた》さや苦《くる》しさなどをがまんする力《ちから》が強《つよ》い。しんぼう強《づよ》い。例 我慢強い子供《こども》。

かみ【上】 名詞 ❶高《たか》いほう。また、川《かわ》や風《かぜ》などの流《なが》れの始《はじ》まりのほう。例 川上《かわかみ》／風上《かざかみ》。対 下《しも》。❷初《はじ》めのほう。例 上半期《かみはんき》／上の句《く》。対 下《しも》。❸身分《みぶん》や地位《ちい》の高《たか》いもの。例 上座《かみざ》にすわる／お上（＝政府《せいふ》や幕府《ばくふ》など）の言《い》いつけ。対 下《しも》。

漢 ↓630ページ じょう〔上〕

かみ【神】 名詞 人間《にんげん》にない知恵《ちえ》や大《おお》きな力《ちから》があると考《かんが》えられ、人々《ひとびと》が信《しん》じ、尊敬《そんけい》しているもの。使い方 ほかのことばの前《まえ》につくときは、「かん」となることもある。「神主《かんぬし》」など。漢 ↓658ページ しん〔神〕

かみ【紙】 名詞 ❶植物《しょくぶつ》のせんいを原料《げんりょう》としてつくった、うすく平《ひら》たいもの。文字《もじ》や絵《え》をかいたり、物《もの》を包《つつ》んだりする。例 紙袋《かみぶくろ》／紙包《かみづつ》み。❷じゃんけんで、指《ゆび》を開《ひら》いた形《かたち》。「パー」のこと。ことば ❶は、「一葉《いちよう》」「一枚《いちまい》」と数《かぞ》える。参考 西《せい》洋紙《ようし》（＝洋紙《ようし》）は、おもに木材《もくざい》のせんいを原《げん》料《りょう》にし、日本紙《にほんし》（＝和紙《わし》）は、こうぞ・みつまたなどの木《き》の皮《かわ》のせんいでつくる。

漢 ↓552ページ し〔紙〕

かみ【髪】 名詞

ことわざ **鉄《てつ》は熱《あつ》いうちに打《う》て** 鉄《てつ》は熱《あつ》いうちでなければ、いろいろな形《かたち》に変《か》わらないことから、人《ひと》も若《わか》いうちにきたえよとい…う教《おし》え。

❶頭《あたま》の毛《け》。例 髪をのばす。図⇩287ジ《ぺー》からだ
❷かみ（＝❶）をゆった形《かたち》。例 日本《にほん》髪。

かみ【加味】 名詞 動詞 あることがらの中《なか》にほかのことをつけ加《くわ》えること。例 ほかの人《ひと》の意見《いけん》も加味して、資料《しりょう》をつくる。

かみあう【かみ合う】 動詞
❶たがいに相手《あいて》をかむ。
❷ぎざぎざしたものとものが、うまく合《あ》う。例 歯車《はぐるま》がかみ合う。
❸やりとりがうまく進《すす》む。例 二人《ふたり》の意見《いけん》がかみ合わない。

かみいれ【紙入れ】 名詞 お札《さつ》を入《い》れて持《も》ち歩《ある》く財布《さいふ》。札入《さつい》れ。

かみがた【上方】 名詞 京都《きょうと》・大阪地方《おおさかちほう》を指《さ》す古《ふる》い呼《よ》び名《な》。ことば 昔《むかし》、都《みやこ》があった京都《きょうと》のほうを「上《かみ》」とよんだことからきたことば。

がみがみ【と】 副詞 あらあらしく文句《もんく》を言《い》ったりしかったりするようす。例 おじさんはがみがみとどなってばかりいる。

かみきりむし【髪切り虫】 名詞 季語夏 長《なが》い触角《しょっかく》と、じょうぶなあごを持《も》つ昆虫《こんちゅう》。幼虫《ようちゅう》は木《き》の幹《みき》を食《く》いあらす。図⇩505ジ《ぺー》こんちゅう

かみきれ【紙切れ】 名詞 紙《かみ》の切《き》れはし。また、小《ちい》さな紙《かみ》。例 紙切れにメモする。類 紙片《しへん》。

かみくだく【かみ砕く】 動詞
❶かんで細《こま》かくする。
❷わかりやすくする。例 かみ砕いて説明《せつめい》する。

かみころす【かみ殺す】 動詞
❶かみついて殺《ころ》す。
❷歯《は》をかみしめて、口《くち》を開《ひら》くのをがまんする。例 あくびをかみ殺す／笑《わら》いをかみ殺す。

かみざ【上座】 名詞 人《ひと》の集《あつ》まるときに、目上《めうえ》の人《ひと》や位《くらい》の高《たか》い人《ひと》がすわる席《せき》。とこの間《ま》の前《まえ》や、出入《でい》り口《ぐち》からはなれたところ。対 下座《しもざ》。

かみさま【神様】 名詞
❶神《かみ》を尊敬《そんけい》して呼《よ》ぶことば。
❷あることに非常《ひじょう》にすぐれている人《ひと》。例 テニスの神様。

かみしばい【紙芝居】 名詞 物語《ものがたり》を何枚《なんまい》かの絵《え》にかき、一枚《いちまい》ずつ見《み》せながら話《はなし》をするもの。

かみしめる【かみ締める】 動詞
❶力《ちから》を入《い》れてかむ。例 歯《は》をかみ締める。
❷よく味《あじ》わったり、深《ふか》く考《かんが》えたりする。例 母《はは》のことばをかみ締める。

かみしも 名詞 江戸時代《えどじだい》の武士《ぶし》が儀式《ぎしき》などのときに着《き》た服《ふく》。肩衣《かたぎぬ》というそでのない上着《うわぎ》と、同《おな》じ色《いろ》のはかまのひとそろいをいう。

かみしも

かみそり 名詞 かみの毛《け》やひげなどをそる、刃《は》がうすい刃物《はもの》。

かみだな【神棚】 名詞 家《いえ》の中《なか》で神《かみ》を祭《まつ》っておくたな。

かみだのみ【神頼み】 名詞 神《かみ》にいのって、助《たす》けを願《ねが》うこと。例 苦《くる》しい時《とき》の神頼み（＝ふだんは神《かみ》を信《しん》じていない人《ひと》が、苦《くる》しいときや困《こま》ったときにだけ神《かみ》にいのって助《たす》けを願《ねが》うこと）。

かみつ【過密】 名詞 形容動詞 ある場所《ばしょ》や範囲《はんい》に人《ひと》やものがありすぎること。例 過密都市《とし》／人口《じんこう》が過密な地域《ちいき》。対 過疎《かそ》。

かみつく【かみ付く】 動詞
❶ほかのものを強《つよ》くかむ。食《く》いつく。例 犬《いぬ》にかみ付かれた。
❷激《はげ》しく文句《もんく》を言《い》う。例 妹《いもうと》にかみ付かれた。

かみて【上手】 名詞
❶上《うえ》のほう。対 下手《しもて》。
❷舞台《ぶたい》の、客席《きゃくせき》から見《み》て右側《みぎがわ》。対 下手《しもて》。
ことば「じょうず」「うわて」と読《よ》むと別《べっ》の意味《いみ》。

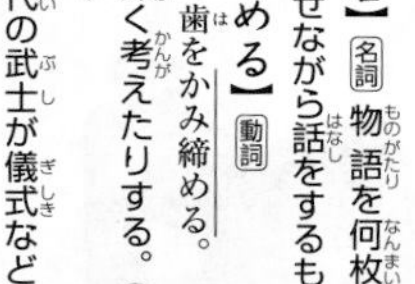

かみて❷

かみでっぽう【紙鉄砲】 名詞 おもちゃの鉄砲《てっぽう》。竹《たけ》などのつつの両端《りょうたん》に、ぬらして丸《まる》めた紙《かみ》をつめて、一方《いっぽう》を棒《ぼう》でおすと、もう一方《いっぽう》が飛《と》び出《だ》すもの。

かみなづき【神無月】 ⇩307ジ《ぺー》かんなづき

かみなり【雷】 名詞 季語夏
❶雲《くも》と雲《くも》との間《あいだ》、または雲《くも》と地面《じめん》との間《あいだ》を電気《でんき》が流《なが》れて、強《つよ》い光《ひかり》（＝稲光《いなびかり》）と音《おと》（＝雷鳴《らいめい》）を出《だ》すもの。
❷大声《おおごえ》できつくしかること。例 雷おやじ。
参考 昔《むかし》は天《てん》に神《かみ》（＝鳴神《なるかみ》・雷神《らいじん》）がいて、かみなり（＝❶）を起《お》こすと考《かんが》えられていた。

● **雷《かみなり》が落《お》ちる** 大《おお》きな声《こえ》できつくしかられる。

● **雷《かみなり》を落《お》とす** 大《おお》きな声《こえ》できつくしかる。例

れている者《もの》はねたまれるというたとえ。また、出《で》しゃばった行《おこな》いや口出《くちだ》しをする人《ひと》はにくまれるということのた

父《ちち》から雷を落とされた。

かみなりぐも【雷雲】 ⇒1381ページ らいうん

かみねんど【紙粘土】 名詞 紙《かみ》を細《こま》かく切《き》って水《みず》につけたものに、のりを加《くわ》えて、粘土《ねんど》のようにしたもの。工作《こうさく》などに使《つか》う。

かみのく【上の句】 名詞 短歌《たんか》で、五《ご》・七《しち》・五《ご》・七《しち》・七《しち》の五句《ごく》のうちの、前半《ぜんはん》の五《ご》・七《しち》・五《ご》の部分《ぶぶん》。たとえば、「あまのはら　ふりさけみれば　かすがなる　みかさのやまに　いでしつきかも」の～の部分《ぶぶん》。対 下《しも》の句《く》。

かみばさみ【紙挟み】 名詞 紙《かみ》や書類《しょるい》などをはさんでまとめておく文房具《ぶんぼうぐ》。

かみはんが【紙版画】 名詞 版画《はんが》の一《ひと》つ。画用紙《ようし》などを切《き》りぬいて台紙《だいし》にはりつけ、絵《え》の具《ぐ》をつけてばれんでこすり、紙《かみ》に写《うつ》しとること。

かみひこうき【紙飛行機】 名詞 紙《かみ》を折《お》ったり切《き》ったりして、飛行機《ひこうき》の形《かたち》にしたもの。飛《と》ばして遊《あそ》ぶ。

また、写《うつ》しとったもの。

かみひとえ【紙一重】 名詞 「紙《かみ》一枚分《いちまいぶん》の厚《あつ》さ」という意味《いみ》から、物《もの》のすきまや、ちがい、差《さ》などがわずかなことのたとえ。例 紙一重の差《さ》でぼくが一着《いっちゃく》だった。

かみふぶき【紙吹雪】 名詞 お祝《いわ》いやかんげいのため、紙《かみ》を小《ち》さく切《き》って、ふぶきのようにたくさんまき散《ち》らすもの。例 芝居《しばい》の山場《やまば》で、舞台《ぶたい》に紙吹雪がまう。

かみやすり【紙やすり】 名詞 厚紙《あつがみ》や布《ぬの》にガラスやかたい石《いし》の粉《こな》をぬりつけたもの。物《もの》の表《ひょう》面《めん》をなめらかにしたり、さびを落《お》としたりするのに使《つか》う。「サンドペーパー」ともいう。

かみわざ【神業】 名詞 神《かみ》がすること。人間《にんげん》の力《ちから》ではとてもできないようなこと。例 先生《せんせい》の計算《けいさん》の速《はや》さはまるで神業だ。対 人間業《にんげんわざ》。

かみん【仮眠】 名詞 動詞 ちゃんとねるのではなく、少《すこ》しだけねむること。例 仮眠をとる。

かむ 動詞 鼻汁《はなじる》をふき出《だ》してふきとる。例 鼻《はな》をかむ。

かむ 動詞 ❶上《うえ》と下《した》の歯《は》で物《もの》をくだく。例 よくかんで食《た》べる。❷歯《は》で傷《きず》つける。かみつく。例 犬《いぬ》が人《ひと》をかむ。
ことば 漢字《かんじ》では「嚙む」と書《か》く。

ガム (gum) 名詞 「チューインガム」の略《りゃく》。

がむしゃら 名詞 形容動詞 あとさきなどを考《かんが》えないで、一《ひと》つのことに向《む》かってすごい勢《いきお》いで行《こう》動《どう》すること。例 がむしゃらに練習《れんしゅう》する。

ガムテープ 名詞 紙《かみ》や布《ぬの》でできた、片面《かためん》がねばねばした幅《ひろ》の広《ひろ》いテープ。荷《に》づくりなどに使《つか》う。
ことば 英語《えいご》をもとに日本《にほん》で作《つく》られたことば。

カムバック (comeback) 名詞 動詞 もとの地位《ちい》や身分《みぶん》にもどること。復帰《ふっき》すること。例 四番《よんばん》バッターにカムバックした。

カムフラージュ (フランス語) 名詞 動詞 ほんとうのすがたをかくして、人《ひと》の目《め》をごまかすこと。カモフラージュ。類 偽装《ぎそう》。

かめ 名詞 水《みず》や酒《さけ》などを入《い》れておく、口《くち》が広《ひろ》くて底《そこ》の深《ふか》い焼《や》き物《もの》。

かめ【亀】 名詞 体《からだ》がかたいこうらにおおわれ、その中《なか》に頭《あたま》や手足《てあし》を引《ひ》っこめることができる動物《どうぶつ》。水中《すいちゅう》や陸上《りくじょう》にすむ。

かめ【亀】
（うみがめ）

●**亀《かめ》の甲《こう》より年《とし》の功《こう》** ⇒129ページ ことわざ

かめい【加盟】 名詞 動詞 ある団体《だんたい》の仲間《なかま》に入《はい》ること。例 国連《こくれん》の加盟国《こく》。類 加入《かにゅう》。対 脱退《だったい》。

かめい【仮名】 名詞 本名《ほんみょう》を知《し》られたくないときに使《つか》う、別《べつ》の名前《なまえ》。類 変名《へんめい》。対 実名《じつめい》。本《ほん》名《みょう》。
ことば 「かな」と読《よ》むと別《べつ》の意味《いみ》。

かめい【家名】 名詞 ❶家《いえ》の名《な》。例 家名をつぐ。❷家《いえ》の名誉《めいよ》。例 家名を上《あ》げる。

がめつい 形容詞 欲《よく》が深《ふか》く、けちで、お金《かね》もうけにぬけ目《め》がない。例 がめつくお金《かね》をためる。

カメラ (camera) 名詞 写真《しゃしん》をとる機械《きかい》。写真《しゃしん》機《き》。
ことば 映画《えいが》やビデオをとる機械《きかい》も「カメラ」という。

カメラマン (cameraman) 名詞 ❶写真《しゃしん》をとることを仕事《しごと》にしている人《ひと》。❷テレビや映画《えいが》などをさつえいする人《ひと》。

カメレオン (chameleon) 名詞 体《からだ》の色《いろ》を変《か》えることのできる、とかげのなかまの動物《どうぶつ》。北《きた》アフリカ・インドなどにすみ、長《なが》い舌《した》で虫《むし》をとらえて食《た》べる。図 ⇒1062ページ はちゅうるい

ことわざ **出《で》るくいは打《う》たれる**　くいを打《う》つとき、ほかより高《たか》く出《で》たくいが打《う》たれるように、人《ひと》よりすぐ とえ。

かめん【仮面】 名詞 人《ひと》や動物《どうぶつ》などの顔《かお》の形《かたち》に作《つく》り、顔《かお》につけるもの。お面《めん》。マスク。

●**仮面《かめん》をかぶる** 本心《ほんしん》をかくし、実際《じっさい》とはちがうように見《み》せかける。

がめん【画面】 名詞 ❶映画《えいが》やテレビ・コンピューターなどで、像《ぞう》が映《うつ》っているところ。例 画面が乱《みだ》れる。❷絵《え》や写真《しゃしん》などの表面《ひょうめん》。

かも 名詞 季語冬 ❶がんに似《に》た水鳥《みずとり》の一《ひと》つ。秋《あき》に、シベリアなどの北《きた》の地方《ちほう》から日本《にほん》に来《き》て、春《はる》になると帰《かえ》って行《い》く。図⇒954ページとり〔鳥〕 ❷だまされやすい人《ひと》。また、簡単《かんたん》に負《ま》かされてしまいそうな人《ひと》。例 ゲームでかもにされる。

ことば 漢字《かんじ》では「鴨」と書《か》く。

●**かもがねぎをしょって来《く》る** ことわざ 都合《つごう》がよいことが向《む》こうからやってくる。都合《つごう》がよいことが重《かさ》なって起《お》こる。ことば かもだけでなくねぎまで手《て》に入《はい》れば、すぐにかもなべが作《つく》れるということから。

かも そのようなことがあっても不思議《ふしぎ》ではないと思《おも》う気持《きも》ちを表《あらわ》す。例 台風《たいふう》のため、学校《がっこう》が休《やす》みになるかもしれない／明日《あす》、雨《あめ》が降《ふ》るかもね。使い方「…かもしれない」などの形《かたち》で使《つか》うことが多《おお》い。

かもい【かも居】 名詞 障《しょう》子《じ》やふすまなどを上《うえ》で支《ささ》えている、みぞのついた横木《よこぎ》。対 敷居《しきい》。

かもい

かもく【科目】 名詞 ❶あることがらをいくつかに分《わ》けた一《ひと》つ一《ひと》つ。例 来年度《らいねんど》の予算《よさん》を科目ごとに整理《せいり》する。❷学科《がっか》の一《ひと》つ一《ひと》つ。理科《りか》・算数《さんすう》・国語《こくご》など。使い方 ❷は、「課目」とも書《か》く。

かもく【寡黙】 名詞 形容動詞 口数《くちかず》が少《すく》なく、あまりしゃべらないこと。無口《むくち》。例 寡黙な人《ひと》。

かもしか 名詞 高《たか》い山《やま》にすむ牛《うし》のなかまの動物《どうぶつ》。やぎに似《に》ており、木《き》の芽《め》や実《み》を食《た》べる。日本《にほん》かもしかは特別天然記念物《とくべつてんねんきねんぶつ》になっている。

かもしか
（にほんかもしか）

かもしだす【醸し出す】 動詞 ある雰《ふん》囲気《いき》や気分《きぶん》などをつくり出《だ》す。例 カーテンの色合《いろあ》いが落《お》ち着《つ》いた雰囲気《ふんいき》を醸し出している。

かもしれない そのようなことがあっても、不思議《ふしぎ》ではない。もしかしたら、そういうこともある。例 今夜《こんや》は雪《ゆき》が降《ふ》るかもしれない。

かもす【醸す】 動詞 ❶発酵《はっこう》させて、酒《さけ》・しょうゆなどをつくる。❷ある雰囲気《ふんいき》などをつくり出《だ》す。例 なごやかな気分《きぶん》を醸す。

かもつ【貨物】 名詞 貨車《かしゃ》・船《ふね》・トラックなどで運《はこ》ぶ荷物《にもつ》。

かもつせん【貨物船】 名詞 貨物《かもつ》を運《はこ》ぶための船《ふね》。対 客船《きゃくせん》。

かもつターミナル【貨物ターミナル】 名詞 貨車《かしゃ》・船《ふね》・トラックなどで運《はこ》ばれた荷物《にもつ》を集《あつ》めて、仕分《しわ》けなどをする駅《えき》・倉庫《そうこ》・建物《たてもの》のこと。目的地《もくてきち》に届《とど》けるための起点《きてん》となる。

かものちょうめい【鴨長明】 名詞 （一一五五?〜一二一六）鎌倉時代初《かまくらじだいはじ》めの歌人《かじん》・随筆家《ずいひつか》。京都《きょうと》の神官《しんかん》の家《いえ》に生《う》まれた。五十才《ごじっさい》で出家《しゅっけ》し、随筆《ずいひつ》「方丈記《ほうじょうき》」を書《か》いた。

かものはし 名詞 オーストラリアなどにすむ動物《どうぶつ》。かもに似《に》たくちばしと平《ひら》たい尾《お》を持《も》ち、あしには水《みず》かきがある。卵《たまご》を生《う》み、乳《ちち》で育《そだ》てる。

かものまぶち【賀茂真淵】 名詞 （一六九七〜一七六九）江戸時代《えどじだい》の中《なか》ごろの学者《がくしゃ》・歌人《かじん》。「万《まん》葉集《ようしゅう》」などの日本《にほん》の古《ふる》い書物《しょもつ》について研究《けんきゅう》し、本居宣長《もとおりのりなが》をはじめ、多《おお》くの人《ひと》を教《おし》えた。

カモフラージュ ⇒283ページ カムフラージュ

かもめ 名詞 はとより少《すこ》し大《おお》きい海鳥《うみどり》。体《からだ》は白《しろ》、つばさは青《あお》っぽい灰色《はいいろ》で、足《あし》に水《みず》かきがあり、海《うみ》に群《む》れをつくってすむ。冬《ふゆ》にシベリアなどの北《きた》の地方《ちほう》から来《く》る。図⇒954ページとり〔鳥〕

かや 名詞 季語秋 すすき・ちがや・すげなど、屋根《やね》をふくときに使《つか》う草《くさ》をまとめていうことば。葉《は》が細長《ほそなが》い。例 かやぶきの屋根《やね》。

かや【蚊帳】 名詞 季語夏 夏《なつ》に蚊《か》を

かや【蚊帳】

たころにまた起《お》こるものなので、用心《ようじん》を忘《わす》れてはならないということ。

防《ふせ》ぐために、ねどこの上《うえ》につり下《さ》げる、あみのようなうすい布《ぬの》。ことば「一張《ひとはり》」と数《かぞ》える。

がやがや【と】 副詞 動詞 大勢《おおぜい》の人《ひと》が、それぞれ勝手《かって》にさわがしく話《はな》しているようす。また、その声《こえ》。例 授業《じゅぎょう》の前《まえ》に、みんながやがやとおしゃべりをしている。

かやく【火薬】 名詞 しょう石《せき》・硫黄《いおう》・木炭《もくたん》などを混《ま》ぜ合《あ》わせてつくった、爆発《ばくはつ》する薬《くすり》。爆弾《ばくだん》や花火《はなび》に使《つか》われる。

カヤック（kayak）名詞 ❶イヌイットなどが使《つか》う小《ちい》さなふね。オールの両側《りょうがわ》に水《みず》かきがあり、ふねの左右《さゆう》の水《みず》をかきわけながら進《すす》む。❷カヌー競技《きょうぎ》の一《ひと》つ。また、それに使《つか》う小《ちい》さなふね。

かやぶき 名詞 すすき・ちがやなどをよくかわかして屋根《やね》をふくこと。また、その屋根《やね》。

かやり【蚊やり】 名詞 季語 夏 蚊《か》を追《お》いはらうために、けむりを立《た》てること。また、そのために使《つか》うもの。

かゆ 名詞 水《みず》を多《おお》くしてやわらかくたいたごはん。例 七草《ななくさ》がゆ。

かゆい 形容詞 皮膚《ひふ》がむずむずして、かきたくなる感《かん》じである。例 頭《あたま》がかゆい。

●**かゆい所《ところ》に手《て》が届《とど》く** 細《こま》かいところまでよく気《き》がついて、世話《せわ》が行《い》き届《とど》くことのたとえ。

かよい【通い】 名詞 勤《つと》め先《さき》に家《いえ》から通《かよ》うこと。例 通いの店員《てんいん》さん。対 住《す》み込《こ》み。

かよいあう【通い合う】 動詞 気持《きも》ちなどがおたがいに通《つう》じ合《あ》う。例 心《こころ》が通い合う。

かよう【火曜】 名詞 週《しゅう》の三番目《さんばんめ》の曜日《ようび》。月曜《げつよう》の次《つぎ》の日《ひ》。火曜日《かようび》。

かよう【通う】 動詞 ❶決《き》まった場所《ばしょ》を行《い》き帰《かえ》りする。例 学校《がっこう》に通う。❷伝《つた》わる。通《つう》じる。例 気持《きも》ちが通う。❸通《とお》る。流《なが》れる。例 風《かぜ》がよく通う。

漢→855ページ《ジ》 つう〔通〕

かようきょく【歌謡曲】 名詞 その時代《じだい》の多《おお》くの人々《ひとびと》に親《した》しまれて歌《うた》われる歌《うた》。

がようし【画用紙】 名詞 絵《え》をかくときなどに使《つか》う、少《すこ》し厚《あつ》くて白《しろ》い紙《かみ》。

かよわい【か弱い】 形容詞 いかにも弱《よわ》そうなようす。例 か弱い体《からだ》。ことば「か」は意味《いみ》を強《つよ》めることば。

から 助詞（ほかのことばのあとにつけて）❶場所《ばしょ》や時間《じかん》の出発点《しゅっぱつてん》を表《あらわ》す。例 駅《えき》から歩《ある》いて十分《じっぷん》です／試合《しあい》は三時《さんじ》から始《はじ》まる。❷通《とお》り過《す》ぎる場所《ばしょ》を表《あらわ》す。例 底《そこ》の穴《あな》から水《みず》がもれる。❸原料《げんりょう》や材料《ざいりょう》を表《あらわ》す。例 ワインはぶどうからつくられる。❹原因《げんいん》や理由《りゆう》を表《あらわ》す。例 つまらないことからけんかになった／寒《さむ》いからコートを着《き》よう。❺ものごとの出《で》どころとなる相手《あいて》を表《あらわ》す。例 友《とも》だちから教《おそ》わる。

から【空】 ❶名詞 その中《なか》に何《なに》もないこと。例 空の財布《さいふ》／ペットボトルを空にする。❷接頭語（ほかのことばの前《まえ》につけて）見《み》せかけだけで中身《なかみ》がないことを表《あらわ》すことば。例 空いばり／空元気《げんき》。

漢→377ページ《ジ》 くう〔空〕

から【唐】 名詞 昔《むかし》の中国《ちゅうごく》のこと。朝鮮《ちょうせん》をふくむこともある。

から【殻】 名詞 ❶外側《そとがわ》を包《つつ》んでいる皮《かわ》。例 貝殻《かい》／卵《たまご》の殻。❷中身《なかみ》がぬけてしまったもの。中身《なかみ》をとったあとのもの。例 ぬけ殻／もぬけの殻。

●**殻《から》に閉《と》じ籠《こ》もる** 自分《じぶん》だけの世界《せかい》をつくって、外《そと》に向《む》かって心《こころ》を開《ひら》かない。

●**殻《から》を破《やぶ》る** 古《ふる》い慣習《かんしゅう》や考《かんが》え方《かた》のとおりにしない。例 伝統《でんとう》の殻を破った個性的《こせいてき》な絵《え》。

から【加羅】 名詞 四《よん》〜六世紀《ろくせいき》ごろに朝鮮半島《ちょうせんはんとう》南部《なんぶ》にあった小国《しょうこく》の集《あつ》まり。「任那《みまな》」とも呼《よ》ばれる。六世紀中《ろくせいきなか》ごろに新羅《しらぎ》にほろぼされた。

がら【柄】 ❶名詞 模様《もよう》。例 大《おお》きな柄の着物《きもの》。❷名詞 体《からだ》つき。なり。例 柄の大《おお》きな子供《こども》。❸名詞 性質《せいしつ》や品位《ひんい》。例 柄の悪《わる》い人《ひと》。❹名詞 その人《ひと》にふさわしい立場《たちば》や態度《たいど》。例 柄にもないことを言《い》う。❺接尾語（ほかのことばのあとにつけて）そのもののようすや状態《じょうたい》を表《あらわ》すことば。例 人柄《ひと》／場所柄《ばしょ》を考《かんが》える／時節柄《じせつ》お大事《だいじ》に。

カラー（collar）名詞 ワイシャツなどの洋服《ようふく》のえり。

カラー（color）名詞

ことわざ　天災《てんさい》は忘《わす》れた頃《ころ》にやってくる　地震《じしん》や洪水《こうずい》などの災害《さいがい》は、起《お》きてから年月《ねんげつ》がたって人々《ひとびと》が忘《わす》れ

❶色《いろ》。例 カラー写真《しゃしん》。❷特色《とくしょく》。持《も》ち味《あじ》。例 学校《がっこう》のカラーが出《で》る。

がらあき【がら空き】形容動詞 中《なか》に人《ひと》や物《もの》が少《すく》なくて、がらんとしているようす。例 映画《えいが》館《かん》はがら空きだった。

からあげ【空揚げ・唐揚げ】名詞 魚《さかな》・肉《にく》などを、衣《ころも》をつけないで、または小麦粉《こむぎこ》などをうすくまぶしてあげること。また、その料理《りょうり》。

からい【辛い】形容詞 ❶とうがらしの味《あじ》のように、舌《した》がひりひりする感《かん》じである。例 辛いスープ。対 甘《あま》い。❷塩気《しおけ》が強《つよ》い。しょっぱい。例 辛いみそしる。対 甘《あま》い。❸少《すこ》しの誤《あやま》りも許《ゆる》さない。厳《きび》しい。例 テストで辛い点《てん》をつける。対 甘《あま》い。

からいせんりゅう【柄井川柳】名詞（一七一八～一七九〇）江戸《えど》時代《じだい》の中《なか》ごろの人《ひと》。川柳《せんりゅう》（＝おかしみや皮肉《ひにく》をこめた、俳句《はいく》に似《に》た詩《し》）を生《う》んだ。

からいばり【空威張り】名詞 動詞 実力《じつりょく》がないのに、いばったり強《つよ》がってみせたりすること。例 弟《おとうと》はこわがりなのに空威張りする。

からいも 名詞「さつまいも」の別《べつ》の名《な》まえ。

からオケ【空オケ】名詞 歌《うた》の伴奏《ばんそう》だけを録音《ろくおん》したもの。また、その録音《ろくおん》に合《あ》わせて歌《うた》うこと。ことば「空《から》」は歌《うた》が入《はい》っていないこと。「オケ」は英語《えいご》の「オーケストラ」の略《りゃく》。

からかう 動詞 ふざけて相手《あいて》を困《こま》らせたり、はずかしがらせたりする。例 おしゃれをした姉《あね》をからかっておこられた。

からかさ【唐傘】名詞 竹《たけ》の骨《ほね》に紙《かみ》を張《は》り、油《あぶら》をぬった雨傘《あまがさ》。図 ➡252ページ かさ〔傘〕

からかぜ【空風】➡288ページ からっかぜ

からかみ【唐紙】名詞 季語冬 ふすまなどにはる、美《うつく》しい模様《もよう》のある紙《かみ》。また、ふすまのこと。ことば 唐《から》（＝昔《むかし》の中国《ちゅうごく》）から入《はい》ってきたからこう呼《よ》ばれたともいわれる。

からから ❶副詞 かたくかわいたものがふれ合《あ》う音《おと》のようす。例 風車《かざぐるま》がからから回《まわ》る。❷形容動詞 水分《すいぶん》がなく、かわききっているようす。例 日照《ひで》りで、池《いけ》がからからに干上《ひあ》がる。使い方 ❶は、「からからと」の形《かたち》でも使《つか》う。

がらがら ❶副詞 物《もの》がくずれたり車輪《しゃりん》が回《まわ》ったりしたときに出《で》る音《おと》のようす。また、積《つ》み上《あ》げてきたものがだめになるようす。例 積《つ》み木《き》ががらがらとくずれる／信頼《しんらい》ががらがらとくずれる。❷形容動詞 中《なか》がとてもすいているようす。例 乗《の》った電車《でんしゃ》はがらがらだった。❸形容動詞 声《こえ》がしわがれているようす。例 大声《おおごえ》で応援《おうえん》して、声《こえ》ががらがらになった。❹名詞 手《て》に持《も》ってふるとがらがらと音《おと》が出《で》る、赤《あか》ちゃんのおもちゃ。使い方 ❶は、「がらがらと」の形《かたち》でも使《つか》う。

からきし 副詞 まったく。まるで。まるっきり。「からっきし」ともいう。例 からきしいくじがない／運動《うんどう》はからきし苦手《にがて》だ。使い方 あとに「ない」などのことばがくることが多《おお》い。

からくさもよう【唐草模様】名詞 つる草《くさ》がからみ合《あ》っているようすをもとにした模様《もよう》。

からくさもよう

がらくた 名詞 値打《ねう》ちや使《つか》い道《みち》のない品物《しなもの》。ことば「がら」は物《もの》が当《あ》たる「がらがら」という音《おと》で、「くた」は「あくた（＝ごみ）」を略《りゃく》したことばともいわれる。

からくち【辛口】名詞 ❶あまみが少《すく》なく、口当《くちあ》たりがからいこと。また、とうがらしなどのからさが強《つよ》いこと。例 辛口のカレー。対 甘口《あまくち》。❷手厳《てきび》しいこと。

からくも【辛くも】副詞 苦《くる》しい状態《じょうたい》から、やっとのことで。例 辛くもにげきった。

からくり 名詞 ❶糸《いと》やぜんまいなどを使《つか》って動《うご》くようにしたしかけ。例 からくり時計《どけい》。❷はかりごと。計略《けいりゃく》。例 からくりを見破《みやぶ》る。

からくりにんぎょう【からくり人形】名詞 糸《いと》やぜんまいなどのしかけで動《うご》くように作《つく》った人形《にんぎょう》。

からげる 動詞 ❶しばって束《たば》にする。例 荷物《にもつ》をからげる。❷まくり上《あ》げる。例 着物《きもの》のすそをからげる。

からげんき【空元気】名詞 うわべだけ元気《げんき》よく見《み》せかけること。例 空元気を出《だ》す。

ことば。

カラザ（chalaza）名詞 鳥《とり》の卵《たまご》の黄身《きみ》の両端《りょうたん》にあって、黄身《きみ》の位置《いち》が安定《あんてい》するように支《ささ》えている、白《しろ》いひものようなもの。

からさわぎ【空騒ぎ】 名詞 訳《わけ》もなく大《おお》さわぎすること。

からし【辛子】 名詞 からしなの種《たね》を粉《こな》にしてつくった調味料《ちょうみりょう》。黄色《きいろ》くて、からい。

からす 名詞 体《からだ》じゅうが黒《くろ》く、くちばしが大《おお》きい鳥《とり》。人家《じんか》の近《ちか》くにすむ。全長《ぜんちょう》五十《ごじゅう》〜五十《ごじゅう》五《ご》センチメートル。ことば 漢字《かんじ》では「烏」と書《か》く。図↓954ジ゙ とり〔鳥〕

●**からすの行水《ぎょうずい》** ふろに入《はい》っている時間《じかん》が非《ひ》常《じょう》に短《みじか》いことのたとえ。

からす 動詞 声《こえ》を出《だ》しすぎたり、のどを痛《いた》めたりして、声《こえ》をかすれさせる。例 応援《おうえん》をがんばりすぎて声《こえ》をからす。

からす【枯らす】 動詞 草《くさ》や木《き》をかれさせる。

ガラス（オランダ語）名詞 石英《せきえい》や炭酸《たんさん》ソーダなどの原料《げんりょう》を混《ま》ぜ、高《たか》い熱《ねつ》でとかして固《かた》めたもの。かたくてすき通《とお》っており、こわれやすい。

からすうり 名詞 季語 秋 野山《のやま》に生《は》える、うりのなかまのつる草《くさ》。秋《あき》の終《お》わりごろ、赤《あか》い卵形《たまごがた》の実《み》がなる。

からすうり

からすがい【からす貝】 名詞 季語 春 湖《みずうみ》などにすむ二枚貝《にまいがい》。貝殻《かいがら》は貝細工《かいざいく》やボタンの材料《ざいりょう》になる。図↓219ジ゙ かい〔貝〕

ガラスかん【ガラス管】 名詞 ガラスでできた、細長《ほそなが》いつつの形《かたち》のもの。

からすぐち【からす口】 名詞 からすのくちばしのような形《かたち》をした製図用具《せいずようぐ》。口《くち》の間《あいだ》にすみをふくませて線《せん》を引《ひ》く。

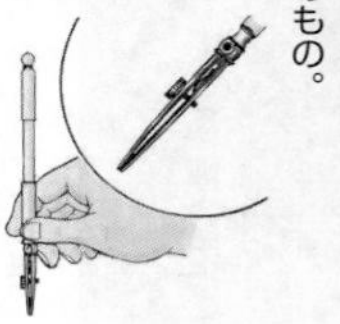

からすぐち

ガラスばり【ガラス張り】 名詞 ❶ガラスを張《は》りめぐらしてあること。例 ガラス張りのビル。❷だれにでも見《み》えて秘密《ひみつ》がないこと。例 ガラス張りの会計《かいけい》。

ガラスぼう【ガラス棒】 名詞 ガラスでできた棒《ぼう》。

からだ【体】 名詞 ❶頭《あたま》・胴《どう》・手足《てあし》などの全部《ぜんぶ》をまとめていうことば。❷健康状態《けんこうじょうたい》。例 旅行中《りょこうちゅう》は体に気《き》をつけよう。

漢↓770ジ゙ たい〔体〕

からたち 名詞 季語 春 みかんのなかまの木《き》の一《ひと》

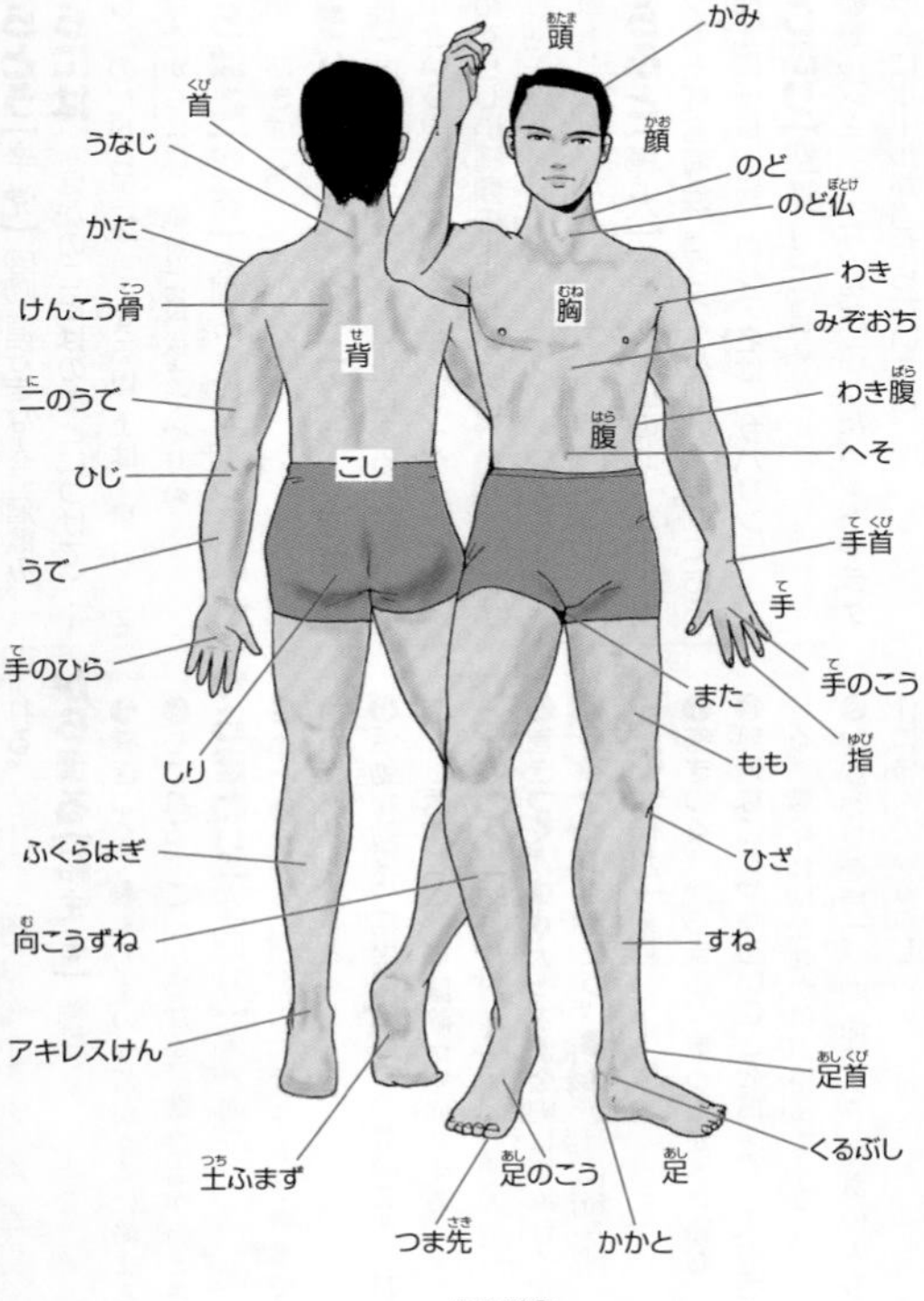

からだ❶

ことわざ **天高《てんたか》く馬肥《うまこ》ゆる秋《あき》** 空《そら》はよく晴《は》れわたり、馬《うま》はよく食《た》べて太《ふと》るという、秋《あき》のすばらしさを表《あらわ》すつ。枝《えだ》にとげがある。春《はる》に白《しろ》い花《はな》がさき、秋《あき》に黄色《きいろ》の小《ちい》さな実《み》を結《むす》ぶ。

からたち

からだつき【体つき】 名詞 体《からだ》の格好《かっこう》。体格《たいかく》。例 がっしりした体《からだ》つきの人《ひと》。

からっかぜ【空っ風】 名詞 季語 冬 冬《ふゆ》の晴《は》れた日《ひ》などにふく、かわいた強《つよ》い風《かぜ》。とくに、北《きた》関東地方《かんとうちほう》にふく強《つよ》い北風《きたかぜ》をいうことが多《おお》い。からかぜ。

からっきし ⇒286ページ からきし

からっと ⇒288ページ からりと

カラット（carat・karat） 名詞 ❶宝石《ほうせき》の重《おも》さの単位《たんい》。一《いち》カラットは〇・二グラム。❷合金《ごうきん》の中《なか》にふくまれている金《きん》の割合《わりあい》を表《あらわ》す単位《たんい》。純金《じゅんきん》は二十四《にじゅうよん》カラット。

がらっと ⇒289ページ がらりと

からっぽ【空っぽ】 名詞 中《なか》に何《なに》もないこと。中身《なかみ》が入《はい》っていないこと。例 空っぽの箱《はこ》。

からつゆ【空梅雨】 名詞 季語 夏 梅雨《つゆ》の季節《きせつ》なのに、雨《あめ》が少《すく》ないこと。

からて【空手】 名詞 ❶手《て》に何《なに》も持《も》たないこと。手ぶら。例 空手で外出《がいしゅつ》する。❷武術《ぶじゅつ》の一《ひと》つ。武器《ぶき》を使《つか》わないで、手《て》と足《あし》による、つき・打《う》ち・けりをおもなわざとする。

からとう【辛党】 名詞 酒《さけ》好《ず》きな人《ひと》。酒飲《さけの》み。

からには （ほかのことばのあとにつけて）…したのだから当然《とうぜん》。…する以上《いじょう》は。例 引《ひ》き受《う》けたからには、絶対《ぜったい》に最後《さいご》までやりぬく。

からばこ【空箱】 名詞 中《なか》に何《なに》も入《はい》っていない箱《はこ》。あきばこ。

ガラパゴスしょとう【ガラパゴス諸島】 名詞 東太平洋《ひがしたいへいよう》の赤道《せきどう》上《じょう》にある、エクアドルという国《くに》の島々《しまじま》。ぞうがめやイグアナなど、めずらしい種類《しゅるい》の生《い》き物《もの》が多《おお》い。参考 ここにすむ生《い》き物《もの》の研究《けんきゅう》が、ダーウィンの「進化論《しんかろん》」のもとになった。

からふと【樺太】 名詞 北海道《ほっかいどう》の北《きた》、オホーツク海《かい》と間宮海峡《まみやかいきょう》（タタール海峡《かいきょう》）の間《あいだ》にある南北《なんぼく》に細長《ほそなが》い島《しま》。ロシア名《めい》は「サハリン」。

からぶり【空振り】 名詞 動詞 ❶野球《やきゅう》やテニスなどで、ふったバットやラケットにボールが当《あ》たらないこと。❷当《あ》てが外《はず》れて、思《おも》いどおりの結果《けっか》にならないこと。例 計画《けいかく》が空振りに終《お》わる。

カラフル（colorful） 形容動詞 いろどりが豊《ゆた》かで、はなやかなようす。例 カラフルな服《ふく》。

からまつ【唐松】 名詞 本州中部《ほんしゅうちゅうぶ》高原地方《こうげんちほう》に多《おお》い、松《まつ》のなかま。葉《は》は針《はり》の形《かたち》で、秋《あき》には落《お》ちる。建築《けんちく》の材料《ざいりょう》として使《つか》われる。

からまつ

からまる【絡まる】 動詞 ❶巻《ま》きつく。例 へちまのつるがさくに絡まる。❷もつれる。こんがらかる。例 ひもが絡まる。

からまわり【空回り】 名詞 動詞 ❶車《くるま》や機械《きかい》などがむだに回《まわ》ること。例 雪《ゆき》で車輪《しゃりん》が空回りしている。❷活動《かつどう》が効果《こうか》や結果《けっか》に結《むす》びつかないこと。むだをくり返《かえ》すこと。例 議論《ぎろん》が空回りする。

からみつく【絡み付く】 動詞 ❶巻《ま》きつく。例 草《くさ》のつるが金網《かなあみ》に絡み付く。❷うるさくつきまとう。例 弟《おとうと》が母《はは》に絡み付く。

からむ【絡む】 動詞 ❶巻《ま》きつく。からまる。例 つたが木《き》に絡む。❷無理《むり》なことや難《むずか》しいことを言《い》って、人《ひと》を困《こま》らせる。例 今日《きょう》はなぜか弟《おとうと》が絡んでくる。❸かかわりを持《も》つ。関係《かんけい》する。例 あの人《ひと》も事件《じけん》に絡んでいるらしい。

からめて【からめ手】 名詞 ❶城《しろ》の裏門《うらもん》。対 大手《おおて》。❷相手《あいて》の注意《ちゅうい》していない方面《ほうめん》や弱《よわ》いところ。例 からめ手からせめる。

からめる【絡める】 動詞 ❶巻《ま》きつける。例 相手《あいて》の体《からだ》にうでを絡める。❷粉《こな》や液体《えきたい》などを、表面《ひょうめん》によくつける。例 もちにきな粉《こ》を絡める。❸結《むす》びつける。関係《かんけい》づける。例 二《ふた》つの問題《もんだい》を絡めて考《かんが》える。

からりと 副詞

❶空《そら》が明《あか》るく、すっきりと晴《は》れているようす。例 翌朝《よくあさ》はからりと晴《は》れ上《あ》がった。
❷しめり気《け》がなく、気持《きも》ちよくかわいているようす。例 空気《くうき》がからりとしている。
❸性格《せいかく》などが、さっぱりとしていて明《あか》るいようす。例 おばは、よく笑《わら》うからりとした人《ひと》だ。
ことば 「からっと」ともいう。

がらりと 副詞
❶戸《と》や窓《まど》などを勢《いきお》いよく開《あ》けるようす。例 がらりと玄関《げんかん》の戸《と》を開《あ》ける。
❷ものごとのようすが、急《きゅう》にすっかり変《か》わるようす。例 雰囲気《ふんいき》ががらりと変《か》わる。
ことば 「がらっと」ともいう。

かられる【駆られる】 動詞 ある気持《きも》ちに、心《こころ》が強《つよ》く動《うご》かされる。例 不安《ふあん》に駆《か》られる。

がらん 名詞 大《おお》きな寺《てら》の建物《たてもの》。ことば 漢字《かんじ》では「伽藍」と書《か》く。

がらんと 副詞
❶部屋《へや》などの中《なか》に何《なに》もなくて、広々《ひろびろ》としているようす。例 体育館《たいいくかん》はがらんとしていた。
❷金属製《きんぞくせい》のものがぶつかって音《おと》をたてるようす。例 バケツが転《ころ》がってがらんと鳴《な》った。

がらんどう 名詞 形容動詞 部屋《へや》や建物《たてもの》などの中《なか》に何《なに》もなく、広々《ひろびろ》としているようす。例 荷物《にもつ》を降《お》ろしたので、船《ふね》の中《なか》はがらんどうだ。

かり ⇒296ページ がん

かり【仮】 名詞
❶しばらくの間《あいだ》の間《ま》に合《あ》わせ。例 仮の住居《じゅうきょ》。
❷ほんとうのものでないこと。例 仮の姿《すがた》。

かり 漢 ⇒215ページ か〔仮〕

かり【狩り】 名詞 季語 冬
❶鳥《とり》やけものをとること。例 狩りに行《い》く。
❷貝《かい》・果物《くだもの》・きのこなどをとること。例 潮干《しおひ》狩り／みかん狩り。
❸景色《けしき》を見《み》に行《い》くこと。例 もみじ狩り。

かり【借り】 名詞
❶借《か》りること。借《か》りたもの。とくに、借金《しゃっきん》。例 本代《ほんだい》の借りを返《かえ》す。対 貸《か》し。
❷ほかの人《ひと》から受《う》けた恩《おん》や、うらみに思《おも》うような仕打《しう》ち。例 あの人《ひと》には命《いのち》を助《たす》けてもらったという借りがある。対 貸《か》し。
●**借《か》りを返《かえ》す** ほかの人《ひと》から受《う》けた恩《おん》のお返《かえ》しをする。また、うらみに思《おも》う仕打《しう》ちの仕返《しかえ》しをする。例 以前《いぜん》助《たす》けてもらった借りを返す。

かりあつめる【駆り集める】 動詞 あちこちから急《いそ》いで集《あつ》める。例 人手《ひとで》を駆り集める。

かりいれ【刈り入れ】 名詞 いねや麦《むぎ》などをかってとり入《い》れること。

かりうど【狩人】 ⇒290ページ かりゅうど

カリウム （ドイツ語） 名詞 銀色《ぎんいろ》がかった白色《しろいろ》のやわらかい金属《きんぞく》。水《みず》に入《い》れると激《はげ》しく反応《はんのう》する。ガラスや肥料《ひりょう》などの原料《げんりょう》になる。

かりかり
❶副詞 かたいものをかんだり、ひっかいたりするときに出《で》る音《おと》のようす。
❷形容動詞 水分《すいぶん》がぬけて、かたいようす。例 かりかりにあがったコロッケ。
❸動詞 おこったり、いらいらしたりする。例 今日《きょう》の母《はは》は朝《あさ》からかりかりしている。
使い方 ❶は、「かりかりと」の形《かたち》でも使《つか》う。

がりがり
❶副詞 かたいものをかんでくだいたり、強《つよ》くひっかいたりするときに出《で》る音《おと》のようす。例 りんごを皮《かわ》ごとがりがりかじる。
❷形容動詞 とてもやせているようす。例 がりがりにやせた犬《いぬ》。
使い方 ❶は、「がりがりと」の形《かたち》でも使《つか》う。

かりぎぬ【狩衣】 名詞 昔《むかし》の日本《にほん》の服《ふく》の一《ひと》つ。平安時代《へいあんじだい》の公家《くげ》のふだん着《ぎ》。鎌倉時代《かまくらじだい》以後《いご》は公《く》家《げ》や武士《ぶし》の儀式用《ぎしきよう》の服《ふく》となり、今《いま》は神主《かんぬし》が祭《まつ》りのときなどに着《き》る。

カリキュラム （curriculum） 名詞 学校《がっこう》で行《おこな》う教育《きょういく》の計画《けいかく》。例 来年度《らいねんど》のカリキュラム。

かりしょぶん【仮処分】 名詞 裁判《さいばん》で、判決《はんけつ》が出《で》るまでの間《あいだ》、裁判《さいばん》に関係《かんけい》している人《ひと》の権利《けんり》を守《まも》るために仮《かり》になされる処置《しょち》。

カリスマ （ドイツ語） 名詞
❶人並《ひとな》み外《はず》れた不思議《ふしぎ》な能力《のうりょく》。
❷あることについて、人並《ひとな》み外《はず》れたすぐれた能力《のう》を持《も》ち、人《ひと》をひきつける魅力《みりょく》のある人《ひと》。例 カリスマ講師《こうし》。

かりずまい【仮住まい】 名詞 間《ま》に合《あ》わせとして、しばらくの間《あいだ》住《す》むこと。また、その家《いえ》。仮《かり》の宿《やど》。

かりそめ【仮初め】 名詞
❶しばらくの間《あいだ》の間《ま》に合《あ》わせ。例 仮初めの住《す》まい。

ことわざ **天《てん》は人《ひと》の上《うえ》に人《ひと》を造《つく》らず** 人《ひと》はもともと平等《びょうどう》であって、上下《じょうげ》の区別《くべつ》はないということ。

❷いいかげんなこと。軽々《かるがる》しいこと。例親《おや》の言《い》うことを仮初めにしてはいけない。

かりそめにも【仮初めにも】副詞

❶仮《かり》にも。曲《ま》がりなりにも。例仮初めにも班長《はんちょう》に選《えら》ばれたきみが、そんなことでは困《こま》る。

❷どんなことがあっても。けっして。例人《ひと》をだまそうなんて仮初めにも考《かんが》えてはならない。

使い方 ❷は、あとに「ない」などのことばがくる。

かりだす【駆り出す】動詞 ものごとをさせるために、人《ひと》を無理《むり》に連《つ》れ出《だ》す。例公園《こうえん》の草《くさ》取《と》りに駆り出される。

かりたてる【駆り立てる】動詞 何《なに》かをしないではいられないようにする。追《お》い立《た》てる。例熱《あつ》い気《き》持《も》ちに駆り立てられて研究《けんきゅう》に打《う》ちこむ。

かりてきたねこ【借りてきた猫】

ことわざ ねこは、よその家《いえ》ではおとなしくなってしまうということから、いつもとちがってとてもおとなしいことのたとえ。例家《いえ》では元気《げんき》な妹《いもうと》だが、学校《がっこう》ではまるで借りてきた猫だ。

かりとる【刈り取る】動詞

❶かってとり入《い》れる。例いねを刈り取る。

❷かってとり除《のぞ》く。例のび放題《ほうだい》の雑草《ざっそう》を刈り取る。

❸とり除《のぞ》く。とり去《さ》る。例悪《あく》の芽《め》を刈り取る。

かりに【仮に】副詞

❶間《ま》に合《あ》わせに。例仮にピンで留《と》めておく。

❷もしも。例仮に歩《ある》いて行《い》くとしたら、何時《なんじ》間《かん》かかるだろう。

使い方 ❷は、あとに「たら」「ても」などのことばがくる。

かりにも【仮にも】副詞

❶曲《ま》がりなりにも。例仮にも親《おや》なら、子供《こども》をしつける義務《ぎむ》がある。

❷どんなことがあっても。けっして。例仮にもそんなことを口《くち》にしてはいけない。

使い方 ❷は、あとに「ない」などのことばがくる。

かりぬい【仮縫い】名詞 服《ふく》を正式《せいしき》にぬい始《はじ》める前《まえ》に、仮《かり》にぬって具合《ぐあい》を見《み》ること。

ガリバーりょこうき【ガリバー旅行記】名詞 イギリスの作家《さっか》スウィフトが一七二六年《ねん》に発表《はっぴょう》した空想《くうそう》小説《しょうせつ》。船医《せんい》ガリバーの、小人《こびと》の国《くに》・巨人《きょじん》の国《くに》・空中《くうちゅう》にうく島《しま》・馬《うま》の国《くに》への不思議《ふしぎ》な旅《たび》をえがく。参考 この小説《しょうせつ》には、当時《とうじ》のイギリスの社会《しゃかい》へのするどい批判《ひはん》や皮肉《ひにく》がこめられている。

がりばん【がり版】↓921ジページとうしゃばん

カリフラワー（cauliflower）名詞 キャベツのなかまの野菜《やさい》。葉《は》の中《ちゅう》心《しん》にある白《しろ》いつぼみを食用《しょくよう》にする。「花《はな》やさい」ともいう。

カリフラワー

かりゅう【下流】名詞

❶川《かわ》の、河口《かこう》に近《ちか》い部分《ぶぶん》。また、川《かわ》の水《みず》が流《なが》れていくほう。川下《かわしも》。関連 上流《じょうりゅう》。中流《ちゅうりゅう》。

❷地位《ちい》や生活《せいかつ》の程度《ていど》がふつうより低《ひく》いこと。

がりゅう【我流】名詞 自分勝手《じぶんかって》なやり方《かた》。自《じ》分《ぶん》だけのやり方《かた》。例我流の絵《え》。類 自己流《じこりゅう》。

かりゅうど【狩人】名詞 鳥《とり》やけものをとることを仕事《しごと》にしている人《ひと》。猟師《りょうし》。「かりうど」ともいう。

がりょうてんせい【画竜点睛】↓903ジページ

故事成語

かりょく【火力】名詞 火《ひ》の燃《も》える力《ちから》。火《ひ》の勢《いきお》い。類 火勢《かせい》。

かりょくはつでん【火力発電】名詞 重油《じゅうゆ》や石炭《せきたん》・天然《てんねん》ガスなどを燃《も》やした熱《ねつ》の力《ちから》で発電《はつでん》機《き》を動《うご》かし、電気《でんき》を起《お》こすこと。関連 原子力《げんしりょく》発電《はつでん》。水力《すいりょく》発電《はつでん》。風力《ふうりょく》発電《はつでん》。

かりょくはつでんしょ【火力発電所】名詞 火力発電《かりょくはつでん》を行《おこな》う施設《しせつ》。

かりる【借りる】動詞

❶返《かえ》す約束《やくそく》で他人《たにん》のお金《かね》や物《もの》などをつかう。例姉《あね》に本《ほん》を借りる。対 貸《か》す。

❷他人《たにん》の助《たす》けを受《う》ける。例友《とも》だちの力《ちから》を借りて仕上《しあ》げた。対 貸《か》す。漢 ↓597ジページしゃく〔借〕

ガリレオ＝ガリレイ 名詞（一五六四〜一六四二）イタリアの科学者《かがくしゃ》。いろいろな力学《りきがく》の法則《ほうそく》を発見《はっけん》し、近代科学《きんだいかがく》のもとをつくった。また、望遠鏡《ぼうえんきょう》を発明《はつめい》し、星《ほし》の動《うご》きを調《しら》べて、地球《ちきゅう》が動《うご》いていることを明《あき》らかにした。

かる【刈る】動詞

❶草《くさ》や木《き》などを切《き》りとる。例草《くさ》を刈る。

❷かみの毛《け》を短《みじか》く切《き》る。例頭《あたま》を刈る。

る。

-がる 接尾語 （ほかのことばのあとにつけて）❶…のようなようすをする。例 痛《いた》がる。❷…のようなふりをする。例 強《つよ》がる。

かるい【軽い】 形容詞 ❶目方《めかた》が少《すく》ない。例 軽いかばん。対 重《おも》い。❷深《ふか》く考《かんが》えない。例 軽い気持《きも》ちで引《ひ》き受《う》ける。対 重《おも》い。❸体《からだ》がよく動《うご》く。例 身《み》が軽い。対 重《おも》い。❹楽《らく》だ。簡単《かんたん》だ。例 軽い食事《しょくじ》。❺大《たい》したことはない。例 軽いけが／きみの責《せき》任《にん》は軽い。対 重《おも》い。❻気持《きも》ちがすっきりしている。例 心配《しんぱい》ごとがなくなって心《こころ》が軽くなった。対 重《おも》い。漢 ⬇411ページ けい〔軽〕

かるいし【軽石】 名詞 火山《かざん》の噴火《ふんか》で流《なが》れ出《で》た溶岩《ようがん》が、急《きゅう》に冷《ひ》えてできた石《いし》。冷《ひ》えるとき、中《なか》のガスが飛《と》び出《だ》してたくさんの穴《あな》をつくるため、非常《ひじょう》に軽《かる》い。

かるがる［と］【軽軽［と］】 副詞 ❶いかにも軽《かる》そうに。例 スーツケースを軽々と持《も》ち上《あ》げる。❷簡単《かんたん》そうに。楽々《らくらく》と。例 問題《もんだい》を軽々と解《と》く。

かるがるしい【軽軽しい】 形容詞 深《ふか》く考《かんが》えない、軽《かる》はずみなようす。例 そんな重大《じゅうだい》なことを軽々しく言《い》ってはいけない。対 重重《おもおも》しい。

かるくちをたたく【軽口をたたく】 気軽《きがる》に冗談《じょうだん》を言《い》う。例 祖父《そふ》はよく軽口をたたく。

カルシウム （オランダ語）名詞 石灰《せっかい》・大理石《だいりせき》・貝殻《かいがら》・動物《どうぶつ》の骨《ほね》などの中《なか》に多《おお》くふくまれる元素《げんそ》の一《ひと》つ。骨《ほね》や歯《は》をつくるもとになる。

カルストちけい【カルスト地形】 名詞 石《せっ》灰岩《かいがん》が、雨水《あまみず》や地下水《ちかすい》などにとけてできた地《ち》形《けい》。地表《ちひょう》はでこぼこになり、地下《ちか》にはしょう乳洞《にゅうどう》ができる。参考 山口県《やまぐちけん》の秋吉台《あきよしだい》が有名《ゆうめい》。

かるた 名詞 季語 新年 遊《あそ》びに使《つか》う、絵《え》や文《ぶん》をかいた長方形《ちょうほうけい》の札《ふだ》。いろはがるた・百人一首《ひゃくにんいっしゅ》などがある。ことば もとはポルトガル語《ご》だが日本《にほん》語《ご》になりきっていることばで、ひらがなで書《か》くことが多《おお》い。⬇216ページ 日本語教室

カルチャー （culture）名詞 「文化《ぶんか》」「教養《きょうよう》」のこと。例 カルチャーセンター。

カルチャーショック （culture shock）名詞 自分《じぶん》のものとはちがう文化《ぶんか》や考《かんが》え方《かた》、生活《せいかつ》のしかたなどに出合《であ》い、激《はげ》しく心《こころ》を動《うご》かされること。例 外国《がいこく》でカルチャーショックを受《う》ける。

カルテ （ドイツ語）名詞 医者《いしゃ》が、患者《かんじゃ》の病気《びょうき》のようすや、それに対《たい》する手当《てあ》てなどを書《か》いておく用紙《ようし》。⬇216ページ 日本語教室

カルテット （イタリア語）名詞 四重奏《しじゅうそう》や四重《しじゅう》唱《しょう》。また、そのための曲《きょく》や演奏団体《えんそうだんたい》。

カルデラ （caldera）名詞 火山《かざん》が噴火《ふんか》したあとにできた大《おお》きなくぼ地《ち》。そこに水《みず》がたまると、カルデラ湖《こ》と呼《よ》ばれる湖《みずうみ》になる。ことば もとはスペイン語《ご》で、「大《おお》きな釜《かま》」という意味《いみ》。参考 阿蘇山《あそさん》のカルデラは有名《ゆうめい》。

かるはずみ【軽はずみ】 名詞 形容動詞 深《ふか》く考《かんが》えないで、ものを言《い》ったりしたりすること。例 軽はずみな行動《こうどう》。類 軽率《けいそつ》。

かるわざ【軽業】 名詞 つなわたりや空中《くうちゅう》ぶらんこなど、危険《きけん》なことを身軽《みがる》にやってのける芸《げい》。

かるわざ

かれ【彼】 代名詞 ❶あの男《おとこ》の人《ひと》。対 彼女《かのじょ》。❷特別《とくべつ》に親《した》しい男《おとこ》の友《とも》だち。恋人《こいびと》。対 彼女《かのじょ》。

かれい 名詞 海《うみ》にすむ魚《さかな》の一《ひと》つ。体《からだ》は平《ひら》たく、両目《りょうめ》が右側《みぎがわ》に集《あつ》まっているものが多《おお》い。表《おもて》の色《いろ》は岩《いわ》や砂《すな》に似《に》ていて、裏《うら》は白《しろ》い。図 ⬇521ページ さかな〔魚〕

かれい【華麗】 形容動詞 はなやかで美《うつく》しいようす。例 華麗なおどり。

ガレージ （garage）名詞 自動車《じどうしゃ》を入《い》れておくところ。車庫《しゃこ》。

カレーライス 名詞 肉《にく》や野菜《やさい》をいためて煮《に》こみ、カレー粉《こ》などを混《ま》ぜてごはんにかけた料《りょう》理《り》。ライスカレー。

かれき【枯れ木】 名詞 季語 冬 かれた木《き》。また、葉《は》がかれて落《お》ちた木《き》。

● **枯《か》れ木《き》も山《やま》のにぎわい** ことわざ つまらないものでも、ないよりはあるほうがましだということ。使い方 「おおぜい集《あつ》まればにぎやかになる」という意味《いみ》で使《つか》わないよう注意《ちゅうい》。

がれき 名詞

ことわざ　天《てん》は自《みずか》ら助《たす》くる者《もの》を助《たす》く　人《ひと》の力《ちから》をあてにしないで、自分《じぶん》で努力《どりょく》する人《ひと》は、天《てん》が助《たす》けてくれ

❶かわらと小石《こいし》。また、こわれた建物《たてもの》などの破片《はへん》。例 地震《じしん》で町《まち》はがれきの山《やま》となった。❷役《やく》に立《た》たないもの。価値《かち》のないもの。例 高価《こうか》な本《ほん》も読《よ》まなければがれきに等《ひと》しい。

かれくさ【枯れ草】 名詞 季語冬 かれた草《くさ》。

かれくさいろ【枯れ草色】 名詞 茶色《ちゃいろ》がかった黄色《きいろ》。カーキ色《いろ》。

かれこれ 副詞 ❶あれやこれや。いろいろ。例 最近《さいきん》のふるまいについてかれこれ言《い》われた。❷おおよそ。例 引退《いんたい》してかれこれ十年《じゅうねん》たつ。

かれさんすい【枯れ山水】 名詞 日本庭園《にほんていえん》の造《つく》り方《かた》の一《ひと》つ。山《やま》と水《みず》のある風景《ふうけい》を、水《みず》を使《つか》わずに、石《いし》や砂《すな》などで表現《ひょうげん》する。「かれせんすい」ともいう。

かれせんすい ↓292ジベー かれさんすい

かれの【枯れ野】 名詞 季語冬 冬《ふゆ》の、草《くさ》や木《き》の葉《は》がかれた野原《のはら》。

かれは【枯れ葉】 名詞 季語冬 かれた葉《は》。

かれる 動詞 川《かわ》・池《いけ》・田《た》などの水《みず》がなくなる。例 日照《ひで》り続《つづ》きで井戸《いど》がかれた。ことば 漢字《かんじ》では「涸れる」と書《か》く。

かれる 動詞 声《こえ》がかすれて出《で》なくなる。例 大声《おおごえ》で応援《おうえん》して、声《こえ》がかれた。

かれる【枯れる】 動詞 ❶草《くさ》や木《き》の命《いのち》が終《お》わる。例 花《はな》が枯れる。❷人《ひと》がらや芸《げい》にはでさがなくなり、深《ふか》い味《あじ》わいが出《で》てくる。例 枯れた字《じ》を書《か》く。

かれん 形容動詞 かわいらしく、やさしく大事《だいじ》にしたい感《かん》じがするようす。例 かれんな少女《しょうじょ》。

カレンダー (calendar) 名詞 一年間《いちねんかん》の月《つき》・日《ひ》・曜日《ようび》などを、順《じゅん》に書《か》き記《しる》したもの。こよみ。

かろう【家老】 名詞 江戸時代《えどじだい》、大名《だいみょう》の家来《けらい》のうちで、いちばん位《くらい》の高《たか》い人《ひと》。

かろう【過労】 名詞 働《はたら》きすぎて、つかれがたまること。例 過労でたおれる。

がろう【画廊】 名詞 絵《え》などの美術品《びじゅつひん》をかざって、人々《ひとびと》に見《み》せたり売《う》ったりするところ。ギャラリー。

かろうし【過労死】 名詞 動詞 働《はたら》きすぎが原因《げんいん》で心身《しんしん》につかれがたまり、急死《きゅうし》すること。

かろうじて【辛うじて】 副詞 ようやく。やっとのことで。例 辛うじて時間《じかん》に間《ま》に合《あ》った。

カロチン (carotin・carotene) 名詞 体《からだ》に吸収《きゅうしゅう》されると、酵素《こうそ》のはたらきでビタミンA《エー》に変《か》わる色素《しきそ》。だいだい色《いろ》で、油《あぶら》にとけやすい。濃《こ》い緑色《みどりいろ》や黄色《きいろ》の野菜《やさい》に多《おお》くふくまれている。

かろやか【軽やか】 形容動詞 いかにも軽《かる》そうで、気持《きも》ちよく感《かん》じられるようす。例 軽やかな足《あし》どり。漢 ↓411ジベー けい〔軽〕

カロリー (calorie) 名詞 ❶熱量《ねつりょう》の単位《たんい》。一《いち》カロリーは、一《いち》グラムの水《みず》の温度《おんど》をセ氏一度《しいちど》上《あ》げるために必要《ひつよう》な熱《ねつ》の量《りょう》。❷食《た》べ物《もの》が体内《たいない》で出《だ》す熱《ねつ》の量《りょう》を表《あらわ》す単位《たんい》。例 バターはカロリーの高《たか》い食《た》べ物《もの》だ。参考 記号《きごう》は「cal」。また、❷は、千倍《せんばい》の「キロカロリー」を省略《しょうりゃく》していうこともあり、その場合《ばあい》の記号《きごう》は「Cal」。

ガロン (gallon) 名詞 液体《えきたい》の体積《たいせき》の単位《たんい》。一《いち》ガロンは、アメリカ・日本《にほん》では約《やく》三・八リットル、イギリスでは約《やく》四・五リットル。

かろんじる【軽んじる】 動詞 大切《たいせつ》にあつかわない。ばかにする。「かろんずる」ともいう。例 子供《こども》の意見《いけん》だからといって軽んじないほうがよい。対 重《おも》んじる。

かろんずる【軽んずる】 ↓292ジベー かろんじる

かわ【皮】 名詞 ❶動物《どうぶつ》や植物《しょくぶつ》の外側《そとがわ》を包《つつ》んでいるもの。例 毛《け》皮／みかんの皮。❷物《もの》の表面《ひょうめん》をおおって、中身《なかみ》を包《つつ》んでいるもの。例 まんじゅうの皮。❸ほんとうのすがたをかくしているもの。うわべ。例 化《ば》けの皮がはがれる。漢 ↓1094ジベー ひ〔皮〕

かわ【革】 名詞 動物《どうぶつ》の皮《かわ》から毛《け》やあぶらをとり去《さ》ってなめらかにしたもの。なめし革《がわ》。例 革靴《ぐつ》。漢 ↓242ジベー かく〔革〕

かわ【側】 ↓293ジベー がわ

かわ【川・河】 名詞 雨水《あまみず》や雪《ゆき》どけ水《みず》、わき水《みず》などが集《あつ》まって、低《ひく》いほうへ向《む》かって地面《じめん》を流《なが》れていく道筋《みちすじ》。例 川の流《なが》れ／川を下《くだ》る。使い方 「河」は、ふつう大《おお》きいかわに対《たい》して使《つか》う。漢 ↓292ジベー かわ〔川〕・215ジベー か〔河〕

漢 **かわ【川】**〔川《かわ》〕 3画 1年 音 セン 訓 かわ

かわ。水《みず》のながれ。例 川上《かわかみ》／川岸《かわぎし》／川原《かわら》／小《お》川《がわ》／河川《かせん》。

がわ【側】 名詞 ❶ものの片一方《かたいっぽう》。例 右側《みぎ》／外側《そと》。❷一方《いっぽう》の立場《たちば》。例 消費者《しょうひしゃ》の側の意見《いけん》を聞《き》く。❸時計《とけい》などを包《つつ》んでいる外側《そとがわ》の部分《ぶぶん》。例 金《きん》側の腕時計《うでどけい》。

ことば「かわ」ともいう。

漢 ⇒755ジペー そく〔側〕

かわいい 形容詞 ❶深《ふか》く愛《あい》する気持《きも》ちや大切《たいせつ》に思《おも》う気持《きも》ちを起《お》こさせるようす。例 かわいい 妹《いもうと》／目《め》の中《なか》に入《い》れても痛《いた》くないほどかわいい。対 憎《にく》い。❷小《ちい》さくて愛《あい》らしいようす。例 かわいいままごと道具《どうぐ》。

⇒261ジペー 伝統コラム

●**かわいい子《こ》には旅《たび》をさせよ** ことわざ 自分《じぶん》の子《こ》がほんとうにかわいいなら、あまやかさないで世間《せけん》に出《だ》して苦労《くろう》させたほうがよいということのたとえ。使い方「かわいい子《こ》には楽《たの》しい旅行《りょこう》をさせてあげよう」という意味《いみ》で使《つか》わないよう注意《ちゅうい》。

かわいがる 動詞 かわいいと思《おも》って、大事《だいじ》にする。例 動物《どうぶつ》をかわいがる。

かわいさあまってにくさひゃくばい【かわいさ余って憎さ百倍】 ⇒137ジペー ことわざ

かわいそう 形容動詞 あわれで、気《き》の毒《どく》に感《かん》じられるようす。例 かわいそうな捨《す》てねこ。

かわいらしい 形容詞 かわいく見《み》えるようす。小《ちい》さくて愛《あい》らしいようす。例 かわいらしい服《ふく》。

かわうそ 名詞 いたちのなかまの動物《どうぶつ》。指《ゆび》の間《あいだ》に水《みず》かきがあり、泳《およ》ぎがうまい。水辺《みずべ》にすみ、魚《さかな》などをとって食《た》べる。特別天然記念物《とくべつてんねんきねんぶつ》に指定《してい》されている。

かわかす【乾かす】 動詞 しめり気《け》をとる。かんそうさせる。例 洗濯物《せんたくもの》を乾かす。

かわかぜ【川風】 名詞 川《かわ》の上《うえ》をふきわたる風《かぜ》。また、川《かわ》のほうからふいてくる風《かぜ》。

かわかみ【川上】 名詞 川《かわ》の水《みず》が流《なが》れてくるほう。上流《じょうりゅう》。対 川下《かわしも》。

かわぎし【川岸】 名詞 川《かわ》のふち。川《かわ》の流《なが》れのそばの土地《とち》。

かわきり【皮切り】 名詞 ものごとのやり始《はじ》め。手始《てはじ》め。最初《さいしょ》。例 北海道《ほっかいどう》を皮切りに、全《ぜん》国《こく》コンサートツアーが始《はじ》まった。

かわく【乾く・渇く】 動詞 ❶水分《すいぶん》がなくなる。例 洗濯物《せんたくもの》が乾く。対 湿《しめ》る。❷のどがからからになり、水《みず》が飲《の》みたくなる。例 のどが渇く。

かわぐち【川口】 名詞 川《かわ》の流《なが》れが、海《うみ》や湖《みずうみ》に入《はい》るところ。河口《かこう》。

かわぐつ【革靴】 名詞 革《かわ》で作《つく》ったくつ。

かわさきし【川崎市】 名詞 神奈川県《かながわけん》の東部《とうぶ》にある大《おお》きな都市《とし》。京浜工業地帯《けいひんこうぎょうちたい》の一部《いちぶ》で、重工業《じゅうこうぎょう》・石油化学工業《せきゆかがくこうぎょう》が発達《はったつ》している。

かわざんよう【皮算用】 名詞 実現《じつげん》するかどうかわからないうちに、結果《けっか》をあてにして計画《けいかく》を立《た》てること。ことば「捕《と》らぬたぬきの皮算用《かわざんよう》」ということわざの略《りゃく》。

かわしも【川下】 名詞 川《かわ》の水《みず》が流《なが》れていくほう。下流《かりゅう》。対 川上《かわかみ》。

かわす 動詞 体《からだ》の位置《いち》を軽《かる》く変《か》えて、ぶつからないようによける。例 ボールから身《み》をかわす。

かわす【交わす】 動詞 ❶やりとりする。例 あいさつを交わす。❷たがいに交《まじ》える。交差《こうさ》させる。例 やいばを交わす（＝たたかう）。

漢 ⇒443ジペー こう〔交〕

かわず 名詞 季語 春「かえる」の古《ふる》い言《い》い方《かた》。

かわすじ【川筋】 名詞 ❶川《かわ》の水《みず》の流《なが》れる道筋《みちすじ》。❷川《かわ》の流《なが》れに沿《そ》った辺《あた》り。例 川筋の村《むら》。

かわせ【為替】 名詞 お金《かね》を送《おく》るとき、現金《げんきん》の代《か》わりに手形《てがた》や小切手《こぎって》などをやりとりするやり方《かた》。また、その手形《てがた》などのこと。

かわせい【革製】 名詞 なめし革《がわ》で作《つく》ること。また、作《つく》ったもの。例 革製のキーホルダー。

かわせみ 名詞 季語 夏 くちばしが大《おお》きく、羽《はね》の色《いろ》が美《うつく》しい青色《あおいろ》の鳥《とり》。すずめよりやや大《おお》きい。水辺《みずべ》にすみ、魚《さかな》をとって食《た》べる。図 ⇒954ジペー とり〔鳥〕

かわたれどき【かわたれ時】 名詞 ものがよく見《み》えない、うす暗《ぐら》いとき。とくに、明《あ》け方《がた》のうす暗いころ。ことば うす暗《ぐら》くて人《ひと》の見分《みわ》けがつかず、「彼《か》は誰《たれ》」とたずねるということからきたことば。

かわち【河内】 名詞 昔《むかし》の国《くに》の名《な》の一《ひと》つ。今《いま》の大阪府《おおさかふ》の東部《とうぶ》に当《あ》たる。

ことわざ **灯台下暗し《とうだいもとくらし》** 灯台《とうだい》（＝明《あ》かりをのせた台《だい》）の周《まわ》りは明《あか》るいが、すぐ下《した》は光《ひかり》が当《あ》たらないので暗《くら》

かわどこ【川床】 名詞 川《かわ》の底《そこ》になっている地《じ》面《めん》。

かわどめ【川止め】 名詞 江戸時代《えどじだい》に、大水《おおみず》のとき、旅人《たびびと》が川《かわ》をわたることを禁止《きんし》したこと。

かわばた【川端】 名詞 川《かわ》のほとり。川辺《かわべ》。

かわばたやすなり【川端康成】 名詞 （一八九九～一九七二）小説家《しょうせつか》。「伊豆《いず》の踊子《おどりこ》」「雪国《ゆきぐに》」などの小説《しょうせつ》を書《か》き、ノーベル文学賞《ぶんがくしょう》を受賞《じゅしょう》した。

かわびらき【川開き】 名詞 季語 夏 その年《とし》の夏《なつ》の、川《かわ》での夕《ゆう》すずみなどの始《はじ》まりを祝《いわ》って、川《かわ》のほとりで花火《はなび》をあげたりすること。関連 海《うみ》開《びら》き。山開《やまびら》き。

かわべ【川辺】 名詞 川《かわ》のほとり。川《かわ》べり。川《かわ》ばた。例 川辺の公園《こうえん》。

かわべり【川べり】 名詞 川《かわ》のふち。川《かわ》の流《なが》れのそば。例 川べりを散歩《さんぽ》する。

かわむこう【川向こう】 名詞 川《かわ》をへだてた向《む》こうがわ。対岸《たいがん》。

かわも【川面】 名詞 川《かわ》の水面《すいめん》。例 川面にさざ波《なみ》が立《た》つ。

かわら【瓦】 名詞 雨《あめ》などを防《ふせ》ぐために、家《いえ》の屋《や》根《ね》にのせるもの。粘土《ねんど》などを焼《や》いてつくる。

かわら【川原・河原】 名詞 川《かわ》の流《なが》れのすぐそばの、砂《すな》や小石《こいし》の多《おお》いところ。

かわらばん【瓦版】 名詞 江戸時代《えどじだい》の新聞《しんぶん》。一《いち》枚刷《まいず》りで、町中《まちなか》で売《う》り歩《ある》かれていた。

かわらぶき【瓦ぶき】 名詞 かわらで屋根《やね》をふくこと。また、その屋根《やね》。

かわらやね【瓦屋根】 名詞 かわらでふいた屋根《やね》。

かわらやね

かわり【変わり】 名詞 それまでとようすがちがってくること。例 様《さま》変わり／その後《ご》お変わりありませんか。

かわり【代わり・替わり】 ❶ 名詞 ほかのものとかわること。入《い》れかわること。また、そのもの。例 代わりの品《しな》／母《はは》の代わりにお使《つか》いに行《い》く。❷ 名詞 引《ひ》きかえ。うめ合《あ》わせ。例 教《おし》えてもらった代わりに手伝《てつだ》う。❸ 名詞 動詞 （「お代《か》わり」の形《かたち》で）同《おな》じものを二《に》杯以上《はいいじょう》飲《の》んだり食《た》べたりすること。

かわりだね【変わり種】 名詞 ❶同《おな》じ種類《しゅるい》でもふつうとちがっているもの。類 変種《へんしゅ》。❷ふつうの人《ひと》と少《すこ》しちがう人《ひと》。例 医者《いしゃ》から歌《か》手《しゅ》になったという変わり種の人《ひと》。

かわりばえ【代わり映え】 名詞 動詞 今《いま》までと代《か》わったために、よりよくなること。例 代わり映えのしないメニュー。使い方 あとに「ない」などのことばをつけて使《つか》うことが多《おお》い。

かわりはてる【変わり果てる】 動詞 すっかり変《か》わってしまう。例 大火事《おおかじ》でこの辺《あた》りは変わり果ててしまった。使い方 ふつう、悪《わる》く変《か》わった場合《ばあい》に使《つか》う。

かわりばんこ【代わり番こ】 名詞 かわるがわるすること。例 兄《あに》と代わり番こに歌《うた》う。

かわりめ【変わり目】 名詞 ものごとが移《うつ》りかわるとき。ものごとの境目《さかいめ》。例 季節《きせつ》の変わり目。

かわりもの【変わり者】 名詞 考《かんが》えや行《おこな》いがふつうの人《ひと》とちがっている人《ひと》。変人《へんじん》。

かわる【変わる】 動詞 ❶前《まえ》とちがったようすになる。変化《へんか》する。例 木《き》の葉《は》の色《いろ》が変わる／性格《せいかく》が変わる。❷新《あたら》しくなる。別《べつ》のものになる。例 年《とし》が変わる／住所《じゅうしょ》が変わる。❸（「変《か》わった」「変《か》わっている」の形《かたち》で）全体《ぜんたい》で）ふつうとちがう。例 変わった人《ひと》／このめがねは形《かたち》が変わっている。漢 ⇩1197ジペー へん〔変〕

かわる【代わる・替わる・換わる】 動詞 ❶あるもののはたらきを、ほかのものがする。例 けがをした友《とも》だちに代わって走《はし》る。❷それまであったものが、別《べつ》のものになる。入《い》れかわる。例 席《せき》を換わる／担任《たんにん》が替わる。漢 ⇩771ジペー だい〔代〕

かわるがわる【代わる代わる】 副詞 一《ひと》つのことを入《い》れかわりながらするようす。代《か》わり番《ばん》こに。例 弟《おとうと》と代わる代わる荷物《にもつ》を持《も》つ。

かん 接尾語 （数《かず》を表《あらわ》すことばのあとにつけて）にぎりずしを数《かぞ》えることば。ことば 漢字《かんじ》で「貫」と書《か》くこともある。

漢 **かん【干】**〔干《かん》〕 3画 6年 訓 音 カン ほす・ひる

なやみを持《も》つ人《ひと》はおたがいの気持《きも》ちがわかり、相手《あいて》を思《おも》いやるものだ、ということ。

（筆順：ひだりからみぎへ／はねない）

❶かわく。かわかす。例 干害《かんがい》／干拓《かんたく》／干潮《かんちょう》／干潟《ひがた》／干物《ひもの》／干《ほ》し草《くさ》。❷かんけいする。かかわる。例 干渉《かんしょう》。❸いくらか。すこし。例 若干《じゃっかん》。

㊥ **かん【刊】**〔刂《りっとう》〕5画 5年 訓 音 カン

（筆順：とめる）

本《ほん》などを出版《しゅっぱん》する。例 刊行《かんこう》／月刊《げっかん》／朝刊《ちょうかん》。

かん【缶】 名詞 金属《きんぞく》でつくった入《い》れ物《もの》。例 缶づめ／ドラム缶。

㊥ **かん【完】**〔宀《うかんむり》〕7画 4年 訓 音 カン

（筆順：上へはねる）

❶かけたところがない。例 完全《かんぜん》／完敗《かんぱい》／完備《かんび》／完結《かんけつ》／完成《かんせい》／完投《かんとう》／完了《かんりょう》。❷おわる。

㊥ **かん【官】**〔宀《うかんむり》〕8画 4年 訓 音 カン

（筆順：下をおおきく）

❶役所《やくしょ》。政府《せいふ》。例 官舎《かんしゃ》／官庁《かんちょう》。❷役人《やくにん》。おおやけの仕事《しごと》をしている人《ひと》。例 外交官《がいこうかん》／教官《きょうかん》／警察官《けいさつかん》／長官《ちょうかん》。❸動物《どうぶつ》の体《からだ》の、あるはたらきをするところ。例 器官《きかん》。

かん【巻】 名詞 シリーズものなど、何冊《なんさつ》かでひとまとまりになっている本《ほん》のうちの、一冊《いっさつ》のこと。例 次《つぎ》の巻も買《か》う。

㊥ **かん【巻】**〔己《おのれ》〕9画 6年 訓 音 カン まく・まき

（筆順：つきだす／あける）

❶まく。くるくるとまく。例 巻《ま》き貝《がい》／巻紙《まきがみ》。❷書物《しょもつ》。まきもの。例 巻頭《かんとう》／巻末《かんまつ》／下巻《げかん》／上巻《じょうかん》。❸書物《しょもつ》やまいたものを数《かぞ》えることば。例 全三巻《ぜんさんかん》。

かん【神】（ほかのことばの前《まえ》につけて）「神《かみ》」の意味《いみ》を表《あらわ》す。例 神主《ぬし》。㊥ ⇩658ジ《ぺー》しん〔神〕

㊥ **かん【看】**〔目《め》〕9画 6年 訓 音 カン み-る

（筆順：みぎからはらう／下をながく）

みる。みまもる。例 看護《かんご》／看板《かんばん》／看病《かんびょう》。

かん【勘】 名詞 ものごとを、ぱっと感《かん》じとって理解《りかい》したり、判断《はんだん》したりする心《こころ》のはたらき。例 あの人《ひと》は勘がよい。

かん【貫】 名詞 昔《むかし》、日本《にほん》で使《つか》われていた重《おも》さの単位《たんい》。一貫《いっかん》は三・七五キログラム。

かん【寒】 名詞 立春《りっしゅん》（二月四日《にがつよっか》ごろ）までの約《やく》三十日間《さんじゅうにちかん》。一年中《いちねんじゅう》でいちばん寒《さむ》いとされる時《じ》期《き》。㊥ ⇩295ジ《ぺー》かん〔寒〕

● **寒《かん》の入《い》り** ⇩308ジ《ぺー》かんのいり

● **寒《かん》の戻《もど》り** ⇩308ジ《ぺー》かんのもどり

㊥ **かん【寒】**〔宀《うかんむり》〕12画 3年 訓 音 カン さむい

（筆順：下のよこぼうをながく）

❶さむい。例 寒気《かんき》／寒暑《かんしょ》／寒帯《かんたい》／寒波《かんぱ》／寒流《かんりゅう》／寒冷《かんれい》／寒空《さむぞら》／防寒《ぼうかん》。対 暖《だん》。暑《しょ》。❷さびしい。まずしい。例 寒村《かんそん》。❸いちばんさむいとされる時期《じき》。例 寒中《かんちゅう》／大寒《だいかん》。

かん【棺】 名詞 死《し》んだ人《ひと》を入《い》れる箱《はこ》。かんおけ。

㊥ **かん【間】**〔門《もんがまえ》〕12画 2年 訓 音 カン・ケン あいだ・ま

（筆順：とめる／はねる）

❶あいだ。へだたり。例 間柄《あいだがら》／間食《かんしょく》／空間《くうかん》／区間《くかん》／中間《ちゅうかん》。❷とき。例 期間《きかん》／時間《じかん》／昼間《ひるま》／夜間《やかん》。❸よのなか。例 世間《せけん》／民間《みんかん》。

㊥ **かん【幹】**〔干《かん》〕13画 5年 訓 音 カン みき

（筆順：つきださない）

❶木《き》のみき。例 松《まつ》の幹《みき》。❷物事《ものごと》の中心《ちゅうしん》になるもの。大《おお》もと。例 幹事《かんじ》／幹線《かんせん》／幹部《かんぶ》／根幹《こんかん》／主幹《しゅかん》。

かん【漢】 名詞 昔《むかし》の中国《ちゅうごく》の王朝《おうちょう》。紀元前《きげんぜん》二〇二年《ねん》から紀元《きげん》八年《ねん》までを前漢《ぜんかん》、二五年《ねん》から二二〇年《ねん》までを後漢《ごかん》と呼《よ》ぶ。

㊥ **かん【漢】**〔氵《さんずい》〕13画 3年 訓 音 カン

（筆順：つきださない）

❶中国《ちゅうごく》。中国《ちゅうごく》に関係《かんけい》することがら。例 漢語《かんご》／漢詩《かんし》／漢字《かんじ》／漢文《かんぶん》。❷昔《むかし》、中国《ちゅうごく》を治《おさ》めた王朝《おうちょう》の一《ひと》つ。❸男《おとこ》。例 悪漢《あっかん》。

ことわざ　**同病相《どうびょうあい》あわれむ**　同《おな》じ病気《びょうき》にかかっている人《ひと》がおたがいに同情《どうじょう》し合《あ》うように、同《おな》じ苦《くる》しみや

漢 **かん【感】**〔心《こころ》〕13画 3年 音 カン 訓

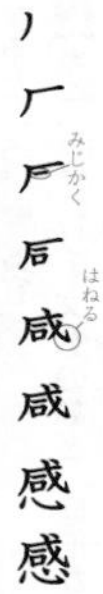

❶かんじる。例 感覚《かんかく》／感動《かんどう》／直感《ちょっかん》／予感《よかん》。❷気持《きも》ち。おもい。例 感激《かんげき》／感謝《かんしゃ》／同感《どうかん》。

漢 **かん【慣】**〔忄《りっしんべん》〕14画 5年 音 カン 訓 なれる・ならす

❶ならわし。例 慣行《かんこう》／慣習《かんしゅう》／慣例《かんれい》／習慣《しゅうかん》。❷なれる。例 慣用《かんよう》／場慣《ばな》れ／不慣《ふな》れ。

かん【管】 名詞 中《なか》が空《から》っぽになっている、細長《ほそなが》い形《かたち》のもの。くだ。例 ガラス管／試験管《しけんかん》。

漢 **かん【管】**〔⺮《たけかんむり》〕14画 4年 音 カン 訓 くだ

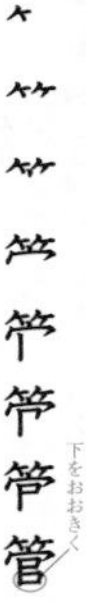

❶くだ。細長《ほそなが》いつつのようなもの。例 血管《けっかん》／水道管《すいどうかん》。❷ふえ。例 管楽器《かんがっき》／管弦楽《かんげんがく》。❸つかさどる。とりしきる。例 管理《かんり》／保管《ほかん》。

漢 **かん【関】**〔門《もんがまえ》〕14画 4年 音 カン 訓 せき・かかわる

❶出入《でい》りをとりしまるところ。出入《でい》り口《ぐち》。せき。例 関門《かんもん》／関所《せきしょ》／玄関《げんかん》／税関《ぜいかん》。❷かかわりあう。例 関係《かんけい》／関心《かんしん》／関連《かんれん》。❸だいじなところ。例 関節《かんせつ》／機関《きかん》。

漢 **かん【館】**〔食《しょくへん》〕16画 3年 音 カン 訓 やかた

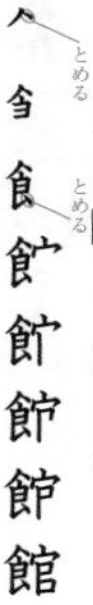

❶大《おお》きなたてもの。例 会館《かいかん》／開館《かいかん》／体育館《たいいくかん》／大使館《たいしかん》／図書館《としょかん》。❷やどや。例 旅館《りょかん》。

漢 **かん【簡】**〔⺮《たけかんむり》〕18画 6年 音 カン 訓

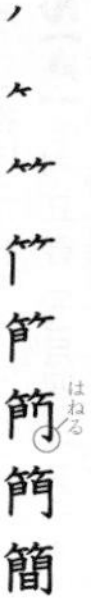

❶手軽《てがる》な。例 簡易《かんい》／簡潔《かんけつ》／簡素《かんそ》／簡単《かんたん》／簡略《かんりゃく》。❷手紙《てがみ》。例 書簡《しょかん》。

漢 **かん【観】**〔見《みる》〕18画 4年 音 カン 訓 み-る

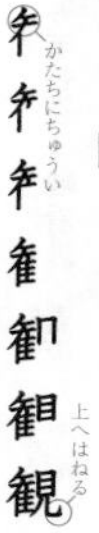

❶みる。ながめる。例 観客《かんきゃく》／観光《かんこう》／観察《かんさつ》／観《かん》戦《せん》／参観《さんかん》。❷考《かんが》え。例 観念《かんねん》／主観《しゅかん》／楽観《らっかん》。

がん 名詞 季語 秋 かもに似《に》た水鳥《みずとり》の一《ひと》つ。秋《あき》に北《きた》から日本《にほん》に来《き》て、次《つぎ》の年《とし》の春《はる》に北《きた》へ帰《かえ》って行《い》く。「かり」ともいう。図→954ジペー とり〔鳥〕 ことば 漢字《かんじ》では「雁」と書《か》く。

がん 名詞 ❶体《からだ》にできる、悪性《あくせい》のはれもの。発見《はっけん》がおくれるとふえて広《ひろ》がっていき、治《なお》りにくくなる。❷ものごとのじゃまになるもの。さまたげとなるもの。例 社会《しゃかい》のがん。

漢 **がん【丸】**〔丶《てん》〕3画 2年 音 ガン 訓 まる・まるい・まるめる

❶まるい。まるめる。例 丸薬《がんやく》／丸顔《まるがお》／丸太《まるた》。❷たま。例 弾丸《だんがん》／砲丸《ほうがん》。

がん【元】 漢 →429ジペー げん〔元〕

漢 **がん【岩】**〔山《やま》〕8画 2年 音 ガン 訓 いわ

いわ。大《おお》きな石《いし》。例 岩陰《いわかげ》／岩場《いわば》／岩山《いわやま》／岩塩《がんえん》／岩石《がんせき》／火山岩《かざんがん》／溶岩《ようがん》。

漢 **がん【岸】**〔山《やま》〕8画 3年 音 ガン 訓 きし

きし。水《みず》ぎわ。例 岸辺《きしべ》／沿岸《えんがん》／海岸《かいがん》／川岸《かわぎし》／接岸《せつがん》／対岸《たいがん》。

漢 **がん【眼】**〔目《め》〕11画 5年 音 ガン・ゲン 訓 まなこ・め

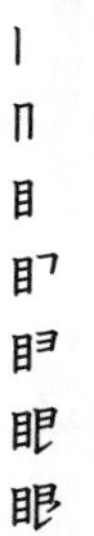

❶まなこ。目《め》。例 眼下《がんか》／眼科《がんか》／眼帯《がんたい》／眼鏡《めがね》／近眼《きんがん》／検眼《けんがん》／血眼《ちまなこ》／肉眼《にくがん》。❷物事《ものごと》のだいじなところ。例 眼目《がんもく》／主眼《しゅがん》／着眼《ちゃくがん》。❸物事《ものごと》を見《み》ぬく力《ちから》。例 眼力《がんりき》／千里眼《せんりがん》。

漢 **がん【顔】**〔頁《おおがい》〕18画 2年 音 ガン 訓 かお

ちこんでも役《やく》に立《た》たないように、いくら言《い》っても、手《て》ごたえや効《き》き目《め》がないことのたとえ。

かお。かおつき。例 顔色《かおいろ》／顔面《がんめん》／笑顔《えがお》／洗顔《せんがん》／童顔《どうがん》。

がん【願】 名詞 神《かみ》や仏《ほとけ》への願《ねが》いごと。漢 ↓297ジベー

がん〔願〕

●**願《がん》をかける** 神《かみ》や仏《ほとけ》に願《ねが》いごとをする。

漢 **がん**

【願】〔頁《おおがい》〕19画 4年 音 ガン 訓 ねがう

ねがう。たのむ。のぞむ。例 願書《がんしょ》／願望《がんぼう》／祈《き》願《がん》／志願《しがん》／念願《ねんがん》／悲願《ひがん》。

かんあけ【寒明け】 名詞 季語 春 寒《かん》（＝小寒《しょうかん》から立春《りっしゅん》までの約三十日間《やくさんじゅうにちかん》）の時期《じき》が終《お》わって、立春《りっしゅん》になること。対 寒《かん》の入《い》り。

かんい【簡易】 名詞 形容動詞 手軽《てがる》で簡単《かんたん》なこと。例 簡易書留《かきとめ》／簡易包装《ほうそう》／簡易な手続《てつづ》き。

かんいさいばんしょ【簡易裁判所】 名詞 小《ちい》さい事件《じけん》や争《あらそ》いごとを早《はや》くまとめたり解決《かいけつ》したりする裁判所《さいばんしょ》。

かんいじゅうにかい【冠位十二階】 名詞 六〇三年《ねん》に、聖徳太子《しょうとくたいし》が定《さだ》めた序列《じょれつ》の制度《せいど》。十二種類《じゅうにしゅるい》の位《くらい》をつくり、かんむりの色《いろ》によって区別《くべつ》した。

かんいっぱつ【間一髪】 名詞 「かみの毛《け》一本《いっぽん》ほどのすきま」という意味《いみ》から、非常《ひじょう》に差《さ》しせまっているようす。時間《じかん》の差《さ》がほんのわずかしかないことのたとえ。例 間一髪で間《ま》に合《あ》った。

かんえいこうじょう【官営工場】 名詞 明《めい》治政府《じせいふ》が、工業《こうぎょう》をさかんにするため、民間《みんかん》の模範《もはん》となるよう直接経営《ちょくせつけいえい》した工場《こうじょう》。参考 群馬《ぐんま》県《けん》の富岡製糸場《とみおかせいしじょう》などがある。

がんえん【岩塩】 名詞 地中《ちちゅう》からとれる塩《しお》のかたまり。塩気《しおけ》をふくんだ水《みず》が、長《なが》い間《あいだ》に蒸発《じょうはつ》して塩《しお》だけあとに残《のこ》ったもの。

かんおけ【棺おけ】 名詞 死《し》んだ人《ひと》を入《い》れる箱《はこ》。棺《かん》。ひつぎ。

かんおん【漢音】 名詞 漢字《かんじ》の音《おん》の一《ひと》つ。奈良《なら》時代《じだい》から平安時代《へいあんじだい》にかけて、日本《にほん》に伝《つた》わった音《おん》。「行」を「こう」、「人」を「じん」と読《よ》むなど。関連 呉音《ごおん》。唐音《とうおん》。

かんか【感化】 名詞 動詞 人《ひと》の心《こころ》を動《うご》かして、心《こころ》や行《おこな》いを変《か》えさせること。例 友《とも》だちに感化されて、ボランティア活動《かつどう》に参加《さんか》する。

がんか【眼下】 名詞 目《め》の位置《いち》より下《した》のほう。例 山《やま》の頂上《ちょうじょう》から、眼下に広《ひろ》がる町《まち》をながめる。

がんか【眼科】 名詞 目《め》の病気《びょうき》を治《なお》す医学《いがく》。また、その医院《いいん》。

かんがい 名詞 動詞 川《かわ》や湖《みずうみ》から、田《た》や畑《はたけ》に水《みず》を引《ひ》くこと。例 かんがい工事《こうじ》／かんがい用水《ようすい》。

かんがい【干害】 名詞 日照《ひで》りが続《つづ》いて水《みず》が足《た》りなくなり、いねや野菜《やさい》がよく育《そだ》たないこと。

かんがい【感慨】 名詞 ものごとを、深《ふか》く心《こころ》に感《かん》じること。しみじみと思《おも》うこと。例 久《ひさ》しぶりにふるさとに帰《かえ》った父《ちち》は、感慨深《ぶか》げだった。

かんがいむりょう【感慨無量】 名詞 どのくらいと言《い》い表《あらわ》せないほど胸《むね》いっぱいに、深《ふか》く感《かん》じるようす。「感無量《かんむりょう》」ともいう。例 再会《さいかい》できて感慨無量です。

かんがえ【考え】 名詞 考《かんが》えること。考《かんが》えたことがら。例 考えが足《た》りない／よい考えがうかぶ。

●**考《かんが》えも及《およ》ばない** 考《かんが》えつくことができない。例 考えも及ばない遠《とお》い未来《みらい》の世界《せかい》。

かんがえあぐむ【考えあぐむ】 動詞 いろいろ考《かんが》えても、よい考《かんが》えがうかばなくて困《こま》ってしまう。例 考えあぐんだ末《すえ》、断《ことわ》った。

かんがえあわせる【考え合わせる】 動詞 ものごとを考《かんが》えるときに、関連《かんれん》のあるほかのことも頭《あたま》に入《い》れて考《かんが》える。例 時期《じき》や費用《ひよう》などを考え合わせて、旅行《りょこう》の行《い》き先《さき》を決《き》める。

かんがえごと【考え事】 名詞 あれこれと考《かんが》えること。また、考《かんが》えていることがら。

かんがえこむ【考え込む】 動詞 気《き》にかかることがあって、じっと深《ふか》く考《かんが》える。例 机《つくえ》に向《む》かってひとりで考え込む。

かんがえだす【考え出す】 動詞 ❶考《かんが》えて、新《あたら》しい案《あん》ややり方《かた》などを生《う》み出《だ》す。例 ヨーヨーの新《あたら》しいわざを考え出した。❷考《かんが》え始《はじ》める。例 明日《あす》の試合《しあい》のことを考え出したら心配《しんぱい》でねむれなくなった。

かんがえちがい【考え違い】 名詞 まちがった考《かんが》え方《かた》をすること。また、その考《かんが》え。例 待《ま》ち合《あ》わせ場所《ばしょ》について考え違いをしていた。

かんがえつく【考え付く】 動詞 考《かんが》えがうかぶ。例 いいアイディアを考え付いた。

かんがえなおす【考え直す】 動詞 ❶同《おな》じことをもう一度《いちど》考《かんが》える。例 はじめから考え直そう。

ことわざ　**豆腐《とうふ》にかすがい**　やわらかい豆腐《とうふ》にかすがい（＝二《ふた》つの材木《ざいもく》をつなぐための大《おお》きなくぎ）を打《う》

❷考《かんが》えを変《か》える。思《おも》い直《なお》す。例クラブをやめるつもりだったが考え直した。

かんがえぶかい【考え深い】 形容詞 注意《ちゅうい》してよく考《かんが》えるようす。例考え深い人《ひと》。

かんがえもの【考え物】 名詞 あまりよくないと思《おも》われるので、決《き》める前《まえ》によく考《かんが》えなければならないことがら。例その案《あん》は考え物だ。

かんがえる【考える】 動詞 ❶筋道《すじみち》を立《た》てて、頭《あたま》をはたらかせる。例よく考えた末《すえ》、やめることにした。❷工夫《くふう》して、つくり出《だ》す。例新《あたら》しいやり方《かた》を考えた。漢⇒443ページ こう〔考〕

かんかく【間隔】 名詞 ❶物《もの》と物《もの》との間《あいだ》。へだたり。例前《まえ》の人《ひと》と一《いち》メートルの間隔をとる。❷時間《じかん》のへだたり。例十分《じっぷん》間隔でバスが来《く》る。

かんかく【感覚】 名詞 ❶目《め》・耳《みみ》・鼻《はな》・舌《した》・皮膚《ひふ》などを通《とお》して、光《ひかり》・音《おと》・におい・味《あじ》・暑《あつ》さ・寒《さむ》さ・はだざわり・痛《いた》さなどに気《き》づくこと。例足《あし》の感覚がまひする。❷ものごとの味《あじ》わいなどに気《き》づく心《こころ》のはたらき。例音楽《おんがく》に対《たい》する感覚がするどい。

かんがく【漢学】 名詞 中国《ちゅうごく》の古《ふる》い書物《しょもつ》をもとに、中国でのものの考《かんが》え方《かた》や詩《し》、文《ぶん》などを研究《けんきゅう》する学問《がくもん》。関連国学《こくがく》。らん学《がく》。

かんかくきかん【感覚器官】 名詞 光《ひかり》・音《おと》・におい・味《あじ》・痛《いた》みなど、外《そと》からの刺激《しげき》を感《かん》じる器官《きかん》。目《め》・耳《みみ》・鼻《はな》・舌《した》・皮膚《ひふ》など。

かんかつ【管轄】 名詞 動詞 役所《やくしょ》などが、決《き》まった範囲《はんい》を管理《かんり》して、とりしまること。また、その範囲《はんい》。例管轄外《がい》／市が管轄する駐輪場《ちゅうりんじょう》。

かんがっき【管楽器】 名詞 管《くだ》をふいて鳴《な》らす楽器《がっき》。木管楽器《もっかんがっき》（フルート・クラリネット・オーボエなど）と金管楽器《きんかんがっき》（トランペット・ホルン・テューバなど）とがある。図⇒269ページ がっき〔楽器〕

かんがみる【鑑みる】 動詞 前《まえ》にあったことや手本《てほん》と比《くら》べてよく考《かんが》える。例過去《かこ》の例《れい》に鑑みて決定《けってい》する。使い方 あらたまった言《い》い方《かた》。

カンガルー （kangaroo）名詞 オーストラリアなどにすむ動物《どうぶつ》の一《ひと》つ。体長《たいちょう》一・三〜一・六メートル。前足《まえあし》が短《みじか》く、後《うし》ろ足《あし》と長《なが》い尾《お》でとびはねるようにして歩《ある》く。生《う》まれた子《こ》はとても小《ちい》さく、すぐ母親《ははおや》の腹《はら》のふくろに入《はい》り、ここで半年《はんとし》くらい生活《せいかつ》して成長《せいちょう》する。ことば オーストラリアに昔《むかし》から住《す》んでいる人々《ひとびと》のことばがもとになった呼《よ》び名《な》。

カンガルー

かんかん ❶副詞 日光《にっこう》が強《つよ》く照《て》りつけるようす。例夏《なつ》の太陽《たいよう》がかんかんと照《て》っている。❷副詞 炭火《すみび》が勢《いきお》いよく燃《も》えているようす。❸形容動詞 ひどくおこるようす。例かんかんになってどなる。
使い方 ❶❷は、「かんかんと」の形《かたち》でも使《つか》う。

かんかんがくがく 名詞 正《ただ》しいと思《おも》う意見《いけん》を、遠慮《えんりょ》しないでどんどん言《い》うこと。例かんかんがくがくの議論《ぎろん》。

かんかんでり【かんかん照り】 名詞 日光《にっこう》が強《つよ》く照《て》りつけること。また、そのような天気《てんき》。例朝《あさ》から雲《くも》一《ひと》つないかんかん照りだ。

かんき【寒気】 名詞 季語冬 ❶寒《さむ》さ。例寒気が身《み》にしみる。対暑気《しょき》。❷とても冷《つめ》たい空気《くうき》。例日本付近《にほんふきん》を寒気がおおい、寒《さむ》くなるでしょう。ことば「さむけ」と読《よ》むと別《べつ》の意味《いみ》。

かんき【換気】 名詞 動詞 室内《しつない》のよごれた空気《くうき》を、外《そと》のきれいな空気《くうき》と入《い》れかえること。

かんき【喚起】 名詞 動詞 よび起《お》こすこと。よび覚《さ》ますこと。例注意《ちゅうい》を喚起する。

かんき【歓喜】 名詞 動詞 非常《ひじょう》に喜《よろこ》ぶこと。例勝利《しょうり》に歓喜する。

かんき【乾季・乾期】 名詞 一年《いちねん》の中《なか》で雨《あめ》の少《すく》ない期間《きかん》。対雨季《うき》・雨期。

がんぎ【がん木】 名詞 季語冬 雪《ゆき》の多《おお》い地方《ちほう》で、雪《ゆき》が積《つ》もっても通《とお》れるように、建物《たてもの》から道《みち》の上《うえ》にひさしを長《なが》く出《だ》したもの。

がんぎ

かんぎく【寒菊】 名詞 季語冬 冬《ふゆ》に花《はな》をさかせるきく。「冬菊《ふゆぎく》」ともいう。

かんきだん【寒気団】 名詞 寒《さむ》い地方《ちほう》から流《なが》れこんできた、温度《おんど》の低《ひく》い空気《くうき》のかたまり。参考 日本《にほん》の冬《ふゆ》の気候《きこう》には、「シベリア気団《きだん》」という寒気団《かんきだん》が大《おお》きなえいきょうをあたえる。

かんきつるい【かんきつ類】 名詞 みかん・レモン・ゆず・オレンジなど、みかんのなかまの果樹《かじゅ》・果実《かじつ》をまとめていうことば。

かんきゃく【観客】 名詞 映画《えいが》・芝居《しばい》・スポーツなどを見《み》る人《ひと》。

がんきゅう【眼球】 名詞 目《め》のうち、まぶた・眼筋《がんきん》などを除《のぞ》いた、球形《きゅうけい》の部分《ぶぶん》。目《め》の玉《たま》。

かんきょう【環境】 名詞 あるもののまわりのようす。とくに、人間《にんげん》や生物《せいぶつ》をとり囲《かこ》み、おたがいに関係《かんけい》しながらつくられているまわりの世界《せかい》。例 自然《しぜん》環境／環境汚染《おせん》／生活《せいかつ》環境の変化《へんか》。

がんきょう【頑強】 形容動詞 ❶意志《いし》が強《つよ》くて、なかなか相手《あいて》に従《したが》わないようす。例 一人《ひとり》の生徒《せいと》がその案《あん》に頑強に反対《はんたい》した。❷がっしりして強《つよ》いようす。例 頑強な体《からだ》。

かんきょうアセスメント【環境アセスメント】 名詞 土地《とち》の開発事業《かいはつじぎょう》をする前《まえ》に、その開発《かいはつ》が環境《かんきょう》にどのようなえいきょうをあたえるのかを前《まえ》もって調《しら》べ、評価《ひょうか》すること。「環境《かんきょう》えいきょう評価《ひょうか》」ともいう。

かんきょうえいきょうひょうか【環境影響評価】 ⇩299ページ《ジ》かんきょうアセスメント

かんきょうきほんほう【環境基本法】 名詞 一九九三年《ねん》に、環境《かんきょう》を守《まも》るためにつくられた法律《ほうりつ》。基本的《きほんてき》な考《かんが》え方《かた》と、国《くに》・自治体《じちたい》・企業《きぎょう》・国民《こくみん》の責任《せきにん》などについて定《さだ》めている。

かんきょうしょう【環境省】 名詞 公害《こうがい》を防《ふせ》ぎ、環境《かんきょう》を守《まも》るための仕事《しごと》をする国《くに》の役所《やくしょ》。

かんきょうはかい【環境破壊】 名詞 人間《にんげん》によって、自然環境《しぜんかんきょう》が汚染《おせん》されたり、生活環《せいかつかん》境《きょう》が悪《わる》くなったりすること。

かんきょうほぜん【環境保全】 名詞 人《ひと》の手《て》によって、環境《かんきょう》を保護《ほご》し、破壊《はかい》されないように守《まも》ること。

かんきょうホルモン【環境ホルモン】 名詞 体内《たいない》に入《はい》ると、ホルモンに似《に》たはたらきをして、体《からだ》に悪《わる》いえいきょうをあたえる化学物《かがくぶっ》質《しつ》。「内分泌《ないぶんぴつ》かく乱物質《らんぶっしつ》」ともいう。

かんきょうもんだい【環境問題】 名詞 産《さん》業《ぎょう》の発達《はったつ》によって、環境《かんきょう》がこわされて起《お》こるいろいろな問題《もんだい》。

かんきわまる【感極まる】 深《ふか》く心《こころ》を動《うご》かされる。ひどく感激《かんげき》する。例 優勝《ゆうしょう》が決《き》まったときは感極まって泣《な》いてしまった。

かんきん【監禁】 名詞 動詞 ある場所《ばしょ》に閉《と》じこめて、自由《じゆう》にさせないこと。

がんきん【元金】 名詞 貸《か》したり借《か》りたりするときや、銀行《ぎんこう》へ預《あず》けたりするときの、もとのお金《かね》。「もときん」ともいう。対 利子《りし》。利息《りそく》。

がんぐ【玩具】 名詞 「おもちゃ」のあらたまった言《い》い方《かた》。

がんくつ【岩窟】 名詞 岩《いわ》の間《あいだ》にできたほら穴《あな》。岩穴《いわあな》。

伝統的《でんとうてき》な言語文化《げんごぶんか》

慣用句《かんようく》

「ねこをかぶる」って？

帽子《ぼうし》のようにねこをかぶる人《ひと》はいないよね。ふくろの中《なか》にねずみを入《い》れたことがある人《ひと》もきっといないだろう。

でも、「ねこをかぶる」「ふくろのねずみ」という言《い》い方《かた》を聞《き》いたことはないかな？　それぞれ「おとなしいふりをする」「追《お》いつめられてにげ場《ば》がない」という意味《いみ》。「ねこ」や「ねずみ」のもともとの意味《いみ》とは関係《かんけい》なく使《つか》われているね。

このような言《い》い回《まわ》しを慣用句《かんようく》というよ。「油《あぶら》を売《う》る」「かみなりを落《お》とす」などもこのなかまだ。意味《いみ》はこの辞典《じてん》で調《しら》べてみようね。

慣用句《かんようく》を使《つか》った言《い》い方《かた》と、慣用句《かんようく》を使《つか》わないふつうの言《い》い方《かた》を比《くら》べて、そのちがいを考《かんが》えてみるのもおもしろいよ。

「今《いま》までおとなしいふりをしていた」という表現《ひょうげん》と「今《いま》までねこをかぶっていた」という表現《ひょうげん》では、受《う》ける感《かん》じにどんなちがいがあるかな。正体《しょうたい》がばれたときの意外《いがい》なようすが目《め》にうかぶように伝《つた》わってくるのはどちらだろう。

慣用句《かんようく》はほかにもたくさんあるよ。よく調《しら》べて、どんどん使《つか》ってみよう。

もっとみてみよう！

- 「わかる、伝《つた》わる、古典《こてん》のこころ３」（光村教育図書《みつむらきょういくとしょ》）
- 「国語《こくご》っておもしろい３　ことわざ･故事成語《こじせいご》･慣用句《かんようく》」（学研《がっけん》）

ことわざ　**遠《とお》くの親類《しんるい》より近《ちか》くの他人《たにん》**　いざというときには、遠《とお》くに住《す》んでいる親類《しんるい》よりも、血《ち》はつなが

かんぐん【官軍】名詞 朝廷《ちょうてい》や政府《せいふ》に味方《みかた》する軍隊《ぐんたい》。対 賊軍《ぞくぐん》。

かんけい【関係】名詞 動詞 ❶かかわりを持《も》つこと。かかわり合《あ》い。例 学校《がっこう》に関係のある記事《きじ》を読《よ》む。類 関連《かんれん》。❷間《あいだ》がら。例 はる子《こ》さんとわたしはいとこの関係だ。❸えいきょう。例 気圧《きあつ》の関係で耳鳴《みみな》りがする。

かんげい【歓迎】名詞 動詞 喜《よろこ》んでむかえること。例 新入生《しんにゅうせい》を歓迎する。対 歓送《かんそう》。

かんげいこ【寒稽古】名詞 季語冬 真冬《まふゆ》の朝《あさ》早《はや》くや夜《よる》に、武道《ぶどう》や芸《げい》ごとをけいこすること。心《こころ》や体《からだ》をきたえるための、寒中《かんちゅう》のけいこ。

かんけいづける【関係付ける】動詞 二《ふた》つ以上《いじょう》のものごとの間《あいだ》にかかわりを持《も》たせる。結《むす》びつける。例 毎日《まいにち》の暮《く》らしと算数《さんすう》の勉強《べんきょう》を関係付ける。

かんげき【感激】名詞 動詞 心《こころ》に深《ふか》く感《かん》じて、気持《きも》ちが強《つよ》く動《うご》かされること。例 心《こころ》のこもった出《で》むかえに感激した。類 感動《かんどう》。

かんげき【観劇】名詞 動詞 劇《げき》を見《み》ること。

かんけつ【完結】名詞 動詞 続《つづ》いていたものが、すっかり終《お》わること。例 連続《れんぞく》テレビドラマも、あしたでいよいよ完結する。類 完了《かんりょう》。

かんけつ【間欠】名詞 一定《いってい》の時間《じかん》をおいて、くり返《かえ》し起《お》こったりやんだりすること。例 間欠泉《せん》（＝一定《いってい》の時間《じかん》をおいてふき出《だ》す温泉《おんせん》）。

かんけつ【簡潔】名詞 形容動詞 簡単《かんたん》で、わかりやすくまとまっていること。例 簡潔な文章《ぶんしょう》。

かんげつ【寒月】名詞 季語冬 寒《さむ》い冬《ふゆ》の夜《よる》の、光《ひかり》のすんだ月《つき》。

かんけり【缶蹴り】名詞 かくれんぼうの一《ひと》つ。空《あ》きかんを一《ひと》つ置《お》き、おにはかんを守《まも》りながらかくれた人《ひと》をさがし、かくれる人《ひと》はおにに見《み》つからないようにかんをける遊《あそ》び。

かんげん【甘言】名詞 人《ひと》の心《こころ》を引《ひ》きつけるような、うまいことば。例 甘言にのせられた。

使い方 あまりよい意味《いみ》には使《つか》われない。

かんげん【換言】名詞 動詞 ほかのことばで言《い》いかえること。例 自然《しぜん》とは、換言すれば生物《せいぶつ》すべての財産《ざいさん》である。

かんげん【還元】名詞 動詞 ❶もとにもどすこと。例 利益《りえき》を社会《しゃかい》に還元する。❷酸化物《さんかぶつ》から酸素《さんそ》をとり除《のぞ》いてもとにもどすこと。また、ある物質《ぶっしつ》に水素《すいそ》を加《くわ》えること。対 酸化《さんか》。

がんけん【頑健】名詞 形容動詞 体《からだ》がとてもしっかりしていてじょうぶなようす。例 頑健な体《からだ》。

かんげんがく【管弦楽】名詞 たくさんの管《かん》楽器《がっき》・弦楽器《げんがっき》・打楽器《だがっき》を使《つか》って合奏《がっそう》する音楽《おんがく》。「オーケストラ」ともいう。

かんげんがくくみきょく【管弦楽組曲《きょく》】名詞 管楽器《かんがっき》・弦楽器《げんがっき》・打楽器《だがっき》が合奏《がっそう》する曲《きょく》で、いくつかの曲《きょく》を組《く》み合《あ》わせて一《ひと》つにまとめた形式《けいしき》の曲《きょく》。

かんげんがくだん【管弦楽団】名詞 たくさんの管楽器《かんがっき》・弦楽器《げんがっき》・打楽器《だがっき》で合奏《がっそう》する楽団《がくだん》。「オーケストラ」ともいう。

かんこ【歓呼】名詞 動詞 喜《よろこ》んで大《おお》きな声《こえ》を上《あ》げること。また、その声《こえ》。例 歓呼の声《こえ》を上《あ》げる。類 歓声《かんせい》。

かんご【看護】名詞 動詞 病人《びょうにん》やけが人《にん》の世話《せわ》や手当《てあ》てをすること。例 看護師《し》。類 介抱《かいほう》。

かんご【漢語】名詞 漢字《かんじ》を音読《おんよ》みすることば。昔《むかし》、中国《ちゅうごく》から伝《つた》わってきて日本語《にほんご》になったものと、日本《にほん》で新《あたら》しくつくったものがある。駅《えき》・学校《がっこう》・漢字《かんじ》・先生《せんせい》など。関連 外来語《がいらいご》。和語《わご》。

ことば もともとは中国《ちゅうごく》から伝《つた》わったものだが、「外来語《がいらいご》」とはいわない。↓179ページ 伝統コラム

がんこ【頑固】名詞 形容動詞 ❶自分《じぶん》の考《かんが》えをどこまでもおし通《とお》そうとすること。例 頑固な人《ひと》／自分《じぶん》の意見《いけん》を頑固に言《い》い張《は》る。類 強情《ごうじょう》。❷悪《わる》い状態《じょうたい》がなかなかよくならないこと。例 今年《ことし》のかぜは頑固だ。

かんこう【刊行】名詞 動詞 本《ほん》などの印刷物《いんさつぶつ》をつくって、世《よ》の中《なか》に出《だ》すこと。例 辞書《じしょ》を刊行する／政府《せいふ》刊行物《ぶつ》。類 出版《しゅっぱん》。発行《はっこう》。

かんこう【感光】名詞 動詞 フィルムなどが光《ひかり》を受《う》けて、変化《へんか》を起《お》こすこと。

かんこう【慣行】名詞 しきたりとして以前《いぜん》から行《おこな》われていることがら。例 慣行にとらわれて、新《あたら》しいことになかなかとりくめない。

かんこう【観光】名詞 動詞 よその土地《とち》の美《うつく》しい景色《けしき》や、有名《ゆうめい》なところを見《み》て楽《たの》しむこと。例 観光客《きゃく》／市内《しない》を観光する。

がんこう【眼光】名詞

❶目《め》の光《ひかり》。目《め》のかがやき。例 眼光がするどい。❷物《もの》を見《み》ぬく力《ちから》。例 先生《せんせい》はすぐれた眼光の持《も》ち主《ぬし》だ。

●**眼《がん》光《こう》紙《し》背《はい》に徹《てっ》する** ことわざ 本《ほん》などを読《よ》んで、そのことばとして示《しめ》された意味《いみ》だけでなく、そのおくにある深《ふか》い意味《いみ》まで読《よ》みとる。ことば 目《め》の光《ひかり》が紙《かみ》の裏《うら》まで通《とお》るという意味《いみ》から。

かんこうし【感光紙】 名詞 光《ひかり》を当《あ》てて、文《も》字《じ》や画像《がぞう》などを焼《や》きつけるための紙《かみ》。写真《しゃしん》の印《いん》画紙《がし》など。

かんこうち【観光地】 名詞 景色《けしき》がよかったり有名《ゆうめい》なところがあったりして、多《おお》くの人《ひと》が見《けん》物《ぶつ》に集《あつ》まるところ。例 京都《きょうと》は海外《かいがい》でも有名《ゆうめい》な観光地だ。

かんこうちょう【官公庁】 名詞 国《くに》の政治《せいじ》を行《おこな》う官庁《かんちょう》と、地方《ちほう》の政治《せいじ》を行《おこな》う地方公共団体《ちほうこうきょうだんたい》の役所《やくしょ》。

かんこうちょう【観光庁】 名詞 国内外《こくないがい》の観《かん》光客《こうきゃく》を増《ふ》やすための仕事《しごと》をする国《くに》の役所《やくしょ》。国《こく》土交通省《どこうつうしょう》の下《した》にある。

かんごえ【寒肥】 名詞 季語冬 冬《ふゆ》の間《あいだ》に、農作《のうさく》物《ぶつ》や庭木《にわき》にあたえる肥料《ひりょう》。

かんこく【勧告】 名詞 動詞 わけを話《はな》して、そうするようにすすめること。例 サッカー選手《せんしゅ》に引退《いんたい》を勧告する。

かんこく【韓国】 ↓774ページ だいかんみんこく

かんごく【監獄】 名詞 「刑務所《けいむしょ》」の古《ふる》い言《い》い方《かた》。

かんこくへいごう【韓国併合】 名詞 日本《にほん》が韓国《かんこく》を植民地《しょくみんち》にして支配《しはい》したこと。一九一〇（明治四十三《めいじよんじゅうさん》）年《ねん》に併合《へいごう》に関《かん》する条約《じょうやく》を結《むす》び、一九四五（昭和二十《しょうわにじゅう》）年《ねん》まで続《つづ》いた。

かんごし【看護師】 名詞 医者《いしゃ》の手伝《てつだ》いをしたり、病人《びょうにん》の世話《せわ》をしたりすることを仕事《しごと》にしている人《ひと》。

かんこどり【閑古鳥】 名詞 季語夏 「かっこう」のこと。

●**閑古鳥《かんこどり》が鳴《な》く** やってくる人《ひと》がなくてさびしいようす。とくに、客《きゃく》が来《こ》なくて商売《しょうばい》がはやらないようす。

かんごふ【看護婦】 名詞 「女性《じょせい》の看護師《かんごし》」の以前《いぜん》の言《い》い方《かた》。

かんこんそうさい【冠婚葬祭】 名詞 人《ひと》の一生《いっしょう》のうちの、大事《だいじ》な儀式《ぎしき》。成人式《せいじんしき》・結婚式《けっこんしき》・葬式《そうしき》・祖先《そせん》を祭《まつ》る行事《ぎょうじ》などを合《あ》わせていうことば。

かんさ【監査】 名詞 動詞 仕事《しごと》やお金《かね》の出《だ》し入《い》れなどがきちんと行《おこな》われているかどうかをかんとくし、検査《けんさ》すること。例 会計《かいけい》監査。

かんさい【関西】 名詞 京都《きょうと》・大阪《おおさか》・神戸《こうべ》を中《ちゅう》心《しん》とした地方一帯《ちほういったい》を指《さ》すことば。対 関東《かんとう》。

かんさいこくさいくうこう【関西国際空港】 名詞 大阪湾南東部《おおさかわんなんとうぶ》の海上《かいじょう》に造《つく》られた国《こく》際空港《さいくうこう》。

がんさいぼう【がん細胞】 名詞 体《からだ》の中《なか》の細《さい》胞《ぼう》が変化《へんか》して、がんとなったもの。まわりの正《せい》常《じょう》な組織《そしき》に入《はい》りこんでふえていく。

かんざし 名詞 女《おんな》の人《ひと》がかみにさして、かざりにするもの。例 花《はな》かんざし。

かんざし

かんさつ【観察】 名詞 動詞 ものごとのようすを、注意《ちゅうい》してくわしく見《み》ること。例 昆虫《こんちゅう》を観察する。

かんさつ【鑑札】 名詞 役所《やくしょ》の許《ゆる》しを受《う》けたことを証明《しょうめい》する札《ふだ》。役所《やくしょ》から出《だ》される許可証《きょかしょう》や免許証《めんきょしょう》。

かんさつきろく【観察記録】 名詞 観察《かんさつ》したことをありのままに書《か》いた記録《きろく》。わかったこと、考《かんが》えたこと、時間《じかん》や数量《すうりょう》などを書《か》く。

かんさつぶん【観察文】 名詞 観察《かんさつ》したことをありのままに書《か》いた文章《ぶんしょう》。

かんさん【換算】 名詞 動詞 ちがう単位《たんい》の数量《すうりょう》に計算《けいさん》し直《なお》すこと。また、その計算《けいさん》。「かんざん」ともいう。例 円《えん》をドルに換算する。

かんさん【閑散】[と] 副詞 人《ひと》けがなく、ひっそりとしているようす。例 夜《よる》の商店《しょうてん》街《がい》は閑散としている。

かんし【漢詩】 名詞 中国《ちゅうごく》で古《ふる》くから作《つく》られてきた詩《し》。また、日本人《にほんじん》がそれにならって漢字《かんじ》だけで作《つく》る詩《し》。↓913ページ 伝統コラム

かんし【監視】 名詞 動詞 人《ひと》の行動《こうどう》などを、注《ちゅう》意《い》して見張《みは》ること。また、見張《みは》る人《ひと》。例 プールの監視員《いん》／監視の目《め》を光《ひか》らせる。

かんじ【感じ】 名詞 ❶感《かん》じること。感覚《かんかく》。例 足先《あしさき》の感じ。

ことわざ **時《とき》は金《かね》なり** 時間《じかん》は、お金《かね》と同《おな》じくらい価値《かち》があって貴重《きちょう》なものだから、むだに使《つか》ってはい

❷人《ひと》や物《もの》から受《う》ける気持《きも》ち。印象《いんしょう》。例 感じのよい人《ひと》／なんとなく秋《あき》の感じがする。

かんじ【漢字】 名詞 昔《むかし》、中国《ちゅうごく》で作《つく》られた文字《もじ》。また、それをまねて日本《にほん》で作《つく》った文字《もじ》。対 仮名《かな》。↓97ページ 伝統コラム

かんじ【幹事】 名詞 みんなの中心《ちゅうしん》となって会《かい》や団体《だんたい》などの世話《せわ》をする人《ひと》。例 同窓会《どうそうかい》の幹事。

ガンジー 名詞 （一八六九～一九四八）インドの政治家《せいじか》。イギリスの支配《しはい》に対《たい》し、非暴力主義《ひぼうりょくしゅぎ》を唱《とな》えて、インドの独立運動《どくりつうんどう》を指導《しどう》した。ガンディー。

かんじかなまじりぶん【漢字仮名交じり文】 名詞 漢字《かんじ》とひらがな・かたかなを交《ま》ぜて書《か》いた文《ぶん》。

かんしき【鑑識】 名詞 ❶物《もの》のよしあしや、本物《ほんもの》かどうかなどを見分《みわ》けること。例 鑑識眼《がん》。❷犯罪《はんざい》の捜査《そうさ》のために、指紋《しもん》や筆跡《ひっせき》などについて調《しら》べること。

かんじき 名詞 季語 冬 雪《ゆき》の上《うえ》を歩《ある》くとき、足《あし》がしずみこまないように、くつの下《した》につける円《まる》い形《かたち》の道具《どうぐ》。木《き》のつるや竹《たけ》などに縄《なわ》を張《は》ってつくる。

かんじき

かんじじてん【漢字辞典】 ↓312ページ かんわじてん

ガンジスがわ【ガンジス川】 名詞 ヒマラヤ山脈《さんみゃく》から流《なが》れ出《で》て、インド北部《ほくぶ》を東《ひがし》に流《なが》れベンガル湾《わん》に注《そそ》ぐ川《かわ》。インドでは「聖《せい》なる川《かわ》」といわれている。

がんじつ【元日】 名詞 季語 新年 一年《いちねん》の初《はじ》めの日《ひ》。一月一日《いちがつついたち》。国民《こくみん》の祝日《しゅくじつ》の一《ひと》つ。使い方「元」には「一月《いちがつ》」という意味《いみ》がふくまれているので「一月元日《いちがつがんじつ》」といわないよう注意《ちゅうい》。

かんじとる【感じ取る】 動詞 感《かん》じてわかる。心《こころ》で受《う》けとる。例 春《はる》のおとずれを感じ取る。

かんしゃ【官舎】 名詞 公務員《こうむいん》とその家族《かぞく》が住《す》むために、国《くに》や地方《ちほう》の役所《やくしょ》が建《た》てた家《いえ》。

かんしゃ【感謝】 名詞 動詞 ありがたいと思《おも》うこと。また、その気持《きも》ちを表《あらわ》すこと。例 感謝のことば／ご協力《きょうりょく》に心《こころ》から感謝します。

かんじゃ【患者】 名詞 病気《びょうき》やけがで医者《いしゃ》にかかっている人《ひと》。

かんじゃ【間者】 名詞 こっそりと敵《てき》のようすをさぐる人《ひと》。スパイ。使い方 古《ふる》い言《い》い方《かた》。

かんしゃく 名詞 すぐに腹《はら》を立《た》てておこること。また、そのような性質《せいしつ》。例 かんしゃく持《も》ち。

かんしゃじょう【感謝状】 名詞 感謝《かんしゃ》の気持《きも》ちを表《あらわ》した文書《ぶんしょ》や手紙《てがみ》。

かんしゅ【看守】 名詞 刑務所《けいむしょ》に入《い》れられた人《ひと》のかんとくや、刑務所《けいむしょ》の見回《みまわ》りをする人《ひと》。

かんしゅう【慣習】 名詞 世《よ》の中《なか》で広《ひろ》く受《う》けつがれてきた、しきたりやならわし。類 習慣《しゅうかん》。

かんしゅう【監修】 名詞 動詞 本《ほん》や映画《えいが》などの内容《ないよう》を、責任《せきにん》を持《も》ってかんとくすること。例 百科事典《ひゃっかじてん》の監修者《しゃ》。

かんしゅう【観衆】 名詞 見物《けんぶつ》している大勢《おおぜい》の人々《ひとびと》。例 大観衆《だい》。

かんじゅく【完熟】 名詞 動詞 果物《くだもの》などがじゅうぶんに大《おお》きくなり、うれたようすになること。例 畑《はたけ》で完熟したトマトをもぎとる。

かんじゅせい【感受性】 名詞 ものごとから受《う》ける印象《いんしょう》を、強《つよ》く感《かん》じとる心《こころ》のはたらき。例 感受性が強《つよ》い。類 感性《かんせい》。

かんしょ【寒暑】 名詞 寒《さむ》さと暑《あつ》さ。

かんしょ【甘しょ】 名詞 季語 秋 「さつまいも」の別《べつ》の呼《よ》び名《な》。

がんしょ【願書】 名詞 願《ねが》いごとを認《みと》めてもらうために出《だ》す書類《しょるい》。とくに、入学《にゅうがく》したいと思《おも》う学校《がっこう》に出《だ》す「入学願書《にゅうがくがんしょ》」のこと。

かんしょう【干渉】 名詞 動詞 直接《ちょくせつ》は関係《かんけい》のないことに口出《くちだ》ししたり、自分《じぶん》の考《かんが》えをおしつけようとしたりすること。例 他人《たにん》の家《いえ》の問題《もんだい》に干渉する。

かんしょう【完勝】 名詞 動詞 文句《もんく》のつけようがないほど、完全《かんぜん》に勝《か》つこと。対 完敗《かんぱい》。

かんしょう【感傷】 名詞 ものごとに心《こころ》を動《うご》かされて、悲《かな》しくなったり、さびしくなったりすること。例 感傷にひたる。

かんしょう【緩衝】 名詞 二《ふた》つのものの間《あいだ》で、しょうとつや仲《なか》の悪《わる》さをやわらげること。また、そのもの。例 緩衝材《ざい》（＝物《もの》の間《あいだ》にはさんでしょうげきをやわらげるもの）。

かんしょう【観賞】 名詞 動詞 美《うつく》しい動植物《どうしょくぶつ》などを見《み》て楽《たの》しむこと。例 観賞用《よう》の植物《しょくぶつ》。

のだということ。

かんしょう【鑑賞】 名詞 動詞 文学《ぶんがく》・絵画《かいが》・音楽《おんがく》・映画《えいが》などの芸術作品《げいじゅつさくひん》を、見《み》たり聞《き》いたりして味《あじ》わうこと。例 音楽鑑賞《おんがくかんしょう》。

かんじょう【勘定】 名詞 動詞 ❶数《かず》やお金《かね》を計算《けいさん》すること。❷お金《かね》をはらうこと。例 勘定書《が》き。類 会計《かいけい》。❸そのことを考《かんが》えの中《なか》に入《い》れること。例 全員《ぜんいん》が来《く》ることを勘定に入《い》れて、いすを用意《ようい》した。

かんじょう【感情】 名詞 うれしさ・悲《かな》しさ・楽《たの》しさ・いかりなどの気持《きも》ち。ものごとに対《たい》して起《お》こる、心《こころ》のはたらき。例 感情を表現《ひょうげん》する。

かんじょう【環状】 名詞 輪《わ》のようなまるい形《かたち》。例 環状道路《どうろ》。

がんしょう【岩しょう】 ⇒1240ジペーマグマ

がんじょう【頑丈】 形容動詞 ❶もののつくりがしっかりしていて、こわれにくいようす。例 頑丈な机《つくえ》。類 堅固《けんご》。❷体《からだ》ががじょうぶで、がっしりしているようす。例 頑丈な体《からだ》つき。対 きゃしゃ。

かんじょうがき【勘定書き】 名詞 店《みせ》などで、かかったお金《かね》が細《こま》かく書《か》いてあるもの。

かんじょうせん【環状線】 名詞 輪《わ》のような形《かたち》で通《とお》っている鉄道《てつどう》や道路《どうろ》。

かんしょうてき【感傷的】 形容動詞 ものごとに心《こころ》が動《うご》かされやすくて、なみだもろいようす。例 美《うつく》しい曲《きょく》をきいて感傷的な気分《きぶん》になる。

かんじょうてき【感情的】 形容動詞 感情《かんじょう》の動《うご》きが激《はげ》しく、それをすぐ表情《ひょうじょう》や態度《たいど》に表《あらわ》すようす。また、そのために、落《お》ち着《つ》いて行動《こうどう》できないようす。例 話《はな》し合《あ》いで強《つよ》く反対《はんたい》されて、つい感情的になった。対 理性的《りせいてき》。

かんしょく【官職】 名詞 公務員《こうむいん》としての、仕事上《しごとじょう》の地位《ちい》。例 官職につく／官職を退《しりぞ》く。

かんしょく【寒色】 名詞 寒《さむ》い感《かん》じをあたえる色《いろ》。青色《あおいろ》のほか、青《あお》緑《みどり》・青《あお》むらさきなどの、青色《あおいろ》に近《ちか》い色《いろ》。対 暖色《だんしょく》。

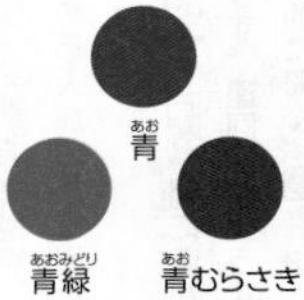

かんしょく【寒色】

かんしょく【間食】 名詞 動詞 食事《しょくじ》と食事《しょくじ》の間《あいだ》に食《た》べること。また、その食《た》べ物《もの》。おやつ。

かんしょく【感触】 名詞 ❶物《もの》にふれたときの手《て》ざわりやはだざわり。例 やわらかい感触の布団《ふとん》。❷その場《ば》の雰囲気《ふんいき》や相手《あいて》の態度《たいど》から、なんとなく心《こころ》に感《かん》じられること。例 成功《せいこう》の感触を持《も》つ。

がんしょく【顔色】 名詞 かおいろ。また、感情《かんじょう》のあらわれた顔《かお》つき。例 友人《ゆうじん》が目《め》の前《まえ》でけがをして、顔色を失《うしな》う。

●**顔色《がんしょく》なし** おどろきやおそれのために、顔《かお》の色《いろ》が青《あお》くなるようす。また、相手《あいて》の勢《いきお》いにおされて、手《て》も足《あし》も出《で》なくなるようす。例 相手投《あいてとう》手《しゅ》の速球《そっきゅう》には顔色なしだ。

かんじる【感じる】 動詞 ❶目《め》・耳《みみ》・鼻《はな》・舌《した》・皮膚《ひふ》などを通《とお》して、光《ひかり》・音《おと》・におい・味《あじ》・はだざわり・痛《いた》みなどを受《う》け、気《き》づく。❷ある印象《いんしょう》を持《も》つ。例 雰囲気《ふんいき》が変《へん》だと感じた。❸心《こころ》を動《うご》かされる。例 友《とも》だちの話《はなし》を聞《き》いて、深《ふか》く感じるところがあった。

ことば 「かんずる」ともいう。

かんしん【感心】 ❶ 名詞 動詞 「りっぱだ」「えらい」などと、心《こころ》に深《ふか》く感《かん》じること。例 友《とも》だちの作文《さくぶん》に感心する。❷ 形容動詞 りっぱなようす。例 感心な行《おこな》い。

かんしん【関心】 名詞 心《こころ》を引《ひ》かれること。もっと知《し》りたいと思《おも》うこと。例 このごろ絵《え》に関心を持《も》つようになった。類 興味《きょうみ》。

かんじん【肝心・肝腎】 名詞 形容動詞 とても大切《たいせつ》なこと。例 肝心なことを忘《わす》れていた。

ことば 肝臓《かんぞう》と心臓《しんぞう》や腎臓《じんぞう》が体《からだ》の中《なか》でとくに大切《たいせつ》だと考《かんが》えられていたことからきたことば。

がんじん【鑑真】 名詞 （六八八～七六三）中国《ちゅうごく》の唐《とう》の時代《じだい》のおぼうさん。五回《ごかい》の失敗《しっぱい》ののちに日本《にほん》にわたり、奈良《なら》に唐招提寺《とうしょうだいじ》を建《た》てて律宗《りっしゅう》（＝仏教《ぶっきょう》の宗派《しゅうは》の一《ひと》つ）を広《ひろ》めた。

かんしんせい【完新世】 名詞 地質時代《ちしつじだい》の分《わ》け方《かた》の一《ひと》つで、いちばん新《あたら》しい時代《じだい》。約一万千《やくいちまんせん》七百年前《ななひゃくねんまえ》から現代《げんだい》までの期間《きかん》。「沖積世《ちゅうせきせい》」ともいう。

かんしんをかう【歓心を買う】 人《ひと》に気《き》に入《い》られるようにふるまって、機嫌《きげん》をとる。例 お世辞《せじ》を言《い》って、社長《しゃちょう》の歓心を買おうとする。

かんすい【完遂】 名詞 動詞 完全《かんぜん》にやりとげること。例 難《むずか》しい任務《にんむ》を完遂する。

かんすう【巻数】 名詞 ひと続《つづ》きになっている本《ほん》の数《かず》。

かんすう【関数】 名詞 ともなって変《か》わる二《ふた》つ

ことわざ **所《ところ》 変《か》われば品《しな》変《か》わる** 土地《とち》によって、ことばや風俗《ふうぞく》・習慣《しゅうかん》など、それぞれにちがいがあるもの量《りょう》 x《エックス》、y《ワイ》があるとき、x《エックス》が決《き》まると、それに対応《たいおう》してy《ワイ》も決《き》まるような関係《かんけい》のこと。このとき、「y《ワイ》はx《エックス》の関数《かんすう》である」という。比例関《ひれいかん》係《けい》は関数《かんすう》の代表的《だいひょうてき》な例《れい》である。

かんすうじ【漢数字】 名詞 一《いち》・二《に》・三《さん》・十《じゅう》・百《ひゃく》・千《せん》・万《まん》・億《おく》など、数《かず》を表《あらわ》す漢字《かんじ》。関連 アラビア数字《すうじ》。ローマ数字《すうじ》。使い方 縦書《たてが》きで数《かず》を書《か》くときに多《おお》く使《つか》う。

かんする【関する】 動詞 関係《かんけい》がある。かかわる。例 科学《かがく》に関する本《ほん》を読《よ》む。

かんずる【感ずる】 ↓303ページ《ジペー》 かんじる

かんせい【完成】 名詞 動詞 すっかりでき上《あ》がること。例 新校舎《しんこうしゃ》がもうすぐ完成する。

かんせい【官製】 名詞 国《くに》がつくること。また、国《くに》がつくったもの。例 官製団体《だんたい》。対 私製《しせい》。

かんせい【喚声】 名詞 興奮《こうふん》して思《おも》わず上《あ》げる声《こえ》。例 スタンドからどっと喚声が上《あ》がる。

かんせい【閑静】 形容動詞 静《しず》かで落《お》ち着《つ》いているようす。例 閑静な住宅地《じゅうたくち》。

かんせい【感性】 名詞 ものごとを心《こころ》に感《かん》じとる力《ちから》。例 豊《ゆた》かな感性を育《そだ》てる。類 感受性《かんじゅせい》。

かんせい【慣性】 名詞 動《うご》いているものはそのまま動《うご》こうとし、止《と》まっているものはそのまま止《と》まっていようとする、物体《ぶったい》の性質《せいしつ》。「惰性《だせい》」ともいう。

かんせい【歓声】 名詞 喜《よろこ》んで上《あ》げるさけび声《ごえ》。例 勝者《しょうしゃ》が歓声を上《あ》げる。類 歓呼《かんこ》。

かんぜい【関税】 名詞 外国《がいこく》から国内《こくない》に入《はい》ってくる品物《しなもの》に国《くに》がかける税金《ぜいきん》。例 小麦《こむぎ》の関税。

かんぜいじしゅけん【関税自主権】 名詞 国《くに》が、輸入品《ゆにゅうひん》にかける関税《かんぜい》を自由《じゆう》に決《き》める権《けん》利《り》。教科 社 江戸時代《えどじだい》の終《お》わりに欧米諸国《おうべいしょこく》と結《むす》んだ条約《じょうやく》において、日本《にほん》は関税自主権《かんぜいじしゅけん》が認《みと》められていなかったが、一九一一（明治四十四《めいじよんじゅうよ》）年《ねん》に回復《かいふく》した。

かんせいとう【管制塔】 名詞 空港《くうこう》の設備《せつび》の一《ひと》つ。飛行機《ひこうき》の離陸《りりく》や着陸《ちゃくりく》についての指示《しじ》をするところ。「コントロールタワー」ともいう。図 ↓378ページ《ジペー》 くうこう

かんぜおんぼさつ【観世音菩薩】 ↓308ページ《ジペー》 かんのん

がんせき【岩石】 名詞 岩《いわ》。大《おお》きな石《いし》。参考 でき方《かた》から火成岩《かせいがん》・堆積岩《たいせきがん》・変成岩《へんせいがん》に分《わ》けられる。

かんせつ【間接】 名詞 じかでなく、間《あいだ》にほかのものをはさんで関係《かんけい》していること。例 間接的《てき》／計画《けいかく》のことを間接に聞《き》いた。対 直接《ちょくせつ》。

かんせつ【関節】 名詞 骨《ほね》と骨《ほね》とのつなぎ目《め》の曲《ま》がるようになっているところ。例 指《ゆび》の関節。

かんせつぜい【間接税】 名詞 消費税《しょうひぜい》や酒税《しゅぜい》など、負担《ふたん》する人《ひと》と納《おさ》める人《ひと》がちがう税金《ぜいきん》。対 直接税《ちょくせつぜい》。

かんせつてき【間接的】 形容動詞 間《あいだ》にほかの人《ひと》や物《もの》が入《はい》っているようす。遠回《とおまわ》しなようす。例 入賞《にゅうしょう》の知《し》らせを間接的に聞《き》く。対 直接的《ちょくせつてき》。

がんぜない 形容詞 幼《おさな》くて、ものごとのよい悪《わる》いがよくわからない。例 がんぜない子供《こども》。

かんせん【汗腺】 名詞 皮膚《ひふ》にあって、体《からだ》の中《なか》からあせを出《だ》すはたらきをする細《ほそ》い管《くだ》。

かんせん【感染】 名詞 動詞 ❶病気《びょうき》などがうつること。例 コレラに感染する。❷ほかのもののえいきょうを受《う》けて、そのようになること。例 兄《あに》の動物好《どうぶつず》きが感染した。

かんせん【幹線】 名詞 鉄道《てつどう》や道路《どうろ》などで、大事《だいじ》な地点《ちてん》を結《むす》んで走《はし》る、おもな線《せん》。例 幹線道路《どうろ》。類 本線《ほんせん》。対 支線《しせん》。

かんせん【観戦】 名詞 動詞 試合《しあい》や競技《きょうぎ》などを見物《けんぶつ》すること。例 テニスの試合《しあい》を観戦した。

かんぜん【完全】 名詞 形容動詞 足《た》りないところやよくないところがないこと。例 作業《さぎょう》を完全に終《お》わらせる。対 不完全《ふかんぜん》。

かんぜん【と】【敢然［と］】 副詞 思《おも》いきってものごとをするようす。例 世《よ》の中《なか》の不正《ふせい》に敢然と立《た》ち向《む》かう。

がんぜん【眼前】 名詞 目《め》の前《まえ》。例 山《やま》をこえると、眼前には草原《そうげん》が広《ひろ》がっていた。類 目前《もくぜん》。

かんせんしょう【感染症】 名詞 ウイルスや細菌《さいきん》などが体内《たいない》に入《はい》り、ふえて起《お》こる病気《びょうき》。

かんぜんちょうあく【勧善懲悪】 ↓585ページ《ジペー》 四字熟語

かんぜんへんたい【完全変態】 名詞 昆虫《こんちゅう》が成長《せいちょう》するときの体《からだ》の変化《へんか》のしかたの一《ひと》つ。幼虫《ようちゅう》から成虫《せいちゅう》に成長《せいちょう》する間《あいだ》に、さなぎの時期《じき》があるものをいう。ちょう・はえなどに見《み》られる。対 不完全変態《ふかんぜんへんたい》。

かんぜんむけつ【完全無欠】 名詞 形容動詞 完全《かんぜん》で欠点《けってん》が少《すこ》しもないこと。

かんそ【簡素】 名詞 形容動詞 簡単《かんたん》で、むだなと

よくないということから、年《とし》をとった人《ひと》がその年《とし》に合《あ》わないような無理《むり》をすること。

類=意味《いみ》のよく似《に》たことば　対=反対《はんたい》の意味《いみ》のことばや対《つい》になることば

ころやかざり気《け》がないこと。例 簡素な暮《く》らし。

がんそ【元祖】 名詞 あるものごとを最初《さいしょ》に始《はじ》めた人《ひと》。例 人気《にんき》のお菓子《かし》を作《つく》った元祖の店《みせ》。

かんそう【完走】 名詞 動詞 決《き》められたきょりを最後《さいご》まで走《はし》りぬくこと。例 初《はじ》めてのマラソン大会《たいかい》で完走する。

かんそう【乾燥】 名詞 動詞 水気《みずけ》がなくなること。かわくこと。また、かわかすこと。例 ぬれたくつを乾燥させる／乾燥剤《ざい》。

かんそう【間奏】 名詞 歌曲《かきょく》や協奏曲《きょうそうきょく》などで、歌《うた》や独奏《どくそう》などのおもな部分《ぶぶん》の間《あいだ》に演奏《えんそう》される、楽器《がっき》の伴奏《ばんそう》だけの部分《ぶぶん》。

かんそう【感想】 名詞 心《こころ》に感《かん》じたこと。例 読《どく》書《しょ》感想文《ぶん》／友《とも》だちの作品《さくひん》を見《み》て感想を言《い》う。

かんそう【歓送】 名詞 動詞 人《ひと》の出発《しゅっぱつ》を祝《いわ》い、はげまして見送《みおく》ること。例 歓送会《かい》。対 歓迎《かんげい》。

かんぞう【肝臓】 名詞 腹《はら》の右上《みぎうえ》にある大《おお》きな内臓《ないぞう》。たんじゅうという消化《しょうか》を助《たす》ける液《えき》を出《だ》す、養分《ようぶん》をたくわえる、体《からだ》の中《なか》の毒《どく》を消《け》すなどのはたらきをする。図 ⇩966ページ ないぞう〔内臓〕

かんそうたい【乾燥帯】 名詞 地球《ちきゅう》の約四分《やくよんぶん》の一《いち》をしめる、雨《あめ》の少《すく》ない地帯《ちたい》。ほとんど雨《あめ》の降《ふ》らない砂漠《さばく》と、少《すこ》し雨《あめ》が降《ふ》るステップからなる。関連 熱帯《ねったい》。亜熱帯《あねったい》。温帯《おんたい》。亜寒帯《あかんたい》。寒帯《かんたい》。

かんぞうびょう【肝臓病】 名詞 肝臓《かんぞう》にかかわる病気《びょうき》をまとめていう呼《よ》び名《な》。肝炎《かんえん》・肝硬変《かんこうへん》など。

かんそうぶん【感想文】 名詞 見《み》たり聞《き》いたり読《よ》んだりして、心《こころ》に感《かん》じたことを書《か》いた文《ぶん》章《しょう》。例 読書《どくしょ》感想文。

かんそく【観測】 名詞 動詞 ❶天気《てんき》の変《か》わり方《かた》や月《つき》・星《ほし》などの動《うご》きを調《しら》べること。例 気象《きしょう》観測／月《つき》の動《うご》きを観測する。❷これからのことを、こうなるのではないかと想像《そうぞう》すること。例 希望的《きぼうてき》観測。

かんそん【寒村】 名詞 家《いえ》が少《すく》なく、貧《まず》しくさびしい感《かん》じのする村《むら》。

かんたい【寒帯】 名詞 北極《ほっきょく》や南極《なんきょく》に近《ちか》い、地球上《ちきゅうじょう》でいちばん寒《さむ》い地帯《ちたい》。いちばん暖《あたた》かい月《つき》の平均気温《へいきんきおん》がセ氏《し》十度未満《じゅうどみまん》で、わずかな低《てい》木《ぼく》やこけなどしか育《そだ》たず、人口《じんこう》も少《すく》ない。関連 熱帯《ねったい》。亜熱帯《あねったい》。温帯《おんたい》。亜寒帯《あかんたい》。乾燥帯《かんそうたい》。

かんたい【歓待】 名詞 動詞 喜《よろこ》んでもてなすこと。例 お客様《きゃくさま》をみんなで歓待した。

かんたい【艦隊】 名詞 二《に》せき以上《いじょう》の軍艦《ぐんかん》でつくられた部隊《ぶたい》。

かんだい【寛大】 形容動詞 心《こころ》が広《ひろ》く、思《おも》いやりがあるようす。例 他人《たにん》に寛大な人《ひと》。類 寛容《かんよう》。

がんたい【眼帯】 名詞 目《め》のけがや病気《びょうき》のとき、ガーゼなどを当《あ》てて目《め》をおおうもの。

かんたいへいようけいざいれんけいきょうてい【環太平洋経済連携協定】 ⇩882ページ ティーピーピー

かんたいへいようパートナーシップきょうてい【環太平洋パートナーシップ協定】 ⇩882ページ ティーピーピー

かんたいりん【寒帯林】 名詞 亜寒帯《あかんたい》にある森林《しんりん》。日本《にほん》では北海道《ほっかいどう》の北部《ほくぶ》や本州《ほんしゅう》の高山《こうざん》にある森林《しんりん》。おもな樹木《じゅもく》はとどまつ・えぞまつなどの針葉樹《しんようじゅ》。関連 熱帯林《ねったいりん》。

かんだかい【甲高い】 形容詞 声《こえ》の調子《ちょうし》が高《たか》くてするどい。例 甲高い声《こえ》で笑《わら》う。

かんたく【干拓】 名詞 動詞 海《うみ》や湖《みずうみ》・ぬまなどの水《みず》をぬいて、陸地《りくち》にすること。例 干拓地《ち》。

がんだれ【がん垂れ】 名詞 「厂」のこと。漢《かん》字《じ》の部首《ぶしゅ》の一《ひと》つ。原・厚などの漢字《かんじ》を作《つく》る。

かんたん【感嘆】 名詞 動詞 たいへん感心《かんしん》してほめること。例 感嘆の声《こえ》を上《あ》げる。

かんたん【簡単】 形容動詞 ❶ものごとがこみいっていなくて、わかりやすいようす。難《むずか》しくないようす。例 簡単な問題《もんだい》。❷手間《てま》がかからず、すぐにできるようす。例 五分《ごふん》でできる簡単な料理《りょうり》。対 複雑《ふくざつ》。

かんだん【寒暖】 名詞 寒《さむ》さと暖《あたた》かさ。例 昼《ひる》と夜《よる》との寒暖の差《さ》が激《はげ》しい。

かんだん【歓談】 名詞 動詞 打《う》ち解《と》けて、楽《たの》しく話《はな》し合《あ》うこと。例 先生《せんせい》を囲《かこ》んで歓談する。

がんたん【元旦】 名詞 季語 新年 ❶一月一日《いちがつついたち》の朝《あさ》。元日《がんじつ》の朝《あさ》。❷一年《いちねん》の初《はじ》め。元日《がんじつ》。
使い方 「元」には「一月《いちがつ》」という意味《いみ》がふくまれているので「一月元旦《いちがつがんたん》」といわないよう注意《ちゅうい》。

かんたんあいてらす【肝胆相照らす】 ⇩905ページ 故事成語

かんだんけい【寒暖計】 名詞 気温《きおん》を測《はか》る器《き》具《ぐ》。図 ⇩213ページ おんどけい

かんだんなく【間断なく】 副詞 とちゅうで

ことわざ **年寄《としよ》りの冷《ひ》や水《みず》** 年《とし》をとった人《ひと》が若《わか》い人《ひと》と同《おな》じように冷《つめ》たい水《みず》を浴《あ》びたり飲《の》んだりすると体《からだ》に

とぎれることなく。例 間断なく雨《あめ》が降《ふ》り続《つづ》く。

かんたんふ【感嘆符】 名詞 感動《かんどう》や強調《きょうちょう》、おどろきなどを表《あらわ》す「！」の記号《きごう》。「エクスクラメーションマーク」ともいう。

かんち【完治】 名詞 動詞 病気《びょうき》やけがが完全《かんぜん》に治《なお》ること。例 骨折《こっせつ》が完治する。類 全治《ぜんち》。

かんち【感知】 名詞 動詞 感《かん》じとること。気《き》づくこと。例 感知器《き》／地震《じしん》を感知する。

かんちがい【勘違い】 名詞 動詞 うっかりして、まちがったことを思《おも》いこむこと。考《かんが》えちがい。思《おも》いちがい。例 集合時間《しゅうごうじかん》を勘違いしていた。

かんちゅう【寒中】 名詞 季語冬 こよみで、小寒《しょうかん》(＝一月六日《いちがつむいか》ごろ)から立春《りっしゅん》までの、約《やく》三十日間《さんじゅうにちかん》のこと。また、寒《さむ》さのいちばん厳《きび》しいころ。例 寒中水泳《すいえい》。対 暑中《しょちゅう》。

がんちゅう【眼中】 名詞 ❶目《め》の中《なか》。❷意識《いしき》や関心《かんしん》のおよぶ範囲《はんい》。

● **眼中《がんちゅう》にない** まったく気《き》に留《と》めない。問題《もんだい》にしない。例 他人《たにん》のことなど眼中にない。

かんちゅうみまい【寒中見舞い】 名詞 季語冬 冬《ふゆ》の寒《さむ》いころに、知人《ちじん》や友人《ゆうじん》などのようすをたずねること。また、そのための手紙《てがみ》。

かんちょう【干潮】 名詞 海《うみ》の水《みず》が引《ひ》き、海面《かいめん》が一日《いちにち》のうちでもっとも低《ひく》くなること。ふつう、一日二回《いちにちにかい》起《お》こる。「引《ひ》き潮《しお》」ともいう。対 満潮《まんちょう》。

かんちょう【官庁】 名詞 国《くに》の政治《せいじ》に必要《ひつよう》な事務《じむ》の仕事《しごと》をするところ。

かんちょう【館長】 名詞 図書館《としょかん》・美術館《びじゅつかん》・博物館《はくぶつかん》など、「館《かん》」のつくところで、地位《ちい》がいちばん上《うえ》の人《ひと》。

かんちょう【艦長】 名詞 軍艦《ぐんかん》の乗組員《のりくみいん》の中《なか》でいちばん上《うえ》の位《くらい》の人《ひと》。乗組員《のりくみいん》を指揮《しき》して、船《ふね》を進《すす》める責任《せきにん》を持《も》つ。

かんつう【貫通】 名詞 動詞 ものの中《なか》を、反対《はんたい》側《がわ》までつきぬけること。つらぬくこと。例 トンネルが貫通する。

かんづく【感付く】 動詞 感《かん》じで、それだとわかる。気《き》がつく。例 妹《いもうと》のいたずらに感付く。

かんつばき【寒つばき】 名詞 季語冬 冬《ふゆ》にさくつばき。

かんづめ【缶詰】 名詞 ❶食《た》べ物《もの》などをかんにつめてくさらないようにしたもの。例 みかんの缶詰。❷人《ひと》を閉《と》じこめて外《そと》に出《だ》さないこと。例 父《ちち》は仕事《しごと》でホテルに缶詰になっている。

かんてい【官邸】 名詞 大臣《だいじん》などが仕事《しごと》のために住《す》む、国《くに》でつくった屋敷《やしき》。例 首相《しゅしょう》官邸。

かんてい【鑑定】 名詞 動詞 物《もの》のよい悪《わる》いや、本物《ほんもの》かにせものかを見分《みわ》けること。例 古《ふる》い美術品《びじゅつひん》を、専門家《せんもんか》に鑑定してもらう。

ガンディー ⇒302ジ ガンジー

かんてつ【貫徹】 名詞 動詞 自分《じぶん》の考《かんが》えや行動《こうどう》などを、最後《さいご》までつらぬきとおすこと。やりぬくこと。例 要求《ようきゅう》を貫徹する／初志《しょし》貫徹。

かんでふくめる【かんで含める】 よくわかるように、ていねいに話《はな》して聞《き》かせる。例 かんで含めるように説明《せつめい》する。使い方「かんで含《ふく》む」といわないよう注意《ちゅうい》。

カンテラ (オランダ語) 名詞 持《も》ち運《はこ》びできる、箱形《はこがた》の石油《せきゆ》ランプ。

カンテラ

かんてん【干天】 名詞 日照《ひで》りが続《つづ》いて、雨《あめ》が降《ふ》らないこと。

かんてん【寒天】 名詞 季語冬 ❶冬《ふゆ》の寒々《さむざむ》とした空《そら》。寒空《さむぞら》。❷「てんぐさ」という海藻《かいそう》を煮《に》て、寒《さむ》いときにこおらせ、かわかしたもの。ようかんやみつ豆《まめ》などに使《つか》う。

かんてん【観点】 名詞 ものごとを見《み》たり、考《かんが》えたりするときの立場《たちば》。目《め》のつけどころ。例 別《べつ》の観点から考《かんが》えてみる。類 見地《けんち》。

かんでん【感電】 名詞 動詞 電気《でんき》が体《からだ》に流《なが》れて、ぴりっと感《かん》じること。

かんでんち【乾電池】 名詞 小型《こがた》の固形《こけい》の電池《でんち》。炭素棒《たんそぼう》をプラス、亜鉛板《あえんいた》をマイナスとし、その間《あいだ》に薬品《やくひん》をつめて電気《でんき》を起《お》こす。筒形《つつがた》のものが多《おお》い。

かんど【感度】 名詞 ものごとに感《かん》じる度合《どあ》い。とくに、光《ひかり》・音《おと》・電波《でんぱ》などに対《たい》する感《かん》じ方《かた》。

かんとう【完投】 名詞 動詞 野球《やきゅう》で、一人《ひとり》の投手《とうしゅ》が、一試合《いっしあい》を最後《さいご》まで投《な》げ通《とお》すこと。

かんとう【巻頭】 名詞 本《ほん》・雑誌《ざっし》や巻《ま》き物《もの》などの、いちばん初《はじ》めのところ。対 巻末《かんまつ》。

かんとう【敢闘】 名詞 動詞 強《つよ》い相手《あいて》をおそれ

味《み》で、人《ひと》のものはなんでもすばらしく思《おも》えることのたとえ。

ず、力《ちから》いっぱい戦《たたか》うこと。例 敢闘賞《しょう》。

かんとう【関東】 名詞 東京《とうきょう》を中心《ちゅうしん》とした一都六県《いっとろっけん》を指《さ》すことば。「関東地方《かんとうちほう》」の略《りゃく》。対 関西《かんさい》。

かんどう【勘当】 名詞 動詞 親《おや》が子供《こども》との縁《えん》を切《き》って、追《お》い出《だ》すこと。先生《せんせい》と弟子《でし》、主人《しゅじん》と家来《けらい》の関係《かんけい》にもいう。例 父《ちち》に勘当される。

かんどう【間道】 名詞 わき道《みち》。ぬけ道《みち》。対 本道《ほんどう》。

かんどう【感動】 名詞 動詞 あるものごとに、心《こころ》を強《つよ》く動《うご》かされること。例 物語《ものがたり》を読《よ》んで感動する／感動的《てき》な出会《であ》い。類 感激《かんげき》。

かんとうげん【巻頭言】 名詞 本《ほん》や雑誌《ざっし》などの最初《さいしょ》に書《か》く、文章《ぶんしょう》やことば。

かんとうさんち【関東山地】 名詞 関東地《かんとうち》方《ほう》と中部地方《ちゅうぶちほう》の境《さかい》になっている山地《さんち》。中心部《ちゅうしんぶ》は秩父多摩甲斐国立公園《ちちぶたまかいこくりつこうえん》となっている。

かんどうし【感動詞】 名詞 品詞《ひんし》の一《ひと》つ。感《かん》動《どう》したときに出《で》ることば・呼《よ》びかけ・答《こた》え・あいさつ・かけ声《ごえ》などのことばのまとまり。「ああ」「もしもし」「はい」「さようなら」「よいしょ」など。

かんとうだいしんさい【関東大震災】 名詞 一九二三（大正《たいしょう》十二《じゅうに》）年九月一日《ねんくがつついたち》に起《お》きた大地震《おおじしん》による、火災《かさい》などの災害《さいがい》。

かんとうちほう【関東地方】 名詞 本州《ほんしゅう》の東部《とうぶ》にある地方《ちほう》。東京都《とうきょうと》・神奈川県《かながわけん》・千葉《ちば》県・埼玉県《さいたまけん》・茨城県《いばらきけん》・栃木県《とちぎけん》・群馬県《ぐんまけん》がふくまれる。

かんとうないりくこうぎょうちいき【関東内陸工業地域】 名詞 関東地方《かんとうちほう》の内《ない》陸部《りくぶ》にある、工業《こうぎょう》のさかんな地域《ちいき》。

かんどうぶん【感動文】 名詞 おどろいたり強《つよ》く感《かん》じたりした気持《きも》ちを表《あらわ》す文《ぶん》。「ああ、びっくりした。」「まあ、すてき!」など。関連 平叙文《へいじょぶん》。疑問文《ぎもんぶん》。命令文《めいれいぶん》。

かんとうへいや【関東平野】 名詞 関東地《かんとうち》方《ほう》にある平野《へいや》。太平洋《たいへいよう》に面《めん》し、日本《にほん》でもっとも広《ひろ》い。首都《しゅと》の東京《とうきょう》や、横浜市《よこはまし》・川崎市《かわさきし》などの大都市《だいとし》がある。

かんとうロームそう【関東ローム層】 名詞 関東地方《かんとうちほう》の台地《だいち》をおおう、赤《あか》っぽい茶色《ちゃいろ》の火山灰《かざんばい》の層《そう》。

かんとく【監督】 名詞 動詞 仕事《しごと》を指図《さしず》したり、とりしまったりすること。また、その人《ひと》。例 映画《えいが》監督／野球《やきゅう》の監督を引《ひ》き受《う》ける。

がんとして【頑として】 副詞 他人《たにん》の意見《いけん》を聞《き》き入《い》れず、自分《じぶん》の考《かんが》えを絶対《ぜったい》に変《か》えないようす。例 一度《いちど》言《い》い出《だ》したら頑としてゆずらない。

カントリーエレベーター (country elevator) 名詞 穀物《こくもつ》をかんそう・脱《だっ》穀《こく》・貯蔵《ちょぞう》するための大《おお》きな施設《しせつ》。穀物《こくもつ》を搬入《はんにゅう》するためのエレベーターが付《つ》いている。

かんな 名詞 板《いた》などの表面《ひょうめん》をけずって、なめらかにする大工道具《だいくどうぐ》。例 かんなをかける。

カンナ (ラテン語) 名詞 季語 秋 庭《にわ》などに植《う》える草《くさ》花《ばな》。くきが長《なが》くのび、葉《は》は丸《まる》くて広《ひろ》い。夏《なつ》から秋《あき》にかけて赤《あか》・だいだい・黄色《きいろ》などの大《おお》きな花《はな》がさく。

カンナ

かんない【管内】 名詞 役所《やくしょ》などが仕事《しごと》を受《う》け持《も》っている区域《くいき》の中《なか》。

かんない【館内】 名詞 図書館《としょかん》・美術館《びじゅつかん》・博《はく》物館《ぶつかん》など、「館《かん》」のつく建物《たてもの》の中《なか》。例 館内放送《ほうそう》。

かんなづき【神無月】 名詞 季語 冬 昔《むかし》のこよみで十月《じゅうがつ》のこと。「かみなづき」「かみなしづき」ともいう。

↓1450ページ 十二《じゅうに》か月《げつ》の古《ふる》い呼《よ》び方《かた》　↓747ページ 伝統コラム 月《つき》の名《な》まえ

かんなん【かん難】 名詞 難《むずか》しいことや、つらいことに出《で》あうこと。例 かん難を乗《の》りこえる。

●**かん難《なん》なんじを玉《たま》にす** ことわざ 人《ひと》は、苦《くる》しいことや困難《こんなん》を乗《の》りこえることによって、りっぱになっていくものだということ。

かんにさわる【かんに障る】 ある人《ひと》のことばや行《おこな》いなどによって不愉快《ふゆかい》になる。腹立《はらだ》たしい気持《きも》ちになる。例 いばった言《い》い方《かた》がかんに障る。類 しゃくに障《さわ》る。

かんにん【堪忍】 名詞 動詞 おこりたいのをがまんして相手《あいて》を許《ゆる》すこと。例 次《つぎ》にこんなことをしたら堪忍しないよ。類 勘弁《かんべん》。

カンニング (cunning) 名詞 動詞 試験《しけん》のとき、人《ひと》の答《こた》えを写《うつ》すなど、正《ただ》しくない行《おこな》いをすること。ことば 英語《えいご》では「ずるい」という意味《いみ》。

かんにんぶくろのおがきれる【堪忍袋の緒が切れる】 どうしてもがまんできなくなって、いかりが爆発《ばくはつ》することのたとえ。

かんぬき 名詞 門《もん》や戸《と》を閉《し》めたとき、外《そと》から開《あ》

ことわざ **隣《となり》の花《はな》は赤《あか》い** となりの家《いえ》の庭《にわ》にさいている花《はな》は自分《じぶん》のところの花《はな》より美《うつく》しく見《み》えるという意《い》

けられないようにするため、内側《うちがわ》で横《よこ》に通《とお》しておく木《き》。

かんぬし【神主】 名詞 神社《じんじゃ》で神《かみ》に仕《つか》える人《ひと》。類 神官《しんかん》。

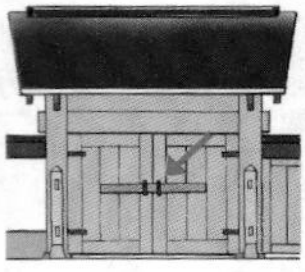
かんぬき

かんねん【観念】
❶ 名詞 あるものごとについての考《かんが》え。例 あの人《ひと》は時間《じかん》の観念がないので困《こま》る。
❷ 名詞 動詞 もうだめだと、あきらめること。例 さんざんにげ回《まわ》ったが、ついに観念した。

がんねん【元年】 名詞 年号《ねんごう》の最初《さいしょ》の年《とし》。

かんねんてき【観念的】 形容動詞 現実《げんじつ》をはなれて、頭《あたま》の中《なか》だけで考《かんが》えるようす。例 観念的な説明《せつめい》。

かんのいり【寒の入り】 名詞 季語冬 一月六日《いちがつむいか》ごろ、小寒《しょうかん》に入《はい》ること。また、その日《ひ》。寒《さむ》い時期《じき》に入《はい》ること。対 寒明《かんあ》け。関連 小寒《しょうかん》。大寒《だいかん》。

かんのう【完納】 名詞 動詞 納《おさ》めなければならないものを全部《ぜんぶ》納《おさ》めること。例 期限《きげん》までに税《ぜい》金《きん》を完納する。類 全納《ぜんのう》。

かんのもどり【寒の戻り】 名詞 春《はる》、暖《あたた》かくなってきたころに、再《ふたた》び寒《さむ》くなること。

かんのん【観音】 名詞 人々《ひとびと》の苦《くる》しみを救《すく》ってくれるというぼさつ。「観世音菩薩《かんぜおんぼさつ》」の略《りゃく》。

かんぱ【寒波】 名詞 季語冬 冬《ふゆ》に、冷《つめ》たい空気《くうき》のかたまりが流《なが》れてきて、気温《きおん》が急《きゅう》に下《さ》がって寒《さむ》くなること。

カンパ 名詞 動詞 ある目的《もくてき》のために大勢《おおぜい》に呼《よ》びかけてお金《かね》を集《あつ》めること。また、そのお金《かね》を出《だ》すこと。ことば ロシア語《ご》の「カンパニア」の略《りゃく》。

かんぱい【完敗】 名詞 動詞 文句《もんく》のつけようがないほど、完全《かんぜん》に負《ま》けること。対 完勝《かんしょう》。

かんぱい【乾杯】 名詞 動詞 成功《せいこう》や健康《けんこう》を祝《いわ》うために、おたがいにさかずきを上《あ》げてから、酒《さけ》などを飲《の》むこと。例 優勝《ゆうしょう》を祝《いわ》って乾杯をした。

かんぱく【関白】 名詞
❶ 昔《むかし》、天皇《てんのう》を助《たす》けて政治《せいじ》を行《おこな》った重要《じゅうよう》な役目《やくめ》。
❷ いちばんいばっている人《ひと》のたとえ。例 亭主《ていしゅ》関白。

かんばしい【芳しい】 形容詞
❶ においがよい。例 お茶《ちゃ》の芳しい香《かお》り。
❷ すばらしい。結構《けっこう》である。例 一学期《いちがっき》の成績《せいせき》は芳しくなかった／芳しくないうわさ。
使い方 ❷は、あまりよくないという意味《いみ》で「ない」をつけて使《つか》うことが多《おお》い。

カンバス ⇩345ページ キャンバス

かんばつ【間伐】 名詞 動詞 森林《しんりん》の木《き》が育《そだ》ちやすいように、一部《いちぶ》の木《き》をきって、木《き》と木《き》の間《あいだ》をあけること。

かんばつ【干ばつ】 名詞 季語夏 農作物《のうさくぶつ》に必《ひつ》要《よう》な雨《あめ》が長《なが》い間《あいだ》降《ふ》らないこと。

かんばつざい【間伐材】 名詞 間伐《かんばつ》をすることによって出《で》た木材《もくざい》。

かんはつをいれず【間髪を入れず】 少《すこ》しの時間《じかん》もおかずに。すぐに。使い方「間髪」を「かんぱつ」と続《つづ》けて読《よ》まないよう注意《ちゅうい》。「間、髪《はつ》を入《い》れず」と読《よ》むのが正《ただ》しい。ことば「間《あいだ》にかみ（髪）の毛一本《けいっぽん》も入《はい》るすきまがない」という意味《いみ》からきたことば。

がんばる【頑張る】 動詞
❶ がまんしてやりぬく。例 最後《さいご》まで頑張って走《はし》った。
❷ 自分《じぶん》の考《かんが》えを言《い》い張《は》って通《とお》そうとする。我《が》を張《は》る。例 自分《じぶん》のほうが正《ただ》しいと頑張った。
❸ ある場所《ばしょ》から動《うご》かない。例 弟《おとうと》が、おもちゃ売《う》り場《ば》で頑張るので困《こま》ってしまった。

かんばん【看板】 名詞 店名《てんめい》や商品名《しょうひんめい》などをかいて、人目《ひとめ》につくところに出《だ》しておくもの。 ⇩309ページ ことばにチャレンジ

● **看板《かんばん》に偽《いつわ》りなし** 見《み》かけだけがりっぱなのではなく、実際《じっさい》の中身《なかみ》もそのとおりである。例 おいしいと評判《ひょうばん》の店《みせ》の料理《りょうり》は、看板に偽りなしだった。

● **看板《かんばん》を下《お》ろす** 商売《しょうばい》や店《みせ》をやめること。例 創業百年《そうぎょうひゃくねん》のそば屋《や》がついに看板を下ろした。

かんぱん【甲板】 名詞 船《ふね》の上《うえ》の、広《ひろ》くて平《たい》らなところ。デッキ。

かんぱん【乾板】 名詞 写真《しゃしん》をとるときに使《つか》うガラスの板《いた》。光《ひかり》に反応《はんのう》しやすい薬《くすり》をぬってあり、フィルムと同《おな》じ役目《やくめ》をする。

がんばん【岩盤】 名詞 地面《じめん》の下《した》にある、大《おお》きな岩石《がんせき》の層《そう》。

かんばんだおれ【看板倒れ】 名詞 見《み》かけはりっぱだが、実際《じっさい》の中身《なかみ》はそれほどでもないこと。例 看板倒れに終《お》わる。類 見掛《みか》け倒《だお》し。

かんばんほうしき【かんばん方式】 ⇩

意味《いみ》から、実現《じつげん》するかどうかわからないことをあてにして、あれこれ計画《けいかく》を立《た》てることのたとえ。

あいうえお　かきくけこ か　さしすせそ　たちつてと　なにぬねの　はひふへほ　まみむめも　やゆよ　らりるれろ　わをん

ことばにチャレンジ！

がんばる

いろんなことばでいろんな「がんばる」を表《あらわ》してみよう！

入門編《にゅうもんへん》

●まずは、よく使《つか》う別《べつ》のことばで

打《う》ちこむ　植物《しょくぶつ》の研究《けんきゅう》に**打《う》ちこん**でいる。……p.128

ねばる

時間《じかん》ぎりぎりまで**ねばっ**て、全部《ぜんぶ》の問題《もんだい》を解《と》くことができた。……p.1017

はげむ　音楽会《おんがくかい》に向《む》けて練習《れんしゅう》に**はげむ**。……p.1051

努力《どりょく》　ピアノが少《すこ》しでもうまくなるよう、**努力《どりょく》**を続《つづ》けている。……p.959

修行編《しゅぎょうへん》

●次《つぎ》に、少《すこ》しむずかしいことばで

努《つと》める　毎朝《まいあさ》そうじをしてから登校《とうこう》するように**努《つと》め**ている。……p.868

精《せい》を出《だ》す　さあ、**精《せい》を出《だ》し**て仕事《しごと》をしよう。……p.706

ベストをつくす　県大会《けんたいかい》では**ベストをつくし**た。……p.1191

骨《ほね》を折《お》る　みんなが**骨《ほね》を折《お》っ**て寄付金《きふきん》をたくさん集《あつ》めた。……p.1225

達人編《たつじんへん》

●背《せ》のびして、もっとむずかしいことばで

いそしむ　父《ちち》は、庭《にわ》の手入《てい》れに**いそしん**でいる。……p.85

健闘《けんとう》　**健闘《けんとう》**の結果《けっか》、三位《さんい》に入《はい》ることができた。……p.437

必死《ひっし》　テストでいい点数《てんすう》をとりたくて、**必死《ひっし》で**勉強《べんきょう》した。……p.1111

奮闘《ふんとう》　大《おお》きな魚《さかな》をつり上《あ》げようと**奮闘《ふんとう》する**。……p.1183

心血《しんけつ》を注《そそ》ぐ　**心血《しんけつ》を注《そそ》い**で作品《さくひん》を完成《かんせい》させる。……p.661

力《ちから》の限《かぎ》り　**力《ちから》の限《かぎ》り**戦《たたか》ったので、悔《く》いはない。……p.827

身《み》を粉にする　朝《あさ》から晩《ばん》まで**身《み》を粉にし**て働《はたら》く。

「身《み》を粉にする」の「粉」はなんと読《よ》むのかな？ p.1260にのっている見出《みだ》し語《ご》だよ！

もっと

●どんなふうにがんばるのかを表《あらわ》して

がむしゃら　テスト前《まえ》に**がむしゃらに**勉強《べんきょう》する。……p.283

ひたすら　前《まえ》のランナーに追《お》いつこうと**ひたすら**走《はし》った。……p.1109

一生懸命《いっしょうけんめい》　この発表会《はっぴょうかい》のために**一生懸命《いっしょうけんめい》**練習《れんしゅう》してきた。……p.94

一《いっ》□不乱《ふらん》　**一《いっ》□不乱《ふらん》に**本《ほん》を読《よ》む。

□に当《あ》てはまることばは何《なに》？ p.95にのっている見出《みだ》し語《ご》だよ！

精《せい》いっぱい　友人《ゆうじん》を助《たす》けようと**精《せい》いっぱい**努力《どりょく》した。……p.707

まねことば

●ようすまねことばを使《つか》って

こつこつ[と]　日々《ひび》**こつこつと**ピアノの練習《れんしゅう》をする。……p.485

せっせと　毎日《まいにち》**せっせと**セーターを編《あ》んでいる。……p.726

ことわざ　**捕《と》らぬたぬきの皮算用《かわざんよう》**　まだつかまえてもいないたぬきの皮《かわ》を売《う》ったもうけを計算《けいさん》するという

599ページ ジャストインタイムほうしき

かんび【甘美】 形容動詞 ❶あまくておいしい。例 南国《なんごく》の甘美な果物《くだもの》。
❷うっとりするような、快《こころよ》いようす。例 ピアノの甘美な調《しら》べにじっときいる。

かんび【完備】 名詞 動詞 必要《ひつよう》なものが、じゅうぶんに備《そな》わっていること。例 この旅館《りょかん》は冷《れい》暖房《だんぼう》が完備している。対 不備《ふび》。

かんびょう【看病】 名詞 動詞 病人《びょうにん》の世話《せわ》をすること。例 妹《いもうと》の看病をする。

かんぴょう 名詞 ゆうがおの実《み》をひものように長《なが》くむいてかわかしたもの。煮《に》て味《あじ》をつけ、のり巻《ま》きの具《ぐ》などにして食《た》べる。

がんびょう【眼病】 名詞 目《め》の病気《びょうき》。

かんぴょうき【間氷期】 名詞 氷河時代《ひょうがじだい》のうち、氷期《ひょうき》と氷期《ひょうき》の間《あいだ》の、わりあいに暖《あたた》かい時期《じき》。関連 氷期《ひょうき》。

かんぶ【患部】 名詞 病気《びょうき》になっているところ。また、けがをしているところ。

かんぶ【幹部】 名詞 会社《かいしゃ》や団体《だんたい》などの中心《ちゅうしん》となって、仕事《しごと》を進《すす》めていく人々《ひとびと》。

かんぷう【寒風】 名詞 季語冬 冷《つめ》たい冬《ふゆ》の風《かぜ》。

かんぷく【感服】 名詞 動詞 非常《ひじょう》に感心《かんしん》すること。例 きみのりっぱな態度《たいど》には感服した。

かんぶつ【乾物】 名詞 かわかして、長《なが》くとっておけるようにした食《た》べ物《もの》。するめ・干《ほ》ししいたけ・かんぴょうなど。

かんぷなきまで【完膚無きまで】 傷《きず》のついていないところがまったくないほど、こうげきのしかたが徹底的《てっていてき》であるようす。例 優勝候補《ゆうしょうこうほ》のチームに完膚無きまでにやっつけられた。

かんぶん【漢文】 名詞 中国《ちゅうごく》の古《ふる》い文章《ぶんしょう》。また、それにならって日本人《にほんじん》が漢字《かんじ》だけで書《か》いた文章《ぶんしょう》。913ページ 伝統コラム

かんぺき【完璧】 名詞 形容動詞 故事成語 足《た》りないところやよくないところがまったくなく、りっぱなこと。例 作品《さくひん》のでき上《あ》がりは完璧だ。
ことば「璧《へき》」は「宝石《ほうせき》」のこと。もとは、「傷《きず》のない宝石《ほうせき》」という意味《いみ》のことば。

がんぺき【岩壁】 名詞 かべのように険《けわ》しく切《き》り立《た》った岩《いわ》。例 命《いのち》づなをつけて岩壁を登《のぼ》る。

がんぺき【岸壁】 名詞 ❶港《みなと》などで、船《ふね》を横《よこ》づけさせるために石《いし》やコンクリートでつくったかべ。
❷かべのように険《けわ》しく切《き》り立《た》った岸《きし》。

かんべつ【鑑別】 名詞 動詞 物《もの》をよく調《しら》べて見《み》分《わ》けること。例 ひよこのおすとめすを鑑別する。

かんべん【勘弁】 名詞 動詞 罪《つみ》やあやまちなどを許《ゆる》すこと。例 今日《きょう》は許《ゆる》してあげるけど、次《つぎ》は勘弁しないよ。類 堪忍《かんにん》。

かんべん【簡便】 形容動詞 手軽《てがる》で使《つか》いやすいようす。例 簡便な方法《ほうほう》を考《かんが》える。

かんぼう【感冒】 名詞 季語冬 「かぜ」のこと。

かんぽう【官報】 名詞 政府《せいふ》が、国民《こくみん》に知《し》らせる必要《ひつよう》のあることをまとめて、毎日発行《まいにちはっこう》する印《いん》刷物《さつぶつ》。インターネットでも見《み》ることができる。

かんぽう【漢方】 名詞 中国《ちゅうごく》で、昔《むかし》から行《おこな》われてきた医術《いじゅつ》。例 漢方医《い》。

がんぼう【願望】 名詞 動詞 そうなればよいのにと願《ねが》い望《のぞ》むこと。また、その望《のぞ》み。例 長年《ながねん》の願望がかなえられた。類 希望《きぼう》。念願《ねんがん》。

かんぽうやく【漢方薬】 名詞 漢方医学《かんぽういがく》で用《もち》いる薬《くすり》。おもに草《くさ》の根《ね》や木《き》の皮《かわ》などから作《つく》る。

かんぼく【かん木】 名詞 「低木《ていぼく》」の古《ふる》い言《い》い方《かた》。対 きょう木《ぼく》。

カンボジア 310ページ カンボジアおうこく

カンボジアおうこく【カンボジア王国】 名詞 東南《とうなん》アジアのインドシナ半島《はんとう》の南東部《なんとうぶ》にある国《くに》。稲作《いなさく》などの農業《のうぎょう》や観光業《かんこうぎょう》がさかん。アンコールワットなどの遺跡《いせき》がある。首都《しゅと》はプノンペン。「カンボジア」ともいう。

（国旗《こっき》）

かんぼつ【陥没】 名詞 動詞 地面《じめん》や海底《かいてい》などが落《お》ちこむこと。例 地震《じしん》で道路《どうろ》が陥没した。

かんまつ【巻末】 名詞 本《ほん》・雑誌《ざっし》や巻《ま》き物《もの》などの、終《お》わりのところ。対 巻頭《かんとう》。

かんまん【干満】 名詞 海《うみ》の水《みず》が引《ひ》いたり、満《み》ちたりすること。干潮《かんちょう》と満潮《まんちょう》。参考 海《うみ》の水《みず》の干満《かんまん》は、月《つき》の引力《いんりょく》と関係《かんけい》がある。

かんまん【緩慢】 形容動詞 動《うご》きがゆっくりしているようす。例 動《うご》きの緩慢な動物《どうぶつ》。

かんむてんのう【桓武天皇】 名詞 （七三七～八〇六）平安時代《へいあんじだい》の最初《さいしょ》の天皇《てんのう》。七九四年《ねん》、都《みやこ》を平安京《へいあんきょう》（＝今《いま》の京都市《きょうとし》）に移《うつ》し、乱《みだ》れた政《せい》

たとえ。

治《じ》を改《あらた》めた。

かんむり【冠】 名詞 ❶身分《みぶん》の高《たか》い人《ひと》などが頭《あたま》にのせるもの。❷漢字《かんじ》を組《く》み立《た》てている部分《ぶぶん》の一《ひと》つ。漢字《かんじ》の上《うえ》の部分《ぶぶん》になるもの。「うかんむり（宀）」「くさかんむり（艹）」「あめかんむり（⻗）」など。

かんむり❶

かんむりょう【感無量】 ⇩297ページ かんがいむりょう

かんめい【感銘】 名詞 動詞 忘《わす》れられないほど、心《こころ》に深《ふか》く感《かん》じること。例 先生《せんせい》の話《はなし》に深《ふか》い感銘を受《う》ける。

かんめい【簡明】 形容動詞 簡単《かんたん》で、はっきりしているようす。例 簡明でわかりやすい文章《ぶんしょう》。

がんめん【顔面】 名詞 顔《かお》の表面《ひょうめん》。顔《かお》。

がんもく【眼目】 名詞 大事《だいじ》なところ。要点《ようてん》。例 話《はなし》の眼目をとらえる。

かんもん【関門】 名詞 ❶昔《むかし》の関所《せきしょ》。❷通《とお》りぬけるのが難《むずか》しいところ。例 入学試験《にゅうがくしけん》の関門を突破《とっぱ》した。

かんもんかいきょう【関門海峡】 名詞 本州《ほんしゅう》西端《せいたん》の山口県下関市《やまぐちけんしものせきし》と九州《きゅうしゅう》北端《ほくたん》の福岡県《ふくおかけん》北九州市《きたきゅうしゅうし》との間《あいだ》にある海《うみ》。海底《かいてい》トンネルや橋《はし》で結《むす》ばれている。

がんやく【丸薬】 名詞 練《ね》り合《あ》わせて小《ちい》さく丸《まる》めた薬《くすり》。

かんゆ【肝油】 名詞 たらなどの魚《さかな》の肝臓《かんぞう》からとった油《あぶら》。ビタミンA《エー》・D《ディー》を多《おお》くふくんでおり、薬《くすり》として使《つか》う。

かんゆう【勧誘】 名詞 動詞 会《かい》などに入《はい》るように人《ひと》にすすめ、さそうこと。例 下級生《かきゅうせい》を手芸《しゅげい》部《ぶ》に勧誘する。

がんゆう【含有】 名詞 動詞 中《なか》に、あるものをふくんでいること。例 鉄《てつ》の含有量《りょう》。

かんよ【関与】 名詞 動詞 ものごとに関係《かんけい》すること。例 事件《じけん》に関与する。

かんよう【肝要】 形容動詞 たいへん大事《だいじ》であるようす。例 毎日続《まいにちつづ》けて練習《れんしゅう》することが肝要だ。

かんよう【寛容】 名詞 形容動詞 心《こころ》が広《ひろ》く、人《ひと》の言《い》うことをよく受《う》け入《い》れたり、人《ひと》のあやまちを許《ゆる》したりすること。例 寛容な人物《じんぶつ》。類 寛大《かんだい》。

かんよう【慣用】 名詞 動詞 一般《いっぱん》に広《ひろ》く使《つか》われていること。例 慣用的《てき》な言《い》い回《まわ》し。

かんようく【慣用句】 名詞 二《ふた》つ以上《いじょう》のことばがいっしょになって、もとのことばとはちがう、ある決《き》まった意味《いみ》を表《あらわ》すことば。「馬《うま》が合《あ》う」「油《あぶら》を売《う》る」など。⇩299ページ 伝統コラム

かんようしょくぶつ【観葉植物】 名詞 葉《は》の形《かたち》や色《いろ》を見《み》て楽《たの》しむために育《そだ》てる植物《しょくぶつ》。ポトスやゴムの木《き》など。

がんらい【元来】 副詞 もともと。初《はじ》めから。例 わたしは元来じょうぶな体質《たいしつ》だ。

かんらく【陥落】 名詞 動詞 ❶城《しろ》や町《まち》などがせめ落《お》とされること。❷何度《なんど》も熱心《ねっしん》にたのまれて、ついに言《い》うことを聞《き》くこと。例 熱心《ねっしん》なさそいに陥落する。❸それまでの地位《ちい》から下《さ》がること。例 補欠選《ほけっせん》手《しゅ》に陥落する。

かんらん【観覧】 名詞 動詞 もよおしものなどを見《み》ること。見物《けんぶつ》すること。例 観覧席《せき》。

かんらんしゃ【観覧車】 名詞 遊園地《ゆうえんち》などにある乗《の》り物《もの》。巨大《きょだい》な輪《わ》に客《きゃく》を乗《の》せる箱《はこ》をつるして、ゆっくりと動《うご》かし、高《たか》い所《ところ》からのながめを楽《たの》しませる。

かんり【官吏】 名詞 国《くに》の仕事《しごと》をする役人《やくにん》。「国家公務員《こっかこうむいん》」の古《ふる》い言《い》い方《かた》。

かんり【管理】 名詞 動詞 仕事《しごと》や活動《かつどう》などを、責任《せきにん》を持《も》ってうまく進《すす》めていくこと。また、物《もの》や建物《たてもの》などを、いつもよい状態《じょうたい》に保《たも》つこと。例 工場《こうじょう》を管理する。

がんり【元利】 名詞 元金《がんきん》と利子《りし》。

がんりき【眼力】 名詞 ものごとがよいか悪《わる》いか、正《ただ》しいかまちがっているか、本物《ほんもの》かにせものかなどを見《み》ぬく力《ちから》。例 眼力をみがく。

かんりしょく【管理職】 名詞 会社《かいしゃ》や役所《やくしょ》、学校《がっこう》などで、担当《たんとう》する仕事《しごと》や部下《ぶか》をとりしきる役目《やくめ》。また、その人《ひと》。部長《ぶちょう》・課長《かちょう》・校長《こうちょう》など。

かんりにん【管理人】 名詞 建物《たてもの》や他人《たにん》の財産《ざいさん》などを管理《かんり》する役目《やくめ》の人《ひと》。例 ビルの管理人。

かんりゃく【簡略】 名詞 形容動詞 簡単《かんたん》に短《みじか》くまとまっていること。例 簡略化《か》／簡略に説明《せつめい》する。

かんりゅう【貫流】 名詞 動詞 川《かわ》などが、ある場所《ばしょ》をつらぬいて流《なが》れること。例 市街地《しがいち》を貫流する川《かわ》。

ことわざ **泥棒《どろぼう》に追《お》い銭《せん》** どろぼうにものをとられた上《うえ》に、さらにお金《かね》までやること。損《そん》を重《かさ》ねることの

かんりゅう【寒流】 名詞 南極《なんきょく》や北極《ほっきょく》地方《ちほう》から赤道《せきどう》の方《ほう》へ流《なが》れる、冷《つめ》たい海水《かいすい》の流《なが》れ。日本《にほん》近海《きんかい》では、親潮《おやしお》とリマン海流《かいりゅう》がある。対 暖《だん》流《りゅう》。図 ↓231ページ かいりゅう

かんりょう【完了】 名詞 動詞 ものごとがすっかり終《お》わること。また、終《お》えること。例 準備《じゅんび》が完了した。類 完結《かんけつ》。終了《しゅうりょう》。

かんりょう【官僚】 名詞 役人《やくにん》。とくに、国《くに》の政治《せいじ》にえいきょうをあたえるような仕事《しごと》をする、上級《じょうきゅう》の役人《やくにん》。

がんりょう【顔料】 名詞 物《もの》に色《いろ》をつけるために使《つか》う粉《こな》。水《みず》や油《あぶら》にとけない性質《せいしつ》を持《も》つ。インクや化粧品《けしょうひん》などの原料《げんりょう》になる。

かんりんまる【咸臨丸】 名詞 一八六〇年《ねん》に、初《はじ》めて太平洋《たいへいよう》をわたった日本《にほん》の船《ふね》の名前《なまえ》。艦《かん》長《ちょう》は勝海舟《かつかいしゅう》。福沢諭吉《ふくざわゆきち》らが乗《の》っていた。

かんるい【感涙】 名詞 心《こころ》に深《ふか》く感《かん》じて流《なが》すなみだ。例 感涙にむせぶ。

かんれい【寒冷】 名詞 形容動詞 季語 冬 気温《きおん》が低《ひく》く、とても冷《つめ》たく寒《さむ》いこと。例 寒冷な地方《ちほう》。対 温暖《おんだん》。

かんれい【慣例】 名詞 いつもそうすることになっているやり方《かた》。しきたり。例 式《しき》は慣例に従《したが》って行《おこな》われた。

かんれいぜんせん【寒冷前線】 名詞 大気《たいき》中《ちゅう》で、温《あたた》かい空気《くうき》の下《した》へ冷《つめ》たい空気《くうき》が入《はい》ってくるときにできる空気《くうき》の境目《さかいめ》。気温《きおん》が急《きゅう》に下《さ》がり、強《つよ》い風《かぜ》がふき、にわか雨《あめ》や雷雨《らいう》になる。対 温暖前線《おんだんぜんせん》。図 ↓737ページ ぜんせん〔前線〕

かんれき【還暦】 名詞 数《かぞ》え年《どし》で六十一才《ろくじゅういっさい》のこと。ことば 六十年《ろくじゅうねん》たつと、ひと回《まわ》りして生《う》まれた年《とし》の「えと」にかえることからいう。↓669ページ 伝統コラム 十干《じっかん》と十二支《じゅうにし》 ↓1452ページ 年齢《ねんれい》を表《あらわ》すことば

かんれん【関連】 名詞 動詞 つながりがあること。かかわっていること。例 植物《しょくぶつ》の生長《せいちょう》と気《き》温《おん》との関連を調《しら》べる。類 関係《かんけい》。

かんれんご【関連語】 名詞 あることばと、意味《いみ》の上《うえ》でつながりを持《も》っていることば。

かんれんづける【関連付ける】 動詞 つながりを持《も》たせる。例 物語《ものがたり》と作者《さくしゃ》を関連付けて考《かんが》える。

かんろ【甘露】 名詞 あまくてとてもおいしいこと。例 甘露煮《に》。

かんろ【寒露】 名詞 季語 秋 二十四節気《にじゅうしせっき》の一《ひと》つ。はだ寒《さむ》くなり、冷《つめ》たい露《つゆ》ができ始《はじ》めるころ。十月八日《じゅうがつようか》ごろ。↓1450ページ 二十四節気《にじゅうしせっき》

かんろく【貫ろく】 名詞 身《み》についているどっしりとしたようす。例 貫ろくのある人物《じんぶつ》。

かんわ【漢和】 名詞
❶漢語《かんご》と日本語《にほんご》。
❷「漢和辞典《かんわじてん》」の略《りゃく》。

かんわ【緩和】 名詞 動詞 厳《きび》しい状態《じょうたい》などを、ゆるめたりやわらげたりすること。例 道《みち》を広《ひろ》げて車《くるま》の混雑《こんざつ》を緩和する。

かんわじてん【漢和辞典】 名詞 漢字《かんじ》や漢語《かんご》の読《よ》み方《かた》や意味《いみ》などを、日本語《にほんご》で説明《せつめい》してある辞典《じてん》。漢字辞典《かんじじてん》。略《りゃく》して「漢和《かんわ》」ともいう。

き

キ

ギ ぎ

下《した》の 手話にチャレンジ を見《み》よう。

き【己】 漢 ↓440ページ こ〔己〕

き【木】 名詞
❶かたい幹《みき》を持《も》った植物《しょくぶつ》。例 木を植《う》える。
❷物《もの》をつくったりするための材木《ざいもく》。例 木でできた本棚《ほんだな》。
使い方 「木《こ》の実《み》」「木《こ》の葉《は》」など、「こ」となることもある。漢 ↓1215ページ ぼく〔木〕

●**木《き》で鼻《はな》をくくる** 思《おも》いやりや愛想《あいそ》がないようすで受《う》け答《こた》えする。例 木で鼻をくくったようなあいさつ。

●**木《き》に竹《たけ》を接《つ》ぐ** ことわざ 前後《ぜんご》がつながっていなかったり、筋《すじ》が通《とお》っていなかったりして、調《ちょう》和《わ》がとれていない。例 木に竹を接いだような言《い》い訳《わけ》。

●**木《き》を見《み》て森《もり》を見《み》ず** ↓155ページ ことわざ

き【生】
❶ 名詞 ほかのものが混《ま》ざっていないこと。例 ウイスキーを生のままで飲《の》む。
❷ 接頭語 （ほかのことばの前《まえ》につけて）「純粋《じゅんすい》な」「手《て》を加《くわ》えていない」という意味《いみ》を表《あらわ》す。例 生まじめ／生じょうゆ／生糸《いと》。
漢 ↓704ページ せい〔生〕

ってくるようすを表《あらわ》しているよ。

㊀**き【危】**〔卩〕ふしづくり　6画　6年　音 キ　訓 あぶない・あやうい・あやぶむ

ノ ⺈ ⺈ 产 乍 危（己としない）

❶あぶない。あやぶむ。例 危機《きき》／危険《きけん》／危篤《きとく》。対 安《あん》。❷そこなう。きずつける。例 危害《きがい》。

き【机】 ㊀ ⇩862ページ《ジ》つくえ〔机〕

き【気】 名詞

❶心《こころ》のはたらき。心持《こころも》ち。例 気がしずむ。

❷ものごとについての思《おも》いや感情《かんじょう》。例 気が変《か》わる。

❸あることをしようという気持《きも》ち。例 やる気が出《で》てくる。

❹人《ひと》に備《そな》わっている心《こころ》の性質《せいしつ》。例 気が弱《よわ》い人《ひと》。

❺感《かん》じ。ようす。

❻その場《ば》の雰囲気《ふんいき》。例 明《あか》るい気が満《み》ちる。

㊀ ⇩314ページ《ジ》き〔気〕

● **気《き》が合《あ》う**　考《かんが》え方《かた》や感《かん》じ方《かた》がよく似《に》ていて、気持《きも》ちが通《つう》じ合《あ》う。例 あの人《ひと》とは気が合う。

● **気《き》が多《おお》い**　興味《きょうみ》や関心《かんしん》のあるものごとが多《おお》い。また、興味《きょうみ》や関心《かんしん》が変《か》わりやすい。例 気が多くて、習《なら》いごとが続《つづ》かない。

● **気《き》が置《お》けない**　遠慮《えんりょ》がいらない。気楽《きらく》につきあえる。例 気が置けない人《ひと》。使い方「油断《ゆだん》がならない」という意味《いみ》で使《つか》わないよう注意《ちゅうい》。

● **気《き》が重《おも》い**　いやなことが起《お》こりそうな感《かん》じがしたり、負担《ふたん》に感《かん》じたりして、心《こころ》が晴《は》れ晴《ば》れしない。例 今度《こんど》の役目《やくめ》は気が重い。

● **気《き》が利《き》く**

❶細《こま》かいところまで注意《ちゅうい》が行《い》き届《とど》く。

❷しゃれている。例 気が利いた店《みせ》。

● **気《き》が気《き》でない**　心配《しんぱい》で落《お》ち着《つ》いていられない。例 集合《しゅうごう》におくれそうで、気が気でなかった。

● **気《き》が知《し》れない**　気持《きも》ちや考《かんが》えが理解《りかい》できない。例 この大雨《おおあめ》の中《なか》、出《で》かける人《ひと》の気が知れない。

● **気《き》が進《すす》まない**　それをしようという気《き》にならない。例 今度《こんど》の旅行《りょこう》は気が進まない。

● **気《き》が済《す》む**　満足《まんぞく》して心《こころ》が落《お》ち着《つ》く。例 あしたの日曜《にちよう》は気が済むまで遊《あそ》ぼう。

● **気《き》がする**　そのように思《おも》う。そのように感《かん》じられる。例 今回《こんかい》は満点《まんてん》をとれる気がする。

● **気《き》がせく**　あせる。例 気がせくばかりで、なかなか進《すす》まない。

● **気《き》が立《た》つ**　おこりっぽくなる。いらいらしておだやかでない。

● **気《き》が小《ちい》さい**　臆病《おくびょう》で、ちょっとしたことでも心配《しんぱい》したりこわがったりする。例 弟《おとうと》は気が小さくて、人前《ひとまえ》で話《はな》すのが苦手《にがて》だ。

● **気《き》が散《ち》る**　ほかのことが頭《あたま》に入《はい》ってきて、一《ひと》つのことに気持《きも》ちを集中《しゅうちゅう》できない。例 外《そと》の音《おと》がうるさくて気が散る。

● **気《き》が付《つ》く**

❶考《かんが》えつく。思《おも》いがおよぶ。例 まちがいに気が付いた。

❷注意《ちゅうい》が行《い》き届《とど》く。例 妹《いもうと》は細《こま》かいことにもよく気が付く。

❸気《き》を失《うしな》っていた人《ひと》の意識《いしき》がもどる。

● **気《き》が詰《つ》まる**　遠慮《えんりょ》があって、きゅうくつに感《かん》じる。例 知《し》らない人《ひと》ばかりで気が詰まった。

● **気《き》が強《つよ》い**　負《ま》けずぎらいである。勝《か》ち気《き》である。

● **気《き》が転倒《てんとう》する**　考《かんが》えもしなかったことが起《お》こって、どうしてよいかわからなくなる。

● **気《き》が遠《とお》くなる**　気持《きも》ちがぼんやりして、わけがわからなくなる。例 太陽《たいよう》と地球《ちきゅう》の間《あいだ》には、気が遠くなるようなきょりがある。

● **気《き》がとがめる**　悪《わる》かったと思《おも》って心《こころ》が苦《くる》しい感《かん》じがする。

● **気《き》がない**　気持《きも》ちが入《はい》っていない。やる気《き》がない。気《き》のない。例 気がない返事《へんじ》をする。

● **気《き》が長《なが》い**　気持《きも》ちがのんびりしている。

● **気《き》が抜《ぬ》ける**

❶それまでの気持《きも》ちがなくなる。例 急《きゅう》に発表《はっぴょう》会《かい》が延期《えんき》になったので気が抜けた。

❷味《あじ》やにおいがなくなる。また、飲《の》み物《もの》の炭酸《たんさん》がぬける。例 気が抜けたサイダー。

● **気《き》が乗《の》らない**　進《すす》んでしようという気《き》にならない。やる気《き》が起《お》きない。例 遊《あそ》びにさそわれたが、どうも気が乗らない。

● **気《き》が早《はや》い**　ゆっくり待《ま》てない性格《せいかく》である。せっかちだ。気《き》の早《はや》い。例 半月《はんつき》も前《まえ》から遠足《えんそく》の準備《じゅんび》を始《はじ》めるなんて気が早い。

● **気《き》が張《は》る**　気持《きも》ちが張《は》りつめる。緊張《きんちょう》する。例 お客様《きゃくさま》の前《まえ》ではいつも気が張っている。

● **気《き》が晴《は》れる**　明《あか》るい気持《きも》ちになる。気持《きも》ちがすっきりする。例 好《す》きな音楽《おんがく》をきいて気が晴れた。

手話にチャレンジ　**聞《き》く**　人《ひと》さし指《ゆび》を横《よこ》から軽《かる》く耳《みみ》に当《あ》てる。ほかの指《ゆび》はにぎっておこう。物音《ものおと》やことばが耳《みみ》に入《はい》

●**気《き》が引《ひ》ける**　気《き》おくれがする。例 いつも助《たす》けてもらうばかりで気が引ける。

●**気《き》が短《みじか》い**　せっかちである。がまんしていられず、すぐおこる。

●**気《き》が向《む》く**　やってみようという気《き》になる。その気《き》になる。例 気が向いたら手紙《てがみ》を書《か》いてね。

●**気《き》がめいる**　暗《くら》い気分《きぶん》になる。元気《げんき》がなくなる。例 こんなに雨《あめ》ばかり続《つづ》くと気がめいる。

●**気《き》がもめる**　心配《しんぱい》で、気《き》持《も》ちが落《お》ち着《つ》かない。例 なんの連絡《れんらく》もないので、気がもめる。

●**気《き》が弱《よわ》い**　意気地《いくじ》がない。弱気《よわき》である。

●**気《き》に入《い》る**　満足《まんぞく》する。好《す》きになる。使い方 尊敬《そんけい》した言《い》い方《かた》は「お気《き》に召《め》す」。

●**気《き》にかかる**　なんとなく気《き》になって、心配《しんぱい》である。例 妹《いもうと》の帰《かえ》りがおそくて気にかかる。

●**気《き》にかける**　どうしているかと思《おも》う。心配《しんぱい》する。気《き》にする。

●**気《き》に食《く》わない**　好《す》きになれないところがあって不満《ふまん》だ。気《き》に入《い》らない。例 デザインはいいが、色《いろ》が気に食わない。

●**気《き》に障《さわ》る**　しゃくにさわる。腹《はら》が立《た》つ。

●**気《き》にする**　ものごとについて、あれこれと心配《しんぱい》する。気《き》にかける。気にとめる。例 失敗《しっぱい》を気にする必要《ひつよう》はない。

●**気《き》に留《と》める**　忘《わす》れないでいる。気《き》にする。例 体《からだ》の弱《よわ》い弟《おとうと》のことをいつも気に留めている。

●**気《き》になる**　心配《しんぱい》になる。気《き》にかかる。例 家《いえ》においてきた子《こ》ねこのことが気になる。

●**気《き》に病《や》む**　くよくよと考《かんが》える。例 テストの結《けっ》果《か》を気に病んでもしかたがない。

●**気《き》のいい**　性格《せいかく》や人《ひと》がらがいい。気《き》がいい。

●**気《き》のせい**　心《こころ》にそう思《おも》ったり、そう感《かん》じたりしただけで、実際《じっさい》はそうなっていないこと。例 電話《でんわ》が鳴《な》ったと思《おも》ったが、気のせいだった。

●**気《き》は心《こころ》**　量《りょう》は少《すく》ないが、気《き》持《も》ちはこもっているということ。例 気は心ですから、少《すこ》しですが値引《ねび》きします。

●**気《き》を入《い》れる**　ほかのことは考《かんが》えないで、気《き》持《も》ちを集中《しゅうちゅう》する。例 試験《しけん》が近《ちか》いので、気を入れて勉強《べんきょう》する。

●**気《き》を失《うしな》う**　意識《いしき》がなくなる。

●**気《き》を落《お》とす**　がっかりする。元気《げんき》をなくす。

●**気《き》を利《き》かす**　相手《あいて》のことやそのときの状況《じょうきょう》を考《かんが》えて、よいと思《おも》ったように行動《こうどう》する。例 気を利かして、そっと席《せき》を外《はず》す。

●**気《き》を配《くば》る**　細《こま》かいところまで、よく注意《ちゅうい》する。例 忘《わす》れ物《もの》がないように気を配る。

●**気《き》を静《しず》める**　興奮《こうふん》した気《き》持《も》ちを落《お》ち着《つ》かせる。例 水《みず》でも飲《の》んで気を静めなさい。

●**気《き》を遣《つか》う**　あれこれと注意《ちゅうい》をはたらかせたり心配《しんぱい》したりする。

●**気《き》を付《つ》ける**　注意《ちゅうい》する。例 健康《けんこう》に気を付ける／忘《わす》れ物《もの》をしないように気を付ける。

●**気《き》を取《と》られる**　ほかのことに注意《ちゅうい》をうばわれる。例 話《はなし》に気を取られて、ひと駅乗《えきの》りこす。

●**気《き》を取《と》り直《なお》す**　思《おも》い直《なお》して元気《げんき》を出《だ》す。例 失敗《しっぱい》したが、気を取り直してがんばる。

●**気《き》をのまれる**　相手《あいて》の勢《いきお》いにおされて、元気《げんき》がなくなる。例 相手《あいて》のかけ声《ごえ》に気をのまれる。

●**気《き》を吐《は》く**　元気《げんき》のよいところを見《み》せる。例 つかれていたが、ひとり気を吐いて元気《げんき》に歩《ある》いた。

●**気《き》を張《は》る**　気《き》持《も》ちを強《つよ》く持《も》つ。気《き》持《も》ちを引《ひ》きしめる。例 作品《さくひん》が完成《かんせい》するまで、気を張ってとり組《く》む。

●**気《き》を引《ひ》き締《し》める**　心《こころ》にゆるみがないようにする。油断《ゆだん》しないようにする。例 気を引き締めて演奏会《えんそうかい》にのぞむ。

●**気《き》を引《ひ》く**　相手《あいて》の気《き》持《も》ちや関心《かんしん》をこちらに向《む》けさせる。また、それとなく相手《あいて》の心《こころ》をさぐる。例 はでな広告《こうこく》で客《きゃく》の気を引く。

●**気《き》を紛《まぎ》らす**　ほかのことに気《き》持《も》ちを向《む》けて、いやな気分《きぶん》が変《か》わるようにする。例 合格発表《ごうかくはっぴょう》まで、漫画《まんが》を読《よ》んで気を紛らす。

●**気《き》を回《まわ》す**　人《ひと》のために、あれこれと考《かんが》える。例 余計《よけい》なことに気を回しすぎる。

●**気《き》を持《も》たせる**　相手《あいて》に期待《きたい》させる。例 気を持たせるような態度《たいど》。

●**気《き》をもむ**　あれこれと心配《しんぱい》する。やきもきする。例 弟《おとうと》の帰《かえ》りがおそいので気をもんだ。

●**気《き》を許《ゆる》す**　相手《あいて》を信用《しんよう》して、安心《あんしん》した気《き》持《も》ちで接《せっ》する。例 気を許して話《はなし》のできる友人《ゆうじん》。

●**気《き》をよくする**　うれしい気分《きぶん》になる。よい気《き》持《も》ちになる。例 服《ふく》をほめられて気をよくする。

●**気《き》を悪《わる》くする**　いやな気《き》持《も》ちになる。例 人《ひと》前《まえ》でまちがいを指摘《してき》されて、気を悪くする。

㊥ **き【気】**〔气《きがまえ》〕6画 1年 訓 音 キ・ケ

から、何《なに》か事件《じけん》が起《お》きてからあわててその対策《たいさく》を考《かんが》えたり準備《じゅんび》をしたりすること。略《りゃく》して「泥縄《どろなわ》」ともいう。

❶くうき。例 気温《きおん》／大気《たいき》。❷ガス。例 気化《きか》／気体《きたい》。❸自然《しぜん》の現象《げんしょう》。例 気候《きこう》／気象《きしょう》／天気《てんき》。❹いき。呼吸《こきゅう》。例 気管《きかん》／気絶《きぜつ》。❺こころもち。性質《せいしつ》。例 気質《きしつ》／気性《きしょう》／本気《ほんき》／勇気《ゆうき》。❻ようす。おもむき。例 気品《きひん》／気風《きふう》／気配《けはい》／活気《かっき》。❼におい。かおり。例 臭気《しゅうき》。

漢 **き【岐】**〔山〕《やまへん》 7画 4年 音 キ 訓

わかれみち。わかれる。例 岐路《きろ》／分岐《ぶんき》。

ことば 「岐阜《ぎふ》」は特別《とくべつ》な読《よ》み方《かた》。

漢 **き【希】**〔巾〕《はば》 7画 4年 音 キ 訓

❶ねがう。のぞむ。例 希望《きぼう》。❷めったにない。まれ。例 希少価値《きしょうかち》。❸うすい。例 希薄《きはく》。

漢 **き【汽】**〔氵〕《さんずい》 7画 2年 音 キ 訓

湯気《ゆげ》。蒸気《じょうき》。例 汽車《きしゃ》／汽船《きせん》／汽笛《きてき》。

漢 **き【季】**〔子〕《こ》 8画 4年 音 キ 訓

❶とき。時期《じき》。例 雨季《うき》／乾季《かんき》。❷一年《いちねん》を春《はる》・夏《なつ》・秋《あき》・冬《ふゆ》の四《よっ》つに分《わ》けた、その一《ひと》つ。例 季節《きせつ》／季刊《きかん》／夏季《かき》／四季《しき》。❸俳句《はいく》で、その句《く》によみこまれた季節《きせつ》のもの。例 季語《きご》／季題《きだい》。

漢 **き【紀】**〔糸〕《いとへん》 9画 5年 音 キ 訓

❶とし。年代《ねんだい》。例 紀元前《きげんぜん》／世紀《せいき》。❷書《か》きとめる。例 紀行《きこう》。❸きまり。例 風紀《ふうき》。

漢 **き【帰】**〔巾〕《はば》 10画 2年 音 キ 訓 かえる・かえす

❶かえる。もどる。例 帰《かえ》り道《みち》／帰国《きこく》／帰《き》する／帰省《きせい》／帰宅《きたく》／復帰《ふっき》。❷したがう。例 帰化《きか》。

漢 **き【記】**〔言〕《ごんべん》 10画 2年 音 キ 訓 しるす

❶書《か》きしるす。また、書《か》きつけたもの。例 記号《きごう》／記事《きじ》／記入《きにゅう》／記名《きめい》／記録《きろく》／手記《しゅき》／日記《にっき》／筆記《ひっき》。❷おぼえる。例 記憶《きおく》／暗記《あんき》。

漢 **き【起】**〔走〕《そうにょう》 10画 3年 音 キ 訓 おきる・おこる・おこす

❶おきる。おこる。例 起床《きしょう》／起立《きりつ》／決起《けっき》／再起《さいき》／早起《はやお》き／奮起《ふんき》。❷はじまり。おこり。例 起因《きいん》／起源《きげん》／起点《きてん》。

漢 **き【基】**〔土〕《つち》 11画 5年 音 キ 訓 もと・もとい

土台《どだい》。もと。例 基金《ききん》／基準《きじゅん》／基礎《きそ》／基地《きち》／基盤《きばん》／基本《きほん》／基《もと》づく／国《くに》の基《もとい》。

漢 **き【寄】**〔宀〕《うかんむり》 11画 5年 音 キ 訓 よる・よせる

❶よる。立《た》ちよる。例 寄港《きこう》／寄《よ》り道《みち》。❷たよる。身《み》をよせる。例 寄生《きせい》／身寄《みよ》り。❸おくる。例 寄贈《きぞう》／寄付《きふ》。❹あつまる。例 寄《よ》せ算《ざん》。

漢 **き【規】**〔見〕《みる》 11画 5年 音 キ 訓

❶きまり。さだめ。例 規《き》制《せい》／規則《きそく》／規定《きてい》／規約《きやく》／規《き》律《りつ》／法規《ほうき》。❷手本《てほん》。例 規範《きはん》。

き【黄】 名詞 なのはなのような色《いろ》。黄色《きいろ》。漢 ⇩ 166ページ
おう〔黄〕

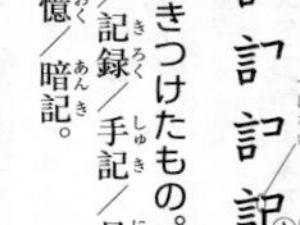

き【黄】

漢 **き【喜】**〔口〕《くち》 12画 5年 音 キ 訓 よろこぶ

❶よろこぶ。うれしがる。例 喜怒哀楽《きどあいらく》／歓喜《かんき》。

ことわざ　泥棒《どろぼう》を捕《と》らえて縄《なわ》をなう　どろぼうをつかまえてからあわててしばるなわをつくるということ

対 悲《ひ》。❷たのしい。おかしい。例 喜劇《きげき》。

漢 **き【揮】**〔扌〕《てへん》 12画 6年 音 キ 訓 ふる-う

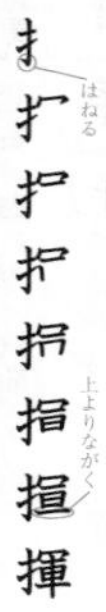

❶ふるう。あらわす。例 発揮《はっき》。❷さしずする。例 指揮《しき》。❸とびちる。例 揮発油《きはつゆ》。

漢 **き【期】**〔月〕《つき》 12画 3年 音 キ・ゴ

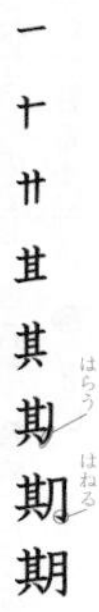

❶決《き》められた日時《にちじ》。くぎり。例 期間《きかん》／期限《きげん》／延期《えんき》／時期《じき》／新学期《しんがっき》。❷待《ま》つ。あてにする。例 期待《きたい》。❸おわる。死《し》。例 最期《さいご》／末期《まつご》。

漢 **き【貴】**〔貝〕《かい》 12画 6年 音 キ 訓 たっとい・とうとい・たっとぶ・とうとぶ

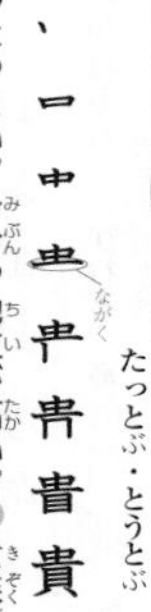

❶たっとい。身分《みぶん》や地位《ちい》が高《たか》い。例 貴族《きぞく》／高《こう》貴《き》。❷ねうちが高《たか》い。例 貴金属《ききんぞく》／貴重《きちょう》。❸相《あい》手《て》に関《かん》することばにつけて、尊敬《そんけい》の気持《きも》ちを表《あらわ》す。例 貴君《きくん》／貴兄《きけい》／貴校《きこう》／貴社《きしゃ》。

漢 **き【旗】**〔方〕《かたへん》 14画 4年 音 キ 訓 はた

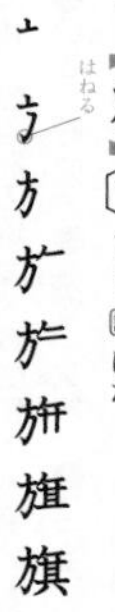

❶はた。例 旗手《きしゅ》／校旗《こうき》／国旗《こっき》／万国旗《ばんこくき》。❷将《しょう》軍《ぐん》のいるところを示《しめ》すはた。指揮官《しきかん》のいるところ。例 旗印《はたじるし》／旗本《はたもと》。

漢 **き【器】**〔口〕《くち》 15画 4年 音 キ 訓 うつわ

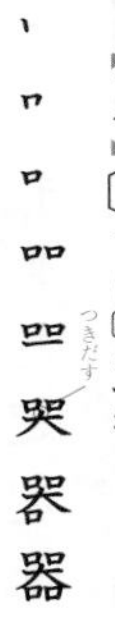

❶うつわ。入《い》れ物《もの》。例 食器《しょっき》／茶器《ちゃき》。❷才能《さいのう》。はたらき。例 器用《きよう》／器量《きりょう》。❸簡単《かんたん》な道具《どうぐ》。例 器械《きかい》／器具《きぐ》／楽器《がっき》／消火器《しょうかき》。

き【機】 名詞 ちょうどよい時《とき》。チャンス。例 機が熟《じゅく》する（＝ものごとを行《おこな》うのにちょうどよい時《とき》になる）。漢 ⇒316ページ き〔機〕

● **機《き》を見《み》るに敏《びん》** チャンスをつかまえて行動《こうどう》を起《お》こすのがすばやい。

漢 **き【機】**〔木〕《きへん》 16画 4年 音 キ 訓 はた

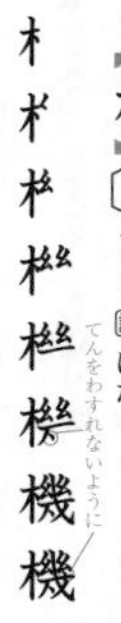

❶しかけ。しくみ。例 機械《きかい》／機関《きかん》。❷はた。布《ぬの》を織《お》る道具《どうぐ》。例 機織《はたお》り。❸とき。おり。例 機会《きかい》／危機《きき》。❹大切《たいせつ》なところ。例 機密《きみつ》。❺心《こころ》やものごとのはたらき。例 機嫌《きげん》／機転《きてん》／機能《きのう》。❻「飛行機《ひこうき》」の略《りゃく》。例 機首《きしゅ》／機体《きたい》。

漢 **ぎ【技】**〔扌〕《てへん》 7画 5年 音 ギ 訓 わざ

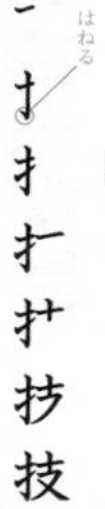

わざ。うでまえ。例 技巧《ぎこう》／技師《ぎし》／技術《ぎじゅつ》／技能《ぎのう》／演技《えんぎ》／球技《きゅうぎ》／競技《きょうぎ》／特技《とくぎ》／投《な》げ技《わざ》。

漢 **ぎ【義】**〔羊〕《ひつじ》 13画 5年 音 ギ

❶人《ひと》が当然《とうぜん》おこなわなければならない正《ただ》しいすじみち。例 義務《ぎむ》／恩義《おんぎ》／正義《せいぎ》。❷わけ。意味《いみ》。例 意義《いぎ》／定義《ていぎ》。❸血《ち》のつながりのない親子《おやこ》やきょうだいなどの間《あいだ》がら。例 義兄《ぎけい》／義父《ぎふ》。❹本物《ほんもの》のかわりとなるもの。例 義手《ぎしゅ》／義足《ぎそく》。

漢 **ぎ【疑】**〔疋〕《ひき》 14画 6年 音 ギ 訓 うたがう

うたがう。あやしむ。例 疑念《ぎねん》／疑問《ぎもん》／質疑《しつぎ》／半信半疑《はんしんはんぎ》／容疑《ようぎ》。対 信《しん》。

ぎ【魏】 名詞 三世紀中《さんせいきなか》ごろ、中国《ちゅうごく》にあった国《くに》の名《な》。呉《ご》・蜀《しょく》と並《なら》ぶ三国《さんごく》の一《ひと》つ。日本《にほん》の邪馬台国《やまたいこく》の卑弥呼《ひみこ》が使《つか》いを送《おく》った。

漢 **ぎ【議】**〔言〕《ごんべん》 20画 4年 音 ギ

❶相談《そうだん》する。例 議会《ぎかい》／議題《ぎだい》／議長《ぎちょう》／議論《ぎろん》／会《かい》議《ぎ》／参議院《さんぎいん》／論議《ろんぎ》。❷意見《いけん》。例 異議《いぎ》。

ギア（gear） 名詞
❶「歯車《はぐるま》」のこと。
❷自動車《じどうしゃ》の速《はや》さを変《か》える装置《そうち》。
ことば 「ギヤ」ともいう。

きあい【気合い】 名詞 あることをしようとするときの、引《ひ》きしまった強《つよ》い気持《きも》ち。また、そのようなときに出《だ》すかけ声《ごえ》。例 気合いが入《はい》る。

に、どれも同《おな》じくらいで、とくにすぐれているものがないことのたとえ。

●**気合《きあ》いを入《い》れる** ❶気持《きも》ちを引《ひ》きしめて力《ちから》をこめる。例 気合いを入れて、スタートラインにつく。❷しかって、やる気《き》を起《お》こさせる。例 選手《せんしゅ》たちにコーチが気合いを入れる。

きあつ【気圧】 名詞 空気《くうき》が地球《ちきゅう》の表面《ひょうめん》をおしつけている力《ちから》。また、その力《ちから》の単位《たんい》。一気圧《いちきあつ》は、約《やく》一〇一三ヘクトパスカル。例 高《こう》気圧。

きあつけい【気圧計】 名詞 気圧《きあつ》を測《はか》る器械《きかい》。「バロメーター」ともいう。

水銀《すいぎん》気圧計
きあつけい

きあつはいち【気圧配置】 名詞 気圧《きあつ》の高《たか》いところと低《ひく》いところがどのように分布《ぶんぷ》しているかということ。参考 日本《にほん》では、冬《ふゆ》は西高東低《せいこうとうてい》型《がた》、夏《なつ》は南高北低型《なんこうほくていがた》などの特徴《とくちょう》がみられる。

きあわせる【来合わせる】 動詞 ちょうどそこに来《き》ていて、人《ひと》やできごとに出会《であ》う。

ぎあん【議案】 名詞 会議《かいぎ》で話《はな》し合《あ》い、決《き》めようとする問題《もんだい》。例 学級会《がっきゅうかい》に議案を出《だ》す。

きい【紀伊】 名詞 昔《むかし》の国《くに》の名《な》の一《ひと》つ。今《いま》の和歌《わか》山県《やまけん》と三重県《みえけん》の南部《なんぶ》に当《あ》たる。

キー (key) 名詞 ❶かぎ。例 キーホルダー／車《くるま》のキー。❷問題《もんだい》を解《と》く手《て》がかり。例 キーワード／この人物《じんぶつ》が事件解決《じけんかいけつ》のキーをにぎっている。❸ピアノ・オルガン・パソコンなどの、指《ゆび》でおすところ。例 パソコンのキーをたたく。

キー❸

キー❶

きいさんち【紀伊山地】 名詞 和歌山県《わかやまけん》・奈良県《ならけん》・三重県《みえけん》の三県《さんけん》にまたがる山地《さんち》。吉野山《よしのやま》・熊野三山《くまのさんざん》・高野山《こうやさん》などが世界文化遺産《せかいぶんかいさん》に登録《とうろく》された。吉野熊野国立公園《よしのくまのこくりつこうえん》の一部《いちぶ》。

きいちご【木いちご】 名詞 季語 夏 野山《のやま》に生《は》える低《ひく》い木《き》の一《ひと》つ。夏《なつ》、黄色《きいろ》や赤色《あかいろ》の実《み》がなる。全体《ぜんたい》にとげがある。

きいちご

きいっぽん【生一本】 名詞 形容動詞 ❶ほかのものが混《ま》じっていないこと。❷心《こころ》がまっすぐなようす。例 父《ちち》は生一本な性格《せいかく》だ。

きいてごくらくみてじごく【聞いて極楽見て地獄】 ことわざ 話《はなし》で聞《き》くとたいへんよく思《おも》えたものが、実際《じっさい》には非常《ひじょう》に悪《わる》いことのたとえ。聞《き》くと見《み》るとは大《おお》ちがいであること。

きいと【生糸】 名詞 蚕《かいこ》のまゆからとったままの糸《いと》。

キーパー ➡466ページ ゴールキーパー

きいはん【紀伊藩】 名詞 江戸時代《えどじだい》、今《いま》の和歌《わか》山県《やまけん》と三重県《みえけん》の辺《あた》りにあった藩《はん》。「紀州藩《きしゅうはん》」「和歌山藩《わかやまはん》」ともいう。徳川氏《とくがわし》の親藩《しんぱん》で、御三《ごさん》家《け》の一《ひと》つ。

きいはんとう【紀伊半島】 名詞 近畿地方《きんきちほう》南《なん》部《ぶ》にある、日本最大《にほんさいだい》の半島《はんとう》。大部分《だいぶぶん》は山地《さんち》で雨《う》量《りょう》が多《おお》い。

キーポイント 名詞 問題《もんだい》を解決《かいけつ》するための手《て》がかりになる、もっとも大切《たいせつ》なところ。例 ここが事件《じけん》のキーポイントだ。ことば 英語《えいご》をもとに日本《にほん》で作《つく》られたことば。

キーボード (keyboard) 名詞 ❶ピアノやオルガンなどの楽器《がっき》の、けんばん。❷シンセサイザーなど、電子式《でんししき》のけんばん楽《がっ》器《き》。❸パソコンなどで、文字《もじ》などを入力《にゅうりょく》するために使《つか》う、指《ゆび》でたたく装置《そうち》。

キーホルダー 名詞 かぎをなくさないようにまとめておくための道具《どうぐ》。ことば 英語《えいご》をもとに日本《にほん》で作《つく》られたことば。

きいろ【黄色】 名詞 なのはなのような色《いろ》。黄《き》。

きいろい【黄色い】 形容詞 なのはなのような色《いろ》をしている。黄色《きいろ》である。例 黄色い花《はな》／くちばしが黄色い（＝まだ一人前《いちにんまえ》でない）。

●**黄色《きいろ》い声《こえ》** 子供《こども》や若《わか》い女性《じょせい》が出《だ》す、かん高《だか》い声《こえ》。例 観客《かんきゃく》の黄色い声が会場《かいじょう》にひびきわたった。

キーワード (key word) 名詞 内容《ないよう》を理解《りかい》したり問題《もんだい》を解決《かいけつ》したりするときや、情報《じょうほう》を探《さが》すときに、手《て》がかりとなる大切《たいせつ》なことば。例 これからの生活《せいかつ》のキーワードは「エコロジー」だ。

ことわざ **どんぐりの背比《せいくら》べ**　どんぐりを並《なら》べて比《くら》べてみても、大《おお》きさにも形《かたち》にもほとんど差《さ》がないよう

きいん【起因】 名詞 動詞 ものごとが起《お》こる原《げん》因《いん》となること。また、その原因《げんいん》。例 ガスこんろの不調《ふちょう》に起因する火災《かさい》。

ぎいん【議員】 名詞 国《くに》・都道府県《とどうふけん》・市町村《しちょうそん》などの議会《ぎかい》で、いろいろなことを相談《そうだん》して決《き》める人《ひと》。選挙《せんきょ》によって選《えら》ばれる。例 国会議員《こっかいぎいん》。

ぎいん【議院】 名詞 国会《こっかい》。日本《にほん》では、衆議院《しゅうぎいん》と参議院《さんぎいん》。

キウイ（kiwi） 名詞 皮《かわ》が茶色《ちゃいろ》、中身《なかみ》が緑色《みどりいろ》または黄色《きいろ》の、にわとりの卵《たまご》くらいの大《おお》きさの果《くだ》物《もの》。ニュージーランドの特産《とくさん》。「キウイフルーツ」ともいう。ことば もとは、ニュージーランドにいる鳥《とり》の名《な》まえ。この鳥《とり》に形《かたち》が似《に》ていることから同《おな》じ呼《よ》び名《な》がついた。

キウイ

きうん【気運】 名詞 ものごとがある方向《ほうこう》に向《む》かっていきそうな勢《いきお》い。世《よ》の中《なか》の成《な》り行《ゆ》き。例 自然保護《しぜんほご》の気運が高《たか》まる。

きうん【機運】 名詞 あることをするのにちょうどよい時《とき》がめぐってくること。例 サッカークラブをつくる機運が熟《じゅく》した。

きえいる【消え入る】 動詞 勢《いきお》いが弱《よわ》くなっていき、消えてなくなる。例 消え入るような声《こえ》で答《こた》えた。

きえうせる【消えうせる】 動詞 消《き》えてなくなる。すがたが見《み》えなくなる。例 いつの間《ま》にかにじは消えうせていた。

きえのこる【消え残る】 動詞 全部《ぜんぶ》消えずに、一部分《いちぶぶん》だけ残《のこ》る。例 山《やま》にはわずかな雪《ゆき》が消え残っていた。

きえる【消える】 動詞 ❶火《ひ》や光《ひかり》などがなくなる。例 たき火《び》が消える。❷雪《ゆき》などがとけてなくなる。例 春《はる》になって、山《やま》の雪《ゆき》も消えた。❸人《ひと》がいなくなる。例 いつの間《ま》にか妹《いもうと》の姿《すがた》が消えていた。❹物《もの》がなくなる。例 ボールがどこかに消えた。❺心《こころ》にあったものがなくなる。例 今《いま》までの喜《よろこ》びも一瞬《いっしゅん》にして消えてしまった。❻音《おと》がなくなる。例 話《はな》し声《ごえ》が消えた。

漢 ↓629ページ しょう〔消〕

きえん【気炎】 名詞 ほのおが燃《も》えるような、勢《いきお》いのある意気《いき》ごみ。

● **気炎《きえん》を上《あ》げる** 元気《げんき》のよいことをさかんに言《い》う。意気《いき》ごみを見《み》せる。例 決勝戦《けっしょうせん》を前《まえ》に、「絶対勝《ぜったいか》つぞ。」と気炎を上げる。

ぎえんきん【義援金】 名詞 困《こま》っている人《ひと》の役《やく》に立《た》ててもらうために寄付《きふ》するお金《かね》。

きおう【気負う】 動詞 うまくやろうとふるいたつ。勢《いきお》いこむ。例 気負いすぎて失敗《しっぱい》する。

きおうしょう【既往症】 名詞 これまでにかかったことがあり、今《いま》は治《なお》っている病気《びょうき》。

きおく【記憶】 名詞 動詞 ものごとを覚《おぼ》えておくこと。忘《わす》れないでいること。また、その内容《ないよう》。例 記憶力《りょく》／幼《おさな》いころの記憶がうすれる。

きおくばいたい【記憶媒体】 名詞 データを記録《きろく》するためのもの。CD《シーディー》・ハードディスクなど。

きおくりょく【記憶力】 名詞 ものごとを覚《おぼ》える力《ちから》。また、忘《わす》れないで覚《おぼ》えている力《ちから》。例 妹《いもうと》は記憶力がよい。

きおくれ【気後れ】 名詞 動詞 相手《あいて》の勢《いきお》いにおされたり自信《じしん》がなかったりして、びくびくすること。しりごみすること。例 みんなの前《まえ》で話《はな》すのは、どうも気後れしてしまう。

キオスク（kiosk） 名詞 駅前《えきまえ》や広場《ひろば》などにある、新聞《しんぶん》や雑誌《ざっし》の売店《ばいてん》。日本《にほん》では、とくにJR《ジェーアール》の駅《えき》の売店《ばいてん》のことを指《さ》す。ことば もとはトルコ語《ご》で、「キヨスク」ともいう。

きおち【気落ち】 名詞 動詞 がっかりして気《き》が弱《よわ》くなること。例 不合格《ふごうかく》と聞《き》いて、気落ちしてしまった。

きおん【気温】 名詞 空気《くうき》の温度《おんど》。ふつう、地《ち》上《じょう》一・二〜一・五メートルの高《たか》さの、風通《かぜとお》しのよい日陰《ひかげ》で測《はか》る。例 気温が上《あ》がる。

ぎおん【擬音】 名詞 ラジオ・映画《えいが》・芝居《しばい》などで、本物《ほんもの》の音《おと》に似《に》せてつくり出《だ》す音《おと》。

ぎおんご【擬音語】 名詞 動物《どうぶつ》の鳴《な》き声《ごえ》や物《もの》の音《おと》などをまねて作《つく》ったことば。「ワンワン」「ガタガタ」など。擬声語《ぎせいご》。関連 擬態語《ぎたいご》。↓330ページ・332ページ 日本語教室

ぎおんまつり【祇園祭】 名詞 季語 夏 京都《きょうと》の八坂神社《やさかじんじゃ》の祭《まつ》り。七月十七日《しちがつじゅうしちにち》の山鉾巡行《やまぼこじゅんこう》を中心《ちゅうしん》に行《おこな》われる。二〇〇九年《ねん》に「京都祇園祭《きょうとぎおんまつり》の

いうことから、ごくふつうの親《おや》からとてもすぐれた子供《こども》が生《う》まれること。

山鉾行事《やまぼこぎょうじ》」として無形文化遺産《むけいぶんかいさん》に登録《とうろく》された。「祇園会《ぎおんえ》」ともいう。

きか【気化】 名詞 動詞 液体《えきたい》または固体《こたい》が、気体《きたい》になること。関連 液化《えきか》。凝固《ぎょうこ》。

きか【帰化】 名詞 動詞 ❶外国《がいこく》の国籍《こくせき》を得《え》て、その国《くに》の国民《こくみん》になること。例 この作家《さっか》は日本《にほん》に帰化した。❷外国《がいこく》に運《はこ》ばれた動植物《どうしょくぶつ》が、そこでも育《そだ》つようになってふえていくこと。例 帰化植物《しょくぶつ》。

きが【飢餓】 名詞 食《た》べ物《もの》がなくて、ひどくおなかがすいた状態《じょうたい》が続《つづ》くこと。飢《う》え。例 飢餓に苦《くる》しむ人々《ひとびと》。

ギガ (giga) 名詞 「ヘルツ」「バイト」などの単《たん》位《い》の前《まえ》につけて、十億倍《じゅうおくばい》であることを表《あらわ》すことば。記号《きごう》は「G」。例 ギガバイト (＝十億《じゅうおく》バイト)。ことば もとはギリシャ語《ご》で「巨人《きょじん》」という意味《いみ》。

きかい【奇怪】 形容動詞 ふつうでは考《かんが》えられないほど、あやしくて不思議《ふしぎ》であるようす。例 その湖《みずうみ》には奇怪な伝説《でんせつ》が残《のこ》されている。

きかい【器械】 名詞 動力《どうりょく》を使《つか》わない、簡単《かんたん》なしかけの道具《どうぐ》。例 器械体操《たいそう》。→ 使い分け

きかい【機会】 名詞 ちょうどよい時《とき》。チャンス。例 来月東京《らいげつとうきょう》へ行《い》く機会があります／機会にめぐまれる。

きかい【機械】 名詞 電気《でんき》・石油《せきゆ》などを使《つか》った動力《どうりょく》によって、ある決《き》まった仕事《しごと》をくり返《かえ》し行《おこな》うしかけ。例 機械工業《こうぎょう》／機械化《か》／精密《せいみつ》機械。→ 使い分け

使い分け
きかい
器械・機械

器械 ある形《かたち》を持《も》ち、動力《どうりょく》を使《つか》わないではたらく装置《そうち》。「器械運動《きかいうんどう》／光学器械《こうがくきかい》」

機械 電気《でんき》などの動力《どうりょく》によって作業《さぎょう》を続《つづ》けて行《おこな》うことができる装置《そうち》。「工作機械《こうさくきかい》」

きがい【危害】 名詞 傷《きず》つけたり、殺《ころ》したり、危《あぶ》ない目《め》にあわせたりすること。例 人《ひと》に危害を加《くわ》える動物《どうぶつ》。

きがい【気概】 名詞 困《こま》ったことやつらいことがあってもくじけない、強《つよ》い心《こころ》。例 気概のある人物《じんぶつ》。類 気骨《きこつ》。

ぎかい【議会】 名詞 選挙《せんきょ》によってみんなの代表《だいひょう》として選《えら》ばれた議員《ぎいん》が集《あつ》まり、国《くに》や地方《ちほう》の政治《せいじ》について話《はな》し合《あ》って決《き》めていく会《かい》。

きかいうんどう【器械運動】 名詞 鉄棒《てつぼう》・マット・とび箱《ばこ》などを使《つか》って行《おこな》う運動《うんどう》。使い方 「機械運動」と書《か》かないよう注意《ちゅうい》。

きかいか【機械化】 名詞 動詞 人《ひと》や動物《どうぶつ》の力《ちから》の代《か》わりに、機械《きかい》の力《ちから》を使《つか》って仕事《しごと》をするようになること。例 農業《のうぎょう》の機械化が進《すす》んでいる。

ぎかいせいじ【議会政治】 名詞 選挙《せんきょ》によって選《えら》ばれた人《ひと》たちが、議会《ぎかい》で話《はな》し合《あ》って決《き》めたことをもとにして行《おこな》う政治《せいじ》。

きかいたいそう【器械体操】 名詞 鉄棒《てつぼう》・とび箱《ばこ》・平均台《へいきんだい》などの器具《きぐ》を使《つか》って行《おこな》う体操《たいそう》。対 徒手体操《としゅたいそう》。

きかいてき【機械的】 形容動詞 ❶機械《きかい》のように、同《おな》じことを単純《たんじゅん》にくり返《かえ》して行《おこな》うようす。例 機械的に手《て》を動《うご》かす。❷ものごとを、なんの考《かんが》えもなく決《き》まった形《かたち》どおりに行《おこな》うようす。例 九九《くく》を機械的に覚《おぼ》える。

きがえ【着替え】 名詞 着《き》ているものを着《き》がえること。また、着《き》がえるための衣類《いるい》。

きがえる【着替える】 動詞 着《き》ているものをぬいで、ほかのものを着《き》る。「きかえる」ともいう。

きかがく【幾何学】 名詞 数学《すうがく》の分野《ぶんや》の一《ひと》つ。点《てん》・線《せん》・面《めん》・立体《りったい》やいろいろな図形《ずけい》の性質《せいしつ》などを研究《けんきゅう》する学問《がくもん》。

きかがくもよう【幾何学模様】 名詞 直線《ちょくせん》と曲線《きょくせん》を組《く》み合《あ》わせてつくられた図《ず》がら。

きがかり【気掛かり】 名詞 形容動詞 心配《しんぱい》で、心《こころ》からはなれないこと。気《き》になること。例 明《あ》日《す》は遠足《えんそく》なので、天気《てんき》が気掛かりだ。

きかく【企画】 名詞 動詞 あることをしよう、つくろうと計画《けいかく》すること。また、その計画《けいかく》。例 音楽会《おんがくかい》を企画する／新《あたら》しい企画を立《た》てる。

きかく【規格】 名詞 品物《しなもの》の形《かたち》・大《おお》きさ・質《しつ》などについての決《き》まり。例 規格に合《あ》った商品《しょうひん》。

きがく【器楽】 名詞 楽器《がっき》だけを使《つか》って演奏《えんそう》する音楽《おんがく》。例 器楽曲《きょく》。関連 声楽《せいがく》。

ことわざ **とんびがたかを生《う》む** とびが自分《じぶん》よりいちだんとすぐれてりっぱだとされているたかを生《う》むと

きがけ【来がけ】 名詞 来《く》るとちゅう。来《こ》ようとしているとき。例 来がけにねこを見《み》たよ。

きかざる【着飾る】 動詞 きれいな服《ふく》を着《き》て身《み》をかざる。例 着飾って町《まち》に出《で》かける。

きかしょくぶつ【帰化植物】 名詞 外国《がいこく》から運《はこ》ばれてきて、その国《くに》でも自然《しぜん》に生《は》えるようになった植物《しょくぶつ》。

きかす【利かす】 ➡320ジペー きかせる〔利かせる〕

きかせる【利かせる】 動詞 ❶効《き》き目《め》があるようにする。例 からみを利かせた料理《りょうり》。❷うまくものごとが運《はこ》ぶように、心《こころ》をはたらかせる。例 機転《きてん》を利かせる／気《き》を利かせる。
ことば 「きかす」ともいう。

きかせる【聞かせる】 動詞 ❶聞《き》くようにさせる。例 音楽《おんがく》を聞かせる。❷説明《せつめい》したり教《おし》えたりして、わからせる。例 車《くるま》には気《き》をつけるように妹《いもうと》に言《い》って聞かせた。❸歌《うた》や話《はなし》などが上手《じょうず》で、聞《き》き入《い》るようにさせる。例 なかなか聞かせる演奏《えんそう》だ。

きかどうぶつ【帰化動物】 名詞 外国《がいこく》から運《はこ》ばれてきて、その国《くに》にすみつき、ふえていくようになった動物《どうぶつ》。

きがね【気兼ね】 名詞 動詞 周《まわ》りの人《ひと》がどう思《おも》うだろうかと、気《き》をつかうこと。例 気兼ねせずに、自由《じゆう》にお使《つか》いください。

きがまえ【気構え】 名詞 ものごとにとりかかる心《こころ》の準備《じゅんび》。また、気持《きも》ちの持《も》ち方《かた》。心構《こころがま》え。例 日本一《にほんいち》の選手《せんしゅ》は気構えがちがう。

きがる【気軽】 形容動詞 ものごとを簡単《かんたん》に考《かんが》えて、軽《かる》い気持《きも》ちで行《おこな》うようす。また、気持《きも》ちがあっさりしていて、もったいぶらないようす。例 どうぞ気軽に来《き》てください／気軽な人《ひと》。

きかん【気管】 名詞 のどから肺《はい》に続《つづ》いている空気《くうき》の通《とお》る管《くだ》。
教科 理 昆虫《こんちゅう》などの場合《ばあい》は、枝《えだ》分《わ》かれしたたくさんの管《くだ》になっており、気門《きもん》とつながっている。図 ➡966ジペー ないぞう〔内臓〕

きかん【季刊】 名詞 雑誌《ざっし》などを、一年《いちねん》に四回《よんかい》、春《しゅん》夏《か》秋《しゅう》冬《とう》の季節《きせつ》ごとに出《だ》すこと。

きかん【既刊】 名詞 本《ほん》や雑誌《ざっし》がすでに発行《はっこう》されていること。また、その発行《はっこう》された出版物《しゅっぱんぶつ》。
対 未刊《みかん》。

きかん【帰還】 名詞 動詞 宇《う》宙《ちゅう》や戦地《せんち》など、遠《とお》くはなれたところから帰《かえ》ってくること。例 宇《う》宙《ちゅう》飛行士《ひこうし》が無事《ぶじ》に帰還した。

きかん【期間】 名詞 いつからいつまでと決《き》めた、その間《あいだ》。例 短《たん》期間／切符《きっぷ》の有効《ゆうこう》期間。

きかん【器官】 名詞 生物《せいぶつ》の体《からだ》の中《なか》で、生《い》きていくために必要《ひつよう》な、ある決《き》まったはたらきを受《う》け持《も》っているところ。例 消化《しょうか》器官。

きかん【機関】 名詞 ❶あるはたらきを進《すす》めるためにつくったしくみ。例 報道《ほうどう》機関／機関誌《し》。❷火力《かりょく》・電力《でんりょく》・水力《すいりょく》などのエネルギーを、機《き》械《かい》を動《うご》かす力《ちから》に変《か》えるしかけ。例 蒸《じょう》気《き》機関。

きがん【祈願】 名詞 動詞 神《かみ》や仏《ほとけ》にいのり願《ねが》うこと。例 合格《ごうかく》祈願／優勝《ゆうしょう》を祈願する。

ぎがん【義眼】 名詞 病《びょう》気《き》や事故《じこ》などで眼《がん》球《きゅう》を失《うしな》った人《ひと》が代《か》わりに入《い》れる、人工《じんこう》の眼《がん》球《きゅう》。

きかんき【利かん気・聞かん気】 名詞 形容動詞 人《ひと》に負《ま》けたり、人《ひと》の言《い》いなりになったりするのがきらいな性格《せいかく》。

きかんし【気管支】 名詞 気管《きかん》から左右《さゆう》に分《わ》かれて、肺《はい》に入《はい》る二本《にほん》の管《くだ》。

きかんし【機関士】 名詞 船《ふね》や汽車《きしゃ》を動《うご》かす機《き》械《かい》を運転《うんてん》する人《ひと》。

きかんし【機関紙】 名詞 団体《だんたい》などが、報告《ほうこく》や宣伝《せんでん》などのために出《だ》す新聞《しんぶん》。
使い方 雑誌《ざっし》の場合《ばあい》は、「機関誌《きかんし》」と書《か》く。

きかんしえん【気管支炎】 名詞 ウイルスや細菌《さいきん》などによって起《お》こる、気管支《きかんし》の炎症《えんしょう》。

きかんしゃ【機関車】 名詞 火力《かりょく》・電力《でんりょく》などにより、客車《きゃくしゃ》・貨車《かしゃ》を引《ひ》いて線路《せんろ》の上《うえ》を走《はし》る車《くるま》。例 蒸《じょう》気《き》機関車。

きかんじゅう【機関銃】 名詞 引《ひ》き金《がね》を引《ひ》いている間《あいだ》、続《つづ》けてたまがうち出《だ》される銃《じゅう》。

きかんぼう【利かん坊・聞かん坊】 名詞 負《ま》けずぎらいで、人《ひと》の言《い》うことをきかない、わんぱくな子供《こども》。きかん気《き》な子供《こども》。

きき【危機】 名詞 非常《ひじょう》に危《あぶ》ないとき。ピンチ。例 船《ふね》は遭難《そうなん》の危機を乗《の》り切《き》った。

きき【機器・器機】 名詞 器具《きぐ》・器械《きかい》・機械《きかい》をまとめていうことば。例 医《い》療《りょう》機器。

ききあやまる【聞き誤る】 動詞 相手《あいて》の言《い》うことをまちがえて聞《き》く。聞《き》きちがえる。

ききいっぱつ【危機一髪】 名詞 かみの毛《け》一《いっ》本《ぽん》ほどのほんのわずかなちがいで、大変《たいへん》なことになりそうな危《あぶ》ないところ。

になりそうな、危《あぶ》ない状態《じょうたい》。例 危機一髪のところで救《すく》われた。

ききいる【聞き入る】動詞 熱心《ねっしん》に、じっと聞《き》く。耳《みみ》をすまして聞《き》く。例 音楽《おんがく》に聞き入る。

ききいれる【聞き入れる】動詞 人《ひと》のたのみなどを受《う》け入《い》れる。承知《しょうち》する。例 先生《せんせい》はわたしたちの願《ねが》いを聞き入れてくださった。

ききうで【利き腕】名詞 はしを持《も》ったり、鉛筆《えんぴつ》を持《も》ったりするときに使《つか》う、力《ちから》がうまく入《はい》るほうのうで。

ききおぼえ【聞き覚え】名詞
❶今《いま》までに聞《き》いた覚《おぼ》えがあること。例 その曲《きょく》には聞き覚えがある。
❷聞《き》いて覚《おぼ》えること。例 聞き覚えの知識《ちしき》。

ききかえす【聞き返す】動詞
❶くり返《かえ》して聞《き》く。例 好《す》きな曲《きょく》を聞き返す。
❷聞《き》こえなかったり、わからなかったりしたことを、もう一度《いちど》たずねる。例 質問《しつもん》を聞き返す。
❸相手《あいて》に聞《き》かれたことを、反対《はんたい》にこちらからも聞《き》く。例 きみはどうなのかと相手《あいて》に聞き返す。

ききがき【聞き書き】名詞 動詞 人《ひと》から話《はなし》を聞《き》いて、それを書《か》き留《と》めること。また、書《か》き留《と》めたもの。例 村《むら》の昔《むかし》話《ばなし》を聞き書きする。

ききかじる【聞きかじる】動詞 話《はなし》の一部分《いちぶぶん》だけを聞《き》いて知《し》っている。例 テレビで聞きかじった話《はなし》を得意気《とくいげ》に話《はな》している。

ききぐるしい【聞き苦しい】形容詞
❶聞《き》いていていやな気分《きぶん》になる。例 聞き苦しい言《い》い訳《わけ》。
❷聞《き》きとりにくい。

ききこむ【聞き込む】動詞 うわさや情報《じょうほう》、手《て》がかりなどを、ほかから聞《き》いて知《し》る。例 犯人《はんにん》の居場所《いばしょ》を聞き込む。

ききずて【聞き捨て】名詞 聞《き》いても、気《き》にせずにほうっておくこと。例 そのうわさは聞き捨てならない。

ききだす【聞き出す】動詞
❶自分《じぶん》の知《し》りたいことをうまく相手《あいて》にたずねて、さぐり出《だ》す。例 真実《しんじつ》を聞き出す。
❷聞《き》き始《はじ》める。

ききただす【聞きただす】動詞 わからない点《てん》をよく聞《き》いて、はっきりと答《こた》えさせる。例 いたずらをしたのはだれなのかを聞きただす。

ききつける【聞き付ける】動詞
❶あることがらを聞《き》いて知《し》る。耳《みみ》にする。例 うわさを聞き付けて、人々《ひとびと》が集《あつ》まった。
❷いつも聞《き》いていて、その音《おと》や声《こえ》に慣《な》れている。例 聞きつけない声《こえ》。
使い方 ❷は、ふつう「聞きつける」と書《か》く。

ききづらい【聞きづらい】形容詞
❶はっきり聞《き》こえず、聞《き》きとりにくい。
❷聞《き》いていたくない気持《きも》ちである。例 友《とも》だちの悪《わる》いうわさは聞きづらい。
❸たずねにくい。質問《しつもん》しにくい。例 立《た》ち入《い》ったことは聞きづらい。

ききて【聞き手】名詞 話《はなし》などを聞《き》くほうの人《ひと》。対 話《はな》し手《て》。

ききとがめる【聞きとがめる】動詞 人《ひと》の話《はなし》のおかしな点《てん》に気《き》づいて、問《と》いつめたり注意《ちゅうい》したりする。

ききとして いかにもうれしそうに。楽《たの》しそうに。例 ききとして町《まち》へ出《で》かけていった。

ききとどける【聞き届ける】動詞 人《ひと》のたのみなどを聞《き》いてやって、承知《しょうち》する。聞《き》き入《い》れる。例 その願《ねが》いは聞き届けられた。

ききとり【聞き取り】名詞 事情《じじょう》などを知《し》るために人《ひと》から話《はなし》を聞《き》くこと。例 聞き取り調査《ちょうさ》。

ききとる【聞き取る】動詞
❶聞《き》いてわかる。例 声《こえ》が聞き取りにくい。
❷ものごとのようすや訳《わけ》などを、くわしく聞《き》く。例 事故《じこ》のようすを聞き取る。

ききなおす【聞き直す】動詞 一度《いちど》聞《き》いたことを、もう一度《いちど》聞《き》く。例 名《な》まえを聞き直す。

ききながす【聞き流す】動詞 聞《き》いても気《き》にせずにほうっておく。例 悪口《わるくち》を聞き流す。

ききのがす【聞き逃す】動詞 うっかりして、聞《き》く機会《きかい》を失《うしな》う。聞《き》きもらす。

ききひたる【聞き浸る】動詞 ずっと聞《き》き続《つづ》ける。例 絵本《えほん》の読《よ》み聞《き》かせに聞き浸る。

ききほれる【聞きほれる】動詞 聞《き》いていてうっとりとする。例 歌声《うたごえ》に聞きほれる。

ききみみをたてる【聞き耳を立てる】よく聞《き》こうとして、耳《みみ》をすます。例 あやしい物音《ものおと》がするので聞き耳を立てた。

ききみみをたてる

ことわざ **とんびに油《あぶら》揚《あ》げをさらわれる** 大切《たいせつ》なものを、ふいに横《よこ》からうばわれてあっけにとられるこ

ききめ【効き目】 名詞 うまくはたらいたしるし。効果《こうか》。例 薬《くすり》の効き目が出《で》てきた。

ききもらす【聞き漏らす】 動詞 聞《き》かなければならないことを聞《き》き落《お》とす。聞《き》きそこなう。例 先生《せんせい》の話《はなし》を聞き漏らさないようにする。

ききゃく【棄却】 名詞 動詞 ❶捨《す》ててとり上《あ》げないこと。❷裁判所《さいばんしょ》が、うったえをとり上《あ》げないこと。例 上告《じょうこく》を棄却する。類 却下《きゃっか》。

ききゅう【危急】 名詞 危険《きけん》がすぐ近《ちか》くにせまってきていること。例 危急を告《つ》げる知《し》らせ。

ききゅう【気球】 名詞 まわりの空気《くうき》よりも軽《かる》い気体《きたい》や温《あたた》かい空気を入《い》れて、空高《そらたか》くあげる丸《まる》い大《おお》きなふくろ。例 熱《ねっ》気球。

ききゅう【気球】

ききょ【起居】 名詞 動詞 ❶立《た》ったりすわったりすること。類 立《た》ち居《い》振《ふ》る舞《ま》い。❷日常生活《にちじょうせいかつ》を送《おく》ること。日常《にちじょう》の生活《せいかつ》。例 寄《き》宿舎《しゅくしゃ》で起居をともにする。

ききょう 名詞 季語 秋 秋《あき》の七草《ななくさ》の一《ひと》つ。夏《なつ》から秋《あき》にかけて、先《さき》が五《いつ》つに割《わ》れたつりがね形《がた》の、むらさきや白《しろ》の花《はな》がさく。ことば 漢字《かんじ》では「桔梗」と書《か》く。図 ⇩25ページ あきのななくさ

ききょう【帰京】 名詞 動詞 地方《ちほう》から都《みやこ》へ帰《かえ》ること。昔《むかし》は京都《きょうと》に帰《かえ》ること、現在《げんざい》は東京《とうきょう》に帰《かえ》ることを指《さ》す。例 兄《あに》は明日《あす》帰京する。

ききょう【帰郷】 名詞 動詞 ふるさとに帰《かえ》ること。例 正月《しょうがつ》には姉《あね》が帰郷する。類 帰省《きせい》。

きぎょう【企業】 名詞 お金《かね》を得《え》るために、品物《しなもの》をつくったり、売《う》ったり、サービスしたりする事業《じぎょう》を行《おこな》う組織《そしき》。会社《かいしゃ》や工場《こうじょう》など。

ぎきょく【戯曲】 名詞 劇《げき》の脚本《きゃくほん》。また、劇《げき》になるように書《か》いた文学作品《ぶんがくさくひん》。

きぎれ【木切れ】 名詞 木《き》の切《き》れはし。

ききわけ【聞き分け】 名詞 ❶言《い》われたことがよくわかり、そのとおりにすること。例 聞き分けのないことを言《い》う。❷聞《き》いて、ちがいを区別《くべつ》すること。

ききわける【聞き分ける】 動詞 ❶言《い》われたことがよくわかり、そのとおりにする。例 母《はは》の言《い》うことを聞き分けて、おやつを弟《おとうと》と分《わ》け合《あ》って食《た》べた。❷聞《き》いて、ちがいを区別《くべつ》する。例 すず虫《むし》とまつ虫《むし》の声《こえ》を聞き分ける。

ききん【基金】 名詞 ある目的《もくてき》や活動《かつどう》のために、積《つ》み立《た》てたり用意《ようい》したりするお金《かね》。例 難民救済《なんみんきゅうさい》のための基金。

ききん【飢きん】 名詞 ❶農作物《のうさくぶつ》のできが悪《わる》くて食《た》べ物《もの》が足《た》りなくなり、ひどくおなかが減《へ》って苦《くる》しむこと。❷暮《く》らしに必要《ひつよう》な物《もの》が足《た》りなくなること。例 水《みず》飢きん。

ききんぞく【貴金属】 名詞 さびにくく、とれる量《りょう》が少《すく》ない、値打《ねう》ちの高《たか》い金属《きんぞく》。金《きん》・銀《ぎん》・白金《はっきん》など。

聞《き》く・聞《き》いて

「聞《き》く」ということばが、「て」ということばとつながると、「聞《き》いて」という形《かたち》になる。

もとは「聞《き》きて」と言《い》っていたのを、発音《はつおん》しにくいので、「き」を「い」に変《か》えて「聞《き》いて」と発音《はつおん》するようになったんだ。

このように「き」が「い」に変《か》わることを「イ音便《おんびん》」というんだよ。

イ音便《おんびん》には「泣《な》く」「焼《や》く」などのように「き」が「い」になる場合《ばあい》と、「泳《およ》ぐ」「急《いそ》ぐ」などのように「ぎ」が「い」になる場合《ばあい》などがあるよ。

きく【菊】 名詞 季語 秋 秋《あき》に、白色《しろいろ》や黄色《きいろ》などの花《はな》のさく草《くさ》。香《かお》りがよく、種類《しゅるい》が多《おお》い。参考「菊《きく》」は音読《おんよ》み。菊《きく》の花《はな》は昔《むかし》は日本《にほん》になく、中国《ちゅうごく》から伝《つた》わったため、中国《ちゅうごく》での呼《よ》び名《な》をそのまま使《つか》った。

きく【菊】

きく【利く・効く】 動詞 ❶効《き》き目《め》がある。よい結果《けっか》が出《で》る。例 かぜによく効く薬《くすり》／宣伝《せんでん》が効いて品物《しなもの》がよく売《う》れた。❷よくはたらく。例 気《き》が利く／犬《いぬ》は鼻《はな》が利く。❸そのことができる。例 まだやり直《なお》しがきく。❹（「口《くち》をきく」の形《かたち》で、全体《ぜんたい》で）ものを言《い》う。

で、持《も》っていないものは、いくら出《だ》したくても出《だ》しようがない。

例 一言《ひとこと》も口《くち》をきかない。
使い方 ❸❹は、ふつうかな書《が》きにする。 漢 ⇒1389ページ り〔利〕・443ページ こう〔効〕 ⇒ 使い分け

使い分け　きく　利く・効く

利く すぐれたはたらきをする。「気《き》が利《き》く／鼻《はな》が利《き》く／目先《めさき》が利《き》く」

効く 効《き》き目《め》がある。それによってよい効果《こうか》があらわれる。「傷《きず》に効《き》く薬《くすり》／コマーシャルが効《き》く」

きく【聞く・聴く】 動詞 ❶音《おと》・声《こえ》などを耳《みみ》で感《かん》じる。例 あやしい物音《ものおと》を聞く／話《はな》し声《ごえ》を聞く。❷集中《しゅうちゅう》して音《おと》に耳《みみ》をかたむける。例 音楽《おんがく》を聴く。❸相手《あいて》の言《い》うことを受《う》け入《い》れる。聞《き》き入《い》れる。例 お母《かあ》さんの言《い》うことを聞きなさい。❹たずねる。問《と》う。例 駅《えき》までの道《みち》を人《ひと》に聞く。
使い方 へりくだった言《い》い方《かた》は「うかがう」「うけたまわる」。
漢 ⇒1180ページ ぶん〔聞〕 ⇒ 使い分け ⇒322ページ

日本語教室
●**聞《き》くは一時《いっとき》の恥《はじ》、聞《き》かぬは一生《いっしょう》の恥《はじ》** ⇒147ページ ことわざ

使い分け　きく　聞く・聴く

聞く 音《おと》や声《こえ》を耳《みみ》にする。相手《あいて》の言《い》うことを受《う》け入《い》れる。「風《かぜ》の音《おと》を聞《き》く／忠告《ちゅうこく》を聞《き》く」

聴く しっかりと耳《みみ》をかたむける。「名曲《めいきょく》を聴《き》く／国民《こくみん》の声《こえ》を聴《き》く」

きぐ【危惧】 名詞 動詞 悪《わる》い結果《けっか》になるのではないかと心配《しんぱい》すること。おそれること。例 計画《けいかく》の先行《さきゆ》きを危惧する。

きぐ【器具】 名詞 道具《どうぐ》。また、簡単《かんたん》な器械《きかい》。

きぐう【奇遇】 名詞 思《おも》いがけなく出会《であ》うこと。例 奇遇にも、町《まち》で幼《おさな》なじみに出会《であ》った。

ぎくしゃく【と】 副詞 動詞 ❶ことばや動作《どうさ》がなめらかでないようす。例 ぎくしゃくと動《うご》くおもちゃのロボット。❷食《く》いちがって、ものごとがうまく進《すす》まないようす。例 友《とも》だちとの関係《かんけい》がぎくしゃくする。

きくにんぎょう【菊人形】 名詞 季語秋 きくの花《はな》や葉《は》で着物《きもの》の部分《ぶぶん》などをつくった人形《にんぎょう》。

きくばり【気配り】 名詞 動詞 細《こま》かいところまで、よく注意《ちゅうい》すること。あれこれと気《き》をつかうこと。例 気配りが足《た》りない。

きぐらい【気位】 名詞 自分《じぶん》はりっぱでえらいと思《おも》う心《こころ》の持《も》ち方《かた》。例 あの人《ひと》は気位が高《たか》い。

ぎくりと 副詞 思《おも》いがけないできごとや突然《とつぜん》のできごとに、おそれやおどろきを感《かん》じるようす。例 暗《くら》がりで声《こえ》をかけられ、ぎくりとする。

きぐろう【気苦労】 名詞 いろいろなことに対《たい》して気《き》をつかったり心配《しんぱい》したりすること。例 母《はは》は何《なに》かと気苦労が多《おお》い。類 心労《しんろう》。

きくん【貴君】 代名詞 男性《だんせい》が手紙《てがみ》などを書《か》くとき、相手《あいて》の男性《だんせい》を敬《うやま》って呼《よ》ぶことば。自分《じぶん》と同《おな》じくらいか、自分《じぶん》より下《した》の立場《たちば》の男性《だんせい》に対《たい》して使《つか》う。関連 貴兄《きけい》。大兄《たいけい》。

きけい【奇形】 名詞 動物《どうぶつ》や植物《しょくぶつ》などの形《かたち》が、ふつうとちがうもの。

きけい【貴兄】 代名詞 男性《だんせい》が手紙《てがみ》などを書《か》くとき、相手《あいて》の男性《だんせい》に敬意《けいい》や親《した》しみをこめて呼《よ》ぶことば。自分《じぶん》と同《おな》じくらいか、年上《としうえ》の男性《だんせい》に対《たい》して使《つか》う。関連 貴君《きくん》。大兄《たいけい》。

ぎけい【義兄】 名詞 義理《ぎり》の兄《あに》。妻《つま》または夫《おっと》の兄《あに》、姉《あね》の夫《おっと》など、血《ち》のつながりのない兄《あに》。

きげき【喜劇】 名詞 ❶人《ひと》を笑《わら》わせるこっけいな劇《げき》。対 悲劇《ひげき》。❷こっけいなできごと。例 自分《じぶん》でほった落《お》とし穴《あな》に落《お》ちるなんて、とんだ喜劇だ。対 悲劇《ひげき》。

ぎけつ【議決】 名詞 動詞 会議《かいぎ》で話《はな》し合《あ》って決《き》めること。また、決《き》められたこと。類 決議《けつぎ》。

きけん【危険】 名詞 形容動詞 危《あぶ》ないこと。例 危険信号《しんごう》／身《み》の危険を感《かん》じる／危険がせまる。対 安全《あんぜん》。

ことわざ **ない袖《そで》は振《ふ》れない** そでのない着物《きもの》を着《き》ていては、そでをふろうとしてもふれないという意味《いみ》

●**危険《きけん》を冒《おか》す**　危《あぶ》ないことと知《し》りながら、あえてする。例 危険を冒しておぼれた人《ひと》を助《たす》ける。

きけん【棄権】 名詞 動詞 自分《じぶん》の持《も》っている権《けん》利《り》を使《つか》わないこと。とくに、選挙《せんきょ》のときに投《とう》票《ひょう》をしないこと。例 レースをとちゅうで棄権した／選挙《せんきょ》を棄権する。

きげん【紀元】 名詞 ❶歴史《れきし》の上《うえ》で、年数《ねんすう》を数《かぞ》えるもとになる年《とし》。❷国《くに》が始《はじ》まった年《とし》。
参考 ❶の意味《いみ》で、西暦《せいれき》ではイエス＝キリストが生《う》まれたとされる年《とし》を紀元一年《きげんいちねん》としている。

きげん【期限】 名詞 前《まえ》もっていつまでと決《き》められた時期《じき》。約束《やくそく》の期間《きかん》。例 本《ほん》の返却《へんきゃく》期限。

きげん【機嫌】 名詞 ❶外《そと》から見《み》てわかる心《こころ》のようす。例 上《じょう》機嫌／弟《おとうと》は朝《あさ》から機嫌が悪《わる》い。❷（「ご機嫌《きげん》」の形《かたち》で）気分《きぶん》がよいようす。例 新《あたら》しいつりざおを買《か》った父《ちち》は、ご機嫌だ。

●**機嫌《きげん》を損《そこ》ねる**　気分《きぶん》を悪《わる》くする。例 ひどくからかって、妹《いもうと》の機嫌を損ねてしまった。

●**機嫌《きげん》を取《と》る**　相手《あいて》の気《き》に入《い》るようにする。例 自転車《じてんしゃ》を買《か》ってほしくて、母《はは》の機嫌を取る。

きげん【起源・起原】 名詞 ものごとの起《お》こり。始《はじ》まり。例 人類《じんるい》の起源。

きけんせい【危険性】 名詞 危《あぶ》ないことが起《お》きたり、悪《わる》い結果《けっか》になったりするおそれがあること。例 地震《じしん》の起《お》こる危険性が高《たか》い。

きげんぜん【紀元前】 名詞 イエス＝キリストが生《う》まれたとされる年《とし》（＝西暦《せいれき》での紀元一《きげんいち》年《ねん》）よりも前《まえ》。

きご【季語】 名詞 俳句《はいく》の中《なか》に入《い》れる、季節《きせつ》を表《あらわ》すことば。「季題《きだい》」ともいう。ことば たとえば、「菜《な》の花《はな》」は春《はる》、「夕立《ゆうだち》」は夏《なつ》、「とんぼ」は秋《あき》、「雪《ゆき》」は冬《ふゆ》の季語《きご》。古《ふる》いこよみにもとづいているため、今《いま》の季節《きせつ》とはずれているものもある。
⇒1464ジペー季語《きご》の一覧《いちらん》

きこう【気孔】 名詞 植物《しょくぶつ》の表面《ひょうめん》にある小《ち》さな穴《あな》。そこから、光合成《こうごうせい》や呼吸《こきゅう》のための空気《くうき》を出《だ》し入《い》れしたり、水分《すいぶん》を出《だ》したりする。葉《は》の裏《うら》にたくさんある。

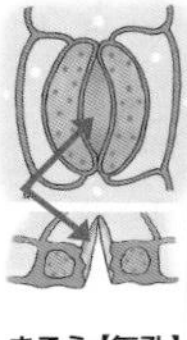
きこう【気孔】

きこう【気候】 名詞 その土地《とち》の、長《なが》い期間《きかん》を通《とお》してみた、気温《きおん》・雨量《うりょう》・湿度《しつど》などの気象《きしょう》のようす。

きこう【紀行】 名詞 旅行中《りょこうちゅう》のできごとや感《かん》じたことなどを書《か》いたもの。旅行記《りょこうき》。

きこう【起工】 名詞 動詞 工事《こうじ》を始《はじ》めること。例 起工式《しき》。類 着工《ちゃっこう》。対 しゅん工《こう》。落成《らくせい》。

きこう【帰航】 名詞 動詞 船《ふね》や飛行機《ひこうき》が帰《かえ》りの航路《こうろ》につくこと。

きこう【帰港】 名詞 動詞 船《ふね》が出発《しゅっぱつ》した港《みなと》に帰《かえ》ってくること。

きこう【寄港】 名詞 動詞 船《ふね》が航海《こうかい》のとちゅうで港《みなと》に寄《よ》ること。例 外国船《がいこくせん》が、横浜《よこはま》に寄港する。

きこう【貴校】 名詞 相手《あいて》の学校《がっこう》を敬《うやま》って呼《よ》ぶことば。

きこう【機構】 名詞 会社《かいしゃ》や団体《だんたい》、また機械《きかい》などを組《く》み立《た》てているしくみ。

きごう【記号】 名詞 ものごとの意味《いみ》や内容《ないよう》を表《あらわ》すしるし。例「＝」は「等《ひと》しい」という意味《いみ》の記号だ。

ぎこう【技巧】 名詞 物《もの》を作《つく》ったり表現《ひょうげん》したりするときの、すぐれたわざや腕前《うでまえ》。例 技巧をこらす。

きこうくぶん【気候区分】 名詞 同《おな》じような気候《きこう》の型《かた》を持《も》つ地域《ちいき》。日本《にほん》では、全国《ぜんこく》を北海道《ほっかいどう》・太平洋側《たいへいようがわ》・日本海側《にほんかいがわ》・瀬戸内《せとうち》・中央高地《ちゅうおうこうち》・南西諸島《なんせいしょとう》の六《むっ》つに分《わ》けることが多《おお》い。

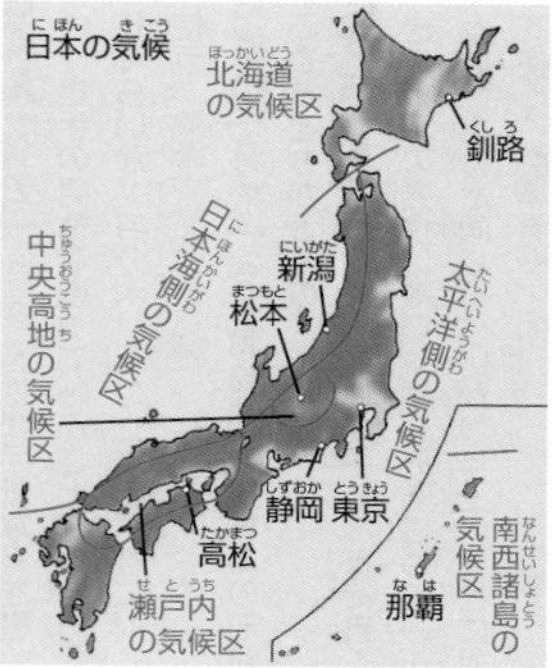

きこうくぶん

きこうたい【気候帯】 名詞 地球《ちきゅう》を気候《きこう》の似《に》ている地域《ちいき》に分《わ》けたもの。熱帯《ねったい》・温帯《おんたい》・亜寒《あかん》帯《たい》・寒帯《かんたい》・乾燥帯《かんそうたい》などに分《わ》けられる。

きこうぶん【紀行文】 名詞 旅行中《りょこうちゅう》に見聞《みき》きしたことや感想《かんそう》などを書《か》いた文章《ぶんしょう》。

きこえ【聞こえ】 名詞 ❶聞《き》こえること。例 祖父《そふ》は右耳《みぎみみ》の聞こえが少《すこ》し悪《わる》い。

❷人《ひと》が聞《き》いたときにあたえる感《かん》じ。例 部《ぶ》長《ちょう》といえば聞こえはいいが、部員《ぶいん》はたった三人《さんにん》だ。❸世間《せけん》の評判《ひょうばん》。うわさ。例 天才少女《てんさいしょうじょ》との聞こえが高《たか》い。

きこえよがし【聞こえよがし】名詞 悪口《わるくち》などを、相手《あいて》に直接《ちょくせつ》言《い》わずに、その人《ひと》のそばでわざと聞《き》こえるように言《い》うこと。例 聞こえよがしに文句《もんく》を言《い》う。

きこえる【聞こえる】動詞 ❶音《おと》や声《こえ》が耳《みみ》に入《はい》ってくる。例 歌《うた》が聞こえる。❷そのように思《おも》う。受《う》けとれる。例 そういう言《い》い方《かた》では、いばっているように聞こえる。❸よく知《し》られている。有名《ゆうめい》である。例 町内《ちょうない》に聞こえた名物《めいぶつ》おじさん。

きこく【帰国】名詞 動詞 外国《がいこく》から、自分《じぶん》の国《くに》へ帰《かえ》ること。例 父《ちち》がイギリスから帰国する。

きこくしじょ【帰国子女】名詞 海外《かいがい》で働《はたら》く人《ひと》などの子供《こども》で、一年以上《いちねんいじょう》海外《かいがい》で暮《く》らしてから日本《にほん》に帰《かえ》ってきた児童《じどう》や生徒《せいと》。「帰国児童《きこくじどう》」「帰国生徒《きこくせいと》」ともいう。

きこくじどう【帰国児童】⇩325ページ きこくしじょ

きこくせいと【帰国生徒】⇩325ページ きこくしじょ

きごこち【着心地】名詞 服《ふく》を着《き》たときの感《かん》じ。例 着心地のよい服《ふく》。

きごころ【気心】名詞 その人《ひと》の気持《きも》ちや性質《せいしつ》。例 気心の知《し》れた人《ひと》。

ぎこちない 形容詞 動作《どうさ》などがなめらかでなく、不自然《ふしぜん》なようす。例 ぎこちない手《て》つき。

きこつ【気骨】名詞 自分《じぶん》の信《しん》じることをつらぬこうとする強《つよ》い心《こころ》。例 気骨のある人《ひと》。類 気概《きがい》。ことば「きぼね」と読《よ》むと別《べつ》の意味《いみ》。

きこなす【着こなす】動詞 自分《じぶん》に似合《にあ》うようにうまく着《き》る。例 あの人《ひと》は、どんなデザインの服《ふく》でも上手《じょうず》に着こなす。

きこり 名詞 山林《さんりん》の木《き》を切《き》ることを仕事《しごと》にしている人《ひと》。使い方 古《ふる》い言《い》い方《かた》。

きこん【気根】名詞 植物《しょくぶつ》のくきや幹《みき》からのびて、空気中《くうきちゅう》に出《で》ている根《ね》。とうもろこしなどにある。

きざ 形容動詞 話《はな》し方《かた》・態度《たいど》・服装《ふくそう》などが、いかにも気《き》どっていて、いやな感《かん》じがするようす。例 きざなせりふ。ことば「気障《きざわ》り（＝相手《あいて》のことばや行《おこな》いなどが不愉快《ふゆかい》に感《かん》じられるようす）」を略《りゃく》してできたことば。

きさい【記載】名詞 動詞 本《ほん》や書類《しょるい》などに書《か》いてのせること。例 最後《さいご》のページに、住所《じゅうしょ》と電話番号《でんわばんごう》が記載されている。類 掲載《けいさい》。

きざい【器材】名詞 器具《きぐ》や材料《ざいりょう》。

きざい【機材】名詞 機械《きかい》と材料《ざいりょう》。また、機械《きかい》をつくる材料《ざいりょう》。例 撮影《さつえい》の機材を準備《じゅんび》する。

きさき 名詞 天皇《てんのう》や王様《おうさま》などの妻《つま》。

ぎざぎざ 名詞 動詞 形容動詞 のこぎりの歯《は》のように、細《こま》かくて小《ちい》さなするどい刻《きざ》みがあること。例 パンを切《き》るナイフにはぎざぎざがある／ぎざぎざした線《せん》／紙《かみ》をぎざぎざに切《き》る。

きさく【気さく】形容動詞 性格《せいかく》がさっぱりとしていて、親《した》しみやすいようす。例 ぼくの友《とも》だちは気さくな人《ひと》ばかりだ。

ぎさく【偽作】名詞 動詞 有名《ゆうめい》な人《ひと》などの作品《さくひん》に似《に》せてつくること。また、その作品《さくひん》。

きざし【兆し】名詞 何《なに》かが起《お》こりそうなしるし。前《まえ》ぶれ。前兆《ぜんちょう》。例 かぜが流行《りゅうこう》する兆しがある。漢⇩843ページ ちょう〔兆〕

きざす【兆す】動詞 ものごとが起《お》ころうとする気配《けはい》がある。例 木《こ》の葉《は》の色《いろ》に秋《あき》が兆している。漢⇩843ページ ちょう〔兆〕

きさま【貴様】代名詞 男《おとこ》の人《ひと》がとても親《した》しい相手《あいて》を呼《よ》ぶとき、または相手《あいて》をののしって呼《よ》ぶとき使《つか》うことば。

きざみ【刻み】❶名詞 細《こま》かく切《き》ったり、ほりつけたりすること。また、切《き》ったり、ほったりしたところ。例 材木《ざいもく》に同《おな》じ間隔《かんかく》で刻みを入《い》れる。❷接尾語（長《なが》さや時間《じかん》、量《りょう》などを表《あらわ》すことばのあとにつけて）…ごとに。例 一分《いっぷん》刻みにスタートする。

きざみつける【刻み付ける】動詞 ❶木《き》や石《いし》などに、文字《もじ》や形《かたち》をほってつける。例 表札《ひょうさつ》に子供《こども》の名前《なまえ》を刻み付ける。❷心《こころ》に深《ふか》くとどめる。忘《わす》れないように心《こころ》に残《のこ》す。例 仲間《なかま》たちとの思《おも》い出《で》を心《こころ》に刻み付ける。

きざむ【刻む】動詞 ❶細《こま》かく切《き》る。例 キャベツを刻む。❷刃物《はもの》でほる。ほりつける。例 鉛筆《えんぴつ》にナイフで名前《なまえ》を刻む。

ことわざ **長《なが》い物《もの》には巻《ま》かれろ** 目上《めうえ》の人《ひと》や力《ちから》のある人《ひと》に対《たい》しては逆《さか》らったりしないで、相手《あいて》の言《い》うとお

❸強《つよ》く心《こころ》に残《のこ》って忘《わす》れない。例 この景色《けしき》を心《こころ》に刻んでおこう。❹一《ひと》つ一《ひと》つ区切《くぎ》って進《すす》んでいく。例 時計《とけい》の針《はり》が時《とき》を刻む。漢 ↓468ページ こく〔刻〕

きさらぎ【如月】名詞 季語春 昔《むかし》のこよみで二《に》月《がつ》のこと。↓1450ページ 十二《じゅうに》か月《げつ》の古《ふる》い呼《よ》び方《かた》

きし【岸】名詞 川《かわ》や海《うみ》などの、水《みず》と接《せっ》している陸地《りくち》。例 川岸《かわ》。漢 ↓296ページ がん〔岸〕

きし【騎士】名詞 ❶馬《うま》に乗《の》った武士《ぶし》。❷昔《むかし》のヨーロッパの武士《ぶし》。また、その地位《ちい》。「ナイト」ともいう。

きじ 名詞 季語春 日本《にほん》の野山《のやま》にすむ鳥《とり》の一《ひと》つ。おすは尾《お》が長《なが》く、羽《はね》が美《うつく》しい。めすは尾《お》が短《みじか》く、うすい茶色《ちゃいろ》。日本《にほん》の国鳥《こくちょう》とされている。

きじ

●**きじも鳴《な》かずば撃《う》たれまい** ことわざ きじも鳴《な》かなかったら見《み》つからずにうたれることもないという意味《いみ》から、余計《よけい》なことを言《い》ったせいで、ひどい目《め》にあってしまうことのたとえ。

きじ【生地】名詞 ❶織物《おりもの》。また、織物《おりもの》の性質《せいしつ》。例 上等《じょうとう》な生地。❷生《う》まれつきの性質《せいしつ》。ありのままのすがた。例 話《はな》しているうちに、生地が現《あらわ》れてきた。

ことば 「せいち」と読《よ》むと別《べつ》の意味《いみ》。

きじ【記事】名詞 あったことを広《ひろ》く伝《つた》えるために書《か》かれた文章《ぶんしょう》。例 新聞《しんぶん》記事。

ぎし【技師】名詞 会社《かいしゃ》や工場《こうじょう》などで、専門《せんもん》の技術《ぎじゅつ》を持《も》って働《はたら》いている人《ひと》。技術者《ぎじゅつしゃ》。エンジニア。例 建築《けんちく》技師。

ぎし【義姉】名詞 義理《ぎり》の姉《あね》。妻《つま》または夫《おっと》の姉《あね》、兄《あに》の妻《つま》など、血《ち》のつながりのない姉《あね》。

ぎし【義肢】名詞 義手《ぎしゅ》や義足《ぎそく》。けがや病気《びょうき》などで失《うしな》った手《て》や足《あし》の代《か》わりにつける。

ぎし【義歯】名詞 つくりものの歯《は》。入《い》れ歯《ば》。

ぎじ【疑似】名詞 病気《びょうき》のようすなどが、本物《ほんもの》と見分《みわ》けがつかないくらいによく似《に》ていること。例 疑似コレラ。対 真性《しんせい》。

ぎじ【議事】名詞 会議《かいぎ》で相談《そうだん》すること。また、そのことがら。例 議事録《ろく》／議事を進《すす》める。

きしかいせい【起死回生】名詞 死《し》にかかっている人《ひと》を生《い》き返《かえ》らせること。ものごとを最悪《さいあく》の状態《じょうたい》からよい方向《ほうこう》に向《む》かわせること。例 起死回生のホームラン。

ぎしき【儀式】名詞 祭《まつ》り・祝《いわ》いごと・葬式《そうしき》など、決《き》まった形《かたち》で行《おこな》われる式《しき》。例 結婚《けっこん》の儀式。

きしつ【気質】名詞 ❶生《う》まれつきの性質《せいしつ》。例 姉《あね》はおだやかな気質だ。類 気性《きしょう》。❷ある身分《みぶん》や職業《しょくぎょう》などの人《ひと》たちに共通《きょうつう》する性質《せいしつ》。かたぎ。例 学生《がくせい》気質。

きじつ【期日】名詞 前《まえ》もって決《き》められた、約束《やくそく》の日《ひ》。例 原稿《げんこう》を期日までに書《か》く。類 日限《にちげん》。

ぎじどう【議事堂】名詞 議員《ぎいん》が集《あつ》まって会議《かいぎ》をするための建物《たてもの》。とくに、国会議事堂《こっかいぎじどう》のこと。

きじばと 名詞 山《やま》や林《はやし》にすむ、はとのなかま。「デデッポーポー」と鳴《な》く。「やまばと」ともいう。

きしべ【岸辺】名詞 岸《きし》の辺《あた》り。岸《きし》の近《ちか》く。

きしむ 動詞 物《もの》と物《もの》とがこすれ合《あ》って音《おと》を立《た》てる。例 ドアがきしむ。類 きしる。

きじばと

きしゃ【汽車】名詞 蒸気機関車《じょうききかんしゃ》が引《ひ》いて線路《せんろ》の上《うえ》を走《はし》る列車《れっしゃ》。

きしゃ【帰社】名詞 動詞 外出先《がいしゅつさき》から、会社《かいしゃ》にもどること。例 二時《にじ》までに帰社します。

きしゃ【記者】名詞 新聞《しんぶん》や雑誌《ざっし》などの記事《きじ》を書《か》いたり、編集《へんしゅう》したりする人《ひと》。例 新聞《しんぶん》記者。

ガッテン日本語教室

起承転結《きしょうてんけつ》

起承転結《きしょうてんけつ》は、もともと中国《ちゅうごく》の詩《し》の組《く》み立《た》てを表《あらわ》すことばだ。ものごとを順序立《じゅんじょだ》てて述《の》べるのに都合《つごう》がよいので、文章《ぶんしょう》（ストーリー）や音楽《おんがく》の組《く》み立《た》てによく利用《りよう》されている。「起」は事件《じけん》が起《お》こること、「承」はそれが発展《はってん》すること、「転」は新《あたら》しい展開《てんかい》、「結」は結《むす》び、という形《かたち》になる。

この組《く》み立《た》てがとてもよく表《あらわ》れているのが4こまのまんが。まんがを読《よ》むときに、組《く》み立《た》てはどうなっているか考《かんが》えてみると、作文《さくぶん》を書《か》くときのヒントになるよ。

らに悪《わる》いことが重《かさ》なって起《お》きることのたとえ。

きしゃ【貴社】 名詞 相手《あいて》の会社《かいしゃ》を敬《うやま》って呼《よ》ぶことば。

きしゃ【喜捨】 名詞 動詞 寺社《じしゃ》や貧《まず》しい人《ひと》に、すすんでお金《かね》や品物《しなもの》を寄付《きふ》すること。

きしゅ【旗手】 名詞 団体《だんたい》などの、旗《はた》を持《も》つ役《やく》目《め》の人《ひと》。 ことば「文学界《ぶんがくかい》の旗手《きしゅ》」など、ものごとの先頭《せんとう》に立《た》って活躍《かつやく》する人《ひと》をたとえていうことがある。

きしゅ【機首】 名詞 飛行機《ひこうき》の前《まえ》の部分《ぶぶん》。 例 機首を東《ひがし》に向《む》けて飛《と》び立《た》った。

きしゅ【機種】 名詞 機械《きかい》や飛行機《ひこうき》などの種類《しゅるい》。 例 新《あたら》しい機種のパソコンを買《か》う。

きしゅ【騎手】 名詞 馬《うま》に乗《の》る人《ひと》。また、馬《うま》に乗《の》ることを仕事《しごと》にしている人《ひと》。

きじゅ【喜寿】 名詞 七十七才《ななじゅうななさい》のこと。また、そのお祝《いわ》い。 ことば「喜」の字《じ》を草書《そうしょ》で書《か》いた「㐂」という字《じ》が「七十七」に見《み》えるところからできたことば。 ⬇1452ページ 年齢《ねんれい》を表《あらわ》すことば

ぎしゅ【義手】 名詞 けがや病気《びょうき》などで失《うしな》った手《て》の代《か》わりにつける、人工《じんこう》の手《て》。

きしゅう【奇襲】 名詞 動詞 相手《あいて》が思《おも》いもよらないやり方《かた》で、突然《とつぜん》おそうこと。 例 奇襲をかける。

きじゅうき【起重機】 ⬇404ページ クレーン

きしゅうはん【紀州藩】 ⬇317ページ きいはん

きしゅく【寄宿】 名詞 動詞 ❶他人《たにん》の家《いえ》に住《す》んで、世話《せわ》になること。 例 おじの家《いえ》に寄宿する。 ❷学校《がっこう》・会社《かいしゃ》などが用意《ようい》した宿舎《しゅくしゃ》に住《す》むこと。

きしゅくしゃ【寄宿舎】 名詞 学生《がくせい》や会社《かいしゃ》・工場《こうじょう》で働《はたら》く人《ひと》などが、いっしょに生活《せいかつ》するところ。 類 寮《りょう》。

きじゅつ【奇術】 名詞 上手《じょうず》に手《て》を動《うご》かしたりしかけを使《つか》ったりして、不思議《ふしぎ》なことをやって見《み》せる芸《げい》。手品《てじな》。

きじゅつ【記述】 名詞 動詞 ものごとを文章《ぶんしょう》に書《か》き記《しる》すこと。 例 見聞《みき》きしたことを記述する。

ぎじゅつ【技術】 名詞 ❶ものごとをうまく行《おこな》うわざ。 例 シュートの技術をみがく。 ❷科学《かがく》を実際《じっさい》の仕事《しごと》や生活《せいかつ》に役立《やくだ》てるための方法《ほうほう》。 例 科学《かがく》技術。

ぎじゅつしゃ【技術者】 名詞 身《み》につけた専門《せんもん》の技術《ぎじゅつ》を生《い》かす仕事《しごと》をしている人《ひと》。エンジニア。

きじゅん【基準】 名詞 ものごとを比《くら》べるときのもとになるもの。 例 山《やま》の高《たか》さは海面《かいめん》を基準にして測《はか》る。 類 水準《すいじゅん》。標準《ひょうじゅん》。

きじゅん【規準】 名詞 行《おこな》いや考《かんが》え方《かた》のよい悪《わる》いを決《き》めるよりどころ。また、守《まも》らなければならない規則《きそく》。 例 社会生活《しゃかいせいかつ》の規準。

きしょう【気性】 名詞 生《う》まれつき持《も》っている性質《せいしつ》。 例 この犬《いぬ》は気性があらい。 類 気質《きしつ》。

きしょう【気象】 名詞 大気中《たいきちゅう》の、雲《くも》・雨《あめ》・きり・風《かぜ》・気温《きおん》・湿度《しつど》・気圧《きあつ》などのありさま。 例 異常《いじょう》気象／気象情報《じょうほう》。

きしょう【希少】 名詞 形容動詞 たいへん少《すく》なく、めずらしいこと。 例 希少価値《かち》／希少動物《どうぶつ》。

きしょう【起床】 名詞 動詞 ねどこから起《お》き出《だ》すこと。 例 毎日六時《まいにちろくじ》に起床する。 対 就寝《しゅうしん》。

きしょう【記章】 名詞 身分《みぶん》・資格《しかく》などを表《あらわ》すために身《み》に着《つ》けるしるし。 類 バッジ。

きじょう【机上】 名詞 机《つくえ》の上《うえ》。

●**机上《きじょう》の空論《くうろん》** ⬇328ページ きじょうのくうろん

きじょう【気丈】 形容動詞 心《こころ》の持《も》ち方《かた》がしっかりしているようす。 例 気丈な姉《あね》は、じっとなみだをこらえていた。

きじょう【機上】 名詞 飛行機《ひこうき》の中《なか》。飛行機《ひこうき》に乗《の》っていること。 例 機上の人《ひと》となる（＝飛行《ひこう》機《き》に乗《の》りこむ）。

ぎしょう【偽証】 名詞 動詞 うその証言《しょうげん》をすること。また、その証言《しょうげん》。 例 裁判《さいばん》で偽証する。

ぎじょう【議場】 名詞 会議《かいぎ》をする場所《ばしょ》。

きしょうえいせい【気象衛星】 名詞 気象《きしょう》観測《かんそく》に利用《りよう》する人工衛星《じんこうえいせい》。

きしょうかち【希少価値】 名詞 数《かず》が少《すく》なくめずらしいために出《で》る値打《ねう》ち。

きしょうだい【気象台】 名詞 気象《きしょう》や地震《じしん》の観測《かんそく》や研究《けんきゅう》をする役所《やくしょ》。天気予報《てんきよほう》を発表《はっぴょう》する。気象庁《きしょうちょう》の下《した》にある。

きしょうちょう【気象庁】 名詞 全国各地《ぜんこくかくち》にある気象台《きしょうだい》や測候所《そっこうじょ》から情報《じょうほう》を集《あつ》めて、天気《てんき》予報《よほう》などを出《だ》す国《くに》の役所《やくしょ》。国土交通省《こくどこうつうしょう》の下《した》にある。

きしょうつうほう【気象通報】 名詞 気象《きしょう》庁《ちょう》が発表《はっぴょう》する、気象《きしょう》についての知《し》らせ。

きしょうてんけつ【起承転結】 名詞

ことわざ **泣《な》きっ面《つら》に蜂《はち》** 泣《な》いている顔《かお》を蜂《はち》にさされて痛《いた》いめにあうという意味《いみ》から、悪《わる》いことの上《うえ》にさ

❶漢詩《かんし》（＝中国《ちゅうごく》の詩《し》）の組《く》み立《た》てを表《あらわ》すことば。第一句《だいいっく》で言《い》い起《お》こし（＝起《き》）、第二句《だいにく》でそれを受《う》け（＝承《しょう》）、第三句《だいさんく》で新《あたら》しく展開《てんかい》させ（＝転《てん》）、第四句《だいよんく》でまとめる（＝結《けつ》）。
❷文章《ぶんしょう》などの組《く》み立《た》てや順序《じゅんじょ》。

きじょうのくうろん【机上の空論】頭《あたま》の中《なか》で考《かんが》えただけで、実際《じっさい》には役《やく》に立《た》たない理屈《りくつ》や計画《けいかく》。
↓326ページ 日本語教室

きしょうよほうし【気象予報士】名詞 気《き》象《しょう》についての予報《よほう》を行《おこな》う資格《しかく》を持《も》つ人《ひと》。

きしょうレーダー【気象レーダー】名詞 雨《あめ》や雪《ゆき》の強《つよ》さや降《ふ》っている場所《ばしょ》などを調《しら》べるレーダー。電波《でんぱ》を出《だ》し、雨《あめ》や雪《ゆき》が反射《はんしゃ》した電波《でんぱ》を受信《じゅしん》して測定《そくてい》する。

きしょく【気色】名詞 ❶気分《きぶん》。心持《こころも》ち。例 気色の悪《わる》い夢《ゆめ》を見《み》た。❷気持《きも》ちが表《あらわ》れた顔《かお》つき。顔色《かおいろ》。例 母《はは》の気色をうかがってテストを見《み》せた。
使い方 ❶は、「悪《わる》い」ということばと合《あ》わせて使《つか》うことが多《おお》い。ことば「けしき」と読《よ》むと別《べつ》の意味《いみ》が加《くわ》わる。

きしょく【喜色】名詞 喜《よろこ》んでいる表情《ひょうじょう》。うれしそうな顔《かお》つき。

きしょくまんめん【喜色満面】名詞 喜《よろこ》びを顔《かお》いっぱいに表《あらわ》すこと。例 喜色満面で表彰《ひょうしょう》台《だい》に上《あ》がる。

きしる 動詞 かたい物《もの》が強《つよ》くこすれ合《あ》って音《おと》を出《だ》す。例 戸《と》のきしる音《おと》がした。類 きしむ。

きしん【寄進】名詞 動詞 神社《じんじゃ》や寺《てら》に、お金《かね》や品物《しなもの》を寄付《きふ》すること。

きじん【奇人】名詞 ふつうの人《ひと》と、することや考《かんが》えがちがっている人《ひと》。変《か》わっている人《ひと》。

ぎしんあんき【疑心暗鬼】↓595ページ 四字熟語

ぎじんほう【擬人法】名詞 文《ぶん》を作《つく》るときに、人間《にんげん》でないものを人間《にんげん》にたとえて表《あらわ》す方法《ほうほう》。「太陽《たいよう》がほほえむ」「草木《くさき》がねむる」など。

きす 名詞 季語 夏 海《うみ》にすむ魚《さかな》。体《からだ》は細長《ほそなが》く、背中《せなか》はうすい黄《き》色《いろ》。陸地《りくち》に近《ちか》い海《うみ》の砂底《すなぞこ》にすむ。食用《しょくよう》にする。ことば 漢字《かんじ》では「鱚」と書《か》く。

きす

キス（kiss）名詞 動詞 くちびるでふれること。口《くち》づけ。

きず【傷】名詞 ❶けがをしたところ。❷品物《しなもの》のいたんだところ。例 柱《はしら》の傷。❸欠《か》けているところ。欠点《けってん》。例 忘《わす》れっぽいのが玉《たま》にきずだ。❹心《こころ》に受《う》けたつらい思《おも》い。例 心《こころ》の傷。
使い方 ❸は、かな書《が》きにすることが多《おお》い。
漢 ↓630ページ しょう〔傷〕

きすう【奇数】名詞 2で割《わ》りきれない整数《せいすう》。1・3・5・7・9・11・13など。対 偶数《ぐうすう》。

きすう【基数】名詞 数《かず》を表《あらわ》すもとになる、0から9までの整数《せいすう》。

きすうほう【記数法】名詞 数《かず》を数字《すうじ》で書《か》き表《あらわ》す方法《ほうほう》。十進法《じっしんほう》では0・1・2・3・4・5・6・7・8・9の十個《じっこ》の数字《すうじ》を使《つか》って書《か》き表《あらわ》す。

きずきあげる【築き上げる】動詞 ❶土《つち》や石《いし》を積《つ》み上《あ》げて、大《おお》きな建物《たてもの》などをつくる。例 城《しろ》を築き上げる。❷地位《ちい》・財産《ざいさん》・人間関係《にんげんかんけい》などを、努力《どりょく》してつくり上《あ》げる。例 新《あたら》しい家庭《かてい》を築き上げる。

ぎすぎす【と】副詞 動詞 ❶ふっくらとした感《かん》じがなくて、とてもやせているようす。例 ぎすぎすした体《からだ》つきののら犬《いぬ》。❷ことばや態度《たいど》に愛《あい》きょうがなくて、親《した》しみにくい感《かん》じがするようす。例 ぎすぎすした物《もの》の言《い》い方《かた》。

きずく【築く】動詞 ❶土《つち》や石《いし》などを積《つ》み上《あ》げてつくる。例 堤防《ていぼう》を築く。❷努力《どりょく》して、しっかりとしたものをつくる。例 ばく大《だい》な富《とみ》を築く。
漢 ↓828ページ ちく〔築〕

きずぐち【傷口】名詞 傷《きず》で皮膚《ひふ》が破《やぶ》れたところ。

きずつく【傷付く】動詞 ❶けがをする。例 傷付いた足《あし》に薬《くすり》をぬる。❷物《もの》がこわれたり、傷《きず》ができたりする。いたむ。例 傷付いたりんご。❸つらい思《おも》いをする。例 心《こころ》が傷付く。❹大切《たいせつ》にしていることが台《だい》なしになる。例 プライドが傷付く。

きずつける【傷付ける】動詞 ❶けがをさせる。例 事故《じこ》で通行人《つうこうにん》を傷付ける。

あいうえお
き かきくけこ
さしすせそ
たちつてと
なにぬねの
はひふへほ
まみむめも
や ゆ よ
らりるれろ
わ を ん

うに、道理《どうり》が通《つう》じない相手《あいて》とは、争《あらそ》っても勝《か》ち目《め》がないということ。

❷物《もの》をこわしたり、傷をつくったりする。例 ゆかを傷付ける。

❸つらい思《おも》いをさせる。例 何気《なにげ》ないことばでも、人《ひと》を傷付けることがある。

❹大切《たいせつ》にしていることを台《だい》なしにする。例 店《みせ》の信用《しんよう》を傷付ける。

きずな 名詞 人《ひと》と人《ひと》との切《き》ることのできない結《むす》びつき。例 親子《おやこ》のきずな。

きする【帰する】 動詞 ❶最後《さいご》にはそうなる。例 作戦《さくせん》は失敗《しっぱい》に帰した。

❷ある人《ひと》やことのせいにする。例 罪《つみ》を他人《たにん》に帰する。

使い方 少《すこ》しあらたまった言《い》い方《かた》。

きする【期する】 動詞 ❶行《おこな》う日時《にちじ》を決《き》める。例 一月一日《いちがつついたち》を期して、日記《にっき》を書《か》き始《はじ》める。

❷やりとげようと心《こころ》に決《き》める。例 優勝《ゆうしょう》を期して、サッカーの練習《れんしゅう》にはげむ。

❸あることをあてにして待《ま》つ。期待《きたい》する。例 また会《あ》えることを期して、別《わか》れの握手《あくしゅ》をする。

きせい【気勢】 名詞 張りきった気持《きも》ち。意気《いき》ごみ。例 気勢をそぐ（＝失《うしな》わせる）。

●**気勢《きせい》を上《あ》げる** 仲間《なかま》が集《あつ》まって、張《は》りきったようすを示《しめ》す。例「優勝《ゆうしょう》するぞ！」と、選手《せんしゅ》たちが気勢を上げる。

きせい【奇声】 名詞 人《ひと》をびっくりさせるような、おかしな声《こえ》。例 奇声を上《あ》げる。

きせい【既成】 名詞 すでに世《よ》の中《なか》にあること。すでにでき上《あ》がっていること。例 それは既成の事実《じじつ》だ。

きせい【帰省】 名詞 動詞 季語 夏 休《やす》みなどに、ふるさとに帰《かえ》ること。類 帰郷《ききょう》。

きせい【既製】 名詞 注文《ちゅうもん》を受《う》けてからつくられるのではなく、前《まえ》もってつくってあるもの。例 既製服《ふく》。類 出来合《できあ》い。

きせい【寄生】 名詞 動詞 ある生物《せいぶつ》がほかの生物《せいぶつ》の体《からだ》にくっついたり、体内《たいない》に入《はい》ったりして、その生物《せいぶつ》から栄養分《えいようぶん》をとって生活《せいかつ》すること。例 寄生虫《ちゅう》／寄生植物《しょくぶつ》。

きせい【規制】 名詞 動詞 ある決《き》まりをつくり、それに従《したが》ってものごとを制限《せいげん》すること。また、その決《き》まり。例 交通規制《こうつうきせい》／危険《きけん》な区域《くいき》への立《た》ち入《い》りを規制する。

ぎせい【犠牲】 名詞 ❶ある目的《もくてき》のために、自分《じぶん》の命《いのち》や大切《たいせつ》なものを捨《す》てること。例 自分《じぶん》の時間《じかん》を犠牲にして、家族《かぞく》のためにつくす。

❷災難《さいなん》や事故《じこ》などで不幸《ふこう》な目《め》にあうこと。例 今度《こんど》の台風《たいふう》では多《おお》くの犠牲が出《で》た。

きせいかんわ【規制緩和】 名詞 国《くに》や自治体《じちたい》などが、民間《みんかん》の会社《かいしゃ》などに対《たい》して定《さだ》めている許可《きょか》・検査《けんさ》・届《とど》け出《で》などの規制《きせい》を、ゆるくしたりなくしたりすること。参考 経済《けいざい》の動《うご》きを活発《かっぱつ》にする効果《こうか》がある。

ぎせいご【擬声語】 ➡318ページ ぎおんご

きせいしょくぶつ【寄生植物】 名詞 ほかの植物《しょくぶつ》につき、その養分《ようぶん》をとって生活《せいかつ》する植物《ぶつ》。やどりぎなど。

きせいちゅう【寄生虫】 名詞 ほかの生物《せいぶつ》の体《からだ》にすみつき、その養分《ようぶん》をとって生《い》きる生物《せいぶつ》。

きせいひん【既製品】 名詞 注文《ちゅうもん》を受《う》けてからつくるのではなく、でき上《あ》がった状態《じょうたい》で売《う》っている品物《しなもの》。

きせき【奇跡】 名詞 ほんとうに起《お》こるとはとても思《おも》えないような、不思議《ふしぎ》なできごと。例 あの交通事故《こうつうじこ》で助《たす》かるなんて奇跡に近《ちか》い。

きせき【軌跡】 名詞 ❶車《くるま》の通《とお》ったあと。

❷人《ひと》やものごとがたどってきたあと。例 小学校《しょうがっこう》での六年間《ろくねんかん》の軌跡をふり返《かえ》る。

❸数学《すうがく》で、点《てん》がある条件《じょうけん》に従《したが》って動《うご》くときにできる図形《ずけい》。

ぎせき【議席】 名詞 議場《ぎじょう》にある、議員《ぎいん》がすわる席《せき》。また、議員《ぎいん》としての資格《しかく》。

きせきてき【奇跡的】 形容動詞 ほんとうに起《お》こるとは思《おも》えないほど、不思議《ふしぎ》なようす。例 バルコニーから転落《てんらく》したが、奇跡的に助《たす》かった。

きせずして【期せずして】 思《おも》いがけず。考《かんが》えてもいなかったのに。偶然《ぐうぜん》。例 期せずして友《とも》だちと同《おな》じコンクールに応募《おうぼ》していた。

きせつ【季節】 名詞 ❶春《はる》・夏《なつ》・秋《あき》・冬《ふゆ》のそれぞれの期間《きかん》。

❷何《なに》かするのにちょうどよいころ。例 秋《あき》は読書《どくしょ》の季節だ。

きぜつ【気絶】 名詞 動詞 しばらくの間《あいだ》、意識《いしき》がなくなること。気《き》を失《うしな》うこと。類 失神《しっしん》。

きせつかん【季節感】 名詞 その季節《きせつ》らしさを感《かん》じさせること。例 季節感あふれる手紙《てがみ》を受《う》けとる。

きせつはずれ【季節外れ】 名詞 その季節《きせつ》には合《あ》わないこと。例 今日《きょう》は季節外《きせつはず》れの寒《さむ》さだ。

きせつふう【季節風】 名詞 季節《きせつ》によって、毎年決《まいとしき》まった方向《ほうこう》からふいてくる風《かぜ》。「モンスーン」ともいう。参考 日本《にほん》では夏《なつ》は南東《なんとう》から、冬《ふゆ》は北西《ほくせい》からふいてくる風《かぜ》のことをいう。

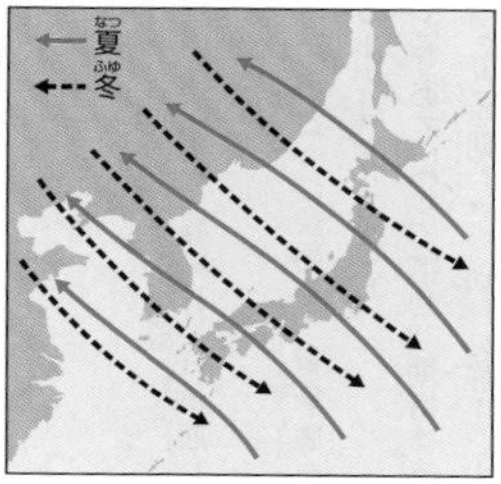

きせつふう

きせる 名詞 刻《きざ》んだたばこの葉《は》をつめて吸《す》う道具《どうぐ》。金属製《きんぞくせい》のがんくび（＝たばこの葉《は》をつめる部分《ぶぶん》）と吸《す》い口《くち》を、竹《たけ》などの管《くだ》でつないだもの。ことば もとはカンボジア語《ご》だが、日本語《にほんご》になりきっていることば。

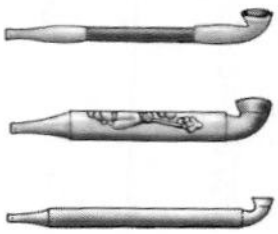
きせる

きせる【着せる】 動詞 ❶着《き》る物《もの》を身《み》に着《つ》けさせる。例 弟《おとうと》に服《ふく》を着《き》せる。❷ほかの人《ひと》の責任《せきにん》にする。なすりつける。例 人《ひと》に罪《つみ》を着《き》せる。漢 →835ページ ちゃく〔着〕

きぜわしい【気ぜわしい】 形容詞 ❶心《こころ》があせって落《お》ち着《つ》かない。例 年《とし》の暮《く》れは、何《なに》かと気《き》ぜわしい。❷気《き》が短《みじか》くて、落《お》ち着《つ》きがない。例 立《た》ったりすわったりして気《き》ぜわしい人《ひと》だ。

きせん【汽船】 名詞 蒸気機関《じょうききかん》で動《うご》く大《おお》きな船《ふね》。蒸気船《じょうきせん》。

きぜん〔と〕【き然〔と〕】 副詞 意志《いし》が強《つよ》くしっかりしているようす。例 言《い》いがかりをつける相手《あいて》には、き然《ぜん》とした態度《たいど》をとる。使い方「き然《ぜん》たる態度《たいど》」などの形《かたち》でも使《つか》う。

ぎぜん【偽善】 名詞 本心《ほんしん》からではなく、表面《ひょうめん》だけのよい行《おこな》いをしてみせること。例 偽善者《しゃ》／そんなことばは偽善だ。

きせんをせいする【機先を制する】 相手《あいて》よりも先《さき》に行動《こうどう》を起《お》こして、有利《ゆうり》な立場《たちば》に立《た》つ。例 機先《きせん》を制《せい》して試合《しあい》に勝《か》つ。

きそ【起訴】 名詞 動詞 検察官《けんさつかん》が、犯罪《はんざい》の疑《うたが》いのある人《ひと》を裁判所《さいばんしょ》にうったえること。

きそ【基礎】 名詞 ❶建物《たてもの》の土台《どだい》。例 基礎工事《こうじ》。❷ものごとのもとになるもの。例 基礎知識《ちしき》／基礎を固《かた》める。類 基本《きほん》。

きそう【起草】 名詞 動詞 公式《こうしき》な文書《ぶんしょ》の案《あん》をつくること。例 新《あたら》しい条約《じょうやく》を起草する。

きそう【寄贈】 →330ページ きぞう

きそう【競う】 動詞 勝《か》ち負《ま》けを争《あらそ》う。競争《きょうそう》する。例 オリンピックでわざを競《きそ》う。漢 →354ページ きょう〔競〕

きぞう【寄贈】 名詞 動詞 品物《しなもの》やお金《かね》をおくること。「きそう」ともいう。例 学校《がっこう》にピアノが寄贈された。

ぎそう【偽装・擬装】 名詞 動詞 別《べつ》のもののようすに似《に》せて、人《ひと》の目《め》をごまかすこと。例 魚《さかな》の産地《さんち》を偽装する。類 カムフラージュ。

ぎぞう【偽造】 名詞 動詞 にせものをつくること。例 紙幣《しへい》を偽造する。

きそうてんがい【奇想天外】 形容動詞 考《かんが》え方《かた》や思《おも》いつきが、ふつうは思《おも》いもつかないほど変《か》わっているようす。例 奇想天外な計画《けいかく》。

きそがわ【木曽川】 名詞 中部地方《ちゅうぶちほう》を流《なが》れて伊勢湾《いせわん》に注《そそ》ぐ川《かわ》。下流《かりゅう》には濃尾平野《のうびへいや》がある。

きそく【規則】 名詞 守《まも》らなければならない決《き》

ガッテン日本語教室

擬態語《ぎたいご》・擬音語《ぎおんご》①

「この石《いし》はぴかぴか光《ひか》っているね」とか、「公園《こうえん》をぶらぶら歩《ある》いた」などの言《い》い方《かた》がある。

別《べつ》に、石《いし》は光《ひか》るときにぴかぴかと音《おと》を出《だ》すわけではないし、歩《ある》くときにぶらぶらと音《おと》がするわけでもないよね。この「ぴかぴか」や「ぶらぶら」のように、ものごとのようすや感《かん》じをそれらしく表《あらわ》すことばを「擬態語《ぎたいご》」というんだ。

一方《いっぽう》、実際《じっさい》の音《おと》をまねて作《つく》ったことばは「擬音語《ぎおんご》」という。「犬《いぬ》がワンワン鳴《な》く」の「ワンワン」などが、擬音語《ぎおんご》だよ。

多《おお》かれ少《すく》なかれくせを持《も》っているものだということ。

まり。定《さだ》め。例 会《かい》の規則を守《まも》る。類 規約《きやく》。

きぞく【貴族】 名詞 家《いえ》がらや身分《みぶん》の高《たか》い人《ひと》。世《よ》の中《なか》で特別《とくべつ》な権力《けんりょく》を持《も》っている人《ひと》たち。

ぎそく【義足】 名詞 けがや病気《びょうき》などで失《うしな》った足《あし》の代《か》わりにつける、人工《じんこう》の足《あし》。

きぞくいん【貴族院】 名詞 明治時代《めいじじだい》に、衆《しゅう》議院《ぎいん》とともに国会《こっかい》をつくっていたしくみ。議員《ぎいん》は選挙《せんきょ》で選《えら》ばれるのではなく、おもに貴族《きぞく》の中《なか》から選《えら》ばれた。一九四七年《ねん》に廃止《はいし》された。

きそくせい【規則性】 名詞 一定《いってい》の決《き》まりに従《したが》う性質《せいしつ》。例 月《つき》の満《み》ち欠《か》けには規則性がある。

きそくただしい【規則正しい】 形容詞 ものごとが一定《いってい》の決《き》まりにきちんと従《したが》っているようす。例 規則正しい生活《せいかつ》を送《おく》る。

きそくてき【規則的】 形容動詞 一定《いってい》の決《き》まりに従《したが》っているようす。例 規則的な生活《せいかつ》。

きそさんみゃく【木曽山脈】 名詞 中部地《ちゅうぶち》方《ほう》にある山脈《さんみゃく》。長野県《ながのけん》の南西部《なんせいぶ》、天竜川《てんりゅうがわ》と木《き》曽川《そがわ》の間《あいだ》にある。もっとも高《たか》い山《やま》は駒ヶ岳《こまがたけ》。「中央《ちゅうおう》アルプス」ともいう。

きそしょくひんぐん【基礎食品群】 名詞 毎日《まいにち》の健康《けんこう》に必要《ひつよう》な、ある栄養素《えいようそ》をおもにふくむ食品《しょくひん》の集《あつ》まり。炭水化物《たんすいかぶつ》・しぼう・たんぱく質《しつ》・無機質《むきしつ》・カロチン・ビタミンC《シー》の六《むっ》つの栄養素《えいようそ》によって、六《むっ》つの食品群《しょくひんぐん》に分《わ》けられる。

きた【北】 名詞 方角《ほうがく》の一《ひと》つ。太陽《たいよう》の出《で》る方《ほう》（＝東《ひがし》）に向《む》かって左《ひだり》のほう。ふつう、地図《ちず》では上《うえ》に当《あ》たる。例 北風《かぜ》／北半球《はんきゅう》。対 南《みなみ》。関連 東《ひがし》。西《にし》。図 ↓1203ページ ほうい 漢 ↓1215ページ ほく〔北〕

ぎだ【犠打】 名詞 野球《やきゅう》で、バッターが自分《じぶん》はアウトになっても、ランナーを次《つぎ》の塁《るい》に進《すす》めるために行《おこな》う打撃《だげき》。犠牲《ぎせい》バントなど。

ギター (guitar) 名詞 弦楽器《げんがっき》の一《ひと》つ。六本《ろっぽん》の弦《げん》をはじいて演奏《えんそう》する。図 ↓269ページ がっき〔楽器〕

きたアメリカ【北アメリカ】 名詞 世界《せかい》の六大州《ろくだいしゅう》の一《ひと》つ。太平洋《たいへいよう》・大西洋《たいせいよう》・北極海《ほっきょくかい》に囲《かこ》まれ、南《みなみ》には南《みなみ》アメリカが続《つづ》く。アメリカ合《がっ》衆国《しゅうこく》・カナダ・メキシコなどの国《くに》がある。北《ほく》米《べい》。

きたアルプス【北アルプス】 名詞 中部地《ちゅうぶち》方《ほう》にある「飛驒山脈《ひださんみゃく》」のこと。

きたい【気体】 名詞 空気《くうき》のように、決《き》まった形《かたち》や大《おお》きさがないもの。関連 液体《えきたい》。固体《こたい》。
教科 理 たとえば、水蒸気《すいじょうき》は水《みず》が気体《きたい》になったものである。

きたい【希代】 名詞 形容動詞
❶非常《ひじょう》にめずらしいこと。めったにないこと。例 希代の天才《てんさい》だと評判《ひょうばん》の画家《がか》。
❷不思議《ふしぎ》なこと。例 ふつうでは考《かんが》えられない希代なできごと。
ことば 「きだい」ともいう。

きたい【期待】 名詞 動詞 よい結果《けっか》やよいできごとなどを、あてにして待《ま》つこと。例 みんなの期待にこたえて優勝《ゆうしょう》した。

きたい【機体】 名詞 飛行機《ひこうき》の胴体《どうたい》。また、飛《ひ》行機《こうき》の、エンジン以外《いがい》のおもな部分《ぶぶん》。

きだい【希代】 ↓331ページ きたい〔希代〕

きだい【季題】 ↓324ページ きご

ぎたい【擬態】 名詞
❶別《べつ》のものの形《かたち》やようすに似《に》せること。
❷動物《どうぶつ》が、その色《いろ》や形《かたち》を、まわりのものに似《に》せることで、敵《てき》に見《み》つかりにくくして身《み》を守《まも》ったり、えものをとったりするのに役立《やくだ》つ。

ぎだい【議題】 名詞 会議《かいぎ》で話《はな》し合《あ》う問題《もんだい》。例 さまざまな問題《もんだい》を議題にとり上《あ》げる。類 論題《ろんだい》。

きたいけんちかん【気体検知管】 名詞 空《くう》気中《きちゅう》にふくまれる酸素《さんそ》や二酸化炭素《にさんかたんそ》の量《りょう》の割《わり》合《あい》を測定《そくてい》する器具《きぐ》。

ぎたいご【擬態語】 名詞 ものごとのようすや身《み》ぶりなどの感《かん》じを、それらしく表《あらわ》したことば。「きらきら」「すたすた」「ぴかぴか」など。関連 擬音語《ぎおんご》。↓330ページ・332ページ 日本語教室

きたえる【鍛える】 動詞
❶練習《れんしゅう》して、わざをみがいたり、心《こころ》や体《からだ》を強《つよ》くしたりする。例 毎日走《まいにちはし》って体《からだ》を鍛える。
❷金属《きんぞく》を、何度《なんど》も熱《ねっ》しては打《う》って、強《つよ》くする。例 鉄《てつ》を鍛えて刀《かたな》をつくる。

きたかいきせん【北回帰線】 名詞 北緯《ほくい》二十三度《ど》二七分《ふん》を通《とお》り、赤道《せきどう》と平行《へいこう》な線《せん》。夏至《げし》には太陽《たいよう》がこの線《せん》の真上《まうえ》にきて、日本《にほん》は昼《ひる》の長《なが》さがいちばん長《なが》くなる。対 南回帰線《みなみかいきせん》。図 ↓721ページ せきどう

きたかぜ【北風】 名詞 季語 冬 北《きた》の方《ほう》からふいてくる、冷《つめ》たい風《かぜ》。対 南風《みなみかぜ》。

きたかみがわ【北上川】 名詞 東北地方《とうほくちほう》の東《とう》部《ぶ》を流《なが》れて太平洋《たいへいよう》に注《そそ》ぐ川《かわ》。流域《りゅういき》にある北上《きたかみ》盆地《ぼんち》・仙台平野《せんだいへいや》では稲作《いなさく》がさかん。

ことわざ **無《な》くて七癖《ななくせ》** くせというものがないように見《み》える人《ひと》でも、七《なな》つくらいのくせはある。だれでも

きたかみこうち【北上高地】 名詞 東北《とうほく》地方《ちほう》の北東部《ほくとうぶ》を、北上川《きたかみがわ》に沿《そ》って南北《なんぼく》に走《はし》る山地《さんち》。「北上山地《きたかみさんち》」ともいう。

きたがわうたまろ【喜多川歌麿】 名詞 （一七五三～一八〇六）江戸《えど》時代《じだい》中《なか》ごろの浮世絵《うきよえ》師《し》。とくに美人画《びじんが》が有名《ゆうめい》。

きたかんとうこうぎょうちいき【北関東工業地域】 名詞 関東《かんとう》地方《ちほう》北部《ほくぶ》の茨城県《いばらきけん》・栃木県《とちぎけん》・群馬県《ぐんまけん》・埼玉県《さいたまけん》に広《ひろ》がる、工業《こうぎょう》のさかんな地域《ちいき》。茨城県《いばらきけん》の太平洋沿岸《たいへいようえんがん》の地域《ちいき》を「鹿島《かしま》臨海工業地域《りんかいこうぎょうちいき》」、そのほかの内陸部《ないりくぶ》の地域《ちいき》を「関東内陸工業地域《かんとうないりくこうぎょうちいき》」と分《わ》けていうこともある。

きたきつね 名詞 体《からだ》の毛《け》が明《あか》るい茶色《ちゃいろ》のきつね。北海道《ほっかいどう》にすむ。

きたきつね

きたきゅうしゅうこうぎょうちいき【北九州工業地域】 名詞 福岡県北九州市《ふくおかけんきたきゅうしゅうし》を中心《ちゅうしん》に広《ひろ》がる、工業《こうぎょう》のさかんな地域《ちいき》。

きたきゅうしゅうし【北九州市】 名詞 福岡県《ふくおかけん》の北部《ほくぶ》にある大《おお》きな都市《とし》。北九州工業《きたきゅうしゅうこうぎょう》地域《ちいき》の中心都市《ちゅうしんとし》。

きたく【帰宅】 名詞 動詞 自分《じぶん》の家《いえ》に帰《かえ》ること。例 父《ちち》は夜八時《よるはちじ》に帰宅します。

きたぐに【北国】 名詞 北《きた》の方《ほう》にある寒《さむ》い国《くに》や地方《ちほう》。対 南国《なんごく》。

きたさとしばさぶろう【北里柴三郎】 名詞 （一八五二～一九三一）明治《めいじ》・大正時代《たいしょうじだい》の細菌学者《さいきんがくしゃ》。破傷風《はしょうふう》・ペストなどの病気《びょうき》を研究《けんきゅう》して、治療方法《ちりょうほうほう》や病原体《びょうげんたい》を発見《はっけん》した。

きたす【来す】 動詞 あることをひき起《お》こす。例 体《からだ》に変調《へんちょう》を来す。使い方 あまりよくない場合《ばあい》について使《つか》うことが多《おお》い。漢 ⇒1381ページ らい〔来〕

きたちょうせん【北朝鮮】 ⇒847ページ ちょうせんみんしゅしゅぎじんみんきょうわこく

きだて【気立て】 名詞 心《こころ》の持《も》ち方《かた》。生《う》まれつきの心《こころ》の性質《せいしつ》。例 気立てのよいむすめさん。

きたない【汚い】 形容詞 ❶よごれている。不潔《ふけつ》である。例 汚い手《て》で食事《しょくじ》をしてはいけません。対 奇麗《きれい》。❷きちんとしていなくて不快《ふかい》な感《かん》じをあたえるようす。例 汚いことばづかい。対 奇麗《きれい》。❸心《こころ》が正《ただ》しくない。ずるい。例 汚いやり方《かた》。対 奇麗《きれい》。❹けちであるようす。例 お金《かね》に汚い。

きたならしい【汚らしい】 形容詞 いかにもきたない感《かん》じがするようす。例 汚らしいくつ。

きたはらはくしゅう【北原白秋】 名詞 （一八八五～一九四二）明治《めいじ》から昭和時代《しょうわじだい》にかけての詩人《しじん》・歌人《かじん》。福岡県《ふくおかけん》の生《う》まれ。「からたちの花《はな》」「この道《みち》」などの詩《し》を作《つく》った。⇒1159ページ 伝統コラム 文語《ぶんご》の詩《し》

きたはんきゅう【北半球】 名詞 地球《ちきゅう》を赤道《せきどう》で二《ふた》つに分《わ》けたときの、北側《きたがわ》の半分《はんぶん》。アジア、ヨーロッパ、北《きた》アメリカのほか、アフリカの北部《ほくぶ》、南《みなみ》アメリカの一部《いちぶ》がふくまれる。対 南半球《みなみはんきゅう》。

きたみさんち【北見山地】 名詞 北海道《ほっかいどう》の北東部《ほくとうぶ》をほぼ南北《なんぼく》に走《はし》る山地《さんち》。

ぎだゆうぶし【義太夫節】 名詞 じょうるり（＝三味線《しゃみせん》に合《あ》わせて、節《ふし》をつけて語《かた》る芸能《げいのう》）の流派《りゅうは》の一《ひと》つ。参考 江戸時代《えどじだい》に非常《ひじょう》に流行《りゅうこう》したため、「じょうるり」そのものの意味《いみ》で使《つか》われることもある。

きたる【来る】 連体詞 （月日《つきひ》を表《あらわ》すことばなどの前《まえ》につけて）これからやってくる。次《つぎ》の。例 花火大会《はなびたいかい》を、来る八月十四日《はちがつじゅうよっか》に行《おこな》います。対 去《さ》る。漢 ⇒1381ページ らい〔来〕

きたん【忌たん】 名詞 遠慮《えんりょ》すること。ひかえめにすること。例 忌たんのない意見《いけん》を述《の》べる。使い方 あとに「ない」などのことばがくる。

ガッテン日本語教室

擬態語《ぎたいご》・擬音語《ぎおんご》②

擬態語《ぎたいご》や擬音語《ぎおんご》には、ほんの少《すこ》しの意味《いみ》のちがいを、濁点《だくてん》や半濁点《はんだくてん》、「ん」「っ」のあるなしなどで区別《くべつ》したものがあるよ。

「はらはら」「ばらばら」「ぱらぱら」は、どれも上《うえ》から物《もの》が落《お》ちてくるようすを表《あらわ》すけれど、落《お》ちてくる物《もの》の重《おも》さや大《おお》きさがちがうように感《かん》じるね。「ころころ」「ごろごろ」「ごろんごろん」や「かちかち」「がちがち」「がっちがっち」は、それぞれどんなようすに感《かん》じるかな。擬態語《ぎたいご》や擬音《ぎおん》語《ご》を使《つか》って表現《ひょうげん》を豊《ゆた》かにしよう！

ぐっていつかは自分《じぶん》のところによいこととなって返《かえ》ってくるものだということ。

きち【吉】 名詞 運《うん》がよいこと。めでたいこと。例 おみくじをひいたら吉と出《で》た。対 凶《きょう》。

きち【危地】 名詞 危《あぶ》ない場所《ばしょ》や状態《じょうたい》。類 窮《きゅう》地《ち》。例 ヨットはようやく危地をぬけだした。

きち【基地】 名詞 仕事《しごと》や探検《たんけん》などの活動《かつどう》のよりどころになる場所《ばしょ》。

きち【機知】 名詞 その場《ば》その場《ば》に合《あ》ったことをぱっと思《おも》いつくような、すばやくはたらく知《ち》恵《え》。例 機知にとんだ人《ひと》。類 頓《とん》知《ち》。

きちじつ【吉日】 名詞 何《なに》かをするのによいとされている日《ひ》。縁《えん》起《ぎ》のよい日《ひ》。おめでたい日《ひ》。「きちにち」ともいう。例 大安《たいあん》吉日。

きちにち【吉日】 ⇩333ジペー きちじつ

きちゃく【帰着】 名詞 動詞
❶出《しゅっ》発《ぱつ》したところに帰《かえ》り着《つ》くこと。
❷議《ぎ》論《ろん》や考《かんが》えなどが、ある点《てん》に落《お》ち着《つ》くこと。例 話《はな》し合《あ》いは、結《けっ》局《きょく》最《さい》初《しょ》の案《あん》に帰着した。

きちゅう【忌中】 名詞 家《いえ》の人《ひと》が死《し》んだとき、家《いえ》にこもってつつしんでいる期《き》間《かん》。ふつう四《よん》十《じゅう》九《く》日《にち》間《かん》。類 喪《も》中《ちゅう》。

きちょう【き帳】 名詞 平《へい》安《あん》時《じ》代《だい》に、室《しつ》内《ない》の仕《し》切《き》りや目《め》かくしに使《つか》った道《どう》具《ぐ》。

きちょう【記帳】 名詞 動詞 帳《ちょう》面《めん》に書《か》き入《い》れること。例 売《う》り上《あ》げを記帳する。

きちょう【帰朝】 名詞 動詞 外《がい》国《こく》から日《に》本《ほん》へ帰《かえ》ってくること。例 調《ちょう》査《さ》団《だん》がアメリカから帰朝した。使い方 あらたまった言《い》い方《かた》。

きちょう【貴重】 形容動詞 値《ね》打《う》ちがあり、非《ひ》常《じょう》に大《たい》切《せつ》なようす。例 夏《なつ》休《やす》みの旅《りょ》行《こう》は貴重な経《けい》験《けん》だった。

きちょう【機長】 名詞 航《こう》空《くう》機《き》の中《なか》で働《はたら》く人《ひと》のうち、もっとも責《せき》任《にん》の重《おも》い人《ひと》。ふつう、正《せい》操《そう》縦《じゅう》士《し》がなる。

ぎちょう【議長】 名詞 会《かい》議《ぎ》を進《すす》めたり、まとめたりする役《やく》目《め》の人《ひと》。例 衆《しゅう》議《ぎ》院《いん》議長。

きちょうめん 形容動詞 いいかげんなところがなくて、きちんとしているようす。例 きちょうめんにノートをつける。ことば 漢《かん》字《じ》では「几帳面」と書《か》く。もとは、「き帳《ちょう》（＝昔《むかし》、室《しつ》内《ない》の仕《し》切《き》りにした道《どう》具《ぐ》）」の柱《はしら》の、細《こま》かな細《さい》工《く》をした面《めん》のこと。

きちんと 副詞
❶整《ととの》っているようす。例 上《うわ》着《ぎ》をきちんと着《き》る。
❷正《せい》確《かく》で規《き》則《そく》正《ただ》しいようす。例 借《か》りた本《ほん》はきちんと返《かえ》すこと。

きつい 形容詞
❶気《き》が強《つよ》い。例 きつい性《せい》格《かく》。
❷ふつうより程《てい》度《ど》が激《はげ》しい。厳《きび》しい。ひどい。例 きつい仕《し》事《ごと》／父《ちち》親《おや》にきつくしかられた。
❸きゅうくつである。ゆとりがない。例 このくつはきつくて足《あし》が痛《いた》い。対 緩《ゆる》い。
❹力《ちから》が強《つよ》い。例 ひもをきつく結《むす》ぶ。

きつえん【喫煙】 名詞 動詞 たばこを吸《す》うこと。

きつえんしゃ【喫煙者】 名詞 たばこを吸《す》う人《ひと》。

きづかい【気遣い】 名詞 あれこれ気《き》をつかうこと。心《しん》配《ぱい》。例 お気遣いをいただき、ありがとうございます。

きづかう【気遣う】 動詞 あれこれと気《き》をつかう。心《しん》配《ぱい》する。例 体《からだ》の弱《よわ》い弟《おとうと》を気遣う。

きっかけ 名詞
❶ものごとが起《お》こる原《げん》因《いん》となることがら。例 横《よこ》にすわったのがきっかけで仲《なか》よくなった。
❷あることをする手《て》がかり。糸《いと》口《ぐち》。例 話《はなし》のきっかけがつかめない。

きっかり 副詞 数《かず》や時《じ》間《かん》が、半《はん》端《ぱ》がなくて、切《き》りがよいようす。ちょうど。ぴったり。例 きっかり一《いち》万《まん》円《えん》／五《ご》時《じ》きっかりに家《いえ》に着《つ》いた。

きづかれ【気疲れ】 名詞 動詞 あれこれ心《しん》配《ぱい》したり気《き》をつかったりして、心《こころ》がつかれること。例 お客《きゃく》様《さま》が多《おお》くて、気疲れした。

きっきょう【吉凶】 名詞 縁《えん》起《ぎ》のよい悪《わる》い。例 吉凶をうらなう。

キック（kick） 名詞 動詞 けること。例 キックボクシング／ボールをキックする。

きづく【気付く】 動詞 気《き》がつく。自《じ》分《ぶん》で感《かん》じとる。感《かん》づく。例 電《でん》話《わ》の音《おと》に気付く。

ぎっくりごし【ぎっくり腰】 名詞 こしをひねったり、重《おも》い物《もの》を持《も》ち上《あ》げたりしたときなどに、急《きゅう》にこしに激《はげ》しい痛《いた》みが起《お》こる病《びょう》気《き》。

きつけ【気付け】 名詞 気《き》を失《うしな》ったときや気《き》分《ぶん》が悪《わる》いときに、意《い》識《しき》をもとにもどすようにすること。例 気付け薬《ぐすり》。

きつけ【着付け】 名詞 着《き》物《もの》をきちんと着《き》ること。また、着《き》せること。例 着付け教《きょう》室《しつ》。

きづけ【気付】 名詞 手《て》紙《がみ》を、相《あい》手《て》が住《す》んでいる所《ところ》でなく、旅《たび》先《さき》など関《かん》係《けい》がある所《ところ》に送《おく》るとき、

ことわざ　**情《なさ》けは人《ひと》のためならず**　人《ひと》に親切《しんせつ》にすることは、その人《ひと》のためになるばかりでなく、めぐりめ

あて名《な》の下《した》に書《か》くことば。「花畑《はなばたけ》ホテル気付《きづけ》、山川愛様《やまかわあいさま》」のように書《か》く。「きつけ」ともいう。

きつけぐすり【気付け薬】 名詞 気《き》を失《うしな》った人《ひと》の意識《いしき》をとりもどさせるための薬《くすり》。

きっさてん【喫茶店】 名詞 コーヒーや紅茶《こうちゃ》などを飲《の》んだり、軽《かる》い食事《しょくじ》をしたりする店《みせ》。

ぎっしゃ【牛車】 名詞 昔《むかし》、身分《みぶん》の高《たか》い人《ひと》が乗《の》った、牛《うし》が引《ひ》く車《くるま》。「ぎゅうしゃ」ともいう。

ぎっしゃ

ぎっしり［と］ 副詞 中《なか》にいっぱいつまっているようす。例 箱《はこ》にお菓子《かし》をぎっしりとつめる。

きっすい【喫水】 名詞 水《みず》にうかんだ船《ふね》の、水面《すいめん》から船底《ふなぞこ》までの深《ふか》さ。

きっすい【生っ粋】 名詞 まったく混《ま》じり気《け》がないこと。例 生っ粋の江戸《えど》っ子《こ》。

きづち【木づち】 名詞 木《き》で作《つく》られた、ものをたたくときに使《つか》う道具《どうぐ》。

きっちょう【吉兆】 名詞 よいことやめでたいことが起《お》こる前《まえ》ぶれ。対 凶兆《きょうちょう》。

キッチン (kitchen) 名詞 「台所《だいどころ》」のこと。例 ダイニングキッチン。

きつつき 名詞 季語 秋 森《もり》や林《はやし》にすんでいる鳥《とり》の一《ひと》つ。くちばしがするどく、木《き》の幹《みき》をつついて穴《あな》をあけ、中《なか》にいる虫《むし》を食《た》べる。ことば 漢字《かんじ》では「啄木鳥」と書《か》く。

きつつき

きって【切手】 名詞 郵便物《ゆうびんぶつ》に、料金《りょうきん》をはらったしるしとしてはる小《ちい》さな紙《かみ》。「郵便切手《ゆうびんきって》」の略《りゃく》。ことば もとは「切符手形《きりふてがた》」といい、お金《かね》を受《う》けとったしるしの券《けん》や身分証明書《みぶんしょうめいしょ》を指《さ》した。

きっての (ほかのことばのあとにつけて)…の中《なか》でいちばんの。例 クラスきっての物知《ものし》り。

きってもきれない【切っても切れない】 関係《かんけい》がとても深《ふか》くて、断《た》ち切《き》ろうとしても切《き》れないくらい、強《つよ》くつながっている。例 この幼《おさな》なじみとは、切っても切れない縁《えん》だ。

きっと ❶ 副詞 確《たし》かに。必《かなら》ず。例 きみならきっと合格《ごうかく》する／明日《あす》はきっと雨《あめ》になるだろう。❷ 副詞 動詞 顔《かお》つきが急《きゅう》に厳《きび》しくなるようす。例 きっと相手《あいて》をにらんだ。

きつね 名詞 季語 冬 犬《いぬ》のなかまの動物《どうぶつ》の一《ひと》つ。野山《のやま》にすみ、毛《け》は茶色《ちゃいろ》で、口《くち》がつき出《で》ていて尾《お》が太《ふと》い。昔《むかし》は人《ひと》をだますと考《かんが》えられていた。ことば 漢字《かんじ》では「狐」と書《か》く。

きつね
(きたきつね)

●**きつねにつままれる** きつねにだまされたように、思《おも》ってもいなかったことが起《お》こって、わけがわからず、ぽかんとする。例 突然《とつぜん》の話《はなし》に、きつねにつままれたような顔《かお》をする。

●**きつねの嫁入《よめい》り** 日《ひ》が照《て》っているのに、雨《あめ》が降《ふ》ること。また、そのような天気《てんき》。

きっぱり［と］ 副詞 はっきり。例 きっぱりと断《ことわ》る。

きっぷ【切符】 名詞 乗車券《じょうしゃけん》など、お金《かね》をはらったしるしになる紙《かみ》の札《ふだ》。類 チケット。

きっぽう【吉報】 名詞 よい知《し》らせ。めでたい知《し》らせ。類 快報《かいほう》。

きづまり【気詰まり】 名詞 形容動詞 気持《きも》ちがゆったりしないで、きゅうくつに感《かん》じること。例 あの人《ひと》と二人《ふたり》きりで話《はな》すのは気詰まりだ。

きつもん【詰問】 名詞 動詞 相手《あいて》のしたことを責《せ》めて、厳《きび》しく問《と》いただすこと。例 いたずらが見《み》つかって、先生《せんせい》に詰問された。

きづよい【気強い】 形容詞 たよりになるものがあって安心《あんしん》である。心強《こころづよ》い。例 初《はじ》めての合宿《がっしゅく》も兄《あに》がいっしょなので気強い。

きて【来手】 名詞 来《く》る人《ひと》。来《き》てくれる人《ひと》。例 嫁《よめ》の来手がある。

きてい【既定】 名詞 すでに決《き》まっていること。例 既定の方針《ほうしん》で計画《けいかく》を進《すす》める。対 未定《みてい》。

きてい【規定】 名詞 動詞 決《き》まりや約束《やくそく》ごととして決《き》めること。また、決《き》められたこと。例 規定の料金《りょうきん》をはらう。

きてい【規程】 名詞 役所《やくしょ》などで、仕事上《しごとじょう》のことなどについて、基準《きじゅん》となる規則《きそく》。

ぎてい【義弟】 名詞 義理《ぎり》の弟《おとうと》。妻《つま》または夫《おっと》の弟《おとうと》、妹《いもうと》の夫《おっと》など、血《ち》のつながりのない弟《おとうと》。

上《あ》がってがんばり続《つづ》けること。

きてき【汽笛】 名詞 蒸気《じょうき》の力《ちから》で音《おと》を出《だ》す笛《ふえ》。汽車《きしゃ》や汽船《きせん》などで使《つか》う。

きてん【起点】 名詞 ものごとの始《はじ》まるところ。出発点《しゅっぱつてん》。例 東海道新幹線《とうかいどうしんかんせん》は、東京駅《とうきょうえき》を起点とする。対 終点《しゅうてん》。

きてん【基点】 名詞 きょりを測《はか》ったり図形《ずけい》をかいたりするときの、もとになる点《てん》や場所《ばしょ》。例 学校《がっこう》を基点として、家《いえ》までのきょりを測《はか》る。

きてん【機転】 名詞 すばやく心《こころ》がはたらくこと。よく気《き》がつくこと。例 機転がきく。

きと【帰途】 名詞 帰《かえ》り道《みち》。帰《かえ》るとちゅう。例 帰途につく。類 帰路《きろ》。

きど【木戸】 名詞 ❶庭《にわ》などの出入《でい》り口《ぐち》につける、木《き》でできた簡単《かんたん》な開《ひら》き戸《ど》。❷すもう・寄席《よせ》・見《み》せ物小屋《ものごや》などの見物人《けんぶつにん》の出入《でい》り口《ぐち》。

きどあいらく【喜怒哀楽】 名詞 喜《よろこ》びといかりとかなしみと楽《たの》しみ。また、そのようないろいろな感情《かんじょう》。

きとう【祈とう】 名詞 動詞 神《かみ》や仏《ほとけ》にいのること。また、その儀式《ぎしき》。

きどう【軌道】 名詞 ❶電車《でんしゃ》・列車《れっしゃ》を走《はし》らせるための線路《せんろ》。❷地球《ちきゅう》・月《つき》などの天体《てんたい》が通《とお》る決《き》まった道筋《みちすじ》。❸ものごとが進《すす》んでいく道筋《みちすじ》。例 計画《けいかく》の軌道を修正《しゅうせい》する。

● **軌道《きどう》に乗《の》る** ものごとがうまく進《すす》むようになる。例 商売《しょうばい》がやっと軌道に乗った。

きどう【起動】 名詞 動詞 動《うご》き始《はじ》めること。とくに、機械《きかい》などが運転《うんてん》を始《はじ》めること。例 コンピューターを起動させる。

きとく【危篤】 名詞 病気《びょうき》やけがが非常《ひじょう》に重《おも》くて、今《いま》にも死《し》にそうであること。類 重体《じゅうたい》。

きどたかよし【木戸孝允】 名詞 （一八三三〜一八七七）江戸時代《えどじだい》の末《すえ》から明治時代《めいじじだい》の初《はじ》めにかけての政治家《せいじか》。今《いま》の山口県《やまぐちけん》の生《う》まれ。桂小五郎《かつらこごろう》といったが、名前《なまえ》を改《あらた》めた。江戸幕府《えどばくふ》をたおすのに活躍《かつやく》し、明治政府《めいじせいふ》の中心人物《ちゅうしんじんぶつ》としてはたらいた。

キトラこふん【キトラ古墳】 名詞 奈良県《ならけん》明日香村《あすかむら》にある古墳《こふん》。石室《せきしつ》の中《なか》に壁画《へきが》が残《のこ》されていた。

きどる【気取る】 動詞 ❶よく見《み》せようとしてすましたり、もったいぶったりする。例 気取ったポーズをとる。❷ようすをまねてそれらしくする。例 歌手《かしゅ》を気取って歌《うた》っている。

きどる❶

きなが【気長】 形容動詞 のんびりしていて、あせったりいらいらしたりしないようす。例 友《とも》だちが来《く》るのを気長に待《ま》つ。対 気短《きみじか》。

きながし【着流し】 名詞 男性《だんせい》の、はかまを着《つ》けない着物《きもの》だけの姿《すがた》。参考 はかまを着《つ》けたときよりもくだけたよそおい。

きなくさい【きな臭い】 形容詞 ❶紙《かみ》や布《ぬの》などのこげるにおいがする。こげくさい。❷戦争《せんそう》やもめごとが起《お》こりそうなようすである。例 国境《こっきょう》の辺《あた》りで、きな臭い状態《じょうたい》が続《つづ》く。

きなこ【黄な粉】 名詞 大豆《だいず》をいって粉《こな》にしたもの。もちや団子《だんご》などにまぶして食《た》べる。

きにいり【気に入り】 ⇒179ページ おきにいり

きにゅう【記入】 名詞 動詞 書《か》き入《い》れること。例 答案用紙《とうあんようし》に名前《なまえ》を記入する。

きぬ【絹】 名詞 蚕《かいこ》のまゆからとった糸《いと》。また、その糸で織《お》った布《ぬの》。例 絹のブラウス。

漢 **きぬ【絹】** 〔糸《いとへん》〕13画 6年 音 ケン 訓 きぬ

く 幺 糸 糸 糸口 絹 絹（とめる）（はねる）

きぬ。蚕《かいこ》のまゆからとったいとや、そのいとで織《お》ったぬの。例 絹糸《きぬいと》／絹織物《きぬおりもの》。

きぬいと【絹糸】 名詞 蚕《かいこ》のまゆからとった糸《いと》。「けんし」ともいう。

きぬおりもの【絹織物】 名詞 絹糸《きぬいと》で織《お》った織物《おりもの》。

きぬけ【気抜け】 名詞 動詞 張《は》りきっていた気《き》持《も》ちがなくなって、気《き》がゆるむこと。拍子《ひょうし》ぬけ。例 遠足《えんそく》が延期《えんき》になり、気抜けしてしまった。

きぬごし【絹ごし】 名詞 ❶絹《きぬ》の布《ぬの》でこすこと。また、そのこしたもの。❷「絹《きぬ》ごし豆腐《どうふ》」の略《りゃく》。濃《こ》い豆乳《とうにゅう》ににがりを加《くわ》え、そのまま固《かた》めた豆腐《とうふ》。きめが細《こま》かくなめらかで、口《くち》あたりがよい。

ことわざ **七転《ななころ》び八起《やお》き** 七回転《ななかいころ》んでも八回起《はちかいお》き上《あ》がるということから、何回失敗《なんかいしっぱい》しても、負《ま》けずに立《た》ち

きぬごしどうふ【絹ごし豆腐】→335ページ きぬごし❷

きぬさや→539ページ さやえんどう

きぬのみち【絹の道】→656ページ シルクロード

きね 名詞 もちなどをつくのに使《つか》う道具《どうぐ》。うすの中《なか》の米《こめ》などをつく。図 →125ページ うす❶

きねん【記念】名詞 動詞 思《おも》い出《で》に残《のこ》しておくこと。また、そのための品物《しなもの》など。例 卒業《そつぎょう》記念文集《ぶんしゅう》。

ぎねん【疑念】名詞 疑《うたが》う気持《きも》ち。ほんとうだろうか、おかしいなと思《おも》う気持《きも》ち。例 疑念をいだく。類 疑惑《ぎわく》。

きねんきって【記念切手】名詞 特別《とくべつ》なできごとや、オリンピックなどの大《おお》きなもよおしを記念《きねん》して発行《はっこう》する郵便切手《ゆうびんきって》。

きねんさい【記念祭】名詞 あることを記念《きねん》して行《おこな》う祭《まつ》りや行事《ぎょうじ》。

きねんひ【記念碑】名詞 大《おお》きなできごとや人《ひと》の行《おこな》いなどの記念《きねん》として、石《いし》に文字《もじ》などを刻《きざ》んでたてたもの。

きねんび【記念日】名詞 あるできごとを記念《きねん》する日《ひ》。例 結婚《けっこん》記念日／憲法《けんぽう》記念日。

きねんひん【記念品】名詞 思《おも》い出《で》のしるしとなる品物《しなもの》。

きのう【昨日】名詞 今日《きょう》の前《まえ》の日《ひ》。「さくじつ」ともいう。対 あした。明日《あす》。

きのう【機能】名詞 動詞 そのものが持《も》つはたらき。作用《さよう》。例 多《おお》くの機能を持《も》つカメラ。

ぎのう【技能】名詞 ものごとをする腕前《うでまえ》。何《なに》かをしたりつくったりする力《ちから》とわざ。例 大工《だいく》としての技能をみがく。

きのうきょう【昨日今日】名詞 このごろ。最近《さいきん》。例 弟《おとうと》が忘《わす》れ物《もの》をするのは、昨日今日に始《はじ》まったことではない。

きのかわ【紀ノ川】名詞 近畿地方《きんきちほう》の紀伊山地《きいさんち》から流《なが》れ出《で》て、紀伊水道《きいすいどう》に注《そそ》ぐ川《かわ》。

きのこ 名詞 季語 秋 木《き》の根元《ねもと》やくさった木《き》に生《は》え、胞子《ほうし》でふえる生物《せいぶつ》。多《おお》くはかさのような形《かたち》をしている。しいたけなど食用《しょくよう》のものと、毒《どく》のあるものとがある。ことば もとは「木《き》の子《こ》」からきたことばだが、今《いま》はそのように書《か》かない。

きのこ

きのこがり【きのこ狩り】名詞 季語 秋 山《やま》で、きのこを探《さが》してとること。

きのつらゆき【紀貫之】名詞 （八六八ごろ～九四五ごろ）平安時代《へいあんじだい》の中《なか》ごろの歌人《かじん》。「古今和歌集《こきんわかしゅう》」をまとめた人《ひと》の一人《ひとり》。また、かな文字《もじ》を使《つか》って「土佐日記《とさにっき》」を書《か》いた。

きのどく【気の毒】形容動詞 ❶かわいそうに思《おも》われるようす。例 熱《ねつ》が出《で》て遠足《えんそく》に行《い》けなかったなんて気の毒だ。❷人《ひと》に迷惑《めいわく》をかけて、すまないと思《おも》うようす。例 あの人《ひと》には気の毒なことをした。ことば もとは「自分《じぶん》の心《こころ》にとって毒《どく》になるもの」という意味《いみ》。

きのぼり【木登り】名詞 動詞 木《き》によじ登《のぼ》ること。

きのみきのまま【着の身着のまま】その時着《ときき》ているもののほかは、何《なに》も持《も》っていないこと。例 着の身着のままでにげ出《だ》した。

きのめ【木の芽】名詞 季語 春 ❶木《き》の新芽《しんめ》。❷さんしょうの新芽《しんめ》。ことば「このめ」ともいう。

きのり【気乗り】名詞 動詞 あることをしたいという気持《きも》ちになること。例 その計画《けいかく》には、どうも気乗りがしない。

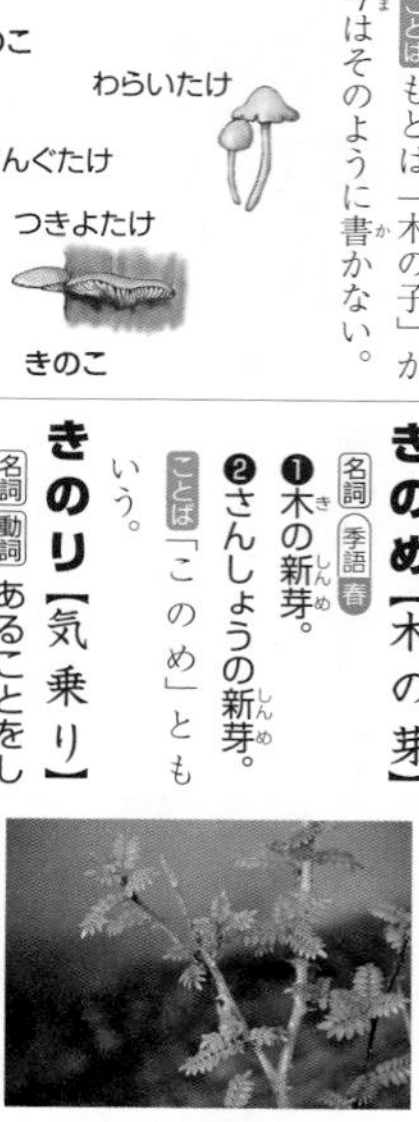
きのめ❷

きば【牙】名詞 おもに肉《にく》を食《た》べる動物《どうぶつ》の、上下《じょうげ》にあるするどくとがった歯《は》。

● **牙《きば》をむく** 敵意《てきい》をはっきりと表《あらわ》して害《がい》を加《くわ》えようとする。例 もうじゅうが牙をむく／不正《ふせい》を行《おこな》う人《ひと》に牙をむいて立《た》ち向《む》かう。

きば【木場】名詞 材木《ざいもく》をたくわえておくところ。また、材木商《ざいもくしょう》がたくさん集《あつ》まっているところ。

きば【騎馬】名詞 馬《うま》に乗《の》ること。また、馬《うま》に乗《の》

いということ。

っている人《ひと》。例 騎馬戦《せん》／騎馬民族《みんぞく》。

きはく【気迫】 名詞 何《なに》ものにも負《ま》けないで向《む》かっていく、強《つよ》い気持《きも》ち。例 気迫のこもった試合《しあい》。

きはく【希薄】 形容動詞 ❶気体《きたい》や液体《えきたい》がうすいこと。少《すく》ないこと。例 高山《こうざん》の頂上《ちょうじょう》は空気《くうき》が希薄だ。❷感情《かんじょう》や感《かん》じ方《かた》などが弱《よわ》いこと。対 濃厚《のうこう》。例 社会《しゃかい》に対《たい》する関心《かんしん》が希薄だ。

きばこ【木箱】 名詞 木《き》で作《つく》られた箱《はこ》。

きはずかしい【気恥ずかしい】 形容詞 なんとなくはずかしい。きまりが悪《わる》い。例 あんまりほめられるので気恥ずかしくなった。

きはつ【揮発】 名詞 動詞 ふつうの温度《おんど》で、液《えき》体《たい》が気体《きたい》になること。

きばつ【奇抜】 形容動詞 ほかの人《ひと》には思《おも》いもよらないほど変《か》わっているようす。風変《ふうが》わりなようす。例 奇抜な服装《ふくそう》／奇抜なアイディア。

きはつゆ【揮発油】 名詞 石油《せきゆ》からとる、ふつうの温度《おんど》でもすぐ気体《きたい》になってしまうような油《あぶら》。ガソリンやベンジンなど。

きばむ【黄ばむ】 動詞 少《すこ》し黄色《きいろ》くなる。黄色《きいろ》っぽくなる。例 白《しろ》いシャツが黄ばんできた。

きばらし【気晴らし】 名詞 気持《きも》ちを晴《は》れ晴《ば》れとさせること。例 気晴らしに公園《こうえん》に出《で》かけた。類 憂《う》さ晴《ば》らし。

きばる【気張る】 動詞 ❶何《なに》かをしようとして元気《げんき》を奮《ふる》い起《お》こす。例 気張りすぎて失敗《しっぱい》した。❷思《おも》いきってお金《かね》をたくさん出《だ》す。例 母《はは》は気張っていちばん高《たか》い牛肉《ぎゅうにく》を買《か》った。❸息《いき》を止《と》めておなかに力《ちから》を入《い》れる。

きはん【規範】 名詞 考《かんが》えたり行動《こうどう》したりするときの、手本《てほん》や基準《きじゅん》となるもの。例 社会《しゃかい》の規範に従《したが》う。

きばん【基盤】 名詞 ものごとを支《ささ》える基礎《きそ》となるもの。例 会社《かいしゃ》の基盤をつくる。類 土台《どだい》。

きはんせん【機帆船】 名詞 エンジンと帆《ほ》の両方《りょうほう》を持《も》った船《ふね》。

きび 名詞 季語秋 いねのなかまの穀物《こくもつ》の一《ひと》つ。くきは細長《ほそなが》く、実《み》はうすい緑色《みどりいろ》をしている。きびもち・きび団子《だんご》などにして食《た》べる。

きび

きびき【忌引き】 名詞 親《おや》・きょうだいなど身内《みうち》の人《ひと》が死《し》んだとき、勤《つと》め先《さき》や学校《がっこう》などを休《やす》むこと。

きびきび[と] 副詞 動詞 ことばや動《うご》きに元気《げんき》があり、すばやいようす。例 きびきびと働《はたら》く。

きびしい【厳しい】 形容詞 ❶少《すこ》しもゆるめようとしない。手加減《てかげん》しない。例 厳しい訓練《くんれん》。❷程度《ていど》が激《はげ》しい。ひどい。例 厳しい寒《さむ》さ。

漢 ⇒430ページ げん〔厳〕

きびす 名詞 「かかと」の古《ふる》い言《い》い方《かた》。

●**きびすを返《かえ》す** 引《ひ》き返《かえ》す。例 つり橋《ばし》がこわれていて渡《わた》れず、きびすを返した。

きひん【気品】 名詞 品《ひん》がよく、気高《けだか》いようす。上品《じょうひん》なようす。例 気品のある態度《たいど》。

きひん【貴賓】 名詞 身分《みぶん》の高《たか》い客《きゃく》。例 貴賓室《しつ》に泊《と》まる。

きびん【機敏】 形容動詞 頭《あたま》のはたらきや、体《からだ》の動《うご》きがすばやいようす。すばしこいようす。例 ボールを機敏によける。

きひんせき【貴賓席】 名詞 身分《みぶん》の高《たか》い人《ひと》や大事《だいじ》な客《きゃく》がすわる席《せき》。

きふ【寄付・寄附】 名詞 動詞 おおやけの事業《じぎょう》のために、お金《かね》や品物《しなもの》をおくること。また、お寺《てら》・神社《じんじゃ》などに、お金《かね》や品物《しなもの》をおくること。例 図書館《としょかん》に本《ほん》を寄付する。

ぎふ【義父】 名詞 血《ち》のつながっていない父《ちち》。夫《おっと》または妻《つま》の父《ちち》。対 実父《じっぷ》。

きふう【気風】 名詞 ある地域《ちいき》や集団《しゅうだん》の人々《ひとびと》が共通《きょうつう》して持《も》っている、特別《とくべつ》な性質《せいしつ》。例 のんびりした気風が残《のこ》る古《ふる》い町《まち》。

きふく【起伏】 名詞 動詞 ❶高《たか》くなったり低《ひく》くなったりしていること。例 起伏の多《おお》い土地《とち》。❷ものごとがよい状態《じょうたい》になったり、悪《わる》くなったりすること。例 感情《かんじょう》の起伏が激《はげ》しい。

きぶくれ【着膨れ】 名詞 動詞 季語冬 衣服《いふく》を何《なん》枚《まい》も重《かさ》ねて着《き》て、体《からだ》がふくれること。例 着膨れしないように薄手《うすで》の服《ふく》を選《えら》ぶ。

ぎふけん【岐阜県】 名詞 中部地方《ちゅうぶちほう》の西部《せいぶ》の

ことわざ **名《な》は体《たい》を表《あらわ》す** 人《ひと》や物《もの》の名前《なまえ》というものは、そのものの内容《ないよう》や本質《ほんしつ》をよく表《あらわ》していることが多《おお》内陸《ないりく》にある県《けん》。東側《ひがしがわ》の、長野県《ながのけん》との境《さかい》に北《きた》アルプスがそびえる。県庁《けんちょう》は岐阜市《ぎふし》にある。

きふじん【貴婦人】 名詞 身分《みぶん》が高《たか》い、上品《じょうひん》な女《おんな》の人《ひと》。

ギプス（ドイツ語）名詞 骨《ほね》の折《お》れた部分《ぶぶん》が動《うご》かないように、包帯《ほうたい》を石《せっ》こうや合成樹脂《ごうせいじゅし》で固《かた》めたもの。

きぶつ【器物】 名詞 物《もの》を入《い》れるうつわや道具《どうぐ》。器具《きぐ》。

きぶん【気分】 名詞 ❶気持《きも》ち。心持《こころも》ち。例 船《ふね》に乗《の》って気分が悪《わる》くなった。❷生《う》まれつきの性質《せいしつ》。例 気分のおだやかな人《ひと》。❸感《かん》じ。雰囲気《ふんいき》。例 十二月《じゅうにがつ》に入《はい》り、街《まち》も年末《ねんまつ》らしい気分になった。

ぎふん【義憤】 名詞 悪《わる》い行《おこな》いに対《たい》して、腹《はら》を立《た》てること。例 不正《ふせい》な行《おこな》いに義憤を感《かん》じる。

きぶんてんかん【気分転換】 名詞 気分《きぶん》を変《か》えること。例 気分転換にスポーツをする。

きへい【騎兵】 名詞 馬《うま》に乗《の》って戦《たたか》う兵士《へいし》。

きへん【木偏】 名詞「木」のこと。漢字《かんじ》の部首《ぶしゅ》の一《ひと》つ。木《き》に関係《かんけい》のある漢字《かんじ》を作《つく》ることが多《おお》い。根・材・板・林など。

きぼ【規模】 名詞 ものごとのしくみや内容《ないよう》などの大《おお》きさ。例 規模が大《おお》きい計画《けいかく》。

ぎぼ【義母】 名詞 血《ち》のつながっていない母《はは》。夫《おっと》または妻《つま》の母《はは》。対 実母《じつぼ》。

きほう【気泡】 名詞 液体《えきたい》や固体《こたい》の中《なか》に、気体《きたい》が入《はい》ってできるあわ。

きほう【既報】 名詞 以前《いぜん》に知《し》らせてあること。例 既報のとおり、会議《かいぎ》を開催《かいさい》します。

きぼう【希望】 名詞 動詞 ❶こうあってほしいと願《ねが》い望《のぞ》むこと。また、その願《ねが》い。望《のぞ》み。例 前《まえ》からの希望がかなう。類 願望《がんぼう》。❷将来《しょうらい》についての、よい見通《みとお》し。例 今回《こんかい》のコンクールには希望が持《も》てそうだ。

ぎほう【技法】 名詞 作品《さくひん》をつくるときの、技《ぎ》術《じゅつ》や方法《ほうほう》。例 この地方《ちほう》の伝統的《でんとうてき》な技法で織《お》られた絹織物《きぬおりもの》。類 手法《しゅほう》。

きぼうほう【喜望峰】 名詞 アフリカ大陸《たいりく》の南《みなみ》のはし、南《みなみ》アフリカ共和国《きょうわこく》にあるみさき。一四九七年《ねん》にバスコ＝ダ＝ガマがここを通《とお》って、ヨーロッパからアジアへ行《い》く「インド航《こう》路《ろ》」を発見《はっけん》した。

ぎぼし 名詞 橋《はし》などのらんかんの柱《はしら》の上《うえ》につける、ねぎの花《はな》のような形《かたち》のかざり。「ぎぼう」「ぎぼうし」ともいう。ことば 漢字《かんじ》では「擬宝珠」と書《か》く。

ぎぼし

きぼねがおれる【気骨が折れる】 気《き》をつかうことが多《おお》くてつかれる。気《き》づかれする。例 多《おお》くの見学者《けんがくしゃ》の世話《せわ》で気骨が折れる。ことば「気骨」は、「きこつ」と読《よ》むと別《べつ》の意味《いみ》。

きぼり【木彫り】 名詞 木《き》をほってつくること。また、木《き》にほったもの。例 木彫りのくま。

きほん【基本】 名詞 ものごとのもとになる大《たい》切《せつ》なもの。土台《どだい》。例 バレエの基本を学《まな》ぶ／規《き》則正《そくただ》しい生活《せいかつ》の基本は早寝早起《はやねはやお》きだ。類 基礎《きそ》。

きほんてき【基本的】 形容動詞 ものごとのもとになるようす。例 基本的なルール。

きほんてきじんけん【基本的人権】 名詞 すべての人《ひと》が人間《にんげん》として持《も》っていて、ほかのだれもうばいとることのできない権利《けんり》。働《はたら》く権利《けんり》や思想《しそう》の自由《じゆう》など。教科 社「基本的人権《きほんてきじんけん》の尊重《そんちょう》」は、「国民主権《こくみんしゅけん》」「平和主義《へいわしゅぎ》」とともに、日本国《にほんこく》憲法《けんぽう》の三《みっ》つの原則《げんそく》の一《ひと》つ。

ぎまい【義妹】 名詞 義理《ぎり》の妹《いもうと》。夫《おっと》または妻《つま》の妹《いもうと》、弟《おとうと》の妻《つま》など、血《ち》のつながりのない妹《いもうと》。

きまえ【気前】 名詞 お金《かね》や品物《しなもの》を、おしいと思《おも》わずに人《ひと》にあげてしまう性質《せいしつ》。

●気前《きまえ》がいい お金《かね》や物《もの》などをおしみなく出《だ》したり、人《ひと》にあげたりする。例 お金持《かねも》ちが、気前がいいとは限《かぎ》らない。

きまぐれ【気まぐれ】 名詞 形容動詞 ❶そのときどきの思《おも》いつきで行動《こうどう》し、しっかりとした考《かんが》えがないこと。例 気まぐれに習《なら》い始《はじ》めた書道《しょどう》は、一《いっ》か月《げつ》も続《つづ》かなかった。❷そのときどきで変《か》わり、予想《よそう》できないこと。例 秋《あき》の天気《てんき》は気まぐれだ。

きまじめ【生真面目】 形容動詞 非常《ひじょう》にまじめなようす。使い方「気まじめ」と書《か》かないよう注《ちゅう》意《い》。

がよく身《み》につく。体験《たいけん》していって慣《な》れてくれば、自然《しぜん》に上手《じょうず》になるものだということ。

きまずい【気まずい】形容詞 相手《あいて》と気持《きも》ちがぴったりしないで、いやな感《かん》じである。例 けんかした友《とも》だちとばったり会《あ》って、気まずい思《おも》いをした。

きまずい

きまつ【期末】名詞 ある決《き》まった期間《きかん》の終《お》わり。例 期末テスト。

きまって【決まって】副詞 いつも必《かなら》ず。例 ぼくは毎朝《まいあさ》決まって牛乳《ぎゅうにゅう》を飲《の》む。

きまま【気まま】名詞 形容動詞 自分《じぶん》の思《おも》うとおりにすること。例 一日《いちにち》じゅう気ままに遊《あそ》んだ。

きまり【決まり】名詞 ❶決《き》まっていること。規則《きそく》。例 決まりを守《まも》る。❷ものごとが決《き》まってしまうこと。決着《けっちゃく》。例 これでこの問題《もんだい》は決まりがついた。❸いつも決《き》まってすること。例 決まり文句《もんく》。

●**決《き》まりが悪《わる》い** なんとなくはずかしい。きまり悪《わる》い。例 つまみ食《ぐ》いしているところを見《み》られてきまりが悪い。使い方 ふつう「きまりが悪い」と書《か》く。

きまりきった【決まり切った】いつもそうであるに決《き》まっている。当《あ》たり前《まえ》の。また、いつも同《おな》じで変《か》わりのない。例 決まり切ったやり方《かた》／決まり切ったあいさつをかわす。

きまりもんく【決まり文句】名詞 同《おな》じような場合《ばあい》には、いつも決《き》まって言《い》うことば。例 母《はは》は毎朝《まいあさ》「忘《わす》れ物《もの》はないの。」と決まり文句を言《い》う。

きまりわるい【決まり悪い】→339ページ決《き》まりが悪《わる》い（「決《き》まり」の子見出《こみだ》し）

きまる【決まる】動詞 ❶あることが一《ひと》つに定《さだ》まる。決定《けってい》する。例 学級《がっきゅう》の係《かかり》が決まった。❷わざが成功《せいこう》する。例 シュートが決まる。❸ぴったりはまる。例 今日《きょう》のお父《とう》さんはネクタイが決まっている。❹（「…に決《き》まっている」の形《かたち》で）かならず…する。かならず…だ。例 ぬれたままでいたらかぜを引《ひ》くに決まっている。漢→421ページけつ〔決〕

きみ【君】❶代名詞 自分《じぶん》と同《おな》じくらいか目下《めした》の人《ひと》を親《した》しんで呼《よ》ぶことば。例 君、今度《こんど》遊《あそ》びに来《こ》いよ。❷名詞 自分《じぶん》の仕《つか》えている主人《しゅじん》。使い方 ❶は、昔《むかし》は相手《あいて》を敬《うやま》う気持《きも》ちをこめた言《い》い方《かた》だったが、現在《げんざい》では、目上《めうえ》の人《ひと》には使《つか》わない。❷は、古《ふる》い言《い》い方《かた》。ことば 昔《むかし》は、国王《こくおう》や天皇《のう》などを指《さ》したことば。漢→407ページくん〔君〕　→589ページ 伝統コラム

きみ【気味】名詞 ❶心《こころ》に感《かん》じること。気持《きも》ち。例 いい気味だ。❷少《すこ》しそのようなようすがあること。例 今日《きょう》は朝《あさ》からかぜ気味だ。使い方 ❷は、ほかのことばのあとにつくと「ぎみ」となる。

●**気味《きみ》が悪《わる》い** なんとなく気持《きも》ちが悪《わる》い。なんとなくおそろしい。例 気味が悪い事件《じけん》が続《つづ》く。

きみ【黄身】名詞 卵《たまご》の中《なか》の、丸《まる》くて黄色《きいろ》い部分《ぶぶん》。卵黄《らんおう》。対 白身《しろみ》。使い方 「黄味」と書《か》かないよう注意《ちゅうい》。

きみがよ【君が代】名詞 日本《にほん》の国歌《こっか》として歌《うた》われている歌《うた》の題名《だいめい》。

きみじか【気短】名詞 形容動詞 気《き》が短《みじか》いこと。せかせかと急《いそ》いで行動《こうどう》しようとしたり、すぐにおこったりすること。短気《たんき》。対 気長《きなが》。

きみつ【機密】名詞 国《くに》や会社《かいしゃ》などの組織《そしき》の、ほかに知《し》られたくない大事《だいじ》な秘密《ひみつ》。例 機密文書《ぶんしょ》。

きみどり【黄緑】名詞 黄《き》色《いろ》がかった緑色《みどりいろ》。

きみどり

きみょう【奇妙】形容動詞 ふつうとはちがっていて、めずらしいようす。不思議《ふしぎ》でよくわからないようす。例 奇妙な形《かたち》の建物《たてもの》。

ぎむ【義務】名詞 人《ひと》としてしなければならないこと。また、法律《ほうりつ》で決《き》められた、国民《こくみん》が守《まも》るべきこと。対 権利《けんり》。

ぎむきょういく【義務教育】名詞 国《くに》の法《ほう》律《りつ》で決《き》められている、子供《こども》に受《う》けさせなければならない教育《きょういく》。日本《にほん》では小学校《しょうがっこう》六年《ろくねん》、中学校《ちゅうがっこう》三年《さんねん》の九年間《くねんかん》。

きむずかしい【気難しい】形容詞 おこりっぽくて機嫌《きげん》がとりにくい。例 おとなりのおじいさんは気難しい。

ことわざ **習《なら》うより慣《な》れよ** ものごとは、人《ひと》に教《おし》えてもらうよりも、実際《じっさい》に自分《じぶん》で何度《なんど》もやってみるほう

キムチ（朝鮮語）名詞 朝鮮料理《ちょうせんりょうり》の一《ひと》つ。塩《しお》づけにしたはくさいなどの野菜《やさい》に、とうがらし・にんにく・塩《しお》からなどをまぜてつけたもの。

きめ【木目】 名詞 ❶木《き》の板《いた》の表面《ひょうめん》に見《み》られる年輪《ねんりん》の筋《すじ》。もくめ。❷皮膚《ひふ》や物《もの》の表面《ひょうめん》の感《かん》じ。例 きめの細《こま》かな手《て》。
使い方 ❷は、かな書《が》きにする。

●**きめが細《こま》かい** ❶皮膚《ひふ》や物《もの》の表面《ひょうめん》がすべすべしている。❷心配《こころくば》りがすみずみまで行《い》き届《とど》いている。例 きめが細かい対応《たいおう》を心《こころ》がける。

きめい【記名】 名詞 動詞 名前《なまえ》を書《か》くこと。例 自分《じぶん》の持《も》ち物《もの》に記名する。類 署名《しょめい》。対 無記名《むきめい》。

ぎめい【偽名】 名詞 にせの名前《なまえ》。うその名前《なまえ》。対 本名《ほんみょう》。

きめこむ【決め込む】 動詞 ❶勝手《かって》に、そうだと決《き》めてしまう。思《おも》いこむ。例 自分《じぶん》で才能《さいのう》がないと決め込んでいる。❷そうしようと決《き》めたとおりにする。例 知《し》らんぷりを決め込む。

きめつける【決め付ける】 動詞 相手《あいて》の言《い》うことを聞《き》かずに、こうだと決《き》めて、強《つよ》く言《い》う。例 いたずらをしたのはぼくだと、頭《あたま》から決め付けられた。

きめて【決め手】 名詞 ものごとを解決《かいけつ》したり、勝《か》ち負《ま》けを決定《けってい》したりするための手段《しゅだん》。また、そのよりどころ。例 事件解決《じけんかいけつ》の決め手となるメモ。

きめてかかる【決めてかかる】 初《はじ》めから、そうなるものだ、そうにちがいないと思《おも》いこむ。例 できるはずがないと、やる前《まえ》から決めてかかる。

きめる【決める】 動詞 ❶定《さだ》める。決定《けってい》する。決心《けっしん》する。例 毎朝《まいあさ》ランニングをすることに決めた。❷わざを成功《せいこう》させる。例 背負《せお》い投《な》げを決める。❸ぴったりはまった状態《じょうたい》にする。例 カメラの前《まえ》でポーズを決める。❹（「…と決《き》めている」の形《かたち》で）いつも…としている。例 飲《の》み物《もの》はオレンジジュースと決めている。
漢 ⇩421ページ けつ〔決〕

きも【肝】 名詞 ❶肝臓《かんぞう》。❷心《こころ》。ものごとをおそれない心《こころ》。度胸《どきょう》。

●**肝《きも》が据《す》わる** めったなことでおどろいたりあわてたりしない。度胸《どきょう》がある。例 大勢《おおぜい》の前《まえ》で平気《へいき》で話《はなし》ができるなんて肝が据わっている。

●**肝《きも》が小《ちい》さい** 臆病《おくびょう》で、度胸《どきょう》がない。例 お化《ば》け屋敷《やしき》に入《はい》れないなんて肝が小さいね。

●**肝《きも》が太《ふと》い** ものごとをおそれないで、度胸《どきょう》がある。例 肝が太くてたよりがいがある人《ひと》。

●**肝《きも》に銘《めい》じる** 心《こころ》に深《ふか》く覚《おぼ》えて忘《わす》れないようにする。例 火事《かじ》のこわさを肝に銘じた。

●**肝《きも》を潰《つぶ》す** 非常《ひじょう》にびっくりする。例 突然目《とつぜんめ》の前《まえ》を車《くるま》が横切《よこぎ》り、肝を潰した。

●**肝《きも》を冷《ひ》やす** ぞっとする。ひやっとする。例 階段《かいだん》から落《お》ちそうになり肝を冷やした。

きもいり【肝煎り】 名詞 人《ひと》の間《あいだ》に立《た》って世話《せわ》をすること。また、世話役《せわやく》。例 町会長《ちょうかいちょう》さんの肝煎りで少年野球《しょうねんやきゅう》のチームができた。

きもだめし【肝試し】 名詞 気味《きみ》の悪《わる》い場所《ばしょ》を歩《ある》かせるなどして、こわいのをどれだけがまんできるかためすこと。例 肝試し大会《たいかい》。

きもち【気持ち】 名詞 ❶心《こころ》に感《かん》じたり、思《おも》ったりするもの。例 うれしい気持ち／相手《あいて》の気持ちを大切《たいせつ》にする。❷体《からだ》の具合《ぐあい》によって起《お》こる、よい悪《わる》いの感《かん》じ。気分《きぶん》。例 気持ちが悪《わる》くなる。

きもったま【肝っ玉】 名詞 ものごとをおそれない心《こころ》。度胸《どきょう》。例 肝っ玉のすわった人《ひと》。

きもの【着物】 名詞 ❶体《からだ》に着《き》るもの。服《ふく》。❷日本風《にほんふう》の服《ふく》。和服《わふく》。

きもん【気門】 名詞 昆虫《こんちゅう》などの体《からだ》の表面《ひょうめん》にある、呼吸《こきゅう》をするための穴《あな》。

きもん【鬼門】 名詞 ❶おにが出入《でい》りするといって、ものごとをするのにさけたほうがよいとされる方角《ほうがく》。北東《ほくとう》の方角《ほうがく》。❷いつもよくないことが起《お》きる場所《ばしょ》や、苦手《にがて》なことや相手《あいて》。例 面接試験《めんせつしけん》は鬼門だ。

ぎもん【疑問】 名詞 よくわからないこと。疑《うたが》わしいこと。例 算数《さんすう》の問題《もんだい》について疑問の点《てん》を質問《しつもん》する／妹《いもうと》の言《い》い訳《わけ》に疑問を持《も》つ。

ぎもんふ【疑問符】 名詞 疑問《ぎもん》を表《あらわ》す「?」の記号《きごう》。「クエスチョンマーク」ともいう。

ぎもんぶん【疑問文】 名詞 わからないこと

ものごとが運《はこ》ばず、もどかしいことのたとえ。また、まわりくどくて効《き》き目《め》がないことのたとえ。

ことばにチャレンジ！

気持《きも》ちがよい

いろんなことばでいろんな「気持《きも》ちがよい」を表《あらわ》してみよう！

入門編《にゅうもんへん》

●まずは、よく使《つか》う別《べつ》のことばで

心地《ここち》よい

心地《ここち》よい音色《ねいろ》に、ついうとうととしてしまった。……p.475

こころよい

耳《みみ》に**こころよい**リズムの音楽《おんがく》。

「こころよい」を漢字《かんじ》を使《つか》って書《か》いてみよう。p.478にのっている見出《みだ》し語《ご》だよ！

晴《は》れ晴《ば》れ[と]

夏休《なつやす》みの宿題《しゅくだい》がすべて終《お》わり、**晴《は》れ晴《ば》れとし**た気分《きぶん》だ。……p.1084

修行編《しゅぎょうへん》

●次《つぎ》に、少《すこ》しむずかしいことばで

快感《かいかん》　ジェットコースターに乗《の》って**快感《かいかん》**を味《あじ》わう。……p.221

快適《かいてき》　**快適《かいてき》な**すわり心地《ここち》のいす。……p.228

リフレッシュ　プールで泳《およ》いで気分《きぶん》を**リフレッシュする**。……p.1396

気《き》が晴《は》れる

言《い》いたかったことを全部《ぜんぶ》言《い》って**気《き》が晴《は》れ**た。……p.313

「心《こころ》が晴《は》れる」「気持《きも》ちが晴《は》れる」などともいうよ！

達人編《たつじんへん》

●背《せ》のびして、もっとむずかしいことばで

小気味《こきみ》よい　トントンと**小気味《こきみ》よい**音《おと》を立《た》ててねぎをきざむ。……p.468

軽快《けいかい》　**軽快《けいかい》な**音楽《おんがく》に合《あ》わせて行進《こうしん》する。……p.411

爽快《そうかい》　ぐっすりねむったので、気分《きぶん》**爽快《そうかい》だ**。……p.746

胸《むね》がすく　ピンチヒッターが、最終回《さいしゅうかい》に**胸《むね》がすく**ようなホームランを打《う》った。……p.1293

もっと

●天気《てんき》や空気《くうき》の気持《きも》ちよさを表《あらわ》して

うららか　川《かわ》べりで**うららかな**春《はる》の日《ひ》を過《す》ごす。……p.139

さわやか　高原《こうげん》の**さわやかな**空気《くうき》を胸《むね》いっぱいに吸《す》いこむ。……p.542

すがすがしい　山頂《さんちょう》でむかえた**すがすがしい**夜明《よあ》け。……p.681

すずしい　昼間《ひるま》は暑《あつ》いが、夕方《ゆうがた》には**すずしい**風《かぜ》がふく。……p.689

まねことば

●ようすまねことばを使《つか》って

さっぱり　かみの毛《け》を切《き》って**さっぱりし**たね。……p.534

すかっと　台風《たいふう》が通《とお》り過《す》ぎると、空《そら》は**すかっと**晴《は》れわたった。……p.681

すっきり[と]　思《おも》いっきり泣《な》いて**すっきりし**たよ。……p.691

せいせい　いらないものを全部《ぜんぶ》かたづけて、**せいせいし**た。……p.712

ことわざ　**二階《にかい》から目薬《めぐすり》**　二階《にかい》から、下《した》にいる人《ひと》に目薬《めぐすり》をさそうとしても入《はい》らないように、思《おも》うように

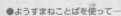

を相手《あいて》にたずねる文《ぶん》。文《ぶん》の終《お》わりに「か」をつけたり、「だれ」「どれ」「いつ」「何《なに》」などのことばを使《つか》ったりする。「あの人《ひと》はだれですか。」など。関連 平叙文《へいじょぶん》。感動文《かんどうぶん》。命令文《めいれいぶん》。

ギヤ ↓316ページ ギア

きやく【規約】 名詞 みんなで相談《そうだん》して決《き》めた約束《やくそく》や決《き》まり。例 児童会《じどうかい》の規約。類 規則《きそく》。

きゃく【客】 名詞 ❶訪《たず》ねてきた人《ひと》。招《まね》かれた人《ひと》。例 客をむかえる。❷ものを買《か》う人《ひと》。また、お金《かね》をはらって乗《の》り物《もの》に乗《の》ったり、ものを見《み》たりする人《ひと》。例 レストランの客／客の入《い》りがよい。

漢 **きゃく【客】**〔宀《うかんむり》〕9画 3年 音 キャク・カク 訓

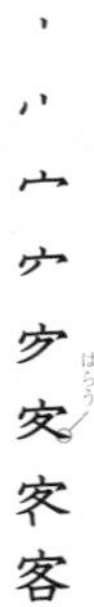

、 丷 宀 宂 岁 安 (はらう) 客 客 客

❶きゃく。訪《たず》ねてくるひと。例 客間《きゃくま》／先客《せんきゃく》／来客《らいきゃく》。❷お金《かね》をはらって、買《か》ったり利用《りよう》したりするひと。例 客足《きゃくあし》／客席《きゃくせき》／観客《かんきゃく》／乗客《じょうきゃく》／旅客《りょかく》。❸すぐれたひと。例 論客《ろんかく》。❹あいて。自分《じぶん》に対《たい》するもの。例 客観《きゃっかん》。

ぎゃく【逆】 名詞 形容動詞 順序《じゅんじょ》や方向《ほうこう》などが反《はん》対《たい》であること。逆《さか》さま。例 上下《じょうげ》が逆になる／みんなと逆のほうへ進《すす》む。

漢 **ぎゃく【逆】**〔辶《しんにょう》〕9画 5年 音 ギャク 訓 さか・さからう

、 丷 䒑 屰 (ひだりへはらう) 屰 屰 逆 逆 逆

❶さからう。そむく。例 反逆《はんぎゃく》。対 順《じゅん》。❷さかさま。方向《ほうこう》や順序《じゅんじょ》が反対《はんたい》になること。例 逆算《ぎゃくさん》／逆転《ぎゃくてん》／逆風《ぎゃくふう》／逆流《ぎゃくりゅう》／逆立《さかだ》ち。

ギャグ（gag） 名詞 映画《えいが》や演劇《えんげき》などで、客《きゃく》を笑《わら》わせるためのせりふやしぐさ。

きゃくあし【客足】 名詞 店《みせ》などにやって来《く》る客《きゃく》の、多《おお》い少《すく》ないの数《かず》。例 客足が落《お》ちこむ。

ぎゃくこうか【逆効果】 名詞 望《のぞ》んでいたことや期待《きたい》していたこととは、反対《はんたい》の結果《けっか》になること。「ぎゃっこうか」ともいう。例 注意《ちゅうい》したのが逆効果になってしまった。

ぎゃくこうせん【逆光線】 名詞 見《み》ているものの後《うし》ろからさす光線《こうせん》。逆光《ぎゃっこう》。「ぎゃっこうせん」ともいう。

ぎゃくコース【逆コース】 名詞 ふつうとは反対《はんたい》の方向《ほうこう》へ向《む》かうこと。とくに、世《よ》の中《なか》のものごとが、昔《むかし》へとあともどりしようとする動《うご》き。「ぎゃっコース」ともいう。

ぎゃくさつ【虐殺】 名詞 動詞 とてもひどいやり方《かた》で殺《ころ》すこと。

ぎゃくさん【逆算】 名詞 動詞 ふつうとは逆《ぎゃく》の順序《じゅんじょ》で数《かぞ》えること。例 帰《かえ》りの日《ひ》から逆算して出発《しゅっぱつ》の日《ひ》を決《き》めた。

ぎゃくさんかくけい【逆三角形】 名詞 頂《ちょう》点《てん》が下《した》で、底辺《ていへん》が上《うえ》になっている三角形《さんかくけい》。ぎゃくさんかっけい。

きゃくしつじょうむいん【客室乗務員】 ↓344ページ キャビンアテンダント

きゃくしゃ【客車】 名詞 鉄道《てつどう》で、客《きゃく》を乗《の》せて運《はこ》ぶ車両《しゃりょう》。対 貨車《かしゃ》。

ぎゃくしゅう【逆襲】 名詞 動詞 せめられていたものが、反対《はんたい》にせめること。例 試合《しあい》の後半《こうはん》から逆襲に転《てん》じる。

ぎゃくじょう【逆上】 名詞 動詞 いかりや悲《かな》しみなどのために、かっとなって心《こころ》を乱《みだ》すこと。例 逆上して大声《おおごえ》でさけんだ。

きゃくしょく【脚色】 名詞 動詞 小説《しょうせつ》などを、劇《げき》や映画《えいが》にできるような形《かたち》に書《か》き直《なお》すこと。

きゃくじん【客人】 名詞 客《きゃく》として来《き》ている人《ひと》。例 客人をもてなす。

ぎゃくすう【逆数】 名詞 その数《かず》とかけた答《こた》えが1になる数《かず》。たとえば、3の逆数《ぎゃくすう》は1／3、2／3の逆数《ぎゃくすう》は3／2。

きゃくせき【客席】 名詞 劇場《げきじょう》や映画館《えいがかん》などで、客《きゃく》のすわる席《せき》。見物席《けんぶつせき》。

ぎゃくせつ【逆接】 名詞 文章《ぶんしょう》の前《まえ》の部分《ぶぶん》にあとの部分《ぶぶん》が続《つづ》くとき、意味《いみ》のつながりがふつうに考《かんが》えられるものとちがったり、食《く》いちがっていたりすること。対 順接《じゅんせつ》。ことば たとえば、「がんばったが、負《ま》けてしまった。」「花《はな》がさいた。けれども実《み》はならなかった。」などのこと。

ぎゃくせつ【逆説】 名詞 真理《しんり》に反《はん》しているようだが、よく考《かんが》えてみると正《ただ》しい考《かんが》えや表現《ひょうげん》。「負《ま》けるが勝《か》ち」「急《いそ》がば回《まわ》れ」など。

きゃくせん【客船】 名詞 客《きゃく》を乗《の》せて運《はこ》ぶ船《ふね》。対 貨物船《かもつせん》。

ぎゃくたい【虐待】 名詞 動詞 弱《よわ》いものをいじめたり苦《くる》しめたりして、ひどいあつかいをする

手《て》に入《はい》ると思《おも》っていたものがだめになると、実際《じっさい》よりもよく見《み》えるものだということ。

こと。例 動物《どうぶつ》の虐待に反対《はんたい》する。

ぎゃくて【逆手】 名詞 ❶柔道《じゅうどう》などで、相手《あいて》の関節《かんせつ》を反対《はんたい》に曲《ま》げてせめるわざ。❷鉄棒《てつぼう》を、手《て》のひらが自分《じぶん》の方《ほう》を向《む》くように、下《した》からにぎること。対 順手《じゅんて》。❸相手《あいて》のことばやこうげきを利用《りよう》して、逆《ぎゃく》にせめること。

ことば ❷❸は、「さかて」ともいう。

● **逆手《ぎゃくて》に取《と》る** ⇒520ページ 逆手《さかて》に取《と》る（「逆手《さかて》」の子見出《こみだ》し）

ぎゃくてん【逆転】 名詞 動詞 ❶反対《はんたい》に回《まわ》ること。例 プロペラが逆転する。❷ものごとの状態《じょうたい》が反対《はんたい》になること。例 後半戦《こうはんせん》で試合《しあい》は逆転した。

使い方 「逆点」と書《か》かないよう注意《ちゅうい》。

きゃくど【客土】 名詞 田《た》や畑《はたけ》の土《つち》を改良《かいりょう》するために、性質《せいしつ》のちがう土《つち》をほかの場所《ばしょ》から持《も》ってきて、まぜ合《あ》わせること。また、その土《つち》。

ぎゃくふう【逆風】 名詞 進《すす》んでいく方向《ほうこう》からふいてくる風《かぜ》。向《む》かい風《かぜ》。対 順風《じゅんぷう》。

きゃくほん【脚本】 名詞 劇《げき》や映画《えいが》、テレビドラマなどのもとになる本《ほん》。せりふ・動作《どうさ》・舞台《ぶたい》装置《そうち》などを書《か》いたもの。台本《だいほん》。シナリオ。

きゃくほんか【脚本家】 名詞 脚本《きゃくほん》を書《か》くことを仕事《しごと》にしている人《ひと》。シナリオライター。

きゃくま【客間】 名詞 客《きゃく》を通《とお》して話《はなし》をしたり、ごちそうしたりする部屋《へや》。類 応接間《おうせつま》。

ぎゃくゆにゅう【逆輸入】 名詞 動詞 一度《いちど》輸《ゆ》出《しゅつ》したものを輸入《ゆにゅう》すること。また、海外《かいがい》に進《しん》出《しゅつ》するときにつくった現地《げんち》の法人《ほうじん》の製品《せいひん》を輸《ゆ》入《にゅう》すること。教科 社 日本《にほん》の自動車《じどうしゃ》などでは、外《がい》国《こく》にある、自分《じぶん》の国《くに》の工場《こうじょう》で作《つく》られたものを輸《ゆ》入《にゅう》することという意味《いみ》で使《つか》うこともある。

ぎゃくりゅう【逆流】 名詞 動詞 水《みず》などが、ふつうとは反対《はんたい》の方向《ほうこう》に流《なが》れること。また、その流《なが》れ。例 川《かわ》の水《みず》が逆流する。

きゃしゃ 形容動詞 ❶体《からだ》つきなどがほっそりして、上品《じょうひん》だが弱々《よわよわ》しいようす。例 きゃしゃな体《からだ》つき。対 頑丈《がんじょう》。❷物《もの》がこわれやすいようす。例 きゃしゃなつくりの本棚《ほんだな》。

きやすい【気安い】 形容詞 気《き》をつかわないで、遠慮《えんりょ》なくつきあえるようす。例 おじさんには気安く相談《そうだん》できる。

キャスター（caster） 名詞 ❶家具《かぐ》などの底《そこ》についている、運《はこ》びやすくするための小《ちい》さな車《くるま》。例 キャスターつきのたな。❷テレビのニュース番組《ばんぐみ》などで、解説《かいせつ》をしながら、番組《ばんぐみ》を中心《ちゅうしん》になって進《すす》める人《ひと》。

キャスト（cast） 名詞 劇《げき》などの配役《はいやく》。例 ごうかなキャストの映画《えいが》。

きやすめ【気休め】 名詞 ❶そのときだけのなぐさめ。例 気休めにテレビを見《み》る。❷そのときだけ安心《あんしん》させることば。例 気休めを言《い》う。

伝統的《でんとうてき》な言語文化《げんごぶんか》

故事成語《こじせいご》

「矛《ほこ》」＋「盾《たて》」＝「矛盾《むじゅん》」

場面《ばめん》は古代《こだい》の中国《ちゅうごく》、路上《ろじょう》で武器《ぶき》を売《う》る商人《しょうにん》が声《こえ》を張《は》り上《あ》げていた。「これはなんでもつき通《とお》すするどい矛《ほこ》だ！　こっちはどんな矛《ほこ》でもつき通《とお》せないかたい盾《たて》だ！　さあ、買《か》った買《か》った！」

その時《とき》、見物人《けんぶつにん》の一人《ひとり》がたずねた。「じゃあ、その矛《ほこ》でその盾《たて》をついたらどうなるんだい？」…。

このお話《はなし》から「矛盾《むじゅん》」ということばが生《う》まれたんだ。その意味《いみ》は「つじつまが合《あ》わないこと」。どんな盾《たて》でもつき通《とお》す矛《ほこ》と、どんな矛《ほこ》でもつき通《とお》せない盾《たて》は、同時《どうじ》にはないはずだからね。

このように中国《ちゅうごく》の古《ふる》いお話《はなし》がもとになってできたことばの仲間《なかま》には「蛇足《だそく》」「五十歩百歩《ごじっぽひゃっぽ》」などがあるよ。蛇《へび》の足《あし》、ってなんだろう？　それぞれの由来《ゆらい》を調《しら》べてみるときっとおもしろいよ。

日本《にほん》では昔《むかし》から中国《ちゅうごく》の歴史《れきし》や文学《ぶんがく》の書物《しょもつ》がよく読《よ》まれ、その内容《ないよう》が広《ひろ》く知《し》られていたんだ。だから、このようなことばが今《いま》でもたくさん日本語《にほんご》の中《なか》に生《い》きて使《つか》われているんだね。

もっとみてみよう！

- 「わかる、伝《つた》わる、古典《こてん》のこころ３」（光村教育図書《みつむらきょういくとしょ》）
- 「国語《こくご》っておもしろい３　ことわざ・故事成語《こじせいご》・慣用句《かんようく》」（学研《がっけん》）
- 「ポプラディア情報館《じょうほうかん》　ことわざ　慣用句《かんようく》・故事成語《こじせいご》・四字熟語《よじじゅくご》」（ポプラ社《しゃ》）

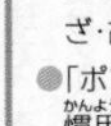

ことわざ　**逃《に》がした魚《さかな》は大《おお》きい**　つりそこなった魚《さかな》は実物《じつぶつ》より大《おお》きく思《おも》えるという意味《いみ》から、もう少《すこ》しで

きゃたつ【脚立《りょう》】 名詞 二《ふた》つのはしごを両方《ほう》から合《あ》わせ、上《うえ》に板《いた》をとりつけたふみ台《だい》。「八」の形《かたち》に開《ひら》いて使《つか》う。

きゃたつ

キャタピラー (Caterpillar) 名詞 戦車《せんしゃ》・ブルドーザーなどの前後《ぜんご》の車《しゃ》輪《りん》の外側《そとがわ》にかかっている、鉄《てつ》の板《いた》をつないだ帯《おび》のような装置《そうち》。でこぼこ道《みち》でも走《はし》れる。「カタピラー」ともいう。商標《しょうひょう》名《めい》。

キャタピラー

きゃっか【却下】 名詞 動詞 役所《やくしょ》や裁判所《さいばんしょ》などが、願《ねが》いやうったえなどをとり上《あ》げないこと。例 申請《しんせい》を却下する。類 棄却《ききゃく》。対 受理《じゅり》。

きゃっかん【客観】 名詞 自分《じぶん》だけの考《かんが》え方《かた》や気持《きも》ちにとらわれずに、ものごとをありのままに受《う》けとめること。多《おお》くの人《ひと》がそうだと認《みと》めるようなこと。対 主観《しゅかん》。

きゃっかんてき【客観的】 形容動詞 自分《じぶん》の考《かんが》え方《かた》にとらわれずに、ものごとを見《み》たり考《かんが》えたりするようす。例 どちらの方法《ほうほう》がよりよいか、客観的に判断《はんだん》する。対 主観的《しゅかんてき》。

ぎゃっきょう【逆境】 名詞 ものごとが自分《じぶん》の思《おも》うようにいかず、つらく苦《くる》しい立場《たちば》。例 逆境に負《ま》けてはならない。

きゃっこう【脚光】 名詞 舞台《ぶたい》の前《まえ》のほうにあって、出演者《しゅつえんしゃ》を足《あし》もとから照《て》らす光《ひかり》。

● **脚光《きゃっこう》を浴《あ》びる** 世《よ》の中《なか》の人々《ひとびと》の注目《ちゅうもく》を集《あつ》める。例 天才《てんさい》ピアニストとして脚光を浴びる。

ぎゃっこう【逆光】 名詞 「逆光線《ぎゃくこうせん》」の略《りゃく》。

ぎゃっこう【逆行】 名詞 動詞 ものごとのふつうの進《すす》み方《かた》とは反対《はんたい》の方向《ほうこう》に行《い》くこと。例 その考《かんが》えは、時代《じだい》に逆行するものだ。

ぎゃっこうか【逆効果】 ⇩ 342ジ《ペー》ぎゃくこうか

ぎゃっこうせん【逆光線】 ⇩ 342ジ《ペー》ぎゃくこうせん

ぎゃっコース【逆コース】 ⇩ 342ジ《ペー》ぎゃくコース

キャッシュ (cash) 名詞 「現金《げんきん》」のこと。例 キャッシュでしはらう。

キャッシュカード 名詞 銀行《ぎんこう》などで、お金《かね》を引《ひ》き出《だ》すときに使《つか》うカード。ことば 英語《えいご》をもとに日本《にほん》で作《つく》られたことば。

キャッチ (catch) 名詞 動詞 とらえること。つかむこと。例 情報《じょうほう》をキャッチする。

キャッチコピー 名詞 広告《こうこく》などで使《つか》われる、人《ひと》の注意《ちゅうい》を引《ひ》きつけるための短《みじか》い宣伝文句《せんでんもんく》。ことば 英語《えいご》をもとに日本《にほん》で作《つく》られたことば。

キャッチフレーズ (catchphrase) 名詞 人《ひと》の心《こころ》を引《ひ》きつけるような、短《みじか》くて覚《おぼ》えやすい宣伝《せんでん》のことば。

キャッチボール 名詞 向《む》かい合《あ》ってボールを投《な》げたりとったりすること。ことば 英語《えいご》をもとに日本《にほん》で作《つく》られたことば。

キャッチャー (catcher) 名詞 野球《やきゅう》で、本塁《ほんるい》を守《まも》り、ピッチャーの投《な》げた球《たま》を受《う》ける人《ひと》。捕《ほ》手《しゅ》。対 ピッチャー。

キャット (cat) 名詞 「ねこ」のこと。

キャップ 名詞 グループなどのリーダー。ことば 英語《えいご》の「キャプテン」の略《りゃく》。

キャップ (cap) 名詞 ❶ふちのない帽子《ぼうし》。また、前《まえ》の部分《ぶぶん》にだけつばのある帽子《ぼうし》。❷万年筆《まんねんひつ》などのさや。びんなどのふた。

ギャップ (gap) 名詞 考《かんが》え方《かた》・意見《いけん》・能力《のうりょく》などの、食《く》いちがいやへだたり。例 ギャップをうめるために話《はな》し合《あ》う。

きゃはん【脚半】 名詞 昔《むかし》、長《なが》い道《みち》を歩《ある》くときや仕事《しごと》をするときなどに、ひざの下《した》から足首《あしくび》までに巻《ま》きつけた布《ぬの》。

きゃはん

キャビネット (cabinet) 名詞 ❶ラジオ・テレビなどの機械《きかい》の外箱《そとばこ》。❷かざりだな。また、事務用品《じむようひん》などを入《い》れておく箱《はこ》や戸棚《とだな》。

キャビンアテンダント (cabin attendant) 名詞 飛行機《ひこうき》の中《なか》で、乗客《じょうきゃく》の世話《せわ》や案内《あんない》をする乗務員《じょうむいん》。「客室乗務員《きゃくしつじょうむいん》」ともいう。

キャプション (caption) 名詞 印刷物《いんさつぶつ》で、写《しゃ》真《しん》・図《ず》・イラストなどにつける説明文《せつめいぶん》。

キャプテン (captain) 名詞

力《ちから》を持《も》ち、勢《いきお》いがあるようになる。「はばかる」は、「思《おも》いのままに勢力《せいりょく》をふるう」という意味《いみ》。

❶団体《だんたい》などの責任者《せきにんしゃ》。❷船長《せんちょう》。または、飛行機《ひこうき》の機長《きちょう》。❸スポーツなどのチームで、中心《ちゅうしん》になってチームをまとめる人《ひと》。主将《しゅしょう》。

キャベツ（cabbage）名詞 季語 夏 あぶらなのなかまの野菜《やさい》の一《ひと》つ。厚《あつ》く大《おお》きな葉《は》が重《かさ》なって、丸《まる》く球《たま》のように巻《ま》いている。「たまな」ともいう。ことば「一玉《ひとたま》」と数《かぞ》える。

キャベツ

ギャラ 名詞 テレビや映《えい》画《が》などの出演料《しゅつえんりょう》。ことば 英語《えいご》の「ギャランティー」の略《りゃく》。

キャラクター（character）名詞 ❶性格《せいかく》。人《ひと》がら。例 愉快《ゆかい》なキャラクターの人《ひと》。❷漫画《まんが》や小説《しょうせつ》、アニメーション番組《ばんぐみ》などの登《とう》場人物《じょうじんぶつ》。例 アニメのキャラクター。

キャラバン（caravan）名詞 ❶隊《たい》を組《く》んで砂漠《さばく》を行《い》き来《き》する商人《しょうにん》。類 隊《たい》商《しょう》。❷ある目的《もくてき》のために、隊《たい》を組《く》んで各地《かくち》を回《まわ》ること。また、その集団《しゅうだん》。例 平和《へいわ》をうったえる全《ぜん》国《こく》キャラバンがスタートする。

キャラメル（caramel）名詞 砂糖《さとう》・牛乳《ぎゅうにゅう》・水《みず》あめなどを煮《に》つめ、固《かた》めて作《つく》ったあめ菓子《がし》。

ギャラリー（gallery）名詞 ❶美術品《びじゅつひん》を並《なら》べて見《み》せる部屋《へや》。画廊《がろう》。❷ゴルフなどの見物人《けんぶつにん》。

キャリア（career）名詞 ❶仕事《しごと》の上《うえ》での、これまでの経歴《けいれき》や経験《けいけん》。例 十年《じゅうねん》のキャリアを持《も》つベテラン。❷国家公務員《こっかこうむいん》の、上級試験《じょうきゅうしけん》に合格《ごうかく》した人《ひと》。

キャリアカー 名詞 自動車《じどうしゃ》を運《はこ》ぶためのトラック。ことば 英語《えいご》をもとに日本《にほん》で作《つく》られたことば。

キャリーバッグ（carry bag）名詞 ❶物《もの》を入《い》れて持《も》ち運《はこ》ぶためのかばん。例 パソコンをキャリーバッグに入《い》れる。❷引《ひ》いて歩《ある》けるように、上《うえ》のほうに取《と》っ手《て》、底《そこ》に車輪《しゃりん》をつけたかばん。

ギャロップ（gallop）名詞 乗馬《じょうば》で、馬《うま》のいちばん速《はや》い走《はし》り方《かた》。

ギャロップ（galop）名詞 十九世紀《じゅうきゅうせいき》にヨーロッパで起《お》こった、二拍子《にびょうし》または四拍子《よんびょうし》の、テンポの速《はや》いおどりの曲《きょく》。

ギャング（gang）名詞 強盗《ごうとう》や殺人《さつじん》などをする悪人《あくにん》の集団《しゅうだん》。

キャンセル（cancel）名詞 動詞 予約《よやく》や契約《けいやく》を取《と》り消《け》すこと。例 飛行機《ひこうき》のチケットをキャンセルする。類 解約《かいやく》。

キャンデー（candy）名詞 砂糖《さとう》や水《みず》あめを煮《に》つめた西洋風《せいようふう》のあめ。

キャンドル（candle）名詞「ろうそく」のこと。例 結婚式《けっこんしき》でのキャンドルサービス。

キャンバス（canvas）名詞 油絵《あぶらえ》をかくための布《ぬの》。「カンバス」ともいう。

キャンパス（campus）名詞 大学《だいがく》などの建物《たてもの》がある土地《とち》。

キャンプ（camp）季語 夏 ❶名詞 動詞 野山《のやま》でテントを張《は》ってとまること。❷名詞 スポーツの練習《れんしゅう》のための合宿《がっしゅく》。例 サッカークラブのキャンプ。

キャンプファイア（campfire）名詞 キャンプ地《ち》で、夜《よる》みんなが集《あつ》まってするたき火《び》。また、それを囲《かこ》んで歌《うた》ったりおどったりして楽《たの》しむこと。キャンプファイヤー。

ギャンブル ⇩249ページ かけごと

キャンペーン（campaign）名詞 ある問題《もんだい》やものごとを、うったえたり呼《よ》びかけたりするため、団体《だんたい》で大《おお》がかりに行《おこな》う宣伝活動《せんでんかつどう》。

きゆう【き憂】 名詞 故事成語 する必要《ひつよう》のない心配《しんぱい》。とりこし苦労《ぐろう》。例 ぼくの心配《しんぱい》はまったくのき憂だった。⇩909ページ 故事成語「杞憂《きゆう》」

きゅう 名詞 もぐさ（＝よもぎの葉《は》をかわかしたもの）を皮膚《ひふ》の上《うえ》において火《ひ》をつけ、その熱《ねつ》で病気《びょうき》を治《なお》す方法《ほうほう》。おきゅう。参考 中国《ちゅうごく》から伝《つた》えられた医学《いがく》の方法《ほうほう》。

●**きゅうを据《す》える**
❶きゅうの治療《ちりょう》をする。❷教《おし》えさとすため、強《つよ》くしかったり、ばっしたりする。例 いたずらしてきゅうを据えられた。

きゅう【九】 名詞 数《かず》の名《な》。ここのつ。く。

漢 **きゅう**【九】〔乙《おつ》〕2画 1年
音 キュウ・ク
訓 ここの・ここのつ
ノ 九（上へはねる）

ことわざ **憎《にく》まれっ子《こ》世《よ》にはばかる** 人《ひと》からにくまれきらわれるような者《もの》のほうが、世《よ》の中《なか》に出《で》たときに

❶ここのつ。きゅう。例 九回《きゅうかい》／九日《ここのか》。❷たくさん。数《かず》が多《おお》い。例 三拝九拝《さんばいきゅうはい》。

漢 **きゅう【久】**〔ノ《の》〕3画 5年 音 キュウ・ク 訓 ひさしい

ひさしい。時間《じかん》・年月《ねんげつ》が長《なが》い。例 久遠《くおん》／久《ひさ》しぶり／永久《えいきゅう》／持久《じきゅう》／耐久力《たいきゅうりょく》。

きゅう【弓】 漢 ➡1358ページ ゆみ〔弓〕

漢 **きゅう【旧】**〔日《ひ》〕5画 5年 音 キュウ 訓 ふる-い

❶古《ふる》い。むかし。もと。例 旧交《きゅうこう》／旧式《きゅうしき》／旧《きゅう》年《ねん》／旧友《きゅうゆう》／新旧《しんきゅう》／復旧《ふっきゅう》。対 新《しん》。❷「旧暦《きゅうれき》（＝昔《むかし》のこよみ）」の略《りゃく》。例 旧正月《きゅうしょうがつ》／旧盆《きゅうぼん》。

漢 **きゅう【休】**〔亻《にんべん》〕6画 1年 音 キュウ 訓 やすむ・やすまる・やすめる

やすむ。やすみ。例 休業《きゅうぎょう》／休校《きゅうこう》／休日《きゅうじつ》／休息《きゅうそく》／運休《うんきゅう》／定休日《ていきゅうび》／夏休《なつやす》み／連休《れんきゅう》。

漢 **きゅう【吸】**〔口《くちへん》〕6画 6年 音 キュウ 訓 すう

すう。例 吸収《きゅうしゅう》／吸《す》い物《もの》／呼吸《こきゅう》。対 呼《こ》。

漢 **きゅう【究】**〔穴《あなかんむり》〕7画 3年 音 キュウ 訓 きわめる

きわめる。どこまでも調《しら》べる。例 究極《きゅうきょく》／究明《きゅうめい》／学究《がっきゅう》／研究《けんきゅう》／探究《たんきゅう》／追究《ついきゅう》。

漢 **きゅう【求】**〔氺《したみず》〕7画 4年 音 キュウ 訓 もとめる

もとめる。のぞむ。例 求職《きゅうしょく》／求人《きゅうじん》／請求《せいきゅう》／探求《たんきゅう》／追求《ついきゅう》／要求《ようきゅう》。

きゅう【泣】 漢 ➡972ページ な-く〔泣〕

きゅう【急】

❶名詞 突然起《とつぜんお》こること。また、突然起《とつぜんお》こった悪《わる》いできごと。例 急を知《し》らせる電話《でんわ》。
❷名詞 急《いそ》ぐこと。例 急を要《よう》する仕事《しごと》。
❸形容動詞 速《はや》く激《はげ》しいようす。例 急な流《なが》れ。
❹形容動詞 突然《とつぜん》であるようす。例 空《そら》が急にくもる。
❺形容動詞 険《けわ》しいようす。例 急な階段《かいだん》。

漢 **きゅう【急】**〔心《こころ》〕9画 3年 音 キュウ 訓 いそぐ・せ-く

❶いそぐ。はやい。例 急行《きゅうこう》／急用《きゅうよう》／急流《きゅうりゅう》／至急《しきゅう》／特急《とっきゅう》。❷にわか。とつぜん。例 急死《きゅうし》／急性《きゅうせい》／急病《きゅうびょう》／急変《きゅうへん》。❸けわしい。かたむきがはげしい。例 急角度《きゅうかくど》／急斜面《きゅうしゃめん》。❹大事《だいじ》な。大切《たいせつ》な。例 急所《きゅうしょ》／危急《ききゅう》。

きゅう【級】 名詞 ❶ものごとの程度《ていど》。例 将棋《しょうぎ》は三《さん》級の腕前《うでまえ》だ。❷組《くみ》。クラス。例 級の代表《だいひょう》。

漢 **きゅう【級】**〔糸《いとへん》〕9画 3年 音 キュウ

❶くらい。順位《じゅんい》。段階《だんかい》。例 階級《かいきゅう》／高級《こうきゅう》／等級《とうきゅう》。❷クラス。例 級友《きゅうゆう》／学級《がっきゅう》／同級《どうきゅう》。

漢 **きゅう【宮】**〔宀《うかんむり》〕10画 3年 音 キュウ・グウ・ク 訓 みや

❶ごてん。例 宮殿《きゅうでん》／王宮《おうきゅう》。❷皇族《こうぞく》のよび名《な》。例 宮様《みやさま》。❸やしろ。神社《じんじゃ》。例 宮司《ぐうじ》／神宮《じんぐう》。

漢 **きゅう【救】**〔攵《のぶん》〕11画 5年 音 キュウ 訓 すくう

すくう。助《たす》ける。例 救急車《きゅうきゅうしゃ》／救護《きゅうご》／救出《きゅうしゅつ》／救助《きゅうじょ》／救命《きゅうめい》／救《すく》いの手《て》。

きゅう【球】 名詞 丸《まる》い形《かたち》のもの。たま。例 球の直径《ちょっけい》を測《はか》る。

漢 **きゅう【球】**〔王《おうへん》〕11画 3年 音 キュウ 訓 たま

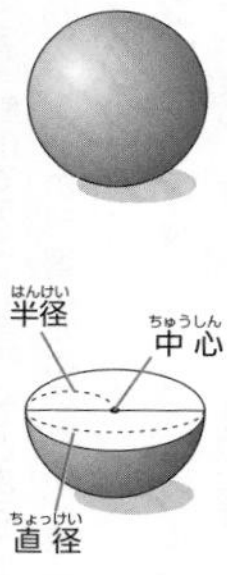

きゅう【球】

て起《お》こることが多《おお》いので、用心《ようじん》したほうがよいということ。

一 丁 王 王 玎 玎 球 球 球 球 球（はねる）（わすれないように）

❶たま。丸《まる》いたまのような形《かたち》をしたもの。例 球根《きゅうこん》／気球《ききゅう》／地球《ちきゅう》／電球《でんきゅう》。❷まり。ボール。ボールを使《つか》った競技《きょうぎ》・スポーツ。例 球技《きゅうぎ》／卓球《たっきゅう》／野球《やきゅう》。

㊈ **きゅう【給】**〔糸《いとへん》〕12画 4年 音 キュウ 訓

く 幺 糸 糸 糸 糸 給 給 給 給 給 給

❶分《わ》けあたえる。つぎたす。例 給食《きゅうしょく》／給水《きゅうすい》／給油《きゅうゆ》／供給《きょうきゅう》／支給《しきゅう》／配給《はいきゅう》。❷仕事《しごと》に対《たい》してはらうお金《かね》。例 給料《きゅうりょう》／月給《げっきゅう》／日給《にっきゅう》。❸世話《せわ》をする。例 給仕《きゅうじ》。

㊈ **ぎゅう【牛】**〔牛《うし》〕4画 2年 音 ギュウ 訓 うし

ノ ト 仁 牛（つきだす）

うし。例 牛肉《ぎゅうにく》／牛乳《ぎゅうにゅう》／牛馬《ぎゅうば》／水牛《すいぎゅう》／乳牛《にゅうぎゅう》。

きゅうあい【求愛】 名詞 動詞 自分《じぶん》の愛情《あいじょう》を示《しめ》し、相手《あいて》にも自分《じぶん》を愛《あい》してくれるように求《もと》めること。例 鳥《とり》の求愛のダンス。

きゅうあく【旧悪】 名詞 以前《いぜん》に行《おこな》った悪《わる》い行《おこな》い。例 大臣《だいじん》の旧悪が新聞《しんぶん》にとり上《あ》げられた。

きゅういん【吸引】 名詞 動詞 吸《す》いこむこと。引《ひ》きつけること。例 吸引力《りょく》が強《つよ》い。

ぎゅういんばしょく【牛飲馬食】 名詞 動詞 やたらにたくさん飲《の》んだり食《た》べたりすること。ことば「牛《うし》のように飲《の》み、馬《うま》のように食《た》べる」という意味《いみ》からきたことば。

きゅうえん【救援】 名詞 動詞 困《こま》っている人《ひと》を救《すく》い助《たす》けること。例 大地震《おおじしん》が起《お》こった地方《ちほう》の人《ひと》へ、救援物資《ぶっし》を送《おく》る。類 救助《きゅうじょ》。

きゅうか【旧家】 名詞 その土地《とち》に古《ふる》くから続《つづ》いている家《いえ》。

きゅうか【休暇】 名詞 学校《がっこう》や会社《かいしゃ》などの、休《きゅう》日以外《じついがい》の休《やす》み。例 夏期《かき》休暇／休暇をとる。

きゅうかい【休会】 名詞 動詞 会《かい》や会議《かいぎ》を休《やす》むこと。とくに、議会《ぎかい》が議事《ぎじ》を休《やす》むこと。例 国《こっ》会《かい》が休会に入《はい》る。

きゅうかく【嗅覚】 名詞 五感《ごかん》の一《ひと》つ。鼻《はな》でにおいを感《かん》じる感覚《かんかく》。例 犬《いぬ》の嗅覚はとてもするどい。関連 視覚《しかく》。触覚《しょっかく》。聴覚《ちょうかく》。味覚《みかく》。

きゅうがく【休学】 名詞 動詞 病気《びょうき》などで、長《なが》い間《あいだ》学校《がっこう》を休《やす》むこと。

きゅうかくど【急角度】 名詞 曲《ま》がり方《かた》やかたむきが急《きゅう》なこと。

きゅうかざん【休火山】 名詞 昔噴火《むかしふんか》した記《き》録《ろく》があるが、それから長《なが》い間《あいだ》噴火《ふんか》していない火山《かざん》。ことば 今《いま》では使《つか》われていないことば。

きゅうかなづかい【旧仮名遣い】 ⇩1411ページ

れきしてきかなづかい

きゅうかん【休刊】 名詞 動詞 新聞《しんぶん》や雑誌《ざっし》などが、一時《いちじ》発行《はっこう》を休《やす》むこと。

きゅうかん【休館】 名詞 動詞 図書館《としょかん》・映画《えいが》館《かん》・博物館《はくぶつかん》などが、仕事《しごと》を休《やす》むこと。

きゅうかん【急患】 名詞 すぐに手当《てあ》てをしなければならない病人《びょうにん》。急病人《きゅうびょうにん》。

きゅうかんちょう【九官鳥】 名詞 むくどりのなかまの鳥《とり》。からすより少《すこ》し小《ちい》さい。体《からだ》全体《ぜんたい》が黒《くろ》く、目《め》の下《した》から首《くび》の後《うし》ろにかけて黄色《きいろ》の部分《ぶぶん》がある。人《ひと》のことばを上手《じょうず》にまねる。

きゅうき【吸気】 名詞 ❶体《からだ》の中《なか》に吸《す》いこむ息《いき》。対 呼気《こき》。❷ガソリンエンジンなどで、中《なか》に空気《くうき》やガスを吸《す》いこむこと。また、その空気《くうき》やガス。対 排《はい》気《き》。

きゅうぎ【球技】 名詞 ボールを使《つか》ってするスポーツ。野球《やきゅう》・バレーボール・サッカーなど。

きゅうきゅう【救急】 名詞 急《きゅう》に起《お》きた災難《さいなん》から人《ひと》を救《すく》うこと。とくに、急《きゅう》な病人《びょうにん》やけが人《にん》の手当《てあ》てをすること。例 救急病院《びょういん》。

きゅうきゅう【と】 副詞 一《ひと》つのことにとらわれて、ほかのことをしたり考《かんが》えたりするゆとりがないようす。例 毎日《まいにち》の仕事《しごと》に追《お》われてきゅうきゅうとする。

きゅうきゅうしゃ【救急車】 名詞 急《きゅう》な病《びょう》人《にん》やけが人《にん》を、急《いそ》いで病院《びょういん》に運《はこ》ぶ自動車《じどうしゃ》。消《しょう》防署《ぼうしょ》に用意《ようい》してある。使い方「急救車」と書《か》かないよう注意《ちゅうい》。

きゅうぎゅうのいちもう【九牛の一毛】 故事成語 たくさんの中《なか》の、ほんの少《すこ》し。とるに足《た》りない小《ちい》さなことのたとえ。例 そんな問題《もんだい》は、全体《ぜんたい》から見《み》れば九牛の一毛にすぎない。ことば 多《おお》くの牛《うし》の中《なか》の、たった一本《いっぽん》の毛《け》、という意味《いみ》からきたことば。

きゅうきゅうばこ【救急箱】 名詞 急《きゅう》な病《びょう》

ことわざ **二度《にど》あることは三度《さんど》ある**　同《おな》じようなことが二度《にど》も続《つづ》いて起《お》これば、さらにもう一度《いちど》くり返《かえ》し

人《にん》やけが人《にん》が出《で》たとき、すぐ手当《てあ》てができるように、薬《くすり》や包帯《ほうたい》などを入《い》れておく箱《はこ》。

きゅうきゅうびょういん【救急病院】 名詞 急《きゅう》な病人《びょうにん》やけが人《にん》を、いつでも受《う》け入《い》れて治療《ちりょう》できるようにしている病院《びょういん》。

きゅうきょ【旧居】 名詞 もと住《す》んでいた家《いえ》。 対 新居《しんきょ》。

きゅうきょ【急きょ】 副詞 急《きゅう》なできごとに応《おう》じて、あわてて行動《こうどう》するようす。大急《おおいそ》ぎで。 例 雨《あめ》のため、急きょ屋内《おくない》の会場《かいじょう》に移《うつ》った。

きゅうきょう【旧教】 ⇩274ページ カトリック

きゅうぎょう【休業】 名詞 動詞 仕事《しごと》を休《やす》むこと。 例 年末年始《ねんまつねんし》は、七日間《なのかかん》休業します。

きゅうきょく【究極・窮極】 名詞 ものごとが最後《さいご》に行《い》き着《つ》くところ。 例 人生《じんせい》の究極の目的《もくてき》を追《お》い求《もと》める。

きゅうきん【給金】 名詞 「給料《きゅうりょう》」の少《すこ》し古《ふる》い言《い》い方《かた》。

きゅうくつ【窮屈】 形容動詞 ❶まわりから体《からだ》をしめつけられているように感《かん》じるようす。 例 くつが窮屈ではけない。 ❷遠慮《えんりょ》があってのびのびできないようす。 例 よそのうちで遊《あそ》ぶのは少《すこ》し窮屈だ。 ❸お金《かね》や物《もの》などにゆとりがないようす。 例 窮屈な生活《せいかつ》。

ぎゆうぐん【義勇軍】 名詞 戦争《せんそう》のときなどに、民間《みんかん》の人《ひと》たちが自《みずか》らすすんで作《つく》った軍隊《ぐんたい》。

きゅうけい【休憩】 名詞 動詞 仕事《しごと》などのとちゅうで、しばらく休《やす》むこと。 例 少《すこ》し休憩しよう。

きゅうけい【求刑】 名詞 動詞 裁判《さいばん》で、検察官《けんさつかん》が、被告人《ひこくにん》に対《たい》して刑罰《けいばつ》をあたえるように求《もと》めること。 例 無期懲役《むきちょうえき》を求刑する。

きゅうけい【球形】 名詞 球《たま》のような丸《まる》い形《かたち》。

きゅうげき【急激】 形容動詞 ものごとの動《うご》き方《かた》や変化《へんか》が突然《とつぜん》で、激《はげ》しいようす。 例 天気《てんき》が急激に変《か》わる。

きゅうご【救護】 名詞 動詞 けがや病気《びょうき》などで困《こま》っている人《ひと》を、助《たす》けたり世話《せわ》をしたりすること。とくに、災害《さいがい》のときにそうすること。

きゅうこう【旧交】 名詞 昔《むかし》からのつきあい。
● **旧交《きゅうこう》を温《あたた》める** 昔《むかし》の友《とも》だちに久《ひさ》しぶりに会《あ》って、親《した》しく語《かた》り合《あ》うなどする。

きゅうこう【休校】 名詞 動詞 学校《がっこう》が休《やす》みになること。 例 台風《たいふう》のため、明日《あす》は休校だ。

きゅうこう【休耕】 名詞 動詞 田畑《たはた》に作物《さくもつ》を植《う》えるのを、一時《いちじ》やめること。 例 休耕地《ち》。

きゅうこう【急行】 ❶ 名詞 動詞 大急《おおいそ》ぎで行《い》くこと。 例 パトカーが事故現場《じこげんば》に急行した。 ❷ 名詞 「急行列車《きゅうこうれっしゃ》」の略《りゃく》。

きゅうこうか【急降下】 名詞 動詞 飛行機《ひこうき》が急《きゅう》な角度《かくど》で降《お》りること。

きゅうこうでん【休耕田】 名詞 米《こめ》を作《つく》ることを休《やす》んでいる田《た》んぼ。

きゅうこうれっしゃ【急行列車】 名詞 おもな駅《えき》だけにとまり、ふつうの列車《れっしゃ》より早《はや》く終点《しゅうてん》に着《つ》く列車《れっしゃ》。

きゅうこく【急告】 名詞 動詞 急《いそ》いで知《し》らせること。また、その知《し》らせ。 例 危険《きけん》を急告する。 類 急報《きゅうほう》。

きゅうごしらえ【急ごしらえ】 名詞 間《ま》に合《あ》わせに、急《いそ》いでつくること。

きゅうこん【求婚】 名詞 動詞 結婚《けっこん》を申《もう》しこむこと。プロポーズ。

きゅうこん【球根】 名詞 草花《くさばな》の地《ち》下茎《かけい》や根《ね》が、養分《ようぶん》をためて丸《まる》い形《かたち》やかたまりになったもの。

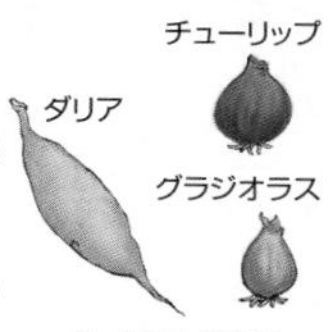

きゅうこん【球根】

きゅうさい【救済】 名詞 動詞 困《こま》ったり苦《くる》しんだりしている人《ひと》を助《たす》けること。 例 公害《こうがい》の被害《ひがい》者《しゃ》を救済する。

きゅうさく【旧作】 名詞 前《まえ》に作《つく》った作品《さくひん》。 対 新作《しんさく》。

きゅうし【休止】 名詞 動詞 動《うご》きやはたらきを、しばらく止《と》めること。 例 台風《たいふう》のため列車《れっしゃ》の運《うん》転《てん》を休止する。

きゅうし【臼歯】 名詞 哺乳類《ほにゅうるい》の口《くち》のおくにある、うすのような形《かたち》の歯《は》。食《た》べ物《もの》をかみくだくはたらきをする。奥歯《おくば》。大臼歯《だいきゅうし》と小臼歯《しょうきゅうし》がある。 図 ⇩1034ページ は〔歯〕

きゅうし【急死】 名詞 動詞 突然《とつぜん》死《し》ぬこと。 例 交通事故《こうつうじこ》で急死した。

きゅうじ【給仕】 名詞 動詞 食事《しょくじ》の世話《せわ》をすること。また、その人《ひと》。

きゅうしき【旧式】 名詞 形容動詞 考《かんが》え方《かた》や型《かた》などが古《ふる》いこと。 例 旧式の車《くるま》。 対 新式《しんしき》。

もつかまえられないということから、二《ふた》つのことを一度《いちど》にしようとすると、どちらもうまくいかないというこ

きゅうじつ【休日】 名詞 仕事《しごと》や学校《がっこう》などが休《やす》みの日《ひ》。日曜《にちよう》や祝日《しゅくじつ》など。

きゅうしにいっしょうをえる【九死に一生を得る】 ことわざ ほとんど死《し》にそうだったところを、やっとのことで助《たす》かる。例 川《かわ》に落《お》ちたが、九死に一生を得て帰《かえ》ってきた。

きゅうしふ【休止符】 ➡351ページ きゅうふ〔休符〕

ぎゅうしゃ【牛車】 名詞 ❶牛《うし》に引《ひ》かせる荷車《にぐるま》。❷➡334ページ ぎっしゃ

ぎゅうしゃ【牛舎】 名詞 牛小屋《うしごや》。

きゅうしゃめん【急斜面】 名詞 山《やま》などの、かたむきが急《きゅう》になっている面《めん》。

きゅうしゅう【吸収】 名詞 動詞 ❶吸《す》いとること。中《なか》に吸《す》いこむこと。例 栄養《えいよう》分《ぶん》を吸収する／吸収力《りょく》の強《つよ》い布《ぬの》。❷知識《ちしき》やわざなどをとり入《い》れて、自分《じぶん》のものにすること。例 外国《がいこく》の文化《ぶんか》を吸収する。

きゅうしゅうさんち【九州山地】 名詞 九《きゅう》州《しゅう》中部《ちゅうぶ》を北東《ほくとう》から南西《なんせい》に走《はし》る山地《さんち》。

きゅうしゅうちほう【九州地方】 名詞 日《に》本列島《ほんれっとう》の南西部《なんせいぶ》にある地方《ちほう》。福岡県《ふくおかけん》・佐賀県《さがけん》・長崎県《ながさきけん》・熊本県《くまもとけん》・大分県《おおいたけん》・宮崎県《みやざきけん》・鹿児島県《かごしまけん》・沖縄県《おきなわけん》の八県《はちけん》がある。

きゅうしゅつ【救出】 名詞 動詞 危《あぶ》ない目《め》にあっている人《ひと》を助《たす》け出《だ》すこと。類 救助《きゅうじょ》。

きゅうしょ【急所】 名詞 ❶体《からだ》の中《なか》で、命《いのち》にかかわる大事《だいじ》なところ。例 けがは、さいわい急所を外《はず》れていた。❷ものごとの大事《だいじ》なところ。例 問題《もんだい》の急所をつかんで考《かんが》える。

きゅうじょ【救助】 名詞 動詞 危《あぶ》ない目《め》にあっている人《ひと》を助《たす》けること。例 人命《じんめい》救助／遭難《そうなん》した船《ふね》を救助する。類 救援《きゅうえん》。救出《きゅうしゅつ》。救難《きゅうなん》。

きゅうじょう【休場】 名詞 動詞 ❶競技《きょうぎ》や演劇《えんげき》などで、出《で》る予定《よてい》の人《ひと》が休《やす》んで出《で》ないこと。例 横綱《よこづな》が休場する。❷劇場《げきじょう》や競技場《きょうぎじょう》などが休《やす》むこと。

きゅうじょう【宮城】 名詞 天皇《てんのう》の住《す》まい。「皇居《こうきょ》」の古《ふる》い言《い》い方《かた》。

きゅうじょう【球場】 名詞 おもに野球《やきゅう》をするためのところ。野球場《やきゅうじょう》。例 甲子園《こうしえん》球場。

きゅうじょう【窮状】 名詞 ひどく困《こま》って苦《くる》しんでいるようす。例 災害《さいがい》にあった住民《じゅうみん》が窮状をうったえる。

きゅうしょうがつ【旧正月】 名詞 季語春 昔《むかし》のこよみでの正月《しょうがつ》。今《いま》の正月《しょうがつ》より、およそ一《いっ》か月《げつ》あと。

きゅうしょく【休職】 名詞 動詞 会社員《かいしゃいん》や公務《こうむ》員《いん》などが、勤《つと》めをしばらくの間《あいだ》休《やす》むこと。

きゅうしょく【求職】 名詞 働《はたら》くところを探《さが》すこと。例 姉《あね》は求職中《ちゅう》です。対 求人《きゅうじん》。

きゅうしょく【給食】 名詞 学校《がっこう》や工場《こうじょう》などで、食事《しょくじ》を用意《ようい》してみんなに食《た》べさせること。例 給食当番《とうばん》。

ぎゅうじる【牛耳る】 動詞 集団《しゅうだん》や会議《かいぎ》などを、自分《じぶん》の考《かんが》えどおりに動《うご》かす。例 町《まち》を牛耳る人物《じんぶつ》。ことば 昔《むかし》、中国《ちゅうごく》で、君主《くんしゅ》が同盟《どうめい》を結《むす》ぶとき、牛《うし》の耳《みみ》を切《き》り取《と》り、その血《ち》をすすり合《あ》ってちかいを立《た》てたことからきたことば。

きゅうしん【休診】 名詞 動詞 病院《びょういん》などが、診《しん》察《さつ》を休《やす》むこと。例 祝日《しゅくじつ》は休診します。

きゅうしん【急進】 名詞 動詞 ❶急《いそ》いで進《すす》むこと。❷目標《もくひょう》や理想《りそう》を、できるだけ早《はや》く実現《じつげん》させようとすること。例 急進的《てき》な考《かんが》え方《かた》。

きゅうしん【球審】 名詞 野球《やきゅう》で、キャッチャーの後《うし》ろにいて、ピッチャーの投球《とうきゅう》がストライクかボールかなどを決《き》める人《ひと》。関連 塁審《るいしん》。

きゅうじん【求人】 名詞 働《はたら》く人《ひと》を探《さが》すこと。例 求人広告《こうこく》。対 求職《きゅうしょく》。

きゅうしんてき【急進的】 形容動詞 目標《もくひょう》や理想《りそう》を、できるだけ早《はや》く実現《じつげん》させようとするようす。例 急進的な意見《いけん》。

きゅうしんりょく【求心力】 名詞 ❶物《もの》が回《まわ》っているとき、その中心《ちゅうしん》に向《む》かって引《ひ》っ張《ぱ》るようにはたらく力《ちから》。「向心力《こうしんりょく》」ともいう。対 遠心力《えんしんりょく》。❷ものごとの中心《ちゅうしん》として、人《ひと》の心《こころ》を引《ひ》きつける力《ちから》。例 リーダーの求心力が低下《ていか》する。

きゅうす【急須】 名詞 お茶《ちゃ》を入《い》れて茶《ちゃ》わんに注《そそ》ぐのに使《つか》う、取《と》っ手《て》とつぎ口《ぐち》のある器具《きぐ》。

きゅうす

きゅうすい【吸水】 名詞 動詞 ❶水《みず》を吸《す》い上《あ》げること。

ことわざ **二兎《にと》を追《お》う者《もの》は一兎《いっと》をも得《え》ず** 二《に》ひきのうさぎを同時《どうじ》につかまえようとすると、結局一《けっきょくいっ》ぴきと。

水《みず》を吸《す》いとること。例 吸水性《せい》の高《たか》い布《ぬの》。
❷植物《しょくぶつ》が根《ね》などから水分《すいぶん》をとり入《い》れること。

きゅうすい【給水】 名詞 動詞 飲《の》み水《みず》などを配《くば》りあたえること。例 給水制限《せいげん》。

きゅうすいしゃ【給水車】 名詞 断水《だんすい》や水不足《みずぶそく》のときなどに、飲《の》み水《みず》を配《くば》って回《まわ》る、タンクのついた車《くるま》。

きゅうすいせん【給水栓】 名詞 開閉《かいへい》することで、水《みず》を出《だ》したり止《と》めたりできる、給水管《きゅうすいかん》の出口《でぐち》にとりつけた栓《せん》。

きゅうする【窮する】 動詞 ❶どうしてよいかわからなくて困《こま》る。例 返事《へんじ》に窮する。
❷貧乏《びんぼう》で苦《くる》しむ。例 生活《せいかつ》に窮する。

きゅうすればつうず【窮すれば通ず】 故事成語 行《い》きづまってどうにもならなくなると、かえって進《すす》むべき道《みち》が開《ひら》けるものだ。

きゅうせい【旧制】 名詞 古《ふる》い制度《せいど》。昔《むかし》のしくみ。例 旧制中学《ちゅうがく》。対 新制《しんせい》。

きゅうせい【旧姓】 名詞 結婚《けっこん》などで名字《みょうじ》が変《か》わった人《ひと》の、前《まえ》の名字《みょうじ》。

きゅうせい【急性】 名詞 病気《びょうき》が急《きゅう》に起《お》こり、早《はや》くひどくなること。例 急性肺炎《はいえん》。対 慢性《まんせい》。

きゅうせいぐん【救世軍】 名詞 キリスト教《きょう》のプロテスタントの一派《いっぱ》。軍隊《ぐんたい》に似《に》た組織《そしき》で、教《おし》えを広《ひろ》めたり、めぐまれない人々《ひとびと》を助《たす》けたりする活動《かつどう》をしている。

きゅうせいしゅ【救世主】 名詞 ❶世《よ》の中《なか》の迷《まよ》い苦《くる》しむ人々《ひとびと》をすくう人《ひと》。
❷キリスト教《きょう》で、「イエス＝キリスト」のこと。

きゅうせき【旧跡】 名詞 歴史《れきし》に残《のこ》るようなできごとや建物《たてもの》のあったあと。類 古跡《こせき》。史跡《しせき》。

きゅうせっきじだい【旧石器時代】 名詞 石器時代《せっきじだい》を二《ふた》つに分《わ》けたうちの、古《ふる》いほうの時代《じだい》。石《いし》をくだいて作《つく》った石器《せっき》や、動物《どうぶつ》の骨《ほね》や角《つの》で作《つく》った道具《どうぐ》を使《つか》っていた。関連 新石器時代《しんせっきじだい》。

きゅうせん【休戦】 名詞 動詞 敵《てき》と味方《みかた》が話《はな》し合《あ》って、一時的《いちじてき》に、戦《たたか》いをやめること。例 休戦条約《じょうやく》。

きゅうぞう【急造】 名詞 動詞 急《いそ》いでつくること。急《きゅう》ごしらえ。例 急造チーム。

きゅうぞう【急増】 名詞 動詞 急《きゅう》に増《ふ》えること。例 交通事故《こうつうじこ》が急増する。類 激増《げきぞう》。

きゅうそく【休息】 名詞 動詞 つかれた体《からだ》を休《やす》めること。例 休息をとる。

きゅうそく【急速】 形容動詞 ものごとの進《すす》み方《かた》が非常《ひじょう》に速《はや》いようす。例 急速に発展《はってん》した町《まち》。

きゅうそねこをかむ【窮鼠猫をかむ】 故事成語 弱《よわ》いものでも追《お》いつめられると、強《つよ》いものに立《た》ち向《む》かい、負《ま》かすことがあるというたとえ。ことば「鼠《そ》」は、ねずみのこと。

きゅうだい【及第】 名詞 動詞 季語 春 試験《しけん》などに合格《ごうかく》すること。例 及第点《てん》がとれた。対 落第《らくだい》。

きゅうたいいぜん【旧態依然】［と］ 副詞 昔《むかし》のままで、進歩《しんぽ》や発展《はってん》が少《すこ》しもないようす。例 旧態依然としたやり方《かた》。使い方「旧態依然たる内容《ないよう》」などの形《かたち》でも使《つか》う。

きゅうだん【糾弾】 名詞 動詞 罪《つみ》や責任《せきにん》などについて、厳《きび》しく責《せ》めること。例 不正《ふせい》な行為《こうい》を糾弾する。

きゅうだん【球団】 名詞 プロ野球《やきゅう》のチームをつくり、試合《しあい》を見《み》せるのを仕事《しごと》とする団体《だんたい》。

きゅうち【旧知】 名詞 古《ふる》くからの知《し》り合《あ》い。例 旧知の間《あいだ》がら。

きゅうち【窮地】 名詞 追《お》いつめられてどうにもならない、たいへん苦《くる》しい立場《たちば》。例 窮地に立《た》つ。類 危地《きち》。苦境《くきょう》。

きゅうちゅう【宮中】 名詞 天皇《てんのう》の住《す》む宮殿《きゅうでん》の中《なか》。

きゅうてい【宮廷】 名詞 天皇《てんのう》や国王《こくおう》などが住《す》んでいるところ。

きゅうてん【急転】 名詞 動詞 ものごとのようすが急《きゅう》に変《か》わること。例 事態《じたい》が急転する。

きゅうでん【宮殿】 名詞 天皇《てんのう》や国王《こくおう》などが住《す》んでいる建物《たてもの》。例 ベルサイユ宮殿。

きゅうてんちょっか【急転直下】 名詞 副詞 ものごとの成《な》り行《ゆ》きが急《きゅう》に変《か》わって、解決《かいけつ》や結末《けつまつ》に向《む》かうこと。例 事件《じけん》は急転直下解決《かいけつ》した。

きゅうとう【給湯】 名詞 動詞 必要《ひつよう》なところに湯《ゆ》が出《で》るようにすること。例 給湯器《き》。

きゅうどう【弓道】 名詞 日本《にほん》の武道《ぶどう》の一《ひと》つ。的《まと》をねらって弓《ゆみ》を引《ひ》き、矢《や》を放《はな》つ。

きゅうどう【旧道】 名詞 昔《むかし》からある道《みち》。古《ふる》いほうの道《みち》。対 新道《しんどう》。

ぎゅうなべ【牛鍋】 名詞 牛肉《ぎゅうにく》をねぎや豆腐《とうふ》などと鉄《てつ》なべで煮《に》ながら食《た》べる、すきやきに似《に》

たえがないことのたとえ。

た料理。参考 明治時代《めいじじだい》の文明開化《ぶんめいかいか》のころに流行《こう》した。

きゅうなん【救難】 名詞 災難《さいなん》にあっている人《ひと》を助《たす》けること。救助《きゅうじょ》。救出《きゅうしゅつ》。例 救難作業《さぎょう》。

きゅうに【急に】 副詞 突然《とつぜん》に起《お》こるようす。いきなり。にわかに。例 急に雨《あめ》が降《ふ》り出《だ》した／最近《さいきん》急に背《せ》がのびてきた。

ぎゅうにく【牛肉】 名詞 食用《しょくよう》の牛《うし》の肉《にく》。ビーフ。

きゅうにゅう【吸入】 名詞 動詞 吸《す》いこむこと。例 酸素《さんそ》を吸入する。

ぎゅうにゅう【牛乳】 名詞 牛《うし》の乳《ちち》。バター、チーズ、ヨーグルトなどの原料《げんりょう》になる。

きゅうねん【旧年】 名詞 季語 新年 去年《きょねん》。昨年《さくねん》。関連 新年《しんねん》。使い方 新《あたら》しい年《とし》になったころに、前《まえ》の年《とし》を指《さ》していうことば。

きゅうば【急場】 名詞 早《はや》くなんとかしなければならない、困《こま》った場合《ばあい》。例 急場をしのぐ。

キューバ ➡351ページ《ジ》 キューバきょうわこく

ぎゅうば【牛馬】 名詞 牛《うし》と馬《うま》。例 牛馬のように働《はたら》かされる。

キューバきょうわこく【キューバ共和国】 名詞 北《きた》アメリカの南《みなみ》、カリブ海《かい》の北《きた》にある島国《しまぐに》。農業《のうぎょう》がさかんで、砂糖《さとう》・たばこ・バナナ・コーヒーなどの産地《さんち》。首都《しゅと》はハバナ。「キューバ」ともいう。

(国旗《こっき》)

きゅうはく【急迫】 名詞 動詞 ものごとがさしせまること。せっぱつまっていること。類 切迫《せっぱく》。緊迫《きんぱく》。例 となりの国《くに》との関係《かんけい》が急迫する。

きゅうはっしん【急発進】 名詞 動詞 自動車《じどうしゃ》などの乗《の》り物《もの》が、急《きゅう》に動《うご》き出《だ》すこと。

きゅうはん【旧版】 名詞 出版物《しゅっぱんぶつ》で、改訂《かいてい》などをする前《まえ》の、もとの版《はん》。対 新版《しんぱん》。

きゅうばん【吸盤】 名詞 ❶動物《どうぶつ》の、ほかの物《もの》に吸《す》いつくための器官《きかん》。たこやいかの足《あし》、やもりの指先《ゆびさき》などにある。❷かべや机《つくえ》などに吸《す》いつかせ、ものをぶらさげたりするのに使《つか》う、ゴムでできた道具《どうぐ》。

きゅうピッチ【急ピッチ】 名詞 形容動詞 ものごとの進《すす》み方《かた》が速《はや》いこと。例 工事《こうじ》を急ピッチで進《すす》める。

きゅうびょう【急病】 名詞 急《きゅう》に起《お》こる病気《びょうき》。

きゅうふ【丘阜】 名詞 丘《おか》。土地《とち》が少《すこ》し高《たか》くなったところ。

きゅうふ【休符】 名詞 楽譜《がくふ》に使《つか》う記号《きごう》。演奏《えんそう》するときに音《おと》を出《だ》さないところとその長《なが》さを表《あらわ》す。「休止符《きゅうしふ》」ともいう。

休符		長《なが》さの割合《わりあい》
𝄻	全《ぜん》休符	4
𝄼	二分《にぶ》休符	2
𝄽	四分《しぶ》休符	この長さを1とすると
𝄾	八分《はちぶ》休符	$\frac{1}{2}$
𝄿	十六分《じゅうろくぶ》休符	$\frac{1}{4}$

きゅうふ【休符】

きゅうふ【給付】 名詞 動詞 お金《かね》や品物《しなもの》をあたえること。例 補助金を給付する／給付金。

きゅうぶん【旧聞】 名詞 ずっと以前《いぜん》に聞《き》いた古《ふる》い話《はなし》。以前《いぜん》に聞《き》いた話《はなし》で、今《いま》では新《あたら》しくない話《はなし》。例 旧聞に属《ぞく》する（＝古《ふる》い話《はなし》だ）。

きゅうへん【急変】 ❶名詞 動詞 ものごとのようすが急《きゅう》に変《か》わること。例 病状《びょうじょう》が急変した。❷名詞 突然《とつぜん》起《お》こったできごと。例 となりの国《くに》に急変があったらしい。

きゅうほう【急報】 名詞 動詞 急《いそ》いで知《し》らせること。また、その知《し》らせ。例 事故《じこ》を目撃《もくげき》し、警察《けいさつ》に急報する。類 急告《きゅうこく》。速報《そくほう》。使い方 ❶は、悪《わる》くなる場合《ばあい》に使《つか》うことが多《おお》い。

きゅうぼう【窮乏】 名詞 動詞 たいへん貧《まず》しくて、生活《せいかつ》に困《こま》ること。例 窮乏生活《せいかつ》。

きゅうぼん【旧盆】 名詞 季語 秋 昔《むかし》のこよみで行《おこな》う盆《ぼん》の行事《ぎょうじ》。八月《はちがつ》に行《おこな》われる。

きゅうみん【休眠】 名詞 動詞 ❶動物《どうぶつ》や植物《しょくぶつ》が、暑《あつ》さ・寒《さむ》さなどのために生活《せいかつ》がしにくい間《あいだ》、そのはたらきをほとんど止《と》めていること。❷土地《とち》や設備《せつび》、団体《だんたい》などが、ある期間《きかん》利用《りよう》されなかったり活動《かつどう》を止《と》めたりすること。例 休眠地《ち》／休眠会社《がいしゃ》。

きゅうむ【急務】 名詞 急《いそ》いでしなくてはならない仕事《しごと》。例 地震対策《じしんたいさく》はこの町《まち》の急務だ。

きゅうめい【究明】 名詞 動詞 ものごとのほんとうのすがたや正《ただ》しいことがらを調《しら》べて、はっきりさせること。例 真相《しんそう》を究明する。類 解明《かいめい》。

ことわざ **ぬかにくぎ**　やわらかいぬかにくぎを打《う》ってもまったく手《て》ごたえがないように、効《き》き目《め》や手《て》ご

きゅうめい【救命】 名詞 人《ひと》の命《いのち》を助《たす》けること。

きゅうめいぐ【救命具】 名詞 人《ひと》の命《いのち》を助《たす》けるための道具《どうぐ》。救命胴衣《きゅうめいどうい》や救命《きゅうめい》ボートなど。

きゅうめいどうい【救命胴衣】 ➡1382ページ ライフジャケット

きゅうめん【球面】 名詞 球《たま》の表面《ひょうめん》。

きゅうめんきょう【球面鏡】 名詞 表面《ひょうめん》が球《きゅう》のような形《かたち》になっているかがみ。凸面鏡《とつめんきょう》と凹面鏡《おうめんきょう》とがある。

きゅうゆ【給油】 名詞 動詞 ❶自動車《じどうしゃ》や飛行機《ひこうき》などに、ガソリンなどの燃《ねん》料《りょう》を入《い》れること。❷機械《きかい》などのすべりをよくするために、油《あぶら》を差《さ》すこと。

きゅうゆう【旧友】 名詞 昔《むかし》の友《とも》だち。また、昔《むかし》からの友《とも》だち。

きゅうゆう【級友】 名詞 同《おな》じ学級《がっきゅう》の友《とも》だち。クラスメート。

きゅうよ【給与】 ❶名詞 やとい主《ぬし》が、働《はたら》いている人《ひと》にはらうお金《かね》。給料《きゅうりょう》。❷名詞 動詞 お金《かね》や品物《しなもの》をあたえること。

きゅうよう【休養】 名詞 動詞 仕事《しごと》などを休《やす》んで体《からだ》や心《こころ》を休《やす》め、元気《げんき》をとりもどすこと。例 体調《たいちょう》をくずしたため、休養をとる／自宅《じたく》で休養する。類 静養《せいよう》。保養《ほよう》。

きゅうよう【急用】 名詞 急《いそ》ぎの用事《ようじ》。

きゅうらい【旧来】 名詞 副詞 昔《むかし》から続《つづ》いていること。例 旧来のやり方《かた》を改《あらた》める。類 従来《じゅうらい》。

きゅうり 名詞 季語 夏 うりのなかまの野菜《やさい》。夏《なつ》に黄色《きいろ》い花《はな》がさき、緑色《みどりいろ》の細長《ほそなが》い実《み》がなる。漬物《つけもの》やサラダなどにして食《た》べる。ことば 漢字《かんじ》では「胡瓜」と書《か》く。

きゅうり

きゅうりゅう【急流】 名詞 水《みず》の流《なが》れが速《はや》いこと。急《きゅう》な流《なが》れ。

きゅうりょう【丘陵】 名詞 小高《こだか》い土地《とち》。また、おかが続《つづ》いているなだらかな土地《とち》。

きゅうりょう【給料】 名詞 やとい主《ぬし》が、働《はたら》いている人《ひと》にはらうお金《かね》。給与《きゅうよ》。

きゅうれき【旧暦】 名詞 日本《にほん》で明治時代《めいじじだい》の初《はじ》めまで使《つか》われていたこよみ。月《つき》の満《み》ち欠《か》けをもとにして決《き》められていた。類 太陰暦《たいいんれき》。対 新暦《しんれき》。➡1449ページ 昔《むかし》のこよみと年《とし》・月《つき》・季節《きせつ》のことば

ぎゅっと 副詞 力《ちから》をこめて強《つよ》くおさえつけたり、にぎったりするようす。例 子供《こども》をぎゅっとだきしめる。

キュリーふじん【キュリー夫人】 名詞 （一八六七～一九三四）フランスの物理学者《ぶつりがくしゃ》。夫《おっと》のピエール＝キュリーとともにラジウムを発見《はっけん》した。ノーベル物理学賞《ぶつりがくしょう》・ノーベル化学賞《かがくしょう》を受《う》けた。

きよ【寄与】 名詞 動詞 あることの役《やく》に立《た》つこと。例 世界《せかい》の平和《へいわ》に寄与する。類 貢献《こうけん》。

漢 **きょ【去】**〔厶《む》〕5画 3年 音 キョ・コ 訓 さる

一 + 土 去 去（とめる）

❶さる。はなれる。すぎさる。例 去年《きょねん》／過去《かこ》／退去《たいきょ》。❷とりさる。とりのぞく。例 消去《しょうきょ》／除去《じょきょ》。❸死《し》ぬ。例 死去《しきょ》。

きょ【居】 名詞 住《す》まい。例 山《やま》のふもとに居を構《かま》える。

漢 **きょ【居】**〔尸《しかばね》〕8画 5年 音 キョ 訓 いる・おる

㇕ ㇐ 尸 居（ながく） 居 居 居 居

❶いる。とどまる。すんでいる。例 居間《いま》／居《きょ》住《じゅう》。❷住《す》むところ。すまい。例 住居《じゅうきょ》／新居《しんきょ》。

漢 **きょ【挙】**〔手《て》〕10画 4年 音 キョ 訓 あげる・あがる

、 ⺍ ⺍（とめない） 𰀁 兴 兴 举（下をながく） 挙

❶あげる。例 挙手《きょしゅ》／列挙《れっきょ》。❷おこなう。ふるまう。例 挙行《きょこう》／挙式《きょしき》／挙動《きょどう》。❸のこらず。こぞって。例 大挙《たいきょ》。❹地位《ちい》につける。例 選挙《せんきょ》。

漢 **きょ【許】**〔言《ごんべん》〕11画 5年 音 キョ 訓 ゆるす

、 亠 亖 言 言 訁 訐（下をながく） 許

ゆるす。聞《き》きとどける。例 許可《きょか》／許容《きょよう》／免許《めんきょ》。

漢 **ぎょ【魚】**〔魚《うお》〕11画 2年 音 ギョ 訓 うお・さかな

ことから、なんの苦労《くろう》も努力《どりょく》もしないで大《おお》きな利益《りえき》を手《て》に入《い》れることのたとえ。

あいうえお かきくけこ き さしすせそ たちつてと なにぬねの はひふへほ まみむめも や ゆ よ らりるれろ わ を ん

刀としない　てんのうちかたちゅうい

さかな。例 魚市場《うおいちば》／魚群《ぎょぐん》／魚類《ぎょるい》／金魚《きんぎょ》／小魚《こざかな》。

漢 **ぎょ【漁】**〔氵《さんずい》〕14画 4年 音 ギョ・リョウ 訓

刀としない

魚《さかな》をとる。例 漁業《ぎょぎょう》／漁船《ぎょせん》／漁師《りょうし》／大漁《たいりょう》。

きよい【清い】 形容詞 ❶にごりやよごれがなく、きれいにすんでいる。例 清い水《みず》の流《なが》れる谷川《たにがわ》。❷心《こころ》が正《ただ》しい。心《こころ》によごれがない。例 清い心《こころ》の持《も》ち主《ぬし》。漢⇒705ページ せい〔清〕

きよう【起用】 名詞 動詞 ある人《ひと》をとくに引《ひ》き上《あ》げて、今《いま》までついたことのない上《うえ》の役《やく》につかせること。例 主役《しゅやく》に新人《しんじん》を起用する。類 登用《とうよう》。

きよう【器用】 形容動詞 ❶手先《てさき》を使《つか》ってするような、細《こま》かな仕事《しごと》が上手《じょうず》なようす。例 手先《てさき》の器用な人《ひと》。対 不器用《ぶきよう》。❷ぬけ目《め》がなく、自分《じぶん》に損《そん》のないようにものごとを進《すす》めるようす。例 世間《せけん》で器用に生《い》きる。

きょう【凶】 名詞 運《うん》が悪《わる》いこと。縁起《えんぎ》が悪《わる》いこと。対 吉《きち》。

漢 **きょう【兄】**〔儿《ひとあし》〕5画 2年 音 ケイ・キョウ 訓 あに

上へはねる

❶あに。例 兄弟《きょうだい》／長兄《ちょうけい》。対 弟《だい》。❷友《とも》だちを尊敬《そんけい》した言《い》い方《かた》。例 貴兄《きけい》／大兄。

漢 **きょう【共】**〔八《はち》〕6画 4年 音 キョウ 訓 とも

とめる

ともに。いっしょに。例 共演《きょうえん》／共学《きょうがく》／共存《きょうぞん》／共通《きょうつう》／共同《きょうどう》／共有《きょうゆう》／共倒《ともだお》れ／公共《こうきょう》。

漢 **きょう【京】**〔亠《なべぶた》〕8画 2年 音 キョウ・ケイ 訓

つきださない　はねる

❶みやこ。例 帰京《ききょう》／上京《じょうきょう》／平安京《へいあんきょう》。❷京《きょう》都《と》のこと。例 京女《きょうおんな》／京人形《きょうにんぎょう》／京風《きょうふう》／京阪《けいはん》。

漢 **きょう【供】**〔亻《にんべん》〕8画 6年 音 キョウ・ク 訓 そなえる・とも

とめる

❶さしだす。例 供給《きょうきゅう》／供出《きょうしゅつ》／提供《ていきょう》。❷わけをのべる。例 供述《きょうじゅつ》／自供《じきょう》。❸そなえる。例 供物《くもつ》／供養《くよう》／供《そな》え物《もの》。❹ども。数《かず》が二人《ふたり》以上《いじょう》であることを表《あらわ》す。例 子供《こども》。

漢 **きょう【協】**〔十《じゅう》〕8画 4年 音 キョウ 訓

つきだす

❶力《ちから》を合《あ》わせる。例 協会《きょうかい》／協賛《きょうさん》／協調《きょうちょう》／協同《きょうどう》／協力《きょうりょく》。❷相談《そうだん》する。例 協議《きょうぎ》／協定《きょうてい》。

きょう【香】 漢⇒215ページ か〔香〕

漢 **きょう【胸】**〔月《にくづき》〕10画 6年 音 キョウ 訓 むね・むな

はらう　はねる　はねる

❶むね。例 胸囲《きょうい》／胸部《きょうぶ》／胸元《むなもと》／胸焼《むねや》け。❷心《こころ》。例 胸中《きょうちゅう》／度胸《どきょう》。

漢 **きょう【強】**〔弓《ゆみへん》〕11画 2年 音 キョウ・ゴウ 訓 つよい・つよまる・つよめる・しいる

わすれないように

❶力《ちから》がある。じょうぶ。例 強弱《きょうじゃく》／強力《きょうりょく》／強気《つよき》／補強《ほきょう》。対 弱《じゃく》。❷むりやりにする。しいる。例 強行《きょうこう》／強制《きょうせい》／強引《ごういん》。❸ある数《かず》より少《すこ》し多《おお》いことを示《しめ》すことば。例 二倍強《にばいきょう》。対 弱《じゃく》。

漢 **きょう【郷】**〔阝《おおざと》〕11画 6年 音 キョウ・ゴウ 訓 さと

はらう　はねる

❶むらざと。いなか。ふるさと。例 郷土《きょうど》／郷里《きょうり》／帰郷《ききょう》／故郷《こきょう》／同郷《どうきょう》。❷土地《とち》。場所《ばしょ》。例 温泉郷《おんせんきょう》／水郷《すいごう》／理想郷《りそうきょう》。

漢 **きょう【教】**〔攵《のぶん》〕11画 2年 音 キョウ 訓 おしえる・おそわる

はねる

おしえ。おしえる。例 教育《きょういく》／教科《きょうか》／教師《きょうし》／教室《きょうしつ》／教授《きょうじゅ》／宗教《しゅうきょう》／仏《ほとけ》の教《おし》え。

きょう【経】 名詞 仏《ほとけ》の教《おし》えを書《か》いたもの。おきょう。例 経を上《あ》げる。漢⇒410ページ けい〔経〕

漢 **きょう【境】**〔土《つちへん》〕14画 5年 音 キョウ・ケイ 訓 さかい

ことわざ **ぬれ手《て》であわ**　ぬれた手《て》であわ（＝穀物《こくもつ》の一《ひと》つ）をつかむと、あわがたくさん手《て》についてくる

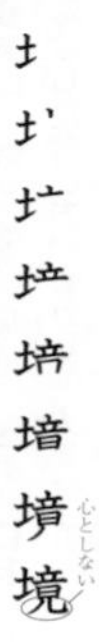

土 圹 圹 圹 垆 培 培 境 境 境（心《こころ》としない）

❶さかい。例 境界《きょうかい》／境内《けいだい》／境目《さかいめ》／越境《えっきょう》／国境《こっきょう》。❷場所《ばしょ》。例 異境《いきょう》／辺境《へんきょう》。❸人《ひと》のおかれているところ。立場《たちば》。例 境遇《きょうぐう》／環境《かんきょう》／苦境《くきょう》。

漢 **きょう【橋】**〔木〕きへん 16画 3年 音 キョウ 訓 はし

木 木 杉 杆 桥 桥 橋 橋 橋（みぎからはらう）（はらう）

はし。例 石橋《いしばし》／鉄橋《てっきょう》／歩道橋《ほどうきょう》／陸橋《りっきょう》。

きょう【興】 名詞 おもしろみ。楽《たの》しみ。漢→444ページ こう〔興〕

● **興《きょう》が湧《わ》く** おもしろい、楽《たの》しいと感《かん》じる気持《きも》ちが起《お》こる。例 読《よ》むうちに興《きょう》が湧いてきた。

● **興《きょう》に乗《の》る** おもしろさに引《ひ》きこまれて、何《なに》かをする。例 興に乗って、おどり始《はじ》める。

漢 **きょう【鏡】**〔金〕かねへん 19画 4年 音 キョウ 訓 かがみ

𠆢 金 釒 鈁 鈴 鉝 鋍 鏡 鏡（心《こころ》としない）

❶かがみ。例 鏡台《きょうだい》／手鏡《てかがみ》。❷かがみやレンズを使《つか》った道具《どうぐ》。例 顕微鏡《けんびきょう》／望遠鏡《ぼうえんきょう》。

漢 **きょう【競】**〔立〕たつ 20画 4年 音 キョウ・ケイ 訓 きそう・せる

丶 亠 立 音 竞 竞 競（かたちにちゅうい）

きそう。せりあう。力《ちから》やわざをくらべあう。例 競泳《きょうえい》／競技《きょうぎ》／競争《きょうそう》／競走《きょうそう》／競馬《けいば》。

きょう【今日】 名詞 今《いま》過《す》ごしている、この日《ひ》。例 本日《ほんじつ》。ことば「こんにち」と読《よ》むと別《べつ》の意味《いみ》が加《くわ》わる。

ぎょう【行】 名詞 ❶字《じ》を書《か》いたときの列《れつ》。例 行《ぎょう》をかえて書《か》く。❷仏《ほとけ》の道《みち》を修《おさ》め、心《こころ》や体《からだ》をきたえること。例 行を積《つ》んだ徳《とく》の高《たか》いおぼうさん。❸五十音図《ごじゅうおんず》の縦《たて》の並《なら》び。たとえば「ア行《ぎょう》」は「アイウエオ」を指《さ》す。漢→443ページ こう〔行〕

ぎょう【形】 漢→410ページ けい〔形〕

漢 **ぎょう【業】**〔木〕き 13画 3年 音 ギョウ・ゴウ 訓 わざ

〃 业 业 业 丵 丵 業 業（かたちにちゅうい）

❶わざ。仕事《しごと》。つとめ。例 業績《ぎょうせき》／神業《かみわざ》／産業《さんぎょう》／授業《じゅぎょう》／職業《しょくぎょう》／農業《のうぎょう》。❷ごう。前世《ぜんせ》の行《おこな》いによってこの世《よ》で受《う》けるむくい。例 非業《ひごう》。

きょうあく【凶悪】 形容動詞 性質《せいしつ》などが非常《ひじょう》に悪《わる》く、ひどいことでも平気《へいき》でするようす。例 凶悪な犯行《はんこう》。

きょうい【胸囲】 名詞 胸《むね》のまわりの長《なが》さ。胸《むね》まわり。バスト。

きょうい【脅威】 名詞 人《ひと》をおさえつけるような強《つよ》い力《ちから》を示《しめ》して、おそろしいと思《おも》わせること。例 核兵器《かくへいき》の脅威。

きょうい【驚異】 名詞 びっくりするほど、不思議《ふしぎ》で、すばらしいこと。例 大自然《だいしぜん》の驚異。

きょういく【教育】 名詞 動詞 知識《ちしき》や技術《ぎじゅつ》、人《ひと》としての正《ただ》しい行《おこな》いや考《かんが》え方《かた》などを教《おし》え、育《そだ》てること。例 教育者《しゃ》／教育方針《ほうしん》／義務《ぎむ》教育。

きょういくいいんかい【教育委員会】 名詞 都道府県《とどうふけん》や市町村《しちょうそん》におかれ、教育《きょういく》にかかわるさまざまな事務《じむ》を受《う》け持《も》つ委員会《いいんかい》。

きょういくかんじ【教育漢字】 名詞 小学校《しょうがっこう》の間《あいだ》に学習《がくしゅう》する千《せん》二《に》十六《じゅうろく》字《じ》の漢字《かんじ》。「学習《がくしゅう》漢字《かんじ》」ともいう。

きょういくきほんほう【教育基本法】 名詞 日本国憲法《にほんこくけんぽう》にもとづいて、教育《きょういく》の基本《きほん》となる考《かんが》えを定《さだ》めた法律《ほうりつ》。

きょういくちょくご【教育勅語】 名詞 明治天皇《めいじてんのう》が、国民《こくみん》教育《きょういく》の基本目標《きほんもくひょう》として示《しめ》したもの。一八九〇年《ねん》に出《だ》され、一九四八年《ねん》に廃止《はいし》された。

きょういん【教員】 名詞 学校《がっこう》で、児童《じどう》・生徒《せいと》・学生《がくせい》を教《おし》えることを仕事《しごと》にしている人《ひと》。類 教師《きょうし》。教諭《きょうゆ》。

きょううん【強運】 名詞 運《うん》が強《つよ》いこと。また、強《つよ》い運勢《うんせい》。例 強運の持《も》ち主《ぬし》。

きょうえい【共栄】 名詞 動詞 ともに栄《さか》えること。例 共存共栄《きょうぞんきょうえい》。

きょうえい【競泳】 名詞 動詞 季語 夏 決《き》められたきょりを泳《およ》いで、その速《はや》さをきそうこと。

きょうえん【共演】 名詞 動詞 映画《えいが》などに、いっしょに出演《しゅつえん》すること。とくに、主役《しゅやく》になるような俳優《はいゆう》が、いっしょに出演《しゅつえん》すること。

きょうか【狂歌】 名詞 江戸時代《えどじだい》にはやった、しゃれやこっけいをよみこんだ短歌《たんか》。「太平《たいへい》のねむりをさます蒸気船《じょうきせん》たった四《し》はいで夜《よる》もねむれず」（江戸時代《えどじだい》外国《がいこく》との交流《こうりゅう》を禁止《きんし》しているということから、油断《ゆだん》ができないことのたとえ。

た日本《にほん》に、外国《がいこく》の蒸気船《じょうきせん》四《よん》せきが来《き》て大《おお》さわぎになったことを、「上喜撰《じょうきせん》」という高級《こうきゅう》なお茶《ちゃ》を飲《の》んでねむれなくなった、とたとえた歌《うた》）など。

きょうか【強化】 名詞 動詞 今《いま》までよりも、もっと強《つよ》くすること。例 空港《くうこう》の警備《けいび》を強化する。

きょうか【教化】 名詞 動詞 人《ひと》を教《おし》えて、よい方向《ほうこう》に進《すす》ませること。例 青少年《せいしょうねん》を教化する。

きょうか【教科】 名詞 学校《がっこう》で勉強《べんきょう》する科目《かもく》。国語《こくご》・理科《りか》など。

きょうかい【協会】 名詞 一《ひと》つの目的《もくてき》のために会員《かいいん》が集《あつ》まって仕事《しごと》を進《すす》めていく会《かい》。

きょうかい【教会】 名詞 同《おな》じ宗教《しゅうきょう》を信《しん》じる人《ひと》たちがつくった団体《だんたい》。また、その人《ひと》たちがいのりや儀式《ぎしき》などをする建物《たてもの》。ことば キリスト教《きょう》のことをいう場合《ばあい》が多《おお》い。

きょうかい【境界】 名詞 土地《とち》などの境目《さかいめ》。ものごとの境目《さかいめ》。例 となりの家《いえ》との境界。

ぎょうかい【業界】 名詞 同《おな》じ種類《しゅるい》の仕事《しごと》や商売《しょうばい》をしている人々《ひとびと》の社会《しゃかい》。例 マスコミ業界。

ぎょうかいがん【凝灰岩】 名詞 堆積岩《たいせきがん》の一《ひと》つ。火山《かざん》の灰《はい》や砂《すな》が地上《ちじょう》や水《みず》の底《そこ》に積《つ》もり、固《かた》まってできたもの。

きょうがく【共学】 名詞 男子《だんし》と女子《じょし》が、同《おな》じ学校《がっこう》、または同《おな》じ教室《きょうしつ》でいっしょに勉強《べんきょう》すること。例 男女共学《だんじょ》の高校《こうこう》。

きょうかしょ【教科書】 名詞 学校《がっこう》での学習《がくしゅう》に使《つか》うために、教科《きょうか》ごとにつくられた本《ほん》。

きょうかしょくひん【強化食品】 名詞 人《にん》間《げん》の体《からだ》に不足《ふそく》しやすいビタミンやカルシウムなどを加《くわ》えて、栄養価《えいようか》を高《たか》めた食品《しょくひん》。強化米《きょうかまい》などがある。

きょうかつ【恐喝】 名詞 動詞 相手《あいて》の弱《よわ》みにつけこみ、お金《かね》や品物《しなもの》を出《だ》すようにおどすこと。

ぎょうがまえ【行構え】 名詞 「行」のこと。漢字《かんじ》の部首《ぶしゅ》の一《ひと》つ。衛・街・術などの漢字《かんじ》を作《つく》る。

きょうかん【共感】 名詞 動詞 ほかの人《ひと》の考《かんが》え方《かた》や感《かん》じ方《かた》、行《おこな》いなどに対《たい》し、そのとおりだと思《おも》うこと。例 弟《おとうと》の意見《いけん》に共感した。類 共鳴《きょうめい》。

きょうかん【教官】 名詞 国立《こくりつ》などの学校《がっこう》や研《けん》究所《きゅうじょ》で、教《おし》えたり研究《けんきゅう》をしたりしている人《ひと》。

ぎょうかん【行間】 名詞 ❶文章《ぶんしょう》の行《ぎょう》と行《ぎょう》との間《あいだ》。例 行間に字《じ》を書《か》く。❷文章《ぶんしょう》の表面《ひょうめん》に表《あらわ》れない筆者《ひっしゃ》の気持《きも》ち。

●**行間《ぎょうかん》を読《よ》む** 文章《ぶんしょう》に表《あらわ》れていない、筆者《ひっしゃ》の気持《きも》ちをくみとる。

きょうき【凶器】 名詞 人《ひと》を傷《きず》つけたり、殺《ころ》したりする道具《どうぐ》。ピストルや刀《かたな》など。

きょうき【狂気】 名詞 気《き》がくるっていること。例 あらしの海《うみ》に船出《ふなで》するとは狂気のさた（＝行《おこな》い）だ。対 正気《しょうき》。

きょうき【狂喜】 名詞 動詞 あまりのうれしさに、我《われ》を忘《わす》れて大喜《おおよろこ》びをすること。例 狂喜乱《らん》舞《ぶ》（＝おどり上《あ》がって喜《よろこ》ぶこと）。

きょうき【狭軌】 名詞 鉄道《てつどう》のレールのはばが、標準《ひょうじゅん》の一・四三五メートルよりせまいもの。対 広軌《こうき》。参考 日本《にほん》の鉄道《てつどう》は、一・〇六七メートルの狭軌が多い。

きょうき【驚喜】 名詞 動詞 思《おも》いがけないできごとに、おどろき喜《よろこ》ぶこと。例 子犬《こいぬ》をプレゼントされ驚喜する。

きょうぎ【協議】 名詞 動詞 何人《なんにん》かの人《ひと》が集《あつ》まって、相談《そうだん》して決《き》めること。例 規則《きそく》の変更《へんこう》について協議する。類 合議《ごうぎ》。

きょうぎ【狭義】 名詞 あることばの意味《いみ》にはばがあるとき、せまいほうの意味《いみ》。対 広義《こうぎ》。

きょうぎ【経木】 名詞 木材《もくざい》を紙《かみ》のようにうすくけずったもの。和菓子《わがし》などを包《つつ》むのに使《つか》う。ことば 昔《むかし》、お経《きょう》を書《か》き写《うつ》すのに使《つか》ったことからこういう。

きょうぎ【競技】 名詞 動詞 腕前《うでまえ》を比《くら》べ合《あ》うこと。とくに、スポーツの試合《しあい》で勝負《しょうぶ》を争《あらそ》うこと。例 陸上《りくじょう》競技／団体《だんたい》競技。

ぎょうき【行基】 名詞（六六八～七四九）奈良時《ならじ》代《だい》のおぼうさん。日本各地《にほんかくち》を回《まわ》って仏教《ぶっきょう》を広《ひろ》めながら、橋《はし》・道路《どうろ》・寺《てら》などをつくった。また、奈良《なら》の東大寺《とうだいじ》を建《た》てるのに力《ちから》をつくした。

ぎょうぎ【行儀】 名詞 礼儀《れいぎ》という面《めん》からみた、いろいろなふるまいのしかた。例 行儀がよい。

きょうぎじょう【競技場】 名詞 運動競技《うんどうきょうぎ》をする場所《ばしょ》。スタジアム。

きょうきゃく【橋脚】 名詞 橋《はし》を支《ささ》える柱《はしら》。

きょうきゅう【供給】 名詞 動詞 ❶必要《ひつよう》なものをあたえること。例 燃料《ねんりょう》の供給。❷市場《しじょう》へ商品《しょうひん》を売《う》りに出《だ》すこと。例 台風《たいふう》のた

ことわざ　猫《ねこ》にかつお節《ぶし》　ねこの大好《だいす》きなかつお節《ぶし》をねこのそばに置《お》いておけば、すぐに食《た》べられてしま

め野菜《やさい》の供給が減《へ》った。対 需要《じゅよう》。

ぎょうぎょうしい【仰仰しい】形容詞 それほどでもないことを、大変《たいへん》なことのように思《おも》わせるようす。大《おお》げさなようす。例 ただのかすり傷《きず》に包帯《ほうたい》を巻《ま》くなんて仰々しい。

きょうぐう【境遇】名詞 その人《ひと》のおかれている状態《じょうたい》。生《い》きていく上《うえ》での、家庭《かてい》や財産《ざいさん》のようすなどのこと。例 苦《くる》しい境遇。

きょうくん【教訓】名詞 その人《ひと》のためになるようなことを教《おし》えさとすこと。また、その教《おし》え。例 先生《せんせい》の教訓を大事《だいじ》に守《まも》る。

ぎょうけつ【凝結】名詞 動詞 ❶気《き》持《も》ちや考《かんが》えがこり固《かた》まること。❷ものが固《かた》まること。とくに、気体《きたい》が冷《ひ》えたりして液体《えきたい》になること。例 水蒸気《すいじょうき》が凝結して水《すい》滴《てき》になる。類 凝縮《ぎょうしゅく》。

きょうけん【狂犬】名詞 犬《いぬ》の感染症《かんせんしょう》である狂犬病《きょうけんびょう》にかかっている犬《いぬ》。

きょうけん【強肩】名詞 野球《やきゅう》で、ボールを遠《とお》くまで速《はや》く投《な》げることができること。

きょうけん【強健】形容動詞 体《からだ》がじょうぶで強《つよ》いこと。例 強健な体《からだ》つき。対 虚弱《きょじゃく》。

きょうげん【狂言】名詞 ❶能楽《のうがく》の合間《あいま》に演《えん》じられる、こっけいな劇《げき》。室町時代《むろまちじだい》にさかんになった。関連 能楽《のうがく》。

➡1199ジペー 伝統コラム

❷かぶきの出《だ》し物《もの》。

きょうげん❶

❸人《ひと》をだますために演《えん》じるつくりごと。例 狂言強盗《ごうとう》。

きょうけんびょう【狂犬病】名詞 ウイルスによる犬《いぬ》の感染症《かんせんしょう》。急《きゅう》にあばれだし、体《からだ》がしびれて死《し》ぬ。この病気《びょうき》の犬《いぬ》にかまれることで、人《ひと》やほかの動物《どうぶつ》にもうつる。

きょうこ【強固】形容動詞 強《つよ》くてしっかりしているようす。例 強固な意志《いし》を持《も》ってとりくむ。

ぎょうこ【凝固】名詞 動詞 液体《えきたい》または気体《きたい》が固体《こたい》になること。関連 気化《きか》。液化《えきか》。

きょうこう【凶行】名詞 人《ひと》を殺《ころ》したり、傷《きず》つけたりするような、悪《わる》い行《おこな》い。

きょうこう【恐慌】名詞 ❶おそれあわてること。例 ホテルで火事《かじ》が起《お》こり、宿泊客《しゅくはくきゃく》は恐慌をきたした。❷経済《けいざい》の大混乱《だいこんらん》。例 世界的《せかいてき》な恐慌が起《お》こる。

きょうこう【強行】名詞 動詞 問題点《もんだいてん》や反対《はんたい》などをおしきって、無理《むり》やりに行《おこな》うこと。例 風《かぜ》が非常《ひじょう》に強《つよ》いが、試合《しあい》を強行する。類 決行《けっこう》。

きょうこう【教皇】➡1421ジペー ローマほうおう

きょうこう【強硬】形容動詞 自分《じぶん》の考《かんが》えを変《か》えず、どこまでもおし通《とお》そうとするようす。例 強硬な態度《たいど》をとる。対 軟弱《なんじゃく》。

きょうごう【強豪】名詞 とても強《つよ》くて手《て》ごわいこと。また、そのような人《ひと》。

ぎょうこう【行幸】名詞 動詞 天皇《てんのう》が外出《がいしゅつ》すること。

きょうこうぐん【強行軍】名詞 ❶休憩時間《きゅうけいじかん》を減《へ》らしたり夜《よる》も歩《ある》いたりするなど、無理《むり》をして進《すす》むこと。❷厳《きび》しい日程《にってい》でものごとを行《おこな》うこと。例 この旅《たび》は、欲張《よくば》りすぎて強行軍になってしまった。

きょうこく【峡谷】名詞 険《けわ》しい山《やま》にはさまれた、はばがせまくて深《ふか》い谷《たに》。

きょうこく【強国】名詞 強《つよ》い軍事力《ぐんじりょく》や経済力《けいざいりょく》を持《も》ち、世界《せかい》の中《なか》で勢力《せいりょく》の強《つよ》い国《くに》。大国《たいこく》。

きょうこつ【胸骨】名詞 胸《むね》の中央《ちゅうおう》にあり、左右《さゆう》のろっ骨《こつ》をつないでいる骨《ほね》。

ギョウザ➡361ジペー ギョーザ

きょうざい【教材】名詞 授業《じゅぎょう》などでの学習《がくしゅう》に使《つか》う材料《ざいりょう》。教科書《きょうかしょ》や地図《ちず》など。

きょうさいねんきん【共済年金】名詞 公《こう》務員《むいん》や私立学校《しりつがっこう》に勤《つと》めている人《ひと》が加入《かにゅう》する年《ねん》金制度《きんせいど》。働《はたら》いている間《あいだ》に少《すこ》しずつお金《かね》を積《つ》み立《た》てていき、年《とし》をとったり体《からだ》が不自由《ふじゆう》になったりしたときに、国《くに》から定期的《ていきてき》にお金《かね》を受《う》けとる。関連 厚生年金《こうせいねんきん》。国民年金《こくみんねんきん》。

きょうさく【凶作】名詞 季語 秋 作物《さくもつ》のでき具合《ぐあい》が、非常《ひじょう》に悪《わる》いこと。類 不作《ふさく》。対 豊作《ほうさく》。

きょうさく【競作】名詞 動詞 何人《なんにん》かできそい合《あ》って、作品《さくひん》などをつくること。例「家族《かぞく》」をテーマに、映画《えいが》を競作する。

きょうざめ【興ざめ】名詞 動詞 形容動詞 興味《きょうみ》や楽《たの》しい気分《きぶん》がなくなってしまうこと。例 遊園地《ゆうえんち》でお説教《せっきょう》されるなんて、興ざめだ。

きょうさん【協賛】名詞 動詞 ある計画《けいかく》やもよおしなどの目的《もくてき》や内容《ないよう》に賛成《さんせい》して、それができるように協力《きょうりょく》すること。例 このスポーツ大会《たいかい》

どんなに貴重《きちょう》なものでも、持《も》つ人《ひと》がその値打《ねう》ちを知《し》らなければなんの役《やく》にも立《た》たないこと。

には、多《おお》くの会社《かいしゃ》が協賛《きょうさん》している。

きょうさんしゅぎ【共産主義】 名詞 土地《とち》や工場《こうじょう》などを社会《しゃかい》の共有《きょうゆう》のものとして、貧富《ひんぷ》の差《さ》をなくし、平等《びょうどう》な社会《しゃかい》を目指《めざ》そうという考《かんが》え方《かた》。また、そのような社会《しゃかい》のしくみ。対 資本主義《しほんしゅぎ》。

きょうし【教師】 名詞 学校《がっこう》などで、学問《がくもん》やわざなどを教《おし》える人《ひと》。先生《せんせい》。例 英語《えいご》の教師《きょうし》。類 教員《きょういん》。教諭《きょうゆ》。

きょうじ【教示】 名詞 動詞 どうすればよいかを教《おし》えること。例 先生《せんせい》からご教示《きょうじ》をいただく。使い方「ご教示《きょうじ》ください」などの形《かたち》で、あらたまったときに使《つか》う。

ぎょうし【凝視】 名詞 動詞 じっと見《み》つめること。例 まばたきもせずに一点《いってん》を凝視《ぎょうし》する。

ぎょうじ【行司】 名詞 すもうの土俵《どひょう》の上《うえ》で、力士《りきし》をとりくませ、勝《か》ち負《ま》けを決《き》める人《ひと》。

ぎょうじ【行事】 名詞 決《き》まった日《ひ》に行《おこな》うもよおし。例 年中行事《ねんじゅうぎょうじ》。

きょうしきこきゅう【胸式呼吸】 名詞 おもにろっ骨《こつ》を動《うご》かして行《おこな》う呼吸《こきゅう》。女《おんな》の人《ひと》に多《おお》い呼吸方法《こきゅうほうほう》。対 腹式呼吸《ふくしきこきゅう》。

きょうしつ【教室】 名詞 ❶学校《がっこう》で、授業《じゅぎょう》や勉強《べんきょう》をする部屋《へや》。❷人《ひと》を集《あつ》めて教《おし》えるもよおし。例 絵画教室《かいがきょうしつ》。

ぎょうじ【行司】

きょうしゃ【強者】 名詞 強《つよ》い立場《たちば》にある人《ひと》。力《ちから》や権力《けんりょく》などを持《も》っている人《ひと》。対 弱者《じゃくしゃ》。

ぎょうしゃ【業者】 名詞 品物《しなもの》をつくったり売《う》り買《か》いしたりすることを仕事《しごと》にしている人《ひと》。例 小売業者《こうりぎょうしゃ》。

ぎょうじゃ【行者】 名詞 仏《ほとけ》の教《おし》えをさとるため、苦《くる》しい修行《しゅぎょう》を行《おこな》う人《ひと》。

きょうじゃく【強弱】 名詞 強《つよ》いことと弱《よわ》いこと。また、強《つよ》さの程度《ていど》。例 強弱《きょうじゃく》をつけて歌《うた》う。

きょうじゃくきごう【強弱記号】 名詞 楽譜《がくふ》で、演奏《えんそう》するときの音《おと》の強《つよ》さ、弱《よわ》さを表《あらわ》す記号《きごう》。ピアノ・フォルテ・クレシェンドなどがある。

きょうじゅ【教授】 ❶名詞 動詞 学問《がくもん》やわざなどを教《おし》えること。例 ピアノを教授《きょうじゅ》する。❷名詞 大学《だいがく》の先生《せんせい》。

ぎょうしゅ【業種】 名詞 会社《かいしゃ》の事業《じぎょう》や仕事《しごと》の種類《しゅるい》。

きょうしゅう【郷愁】 名詞 ふるさとをなつかしく思《おも》う気持《きも》ち。また、過《す》ぎ去《さ》ったものなどに心《こころ》を引《ひ》かれる気持《きも》ち。例 郷愁《きょうしゅう》をさそう歌《うた》。

ピアニッシモ	ピアノ	メッゾピアノ	メッゾフォルテ	フォルテ	フォルティッシモ
pp とても弱《よわ》く	*p* 弱く	*mp* やや弱く	*mf* やや強く	*f* 強く	*ff* とても強く

クレシェンド	デクレシェンド
＜ , *cresc.* だんだん強く	＞ , *decresc.* だんだん弱く

きょうじゃくきごう

きょうしゅう【強襲】 名詞 動詞 激《はげ》しい勢《いきお》いでおそいかかること。例 敵《てき》を強襲《きょうしゅう》する。

きょうしゅうじょ【教習所】 名詞 特別《とくべつ》な技術《ぎじゅつ》などを教《おし》えるところ。例 自動車教習所《じどうしゃきょうしゅうじょ》。

きょうしゅく【恐縮】 名詞 動詞 人《ひと》に迷惑《めいわく》をかけたり、世話《せわ》になったりして、申《もう》し訳《わけ》ないと思《おも》うこと。おそれ入《い》ること。例 先生《せんせい》に荷物《にもつ》を持《も》っていただき、恐縮《きょうしゅく》した。

ぎょうしゅく【凝縮】 名詞 動詞 ❶ばらばらだったものが、一《ひと》つにまとまること。例 気持《きも》ちが凝縮《ぎょうしゅく》されたひと言《こと》。❷気体《きたい》が液体《えきたい》になること。類 凝結《ぎょうけつ》。

きょうしゅつ【供出】 名詞 動詞 求《もと》めや割《わ》り当《あ》てに従《したが》って、品物《しなもの》やお金《かね》を国《くに》などに差《さ》し出《だ》すこと。とくに、農家《のうか》が、決《き》められた値段《ねだん》で農作物《のうさくぶつ》を国《くに》に売《う》りわたすこと。例 供出米《きょうしゅつまい》。

きょうじゅつ【供述】 名詞 動詞 裁判官《さいばんかん》や検察官《けんさつかん》のとり調《しら》べに答《こた》えて、事実《じじつ》や意見《いけん》を述《の》べること。例 犯行《はんこう》の動機《どうき》を供述《きょうじゅつ》する／供述調書《きょうじゅつちょうしょ》。

ぎょうしょ【行書】 名詞 漢字《かんじ》の書体《しょたい》の一《ひと》つ。かい書《しょ》の形《かたち》を少《すこ》しくずした書《か》き方《かた》。関連 楷書《かいしょ》。草書《そうしょ》。図→650ページ しょたい(書体)❶

ぎょうしょう【行商】 名詞 動詞 商品《しょうひん》を持《も》って売《う》り歩《ある》くこと。また、その人《ひと》。例 野菜《やさい》の行商人《ぎょうしょうにん》。

ぎょうじょう【行状】 名詞 ふだんの行《おこな》い。類 品行《ひんこう》。

きょうしょく【教職】 名詞 児童《じどう》・生徒《せいと》・学生《がくせい》を教《おし》える職業《しょくぎょう》。例 小学校《しょうがっこう》で教職《きょうしょく》につく。

ことわざ　猫《ねこ》に小判《こばん》　お金《かね》の価値《かち》のわからないねこに小判《こばん》をあたえてもなんにもならないという意味《いみ》で、

きょうじる【興じる】 動詞 おもしろがる。楽《たの》しむ。「きょうずる」ともいう。例 ゲームに興じる。

きょうじん【強じん】 形容動詞 強《つよ》くしなやかで、ねばり強《づよ》いようす。例 強じんな体《からだ》。

ぎょうずい【行水】 名詞 動詞 季語 夏 たらいに湯《ゆ》や水《みず》を入《い》れて、その中《なか》で体《からだ》を洗《あら》うこと。

きょうする【供する】 動詞 ❶客《きゃく》などに差《さ》し出《だ》す。例 お客《きゃく》様《さま》にお菓子《かし》を供する。❷役《やく》に立《た》つように提供《ていきょう》する。例 旅行《りょこう》の資料《しりょう》をみんなの参考《さんこう》に供する。

きょうずる【興ずる】 ⇒358ページ きょうじる

きょうせい【共生】 名詞 動詞 いっしょに生《い》きていくこと。とくに、ちがった種類《しゅるい》の生《い》き物《もの》が、おたがいに利益《りえき》を得《え》ながらいっしょに生活《せいかつ》すること。ありとありまきなど。

きょうせい【強制】 名詞 動詞 ものごとを無理《むり》にさせること。そうするようにおしつけること。例 強制的《てき》／参加《さんか》を強制する。類 強要《きょうよう》。

きょうせい【矯正】 名詞 動詞 悪《わる》いところを直《なお》して、正《ただ》しい状態《じょうたい》にすること。例 歯並《はなら》びを矯正する。

ぎょうせい【疑陽性・擬陽性】 名詞 ツベルクリン反応《はんのう》で、陽性《ようせい》とはいえないが、それに近《ちか》いもの。

ぎょうせい【行政】 名詞 法律《ほうりつ》などの決《き》まりに従《したが》って、政治《せいじ》を実際《じっさい》に行《おこな》うこと。例 行政官庁《かんちょう》／行政サービス。関連 司法《しほう》。立法《りっぽう》。

きょうせいてき【強制的】 形容動詞 ものごとを無理《むり》におしつけてやらせるようす。例 朝《あさ》の練習《れんしゅう》には全員《ぜんいん》が強制的に参加《さんか》させられた。

ぎょうせき【業績】 名詞 仕事《しごと》や研究《けんきゅう》の上《うえ》で、やりとげたことがら。仕事《しごと》などの成果《せいか》やできばえ。例 科学者《かがくしゃ》として大《おお》きな業績を残《のこ》す。

きょうそ【教祖】 名詞 ある宗教《しゅうきょう》や宗派《しゅうは》を始《はじ》めた人《ひと》。

きょうそう【強壮】 名詞 形容動詞 体《からだ》がじょうぶで、元気《げんき》なこと。例 毎日《まいにち》きたえて、強壮な体《からだ》をつくる。

きょうそう【競争】 名詞 動詞 勝《か》ち負《ま》けやよい悪《わる》いなどを争《あらそ》うこと。例 どちらが早《はや》く宿題《しゅくだい》を終《お》えるか競争しよう。⇒使い分け

きょうそう【競走】 名詞 動詞 決《き》められたきょりを走《はし》って、速《はや》さをきそうこと。かけっこ。例 百《ひゃく》メートル競走。⇒使い分け

使い分け
きょうそう
競争・競走

競争 ほかのものと勝《か》ち負《ま》けなどを争《あらそ》うこと。「生存競争《せいぞんきょうそう》／できばえを競争《きょうそう》する」

競走 同《おな》じきょりを走《はし》って、速《はや》さをきそうこと。「障害物競走《しょうがいぶつきょうそう》／家《いえ》まで競走《きょうそう》する」

きょうぞう【胸像】 名詞 人《ひと》の胸《むね》から上《うえ》の部分《ぶぶん》をかたどった彫刻《ちょうこく》の像《ぞう》。

きょうぞう

ぎょうそう【形相】 名詞 顔《かお》つき。とくに、激《はげ》しい感情《かんじょう》が表《あらわ》れた顔《かお》つき。例 必死《ひっし》の形相。

きょうそうきょく【協奏曲】 名詞 ピアノ・バイオリンなどの独奏楽器《どくそうがっき》が中心《ちゅうしん》となり、オーケストラが伴奏《ばんそう》をつけた曲《きょく》。「コンチェルト」ともいう。例 ピアノ協奏曲第一番《だいいちばん》。

きょうそん【共存】 名詞 動詞 二《ふた》つ以上《いじょう》のものが、争《あらそ》わずにいっしょに生《い》きていくこと。「きょうぞん」ともいう。例 平和《へいわ》共存。

きょうそんきょうえい【共存共栄】 名詞 動詞 二《ふた》つ以上《いじょう》のものが、おたがいに助《たす》け合《あ》って生《い》き、ともに栄《さか》えること。「きょうぞんきょうえい」ともいう。

きょうだ【強打】 名詞 動詞 ❶強《つよ》く打《う》ちつけること。例 右腕《みぎうで》を強打する。❷野球《やきゅう》で、ボールを強《つよ》く打《う》つこと。

きょうだい【兄弟】 名詞 同《おな》じ親《おや》を持《も》つ、男《おとこ》の子供同士《こどもどうし》。兄《あに》と弟《おとうと》。対 姉妹《しまい》。ことば 兄《あに》と弟《おとうと》だけでなく、姉《あね》と妹《いもうと》などについても「きょうだい」という。

きょうだい【強大】 形容動詞 強《つよ》くて大《おお》きいようす。例 強大な権力《けんりょく》をにぎる。対 弱小《じゃくしょう》。

きょうだい【鏡台】 名詞 鏡《かがみ》をとりつけた台《だい》。化粧《けしょう》をするときに使《つか》う。

教科＝教《きょう》科《か》で特別《とくべつ》に使《つか》われることばの説明《せつめい》　使い方＝ことばの使《つか》い方《かた》の注《ちゅう》意《い》

きょうたん【驚嘆】 名詞 動詞 すばらしさなどにおどろいて、非常《ひじょう》に感心《かんしん》すること。例 あまりの美《うつく》しさに驚嘆した。類 詠嘆《えいたん》。

きょうだん【教壇】 名詞 教室《きょうしつ》で、先生《せんせい》が教《おし》えるときに立《た》つ、少《すこ》し高《たか》くなったところ。使い方 先生《せんせい》になることを、「教壇《きょうだん》に立《た》つ」とたとえることがある。

きょうち【境地】 名詞 ❶その人《ひと》の置《お》かれている立場《たちば》。例 苦《くる》しい境地に立《た》たされた。❷心《こころ》の状態《じょうたい》。気持《きも》ち。例 さとりの境地。

きょうちくとう 名詞 季語 夏 庭《にわ》などに植《う》える低《ひく》い木《き》。葉《は》はかたくて細長《ほそなが》く、夏《なつ》に赤《あか》や白色《しろいろ》の花《はな》がさく。枝《えだ》・葉《は》・花《はな》などに毒《どく》がある。ことば 漢字《かんじ》では「夾竹桃」と書《か》く。

きょうちくとう

きょうちゅう【胸中】 名詞 胸《むね》の中《なか》の思《おも》い。心《こころ》の中《なか》。例 胸中を打《う》ち明《あ》ける。類 心中《しんちゅう》。

ぎょうちゅう【ぎょう虫】 名詞 寄生虫《きせいちゅう》のなかま。白色《しろいろ》で、長《なが》さ一《いっ》センチメートルくらい。人《ひと》の腸《ちょう》にすみ、夜《よる》、こう門《もん》のまわりに卵《たまご》を産《う》みつける。

きょうちょ【共著】 名詞 二人《ふたり》以《い》上《じょう》の人《ひと》が、力《ちから》を合《あ》わせて一《ひと》つの本《ほん》を書《か》くこと。また、その本《ほん》。

きょうちょう【凶兆】 名詞 よくないことが起《お》きそうなしるし。対 吉兆《きっちょう》。

きょうちょう【協調】 名詞 動詞 おたがいにゆずり合《あ》い、ものごとがよい方向《ほうこう》に進《すす》むよう力《ちから》を合《あ》わせること。例 協調性《せい》／協調の精神《せいしん》。

きょうちょう【強調】 名詞 動詞 大切《たいせつ》なことや注目《ちゅうもく》してほしいことなどを、とくに強《つよ》く表現《ひょうげん》すること。例 問題点《もんだいてん》を強調して話《はな》す。

きょうつう【共通】 名詞 動詞 形容動詞 あることがらが、二《ふた》つ以上《いじょう》のものごとのどれにも当《あ》てはまること。例 共通点《てん》／共通の友人《ゆうじん》。

きょうつうご【共通語】 名詞 ❶全国《ぜんこく》のどの地方《ちほう》でも通用《つうよう》することば。類 標《ひょう》準《じゅん》語《ご》。対 方言《ほうげん》。❷ちがうことばを使《つか》っている人《ひと》たちの間《あいだ》で、共《きょう》通《つう》に使《つか》われることば。例 英語《えいご》は世界《せかい》の共通語といわれる。

きょうてい【協定】 名詞 動詞 相談《そうだん》して決《き》めること。また、決《き》めたこと。例 貿易《ぼうえき》協定。

きょうてき【強敵】 名詞 強《つよ》い敵《てき》。手《て》ごわい相《あい》手《て》。類 大敵《たいてき》。

きょうてん【経典】 名詞 ❶仏《ぶっ》教《きょう》の教《おし》えを書《か》いた本《ほん》。❷宗《しゅう》教《きょう》の教《おし》えやきまりを書《か》いた本《ほん》。キリスト教《きょう》の聖書《せいしょ》やイスラム教《きょう》のコーランなど。

ぎょうてん【仰天】 名詞 動詞 非常《ひじょう》におどろくこと。たまげること。例 びっくり仰天。ことば 「おどろいて天《てん》を仰《あお》ぐ」という意味《いみ》から。

きょうと【教徒】 名詞 その宗《しゅう》教《きょう》を信《しん》じている人《ひと》。例 キリスト教徒。類 信者《しんじゃ》。信徒。

きょうど【郷土】 名詞 ❶自分《じぶん》が生《う》まれ育《そだ》った土地《とち》。ふるさと。例 郷土の有名人《ゆうめいじん》。類 郷里《きょうり》。故郷《こきょう》。❷いなか。地方《ちほう》。例 郷土料理《りょうり》／郷土色《しょく》。

きょうど【強度】 名詞 ❶強《つよ》さの程度《ていど》。例 金属《きんぞく》の強度を調《しら》べる。❷程度《ていど》が激《はげ》しいこと。例 強度の近視《きんし》。対 軽度《けいど》。

きょうとう【教頭】 名詞 小学校《しょうがっこう》・中学校《ちゅうがっこう》・高等学校《こうとうがっこう》で、校長《こうちょう》の仕事《しごと》を助《たす》ける役目《やくめ》の先生《せんせい》。

きょうどう【共同】 名詞 動詞 ❶二人《ふたり》以《い》上《じょう》の人《ひと》が、いっしょに仕事《しごと》をすること。例 友《とも》だちと共同して劇《げき》をつくる。対 単独《たんどく》。❷二人《ふたり》以《い》上《じょう》の人《ひと》が、同《おな》じ条件《じょうけん》や資格《しかく》でものごとにかかわること。例 野《や》球《きゅう》場《じょう》を共同で使《つか》う。対 単《たん》独《どく》。↓使い分け

使い分け

きょうどう

共同・協同

共同 一《ひと》つの目的《もくてき》のためにいっしょに仕事《しごと》をすること。また、二《ふた》人《り》以《い》上《じょう》の人《ひと》が、同《おな》じ条《じょう》件《けん》・資《し》格《かく》でかかわること。
「共同《きょうどう》募金《ぼきん》／共同経営《きょうどうけいえい》」

協同 人々《ひとびと》が助《たす》け合《あ》いながら、力《ちから》を合《あ》わせて仕事《しごと》をすること。
「協同組合《きょうどうくみあい》」

ことわざ **寝《ね》た子《こ》を起《お》こす** 静《しず》かにねている子《こ》を急《きゅう》に起《お》こすと泣《な》いたりぐずついたりするように、ようや

きょうどう【協同】 名詞 動詞 みんなで力《ちから》を合《あ》わせて、仕事《しごと》をすること。例 会社《かいしゃ》と大学《だいがく》が協同して研究《けんきゅう》を進《すす》める。↓359ページ 使い分け

きょうどうくみあい【協同組合】 名詞 農《のう》民《みん》や漁民《ぎょみん》、消費者《しょうひしゃ》などが、それぞれの利益《りえき》になる活動《かつどう》をするために作《つく》った集《あつ》まり。

きょうどうじぎょう【共同事業】 名詞 何《なん》人《にん》かの人《ひと》やいくつかの組織《そしき》が、お金《かね》や力《ちから》を出《だ》し合《あ》ってする事業《じぎょう》。

きょうどうせいかつ【共同生活】 名詞 二《ふた》人《り》以上《いじょう》の人《ひと》が、いっしょに暮《く》らすこと。

きょうどうぼきん【共同募金】 名詞 困《こま》っている人《ひと》たちを助《たす》けたり、世《よ》の中《なか》のためになる仕事《しごと》をしたりするために、人々《ひとびと》からお金《かね》を集《あつ》めること。例 赤《あか》い羽根《はね》の共同募金。

きょうとぎていしょ【京都議定書】 名詞 一九九七年《ねん》に、地球温暖化《ちきゅうおんだんか》を防止《ぼうし》するため、京都《きょうと》で国際会議《こくさいかいぎ》が開《ひら》かれた際《さい》にとり決《き》められたもの。二酸化炭素《にさんかたんそ》などの温室効果《おんしつこうか》ガスを減《へ》らす目標《もくひょう》を定《さだ》めた。

きょうどげいのう【郷土芸能】 名詞 その土地《とち》で受《う》けつがれ、祭《まつ》りや行事《ぎょうじ》などで行《おこな》われる芸能《げいのう》。

きょうとし【京都市】 名詞 近畿《きんき》地方《ちほう》の中央《ちゅうおう》部《ぶ》にある大《おお》きな都市《とし》。京都府《きょうとふ》の府庁《ふちょう》がある。七九四年《ねん》から一八六九年《ねん》までの間《あいだ》、日本《にほん》の首都《しゅと》だった。多《おお》くの神社《じんじゃ》や寺《てら》などの名所《めいしょ》がある。

きょうどしょく【郷土色】 名詞 その土地《とち》にしかない自然《しぜん》や風俗《ふうぞく》などから感《かん》じられる、独特《どくとく》の感《かん》じ。類 地方色《ちほうしょく》。ローカルカラー。

きょうどしりょうかん【郷土資料館】 名詞 土地《とち》の歴史《れきし》や文化《ぶんか》を知《し》ることができるように、資料《しりょう》を保存《ほぞん》したり展示《てんじ》したりする施設《しせつ》。

きょうとふ【京都府】 名詞 近畿《きんき》地方《ちほう》の中北《ちゅうほく》部《ぶ》にある府《ふ》。歴史《れきし》のある名所《めいしょ》が多《おお》い。伝統的《でんとうてき》な工芸《こうげい》がさかん。府庁《ふちょう》は京都市《きょうとし》にある。

きょうどりょうり【郷土料理】 名詞 その土地《とち》に伝《つた》えられてきた、特有《とくゆう》の料理《りょうり》。特産物《とくさんぶつ》を使《つか》ったり、独特《どくとく》の調理法《ちょうりほう》を用《もち》いたりする。

ぎょうにんべん【行人偏】 名詞 「彳」のこと。漢字《かんじ》の部首《ぶしゅ》の一《ひと》つ。道《みち》や「行《い》く」という意《い》味《み》に関係《かんけい》のある漢字《かんじ》を作《つく》ることが多《おお》い。往・従・役・復など。参考「行」の部首《ぶしゅ》は「ぎょうがまえ」なので注意《ちゅうい》。

きょうねん【凶年】 名詞 季語秋 作物《さくもつ》のできがひどく悪《わる》い年《とし》。不作《ふさく》の年《とし》。対 豊年《ほうねん》。

きょうねん【享年】 名詞 死《し》んだ人《ひと》が、この世《よ》に生《い》きていた年数《ねんすう》。死《し》んだときの年齢《ねんれい》。

きょうばい【競売】 名詞 動詞 大勢《おおぜい》の買《か》い手《て》に競争《きょうそう》で値段《ねだん》をつけさせ、いちばん高《たか》い値段《ねだん》をつけた人《ひと》にその品物《しなもの》を売《う》ること。せり売《う》り。オークション。

きょうはく【脅迫】 名詞 動詞 相手《あいて》をおどかして、無理《むり》に何《なに》かをさせようとすること。

きょうはん【共犯】 名詞 二人《ふたり》以上《いじょう》の人《ひと》が、いっしょになって罪《つみ》をおかすこと。また、その人《ひと》。例 共犯者《しゃ》。

きょうふ【恐怖】 名詞 おそれ、こわがること。おそろしいと思《おも》うこと。例 恐怖心《しん》／かみなりの音《おと》に恐怖を感《かん》じる。

きょうぶ【胸部】 名詞 胸《むね》の部分《ぶぶん》。

きょうふう【強風】 名詞 強《つよ》い風《かぜ》。

きょうほ【競歩】 名詞 決《き》められたきょりを歩《ある》いて速《はや》さをきそう競技《きょうぎ》。どちらかの足《あし》がいつも地面《じめん》に着《つ》いているようにして歩《ある》く。

きょうぼう【凶暴】 形容動詞 性質《せいしつ》が乱暴《らんぼう》で、残酷《ざんこく》なようす。例 凶暴な犯人《はんにん》。

きょうぼう【共謀】 名詞 動詞 二人《ふたり》以上《いじょう》がいっしょになって、悪《わる》いことをしようとすること。

きょうぼう【狂暴】 形容動詞 激《はげ》しく暴《あば》れるようす。非常《ひじょう》に乱暴《らんぼう》なようす。

きょうぼく【きょう木】 名詞 「高木《こうぼく》」の古《ふる》い言《い》い方《かた》。対 かん木《ぼく》。

きょうまく【胸膜】 名詞 肺《はい》の外側《そとがわ》を包《つつ》んでいる二重《にじゅう》のまく。「ろく膜《まく》」ともいう。

きょうみ【興味】 名詞 おもしろいと思《おも》い、心《こころ》が引《ひ》かれること。例 友《とも》だちの話《はなし》に興味を持《も》つ／ぼくは昆虫《こんちゅう》に興味がある。類 関心《かんしん》。

きょうみしんしん【興味津津】 副詞 心《こころ》が引《ひ》きつけられて、次《つぎ》から次《つぎ》へと興味《きょうみ》がわくこと。例 新《あたら》しいゲームにみんな興味津々だ。

きょうみぶかい【興味深い】 形容詞 おもしろくて心《こころ》が引《ひ》かれる。非常《ひじょう》に興味《きょうみ》がある。例 近所《きんじょ》のおばあさんから興味深い話《はなし》を聞《き》いた。

きょうみほんい【興味本位】 名詞 おもしろければよいという考《かんが》え。例 興味本位の報道《ほうどう》。

ぎょうむ【業務】 名詞 職業《しょくぎょう》として、いつも

るという意味《いみ》で、ほんとうにすぐれた力《ちから》を持《も》っている人《ひと》は、その力《ちから》を見《み》せびらかしたりはしないということ。

続《つづ》けて行《おこな》っている仕事《しごと》。例 日常《にちじょう》業務。

きょうめい【共鳴】名詞 動詞 ❶同《おな》じ高《たか》さの音《おと》を出《だ》す二《ふた》つのものの片方《かたほう》を鳴《な》らすと、もう一方《いっぽう》も鳴《な》り出《だ》すこと。❷ほかの人《ひと》の意見《いけん》や行《おこな》いに、心《こころ》から賛成《さんせい》すること。例 友人《ゆうじん》の生《い》き方《かた》に共鳴する。類 共感《きょうかん》。

きょうもん【経文】名詞 仏《ほとけ》の教《おし》えを書《か》いた文《ぶん》章《しょう》。お経《きょう》。例 経文を唱《とな》える。

きょうゆ【教諭】名詞 幼稚園《ようちえん》・小学校《しょうがっこう》・中《ちゅう》学校《がっこう》・高等学校《こうとうがっこう》の先生《せんせい》の、正式《せいしき》な呼《よ》び名《な》。類 教員《きょういん》。教師《きょうし》。

きょうゆう【共有】名詞 動詞 一《ひと》つのものを、二人《ふたり》以上《いじょう》の人《ひと》の持《も》ち物《もの》として持《も》つこと。例 共有財産《ざいさん》／姉《あね》とパソコンを共有する。対 専有《せんゆう》。

きょうよう【共用】名詞 動詞 一《ひと》つのものを何《なん》人《にん》かでいっしょに使《つか》うこと。対 専用《せんよう》。

きょうよう【強要】名詞 動詞 あることをするように、無理《むり》に求《もと》めること。例 参加《さんか》を強要するのはよくない。類 強制《きょうせい》。

きょうよう【教養】名詞 はば広《ひろ》い学問《がくもん》・知識《ちしき》や礼儀作法《れいぎさほう》。また、それを身《み》につけることによって生《う》まれる、豊《ゆた》かな心《こころ》。例 教養のある人《ひと》。

きょうり【郷里】名詞 自分《じぶん》が生《う》まれ育《そだ》った土《と》地《ち》。ふるさと。類 郷土《きょうど》。故郷《こきょう》。

きょうりきこ【強力粉】名詞 小麦粉《こむぎこ》のうち、たんぱく質《しつ》が多《おお》く、ねばり気《け》の強《つよ》いもの。パンなどを作《つく》るのに使《つか》う。関連 薄力粉《はくりきこ》。

きょうりゅう【恐竜】名詞 中生代《ちゅうせいだい》（約《やく》二億《におく》四千五百《よんせんごひゃく》万年前《まんねんまえ》から六千五百《ろくせんごひゃく》万年前《まんねんまえ》）にいた、は虫類《ちゅうるい》のなかま。体《からだ》の長《なが》さが三十《さんじゅう》メートルもあるものもいた。化石《かせき》として残《のこ》っている。

きょうりょく【協力】名詞 動詞 みんなで力《ちから》を合《あ》わせること。例 全員《ぜんいん》が協力して掃除《そうじ》する。

きょうりょく【強力】形容動詞 力《ちから》が強《つよ》いようす。力《ちから》のはたらきが大《おお》きいようす。例 強力な味方《みかた》。ことば「ごうりき」と読《よ》むと別《べつ》の意味《いみ》。

きょうれつ【強烈】形容動詞 効《き》き目《め》やはたらきが強《つよ》く激《はげ》しいようす。例 強烈なパンチ。

ぎょうれつ【行列】名詞 動詞 順序《じゅんじょ》よく列《れつ》をつくって並《なら》ぶこと。また、その列《れつ》。

きょうれん【教練】名詞 動詞 教《おし》えて訓練《くんれん》すること。例 軍事《ぐんじ》教練。

きょうわこく【共和国】名詞 国民《こくみん》に主権《しゅけん》があって、その中《なか》から選《えら》ばれた代表者《だいひょうしゃ》が議会《ぎかい》を通《とお》して政治《せいじ》を行《おこな》う国《くに》。例 中華人民《ちゅうかじんみん》共和国。

きょえい【虚栄】名詞 うわべをかざって、自《じ》分《ぶん》を実際《じっさい》よりもよく見《み》せようとすること。見《み》え。例 あの人《ひと》は虚栄心《しん》が強《つよ》い。

ぎょえん【御えん】名詞 皇室《こうしつ》の持《も》っている庭《にわ》。例 赤坂《あかさか》御えん。

ギョーザ（中国語）名詞 中国料理《ちゅうごくりょうり》の一《ひと》つ。うすい皮《かわ》で、ひき肉《にく》や細《こま》かく刻《きざ》んだ野菜《やさい》を半月形《はんげつがた》に包《つつ》んだもの。焼《や》いたりゆでたりして食《た》べる。

きょか【許可】名詞 動詞 願《ねが》い出《だ》されたことを、許《ゆる》すこと。願《ねが》いを聞《き》き入《い》れること。例 両親《りょうしん》の許可をもらって水族館《すいぞくかん》に行《い》った。

ぎょかいるい【魚介類】名詞 魚《さかな》や貝《かい》、たこ・いか・えび・かになど、海《うみ》の動物《どうぶつ》をまとめていう呼《よ》び名《な》。

きょがく【巨額】名詞 金額《きんがく》が非常《ひじょう》に大《おお》きいこと。例 橋《はし》の建設《けんせつ》には巨額の費用《ひよう》が必要《ひつよう》だ。

ぎょかく【漁獲】名詞 動詞 魚《さかな》・貝《かい》・海藻《かいそう》などをとること。また、とれたもの。例 漁獲量《りょう》。

きょかん【巨漢】名詞 体《からだ》が大《おお》きな男《おとこ》。

きょぎ【虚偽】名詞 ほんとうでないこと。うそ。例 虚偽の証言《しょうげん》。対 真実《しんじつ》。

ぎょき【漁期】名詞 魚《さかな》がよくとれる時期《じき》。また、漁《りょう》をしてもよい時期《じき》。

ぎょきょう【漁協】⇩361ページ《ジ》ぎょぎょうきょうどうくみあい

ぎょぎょう【漁業】名詞 魚《さかな》・貝《かい》・海藻《かいそう》などの水産物《すいさんぶつ》をとったり、育《そだ》てたりする産業《さんぎょう》。例 遠《えん》洋《よう》漁業。関連 農業《のうぎょう》。林業《りんぎょう》。

ぎょぎょうきょうどうくみあい【漁業協同組合】名詞 漁業《ぎょぎょう》をする人々《ひとびと》が集《あつ》まってつくる団体《だんたい》。漁業《ぎょぎょう》を守《まも》り、漁民《ぎょみん》の暮《く》らしをよくするために活動《かつどう》する。「漁協《ぎょきょう》」ともいう。

きょく【曲】名詞 ❶音楽《おんがく》の節《ふし》。メロディー。また、音楽《おんがく》の作品《さくひん》。例 曲をつくる／曲に合《あ》わせて歌《うた》う。❷変化《へんか》の多《おお》いおもしろみ。例 毎日同《まいにちおな》じ遊具《ゆうぐ》で遊《あそ》ぶのは曲がない。

㊥漢 **きょく**【曲】〔曰《いわく》〕6画 3年 音 キョク 訓 まがる・まげる

❶まがる。まげる。例 曲折《きょくせつ》／曲線《きょくせん》／曲《ま》がり角《かど》

ことわざ **能《のう》あるたかは爪《つめ》を隠《かく》す** たかは、えものをとらえるとき以外《いがい》はそのするどいつめをかくしてい

／湾曲《わんきょく》。対直《ちょく》。❷事実《じじつ》をまげる。ただしくない。例曲解《きょっかい》。対直《ちょく》。❸変化《へんか》があっておもしろい。例曲芸《きょくげい》。❹音楽《おんがく》のふし。例曲目《きょくもく》／歌曲《かきょく》／作曲《さっきょく》／名曲《めいきょく》。❺しばい。例戯曲《ぎきょく》。

漢 **きょく【局】**〔尸《しかばね》〕7画 3年 音キョク 訓

❶くぎる。例局限《きょくげん》。❷役所《やくしょ》や会社《かいしゃ》などで、ひとくぎりの仕事《しごと》をするところ。例局長《きょくちょう》／郵便《ゆうびん》局《きょく》。❸囲碁《いご》・将棋《しょうぎ》などの勝負《しょうぶ》。例局面《きょくめん》／対《たい》局《きょく》。❹なりゆき。ようす。例時局《じきょく》／難局《なんきょく》。

漢 **きょく【極】**〔木《きへん》〕12画 4年 音キョク・ゴク 訓きわめる・きわまる・きわみ

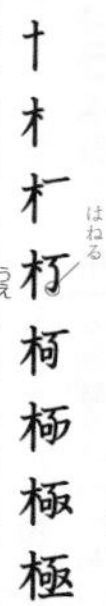

❶きわめる。この上《うえ》ない。はなはだしい。例極限《きょくげん》／極端《きょくたん》／極度《きょくど》／極楽《ごくらく》／悲《かな》しみの極《きわ》み／至極《しごく》。❷一方《いっぽう》のはて。例極地《きょくち》／北極《ほっきょく》。❸磁《じ》石《しゃく》や電池《でんち》などの両端《りょうたん》。例電極《でんきょく》／陽極《ようきょく》。

漢 **ぎょく【玉】**〔玉《たま》〕5画 1年 音ギョク 訓たま

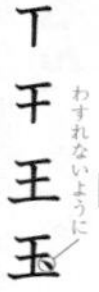

❶たま。宝石《ほうせき》。また、そのように美《うつく》しいもの。例玉石《ぎょくせき》／玉虫《たまむし》／宝玉《ほうぎょく》／水玉《みずたま》。❷天皇《てんのう》や他人《たにん》のものごとにつけて、尊敬《そんけい》の気持《きも》ちを表《あらわ》す。例玉音《ぎょくおん》／玉座《ぎょくざ》。

ぎょく【漁区】 名詞 漁業《ぎょぎょう》をすることを許《ゆる》されている区域《くいき》。

ぎょぐ【漁具】 名詞 魚《さかな》・貝《かい》・海藻《かいそう》などをとるために使《つか》う道具《どうぐ》。あみ・つりざおなど。

ぎょくおん【玉音】 名詞 天皇《てんのう》の声《こえ》。例玉音放送《ほうそう》。

きょくげい【曲芸】 名詞 ふつうの人《ひと》にはできないような、身軽《みがる》なわざ。はなれわざ。軽業《かるわざ》。例サーカスの曲芸／いるかの曲芸。

きょくげん【局限】 名詞 動詞 ものごとや場所《ばしょ》などを、あるせまい部分《ぶぶん》に限《かぎ》ること。限定《げんてい》。例地域《ちいき》を局限して、災害対策《さいがいたいさく》を立《た》てる。

きょくげん【極限】 名詞 ものごとが行《い》き着《つ》く最後《さいご》のところ。例つかれが極限に達《たっ》する。

ぎょくざ【玉座】 名詞 天皇《てんのう》や王《おう》のすわる席《せき》。

きょくしょ【局所】 名詞 限《かぎ》られた部分《ぶぶん》。とくに、体《からだ》の一部分《いちぶぶん》。局部《きょくぶ》。例局所疲労《ひろう》。

ぎょくせき【玉石】 名詞 玉《たま》（＝宝石《ほうせき》）と石《いし》ころ。すぐれたものとつまらないもの、値打《ねう》ちのあるものと値打《ねう》ちのないもののたとえ。

ぎょくせきこんこう【玉石混交】 名詞 すぐれたものとそうでないものが、入《い》りまじっていること。例この店《みせ》の品物《しなもの》は玉石混交だ。

きょくせつ【曲折】 名詞 動詞 ❶折《お》れ曲《ま》がること。曲《ま》がりくねっていること。❷こみいった事情《じじょう》があって、状態《じょうたい》がいろいろ変化《へんか》すること。例人生《じんせい》には曲折があるものだ。

きょくせん【曲線】 名詞 なめらかに曲《ま》がった線《せん》。対直線《ちょくせん》。

きょくたん【極端】 名詞 形容動詞 考《かんが》え方《かた》や行《おこな》いがたいへんかたよっていること。例あなたの意見《いけん》は極端だ。

きょくち【局地】 名詞 ある限《かぎ》られた、一部《いちぶ》の地域《ちいき》。例局地的《てき》／局地戦争《せんそう》。

きょくち【極地】 名詞 北極《ほっきょく》や南極《なんきょく》の地方《ちほう》。地《ち》の果《は》て。

きょくち【極致】 名詞 それ以上《いじょう》はないと思《おも》われる、最高《さいこう》の状態《じょうたい》。例美《び》の極致。

きょくちてき【局地的】 形容動詞 一部《いちぶ》の地域《ちいき》に限《かぎ》られているようす。例局地的に雨《あめ》が降《ふ》る。

きょくちょう【局長】 名詞 会社《かいしゃ》や役所《やくしょ》などで、局《きょく》のつくところのいちばん上《うえ》の職《しょく》。また、その職《しょく》の人《ひと》。

きょくてん【極点】 名詞 ❶ものごとが行《い》き着《つ》くことのできる最後《さいご》のところ。例いかりが極点に達《たっ》した。❷「北極点《ほっきょくてん》」「南極点《なんきょくてん》」のこと。北緯《ほくい》または南《なん》緯《い》九〇度《ど》の地点《ちてん》。

きょくど【極度】 名詞 程度《ていど》が非常《ひじょう》に大《おお》きいこと。それ以上《いじょう》はないぎりぎりのところ。例極度の疲労《ひろう》／極度に緊張《きんちょう》する。

きょくとう【極東】 名詞 ヨーロッパからみて、アジアのもっとも東《ひがし》の地域《ちいき》。日本《にほん》・中《ちゅう》国《ごく》・フィリピンなど。関連近東《きんとう》。中東《ちゅうとう》。

きょくのり【曲乗り】 名詞 動詞 馬《うま》・玉《たま》・自転《じてん》車《しゃ》などに乗《の》って、軽業《かるわざ》をすること。

きょくばん【局番】 名詞 固定電話《こていでんわ》で、地域《ちいき》ごとに割《わ》りふられた番号《ばんごう》。市外局番《しがいきょくばん》と市内局番《しないきょくばん》がある。

うこと。

きょくひどうぶつ【きょく皮動物】 名詞 海《うみ》にすみ、体《からだ》の表面《ひょうめん》にとげや、からを持《も》つ動《どう》物《ぶつ》。うに・ひとで・なまこなど。

きょくぶ【局部】 名詞 全体《ぜんたい》の中《なか》の限《かぎ》られた部《ぶ》分《ぶん》。とくに、体《からだ》の一部分《いちぶぶん》。例 局部ますい。

きょくめん【曲面】 名詞 曲《ま》がっている面《めん》。

きょくめん【局面】 名詞 ❶ものごとのようす。成《な》り行《ゆ》き。例 困難《こんなん》な局《きょく》面《めん》を乗《の》りこえた。❷囲碁《いご》や将棋《しょうぎ》の勝《か》ち負《ま》けのようす。

きょくもく【曲目】 名詞 演奏《えんそう》される曲《きょく》の名《な》まえ。例 演奏会《えんそうかい》の曲目。

きょくりょく【極力】 名詞 副詞 できる限《かぎ》り。精《せい》いっぱい。例 極力協力《きょうりょく》いたします。

ぎょくろ【玉露】 名詞 日本茶《にほんちゃ》の、味《あじ》や香《かお》りがよく、いちばん上等《じょうとう》なもの。

ぎょぐん【魚群】 名詞 魚《さかな》の群《む》れ。

ぎょぐんたんちき【魚群探知機】 名詞 超《ちょう》音波《おんぱ》を使《つか》って、魚《さかな》の群《む》れや種類《しゅるい》、海底《かいてい》の地形《ちけい》などをさぐる機械《きかい》。

きょこう【挙行】 名詞 動詞 式《しき》や行事《ぎょうじ》などを行《おこな》うこと。例 卒業式《そつぎょうしき》が挙行された。

きょこう【虚構】 名詞 実際《じっさい》にはないことを、いかにもあるかのようにつくり上《あ》げること。フィクション。

ぎょこう【漁港】 名詞 漁業《ぎょぎょう》のよりどころとなる港《みなと》。参考 ふつう、魚《さかな》の加工工場《かこうこうじょう》、魚市場《うおいちば》、漁船《ぎょせん》の給油《きゅうゆ》や修理《しゅうり》のための施設《しせつ》などがある。

きょこくいっち【挙国一致】 名詞 国民全《こくみんぜん》体《たい》が心《こころ》を一《ひと》つにして、ある目標《もくひょう》のために力《ちから》を出《だ》すこと。例 挙国一致で平和《へいわ》な国《くに》をつくる。

きょしき【挙式】 名詞 動詞 式《しき》を行《おこな》うこと。とくに、結婚式《けっこんしき》を挙《あ》げること。

ぎょしゃ【御者】 名詞 馬車《ばしゃ》に乗《の》り、馬《うま》をあやつって馬車《ばしゃ》を走《はし》らせる人《ひと》。

きょじゃく【虚弱】 形容動詞 体《からだ》が弱《よわ》く、病気《びょうき》になりやすいこと。例 虚弱な体質《たいしつ》。対 強健《きょうけん》。

きょしゅ【挙手】 名詞 動詞 合図《あいず》やあいさつなどのために、手《て》を挙《あ》げること。

きょじゅう【居住】 名詞 動詞 ある決《き》まった所《ところ》に住《す》むこと。例 居住地《ち》／都会《とかい》に居住する。

きょしょ【居所】 名詞 住《す》んでいる所《ところ》。いどころ。

きょしょう【巨匠】 名詞 芸術《げいじゅつ》などの世界《せかい》で特別《とくべつ》にすぐれており、大《おお》きな仕事《しごと》をした人《ひと》。例 文壇《ぶんだん》（＝文学《ぶんがく》の世界《せかい》）の巨匠。類 大家《たいか》。

ぎょじょう【漁場】 名詞 魚《さかな》をとる場所《ばしょ》。魚《さかな》が多《おお》くとれる場所《ばしょ》。「ぎょば」ともいう。

きょしょくしょう【拒食症】 名詞 食欲《しょくよく》がなくなったり、食《た》べた物《もの》をもどしたりするなど、体《からだ》が食《た》べ物《もの》を受《う》けつけなくなってしまう病《びょう》気《き》。

きょしん【虚心】 名詞 形容動詞 心《こころ》にこだわりや思《おも》いこみがなく、ものごとを素直《すなお》に受《う》け入《い》れられること。例 人《ひと》の意見《いけん》を虚心に受《う》け入《い》れる。

きょじん【巨人】 名詞 ❶非常《ひじょう》に体《からだ》の大《おお》きい人《ひと》。対 小人《こびと》。❷ある分野《ぶんや》で、とくにすぐれた才能《さいのう》を持《も》ち、非《ひ》常《じょう》にりっぱな仕事《しごと》をした人《ひと》。例 エジソンは発《はつ》明家《めいか》の中《なか》の巨人といえる。

キヨスク ➡318ページ キオスク

ぎょする【御する】 動詞 ❶馬《うま》などを、自分《じぶん》の思《おも》いどおりに上手《じょうず》にあつかう。例 野生《やせい》の馬《うま》を御する。❷人《ひと》を自分《じぶん》の思《おも》うように動《うご》かす。例 御しにくい人《ひと》。

きょせい【虚勢】 名詞 うわべだけ、勢《いきお》いがよいように見《み》せかけること。例 虚勢を張《は》る。

きょぜつ【拒絶】 名詞 動詞 願《ねが》いや要求《ようきゅう》などを強《つよ》く断《ことわ》ること。例 相手《あいて》の申《もう》し出《で》を拒絶する。類 拒否《きょひ》。対 受諾《じゅだく》。

ぎょせん【漁船】 名詞 魚《さかな》・貝《かい》・海藻《かいそう》などをとる船《ふね》。

きょぞう【虚像】 名詞 ❶レンズや鏡《かがみ》などのはたらきにより、まるで実《じっ》際《さい》にできているかのように見《み》える像《ぞう》。対 実像《じつぞう》。❷実際《じっさい》とはちがう、見《み》せかけのすがたやつくられたイメージ。例 マスコミがつくり上《あ》げた、人気作家《にんきさっか》の虚像。対 実像《じつぞう》。

ぎょそん【漁村】 名詞 おもに漁業《ぎょぎょう》で生活《せいかつ》している人《ひと》たちが住《す》んでいる、海辺《うみべ》の村《むら》。関連 農《のう》村《そん》。

きょたい【巨体】 名詞 非常《ひじょう》に大《おお》きな体《からだ》。

きょだい【巨大】 形容動詞 非常《ひじょう》に大《おお》きいようす。例 エジプトの巨大なピラミッド。対 微《び》小《しょう》。

きょっかい【曲解】 名詞 動詞 ものごとを素直《すなお》

ことわざ **残《のこ》り物《もの》には福《ふく》がある** 人《ひと》が残《のこ》したものや最後《さいご》に余《あま》ったものには、かえってよいものがあるといに受《う》けとらないで、わざとちがった受《う》けとめ方《かた》をすること。例 話《はなし》を曲解しないでください。

きょっこう【極光】 ⇒176ページ オーロラ

ぎょっと 副詞 動詞 とてもびっくりするようす。おどろいて、落《お》ち着《つ》いた気持《きも》ちをなくすようす。例 突然《とつぜん》名前《なまえ》を呼《よ》ばれて、ぎょっとした。

きょてん【拠点】 名詞 活動《かつどう》するときのよりどころ。根拠地《こんきょち》。例 ボランティア活動《かつどう》の拠点。

きょとう【巨頭】 名詞 国家《こっか》などの大《おお》きな組織《そしき》の中《なか》で、きわめて大《おお》きな力《ちから》を持《も》っている人《ひと》。重要《じゅうよう》な地位《ちい》にある人《ひと》。例 巨頭会談《かいだん》。

きょどう【挙動】 名詞 体《からだ》の動《うご》きやようす。ふるまい。そぶり。例 挙動不審《ふしん》（＝そぶりがあやしいこと）。

きょとんと 副詞 動詞 思《おも》いがけないことにびっくりして、ぽかんとしているようす。例 急《きゅう》に話《はな》しかけられてきょとんとしている。

ぎょにく【魚肉】 名詞 食用《しょくよう》になる魚《さかな》の肉《にく》。

きょねん【去年】 名詞 季語 新年 今年《ことし》の前《まえ》の年《とし》。昨年《さくねん》。対 来年《らいねん》。

ぎょば【漁場】 ⇒363ページ ぎょじょう

きょひ【拒否】 名詞 動詞 願《ねが》いや要求《ようきゅう》などを断《ことわ》ること。例 入場《にゅうじょう》を拒否される。類 拒絶《きょぜつ》。

きょひをとうじる【巨費を投じる】 非常《ひじょう》にたくさんの費用《ひよう》をかける。例 ビルの建設《けんせつ》に巨費を投じる。

ぎょふ【漁夫】 名詞 「漁師《りょうし》」の古《ふる》い言《い》い方《かた》。

ぎょぶつ【御物】 名詞 皇室《こうしつ》の持《も》ち物《もの》。例 東大寺正倉院《とうだいじしょうそういん》の御物。

ぎょふのり【漁夫の利】 故事成語 利益《りえき》を得《え》ようとして二人《ふたり》が争《あらそ》っているすきに、ほかの人《ひと》が、なんの苦労《くろう》もせずにその利益《りえき》を横《よこ》どりしてしまうこと。⇒917ページ 故事成語

ぎょふのり

きょへい【挙兵】 名詞 動詞 兵《へい》を集《あつ》めて戦《たたか》いを起《お》こすこと。

ぎょほう【漁法】 名詞 魚《さかな》をとる方法《ほうほう》。

きょぼく【巨木】 名詞 とても大《おお》きな木《き》。類 大木《たいぼく》。大樹《たいじゅ》。

きよまる【清まる】 動詞 きれいになる。清《きよ》らかになる。例 心《こころ》が清まる。漢 ⇒705ページ せい〔清〕

きょまん【巨万】 名詞 非常《ひじょう》に多《おお》くの数《かず》や金額《きんがく》。

巨万《きょまん》の富《とみ》 非常《ひじょう》に多《おお》くの財産《ざいさん》。

きよみずのぶたいからとびおりる【清水の舞台から飛び降りる】 ⇒153ページ ことわざ

ぎょみん【漁民】 名詞 魚《さかな》・貝《かい》・海藻《かいそう》などをとることで生活《せいかつ》している人々《ひとびと》。

きよめる【清める】 動詞 けがれやよごれをとり除《のぞ》いてきれいにする。清《きよ》らかにする。例 水《みず》浴《あ》びをして身《み》を清める。漢 ⇒705ページ せい〔清〕

ぎょもう【魚網・漁網】 名詞 魚《さかな》をとるのに使《つか》うあみ。

きょよう【許容】 名詞 動詞 許《ゆる》せる程度《ていど》だとして受《う》け入《い》れること。例 このくらいのまちがいは許容範囲《はんい》だ。

ぎょらい【魚雷】 名詞 水中《すいちゅう》を進《すす》んで、目標《もくひょう》に命中《めいちゅう》すると爆発《ばくはつ》する爆弾《ばくだん》。

きよらか【清らか】 形容動詞 きれいで、すんでいるようす。けがれがないようす。例 清らかな川《かわ》の流《なが》れ／清らかな心《こころ》。

きょり【距離】 名詞 ❶へだたりの大《おお》きさ。道《みち》のりの遠《とお》さ。例 家《いえ》から駅《えき》までは、かなり距離がある。❷二《ふた》つの点《てん》を結《むす》ぶ線《せん》の長《なが》さ。例 距離を測《はか》る。

きょりかん【距離感】 名詞 あるものと、どれくらいはなれているかという感覚《かんかく》。また、気持《きも》ちのうえでへだたりがある感《かん》じ。例 目標《もくひょう》までの距離感がつかめない。

ぎょるい【魚類】 名詞 魚《さかな》のなかま全体《ぜんたい》をいうことば。えら呼吸《こきゅう》をし、体《からだ》に背骨《せぼね》とうろこ・ひれがあり、海《うみ》・川《かわ》・湖《みずうみ》などにすむ。たくさんの種類《しゅるい》がある。さかな。うお。

きょれい【虚礼】 名詞 うわべだけで、心《こころ》のこもっていない礼儀《れいぎ》。例 虚礼廃止《はいし》。

ぎょろう【漁労】 名詞 魚《さかな》・貝《かい》・海藻《かいそう》などの水産物《すいさんぶつ》をとること。

きょろきょろ［と］ 副詞 動詞 落《お》ち着《つ》きなく周《まわ》りを見回《みまわ》すようす。例 人《ひと》の話《はなし》を聞《き》くときはきょろきょろしない。

きよわ【気弱】 名詞 形容動詞 自分《じぶん》の考《かんが》えや意見《いけん》を強《つよ》く言《い》えず、はっきりしない態度《たいど》をとるこ

苦《くる》しいことやつらいこともその時《とき》だけで、過《す》ぎ去《さ》ってしまえば忘《わす》れてしまうこと。

と。例 気弱な性格《せいかく》だがやさしい子《こ》だ。

きょをつく【虚をつく】 相手《あいて》が油断《ゆだん》しているところをこうげきする。例 バスケットボールの試合《しあい》で、相手《あいて》の虚をつくパスを出《だ》す。

きらい【嫌い】
❶ 形容動詞 いやだと思《おも》うこと。好《す》きではないこと。例 弟《おとうと》はピーマンが嫌いだ。対 好《す》き。
❷ 名詞 (「…のきらいがある」の形《かたち》で) よくないほうにかたむいていること。例 妹《いもうと》は、あきっぽいきらいがある。
❸ 名詞 (「…のきらいなく」の形《かたち》で、全体《ぜんたい》で) …の区別《くべつ》なく。例 敵《てき》、味方《みかた》のきらいなく手当《てあ》てする。
使い方 ❷❸は、かな書《が》きにすることが多《おお》い。

きらう【嫌う】 動詞
❶いやだと思《おも》う。いやがる。例 へびを嫌う。対 好《す》く。好《この》む。
❷(「…嫌《きら》わず」の形《かたち》で、全体《ぜんたい》で) …を区別《くべつ》しないで。例 所《ところ》嫌わずずびらをはる。

きらきら【と】 副詞 動詞 美《うつく》しく光《ひか》りかがやいて、まばゆいようす。例 星《ほし》がきらきらと光《ひか》る。

ぎらぎら【と】 副詞 動詞 強《つよ》く光《ひか》りかがやくようす。どぎつく光《ひか》るようす。例 真夏《まなつ》の太陽《たいよう》がぎらぎらと照《て》りつける。

きらく【気楽】 形容動詞 心配《しんぱい》や苦労《くろう》がないようす。ものごとを気《き》にしないようす。のんき。例 気楽な商売《しょうばい》／気楽な性格《せいかく》。

きらす【切らす】 動詞
❶切《き》れた状態《じょうたい》にする。例 息《いき》を切らす。
❷使《つか》い切《き》ってなくしてしまう。たくわえをなくす。例 商品《しょうひん》の在庫《ざいこ》を切らす。

きらびやか 形容動詞 きらきらと光《ひか》りかがやくように美《うつく》しいようす。非常《ひじょう》にはなやかなようす。例 きらびやかなドレス。

きらめかす 動詞 きらめくようにする。きらきらと光《ひか》りかがやくようにする。例 ひとみをきらめかして、夢《ゆめ》を語《かた》る。

きらめく 動詞 きらきらと光《ひか》りかがやく。例 ダイヤモンドがきらめく／夜空《よぞら》にきらめく星《ほし》。

きり 名詞 大《おお》きな葉《は》をつけ、夏《なつ》の初《はじ》めにむらさき色《いろ》の花《はな》がさく木《き》。木材《もくざい》は軽《かる》く、たんすやげたなどの材料《ざいりょう》にする。ことば 漢字《かんじ》では「桐」と書《か》く。

きり 名詞 板《いた》などに穴《あな》をあけるための、先《さき》のとがった大工道具《だいくどうぐ》。ことば 漢字《かんじ》では「錐」と書《か》く。

きり

きり 助詞 (ほかのことばのあとにつけて)
❶それだけ。ただ…だけ。例 一人《ひとり》きりになる。
❷…を最後《さいご》として。例 外国《がいこく》に行《い》ったきり帰《かえ》ってこない。
❸ずっとそのまま…し続《つづ》けている。例 病人《びょうにん》につきっきりで看病《かんびょう》する。

きり【霧】 名詞 季語 秋
❶水蒸気《すいじょうき》が冷《ひ》えて細《こま》かい水玉《みずたま》となり、空中《くうちゅう》にうかんでけむりのように見《み》えるもの。例 夜霧《よ》。
❷水《みず》などの液体《えきたい》をたくさんの細《こま》かいつぶにして、空中《くうちゅう》に飛《と》ばしたもの。例 霧ふき。
参考 ❶は、一《いち》キロメートルより先《さき》の物《もの》が見《み》えない状態《じょうたい》をいい、一《いち》キロメートル以上先《いじょうさき》の物《もの》が見《み》える状態《じょうたい》は「もや」とよぶ。

きり【切り】 名詞
❶切《き》ること。例 みじん切り。
❷区切《くぎ》り。切《き》れ目《め》。例 仕事《しごと》に切りをつける。
❸終《お》わり。限《かぎ》り。果《は》て。

●**切《き》りがない** 限《かぎ》りがない。例 弟《おとうと》が散《ち》らかすので、いくらかたづけても切りがない。いつまでたっても終《お》わらない。

ぎり【義理】 名詞
❶ものごとの正《ただ》しい筋道《すじみち》。人《ひと》としてしなければならないこと。例 こまっている友人《ゆうじん》をほうっておくとは義理に外《はず》れた行《おこな》いだ。
❷つきあいの上《うえ》で、しなければならないこと。例 出席《しゅっせき》しないと義理を欠《か》くことになる。
❸血《ち》のつながらない親子《おやこ》やきょうだいなどの間《あいだ》がら。例 義理の母《はは》。
❹立場《たちば》。例 そんな文句《もんく》を言《い》えた義理ではない。

きりあげ【切り上げ】 名詞 およその数《かず》の求《もと》め方《かた》の一《ひと》つ。求《もと》めようとする位《くらい》より下《した》の位《くらい》の数《かず》を、その上《うえ》の位《くらい》にくり上《あ》げること。5.8を6とするなど。対 切《き》り捨《す》て。

きりあげる【切り上げる】 動詞
❶ひと区切《くぎ》りをつけ、終《お》わりにする。例 仕事《しごと》を切り上げる。
❷算数《さんすう》で、ある数《かず》を上《うえ》の位《くらい》にくり上《あ》げる。例 4.5を切り上げて5とする。対 切《き》り捨《す》てる。

きりうり【切り売り】 名詞 動詞
❶ひとかたまりのものを、少《すこ》しずつ切《き》って売《う》る

ことわざ 喉元《のどもと》過《す》ぎれば熱《あつ》さを忘《わす》れる　熱《あつ》いものも、飲《の》みこんでしまえば熱《あつ》さを感《かん》じなくなることから、

こと。例 切り売りでカーテン生地《きじ》を買《か》う。❷知識《ちしき》など、持《も》っているものを小出《こだ》しにすること。例 この作家《さっか》の小説《しょうせつ》は経験《けいけん》の切り売りだ。

きりえ【切り絵】名詞 紙《かみ》を、いろいろな形《かたち》や模様《もよう》などに切《き》りぬいたもの。

きりかえる【切り替える・切り換える】動詞 それまでのものごとやり方《かた》、考《かんが》え方《かた》などを、新《あたら》しくする。別《べつ》のものにかえる。例 遊《あそ》びから勉強《べんきょう》へ頭《あたま》を切り替える。

ぎりがたい【義理堅い】形容詞 義理《ぎり》を重《おも》んじるようす。つきあいの上《うえ》で、しなければならないことをきちんとするようす。

きりかぶ【切り株】名詞 木《き》を切《き》ったあとに残《のこ》る、根《ね》もとの部分《ぶぶん》。

きりきず【切り傷】名詞 刃物《はもの》などで切《き》ってできた傷《きず》。

ぎりぎり
❶名詞 これ以上《いじょう》はないというものごとの限度《げんど》。例 上演開始《じょうえんかいし》にぎりぎりで間《ま》に合《あ》った。
❷副詞 強《つよ》く巻《ま》きつけるようす。例 ひもでぎりぎりしばる。

きりぎりす 名詞 季語秋 昆虫《こんちゅう》の一《ひと》つ。体《からだ》は緑色《みどりいろ》または茶色《ちゃいろ》で、長《なが》いひげを持《も》つ。おすは、羽《はね》をすり合《あ》わせて鳴《な》く。

きりぎりす

きりきりまい【きりきり舞い】名詞 動詞 いそがしくて、目《め》が回《まわ》るほどに動《うご》き回《まわ》ること。てんてこまい。例 大勢《おおぜい》の客《きゃく》に、店員《てんいん》がきりきり舞いする。

きりくずす【切り崩す】動詞
❶高《たか》いところをくずして低《ひく》くする。
❷相手《あいて》のまとまりをこわす。例 敵《てき》の守《まも》りを切り崩す。

きりくち【切り口】名詞
❶物《もの》を切《き》ったところ。切《き》った表面《ひょうめん》。
❷けがをして切《き》った傷口《きずぐち》。
❸封《ふう》をしてあるふくろを切《き》るときの目印《めじるし》となるところ。例 お菓子《かし》のふくろの切り口。

きりぐも【霧雲】名詞 低《ひく》いところに、きりのように広《ひろ》がる雲《くも》。「層雲《そううん》」のこと。図 ⇩395ページ くも〔雲〕

きりこうじょう【切り口上】名詞 あらたまっていてよそよそしい感《かん》じのしゃべり方《かた》。ひと言《こと》ずつはっきりと区切《くぎ》って言《い》うような言《い》い方《かた》。例 切り口上のあいさつをする。

きりこみ【切り込み】名詞 物《もの》の一部分《いちぶぶん》に、切《き》れ目《め》を入《い》れること。また、その切《き》れ目《め》。

きりこむ【切り込む】動詞
❶物《もの》を刃物《はもの》で深《ふか》く切《き》る。
❷敵《てき》の中《なか》にせめこむ。例 敵陣《てきじん》へ切り込む。
❸するどく問《と》いつめる。例 問題《もんだい》の中心《ちゅうしん》に深《ふか》く切り込んだ質問《しつもん》をする。

きりさめ【霧雨】名詞 静《しず》かに、きりのように細《こま》かく降《ふ》る雨《あめ》。類 小《こ》ぬか雨《あめ》。ぬか雨《あめ》。

キリシタン（ポルトガル語）名詞 フランシスコ＝ザビエルが一五四九年《ねん》に日本《にほん》に初《はじ》めて伝《つた》えたキリスト教《きょう》。また、その信者《しんじゃ》。

きりしまきんこうわんこくりつこうえん【霧島錦江湾国立公園】名詞 宮崎《みやざき》県《けん》と鹿児島県《かごしまけん》にまたがる国立公園《こくりつこうえん》。霧島山《きりしまやま》・桜島《さくらじま》などからなる。

きりしまやま【霧島山】名詞 九州《きゅうしゅう》の南部《なんぶ》にある火山群《かざんぐん》。霧島錦江湾国立公園《きりしまきんこうわんこくりつこうえん》にふくまれる。

ギリシャ ⇩366ページ ギリシャきょうわこく

ギリシャきょうわこく【ギリシャ共和国】名詞 ヨーロッパの南東部《なんとうぶ》にある、地中海《ちちゅうかい》に面《めん》した国《くに》。ヨーロッパ文化《ぶんか》のもととなったギリシャ文化《ぶんか》が生《う》まれたところで、多《おお》くの遺跡《いせき》が残《のこ》る。首都《しゅと》はアテネ。「ギリシャ」ともいう。

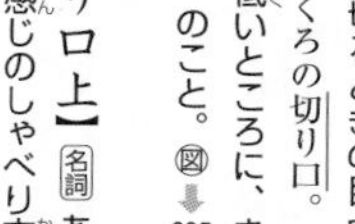
（国旗《こっき》）

ギリシャしんわ【ギリシャ神話】名詞 古代《こだい》ギリシャの、さまざまな神々《かみがみ》や英雄《えいゆう》たちの物語《ものがたり》。ヨーロッパの文学《ぶんがく》や芸術《げいじゅつ》に大《おお》きなえいきょうをあたえた。⇩1145ページ 読書

きりすて【切り捨て】名詞 およその数《かず》の求《もと》め方《かた》の一《ひと》つ。ある数《かず》を、求めようとする位《くらい》までとって、半端《はんぱ》な数《かず》をすべて0にすること。5.8を5とするなど。対 切《き》り上《あ》げ。

きりすてる【切り捨てる】動詞
❶切《き》り取《と》って捨《す》てる。
❷算数《さんすう》で、ある位《くらい》から下《した》の数《かず》を0とみなす。対 切《き》り上《あ》げる。

キリスト ⇩70ページ イエス＝キリスト

キリストきょう【キリスト教】 名詞 イエス＝キリストの始《はじ》めた宗教《しゅうきょう》。キリストを仲立《なかだ》ちとしてただ一《ひと》つの神《かみ》を持《も》つ。参考 仏教《ぶっきょう》・イスラム教《きょう》とともに世界三大宗教《せかいさんだいしゅうきょう》の一《ひと》つ。

キリストきょうと【キリスト教徒】 名詞 キリスト教《きょう》を信《しん》じる人《ひと》。クリスチャン。

きりだし【切り出し】 名詞 ❶切《き》って運《はこ》び出《だ》すこと。例 材木《ざいもく》の切り出し。❷刃《は》がななめについている小刀《こがたな》。切《き》り出《だ》し小《こ》刀《がたな》。

きりだす【切り出す】 動詞 ❶切《き》って運《はこ》び出《だ》す。例 山《やま》から木《き》を切り出す。❷言《い》い出《だ》す。話《はなし》を始《はじ》める。例 話《はなし》を切り出す。

きりたつ【切り立つ】 動詞 山《やま》やがけなどがするどくそびえ立《た》つ。例 切り立った岩山《いわやま》。

きりつ【起立】 名詞 動詞 立《た》ち上《あ》がること。例 賛成《さんせい》の人《ひと》は起立してください。対 着席《ちゃくせき》。

きりつ【規律】 名詞 人《ひと》の行《おこな》いをきちんとするための決《き》まり。例 規律正《ただ》しく生活《せいかつ》する。

きりっと 副詞 動詞 引《ひ》きしまっていて、ゆるみがないようす。「きりりと」ともいう。例 はち巻《ま》きをきりっとしめる／きりっとした顔《かお》つき。

きりづまづくり【切り妻造り】 名詞 本《ほん》を開《ひら》いてふせたような形《かたち》をしている屋根《やね》。また、そのような屋根《やね》を持《も》った家《いえ》。関連 入《い》り母屋造《もやづく》り。

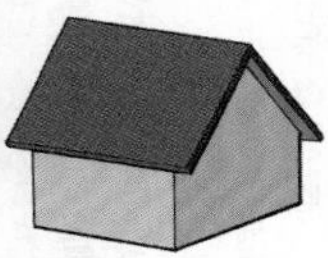
きりづまづくり

きりつめる【切り詰める】 動詞 ❶お金《かね》や物《もの》などをむだにつかわないようにする。節約《せつやく》する。例 生活《せいかつ》を切り詰めて貯金《ちょきん》を増《ふ》やす。❷切《き》って短《みじか》くする。例 木《き》の枝《えだ》を切り詰める。

きりどおし【切り通し】 名詞 山《やま》などを切《き》り開《ひら》いて造《つく》った道路《どうろ》。

きりとる【切り取る】 動詞 全体《ぜんたい》から一部分《いちぶぶん》を切《き》ってとる。例 用紙《ようし》の下半分《したはんぶん》を切り取る。

きりぬき【切り抜き】 名詞 必要《ひつよう》な部分《ぶぶん》を切《き》りとること。また、切《き》りとったもの。

きりぬく【切り抜く】 動詞 一部分《いちぶぶん》を切《き》ってとる。例 新聞《しんぶん》の記事《きじ》を切り抜く。

きりぬける【切り抜ける】 動詞 ❶困《こま》ったことや苦《くる》しみからぬけ出《で》る。例 ピンチを切り抜けた。❷敵《てき》の囲《かこ》みを破《やぶ》り、安全《あんぜん》なところにぬけ出《で》る。

きりはなす【切り離す・切り放す】 動詞 切《き》ってはなす。別々《べつべつ》にする。例 二《ふた》つの問題《もんだい》を切り離して考《かんが》える。

きりはらう【切り払う】 動詞 草《くさ》や木《き》を切《き》ってとり除《のぞ》く。例 雑草《ざっそう》を切り払う。

きりばり【切り張り・切り貼り】 名詞 ❶障子《しょうじ》などの破《やぶ》れたところだけを切《き》り取《と》ってはりかえること。❷紙《かみ》を切《き》ってほかの物《もの》にはりつけること。

きりひとは【きり一葉】 季語秋 一枚《いちまい》のきりの葉《は》が落《お》ちるのを見《み》て、秋《あき》のおとずれを知《し》ること。ことば 漢字《かんじ》では「桐一葉」と書《か》く。

きりひらく【切り開く】 動詞 ❶あれ地《ち》や山《やま》をくずしたり、耕《たがや》したりして使《つか》えるようにする。例 林《はやし》を切り開く。❷努力《どりょく》して新《あたら》しく進《すす》む方向《ほうこう》を見《み》つけ出《だ》す。例 自分《じぶん》の道《みち》は自分《じぶん》で切り開く。❸敵《てき》の囲《かこ》みを破《やぶ》って進《すす》めるようにする。例 退《たい》路《ろ》（＝にげるための道《みち》）を切り開く。

きりふき【霧吹き】 名詞 液体《えきたい》をきりのようにしてふきかけること。また、そのための道具《どうぐ》。

きりふだ【切り札】 名詞 ❶トランプで、その札《ふだ》があれば勝《か》つことができる、とっておきの札《ふだ》。❷最後《さいご》に出《だ》す、もっとも効《き》き目《め》のあるとっておきの方法《ほうほう》。例 切り札の選手《せんしゅ》を出場《しゅつじょう》させる。類 奥《おく》の手《て》。

きりぼし【切り干し】 名詞 季語冬 だいこんやさつまいもなどを、うすく、または細《ほそ》く切《き》ってかわかしたもの。例 切り干し大根《だいこん》。

きりまわす【切り回す】 動詞 仕事《しごと》を、中心《ちゅうしん》になってうまくかたづける。例 母《はは》は、店《みせ》を一人《ひとり》で切り回している。

キリマンジャロ 名詞 アフリカ大陸《たいりく》の東部《とうぶ》にある火山《かざん》。赤道《せきどう》に近《ちか》いが、山頂《さんちょう》には氷河《ひょうが》がある。

きりみ【切り身】 名詞 魚《さかな》の肉《にく》を適当《てきとう》な大《おお》きさに切《き》り分《わ》けたもの。例 ぶりの切り身。

きりもり【切り盛り】 名詞 動詞 ものごとを上《じょう》手《ず》にかたづけていくこと。例 家事《かじ》を切り盛りする。ことば もとは、「食物《しょくもつ》を切《き》り刻《きざ》んだり、

ことわざ　**のれんに腕押《うでお》し**　のれんをいくらおしてみても手《て》ごたえがないように、力《ちから》を入《い》れてはたらきか

うつわに盛《も》ったりする」という意味《いみ》のことば。

きりゅう【気流】 名詞 大気中《たいきちゅう》に起《お》こる空気《くうき》の流《なが》れ。気温《きおん》・気圧《きあつ》や地形《ちけい》のちがいなどによって起《お》こる。例 上昇気流《じょうしょうきりゅう》。

きりゅう【寄留】 名詞 動詞 よその家《いえ》や土地《とち》に、しばらくの間《あいだ》、仮《かり》に住《す》むこと。例 寄留地《ち》。

きりょう【器量】 名詞 ❶顔形《かおかたち》。顔立《かおだ》ち。例 器量がよい。類 目鼻立《めはなだ》ち。❷その地位《ちい》にふさわしい能力《のうりょく》。例 社長《しゃちょう》としての器量を備《そな》えた人《ひと》。

ぎりょう【技量】 名詞 仕事《しごと》や芸《げい》などの腕前《うでまえ》。例 画家《がか》としての技量をみがく。

きりょく【気力】 名詞 ものごとをやりとげようとする気持《きも》ち。例 気力をふりしぼる。類 精《せい》神力《しんりょく》。

きりりと 副詞 動詞 とても引《ひ》きしまっているようす。まったくゆるみのないようす。「きりっと」ともいう。例 きりりと引《ひ》きしまった口元《くちもと》／はち巻《ま》きをきりりとしめる。

きりん 名詞 ❶アフリカの草原《そうげん》にすむ、非常《ひじょう》に背《せ》の高《たか》い動物《どうぶつ》。首《くび》と足《あし》が長《なが》く、かたまでの高《たか》さが五《ご》メートルもある。うすい黄色《きいろ》で、茶色《ちゃいろ》のまだらがあり、木《き》の葉《は》や芽《め》を食《た》べる。❷中国《ちゅうごく》の想像上《そうぞうじょう》の動物《どうぶつ》。体《からだ》はしか、尾《お》は牛《うし》、ひづめとたてがみは馬《うま》に似《に》ているとされる。
ことば 漢字《かんじ》では「麒麟」と書《か》く。

きりん❶

きりん❷

きる【切る】
❶動詞 刃物《はもの》などで物《もの》を分《わ》けたり傷《きず》つけたりする。例 のこぎりで板《いた》を切る／指《ゆび》を切る。
❷動詞 つながりをなくす。関係《かんけい》をなくす。例 縁《えん》を切る。
❸動詞 続《つづ》いていることをやめる。例 話《はなし》を切る。
❹動詞 期限《きげん》をつける。例 日《ひ》を切って借《か》りる。
❺動詞 水分《すいぶん》をなくす。例 ざるで水《みず》を切る。
❻動詞 勢《いきお》いよく分《わ》け進《すす》む。例 風《かぜ》を切って走《はし》る。
❼動詞 方向《ほうこう》を変《か》える。例 ハンドルを右《みぎ》に切る。
❽動詞 最初《さいしょ》にやる。例 明日《あす》の会《かい》では、わたしが口《くち》を切ります。
❾動詞 札《ふだ》を交《ま》ぜる。例 トランプを切る。
❿動詞 下回《したまわ》る。以下《いか》になる。例 残《のこ》り時間《じかん》が十秒《じゅうびょう》を切る。
⓫接尾語 （ほかのことばのあとにつけて）きっぱりと…する。例 絶対《ぜったい》に正《ただ》しいと言《い》いきった。
⓬接尾語 （ほかのことばのあとにつけて）ひどく…する。例 妹《いもうと》が泣《な》きやまず困《こま》りきった。
⓭接尾語 （ほかのことばのあとにつけて）…し終《お》わる。例 本《ほん》を読《よ》みきる。
使い方 ⓫～⓭は、ふつうかな書《が》きにする。また、❶は、人《ひと》を傷《きず》つける場合《ばあい》には「斬る」と書《か》くこともある。
漢 ➡723ページ せつ〔切〕

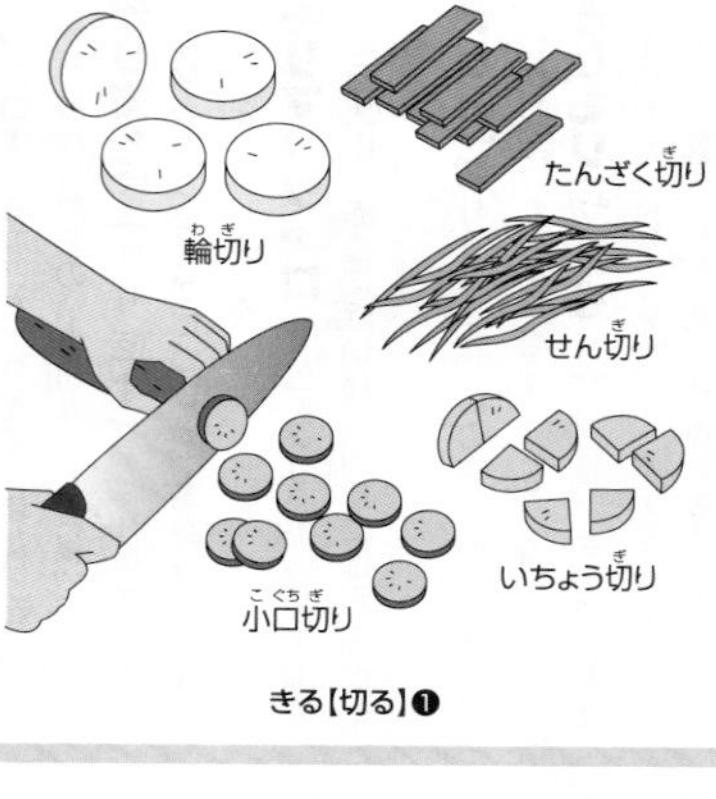

きる【切る】❶

きる【着る】 動詞 ❶服《ふく》を身《み》に着《つ》ける。例 シャツを着る。対 脱《ぬ》ぐ。❷引《ひ》き受《う》ける。負《お》う。例 人《ひと》の罪《つみ》を着る。
使い方 ❶の尊敬《そんけい》した言《い》い方《かた》は「召《め》す」。
漢 ➡835ページ ちゃく〔着〕

キルク ➡498ページ コルク

キルティング （quilting） 名詞 二枚《にまい》の布《ぬの》の間《あいだ》に綿《わた》などを入《い》れて、上《うえ》からぬったもの。布団《ふとん》や防寒服《ぼうかんふく》などに使《つか》われる。

きれ【切れ】
❶名詞 切《き》れること。切《き》れ具合《ぐあい》。例 ナイフの切れがよい。
❷名詞 切れはし。例 紙切《かみき》れ。
❸名詞 布《ぬの》。織物《おりもの》。例 美《うつく》しい絹《きぬ》のきれ。
❹接尾語 （数《かず》を表《あらわ》すことばのあとにつけて）切《き》った物《もの》の数《かず》を示《しめ》す。例 ハムを二切《ふたき》れ食《た》べる。

使い方　❸は、かな書《が》きにすることが多《おお》い。

きれあじ【切れ味】 名詞　刃物《はもの》などの切《き》れ具《ぐ》合《あい》。

ことば　わざや意見《いけん》などがするどいことを、「切《き》れ味《あじ》がよい」ということもある。

きれい【奇麗】 形容動詞　❶美《うつく》しいようす。整《ととの》っているようす。例 きれいな景色《けしき》／きれいな字《じ》。対 汚《きたな》い。❷清潔《せいけつ》でよごれがないようす。例 きれいな水《みず》／部屋《へや》をきれいにする。対 汚《きたな》い。❸あとに何《なに》も残《のこ》っていないようす。例 ごちそうをきれいに平《たい》らげる。❹正《ただ》しくてりっぱなようす。いさぎよいようす。例 きれいな試合《しあい》ぶりだった。対 汚《きたな》い。

使い方　ふつうかな書《が》きにする。

ぎれい【儀礼】 名詞　世《よ》の中《なか》で形式《けいしき》がきちんと定《さだ》められているような礼儀《れいぎ》。また、そのやり方《かた》。例 式典《しきてん》が儀礼どおりに行《おこな》われた。

ぎれいてき【儀礼的】 形容動詞　礼儀《れいぎ》として、形《かたち》だけそうするようす。例 儀礼的なあいさつ。

きれぎれ【切れ切れ】 名詞 形容動詞　いくつにも小《ちい》さく切《き》れていること。例 切れ切れの記憶《きおく》。

きれじ【切れ地】 名詞　織物《おりもの》の切《き》れはし。また、織物《おりもの》。

きれじ【切れ字】 名詞　俳句《はいく》で、意味《いみ》をそこで切《き》るはたらきをすることば。「や」「かな」「けり」など。たとえば「古池《ふるいけ》やかわずとびこむ水《みず》の音《おと》」の「や」。

きれつ【亀裂】 名詞　かたい物《もの》の表面《ひょうめん》にできたさけ目《め》。ひび割《わ》れ。例 かべに亀裂が入《はい》る。

きれはし【切れ端】 名詞　物《もの》の、切《き》りはなされた小《ちい》さな部分《ぶぶん》。例 木材《もくざい》の切れ端でおもちゃを作《つく》る。

きれま【切れ間】 名詞　物《もの》が切《き》れて、間《あいだ》が空《あ》いているところ。例 雲《くも》の切れ間から光《ひかり》が差《さ》す。

きれめ【切れ目】 名詞　❶続《つづ》いているものの切《き》れた部分《ぶぶん》。例 雲《くも》の切れ目。❷刃物《はもの》などで切《き》ったあと。例 包丁《ほうちょう》でソーセージに切れ目を入《い》れる。❸ものごとがひと区切《くぎ》りしたとき。例 仕事《しごと》の切れ目。

きれる【切れる】 動詞　❶切《き》ることができる。例 よく切れるナイフ。❷ひと続《つづ》きのものが、はなればなれになる。例 ひもが切れてしまった。❸物《もの》などがなくなる。例 ガソリンが切れる。❹続《つづ》いていたことが終《お》わる。例 電話《でんわ》が切れる。❺関係《かんけい》がなくなる。例 縁《えん》が切れる。❻破《やぶ》れる。こわれる。例 土手《どて》が切れる。❼頭《あたま》がよくはたらく。例 あの人《ひと》は切れる人《ひと》だ。❽方向《ほうこう》がそれる。例 打球《だきゅう》が右《みぎ》に切れた。

漢 ↓723ジペー せつ〔切〕

きろ【岐路】 名詞　❶分《わ》かれ道《みち》。❷ものごとの分《わ》かれ目《め》。例 人生《じんせい》の岐路。

●**岐路《きろ》に立《た》つ**　これから先《さき》のできごとに大《おお》きくえいきょうをあたえるような分《わ》かれ目《め》にいる。例 留学《りゅうがく》するか日本《にほん》の大学《だいがく》に進学《しんがく》するかという岐路に立っている。

きろ【帰路】 名詞　帰《かえ》り道《みち》。例 カナダからの帰路、ハワイに寄《よ》る。類 帰途《きと》。

キロ（フランス語）名詞　❶「メートル」「グラム」「リットル」「ワット」などの単位《たんい》の前《まえ》につけて、千倍《せんばい》であることを表《あらわ》すことば。記号《きごう》は「k」。❷「キロメートル」「キログラム」などの略《りゃく》。

ギロ（スペイン語）名詞　打楽器《だがっき》の一《ひと》つ。中《なか》をくりぬいたひょうたんの外側《そとがわ》に刻《きざ》みを入《い》れ、棒《ぼう》でこすって音《おと》を出《だ》す。おもにラテン音楽《おんがく》で使用《しよう》される。「グイロ」ともいう。

キロカロリー（kilocalorie）名詞　熱量《ねつりょう》の単位《たんい》。一《いち》キロカロリーは千《せん》カロリー。記号《きごう》は「kcal」。

きろく【記録】 名詞 動詞　❶あとに残《のこ》す必要《ひつよう》があることを、書《か》いておくこと。また、書いておいたもの。例 観察《かんさつ》の結果《けっか》を記録しておく／記録に残《のこ》す。❷競技《きょうぎ》などの成績《せいせき》。とくに、最高《さいこう》の成績《せいせき》。例 世界新《せかいしん》記録／記録を破《やぶ》る。類 レコード。

きろくてき【記録的】 形容動詞　記録《きろく》として残《のこ》るほどめずらしいようす。例 記録的な大雪《おおゆき》。

きろくぶん【記録文】 名詞　自分《じぶん》がしたことや見聞《みき》きしたことを正確《せいかく》に書《か》き記《しる》した文章《ぶんしょう》。

きろくやぶり【記録破り】 名詞　今《いま》までの記《き》録《ろく》をこえること。例 記録破りの売《う》り上《あ》げ。

キログラム（フランス語）名詞　メートル法《ほう》の重《おも》さの単位《たんい》。一《いち》キログラムは千《せん》グラムで、セ氏《し》四《よん》

ことわざ　**掃《は》きだめに鶴《つる》**　ごみ捨《す》て場《ば》に美《うつく》しいつるがいるように、つまらないものばかりの中《なか》に特別《とくべつ》にす

度《ど》の水一《みずいち》リットルの重《おも》さにほぼ等《ひと》しい。記号《きごう》は「kg」。

キロメートル（フランス語）名詞 メートル法《ほう》の長《なが》さの単位《たんい》。一《いち》キロメートルは千《せん》メートル。記《き》号《ごう》は「km」。

キロリットル（フランス語）名詞 メートル法《ほう》の体積《たいせき》の単位《たんい》。一《いち》キロリットルは千《せん》リットル。記《き》号《ごう》は「kL」。

キロワット（kilowatt）名詞 電力《でんりょく》の単位《たんい》。一《いち》キロワットは千《せん》ワット。記号《きごう》は「kW」。

キロワットじ【キロワット時】 名詞 電力《でんりょく》の量《りょう》の単位《たんい》。一《いち》キロワットの電力《でんりょく》を、一時間《いちじかん》使《つか》ったときの仕事量《しごとりょう》。記号《きごう》は「kWh」。

ぎろん【議論】 名詞 動詞 ある問題《もんだい》について、おたがいに意見《いけん》を出《だ》し合《あ》い、話《はな》し合《あ》うこと。例 文集《ぶんしゅう》の内容《ないよう》について、学級会《がっきゅうかい》で議論する。類 論議《ろんぎ》。

きわ【際】 名詞
❶はし。そば。かたわら。例 がけの際。
❷ある状態《じょうたい》になろうとする時《とき》。例 電車《でんしゃ》に乗《の》る際になって、忘《わす》れ物《もの》を思《おも》い出《だ》した。
漢 ↓511ジペー さい〔際〕

-ぎわ【際】 接尾語 （ほかのことばのあとにつけて）
❶…のすぐそば。例 窓《まど》際のテーブル。
❷ある状態《じょうたい》になろうとする、ちょうどその時《とき》。例 帰《かえ》り際／花《はな》の散《ち》り際／別《わか》れ際。

ぎわく【疑惑】 名詞 疑《うたが》うこと。疑《うたが》い。例 疑惑を持《も》つ／疑惑の目《め》で見《み》る。類 疑念《ぎねん》。

きわだつ【際立つ】 動詞 はっきりと目立《めだ》っている。例 足《あし》の速《はや》さが際立っている。

きわどい 形容詞 もう少《すこ》しでだめになる、ぎりぎりのところにあるようす。例 遅刻《ちこく》しそうだったが、きわどいところで間《ま》に合《あ》った。

きわまる【極まる・窮まる】 動詞
❶もうこれ以上《いじょう》はないところまでいく。例 感《かん》極まって泣《な》き出《だ》した／失礼《しつれい》極まる話《はなし》だ。
❷行《い》きづまる。終《お》わりとなる。例 ついに、進《しん》退《たい》が窮まった。
漢 ↓362ジペー きょく〔極〕

きわみ【極み】 名詞 ものごとの、もうこれ以《い》上《じょう》はないという状態《じょうたい》。例 感激《かんげき》の極みです。漢 ↓362ジペー きょく〔極〕

きわめて【極めて】 副詞 非常《ひじょう》に。この上《うえ》なく。例 それは極めて難《むずか》しい問題《もんだい》だ。

きわめる【究める】 動詞 深《ふか》くさぐって、ほんとうのことを知《し》る。例 事件《じけん》の真相《しんそう》を究める。漢 ↓346ジペー きゅう〔究〕
使い方「窮める」とも書《か》く。

きわめる【極める・窮める】 動詞
❶ものごとの終《お》わりまで行《い》き着《つ》く。例 エベレストの山頂《さんちょう》を極める。
❷程度《ていど》が、これ以上《いじょう》はないところまでいく。例 繁栄《はんえい》を極める。
漢 ↓362ジペー きょく〔極〕

きわもの【際物】 名詞
❶ひな人形《にんぎょう》などのように、必要《ひつよう》な季節《きせつ》が限《かぎ》られていて、その間際《まぎわ》にだけ売《う》れる商品《しょうひん》。
❷一時的《いちじてき》な流行《りゅうこう》や注目《ちゅうもく》を浴《あ》びた事件《じけん》などをもとにして作《つく》られる、作品《さくひん》や商品《しょうひん》。

きん【今】 漢 ↓500ジペー こん〔今〕

きん【斤】 名詞
❶昔《むかし》、日本《にほん》で使《つか》われていた重《おも》さの単位《たんい》。一斤《いっきん》は六百《ろっぴゃく》グラム。
❷食《しょく》パンの単位《たんい》。三百五十《さんびゃくごじゅう》〜四百《よんひゃく》グラムのかたまりを一斤《いっきん》とする。

漢 **きん【均】**〔土《つちへん》〕 7画 5年 音 キン 訓

ひとしい。同《おな》じにする。例 均一《きんいつ》／均質《きんしつ》／均整《きんせい》／均等《きんとう》／平均《へいきん》。

漢 **きん【近】**〔⻌《しんにょう》〕 7画 2年 音 キン 訓 ちかい

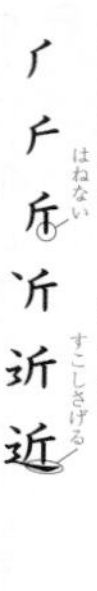

ちかい。ちかづく。例 近海《きんかい》／近所《きんじょ》／近代《きんだい》／近《ちか》道《みち》／遠近《えんきん》／最近《さいきん》／接近《せっきん》／付近《ふきん》。対 遠《えん》。

きん【金】 名詞
❶美《うつく》しい黄色《きいろ》のつやがある、値打《ねう》ちの高《たか》い金《きん》属《ぞく》。お金《かね》やかざりをつくるのに用《もち》いる。こがね。例 金のネックレス。
❷価値《かち》の高《たか》いもの。例 沈黙《ちんもく》は金。
❸「金曜日《きんようび》」の略《りゃく》。
❹将棋《しょうぎ》のこまの一《ひと》つ。

漢 **きん【金】**〔金《かね》〕 8画 1年 音 キン・コン 訓 かね・かな

めで、どうしようもないこと。手《て》がつけられないこと。

❶黄色《きいろ》く光《ひか》るきんぞく。きん。こがね。例金《きん》貨《か》／金鉱《きんこう》／黄金《おうごん》／砂金《さきん》／純金《じゅんきん》。❷鉱物《こうぶつ》。かなもの。例金具《かなぐ》／金属《きんぞく》／合金《ごうきん》／針金《はりがね》。❸きんのように値《ね》打《う》ちがあるもの。例金言《きんげん》。❹こがねいろ。例金髪《きんぱつ》。❺おかね。例金持《かねも》ち／金額《きんがく》／金銭《きんせん》／現金《げんきん》／税金《ぜいきん》／代金《だいきん》／貯金《ちょきん》／料金《りょうきん》。

きん【菌】 名詞 ❶↓375ジペーきんるい ❷物《もの》をくさらせたり、病気《びょうき》の原因《げんいん》になったりする、非常《ひじょう》に小《ちい》さな生物《せいぶつ》。「細菌《さいきん》」「バクテリア」のこと。例病原菌《びょうげんきん》／殺菌《さっきん》。

漢 **きん【勤】** 〔力《ちから》〕 12画 6年 音キン・ゴン 訓つとめる・つとまる

一 廾 芇 苗 堇 勤 勤（つきださない）

❶仕事《しごと》にせいを出《だ》す。例勤勉《きんべん》。❷つとめ。仕事《しごと》。例勤続《きんぞく》／勤務《きんむ》／勤行《ごんぎょう》／勤《つと》め先《さき》／通勤《つうきん》／転勤《てんきん》。

漢 **きん【筋】** 〔⺮《たけかんむり》〕 12画 6年 音キン 訓すじ

ノ ⺈ ⺮ 竺 笁 笛 筋 筋（はらう・はねる・はねる）

❶体《からだ》の中《なか》を通《とお》っているすじ。例筋肉《きんにく》／腹筋《ふっきん》。❷物《もの》の中《なか》を通《とお》っているすじ。例筋道《すじみち》／鉄筋《てっきん》。

漢 **きん【禁】** 〔示《しめす》〕 13画 5年 音キン 訓

一 十 木 林 埜 埜 禁 禁（はらう・はねる）

してはならないと止《と》める。また、その規則《きそく》。例禁煙《きんえん》／禁句《きんく》／禁止《きんし》／禁酒《きんしゅ》／解禁《かいきん》／厳禁《げんきん》。

ぎん【銀】 名詞 ❶美《うつく》しい白色《しろいろ》のつやがある、値《ね》打《う》ちの高《たか》い金属《きんぞく》。お金《かね》やかざりをつくるのに用《もち》いる。例銀のスプーン。❷将棋《しょうぎ》のこまの一《ひと》つ。

漢 **ぎん【銀】** 〔金《かねへん》〕 14画 3年 音ギン 訓

ノ 𠆢 𠂉 金 金 釕 鈩 鋰 銀（はらう）

❶ぎん。しろがね。例銀貨《ぎんか》。❷ぎんのようにしろい。例銀河《ぎんが》／銀世界《ぎんせかい》／銀髪《ぎんぱつ》。❸おかね。例銀行《ぎんこう》。

きんいつ【均一】 名詞 形容動詞 どれもみんな同《おな》じであること。例均一料金《りょうきん》／千円《せんえん》均一。

きんいろ【金色】 名詞 金《きん》のような、つやのある黄色《きいろ》。こがね色《いろ》。「こんじき」ともいう。

ぎんいろ【銀色】 名詞 銀《ぎん》のような、つやのある白《しろ》っぽい色《いろ》。しろがね色《いろ》。

きんいん【金印】 名詞 福岡県《ふくおかけん》志賀島《しかのしま》で発見《はっけん》された、金《きん》の四角《しかく》い印《いん》。「漢委奴国王《かんのわのなのこくおう》」とほられている。昔《むかし》、中国《ちゅうごく》からおくられたものとされる。

きんえん【禁煙】 ❶名詞 たばこを吸《す》ってはいけないこと。❷名詞 動詞 たばこを吸《す》うのをやめること。

きんか【金貨】 名詞 金《きん》をおもな原料《げんりょう》としてつくられたお金《かね》。こがね。

ぎんか【銀貨】 名詞 銀《ぎん》をおもな原料《げんりょう》としてつくられたお金《かね》。

ぎんが【銀河】 名詞 季語 秋 空《そら》を横切《よこぎ》る川《かわ》のように見《み》える星《ほし》の集《あつ》まり。「天《あま》の川《がわ》」ともいう。類 沿《えん》海《かい》。

きんかい【近海】 名詞 陸地《りくち》に近《ちか》い海《うみ》。類沿《えん》海《かい》。対 遠海《えんかい》。遠洋《えんよう》。

きんかいぎょぎょう【近海漁業】 名詞 陸《りく》地《ち》に近《ちか》い海《うみ》で行《おこな》われる漁業《ぎょぎょう》。沿岸漁業《えんがんぎょぎょう》。

きんかく【金閣】 名詞 室町時代《むろまちじだい》の代表的《だいひょうてき》な建物《たてもの》。一三九七年《ねん》に、足利義満《あしかがよしみつ》が京都《きょうと》の北山《きたやま》に建《た》てた。かべや柱《はしら》に金《きん》ぱくがはってある。

きんがく【金額】 名詞 いくらというお金《かね》の量《りょう》。例しはらいの金額／金額が大《おお》きい。

ぎんかく【銀閣】 名詞 室町時代《むろまちじだい》の代表的《だいひょうてき》な建物《たてもの》。一四八九年《ねん》に、足利義政《あしかがよしまさ》が京都《きょうと》の東山《ひがしやま》に建《た》てた。庭園《ていえん》が美《うつく》しい。

ぎんがけい【銀河系】 名詞 たくさんの星《ほし》や星団《せいだん》などが集《あつ》まってできている、非常《ひじょう》に大《おお》きな星《ほし》の集団《しゅうだん》。地球《ちきゅう》のある太陽系《たいようけい》もふくまれる。

きんがしんねん【謹賀新年】 名詞 年賀状《ねんがじょう》に書《か》くあいさつのことば。「つつしんで、新年《しんねん》をお祝《いわ》い申《もう》し上《あ》げます」という意味《いみ》。

きんかん【近刊】 名詞 ❶近《ちか》いうちに本《ほん》になって出《だ》されること。また、その本《ほん》。❷最近本《さいきんほん》になって出《だ》されたこと。また、その本《ほん》。

きんがん【近眼】 ↓372ジペーきんし〔近視〕

きんかんがっき【金管楽器】 名詞 金属《きんぞく》でできている管楽器《かんがっき》。トランペット・ホルンな

ことわざ　箸《はし》にも棒《ぼう》にもかからない　細《ほそ》いはしにも太《ふと》い棒《ぼう》にも引《ひ》っかからないという意味《いみ》で、まったくだ

ど。対 木管楽器《もっかんがっき》。図↓269ページ がっき〔楽器〕

きんかんしょく【金環食】↓372ページ きんかんにっしょく

きんかんにっしょく【金環日食】 名詞 日《に》食《しょく》で、月《つき》が太陽《たいよう》の真《ま》ん中《なか》を黒《くろ》くおおい、そのまわりに太陽《たいよう》が金《きん》の輪《わ》のように見《み》えるもの。金環《きんかん》食《しょく》。関連 皆既日食《かいきにっしょく》。部分日食《ぶぶんにっしょく》。

きんきちほう【近畿地方】 名詞 本州中央《ほんしゅうちゅうおう》よりやや西《にし》にある地方《ちほう》。昔《むかし》から文化《ぶんか》が栄《さか》えていた。京都府《きょうとふ》・大阪府《おおさかふ》・滋賀県《しがけん》・兵庫県《ひょうごけん》・奈良《なら》県《けん》・和歌山県《わかやまけん》・三重県《みえけん》がある。

きんきゅう【緊急】 名詞 形容動詞 重大《じゅうだい》で、とても急《いそ》いでやらなければならないこと。例 緊急事態《じたい》／父《ちち》は緊急な用事《ようじ》で外出《がいしゅつ》した。

きんぎょ【金魚】 名詞 季語夏 ふなを長《なが》い間《あいだ》飼《か》いならし、色《いろ》や形《かたち》を変《か》えた観賞用《かんしょうよう》の美《うつく》しい魚《さかな》。

きんぎょ

きんきょう【近況】 名詞 近《ちか》ごろのようす。

きんきょり【近距離】 名詞 道《みち》のりが短《みじか》いこと。近《ちか》いきょり。例 近距離通話《つうわ》。対 遠距離《えんきょり》。

きんきん〔に〕【近近〔に〕】 副詞 近《ちか》いうちに。ちかぢか。例 近々ご連絡《れんらく》します。

きんく【禁句】 名詞 相手《あいて》の気持《きも》ちをそこねないように、使《つか》ってはいけないことば。例 入学《にゅうがく》試験《しけん》の前《まえ》に「落《お》ちる」は禁句だ。

キング（king）名詞 ❶「王《おう》」のこと。対 クイーン。❷トランプで、王様《おうさま》の絵《え》のあるカード。

キングサイズ（king-size）名詞 特別《とくべつ》に大《おお》きな型《かた》。例 キングサイズのベッド。

きんけい【近景】 名詞 近《ちか》くの景色《けしき》。対 遠景《えんけい》。

きんけい【謹啓】 名詞 手紙《てがみ》の初《はじ》めに書《か》く、あいさつのことば。「つつしんで申《もう》し上《あ》げます」という意味《いみ》。類 拝啓《はいけい》。

きんけん【金券】 名詞 決《き》まった使《つか》い道《みち》の中《なか》で、お金《かね》の代《か》わりに使《つか》われる券《けん》。郵便切手《ゆうびんきって》・商《しょう》品券《ひんけん》・プリペイドカードなど。

きんげん【金言】 名詞 昔《むかし》からいわれている、ためになるようなりっぱなことば。類 格言《かくげん》。ことわざ。

きんげんじっちょく【謹厳実直】 名詞 形容動詞 とてもまじめで、正直《しょうじき》なこと。例 謹厳実直な青年《せいねん》／謹厳実直な仕事《しごと》ぶり。

きんこ【金庫】 名詞 ❶お金《かね》や大切《たいせつ》な物《もの》をしまっておく、鉄《てつ》などでつくったじょうぶな入《い》れ物《もの》。❷国《くに》や地方公共団体《ちほうこうきょうだんたい》のお金《かね》をあつかうための、特別《とくべつ》な組織《そしき》。

きんこう【近郊】 名詞 都市《とし》や町《まち》に近《ちか》いところ。例 都市近郊の住宅地《じゅうたくち》。類 郊外《こうがい》。

きんこう【均衡】 名詞 動詞 力《ちから》や重《おも》さなどのつりあいがとれていること。バランス。例 収入《しゅうにゅう》と支出《ししゅつ》の均衡がとれている／均衡を保《たも》つ。

きんこう【金鉱】 名詞 ❶金《きん》をふくんだ鉱石《こうせき》。❷金《きん》のとれる鉱山《こうざん》。金山《きんざん》。

ぎんこう【銀行】 名詞 ❶人々《ひとびと》からお金《かね》を預《あず》かったり、貸《か》し出《だ》したりするところ。❷必要《ひつよう》なものを集《あつ》めておいて、求《もと》められたときに貸《か》したりあげたりするしくみ。例 人材《じんざい》銀行。

きんごうきんざい【近郷近在】 名詞 都会《とかい》や町《まち》に近《ちか》い村《むら》。例 近郷近在の人々《ひとびと》が集《あつ》まった。

きんこつ【筋骨】 名詞 筋肉《きんにく》と骨組《ほねぐ》み。また、体《からだ》つき。例 筋骨たくましい選手《せんしゅ》。

ぎんざ【銀座】 名詞 ❶東京《とうきょう》の町名《ちょうめい》の一《ひと》つ。江戸時代《えどじだい》に銀貨《ぎんか》をつくる役所《やくしょ》があったので、こう呼《よ》ばれた。❷その辺《あた》りでいちばんにぎやかな通《とお》りにつけることば。

きんざい【近在】 名詞 都市《とし》や町《まち》に近《ちか》い村《むら》。

きんざん【金山】 名詞 金《きん》がとれる鉱山《こうざん》。

ぎんざん【銀山】 名詞 銀《ぎん》がとれる鉱山《こうざん》。

きんし【近視】 名詞 遠《とお》くのほうがよく見《み》えないこと。また、その目《め》。近眼《きんがん》。近視眼《きんしがん》。「近目《ちかめ》」ともいう。対 遠視《えんし》。

きんし【金糸】 名詞 金《きん》ぱくをはったうすい和《わ》紙《し》を細《ほそ》く切《き》ったもの。または、金《きん》ぱくを糸《いと》に巻《ま》きつけたもの。織物《おりもの》に織《お》り入《い》れたり、ししゅうに使《つか》ったりする。

きんし【菌糸】 名詞 かびやきのこなどの菌類《きんるい》の体《からだ》をつくっている、細《ほそ》い糸《いと》のようにつながった

流《りゅう》なことや美《うつく》しいものより、実際《じっさい》に役立《やくだ》つもののほうをとることのたとえ。

細胞《さいぼう》。

きんし【禁止】 名詞 動詞 あることをしてはいけないと、止《と》めること。禁《きん》じること。例 遊泳《ゆうえい》禁止／立《た》ち入り禁止。

きんしつ【均質】 名詞 形容動詞 どの部分《ぶぶん》もむらがなく、性質《せいしつ》や状態《じょうたい》がみんな同《おな》じであること。例 この工場《こうじょう》で生産《せいさん》される品物《しなもの》はすべて均質だ。

きんじつ【近日】 名詞 近《ちか》いうち。ちかぢか。例 近日発売予定《はつばいよてい》の本《ほん》／近日中《ちゅう》にお電話《でんわ》します。

きんじとう【金字塔】 名詞 ❶「ピラミッド」のこと。❷長《なが》く歴史《れきし》に残《のこ》るようなりっぱな仕事《しごと》。例 三《さん》大会連続金《たいかいれんぞくきん》メダルの金字塔を打《う》ち立《た》てる。

きんしゅ【禁酒】 名詞 動詞 酒《さけ》を飲《の》むのを禁止《きんし》すること。また、飲《の》むのをやめること。

きんしゅく【緊縮】 名詞 動詞 むだをなくして、なるべくお金《かね》をつかわないようにすること。例 緊縮財政《ざいせい》。

きんじょ【近所】 名詞 ❶自分《じぶん》の家《いえ》の近《ちか》く。例 近所の友《とも》だち。❷その場所《ばしょ》から近《ちか》いところ。例 学校《がっこう》の近所。類 近辺《きんぺん》。付近《ふきん》。

きんじる【禁じる】 動詞 してはいけないと禁《きん》止《し》する。「きんずる」ともいう。例 子供《こども》に危《あぶ》ない遊《あそ》びを禁じる。

きんしん【近親】 名詞 血《ち》のつながりが近《ちか》い親《しん》類《るい》。例 近親の者《もの》が集《あつ》まる。

きんしん【謹慎】 名詞 動詞 行《おこな》いに気《き》をつけて、つつしむこと。また、悪《わる》い行《おこな》いや失敗《しっぱい》などを反《はん》省《せい》して、家《いえ》に引《ひ》きこもること。例 しばらくの間《あいだ》の謹慎を命《めい》じられる。

きんずる【禁ずる】 動詞 ➡373ページ きんじる

きんせい【近世】 名詞 歴史《れきし》の時代《じだい》の分《わ》け方《かた》の一《ひと》つ。日本《にほん》では、江戸時代《えどじだい》をいう。関連 古代《こだい》。中世《ちゅうせい》。近代《きんだい》。現代《げんだい》。

きんせい【金星】 名詞 太陽《たいよう》に二番目《にばんめ》に近《ちか》い惑《わく》星《せい》。朝《あさ》見《み》えるときは「明《あ》けの明星《みょうじょう》」、夕方《ゆうがた》見《み》えるときは「よいの明星《みょうじょう》」と呼《よ》ばれる。ことば「きんぼし」と読《よ》むと別《べつ》の意味《いみ》。図 ➡785ページ たいようけい

きんせい【禁制】 名詞 動詞 法律《ほうりつ》や規則《きそく》で、禁《きん》止《し》すること。例 禁制品《ひん》／男子《だんし》禁制。

きんせい【均整・均斉】 名詞 物《もの》の形《かたち》などが、つりあいがとれて整《ととの》っていること。例 均整のとれた体《からだ》つき。

ぎんせかい【銀世界】 名詞 辺《あた》り一面《いちめん》に雪《ゆき》が降《ふ》り積《つ》もって真《ま》っ白《しろ》になった、美《うつく》しい景色《けしき》。

きんせつ【近接】 名詞 動詞 ❶すぐ近《ちか》くにあること。例 大都市《だいとし》に近接した地域《ちいき》。類 隣接《りんせつ》。❷近《ちか》づくこと。接近《せっきん》すること。

きんせん【金銭】 名詞 お金《かね》。

きんせん【琴線】 名詞 ❶ことの糸《いと》。❷心《こころ》のおく深《ふか》くにある、感《かん》じやすい気持《きも》ち。

●**琴線《きんせん》に触《ふ》れる** 心《こころ》のおく深《ふか》くにひびいて、心《こころ》を動《うご》かす。例 人《ひと》の心《こころ》の琴線に触れるドラマ。

きんせんずく【金銭ずく】 名詞 どんなことでも、お金《かね》で解決《かいけつ》しようとすること。

きんぞく【金属】 名詞 金《きん》・銀《ぎん》・銅《どう》・鉄《てつ》・水銀《すいぎん》などのなかまのこと。電気《でんき》をよく伝《つた》える性質《せいしつ》がある。例 重金属《じゅうきんぞく》／貴《き》金属。

きんぞく【勤続】 名詞 動詞 一《ひと》つの会社《かいしゃ》や役所《やくしょ》などに、続《つづ》けて勤《つと》めること。例 勤続二十年《にじゅうねん》。

きんぞくせい【金属製】 名詞 金属《きんぞく》でできていること。例 金属製のバット。

きんだい【近代】 名詞 ❶歴史《れきし》の時代《じだい》の分《わ》け方《かた》の一《ひと》つ。日本《にほん》では、明治《めいじ》時代から第二次世界大戦《だいにじせかいたいせん》が終《お》わるまでをいう。関連 古代《こだい》。中世《ちゅうせい》。近世《きんせい》。現代《げんだい》。❷近《ちか》ごろの世《よ》の中《なか》。例 近代都市《とし》／近代的《てき》。

きんだいか【近代化】 名詞 動詞 古《ふる》いやり方《かた》を改《あらた》めて、新《あたら》しくすること。例 設備《せつび》の近代化。

きんだいこうぎょう【近代工業】 名詞 新《あたら》しい技術《ぎじゅつ》や機械《きかい》を使《つか》って、たくさんの品物《しなもの》をつくり出《だ》していく、大《おお》がかりな工業《こうぎょう》。

きんだいてき【近代的】 形容動詞 前《まえ》の時代《じだい》とはちがった、新《あたら》しい感《かん》じをあたえるようす。例 近代的なビル。

きんだか【金高】 名詞 お金《かね》の量《りょう》。金額《きんがく》。

きんだんしょうじょう【禁断症状】 名詞 アルコールや麻薬《まやく》などの中毒《ちゅうどく》になった人《ひと》が、その物質《ぶっしつ》をとれなくなったときに起《お》こす、さまざまな症状《しょうじょう》。

きんちゃく【巾着】 名詞 布《ぬの》や皮《かわ》で作《つく》った、口《くち》をひもでしめる小《ちい》さなふくろ。参考 昔《むかし》はお金《かね》を入《い》れるさいふとして使《つか》った。

ことわざ　**花《はな》より団子《だんご》**　美《うつく》しい花《はな》より、おなかを満《み》たしてくれるだんごのほうがよいという意味《いみ》で、風《ふう》

きんちょう【緊張】 名詞 動詞 ❶心《こころ》や体《からだ》が引《ひ》きしまること。かたくなること。例 スタートの前《まえ》には、だれでも緊張する。❷今《いま》にも争《あらそ》いが起《お》こりそうなようすであること。例 二人《ふたり》の間《あいだ》に緊張した空気《くうき》が流《なが》れた。

きんてき【金的】 名詞 多《おお》くの人《ひと》があこがれているもの。また、大《おお》きな目標《もくひょう》。例 金的を射止《いと》める（＝手《て》に入《い》れる。達成《たっせい》する）。ことば もとは、金色《きんいろ》の紙《かみ》や板《いた》でできた弓《ゆみ》の的《まと》のこと。

きんとう【近東】 名詞 ヨーロッパの東側《ひがしがわ》に続《つづ》いている地域《ちいき》。また、そこの国々《くにぐに》。エジプト・イスラエル・トルコなど。関連 中東《ちゅうとう》。極東《きょくとう》。

きんとう【均等】 名詞 形容動詞 数《かず》や量《りょう》などに差《さ》がないこと。どれも等《ひと》しいこと。例 ようかんを均等に分《わ》ける。

きんとん【金団】 名詞 さつまいもなどを煮《に》て作《つく》ったあんに、あまく煮《に》たくりやいんげんまめなどを混《ま》ぜた食《た》べ物《もの》。

ぎんなん【銀なん】 名詞 季語 秋 いちょうの実《み》。いったり、茶《ちゃ》わん蒸《む》しの具《ぐ》にしたりして食《た》べる。

ぎんなん

きんにく【筋肉】 名詞 動物《どうぶつ》の体《からだ》を動《うご》かすはたらきをする肉《にく》。細《ほそ》い筋《すじ》が集《あつ》まっていて、そののび縮《ちぢ》みによって運動《うんどう》が行《おこな》われる。骨《ほね》のまわりについているものと、心臓《しんぞう》・胃《い》・腸《ちょう》などの内臓《ないぞう》をつくっているものがある。

きんにくつう【筋肉痛】 名詞 筋肉《きんにく》の痛《いた》み。

きんねん【近年】 名詞 近《ちか》ごろ。この数年《すうねん》。例 近年にない暑《あつ》さだ。

きんのう【勤皇・勤王】 名詞 天皇《てんのう》のためにつくすこと。とくに、江戸《えど》時代《じだい》の終《お》わりごろ、幕府《ばくふ》をたおして天皇中心《てんのうちゅうしん》の政治《せいじ》を実現《じつげん》しようとした考《かんが》え。例 勤皇の志士《しし》。

きんぱく【緊迫】 名詞 動詞 今《いま》にも何《なに》かが起《お》こりそうで、ようすや雰囲気《ふんいき》が張《は》りつめていること。例 決勝戦《けっしょうせん》は緊迫した試合《しあい》になった。類 急迫《きゅうはく》。切迫《せっぱく》。

きんぱく【金ぱく】 名詞 金《きん》をたたいて紙《かみ》のようにうすくのばしたもの。物《もの》にはるなどして、かざりに使《つか》う。

ぎんぱく【銀ぱく】 名詞 銀《ぎん》をたたいて紙《かみ》のようにうすくのばしたもの。

きんぱつ【金髪】 名詞 金色《きんいろ》をしたかみの毛《け》。ブロンド。

ぎんぱつ【銀髪】 名詞 銀色《ぎんいろ》のかみの毛《け》。また、美《うつく》しい白髪《はくはつ》。

きんぴん【金品】 名詞 お金《かね》や品物《しなもの》。

きんぷん【金粉】 名詞 金《きん》の粉《こな》。また、金色《きんいろ》の粉《こな》。

きんべん【勤勉】 名詞 形容動詞 仕事《しごと》や勉強《べんきょう》などを、まじめにいっしょうけんめいにすること。例 毎日《まいにち》勤勉に働《はたら》く。対 怠惰《たいだ》。怠慢《たいまん》。

きんぺん【近辺】 名詞 近《ちか》いところ。辺《あた》り。例 駅《えき》の近辺は店《みせ》が多《おお》い。類 近所《きんじょ》。周辺《しゅうへん》。付近《ふきん》。

きんぽうげ 名詞 季語 春 野原《のはら》に生《は》える多年草《たねんそう》。春《はる》から夏《なつ》の初《はじ》めに、黄色《きいろ》い小《ちい》さな花《はな》をつける。「うまのあしがた」ともいう。

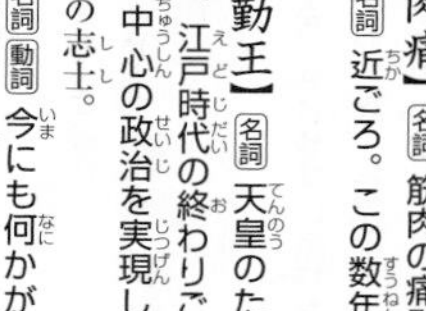
きんぽうげ

きんぼし【金星】 名詞 ❶すもうで、横綱《よこづな》・大関《おおぜき》・関脇《せきわけ》・小結《こむすび》でない力士《りきし》が横綱《よこづな》に勝《か》つこと。❷大《おお》きな手《て》がら。例 去年《きょねん》のチャンピオンに勝《か》つという金星を上《あ》げた。ことば「きんせい」と読《よ》むと別《べつ》の意味《いみ》。

ぎんまく【銀幕】 名詞 ❶映画《えいが》を映《うつ》す白《しろ》い幕《まく》。スクリーン。❷映画《えいが》の世界《せかい》。例 銀幕の女王《じょおう》といわれた女優《じょゆう》。

ぎんみ【吟味】 名詞 動詞 ものごとをよく調《しら》べ、確《たし》かめること。例 品物《しなもの》のよい悪《わる》いをじっくりと吟味する。

ぎんみ

きんみつ【緊密】 形容動詞 ぴったりと結《むす》びついているようす。関係《かんけい》がしっかりとつながっているようす。例 緊密に連絡《れんらく》をとる／緊密な関係《かんけい》を保《たも》つ。

きんむ【勤務】 名詞 動詞 会社《かいしゃ》や役所《やくしょ》などで仕事《しごと》をすること。勤《つと》めること。例 九時《くじ》から五時《ごじ》まで勤務する。

きんもくせい 名詞 季語 秋 一年《いちねん》じゅう緑色《みどりいろ》の葉《は》をつけている木《き》。秋《あき》に、だいだい色《いろ》の香《かお》りがよい小《ちい》さな花《はな》がたくさんさく。

きんもくせい

きんもつ【禁物】 名詞 してはいけないこと。例 油断《ゆだん》は禁物だ。類 タブー。

ぎんやんま【銀やんま】 名詞 とんぼのなかまの昆虫《こんちゅう》。春《はる》から秋《あき》にかけて、平地《へいち》の池《いけ》やぬまで見《み》られる。大形《おおがた》で、胸《むね》が緑色《みどりいろ》をしている。

ぎんやんま

きんゆう【金融】 名詞 お金《かね》を貸《か》したり預《あず》かったりすること。また、経済《けいざい》の世界《せかい》でのお金《かね》の流《なが》れ。例 金融業《ぎょう》。

きんゆうきかん【金融機関】 名詞 お金《かね》を貸《か》したり預《あず》かったりする仕事《しごと》をしているところ。銀行《ぎんこう》や信用金庫《しんようきんこ》、保険会社《ほけんがいしゃ》など。

きんゆうきき【金融危機】 名詞 銀行《ぎんこう》などの金融機関《きんゆうきかん》の多《おお》くが、資金不足《しきんぶそく》のために経営困難《けいえいこんなん》になり、倒産《とうさん》したり信用《しんよう》を失《うしな》ったりして、社会《しゃかい》全体《ぜんたい》の経済《けいざい》に悪《わる》いえいきょうをあたえること。

きんゆうちょう【金融庁】 名詞 経済《けいざい》の世界《せかい》でお金《かね》の流《なが》れがうまくいくように、制度《せいど》を作《つく》ったり、金融機関《きんゆうきかん》を検査《けんさ》・かんとくしたりする仕《し》事《こと》をする国《くに》の役所《やくしょ》。内閣府《ないかくふ》の下《した》にある。

きんよう【金曜】 名詞 週《しゅう》の六番目《ろくばんめ》の曜日《ようび》。木《もく》曜《よう》の次《つぎ》の日《ひ》。金曜日《きんようび》。

きんらい【近来】 名詞 ちかごろ。最近《さいきん》。例 近来にない大事件《だいじけん》。

きんり【金利】 名詞 貸《か》したり、預《あず》けたりしたお金《かね》に対《たい》して、決《き》まった割合《わりあい》でしはらわれるお金《かね》。利子《りし》。利息《りそく》。例 金利が高《たか》い。

きんりょう【禁猟】 名詞 鳥《とり》やけものなどをとることを、法律《ほうりつ》で禁止《きんし》すること。例 禁猟区《く》。

きんりょう【禁漁】 名詞 魚《さかな》や貝《かい》などをとることを、法律《ほうりつ》で禁止《きんし》すること。例 禁漁区《く》。

きんりょうく【禁猟区】 名詞 法律《ほうりつ》で、鳥《とり》やけものなどをとることを禁止《きんし》している区域《くいき》。

きんりょうく【禁漁区】 名詞 法律《ほうりつ》で、魚《さかな》や貝《かい》などをとることを禁止《きんし》している区域《くいき》。

きんりょく【筋力】 名詞 筋肉《きんにく》の力《ちから》。

きんりん【近隣】 名詞 となり近所《きんじょ》。ごく近《ちか》い辺《あた》り。例 近隣の人々《ひとびと》／近隣諸国《しょこく》。

きんるい【菌類】 名詞 かびやきのこなどのなかま全体《ぜんたい》をいうことば。日陰《ひかげ》やしめったところに生《は》える。

きんれい【禁令】 名詞 あることをするのを禁《きん》止《し》する決《き》まり。例 禁令をおかす。

きんろう【勤労】 名詞 動詞 働《はたら》くこと。仕事《しごと》をすること。例 勤労者《しゃ》。

きんろうかんしゃのひ【勤労感謝の日】 名詞 季語 冬 国民《こくみん》の祝日《しゅくじつ》の一《ひと》つ。十一月《じゅういちがつ》二十三日《にじゅうさんにち》。国民《こくみん》が、働《はたら》くことを大切《たいせつ》にし、おたがいに感謝《かんしゃ》し合《あ》う日《ひ》。

く

ク
グ ぐ

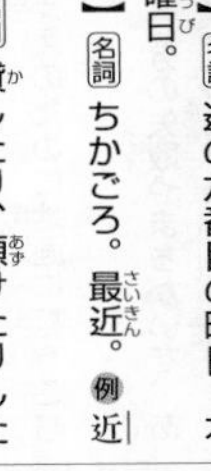

下《した》の 手話にチャレンジ を見《み》よう。

く【九】 名詞 きゅう。ここのつ。例 九九。漢 ⇩ 345ジ《ペー》 きゅう〔九〕

く【久】 漢 ⇩ 346ジ《ペー》 きゅう〔久〕

く【口】 漢 ⇩ 442ジ《ペー》 こう〔口〕

く【工】 漢 ⇩ 442ジ《ペー》 こう〔工〕

く【区】 名詞 ❶土地《とち》などをある広《ひろ》さに区切《くぎ》った地域《ちいき》。例 選《せん》挙《きょ》区。❷東京都《とうきょうと》や全国《ぜんこく》の政令指定都市《せいれいしていとし》の中《なか》を区切《くぎ》った地域《ちいき》。例 東京都中央区《とうきょうとちゅうおうく》／区の体育館《たいいくかん》。

漢 **く【区】**〔匚〕かくしがまえ 4画 3年 音 ク 訓

一　フ　ヌ　区（大きくかいてとめる）

❶くぎる。小《ちい》さくわける。くぎり。例 区域《くいき》／区間《くかん》／区分《くぶん》／区別《くべつ》／学区《がっく》／地区《ちく》。❷く。大都市《だいとし》の行政上《ぎょうせいじょう》のくぎり。例 区民《くみん》／区役所《くやくしょ》。

く【功】 漢 ⇩ 442ジ《ペー》 こう〔功〕

く【句】 名詞 ❶短歌《たんか》や俳句《はいく》などのひと区切《くぎ》り。例 上《かみ》の句／下《しも》の句《く》。❷俳句《はいく》。例 春《はる》の句を作《つく》る。

手話にチャレンジ **来《く》る** 手《て》のひらを手前《てまえ》に向《む》けた右手《みぎて》の人《ひと》さし指《ゆび》を立《た》てて手前《てまえ》に引《ひ》く。人《ひと》が来《く》るようすを表《あらわ》す。

㊅ **く【句】**〔口《くち》〕5画 5年 訓 音 ク

ノ 勹 勺 句 句（はねる）

❶ことばや文《ぶん》のひとくぎり。例 句読点《くとうてん》／語句《ごく》。❷短歌《たんか》や俳句《はいく》で、五音《ごおん》、または七音《しちおん》のひとまとまり。例 上《かみ》の句《く》。❸はいく。例 句会《くかい》／句集《くしゅう》／名句《めいく》。

く【供】 ㊅ ⇩353ジペーきょう〔供〕

く【苦】 名詞 苦《くる》しいこと。なやみ。例 批判《ひはん》を苦に感《かん》じる。㊅ ⇩376ジペーく〔苦〕

● **苦《く》あれば楽《らく》あり** ⇩157ジペー ことわざ

● **苦《く》にする** 気《き》にする。心配《しんぱい》する。例 病気《びょうき》を苦にする。

● **苦《く》になる** 気《き》にかかる。心配《しんぱい》になる。例 楽《たの》しいスキー旅行《りょこう》なので寒《さむ》さも苦にならない。

● **苦《く》は楽《らく》の種《たね》** ことわざ 今《いま》、苦労《くろう》しておけば、あとで楽《らく》をすることになるということ。

● **苦《く》もなく** 簡単《かんたん》に。楽々《らくらく》と。例 問題《もんだい》は苦もなく解《と》けた。

㊅ **く【苦】**〔艹《くさかんむり》〕8画 3年 訓 音 ク くるしい・くるしむ・くるしめる・にがい・にがる

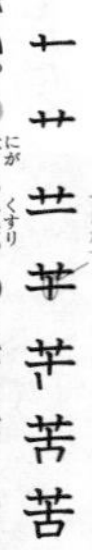

一 十 艹 艹 芊 苹 苦 苦（つきだす）

❶にがい。例 苦《にが》い薬《くすり》。❷にがにがしい。おもしろくない。例 苦言《くげん》／苦笑《くしょう》／苦情《くじょう》。❸くるしい。つらい。例 苦境《くきょう》／苦戦《くせん》／苦痛《くつう》／苦楽《くらく》／四苦八苦《しくはっく》。❹ほねをおる。努力《どりょく》する。例 苦学《くがく》／苦心《くしん》。

く【紅】 ㊅ ⇩444ジペーこう〔紅〕

く【宮】 ㊅ ⇩346ジペーきゅう〔宮〕

く【庫】 ㊅ ⇩441ジペーこ〔庫〕

ぐ【具】 名詞 ❶まぜごはんやしる物《もの》などに入《い》れる材料《ざいりょう》。例 みそしるの具。❷道具《どうぐ》。例 政争《せいそう》（＝政治《せいじ》上《じょう》の争《あらそ》い）の具になる。

㊅ **ぐ【具】**〔八《はち》〕8画 3年 訓 音 グ

丨 冂 冃 月 目 且 具 具（とめる）

❶そろえる。そなわる。例 具象《ぐしょう》。❷そろえて使《つか》うもの。どうぐ。例 雨具《あまぐ》／家具《かぐ》／器具《きぐ》／道具《どうぐ》。

ぐあい【具合】 名詞 ❶体《からだ》の加減《かげん》。調子《ちょうし》。例 腹《はら》の具合がよくない。❷ものごとのありさま。ようす。例 肉《にく》の焼《や》け具合。❸都合《つごう》。例 その日《ひ》は具合が悪《わる》い。❹ほかの人《ひと》から見《み》た自分《じぶん》のようす。体裁《ていさい》。例 この格好《かっこう》では出《で》かけるのに具合が悪《わる》い。❺ものごとの進《すす》め方《かた》。やり方《かた》。例 こんな具合にひもを結《むす》ぶんだ。

使い方 「具合い」と書《か》かないよう注意《ちゅうい》。

くい 名詞 目印《めじるし》や支《ささ》えのために地面《じめん》に打《う》ちこむ長《なが》い棒《ぼう》。

くい【悔い】 名詞 自分《じぶん》の失敗《しっぱい》やまちがいを、あとで残念《ざんねん》に思《おも》うこと。後悔《こうかい》。例 悔いが残《のこ》る。

● **悔《く》いを残《のこ》す** 失敗《しっぱい》したりうまくいかなかったりしたことを、あとあとまで残念《ざんねん》に思《おも》う。

くいあらす【食い荒らす】 動詞 あちこちを乱暴《らんぼう》に食《た》べ散《ち》らかす。例 作物《さくもつ》を食い荒らす害虫《がいちゅう》。

くいあらためる【悔い改める】 動詞 これまでの自分《じぶん》の悪《わる》い行《おこな》いを、深《ふか》く反省《はんせい》して直《なお》す。例 罪《つみ》を悔い改める。

くいいじ【食い意地】 名詞 欲張《よくば》ってなんでも食《た》べたいと思《おも》う気持《きも》ち。例 食い意地が張《は》った人《ひと》。

くいいる【食い入る】 動詞 中《なか》に深《ふか》く入《はい》りこむ。例 手首《てくび》にひもが食い入る／食い入るように画面《がめん》を見《み》つめる。使い方「食《く》い入《い》るよう」という形《かたち》で、ものごとに強《つよ》く引《ひ》きつけられているようすを表《あらわ》すことが多《おお》い。

クイーン（queen）名詞 ❶「女王《じょおう》」のこと。対 キング。❷トランプで、女王《じょおう》の絵《え》のあるカード。

くいき【区域】 名詞 区切《くぎ》りをつけた、決《き》められた場所《ばしょ》。例 通学《つうがく》区域。

ぐいぐい【と】 副詞 ❶力《ちから》をこめて、おしたり引《ひ》いたりするようす。例 こんだバスでぐいぐいおされる。❷ものごとを、勢《いきお》いよく続《つづ》けておしすすめるようす。例 水《みず》をぐいぐいと飲《の》む。

くいけ【食い気】 名詞 何《なに》か食《た》べたいと思《おも》う気《き》持《も》ち。食欲《しょくよく》。使い方 くだけた言《い》い方《かた》。

くいこむ【食い込む】 動詞

❶中《なか》に深《ふか》くはまりこむ。例 リュックのひもがかたに食い込む。❷ほかのところまで入《はい》りこむ。例 授業《じゅぎょう》が延《の》びて、次《つぎ》の時間《じかん》まで食い込んでしまった。

くいさがる【食い下がる】 動詞 簡単《かんたん》にあきらめずに、ねばり強《づよ》く相手《あいて》に立《た》ち向《む》かう。例 わかるまで先生《せんせい》に食い下がって質問《しつもん》する。

くいしばる【食いしばる】 動詞 歯《は》と歯《は》を強《つよ》くかみ合《あ》わせる。また、そのようにしてがまんする。例 歯《は》を食いしばって、痛《いた》みにたえる。

くいしばる

くいしんぼう【食いしん坊】 名詞 形容動詞 やたらにものを食《た》べたがるようす。また、その人《ひと》。

クイズ（quiz）名詞 問題《もんだい》を出《だ》して、答《こた》えを当《あ》てさせるゲーム。例 クイズ番組《ばんぐみ》。

くいちがい【食い違い】 名詞 ものごとがうまくかみ合《あ》わないこと。

くいちがう【食い違う】 動詞 ものごとがうまくかみ合《あ》わない。例 友《とも》だちと意見《いけん》が食い違う。

くいちぎる【食いちぎる】 動詞 かみついて切《き》りはなす。例 骨付《ほねつ》き肉《にく》を食いちぎる。

くいちらす【食い散らす】 動詞 ❶料理《りょうり》に少《すこ》しずつはしをつけたり、食《た》べ物《もの》を辺《あた》りにこぼしたりする。❷いろいろなことを少《すこ》しずつやってみる。

くいつく【食い付く】 動詞 ❶かみつく。食《く》らいつく。例 魚《さかな》がえさに食い付く。❷しっかりととりつく。食《く》らいつく。例 敵《てき》に食い付いてはなれない。❸喜《よろこ》んでとびつく。例 ゲームの話《はなし》なら、すぐ食い付いてくる。

くいつなぐ【食いつなぐ】 動詞 ❶食《た》べ物《もの》を少《すこ》しずつ食《た》べて生《い》き延《の》びる。例 非《ひ》常《じょうしょく》食で食いつなぐ。❷少《すく》ないお金《かね》でどうにか生活《せいかつ》する。例 わずかな貯金《ちょきん》でしばらく食いつなぐ。

くいっぱぐれる【食いっぱぐれる】↓377ジ《ペー》くいはぐれる

くいつぶす【食い潰す】 動詞 働《はたら》かないで暮《く》らして、財産《ざいさん》をなくす。

くいつめる【食い詰める】 動詞 収《しゅう》入《にゅう》がなくなって、生活《せいかつ》ができなくなる。

くいとめる【食い止める】 動詞 よくないことなどがそれ以上進《いじょうすす》むのを止《と》める。防《ふせ》ぎ止《と》める。例 山火事《やまかじ》が広《ひろ》がるのを食い止めた。

くいはぐれる【食いはぐれる】 動詞 ❶食《た》べそこなう。例 いそがしくて昼《ちゅう》食《しょく》を食いはぐれる。❷仕事《しごと》を失《うしな》って、生活《せいかつ》ができなくなる。

ことば「くいっぱぐれる」ともいう。

くいもの【食い物】 名詞 ❶「食《た》べ物《もの》」のぞんざいな言《い》い方《かた》。❷人《ひと》をだまして利用《りよう》すること。また、利用《りよう》される人《ひと》。例 さぎ師《し》に食い物にされる。

くいる【悔いる】 動詞 失敗《しっぱい》やまちがいなどを、あとで残念《ざんねん》に思《おも》う。後悔《こうかい》する。例 悔いることのないよう、精《せい》いっぱい戦《たたか》おう。

グイロ↓369ジ《ペー》ギロ

クインテット（イタリア語）名詞 五《ご》重《じゅう》奏《そう》と五《ご》重《じゅう》唱《しょう》。また、そのための曲《きょく》や演奏団体《えんそうだんたい》。

くう【空】 名詞 ❶空間《くうかん》。空中《くうちゅう》。例 空を見《み》つめる。❷何《なに》もないこと。例 努《ど》力《りょく》が空に帰《き》した（＝むだになった）。

漢↓377ジ《ペー》くう〔空〕

●空《くう》を切《き》る ❶すばやく空中《くうちゅう》を横切《よこぎ》る。例 矢《や》が空を切ってとぶ。❷空《から》ぶりする。手《て》ごたえがない。例 思《おも》いきりふったバットが空を切った。

漢 **くう【空】** 〔穴《あなかんむり》〕 8画 1年 音 クウ 訓 そら・あく・あける・から・むな-しい

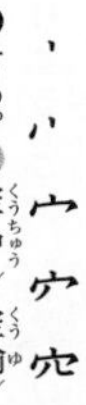

❶そら。例 空中《くうちゅう》／空輪《くうゆ》／航空《こうくう》／上空《じょうくう》。❷から。何《なに》もない。例 空虚《くうきょ》／空席《くうせき》／空白《くうはく》／空腹《くうふく》／真空《しんくう》。❸実際《じっさい》にはないこと。うそ。例 空想《くうそう》。❹むだ。役《やく》に立《た》たない。例 空費《くうひ》。❺「航空機《こうくうき》」の略《りゃく》。例 空港《くうこう》／空路《くうろ》。

ことわざ **早起《はやお》きは三文《さんもん》の徳《とく》** 朝早《あさはや》く起《お》きると何《なに》かとよいことがある、ということ。「徳《とく》」は「得《とく》」と同《おな》

くう【食う】 動詞 ❶食《た》べる。❷かじる。さす。例蚊《か》に食われた。❸暮《く》らしを立《た》てる。生活《せいかつ》する。例仕事《しごと》が見《み》つかって食っていけるようになる。❹使《つか》う。例意外《いがい》に時間《じかん》を食った。❺ばかにする。例人《ひと》を食ったやり方《かた》をする。❻受《う》ける。こうむる。例しっぺ返《がえ》しを食う。❼相手《あいて》を負《ま》かす。例この映画《えいが》では子役《こやく》が主役《しゅやく》を食っている。

使い方 少《すこ》し乱暴《らんぼう》な言《い》い方《かた》。㊥→645ジ《ペー》しょく〔食〕

●**食《く》うか食《く》われるか** 相手《あいて》をたおすか自分《じぶん》がたおされるか、という命《いのち》がけの戦《たたか》いであることのたとえ。

ぐう 名詞 じゃんけんで、手《て》をにぎった形《かたち》。石《いし》。

ことば ふつう「グー」と書《か》く。

ぐう【宮】 ㊥→346ジ《ペー》きゅう〔宮〕

クウェート→378ジ《ペー》クウェートこく

クウェートこく【クウェート国】 名詞 西《にし》アジア、ペルシア湾《わん》のおくにある国《くに》。石油生産《せきゆせいさん》がさかん。首都《しゅと》はクウェート。「クウェート」ともいう。

（国旗《こっき》）

くうかい【空海】 名詞（七四《へいあんじだい》～八三五）平安時代《へいあんじだい》の初《はじ》めごろのおぼうさん。中国《ちゅうごく》で仏教《ぶっきょう》を学《まな》んで帰国《きこく》し、高野山《こうやさん》に金剛峯寺《こんごうぶじ》を建《た》てて、真言宗《しんごんしゅう》を開《ひら》いた。書道《しょどう》にもすぐれていた。「弘法大師《こうぼうだいし》」とも呼《よ》ばれる。

くうかん【空間】 名詞 ❶何《なに》もない場所《ばしょ》。すきま。例おし入《い》れの空間を上手《じょうず》に利用《りよう》する。❷上下《じょうげ》・前後《ぜんご》・左右《さゆう》に果《は》てのない広《ひろ》がり。例宇宙《うちゅう》空間。対時間《じかん》。

くうき【空気】 名詞 ❶地球《ちきゅう》の表面《ひょうめん》をとり囲《かこ》んでいる、色《いろ》もにおいもない気体《きたい》。生物《せいぶつ》が生《い》きるのになくてはならないもの。❷その場《ば》の雰囲気《ふんいき》。ようす。例重苦《おもくる》しい空気が流《なが》れた。

教科 理 ❶地上《ちじょう》での空気《くうき》の体積《たいせき》の割合《わりあい》は、酸素《さんそ》が約五分《やくごぶん》の一《いち》、窒素《ちっそ》が約五分《やくごぶん》の四《よん》で、そのほか、わずかに二酸化炭素《にさんかたんそ》・水素《すいそ》などがふくまれている。

くうきじゅう【空気銃】 名詞 おし縮《ちぢ》められた空気《くうき》がもとにもどろうとする力《ちから》を使《つか》って、たまを打《う》ち出《だ》す銃《じゅう》。

くうきでっぽう【空気鉄砲】 名詞 おし縮《ちぢ》められた空気《くうき》がもとにもどろうとする力《ちから》を使《つか》って、たまを飛《と》ばす道具《どうぐ》。細長《ほそなが》いつつの両端《りょうたん》に前玉《まえだま》と後玉《あとだま》をつめ、後玉《あとだま》を棒状《ぼうじょう》のものでおすと、前玉《まえだま》が飛《と》び出《だ》す。

くうきょ【空虚】 名詞 形容動詞 ❶中《なか》に何《なに》もないこと。空《から》っぽ。❷形《かたち》ばかりがあって、内容《ないよう》や意味《いみ》がないこと。例空虚な話《はな》し合《あ》いだった。

くうぐん【空軍】 名詞 おもに飛行機《ひこうき》を使《つか》って戦《たたか》う軍隊《ぐんたい》。関連 陸軍《りくぐん》。海軍《かいぐん》。

くうこう【空港】 名詞 飛行機《ひこうき》が、定期的《ていきてき》に飛《と》び立《た》ったり着《つ》いたりするところ。飛行場《ひこうじょう》。

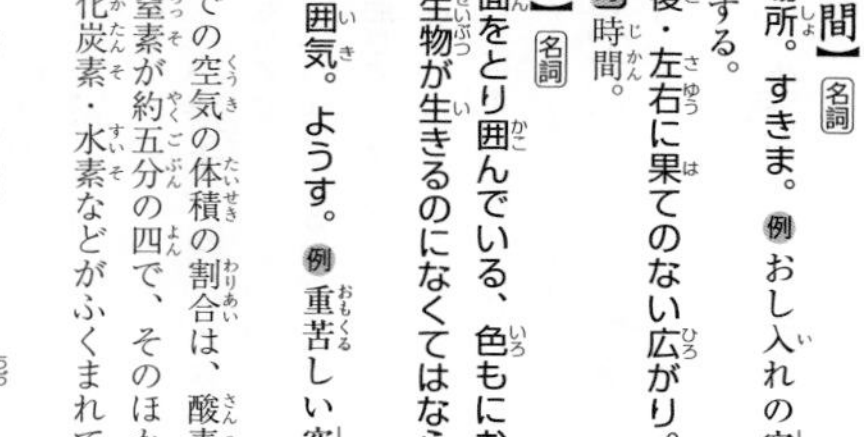

くうこう

ぐうじ【宮司】 名詞 神社《じんじゃ》のいちばん位《くらい》の高《たか》い人《ひと》。神社《じんじゃ》の仕事《しごと》を責任《せきにん》を持《も》ってまとめる人《ひと》。

くうしゃ【空車】 名詞 ❶客《きゃく》や荷物《にもつ》などを乗《の》せていない車《くるま》。例駅前《えきまえ》に空車のタクシーが並《なら》ぶ。❷まだ駐車《ちゅうしゃ》できるスペースがあること。対満車《まんしゃ》。

くうしゅう【空襲】 名詞 動詞 飛行機《ひこうき》で空《そら》から爆弾《ばくだん》を落《お》とすなどして、地上《ちじょう》の相手《あいて》をせめること。例空襲警報《けいほう》。

ぐうすう【偶数】 名詞 2で割《わ》りきれる整数《せいすう》。2・4・6・8・10・12など。対奇数《きすう》。参考 0も偶数《ぐうすう》である。

くうせき【空席】 名詞 ❶空《あ》いている席《せき》。❷その役目《やくめ》、または地位《ちい》につく人《ひと》が決《き》まっていないこと。例会長《かいちょう》が空席のままだ。

くうぜん【空前】 名詞 これまでに例《れい》がないこうこと。

と。まったく初《はじ》めてのこと。例 空前の大《だい》ヒット。

ぐうぜん【偶然】 ❶名詞 形容動詞 予想《よそう》しなかったことが起《お》こること。例 旅先《たびさき》で会《あ》うなんて偶然だね。対 必然《ひつぜん》。❷副詞 たまたま。思《おも》いがけなく。例 さがしていた物《もの》を偶然見《み》つけた。

くうぜんぜつご【空前絶後】 名詞 今《いま》までにもなく、これからも起《お》こらないと思《おも》われるほどめずらしいこと。例 空前絶後の大発見《だいはっけん》。

くうそう【空想】 名詞 動詞 実際《じっさい》には起《お》こりそうもないことを、あれこれと考《かんが》えること。例 空想にふける（＝夢《む》中《ちゅう》になる）／空想の世《せ》界《かい》。類 想像《そうぞう》。夢想《むそう》。

ぐうぞう【偶像】 名詞 ❶木《き》・土《つち》・石《いし》・金属《きんぞく》などで、神《かみ》や仏《ほとけ》のすがたをかたどった、拝《おが》むための像《ぞう》。❷多《おお》くの人々《ひとびと》の強《つよ》いあこがれや尊敬《そんけい》の的《まと》となっている人《ひと》。例 あの歌手《かしゅ》は若者《わかもの》たちの偶像だ。

くうそうかがくしょうせつ【空想科学小説】 ↓153ページ エスエフ

くうちゅう【空中】 名詞 地面《じめん》をはなれた、空《くう》気《き》の中《なか》。大空《おおぞら》の中《なか》。例 空中ぶらんこ。

クーデター（フランス語）名詞 軍隊《ぐんたい》などの武力《ぶりょく》で政府《せいふ》をたおし、政権《せいけん》をうばうこと。

くうてん【空転】 名詞 動詞 ❶車輪《しゃりん》などが、空回《からまわ》りすること。例 雪《ゆき》の坂道《さかみち》を上《のぼ》ろうとして、タイヤが空転した。❷むだな活動《かつどう》をくり返《かえ》して、効果《こうか》などが上《あ》がらないこと。例 話《はな》し合《あ》いが空転して問題《もんだい》は解決《かいけつ》しなかった。

グーテンベルク 名詞（一四〇〇ごろ～一四六八）活版印刷《かっぱんいんさつ》を発明《はつめい》したドイツ人《じん》。聖書《せいしょ》の印刷《いんさつ》で有《ゆう》名《めい》。

くうどう【空洞】 名詞 ❶中《なか》がからっぽになっていること。❷ほら穴《あな》。

ぐうのねもでない【ぐうの音も出ない】 すっかり言《い》い負《ま》かされてしまって、ひと言《こと》も言《い》い返《かえ》せない。例 欠点《けってん》をつかれてぐうの音も出なかった。

くうはく【空白】 ❶名詞 本《ほん》や紙《かみ》などの何《なに》も書《か》いていない部分《ぶぶん》。例 テストの解答《かいとう》らんが一《ひと》つ空白のままだ。❷名詞 形容動詞 空《から》っぽなこと。何《なに》もないこと。例 病気《びょうき》で休《やす》んだ一週間《いっしゅうかん》の空白をうめる。

くうばく【空爆】 名詞 動詞 航空機《こうくうき》から爆弾《ばくだん》を落《お》としてこうげきすること。「空中爆撃《くうちゅうばくげき》」の略《りゃく》。

ぐうはつ【偶発】 名詞 動詞 ものごとが、思《おも》いがけずに起《お》こること。例 偶発事故《じこ》。

くうひ【空費】 名詞 動詞 お金《かね》や時間《じかん》などをむだにつかうこと。例 大切《たいせつ》な時間《じかん》を空費してしまった。類 浪費《ろうひ》。

くうふく【空腹】 名詞 おなかがすくこと。すきっぱら。すきばら。対 満腹《まんぷく》。

クーベルタン 名詞（一八六三～一九三七）フランスの教育家《きょういくか》。国際《こくさい》オリンピック委員会《いいんかい》をつくり、一八九六年《ねん》、ギリシャのアテネで第一回《だいいっかい》オリンピック大会《たいかい》を開《ひら》いた。

くうぼ【空母】 名詞 飛行機《ひこうき》を乗《の》せ、それらが飛《と》び立《た》ったり降《お》りたりする設備《せつび》のある軍艦《ぐんかん》。「航空母艦《こうくうぼかん》」の略《りゃく》。

クーポン（フランス語）名詞 ❶何枚《なんまい》かがひとつづりになっていて、一枚《いちまい》ずつ切《き》り取《と》って使《つか》う切符《きっぷ》。とくに、乗《の》り物《もの》や旅館《りょかん》など、種類《しゅるい》がちがうものの利用券《りようけん》を一《ひと》つにしたもの。❷割引券《わりびきけん》や優待券《ゆうたいけん》のこと。

くうゆ【空輸】 名詞 動詞 飛行機《ひこうき》で、人《ひと》や荷物《にもつ》を運《はこ》ぶこと。「空中輸送《くうちゅうゆそう》」の略《りゃく》。

クーラー（cooler）名詞 季語夏 空気《くうき》を冷《ひ》やしてすずしくする機械《きかい》。冷房装置《れいぼうそうち》。

くうらん【空欄】 名詞 あとで書《か》きこめるように、何《なに》も書《か》かないで空《あ》けてあるところ。例 右《みぎ》上《うえ》の空欄に名前《なまえ》を書《か》いてください。

クーリングオフ（cooling-off）名詞 訪問販売《ほうもんはんばい》などで、商品《しょうひん》を買《か》う契約《けいやく》をしたあとに、決《き》められた期間内《きかんない》であればその契約《けいやく》をとり消《け》すことができる制度《せいど》。

クール（cool）形容動詞 ❶冷《つめ》たいようす。すずしいようす。例 夏向《なつむ》きのクールな色《いろ》のカーテンを選《えら》ぶ。❷冷静《れいせい》で落《お》ち着《つ》いているようす。例 突然《とつぜん》のできごとにも、あわてずにクールな対応《たいおう》をする。

クールビズ 名詞 夏《なつ》、冷房《れいぼう》をなるべく使《つか》わないで過《す》ごせるように、上着《うわぎ》やネクタイなしの身軽《みがる》な服装《ふくそう》をすること。また、適切《てきせつ》な冷房《れいぼう》使用《しよう》を呼《よ》

ことわざ **腹《はら》が減《へ》っては戦《いくさ》ができぬ** しっかり食《た》べずにおなかがすいていては、よい働《はたら》きができないとい

関連 ＝関係《かんけい》の深《ふか》いことば

びかけるとりくみ。関連 ウォームビズ。ことば 英語《えいご》をもとに日本《にほん》で作《つく》られたことば。参考 地《ち》球《きゅう》温暖化《おんだんか》防止《ぼうし》のため、環境省《かんきょうしょう》が提案《ていあん》して進《すす》められている。

くうろ【空路】 名詞 飛行機《ひこうき》が飛《と》んでいく空《そら》の道筋《みちすじ》。また、飛行機《ひこうき》に乗《の》って行《い》くこと。例 空路ニューヨークへ向《む》かう。関連 陸路《りくろ》。海路《かいろ》。

ぐうわ【ぐう話】 名詞 いろいろな教《おし》えをふくんだ、たとえ話《ばなし》。イソップ物語《ものがたり》など。

クエスチョンマーク ⇒340ページ ぎもんふ

くおん【久遠】 名詞 いつまでも終《お》わりがないこと。永遠《えいえん》。永久《えいきゅう》。例 世界平和《せかいへいわ》はわたしたちの久遠の理想《りそう》だ。使い方 古《ふる》い言《い》い方《かた》。

くかい【句会】 名詞 俳句《はいく》を作《つく》り、おたがいの作品《さくひん》について考《かんが》えを述《の》べ合《あ》う会《かい》。

くかく【区画】 名詞 動詞 土地《とち》などを区切《くぎ》ること。また、区切《くぎ》ったもの。例 町内《ちょうない》の区画整理《せいり》。

くがく【苦学】 名詞 動詞 働《はたら》きながら、苦労《くろう》して勉強《べんきょう》すること。例 苦学生《せい》。

くかくせいり【区画整理】 名詞 道路《どうろ》・公園《こうえん》・宅地《たくち》などの境目《さかいめ》を変《か》えて、全体《ぜんたい》の形《かたち》を整《ととの》えること。

くがね ⇒467ページ こがね

くかん【区間】 名詞 道路《どうろ》や線路《せんろ》で、ある地点《ちてん》とある地点《ちてん》との間《あいだ》。区切《くぎ》りから区切《くぎ》りまでの間《あいだ》。例 一部《いちぶ》の区間が運休《うんきゅう》になる。

くき【茎】 名詞 植物《しょくぶつ》で、花《はな》や葉《は》、実《み》を支《ささ》えている部分《ぶぶん》。養分《ようぶん》や水分《すいぶん》の通《とお》り道《みち》になっている。教科 理 地中《ちちゅう》にのびるものは、とくに「地下茎《ちかけい》」という。

くぎ 名詞 鉄《てつ》・竹《たけ》・木《き》などでつくった、先《さき》のとがった小《ちい》さい棒《ぼう》。木《き》や板《いた》などをつなぎ留《と》めたり、物《もの》をかけたりするときに使《つか》う。

●**くぎを刺《さ》す** まちがいのないように、はっきりと念《ねん》をおす。例 宿題《しゅくだい》は必《かなら》ず今日《きょう》じゅうにやること、と弟《おとうと》にくぎを刺した。

くぎづけ【くぎ付け】 名詞 動詞 ❶くぎを打《う》ちつけて、物《もの》を動《うご》かないようにすること。例 看板《かんばん》をかべにくぎ付けした。❷その場所《ばしょ》から動《うご》けないようにすること。例 美《うつく》しい絵《え》の前《まえ》でくぎ付けになる。

くぎぬき【くぎ抜き】 名詞 打《う》ちつけたくぎをぬきとるための道具《どうぐ》。

くきょう【苦境】 名詞 苦《くる》しい立場《たちば》。例 景気《けいき》が悪《わる》く、会社《かいしゃ》は苦境に立《た》たされた。類 窮地《きゅうち》。

くぎょう【苦行】 名詞 動詞 仏《ほとけ》の教《おし》えをさとるための、苦《くる》しい修行《しゅぎょう》。また、つらく苦《くる》しい行《おこな》い。例 苦行僧《そう》／難行《なんぎょう》苦行。

くぎり【区切り・句切り】 名詞 ❶ものごとの切《き》れ目《め》。きり。例 区切りのよいところで今日《きょう》の練習《れんしゅう》は終《お》わりにしよう。❷詩《し》や文章《ぶんしょう》の句《く》の切《き》れ目《め》。

くぎる【区切る・句切る】 動詞 ❶文章《ぶんしょう》などを分《わ》ける。❷仕切《しき》りや境目《さかいめ》をつける。例 校庭《こうてい》を二《ふた》つに区切って野球《やきゅう》とサッカーをした。

くく【九九】 名詞 一《いち》から九《きゅう》までの数《かず》のかけ算《ざん》の、式《しき》と答《こた》えを調子《ちょうし》よく唱《とな》えられるようにしたもの。「二《に》、三《さん》が六《ろく》」「二《に》、四《し》が八《はち》」など。

くぐりど【くぐり戸】 名詞 体《からだ》をかがめて出《で》入《い》りするようにつくられた、門《もん》のわきなどにある小《ちい》さい戸《と》。

くぐりぬける【くぐり抜ける】 動詞 ❶くぐって通《とお》りぬける。例 かきねの下《した》をくぐり抜ける。❷難《むずか》しいことや危険《きけん》なことをなんとか切《き》りぬける。例 見張《みは》りの目《め》をくぐり抜ける。

くくる 動詞 ❶一《ひと》つに束《たば》ねる。ひもなどを巻《ま》きつけてしめる。例 荷物《にもつ》をくくる／リボンでくくる。❷まとめる。例 せりふをかぎかっこでくくる。

くぐる 動詞 ❶物《もの》の下《した》やすきまを通《とお》りぬける。例 ねこがさくをくぐって入《はい》ってきた。❷水面《すいめん》の下《した》にもぐる。例 海《うみ》にくぐって貝《かい》をとる。❸なんとか切《き》りぬける。すきをねらってうまくやる。例 人《ひと》の目《め》をくぐって、落書《らくが》きをする。

くげ【公家】 名詞 昔《むかし》、天皇《てんのう》に仕《つか》えていた、とくに身分《みぶん》の高《たか》い人《ひと》たち。対 武家《ぶけ》。

くけい【く形】 名詞 「長方形《ちょうほうけい》」のこと。ことば 漢字《かんじ》では「矩形」と書《か》き、「矩」は直角《ちょっかく》という意味《いみ》。

くける 動詞 ぬい目《め》が布《ぬの》の表《おもて》に出《で》ないようにぬう。例 着物《きもの》のすそをくける。

くげん【苦言】 名詞 言《い》いにくいし、聞《き》く人《ひと》もつらいが、その人《ひと》のためになるような注意《ちゅうい》の

なって医者《いしゃ》にかかるようなことはない。いつも腹八分《はらはちぶ》にしているのが体《からだ》によい、ということ。

ことば。例 苦言をていする（＝差《さ》し出《だ》す）。

くさ【草】 ❶名詞 くきがやわらかく、木《き》のようにかたくならない植物《しょくぶつ》。❷名詞 雑草《ざっそう》。例 草とり／畑《はたけ》の草をぬく。❸接頭語 （ほかのことばの前《まえ》につけて）本式《ほんしき》でない、という意味《いみ》を表《あらわ》す。例 草野球《やきゅう》。

漢 ⇩744ページ そう【草】

●**草《くさ》の根《ね》を分《わ》けて捜《さが》す** すべての場所《ばしょ》をすみからすみまでさがす。例 草の根を分けて捜して、犯人《はんにん》を見《み》つけ出《だ》す。

くさい【臭い】 ❶形容詞 いやなにおいがする。❷形容詞 あやしい。疑《うたが》わしい。例 あの人《ひと》の言《い》っていることはどうも臭い。❸接尾語 （ほかのことばのあとにつけて）…のにおいがする。例 あせ臭い／石《せっ》けん臭い。❹接尾語 （ほかのことばのあとにつけて）…らしい。…の感《かん》じがする。例 めんどうくさい／古《ふる》くさい。

使い方 ❹は、ふつうかな書《が》きにし、あまりよくないことに使《つか》うことが多《おお》い。

●**臭《くさ》い物《もの》に蓋《ふた》をする** ⇩159ページ ことわざ

くさいきれ【草いきれ】 名詞 季語夏 強《つよ》い日光《にっこう》に照《て》らされているとき、草《くさ》のしげみに立《た》ちこめる、むっとするような空気《くうき》。

くさかり【草刈り】 名詞 季語夏 草《くさ》をかること。

くさかんむり【草冠】 名詞 「艹」のこと。漢《かん》字《じ》の部首《ぶしゅ》の一《ひと》つ。花・草・茶・葉など。草《くさ》に関係《かんけい》のある漢字《かんじ》を作《つく》ることが多《おお》い。

くさきもねむる【草木も眠る】 夜《よ》がふけて、草《くさ》や木《き》もねむっているように静《しず》まりかえっている。例 草木も眠るうし三《み》つ時《どき》（＝辺《あた》りがねしずまった真夜中《まよなか》）。

くさくさ【と】 副詞 動詞 いやなことなどがあって気《き》分《ぶん》がすっきりしないようす。例 しかられて、気分《きぶん》がくさくさする。

くさけいば【草競馬】 名詞 農村《のうそん》などで娯楽《ごらく》として行《おこな》われる、規模《きぼ》の小《ちい》さな競馬《けいば》。

くさす 動詞 悪《わる》く言《い》う。けなす。例 人《ひと》の作品《さくひん》をくさす。

くさずもう【草相撲】 名詞 季語秋 お祭《まつ》りなどのときに、しろうとが行《おこな》うすもう。ことば 草《くさ》のくきをからませて両側《りょうがわ》から引《ひ》っ張《ば》る遊《あそ》びのこともいう。

くさってもたい【腐ってもたい】 ⇩161ページ ことわざ

くさとり【草取り】 名詞 動詞 季語夏 雑草《ざっそう》をとり除《のぞ》くこと。草《くさ》むしり。

くさのねをわけてさがす【草の根を分けて捜す】 ⇩381ページ「草《くさ》」の子見出《こみだ》し

くさばな【草花】 名詞 花《はな》のさく草《くさ》。また、草《くさ》にさく花《はな》。

くさばのかげ【草葉の陰】 墓《はか》の下《した》。死《し》んだあとの世《よ》。例 おばあさんも、草葉の陰からみんなを見守《みまも》っていてくれるだろう。

くさはら【草原】 名詞 草《くさ》が一面《いちめん》に生《は》えている野原《のはら》。

くさび 名詞 鉄《てつ》やかたい木《き》などでつくったV《ブイ》字形《じがた》のもの。割《わ》れ目《め》に打《う》ちこんで木《き》や石《いし》を割《わ》ったり、物《もの》のすきまにはめこんでゆるまないようにしたりする。

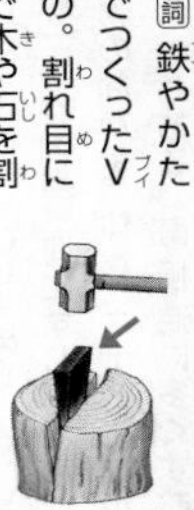
くさび

くさびがた【くさび形】 名詞 V《ブイ》字《じ》のような、くさびに似《に》た形《かたち》。

くさびがたもじ【くさび形文字】 名詞 紀元前《きげんぜん》三五〇〇年《ねん》から紀元前《きげんぜん》一〇〇年《ねん》ごろまで西《にし》アジアなどで使《つか》われた文字《もじ》。くさびの形《かたち》に似《に》ている。

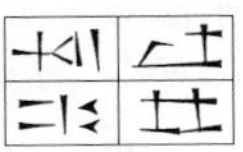
くさびがたもじ

くさぶえ【草笛】 名詞 季語夏 丸《まる》めた草《くさ》の葉《は》や切《き》りとったくきを、口《くち》でふいて音《おと》を出《だ》すもの。

くさぶかい【草深い】 形容詞 ❶たけの高《たか》い草《くさ》がたくさんしげっている。例 草深い山道《やまみち》を歩《ある》く。❷いかにもいなからしい感《かん》じである。例 草深い土地《とち》に育《そだ》つ。

くさぶき【草ぶき】 名詞 かややわらなどで屋《や》根《ね》をふくこと。また、その屋根《やね》。

くさみ【臭み】 名詞 ❶いやなにおい。例 魚《さかな》の臭みをぬく。❷わざとらしかったり、気取《きど》ったところなどがあったりして感《かん》じる、いやな感《かん》じ。例 臭みのない文章《ぶんしょう》。

くさむしり【草むしり】 名詞 動詞 季語夏 雑《ざっ》

ことわざ　腹八分《はらはちぶ》に医者《いしゃ》いらず　食《た》べすぎないよう気《き》をつけて、ほどよく食《た》べるようにすれば、病気《びょうき》に

草《そう》を手《て》で引《ひ》きぬいてとり除《のぞ》くこと。草取《くさと》り。例朝《あさ》のうちに庭《にわ》の草《くさ》むしりをすませる。

くさむら【草むら】 名詞 草《くさ》がたくさん生《は》えているところ。例草むらで虫《むし》が鳴《な》いている。

くさもち【草餅】 名詞 季語 春 よもぎの若葉《わかば》をゆでて混《ま》ぜたもち。よもぎもち。

くさやきゅう【草野球】 名詞 野《や》球《きゅう》が好《す》きな人《ひと》たちが集《あつ》まって、楽《たの》しみのためにする野《や》球《きゅう》。

くさり【鎖】 名詞 金属《きんぞく》の輪《わ》を長《なが》くつないで、ひものようにしたもの。チェーン。

くさる【腐る】 動詞 ❶食《た》べ物《もの》が悪《わる》くなる。例野菜《やさい》が腐る。❷木《き》や金属《きんぞく》などがぼろぼろになる。例柱《はしら》が腐ってきた。❸がっかりする。やる気《き》をなくす。例うまくいかなくても腐ってはいけない。❹正《ただ》しい心《こころ》をすっかり失《うしな》う。例根性《こんじょう》の腐った人間《にんげん》にはなるな。

くさわけ【草分け】 名詞 新《あたら》しいものごとを始《はじ》めること。また、その人《ひと》。例自然保護活動《しぜんほごかつどう》の草分け。類先駆者《せんくしゃ》。ことば あれ地《ち》を切《き》り開《ひら》くことからきたことば。

くし 名詞 かみの毛《け》をとかしたり、かみにかざったりするためのもの。ことば 漢字《かんじ》では「櫛」と書《か》く。

●**くしの歯《は》が欠《か》けたよう** そろっていたものが、ところどころなくなって、さびしいようす。例友《とも》だちが次々《つぎつぎ》に引《ひ》っ越《こ》して、まるでくしの歯が欠けたようだ。

くし【串】 名詞 竹《たけ》・鉄《てつ》などの細《ほそ》い棒《ぼう》の先《さき》をとがらしたもの。食《た》べ物《もの》などをさすのに使《つか》う。例竹《たけ》串／串団子《だんご》。

くし【駆使】 名詞 動詞 思《おも》いのままに使《つか》いこなすこと。例コンピューターを駆使する。

くじ 名詞 番号《ばんごう》や印《しるし》をつけたたくさんの紙《かみ》きれなどの中《なか》から一《ひと》つだけ引《ひ》いて、当《あ》たり外《はず》れを決《き》めるもの。例宝《たから》くじ。参考 神《かみ》のお告《つ》げをうらなうことから始《はじ》まったもの。

くじく 動詞 ❶関節《かんせつ》をねじって痛《いた》める。ねんざする。例転《ころ》んで足首《あしくび》をくじいた。❷相手《あいて》の勢《いきお》いを弱《よわ》くする。例出《で》ばなをくじく（＝始《はじ》めようとしたところをじゃまする）。

くじける 動詞 それまでの元気《げんき》がなくなる。例一度《いちど》の失敗《しっぱい》ぐらいでくじけてはいけない。

くじびき【くじ引き】 名詞 動詞 くじを引《ひ》くこと。くじを引《ひ》いてものごとを決《き》めること。

くじゃく 名詞 きじのなかまの鳥《とり》。おすは、目玉《めだま》のような模様《もよう》のある長《なが》くて美《うつく》しい羽《はね》を持《も》ち、おうぎのように広《ひろ》げる。ことば 漢字《かんじ》では「孔雀」と書《か》く。

くじゃく

くしゃくしゃ ❶形容動詞 紙《かみ》や布《ぬの》がしわだらけになっているようす。例紙《かみ》をくしゃくしゃに丸《まる》めて捨《す》てる。❷形容動詞 形《かたち》がくずれて、まとまっていないようす。例寝起《ねお》きでかみがくしゃくしゃだ。❸副詞 動詞 気持《きも》ちが乱《みだ》れて、いらいらするようす。例いやなことが続《つづ》いてくしゃくしゃする。

くしゃみ 名詞 季語 冬 鼻《はな》の内側《うちがわ》がくすぐったくなったとき、大《おお》きな音《おと》を立《た》てて息《いき》をふき出《だ》すこと。ことば 古《ふる》い言《い》い方《かた》では「くさめ」という。

くしゅう【句集】 名詞 俳句《はいく》を集《あつ》めた本《ほん》。俳句《はいく》集《しゅう》。

くじょ【駆除】 名詞 動詞 害虫《がいちゅう》などを、追《お》いはらったり殺《ころ》したりして、とり除《のぞ》くこと。例害《がい》虫《ちゅう》を駆除する。

くしょう【苦笑】 名詞 動詞 心《こころ》の中《なか》では不愉快《ふゆかい》だったりはずかしかったりしながらも、しかたなく笑《わら》うこと。苦笑《にがわら》い。例転《ころ》んだのを見《み》られて苦笑した。

くじょう【苦情】 名詞 迷惑《めいわく》を受《う》けたときの、不満《ふまん》やいかりをうったえることば。文句《もんく》。例うちのねこがいたずらをしたと苦情が来《き》た。

ぐしょう【具象】 名詞 目《め》に見《み》えるような形《かたち》やすがたがあること。例具象画《が》。類具体《ぐたい》。対抽《ちゅう》象《しょう》。

ぐしょぬれ 名詞 しずくが垂《た》れるほど、ひどくぬれること。ずぶぬれ。びしょぬれ。

くじら【鯨】 名詞 季語 冬 海《うみ》にすむ、もっとも大《おお》きい動物《どうぶつ》のなかま。体長三十《たいちょうさんじゅう》メートル以《い》上《じょう》になるものもある。南極《なんきょく》海《かい》に多《おお》くすむ。ことば「一頭《いっとう》」と数《かぞ》える。参考 現在《げんざい》はくじらをと

から、一部分《いちぶぶん》を貸《か》したために全部《ぜんぶ》をとられること。また、親切《しんせつ》にしたのにひどいしうちで返《かえ》されること。

ることは制限《せいげん》されている。

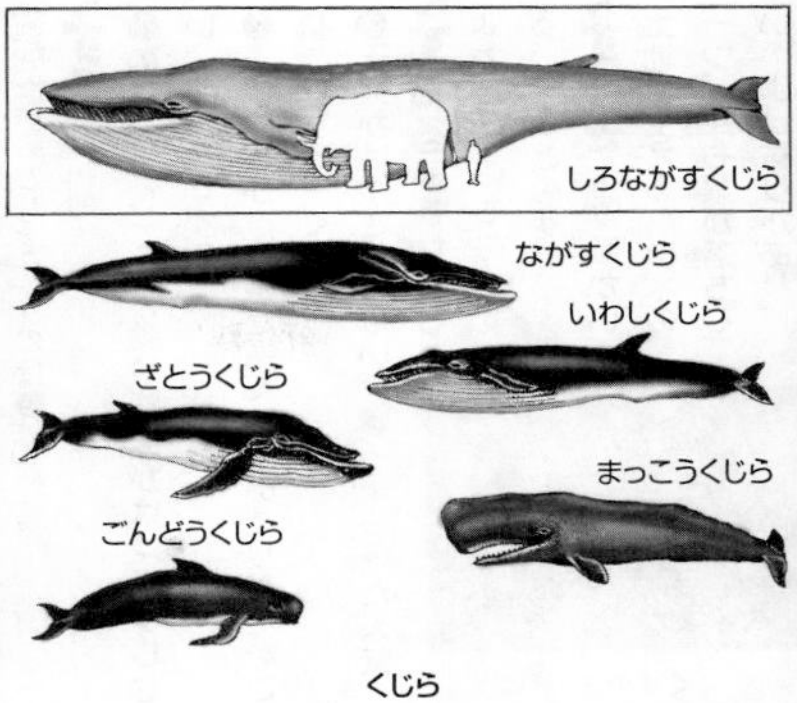

くじら

くしろしつげんこくりつこうえん【釧路湿原国立公園】 名詞 北海道東部《ほっかいどうとうぶ》、釧路川《くしろがわ》の釧路湿原《くしろしつげん》を中心《ちゅうしん》とする国立公園《こくりつこうえん》。たんちょうづるなど、多《おお》くの野生生物《やせいせいぶつ》の生息地《せいそくち》となっている。

くしん【苦心】 名詞 動詞 ものごとをうまくやるために、あれこれと考《かんが》えて苦労《くろう》すること。骨《ほね》を折《お》ること。例 作文《さくぶん》を書《か》くのに苦心《くしん》した。

くしんさんたん【苦心惨憺】 名詞 動詞 たいへん苦労《くろう》すること。例 苦心惨憺《くしんさんたん》してかいた絵《え》。

くず 名詞 ❶切《き》れはし。残《のこ》り。かす。例 紙《かみ》くず。❷役《やく》に立《た》たないもの。
ことば 漢字《かんじ》では「屑」と書《か》く。

くず【葛】 名詞 季語 秋 秋《あき》の七草《ななくさ》の一《ひと》つ。豆《まめ》のなかま。赤《あか》むらさき色《いろ》の花《はな》がさき、つるがある。根《ね》からくず粉《こ》をとり、くずもち・くず湯《ゆ》などにして食《た》べる。図 ⇒25ページ あきのななくさ

ぐず 名詞 形容動詞 行動《こうどう》や考《かんが》えることがおそいこと。また、そのような人《ひと》。

くすくす[と] 副詞 声《こえ》をひそめて笑《わら》うようす。例 漫画《まんが》を読《よ》みながらくすくす笑《わら》っている。

ぐずぐず[と] 副詞 動詞 ❶はきはきしないようす。のろのろしているようす。例 行《い》きたくなくてぐずぐずする。❷文句《もんく》を言《い》うようす。ぶつぶつ不平《ふへい》を言《い》うようす。例 じゃんけんに負《ま》けてぐずぐず言《い》う。❸鼻《はな》がつまるようす。

くすぐったい 形容詞 ❶むずむずして笑《わら》い出《だ》したくなる感《かん》じである。❷照《て》れくさい。はずかしい。例 そんなにほめられるとくすぐったい。

くすぐる 動詞 ❶皮膚《ひふ》に軽《かる》くさわり、むずむずして笑《わら》いたくなるような感《かん》じを起《お》こさせる。❷相手《あいて》にはたらきかけて、わざと笑《わら》わせたり、よい気分《きぶん》にさせたりする。例 気持《きも》ちをくすぐるようなことば。

くずこ【葛粉】 名詞 くずの根《ね》からとった、白《しろ》くさらさらしたでんぷん。菓子《かし》や料理《りょうり》に使《つか》う。

くずす【崩す】 動詞 ❶形《かたち》のあるものをこわす。例 山《やま》を崩《くず》す。

伝統的《でんとうてき》な言語文化《げんごぶんか》

ことわざ

かわいい子《こ》には旅《たび》をさせよ

ことわざは、生活《せいかつ》の中《なか》から生《う》まれた知恵《ちえ》や教《おし》え、いましめなどを、わかりやすい「たとえ」などを使《つか》って短《みじか》く言《い》い表《あらわ》したことばだね。きみはいくつくらい知《し》っているだろう？たとえば次《つぎ》のことわざの意味《いみ》がわかるかな？

かわいい子《こ》には旅《たび》をさせよ

車《くるま》も電車《でんしゃ》もコンビニもない昔《むかし》のひとり旅《たび》は、今《いま》とちがって不便《ふべん》で危険《きけん》で、不安《ふあん》に満《み》ちたものだっただろうね。このことわざは「いとしいわが子《こ》には困難《こんなん》を乗《の》りこえる体験《たいけん》をさせたほうがよい」という意味《いみ》なんだ。楽《たの》しい旅行《りょこう》の思《おも》い出《で》を作《つく》ってあげるのがよい、などとかんちがいしないようにね。

次《つぎ》のようなことわざも意味《いみ》をとりちがえやすい。まちがって使《つか》っている人《ひと》がときどきいるよ。辞典《じてん》でしっかり意味《いみ》を確認《かくにん》しよう。

情《なさ》けは人《ひと》のためならず
枯《か》れ木《き》も山《やま》のにぎわい

昔《むかし》の人《ひと》の知恵《ちえ》がつまったことわざは、意味《いみ》を知《し》っているだけではもったいないよ。今日《きょう》からどんどん使《つか》ってみよう。さあ、「善《ぜん》は急《いそ》げ」だ。

もっとみてみよう！

●「ぜんまいざむらい ことば免許皆伝《めんきょかいでん》」（小学館《しょうがくかん》）
●「ことばはともだち 子《こ》どもことわざ辞典《じてん》」（講談社《こうだんしゃ》）

❷整《ととの》っていたものを乱《みだ》す。例 列《れつ》をくずす。

❸細《こま》かいお金《かね》にかえる。例 千円札《せんえんさつ》を百円玉《ひゃくえんだま》にくずしてもらう。

❹文字《もじ》を書《か》くとき、点《てん》や線《せん》を省《はぶ》いたり続《つづ》けたりする。例 字《じ》をくずして書《か》く。

使い方 ❷〜❹は、ふつうかな書《が》きにする。

くすだま【くす玉】 名詞 季語 夏 ❶造花《ぞうか》などを玉《たま》のように束《たば》ねて、五色《ごしき》のかざり糸《いと》を垂《た》らしたもの。割《わ》れると中《なか》から紙《かみ》ふぶきやテープなどが出《で》てくるものもある。お祝《いわ》いや運動会《うんどうかい》のときなどに使《つか》う。❷香料《こうりょう》をにしきのふくろに入《い》れ、かざりをつけて五色《ごしき》の糸《いと》を垂《た》らしたもの。五月五日《ごがついつか》に、けがれをはらうため柱《はしら》などにかけた。

ことば 季語《きご》として使《つか》うのは❷の意味《いみ》。

ぐずつく 動詞 ❶のろのろして、行動《こうどう》や態度《たいど》がはっきりしない。ぐずぐずする。❷子供《こども》などが、機嫌《きげん》が悪《わる》くて泣《な》いたりだだをこねたりする。ぐずる。❸天気《てんき》がはっきりしない。例 ぐずついた天気《てんき》。

くすねる 動詞 ないしょで自分《じぶん》のものにする。そっとぬすむ。

くすのき 名詞 暖《あたた》かい土地《とち》に生《は》える高《たか》い木《き》の一《ひと》つ。冬《ふゆ》も葉《は》が落《お》ちない。よい香《かお》りがあり、しょう脳《のう》をとったり家《か》

くすのき

具《ぐ》などをつくったりするのに使《つか》う。

くすぶる 動詞 ❶よく燃《も》えないで、けむりばかり出《で》る。❷問題《もんだい》が解決《かいけつ》しないで、いつまでも残《のこ》る。例 一月前《ひとつきまえ》のけんかが、まだくすぶっている。❸閉《と》じこもって過《す》ごす。例 家《いえ》でくすぶっていないで外《そと》に出《で》よう。

くすむ 動詞 ❶地味《じみ》ではっきりしない色《いろ》をしている。例 くすんだ黄色《きいろ》。❷目立《めだ》たずにいる。例 ふだんはくすんでいるが、学芸会《がくげいかい》では大活躍《だいかつやく》した。

くずもち【葛餅】 名詞 季語 夏 くず粉《こ》に水《みず》を加《くわ》え、こねながら煮《に》たものを、冷《ひ》やして固《かた》めた和菓子《わがし》。きな粉《こ》や黒《くろ》みつをかけて食《た》べる。

くずゆ【葛湯】 名詞 季語 冬 くず粉《こ》に砂糖《さとう》を混《ま》ぜて、熱湯《ねっとう》でといてとろりと練《ね》った食《た》べ物《もの》。

くすり【薬】 名詞 ❶病気《びょうき》や傷《きず》などを治《なお》すために、飲《の》んだりぬったり注射《ちゅうしゃ》したりするもの。例 かぜ薬／目《め》薬。❷役《やく》に立《た》つこと。ためになること。例 今回《こんかい》の失敗《しっぱい》はよい薬になった。❸虫《むし》を殺《ころ》したり、化学変化《かがくへんか》を起《お》こさせたりするのに使《つか》うもの。例 畑《はたけ》に薬をまく。

ことば ❶は、紙《かみ》に包《つつ》んだものは「一包《いっぽう》」、つぶ状《じょう》のものは「一錠《いちじょう》」、より小《ちい》さいつぶ状《じょう》のものは「一粒《ひとつぶ》」「一丸《いちがん》」と数《かぞ》える。漢 ⇩1333ジペー やく〔薬〕

くすりばこ【薬箱】 名詞 薬《くすり》を入《い》れておく箱《はこ》。

くすりゆ【薬湯】 名詞 薬品《やくひん》や薬草《やくそう》を入《い》れたふろ。

くすりゆび【薬指】 名詞 親指《おやゆび》から数《かぞ》えて四番《よんばん》目《め》の指《ゆび》。ことば 薬《くすり》をつけるときに使《つか》われたのでこの名《な》がある。

ぐずる 動詞 ぐずぐず言《い》う。だだをこねる。例 小《ちい》さい子供《こども》がおもちゃ屋《や》の前《まえ》でぐずる。

くずれる【崩れる】 動詞 ❶形《かたち》のあるものがこわれる。例 がけが崩れる。❷整《ととの》っていたものが乱《みだ》れる。例 つかれて姿勢《しせい》がくずれてきた。❸悪《わる》くなる。例 天気《てんき》がくずれてきた。❹細《こま》かいお金《かね》にかえることができる。例 この千円札《せんえんさつ》、百円玉《ひゃくえんだま》にくずれますか。

使い方 ❷〜❹は、ふつうかな書《が》きにする。

くせ【癖】 名詞 ❶知《し》らず知《し》らず身《み》についてしまった習慣《しゅうかん》や動《うご》き。習性《しゅうせい》。例 なくて七癖《ななくせ》（＝だれにでもくせはある、ということわざ）。❷折《お》れたり曲《ま》がったりして、もとにもどらないもの。例 かみの毛《け》に癖がつく。❸かたよった性質《せいしつ》。例 少《すこ》し癖のある人《ひと》。

くせに 助詞 （ほかのことばのあとにつけて）…にもかかわらず。…なのに。例 食《た》べられないくせにたくさんほしがる。

くせもの【くせ者】 名詞 ❶あやしい者《もの》。例 くせ者をつかまえた。❷油断《ゆだん》できない人《ひと》。例 なかなかのくせ者だ。

くせん【苦戦】 名詞 動詞 苦《くる》しい戦《たたか》いをすること。また、その戦《たたか》い。例 相手《あいて》が強《つよ》くて苦戦す

る。類 苦闘《くとう》。

くそ ❶名詞 大便《だいべん》。ふん。❷名詞 体《からだ》から出《で》るかす。例 目《め》くそ／鼻《はな》くそ。❸接頭語 接尾語 (ほかのことばの前《まえ》やあとにつけて) 悪《わる》く言《い》ったり、意味《いみ》を強《つよ》めたりすることば。例 くそ度胸《どきょう》／下手《へた》くそ。❹感動詞 人《ひと》をののしったり、自分《じぶん》をはげましたりするときに使《つか》うことば。例 くそ、覚《おぼ》えてい ろ／くそ、負《ま》けてたまるか。

くそまじめ 名詞 形容動詞 たいへんまじめなこと。まじめすぎること。

くだ【管】 名詞 切《き》り口《くち》が円《まる》く、中《なか》が空《から》っぽになっている細長《ほそなが》い棒《ぼう》。パイプ。漢 ⇩296ジベー かん〔管〕

ぐたい【具体】 名詞 目《め》に見《み》えるような形《かたち》やすがたがあること。例 具体例《れい》。類 具象《ぐしょう》。対 抽象《ちゅうしょう》。

ぐたいか【具体化】 名詞 動詞 計画《けいかく》や考《かんが》えなどを実行《じっこう》に移《うつ》すこと。例 長年《ながねん》の夢《ゆめ》を具体化する。

ぐたいてき【具体的】 形容動詞 ものごとのようすや形《かたち》がはっきりとあらわれているようす。例 具体的に説明《せつめい》する。対 抽象的《ちゅうしょうてき》。

くだく【砕く】 動詞 ❶固《かた》まっているものを、こわして細《こま》かくする。例 岩《いわ》を砕く。❷いろいろ考《かんが》え、心配《しんぱい》する。例 楽《たの》しい旅行《りょこう》になるよう、心《こころ》を砕く。❸難《むずか》しいことを、わかりやすくする。例 意味《いみ》を砕いて説明《せつめい》する。

くたくた 形容動詞 ❶とてもつかれて、もう力《ちから》が残《のこ》っていないようす。例 山道《やまみち》を歩《ある》いてくたくたになった。❷布《ぬの》や服《ふく》などが、使《つか》い古《ふる》されて形《かたち》がくずれているようす。例 くたくたのズボン。

くだくだしい 形容詞 長《なが》すぎたり細《こま》かすぎたりしてわずらわしい。例 くだくだしい話《はなし》。

くだける【砕ける】 動詞 ❶形《かたち》のあるものが、こわれて粉々《こなごな》になる。例 ガラスびんが落《お》ちて砕けた。❷かた苦《くる》しくなくなる。親《した》しみやすくなる。例 砕けた雰囲気《ふんいき》の集《あつ》まり／砕けた口調《くちょう》で話《はな》す。

ください【下さい】 ❶「くれ」のていねいな言《い》い方《かた》。例 連絡《れんらく》を下さい／このノートを下さい。❷(ほかのことばのあとにつけて)「…してほしい」のていねいな言《い》い方《かた》。例 読《よ》んでください。

使い方 ❷は、ふつうかな書《が》きにする。

くださる【下さる】 動詞 ❶「くれる」の尊敬《そんけい》した言《い》い方《かた》。例 先生《せんせい》がお祝《いわ》いのカードを下さった。❷(「…てくださる」の形《かたち》で) 自分《じぶん》に対《たい》する行《おこな》いを、相手《あいて》を尊敬《そんけい》していう言《い》い方《かた》。例 先生《せんせい》がほめてくださった。

使い方 ❷は、ふつうかな書《が》きにする。

くだす【下す】 ❶動詞 低《ひく》いところに移《うつ》す。おろす。❷動詞 命令・判定などを言いわたす。例 審判が判定《はんてい》を下す。❸動詞 相手《あいて》に勝《か》つ。降参《こうさん》させる。例 強敵《きょうてき》を下した。❹動詞 おなかをこわす。下痢《げり》をする。例 腹《はら》を下す。❺動詞 実際《じっさい》にそのことを行《おこな》う。例 かんとくが直接《ちょくせつ》手《て》を下す。❻動詞 自分《じぶん》で決定《けってい》する。例 判断《はんだん》を下す。❼接尾語 (ほかのことばのあとにつけて) 一気《いっき》に…する。例 飲《の》み下す／物語《ものがたり》を読《よ》み下す。

漢 ⇩214ジベー か〔下〕

くたばる 動詞 ❶とてもつかれる。弱《よわ》って動《うご》けなくなる。へたばる。❷「死《し》ぬ」の乱暴《らんぼう》な言《い》い方《かた》。

くたびれる 動詞 ❶つかれて元気《げんき》がなくなる。例 一日《いちにち》じゅう歩《ある》き回《まわ》ってくたびれた。❷長《なが》く使《つか》って弱《よわ》くなる。古《ふる》くなる。例 ランドセルがくたびれてきた。

くだもの【果物】 名詞 草《くさ》や木《き》の実《み》で、食用《しょくよう》になるもの。りんご・いちご・バナナなど。フルーツ。ことば「く」は「木《き》」のことで、「だ」は「の」と同《おな》じ意味《いみ》。「木《き》の物《もの》」という意味《いみ》からきたことば。

くだら【百済】 名詞 四世紀《よんせいき》から七世紀《ななせいき》ごろまで、朝鮮半島《ちょうせんはんとう》にあった国《くに》。中国《ちゅうごく》やインドなどの文化《ぶんか》を日本《にほん》に伝《つた》えた。「ペクチェ」「ひゃくさ」

ことわざ **必要《ひつよう》は発明《はつめい》の母《はは》** 発明《はつめい》は必要《ひつよう》から生《う》まれるということ。何《なに》かを必要《ひつよう》だと思《おも》うことから、いろい

い」ともいう。

くだらない【下らない】 形容詞
❶つまらない。役《やく》に立《た》たない。値打《ねう》ちがない。例くだらない言《い》い争《あらそ》いはやめよう。
❷それより下《した》ではない。例入場者《にゅうじょうしゃ》は一万人《いちまんにん》をくだらないだろう。
使い方ふつうかな書《が》きにする。

くだり【下り】 名詞
❶下《した》へさがること。例下りのエレベーター。対上《のぼ》り。
❷道《みち》が低《ひく》くなっていくこと。また、その道《みち》。例下りの坂《さか》。対上《のぼ》り。
❸東京《とうきょう》から地方《ちほう》へ向《む》かうこと。また、東京《とうきょう》から地方《ちほう》へ向《む》かう列車《れっしゃ》。対上《のぼ》り。

くだりざか【下り坂】 名詞
❶進《すす》んで行《い》く方向《ほうこう》が低《ひく》くなっている坂《さか》。対上《のぼ》り坂《ざか》。
❷よい時《とき》が過《す》ぎて、だんだんおとろえたり悪《わる》くなったりすること。例景気《けいき》は下り坂だ／明日《あす》から天気《てんき》が下り坂になる。対上《のぼ》り坂《ざか》。

くだる【下る】 動詞
❶低《ひく》いところに移《うつ》る。おりる。例山《やま》を下る。対上《のぼ》る。
❷命令《めいれい》・判定《はんてい》などが言《い》いわたされる。例判決《はんけつ》が下る。
❸降参《こうさん》する。負《ま》けて従《したが》う。例敵《てき》の手《て》に下る。
❹下痢《げり》をする。おなかをこわす。例腹《はら》が下る。
❺都《みやこ》から地方《ちほう》へ行《い》く。とくに東京《とうきょう》から地方《ちほう》に行《い》く。例東京《とうきょう》から九州《きゅうしゅう》に下った。対上《のぼ》る。
❻川下《かわしも》へ進《すす》む。例小ぶねで川《かわ》を下る。対上《のぼ》る。
❼時代《じだい》が現代《げんだい》のほうへ移《うつ》る。例時代《じだい》が下る。
使い方「下だる」と書《か》かないよう注意《ちゅうい》。
漢➡214ページ　か〔下〕

くだをまく【くだを巻く】 酒《さけ》に酔《よ》って、つまらないことを何度《なんど》もくり返《かえ》し言《い》う。

くち【口】
❶名詞 体《からだ》の一部《いちぶ》で、食《た》べたり話《はな》したりするところ。図➡235ページ　かお
❷名詞 ものを言《い》うこと。ことば。例あのことは、口《くち》に出《だ》してはいけない。
❸名詞 出入《でい》りするところ。また、ものを出《だ》し入《い》れするところ。例入《い》り口／ふくろの口。
❹名詞 ものの初《はじ》めに当《あ》たるところ。例糸口《いとぐち》。
❺名詞 勤《つと》め先《さき》。例仕事《しごと》の口《くち》が見《み》つかる。
❻名詞 食《た》べ物《もの》を味《あじ》わうときの感《かん》じ。例口に合《あ》う料理《りょうり》。
❼名詞 うわさ。例人《ひと》の口を気《き》にする。
❽接尾語 (数《かず》を表《あらわ》すことばのあとにつけて)口《くち》(＝❶)を動《うご》かす回数《かいすう》を表《あらわ》す。例ひと口で食《た》べる。
❾接尾語 (数《かず》を表《あらわ》すことばのあとにつけて)寄付《きふ》の申《もう》しこみなどを数《かぞ》えることば。例一口《ひとくち》千円《せんえん》で、受《う》けつけている。
漢➡442ページ　こう〔口〕

●**口がうまい** 人《ひと》に気《き》に入《い》られるようなことを言《い》うのが上手《じょうず》だ。例あの人《ひと》は口がうまいからあまり信用《しんよう》できない。

●**口がおごる** おいしいものばかり食《た》べて、食《た》べ物《もの》に対《たい》してぜいたくになる。類口《くち》が肥《こ》える。

●**口《くち》が重《おも》い** なかなかしゃべろうとしない。口数《くちかず》が少《すく》ない。

●**口《くち》がかかる** 仕事《しごと》などをするよう人《ひと》からさそわれる。例家庭教師《かていきょうし》の口がかかる。ことばもとは、芸人《げいにん》などが客《きゃく》に呼《よ》ばれることをいうことば。

●**口《くち》が堅《かた》い** 秘密《ひみつ》などをやたらに人《ひと》にしゃべらない。対口《くち》が軽《かる》い。

●**口《くち》が軽《かる》い** 言《い》ってはいけないことまでよく話《はな》す。対口《くち》が堅《かた》い。

●**口《くち》が肥《こ》える** おいしいものを食《た》べ慣《な》れて、食《た》べ物《もの》に対《たい》してぜいたくになる。類口《くち》がおごる。

●**口《くち》が裂《さ》けても** どんなことがあってもけっして言《い》わないことのたとえ。例二人《ふたり》だけの秘密《ひみつ》だから、口が裂けてもしゃべらないよ。使い方あとに「ない」などのことばがくる。

●**口《くち》が滑《すべ》る** うっかりして、言《い》ってはいけないことまで話《はな》してしまう。口《くち》をすべらす。例つい口が滑って秘密《ひみつ》をもらした。

●**口《くち》が減《へ》らない** へ理屈《りくつ》をたくさん言《い》う。いくらでも負《ま》けずに言《い》い返《かえ》す。

●**口《くち》が回《まわ》る** 口《くち》がよく動《うご》く。べらべらとよくしゃべる。

●**口《くち》から先《さき》に生《う》まれる** 口《くち》がうまく、おしゃべりな人《ひと》をからかっていうことば。

●**口《くち》から出任《でまか》せを言《い》う** その場《ば》で思《おも》いついたことを、よく考《かんが》えもせずになんでも話《はな》す。

●**口《くち》が悪《わる》い** 平気《へいき》で人《ひと》のことを悪《わる》く言《い》う。

●**口《くち》に合《あ》う** 食《た》べ物《もの》や飲《の》み物《もの》が、その人《ひと》の好《この》み

などは一時的《いちじてき》なもので、長《なが》くは続《つづ》かず忘《わす》れられてしまうということ。

に合う。例 母の料理がいちばん口に合う。

● **口《くち》にする** ❶食《た》べ物《もの》を口《くち》に入《い》れる。❷声《こえ》に出《だ》して言《い》う。例 思《おも》ったことを口にする。

● **口《くち》に出《だ》す** 声《こえ》に出《だ》して言《い》う。例 言《い》いたいことがあるなら、きちんと口に出しなさい。

● **口《くち》に上《のぼ》る** 話題《わだい》になる。うわさになる。

● **口《くち》は災《わざわ》いのもと** ⇒919ジペー 故事成語

● **口程《くちほど》にもない** 実際《じっさい》には本人《ほんにん》が言《い》っているほど大《たい》したことはない。例 えらそうなことを言《い》っていたくせに、口程にもないやつだ。

● **口《くち》も八丁《はっちょう》手《て》も八丁《はっちょう》** ことわざ 話《はな》すことも上手《じょうず》なこと。「口八丁手八丁《くちはっちょうてはっちょう》」「手八《てはっ》丁口八丁《ちょうくちはっちょう》」ともいう。

● **口《くち》を利《き》く** ❶ものを言《い》う。例 朝《あさ》から一言《ひとこと》も口を利かない。❷間《あいだ》に入《はい》って世話《せわ》をする。間《あいだ》をとりもつ。例 兄《あに》は親戚《しんせき》に口を利いてもらって家《いえ》を借《か》りた。

● **口《くち》を切《き》る** いちばん初《はじ》めに言《い》い出《だ》す。例 司会《しかい》者《しゃ》が口を切る。

● **口《くち》を酸《す》っぱくする** 同《おな》じことばを何度《なんど》もくり返《かえ》して言《い》う。例 口を酸っぱくして注意《ちゅうい》する。

● **口《くち》を滑《すべ》らす** うっかりして、言《い》ってはいけないことまで話《はな》してしまう。口《くち》がすべる。

● **口《くち》を添《そ》える** うまくいくように、わきからことばをつけ加《くわ》える。例 妹《いもうと》の説明《せつめい》に口を添える。

● **口《くち》をそろえる** みんなが同《おな》じことを言《い》う。例 あの人《ひと》のことは、みんな口をそろえてほめる。

● **口《くち》を出《だ》す** ほかの人《ひと》の話《はなし》に割《わ》りこんで、意見《いけん》を言《い》う。

● **口《くち》をたたく** いろいろ言《い》う。勝手《かって》なことを言《い》う。例 つい、大《おお》きな口をたたいてしまった。

● **口《くち》をついて出《で》る** すらすらとことばが出《で》る。例 感謝《かんしゃ》のことばが口をついて出た。

● **口《くち》をつぐむ** ものを言《い》わなくなる。だまる。

● **口《くち》をとがらす** 気《き》に入《い》らない気持《きも》ちを顔《かお》に表《あらわ》す。例 弟《おとうと》はしかられるとすぐに口をとがらす。

● **口《くち》を濁《にご》す** はっきりとものを言《い》わないでごまかす。類 言葉《ことば》を濁《にご》す。

● **口《くち》を挟《はさ》む** ほかの人《ひと》の話《はなし》に割《わ》りこんで話《はな》す。

● **口《くち》を開《ひら》く** 話《はな》し出《だ》す。しゃべり始《はじ》める。

● **口《くち》を割《わ》る** かくしていたことを話《はな》す。白状《はくじょう》する。例 とうとう犯人《はんにん》が口を割った。

ぐち【愚痴】 名詞 言《い》ってもしかたないことについて、悲《かな》しんだり文句《もんく》を言《い》ったりすること。

● **愚痴《ぐち》をこぼす** 言《い》ってもしかたないことを言《い》ってなげく。例 友《とも》だちに愚痴をこぼす。

くちあけ【口開け】 名詞 ❶入《い》れ物《もの》の口《くち》を開《あ》けること。また、開《あ》けたばかりのこと。例 口開けのお茶《ちゃ》はおいしい。❷ものごとの初《はじ》め。例 新《あたら》しく開《ひら》いたお店《みせ》の口開けのお客《きゃく》さん。

くちあたり【口当たり】 名詞 食《た》べ物《もの》や飲《の》み物《もの》を口《くち》に入《い》れたときの感《かん》じ。例 口当たりのよい飲《の》み物《もの》。

くちうつし【口移し】 名詞 ❶食《た》べ物《もの》を口《くち》から口《くち》へ移《うつ》し入《い》れること。例 つばめのひなは口移しでえさをもらう。❷ことばで直接《ちょくせつ》言い伝えること。口伝え。例 民話《みんわ》を口移しで教《おし》える。

くちうらをあわせる【口裏を合わせる】 前《まえ》もって打《う》ち合《あ》わせをしておいて、話《はなし》の内容《ないよう》が合《あ》うようにする。例 二人《ふたり》で「知《し》らない」と口裏を合わせる。

くちうるさい【口うるさい】 形容詞 ちょっとしたことにもうるさく文句《もんく》を言《い》うようす。

くちえ【口絵】 名詞 本《ほん》や雑誌《ざっし》などの初《はじ》めにのせてある絵《え》や写真《しゃしん》。

くちおしい【口惜しい】 形容詞 残念《ざんねん》なようす。くやしい。使い方 少《すこ》し古《ふる》い言《い》い方《かた》。

くちかず【口数】 名詞 ❶ものを言《い》う回数《かいすう》や話《はな》す分量《ぶんりょう》。例 口数の少《すく》ない人《ひと》。類 言葉数《ことばかず》。❷養《やしな》う必要《ひつよう》のある人数《にんずう》。例 口数が多《おお》い家《いえ》。

くちがね【口金】 名詞 財布《さいふ》やハンドバッグなどの口《くち》にとりつけてある金具《かなぐ》。

くちきき【口利き】 名詞 人《ひと》と人《ひと》の間《あいだ》に入《はい》って、しょうかいや世話《せわ》をすること。例 先生《せんせい》の口利きで、貴重《きちょう》な資料《しりょう》を借《か》りる。

くちぎたない【口汚い】 形容詞 ❶ものの言《い》い方《かた》が乱暴《らんぼう》で、下品《げひん》なようす。例 口汚くののしる。❷食《た》べることにがつがつしている。

くちく【駆逐】 名詞 動詞 追《お》いはらうこと。例 敵《てき》を駆逐する／駆逐艦《かん》。

くちぐせ【口癖】 名詞 自分《じぶん》でも気《き》づかずに、いつも言《い》ってしまうことば。

ことわざ 人《ひと》のうわさも七十五日《しちじゅうごにち》 人々《ひとびと》があれこれうわさし合《あ》うのも七十五日《ななじゅうごにち》ぐらいだ。世間《せけん》の評判《ひょうばん》

くちぐちに【口口に】 副詞 大勢《おおぜい》の人《ひと》が、それぞれ思《おも》い思《おも》いのことを言《い》うようす。

くちぐるま【口車】 名詞 人《ひと》をさそったりごまかしたりするときの、うまい言《い》い方《かた》。使い方 そのような言《い》い方《かた》にだまされてしまうことを「口《くち》車《ぐるま》に乗《の》る」「口車《くちぐるま》に乗《の》せられる」、だますことは「口車《くちぐるま》に乗《の》せる」という。

くちげんか【口げんか】 名詞 動詞 言《い》い争《あらそ》うこと。ことばでけんかすること。類 口論《こうろん》。

くちごたえ【口答え】 名詞 動詞 目上《めうえ》の人《ひと》に逆《さか》らって言《い》い返《かえ》すこと。また、そのことば。例 妹《いもうと》は、すぐ口答えをする。

くちコミ【口コミ】 名詞 人《ひと》の口《くち》から口《くち》へと伝《つた》わること。例 お店《みせ》の評《ひょう》判《ばん》が口コミで広《ひろ》がる。ことば「マスコミ」から作《つく》ったことば。

くちごもる【口籠もる】 動詞 ❶ことばをはっきりさせないで言《い》う。❷言《い》いにくい訳《わけ》があって、はっきり言《い》わない。例 秘《ひ》密《みつ》にしていたことを聞《き》かれて口籠もった。

くちさがない【口さがない】 形容詞 他人《たにん》のことを、やたらに口《くち》うるさくうわさするようす。例 口さがない世《せ》間《けん》の人々《ひとびと》。

くちさき【口先】 名詞 ❶口《くち》の先《さき》のほう。例 口先をとがらせる。❷心《こころ》のこもっていないうわべだけのことば。例 口先だけの約束《やくそく》。

くちずさむ【口ずさむ】 動詞 心《こころ》にうかんだ歌《うた》などを、小《ちい》さい声《こえ》で歌《うた》う。例 母《はは》はよく昔《むかし》の歌《うた》を口ずさんでいる。

くちぞえ【口添え】 名詞 動詞 人《ひと》が何《なに》かをしようとするとき、うまくいくように、別《べつ》の人《ひと》が推《すい》薦《せん》したりしょうかいしたりしてあげること。例 姉《あね》は、おじさんの口添えで会社《かいしゃ》に入《はい》った。

くちだし【口出し】 名詞 動詞 ほかの人《ひと》の話《はなし》に割《わ》りこんで、横《よこ》から何《なに》か言《い》うこと。例 関係《かんけい》のない話《はなし》に口出しするな。

くちづけ【口付け】 名詞 動詞 くちびるでふれること。キス。例 ほほに口付けする。

くちづたえ【口伝え】 名詞 ❶人《ひと》から人《ひと》へ言《い》い伝《つた》えること。例 その話《はなし》は口伝えで学校《がっこう》じゅうに広《ひろ》まった。❷直《ちょく》接《せつ》、ことばで教《おし》えること。口移《くちうつ》し。例 祖《そ》母《ぼ》から母《はは》へと口伝えで伝《つた》わった味《あじ》。

くちづて【口づて】 名詞 人《ひと》から人《ひと》へ、話《はな》して伝《つた》えること。口伝《くちづた》え。

くちどめ【口止め】 名詞 動詞 ほかの人《ひと》に言《い》うのを禁《きん》じること。例 その話《はなし》は、姉《あね》に口止めされている。

くちなおし【口直し】 名詞 前《まえ》に食《た》べた物《もの》の味《あじ》を消《け》すために、ほかの物《もの》を食《た》べること。例 苦《にが》い薬《くすり》を飲《の》んだあと、口直しにあめをなめる。

くちなし 名詞 季語 秋 庭《にわ》などに植《う》える木《き》の一《ひと》つ。夏《なつ》に香《かお》りのよい白《しろ》い花《はな》がさく。ことば 季《き》語《ご》として使《つか》うのはくちなしの実《み》の意《い》味《み》。

くちなし

くちば【朽ち葉】 名詞 落《お》ちてくさった葉《は》。

くちばし 名詞 鳥《とり》の口《くち》の先《さき》の、長《なが》くつき出《で》ていて、かたい部《ぶ》分《ぶん》。

●**くちばしが黄色《きいろ》い** まだ年《とし》が若《わか》くて、経験《けいけん》が少《すく》なく未《み》熟《じゅく》なことのたとえ。ことば ひなどりのくちばしが黄《き》色《いろ》いことからいう。

●**くちばしを入《い》れる** 人《ひと》が話《はな》している中《なか》に割《わ》りこんで話《はな》す。口出《くちだ》しをする。「くちばしをはさむ」ともいう。

くちばしる【口走る】 動詞 ❶知《し》らず知《し》らずのうちに言《い》う。例 ねぼけてわけのわからないことを口走った。❷言《い》ってはいけないことを、調《ちょう》子《し》に乗《の》ってしゃべる。例 人《ひと》の秘《ひ》密《みつ》を口走ってしまった。

くちはっちょうてはっちょう【口八丁手八丁】 ➡387ページ 口《くち》も八丁《はっちょう》手《て》も八丁《はっちょう》(「口《くち》」の子《こ》見出《みだ》し)

くちはてる【朽ち果てる】 動詞 ❶すっかりくさってしまう。例 朽ち果てた家《いえ》。❷世《よ》の中《なか》に認《みと》められないまま死《し》ぬ。例 研《けん》究《きゅう》の成《せい》果《か》が世《よ》に知《し》られる前《まえ》に朽ち果てる。

くちはばったい【口幅ったい】 形容詞 自《じ》分《ぶん》の身《み》分《ぶん》や能《のう》力《りょく》に合《あ》わないような、大《おお》きなことや生《なま》意《い》気《き》なことを言《い》うようす。例 口幅ったいことを言《い》うようですが…。

くちばや【口早】 形容動詞 話《はな》し方《かた》が早《はや》いようす。早口《はやくち》。例 口早に用件《ようけん》を言《い》う。

くちび【口火】 名詞 ❶火《か》薬《やく》やガス器《き》具《ぐ》などの点《てん》火《か》のためにつける小《ちい》

から、人《ひと》のうわさや悪口《わるくち》は自《し》然《ぜん》に広《ひろ》がっていくもので、防《ふせ》ぐことはできないというたとえ。

さな火《ひ》。

❷ものごとの起《お》こるきっかけ。例 戦争《せんそう》の口火となった事件《じけん》。

● **口火《くちび》を切《き》る** 何《なに》かを最初《さいしょ》に始《はじ》める。例 学級《がっきゅう》会《かい》で口火を切って発言《はつげん》する。

くちびる【唇】 名詞 人《ひと》の口《くち》のふちをとり囲《かこ》む、やわらかく赤《あか》みがかった部分《ぶぶん》。

● **唇《くちびる》をかむ** くやしさをがまんする。例 言《い》い返《かえ》すことができず唇をかんだ。

くちぶえ【口笛】 名詞 くちびるをすぼめて息《いき》を強《つよ》く出《だ》し、笛《ふえ》のような音《おと》を出《だ》すこと。また、その音《おと》。例 口笛をふく。

くちぶり【口ぶり】 名詞 ものの言《い》い方《かた》。また、話《はなし》のようす。例 さっきの口ぶりでは、父《ちち》は反対《はんたい》らしい。類 口調《くちょう》。

くちべた【口下手】 名詞 形容動詞 自分《じぶん》の考《かんが》えなどを、ほかの人《ひと》に上手《じょうず》に話《はな》すことができないこと。また、そのような人《ひと》。

くちべに【口紅】 名詞 くちびるにぬって色《いろ》をつける化粧品《けしょうひん》。

くちへん【口偏】 名詞 「口」のこと。漢字《かんじ》の部首《ぶしゅ》の一《ひと》つ。口《くち》やことばに関係《かんけい》のある漢字《かんじ》を作《つく》ることが多《おお》い。味・唱・呼・吸など。

くちほどにもない【口程にもない】 ⇩
387ページ「口《くち》」の子見出《こみだ》し

くちまね【口まね】 名詞 動詞 ほかの人《ひと》のものの言《い》い方《かた》やことばをまねること。

くちもと【口元】 名詞 口《くち》の辺《あた》り。また、そのようす。

くちやかましい【口やかましい】 形容詞 少《すこ》しのことにもうるさく言《い》うようす。例 父《ちち》は礼儀《れいぎ》については口やかましい。

くちやくそく【口約束】 名詞 動詞 証拠《しょうこ》にする文書《ぶんしょ》などをつくらないで、ことばだけで約束《やくそく》すること。

くちゅう【駆虫】 名詞 動詞 害虫《がいちゅう》や寄生虫《きせいちゅう》をとり除《のぞ》くこと。

くちょう【口調】 名詞 ものの言《い》い方《かた》。ことばの調子《ちょうし》。例 落《お》ち着《つ》いた口調。類 口《くち》ぶり。

くちょう【区長】 名詞 区《く》の政治《せいじ》を行《おこな》う人《ひと》の中《なか》で、いちばん責任《せきにん》のある人《ひと》。

くちよごし【口汚し】 名詞 料理《りょうり》などを人《ひと》にすすめるときに、へりくだって使《つか》うことば。例 ほんのお口汚しですが、どうぞおめし上《あ》がりください。ことば 「食《た》べ物《もの》の量《りょう》が少《すく》なかったり、まずかったりして、口《くち》をよごすだけだ」という意味《いみ》からきたことば。

くちる【朽ちる】 動詞 ❶木《き》や葉《は》などがくさる。例 朽ちた橋《はし》。
❷勢《いきお》いや評判《ひょうばん》がおとろえる。ほろびる。例 キュリー夫人《ふじん》の名《な》は、朽ちることがないだろう。

くつ【靴】 名詞 革《かわ》・布《ぬの》・ビニールなどでできた、足《あし》にはくはき物《もの》。ことば 「一足《いっそく》」と数《かぞ》える。

くつう【苦痛】 名詞 心《こころ》や体《からだ》に感《かん》じる、痛《いた》みや苦《くる》しみ。つらいこと。

くつがえす【覆す】 動詞 ❶物《もの》をひっくり返《かえ》す。例 大波《おおなみ》が船《ふね》を覆す。
❷ほろぼす。たおす。例 幕府《ばくふ》を覆す。
❸今《いま》までのことをもとから変《か》える。例 常識《じょうしき》を覆すような大発見《だいはっけん》。

くつがえる【覆る】 動詞 ❶物《もの》がひっくり返《かえ》る。例 大波《おおなみ》で船《ふね》が覆った。
❷ほろびる。たおれる。例 政権《せいけん》が覆る。
❸今《いま》までのことがもとから変《か》わる。例 昨日《きのう》決《き》めたことが、今日《きょう》の会議《かいぎ》で覆った。

クッキー (cookie) 名詞 小麦粉《こむぎこ》にバター・卵《たまご》・砂糖《さとう》などを混《ま》ぜて焼《や》いた菓子《かし》。ことば ビスケットより脂肪分《しぼうぶん》が多《おお》いものをいうことが多《おお》い。

くっきょう【屈強】 形容動詞 体《からだ》ががんじょうで、強《つよ》くたくましいようす。例 屈強な若者《わかもの》。

くっきょく【屈曲】 名詞 動詞 折《お》れ曲《ま》がること。例 ジグザグに屈曲した道《みち》が続《つづ》く。

くっきり[と] 副詞 動詞 はっきりと。あざやかに。例 富士山《ふじさん》がくっきりと見《み》える。

クッキング (cooking) 名詞 料理《りょうり》すること。

くっさく【掘削】 名詞 動詞 岩石《がんせき》や地面《じめん》などをほって穴《あな》をあけること。

くっし【屈指】 名詞 たくさんある中《なか》で、指《ゆび》を折《お》って数《かぞ》えられるほどすぐれていること。指折《ゆびお》り。例 世界《せかい》でも屈指の科学者《かがくしゃ》。類 有数《ゆうすう》。

くつした【靴下】 名詞 素足《すあし》にはく、ふくろのような形《かたち》のもの。ことば 「一足《いっそく》」と数《かぞ》える。

くつじゅう【屈従】 名詞 動詞 力《ちから》のある相手《あいて》に、しかたなく従《したが》うこと。類 屈服《くっぷく》。

くつじょく【屈辱】 名詞 負《ま》かされたりばかにされたりして、ひどくはずかしい思《おも》いをすること。例 十点差《じってんさ》で敗《やぶ》れるという屈辱を味《あじ》わった。

ことわざ　人《ひと》の口《くち》には戸《と》が立《た》てられない　人《ひと》の口《くち》に戸《と》を立《た》てて話《はなし》を閉《と》じこめることはできないということ

ぐっしょり[と] 副詞 ひどくぬれているようす。びっしょり。

クッション (cushion) 名詞 ❶綿《わた》やスポンジを入《い》れた、西洋風《せいようふう》の座布団《ざぶとん》。❷いすやソファーなどのはずみ具合《ぐあい》。例 新車《しんしゃ》の座席《ざせき》は、クッションがよい。

くっしん【屈伸】 名詞 動詞 体《からだ》を縮《ちぢ》めたり、のばしたりすること。例 屈伸運動《うんどう》。

くつずみ【靴墨】 名詞 くつの革《かわ》を保護《ほご》したり、つやを出《だ》したりするためにぬるクリーム。

ぐっすり[と] 副詞 よくねむっているようす。

くっする【屈する】 動詞 ❶折《お》り曲《ま》げる。かがめる。例 こしを屈する。❷勢《いきお》いをなくす。くじける。例 失敗《しっぱい》に屈しないでがんばり続《つづ》ける。❸相手《あいて》の力《ちから》に負《ま》けて、従《したが》う。例 敵《てき》に屈する。

くっする❶

くつずれ【靴擦れ】 名詞 くつが足《あし》に合《あ》わなかったり、まだはき慣《な》れていなかったりして、すれてできた傷《きず》。

くっせつ【屈折】 名詞 動詞 ❶折《お》れ曲《ま》がること。❷光《ひかり》が、あるものの中《なか》からちがうものの中《なか》に入《はい》るとき、その境目《さかいめ》で折《お》れ曲《ま》がって進《すす》むこと。❸気持《きも》ちがひねくれて、素直《すなお》でなくなること。例 失敗《しっぱい》が続《つづ》き、屈折した思《おも》いを持《も》つ。

くったく【屈託】 名詞 ものごとを気《き》にしてくよくよすること。

●**屈託《くったく》がない** 気《き》にしてくよくよすることがない。心配《しんぱい》することがない。屈託《くったく》のない。例 屈託がない笑顔《えがお》。

ぐったり[と] 副詞 動詞 つかれて、体《からだ》の力《ちから》がぬけるようす。例 旅《たび》のつかれでぐったりする。

くっつく 動詞 ❶ぴったりとつく。また、ほかの物《もの》がはなれなくなる。例 ゆかにガムがくっつく。❷そばにいる。例 妹《いもうと》がくっついてくる。

くってかかる【食ってかかる】 動詞 激《はげ》しい態度《たいど》やことばで、相手《あいて》に立《た》ち向《む》かう。例 姉《あね》の悪口《わるくち》を言《い》われ、上級生《じょうきゅうせい》に食ってかかる。

ぐっと 副詞 ❶力《ちから》を入《い》れて、ある動作《どうさ》をするようす。例 テーブルをぐっと持《も》ち上《あ》げる。❷ぐんと。いちだんと。ずっと。例 成績《せいせき》がぐっと上《あ》がる。❸心《こころ》に強《つよ》く感《かん》じるようす。例 うれしさにぐっときて、ことばも出《で》ない。

グッピー (guppy) 名詞 めだかのなかまの、観賞用《かんしょうよう》の熱帯魚《ねったいぎょ》。おすはとくに色《いろ》が美《うつく》しい。

グッピー

くつひも【靴ひも】 名詞 くつがぬげないように、穴《あな》などに通《とお》して結《むす》ぶひも。

くっぷく【屈服・屈伏】 名詞 動詞 相手《あいて》の勢《いきお》いや力《ちから》に負《ま》けて、従《したが》うこと。例 強《つよ》い敵《てき》もついに屈服した。類 屈従《くつじゅう》。

くつべら【靴べら】 名詞 くつをはくときに、かかとに当《あ》てて足《あし》を入《い》れやすくする、へらのような形《かたち》の道具《どうぐ》。

くつろぐ 動詞 心《こころ》や体《からだ》を、のんびりと楽《らく》にする。例 日曜日《にちようび》は、家《いえ》でくつろぐ。

くつわ 名詞 手綱《たづな》をつけるために、馬《うま》の口《くち》につける金具《かなぐ》。

くつわ

くつわむし【くつわ虫】 名詞 季語 秋 きりぎりすのなかまの昆虫《こんちゅう》。草《くさ》むらにすみ、夏《なつ》から秋《あき》の夜《よる》、おすが「ガチャガチャ」と鳴《な》く。図 ⇩ 505ジ《ぺー》 こんちゅう

くてん【句点】 名詞 文《ぶん》の終《お》わりにつけるしるし。「。」のこと。まる。関連 読点《とうてん》。

くどい 形容詞 ❶同《おな》じことを、いやになるほど何度《なんど》もくり返《かえ》すようす。しつこい。例 くどいくらい説明《せつめい》する。❷味《あじ》や色《いろ》などが強《つよ》すぎる。しつこい。

くとう【苦闘】 名詞 動詞 苦《くる》しいたたかいをすること。苦《くる》しみながらも努力《どりょく》すること。例 苦闘を続《つづ》ける／悪戦《あくせん》苦闘。類 苦戦《くせん》。

くとうてん【句読点】 名詞 文《ぶん》が読《よ》みやすいようにつけるしるし。文《ぶん》の切《き》れ目《め》につける読点《とうてん》

は直《なお》しなさいという教《おし》え。「ふり」は、「姿《すがた》」や「ようす」という意味《いみ》。

「こ」と、終《お》わりにつける句点《くてん》「。」のこと。

くどく【功徳】 名詞 ❶人《ひと》のためになるよい行《おこな》い。例 人々《ひとびと》に功徳をほどこす（＝あたえる）。❷よいことをしたためにあたえられる、神《かみ》や仏《ほとけ》のめぐみ。

くどく【口説く】 動詞 相手《あいて》を自分《じぶん》の思《おも》いどおりにしようとして、あれこれと話《はな》す。例 友《とも》だちを口説いて、いっしょに旅行《りょこう》に行《い》く。

くどくど［と］ 副詞 同《おな》じことをくり返《かえ》ししつこく言《い》うようす。例 くどくどと言《い》い訳《わけ》する。

くないちょう【宮内庁】 名詞 天皇《てんのう》や皇室《こうしつ》についての仕事《しごと》をする国《くに》の役所《やくしょ》。内閣府《ないかくふ》の下《した》にある。

くなしりとう【国後島】 名詞 北海道東部《ほっかいどうとうぶ》、千島列島《ちしまれっとう》にある島《しま》。江戸時代後期《えどじだいこうき》に千島探検《ちしまたんけん》の基地《きち》となった。参考 第二次世界大戦《だいにじせかいたいせん》のとき、ソ連軍《れんぐん》に占領《せんりょう》され、その後《ご》、日本《にほん》とロシアとの間《あいだ》で領土交渉《りょうどこうしょう》が続《つづ》いている。

くなん【苦難】 名詞 苦《くる》しみや困難《こんなん》。例 強《つよ》い意志《いし》で、苦難を乗《の》りこえる。

くに【国】 名詞 ❶国家《こっか》。例 日本《にほん》は東《ひがし》アジアにある国です。❷昔《むかし》、日本《にほん》の中《なか》をいくつかの区域《くいき》に分《わ》けた一《ひと》つ一《ひと》つ。例 土佐《とさ》の国。❸生《う》まれたところ。ふるさと。例 お国自慢《じまん》。❹地域《ちいき》。地方《ちほう》。例 北《きた》の国。❺ある場所《ばしょ》。ある世界《せかい》。例 おとぎの国。
漢→469ジペー こく〔国〕

●**国《くに》を挙げて** 国《くに》じゅうのみんながそろって。例 国を挙げてかんげいする。

くにがまえ【国構え】 名詞 「口」のこと。漢《かん》字《じ》の部首《ぶしゅ》の一《ひと》つ。囲・固・国・図などの漢字《かんじ》を作《つく》る。

くにがら【国柄】 名詞 国《くに》や地方《ちほう》の特色《とくしょく》。例 祭《まつ》りには、その地方《ちほう》のお国柄がよく出《で》ている。

くにくのさく【苦肉の策】 苦《くる》しまぎれに考《かんが》えたやり方《かた》。例 苦肉の策だったが、なんとかピンチを切《き》りぬけた。ことば 「苦肉《くにく》」は、敵《てき》をだますために、自分《じぶん》や味方《みかた》を苦《くる》しめること。

くにざかい【国境】 名詞 国《くに》と国《くに》との境目《さかいめ》。こっきょう。

くにじゅう【国中】 名詞 国全体《くにぜんたい》。全国《ぜんこく》。

くにもと【国元】 名詞 自分《じぶん》の生《う》まれたところ。ふるさと。

くぬぎ 名詞 山野《さんや》に生《は》える木《き》の一《ひと》つ。秋《あき》に、どんぐりと呼《よ》ばれる大《おお》きくて丸《まる》い実《み》がなり、葉《は》が落《お》ちる。まきや炭《すみ》にする。

くぬぎ

くねくね［と］ 副詞 動詞 ゆるやかに何度《なんど》も曲《ま》がるようす。例 くねくねした山道《やまみち》を歩《ある》く。

くねる 動詞 ゆるやかに折《お》れ曲《ま》がる。例 曲《ま》がりくねった道《みち》。

くのいち【くノ一】 名詞 女《おんな》の忍者《にんじゃ》。また、女性《じょせい》。ことば 「女」という文字が「く」と「ノ」と「一」に分解《ぶんかい》できることからきたことば。

くのう【苦悩】 名詞 動詞 苦《くる》しみなやむこと。

くはい【苦杯】 名詞 つらく苦《くる》しい経験《けいけん》。ことば 「苦《にが》い飲《の》み物《もの》を入《い》れたさかずき」という意味《いみ》からきたことば。

●**苦杯《くはい》をなめる** つらい経験《けいけん》をする。例 わずかの差《さ》で敗《やぶ》れて苦杯をなめた。

くばる【配る】 動詞 ❶物《もの》を割《わ》り当《あ》ててわたす。例 お菓子《かし》を配る。❷注意《ちゅうい》や心《こころ》を行《い》きわたらせる。例 気《き》を配る。
漢→1037ジペー はい〔配〕

くひ【句碑】 名詞 石《いし》に俳句《はいく》をほりつけて建《た》てたもの。

くび【首】 名詞 ❶頭《あたま》と胴《どう》をつなぐ細《ほそ》い部分《ぶぶん》。例 首かざり／スカーフを首に巻《ま》く。図→287ジペー からだ ❷頭《あたま》。例 窓《まど》から首を出《だ》すな。❸物《もの》の中間《ちゅうかん》の細《ほそ》くなっている部分《ぶぶん》。例 とっくりの首。❹やとっている人《ひと》をやめさせること。例 首にする。
漢→602ジペー しゅ〔首〕

●**首《くび》が回《まわ》らない** 借《か》りたお金《かね》が返《かえ》せなくて、どうにもならない。

●**首《くび》になる** 勤《つと》めをやめさせられる。

●**首《くび》をかしげる** どうも変《へん》だと思《おも》い、首《くび》を横《よこ》に曲《ま》げて考《かんが》える。

●**首《くび》を切《き》る** 勤《つと》めをやめさせる。

●**首《くび》をすくめる** 首《くび》を縮《ちぢ》める。例 大声《おおごえ》でどな

ことわざ　人《ひと》のふり見《み》て我《わ》がふり直《なお》せ　人《ひと》のすることをよく見《み》て自分《じぶん》はどうなのかを反省《はんせい》し、悪《わる》いところ

られて、思《おも》わず首をすくめる。ことば おどろいたり、困《こま》ったり、こわかったりしたときにするしぐさをいう。

●**首《くび》を縦《たて》に振《ふ》る** 承知《しょうち》する。賛成《さんせい》する。うなずく。例 旅行《りょこう》に反対《はんたい》していた母《はは》が、ようやく首を縦に振ってくれた。対 首《くび》を横《よこ》に振《ふ》る。

●**首《くび》を突《つ》っ込《こ》む** 自分《じぶん》から進《すす》んでものごとにかかわる。例 なんにでも首を突っ込みたがる。

●**首《くび》を長《なが》くする** 今《いま》か今《いま》かと待《ま》ちこがれる。例 遠足《えんそく》の日《ひ》を首を長くして待《ま》つ。

●**首《くび》をひねる** わからないとき、疑《うたが》わしいときに、首《くび》を少《すこ》し曲《ま》げて考《かんが》える。例「だれからのおくり物《もの》だろう？」と首をひねる。

●**首《くび》を横《よこ》に振《ふ》る** 断《ことわ》る。賛成《さんせい》しない。対 首《くび》を縦《たて》に振《ふ》る。

くびかざり【首飾り】 名詞 宝石《ほうせき》などをつないで輪《わ》にした、首《くび》にかけるかざり。ネックレス。

くびきり【首切り】 名詞
❶やとっている人《ひと》をやめさせること。解雇《かいこ》。
❷人《ひと》の首《くび》を切《き》ること。

くびじっけん【首実検】 名詞 動詞
❶昔《むかし》、うちとった敵《てき》の首《くび》が、ほんとうにその人《ひと》の首《くび》かどうかを確《たし》かめたこと。
❷実際《じっさい》に会《あ》って本人《ほんにん》かどうかを確《たし》かめること。
使い方「首実験」と書《か》かないよう注意《ちゅうい》。

くびすじ【首筋】 名詞 首《くび》の後《うし》ろの部分《ぶぶん》。類 うなじ。襟首《えりくび》。

くびったま【首っ玉】 名詞「首《くび》」のくだけた言《い》い方《かた》。例 父《ちち》の首っ玉にしがみつく。

くびっぴき【首っ引き】 名詞 たよりになる本《ほん》などをそばからはなさないで、いつも参考《さんこう》にすること。例 辞典《じてん》と首っ引きで宿題《しゅくだい》をした。

くびねっこ【首根っこ】 名詞 首《くび》の後《うし》ろの部《ぶ》分《ぶん》。首《くび》の根元《ねもと》。例 首根っこをおさえる（＝相《あい》手《て》の弱点《じゃくてん》をつかみ、自由《じゆう》をうばう）。

くびれる 動詞 物《もの》の中《なか》ほどが細《ほそ》くなっている。例 胴《どう》がくびれた花瓶《かびん》。

くびわ【首輪】 名詞 犬《いぬ》やねこなどの首《くび》にはめる輪《わ》。

くふう【工夫】 名詞 動詞 うまいやり方《かた》をあれこれと考《かんが》えること。また、考《かんが》えたやり方《かた》。例 引《ひ》き出《だ》しを工夫して使《つか》う。

●**工夫《くふう》を凝《こ》らす** あれこれ考《かんが》えて、よりうまいやり方《かた》をとり入《い》れる。熱心《ねっしん》に工夫《くふう》する。例 かざりつけに工夫を凝らす。

くぶくりん【九分九厘】 副詞 ほぼ確《たし》かに。ほとんど全部《ぜんぶ》。例 兄《あに》の入賞《にゅうしょう》は九分九厘決《き》まりだ。

くぶどおり【九分通り】 副詞 十分《じゅうぶん》の九《きゅう》くらい。ほとんど全部《ぜんぶ》。例 今日《きょう》の仕事《しごと》は九分通り終《お》わった。

くぶん【区分】 名詞 動詞 全体《ぜんたい》をいくつかに区《く》切《ぎ》って分《わ》けること。区《く》分《わ》け。例 土地《とち》を三《みっ》つに区分する。

くべつ【区別】 名詞 動詞 はっきりしたちがいによって分《わ》けること。また、そのちがい。例 五《ご》ひきのねこを毛《け》の色《いろ》で区別する／二人《ふたり》の字《じ》はそっくりで、区別がつかない。

くべる 動詞 火《ひ》の中《なか》に入《い》れて燃《も》やす。例 木《き》ぎれをたき火《び》にくべる。

くぼち【くぼ地】 名詞 周《まわ》りより低《ひく》く落《お》ちこんでいる土地《とち》。

くぼみ 名詞 土地《とち》や物《もの》のくぼんだところ。周《まわ》りよりへこんだところ。

くぼむ 動詞 周《まわ》りより低《ひく》く落《お》ちこむ。へこむ。例 くぼんだところに水《みず》がたまる。

くぼめる 動詞 周《まわ》りより低《ひく》くする。へこませる。例 ハンバーグの真《ま》ん中《なか》をくぼめる。

くぼち

くま 名詞
❶つかれたときなどに目《め》のまわりにできる、黒《くろ》ずんだ部分《ぶぶん》。例 寝不足《ねぶそく》が続《つづ》き、くまができてしまった。
❷おくまってかくれたところ。

くま【熊】 名詞 季語 冬 ずんぐりした形《かたち》の大《おお》きな動物《どうぶつ》。いろいろな動物《どうぶつ》や植物《しょくぶつ》を食《た》べる。日本《にほん》には、月《つき》の輪《わ》ぐま・ひぐまがいる。寒《さむ》いところ

くま【熊】
（つきのわぐま）

と。

ろにすむものは、冬《ふゆ》、穴《あな》の中《なか》で冬《ふゆ》ごもりする。

漢 **くま【熊】**〔灬《れんが》〕14画 4年 音 訓 くま

ム ⺈ 育 育 能 能 熊

くま。動物《どうぶつ》のくま。

くまざさ 名詞 ささのなかま。山地《さんち》に生《は》える。葉《は》はふつうのささよりも大《おお》きく、冬《ふゆ》に葉《は》のふちだけが白《しろ》くなる。

くまざさ

くまそ 名詞 「古事記《こじき》」や「日本書紀《にほんしょき》」に出《で》てくる、古代《こだい》の南《みなみ》九州《きゅうしゅう》の地名《ちめい》。また、そこに住《す》んでいた部族《ぶぞく》。やまとたけるに討《う》たれたという伝説《でんせつ》がある。

くまで【熊手】 名詞 季語冬 ❶長《なが》い棒《ぼう》の先《さき》に竹《たけ》のつめを何本《なんぼん》もつけた、くまの手《て》のような形《かたち》の道具《どうぐ》。落《お》ち葉《ば》などをかき寄《よ》せるのに使《つか》う。❷とりの市《いち》（＝十一月《じゅういちがつ》のとりの日《ひ》に行《おこな》われる市《いち》）で売《う》るかざり物《もの》。くまの手《て》のような形《かたち》の竹《たけ》に、お面《めん》などをかざりつけたもの。縁起《えんぎ》のよいものとして、店《みせ》などにかざられる。

くまで❷
くまで❶

ことば 季語《きご》として使《つか》うのは❷の意味《いみ》。

くまどり【くま取り】 名詞 動詞 かぶき役者《やくしゃ》が、役《やく》の性格《せいかく》や表情《ひょうじょう》を強調《きょうちょう》するために、顔《かお》に赤《あか》や青《あお》の線《せん》をかくこと。また、その線《せん》。

くまなく 副詞 残《のこ》らず。すみずみまで。例 財布《さいふ》をなくし、部屋《へや》の中《なか》をくまなくさがした。

くまのがわ【熊野川】 名詞 奈良県南部《ならけんなんぶ》から和歌山県《わかやまけん》・三重県《みえけん》の県境《けんざかい》を流《なが》れる川《かわ》。十津川《とつかわ》と北山川《きたやまかわ》が合流《ごうりゅう》し、和歌山県《わかやまけん》の新宮市《しんぐうし》で熊野《くまの》灘《なだ》に注《そそ》ぐ。新宮川《しんぐうがわ》。

くまのなだ【熊野灘】 名詞 和歌山県《わかやまけん》の潮岬《しおのみさき》から三重県志摩半島《みえけんしまはんとう》の大王崎《だいおうざき》までの海《うみ》。沿岸《えんがん》を黒潮《くろしお》が流《なが》れ、よい漁場《ぎょじょう》となっている。

くまばち 名詞 季語春 体長《たいちょう》二・五センチメートルくらいの大形《おおがた》のはち。体《からだ》は黒《くろ》く、胸《むね》と背中《せなか》は黄《き》色《いろ》い毛《け》におおわれている。かれ木《き》などに穴《あな》をあけて巣《す》を作《つく》る。「くまんばち」ともいう。

くまばち

くまもとけん【熊本県】 名詞 九州《きゅうしゅう》の中西部《ちゅうせいぶ》にある県《けん》。阿蘇山《あそさん》・天草諸島《あまくさしょとう》がある。農業《のうぎょう》がさかん。県庁《けんちょう》は熊本市《くまもとし》にある。

くまもとし【熊本市】 名詞 熊本県《くまもとけん》の中央部《ちゅうおうぶ》にある大《おお》きな都市《とし》。九州地方《きゅうしゅうちほう》のほぼ中央《ちゅうおう》にあり、交通《こうつう》の要地《ようち》。熊本県《くまもとけん》の県庁《けんちょう》がある。

くまんばち 名詞 ❶➡689ジページ すずめばち ❷「くまばち」のこと。

くみ【組み・組】 名詞 ❶学級《がっきゅう》。クラス。例 三年一組《さんねんいちくみ》。❷いっしょになっている仲間《なかま》。例 三人《さんにん》ずつの組《くみ》を作《つく》る。❸ひとそろいのもの。例 赤《あか》と青《あお》の組《くみ》みになった鉛筆《えんぴつ》。漢➡743ジページ そ〔組〕

ぐみ 名詞 季語秋 山地《さんち》などに生《は》える低《ひく》い木《き》。小《ちい》さな赤《あか》い実《み》は食《た》べられる。

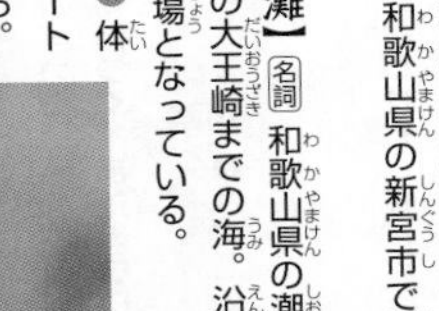
ぐみ

くみあい【組合】 名詞 同《おな》じ目的《もくてき》を持《も》った人《ひと》たちの、おたがいに助《たす》け合《あ》うための団体《だんたい》。例 労働《ろうどう》組合／協同《きょうどう》組合。

くみあわせ【組み合わせ】 名詞 ❶相手《あいて》を決《き》めて組《く》みにしたもの。例 試合《しあい》の組み合わせ。❷いくつかのものを集《あつ》めて一《ひと》つにしたもの。例 食器《しょっき》の組み合わせを買《か》う。

くみあわせる【組み合わせる】 動詞 ❶二《ふた》つ以上《いじょう》のものを合《あ》わせて、ひとそろいのものにする。例 板《いた》を組み合わせて箱《はこ》を作《つく》る。❷試合《しあい》の相手《あいて》を決《き》める。

くみいれる【組み入れる】 動詞 全体《ぜんたい》の一部《いちぶ》となるような形《かたち》で、新《あたら》しく入《い》れる。例 遠足《えんそく》の

ことわざ **人《ひと》は見《み》かけによらぬもの** 人《ひと》の性格《せいかく》や能力《のうりょく》は、外見《がいけん》だけで判断《はんだん》することはできないというこ

日程《にってい》に工場見学《こうじょうけんがく》を組み入れる。

くみかえる【組み替える】 動詞 一度《いちど》組《く》んだものをとりやめて、新《あたら》しく組み直《なお》す。例 修学旅行《しゅうがくりょこう》の日程《にってい》を組み替える。

くみがみ【組み紙】 名詞 細長《ほそなが》く切《き》った色紙《いろがみ》を組《く》み合《あ》わせて、さまざまな模様《もよう》を作《つく》る遊《あそ》び。

くみきょく【組曲】 名詞 いくつかの曲《きょく》を組《く》み合《あ》わせて一《ひと》つの曲《きょく》にまとめた、音楽《おんがく》の形式《けいしき》。

くみこむ【組み込む】 動詞 全体《ぜんたい》の中《なか》に、きちんと収《おさ》まるように入《い》れる。組《く》み入《い》れる。例 本代《ほんだい》を予算《よさん》に組み込む。

くみしやすい 形容詞 勝負《しょうぶ》などの相手《あいて》として、おそれるほどでもない。あつかいやすい。例 くみしやすいと思《おも》って油断《ゆだん》するな。

くみする 動詞 あることに賛成《さんせい》して、その仲間《なかま》になる。味方《みかた》になる。例 ぼくは、二人《ふたり》のどちらにもくみしてはいない。

くみたいそう【組体操】 名詞 多《おお》くの人《ひと》で、まとまった形《かたち》をつくる運動《うんどう》。

くみたて【組み立て】 名詞 ❶いくつかのものを組《く》み合《あ》わせてつくること。例 組み立て式家具《しきかぐ》。❷しくみ。構造《こうぞう》。例 文章《ぶんしょう》の組み立て。

くみたてる【組み立てる】 動詞 ばらばらなものを組《く》み合《あ》わせて、まとまったものにする。例 模型《もけい》を組み立てる／文章《ぶんしょう》を組み立てる。

くみつく【組み付く】 動詞 組《く》もうとして、相手《あいて》の体《からだ》にとりつく。

くみとる【くみ取る】 動詞 ❶水《みず》などをくんで、入《い》れ物《もの》に入《い》れる。❷人《ひと》の気持《きも》ちを考《かんが》えて理解《りかい》する。思《おも》いやる。例 友《とも》だちの心《こころ》をくみ取る。

くみふせる【組み伏せる】 動詞 相手《あいて》の体《からだ》にとりついてたおし、おさえつける。例 暴《あば》れる犯人《はんにん》を組み伏せる。

くみわけ【組分け】 名詞 動詞 人《ひと》や物《もの》をいくつかの組《くみ》に分《わ》けること。

くみん【区民】 名詞 その区《く》に住《す》んでいる人《ひと》。区《く》の住民《じゅうみん》。関連 市民《しみん》。町民《ちょうみん》。村民《そんみん》。

くむ 動詞 ❶水《みず》などをすくいとる。例 川《かわ》の水《みず》をくむ。❷人《ひと》の気持《きも》ちを考《かんが》える。思《おも》いやる。例 友人《ゆうじん》の気持《きも》ちをくんでだまっていた。❸酒《さけ》や茶《ちゃ》などを入《い》れ物《もの》につぐ。また、ついで飲《の》む。

使い方 ❷は、「酌む」とも書《か》く。❸は、酒《さけ》の場合《ばあい》は「酌む」と書《か》く。

くむ【組む】 動詞 ❶交差《こうさ》させる。からみ合《あ》わせる。例 指《ゆび》を組む。❷部分《ぶぶん》を合《あ》わせて、一《ひと》つのまとまったものをつくる。例 列《れつ》を組んで行進《こうしん》する。❸仲間《なかま》になる。例 トランプで弟《おとうと》と組む／敵《てき》だった人物《じんぶつ》と手《て》を組む。❹たがいの体《からだ》をつかんで、相手《あいて》になる。例 相《あい》手《て》と四《よ》つに組む。漢 ⇩743ページ そ【組】

くめん【工面】 名詞 動詞 苦労《くろう》して、品物《しなもの》やお金《かね》を必要《ひつよう》なだけそろえること。都合《つごう》をつけること。例 旅行《りょこう》のお金《かね》を工面する。類 才覚《さいかく》。算段《さんだん》。

くも 名詞 季語 夏 足《あし》が八本《はちほん》ある動物《どうぶつ》。体《からだ》から出《だ》した糸《いと》であみを張《は》って、かかった虫《むし》を食《た》べるものと、あみを張《は》らないものとがいる。参考 昆虫《こんちゅう》のなかまではない。

くも

●**くもの子を散らす** 大勢《おおぜい》の人《ひと》がいっせいに散《ち》らばってにげるようすのたとえ。ことば くもの子供《こども》が、卵《たまご》の入《はい》っているふくろからいっせいに出《で》てくるようすからきたことば。

くも【雲】 名詞 空気中《くうきちゅう》の水分《すいぶん》が細《こま》かい水《みず》のつぶになって空《そら》にうかんでいるもの。例 雲間《くもま》／雨《あま》雲《くも》／夕焼《ゆうや》け雲。図 ⇩395ページ 漢 ⇩144ページ うん【雲】

●**雲《くも》をつかむ** はっきりしなくて、よくわからないことのたとえ。例 雲をつかむような話《はなし》。

●**雲《くも》をつく** 非常《ひじょう》に背《せ》が高《たか》いことのたとえ。例 雲をつくような大男《おおおとこ》。

くもあし【雲足・雲脚】 名詞 雲《くも》の動《うご》くようす。雲《くも》の流《なが》れ。例 雲足が速《はや》い。

くもがくれ【雲隠れ】 名詞 動詞 人《ひと》に見《み》つからないように、姿《すがた》をかくすこと。例 犯人《はんにん》は雲隠れしてしまった。ことば もとは、月《つき》などが雲《くも》にかくれることを表《あらわ》すことば。

くもつ【供物】 名詞 神《かみ》や仏《ほとけ》に供《そな》える物《もの》。お供《そな》え物《もの》。

くものすチャート【くもの巣チャート】 ⇩1411ページ レーダーチャート

くものみね【雲の峰】 名詞 季語 夏 夏《なつ》に、山《やま》のみねのように高《たか》く盛《も》り上《あ》がった雲《くも》。入道雲《にゅうどうぐも》。

くもま【雲間】 名詞 雲《くも》の切《き》れ目《め》。例 雲間から太陽《たいよう》がのぞく。

くもゆき【雲行き】 名詞 ❶雲《くも》が動《うご》くようす。例 ひと雨来《あめき》そうな雲行き。❷ものごとの成《な》り行《ゆ》き。例 話《はなし》の雲行きがあやしくなってきた。

くもり【曇り】 名詞 ❶空《そら》が雲《くも》におおわれた天気《てんき》。例 曇り空《ぞら》／晴《は》れのち曇り。教科 理 空全体《そらぜんたい》を10として、雲《くも》の広《ひろ》さが9〜10のときをいう。❷すき通《とお》っていたものや光《ひか》っていたものが、ぼやけてはっきりしないこと。例 曇りガラス／めがねの曇り。❸心《こころ》がすっきりしないこと。気《き》が晴《は》れないこと。例 心《こころ》の曇りがようやく晴《は》れた。

くもりガラス【曇りガラス】 ⇒701ページ すりガラス

くもる【曇る】 動詞 ❶雲《くも》で空《そら》がおおわれる。例 朝《あさ》から曇っている。❷すき通《とお》っていたものや光《ひか》っていたものが、はっきりしなくなる。ぼんやりかすむ。例 湯気《ゆげ》でガラス窓《まど》が曇る。❸心配《しんぱい》なことがあって、気分《きぶん》や表情《ひょうじょう》が暗《くら》くなる。例 悪《わる》い知《し》らせに母《はは》の顔《かお》が曇った。

くも【雲】

くもん【苦もん】 名詞 動詞 苦《くる》しんで体《からだ》をねじり動《うご》かすこと。また、心《こころ》の中《なか》で深《ふか》く苦《くる》しみなやむこと。例 激《はげ》しい痛《いた》みに苦もんする／自分《じぶん》のおかした罪《つみ》に気づいて苦もんする。

ぐもん【愚問】 名詞 つまらない質問《しつもん》。

くやくしょ【区役所】 名詞 区の仕事《しごと》をする役所《やくしょ》。関連 市役所《しやくしょ》。

くやしい【悔しい】 形容詞 思《おも》うとおりにならなかったり、いやな目《め》にあわされたりして、とても残念《ざんねん》である。例 試合《しあい》に負《ま》けて悔しい／ばかにされて悔しい。⇒396ページ ことばにチャレンジ

くやしなみだ【悔し涙】 名詞 くやしいときや残念《ざんねん》なときに流《なが》すなみだ。

くやしまぎれ【悔し紛れ】 名詞 くやしさのあまり、よい悪《わる》いを考《かんが》えずにむちゃなことをすること。例 悔し紛れにわめきちらした。

くやみ【悔やみ】 名詞 人《ひと》が死《し》んだのをおしんで、残《のこ》された家族《かぞく》などをなぐさめること。また、そのことば。使い方「お悔《く》やみ」の形《かたち》で使《つか》うことが多《おお》い。

くやむ【悔やむ】 動詞 ❶あとで残念《ざんねん》に思《おも》う。後悔《こうかい》する。例 すんでしまったことを悔やんでもしかたがない。❷人《ひと》の死《し》を悲《かな》しみおしむ。

くゆらす 動詞 ゆっくりとけむりを立《た》てる。例 たばこをくゆらす／お香《こう》をくゆらす。

くよう【供養】 名詞 動詞 仏《ほとけ》や死《し》んだ人《ひと》に、物《もの》を供《そな》えたりお経《きょう》を唱《とな》えたりして、たましいをな

ことわざ　火《ひ》のない所《ところ》に煙《けむり》は立《た》たない　まったく火《ひ》の気《け》のない所《ところ》からけむりが出《で》るはずがないように、ま

ことばにチャレンジ！

くやしい

いろんなことばでいろんな「くやしい」を表《あらわ》してみよう！

入門編《にゅうもんへん》

●まずは、よく使《つか》う別《べつ》のことばで

くいる 本番当日《ほんばんとうじつ》、かぜを引《ひ》いて、力《ちから》が出《だ》しきれなかったことを**くい**ている。……p.377

くやむ 昨日《きのう》、妹《いもうと》にちゃんとあやまらなかったことを**くやん**でいる。……p.395

後悔《こうかい》 夏休《なつやす》みにちゃんと勉強《べんきょう》しなかったことを**後悔《こうかい》**した。……p.447

残念《ざんねん》 親友《しんゆう》と同《おな》じクラスになれなくて**残念《ざんねん》だ**。……p.549

修行編《しゅぎょうへん》

●次《つぎ》に、少《すこ》しむずかしいことばで

思《おも》い残《のこ》す 紅白《こうはく》リレーでは、**思《おも》い残《のこ》す**ことのないようがんばりたい。……p.202

心残《こころのこ》り 引《ひ》っ越《こ》しの日《ひ》に、友《とも》だちの見送《みおく》りに行《い》けなかったのが**心残《こころのこ》りだ**。……p.477

未練《みれん》 実力《じつりょく》を出《だ》しきったのだから**未練《みれん》**はない。……p.1282

無念《むねん》 運動会《うんどうかい》の前《まえ》に転校《てんこう》することになり、**無念《むねん》に**思《おも》う。……p.1293

達人編《たつじんへん》

●背《せ》のびして、もっとむずかしいことばで

口《くち》おしい 予選《よせん》で負《ま》けてしまったとは**口《くち》おしい**。……p.387

「口《くち》おしい」は少《すこ》し古《ふる》い言《い》い方《かた》だよ！

情《なさ》けない はっきりいやだと言《い》えなかった自分《じぶん》が**情《なさ》けない**。……p.974

遺憾《いかん》 市立公園《しりつこうえん》で事故《じこ》が起《お》こり、市長《しちょう》が**遺憾《いかん》**の意《い》を表明《ひょうめい》した。……p.72

不本意《ふほんい》 実力《じつりょく》テストは**不本意《ふほんい》な**結果《けっか》に終《お》わった。……p.1166

悔《く》いを残《のこ》す 練習不足《れんしゅうぶそく》で試合《しあい》に出《で》たら、**悔《く》いを残《のこ》す**ことになる。……p.376

もっと

●くやしい気持《きも》ちが外《そと》に表《あらわ》れた表現《ひょうげん》で

舌打《したう》ち ヒットを続《つづ》けて打《う》たれ、ピッチャーが**舌打《したう》ちする**。……p.574

歯《は》ぎしり ゴール直前《ちょくぜん》で転《ころ》んでしまい、**歯《は》ぎしりした**。……p.1046

後《うし》ろ髪《がみ》を引《ひ》かれる

かぜを引《ひ》いた弟《おとうと》を残《のこ》し、**後《うし》ろ髪《がみ》を引《ひ》かれる**思《おも》いで出《で》かける。……p.124

□□□□をかむ あと一歩《いっぽ》というところで負《ま》けてしまい、**□□□□をかん**だ。

□に当《あ》てはまるひらがなは何《なに》？ p.389にのっている見出《みだ》し語《ご》だよ！

じだんだをふむ 魚《さかな》ににげられて、**じだんだをふん**だ。……p.576

なみだをのむ

最後《さいご》のフリーキックでゴールを決《き》められ、**なみだをのん**だ。……p.982

まねことば

●ようすまねことばを使《つか》って

うじうじ[と] すんだことを**うじうじと**考《かんが》えつづけてもしかたがない。……p.124

くよくよ[と] また次《つぎ》があるんだから**くよくよする**なよ。……p.397

うばかりで、まったくためにならない。

ぐさめ、死後《しご》の世界《せかい》での幸《しあわ》せをいのること。

くよくよ［と］ 副詞 動詞 しかたのないことを、いつまでも気《き》にするようす。例 過去《かこ》の失敗《しっぱい》を思《おも》い出《だ》してはくよくよしている。

くら 名詞 人《ひと》や荷物《にもつ》をのせるために、馬《うま》や牛《うし》の背《せ》中《なか》につける道具《どうぐ》。図 ➡47ジベーあぶみ

くら【倉・蔵】 名詞 大事《だいじ》な物《もの》などをしまっておく建物《たてもの》。類 倉庫《そうこ》。ことば「倉《くら》」は、もともとは米《こめ》などの穀物《こくもつ》をしまっておく建物《たてもの》のこと。

漢 ➡744ジベーそう〔倉〕・746ジベーぞう〔蔵〕

クラーク 名詞 （一八二六～一八八六）アメリカの教育家《きょういくか》。日本《にほん》に招《まね》かれ、札幌農学校《さっぽろのうがっこう》（＝今《いま》の北海道大学《ほっかいどうだいがく》）でキリスト教《きょう》精神《せいしん》による教育《きょういく》を行《おこな》った。参考「少年《しょうねん》よ、大志《たいし》をいだけ」ということばが有名《ゆうめい》。

くらい 助詞 （ほかのことばのあとにつけて）だいたいの量《りょう》や程度《ていど》を表《あらわ》す。「ぐらい」ともいう。例 五十人《ごじゅうにん》くらい／きみくらい上手《じょうず》になりたい。

くらい【位】 名詞 ❶身分《みぶん》。地位《ちい》。例 位の高《たか》い役人《やくにん》。❷数《かず》を表《あらわ》すために十倍《じゅうばい》ごとにつける名《な》。例 一《いち》の位／十《じゅう》の位／百《ひゃく》の位／千《せん》の位。

漢 ➡66ジベーい〔位〕

くらい【暗い】 形容詞 ❶光《ひかり》の量《りょう》が少《すく》なくて、物《もの》がよく見《み》えないようす。例 昼《ひる》でも暗い森《もり》の中《なか》。対 明《あか》るい。❷気持《きも》ちやようすが晴《は》れ晴《ば》れとしない。例 暗い気分《きぶん》になる／暗い調子《ちょうし》の音楽《おんがく》。対 明《あか》るい。❸色《いろ》がくすんでいる。例 暗い赤色《あかいろ》。対 明《あか》るい。❹希望《きぼう》が持《も》てないようす。例 先《さき》の見通《みとお》しが暗い。対 明《あか》るい。❺あるものごとについてよく知《し》らない。例 世《よ》の中《なか》のできごとに暗い。対 明《あか》るい。

漢 ➡61ジベーあん〔暗〕

ぐらい ➡397ジベーくらい

くらいする【位する】 動詞 その場所《ばしょ》や地位《ちい》をしめる。例 県《けん》のトップに位する選手《せんしゅ》。

グライダー （glider） 名詞 エンジンやプロペラがなく、空気《くうき》の流《なが》れに乗《の》って飛《と》ぶ飛行機《ひこうき》。

くらいつく【食らい付く】 動詞 ❶勢《いきお》いよくかみつく。例 魚《さかな》がえさに食らい付く。❷しっかりととりつく。しがみつく。例 敵《てき》に食らい付いてはなれない。

くらいどり【位取り】 名詞 動詞 一《いち》の位《くらい》、十《じゅう》の位《くらい》、百《ひゃく》の位《くらい》などの、数《かず》の位《くらい》を決《き》めること。

クライマックス （climax） 名詞 映画《えいが》・劇《げき》・音楽《おんがく》・スポーツなどで、興奮《こうふん》や感動《かんどう》がいちばん高《たか》まる場面《ばめん》。類 最高潮《さいこうちょう》。山場《やまば》。

くらう【食らう】 動詞 ❶「食《た》べる」「飲《の》む」の乱暴《らんぼう》な言《い》い方《かた》。❷よくないことを受《う》ける。例 げんこつを食らう／不意《ふい》を食らう。

漢 ➡645ジベーしょく〔食〕

クラウド （cloud） 名詞 ❶雲《くも》。また、雲《くも》のようなもの。❷「クラウドコンピューティング」のこと。❸「クラウドサービス」のこと。❹クラウドコンピューティングで使われる、インターネット上《じょう》にあるサーバーのこと。ことば ❷～❹は、ネットワークを雲《くも》にたとえたことば。

クラウドコンピューティング （cloud computing） 名詞 利用者《りようしゃ》のパソコンではなく、インターネット上《じょう》にあるサーバーを使《つか》って、データの処理《しょり》などを行《おこな》うこと。

➡115ジベー 社会へのとびら インターネット

クラウドサービス （cloud service） 名詞 クラウドコンピューティングを使《つか》って提供《ていきょう》される、さまざまなサービスのこと。

グラウンド （ground） 名詞 運動《うんどう》や競技《きょうぎ》などをする場所《ばしょ》。グランド。ことば「一面《いちめん》」と数《かぞ》える。

くらがり【暗がり】 名詞 暗《くら》いところ。また、人目《ひとめ》につかないところ。対 明《あか》るみ。

くらく【苦楽】 名詞 苦《くる》しいことや楽《たの》しいこと。

● **苦楽《くらく》を共《とも》にする** 苦《くる》しい時《とき》も楽《たの》しい時《とき》も、いっしょに力《ちから》を合《あ》わせて生活《せいかつ》する。

クラクション （klaxon） 名詞 自動車《じどうしゃ》についている、危険《きけん》を知《し》らせるために鳴《な》らす装置《そうち》。類 警笛《けいてき》。ことば もとは商標名《しょうひょうめい》で、「クラクソン」という会社《かいしゃ》がつくっていたことから、この名《な》がついた。

ぐらぐら［と］ 副詞 動詞 ❶物《もの》がゆれ動《うご》くようす。例 地震《じしん》でぐらぐらゆれる／いすのあしがぐらぐらする。❷ 副詞 湯《ゆ》が激《はげ》しく煮《に》えるようす。例 なべの中《なか》の湯《ゆ》がぐらぐらと煮《に》え立《た》つ。

ことわざ **百害《ひゃくがい》あって一利《いちり》なし** 悪《わる》いところばかりで、ためになるところが一《ひと》つもない。悪《わる》いえいきょ

くらげ 名詞 季語 夏 海《うみ》にすむ、やわらかい体《からだ》をした動物《どうぶつ》。かさを広《ひろ》げたような形《かたち》をしていて、水中《すいちゅう》をただよい、プランクトンをえさにする。種類《しゅるい》が多《おお》く、食用《しょくよう》になるものもある。

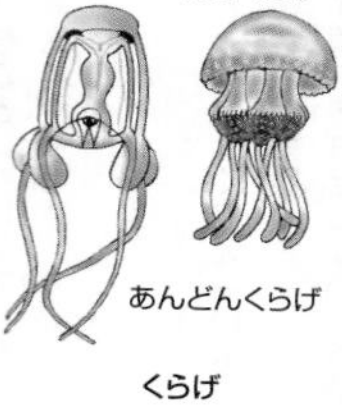

くらげ

くらし【暮らし】 名詞 毎日《まいにち》を過《す》ごしていくこと。生活《せいかつ》。また、お金《かね》の面《めん》からみた生活《せいかつ》のようす。例 日々《ひび》の暮らし／暮らしが楽《らく》になる。

●**暮《く》らしを立《た》てる** お金《かね》をかせいで、毎日《まいにち》の生《せい》活《かつ》をしていく。

グラジオラス (gladiolus) 名詞 季語 夏 あやめのなかまの草花《くさばな》の一《ひと》つ。球根《きゅうこん》でふえる。葉《は》は細長《ほそなが》く、おもに夏《なつ》に、白《しろ》・赤《あか》・黄《き》などの大《おお》きな花《はな》を穂《ほ》のようにつける。

グラジオラス

クラシック (classic) ❶ 名詞 音楽《おんがく》や文学《ぶんがく》などで、昔《むかし》から多《おお》くの人々《ひとびと》に親《した》しまれてきた、すぐれた作品《さくひん》。とくに、古《こ》典音楽《てんおんがく》を指《さ》すことが多《おお》い。❷ 形容動詞 昔風《むかしふう》なようす。古典的《こてんてき》。例 クラシックなデザイン／クラシックな建物《たてもの》。対 モダン。

くらしぶり【暮らしぶり】 名詞 生活《せいかつ》のしかた。毎日《まいにち》の暮《く》らしのようす。例 大昔《おおむかし》の人々《ひとびと》の暮らしぶりを伝《つた》える遺跡《いせき》。

くらしむき【暮らし向き】 名詞 生活《せいかつ》のようす。とくに、お金《かね》の面《めん》からみた生活《せいかつ》のようす。例 暮らし向きがよくなる。

くらす【暮らす】 動詞 ❶一日一日《いちにちいちにち》を過《す》ごす。例 毎日《まいにち》を幸《しあわ》せに暮らす。❷生活《せいかつ》する。生計《せいけい》を立《た》てる。例 野菜《やさい》を売《う》って暮らしている。

㊇ ⇒405ページ《ジ》くーれる〔暮〕

クラス (class) 名詞 ❶学級《がっきゅう》。組《くみ》。例 クラス委員《いいん》。❷順位《じゅんい》や地位《ちい》などの上下《じょうげ》を区別《くべつ》した段階《だんかい》。例 トップクラス。

グラス (glass) 名詞 ❶ガラスでできたコップ。例 ワイングラス。❷ガラス。例 ステンドグラス。❸めがね。また、双眼鏡《そうがんきょう》。例 サングラス／オペラグラス。

クラスかい【クラス会】 名詞 同《おな》じ学級《がっきゅう》で学《まな》んだ人《ひと》たちが集《あつ》まる会《かい》。関連 同窓会《どうそうかい》。

クラスメート (classmate) 名詞 同《おな》じクラスの仲間《なかま》。同級生《どうきゅうせい》。類 級友《きゅうゆう》。

グラタン (フランス語) 名詞 西洋料理《せいようりょうり》の一《ひと》つ。ホワイトソースに肉《にく》や野菜《やさい》などを混《ま》ぜて皿《さら》に入《い》れ、粉《こな》チーズなどをかけてオーブンで焼《や》いた料《りょう》理《り》。

クラッカー (cracker) 名詞 ❶かたく焼《や》いた塩味《しおあじ》のビスケット。❷ひもを引《ひ》くと音《おと》を立《た》てて紙《かみ》ふぶきや紙《かみ》テープが飛《と》び出《だ》すおもちゃ。

ぐらつく 動詞 ❶ぐらぐらする。ゆれ動《うご》く。例 いすがぐらつく。❷気持《きも》ちが決《き》まらない。例 決心《けっしん》がぐらつく。

グラデーション (gradation) 名詞 色《いろ》の調子《ちょうし》やこさが少《すこ》しずつ変化《へんか》していくこと。例 夕焼《ゆうや》けの空《そら》をグラデーションをつけてえがく。

くらばらい【蔵払い】 名詞 動詞 倉庫《そうこ》に残《のこ》っている商品《しょうひん》を、安《やす》く売《う》って整理《せいり》すること。例 年《ねん》に一度《いちど》の蔵払いセール。

グラビア (gravure) 名詞 印刷《いんさつ》の方法《ほうほう》の一《ひと》つ。写真《しゃしん》・絵《え》などの印刷《いんさつ》に適《てき》している。また、この方法《ほうほう》で印刷《いんさつ》された、雑誌《ざっし》などの写真《しゃしん》のページ。

クラブ (club) 名詞 ❶同《おな》じ目的《もくてき》を持《も》った人々《ひとびと》の集《あつ》まり。また、集《あつ》まる場所《ばしょ》。例 スイミングクラブ。❷ゴルフで、ボールを打《う》つ道具《どうぐ》。❸トランプの、黒《くろ》い♣の印《しるし》。

グラフ (graph) 名詞 ❶二《ふた》つ以上《いじょう》の数《かず》や量《りょう》の関係《かんけい》がひと目《め》でわかるように表《あらわ》した図《ず》。円《えん》グラフ・帯《おび》グラフ・折《お》れ線《せん》グラフ・棒《ぼう》グラフなど。❷写真《しゃしん》や絵《え》を中心《ちゅうしん》にしてつくった雑誌《ざっし》。

グラブ ⇒405ページ《ジ》グローブ

グラフィック (graphic) 名詞 形容動詞 写真《しゃしん》や絵《え》、図《ず》などを使《つか》って、人《ひと》の目《め》を引《ひ》きつけること。また、そのようにしてつくった印刷物《いんさつぶつ》など。例 グラフィックデザイン（＝印刷物《いんさつぶつ》や広告《こうこく》などのデザイン）。

クラブかつどう【クラブ活動】 名詞 学校《がっこう》で、決《き》められた勉強《べんきょう》のほかに、グループで研究《けんきゅう》や運動《うんどう》などを行《おこな》う活動《かつどう》。

クラフトテープ 名詞 紙《かみ》で作《つく》った、はばの広《ひろ》い粘着《ねんちゃく》テープ。荷《に》づくりなどに使《つか》う。ことば 英《えい》語《ご》をもとに日本《にほん》で作《つく》られたことば。

くらべものにならない【比べ物にならない】 差《さ》が大《おお》きすぎて、比《くら》べることができない。例 今年《ことし》の夏《なつ》は去年《きょねん》とは比べ物にならない暑《あつ》さだ。

くらべる【比べる】 動詞 二《ふた》つ以上《いじょう》のもののちがいを調《しら》べる。例 手《て》の大《おお》きさを比べる／冬《ふゆ》に比べて夏《なつ》は雨《あめ》が多《おお》い。漢 ⇒1094ページ《ジ》 ひ〔比〕

くらます 動詞 ❶だれにも気《き》づかれないようにする。見《み》えなくする。例 犯人《はんにん》は、ゆくえをくらました。❷ごまかす。例 変装《へんそう》して人《ひと》の目《め》をくらます。

くらむ 動詞 （「目《め》がくらむ」の形《かたち》で）❶急《きゅう》に強《つよ》い光《ひかり》を受《う》けて、何《なに》も見《み》えなくなる。例 車《くるま》のライトで目《め》がくらんだ。❷めまいがする。目《め》が回《まわ》る。例 おなかがすいて、目《め》がくらんだ。❸何《なに》かに心《こころ》をうばわれて、よい悪《わる》いの判断《はんだん》ができなくなる。例 金《かね》に目《め》がくらむ。

グラム （フランス語）名詞 メートル法《ほう》の重《おも》さの単《たん》位《い》。一《いち》グラムは、セ氏四度《しよんど》の水一立方《みずいちりっぽう》センチメートルの重《おも》さにほぼ等《ひと》しく、一《いち》キログラムの千《せん》分《ぶん》の一《いち》。記号《きごう》は「g」。

くらやみ【暗闇】 名詞 ❶暗《くら》いところ。また、暗《くら》いこと。❷人目《ひとめ》につかないところ。例 事件《じけん》を暗闇にほうむる（＝人《ひと》に知《し》られないようにかくす）。

クラリネット （clarinet）名詞 木管楽器《もっかんがっき》の一《ひと》つ。明《あか》るい音《おと》を出《だ》す縦笛《たてぶえ》。図 ⇒269ページ《ジ》 がっき〔楽器〕

くらわす【食らわす】 動詞 ❶食《た》べさせる。食《く》わせる。❷好《この》ましくないものを、一方的《いっぽうてき》にあたえる。例 パンチを食らわす／小言《こごと》を食らわす。使い方 「食《く》わす」の乱暴《らんぼう》な言《い》い方《かた》。

グランド ⇒397ページ《ジ》 グラウンド

グランドキャニオン （Grand Canyon）名詞 アメリカ合衆国《がっしゅうこく》のアリゾナ州北西部《しゅうほくせいぶ》にある、はばがせまく深《ふか》い谷《たに》。コロラド高原《こうげん》をコロラド川《がわ》がけずってできた。深《ふか》さが千六百《せんろっぴゃく》メートルもある。

グランプリ （フランス語）名詞 コンクールやレースなどであたえられる最高《さいこう》の賞《しょう》。

くり 名詞 季語 秋 ぶなのなかまの木《き》の一《ひと》つ。実《み》はいがに包《つつ》まれていて、熟《じゅく》すといががさけて飛《と》び出《だ》す。木《き》の幹《みき》はかたくて水《みず》に強《つよ》いので、線路《せんろ》のまくら木《ぎ》や家《いえ》の土台《どだい》などに使《つか》う。

くり

ことば 漢字《かんじ》では「栗」と書《か》く。

くり【庫裏】 名詞 ❶寺《てら》の台所《だいどころ》。❷寺《てら》のおぼうさんやその家族《かぞく》が住《す》む部屋《へや》。

クリア ⇒399ページ《ジ》 クリアー

クリアー （clear）❶ 名詞 動詞 走《はし》り高《たか》とびや棒高《ぼうたか》とびなどの競技《きょうぎ》で、バーを落《お》とさないでとびこえること。❷ 名詞 動詞 サッカーなどで、相手《あいて》のこうげきをはね返《かえ》すこと。❸ 名詞 動詞 難《むずか》しい問題《もんだい》などを乗《の》りこえること。例 一次審査《いちじしんさ》をクリアーする。❹ 名詞 動詞 コンピューターなどで、消去《しょうきょ》すること。例 データをクリアーする。❺ 形容動詞 すみわたったようす。さえているようす。例 クリアーな映像《えいぞう》／クリアーな頭脳《ずのう》。ことば 「クリア」「クリヤー」ともいう。

くりあがり【繰り上がり】 名詞 足《た》し算《ざん》で、ある位《くらい》の数《かず》の和《わ》が二《ふた》けたになったとき、一《ひと》つ上《うえ》の位《くらい》に数《かず》が加《くわ》わること。対 繰《く》り下《さ》がり。

くりあげる【繰り上げる】 動詞 ❶順《じゅん》に上《うえ》に上《あ》げる。例 一位《いちい》の人《ひと》が失格《しっかく》なので、二位《にい》の人《ひと》を繰り上げた。対 繰《く》り下《さ》げる。❷決《き》めていた日《ひ》や時間《じかん》を早《はや》める。例 練習《れんしゅう》の開始《かいし》を一時間《いちじかん》繰り上げた。対 繰《く》り下《さ》げる。

くりあわせる【繰り合わせる】 動詞 時間《じかん》などの都合《つごう》をつける。やりくりする。例 万障《ばんしょう》繰り合わせて（＝都合《つごう》の悪《わる》いいろいろなこと）ご出席《しゅっせき》ください。

ことわざ **ひょうたんから駒《こま》が出《で》る** 小《ちい》さなひょうたんの口《くち》から大《おお》きな馬《うま》が出《で》てくるという意味《いみ》から、あ

クリーク（creek）名詞 排水《はいすい》や水上交通《すいじょうこうつう》のためにつくった水路《すいろ》。とくに、中国《ちゅうごく》の水路《すいろ》を指《さ》すことが多《おお》い。

クリーナー（cleaner）名詞 ❶よごれを落《お》とすための道具《どうぐ》や薬品《やくひん》。❷掃除機《そうじき》のこと。例 ハンドクリーナー。

クリーニング（cleaning）名詞 服《ふく》の洗濯《せんたく》。とくに、専門《せんもん》の洗濯業者《せんたくぎょうしゃ》がするドライクリーニングのこと。例 コートをクリーニングに出《だ》す。

クリーム（cream）名詞 ❶牛乳《ぎゅうにゅう》からとり出《だ》した脂肪分《しぼうぶん》。料理《りょうり》や菓子《かし》などに使《つか》う。例 生《なま》クリーム。❷顔《かお》や手《て》やかみの毛《け》につける化粧品《けしょうひん》。❸くつずみ。❹「クリーム色《いろ》」の略《りゃく》。❺「アイスクリーム」の略《りゃく》。例 クリームソーダ。

クリームいろ【クリーム色】名詞 クリームのようなうすい黄色《きいろ》。

クリームいろ

くりいれる【繰り入れる】動詞 順《じゅん》に送《おく》って、別《べつ》のところに組《く》み入《い》れる。例 今月残《こんげつのこ》ったお金《かね》は、来月分《らいげつぶん》に繰り入れる。

クリーン（clean）形容動詞 清潔《せいけつ》なようす。きれいですがすがしいようす。例 クリーンな町《まち》。

グリーン（green）名詞 ❶「緑《みどり》」「緑色《みどりいろ》」のこと。❷芝生《しばふ》。また、芝生《しばふ》の生《は》えているところ。

クリーンエネルギー 名詞 環境《かんきょう》をよごさずに使《つか》うことができるエネルギー。太陽光《たいようこう》・風力《ふうりょく》・地熱《ちねつ》など。ことば 英語《えいご》とドイツ語《ご》をもとに日本《にほん》で作《つく》られたことば。

クリーンエネルギーしゃ【クリーンエネルギー車】名詞 排気《はいき》ガスにふくまれる汚染物質《おせんぶっしつ》を少《すく》なくした自動車《じどうしゃ》。電気自動車《でんきじどうしゃ》やハイブリッドカーなど。

グリーンマーク 名詞 古紙《こし》を利用《りよう》して作《つく》られた製品《せいひん》につけるマーク。ことば 英語《えいご》をもとに日本《にほん》で作《つく》られたことば。

グリーンランド 名詞 北《きた》アメリカ大陸《たいりく》の北東《ほくとう》にある、世界最大《せかいさいだい》の島《しま》。デンマークの領土《りょうど》。島《しま》の大部分《だいぶぶん》が氷《こおり》におおわれている。

くりかえしきごう【繰り返《かえ》し記号】名詞 楽譜《がくふ》で、くり返《かえ》して演奏《えんそう》する部分《ぶぶん》を指示《しじ》する記号《きごう》。「𝄆」と「𝄇」で表《あらわ》す。

くりかえす【繰り返す】動詞 同《おな》じことを何度《なんど》もする。例 失敗《しっぱい》を繰り返す。

くりげ【くり毛】名詞 馬《うま》の毛色《けいろ》で、黒《くろ》っぽい赤茶色《あかちゃいろ》のもの。また、その毛色《けいろ》の馬《うま》。

クリケット（cricket）名詞 十一人《じゅういちにん》ずつの二《に》チームが、相手《あいて》の投手《とうしゅ》が投《な》げる球《たま》をバットで打《う》ち合《あ》って得点《とくてん》を争《あらそ》う球技《きゅうぎ》。イギリスなどで人気《にんき》がある。

グリコーゲン（ドイツ語）名詞 筋肉《きんにく》や肝臓《かんぞう》などにたくわえられる炭水化物《たんすいかぶつ》。エネルギーのもとになる。

くりこす【繰り越す】動詞 順《じゅん》に次《つぎ》へ送《おく》る。例 今年度残《こんねんどのこ》ったお金《かね》は来年度《らいねんど》に繰り越します。

くりごと【繰り言】名詞 同《おな》じことを何度《なんど》もくり返《かえ》し言《い》うこと。また、そのことば。ぐち。

くりこむ【繰り込む】動詞 ❶大勢《おおぜい》の人《ひと》が一度《いちど》に入《はい》る。例 開店《かいてん》と同時《どうじ》に団体客《だんたいきゃく》が繰り込んだ。❷入《い》れこむ。くり入《い》れる。

くりさがり【繰り下がり】名詞 引《ひ》き算《ざん》で、ある位《くらい》の引《ひ》かれる数《かず》が引《ひ》く数《かず》よりも小《ちい》さいとき、引《ひ》かれる数《かず》に10を加《くわ》えて引《ひ》き算《ざん》ができるようにしたことで、その上《うえ》の位《くらい》の数《かず》が1小《ちい》さくなること。対 繰《く》り上《あ》がり。

くりさげる【繰り下げる】動詞 ❶順《じゅん》に下《した》に下《さ》げる。例 番号《ばんごう》を一《ひと》つずつ繰り下げる。対 繰《く》り上《あ》げる。❷決《き》めていた日《ひ》や時間《じかん》をおそくする。例 会議《かいぎ》

ガッテン外国語教室

すぐ来《く》るよ!?

急《いそ》いで待《ま》ち合《あ》わせ場所《ばしょ》に行《い》くとき、「いま行《い》くよ！」と相手《あいて》に言《い》うね。でも英語《えいご》だと「I'm《アイム》 coming《カミング》！」になる。「行《い》く」の「go《ゴー》」ではなく「来《く》る」の「come《カム》」を使《つか》う。

日本語《にほんご》では、話《はな》し手《て》がいる場所《ばしょ》に近《ちか》づくときは「来《く》る」、はなれるときは「行《い》く」を使《つか》う。英語《えいご》では、自分《じぶん》の場所《ばしょ》に関係《かんけい》なく話題《わだい》になっている場所《ばしょ》（待《ま》ち合《あ》わせ場所《ばしょ》など）に近《ちか》づくときは「come《カム》」、はなれて別《べつ》の場所《ばしょ》に行《い》くときは「go《ゴー》」を使《つか》うよ。

ぐそばに危険《きけん》がせまっていて、命《いのち》が危《あぶ》ないこと。また、ものごとが今《いま》にもだめになりそうなこと。

の開始《かいし》を一時間《いちじかん》繰り下げる。対 繰《く》り上《あ》げる。

クリスタルガラス (crystal glass) 名詞 水晶《すいしょう》のようにすき通《とお》った、質《しつ》のよいガラス。

クリスチャン (Christian) 名詞 キリスト教《きょう》を信《しん》じる人《ひと》。キリスト教徒《きょうと》。

クリスマス (Christmas・Xmas) 名詞 季語冬 キリストの誕生《たんじょう》を祝《いわ》う祭《まつ》り。十二月二十五日《じゅうにがつにじゅうごにち》に行《おこな》う。

クリスマスイブ (Christmas Eve) 名詞 クリスマスの前《まえ》の日《ひ》の夜《よる》。十二月二十四日《じゅうにがつにじゅうよっか》の夜《よる》。

クリスマスカード (Christmas card) 名詞 クリスマスを祝《いわ》っておくるカード。

クリスマスツリー (Christmas tree) 名詞 クリスマスのときに、かざりやおくり物《もの》などをつるす木《き》。ふつう、もみの木《き》を使《つか》う。

クリスマスプレゼント (Christmas present) 名詞 クリスマスのおくり物《もの》。

グリセリン (glycerin) 名詞 しぼうや油《あぶら》からつくられる、無色《むしょく》透明《とうめい》でねばねばした液体《えきたい》。医薬品《いやくひん》や化粧品《けしょうひん》、爆薬《ばくやく》の原料《げんりょう》になる。

くりだす【繰り出す】 動詞 ❶次々《つぎつぎ》に出《だ》す。例 パンチを繰り出す。❷大勢《おおぜい》そろって出《で》かける。例 日曜日《にちようび》にはたくさんの人《ひと》が野山《のやま》に繰り出した。

くりつ【区立】 名詞 区《く》がお金《かね》を出《だ》してつくり、区で管理《かんり》すること。例 区立体育館《たいいくかん》。

クリック (click) 名詞 動詞 コンピューターで、マウスのボタンをおして、すぐはなすこと。

クリップ (clip) 名詞 紙《かみ》の束《たば》などをはさむ小《ちい》さな金具《かなぐ》。また、かみの毛《け》を留《と》める金具《かなぐ》。

グリニッジてんもんだい【グリニッジ天文台】 名詞 イギリスのロンドンの東南《とうなん》、テムズ川《がわ》の近《ちか》くに一六七五年《ねん》に建《た》てられた天文《てんもん》台《だい》。ここを経度《けいど》〇度《ど》として、世界《せかい》の経度《けいど》や時刻《じこく》を決《き》めた。日本《にほん》の標準《ひょうじゅん》時《じ》は、そこの時刻《じこく》より九時間《くじかん》早《はや》い。参考 現在《げんざい》、天文台《てんもんだい》はちがう場所《ばしょ》に移《うつ》っている。

くりぬく 動詞 刃物《はもの》などをつきさし、くるりと回《まわ》して穴《あな》をあける。また、そのようにして中《なか》の物《もの》を出《だ》す。例 丸太《まるた》をくりぬいてふねをつくる。

くりのべる【繰り延べる】 動詞 予定《よてい》をあとにのばす。延期《えんき》する。

くりひろげる【繰り広げる】 動詞 次々《つぎつぎ》に行《おこな》う。あることがらや場面《ばめん》を展開《てんかい》する。例 テニスコートでは毎日熱戦《まいにちねっせん》が繰り広げられた。

グリムきょうだい【グリム兄弟】 名詞 ドイツの言語学者《げんごがくしゃ》・童話作家《どうわさっか》。兄《あに》ヤコブ（一七八五～一八六三）と弟《おとうと》ウィルヘルム（一七八六～一八五九）の兄弟《きょうだい》。「白雪姫《しらゆきひめ》」「赤《あか》ずきん」などを収《おさ》めた「グリム童話集《どうわしゅう》」を残《のこ》した。

くりめいげつ【くり名月】 名詞 季語秋 昔《むかし》のこよみで、九月十三日《くがつじゅうさんにち》の夜《よる》に出《で》る月《つき》。「豆名月《まめめいげつ》」ともいう。ことば くりを供《そな》えて月見《つきみ》をすることからきたことば。

クリヤー ↓399ページ・クリアー

グリル (grill) 名詞 ❶肉《にく》や魚《さかな》を焼《や》く焼《や》きあみ。また、その焼《や》きあみで焼《や》いた料理《りょうり》。❷簡単《かんたん》な料理《りょうり》を出《だ》す洋食店《ようしょくてん》。

くる【来る】 動詞 ❶こちらに近《ちか》づく。例 人《ひと》が来る／台風《たいふう》が来る。❷季節《きせつ》・時間《じかん》・順番《じゅんばん》などがめぐって近《ちか》づく。例 秋《あき》が来る／わたしの番《ばん》が来た。❸ある原因《げんいん》からあることが起《お》こる。例 食《た》べすぎから来た病気《びょうき》。❹ある状態《じょうたい》になる。例 そのことばでぴんと来た／足《あし》にしびれが来た。❺（「…とくると」「…ときたら」の形《かたち》で、全体《ぜんたい》で）…について言《い》うと。例 国語《こくご》はよいが算数《さんすう》とくると自信《じしん》がない／父《ちち》ときたらいつも魚《さかな》ばかり食《た》べている。❻（「…てくる」の形《かたち》で）だんだんそうなる。例 勇気《ゆうき》がわいてくる。❼（「…てくる」の形《かたち》で）…してもどる。例 買《か》い物《もの》に行《い》ってくる。❽（「…てくる」の形《かたち》で）…し続《つづ》ける。例 ずっと考《かんが》えてきた問題《もんだい》。❾（「…てくる」の形《かたち》で）…し始《はじ》める。例 雪《ゆき》が降《ふ》ってきた。

使い方 ❶の尊敬《そんけい》した言《い》い方《かた》は「いらっしゃる」「おいでになる」「見《み》える」、へりくだった言《い》い方《かた》は「参《まい》る」。❺～❾は、かな書《が》きにする。

漢 ↓1381ページ・らい〔来〕 ↓400ページ 外国語教室

くる【繰る】 動詞 ❶長《なが》いものを引《ひ》き寄《よ》せる。また、そのようにして巻《ま》きとる。たぐる。例 糸《いと》を繰る。❷順《じゅん》にめくる。例 本《ほん》のページを繰る。

ことわざ **風前《ふうぜん》のともし火《び》** 風《かぜ》がふきつけるところに置《お》かれて、今《いま》にも消《き》えそうなともしびのように、す

❸順《じゅん》に数《かぞ》える。例 入院《にゅういん》してからの日数《にっすう》を繰る。
❹順《じゅん》に送《おく》る。例 雨戸《あまど》を繰る。

くるい【狂い】 名詞 くるうこと。正《ただ》しい状態《じょうたい》や予定《よてい》などとちがうこと。例 ぼくの目《め》に狂いはない／バスは一分《いっぷん》の狂いもなく到着《とうちゃく》した。

くるいざき【狂い咲き】 名詞 動詞 季語 冬 その花《はな》のさく季節《きせつ》でないのにさくこと。

くるう【狂う】 動詞
❶気《き》が変《へん》になる。
❷ふつうではなくなる。正確《せいかく》でなくなる。例 時計《とけい》が狂う。
❸ねらいやあてが外《はず》れる。例 予定《よてい》が狂う。
❹ものごとに夢中《むちゅう》になる。例 ゲームに狂う。

クルーザー (cruiser) 名詞 遠《とお》い海《うみ》まで航海《こうかい》できるように、設備《せつび》をととのえたヨット。

クルージング (cruising) 名詞 ヨットや客船《きゃくせん》での航海《こうかい》。

グルーピング (grouping) 名詞 動詞 いくつかのグループに分《わ》けること。組分《くみわ》けすること。

グループ (group) 名詞 集《あつ》まり。集団《しゅうだん》。なかま。

グループホーム 名詞 障害《しょうがい》のある人《ひと》やお年寄《としよ》りなどが、専門《せんもん》スタッフの助《たす》けを受《う》けながら、共同生活《きょうどうせいかつ》を送《おく》るための施設《しせつ》。

くるおしい【狂おしい】 形容詞 平静《へいせい》でいられなくなりそうなほど、気持《きも》ちが乱《みだ》れているようす。例 狂おしいほど会《あ》いたいと思《おも》う。

くるくる【と】 副詞
❶かろやかに何度《なんど》も回《まわ》るようす。例 スケートの選手《せんしゅ》がくるくると氷《こおり》の上《うえ》を回《まわ》る。
❷何度《なんど》も巻《ま》きつけるようす。例 けがをしたうでに包帯《ほうたい》がくるくる巻《ま》かれた。
❸かろやかにすばやく動《うご》くようす。例 くるくるとよく働《はたら》く。
❹ものごとがたびたび変《か》わるようす。例 予定《よてい》がくるくる変《か》わると迷惑《めいわく》だ。

ぐるぐる【と】 副詞
❶何度《なんど》も回《まわ》るようす。例 校庭《こうてい》をぐるぐる回《まわ》る。
❷何度《なんど》も巻《ま》きつけるようす。例 古《ふる》い新聞《しんぶん》の束《たば》をひもでぐるぐる巻《ま》く。
使い方 「くるくる［と］」よりも重《おも》い感《かん》じで使《つか》う。

くるしい【苦しい】 形容詞
❶体《からだ》に痛《いた》みなどを感《かん》じて、つらい。例 呼吸《こきゅう》が苦しい。
❷なやんだり心配《しんぱい》したりして、心《こころ》がつらい。例 苦しい立場《たちば》におかれる。
❸お金《かね》や物《もの》が足《た》りなくて困《こま》る。例 生活《せいかつ》が苦しい。
❹難《むずか》しい。無理《むり》がある。例 苦しい言《い》い訳《わけ》／合格《ごうかく》は苦しい。
❺(ほかのことばのあとにつけて、「…苦《ぐる》しい」の形《かたち》で) …しにくい。…するのがつらい。例 寝苦しい／聞《き》き苦しい。
漢 376ジ《ページ》 く〔苦〕 403ジ《ページ》 ことばにチャレンジ

● **苦《くる》しい時《とき》の神頼《かみだの》み** 163ジ《ページ》 ことわざ

くるしまぎれ【苦し紛れ】 名詞 形容動詞 苦《くる》しさのあまりに、なんとかしようとして言《い》ったりしたりすること。例 苦し紛れの言《い》い訳《わけ》。

くるしみ【苦しみ】 名詞 苦《くる》しむこと。苦《くる》しい気持《きも》ち。苦痛《くつう》。例 苦しみをまぎらす。

くるしむ【苦しむ】 動詞
❶体《からだ》に痛《いた》みなどを感《かん》じて、つらい思《おも》いをする。例 腹痛《ふくつう》に苦しむ。
❷心《こころ》を痛《いた》める。なやむ。例 記録《きろく》がのびなくて苦しむ。
❸苦労《くろう》する。困《こま》る。例 理解《りかい》に苦しむ。
漢 376ジ《ページ》 く〔苦〕

くるしめる【苦しめる】 動詞 苦《くる》しくさせる。困《こま》らせる。例 するどいこうげきで試合《しあい》の相手《あいて》を苦しめる。
漢 376ジ《ページ》 く〔苦〕

ぐるっと 404ジ《ページ》 ぐるり❷❸

くるひもくるひも【来る日も来る日も】 何日《なんにち》もずっと続《つづ》けて。毎日《まいにち》。

くるびょう【くる病】 名詞 骨《ほね》の曲《ま》がる病気《びょうき》。ビタミンD《ディー》が不足《ふそく》すると起《お》きる。

くるぶし 名詞 足首《あしくび》の両側《りょうがわ》にある、骨《ほね》が高《たか》く盛《も》り上《あ》がったところ。図 287ジ《ページ》 からだ

くるま【車】 名詞
❶じくを中心《ちゅうしん》にしてぐるぐる回《まわ》る輪《わ》。車輪《しゃりん》。例 風車《かざぐるま》／水車《みずぐるま》。
❷回《まわ》る輪《わ》を利用《りよう》して、人《ひと》や荷物《にもつ》を運《はこ》ぶもの。例 乳母車《うばぐるま》／荷車《にぐるま》。
❸自動車《じどうしゃ》。例 車を運転《うんてん》する。
ことば ❸は、「一台《いちだい》」と数《かぞ》える。
漢 595ジ《ページ》 しゃ〔車〕

くるまいす【車椅子】 名詞 足《あし》の不自由《ふじゆう》な人《ひと》がすわったまま移動《いどう》できる、車《くるま》のついたいす。

んめいはたらきかけても、相手《あいて》がちっともそれに応《おう》じないことのたとえ。

ことばにチャレンジ！

苦《くる》しい

いろんなことばでいろんな「苦《くる》しい」を表《あらわ》してみよう！

入門編《にゅうもんへん》

●まずは、よく使《つか》う別《べつ》のことばで

きつい　今日《きょう》の練習《れんしゅう》はいつもより**きつかった**。……p.333

つらい　早起《はやお》きは**つらい**が、がんばって続《つづ》けようと思《おも》う。……p.875

苦心《くしん》　**苦心《くしん》**してこの作品《さくひん》を作《つく》り上《あ》げた。……p.383

修行編《しゅぎょうへん》

●次《つぎ》に、少《すこ》しむずかしいことばで

たえがたい　病院《びょういん》で、**たえがたい**痛《いた》みに思《おも》わず声《こえ》を上《あ》げた。……p.787

苦痛《くつう》　長《なが》い時間《じかん》、おもしろくない話《はなし》を聞《き》くのは**苦痛《くつう》**だ。……p.389

血《ち》のにじむような　実験《じっけん》を成功《せいこう》させるため、**血《ち》のにじむような**努力《どりょく》を重《かさ》ねた。……p.823

骨身《ほねみ》にこたえる　冬《ふゆ》の早朝《そうちょう》は寒《さむ》さが**骨身《ほねみ》にこたえる**。……p.1226

達人編《たつじんへん》

●背《せ》のびして、もっとむずかしいことばで

難儀《なんぎ》　重《おも》い荷物《にもつ》を運《はこ》ぶのに**難儀《なんぎ》**した。……p.986

四苦八苦《しくはっく》　みんなの意見《いけん》をまとめるのに**四苦八苦《しくはっく》する**。……p.564

七□八倒《しちばっとう》　あまりの痛《いた》さに**七□八倒《しちばっとう》する**。

□に当《あ》てはまることばは何《なに》？
p.577にのっている見出《みだ》し語《ご》だよ！

もっと

●息《いき》が苦《くる》しいようすを表《あらわ》して

あえぎあえぎ　最後《さいご》の走者《そうしゃ》が**あえぎあえぎ**ゴールした。……p.18

息《いき》が切《き》れる　急《きゅう》な坂道《さかみち》を登《のぼ》って**息《いき》が切《き》れた**。……p.72

かたで息《いき》をする　マラソンを走《はし》り終《お》えた兄《あに》は、**かたで息《いき》をし**ている。……p.260

くるまいすマーク【車椅子マーク】　470ジ《ペー》 こくさいシンボルマーク

くるまざ【車座】 名詞 大勢《おおぜい》の人《ひと》が輪《わ》になり、内側《うちがわ》を向《む》いてすわること。例 車座になってお弁当《べんとう》を食《た》べる。

くるまだい【車代】 名詞 車《くるま》などに乗《の》ったときにしはらう代金《だいきん》。また、交通費《こうつうひ》の名目《めいもく》でしはらう謝礼金《しゃれいきん》。

くるまへん【車偏】 名詞 「車」のこと。漢字《かんじ》の部首《ぶしゅ》の一《ひと》つ。車《くるま》に関係《かんけい》のある漢字《かんじ》を作《つく》ることが多《おお》い。転・軽・輪・輸など。

くるまよせ【車寄せ】 名詞 建物《たてもの》まで車《くるま》を寄《よ》せて乗《の》り降《お》りするために、玄関口《げんかんぐち》に張《は》り出《だ》した屋根《やね》のあるところ。

くるまる 動詞 すっぽりと包《つつ》まれる。例 毛布《もうふ》にくるまる。

くるみ 名詞 季語 秋 山《やま》や野《の》に生《は》える木《き》の一《ひと》つ。秋《あき》に実《み》がなる。実《み》はかたいからに包《つつ》まれており、食用《しょくよう》にしたり、油《あぶら》をとったりする。ことば 漢字《かんじ》では「胡桃」と書《か》く。

くるみ

-ぐるみ 接尾語 (ほかのことばのあとにつけて)「みんなひっくるめて全部《ぜんぶ》」という意味《いみ》を表《あらわ》す。例 家族《かぞく》ぐるみのつきあい／町《まち》ぐるみの計画《けいかく》。

くるむ 動詞 巻《ま》くようにして、包《つつ》む。例 お菓子《かし》

ことわざ　**笛吹《ふえふ》けども踊《おど》らず**　笛《ふえ》をふいてもおどり出《だ》す人《ひと》はだれもいないという意味《いみ》から、いっしょうけ

を紙《かみ》でくるむ。

グルメ（フランス語）名詞 食《た》べ物《もの》の味《あじ》や知識《ちしき》にくわしい人《ひと》。ぜいたくでおいしいものを好《この》んで食《た》べる人《ひと》。また、おいしいものを食《た》べること。

ぐるり
❶名詞 周《まわ》り。周囲《しゅうい》。例 ぐるりにへいをめぐらした家《いえ》。
❷副詞 物《もの》が回《まわ》るようす。ぐるっと。例 車輪《しゃりん》がぐるりと回《まわ》った。
❸副詞 周《まわ》りを見回《みまわ》したり、とり囲《かこ》んだりするようす。ぐるっと。例 周《まわ》りをぐるりととり巻《ま》いた。
使い方 ❷❸は「ぐるりと」の形《かたち》で使《つか》うことが多《おお》い。

くれ【暮れ】 名詞
❶日《ひ》がしずむころ。夕方《ゆうがた》。例 日《ひ》の暮れ。
❷季節《きせつ》や年《とし》の終《お》わり。例 暮れの大売《おおう》り出《だ》し。

グレー（gray）名詞「灰色《はいいろ》」「ねずみ色《いろ》」のこと。

グレー

クレーター（crater）名詞 月《つき》や火星《かせい》などの表面《ひょうめん》に見《み》られる、噴火口《ふんかこう》のようにくぼんだ地形《ちけい》。

クレーター

グレード（grade）名詞 等級《とうきゅう》。階級《かいきゅう》。段階《だんかい》。例 グレードが高《たか》いホテル／グレードを上《あ》げる。

グレートブリテンおよびきたアイルランドれんごうおうこく【グレートブリテン及び北アイルランド連合王国】 ↓76ページ《ジ》 イギリス

クレープ（フランス語）名詞
❶表面《ひょうめん》に細《こま》かいしわをつけた織物《おりもの》。
❷小麦粉《こむぎこ》・卵《たまご》・牛乳《ぎゅうにゅう》などを混《ま》ぜて、うすく焼《や》いた食《た》べ物《もの》。

グレープ（grape）名詞「ぶどう」のこと。

グレープフルーツ（grapefruit）名詞 みかんのなかまの果物《くだもの》。北《きた》アメリカで多《おお》くつくられている。実《み》は、香《かお》りがよくあまずっぱい。
ことば ぶどう（＝グレープ）のふさのような形《かたち》に実《みの》るので、この名《な》がついた。

グレープフルーツ

クレーム 名詞 文句《もんく》。苦情《くじょう》。例 審判《しんぱん》にクレームをつける。

クレーン（crane）名詞 重《おも》い物《もの》をつり上《あ》げて動《うご》かす機械《きかい》。「起重機《きじゅうき》」ともいう。

クレーン

くれかかる【暮れかかる】 動詞 日《ひ》が暮《く》れ始《はじ》める。例 暮れかかった空《そら》に月《つき》がうかぶ。

くれがた【暮れ方】 名詞 日《ひ》が暮《く》れかかるとき。夕《ゆう》ぐれ。類 たそがれ。対 明《あ》け方《がた》。

くれぐれも 副詞 くり返《かえ》して、念《ねん》を入《い》れるようす。例 くれぐれもよろしくお願《ねが》いします。

クレシェンド（イタリア語）名詞 音楽《おんがく》で、演奏《えんそう》する強《つよ》さを表《あらわ》すことば。「だんだん強《つよ》く」という意味《いみ》。クレッシェンド。対 デクレシェンド。
図 ↓357ページ《ジ》 きょうじゃくきごう

クレジット（credit）名詞
❶お金《かね》をあとからしはらう約束《やくそく》で、品物《しなもの》を売《う》り買《か》いするやり方《かた》。
❷テレビ・映画《えいが》などで映《うつ》される、その作品《さくひん》に参加《さんか》した人《ひと》たちの名前《なまえ》。

クレジットカード（credit card）名詞 品物《しなもの》を買《か》うときに使《つか》う、お金《かね》をあとばらいにするためのカード。

クレゾール（ドイツ語）名詞 木《もく》タールやコールタールなどからつくられる液体《えきたい》。殺菌《さっきん》・消毒《しょうどく》などに使《つか》う。

クレッシェンド ↓404ページ《ジ》 クレシェンド

くれない【紅】 名詞 あざやかな赤色《あかいろ》。紅色《べにいろ》。例 燃《も》えるような紅のばらの花《はな》。
漢 ↓444ページ《ジ》 こう〔紅〕

くれない

クレパス 名詞 棒《ぼう》の形《かたち》をした絵《え》の具《ぐ》。クレヨンとパステルの両方《りょうほう》の特色《とくしょく》を持《も》つ。商標名《しょうひょうめい》。

クレヨン（フランス語）名詞 ろうなどにいろいろな色《いろ》を混《ま》ぜ合《あ》わせて棒《ぼう》の形《かたち》にした、かたい絵《え》の具《ぐ》。

くれる 動詞

ようにようじを使《つか》ってみせる、ということから、どんなに貧乏《びんぼう》でも、気位《きぐらい》だけは高《たか》く持《も》っていることのたとえ。

❶ほかの人《ひと》が自分《じぶん》にものをあたえる。例友《とも》だちがハンカチをくれた。❷動物《どうぶつ》や相手《あいて》に、ものをあたえる。例あんなやつには、何《なに》もくれてやるな。❸(「…てくれる」の形《かたち》で)ほかの人《ひと》が自分《じぶん》のために…する。または、自分《じぶん》によくないことをする。例兄《あに》がテニスを教《おし》えてくれた／なんてことをしてくれたんだ。
使い方 ふつうは受《う》けとるほうの立場《たちば》でいう。あたえる立場《たちば》からいうときは、❷のようになる。❶❸は、目上《めうえ》の人《ひと》には「くださる」を使《つか》う。

くれる【暮れる】 動詞
❶日《ひ》がしずんで暗《くら》くなる。例日《ひ》が暮れた。対明《あ》ける。❷季節《きせつ》や年《とし》が終《お》わる。例今年《ことし》も暮れてしまった。対明《あ》ける。❸どうしてよいか迷《まよ》う。例途方《とほう》に暮れる(＝どうしてよいかわからなくて困《こま》る)。❹心《こころ》の中《なか》がある状態《じょうたい》に落《お》ちこむ。例深《ふか》い悲《かな》しみに暮れる。

漢 **く-れる【暮】**〔日《ひ》〕14画 6年 音ボ 訓くれる・くらす
一 艹 节 苜 荁 莫 暮 暮

ぐれる 動詞 行《おこな》いや考《かんが》え方《かた》が正《ただ》しい道《みち》からそれる。不良《ふりょう》になる。使い方 くだけた言《い》い方《かた》。

クレンザー(cleanser) 名詞 ガラスや金属《きんぞく》の食器《しょっき》などのよごれを落《お》とし、みがくための粉《こな》。

(ぐれ) ❶日《ひ》がくれる。夕《ゆう》ぐれ。季節《きせつ》のおわり。例暮色《ぼしょく》／日暮《ひぐ》れ。❷年《とし》のくれ。季節《きせつ》のおわり。例暮春《ぼしゅん》／歳暮《せいぼ》。

くろ【黒】 名詞
❶すみのような色《いろ》。対白《しろ》。❷罪《つみ》をおかしていること。例この男《おとこ》は黒だ。対白《しろ》。

漢 ↓469ジ ぺ ー こく〔黒〕

くろ❶

くろい【黒い】 形容詞
❶すみのような色《いろ》をしている。対白《しろ》い。❷きたない。よごれている。例シャツのそで口《ぐち》が黒くなる。❸はだが日《ひ》に焼《や》けている。例海水浴《かいすいよく》で黒くなった。対白《しろ》い。❹心《こころ》が正《ただ》しくない。例あの人《ひと》は腹《はら》が黒い。❺罪《つみ》をおかした疑《うたが》いが強《つよ》い。例黒いうわさ。

漢 ↓469ジ ぺ ー こく〔黒〕

くろう【苦労】 名詞 動詞
❶心《こころ》や体《からだ》を使《つか》って、苦《くる》しい思《おも》いをすること。骨折《ほねお》り。例苦労して絵《え》を仕上《しあ》げる。類労苦《ろうく》。❷あれこれと心配《しんぱい》すること。例とりこし苦労。

くろうしょう【苦労性】 名詞 形容動詞 少《すこ》しのことでもあれこれ気《き》にかけて、心配《しんぱい》する性質《せいしつ》。

くろうと【玄人】 名詞 あることについて深《ふか》い知識《ちしき》や技術《ぎじゅつ》を持《も》っている人《ひと》。それを仕事《しごと》にしている人《ひと》。専門家《せんもんか》。対素人《しろうと》。

クローク 名詞 劇場《げきじょう》やホテルなどで、コートや荷物《にもつ》などを預《あず》ける場所《ばしょ》。ことば 英語《えいご》の「クロークルーム」の略《りゃく》。

クローズアップ(close-up) 名詞 動詞
❶映画《えいが》などで、ある一部《いちぶ》を大《おお》きくうつすこと。アップ。❷あるものごとを大《おお》きくとり上《あ》げること。例自然破壊《しぜんはかい》の問題《もんだい》がクローズアップされる。

クローバー ↓657ジ ぺ ー しろつめくさ

グローバリズム(globalism) 名詞 国《くに》や地域《ちいき》のわくをこえて、地球全体《ちきゅうぜんたい》を一《ひと》つのまとまりとしてとらえる考《かんが》え方《かた》。

グローバル(global) 形容動詞 地球全体《ちきゅうぜんたい》にかかわる規模《きぼ》であるようす。一《ひと》つの国《くに》だけでなく、世界《せかい》じゅうの国々《くにぐに》に関係《かんけい》するようす。例企業《きぎょう》の活動《かつどう》のグローバル化《か》／グローバルな視点《してん》で書《か》かれた記事《きじ》。ことば「地球《ちきゅう》・球体《きゅうたい》」の意味《いみ》の「グローブ」が変化《へんか》してできたことば。

グローブ(glove) 名詞 野球《やきゅう》やボクシングなどで使《つか》う、革《かわ》でつくった厚《あつ》い手袋《てぶくろ》。「グラブ」ともいう。

クロール(crawl) 名詞 季語 夏 泳《およ》ぎ方《かた》の一《ひと》つ。うつぶせになり、両手《りょうて》でかわるがわる水《みず》をかいて、ばた足《あし》で進《すす》む。いちばんスピードが出《で》る泳《およ》ぎ方《かた》。

クローン(clone) 名詞 ある一《ひと》つの生物《せいぶつ》や細胞《さいぼう》からつくり出《だ》された、それとまったく同《おな》じ遺伝子《いでんし》を持《も》つ生物《せいぶつ》や細胞《さいぼう》。例クローン牛《うし》。

くろがね 名詞 「鉄《てつ》」の古《ふる》い言《い》い方《かた》。関連 黄金《こがね》。しろがね。あかがね。

くろかび【黒かび】 名詞 食《た》べ物《もの》などに生《は》える黒《くろ》いかび。

くろぐろ[と]【黒黒[と]】 副詞 とても黒《くろ》い

ことわざ **武士《ぶし》は食《く》わねど高《たか》ようじ** 武士《ぶし》は、貧《まず》しくて何《なに》も食《た》べていないときでも、食事《しょくじ》をしたあとの

ようす。真《ま》っ黒《くろ》なようす。例黒々としたかみの毛《け》。

くろざとう【黒砂糖】 名詞 まだ精製《せいせい》していない、黒《くろ》っぽい茶色《ちゃいろ》の砂糖《さとう》。

くろじ【黒字】 名詞 ❶黒色《くろいろ》で書《か》いた字《じ》。❷つかったお金《かね》よりも、入《はい》ったお金《かね》のほうが多《おお》いこと。例今月《こんげつ》は黒字だ。対赤字《あかじ》。

くろしお【黒潮】 名詞 日本列島《にほんれっとう》の太平洋側《たいへいようがわ》を南《みなみ》から北東《ほくとう》へ流《なが》れる、暖《あたた》かい海水《かいすい》の流《なが》れ。「日《に》本海流《ほんかいりゅう》」ともいう。関連親潮《おやしお》。ことば黒《くろ》みを帯《お》びているのでこの名《な》がある。図⇒231ジペーかいりゅう

グロス（gross）名詞 品物《しなもの》を数《かぞ》えるときの単位《たんい》。一《いち》グロスは十二《じゅうに》ダースで、百四十四《ひゃくよんじゅうよん》。

くろずむ【黒ずむ】 動詞 黒《くろ》っぽくなる。黒《くろ》みがかる。例かべの色《いろ》が黒ずんできた。

クロスワードパズル（crossword puzzle）名詞 ます目《め》の中《なか》に、ヒントをもとにことばを入《い》れていき、縦《たて》からも横《よこ》からも読《よ》めるようにする遊《あそ》び。クロスワード。

クロッカス（crocus）名詞 季語春 あやめのなかまの草《くさ》花《ばな》。球根《きゅうこん》でふえる。葉《は》は松《まつ》のように細《ほそ》く、春《はる》、黄《き》・白《しろ》・むらさきなどの花《はな》がさく。

クロッカス

クロッキー（フランス語）名詞 短《みじか》い時間《じかん》にかき上《あ》げる写生《しゃせい》。例クロッキー帳《ちょう》。

グロッキー（groggy）形容動詞 ❶ボクシングで、強《つよ》いパンチを受《う》けてふらふらになるようす。❷ひどくつかれて、ふらふらになるようす。

グロッケン ⇒893ジペーてっきん〔鉄琴〕

グロテスク（フランス語）形容動詞 姿《すがた》や形《かたち》が異様《いよう》で、気味《きみ》が悪《わる》いようす。

くろふね【黒船】 名詞 江戸時代《えどじだい》に、外国《がいこく》から日本《にほん》にやって来《き》た帆船《はんせん》や汽船《きせん》。ことば船体《せんたい》を黒《くろ》くぬっていたことからこう呼《よ》ばれた。

くろべがわ【黒部川】 名詞 富山県《とやまけん》の東部《とうぶ》を北《きた》へ流《なが》れて日本海《にほんかい》に注《そそ》ぐ川《かわ》。水力発電所《すいりょくはつでんしょ》が多《おお》くある。

くろべダム【黒部ダム】 名詞 富山県《とやまけん》の黒部《くろべ》川上流《がわじょうりゅう》にある「黒部川第四発電所《くろべがわだいよんはつでんしょ》ダム」のこと。日本最大《にほんさいだい》のアーチ式《しき》ダムとして有名《ゆうめい》。

くろぼし【黒星】 名詞 ❶丸《まる》や星《ほし》の形《かたち》をした、黒《くろ》いしるし。対白星《しろぼし》。❷すもうなどで負《ま》けること。また、負《ま》けたときにつける黒《くろ》くて丸《まる》い印《しるし》。対白星《しろぼし》。❸失敗《しっぱい》。例最近《さいきん》、ぼくは黒星が続《つづ》いている。

くろまく【黒幕】 名詞 ❶芝居《しばい》の舞台《ぶたい》で、場面《ばめん》のかわり目《め》などに使《つか》う黒《くろ》い幕《まく》。❷かげで命令《めいれい》をして、ほかの人《ひと》に実行《じっこう》させる人《ひと》。例この事件《じけん》には黒幕がいる。

くろまめ【黒豆】 名詞 豆《まめ》のなかま。皮《かわ》が黒《くろ》い大豆《だいず》。正月《しょうがつ》の料理《りょうり》などに使《つか》う。

くろめ【黒目】 名詞 目《め》の中央《ちゅうおう》の黒《くろ》っぽい部分《ぶぶん》。対白目《しろめ》。

くろも 名詞 池《いけ》やぬまなどの水《みず》の中《なか》に生《は》える水《みず》草《くさ》。長《なが》さ一《いち》～二《に》センチメートルの細長《ほそなが》い葉《は》が、ひと節《ふし》に四《よん》～八枚《はちまい》つく。

くろやま【黒山】 名詞 人《ひと》がたくさん集《あつ》まっているようすのたとえ。例掲示板《けいじばん》の前《まえ》に黒山の人《ひと》だかりがしている。

クロレラ（chlorella）名詞 池《いけ》などに育《そだ》つ緑色《みどりいろ》の藻《も》。たんぱく質《しつ》をたくさんふくんでおり、ふえるのが速《はや》い。

クロワッサン（フランス語）名詞 バターを多《おお》く使《つか》った、三日月《みかづき》の形《かたち》をしたパン。

くわ 名詞 田《た》や畑《はたけ》を耕《たがや》す道具《どうぐ》。うすい鉄《てつ》の板《いた》を長《なが》い柄《え》の先《さき》につけたもの。ことば漢《かん》字《じ》では「鍬」と書《か》く。

くわ

くわ【桑】 名詞 季語春 おもに畑《はたけ》でさいばいし、葉《は》を蚕《かいこ》のえさにする木《き》。家具《かぐ》などの材《ざい》料《りょう》になる。実《み》は食用《しょくよう》になる。

くわ【桑】

くわえて【加えて】 接続詞 そのうえに。そのほかに。例雨《あめ》がひどく降《ふ》ってきた。加えて風《かぜ》も強《つよ》くなってきた。

で、どんなに貴重《きちょう》なものでも、値打《ねう》ちがわからない者《もの》にはなんの役《やく》にも立《た》たないというたとえ。

くわえる 動詞 歯《は》やくちびるで、軽《かる》くかむようにして物《もの》をはさむ。例 犬《いぬ》がボールをくわえる。

くわえる【加える】 動詞
❶つけ足《た》す。増《ふ》やす。例 最後《さいご》に塩《しお》を加える。
❷数《かず》を足《た》す。例 八《はち》に二《に》を加える。
❸仲間《なかま》に入《い》れる。例 弟《おとうと》をチームに加える。
❹あたえる。例 害《がい》を加える。
漢 ⇩215ページ か〔加〕

くわがた【くわ形】 名詞
❶かぶとの前面《ぜんめん》についている、角《つの》のようなかざり。
❷「くわがた虫《むし》」のこと。

くわがたむし 名詞 体《からだ》が平《ひら》たく、色《いろ》が茶色《ちゃいろ》や黒《くろ》の昆虫《こんちゅう》。おすのあごは、かぶとについているくわ形《がた》に似《に》ている。くぬぎなどの木《き》のしるを吸《す》う。くわがた。ことば 漢字《かんじ》では「鍬形虫」と書《か》く。図⇩505ページ こんちゅう

くわけ【区分け】 名詞 動詞 いくつかに区切《くぎ》って分《わ》けること。区分《くぶん》。例 郵便物《ゆうびんぶつ》を区分けする。

くわしい【詳しい】 形容詞
❶細《こま》かいところまでわかるようにしてあるようす。例 詳しい地図《ちず》／詳しく説明《せつめい》する。
❷よく知《し》っている。例 兄《あに》は植物《しょくぶつ》に詳しい。

くわす【食わす】 ⇩407ページ くわせる

くわずぎらい【食わず嫌い】 名詞
❶食《た》べもしないで、きらいだと思《おも》うこと。また、その人《ひと》。
❷やりもしないで、きらいだと決《き》めてしまうこと。また、その人《ひと》。

くわせもの【食わせ物】 名詞 見《み》かけばかりよくて、ほんとうはよくないもの。また、そのような人《ひと》。使い方 人《ひと》についていう場合《ばあい》は、ふつう、「食わせ者」と書《か》く。

くわせる【食わせる】 動詞
❶食《た》べさせる。養《やしな》う。例 家族《かぞく》五人《ごにん》を食わせる。
❷相手《あいて》がいやがるようなことをする。例 げんこつを食わせる。
❸だます。例 いっぱい食わせる。
ことば「くわす」ともいう。

くわだて【企て】 名詞 あることをしようとする計画《けいかく》。例 企てがばれる。類 もくろみ。

くわだてる【企てる】 動詞 計画《けいかく》を立《た》てる。例 いたずらを企てる。類 もくろむ。使い方 よくないことについて使《つか》うことが多《おお》い。

くわばら 感動詞 かみなりやいやなことをさけるための、まじないのことば。使い方 ふつう「くわばらくわばら」と続《つづ》けて言《い》う。

くわわる【加わる】 動詞
❶つけ足《た》される。増《ふ》える。例 荷物《にもつ》に本《ほん》が加わる。
❷仲間《なかま》に入《はい》る。例 チームに加わる。
漢 ⇩215ページ か〔加〕

漢 **くん【君】**〔口《くち》〕7画 3年 音 クン 訓 きみ

つきだす
𠃍 ヨ 尹 尹 君 君 君

❶国《くに》をおさめる人《ひと》。例 君主《くんしゅ》／主君《しゅくん》。対 臣《しん》。❷人《ひと》をていねいによぶことば。ふつう友《とも》だちや目《め》下《した》の人《ひと》に使《つか》う。例 諸君《しょくん》／林君《はやしくん》。

くん【訓】 名詞 漢字《かんじ》を、その意味《いみ》を表《あらわ》す日本語《にほんご》で読《よ》む読《よ》み方《かた》。対 音《おん》。

漢 **くん【訓】**〔言《ごんべん》〕10画 4年 音 クン

丶 亠 亠 言 言 言 訁 訓 訓 訓
はらう　とめる

❶おしえる。さとす。おしえ。例 訓示《くんじ》／訓練《くんれん》／教訓《きょうくん》。❷漢字《かんじ》の日本語《にほんご》のよみ。漢字《かんじ》に日本語《にほんご》を当《あ》てたよみかた。例 訓読《くんどく》／音訓《おんくん》。対 音《おん》。

漢 **ぐん【軍】**〔車《くるま》〕9画 4年 音 グン 訓 いくさ

丶 冖 冖 冖 冒 冒 冒 宣 軍
ながく

❶兵士《へいし》の集《あつ》まり。例 軍人《ぐんじん》／軍隊《ぐんたい》／海軍《かいぐん》／大軍《たいぐん》。❷いくさ。戦争《せんそう》。例 軍艦《ぐんかん》／軍備《ぐんび》。

ぐん【郡】 名詞 都道府県《とどうふけん》の市《し》や区以外《くいがい》のところをいくつかに分《わ》けた区分《くぶん》。例 東京都西多摩郡《とうきょうとにしたまぐん》。

漢 **ぐん【郡】**〔阝《おおざと》〕10画 4年 音 グン

つきだす
𠃍 ヨ 尹 尹 君 君 君 郡 郡
はねる

都道府県《とどうふけん》で、市《し》や区以外《くいがい》を大《おお》きく分《わ》けたくぎり。例 郡部《ぐんぶ》。

ぐん【群】 名詞 むれ。集《あつ》まり。漢 ⇩408ページ ぐん〔群〕

●**群《ぐん》をなす** むれをつくる。たくさん集《あつ》まる。むれをなす。例 野生動物《やせいどうぶつ》が群をなす。

ことわざ 豚《ぶた》に真珠《しんじゅ》 ぶたに真珠《しんじゅ》をあたえても、その価値《かち》を知《し》らないのでなんにもならないという意味《いみ》

●**群《ぐん》を抜《ぬ》く** 多《おお》くのものの中《なか》で、とびぬけてすぐれている。抜群《ばつぐん》だ。例 兄《あに》は群を抜いて足《あし》が速《はや》い。

漢 **ぐん**【群】〔羊《ひつじ》〕13画 4年 音 グン 訓 むれる・むれ・むら

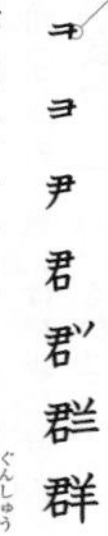

❶むらがる。たくさんあつまる。例 群集《ぐんしゅう》／群生《せい》。❷むらがり。むれ。例 群衆《ぐんしゅう》／大群《たいぐん》／抜群《ばつぐん》。

ぐんい【軍医】名詞 軍隊《ぐんたい》の中《なか》で、医者《いしゃ》として働《はたら》いている人《ひと》。

ぐんか【軍歌】名詞 おもに軍隊《ぐんたい》で、兵士《へいし》の気持《きも》ちを盛《も》り上《あ》げるために歌《うた》われる歌《うた》。

ぐんかん【軍艦】名詞 戦争《せんそう》に使《つか》うためにつくられた船《ふね》。武器《ぶき》などを備《そな》えつけている。

ぐんき【軍記】名詞 戦争《せんそう》や合戦《かっせん》のようすを書《か》いた書物《しょもつ》。戦記《せんき》。

ぐんぐん【と】副詞 進《すす》み方《かた》が速《はや》いようす。勢《いきお》いのよいようす。例 毎日勉強《まいにちべんきょう》したら、ぐんぐん実力《じつりょく》がついた。

ぐんこくしゅぎ【軍国主義】名詞 軍隊《ぐんたい》を強《つよ》くして、戦争《せんそう》によって国力《こくりょく》を高《たか》めようとする考《かんが》え方《かた》。

くんし【君子】名詞 人《ひと》がらや行《おこな》いがりっぱな人《ひと》。類 聖人《せいじん》。

●**君子危《くんしあや》うきに近寄《ちかよ》らず** ⇒921ページ 故事成語

●**君子《くんし》はひょう変《へん》す** 故事成語 ❶君子《くんし》は、自分《じぶん》がまちがっているとわかれば、すぐに意見《いけん》や態度《たいど》を改《あらた》めるものである。❷意見《いけん》や態度《たいど》を急《きゅう》に変《か》える。

使い方 ❷は、くだけた言《い》い方《かた》。もとはよい意味《いみ》で使《つか》ったが、今《いま》は悪《わる》い意味《いみ》で使《つか》うことも多《おお》い。

くんじ【訓示】名詞 動詞 上《うえ》の人《ひと》が下《した》の人《ひと》に、ものごとをする上《うえ》での注意《ちゅうい》などを教《おし》えて聞《き》かせること。例 社長《しゃちょう》が、全社員《ぜんしゃいん》を集《あつ》めて訓示した。

くんじ【訓辞】名詞 教《おし》えさとすことば。例 卒業式《そつぎょうしき》の訓辞。類 訓話《くんわ》。

ぐんし【軍師】名詞 ❶昔《むかし》のいくさで、軍《ぐん》を指揮《しき》する大将《たいしょう》のもとで、作戦《さくせん》を考《かんが》える人《ひと》。❷自分《じぶん》の側《がわ》に有利《ゆうり》になるようにものごとを計画《けいかく》し、進《すす》めるのが上手《じょうず》な人《ひと》。例 かれは、この会《かい》社《しゃ》の軍師とうわさされる人物《じんぶつ》だ。

ぐんじ【軍事】名詞 戦争《せんそう》や軍隊《ぐんたい》などに関係《かんけい》のあること。例 軍事施設《しせつ》／軍事費《ひ》。

ぐんしきん【軍資金】名詞 ❶戦争《せんそう》をするのに必要《ひつよう》なお金《かね》。❷あることをするために必要《ひつよう》なお金《かね》。例 コンサートに行《い》きたいが軍資金がない。

くんしゅ【君主】名詞 先祖《せんぞ》から続《つづ》いて国《くに》を治《おさ》める王《おう》や皇帝《こうてい》。

ぐんじゅ【軍需】名詞 戦争《せんそう》や軍隊《ぐんたい》のために、品物《しなもの》などを必要《ひつよう》とすること。また、その品物《しなもの》。例 軍需工場《こうじょう》／軍需物資《ぶっし》。

ぐんしゅう【群衆】名詞 一《いっ》か所《しょ》に集《あつ》まった大《おお》勢《ぜい》の人々《ひとびと》。例 演説《えんぜつ》を聞《き》く群衆。

ぐんしゅう【群集】名詞 動詞 人《ひと》や動植物《どうしょくぶつ》が、一《いっ》か所《しょ》にたくさん集《あつ》まること。また、集《あつ》まったもの。

ぐんしゅうしんり【群集心理】名詞 たくさんの人《ひと》が集《あつ》まったときに起《お》こる、特別《とくべつ》な心《こころ》の動《うご》き。ほかの人《ひと》のことばや行動《こうどう》に引《ひ》きずられて、自分《じぶん》の正《ただ》しい判断《はんだん》ができなくなったりする。使い方 「群衆心理」と書《か》かないよう注意《ちゅうい》。

ぐんしゅく【軍縮】名詞 戦争《せんそう》のための軍《ぐん》の備《そな》えを少《すく》なくすること。「軍備縮小《ぐんびしゅくしょう》」の略《りゃく》。

くんしょう【勲章】名詞 国《くに》や社《しゃ》会《かい》のためにつくした人《ひと》に国《くに》がおくるしるし。例 文化勲章《ぶんかくんしょう》。

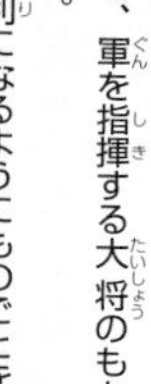
くんしょう

ぐんじょういろ【群青色】名詞 あざやかな、濃《こ》い青色《あおいろ》。

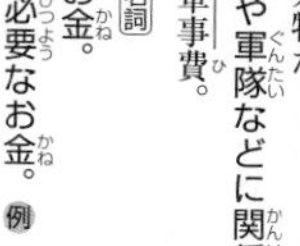
ぐんじょういろ

ぐんじん【軍人】名詞 軍《ぐん》隊《たい》に入《はい》っている人《ひと》。

くんせい【薫製】名詞 肉《にく》や魚《さかな》を塩《しお》づけにして、けむりでいぶしながら干《ほ》した食《た》べ物《もの》。よい香《かお》りがあり、長持《ながも》ちする。

ぐんせい【群生】名詞 動詞 同《おな》じ種類《しゅるい》の植物《しょくぶつ》が、一《ひと》つの場所《ばしょ》にたくさん集《あつ》まって生《は》えていること。例 土手《どて》にたんぽぽが群生する。

ぐんぜい【軍勢】名詞 軍隊《ぐんたい》の人数《にんずう》。また、軍隊《ぐんたい》。

ぐんたい【軍隊】名詞 一定《いってい》の決《き》まりのもとに組織《そしき》されている、軍人《ぐんじん》の集《あつ》まり。

た顔《かお》やこわい顔《かお》をしてみよう。手話《しゅわ》をするときは、表情《ひょうじょう》を合《あ》わせることも大切《たいせつ》なんだよ。

ぐんて【軍手】 名詞 太《ふと》いもめん糸《いと》で編《あ》んだ、作《さ》業《ぎょう》用《よう》の手《て》袋《ぶくろ》。ことば もとは軍《ぐん》隊《たい》で使《つか》っていたことからこういう。

ぐんとう【群島】 名詞 ひとかたまりに集《あつ》まっている島《しま》々《じま》。類 諸《しょ》島《とう》。

くんどく【訓読】 名詞 動詞 ❶ ➡409ジペー くんよみ ❷漢《かん》文《ぶん》を、日《に》本《ほん》語《ご》の文《ぶん》に直《なお》して読《よ》むこと。「我《われ》友《とも》送《おく》」を「我友を送る」と読《よ》むような読《よ》み方《かた》。

ぐんどく【群読】 名詞 動詞 国《こく》語《ご》の授《じゅ》業《ぎょう》などで、ある作《さく》品《ひん》を、役《やく》割《わり》を決《き》めてみんなで朗《ろう》読《どく》すること。一《ひと》人《り》で読《よ》む部《ぶ》分《ぶん》や、何《なん》人《にん》かで読《よ》む部《ぶ》分《ぶん》、みんなで読《よ》む部《ぶ》分《ぶん》などを組《く》み合《あ》わせて、その作《さく》品《ひん》の内《ない》容《よう》や雰《ふん》囲《い》気《き》を表《ひょう》現《げん》する。例 物《もの》語《がたり》を友《とも》だちと感《かん》情《じょう》をこめて群読した。

ぐんばい【軍配】 名詞 ❶すもうの行《ぎょう》司《じ》が使《つか》う、うちわに似《に》た道《どう》具《ぐ》。例 軍配を上《あ》げる（＝勝《か》ちを認《みと》める）。❷さむらいの大《たい》将《しょう》が軍《ぐん》隊《たい》に命《めい》令《れい》するときに使《つか》った、うちわ形《がた》の道《どう》具《ぐ》。

ぐんばい❶

ぐんび【軍備】 名詞 国《くに》を守《まも》るためや、戦《せん》争《そう》をするための備《そな》え。

ぐんびしゅくしょう【軍備縮小】 ➡408ジペー ぐんしゅく

ぐんぶ【郡部】 名詞 都《と》道《どう》府《ふ》県《けん》を市《し》と郡《ぐん》に分《わ》けたうちの、郡《ぐん》に入《はい》る地《ち》域《いき》。対 市《し》部《ぶ》。

くんぷう【薫風】 名詞 季語夏 若《わか》葉《ば》の香《かお》りを運《はこ》んでくるような、さわやかな初《しょ》夏《か》の風《かぜ》。

ぐんぷく【軍服】 名詞 軍《ぐん》人《じん》が着《き》るように決《き》められた服《ふく》。

ぐんまけん【群馬県】 名詞 関《かん》東《とう》地《ち》方《ほう》の北《ほく》西《せい》部《ぶ》にある県《けん》。温《おん》泉《せん》が多《おお》く、農《のう》業《ぎょう》がさかん。県《けん》庁《ちょう》は前《まえ》橋《ばし》市《し》にある。

ぐんもんにくだる【軍門に下る】 戦《たたか》いに負《ま》けて、敵《てき》に降《こう》参《さん》する。

ぐんゆうかっきょ【群雄割拠】 名詞 多《おお》くの英《えい》雄《ゆう》が各《かく》地《ち》で勢《せい》力《りょく》をふるい、おたがいに相《あい》手《て》を従《したが》わせようとしてきそい合《あ》うこと。

ぐんようち【軍用地】 名詞 戦《せん》争《そう》や軍《ぐん》隊《たい》のために使《つか》う土《と》地《ち》。

くんよみ【訓読み】 名詞 動詞 漢《かん》字《じ》に、それと同《おな》じ意《い》味《み》を持《も》つ日《に》本《ほん》語《ご》を当《あ》てはめて読《よ》むこと。訓《くん》読《どく》。対 音《おん》読《よ》み。➡97ジペー 伝統コラム 漢《かん》字《じ》

ぐんらく【群落】 名詞 同《おな》じ場《ば》所《しょ》に群《むら》がって生《は》えている、植《しょく》物《ぶつ》の集《あつ》まり。例 つつじの群落。

くんりん【君臨】 名詞 動詞 ❶王《おう》や皇《こう》帝《てい》となって国《くに》を治《おさ》めること。❷多《おお》くの人《ひと》の上《うえ》に立《た》って勢《せい》力《りょく》をふるうこと。例 スポーツ界《かい》に君臨する。

くんれん【訓練】 名詞 動詞 上《じょう》手《ず》になるように練《れん》習《しゅう》をさせてきたえること。例 避《ひ》難《なん》訓練。

くんわ【訓話】 名詞 立《たち》場《ば》が上《うえ》の人《ひと》が、下《した》の人《ひと》によくわかるように教《おし》えさとす話《はなし》。例 校《こう》長《ちょう》先《せん》生《せい》の訓話。類 訓《くん》辞《じ》。

け

ケ

ゲ げ

下《した》の 手話にチャレンジ を見《み》よう。

け【化】 漢 ➡215ジペー か〔化〕

け【毛】 名詞 ❶動《どう》物《ぶつ》の皮《ひ》膚《ふ》や植《しょく》物《ぶつ》の表《ひょう》面《めん》に生《は》える、細《ほそ》い糸《いと》のようなもの。例 うさぎの毛／たんぽぽの毛。❷かみの毛《け》。❸鳥《とり》の羽《はね》。羽《う》毛《もう》。❹羊《よう》毛《もう》。また、羊《よう》毛《もう》をつむいだ糸《いと》。ウール。例 毛のシャツ。漢 ➡1311ジペー もう〔毛〕

け【仮】 漢 ➡215ジペー か〔仮〕

け【気】 ❶ 名詞 ようす。気《き》分《ぶん》。例 火《ひ》の気のない部《へ》屋《や》／血《ち》の気が多《おお》い。❷ 接頭語 （ほかのことばの前《まえ》につけて）意《い》味《み》を強《つよ》める。また、なんとなくそんなようすであることを表《あらわ》す。例 気高《だか》い心《こころ》／気だるい。❸ 接尾語 （ほかのことばのあとにつけて）そんなようすやそんな気《き》分《ぶん》であることを表《あらわ》す。例 人《ひと》気がない／寒《さむ》気を感《かん》じる／嫌《いや》気が差《さ》す。漢 ➡314ジペー き〔気〕

-け【家】 接尾語 （名《みょう》字《じ》などのあとにつけて）その一《いち》族《ぞく》・その家《か》族《ぞく》を表《あらわ》す。例 山《やま》田《だ》家／将《しょう》軍《ぐん》家。漢 ➡216ジペー か〔家〕

手話にチャレンジ　けんか　両《りょう》手《て》のこぶしの背《せ》をぶつけ合《あ》わせる。ほんとうにけんかをしているように、おこっ

-げ 接尾語 （ほかのことばのあとにつけて）「…そうだ」「…らしいようす」などの意味《いみ》を表《あらわ》す。例 危《あぶ》なげがない／悲《かな》しげな声《こえ》／何《なに》か言《い》いたげな表情《ひょうじょう》。

げ【下】 ㊮ ↓214ジベー か〔下〕

げ【外】 ㊮ ↓219ジベー がい〔外〕

げ【夏】 ㊮ ↓215ジベー か〔夏〕

げ【解】 ㊮ ↓219ジベー かい〔解〕

けあな【毛穴】 名詞 皮膚《ひふ》の表面《ひょうめん》にある、毛《け》の生《は》える小《ちい》さなあな。

ケアマネ ↓410ジベー ケアマネージャー

ケアマネージャー （care manager） 名詞 「介護支援専門員《かいごしえんせんもんいん》」のこと。介護《かいご》が必要《ひつよう》な人《ひと》のための、介護《かいご》サービスの計画《けいかく》の作成《さくせい》や、市町村《しちょうそん》、介護施設《かいごしせつ》などとの連絡《れんらく》などを仕事《しごと》にしている人《ひと》。略《りゃく》して「ケアマネ」ともいう。↓223ジベー

社会へのとびら 介護《かいご》

けい 名詞 字《じ》をそろえて書《か》けるように、縦《たて》または横《よこ》に同《おな》じ間隔《かんかく》で引《ひ》いた線《せん》。けい線《せん》。例 横《よこ》けいのノート。

けい【兄】 ㊮ ↓353ジベー きょう〔兄〕

けい【刑】 名詞 罪《つみ》をおかした人《ひと》に、法律《ほうりつ》などによってあたえるばつ。例 刑に服《ふく》する。

㊮ **けい【形】**〔彡《さんづくり》〕7画 2年 音 ケイ・ギョウ 訓 かた・かたち

一 ニ チ 开 开 形 形（ミとしない）

❶かたち。例 形相《ぎょうそう》／形式《けいしき》／円形《えんけい》／図形《ずけい》／体形《たいけい》／地形《ちけい》／手形《てがた》／人形《にんぎょう》。❷ありさま。ようす。例 形勢《けいせい》／形容《けいよう》。

㊮ **けい【系】**〔糸《いと》〕7画 6年 音 ケイ

系 系 系 系 系 系 系（みぎからはらう）（とめる）

❶つながっている。例 系統《けいとう》／系列《けいれつ》／銀河系《ぎんがけい》／太陽系《たいようけい》。❷血《ち》すじ。例 系図《けいず》／家系《かけい》。

けい【京】 ㊮ ↓353ジベー きょう〔京〕

㊮ **けい【径】**〔彳《ぎょうにんべん》〕8画 4年 音 ケイ

ノ ク 彳 彳 径 径 径 径（はらう）

❶こみち。例 山径《さんけい》。❷さしわたし。例 外径《がいけい》／口径《こうけい》／直径《ちょっけい》／半径《はんけい》。

㊮ **けい【係】**〔亻《にんべん》〕9画 3年 音 ケイ 訓 かかる・かかり

亻 亻 仫 仫 俘 係 係（わすれないように）

かかり。かかわりを持《も》つ。例 係員《かかりいん》／関係《かんけい》／給食係《きゅうしょくがかり》。

㊮ **けい【型】**〔土《つち》〕9画 5年 音 ケイ 訓 かた

二 チ 开 开 刑 刑 型 型 型（彡としない）

❶もとになる形《かたち》。かた。例 型紙《かたがみ》／原型《げんけい》／新型《しんがた》／定型《ていけい》／模型《もけい》／類型《るいけい》。❷てほん。例 典型《てんけい》。

けい【計】 名詞 ❶計画《けいかく》。はかりごと。例 一年《いちねん》の計は元旦《がんたん》にあり。❷足《た》し合《あ》わせたもの。合計《ごうけい》。例 計三万円《さんまんえん》。

㊮ **けい【計】**〔言《ごんべん》〕9画 2年 音 ケイ 訓 はかる・はからう

、 亠 亖 言 言 言 計 計（上をながく）

❶かぞえる。はかる。例 計算《けいさん》／会計《かいけい》／合計《ごうけい》。❷はかる道具《どうぐ》。例 温度計《おんどけい》。❸考《かんが》えをめぐらす。はかりごと。例 計画《けいかく》／計略《けいりゃく》／設計《せっけい》。

㊮ **けい【経】**〔糸《いとへん》〕11画 5年 音 ケイ・キョウ 訓 へる

く 幺 糸 糸 紀 経 経 経（はらう）

❶すぎていく。へる。例 経過《けいか》／経験《けいけん》／経由《けいゆ》／経路《けいろ》。❷たて。例 経線《けいせん》／経度《けいど》／東経《とうけい》。❸いとなむ。例 経営《けいえい》／経済《けいざい》／経理《けいり》。❹ほとけの教《おし》えを書《か》いたもの。例 お経《きょう》。

㊮ **けい【敬】**〔攵《のぶん》〕12画 6年 音 ケイ 訓 うやまう

一 十 艹 芍 苟 苟 敬 敬（はねる）

うやまう。とうとぶ。例 敬意《けいい》／敬遠《けいえん》／敬語《けいご》／敬称《けいしょう》／敬服《けいふく》／敬礼《けいれい》／尊敬《そんけい》。

㊮ **けい【景】**〔日《ひ》〕12画 4年 音 ケイ

口 日 旦 旦 昙 昙 景 景（はねる）

❶けしき。ありさま。例 景勝《けいしょう》／光景《こうけい》／絶景《ぜっけい》／全景《ぜんけい》／背景《はいけい》／風景《ふうけい》／夜景《やけい》。❷おまけ。そえもの。例 景品《けいひん》。❸ようす。例 景気《けいき》。

る、ということのたとえ。

㊅ **けい【軽】**〔車《くるまへん》〕12画 3年 音 ケイ 訓 かるい・かろやか

一 冂 日 亘 車 軒 軽（はらう） 軽

❶かるい。手《て》がる。例 軽石《かるいし》／軽快《けいかい》／軽傷《けいしょう》／軽食《けいしょく》／軽量《けいりょう》／身軽《みがる》。対 重《じゅう》。❷かるがるしい。例 軽視《けいし》／軽率《けいそつ》／軽薄《けいはく》。

けい【境】 ㊅ ➡353ページ きょう〔境〕

㊅ **けい【警】**〔言《げん》〕19画 6年 音 ケイ

艹 艹 芍（はねる） 苟 苟 敬 警 警

❶いましめる。用心《ようじん》する。例 警戒《けいかい》／警告《けいこく》／警報《けいほう》。❷まもる。例 警官《けいかん》／警察《けいさつ》／警備《けいび》。

けい【競】 ㊅ ➡354ページ きょう〔競〕

げい【芸】 名詞

❶きたえて身《み》につけたわざ。例 職人芸《しょくにんげい》。❷人前《ひとまえ》でやって楽《たの》しませるわざ。例 かくし芸。

㊅ ➡411ページ げい〔芸〕

● **芸《げい》が細《こま》かい** することの細《こま》かいところまで、注意《ちゅうい》や工夫《くふう》が行《い》き届《とど》いている。

● **芸《げい》がない** 当《あ》たり前《まえ》で、おもしろみがない。例 料理《りょうり》を習《なら》ったとおりに作《つく》るのでは芸がない。

● **芸《げい》は身《み》を助《たす》ける** ➡167ページ ことわざ

㊅ **げい【芸】**〔艹《くさかんむり》〕7画 4年 音 ゲイ

一 十 艹 艹 芸（下をながく） 芸 芸

❶わざ。身《み》につけた技術《ぎじゅつ》や学問《がくもん》。例 芸術《げいじゅつ》／学芸《がくげい》／工芸《こうげい》。❷げいごと。人《ひと》に見《み》せて楽《たの》しませるわざ。例 芸人《げいにん》／芸能《げいのう》／演芸《えんげい》／曲芸《きょくげい》。❸うえる。草《くさ》や木《き》をうえる。例 園芸《えんげい》。

けいあい【敬愛】 名詞 動詞 尊敬《そんけい》し、親《した》しむ気《き》持《も》ちを持《も》つこと。例 敬愛の念《ねん》／敬愛する先生《せんせい》。

けいい【経緯】 名詞 ❶経線《けいせん》と緯線《いせん》。また、経度《けいど》と緯度《いど》。❷ものごとがそうなった訳《わけ》や筋道《すじみち》。例 事件《じけん》の経緯を聞《き》く。類 いきさつ。

ことば 「経」は「縦糸《たていと》」、「緯」は「横糸《よこいと》」という意味《いみ》。

けいい【敬意】 名詞 相手《あいて》をりっぱだと思《おも》い、礼儀《れいぎ》正《ただ》しくする気《き》持《も》ち。例 敬意をはらう。

けいえい【経営】 名詞 動詞 会社《かいしゃ》や店《みせ》などの事業《じぎょう》をやっていくこと。例 店《みせ》の経営を任《まか》される。

けいえん【敬遠】 名詞 動詞 ❶表面《ひょうめん》では相手《あいて》を尊敬《そんけい》しているように見《み》せながら、実《じつ》はさけること。例 口《くち》うるさいおじさんをつい敬遠してしまう。❷野球《やきゅう》で、作戦上《さくせんじょう》わざとバッターにフォアボールをあたえること。

けいおんがく【軽音楽】 名詞 軽《かる》い気《き》持《も》ちで楽《たの》しめる音楽《おんがく》。流行歌《りゅうこうか》やジャズなど。

けいか【経過】 ❶名詞 動詞 時間《じかん》が過《す》ぎていくこと。例 この町《まち》に引《ひ》っ越《こ》してきてから、十年《じゅうねん》が経過した。❷名詞 ものごとが移《うつ》り変《か》わっていくようす。例 手術後《しゅじゅつご》の経過は良好《りょうこう》だ。

けいが【慶賀】 名詞 動詞 めでたいことを喜《よろこ》び祝《いわ》うこと。例 慶賀パーティー。類 祝賀《しゅくが》。

けいかい【軽快】 形容動詞 ❶動《うご》きが軽《かる》くすばやいようす。例 軽快な動作《どうさ》。❷かろやかで、うきうきと気《き》持《も》ちがはずむようなようす。例 軽快なリズム。

けいかい【警戒】 名詞 動詞 よくないことが起《お》きないよう注意《ちゅうい》し、用心《ようじん》すること。例 空港《くうこう》は警戒態勢《たいせい》に入《はい》っている／台風《たいふう》を警戒する。

けいかいしょく【警戒色】 名詞 動物《どうぶつ》の体《からだ》の、とくに目立《めだ》つ色《いろ》や模様《もよう》。毒《どく》や悪《わる》いにおいがあることをほかの動物《どうぶつ》に知《し》らせ、近《ちか》づいてこないようにするのに役立《やくだ》つとされる。「が」の幼虫《ようちゅう》や毒《どく》へびの体《からだ》の模様《もよう》など。関連 保護色《ほごしょく》。

けいかく【計画】 名詞 動詞 あることをするために、その手順《てじゅん》や方法《ほうほう》などを前《まえ》もって考《かんが》えること。例 計画的《てき》／海《うみ》へ行《い》く計画を立《た》てる。

けいかくだおれ【計画倒れ】 名詞 計画《けいかく》だけ立《た》てて、実際《じっさい》にはうまくいかないこと。例 テスト前《まえ》の勉強《べんきょう》は計画倒れに終《お》わった。

けいかくてき【計画的】 形容動詞 前《まえ》もって計《けい》画《かく》を立《た》てておいてから行《おこな》うようす。例 夏休《なつやす》みの宿題《しゅくだい》を計画的にこなす。

けいかん【景観】 名詞 ながめ。景色《けしき》。例 窓《まど》の外《そと》にすばらしい景観が開《ひら》ける。

けいかん【警官】 名詞 「警察官《けいさつかん》」の略《りゃく》。

けいき【計器】 名詞 物《もの》の大《おお》きさ・重《おも》さ・長《なが》さ・速《はや》さなどをはかる道具《どうぐ》。類 メーター。

けいき【契機】 名詞 あることが起《お》こったり変《へん》化《か》したりするきっかけ。例 絵画展《かいがてん》の入賞《にゅうしょう》を契

あいうえお かきくけこ け さしすせそ たちつてと なにぬねの はひふへほ まみむめも やゆよ らりるれろ わをん

ことわざ **下手《へた》な鉄砲《てっぽう》も数《かず》打《う》ちゃ当《あ》たる** 下手《へた》でも何度《なんど》もやってみれば、まぐれでうまくいくこともあ

機に、絵《え》の勉強《べんきょう》を始《はじ》める。

けいき【景気】 名詞 ❶商売《しょうばい》の具合《ぐあい》や社会全体《しゃかいぜんたい》のお金《かね》の動《うご》き。例となりの店《みせ》は景気がよい／日本《にほん》の景気。❷元気《げんき》。勢《いきお》い。例景気のよいかけ声《ごえ》。

けいきょもうどう【軽挙妄動】 名詞 動詞 軽《かる》はずみで、むちゃな行《おこな》いをすること。例軽挙妄動をつつしむ。

けいきんぞく【軽金属】 名詞 比重《ひじゅう》が小《ちい》さい、軽《かる》い金属《きんぞく》をまとめた言《い》い方《かた》。アルミニウム、マグネシウムなど。対重金属《じゅうきんぞく》。

けいぐ【敬具】 名詞 手紙《てがみ》の終《お》わりに書《か》くことば。「つつしんで申《もう》し上《あ》げます」という意味《いみ》。使い方 ふつう「拝啓《はいけい》」で始《はじ》まる手紙《てがみ》に使《つか》う。

けいけん【経験】 名詞 動詞 実際《じっさい》に見《み》たり聞《き》いたり、したりすること。また、それによって身《み》につけた知識《ちしき》やわざ。例団体生活《だんたいせいかつ》を経験する／経験を積《つ》む／過去《かこ》の経験を生《い》かす。類体験《たいけん》。

けいけん【敬けん】 形容動詞 神《かみ》や仏《ほとけ》を心《こころ》から敬《うやま》うようす。例敬けんないのりをささげる。

けいげん【軽減】 名詞 動詞 減《へ》らして少《すく》なくすること。例仕事《しごと》の量《りょう》を軽減する。

けいこ【稽古】 名詞 動詞 わざを身《み》につけるために練習《れんしゅう》すること。例柔道《じゅうどう》の稽古。ことば「稽」は考《かんが》えるという意味《いみ》で、「昔《むかし》の書物《しょもつ》を読《よ》み、考《かんが》えて学《まな》ぶ」ということからきたことば。

けいご【敬語】 名詞 相手《あいて》を尊敬《そんけい》する気持《きも》ちを表《あらわ》す言《い》い方《かた》。尊敬語《そんけいご》・謙譲語《けんじょうご》・丁寧語《ていねいご》の三《みっ》つがある。

けいご【警護】 名詞 動詞 危《あぶ》ないことが起《お》こらないよう、人《ひと》や建物《たてもの》を見張《みは》って守《まも》ること。例大統領《だいとうりょう》の警護に当《あ》たる。類警備《けいび》。護衛《ごえい》。

けいこう【蛍光】 名詞 ❶ほたるの光《ひかり》。❷ある物質《ぶっしつ》に光《ひかり》や放射線《ほうしゃせん》を当《あ》てたとき、その物質《ぶっしつ》が光《ひかり》を出《だ》すこと。例蛍光塗料《とりょう》。

けいこう【傾向】 名詞 ものごとの性質《せいしつ》や状態《じょうたい》が、ある方向《ほうこう》にかたよっていくこと。例村《むら》の人口《じんこう》は減少《げんしょう》する傾向にある。

けいこう【携行】 名詞 動詞 身《み》に着《つ》けたり、手《て》に持《も》ったりして行《い》くこと。携帯《けいたい》。例雨具《あまぐ》を携行する。

げいごう【迎合】 名詞 動詞 相手《あいて》に気《き》に入《い》られるように、自分《じぶん》の考《かんが》えやり方《かた》などを変《か》えること。例権力者《けんりょくしゃ》に迎合する。使い方 あまりよい意味《いみ》には使《つか》われない。

けいこうぎょう【軽工業】 名詞 織物《おりもの》や食料品《しょくりょうひん》など、ふだんの暮《く》らしに使《つか》うようなものをつくる工業《こうぎょう》。対重工業《じゅうこうぎょう》。

けいこうとう【蛍光灯】 名詞 電灯《でんとう》の一《ひと》つ。細長《ほそなが》いガラス管《かん》の内側《うちがわ》に光《ひかり》を出《だ》す物質《ぶっしつ》がぬってあり、電気《でんき》を流《なが》すとその物質《ぶっしつ》が光《ひか》るしくみになっている。

けいこうとなるもぎゅうごとなるなかれ【鶏口となるも牛後となるなかれ】 ↓923ページ 故事成語

けいこく【渓谷】 名詞 川《かわ》が流《なが》れている谷《たに》。

けいこく【警告】 名詞 動詞 危《あぶ》ない状態《じょうたい》にならないよう、前《まえ》もって注意《ちゅうい》すること。また、その注意《ちゅうい》。例池《いけ》で遊《あそ》ぶのは危険《きけん》だと警告された。

げいごと【芸事】 名詞 こと・三味線《しゃみせん》・おどりなどの芸能《げいのう》。例芸事を習《なら》う。

けいさい【掲載】 名詞 動詞 新聞《しんぶん》や雑誌《ざっし》などに、文章《ぶんしょう》や写真《しゃしん》などをのせること。例兄《あに》の投書《とうしょ》が新聞《しんぶん》に掲載された。類記載《きさい》。

けいざい【経済】 名詞 ❶人間《にんげん》が生活《せいかつ》するのに必要《ひつよう》な物《もの》やお金《かね》などを、手《て》に入《い》れたり、つかったり、交換《こうかん》したりするはたらき。例経済学《がく》／国《くに》の経済が発展《はってん》する。❷お金《かね》のやりくり。例家《いえ》の経済を管理《かんり》する。

けいざいえんじょ【経済援助】 名詞 経済《けいざい》的《てき》な面《めん》で助《たす》けること。

けいざいきょうりょくかいはつきこう【経済協力開発機構】 ↓170ページ オーイーシーディー

けいざいさんぎょうしょう【経済産業省】 名詞 経済《けいざい》や産業《さんぎょう》をさかんにするための仕事《しごと》や、資源《しげん》やエネルギーに関《かん》する仕事《しごと》をする国《くに》の役所《やくしょ》。略《りゃく》して「経産省《けいさんしょう》」ともいう。

けいざいすいいき【経済水域】 ↓1041ページ はいたてきけいざいすいいき

けいざいせいさい【経済制裁】 名詞 国際《こくさい》的《てき》なとり決《き》めに違反《いはん》したり従《したが》わなかったりした国《くに》に対《たい》して、ほかの国《くに》が行《おこな》う経済的《けいざいてき》なばつ。参考 輸入《ゆにゅう》や輸出《ゆしゅつ》の停止《ていし》、経済的《けいざいてき》な援助《えんじょ》の停止《ていし》、その国《くに》の銀行《ぎんこう》との取引《とりひき》の停止《ていし》などがある。

けいざいてき【経済的】 形容動詞

❶お金《かね》や時間《じかん》などがかからないようす。むだがないようす。例 電車《でんしゃ》で行《い》くほうが経済的だ。❷経済《けいざい》に関係《かんけい》があるようす。例 経済的な援助《えんじょ》。

けいざいめん【経済面】 名詞 ❶経済《けいざい》に関《かん》することがら。❷新聞《しんぶん》などで、経済《けいざい》についての記事《きじ》がのっているページ。

けいさつ【警察】 名詞 国民《こくみん》の命《いのち》や財産《ざいさん》を守《まも》り、人々《ひとびと》が安心《あんしん》して生活《せいかつ》できるようにするしくみ。また、その役所《やくしょ》。警察署《けいさつしょ》。

けいさつかん【警察官】 名詞 警察《けいさつ》の仕事《しごと》をする公務員《こうむいん》。警官《けいかん》。おまわりさん。

けいさつけん【警察犬】 名詞 警察《けいさつ》が、犯人《はんにん》を追《お》ったり証拠《しょうこ》をさがしたりするのを助《たす》ける、特別《とくべつ》に訓練《くんれん》された犬《いぬ》。すぐれた嗅覚《きゅうかく》を利用《りよう》する。

けいさつしょ【警察署】 名詞 都道府県《とどうふけん》の受《う》け持《も》つ区域《くいき》で、警察《けいさつ》の仕事《しごと》をする役所《やくしょ》。警察《けいさつ》。

けいさつちょう【警察庁】 名詞 全国《ぜんこく》の警察《けいさつ》のかんとくや指示《しじ》などの仕事《しごと》をする国《くに》の役所《やくしょ》。

けいさん【計算】 名詞 動詞 ❶物《もの》の数《かず》や量《りょう》を数《かぞ》えること。例 おつりを計算する。❷算数《さんすう》の式《しき》を解《と》いて答《こた》えを出《だ》すこと。足《た》し算《ざん》・引《ひ》き算《ざん》・掛《か》け算《ざん》・割《わ》り算《ざん》などがある。❸前《まえ》もって考《かんが》えておくこと。例 急《きゅう》に来《く》る人《ひと》がいることも計算に入《い》れて、いすを用意《ようい》する。

けいさんき【計算機・計算器】 名詞 計算《けいさん》を速《はや》く正確《せいかく》にするための器具《きぐ》。

けいさんしょう【経産省】 ⇒412ページけいざいさんぎょうしょう

けいし【軽視】 名詞 動詞 ものごとを、重要《じゅうよう》ではないと軽《かる》くみること。例 人《ひと》の意見《いけん》を軽視してはいけない。対 重視《じゅうし》。

けいし【けい紙】 名詞 一定《いってい》のはばで、縦《たて》または横《よこ》に平行《へいこう》の線《せん》が引《ひ》いてある紙《かみ》。

けいじ【刑事】 名詞 ❶どろぼうや殺人《さつじん》など、刑法《けいほう》（＝犯罪《はんざい》と、それに対《たい》するばつを定《さだ》めた法律《ほうりつ》）にふれることがら。例 刑事事件《じけん》。対 民事《みんじ》。❷刑法《けいほう》にふれることをした人《ひと》をさがしたりつかまえたりする警察官《けいさつかん》。「刑事巡査《けいじじゅんさ》」の略《りゃく》。

けいじ【掲示】 名詞 動詞 大勢《おおぜい》の人《ひと》に知《し》らせようとすることを書《か》いて、人《ひと》の目《め》につくところにはり出《だ》すこと。また、そのはり出《だ》したもの。

けいしき【形式】 名詞 ❶決《き》まったやり方《かた》。例 形式にしたがって書《か》く。❷外《そと》から見《み》える形《かたち》。見《み》かけ。例 形式だけのあいさつ。対 内容《ないよう》。実質《じっしつ》。

けいしきてき【形式的】 形容動詞 中身《なかみ》や内容《ないよう》よりも、見《み》かけや形《かたち》を大切《たいせつ》にするようす。例 形式的なあいさつ。対 実質的《じっしつてき》。

けいしちょう【警視庁】 名詞 東京都《とうきょうと》の警察《けいさつ》をとりまとめる役所《やくしょ》。

けいじどうしゃ【軽自動車】 名詞 小型《こがた》の自動車《じどうしゃ》。大《おお》きさやエンジンの排気量《はいきりょう》などについて決《き》まりがある。略《りゃく》して「軽《けい》」ともいう。

けいじばん【掲示板】 名詞 みんなに知《し》らせようとすることを書《か》いてはる板《いた》。

けいしゃ【傾斜】 名詞 動詞 ななめにかたむくこと。また、その程度《ていど》。かたむき。例 傾斜した屋根《やね》／傾斜が急《きゅう》な坂道《さかみち》。類 勾配《こうばい》。

けいじゅう【軽重】 ⇒414ページけいちょう〔軽重〕

げいじゅつ【芸術】 名詞 心《こころ》に感《かん》じたことや考《かんが》えなどを、形《かたち》・色《いろ》・音《おと》・ことばなどで表《あらわ》すこと。また、表《あらわ》したもの。演劇《えんげき》・美術《びじゅつ》・音楽《おんがく》・文学《ぶんがく》など。

げいじゅつか【芸術家】 名詞 芸術《げいじゅつ》を専門《せんもん》として活動《かつどう》している人《ひと》。画家《がか》・音楽家《おんがくか》・作家《さっか》など。

げいじゅつさい【芸術祭】 名詞 毎年秋《まいとしあき》に、文化庁《ぶんかちょう》が主催《しゅさい》して行《おこな》われる芸術《げいじゅつ》の祭典《さいてん》。映《えい》画《が》・演劇《えんげき》・音楽《おんがく》・演芸《えんげい》などの部門《ぶもん》がある。

げいじゅつてき【芸術的】 形容動詞 芸術《げいじゅつ》としての価値《かち》や味《あじ》わいを持《も》っているようす。例 芸術的な写真《しゃしん》。

げいじゅつひん【芸術品】 名詞 芸術《げいじゅつ》としての価値《かち》や美《うつく》しさを備《そな》えた作品《さくひん》。

げいしゅん【迎春】 名詞 季語 新年 新年《しんねん》をむかえること。使い方 年賀状《ねんがじょう》などでのあいさつのことばとして使《つか》われる。

けいしょう【軽少】 名詞 形容動詞 ほんの少《すこ》しであること。わずかなこと。例 軽少な被害《ひがい》ですむ。

けいしょう【軽症】 名詞 病気《びょうき》が軽《かる》いこと。対 重症《じゅうしょう》。

けいしょう【敬称】 名詞 人《ひと》の名前《なまえ》のあとにつ

ことわざ **下手《へた》の考《かんが》え休《やす》むに似《に》たり** 囲碁《いご》や将棋《しょうぎ》で、下手《へた》な人《ひと》が長時間《ちょうじかん》考《かんが》えているのは、休《やす》んでいるよ

けて、その人《ひと》を尊敬《そんけい》する気持《きも》ちを表《あらわ》す呼《よ》び方《かた》。「様《さま》」「さん」「先生《せんせい》」など。例 名前《なまえ》に敬称をつけて呼《よ》ぶ。

けいしょう【景勝】 名詞 景色《けしき》がよいこと。例 景勝地《ち》。類 名勝《めいしょう》。

けいしょう【軽傷】 名詞 軽《かる》い傷《きず》。軽《かる》いけが。対 重傷《じゅうしょう》。

けいしょう【継承】 名詞 動詞 地位《ちい》・財産《ざいさん》・仕事《しごと》などを受《う》けつぐこと。例 王《おう》の位《くらい》を継承する。

けいじょう【形状】 名詞 物《もの》の形《かたち》。ありさま。

けいじょう【計上】 名詞 動詞 費用《ひよう》や予算《よさん》などを、全体《ぜんたい》の計算《けいさん》の中《なか》に組《く》み入《い》れること。例 来年度《らいねんど》の予算《よさん》に図書費《としょひ》を計上する。

けいしょく【軽食】 名詞 手軽《てがる》な食事《しょくじ》。簡単《かんたん》な食事《しょくじ》。

けいず【系図】 名詞 その家《いえ》の先祖《せんぞ》から現在《げんざい》までの人々《ひとびと》の名前《なまえ》と、その関係《かんけい》を書《か》き表《あらわ》した図《ず》。

けいすう【計数】 名詞 数《かず》を数《かぞ》えること。計算《けいさん》をすること。また、計算《けいさん》して出《だ》した数字《すうじ》。例 計数に明《あか》るい（＝計算《けいさん》が得意《とくい》である）。

けいせい【形成】 名詞 動詞 かたちづくること。例 新《あたら》しいグループを形成する。

けいせい【形勢】 名詞 変化《へんか》していくものごとの、そのときのようす。成《な》り行《ゆ》き。例 赤組《あかぐみ》の形勢が悪《わる》くなった。

けいせいもじ【形声文字】 名詞 意味《いみ》を表《あらわ》す部分《ぶぶん》と、読《よ》みを表《あらわ》す部分《ぶぶん》を組《く》み合《あ》わせてできた漢字《かんじ》。たとえば「草《くさ》」という字《じ》は、「艹」が「くさ」という意味《いみ》を、「早」が「そう」という読《よ》みを表《あらわ》す。

けいせき【形跡】 名詞 何《なに》かが行《おこな》われたあと。例 ここに動物《どうぶつ》がいた形跡がある。類 痕跡《こんせき》。

けいせつのこう【蛍雪の功】 ↓925ページ 故事成語

けいせん【経線】 名詞 地球《ちきゅう》上《じょう》の東西《とうざい》の位置《いち》を表《あらわ》す、地球《ちきゅう》の表面《ひょうめん》を通《とお》って北極《ほっきょく》と南極《なんきょく》とを結《むす》ぶ線《せん》。緯線《いせん》と直角《ちょっかく》に交《まじ》わる。類 子午線《しごせん》。対 緯線《いせん》。図 ↓99ページ いど〔緯度〕

けいせん【けい線】 ↓410ページ けい

けいそう 名詞 真水《まみず》にも海水《かいすい》にも育《そだ》つ藻《も》の一《ひと》つ。種類《しゅるい》が多《おお》く、形《かたち》もさまざまである。水《みず》の底《そこ》にしずんで、けいそう土《ど》になる。

けいそう【軽装】 名詞 身軽《みがる》な服装《ふくそう》。例 軽装でハイキングに出《で》かける。

けいそく【計測】 名詞 動詞 機器《きき》を使《つか》って、重《おも》さ・長《なが》さ・量《りょう》などをはかること。類 計量《けいりょう》。測定《そくてい》。

けいぞく【継続】 名詞 動詞 前《まえ》からやっていることを、続《つづ》けて行《おこな》うこと。また、続《つづ》くこと。例 朝《あさ》の読書《どくしょ》を一年間《いちねんかん》継続する。類 持続《じぞく》。続行《ぞっこう》。

けいそつ【軽率】 名詞 形容動詞 よく考《かんが》えないで行動《こうどう》してしまうこと。軽《かる》はずみでいいかげんなこと。例 軽率なふるまい。対 慎重《しんちょう》。使い方「軽・卒」と書《か》かないよう注意《ちゅうい》。

けいたい【形態】 名詞 物《もの》の形《かたち》。すがた。また、あるしくみを持《も》ったものごとのありさま。

けいたい【敬体】 名詞 文《ぶん》の終《お》わりに「です」「ます」などをつけた、ていねいな言《い》い方《かた》の文《ぶん》の形《かたち》。対 常体《じょうたい》。↓414ページ 日本語教室

けいたい【携帯】 名詞 動詞 体《からだ》に着《つ》けたり、手《て》に持《も》ったりして、持《も》ち運《はこ》ぶこと。例 携帯電話《でんわ》／身分証明書《みぶんしょうめいしょ》を携帯する。

けいだい【境内】 名詞 寺《てら》や神社《じんじゃ》の敷地《しきち》の中《なか》。

けいたいでんわ【携帯電話】 名詞 持《も》ち運《はこ》びができる、無線《むせん》を使《つか》った小型《こがた》の電話機《でんわき》。対 固定電話《こていでんわ》。

けいちつ【啓ちつ】 名詞 季語 春 二十四節気《にじゅうしせっき》の一《ひと》つ。冬眠《とうみん》していた虫《むし》が地中《ちちゅう》から出《で》てくるころ。三月六日《さんがつむいか》ごろ。↓1450ページ 二十四節気《にじゅうしせっき》

けいちょう【軽重】 名詞 軽《かる》いことと重《おも》いこと。大事《だいじ》なことと大事《だいじ》でないこと。「けいじゅう」ともいう。

けいちょう【傾聴】 名詞 動詞 耳《みみ》をかたむけて

敬体《けいたい》・常体《じょうたい》

・わたしは学校《がっこう》に行《い》きました。
・わたしは学校《がっこう》に行《い》った。

この二《ふた》つの文《ぶん》は、意味《いみ》は同《おな》じだけれど、ていねいさがちがうね。

文《ぶん》の終《お》わりに「です・ます」を使《つか》ったていねいな形《かたち》を「敬体《けいたい》」といい、「行《い》った」で言《い》い切《き》ったり、「だ・である」を使《つか》ったりする形《かたち》を「常体《じょうたい》」という。

作文《さくぶん》では、使《つか》う形《かたち》を決《き》めたら、ずっとその形《かたち》で書《か》くのが原則《げんそく》だよ。特別《とくべつ》な場合《ばあい》を除《のぞ》いて、敬体《けいたい》と常体《じょうたい》をまぜて使《つか》わないようにしようね。

そのことが好《す》きでたまらないこと。

熱心《ねっしん》に聞《き》くこと。例 講演《こうえん》を傾聴する。

けいちょう【慶弔】 名詞 結婚《けっこん》や出産《しゅっさん》などの喜《よろこ》ぶべきことと、葬式《そうしき》などの悲《かな》しむべきこと。

けいつい【けい椎】 名詞 せきついのいちばん上《うえ》の首《くび》の部分《ぶぶん》にある、七個《ななこ》の骨《ほね》。

けいてき【警笛】 名詞 危険《きけん》を知《し》らせ、注意《ちゅうい》させるために鳴《な》らす笛《ふえ》。類 クラクション。

けいと【毛糸】 名詞 季語 冬 羊《ひつじ》などの毛《け》をより合《あ》わせて作《つく》った糸《いと》。例 毛糸のセーター。

けいど【経度】 名詞 地球《ちきゅうじょう》上の東西《とうざい》の位置《いち》を表《あらわ》す度合《どあ》い。イギリスのグリニッジ天文台《てんもんだい》があったところを通《とお》る経線《けいせん》を〇度《ど》として、東《ひがし》と西《にし》へそれぞれ一八〇度《ど》ずつに分《わ》けてある。対 緯度《いど》。ことば「経」は、縦糸《たていと》という意味《いみ》。図 ➡ 99ジ《ベー》い ど〔緯度〕

けいど【軽度】 名詞 ものごとの程度《ていど》が軽《かる》いこと。例 軽度の近視《きんし》。対 強度《きょうど》。重度《じゅうど》。

けいとう【系統】 名詞 ❶順序立《じゅんじょだ》った筋道《すじみち》。例 系統立《だ》てて（＝筋道《すじみち》に従《したが》って、順序《じゅんじょ》よく）説明《せつめい》する。❷血筋《ちすじ》。例 母方《ははかた》の系統。❸同《おな》じ流《なが》れの中《なか》にあること。例 茶《ちゃ》系統の色《いろ》。

けいとう【傾倒】 名詞 動詞 ❶心《こころ》を打《う》ちこむこと。熱中《ねっちゅう》すること。例 母《はは》は古典文学《こてんぶんがく》に傾倒している。❷ある人《ひと》を心《こころ》から尊敬《そんけい》し、したうこと。例 マザー＝テレサに傾倒する。

けいとう【鶏頭】 名詞 季語 秋 庭《にわ》に植《う》える草花《くさばな》。夏《なつ》から秋《あき》にかけて、赤《あか》または黄色《きいろ》の、にわとりのとさかのような形《かたち》の花《はな》がさく。

げいとう【芸当】 名詞 ❶人《ひと》に見《み》せるために、特別《とくべつ》に訓練《くんれん》した芸《げい》。❷ふつうではできそうもない行《おこな》い。例 消防士《しょうぼうし》は、窓《まど》から窓《まど》へ飛《と》び移《うつ》る芸当を見《み》せた。

けいとうてき【系統的】 形容動詞 順序《じゅんじょ》や筋道《すじみち》が、よくまとまっているようす。例 ものごとを系統的に考《かんが》える。

けいどうみゃく【けい動脈】 名詞 首《くび》の左右《さゆう》にある、太《ふと》い動脈《どうみゃく》。頭《あたま》に血液《けつえき》を送《おく》る。

げいにん【芸人】 名詞 俳優《はいゆう》・落語家《らくごか》など、芸《げい》を人《ひと》に見《み》せることを職業《しょくぎょう》にしている人《ひと》。

げいのう【芸能】 名詞 演劇《えんげき》・映画《えいが》・音楽《おんがく》・おどりなど、人々《ひとびと》を楽《たの》しませる演芸《えんげい》をまとめていうことば。例 芸能界《かい》。

げいのうじん【芸能人】 名詞 芸能《げいのう》を職業《しょくぎょう》にしている人《ひと》。

けいば【競馬】 名詞 人《ひと》が馬《うま》に乗《の》って走《はし》らせ、速《はや》さをきそう競技《きょうぎ》。また、客《きゃく》に券《けん》を売《う》り、馬《うま》の先着順《せんちゃくじゅん》を当《あ》てさせるかけごと。例 競馬場《じょう》。

けいはく【軽薄】 形容動詞 ことばや行動《こうどう》などが軽々《かるがる》しいようす。考《かんが》えが足《た》りないようす。例 軽薄な人《ひと》／軽薄な考《かんが》え方《かた》。対 重厚《じゅうこう》。

けいはつ【啓発】 名詞 動詞 知《し》らなかったことや気《き》づかなかったことを、教《おし》え示《しめ》して理解《りかい》を深《ふか》めさせること。例 偉人《いじん》の伝記《でんき》に啓発される。

けいばつ【刑罰】 名詞 悪《わる》いことをした人《ひと》に国《くに》があたえるばつ。

けいはんしん【京阪神】 名詞 京都《きょうと》・大阪《おおさか》・神戸《こうべ》をまとめていうことば。

けいひ【経費】 名詞 あることをするのに必要《ひつよう》なお金《かね》。類 費用《ひよう》。

けいび【警備】 名詞 動詞 悪《わる》いことが起《お》こらないように用心《ようじん》して守《まも》ること。例 警備員《いん》／コンサート会場《かいじょう》を警備する。類 警護《けいご》。

けいひん【景品】 名詞 商品《しょうひん》にただでついてくるもの。おまけ。

けいひんこうぎょうちたい【京浜工業地帯】 名詞 東京《とうきょう》・川崎《かわさき》・横浜《よこはま》を中心《ちゅうしん》として、海沿《うみぞ》いから内陸部《ないりくぶ》にまで広《ひろ》がる、工業《こうぎょう》のさかんな地域《ちいき》。

けいふく【敬服】 名詞 動詞 心《こころ》から感心《かんしん》して、尊敬《そんけい》する気持《きも》ちを持《も》つこと。例 友《とも》だちのりっぱな行《おこな》いに敬服する。

けいべつ【軽蔑】 名詞 動詞 相手《あいて》を軽《かる》くみて、さげすむこと。見下《みさ》げること。対 尊敬《そんけい》。

けいべん【軽便】 形容動詞 簡単《かんたん》に使《つか》うことができて、便利《べんり》なようす。例 軽便な登山用品《とざんようひん》。

けいべんてつどう【軽便鉄道】 名詞 線路《せんろ》のはばをせまくし、小《ちい》さな機関車《きかんしゃ》や車両《しゃりょう》を使《つか》う鉄道《てつどう》。

けいほう【刑法】 名詞 犯罪《はんざい》と、それに対《たい》するばつについて定《さだ》めている法律《ほうりつ》。

けいほう【警報】 名詞 大雨《おおあめ》や洪水《こうずい》・火事《かじ》などの危険《きけん》がせまっているとき、人《ひと》に注意《ちゅうい》させるために出《だ》す知《し》らせ。例 警報機《き》／警報を出《だ》す。

けいみょう【軽妙】 形容動詞 かろやかで気《き》がきいているようす。例 軽妙な語《かた》り口《くち》。

ことわざ　**下手《へた》の横好《よこず》き**　「横好《よこず》き」は、そのことが上手《じょうず》でもないのに好《す》きで熱心《ねっしん》なこと。下手《へた》なのに、

けいむしょ【刑務所】名詞 罪《つみ》をおかし、刑《けい》の決《き》まった人《ひと》を入《い》れておくところ。

げいめい【芸名】名詞 芸能人《げいのうじん》が仕事《しごと》で使《つか》う、本名《ほんみょう》とは別《べつ》の名前《なまえ》。例 芸名をつける。

けいもう【啓もう】名詞 動詞 知識《ちしき》の少《すく》ない人《ひと》に正《ただ》しい知識《ちしき》をあたえ、教《おし》え導《みちび》くこと。例 啓もう書《しょ》。

けいやく【契約】名詞 動詞 法律《ほうりつ》にもとづいて約束《やくそく》をすること。例 契約書《しょ》／契約を結《むす》ぶ。対 解約《かいやく》。

けいゆ【経由】名詞 動詞 ある場所《ばしょ》を通《とお》って次《つぎ》の場所《ばしょ》に行《い》くこと。例 バスは公園《こうえん》を経由して駅《えき》に行《い》く。

けいゆ【軽油】名詞 原油《げんゆ》からとれる油《あぶら》の一《ひと》つ。重油《じゅうゆ》より軽《かる》く、灯油《とうゆ》より重《おも》い。ディーゼルエンジンの燃料《ねんりょう》などに使《つか》う。

けいよう【形容】名詞 動詞 ものの形《かたち》やようすを、いろいろなことばやたとえを使《つか》って言《い》い表《あらわ》すこと。例 この景色《けしき》の美《うつく》しさは形容のしようがない。

けいよう【掲揚】名詞 動詞 旗《はた》などを高《たか》くあげること。例 校旗《こうき》を掲揚する。

けいようこうぎょうちいき【京葉工業地域】名詞 千葉県《ちばけん》の東京湾沿岸《とうきょうわんえんがん》に広《ひろ》がる、工業《こうぎょう》のさかんな地域《ちいき》。うめ立《た》て地《ち》に、大《おお》きな製鉄所《せいてつじょ》や石油化学工場《せきゆかがくこうじょう》が建《た》てられてできた。

けいようし【形容詞】名詞 品詞《ひんし》の一《ひと》つ。ものごとの性質《せいしつ》やありさま・状態《じょうたい》を表《あらわ》すことば。「白《しろ》い」「大《おお》きい」「美《うつく》しい」「うれしい」など、言《い》い切《き》りのときの語尾《ごび》が「い」になる。

↓416ページ
外国語教室 熱《あつ》っ！

けいようどうし【形容動詞】名詞 品詞《ひんし》の一《ひと》つ。ものごとの性質《せいしつ》や状態《じょうたい》を表《あらわ》すことば。「静《しず》かだ」「大切《たいせつ》です」など、言《い》い切《き》りのときの語尾《ごび》が「だ」「です」になる。

けいらん【鶏卵】名詞 にわとりの卵《たまご》。

けいり【経理】名詞 会社《かいしゃ》などで、お金《かね》の出《だ》し入《い》れや、財産《ざいさん》の管理《かんり》などをあつかう仕事《しごと》。類 会計《かいけい》。

けいりゃく【計略】名詞 自分《じぶん》の思《おも》いどおりにものごとを進《すす》めたり、人《ひと》をだましたりするための方法《ほうほう》や計画《けいかく》。例 計略をめぐらす。類 策略《さくりゃく》。

けいりゅう【渓流】名詞 谷川《たにがわ》の流《なが》れ。谷川《たにがわ》。

けいりょう【計量】名詞 動詞 重《おも》さや分量《ぶんりょう》などを量《はか》ること。例 計量スプーン。類 計測《けいそく》。

けいりょう【軽量】名詞 軽《かる》いこと。例 軽量級《きゅう》のボクサー。対 重量《じゅうりょう》。

けいりょうカップ【計量カップ】名詞 水《みず》や粉《こな》などの分量《ぶんりょう》を量《はか》るためのカップ。

けいりょうスプーン【計量スプーン】名詞 調味料《ちょうみりょう》などの分量《ぶんりょう》を量《はか》るためのスプーン。

けいりん【競輪】名詞 選手《せんしゅ》が自転車《じてんしゃ》に乗《の》って速《はや》さをきそう競技《きょうぎ》。また、客《きゃく》に券《けん》を売《う》り、自転車《じてんしゃ》に乗《の》った選手《せんしゅ》の先着順《せんちゃくじゅん》を当《あ》てさせるかけごと。

けいるい【係累】名詞 両親《りょうしん》・子供《こども》など、めんどうをみなければならない家族《かぞく》。

けいれい【敬礼】名詞 動詞 相手《あいて》を尊敬《そんけい》する気持《きも》ちを表《あらわ》して、礼《れい》をすること。

けいれき【経歴】名詞 その人《ひと》がこれまでにどういう学校《がっこう》で何《なに》を学《まな》び、どういう仕事《しごと》をしてきたかということ。類 履歴《りれき》。

けいれつ【系列】名詞 ある筋道《すじみち》に従《したが》って、つながっているものごと。また、そのまとまり。例 系列会社《がいしゃ》。

けいれん 名詞 動詞 筋肉《きんにく》が急《きゅう》に引《ひ》きつって、痛《いた》くなったりふるえたりすること。

けいろ【毛色】名詞 ❶毛《け》の色《いろ》。❷性質《せいしつ》。ようす。例 毛色の変《か》わった雑誌《ざっし》。

けいろ【経路】名詞 ものごとが通《とお》ってきた道筋《みちすじ》。ルート。例 商品《しょうひん》がつくられてから店《みせ》で売《う》

ガッテン外国語教室

熱《あつ》っ！

できたてのたこ焼《や》きやからあげを口《くち》に入《い》れたとき、あまりの熱《あつ》さに声《こえ》を上《あ》げてしまうことがある。おどろいたときに出《で》てくることばに、日本語《にほんご》と英語《えいご》ではちがいがあるよ。日本語《にほんご》では「熱《あつ》っ」と形容詞《けいようし》を省略《しょうりゃく》して言《い》うことが多《おお》い。でも英語《えいご》では、「hot《ホット》（＝熱《あつ》い）」とは言《い》わず、「ouch《アウチ》」のような、とっさの声《こえ》（感動詞《かんどうし》）になるんだ。日本語《にほんご》で「わっ」のようなことばだ。日本語《にほんご》でとっさのときに出《で》てくることばにはほかに、「寒《さむ》っ」「痛《いた》っ」などもあるね。

とをたとえていうことば。「仏《ほとけ》」は、ここでは仏像《ぶつぞう》のこと。

られるまでの経路をたどる。

けいろう【敬老】 名詞 お年寄《としよ》りを尊敬《そんけい》し、大切《たいせつ》にすること。

けいろうのひ【敬老の日】 名詞 季語秋 国民《こくみん》の祝日《しゅくじつ》の一《ひと》つ。九月《くがつ》の第三月曜日《だいさんげつようび》。お年寄《としよ》りを敬《うやま》い、長生《ながい》きを祝《いわ》う日《ひ》。

けう【希有】 名詞 形容動詞 めったにないようす。非常《ひじょう》にまれであるようす。例 希有なできごと。

ケーオー【KO】 名詞 動詞 「ノックアウト」のこと。ことば 英語《えいご》の「ノックアウト」の頭文字《かしらもじ》からできたことば。

ケーキ (cake) 名詞 小麦粉《こむぎこ》とバター・砂糖《さとう》・卵《たまご》などで作《つく》った洋菓子《ようがし》。例 ショートケーキ。

ケース (case) 名詞
❶箱《はこ》。入《い》れ物《もの》。例 カメラのケース。
❷場合《ばあい》。例《れい》。例 これは特別《とくべつ》なケースだ。

ケースバイケース (case by case) 名詞 それぞれの場合《ばあい》に合《あ》わせて考《かんが》えること。例 間《ま》に合《あ》わない場合《ばあい》はケースバイケースで対応《たいおう》する。

ケースワーカー (caseworker) 名詞 障害《しょうがい》のある人《ひと》や、生活《せいかつ》に困《こま》っている人《ひと》の相談《そうだん》に乗《の》り、指導《しどう》や助言《じょげん》をする人《ひと》。

ゲーテ 名詞 (一七四九～一八三二) ドイツの小説家《しょうせつか》・詩人《しじん》・劇作家《げきさくか》。「ファウスト」「若《わか》きウェルテルのなやみ」など、数々《かずかず》の名作《めいさく》を残《のこ》した。

ゲート (gate) 名詞 門《もん》。出入《でい》り口《ぐち》。例 正面《しょうめん》ゲート。

ゲートボール 名詞 日本《にほん》でつくられたスポーツの一《ひと》つ。五人《ごにん》ずつの二《に》チームで行《おこな》う。スティックでボールを打ち、三《みっ》つのゲート(=門) をくぐらせてゴールに当《あ》てる。ことば 英語《えいご》をもとに日本《にほん》で作《つく》られたことば。

ゲートル (フランス語) 名詞 厚《あつ》い布《ぬの》や革《かわ》でできた、すねに巻《ま》きつけるもの。

ケーブル (cable) 名詞
❶束《たば》ねた電線《でんせん》を、電気《でんき》を通《とお》さない物質《ぶっしつ》でおおったもの。例 海底《かいてい》ケーブル。
❷針金《はりがね》などをより合《あ》わせてつくった太《ふと》いつな。

ケーブルカー (cable car) 名詞 山《やま》の急《きゅう》な斜面《しゃめん》にしいた線路《せんろ》を、太《ふと》い鉄《てつ》のつな(=ケーブル)に引《ひ》かれて登《のぼ》り下《お》りする乗《の》り物《もの》。

ケーブルカー

ケーブルテレビ 名詞 電線《でんせん》を使《つか》って放送《ほうそう》するテレビ。「CATV《シーエーティーブィ》」ともいう。ことば 英語《えいご》の「ケーブルテレビジョン」の略《りゃく》。

ゲーム (game) 名詞
❶勝《か》ち負《ま》けや得点《とくてん》などを争《あらそ》う遊《あそ》び。例 トランプゲーム。
❷スポーツなどの試合《しあい》。例 白熱《はくねつ》した好《こう》ゲーム。

ゲームクリエイター (game creator) 名詞 テレビゲームやコンピューターを使《つか》ったゲームをつくることを仕事《しごと》とする人《ひと》。

ゲームセット 名詞 勝負《しょうぶ》がついて試合《しあい》が終《お》わること。ことば 英語《えいご》をもとに日本《にほん》で作《つく》られたことば。

けおされる【気おされる】 動詞 相手の勢いになんとなくおされる。例 相手《あいて》の気迫《きはく》に気おされて、ものも言《い》えなかった。

けおとす【蹴落とす】 動詞
❶足《あし》でけって下《した》へ落《お》とす。
❷ある地位《ちい》につくために人《ひと》をおしのける。例 競争相手《きょうそうあいて》を蹴落とす。

けおりもの【毛織物】 名詞 羊《ひつじ》やらくだなどの毛《け》で作《つく》った糸《いと》で織《お》った織物《おりもの》。

けが 名詞
❶傷《きず》を受《う》けること。また、その傷《きず》。
❷失敗《しっぱい》。あやまち。
ことば 漢字《かんじ》では「怪我」と書《か》く。
●けがの功名《こうみょう》 ⇒169ページ ことわざ

げか【外科】 名詞 傷《きず》や病気《びょうき》を手術《しゅじゅつ》などによって治《なお》す医学《いがく》。対 内科《ないか》。

げかい【下界】 名詞
❶天《てん》から見《み》た、人間《にんげん》が住《す》む地上《ちじょう》の世界《せかい》。
❷高《たか》いところから見《み》た地上《ちじょう》。

けがす【汚す】 動詞
❶きれいなものをよごす。きたなくする。
❷名誉《めいよ》などを傷《きず》つける。例 悪《わる》いことをして学校《がっこう》の名前《なまえ》を汚したくない。

けがらわしい【汚らわしい】 形容詞 きたならしくて不愉快《ふゆかい》である。例 聞《き》くのも汚らわしい話《はなし》。

けがれる【汚れる】 動詞
❶きれいなものがきたなくなる。例 心《こころ》が汚れる。

ことわざ 仏《ほとけ》作《つく》って魂《たましい》入《い》れず ほとんどでき上《あ》がっているのに、いちばん大切《たいせつ》なところがぬけているこ

❷名誉《めいよ》などが傷《きず》つく。例 横綱《よこづな》の名《な》が汚れる。

けがわ【毛皮】 名詞 季語冬 毛《け》がついたままの動物《どうぶつ》の皮《かわ》。

げかん【下巻】 名詞 書物《しょもつ》を二《ふた》つまたは三《みっ》つに分《わ》けてある場合《ばあい》の、最後《さいご》の巻《まき》。関連 上巻《じょうかん》。

げき【劇】 名詞 筋書《すじが》きにそって、役《やく》がらを演《えん》じて見《み》せるもの。芝居《しばい》。演劇《えんげき》。例 物語《ものがたり》を劇にして発表《はっぴょう》する。

漢 **げき【劇】**〔刂《りっとう》〕15画 6年 音 ゲキ 訓

とめ　とし《ない》

丶 广 广 卢 卢 虏 豦 劇

❶はげしい。ひどくきびしい。例 劇痛《げきつう》／劇薬《げきやく》。❷しばい。例 劇化《げきか》／劇場《げきじょう》／劇団《げきだん》／演劇《えんげき》／喜劇《きげき》／悲劇《ひげき》。

漢 **げき【激】**〔氵《さんずい》〕16画 6年 音 ゲキ 訓 はげしい

氵 氵 泊 泊 滂 滂 激 激（はねる・はらう）

❶はげしい。はなはだしい。勢《いきお》いが強《つよ》い。例 激戦《げきせん》／激増《げきぞう》／激流《げきりゅう》／急激《きゅうげき》。❷はげむ。はげます。心《こころ》をはげしく動《うご》かす。例 激怒《げきど》／感激《かんげき》。

げきか【劇化】 名詞 動詞 物語《ものがたり》や事件《じけん》などを、劇《げき》としてつくり直《なお》すこと。例 ベストセラー小説《しょうせつ》を劇化する。

げきか【激化】 名詞 動詞 前《まえ》よりも激《はげ》しくなること。「げっか」ともいう。例 競争《きょうそう》が激化する。

げきが【劇画】 名詞 筋《すじ》のある話《はなし》を、動《うご》きのある絵《え》でかき表《あらわ》した漫画《まんが》。

げきげん【激減】 名詞 動詞 急《きゅう》に、激《はげ》しく減《へ》ること。例 この土地《とち》は冬《ふゆ》には観光客《かんこうきゃく》が激減する。対 激増《げきぞう》。

げきしょう【激賞】 名詞 動詞 非常《ひじょう》にほめること。絶賛《ぜっさん》。例 作品《さくひん》が激賞される。

げきじょう【劇場】 名詞 芝居《しばい》や映画《えいが》などを大《おお》勢《ぜい》の人《ひと》に見《み》せるための建物《たてもの》。

げきする【激する】 動詞 気持《きも》ちがあらあらしくなる。また、ものごとの状態《じょうたい》が激《はげ》しくなる。例 相手《あいて》に言《い》い返《かえ》されて激する。

げきせん【激戦】 名詞 動詞 たがいにすべての力《ちから》を出《だ》しつくして、激《はげ》しく戦《たたか》うこと。また、その戦《たたか》い。

げきぞう【激増】 名詞 動詞 急《きゅう》に、激《はげ》しく増《ふ》えること。例 人口《じんこう》の激増。類 急増《きゅうぞう》。対 激減《げきげん》。

げきたい【撃退】 名詞 動詞 向《む》かってくる敵《てき》や相手《あいて》を追《お》いはらうこと。

げきだん【劇団】 名詞 劇《げき》をして人《ひと》に見《み》せる人《ひと》の団体《だんたい》。

げきちん【撃沈】 名詞 動詞 船《ふね》をこうげきして、しずめること。

げきつい【撃墜】 名詞 動詞 飛行機《ひこうき》をうち落《お》とすこと。

げきつう【激痛・劇痛】 名詞 激《はげ》しい痛《いた》み。例 足《あし》に激痛が走《はし》る。

げきてき【劇的】 形容動詞 まるで劇《げき》の中《なか》のできごとであるかのように、思《おも》いがけないことが起《お》こったり、強《つよ》く人《ひと》の心《こころ》を動《うご》かしたりするようす。例 劇的な逆転《ぎゃくてん》で勝《か》つ／古《ふる》い友人《ゆうじん》と劇的に再会《さいかい》する。類 ドラマチック。

げきど【激怒】 名詞 動詞 激《はげ》しくおこること。例 わたしのうそに、父《ちち》は激怒した。

げきどう【激動】 名詞 動詞 激《はげ》しくゆれ動《うご》くこと。とくに、世《よ》の中《なか》のようすなどが激《はげ》しく変化《へんか》すること。例 二十世紀《にじっせいき》は激動の時代《じだい》であった。

げきとつ【激突】 名詞 動詞 激《はげ》しくぶつかること。例 車《くるま》がかべに激突した。

げきは【撃破】 名詞 動詞 敵《てき》をこうげきして、打《う》ち負《ま》かすこと。例 次々《つぎつぎ》に現《あらわ》れる強敵《きょうてき》を撃破する。

げきへん【激変】 名詞 動詞 急《きゅう》に、激《はげ》しく変《か》わること。例 一年《いちねん》で、町《まち》のようすは激変した。

げきやく【劇薬】 名詞 量《りょう》や使《つか》い方《かた》をまちがえると命《いのち》にかかわるような危険《きけん》な薬《くすり》。使い方「激薬」と書《か》かないよう注意《ちゅうい》。

けぎらい【毛嫌い】 名詞 動詞 とくに理由《りゆう》もないのに、いやがること。例 妹《いもうと》はなぜかねこを毛嫌いする。

げきりゅう【激流】 名詞 川《かわ》などの、勢《いきお》いの激《はげ》しい流《なが》れ。例 橋《はし》が激流に流《なが》される。

げきりんにふれる【逆鱗に触れる】 ↓ 927ページ《ジ》 故事成語

げきれい【激励】 名詞 動詞 がんばってやるように、元気《げんき》づけてはげますこと。例 かんとくの激励を受《う》ける。

げきれつ【激烈】 名詞 形容動詞 非常《ひじょう》に激《はげ》しいこと。例 激烈な争《あらそ》いをくり広《ひろ》げる。

いうこと。

げきろん【激論】 名詞 動詞 おたがいに激《はげ》しく意見《いけん》を言《い》い合《あ》うこと。激しく議論《ぎろん》すること。例 激論をたたかわせる。

けげん 形容動詞 わけがわからず、不思議《ふしぎ》に思《おも》うようす。例 けげんな顔《かお》をする。

けご 名詞 卵《たまご》からかえったばかりの蚕《かいこ》。

げこ【下戸】 名詞 酒《さけ》がほとんど飲《の》めない人《ひと》。対 上戸《じょうご》。

げこう【下校】 名詞 動詞 授業《じゅぎょう》などを終《お》えて、児童《じどう》や生徒《せいと》が学校《がっこう》から家《いえ》へ帰《かえ》ること。例 下校時間《じかん》。対 登校《とうこう》。

けさ 名詞 おぼうさんが、衣《ころも》の上《うえ》に、かたからななめにかける長方形《ちょうほうけい》の布《ぬの》。

けさ

けさ【今朝】 名詞 今日《きょう》の朝《あさ》。

げざい【下剤】 名詞 便《べん》がよく出《で》るようにするための薬《くすり》。

げざん【下山】 名詞 動詞 山《やま》を下《お》りること。対 登山《とざん》。

けし 名詞 初夏《しょか》、赤《あか》や白《しろ》の大《おお》きな花《はな》がさく草《くさ》。黒《くろ》または白色《しろいろ》の小《ち》さな種《たね》は、パンや菓子《かし》などに使《つか》う。参考 実《み》から麻薬《まやく》の「あへん」がとれるため、一般《いっぱん》の人《ひと》がさいばいすることは厳《きび》しく制限《せいげん》されている。

げし【夏至】 名詞 季語 夏 太陽《たいよう》が、一年《いちねん》のうちでもっとも北《きた》へ寄《よ》る日《ひ》。北半球《きたはんきゅう》では、一年《いちねん》のうちでもっとも昼《ひる》が長《なが》く、夜《よる》が短《みじか》い。六月《ろくがつ》二《に》十一日ごろ。対 冬至。関連 春分。秋分。↓1450ページ 二十四節気《にじゅうしせっき》

げじ ↓419ページ げじげじ

けしいん【消印】 名詞 郵便局《ゆうびんきょく》などで、使《つか》ったというしるしとして切手《きって》やはがきなどにおす、日付《ひづけ》の入《はい》った判《はん》こ。スタンプ。

けしかける 動詞 ❶相手《あいて》に向《む》かっていくように勢《いきお》いづける。例 犬《いぬ》をけしかける。❷おだてたり、そそのかしたりして、やる気《き》を出《だ》させる。例 みんなにけしかけられて、劇《げき》の主役《しゅやく》を引《ひ》き受《う》けてしまった。

けしからん よくない。正《ただ》しい行《おこな》いから外《はず》れている。例 約束《やくそく》を破《やぶ》るとはけしからんやつだ。

けしき【気色】 名詞 ❶ものごとのようす。自然《しぜん》のありさま。例 雪《ゆき》はしんしんと降《ふ》り続《つづ》き、やむ気色もない。❷表情《ひょうじょう》に表《あらわ》れた心《こころ》のようす。顔色《かおいろ》。例 平気《へいき》な顔《かお》をしていて、反省《はんせい》する気色もない。ことば 「きしょく」と読《よ》むと別《べつ》の意味《いみ》が加《くわ》わる。

けしき【景色】 名詞 山《やま》や川《かわ》などの自然《しぜん》のありさま。ながめ。例 美《うつく》しい秋《あき》の景色。類 風景《ふうけい》。

けしきばむ【気色ばむ】 動詞 おこった気持《きも》ちを顔《かお》や態度《たいど》に表《あらわ》す。例 お客《きゃく》は気色ばんで店員《てんいん》に文句《もんく》を言《い》った。

げじげじ 名詞 季語 夏 むかでに似《に》た虫《むし》。体長《たいちょう》は二《に》～三《さん》センチメートルで、左右《さゆう》に十五《じゅうご》ずつの長《なが》い足《あし》がある。「げじ」ともいう。

けしゴム【消しゴム】 名詞 鉛筆《えんぴつ》などで書《か》いたものを消すための、こすって使うゴム。

けしずみ【消し炭】 名詞 季語 冬 まきや炭《すみ》の火《ひ》を、灰《はい》にならないうちに消《け》してできた炭《すみ》。やわらかく、火《ひ》がつきやすい。

けしつぶ【けし粒】 名詞 ❶「けし」の種《たね》。❷とても細《こま》かいもののたとえ。例 広《ひろ》い宇宙《うちゅう》から見《み》れば、人間《にんげん》なんてけし粒のようなものだ。

けしとぶ【消し飛ぶ】 動詞 勢《いきお》いよく飛《と》ばされて、なくなる。例 母《はは》のことばで、心配《しんぱい》はいっぺんに消し飛んだ。

けしとめる【消し止める】 動詞 ❶火《ひ》を消《け》して、燃《も》え広《ひろ》がるのを防《ふせ》ぐ。例 火事《かじ》を消し止める。❷うわさなどが、ほかに広《ひろ》がるのを防《ふせ》ぐ。例 デマを消し止める。

けじめ 名詞 はっきりさせておかなければならない区別《くべつ》。例 けじめをつける。

げしゃ【下車】 名詞 動詞 電車《でんしゃ》やバスなどの乗《の》り物《もの》から降《お》りること。例 途中《とちゅう》下車。類 降車《こうしゃ》。対 乗車《じょうしゃ》。

げしゅく【下宿】 名詞 動詞 よその家《いえ》の部屋《へや》を借《か》りて住《す》むこと。また、その家《いえ》。例 兄《あに》はおばの家《いえ》に下宿して大学《だいがく》へ通《かよ》っている。

げしゅにん【下手人】 名詞 人殺《ひとごろ》しなどをした人《ひと》。使い方 古《ふる》い言《い》い方《かた》。

げじゅん【下旬】 名詞 ひと月《つき》を三《みっ》つに分《わ》けたうちの、終《お》わりの約十日間《やくとおかかん》。二十一日《にじゅういちにち》からその月《つき》の終《お》わりまで。関連 上旬《じょうじゅん》。中旬《ちゅうじゅん》。

けしょう【化粧】 名詞 動詞 ❶口紅《くちべに》やクリームなどをつけて、顔《かお》が美《うつく》しく見《み》えるようにすること。例 化粧品《ひん》。❷外側《そとがわ》をきれいにかざること。例 雪《ゆき》化粧。

けしょうつち【化粧土】 名詞 陶器《とうき》などの焼《や》き物《もの》を作《つく》るときに、表面《ひょうめん》にうすくかけたりぬったりする、白《しろ》っぽい土《つち》。現在《げんざい》は白色《しろいろ》以外《いがい》のものも使《つか》われる。「けしょうど」ともいう。

けしん【化身】 名詞 神《かみ》や仏《ほとけ》などがすがたを変《か》えて、この世《よ》に現《あらわ》れたもの。

けす【消す】 動詞 ❶燃《も》えるのを止《と》める。例 ガスの火《ひ》を消す。対 つける。❷見《み》えないようにする。人《ひと》にわからないようにする。例 落書《らくが》きを消す／すがたを消す。❸スイッチを切《き》って止《と》める。例 テレビを消す。対 つける。❹あったものをなくす。例 証拠《しょうこ》を消す。

漢 ⇒629ジペー しょう〔消〕

げすい【下水】 名詞 使《つか》ったあとのよごれた水《みず》。また、「下水道《げすいどう》」のこと。対 上水《じょうすい》。

げすいかん【下水管】 名詞 下水《げすい》を流《なが》すために地下《ちか》にうめてある管《くだ》。

げすいしょりじょう【下水処理場】 名詞 使《つか》ったあとのよごれた水《みず》を、きれいにして川《かわ》や海《うみ》へ流《なが》したり、再利用《さいりよう》できるようにしたりする施設《しせつ》。

げすいどう【下水道】 名詞 台所《だいどころ》などで使《つか》ってよごれた水《みず》や雨水《あまみず》を流《なが》す設備《せつび》。対 上水道《じょうすいどう》。

けすじほどの【毛筋ほどの】 ほんのわずかな。例 警察官《けいさつかん》になりたいという夢《ゆめ》に、毛筋ほどの迷《まよ》いもない。

ゲスト（guest）名詞 ❶客《きゃく》。例 ゲストルーム。❷ラジオやテレビの番組《ばんぐみ》で、いつも出《で》ている人《ひと》のほかに、その時《とき》だけ特別《とくべつ》に出《で》る人《ひと》。例 人気《にんき》歌手《かしゅ》がゲストとして出演《しゅつえん》する。

ゲストティーチャー 名詞 学習《がくしゅう》するテーマについて専門的《せんもんてき》な知識《ちしき》や技能《ぎのう》を持《も》っていて、学校《がっこう》に招《まね》かれて話《はなし》をしたり教《おし》えたりする人《ひと》。ことば 英語《えいご》をもとに日本《にほん》で作《つく》られたことば。

けずる【削る】 動詞 ❶物《もの》の表面《ひょうめん》をうすくそぎとる。例 鉛筆《えんぴつ》を削る。❷少《すく》なくする。減《へ》らす。例 お菓子代《かしだい》を削る。❸ある部分《ぶぶん》をとり除《のぞ》く。例 むだな文《ぶん》を削る。

げせない【解せない】 理解《りかい》できない。納得《なっとく》できない。例 あの人《ひと》がそんな意地悪《いじわる》をするとは、どうしても解せない。

げせん【下船】 名詞 動詞 船《ふね》から降《お》りること。対 乗船《じょうせん》。

げそく【下足】 名詞 ぬいだはきもの。

けた【桁】 名詞 ❶橋《はし》や家《いえ》の柱《はしら》の上《うえ》に横《よこ》にわたして、上《うえ》の物《もの》を支《ささ》えるもの。関連 はり。❷そろばんの玉《たま》を通《とお》す棒《ぼう》。

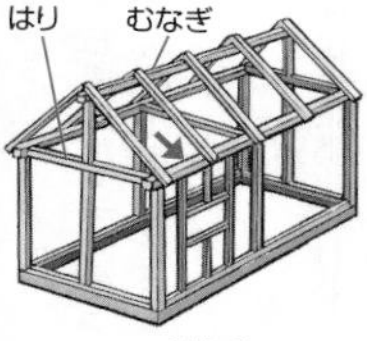

けた❶

❸数《かず》の位《くらい》。位《くらい》どり。例 二桁《ふたけた》のかけ算《ざん》。

●**桁《けた》が違《ちが》う** ちがいすぎて、比《くら》べものにならない。例 あの人《ひと》のやることは、わたしたちとは桁が違う。

げた 名詞 厚《あつ》い板《いた》の台《だい》に、歯《は》と鼻緒《はなお》（＝足《あし》の指《ゆび》をかけるひも）をつけたはきもの。ことば 漢字《かんじ》では「下駄」と書《か》く。

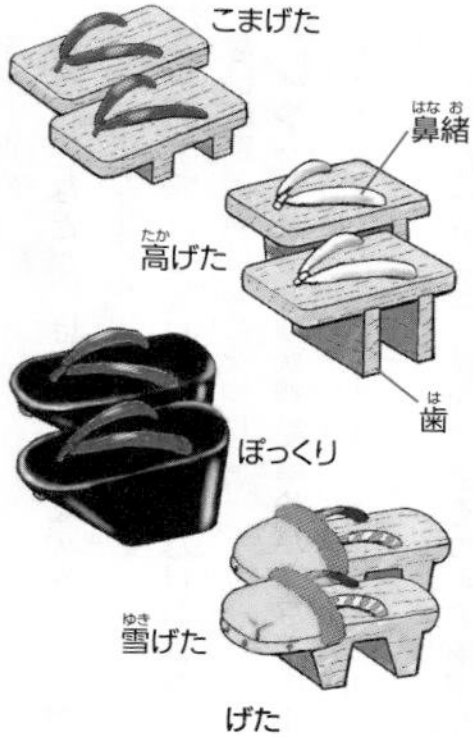

げた

●**げたを預《あず》ける** 相手《あいて》を信《しん》じて、ものごとの始末《しまつ》をすっかり任《まか》せる。ことば 自分《じぶん》のげたを人《ひと》に預《あず》けると、動《うご》くことができないことから。

●**げたを履《は》かせる** 実際《じっさい》の数量《すうりょう》よりも多《おお》く見《み》せる。例 点数《てんすう》にげたを履かせる。ことば げたをはくと、歯《は》の高《たか》さの分《ぶん》だけ背《せ》が高《たか》く見《み》えることから。

けだかい【気高い】 形容詞 清《きよ》らかで尊《とうと》い感《かん》じがするようす。品格《ひんかく》が高《たか》い。例 王女《おうじょ》の気高い姿《すがた》／気高い心《こころ》。

けたすう【桁数】 名詞 けたの数《かず》。数《かず》を表《あらわ》すために並《なら》んでいる数字《すうじ》の個数《こすう》。例 10から99までの数《かず》の桁数は2です。

という意味《いみ》で、いっしょうけんめいに努力《どりょく》してもほとんど効果《こうか》がなく、つかれただけである、ということ。

けたたましい 形容詞 びっくりするほど大《おお》きい音《おと》がして、さわがしいようす。例 けたたましくサイレンが鳴《な》る。

けたちがい【桁違い】
❶ 名詞 形容動詞 数《かず》の位《くらい》どりをまちがえること。
❷ 名詞 形容動詞 ちがいが大《おお》きすぎて、比《くら》べものにならないこと。けた外《はず》れ。例 中国《ちゅうごく》は日本《にほん》とは桁違いに広《ひろ》い。

けたてる【蹴立てる】 動詞
❶後《うし》ろにけるようにして、砂《すな》などをまい上《あ》げる。例 土《つち》を蹴立てて馬《うま》が走《はし》る。
❷あらあらしくける。例 いすを蹴立てて部屋《へや》を飛《と》び出《だ》す。

げたばこ【げた箱】 名詞 はき物《もの》を入《い》れておく箱《はこ》やたな。例 昇降口《しょうこうぐち》にあるげた箱。

けたはずれ【桁外れ】 ➡421ページ けたちがい❷

けだもの 名詞
❶➡426ページ けもの
❷人間《にんげん》らしい、やさしい心《こころ》がない人《ひと》を悪《わる》くいうことば。人《ひと》でなし。
ことば 「毛《け》の物《もの》」という意味《いみ》からきたことば。「だ」は「の」と同《おな》じ意味《いみ》。

けだるい【気だるい】 形容詞 なんとなくだるい。例 昨日《きのう》から体《からだ》が気だるい／気だるい春《はる》の午後《ごご》。

げだん【下段】 名詞 いくつか段《だん》があるうちの、下《した》のほうの段《だん》。関連 上段《じょうだん》。中段《ちゅうだん》。

けち 名詞 形容動詞
❶ものやお金《かね》をつかうのをおしがること。また、そのような人《ひと》。例 けちな人《ひと》。
❷心《こころ》がせまく、いやしいこと。例 子供《こども》をだまして得《とく》しようだなんて、けちな考《かんが》えだ。
❸みすぼらしく、粗末《そまつ》なこと。例 けちな服装《ふくそう》。

●**けちが付《つ》く** いやなことが起《お》こって、ものごとがうまくいかなくなる。例 出発《しゅっぱつ》するときに自転車《じてんしゃ》がパンクして、せっかくのサイクリングにけちが付いた。

●**けちを付《つ》ける** 文句《もんく》を言《い》って、相手《あいて》をいやな気持《きも》ちにさせる。けなす。例 せっかく作《つく》った料理《りょうり》にけちを付けるなんてひどいよ。

けちくさい 形容詞
❶お金《かね》やものをおしんでつかいたがらない。
❷気《き》が小《ちい》さい。心《こころ》がせまい。例 けちくさい考《かんが》え。

けちけち【と】 副詞 動詞 お金《かね》やものを出《だ》しおしみするようす。ひどくけちなようす。例 そんなにけちけちするな。

ケチャップ (ketchup) 名詞 野菜《やさい》などを煮《に》て、味《あじ》をつけたソース。とくに、トマトケチャップのことをいう。

けちらす【蹴散らす】 動詞
❶けってばらばらにする。例 砂《すな》を蹴散らして走《はし》る。
❷追《お》いはらう。例 大勢《おおぜい》の敵《てき》を蹴散らす。

けちんぼう【けちん坊】 名詞 形容動詞 けちな人《ひと》。けちなようす。「けちんぼ」ともいう。

漢 **けつ【欠】**〔欠《あくび》〕4画 4年 音 ケツ 訓 かける・かく

ノ ク ケ 欠

たりない。かける。例 欠員《けついん》／欠勤《けっきん》／欠席《けっせき》／欠点《けってん》／欠乏《けつぼう》／出欠《しゅっけつ》／補欠《ほけつ》。

けつ【穴】 漢 ➡45ページ あな〔穴〕

漢 **けつ【血】**〔血《ち》〕6画 3年 音 ケツ 訓 ち

ノ（みぎからはらう） 亻 白 血 血 血

❶ち。例 血液《けつえき》／血管《けっかん》／出血《しゅっけつ》／鼻血《はなぢ》／貧血《ひんけつ》／輸《ゆ》血。❷ちのつながりがある間《あいだ》がら。例 血縁《けつえん》／血統《けっとう》／血筋《ちすじ》。❸はげしい。例 血気《けっき》／熱血《ねっけつ》。

けつ【決】 名詞 決《き》めること。例 決を下《くだ》す。漢 ➡421ページ けつ〔決〕

●**決《けつ》を採《と》る** 会議《かいぎ》などで出《だ》された案《あん》を採用《さいよう》するかしないかを、賛成《さんせい》する人《ひと》と反対《はんたい》する人《ひと》の数《かず》で決《き》める。採決《さいけつ》する。

漢 **けつ【決】**〔氵《さんずい》〕7画 3年 音 ケツ 訓 きめる・きまる

、 冫 氵 汀（つきだす） 江 沪 決

❶きめる。おもいきる。例 決意《けつい》／決勝《けっしょう》／決心《けっしん》／決断《けつだん》／解決《かいけつ》。❷とりきめる。話《はなし》をまとめる。例 決議《けつぎ》／可決《かけつ》。❸きれる。やぶれる。例 決壊《けっかい》／決裂《けつれつ》。

漢 **けつ【結】**〔糸《いとへん》〕12画 4年 音 ケツ 訓 むすぶ・ゆう・ゆわえる

く 幺 糸 紅（上をながく） 紅 結 結 結

ことわざ **骨折《ほねお》り損《ぞん》のくたびれもうけ** 苦心《くしん》して力《ちから》をつくしたのに損《そん》をし、得《え》たのは体《からだ》や心《こころ》のつかれだけ

❶むすぶ。まとめる。例 結合《けつごう》／結納《ゆいのう》／団結《だんけつ》／連結《れんけつ》。❷おわる。例 結果《けっか》／結局《けっきょく》／結末《けつまつ》／結論《けつろん》／完結《かんけつ》。

漢 **けつ【潔】**〔氵《さんずい》〕15画 5年 音 ケツ 訓 いさぎよい

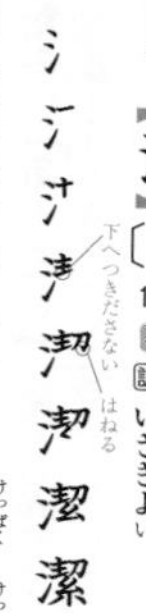

❶きよい。よごれていない。例 潔白《けっぱく》／潔癖《けっぺき》／清潔《せいけつ》／不潔《ふけつ》。❷いさぎよい。例 簡潔《かんけつ》。

漢 **げつ【月】**〔月《つき》〕4画 1年 音 ゲツ・ガツ 訓 つき

❶つき。例 月光《げっこう》／月食《げっしょく》／月見《つきみ》／満月《まんげつ》。❷一年《いちねん》を十二《じゅうに》に分《わ》けた一《ひと》つ。例 月刊《げっかん》／月給《げっきゅう》／月日《つきひ》／今月《こんげつ》／正月《しょうがつ》／年月《ねんげつ》。

けつあつ【血圧】 名詞 心臓《しんぞう》からおし出《だ》された血《ち》が、血管《けっかん》の内側《うちがわ》のかべをおす力《ちから》。

けつい【決意】 名詞 動詞 はっきりと考《かんが》えを決《き》めること。また、その考《かんが》え。例 決意を固《かた》める／看護師《かんごし》になろうと決意する。類 決心《けっしん》。決断《けつだん》。

けついん【欠員】 名詞 決《き》められた人数《にんずう》に足《た》りないこと。また、その足《た》りない人数《にんずう》。例 チームの欠員をうめる。

けつえき【血液】 名詞 動物《どうぶつ》の血管《けっかん》を流《なが》れる液《えき》体《たい》。体《からだ》に必要《ひつよう》な養分《ようぶん》や酸素《さんそ》を送《おく》ったり、いらなくなったものを運《はこ》んだりする。血《ち》。

けつえきがた【血液型】 名詞 血液《けつえき》の固《かた》まり方《かた》で分《わ》けた血液《けつえき》の型《かた》。ふつう、ABO《エービーオー》式《しき》血液型《けつえきがた》についていい、O《オー》・A《エー》・B《ビー》・AB《エービー》型《がた》の四《よっ》つの型《かた》がある。

けつえきセンター【血液センター】 名詞 献血《けんけつ》で集《あつ》められた血液《けつえき》を処理《しょり》し、輸血《ゆけつ》に必要《ひつよう》な血液《けつえき》を用意《ようい》する施設《しせつ》。

けつえん【血縁】 名詞 親子《おやこ》やきょうだいなどのような、血《ち》のつながり。また、そのようなつながりのある人《ひと》。

けっか【結果】 名詞 あることがもとになって、起《お》こったことがら。例 投票《とうひょう》の結果、ぼくが委《い》員長《いんちょう》になった／検査《けんさ》の結果が出《で》る。対 原因《げんいん》。

げっか【激化】 ⇩418ページ げきか〔激化〕

けっかい【決壊】 名詞 動詞 堤防《ていぼう》などが、破《やぶ》れてくずれること。

けっかく【結核】 名詞 結核菌《けっかくきん》によって、肺《はい》や腸《ちょう》などがおかされる感染症《かんせんしょう》。とくに、肺結核《はいけっかく》のこと。

げつがく【月額】 名詞 一《いっ》か月《げつ》あたりの金額《きんがく》。例 利用料《りようりょう》は月額千円《せんえん》です。

けっかくきん【結核菌】 名詞 結核《けっかく》を起《お》こす細菌《さいきん》。一八八二年《ねん》にコッホが発見《はっけん》した。

けっかん【欠陥】 名詞 不十分《ふじゅうぶん》なところ。足《た》りないところ。例 自動車《じどうしゃ》に欠陥が見《み》つかる。

けっかん【血管】 名詞 血液《けつえき》が流《なが》れる管《くだ》。心臓《しんぞう》から出《で》ていく血《ち》を運《はこ》ぶ動脈《どうみゃく》、心臓《しんぞう》へもどる血《ち》を運《はこ》ぶ静脈《じょうみゃく》などがある。

げっかん【月刊】 名詞 新聞《しんぶん》や雑誌《ざっし》などを、毎《まい》月一回《つきいっかい》出《だ》すこと。

けっき【血気】 名詞 あと先《さき》のことを考《かんが》えずに行動《こうどう》する、さかんな勢《いきお》い。例 血気さかんな青《せい》年《ねん》。

● **血気《けっき》にはやる** あと先《さき》のことを考《かんが》えずに、勢《いきお》いに任《まか》せて行動《こうどう》する。例 血気にはやる気持《きも》ちをおさえる。

けっき【決起】 名詞 動詞 思《おも》いきって、行動《こうどう》を起《お》こすこと。例 環境保護《かんきょうほご》のために決起する。

けつぎ【決議】 名詞 動詞 会議《かいぎ》で、あることを決《き》めること。また、決《き》まったこと。例 図書館《としょかん》の建設《けんせつ》が決議された。類 議決《ぎけつ》。

けっきゅう【血球】 名詞 血液《けつえき》をつくっている細胞《さいぼう》。赤血球《せっけっきゅう》・白血球《はっけっきゅう》・血小板《けっしょうばん》の三《みっ》つがあり、血《けっ》しょうの中《なか》にうかんでいる。

げっきゅう【月給】 名詞 働《はたら》いた仕事《しごと》に対《たい》して、やとい主《ぬし》から毎月《まいつき》しはらわれる給料《きゅうりょう》。関連 週給《しゅうきゅう》。日給《にっきゅう》。

けっきょく【結局】 副詞 終《お》わりには。とうとう。ついに。例 急《いそ》いで行《い》ったが、結局間《ま》に合《あ》わなかった。ことば「結」はしめくくり、「局」は囲碁《いご》や将棋《しょうぎ》などの勝負《しょうぶ》のこと。囲碁《いご》などの勝負《しょうぶ》を終《お》えることからきたことば。

けっきん【欠勤】 名詞 動詞 勤《つと》めを休《やす》むこと。例 かぜのため欠勤します。対 出勤《しゅっきん》。

けづくろい【毛繕い】 名詞 動物《どうぶつ》が、舌《した》やつめなどを使《つか》って、毛《け》をきれいにし、毛並《けな》みを整《ととの》えること。

げっけい【月経】 名詞 成熟《せいじゅく》した女《おんな》の人《ひと》の子《し》宮《きゅう》から、ほぼ一《いっ》か月《げつ》に一度《いちど》周期的《しゅうきてき》に出血《しゅっけつ》すること。「生理《せいり》」「メンス」ともいう。

は生《う》まれない。また、何《なに》もしないでよい結果《けっか》だけを期待《きたい》しても得《え》られはしない、ということ。

げっけいかん【月けい冠】 名詞 げっけいじゅの葉《は》のかんむり。昔《むかし》、ギリシャで、競技《きょうぎ》の優《ゆう》勝者《しょうしゃ》にかぶせたもの。

げっけいかん

げっけいじゅ 名詞 くすのきのなかまの高《たか》い木《き》。暖《あたた》かい地《ち》方《ほう》に生《は》え、一《いち》年《ねん》じゅう緑《みどり》色《いろ》の葉《は》をつけている。春《はる》、黄《き》緑《みどり》色《いろ》の小《ちい》さい花《はな》がさき、葉《は》と実《み》は香料《こうりょう》として料理《りょうり》などに使《つか》われる。ことば 漢字《かんじ》では「月桂樹」と書《か》く。

げっけいじゅ

けつご【結語】 名詞 文章《ぶんしょう》や話《はなし》のしめくくりのことば。

けっこう【欠航】 名詞 動詞 決《き》まった日時《にちじ》に出《で》るはずの飛行機《ひこうき》や船《ふね》などが出《で》ないこと。

けっこう【血行】 名詞 血《ち》が体《からだ》の中《なか》を流《なが》れること。血《ち》のめぐり。例 走《はし》って血行がよくなった。

けっこう【決行】 名詞 動詞 思《おも》いきって行《おこな》うこと。例 雨《あめ》が降《ふ》っても、遠足《えんそく》は決行します。類 強行《きょうこう》。断行《だんこう》。

けっこう【結構】
❶ 形容動詞 見事《みごと》なようす。りっぱなようす。例 結構なおみやげをいただきました。
❷ 形容動詞 じゅうぶんであるようす。それ以上《いじょう》は、いらないようす。例 絵《え》をかくのはこの紙《かみ》でも結構です／お茶《ちゃ》はもう結構です。
❸ 形容動詞 「…してもよい」という意味を表す。例 持《も》ち帰《かえ》っていただいても結構です。
❹ 名詞 家《いえ》や文章《ぶんしょう》などの全体《ぜんたい》の組《く》み立《た》て。
❺ 副詞 なんとか。まあまあ。かなり。例 古《ふる》い机《つくえ》だがけっこう使《つか》える／この本《ほん》はけっこうおもしろかった。
使い方 ❺は、ふつうかな書《が》きにする。

けつごう【結合】 名詞 動詞 結《むす》びつき合《あ》って、一《ひと》つになること。また、一《ひと》つにすること。例 二《ふた》つのことばが結合してできたことば。

げっこう【月光】 名詞 季語秋 月《つき》の光《ひかり》。

けっこん【結婚】 名詞 動詞 男《おとこ》の人《ひと》と女《おんな》の人《ひと》が夫婦《ふうふ》になること。類 婚姻《こんいん》。対 離婚《りこん》。

けっさい【決済】 名詞 動詞 代金《だいきん》の受《う》けわたしをすませて、売買《ばいばい》の取《と》り引《ひ》きを終《お》えること。

けっさい【決裁】 名詞 動詞 責任《せきにん》のある人《ひと》が、部下《ぶか》の出《だ》した案《あん》を採用《さいよう》するかどうか決《き》めること。例 部《ぶ》長《ちょう》の決裁をあおぐ。

けっさく【傑作】
❶ 名詞 すぐれた作品《さくひん》。よいできばえ。類 名作《めいさく》。
❷ 形容動詞 おもしろくてこっけいなようす。例 自分《じぶん》でほった落《お》とし穴《あな》に落《お》ちるなんて、傑作な話《はなし》だ。

けっさん【決算】 名詞 動詞 ある期《き》間《かん》のお金《かね》の出《だ》し入《い》れをまとめて計算《けいさん》すること。例 今年度《こんねんど》の決算をする。

げっさん【月産】 名詞 一《いっ》か月《げつ》の間《あいだ》に生産《せいさん》する品物《しなもの》の数《かず》や量《りょう》。一《いっ》か月《げつ》の生産高《せいさんだか》。関連 日産《にっさん》。年《ねん》産《さん》。

けっし【決死】 名詞 死んでも構わないというほどの強《つよ》い気持《きも》ちで、ものごとに向《む》かうこと。命《いのち》がけ。例 決死の覚悟《かくご》でつき進《すす》む。

けつじつ【結実】 名詞 動詞
❶ 植物《しょくぶつ》が実《み》を結《むす》ぶこと。
❷ 努力《どりょく》したことが、よい結果《けっか》となって表《あらわ》れること。例 長年《ながねん》の研究《けんきゅう》が結実する。

けっして【決して】 副詞 どんなことがあっても。絶対《ぜったい》に。例 うそは決して言《い》わない。使い方 あとに「ない」などのことばがくる。

けっしゃ【結社】 名詞 ある目的《もくてき》のために人々《ひとびと》が集《あつ》まってつくる団体《だんたい》。

げっしゃ【月謝】 名詞 勉強《べんきょう》や習《なら》いごとなどを教《おし》えてもらうお礼《れい》として、毎月納《まいつきおさ》めるお金《かね》。例 ピアノ教室《きょうしつ》の月謝をはらう。

けっしゅう【結集】 名詞 動詞 いくつかのものを集《あつ》めて、一《ひと》つにしっかりとまとめること。例 みんなの力《ちから》を結集する。

げっしゅう【月収】 名詞 一《いっ》か月《げつ》の収《しゅう》入《にゅう》。関連 年収《ねんしゅう》。

けっしゅつ【傑出】 名詞 動詞 実力《じつりょく》や才能《さいのう》が、とびぬけてすぐれていること。例 傑出した腕《うで》前《まえ》を持《も》つ人物《じんぶつ》。

けつじょ【欠如】 名詞 動詞 必要《ひつよう》なものが欠《か》けていること。足《た》りないこと。例 責任感《せきにんかん》が欠如した人《ひと》。

けっしょう【決勝】 名詞 勝《か》ち進《すす》んできた人《ひと》またはチームが、最後《さいご》に優勝者《ゆうしょうしゃ》を決《き》めること。また、その試合《しあい》。

ことわざ　**まかぬ種《たね》は生《は》えぬ**　種《たね》をまかなければ芽《め》は生《は》えてこないということから、原因《げんいん》がなければ結果《けっか》

けっしょう【結晶】 名詞 動詞 ❶水晶《すいしょう》や雪《ゆき》などに見《み》られるような、規則正《きそくただ》しい形《かたち》をしたもの。また、その状態《じょうたい》になること。❷いっしょうけんめいがんばった結果《けっか》が、目《め》に見《み》える形《かたち》になったもの。例 この作品《さくひん》はみんなの努力《どりょく》の結晶だ。

けっしょう【結晶】❶

けっしょう【血しょう】 名詞 血液《けつえき》のうち、赤血球《せっけっきゅう》・白血球《はっけっきゅう》・血小板《けっしょうばん》などを除《のぞ》いた、液体《えきたい》の成分《せいぶん》。体《からだ》の各部分《かくぶぶん》に栄養分《えいようぶん》を運《はこ》ぶ。

けつじょう【欠場】 名詞 動詞 試合《しあい》や競技《きょうぎ》などに出《で》ないこと。例 けがのため、次《つぎ》の試合《しあい》は欠場します。

けっしょうせん【決勝戦】 名詞 優勝者《ゆうしょうしゃ》を決《き》める試合《しあい》。例 決勝戦まで勝《か》ち進《すす》む。

けっしょうてん【決勝点】 名詞 ❶競走《きょうそう》で、勝《か》ち負《ま》けの決《き》まる最後《さいご》のところ。ゴール。❷勝《か》ち負《ま》けを決《き》める得点《とくてん》。例 九回《きゅうかい》に打《う》ったホームランが決勝点になった。

けっしょうばん【血小板】 名詞 血液《けつえき》の成分《せいぶん》の一《ひと》つ。傷口《きずぐち》などから出《で》た血《ち》を固《かた》めるはたらきをする。

けっしょく【血色】 名詞 顔《かお》の色《いろ》つや。顔色《かおいろ》。例 血色がよい。

げっしょく【月食】 名詞 地球《ちきゅう》が太陽《たいよう》と月《つき》の間《あいだ》にきて、太陽《たいよう》の光《ひかり》をさえぎり、月《つき》の一部《いちぶ》または全部《ぜんぶ》をかくす現象《げんしょう》。関連 日食《にっしょく》。

けっしん【決心】 名詞 動詞 あることをしよう、と心《こころ》にしっかりと決《き》めること。また、決《き》めたこと。例 決心を固《かた》める／毎日練習《まいにちれんしゅう》すると決心した。類 決意《けつい》。

けっする【決する】 動詞 決《き》まる。決《き》める。決定《けってい》する。例 意《い》を決する（＝決心《けっしん》する）／運命《うんめい》を決するできごと。

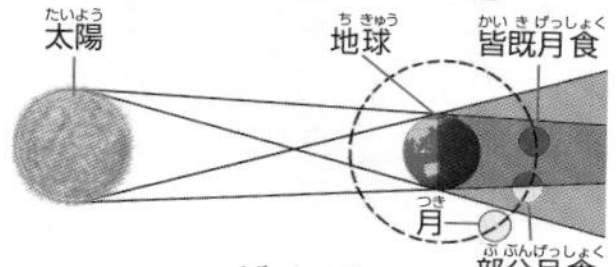

げっしょく

けっせい【血清】 名詞 血液《けつえき》が固《かた》まるときに分《わ》かれてできる、うすい黄色《きいろ》の液《えき》。病気《びょうき》の検査《けんさ》や治療《ちりょう》に用《もち》いる。

けっせい【結成】 名詞 動詞 ある目的《もくてき》を持《も》った会《かい》や団体《だんたい》をつくること。例 サッカーチームを結成する。対 解散《かいさん》。

けつぜい【血税】 名詞 血《ち》の出《で》るような苦労《くろう》をして納《おさ》める税金《ぜいきん》。

けっせき【欠席】 名詞 動詞 出《で》なければならない会《かい》や授業《じゅぎょう》などに、出《で》ないこと。例 病気《びょうき》で欠席する。対 出席《しゅっせき》。

けっせん【決戦】 名詞 動詞 最後《さいご》の勝《か》ち負《ま》けを決《き》めるために戦《たたか》うこと。また、その戦《たたか》い。例 最後《さいご》は六年生同士《ろくねんせいどうし》の決戦となった。

けつぜん［と］【決然［と］】 副詞 きっぱりと心《こころ》を決《き》めるようす。例 決然と暴力《ぼうりょく》に立《た》ち向《む》かう。使い方「決然たる態度《たいど》」などの形《かたち》でも使《つか》う。

けっせんとうひょう【決選投票】 名詞 選挙《せんきょ》で、一回目《いっかいめ》の投票《とうひょう》で決《き》まらなかったとき、上位《じょうい》の者《もの》だけでもう一回選挙《いっかいせんきょ》をし直《なお》すこと。

けっそう【血相】 名詞 顔《かお》つき。顔色《かおいろ》。

●**血相《けっそう》を変《か》える** おどろいたりおこったりして、顔色《かおいろ》を変《か》える。例 友《とも》だちをばかにされて、血相を変えておこる。

けっそく【結束】 名詞 動詞 同《おな》じ目的《もくてき》を持《も》つ人《ひと》が一《ひと》つにまとまること。例 結束が固《かた》いチーム。

けつぞく【血族】 名詞 親子《おやこ》やきょうだいなど、血《ち》がつながっている人々《ひとびと》。血縁《けつえん》。

げっそり［と］ 副詞 動詞 急《きゅう》にやせて、元気《げんき》がなくなるようす。例 病気《びょうき》でげっそりやせる。

けっそん【欠損】 名詞 動詞 ❶お金《かね》を損《そん》すること。例 工場《こうじょう》の事故《じこ》で、多額《たがく》の欠損を出《だ》した。❷一部分《いちぶぶん》が欠《か》けてなくなること。例 事故《じこ》で、自動車《じどうしゃ》のライトが欠損した。

けったい 形容動詞 ふつうとはちがっていて、変《へん》な感《かん》じがするようす。例 けったいな話《はなし》。使い方 もとは、関西地方《かんさいちほう》の方言《ほうげん》。

けったく【結託】 名詞 動詞 悪《わる》いことをするために、力《ちから》を合《あ》わせること。

けつだん【決断】 名詞 動詞 自分《じぶん》の考《かんが》えや態度《たいど》をきっぱりと決《き》めること。例 決断力《りょく》／やるかやめるか、決断する時《とき》が来《き》た。類 決意《けつい》。

けっちゃく【決着】 名詞 動詞 決《き》まりがついて、ものごとが終《お》わりになること。解決《かいけつ》すること。例 言《い》い争《あらそ》いに決着をつける。類 落着《らくちゃく》。

類＝意味《いみ》のよく似《に》たことば　対＝反対《はんたい》の意味《いみ》のことばや対《つい》になることば

けっちん【血沈】 ⬇725ページ せっけっきゅうちんこうそくど

けってい【決定】 名詞 動詞 どうするかをはっきりと決《き》めること。また、決《き》まること。例 遠《えん》足《そく》の行《い》き先《さき》を決定する。類 確定《かくてい》。

けっていてき【決定的】 形容動詞 ものごとの成《な》り行《ゆ》きがほとんど決《き》まり、動《うご》かすことができなくなるようす。例 この一勝《いっしょう》で優勝《ゆうしょう》は決定的になった。

けってん【欠点】 名詞 足《た》りないところ。悪《わる》いところ。類 弱点《じゃくてん》。短所《たんしょ》。対 美点《びてん》。

けっとう【血統】 名詞 祖先《そせん》からの血《ち》のつながり。

けっとう【決闘】 名詞 動詞 うらみや争《あらそ》いなどに決着《けっちゃく》をつけるため、約束《やくそく》した方法《ほうほう》で、命《いのち》をかけて勝負《しょうぶ》すること。

けっとう【結党】 名詞 動詞 政党《せいとう》や党派《とうは》などをつくること。例 結党二十周年《にじっしゅうねん》。

けっとうち【血糖値】 名詞 血液中《けつえきちゅう》にふくまれる糖《とう》の濃《こ》さを表《あらわ》すあたい。このあたいが高《たか》すぎると、糖尿病《とうにょうびょう》になるおそれがある。

けっぱく【潔白】 名詞 形容動詞 心《こころ》や行《おこな》いが正《ただ》しく、他人《たにん》に対《たい》してはずかしいところがまったくないこと。例 疑《うたが》われているが、ぼくは潔白だ。

けっぱん【血判】 名詞 動詞 ちかいのしるしとして、指先《ゆびさき》を切《き》って血《ち》を出《だ》し、その血《ち》を自分《じぶん》の名前《なまえ》の下《した》におすこと。また、そのしるし。例 血判状《じょう》。

けっぴょう【結氷】 名詞 動詞 季語 冬 氷《こおり》が張《は》ること。また、その氷。

げっぷ 名詞 たくさん食《た》べたあとなどに、胃《い》の中《なか》のガスが口《くち》から出《で》ること。また、そのガス。「おくび」ともいう。

げっぷ【月賦】 名詞 品物《しなもの》の代金《だいきん》を、一度《いちど》にはらわないで、何《なん》か月《げつ》かに分《わ》けてはらうこと。

けっぺき【潔癖】 名詞 形容動詞 ❶きたないことを、たいへんきらうこと。❷正《ただ》しくないことやずるい行《おこな》いを、ひどくきらうこと。例 けっしてうそをつかない潔癖な人《ひと》。

けつべつ【決別】 名詞 動詞 きっぱりと別《わか》れること。例 悪《わる》い習慣《しゅうかん》と決別する。

けつぼう【欠乏】 名詞 動詞 物《もの》が足《た》りなくなること。必要《ひつよう》な物《もの》が不足《ふそく》すること。例 酸素《さんそ》が欠乏する。

けつまくえん【結膜炎】 名詞 まぶたの裏《うら》のねんまくが赤《あか》くなり、目《め》やにが出《で》たりかゆくなったりする目《め》の病気《びょうき》。

けつまずく【蹴っまずく】 動詞 「つまずく」を強《つよ》めた言《い》い方《かた》。

けつまつ【結末】 名詞 ものごとや物語《ものがたり》などの終《お》わり。例 話《はなし》の結末をつける。類 終末《しゅうまつ》。

げつまつ【月末】 名詞 その月《つき》の終《お》わり。

けづめ【蹴爪】 名詞 ❶にわとりやきじのおすの足《あし》に、後《うし》ろ向《む》きに生《は》えている、するどいつめのようなもの。❷馬《うま》や牛《うし》の足《あし》の後《うし》ろにある小《ちい》さな指。

けづめ❶

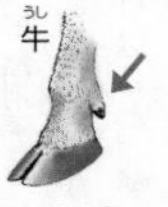

けづめ❷

げつめん【月面】 名詞 月《つき》の表面《ひょうめん》。

げつよう【月曜】 名詞 週《しゅう》の二番目《にばんめ》の曜日《ようび》。日《にち》曜《よう》の次《つぎ》の日《ひ》。月曜日《げつようび》。

げつれい【月例】 名詞 毎月《まいつき》決《き》まって行《おこな》われること。例 月例の報告会《ほうこくかい》を開《ひら》く。

げつれい【月齢】 名詞 ❶月《つき》の満《み》ち欠《か》けを表《あらわ》す日数《にっすう》。新月《しんげつ》を0、満月《まんげつ》を15とし、二十九・五日《にち》でもとにもどる。❷赤《あか》んぼうの、生《う》まれてからの月数《つきすう》。

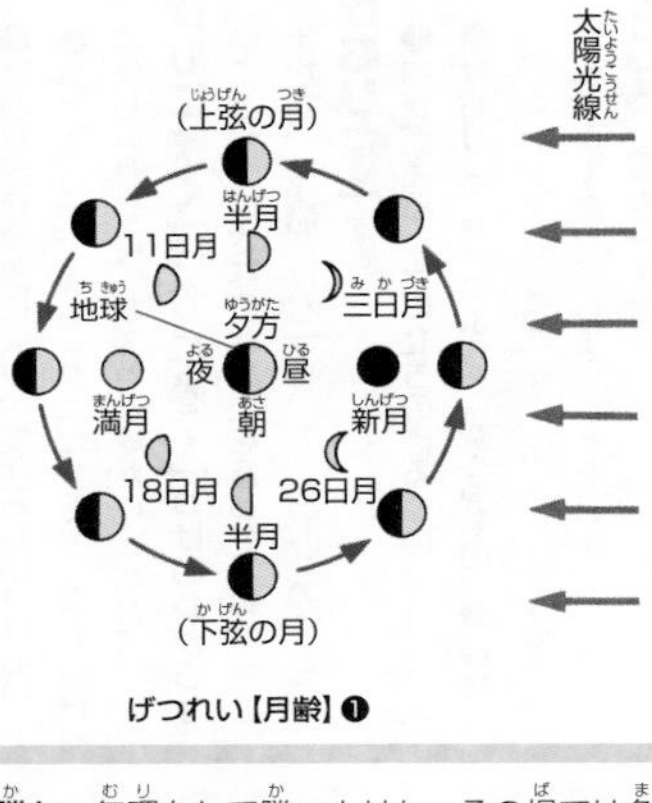

げつれい【月齢】❶

けつれつ【決裂】 名詞 動詞 話《はな》し合《あ》いなどで、意見《いけん》がまとまらないまま打《う》ち切《き》りになること。例 交渉《こうしょう》が決裂する。

けつろ【結露】 名詞 動詞 空気中《くうきちゅう》の水蒸気《すいじょうき》が、窓《まど》ガラスやかべなどの冷《つめ》たいものによって冷《ひ》やされて、その表面《ひょうめん》に水滴《すいてき》になってつくこと。

けつろん【結論】 名詞 話《はな》し合《あ》いや論文《ろんぶん》などの

ことわざ　**負《ま》けるが勝《か》ち**　無理《むり》をして勝《か》つよりも、その場《ば》では負《ま》けておくほうが、最終的《さいしゅうてき》には得《とく》になる最後《さいご》に、その結果《けっか》としてまとめられた意見《いけん》。話《はなし》の結《むす》び。例 結論《けつろん》を出《だ》す。関連 序論《じょろん》。本論《ほんろん》。参考 説明文《せつめいぶん》などで、文章《ぶんしょう》の最初《さいしょ》に書《か》くこともある。

げてもの【下手物】 名詞 ふつうの人《ひと》には風変《ふうが》わりだと思《おも》われるもの。例 下手物食《ぐ》い。

げどく【解毒】 名詞 動詞 体内《たいない》に入《はい》った毒《どく》のはたらきを消《け》すこと。例 解毒剤《ざい》／解毒作用《さよう》。

けとばす【蹴飛ばす】 動詞 ❶強《つよ》くけって飛《と》ばす。例 小石《こいし》を蹴飛ばす。❷問題《もんだい》にしないで、きっぱりと断《ことわ》る。例 相手《あいて》の申《もう》し出《で》を蹴飛ばす。

けなげ 形容動詞 幼《おさな》い子供《こども》や力《ちから》の弱《よわ》いものなどが、いっしょうけんめいにがんばるようす。例 小《ちい》さい弟《おとうと》がけなげに母《はは》の手伝《てつだ》いをしている。

けなす 動詞 悪《わる》く言《い》う。対 褒《ほ》める。

けなみ【毛並み】 名詞 ❶動物《どうぶつ》の毛《け》の生《は》えそろった具合《ぐあい》。例 毛並みの美《うつく》しい馬《うま》。❷家《いえ》がらや育《そだ》ち。例 毛並みがよい人《ひと》。

ケニア ↓426ページ ケニアきょうわこく

ケニアきょうわこく【ケニア共和国】 名詞 アフリカ東部《とうぶ》の赤道《せきどう》上《じょう》にある高原《こうげん》の国《くに》。一九六三年《ねん》にイギリスから独立《どくりつ》した。おもな産物《さんぶつ》はコーヒー・茶《ちゃ》など。野生動物《やせいどうぶつ》の保護《ほご》で有名《ゆうめい》。首都《しゅと》はナイロビ。「ケニア」ともいう。

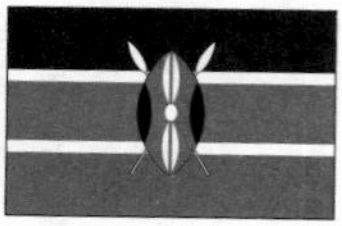
（国旗《こっき》）

げねつ【解熱】 名詞 動詞 高《たか》くなった体温《たいおん》を下《さ》げること。熱《ねつ》を冷《さ》ますこと。例 解熱剤《ざい》。

けねん【懸念】 名詞 動詞 あることが気《き》にかかって不安《ふあん》に思《おも》うこと。気がかりなこと。例 明日《あす》の天気《てんき》が懸念される。類 心配《しんぱい》。

ゲノム（ドイツ語《ご》）名詞 生物《せいぶつ》の細胞《さいぼう》の中《なか》にある染色体《せんしょくたい》のひと組《くみ》。また、そこにふくまれている、その生物《せいぶつ》のすべての遺伝情報《いでんじょうほう》。例 ヒトゲノム。

けはい【気配】 名詞 まわりのようすから、なんとなくそれらしいと思《おも》われるようす。例 春《はる》の気配／背後《はいご》に人《ひと》の気配を感《かん》じる。

けばけばしい 形容詞 ひどくはでで品《ひん》がなく、いやな感《かん》じであるようす。例 けばけばしい色《いろ》。

けばだつ【毛羽立つ】 動詞 布《ぬの》や紙《かみ》などの表面《ひょうめん》に、細《こま》かい毛《け》のようなものが立《た》つ。

げばひょう【下馬評】 名詞 そのことに関係《かんけい》のない人《ひと》たちがするうわさ。世間《せけん》での評判《ひょうばん》。ことば 昔《むかし》、外出先《がいしゅつさき》で馬《うま》から下《お》りた主人《しゅじん》を待《ま》つ間《あいだ》に、お供《とも》の者《もの》たちがいろいろなうわさ話《ばなし》をしたことからきたことば。

けびょう【仮病】 名詞 病気《びょうき》でないのに、病《びょう》気のふりをすること。例 仮病を使《つか》う。

げひん【下品】 名詞 形容動詞 ことばや態度《たいど》、趣味《しゅみ》などに品《ひん》がないこと。対 上品《じょうひん》。

けぶる ↓426ページ けむる

けまり【蹴まり】 名詞 昔《むかし》、貴族《きぞく》の間《あいだ》で行《おこな》われていた遊《あそ》び。革《かわ》で作《つく》ったまりを落《お》とさないようにけり上《あ》げ、順番《じゅんばん》に人《ひと》に受《う》けわたしする。

ケミカルシューズ 名詞 天然《てんねん》の皮革《ひかく》に似《に》せて作《つく》られた人工的《じんこうてき》な素材《そざい》でできたくつ。

けむい【煙い】 ↓426ページ けむたい❶

けむくじゃら【毛むくじゃら】 形容動詞 毛深《けぶか》いようす。毛《け》がたくさん生《は》えているようす。

けむし【毛虫】 名詞 季語 夏 ちょうや「が」の幼虫《ようちゅう》で、体《からだ》に毛《け》が生《は》えているもの。

けむたい【煙たい】 形容詞 ❶けむりが目《め》や鼻《はな》に入《はい》り、息《いき》が苦《くる》しい。けむい。❷気《き》づまりで、きゅうくつである。例 しつけに厳《きび》しいおじは、ちょっと煙たい存在《そんざい》だ。

けむにまく【けむに巻く】 わけのわからないことや大《おお》げさなことなどを言《い》って、相手《あいて》をごまかす。ことば「けむ」は、「けむり」のこと。

けむり【煙】 名詞 ❶物《もの》が燃《も》えるときに立《た》ちのぼるもの。❷けむり（＝❶）のように見《み》えるもの。例 砂煙《すなけむり》。使い方「けむりになる」というと、火事《かじ》などで燃《も》えてなくなってしまうことを表《あらわ》す。

けむる【煙る】 動詞 ❶けむりがたくさん出《で》る。❷ぼんやりと、かすんで見《み》える。例 きりで山《やま》が煙って見える。ことば「けぶる」ともいう。

けもの【獣】 名詞 人間以外《にんげんいがい》の、体《からだ》じゅうに毛《け》の生《は》えている四本足《よんほんあし》の動物《どうぶつ》。けだもの。犬《いぬ》・ねこ・くま・ライオンなど。

けものへん【獣偏】 名詞「犭」のこと。漢字《かんじ》の部首《ぶしゅ》の一《ひと》つ。「犬《いぬ》」の形《かたち》が変《か》わったもの。犯・独などの漢字を作《つく》る。

から、どんな人《ひと》でも、きちんとした服装《ふくそう》をすれば、りっぱに見《み》えるものだということ。

けものみち【獣道】 名詞 野生《やせい》のけものが通《とお》ることで自然《しぜん》にできた、山《やま》の中《なか》の細《ほそ》い道《みち》。

けやき 名詞 山《やま》に生《は》える高《たか》い木《き》の一《ひと》つ。秋《あき》になると葉《は》が落《お》ちる。木目《もくめ》が美《うつく》しく、かたいので、建物《たてもの》や家具《かぐ》などに使《つか》われる。ことば 漢字《かんじ》では「欅」と書《か》く。

けやき

けら 名詞 季語 夏 こおろぎのなかまの昆虫《こんちゅう》。土《つち》の中《なか》に穴《あな》をほってすみ、前足《まえあし》がシャベルのようになっている。夜《よる》、「ジー」と低《ひく》い声《こえ》で鳴《な》く。おけら。

けら

けらい【家来】 名詞 ❶殿様《とのさま》などの主人《しゅじん》に仕《つか》える人《ひと》。❷子分《こぶん》。手下《てした》。

げらく【下落】 名詞 動詞 物《もの》の値段《ねだん》や値打《ねう》ちが下《さ》がること。例 土地《とち》の値段《ねだん》が下落した。対 騰貴《とうき》。

けらましょとうこくりつこうえん【慶良間諸島国立公園】 名詞 沖縄県《おきなわけん》の慶良間《けらま》諸島《しょとう》とその周辺《しゅうへん》の海域《かいいき》をふくむ国立公園《こくりつこうえん》。

けり 名詞 ものごとの終《お》わり。しめくくり。結末《けつまつ》。ことば 和歌《わか》や俳句《はいく》などの終《お》わりに、古《ふる》い助動詞《じょどうし》の「けり」がよく使《つか》われることからいう。

● **けりが付《つ》く** ものごとが終《お》わる。問題などが解決《かいけつ》する。例 話《はな》し合《あ》いのけりが付《つ》かない。

● **けりを付《つ》ける** ものごとを終《お》わらせる。しめくくる。例 仕事《しごと》にけりを付《つ》けて早《はや》く帰《かえ》ろう。

げり【下痢】 名詞 動詞 おなかをこわして、大便《だいべん》が水《みず》のようになって出《で》ること。

ゲリラ（スペイン語）名詞 少人数《しょうにんずう》で動《うご》き、敵《てき》の不意《ふい》をついたり、待《ま》ちぶせしたりする戦《たたか》い方《かた》。また、その部隊《ぶたい》。

ゲリラごうう【ゲリラ豪雨】 名詞 せまい地域《ちいき》に、突然《とつぜん》、短時間《たんじかん》に集中《しゅうちゅう》して激《はげ》しく降《ふ》る雨《あめ》。

ける【蹴る】 動詞 ❶足《あし》でつき飛《と》ばす。例 小石《こいし》を蹴る。❷願《ねが》いなどを受《う》け入《い》れない。はっきりと断《ことわ》る。例 友《とも》だちのたのみを蹴る。

げれつ【下劣】 形容動詞 人《ひと》がらや考《かんが》え方《かた》が、下品《げひん》でいやしいようす。例 下劣なやり方《かた》。

けれど【も】 ❶接続詞 前《まえ》の文《ぶん》とあとの文《ぶん》との内容《ないよう》がちがうときに、その二《ふた》つの文《ぶん》をつなげることば。しかし。でも。例 宿題《しゅくだい》がたくさんあった。けれども、終《お》わりまでやりとげた。
❷助詞（ほかのことばのあとにつけて）…だが。例 行《い》きたいけれど、時間《じかん》がない。

ゲレンデ（ドイツ語）名詞 季語 冬 なだらかな斜面《しゃめん》のある、広々《ひろびろ》としたスキー場《じょう》。

ケロイド（ドイツ語）名詞 ひどいやけどや、けがの治《なお》ったあとが、盛《も》り上《あ》がったりひきつったりしたもの。

けろりと 副詞 ❶何《なに》ごともなかったように平気《へいき》でいるようす。例 もう泣《な》きやんでけろりとしている。❷あとかたもなく、すっかり。例 病気《びょうき》がけろりと治《なお》った／けろりと忘《わす》れてしまう。

けわしい【険しい】 形容詞 ❶坂道《さかみち》などのかたむきが、たいへん急《きゅう》である。例 険しい山道《やまみち》。❷顔《かお》つきやことばなどがあらあらしく、厳《きび》しい。例 険しい目《め》つき。❸難《むずか》しい。例 成功《せいこう》までの道《みち》のりは険しい。

漢 ⇩428ページ けん〔険〕

けん 名詞 筋肉《きんにく》を骨《ほね》に結《むす》びつけるもの。アキレスけんなど。

漢 **けん【犬】**〔犬《いぬ》〕4画 1年 音 ケン 訓 いぬ

一ナ大犬（点《てん》の打《う》ち方《かた》注意《ちゅうい》）

いぬ。例 犬死《いぬじ》に／愛犬《あいけん》／狂犬《きょうけん》／番犬《ばんけん》／名犬《めいけん》／野犬《やけん》。

けん【件】 ❶名詞 ことがら。例 その件は兄《あに》から聞《き》いている。
❷接尾語（数《かず》を表《あらわ》すことばのあとにつけて）ことがらを数《かぞ》えることば。例 昨年《さくねん》より火事《かじ》が十《じっ》件減《へ》った。

漢 **けん【件】**〔亻《にんべん》〕6画 5年 音 ケン

ことわざ **馬子《まご》にも衣装《いしょう》** 馬《うま》を引《ひ》く馬子《まご》のような人《ひと》でも、身《み》なりを整《ととの》えればりっぱに見《み》えるということ

ノ イ 仁 件 件（つきだす）

❶ことがら。できごと。例 事件《じけん》／条件《じょうけん》／用件《ようけん》。❷ものごとを数《かぞ》えることば。例 件数《けんすう》。

漢 けん【見】〔見《みる》〕7画 1年 音 ケン 訓 みる・みえる・みせる

丨 冂 冃 月 目 貝 見（上へはねる）

❶目《め》でみる。例 見学《けんがく》／見物《けんぶつ》／見所《みどころ》／見本《みほん》／拝見《はいけん》。❷人《ひと》に会《あ》う。例 会見《かいけん》。❸みて考《かんが》える。例 見解《けんかい》／見識《けんしき》／意見《いけん》。❹みまもる。例 後見《こうけん》。

けん【券】 名詞 お金《かね》をはらった証拠《しょうこ》となる札《ふだ》。入場券《にゅうじょうけん》や乗車券《じょうしゃけん》など。

漢 けん【券】〔刀《かたな》〕8画 6年 音 ケン

丶 丷 丷 半 龹 券 券（つきだす）（力としない）

❶ふだ。証拠《しょうこ》となる文書《ぶんしょ》。例 株券《かぶけん》／債券《さいけん》／証券《しょうけん》／商品券《しょうひんけん》／旅券《りょけん》。❷きっぷ。例 乗車券《じょうしゃけん》／定期券《ていきけん》／入場券《にゅうじょうけん》。

漢 けん【建】〔廴《えんにょう》〕9画 4年 音 ケン・コン 訓 たてる・たつ

フ ヲ ヨ 聿 聿 律 建 建 建（つきだす）

たてる。おこす。始《はじ》める。例 建国《けんこく》／建設《けんせつ》／建造《けんぞう》／建築《けんちく》／建立《こんりゅう》／建物《たてもの》。

けん【県】 名詞 地方公共団体《ちほうこうきょうだんたい》の一《ひと》つ。青森県《あおもりけん》、沖縄県《おきなわけん》など全部《ぜんぶ》で四十三ある。関連 都《と》。道《どう》。府《ふ》。

漢 けん【県】〔目《め》〕9画 3年 音 ケン

丨 冂 月 目 旦 県 県 県 県（つづけてかく）（とめる）

地方公共団体《ちほうこうきょうだんたい》の一《ひと》つ。例 県庁《けんちょう》／県道《けんどう》／県立《けんりつ》。

漢 けん【研】〔石《いしへん》〕9画 3年 音 ケン 訓 とぐ

一 ア 不 石 石 石 研 研 研（下をながく）（はらう）

❶とぐ。みがく。例 研磨《けんま》。❷深《ふか》く調《しら》べる。例 研究《けんきゅう》／研修《けんしゅう》。

けん【剣】 名詞 ❶刀《かたな》。とくに、両側《りょうがわ》に刃《は》のあるもの。❷刀《かたな》を使《つか》うわざ。例 剣の道《みち》。

けん【兼】 名詞 同時《どうじ》に二《ふた》つ以上《いじょう》のはたらきや役目《やくめ》をすること。例 食堂兼居間《しょくどうけんいま》。

-けん【軒】 接尾語 （数《かず》を表《あらわ》すことばのあとにつけて）家《いえ》の数《かず》を示《しめ》すことば。

漢 けん【健】〔亻《にんべん》〕11画 4年 音 ケン 訓 すこやか

亻 亻 亻 仁 伊 伊 律 律 健 健 健（しとしない）

❶元気《げんき》がよい。すこやか。例 健康《けんこう》／健在《けんざい》／健全《けんぜん》／強健《きょうけん》／保健《ほけん》。❷よく。非常《ひじょう》に。例 健闘《けんとう》。

漢 けん【険】〔阝《こざとへん》〕11画 5年 音 ケン 訓 けわしい

フ 了 阝 阝 阝 阾 险 険 険 険（はねる）（はらう）（つきださない）

あぶない。おそろしい。例 険悪《けんあく》／危険《きけん》／冒険《ぼうけん》／保険《ほけん》。

漢 けん【検】〔木《きへん》〕12画 5年 音 ケン

一 十 木 木 朩 朩 枪 検 検 検（つきださない）

しらべる。例 検査《けんさ》／検算《けんざん》／検診《けんしん》／検定《けんてい》／検討《けんとう》／探検《たんけん》／点検《てんけん》。

けん【間】 名詞 昔《むかし》、日本《にほん》で使《つか》われていた長《なが》さの単位《たんい》。一間《いっけん》は六尺《ろくしゃく》で、約《やく》一・八メートル。漢 →295ページ かん〔間〕

けん【絹】 漢 →335ページ きぬ〔絹〕

漢 けん【権】〔木《きへん》〕15画 6年 音 ケン・ゴン

木 木 朩 杵 桁 桁 権 権 権（下をながく）

❶相手《あいて》をしたがわせる力《ちから》。例 権威《けんい》／権力《けんりょく》。❷あることをしてもよいという資格《しかく》。例 権限《けんげん》／権利《けんり》／人権《じんけん》／選挙権《せんきょけん》。❸かりのもの。例 権化《ごんげ》。

漢 けん【憲】〔心《こころ》〕16画 6年 音 ケン

宀 宀 宀 宝 害 害 憲 憲（つきださない）（うちがわへはねる）

ものごとのもとになるきまり。おきて。例 憲章《けんしょう》／憲法《けんぽう》／立憲《りっけん》。

漢 けん【験】〔馬《うまへん》〕18画 4年 音 ケン・ゲン 訓 しるし

丨 冂 馬 馬 馬 騎 騎 験（てんのうちかたちゅうい）（はらう）（はらう）

❶しらべる。ためす。例 経験《けいけん》／試験《しけん》／実験《じっけん》／

しかないことから、自分《じぶん》がどうなるか、ほかの人《ひと》に任《まか》せるしかない状態《じょうたい》のたとえ。

受験《じゅけん》／体験《たいけん》。❷しるし。ききめ。例 霊験《れいげん》。

げん【元】 名詞 ❶昔《むかし》の中国《ちゅうごく》の王朝《おうちょう》。一二七一年《ねん》から一三六八年《ねん》まで続《つづ》いた。❷中華人民共和国《ちゅうかじんみんきょうわこく》のお金《かね》の単位《たい》。「人民元《じんみんげん》」とも呼《よ》ばれる。⇒158ページ 外国語教室

漢 **げん【元】**〔儿《ひとあし》〕 4画 2年 音 ゲン・ガン 訓 もと

一 二 テ 元（八としない）

❶もと。ものごとのおおもと。例 元金《がんきん》／元来《がんらい》／元気《げんき》／元素《げんそ》／還元《かんげん》／根元《ねもと》。❷はじめ。はじまり。例 元日《がんじつ》／元祖《がんそ》／元旦《がんたん》。❸年号《ねんごう》。例 元号《げんごう》／改元《かいげん》。❹かしら。例 元首《げんしゅ》／元老《げんろう》。❺昔《むかし》、中国《ちゅうごく》を治《おさ》めた王朝《おうちょう》の一《ひと》つ。例 元寇《げんこう》。

げん【言】 名詞 口《くち》に出《だ》して言《い》うこと。また、言《い》ったことば。例 兄《あに》は父《ちち》の言《げん》に従《したが》って留学《りゅうがく》を決《き》めた。漢 ⇒429ページ げん〔言〕

● **言《げん》を左右《さゆう》にする** いろいろ言《い》うが、はっきりとしたことを言《い》わない。責任《せきにん》をのがれようとする。例 言を左右にして、

漢 **げん【言】**〔言《げん》〕 7画 2年 音 ゲン・ゴン 訓 いう・こと

丶 亠 亠 亖 言 言 言（まんなかに）

❶ことば。例 言語《げんご》／格言《かくげん》／方言《ほうげん》／予言《よげん》。❷いう。はなす。例 言《い》い訳《わけ》／言論《げんろん》／言付《ことづ》け／証言《しょうげん》／他言《たごん》。

げん【弦】 名詞 ❶弓《ゆみ》に張《は》る糸《いと》。つる。❷バイオリンやギターなどの弦楽器《げんがっき》に張《は》ってある糸《いと》。

漢 **げん【限】**〔阝《こざとへん》〕 9画 5年 音 ゲン 訓 かぎる

⺈ 了 阝 阝 阝 阝 限 限 限（かたちにちゅうい）

かぎる。くぎる。例 限界《げんかい》／限定《げんてい》／限度《げんど》／期限《きげん》／制限《せいげん》／無限《むげん》／門限《もんげん》。

漢 **げん【原】**〔厂《がんだれ》〕 10画 2年 音 ゲン 訓 はら

一 厂 厂 厂 历 盾 盾 原 原 原（厂の上にうたない）（白としない）

❶もと。おこり。例 原因《げんいん》／原画《げんが》／原作《げんさく》／原文《げんぶん》。❷はら。はらっぱ。例 原野《げんや》／高原《こうげん》／草原《そうげん》／野原《のはら》。

漢 **げん【現】**〔王《おうへん》〕 11画 5年 音 ゲン 訓 あらわれる・あらわす

一 T 王 王 玑 玑 珥 珥 現 現（上へはねる）

❶かくれていたものが、あらわれる。例 現象《げんしょう》／出現《しゅつげん》／表現《ひょうげん》。❷じっさいにある。いま。例 現金《げんきん》／現在《げんざい》／現実《げんじつ》／現代《げんだい》／現物《げんぶつ》。

げん【眼】 漢 ⇒296ページ がん〔眼〕

漢 **げん【減】**〔氵《さんずい》〕 12画 5年 音 ゲン 訓 へる・へらす

氵 氵 汇 汇 洉 減 減 減（上へはねる）（わすれないように）

伝統的《でんとうてき》な言語文化《げんごぶんか》

ことば遊《あそ》び

いろはにほへと
たけやぶやけた

いろはにほへと　ちりぬるを
わかよたれそ　つねならむ
うゐのおくやま　けふこえて
あさきゆめみし　ゑひもせす

このかなの行列《ぎょうれつ》がいったいなんだかわかるかな。これは「いろはうた」といって、平安時代《へいあんじだい》に作《つく》られたといわれている。すべてのかなが一《いち》度《ど》だけ使《つか》われて、七五調《しちごちょう》の「うた」になっているね。すべてのかなを一《いち》度《ど》だけ使《つか》うのは五十音図《ごじゅうおんず》と同《おな》じだけれど、全体《ぜんたい》が下《した》のような意味《いみ》のあるうたになっているところがちがうよ。よく見《み》ると「いろはうた」には「ゐ」「ゑ」のように、今《いま》では使《つか》われていないかなも入《はい》っているね。昔《むかし》は小《ちい》さい子《こ》が文字《もじ》を学《まな》ぶためにも使《つか》われていたんだ。

色《いろ》は匂《にお》えど　散《ち》りぬるを
我《わ》が世誰《よたれ》ぞ　常《つね》ならん
有為《うい》の奥山《おくやま》　今日《きょうこ》越えて
浅《あさ》き夢見《ゆめみ》じ　酔《え》いもせず

いろはうたは、だれがどんな目的《もくてき》で作《つく》ったのか、よくわかっていないんだけれど、作《つく》った人《ひと》はパズルを解《と》くゲームみたいに楽《たの》しく感《かん》じただろうね。

ことばを使《つか》った遊《あそ》びには、しゃれ、なぞなぞなど、昔《むかし》からいろいろな種類《しゅるい》があったよ。

「たけやぶやけた」のような回文《かいぶん》（上《うえ》から読《よ》んでも下《した》から読《よ》んでも同《おな》じことばや文《ぶん》）も、長《なが》いものを作《つく》るのは難《むずか》しいよ。みんなも挑戦《ちょうせん》してみよう。

もっとみてみよう！

●「ことば遊《あそ》びの王様《おうさま》」（岩崎書店《いわさきしょてん》）
●「ことばあそびの本《ほん》」（理論社《りろんしゃ》）

ことわざ **まな板《いた》のこい** まな板《いた》の上《うえ》にのせられたこいは、もうにげられず、料理人《りょうりにん》のなすままになる

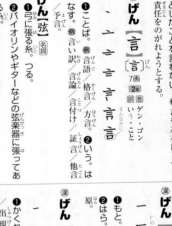

❶へる。へらす。例 減少《げんしょう》／増減《ぞうげん》／半減《はんげん》。対 増《ぞう》。❷引《ひ》き算《ざん》をする。例 減法《げんぽう》／加減《かげん》。

漢 **げん【源】**〔氵《さんずい》〕13画 6年 音 ゲン 訓 みなもと

みなもと。はじめ。例 源泉《げんせん》／源流《げんりゅう》／起源《きげん》／語源《ごげん》／資源《しげん》／水源《すいげん》／電源《でんげん》。

漢 **げん【厳】**〔⺍《つ》〕17画 6年 音 ゲン・ゴン 訓 おごそか・きびしい

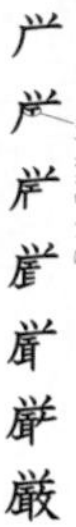

❶おごそか。いかめしい。例 厳粛《げんしゅく》／威厳《いげん》／荘厳《そうごん》。❷きびしい。例 厳禁《げんきん》／厳守《げんしゅ》／厳重《げんじゅう》／厳選《げんせん》。

げん【験】 名詞 これから起《お》こることのよしあしを示《しめ》すようなこと。縁起《えんぎ》。例 験がいい。漢 ⇩ 428ページ・けん〔験〕

けんあく【険悪】 形容動詞 ❶よくないことが起《お》こりそうな、危険《きけん》な感《かん》じがするようす。例 友《とも》だちとの仲《なか》が険悪になる。❷顔《かお》つきや態度《たいど》などが、厳《きび》しくおそろしいようす。例 険悪な表情《ひょうじょう》。

けんあん【懸案】 名詞 まだ、解決《かいけつ》せずにいて、問題《もんだい》として残《のこ》っていることがら。例 懸案の問題《もんだい》に結論《けつろん》が出《で》た。

げんあん【原案】 名詞 会議《かいぎ》などで相談《そうだん》するための、もとになる案《あん》。例 原案を修正《しゅうせい》する。

けんい【権威】 名詞 ❶人《ひと》を従《したが》わせる力《ちから》。例 王《おう》としての権威を持《も》つ。❷学問《がくもん》などについて、とくにすぐれていると認《みと》められている人《ひと》。例 数学《すうがく》の権威。類 大家《たいか》。

けんいん【検印】 名詞 動詞 検査《けんさ》が終《お》わったというしるしにおす印《いん》。

げんいん【原因】 名詞 ものごとの起《お》こるもと。ものごとの起《お》こるわけ。例 火遊《ひあそ》びが火事《かじ》の原因となった。対 結果《けっか》。

けんうん【巻雲】 名詞 高《たか》い空《そら》に現《あらわ》れる、はけではいたような、または羽毛《うもう》のような雲《くも》。すじ雲《ぐも》。

けんえき【検疫】 名詞 動詞 感染症《かんせんしょう》などを防《ふせ》ぐため、ほかの地域《ちいき》、とくに外国《がいこく》から入《はい》って来《く》る人《ひと》や動植物《どうしょくぶつ》の検査《けんさ》をすること。

げんえき【現役】 名詞 ある職業《しょくぎょう》や地位《ちい》にあって、現在《げんざい》も活動《かつどう》していること。また、その人《ひと》。例 現役の野球選手《やきゅうせんしゅ》。

けんえつ【検閲】 名詞 動詞 ❶目《め》を通《とお》してよく調《しら》べること。❷国《くに》が、本《ほん》・新聞《しんぶん》・映画《えいが》などの内容《ないよう》を調《しら》べること。

けんえん【嫌煙】 名詞 近《ちか》くでほかの人《ひと》がたばこを吸《す》うことをきらうこと。例 嫌煙家《か》。

げんえん【減塩】 名詞 食《た》べ物《もの》の塩分《えんぶん》を減《へ》らすこと。例 減塩のしょうゆ。

けんえんけん【嫌煙権】 名詞 会社《かいしゃ》や人々《ひとびと》が集《あつ》まる場《ば》などで、ほかの人《ひと》がたばこを吸《す》うことを断《ことわ》る権利《けんり》。

けんえんのなか【犬猿の仲】 犬《いぬ》とさるは仲《なか》が悪《わる》いということから、とても仲《なか》が悪《わる》いことのたとえ。

けんお【嫌悪】 名詞 動詞 ひどくきらっていやがること。例 嫌悪感《かん》。

けんおん【検温】 名詞 動詞 体温《たいおん》を測《はか》ること。

けんか 名詞 動詞 言《い》い争《あらそ》ったり、なぐり合《あ》ったりすること。例 きょうだいげんか。

●**けんかを売《う》る** 相手《あいて》に、けんかをしかける。

●**けんかを買《か》う** しかけられたけんかの相手《あいて》になる。例 売られたけんかを買って出《で》る。

けんか【県下】 名詞 その県の区域内《くいきない》。県内《けんない》。例 県下の小学校《しょうがっこう》から集《あつ》まった代表選手《だいひょうせんしゅ》。

けんか【県花】 名詞 各都道府県《かくとどうふけん》を代表《だいひょう》する花《はな》として決《き》められた花《はな》。

げんか【言下】 名詞 相手《あいて》が言《い》い終《お》わったすぐあと。例 申《もう》し出《で》は言下に断《ことわ》られた。

げんか【原価】 名詞 ❶品物《しなもの》をつくるのにかかったお金《かね》。❷品物《しなもの》を仕入《しい》れたときの値段《ねだん》。

げんが【原画】 名詞 絵《え》をかき写《うつ》したり印刷《いんさつ》したりするときの、もとの絵《え》。

けんかい【見解】 名詞 ものごとに対《たい》する、見方《みかた》や考《かんが》え方《かた》。例 きみとぼくとは見解がちがう。類 意見《いけん》。

けんがい【圏外】 名詞 ある限《かぎ》られた範囲《はんい》の外《そと》。例 大気圏外《たいきけんがい》／通信圏外《つうしんけんがい》。対 圏内《けんない》。

げんかい【限界】 名詞 これ以上《いじょう》先《さき》はないという、ぎりぎりのところ。例 体力《たいりょく》の限界。類 限度《げんど》。

ってしまう、ということから、人《ひと》をさがしに行《い》った人《ひと》がそのまま帰《かえ》って来《こ》なくなることのたとえ。また、相手《あいて》を

げんかい【厳戒】 名詞 動詞 厳《きび》しく警戒《けいかい》すること。例 国際会議《こくさいかいぎ》に向《む》けて厳戒態勢《たいせい》をしく。

げんがい【言外】 名詞 ことばでは、はっきりと表《あらわ》されていないところ。例 相手《あいて》の言《い》い方《かた》や表情《ひょうじょう》から、言外の意味《いみ》を読《よ》みとる。

げんかいしゅうらく【限界集落】 名詞 住民《じゅうみん》の高齢化《こうれいか》や過疎《かそ》が進《すす》んだため、みんなで運営《うんえい》していくことが難《むずか》しくなった集落《しゅうらく》。

けんがく【見学】 名詞 動詞 実際《じっさい》のようすを見《み》て、それについての知識《ちしき》を広《ひろ》めること。

げんかく【幻覚】 名詞 実際《じっさい》にはないものが、見《み》えたり聞《き》こえたりすること。

げんかく【厳格】 形容動詞 厳《きび》しくて、いいかげんなことやまちがったことをけっして許《ゆる》さないようす。例 厳格に育《そだ》てられる。

げんがく【減額】 名詞 動詞 金額《きんがく》を減《へ》らすこと。例 クラブの費用《ひよう》を減額された。対 増額《ぞうがく》。

げんがくしじゅうそう【弦楽四重奏】 名詞 バイオリン二《ふた》つと、ビオラ、チェロによる合奏《がっそう》。

げんがっき【弦楽器】 名詞 バイオリン・チェロ・こと・三味線《しゃみせん》などのように、張《は》った糸《いと》（＝弦《げん》）を弓《ゆみ》でひいたりはじいたりして、音《おと》を出《だ》す楽器《がっき》。図 ⇩269ページ《ジ》 がっき〔楽器〕

けんかりょうせいばい【けんか両成敗】 ⇩171ページ《ジ》 ことわざ

けんがん【検眼】 名詞 動詞 目《め》を検査《けんさ》すること。視力《しりょく》を検査《けんさ》すること。

げんかん【玄関】 名詞 家《いえ》や建物《たてもの》の正面《しょうめん》の出入《でい》り口《ぐち》。正式《せいしき》な出入《でい》り口《ぐち》。ことば もとは仏教《ぶっきょう》の禅《ぜん》のことばで、禅《ぜん》の道《みち》への入《い》り口《ぐち》のことをいった。

げんかん【厳寒】 名詞 季語 冬 厳《きび》しい寒《さむ》さ。例 厳寒の地《ち》。類 酷寒《こっかん》。

けんぎ【嫌疑】 名詞 悪《わる》いことをしたのではないかという疑《うたが》い。容疑《ようぎ》。例 どろぼうの嫌疑を晴《は》らす。

げんき【元気】 名詞 形容動詞 ❶活動《かつどう》するもとになる、心《こころ》や体《からだ》の力《ちから》。例 元気を出《だ》せ／弟《おとうと》はこのごろ元気がない。❷健康《けんこう》で、具合《ぐあい》の悪《わる》いところがないようす。例 かぜも治《なお》り、すっかり元気になった。❸活発《かっぱつ》で勢《いきお》いがよいようす。例 元気な返事《へんじ》。

げんきづける【元気付ける】 動詞 はげましたりなぐさめたりして、力《ちから》づける。例 病気《びょうき》の友《とも》だちを元気付ける。

けんきゃく【健脚】 名詞 形容動詞 足《あし》がじょうぶで、長《なが》い道《みち》のりもよく歩《ある》けること。

けんきゅう【研究】 名詞 動詞 ものごとを広《ひろ》く調《しら》べ、深《ふか》く考《かんが》えて、ほんとうのすがたをくわしく知《し》ろうとすること。例 研究所《じょ》／昆虫《こんちゅう》の研究。

げんきゅう【言及】 名詞 動詞 話《はなし》を進《すす》めて、あることについても意見《いけん》や考《かんが》えを述《の》べること。例 今《いま》の政治《せいじ》の問題点《もんだいてん》について言及する。

けんぎゅうせい【けん牛星】 ⇩1105ページ《ジ》 ひこぼし

けんきょ【検挙】 名詞 動詞 犯人《はんにん》や罪《つみ》をおかしたと思《おも》われる人《ひと》を調《しら》べるために、警察《けいさつ》に連《つ》れていくこと。

けんきょ【謙虚】 形容動詞 自分《じぶん》がすぐれていると思《おも》いこんだりせず、ひかえめで素直《すなお》なようす。例 友《とも》だちの忠告《ちゅうこく》を謙虚に聞《き》く。対 高慢《こうまん》。

けんぎょう【兼業】 名詞 動詞 もともとやっている仕事《しごと》のほかに、別《べつ》の仕事《しごと》もすること。また、その仕事《しごと》。対 専業《せんぎょう》。

げんきょう【現況】 名詞 現在《げんざい》のありさま。今《いま》の状況《じょうきょう》。現状《げんじょう》。例 現況を報告《ほうこく》する。

けんぎょうのうか【兼業農家】 名詞 農業《のうぎょう》以外《いがい》の仕事《しごと》もして、収入《しゅうにゅう》を得《え》ている農家《のうか》。対 専業農家《せんぎょうのうか》。

げんきょく【原曲】 名詞 編曲《へんきょく》などをする前《まえ》のもとの曲《きょく》。

けんきん【献金】 名詞 動詞 ある目的《もくてき》につかってもらうために、お金《かね》を出《だ》すこと。また、そのお金《かね》。例 政治献金《せいじけんきん》。

げんきん【現金】 ❶名詞 小切手《こぎって》や手形《てがた》ではない、すぐにつかえるふつうのお金《かね》。例 現金は二千円《にせんえん》しかない。❷形容動詞 損《そん》か得《とく》かによって、急《きゅう》に態度《たいど》を変《か》えるようす。例 ごほうびがもらえるとなると喜《よろこ》んでお手伝《てつだ》いをするとは現金な子《こ》だ。

げんきん【厳禁】 名詞 動詞 してはいけないと、厳《きび》しく禁止《きんし》すること。例 立《た》ち入《い》り厳禁。

げんげ ⇩1415ページ《ジ》 れんげそう

げんけい【原形】 名詞 もともと持《も》っていた形《かたち》。もとの形《かたち》。例 事故《じこ》で、車《くるま》は原形がわからないほどつぶれた。

ことわざ **ミイラ取《と》りがミイラになる** ミイラをさがしに出《で》かけた人《ひと》が、行《い》きだおれて自分《じぶん》もミイラにな説得《せっとく》しようとした人《ひと》が、逆《ぎゃく》に相手《あいて》に説得《せっとく》されてしまうことのたとえ。

げんけい【原型】 名詞 物《もの》をつくるときの、もとになる型《かた》。例 洋服《ようふく》の原型をつくる。

けんけつ【献血】 名詞 輸血《ゆけつ》に使《つか》うために、自《じ》分《ぶん》の血液《けつえき》を無料《むりょう》で差《さ》し出《だ》すこと。

けんげん【権限】 名詞 法律《ほうりつ》や規則《きそく》によって決《き》められている、人《ひと》や役所《やくしょ》ができる仕事《しごと》の範囲《はんい》。例 審判《しんぱん》の権限で、試合《しあい》が中止《ちゅうし》された。

けんけんごうごう［と］ 副詞 多《おお》くの人《ひと》が勝《かっ》手《て》なことを言《い》い合《あ》ってやかましいようす。例 けんけんごうごうと言《い》い争《あらそ》う。使い方「けんけんごうごうたる非難《ひなん》」などの形《かたち》でも使《つか》う。

けんご【堅固】 形容動詞 つくりがしっかりしていて、こわれたりくずれたりしにくいようす。例 堅固な城《しろ》。類 頑丈《がんじょう》。

げんこ ⇒432ジ《ペー》 げんこつ

げんご【言語】 名詞 声《こえ》や文字《もじ》などによって、考《かんが》えや気持《きも》ちを表《あらわ》したり伝《つた》えたりするもの。ことば。

げんご【原語】 名詞 翻訳《ほんやく》する前《まえ》の、もとになっている外国語《がいこくご》。例 シェークスピアの作品《さくひん》を原語で読《よ》む。対 訳語《やくご》。

けんこう【健康】
❶ 名詞 体《からだ》がよいか悪《わる》いかの具合《ぐあい》。例 健康診断《しんだん》。
❷ 名詞 形容動詞 体《からだ》がじょうぶなようす。例 明《あか》るくて健康な子供《こども》。

げんこう【元寇】 名詞 鎌倉時代《かまくらじだい》、元《げん》（＝今《いま》の中国《ちゅうごく》）の軍隊《ぐんたい》が北九州《きたきゅうしゅう》に二回《にかい》せめて来《き》たこと。暴風雨《ぼうふうう》などによって二回《にかい》とも元《げん》は敗退《はいたい》した。

げんこう【言行】 名詞 言《い》うことと、実際《じっさい》にすること。例 言行を一致《いっち》させる。類 言動《げんどう》。

げんこう【原稿】 名詞 話《はなし》をしたり印刷《いんさつ》したりするときの、もとの文章《ぶんしょう》。例 学校新聞《がっこうしんぶん》の原稿。

げんこう【現行】 名詞 今《いま》、行《おこな》われていること。例 現行の法律《ほうりつ》。

げんごう【元号】 名詞 年《とし》につける、明治《めいじ》・大《たい》正《しょう》・昭和《しょうわ》・平成《へいせい》・令和《れいわ》などの呼《よ》び名《な》。年号《ねんごう》。

げんこういっち【言行一致】 名詞 言《い》うことと実際《じっさい》にすることが、一致《いっち》していること。例 言行一致をつらぬく。

けんこうこつ【肩甲骨】 名詞 両《りょう》かたの後《うし》ろにある平《ひら》たい三角形《さんかくけい》の骨《ほね》。図⇒287ジ《ペー》 からだ

けんこうじゅみょう【健康寿命】 名詞 人《にん》間《げん》が、健康《けんこう》に、日常生活《にちじょうせいかつ》を制限《せいげん》されることなく送《おく》ることができる期間《きかん》。

けんこうしょくひん【健康食品】 名詞 体《からだ》の調子《ちょうし》を整《ととの》えたり、さらにじょうぶにしたりするはたらきがあるとされている食《た》べ物《もの》。

けんこうしんだん【健康診断】 名詞 体《からだ》が健康《けんこう》かどうかを、医者《いしゃ》が調《しら》べること。

げんこうはん【現行犯】 名詞 実際《じっさい》に行《おこな》っているときや、終《お》わったばかりのときに見《み》つかった犯罪《はんざい》。また、その犯人《はんにん》。例 すりを現行犯でたいほする。

けんこうほうし【兼好法師】 名詞（一二八三ごろ～一三五〇ごろ）鎌倉時代末期《かまくらじだいまっき》から南北朝《なんぼくちょう》時代《じだい》の歌人《かじん》・随筆家《ずいひつか》。本名《ほんみょう》は卜部兼好《うらべかねよし》。初《はじ》め武士《ぶし》だったが、のちにお坊《ぼう》さんとなり、随筆《ずいひつ》集《しゅう》「徒然草《つれづれぐさ》」を書《か》いた。吉田兼好《よしだけんこう》。

けんこうほけん【健康保険】 名詞 病気《びょうき》やけがをしたときに、安《やす》い費用《ひよう》で医者《いしゃ》にかかれるようにするため、ふだんから少《すこ》しずつお金《かね》を納《おさ》めていくしくみ。

げんこうようし【原稿用紙】 名詞 文章《ぶんしょう》を書《か》くときに使《つか》う、ます目《め》のある紙《かみ》。

げんごがく【言語学】 名詞 音声《おんせい》・文字《もじ》・語《ご》彙《い》・文法《ぶんぽう》など、さまざまな角度《かくど》からことばを研《けん》究《きゅう》する学問《がくもん》。

けんこく【建国】 名詞 動詞 新《あたら》しく国《くに》をつくること。

げんこく【原告】 名詞 裁判所《さいばんしょ》に、裁判《さいばん》をしてほしいとうったえ出《で》た人《ひと》。対 被告《ひこく》。

けんこくきねんのひ【建国記念の日】 名詞 国民《こくみん》の祝日《しゅくじつ》の一《ひと》つ。二月十一日《にがつじゅういちにち》。日本《にほん》の国《くに》ができたことを祝《いわ》う日《ひ》。

げんこつ【げん骨】 名詞 固《かた》くにぎりしめた手《て》。にぎりこぶし。げんこ。

げんごろう 名詞 季語 夏 池《いけ》やぬまにすむ昆《こん》虫《ちゅう》。体《からだ》は卵形《たまごがた》で、黒《くろ》くてつやがあり、昆虫《こんちゅう》や小《ちい》さい魚《さかな》をとって食《た》べる。図⇒505ジ《ペー》 こんちゅう

げんこん【現今】 名詞 今《いま》。今《いま》の時代《じだい》。例 現今の社会情勢《しゃかいじょうせい》。

けんさ【検査】 名詞 動詞 悪《わる》いところがないか、基準《きじゅん》に合《あ》っているかどうかなどを調《しら》べること。例 血液《けつえき》検査／製品《せいひん》を検査する。

けんざい【健在】 名詞 形容動詞 じょうぶで、無《ぶ》

損害《そんがい》を受《う》けたりすることのたとえ。「身《み》」は、刀《かたな》の、さやにおさまる部分《ぶぶん》のこと。

事《じ》に暮《く》らしていること。例 祖父《そふ》は健在です。

げんざい【現在】
❶ 名詞 今《いま》。例 遠《とお》い昔《むかし》から現在までの歴史《れきし》／父《ちち》は現在旅行中《りょこうちゅう》です。関連 過去《かこ》。未来《みらい》。
❷ 接尾語 （時《とき》を表《あらわ》すことばのあとにつけて）その時《とき》。例 午後二時《ごごにじ》現在の気温《きおん》は十度《じゅうど》です。

げんざいけい【現在形】 名詞 文法用語《ぶんぽうようご》で、現在行《げんざいおこな》われていることや起《お》こっていることを表《あらわ》すときの、ことばの形《かたち》。

げんざいりょう【原材料】 名詞 製品《せいひん》などをつくるもとになる、原料《げんりょう》や材料《ざいりょう》。

けんざかい【県境】 名詞 県《けん》と県《けん》との境目《さかいめ》。

けんさく【検索】 名詞 動詞 資料《しりょう》などから、必要《ひつよう》なことがらを探《さが》し出《だ》すこと。

げんさく【原作】 名詞
❶書《か》き直《なお》したりつくりかえたりする前《まえ》の、もとの作品《さくひん》。
❷映画《えいが》・テレビ・芝居《しばい》などの脚本《きゃくほん》のもとになった作品《さくひん》。例 漫画《まんが》を原作にしたドラマ。

けんさくエンジン【検索エンジン】 名詞 インターネット上《じょう》で、探《さが》している情報《じょうほう》が出《で》ているホームページを見《み》つけ出《だ》すしくみ。「サーチエンジン」ともいう。

けんさつ【検札】 名詞 動詞 乗《の》り物《もの》の中《なか》で、車掌《しゃしょう》が乗客《じょうきゃく》の切符《きっぷ》を調《しら》べること。

けんさつかん【検察官】 名詞 罪《つみ》をおかした疑《うたが》いのある人《ひと》をとり調《しら》べて、裁判所《さいばんしょ》にうったえ、その裁判《さいばん》が正《ただ》しく行《おこな》われるようにする役目《やくめ》の人《ひと》。

けんさつちょう【検察庁】 名詞 検察官《けんさつかん》が仕事《しごと》をする、国《くに》の役所《やくしょ》。最高検察庁《さいこうけんさつちょう》・高等検察庁《こうとうけんさつちょう》・地方検察庁《ちほうけんさつちょう》・区検察庁《くけんさつちょう》がある。

けんざん【検算・験算】 名詞 動詞 計算《けいさん》して出《だ》した答《こた》えが正《ただ》しいかどうか確《たし》かめるためにする計算《けいさん》。教科 算 たとえば足《た》し算《ざん》の検算《けんざん》は引《ひ》き算《ざん》で行《おこな》う。

げんさん【原産】 名詞
❶その動植物《どうしょくぶつ》が、もともといたり、あったりしたこと。例 中国《ちゅうごく》原産の植物《しょくぶつ》。
❷その原料《げんりょう》や品物《しなもの》が、とれたりつくり出《だ》されたりしたこと。例 アラビア半島《はんとう》原産の石油《せきゆ》。

げんさん【減産】 名詞 動詞 つくり出《だ》す量《りょう》が減《へ》ること。また、減《へ》らすこと。対 増産《ぞうさん》。

げんざん【減算】 名詞 動詞 引《ひ》き算《ざん》。対 加算《かさん》。

げんさんち【原産地】 名詞
❶その動植物《どうしょくぶつ》がもともといたり、あったりした土地《とち》。例 じゃがいもの原産地は南《みなみ》アメリカである。
❷その原料《げんりょう》や品物《しなもの》が、とれたりつくり出《だ》されたりした土地《とち》。例 食品《しょくひん》に原産地を表示《ひょうじ》する。

けんし【犬歯】 名詞 前歯《まえば》から左右《さゆう》の三番目《さんばんめ》にある、とがった歯《は》。上下《じょうげ》にそれぞれ二本《にほん》ずつある。肉食動物《にくしょくどうぶつ》では「きば」になる。「糸切《いとき》り歯《ば》」ともいう。図 ⇩1034ページ は〔歯〕

けんし【絹糸】 ⇩335ページ きぬいと

けんじ【検事】 名詞 検察官《けんさつかん》の位《くらい》の一《ひと》つ。

げんし【原子】 名詞 物質《ぶっしつ》を組《く》み立《た》てている、いちばん小《ちい》さいつぶ。中心《ちゅうしん》に原子核《げんしかく》があり、その周《まわ》りを電子《でんし》が回《まわ》っている。

げんし【原始】 名詞
❶ものごとの始《はじ》まり。例 原始時代《じだい》。
❷自然《しぜん》のままであること。例 原始林《りん》。

げんし【原紙】 名詞 印刷《いんさつ》のもとになる紙《かみ》。

げんじ【源氏】 名詞 源《みなもと》の姓《せい》を持《も》つ一族《いちぞく》。源頼朝《みなもとのよりとも》は平氏《へいし》をほろぼし、鎌倉《かまくら》に幕府《ばくふ》を開《ひら》いた。これによって、武士《ぶし》による政治《せいじ》が始《はじ》まった。

げんしかく【原子核】 名詞 原子《げんし》の中心《ちゅうしん》の部分《ぶぶん》。

げんしかくぶんれつ【原子核分裂】 ⇩246ページ かくぶんれつ❶

げんしかくゆうごう【原子核融合】 ⇩247ページ かくゆうごう

けんしき【見識】 名詞 ものごとを正《ただ》しく見通《みとお》す力《ちから》。また、しっかりとした、すぐれた考《かんが》えや意見《いけん》。例 高《たか》い見識を持《も》っている人物《じんぶつ》。類 識見《しきけん》。

げんしきごう【原子記号】 ⇩436ページ げんそきごう

げんしじだい【原始時代】 名詞 人類《じんるい》が、けもの・鳥《とり》・魚《さかな》・貝《かい》・木《き》の実《み》などをとって生活《せいかつ》していた、大昔《おおむかし》の時代《じだい》。

げんしじん【原始人】 名詞 原始時代《げんしじだい》に生《い》きていた人類《じんるい》。

けんじつ【堅実】 形容動詞 考《かんが》え方《かた》や行動《こうどう》などがしっかりしていて、危《あぶ》なげがないようす。例 堅実な仕事《しごと》ぶりだ。類 着実《ちゃくじつ》。

げんじつ【現実】 名詞 頭《あたま》の中《なか》で考《かんが》えたことで

ことわざ　**身《み》から出《で》たさび**　自分《じぶん》のおかした悪《わる》い行《おこな》いやあやまちがもとになって、自分自身《じぶんじしん》が苦《くる》しんだり

はなく、今《いま》、実際《じっさい》にあること。ありのままのようすや、すがた。

げんじつてき【現実的】 形容動詞 行動《こうどう》や考《かんが》え方《かた》が、現実《げんじつ》に結《むす》びついているようす。例 現実的な計画《けいかく》を立《た》てる。

げんしてき【原始的】 形容動詞 自然《しぜん》のままで進歩《しんぽ》していないようす。例 原始的な暮《く》らし。

げんしばくだん【原子爆弾】 名詞 原子核《げんしかく》が分裂《ぶんれつ》するときに出《で》る、非常《ひじょう》に高《たか》い熱《ねつ》と大《おお》きな力《ちから》を利用《りよう》した爆弾《ばくだん》。略《りゃく》して「原爆《げんばく》」ともいう。教科 社 一九四五（昭和二十《しょうわにじゅう》）年八月《ねんはちがつ》、アメリカにより、広島《ひろしま》と長崎《ながさき》に初《はじ》めて原子爆弾《げんしばくだん》が落《お》とされた。

げんじぼたる【源氏蛍】 名詞 季語 夏 ほたるのなかま。一・五センチメートルぐらいの大《おお》きさで、日本《にほん》のほたるの中《なか》ではいちばん大《おお》きい。

げんじぼたる

げんじものがたり【源氏物語】 名詞 平安《へいあん》時代《じだい》に紫式部《むらさきしきぶ》が書《か》いた物語《ものがたり》。主人公《しゅじんこう》の光源氏《ひかるげんじ》を中心《ちゅうしん》に、貴族《きぞく》の生活《せいかつ》がえがかれている。教科 社 かな文字《もじ》で書《か》かれた代表的《だいひょうてき》な作品《さくひん》。

けんじゃ【賢者】 名詞 知恵《ちえ》があり、ものの道理《どうり》を知《し》っているかしこい人《ひと》。例 賢者の教《おし》えに学《まな》ぶ。類 賢人《けんじん》。

げんしゅ【元首】 名詞 その国《くに》と国民《こくみん》を代表《だいひょう》する人《ひと》。大統領《だいとうりょう》や君主《くんしゅ》など。

げんしゅ【厳守】 名詞 動詞 約束《やくそく》や規則《きそく》を守《まも》って、必《かなら》ずそのとおりにすること。例 時間《じかん》厳守。

けんしゅう【研修】 名詞 動詞 学問《がくもん》や技術《ぎじゅつ》を身《み》につけるために、ある期間《きかん》特別《とくべつ》に学《まな》んだり習《なら》ったりすること。例 研修旅行《りょこう》／研修医《い》。

けんじゅう【拳銃】 名詞 片手《かたて》でうつ小型《こがた》の銃《じゅう》。ピストル。

げんしゅう【減収】 名詞 動詞 入《はい》ってくるお金《かね》や、作物《さくもつ》のとれる量《りょう》が減《へ》ること。対 増収《ぞうしゅう》。

げんじゅう【厳重】 形容動詞 非常《ひじょう》に厳《きび》しいようす。例 厳重に注意《ちゅうい》する。使い方 ふつうは、とりしまりや警備《けいび》、注意《ちゅうい》などについて使《つか》う。

げんじゅうしょ【現住所】 名詞 今《いま》住《す》んでいる所《ところ》。

げんじゅうみん【原住民】 名詞 その土地《とち》に、もとから住《す》んでいる人《ひと》たち。

げんしゅく【厳粛】 形容動詞 重々《おもおも》しく、心《こころ》が引《ひ》きしまるように感《かん》じられるようす。例 式《しき》は厳粛な雰囲気《ふんいき》のうちに終《お》わった。

けんしゅつ【検出】 名詞 動詞 ある物《もの》の中《なか》に混《ま》じっているものを、調《しら》べて見《み》つけ出《だ》すこと。例 井戸水《いどみず》から病原菌《びょうげんきん》が検出された。

げんしょ【原書】 名詞 翻訳《ほんやく》された本《ほん》の、もとになった外国語《がいこくご》の本《ほん》。

けんしょう【健勝】 名詞 形容動詞 健康《けんこう》で元気《げんき》なこと。例 ご健勝のことと存《ぞん》じます。使い方 手紙《てがみ》の中《なか》で使《つか》うことが多《おお》い。

けんしょう【検証】 名詞 動詞 実際《じっさい》に調《しら》べて、事実《じじつ》を明《あき》らかにすること。例 現場《げんば》検証。

けんしょう【憲章】 名詞 国《くに》などが定《さだ》める、これからの理想《りそう》となるような大切《たいせつ》な決《き》まり。例 児童《じどう》憲章。

けんしょう【懸賞】 名詞 品物《しなもの》やお金《かね》をほうびに出《だ》して、問題《もんだい》の答《こた》えを多《おお》くの人《ひと》から集《あつ》めたり、人《ひと》や物《もの》をさがしてもらったりすること。例 雑誌《ざっし》の懸賞に当《あ》たる。

けんじょう【献上】 名詞 動詞 身分《みぶん》の高《たか》い人《ひと》に物《もの》を差《さ》し上《あ》げること。

げんしょう【現象】 名詞 実際《じっさい》に形《かたち》となってあらわれるものごと。例 自然《しぜん》現象。類 事象《じしょう》。

げんしょう【減少】 名詞 動詞 減《へ》って少《すく》なくなること。また、少《すく》なくすること。例 人口《じんこう》の減少。対 増加《ぞうか》。使い方「減小」と書《か》かないよう注意《ちゅうい》。

げんじょう【現状】 名詞 今《いま》のようす。現在《げんざい》のありさま。例 事故現場《じこげんば》の現状を報告《ほうこく》する。

けんじょうご【謙譲語】 名詞 相手《あいて》に対《たい》して話《はな》し手《て》のへりくだった気持《きも》ちを表《あらわ》す言《い》い方《かた》。「行《い》く」を「参《まい》る」「うかがう」、「言《い》う」を「申《もう》し上《あ》げる」というなど。関連 尊敬語《そんけいご》。丁寧語《ていねいご》。

げんしょく【原色】 名詞 ❶さまざまな色《いろ》をつくるもとになる色《いろ》。絵《え》の具《ぐ》では赤《あか》・青《あお》・黄《き》の三色《さんしょく》。❷もとのままの色《いろ》。例 絵《え》の原色を再現《さいげん》した印刷《いんさつ》。❸はっきりした色《いろ》。はでな色《いろ》。例 原色の服《ふく》。

げんしょく【現職】 名詞 現在《げんざい》、ある仕事《しごと》についていること。また、その仕事《しごと》。例 現職の大統領《だいとうりょう》。

性質《せいしつ》は年《とし》をとっても変《か》わらないものだ、ということ。

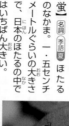

げんしょく【減食】 名詞 動詞 食《た》べる量《りょう》を減《へ》らすこと。

げんしりょく【原子力】 名詞 原子核《げんしかく》が分裂《ぶんれつ》したり融合《ゆうごう》したりするときに出《で》る、非常《ひじょう》に大《おお》きなエネルギー。発電《はつでん》や爆弾《ばくだん》に使《つか》う。

げんしりょくきせいいいんかい【原子力規制委員会】 名詞 原子力《げんしりょく》を安全《あんぜん》に管理《かんり》するための仕事《しごと》をする国《くに》の役所《やくしょ》。環境省《かんきょうしょう》の下《した》にある。

げんしりょくきせいちょう【原子力規制庁】 名詞 原子力規制委員会《げんしりょくきせいいいんかい》の事務局《じむきょく》。原子力《げんしりょく》の安全管理《あんぜんかんり》や防災《ぼうさい》などのためのさまざまな仕事《しごと》を行《おこな》う。

げんしりょくはつでん【原子力発電】 名詞 原子力《げんしりょく》の熱《ねつ》を利用《りよう》して発電機《はつでんき》を動《うご》かし、電気《でんき》を起《お》こすこと。関連 火力発電《かりょくはつでん》。水力発電《すいりょくはつでん》。風力発電《ふうりょくはつでん》。

げんしりょくはつでんしょ【原子力発電所】 名詞 原子力《げんしりょく》を使《つか》って電気《でんき》を起《お》こす施設《しせつ》。

げんしりん【原始林】 名詞 人《ひと》の手《て》が加《くわ》えられたことのない、自然《しぜん》のままの森林《しんりん》。原生林《げんせいりん》。

げんじる【減じる】 動詞 ❶数《かず》や量《りょう》を少《すく》なくする。また、少《すく》なくなる。例 薬《くすり》の量《りょう》を減じる／価値《かち》が減じる。❷引《ひ》き算《ざん》をする。ことば「減《げん》ずる」ともいう。

げんしろ【原子炉】 名詞 放射性物質《ほうしゃせいぶっしつ》を連続《れんぞく》して核分裂《かくぶんれつ》させ、エネルギーをとり出《だ》す装置《そうち》。

けんしん【検針】 名詞 動詞 電気《でんき》・ガス・水道《すいどう》などの使用量《しようりょう》を調《しら》べるために、メーターの目《め》盛《も》りを調《しら》べること。

けんしん【検診】 名詞 動詞 病気《びょうき》にかかっていないかどうかを調《しら》べること。例 定期《ていき》検診を受《う》ける。

けんしん【献身】 名詞 動詞 人《ひと》や社会《しゃかい》のために、自分《じぶん》の生活《せいかつ》や命《いのち》をささげてつくすこと。例 献身的《てき》な看病《かんびょう》。

けんじん【賢人】 名詞 知恵《ちえ》や徳《とく》のある、かしこい人《ひと》。類 賢者《けんじゃ》。

げんず【原図】 名詞 複写《ふくしゃ》や複製《ふくせい》をするときの、もとになる図《ず》。複写《ふくしゃ》や複製《ふくせい》ではない、もとの図《ず》。

けんすい【懸垂】 名詞 動詞 ❶まっすぐに垂《た》れ下《さ》がること。❷鉄棒《てつぼう》にぶら下《さ》がり、うでを曲《ま》げたりのばしたりして体《からだ》を上《あ》げ下《さ》げする運動《うんどう》。

げんすい【元帥】 名詞 軍人《ぐんじん》のいちばん上《うえ》の位《くらい》。大将《たいしょう》の上《うえ》。総大将《そうだいしょう》。

げんすい【減水】 名詞 動詞 川《かわ》や池《いけ》などの水《みず》の量《りょう》が減《へ》ること。対 増水《ぞうすい》。

けんずいし【遣隋使】 名詞 飛鳥時代《あすかじだい》の末《すえ》ごろ、中国《ちゅうごく》の文化《ぶんか》や学問《がくもん》をとり入《い》れるために、日本《にほん》から隋《ずい》（＝今《いま》の中国《ちゅうごく》）へ送《おく》られた使《つか》い。六〇七年《ねん》には小野妹子《おののいもこ》がわたった。

けんすう【件数】 名詞 ことがらや事件《じけん》の数《かず》。例 犯罪《はんざい》件数。

げんずる【減ずる】 ➡435ページ げんじる

げんすん【原寸】 名詞 もとの大《おお》きさ。実物《じつぶつ》と同《おな》じ大《おお》きさ。例 原寸の十分《じゅうぶん》の一《いち》の模型《もけい》。

げんせ【現世】 名詞 今《いま》生《い》きている、この世《よ》。関連 前世《ぜんせ》。来世《らいせ》。

けんせい【権勢】 名詞 人々《ひとびと》を従《したが》わせ、ものごとを自分《じぶん》の思《おも》うとおりにできるような勢《いきお》いや力《ちから》。例 権勢をふるう。類 権力《けんりょく》。

けんせい【けん制】 名詞 動詞 相手《あいて》の注意《ちゅうい》を引《ひ》きつけて、自由《じゆう》な動《うご》きができないようにすること。例 ピッチャーがランナーをけん制する。

げんせい【厳正】 名詞 形容動詞 非常《ひじょう》に厳《きび》しく、公平《こうへい》で正《ただ》しいこと。例 厳正な審査《しんさ》の結果《けっか》、あなたが当選《とうせん》しました。

げんぜい【減税】 名詞 動詞 税金《ぜいきん》の額《がく》を減《へ》らすこと。対 増税《ぞうぜい》。

げんせいどうぶつ【原生動物】 名詞 一《ひと》つの細胞《さいぼう》だけでできている、もっとも下等《かとう》な動物《どうぶつ》。アメーバ、ぞうりむしなどたくさんの種類《しゅるい》がある。

げんせいりん【原生林】 名詞 自然《しぜん》のままの森林《しんりん》。原始林《げんしりん》。

けんせきうん【巻積雲】 名詞 高《たか》い空《そら》に小《ちい》さな白《しろ》い雲《くも》がまだらに集《あつ》まって、魚《さかな》のうろこのように見《み》える雲《くも》。うろこ雲《ぐも》。いわし雲《ぐも》。

けんせつ【建設】 名詞 動詞 建物《たてもの》や道路《どうろ》、組織《そしき》などを新《あたら》しくつくること。類 建造《けんぞう》。建築《けんちく》。対 破壊《はかい》。

けんせつてき【建設的】 形容動詞 ものごとをよくなるように進《すす》めていこうとするようす。

ことわざ **三《み》つ子《ご》の魂《たましい》百《ひゃく》まで** 三才《さんさい》の子供《こども》の心《こころ》は百《ひゃく》才《さい》になっても変《か》わらないという意味《いみ》で、幼《おさな》いころの

例 建設的な意見《いけん》。

けんぜん【健全】 形容動詞 ❶体《からだ》がじょうぶで健康《けんこう》なようす。例 健全な体《からだ》。❷考《かんが》え方《かた》や行《おこな》いにかたよりがなく、しっかりしているようす。例 健全な考《かんが》え。

げんせん【源泉】 名詞 ❶水《みず》や温泉《おんせん》のわき出《で》るもと。❷ものごとの起《お》こるもと。例 遊《あそ》びがアイディアの源泉となる。

げんせん【厳選】 名詞 動詞 厳《きび》しい基準《きじゅん》で選《えら》ぶこと。例 料理《りょうり》の材料《ざいりょう》を厳選する。

げんぜん[と]【厳然[と]】 副詞 厳《きび》しくいかめしいようす。例 厳然とそびえる富士山《ふじさん》。使い方 「厳然たる(=厳《きび》しく動《うご》かしがたい)事実《じじつ》」などの形《かたち》でも使《つか》う。

げんそ【元素】 名詞 物質《ぶっしつ》を化学的《かがくてき》に分《わ》けていったとき、それ以上《いじょう》分《わ》けることができないとされているもの。金《きん》・銀《ぎん》・銅《どう》・鉄《てつ》・酸素《さんそ》・水素《すいそ》・ウランなど。

けんぞう【建造】 名詞 動詞 大《おお》きな建物《たてもの》や船《ふね》などを造《つく》ること。例 建造物《ぶつ》/貨物船《かもつせん》を建造する/橋《はし》を建造する。類 建設《けんせつ》。建築《けんちく》。

げんそう【幻想】 名詞 動詞 実際《じっさい》にはない、夢《ゆめ》のようなことを思《おも》いえがくこと。また、その考《かんが》え。例 幻想の世界《せかい》。

げんぞう【現像】 名詞 動詞 カメラで写《うつ》したフィルムなどを薬《くすり》の液《えき》につけて、写《うつ》したものが見《み》えるようにすること。

けんそううん【巻層雲】 名詞 高《たか》い空《そら》に白《しろ》いベールのようにうすく広《ひろ》がる雲《くも》。太陽《たいよう》や月《つき》をおおうと、かさ(=太陽《たいよう》や月《つき》のまわりにできる光《ひかり》の輪《わ》)をつくる。うす雲《ぐも》。

げんそうきょく【幻想曲】 ⬇1139ページ ファンタジー❸

げんそうてき【幻想的】 形容動詞 現実《げんじつ》からはなれた、夢《ゆめ》の中《なか》にいるようなようす。例 どうくつのおくには幻想的な景色《けしき》が広《ひろ》がっていた。

けんぞうぶつ【建造物】 名詞 大《おお》きな建物《たてもの》や橋《はし》、船《ふね》など、建造《けんぞう》されたもの。

げんそきごう【元素記号】 名詞 元素《げんそ》の種類《しゅるい》を表《あらわ》す記号《きごう》。炭素《たんそ》は「C」、水素《すいそ》は「H」などのように書《か》いて表《あらわ》す。「原子記号《げんしきごう》」ともいう。

げんそく【原則】 名詞 ほとんどの場合《ばあい》に当《あ》てはめられる、基本的《きほんてき》な決《き》まりや法則《ほうそく》。例 全員《ぜんいん》が出席《しゅっせき》することを原則とします。

げんそく【減速】 名詞 動詞 速度《そくど》を落《お》とすこと。例 カーブで減速する。対 加速《かそく》。

けんそん【謙遜】 名詞 動詞 自分《じぶん》を低《ひく》く考《かんが》えて、ひかえめな態度《たいど》をとること。へりくだること。例 「すべてみなさんのおかげです。」と謙遜する。

げんそん【現存】 名詞 動詞 今《いま》、実際《じっさい》にあること。存在《そんざい》していること。「げんぞん」ともいう。例 現存最古《さいこ》の木造建築《もくぞうけんちく》。

げんぞん【現存】 ⬇436ページ げんそん

げんたい【減退】 名詞 動詞 勢《いきお》いや力《ちから》がおとろえること。減《へ》って弱《よわ》くなること。例 食欲《しょくよく》が減退した。対 増進《ぞうしん》。

げんだい【現代】 名詞 ❶今《いま》の世《よ》の中《なか》。今《いま》の時代《じだい》。例 現代の科学《かがく》。❷歴史《れきし》の時代《じだい》の分《わ》け方《かた》の一《ひと》つ。日本《にほん》では、第二次世界大戦《だいにじせかいたいせん》が終《お》わってから今《いま》までをいう。関連 古代《こだい》。中世《ちゅうせい》。近世《きんせい》。近代《きんだい》。

げんだいかなづかい【現代仮名遣い】 名詞 現在《げんざい》使《つか》われている日本語《にほんご》を書《か》くときのかなの決《き》まり。だいたい実際《じっさい》の発音《はつおん》のとおりに書《か》き表《あらわ》す。対 歴史的仮名遣《れきしてきかなづか》い。

げんだいてき【現代的】 形容動詞 現代《げんだい》にふさわしいようす。例 現代的なファッション。類 モダン。

けんだま【剣玉】 名詞 木《き》でつくったおもちゃの一《ひと》つ。穴《あな》のあいた玉《たま》と棒《ぼう》が糸《いと》で結《むす》ばれていて、棒《ぼう》の先《さき》に玉《たま》をさしたり、皿《さら》のようになった部分《ぶぶん》に玉《たま》を受《う》けたりして遊《あそ》ぶ。

げんたん【減反】 名詞 動詞 作物《さくもつ》を植《う》えつける田《た》や畑《はたけ》の面積《めんせき》を減《へ》らすこと。ことば 「反」は、昔《むかし》日本《にほん》で使《つか》われていた、田《た》や畑《はたけ》の広《ひろ》さを表《あらわ》す単位《たんい》。

けんち【見地】 名詞 ものごとを見《み》たり、考《かんが》えたりするときの立場《たちば》。例 教育的《きょういくてき》な見地に立《た》って意見《いけん》を言《い》う。類 観点《かんてん》。

けんち【検地】 名詞 動詞 昔《むかし》、年貢《ねんぐ》を割《わ》り当《あ》てるために、田《た》や畑《はたけ》を調《しら》べて、土地《とち》の境《さかい》や広《ひろ》さ、土地のよしあし、作物《さくもつ》のとれ高《だか》などを記録《きろく》したこと。教科 社 豊臣秀吉《とよとみひでよし》の行《おこな》った検地《けんち》が有名《ゆうめい》。

げんち【現地】 名詞 ❶ものごとが実際《じっさい》に行《おこな》われていたり、起《お》きてい

り、今《いま》もおとろえていない、自信《じしん》のある腕前《うでまえ》のこと。

たりするところ。現場《げんば》。例 現地から火事《かじ》のようすを伝《つた》える。
❷今《いま》、自分《じぶん》がいる土地《とち》。

けんちく【建築】 名詞 動詞 家《いえ》やいろいろな建《たて》物《もの》を建《た》てること。また、その建物《たてもの》。例 建築家《か》／高層《こうそう》建築。類 建設《けんせつ》。建造《けんぞう》。

けんちくようしき【建築様式】 名詞 建物《たてもの》の建《た》て方《かた》や形《かたち》。時代《じだい》や国《くに》、地方《ちほう》などによって共《きょう》通《つう》の特徴《とくちょう》がある。

けんちじ【県知事】 名詞 県《けん》の政治《せいじ》を行《おこな》う、いちばん上《うえ》の役目《やくめ》。また、その人《ひと》。四年《よねん》ごとに、その県《けん》に住《す》む人《ひと》の選挙《せんきょ》で選《えら》ばれる。

けんちちょう【検地帳】 名詞 検地《けんち》の結果《けっか》を村《むら》ごとに記録《きろく》した土地《とち》台《だい》帳《ちょう》。

けんちょ【顕著】 形容動詞 とくに目立《めだ》って、はっきりしているようす。例 努力《どりょく》の結果《けっか》が顕著にあらわれる。

けんちょう【県庁】 名詞 県《けん》の仕事《しごと》をする役《やく》所《しょ》。関連 都庁《とちょう》。道庁《どうちょう》。府庁《ふちょう》。

けんちょう【県鳥】 名詞 各都道府県《かくとどうふけん》を代表《だいひょう》する鳥《とり》として決《き》められた鳥《とり》。

けんちょうしょざいち【県庁所在地】 名詞 県庁《けんちょう》の置《お》かれている都市《とし》。

けんてい【検定】 名詞 動詞 検査《けんさ》をして、基準《きじゅん》に合《あ》っているかどうかを決《き》めること。例 二《に》級《きゅう》の検定に合格《ごうかく》した。

げんてい【限定】 名詞 動詞 ものごとの範囲《はんい》や数《かず》を限《かぎ》ること。例 期間《きかん》を限定して販売《はんばい》する。類 制限《せいげん》。

げんてん【原典】 名詞 翻訳《ほんやく》したり、引用《いんよう》をしたりするときの、もとになった本《ほん》。

げんてん【減点】 名詞 動詞 点数《てんすう》を減《へ》らすこと。

げんど【限度】 名詞 もうこれ以上先《いじょうさき》はないという、ぎりぎりのところ。例 わたしのがまんにも限度がある。類 限界《げんかい》。

けんとう【見当】
❶名詞 これからどうなるかの見《み》こみ。例 何人《なんにん》集《あつ》まるか、まるで見当がつかない／割《わ》り算《ざん》の答《こた》えの見当をつける。類 予想《よそう》。
❷名詞 だいたいの方向《ほうこう》。例 駅《えき》はこちらの見当だ。
❸接尾語 (数《かず》を表《あらわ》すことばのあとにつけて)…くらい。例 千円《せんえん》見当の品物《しなもの》。

けんとう【拳闘】 ⇩1215ジページ ボクシング

けんとう【健闘】 名詞 動詞 がんばって、よく戦《たたか》うこと。例 健闘したが、おしくも敗《やぶ》れた。類 善戦《ぜんせん》。

けんとう【検討】 名詞 動詞 ものごとをいろいろな面《めん》からくわしく調《しら》べて、それでよいかどうかを考《かんが》えること。例 計画《けいかく》をもう一度《いちど》検討する。

けんどう【県道】 名詞 県《けん》のお金《かね》でつくり、県《けん》が管理《かんり》している道路《どうろ》。関連 国道《こくどう》。

けんどう【剣道】 名詞 日本《にほん》の武道《ぶどう》の一《ひと》つ。面《めん》・胴《どう》・こてなどをつけて、竹《たけ》の刀《かたな》(＝竹刀《しない》)で打《う》ち合《あ》う。

けんどう【剣道】

げんとう【幻灯】 名詞 絵《え》をかいたフィルムやガラスなどに光《ひかり》を当《あ》て、白《しろ》い幕《まく》に大《おお》きく映《うつ》し出《だ》すしかけ。使い方 「スライド」の古《ふる》い言《い》い方《かた》。

げんとう【厳冬】 名詞 季語冬 冬《ふゆ》の寒《さむ》さのとくに厳《きび》しいころ。また、いつもの年《とし》より寒《さむ》さが厳《きび》しい冬《ふゆ》。

げんどう【言動】 名詞 言《い》うこととすること。例 言動をつつしむ。類 言行《げんこう》。

けんとうし【遣唐使】 名詞 奈良時代《ならじだい》から平《へい》安時代《あんじだい》にかけて、中国《ちゅうごく》の文化《ぶんか》や学問《がくもん》をとり入《い》れるために、日本《にほん》から唐《とう》(＝今《いま》の中国《ちゅうごく》)へ送《おく》られた使《つか》い。六三〇年《ねん》から十数回送《じゅうすうかいおく》られた。

けんとうちがい【見当違い】 名詞 形容動詞 見当《けんとう》予想《よそう》や見《み》こみ、目当《めあ》てが外《はず》れていること。見当《けんとう》外《はず》れ。例 見当違いな答《こた》えをする。

けんとうはずれ【見当外れ】 ⇩437ジページ けんとうちがい

げんどうりょく【原動力】 名詞
❶機械《きかい》を動《うご》かすもとになる力《ちから》。
❷活動《かつどう》のもとになる力《ちから》。例 情熱《じょうねつ》が、金《きん》メダルを勝《か》ちとる原動力になった。

ケントし【ケント紙】 名詞 白《しろ》くてかたい、質《しつ》のよい紙《かみ》。絵《え》や製図《せいず》などに使《つか》われる。ことば イギリスのケント州《しゅう》で作《つく》られていたことから。

けんない【圏内】 名詞 ある限《かぎ》られた範囲《はんい》の中《なか》。例 暴風雨《ぼうふうう》の圏内／通信圏内《つうしんけんない》。対 圏外《けんがい》。

げんに【現に】 副詞 実際《じっさい》に。現実《げんじつ》に。例 現にはっきりとこの目《め》で見《み》た。

けんにん【兼任】 名詞 動詞 二《ふた》つ以上《いじょう》の役目《やくめ》や

ことわざ　昔《むかし》取《と》ったきね柄《づか》　昔《むかし》はきねを上手《じょうず》に使《つか》うことができたという意味《いみ》から、昔《むかし》きたえたことがあ務《つと》めを持《も》つこと。例 わたしは新聞委員《しんぶんいいん》と放送《ほうそう》委員《いいん》を兼任している。類 兼務《けんむ》。対 専任《せんにん》。

げんのう【玄能】 名詞 頭《あたま》の両側《りょうがわ》が平《たい》らでとがっていない、大《おお》きな金《かな》づち。石《いし》を割《わ》るときなどに使《つか》う。

げんのう

げんば【現場】 名詞 ❶ものごとが、今《いま》行《おこな》われている場所《ばしょ》。例 工事《こうじ》現場。❷ものごとが起《お》こったところ。例 事故《じこ》現場。

けんばいき【券売機】 名詞 乗車券《じょうしゃけん》や入場《にゅうじょう》券《けん》などの券《けん》を販売《はんばい》する、自動販売機《じどうはんばいき》。

げんばく【原爆】 ⇩434ページ《ジ》げんしばくだん

げんばくしょう【原爆症】 名詞 原子爆弾《げんしばくだん》や水素爆弾《すいそばくだん》の熱《ねつ》や放射能《ほうしゃのう》によって起《お》こる、いろいろな病気《びょうき》。

げんばくドーム【原爆ドーム】 名詞 広島《ひろしま》市《し》にある、旧産業奨励館《きゅうさんぎょうしょうれいかん》のこと。一九四五（昭和二十《しょうわにじゅう》）年八月六日《ねんはちがつむいか》に落《お》とされた原子爆弾《げんしばくだん》によって破壊《はかい》されたが、その焼《や》けあとが、原子《げんし》爆弾《ばくだん》のおそろしさを伝《つた》えるものとして保存《ほぞん》されている。一九九六年《ねん》に世界文化遺産《せかいぶんかいさん》に登録《とうろく》された。

げんばつ【厳罰】 名詞 厳《きび》しくばっすること。また厳しいばつ。

げんぱつ【原発】 名詞 「原子力発電《げんしりょくはつでん》」「原子《げんし》力発電所《りょくはつでんしょ》」の略《りゃく》。

けんばん【鍵盤】 名詞 ピアノ・オルガン・タイプライターなどの、指先《ゆびさき》でたたいたりおしたりする部分《ぶぶん》。

けんばんがっき【鍵盤楽器】 名詞 けんばんをおしたりたたいたりすると音《おと》が出《で》るしくみの楽器《がっき》。オルガン・ピアノなど。図 ⇩269ページ《ジ》がっき〔楽器〕

けんばんハーモニカ【鍵盤ハーモニカ】 名詞 けんばんに、息《いき》をふきこむ管《くだ》がついている楽器《がっき》。けんばんをおさえながら息《いき》をふきこんで音《おと》を出《だ》す。

けんびきょう【顕微鏡】 名詞 二枚《にまい》のとつレンズを組《く》み合《あ》わせて、非常《ひじょう》に小《ち》さなものを大《おお》きくして見《み》る器械《きかい》。

けんびきょうカメラ【顕微鏡カメラ】 名詞 顕微鏡《けんびきょう》で観察《かんさつ》したものを、テレビやパソコンの画面《がめん》に映《うつ》し出《だ》すことのできる装置《そうち》。

げんぴん【現品】 名詞 実際《じっさい》に、今《いま》ある品物《しなもの》。例 この商品《しょうひん》は現品限《かぎ》りです。

げんぶがん【玄武岩】 名詞 火山岩《かざんがん》の一《ひと》つ。黒色《くろいろ》や灰色《はいいろ》で、きめが細《こま》かくかたい。

げんぷく【元服】 名詞 動詞 昔《むかし》、男子《だんし》が大人《おとな》になったしるしに、大人《おとな》の服装《ふくそう》をし、かみをゆい、かんむりを着《つ》けて祝《いわ》った式《しき》。十二才《じゅうにさい》から十六才《じゅうろくさい》ごろに行《おこな》われた。

けんぶつ【見物】 名詞 動詞 もよおしものや名《めい》所《しょ》などを見《み》て楽《たの》しむこと。また、その人《ひと》。例 東京《とうきょう》見物／お祭《まつ》りを見物する。ことば 「みもの」と読《よ》むと別《べつ》の意味《いみ》。

げんぶつ【現物】 名詞 今《いま》、そこにある品物《しなもの》。実際《じっさい》の品物《しなもの》。例 買《か》うかどうかは、お店《みせ》で現物を見《み》て決《き》めます。

けんぶん【見聞】 名詞 動詞 見《み》たり聞《き》いたりすること。また、そうして身《み》につけた知識《ちしき》。例 世界《せかい》を旅《たび》して見聞を広《ひろ》める。

げんぶん【原文】 名詞 翻訳《ほんやく》したり、書《か》き直《なお》したりしたものの、もとの文章《ぶんしょう》。

けんぺい【憲兵】 名詞 軍隊《ぐんたい》で、軍《ぐん》の決《き》まりを守《まも》らせるなど、警察《けいさつ》のような役目《やくめ》を持《も》つ兵隊《へいたい》。

けんべん【検便】 名詞 動詞 大便《だいべん》の中《なか》に、病気《びょうき》を起《お》こすばいきんや寄生虫《きせいちゅう》の卵《たまご》がいるかどうかなどを調《しら》べること。

げんぼ【原簿】 名詞 いちばんもとになる帳簿《ちょうぼ》。

けんぽう【憲法】 名詞 国《くに》の大《おお》もとになる決《き》まり。国《くに》のしくみや、国民《こくみん》の権利《けんり》・義務《ぎむ》などが決《き》めてある。

げんぽう【減法】 名詞 引《ひ》き算《ざん》。対 加法《かほう》。

けんぽうきねんび【憲法記念日】 名詞 季語 春 国民《こくみん》の祝日《しゅくじつ》の一《ひと》つ。五月三日《ごがつみっか》。一九四七年五月三日《ねんごがつみっか》から日本国憲法《にほんこくけんぽう》が実施《じっし》されたのを記念《きねん》したもの。

けんぽうじゅうしちじょう【憲法十七条】 ⇩608ページ《ジ》じゅうしちじょうのけんぽう

げんぼく【原木】 名詞 原料《げんりょう》や材料《ざいりょう》になる前《まえ》の、切《き》り出《だ》したままの木《き》。

けんま【研磨・研摩】 名詞 動詞 ❶宝石《ほうせき》や刀《かたな》などをといでみがくこと。❷学問《がくもん》や技術《ぎじゅつ》などが、さらに高度《こうど》なものになるように努力《どりょく》すること。

あっても役《やく》に立《た》たず、かえってじゃまになるもののこと。

げんまい【玄米】 名詞 もみがらをとっただけで、まだうすい皮《かわ》などが残《のこ》っている、白《しろ》くない米《こめ》。白米《はくまい》よりも、たんぱく質《しつ》・ビタミンなどが多《おお》くふくまれている。関連 白米《はくまい》。はい芽米《がまい》。

けんまく【剣幕】 名詞 ひどくおこったときなどの、激《はげ》しい顔《かお》つきや態度《たいど》。例 すごい剣幕で文句《もんく》を言《い》う。

けんみじんこ 名詞 プランクトンのなかま。種類《しゅるい》が多《おお》く、魚《さかな》の天然《てんねん》のえさとなる。

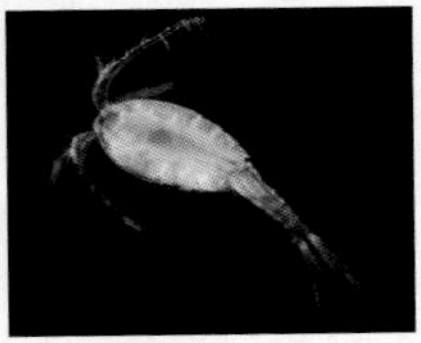

けんみじんこ

げんみつ【厳密】 形容動詞 細《こま》かいところまで厳《きび》しく注意《ちゅうい》が行《い》き届《とど》いているようす。例 厳密な検査《けんさ》。

けんむ【兼務】 名詞 動詞 一人《ひとり》で二《ふた》つ以上《いじょう》の仕事《しごと》や役目《やくめ》につくこと。例 男子《だんし》と女子《じょし》のテニス部《ぶ》かんとくを兼務する。類 兼任《けんにん》。

けんむのしんせい【建武の新政】 名詞 後醍醐天皇《ごだいごてんのう》が鎌倉幕府《かまくらばくふ》をたおしたのちに行《おこな》った、天皇《てんのう》を中心《ちゅうしん》とする政治《せいじ》。

けんめい【賢明】 形容動詞 かしこくて、ものごとを正《ただ》しく見分《みわ》けているようす。例 賢明なやり方《かた》／つかれたら無理《むり》せず休《やす》むのが賢明だ。

けんめい【懸命】 形容動詞 力《ちから》の限《かぎ》り、精《せい》いっぱいがんばるようす。例 懸命に練習《れんしゅう》する。

げんめい【言明】 名詞 動詞 はっきりと言《い》いきること。例「計画《けいかく》は必《かなら》ず実行《じっこう》します。」とみんなの前《まえ》で言明した。類 断言《だんげん》。明言《めいげん》。

げんめつ【幻滅】 名詞 動詞 想像《そうぞう》していたものごとが、実際《じっさい》はそうではないとわかってがっかりすること。

けんもほろろ 形容動詞 人《ひと》のたのみなどを、まったくとり合《あ》わないで、冷《つめ》たく拒否《きょひ》するようす。例 デートにさそったが、けんもほろろに断《ことわ》られた。ことば「けん」はきじの鳴《な》き声《ごえ》で、「つっけんどん」などの「けん」にかけた言《い》い方《かた》。同《おな》じくきじの鳴《な》き声《ごえ》を表《あらわ》す「ほろろ」をくっつけて作《つく》ったことばといわれる。

けんもん【検問】 名詞 動詞 問《と》いただして調《しら》べること。例 車《くるま》を止《と》めて検問する。

げんや【原野】 名詞 切《き》り開《ひら》かれていない、自然《しぜん》のままの野原《のはら》。類 荒野《こうや》。

けんやく【倹約】 名詞 動詞 お金《かね》や品物《しなもの》をむだづかいしないこと。節約《せつやく》。対 浪費《ろうひ》。

げんゆ【原油】 名詞 地下《ちか》からくみとったままの石油《せきゆ》。混《ま》ざり物《もの》が入《はい》っていて、黒《くろ》く、どろどろしている。教科 社 日本《にほん》ではほとんどとれないため、外国《がいこく》からの輸入《ゆにゅう》にたよっている。

けんよう【兼用】 名詞 動詞 一《ひと》つのものを、二《ふた》つ以上《いじょう》の目的《もくてき》のために使《つか》うこと。例 男女《だんじょ》兼用のレーンコート。対 専用《せんよう》。

けんり【権利】 名詞
❶あることを自分《じぶん》の考《かんが》えで自由《じゆう》にすることができる資格《しかく》。例 発言《はつげん》する権利。対 義務《ぎむ》。
❷人々《ひとびと》が求《もと》めることのできる、法律《ほうりつ》で認《みと》められた利益《りえき》。例 教育《きょういく》を受《う》ける権利。対 義務《ぎむ》。

げんり【原理】 名詞 ものごとのもとになる理屈《りくつ》や法則《ほうそく》。それによって多《おお》くのものごとが説明《せつめい》できるような、大《おお》もとの理屈《りくつ》。例 てこの原理。

けんりつ【県立】 名詞 県《けん》がお金《かね》を出《だ》してつくり、県《けん》で管理《かんり》すること。例 県立高等学校《こうとうがっこう》。

げんりゅう【源流】 名詞
❶川《かわ》の水《みず》の流《なが》れ出《で》てくるもと。類 水源《すいげん》。
❷ものごとの起《お》こり。始《はじ》まり。例 日本文化《にほんぶんか》の源流をさぐる。

けんりゅうけい【検流計】 名詞 ごく小《ちい》さな電流《でんりゅう》の、向《む》きや強《つよ》さを測《はか》る器具《きぐ》。

げんりょう【原料】 名詞 品物《しなもの》をつくるもとになるもの。もとになるものの形《かたち》や性質《せいしつ》が、できたものからわからない場合《ばあい》をいう。例 バターの原料は牛乳《ぎゅうにゅう》である。ことば もとになるものがわかる場合《ばあい》には「材料《ざいりょう》」という。

げんりょう【減量】 名詞 動詞 分量《ぶんりょう》や重《おも》さが減《へ》ること。また、減《へ》らすこと。とくに、体重《たいじゅう》を減《へ》らすこと。対 増量《ぞうりょう》。

けんりょく【権力】 名詞 ほかの人《ひと》を従《したが》わせる力《ちから》。例 権力者《しゃ》／権力をにぎる。類 権勢《けんせい》。

げんろう【元老】 名詞 長《なが》い間《あいだ》国《くに》や仕事《しごと》のためにつくしてりっぱな成果《せいか》を残《のこ》し、世《よ》の中《なか》の人《ひと》から尊敬《そんけい》されている老人《ろうじん》。

げんろん【言論】 名詞 話《はな》したり、文章《ぶんしょう》に書《か》いたりして、考《かんが》えや意見《いけん》を発表《はっぴょう》すること。また、その考《かんが》えや意見《いけん》。例 言論の自由《じゆう》を守《まも》る。

げんわく【幻惑】 名詞 動詞 目先《めさき》をまどわすこと。例 相手《あいて》のすばやい動《うご》きに幻惑される。

ことわざ **無用《むよう》の長物《ちょうぶつ》** 「無用《むよう》」は役《やく》に立《た》たないこと、「長物《ちょうぶつ》」は、長《なが》すぎて役《やく》に立《た》たないもののことで、

こ

コ ゴ ご

下《した》の 手話にチャレンジ を見《み》よう。

-こ 接尾語 （ほかのことばのあとにつけて）❶おたがいに何《なに》かし合《あ》うことを表《あらわ》す。例 にらめっこ／とりかえっこ。❷実際《じっさい》にはできないことを強《つよ》めていうことば。例 そんなに食《た》べられっこないよ。❸その状態《じょうたい》であることを強《つよ》めていうことば。例 どろんこ／ぺちゃんこ。

こ【子】 ❶名詞 親《おや》から生《う》まれた、人《ひと》や生《い》き物《もの》。例 子を産《う》む／犬《いぬ》の子。対 親《おや》。❷名詞 幼《おさな》い人《ひと》や生《い》き物《もの》。例 女《おんな》の子／子犬《いぬ》。❸名詞 魚《さかな》の卵《たまご》。例 にしんの子。❹接頭語 （ほかのことばの前《まえ》につけて）中心《ちゅうしん》になるものから分《わ》かれ出《で》たものであることを表《あらわ》す。例 子会社《がいしゃ》。対 親《おや》。漢 ⇒551ページ し〔子〕

こ-【小】 接頭語 （ほかのことばの前《まえ》につけて）❶「小《ちい》さい」という意味《いみ》を表《あらわ》す。例 小石《いし》／小声《ごえ》。❷量《りょう》や程度《ていど》が少《すく》ないことを表《あらわ》す。例 小雨《さめ》／小銭《ぜに》／小高《だか》い。❸時間《じかん》などが、少《すこ》し足《た》りないが、かなりそれに近《ちか》いことを表《あらわ》す。およそ。例 小一時間《いちじかん》。❹人《ひと》をばかにした気持《きも》ちを表《あらわ》す。例 小利口《りこう》／小せがれ。漢 ⇒628ページ しょう〔小〕

漢 **こ【己】**〔己《おのれ》〕3画 6年 音 コ・キ 訓 おのれ

㇆ コ 己（上へつけない）（上へはねる）

自分《じぶん》。わたくし。例 克己《こっき》／自己《じこ》／知己《ちき》／利己《りこ》。

漢 **こ【戸】**〔戸《と》〕4画 2年 音 コ 訓 と

一 ㇆ ヨ 戸

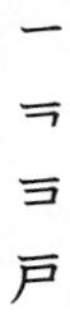

❶とびら。家《いえ》の出入《でい》り口《ぐち》。例 網戸《あみど》／門戸《もんこ》。❷家《いえ》。例 戸外《こがい》／戸籍《こせき》／戸別《こべつ》。❸家《いえ》の数《かず》を数《かぞ》えることば。例 戸数《こすう》／一戸《いっこ》。

こ【木】 「木《き》」の意味《いみ》を表《あらわ》す。例 木の葉《は》／木陰《かげ》。漢 ⇒1215ページ ぼく〔木〕

こ【去】 漢 ⇒352ページ きょ〔去〕

漢 **こ【古】**〔口《くち》〕5画 2年 音 コ 訓 ふるい・ふるす・いにしえ

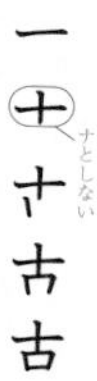

一 十（ナとしない） 十 古 古

❶ふるい。例 古風《こふう》／古巣《ふるす》／古本《ふるほん》／中古車《ちゅうこしゃ》。対 新《しん》。❷むかし。例 古語《こご》／古人《こじん》／古戦場《こせんじょう》／古代《こだい》／古典《こてん》／古都《こと》／古墳《こふん》／考古学《こうこがく》／太古《たいこ》。対 今《こん》。

漢 **こ【呼】**〔口《くちへん》〕8画 6年 音 コ 訓 よぶ

丨 ㇆ 口 口'（みぎからはらう） 口" 口"' 呼（ながく） 呼（はねる）

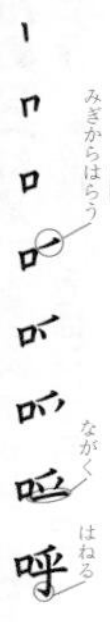

❶よぶ。さけぶ。例 呼応《こおう》／点呼《てんこ》／連呼《れんこ》。❷息《いき》をはく。例 呼気《こき》／呼吸《こきゅう》。対 吸《きゅう》。❸名《な》づける。例 呼称《こしょう》。

漢 **こ【固】**〔口《くにがまえ》〕8画 4年 音 コ 訓 かためる・かたまる・かたい

丨 冂 冂（ナとしない） 冃 円 冏 固 固

❶かためる。かたまる。例 固形《こけい》／固体《こたい》／固定《こてい》／凝固《ぎょうこ》。❷かたい。しっかりしている。例 固持《こじ》／強固《きょうこ》。❸もともと。はじめから。例 固有《こゆう》。

こ【弧】 名詞 ❶弓《ゆみ》のように曲《ま》がった形《かたち》。カーブ。❷円周《えんしゅう》または曲線《きょくせん》の一部分《いちぶぶん》。

●**弧《こ》を描《えが》く** ものが動《うご》いてできた道筋《みちすじ》が、弓《ゆみ》のように曲《ま》がった形《かたち》をとる。例 ボールは弧を描いて飛《と》び、ゴールに入《はい》った。

漢 **こ【故】**〔攵《のぶん》〕9画 5年 音 コ 訓 ゆえ

一 十（ナとしない） 古 古 古' 古' 故（だす） 故

❶古《ふる》い。もとの。例 故郷《こきょう》／故国《ここく》／故事《こじ》。❷死《し》んだ人《ひと》。例 故人《こじん》。❸さしさわりがある。例 故障《しょう》／事故《じこ》。❹わざと。ことさらに。例 故意《こい》。

こ【個】 名詞 ひとり。個人《こじん》。例 個を大切《たいせつ》にする。

漢 **こ【個】**〔亻《にんべん》〕10画 5年 音 コ

亻 亻 们（ナとしない） 們 們 個 個 個

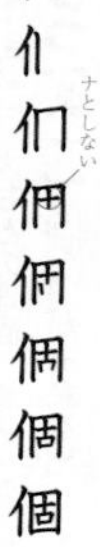

❶ひとつ。ひとり。例 個室《こしつ》／個人《こじん》／個性《こせい》／別個《べっこ》。❷こ。物《もの》を数《かぞ》えることば。例 一個《いっこ》。

漢 **こ【庫】**〔广〕《まだれ》 10画 3年 音 コ・ク 訓 くら

、 亠 广 户 肓 肩 亘 庫（上よりながく）

物《もの》を入《い》れておくくら。例 庫裏《くり》／金庫《きんこ》／車庫《しゃこ》／書庫《しょこ》／倉庫《そうこ》／文庫《ぶんこ》／冷蔵庫《れいぞうこ》。

こ【粉】 名詞 くだけて細《こま》かくなったもの。こな。例 小麦粉《こむぎこ》／火《ひ》の粉《こ》。漢 ⇩1180ページ ふん〔粉〕

こ【黄】 漢 ⇩166ページ おう〔黄〕

漢 **こ【湖】**〔氵〕《さんずい》 12画 3年 音 コ 訓 みずうみ

、 氵 汁 沽 湖 湖 湖（吉としない）

みずうみ。例 湖岸《こがん》／湖上《こじょう》／湖水《こすい》／火口湖《かこうこ》。

ご【五】 名詞 数《かず》の名《な》。いつつ。

漢 **ご【五】**〔二〕《に》 4画 1年 音 ゴ 訓 いつ・いつつ

一 丆 五 五（つきださない・つきだす）

いつつ。ご。例 五感《ごかん》／五穀《ごこく》／五色《ごしき》／五輪《ごりん》。

漢 **ご【午】**〔十〕《じゅう》 4画 2年 音 ゴ 訓 うま

ノ 𠂉 午 午（つきださない）

❶昔《むかし》の時刻《じこく》の名《な》。うま。今《いま》の昼《ひる》の十二時《じゅうにじ》、または、その前後二時間《ぜんごにじかん》。例 午後《ごご》／午前《ごぜん》／正午《しょうご》。❷ま南《みなみ》の方角《ほうがく》。例 子午線《しごせん》。

ご【呉】 名詞 三世紀中《さんせいきなか》ごろ、中国《ちゅうごく》にあった国《くに》の名《な》。魏《ぎ》・蜀《しょく》と並《なら》ぶ三国《さんごく》の一《ひと》つ。

漢 **ご【後】**〔彳〕《ぎょうにんべん》 9画 2年 音 ゴ・コウ 訓 のち・うしろ・あと・おくれる

ノ ク 彳 彳 彸 彸 後 後（はらう）

のち。うしろ。あと。例 後味《あとあじ》／後悔《こうかい》／後期《こうき》／後退《こうたい》／後半《こうはん》／後方《こうほう》／後日《ごじつ》／午後《ごご》／今後《こんご》／最後《さいご》／食後《しょくご》／直後《ちょくご》。対 前《ぜん》。

ご【御】 ❶接頭語（ほかのことばの前《まえ》につけて）尊敬《そんけい》・ていねいや、へりくだる気持《きも》ちを表《あらわ》す。例 御｜心配《しんぱい》をかけました／御｜飯《はん》／御｜案内《あんない》します。❷接尾語（ほかのことばのあとにつけて）尊敬《そんけい》の気持《きも》ちを表《あらわ》す。例 親《おや》御｜さん。

ご【期】 漢 ⇩316ページ き〔期〕

ご【碁】 名詞 縦横《たてよこ》に十《じゅう》九本《きゅうほん》ずつの線《せん》を引《ひ》いた台《だい》の上《うえ》に、黒《くろ》と白《しろ》の石《いし》をかわるがわる置《お》いていき、場所《ばしょ》をとり合《あ》うゲーム。囲碁《いご》。例 碁｜を打《う》つ。ことば 試合《しあい》は「一局《いっきょく》」「一番《いちばん》」、碁石《ごいし》を打《う》つことは「一手《いって》」と数《かぞ》える。

ご【碁】

ご【語】 名詞 一《ひと》つ一《ひと》つのことば。単語《たんご》。例 難《むずか》しい語｜の意味《いみ》を調《しら》べる。

漢 **ご【語】**〔言〕《ごんべん》 14画 2年 音 ゴ 訓 かたる・かたらう

丶 亠 言 言 訂 訂 語 語（すこしひだりへむけて）

❶かたる。はなしてきかせる。例 語気《ごき》／語調《ごちょう》／物語《ものがたり》。❷ことば。例 語学《ごがく》／語句《ごく》／外国語《がいこくご》／敬語《けいご》／国語《こくご》／単語《たんご》。

漢 **ご【誤】**〔言〕《ごんべん》 14画 6年 音 ゴ 訓 あやまる

丶 亠 言 訁 誤 誤 誤 誤（つづけてかく）

あやまり。まちがい。例 誤解《ごかい》／誤差《ごさ》／誤算《ごさん》／誤字《ごじ》／誤読《ごどく》／正誤《せいご》。対 正《せい》。

漢 **ご【護】**〔言〕《ごんべん》 20画 5年 音 ゴ

言 訁 訁 諾 謹 護 護（はらう）

まもる。助《たす》ける。例 護衛《ごえい》／看護《かんご》／弁護《べんご》／保護《ほご》。

こあざ【小字】 名詞 町《まち》や村《むら》の区分《くぶん》の一《ひと》つで、「大字《おおあざ》」をさらに細《こま》かく分《わ》けたもの。

コアラ (koala) 名詞 オーストラリアにすむ動物《どうぶつ》。ユーカリの葉《は》だけを食《た》べ、木《き》の上《うえ》で生活《せいかつ》する。おとなしい性質《せいしつ》で、動作《どうさ》はおそい。

コアラ

こい 名詞 川《かわ》や池《いけ》にすむ魚《さかな》。ふなよりも大《おお》きく、口《くち》の左右《さゆう》に二本《にほん》ずつひげがあり、うろこが大《おお》きい。全長一《ぜんちょういち》メートルくらい。昔《むかし》から飼《か》われており、食用《しょくよう》になる。ことば 漢字《かんじ》では「鯉」と書《か》く。図 ⇩521ページ さかな〔魚〕

●こいの滝登《たきのぼ》り ⇩929ページ 故事成語

こい【恋】 名詞 相手《あいて》を好《す》きだと思《おも》う、特別《とくべつ》な気《き》

手話にチャレンジ　幸福《こうふく》　指《ゆび》をのばし、親指《おやゆび》とほかの指《ゆび》であごをはさむ。指《ゆび》をすぼめながら2回《かい》、なで下《お》ろす。幸《しあわ》

持《も》ち。思《おも》いこがれる気持《きも》ち。例 恋人《びと》／初恋《はつ》。

こい【故意】 名詞 わざとすること。例 故意にぶつかる。

こい【濃い】 形容詞 ❶色《いろ》や味《あじ》の加減《かげん》が強《つよ》い。例 濃い赤《あか》。対 薄《うす》い。淡《あわ》い。❷あるものの中《なか》にふくまれているものが多《おお》い。例 濃いコーヒーを飲《の》む。対 薄《うす》い。❸すきまがない。例 ひげが濃い。対 薄《うす》い。❹ものごとの程度《ていど》が高《たか》い。例 中身《なかみ》の濃い話《はなし》。対 薄《うす》い。

ごい【語彙】 名詞 ある範囲《はんい》で使《つか》われることばのすべて。例 語彙を増《ふ》やす。

こいし【小石】 名詞 小《ち》さい石《いし》。

ごいし【碁石】 名詞 囲碁《いご》で使《つか》う、黒《くろ》と白《しろ》の小《ち》さな円形《えんけい》の石《いし》。黒《くろ》は百八十一個《ひゃくはちじゅういっこ》、白《しろ》は百八《ひゃくはち》十個《じっこ》で勝負《しょうぶ》する。

こいしい【恋しい】 形容詞 ある特定《とくてい》の人《ひと》やものに、とても心《こころ》が引《ひ》かれる。なつかしい。例 入院《にゅういん》していて家《いえ》が恋しくなった。

こいずみやくも【小泉八雲】 名詞 （一八五〇～一九〇四）明治時代《めいじじだい》の文学者《ぶんがくしゃ》・作家《さっか》。イギリス人《じん》で、本名《ほんみょう》はラフカディオ＝ハーン。日本《にほん》の文化《ぶんか》を研究《けんきゅう》し、海外《かいがい》にしょうかいした。「怪《かい》談《だん》」などの作品《さくひん》がある。

こいつ 代名詞 この人《ひと》。これ。例 こいつとは長《なが》いつきあいだ。使い方 乱暴《らんぼう》な言《い》い方《かた》。とても親《した》しい人《ひと》か、目下《めした》の人《ひと》に対《たい》してしか使《つか》わない。

こいぬ【小犬・子犬】 名詞 小《ち》さい犬《いぬ》。また、犬《いぬ》の子《こ》。

こいねがう【乞い願う】 動詞 心《こころ》から望《のぞ》む。

こいのぼり 名詞 季語 夏 紙《かみ》や布《ぬの》でこいの形《かたち》をつくり、さおの先《さき》につけて立《た》てるもの。五月五日《ごがついつか》のこどもの日《ひ》（＝端午《たんご》の節句《せっく》）に立《た》てる。

こいびと【恋人】 名詞 こいしいと思《おも》っている相手《あいて》。

こいぶみ【恋文】 名詞 「ラブレター」のこと。

コイル （coil）名詞 エナメルなどでおおわれた銅線《どうせん》を、何回《なんかい》も巻《ま》いたもの。電磁石《でんじしゃく》やモーターなどに使《つか》う。教科 理 電磁石《でんじしゃく》の強《つよ》さは、コイルの巻《ま》き数《すう》が多《おお》いほど強《つよ》くなる。

コイン （coin）名詞 硬貨《こうか》。金属《きんぞく》でつくったお金《かね》。

25セント
（アメリカ）

5ルピー
（インド）

コイン

コインロッカー 名詞 駅《えき》などにあって、硬貨《こうか》（＝コイン）を入《い》れて閉《し》めるとかぎがかかる、手荷物用《てにもつよう》の戸棚《とだな》。ことば 英語《えいご》をもとに日本《にほん》で作《つく》られたことば。

こう 副詞 このように。こんなに。例 こうすればいいよ／こう暑《あつ》くては勉強《べんきょう》できない。

漢 **こう【口】**〔口《くち》〕3画 1年 音 コウ・ク 訓 くち

丨 ロ 口（つける）

❶くち。例 口紅《くちべに》／開口《かいこう》。❷話《はな》す。例 口調《くちょう》／口《こう》外《がい》／口語《こうご》／口実《こうじつ》／口論《こうろん》／無口《むくち》。❸出入《でい》りぐち。例 火口《かこう》／河口《かこう》。❹人《ひと》の数《かず》。例 人口《じんこう》。

漢 **こう【工】**〔工《こう》〕3画 2年 音 コウ・ク 訓

一 丅 工（下をながく）

❶物《もの》をつくる。物《もの》をつくる人《ひと》。例 工業《こうぎょう》／工芸《こうげい》／工作《こうさく》／工場《こうじょう》／加工《かこう》／細工《さいく》／人工《じんこう》／図工《ずこう》／大《だい》工《く》。❷「工業《こうぎょう》」の略《りゃく》。例 工学《こうがく》。

漢 **こう【公】**〔八《はち》〕4画 2年 音 コウ 訓 おおやけ

ノ 八 公 公

❶社会《しゃかい》いっぱん。おおやけ。例 公園《こうえん》／公開《こうかい》／公衆《こうしゅう》。対 私《し》。❷国《くに》や役所《やくしょ》に関係《かんけい》する。例 公務《こうむ》員《いん》／公立《こうりつ》。対 私《し》。❸かたよらない。例 公正《こうせい》／公平《こうへい》。❹共通《きょうつう》である。例 公倍数《こうばいすう》／公約数《こうやくすう》。❺人《ひと》や動物《どうぶつ》を親《した》しんでよぶことば。例 ハチ公《こう》。

こう【功】 名詞 りっぱな仕事《しごと》や手《て》がら。例 功を立《た》てる。漢 ⇩ 442ページ こう〔功〕

● **功《こう》成《な》り名《な》遂《と》げる** りっぱな仕事《しごと》を成《な》しとげて、世《よ》の中《なか》でのよい評判《ひょうばん》を自分《じぶん》のものにする。

● **功《こう》を奏《そう》する** やったことの効《き》き目《め》があらわれてうまくいく。例 毎日《まいにち》の練習《れんしゅう》が功を奏して、本番《ほんばん》では息《いき》の合《あ》った演奏《えんそう》ができた。類 奏功《そうこう》。

漢 **こう【功】**〔力《ちから》〕5画 4年 音 コウ・ク 訓

一 丅 工 巧 功（つきだす）

❶てがら。力《ちから》をつくして成《な》しとげたしごと。

合《あ》った正《ただ》しいことが行《おこな》われなくなる。

例 功罪《こうざい》／功名《こうみょう》／功労《こうろう》／成功《せいこう》。❷ききめ。しるし。例 功徳《くどく》。

漢 **こう【広】**〔广《まだれ》〕5画 2年 音 コウ 訓 ひろい・ひろまる・ひろめる・ひろまる・ひろがる・ひろげる

丶 亠 广（はらう） 広 広（とめる）

❶ひろい。例 広大《こうだい》／広野《こうや》／広場《ひろば》／広間《ひろま》。❷ひろめる。例 広告《こうこく》／広報《こうほう》。

こう【甲】 名詞

❶外側《そとがわ》のかたいから。こうら。例 かめの甲。❷手《て》や足《あし》の表側《おもてがわ》。例 手《て》の甲。図⇩287ジペーからだ ❸十干《じっかん》の一番目《いちばんめ》。きのえ。❹ものごとの一番目《いちばんめ》。

漢 **こう【交】**〔亠《なべぶた》〕6画 2年 音 コウ 訓 まじわる・まじえる・まじる・まざる・まぜる・かう・かわす

丶 亠 六 亣 交（文としない）

❶まじわる。まじる。つきあう。例 交際《こうさい》／交通《こうつう》／交流《こうりゅう》／外交《がいこう》／社交《しゃこう》。❷入《い》れかわる。例 交換《こうかん》／交互《こうご》／交代《こうたい》。

漢 **こう【光】**〔儿《ひとあし》〕6画 2年 音 コウ 訓 ひかる・ひかり

丨 丨丨 ⺌（⺍としない） 业 光 光（上へはねる）

❶ひかり。例 光線《こうせん》／月光《げっこう》／日光《にっこう》／発光《はっこう》。❷けしき。ようす。例 光景《こうけい》／観光《かんこう》／風光《ふうこう》。❸ほまれ。例 光栄《こうえい》／栄光《えいこう》。❹とき。時間《じかん》。例 光陰《こういん》。

漢 **こう【后】**〔口《くち》〕6画 6年 音 コウ 訓 きさき

一 厂 斤（ださない） 斤 后 后

きさき。例 皇后《こうごう》。

漢 **こう【向】**〔口《くち》〕6画 3年 音 コウ 訓 むく・むける・むかう・むこう

丿 亻 门（はねる） 向 向 向

❶むく。むかう。例 向学心《こうがくしん》／向上《こうじょう》／風向《ふうこう》。❷おもむき。かたむき。例 傾向《けいこう》／動向《どうこう》／方向《ほうこう》。

漢 **こう【好】**〔女《おんなへん》〕6画 4年 音 コウ 訓 このむ・すく

く 女 女（みぎ上へはらう） 女丁 好（すこしまるめる） 好

❶このむ。すき。例 好意《こうい》／好物《こうぶつ》／愛好《あいこう》。❷よい。このましい。例 好感《こうかん》／好調《こうちょう》／好天《こうてん》／好評《こうひょう》／良好《りょうこう》。❸なかよくする。例 友好《ゆうこう》。❹じょうず。例 好演《こうえん》／好守《こうしゅ》。

漢 **こう【考】**〔耂《おいかんむり》〕6画 2年 音 コウ 訓 かんがえる

一 十 土 耂 考（みぎからはらう） 考（はねる）

❶かんがえる。例 考案《こうあん》／考慮《こうりょ》／再考《さいこう》／思考《しこう》。❷しらべる。例 考古学《こうこがく》／考査《こうさ》／参考《さんこう》。

漢 **こう【行】**〔行《ぎょうがまえ》〕6画 2年 音 コウ・ギョウ・アン 訓 いく・ゆく・おこなう

丿 彳 彳 彳一 行（下をながく） 行（はねる）

❶ゆく。例 行進《こうしん》／直行《ちょっこう》／通行《つうこう》／飛行《ひこう》／歩行《ほこう》／旅行《りょこう》。❷おこなう。例 行事《ぎょうじ》／行政《ぎょうせい》／行為《こうい》／行動《こうどう》／言行《げんこう》／孝行《こうこう》／実行《じっこう》／発行《はっこう》。❸れつ。ならび。例 行間《ぎょうかん》／行列《ぎょうれつ》／改行《かいぎょう》。❹店《みせ》。例 銀行《ぎんこう》。❺心《こころ》や体《からだ》をきたえる。例 行脚《あんぎゃ》／行者《ぎょうじゃ》／修行《しゅぎょう》。

漢 **こう【孝】**〔子《こ》〕7画 6年 音 コウ

一 十 土 耂 耂 孝（すこしまるめる） 孝

父母《ふぼ》をたいせつにする。例 孝行《こうこう》／孝心《こうしん》（＝親《おや》に孝行《こうこう》をする心《こころ》）／孝養《こうよう》／不孝《ふこう》。

漢 **こう【効】**〔力《ちから》〕8画 5年 音 コウ 訓 きく

丶 亠 六 亣 交（文としない） 交力 効

ききめ。例 効果《こうか》／効能《こうのう》／効力《こうりょく》／時効《じこう》／特効薬《とっこうやく》／有効《ゆうこう》。

漢 **こう【幸】**〔干《かん》〕8画 3年 音 コウ 訓 さいわい・さち・しあわせ

一 十 土（下をながく） 圥 去 幸 幸（つきださない）

さいわい。さち。例 幸運《こううん》／幸福《こうふく》／不幸《ふこう》。

こう【厚】 漢⇩40ジペーあつ-い〔厚〕

こう【後】 漢⇩441ジペーご〔後〕

こう【神】 漢⇩658ジペーしん〔神〕

漢 **こう【皇】**〔白《しろ》〕9画 6年 音 コウ・オウ

丿 亻 白 白 白 皇 皇（下をながく）

ことわざ 無理《むり》が通《とお》れば道理《どうり》が引《ひ》っ込《こ》む　理屈《りくつ》に合《あ》わないことが世《よ》の中《なか》で行《おこな》われるようになると、理屈《りくつ》にてんのう。みかど。例 皇子《おうじ》／皇居《こうきょ》／皇后《こうごう》／皇室《こうしつ》／皇族《こうぞく》／皇太子《こうたいし》／天皇《てんのう》／法皇《ほうおう》。

漢 **こう【紅】**〔糸《いとへん》〕9画 6年 音 コウ・ク 訓 べに・くれない

❶あざやかな赤《あか》。くれない。例 紅茶《こうちゃ》／紅潮《こうちょう》／紅白《こうはく》／紅葉《こうよう》／紅色《べにいろ》／紅花《べにばな》／紅《べに》をさす／口紅《くちべに》／真紅《しんく》。対 白《はく》。❷女《おんな》の人《ひと》。例 紅一点《こういってん》。

こう【香】 名詞 火《ひ》でたくとよいにおいがする、香料《こうりょう》を固《かた》めたもの。例 香《こう》をたく。漢→215ジペーか〔香〕

こう【候】 名詞 季節《きせつ》。時節《じせつ》。例 早春《そうしゅん》の候《こう》。
使い方 手紙《てがみ》などで使《つか》うことが多《おお》い。

漢 **こう【候】**〔亻《にんべん》〕10画 4年 音 コウ 訓 そうろう

❶さぐる。ようすをうかがう。例 斥候《せっこう》。❷まちのぞむ。例 候補《こうほ》。❸季節《きせつ》や天気《てんき》のようす。きざし。例 気候《きこう》／測候所《そっこうじょ》／兆候《ちょうこう》／天候《てんこう》。❹そうろう。「あります」「ございます」の代《か》わりに使《つか》った古《ふる》いことば。

漢 **こう【降】**〔阝《こざとへん》〕10画 6年 音 コウ 訓 おりる・おろす・ふる

❶おりる。くだる。例 降下《こうか》／降車《こうしゃ》／下降《かこう》／乗降《じょうこう》。❷ふる。例 降雨《こうう》／降水量《こうすいりょう》／降雪《こうせつ》。❸敵《てき》に負《ま》けてしたがう。例 降参《こうさん》／降伏《こうふく》。❹その時《とき》からあと。例 以降《いこう》。

こう【格】 漢→242ジペーかく〔格〕

漢 **こう【校】**〔木《きへん》〕10画 1年 音 コウ

❶がっこう。例 校医《こうい》／校歌《こうか》／校舎《こうしゃ》／校庭《こうてい》／校門《こうもん》／転校《てんこう》／登校《とうこう》／母校《ぼこう》。❷しらべる。例 校正《こうせい》。

漢 **こう【耕】**〔耒《すきへん》〕10画 5年 音 コウ 訓 たがやす

たがやす。例 耕作《こうさく》／耕地《こうち》／休耕《きゅうこう》／農耕《のうこう》。

漢 **こう【航】**〔舟《ふねへん》〕10画 5年 音 コウ

水《みず》の上《うえ》や空《そら》をわたる。例 航海《こうかい》／航空機《こうくうき》／難航《なんこう》。

漢 **こう【高】**〔高《たかい》〕10画 2年 音 コウ 訓 たかい・たか・たかまる・たかめる

❶たかい。多《おお》い。例 高温《こうおん》／高額《こうがく》／高原《こうげん》／高山《こうざん》／高低《こうてい》／高台《たかだい》／高波《たかなみ》。対 低《てい》。❷すぐれている。りっぱな。例 高貴《こうき》／高級《こうきゅう》／高潔《こうけつ》。対 低《てい》。❸ものの量《りょう》。例 残高《ざんだか》。❹いばる。例 高慢《こうまん》。

漢 **こう【康】**〔广《まだれ》〕11画 4年 音 コウ

心配《しんぱい》ごとがない。やすらか。例 健康《けんこう》。

こう【黄】 漢→166ジペーおう〔黄〕

漢 **こう【港】**〔氵《さんずい》〕12画 3年 音 コウ 訓 みなと

みなと。例 港町《みなとまち》／開港《かいこう》／漁港《ぎょこう》／空港《くうこう》／出港《しゅっこう》。

こう【項】 名詞 ことがらを細《こま》かく分《わ》けたものの一《ひと》つ一《ひと》つ。箇条《かじょう》書《が》きにしたもののそれぞれ。

漢 **こう【鉱】**〔金《かねへん》〕13画 5年 音 コウ

金属《きんぞく》などがふくまれている石《いし》。また、ほりだしたままの金属《きんぞく》。例 鉱業《こうぎょう》／鉱山《こうざん》／鉱石《こうせき》／金鉱《きんこう》。

漢 **こう【構】**〔木《きへん》〕14画 5年 音 コウ 訓 かまえる・かまう

❶かまえる。組《く》み立《た》てる。例 構図《こうず》／構成《こうせい》／構想《こうそう》／構造《こうぞう》／家《いえ》を構《かま》える／機構《きこう》／結構《けっこう》／身構《みがま》え。❷かまえ。かこい。例 構内《こうない》。

漢 **こう【興】**〔臼《うす》〕16画 5年 音 コウ・キョウ 訓 おこる・おこす

❶(「コウ」と読《よ》んで)おこる。おこす。さかん

実力《じつりょく》が上《うえ》で、何《なに》かにつけてじゃまに思《おも》われる人《ひと》。また、何《なに》かと目《め》ざわりなものや、じゃまなもののたとえ。

になる。例 興奮《こうふん》／興亡《こうぼう》／再興《さいこう》／振興《しんこう》／復興《ふっこう》。❷（「キョウ」と読《よ》んで）おもしろみ。楽《たの》しみ。例 興味《きょうみ》／余興《よきょう》。

漢 **こう【鋼】**〔金《かねへん》〕16画 6年 音 コウ 訓 はがね

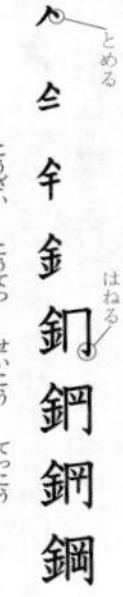

はがね。例 鋼材《こうざい》／鋼鉄《こうてつ》／製鋼《せいこう》／鉄鋼《てっこう》。

漢 **こう【講】**〔言《ごんべん》〕17画 5年 音 コウ 訓

❶説明《せつめい》してわからせる。ときあかす。例 講演《こうえん》／講師《こうし》／講堂《こうどう》。❷なかなおりする。例 講和《こうわ》。

こう【請う・乞う】 動詞 あることをしてくれるようにたのむ。例 教《おし》えを請う／許《ゆる》しを請う。

ごう【号】
❶ 名詞 芸術家《げいじゅつか》や学者《がくしゃ》などが本名《ほんみょう》のほかにつける名前《なまえ》。
❷ 名詞 接尾語 順番《じゅんばん》に出《だ》される雑誌《ざっし》などのそれぞれ。また、その順序《じゅんじょ》を表《あらわ》すことば。例 号を重《かさ》ねる／三月号《さんがつごう》。
❸ 接尾語 （ほかのことばのあとにつけて）船《ふね》・飛行機《ひこうき》・列車《れっしゃ》などの名前《なまえ》を表《あらわ》す。例 新幹線《しんかんせん》やまびこ号。

漢 **ごう【号】**〔口《くち》〕5画 3年 音 ゴウ 訓

❶さけぶ。大《おお》きな声《こえ》をだす。例 号泣《ごうきゅう》。❷あいず。しるし。例 暗号《あんごう》／記号《きごう》／信号《しんごう》。❸よびな。例 元号《げんごう》／称号《しょうごう》／年号《ねんごう》／番号《ばんごう》。❹船《ふね》や列車《れっしゃ》などの名前《なまえ》につけることば。例 のぞみ号《ごう》。❺数《かず》のあとにつけて順序《じゅんじょ》を示《しめ》すことば。例 第一号《だいいちごう》／二月号《にがつごう》。

漢 **ごう【合】**〔口《くち》〕6画 2年 音 ゴウ・ガッ・カッ 訓 あう・あわす・あわせる

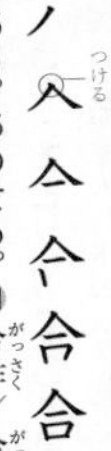

❶あう。あわせる。例 合作《がっさく》／合宿《がっしゅく》／合唱《がっしょう》／合戦《かっせん》／合奏《がっそう》／合計《ごうけい》／合同《ごうどう》／合流《ごうりゅう》／集合《しゅうごう》／連《れん》合《ごう》。❷あてはまる。かなう。例 合格《ごうかく》／合法《ごうほう》。❸昔《むかし》日本《にほん》で使《つか》われていた、容積《ようせき》の単位《たんい》。一合《いちごう》は約《やく》〇・一八リットル。❹山《やま》の頂上《ちょうじょう》までの道《みち》のりの十分《じゅうぶん》の一《いち》。例 五合目《ごごうめ》。

ごう【強】 漢 ↓353ページ きょう〔強〕

ごう【郷】 名詞 いなか。里《さと》。漢 ↓353ページ きょう〔郷〕

● **郷《ごう》に入《い》っては郷《ごう》に従《したが》え** ↓935ページ 故事成語

ごう【業】 名詞 仏教《ぶっきょう》で、前《まえ》の世《よ》の行《おこな》いの結果《けっか》として、今《いま》の世《よ》で身《み》に受《う》けているさまざまなこと。漢 ↓354ページ ぎょう〔業〕

● **業《ごう》を煮《に》やす** 自分《じぶん》の思《おも》うとおりにいかず、腹《はら》が立《た》って、いらいらする。

こうあつ【高圧】 名詞
❶強《つよ》い圧力《あつりょく》。例 高圧ガス。
❷高《たか》い電圧《でんあつ》。

こうあつせん【高圧線】 名詞 高《たか》い電圧《でんあつ》の電《でん》流《りゅう》を通《とお》す電線《でんせん》。

こうあつてき【高圧的】 形容動詞 相手《あいて》のことを考《かんが》えないで、上《うえ》からおさえつけて従《したが》わせようとするようす。例 高圧的な態度《たいど》をとる。

こうあん【考案】 名詞 動詞 いろいろ工夫《くふう》して、新《あたら》しく考《かんが》え出《だ》すこと。例 遊《あそ》びを考案する。

こうい【行為】 名詞 行《おこな》い。例 親切《しんせつ》な行為。類 行動《こうどう》。

こうい【好意】 名詞
❶親切《しんせつ》な気持《きも》ち。思《おも》いやりの心《こころ》。例 人《ひと》の好意を無《む》にしては（＝むだにしては）いけない。
❷よい感《かん》じ。好《す》きだと思《おも》う気持《きも》ち。好感《こうかん》。例 あの人《ひと》のやさしさに好意を持《も》った。

こうい【更衣】 名詞 動詞 衣服《いふく》を着《き》がえること。

こうい【皇位】 名詞 天皇《てんのう》の位《くらい》。例 皇位を継《つ》ぐ。

こうい【厚意】 名詞 思《おも》いやりの心《こころ》。親切《しんせつ》な心《こころ》。例 友《とも》だちの厚意をありがたく受《う》ける。使い方 ふつう、自分《じぶん》の気持《きも》ちには使《つか》わない。

こうい【校医】 名詞 学校《がっこう》にたのまれて、児童《じどう》・生徒《せいと》の健康《けんこう》を守《まも》ったり、衛生《えいせい》の注意《ちゅうい》をしたりする医者《いしゃ》。

ごうい【合意】 名詞 動詞 あることについて、おたがいの考《かんが》えが合《あ》うこと。例 合意に達《たっ》する。

こういき【広域】 名詞 広《ひろ》い区域《くいき》。例 光化学《こうかがく》スモッグが広域にわたって発生《はっせい》した。

ごういけいせい【合意形成】 名詞 賛成《さんせい》する人《ひと》たちと反対《はんたい》する人《ひと》たちが、何度《なんど》も話《はな》し合《あ》って、おたがいの考《かんが》えが合《あ》うところにまで行《い》き着《つ》くこと。例 両者《りょうしゃ》の合意形成をはかる。

ことわざ **目《め》の上《うえ》のこぶ** 目《め》の上《うえ》にこぶがあると、いつも目《め》に入《はい》って気《き》になることから、自分《じぶん》より地位《ちい》や

こういしつ【更衣室】 名詞 衣服《いふく》を着《き》がえるための部屋《へや》。

こういしょう【後遺症】 名詞 ❶病気《びょうき》やけがが治《なお》ったあとに残《のこ》る、体《からだ》の悪《わる》い状態《じょうたい》。❷あることの悪《わる》いえいきょうがあとあとまで残《のこ》ること。例 地震《じしん》の後遺症で列車《れっしゃ》はまだ不通《ふつう》だ。

こういってん【紅一点】 ⇒931ページ 故事成語

こういん【工員】 名詞 工場《こうじょう》で働《はたら》く人《ひと》。工場《こうじょう》労働者《ろうどうしゃ》。使い方 やや古《ふる》い言《い》い方《かた》。

こういん【光陰】 名詞 時間《じかん》。月日《つきひ》。年月《ねんげつ》。

●**光陰矢のごとし** ⇒173ページ ことわざ
ことば 「光《こう》」は太陽《たいよう》、「陰《いん》」は月《つき》のこと。

ごういん【強引】 名詞 形容動詞 無理《むり》やりにものごとを行《おこな》うこと。例 兄《あに》を強引に連《つ》れていく。

こうう【降雨】 名詞 雨《あめ》が降《ふ》ること。

ごうう【豪雨】 名詞 激《はげ》しく、たくさん降《ふ》る雨《あめ》。大雨《おおあめ》。例 集中《しゅうちゅう》豪雨。

こううん【幸運・好運】 名詞 形容動詞 運《うん》がよく、ものごとがうまくいくこと。ラッキー。例 幸運をつかむ／幸運なできごと。対 不運《ふうん》。

こううんき【耕運機】 名詞 田畑《たはた》を耕《たがや》す機械《きかい》。

こうえい【公営】 名詞 国《くに》や都道府県《とどうふけん》・市《し》町《ちょう》村《そん》などが事業《じぎょう》を行《おこな》うこと。例 公営住宅《じゅうたく》。関連 国営《こくえい》。私営《しえい》。

こうえい【光栄】 名詞 形容動詞 ほめられたり、自分《じぶん》の値打《ねう》ちを認《みと》められたりして、ほこらしく思《おも》うこと。例 代表《だいひょう》に選《えら》ばれるとは光栄だ。

こうえい【後衛】 名詞 テニスやバレーボールなどで、後《うし》ろのほうを守《まも》ること。また、その選手《せんしゅ》。バック。対 前衛《ぜんえい》。

こうえき【公益】 名詞 世《よ》の中《なか》の人々《ひとびと》のためになること。例 公益事業《じぎょう》。

こうえき【交易】 名詞 動詞 品物《しなもの》と品物《しなもの》を交換《こうかん》したり、売《う》り買《か》いしたりして商売《しょうばい》すること。例 アジアの国々《くにぐに》と交易する。類 貿易《ぼうえき》。

こうえきじぎょう【公益事業】 名詞 電《でん》気《き》・ガス・水道《すいどう》・鉄道《てつどう》など、人々《ひとびと》の日常生活《にちじょうせいかつ》に欠《か》かせない事業《じぎょう》。

こうえつ【校閲】 名詞 動詞 文書《ぶんしょ》や原稿《げんこう》などを読《よ》んで、誤《あやま》りを直《なお》したり、内容《ないよう》をよりよくしたりすること。

こうえん【公園】 名詞 ❶みんなが休《やす》んだり、遊《あそ》んだりするためにつくられた、広《ひろ》い庭《にわ》のような場所《ばしょ》。❷自然《しぜん》を守《まも》り、人々《ひとびと》が自然《しぜん》を楽《たの》しむことができるように定《さだ》められた広《ひろ》い区域《くいき》。例 国立《こくりつ》公園。

こうえん【公演】 名詞 動詞 大勢《おおぜい》の人《ひと》の前《まえ》で、劇《げき》・音楽《おんがく》・おどりなどをして見《み》せること。例 外国《がいこく》の音楽家《おんがくか》の日本《にほん》公演。類 上演《じょうえん》。

こうえん【好演】 名詞 動詞 上手《じょうず》に演技《えんぎ》したり演奏《えんそう》したりすること。また、その演技《えんぎ》や演奏《えんそう》。

こうえん【後援】 名詞 動詞 仕事《しごと》やもよおしものなどの活動《かつどう》を、かげから助《たす》けること。また、その人《ひと》や団体《だんたい》。後《うし》ろだて。例 新聞社《しんぶんしゃ》の後援で、スポーツ大会《たいかい》が行《おこな》われた。

こうえん【講演】 名詞 動詞 大勢《おおぜい》の人《ひと》の前《まえ》で、ある問題《もんだい》について話《はなし》をすること。例 講演会《かい》。

こうお【好悪】 名詞 好《す》ききらい。

こうおつ【甲乙】 名詞 二《ふた》つのもののどちらがすぐれていて、どちらがおとっているかということ。類 優劣《ゆうれつ》。ことば 昔《むかし》のことばで、「甲」は第一《だいいち》、「乙」は第二《だいに》という意味《いみ》。

●**甲乙付け難い** 二《ふた》つのうち、どちらがすぐれているか決《き》めるのが難《むずか》しい。両方《りょうほう》が同《おな》じ程度《ていど》である。例 どちらもおいしくて甲乙付け難い。

こうおん【高音】 名詞 ❶高《たか》い音《おと》や声《こえ》。対 低音《ていおん》。❷音楽《おんがく》で、「ソプラノ」のこと。対 低音《ていおん》。

こうおん【高温】 名詞 高《たか》い温度《おんど》。対 低温《ていおん》。

ごうおん【ごう音】 名詞 激《はげ》しくひびきわたる大《おお》きな音《おと》。例 ごう音とともにロケットが打《う》ち上《あ》げられた。

こうおんどうぶつ【恒温動物】 名詞 まわりの温度《おんど》に関係《かんけい》なく、体温《たいおん》がほぼ一定《いってい》している動物《どうぶつ》。哺乳類《ほにゅうるい》と鳥類《ちょうるい》がこれにあたる。「定温《ていおん》動物《どうぶつ》」ともいう。対 変温動物《へんおんどうぶつ》。

こうか【効果】 名詞 ❶効《き》き目《め》。あることをしたことによる、よい結《けっ》果《か》。例 薬《くすり》の効果があらわれる。類 効力《こうりょく》。❷テレビ・映画《えいが》・劇《げき》などで、場面《ばめん》を盛《も》り上《あ》げるために使《つか》う音《おと》や照明《しょうめい》。例 音響《おんきょう》効果。

こうか【降下】 名詞 動詞 飛行機《ひこうき》などが、高《たか》いところから降《お》りること。類 下降《かこう》。対 上昇《じょうしょう》。

こうか【高価】 名詞 形容動詞 値段《ねだん》や値打《ねう》ちが高《たか》いこと。例 高価な指輪《ゆびわ》。対 安価《あんか》。廉価《れんか》。

こうか【高架】 名詞 橋《はし》や鉄道《てつどう》、道路《どうろ》などを、

確《かく》に伝《つた》えるものだということ。

地面より高くかけわたすこと。

こうか【校歌】名詞 その学校《がっこう》のためにつくった歌《うた》。学校《がっこう》の理想《りそう》や歴史《れきし》を表《あらわ》した歌《うた》。

こうか【硬化】名詞 動詞 ❶物《もの》がかたくなること。対 軟化《なんか》。❷態度《たいど》や意見《いけん》が、強《つよ》くかたくなになること。例 絶対《ぜったい》だめだ、と態度《たいど》を硬化させる。対 軟化《なんか》。

こうか【硬貨】名詞 金属《きんぞく》でつくったお金《かね》。金《きん》貨《か》・銀貨《ぎんか》・銅貨《どうか》など。対 紙幣《しへい》。

こうが【黄河】名詞 中国《ちゅうごく》の北部《ほくぶ》を流《なが》れる大《おお》きい川《かわ》。古代《こだい》、この川《かわ》の流域《りゅういき》に黄河文明《こうがぶんめい》が生《う》まれた。

ごうか【豪華】形容動詞 ぜいたくで、はでなようす。はなやかなようす。例 豪華な食事《しょくじ》。

こうかい【公海】名詞 どこの国《くに》のものでもなく、どの国《くに》でも自由《じゆう》に使《つか》える海《うみ》。対 領海《りょうかい》。

こうかい【公開】名詞 動詞 大勢《おおぜい》の人《ひと》が、自由《じゆう》に見《み》たり、聞《き》いたり、使《つか》ったりできるようにすること。例 公開放送《ほうそう》／国宝《こくほう》が公開された。

こうかい【後悔】名詞 動詞 あとになって、残《ざん》念《ねん》に思《おも》ったり、反省《はんせい》したりすること。例 試合《しあい》に負《ま》けて、練習《れんしゅう》不足《ぶそく》を後悔した。使い方「後悔《こうかい》」には「あとで」という意味《いみ》がふくまれているので、「あとで後悔《こうかい》する」といわないよう注意《ちゅうい》。

●**後悔先《こうかいさき》に立《た》たず** ↓175ページ ことわざ

こうかい【紅海】名詞 アラビア半島《はんとう》とアフリカの間《あいだ》にある細長《ほそなが》い海《うみ》。スエズ運河《うんが》で地中海《ちちゅうかい》と結《むす》ばれている。

こうかい【航海】名詞 動詞 船《ふね》で海《うみ》をわたること。例 長い航海に出る。

こうかい【黄海】名詞 中国《ちゅうごく》と朝鮮半島《ちょうせんはんとう》に囲《かこ》まれた海《うみ》。黄河《こうが》が注《そそ》ぎこみ、沿岸部《えんがんぶ》の海水《かいすい》は黄《き》色《いろ》くにごっている。

こうがい【口外】名詞 動詞 口《くち》に出《だ》して言《い》うこと。人《ひと》にしゃべること。例 このことは、けっして口外してはならない。類 他言《たごん》。

こうがい【公害】名詞 きたない水《みず》やよごれた空気《くうき》、うるさい音《おと》やいやなにおいなど、世《よ》の中《なか》の人々《ひとびと》の生活《せいかつ》にあたえる害《がい》。例 公害病《びょう》。

こうがい【郊外】名詞 都市《とし》のまわりの、田畑《たはた》や林《はやし》などが残《のこ》っているところ。類 近郊《きんこう》。

こうがい【校外】名詞 学校《がっこう》の外《そと》。例 校外学《がく》習《しゅう》。対 校内《こうない》。

こうがい【梗概】名詞 物語《ものがたり》や小説《しょうせつ》などのあらすじ。例 物語《ものがたり》の梗概を八百字《はっぴゃくじ》にまとめる。

こうがい【構外】名詞 囲《かこ》いの外《そと》。建物《たてもの》や施設《しせつ》の敷地《しきち》の外《そと》。対 構内《こうない》。

ごうかい【豪快】形容動詞 見《み》ていて気持《きも》ちがよいほど、やり方《かた》が堂々《どうどう》としていて力強《ちからづよ》いようす。例 豪快なホームラン。

ごうがい【号外】名詞 大事件《だいじけん》などが起《お》こったとき、早《はや》く知《し》らせるために特別《とくべつ》に出《だ》す新聞《しんぶん》。

こうがいがくしゅう【校外学習】名詞 学《がっ》校《こう》の授業《じゅぎょう》の一部《いちぶ》として、学校《がっこう》の外《そと》で行《おこな》う学習《がくしゅう》。

こうがいたいさくきほんほう【公害対策基本法】名詞 一九六七年《ねん》に、公害《こうがい》を防止《ぼうし》するためにつくられた法律《ほうりつ》。一九九三年《ねん》に新《あたら》しい法律《ほうりつ》「環境基本法《かんきょうきほんほう》」がつくられたため、廃《はい》止となった。

こうかいどう【公会堂】名詞 一般《いっぱん》の市民《しみん》が大《おお》きな集《あつ》まりなどを行《おこな》うための、おおやけの建《たて》物《もの》。

こうがいびょう【公害病】名詞 公害《こうがい》が原因《げんいん》で起《お》こる病気《びょうき》。四日市《よっかいち》ぜんそく、水俣病《みなまたびょう》、新《にい》潟水俣病《がたみなまたびょう》、イタイイタイ病《びょう》など。

こうかおん【効果音】名詞 劇《げき》・映画《えいが》・放送《ほうそう》などで、場面《ばめん》の雰囲気《ふんいき》を出《だ》すために使《つか》う、人工《じんこう》的《てき》に作《つく》った音《おと》。

こうかがくスモッグ【光化学スモッグ】名詞 自動車《じどうしゃ》の排気《はいき》ガスなどが、太陽光線《たいようこうせん》を受《う》けて人《ひと》の害《がい》になる物質《ぶっしつ》に変《か》わったもの。

こうかく【降格】名詞 動詞 地位《ちい》や等級《とうきゅう》などが下《さ》がること。また、下《さ》げること。例 係長《かかりちょう》から平社員《ひらしゃいん》に降格する。類 格下《かくさ》げ。対 昇格《しょうかく》。

こうがく【工学】名詞 科学知識《かがくちしき》を使《つか》って、電《でん》気《き》・機械《きかい》などの工業技術《こうぎょうぎじゅつ》を研究《けんきゅう》する学問《がくもん》。

こうがく【光学】名詞 光《ひかり》のはたらきや性質《せいしつ》などについて研究《けんきゅう》する学問《がくもん》。

こうがく【高額】名詞 ❶金額《きんがく》が大《おお》きいこと。例 高額の寄付《きふ》をする。類 多額《たがく》。対 低額《ていがく》。❷金額《きんがく》の単位《たんい》が大《おお》きいこと。例 高額紙幣《しへい》。対 小額《しょうがく》。

ごうかく【合格】名詞 動詞 ❶試験《しけん》に受《う》かること。例 入学試験《にゅうがくしけん》に合格した。❷決《き》められた資格《しかく》や条件《じょうけん》に当《あ》てはまること。例 検査《けんさ》に合格した食品《しょくひん》。

ことわざ **目《め》は口《くち》ほどに物《もの》を言《い》う** 目《め》の表情《ひょうじょう》は、気持《きも》ちや思《おも》っていることを口《くち》で言《い》うのと同《おな》じくらい正《せい》

関連 = 関係《かんけい》の深《ふか》いことば

こうかくあわをとばす【口角泡を飛ばす】 口《くち》のはしについたつばが飛《と》ぶほど、激《はげ》しく議論《ぎろん》する。例 口角泡を飛ばす激論《げきろん》。

こうがくきかい【光学器械】 名詞 光《ひかり》の性質《せいしつ》を使《つか》って、鏡《かがみ》・レンズ・プリズムなどを組《く》み合《あ》わせてつくった器械《きかい》。望遠鏡《ぼうえんきょう》・顕微鏡《けんびきょう》・カメラなど。

こうがくしん【向学心】 名詞 学問《がくもん》をして、自分《じぶん》をみがこうと思《おも》う心《こころ》。例 向学心に燃《も》える。使い方 「好学心」と書《か》かないよう注意《ちゅうい》。

こうがくねん【高学年】 名詞 小学校《しょうがっこう》で、上《うえ》のほうの学年《がくねん》。ふつうは五《ご》・六年生《ろくねんせい》を指《さ》す。例 高学年を対象《たいしょう》としたアンケート。関連 中学年《ちゅうがくねん》。低学年《ていがくねん》。使い方 低学年《ていがくねん》と高学年《こうがくねん》とに分《わ》けた場合《ばあい》は、四《よん》・五《ご》・六年生《ろくねんせい》を指《さ》す。

こうかくるい【甲殻類】 名詞 体《からだ》がかたいからでおおわれていて、頭《あたま》・胸《むね》・腹《はら》の三《みっ》つの部分《ぶぶん》に分《わ》かれている動物《どうぶつ》をまとめていう呼《よ》び名《な》。水中《すいちゅう》で生活《せいかつ》するものが多《おお》い。かに・えび・みじんこなど。

ごうがしゃ【恒河沙】 名詞 ❶数《かず》が無限《むげん》であることのたとえ。❷大《おお》きな数《かず》を表《あらわ》すときに使《つか》う数《かず》の単位《たんい》。10の52乗《じょう》。10の56乗《じょう》という説《せつ》もある。

こうかてき【効果的】 形容動詞 効《き》き目《め》があるようす。例 効果的な勉強《べんきょう》のしかた。

こうかん【交換】 名詞 動詞 とりかえること。また、やりとりすること。例 部品《ぶひん》を交換する/交換日記《にっき》/多《おお》くの人《ひと》と意見《いけん》を交換する。

こうかん【好感】 名詞 好《この》ましいと思《おも》う感《かん》じ。よい感《かん》じ。例 好感をいだく。類 好意《こうい》。

こうかん【交歓】 名詞 動詞 人々《ひとびと》がおたがいに打《う》ち解《と》けて楽《たの》しむこと。例 交歓会《かい》。

こうかん【高官】 名詞 役所《やくしょ》での、高《たか》い地位《ちい》の役職《やくしょく》。また、その地位《ちい》にある人《ひと》。例 政府《せいふ》の高官。

こうがん【厚顔】 形容動詞 厚《あつ》かましいようす。図々《ずうずう》しいようす。例 厚顔無恥《むち》。

こうかんしゅ【交換手】 名詞 「電話交換手《でんわこうかんしゅ》」の略《りゃく》。電話《でんわ》局《きょく》や大《おお》きな会社《かいしゃ》などで、かかってきた電話《でんわ》や外《そと》にかける電話《でんわ》を、とりつぐ役《やく》の人《ひと》。参考 現在《げんざい》は機械化《きかいか》されているところが多《おお》い。

こうがんむち【厚顔無恥】 ⇒619ページ 四字熟語

こうき【公器】 名詞 広《ひろ》く一般《いっぱん》の人《ひと》のためのもの。公共《こうきょう》の機関《きかん》。例 新聞《しんぶん》は、社会《しゃかい》の公器である。

こうき【広軌】 名詞 鉄道《てつどう》のレールのはばが、標準《ひょうじゅん》の一・四三五メートルより広《ひろ》いもの。対 狭軌《きょうき》。

こうき【好機】 名詞 ちょうどよいとき。機会《きかい》。チャンス。例 好機をつかんで成功《せいこう》する。

こうき【後記】 名詞 ❶本《ほん》などで、本文《ほんぶん》のあとに書《か》いたもの。あと書《が》き。例 編集《へんしゅう》後記。❷文章《ぶんしょう》中《ちゅう》で、そこよりもあとのほうに書《か》いてあること。対 前記《ぜんき》。

こうき【後期】 名詞 ある期間《きかん》を二《ふた》つ、または三《みっ》つに分《わ》けたときの、最後《さいご》の区切《くぎ》り。例 平安《へいあん》時代《じだい》後期。関連 前期《ぜんき》。中期《ちゅうき》。

こうき【高貴】 名詞 形容動詞 身分《みぶん》が高《たか》くてとうといこと。例 高貴な人《ひと》。

こうき【校旗】 名詞 その学校《がっこう》のしるしと決《き》められている旗《はた》。

こうぎ【広義】 名詞 あることばの意味《いみ》にはばがあるとき、広《ひろ》いほうの意味《いみ》。例 「町《まち》」は広義では人《ひと》が大勢《おおぜい》住《す》んでにぎやかなところを、狭義《きょうぎ》では「市《し》」よりも人口《じんこう》が少《すく》ないまとまりを指《さ》す。対 狭義《きょうぎ》。

こうぎ【抗議】 名詞 動詞 相手《あいて》のしたことに対《たい》して、反対《はんたい》の意見《いけん》を強《つよ》く言《い》い張《は》ること。また、その意見《いけん》。例 審判《しんぱん》の判定《はんてい》に抗議する。

こうぎ【講義】 名詞 動詞 ある学問《がくもん》について、よくわかるように教《おし》え聞《き》かせること。例 日本《にほん》文化《ぶんか》についての講義をきく。

ごうぎ【合議】 名詞 動詞 集《あつ》まって相談《そうだん》すること。例 委員会《いいんかい》で合議する。類 協議《きょうぎ》。

こうきあつ【高気圧】 名詞 大気《たいき》の圧力《あつりょく》が、まわりに比《くら》べて高《たか》いところ。高気圧《こうきあつ》の近《ちか》くでは、ふつう天気《てんき》がよい。対 低気圧《ていきあつ》。

こうきしん【好奇心】 名詞 めずらしいことやまだ知《し》らないことを知《し》りたいと思《おも》う心《こころ》。例 好奇心にかられてのぞきこむ。

こうきゅう【恒久】 名詞 長《なが》く続《つづ》いて変《か》わらないこと。永久《えいきゅう》。永遠《えいえん》。例 恒久の平和《へいわ》を願《ねが》う。

こうきゅう【高級】 形容動詞 ものごとの内容《ないよう》や程度《ていど》が、高《たか》くすぐれていること。例 高級なカメラ。類 上等《じょうとう》。対 低級《ていきゅう》。

こうきゅう【硬球】 名詞 野球《やきゅう》やテニスなど

ぞれ専門《せんもん》があるのだから、その専門家《せんもんか》に任《まか》せるのがよいということ。

に使う、かたい球。対軟球。

ごうきゅう【号泣】名詞 動詞 大《おお》きな声《こえ》を上《あ》げて泣《な》くこと。

こうきゅうび【公休日】名詞 会社《かいしゃ》や店《みせ》などで、仕事《しごと》や店《みせ》を休《やす》むことが決《き》められている日《ひ》。

こうきょ【皇居】名詞 天皇《てんのう》の住《す》まい。

こうきょう【公共】名詞 社会全体《しゃかいぜんたい》。世《よ》の中一般《なかいっぱん》。例 公共物《ぶつ》／公共の施設《しせつ》。

こうきょう【好況】名詞 景気《けいき》がよいこと。好景気《こうけいき》。対 不況《ふきょう》。

こうぎょう【工業】名詞 人《ひと》や機械《きかい》の力《ちから》を使《つか》って原料《げんりょう》に手《て》を加《くわ》え、生活《せいかつ》に必要《ひつよう》な品物《しなもの》をつくり出《だ》す産業《さんぎょう》。

こうぎょう【鉱業】名詞 石炭《せきたん》や鉄《てつ》・銅《どう》などの鉱物《こうぶつ》をほり出《だ》したり、その鉱物《こうぶつ》に手《て》を加《くわ》えたりする産業《さんぎょう》。

こうぎょう【興行】名詞 動詞 劇《げき》・音楽《おんがく》・映画《えいが》・スポーツなどを、入場料《にゅうじょうりょう》をとって客《きゃく》に見《み》せること。例 サーカスの興行が始《はじ》まった。

こうぎょうか【工業化】名詞 動詞 ❶産業《さんぎょう》の中《なか》で、工業《こうぎょう》の割合《わりあい》が高《たか》くなること。例 農業《のうぎょう》がさかんだった国《くに》で、工業化が進《すす》む。❷ある製品《せいひん》を、工場《こうじょう》で機械《きかい》を使《つか》って生産《せいさん》できるようにすること。

こうきょうがく【交響楽】名詞 「交響曲《こうきょうきょく》」の古《ふる》い言《い》い方《かた》。

こうきょうきょく【交響曲】名詞 オーケストラのためにつくられた曲《きょく》の中《なか》で、いちばんしくみの大《おお》きいもの。ふつうは四《よっ》つの楽章《がくしょう》からできている。「シンフォニー」ともい

こうきょうじぎょう【公共事業】名詞 国《くに》や都道府県《とどうふけん》・市町村《しちょうそん》などが、世《よ》の中《なか》の人《ひと》のためにする仕事《しごと》。道路《どうろ》や橋《はし》をつくったり、学校《がっこう》・病院《びょういん》・図書館《としょかん》などを建《た》てたりする。

こうきょうしせつ【公共施設】名詞 世《よ》の中《なか》の人《ひと》みんなが使《つか》えるように、国《くに》や都道府県《とどうふけん》・市町村《しちょうそん》などがつくった建物《たてもの》や設備《せつび》。公園《こうえん》・図書館《としょかん》・公会堂《こうかいどう》など。

こうきょうしょくぎょうあんていじょ【公共職業安定所】名詞 職業《しょくぎょう》を求《もと》めている人《ひと》に仕事《しごと》の世話《せわ》などをする役所《やくしょ》。「職業安定所《しょくぎょうあんていじょ》」「職安《しょくあん》」「ハローワーク」ともいう。

こうきょうしん【公共心】名詞 広《ひろ》く世《よ》の中《なか》の人々《ひとびと》のことを考《かんが》えようとする気持《きも》ち。また、人《ひと》のためになろうとする気持《きも》ち。

こうぎょうせいひん【工業製品】名詞 工業《こうぎょう》によってつくり出《だ》された製品《せいひん》。

こうきょうだんたい【公共団体】名詞 国《くに》から一定《いってい》の仕事《しごと》を任《まか》されて、社会《しゃかい》や人々《ひとびと》のためにつくす団体《だんたい》。都道府県《とどうふけん》や市町村《しちょうそん》など。

こうぎょうだんち【工業団地】名詞 計画的《けいかくてき》に整備《せいび》した区域《くいき》に、多《おお》くの工場《こうじょう》を集《あつ》めて建《た》てた地区《ちく》。

こうぎょうちいき【工業地域】名詞 工業《こうぎょう》がさかんで、多《おお》くの工場《こうじょう》が集《あつ》まっている地域《ちいき》。関連 工業地帯《こうぎょうちたい》。

こうぎょうちたい【工業地帯】名詞 工業《こうぎょう》がさかんで、多《おお》くの工場《こうじょう》が集《あつ》まっている地域《ちいき》。と

ころ。関連 工業地域《こうぎょうちいき》。教科 社 京浜《けいひん》・中京《ちゅうきょう》・阪神《はんしん》の三《みっ》つの地域《ちいき》は日本《にほん》の代表的《だいひょうてき》な工業地帯《こうぎょうちたい》。

こうぎょうようすい【工業用水】名詞 工場《こうじょう》などで、原料《げんりょう》や製品《せいひん》を冷《ひ》やしたり、洗《あら》ったりするのに使《つか》う水《みず》。

こうぎょうようち【工業用地】名詞 工場《こうじょう》を建《た》てるのに必要《ひつよう》な、広《ひろ》くて平《たい》らな土地《とち》。原材料《げんざいりょう》や製品《せいひん》の運送《うんそう》が便利《べんり》なところがよく、そのために海《うみ》をうめ立《た》てることもある。

こうきょうりょうきん【公共料金】名詞 電気《でんき》・ガス・水道《すいどう》・電話《でんわ》や、鉄道《てつどう》・バスなど、国民《こくみん》の生活《せいかつ》と深《ふか》いかかわりのある料金《りょうきん》。

こうぎょく【紅玉】名詞 ❶ ⇒1407ページ ルビー ❷りんごの品種《ひんしゅ》の一《ひと》つ。実《み》は少《すこ》し小《ちい》さく、濃《こ》い赤色《あかいろ》で、酸味《さんみ》が強《つよ》い。

こうきん【公金】名詞 国《くに》やおおやけの団体《だんたい》などのお金《かね》。

こうきん【抗菌】名詞 細菌《さいきん》がふえるのを防《ふせ》ぐこと。例 抗菌処理《しょり》をした歯《は》ブラシ。

ごうきん【合金】名詞 二《ふた》つ以上《いじょう》の金属《きんぞく》をとかし合《あ》わせてつくった金属《きんぞく》。なまりとすずを合《あ》わせた「はんだ」、銅《どう》とあえんを合《あ》わせた「真《しん》ちゅう」など。

こうく【校区】名詞 公立学校《こうりつがっこう》の通学区域《つうがくくいき》。学区《がっく》。

こうぐ【工具】名詞 工作《こうさく》に使《つか》う道具《どうぐ》。のこぎり・かんな・かなづち・ドリルなど。

ことわざ 餅《もち》は餅屋《もちや》　もちを上手《じょうず》につくのはやはりもち屋《や》がいちばんだという意味《いみ》で、ものごとにはそ

こうぐ【耕具】 名詞 田畑《たはた》を耕《たがや》すための道具《どうぐ》。すきやくわなど。

こうくう【航空】 名詞 飛行機《ひこうき》などで、空《そら》を飛《と》ぶこと。例 航空写真《しゃしん》。

こうくう【高空】 名詞 空《そら》の、非常《ひじょう》に高《たか》いところ。例 高空を飛行《ひこう》する。対 低空《ていくう》。

こうくうき【航空機】 名詞 人《ひと》や物《もの》を乗《の》せて、空《そら》を飛《と》ぶ乗《の》り物《もの》。気球《ききゅう》・飛行船《ひこうせん》・飛行機《ひこうき》・ヘリコプター・グライダーなど。

こうくうびん【航空便】 名詞 飛行機《ひこうき》やヘリコプターなどで運《はこ》ぶ郵便《ゆうびん》。「航空郵便《こうくうゆうびん》」の略《りゃく》。エアメール。

こうくうぼかん【航空母艦】 ↓379ジぺーくうぼ

こうくうろ【航空路】 名詞 飛行機《ひこうき》が行《い》き来《き》するように決《き》められた、空《そら》の通路《つうろ》。空路《くうろ》。

こうくり【高句麗】 名詞 紀元前後《きげんぜんご》から七世紀《ななせいき》の中《なか》ごろまで、朝鮮半島北部《ちょうせんはんとうほくぶ》にあった国《くに》。唐《とう》、新羅《しらぎ》の連合軍《れんごうぐん》にほろぼされた。

こうくん【校訓】 名詞 その学校《がっこう》で、教育《きょういく》を行《おこな》うもとになる考《かんが》えを表《あらわ》したことば。児童《じどう》・生徒《せいと》が目標《もくひょう》にすることば。

こうけい【口径】 名詞 大砲《たいほう》やピストル、管《くだ》など筒状《つつじょう》になったものの口《くち》の、内側《うちがわ》の直径《ちょっけい》。

こうけい【光景】 名詞 目《め》の前《まえ》のようす。ありさま。また、目《め》に見《み》える景色《けしき》。例 親子再会《おやこさいかい》の光景／山頂《さんちょう》からの光景。類 情景《じょうけい》。

こうげい【工芸】 名詞 焼《や》き物《もの》・織物《おりもの》・ぬり物《もの》など、ふだんの生活《せいかつ》に使《つか》うものを美《うつく》しく作《つく》ること。また、その技術《ぎじゅつ》。例 伝統《でんとう》工芸品《ひん》。

ごうけい【合計】 名詞 動詞 全部《ぜんぶ》の数《かず》を合《あ》わせること。また、合《あ》わせた数《かず》。類 総計《そうけい》。

こうけいき【好景気】 名詞 景気《けいき》がよいこと。類 好況《こうきょう》。対 不景気《ふけいき》。

こうけいしゃ【後継者】 名詞 家《いえ》や仕事《しごと》のあとをつぐ人《ひと》。あとつぎ。例 会社《かいしゃ》の後継者。

こうげいひん【工芸品】 名詞 生活《せいかつ》に使《つか》うもので、とくに美《うつく》しく作《つく》られているもの。焼《や》き物《もの》・ぬり物《もの》・織物《おりもの》など。

こうげき【攻撃】 名詞 動詞 ❶敵《てき》をせめること。例 攻撃を加《くわ》える／敵軍《てきぐん》を攻撃する。対 守備《しゅび》。防御《ぼうぎょ》。❷人《ひと》の悪《わる》いところを言《い》いたてて責《せ》めること。例 当番《とうばん》をなまけて、みんなから攻撃された。

こうけつ【高潔】 形容動詞 心《こころ》にけがれがなく、気高《けだか》いようす。例 高潔な人物《じんぶつ》。

ごうけつ【豪傑】 名詞 ❶力《ちから》が強《つよ》くて、たいへん度胸《どきょう》のある人《ひと》。❷細《こま》かいことを気《き》にしない、気持《きも》ちの大《おお》きな人《ひと》。

こうけつあつ【高血圧】 名詞 血圧《けつあつ》が、決《き》められたあたいよりも高《たか》いこと。対 低血圧《ていけつあつ》。

こうけつあつしょう【高血圧症】 名詞 決《き》められたあたいよりも血圧《けつあつ》の高《たか》い状態《じょうたい》が続《つづ》くこと。脳出血《のうしゅっけつ》などの原因《げんいん》となる。

こうけん【後見】 名詞 動詞 人《ひと》の後《うし》ろだてとなって、世話《せわ》をしたり財産《ざいさん》を管理《かんり》したりして助《たす》けること。また、その人《ひと》。

こうけん【貢献】 名詞 動詞 あることのために力《ちから》をつくし、役《やく》に立《た》つこと。例 科学《かがく》の発展《はってん》に貢献した人物《じんぶつ》。類 寄与《きよ》。

こうげん【広言】 名詞 動詞 人前《ひとまえ》で、大《おお》きなことを言《い》う。例 えらそうなことを広言する。

こうげん【光源】 名詞 光《ひかり》を出《だ》すもととなるもの。太陽《たいよう》や電球《でんきゅう》など。

こうげん【高原】 名詞 高《たか》い土地《とち》にある、野原《のはら》のようになだらかで広《ひろ》い場所《ばしょ》。例 高原野菜《やさい》。

ごうけん【合憲】 名詞 憲法《けんぽう》に合《あ》っていること。対 違憲《いけん》。

ごうけん【剛健】 名詞 形容動詞 心《こころ》も体《からだ》も強《つよ》くてたくましいこと。

こうけんにん【後見人】 名詞 子供《こども》や力《ちから》の弱《よわ》い人《ひと》の後《うし》ろだてになって、世話《せわ》をしたり手助《てだす》けしたりする人《ひと》。

こうげんやさい【高原野菜】 名詞 夏《なつ》でも気温《きおん》が低《ひく》い高原《こうげん》の気候《きこう》を利用《りよう》して作《つく》られる、レタス・キャベツ・はくさいなどの野菜《やさい》。

こうこ【公庫】 名詞 家《いえ》を建《た》てたり、事業《じぎょう》を始《はじ》めたりするお金《かね》を貸《か》し出《だ》すために、政府《せいふ》がお金《かね》を出《だ》してつくった金融機関《きんゆうきかん》。

こうご【口語】 名詞 ❶話《はな》すときにつかうことば。話《はな》しことば。対 文語《ぶんご》。❷今《いま》、ふだん広《ひろ》くつかわれていることば。例 口語で短歌《たんか》を作《つく》る。対 文語《ぶんご》。

こうご【交互】 名詞 かわるがわる。たがいちがい。例 右《みぎ》と左《ひだり》を交互に見《み》て、道路《どうろ》をわたる。

ごうご【豪語】 名詞 動詞 いかにも自信《じしん》がありそうに、大《おお》きなことを言《い》うこと。例 自分《じぶん》が

以前《ぜん》の悪《わる》い状態《じょうたい》にもどってしまうこと。

こうこう【孝行】 名詞 動詞 形容動詞 親《おや》を大切《たいせつ》にすること。親孝行《おやこうこう》。類 孝養《こうよう》。対 不孝《ふこう》。

● **孝行《こうこう》のしたい時分《じぶん》に親《おや》はなし** ↓177ページ ことわざ

こうこう【後攻】 名詞 スポーツなどで、あとからせめること。対 先攻《せんこう》。

こうこう【航行】 名詞 動詞 船《ふね》や飛行機《ひこうき》が、道《みち》のりを進《すす》んで行《い》くこと。

こうこう【高校】 ↓458ページ こうとうがっこう

こうこう【口こう】 名詞 口《くち》の中《なか》。口《くち》からのどまでの部分《ぶぶん》。ことば 医学《いがく》では「こうくう」という。

こうごう【皇后】 名詞 天皇《てんのう》や皇帝《こうてい》の妻《つま》。

こうごうしい【神神しい】 形容詞 尊《とうと》くておごそかなようす。例 神々しい雰囲気《ふんいき》。

こうごうせい【光合成】 名詞 植物《しょくぶつ》が、光《ひかり》の助《たす》けを借《か》りて、二酸化炭素《にさんかたんそ》と水分《すいぶん》からでんぷんをつくるはたらき。

こうこうそうたい【高校総体】 ↓114ページ インターハイ

こうこがく【考古学】 名詞 大昔《おおむかし》の人《ひと》が残《のこ》した物《もの》や暮《く》らしのあとを調《しら》べて、その時代《じだい》の文化《ぶんか》や生活《せいかつ》を研究《けんきゅう》する学問《がくもん》。

こうこく【広告】 名詞 動詞 商品《しょうひん》やもよおしものなどについて、人々《ひとびと》に広《ひろ》く知《し》らせること。また、そのための印刷物《いんさつぶつ》など。

こうごたい【口語体】 名詞 ふだんつかっていることばで書《か》き表《あらわ》した文章《ぶんしょう》の形《かたち》。対 文語体《ぶんごたい》。

こうこつもじ【甲骨文字】 名詞 かめのこうらや動物の骨などに刻まれた、古代中国の象形《けい》文字《もじ》。

こうごぶん【口語文】 名詞 ふだんつかっていることばをつかって書《か》いた文章《ぶんしょう》。対 文語文《ぶんごぶん》。

こうさ【考査】 名詞 動詞 人《ひと》の性質《せいしつ》や学力《がくりょく》などを調《しら》べること。例 二学期《にがっき》の期末《きまつ》考査。

こうさ【交差】 名詞 動詞 ななめ、または十字《じゅうじ》に交《まじ》わること。例 交差点《てん》／道路《どうろ》が交差する。

こうさ【黄砂】 名詞 季語 春 中国《ちゅうごく》大陸《たいりく》北西部《ほくせいぶ》で、黄色《きいろ》い細《こま》かな砂《すな》が風《かぜ》に巻《ま》き上《あ》げられて空《そら》をおおい、ゆっくり下《お》りてくる現象《げんしょう》。とくに春《はる》に多《おお》い。偏西風《へんせいふう》に乗《の》って日本《にほん》にまで届《とど》くこともある。

こうざ【口座】 名詞 「預金口座《よきんこうざ》」の略《りゃく》。銀行《ぎんこう》などに初《はじ》めてお金《かね》を預《あず》けたときにつくられる帳簿《ちょうぼ》。例 口座番号《ばんごう》／銀行《ぎんこう》に口座を設《もう》ける。

こうざ【高座】 名詞 寄席《よせ》などで、芸《げい》をするための、客席《きゃくせき》よりも高《たか》くなっているところ。例 高座に上《あ》がる（＝観客《かんきゃく》を前《まえ》に芸《げい》を演《えん》じる）。

こうざ【講座】 名詞 ❶大学《だいがく》の授業科目《じゅぎょうかもく》。❷専門的《せんもんてき》なことを教《おし》える会《かい》や放送《ほうそう》。例 ラジオの英語《えいご》講座。

こうさい【公債】 名詞 国《くに》や地方公共団体《ちほうこうきょうだんたい》が、必要《ひつよう》なお金《かね》を国民《こくみん》などから借金《しゃっきん》すること。また、その証書《しょうしょ》。

こうさい【交際】 名詞 動詞 人《ひと》とつきあうこと。例 交際が広《ひろ》い／多《おお》くの人《ひと》と交際する。類 交遊《こうゆう》。

こうざい【功罪】 名詞 手《て》がらと罪《つみ》。また、よい点と悪い点。例 インターネットの功罪。

こうざい【鋼材】 名詞 鋼鉄《こうてつ》を、建築《けんちく》や機械《きかい》の材料《ざいりょう》にするため、板《いた》や棒《ぼう》・管《くだ》などに加工《かこう》したもの。

こうさいきん【公債金】 名詞 国《くに》が借《か》りて集《あつ》めたお金《かね》。

こうさく【工作】 名詞 動詞 ❶道具《どうぐ》などを使《つか》って物《もの》をつくること。例 図画《ずが》工作。❷ある目的《もくてき》のために、前《まえ》もってはたらきかけること。例 会議《かいぎ》がうまくいくよう裏《うら》で工作する。

こうさく【交錯】 名詞 動詞 いくつかのものが入《い》り交《ま》じること。例 自信《じしん》と不安《ふあん》が交錯する。

こうさく【耕作】 名詞 動詞 田《た》や畑《はたけ》を耕《たがや》して作《さく》物《もつ》をつくること。類 農耕《のうこう》。

こうさくきかい【工作機械】 名詞 金属《きんぞく》などの材料《ざいりょう》を切《き》ったりけずったりする機械《きかい》。

こうさつ【考察】 名詞 動詞 あるものごとについてじゅうぶんに考《かんが》え、調《しら》べること。例 現代《げんだい》の日本《にほん》の文化《ぶんか》について考察する。

こうさつ【高札】 名詞 昔《むかし》、役所《やくしょ》の命令《めいれい》や規則《きそく》などを人々《ひとびと》に知《し》らせるため、町《まち》の中《なか》に立《た》てた木《き》の札《ふだ》。

こうさてん【交差点】 名詞 道路《どうろ》が交《まじ》わるところ。類 十字路《じゅうじろ》。

こうさん【公算】 名詞 あることがこれから起《お》こりそうな見《み》こみ。例 成功《せいこう》する公算が大《おお》きい。

こうさん【降参】 名詞 動詞 ❶戦《たたか》いに負《ま》けて、敵《てき》のいうとおりになること。

ことわざ **元《もと》の木阿弥《もくあみ》** 一時《いちじ》は勢《いきお》いがさかんになったり、ものごとがうまく進《すす》んだりしていたのに、再《ふたた》

例 おには桃太郎《ももたろう》に降参した。類 降伏《こうふく》。
❷どうしようもなくなって困《こま》ること。参《まい》ること。例 問題《もんだい》が難《むずか》しくて降参した。

こうざん【高山】 名詞 高《たか》い山《やま》。例 高山植物《しょくぶつ》。

こうざん【鉱山】 名詞 金《きん》・銅《どう》・鉄《てつ》など、役《やく》に立《た》つ鉱物《こうぶつ》をほり出《だ》す山《やま》。

こうざんしょくぶつ【高山植物】 名詞 高《たか》い山《やま》に生《は》える植物《しょくぶつ》。たけが低《ひく》く、花《はな》の色《いろ》が美《うつく》しいものが多《おお》い。こまくさ・はいまつ・いわぎきょう・こけももなど。

こうざんびょう【高山病】 名詞 高《たか》い山《やま》に登《のぼ》ったとき、気圧《きあつ》が低《ひく》く酸素《さんそ》が少《すく》ないために起《お》こる病気《びょうき》。鼻血《はなぢ》が出《で》たり、はき気《け》・耳鳴《みみな》り・めまいなどが起《お》こったりする。

こうさんぶつ【鉱産物】 名詞 鉱山《こうざん》でほり出《だ》され、手《て》を加《くわ》えられてつくられる生産物《せいさんぶつ》。石《せき》炭《たん》・鉄《てつ》など。

こうし【孔子】 名詞 （紀元前《きげんぜん》五五一ごろ～紀元前《きげんぜん》四七九）古代中国《こだいちゅうごく》の思想家《しそうか》。儒教《じゅきょう》を開《ひら》いた人《ひと》。弟子《でし》たちが、孔子《こうし》の教《おし》えを「論語《ろんご》」にまとめた。

こうし【公私】 名詞 国《くに》や社会《しゃかい》にかかわるようなことと、個人的《こじんてき》なこと。仕事《しごと》の上《うえ》のことと、自分《じぶん》の生活上《せいかつじょう》のこと。例 公私を混同《こんどう》する。

こうし【公使】 名詞 国《くに》の代表《だいひょう》として外国《がいこく》へ行《い》き、国《くに》と国《くに》とのつきあいなどの仕事《しごと》をする人《ひと》。大使《たいし》の次《つぎ》の位《くらい》の人《ひと》。

こうし【行使】 名詞 動詞 権利《けんり》や力《ちから》などを実際《じっさい》に使《つか》うこと。例 自分《じぶん》の権利《けんり》を行使する。

こうし【皇嗣】 名詞 天皇《てんのう》のよつぎ。天皇《てんのう》の位《くらい》をつぐ順番《じゅんばん》が一番《いちばん》の人《ひと》。参考 皇嗣《こうし》である皇子《おうじ》は「皇太子《こうたいし》」という。

こうし【格子】 名詞
❶細《ほそ》い木《き》や竹《たけ》を縦横《たてよこ》に組《く》んだもの。戸《と》や窓《まど》などに使《つか》う。
❷縦横《たてよこ》に線《せん》が交《まじ》わって、ごばんの目《め》のようになった模様《もよう》。例 格子じま。

こうし【格子】❶

こうし【講師】 名詞
❶会《かい》などで、話《はなし》をしたり教《おし》えたりする人《ひと》。
❷学校《がっこう》で、ある時間《じかん》や科目《かもく》だけを教《おし》える人《ひと》。
❸大学《だいがく》の、准教授《じゅんきょうじゅ》の次《つぎ》の位《くらい》の先生《せんせい》。

こうじ 名詞 米《こめ》・麦《むぎ》・豆《まめ》などを蒸《む》して「こうじかび」をはんしょくさせたもの。酒《さけ》・しょうゆ・みそなどをつくるのに使《つか》う。

こうじ【工事】 名詞 動詞 道路《どうろ》や橋《はし》、建物《たてもの》などをつくったり、直《なお》したりする仕事《しごと》。

こうじ【小路】 名詞 町《まち》の中《なか》の、はばのせまい道《みち》。

こうじ【公示】 名詞 動詞 国《くに》や都道府県《とどうふけん》などが決《き》めたことを、世《よ》の中《なか》の人《ひと》に示《しめ》して知《し》らせること。例 選挙《せんきょ》の投票日《とうひょうび》が公示された。類 告示《こくじ》。

こうじかび 名詞 かびのなかま。でんぷんやたんぱく質《しつ》を分解《ぶんかい》するはたらきがある。酒《さけ》・しょうゆ・みそなどをつくるときに必要《ひつよう》な「こうじ」をつくるのに使《つか》う。

こうしき【公式】 名詞
❶おおやけに決《き》められた形式《けいしき》や方式《ほうしき》。表向《おもてむ》きのやり方《かた》。例 公式の発表《はっぴょう》。対 非公式《ひこうしき》。
❷計算《けいさん》の方法《ほうほう》や規則《きそく》を、記号《きごう》やことばで表《あらわ》した式《しき》。教科 算 面積《めんせき》や速《はや》さを求《もと》める公式《こうしき》などがある。

こうしき【硬式】 名詞 野球《やきゅう》やテニスなどで、かたい球《たま》を使《つか》うやり方《かた》。対 軟式《なんしき》。

こうしつ【皇室】 名詞 天皇《てんのう》と皇族《こうぞく》。天皇《てんのう》の一家《いっか》と、その一族《いちぞく》。

こうしつ【硬質】 名詞 物《もの》の質《しつ》がかたいこと。例 硬質ガラス。

こうじつ【口実】 名詞 表向《おもてむ》きの理由《りゆう》。言《い》い訳《わけ》。言《い》いのがれの材料《ざいりょう》。例 口実を設《もう》けて、クラブを休《やす》む。

こうじつせい【向日性】 名詞 植物《しょくぶつ》の体《からだ》の一部《いちぶ》が、光《ひかり》の強《つよ》い方《ほう》へ向《む》かって曲《ま》がってのびていく性質《せいしつ》。対 背日性《はいじつせい》。

こうして
❶副詞 このようにして。例 はさみは、刃《は》の先《さき》を人《ひと》に向《む》けないで、こうしてわたしましょう。
❷接続詞 前《まえ》の文《ぶん》の内容《ないよう》を受《う》けて、その結果《けっか》を述《の》べるときに使《つか》うことば。例 こうして遠足《えんそく》は無《ぶ》事《じ》に終《お》わった。

こうしど【格子戸】 名詞 細《ほそ》い木《き》などを、縦横《たてよこ》にすきまを空《あ》けて組《く》んだ戸《と》。

こうじまおおし【好事魔多し】 ことわざ よいことやうまくいきそうなことには、あれこれじゃまが入《はい》りやすい。例 好事魔多しというから、結婚式《けっこんしき》はすぐにでも挙《あ》げよう。

こうしゃ【公社】 名詞 国《くに》が全部《ぜんぶ》の費用《ひよう》を出《だ》し

なくなることもあるから、ことばには気《き》をつけなければいけないということ。

こうしゃ【後者】名詞 二《ふた》つ挙《あ》げたもののうちの、あとのほうのもの。例 秋田《あきた》と青森《あおもり》では、後者が北《きた》にある。対 前者《ぜんしゃ》。

こうしゃ【降車】名詞 動詞 自動車《じどうしゃ》や電車《でんしゃ》から降《お》りること。例 降車口《ぐち》。類 下車《げしゃ》。対 乗車《じょうしゃ》。

こうしゃ【校舎】名詞 学校《がっこう》の建物《たてもの》。

こうしゅ【好守】名詞 動詞 野《や》球《きゅう》やサッカーなどで、相手《あいて》のこうげきをうまく防《ふせ》ぐこと。また、その守《まも》り。好守備《こうしゅび》。

こうしゅ【攻守】名詞 せめることと守《まも》ること。例 攻守ともにすぐれたチームだ。類 攻防《こうぼう》。

こうしゅう【公衆】名詞 世《よ》の中一般《なかいっぱん》の人々《ひとびと》。例 公衆の前《まえ》で演説《えんぜつ》をする。類 大衆《たいしゅう》。民衆《みんしゅう》。

こうしゅう【講習】名詞 動詞 決《き》まった期間《きかん》、人《ひと》を集《あつ》めて学問《がくもん》や技術《ぎじゅつ》などを教《おし》えること。

ごうしゅう【豪州】↓173ページ オーストラリアれんぽう

こうしゅうえいせい【公衆衛生】名詞 ある地域《ちいき》の人々《ひとびと》や工場《こうじょう》・学校《がっこう》などが力《ちから》を合《あ》わせて、人々《ひとびと》の健康《けんこう》を守《まも》るための活動《かつどう》をすること。病気《びょうき》の予防《よぼう》・公害対策《こうがいたいさく》など。

こうしゅうかいどう【甲州街道】名詞 江《え》戸時代《どじだい》の五街道《ごかいどう》の一《ひと》つ。江戸《えど》から、今《いま》の長野県《ながのけん》の下諏訪《しもすわ》までの道《みち》。図 ↓467ページ ごかいどう

こうしゅうでんわ【公衆電話】名詞 町《まち》やビルなどの中《なか》にあり、一般《いっぱん》の人々《ひとびと》が料金《りょうきん》をはらって自由《じゆう》に使《つか》える電話《でんわ》。

こうしゅうどうとく【公衆道徳】名詞 人《ひと》がしなければならないことがら。

こうしゅうは【高周波】名詞 電波《でんぱ》や交流電流《こうりゅうでんりゅう》、音波《おんぱ》などの周波数《しゅうはすう》が大《おお》きいこと。対 低周波《ていしゅうは》。

こうしゅうよくじょう【公衆浴場】名詞 料金《りょうきん》をとって、一般《いっぱん》の人々《ひとびと》を入浴《にゅうよく》させるところ。銭湯《せんとう》。

こうじゅつ【口述】名詞 動詞 口《くち》で述《の》べること。例 口述試験《しけん》。

こうじゅつ【後述】名詞 動詞 あとで言《い》ったり、あとに書《か》いてあったりすること。例 くわしいことは後述します。

こうじゅつひっき【口述筆記】名詞 動詞 口《くち》で述《の》べたことをその場《ば》でほかの人《ひと》が書《か》き記《しる》すこと。例 祖父《そふ》の話《はなし》を口述筆記する。

こうじょ【皇女】名詞 天皇《てんのう》の女《おんな》の子供《こども》。「おうじょ」ともいう。対 皇子《おうじ》。

こうじょ【控除】名詞 動詞 金額《きんがく》や数量《すうりょう》などを計算《けいさん》するときに、差《さ》し引《ひ》くこと。例 経費《けいひ》を控除する。

こうしょう【口承】名詞 動詞 人《ひと》から人《ひと》へと言《い》い伝《つた》えて受《う》けつぐこと。例 口承されてきた民話《みんわ》を集《あつ》めた絵本《えほん》。

こうしょう【交渉】名詞 動詞 ❶あることを決《き》めるために話《はな》し合《あ》うこと。かけ合《あ》うこと。例 練習場所《れんしゅうばしょ》を借《か》りる交渉をする。❷つきあいがあること。例 近所《きんじょ》と交渉がない。

こうしょう【高尚】形容動詞 程度《ていど》が高《たか》くて上《じょう》品なこと。

こうしょう【校章】名詞 学校《がっこう》の記章《きしょう》。学校《がっこう》のしるし。

こうじょう【口上】名詞 ❶口《くち》で言《い》う決《き》まったあいさつ。例 お使《つか》いに行《い》って、母《はは》から教《おそ》わったとおりの口上を述《の》べた。❷劇《げき》などで、出演《しゅつえん》する人《ひと》が始《はじ》まる前《まえ》にあいさつしたり、あらすじを述《の》べたりすること。

こうじょう【工場】名詞 機械《きかい》を使《つか》って物《もの》をつくるところ。ことば「こうば」ともいうが、その場合《ばあい》、規模《きぼ》の小《ちい》さいものを指《さ》すことが多《おお》い。

こうじょう【向上】名詞 動詞 前《まえ》よりもよくなっていくこと。例 技術《ぎじゅつ》の向上。類 進歩《しんぽ》。対 低下《ていか》。

ごうじょう【強情】名詞 形容動詞 自分《じぶん》の考《かんが》えを変《か》えず、どこまでもおし通《とお》そうとすること。意地《いじ》っ張《ば》り。頑固《がんこ》。例 強情を張《は》る。

こうしょく【公職】名詞 国《くに》や都道府県《とどうふけん》などのおおやけの仕事《しごと》をする役目《やくめ》。議員《ぎいん》・公務員《こうむいん》など。

こうじる【高じる】動詞 病気《びょうき》や気持《きも》ちなどの程度《ていど》がひどくなったり、進《すす》んだりする。「こうずる」ともいう。例 不安《ふあん》が高じる。

こうじる【講じる】動詞 ❶専門的《せんもんてき》な内容《ないよう》を説明《せつめい》する。講義《こうぎ》する。例 大《だい》学《がく》でドイツ文学《ぶんがく》を講じる。❷問題《もんだい》を解決《かいけつ》するために、方法《ほうほう》を考《かんが》えて実行《じっこう》する。例 地震《じしん》に備《そな》えて対策《たいさく》を講じておく。ことば「こうずる」ともいう。

こうしん【交信】名詞 動詞 無線《むせん》などで、連絡《れんらく》

ことわざ **物《もの》も言《い》いようで角《かど》が立《た》つ** 同《おな》じことを伝《つた》えるにも、話《はな》し方《かた》しだいで人《ひと》との間《あいだ》がらがおだやかで

をとり合《あ》うこと。例 航海中《こうかいちゅう》の船《ふね》と交信する。

こうしん【行進】名詞 動詞 多《おお》くの人《ひと》が、列《れつ》をつくって進《すす》むこと。例 入場《にゅうじょう》行進。

こうしん【更新】名詞 動詞 新《あたら》しいものに改《あらた》めること。また、改《あらた》まること。例 大会記録《たいかいきろく》を更新した／契約《けいやく》を更新する。

こうしん【後進】❶名詞 あとから進《すす》んでくること。また、その人《ひと》。例 後進に道《みち》をゆずる。対 先進《せんしん》。
❷名詞 動詞 後《うし》ろに進《すす》むこと。

こうしんきょく【行進曲】名詞 たくさんの人《ひと》が列《れつ》をつくって歩《ある》くのに合《あ》うように作《つく》られた曲《きょく》。「マーチ」ともいう。

こうしんせい【更新世】名詞 地質時代《ちしつじだい》の分《わ》け方《かた》の一《ひと》つで、約二百六十万年前《やくにひゃくろくじゅうまんねんまえ》から約一万《やくいちまん》千七百年前《せんななひゃくねんまえ》までの期間《きかん》。

こうじんぶつ【好人物】名詞 人《ひと》がらや気立《きだ》てのよい人《ひと》。お人《ひと》よし。例 だれからも愛《あい》される好人物。

こうしんりょう【香辛料】名詞 料理《りょうり》に香《かお》りやからみをつけるための調味料《ちょうみりょう》。スパイス。こしょう、わさびなど。

こうしんりょく【向心力】⬇349ジペー きゅうしんりょく❶

こうず【構図】名詞 絵《え》や写真《しゃしん》などの画面《がめん》の、それぞれのものの位置《いち》を工夫《くふう》して決《き》めた全体《ぜんたい》の具合《ぐあい》。例 この写真《しゃしん》は構図がよくない。

こうすい【香水】名詞 季語 夏 化粧品《けしょうひん》の一《ひと》つ。香《かお》りの成分《せいぶん》などをアルコールにとかしてつくる。

こうすい【硬水】名詞 カルシウムやマグネシウムなどがたくさんとけている水《みず》。石《せっ》けんのあわ立《だ》ちが悪《わる》く、洗濯《せんたく》に適《てき》していない。対 軟水《なんすい》。

こうずい【洪水】名詞
❶大雨《おおあめ》などのため、川《かわ》の水《みず》があふれ出《で》ること。
❷あふれるほど多《おお》いこと。例 町《まち》は人《ひと》の洪水だ。

こうすいかくりつ【降水確率】名詞 雨《あめ》・雪《ゆき》・あられなどが降《ふ》ると予想《よそう》される割合《わりあい》を、十《じっ》パーセント刻《きざ》みで予報《よほう》するもの。

こうすいりょう【降水量】名詞 雨《あめ》・雪《ゆき》・ひょうなどが降《ふ》った量《りょう》。ミリメートルで表《あらわ》す。雪《ゆき》などは、とかして水《みず》に置《お》きかえて測《はか》る。

こうずけ【上野】名詞 昔《むかし》の国《くに》の名《な》の一《ひと》つ。今《いま》の群馬県《ぐんまけん》に当《あ》たる。

こうずる【高ずる】⬇453ジペー こうじる〔高じる〕

こうずる【講ずる】⬇453ジペー こうじる〔講じる〕

こうせい【公正】名詞 形容動詞 かたよりがなく、平等《びょうどう》で正《ただ》しいこと。例 裁判《さいばん》は公正でなければならない。類 公平《こうへい》。

こうせい【更生】名詞 動詞
❶心《こころ》を入《い》れかえて正《ただ》しい生《い》き方《かた》をするようになること。立《た》ち直《なお》ること。例 悪《あく》の道《みち》から更生してまじめに働《はたら》く。
❷古《ふる》いものを工夫《くふう》してつくりかえ、使《つか》えるようにすること。例 古《ふる》くなった服《ふく》を更生する。

こうせい【攻勢】名詞 相手《あいて》を勢《いきお》いよくせめていく態勢《たいせい》。例 攻勢に転《てん》じる。対 守勢《しゅせい》。

こうせい【厚生】名詞 健康《けんこう》を守《まも》ること。例 福利《ふくり》厚生。

こうせい【後世】名詞 今《いま》よりあとの時代《じだい》。例 後世に名《な》を残《のこ》す。

こうせい【恒星】名詞 自分《じぶん》から光《ひかり》を出《だ》し、その位置《いち》をほとんど変《か》えない星《ほし》。太陽《たいよう》・北極星《ほっきょくせい》など。星座《せいざ》にふくまれている星《ほし》は恒星《こうせい》である。関連 惑星《わくせい》。衛星《えいせい》。

こうせい【校正】名詞 動詞 本《ほん》などを作《つく》るときに、印刷《いんさつ》した紙《かみ》と原稿《げんこう》とを見比《みくら》べて、文字《もじ》のまちがいなどを直《なお》すこと。

こうせい【構成】名詞 動詞 いくつかのものを、まとまったものに組《く》み立《た》てること。また、組《く》み立《た》てたもの。例 文章《ぶんしょう》の構成を考《かんが》える。

ごうせい【合成】名詞 動詞
❶二《ふた》つ以上《いじょう》のものを合《あ》わせて一《ひと》つのものをつくること。例 合成写真《しゃしん》。
❷化学《かがく》で、化合物《かごうぶつ》をつくること。例 合成繊維《せんい》。

ごうせい【豪勢】形容動詞 非常《ひじょう》にぜいたくで、はでなようす。例 豪勢な旅行《りょこう》／豪勢な食事《しょくじ》。

こうせいおそるべし【後生畏るべし】⬇933ジペー 故事成語

ごうせいじゅし【合成樹脂】名詞 石炭《せきたん》や石油《せきゆ》などを原料《げんりょう》にし、化学《かがく》を応用《おうよう》してつくり出《だ》された物質《ぶっしつ》。軽《かる》くて加工《かこう》しやすいので、文房具《ぶんぼうぐ》・台所用品《だいどころようひん》・おもちゃなどいろいろな物《もの》に使《つか》われる。プラスチックなど。

ごうせいせんい【合成繊維】名詞 石炭《せきたん》や石油《せきゆ》などを原料《げんりょう》としてつくったせんい。ナイ

ごうせいせんざい【合成洗剤】 名詞 石油などからつくられた洗剤《せんざい》。洗濯《せんたく》・台所用《だいどころよう》や、工業用《こうぎょうよう》に使《つか》われるものがある。

こうせいとりひきいいんかい【公正取引委員会】 名詞 消費者《しょうひしゃ》の利益《りえき》を守《まも》るため、独占禁止法《どくせんきんしほう》（＝会社《かいしゃ》や店《みせ》が自由《じゆう》に競争《きょうそう》をするよう定《さだ》めた法律《ほうりつ》）を運用《うんよう》する仕事《しごと》をする国《くに》の機関《きかん》。内閣府《ないかくふ》の下《した》にある。

こうせいねんきん【厚生年金】 名詞 会社《かいしゃ》などに勤《つと》める人《ひと》が加入《かにゅう》する年金制度《ねんきんせいど》。働《はたら》いている間《あいだ》に少《すこ》しずつお金《かね》を積《つ》み立《た》てていき、年《とし》をとったり体《からだ》が不自由《ふじゆう》になったりしたときに、国《くに》から定期的《ていきてき》にお金《かね》を受《う》けとる。関連 共済年金《きょうさいねんきん》。国民年金《こくみんねんきん》。

こうせいぶっしつ【抗生物質】 名詞 かびや細菌《さいきん》からとり出《だ》したもので、ほかの微生物《びせいぶつ》がふえるのをさまたげるはたらきをする物質《ぶっしつ》。薬《くすり》や、食品《しょくひん》の保存用《ほぞんよう》などに使《つか》われる。ペニシリン・ストレプトマイシンなど、多数《たすう》ある。

ごうせいほぞんりょう【合成保存料】 名詞 食品《しょくひん》をくさりにくくするために加《くわ》える、人工的《じんこうてき》に作《つく》られた物質《ぶっしつ》。

こうせいろうどうしょう【厚生労働省】 名詞 国民《こくみん》の健康《けんこう》や生活《せいかつ》を守《まも》ったり、国民《こくみん》が安心《あんしん》して働《はたら》けるようにしたりする国《くに》の役所《やくしょ》。略《りゃく》して「厚労省《こうろうしょう》」ともいう。

こうせき【功績】 名詞 りっぱなはたらき。手《て》がら。例 長年《ながねん》の功績をたたえる。類 功労《こうろう》。

こうせき【航跡】 名詞 船《ふね》が通《とお》ったあと水面《すいめん》に残る、白いあわや波の筋。

こうせき【鉱石】 名詞 金《きん》・銅《どう》・鉄《てつ》など、役《やく》に立《た》つ金属《きんぞく》をふくんでいる石《いし》。

こうせきうん【高積雲】 名詞 やや高《たか》い空《そら》に白《しろ》くてまるい大《おお》きな雲《くも》がまだらに集《あつ》まった雲《くも》。「ひつじ雲《ぐも》」ともいう。

こうせつ【降雪】 名詞 雪《ゆき》が降《ふ》ること。また、降《ふ》った雪《ゆき》。例 降雪量《りょう》。

ごうせつ【豪雪】 名詞 雪《ゆき》が大量《たいりょう》に降《ふ》ること。また、大量《たいりょう》に降《ふ》り積《つ》もった雪《ゆき》。例 豪雪地帯《ちたい》。

こうせん【公選】 名詞 動詞 おおやけの仕事《しごと》につく人《ひと》を、住民《じゅうみん》が選挙《せんきょ》によって選《えら》ぶこと。

こうせん【交戦】 名詞 動詞 戦《たたか》いを交《まじ》えること。戦《たたか》い合《あ》うこと。

こうせん【光線】 名詞 光《ひかり》のすじ。光《ひかり》。例 レーザー光線／太陽《たいよう》の光線が差《さ》しこむ。

こうせん【鉱泉】 名詞 カルシウム・マグネシウムなどの鉱物《こうぶつ》を、ある決《き》まった量《りょう》以上《いじょう》ふくんでいる泉《いずみ》。とくに、水温《すいおん》セ氏二十五度《しにじゅうごど》未満《みまん》のものを指《さ》すことが多《おお》い。

こうぜん【と】【公然［と］】 副詞 人々《ひとびと》にかくさないで、おおっぴらであるようす。例 不満《ふまん》を公然と口《くち》にする（＝言《い》う）。使い方「公然たる事実《じじつ》」などの形《かたち》でも使《つか》う。

●公然《こうぜん》の秘密《ひみつ》 表向《おもてむ》きは秘密《ひみつ》になっているが、実際《じっさい》には広《ひろ》く知《し》れわたっていること。

こうそ【控訴】 名詞 動詞 裁判《さいばん》で、一回目《いっかいめ》の判決《はんけつ》に不満《ふまん》があるとき、もう一《ひと》つ上《うえ》の裁判所《さいばんしょ》に裁判《さいばん》のやり直《なお》しを申《もう》し立《た》てること。

こうそ【酵素】 名詞 体の中でつくられ、体のはたらきを助《たす》ける物質《ぶっしつ》。でんぷんなどを分解《ぶんかい》するアミラーゼ、たんぱく質《しつ》を分解《ぶんかい》するペプシンなど。

こうぞ 名詞 くわのなかまの低《ひく》い木《き》。山地《さんち》に生《は》える。木《き》の皮《かわ》のせんいから和紙《わし》を作《つく》る。ことば 漢字《かんじ》では「楮」と書《か》く。

こうそう【抗争】 名詞 動詞 対立《たいりつ》して争《あらそ》うこと。

こうそう【香草】 名詞 よい香《かお》りのする草《くさ》。

こうそう【高僧】 名詞 考《かんが》えや行《おこな》いのすぐれたおぼうさん。また、位《くらい》の高《たか》いおぼうさん。

こうそう【高層】 名詞 ❶空《そら》の高《たか》いところ。例 高層気流《きりゅう》。❷建物《たてもの》の階《かい》などが、いくつも高《たか》く重《かさ》なっていること。例 高層ビル。

こうそう【構想】 名詞 動詞 これからするものごとの内容《ないよう》ややり方《かた》について、考《かんが》えを組《く》み立《た》てること。また、その考《かんが》え。例 作文《さくぶん》の構想を練《ね》る。

こうぞう【構造】 名詞 組《く》み立《た》て。しくみ。つくり。例 自動車《じどうしゃ》の構造を調《しら》べる。

こうそううん【高層雲】 名詞 やや高《たか》い空一面《そらいちめん》に幕《まく》のように広《ひろ》がる灰色《はいいろ》の雲《くも》。「おぼろ雲《ぐも》」ともいう。

こうそく【拘束】 名詞 動詞 自由《じゆう》な行動《こうどう》ができないようにすること。例 身《み》がらを拘束する。類 束縛《そくばく》。

こうそく【校則】 名詞 児童《じどう》や生徒《せいと》が守《まも》らなければならない、学校《がっこう》の決《き》まり。

こうそく【高速】 名詞

ことわざ　**桃《もも》くり三年柿八年《さんねんかきはちねん》**　芽《め》が出《で》てから実《み》がなるまで、ももとくりは三年《さんねん》、かきは八年《はちねん》かかるという

❶速度《そくど》が非常《ひじょう》に速《はや》いこと。また、速《はや》い速度《そくど》。例 高速運転《うんてん》。対 低速《ていそく》。❷「高速道路《こうそくどうろ》」の略《りゃく》。例 首都《しゅと》高速。

こうぞく【皇族】 名詞 天皇《てんのう》の一族《いちぞく》。天皇《てんのう》以外《いがい》の、皇后《こうごう》、皇太子《こうたいし》などのこと。

こうぞく【後続】 名詞 動詞 あとに続《つづ》くこと。また、あとに続《つづ》くもの。例 後続の列車《れっしゃ》を待《ま》つ。

ごうぞく【豪族】 名詞 昔《むかし》、ある地方《ちほう》で、大《おお》きな勢力《せいりょく》と財産《ざいさん》を持《も》っていた一族《いちぞく》。

こうそくどうろ【高速道路】 名詞 自動車《じどうしゃ》が速《はや》い速度《そくど》で走《はし》ることができる、専用《せんよう》の道路《どうろ》。ハイウエー。

こうそくどさつえい【高速度撮影】 名詞 映画《えいが》などで、ふつうの数倍《すうばい》の速度《そくど》でさつえいすること。参考 これをふつうの速度《そくど》で映《うつ》すと、ゆっくりした動《うご》きに見《み》えるようになる。

こうたい【抗体】 名詞 病気《びょうき》を起《お》こす細菌《さいきん》や毒素《どくそ》などが体《からだ》に入《はい》ったとき、それに対抗《たいこう》して体《からだ》の中《なか》に作《つく》られる物質《ぶっしつ》。同《おな》じ病気《びょうき》に再《ふたた》びかかるのを防《ふせ》ぐ。

こうたい【後退】 名詞 動詞 後《うし》ろへさがること。退《しりぞ》くこと。例 車《くるま》を後退させる。対 前進《ぜんしん》。

こうたい【交代・交替】 名詞 動詞 入《い》れかわること。入《い》れかわり。例 交替で荷物《にもつ》を持《も》つ／選手《せんしゅ》が交代する。

こうだい【広大】 形容動詞 広《ひろ》くて大《おお》きいようす。例 広大な土地《とち》を耕《たがや》す／広大な家屋敷《いえやしき》。

こうたいごう【皇太后】 名詞 前《まえ》の天皇《てんのう》や皇《こう》帝《てい》のきさき。今《いま》の天皇《てんのう》や皇帝《こうてい》の母《はは》。参考 特例《とくれい》で前《まえ》の天皇《てんのう》が上皇《じょうこう》となった場合《ばあい》には、きさきは「上皇后《じょうこうごう》」となる。

こうたいし【皇太子】 名詞 天皇《てんのう》の位《くらい》をつぐ皇子《おうじ》。

こうだいむへん【広大無辺】 名詞 形容動詞 限《かぎ》りなく広《ひろ》く大《おお》きいこと。例 広大無辺な宇宙《うちゅう》。

こうたく【光沢】 名詞 光《ひかり》を受《う》けた物《もの》の表面《ひょうめん》のかがやき。つや。例 光沢のある布《ぬの》。

ごうだつ【強奪】 名詞 動詞 他人《たにん》のものを、力《ちから》ずくでうばいとること。例 現金《げんきん》を強奪する。

こうだん【公団】 名詞 政府《せいふ》がお金《かね》を出《だ》して、国民《こくみん》のための仕事《しごと》をするためにつくった団体《だんたい》。日本道路公団《にほんどうろこうだん》などがあった。

こうだん【講談】 名詞 昔《むかし》の戦《たたか》いやかたきうちなどの話《はなし》を、おもしろく語《かた》る演芸《えんげい》。

こうだんし【好男子】 名詞 ❶顔立《かおだ》ちのよい男性《だんせい》。美男《びなん》。❷快活《かいかつ》で、好感《こうかん》の持《も》てる男性《だんせい》。

こうち【拘置】 名詞 動詞 法律《ほうりつ》によって、犯罪《はんざい》をおかした人《ひと》を一定《いってい》のところに閉《と》じこめておくこと。例 拘置所《しょ》。

こうち【耕地】 名詞 耕《たがや》して作物《さくもつ》を育《そだ》てるための土地《とち》。田畑《たはた》・牧草地《ぼくそうち》・果樹園《かじゅえん》など。類 農地《のうち》。

こうち【高地】 名詞 高《たか》いところにある土地《とち》。対 低地《ていち》。

こうちく【構築】 名詞 動詞 組《く》み立《た》ててつくること。例 構築物《ぶつ》／新《あたら》しいしくみを構築する。

こうちけん【高知県】 名詞 四国地方《しこくちほう》の南部《なんぶ》にある県《けん》。高知平野《こうちへいや》では野菜《やさい》の生産《せいさん》がさかん。県庁《けんちょう》は高知市《こうちし》にある。

こうちせい【向地性】 名詞 植物《しょくぶつ》の根《ね》が、地《ち》球《きゅう》の引力《いんりょく》の方向《ほうこう》にのびていく性質《せいしつ》。

こうちはん【高知藩】 ➡939ページ とさはん

こうちゃ【紅茶】 名詞 茶《ちゃ》の一種《いっしゅ》。茶《ちゃ》の若葉《わかば》をつんで発酵《はっこう》させ、かんそうさせたもの。湯《ゆ》を注《そそ》ぐとうす赤《あか》い色《いろ》になる。参考 お茶《ちゃ》の葉《は》そのものは日本茶《にほんちゃ》やウーロン茶《ちゃ》と同《おな》じだが、加工《かこう》する方《ほう》法《ほう》がちがう。

こうちゅう【甲虫】 名詞 かたい前羽《まえばね》で体《からだ》をおおっている昆虫《こんちゅう》。こがね虫《むし》・かみきり虫《むし》・かぶと虫《むし》など。

こうちょう【好調】 名詞 形容動詞 調子《ちょうし》がよいこと。例 試合《しあい》の出《で》だしは好調だ／新製品《しんせいひん》の売《う》れ行《ゆ》きは好調だ。類 快調《かいちょう》。対 不調《ふちょう》。低調《ていちょう》。

こうちょう【紅潮】 名詞 動詞 興奮《こうふん》や緊張《きんちょう》などのため、顔《かお》が赤《あか》くなること。例 はずかしさにほおを紅潮させる。

こうちょう【校長】 名詞 学校《がっこう》を代表《だいひょう》する、いちばん責任《せきにん》のある先生《せんせい》。学校長《がっこうちょう》。ことば 大学《だいがく》では「学長《がくちょう》」という。

こうちょうかい【公聴会】 名詞 国《くに》や地方《ちほう》の議会《ぎかい》などで、重要《じゅうよう》なことを決《き》める前《まえ》に、関係《かんけい》者《しゃ》や学者《がくしゃ》などを集《あつ》めて意見《いけん》をきく会《かい》。

こうちょうどうぶつ【こう腸動物】 名詞 体《からだ》が、かさや、つつの形《かたち》で、中《なか》に「こう腸《ちょう》」という、ふくろのようなすきまがある動物《どうぶつ》。海《うみ》にすむものが多《おお》い。くらげやさんごなど。

こうちょく【硬直】 名詞 動詞

うに自然《しぜん》にお経《きょう》を覚《おぼ》えてしまうという意味《いみ》から、いつも見聞《みき》きしているものは教《おし》えてもらわなくてもいつの間《ま》に

❶体などがかたくなって曲がらなくなること。例 緊張《きんちょう》のあまり体《からだ》が硬直してしまった。❷考《かんが》え方《かた》などにやわらかさがなくなること。例 硬直した態度《たいど》をとる。

こうちん【工賃】名詞 物《もの》をつくる仕事《しごと》に対《たい》してはらわれるお金《かね》。

こうつう【交通】名詞 人《ひと》や乗《の》り物《もの》が行《い》ったり来《き》たりすること。例 交通の便《べん》がよい。

こうつうあんぜん【交通安全】名詞 交通《こうつう》ルールを守《まも》り、交通事故《こうつうじこ》を起《お》こさないように気《き》をつけること。

こうつうかんせいセンター【交通管制センター】名詞 交通《こうつう》の状況《じょうきょう》について情報《じょうほう》を集《あつ》めて、信号機《しんごうき》をコントロールしたり、人々《ひとびと》に必要《ひつよう》な情報《じょうほう》を伝《つた》えたりするところ。

こうつうきかん【交通機関】名詞 船《ふね》・飛《ひ》行機《こうき》・鉄道《てつどう》・自動車《じどうしゃ》・道路《どうろ》など、人《ひと》や物《もの》を運《はこ》ぶための乗《の》り物《もの》や設備《せつび》。

こうつうじこ【交通事故】名詞 乗《の》り物《もの》がしょうとつしたり、脱線《だっせん》したりして起《お》こる事故《じこ》。

こうつうじゅうたい【交通渋滞】名詞 道《どう》路《ろ》がこんで、車《くるま》が進《すす》まないこと。

こうつうしんごう【交通信号】名詞 人《ひと》や車《くるま》が行《い》き来《き》するときに、事故《じこ》が起《お》こるのを防《ふせ》いだり、混乱《こんらん》が起《お》こらないようにしたりするための信号《しんごう》。

こうつうせいり【交通整理】名詞 交通《こうつう》の激《はげ》しいところなどで、事故《じこ》を起《お》こさないように人《ひと》や車《くるま》に指図《さしず》すること。

こうつうどうとく【交通道徳】名詞 交通について、みんなが守《まも》らなければならないこと。

こうつうひ【交通費】名詞 乗《の》り物《もの》を利用《りよう》するときにかかるお金《かね》。

こうつうもう【交通網】名詞 いろいろな交《こう》通機関《つうきかん》が、あみの目《め》のように入《い》り組《く》んで、四方《しほう》八方《はっぽう》に広《ひろ》がっていること。また、その交通機関《こうつうきかん》。

こうつうルール【交通ルール】名詞 事故《じこ》を防《ふせ》いで、道路《どうろ》を安全《あんぜん》に使《つか》うための決《き》まり。歩《ほ》行者《こうしゃ》が道路《どうろ》の右側《みぎがわ》を歩《ある》き、自動車《じどうしゃ》が道路《どうろ》の左《ひだり》側《がわ》を通《とお》ることなど。

こうつごう【好都合】形容動詞 都合《つごう》がよいこと。具合《ぐあい》がよいこと。例 ついでに寄《よ》ってもらえたら好都合だ。対 不都合《ふつごう》。

こうてい【工程】名詞 あるものができ上《あ》がるまでの、仕事《しごと》を進《すす》めていく順序《じゅんじょ》。また、その進《すす》み方《かた》。例 自動車《じどうしゃ》をつくる工程を見学《けんがく》した。

こうてい【公定】名詞 国《くに》や公共団体《こうきょうだんたい》などが、おおやけに決《き》めること。例 公定価格《かかく》。

こうてい【行程】名詞 ❶目的地《もくてきち》までの道《みち》のり。例 キャンプ地《ち》まで約《やく》二十《にじっ》キロメートルの行程だ。類 道程《どうてい》。❷旅行全体《りょこうぜんたい》の日程《にってい》やコース。例 修学旅行《しゅうがくりょこう》の全《ぜん》行程を終《お》えた。

こうてい【肯定】名詞 動詞 そのとおりだと認《みと》めること。それでよいとすること。例 友《とも》だちの意見《いけん》を肯定する。対 否定《ひてい》。

こうてい【皇帝】名詞 帝国《ていこく》の君主《くんしゅ》。類 帝王《ていおう》。

こうてい【高低】名詞 ❶高いことと低いこと。例 音の高低。❷値段《ねだん》などの上《あ》がり下《さ》がり。

こうてい【高弟】名詞 弟子《でし》の中《なか》で、とくにすぐれている人《ひと》。

こうてい【校庭】名詞 学校《がっこう》の庭《にわ》や運動場《うんどうじょう》。

こうていぶあい【公定歩合】名詞 国《くに》の中《ちゅう》央銀行《おうぎんこう》（日本《にほん》では日本銀行《にっぽんぎんこう》）が、ほかの銀行《ぎんこう》にお金《かね》を貸《か》し出《だ》すときの金利《きんり》。

こうてき【公的】形容動詞 おおやけのことに関《かん》係《けい》しているようす。例 公的な立場《たちば》。対 私的《してき》。

こうてき【好適】名詞 形容動詞 ふさわしいようす。ちょうどよいようす。例 遠足《えんそく》に好適な天《てん》気《き》／子供《こども》へのおくり物《もの》に好適な品《しな》。

こうてきしゅ【好敵手】名詞 スポーツ・勝《しょう》負《ぶ》ごとなどで、実力《じつりょく》が同《おな》じくらいで、戦《たたか》うのにちょうどよい相手《あいて》。類 ライバル。

こうてつ【更迭】名詞 動詞 ある地位《ちい》や役目《やくめ》についている人《ひと》をやめさせ、別《べつ》の人《ひと》にかえること。例 大臣《だいじん》を更迭する。

こうてつ【鋼鉄】名詞 かたくて強《つよ》い鉄《てつ》。刃物《はもの》や機械《きかい》・船《ふね》・車《くるま》などをつくるのに使《つか》われる。はがね。

こうてん【公転】名詞 動詞 地球《ちきゅう》や火星《かせい》などの惑星《わくせい》が、太陽《たいよう》などの恒星《こうせい》のまわりを規則的《きそくてき》に回《まわ》ること。また、月《つき》などの衛星《えいせい》が、惑星《わくせい》のまわりを回《まわ》ること。対 自転《じてん》。

こうてん【好天】名詞 よく晴《は》れたよい天気《てんき》。上天気《じょうてんき》。晴天《せいてん》。例 好天にめぐまれた運動会《うんどうかい》。

こうてん【交点】名詞 二《ふた》つ以上《いじょう》の線《せん》と線《せん》、ま

ことわざ　**門前《もんぜん》の小僧習《こぞうなら》わぬ経《きょう》を読《よ》む**　お寺《てら》の前《まえ》に住《す》んでいる子供《こども》は、聞《き》こえてくるお経《きょう》を聞《き》いているう
か身《み》につくものである、ということ。

たは線《せん》と面《めん》が交《まじ》わる点《てん》。

こうてん【好転】 名詞 動詞 状態《じょうたい》が、よいほうへ向《む》かうこと。例 病状《びょうじょう》が好転した。対 悪化《あっか》。

こうてん【荒天】 名詞 雨《あめ》や風《かぜ》の激《はげ》しい、あれた天候《てんこう》。悪天候《あくてんこう》。

こうてん【後転】 名詞 動詞 マット運動《うんどう》で、こし・背中《せなか》・手《て》のひらの順《じゅん》につき、後《うし》ろに一回転《いっかいてん》して起《お》きること。対 前転《ぜんてん》。

こうでん【香典】 名詞 死《し》んだ人《ひと》に供《そな》えるお金《かね》。

こうてんせいめんえきふぜんしょうこうぐん【後天性免疫不全症候群】 ↓ 147ジ《ペー》 エイズ

こうでんち【光電池】 名詞 光《ひかり》を当《あ》てることによって、光《ひかり》エネルギーを電気《でんき》エネルギーに変《か》える装置《そうち》。「ひかりでんち」ともいう。

こうてんてき【後天的】 形容動詞 生《う》まれつきのものではなく、生《う》まれたあとでその人《ひと》の身《み》についてきたようす。対 先天的《せんてんてき》。

こうど【光度】 名詞 光《ひかり》の強《つよ》さの程度《ていど》。

こうど【高度】
❶ 名詞 海面《かいめん》からの高《たか》さ。例 高度七千《ななせん》メートル。
❷ 名詞 形容動詞 程度《ていど》が高《たか》いこと。例 学年《がくねん》が進《すす》み、勉強《べんきょう》もだんだん高度になってきた。

こうど【硬度】 名詞
❶鉱物《こうぶつ》や金属《きんぞく》などのかたさの程度《ていど》。
❷水《みず》にふくまれているカルシウムやマグネシウムの割合《わりあい》。

こうとう【口頭】 名詞 口《くち》で言《い》うこと。例 メールではなく口頭で伝《つた》える。

こうとう【好投】 名詞 動詞 野球《やきゅう》で、投手《とうしゅ》がすばらしいピッチングをして、相手《あいて》チームのこうげきをおさえること。例 今《こん》シーズン一番《いちばん》の好投。

こうとう【高等】 名詞 形容動詞 程度《ていど》が高《たか》いこと。段階《だんかい》が上《うえ》であること。例 高等学校《がっこう》／高等数学《すうがく》。関連 下等《かとう》。初等《しょとう》。中等《ちゅうとう》。

こうとう【高騰】 名詞 動詞 物《もの》の値段《ねだん》がひどく上《あ》がること。例 地価《ちか》が高騰する。

こうどう【公道】 名詞 国《くに》や都道府県《とどうふけん》・市町村《しちょうそん》などがつくった、だれでも通《とお》れる道路《どうろ》。国道《こくどう》、県道《けんどう》など。対 私道《しどう》。

こうどう【行動】 名詞 動詞 何《なに》かをすること。体《からだ》を動《うご》かして、ものごとを行《おこな》うこと。例 行動を起《お》こす／四時《よじ》までは自由《じゆう》行動です。類 行為《こうい》。

こうどう【坑道】 名詞 鉱山《こうざん》などの地下《ちか》につくった通《とお》り道《みち》。

こうどう【黄道】 名詞 地球《ちきゅう》から見《み》て、太陽《たいよう》が一年《いちねん》かかって地球《ちきゅう》のまわりをひと回《まわ》りするように見《み》える、見《み》かけ上《じょう》の動《うご》きの道筋《みちすじ》。

こうどう【講堂】 名詞 学校《がっこう》などで、大勢《おおぜい》の人《ひと》を集《あつ》めて式《しき》や集会《しゅうかい》をする大《おお》きな部屋《へや》や建物《たてもの》。

ごうとう【強盗】 名詞 乱暴《らんぼう》したりおどしたりして、人《ひと》の物《もの》をうばいとること。また、その人《ひと》。

ごうどう【合同】
❶ 名詞 動詞 二《ふた》つ以上《いじょう》のものがいっしょになること。例 となりのクラスと合同の授業《じゅぎょう》。
❷ 名詞 算数《さんすう》で、二《ふた》つの図形《ずけい》の形《かたち》と大《おお》きさがまったく同《おな》じであること。

こうとうがっこう【高等学校】 名詞 中学《ちゅうがっ》校《こう》を終《お》えてから入《はい》る、三年制《さんねんせい》の学校《がっこう》。高校《こうこう》。参考 義務《ぎむ》教育《きょういく》ではない。

こうとうさいばんしょ【高等裁判所】 名詞 最高裁判所《さいこうさいばんしょ》の下《した》の裁判所《さいばんしょ》。地方裁判所《ちほうさいばんしょ》などの判決《はんけつ》に不満《ふまん》があるときに、ここにうったえることができる。全国《ぜんこく》に八《はち》か所《しょ》ある。

こうとうしもん【口頭試問】 名詞 問題用《もんだいよう》紙《し》を使《つか》わず、口《くち》でたずねられたことに口《くち》で答《こた》える試験《しけん》。

こうとうどうぶつ【高等動物】 名詞 進化《しんか》の程度《ていど》が高《たか》く、体《からだ》のさまざまな部分《ぶぶん》が、それぞれ別《べつ》の役目《やくめ》をするように発達《はったつ》した動物《どうぶつ》。鳥《とり》やけものなど。対 下等動物《かとうどうぶつ》。

こうどうはんけい【行動半径】 名詞 行動《こうどう》する範囲《はんい》。例 自転車《じてんしゃ》に乗《の》れるようになって行動半径が広《ひろ》がった。

こうとうむけい【荒唐無稽】 ↓ 621ジ《ペー》 四字熟語

こうどうりょく【行動力】 名詞 目的《もくてき》や必要《ひつよう》のために、ものごとを行《おこな》うことのできる力《ちから》。例 行動力のある人《ひと》。

こうどく【鉱毒】 名詞 鉱物《こうぶつ》をほり出《だ》したり、混《ま》じり物《もの》をとり除《のぞ》いたりするときに出《で》る、人《ひと》や動植物《どうしょくぶつ》に毒《どく》になるもの。

こうどく【講読】 名詞 動詞 ある文章《ぶんしょう》を、その内容《ないよう》について質問《しつもん》したり話《はな》し合《あ》ったりしながら、ていねいに読《よ》んでいくこと。

こうどく【購読】 名詞 動詞 新聞《しんぶん》や本《ほん》を買《か》って

う意味《いみ》から、少《すこ》しばかりの努力《どりょく》や助《たす》けでは効果《こうか》がないことのたとえ。

こうとくしん【公徳心】 名詞 社会《しゃかい》の中《なか》で気《き》持《も》ちよく暮《く》らすために、それぞれの人《ひと》が規則《きそく》を守《まも》ろうとする気持《きも》ち。

こうどけいざいせいちょう【高度経済成長】 名詞 経済《けいざい》が急《きゅう》な勢《いきお》いで発展《はってん》すること。参考 日本《にほん》の経済《けいざい》では、一九五〇年代後半《ねんだいこうはん》からの約二十年間《やくにじゅうねんかん》をいう。

こうない【坑内】 名詞 石炭《せきたん》や鉱石《こうせき》をほり出《だ》すためにほられた、穴《あな》の中《なか》。

こうない【校内】 名詞 学校《がっこう》の中《なか》。例 校内放《ほう》送《そう》。対 校外《こうがい》。

こうない【港内】 名詞 港《みなと》の中《なか》。

こうない【構内】 名詞 囲《かこ》いの中《なか》。建物《たてもの》や施設《しせつ》の敷地《しきち》の中《なか》。例 駅《えき》の構内。対 構外《こうがい》。

こうないほうそう【校内放送】 名詞 学校《がっこう》の中《なか》だけで行《おこな》われる放送《ほうそう》。

こうなりなとげる【功成り名遂げる】
↓442ページ「功《こう》」の子見出《こみだ》し

こうにゅう【購入】 名詞 動詞 物《もの》を買《か》い入《い》れること。例 辞典《じてん》を購入する。類 購買《こうばい》。対 販売《はんばい》。

こうにん【公認】 名詞 動詞 国《くに》や政党《せいとう》・団体《だんたい》などが正式《せいしき》に認《みと》めること。例 公認記録《きろく》。

こうにん【後任】 名詞 前《まえ》の人《ひと》にかわって、その仕事《しごと》を受《う》けつぐこと。また、その人《ひと》。例 役《やく》員《いん》の後任が決《き》まった。対 前任《ぜんにん》。

こうねつ【高熱】 名詞 ❶高《たか》い温度《おんど》。例 高熱で鉄《てつ》をとかす。❷病気《びょうき》などで出《で》る高《たか》い熱《ねつ》。例 高熱で苦《くる》しむ。

油《ゆ》など、明《あ》かりと燃料《ねんりょう》にかかるお金《かね》。

こうねん【光年】 名詞 星《ほし》と星《ほし》との間《あいだ》などのきょりを表《あらわ》す単位《たんい》。一光年《いちこうねん》は、光《ひかり》が一年間《いちねんかん》に進《すす》むきょりで、約九兆四千六百億《やくきゅうちょうよんせんろっぴゃくおく》キロメートル。

こうねん【後年】 名詞 何年《なんねん》かたったあと。ずっとあと。例 後年、業績《ぎょうせき》が認《みと》められた。対 先年《せんねん》。

こうのう【効能】 名詞 効《き》き目《め》。はたらき。例 薬《くすり》の効能があらわれる。類 効用《こうよう》。効力《こうりょく》。

こうのうがき【効能書き】 名詞 薬《くすり》などの効《き》き目《め》を書《か》き並《なら》べたもの。

こうのとり 名詞 つるに似《に》た大形《おおがた》の白《しろ》い鳥《とり》。日本《にほん》では野生《やせい》のものは一度絶滅《いちどぜつめつ》したが、ふたたび増《ふ》え始《はじ》めている。特別天然記念物《とくべつてんねんきねんぶつ》に指定《してい》されている。参考 西洋《せいよう》には、赤《あか》んぼうを運《はこ》んでくるという伝説《でんせつ》がある。

こうのとり

こうのもの【香の物】 名詞 つけもの。野菜《やさい》などをぬかや塩《しお》などにつけた食《た》べ物《もの》。お新香《しんこ》。

こうば【工場】
↓453ページ こうじょう〔工場〕

こうはい【光背】 名詞 仏像《ぶつぞう》の後《うし》ろにつける、光《ひかり》をあら

こうはい【光背】

こうはい【交配】 名詞 動詞 ちがった種類《しゅるい》の動《どう》植物《しょくぶつ》のおすとめすや、おしべとめしべをかけ合《あ》わせること。

こうはい【荒廃】 名詞 動詞 あれ果《は》てること。例 荒廃した土地《とち》／戦争《せんそう》で人々《ひとびと》の心《こころ》が荒廃する。

こうはい【後輩】 名詞 ❶同《おな》じ学校《がっこう》や職場《しょくば》などで、自分《じぶん》よりあとから入《はい》ってきた人《ひと》。対 先輩《せんぱい》。❷自分《じぶん》より経験《けいけん》などが下《した》の人《ひと》。対 先輩《せんぱい》。

こうばい【勾配】 名詞 ❶かたむきの程度《ていど》。例 急《きゅう》勾配の坂道《さかみち》。類 傾斜《けいしゃ》。❷ななめの面《めん》。斜面《しゃめん》。例 勾配を下《くだ》る。

こうばい【紅梅】 名詞 季語 春 濃《こ》いもも色《いろ》の花《はな》がさく梅《うめ》。

こうばい【紅梅】

こうばい【購買】 名詞 動詞 品物《しなもの》を買《か》うこと。例 中古品《ちゅうこひん》を購買する。類 購入《こうにゅう》。対 販売《はんばい》。

こうばいすう【公倍数】 名詞 二《ふた》つ以上《いじょう》の整数《せいすう》があるとき、それぞれの倍数《ばいすう》のうち共通《きょうつう》している倍数《ばいすう》。対 公約数《こうやくすう》。教科 算 たとえば、2と4の公倍数《こうばいすう》は、4・8・12・16……である。公倍数《こうばいすう》の中《なか》でもっとも小《ちい》さいものを「最小公倍数《さいしょうこうばいすう》」という。

こうはく【紅白】 名詞 赤《あか》と白《しろ》。また、赤組《あかぐみ》と白組《しろぐみ》。例 紅白のもち／紅白に分《わ》かれて戦《たたか》う。

こうばしい【香ばしい】 形容詞 香《かお》りがよい。

ことわざ　焼《や》け石《いし》に水《みず》　焼《や》けて熱《あつ》くなった石《いし》に少《すこ》しぐらい水《みず》をかけても、石《いし》を冷《さ》ますことはできないと

とくに、こんがりと焼《や》けたようなよいにおいがするようす。例 香ばしいパンのにおい。使い方「こおばしい」と書《か》かないよう注意《ちゅうい》。

こうはつ【後発】 名詞 動詞 あとから出発《しゅっぱつ》すること。また、その人《ひと》。例 登山《とざん》の後発隊《たい》が出発《しゅっぱつ》した。対 先発《せんぱつ》。

こうはついやくひん【後発医薬品】 ⇩557ページ ジェネリックいやくひん

こうはん【公判】 名詞 一般《いっぱん》の人《ひと》も聞《き》くことができるように、公開《こうかい》で行《おこな》われる裁判《さいばん》。

こうはん【後半】 名詞 二《ふた》つに分《わ》けたうちの、あとの半分《はんぶん》。例 後半戦《せん》／三学期《さんがっき》の後半に入《はい》る。対 前半《ぜんはん》。

こうばん【交番】 名詞 町《まち》のところどころにある、警察官《けいさつかん》がいる建物《たてもの》。

ごうはん【合板】 名詞 うすい板《いた》を、木目《もくめ》の方向《ほうこう》がたがいちがいになるように、何枚《なんまい》もはり合《あ》わせた板《いた》。ベニヤ板《いた》など。「ごうばん」ともいう。

こうはんい【広範囲】 名詞 形容動詞 範囲《はんい》が広《ひろ》いこと。広《ひろ》い範囲《はんい》。

こうひ【工費】 名詞 工事《こうじ》をするのにかかるお金《かね》。工事費《こうじひ》。例 多額《たがく》の工費をかける。

こうひ【公費】 名詞 おおやけの仕事《しごと》につかうための役所《やくしょ》のお金《かね》。対 私費《しひ》。

こうび【交尾】 名詞 動詞 動物《どうぶつ》のおすとめすが子供《こども》をつくるために交《まじ》わること。

ごうひ【合否】 名詞 合格《ごうかく》と不合格《ふごうかく》。例 入学試《にゅうがくし》験《けん》の合否の通知《つうち》が届《とど》く。

ど、先《さき》のかたい筆記具《ひっきぐ》。対 毛筆《もうひつ》。

こうひょう【公表】 名詞 動詞 世《よ》の中《なか》の人《ひと》に広《ひろ》く知《し》らせること。例 調査《ちょうさ》の結果《けっか》を公表する。

こうひょう【好評】 名詞 評判《ひょうばん》がよいこと。また、よい評判《ひょうばん》。対 悪評《あくひょう》。不評《ふひょう》。

こうひょう【講評】 名詞 動詞 教《おし》える立場《たちば》にある人《ひと》が、説明《せつめい》をしながら批評《ひひょう》をしていくこと。例 発表《はっぴょう》のあと、先生《せんせい》が講評してくださった。

こうふ【公布】 名詞 動詞 新《あたら》しく決《き》まった法律《ほうりつ》や条約《じょうやく》などを、国民《こくみん》に広《ひろ》く知《し》らせること。例 日《に》本国憲法《ほんこくけんぽう》は、一九四六年《ねん》に公布された。類 発布《はっぷ》。

こうふ【交付】 名詞 動詞 役所《やくしょ》や学校《がっこう》などが、書類《しょるい》やお金《かね》などをわたすこと。例 運転免許証《うんてんめんきょしょう》の交付を受《う》ける。

こうふ【坑夫】 名詞 炭坑《たんこう》や鉱山《こうざん》で、鉱石《こうせき》をほり出《だ》す仕事《しごと》をしている人《ひと》。

こうふ【鉱夫】 名詞 鉱山《こうざん》で鉱石《こうせき》をほり出《だ》す仕《し》事《ごと》をしている人《ひと》。

こうふう【校風】 名詞 その学校《がっこう》の特色《とくしょく》である雰囲気《ふんいき》や習慣《しゅうかん》。例 自由《じゆう》な校風。類 学風《がくふう》。

こうふく【幸福】 名詞 形容動詞 めぐまれていて苦労《くろう》や心配《しんぱい》がなく、心《こころ》が満《み》ちたりていること。幸《しあわ》せ。例 幸福な生活《せいかつ》。対 不幸《ふこう》。

こうふく【降伏・降服】 名詞 動詞 戦《たたか》いに負《ま》けて、敵《てき》に従《したが》うこと。類 降参《こうさん》。

こうふし【甲府市】 名詞 山梨県《やまなしけん》の中央部《ちゅうおうぶ》にある市《し》。山梨県《やまなしけん》の県庁《けんちょう》がある。

こうぶつ【好物】 名詞 好《す》きな食《た》べ物《もの》や飲《の》み物《もの》。例 大《だい》好物。

こうぶつ【鉱物】 名詞 自然《しぜん》にできて地中《ちちゅう》や岩《がん》石《せき》にふくまれているもの。金《きん》・鉄《てつ》・石英《せきえい》など。

こうふぼんち【甲府盆地】 名詞 山梨県《やまなしけん》の中《ちゅう》部《ぶ》にある盆地《ぼんち》。中心《ちゅうしん》に甲府市《こうふし》がある。ぶどうやももの生産《せいさん》がさかん。

こうふん【興奮】 名詞 動詞 気持《きも》ちが高《たか》ぶること。例 激《はげ》しい試合《しあい》に興奮する。

こうぶんしょ【公文書】 名詞 役所《やくしょ》から出《だ》す、おおやけの書類《しょるい》。対 私文書《しぶんしょ》。

こうべ 名詞「頭《あたま》」の古《ふる》い言《い》い方《かた》。

●**こうべを垂《た》れる** 頭《あたま》を低《ひく》く下《さ》げる。例 こうべを垂れて話《はなし》を聞《き》く。

こうへい【公平】 名詞 形容動詞 えこひいきがなく、平等《びょうどう》であること。類 公正《こうせい》。対 不公平《ふこうへい》。

こうへいむし【公平無私】 ⇩623ページ 四字熟語

こうべし【神戸市】 名詞 兵庫県《ひょうごけん》の南部《なんぶ》にある大《おお》きな都市《とし》。神戸港《こうべこう》は日本《にほん》の代表的《だいひょうてき》な貿易《ぼうえき》港《こう》の一《ひと》つ。兵庫県庁《ひょうごけんちょう》がある。

こうへん【後編】 名詞 小説《しょうせつ》や映画《えいが》などの作品《さくひん》で、二《ふた》つか三《みっ》つに分《わ》かれているもののうち、最《さい》後《ご》のもの。関連 前編《ぜんぺん》。中編《ちゅうへん》。

こうほ【候補】 名詞 ❶ある地位《ちい》や役目《やくめ》につく資格《しかく》や見《み》こみのあること。また、そのような人《ひと》。例 優勝《ゆうしょう》候補。❷その中《なか》から選《えら》ぶように挙《あ》げられたもの。例 いくつかの候補からプレゼントを選《えら》んだ。

こうぼ【公募】 名詞 動詞 一般《いっぱん》の人々《ひとびと》から募集《ぼしゅう》

して使《つか》えなくなり、かえって損《そん》をするということ。

こうぼ【酵母】↓461ページ→こうぼきん

こうほう【公報】名詞 役所《やくしょ》が、あることを広《ひろ》く国民《こくみん》に知《し》らせるために発行《はっこう》する文書《ぶんしょ》。例 選《せん》挙《きょ》公報。

こうほう【広報】名詞 一般《いっぱん》の人《ひと》に広《ひろ》く知《し》らせること。また、そのための印刷物《いんさつぶつ》。例 会社《かいしゃ》の広報活動《かつどう》。

こうほう【後方】名詞 後《うし》ろの方《ほう》。対 前方《ぜんぽう》。

こうぼう【工房】名詞 美術品《びじゅつひん》や工芸品《こうげいひん》をつくる人《ひと》の仕事場《しごとば》。類 アトリエ。

こうぼう【攻防】名詞 せめることと防《ふせ》ぐこと。例 激《はげ》しい攻防をくり返《かえ》す。類 攻守《こうしゅ》。

こうぼう【興亡】名詞 栄《さか》えることと、ほろびること。例 国《くに》の興亡の歴史《れきし》。類 盛衰《せいすい》。

ごうほう【合法】名詞 法律《ほうりつ》や規則《きそく》に合《あ》っていること。例 合法的《てき》に取《と》り引《ひ》きする。対 違《い》法《ほう》。非合法《ひごうほう》。

ごうほう【豪放】名詞 形容動詞 気持《きも》ちが大《おお》きく、小《ちい》さなことにこだわらないようす。例 豪放な人《ひと》がら。

こうぼうだいし【弘法大師】↓378ページ→くうかい

こうぼうにもふでのあやまり【弘法にも筆の誤り】ことわざ どんなに上手《じょうず》な人《ひと》でもたまには失敗《しっぱい》するものだということわざ。類 猿《さる》も木《き》から落《お》ちる。かっぱの川流《かわなが》れ。ことば 書道《しょどう》の名人《めいじん》である弘法大師《こうぼうだいし》（＝空海《くうかい》）でも書《か》きまちがえることがある、ということから。

こうぼうふでをえらばず【弘法筆を選ばず】↓181ページ ことわざ

こうぼきん【酵母菌】名詞 かびのなかまの生物《せいぶつ》。糖分《とうぶん》をアルコールと二酸化炭素《にさんかたんそ》に分解《ぶんかい》するはたらきがある。酒《さけ》やみそ、パンなどをつくるのに使《つか》われる。酵母《こうぼ》。

こうぼく【高木】名詞 たけが高《たか》くなり、一本《いっぽん》の太《ふと》い幹《みき》と枝《えだ》とがはっきり区別《くべつ》できる木《き》。すぎ・松《まつ》・ひのき・いちょうなど。「きょう木《ぼく》」ともいう。対 低木《ていぼく》。

こうほしゃ【候補者】名詞 ある役職《やくしょく》や地位《ちい》などを決《き》めるとき、候補《こうほ》になった人《ひと》。

こうまん【高慢】形容動詞 うぬぼれて、人《ひと》をばかにするようす。例 高慢な態度《たいど》。対 謙虚《けんきょ》。

ごうまん【傲慢】形容動詞 えらそうにして、人《ひと》をばかにした態度《たいど》をとるようす。

こうみゃく【鉱脈】名詞 岩《いわ》と岩《いわ》のすきまに、鉱物《こうぶつ》が板《いた》のようにつまって長《なが》くつながっているところ。

こうみょう【功名】名詞 手《て》がらを立《た》てて、名《な》を上《あ》げること。また、その手《て》がら。例 功名心《しん》。

こうみょう【巧妙】形容動詞 やり方《かた》がとてもうまいようす。例 巧妙なうそ。

こうみょう【光明】名詞 ❶明《あか》るい光《ひかり》。❷明《あか》るい見《み》こみ。希望《きぼう》。例 光明を見《み》いだす。

こうみょう【高名】↓461ページ→こうめい〔高名〕❶

こうみょうこうごう【光明皇后】名詞（七〇一～七六〇）奈良時代《ならじだい》の聖武天皇《しょうむてんのう》のきさき。貧《まず》しい人《ひと》や病気《びょうき》の人《ひと》たちのために、悲田《ひでん》院《いん》・施薬院《せやくいん》をつくった。

こうみん【公民】名詞 ❶国《くに》や都道府県《とどうふけん》・市町村《しちょうそん》などの政治《せいじ》に参加《さんか》する権利《けんり》を持《も》っている人《ひと》。例 公民権《けん》。❷社会科《しゃかいか》の中《なか》で、政治《せいじ》・経済《けいざい》・法律《ほうりつ》について学《まな》ぶ分野《ぶんや》。

こうみんかん【公民館】名詞 市町村《しちょうそん》などにあって、人々《ひとびと》の文化《ぶんか》や教養《きょうよう》を高《たか》めるために使《つか》われる建物《たてもの》。

こうむ【公務】名詞 国《くに》や都道府県《とどうふけん》・市町村《しちょうそん》などが行《おこな》うおおやけの仕事《しごと》。類 公用《こうよう》。

こうむいん【公務員】名詞 国《くに》や都道府県《とどうふけん》・市町村《しちょうそん》などで、おおやけの仕事《しごと》をする人《ひと》。

こうむる【被る】動詞 ❶自分《じぶん》の身《み》に受《う》ける。例 損害《そんがい》を被る。❷「受《う》ける」「もらう」のへりくだった言《い》い方《かた》。例 みなさまのおかげを被り、なんとか完成《かんせい》させることができました。

こうめい【公明】名詞 形容動詞 公平《こうへい》で、疑《うたが》わしいところがないこと。例 公明な審査《しんさ》。

こうめい【高名】❶名詞 形容動詞 有名《ゆうめい》なこと。「こうみょう」ともいう。例 高名な学者《がくしゃ》。❷名詞 相手《あいて》の名前《なまえ》を尊敬《そんけい》していうことば。例 ご高名は以前《いぜん》よりお聞《き》きしておりました。

こうめいせいだい【公明正大】名詞 形容動詞 公平《こうへい》で正《ただ》しく、堂々《どうどう》としていること。例 選挙《せんきょ》は公明正大に行《おこな》われている。

こうもく【項目】名詞 ことがらを細《こま》かく分《わ》け

ことわざ **安物《やすもの》買《か》いの銭《ぜに》失《うしな》い** けちをして安《やす》いものを買《か》うと、品質《ひんしつ》が悪《わる》いことが多《おお》く、すぐにこわれた

たもの。例 みんなで五《ご》項目ずつ調《しら》べてこよう。

こうもり 名詞 季語夏 ❶鳥《とり》のように空《そら》を飛《と》ぶことのできる動物《どうぶつ》。顔《かお》はねずみに似《に》ており、前足《まえあし》の長《なが》い指《ゆび》と体《からだ》との間《あいだ》の膜《まく》を広《ひろ》げて飛《と》ぶ。昼《ひる》は暗《くら》いところにぶら下《さ》がり、暗《くら》くなると飛《と》び回《まわ》って活動《かつどう》する。❷「こうもりがさ」の略《りゃく》。

こうもり❶

こうもりがさ【こうもり傘】 名詞 金属《きんぞく》の骨《ほね》に布《ぬの》やビニールなどを張《は》った、洋式《ようしき》のかさ。参考 ❶西洋《せいよう》や日本《にほん》とちがい、中国《ちゅうごく》ではめでたいものと考《かんが》えられ、模様《もよう》などにも使《つか》われている。

図 ↓ 252ページ かさ〔傘〕

こうもん【校門】 名詞 学校《がっこう》の門《もん》。

こうもん【こう門】 名詞 腸《ちょう》のはしの部分《ぶぶん》で、ふんを出《だ》す穴《あな》。しりの穴《あな》。

ごうもん【拷問】 名詞 動詞 体《からだ》に苦《くる》しみをあたえて、白状《はくじょう》させようとすること。

こうや【広野】 名詞 広々《ひろびろ》とした野原《のはら》。

こうや【荒野】 名詞 あれ果《は》てた野原《のはら》。類 原野《げんや》。

こうや【紺屋】 名詞 染《そ》め物屋《ものや》。「こんや」ともいう。

● **紺屋《こうや》のあさって** ことわざ 約束《やくそく》した期限《きげん》があてにならないことのたとえ。ことば 紺屋《こうや》が「あさってにはできる。」と言《い》っても、染《そ》め物《もの》の仕上《しあ》がりは天気《てんき》によって変《か》わるので、言《い》ったとおりの日《ひ》にはできあがらないことが多《おお》いことから。

● **紺屋《こうや》の白《しろ》ばかま** ↓ 183ページ ことわざ

こうやく【公約】 名詞 動詞 政府《せいふ》や政治家《せいじか》などが、必《かなら》ず実行《じっこう》すると世《よ》の中《なか》の人々《ひとびと》に約束《やくそく》すること。また、その約束《やくそく》。

こうやく【こう薬】 名詞 薬《くすり》と油《あぶら》を練《ね》り合《あ》わせてつくったぬり薬《ぐすり》。傷口《きずぐち》やはれものにぬる。

こうやくすう【公約数】 名詞 二《ふた》つ以上《いじょう》の整数《せいすう》があるとき、それぞれの約数《やくすう》のうち共通《きょうつう》している約数《やくすう》。対 公倍数《こうばいすう》。教科 算 たとえば、6と9の公約数《こうやくすう》は1と3。公約数《こうやくすう》の中《なか》でもっとも大《おお》きいものを「最大公約数《さいだいこうやくすう》」という。

こうやさん【高野山】 名詞 和歌山県《わかやまけん》北東部《ほくとうぶ》にある山《やま》。平安時代《へいあんじだい》に空海《くうかい》が建《た》てた、真言《しんごん》宗《しゅう》の本山《ほんざん》の金剛峯寺《こんごうぶじ》がある。

こうゆう【公有】 名詞 動詞 国《くに》や都道府県《とどうふけん》・市《し》町村《ちょうそん》などが持《も》っていること。関連 私有《しゆう》。国有《こくゆう》。

こうゆう【交友】 名詞 友《とも》だちとしてつきあっていること。また、その友《とも》だち。例 交友関係《かんけい》。

こうゆう【交遊】 名詞 動詞 人《ひと》と親《した》しくつきあうこと。例 交遊を深《ふか》める。類 交際《こうさい》。

こうゆう【校友】 名詞 同《おな》じ学校《がっこう》で勉強《べんきょう》している友《とも》だち。また、同《おな》じ学校《がっこう》を卒業《そつぎょう》した人《ひと》。

ごうゆう【豪遊】 名詞 動詞 お金《かね》をたくさん使《つか》って、ぜいたくな遊《あそ》びをすること。

こうよう【公用】 名詞 国《くに》や都道府県《とどうふけん》・市《し》町《ちょう》村《そん》などのおおやけの用事《ようじ》。例 父《ちち》は、公用で外《がい》国《こく》へ行《い》った。類 公務《こうむ》。対 私用《しよう》。

こうよう【孝養】 名詞 動詞 親《おや》を大切《たいせつ》にして、心《こころ》をこめて世話《せわ》をすること。例 父母《ふぼ》に孝養をつくす。類 孝行《こうこう》。

こうよう【効用】 名詞 ❶効《き》き目《め》。例 薬《くすり》の効用。類 効能《こうのう》。❷使《つか》いみち。例 木材《もくざい》は多《おお》くの効用がある。

こうよう【紅葉】 名詞 動詞 季語秋 秋《あき》に木《き》の葉《は》の色《いろ》が赤《あか》や黄色《きいろ》に変《か》わること。また、その葉《は》。もみじ。類 黄葉《こうよう》。

こうよう【黄葉】 名詞 動詞 秋《あき》に木《き》の葉《は》の色《いろ》が黄色《きいろ》に変《か》わること。また、その葉《は》。類 紅葉《こうよう》。

こうようご【公用語】 名詞 一《ひと》つの国《くに》でいくつかの言語《げんご》が使《つか》われている場合《ばあい》に、国《くに》がおおやけの場《ば》で使《つか》うことを認《みと》めた言語《げんご》。

こうようじゅ【広葉樹】 名詞 はばが広《ひろ》くて平《ひら》たい葉《は》を持《も》つ木《き》。桜《さくら》・くりなど。対 針葉樹《しんようじゅ》。

ごうよく【強欲】 名詞 形容動詞 非常《ひじょう》に欲《よく》が深《ふか》いこと。例 強欲な人物《じんぶつ》。

こうら【甲羅】 名詞 ❶「かめ」「かに」などの体《からだ》の外側《そとがわ》を包《つつ》んでいるかたいから。こう。❷人間《にんげん》の背中《せなか》のたとえ。例 川原《かわら》で甲羅干《ぼ》し（＝腹《はら》ばいになって日光浴《にっこうよく》をすること）をした。

こうらく【行楽】 名詞 野山《のやま》や海《うみ》、観光地《かんこうち》などへ行《い》って、遊《あそ》び楽《たの》しむこと。例 行楽地《ち》。

こうり 名詞 竹《たけ》・やなぎなどで編《あ》んだ、着物《きもの》などをしまっておく入《い》れ物《もの》。

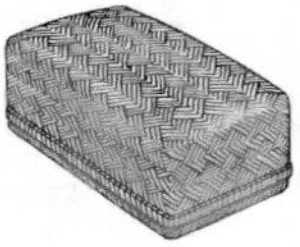
こうり

こうり【高利】 名詞 ❶ふつうより、利子《りし》が高《たか》いこと。対 低利《ていり》。❷利益《りえき》が大《おお》きいこと。

ても、次《つぎ》のときもどじょうがそこにいるとはかぎらないということ。たまたまの幸運《こううん》に、いつも同《おな》じ方法《ほうほう》でめぐ

こうり【小売り】 名詞 動詞 問屋《とんや》などから買《か》い入《い》れた品物《しなもの》を、一般《いっぱん》の人《ひと》に売《う》ること。対 卸《おろ》し売《う》り。使い方 「小売店《こうりてん》」「小売価格《こうりかかく》」などの場合《ばあい》には、送《おく》りがなをつけない。

ごうりか【合理化】 名詞 動詞 むだをなくして、前《まえ》よりも仕事《しごと》がはかどるようにすること。例 機械《きかい》を使《つか》って作業《さぎょう》の合理化をはかる。

ごうりき【強力】 名詞 ❶力《ちから》が強《つよ》いこと。例 強力無双《むそう》の（＝並《なら》ぶ者《もの》がないほど力《ちから》が強《つよ》い）大男《おおおとこ》。❷山登《やまのぼ》りをする人《ひと》の荷物《にもつ》を運《はこ》び、山《やま》の案内《あんない》をする人《ひと》。
ことば 「きょうりょく」と読《よ》むと別《べつ》の意味《いみ》。

こうりつ【公立】 名詞 都道府県《とどうふけん》や市町村《しちょうそん》などがお金《かね》を出《だ》してつくり、管理《かんり》すること。例 公立学校《がっこう》／公立病院《びょういん》。対 私立《しりつ》。

こうりつ【効率】 名詞 あることをするために使《つか》った時間《じかん》と労力《ろうりょく》に対《たい》する、その成果《せいか》の割合《わりあい》。例 勉強《べんきょう》が効率よく進《すす》む。

こうりつてき【効率的】 形容動詞 ものごとが効率《こうりつ》よく進《すす》むようす。時間《じかん》と労力《ろうりょく》が少《すく》なくてすむようす。例 電力《でんりょく》を効率的に利用《りよう》する／効率的な作業《さぎょう》のしかたを考《かんが》える。

こうりてき【功利的】 形容動詞 自分《じぶん》が得《とく》をすることだけを考《かんが》えて行動《こうどう》するようす。

ごうりてき【合理的】 形容動詞 理屈《りくつ》に合《あ》っていて、むだがないようす。例 合理的な考《かんが》え方《かた》。

こうりてん【小売店】 名詞 問屋《とんや》などから品物《しなもの》を買《か》い入《い》れ、一般《いっぱん》の人《ひと》に売《う》る店《みせ》。

こうりゃく【攻略】 名詞 動詞 ❶敵《てき》の陣地《じんち》や城《しろ》などをせめて、うばいとること。❷相手《あいて》を負《ま》かしたり、むずかしいことに打《う》ち勝《か》ったりすること。例 ゲーム攻略のヒント。

こうりゃく【後略】 名詞 長《なが》い文章《ぶんしょう》を引用《いんよう》するときなどに、あとの文章《ぶんしょう》を省《はぶ》くこと。関連 前略《ぜんりゃく》。中略《ちゅうりゃく》。

こうりゅう【交流】
❶ 名詞 動詞 おたがいに行《い》き来《き》すること。交《まじ》わること。例 外国《がいこく》の学校《がっこう》との交流が始《はじ》まった。
❷ 名詞 決《き》まった時間《じかん》ごとに、流《なが》れる方向《ほうこう》が規則《きそく》正《ただ》しく変《か》わる電流《でんりゅう》。対 直流《ちょくりゅう》。
参考 ❷家庭用《かていよう》の電気《でんき》は交流《こうりゅう》。

ごうりゅう【合流】 名詞 動詞 ❶二《ふた》つ以上《いじょう》の川《かわ》がいっしょになって、一《ひと》つの流《なが》れになること。例 川《かわ》の合流点《てん》。❷二《ふた》つ以上《いじょう》の集《あつ》まりが一《ひと》つになること。例 目的地《もくてきち》でほかの班《はん》と合流する。

こうりょ【考慮】 名詞 動詞 よく考《かんが》えること。考《かんが》えに入《い》れること。例 各自《かくじ》の事情《じじょう》を考慮する。

こうりょう【香料】 名詞 ❶化粧品《けしょうひん》や食品《しょくひん》などに、においをつけるもの。❷死《し》んだ人《ひと》に供《そな》えるお金《かね》。香典《こうでん》。

こうりょう【綱領】 名詞 ❶ものごとの中心《ちゅうしん》になる大切《たいせつ》なことがら。❷政党《せいとう》や団体《だんたい》などの、基本《きほん》となる考《かんが》え方《かた》を書《か》きあらわしたもの。

こうりょう［と］【荒涼［と］】 副詞 景色《けしき》などがあれ果《は》てていて、さびしいようす。例 荒涼とした荒《あ》れ野原《のはら》。使い方 「荒涼たる大地《だいち》」などの形《かたち》でも使《つか》う。

こうりょく【効力】 名詞 効《き》き目《め》やはたらき。例 薬《くすり》の効力。類 効果《こうか》。効能《こうのう》。

こうりん【光琳】 ⇩177ページおがたこうりん

こうりん【後輪】 名詞 車《くるま》の後《うし》ろの車輪《しゃりん》。対 前輪《ぜんりん》。

こうれい【恒例】 名詞 ものごとが、決《き》まったときに決《き》まったやり方《かた》で行《おこな》われること。しきたりや習《なら》わしになっている儀式《ぎしき》や行事《ぎょうじ》。例 秋《あき》には恒例のお祭《まつ》りがある。

こうれい【高齢】 名詞 年《とし》をとっていること。

ごうれい【号令】 名詞 動詞 多《おお》くの人《ひと》に向《む》かって、大声《おおごえ》で命令《めいれい》や合図《あいず》をすること。また、そのことば。例 「集《あつ》まれ。」と号令をかける。

こうれいか【高齢化】 名詞 人口《じんこう》の中《なか》で、年《とし》をとっている人《ひと》の割合《わりあい》が大《おお》きくなること。⇩635ページ 社会へのとびら 少子高齢化《しょうしこうれいか》

こうれいかしゃかい【高齢化社会】 名詞 人口《じんこう》の中《なか》で、年《とし》をとっている人《ひと》の割合《わりあい》が大《おお》きくなってきた社会《しゃかい》。とくに、六十五才以上《ろくじゅうごさいいじょう》の人口《じんこう》の割合《わりあい》が七《なな》パーセントをこえた社会《しゃかい》をいう。

こうれいしゃ【高齢者】 名詞 年《とし》をとっている人《ひと》。ふつうは六十五才以上《ろくじゅうごさいいじょう》の人《ひと》を指《さ》す。

こうれいしゃかい【高齢社会】 名詞 人口《じんこう》の中《なか》で、年《とし》をとっている人《ひと》の割合《わりあい》が高《たか》い社会《しゃかい》。

こうれつ【後列】 名詞 後《うし》ろの列《れつ》。対 前列《ぜんれつ》。

こうろ【航路】 名詞 船《ふね》や航空機《こうくうき》の通《とお》る道筋《みちすじ》。例 外国《がいこく》航路。ことば 船《ふね》のときは「海路《かいろ》」「水《すい》

ことわざ **柳《やなぎ》の下《した》にいつもどじょうはいない** やなぎの木《き》の下《した》でどじょうをつかまえたことがあるといっても、いつもそこでどじょうがとれるとは限らない——

あいうえお　かきくけこ　さしすせそ　たちつてと　なにぬねの　はひふへほ　まみむめも　やゆよ　らりるれろ　わをん

関連＝関係《かんけい》の深《ふか》いことば

路《ろ》」、航空機《こうくうき》のときは「空路《くうろ》」ともいう。

こうろう【功労】 名詞 世《よ》の中《なか》のためにつくした骨折《ほねお》り。手《て》がら。例 長年《ながねん》にわたる功労が認《みと》められた。類 功績《こうせき》。

こうろうしょう【厚労省】 ⇒455ページ こうせいろうどうしょう

こうろん【口論】 名詞 動詞 言《い》い争《あらそ》うこと。言《い》い合《あ》い。口《くち》げんか。例 激《はげ》しい口論になる。

こうわ【講和】 名詞 動詞 戦争《せんそう》をやめて、仲直《なかなお》りすること。例 講和会議《かいぎ》／講和条約《じょうやく》。

こうわ【講話】 名詞 動詞 学問《がくもん》や世《よ》の中《なか》のことを、わかりやすく説明《せつめい》して聞《き》かせること。また、その話《はなし》。例 校長先生《こうちょうせんせい》の講話。

こうわかいぎ【講和会議】 名詞 講和条約《こうわじょうやく》を結《むす》ぶために、その国《くに》の代表《だいひょう》が集《あつ》まって行《おこな》う会議《かいぎ》。

こうわじょうやく【講和条約】 名詞 戦争《せんそう》をやめて、相手《あいて》の国《くに》と仲直《なかなお》りをすることを決《き》めた約束《やくそく》。「平和条約《へいわじょうやく》」ともいう。

こうわん【港湾】 名詞 船《ふね》がとまって、人《ひと》や荷《に》物《もつ》のあげ降ろしをするところ。港《みなと》。

こえ【声】 名詞 ❶人《ひと》や動物《どうぶつ》の口《くち》から出《で》る音《おと》。また、虫《むし》などが羽《はね》をすり合《あ》わせて出《だ》す音《おと》。例 虫《むし》の声。❷意見《いけん》。考《かんが》え。例 町《まち》の人《ひと》の声を集《あつ》めよう。

使い方 ほかのことばの前《まえ》につくときは、「こわ」となることが多《おお》い。「声色《こわいろ》」「声高《こわだか》」など。

漢 ⇒705ページ せい〔声〕

●**声《こえ》が潰《つぶ》れる** 大声《おおごえ》を出《だ》したりしたために、かすれた声《こえ》になる。

●**声《こえ》が弾《はず》む** うれしくて声《こえ》が生《い》き生《い》きとする。

●**声《こえ》を上《あ》げる** 大《おお》きな声《こえ》を出《だ》す。また、意見《いけん》を言《い》う。例 声を上げて泣《な》く／反対《はんたい》の声を上げる。

●**声《こえ》を荒《あら》らげる** あらあらしい声《こえ》で言《い》う。相手《あいて》に腹《はら》を立《た》てたりして、乱暴《らんぼう》な調子《ちょうし》で話《はな》す。

使い方 「声《こえ》を荒《あら》げる」と言《い》うことがあるが、正《ただ》しい言《い》い方《かた》は「声《こえ》を荒《あら》らげる」。

●**声《こえ》を限《かぎ》りに** ありったけの声《こえ》を出《だ》して。例 声を限りに応援《おうえん》する。

●**声《こえ》を掛《か》ける** ❶話《はな》しかける。例 友《とも》だちに後《うし》ろから声を掛けた。❷さそう。例 遊《あそ》びに行《い》こうと声を掛けた。

●**声《こえ》をからす** 夢中《むちゅう》で声《こえ》を出《だ》して、声をかすれさせる。例 声をからして演説《えんぜつ》した。

●**声《こえ》を忍《しの》ばせる** 小《ちい》さな声《こえ》で話《はな》す。例 図書館《としょかん》で声を忍ばせて話《はな》す。

●**声《こえ》を大《だい》にする** 考《かんが》えていることや、うったえたいことを、強《つよ》く主張《しゅちょう》する。例 環境《かんきょう》を破壊《はかい》する工事《こうじ》を中止《ちゅうし》するよう、声を大にして求《もと》める。

●**声《こえ》を立《た》てる** 声《こえ》を出《だ》す。

●**声《こえ》をのむ** ひどくおどろいたり、強《つよ》く感動《かんどう》したりして、声《こえ》が出《で》なくなる。

●**声《こえ》を張《は》り上《あ》げる** せいいっぱい大《おお》きな声《こえ》を出《だ》す。例 声を張り上げて歌《うた》う。

●**声《こえ》を潜《ひそ》める** 周《まわ》りの人《ひと》に聞《き》かれないように、小《ちい》さい声《こえ》でこっそり話《はな》す。

●**声《こえ》を振《ふ》り絞《しぼ》る** しぼり出《だ》すように、できる限《かぎ》りの大《おお》きな声《こえ》を出《だ》す。

●**声《こえ》を震《ふる》わせる** 声《こえ》がふるえるようにする。ふるえた声《こえ》を出《だ》す。例 悲《かな》しみに声を震わせる。

こえ【肥】 名詞 作物《さくもつ》がよく育《そだ》つように田《た》や畑《はたけ》に入《い》れる、栄養《えいよう》になるもの。こやし。肥料《ひりょう》。漢 ⇒1095ページ ひ〔肥〕

ごえい【護衛】 名詞 動詞 ある人《ひと》や物《もの》につきそって守《まも》ること。また、その役目《やくめ》の人《ひと》。例 大臣《だいじん》を護衛する／人気歌手《にんきかしゅ》に護衛がつく。類 警護《けいご》。

こえがわり【声変わり】 名詞 動詞 子供《こども》から大人《おとな》へと成長《せいちょう》するころ、おもに男子《だんし》が、大人《おとな》のような声《こえ》になること。

ごえつどうしゅう【呉越同舟】 ⇒937ページ 故事成語

ごえもんぶろ【五右衛門風呂】 名詞 かまどの上《うえ》に、底《そこ》が鉄《てつ》のおけをのせたふろ。底が熱《あつ》いので、湯《ゆ》にうかべてある板《いた》をふみしずめて入《はい》る。ことば 昔《むかし》、大《おお》どろぼうの石川五右衛門《いしかわごえもん》がかまゆでの刑《けい》になったという話《はなし》からきたことば。

こえる【肥える】 動詞 ❶太《ふと》る。例 馬《うま》が肥える。対 痩《や》せる。❷土地《とち》に養分《ようぶん》が増《ふ》えて、土《つち》の質《しつ》がよくなる。例 土地《とち》が肥えている。対 痩《や》せる。❸もののよい悪《わる》いを見分《みわ》ける力《ちから》がつく。例 目《め》が肥える／舌《した》が肥える。漢 ⇒1095ページ ひ〔肥〕

こえる【越える・超える】 動詞 ❶物《もの》の上《うえ》を通《とお》りすぎて、向《む》こう側《がわ》へ行《い》く。例 山《やま》を越える／ボールがフェンスを越えて飛《と》ぶ。❷ある数量《すうりょう》や限界《げんかい》を上《うわ》まわる。それ以上《いじょう》になる。例 千人《せんにん》を超える観衆《かんしゅう》／想像《そうぞう》を超えた結末《けつまつ》。

うこと。

こおう【呼応】 名詞 動詞 ❶呼《よ》びかけにこたえること。どこかの動《うご》きにつられて、ほかでも動《うご》きが出《で》ること。例 二組《にくみ》の活動《かつどう》に呼応して三組《さんくみ》でも読書活動《どくしょかつどう》が始《はじ》まった。❷あることばを使《つか》うと、それに対《たい》して、あとに決《き》まったことばがあらわれること。「けっして…ない」「まったく…ない」「たとえ…ても」など。

ゴーカート (go-cart) 名詞 遊園地《ゆうえんち》などにある、簡単《かんたん》に運転《うんてん》できる小型《こがた》の自動車《じどうしゃ》。

コークス (ドイツ語) 名詞 季語 冬 燃料《ねんりょう》の一《ひと》つ。石炭《せきたん》を蒸《む》し焼《や》きにしてガスをとったあとに残《のこ》ったもの。けむりを出《だ》さずに燃《も》え、火力《かりょく》が強《つよ》い。

ゴーグル (goggles) 名詞 風《かぜ》や紫外線《しがいせん》、水《みず》などを防《ふせ》ぐためのめがね。登山《とざん》やスキー、水泳《すいえい》などをするときに使《つか》う。

コース (course) 名詞 ❶進《すす》んでいく道《みち》。道筋《みちすじ》。例 旅行《りょこう》のコース。❷水泳《すいえい》や陸上競技《りくじょうきょうぎ》などのスポーツで、通《とお》るように決《き》められている道筋《みちすじ》。❸学習《がくしゅう》する内容《ないよう》や順序《じゅんじょ》。例 初級《しょきゅう》コース。❹西洋料理《せいようりょうり》で、順番《じゅんばん》に出《で》るひと組《くみ》の料理《りょうり》。例 フルコース。

コーダ (イタリア語) 名詞 曲《きょく》の終《お》わりなどに、まとまった感《かん》じを表《あらわ》すためにつけ加《くわ》える、しめくくりの部分《ぶぶん》。「Coda」と表《あらわ》す。

コーチ (coach) 名詞 動詞 運動競技《うんどうきょうぎ》などで、やり方《かた》やわざを教《おし》えて、指導《しどう》すること。また、その人《ひと》。例 野球《やきゅう》のコーチ。

コート (coat) 名詞 季語 冬 寒《さむ》さや雨《あめ》などを防《ふせ》ぐために、服《ふく》の上《うえ》に着《き》るもの。外《がい》とう。

コート (court) 名詞 テニス・バレーボール・バスケットボールなどの競技場《きょうぎじょう》。

コード (cord) 名詞 とちゅうで電気《でんき》がもれないように、ゴムやビニールなどで包《つつ》んだ電線《でんせん》。電《でん》気器具《きぐ》などで使《つか》う。例 掃除機《そうじき》のコード。

コード (code) 名詞 ❶符号《ふごう》。記号《きごう》。例 コード番号《ばんごう》／バーコード。❷規則《きそく》。例 放送《ほうそう》コード。

コードネーム (chord name) 名詞 音楽《おんがく》で、和音《わおん》を表《あらわ》す記号《きごう》。アルファベットや数字《すうじ》などの組《く》み合《あ》わせで表《あらわ》す。たとえば「C《シー》」はドミソの和音《わおん》を表《あらわ》す。

こおどり【小躍り】 名詞 動詞 うれしくて、思《おも》わずおどり上《あ》がること。例 小躍りして喜《よろこ》ぶ。

コードレス (cordless) 名詞 コードがついていないこと。また、コードがなくても使《つか》える電《でん》気器具《きぐ》。例 コードレス掃除機《そうじき》。

コーナー (corner) 名詞 ❶すみ。かど。例 コーナーにほこりがたまる。❷曲《ま》がっているところ。例 先頭走者《せんとうそうしゃ》が最後《さいご》のコーナーを回《まわ》った。❸いくつかに区切《くぎ》ったうちの一《ひと》つ。例 デパートの食品《しょくひん》コーナー。

こおにたびらこ ➡1224ページ ほとけのざ❶

コーヒー (オランダ語) 名詞 熱帯地方《ねったいちほう》に生《は》えるコーヒーの木《き》の種《たね》をいって、粉《こな》にしたもの。また、それからつくる、特別《とくべつ》な香《かお》りと苦《にが》みのある

伝統的《でんとうてき》な言語文化《げんごぶんか》

言《い》い表《あらわ》し方《かた》の工夫《くふう》

もみじのような手《て》

赤《あか》ちゃんの小《ちい》さな手《て》を「もみじのような手《て》」と言《い》うね。小《ちい》さな手《て》のかわいらしいようすがとてもよく伝《つた》わってくる。

「かもしかのような足《あし》」と言《い》えば、すらりと細《ほそ》く、速《はや》そうな感《かん》じがするし、「目《め》を皿《さら》のようにして」と言《い》えば、目《め》を大《おお》きくまんまるに見開《みひら》いた感《かん》じがするね。「～のような…」を使《つか》うと、ものごとのようすをいきいきとわかりやすく伝《つた》えられるよ。また、「かれはチームの王様《おうさま》だ」のように、「～のような」を使《つか》わなくても、同《おな》じような意味《いみ》になる場合《ばあい》もある。

「もみじのような」のような言《い》い表《あらわ》し方《かた》の工夫《くふう》は「比喩《ひゆ》」と呼《よ》ばれるよ。言《い》い表《あらわ》し方《かた》の工夫《くふう》には、「比喩《ひゆ》」のほかにもたくさんの種類《しゅるい》がある。「とんとん」「どんどん」のような擬《ぎ》音語《おんご》や「春《はる》がかけ足《あし》でやって来《き》た」のような「擬人法《ぎじんほう》」も言《い》い表《あらわ》し方《かた》の工夫《くふう》だね。では、次《つぎ》の文《ぶん》には、それぞれどのような工夫《くふう》がなされているか、わかるかな？　ふつうの言《い》い方《かた》と比《くら》べてみよう。

街《まち》じゅうに傘《かさ》の花《はな》がさいた。
　>街《まち》じゅうの人《ひと》が傘《かさ》をさした。
あの青《あお》い帽子《ぼうし》が母《はは》です。
　>あの青《あお》い帽子《ぼうし》をかぶっているのが母《はは》です。

もっとみてみよう！

- 擬人法《ぎじんほう》（→p.328）
- 擬音語《ぎおんご》（→p.318）
- 比喩《ひゆ》（→p.1125）

ことわざ **病《やまい》は気《き》から** 病気《びょうき》は、気持《きも》ちの持《も》ち方《かた》によって、よくなったり悪《わる》くなったりするものだとい

飲《の》み物《もの》。

ゴーヤー ⇒877ジ《ペー》 つるれいし

コーラス (chorus) 名詞 合《がっ》唱《しょう》。また、合《がっ》唱《しょう》曲《きょく》。合唱団《がっしょうだん》。例 男声《だんせい》コーラス。

コーラン (Koran) 名詞 イスラム教《きょう》の聖典《せいてん》。神《かみ》アッラーがムハンマド（＝マホメット）に教《おし》示《しめ》したことをまとめたもの。

こおり【氷】 名詞 季語冬 水《みず》がセ氏《し》零度《れいど》より低《ひく》い温度《おんど》になって固《かた》まったもの。例 かき氷／池《いけ》に氷が張《は》る。使い方「こうり」と書《か》かないよう注意《ちゅうい》。漢 ⇒1126ジ《ペー》 ひょう〔氷〕

こおりざとう【氷砂糖】 名詞 砂糖《さとう》を水《みず》にとかしてから、水分《すいぶん》を蒸発《じょうはつ》させて固《かた》めたもの。

こおりつく【凍り付く】 動詞 こおった状態《じょうたい》になる。すっかりこおって固《かた》まる。

こおりみず【氷水】 名詞 季語夏 ❶氷《こおり》を入《い》れて冷《つめ》たくした水《みず》。❷氷《こおり》を細《こま》かくけずって、シロップなどをかけた食《た》べ物《もの》。かき氷《ごおり》。ことば 季語《きご》として使《つか》うのは❷の意味《いみ》。

こおる【凍る】 動詞 季語冬 温度《おんど》が低《ひく》くなったために、水《みず》などが固《かた》まる。例 池《いけ》の水《みず》が凍る。使い方「氷る」と書《か》かないよう注意《ちゅうい》。

コール (call) 名詞 動詞 電話《でんわ》などで、呼《よ》び出《だ》すこと。電話《でんわ》をかけること。例 何度《なんど》コールしてもだれも出《で》ない。

ゴール (goal)
❶ 名詞 動詞 競走《きょうそう》などの決勝点《けっしょうてん》。また、そこに入《はい》ること。例 一着《いっちゃく》でゴールする。❷ 名詞 動詞 サッカーやバスケットボールなどで、ボールを入《い》れて得点《とくてん》になる所《ところ》。また、そこへボールを入《い》れて点《てん》をとること。例 ゴール目《め》がけてボールをける／ゴールを決《き》める。❸ 名詞 最終《さいしゅう》の目的《もくてき》や目標《もくひょう》。例 文集《ぶんしゅう》づくりのゴールは間近《まぢか》だ。

ゴールイン 名詞 動詞 ゴールに入《はい》ること。ゴールに着《つ》くこと。ことば 英語《えいご》をもとに日本《にほん》で作《つく》られたことば。

ゴールキーパー (goalkeeper) 名詞 サッカーやホッケーなどで、ゴールを守《まも》る選手《せんしゅ》。略《りゃく》して「キーパー」ともいう。

コールタール (coal tar) 名詞 石炭《せきたん》を蒸《む》し焼《や》きにしたときに出《で》る、黒《くろ》いねばねばしたもの。木材《もくざい》などにぬってくさらないようにしたり、薬《や》品《ひん》などの原料《げんりょう》にしたりする。

ゴールテープ 名詞 競走《きょうそう》の決勝点《けっしょうてん》に張《は》るひも。例 アンカーがゴールテープを切《き》った。ことば 英語《えいご》をもとに日本《にほん》で作《つく》られたことば。

ゴールデンアワー 名詞 テレビやラジオの放《ほう》送《そう》を見《み》たり聞《き》いたりする人《ひと》がいちばん多《おお》い時間《じかん》帯《たい》。午後七時《ごごしちじ》から九時《くじ》または十時《じゅうじ》までをいう。ことば 英語《えいご》をもとに日本《にほん》で作《つく》られたことば。

ゴールデンウイーク 名詞 四月《しがつ》の終《お》わりから五月《ごがつ》の初《はじ》めにかけての、休日《きゅうじつ》の多《おお》い週《しゅう》。ことば 英語《えいご》をもとに日本《にほん》で作《つく》られたことば。

ゴールド (gold) 名詞「金《きん》」「金色《きんいろ》」のこと。

コールドゲーム (called game) 名詞 野球《やきゅう》で、大雨《おおあめ》になったり、五回《ごかい》を過《す》ぎたときの得点《とくてん》差《さ》がとても大《おお》きくなっていたりしたとき、試合《しあい》をやめてそれまでの点数《てんすう》で勝負《しょうぶ》を決《き》めること。

コールドチェーン (cold chain) 名詞 肉《にく》・魚《さかな》・野菜《やさい》などの生鮮食品《せいせんしょくひん》を、冷凍《れいとう》・冷蔵《れいぞう》・低《てい》温《おん》の状態《じょうたい》で、生産《せいさん》したところから消費者《しょうひしゃ》のところまで運《はこ》ぶやり方《かた》。鮮度《せんど》が落《お》ちにくい。「低《てい》温流通体系《おんりゅうつうたいけい》」ともいう。

こおろぎ 名詞 季語秋 夏《なつ》から秋《あき》に、草《くさ》むらなどで鳴《な》く昆虫《こんちゅう》の一《ひと》つ。体《からだ》は黒《くろ》っぽい茶色《ちゃいろ》で、つやがある。めすは鳴《な》かない。

こおろぎ

コーン (cone) 名詞 アイスクリームやソフトクリームを入《い》れる、円《えん》すいの形《かたち》をした入《い》れ物《もの》。

コーン (corn) 名詞「とうもろこし」のこと。小麦粉《こむぎこ》などを混《ま》ぜて焼《や》いて作《つく》る。例 ポップコーン／コーンスープ。

（※上の2項目は印刷順：コーン(corn)「とうもろこし」のこと。例 ポップコーン／コーンスープ。）

ごおん【呉音】 名詞 漢字《かんじ》の音《おん》の一《ひと》つ。奈良時《ならじ》代以前《だいいぜん》に日本《にほん》に伝《つた》わった、もっとも古《ふる》い音《おん》。「行」を「ぎょう」、「人」を「にん」と読《よ》むなど。関連 漢音《かんおん》。唐音《とうおん》。

ごおん【御恩】 名詞 人《ひと》から受《う》けた恩《おん》を、相手《あいて》を尊敬《そんけい》していうことば。例 御恩は忘《わす》れません。

こがい【戸外】 名詞 家《いえ》の外《そと》。屋外《おくがい》。

こがい【子飼い】 名詞
❶鳥《とり》をひなから育《そだ》てること。❷未熟《みじゅく》なうちから世話《せわ》をして、一人前《いちにんまえ》に育《そだ》てること。例 子飼いの部下《ぶか》。

ごかい 名詞 みみずに似《に》た動物《どうぶつ》。茶色《ちゃいろ》っぽく、細長《ほそなが》い。浅《あさ》い海《うみ》のどろの中《なか》にいる。つりのえさにする。

ごかい【誤解】 名詞 動詞 ものごとを、まちがえて別《べつ》の意味《いみ》に受《う》けとること。意味《いみ》をとりちがえること。例 友《とも》だちが言《い》ったことを誤解していた／誤解を招《まね》く表現《ひょうげん》。

こがいしゃ【子会社】 名詞 経営《けいえい》について、資金《しきん》を出《だ》しているほかの会社《かいしゃ》（＝親会社《おやがいしゃ》）の支《し》配《はい》を受《う》けている会社《かいしゃ》。対 親会社《おやがいしゃ》。

ごかいどう【五街道】 名詞 江《え》戸《ど》時代《じだい》の、江《え》戸《ど》の日本橋《にほんばし》を出《しゅっ》発点《ぱってん》とした五《いつ》つの街道《かいどう》。東海《とうかい》道《どう》・中山道《なかせんどう》・奥《おう》州《しゅう》街道《かいどう》・日光《にっこう》街道《かいどう》・甲州《こうしゅう》街《かい》道《どう》。

ごかいどう

ごかく【互角】 名詞 形容動詞 おたがいの力《ちから》が同《おな》じくらいであること。例 互角の戦《たたか》い。類 五分五分《ごぶごぶ》。ことば もとは「牛角」と書《か》いた。牛《うし》の左右《さゆう》の角《つの》は大《おお》きさが同《おな》じであることからきたことば。

ごがく【語学】 名詞 ❶外国語《がいこくご》の学習《がくしゅう》。例 語学の才能《さいのう》がある。❷ことばを研究《けんきゅう》する学問《がくもん》。

ごかくけい【五角形】 名詞 五《いつ》つの直線《ちょくせん》で囲《かこ》まれた図形《ずけい》。ごかっけい。図 ↓686ジベー ずけい

こかげ【木陰】 名詞 木《き》の下《した》の日陰《ひかげ》。

ごかじょうのごせいもん【五か条の御誓文】 名詞 明治政府《めいじせいふ》が一八六八年《ねん》に示《しめ》した五《いつ》つの条文《じょうぶん》。基本的《きほんてき》な政治《せいじ》の方針《ほうしん》を示《しめ》している。

こがす【焦がす】 動詞 ❶焼《や》いて黒《くろ》くする。例 パンを焦がす。❷ひどく思《おも》いつめて、心《こころ》を苦《くる》しめる。例 会《あ》いたさに胸《むね》を焦がす。

こがた【小形】 名詞 形《かたち》が小《ちい》さいこと。対 大形《おおがた》。

こがた【小型】 名詞 同《おな》じ種類《しゅるい》のもののうちで、小《ちい》さいほうであること。例 小型自動車《じどうしゃ》／小型のカメラ。対 大型《おおがた》。

こがたな【小刀】 名詞 鉛筆《えんぴつ》をけずるときなどに使《つか》う、小《ちい》さな刃物《はもの》。

ごかっけい【五角形】 ↓467ジベー ごかくけい

ごがつにんぎょう【五月人形】 名詞 季語夏 五月五日《ごがついつか》の端午《たんご》の節句《せっく》にかざる、男《おとこ》の子《こ》のための祝《いわ》いの人形《にんぎょう》。

こがね【黄金】 名詞 「金《きん》」「金貨《きんか》」の古《ふる》い言《い》い方《かた》。おうごん。くがね。例 黄金色《いろ》。関連 しろがね。あかがね。くろがね。

こがねいろ【黄金色】 名詞 光《ひか》りかがやくような黄色《きいろ》。金色《きんいろ》。

こがねむし【黄金虫】 名詞 季語夏 卵形《たまごがた》でつやのある緑色《みどりいろ》のかたい羽《はね》を持《も》つ昆虫《こんちゅう》。ならやくぬぎなどの木《き》の葉《は》を食《く》いあらす。

こがねむし

ごかやま【五箇山】 名詞 富山県《とやまけん》の南西部《なんせいぶ》にある地域《ちいき》。合掌造《がっしょうづく》りの大《おお》きな民家《みんか》が残《のこ》る。岐阜県《ぎふけん》の白川郷《しらかわごう》とともに世界文化遺産《せかいぶんかいさん》に登録《とうろく》された。

こがら【小柄】 名詞 形容動詞 ❶体《からだ》が、ふつうより小《ちい》さいこと。対 大柄《おおがら》。❷模様《もよう》が細《こま》かいこと。対 大柄《おおがら》。

こがらし【木枯らし】 名詞 季語冬 秋《あき》から冬《ふゆ》の初《はじ》めにかけてふく、冷《つめ》たくかわいた北風《きたかぜ》。

こがれる【焦がれる】 動詞 苦《くる》しくなるほど深《ふか》く思《おも》う。強《つよ》くあこがれる。例 春《はる》のおとずれを待《ま》ち焦がれる。

こがん【湖岸】 名詞 湖《みずうみ》の岸《きし》。

ごかん【五官】 名詞 人《ひと》がものを感《かん》じる五《いつ》つの器官《きかん》。目《め》・耳《みみ》・鼻《はな》・舌《した》・皮膚《ひふ》。

ごかん【五感】 名詞 人間《にんげん》が持《も》っている五《いつ》つの感覚《かんかく》。視覚《しかく》・聴覚《ちょうかく》・嗅覚《きゅうかく》・味覚《みかく》・触覚《しょっかく》。

ごかん【語幹】 名詞 形《かたち》が変《か》わることばの、変《か》わらない部分《ぶぶん》。「動《うご》く」の「うご」、「青《あお》い」の「あお」など。対 語尾《ごび》。

ごかん【語感】 名詞 ことばから受《う》ける感《かん》じ。また、ことばに対《たい》する感覚《かんかく》。例 やわらかな語感のことば／語感がするどい作家《さっか》。

ごがん【護岸】 名詞 川岸《かわぎし》や海岸《かいがん》の堤防《ていぼう》などをしっかりとつくって、洪水《こうずい》や高潮《たかしお》などの水害《すいがい》から守《まも》ること。例 護岸工事《こうじ》。

ごがんブロック【護岸ブロック】 名詞 川《かわ》などの岸《きし》を、浸食《しんしょく》などから守《まも》るためのブロック。

こき【古希】 名詞 七十才《ななじっさい》のこと。例 古希の祝《いわ》い。ことば 中国《ちゅうごく》の杜甫《とほ》という詩人《しじん》の詩《し》の、「人《じん》

ことわざ　寄《よ》らば大樹《たいじゅ》の陰《かげ》　雨《あめ》などをさけるために木《き》の下《した》に身《み》を寄《よ》せるなら、大《おお》きい木《き》のほうがよいとい

生七十古来稀なり《せいしちじゅうこらいまれなり》」からきたことば。⇩1452ページ
年齢《ねんれい》を表《あらわ》すことば

こき【呼気】名詞 体《からだ》の外《そと》にはき出《だ》す息《いき》。対 吸《きゅう》気《き》。

ごき【語気】名詞 ことばの調子《ちょうし》。ことばの勢《いきお》い。例 語気をあらくする。類 語調《ごちょう》。

こきおろす【こき下ろす】動詞 欠点《けってん》をとり上《あ》げて、悪《わる》く言《い》う。けなす。例 作品《さくひん》をさんざんこき下ろされる。

ごきげん【御機嫌】
❶名詞「機嫌《きげん》」のていねいな言《い》い方《かた》。例 御機嫌はいかがですか。
❷形容動詞 機嫌《きげん》や気分《きぶん》がよいようす。上機嫌《じょうきげん》。例 発表会《はっぴょうかい》が成功《せいこう》して、みんな御機嫌だ。

ごきげんななめ【御機嫌斜め】形容動詞 機《き》嫌《げん》がよくないようす。不機嫌《ふきげん》。例 姉《あね》は長《なが》い時《じ》間《かん》待《ま》たされて御機嫌斜めだ。

ごきげんよう【御機嫌よう】感動詞 人《ひと》と会《あ》ったときや別《わか》れるときに、健康《けんこう》を喜《よろこ》んだり願《ねが》ったりして言《い》うあいさつのことば。

こきざみ【小刻み】名詞 形容動詞
❶細《こま》かく速《はや》く動《うご》くこと。例 かたを小刻みにふるわせて泣《な》く。
❷何回《なんかい》かに分《わ》けて、少《すこ》しずつ行《おこな》うこと。例 小刻みに得点《とくてん》を重《かさ》ねる。

こきつかう【こき使う】動詞 休《やす》むひまもないほどひどく働《はたら》かせる。

こぎつける【こぎ着ける】動詞
❶ふねをこいで、目指《めざ》すところに着《つ》ける。
❷努力《どりょく》して、目的《もくてき》や目標《もくひょう》を達成《たっせい》する。例 作品《さくひん》はどうにか完成《かんせい》までこぎ着けた。

こぎって【小切手】名詞 銀行《ぎんこう》にお金《かね》を預《あず》けている人《ひと》が、ほかの人《ひと》にお金《かね》をしはらうとき、その金額《きんがく》を書《か》いて、現金《げんきん》の代《か》わりに相手《あいて》にわたす証書《しょうしょ》。例 小切手を切《き》る。

ごきぶり 名詞 季語 夏 台所《だいどころ》などで見《み》かける昆《こん》虫《ちゅう》。黒《くろ》っぽい茶色《ちゃいろ》で油《あぶら》のようなつやがあり、平《ひら》たい体《からだ》をしている。種類《しゅるい》が多《おお》く、外《そと》にすむものもいる。「油虫《あぶらむし》」ともいう。

こきみよい【小気味よい】形容詞 胸《むね》がすっとするようで気持《きも》ちがよい。例 ボートは小気味よい速《はや》さで川《かわ》を下《くだ》った。

こきゅう【呼吸】
❶名詞 動詞 息《いき》を吸《す》ったりはいたりすること。とくに、生物《せいぶつ》が酸素《さんそ》を体《からだ》の中《なか》にとり入《い》れ、二酸化《にさんか》炭素《たんそ》を体《からだ》の外《そと》に出《だ》すはたらき。例 えら呼吸。
❷名詞 おたがいの調子《ちょうし》。例 二人《ふたり》の呼吸が合《あ》う。
❸名詞 こつ。例 サーブの呼吸をつかんだ。

こきゅうき【呼吸器】名詞 動物《どうぶつ》が呼吸《こきゅう》をするために使《つか》う器官《きかん》。のど・気管《きかん》・肺《はい》・えらなど。

こきょう【故郷】名詞 生《う》まれ育《そだ》った土地《とち》。ふるさと。類 郷土《きょうど》。郷里《きょうり》。

● **故郷《こきょう》へ錦《にしき》を飾《かざ》る** ⇩185ページ ことわざ

ごぎょう ⇩1074ページ ははこぐさ

ごぎょう【五行】名詞 昔《むかし》の中国《ちゅうごく》で、この世《よ》のすべてのもとになっていると考《かんが》えられた「木《もく》・火《か》・土《ど》・金《こん》・水《すい》」の五《いつ》つ。

こぎれい【小ぎれい】形容動詞 きちんと整《ととの》っていて、さっぱりしているようす。例 身《み》なりが小ぎれいで感《かん》じがよい。

こきんしゅう【古今集】⇩468ページ こきんわかしゅう

こきんわかしゅう【古今和歌集】名詞 平《へい》安時代《あんじだい》の中《なか》ごろに、醍醐天皇《だいごてんのう》が、紀貫之《きのつらゆき》・紀友《きのとも》則《のり》らに命《めい》じてつくらせた和歌集《わかしゅう》。略《りゃく》して「古《こ》今集《きんしゅう》」ともいう。

こく 名詞 濃《こ》くて深《ふか》みのある味《あじ》わい。例 こくのあるスープ。

こく【石】名詞
❶昔《むかし》、日本《にほん》で使《つか》われていた容積《ようせき》の単位《たんい》。米《こめ》や酒《さけ》を量《はか》るときに使《つか》われた。一石《いっこく》は約百八十《やくひゃくはちじゅう》リットル。
❷昔《むかし》の大名《だいみょう》や武士《ぶし》の給与《きゅうよ》の単位《たんい》。例 十万石《じゅうまん》の大名《だいみょう》。
漢 ⇩719ページ せき〔石〕

漢 **こく**【告】〔口《くち》〕7画 5年 音 コク 訓 つげる

❶つげる。知《し》らせる。例 告白《こくはく》／広告《こうこく》／報告《ほうこく》／予告《よこく》。❷うったえる。例 告訴《こくそ》／原告《げんこく》／被告《ひこく》。

こく【谷】漢 ⇩806ページ たに〔谷〕

漢 **こく**【刻】〔刂《りっとう》〕8画 6年 音 コク 訓 きざむ

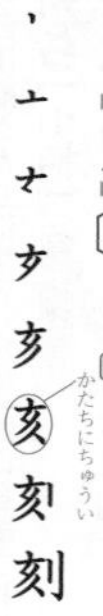

❶きざむ。ほる。例 刻印《こくいん》／彫刻《ちょうこく》。❷とき。時《じ》間《かん》。例 時刻《じこく》／先刻《せんこく》／遅刻《ちこく》／定刻《ていこく》／夕刻《ゆうこく》。❸き

らに困《こま》ったことが起《お》こること。

びしい。例 深刻《しんこく》。

漢 **こく【国】**〔口《くにがまえ》〕 8画 2年 音 コク 訓 くに

丨 冂 冂 冂 冃 囯 国 国（てんをわすれないように）

くに。例 国営《こくえい》／国際《こくさい》／国家《こっか》／外国《がいこく》／雪国《ゆきぐに》。

漢 **こく【黒】**〔黒《くろ》〕 11画 2年 音 コク 訓 くろ・くろい

丶 冂 冃 日 甲 甲 里 黒（てんのうちかたちゅうい）

くろい。例 黒字《くろじ》／黒板《こくばん》／黒白《こくびゃく》／暗黒《あんこく》。対 白《はく》。

漢 **こく【穀】**〔禾《のぎへん》〕 14画 6年 音 コク 訓

士（上をながく） 声 壴 𣏂（とめる） 𣏂 𣏂（はねる） 穀 穀（くっつけない）

こくもつ。例 穀倉《こくそう》／穀類《こくるい》／五穀《ごこく》／雑穀《ざっこく》／脱穀《だっこく》。

こく【酷】 形容動詞 厳《きび》しすぎるようす。例 面《めん》と向《む》かって、欠点《けってん》を指摘《してき》するなんて酷だ。

こぐ 動詞
❶ろ・かいなどを使《つか》ってふねを進《すす》める。例 ボートをこぐ。
❷足《あし》をのばしたり縮《ちぢ》めたりして、自転車《じてんしゃ》やぶらんこなどを動《うご》かす。
ことば いねむりすることを「ふねをこぐ」という。

こぐ❶

ごく【極】 副詞 きわめて。非常《ひじょう》に。例 ごくわずかの差《さ》。使い方 ふつうかな書《が》きにする。漢 ↓

ごく【獄】 名詞 罪人《ざいにん》を閉《と》じこめておくところ。ろう屋《や》。例 獄につながれる（＝ろう屋《や》に入《い》れられる）。

362ジ《ぺー》 きょく〔極〕

ごく【語句】 名詞 一《ひと》つのことば。また、ひとまとまりのことば。例 語句の意味《いみ》を調《しら》べる。

ごくい【極意】 名詞 芸術《げいじゅつ》や武道《ぶどう》などでの、いちばん大切《たいせつ》な技《ぎ》術《じゅつ》や心構《こころがま》え。例 剣道《けんどう》の極意をさずける。類 奥義《おうぎ》。

こくいっこく【と】【刻一刻［と］】 副詞 時《とき》がたつにつれて。しだいしだいに。例 スタートの時《とき》が刻一刻とせまる。

こくいん【刻印】 名詞
❶印《いん》をほること。また、その印《いん》。
❷いつまでも消《け》すことのできない評判《ひょうばん》や評《ひょう》価《か》。例 ひきょう者《もの》の刻印をおされる。

こくう【穀雨】 名詞 季語春 二十四節気《にじゅうしせっき》の一《ひと》つ。春《はる》の雨《あめ》が降《ふ》り、穀物《こくもつ》をうるおすころ。四月《しがつ》二十日《はつか》ごろ。↓1450ジ《ぺー》 二十四節気《にじゅうしせっき》

こくうん【国運】 名詞 国《くに》の運命《うんめい》。例 次《つぎ》の国際《こくさい》会議《かいぎ》に国運をかける。

こくえい【国営】 名詞 国《くに》がお金《かね》を出《だ》して事業《じぎょう》を行《おこな》うこと。例 国営事業《じぎょう》／国営放送《ほうそう》。関連 公《こう》営《えい》。私営《しえい》。

こくえん【黒煙】 名詞 黒《くろ》いけむり。

こくえん【黒鉛】 名詞 炭素《たんそ》でできている黒色《くろいろ》の鉱物《こうぶつ》。「石墨《せきぼく》」ともいう。

こくおう【国王】 名詞 王国《おうこく》を治《おさ》める人《ひと》。王《おう》。

こくがい【国外】 名詞 国《くに》の外《そと》。対 国内《こくない》。

こくがく【国学】 名詞 江戸時代《えどじだい》、「古事記《こじき》」などの古《ふる》い書物《しょもつ》を調《しら》べて、古《ふる》くから日本《にほん》にあった文化《ぶんか》を明《あき》らかにしようとした学問《がくもん》。関連 漢《かん》学《がく》。らん学《がく》。教科 社 国学《こくがく》の学者《がくしゃ》としては、賀茂《かもの》真淵《まぶち》・本居宣長《もとおりのりなが》などが有名《ゆうめい》。

こくぎ【国技】 名詞 その国《くに》を代表《だいひょう》するスポーツ・武術《ぶじゅつ》。参考 日本《にほん》の国技《こくぎ》は、すもう。

こくげん【刻限】 名詞 それまでと決《き》められた時刻《じこく》。例 必死《ひっし》で走《はし》ってなんとか約束《やくそく》の刻限に間《ま》に合《あ》った。

こくご【国語】 名詞
❶その国《くに》のことば。例 イギリスの国語は英語《えいご》だ。
❷日本《にほん》の国《くに》のことば。日本語《にほんご》。
❸学校《がっこう》で習《なら》う教科《きょうか》の一《ひと》つ。国語科《こくごか》。

こくこく【と】【刻刻［と］】 ↓485ジ《ぺー》 こっこく［と］

こくごじてん【国語辞典】 名詞 日本語《にほんご》のことばを集《あつ》めて、決《き》まった順序《じゅんじょ》で並《なら》べ、意味《いみ》や使《つか》い方《かた》などを書《か》いた本《ほん》。

こくさい【国債】 名詞 国《くに》が、お金《かね》を借《か》り入《い》れること。また、そのために発行《はっこう》する証書《しょうしょ》。

こくさい【国際】 名詞 国《くに》と国《くに》との関係《かんけい》。一《ひと》つの国《くに》だけではなく、いろいろな国《くに》に関係《かんけい》があること。例 国際関係《かんけい》／国際交流《こうりゅう》。

こくさいうちゅうステーション【国際宇宙ステーション】 名詞 日本《にほん》・アメリカ・カナダ・ヨーロッパ各国《かっこく》・ロシアが共同《きょうどう》で開発《かいはつ》した宇宙《うちゅう》ステーション。地上約四百《ちじょうやくよんひゃっ》キロメートルの上空《じょうくう》にあり、地球《ちきゅう》の周《まわ》りを回《まわ》り

ことわざ **弱《よわ》り目《め》にたたり目《め》** 不幸《ふこう》なことの上《うえ》に、さらに災難《さいなん》が重《かさ》なること。また、困《こま》っているときにさ

ながら、天体《てんたい》の観測《かんそく》やさまざまな実験《じっけん》・研究《けんきゅう》などを行《おこな》っている。「ＩＳＳ《アイエスエス》」ともいう。

こくさいオリンピックいいんかい【国際オリンピック委員会】⇒14ページ アイオーシー

こくさいか【国際化】名詞 動詞 多《おお》くの国々《くにぐに》とかかわるような広《ひろ》がりを持《も》つこと。

こくさいかいぎ【国際会議】名詞 各国《かっこく》の代表者《だいひょうしゃ》が集《あつ》まって、それぞれの国《くに》に関係《かんけい》のある問題《もんだい》を話《はな》し合《あ》うための会議《かいぎ》。

こくさいくうこう【国際空港】名詞 外国《がいこく》との間《あいだ》を行《い》き来《き》する飛行機《ひこうき》が発着《はっちゃく》する飛行場《ひこうじょう》。日本《にほん》では、成田国際空港《なりたこくさいくうこう》・関西国際空港《かんさいこくさいくうこう》など。

こくさいげんしりょくきかん【国際原子力機関】⇒14ページ アイエーイーエー

ごくさいしき【極彩色】名詞 目立《めだ》つ色《いろ》を使《つか》った、はなやかないろどり。例 極彩色の絵《え》。

こくさいしょく【国際色】名詞 いろいろな国《くに》の人《ひと》や物《もの》が入《い》りまじっているところにつくり出《だ》される、特別《とくべつ》な気分《きぶん》や雰囲気《ふんいき》。

こくさいしんぜん【国際親善】名詞 国《くに》と国《くに》とが仲《なか》よくすること。

こくさいシンボルマーク【国際シンボルマーク】名詞 障害《しょうがい》のある人《ひと》が利用《りよう》できる建物《たてもの》・施設《しせつ》・乗《の》り物《もの》であることを表《あらわ》す世界《せかい》共通《きょうつう》のマーク。「車椅子《くるまいす》マーク」とも呼《よ》ばれる。

こくさいせん【国際線】名詞 国《くに》と国《くに》とを結《むす》んで定期的《ていきてき》に飛行機《ひこうき》が飛《と》ぶ路線《ろせん》。

こくさいつうかききん【国際通貨基金】名詞 国際連合《こくさいれんごう》の機関《きかん》の一《ひと》つ。国際貿易《こくさいぼうえき》の安定《あんてい》・発展《はってん》を目的《もくてき》とし、一九四五年《ねん》につくられた。本部《ほんぶ》はワシントン。「ＩＭＦ《アイエムエフ》」ともいう。

こくさいてき【国際的】形容動詞 世界《せかい》の多《おお》くの国《くに》に関係《かんけい》しているようす。また、世界的《せかいてき》に広《ひろ》がっているようす。

こくさいでんわ【国際電話】名詞 別《べつ》の国《くに》との間《あいだ》で行《おこな》う電話《でんわ》。

こくさいひょうじゅんかきこう【国際標準化機構】名詞 工業製品《こうぎょうせいひん》・農産物《のうさんぶつ》・医《い》薬品《やくひん》などの、標準《ひょうじゅん》となる規格《きかく》を作《つく》ることを目《もく》的《てき》とする国際機関《こくさいきかん》。「ＩＳＯ《アイエスオー》」ともいう。

こくさいへいわ【国際平和】名詞 世界《せかい》の国々《くにぐに》の間《あいだ》に、戦争《せんそう》や争《あらそ》いがないこと。

こくさいみほんいち【国際見本市】名詞 産業《さんぎょう》や貿易《ぼうえき》の発展《はってん》のため、いろいろな国《くに》から商品《しょうひん》を集《あつ》めて大勢《おおぜい》の人《ひと》に見《み》せるもよおし。

こくさいれんごう【国際連合】名詞 第二次世界《だいにじせかい》大戦《たいせん》のあとにできた、世界《せかい》の平和《へいわ》と安全《あんぜん》を守《まも》るためのしくみ。世界《せかい》の多《おお》くの国々《くにぐに》が加盟《かめい》している。本部《ほんぶ》はアメリカのニューヨークにある。略《りゃく》して「国連《こくれん》」ともいう。⇒471ページ 社会へのとびら

（旗《はた》）

こくさいれんめい【国際連盟】名詞 第一《だいいち》次世界大戦《じせかいたいせん》のあとにできた、世界《せかい》の平和《へいわ》と安全《あんぜん》を守《まも》るためのしくみ。国際連合《こくさいれんごう》ができたあと、解散《かいさん》した。参考 アメリカが参加《さんか》しなかったり、日本《にほん》・ドイツ・イタリアがやめてしまったりしたので、第二次世界大戦《だいにじせかいたいせん》を防《ふせ》ぐことはできなかった。

こくさく【国策】名詞 その国《くに》が目指《めざ》している方向《ほうこう》に向《む》けての、国《くに》の政治《せいじ》のやり方《かた》。

こくさん【国産】名詞 その国《くに》でつくられた産《さん》物《ぶつ》。とくに、日本《にほん》でつくられたもの。例 国産品《ひん》／国産の自動車《じどうしゃ》。対 舶来《はくらい》。

こくし【国司】名詞 奈良《なら》・平安時代《へいあんじだい》に、地方《ちほう》の国々《くにぐに》を治《おさ》めるために朝廷《ちょうてい》が送《おく》った役人《やくにん》。

こくし【国史】名詞 国《くに》の歴史《れきし》。とくに、日本《にほん》の国《くに》の歴史《れきし》。日本史《にほんし》。

こくし【酷使】名詞 動詞 激《はげ》しく使《つか》うこと。こき使《つか》うこと。例 目《め》を酷使する仕事《しごと》。

こくじ【告示】名詞 動詞 国《くに》や都道府県《とどうふけん》などが、

ガッテン日本語教室

国字《こくじ》

中国《ちゅうごく》の漢字《かんじ》の作《つく》り方《かた》にならって、日本《にほん》で独自《どくじ》に作《つく》られた漢字《かんじ》があるのを知《し》っているかな？　これを「国字《こくじ》」と呼《よ》んでいる。

小学校《しょうがっこう》で習《なら》う国字《こくじ》は「畑《はたけ》」「働《はたら》（く）」「栃《とち》」の３字《じ》。国字《こくじ》の多《おお》くは訓読《くんよ》みしか持《も》たないけれど、「労働《ろうどう》」のように「働」には「ドウ」という音読《おんよ》みもあり、最近《さいきん》では中国《ちゅうごく》でも使《つか》われている。

国字《こくじ》には、ほかに「道《みち》が十文字《じゅうもんじ》になっているところ」という意味《いみ》の「辻《つじ》」や、「山《やま》を登《のぼ》りきったところ」という意味《いみ》の「峠《とうげ》」などがあるよ。

決《き》めたことを世《よ》の中《なか》の人《ひと》に広《ひろ》く知《し》らせること。例 選挙《せんきょ》の告示があった。類 公示《こうじ》。

こくじ【国字】名詞 ❶その国《くに》で使《つか》っている文字《もじ》。❷日本《にほん》で作《つく》った漢字《かんじ》。「畑」「峠」「働」など。❸かな文字《もじ》。

↓470ジペー 日本語教室

こくじ【酷似】名詞 動詞 見分《みわ》けがつかないほど、よく似《に》ていること。例 酷似した文章《ぶんしょう》。

こくじこうい【国事行為】名詞 天皇《てんのう》が、内閣《ないかく》の助言《じょげん》と承認《しょうにん》を受《う》けて、憲法《けんぽう》で決《き》められたことがらを行《おこな》うこと。

こくしびょう【黒死病】↓1191ジペーペスト

こくしょ【酷暑】名詞 季語夏 非常《ひじょう》に暑《あつ》いこと。夏《なつ》の厳《きび》しい暑《あつ》さ。類 炎暑《えんしょ》。極暑《ごくしょ》。対 酷寒《こっかん》。

ごくしょ【極暑】名詞 季語夏 非常《ひじょう》に暑《あつ》いこと。類 酷暑《こくしょ》。対 極寒《ごっかん》。

こくじょう【国情】名詞 国《くに》の政治《せいじ》・経済《けいざい》・文化《ぶんか》などのようす。

ごくじょう【極上】名詞 たいへん上等《じょうとう》なこと。質《しつ》がとてもよいこと。例 極上の品《しな》。

こくしょくじんしゅ【黒色人種】名詞 皮膚《ひふ》の色《いろ》が黒《くろ》みがかった褐色《かっしょく》の人種《じんしゅ》。黒人《こくじん》。アフリカ中部《ちゅうぶ》より南《みなみ》の地域《ちいき》のほか、南北《なんぼく》アメリカ大陸《たいりく》などにも住《す》む。関連 黄色人種《おうしょくじんしゅ》。白色人種《はくしょくじんしゅ》。

こくじん【黒人】↓471ジペーこくしょくじんしゅ

こくせい【国政】名詞 国《くに》の政治《せいじ》。

こくせい【国勢】名詞 人口《じんこう》・資源《しげん》・産業《さんぎょう》などの面《めん》から見《み》た、国《くに》の状態《じょうたい》。

こくぜい【国税】名詞 国《くに》がいろいろな仕事《しごと》をするために、国民《こくみん》から集《あつ》める税金《ぜいきん》。所得税《しょとくぜい》・法人税《ほうじんぜい》など。関連 地方税《ちほうぜい》。

こくぜいちょう【国税庁】名詞 国民《こくみん》に税金《ぜいきん》をかけたり、国民《こくみん》から税金《ぜいきん》を集《あつ》めたりする仕事《しごと》をする国《くに》の役所《やくしょ》。財務省《ざいむしょう》の下《した》にある。

こくせいちょうさ【国勢調査】名詞 国《くに》の状態《じょうたい》を知《し》るために、日《ひ》を決《き》めて、人口《じんこう》とその性別《せいべつ》・年齢《ねんれい》・職業《しょくぎょう》などを全国《ぜんこく》いっせいに調《しら》べる調査《ちょうさ》。五年《ごねん》ごとに行《おこな》う。

こくせき【国籍】名詞 ❶その国《くに》の国民《こくみん》であるという資格《しかく》や身分《みぶん》。❷船《ふね》や飛行機《ひこうき》がその国《くに》に所属《しょぞく》していること。例 国籍のわからない船《ふね》。

こくそ【告訴】名詞 動詞 被害《ひがい》を受《う》けた人《ひと》などが、警察署《けいさつしょ》や裁判所《さいばんしょ》にうったえて、犯人《はんにん》を調《しら》べて処罰《しょばつ》するよう求《もと》めること。

こくそう【国葬】名詞 国《くに》のためにたいへんつくした人《ひと》が死《し》んだときに、国《くに》の儀式《ぎしき》として、国《くに》の費用《ひよう》で行《おこな》う葬式《そうしき》。

こくそう【穀倉】名詞 ❶穀物《こくもつ》を入《い》れておく倉《くら》。❷穀物《こくもつ》がたくさんとれる地方《ちほう》。例 穀倉地帯《ちたい》。

こくたい【国体】名詞

辞典《じてん》の外《そと》に飛《と》びだそう!

社会《しゃかい》へのとびら

国際連合《こくさいれんごう》

平和《へいわ》な世界《せかい》を目指《めざ》して

第二次世界大戦《だいにじせかいたいせん》が終《お》わった1945年《ねん》、世界《せかい》じゅうの国々《くにぐに》が協力《きょうりょく》し、平和《へいわ》な世界《せかい》をつくっていくために、「国際連合《こくさいれんごう》（＝国連《こくれん》)」が設立《せつりつ》された。日本《にほん》は1956年《ねん》に国連《こくれん》に加盟《かめい》。現在《げんざい》は200近《ちか》い国《くに》が加盟《かめい》している。

! ユニセフやユネスコも

国連《こくれん》の本部《ほんぶ》はニューヨークにあって、たくさんの機関《きかん》がさまざまな仕事《しごと》をしている。子供《こども》たちを守《まも》る「ユニセフ」や、世界遺産《せかいいさん》で有名《ゆうめい》な「ユネスコ」も国連《こくれん》の機関《きかん》なんだよ。

世界《せかい》の平和《へいわ》と安全《あんぜん》を守《まも》る

国連《こくれん》は、世界《せかい》の平和《へいわ》と安全《あんぜん》を守《まも》ることが使命《しめい》だ。

たとえば、世界《せかい》のどこかで内戦《ないせん》や紛争《ふんそう》が起《お》こったときには、「国連平和維持軍《こくれんへいわいじぐん》」を送《おく》って戦《たたか》いが再発《さいはつ》するのを防《ふせ》いだり、休戦中《きゅうせんちゅう》の国《くに》を監視《かんし》したりするなどの「ＰＫＯ《ピーケーオー》（＝国連平和維持活動《こくれんへいわいじかつどう》)」を行《おこな》っている。また、難民《なんみん》の保護《ほご》や支援《しえん》も、国連《こくれん》の大切《たいせつ》な仕事《しごと》だ。

ほかにどのような機関《きかん》がある?

国連《こくれん》には、ほかにどんな機関《きかん》があって、どんな仕事《しごと》をしているだろうか。また、最近《さいきん》のニュースで国連《こくれん》の活動《かつどう》に関係《かんけい》したものはないかな？　調《しら》べてみよう！

もっとしらべてみよう！

●関連《かんれん》コラム
ユニセフと「子《こ》どもの権利条約《けんりじょうやく》」
p.1357

●参考図書《さんこうとしょ》
「ニュースに出《で》てくる国際組織《こくさいそしき》じてん」(全《ぜん》3巻《かん》)(彩流社《さいりゅうしゃ》)

ことわざ　楽《らく》あれば苦《く》あり　楽《たの》しいことのあとには苦《くる》しいことがある。いつも楽《たの》しいことばかり、また、

❶「国民体育大会《こくみんたいいくたいかい》」の略《りゃく》。❷国《くに》がら。国《くに》の成《な》り立《た》ち。

こくだか【石高】 名詞 ❶米《こめ》や麦《むぎ》などの分量《ぶんりょう》。❷昔《むかし》、土地《とち》の広《ひろ》さを表《あらわ》すために使《つか》った、その土地《とち》の米《こめ》のとれ高《だか》。また、武士《ぶし》が給料《きゅうりょう》としてもらった米《こめ》の分量《ぶんりょう》。例 石高百万石《ひゃくまんごく》の大名《だいみょう》。使い方 古《ふる》い言《い》い方《かた》。

こくち【告知】 名詞 動詞 あることを告《つ》げ、知《し》らせること。通知《つうち》すること。例 告知板《ばん》／患者《かんじゃ》に病名《びょうめい》を告知する。

こぐち【小口】 名詞 ❶細長《ほそなが》い物《もの》を横《よこ》に切《き》った切《き》り口《くち》。❷本《ほん》のページの四辺《しへん》のうち、とじてある側《がわ》以外《いがい》の、三方《さんぼう》の辺《へん》のこと。とくに、背《せ》と反対側《はんたいがわ》の辺《へん》。関連 背《せ》。地《ち》。天《てん》。のど。❸金額《きんがく》や数量《すうりょう》が少《すく》ないこと。例 小口の預金《よきん》。対 大口《おおぐち》。

こぐちぎり【小口切り】 名詞 料理《りょうり》で、ねぎやきゅうりなどの細長《ほそなが》いものを、はしからうすく切《き》ること。

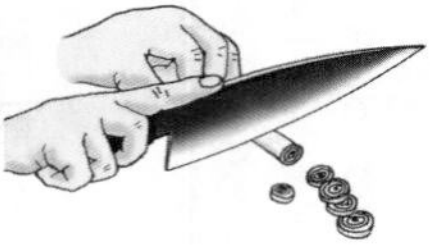
こぐちぎり

こくちょう【国鳥】 名詞 その国《くに》を代表《だいひょう》する鳥《とり》として選《えら》ばれた鳥《とり》。日本《にほん》では、きじ。

こくてい【国定】 名詞 国《くに》が定《さだ》めること。また、定《さだ》めたもの。例 国定公園《こうえん》。

こくていこうえん【国定公園】 名詞 美《うつく》しい自然《しぜん》や景色《けしき》を守《まも》るために、国《くに》が決《き》めて都道府《とどうふ》県《けん》が管理《かんり》している公園《こうえん》。関連 国立公園《こくりつこうえん》。

こくてつ【国鉄】 名詞 「日本国有鉄道《にほんこくゆうてつどう》」の略《りゃく》。一九八七年《ねん》に民営化《みんえいか》されてＪ《ジェー》Ｒ《アール》となった。

こくてん【黒点】 名詞 ❶黒《くろ》い色《いろ》の点《てん》。❷太陽《たいよう》の表面《ひょうめん》に見《み》える黒《くろ》い色《いろ》の点《てん》。まわりより温度《おんど》が低《ひく》いため、黒《くろ》く見《み》える。

こくでん【国電】 名詞 「国鉄電車《こくてつでんしゃ》」の略《りゃく》。国《こく》鉄《てつ》が経営《けいえい》していた電車《でんしゃ》。とくに東京《とうきょう》や大阪《おおさか》の近距離電車《きんきょりでんしゃ》をいった。

こくど【国土】 名詞 その国《くに》の土地《とち》。国《くに》。

こくどう【国道】 名詞 国《くに》のお金《かね》でつくり、国《くに》が管理《かんり》している道路《どうろ》。関連 県道《けんどう》。

こくどけいかく【国土計画】 名詞 国《くに》の土《と》地《ち》や天然資源《てんねんしげん》を、産業《さんぎょう》や文化《ぶんか》などのために、よりよく利用《りよう》していこうとする計画《けいかく》。

こくどこうつうしょう【国土交通省】 名詞 土地《とち》の利用《りよう》・開発《かいはつ》や、交通《こうつう》・輸送《ゆそう》についての仕事《しごと》をする国《くに》の役所《やくしょ》。略《りゃく》して「国交省《こっこうしょう》」ともいう。

こくない【国内】 名詞 国《くに》の中《なか》。例 飛行機《ひこうき》の国内便《びん》／国内を旅行《りょこう》する。対 国外《こくがい》。

こくないそうせいさん【国内総生産】 名詞 ある国《くに》の国内《こくない》で一年間《いちねんかん》に生産《せいさん》された物《もの》とサービスの合計額《ごうけいがく》から、原材料費《げんざいりょうひ》などを差《さ》し引《ひ》いたもの。「ＧＤＰ《ジーディーピー》」ともいう。参考 国内《こくない》の経《けい》済《ざい》の成長率《せいちょうりつ》をはかるめやすとなる。

こくはく【告白】 名詞 動詞 かくしていたことや本心《ほんしん》などを打《う》ち明《あ》けること。例 罪《つみ》を告白する。

こくはつ【告発】 名詞 動詞 ❶かくされた悪事《あくじ》や不正《ふせい》を明《あき》らかにして、みんなに知《し》らせること。例 政治家《せいじか》の罪《つみ》を告発する新聞記事《しんぶんきじ》。❷被害者《ひがいしゃ》以外《いがい》の人《ひと》が、犯罪《はんざい》が起《お》きたことを警察《けいさつ》などに知《し》らせ、犯人《はんにん》をばっするよう求《もと》めること。

こくばん【黒板】 名詞 チョークで文字《もじ》や絵《え》をかく、黒色《くろいろ》や緑色《みどりいろ》の板《いた》。

こくひ【国費】 名詞 国《くに》が出《だ》すお金《かね》。例 国費で留学《りゅうがく》する。

ごくひ【極秘】 名詞 関係《かんけい》のない人《ひと》には絶対《ぜったい》にかくしておかなければいけないこと。例 計画《けいかく》は極秘のうちに進《すす》められている。

こくびゃく【黒白】 名詞 ❶黒《くろ》と白《しろ》。❷正《ただ》しいか、まちがっているか。よいか悪《わる》いか。

● **黒白《こくびゃく》を争《あらそ》う** どちらが正《ただ》しいかをはっきりさせる。例 裁判《さいばん》で黒白を争う。

● **黒白《こくびゃく》をつける** 正《ただ》しいか正《ただ》しくないかをはっきりさせる。

こくひょう【酷評】 名詞 動詞 少《すこ》しもほめずに、厳《きび》しく批評《ひひょう》すること。例 その作品《さくひん》は新聞《しんぶん》記事《きじ》で酷評されていた。

こくびをかしげる【小首をかしげる】 首《くび》をちょっとかたむける。不思議《ふしぎ》に思《おも》ったり、よくわからなかったりして、考《かんが》えこむときのしぐさ。

こくひん【国賓】 名詞 国《くに》が正式《せいしき》な客《きゃく》として招《まね》

とで楽《らく》をすることになるということ。また、人生《じんせい》はいいことばかりでも悪《わる》いことばかりでもない、ということ。

いた外国人《がいこくじん》。例 大統領《だいとうりょう》が国賓として来日《らいにち》する。

こくふ【国府】 名詞 昔《むかし》、地方《ちほう》を治《おさ》めるために、地方《ちほう》の国《くに》ごとに置《お》かれた役所《やくしょ》があった場所《ばしょ》。また、その役所《やくしょ》。

こくふうぶんか【国風文化】 名詞 平安時《へいあんじ》代中期《だいちゅうき》から後期《こうき》にかけて、貴族《きぞく》を中心《ちゅうしん》に栄《さか》えた日本風《にほんふう》の文化《ぶんか》。大和絵《やまとえ》やかな文字《もじ》、かなで書《か》かれた文学《ぶんがく》などが発達《はったつ》した。

こくふく【克服】 名詞 動詞 難《むずか》しいことや苦《くる》しいことに打《う》ち勝《か》つこと。例 弱点《じゃくてん》を克服する。

こくぶんがく【国文学】 名詞 日本《にほん》の文学《ぶんがく》。また、日本《にほん》の文学《ぶんがく》を研究《けんきゅう》する学問《がくもん》。

こくぶんじ【国分寺】 名詞 奈良時代《ならじだい》に聖武《しょうむ》天皇《てんのう》が、国《くに》の平和《へいわ》をいのって各地方《かくちほう》に建《た》てた寺《てら》。教科 社 奈良《なら》の東大寺《とうだいじ》が、全国《ぜんこく》の国分寺《こくぶんじ》の中心《ちゅうしん》となっていた。

こくべつ【告別】 名詞 動詞 別《わか》れを告《つ》げること。

こくべつしき【告別式】 名詞 死《し》んだ人《ひと》に別《わか》れを告《つ》げる儀式《ぎしき》。

こくほう【国宝】 名詞 国《くに》が値打《ねう》ちがあると認《みと》めて保護《ほご》している建築物《けんちくぶつ》・絵画《かいが》・書物《しょもつ》などのうち、とくにすぐれているもの。

こくほう【国法】 名詞 その国《くに》の国民《こくみん》が守《まも》らなければならない法律《ほうりつ》。とくに、憲法《けんぽう》。

こくぼう【国防】 名詞 外国《がいこく》からせめてくる敵《てき》に対《たい》して、国《くに》を守《まも》ること。

こぐまざ【小熊座】 名詞 北《きた》の空《そら》に見《み》える、北《ほっ》極星《きょくせい》をふくむ星座《せいざ》。北極星《ほっきょくせい》を中心《ちゅうしん》にして一《いち》日《にち》に一回転《いっかいてん》するように見《み》える。

こくみん【国民】 名詞 その国《くに》の国籍《こくせき》を持《も》ち、その国《くに》の政治《せいじ》のもとで生活《せいかつ》している人々《ひとびと》。

●国民《こくみん》の休日《きゅうじつ》 ⇩473ページ こくみんのきゅうじつ

●国民《こくみん》の祝日《しゅくじつ》 ⇩474ページ こくみんのしゅくじつ

こくみんえいよしょう【国民栄誉賞】 名詞 多《おお》くの国民《こくみん》から敬愛《けいあい》され、社会《しゃかい》に明《あか》るい希《き》望《ぼう》をあたえるような仕事《しごと》をした人《ひと》にさずける賞《しょう》。

こくみんけんこうほけん【国民健康保険】 名詞 公務員《こうむいん》・会社員《かいしゃいん》以外《いがい》の人《ひと》のための健《けん》康保険《こうほけん》。参考 市町村《しちょうそん》などが医療費《いりょうひ》の一部《いちぶ》を負《ふ》担《たん》する。

こくみんしゅくしゃ【国民宿舎】 名詞 観《かん》光地《こうち》などにある、地方公共団体《ちほうこうきょうだんたい》が建《た》てた宿泊《しゅくはく》施設《しせつ》。安《やす》い料金《りょうきん》でだれもが利用《りよう》できる。

こくみんしゅけん【国民主権】 名詞 国《くに》の政治《せいじ》の主権《しゅけん》が国民《こくみん》にあること。「主権在民《しゅけんざいみん》」ともいう。教科 社 「平和主義《へいわしゅぎ》」「基本的人権《きほんてきじんけん》の尊《そん》重《ちょう》」とともに、日本国憲法《にほんこくけんぽう》の三《みっ》つの原則《げんそく》の一《ひと》つ。

こくみんしんさ【国民審査】 名詞 最高裁《さいこうさい》判所《ばんしょ》の裁判官《さいばんかん》がその仕事《しごと》にふさわしい人《ひと》であるかどうかを、国民《こくみん》が投票《とうひょう》によって決《き》めること。衆議院選挙《しゅうぎいんせんきょ》のときに行《おこな》われる。

こくみんせい【国民性】 名詞 その国《くに》の国民《こくみん》の多《おお》くが持《も》っている共通《きょうつう》の性質《せいしつ》。

こくみんせいかつセンター【国民生活センター】 名詞 消費者《しょうひしゃ》のための情報《じょうほう》の提《てい》供《きょう》や相談《そうだん》・苦情《くじょう》への対応《たいおう》などを行《おこな》う、全国的《ぜんこくてき》な機関《きかん》。

こくみんそうしょとく【国民総所得】 名詞 ある国《くに》の国民《こくみん》が国内《こくない》および国外《こくがい》で一年間《いちねんかん》に生産《せいさん》した物《もの》とサービスの合計額《ごうけいがく》から、原材料《げんざいりょう》費《ひ》などを差《さ》し引《ひ》き、輸出《ゆしゅつ》入《にゅう》によって生《しょう》じた利《り》益《えき》を足《た》したもの。「GNI《ジーエヌアイ》」ともいう。参考 国《こく》民《みん》の国内外《こくないがい》での経済《けいざい》の成長率《せいちょうりつ》をはかるめやすとなる。

こくみんそうせいさん【国民総生産】 名詞 ある国《くに》の国民《こくみん》が一年間《いちねんかん》に生産《せいさん》した物《もの》とサービスの合計額《ごうけいがく》から、原材料費《げんざいりょうひ》などを差《さ》し引《ひ》いたもの。「GNP《ジーエヌピー》」ともいう。参考 現在《げんざい》は、ほぼ同《おな》じ意味《いみ》の「国民総所得《こくみんそうしょとく》（GNI《ジーエヌアイ》）」ということばが広《ひろ》く使《つか》われている。

こくみんたいいくたいかい【国民体育大会】 名詞 全国《ぜんこく》の各都道府県《かくとどうふけん》から選手《せんしゅ》が集《あつ》まって毎年《まいとし》行《おこな》われるスポーツ大会《たいかい》。国民《こくみん》の間《あいだ》にスポーツを広《ひろ》めるために始《はじ》まった。略《りゃく》して「国《こく》体《たい》」ともいう。

こくみんとうひょう【国民投票】 名詞 国《くに》の重要問題《じゅうようもんだい》を決定《けってい》するため、国民《こくみん》が直接《ちょくせつ》行《おこな》う投票《とうひょう》。憲法《けんぽう》を改正《かいせい》するときなどに行《おこな》う。

こくみんねんきん【国民年金】 名詞 すべての国民《こくみん》が加入《かにゅう》する年金制度《ねんきんせいど》。少《すこ》しずつお金《かね》を積《つ》み立《た》てていき、年《とし》をとったり体《からだ》が不自由《ふじゆう》になったりしたときに、国《くに》から定期的《ていきてき》にお金《かね》を受《う》けとる。関連 共済年金《きょうさいねんきん》。厚生年金《こうせいねんきん》。

こくみんのきゅうじつ【国民の休日】 名詞 「国民《こくみん》の祝日《しゅくじつ》」で前後《ぜんご》をはさまれた日《ひ》のこと。休日《きゅうじつ》になる。

ことわざ　**楽《らく》は苦《く》の種《たね》苦《く》は楽《らく》の種《たね》**　今《いま》、楽《らく》をすればあとで苦労《くろう》することになるし、今《いま》、苦労《くろう》しておけばあ

こくみんのしゅくじつ【国民の祝日】 国《くに》が決《き》めた祝《いわ》いの日《ひ》。元日《がんじつ》・成人《せいじん》の日《ひ》・建国記念《けんこくきねん》の日《ひ》・天皇誕生日《てんのうたんじょうび》・春分《しゅんぶん》の日《ひ》・昭和《しょうわ》の日《ひ》・憲法記念日《けんぽうきねんび》・みどりの日《ひ》・こどもの日《ひ》・海《うみ》の日《ひ》・山《やま》の日《ひ》・敬老《けいろう》の日《ひ》・秋分《しゅうぶん》の日《ひ》・スポーツの日《ひ》・文化《ぶんか》の日《ひ》・勤労感謝《きんろうかんしゃ》の日《ひ》をいう。

こくむ【国務】 名詞 国《くに》の政治《せいじ》に直接関係《ちょくせつかんけい》のある仕事《しごと》。

こくむだいじん【国務大臣】 名詞 総理大臣《そうりだいじん》から任命《にんめい》されて内閣《ないかく》に入《はい》っている大臣《だいじん》。省《しょう》や庁《ちょう》の長《ちょう》として仕事《しごと》をする。半数以上《はんすういじょう》は国会議員《こっかいぎいん》の中《なか》から選《えら》ばれる。

こくめい【克明】 形容動詞 細《こま》かいところまで、くわしくていねいであるようす。例 あさがおが生長《せいちょう》するようすを克明に記録《きろく》する。

こくもつ【穀物】 名詞 米《こめ》・麦《むぎ》・豆《まめ》など、人間《にんげん》が主食《しゅしょく》として食《た》べるための作物《さくもつ》。類 穀類《こくるい》。

こくゆう【国有】 名詞 国家《こっか》が持《も》っていること。例 国有地《ち》／国有林《りん》。関連 公有《こうゆう》。私有《しゆう》。

こくゆうりん【国有林】 名詞 国《くに》が持《も》っている森林《しんりん》。関連 私有林《しゆうりん》。

こくようせき【黒曜石】 名詞 ガラスのようなつやのある、黒色《くろいろ》・灰色《はいいろ》などの火山岩《かざんがん》。割《わ》れ目《め》がするどいので、大昔《おおむかし》には矢《や》じりや小刀《こがたな》などの石器《せっき》に使《つか》った。

ごくらく【極楽】 名詞 ❶仏教《ぶっきょう》で、よいことをした人《ひと》が死《し》んでから行《い》くと考《かんが》えられている、苦《くる》しみのない世界《せかい》。類 天国《てんごく》。対 地獄《じごく》。❷心配《しんぱい》ごとがなく、非常《ひじょう》に楽《たの》しいこと。例 まる一日《いちにち》遊《あそ》んで過《す》ごせるとは極楽だ。対 地獄《じごく》。

こくりつ【国立】 名詞 国《くに》がお金《かね》を出《だ》してつくり、国《くに》で管理《かんり》すること。例 国立大学《だいがく》。

こくりつこうえん【国立公園】 名詞 国《くに》を代表《だいひょう》するような美《うつく》しい景色《けしき》を守《まも》り、人々《ひとびと》が楽《たの》しめるように、国《くに》が決《き》め、保護《ほご》・管理《かんり》している公園《こうえん》。関連 国定公園《こくていこうえん》。

こくりょく【国力】 名詞 その国《くに》の人口《じんこう》・土《と》地《ち》・経済《けいざい》・産業《さんぎょう》・文化《ぶんか》などの力《ちから》を合《あ》わせた、国《くに》の力《ちから》。

こくるい【穀類】 名詞 穀物《こくもつ》。米《こめ》・麦《むぎ》・きびなど。

こくれん【国連】 ↓470ページ こくさいれんごう

こくれんきょういくかがくぶんかきかん【国連教育科学文化機関】 ↓1358ページ ユネスコ

こくれんじどうききん【国連児童基金】 ↓1357ページ ユニセフ

こぐんふんとう【孤軍奮闘】 名詞 動詞 助《たす》けてくれる人《ひと》がいなくて、たったひとりで力《ちから》いっぱいがんばること。例 欠席《けっせき》のクラスメートが多《おお》いため、文化祭《ぶんかさい》の準備《じゅんび》に孤軍奮闘する。

こけ 名詞 しめった土地《とち》・岩《いわ》・石《いし》・木《き》などに生《は》える、花《はな》のさかない小《ちい》さな植物《しょくぶつ》。ぜにごけ・すぎごけなど種類《しゅるい》が多《おお》く、胞子《ほうし》でふえる。ことば 漢字《かんじ》では「苔」と書《か》く。

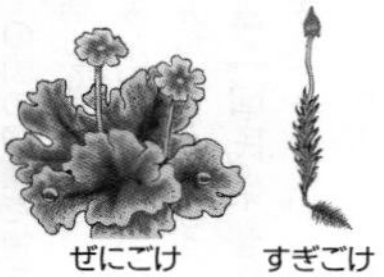

こけ

こけい【固形】 名詞 ある形《かたち》に固《かた》まっているもの。例 固形燃料《ねんりょう》／固形食《しょく》。

こけおどし 名詞 見《み》かけだけりっぱで、中身《なかみ》は大《たい》したことがないこと。また、そのもの。例 そんなこけおどしの文句《もんく》にはだまされないぞ。

こげくさい【焦げ臭い】 形容詞 物《もの》がこげたようなにおいがする。例 なべが焦げ臭い。

こけし 名詞 筒形《つつがた》の胴《どう》に、丸《まる》い頭《あたま》をつけた木《き》の人形《にんぎょう》。東北地方《とうほくちほう》で多《おお》くつくられる。

こげちゃいろ【焦げ茶色】 名詞 黒《くろ》っぽい茶色《ちゃいろ》。類 褐色《かっしょく》。

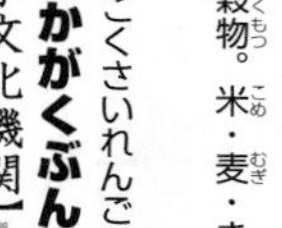
こげちゃいろ

こげつく【焦げ付く】 動詞 ❶焼《や》けすぎて黒《くろ》くなり、くっつく。例 フライパンが焦げ付く。❷貸《か》したお金《かね》が返《かえ》してもらえなくなる。

こけつにいらずんばこじをえず【虎穴に入らずんば虎子を得ず】 ↓939ページ 故事成語

ごけにん【御家人】 名詞 ❶鎌倉時代《かまくらじだい》、将軍《しょうぐん》に直接仕《ちょくせつつか》えた武士《ぶし》。❷江戸時代《えどじだい》の将軍《しょうぐん》の家来《けらい》で、将軍《しょうぐん》に直接会《ちょくせつあ》うことのできなかった身分《みぶん》の武士《ぶし》。

こけむす 動詞 こけが生《は》える。例 こけむした大木《たいぼく》。ことば 長《なが》い年月《ねんげつ》がたって古《ふる》びていることをたとえていうことがある。

こけらおとし【こけら落とし】 名詞 新築《しんちく》

だ、ということ。

の劇場《げきじょう》などで、初《はじ》めて行《おこな》われるもよおし。

ことば 工事《こうじ》の最後《さいご》に、屋根《やね》などのこけら（＝材木《ざいもく》のけずりくず）を落《お》としたことからきたことば。

こける 動詞 肉《にく》が落《お》ちて、やせ細《ほそ》る。例 長《なが》い病気《びょうき》でほおがこける。

こける 動詞 ❶ころぶ。たおれる。例 段差《だんさ》でこける。❷失敗《しっぱい》する。例 企画《きかく》がこける。

使い方 くだけた言《い》い方《かた》。

-こける 接尾語 （ほかのことばのあとにつけて）その動作《どうさ》がずっとさかんに続《つづ》くようすを表《あらわ》す。例 笑《わら》いこける／ねむりこける。

こげる【焦げる】 動詞 焼《や》けて黒《くろ》くなる。例 パンが焦げる／魚《さかな》が焦げる。

ごげん【語源】 名詞 ことばの起《お》こり。ことばのもとの形《かたち》や意味《いみ》。

ここ 代名詞 ❶自分《じぶん》に近《ちか》い場所《ばしょ》を指《さ》し示《しめ》すことば。例 ここで待《ま》っている。❷今《いま》、ものごとのおかれている場面《ばめん》。例 事《こと》ここに至《いた》ってはしかたがない。❸ものごとの、その部分《ぶぶん》。例 ここが要点《ようてん》だ。❹今《いま》。近《ちか》ごろ。例 ここ二《に》、三日《さんにち》はいそがしい。

ここ【個個】 名詞 一《ひと》つ一《ひと》つ。ひとりひとり。例 個々の考《かんが》えに任《まか》せよう。

こご【古語】 名詞 昔《むかし》使《つか》われていたが、今《いま》は使《つか》われなくなった古《ふる》いことば。例 古語辞典《じてん》。⬇

1455ページ 古語《こご》の世界《せかい》をのぞいてみよう

ごご【午後】 名詞 ❶昼《ひる》の十二時《じゅうにじ》（＝正午《しょうご》）から夜中《よなか》の十二時《じゅうにじ》まで。例 午後九時《くじ》。対 午前《ごぜん》。❷昼《ひる》から夕方《ゆうがた》まで。例 午後の授業《じゅぎょう》。対 午前《ごぜん》。

ココア (cocoa) 名詞 カカオの種《たね》をいって粉《こな》にしたもの。また、それを湯《ゆ》にとかした飲《の》み物《もの》。

ごこう【後光】 名詞 仏《ほとけ》の体《からだ》から出《で》ているといわれる光《ひかり》。

● **後光《ごこう》が差《さ》す** 仏《ほとけ》の体《からだ》から光《ひかり》が発《はっ》せられる。ありがたいことのたとえ。

こごえじに【凍え死に】 名詞 動詞 寒《さむ》さのために体温《たいおん》がひどく下《さ》がって死《し》ぬこと。凍死《とうし》。

こごえる【凍える】 動詞 寒《さむ》さのために、体《からだ》の感《かん》じがなくなる。例 手足《てあし》が凍える。

ここかしこ 代名詞 あちらこちら。あちこち。例 ここかしこに桜《さくら》がさいている。

ここく【故国】 名詞 ❶自分《じぶん》の生《う》まれた国《くに》。類 祖国《そこく》。母国《ぼこく》。❷自分《じぶん》の生《う》まれた地方《ちほう》。ふるさと。故郷《こきょう》。

ごこく【五穀】 名詞 ❶米《こめ》・麦《むぎ》・あわ・きび・豆《まめ》の五種類《ごしゅるい》の穀物《こくもつ》。❷穀物全体《こくもつぜんたい》のこと。

ごこく【後刻】 名詞 のちほど。あとで。例 後刻おじゃまします。対 先刻《せんこく》。

ここち【心地】 名詞 ❶気持《きも》ち。気分《きぶん》。例 生《い》きた心地がしない。❷（ほかのことばのあとにつけて）…の感《かん》じ。…の気分《きぶん》。例 乗《の》り心地がよい車《くるま》／夢見《ゆめみ》心地。

使い方 ほかのことばのあとにつくときは「ごこち」となることが多《おお》い。

ここちよい【心地よい】 形容詞 気持《きも》ちがよい。気分《きぶん》がよい。例 心地よい春風《はるかぜ》。

こごと【小言】 名詞 注意《ちゅうい》したり、しかったりすること。不平《ふへい》や不満《ふまん》をぶつぶつと言《い》うこと。また、そのことば。例 小言を並《なら》べる。

ここの【九】 （ほかのことばの前《まえ》につけて）「ここのつ」の意味《いみ》を表《あらわ》す。例 九日《か》／九重《え》。漢⬇345ページ きゅう〔九〕

ここのか【九日】 名詞 ❶月《つき》の九番目《きゅうばんめ》の日《ひ》。❷九《ここの》つの日数《にっすう》。例 しめ切《き》りまでまだ九日ある。

ここのつ【九つ】 名詞 ❶数《かず》の名《な》。く。きゅう。❷九才《きゅうさい》のこと。漢⬇345ページ きゅう〔九〕

こごむ ⬇237ページ かがむ

こごめる ⬇237ページ かがめる

ココやし 名詞 ココナッツという実《み》がとれる高《たか》い木《き》。やしのなかまで、熱帯地方《ねったいちほう》に生《は》える。

こころ【心】 名詞 ❶考《かんが》えたり、感《かん》じたり、知《し》ったりするはたらき。また、そのはたらきのもとになっているとされるもの。例 心にひびくことば。❷思《おも》い。考《かんが》え。例 親友《しんゆう》に心を打《う》ち明《あ》ける。❸気持《きも》ち。例 心がうきうきする。❹思《おも》いやり。情《なさ》け。例 心ある人《ひと》。❺真心《まごころ》。例 心をこめて手紙《てがみ》を書《か》く。❻意味《いみ》。わけ。例 歌《うた》の心を考《かんが》える。

漢⬇658ページ しん〔心〕

● **心《こころ》が温《あたた》まる** ⬇476ページ こころあたたまる

ことわざ **類《るい》は友《とも》を呼《よ》ぶ** 考《かんが》え方《かた》や趣味《しゅみ》が似《に》ている者《もの》や、気《き》の合《あ》った者《もの》は、自然《しぜん》に寄《よ》り集《あつ》まってくるもの

● **心《こころ》が痛《いた》む** 心《こころ》に強《つよ》く苦《くる》しみを感《かん》じる。例 事故《じこ》のニュースを聞《き》いて心が痛む。

● **心《こころ》が動《うご》く** そうしたいという気《き》になってくる。例 何度《なんど》もさそわれて心が動く。

● **心《こころ》が躍《おど》る** うれしくて、胸《むね》がわくわくする。例 楽《たの》しげな音楽《おんがく》に心が躍る。

● **心《こころ》が通《かよ》う** おたがいに心《こころ》が通《つう》じ合《あ》う。

● **心《こころ》が残《のこ》る** 気《き》がかりな気持《きも》ちが残《のこ》る。残念《ざんねん》に思《おも》う。例 遠《とお》くに転校《てんこう》した友《とも》だちに心が残る。

● **心《こころ》が弾《はず》む** うれしくて、心《こころ》がうきうきする。

● **心《こころ》が晴《は》れる** 心《こころ》にいやなことがなくなり、さっぱりして明《あか》るい気持《きも》ちになる。例 友《とも》だちと仲直《なかなお》りできて、心が晴れる。

● **心《こころ》が広《ひろ》い** 人《ひと》を思《おも》いやり、細《こま》かいことや欠点《けってん》を気《き》にしない。

● **心《こころ》が乱《みだ》れる** 気持《きも》ちが落《お》ち着《つ》かない。平静《へいせい》でいられない。

● **心《こころ》に浮《う》かぶ** 心《こころ》の中《なか》にあらわれる。思《おも》いつく。例 これからの計画《けいかく》が次々《つぎつぎ》に心に浮かぶ。

● **心《こころ》に描《えが》く** あれこれと思《おも》いうかべる。想像《そうぞう》する。例 大人《おとな》になった自分《じぶん》の姿《すがた》を心に描く。

● **心《こころ》にかける** 気《き》にする。忘《わす》れないでいる。例 遠《とお》くに住《す》むおばあちゃんのことを心にかける。

● **心《こころ》に刻《きざ》み付《つ》ける** 忘《わす》れないように、しっかり覚《おぼ》える。例 美《うつく》しい景色《けしき》を心に刻み付ける。

● **心《こころ》に染《し》みる** 心《こころ》に深《ふか》く感《かん》じる。例 ラジオから聞《き》こえる歌《うた》が心に染みた。

● **心《こころ》に留《と》める** 覚《おぼ》えておく。気《き》にかける。

● **心《こころ》に残《のこ》る** 心《こころ》に受《う》けた感《かん》じや感動《かんどう》などが、あとあとまで忘《わす》れられない。例 心に残るひと言《こと》。

● **心《こころ》に響《ひび》く** 心《こころ》が動《うご》かされる。例 心に響く俳《はい》句《く》。

● **心《こころ》に触《ふ》れる** 心《こころ》のおく深《ふか》くで感《かん》じる。

● **心《こころ》にもない** 本心《ほんしん》ではそう思《おも》っていない。例 心にもないお世《せ》辞《じ》を言《い》う。

● **心《こころ》の籠《こ》もった** 真《ま》心《ごころ》がじゅうぶんに感《かん》じられるようす。例 心の籠もったおくり物《もの》。

● **心《こころ》を痛《いた》める** 心配《しんぱい》する。つらい気持《きも》ちになる。

● **心《こころ》を入《い》れ替《か》える** 悪《わる》い態度《たいど》や考《かんが》え方《かた》などを改《あらた》める。例 心を入れ替えて練習《れんしゅう》にとりくむ。

● **心《こころ》を打《う》つ** 心《こころ》を強《つよ》く動《うご》かす。感動《かんどう》させる。

● **心《こころ》を奪《うば》われる** 心《こころ》が引《ひ》きつけられる。夢中《むちゅう》になる。例 空《そら》の美《うつく》しさに心を奪われた。

● **心《こころ》を躍《おど》らせる** 期待《きたい》して、胸《むね》をわくわくさせる。例 親友《しんゆう》との再会《さいかい》に心を躍らせる。

● **心《こころ》を鬼《おに》にする** かわいそうだと思《おも》いながら、その人《ひと》のために、しかたなく厳《きび》しくする。例 父《ちち》は、心を鬼にして兄《あに》をしかった。

● **心《こころ》を通《かよ》わせる** おたがいの気持《きも》ちを通《つう》じ合《あ》わせ、わかり合《あ》う。例 動物《どうぶつ》と心を通わせる。

● **心《こころ》を砕《くだ》く** いろいろ考《かんが》えたり、心配《しんぱい》したりする。例 みんなが楽《たの》しく過《す》ごせるよう心を砕く。

● **心《こころ》を配《くば》る** 細《こま》かいところまで気《き》をつかう。

● **心《こころ》をくむ** 人《ひと》の気持《きも》ちを思《おも》いやる。

● **心《こころ》を込《こ》める** 気持《きも》ちを入《い》れていっしょうけんめいにする。例 心を込めて絵《え》をかく。

● **心《こころ》を捕《と》らえる** 気持《きも》ちをしっかりとつかむ。注《ちゅう》意《い》を自分《じぶん》のほうに引《ひ》きつける。例 観客《かんきゃく》の心を捕らえてはなさない演技《えんぎ》。

● **心《こころ》を引《ひ》く** 注《ちゅう》意《い》を向《む》けさせる。例 目立《めだ》たない作品《さくひん》が、なぜかわたしの心を引いた。

● **心《こころ》を開《ひら》く** かくしごとをしないで、ほんとうの気持《きも》ちを表《あらわ》す。打《う》ち解《と》ける。例 心を開いて話《はな》し合《あ》う／仲間《なかま》に心を開く。

● **心《こころ》を許《ゆる》す** 信頼《しんらい》して、安心《あんしん》した気持《きも》ちで相手《あいて》に接《せっ》する。例 心を許した友《とも》だち。

こころあたたまる【心温まる】 動詞 人情《にんじょう》豊《ゆた》かな話《はなし》やできごとによって、よい気持《きも》ちになる。心《こころ》が温《あたた》まる。例 心温まる絵本《えほん》。

こころあたり【心当たり】 名詞 心《こころ》にこうだと思《おも》い当《あ》たること。例 この落《お》とし物《もの》に心当たりのある人《ひと》は、とりに来《き》てください。

こころある【心ある】 連体詞 深《ふか》い考《かんが》えがあり、ものごとの道理《どうり》がよくわかっている。思《おも》いやりがある。例 心ある人《ひと》が落《お》とし物《もの》を届《とど》けてくれた。対 心《こころ》ない。

こころいき【心意気】 名詞 ものごとに進《すす》んでとりくもうとする、強《つよ》い気持《きも》ち。

こころえ【心得】 名詞 ❶あることについて、知識《ちしき》や技術《ぎじゅつ》を身《み》につけていること。例 茶道《さどう》の心得がある。❷注《ちゅう》意《い》したり守《まも》ったりしなければならないこと。例 卒業式《そつぎょうしき》の心得を聞《き》く。

こころえちがい【心得違い】 名詞 ❶思《おも》いちがい。かんちがい。❷ものごとの正《ただ》しい筋道《すじみち》から外《はず》れた考《かんが》えや行《おこな》い。例 年上《としうえ》だからいばってもいいなんて、と

きな仕事《しごと》は、短《みじか》い時間《じかん》や少《すこ》しの努力《どりょく》では成《な》しとげられないということ。

んだ心得違いだ。

こころえる【心得る】動詞
❶よくわかる。理解《りかい》する。例火事《かじ》が起《お》きた場《ば》合《あい》の行動《こうどう》のしかたは、よく心得ています。
❷引《ひ》き受《う》ける。例そのことなら心得た。

こころおきなく【心置きなく】副詞 心配《しんぱい》なく。遠慮《えんりょ》なく。例テストが終《お》われば心置きなく遊《あそ》べる。

こころおぼえ【心覚え】名詞
❶心《こころ》の中《なか》で覚《おぼ》えていること。例そのできごとについては心覚えがない。
❷忘《わす》れないために書《か》く記録《きろく》。例心覚えにカレンダーにしるしをつける。

こころがかり【心掛かり】名詞 形容動詞 心《しん》配《ぱい》で、心《こころ》からはなれないこと。気《き》がかり。

こころがけ【心掛け】名詞 ふだんからの心《こころ》の持《も》ち方《かた》。心構《こころがま》え。例心掛けがよい。

こころがける【心掛ける】動詞 いつも心《こころ》に留《と》めて注意《ちゅうい》する。例早寝早起《はやねはやお》きを心掛ける。

こころがまえ【心構え】名詞 心《こころ》の持《も》ち方《かた》。心《こころ》の準備《じゅんび》。例班長《はんちょう》としての心構え。

こころがわり【心変わり】名詞 動詞 気持《きも》ちがほかに移《うつ》ってしまうこと。気持《きも》ちが変《か》わること。例反対《はんたい》から賛成《さんせい》に心変わりする。

こころぐるしい【心苦しい】形容詞 ほかの人《ひと》に対《たい》して、すまない気持《きも》ちである。例みんなに心配《しんぱい》をかけて、心苦しい。

こころざし【志】名詞
❶こうしようと心《こころ》に決《き》めたこと。例大《おお》きな志を持《も》つ／志をつらぬいてやりとげる。
❷親切《しんせつ》な心《こころ》。例お志をありがたく思《おも》います。
❸お礼《れい》などの気持《き》ち《も》を表《あらわ》すおくり物《もの》。例ほんの志ですが、お受《う》けとりください。

使い方 ❸は、へりくだった言《い》い方《かた》。また、「志し」と書《か》かないよう注意《ちゅうい》。ただし、動詞《どうし》「志《こころざ》す」の場合《ばあい》は、「…を志《こころざ》し」のように送《おく》りがなが必要《ひつよう》。

漢 ⬇552ページ し〔志〕

● **志《こころざし》を立《た》てる** あることをしようと、強《つよ》く心《こころ》に決《き》める。例医者《いしゃ》になろうと志を立てる。

● **志《こころざし》を果《は》たす** こうしようと強《つよ》く心《こころ》に決《き》めたことをやりとげる。例長年《ながねん》の志を果たす。

こころざす【志す】動詞 目標《もくひょう》に向《む》かって進《すす》もうと心《こころ》に決《き》める。例歌手《かしゅ》を志す。

漢 ⬇552ページ し〔志〕

こころづかい【心遣い】名詞 動詞 ほかの人《ひと》のために、あれこれと気《き》を配《くば》ること。例温《あたた》かい心遣いをいただいた。

こころづくし【心尽くし】名詞 心《こころ》をこめてすること。例心尽くしの料理《りょうり》でもてなす。

使い方 「心ずくし」と書《か》かないよう注意《ちゅうい》。

こころづけ【心付け】名詞 お礼《れい》の気持《きも》ちとしてわたすお金《かね》や品物《しなもの》。チップ。

こころづもり【心積もり】名詞 動詞 心《こころ》の中《なか》で、こうしようと前《まえ》もって考《かんが》えておくこと。例雨《あめ》が降《ふ》った場合《ばあい》の心積もりをしておく。

こころづよい【心強い】形容詞 たよりにするものがあって、安心《あんしん》である。例あなたといっしょなら心強い。類気強《きづよ》い。対心細《こころぼそ》い。

こころない【心ない】形容詞
❶思《おも》いやりがない。例心ないことば。対心《こころ》ある。
❷考《かんが》えが足《た》りない。例心ない行《おこな》い。対心《こころ》ある。

こころなしか【心なしか】副詞 気《き》のせいか。例心なしか秋《あき》の気配《けはい》を感《かん》じる。

こころならずも【心ならずも】副詞 ほんとうはそうしたくないのだが、しかたなく。例熱《ねつ》が出《で》て、心ならずも欠席《けっせき》した。

こころにくい【心憎い】形容詞 にくらしいと思《おも》うほどすぐれている。例心憎いほど上手《じょうず》にピアノをひく。

こころね【心根】名詞
❶心《こころ》の底《そこ》にある気持《きも》ち。例遠《とお》くから訪《たず》ねてきてくれた心根がうれしかった。
❷性格《せいかく》。性質《せいしつ》。例心根のやさしい人《ひと》。

こころのこり【心残り】名詞 形容動詞 いつまでも気《き》になって、心配《しんぱい》だったり、残念《ざんねん》に思《おも》われたりすること。例美術館《びじゅつかん》に行《い》けなかったのが心残りだ。

こころばかり【心ばかり】名詞 気持《きも》ちを表《あらわ》すためだけの、ほんの少《すこ》し。例心ばかりですが、お受《う》けとりください。使い方 おくり物《もの》をするときなどに、へりくだっていうことば。

こころひそかに【心ひそかに】副詞 人《ひと》に知《し》られないように、心《こころ》の中《なか》でそっと。例心ひそかに合格《ごうかく》を願《ねが》う。

こころぼそい【心細い】形容詞 たよりにするものがなくて、心配《しんぱい》である。不安《ふあん》である。例ひとりで行《い》くのは心細い。対心強《こころづよ》い。

ことわざ **ローマは一日《いちにち》にして成《な》らず** ローマ帝国《ていこく》がたった一日《いちにち》でできあがったわけではないように、大《おお》

こころまち【心待ち】 名詞 心《こころ》の中《なか》であてにして、待《ま》っていること。例 心待ちにしていた手紙《てがみ》が届《とど》いた。

こころみ【試み】 名詞 ためしにやってみること。例 この実験《じっけん》は国内初《こくないはつ》の試みです。

こころみに【試みに】 副詞 ためしに。例 重《おも》そうな荷物《にもつ》を試みに持《も》ち上《あ》げてみる。

こころみる【試みる】 動詞 どういう結果《けっか》になるか、ためしにやってみる。例 新《あたら》しい方法《ほうほう》を試みる。㊥↓553ジ《ペー》し〔試〕

こころもち【心持ち】 ❶名詞 気持《きも》ち。例 温泉《おんせん》に入《はい》り、いい心持ちだ。
❷副詞 ほんの少《すこ》し。わずかに。例 かべにかざった絵《え》が心持ち左《ひだり》にかたむいている。

こころもとない【心もとない】 形容詞 たよりない感《かん》じで心配《しんぱい》である。不安《ふあん》である。例 妹《いもうと》にひとりで留守番《るすばん》させるのは心もとない。

こころやすい【心安い】 形容詞 ❶親《した》しい。遠慮《えんりょ》がない。例 心安いつきあい。
❷気軽《きがる》なようす。たやすい。例 心安くたのみを聞《き》いてくれた。

こころゆくまで【心行くまで】 副詞 気《き》がすむまで。満足《まんぞく》するまで。じゅうぶんに。例 一日《いちにち》じゅう心行くまでスポーツを楽《たの》しんだ。

こころよい【快い】 形容詞 気持《きも》ちがよい。例 快い春風《はるかぜ》がふく。使い方「快よい」「快ろよい」と書《か》かないよう注意《ちゅうい》。㊥↓218ジ《ペー》かい〔快〕

ここん【古今】 名詞 昔《むかし》と今《いま》。昔《むかし》から今《いま》まで。例 古今に例《れい》のないできごと。

ここんとうざい【古今東西】 名詞 昔《むかし》から今《いま》まで、また世界《せかい》の東《ひがし》から西《にし》まで。いつの時代《じだい》でも、どこの場所《ばしょ》でも。例 古今東西のすぐれた本《ほん》。

ごさ【誤差】 名詞 はかったり計算《けいさん》で出《だ》したりしたあたいと、ほんとうのあたいとのちがい。

ござ 名詞 いぐさのくきなどを編《あ》んでつくった敷物《しきもの》。類 むしろ。ことば もとは身分《みぶん》の高《たか》い人《ひと》がすわる席《せき》を指《さ》し、やがて、そこにしく敷物《しきもの》やたたみも「御座《ござ》」とよぶようになった。

こざいく【小細工】 名詞 動詞 ❶その場《ば》をごまかすだけのやり方《かた》をすること。例 小細工したって、見破《みやぶ》られてしまうよ。
❷細《こま》かい手先《てさき》の仕事《しごと》。

ございます ❶「ある」のていねいな言《い》い方《かた》。例 子供服《こどもふく》は四《よん》階《かい》にございます。
❷（「…てございます」「…でございます」の形《かたち》で）「です」のていねいな言《い》い方《かた》。例 その写真《しゃしん》の人物《じんぶつ》はわたしの母《はは》でございます。
使い方 あらたまったところでの話《はな》しことばなどで使《つか》う。

こさえる 動詞 「こしらえる」のくだけた言《い》い方《かた》。

こざかしい 形容詞 ❶利口《りこう》ぶって生意気《なまいき》なようす。例 こざかしいことを言《い》う。
❷悪《わる》がしこくて、ぬけ目《め》がない。例 こざかしくて油断《ゆだん》ができない人《ひと》。

こざかな【小魚】 名詞 小《ちい》さな魚《さかな》。

こさく【小作】 名詞 田《た》や畑《はたけ》をお金《かね》をはらって借《か》りて、そこで農業《のうぎょう》をすること。また、その人《ひと》。小作農《こさくのう》。例 小作料《りょう》。対 自作《じさく》。

こさくにん【小作人】 名詞 小作《こさく》によって農業《のうぎょう》をする人《ひと》。

こさくのう【小作農】 ↓478ジ《ペー》こさく

こさじ【小さじ】 名詞 小《ちい》さなさじ。また、調理《ちょうり》のとき、分量《ぶんりょう》を量《はか》るさじの一《ひと》つで、五《ご》ミリリットル入《はい》るもの。関連 大《おお》さじ。

こざっぱり【と】 副詞 動詞 清潔《せいけつ》で感《かん》じがよいようす。例 こざっぱりした身《み》なり。

こざとへん【こざと偏】 名詞 「阝」のこと。漢字《かんじ》の部首《ぶしゅ》の一《ひと》つ。おかや階段《かいだん》に関係《かんけい》のある漢《かん》字《じ》を作《つく》ることが多《おお》い。院・階・隊・陽など。

こさめ【小雨】 名詞 少《すこ》しだけ降《ふ》る雨《あめ》。また、雨粒《あまつぶ》の細《こま》かい雨《あめ》。対 大雨《おおあめ》。

こさん【古参】 名詞 ずっと前《まえ》からその仕事《しごと》についていたり、職場《しょくば》にいたりすること。また、その人《ひと》。例 古参社員《しゃいん》。類 古顔《ふるがお》。対 新参《しんざん》。

ごさん【誤算】 名詞 ❶計算《けいさん》をまちがえること。
❷期待《きたい》や予想《よそう》が外《はず》れること。見《み》こみちがい。例 簡単《かんたん》にできると思《おも》ったのが誤算だった。

こし【腰】 名詞 ❶体《からだ》の胴《どう》の下《した》の部分《ぶぶん》。図↓287ジ《ペー》からだ
❷物《もの》の真《ま》ん中《なか》より下《した》の部分《ぶぶん》。例 障子《しょうじ》の腰板《いた》。
❸めん類《るい》などのねばり。切《き》れにくさ。例 腰のあるうどん。

い人《ひと》のたとえ。また、知識《ちしき》として知《し》っていても、それを生《い》かせないことのたとえ。

❹ものごとをやりぬこうとする意気《いき》ごみ。例 腰くだけ。

● **腰《こし》が重《おも》い**　なかなか行動《こうどう》しようとしない。気《き》が乗《の》らず、やる気《き》にならない。例 腰が重くて出《で》かけようとしない。

● **腰《こし》が軽《かる》い**
❶めんどうがらずに、気軽《きがる》に行動《こうどう》する。例 兄《あに》は腰が軽く、たのみごとはすぐやってくれる。
❷軽《かる》はずみな行動《こうどう》をする。よく考《かんが》えずに行動《こうどう》してしまう。例 腰が軽いところがあって心配《しんぱい》だ。

● **腰《こし》が砕《くだ》ける**
❶体勢《たいせい》がくずれる。
❷ものごとをやりぬこうとする意気《いき》ごみが、とちゅうでなくなる。

● **腰《こし》が強《つよ》い**
❶ねばり気《け》や弾力性《だんりょくせい》がある。例 腰が強いめん。
❷ねばり強《づよ》い。気《き》が強《つよ》い。例 腰が強い人《ひと》。

● **腰《こし》が抜《ぬ》ける**
❶こしの関節《かんせつ》が外《はず》れて、立《た》っていられなくなる。
❷おどろいて、こしの力《ちから》がなくなって立《た》ち上《あ》がれなくなる。例 お化《ば》け屋敷《やしき》で腰が抜ける。

● **腰《こし》が低《ひく》い**　人《ひと》に対《たい》してていねいで、いばらないようす。類 頭《あたま》が低《ひく》い。

● **腰《こし》が引《ひ》ける**　ものごとに対《たい》する態度《たいど》やとりくみ方《かた》が消《しょう》極《きょく》的《てき》である。例 選手宣誓《せんしゅせんせい》という大役《たいやく》に、腰が引ける。

● **腰《こし》が弱《よわ》い**
❶ねばり気《け》や弾力性《だんりょくせい》が少《すく》ない。例 このもちは腰が弱い。

❷いくじがない。気《き》が弱《よわ》い。例 腰が弱くて、人《ひと》の言《い》いなりになってばかりいる。

● **腰《こし》を上《あ》げる**
❶すわっている姿勢《しせい》から立《た》ち上《あ》がる。例 いすから腰を上げてあいさつした。
❷ものごとにとりかかる。例 ようやく腰を上げて宿題《しゅくだい》を始《はじ》めた。

● **腰《こし》を落《お》ち着《つ》ける**
❶ある場所《ばしょ》や地位《ちい》・仕事《しごと》などに定着《ていちゃく》する。例 この町《まち》に腰を落ち着けようと思《おも》う。
❷じっくりとりくむ。例 腰を落ち着けて仕事《しごと》にとりかかる。

● **腰《こし》を折《お》る**　とちゅうで口出《くちだ》しして、じゃまをする。例 話《はなし》の腰を折る。

● **腰《こし》を下《お》ろす**　すわる。例 いすに腰を下ろす。

● **腰《こし》を掛《か》ける**　いすなどにすわる。こしかける。例 縁側《えんがわ》に腰を掛ける。

● **腰《こし》を据《す》える**　どっしりと落《お》ち着《つ》いてものごとをする。例 腰を据えて仕事《しごと》にとりかかる。

● **腰《こし》を抜《ぬ》かす**　びっくりして立《た》ち上《あ》がれなくなる。

こし【古紙・故紙】 名詞 古《ふる》くなった紙《かみ》。使《つか》い終《お》わった紙《かみ》。例 古紙を回収《かいしゅう》して、再生紙《さいせいし》にする。

こじ【固持】 名詞 動詞 自分《じぶん》の意見《いけん》や考《かんが》えなどを固《かた》く持《も》って、変《か》えないこと。例 自説《じせつ》を固持してゆずらない。

こじ【孤児】 名詞 両親《りょうしん》のいない子供《こども》。みなしご。

こじ【故事】 名詞 昔《むかし》あったといわれることがら。昔《むかし》から伝《つた》わっている話《はなし》。

-ごし【越し】 接尾語 （ほかのことばのあとにつけて）
❶それをこえて何《なに》かをすることを表《あらわ》す。例 窓《まど》越しに庭《にわ》をながめる／かきね越しに話《はな》す。
❷ずっと続《つづ》いていることを表《あらわ》す。例 三年《さんねん》越しの観察記録《かんさつきろく》。

ごじ【誤字】 名詞 形《かたち》や使《つか》い方《かた》をまちがった字《じ》。例 誤字を訂正《ていせい》する。

こじあける【こじ開ける】 動詞 物《もの》を差《さ》しこむなどして、無理《むり》に開《あ》ける。例 かぎのかかった戸《と》をこじ開ける。

こしあん 名詞 あずきなどをやわらかく煮《に》てつぶし、裏《うら》ごしして皮《かわ》をとり除《のぞ》いたあと、あまく味《あじ》をつけたあん。

こしいた【腰板】 名詞 かべや障子《しょうじ》の下《した》の方《ほう》にはってある板《いた》。

こしお【小潮】 名詞 海水《かいすい》が満《み》ちたり引《ひ》いたりするときの水面《すいめん》の高《たか》さの差《さ》が、いちばん小《ちい》さくなること。また、そのころ。対 大潮《おおしお》。参考 月《つき》に二回《にかい》あり、半月《はんげつ》の一日《いちにち》か二日《ふつか》あとに起《お》こる。

こしかけ【腰掛け】 名詞
❶こしをかけるための台《だい》。いす。
❷長《なが》く勤《つと》めるつもりはなく、少《すこ》しの間《あいだ》その仕事《しごと》につくこと。例 腰掛けのつもりで会社《かいしゃ》に入《はい》る。

こしかける【腰掛ける】 動詞 いすなどにすわる。例 ソファーに腰掛ける。

こしき【古式】 名詞 昔《むかし》から行《おこな》われている、決《き》まったやり方《かた》。例 古式にのっとったお祭《まつ》り。

ことわざ　**論語《ろんご》読《よ》みの論語《ろんごし》知らず**　書物《しょもつ》をよく読《よ》んで理屈《りくつ》はわかっていても、実際《じっさい》には少《すこ》しも実行《じっこう》できな

こじき【乞食】 名詞 人《ひと》に物《もの》やお金《かね》をめぐんでもらって生活《せいかつ》する人《ひと》。

こじき【古事記】 名詞 奈良時代《ならじだい》にできた、日《に》本《ほん》でいちばん古《ふる》い、神話《しんわ》と歴史《れきし》の本《ほん》。天皇《てんのう》の命《めい》令《れい》で、太安万侶《おおのやすまろ》が稗田阿礼《ひえだのあれ》の記憶《きおく》をもとに書《か》いた。神話《しんわ》・伝説《でんせつ》・和歌《わか》などが書《か》かれている。

↓1175ページ 読書

ごしき【五色】 名詞 ❶五《いつ》つの色《いろ》。ふつう、青《あお》・黄《き》・赤《あか》・白《しろ》・黒《くろ》。❷いろいろな色《いろ》。例 五色の短冊《たんざく》。

こじきでん【古事記伝】 名詞 「古事記《こじき》」に注《ちゅう》を入《い》れて解説《かいせつ》した本《ほん》。江戸時代《えどじだい》の国学者《こくがくしゃ》の本居《もとおり》宣長《のりなが》が書《か》いた。

こしぎんちゃく【腰巾着】 名詞 ❶昔《むかし》、こしに下《さ》げた、布《ぬの》で作《つく》った財布《さいふ》。❷お金《かね》や力《ちから》のある人《ひと》のそばに、いつもくっついている人《ひと》。

こしくだけ【腰砕け】 名詞 ❶初《はじ》めの勢《いきお》いがなくなり、あとが続《つづ》かないこと。例 計画《けいかく》が腰砕けになる。❷こしの構《かま》えがくずれて、自分《じぶん》からたおれること。

ごしごし【と】 副詞 力《ちから》を入《い》れて何度《なんど》もこするようす。例 たわしでいもをごしごしと洗《あら》う。

こじせいご【故事成語】 名詞 昔《むかし》から伝《つた》わってきた話《はなし》がもとになってできたことば。「矛《む》盾《じゅん》」や「漁夫《ぎょふ》の利《り》」「他山《たざん》の石《いし》」など。↓343ページ 伝統コラム

こしたんたん【と】【虎視眈眈〔と〕】 副詞 とらがするどい目《め》つきで獲物《えもの》をねらうように、じっくり機会《きかい》をねらっているようす。例 虎視眈眈と、チャンスをうかがう。

ごしちちょう【五七調】 名詞 詩《し》や和歌《わか》などの調子《ちょうし》の一《ひと》つ。五音《ごおん》・七音《しちおん》の順《じゅん》にことばをくり返《かえ》すもの。「うのはなの（五音《ごおん》）におう垣根《かきね》に（七音《しちおん》）ほととぎす（五音《ごおん》）はやもきなきて（七音《しちおん》）…」など。関連 七五調《しちごちょう》。

こしつ【固執】 名詞 動詞 自分《じぶん》の考《かんが》えなどを固《かた》く守《まも》って、ゆずらないこと。「こしゅう」ともいう。例 昔《むかし》からのつくり方《かた》に固執する。

こしつ【個室】 名詞 一人用《ひとりよう》の部屋《へや》。また、ひとりだけで使《つか》う部屋《へや》。

ごじつ【後日】 名詞 のちの日《ひ》。またの日《ひ》。例 後日あらためてご連絡《れんらく》します。

ゴシック (Gothic) 名詞 ❶十二《じゅうに》〜十五世紀《じゅうごせいき》にヨーロッパで栄《さか》えた美《び》術《じゅつ》の様式《ようしき》。とくに、先《さき》のとがったアーチを持《も》つ建築《けんちく》のこと。「ゴシック式《しき》」の略《りゃく》。❷↓480ページ ゴシックたい

ゴシック❶

ことば 「ゴチック」ともいう。

ゴシックしき【ゴシック式】 ↓480ページ ゴシック❶

ゴシックたい【ゴシック体】 名詞 書体《しょたい》の一《ひと》つ。縦線《たてせん》も横線《よこせん》も同《おな》じはばで、太《ふと》い。「ゴシック」ともいう。図↓650ページ しょたい〔書体〕❷

こじつけ 名詞 理屈《りくつ》や理由《りゆう》を、無理《むり》に結《むす》びつけること。

こじつける 動詞 無理《むり》に理由《りゆう》や理屈《りくつ》をつける。例 理由《りゆう》をこじつけて、新《あたら》しい服《ふく》をねだる。

ごじつだん【後日談】 名詞 あることが終《お》わったあと、どうなったかという話《はなし》。

ゴシップ (gossip) 名詞 うわさ話《ばなし》。

ごじっぽひゃっぽ【五十歩百歩】 故事成語 ほとんど差《さ》がなく、同《おな》じようなものだということ。似《に》たりよったりであること。「ごじゅっぽひゃっぽ」ともいう。類 大同小異《だいどうしょうい》。

ことば 戦場《せんじょう》で、敵《てき》から五十歩《ごじっぽ》にげた人《ひと》が、百歩《ひゃっぽ》にげた人《ひと》を「弱虫《よわむし》だ。」と言《い》って笑《わら》ったという中国《ちゅうごく》の昔《むかし》の話《はなし》からきたことば。

こしぬけ【腰抜け】 名詞 ❶こしに力《ちから》が入《はい》らず、立《た》てなくなること。❷こわがって、びくびくしていること。また、そのような人《ひと》。

こしもと【腰元】 名詞 昔《むかし》、身分《みぶん》の高《たか》い人《ひと》のそばに仕《つか》えて、身《み》の回《まわ》りの世話《せわ》をした女《おんな》の人《ひと》。

こしゃく【小しゃく】 名詞 形容動詞 生意気《なまいき》で、気《き》にさわること。例 小しゃくなことを言《い》う。

ごしゃく【語釈】 名詞 ことばの意味《いみ》をわかりやすく説明《せつめい》すること。

こしゅ【固守】 名詞 動詞 一《ひと》つの場所《ばしょ》・立場《たちば》などを、しっかりと守《まも》り通《とお》すこと。

ごしゅいんせん【御朱印船】 ↓603ページ しゅいんせん

早《はや》いということ。

こしゅう【固執】⇩480ページ《ジ》こしつ〔固執〕

ごじゅうおん【五十音】 名詞 かなで書《か》き表《あらわ》した、「あ」行《ぎょう》から「わ」行《ぎょう》までの五十《ごじゅう》の音《おん》。
ことば 実際《じっさい》は四十四《よんじゅうよん》だが、昔《むかし》からの習慣《しゅうかん》で五《ご》十音《じゅうおん》とよんでいる。

ごじゅうおんじゅん【五十音順】 名詞 五《ご》十音《じゅうおん》の順番《じゅんばん》。あいうえお順《じゅん》。

ごじゅうしょう【五重唱】 名詞 五人《ごにん》がそれぞれちがう音《おと》のパートを受《う》け持《も》って歌《うた》う形式《けいしき》。「クインテット」ともいう。

ごじゅうそう【五重奏】 名詞 五《いつ》つの楽器《がっき》が、それぞれちがう音《おと》のパートを受《う》け持《も》って演奏《えんそう》する形式《けいしき》。「クインテット」ともいう。

ごじゅうのとう【五重の塔】 名詞 寺《てら》にある、五階建《ごかいだ》てで、それぞれの階《かい》に屋根《やね》のついた塔《とう》。

ごじゅっぽひゃっぽ【五十歩百歩】⇩480ページ《ジ》ごじっぽひゃっぽ

ごじゅん【語順】 名詞 文《ぶん》の中《なか》で、ことばを並《なら》べる順序《じゅんじょ》。例 日本語《にほんご》と英語《えいご》では語順がちがう。

こしょ【古書】 名詞
❶昔《むかし》の本《ほん》。例 古書で調《しら》べる。
❷人《ひと》が読《よ》んだあとの本《ほん》。古本《ふるほん》。例 古書店《てん》。

ごしょ【御所】 名詞
❶天皇《てんのう》・皇太子《こうたいし》などの住《す》まい。例 東宮《とうぐう》御所。
❷昔《むかし》の将軍《しょうぐん》や大臣《だいじん》などの住《す》まい。

こしょう 名詞 暑《あつ》い地方《ちほう》に多《おお》く生《は》える、つるになる木《き》の一《ひと》つ。高《たか》さ三《さん》メートルくらい。実《み》を干《ほ》して粉《こな》にし、料理《りょうり》に香《かお》りやからい味《あじ》をつけるのに使《つか》う。ことば 漢字《かんじ》では「胡椒」と書《か》く。

こしょう【呼称】 名詞 動詞 名前《なまえ》をつけて呼《よ》ぶこと。また、その呼《よ》び名《な》。

こしょう【故障】 名詞 動詞 機械《きかい》や体《からだ》の調子《ちょうし》が悪《わる》くなること。

こじょう【湖上】 名詞 湖《みずうみ》の上《うえ》。湖面《こめん》。

ごしょう【後生】 名詞
❶人《ひと》にいっしょうけんめいたのむときのことば。例 後生だからやめてください。
❷仏教《ぶっきょう》で、死《し》んだあと新《あたら》しい世界《せかい》に生《う》まれかわること。また、その新《あたら》しい世界《せかい》。来世《らいせ》。

こしょうがつ【小正月】 名詞 季語 新年 一月《いちがつ》十五日《じゅうごにち》、または一月十四日《いちがつじゅうよっか》から十六日《じゅうろくにち》までのこと。

ごしょく【誤植】 名詞 まちがった字《じ》を印刷《いんさつ》すること。また、そのまちがい。

ごしょぐるま【御所車】 名詞 昔《むかし》、身分《みぶん》の高《たか》い人《ひと》が乗《の》った牛車《ぎっしゃ》。図⇩334ページ《ジ》ぎっしゃ

こじらいれき【故事来歴】 名詞 昔《むかし》から伝《つた》わってきたものごとのいわれや歴史《れきし》。例 近《ちか》くの神社《じんじゃ》の故事来歴を調《しら》べる。

こしらえる 動詞
❶つくる。つくり上《あ》げる。例 本棚《ほんだな》を木《き》でこしらえる。
❷あることに役立《やくだ》てるために用意《ようい》する。例 旅行《りょこう》のためのお金《かね》をこしらえる。
❸ほんとうのように見《み》せかける。例 話《はなし》をうまくこしらえる。
❹形《かたち》をきれいに整《ととの》える。美《うつく》しくかざる。例 身《み》なりをこしらえる。

こじらす 動詞
❶病気《びょうき》をひどくして、治《なお》りにくくする。例 かぜをこじらして入院《にゅういん》する。
❷余計《よけい》なことをして、問題《もんだい》の解決《かいけつ》を難《むずか》しくする。例 横《よこ》から口出《くちだ》しをして、話《はなし》をこじらしてしまった。
ことば 「こじらせる」ともいう。

こじらせる⇩481ページ《ジ》こじらす

こじれる 動詞
❶ことがらがもつれて、めんどうになる。例 話《はなし》がこじれる／けんかして仲《なか》がこじれた。
❷病気《びょうき》がさらに悪《わる》くなって、長引《ながび》く。例 かぜがこじれる。

こじん【古人】 名詞 昔《むかし》の人《ひと》。例 古人のことばに学《まな》ぶ。

こじん【故人】 名詞 死《し》んでしまった人《ひと》。例 この作家《さっか》はすでに故人です。

こじん【個人】 名詞 社会《しゃかい》や集団《しゅうだん》をつくっている、ひとりひとりの人間《にんげん》。一人《ひとり》の人《ひと》。例 休日《きゅうじつ》をどう過《す》ごすかは個人の自由《じゆう》だ／個人行動《こうどう》。

ごしん【誤診】 名詞 動詞 医者《いしゃ》が病気《びょうき》の診断《しんだん》をまちがえること。

ごしん【護身】 名詞 危険《きけん》から身《み》を守《まも》ること。

こじんさ【個人差】 名詞 ひとりひとりの、能《のう》力《りょく》や性質《せいしつ》などのちがい。例 薬《くすり》の効《き》き方《かた》には個人差がある。

こじんしゅぎ【個人主義】 名詞 ひとりひとりの権利《けんり》と自由《じゆう》を何《なに》よりも大切《たいせつ》にしようという

ことわざ **論《ろん》より証拠《しょうこ》** ものごとをはっきりさせるには、いろいろ議論《ぎろん》するより、証拠《しょうこ》を示《しめ》したほうが

考《かんが》え方《かた》。ことば 他人《たにん》のことを考《かんが》えない自分勝手《じぶんかって》な考《かんが》え方《かた》（＝利己主義《りこしゅぎ》）をいうこともある。

ごしんじゅつ【護身術】 名詞 人《ひと》におそわれたときなどに、危険《きけん》から身《み》を守《まも》るためのわざ。

こじんじょうほう【個人情報】 名詞 氏《し》名《めい》・生年月日《せいねんがっぴ》・性別《せいべつ》・住所《じゅうしょ》・電話番号《でんわばんごう》など、個人《こじん》を特定《とくてい》できる可能性《かのうせい》のある情報《じょうほう》。

こじんじょうほうほごほう【個人情報保護法】 名詞 個人情報《こじんじょうほう》が知《し》らない人《ひと》に伝《つた》わったり、不正《ふせい》に利用《りよう》されたりすることがないよう、個人情報《こじんじょうほう》を守《まも》り、大切《たいせつ》にあつかうように定《さだ》めた法律《ほうりつ》。参考 会社《かいしゃ》や国《くに》などが持《も》つ個人《こじん》情《じょう》報《ほう》について、目的《もくてき》以外《いがい》に使用《しよう》することや、関係《かんけい》のない人《ひと》に提供《ていきょう》することを禁止《きんし》している。

こじんてき【個人的】 形容動詞 その人《ひと》だけにかかわりがあるようす。例 個人的な事情《じじょう》により、欠席《けっせき》します。類 私的《してき》。プライベート。

こす 動詞 あみや布《ぬの》などの細《こま》かいすきまを通《とお》らせて、混《ま》ざり物《もの》をとり除《のぞ》く。例 茶《ちゃ》こしでお茶《ちゃ》をこす／野菜《やさい》を煮《に》たしるをこす。

こす【越す・超す】 動詞
❶手前《てまえ》から向《む》こうへ上《うえ》を通《とお》って行《い》く。例 山《やま》を越す／水《みず》たまりをとび越す。
❷ある数量《すうりょう》や限度《げんど》を上《うわ》まわる。例 一万人《いちまんにん》を超す入場者《にゅうじょうしゃ》。
❸過《す》ごす。切《き》りぬける。例 寒《さむ》い冬《ふゆ》を越す。
❹先《さき》へ行《い》く。例 追《お》い越す。
❺引《ひ》っ越《こ》す。例 新《あたら》しい家《いえ》に越す。
❻（「…に越《こ》したことはない」の形《かたち》で、全体《ぜんたい》で）…するのがいちばんだ。例 みんなで行《い》くに越したことはない。
❼（「お越《こ》し」の形《かたち》で）「行《い》く」「来《く》る」のていねいな言《い》い方《かた》。例 どちらへお越しですか／受付《うけつけ》までお越しください。

こすい 形容詞 悪《わる》がしこい。ずるい。

こすい【湖水】 名詞 湖《みずうみ》。また、湖《みずうみ》の水《みず》。

こすう【戸数】 名詞 家《いえ》の数《かず》。例 この村《むら》の戸数は約《やく》五百戸《ごひゃっこ》だ。

こすう【個数】 名詞 一個《いっこ》、二個《にこ》と数《かぞ》えられる物《もの》の数《かず》。

こずえ 名詞 木《き》の幹《みき》や枝《えだ》の、先《さき》のほう。

コスト（cost）名詞
❶物《もの》をつくるのにかかる費用《ひよう》。例 商品製作《しょうひんせいさく》のコストを下《さ》げる。
❷値段《ねだん》。

ゴスペル（gospel）名詞 「ゴスペルソング」の略《りゃく》。アメリカの宗教音楽《しゅうきょうおんがく》の一《ひと》つ。

コスモス（cosmos）名詞 季語 秋 きくのなかまの草花《くさばな》。秋《あき》に赤《あか》・白《しろ》・もも色《いろ》などの花《はな》がさく。

コスモス

こする 動詞 物《もの》と物とをおしつけるようにして動《うご》かす。例 タオルで背中《せなか》をこする。

こせい【個性】 名詞 その人《ひと》、またはそのものだけが持《も》っている特別《とくべつ》な性質《せいしつ》。例 画家《がか》の個性が表《あらわ》れた作品《さくひん》。

こせいだい【古生代】 名詞 地球《ちきゅう》の歴史《れきし》の中《なか》で、約五億四千万年前《やくごおくよんせんまんねんまえ》から二億四千五百万年《におくよんせんごひゃくまんねん》前《まえ》の間《あいだ》。三葉虫《さんようちゅう》や大《おお》きなしだのなかまなどが栄《さか》えた。関連 中生代《ちゅうせいだい》。新生代《しんせいだい》。

こせいてき【個性的】 形容動詞 その人《ひと》や、そのものだけに備《そな》わっている特別《とくべつ》な性質《せいしつ》が、よくあらわれているようす。例 個性的な服装《ふくそう》。

こせき【戸籍】 名詞 家族《かぞく》ごとに、その家族《かぞく》の関係《かんけい》・名前《なまえ》・生年月日《せいねんがっぴ》などを書《か》き記《しる》した役所《やくしょ》の書類《しょるい》。ことば 戸籍《こせき》すべての写《うつ》しを「謄本《とうほん》」、一《いち》部《ぶ》の写《うつ》しを「抄本《しょうほん》」という。

こせき【古跡】 名詞 歴史《れきし》に残《のこ》るような事件《じけん》や建物《たてもの》のあったところ。類 旧跡《きゅうせき》。史跡《しせき》。

こせこせ【と】 副詞 動詞 小《ちい》さなことを気《き》にして、落《お》ち着《つ》きやゆとりのないようす。

こぜに【小銭】 名詞 額《がく》の小《ちい》さなお金《かね》。細《こま》かいお金《かね》。例 お札《さつ》を小銭にかえてもらう。

こぜりあい【小競り合い】 名詞 小《ちい》さなたたかい。また、小《ちい》さなもめごと。

ごせん【互選】 名詞 動詞 ある役目《やくめ》につく人《ひと》などを、仲間《なかま》の中《なか》からおたがいに選《えら》び合《あ》うこと。例 班長《はんちょう》は互選で決《き》めよう。

ごせん【五線】 名詞 音楽《おんがく》で、音《おと》の高《たか》さを書《か》き表《あらわ》すための、平行《へいこう》に並《なら》んだ五本《ごほん》の線《せん》。

ごぜん【午前】 名詞
❶夜中《よなか》の十二時《じゅうにじ》から昼《ひる》の十二時《じゅうにじ》（＝正午《しょうご》）まで。例 午前三時《さんじ》。対 午後《ごご》。
❷夜明《よあ》けから昼《ひる》まで。例 午前中《ちゅう》に用事《ようじ》をすませる。対 午後《ごご》。

から進《すす》んでしなさいということ。

ごせんし【五線紙】 名詞 音符《おんぷ》などを書《か》きこんで楽譜《がくふ》をつくるための用紙《ようし》。五本《ごほん》の平行線《へいこうせん》が印《いん》刷《さつ》されている。

こせんじょう【古戦場】 名詞 昔《むかし》、歴史《れきし》に残《のこ》るような戦《たたか》いが行《おこな》われたところ。

こそ 助詞 （ほかのことばのあとにつけて）そのことばの意味《いみ》を強《つよ》めることば。例 今度《こんど》こそはがんばるぞ。

こそあどことば【こそあど言葉】 名詞 「これ」「その」「あちら」「どんな」など、ものごと・場所《ばしょ》・方向《ほうこう》・ようすなどを指《さ》し示《しめ》すことば。そのものが話《はな》し手《て》に近《ちか》ければ「こ」、聞《き》き手《て》に近《ちか》ければ「そ」、話《はな》し手《て》と聞《き》き手《て》の両方《りょうほう》から遠《とお》ければ「あ」、何《なに》を指《さ》しているのかわからなければ「ど」で始《はじ》まる。

こぞう【小僧】 名詞
❶年《とし》の若《わか》い男《おとこ》の子《こ》をばかにしたり、親《した》しみをこめたりしていうことば。例 いたずら小僧。
❷年《とし》の若《わか》いおぼうさん。例 お寺《てら》の小僧さん。

ごそう【護送】 名詞 動詞
❶大事《だいじ》なものを守《まも》って送《おく》り届《とど》けること。
❷罪《つみ》をおかした人《ひと》を見張《みは》りながら送《おく》ること。例 犯人《はんにん》をパトカーで護送する。

こそこそ【と】 副詞 動詞 人《ひと》に知《し》られないように、かくれてするようす。こっそり。例 こそこそと悪口《わるぐち》を言うなんてひきょうだ。

こぞって 副詞 みんながそろって。例 家族《かぞく》や親戚《せき》がこぞって応援《おうえん》に来《き》てくれた。

こそどろ【こそ泥】 名詞 人《ひと》に見《み》つからないようにして、わずかな物《もの》をぬすむどろぼう。

こそばゆい 形容詞
❶むずむずして笑《わら》い出《だ》したくなる感《かん》じである。くすぐったい。例 背中《せなか》がこそばゆい。
❷ほめられたりして、照《て》れくさい。例 先生《せんせい》にほめられて、こそばゆい気持ちだ。

ごぞんじ【御存じ】 名詞 相手《あいて》が知《し》っていることをていねいにいうことば。例 御存じのとおり、ぼくたちは来月《らいげつ》引《ひ》っ越《こ》します。

こたい【固体】 名詞 石《いし》・木《き》・金属《きんぞく》などのように、固《かた》まっていて、形《かたち》を変《か》えにくいもの。関連 気体《きたい》。液体《えきたい》。教科 理 たとえば、氷《こおり》は水《みず》が固体《こたい》になったものである。

こたい【個体】 名詞 ほかのものと区別《くべつ》されて、一《ひと》つ一《ひと》つが独立《どくりつ》してあるもの。

こだい【古代】 名詞
❶古《ふる》い時代《じだい》。大昔《おおむかし》。
❷歴史《れきし》の時代の分《わ》け方《かた》の一《ひと》つ。日本《にほん》では、古墳《こふん》時代《じだい》から平安時代《へいあんじだい》までをいう。関連 中世《ちゅうせい》。近世《きんせい》。近代《きんだい》。現代《げんだい》。

こだい【誇大】 形容動詞 実際《じっさい》よりも大《おお》げさであるようす。例 誇大な広告《こうこく》。

ごたい【五体】 名詞
❶体《からだ》の五《いつ》つの部分《ぶぶん》。頭《あたま》・両手《りょうて》・両足《りょうあし》。または、頭《あたま》・首《くび》・胸《むね》・手《て》・足《あし》。そこから、体全体《からだぜんたい》のこともいう。
❷書道《しょどう》の五つの書体《しょたい》。てん書《しょ》・隷書《れいしょ》・楷書《かいしょ》・行書《ぎょうしょ》・草書《そうしょ》。

こだいこ【小太鼓】 名詞 打楽器《だがっき》の一《ひと》つ。直径《ちょっけい》が三十《さんじゅう》～四十《よんじっ》センチメートルくらいの小型《こがた》の太鼓《たいこ》で、二本《にほん》のばちで打《う》つ。図 ➡269ページ がっき〔楽器〕

ごだいごてんのう【後醍醐天皇】 名詞 （一二八八～一三三九）鎌倉時代《かまくらじだい》から南北朝時代《なんぼくちょうじだい》にかけての天皇《てんのう》。鎌倉幕府《かまくらばくふ》をたおし、「建武《けんむ》の新政《しんせい》」を行《おこな》った。のちに足利尊氏《あしかがたかうじ》と対立《たいりつ》し、今《いま》の奈良県《ならけん》の吉野《よしの》にのがれ、南朝《なんちょう》を立《た》てた。

ごだいしゅう【五大州】 名詞 アジア・アフリカ・アメリカ・オセアニア・ヨーロッパの五《いつ》つの大陸《たいりく》。ことば アメリカを南《みなみ》と北《きた》の二《ふた》つに分けて「六大州《ろくだいしゅう》」ともいう。

ごたいよう【五大洋】 名詞 世界《せかい》の五《いつ》つの大《おお》きな海《うみ》。太平洋《たいへいよう》・大西洋《たいせいよう》・インド洋《よう》・南極《なんきょく》海《かい》・北極海《ほっきょくかい》。

こたえ【答え】 名詞
❶返事《へんじ》。例 いくら呼《よ》んでも答えがない。
❷問題《もんだい》を解《と》いた結果《けっか》。例 計算《けいさん》の答え。類 解答《かいとう》。対 問《と》い。漢 ➡914ページ とう〔答〕

こたえる【応える】 動詞
❶ほかからのはたらきかけに見合《みあ》った行動《こうどう》をとる。例 声援《せいえん》に応える／みんなの期待《きたい》に応える。
❷強《つよ》く感《かん》じる。身《み》にしみる。例 厳《きび》しい寒《さむ》さが身《み》に応えた。漢 ➡166ページ おう〔応〕

こたえる【答える】 動詞
❶呼《よ》びかけに対《たい》して返事《へんじ》をする。例 大《おお》きな声《こえ》で「はい。」と答える。
❷問題《もんだい》を解《と》いて答えを出《だ》す。例 次《つぎ》の問題《もんだい》に答えなさい。漢 ➡914ページ とう〔答〕

ことわざ **若《わか》い時《とき》の苦労《くろう》は買《か》ってもせよ** 若《わか》いときの苦労《くろう》は、その体験《たいけん》が必《かなら》ずあとで役《やく》に立《た》つから、自分《じぶん》

こだかい【小高い】 形容詞 少《すこ》し高《たか》い。例 小高いおか。

ごたごた
❶ 副詞 動詞 いろいろなものが入《い》り交《ま》じって、整《せい》理《り》ができていないようす。例 ごたごたした机《つくえ》。❷ 名詞 動詞 もめること。争《あらそ》い。例 どっちを選《えら》ぶかでごたごたが起《お》きた。❸ 副詞 文句《もんく》などをいつまでも言《い》うようす。例 ごたごた言《い》わずにすぐやりなさい。

こだし【小出し】 名詞 少《すこ》しずつ出《だ》すこと。例 貯金《ちょきん》を小出しにしてつかう。

こだち【木立】 名詞 ひと所《ところ》に集《あつ》まって立《た》っている木々《きぎ》。また、そのような場所《ばしょ》。

こたつ 名詞 季語 冬 暖房器具《だんぼうきぐ》の一《ひと》つ。電熱器《でんねつき》や炭火《すみび》などの上《うえ》にやぐらを置《お》き、その上《うえ》に布団《ふとん》をかけて手足《てあし》を入《い》れる。

ごたつく 動詞
❶いろいろなものが交《ま》じり合《あ》って混雑《こんざつ》する。ごたごたする。例 ごたついた部屋《へや》の中《なか》。❷もめごとなどが起《お》こって混乱《こんらん》する。もめる。例 社長《しゃちょう》の突然《とつぜん》の交代《こうたい》で、会社《かいしゃ》の中《なか》がごたつく。

ごたぶんにもれず【御多分にもれず】 ほかの多《おお》くの場合《ばあい》と同《おな》じように。例外《れいがい》ではなく。例 御多分にもれず、このクラスでもかぜがはやっている。

こだま 名詞 動詞 声《こえ》や音《おと》が、山《やま》や谷《たに》にぶつかってはね返《かえ》ってくること。山《やま》びこ。

ごだま【五玉】 名詞 そろばんで、上段《じょうだん》にある一個《いっこ》のたま。たまの置《お》かれている位置《いち》により、0または5の数《かず》を表《あらわ》す。関連 一玉《いちだま》。

こだわる 動詞 あることをとくに気《き》にする。例 勝《か》ち負《ま》けにこだわらない。

こち 名詞 季語 春 春《はる》に、東《ひがし》からふく風《かぜ》。

ごちそう 名詞 動詞
❶食《た》べ物《もの》などを出《だ》して、人《ひと》をもてなすこと。例 おじさんに夕食《ゆうしょく》をごちそうしていただいた。❷おいしくてりっぱな食事《しょくじ》。例 今日《きょう》は弟《おとうと》の誕生日《たんじょうび》なので、すごいごちそうだ。

ごちそうさま 食事《しょくじ》のあとに言《い》う、あいさつのことば。また、人《ひと》にごちそうになったあとに言《い》う、お礼《れい》のことば。

ゴチック ⇩480ページ ゴシック

こちょう【誇張】 名詞 動詞 実際《じっさい》より大《おお》げさに表《あらわ》すこと。例 できごとを誇張して話《はな》す。

ごちょう【語調】 名詞 ことばの調子《ちょうし》。語気《ごき》。例 語調を強《つよ》める。

こちら 代名詞
❶自分《じぶん》のほうや、自分《じぶん》に近《ちか》い場所《ばしょ》・ものを指《さ》すことば。例 こちらを見《み》てください／こちらをいただきます。❷自分《じぶん》の近《ちか》くにいる人《ひと》を指《さ》すことば。例 こちらはわたしの姉《あね》です。❸自分《じぶん》や、自分側《じぶんがわ》を指《さ》すことば。例 こちらから電話《でんわ》します／その事故《じこ》はこちらの責任《せきにん》です。
使い方 「こっち」よりもていねいな言《い》い方《かた》。

こぢんまり［と］ 副詞 動詞 小《ちい》さいが、よくまとまっているようす。例 こぢんまりとした家《いえ》。
使い方 「こじんまり」と書《か》かないよう注意《ちゅうい》。

こつ 名詞 ものごとをうまく行《おこな》うために大切《たいせつ》なところ。例 料理《りょうり》のこつ。類 要領《ようりょう》。秘《ひ》けつ。

㊥漢 **こう【骨】** 〔骨〕ほね 10画 6年 音 コツ 訓 ほね

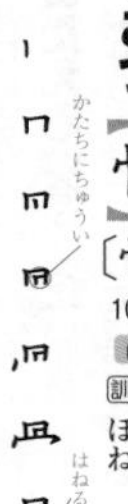

❶ほね。ほねぐみ。例 骨格《こっかく》／骨折《こっせつ》／筋骨《きんこつ》。❷ものごとのしんになるところ。例 骨子《こっし》。❸人《ひと》がら。気《き》だて。例 気骨《きこつ》。❹からだ。例 老骨《ろうこつ》。

こっか【国花】 名詞 その国《くに》で多《おお》くの人《ひと》に好《この》まれ、その国《くに》のしるしとされている花《はな》。日本《にほん》の「桜《さくら》」、イギリスの「ばら」など。

こっか【国家】 名詞 ある決《き》まった土地《とち》とそこに住《す》む人々《ひとびと》によってつくられ、ほかから独立《どくりつ》した政治《せいじ》によって治《おさ》められている社会集団《しゃかいしゅうだん》。国《くに》。

こっか【国歌】 名詞 国《くに》を代表《だいひょう》する歌《うた》。式《しき》などで歌《うた》われる。参考 日本《にほん》の国歌《こっか》は「君《きみ》が代《よ》」。

こっかい【国会】 名詞 国民《こくみん》の選挙《せんきょ》で選《えら》ばれた議員《ぎいん》たちが、国《くに》の法律《ほうりつ》を定《さだ》めたり、政治《せいじ》について話《はな》し合《あ》ったりする議会《ぎかい》。日本《にほん》では、衆議院《しゅうぎいん》と参議院《さんぎいん》の二《ふた》つから成《な》り立《た》っている。

こっかい【黒海】 名詞 ヨーロッパとアジアの間《あいだ》にある内陸《ないりく》の海《うみ》。ボスポラス海峡《かいきょう》で、地《ち》中海《ちゅうかい》につながっている。

こづかい【小遣い】 名詞 ふだん、ちょっとした買《か》い物《もの》などに自由《じゆう》につかえる自分用《じぶんよう》のお金《かね》。

こっかいぎいん【国会議員】 名詞 国会《こっかい》で国《くに》の政治《せいじ》について話《はな》し合《あ》う、国民《こくみん》の代表《だいひょう》。日《に》本《ほん》では、衆議院議員《しゅうぎいんぎいん》と参議院議員《さんぎいんぎいん》がある。

こっかいぎじどう【国会議事堂】 名詞 国会《こっかい》が開《ひら》かれる建物《たてもの》。

こっかいぎじどう
(日本《にほん》)

こっかいとしょかん【国会図書館】 名詞 国会議員《こっかいぎいん》のために、仕事《しごと》の参考《さんこう》となる本《ほん》や資料《しりょう》を集《あつ》めた、国《くに》の図書館《としょかん》。一般《いっぱん》の人《ひと》も利用《りよう》できる。

こっかく【骨格】 名詞 ❶体《からだ》を支《ささ》えている骨組《ほねぐ》み。また、体《からだ》つき。例 動物《どうぶつ》の骨格の標本《ひょうほん》／たくましい骨格の人《ひと》。❷ものごとの全体《ぜんたい》をかたちづくり、支《ささ》えているもの。例 計画《けいかく》の骨格が明《あき》らかになる。

こっかこうあんいいんかい【国家公安委員会】 名詞 警察《けいさつ》を管理《かんり》・かんとくする仕事《しごと》をする国《くに》の機関《きかん》。内閣府《ないかくふ》の下《した》にある。

こっかこうむいん【国家公務員】 名詞 国《くに》の仕事《しごと》をする役人《やくにん》。

こっかせんりゃくとくべつくいき【国家戦略特別区域】 名詞 国《くに》の経済《けいざい》を成長《せいちょう》させるため、地域《ちいき》を限定《げんてい》して規制緩和《きせいかんわ》を行《おこな》い、それまで法律《ほうりつ》によってできなかった事業《じぎょう》を特別《とくべつ》にできるようにした地域《ちいき》。略《りゃく》して「国家戦略《こっかせんりゃく》特区《とっく》」ともいう。

こっかせんりゃくとっく【国家戦略特区】 ⇒485ページ こっかせんりゃくとくべつくいき

こっかん【酷寒】 名詞 季語冬 非常《ひじょう》に寒《さむ》いこと。冬《ふゆ》の厳《きび》しい寒《さむ》さ。例 酷寒の地《ち》。類 厳寒《げんかん》。極寒《ごっかん》。対 酷暑《こくしょ》。

ごっかん【極寒】 名詞 季語冬 非常《ひじょう》に寒《さむ》いこと。類 酷寒《こっかん》。対 極暑《ごくしょ》。

こっき【克己】 名詞 動詞 自分自身《じぶんじしん》の欲《よく》や、よくない考《かんが》えに打《う》ち勝《か》つこと。例 克己心《しん》を養《やしな》う。

こっき【国旗】 名詞 国《くに》のしるしとなる旗《はた》。参考 日本《にほん》の国旗《こっき》は日《ひ》の丸《まる》の旗《はた》。

こっきょう【国境】 名詞 国《くに》と国《くに》との境《さかい》。「くにざかい」ともいう。例 国境線《せん》。

こっきょうなきいしだん【国境なき医師団】 名詞 戦争《せんそう》や災害《さいがい》・ききんなどが起《お》こったとき、世界《せかい》じゅうのどこへでもかけつけて、医療活動《いりょうかつどう》を行《おこな》うボランティア団体《だんたい》。一九七一年《ねん》にフランスで結成《けっせい》された。

コック（cock） 名詞 水道《すいどう》などのせん。例 ガスのコックをひねる。

コック（オランダ語） 名詞 レストランなどで料理《りょうり》をする役目《やくめ》の人《ひと》。料理人《りょうりにん》。

こづく【小突く】 動詞 人《ひと》の体《からだ》を、指先《ゆびさき》やひじの先《さき》などでつっつく。例 いねむりをしていたら、かたを小突かれた。

こづく

こっくり[と] 名詞 副詞 動詞 ❶頭《あたま》を前《まえ》に垂《た》れたり上《あ》げたりして、いねむりすること。例 日《ひ》なたのいすでこっくりする。❷頭《あたま》を下《した》に下《さ》げて、うなずくこと。例「わかった」というしるしに、こっくりとうなずく。

こっけい【滑稽】 名詞 形容動詞 ❶ことばや身《み》ぶりがおどけていて、おもしろいこと。例 滑稽なしぐさ。❷ばかばかしくてくだらないこと。例 そんな話《はなし》を信《しん》じていたとは滑稽だ。

こっこ【国庫】 名詞 国《くに》の持《も》っているお金《かね》。また、それを出《だ》し入《い》れするところ。

-ごっこ 接尾語（ほかのことばのあとにつけて）あるもののまねをする遊《あそ》びを表《あらわ》す。例 鬼《おに》ごっこ／ちゃんばらごっこ。

こっこう【国交】 名詞 国《くに》と国《くに》とのつきあい。例 国交を回復《かいふく》する。

こっこうしょう【国交省】 ⇒472ページ こくどこうつうしょう

こっこく[と]【刻刻[と]】 副詞 少《すこ》しずつ時《とき》がたつようす。こくこく。例 スタートの時《とき》が刻々とせまる／雲《くも》のようすが刻々と変化《へんか》する。

こっこししゅつきん【国庫支出金】 名詞 国《くに》が都道府県《とどうふけん》・市町村《しちょうそん》に前《まえ》もって決《き》められた目的《もくてき》に使《つか》うためにわたすお金《かね》。

こつこつ[と] 副詞 ❶あることをしんぼう強《づよ》く続《つづ》けるようす。例 兄《あに》は毎日《まいにち》こつこつ勉強《べんきょう》するタイプだ。❷かたい物《もの》がくり返《かえ》し当《あ》たる音《おと》を表《あらわ》すことば。例 ドアをこつこつとたたく。

ごつごつ[と] 副詞 動詞 ❶かたくでこぼこしていて、なめらかでない。

例 ごつごつした岩《いわ》。❷人《ひと》の性格《せいかく》や態度《たいど》などが、あらっぽくてそっけない。例 無口《むくち》でごつごつした感《かん》じの人《ひと》。

こっし【骨子】 名詞 ものごとの中心《ちゅうしん》となる、いちばん大事《だいじ》なところ。例 計画《けいかく》の骨子。

こつずい【骨髄】 名詞 ❶骨《ほね》の中《なか》のすきまを満《み》たしている、やわらかいもの。ここで血液《けつえき》がつくられる。例 骨髄移植《いしょく》。❷心《こころ》の奥底《おくそこ》。例 うらみ骨髄に徹《てっ》する（＝深《ふか》くしみこむ）。

こっせつ【骨折】 名詞 動詞 体《からだ》の骨《ほね》が折《お》れること。例 足《あし》を骨折する。

こっそり［と］ 副詞 だれにも知《し》られないようにものごとをするようす。例 こっそりと裏口《うらぐち》からぬけだした。

ごっそり［と］ 副詞 残《のこ》らず全部《ぜんぶ》。また、数《かず》や量《りょう》が多《おお》いようす。例 金庫《きんこ》のお金《かね》がごっそりぬすまれた／昔《むかし》の写真《しゃしん》がごっそり出《で》てきた。

ごったがえす【ごった返す】 動詞 ひどく混雑《こんざつ》する。非常《ひじょう》に混《こ》み合《あ》う。例 会場《かいじょう》は見物人《けんぶつにん》でごった返している。

こっち 代名詞 「こちら」のくだけた言《い》い方《かた》。

こづち【小づち】 名詞 小《ちい》さなつち（＝物《もの》をたたくのに使《つか》う道具《どうぐ》）。例 打《う》ち出《で》の小づち（＝ふると、ほしいものが出《で》てくるといわれる小《こ》づち）。

こづち

こづつみ【小包】 名詞 小《ちい》さな包《つつ》み。

こってり［と］ ❶副詞 動詞 味《あじ》や油《あぶら》などが、しつこいくらいに、濃《こ》いようす。対 あっさり［と］。❷副詞 程度《ていど》がはなはだしいようす。いやというほど。例 父《ちち》にこってりしかられた。

こっとう【骨とう】 名詞 古道具《ふるどうぐ》などで、美《び》術品《じゅつひん》としての価値《かち》のある物《もの》。骨《こっ》とう品《ひん》。

こつにく【骨肉】 名詞 親子《おやこ》やきょうだいなど、血《ち》のつながった間《あいだ》がらの人《ひと》。例 骨肉の争《あらそ》い。

こっぱみじん【木っ端みじん】 名詞 粉々《こなごな》にくだけること。類 粉《こな》みじん。

こつばん【骨盤】 名詞 こしからおしりにかけての部分《ぶぶん》をかたちづくっている骨《ほね》。

こつぶ【小粒】 名詞 形容動詞 ❶つぶが小《ちい》さいこと。例 小粒のぶどう。対 大粒《おおつぶ》。❷体《からだ》が小《ちい》さいこと。小柄《こがら》。例 小粒な選手《せんしゅ》。❸人間《にんげん》としてのスケールが小《ちい》さいこと。

コップ（オランダ語）名詞 ガラスなどでつくった水飲《みずの》み。

コッホ 名詞（一八四三～一九一〇）ドイツの細菌《さいきん》学者《がくしゃ》。結核菌《けっかくきん》を発見《はっけん》し、ツベルクリンを発明《はつめい》した。一九〇五年《ねん》、ノーベル生理学《せいりがく》・医学賞《いがくしょう》を受《う》けた。

ゴッホ 名詞（一八五三～一八九〇）オランダの画《が》家《か》。力強《ちからづよ》い構図《こうず》とあざやかないろどりで独特《どくとく》な絵《え》をかいた。「ひまわり」「自画像《じがぞう》」などの作《さく》品《ひん》が有名《ゆうめい》。参考 ゴッホの絵《え》には日本《にほん》の浮世絵《うきよえ》のえいきょうも見《み》られる。

こて 名詞 ❶壁土《かべつち》やセメントをぬるのに使《つか》う道具《どうぐ》。❷熱《あつ》くして、服《ふく》のしわなどをのばすのに使《つか》う道具《どうぐ》。

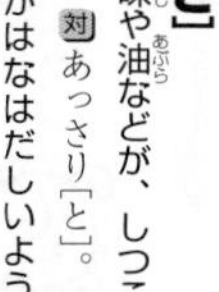
こて❶

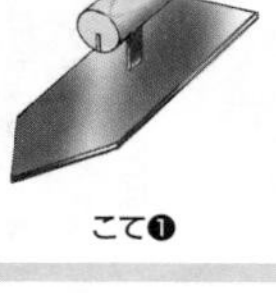

こて【小手】 名詞 ❶ひじと手首《てくび》の間《あいだ》。また、ひじから先《さき》の部分《ぶぶん》。❷剣道《けんどう》で、手首《てくび》の辺《あた》りを打《う》つこと。例 小手をかざして遠《とお》くを見《み》る。

ごて【後手】 名詞 ❶相手《あいて》に先《さき》にやられること。例 後手にまわる。対 先手《せんて》。❷囲碁《いご》・将棋《しょうぎ》で、あとから打《う》つほう。対 先手《せんて》。

こてい【固定】 名詞 動詞 ❶ある決《き》まったところから動《うご》かないこと。また、動《うご》かないようにすること。例 二枚《にまい》の板《いた》をくぎで固定する。❷決《き》まっていていつも変《か》わらないこと。変化《へんか》しないこと。例 あの店《みせ》の客《きゃく》は固定している。

こてい【湖底】 名詞 湖《みずうみ》の底《そこ》。

こていしさんぜい【固定資産税】 名詞 土《と》地《ち》や家屋《かおく》などの固定資産《こていしさん》にかかる税金《ぜいきん》。その所《しょ》有者《ゆうしゃ》が、市町村《しちょうそん》に納《おさ》める。

こていでんわ【固定電話】 名詞 決《き》まった場《ば》所《しょ》に設置《せっち》された、電話線《でんわせん》がつながった電話機《でんわき》。対 携帯電話《けいたいでんわ》。

こてきたい【鼓笛隊】 名詞 打楽器《だがっき》と吹奏楽《すいそうがっ》器《き》を演奏《えんそう》する、行進用《こうしんよう》の楽隊《がくたい》。

とするときに都合《つごう》のよいことが起《お》こること。

こてさき【小手先】 名詞
❶手《て》の先《さき》。また、手《て》の先《さき》だけを使《つか》えばすむような簡単《かんたん》なこと。例 小手先でできる仕事《しごと》。
❷ちょっとした能力《のうりょく》や才能《さいのう》。例 小手先がきく。

こてしらべ【小手調べ】 名詞 ものごとを始《はじ》める前《まえ》に、ためしにちょっとやってみること。例 今日《きょう》の試合《しあい》は、ほんの小手調べだ。

こてん【古典】 名詞
❶古《ふる》い時代《じだい》に書《か》かれた書物《しょもつ》。
❷昔《むかし》つくられた芸術作品《げいじゅつさくひん》のうち、今《いま》でも手本《てほん》にされているもの。

こてん【個展】 名詞 一人《ひとり》の人《ひと》の作品《さくひん》を集《あつ》めて開《ひら》く展覧会《てんらんかい》。例 写真《しゃしん》の個展を開《ひら》く。

ごてん【御殿】 名詞 身分《みぶん》の高《たか》い人《ひと》の住《す》まい。また、りっぱな家《いえ》。

こと 助詞 （ほかのことばのあとにつけて）軽《かる》い感動《かんどう》やおどろき、さそいを表《あらわ》す。例 まあ、美《うつく》しいこと／いっしょに行《い》きませんこと。

こと【言】 名詞 口《くち》に出《だ》して言《い》うことば。例 一言《ひと》だけ言《い》っておく。漢 ⇒429ページ げん〔言〕

こと【事】 名詞
❶ことがら。事実《じじつ》。例 大《たい》した事ではない／おもしろい事がわかった。
❷できごと。大事件《だいじけん》。例 事が起《お》こる／事に備《そな》える。
❸仕事《しごと》。例 自分《じぶん》のことは自分《じぶん》でする。
❹経験《けいけん》。記憶《きおく》。例 聞《き》いたことがある。
❺習慣《しゅうかん》。例 毎朝《まいあさ》、体操《たいそう》をすることにしている。
❻値打《ねう》ち。効果《こうか》。例 勉強《べんきょう》しただけのことはある。
❼必要《ひつよう》。例 急《いそ》ぐことはない。
❽…という話《はなし》。うわさ。例 元気《げんき》だとのことだ。
❾訳《わけ》。事情《じじょう》。例 そういうことですか。
❿すなわち。例 私《わたくし》こと、シャーロック＝ホームズは…。
使い方 ❸～❿は、ふつうかな書《が》きにする。また、❶❷もかなで書《か》くことが多《おお》い。漢 ⇒554ページ じ〔事〕

● **事《こと》なきを得《え》る** 大事《おおごと》にならずに、無事《ぶじ》にすむ。例 事故《じこ》にあったが、事なきを得た。

● **事《こと》に当《あ》たる** そのものごとにとりくむ。例 文化祭《ぶんかさい》に向《む》けて、全生徒《ぜんせいと》がそろって事に当たる。

● **事《こと》によると** ひょっとすると。もしかすると。例 事によるとこれは大事件《だいじけん》かもしれない。

● **事《こと》の次第《しだい》** ⇒488ページ ことのしだい

● **事《こと》のついで** ⇒488ページ ことのついで

● **事《こと》もなげ** ⇒489ページ こともなげ

● **事《こと》を構《かま》える** わざともめごとを起《お》こそうとする。例 むやみに事を構えるのはよくない。

こと【異】 名詞 ちがっていること。別《べつ》なこと。漢 ⇒66ページ い〔異〕

こと【琴】 名詞 日本《にほん》の楽器《がっき》の一《ひと》つ。細長《ほそなが》い箱《はこ》の形《かたち》をしたものの上《うえ》に、ふつう十三本《じゅうさんぼん》の糸《いと》が張《は》ってあり、専用《せんよう》のつめではじいて音《おと》を出《だ》す。ことば「箏」とも書《か》く。「一張《ひとはり》」「一張《いっちょう》」「一面《いちめん》」と数《かぞ》える。図 ⇒269ページ がっき〔楽器〕

こと【古都】 名詞 古《ふる》い都《みやこ》。昔《むかし》の都《みやこ》。ことば 日本《にほん》では、奈良《なら》・京都《きょうと》などが「古都《こと》」と呼《よ》ばれる。

-ごと 接尾語 （ほかのことばのあとにつけて）…といっしょに。…とともに全部《ぜんぶ》。例 りんごを皮《かわ》ごと食《た》べる。

-ごと 接尾語 （ほかのことばのあとにつけて）
❶…のたびに。…をくり返《かえ》すたびに。例 ひと雨《あめ》ごとに春《はる》らしくなる／一時間《いちじかん》ごとに休《やす》む。
❷どの…もそれぞれ。例 班《はん》ごとに発表《はっぴょう》する。

ことあたらしい【事新しい】 形容詞 今《いま》までとはようすがちがっていて、新《あたら》しい。また、めずらしいこととして、とり上《あ》げるようす。例 事新しいことは何《なに》もなかった。

ことう【孤島】 名詞 陸《りく》から遠《とお》くはなれたところに、一《ひと》つだけある島《しま》。はなれ島《じま》。類 離島《りとう》。

こどう【鼓動】 名詞 動詞 心臓《しんぞう》がどきどきと動《うご》くこと。また、そのひびき。ことば「春《はる》の鼓動《こどう》を感《かん》じる」のように、内《うち》にあるものが動《うご》き出《だ》すことのたとえにも使《つか》う。

ごとう【誤答】 名詞 動詞 まちがった答《こた》え。また、まちがって答《こた》えること。対 正答《せいとう》。

こどうぐ【小道具】 名詞
❶芝居《しばい》の舞台《ぶたい》やテレビ・映画《えいが》などで使《つか》う、こまごまとした道具《どうぐ》。関連 大道具《おおどうぐ》。
❷身《み》の回《まわ》りで使《つか》う、こまごまとした道具《どうぐ》。

ごとうれっとう【五島列島】 名詞 長崎県《ながさきけん》の北西《ほくせい》にある列島《れっとう》。福江島《ふくえじま》・久賀島《ひさかじま》・奈留島《なるしま》・若松島《わかまつじま》・中通島《なかどおりじま》の五島《ごとう》を中心《ちゅうしん》に、約百四十《やくひゃくよんじゅう》の島々《しまじま》からなる。

ことかく【事欠く】 動詞 物《もの》が不足《ふそく》して困《こま》る。例 戦争中《せんそうちゅう》は毎日《まいにち》の食事《しょくじ》にも事欠いたという。

ことがら【事柄】 名詞 ものごと。また、ものごとのようすや内容《ないよう》。例 重要《じゅうよう》な事柄／作文《さくぶん》に

ことわざ 渡《わた》りに船《ふね》 川《かわ》をわたろうとしているところへちょうど船《ふね》が来《く》るということから、何《なに》かをしよう

書《か》きたい事柄を整理《せいり》する。

ことぎれる【事切れる】 動詞 息《いき》が止《と》まる。命《いのち》が終《お》わる。死《し》ぬ。

こどく【孤独】 名詞 形容動詞 味方《みかた》や友《とも》だちがなく、ひとりぼっちであること。例 孤独な生活《せいかつ》。

ごどく【誤読】 名詞 動詞 まちがえて読《よ》むこと。

ことごとく 副詞 全部《ぜんぶ》。すっかり。例 予想《よそう》がことごとく当《あ》たった。

ことごとに【事ごとに】 副詞 何《なに》かにつけて。ことあるごとに。いつも。例 あの人《ひと》は、ぼくの提案《ていあん》には事ごとに反対《はんたい》する。

ことこまか【事細か】 形容動詞 細《こま》かいことにまでくわしいようす。例 事細かに説明《せつめい》する。

ことざ【琴座】 名詞 夏《なつ》の代表的《だいひょうてき》な星座《せいざ》の一《ひと》つ。天《あま》の川《がわ》の西側《にしがわ》に見《み》える。この星座《せいざ》の中《なか》でもっとも明《あか》るい星《ほし》がベガ（＝織姫星《おりひめぼし》）である。

ことさら【殊更】 副詞
❶わざと。例 ことさら知《し》らないふりをする。
❷とくに。とりわけ。例 今朝《けさ》はことさら寒《さむ》い。
使い方 ふつうかな書《が》きにする。

ことし【今年】 名詞 季語 新年 今過《います》ごしている、この年《とし》。本年《ほんねん》。ことば「こんねん」ともいうが、そのほうがあらたまった言《い》い方《かた》。

ことだま【言霊】 名詞 昔《むかし》の日本《にほん》で、ことばに宿《やど》るとされていた、不思議《ふしぎ》な力《ちから》。そのことばの内容《ないよう》どおりのことを実現《じつげん》する力《ちから》があると信《しん》じられていた。

ことづかる【言付かる】 動詞 人《ひと》から、伝言《でんごん》や物《もの》を届《とど》けることをたのまれる。例 兄《あに》への伝《でん》言《ごん》を言付かる。

ことづけ【言付け】 名詞 動詞 人《ひと》にたのんで、伝《つた》えてもらうこと。伝言《でんごん》。例 母《はは》に言付けをたのまれた。

ことづける【言付ける】 動詞 人《ひと》にたのんで、相手《あいて》に伝《つた》えてもらう。また、物《もの》を預《あず》けてわたしてもらう。例 あとで来《く》るようにと言付ける／おみやげは、弟《おとうと》さんに言付けました。

ことづて【言づて】 名詞 人《ひと》にたのんで用件《ようけん》を相手《あいて》に伝《つた》えてもらうこと。伝言《でんごん》。

ことなく【事なく】 副詞 何《なに》ごともなく。無事《ぶじ》に。例 今年《ことし》も事なく過《す》ぎた。

ことなる【異なる】 動詞 同《おな》じでない。ちがう。例 種類《しゅるい》の異なるりんご。使い方「異となる」と書《か》かないよう注意《ちゅうい》。

ことに 副詞 とくに。とりわけ。例 この店《みせ》は、スープがことにおいしい。

ことにする【異にする】 ちがっている。別《べつ》である。例 ぼくはきみとは意見《いけん》を異にする。

ことのしだい【事の次第】 そのできごとがどうしてこうなったか、というわけや成《な》り行《ゆ》き。事件《じけん》のあらまし。例 事の次第を説明《せつめい》する。

ことのついで【事のついで】 ほかのことをするついで。例 事のついでにたのまれた手紙《てがみ》を出《だ》してこよう。

ことのほか【殊の外】 副詞
❶思《おも》っていたよりも。意外《いがい》に。例 妹《いもうと》のけがはことのほか軽《かる》くすんだ。
❷非常《ひじょう》に。とりわけ。例 母《はは》は、わたしの手作《てづく》りのプレゼントをことのほか喜《よろこ》んだ。
使い方 ふつうかな書《が》きにする。

ことば【言葉】 名詞
❶考《かんが》えや気持《きも》ちを人《ひと》に伝《つた》えるために使《つか》う、声《こえ》や文字《もじ》に表《あらわ》したもの。言語《げんご》。また、単語《たんご》や句《く》。例 外国《がいこく》の言葉を話《はな》す／うまい言葉を思《おも》いつく。
❷ものの言《い》い方《かた》やことばづかい。例 きたない言葉を使《つか》う。
❸実際《じっさい》に話《はな》されたこと。例 今《いま》でも母《はは》の言葉が忘《わす》れられない。
⇓489ページ 社会へのとびら

●**言葉《ことば》が過《す》ぎる** 言《い》いすぎて失礼《しつれい》になる。例 友《とも》だちが相手《あいて》でも言葉が過ぎるのはよくない。

●**言葉《ことば》が足《た》りない** 説明《せつめい》や言《い》い方《かた》がじゅうぶんでない。例 言葉が足りなくて、相手《あいて》をおこらせてしまった。

●**言葉《ことば》に甘《あま》える** 相手《あいて》の親切《しんせつ》を受《う》け入《い》れて、そのとおりにする。例 お言葉に甘えて、今日《きょう》は休《やす》ませていただきます。使い方「お言葉《ことば》に甘《あま》える」の形《かたち》で使《つか》うことが多《おお》い。

●**言葉《ことば》に余《あま》る** ことばでは言《い》いつくせない。

●**言葉《ことば》に尽《つ》くせない** 気持《きも》ちやようすを、ことばではじゅうぶんに言《い》い表《あらわ》せない。例 その花畑《はなばたけ》は、言葉に尽くせないほど美《うつく》しかった。

●**言葉《ことば》のあや** ことばを工夫《くふう》した、たくみな言《い》い回《まわ》し。また、いくつかの意味《いみ》に受《う》けとれるような複雑《ふくざつ》な言《い》い回《まわ》し。例 悪口《わるくち》と思《おも》われたようだが、言葉のあやでそう言《い》ったまでだ。

●**言葉《ことば》を返《かえ》す**
❶返事《へんじ》をする。

れる心《こころ》のやさしい人《ひと》もいるものだ、ということ。

❷口答《くちごた》えをする。例お言葉を返すようですが。

●**言葉《ことば》を掛《か》ける**　相手《あいて》に話《はな》しかける。例友《とも》だちにはげましの言葉を掛ける。

●**言葉《ことば》を継《つ》ぐ**　とちゅうでとぎれた話《はなし》を、ことばをつけ加《くわ》えて続《つづ》くようにする。例軽《かる》いせきばらいのあと、言葉を継いで説明《せつめい》を続《つづ》けた。

●**言葉《ことば》を尽《つ》くす**　ありったけのことばを使《つか》って話《はな》す。例言葉を尽くして感謝《かんしゃ》を伝《つた》える。

●**言葉《ことば》を濁《にご》す**　はっきり言《い》わないでおく。あいまいな言《い》い方《かた》をする。例けがの理由《りゆう》をきかれて言葉を濁す。類口《くち》を濁《にご》す。

ことばあそび【言葉遊び】　名詞　ことばを使《つか》って楽《たの》しむ遊《あそ》び。なぞなぞ・しりとり・しゃれ・早口《はやくち》ことば・回文《かいぶん》など。⇩429ページ 伝統コラム

ことばかず【言葉数】　名詞　話《はな》す回数《かいすう》や話《はな》す分量《ぶんりょう》。口数《くちかず》。例言葉数の少《すく》ない少女《しょうじょ》。

ことはじめ【事始め】　名詞　初《はじ》めてものごとにとりかかること。ものごとの始《はじ》まり。

ことばじりをとらえる【言葉尻を捕らえる】　相手《あいて》の言《い》うことの細《こま》かい部分《ぶぶん》や言《い》いまちがいをとり上《あ》げて、責《せ》める。類揚《あ》げ足《あし》を取《と》る。

ことばたくみに【言葉巧みに】　副詞　上手《じょうず》な話《はな》し方《かた》で。うまいことを言《い》って。例言葉巧みにさそい出《だ》す。使い方　あまりよい意味《いみ》には使《つか》われない。

ことばづかい【言葉遣い】　名詞　話《はな》すときのことばのつかい方《かた》。話《はな》し方《かた》。言《い》い方《かた》。例ていねいな言葉遣い。

ことぶき【寿】　名詞　めでたいこと。祝《いわ》い。また、それを祝《いわ》うことば。

こども【子供】　名詞
❶自分《じぶん》の子《こ》。むすこやむすめ。例おばさんが子供を生《う》んだ。対親《おや》。
❷年齢《ねんれい》の低《ひく》い人《ひと》。例村《むら》の子供たち。対大人《おとな》。
❸考《かんが》えが足《た》りず、一人前《いちにんまえ》にあつかわれない人《ひと》。対大人《おとな》。

●**子供《こども》のけんかに親《おや》が出《で》る**　ことわざ　ちょっとしたことに横《よこ》から口出《くちだ》しをして、さわぎを大《おお》きくする。また、やることが大人《おとな》らしくないことのたとえ。

●**子供《こども》の使《つか》い**　たのまれた用事《ようじ》をしっかりと行《おこな》うことができなくて、あまり役《やく》に立《た》たない使《つか》い。例子供の使いじゃあるまいし、たのんだことをちゃんとやってください。

こどもかい【子供会】　名詞　地域《ちいき》に住《す》むさまざまな年齢《ねんれい》の児童《じどう》・生徒《せいと》でつくる団体《だんたい》。スポーツ・校外学習《こうがいがくしゅう》・奉仕活動《ほうしかつどう》などを通《とお》して、児童《じどう》・生徒《せいと》の成長《せいちょう》を目指《めざ》す。

こどもごころ【子供心】　名詞　子供《こども》のころの、ものごとがよくわかっていない心《こころ》。また、無邪《むじゃ》気《き》で純真《じゅんしん》な心《こころ》。幼心《おさなごころ》。例子供心にも忘《わす》れられないできごと。

こともなげ【事もなげ】　形容動詞　何《なに》ごともないかのように平気《へいき》なようす。例めんどうな仕《し》

辞典《じてん》の外《そと》に飛《と》びだそう!

社会《しゃかい》へのとびら

世界《せかい》のことば

世界《せかい》にはどんなことばがあるのかな

わたしたちが使《つか》っているのは何語《なにご》？　いつも使《つか》うことば以外《いがい》にどんなことばを知《し》っているかな？　英語《えいご》、中国語《ちゅうごくご》、朝鮮語《ちょうせんご》、ロシア語《ご》、フランス語《ご》、ドイツ語《ご》…。世界《せかい》には数千《すうせん》ものことばがあるともいわれている。中《なか》には、話《はな》す人《ひと》が減《へ》ったためになくなりかけていることばもあって、はっきり数《かぞ》えることは難《むずか》しいんだ。

その中《なか》で、いちばん多《おお》く使《つか》われているのは中国語《ちゅうごくご》。なんと10億人以上《おくにんいじょう》の人《ひと》が使《つか》っているといわれている。ほかに、英語《えいご》、インドなどで話《はな》されているヒンディー語《ご》、アラビア語《ご》なども多《おお》く使《つか》われていることばだ。

そして、どんな文字《もじ》を使《つか》うのかもことばによってさまざまだ。たとえばアラビア語《ご》で使《つか》うアラビア文字《もじ》は、英語《えいご》や日本語《にほんご》の横書《よこが》きなどとは逆《ぎゃく》に、右《みぎ》から左《ひだり》へ書《か》くんだよ。

السلام عليكم
←

アッサラーム　アライクム
アラビア語《ご》で「こんにちは」

世界《せかい》には、ほかにもいろいろなことばや文字《もじ》がたくさんある。どんなことばがあるのか調《しら》べてみると、世界《せかい》じゅうを旅行《りょこう》してみたくなっちゃうかもしれないよ！

もっとしらべてみよう！

●**参考図書《さんこうとしょ》**
「世界《せかい》の文字《もじ》と言葉入門《ことばにゅうもん》」（第《だい》１期《き》・第《だい》２期《き》、各《かく》８巻《かん》）（小峰書店《こみねしょてん》）

ことわざ　**渡《わた》る世間《せけん》に鬼《おに》はない**　世《よ》の中《なか》は人情《にんじょう》のない冷《つめ》たい人《ひと》ばかりではなく、困《こま》ったときに助《たす》けてく

事《ごと》を事もなげに引《ひ》き受《う》ける。

こどものけんりじょうやく【子どもの権利条約】 名詞 一九八九年《ねん》に国連《こくれん》で採択《さいたく》された、子供《こども》の人権《じんけん》にかかわる条約《じょうやく》。日本《にほん》は一九九四年《ねん》に承認《しょうにん》した。正《ただ》しくは「児童《じどう》の権利《けんり》に関《かん》する条約《じょうやく》」という。⇒1357ページ 社会へのとびら

こどものひ【こどもの日】 名詞 季語 夏 国民《こくみん》の祝日《しゅくじつ》の一《ひと》つ。五月五日《ごがついつか》。子供《こども》の幸《しあわ》せを考《かんが》え、りっぱに育《そだ》つように願《ねが》う日《ひ》。

ことり【小鳥】 名詞 すずめ・うぐいす・カナリアなど、体《からだ》の小《ちい》さい鳥《とり》。

ことわざ 名詞 昔《むかし》から言《い》い伝《つた》えられている、教《おし》えやいましめなどを表《あらわ》した短《みじか》いことば。「さるも木《き》から落《お》ちる」「馬《うま》の耳《みみ》に念仏《ねんぶつ》」など。類 格《かく》言《げん》。金言《きんげん》。⇒383ページ 伝統コラム

ことわり【断り】 名詞 ❶相手《あいて》のたのみや申《もう》し出《で》を受《う》け入《い》れないこと。例 断りの手紙《てがみ》を出《だ》す／飲食《いんしょく》はお断りです。❷前《まえ》もって知《し》らせておくこと。例 断りもなくやって来《き》た。

ことわる【断る】 動詞 ❶相手《あいて》のたのみなどを受《う》け入《い》れない。例 遊《あそ》びのさそいを断った。❷前《まえ》もって知《し》らせておく。前《まえ》もって許《ゆる》しを得《え》る。例 受付《うけつけ》の人《ひと》に断ってから、中《なか》に入《はい》る。漢 ⇒816ページ だん〔断〕

こな【粉】 名詞 くだけてとても細《こま》かくなったつぶ。例 粉石《せっ》けん。漢 ⇒1180ページ ふん〔粉〕

こないだ ⇒491ページ このあいだ

こなぐすり【粉薬】 名詞 粉《こな》になっている薬《くすり》。

こなごな【粉粉】 形容動詞 非常《ひじょう》に細《こま》かくくだけたようす。例 コップが割《わ》れて粉々になる。

こなす 動詞 ❶食《た》べた物《もの》を消化《しょうか》する。❷知識《ちしき》や技術《ぎじゅつ》をしっかり身《み》につけて、自由《じゆう》に使《つか》う。例 兄《あに》は英語《えいご》を自由《じゆう》にこなす。❸ものごとをかたづける。やりとげる。例 仕《し》事《ごと》をてきぱきとこなしていく。

こなた 代名詞 こちら。こっち。使い方 古《ふる》い言《い》い方《かた》。

こなみ【小波】 名詞 小《ちい》さい波《なみ》。対 大波《おおなみ》。

こなみじん【粉みじん】 名詞 粉々《こなごな》にくだけること。類 木《こ》っ端《ぱ》みじん。

こなミルク【粉ミルク】 名詞 牛乳《ぎゅうにゅう》をかんそうさせて粉《こな》にしたもの。粉乳《ふんにゅう》。

こなゆき【粉雪】 名詞 季語 冬 粉《こな》のように細《こま》かくさらさらした雪《ゆき》。「こゆき」ともいう。

こなら【小なら】 名詞 ぶなのなかまの高《たか》い木《き》。秋《あき》にはどんぐりと呼《よ》ばれる実《み》がなり、葉《は》が落《お》ちる。「なら」ともいう。

こなら

こなれる 動詞 ❶食《た》べ物《もの》が消化《しょうか》される。❷知識《ちしき》や技術《ぎじゅつ》がしっかり身《み》について、自分《じぶん》の思《おも》うように使《つか》える。ぎこちなさがない。例 こなれた文章《ぶんしょう》。

ごにんぐみ【五人組】 名詞 江戸時代《えどじだい》、幕府《ばくふ》が、近所《きんじょ》の五戸《ごこ》を一組《ひとくみ》として町《まち》や村《むら》に作《つく》らせた組織《そしき》。火災《かさい》・盗賊《とうぞく》のとりしまりなどに共同《きょうどう》の責任《せきにん》で当《あ》たらせた。

こにんずう【小人数】 名詞 少《すく》ない人数《にんずう》。少《しょう》人数《にんずう》。対 大人数《おおにんずう》。

ごにんばやし【五人ばやし】 名詞 太鼓《たいこ》・大《おお》つづみ・小《こ》つづみ・笛《ふえ》・地謡《じうたい》の五人《ごにん》でする演奏《えんそう》。また、ひな人形《にんぎょう》の中《なか》で、その五人《ごにん》の姿《すがた》をまねてつくった人形《にんぎょう》。

こぬか【小ぬか】 名詞 ぬか。玄米《げんまい》を白米《はくまい》にするとき出《で》る細《こま》かい粉《こな》。

こぬかあめ【小ぬか雨】 名詞 きりのように細《こま》かい雨《あめ》。類 霧雨《きりさめ》。ぬか雨《あめ》。

コネ 名詞 人《ひと》との親《した》しいつながり。自分《じぶん》に有利《ゆうり》になるような特別《とくべつ》の人間関係《にんげんかんけい》。例 おじのコネで就職《しゅうしょく》する。ことば 英語《えいご》の「コネクション」の略《りゃく》。

こねこ【子猫】 名詞 季語 春 小《ちい》さいねこ。また、ねこの子《こ》。

こねる 動詞 ❶粉《こな》や土《つち》などに水《みず》を混《ま》ぜて練《ね》る。例 小麦粉《こむぎこ》をこねてうどんをつくる。❷相手《あいて》が困《こま》るような、無理《むり》なことをあれこれと言《い》う。例 妹《いもうと》がだだをこねる。

ごねる 動詞 いろいろと不満《ふまん》や文句《もんく》を言《い》う。例 いくらごねても、お菓子《かし》は買《か》ってあげないよ。

この 連体詞

運《うん》がやってくるものだ、ということ。「門《かど》」は、家《いえ》・家庭《かてい》のこと。

❶自分《じぶん》の近《ちか》くのものごとを指《さ》すことば。例 この本《ほん》を貸《か》そう／この人《ひと》を知《し》っていますか。❷最近《さいきん》の。例 この一年体力《いちねんたいりょく》づくりにはげんだ。❸話《はな》し手《て》が、話《はな》したばかりのことや、これから話《はな》そうとすることを指《さ》すことば。例 このことは、だれにも言《い》わないでください。

このあいだ【この間】 名詞 今日《きょう》より少《すこ》し前《まえ》の、ある時《とき》。先日《せんじつ》。「こないだ」ともいう。例 この間動物園《どうぶつえん》に行《い》った。類 先頃《さきごろ》。先《せん》だって。

このうえない【この上ない】 これ以上《いじょう》のものがない。最高《さいこう》の。例 大会新記録《たいかいしんきろく》を出《だ》せたことは、この上ない喜《よろこ》びです。

このかた【この方】 ❶ 名詞 その時《とき》から今《いま》まで。例 わたしは入学《にゅうがく》してこの方学校《がっこう》を休《やす》んだことがない。❷ 代名詞 「この人《ひと》」の尊敬《そんけい》した言《い》い方《かた》。例 この方が院長先生《いんちょうせんせい》です。

このごろ【この頃】 名詞 少《すこ》し前《まえ》から今《いま》までの間《あいだ》。近《ちか》ごろ。最近《さいきん》。例 この頃よくねむれない。

このさい【この際】 名詞 今《いま》この場合《ばあい》。この機会《きかい》。例 この際だから、くわしく話《はな》しておこう。

このたび【この度】 名詞 今度《こんど》。今回《こんかい》。例 この度は、たいへんお世話《せわ》になりました。

このは【木の葉】 名詞 季語冬 木《き》の葉《は》っぱ。また、落《お》ち葉《ば》のこと。ことば「一葉《いちよう》」「一枚《いちまい》」と数《かぞ》える。

このはずく 名詞 ふくろうのなかまの鳥《とり》。体長《たいちょう》二十《にじっ》センチメートルくらいで、頭《あたま》に耳《みみ》のような形《かたち》の羽《はね》がある。ことば 鳴《な》き声《ごえ》が「ぶっぽうそう」と聞《き》こえることから、「ぶっぽうそう」とも呼《よ》ばれる。

このはずく

このぶん【この分】 名詞 このようす。この調子《ちょうし》。例 この分だと、明日《あす》は雨《あめ》だろう。

このほど 名詞 副詞 「今度《こんど》」「最近《さいきん》」などのあらたまった言《い》い方《かた》。このたび。このごろ。例 このほどとなりに引《ひ》っ越《こ》してきました。

このま【木の間】 名詞 木《き》と木《き》の間《あいだ》。

このましい【好ましい】 形容詞 ❶感《かん》じがよい。好《す》きである。例 明《あか》るくて好ましい人《ひと》がら。❷望《のぞ》ましい。都合《つごう》がよい。例 園芸委員《えんげいいいん》には草花《くさばな》の好《す》きな人《ひと》が好ましい。

このみ【好み】 名詞 ❶好《す》きなこと。気《き》に入《い》ること。例 この色《いろ》はぼくの好みだ。❷希望《きぼう》。注文《ちゅうもん》。例 お好みどおりにいたします。

このみ【木の実】 名詞 季語秋 木《き》になる実《み》。どんぐり・くり・くるみなど。

このむ【好む】 動詞 好《す》きである。ほしいと思《おも》う。例 推理小説《すいりしょうせつ》を好んで読《よ》む／母《はは》はあまいものを好む。対 嫌《きら》う。漢 ➡443ジペー こう〔好〕

このめ【木の芽】 ➡336ジペー きのめ

このよ【この世】 名詞 今生《いまい》きている、この世《よ》の中《なか》。例 この世のものとは思《おも》えない美《うつく》しさ。対 あの世《よ》。

こはく 名詞 大昔《おおむかし》の木《き》のやにが、地下《ちか》で化石《かせき》になったもの。黄色《きいろ》でつやがあり、アクセサリーなどに使《つか》う。

ごはさん【御破算】 名詞 ❶そろばんで、おいた玉《たま》をはらってゼロにすること。例 御破算で願《ねが》いましては。❷今《いま》まで進《すす》めてきたことをやめて、何《なに》もない状態《じょうたい》にもどすこと。例 計画《けいかく》を御破算にする。

こばしり【小走り】 名詞 小《こ》またで急《いそ》いで歩《ある》くこと。例 父《ちち》のあとを小走りについていった。

こはぜ 名詞 たびやきゃはんなどの合《あ》わせ目《め》を留《と》める、つめのようになっている金具《かなぐ》。図 ➡808ジペー たび〔足袋〕

こばな【小鼻】 名詞 鼻《はな》の左右《さゆう》のふくらみの部分《ぶぶん》。

● **小鼻《こばな》をうごめかす** 小鼻《こばな》をひくひくさせて、得意《とくい》そうなようすを見《み》せる。例 先生《せんせい》にほめられて小鼻をうごめかす。

● **小鼻《こばな》を膨《ふく》らます** 不満《ふまん》げな顔《かお》をする。不愉快《ふゆかい》そうなようすを見《み》せる。

こばなし【小話】 名詞 気《き》のきいた、人《ひと》を笑《わら》わせるような短《みじか》い話《はなし》。

こばむ【拒む】 動詞 ❶断《ことわ》る。受《う》け入《い》れない。例 相手《あいて》のたのみをはっきりと拒んだ。❷先《さき》へ進《すす》めないようにする。じゃますする。例 険《けわ》しいがけが人《ひと》の行《い》き来《き》を拒んでいる。

こばやしいっさ【小林一茶】 名詞 （一七六三～一八二七）江戸時代《えどじだい》の俳人《はいじん》。今《いま》の長野県《ながのけん》の生《う》

ことわざ **笑《わら》う門《かど》には福来《ふくき》たる** いつも笑《わら》い声《ごえ》がひびいているような明《あか》るくなごやかな家《いえ》には、自然《しぜん》と幸《こう》

まれ。くだけたことばを使《つか》って、「われときてあそべや親《おや》のないすずめ」などの俳句《はいく》を作《つく》った。

コバルト（cobalt）名詞 ❶合金《ごうきん》の材料《ざいりょう》として使《つか》われる、かたい金属《きんぞく》。灰色《はいいろ》がかった白色《しろいろ》で、酸化《さんか》すると青色《あおいろ》になる。❷青色《あおいろ》。

こはるびより【小春日和】 名詞 季語冬 秋《あき》の終《お》わりから冬《ふゆ》の初《はじ》めのころの、春《はる》のように暖《あたた》かくおだやかな天気《てんき》のこと。

こはん【湖畔】 名詞 湖《みずうみ》のほとり。

こばん【小判】 名詞 おもに江戸《えど》時代《じだい》に使《つか》われた、うすくてだ円形《えんけい》をした金貨《きんか》。一枚《いちまい》が一両《いちりょう》に当《あ》たる。対 大判《おおばん》。

ごはん【御飯】 名詞 「めし」「食事《しょくじ》」のていねいな言《い》い方《かた》。例 御飯をたく／朝《あさ》御飯。

ごばん【碁盤】 名詞 碁《ご》を打《う》つのに使《つか》う四角形《しかくけい》の台《だい》。縦横《たてよこ》に十九本《じゅうきゅうほん》ずつ線《せん》が引《ひ》いてある。

●**碁盤《ごばん》の目《め》のよう** ごばんに引《ひ》かれた縦《たて》と横《よこ》の線《せん》のように、きれいに格子《こうし》の形《かたち》になっているようす。例 京都《きょうと》の町《まち》の通《とお》りは碁盤の目のようだ。

ごび【語尾】 名詞 ❶ことばの終《お》わりのほう。例 語尾まではっきり言《い》いましょう。❷ことばの終《お》わりで形《かたち》のかわる部分《ぶぶん》。「聞《き》かない」「聞《き》きます」「聞《き》く」「聞《き》けば」「聞《き》こう」の「か・き・く・け・こ」など。対 語幹《ごかん》。

コピー（copy）❶名詞 動詞 書類《しょるい》などを別《べつ》の紙《かみ》に写《うつ》すこと。また、写《うつ》したもの。複写《ふくしゃ》。例 新聞《しんぶん》をコピーする。❷名詞 広告文《こうこくぶん》。例 コピーライター（＝広告文《こうこくぶん》をつくる人《ひと》）。

ゴビさばく【ゴビ砂漠】 名詞 モンゴルと中《ちゅう》国北部《ごくほくぶ》にまたがる大《おお》きな砂漠《さばく》。

こびと【小人】 名詞 伝説《でんせつ》や童話《どうわ》などに出《で》てくる、体《からだ》の小《ちい》さな人間《にんげん》。対 巨人《きょじん》。

こびりつく 動詞 ほかのものに固《かた》くくっついて、とりにくくなる。例 どろがこびりつく。

こびる 動詞 気《き》に入《い》られようとして、人《ひと》の機嫌《きげん》をとる。類 へつらう。

こぶ 名詞 ❶物《もの》にぶつかったり病気《びょうき》にかかったりして、体《からだ》の表面《ひょうめん》が盛《も》り上《あ》がったもの。例 おでこにこぶができた。❷高《たか》く盛《も》り上《あ》がったもの。例 らくだのこぶ。❸じゃまになるもののたとえ。例 あの人《ひと》は目《め》の上《うえ》のこぶだ（＝何《なに》かと目《め》ざわりで、じゃまに感《かん》じられる）。

こぶ【昆布】 ⇒507ページ こんぶ

こぶ【鼓舞】 名詞 動詞 人《ひと》をはげまして元気《げんき》づけること。例 応援歌《おうえんか》を歌《うた》って選手《せんしゅ》を鼓舞する。

ごぶ【五分】 名詞 ❶一寸《いっすん》の半分《はんぶん》。例 五分がり。❷一割《いちわり》の半分《はんぶん》。❸半分《はんぶん》。半《なか》ば。例 作品《さくひん》は五分まででき上《あ》がった。❹二《ふた》つのものを比《くら》べたとき、どちらが上《うえ》ともいえないこと。二《ふた》つのものの程度《ていど》に差《さ》がないこと。例 五分の戦《たたか》い／五分にわたり合《あ》う。

こふう【古風】 名詞 形容動詞 古《ふる》めかしいこと。昔風《むかしふう》であること。例 古風な家《いえ》。

こふきいも【粉吹き芋】 名詞 ゆでたじゃがいもを火《ひ》にかけて水分《すいぶん》をとばしたもの。じゃがいもの表面《ひょうめん》に粉《こな》がふき出《だ》したようになる。

ごふく【呉服】 名詞 和服用《わふくよう》の織物《おりもの》。例 呉服屋《や》。類 反物《たんもの》。

ごぶごぶ【五分五分】 名詞 二《ふた》つのものの程《てい》度《ど》が同《おな》じくらいで、ちがいがないこと。例 二《ふた》人《り》の実力《じつりょく》は五分五分だ。類 互角《ごかく》。

ごぶさた【御無沙汰】 名詞 動詞 長《なが》い間《あいだ》、手紙《てがみ》を出《だ》したり会《あ》ったりしないでいること。例 御無沙汰しておりますが、お元気《げんき》でしょうか。

こぶし 名詞 季語春 山《さん》野《や》に生《は》える木《き》の一《ひと》つ。春《はる》の初《はじ》め、葉《は》の出《で》ないうちに、白《しろ》い大《おお》きな花《はな》がさく。ことば つぼみがにぎりこぶしの形《かたち》に似《に》ていることから、この名《な》がついた。

こぶし

こぶし【拳】 名詞 手《て》の五本《ごほん》の指《ゆび》をにぎって固《かた》めたもの。げんこつ。対 平手《ひらて》。

コブラ（cobra）名詞 毒《どく》へびのなかま。敵《てき》にあうと上半身《じょうはんしん》を立《た》てて、首《くび》の部分《ぶぶん》を平《たい》らに広《ひろ》げる。熱帯地方《ねったいちほう》などにすむ。

コブラ

こぶり【小降り】 名詞

類＝意味《いみ》のよく似《に》たことば　対＝反対《はんたい》の意味《いみ》のことばや対《つい》になることば

雨《あめ》や雪《ゆき》の降《ふ》り方《かた》が弱《よわ》いようす。対 本降《ほんぶ》り。

こぶり【小振り】 ❶名詞 小《ちい》さくふること。❷名詞 形容動詞 形《かたち》が少《すこ》し小《ちい》さめであること。小《こ》形《がた》。例 小ぶりの湯飲《ゆの》み。使い方 ❷は、ふつう「小ぶり」と書《か》く。

こふん【古墳】 名詞 大昔《おおむかし》の身分《みぶん》の高《たか》い人《ひと》の墓《はか》。土《つち》を盛《も》り上《あ》げてつくられている。

こぶん【子分】 名詞 親分《おやぶん》に従《したが》って行動《こうどう》する人《ひと》。手下《てした》。対 親分《おやぶん》。

こぶん【古文】 名詞 昔《むかし》のことばで書《か》かれた文章《ぶんしょう》。とくに、江戸《えど》時代《じだい》までの文章《ぶんしょう》。

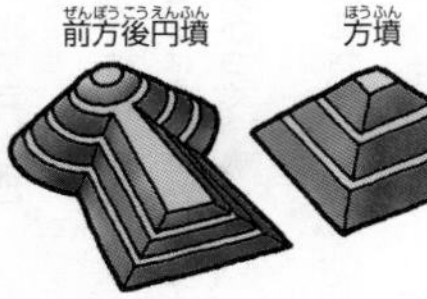

こふん

こふんじだい【古墳時代】 名詞 日本《にほん》の歴史《れきし》で、古墳《こふん》が多《おお》くつくられた時代《じだい》。三世紀《さんせいき》の後半《こうはん》から七世紀《ななせいき》ごろまで。

ごへい【語弊】 名詞 ことばの使《つか》い方《かた》がよくないために起《お》こる、誤解《ごかい》や問題《もんだい》。例 語弊のある言《い》い方《かた》。

こべつ【戸別】 名詞 家《いえ》ごと。一軒《いっけん》ずつ。例 戸別訪問《ほうもん》。

こべつ【個別】 名詞 一《ひと》つ一《ひと》つ。別々《べつべつ》。例 参加《さん》者《しゃ》から個別に話《はなし》を聞《き》く。

コペルニクス 名詞 (一四七三〜一五四三) ポーランドの天《てん》文学者《もんがくしゃ》。それまで信《しん》じられていた天《てん》動説《どうせつ》に反対《はんたい》し、地動説《ちどうせつ》を唱《とな》えた。

ごほう【語法】 名詞 ことばを組《く》み立《た》てるときの決《き》まり。類 文法《ぶんぽう》。

ごほう【誤報】 名詞 まちがった知《し》らせ。例 ただいまのニュースは誤報です。

ごぼう 名詞 畑《はたけ》につくられる野菜《やさい》の一《ひと》つ。土《つち》の中《なか》に根《ね》が長《なが》くのび、それを食用《しょくよう》にする。「ごんぼ」ともいう。ことば 漢字《かんじ》では「牛蒡」と書《か》く。

ごぼうぬき【ごぼう抜き】 名詞 ❶ごぼうを地中《ちちゅう》から引《ひ》きぬくように、長《なが》いものを一気《いっき》に引《ひ》きぬくこと。❷競走《きょうそう》で、何人《なんにん》かの走者《そうしゃ》を一気《いっき》に追《お》いぬくこと。例 リレーで前《まえ》の四人《よにん》をごぼう抜きにして優勝《ゆうしょう》した。

こぼす 動詞 ❶液体《えきたい》や細《こま》かいつぶのようなものを、あふれさせるなどして中《なか》から外《そと》へ出《だ》す。例 なみだをこぼす／砂糖《さとう》をこぼす。❷ぐちや不平《ふへい》を言《い》う。例「野菜《やさい》の値段《ねだん》が高《たか》い。」と母《はは》がこぼす。

こぼれる 動詞 ❶液体《えきたい》や細《こま》かいつぶのようなものが、中《なか》からあふれて外《そと》に出《で》る。例 コップの水《みず》がこぼれる／なみだがこぼれる。❷あふれるように、自然《しぜん》に外《そと》に出《で》る。例 笑《わら》いがこぼれる。❸こわれる。欠《か》ける。例 包丁《ほうちょう》の刃《は》がこぼれる／くしの歯《は》がこぼれる。

こま 名詞 季語 新年 じくを中《ちゅう》心《しん》にして回《まわ》るようにつくったおもちゃ。手《て》やひもで回《まわ》して遊《あそ》ぶ。ことば 漢字《かんじ》では「独楽」と書《か》く。

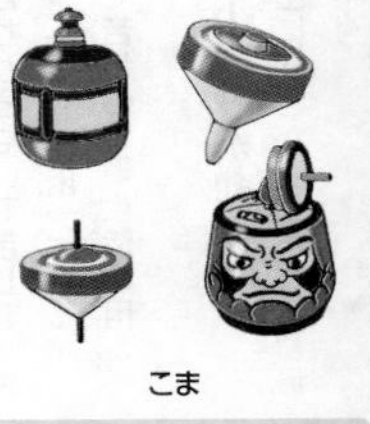
こま

こま 名詞 ❶映画《えいが》のフィルムや漫画《まんが》などのひと区切《くぎ》り。例 四《よん》こま漫画《まんが》。❷生活《せいかつ》の中《なか》の、一《ひと》つの場面《ばめん》。例 夏休《なつやす》みの一《ひと》こまを絵日記《えにっき》にかく。

こま【駒】 名詞 ❶「馬《うま》」の古《ふる》い言《い》い方《かた》。❷将棋《しょうぎ》で、盤《ばん》の上《うえ》に並《なら》べて動《うご》かすもの。

ごま 名詞 季語 秋 畑《はたけ》につくられる作物《さくもつ》の一《ひと》つ。種《たね》は黒《くろ》・白《しろ》・茶色《ちゃいろ》の小《ちい》さなつぶで、食用《しょくよう》にしたり、油《あぶら》をとったりする。ことば 漢字《かんじ》では「胡麻」と書《か》く。

●**ごまをする** 自分《じぶん》の得《とく》になるように、お世辞《せじ》を言《い》うなどして人《ひと》の機嫌《きげん》をとる。

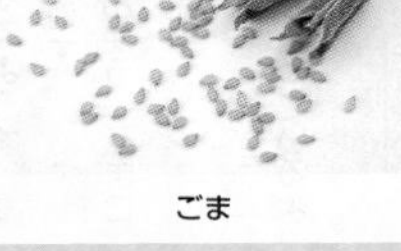
ごま

コマーシャル (commercial) 名詞 テレビやラジオなどの番組《ばんぐみ》の間《あいだ》にはさむ、会社《かいしゃ》や商品《しょうひん》などの短《みじか》い宣伝《せんでん》。CM《シーエム》。

コマーシャルソング 名詞 テレビやラジオなどで、広告《こうこく》や宣伝《せんでん》のために流《なが》す歌《うた》。ことば 英《えい》語《ご》をもとに日本《にほん》で作《つく》られたことば。

四字熟語 **悪戦苦闘《あくせんくとう》** 非常《ひじょう》に苦《くる》しいたたかいをすること。また、苦《くる》しい立場《たちば》で、必死《ひっし》に努力《どりょく》すること。

ごまあぶら【ごま油《あぶら》】 名詞 ごまの種《たね》をしぼってとった油《あぶら》。食用《しょくよう》にする。

こまい【古米】 名詞 とり入《い》れてから一年以上《いちねんいじょう》過《す》ぎた、古《ふる》い米《こめ》。対 新米《しんまい》。

こまいぬ【こま犬】 名詞 神社《じんじゃ》の前《まえ》に置《お》いてある、ライオンに似《に》たけものの像《ぞう》。口《くち》を開《ひら》いたものと閉《と》じたものでひと組《くみ》になっていて、まよけとされている。

こまいぬ

こまか【細か】 形容動詞 細《こま》かいようす。例 お金《かね》のことに細かな人《ひと》。漢 ➡510ジ《ペー》 さい〔細〕

こまかい【細かい】 形容詞
❶非常《ひじょう》に小《ち》さい。例 細かい模様《もよう》。対 粗《あら》い。
❷くわしい。例 細かいことはまた連絡《れんらく》します。
❸心《こころ》が行《い》き届《とど》く。よく気《き》がつく。例 細かい心《こころ》づかい。
❹けちくさい。例 お金《かね》に細かい人《ひと》。
❺大《たい》したことではない。例 細かいことにこだわる。
漢 ➡510ジ《ペー》 さい〔細〕

ごまかす 動詞
❶うそをついてだます。人《ひと》にわからないように、悪《わる》いことをする。例 おつりをごまかす。
❷いいかげんなことを言《い》ったりしたりして、その場《ば》を切《き》りぬける。例 うまくごまかしたつもりだったが、結局《けっきょく》うそがばれてしまった。

こまぎれ【細切れ】 名詞 細《こま》かく切《き》ったもの。例 ぶた肉《にく》の細切れ。

こまく【鼓膜】 名詞 耳《みみ》の穴《あな》のおくのほうにある、うすい膜《まく》。細《こま》かくふるえて外《そと》からの音《おと》を中《なか》のほうへ伝《つた》える。

こまごま【と】【細細［と］】 副詞 動詞
❶細《こま》かいようす。例 身《み》の回《まわ》りの細々した品物《しなもの》／細々した仕事《しごと》をかたづける。
❷くわしいようす。例 細々と説明《せつめい》をする。
ことば「ほそぼそ［と］」と読《よ》むと別《べつ》の意味《いみ》。

ごましお【ごま塩】 名詞
❶いった黒《くろ》ごまと塩《しお》をまぜた食《た》べ物《もの》。
❷かみの毛《け》やひげに、白髪《しらが》がまじっていること。例 ごま塩頭《あたま》。

こましゃくれる 動詞 子供《こども》なのに、大人《おとな》のようなことばづかいや動作《どうさ》をすること。例 こましゃくれたことを言《い》う。

こまつな【小松菜】 名詞 あぶらなのなかまの野菜《やさい》。葉《は》はだ円形《えんけい》でやわらかく、おひたしやみそしるの実《み》などにする。

こまつな

こまどり【駒鳥】 名詞 すずめくらいの大《おお》きさの小鳥《ことり》。おすは全体《ぜんたい》が赤《あか》っぽい茶色《ちゃいろ》をしている。ことば「ヒンカラカラ」という鳴《な》き声《ごえ》が馬《うま》（＝駒《こま》）のいななきに似《に》ているのでこの名《な》があるという。

こまどり

こまぬく ➡494ジ《ペー》 こまねく

こまねく 動詞 腕組《うでぐ》みをすること。「こまぬく」ともいう。例 手《て》をこまねく（＝何《なに》かしなくてはいけないのに、何《なに》もしないでいる）。

こままわし【こま回し】 名詞 季語 新年 こまを回《まわ》して遊《あそ》ぶこと。

こまめ【小まめ】 形容動詞 めんどうがらずに、よく体《からだ》を動《うご》かしてものごとをするようす。例 小まめに働《はたら》く／電気《でんき》を小まめに消《け》す。

こまもの【小間物】 名詞 ふだん使《つか》う、こまごました品物《しなもの》。化粧品《けしょうひん》や日用品《にちようひん》など。

こまやか 形容動詞
❶思《おも》いやりがすみずみまで行《い》きわたっているようす。例 こまやかな愛情《あいじょう》。
❷色《いろ》が濃《こ》いようす。例 木々《きぎ》の緑《みどり》がこまやかだ。
❸細《こま》かくくわしいようす。例 係《かかり》の方《かた》が図書館《としょかん》の使《つか》い方《かた》をこまやかに説明《せつめい》してくださった。

こまりはてる【困り果てる】 動詞 それ以《い》上《じょう》どうしようもなくて、すっかり困《こま》ってしまう。例 弟《おとうと》のわがままに困り果てる。

こまる【困る】 動詞
❶どうしたらよいかわからないで苦《くる》しむ。例 道《みち》に迷《まよ》って困る／人手《ひとで》が足《た》りず困っている。
❷お金《かね》や物《もの》がなくて苦《くる》しむ。例 生活《せいかつ》に困る。
漢 ➡502ジ《ペー》 こん〔困〕

こまわりがきく【小回りが利く】
❶せまい所《ところ》でも自由《じゆう》に向《む》きが変《か》えられる。例 小回りが利く車《くるま》に乗《の》る。

❷状況《じょうきょう》に応《おう》じた行動《こうどう》がすばやくできる。例少《すく》ない人数《にんずう》での旅行《りょこう》は小回《こまわ》りが利《き》く。

コマンド（command）名詞 命令《めいれい》。指令《しれい》。とくに、コンピューターに仕事《しごと》を実行《じっこう》させるために入力《にゅうりょく》する命令《めいれい》。

こみ【込み】名詞 ❶それをふくんでいること。例消費税《しょうひぜい》込みで五百円《ごひゃくえん》。❷いろいろな種類《しゅるい》のものをまぜてあること。例トマトが大小《だいしょう》込みで売《う》られている。

ごみ 名詞 役《やく》に立《た》たない、きたないもの。いらなくなって捨《す》てるもの。

こみあう【混み合う・込み合う】動詞 人《ひと》や物《もの》が一《いっ》か所《しょ》に集《あつ》まって混雑《こんざつ》する。例朝夕《あさゆう》は駅《えき》の改札口《かいさつぐち》が混み合う。

こみあげる【込み上げる】動詞 なみだや笑《わら》い、感情《かんじょう》などが、いっぱいになって外《そと》に出《で》てくる。例悪口《わるくち》を言《い》われ、いかりが込み上げる。

こみいる【込み入る】動詞 いろいろなものごとがからみ合《あ》って、複雑《ふくざつ》になる。例この話《はなし》は込み入っていて、よくわからない。

こみだし【子見出し】名詞 辞書《じしょ》や事典《じてん》での見出《み》し語《ご》の形《かたち》の一《ひと》つ。ある見出《みだ》し語にぶら下《さ》がるような形《かたち》で配列《はいれつ》されている見出《みだ》し語《ご》。「息《いき》」の下《した》にある「息が合《あ》う」など。参考 この辞典《じてん》では、●で始《はじ》まる見出《みだ》しが子見出《こみだ》し。

こみだし【小見出し】名詞 新聞《しんぶん》や雑誌《ざっし》などで、記事《きじ》をわかりやすくするためにつける小《ちい》さな見出《みだ》し。対大見出《おおみだ》し。

こみち【小道】名詞 はばのせまい道《みち》。また、横道《よこみち》。わき道《みち》。

コミック（comic）名詞 漫画《まんが》。漫画《まんが》の本《ほん》。

こみみにはさむ【小耳に挟む】ちらりと聞《き》く。偶然《ぐうぜん》に聞《き》いて知《し》る。例うわさを小耳に挟む。

コミュニケーション（communication）名詞 ことばや文字《もじ》、身《み》ぶりなどのいろいろな手《しゅ》段《だん》を使《つか》って、気持《きも》ちや考《かんが》えを伝《つた》え合《あ》うこと。

コミュニティー（community）名詞 ともに暮《く》らしているという意識《いしき》を持《も》って結《むす》びついている人々《ひとびと》の集団《しゅうだん》。地域社会《ちいきしゃかい》。

こむ【込む・混む】❶動詞 人《ひと》や物《もの》がたくさんつまっている。例朝《あさ》は電車《でんしゃ》が混む／日程《にってい》が込んでいる。❷動詞（「手《て》が込《こ》む」の形《かたち》で、全体《ぜんたい》で）手間《てま》をかけて細《こま》かくつくられている。例手が込んだ料理《りょうり》。❸接尾語（ほかのことばのあとにつけて）中《なか》に入《い》れる。中《なか》に入《はい》る。例おし込む／差《さ》し込む。❹接尾語（ほかのことばのあとにつけて）…しつづける。すっかり…する。例だまり込む／信《しん》じ込む。

漢→502ジベー こん〔混〕

ゴム（オランダ語）名詞 ゴムの木《き》のしるから作《つく》る、のびちぢみする性質《せいしつ》を持《も》つもの。石油《せきゆ》から化学的《かがくてき》に作《つく》るものもある。タイヤ・ボール・くつ・風船《ふうせん》などの原料《げんりょう》にする。

こむぎ【小麦】名詞 季語夏 いねのなかまの植《しょく》物《ぶつ》の一《ひと》つ。実《み》はみそ・しょうゆの原料《げんりょう》となり、粉《こな》にしてパンやうどんなどを作《つく》る。

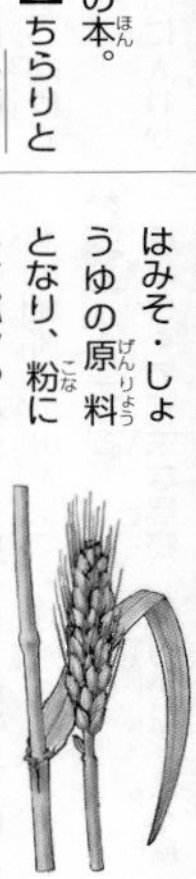
こむぎ

こむぎいろ【小麦色】名詞 小麦《こむぎ》の実《み》のような、つやのあるうすい茶色《ちゃいろ》。例小麦色に日焼《ひや》けした子供《こども》たち。

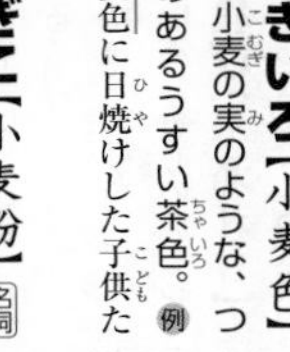
こむぎいろ

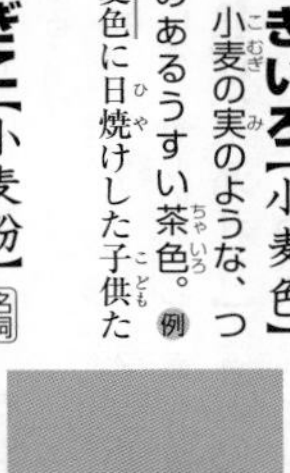

こむぎこ【小麦粉】名詞 小麦《こむぎ》の実《み》を粉《こな》にしたもの。パン・菓子《かし》・うどんなどの材料《ざいりょう》になる。「メリケン粉《こ》」ともいう。

こむすび【小結】名詞 すもうの番付《ばんづけ》で、関脇《せきわけ》の下《した》、前頭《まえがしら》の上《うえ》の位《くらい》。三役《さんやく》のいちばん下《した》の位《くらい》。

こむそう【虚無僧】名詞 禅宗《ぜんしゅう》の一派《いっぱ》の僧《そう》。頭《あたま》はそらないで、深《ふか》い編《あ》みがさをかぶり、尺八《しゃくはち》をふきながら諸国《しょこく》を回《まわ》って修行《しゅぎょう》した。

こむらがえり【こむら返り】名詞 ふくらはぎの筋肉《きんにく》がけいれんを起《お》こすこと。足《あし》がつって、激《はげ》しく痛《いた》む。ことば「こむら」は、ふくらはぎのこと。

こむらじゅたろう【小村寿太郎】名詞（一八五五〜一九一一）明治時代《めいじじだい》の外交官《がいこうかん》。今《いま》の宮崎県《みやざきけん》の生《う》まれ。日露戦争《にちろせんそう》の講和条約《こうわじょうやく》を結《むす》び、また不平等条約《ふびょうどうじょうやく》の改正《かいせい》に成功《せいこう》した。

こめ【米】名詞 いねの実《み》から、もみがらをとり除《のぞ》いたもの。参考 もみがらをとっただけのもの

を「玄米《げんまい》」、うすい皮《かわ》などをとって白《しろ》くしたものを「白米《はくまい》」という。漢 ⇒1186ページ べい〔米〕

こめかみ 名詞 耳《みみ》と目《め》じりの間《あいだ》の部分《ぶぶん》で、物《もの》をかむときに動《うご》くところ。ことば「米《こめ》をかむと動《うご》くところ」の意味《いみ》からきたことば。図 ⇒235ページ かお

こめぐら【米倉・米蔵】 名詞 米《こめ》をしまっておく建物《たてもの》。

こめそうどう【米騒動】 名詞 一九一八年《ねん》に起《お》こった事件《じけん》。米《こめ》の値段《ねだん》が急《きゅう》に上《あ》がり、困《こま》った人々《ひとびと》が米《こめ》を安《やす》く売《う》るよう求《もと》めて、米屋《こめや》や裕福《ゆうふく》な商人《しょうにん》などをおそった。富山県《とやまけん》から全国《ぜんこく》に広《ひろ》がった。

こめだわら【米俵】 名詞 米《こめ》を入《い》れておくためのの、わらで編《あ》んだ入《い》れ物《もの》。また、米《こめ》の入《はい》ったたわら。

コメディアン（comedian）名詞 喜劇俳優《きげきはいゆう》。お笑《わら》い芸人《げいにん》。

コメディー（comedy）名詞 人《ひと》を笑《わら》わせる、おもしろい劇《げき》。喜劇《きげき》。

こめどころ【米所】 名詞 よい米《こめ》がたくさんとれる地方《ちほう》。

こめぬか【米ぬか】 ⇒1007ページ ぬか

こめびつ【米びつ】 名詞 米《こめ》を入《い》れておくための箱《はこ》。

こめへん【米偏】 名詞「米」のこと。漢字《かんじ》の部首《ぶしゅ》の一《ひと》つ。穀物《こくもつ》に関係《かんけい》のある漢字《かんじ》を作《つく》ることが多《おお》い。粉・精・糖など。

こめる【込める】 動詞 ❶中《なか》に物《もの》を入《い》れる。つめる。例 鉄砲《てっぽう》にたまを込める。❷気持《きも》ちをそこに集《あつ》める。例 心《こころ》を込めてつくった人形《にんぎょう》。❸いっしょにする。ふくめる。例 税金《ぜいきん》を込めて六千円《ろくせんえん》です。

こめん【湖面】 名詞 湖《みずうみ》の水面《すいめん》。

ごめん【御免】 ❶感動詞 あやまるときに使《つか》うことば。例 おそくなってごめんね。❷感動詞 人《ひと》を訪《たず》ねるときや別《わか》れるときの、あいさつのことば。例 ごめんください。❸名詞 いやなこと。断《ことわ》ること。例 あの食堂《しょくどう》に行《い》くのはもうごめんだ。使い方 ふつうかな書《が》きにする。

コメント（comment）名詞 動詞 あることがらについて、解説《かいせつ》や意見《いけん》を述《の》べること。また、その解説《かいせつ》や意見《いけん》。例 ノーコメント／事件《じけん》についてコメントを求《もと》められる。

こも 名詞 わらなどを、あらく編《あ》んだもの。敷物《しきもの》にしたり、物《もの》をおおったりするのに使《つか》う。

ごもく【五目】 名詞 ❶いろいろなものがまじり合《あ》っていること。例 五目そば／五目飯《めし》。❷「五目並《ごもくなら》べ」の略《りゃく》。

ごもくならべ【五目並べ】 名詞 ごばんの目《め》の上《うえ》に二人《ふたり》で交替《こうたい》に石《いし》を置《お》き、先《さき》に五《いつ》つ続《つづ》けて並《なら》べたほうを勝《か》ちとする遊《あそ》び。

こもごも 副詞 かわるがわる。たがいに入《い》れかわって。例 悲喜《ひき》こもごもの（＝悲《かな》しみと喜《よろこ》びがかわるがわるあらわれた）一年《いちねん》だった。

こもじ【小文字】 名詞 英語《えいご》などで使《つか》う小《ちい》さな文字《もじ》。A・Bに対《たい》するa・bなどのこと。対 大文字《おおもじ》。

こもの【小物】 名詞 ❶こまごました物《もの》。例 小物入《い》れ。❷大《おお》きなはたらきをしない、大《たい》したことのない人《ひと》。対 大物《おおもの》。

こもり【子守】 名詞 赤《あか》んぼうや子供《こども》の世話《せわ》をすること。また、その人《ひと》。類 お守《も》り。

こもりうた【子守歌】 名詞 赤《あか》んぼうや小《ちい》さな子供《こども》をねむらせるために歌《うた》う歌《うた》。

こもる【籠もる】 動詞 ❶家《いえ》などの中《なか》にいて、外《そと》に出《で》ない。例 一日《いちにち》じゅう家《いえ》に籠もって勉強《べんきょう》した。❷気体《きたい》などが、ある場所《ばしょ》にいっぱいになる。例 よごれた空気《くうき》が部屋《へや》に籠もる。❸神社《じんじゃ》や寺《てら》にねとまりして、おいのりや修行《しゅぎょう》をする。❹気持《きも》ちや力《ちから》などが、中《なか》に入《はい》っている。ふくまれている。例 心《こころ》の籠もったおくり物《もの》。

こもれび【木漏れ日】 名詞 木《き》の枝《えだ》や葉《は》の間《あいだ》からさしこんでくる太陽《たいよう》の光《ひかり》。

こもん【顧問】 名詞 会社《かいしゃ》や団体《だんたい》などで、相談《そうだん》を受《う》けて、考《かんが》えや意見《いけん》を言《い》う役《やく》の人《ひと》。例 合唱《がっしょう》部《ぶ》の顧問は山田先生《やまだせんせい》です。

こや【小屋】 名詞 ❶小《ちい》さくて粗末《そまつ》な建物《たてもの》。例 山《やま》小屋／犬《いぬ》小屋。❷芝居《しばい》や見《み》せ物《もの》などをするための建物《たてもの》。例 芝《しば》

居《い》小屋。

こやがけ【小屋掛け】 名詞 動詞 芝居《しばい》や見《み》せ物《もの》などをするために、簡単《かんたん》な建物《たてもの》を建《た》てること。また、その建物《たてもの》。

こやく【子役】 名詞 映画《えいが》やドラマ・芝居《しばい》などで、子供《こども》の役《やく》。また、子供《こども》の役者《やくしゃ》。

こやし【肥やし】 名詞 作物《さくもつ》がよく育《そだ》つように土《つち》の中《なか》に入《い》れ、養分《ようぶん》にするもの。肥料《ひりょう》。漢 ⇩1095ページ ひ〔肥〕

こやす【肥やす】 動詞 ❶動物《どうぶつ》などに、栄養《えいよう》をあたえて太《ふと》らせる。❷田畑《たはた》に肥料《ひりょう》を入《い》れて、作物《さくもつ》がよく育《そだ》つようにする。例 やせた土地《とち》を肥やす。❸もののよい悪《わる》いを見分《みわ》ける力《ちから》をつける。例 目《め》を肥やす。❹正《ただ》しくないやり方《かた》でもうける。例 私腹《しふく》を肥やす（＝自分《じぶん》の立場《たちば》や仕事《しごと》を利用《りよう》して、不当《ふとう》にお金《かね》をもうける）。漢 ⇩1095ページ ひ〔肥〕

こやみ【小やみ】 名詞 雨《あめ》や雪《ゆき》などが、しばらくの間《あいだ》やんだり、小降《こぶ》りになったりすること。

こゆう【固有】 名詞 形容動詞 ほかのものにはなく、それだけが持《も》っていること。例 日本《にほん》固有の文化《ぶんか》／この地方《ちほう》に固有の植物《しょくぶつ》。類 特有《とくゆう》。

こゆうしゅ【固有種】 名詞 ある地域《ちいき》にしかいない生物《せいぶつ》の種類《しゅるい》。おおさんしょううおやむささびなど、日本《にほん》にしかいない生物《せいぶつ》の種類《しゅるい》を、とくに「日本固有種《にほんこゆうしゅ》」という。

こゆうめいし【固有名詞】 名詞 名詞《めいし》の一《ひと》つ。人名《じんめい》・地名《ちめい》・作品名《さくひんめい》など、それ一《ひと》つしかないものについている名《な》まえ。対 普通名詞《ふつうめいし》。

こゆき【小雪】 名詞 季語 冬 少《すこ》し降《ふ》る雪《ゆき》。例 朝方《あさがた》から小雪がちらつく。対 大雪《おおゆき》。

こゆき【粉雪】 ⇩490ページ こなゆき

こゆび【小指】 名詞 手足《てあし》の、親指《おやゆび》と反対側《はんたいがわ》のはしにある、いちばん小《ちい》さい指《ゆび》。

こよい 名詞 今日《きょう》の夜《よる》。今夜《こんや》。使い方 少《すこ》し古《ふる》い言《い》い方《かた》。

こよう【古謡】 名詞 古《ふる》くからうたわれている歌謡《かよう》。例 日本《にほん》古謡。

こよう【雇用】 名詞 動詞 仕事《しごと》をさせるために、お金《かね》をはらって人《ひと》をやとうこと。例 新《あたら》しい社《しゃ》員《いん》を雇用する。

ごよう【御用】 名詞 ❶「用事《ようじ》」のていねいな言《い》い方《かた》。例 何《なに》か御用ですか。❷役所《やくしょ》などの仕事《しごと》。例 御用納《おさ》め。❸昔《むかし》、犯人《はんにん》をつかまえるときに使《つか》ったことば。

ごよう【誤用】 名詞 動詞 使《つか》い方《かた》をまちがえること。また、まちがった使《つか》い方《かた》。例 敬語《けいご》の誤用が多《おお》くみられる。

こようほけん【雇用保険】 名詞 失業《しつぎょう》した人《ひと》に、一定《いってい》の期間《きかん》お金《かね》をはらうことをおもな目的《もくてき》とした保険《ほけん》。失業《しつぎょう》保険《ほけん》に代《か》わってつくられた保険制度《ほけんせいど》。

こよなく 副詞 この上《うえ》なく。とても。例 祖母《そぼ》は本《ほん》をこよなく愛《あい》する人《ひと》だった。

こよみ【暦】 名詞 地球《ちきゅう》・月《つき》・太陽《たいよう》の動《うご》きをもとにして一年間《いちねんかん》の月《つき》・日《ひ》・曜日《ようび》を決《き》め、順《じゅん》に書《か》き記《しる》したもの。カレンダー。⇩1449ページ 昔《むかし》のこよみと年《とし》・月《つき》・季節《きせつ》のことば

こより 名詞 やわらかい和紙《わし》などを細長《ほそなが》く切《き》り、かたくねじって、ひものようにしたもの。

こらい【古来】 名詞 副詞 昔《むかし》から今《いま》まで。使い方 「古来《こらい》」には「…から」という意味《いみ》がふくまれているので「古来《こらい》から」といわないよう注意《ちゅうい》。

ごらいこう【御来光】 名詞 季語 夏 高《たか》い山《やま》の頂上《ちょうじょう》から見《み》る日《ひ》の出《で》。例 御来光を拝《おが》む。

こらえる 動詞 じっとがまんする。例 痛《いた》みをこらえる。

ごらく【娯楽】 名詞 楽《たの》しみ。なぐさめ。例 娯楽番組《ばんぐみ》。

こらしめる【懲らしめる】 動詞 ばつをあたえるなどして、同《おな》じことを二度《にど》とするまいと思《おも》わせる。例 いたずらをした子《こ》を懲らしめる。

こらす【凝らす】 動詞 気持《きも》ちや感覚《かんかく》などを、一《ひと》つのものごとに集中《しゅうちゅう》させる。例 ひとみを凝らす（＝じっと見《み》つめる）／工夫《くふう》を凝らす。

こらす【懲らす】 動詞 こらしめる。例 乱暴者《らんぼうもの》を懲らす。

コラム（column） 名詞 新聞《しんぶん》や雑誌《ざっし》などの、小《ちい》さく囲《かこ》んである記事《きじ》。囲《かこ》み記事《きじ》。

ごらん【御覧】 ❶名詞 「見《み》ること」の尊敬《そんけい》した言《い》い方《かた》。例 先生《せんせい》が作文《さくぶん》を御覧になる。❷名詞 「見《み》ろ」のていねいな言《い》い方《かた》。例 あの木《き》を御覧。❸（「…てごらん」の形《かたち》で）「…してみろ」のや

四字熟語 暗中模索《あんちゅうもさく》　くらやみの中《なか》（暗中《あんちゅう》）で、手《て》さぐりでさがし求《もと》める（模索《もさく》）こと。手《て》がかりがな

わらかい言《い》い方《かた》。例 こっちへ来《き》てごらん。
使い方 ❸は、ふつうかな書《が》きにする。

こりかたまる【凝り固まる】 動詞
❶物《もの》が一《ひと》つに集《あつ》まって固《かた》まる。
❷ほかのことを聞《き》き入《い》れないで、一《ひと》つの考《かんが》えに夢中《むちゅう》になる。例 自分《じぶん》の考《かんが》えに凝り固まっている。

こりごり【懲り懲り】 名詞 動詞 ひどい目《め》にあって、もう二度《にど》としたくないと思《おも》うこと。例 母《はは》にしかられるのはもう懲り懲りだ。

こりしょう【凝り性】 名詞
❶一《ひと》つのことにひどく熱中《ねっちゅう》する性質《せいしつ》。徹底《てってい》してやらないと気《き》がすまない性質《せいしつ》。
❷かたやこしなどがこりやすい体質《たいしつ》。

こりつ【孤立】 名詞 動詞 ほかからの助《たす》けがなく、ひとりぼっちになってしまうこと。例 話《はな》し合《あ》いでだれも賛成《さんせい》してくれなくて孤立した。

こりつむえん【孤立無援】 ⇒633ページ 四字熟語

ごりむちゅう【五里霧中】 ⇒635ページ 四字熟語

ごりやく【御利益】 名詞 神《かみ》や仏《ほとけ》が人《ひと》にあたえるめぐみ。

ごりょう【御陵】 名詞 天皇《てんのう》や皇后《こうごう》などの墓《はか》。類 陵《みささぎ》。

ゴリラ (gorilla) 名詞 アフリカの森林《しんりん》にすむ、類人猿《るいじんえん》の中《なか》でいちばん大《おお》きな動物《どうぶつ》。後《うし》ろ足《あし》で立《た》ったときの身長《しんちょう》は二～二・三メートル。力《ちから》が強《つよ》く、知能《ちのう》が高《たか》い。

ゴリラ

こりる【懲りる】 動詞 失敗《しっぱい》を反省《はんせい》して、同《おな》じことを二度《にど》とするまいと思《おも》う。例 この前《まえ》のテストで懲りたので、今度《こんど》はちゃんと勉強《べんきょう》しよう。

ごりん【五輪】 名詞 オリンピックのマーク。五大陸《ごたいりく》を表《あらわ》す青《あお》・黄《き》・黒《くろ》・緑《みどり》・赤《あか》の五《いつ》つの輪《わ》を組《く》み合《あ》わせてある。また、オリンピックのこと。

こる【凝る】 動詞
❶一《ひと》つのことに夢中《むちゅう》になる。熱中《ねっちゅう》する。例 父《ちち》は近《ちか》ごろ、ゴルフに凝っている。
❷あれこれと工夫《くふう》する。例 凝ったデザイン。
❸筋肉《きんにく》がこわ張《ば》る。例 かたが凝る。

コルク (オランダ語) 名詞 「コルクがし」の木《き》の皮《かわ》の内側《うちがわ》からとったもの。軽《かる》くて水《みず》や空気《くうき》を通《とお》しにくいので、びんのせんや、はきものの底《そこ》などに使《つか》われる。「キルク」ともいう。

ゴルフ (golf) 名詞 クラブでボールを打《う》って、十八個《じゅうはちこ》のホール（＝穴《あな》）に順番《じゅんばん》に入《い》れていくスポーツ。広《ひろ》い芝生《しばふ》の競技場《きょうぎじょう》で行《おこな》い、少《すく》ない打数《だすう》で回《まわ》った人《ひと》が勝《か》ちとなる。

これ
❶ 代名詞 自分《じぶん》の近《ちか》くにあるものを指《さ》すことば。例 これをよく見《み》てごらん。
❷ 代名詞 ここ。例 これより先《さき》は通行止《つうこうど》めだ。
❸ 代名詞 今《いま》。現在《げんざい》。例 これから映画《えいが》が始《はじ》まる。
❹ 感動詞 人《ひと》に呼《よ》びかけることば。例 これ、話《はなし》を聞《き》きなさい。

これい【語例】 名詞 あることばを使《つか》ってできることばの例《れい》。

これから 名詞 副詞
❶今《いま》から。今《いま》から先《さき》。次《つぎ》から。例 これからのことを考《かんが》える／これからは気《き》をつけよう。
❷ここから。例 これから先《さき》は立《た》ち入《い》り禁止《きんし》です。

コレクション (collection) 名詞 楽《たの》しみのために、いろいろな物《もの》を集《あつ》めること。また、集《あつ》めたもの。例 絵《え》はがきのコレクション。

コレクトコール (collect call) 名詞 電話《でんわ》を受《う》けた側《がわ》が通話料金《つうわりょうきん》をしはらう電話《でんわ》のかけ方《かた》。

コレステロール (cholesterol) 名詞 動物《どうぶつ》の体《からだ》にある、しぼうに似《に》た物質《ぶっしつ》。血管《けっかん》の中《なか》にたまると、病気《びょうき》の原因《げんいん》となる。

これほど 名詞 副詞 このくらい。この程度《ていど》。こんなにまで。例 これほどいそがしいとは思《おも》わなかった。

これまで 名詞 副詞
❶今《いま》まで。例 これまでのことは水《みず》に流《なが》そう。
❷これで終《お》わり。例 今日《きょう》の練習《れんしゅう》はこれまで。

コレラ (オランダ語) 名詞 コレラ菌《きん》が腸《ちょう》に入《はい》って起《お》こる感染症《かんせんしょう》。高《たか》い熱《ねつ》が出《で》て激《はげ》しい下痢《げり》とはき気《け》を起《お》こし、ひどくなると死《し》ぬ。

コレラきん【コレラ菌】 名詞 コレラを起《お》こす細菌《さいきん》。一八五四年《ねん》にパチーニが発見《はっけん》し、一八八四年《ねん》にコッホが培養《ばいよう》に成功《せいこう》した。

ころ 名詞 重《おも》いものを動《うご》かすとき、下《した》にしいて動《うご》かしやすくする丸《まる》い棒《ぼう》。間《あいだ》をおいて何本《なんぼん》も並《なら》べ、その上《うえ》をころがす。

ころ【頃】 名詞

ょげかえること。

❶およその時期《じき》を示《しめ》すことば。例ぼくが小《ちい》さかった頃、この辺《へん》はまだ畑《はたけ》だった。❷ちょうどよい時《とき》。機会《きかい》。例頃をみて帰《かえ》る。

-ごろ【頃】 接尾語 ❶(時《とき》を表《あらわ》すことばのあとにつけて) 大体《だいたい》の時《とき》を表《あらわ》す。例五時《ごじ》頃家《いえ》に帰《かえ》る。❷(ほかのことばのあとにつけて) ちょうどよい時期《じき》であることを表《あらわ》す。例メロンの食《た》べ頃。

ごろ【語呂】 名詞 ことばを口《くち》に出《だ》したときの、音《おと》の続《つづ》き具合《ぐあい》や調子《ちょうし》。例語呂がよい標語《ひょうご》。

ころあい【頃合い】 名詞 ❶ちょうどよい時《とき》。例頃合いを見《み》て合図《あいず》をする。❷ちょうどよい程度《ていど》。例頃合いの長《なが》さの棒《ぼう》。

ごろあわせ【語呂合わせ】 名詞 ある文句《もんく》やことわざの口調《くちょう》をまねて、別《べつ》の意味《いみ》のことばを作《つく》ること。また、電話番号《でんわばんごう》などの数字《すうじ》に似《に》た音《おと》を当《あ》てて読《よ》むこと。「舌切《したき》りすずめ」に対《たい》して「着《き》たきりすずめ」、「4126」を「よいふろ」と読《よ》むなど。

ころう【古老】 名詞 老人《ろうじん》。とくに、昔《むかし》のことや言《い》い伝《つた》えなどをよく知《し》っている老人《ろうじん》。例村《むら》の古老から昔話《むかしばなし》を聞《き》く。

ころがす【転がす】 動詞 ❶ころころと回転《かいてん》させながら動《うご》かす。例ボールを転がす。❷立《た》っていたものをたおす。ひっくり返《かえ》す。例すもうで相手《あいて》を転がす。
漢⇩902ジぺーてん〔転〕

ころがりこむ【転がり込む】 動詞 ❶転《ころ》がって入《はい》りこむ。例ボールが穴《あな》に転がり込む／夕立《ゆうだち》にあい、ずぶぬれになって玄関《げんかん》に転がり込んだ。❷思《おも》いがけなく手《て》に入《はい》る。例大金《たいきん》が転がり込む。❸人《ひと》の家《いえ》に入《はい》りこんで世話《せわ》になる。例お金《かね》がなくなって、友人《ゆうじん》の家《いえ》に転がり込む。

ころがる【転がる】 動詞 ❶ころころと回《まわ》りながら進《すす》む。転《ころ》げる。例坂《さか》道《みち》を小石《こいし》が転がる。❷立《た》っていたものが、たおれる。ひっくり返《かえ》る。転《ころ》げる。例空《あ》きびんが転がった。❸体《からだ》を横《よこ》にする。例草原《そうげん》に転がって本《ほん》を読《よ》む。❹(「転《ころ》がっている」の形《かたち》で) 物《もの》が適当《てきとう》におかれている。また、手近《てぢか》にいくらでもある。例帽《ぼう》子《し》がゆかに転がっている／そんな話《はなし》なんて、どこにでも転がっているよ。
漢⇩902ジぺーてん〔転〕

ごろく【語録】 名詞 すぐれた学者《がくしゃ》や指導者《しどうしゃ》などが話《はな》したことばを集《あつ》めた書物《しょもつ》。

ころげおちる【転げ落ちる】 動詞 転《ころ》がって、落《お》ちる。回《まわ》りながら動《うご》いて落《お》ちる。例いすから転げ落ちる／足《あし》をすべらせて、階段《かいだん》を転げ落ちた。

ころげまわる【転げ回る】 動詞 転《ころ》がって、あちこち動《うご》き回《まわ》る。例ひどい腹痛《ふくつう》にたえられず、布団《ふとん》の上《うえ》で転げ回る。

ころげる【転げる】 ⇩499ジぺーころがる❶❷
漢⇩902ジぺーてん〔転〕

ころころ[と] ❶副詞 小《ちい》さな物《もの》が転《ころ》がるようす。例百円玉《ひゃくえんだま》がころころ転《ころ》がる。❷副詞 簡単《かんたん》に変《か》わったり、行《おこな》われたりするようす。例意見《いけん》がころころと変《か》わる。❸副詞 動詞 まるまる太《ふと》っているようす。例ころころした元気《げんき》な赤《あか》ちゃん。❹副詞 若《わか》い女《おんな》の人《ひと》が、明《あか》るく高《たか》い声《こえ》で笑《わら》うようす。例姉《あね》はころころと笑《わら》い転《ころ》げた。

ごろごろ[と] ❶副詞 大《おお》きな物《もの》が転《ころ》がるようす。また、その音《おと》。例岩《いわ》ががけからごろごろ落《お》ちる。❷副詞 かみなりの鳴《な》る音《おと》を表《あらわ》すことば。❸副詞 動詞 何《なに》もしないで、時間《じかん》を持《も》て余《あま》しているようす。例休日《きゅうじつ》は家《いえ》でごろごろしている。❹副詞 動詞 同《おな》じ程度《ていど》のものがいくらでもあるようす。例わたしと同《おな》じくらいの実力《じつりょく》の人《ひと》はごろごろいる。

ころす【殺す】 動詞 ❶命《いのち》をうばう。例はえを殺す。対生《い》かす。❷勢《いきお》いや強《つよ》さ、大《おお》きさなどをおさえる。外《そと》に出《で》ないようにする。例声《こえ》を殺して話《はな》す。❸役《やく》に立《た》たなくする。だめにする。例せっかくの才能《さいのう》を殺してしまう。対生《い》かす。❹野球《やきゅう》で、アウトにする。
漢⇩532ジぺーさつ〔殺〕

コロッケ (フランス語) 名詞 ゆでてつぶしたじゃがいもやホワイトソースの中《なか》に、肉《にく》・野菜《やさい》などを混《ま》ぜて丸《まる》め、パン粉《こ》をつけて油《あぶら》であげた料《りょう》理《り》。

コロナ (corona) 名詞 太陽《たいよう》のいちばん外側《そとがわ》のガ

四字熟語　意気消沈《いきしょうちん》　「消沈《しょうちん》」は、気力《きりょく》などがなくなることで、がっかりして元気《げんき》がなくなること。し

関連 = 関係《かんけい》の深《ふか》いことば

スの層《そう》。皆既日食《かいきにっしょく》のとき、太陽《たいよう》のまわりに輪《わ》のように見《み》える。

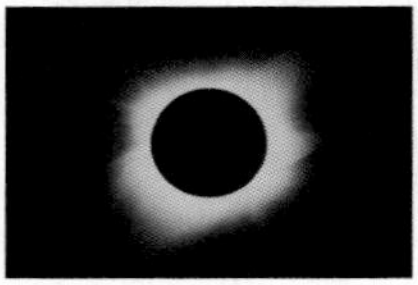
コロナ

ごろね【ごろ寝】 名詞 動詞 布団《ふとん》をしかず着《き》がえもしないで、その場《ば》にごろりと横《よこ》になること。

ころばす【転ばす】 動詞 転《ころ》ぶようにさせる。転《ころ》がす。例 柔道《じゅうどう》のわざで相手《あいて》を転ばす。

ころばぬさきのつえ【転ばぬ先のつえ】 ことわざ 失敗《しっぱい》しないように、前々《まえまえ》からよく注意《ちゅうい》して、きちんと準備《じゅんび》しておくことが大切《たいせつ》だということ。

ころぶ【転ぶ】 動詞 バランスを失《うしな》って、たおれたり、ひっくり返《かえ》ったりする。例 ゴール直前《ちょくぜん》で転んでしまった。漢 ⇒902ページ てん〔転〕

ころも【衣】 名詞 ❶着《き》る物《もの》。例 衣がえ。❷おぼうさんが着《き》る着物《きもの》。❸てんぷらなどの外側《そとがわ》をおおっている皮《かわ》。使い方 ❶は、古《ふる》い言《い》い方《かた》。漢 ⇒66ページ い〔衣〕

ころもがえ【衣替え】 名詞 季語 夏 ❶季節《きせつ》の変《か》わり目《め》に服《ふく》をとりかえること。❷建物《たてもの》・店《みせ》などのかざりつけや設備《せつび》を新《あたら》しくして、感《かん》じを変《か》えること。改装《かいそう》。ことば 俳句《はいく》などでは「更衣」とも書《か》く。参考 昔《むかし》は、四月一日《しがつついたち》に夏物《なつもの》に、十月一日《じゅうがつついたち》に冬物《ふゆもの》にとりかえる習慣《しゅうかん》があった。

ころもへん【衣偏】 名詞 「ネ」のこと。漢字《かんじ》の部首《ぶしゅ》の一《ひと》つ。衣服《いふく》に関係《かんけい》のある漢字《かんじ》を作《つく》ることが多《おお》い。複・補など。

ころんでもただではおきぬ【転んでもただでは起きぬ】 失敗《しっぱい》したり損《そん》をしたりした場合《ばあい》でも、そこから何《なに》かを得《え》ようとする。

コロンブス 名詞 （一四五一～一五〇六）イタリアの航海者《こうかいしゃ》。西回《にしまわ》りでアジアへ行《い》こうとして、一四九二年《ねん》に大西洋《たいせいよう》を横断《おうだん》し、アメリカ大陸《たいりく》に到達《とうたつ》した。

●**コロンブスの卵《たまご》** ⇒189ページ ことわざ

こわ【声】 （ほかのことばの前《まえ》につけて）「声《こえ》」の意味《いみ》を表《あらわ》す。例 声高《だか》／声色《いろ》。漢 ⇒705ページ せい〔声〕

こわい【怖い】 形容詞 危険《きけん》なことが起《お》こりそうでにげ出《だ》したい感《かん》じである。おそろしい。例 夜《よる》の森《もり》に入《はい》るのは怖い／怖い顔《かお》をする。⇒501ページ ことばにチャレンジ

●**怖《こわ》いもの見《み》たさ** こわいものは、かえって見《み》てみたくなること。例 怖いもの見たさから、がけの下《した》をのぞく。

こわいろ【声色】 名詞 ❶声《こえ》のようすや調子《ちょうし》。例 声色が似《に》ている。❷他人《たにん》の声《こえ》の調子《ちょうし》やくせなどをまねること。例 声色を使《つか》って電話《でんわ》をする。

こわがり【怖がり】 名詞 なんでもないことでも、すぐにこわいと思《おも》ってしまう人《ひと》。

こわがる【怖がる】 動詞 こわいと思《おも》う。おそろしいと感《かん》じる。おそれる。例 弟《おとうと》は犬《いぬ》を怖がる。

こわきにかかえる【小脇に抱える】 軽《かる》くわきにはさんで持《も》つ。例 かばんを小脇に抱えて走《はし》る。

こわけ【小分け】 名詞 動詞 小《ちい》さく分《わ》けること。例 食品《しょくひん》を小分けして冷凍《れいとう》する。

こわごわ［と］ 副詞 こわいと思《おも》いながら。おそるおそる。例 ビルの屋上《おくじょう》からこわごわ下《した》を見《み》る。

こわす【壊す】 動詞 ❶物《もの》の形《かたち》をくずしたり、傷《きず》つけたりする。物《もの》を使《つか》えなくする。例 おもちゃを壊す。❷体《からだ》の具合《ぐあい》を悪《わる》くする。例 おなかを壊す。❸まとまっていたものごとをだめにする。例 雰囲気《ふんいき》を壊す／わたしのひと言《こと》が友情《ゆうじょう》を壊してしまった。

こわだか【声高】 名詞 形容動詞 話《はな》す声《こえ》が大《おお》きく高《たか》いようす。例 興奮《こうふん》して声高に話《はな》す。

こわばる【こわ張る】 動詞 つっぱったようにかたくなる。例 緊張《きんちょう》で体《からだ》がこわ張る。

こわれる【壊れる】 動詞 ❶物《もの》の形《かたち》がくずれたり、傷《きず》ついたりする。物《もの》が使《つか》えなくなる。例 機械《きかい》が壊れる。❷まとまっていたものごとがだめになる。例 信頼関係《しんらいかんけい》が壊れる／家族旅行《かぞくりょこう》の計画《けいかく》が壊れる。

漢 **こん【今】**〔人《ひとやね》〕 4画 2年 音 コン・キン 訓 いま

ノ 人 亼 今 刀としない

いま。現在《げんざい》。例 今時《いまどき》／今日《きょう》／今回《こんかい》／今後《こんご》／今《こん》

ことばにチャレンジ！

こわい

いろんなことばでいろんな「こわい」を表《あらわ》してみよう！

入門編《にゅうもんへん》

●まずは、よく使《つか》う別《べつ》のことばで

おそろしい　世《よ》にも**おそろしい**事件《じけん》が起《お》こった。……p.189

恐怖《きょうふ》　きもだめしで**恐怖《きょうふ》**の声《こえ》を上《あ》げる。……p.360

不気味《ぶきみ》　お墓《はか》への道《みち》は、暗《くら》くて**不気味《ぶきみ》だ**。……p.1147

修行編《しゅぎょうへん》

●次《つぎ》に、少《すこ》しむずかしいことばで

おびえる　子供《こども》たちが、激《はげ》しい風《かぜ》の音《おと》に**おびえ**ている。……p.197

ふるえ上《あ》がる　かみなりが落《お》ちた音《おと》を聞《き》いて**ふるえ上《あ》がる**。……p.1175

身《み》ぶるい　こわい映画《えいが》を見《み》て**身《み》ぶるいした**。……p.1277

達人編《たつじんへん》

●背《せ》のびして、もっとむずかしいことばで

おののく　門《もん》を開《あ》けようとして、犬《いぬ》のほえる声《こえ》に**おののく**。……p.196

ひるむ　対戦相手《たいせんあいて》の大《おお》きな体《からだ》を見《み》て、思《おも》わず**ひるんだ**。……p.1133

戦慄《せんりつ》　ゆうかい事件《じけん》のニュースを聞《き》き、市民《しみん》の間《あいだ》に**戦慄《せんりつ》**が走《はし》った。……p.742

きもを冷《ひ》やす　あやうく川《かわ》に落《お》ちそうになり、**きもを冷《ひ》やした**。……p.340

もっと

●こわくて体《からだ》がどんなふうになるかを表《あらわ》して

足《あし》がすくむ　つり橋《ばし》のとちゅうで、**足《あし》がすくん**で動《うご》けなくなる。……p.32

背筋《せすじ》が寒《さむ》くなる　ビルの屋上《おくじょう》から下《した》を見《み》て、**背筋《せすじ》が寒《さむ》くなった**。……p.723

血《ち》の気《け》が引《ひ》く　妹《いもうと》が車《くるま》にひかれそうになり、**血《ち》の気《け》が引《ひ》いた**。……p.832

歯《は》の□が合《あ》わない

お化《ば》けにあったかと思《おも》い、しばらく**歯《は》の□が合《あ》わなかった**。

□に当《あ》てはまることばは何《なに》？
p.1035にのっている見《み》出《だ》し語《ご》だよ！

身《み》の毛《け》がよだつ　心霊写真《しんれいしゃしん》を見《み》て、**身《み》の毛《け》がよだつ**思《おも》いをした。……p.1276

まねことば

●ようすまねことばを使《つか》って

おそるおそる　花瓶《かびん》を割《わ》ってしまったことを**おそるおそる**白状《はくじょう》する。……p.189

おっかなびっくり　お化《ば》け屋敷《やしき》のドアを**おっかなびっくり**開《あ》ける。……p.191

ぞっと　**ぞっとする**ような怪談《かいだん》を聞《き》く。……p.761

びくびく[と]

妹《いもうと》は、犬《いぬ》にかまれるのではないかと**びくびくし**ている。……p.1104

ひやひや

スケートで走《はし》る弟《おとうと》を、転《ころ》ぶのではないかと**ひやひやし**ながら見《み》ていた。……p.1125

四字熟語　**意気揚揚《いきようよう》**　「揚揚《ようよう》」は、得意《とくい》になっているようすのことで、元気《げんき》いっぱいで、得意《とくい》そうなよう週《しゅう》／今度《こんど》／今夜《こんや》／古今和歌集《こきんわかしゅう》。対 古《こ》。

漢 **こん【困】**〔口《くにがまえ》〕7画 6年 音 コン 訓 こまる

こまる。苦《くる》しむ。例 困苦《こんく》／困難《こんなん》／貧困《ひんこん》。

こん【金】 漢⇒370ページ きん〔金〕

こん【建】 漢⇒428ページ けん〔建〕

こん【根】 名詞 あきらめないで、ものごとをやりぬく力《ちから》。例 なかなか根が続《つづ》かない。漢⇒502ページ こん〔根〕

● **根《こん》を詰《つ》める** 集中《しゅうちゅう》してそのことだけをやり続《つづ》ける。例 根を詰めて編《あ》み物《もの》をする。

漢 **こん【根】**〔木《きへん》〕10画 3年 音 コン 訓 ね

❶ね。草木《くさき》のねっこ。例 根元《ねもと》／球根《きゅうこん》／大根《だいこん》。❷ものごとのおおもと。例 根拠《こんきょ》／根源《こんげん》／根底《こんてい》／根本《こんぽん》。❸ものごとをやりぬくちから。気力《きりょく》。例 根気《こんき》／根性《こんじょう》／精根《せいこん》。

漢 **こん【混】**〔氵《さんずい》〕11画 5年 音 コン 訓 まじる・まざる・まぜる・こむ

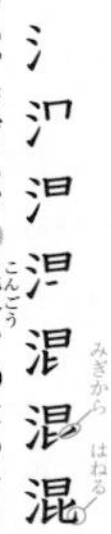

❶まじる。まざる。例 混合《こんごう》。❷はっきりしない。区別《くべつ》がつかない。例 混雑《こんざつ》／混戦《こんせん》／混線《こんせん》／混同《こんどう》／混迷《こんめい》／混乱《こんらん》。

こん【紺】 名詞 青《あお》とむらさきの混《ま》ざった濃《こ》い青《あお》色《いろ》。

ごん【言】 漢⇒429ページ げん〔言〕

ごん【勤】 漢⇒371ページ きん〔勤〕

ごん【権】 漢⇒428ページ けん〔権〕

ごん【厳】 漢⇒430ページ げん〔厳〕

こんい【懇意】 形容動詞 親《した》しくつきあっているようす。例 父《ちち》はこの店《みせ》の店長《てんちょう》と懇意な間《あいだ》がらだ。

こんいん【婚姻】 名詞 動詞 結婚《けっこん》すること。例 婚姻届《とどけ》。使い方 ふつうは法律上《ほうりつじょう》で使《つか》うことば。

こんかい【今回】 名詞 このたび。今度《こんど》。

こんかぎり【根限り】 副詞 根気《こんき》の続《つづ》く限《かぎ》り。力《ちから》の限《かぎ》り。例 根限り何度《なんど》でも練習《れんしゅう》する。

こんがらかる 動詞 もつれてからまり合《あ》う。混乱《こんらん》する。例 糸《いと》がこんがらかる／話《はなし》がこんがらかる。

こんがり［と］ 副詞 ちょうどよい色《いろ》に焼《や》けるようす。例 もちがこんがりと焼《や》ける／はだをこんがり焼《や》く。

こんかん【根幹】 名詞 ❶根《ね》と幹《みき》。❷ものごとを成《な》り立《た》たせるもっとも重要《じゅうよう》な部分《ぶぶん》。例 計画《けいかく》を根幹から見直《みなお》す。

こんがん【懇願】 名詞 動詞 心《こころ》から願《ねが》うこと。いっしょうけんめいにたのみこむこと。例 拾《ひろ》ってきた犬《いぬ》を飼《か》ってほしいと懇願する。

こんき【根気】 名詞 ものごとをがまん強《づよ》くやりぬこうとする気持《きも》ち。例 この仕事《しごと》をやりぬくには根気が必要《ひつよう》だ。

こんきづよい【根気強い】 形容詞 あきらめずにものごとをやりぬこうとする気持《きも》ちが強《つよ》い。例 根気強く宿題《しゅくだい》にとりくむ。

こんきゅう【困窮】 名詞 動詞 困《こま》り苦《くる》しむこと。とくに、貧《まず》しいために、生活《せいかつ》に困《こま》ること。

こんきょ【根拠】 名詞 もとになる理由《りゆう》。例 根拠のない話《はなし》。

ごんぎょう【勤行】 名詞 おぼうさんが仏前《ぶつぜん》で、経《きょう》を読《よ》み、いのること。

こんきょち【根拠地】 名詞 あることを行《おこな》うときの、もととなる場所《ばしょ》。拠点《きょてん》。例 海岸《かいがん》のテントを根拠地にして、島《しま》を探検《たんけん》した。

こんく【困苦】 名詞 動詞 困《こま》り苦《くる》しむこと。とくに、お金《かね》や生活《せいかつ》に必要《ひつよう》な物《もの》がなく苦《くる》しむこと。

コンクール（フランス語）名詞 音楽《おんがく》や美術《びじゅつ》などで、作品《さくひん》のよしあしやわざをきそい合《あ》う競技会《きょうぎかい》。例 作文《さくぶん》コンクール。類 コンテスト。

こんくらべ【根比べ】 名詞 どちらがねばり強《づよ》いか競争《きょうそう》すること。例 勝負《しょうぶ》は両選手《りょうせんしゅ》の根比べになった。

コンクリート（concrete）名詞 セメント・砂《すな》・砂利《じゃり》を水《みず》と混《ま》ぜ合《あ》わせたもの。また、それを固《かた》めたもの。道路《どうろ》や建物《たてもの》などをつくるのに使《つか》われる。

ごんげ【権化】 名詞 ❶仏《ほとけ》が人々《ひとびと》を助《たす》けるため、すがたをかえて、この世《よ》に現《あらわ》れること。また、そのすがた。❷ある性質《せいしつ》や考《かんが》えそのものになりきっていること。例 悪《あく》の権化のような人物《じんぶつ》。

そろえて同《おな》じことを言《い》うこと。多《おお》くの人《ひと》の意見《いけん》が一致《いっち》すること。

こんげつ【今月】 名詞 この月《つき》。今《いま》の月《つき》。

こんげん【根源・根元】 名詞 ものごとの大《おお》もと。いちばんのもとになっているもの。根本《こんぽん》。例 悪《あく》の根源を絶《た》つ。

こんご【今後】 名詞 今《いま》からあと。以後《いご》。例 今後は気をつけます。

こんごう【混合】 名詞 動詞 まぜ合《あ》わせること。まじり合《あ》うこと。例 男女《だんじょ》混合のチーム。

こんごうせき【金剛石】 ➡784ジベー ダイヤモンド❶

こんごうづえ【金剛づえ】 名詞 山伏《やまぶし》や巡礼者《じゅんれいしゃ》、登山者《とざんしゃ》などが持《も》つ、八角《はっかく》または四角《しかく》の白木《しらき》のつえ。

ごんごどうだん【言語道断】 形容動詞 ことばで言《い》い表《あらわ》せないほどひどいようす。もってのほか。例 動物《どうぶつ》をいじめるとは言語道断だ。
使い方 「言語同断」と書《か》かないよう注意《ちゅうい》。また、「言語」を「げんご」と読《よ》まないよう注意《ちゅうい》。

こんこんと 副詞 水《みず》などが、どんどんわき出《で》てくるようす。例 泉《いずみ》の水《みず》がこんこんとわき出《で》ている。

こんこんと 副詞 意識《いしき》がなかったり、深《ふか》くねむったりしているようす。例 こんこんとねむり続《つづ》ける。ことば 漢字《かんじ》では「昏昏と」と書《か》く。

こんこんと【懇懇と】 副詞 よくわかるように、ていねいにくり返《かえ》すようす。例 いたずらをして、父《ちち》に懇々と教《おし》えさとされた。

コンサート（concert） 名詞 音楽会《おんがくかい》。演奏会《えんそうかい》。

こんざい【混在】 名詞 動詞 種類《しゅるい》のちがうものが入《い》りまじっていること。例 いろいろな民族《みんぞく》が混在している。

こんざつ【混雑】 名詞 動詞 混《こ》み合《あ》うこと。例 会場《かいじょう》はとても混雑していた。

コンサルタント（consultant） 名詞 会社《かいしゃ》の経営《けい》のしかたや事業《じぎょう》の進《すす》め方《かた》などについて、指導《しどう》や助言《じょげん》をする専門家《せんもんか》。例 経営《けいえい》コンサルタント。

こんじ【根治】 名詞 動詞 病気《びょうき》などが根本《こんぽん》から完全《かんぜん》に治《なお》ること。また、根本《こんぽん》から治《なお》すこと。
ことば 「こんち」ともいう。

こんじき【金色】 名詞 きんいろ。こがね色《いろ》。例 金色にかがやく仏像《ぶつぞう》。

こんじゃく【今昔】 名詞 今《いま》と昔《むかし》。使い方 古《ふる》い言《い》い方《かた》。

こんじゃくものがたりしゅう【今昔物語集】 名詞 平安時代《へいあんじだい》の終《お》わりごろできた物《もの》語集《がたりしゅう》。作者不明《さくしゃふめい》。インド・中国《ちゅうごく》・日本《にほん》に伝《つた》わる千《せん》ほどの話《はなし》を集《あつ》めたもの。「今《いま》は昔《むかし》…」で話《はなし》が始《はじ》まることから、この名《な》がついた。

こんしゅう【今週】 名詞 いまの週《しゅう》。この週《しゅう》。

こんじょう【根性】 名詞 ❶性質《せいしつ》。例 根性が曲《ま》がっている。❷一《ひと》つのことを最後《さいご》までやり通《とお》そうとする強《つよ》い心《こころ》。例 根性がある。類 意気地《いくじ》。

こんじる【混じる】 動詞 混《ま》じる。混《ま》ぜる。「混《こん》ずる」ともいう。

こんしん【懇親】 名詞 おたがいに打《う》ち解《と》けて、親《した》しみ合《あ》うこと。例 懇親会《こんしんかい》。

こんしん【こん身】 名詞 体全体《からだぜんたい》。全身《ぜんしん》。例

伝統的《でんとうてき》な言語文化《げんごぶんか》

色《いろ》の名《な》まえ

あかちゃんなのにみどりの子《こ》？

「顔《かお》が真《ま》っ青《さお》だよ」なんて言《い》われたことがあるかな？　顔色《かおいろ》が悪《わる》いとき、なぜ顔《かお》が「青《あお》い」っていうんだろう？

実《じつ》は、「あおい」は、もともと「ぼんやりとして、はっきりとしないようす」のことだったんだ。「青《あお》い顔《かお》」は血《ち》の気《け》がなく、赤《あか》みの消《き》えた顔のことなんだね。

反対《はんたい》に「しろい」は「はっきりとしているようす」のこと。「ぼんやり」⇔「はっきり」のちがいが「あおい」⇔「しろい」のちがいだったんだ。それがのちに「青《あお》」「白《しろ》」の色《いろ》の名まえになっていったんだよ。

「あかい」「くろい」も、もともとは色《いろ》の名まえではなく、「明《あか》るい」「暗《くら》い」という意味《いみ》だった。それがのちになって「赤《あか》」「黒《くろ》」という色《いろ》の名《な》まえになったんだよ。

また、「みどり」はもともと「出《で》たばかりの新《あたら》しい芽《め》」のことなんだ。あかちゃんを「みどりご」ということがあるよ。新芽《しんめ》のみずみずしく、生命力《せいめいりょく》にあふれたようすからの連想《れんそう》なんだね。

そのほか、「茶《ちゃ》」「もも」「空《そら》」「水《みず》」「ねずみ」など、物《もの》の名まえが色《いろ》の名まえになっている例《れい》も多《おお》い。また、「むらさき」「あかね」のように、染《そ》め物《もの》に使《つか》った植物《しょくぶつ》の名まえが色《いろ》の名まえになった例《れい》もたくさんあるんだ。

もっとみてみよう！
●「色《いろ》のなまえ事典《じてん》」（岩崎書店《いわさきしょてん》）

四字熟語 **異口同音《いくどうおん》** 別《べつ》の人《ひと》の口《くち》（異口《いく》）から同《おな》じことば（同音《どうおん》）が出《で》るということで、多《おお》くの人《ひと》が口《くち》を

こん身の力《ちから》でボールを投《な》げる。類 満身《まんしん》。

こんすい【こん睡】名詞 動詞 重《おも》い病《びょう》気《き》などで、意識《いしき》をなくしたまま目覚《めざ》めないこと。

コンスタント（constant）形容動詞 一定《いってい》していて変《か》わらないようす。例 毎月《まいつき》コンスタントに売《う》れる商品《しょうひん》。

こんずる【混ずる】⇩503ページ こんじる

こんせい【混成】名詞 動詞 混《ま》ぜ合《あ》わせてつくること。混《ま》じり合《あ》ってできること。例 小学生《しょうがくせい》と中学生《ちゅうがくせい》の混成チーム。

こんせいがっしょう【混声合唱】名詞 男《おとこ》の人《ひと》と女《おんな》の人《ひと》が行《おこな》う合唱《がっしょう》。

こんせき【痕跡】名詞 前《まえ》に、ある物《もの》やできごとがあったことを示《しめ》すあと。例 この町《まち》のところどころに戦争《せんそう》の痕跡が残《のこ》っている。類 形跡《けいせき》。

こんせつ【懇切】形容動詞 たいへん親切《しんせつ》で、気《き》配《くば》りがすみずみまで行《い》き届《とど》いているようす。例 懇切な指導《しどう》。

こんぜつ【根絶】名詞 動詞 根本《こんぽん》から完全《かんぜん》になくすこと。例 ウイルスを根絶する。類 根絶《ねだ》やし。

こんせつていねい【懇切丁寧】名詞 形容動詞 細《こま》かいところまで気配《きくば》りが行《い》き届《とど》いて、とても親切《しんせつ》なこと。例 一《ひと》つ一《ひと》つの質問《しつもん》に懇切丁寧に答《こた》える。

こんせん【混戦】名詞 敵《てき》と味方《みかた》が入《い》り乱《みだ》れて戦《たたか》うこと。また、結果《けっか》がどうなるかわからないこと。例 試合《しあい》は混戦模様《もよう》となった。

こんせん【混線】名詞 動詞 ❶電信《でんしん》・電話《でんわ》などで、別《べつ》の通信《つうしん》や通話《つうわ》が混《ま》じること。❷いくつもの意見《いけん》が入《い》り混《ま》じり、話《はなし》の筋《すじ》がわからなくなること。例 話《はなし》が混線してきたので、一度整理《いちどせいり》しましょう。

コンセント 名詞 電《でん》気《き》の配線《はいせん》に電気器《でんきき》具《ぐ》のコードをつなぐため、かべなどにとりつけてあるプラグの差《さ》しこみ口《ぐち》。対 プラグ。ことば 英語《えいご》をもとに日本《にほん》で作《つく》られたことば。図⇩1169ページ プラグ

コンダクター（conductor）名詞 オーケストラなどの指揮《しき》をする人《ひと》。指揮者《しきしゃ》。

コンタクトレンズ（contact lens）名詞 目《め》の表面《ひょうめん》にはりつけて使《つか》う、めがねと同《おな》じはたらきをするレンズ。

こんだて【献立】名詞 料理《りょうり》の種類《しゅるい》や組《く》み合《あ》わせ。メニュー。

こんたん【魂胆】名詞 心《こころ》の中《なか》にかくしているよくない考《かんが》え。たくらみ。例 何《なに》か魂胆がありそうな顔《かお》つき。

こんだん【懇談】名詞 動詞 おたがいに打《う》ち解《と》けて話《はなし》をすること。例 懇談会《かい》。

こんち【根治】⇩503ページ こんじ

コンチェルト ⇩358ページ きょうそうきょく

こんちゅう【昆虫】名詞 体《からだ》が頭《あたま》・胸《むね》・腹《はら》の三《みっ》つの部分《ぶぶん》からなり、二本《にほん》の触角《しょっかく》、四枚《よんまい》の羽《はね》、六本《ろっぽん》の足《あし》がある虫《むし》。ちょう・とんぼ・せみなど。ありなど、羽《はね》のないものもいる。教科 理 六《ろっ》本《ぽん》の足《あし》は胸《むね》についている。図⇩505ページ

こんちゅうき【昆虫記】名詞 フランスのファーブルが、約三十年間昆虫《やくさんじゅうねんかんこんちゅう》を観察《かんさつ》して記録《きろく》した本《ほん》。文学作品《ぶんがくさくひん》としても親《した》しまれている。⇩1341ページ 読書

こんちゅうゼリー【昆虫ゼリー】名詞 かぶと虫《むし》やくわがた虫《むし》などのえさ。たんぱく質《しつ》やビタミンなど、昆虫《こんちゅう》が必要《ひつよう》とする栄養分《えいようぶん》をゼリーのように固《かた》めたもの。

コンテ（フランス語）名詞 クレヨンに似《に》た、棒《ぼう》の形《かたち》の絵《え》の具《ぐ》。鉛筆《えんぴつ》よりやわらかくて濃淡《のうたん》をつけやすく、デッサンなどに使《つか》う。

こんてい【根底】名詞 ものごとの土台《どだい》になっている大切《たいせつ》なところ。例 市長《しちょう》の意見《いけん》が、計画《けいかく》を根底からひっくり返《かえ》した。類 根本《こんぽん》。

コンディション（condition）名詞 天候《てんこう》や場《ば》所《しょ》・体《からだ》などの調子《ちょうし》や状態《じょうたい》。例 コンディションが悪《わる》い／試合《しあい》に向《む》けてコンディションを整《ととの》える。

コンテスト（contest）名詞 作品《さくひん》のできばえやわざなどをきそい合《あ》う競技会《きょうぎかい》。例 写真《しゃしん》コンテスト。類 コンクール。

コンテナ（container）名詞 品物《しなもの》を荷《に》づくりしないで入《い》れて、そのまま貨車《かしゃ》やトラックで運《はこ》べるようになっている、軽《かる》い金属《きんぞく》でできた箱《はこ》。

コンテナ

コンテナせん【コンテナ船】名詞 品物《しなもの》を入《い》れたコンテナを運《はこ》ぶための、専用《せんよう》の船《ふね》。

コンデンサー

ことから、ことばにしなくても、おたがいの考《かんが》えや気持《きも》ちがよく通《つう》じ合《あ》うこと。

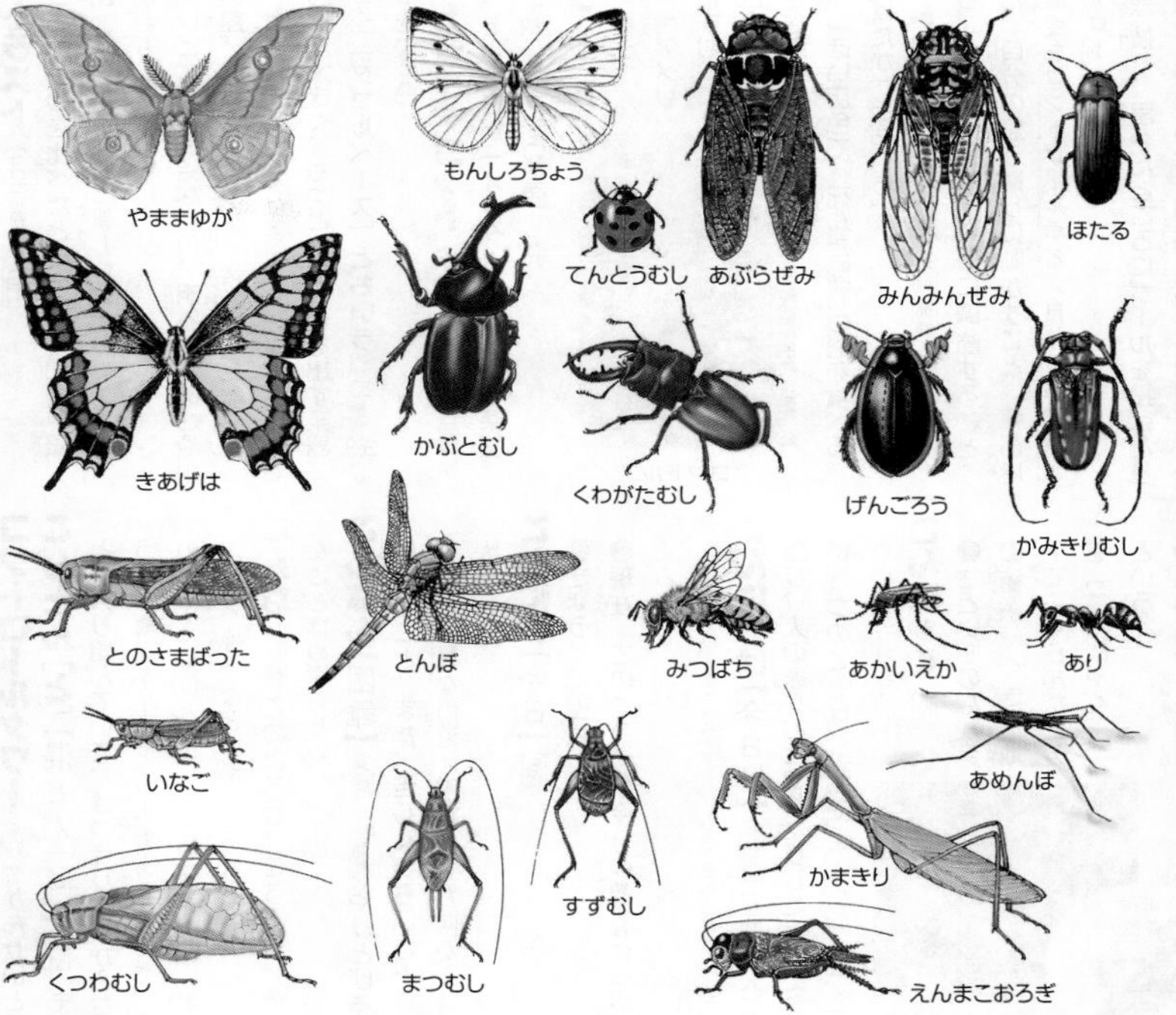

こんちゅう

(condenser) 名詞 二《ふた》つの金属《きんぞく》の板《いた》の間《あいだ》に電気《でんき》を通《とお》さない物《もの》をはさんだ、電気《でんき》をたくわえる性質《せいしつ》を持《も》つ器械《きかい》。「蓄電器《ちくでんき》」ともいう。

コンデンスミルク (condensed milk) 名詞 牛乳《ぎゅうにゅう》に砂糖《さとう》を加《くわ》えて、煮《に》つめたもの。

コント (フランス語) 名詞 気《き》がきいていておもしろい、短《みじか》い話《はなし》。また、そのような短《みじか》い劇《げき》。

こんど【今度】 名詞 ❶このたび。今回《こんかい》。例 今度、となりに引《ひ》っ越《こ》してきた者《もの》です。❷このつぎ。次回《じかい》。例 今度の日曜《にちよう》は海水浴《かいすいよく》に行《い》く。

こんどう【金堂】 名詞 お寺《てら》で、本尊《ほんぞん》(＝寺《てら》の中心《ちゅうしん》となる仏《ほとけ》)を祭《まつ》ってある建物《たてもの》。類 本堂《ほんどう》。

こんどう【混同】 名詞 動詞 区別《くべつ》しなければならないものを、同《おな》じものとして考《かんが》えたりあつかったりすること。例 自分《じぶん》と妹《いもうと》の服《ふく》を混同してしまった。

ごんどうくじら 名詞 くじらのなかま。くじらの中《なか》では小形《こがた》だが、いるかよりは大《おお》きく、頭《あたま》が大《おお》きい。図 ➡ 383ページ くじら

ゴンドラ (イタリア語) 名詞 ❶イタリアのベネツィアで使《つか》われている、細《ほそ》長《なが》い小《こ》ぶね。❷飛行船《ひこうせん》・気《き》球《きゅう》・ロープウエーなどの、人《ひと》

ゴンドラ❶

四字熟語　以心伝心《いしんでんしん》　仏教《ぶっきょう》の禅《ぜん》で、師《し》が弟子《でし》にことばでは言《い》い表《あらわ》せない考《かんが》えを心《こころ》から心《こころ》へ伝《つた》えるという

が乗《の》るところ。

コントラスト (contrast) 名詞 ❶二《ふた》つのものを比《くら》べたときのちがい。対照《たいしょう》。対比《たいひ》。例 古《ふる》い街並《まちな》みと新《あたら》しい駅舎《えきしゃ》のコントラストがおもしろい。❷テレビ・写真《しゃしん》・絵《え》などの、明《あか》るさやあざやかさの差《さ》。例 画面《がめん》のコントラストが強《つよ》い。

コントラバス (イタリア語) 名詞 弦楽器《げんがっき》の中《なか》でいちばん大《おお》きく、もっとも低《ひく》い音《おと》を出《だ》す楽器《がっき》。「バス」「ダブルベース」ともいう。図↓269ジペー がっき〔楽器〕

コントラファゴット (イタリア語) 名詞 ファゴットより音《おと》が一《いち》オクターブ低《ひく》い木管楽器《もっかんがっき》。図↓269ジペー がっき〔楽器〕

コンドル (condor) 名詞 南《みなみ》アメリカにすむ、頭《あたま》と首《くび》のはげた大《おお》きな鳥《とり》。体《からだ》は黒《くろ》っぽい灰色《はいいろ》で、死《し》んだ動物《どうぶつ》の肉《にく》を食《た》べる。「はげたか」ともいう。

コンドル

コントロール (control) 名詞 動詞 ❶ちょうどよい程度《ていど》・状態《じょうたい》に調節《ちょうせつ》すること。また、自分《じぶん》の思《おも》う通《とお》りに動《うご》かすこと。例 部屋《へや》の温度《おんど》をコントロールする／自分《じぶん》の感情《かんじょう》をコントロールする。❷球技《きゅうぎ》で、思《おも》ったところにボールを投《な》げたりけったりできるよう調節《ちょうせつ》すること。また、その腕前《うでまえ》。例 コントロールがよい投手《とうしゅ》。

コントロールタワー↓304ジペー かんせいとう

こんとん【混とん】【と】 副詞 ものごとが入《い》り組《く》んでいて、はっきりとわからないようす。例 両《りょう》チームとも実力者《じつりょくしゃ》ぞろいで、勝負《しょうぶ》のゆくえは混とんとしている。使い方「混とんたる状況《じょうきょう》」などの形《かたち》でも使《つか》う。

こんな 連体詞 このような。こういう。例 こんなことはめずらしい。

こんなん【困難】 名詞 形容動詞 やりとげるのが難《むずか》しいこと。また、苦《くる》しくつらいこと。例 歩《ある》くのも困難な山道《やまみち》／困難に立《た》ち向《む》かう。対 容易《ようい》。

こんにち【今日】 名詞 ❶きょう。この日《ひ》。❷現在《げんざい》。このごろ。例 今日の教育《きょういく》について考《かんが》える。

使い方 ❶は、「きょう」よりもあらたまった言《い》い方《かた》。

こんにちは【今日は】 感動詞 昼間《ひるま》、人《ひと》に会《あ》ったり、人《ひと》の家《いえ》をおとずれたりしたときに言《い》うあいさつのことば。使い方「こんにちわ」と書《か》かないよう注意《ちゅうい》。

こんにゃく 名詞 ❶さといものなかまの植物《しょくぶつ》。くきが地下《ちか》でふくらんだ部分《ぶぶん》を「こんにゃく玉《だま》」という。❷こんにゃく玉《だま》の粉《こな》を煮《に》て固《かた》めた食品《しょくひん》。ことば ❷は、「一丁《いっちょう》」「一枚《いちまい》」と数《かぞ》える。

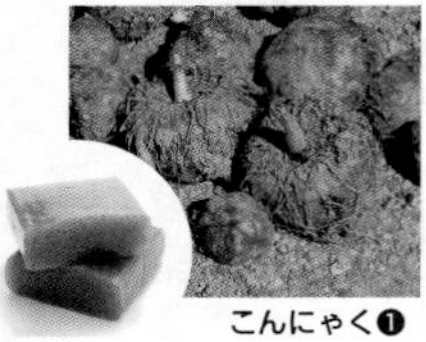

こんにゃく❶

こんにゃく❷

こんにゅう【混入】 名詞 動詞 ほかの物《もの》がまじって入《はい》ること。また、まぜ入《い》れること。例 薬品《やくひん》に細菌《さいきん》が混入する。

こんねん【今年】 名詞 「ことし」のあらたまった言《い》い方《かた》。

こんねんど【今年度】 名詞 学校《がっこう》や職場《しょくば》で、仕事《しごと》などをする上《うえ》で区切《くぎ》った今年《ことし》の一年《いちねん》。本年《ほんねん》度《ど》。

コンバイン (combine) 名詞 いねなどの穀物《こくもつ》をかりとりながら、穂《ほ》から実《み》をとっていく大型《おおがた》の機械《きかい》。

コンパクト (compact) ❶ 形容動詞 必要《ひつよう》な物《もの》がそろい、こぢんまりとまとまっているようす。例 コンパクトなお道具《どうぐ》箱《ばこ》。❷ 名詞 鏡《かがみ》のついた、携帯用《けいたいよう》の化粧用具《けしょうようぐ》。

コンパクトディスク↓556ジペー シーディー❶

コンパス (オランダ語) 名詞 ❶円《えん》をかくときに使《つか》う、二本足《にほんあし》の道具《どうぐ》。❷方角《ほうがく》を知《し》るための器械《きかい》。「羅針盤《らしんばん》」ともいう。❸人《ひと》の両足《りょうあし》の開《ひら》き。例 兄《あに》はコンパスが長《なが》い。使い方 ❸は、俗《ぞく》な言《い》い方《かた》。

コンパス❷

コンパス❶

と。一生《いっしょう》に一回《いっかい》しかない貴重《きちょう》な機会《きかい》と思《おも》って、誠意《せいい》をつくすべきであるということ。

こんばん【今晩】 名詞 今日《きょう》の晩《ばん》。今夜《こんや》。例 今晩はいとこの家《いえ》に泊《と》まる予定《よてい》だ。

こんばんは【今晩は】 感動詞 夜《よる》、人《ひと》に会《あ》ったり、人《ひと》の家《いえ》をおとずれたりしたときに言《い》うあいさつのことば。使い方「こんばんわ」と書《か》かないよう注意《ちゅうい》。

コンビ 名詞 二人《ふたり》で組《くみ》になること。二人組《ににんぐ》み。例 コンビを組《く》む。関連 トリオ。ことば 英語《えいご》の「コンビネーション」の略《りゃく》。

コンビーフ（corned beef） 名詞 塩《しお》づけにした牛肉《ぎゅうにく》のかんづめ。

コンビナート（ロシア語） 名詞 生産《せいさん》の能率《のうりつ》を上《あ》げるため、関係《かんけい》のあるいくつかの産業《さんぎょう》の工場《こうじょう》をある場所《ばしょ》にまとめたもの。例 石油化学《せきゆかがく》コンビナート。

コンビニ ↓507ジペー コンビニエンスストア

コンビニエンスストア（convenience store） 名詞 二十四時間《にじゅうよじかん》、または早朝《そうちょう》から夜《よる》おそくまで、日常生活《にちじょうせいかつ》に必要《ひつよう》な品物《しなもの》などを売《う》る小型《こがた》のスーパーマーケット。略《りゃく》して「コンビニ」ともいう。ことば「コンビニエンス」は英《えい》語《ご》で「便利《べんり》」という意味《いみ》。

コンビネーション（combination） 名詞 組《く》み合《あ》わせ。または、組《く》み合《あ》わさったもの。

コンピューター（computer） 名詞 電子《でんし》のはたらきで、難《むずか》しい計算《けいさん》を自動的《じどうてき》に速《はや》く行《おこな》ったり、多《おお》くのことを記憶《きおく》したりする機械《きかい》。「電子《でんし》計算機《けいさんき》」「電算機《でんさんき》」ともいう。

コンピューターウイルス（computer virus） 名詞 インターネットなどを通《とお》して広《ひろ》がり、コンピューターに被害《ひがい》をあたえるプログラム。略《りゃく》して「ウイルス」ともいう。

こんぶ【昆布】 名詞 寒《さむ》い地方《ちほう》の海《うみ》の岩《いわ》などに生《は》える、黒《くろ》っぽい茶《ちゃ》色《いろ》で帯《おび》のように長《なが》い海《かい》藻《そう》。食用《しょくよう》になる。「こぶ」ともいう。

こんぶ

コンプレックス 名詞 自分《じぶん》がほかの人《ひと》よりおとっていると思《おも》う気持《きも》ち。劣等感《れっとうかん》。例 身長《しんちょう》にコンプレックスを持《も》つ。

こんぺいとう 名詞 まわりにとげとげのついた、小《ちい》さな砂糖菓子《さとうがし》。ことば もとはポルトガル語《ご》だが、日本語《にほんご》になりきっていることばで、ひらがなで書《か》いたり「金平糖」と書《か》いたりする。

こんぺき【紺ぺき】 名詞 黒《くろ》みがかった濃《こ》い青《あお》色《いろ》。例 紺ぺきの海《うみ》。

コンベヤー（conveyor） 名詞 工場《こうじょう》などで、物《もの》を自動的《じどうてき》に続《つづ》けて運《はこ》ぶ装置《そうち》。例 ベルトコンベヤー。

ごんべん【言偏】 名詞「言」のこと。漢字《かんじ》の部首《ぶしゅ》の一《ひと》つ。ことばに関係《かんけい》のある漢字《かんじ》を作《つく》ることが多《おお》い。語・詩・読・話など。

ごんぼ 名詞「ごぼう」のこと。

こんぼう【懇望】 ↓507ジペー こんもう〔懇望〕

こんぼう【こん棒】 名詞 手《て》に持《も》つ武器《ぶき》としてちょうどよい太《ふと》さと長《なが》さの木《き》の棒《ぼう》。

こんぽうざい【こん包材】 名詞 物《もの》を荷《に》づくりするのに使《つか》う材料《ざいりょう》。

コンポスト（compost） 名詞 堆肥《たいひ》。とくに、生《なま》ごみなどからつくられた堆肥《たいひ》。

こんぽん【根本】 名詞 ものごとの大《おお》もとになるもの。例 やり方《かた》を根本から考《かんが》え直《なお》す。類 根《こん》底《てい》。

こんぽんてき【根本的】 形容動詞 ものごとの大《おお》もとに関係《かんけい》があるようす。例 計画《けいかく》が根本的に変更《へんこう》された／二人《ふたり》の考《かんが》えは根本的にちがっている。

コンマ（comma） 名詞 ❶横書《よこが》きの文《ぶん》の切《き》れ目《め》につけるしるし。「,」。❷大《おお》きな数《かず》の位《くらい》どりにつけるしるし。「,」。❸小数点《しょうすうてん》。例 コンマ以下《いか》の差《さ》しかない。

こんまけ【根負け】 名詞 動詞 根気《こんき》が続《つづ》かなくなって、相手《あいて》に負《ま》けたりあきらめたりすること。例 熱心《ねっしん》さに根負けして引《ひ》き受《う》ける。

こんめい【混迷】 名詞 動詞 複雑《ふくざつ》に入《い》りまじって、わけがわからなくなること。例 事件《じけん》の捜《そう》査《さ》は混迷の状態《じょうたい》が続《つづ》いている。

こんもう【根毛】 名詞 植物《しょくぶつ》の根《ね》の先《さき》にある、毛《け》のように細《ほそ》い部分《ぶぶん》。水分《すいぶん》や養分《ようぶん》を地中《ちちゅう》から吸《す》いとるはたらきがある。

こんもう【懇望】 名詞 動詞 心《こころ》から希望《きぼう》すること。熱心《ねっしん》にお願《ねが》いすること。「こんぼう」ともいう。

こんもり[と] 副詞 動詞

四字熟語 一期一会《いちごいちえ》 「一期《いちご》」は一生《いっしょう》、「一会《いちえ》」は一回《いっかい》の茶会《ちゃかい》の意味《いみ》で、一生《いっしょう》に一度《いちど》しかない出会《であ》いのこ

❶丸《まる》く盛《も》り上《あ》がっているようす。例 ごはんが茶《ちゃ》わんにこんもりと盛《も》られている。❷木《き》がたくさんしげって、盛《も》り上《あ》がって見《み》えるようす。例 こんもりした森《もり》。

こんや【今夜】 名詞 今日《きょう》の夜《よる》。今晩《こんばん》。

こんや【紺屋】 →462ページ こうや〔紺屋〕

こんやく【婚約】 名詞 動詞 結婚《けっこん》の約束《やくそく》をすること。例 婚約者《しゃ》。

こんゆう【今夕】 名詞 今日《きょう》の夕方《ゆうがた》。

こんよう【混用】 名詞 動詞 いろいろなものを混《ま》ぜて使《つか》うこと。例 日本語《にほんご》と中国語《ちゅうごくご》を混用する。

こんらん【混乱】 名詞 動詞 ものごとが入《い》り乱《みだ》れて、まとまりがなくなること。例 大雪《おおゆき》で交《こう》通機関《つうきかん》が混乱する／考《かん》えすぎて頭《あたま》が混乱してしまった。

こんりゅう【建立】 名詞 動詞 寺《てら》や塔《とう》などを建《た》てること。

こんりんざい【金輪際】 副詞 絶対《ぜったい》に。けっして。例 スキーは金輪際したくないよ。使い方 あとに「ない」などのことばがくる。ことば もとは仏教《ぶっきょう》のことばで、大地《だいち》を支《ささ》えている「金《こん》輪《りん》」のもっとも底《そこ》の層《そう》のこと。

こんれい【婚礼】 名詞 結婚式《けっこんしき》。

こんろ【こん炉】 名詞 食《た》べ物《もの》を煮《に》たり焼《や》いたりするための器具《きぐ》。例 ガスこん炉。

こんわく【困惑】 名詞 動詞 どうしたらよいかわからず、困《こま》ること。例 妹《いもうと》に急《きゅう》に泣《な》かれて、困惑した。類 当惑《とうわく》。

さ

サ ざ ザ

下《した》の 手話にチャレンジ を見《み》よう。

さ 助詞 （ほかのことばのあとにつけて）❶はっきり言《い》いきる。例 そんなことはないさ。❷疑問《ぎもん》の意味《いみ》を表《あらわ》す。例 昨日《きのう》はなぜ来《こ》なかったのさ。❸文《ぶん》の調子《ちょうし》を整《ととの》える。例 まあ、いいさ。

-さ 接尾語 （ほかのことばのあとにつけて）その状態《じょうたい》や性質《せいしつ》であること、また、その程度《ていど》を表《あらわ》す。例 美《うつく》しさ／深《ふか》さ／会《あ》いたさ。

漢 **さ【左】**〔工《こう》〕5画 1年 音 サ 訓 ひだり

一 ナ 左 左 左（はらう）

❶ひだり。例 左折《させつ》／左側《ひだりがわ》。対 右《う》。❷前《まえ》よりもひくい地位《ちい》にする。例 左遷《させん》。❸世《よ》の中《なか》のしくみをかえようとする考《かん》え方《かた》。例 左派《さは》。対 右《う》。

さ【再】 漢 →510ページ さい〔再〕

さ【作】 漢 →524ページ さく〔作〕

漢 **さ【佐】**〔亻《にんべん》〕7画 4年 音 サ 訓

ノ イ 仁 仕 佐 佐 佐（とめる・つきだす・下をながく）

たすける。たすけるひと。例 補佐《ほさ》。

さ【茶】 漢 →834ページ ちゃ〔茶〕

漢 **さ【査】**〔木《き》〕9画 5年 音 サ 訓

一 十 才 木 木 杏 杳 査 査（はらう・よこぼう二ほん）

しらべる。例 査察《ささつ》／検査《けんさ》／考査《こうさ》／捜査《そうさ》／調査《ちょうさ》。

漢 **さ【砂】**〔石《いしへん》〕9画 6年 音 サ・シャ 訓 すな

一 ア 不 石 石 矿 矿 砂 砂（はねる）

❶すな。例 砂丘《さきゅう》／砂漠《さばく》／砂場《すなば》／砂浜《すなはま》／土砂《どしゃ》。❷すなのように細《こま》かいつぶ。例 砂金《さきん》／砂鉄《さてつ》／砂糖《さとう》。ことば「砂利《じゃり》」は特別《とくべつ》な読《よ》み方《かた》。

さ【差】 名詞 ❶性質《せいしつ》や程度《ていど》などのちがい。へだたり。例 意見《いけん》の差／得点《とくてん》に大《おお》きな差がつく。❷二《ふた》つの数《かず》のひらき。引《ひ》き算《ざん》の答《こた》え。対 和《わ》。

差《さ》をつける 漢 →508ページ さ〔差〕 比《くら》べたときのちがいを大《おお》きくする。また、ほかより優位《ゆうい》に立《た》つ。

漢 **さ【差】**〔工《こう》〕10画 4年 音 サ 訓 さす

丷 ⺌ 兰 兰 羊 差 差 差 差 差（ひろく）

❶ちがい。へだたり。例 差異《さい》／差別《さべつ》。❷二《ふた》つの数《かず》のひらき。引《ひ》き算《ざん》のこたえ。例 差額《さがく》／誤差《ごさ》／時差《じさ》。対 和《わ》。

ざ【座】 名詞 ❶すわる場所《ばしょ》。例 座《ざ》に着《つ》く／座を外《はず》す。

がら前《まえ》へ出《だ》していく。魚《さかな》が泳《およ》いでいるようすをまねして動《うご》かしてみよう。

❷人《ひと》が集《あつ》まっているところ。例 座がにぎわう。❸地位《ちい》。例 第一位《だいいちい》の座／権力《けんりょく》の座につく。

●座《ざ》が白《しら》ける　漢 ⇩509ページ ざ〔座〕 集《あつ》まりの席《せき》のようすが、いやな感《かん》じになる。例 かれのいやみなひと言《こと》で、座が白けてしまった。

漢 **ざ【座】**〔广《まだれ》〕10画 6年 音 ザ 訓 すわる

亠 广 广 庅(小《ちい》さく) 庛 庛 座 座

❶すわる。すわるところ。例 座高《ざこう》／座席《ざせき》／座《ざ》禅《ぜん》／座《ざ》布《ぶ》団《とん》／正《せい》座《ざ》。❷人《ひと》が集《あつ》まるところ。例 講《こう》座《ざ》。

さあ 感動詞 ❶相手《あいて》をさそったり、何《なに》かを始《はじ》めようとしたりするときに、言《い》うことば。「さ」ともいう。例 さあ、行《い》こう。❷困《こま》ったり迷《まよ》ったりしたときに言《い》うことば。例 さあ、大変《たいへん》だ。

サーカス（circus）名詞 動物《どうぶつ》の芸《げい》や、人《ひと》の曲《きょく》芸《げい》・手品《てじな》などを見《み》せる見《み》せ物《もの》。また、それを仕《し》事《ごと》とする団体《だんたい》。ことば もとは「円形《えんけい》」という意《い》味《み》のラテン語《ご》で、競馬《けいば》などの見《み》せ物《もの》を行《おこな》った円《えん》形《けい》の競《きょう》技《ぎ》場《じょう》のことをいった。

サーキット（circuit）名詞 ❶自動車《じどうしゃ》レースなどを行《おこな》う、輪《わ》の形《かたち》をした競《きょう》走路《そうろ》。❷電気《でんき》回路《かいろ》。

サークル（circle）名詞 ❶円《えん》。円《まる》い形《かたち》。❷あるものごとをいっしょに行《おこな》う仲間《なかま》。例 英《えい》会話《かいわ》のサークル。

サーズ【SARS】 名詞 サーズコロナウイルスによって起《お》こる感染《かんせん》症《しょう》。高熱《こうねつ》・せき・息切《いきぎ》れなどの症《しょう》状《じょう》が出《で》る。「重《じゅう》症《しょう》急《きゅう》性《せい》呼《こ》吸《きゅう》器《き》症《しょう》候群《こうぐん》」ともいう。

サーチエンジン ⇩433ページ けんさくエンジン

サーチライト（searchlight）名詞 光《ひかり》をはね返《かえ》す反射《はんしゃ》鏡《きょう》で、遠《とお》くまで照《て》らし出《だ》す装置《そうち》。暗《くら》い海《うみ》や空《そら》などを照《て》らす。

サード（third）名詞 ❶第三《だいさん》。三番目《さんばんめ》。関連 ファースト。セカンド。❷野《や》球《きゅう》で、三塁《さんるい》。また、三塁《さんるい》を守《まも》る人《ひと》。関連 ファースト。セカンド。

サーバー（server）名詞 ❶バレーボールなどで、サーブをする人《ひと》。❷料《りょう》理《り》をとり分《わ》けるのに使《つか》う、大《おお》きなスプーンやフォーク。❸コンピューターのネットワーク上《じょう》で、ほかのコンピューターにいろいろなデータやサービスを提供《ていきょう》するコンピューター。

サービス（service）名詞 動詞 ❶利益《りえき》を考《かんが》えずに、人《ひと》のためにつくすこと。例 サービス精神《せいしん》のある人《ひと》。❷客《きゃく》が満足《まんぞく》するようにもてなすこと。例 サービス業《ぎょう》／この店《みせ》はサービスがよい。❸ ⇩509ページ サーブ

サービスエリア（service area）名詞 ❶高速《こうそく》道路《どうろ》にある、休《きゅう》憩《けい》や給《きゅう》油《ゆ》のできる場所《ばしょ》。❷一《ひと》つの放送《ほうそう》局《きょく》の電波《でんぱ》が届《とど》く範囲《はんい》。

サービスカウンター（service counter）名詞 店《みせ》や役所《やくしょ》などで、相談《そうだん》や要望《ようぼう》などを受《う》けつけるところ。

サービスぎょう【サービス業】 名詞 物《もの》を生産《せいさん》・製造《せいぞう》しないで、労働《ろうどう》や知識《ちしき》、技能《ぎのう》などを提供《ていきょう》する職《しょく》業《ぎょう》。医《い》療《りょう》・理容《りよう》・美容《びよう》・旅館《りょかん》・娯《ご》楽《らく》・広告《こうこく》・教《きょう》育《いく》などがある。

サービスセンター（service center）名詞 店《みせ》や役所《やくしょ》などで、相談《そうだん》や修《しゅう》理《り》などを受《う》けつけるところ。

サーブ（serve）名詞 動詞 テニスやバレーボールなどで、せめるほうが初《はじ》めに球《たま》を打《う》ち出《だ》すこと。サービス。対 レシーブ。

サーフィン（surfing）名詞 季語 夏 サーフボードという板《いた》に乗《の》って、バランスをとりながら波《なみ》の上《うえ》をすべるスポーツ。「波《なみ》乗《の》り」ともいう。

サーフィン

サーフボード（surfboard）名詞 サーフィンに使《つか》う、長《なが》い板《いた》。

サーベル（オランダ語）名詞 西洋式《せいようしき》の細長《ほそなが》い刀《かたな》。

サーモスタット（thermostat）名詞 自動的《じどうてき》にスイッチが入《はい》ったり切《き》れたりして、いつも温度《おんど》が同《おな》じになるようにするしかけ。

サーモテープ（thermo tape）名詞 一定《いってい》の温《おん》度《ど》に達《たっ》すると色《いろ》が変化《へんか》し、温度《おんど》が下《さ》がるともとの色《いろ》にもどるテープ。温度《おんど》の変化《へんか》をみることができる。

さい 名詞 アフリカと、インドなどのアジア南《なん》部《ぶ》の熱帯地方《ねったいちほう》にすむ大《おお》きな動物《どうぶつ》。草食《そうしょく》で、体《からだ》はかたい皮《かわ》でおおわれ、鼻《はな》の上《うえ》や額《ひたい》に一本《いっぽん》か二本《にほん》の角《つの》がある。ことば 漢字《かんじ》では「犀」と書《か》く。

さい

さい ⇒514ジペー さいころ

さい【才】 名詞 生《う》まれつきのすぐれた能力《のうりょく》。例 妹《いもうと》には絵《え》の才がある。

漢 **さい【才】**〔扌〕てへん 3画 2年 音 サイ

はねる　すこしつきだす

❶生《う》まれつき備《そな》わっている能力《のうりょく》。例 才覚《さいかく》／才《さい》気《き》／才能《さいのう》。❷かしこい。すぐれた能力《のうりょく》がある。例 才女《さいじょ》／秀才《しゅうさい》／天才《てんさい》。❸年齢《ねんれい》を数《かぞ》えることば。例 八才《はっさい》。

さい【切】 漢 ⇒723ジペー せつ〔切〕

漢 **さい【再】**〔冂〕けいがまえ 6画 5年 音 サイ・サ 訓 ふたたび

はねる　つきださない　つきだす

ふたたび。もう一度《いちど》。例 再会《さいかい》／再開《さいかい》／再起《さいき》／再《さい》挙《きょ》／再現《さいげん》／再考《さいこう》／再生《さいせい》／再度《さいど》／再発《さいはつ》／再来《さいらい》／再《さ》来年《らいねん》。

さい【西】 漢 ⇒705ジペー せい〔西〕

漢 **さい【災】**〔火〕ひ 7画 5年 音 サイ 訓 わざわい

はらう

わざわい。例 災害《さいがい》／災難《さいなん》／火災《かさい》／天災《てんさい》／防災《ぼうさい》。

漢 **さい【妻】**〔女〕おんな 8画 5年 音 サイ 訓 つま

つきだす

つま。例 妻子《さいし》／愛妻《あいさい》／夫妻《ふさい》。対 夫《ふ》。

さい【殺】 漢 ⇒532ジペー さつ〔殺〕

さい【財】 漢 ⇒511ジペー ざい〔財〕

漢 **さい【埼】**〔土〕つちへん 11画 4年 訓 さい

「崎《さき》」と同《おな》じ。県名《けんめい》の「埼玉《さいたま》」はこの字《じ》を使《つか》う。

漢 **さい【菜】**〔艹〕くさかんむり 11画 4年 音 サイ 訓 な

わすれないように　ゝとしない　とめる

❶な。なっぱ。あおもの。例 菜園《さいえん》／菜食《さいしょく》／青《あお》菜《な》／山菜《さんさい》／白菜《はくさい》／野菜《やさい》。❷おかず。例 総菜《そうざい》。

漢 **さい【採】**〔扌〕てへん 11画 5年 音 サイ 訓 とる

はねる　ゝとしない　とめる

とる。えらんでとる。例 採血《さいけつ》／採決《さいけつ》／採光《さいこう》／採集《さいしゅう》／採点《さいてん》／採用《さいよう》／伐採《ばっさい》。

漢 **さい【済】**〔氵〕さんずい 11画 6年 音 サイ 訓 すむ・すます

はらう　とめる

❶すむ。すます。例 返済《へんさい》。❷すくう。助《たす》ける。例 救済《きゅうさい》。

漢 **さい【祭】**〔示〕しめす 11画 3年 音 サイ 訓 まつる・まつり

てんは二つ　はねる

❶まつる。まつり。例 祭日《さいじつ》／祭典《さいてん》／村祭《むらまつ》り。❷にぎやかなもよおし。例 芸術祭《げいじゅつさい》／文化祭《ぶんかさい》。

漢 **さい【細】**〔糸〕いとへん 11画 2年 音 サイ 訓 ほそい・ほそる・こまか・こまかい

❶ほそい。例 細腕《ほそうで》／細道《ほそみち》／毛細血管《もうさいけっかん》。❷こまかい。例 細工《さいく》／細心《さいしん》／細部《さいぶ》。❸くわしい。例 委細《いさい》／詳細《しょうさい》／明細《めいさい》。

漢 **さい【最】**〔曰〕いわく 12画 4年 音 サイ 訓 もっとも

つきださない

もっとも。いちばん。例 最近《さいきん》／最後《さいご》／最高《さいこう》／最初《さいしょ》／最新《さいしん》／最大《さいだい》／最低《さいてい》／最良《さいりょう》。ことば「最寄《もよ》」と。

り」は特別《とくべつ》な読《よ》み方《かた》。

㊥ **さい【裁】**〔衣《ころも》〕12画 6年 音 サイ 訓 たつ・さばく

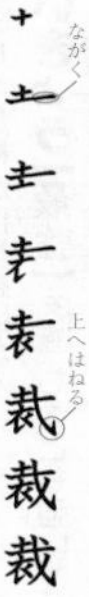

❶布《ぬの》をたち切《き》る。例 裁断《さいだん》／裁縫《さいほう》／洋裁《ようさい》／和裁《わさい》。❷よい悪《わる》いを決《き》める。さばく。例 裁決《さいけつ》／裁判《さいばん》／制裁《せいさい》／仲裁《ちゅうさい》／独裁《どくさい》。❸かたち。ようす。例 体裁《ていさい》。❹「裁判所《さいばんしょ》」の略《りゃく》。例 最高裁《さいこうさい》。

さい【際】 名詞 あることが行《おこな》われるとき。場《ば》合《あい》。例 ご用《よう》の際は電話《でんわ》をください。

㊥ **さい【際】**〔阝《こざとへん》〕14画 5年 音 サイ 訓 きわ

❶きわ。そば。例 窓際《まどぎわ》／水際《みずぎわ》。❷かぎり。はて。例 際限《さいげん》。❸まじわる。つきあう。例 交際《こうさい》／国際《こくさい》。❹とき。ばあい。例 実際《じっさい》。

さい【差異・差違】 名詞 ちがい。例 どちらの機械《きかい》も、性能《せいのう》に大《おお》きな差異はない。類 異同《いどう》。相違《そうい》。

㊥ **ざい【在】**〔土《つち》〕6画 5年 音 ザイ 訓 ある

❶そこにいる。ある。例 在学《ざいがく》／在庫《ざいこ》／在校生《ざいこうせい》／在宅《ざいたく》／現在《げんざい》／実在《じつざい》／存在《そんざい》。❷いなか。例 近在《きんざい》。

㊥ **ざい【材】**〔木《きへん》〕7画 4年 音 ザイ 訓

❶ものをつくるもとになるもの。例 材質《ざいしつ》／材《ざい》木《もく》／材料《ざいりょう》／素材《そざい》／題材《だいざい》／木材《もくざい》。❷もとになって役《やく》に立《た》つもの。例 教材《きょうざい》／人材《じんざい》。

ざい【財】 名詞 財産《ざいさん》。例 大《おお》きな財を築《きず》く。

㊥ **ざい【財】**〔貝《かいへん》〕10画 5年 音 ザイ・サイ 訓

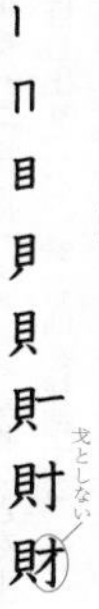

おかね。値打《ねう》ちのあるしなもの。例 財源《ざいげん》／財《ざい》産《さん》／財政《ざいせい》／財布《さいふ》／財宝《ざいほう》／財力《ざいりょく》／私財《しざい》／文化財《ぶんかざい》。

㊥ **ざい【罪】**〔罒《あみがしら》〕13画 5年 音 ザイ 訓 つみ

つみ。わるいおこない。例 罪悪《ざいあく》／罪人《ざいにん》／罪名《ざいめい》／死罪《しざい》／謝罪《しゃざい》／犯罪《はんざい》／無罪《むざい》／有罪《ゆうざい》。

さいあい【最愛】 名詞 何《なに》よりもかわいがっていること。非常《ひじょう》に愛《あい》していること。例 最愛のわが子《こ》。

さいあく【最悪】 名詞 形容動詞 いちばん悪《わる》いこと。例 最悪の天気《てんき》になった。対 最善《さいぜん》。最良《さいりょう》。

ざいあく【罪悪】 名詞 人間《にんげん》として、してはならない悪《わる》いこと。

ざいあくかん【罪悪感】 名詞 人間《にんげん》としてしてはならない、悪《わる》いことをしたと思《おも》う気持《きも》ち。

さいえん【菜園】 名詞 野菜《やさい》をつくる畑《はたけ》。

サイエンス（science）名詞「科学《かがく》」のこと。

さいおうがうま【塞翁が馬】 故事成語 人《じん》生《せい》の幸福《こうふく》と不幸《ふこう》は、前《まえ》もって知《し》ることはできないことのたとえ。「人間万事塞翁が馬《にんげんばんじさいおうがうま》」ともいう。ことば 昔《むかし》、中国《ちゅうごく》で、塞《とりで》の近《ちか》くに住《す》む老人《ろうじん》の馬《うま》がにげたが、しばらくしてよい馬《うま》を連《つ》れて帰《かえ》ってきた。老人《ろうじん》のむすこはその馬《うま》から落《お》ちて骨《こっ》折《せつ》したが、戦争《せんそう》に行《い》かずにすんだので命《いのち》が助《たす》かった、という話《はなし》からきたことば。

さいかい【再会】 名詞 動詞 再《ふたた》び会《あ》うこと。もう一度《いちど》会《あ》うこと。例 来年再会《らいねんさいかい》することを約束《やくそく》して別《わか》れた。使い方 ふつうは、長《なが》い間《あいだ》会《あ》わなかった人同士《ひとどうし》が会《あ》う場合《ばあい》に使《つか》う。

さいかい【再開】 名詞 動詞 一度《いちど》やめていたことをまた始《はじ》めること。例 試合《しあい》を再開する。

さいかい【最下位】 名詞 いちばん下《した》の地位《ちい》や成績《せいせき》。例 連勝《れんしょう》して最下位を脱《だっ》する。

さいがい【災害】 名詞 台風《たいふう》・地震《じしん》・火事《かじ》などによって、人間《にんげん》の生活《せいかつ》や生命《せいめい》などが受《う》けるわざわい。

ざいかい【財界】 名詞 会社《かいしゃ》や銀行《ぎんこう》を経営《けいえい》するなどしていて、国《くに》の経済《けいざい》にえいきょう力《りょく》を持《も》つ人《ひと》たちの社会《しゃかい》。関連 政界《せいかい》。

ざいがい【在外】 名詞 外国《がいこく》にいること。外国《がいこく》にあること。例 在外邦人《ほうじん》（＝外国《がいこく》にいる日本《にほん》人《じん》）。

さいがいきゅうじょけん【災害救助犬】 名詞 地震《じしん》などの災害《さいがい》で生《い》きうめになった人《ひと》や、山《やま》で遭難《そうなん》した人《ひと》などをさがすために、特《とく》別《べつ》に訓練《くんれん》された犬《いぬ》。

四字熟語 **一言半句《いちごんはんく》**「一言《いちごん》」はひとこと、「半句《はんく》」はわずかなことばのことで、ほんの少《すこ》しのことばのこ

さいがいきゅうじょほう【災害救助法】 名詞 大《おお》きな災害《さいがい》があったとき、被害《ひがい》にあった人《ひと》に対《たい》して国《くに》などが行《おこな》う救助活動《きゅうじょかつどう》を定《さだ》めた法律《ほうりつ》。

さいかいこくりつこうえん【西海国立公園】 名詞 長崎県西部《ながさきけんせいぶ》の五島列島《ごとうれっとう》・平戸島《ひらどしま》・九十九島《くじゅうくしま》を中心《ちゅうしん》とする国立公園《こくりつこうえん》。大小《だいしょう》多《おお》くの島々《しまじま》からなる。

さいかく【才覚】 ❶ 名詞 すばやく知恵《ちえ》をはたらかせること。機転《きてん》。 例 兄《あに》の才覚がピンチを救《すく》った。
❷ 名詞 動詞 工夫《くふう》してお金《かね》や品物《しなもの》を手《て》に入《い》れること。 例 開業資金《かいぎょうしきん》を一人《ひとり》で才覚する。 類 工面《くめん》。

さいかく【西鶴】 ⇒103ページ いはらさいかく

ざいがく【在学】 名詞 動詞 児童《じどう》・生徒《せいと》・学生《がくせい》として、ある学校《がっこう》で学《まな》んでいること。 例 わたしは、小学校《しょうがっこう》に在学中《ちゅう》です。 類 在校《ざいこう》。

さいき【才気】 名詞 すぐれた頭《あたま》のはたらき。 例 才気あふれる少女《しょうじょ》。

さいき【再起】 名詞 動詞 失敗《しっぱい》・病気《びょうき》などから立《た》ち直《なお》って、再《ふたた》び活動《かつどう》できるようになること。 例 再起不能《ふのう》なほどの大《おお》けが／再起をはかる。

さいきょ【再挙】 名詞 動詞 失敗《しっぱい》したものごとを、最初《さいしょ》からもう一度始《いちどはじ》めること。 例 事業《じぎょう》に失敗《しっぱい》した会社《かいしゃ》が再挙をはかる。

さいきょう【最強】 名詞 もっとも強《つよ》いこと。 例 今年《ことし》のチームは全国《ぜんこく》最強だ。

さいぎょう【西行】 名詞 （一一一八～一一九〇）平安時代《へいあんじだい》の末《すえ》ごろの歌人《かじん》。初《はじ》め武士《ぶし》だったが、のちにおぼうさんとなり、旅《たび》をしながら数多《かずおお》くの和歌《わか》を作《つく》った。歌集《かしゅう》に「山家集《さんかしゅう》」がある。

ざいきょう【在京】 名詞 動詞 東京《とうきょう》にいること。 例 在京の友人《ゆうじん》。 ことば 昔《むかし》は京都《きょうと》にいることを意味《いみ》した。

さいきん【細菌】 名詞 顕微鏡《けんびきょう》でなければ見《み》えないような、非常《ひじょう》に小《ちい》さな生物《せいぶつ》。多《おお》くのものがほかの生物《せいぶつ》の中《なか》で生活《せいかつ》する。物《もの》を発酵《はっこう》させたり、くさらせたりするものや、病気《びょうき》の原因《げんいん》になるものもある。「菌《きん》」「バクテリア」ともいう。

さいきん【最近】 名詞 このごろ。近《ちか》ごろ。 例 最近は雨《あめ》が多《おお》い／最近読《よ》んだ本《ほん》。

ざいきん【在勤】 名詞 動詞 ある場所《ばしょ》で、勤務《きんむ》していること。 例 大阪支社《おおさかししゃ》に在勤している。

さいく【細工】 名詞 動詞 ❶手先《てさき》を細《こま》かく使《つか》って物《もの》をつくること。また、そのつくった物《もの》。 例 竹細工《たけざいく》。
❷ごまかすために細《こま》かく工夫《くふう》すること。 例 窓《まど》を割《わ》ったのが自分《じぶん》だとばれないように細工する。

さいくつ【採掘】 名詞 動詞 鉱物《こうぶつ》などを地下《ちか》からほり出《だ》すこと。 例 石油《せきゆ》を採掘する。

サイクリング（cycling） 名詞 楽《たの》しみのために、自転車《じてんしゃ》で遠《とお》くまで出《で》かけること。

サイクル（cycle） 名詞 くり返《かえ》されること。ひと回《まわ》りしてもとにもどること。また、その期間《きかん》。 例 流行《りゅうこう》のサイクルが短《みじか》い。 類 周期《しゅうき》。

サイクロン（cyclone） 名詞 インド洋《よう》やアラビア海《かい》、ベンガル湾《わん》に発生《はっせい》する、強《つよ》い熱帯低気圧《ねったいていきあつ》。 関連 台風《たいふう》。ハリケーン。

さいけつ【採血】 名詞 動詞 病気《びょうき》の検査《けんさ》や輸血《ゆけつ》のために、体《からだ》から血《ち》をとること。

さいけつ【採決】 名詞 動詞 会議《かいぎ》で出《だ》された案《あん》を通《とお》すか通《とお》さないかを、賛成《さんせい》する人《ひと》と反対《はんたい》する人《ひと》の数《かず》で決《き》めること。 例 今《いま》から採決をとります。 類 決《けつ》を採《と》る。 ⇒ 使い分け

さいけつ【裁決】 名詞 動詞 上《うえ》に立《た》つ人《ひと》が、ものごとのよしあしをはっきり決《き》めること。 例 裁決を下《くだ》す。 ⇒ 使い分け

使い分け

さいけつ

採決・裁決

採決 会議《かいぎ》で、議案《ぎあん》に対《たい》して賛成《さんせい》か反対《はんたい》かの決《けつ》をとること。
「討論《とうろん》ののち採決《さいけつ》する」

裁決 上《うえ》に立《た》つ人《ひと》が、ものごとのよい悪《わる》いを裁《さば》いて決《き》めること。
「会長《かいちょう》が裁決《さいけつ》する」

さいげつ【歳月】 名詞 としつき。ねんげつ。 例 六年《ろくねん》の歳月が過《す》ぎ去《さ》った。

● **歳月人《さいげつひと》を待《ま》たず** ⇒945ページ 故事成語

さいけん【再建】 名詞 動詞 ❶こわれた建物《たてもの》をもとのように建《た》て直《なお》すこと。
❷ほろびてしまったり、おとろえてしまったりしたものを、もとのように築《きず》き上《あ》げること。 例 会社《かいしゃ》を再建する。

は、年月《ねんげつ》の意味《いみ》。「いちにちせんしゅう」ともいう。

さいけん【債券】 名詞 国《くに》・銀行《ぎんこう》・会社《かいしゃ》などがお金《かね》を借《か》りたときに発行《はっこう》する、しるしとなる書類《しょるい》。

さいけん【債権】 名詞 貸《か》したお金《かね》を返《かえ》してもらうなどの、財産《ざいさん》についての法律上《ほうりつじょう》の権利《けんり》。対 債務《さいむ》。

さいげん【再現】 名詞 動詞 一度《いちど》消《き》えたものが、再《ふたた》び現《あらわ》れること。また、もう一度《いちど》現《あらわ》すこと。例 昔《むかし》の町《まち》なみを再現する。

さいげん【際限】 名詞 ものごとの終《お》わり。果《は》て。例 際限なく問題《もんだい》が起《お》こる。使い方 あとに「ない」などのことばがくることが多《おお》い。

ざいげん【財源】 名詞 何《なに》かを行《おこな》うのに必要《ひつよう》なお金《かね》。お金《かね》の出《で》どころ。例 税金《ぜいきん》は国《くに》の財源だ。

さいけんとう【再検討】 名詞 動詞 もう一度《いちど》よく調《しら》べ直《なお》すこと。検討《けんとう》し直《なお》すこと。例 この案《あん》は再検討する必要《ひつよう》がある。

さいこ【最古】 名詞 もっとも古《ふる》いこと。例 日《に》本《ほん》最古といわれる仏像《ぶつぞう》。対 最新《さいしん》。

さいご【最後】 名詞
❶いちばんあと。例 最後に学校《がっこう》に着《つ》いたのはぼくだった。類 最終《さいしゅう》。対 最初《さいしょ》。
❷(「…たら最後《さいご》」の形《かたち》で、全体《ぜんたい》で)…したらそれっきり。例 獲物《えもの》を見《み》つけたら最後、けっしてのがさない。
使い方 「最後《さいご》」は「いちばんあと」という意味《いみ》なので、「いちばん最後《さいご》」と言《い》わないよう注《ちゅう》意《い》。

●**最後《さいご》を飾《かざ》る** いちばん終《お》わりをりっぱにする。例 運動会《うんどうかい》の最後を飾るリレー。
↓使い分け

さいご【最期】 名詞 死《し》ぬ間際《まぎわ》。死《し》にぎわ。例 最期の時《とき》をむかえる。
↓使い分け

●**最期《さいご》を遂《と》げる** 人生《じんせい》を終《お》える。死《し》ぬ。例 りっぱな最期を遂げた。

使い分け
さいご
最後・最期

最後 いちばん終《お》わり。しまい。
「最後《さいご》のチャンス／今度《こんど》で最後《さいご》にする／最後《さいご》の五分間《ごふんかん》」

最期 死《し》ぬとき。死《し》にぎわ。一《いっ》生《しょう》の終《お》わり。
「祖父《そふ》の最期《さいご》をみとった」

ざいこ【在庫】 名詞 品物《しなもの》が倉庫《そうこ》にあること。また、その品物《しなもの》。

さいこう【再考】 名詞 動詞 もう一度《いちど》考《かんが》え直《なお》すこと。例 この計画《けいかく》は再考したほうがよい。

さいこう【再興】 名詞 動詞 おとろえたり、ほろんだりしたものが、もう一度《いちど》さかんになること。また、さかんにすること。例 古《ふる》い祭《まつ》りを再興する。類 復興《ふっこう》。

さいこう【採光】 名詞 動詞 部屋《へや》の中《なか》などに光《ひかり》をとり入《い》れて明《あか》るくすること。

さいこう【最高】 名詞 形容動詞
❶いちばん高《たか》いこと。例 最高気温《きおん》。対 最低《さいてい》。
❷いちばんよいこと。例 母《はは》の料理《りょうり》は最高だ。類 最上《さいじょう》。対 最低《さいてい》。

ざいこう【在校】 名詞 動詞
❶児童《じどう》・生徒《せいと》・学生《がくせい》として、その学校《がっこう》にいること。例 在校生《せい》。
❷学校《がっこう》にいること。例 五時《ごじ》まで在校します。類 在学《ざいがく》。

さいこうさいばんしょ【最高裁判所】 名詞 日本《にほん》で、いちばん上《うえ》の裁判所《さいばんしょ》。高等裁判所《こうとうさいばんしょ》での判決《はんけつ》に不満《ふまん》があるときに、ここにうったえることができる。

ざいこうせい【在校生】 名詞 現在《げんざい》、その学《がっ》校《こう》にいる、児童《じどう》・生徒《せいと》・学生《がくせい》。

さいごうたかもり【西郷隆盛】 名詞 (一八二七～一八七七) 江戸《えど》時代《じだい》の末《すえ》から明治《めいじ》時代《じだい》の初《はじ》めにかけての政治家《せいじか》・軍人《ぐんじん》。今《いま》の鹿児島県《かごしまけん》の生《う》まれ。江戸幕府《えどばくふ》をたおすために力《ちから》をつくし、明《めい》治政府《じせいふ》の中心人物《ちゅうしんじんぶつ》となったが、のち、西南戦《せいなんせん》争《そう》を起《お》こして敗《やぶ》れ、自殺《じさつ》した。

さいこうちょう【最高潮】 名詞 気持《きも》ちやようすなどがいちばん盛《も》り上《あ》がったとき。例 興《こう》奮《ふん》が最高潮に達《たっ》した。類 クライマックス。

さいこうほう【最高峰】 名詞
❶いちばん高《たか》い山《やま》。
❷いちばんすぐれているもの。例 この作品《さくひん》は日本文学《にほんぶんがく》の最高峰といわれる。

さいこく【西国】 ↓513ジベー さいごく

さいごく【西国】 名詞 昔《むかし》、京都《きょうと》から見《み》て西《にし》の方《ほう》にある、中国《ちゅうごく》・四国《しこく》・九州《きゅうしゅう》地方《ちほう》を指《さ》して

四字熟語　一日千秋《いちじつせんしゅう》　一日《いちにち》が千年《せんねん》もの長《なが》さに感《かん》じられるという意味《いみ》で、とても待《ま》ち遠《どお》しいこと。「秋《しゅう》」

いったことば。とくに、九州《きゅうしゅう》地方《ちほう》を指《さ》した。「さいこく」ともいう。対 東国《とうごく》。

さいころ 名詞 小《ちい》さな真《ま》四角《しかく》の箱形《はこがた》で、一《いち》から六《ろく》までの数《かず》が六《むっ》つの面《めん》に点《てん》で表《あらわ》されているもの。すごろくなどに使《つか》う。さい。

さいさい【再再】 副詞 たびたび。何度《なんど》も。例 授業《じゅぎょう》中《ちゅう》のおしゃべりを再々注《ちゅう》意《い》される。

さいさき【さい先】 名詞 これからものごとを始《はじ》めようとするときの前《まえ》ぶれ。例 初《はじ》めてのテストが百点《ひゃくてん》とは、今学期《こんがっき》はさい先がよい。

ことば 漢字《かんじ》では「幸先」と書《か》き、もとは、よいことが起《お》こる前《まえ》ぶれのことをいった。

さいさん【再三】 副詞 二度《にど》も三度《さんど》も。たびたび。例 再三注《ちゅう》意《い》をした。

さいさん【採算】 名詞 商売《しょうばい》などでの、収入《しゅうにゅう》と支出《ししゅつ》とのつりあい。もうけになるかどうかの計算《けいさん》。例 たくさん売《う》らないと採算がとれない（＝もうからない）。

ざいさん【財産】 名詞 個人《こじん》や団体《だんたい》が持《も》っている、お金《かね》・土地《とち》・家《いえ》・宝石《ほうせき》などの値打《ねう》ちのあるもの。例 大《おお》きな財産を受《う》けつぐ。

さいさんさいし【再三再四】 副詞 何度《なんど》も何度《なんど》も。くり返《かえ》しくり返《かえ》し。例 再三再四注《ちゅう》意《い》したのに、また同《おな》じ失敗《しっぱい》をした。

さいし【妻子】 名詞 妻《つま》と子供《こども》。

さいしき【彩色】 名詞 動詞 色《いろ》をぬること。また、ぬった色《いろ》のようす。例 美《うつく》しい彩色のつぼ。

さいじき【歳時記】 名詞

❶一年《いちねん》じゅうの自然《しぜん》のようすや行事《ぎょうじ》などを、季節《きせつ》に分《わ》けて書《か》いた本《ほん》。

❷俳句《はいく》で使《つか》う季節《きせつ》を表《あらわ》すことば（＝季語《きご》）を、四季《しき》ごとに集《あつ》めて説明《せつめい》し、例《れい》となる俳句《はいく》をのせた本《ほん》。

さいじつ【祭日】 名詞

❶神社《じんじゃ》などの祭《まつ》りの日《ひ》。

❷「国民《こくみん》の祝日《しゅくじつ》」のこと。

ざいしつ【在室】 名詞 動詞 部屋《へや》の中《なか》にいること。例 カウンセラーは水曜《すいよう》に在室しています。

ざいしつ【材質】 名詞

❶材木《ざいもく》の性質《せいしつ》。例 やわらかな材質の木《き》。

❷材料《ざいりょう》の性質《せいしつ》。例 このシャツは材質がよい。

さいして【際して】（「…に際《さい》して」の形《かたち》で）その時《とき》や、その場合《ばあい》において。…にあたって。例 入学式《にゅうがくしき》に際して、六年生《ろくねんせい》があいさつをする。

さいしゅ【採取】 名詞 動詞 拾《ひろ》い集《あつ》めること。必要《ひつよう》なものを選《えら》んでとること。例 めずらしい植物《しょくぶつ》を採取する。

さいしゅう【採集】 名詞 動詞 標本《ひょうほん》や資料《しりょう》などにするために、とって集《あつ》めること。例 昆虫《こんちゅう》採集。

さいしゅう【最終】 名詞

❶いちばん終《お》わり。例 ドラマの最終回《かい》。類 最後《さいご》。対 最初《さいしょ》。

❷その日《ひ》のいちばん終《お》わりに出《で》るバスや電車《でんしゃ》。例 最終に乗《の》って帰《かえ》ります。対 始発《しはつ》。

ざいじゅう【在住】 名詞 動詞 その土地《とち》に住《す》んでいること。例 ブラジル在住の日本人《にほんじん》。

さいしゅつ【歳出】 名詞 国《くに》や都道府県《とどうふけん》・市《し》町村《ちょうそん》などで、一年間《いちねんかん》につかうお金《かね》の合計《ごうけい》。対 歳入《さいにゅう》。

さいしょ【最初】 名詞 いちばん初《はじ》め。例 何《なに》ごとも、最初が大切《たいせつ》である。対 最後《さいご》。最終《さいしゅう》。

さいじょ【才女】 名詞 頭《あたま》のはたらきがよく、才能《さいのう》のある女《おんな》の人《ひと》。

さいじょ【妻女】 名詞

❶妻《つま》とむすめ。

❷妻《つま》である女性《じょせい》。

さいしょう【宰相】 名詞 「内閣総理大臣《ないかくそうりだいじん》」のこと。

さいしょう【最小】 名詞 もっとも小《ちい》さいこと。例 世界《せかい》最小のカメラ。対 最大《さいだい》。

さいしょう【最少】 名詞 もっとも少《すく》ないこと。例 費用《ひよう》を最少におさえる。対 最多《さいた》。

さいじょう【最上】 名詞

❶いちばん上《うえ》。例 ビルの最上階《かい》へ上《あ》がる。

❷いちばんすぐれていること。例 最上の材料《ざいりょう》を使《つか》ったお菓子《かし》。類 最高《さいこう》。

ざいじょう【罪状】 名詞 犯罪《はんざい》の内容《ないよう》や、犯罪《はんざい》が行《おこな》われたときのようす。

さいしょうげん【最小限】 名詞 ある範囲《はんい》の中《なか》で、これ以上《いじょう》小《ちい》さいことはないという、ぎりぎりのところ。例 台風《たいふう》の被害《ひがい》は最小限で食《く》い止《と》められた。対 最大限《さいだいげん》。使い方「最少限」と書《か》かないよう注《ちゅう》意《い》。

さいしょうこうばいすう【最小公倍数】 名詞 公倍数《こうばいすう》の中《なか》で、もっとも小《ちい》さいもの。たとえば、4と6の最小公倍数《さいしょうこうばいすう》は12。対 最大《さいだい》

すという意味《いみ》で、あることをやりとげようと思《おも》い立《た》つこと。

公約数《こうやくすう》。

さいしょく【菜食】 名詞 動詞 肉《にく》や魚《さかな》を食《た》べないで、野菜《やさい》や果物《くだもの》、穀物《こくもつ》などを食《た》べること。例 菜食主義《しゅぎ》（＝食生活《しょくせいかつ》を菜食《さいしょく》にするのがよいとする考《かんが》え方《かた》）。対 肉食《にくしょく》。

ざいしょく【在職】 名詞 動詞 その職業《しょくぎょう》についていること。例 四十年間《よんじゅうねんかん》在職した会社《かいしゃ》。

さいしん【細心】 名詞 形容動詞 細《こま》かいところまで気《き》を配《くば》ること。例 火《ひ》の始末《しまつ》には細心の注意《ちゅうい》が必要《ひつよう》だ。

さいしん【最新】 名詞 もっとも新《あたら》しいこと。対 最古《さいこ》。例 最新の設備《せつび》をととのえる。

サイズ（size） 名詞 物《もの》の大《おお》きさ。寸法《すんぽう》。例 L《エル》サイズのパジャマ。

さいすん【採寸】 名詞 動詞 服《ふく》などをつくるときに、必要《ひつよう》な部分《ぶぶん》の寸法《すんぽう》を測《はか》ること。

さいせい【再生】 名詞 動詞
❶死《し》にかけたものが生《い》き返《かえ》ること。
❷使《つか》えなくなったものをつくり直《なお》して、使《つか》えるようにすること。例 再生紙《し》。
❸録音《ろくおん》・録画《ろくが》したテープなどから、音《おと》や画像《がぞう》を出《だ》すこと。
❹悪《わる》い心《こころ》を改《あらた》めて出直《でなお》すこと。例 罪人《ざいにん》が再生をちかう。
❺生《い》き物《もの》が、失《うしな》われた体《からだ》の一部《いちぶ》をもう一度《いちど》つくり出《だ》すこと。例 とかげのしっぽが再生した。

さいせい【再製】 名詞 動詞 一度《いちど》製品《せいひん》になったものに手《て》を加《くわ》えて、別《べつ》のものをつくること。例 再製品《ひん》。

ざいせい【財政】 名詞
❶国《くに》や都道府県《とどうふけん》・市町村《しちょうそん》などが仕事《しごと》をするための、お金《かね》のやりくり。
❷個人《こじん》や家庭《かてい》のお金《かね》のやりくり。例 今月《こんげつ》のわが家《や》の財政は苦《くる》しい。

さいせいいりょう【再生医療】 名詞 病気《びょうき》やけがで傷《きず》ついたり失《うしな》われたりした体《からだ》の組織《そしき》や臓器《ぞうき》を、生《い》き返《かえ》らせる医療《いりょう》のこと。参考 さまざまな組織《そしき》や臓器《ぞうき》に成長《せいちょう》することができるi《アイ》PS《ピーエス》細胞《さいぼう》やES《イーエス》細胞《さいぼう》などを使《つか》った研究《けんきゅう》が進《すす》められている。

さいせいき【最盛期】 名詞 あるものごとの勢《いきお》いがもっともさかんな時期《じき》。例 古代《こだい》ギリシャ文明《ぶんめい》の最盛期／みかんは今《いま》が最盛期だ。

さいせいし【再生紙】 名詞 一度使《いちどつか》った紙《かみ》を原料《げんりょう》にしてつくった紙《かみ》。

ざいせき【在籍】 名詞 動詞 学校《がっこう》や団体《だんたい》などに入《はい》っていること。例 サッカー部《ぶ》に在籍する。

さいせん【再選】 名詞 動詞 同《おな》じ人《ひと》をもう一度《いちど》選《えら》ぶこと。また、二度目《にどめ》の当選《とうせん》。

さいせん【さい銭】 名詞 神社《じんじゃ》や寺《てら》にお参《まい》りするときに、神《かみ》や仏《ほとけ》に供《そな》えるお金《かね》。おさい銭《せん》。

さいぜん【最前】
❶名詞 いちばん前《まえ》。例 最前列《れつ》／最前線《せん》。
❷副詞 先《さき》ほど。例 最前お電話《でんわ》した者《もの》です。

さいぜん【最善】 名詞
❶いちばんよいこと。例 それが最善の方法《ほうほう》です。類 最良《さいりょう》。対 最悪《さいあく》。
❷できる限《かぎ》りのこと。ベスト。
●**最善《さいぜん》を尽《つ》くす** できる限《かぎ》りのことをする。全《ぜん》力《りょく》を出《だ》しきる。

さいぜんせん【最前線】 名詞
❶戦場《せんじょう》で、敵《てき》にもっとも近《ちか》いところ。
❷仕事《しごと》などで、活動《かつどう》がいちばん活発《かっぱつ》なところ。例 営業《えいぎょう》の最前線で働《はたら》く。

さいせんたん【最先端】 名詞 時代《じだい》や流行《りゅうこう》のいちばん進《すす》んでいるところ。例 最先端の技術《ぎじゅつ》。

さいぜんれつ【最前列】 名詞 いちばん前《まえ》の列《れつ》。

さいそく【細則】 名詞 ある規則《きそく》に対《たい》して、さらに細《こま》かなことを定《さだ》めた規則《きそく》。対 総則《そうそく》。

さいそく【催促】 名詞 動詞 早《はや》くするようにせき立《た》てること。急《いそ》がせること。例 早《はや》く準備《じゅんび》をするように催促する。類 督促《とくそく》。

さいた【最多】 名詞 いちばん多《おお》いこと。例 この夏《なつ》最多の海水浴客《かいすいよくきゃく》が集《あつ》まった。対 最少《さいしょう》。

サイダー（cider） 名詞 季語夏 炭酸水《たんさんすい》に、砂糖《さとう》や香料《こうりょう》を混《ま》ぜた飲《の》み物《もの》。ことば 英語《えいご》では、りんごからつくられたお酒《さけ》やジュースを指《さ》す。

さいたい【妻帯】 名詞 動詞 妻《つま》を持《も》つこと。妻《つま》がいること。例 妻帯者《しゃ》。

さいだい【最大】 名詞 もっとも大《おお》きいこと。例 日本《にほん》で最大のダム／最大の問題点《もんだいてん》。対 最小《さいしょう》。

さいだいげん【最大限】 名詞 ある範囲《はんい》の中《なか》で、これ以上大《いじょうおお》きいことはないという、ぎりぎりのところ。例 辞書《じしょ》を最大限に活用《かつよう》する。対 最小限《さいしょうげん》。

さいだいこうやくすう【最大公約数】

四字熟語 **一念発起《いちねんほっき》** 「一念《いちねん》」は、一《ひと》つのことを心《こころ》に深《ふか》く思《おも》いこむこと、「発起《ほっき》」は、仏《ほとけ》を信《しん》じる心《こころ》を起《お》こ

名詞 公約数《こうやくすう》の中《なか》でもっとも大《おお》きいもの。たとえば、18と24の最大公約数《さいだいこうやくすう》は6。 対 最小公倍数《さいしょうこうばいすう》。

さいだいもらさず【細大漏らさず】 小《ちい》さなことも大《おお》きなことも全部《ぜんぶ》。すっかり。 例 説明《せつめい》は細大漏らさず聞《き》いておきたい。

さいたく【採択】 名詞 動詞 たくさんあるものの中《なか》から、よいものを選《えら》んでとること。 例 わたしの提案《ていあん》が学級会《がっきゅうかい》で採択された。

ざいたく【在宅】 名詞 動詞 家《いえ》にいること。 例 先生《せんせい》は、次《つぎ》の日曜日《にちようび》にはご在宅ですか。

さいたまけん【埼玉県】 名詞 関東地方《かんとうちほう》の中央部《ちゅうおうぶ》にある県《けん》。東京《とうきょう》のベッドタウンとなっている。野菜《やさい》の特産地《とくさんち》で、機械工業《きかいこうぎょう》もさかん。県庁《けんちょう》はさいたま市《し》にある。

さいたまし【さいたま市】 名詞 埼玉県《さいたまけん》の南《なん》東部《とうぶ》にある大《おお》きな都市《とし》。埼玉県庁《さいたまけんちょう》がある。

さいたん【採炭】 名詞 動詞 石炭《せきたん》をほり出《だ》すこと。

さいたん【最短】 名詞 もっとも短《みじか》いこと。 例 学校《がっこう》までの最短きょり。 対 最長《さいちょう》。

さいだん【祭壇】 名詞 神《かみ》や仏《ほとけ》や死《し》んだ人《ひと》の霊《れい》を祭《まつ》り、供《そな》え物《もの》などをささげるための壇《だん》。

さいだん【裁断】 名詞 動詞
❶紙《かみ》や布《ぬの》を、決《き》められた形《かたち》や大《おお》きさに断《た》ち切《き》ること。 例 型紙《かたがみ》のとおりに布《ぬの》を裁断する。
❷よいか悪《わる》いかを判断《はんだん》して決《き》めること。 例 隊《たい》長《ちょう》の裁断で出発《しゅっぱつ》が決《き》まった。

ざいだん【財団】 名詞 世《よ》の中《なか》の役《やく》に立《た》つような目的《もくてき》のために、個人《こじん》や会社《かいしゃ》などがお金《かね》を出《だ》し合《あ》ってつくる団体《だんたい》。「財団法人《ざいだんほうじん》」の略《りゃく》。

さいだんき【裁断機】 名詞 紙《かみ》や布《ぬの》などを断《た》ち切《き》る機械《きかい》。

さいちゅう【最中】 名詞 ものごとが行《おこな》われているとき。また、いちばんさかんなとき。 例 勉強《べんきょう》している最中に、友《とも》だちが遊《あそ》びに来《き》た。

ざいちゅう【在中】 名詞 動詞 ふうとうなどの中《なか》に入《はい》っていること。 例 写真《しゃしん》在中。

さいちょう【最長】 名詞
❶もっとも長《なが》いこと。 例 信濃川《しなのがわ》は日本《にほん》で最長の川《かわ》だ。 対 最短《さいたん》。
❷いちばん年上《としうえ》のこと。最年長《さいねんちょう》。

さいちょう【最澄】 名詞 （七六七〜八二二）平《へい》安時代《あんじだい》の初《はじ》めごろのおぼうさん。比叡山《ひえいざん》に延《えん》暦寺《りゃくじ》を建《た》てて修行《しゅぎょう》したのち、中国《ちゅうごく》にわたって仏教《ぶっきょう》を勉強《べんきょう》し、日本《にほん》に天台宗《てんだいしゅう》を伝《つた》えた。「伝《でん》教大師《ぎょうだいし》」とも呼《よ》ばれる。

さいてい【最低】 名詞 形容動詞
❶いちばん低《ひく》いこと。 例 最低気温《きおん》。 対 最高《さいこう》。
❷いちばん悪《わる》いこと。 例 今日《きょう》の気分《きぶん》は最低だ。 対 最高《さいこう》。

さいてい【裁定】 名詞 動詞 ものごとのよしあしを、考《かんが》えて決《き》めること。 例 裁定をくだす。

さいてき【最適】 名詞 形容動詞 もっともふさわしいこと。 例 キャプテンに最適な人物《じんぶつ》。

さいてん【祭典】 名詞 祭《まつ》りの儀式《ぎしき》。祭《まつ》り。とくに、盛大《せいだい》ではなやかな行事《ぎょうじ》。 例 スポーツの祭典。

さいてん【採点】 名詞 動詞 試験《しけん》や成績《せいせき》の点数《てんすう》をつけること。 例 テストの採点をする。

サイト (site) 名詞
❶用地《ようち》。敷地《しきち》。 例 キャンプサイト。
❷ ⇒119ページ ウェブサイト

さいど【再度】 名詞 ふたたび。もう一度《いちど》。

さいど【彩度】 名詞 色《いろ》のあざやかさの度合《どあ》い。 関連 明度《めいど》。色相《しきそう》。

さいとうもきち【斎藤茂吉】 名詞 （一八八二〜一九五三）大正《たいしょう》・昭和時代《しょうわじだい》の歌人《かじん》・医者《いしゃ》。歌《か》集《しゅう》に「赤光《しゃっこう》」「あらたま」などがある。

サイトマップ (site map) 名詞 インターネットで、会社《かいしゃ》や個人《こじん》が提供《ていきょう》しているあるまとまった情報《じょうほう》の構成《こうせい》を、わかりやすく表《あらわ》したもの。

サイドライン (sideline) 名詞
❶サッカーやバスケットボールなどのコートの四辺《しへん》のうち、長《なが》いほうの二本《にほん》の線《せん》。 関連 エンドライン。センターライン。
❷縦書《たてが》きの文章《ぶんしょう》のとき、横《よこ》につける線《せん》。 関連 アンダーライン。

さいなむ 動詞 苦《くる》しめ、なやませる。 例 うそをついたことで、良心《りょうしん》にさいなまれる。

さいなん【災難】 名詞 思《おも》いがけなく起《お》こる、不幸《ふこう》なできごと。 例 災難にあう。 類 災《わざわ》い。

ざいにちがいこくじん【在日外国人】 名詞 日本《にほん》に住《す》んでいる外国人《がいこくじん》。

さいにゅう【歳入】 名詞 国《くに》や都道府県《とどうふけん》・市《し》町村《ちょうそん》などに、一年間《いちねんかん》に入《はい》ってくるお金《かね》の合計《ごうけい》。 対 歳出《さいしゅつ》。

さいにん【再任】 名詞 動詞 同《おな》じ人《ひと》が、もう一《いち》

はじめから終《お》わりまでのすべて。

度前《どまえ》の役《やく》につくこと。また、つかせること。

ざいにん【在任】 名詞 動詞 仕事《しごと》や役《やく》についていること。例 この校舎《こうしゃ》は、前《まえ》の校長先生《こうちょうせんせい》の在任中《ちゅう》に完成《かんせい》した。

ざいにん【罪人】 名詞 罪《つみ》をおかした人《ひと》。

さいねん【再燃】 名詞 動詞 ❶再《ふたた》び燃《も》え出《だ》すこと。❷一度《いちど》おさまっていたものごとが、また問題《もんだい》になること。例 争《あらそ》いが再燃する。

さいねんしょう【最年少】 名詞 ある集団《しゅうだん》の中《なか》で、年齢《ねんれい》がいちばん下《した》であること。例 最年少で予選《よせん》を通過《つうか》する。対 最年長《さいねんちょう》。

さいねんちょう【最年長】 名詞 ある集団《しゅうだん》の中《なか》で、年齢《ねんれい》がいちばん上《うえ》であること。例 この大会《たいかい》の最年長の出場者《しゅつじょうしゃ》。対 最年少《さいねんしょう》。

さいのう【才能】 名詞 あることをじゅうぶんにできる力《ちから》。例 歌手《かしゅ》としての才能を発揮《はっき》する。

サイバーこうげき【サイバー攻撃】 名詞 インターネットなどを通《とお》して、他人《たにん》のコンピューターやネットワークに入《はい》りこみ、データをぬすんだり、勝手《かって》に書《か》きかえたり、こわしたりすること。ことば「サイバー」は、英語《えいご》で「コンピューターのネットワークにかかわる」という意味《いみ》。

サイバーはんざい【サイバー犯罪】 名詞 コンピューターのネットワークを利用《りよう》して行《おこな》われるさまざまな犯罪《はんざい》。

さいはい【采配】 名詞 ❶昔《むかし》、戦《たたか》いで大将《たいしょう》が部下《ぶか》を指図《さしず》するときに使《つか》った道具《どうぐ》。❷指図《さしず》すること。命令《めいれい》すること。例 きみの采配で、このチームは勝《か》つことができた。

●**采配《さいはい》を振《ふ》る** 指図《さしず》する。指揮《しき》する。例 父《ちち》が采配を振って家《いえ》の大掃除《おおそうじ》をした。使い方「采配《さいはい》を振《ふ》るう」といわないよう注意《ちゅうい》。

さいばい【栽培】 名詞 動詞 草《くさ》や木《き》を植《う》えて育《そだ》てること。例 促成《そくせい》栽培／りんごを栽培する。

さいばいぎょぎょう【栽培漁業】 名詞 卵《たまご》からかえしたばかりの魚《さかな》や貝《かい》を、海《うみ》や川《かわ》にいったん放《はな》し、成長《せいちょう》させてからまたとる漁業《ぎょぎょう》。

さいばし【菜箸】 名詞 料理《りょうり》をするときや、おかずのとり分《わ》けのときに使《つか》う、長《なが》いはし。

さいばしる【才走る】 動詞 いかにも才能《さいのう》があるように見《み》える。例 才走った文章《ぶんしょう》。使い方 よくない意味《いみ》で使《つか》われることが多《おお》い。

さいはつ【再発】 名詞 動詞 同《おな》じ病気《びょうき》や事故《じこ》がまた起《お》こること。例 事故《じこ》の再発を防《ふせ》ぐ。

ざいばつ【財閥】 名詞 大《おお》きな資本《しほん》を持《も》ち、いろいろな事業《じぎょう》に力《ちから》をふるっている一族《いちぞく》や仲間《なかま》。

さいはん【再版】 名詞 動詞 同《おな》じ本《ほん》をもう一度《いちど》出版《しゅっぱん》すること。また、その本《ほん》。類 重版《じゅうはん》。

さいばん【裁判】 名詞 動詞 争《あらそ》いやうったえを、裁判官《さいばんかん》が法律《ほうりつ》にもとづいて判断《はんだん》すること。

さいばんいんせいど【裁判員制度】 名詞 一般《いっぱん》の国民《こくみん》が刑事裁判《けいじさいばん》に参加《さんか》し、裁判官《さいばんかん》とともに有罪《ゆうざい》か無罪《むざい》かなどを決《き》める制度《せいど》。日本《にほん》では二〇〇九年《ねん》から開始《かいし》された。参考 裁判《さいばん》に参加《さんか》する国民《こくみん》（＝裁判員《さいばんいん》）は、二十才以上《にじっさいいじょう》の有権者《ゆうけんしゃ》の中《なか》から、抽選《ちゅうせん》のような方法《ほうほう》で選《えら》ばれる。

さいばんかん【裁判官】 名詞 裁判所《さいばんしょ》で、法律《ほうりつ》にもとづいて裁判《さいばん》を行《おこな》う公務員《こうむいん》。

さいばんしょ【裁判所】 名詞 裁判《さいばん》をする国《くに》の役所《やくしょ》。最高裁判所《さいこうさいばんしょ》・高等裁判所《こうとうさいばんしょ》・地方裁判所《ちほうさいばんしょ》・家庭裁判所《かていさいばんしょ》・簡易裁判所《かんいさいばんしょ》がある。

さいひ【採否】 名詞 採用《さいよう》するか、しないかということ。例 面接《めんせつ》で採否を決定《けってい》する。

さいひ【歳費】 名詞 ❶国《くに》や都道府県《とどうふけん》・市町村《しちょうそん》などが一年間《いちねんかん》につかうお金《かね》。❷国会議員《こっかいぎいん》の一年間《いちねんかん》の給料《きゅうりょう》。

さいひょうせん【砕氷船】 名詞 水面《すいめん》に張《は》った氷《こおり》をくだいて進《すす》むしかけを持《も》つ船《ふね》。

さいふ【財布】 名詞 お金《かね》を入《い》れて持《も》ち歩《ある》く入《い》れ物《もの》。

さいふ【採譜】 名詞 動詞 楽譜《がくふ》にあらわされていない曲《きょく》を、楽譜《がくふ》に書《か》きとること。

さいぶ【細部】 名詞 細《こま》かい部分《ぶぶん》。例 細部までていねいに仕上《しあ》げる。

サイフォン ➡518ジ《ペー》 サイホン

さいほう【西方】 ➡716ジ《ペー》 せいほう〔西方〕

さいほう【裁縫】 名詞 動詞 布《ぬの》を切《き》り、ぬい合《あ》わせて服《ふく》などをつくること。ぬい物《もの》。ことば「裁」は布《ぬの》を切《き》ること、「縫」はぬうことを表《あらわ》す。

さいぼう【細胞】 名詞 動物《どうぶつ》や植物《しょくぶつ》の体《からだ》をつくっている、いちばん小《ちい》さい単位《たんい》。

ざいほう【財宝】 名詞 財産《ざいさん》や宝物《たからもの》。

さいぼうぶんれつ【細胞分裂】 名詞 一《ひと》つ

四字熟語　**一部始終《いちぶしじゅう》**　一冊《いっさつ》の書物《しょもつ》（一部《いちぶ》）のはじめから終《お》わりまで（始終《しじゅう》）という意味《いみ》で、ものごとの

の細胞《さいぼう》が二《ふた》つ以上《いじょう》の細胞《さいぼう》に分《わ》かれること。また、それをくり返《かえ》して細胞《さいぼう》がふえていくこと。

サイホン（siphon）名詞
❶気圧《きあつ》を利用《りよう》して、液体《えきたい》を一度《いちど》高《たか》いところに上《あ》げてから低《ひく》いところに移《うつ》すのに使《つか》う、曲《ま》がった管《くだ》。
❷コーヒーを入《い》れるときに使《つか》う、ガラスでできた道具《どうぐ》。

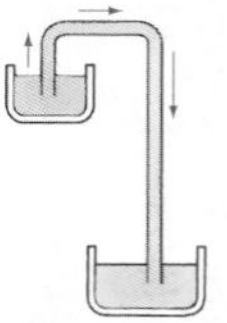
サイホン❶

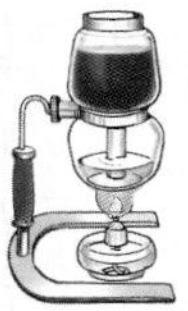
サイホン❷

ことば 「サイフォン」ともいう。

さいまつ【歳末】 名詞 季語冬 一年《いちねん》の終《お》わり。年《とし》の暮《く》れ。年末《ねんまつ》。例 歳末助《たす》け合《あ》い運動《うんどう》。

さいみんじゅつ【催眠術】 名詞 あることばや動作《どうさ》によって、相手《あいて》をねむったような状態《じょうたい》にする方法《ほうほう》。

さいむ【債務】 名詞 借《か》りたお金《かね》や品物《しなもの》を返《かえ》さなければならない、法律上《ほうりつじょう》の義務《ぎむ》。対 債権《さいけん》。

ざいむしょう【財務省】 名詞 お金《かね》の出《だ》し入《い》れについての仕事《しごと》をする国《くに》の役所《やくしょ》。国《くに》の予算《よさん》や税金《ぜいきん》をとりあつかう。

ざいめい【罪名】 名詞 罪《つみ》の名《な》まえ。傷害罪《しょうがいざい》・強盗罪《ごうとうざい》など。

さいもく【細目】 名詞 規則《きそく》や計画《けいかく》などの、細《こま》かい部分《ぶぶん》を決《き》めた項目《こうもく》。例 規則《きそく》の細目を確認《かくにん》する。ことば 「ほそめ」と読《よ》むと別《べつ》の意味《いみ》。

ざいもく【材木】 名詞 家《いえ》を建《た》てたり、道具《どうぐ》などをつくったりする材料《ざいりょう》になる木《き》。木材《もくざい》。

ざいや【在野】 名詞
❶おおやけの職《しょく》につかずに、民間《みんかん》の仕事《しごと》をしていること。例 在野の研究者《けんきゅうしゃ》。
❷政党《せいとう》が、政権《せいけん》をとらず、野党《やとう》でいること。

さいゆうき【西遊記】 名詞 十六世紀《じゅうろくせいき》に、中国《ちゅうごく》の呉承恩《ごしょうおん》が書《か》いたとされる小説《しょうせつ》。唐《とう》（＝今《いま》の中国《ちゅうごく》）のおぼうさんの三蔵法師《さんぞうほうし》が、孫悟空《そんごくう》・沙悟浄《さごじょう》・猪八戒《ちょはっかい》とともに、妖怪《ようかい》たちと戦《たたか》いながら、天竺《てんじく》（＝今《いま》のインド）までお経《きょう》の本《ほん》をとりに行《い》く旅《たび》をする。⇩1181ページ 読書

さいよう【採用】 名詞 動詞 人《ひと》、意見《いけん》、方法《ほうほう》などを、とり上《あ》げて使《つか》うこと。例 採用試験《しけん》／新入社員《にゅうしゃいん》を採用する／石川《いしかわ》くんの案《あん》を採用した。

さいらい【再来】 名詞 動詞
❶前《まえ》と同《おな》じようなことが、またやってくること。例 大地震《おおじしん》の再来に備《そな》える。
❷再《ふたた》びこの世《よ》に生《う》まれ出《で》ること。また、その人《ひと》。例 キリストの再来。

ざいらい【在来】 名詞 これまでふつうにあったこと。例 在来の方法《ほうほう》。

ざいらいせん【在来線】 名詞 鉄道《てつどう》の同《おな》じ区間《くかん》の路線《ろせん》のうち、前《まえ》からある路線《ろせん》。とくに、新幹線《しんかんせん》に対《たい》して、もともとあった路線《ろせん》のこと。

ざいりゅう【在留】 名詞 動詞 しばらくある土地《とち》に住《す》むこと。とくに、外国《がいこく》で生活《せいかつ》すること。例 アメリカに在留している日本人《にほんじん》の記者《きしゃ》。

さいりよう【再利用】 名詞 動詞 使《つか》わなくなったものに手《て》を加《くわ》えて、もう一度《いちど》役立《やくだ》たせること。例 資源《しげん》を再利用する。

さいりょう【最良】 名詞 形容動詞 いちばんよいこと。例 最良の思《おも》い出《で》。類 最善《さいぜん》。対 最悪《さいあく》。

さいりょう【裁量】 名詞 動詞 自分《じぶん》で考《かんが》えて決《き》め、仕事《しごと》や問題《もんだい》をかたづけること。例 発表《はっぴょう》の方法《ほうほう》は個人《こじん》の裁量に任《まか》せる。

ざいりょう【材料】 名詞
❶物《もの》をつくるもとになるもの。もとになる物《もの》の形《かたち》や性質《せいしつ》が、できた物《もの》からわかる場合《ばあい》をいう。例 料理《りょうり》の材料をそろえる。
❷研究《けんきゅう》や調査《ちょうさ》をするときのもとになるもの。例 実験材料《じっけんざいりょう》。
ことば ❶で、もとになるものがわからない場合《ばあい》には「原料《げんりょう》」という。

さいりょうろうどうせい【裁量労働制】 名詞 やとい主《ぬし》と労働者《ろうどうしゃ》との間《あいだ》で前《まえ》もって定《さだ》めた時間《じかん》だけ働《はたら》いたとみなして、その分《ぶん》の賃金《ちんぎん》をしはらう制度《せいど》。働《はたら》く人《ひと》が自分《じぶん》で仕事《しごと》の進《すす》め方《かた》を決《き》めることができる。

ざいりょく【財力】 名詞
❶お金《かね》の力《ちから》。例 財力にものをいわせる。
❷仕事《しごと》をするためにお金《かね》を出《だ》せる力《ちから》。

ザイル（ドイツ語）名詞 登山《とざん》に使《つか》うじょうぶなつな。

さいれい【祭礼】 名詞 神社《じんじゃ》などの祭《まつ》りの儀式《ぎしき》。祭《まつ》り。例 秋《あき》の祭礼。

サイレン（siren）名詞 穴《あな》のたくさんあいている丸《まる》い板《いた》を回《まわ》し、穴《あな》から空気《くうき》をふき出《だ》して大《おお》きな音《おと》を出《だ》す器械《きかい》。また、その音《おと》。警報《けいほう》・時報《じほう》・合図《あいず》などに使《つか》う。ことば もとは、ギリシャ神話《しんわ》

で、野原《のはら》などの風景《ふうけい》がひろびろとひらけていること。

に登場《とうじょう》する「セイレーン」という海《うみ》の魔物《まもの》の名《な》まえ。美《うつく》しい歌声《うたごえ》で、船《ふね》に乗《の》る人《ひと》をおびきよせたといわれる。

サイロ（silo）名詞 冬《ふゆ》の間《あいだ》に牛《うし》や馬《うま》に食《た》べさせる草《くさ》をたくわえておく、れんがやコンクリートなどでつくった筒《つつ》形《がた》の倉庫《そうこ》。

サイロ

さいろく【採録】 名詞 動詞 とり上《あ》げて、記録《きろく》するること。あとに残《のこ》すために録画《ろくが》・録音《ろくおん》などをすること。例 貴重《きちょう》な証言《しょうげん》を採録する。

さいわい【幸い】
❶ 名詞 形容動詞 しあわせであること。幸福《こうふく》。例 幸いを願《ねが》う／幸いなことに間《ま》に合《あ》った。
❷ 副詞 運《うん》よく。都合《つごう》よく。例 運動会《うんどうかい》は、さいわい天気《てんき》にめぐまれた。
使い方 ❷は、ふつうかな書《が》きにする。
漢 ↓ 443ページ こう〔幸〕

サイン（sign）名詞 動詞
❶自分《じぶん》の名前《なまえ》を書《か》くこと。また、書《か》いた名前《なまえ》。署名《しょめい》。例 絵《え》にサインを入《い》れる。
❷合図《あいず》。しるし。例「進《すす》め」のサインを出《だ》す。

サインペン 名詞 水性《すいせい》インクをつめて、先端《せんたん》からインクがにじみ出《で》るようにしたペン。商標《しょうひょう》名《めい》。ことば 英語《えいご》をもとに日本《にほん》で作《つく》られたことば。

サウジアラビア ↓ 519ページ サウジアラビアおうこく

サウジアラビアおうこく【サウジアラビア王国】 名詞 アジアの南《なん》西《せい》にある、アラビア半島《はんとう》の大部分《だいぶぶん》をしめる国《くに》。砂漠《さばく》が多《おお》く、石油《せきゆ》の大産地《だいさんち》。首都《しゅと》はリヤド。「サウジアラビア」ともいう。

（国旗《こっき》）

サウスポー（southpaw）名詞 スポーツで、左《ひだり》ききの選手《せんしゅ》。

サウナ（フィンランド語）名詞 閉《し》めきった部屋《へや》の中《なか》の空気《くうき》を熱《ねっ》し、体《からだ》を蒸《む》してあせを流《なが》す蒸《む》しぶろ。

サウンド（sound）名詞「音《おと》」「音響《おんきょう》」のこと。

さえ 助詞（ほかのことばのあとにつけて）
❶つけ加《くわ》えることを表《あらわ》す。…までも。例 風《かぜ》が強《つよ》い上《うえ》に雨《あめ》さえ降《ふ》り出《だ》した。
❷例《れい》を一《ひと》つ挙《あ》げて、そのほかの場合《ばあい》を考《かんが》えさせることば。…でも。…すら。例 ぼくでさえできるのに、きみにできないはずはない。
❸一《ひと》つのことを強《つよ》くいうときのことば。…だけ。例 父《ちち》さえ来《き》てくれれば安心《あんしん》だ。

さえぎる【遮る】 動詞
❶じゃまをする。間《あいだ》に入《はい》って、とちゅうでやめさせる。例 口出《くちだ》しして相手《あいて》の話《はなし》を遮った。
❷間《あいだ》に物《もの》を置《お》いて、向《む》こう側《がわ》が見《み》えないようにする。例 雲《くも》に遮られて、山頂《さんちょう》が見《み》えない。

さえずる 動詞 小鳥《ことり》がしきりに鳴《な》く。

さえない ↓ 519ページ さえる❺

さえる 動詞
❶光《ひかり》・音《おと》・色《いろ》などがすんで、はっきりと感《かん》じられる。例 星《ほし》の光《ひかり》のさえた夜《よる》／さえた音色《ねいろ》。
❷頭《あたま》などがはっきりする。例 目《め》がさえてねむれない。
❸技術《ぎじゅつ》がすぐれている。あざやかだ。例 今日《きょう》の演奏《えんそう》はさえているね。
❹身《み》にしみとおるように寒《さむ》い。例 さえた冬《ふゆ》の朝《あさ》。
❺（「さえない」の形《かたち》で、全体《ぜんたい》で）もの足《た》りない。目立《めだ》たない。また、心《こころ》が晴《は》れない。例 最近《さいきん》、成績《せいせき》がさえない／さえない顔《かお》つき。

さえわたる【さえ渡る】 動詞 すみずみまですんで、はっきり見《み》える。例 さえ渡る冬《ふゆ》の月《つき》。

さお
❶ 名詞 洗濯物《せんたくもの》を干《ほ》したり魚《さかな》つりに使《つか》ったりする、細長《ほそなが》い棒《ぼう》の形《かたち》をした道具《どうぐ》。
❷ 名詞 ふねやいかだを動《うご》かすときに使《つか》う、長《なが》い棒《ぼう》。
❸ 接尾語（数《かず》を表《あらわ》すことばのあとにつけて）たんす・旗《はた》・ようかんなどを数《かぞ》えるときに使《つか》うことば。例 たんす一《ひと》さお。

さおだけ【さお竹】 名詞 洗濯物《せんたくもの》などを干《ほ》すときに使《つか》う、細長《ほそなが》い竹《たけ》などの棒《ぼう》。例 さお竹屋《や》さん。

さおとめ【早乙女】 名詞 季語 夏 田植《たう》えをする若《わか》い女《おんな》の人《ひと》。

さおばかり 名詞 目盛《めも》りのついたさおのはしに物《もの》をつるし、反対側《はんたいがわ》につるした分銅《ふんどう》を動《うご》かして

四字熟語 **一望千里《いちぼうせんり》** 一目《ひとめ》に見《み》わたす（一望《いちぼう》）と、ずっと遠《とお》く（千里《せんり》）まで見《み》ることができるという意味《いみ》

関連＝関係《かんけい》の深《ふか》いことば

重《おも》さを量《はか》るはかり。図⇩1045ページ はかり

さか【坂】 名詞 一方《いっぽう》が高《たか》く、ななめになっている、上《のぼ》り下《お》りする道《みち》。ことば「五十《ごじゅう》の坂《さか》を越《こ》す」など、年齢《ねんれい》や仕事《しごと》などの区切《くぎ》りをたとえていうことがある。

漢 **さか【坂】** 〔土〕つちへん 7画 3年 音 ハン 訓 さか

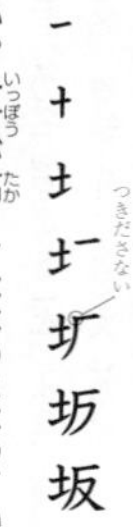

さか。一方《いっぽう》が高《たか》く、ななめになっているみち。例 坂道《さかみち》／急坂《きゅうはん》。

さか-【逆】 接頭語 （ほかのことばの前《まえ》につけて）「逆《さか》さま」「反対《はんたい》である」の意味《いみ》を表《あらわ》す。例 逆上《あ》がり。漢⇩342ページ ぎゃく〔逆〕

さか【酒】 （ほかのことばの前《まえ》につけて）「酒《さけ》」の意味《いみ》を表《あらわ》す。例 酒屋《や》／酒盛《も》り。漢⇩602ページ しゅ〔酒〕

さか【茶菓】 名詞 茶《ちゃ》と菓子《かし》。「ちゃか」ともいう。

さかあがり【逆上がり】 名詞 鉄棒《てつぼう》への上《あ》がり方《かた》の一《ひと》つ。足《あし》で地面《じめん》をけって逆《さか》さになり、おなかを鉄棒《てつぼう》につけて回《まわ》って上《あ》がる。

さかい【境】 名詞 ❶場所《ばしょ》の区切《くぎ》り目《め》。例 となり村《むら》との境。❷ものごとのようすなどの分《わ》かれ目《め》。例 生死《せいし》の境をさまよう。漢⇩353ページ きょう〔境〕

さかいし【堺市】 名詞 大阪府《おおさかふ》の中南部《ちゅうなんぶ》にある大《おお》きな都市《とし》。大阪市《おおさかし》の南《みなみ》に位置《いち》し、大仙古墳《だいせんこふん》（＝仁徳陵古墳《にんとくりょうこふん》）がある。

さかいめ【境目】 名詞 区切《くぎ》りになるところ。分《わ》かれ目《め》。例 隣《となり》の家《いえ》との境目。

さかうらみ【逆恨み】 名詞 動詞 ❶こちらがうらんでもいいはずの人《ひと》から、逆《ぎゃく》にうらまれること。❷人《ひと》の好意《こうい》や親切《しんせつ》に対《たい》して、逆《ぎゃく》にうらむこと。例 アドバイスしてあげたのに逆恨みされた。

さかえる【栄える】 動詞 勢《いきお》いがさかんになる。例 文化《ぶんか》が栄える。対 衰《おとろ》える。ことば「はえる」と読《よ》むと別《べつ》の意味《いみ》。漢⇩146ページ えい〔栄〕

さかき 名詞 古《ふる》くから神《かみ》と関係《かんけい》があるといわれ、神社《じんじゃ》などに植《う》えたり、枝《えだ》を供《そな》えたりする木《き》。一《いち》年《ねん》じゅう緑《みどり》の葉《は》をつけている。ことば 漢字《かんじ》では「榊」と書《か》く。

さがく【差額】 名詞 ある金額《きんがく》から別《べつ》の金額《きんがく》を引《ひ》いた残《のこ》り。例 料金《りょうきん》の差額をはらう。

さがけん【佐賀県】 名詞 九州《きゅうしゅう》の北西部《ほくせいぶ》にある県《けん》。稲作《いなさく》がさかん。また、弥生時代《やよいじだい》の吉野ケ《よしのが》里《り》遺跡《いせき》が有名《ゆうめい》。県庁《けんちょう》は佐賀市《さがし》にある。

さかさ【逆さ】 名詞 逆《さか》さま。逆《ぎゃく》。

さかさま【逆さま】 名詞 形容動詞 位置《いち》や順序《じゅんじょ》などが反対《はんたい》になっていること。逆《ぎゃく》。例 ポスターが逆さまになっているよ。

さがしあてる【探し当てる・捜し当てる】 動詞 あちこちさがして、やっと見《み》つけ出《だ》す。例 安《やす》くておいしい店《みせ》を探し当てる。

さがしだす【探し出す・捜し出す】 動詞 さがして、見《み》つけ出《だ》す。例 宝物《たからもの》を探し出す／昔《むかし》の写真《しゃしん》を捜し出す。

さがしもの【探し物・捜し物】 名詞 ものをさがすこと。また、さがしているもの。例 捜し物が見《み》つかる。

さがす【探す・捜す】 動詞 ものや人《ひと》を見《み》つけ出《だ》そうとする。例 はきやすいくつを探す／いなくなったねこを捜す。ことば 手《て》に入《い》れたいものを見《み》つけようとする場合《ばあい》は「探す」と書《か》き、どこにあるかわからないものを見《み》つけようとする場合《ばあい》は「捜す」と書《か》くことが多《おお》い。漢⇩815ページ たん〔探〕

さかずき【杯】 名詞 酒《さけ》を入《い》れて飲《の》む、小《ちい》さなうつわ。

さかだち【逆立ち】 名詞 動詞 両手《りょうて》で体《からだ》を支《ささ》え足《あし》を上《うえ》に上《あ》げて、逆《さか》さまに立《た》つこと。

● **逆立《さかだ》ちしても** どんなにがんばっても。例 兄《あに》のねばり強《づよ》さには逆立ちしてもかなわない。使い方 あとに「ない」などのことばがくる。

さかだてる【逆立てる】 動詞 逆《さか》さまに立《た》てる。例 ねこが毛《け》を逆立ててにらみ合《あ》う。

さかだる【酒だる】 名詞 酒《さけ》を入《い》れる、たる。

さかて【逆手】 名詞 ❶刃物《はもの》などを、小指《こゆび》が刃《は》に近《ちか》くなるように、逆《ぎゃく》に持《も》つこと。例 ナイフを逆手に持《も》つ。❷鉄棒《てつぼう》を、手《て》のひらが自分《じぶん》のほうを向《む》くように、下《した》からにぎること。対 順手《じゅんて》。❸相手《あいて》のことばやこうげきを逆《ぎゃく》に利用《りよう》してせめ返《かえ》すこと。ことば ❷❸は、「ぎゃくて」ともいう。

● **逆手《さかて》に取《と》る** 相手《あいて》のこうげきを逆《ぎゃく》に利用《りよう》してせめ返《かえ》す。「ぎゃくてにとる」ともいう。例 姉《あね》

という意味《いみ》で、悪人《あくにん》などを一度《いちど》に全部《ぜんぶ》つかまえてしまうこと。

の言《い》った悪口《わるくち》を逆手に取ってやり返《かえ》した。

さかな 名詞
❶酒《さけ》を飲《の》むときに食《た》べる物《もの》。おつまみ。
❷酒《さけ》を飲《の》むときなどに、その場《ば》をおもしろくするための話《はなし》。例 旅《たび》の失敗話《しっぱいばなし》をさかなにする。

さかな【魚】 名詞 水《みず》の中《なか》にすみ、うろことひれがあり、えらで呼吸《こきゅう》する動物《どうぶつ》。食用《しょくよう》になるものが多《おお》い。うお。ことば「一尾《いちび》」「一匹《いっぴき》」「一枚《いちまい》」「一本《いっぽん》」と数《かぞ》える。漢 ⇒352ジペー ぎょ〔魚〕

さかねじ【逆ねじ】 名詞
❶反対《はんたい》のほうにねじること。
❷文句《もんく》などを言《い》ってきた人《ひと》に対《たい》して、逆《ぎゃく》に言《い》い返《かえ》したりやり返《かえ》したりすること。例 逆ねじを食《く》わせる。

さかのぼる【遡る】 動詞
❶流《なが》れとは逆《ぎゃく》の方向《ほうこう》へ進《すす》む。例 魚《さかな》が川《かわ》を遡る。
❷ものごとの進《すす》んできたあとを逆《ぎゃく》にもどる。過《か》去《こ》や、始《はじ》まりまでもどる。例 新聞《しんぶん》を遡って調《しら》べる／原因《げんいん》まで遡って考《かんが》える。

さかば【酒場】 名詞 客《きゃく》に酒《さけ》を飲《の》ませる店《みせ》。

さがはん【佐賀藩】 ⇒1108ジペー ひぜんはん

さかまく【逆巻く】 動詞 波《なみ》が流《なが》れに逆《さか》らうように巻《ま》き上《あ》がる。また、わき上《あ》がるように波立《なみだ》つ。例 台風《たいふう》で大波《おおなみ》が逆巻いている。

さがみ【相模】 名詞 昔《むかし》の国《くに》の名《な》の一《ひと》つ。今《いま》の神奈川県《かながわけん》の大部分《だいぶぶん》に当《あ》たる。

さかみち【坂道】 名詞 坂《さか》になった道《みち》。

さがみはらし【相模原市】 名詞 神奈川県《かながわけん》の北部《ほくぶ》にある大《おお》きな都市《とし》。住宅地《じゅうたくち》が多《おお》く、工業《こうぎょう》

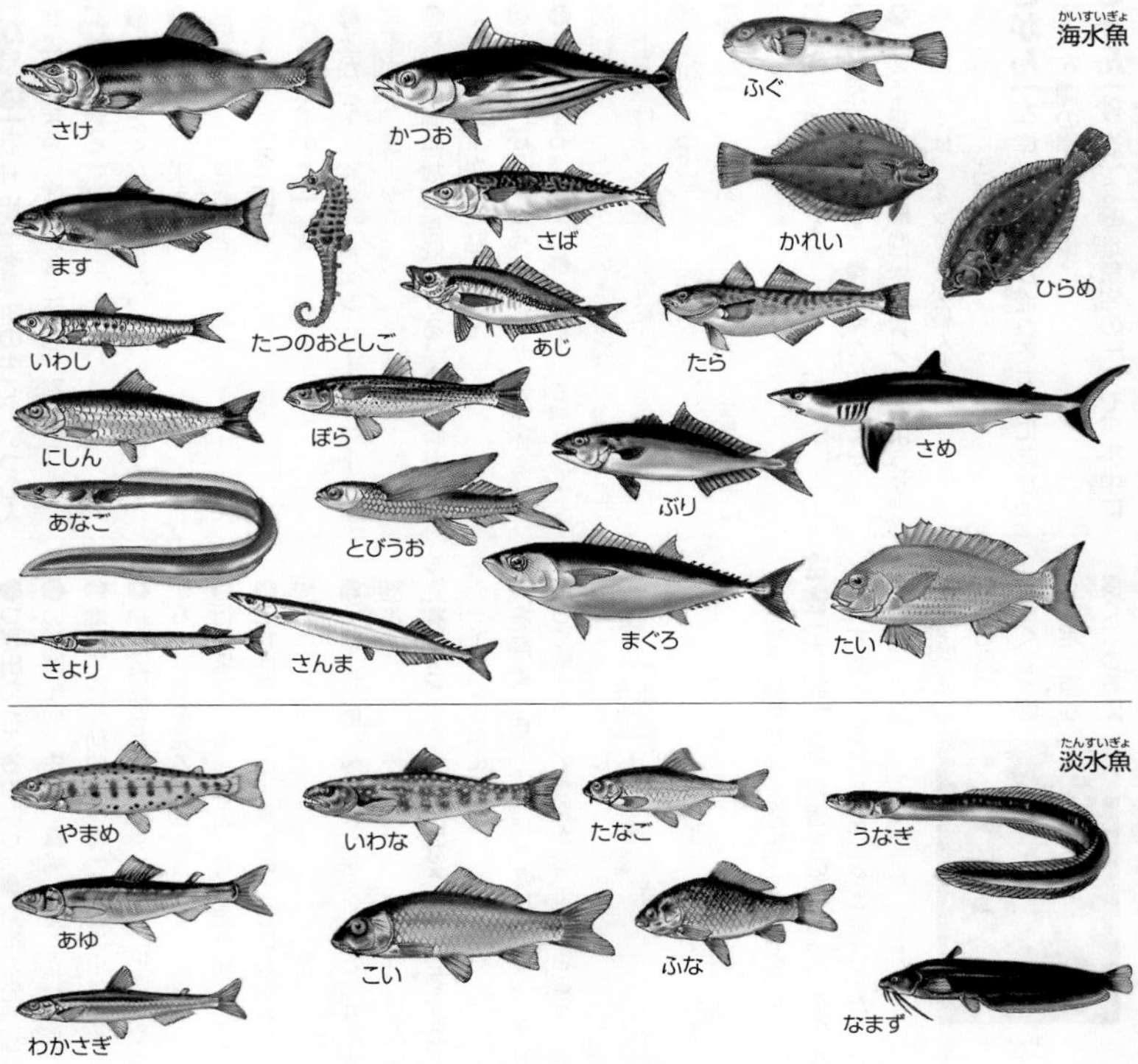

さかな【魚】

四字熟語 一網打尽《いちもうだじん》　たった一度《いちど》あみを投《な》げるだけ（一網《いちもう》）で、そこにいる魚《さかな》を全部《ぜんぶ》とりつくす（打尽《だじん》）

もさかん。

さがみわん【相模湾】 名詞 神奈川県《かながわけん》の南部《なんぶ》、三浦半島《みうらはんとう》の城《じょう》ヶ島《がしま》と真鶴岬《まなづるみさき》の間《あいだ》の湾《わん》。

さかもとりょうま【坂本竜馬】 名詞 (一八三五〜一八六七) 江戸《えど》時代《じだい》の末《すえ》ごろの武士《ぶし》。今《いま》の高知県《こうちけん》の生《う》まれ。江戸幕府《えどばくふ》をたおすために力《ちから》をつくしたが、明治政府《めいじせいふ》ができる前《まえ》に、京都《きょうと》で殺《ころ》された。

さかもり【酒盛り】 名詞 動詞 人々《ひとびと》が集《あつ》まり、酒《さけ》を飲《の》んで楽《たの》しむこと。

さかや【酒屋】 名詞 酒《さけ》を売《う》る店《みせ》。また、酒《さけ》をつくる家《いえ》。例 造《つく》り酒屋。

さかゆめ【逆夢】 名詞 現実《げんじつ》とは反対《はんたい》のことを見《み》る夢《ゆめ》。実際《じっさい》には反対《はんたい》のことが起《お》こる夢《ゆめ》。対 正夢《まさゆめ》。

さからう【逆らう】 動詞
❶反対《はんたい》する。従《したが》わない。例 親《おや》に逆らう。
❷ものの勢《いきお》いとは逆《ぎゃく》の方向《ほうこう》に進《すす》む。例 川《かわ》の流《なが》れに逆らって泳《およ》いでいく。
漢 ↓342ジペーぎゃく〔逆〕

さかり【盛り】 名詞 勢《いきお》いがいちばんよいとき。例 働《はたら》き盛り／春《はる》も今《いま》が盛りだ。ことば「もり」と読《よ》むと別《べつ》の意味《いみ》。

さがり【下がり】 名詞
❶下《さ》がること。低《ひく》くなること。例 気温《きおん》の上《あ》がり下がり／右下《みぎ》がりの文字《もじ》。対 上《あ》がり。
❷ある時刻《じこく》を少《すこ》し過《す》ぎること。例 昼《ひる》下がりのできごと。
❸すもうで、力士《りきし》がまわしの前《まえ》に下《さ》げるひものようなもの。

さかりば【盛り場】 名詞 町《まち》の中《なか》で、いつも人《ひと》が大勢《おおぜい》集《あつ》まるにぎやかなところ。繁華街《はんかがい》。

さかる【盛る】 動詞
❶勢《いきお》いがよくなる。例 たいまつが燃《も》え盛る。
❷繁盛《はんじょう》する。栄《さか》える。
ことば「もる」と読《よ》むと別《べつ》の意味《いみ》。
漢 ↓1326ジペーも-る〔盛〕

さがる【下がる】 動詞
❶上《うえ》から下《した》へ移《うつ》る。例 エレベーターで下《した》の階《かい》に下がる。対 上《あ》がる。
❷程度《ていど》や価値《かち》などが低《ひく》くなる。例 成績《せいせき》が下がる／温度《おんど》が下がる。対 上《あ》がる。
❸たれる。ぶら下《さ》がる。例 のれんが下がる。
❹後《うし》ろに移《うつ》る。退《しりぞ》く。例 一歩《いっぽ》下がる。
使い方「下がる」と書《か》かないよう送《おく》りがなに注意《ちゅうい》。
(「下る」は「くだる」と読《よ》む。)
漢 ↓214ジペーか〔下〕

さかん【左官】 名詞 かべをぬることを仕事《しごと》にしている人《ひと》。

さかん【盛ん】 形容動詞
❶勢《いきお》いがよいようす。例 盛んな拍手《はくしゅ》を送《おく》る。
❷栄《さか》えるようす。熱心《ねっしん》に行《おこな》われているようす。
例 この国《くに》では、サッカーが盛んだ。
漢 ↓1326ジペーも-る〔盛〕

さがん【左岸】 名詞 川《かわ》が流《なが》れる方向《ほうこう》に向《む》かって、左側《ひだりがわ》の岸《きし》。対 右岸《うがん》。

さがん【砂岩】 名詞 堆積岩《たいせきがん》の一《ひと》つで、水中《すいちゅう》にしずんだ砂《すな》が固《かた》まってできた石《いし》。

さき【先】 名詞
❶つき出《で》たところのはし。例 鉛筆《えんぴつ》の先。対 元《もと》。
❷いちばん前《まえ》。先頭《せんとう》。例 列《れつ》の先に立《た》って歩《ある》く。
❸進《すす》んで行《い》く前《まえ》の方《ほう》。例 この先は山道《やまみち》です。
❹順序《じゅんじょ》が前《まえ》であること。例 先に宿題《しゅくだい》をやってからテレビを見《み》る。対 後《あと》。
❺行《い》く場所《ばしょ》。例 旅行《りょこう》先／行《い》き先を知《し》らせる。
❻これからのこと。例 先のことはわからない。対 前《まえ》。
❼それより前《まえ》。例 先にお伝《つた》えしたとおりです。対 後《あと》。
漢 ↓731ジペーせん〔先〕
●**先《さき》を争《あらそ》う** 人《ひと》より先《さき》になろうと競争《きょうそう》する。例 先を争って電車《でんしゃ》に乗《の》る。
●**先《さき》を急《いそ》ぐ** 目的《もくてき》の場所《ばしょ》へ急《いそ》いで行《い》く。例 日《ひ》が落《お》ちて暗《くら》くなってきたから、先を急ごう。

漢 **さき【崎】** 〔山〕やまへん 11画 4年 訓 音 さき
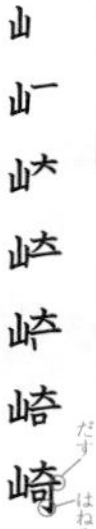

みさき。陸地《りくち》が海《うみ》や湖《みずうみ》につき出《で》たところ。

さき【左記】 名詞 縦書《たてが》きの文章《ぶんしょう》で、その左《ひだり》に書《か》いてあること。例 左記をご確認《かくにん》ください。対 右記《うき》。

さぎ 名詞 水辺《みずべ》にすむ鳥《とり》の一《ひと》つ。くちばし・足《あし》・首《くび》が長《なが》く、つるに似《に》ているがつるよりは小《ちい》さい。木《き》の上《うえ》に巣《す》をつ

さぎ
(あおさぎ)

かなようすのこと。

くり、魚《さかな》を食《た》べる。しらさぎ・ごいさぎ・あおさぎなど。ことば 漢字《かんじ》では「鷺」と書《か》く。

さぎ【詐欺】 名詞 人《ひと》をだましてお金《かね》や品物《しなもの》をとること。例 詐欺にあう。

さきおくり【先送り】 名詞 動詞 ものごとの解《かい》決《けつ》や処理《しょり》を、先《さき》にのばすこと。例 みんなの意《い》見《けん》がまとまらず、結論《けつろん》は先送りになった。

さきおととい 名詞 おとといの前《まえ》の日《ひ》。三日《みっか》前《まえ》の日《ひ》。

さきおととし 名詞 おととしの前《まえ》の年《とし》。三年《さんねん》前《まえ》の年《とし》。

さきがけ【先駆け】 名詞 動詞 ❶戦《たたか》いで、人《ひと》より先《さき》に敵《てき》の中《なか》にせめこむこと。❷ほかより先《さき》に始《はじ》まること。いちばん初《はじ》めとなること。例 秋《あき》の先駆けの虫《むし》が鳴《な》き出《だ》した。

さきがける【先駆ける】 動詞 ほかのものより先《さき》に行《おこな》う。例 春《はる》に先駆けてうぐいすが鳴《な》く。

さきこぼれる【咲きこぼれる】 動詞 花《はな》があふれるようにたくさんさく。例 満開《まんかい》の桜《さくら》が咲きこぼれている。

さきごろ【先頃】 名詞 この間《あいだ》。先《せん》だって。先《せん》日《じつ》。例 先頃京都《きょうと》をおとずれた。

さきざき【先先】 名詞 ❶これから先《さき》。将来《しょうらい》。例 先々が楽《たの》しみな子《こ》。❷出《で》かけていくあちらこちら。例 旅《たび》の先々でスケッチする。

さぎし【詐欺師】 名詞 人《ひと》をだましてお金《かね》や品《しな》物《もの》をとり上《あ》げる人《ひと》。

サキソホーン ➡525ページ サクソフォン

さきそめる【咲き初める】 動詞 花《はな》が開《ひら》き始《はじ》める。例 梅《うめ》の花《はな》が咲き初める。

さきそろう【咲きそろう】 動詞 花《はな》がいっせいにさく。例 紅白《こうはく》の梅《うめ》が咲きそろう。

さきだつ【先立つ】 動詞 ❶人々《ひとびと》のいちばん前《まえ》になって進《すす》む。先頭《せんとう》になる。例 みんなに先立って歩《ある》く。❷あることの前《まえ》に行《おこな》われる。例 出発《しゅっぱつ》に先立って、先生《せんせい》からの注意《ちゅうい》があった。❸先《さき》に死《し》ぬ。例 子《こ》に先立たれる。❹何《なに》よりもまず必要《ひつよう》である。例 先立つものはお金《かね》だ。

さぎちょう【左義長】 ➡963ページ どんど

さきどり【先取り】 名詞 動詞 ❶ほかの人《ひと》より先《さき》にものごとをすること。例 流行《りゅうこう》を先取りした服《ふく》を着《き》る。❷代金《だいきん》や利子《りし》など、ふつうはあとで受《う》けとるものを、先《さき》に受《う》けとること。

さきにおう【咲き匂う】 動詞 花《はな》が美《うつく》しい色《いろ》にさく。例 ばらが咲き匂う公園《こうえん》。

さきばしる【先走る】 動詞 人《ひと》より先《さき》にものごとをしようとして、軽《かる》はずみなことをする。例 先走って勝手《かって》に準備《じゅんび》を進《すす》め、大失敗《だいしっぱい》した。

さきばらい【先払い】 名詞 動詞 品物《しなもの》を受《う》けとる前《まえ》や働《はたら》いてもらう前《まえ》に、その代金《だいきん》や賃金《ちんぎん》をしはらうこと。例 運賃《うんちん》先払いのバス／来月分《らいげつぶん》の給料《きゅうりょう》を先払いする。類 前払《まえばら》い。対 後払《あとばら》い。

さきぶれ【先触れ】 名詞 前《まえ》もって知《し》らせること。前《まえ》ぶれ。例 春《はる》の先触れの花《はな》。

さきほこる【咲き誇る】 動詞 花《はな》が美《うつく》しく見《み》事《ごと》にさく。例 庭《にわ》のきくが咲き誇っている。

さきぼそり【先細り】 名詞 動詞 先《さき》に進《すす》むにつれて、だんだん勢《いきお》いがおとろえていくこと。例 先細りの商売《しょうばい》。

さきほど【先ほど】 名詞 副詞 今《いま》より少《すこ》し前《まえ》。「さっき」のていねいな言《い》い方《かた》。例 先ほどはありがとうございました。対 後《のち》ほど。

さきまわり【先回り】 名詞 動詞 ❶人《ひと》より先《さき》に目的地《もくてきち》に着《つ》くこと。❷相手《あいて》がする前《まえ》に、こちらが先《さき》にやってしまうこと。例 話《はなし》の先回りをする。

さきみだれる【咲き乱れる】 動詞 花《はな》が辺《あた》り一面《いちめん》に美《うつく》しくさく。

さきもり【防人】 名詞 奈良《なら》時代《じだい》のころ、九《きゅう》州《しゅう》北部《ほくぶ》を守《まも》るために送《おく》られた兵士《へいし》。おもに東《とう》国《ごく》の農民《のうみん》が送《おく》られた。

さきゅう【砂丘】 名詞 海岸《かいがん》や砂漠《さばく》で、砂《すな》が風《かぜ》に運《はこ》ばれてできたおか。参考 日本《にほん》では鳥取砂《とっとりさ》丘《きゅう》が有名《ゆうめい》。

さぎょう【作業】 名詞 動詞 体《からだ》を動《うご》かして、実《じっ》際《さい》に仕事《しごと》をすること。また、その仕事《しごと》。例 作業着《ぎ》／種《たね》まきの作業にとりかかる。

さきん【砂金】 名詞 川底《かわぞこ》の砂《すな》などに混《ま》じっている、砂粒《すなつぶ》のように細《こま》かい金《きん》。

さきんじる【先んじる】 動詞 人《ひと》より先《さき》にする。また、先《さき》に行《い》く。「さきんずる」ともいう。例 みんなに先んじて手助《てだす》けをした。

さきんずる【先んずる】 ➡523ページ さきんじる

あいうえお　かきくけこ　さしすせそ　たちつてと　なにぬねの　はひふへほ　まみむめも　や　ゆ　よ　らりるれろ　わ　を　ん

四字熟語 一目瞭然《いちもくりょうぜん》 ものごとのようすが、ひとめ見《み》ただけではっきりわかること。「瞭然《りょうぜん》」は、明《あき》ら

さきんずればひとをせいす【先んずれば人を制す】 故事成語 何《なに》ごとも人《ひと》より先《さき》にすれば、自分《じぶん》が有利《ゆうり》になることができる。

さく【冊】 漢 ⇩532ページ さつ〔冊〕

さく【作】 名詞 その人《ひと》がつくったもの。例 会心《かいしん》の作（＝思《おも》いどおりにできた作品《さくひん》）／自信《じしん》作。

漢 **さく【作】**〔亻〕にんべん 7画 2年 音 サク・サ 訓 つくる

とめる

❶（「サク」と読《よ》んで）つくる。つくったもの。みのったもの。例 作成《さくせい》／作品《さくひん》／作文《さくぶん》／作物《さくもつ》／作曲《さっきょく》／工作《こうさく》。❷（「サ」と読《よ》んで）おこなう。おこない。はたらき。例 作業《さぎょう》／作法《さほう》／動作《どうさ》。

漢 **さく【昨】**〔日〕ひへん 9画 4年 音 サク 訓

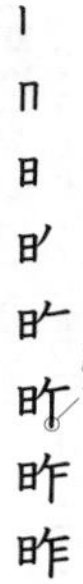
とめる

❶一《ひと》つ前《まえ》の日《ひ》や年《とし》など。例 昨日《さくじつ》／昨年《さくねん》／昨晩《さくばん》。
❷このごろ。近《ちか》ごろ。例 昨今《さっこん》。

さく【柵】 名詞 木《き》や竹《たけ》を並《なら》べて立《た》て、それに横《よこ》木《ぎ》をとりつけた囲《かこ》い。人《ひと》や動物《どうぶつ》が通《とお》れないようにするためのもの。

さく【策】 名詞 はかりごと。計画《けいかく》。方法《ほうほう》。例 策を練《ね》る／策を考《かんが》える。

漢 **さく【策】**〔⺮〕たけかんむり 12画 6年 音 サク 訓

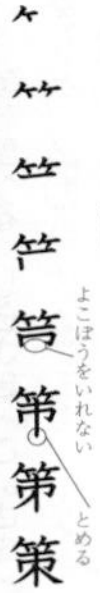
よこぼうをいれない
とめる

❶はかりごと。計画《けいかく》。例 策略《さくりゃく》／政策《せいさく》／対策《たいさく》／方策《ほうさく》。❷つえ。例 散策《さんさく》。

さく【咲く】 動詞 花《はな》のつぼみが開《ひら》く。

さく【裂く・割く】 動詞
❶切《き》ったり引《ひ》っ張《ぱ》ったりして、二《ふた》つに分《わ》ける。例 布《ぬの》を裂く。
❷刃物《はもの》で切《き》って開《ひら》く。例 包丁《ほうちょう》で、魚《さかな》を割く。
❸一部分《いちぶぶん》を分《わ》けて、ほかのことに使《つか》う。例 友《とも》だちの手伝《てつだ》いのために時間《じかん》を割く。
❹人《ひと》と人《ひと》との仲《なか》を、無理《むり》に引《ひ》きはなす。つきあわないようにさせる。例 二人《ふたり》の仲《なか》を裂く。

漢 ⇩1438ページ わ-る〔割〕

さくい【作為】 名詞 動詞 都合《つごう》がよいように見《み》せかけようとして、わざと手《て》を加《くわ》えること。例 この文章《ぶんしょう》には作為のあとがみえる。

さくいん【索引】 名詞 本《ほん》の中《なか》の大事《だいじ》なことばやことがらがすぐに探《さが》し出《だ》せるように、五十音順《ごじゅうおんじゅん》などに並《なら》べて、そのページ数《すう》などを示《しめ》したもの。参考 図鑑《ずかん》や漢和辞典《かんわじてん》などにある。

さくがら【作柄】 名詞 農作物《のうさくぶつ》のでき具合《ぐあい》。例 今年《ことし》は米《こめ》の作柄がよいようだ。

さくがんき【削岩機】 名詞 岩《いわ》に穴《あな》をあける機械《きかい》。

さくげん【削減】 名詞 動詞 数量《すうりょう》や金額《きんがく》などをけずって少《すく》なくすること。例 来年度《らいねんど》の予算《よさん》を削減する。

さくご【錯誤】 名詞
❶まちがい。あやまり。例 試行《しこう》錯誤。
❷考《かんが》えていることと事実《じじつ》が合《あ》わないこと。例 時代《じだい》錯誤（＝考《かんが》えなどが時代《じだい》と合《あ》わないこと）。

さくさく【と】 副詞
❶雪《ゆき》やしもをふんで歩《ある》く音《おと》のようす。例 新雪《しんせつ》をさくさくとふむ。
❷食《た》べ物《もの》をかんだり、野菜《やさい》などを切《き》ったりする音《おと》のようす。例 りんごをさくさくとかじる。
❸ものごとをかろやかに進《すす》めるようす。また、ものごとがすいすい進《すす》むようす。例 かたづけをさくさく終《お》える／パソコンがさくさく動《うご》く。
使い方 ❸は、話《はな》しことばで使《つか》う。

さくさん【酢酸】 名詞 酢《す》のおもな成分《せいぶん》。すっぱいにおいと味《あじ》がある無色《むしょく》の液体《えきたい》。

さくし【作詞】 名詞 動詞 歌詞《かし》をつくること。

さくし【作詩】 名詞 動詞 詩《し》をつくること。

さくし【策士】 名詞 はかりごとをするのが得《とく》意《い》な人《ひと》。好《この》んではかりごとをする人《ひと》。

● **策士《さくし》、策《さく》に溺《おぼ》れる** ことわざ はかりごとの得《とく》意《い》な人《ひと》は、そのためにかえって失敗《しっぱい》する。

さくじつ【昨日】 名詞 今日《きょう》の前《まえ》の日《ひ》。きのう。対 明日《みょうにち》。使い方「きのう」よりもあらたまった言《い》い方《かた》。

さくしゃ【作者】 名詞 詩《し》・歌《うた》・小説《しょうせつ》・絵《え》・彫《ちょう》刻《こく》などの作品《さくひん》をつくった人《ひと》。

さくしゅ【搾取】 名詞 動詞
❶しぼりとること。
❷やとい主《ぬし》が、人《ひと》を安《やす》いお金《かね》で働《はたら》かせて、自分《じぶん》だけたくさんもうけること。

さくじょ【削除】 名詞 動詞 文章《ぶんしょう》などの一部《いちぶ》をけずりとること。例 不必要《ふひつよう》な文《ぶん》を削除する。

るということ。

関連＝関係《かんけい》の深《ふか》いことば

さくず【作図】 名詞 動詞 図面《ずめん》や図形《ずけい》をかくこと。

さくせい【作成】 名詞 動詞 書類《しょるい》や計画《けいかく》などをつくり上《あ》げること。例 予定《よてい》表《ひょう》を作成する。↓ 使い分け

さくせい【作製】 名詞 動詞 物《もの》をつくること。こしらえること。例 運動会《うんどうかい》のポスターを作製する。↓ 使い分け

使い分け
さくせい
作成・作製

作成 書類《しょるい》や計画《けいかく》などをつくり上《あ》げること。
「レポートを作成《さくせい》する／予算案《よさんあん》の作成《さくせい》」

作製 品物《しなもの》や作品《さくひん》などをつくること。
「家具《かぐ》を作製《さくせい》する／昆虫《こんちゅう》の標《ひょう》本《ほん》を作製《さくせい》する」

さくせん【作戦】 名詞 戦《たたか》いに勝《か》つための方法《ほうほう》。例 メンバー全員《ぜんいん》で次《つぎ》の試合《しあい》の作戦を立《た》てる。

さくそう【錯そう】 名詞 動詞 ものごとが複雑《ふくざつ》に入《い》りまじること。例 たくさんの情報《じょうほう》が錯そうする。

サクソフォン（saxophone） 名詞 木管楽器《もっかんがっき》の一《ひと》つ。吹奏楽《すいそうがく》やジャズに使《つか》う。今《いま》は金属《きんぞく》でつくられる。図 ↓269ページ《ペ ジ》がっき〔楽器〕「サキソホーン」「サックス」ともいう。

さくちゅうじんぶつ【作中人物】 名詞 小《しょう》説《せつ》などに出《で》てくる登場人物《とうじょうじんぶつ》。

さくつけ【作付け】 ↓525ページ《ペ ジ》さくづけ

さくづけ【作付け】 名詞 動詞 田《た》や畑《はたけ》に作物《さくもつ》を植《う》えつけること。「さくつけ」ともいう。

さくづけめんせき【作付面積】 名詞 作物《さくもつ》を植《う》えつけてある田畑《たはた》の面積《めんせき》。

さくどう【策動】 名詞 動詞 よくない計画《けいかく》をこっそり立《た》てて、行動《こうどう》すること。

さくねん【昨年】 名詞 今年《ことし》の前《まえ》の年《とし》。去年《きょねん》。対 明年《みょうねん》。来年《らいねん》。使い方「去年《きょねん》」よりもあらたまった言《い》い方《かた》。

さくばん【昨晩】 名詞 昨日《きのう》の晩《ばん》。ゆうべ。類 昨夜《さくや》。対 明晩《みょうばん》。使い方「ゆうべ」よりもあらたまった言《い》い方《かた》。

さくひん【作品】 名詞 つくったもの。とくに小説《しょうせつ》・絵《え》・彫刻《ちょうこく》・音楽《おんがく》などについていう。

さくふう【作風】 名詞 作品《さくひん》に表《あらわ》れている、その作者《さくしゃ》の特徴《とくちょう》。例 作風が変化《へんか》する。

さくぶん【作文】 名詞 動詞 文章《ぶんしょう》を作《つく》ること。また、その文章《ぶんしょう》。例 海《うみ》に行《い》ったことを作文に書《か》く。

さくもつ【作物】 名詞 田《た》や畑《はたけ》でつくる、いねや麦《むぎ》、野菜《やさい》などの植物《しょくぶつ》。農作物《のうさくぶつ》。

さくや【昨夜】 名詞 昨日《きのう》の夜《よる》。ゆうべ。類 昨《さく》晩《ばん》。使い方「ゆうべ」よりもあらたまった言《い》い方《かた》。

さくら【桜】 名詞 季語 春 ばらのなかまの木《き》の一《ひと》つ。春《はる》にうすいもも色《いろ》の花《はな》がさく。日本《にほん》の国花《こっか》として親《した》しまれており、昔《むかし》から歌《うた》や詩《し》によまれている。そめいよしの・やまざくらなど、多《おお》くの種類《しゅるい》がある。

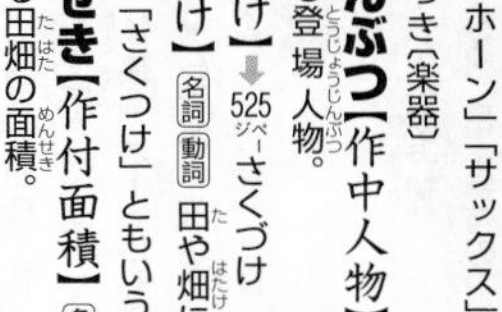
さくら
（そめいよしの）

漢 **さくら【桜】**〔木〕きへん 10画 5年 音 オウ 訓 さくら
一 十 木 木' 木'' 桜 桜 桜（とめない）
さくら。ばらのなかまの木《き》。例 桜色《さくらいろ》／葉桜《はざくら》／山桜《やまざくら》。

さくらいろ【桜色】 名詞 桜《さくら》の花《はな》びらのような色《いろ》。うすい紅色《べにいろ》。

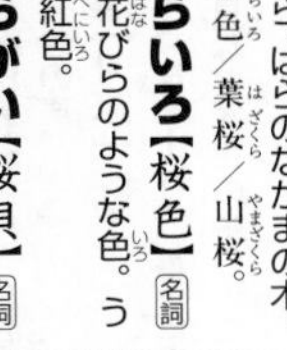
さくらいろ

さくらがい【桜貝】 名詞 季語 春 遠浅《とおあさ》の海《うみ》にすむ二枚貝《にまいがい》。貝殻《かいがら》は平《ひら》たく、桜色《さくらいろ》をしている。貝細工《かいざいく》などに使《つか》われる。

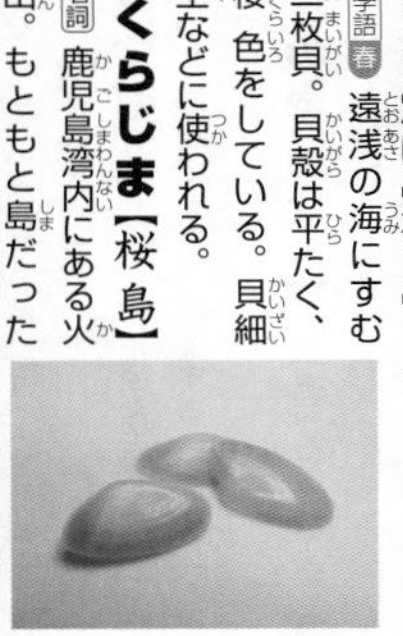
さくらがい

さくらじま【桜島】 名詞 鹿児島湾内《かごしまわんない》にある火山《かざん》。もともと島《しま》だったが、一九一四年《ねん》の噴火《ふんか》で大隅半島《おおすみはんとう》と陸続《りくつづ》きになった。霧島屋久国立公園《きりしまやくこくりつこうえん》の一部《いちぶ》。

四字熟語 **一利一害《いちりいちがい》** 一《ひと》つの利益《りえき》（一利《いちり》）と一《ひと》つの害《がい》（一害《いちがい》）という意味《いみ》で、利益《りえき》がある一方《いっぽう》で、害《がい》もあ

さくらぜんせん【桜前線】 名詞 桜《さくら》の花《はな》が開《ひら》く日《ひ》が同《おな》じである地点《ちてん》を結《むす》んだ線《せん》。天気図《てんきず》の前線《ぜんせん》にたとえていう。

さくらそう【桜草】 名詞 季語春 山《やま》や野《の》に生《は》える草花《くさばな》。春《はる》、桜《さくら》に似《に》た赤《あか》むらさき・ピンク・白色《しろいろ》などの小《ちい》さな花《はな》がまとまってさく。

さくらづき【桜月】 名詞 昔《むかし》のこよみで、「三月《さんがつ》」の別《べつ》の呼《よ》び名《な》。

さくらそう

さくらふぶき【桜吹雪】 名詞 桜《さくら》の花《はな》びらが風《かぜ》にふかれて、ふぶきのように飛《と》び散《ち》ること。花《はな》ふぶき。

さくらもち【桜餅】 名詞 季語春 小麦粉《こむぎこ》などでつくったうすい皮《かわ》であんを包《つつ》み、桜《さくら》の葉《は》の塩《しお》づけを巻《ま》いた和菓子《わがし》。

さくらんぼ 名詞 季語夏 桜《さくら》の実《み》。とくに、食用《しょくよう》となる桜《さくら》の一種《いっしゅ》の「桜桃《おうとう》」の実《み》。さくらんぼう。

さくらんぼ

さくりゃく【策略】 名詞 ものごとが自分《じぶん》の思《おも》いどおりにいくように考《かんが》えた、人《ひと》をだましたりする計画《けいかく》。はかりごと。例 策略家《か》。類 計略《けいりゃく》。

さぐりをいれる【探りを入れる】 それとなく相手《あいて》のようすや考《かんが》えを知《し》ろうとする。例 相手《あいて》のチームに探《さぐ》りを入《い》れる。

さぐる【探る】 動詞 ❶手《て》や足《あし》でさわって物《もの》をさがす。例 暗《くら》やみでスイッチを探る。❷相手《あいて》に気《き》づかれないように、ようすをこっそり調《しら》べる。例 相手《あいて》チームの作戦《さくせん》を探る。❸わからないこと、知《し》られていないことをいろいろ調《しら》べる。例 海《うみ》の底《そこ》の世界《せかい》を探る。

漢 ⇒815ページ たん〔探〕

さくれつ【さく裂】 名詞 動詞 爆弾《ばくだん》や砲弾《ほうだん》などが破裂《はれつ》すること。

ざくろ 名詞 季語秋 庭《にわ》などに植《う》える高《たか》い木《き》。初夏《しょか》に花《はな》がさく。実《み》は赤色《あかいろ》で丸《まる》く、食用《しょくよう》になる。熟《じゅく》すと自然《しぜん》に割《わ》れて赤《あか》い種《たね》が見《み》える。

ことば 季語《きご》として使《つか》うのはざくろの実《み》の意味《いみ》。

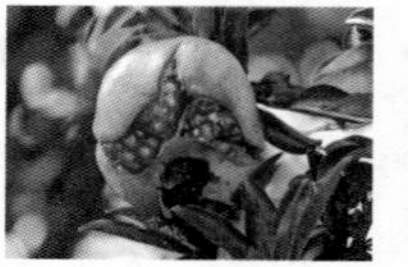

ざくろ

さけ【鮭】 名詞 季語秋 北《きた》の海《うみ》にすむ魚《さかな》。秋《あき》になると川《かわ》をさかのぼって卵《たまご》を産《う》み、かえった魚《さかな》は川《かわ》を下《くだ》って海《うみ》へ行《い》く。体長《たいちょう》一メートルくらい。かんづめ・あらまきなどにして食《た》べる。「しゃけ」ともいう。ことば 漢字《かんじ》では「鮭」と書《か》く。

図 ⇒521ページ さかな〔魚〕

さけ【酒】 名詞 ❶アルコールをふくんだ飲《の》み物《もの》。❷米《こめ》とこうじでつくる、日本特有《にほんとくゆう》の、アルコールをふくんだ飲《の》み物《もの》。日本酒《にほんしゅ》。

使い方 ほかのことばの前《まえ》につくときは、「さか」となることが多《おお》い。「酒盛《さかも》り」など。

漢 ⇒602ページ しゅ〔酒〕

さげすむ【蔑む】 動詞 相手《あいて》が自分《じぶん》より下《した》だと思《おも》ってばかにする。軽蔑《けいべつ》する。例 蔑《さげす》むような目《め》で見《み》る。

さけのみ【酒飲み】 名詞 酒《さけ》が好《す》きな人《ひと》。酒《さけ》をたくさん飲《の》む人《ひと》。

さけび【叫び】 名詞 さけぶこと。また、さけんだときの声《こえ》。

さけぶ【叫ぶ】 動詞 ❶大《おお》きな声《こえ》を上《あ》げる。例「危《あぶ》ない！」と叫《さけ》んだ。❷意見《いけん》などを世《よ》の中《なか》の人《ひと》に強《つよ》くうったえる。例 平和《へいわ》を叫ぶ声《こえ》。

さけめ【裂け目】 名詞 さけたところ。

さける【裂ける】 動詞 切《き》れて分《わ》かれる。破《やぶ》れて分《わ》かれる。例 布《ぬの》が裂ける。

さける【避ける】 動詞 ❶ふれないようにする。よける。例 水《みず》たまりを避けて通《とお》る。❷自分《じぶん》に都合《つごう》の悪《わる》いことなどからのがれる。例 人目《ひとめ》を避ける／暑《あつ》さを避ける。❸好《この》ましくない行動《こうどう》をしないでおく。遠慮《えんりょ》する。例 争《あらそ》いごとを避ける。

さげる【下げる】 動詞 ❶上《うえ》から下《した》へ移《うつ》す。例 頭《あたま》を下げる。対 上《あ》げる。❷程度《ていど》や価値《かち》などを低《ひく》くする。例 温度《おんど》を下げる／値段《ねだん》を下げる。対 上《あ》げる。

という意味《いみ》で、もとは「一攫千金」と書《か》く。

❸つるす。ぶら下《さ》げる。例のれんを下げる。
❹後《うし》ろへ動《うご》かす。例いすを下げる。
❺かたづける。例料理《りょうり》を下げる。

さげる【提げる】 動詞 手《て》に持《も》ったり、かたにかけたりして物《もの》を持《も》つ。例かばんを提げる。
漢↓214ページ《ジ》か〔下〕

さげん【左舷】 名詞 船《ふね》の進《すす》む方向《ほうこう》に向《む》かって、左側《ひだりがわ》の船《ふな》べり。対右舷《うげん》。
漢↓881ページ《ジ》てい〔提〕

ざこ【雑魚】 名詞
❶小《ちい》さな魚《さかな》。とくに、とるに足《た》りない魚《さかな》や、いろいろな種類《しゅるい》が入《い》り交《ま》じっている場合《ばあい》をいう。
❷大《たい》したことのない人《ひと》。

ざこう【座高】 名詞 背筋《せすじ》をのばしてすわったときの、いすの面《めん》から頭《あたま》の先《さき》までの高《たか》さ。

さこく【鎖国】 名詞 動詞 国《くに》が、外国《がいこく》とのつきあいや、取《と》り引《ひ》きを禁止《きんし》すること。対開国《かいこく》。
教科 社 江戸《えど》時代《じだい》に、幕府《ばくふ》は中国《ちゅうごく》・オランダ・朝鮮《ちょうせん》以外《いがい》の国《くに》に対《たい》して鎖国《さこく》した。

さこつ【鎖骨】 名詞 胸《むね》の上部《じょうぶ》の左右《さゆう》にある長《なが》い骨《ほね》。胸《むね》とかたの骨《ほね》をつないでいる。

ざこね【雑魚寝】 名詞 動詞 大勢《おおぜい》が一《ひと》つの部屋《へや》で入《い》り交《ま》じってねること。

ささ 名詞 低《ひく》くて小《ちい》さい竹《たけ》を、まとめていうことば。くまざさなど、種類《しゅるい》が多《おお》い。ことば 漢《かん》字《じ》では「笹」と書《か》く。

ささ
（くまざさ）

ささい 形容動詞 問題《もんだい》にするほどでもない、小《ちい》さなことであるようす。例ささいなちがいに気《き》づく。

ささえ【支え】 名詞 支《ささ》えること。また、支《ささ》えるもの。例心《こころ》の支えになる思《おも》い出《で》。

さざえ 名詞 季語 春 海《うみ》の底《そこ》の岩《いわ》にくっついている巻《ま》き貝《がい》の一《ひと》つ。にぎりこぶしのような形《かたち》をしている。図↓219ページ《ジ》かい〔貝〕

ささえる【支える】 動詞
❶下《した》や横《よこ》から力《ちから》をそえて、物《もの》が落《お》ちたりたおれたりしないようにする。例屋根《やね》を支える太《ふと》い柱《はしら》。
❷今《いま》の状態《じょうたい》がくずれないようにする。持《も》ちこたえさせる。例一家《いっか》の生活《せいかつ》を支える。
❸こうげきなどを食《く》い止《と》める。
漢↓551ページ《ジ》し〔支〕

ささくれる 動詞
❶物《もの》の先《さき》やふち、表面《ひょうめん》などが細《こま》かくさける。例たたみがささくれる。
❷つめの生《は》えぎわの皮膚《ひふ》が細《こま》かくむける。例指先《ゆびさき》がささくれる。
❸気持《きも》ちがあらあらしくなる。例気分《きぶん》がささくれる。

ささげる 動詞
❶両手《りょうて》で持《も》って高《たか》く上《あ》げる。例賞状《しょうじょう》をささげて一礼《いちれい》する。
❷神《かみ》や仏《ほとけ》、目上《めうえ》の人《ひと》などに物《もの》を上《あ》げる。例お墓《はか》に花《はな》をささげる。
❸真心《まごころ》や愛情《あいじょう》などを注《そそ》いで、相手《あいて》につくす。例文学《ぶんがく》に一生《いっしょう》をささげた詩人《しじん》。

ささたけ【ささ竹】 名詞 小《ちい》さい竹《たけ》をまとめていう呼《よ》び名《な》。

ささつ【査察】 名詞 動詞 ものごとが決《き》まりどおりに行《おこな》われているかどうかを、実際《じっさい》に調査《ちょうさ》すること。例会社《かいしゃ》が査察を受《う》ける。

さざなみ【さざ波】 名詞 水面《すいめん》に立《た》つ細《こま》かい波《なみ》。例風《かぜ》がさざ波を立《た》てる。

ささぶね【ささ舟】 名詞 ささの葉《は》で作《つく》った小《ちい》さなふね。水《みず》にうかべて遊《あそ》ぶ。

さざめく 動詞 にぎやかな声《こえ》や音《おと》を立《た》てる。例庭《にわ》の木《き》が風《かぜ》にさざめく。

ささめゆき【ささめ雪】 名詞 季語 冬 細《こま》かく降《ふ》る雪《ゆき》。また、まだらに降《ふ》る雪《ゆき》。

ささもち【ささ餅】 名詞
❶ささの葉《は》の形《かたち》に作《つく》ったもちの和菓子《わがし》。
❷ささの葉《は》で包《つつ》んだもち。

ささやか 形容動詞 規模《きぼ》などが小《ちい》さいようす。とるに足《た》りないものであるようす。例ささやかな望《のぞ》み／ささやかなプレゼントです。

ささやき 名詞 小《ちい》さな声《こえ》で話《はな》すこと。また、その声《こえ》。

ささやく 動詞 小《ちい》さな声《こえ》でひそひそと話《はな》す。例耳元《みみもと》でささやく。

ささる【刺さる】 動詞 先《さき》のとがったものが、ほかのものに食《く》いこんで入《はい》る。例指《ゆび》にとげが刺さる。

さざれいし【さざれ石】 名詞 小《ちい》さな石《いし》。小《こ》石《いし》。

四字熟語 一獲千金《いっかくせんきん》　苦労《くろう》せずに一度《いちど》に大金《たいきん》を手《て》に入《い》れること。一《ひと》つかみで大金《たいきん》（＝千金《せんきん》）を手《て》に入《い》れる

さざんか 名詞 季語冬 つばきに似《に》た木《き》。秋《あき》から冬《ふゆ》にかけて、白《しろ》またはもも色《いろ》の花《はな》がさく。暖《あたた》かい地《ち》方《ほう》に生《は》え、種《たね》から油《あぶら》をとる。ことば 漢字《かんじ》では「山茶花」と書《か》く。

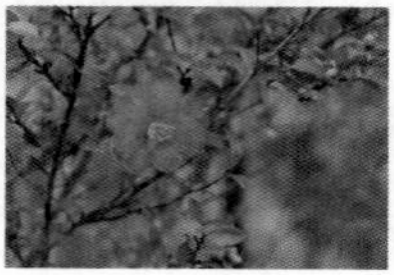
さざんか

-さし 接尾語 （ほかのことばのあとにつけて）動《どう》作《さ》をとちゅうでやめること。例 読《よ》みさしの本《ほん》。

さじ 名詞 液体《えきたい》や粉《こな》などをすくいとる道具《どうぐ》。スプーン。

●**さじを投《な》げる** よい結果《けっか》が出《で》ないだろうとあきらめる。例 問題《もんだい》が難《むずか》しくてさじを投げた。ことば「医者《いしゃ》が、もう治療《ちりょう》の方法《ほうほう》がないと考《かんが》えて、薬《くすり》を調合《ちょうごう》するためのさじを投《な》げ出《だ》す」という意味《いみ》からきたことば。

さしあげる【差し上げる】 動詞 ❶高《たか》く上《うえ》へ上《あ》げる。例 両手《りょうて》を差し上げる。❷「やる」「してやる」のへりくだった言《い》い方《かた》。例 この本《ほん》はあなたに差し上げます／くわしい説明《せつめい》をして差し上げた。

さしあたり【差し当たり】 副詞 今《いま》のところ。例 差し当たり足《た》りない物《もの》はありません。

さしあみ【刺し網】 名詞 魚《さかな》をとるあみの一《ひと》つ。海《うみ》の中《なか》に帯《おび》のように張《は》りめぐらし、あみの目《め》にかかった魚《さかな》をとる。

さしいれ【差し入れ】 名詞 動詞 ❶刑務所《けいむしょ》などに入《はい》っている人《ひと》に、食《た》べ物《もの》や着《き》る物《もの》など、必要《ひつよう》なものを届《とど》けること。❷仕事《しごと》や勉強《べんきょう》などに集中《しゅうちゅう》してとりくんでいる人《ひと》に、食《た》べ物《もの》や飲《の》み物《もの》などを届《とど》けること。また、その品物《しなもの》。

さしいれる【差し入れる】 動詞 ❶ものを中《なか》に入《い》れる。例 穴《あな》に手《て》を差し入れる。❷差《さ》し入《い》れをする。例 父《ちち》にお茶《ちゃ》を差し入れる。

さしえ【挿絵】 名詞 雑誌《ざっし》や本《ほん》などの文章《ぶんしょう》のとちゅうに入《い》れてある絵《え》。イラスト。カット。

さしおく【差し置く】 動詞 ❶そのままにしておく。ほうっておく。例 あいさつは差し置いて、すぐ本題《ほんだい》に入《はい》る。❷当然《とうぜん》考《かんが》えなくてはならない人《ひと》を無視《むし》して、ものごとを行《おこな》う。例 会《かい》の日時《にちじ》を、委員長《いいんちょう》を差し置いて決《き》めてしまうわけにはいかない。

さしおさえ【差し押さえ】 名詞 税金《ぜいきん》や借金《しゃっきん》をはらわない人《ひと》に対《たい》し、法律《ほうりつ》によって、その人《ひと》が自分《じぶん》の持《も》ち物《もの》を自由《じゆう》に使《つか》ったり売《う》ったりできないようにすること。

さしかえる【差し替える】 動詞 別《べつ》のものと入《い》れかえる。ほかのものととりかえる。例 文《ぶん》集《しゅう》のイラストをほかのものと差し替える。

さしかかる【差し掛かる】 動詞 ❶ちょうどそこに来《く》る。通《とお》りかかる。例 急《きゅう》カーブに差し掛かる。❷ある時期《じき》になる。例 梅雨《つゆ》に差し掛かった。

さしかける【差し掛ける】 動詞 差《さ》し出《だ》して、上《うえ》からおおうようにする。例 傘《かさ》を差し掛ける。

さじかげん【さじ加減】 名詞 ❶薬《くすり》を混《ま》ぜ合《あ》わせる程度《ていど》。❷ものごとがうまくいくように、ちょうどよい具合《ぐあい》にすること。例 さじ加減一《ひと》つで成功《せいこう》か失《しっ》敗《ぱい》かが決《き》まる。

さしがね【差し金】 名詞 ❶大工《だいく》などが使《つか》う、金属《きんぞく》でできた直角《ちょっかく》に曲《ま》がった物差《ものさ》し。「かね尺《じゃく》」ともいう。❷かげで命令《めいれい》して人《ひと》を動《うご》かすこと。例 だれの差し金でこんなことをしたのか。

使い方 ❷は、よい意味《いみ》には使《つか》われない。ことば ❷は、もとは、かぶきで使《つか》う、作《つく》り物《もの》の小鳥《ことり》などを先《さき》につけて動《うご》かす棒《ぼう》や、人形芝居《にんぎょうしばい》で使《つか》う、人形《にんぎょう》の手首《てくび》や指《ゆび》をあやつる棒《ぼう》のことをいった。

さしき【挿し木】 名詞 季語春 植物《しょくぶつ》のくきや枝《えだ》の一部《いちぶ》を切《き》り取《と》って土《つち》の中《なか》にさし、根《ね》を出《だ》させてふやすこと。

さじき【桟敷】 名詞 芝居《しばい》やすもうなどを見《み》やすくするために、一段高《いちだんたか》いところにつくった見《けん》物席《ぶつせき》。

ざしき【座敷】 名詞 ❶たたみがしいてある部屋《へや》。❷客《きゃく》を通《とお》す部屋《へや》。客間《きゃくま》。

ざしきわらし【座敷わらし】 名詞 東北地《とうほくち》方《ほう》で、古《ふる》い家《いえ》の座敷《ざしき》に現《あらわ》れると言《い》い伝《つた》えられている想像《そうぞう》上《じょう》の子供《こども》。おかっぱ頭《あたま》で顔《かお》が赤《あか》く、その家《いえ》が栄《さか》えるのを守《まも》っているといわれる。「座敷《ざしき》ぼっこ」ともいう。

さしこむ【差し込む】 動詞 ❶中《なか》へ差《さ》し入《い》れる。つっこむ。例 かぎ穴《あな》に、かぎを差し込む。❷光《ひかり》が中《なか》に入《はい》ってくる。例 戸《と》のすきまから、光《ひかり》が差し込む。❸胸《むね》やおなかなどが、急《きゅう》に激《はげ》しく痛《いた》くなる。例 おなかがきりきりと差し込んできた。

さしさわり【差し障り】 名詞 都合《つごう》が悪《わる》いこと。例 急《きゅう》に差し障りができて、会《かい》に欠席《けっせき》した。類 差《さ》し支《つか》え。支障《ししょう》。

さししめす【指し示す】 動詞 指《ゆび》などで指《さ》して示《しめ》す。例 地図《ちず》を広《ひろ》げて、家《いえ》の位置《いち》を指し示す。

さしず【指図】 名詞 動詞 ほかの人《ひと》に言《い》いつけて、何《なに》かをやらせること。命令《めいれい》。例 部下《ぶか》を指図して準備《じゅんび》を進《すす》める／他人《たにん》の指図は受《う》けない。

さしずめ 副詞 ❶今《いま》のところ。さしあたって。例 さしずめ、何《なに》をすればよいでしょうか。❷あれこれ考《かんが》えてみて結局《けっきょく》。つまり。例 鳥《とり》にたとえるなら、夜《よ》ふかしのきみはさしずめふくろうといったところだ。

さしせまる【差し迫る】 動詞 時期《じき》などが近《ちか》づく。例 出発《しゅっぱつ》の日《ひ》が差し迫ってきた。

さしだしにん【差出人】 名詞 手紙《てがみ》や荷物《にもつ》などを送《おく》るほうの人《ひと》。

さしだす【差し出す】 動詞 ❶前《まえ》の方《ほう》へ出《だ》す。つき出《だ》す。例 手《て》を差し出す。❷出《だ》す。提出《ていしゅつ》する。例 窓口《まどぐち》に書類《しょるい》を差し出す。❸郵便物《ゆうびんぶつ》を出《だ》す。例 手紙《てがみ》を差し出す。

さしたる 連体詞 とくにこれというほどの。さほどの。例 少《すこ》しくらいおくれてもさしたる問《もん》題《だい》はない。使い方 あとに「ない」などのことばがくる。

さしちがえる【差し違える】 動詞 すもうで、行司《ぎょうじ》が勝《か》ち負《ま》けの判定《はんてい》をまちがえる。

さしつかえ【差し支え】 名詞 何《なに》かをするのにじゃまになるものごと。都合《つごう》が悪《わる》いものごと。例 差し支えがなければ事情《じじょう》を話《はな》してください。類 差《さ》し障《さわ》り。支障《ししょう》。

さしつかえる【差し支える】 動詞 じゃまになる。具合《ぐあい》の悪《わる》いことになる。例 テレビばかり見《み》ていると、勉強《べんきょう》に差し支えるよ。

さして 副詞 それほど。大《たい》して。とくに。例 雨《あめ》が降《ふ》っても、さして心配《しんぱい》はない。使い方 あとに「ない」などのことばがくる。

さしでがましい【差し出がましい】 形容詞 出《で》しゃばったような感《かん》じである。例 差し出がましい意見《いけん》を言《い》う。類 おこがましい。

さしでぐち【差し出口】 名詞 余計《よけい》な口出《くちだ》しをすること。例 余計《よけい》な差し出口をするな。

さしとめる【差し止める】 動詞 やめさせる。禁止《きんし》する。例 店《みせ》への出入《でい》りを差し止める。

さしのべる【差し伸べる】 動詞 そのほうへのばす。例 救《すく》いの手《て》を差し伸べる。

さしはさむ【差し挟む】 動詞 ❶間《あいだ》に入《い》れる。例 人《ひと》の話《はなし》に口《くち》を差し挟む。❷ある考《かんが》えを心《こころ》の中《なか》に持《も》つ。例 疑《うたが》いを差し挟む。

さしひかえる【差し控える】 動詞 ひかえめにする。また、しようと思《おも》ったことをやめる。例 あまいものを差し控える。

さしひき【差し引き】 名詞 動詞 ある数《かず》から、ほかの数《かず》を引《ひ》くこと。また、その残《のこ》りの数《かず》。例 千円《せんえん》から六百円《ろっぴゃくえん》つかうと、差し引き四百《よんひゃく》円《えん》になる。

さしひく【差し引く】 動詞 ある数量《すうりょう》から、ほかの数量《すうりょう》を引《ひ》く。引《ひ》いて減《へ》らす。例 給料《きゅうりょう》から税金《ぜいきん》を差し引く。

さしみ【刺身】 名詞 生《なま》の魚《さかな》などを、うすく切《き》って食《た》べる料理《りょうり》。しょうゆやわさびなどをつけて食《た》べる。

さしむかい【差し向かい】 名詞 二人《ふたり》が向《む》かい合《あ》うこと。例 差し向かいで勉強《べんきょう》を教《おそ》わる。

さしむける【差し向ける】 動詞 ❶その方《ほう》へ向《む》ける。例 相手《あいて》に顔《かお》を差し向ける。❷ある場所《ばしょ》まで行《い》かせる。使《つか》いに出《だ》す。例 むかえの車《くるま》を差し向ける。

さしも 副詞 あれほど。あんなに。例 さしも盛《も》り上《あ》がったお祭《まつ》りもついに終《お》わった。使い方 古《ふる》い言《い》い方《かた》。

さしょう【査証】 ⇩1105ジ《ペー》 ビザ

ざしょう【挫傷】 名詞 動詞 ぶつかったり転《ころ》んだりしたときに、皮膚《ひふ》の表面《ひょうめん》ではなく、内部《ないぶ》が傷《きず》つくこと。また、その傷《きず》。

ざしょう【座礁】 名詞 動詞 ふねが、海中《かいちゅう》の岩《いわ》などに乗《の》り上《あ》げて、動《うご》けなくなること。

さしわたし【差し渡し】 名詞 直径《ちょっけい》。例 差し渡し一《いち》メートルの柱《はしら》。

さじん【砂じん】 名詞 砂《すな》ぼこり。例 強風《きょうふう》で砂

四字熟語　**一喜一憂《いっきいちゆう》**　「憂《ゆう》」は、「心配《しんぱい》する」という意味《いみ》。状況《じょうきょう》が変《か》わるたびに、喜《よろこ》んだり心配《しんぱい》したりす

じんがまい上《あ》がる。

さす【刺す】 動詞
❶先《さき》のとがった物《もの》をほかの物《もの》の中《なか》につき入《い》れる。例 おしピンで刺す。
❷虫《むし》が、針《はり》をほかの動物《どうぶつ》の皮膚《ひふ》につき入《い》れる。例 はちが人《ひと》を刺す。
❸針《はり》でぬう。例 ぞうきんを刺す。
❹鼻《はな》や舌《した》、皮膚《ひふ》などにするどい刺激《しげき》をあたえる。例 鼻《はな》を刺すにおい。
❺野球《やきゅう》で、ランナーをアウトにする。
↓ 使い分け

さす【指す】 動詞
❶指《ゆび》などで方向《ほうこう》や場所《ばしょ》・物《もの》などを示《しめ》す。例 銀《ぎん》行《こう》の場所《ばしょ》を指して教《おし》える／時計《とけい》の針《はり》が十二時《じゅうにじ》を指す。
❷その方向《ほうこう》へ向《む》かう。目指《めざ》す。例 船《ふね》は東《ひがし》を指して進《すす》んだ。
❸名前《なまえ》を言《い》って人《ひと》を呼《よ》ぶ。指名《しめい》する。例 先生《せんせい》に指されて詩《し》を朗読《ろうどく》する。
❹あるものごとを示《しめ》す。意味《いみ》する。例 このマークは何《なに》を指していますか。
❺将棋《しょうぎ》をする。例 将棋《しょうぎ》を一局《いっきょく》指す。
漢 ↓552ページ し〔指〕 ↓ 使い分け

さす【差す】 動詞
❶光《ひかり》が当《あ》たる。例 雲《くも》の間《あいだ》から日《ひ》が差す。
❷表《おもて》にあらわれる。例 ほおに赤《あか》みが差す。
❸注《そそ》ぐ。入《い》れる。例 はち植《う》えの花《はな》に水《みず》を差す。
❹潮《しお》が満《み》ちてくる。例 潮《しお》が差す。
❺間《あいだ》にはさむ。例 こしに刀《かたな》を差す。
❻上《うえ》に広《ひろ》げる。かざす。例 傘《かさ》を差す。
❼ある気持《きも》ちがわき起《お》こる。例 ねむ気《け》が差す／魔《ま》が差す（＝ふと、悪《わる》い考《かんが》えが起《お》こる）／嫌《いや》気《け》が差す。
漢 ↓508ページ さ〔差〕 ↓ 使い分け

使い分け　さす
刺す・指す・差す

刺す　先《さき》のとがった細《ほそ》い物《もの》でつき入れる。
「針《はり》で指《ゆび》を刺《さ》す」

指す　指先《ゆびさき》を向《む》けて示《しめ》す。ある場所《ばしょ》や方向《ほうこう》に向《む》かう。
「目的地《もくてきち》を指《さ》して進《すす》む」

差す　表《おもて》にあらわれる。また、上《うえ》に広《ひろ》げたり、間《あいだ》にはさんだりする。
「顔《かお》に赤《あか》みが差《さ》す／傘《かさ》を差《さ》す／刀《かたな》を差《さ》す」

さす【挿す】 動詞
❶あるものをほかのものにさしこむ。例 花瓶《かびん》に花《はな》を挿す。
❷かみの毛《け》の間《あいだ》に、くしやかんざしを入《い》れる。例 かみにかんざしを挿す。

さす【砂州】 名詞 海水《かいすい》の流《なが》れによって積《つ》もった砂《すな》や小石《こいし》が、細長《ほそなが》い陸地《りくち》となって岸《きし》からのび、入り江《え》や湾《わん》をふさぐようにしているもの。参考 京都府《きょうとふ》の天橋立《あまのはしだて》などが有名《ゆうめい》。

さすが 副詞
❶そうはいってもやはり。例 水泳《すいえい》は得意《とくい》だが、千《せん》メートルも泳《およ》いだので、さすがにつかれた。
❷思《おも》ったとおり。例 さすが飛行機《ひこうき》は速《はや》い。
使い方「さすがに」の形《かたち》でも使《つか》う。

さずかりもの【授かり物】 名詞 神《かみ》や仏《ほとけ》などからいただいたもの。

さずかる【授かる】 動詞 目上《めうえ》の人《ひと》からあたえられる。いただく。例 王様《おうさま》からごほうびを授かった。類 賜《たまわ》る。漢 ↓603ページ じゅ〔授〕

さずける【授ける】 動詞
❶神《かみ》・仏《ほとけ》や目上《めうえ》の人《ひと》が、目下《めした》の人《ひと》にあたえる。例 勲章《くんしょう》を授ける。類 賜《たまわ》る。
❷知識《ちしき》や、わざなどを教《おし》える。伝《つた》える。例 知《ち》恵《え》を授ける。漢 ↓603ページ じゅ〔授〕

サスペンス（suspense） 名詞 小説《しょうせつ》や映画《えいが》などで、読者《どくしゃ》や観客《かんきゃく》が受《う》ける、はらはらするような気持《きも》ち。不安《ふあん》な、緊張《きんちょう》した気持《きも》ち。

さすらい 名詞 あてもなく、あちこちさまようこと。さすらうこと。例 さすらいの旅《たび》に出《で》る。

さすらう 動詞 行《い》くあてもなく、さまよい歩《ある》く。例 街《まち》をさすらう。

さする 動詞 手《て》のひらなどで、軽《かる》くこする。

ざせき【座席】 名詞 すわる場所《ばしょ》。席《せき》。

させつ【左折】 名詞 動詞 左《ひだり》へ曲《ま》がること。例 次《つぎ》の交差点《こうさてん》で左折する。対 右折《うせつ》。

ざせつ【挫折】 名詞 動詞 仕事《しごと》や計画《けいかく》などが、とちゅうでだめになること。また、くじけてやる気《き》がなくなること。例 挫折せずにがんばる。

えるくらい強《つよ》いこと。非常《ひじょう》に強《つよ》いことのたとえ。

させる 動詞 ❶何《なに》かをするように仕向《しむ》ける。行《おこな》わせる。例 手伝《てつだ》いをさせる／勉強《べんきょう》をさせる。❷することを許《ゆる》す。するに任《まか》せる。例 本人《ほんにん》の好《す》きなようにさせる。

させる 助動詞 （ほかのことばのあとにつけて）ほかの人《ひと》に何《なに》かをやらせる意味《いみ》を表《あらわ》す。例 花瓶《かびん》の水《みず》をかえさせる。使い方「せる」と同《おな》じ意味《いみ》だが、前《まえ》のことばによって使《つか》い分《わ》ける。⬇730ページ 日本語教室

させん【左遷】 名詞 動詞 人《ひと》を、それまでより低《ひく》い地位《ちい》に移《うつ》すこと。対 栄転《えいてん》。ことば「遷」は「うつす」という意味《いみ》。昔《むかし》の中国《ちゅうごく》で、左《ひだり》よりも右《みぎ》のほうが上位《じょうい》だとしたことからきたことば。

ざぜん【座禅】 名詞 仏教《ぶっきょう》の修行《しゅぎょう》の一《ひと》つ。足《あし》を組《く》んで静《しず》かにすわり、目《め》を軽《かる》く閉《と》じ、ほかのことは何《なに》も考《かんが》えないようにして、さとりを求《もと》める。例 座禅を組《く》む。

さぞ 副詞 想像《そうぞう》して言《い》うときに使《つか》うことば。きっと。例 今度《こんど》の旅行《りょこう》はさぞ楽《たの》しいことだろう。使い方 あとに「だろう」「でしょう」などのことばがくる。

さそい【誘い】 名詞 いっしょに行動《こうどう》しようとすすめること。さそうこと。例 遊《あそ》びの誘いを受《う》ける／友人《ゆうじん》の誘いに乗《の》って合唱部《がっしょうぶ》に入《はい》った。

さそう【誘う】 動詞 ❶いっしょに、どこかへ行《い》ったり何《なに》かをしたりするようにすすめる。例 音楽会《おんがくかい》に姉《あね》を誘った。❷人《ひと》をある気持《きも》ちにさせる。例 なみだを誘う。

ざぞう【座像】 名詞 すわっている姿《すがた》の像《ぞう》。関連 立像《りつぞう》。

さぞかし 副詞「さぞ」を強《つよ》めて言《い》うことば。どんなにか。例 外《そと》はさぞかし寒《さむ》いことだろう。使い方 あとに「だろう」「でしょう」などのことばがくる。

さそり 名詞 くものなかまの動物《どうぶつ》。二本《にほん》のはさみを持《も》ち、尾《お》に毒針《どくばり》がある。熱帯地方《ねったいちほう》に多《おお》いが、温帯地方《おんたいちほう》にすむ種類《しゅるい》もある。

さそり

さそりざ【さそり座】 名詞 夏《なつ》、南《みなみ》の空《そら》に見《み》えるS字形《エスじがた》の星座《せいざ》。アンタレスという赤《あか》くて明《あか》るい星《ほし》をふくむ。

さた【沙汰】 名詞 ❶たより。知《し》らせ。例 なんの沙汰もない。❷行《おこな》い。例 正気《しょうき》の沙汰とは思《おも》えない。❸指示《しじ》。命令《めいれい》。例 追《お》って沙汰をする。❹評判《ひょうばん》。うわさ。例 世間《せけん》の沙汰が気《き》になる。

さだいじん【左大臣】 名詞 ❶律令制《りつりょうせい》の政治体制《せいじたいせい》の、太政大臣《だいじょうだいじん》の次《つぎ》の位《くらい》。❷明治政府初期《めいじせいふしょき》の太政官制《だいじょうかんせい》の、太政大臣《だいじょうだいじん》の次《つぎ》の位《くらい》。

さだか【定か】 形容動詞 はっきりしているようす。確《たし》かなようす。例 何時《なんじ》までかかるか定かでない。漢⬇881ページ てい〔定〕

ざたく【座卓】 名詞 たたみの上《うえ》ですわって使《つか》う、低《ひく》い机《つくえ》。

さだまる【定まる】 動詞 ❶決《き》まる。また、はっきりと決《き》まって動《うご》かなくなる。例 遠足《えんそく》の日《ひ》どりが定まる。❷治《おさ》まる。しずかになる。例 天気《てんき》が定まる。漢⬇881ページ てい〔定〕

さだめ【定め】 名詞 ❶決《き》まり。規則《きそく》。例 会《かい》の定めに従《したが》う。❷生《う》まれる前《まえ》から決まっている運命《うんめい》。例 この世《よ》の定め。

さだめし【定めし】 副詞 きっと。たぶん。さぞ。例 さだめしおつかれのことでしょう。使い方 少《すこ》し古《ふる》い言《い》い方《かた》。また、あとに「だろう」「でしょう」などのことばがくる。ふつうかな書《が》きにする。

さだめる【定める】 動詞 ❶決《き》める。また、はっきりと決《き》めて動《うご》かないようにする。例 規則《きそく》を定める／ねらいを定める。❷治《おさ》める。しずめる。例 天下《てんか》を定める。漢⬇881ページ てい〔定〕

さたやみ【沙汰やみ】 名詞 命令《めいれい》や計画《けいかく》などが中止《ちゅうし》になること。例 キャンプの話《はなし》が沙汰やみになる。使い方 古《ふる》い言《い》い方《かた》。

ざだん【座談】 名詞 動詞 何人《なんにん》かの人《ひと》が集《あつ》まり、打《う》ち解《と》けた気持《きも》ちで話《はな》し合《あ》うこと。

ざだんかい【座談会】 名詞 何人《なんにん》かの人《ひと》が集《あつ》まって、ある問題《もんだい》について自由《じゆう》に話《はな》し合《あ》う会《かい》。

さち【幸】 名詞 ❶しあわせ。幸福《こうふく》。例 幸あれといのる。❷山《やま》や海《うみ》などからとれる食《た》べ物《もの》。例 山《やま》の幸／

四字熟語 一騎当千《いっきとうせん》「騎《き》」は、馬《うま》に乗《の》った人《ひと》を数《かぞ》えることばで、たった一人《ひとり》で千人《せんにん》の敵《てき》を相手《あいて》にたたか

海《うみ》の幸。

漢 ↓443ページ こう〔幸〕

ざちょう【座長】 名詞 ❶座談会《ざだんかい》などで、中心《ちゅうしん》になって話《はな》し合《あ》いを進《すす》める人《ひと》。❷劇団《げきだん》などのかしら。例 サーカスの座長。

漢 **さつ【冊】** 〔冂《けいがまえ》〕 5画 6年 音 サッ・サク 訓

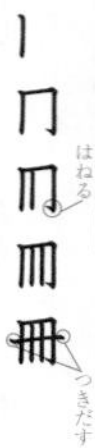

❶本《ほん》。また、本《ほん》を数《かぞ》えることば。例 冊子《さっし》／冊数《さっすう》／三冊《さんさつ》／分冊《ぶんさつ》／別冊《べっさつ》。❷書《か》きつけ用《よう》の紙《かみ》。ふだ。例 短冊《たんざく》。

漢 **さつ【札】** 〔木《きへん》〕 5画 4年 音 サッ 訓 ふだ

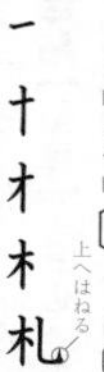

❶木《き》や紙《かみ》のふだ。例 名札《なふだ》／表札《ひょうさつ》。❷切符《きっぷ》。改札《かいさつ》。❸紙幣《しへい》。おさつ。例 札束《さつたば》／千円札《せんえんさつ》。❹例 かきつけ。かきもの。例 鑑札《かんさつ》／入札《にゅうさつ》。

漢 **さつ【刷】** 〔刂《りっとう》〕 8画 4年 音 サッ 訓 する

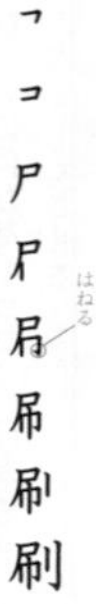

❶文字《もじ》・絵《え》などを、する。例 色刷《いろず》り／印刷《いんさつ》／増刷《ぞうさつ》。❷よごれをとる。きよめる。例 刷新《さっしん》。

漢 **さつ【殺】** 〔殳《るまた》〕 10画 5年 音 サッ・サイ・セッ 訓 ころす

❶ころす。例 殺意《さつい》／殺気《さっき》／殺人《さつじん》／殺生《せっしょう》。❷意味《い み》をつよめることば。例 忙殺《ぼうさつ》／黙殺《もくさつ》。❸へらす。なくす。例 相殺《そうさい》。

漢 **さつ【察】** 〔宀《うかんむり》〕 14画 4年 音 サッ 訓

❶よくみる。くわしく調《しら》べる。例 観察《かんさつ》／視察《しさつ》／診察《しんさつ》。❷おしはかる。例 察知《さっち》／考察《こうさつ》／推察《すいさつ》。

さっ【早】 漢 ↓744ページ そう〔早〕

ざつ【雑】 形容動詞 大《おお》ざっぱでいいかげんなようす。例 そんな雑なやり方《かた》ではだめだよ。

漢 **ざつ【雑】** 〔隹《ふるとり》〕 14画 5年 音 ザッ・ゾウ 訓 ま-じる

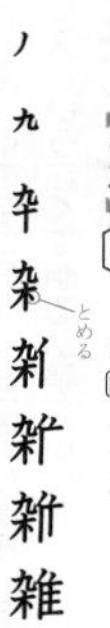

❶まじる。入《い》り乱《みだ》れてまとまりがない。例 雑《ざっ》音《おん》／雑貨《ざっか》／雑種《ざっしゅ》／雑然《ざつぜん》／雑草《ざっそう》／雑談《ざつだん》／雑木《ぞうき》林《ばやし》／雑炊《ぞうすい》／雑煮《ぞうに》／乱雑《らんざつ》。❷大切《たいせつ》でない。例 雑用《ざつよう》。❸ねんいりでない。おおざっぱ。例 粗雑《そざつ》。

さつい【殺意】 名詞 ある人《ひと》を殺《ころ》そうとする気《き》持《も》ち。

さついれ【札入れ】 名詞 お札《さつ》を入《い》れて持《も》ち歩《ある》く財布《さいふ》。

さつえい【撮影】 名詞 動詞 写真《しゃしん》や映画《えいが》をとること。例 記念写真《きねんしゃしん》を撮影する。

ざつえき【雑役】 名詞 いろいろな、こまごました仕事《しごと》。

ざつおん【雑音】 名詞 ❶いろいろなさわがしい音《おと》がまじった、うるさい音《おと》。類 騒音《そうおん》。❷ラジオや電話《でんわ》などに入《はい》る、じゃまな音《おと》。
ことば 関係《かんけい》のない人《ひと》がする余計《よけい》な口出《くちだ》しのことをいうことがある。

さっか【作家】 名詞 小説《しょうせつ》や劇《げき》などを書《か》く人《ひと》。

ざっか【雑貨】 名詞 ふだんの生活《せいかつ》に使《つか》う、こまごました品物《しなもの》。

サッカー (soccer) 名詞 十一人《じゅういちにん》ずつの二《ふた》つのチームが、手《て》を使《つか》わずに、相手《あいて》のゴールにボールを入《い》れて得点《とくてん》を争《あらそ》う競技《きょうぎ》。

さつがい【殺害】 名詞 動詞 人《ひと》を殺《ころ》すこと。

さっかく【錯覚】 名詞 動詞 ❶実際《じっさい》とはちがうように見《み》えたり聞《き》こえたりすること。例 目《め》の錯覚。❷思《おも》いちがいをすること。例 今日《きょう》は、休日《きゅうじつ》だと錯覚した。

さつき【五月】 名詞 季語 夏 ❶昔《むかし》のこよみで五月《ごがつ》のこと。↓1450ページ 十二《じゅうに》か月《げつ》の古《ふる》い呼《よ》び方《かた》 ❷つつじのなかまの、背《せ》の低《ひく》い木《き》。
ことば 「皐月」と書《か》くこともある。

さっき 名詞 さきほど。今《いま》より少《すこ》し前《まえ》。例 さっき家《いえ》に帰《かえ》ってきたばかりだ。

さっき【殺気】 名詞 今《いま》にも人《ひと》を殺《ころ》そうとするかのような雰囲《ふんい》気《き》。あらあらしく張《は》りつめたようす。例 殺気立《だ》った人々《ひとびと》が店《みせ》につめかけた。

ざっきちょう【雑記帳】 名詞 こまごまとしたことを書《か》いておくノート。

さつきばれ【五月晴れ】 名詞 季語 夏 ❶五月《ごがつ》のよく晴《は》れた天気《てんき》。❷梅雨《つゆ》の晴《は》れ間《ま》。ことば 季語《きご》として使《つか》うのは❷の意味《いみ》。

さっきゅう【早急】 ⇒747ページ そうきゅう

さっきょく【作曲】 名詞 動詞 音楽《おんがく》の曲《きょく》をつくること。

さっきん【殺菌】 名詞 動詞 薬《くすり》や熱《ねつ》などで、ばいきんを殺《ころ》すこと。例 ふきんを殺菌する。

サックス ⇒525ページ サクソフォン

ざっくばらん 形容動詞 かくしたりかざったりせず、ありのままに自分《じぶん》を表《あらわ》して人《ひと》とつきあうようす。例 ざっくばらんに話《はな》し合《あ》う。

ざっこく【雑穀】 名詞 米《こめ》・麦《むぎ》以外《いがい》の穀物《こくもつ》。あわ・ひえ・きびなど。

さっこん【昨今】 名詞 このごろ。近《ちか》ごろ。例 昨今の世界情勢《せかいじょうせい》。使い方 あらたまった言《い》い方《かた》。

さっさと 副詞 すばやくするようす。急《いそ》いで。早《はや》く。例 さっさとしたくをしなさい。

さっし【冊子】 名詞 書《か》いたものや印刷《いんさつ》した紙《かみ》をとじたもの。例 ごみの分別《ぶんべつ》のための小《しょう》冊子。

さっし【察し】 名詞 こうではないかと思《おも》うこと。人《ひと》の気持《きも》ちや事情《じじょう》などを感《かん》じとること。

●**察《さっ》しがいい** 人《ひと》の気持《きも》ちや事情《じじょう》をすぐに感《かん》じとれる。例 姉《あね》は察しがいい。

●**察《さっ》しがつく** 状況《じょうきょう》などから、人《ひと》の気持《きも》ちや事情《じじょう》が、だいたいこうだろうとわかる。例 妹《いもうと》の顔《かお》を見《み》て、合格《ごうかく》したな、と察しがついた。

サッシ（sash） 名詞 金属製《きんぞくせい》の窓枠《まどわく》。

ざっし【雑誌】 名詞 いろいろな記事《きじ》や写真《しゃしん》、絵《え》などをのせて、決《き》まった時期《じき》に発行《はっこう》する本《ほん》。

ざつじ【雑事】 名詞 こまごましたことがらや用事《ようじ》。例 雑事に追《お》われる。類 雑用《ざつよう》。

ざっしゅ【雑種】 名詞 動物《どうぶつ》や植物《しょくぶつ》で、種類《しゅるい》のちがったものの間《あいだ》にできたもの。例 雑種の犬《いぬ》。

ざっしょくどうぶつ【雑食動物】 名詞 草食《そうしょく》と肉食《にくしょく》の両方《りょうほう》の性質《せいしつ》を持《も》つ動物《どうぶつ》。ぶた・ねずみなど。関連 草食動物《そうしょくどうぶつ》。肉食動物《にくしょくどうぶつ》。

さっしん【刷新】 名詞 動詞 悪《わる》いところをとり除《のぞ》いて、すっかり新《あたら》しいものにつくり直《なお》すこと。例 政治《せいじ》を刷新する。

さつじん【殺人】 名詞 人《ひと》を殺《ころ》すこと。

さつじんてき【殺人的】 形容動詞 人《ひと》の命《いのち》が危険《きけん》になるほど、ものすごいようす。例 殺人的ないそがしさ。

さっすう【冊数】 名詞 本《ほん》やノートなどの数《かず》。

さっする【察する】 動詞 人《ひと》の気持《きも》ちやものごとについて、こうではないかと考《かんが》える。思《おも》いやる。例 友《とも》だちの気持《きも》ちを察する。

ざつぜん[と]【雑然[と]】 副詞 入《い》りまじってごたごたしているようす。例 雑然とした部屋《へや》。対 整然《せいぜん》[と]。使い方 「雑然たる情報《じょうほう》」などの形《かたち》でも使《つか》う。

さっそう[と] 副詞 姿《すがた》や態度《たいど》、行《おこな》いなどが、さわやかで気持《きも》ちのよいようす。例 テニスのラケットを持《も》って、さっそうと歩《ある》く。使い方 「さっそうたる姿《すがた》」などの形《かたち》でも使《つか》う。

ざっそう【雑草】 名詞 自然《しぜん》に生《は》えてくる、いろいろな草《くさ》。

さっそく【早速】 副詞 すぐに。ただちに。例 新《あたら》しい服《ふく》を、早速着《き》てみる。

ざった【雑多】 形容動詞 いろいろなものが入《い》りまじっているようす。例 雑多な持《も》ち物《もの》。

さつたば【札束】 名詞 紙《かみ》のお金《かね》を重《かさ》ねて、たばねたもの。例 札束を積《つ》む。

ざつだん【雑談】 名詞 動詞 思《おも》いつくままに、気楽《きらく》にいろいろな話《はなし》をすること。例 友《とも》だちと雑談した。

さっち【察知】 名詞 動詞 おし量《はか》って知《し》ること。それとなく知《し》ること。例 危険《きけん》を察知する。

さっちゅうざい【殺虫剤】 名詞 害虫《がいちゅう》を殺《ころ》すための薬《くすり》。

さっちょうどうめい【薩長同盟】 名詞 一八六六年《ねん》に、薩摩《さつま》（＝今《いま》の鹿児島県《かごしまけん》）・長州《ちょうしゅう》（＝今《いま》の山口県《やまぐちけん》）が結《むす》んだ同盟《どうめい》。坂本竜馬《さかもとりょうま》らが間《あいだ》に入《はい》って同盟《どうめい》を結《むす》び、力《ちから》を合《あ》わせて倒幕運動《とうばくうんどう》を進《すす》めた。「薩長連合《さっちょうれんごう》」ともいう。

さっと 副詞 ❶動《うご》きや変化《へんか》が、急《きゅう》ですばやいようす。例 ねこがさっとにげた。❷風《かぜ》が突然《とつぜん》ふいたり雨《あめ》が急《きゅう》に降《ふ》ってきたりするようす。例 すずしい風《かぜ》がさっとふいた。

ざっと 副詞 ❶おおまかに。例 内容《ないよう》にざっと目《め》を通《とお》す。❷だいたい。おおよそ。例 ざっと千人《せんにん》いる。

さっとう【殺到】 名詞 動詞 多《おお》くの人《ひと》やものごとが、一度《いちど》にどっとおし寄《よ》せること。例 年末《ねんまつ》

四字熟語 **一挙一動《いっきょいちどう》** ひとつひとつの細《こま》かな動作《どうさ》やふるまいのこと。一挙手一投足《いっきょしゅいっとうそく》。

セールに客《きゃく》が殺到する。

ざっとう【雑踏】 名詞 たくさんの人《ひと》で、混《こ》み合《あ》うこと。また、混《こ》み合《あ》っている場所《ばしょ》。人混《ひとご》み。例 雑踏の中《なか》で、母《はは》とはぐれてしまった。

ざつねん【雑念】 名詞 考《かんが》えのじゃまになるような、余計《よけい》な考《かんが》え。例 雑念をはらう。

ざつのう【雑のう】 名詞 かたからさげる、布《ぬの》で作《つく》ったかばん。

さつばつ［と］【殺伐［と］】 副詞 あらあらしいようす。心《こころ》のぬくもりや温《あたた》かさが感《かん》じられないようす。例 殺伐とした雰囲気《ふんいき》。使い方「殺伐たる光景《こうけい》」などの形《かたち》でも使《つか》う。

さっぱり
❶ 副詞 動詞 さわやかで、気持《きも》ちのよいようす。例 ふろに入《はい》って、さっぱりした。
❷ 副詞 動詞 味《あじ》や性質《せいしつ》などがしつこくないようす。例 さっぱりした料理《りょうり》／さっぱりした人《ひと》。
❸ 副詞 少《すこ》しも。いっこうに。例 何《なに》がなんだかさっぱりわからない／近《ちか》ごろはさっぱり見《み》ない。
使い方 ❸は、あとに「ない」などのことばがくる。ことば「お店《みせ》の売《う》り上《あ》げは最近《さいきん》さっぱりだ」など、ものごとの調子《ちょうし》がぜんぜんよくないことを「さっぱりだ」ということがある。

ざっぴ【雑費】 名詞 おもなこと以外《いがい》の、こまごまとしたことにつかうお金《かね》。

さっぷうけい【殺風景】 形容動詞 美《うつく》しいものや楽《たの》しい感《かん》じのするものがないようす。例 花《はな》一《ひと》つない殺風景な部屋《へや》。

さっぽろし【札幌市】 名詞 北海道《ほっかいどう》の西部《せいぶ》にある大《おお》きな都市《とし》。北海道《ほっかいどう》の政治《せいじ》・経済《けいざい》・文化《ぶんか》の中心都市《ちゅうしんとし》で、北海道庁《ほっかいどうちょう》がある。

さつま【薩摩】 名詞 昔《むかし》の国《くに》の名《な》の一《ひと》つ。今《いま》の鹿児島県《かごしまけん》の西部《せいぶ》に当《あ》たる。

さつまいも 名詞 季語 秋 畑《はたけ》につくられる作物《さくもつ》の一《ひと》つ。太《ふと》くなった根《ね》の部分《ぶぶん》を食用《しょくよう》にする。江戸《えど》時代《じだい》に中国《ちゅうごく》から沖縄《おきなわ》を通《とお》り、九州《きゅうしゅう》へ伝《つた》わった。アルコールなどの原料《げんりょう》にもなる。「かんしょ」「からいも」「とういも」などともいう。ことば 漢字《かんじ》では「薩摩芋」と書《か》く。

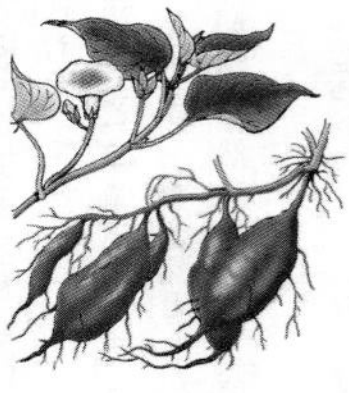
さつまいも

さつまはん【薩摩藩】 名詞 江戸《えど》時代《じだい》、今《いま》の鹿児島県《かごしまけん》と宮崎県《みやざきけん》の辺《あた》りにあった藩《はん》。藩主《はんしゅ》は島津氏《づし》。長州藩《ちょうしゅうはん》とともに倒幕運動《とうばくうんどう》の中心《ちゅうしん》となった。「鹿児島藩《かごしまはん》」ともいう。

さつまはんとう【薩摩半島】 名詞 鹿児島《かごしま》県南西部《けんなんせいぶ》にある半島《はんとう》。シラス台地《だいち》が広《ひろ》がる。大隅半島《おおすみはんとう》と向《む》かい合《あ》って鹿児島湾《かごしまわん》を囲《かこ》んでいる。

ざつむ【雑務】 名詞 おもな仕事《しごと》のほかの、こまごまとしたいろいろな仕事《しごと》。例 雑務に追《お》われて、ちっとも休《やす》むひまがない。

ざつよう【雑用】 名詞 あまり重要《じゅうよう》でない、こまごました用事《ようじ》。例 雑用が多《おお》い。類 雑事《ざつじ》。

さて
❶ 接続詞 別《べつ》の話《はなし》に入《はい》るときのことば。ところで。例 さて、次《つぎ》の問題《もんだい》です。
❷ 感動詞 何《なに》かを始《はじ》めようとするときや、ためらったりするときに言《い》うことば。例 さて、勉強《べんきょう》を始《はじ》めよう／さて、困《こま》ったな。

さてい【査定】 名詞 動詞 よく調《しら》べて、金額《きんがく》や価値《かち》などを決《き》めること。

さてつ【砂鉄】 名詞 砂《すな》などに混《ま》じっている、細《こま》かい鉄鉱石《てっこうせき》のつぶ。

さては
❶ 接続詞 そしてまた。さらには。例 水泳《すいえい》、野球《やきゅう》、さてはサッカーと、運動《うんどう》ならなんでも得意《とくい》だ。
❷ 感動詞 思《おも》い当《あ》たるときに言《い》うことば。それでは。例 さては、あのとき落《お》としたのかな。

さと【里】 名詞
❶人家《じんか》のあるところ。例 人里《ひとざと》。
❷いなか。ふるさと。例 お里はどちらですか。
❸生《う》まれ育《そだ》った家《いえ》。実家《じっか》。例 里帰《がえ》り。
漢 ⇩1389ジページ〔里〕

さど【佐渡】 名詞 昔《むかし》の国《くに》の名《な》の一《ひと》つ。今《いま》の新潟《にいがた》県《けん》の佐渡島《さどがしま》に当《あ》たる。

さといも【里芋】 名詞 季語 秋 畑《はたけ》につくられる作物《さくもつ》の一《ひと》つ。地下《ちか》でふくらんだ親《おや》いもに子《こ》いもがつく。いものほか、葉《は》の柄《え》も食用《しょくよう》になる。

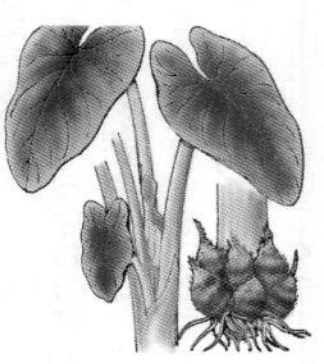
さといも

さとう【砂糖】 名詞 さとうきび・さとうだいこんなどからとれる、味《あじ》つけに使《つか》うあまいもの。

さどう【作動】 名詞 動詞 機械《きかい》やしかけが動《うご》くこと。例 人《ひと》が近《ちか》づくと作動するカメラ。

さどう【茶道】 名詞 茶《ちゃ》をたてる技術《ぎじゅつ》や客《きゃく》をもてなす方法《ほうほう》を通《とお》して、礼儀《れいぎ》作法《さほう》などを学《まな》ぶ芸《げい》術《じゅつ》。「ちゃどう」ともいう。類 茶《ちゃ》の湯《ゆ》。

さとうきび【砂糖きび】 名詞 高《たか》さ二《に》～四《よん》メートルになる、とうもろこしに似《に》た植物《しょくぶつ》。くきのしぼりじるから砂糖《さとう》をつくる。暖《あたた》かい地方《ちほう》でさいばいされる。

さとうきび

ざとうくじら 名詞 くじらのなかま。全長《ぜんちょう》十五《じゅうご》メートルくらいで、ずんぐりした形《かたち》をしている。背中《せなか》は黒《くろ》く、おなかは白色《しろいろ》。図⇒383ページ くじら

さとうだいこん【砂糖大根】 ⇒905ページ てんさい〔てん菜〕

さとおや【里親】 名詞 ほかの人《ひと》の子《こ》を預《あず》かって、親《おや》の代《か》わりに育《そだ》てる人《ひと》。対 里子《さとご》。

さとがえり【里帰り】 名詞 動詞 ふるさとからはなれて住《す》んでいる人《ひと》や結婚《けっこん》した人《ひと》が、自分《じぶん》の生《う》まれ育《そだ》った家《いえ》に帰《かえ》ること。

さどがしま【佐渡島】 名詞 日本海《にほんかい》の最大《さいだい》の島《しま》。新潟県《にいがたけん》の一部《いちぶ》。

さとご【里子】 名詞 子供《こども》をよその家《いえ》に預《あず》けて、育《そだ》ててもらうこと。また、その子供《こども》。対 里親《さとおや》。

さとごころ【里心】 名詞 親《おや》のもとやふるさとをなつかしがり、帰《かえ》りたくなる気持《きも》ち。例 母《はは》親《おや》の声《こえ》を聞《き》いて里心がつく。類 ホームシック。

さとす【諭す】 動詞 よくわかるように言《い》い聞《き》かせる。教《おし》え導《みちび》く。例 いたずらをしないように諭す。使い方 ふつう目上《めうえ》の人《ひと》が目下《めした》の人《ひと》に対《たい》して言《い》い聞《き》かせることをいう。

さとやま【里山】 名詞 人《ひと》の住《す》む地域《ちいき》の近《ちか》くにあって、人々《ひとびと》の暮《く》らしと深《ふか》く結《むす》びついた山《やま》や森《しん》林《りん》。

さとり【悟り】 名詞
❶気《き》づくこと。わかること。例 妹《いもうと》は、何《なに》を言《い》いつけられても悟りが早《はや》い。
❷仏教《ぶっきょう》で、心《こころ》の迷《まよ》いがなくなって、正《ただ》しい道《みち》や真理《しんり》がはっきりわかること。例 悟りを開《ひら》く。

さとる【悟る】 動詞
❶ものごとの深《ふか》い訳《わけ》やほんとうのことなどをはっきりと知《し》る。例 問題《もんだい》の本質《ほんしつ》を悟る。
❷気《き》がつく。それとなく知《し》る。例 相手《あいて》に悟られないように、そっと近《ちか》づく。
❸仏教《ぶっきょう》で、心《こころ》の迷《まよ》いがなくなって、正《ただ》しい道《みち》や真理《しんり》がわかる。

サドル（saddle） 名詞 自転車《じてんしゃ》・オートバイなどの、こしかけるところ。

さなえ【早苗】 名詞 季語 夏 なわしろから田《た》へ植《う》えかえるころの、若《わか》いいねのなえ。

さなか【さ中】 名詞 いちばんさかんなとき。最中《さいちゅう》。例 運動会《うんどうかい》のさ中に、雨《あめ》が降《ふ》ってきた。

さながら 副詞 まるで。ちょうど。例 桜《さくら》の花《はな》が風《かぜ》に散《ち》るようすは、さながら雪《ゆき》のようだ。使い方 あとに「ようだ」などのことばがくる。

さなぎ 名詞 昆虫《こんちゅう》が、幼虫《ようちゅう》から成虫《せいちゅう》になる間《あいだ》の一段階《いちだんかい》。食《た》べ物《もの》をとらず、じっとしている。

サナトリウム（sanatorium） 名詞 長《なが》い期間《きかん》病気《びょうき》の治療《ちりょう》をする必要《ひつよう》がある人《ひと》が入《はい》る施設《しせつ》。とくに、結核《けっかく》を治療《ちりょう》するための施設《しせつ》。

さぬき【讃岐】 名詞 昔《むかし》の国《くに》の名《な》の一《ひと》つ。今《いま》の香川県《かがわけん》に当《あ》たる。

さぬきへいや【讃岐平野】 名詞 四国《しこく》地方《ちほう》の北東部《ほくとうぶ》にある平野《へいや》。瀬戸内海《せとないかい》に面《めん》し、ため池《いけ》が多《おお》い。

さは【左派】 名詞 政治《せいじ》などの集《あつ》まりの中《なか》で、新《あたら》しい考《かんが》え方《かた》を持《も》って、今《いま》までのやり方《かた》やしくみを変《か》えようとする人々《ひとびと》。対 右派《うは》。

さば 名詞 季語 夏 海《うみ》にすむ魚《さかな》の一《ひと》つ。背《せ》に波形《なみがた》の模様《もよう》がある。食用《しょくよう》になる。ことば 漢字《かんじ》では「鯖」と書《か》く。図⇒521ページ さかな〔魚〕

●**さばを読《よ》む** 数《かず》をごまかして実際《じっさい》より多《おお》く、または少《すく》なく言《い》う。ことば さばはいたみやすいので、魚市場《うおいちば》で数《かず》を数《かぞ》えるとき、急《いそ》いで数《かぞ》えて数《かず》をごまかすことがあったことから。

サバイバル（survival） 名詞 難《むずか》しい状況《じょうきょう》の中《なか》、生《い》き残《のこ》ること。また、そのために必要《ひつよう》な技術《ぎじゅつ》。例 サバイバルゲーム。

さばく 動詞
❶上手《じょうず》にあつかう。うまくかたづける。例 たまっていた用事《ようじ》を、手際《てぎわ》よくさばく。
❷商品《しょうひん》を売《う》りつくす。例 安売《やすう》りをして品物《しなもの》をさばいた。
❸くっついたりからまったりしているものをほ

四字熟語　一挙両得《いっきょりょうとく》　一《ひと》つのことをして（一挙《いっきょ》）、二《ふた》つの利益《りえき》を得《え》る（両得《りょうとく》）こと。

ぐす。ばらばらにする。例 紙《かみ》をさばく。

さばく【裁く】 動詞 ものごとのよい悪《わる》いを判《はん》断《だん》して決《き》める。とくに、裁判《さいばん》をする。例 罪《つみ》を裁く。漢 →511ページ さい〔裁〕

さばく【砂漠・沙漠】 名詞 岩石《がんせき》や砂《すな》で広《ひろ》くおおわれている地域《ちいき》。雨《あめ》が少《すく》なく、植物《しょくぶつ》はほとんど育《そだ》たない。参考 アジア大陸《たいりく》のゴビ砂漠《さばく》やアフリカ大陸《たいりく》のサハラ砂漠《さばく》などが有名《ゆうめい》。

さばくか【砂漠化】 名詞 草木《くさき》が生《は》えていた土《と》地《ち》が、砂漠《さばく》に変《か》わっていくこと。気候《きこう》の変化《へんか》や木《き》の切《き》りすぎなどが原因《げんいん》で起《お》こる。

さばぐも【さば雲】 名詞 季語秋 さばの背《せ》の模様《もよう》のような雲《くも》。「巻積雲《けんせきうん》」のこと。

さばける 動詞
❶商品《しょうひん》が売《う》れる。売《う》りきれる。例 仕《し》入《い》れた品《しな》物《もの》がすべてさばけた。
❷世《よ》の中《なか》のことをよく知《し》っていて、ものわかりがよい。かた苦《くる》しくない。例 さばけた人《ひと》。

さばさば【と】 副詞 動詞
❶気《き》持《も》ちがさっぱりするようす。例 テストが終《お》わってさばさばした。
❷性格《せいかく》がさっぱりとして、こだわらないようす。例 さばさばして気《き》持《も》ちのよい人《ひと》がら。

サハラさばく【サハラ砂漠】 名詞 アフリカ大陸北部《たいりくほくぶ》にある世界最大《せかいさいだい》の砂漠《さばく》。アフリカ大《たい》陸《りく》の約三分《やくさんぶん》の一《いち》をしめる。

サハリン →288ページ からふと

サバンナ (savanna) 名詞 熱帯地方《ねったいちほう》にある、まばらに木《き》が生《は》えた広《ひろ》い草原《そうげん》。「サバナ」ともいう。

さび 名詞 金属《きんぞく》の表面《ひょうめん》が、水《みず》や空気中《くうきちゅう》の酸素《さんそ》にふれて変化《へんか》してできたもの。鉄《てつ》には黒《くろ》さびや赤《あか》さびが、銅《どう》には緑色《みどりいろ》のさびができる。

ザビエル 名詞 (一五〇六～一五五二) スペインの宣教師《せんきょうし》。一五四九年《ねん》、鹿児島《かごしま》に上陸《じょうりく》し、日本《にほん》に初《はじ》めてキリスト教《きょう》を伝《つた》えた。フランシスコ＝ザビエル。

さびしい【寂しい】 形容詞
❶静《しず》かで心細《こころぼそ》い。例 寂しい山奥《やまおく》。
❷たよるものがなく、悲《かな》しい。例 ひとり暮《ぐ》らしは寂しい。
❸ほしいものがなく、もの足《た》りない。例 食卓《しょくたく》が寂しい。
ことば「さみしい」ともいう。
→537ページ ことばにチャレンジ

さびしがる【寂しがる】 動詞 さびしく思《おも》う。さびしそうなようすをする。「さみしがる」ともいう。例 ひとりで留守番《るすばん》している弟《おとうと》が寂しがっていないかな。

さびつく【さび付く】 動詞
❶金物《かなもの》がさびてほかのものにくっつく。また、金物《かなもの》がすっかりさびる。例 くぎがさび付いて、ぬけなくなった。
❷使《つか》わないでいたために、はたらきが悪《わる》くなる。例 ピアノのうでがさび付いてしまった。

ざひょう【座標】 名詞 算数《さんすう》で、平面《へいめん》や空間《くうかん》にある点《てん》の位置《いち》を示《しめ》すための、いくつかの数値《すうち》の組《くみ》。

さびる 動詞 金属《きんぞく》にさびができる。例 自転車《じてんしゃ》がさびる。

さびれる【寂れる】 動詞 にぎやかだったところが、おとろえてさびしくなる。例 町《まち》がすっかり寂れてしまった。

サファイア (sapphire) 名詞 すき通《とお》った青《あお》い色《いろ》の宝石《ほうせき》。「青玉《せいぎょく》」ともいう。

サブタイトル →1150ページ ふくだい

ざぶとん【座布団】 名詞 すわるときにしく、小《ちい》さな布団《ふとん》。

サフラン (オランダ語) 名詞 季語秋 あやめのなかまの草花《くさばな》。葉《は》は細長《ほそなが》く、秋《あき》にむらさき色《いろ》の香《かお》りのよい花《はな》がさく。めしべは薬《くすり》になるほか、料理《りょうり》にも使《つか》われる。

サフラン

ざぶりと 副詞 水《みず》の中《なか》に勢《いきお》いよく飛《と》びこんだり、物《もの》を投《な》げこんだり、水《みず》を勢《いきお》いよくかけたりするときの音《おと》のようす。ざぶんと。例 プールにざぶりと飛《と》びこむ。

ざぶんと →536ページ ざぶりと

さべつ【差別】 名詞 動詞 差《さ》をつけること。また、ちゃんとした理由《りゆう》もなく、あつかい方《かた》にちがいをつけること。例 差別化《か》／男女差別《だんじょさべつ》。

さへん【左辺】 名詞 数式《すうしき》で、等号《とうごう》や不等号《ふとうごう》の左《ひだりがわ》側に書《か》いてある数《かず》や式《しき》。対 右辺《うへん》。

さほう【作法】 名詞
❶生活《せいかつ》の上《うえ》での、動作《どうさ》や行動《こうどう》の正《ただ》しいやり方《かた》。

ことばにチャレンジ！

さびしい(さみしい)

いろんなことばでいろんな「さびしい」を表《あらわ》してみよう！

入門編《にゅうもんへん》

●まずは、よく使《つか》う別《べつ》のことばで

心細《こころぼそ》い　一人《ひとり》で留守番《るすばん》をするのは**心細《こころぼそ》い**。……p.477

ひとりぼっち　みんな帰《かえ》ってしまい、**ひとりぼっち**になった。……p.1119

孤独《こどく》　知《し》っている人《ひと》がだれもいない町《まち》で**孤独《こどく》**を感《かん》じる。……p.488

修行編《しゅぎょうへん》

●次《つぎ》に、少《すこ》しむずかしいことばで

ものさびしい　ものさびしい冬景色《ふゆげしき》。……p.1322

□の消《き》えたよう　子供《こども》たちがいなくなり、家《いえ》の中《なか》は**□の消《き》えたよう**だ。

□に当《あ》てはまることばは何《なに》？　p.1094にのっている見出《みだ》し語《ご》だよ！

達人編《たつじんへん》

●背《せ》のびして、もっとむずかしいことばで

さびれる　店《みせ》が次々《つぎつぎ》と閉店《へいてん》し、**さびれ**てしまった商店街《しょうてんがい》。……p.536

わびしい　一人《ひとり》で食事《しょくじ》をしていて**わびしい**気分《きぶん》になる。……p.1436

哀愁《あいしゅう》　**哀愁《あいしゅう》**のただようメロディーが聞《き》こえてきた。……p.15

まねことば

●ようすまねことばを使《つか》って

がらんと　兄《あに》が大学《だいがく》に入《はい》って家《いえ》を出《で》て、部屋《へや》が**がらんと**してしまった。……p.289

しんみり[と]　祖父《そふ》の思《おも》い出話《でばなし》に、みんな**しんみりと**した。……p.671

ひっそり[と]　夏《なつ》が過《す》ぎ、**ひっそりと**静《しず》まり返《かえ》った別荘地《べっそうち》。……p.1112

ぽっかり[と]　親友《しんゆう》が転校《てんこう》し、心《こころ》に**ぽっかりと**穴《あな》があいたようになる。……p.1221

ぽつんと　弟《おとうと》は、あかりもつけずに、**ぽつんと**いすにすわっていた。……p.1223

エチケット。例 行儀《ぎょうぎ》作法。❷ものごとのしかた。やり方《かた》。例 お茶《ちゃ》の作法。

さぼうダム【砂防ダム】 名詞 山《やま》や川《かわ》などから、下流《かりゅう》の川《かわ》へ土砂《どしゃ》が流《なが》れ出《で》るのを防《ふせ》ぐためのダム。

サポーター (supporter) 名詞 ❶運動《うんどう》するとき、手足《てあし》の関節《かんせつ》や筋肉《きんにく》を守《まも》るためにつける、ゴム入《い》りの包帯《ほうたい》。❷サッカーなどで、特定《とくてい》のチームを応援《おうえん》する人《ひと》。

サポート (support) 名詞 動詞 支《ささ》え助《たす》けること。支援《しえん》すること。例 委員《いいん》の仕事《しごと》をみんなでサポートする。

サボタージュ (フランス語) 名詞 動詞 仕事《しごと》をわざとゆっくりしたり、おくらせたりすること。

サボテン 名詞 季語 夏 おもにアメリカ大陸《たいりく》のかわいた土地《とち》に生《は》える植物《しょくぶつ》。太《ふと》いくきに水分《すいぶん》をため、葉《は》はとげになっている。種類《しゅるい》が多《おお》く、黄色《きいろ》・赤色《あかいろ》・白色《しろいろ》などの花《はな》がさく。

サボテン

さほど 副詞 それほど。そんなに。例 期待《きたい》していたが、さほどおもしろくない映画《えいが》だった。使い方 あとに「ない」などのことばがくる。

サボる 動詞 なまける。やらなければならないことをしない。例 掃除《そうじ》をサボる。ことば フラン

四字熟語　**一切合切《いっさいがっさい》**　何《なに》もかも全部《ぜんぶ》。残《のこ》らず。「一切《いっさい》」も「合切《がっさい》」も、全部《ぜんぶ》という意味《いみ》。

ス語《ご》の「サボタージュ」をもとに、日本《にほん》で作《つく》られたことば。

さま【様】
❶ 名詞 ようす。ありさま。すがたかたち。例 母《はは》の喜《よろこ》ぶ様が目《め》にうかぶ／背広《せびろ》が様になる（＝格好《かっこう》がつく）。
❷ 接尾語 （人《ひと》の名前《なまえ》などのあとにつけて）人などを尊敬《そんけい》する言《い》い方《かた》。例 山田《やまだ》様／神《かみ》様。
❸ 接尾語 （ほかのことばのあとにつけて）ものごとをていねいに言《い》う言《い》い方《かた》。例 ご苦労《くろう》様／ごちそう様。
漢 ↓1362ジペー よう〔様〕

ーざま 接尾語 （ほかのことばのあとにつけて）
❶ちょうどそのとき。そうすると同時《どうじ》に。例 ふり向《む》きざま／すれちがいざまに声《こえ》をかける。
❷そうするときのようす。例 死《し》にざま。

サマー (summer) 名詞 「夏《なつ》」のこと。

さまがわり【様変わり】 名詞 動詞 ようすが、すっかり変《か》わること。例 様変わりした町並《まちな》み。

さまざま【様様】 形容動詞 種類《しゅるい》が多《おお》いようす。いろいろ。例 海《うみ》にはさまざまな生《い》き物《もの》がいる。
使い方 ふつうかな書《が》きにする。

さます【冷ます】 動詞
❶熱《あつ》いものの温度《おんど》を下《さ》げる。冷《ひ》やす。例 お湯《ゆ》を冷ます。対 温《あたた》める。
❷高《たか》まった気持《きも》ちや興味《きょうみ》などを静《しず》める。落《お》ち着《つ》かせる。例 試合《しあい》の興奮《こうふん》を冷ます。
漢 ↓1408ジペー れい〔冷〕

さます【覚ます】 動詞
❶ねむっている状態《じょうたい》から意識《いしき》をはっきりとさせる。例 目《め》を覚ます。
❷心《こころ》の迷《まよ》いなどをなくし、正気《しょうき》に返《かえ》らせる。例 青年《せいねん》は迷《まよ》いを覚まし、まじめに働《はたら》き始《はじ》めた。
❸酒《さけ》のよいをなくす。例 よいを覚ます。
漢 ↓242ジペー かく〔覚〕

さまたげる【妨げる】 動詞 じゃまをする。例 路上《ろじょう》駐車《ちゅうしゃ》が人《ひと》の歩《ある》くのを妨げる。

さまたげる

さまよう 動詞
❶あてもなく歩《ある》き回《まわ》る。例 町《まち》をさまよう。
❷どちらともなく行《い》ったり来《き》たりする。例 生死《せいし》の境《さかい》をさまよう。

さみしい ↓536ジペー さびしい

さみだれ【五月雨】 名詞 季語 夏 六月《ろくがつ》ごろに降《ふ》り続《つづ》く雨《あめ》。類 梅雨《つゆ》。ことば 昔《むかし》のこよみでは、今《いま》の六月《ろくがつ》が五月《ごがつ》ごろに当《あ》たっていたことから、「五月雨」と書《か》く。

サミット (summit) 名詞 「主要先進国首脳会議《しゅようせんしんこくしゅのうかいぎ》」のこと。おもな先進国《せんしんこく》の首相《しゅしょう》や大統領《だいとうりょう》が集《あつ》まって、年《ねん》に一回《いっかい》開《ひら》かれる会議《かいぎ》。ことば もとは、「山頂《さんちょう》」という意味《いみ》のことば。団体《だんたい》や組織《そしき》の代表者《だいひょうしゃ》による重要《じゅうよう》な会議《かいぎ》という意味《いみ》で使《つか》われることもある。

サミング 名詞 リコーダーで高《たか》い音《おと》を出《だ》すときに、裏側《うらがわ》の穴《あな》を親指《おやゆび》の先《さき》で少《すこ》し開《あ》けたり、ふさいだりするやり方《かた》。ことば 英語《えいご》をもとに日本《にほん》で作《つく》られたことば。

さむい【寒い】 形容詞
❶気温《きおん》が低《ひく》い。また、気温《きおん》の低《ひく》さを体《からだ》に感《かん》じる。例 寒い朝《あさ》。対 暑《あつ》い。
❷貧《まず》しい。とぼしい。例 ふところが寒い（＝お金《かね》を少《すこ》ししか持《も》っていない）。
漢 ↓295ジペー かん〔寒〕

さむがり【寒がり】 名詞 ふつうの人《ひと》よりも寒《さむ》さを感《かん》じやすいこと。また、そのような人《ひと》。

さむけ【寒気】 名詞 体《からだ》に感《かん》じるいやな寒《さむ》さ。例 かぜをひいたのか寒気がする。類 悪寒《おかん》。ことば おそろしいことにあってぞっとする感《かん》じをたとえていうこともある。また、「かんき」と読《よ》むと別《べつ》の意味《いみ》。

さむさ【寒さ】 名詞 季語 冬 気温《きおん》が低《ひく》いこと。また、その程度《ていど》。例 寒さが厳《きび》しい。対 暑《あつ》さ。

さむざむ【と】【寒寒［と］】 副詞 動詞
❶いかにも寒《さむ》く感《かん》じるようす。例 今《いま》にも雪《ゆき》が降《ふ》り出《だ》しそうな寒々とした空《そら》。
❷何《なに》もなくてさびしいようす。例 引《ひ》っ越《こ》しの荷物《にもつ》を運《はこ》び終《お》わると寒々とした部屋《へや》になった。

さむぞら【寒空】 名詞 季語 冬 寒《さむ》そうな冬《ふゆ》の空《そら》。また、冬《ふゆ》の寒《さむ》い気候《きこう》。類 寒天《かんてん》。

さむらい【侍】 名詞 武士《ぶし》。

さめ 名詞 季語 冬 暖《あたた》かい海《うみ》にすむ、大《おお》きな魚《さかな》。歯《は》がするどく、皮膚《ひふ》はざらざらしている。食用《しょくよう》になる。ことば 漢字《かんじ》では「鮫」と書《か》く。参考 大形《おおがた》のものを「ふか」ということもある。図

「一所懸命《いっしょけんめい》」で、昔《むかし》武士《ぶし》が自分《じぶん》の領地《りょうち》を命《いのち》がけで守《まも》ったことから。

さめざめ【と】 副詞 なみだを流《なが》して静《しず》かに泣《な》くようす。例 さめざめと泣《な》く。
↓521ジぺー さかな〔魚〕

さめる 動詞 もとの色《いろ》が落《お》ちてきてうすくなる。例 カーテンの色《いろ》がさめる。

さめる【冷める】 動詞 ❶熱《あつ》いものの温度《おんど》が下《さ》がる。ぬるくなる。例 ふろの湯《ゆ》が冷める。対 温《あたた》まる。❷高《たか》まった気持《きも》ちや興味《きょうみ》などがなくなる。例 すっかり興味《きょうみ》が冷めてしまった。
漢 ↓1408ジぺー れい〔冷〕

さめる【覚める】 動詞 ❶ねむっている状態《じょうたい》から意識《いしき》がはっきりともどる。例 目《め》が覚める。❷心《こころ》の迷《まよ》いがなくなり、正気《しょうき》にもどる。例 心《こころ》の迷《まよ》いから覚める。❸酒《さけ》のよいがなくなる。例 よいが覚める。
漢 ↓242ジぺー かく〔覚〕

ザメンホフ 名詞 （一八五九〜一九一七）ポーランドの眼科医《がんかい》。世界《せかい》じゅうの人《ひと》が共通《きょうつう》に使《つか》えることばとしてエスペラント語《ご》を考《かんが》え出《だ》した。

さも 副詞 いかにも。ほんとうに。例 さも楽《たの》しそうに歌《うた》を歌《うた》う。

さもしい 形容詞 心《こころ》がきたなくて、いやしい。例 他人《たにん》のせいにするなんて、さもしい考《かんが》えだ。

さもないと 接続詞 そうでないと。例「早《はや》く起《お》きなさい。さもないと、学校《がっこう》におくれますよ。」

さもなければ 接続詞 そうでなければ。例 明《あ》日《す》か、さもなければ、三日後《みっかご》に来《き》てください。

さや 名詞 豆《まめ》の実《み》を包《つつ》んでいるもの。ことば 漢字《かんじ》では「莢」と書《か》く。

さや 名詞 刀《かたな》の刃《は》の部分《ぶぶん》を入《い》れておくつつ。図
↓264ジぺー かたな

さやいんげん 名詞 季語秋 じゅうぶん実《みの》る前《まえ》にとり、さやごと食用《しょくよう》にするいんげんまめ。

さやいんげん

さやえんどう 名詞 季語夏 じゅうぶんに実《みの》る前《まえ》にとって、さやごと食《しょく》用《よう》にするえんどう。きぬさや。

さやえんどう

さやか 形容動詞 季語秋 明《あか》るくて、はっきりとしているようす。また、音《おと》がすんでいて、はっきり聞《き》こえるようす。例 満月《まんげつ》がさやかに見《み》える。

さゆ【さ湯】 名詞 何《なに》も混《ま》ぜていない、わかしただけの湯《ゆ》。

さゆう【左右】 ❶ 名詞 左《ひだり》と右《みぎ》。例 左右の手《て》。❷ 名詞 そば。わき。例 王様《おうさま》の左右にひかえる。❸ 動詞 思《おも》うままに動《うご》かす。例 作物《さくもつ》のできは天《てん》候《こう》に左右される。

ざゆう【座右】 名詞 身《み》の回《まわ》り。すぐに手《て》が届《とど》くような、身近《みぢか》なところ。例 辞書《じしょ》を座右に置《お》く。

●**座右《ざゆう》の銘《めい》** 故事成語 自分《じぶん》をいましめたりはげましたりするために、いつも心《こころ》に留《と》めている大切《たいせつ》なことば。例「不言実行《ふげんじっこう》」を座右の銘にする。

さよう【作用】 名詞 動詞 あるものの力《ちから》がほかのものに対《たい》してはたらくこと。また、そのはたらき。例 この食品《しょくひん》は、体《からだ》を温《あたた》める作用がある。

さようてん【作用点】 名詞 てこで、加《くわ》えた力《ちから》が物《もの》にはたらく部分《ぶぶん》。関連 支点《してん》。力点《りきてん》。図
↓890ジぺー てこ

さようなら 感動詞 人《ひと》と別《わか》れるときのあいさつのことば。「さよなら」ともいう。

さよく【左翼】 名詞 ❶鳥《とり》や飛行機《ひこうき》などの左《ひだり》のつばさ。対 右翼《うよく》。❷列《れつ》など、横《よこ》に広《ひろ》がったものの、左《ひだり》の部分《ぶぶん》。例 敵《てき》の左翼をこうげきする。対 右翼《うよく》。❸政治《せいじ》などの考《かんが》え方《かた》で、急《いそ》いで世《よ》の中《なか》のしくみを改《あらた》めていこうとする人々《ひとびと》。また、その立場《たちば》。対 右翼《うよく》。❹野球《やきゅう》で、本塁《ほんるい》から見《み》て左側《ひだりがわ》の外野《がいや》。レフト。例 左翼手《しゅ》が交代《こうたい》する。対 右翼《うよく》。

さよなら ↓539ジぺー さようなら

さより 名詞 季語春 海《うみ》にすむ魚《さかな》。体《からだ》は細長《ほそなが》く、下《した》あごがつき出《で》ている。刺身《さしみ》などにして食《た》べる。図
↓521ジぺー さかな〔魚〕

さら【皿】 ❶ 名詞 食《た》べ物《もの》をのせる平《ひら》たいうつわ。また、そのような形《かたち》のもの。例 刺身《さしみ》を皿に盛《も》る。❷ 接尾語 （数《かず》を表《あらわ》すことばのあとにつけて）皿《さら》

四字熟語 一生懸命《いっしょうけんめい》　ありったけの力《ちから》を出《だ》してがんばること。「懸命《けんめい》」は、命《いのち》がけという意味《いみ》。もとは

（＝❶）にのせた料理《りょうり》を数《かぞ》えることば。例 一《ひと》皿。

漢 **さら**【皿】〔皿《さら》〕 5画 3年 訓 さら

丨 冂 冂 皿《つきださない》 皿

さら。食物《しょくもつ》などをのせる平《ひら》たいうつわ。例 大《おお》皿《ざら》／小皿《こざら》／灰皿《はいざら》。

ざら 形容動詞 どこにでもたくさんあって、めずらしくないようす。例 ざらにあるできごと。

さらいげつ【再来月】名詞 来月《らいげつ》の次《つぎ》の月《つき》。

さらいしゅう【再来週】名詞 来週《らいしゅう》の次《つぎ》の週《しゅう》。

さらいねん【再来年】名詞 来年《らいねん》の次《つぎ》の年《とし》。対 一昨年《いっさくねん》。

さらう 動詞 教《おし》えられたことを、くり返《かえ》して練《れん》習《しゅう》する。復習《ふくしゅう》する。例 練習《れんしゅう》曲《きょく》を毎日《まいにち》さらう。

さらう 動詞 川《かわ》やどぶなどの底《そこ》にたまった土《つち》やごみなどを、とり除《のぞ》く。例 川底《かわぞこ》をさらってきれいにする。ことば 漢字《かんじ》では「浚う」と書《か》く。

さらう 動詞 ❶すきを見《み》て、うばいとる。連《つ》れ去《さ》る。例 子《こ》供《ども》をさらう。
❷全部《ぜんぶ》持《も》っていってしまう。例 クラスじゅうの人気《にんき》をさらう。
ことば 漢字《かんじ》では「攫う」と書《か》く。

ざらがみ【ざら紙】名詞 あまり質《しつ》のよくない、ざらざらした紙《かみ》。わら半紙《ばんし》。

さらけだす【さらけ出す】動詞 ありのままをすっかり外《そと》に出《だ》す。例 弱点《じゃくてん》をさらけ出す。

サラサ（ポルトガル語）名詞 人物《じんぶつ》や花鳥《かちょう》・図形《ずけい》などの模様《もよう》を、いろいろな色《いろ》で染《そ》めた綿《めん》の布《ぬの》。インドで始《はじ》まった。

さらさら【更更】副詞 少《すこ》しも。けっして。ぜんぜん。例 ごまかそうなんて気持《きも》ちはさらさらない。使い方 あとに「ない」などのことばがくる。また、ふつうかな書《が》きにする。

さらさら［と］
❶副詞 つかえないで、なめらかに進《すす》むようす。例 小川《おがわ》がさらさら流《なが》れる。
❷副詞 かわいたものがふれ合《あ》うときの音《おと》のようす。例 ささの葉《は》がさらさらと音《おと》を立《た》てる。
❸副詞 動詞 しめり気《け》やねばり気《け》がなく、さっぱりしているようす。例 さらさらした砂《すな》。

ざらざら［と］副詞 動詞 表面《ひょうめん》がでこぼこした感《かん》じがして、なめらかでないようす。例 砂《すな》ぼこりでざらざらした廊下《ろうか》。対 つるつる［と］。

さらし 名詞 ❶風《かぜ》や雨《あめ》、光《ひかり》などに当《あ》たるままにすること。例 ふきさらし。
❷もめんなどの布《ぬの》を、水《みず》で洗《あら》って日《ひ》に当《あ》てるなどして、白《しろ》くしたもの。

さらしこ【さらし粉】名詞 水《みず》を消毒《しょうどく》したり、布《ぬの》を白《しろ》くしたりするときに使《つか》う白《しろ》い粉《こな》。

さらす 動詞 ❶雨《あめ》や風《かぜ》などが当《あ》たるままにしておく。例 公《こう》園《えん》のベンチが風雨《ふうう》にさらされている。
❷日《ひ》に当《あ》てて干《ほ》す。例 ふきんを日《ひ》にさらす。
❸布《ぬの》や紙《かみ》などを、水《みず》で洗《あら》って日《ひ》に当《あ》てたり、薬《やく》品《ひん》を使《つか》ったりして白《しろ》くする。
❹多《おお》くの人《ひと》に見《み》えるようにする。例 はじをさらす。
❺危険《きけん》な状態《じょうたい》に置《お》く。例 危険《きけん》に身《み》をさらす。
❻あくをぬくために、料理《りょうり》の材料《ざいりょう》を水《みず》につける。例 たまねぎを水《みず》にさらす。

サラダ（salad）名詞 生野菜《なまやさい》などに、マヨネーズやドレッシングなどをかけて食《た》べる料理《りょうり》。

さらに【更に】副詞 ❶そのうえに。かさねて。例 出発《しゅっぱつ》の日《ひ》をさらに三日《みっか》延《の》ばす。
❷いっそう。ますます。例 夜《よる》になって雪《ゆき》はさらに激《はげ》しくなった。
❸少《すこ》しも。いっこうに。例 何《なに》を言《い》われても、参加《さんか》をやめるつもりはさらにない。
使い方 ふつうかな書《が》きにする。❸は、あとに「ない」などのことばがくる。

さらば 感動詞 別《わか》れのあいさつのことば。さようなら。例 いざ、さらば。使い方 古《ふる》い言《い》い方《かた》。

サラブレッド（thoroughbred）名詞 馬《うま》の品種《ひんしゅ》の一《ひと》つ。イギリスで作《つく》られた。走《はし》るのが速《はや》く、競《きょう》走馬《そうば》として使《つか》われる。ことば「家柄《いえがら》などがよい人《ひと》」という意味《いみ》で使《つか》われることもある。

サラブレッド

かけですぐに非常《ひじょう》に危険《きけん》な状態《じょうたい》になるくらい、張《は》りつめていること。

ざらめ 名詞 つぶがあらい、ざらざらした砂糖《さとう》。

ざらり 副詞 ❶なめらかでない物《もの》がすれ合《あ》う音《おと》のようす。❷表面《ひょうめん》がなめらかでないようす。ざらざらしているようす。例 ざらりとしたねこの舌《した》。

使い方 ❷は、「ざらりと」の形《かたち》でも使《つか》う。

サラリー (salary) 名詞 給料《きゅうりょう》。

サラリーマン 名詞 給料《きゅうりょう》をもらって生活《せいかつ》する人《ひと》。ことば 英語《えいご》をもとに日本《にほん》で作《つく》られたことば。

さらりと 副詞 ❶ものごとを気《き》にかけないようす。また、つかえることなく成《な》しとげるようす。例 いやなことはさらりと忘《わす》れよう／さらりと通過《つうか》する。❷すべすべしているようす。例 さらりとしたはだざわり。

ざりがに 名詞 季語夏 ❶えびのなかまの一《ひと》つ。北海道《ほっかいどう》や東北地方《とうほくちほう》の川《かわ》や池《いけ》にすむ。体長《たいちょう》六《ろく》センチメートルくらい。❷「アメリカざりがに」のこと。赤《あか》っぽい黒《くろ》または土色《つちいろ》で体長十《たいちょうじっ》センチメートルくらいになる。川《かわ》や水田《すいでん》などにすみ、いねをあらす。

ざりがに❷

さりげない 形容詞 そうしようとする気持《きも》ちを外《そと》に表《あらわ》さないようす。何気《なにげ》ない。例 さりげない心《こころ》づかい／さりげなくわけをたずねる。

さる【申】 名詞 ❶十二支《じゅうにし》の九番目《きゅうばんめ》。猿《さる》。❷昔《むかし》の時刻《じこく》の名前《なまえ》。今《いま》の午後四時《ごごよじ》ごろ。また、その前後二時間《ぜんごにじかん》くらい。❸昔《むかし》の方角《ほうがく》の名前《なまえ》。西南西《せいなんせい》。

図 ⇒611ページ《ジ》じゅうにし

さる【猿】 名詞 体《からだ》が毛《け》でおおわれていて、人間《にんげん》に似《に》た動物《どうぶつ》。木《き》の上《うえ》で群《む》れを作《つく》って生活《せいかつ》するものが多《おお》い。たくさんの種類《しゅるい》がある。

さる【猿】
（にほんざる）

●**猿《さる》も木《き》から落《お》ちる** ことわざ 木登《きのぼ》りが上手《じょうず》なさるも木《き》から落《お》ちることがあるように、どんな名人《めいじん》でも失敗《しっぱい》することがあるということわざ。類 弘法《こうぼう》にも筆《ふで》の誤《あやま》り。かっぱの川流《かわなが》れ。

さる【去る】
❶ 動詞 今《いま》いるところからはなれる。いなくなる。例 故郷《こきょう》を去る／この世《よ》を去る（＝死《し》ぬ）。
❷ 動詞 時間《じかん》がたつ。過《す》ぎる。例 一年《いちねん》が去る。
❸ 動詞 なくなる。消《き》える。例 痛《いた》みが去る。
❹ 動詞 あるところからへだたる。また、今《いま》から昔《むかし》にさかのぼる。例 国境《こっきょう》を去ること南《みなみ》へ三《さん》キロメートル／今《いま》を去る十年前《じゅうねんまえ》。
❺ 接尾語 （ほかのことばのあとにつけて）すっかり…する。例 忘《わす》れ去る。漢 ⇒352ページ《ジ》きょ〔去〕

●**去《さ》る者《もの》は追《お》わず** ⇒193ページ《ジ》 ことわざ

さる【去る】 連体詞 （月日《つきひ》を表《あらわ》すことばなどの前《まえ》につけて）過《す》ぎ去《さ》った。例 去る三月五日《さんがついつか》のこと。対 来《きた》る。漢 ⇒352ページ《ジ》きょ〔去〕

ざる 名詞 ❶細《ほそ》くけずった竹《たけ》や針金《はりがね》を編《あ》んでつくった入《い》れ物《もの》。❷⇒541ページ《ジ》ざるそば

さるぐつわ【猿ぐつわ】 名詞 声《こえ》を出《だ》せないように、口《くち》にかませたりかぶせたりするもの。

さるすべり 名詞 季語夏 庭《にわ》などに植《う》える高《たか》い木《き》。夏《なつ》から秋《あき》にかけて、濃《こ》いもも色《いろ》・白色《しろいろ》などの花《はな》がさく。ことば 幹《みき》がつるつるしていて、木登《きのぼ》りの上手《じょうず》なさるもすべるということから、この名《な》がある。また、花《はな》が長《なが》くさくことから、漢字《かんじ》では「百日紅」と書《か》く。

さるすべり

ざるそば 名詞 ざるやすのこに盛《も》りつけて、のりをかけ、つゆにつけて食《た》べるそば。略《りゃく》して「ざる」ともいう。

さるぢえ【猿知恵】 名詞 かしこい考《かんが》えのようでいて、実際《じっさい》は間《ま》のぬけた考《かんが》え。浅《あさ》い考《かんが》え。

サルビア （ラテン語）名詞 季語夏 しそのなかまの草花《くさばな》。夏《なつ》から秋《あき》にかけて、真《ま》っ赤《か》な筒形《つつがた》の花《はな》が、穂《ほ》のようになってさく。

さるまね【猿まね】 名詞 動詞 さるが人《ひと》のまねをするように、しっかりした考《かんが》え

サルビア

四字熟語 **一触即発《いっしょくそくはつ》** ちょっとふれる（一触《いっしょく》）と、すぐに爆発《ばくはつ》（即発《そくはつ》）するという意味《いみ》で、小《ちい》さなきっ

もなしに他人《たにん》をまねること。

サルモネラきん【サルモネラ菌】 名詞 食中毒《しょくちゅうどく》や腸《ちょう》チフスなどの病気《びょうき》を起《お》こす細菌《さいきん》。鳥《とり》・ねずみなどによって運《はこ》ばれる。

さるもの【さる者】 名詞 油断《ゆだん》できない、なかなかてごわい人《ひと》。例 敵《てき》もさる者。

されこうべ 名詞 雨《あめ》や風《かぜ》にさらされて、骨《ほね》だけになった人間《にんげん》の頭《あたま》。どくろ。「しゃれこうべ」ともいう。

サロン（フランス語）名詞 人々《ひとびと》が集《あつ》まって話《はなし》をする広間《ひろま》。例 高級《こうきゅう》ホテルのサロン。

さわ【沢】 名詞 ❶山《やま》の中《なか》の谷間《たにま》を流《なが》れる川《かわ》。例 沢登《のぼ》り。❷土地《とち》が低《ひく》く、しめっていて草《くさ》の生《は》えているところ。

さわかい【茶話会】 名詞 お茶《ちゃ》などを飲《の》みながら、楽《たの》しく話《はな》し合《あ》う会《かい》。「ちゃわかい」ともいう。

さわがしい【騒がしい】 形容詞 ❶物音《ものおと》や人《ひと》の声《こえ》が大《おお》きくてうるさい。やかましい。例 騒がしい声《こえ》。❷おだやかでない。例 世《よ》の中《なか》が騒がしくなる。

さわがに 名詞 季語 夏 山《やま》の中《なか》のきれいな流《なが》れの水《みず》にすむかに。こうらは、はば二・五センチメートルくらい。食《しょく》用《よう》になる。

さわがに

さわぎ【騒ぎ】 名詞 ❶さわぐこと。やかましいこと。例 新発売《しんはつばい》のゲームを買《か》おうと、大変《たいへん》な騒ぎだ。❷もめごと。例 騒ぎを起《お》こす。❸（「…どころの騒《さわ》ぎではない」の形《かたち》で）その程《てい》度《ど》の問題《もんだい》ではない。例 高熱《こうねつ》が出《で》て、遊園地《ゆうえんち》に行《い》くどころの騒ぎではない。

さわぎたてる【騒ぎ立てる】 動詞 大《おお》さわぎをする。また、必要以上《ひつよういじょう》にうるさくいう。例 人々《ひとびと》が集《あつ》まって騒ぎ立てる。

さわぐ【騒ぐ】 動詞 ❶大声《おおごえ》を出《だ》したり音《おと》を立《た》てたりして、やかましくする。例 車内《しゃない》では騒がないように。❷心《こころ》が落《お》ち着《つ》かない。例 明日《あす》の発表会《はっぴょうかい》のことを考《かんが》えると、心《こころ》が騒ぐ。

ざわざわ［と］ 副詞 動詞 ❶大勢《おおぜい》の人《ひと》が、話《はな》したり動《うご》いたりして、落《お》ち着《つ》かないようす。例 教室《きょうしつ》がざわざわしている。❷木《き》の葉《は》や枝《えだ》、草《くさ》などが風《かぜ》にゆれてふれ合《あ》い、音《おと》を立《た》てるようす。

ざわつく 動詞 ざわざわする。ざわめく。例 ざわついた会場《かいじょう》。

ざわめき 名詞 声《こえ》や音《おと》がざわざわと聞《き》こえること。また、その声《こえ》や音《おと》。例 木々《きぎ》のざわめき。

ざわめく 動詞 ざわざわと声《こえ》や音《おと》を立《た》てる。例 幕《まく》が下《お》りると場内《じょうない》がざわめいた。

さわやか【爽やか】 形容動詞 季語 秋 ❶さっぱりしていて気持《きも》ちがよいようす。すがすがしいようす。例 よく晴《は》れた爽やかな朝《あさ》。❷話《はな》し方《かた》などがはっきりしていて、よい感《かん》じをあたえるようす。例 爽やかな口調《くちょう》で答《こた》える。

さわら 名詞 季語 春 陸《りく》に近《ちか》い海《うみ》にすむ、全長一《ぜんちょういち》メートルくらいの細長《ほそなが》い魚《さかな》。背《せ》には青《あお》みがかった灰色《はいいろ》の模様《もよう》がある。

さわらぬかみにたたりなし【触らぬ神にたたりなし】 ↓195ページ ことわざ

さわらび 名詞 季語 春 芽《め》を出《だ》したばかりのわらび。ことば 俳句《はいく》などでは「早蕨」とも書《か》く。

さわる【触る】 動詞 手《て》などでふれる。例 作品《さくひん》に触らないでください。

さわる【障る】 動詞 ❶さしつかえる。害《がい》になる。例 夜《よ》ふかしは体《からだ》に障る。❷気《き》を悪《わる》くさせる。例 しゃくに障る。
漢 ↓630ページ しょう〔障〕

-さん 接尾語（人《ひと》の名前《なまえ》などのあとにつけて）尊《そん》敬《けい》や親《した》しみの気持《きも》ちを表《あらわ》す。例 前田《まえだ》さん／おまわりさん。

さん【三】 名詞 数《かず》の名《な》。みっつ。

漢 **さん【三】**〔一《いち》〕3画 1年 音 サン 訓 み・みつ・みっつ
一 二 三（下をながく）
❶みっつ。さん。例 三角《さんかく》／三日月《みかづき》。❷みたび。たびたび。例 再三《さいさん》。

漢 **さん【山】**〔山《やま》〕3画 1年 音 サン 訓 やま
丨 山 山（つきださない）

よくなったり悪《わる》くなったりすること。

❶やま。例 山地《さんち》／山頂《さんちょう》／山脈《さんみゃく》／山林《さんりん》／火山《かざん》／下山《げざん》／登山《とざん》／氷山《ひょうざん》。❷ものごとのいちばん大切《たいせつ》なところ。例 山場《やまば》。❸寺のこと。寺院《じいん》につけるよび名《な》。例 山門《さんもん》／高野山《こうやさん》。

㊥**さん【参】**〔厶《む》〕 8画 4年 音 サン 訓 まいる

みぎ上からはらう

❶神仏《しんぶつ》や目上《めうえ》の人《ひと》のところへ行《い》く。例 参上《さんじょう》／参道《さんどう》／参拝《さんぱい》／持参《じさん》。❷くわわる。例 参加《さんか》／参列《れつ》。❸くらべ合《あ》わせる。例 参考《さんこう》／参照《さんしょう》。❹みっつ。例 参百円《さんびゃくえん》。使い方 ❹は「三」と同《おな》じだが、「参」は大事《だいじ》な書類《しょるい》に金額《きんがく》を書《か》くときなどに使《つか》う。

さん【桟】 名詞 戸《と》や障子《しょうじ》などの細《ほそ》い骨《ほね》。

㊥**さん【蚕】**〔虫《むし》〕 10画 6年 音 サン 訓 かいこ

つきださない　はらう

かいこ。例 養蚕《ようさん》。

さん【産】 名詞 ❶（「お産《さん》」の形《かたち》で）子《こ》をうむこと。例 お産に立《た》ち会《あ》う。❷その土地《とち》でつくられたこと。例 静岡《しずおか》産のお茶《ちゃ》。

㊥**さん【産】**〔生《うまれる》〕 11画 4年 音 サン 訓 うむ・うまれる・うぶ

下をながく

❶うむ。子《こ》がうまれる。例 産声《うぶごえ》／産卵《さんらん》／安産《あんざん》／出産《しゅっさん》。❷ものをつくりだす。つくりだされたもの。例 産業《さんぎょう》／産地《さんち》／産物《さんぶつ》／国産《こくさん》／生産《せいさん》。❸暮《く》らしのもとになるもの。例 財産《ざいさん》／資産《しさん》／不動産《ふどうさん》。

㊥**さん【散】**〔攵《のぶん》〕 12画 4年 音 サン 訓 ちる・ちらす・ちらかす・ちらかる

はねる

❶ちる。ちらばる。ちらす。例 散会《さんかい》／散《さん》じる／散布《さんぷ》／散乱《さんらん》／解散《かいさん》／退散《たいさん》／分散《ぶんさん》。❷自由気《じゆうき》まま。例 散文《さんぶん》／散歩《さんぽ》。

㊥**さん【算】**〔⺮《たけかんむり》〕 14画 2年 音 サン

ながく

❶数《かぞ》える。例 算出《さんしゅつ》／算数《さんすう》／暗算《あんざん》／計算《けいさん》／検算《けんざん》／通算《つうさん》。❷みこみ。例 誤算《ごさん》／公算《こうさん》／打算《ださん》。

さん【酸】 名詞 塩酸《えんさん》・硝酸《しょうさん》・硫酸《りゅうさん》などのように、水溶液《すいようえき》が酸性《さんせい》を示《しめ》すもの。

㊥**さん【酸】**〔酉《とりへん》〕 14画 5年 音 サン 訓 すい

わすれないように　まげる

❶すっぱい。例 酸味《さんみ》。❷化学《かがく》で、青色《あおいろ》のリトマス紙《し》を赤色《あかいろ》に変《か》える性質《せいしつ》のあるもの。例 酸《さん》性《せい》／塩酸《えんさん》／硫酸《りゅうさん》。❸「酸素《さんそ》」の略《りゃく》。例 酸化《さんか》。

㊥**さん【賛】**〔貝《かい》〕 15画 5年 音 サン

とめる　はらう

❶助《たす》ける。例 賛成《さんせい》／賛同《さんどう》。❷ほめたたえる。例 賛美《さんび》／自画自賛《じがじさん》／賞賛《しょうさん》／絶賛《ぜっさん》。

㊥**ざん【残】**〔歹《がつへん》〕 10画 4年 音 ザン 訓 のこる・のこす

てんは一つ　三ぼん　上へはねる

❶あまる。のこる。例 残業《ざんぎょう》／残暑《ざんしょ》／残雪《ざんせつ》／残《ざん》高《だか》／残念《ざんねん》／残飯《ざんぱん》。❷むごい。例 残酷《ざんこく》／無残《むざん》。

さんい【賛意】 名詞 人《ひと》の意見《いけん》や考《かんが》えに同意《どうい》する気持《きも》ち。賛成《さんせい》の気持《きも》ち。例 友《とも》だちの意見《いけん》に賛意を表《ひょう》する。

さんいん【山陰】 ⇩543ジペー さんいんちほう

さんいんかいがんこくりつこうえん【山陰海岸国立公園】 名詞 京都府《きょうとふ》・兵庫《ひょうご》県《けん》・鳥取県《とっとりけん》にまたがる、日本海《にほんかい》に面《めん》した国立公《こくりつこう》園《えん》。西《にし》のはしに鳥取砂丘《とっとりさきゅう》がある。

さんいんちほう【山陰地方】 名詞 中国地《ちゅうごくち》方《ほう》の日本海側《にほんかいがわ》の地方《ちほう》。鳥取県《とっとりけん》・島根県《しまねけん》と山口県《やまぐちけん》の北部《ほくぶ》がふくまれる。

さんか【参加】 名詞 動詞 仲間《なかま》に入《はい》ること。例 ボランティアへの参加を申《もう》しこむ／キャンプに参加する。

さんか【酸化】 名詞 動詞 ある物質《ぶっしつ》が酸素《さんそ》と結《むす》びついて、ちがう物質《ぶっしつ》に変《か》わること。例 金属《きんぞく》が酸化する。対 還元《かんげん》。

さんが【山河】 名詞 ❶山《やま》と川《かわ》。

四字熟語　一進一退《いっしんいったい》　進《すす》んだりあともどりしたりすること。また、体《からだ》の具合《ぐあい》やものごとのようすなどが、

❷自然《しぜん》。 例 ふるさとの山河。

さんが【参賀】 名詞 動詞 新年《しんねん》や祝日《しゅくじつ》などに、皇居《こうきょ》に行《い》ってお祝《いわ》いの気持《きも》ちを表《あらわ》すこと。

さんかい【参会】 名詞 動詞 会《かい》に出《で》ること。

さんかい【散会】 名詞 動詞 会《かい》が終《お》わって、集《あつ》まった人々《ひとびと》が帰《かえ》ること。 例 音楽会《おんがくかい》は夕方《ゆうがた》に散会した。 類 解散《かいさん》。

さんがい【惨害】 名詞 災害《さいがい》や戦争《せんそう》などによる、とてもひどい被害《ひがい》。

ざんがい【残骸】 名詞 こわれたまま残《のこ》っているもの。 例 橋《はし》の残骸。

さんかいのちんみ【山海の珍味】山《やま》や海《うみ》でとれるめずらしい食《た》べ物《もの》。また、すばらしいごちそう。

さんかく【三角】 名詞 三《みっ》つの辺《へん》で囲《かこ》まれた図《ず》形《けい》。また、そのような形《かたち》。

さんかく【参画】 名詞 動詞 事業《じぎょう》や仕事《しごと》などの計画《けいかく》を立《た》てる仲間《なかま》に参加《さんか》すること。 例 駅前《えきまえ》の開発計画《かいはつけいかく》に参画する。

さんがく【山岳】 名詞 山《やま》。とくに、高《たか》くて険《けわ》しい山《やま》。

さんがく【産額】 名詞 つくり出《だ》される物《もの》の数《すう》量《りょう》や金額《きんがく》。

さんがく【算額】 名詞 和算《わさん》の問題《もんだい》や解《と》き方《かた》を書《か》いて、神社《じんじゃ》や寺《てら》に納《おさ》めた額《がく》や絵馬《えま》。

ざんがく【残額】 名詞 つかった残《のこ》りの金額《きんがく》や数量《すうりょう》。 例 おこづかいの残額を確認《かくにん》する。 類 残《ざん》金《きん》。残高《ざんだか》。

さんかくか【三角架】 名詞 理《り》科《か》の実験《じっけん》で、熱《ねっ》するものをのせるときに使《つか》う器具《きぐ》。

さんかくか

さんかくけい【三角形】 名詞 三《みっ》つの辺《へん》で囲《かこ》まれた図形《ずけい》。三角《さんかく》。さんかっけい。

さんかくじょうぎ【三角定規】 名詞 三角《さんかく》形《けい》をした定規《じょうぎ》。 参考 ふつう、それぞれの角《かく》が、直角《ちょっかく》・四五度《ど》・四五度《ど》のものと、直角《ちょっかく》・三〇度《ど》・六〇度《ど》のものが使《つか》われる。

さんかくす【三角州】 名詞 川上《かわかみ》から流《なが》れてきた土《つち》や砂《すな》が河口《かこう》に積《つ》もってできた、三角形《さんかくけい》の土地《とち》。「デルタ」ともいう。

さんかくす

さんかくすい【三角すい】 名詞 底面《ていめん》の形《かたち》が三角形《さんかくけい》で、先《さき》がとがっている立体《りったい》。 図 ⇩686ジペー ずけい

さんかくちゅう【三角柱】 名詞 底面《ていめん》の形《かたち》が三角形《さんかくけい》になっている角柱《かくちゅう》。 図 ⇩686ジペー ずけい

さんかくてん【三角点】 名詞 陸《りく》の高《たか》さやきょりなどを測《はか》るときの基準《きじゅん》になる地点《ちてん》。

さんかくとう【三角刀】 名詞 刃《は》がV《ブイ》の形《かたち》になっている彫刻刀《ちょうこくとう》。するどい線《せん》や細《ほそ》い線《せん》をほるときに使《つか》う。

さんかっけい【三角形】 ⇩544ジペー さんかくけい

さんかてつ【酸化鉄】 名詞 鉄《てつ》と酸素《さんそ》が結《むす》びついてできたもの。

さんがにち【三が日】 名詞 季語 新年 一月一《いちがつつい》日《たち》から三日《みっか》までの三日間《みっかかん》。

さんかぶつ【酸化物】 名詞 酸素《さんそ》とほかの元《げん》素《そ》が結《むす》びついてできた物質《ぶっしつ》。

さんかん【山間】 名詞 山《やま》と山《やま》との間《あいだ》。山《やま》の中《なか》。 例 山間の農村《のうそん》／山間部《ぶ》にある小学校《しょうがっこう》。

さんかん【参観】 名詞 動詞 その場所《ばしょ》に行《い》って、実際《じっさい》のようすを見《み》ること。 例 授業《じゅぎょう》参観。

さんかんしおん【三寒四温】 名詞 季語 冬 寒《さむ》い日《ひ》が三日《みっか》くらい続《つづ》いたあと、暖《あたた》かい日《ひ》が四《よっ》日《か》くらい続《つづ》くということ。冬《ふゆ》に見《み》られる天候《てんこう》。

さんぎいん【参議院】 名詞 衆議院《しゅうぎいん》とともに国会《こっかい》をつくっているしくみ。選挙《せんきょ》によって選《えら》ばれた議員《ぎいん》が、衆議院《しゅうぎいん》で決《き》めた法律《ほうりつ》や予算《よさん》などをもう一度《いちど》見直《みなお》す。 対 衆《しゅう》議院《ぎいん》。

さんぎいんぎいん【参議院議員】 名詞 参《さん》議院《ぎいん》の議員《ぎいん》。選挙《せんきょ》によって選《えら》ばれ、任期《にんき》は六《ろく》年《ねん》。三年《さんねん》ごとに半数《はんすう》ずつ選《えら》び直《なお》される。 対 衆《しゅう》議院議員《ぎいんぎいん》。

さんきゃく【三脚】 名詞 ❶三本《さんぼん》の足《あし》がついているいす。また、三本足《さんぼんあし》の、物《もの》をのせる台《だい》。 例 カメラの三脚。 ❷三本《さんぼん》の足《あし》。 例 二人《ににん》三脚。

ざんぎゃく【残虐】 名詞 形容動詞 生《い》き物《もの》を苦《くる》しめたり殺《ころ》したりするような、とてもひどい仕《し》打《う》ちをすること。 例 残虐な事件《じけん》が起《お》きる。 類

ること。

残酷《ざんこく》。

サンキュー（thank you）感動詞「ありがとう」という意味《いみ》のことば。

さんぎょう【産業】 名詞 人間《にんげん》の生活《せいかつ》に必要《ひつよう》な品物《しなもの》をつくり出《だ》す、いろいろな仕事《しごと》。農業《のうぎょう》・工業《こうぎょう》・林業《りんぎょう》・漁業《ぎょぎょう》・鉱業《こうぎょう》など。また、商業《しょうぎょう》やサービス業《ぎょう》などをふくめてもいう。

ざんぎょう【残業】 名詞 動詞 決《き》められた時間《じかん》のあとに、残《のこ》って仕事《しごと》をすること。例 夜《よる》おそくまで残業する。

さんぎょうかくめい【産業革命】 名詞 十八世紀《じゅうはっせいき》の末《すえ》から十九世紀《じゅうきゅうせいき》の初《はじ》めにかけて、産業《さんぎょう》のやり方《かた》や社会《しゃかい》のしくみが大《おお》きく変《か》わったこと。イギリスで始《はじ》まった。それまでの手工業《しゅこうぎょう》にかわって、一度《いちど》に多《おお》くの品物《しなもの》を生産《せいさん》する機械《きかい》工業《こうぎょう》が行《おこな》われるようになった。

さんぎょうはいきぶつ【産業廃棄物】 名詞 工場《こうじょう》などで物《もの》をつくったあとに残《のこ》る、いらない物質《ぶっしつ》。よごれた油《あぶら》や燃《も》えがらなど。

ざんきん【残金】 名詞 つかったあとに残《のこ》ったお金《かね》。類 残額《ざんがく》。残高《ざんだか》。

さんきんこうたい【参勤交代】 名詞 江戸《えど》時代《じだい》に、全国《ぜんこく》の大名《だいみょう》をとりしまるため、大名《だいみょう》を一年《いちねん》おきに江戸《えど》に住《す》まわせ、幕府《ばくふ》に仕《つか》えさせた制度《せいど》。三代《さんだい》将軍《しょうぐん》徳川家光《とくがわいえみつ》が定《さだ》めた。教科 社 大名《だいみょう》の妻《つま》や子供《こども》は、人質《ひとじち》として江戸《えど》に住《す》むことを強制《きょうせい》されていた。

サンクチュアリ（sanctuary）名詞 鳥《とり》や動物《どうぶつ》が保護《ほご》されていたり、かりが禁止《きんし》されていたりする、特別《とくべつ》な場所《ばしょ》。ことば もとは「神聖《しんせい》な場所《ばしょ》」という意味《いみ》のことば。

サングラス（sunglasses）名詞 季語 夏 強《つよ》い日光《にっこう》や光線《こうせん》を目《め》に入《い》れないためにかける、レンズに色《いろ》のついためがね。

ざんげ 名詞 動詞 自分《じぶん》のした悪《わる》い行《おこな》いを神《かみ》や仏《ほとけ》に打《う》ち明《あ》けて、許《ゆる》しを願《ねが》うこと。

さんけい【山径】 名詞 山《やま》の中《なか》の小道《こみち》。

さんけい【参詣】 名詞 動詞 神社《じんじゃ》や寺《てら》にお参《まい》りすること。類 参拝《さんぱい》。例 参詣客《きゃく》／家族《かぞく》でお寺《てら》に参詣する。

さんけつ【酸欠】 名詞 酸素《さんそ》が足《た》りなくなって、呼吸《こきゅう》などが苦《くる》しくなること。「酸素欠乏《さんそけつぼう》」の略《りゃく》。例 酸欠を起《お》こす。

ざんげつ【残月】 名詞 夜《よ》が明《あ》けたあとも空《そら》に残《のこ》っている月《つき》。

ざんげん【ざん言】 名詞 動詞 人《ひと》をおとしいれるために、つくり話《ばなし》やうそを言《い》って、目上《めうえ》の人《ひと》に告《つ》げ口《ぐち》すること。

さんげんしょく【三原色】 名詞 混《ま》ぜるとすべての色《いろ》をつくることができる、もとになる三《みっ》つの色《いろ》。絵《え》の具《ぐ》では、赤《あか》・黄《き》・青《あお》の三色《さんしょく》。光《ひかり》では、赤《あか》・緑《みどり》・青《あお》むらさきの三色《さんしょく》。

さんけんぶんりつ【三権分立】 名詞 国《くに》の政治《せいじ》を正《ただ》しく公平《こうへい》に行《おこな》うためのしくみ。立法《りっぽう》（国会《こっかい》）、司法《しほう》（裁判所《さいばんしょ》）、行政《ぎょうせい》（内閣《ないかく》）の三《みっ》つが、独立《どくりつ》してそれぞれの役割《やくわり》を果《は》たし、たがいに指図《さしず》されないようになっている。

伝統的《でんとうてき》な言語文化《げんごぶんか》

単位《たんい》

一寸法師《いっすんぼうし》の身長《しんちょう》は？

「一寸法師《いっすんぼうし》」の「寸《すん》」とは、長《なが》さを表《あらわ》す昔《むかし》の単位《たんい》だよ。「一寸《いっすん》」は約《やく》３センチメートル。「一寸法師《いっすんぼうし》」は約《やく》３センチメートルの身長《しんちょう》からついた名前《なまえ》だったんだね。

今《いま》、長《なが》さの単位《たんい》には「メートル」が使《つか》われているけれど、昔《むかし》の日本《にほん》では長《なが》さの単位《たんい》として「寸《すん》」や「尺《しゃく》」が使《つか》われていたんだ。「尺《しゃく》」は、もともと中国《ちゅうごく》で使《つか》われた単位《たんい》で、大人《おとな》が手《て》の指《ゆび》を広《ひろ》げて親指《おやゆび》の先《さき》から中指《なかゆび》の先《さき》までの長《なが》さ、つまり20センチメートルぐらいだったようだ。そもそも「尺《しゃく》」という漢字《かんじ》は親指《おやゆび》と中指《なかゆび》で長《なが》さを測《はか》っている形《かたち》からできたらしいよ。

日本《にほん》では、明治時代《めいじじだい》に「一尺《いっしゃく》」を約《やく》30センチメートルに定《さだ》めて使《つか》っていたんだ。今《いま》でもいろいろなことばの中《なか》に「寸《すん》」や「尺《しゃく》」が残《のこ》っているよ。たとえば「寸分《すんぶん》たがわぬ」ということばを聞《き》いたことがあるかな。ほんのちょっとのちがいもないという意味《いみ》だ。

「寸《すん》」や「尺《しゃく》」はもう一般《いっぱん》には使《つか》われない単位《たんい》だけれど、広《ひろ》さを表《あらわ》す「坪《つぼ》」や「畳《じょう》」は今《いま》でも使《つか》われることがあるよ。どんなところで使《つか》われているか、わかるかな。

もっとみてみよう！

- 長《なが》さ・重《おも》さ・面積《めんせき》・体積《たいせき》を表《あらわ》すことば（→p.1453）
- 「単位《たんい》にくわしくなる絵事典《えじてん》」（ＰＨＰ研究所《ピーエイチピーけんきゅうじょ》）

四字熟語　一心同体《いっしんどうたい》　何人《なんにん》かの人《ひと》が、まるで一人《ひとり》の人間《にんげん》であるかのように同《おな》じ考《かんが》え方《かた》をし、同《おな》じ行動《こうどう》をと

さんご 名詞 さんご虫《ちゅう》が海《うみ》の底《そこ》の岩《いわ》などにたくさん集《あつ》まってできたもの。暖《あたた》かい海《うみ》に見《み》られ、ふつう木《き》の枝《えだ》のような形《かたち》をしたものをいう。細工《さいく》してかざりものなどをつくる。 ことば 漢字《かんじ》では「珊瑚」と書《か》く。

さんご

さんこう【参考】 名詞 調《しら》べたり、考《かんが》えたりするときに、照《て》らし合《あ》わせて役《やく》に立《た》てること。例 参考資料《しりょう》。

さんこうしょ【参考書】 名詞 学習《がくしゅう》や研究《けんきゅう》をするときに、助《たす》けとして使《つか》う本《ほん》。

ざんこく【残酷】 名詞 形容動詞 ひどい仕打《しう》ちをすること。むごたらしいこと。例 残酷なやり方《かた》。類 残虐《ざんぎゃく》。

さんごくし【三国志】 名詞 ❶中国《ちゅうごく》の歴史《れきし》の本《ほん》。魏《ぎ》・呉《ご》・蜀《しょく》の三《みっ》つの国《くに》の歴史《れきし》について書《か》かれている。❷三国志《さんごくし》（＝❶）をもとにして、羅貫中《らかんちゅう》が書《か》いたとされる小説《しょうせつ》。三国志演義《さんごくしえんぎ》。

さんごしょう【さんご礁】 名詞 さんごが積《つ》もってできた岩《いわ》や島《しま》。熱帯《ねったい》や亜熱帯《あねったい》の浅《あさ》い海《うみ》に多《おお》い。

さんさい【山菜】 名詞 山《やま》に生《は》えている植物《しょくぶつ》で、食《た》べられるもの。わらび・ぜんまい・たらの芽《め》など。

さんざい【散在】 名詞 動詞 あちこちに散《ち》らばってあること。例 山《やま》のふもとに家《いえ》が散在している。類 点在《てんざい》。

さんざい【散財】 名詞 動詞 お金《かね》をたくさんつかうこと。例 セールで、思《おも》わぬ散財をしてしまった。使い方 むだなことやつまらないことにお金《かね》をつかう場合《ばあい》をいうことが多《おお》い。

さんさく【散策】 名詞 動詞 ぶらぶら歩《ある》くこと。散歩《さんぽ》。例 秋晴《あきば》れの公園《こうえん》を散策する。

さんさん［と］ 副詞 日《ひ》の光《ひかり》が明《あか》るく光《ひか》りかがやくようす。例 日光《にっこう》がさんさんと降《ふ》り注《そそ》ぐ。

さんざん【散散】 ❶副詞 ずいぶん。たいへん。例 落《お》とし物《もの》をさんざんさがした。
❷形容動詞 ひどい目《め》にあうようす。例 道《みち》に迷《まよ》ったうえ雨《あめ》に降《ふ》られ、さんざんな遠足《えんそく》だった。使い方 ふつうかな書《が》きにする。

さんさんごご【三三五五】 副詞 あちらに三《さん》人《にん》、こちらに五人《ごにん》というように、人々《ひとびと》が散《ち》らばっているようす。例 三々五々帰《かえ》って行《い》く。

さんじ【惨事】 名詞 とてもひどいできごと。むごたらしいできごと。例 大《だい》惨事が起《お》きた。

さんじ【賛辞】 名詞 ほめたたえることば。例 友《とも》だちのすばらしい作《さく》品《ひん》に賛辞をおくる。

ざんじ【暫時】 副詞 しばらくの間《あいだ》。

さんしきすみれ【三色すみれ】 名詞 季語春 すみれのなかまの草花《くさばな》。春《はる》から初夏《しょか》にかけて、むらさき・白《しろ》・黄色《きいろ》の三色《さんしょく》が入《い》りまじった花《はな》や、いろいろな色《いろ》の花《はな》がさく。パンジー。「さんしょくすみれ」ともいう。

さんしきすみれ

さんじげん【三次元】 名詞 縦《たて》・横《よこ》・高《たか》さの三《みっ》つの方向《ほうこう》に広《ひろ》がりをもつ空間《くうかん》。参考 二次元《にじげん》は面《めん》を、一次元《いちじげん》は直線《ちょくせん》を表《あらわ》している。

さんしゅう【参集】 名詞 動詞 人々《ひとびと》がある所《ところ》に集《あつ》まってくること。例 会員《かいいん》が本部《ほんぶ》に参集する。

さんじゅうしょう【三重唱】 名詞 三人《さんにん》がそれぞれちがう音《おと》のパートを受《う》け持《も》って歌《うた》う形式《けいしき》。トリオ。

さんじゅうそう【三重奏】 名詞 三《みっ》つの楽器《がっき》が、それぞれちがう音《おと》のパートを受《う》け持《も》って演奏《えんそう》する形式《けいしき》。トリオ。

さんしゅつ【産出】 名詞 動詞 物《もの》をつくり出《だ》したり、産物《さんぶつ》がとれたりすること。例 米《こめ》の産出量《りょう》／原油《げんゆ》を産出する。

さんしゅつ【算出】 名詞 動詞 計算《けいさん》して数《かず》や量《りょう》を出《だ》すこと。計算《けいさん》して答《こた》えを出《だ》すこと。例 旅《りょ》行《こう》の費用《ひよう》を算出する。

さんじょ【賛助】 名詞 動詞 あることに賛成《さんせい》して、力《ちから》を貸《か》し助《たす》けること。例 開発計画《かいはつけいかく》の賛助会員《かいいん》。

ざんしょ【残暑】 名詞 季語秋 立秋《りっしゅう》（＝八月八《はちがつよう》日《か》ごろ）を過《す》ぎてからも残《のこ》っている暑《あつ》さ。

さんしょう【参照】 名詞 動詞 ほかのものを照《て》らし合《あ》わせてみること。参考《さんこう》にすること。例 十《じっ》ページを参照してください。

を考《かんが》えたり心《こころ》を乱《みだ》されたりしないで、一《ひと》つのことを集中《しゅうちゅう》して行《おこな》うこと。

さんしょう【山しょう】 名詞 枝《えだ》にとげが多《おお》い、背《せ》の低《ひく》い木《き》。実《み》と葉《は》は、食《た》べ物《もの》にからみや香《かお》りをつけるために使《つか》われる。「さんしょ」ともいう。

さんしょう【山しょう】

●**山《さん》しょうは小粒《こつぶ》でもぴりりと辛《から》い** ↓197ページ ことわざ

さんじょう【三乗】 名詞 動詞 同《おな》じ数《かず》を三《みっ》つかけ合《あ》わせること。立方《りっぽう》。例 二《に》の三乗《じょう》は八《はち》だ。

さんじょう【参上】 名詞 動詞 「行《い》くこと」のへりくだった言《い》い方《かた》。例 すぐにそちらへ参上《さんじょう》します。

さんじょう【惨状】 名詞 見《み》ていられないほどひどいようす。むごたらしいようす。

さんしょううお 名詞 季語夏 谷川《たにがわ》などにすむ、いもりに似《に》た動物《どうぶつ》。種類《しゅるい》が多《おお》い。

さんしょくすみれ【三色すみれ】 ↓546ページ さんしきすみれ

さんじる【散じる】 動詞 ❶散《ち》る。なくなる。例 風《かぜ》で花《はな》びらが散じる。❷散《ち》らす。なくす。例 道楽《どうらく》で財産《ざいさん》を散じる。
ことば 「散《さん》ずる」ともいう。

さんしん【三振】 名詞 動詞 野球《やきゅう》で、バッターがストライクを三《みっ》つとられてアウトになること。

さんしん【三線】 名詞 沖縄《おきなわ》の弦楽器《げんがっき》。三味線《しゃみせん》と似《に》ているが小型《こがた》で、全長《ぜんちょう》八十《はちじっ》センチメートルほど。胴《どう》にはへびの皮《かわ》が張《は》ってある。図 ↓269ページ がっき〔楽器〕

ざんしん【斬新】 形容動詞 思《おも》いつきなどが非常《ひじょう》に目新《めあたら》しいこと。例 斬新なデザインの洋服《ようふく》を着《き》る。

さんしんせい【三審制】 名詞 同《おな》じ事件《じけん》について、裁判《さいばん》を三回《さんかい》受《う》けることを認《みと》める制度《せいど》。

さんすい【山水】 名詞 ❶山《やま》と川《かわ》。❷山《やま》や川《かわ》のある、自然《しぜん》の景色《けしき》。

さんすい【散水】 名詞 動詞 水《みず》をまくこと。

さんずい【三水】 名詞 「氵」のこと。漢字《かんじ》の部首《ぶしゅ》の一《ひと》つ。「水《みず》」の形《かたち》が変《か》わったもので、水《みず》に関係《かんけい》のある漢字《かんじ》を作《つく》ることが多《おお》い。海・洗・注・波など。

さんすいが【山水画】 名詞 山《やま》や川《かわ》などの自然《しぜん》の景色《けしき》をえがいた、東洋風《とうようふう》の絵《え》。

さんすう【算数】 名詞 小学校《しょうがっこう》で学習《がくしゅう》する科目《かもく》の一《ひと》つ。数量《すうりょう》や図形《ずけい》などについて学《まな》ぶ。

さんすくみ【三すくみ】 名詞 三《みっ》つのものが、おたがいをおそれて、みんな動《うご》き出《だ》せずにいること。ことば かえるはへびを、へびはなめくじを、なめくじはかえるをおそれる、ということからきたことば。

さんずのかわ【三途の川】 名詞 仏教《ぶっきょう》で、死《し》んだ人《ひと》が、死《し》んだあとの世界《せかい》（＝冥土《めいど》）へ行《い》くとちゅうにわたるといわれる川《かわ》。

さんする【産する】 動詞 つくり出《だ》す。物《もの》がとれる。例 熊本県《くまもとけん》ではみかんを産する。

さんずる【散ずる】 ↓547ページ さんじる

さんせい【酸性】 名詞 酢《す》やレモンのしる、塩酸《えんさん》などの持《も》つ、アルカリを中和《ちゅうわ》する性質《せいしつ》。対 アルカリ性《せい》。教科 理 青色《あおいろ》リトマス紙《し》を赤色《あかいろ》に変《か》える。

さんせい【賛成】 名詞 動詞 ほかの人《ひと》の意見《いけん》や考《かんが》えなどを、よいと認《みと》めること。同意《どうい》すること。例 計画《けいかく》に賛成する。類 賛同《さんどう》。対 反対《はんたい》。

さんせいう【酸性雨】 名詞 動植物《どうしょくぶつ》などに有害《ゆうがい》な、強《つよ》い酸性《さんせい》の雨《あめ》。

さんせいけん【参政権】 名詞 政治《せいじ》に参加《さんか》する権利《けんり》。国《くに》や地方《ちほう》の議員《ぎいん》を選挙《せんきょ》したり、議員《ぎいん》に立候補《りっこうほ》したりする権利《けんり》。参考 満十八才《まんじゅうはっさい》で投票《とうひょう》できるようになる。

さんせき【山積】 名詞 動詞 山《やま》のように積《つ》み重《かさ》なること。たくさんたまること。使い方 仕事《しごと》や問題《もんだい》など、かたづけなくてはならないものがたまっているときに使《つか》うことが多《おお》い。

ざんせつ【残雪】 名詞 季語春 消《き》え残《のこ》っている雪《ゆき》。また、春《はる》になっても残《のこ》っている雪《ゆき》。

さんぜん【と】【さん然〔と〕】 副詞 きらきらと光《ひか》るようす。例 さん然とかがやくメダル。使い方 名誉《めいよ》や賞《しょう》などについても使《つか》う。また、「さん然たるかがやき」などの形《かたち》でも使《つか》う。

さんそ【酸素】 名詞 色《いろ》もにおいもない気体《きたい》。空気《くうき》の成分《せいぶん》の一《ひと》つ。水《みず》や土《つち》の中《なか》にもふくまれている。生物《せいぶつ》が呼吸《こきゅう》で体《からだ》にとり入《い》れる気体《きたい》で、生《い》きるためになくてはならない。物《もの》が燃《も》えるのにも必要《ひつよう》である。

四字熟語 **一心不乱《いっしんふらん》** 一《ひと》つのことに心《こころ》を向《む》けて（一心《いっしん》）、心《こころ》が乱《みだ》れない（不乱《ふらん》）という意味《いみ》。ほかのこと

さんそう【山荘】 名詞 山《やま》の中《なか》に建《た》っている別《べっ》荘《そう》。

ざんぞう【残像】 名詞 ものを見《み》たすぐあと、そのものが実際《じっさい》には見《み》えていなくても、見《み》えているように感《かん》じること。

さんそきゅうにゅう【酸素吸入】 名詞 動詞 呼《こ》吸《きゅう》が苦《くる》しくなった人《ひと》に、酸素《さんそ》を吸《す》わせること。

さんぞく【山賊】 名詞 山《やま》の中《なか》に住《す》み、旅人《たびびと》をおそってお金《かね》や物《もの》をうばう悪者《わるもの》。関連 海賊《かいぞく》。

さんそん【山村】 名詞 山《やま》の中《なか》の村《むら》。山里《やまざと》。

ざんそん【残存】 名詞 動詞 なくならないで残《のこ》っていること。「ざんぞん」ともいう。例 多《おお》くの古墳《こふん》が残存する町《まち》。

ざんぞん【残存】 ⇒548ジペー ざんそん

さんだい【参内】 名詞 動詞 天皇《てんのう》の住《す》むごてんの中《なか》に行《い》くこと。皇居《こうきょ》に行《い》くこと。

さんたいよう【三大洋】 名詞 太平洋《たいへいよう》・大西《たいせい》洋《よう》・インド洋《よう》の三《みっ》つの大《おお》きな海《うみ》をまとめて呼《よ》ぶことば。

ざんだか【残高】 名詞 現在残《げんざいのこ》っている金額《きんがく》。例 預金《よきん》の残高を調《しら》べる。類 残額《ざんがく》。残金《ざんきん》。

サンタクロース (Santa Claus) 名詞 季語冬 クリスマスの前《まえ》の夜《よる》、えんとつから入《はい》ってきて、ねむっている子供《こども》たちにいろいろなおくり物《もの》をしてくれるというおじいさん。白《しろ》いひげを生《は》やし、赤《あか》い服《ふく》を着《き》て、トナカイの引《ひ》くそりに乗《の》ってやってくると言《い》い伝《つた》えられている。

サンダル (sandal) 名詞 つま先《さき》やかかとが見《み》える、簡単《かんたん》なはきもの。ひもやベルトで足《あし》につっかけてはく。

サンダル

さんたん【賛嘆】 名詞 動詞 とても感動《かんどう》してほめること。例 すばらしい演奏《えんそう》に賛嘆の声《こえ》が上《あ》がった。

さんだん【算段】 名詞 動詞 ❶なんとかやり方《かた》を考《かんが》えること。例 何《なに》かよい算段がないか考《かんが》えてみるよ。❷物《もの》やお金《かね》の都合《つごう》をつける。例 新《あたら》しい洋服《ようふく》を買《か》うお金《かね》を算段する。類 工面《くめん》。

さんたんたる【惨たんたる】 連体詞 いたましく、あわれなようす。むごたらしいようす。例 試験《しけん》の結果《けっか》は惨たんたるものだ。

さんだんとび【三段跳び】 名詞 陸上《りくじょう》競技《きょうぎ》の一《ひと》つ。片足《かたあし》でふみ切《き》り、もう一度《いちど》その足《あし》でとび、最後《さいご》に反対《はんたい》の足《あし》で大《おお》きくとんで着地《ちゃくち》し、とんだきょりをきそうもの。

さんだんめ【三段目】 名詞 すもうの番付《ばんづけ》で、幕下《まくした》の下《した》、序二段《じょにだん》の上《うえ》の位《くらい》。

さんち【山地】 名詞 山《やま》の多《おお》い土地《とち》。対 平地《へいち》。

さんち【産地】 名詞 ある品物《しなもの》がつくり出《だ》される土地《とち》。生産地《せいさんち》。例 みかんの産地。

さんちちょくそう【産地直送】 名詞 生鮮《せいせん》食品《しょくひん》などを、生産《せいさん》したところから消費者《しょうひしゃ》のところに直接届《ちょくせつとど》けたり販売《はんばい》したりすること。「産《さん》直《ちょく》」ともいう。

さんちゅう【山中】 名詞 山《やま》の中《なか》。

さんちょう【山頂】 名詞 山《やま》のてっぺん。頂《ちょう》上《じょう》。類 頂《いただき》。対 山麓《さんろく》。

さんちょく【産直】 ⇒548ジペー さんちちょくそう

さんづくり 名詞 「彡」のこと。漢字《かんじ》の部首《ぶしゅ》の一《ひと》つ。「形」などの漢字《かんじ》を作《つく》る。

さんてい【算定】 名詞 動詞 金額《きんがく》や数量《すうりょう》がどれくらいになるかを、計算《けいさん》して決《き》めること。例 学校《がっこう》の建設費用《けんせつひよう》を算定する。

ざんてい【暫定】 名詞 正式《せいしき》に決《き》める前《まえ》に、仮《かり》に決《き》めること。例 暫定予算《よさん》／暫定的《てき》な対応《たいおう》。

サンデー (Sunday) 名詞 「日曜日《にちようび》」のこと。

サンドイッチ (sandwich) 名詞 うすく切《き》ったパンの間《あいだ》に、野菜《やさい》やハムなどをはさんだ食《た》べ物《もの》。ことば イギリスのサンドイッチはくしゃくが考《かんが》え出《だ》したといわれる。

さんどう【参道】 名詞 神社《じんじゃ》や寺《てら》にお参《まい》りするためにつくられた道《みち》。

さんどう【賛同】 名詞 動詞 人《ひと》の意見《いけん》に同意《どうい》すること。例 会《かい》の目的《もくてき》に賛同する。類 賛成《さんせい》。

サンドペーパー ⇒283ジペー かみやすり

さんどめのしょうじき【三度目の正直】 ことわざ 二度《にど》まではうまくいかなくても、三度目《さんどめ》は期待《きたい》していた結果《けっか》になるものだ、ということ。例 三度目の正直で、大吉《だいきち》を引《ひ》いた。

さんないまるやまいせき【三内丸山遺跡】 名詞 青森市《あおもりし》にある縄文時代《じょうもんじだい》の遺跡《いせき》。多《おお》くのたて穴住居《あなじゅうきょ》や墓地《ぼち》のあとなどが見《み》つかった。

さんにんかんじょ【三人官女】 名詞 ひな人形《にんぎょう》の中《なか》で、女官《じょかん》の姿《すがた》をした三人一組《さんにんひとくみ》の人形《にんぎょう》。

「一世《いっせ》」も「一代《いちだい》」も、一生《いっしょう》の意味《いみ》。

さんにんしょう【三人称】 名詞 話《はな》し手《て》が、自分《じぶん》と聞《き》き手《て》以外《いがい》の人《ひと》や物《もの》を指《さ》すときに使《つか》うことば。あれ・これ・それ・かれなど。関連 一人《いちにん》称《しょう》。二人《ににん》称《しょう》。

さんにんよればもんじゅのちえ【三人寄れば文殊の知恵】 ⇒201ページ ことわざ

ざんねん【残念】 形容動詞 ❶心残《こころのこ》りがするようす。なごりおしいようす。例 残念だが、お別《わか》れの時間《じかん》だ。❷くやしく思《おも》うようす。例 試合《しあい》に負《ま》けて残念だ。類 無念《むねん》。

さんば【産婆】 名詞 「助産師《じょさんし》」の古《ふる》い言《い》い方《かた》。

サンバ (ポルトガル語) 名詞 ブラジルで生《う》まれたダンス音楽《おんがく》。また、そのダンス。四分《よんぶん》の二《に》拍子《びょうし》で、テンポが速《はや》い。

さんぱい【参拝】 名詞 動詞 神社《じんじゃ》や寺《てら》にお参《まい》りして拝《おが》むこと。例 お寺《てら》に参拝する。類 参詣《さんけい》。

ざんぱい【惨敗】 名詞 動詞 ひどく負《ま》けること。みじめに負《ま》けること。例 相手《あいて》が強《つよ》く惨敗した。

さんぱいきゅうはい【三拝九拝】 名詞 動詞 何度《なんど》もていねいにおじぎをすること。また、人《ひと》に何度《なんど》も頭《あたま》を下《さ》げてたのみごとをすること。

さんばし【桟橋】 名詞 船《ふね》をつなぎとめておくための、岸《きし》から長《なが》くつき出《で》た橋《はし》。人《ひと》の乗《の》り降《お》りや、荷物《にもつ》の積《つ》み降《お》ろしに使《つか》う。

さんばし

さんぱつ【散髪】 名詞 動詞 のびたかみの毛《け》を切《き》って形《かたち》を整《ととの》えること。類 整髪《せいはつ》。調髪《ちょうはつ》。理《り》髪《はつ》。

ざんぱん【残飯】 名詞 食《た》べ残《のこ》した食《た》べ物《もの》。

さんはんきかん【三半規管】 名詞 動物《どうぶつ》の耳《みみ》のおくにある、半円《はんえん》の形《かたち》をした三《みっ》つの管《くだ》。体《からだ》の回転《かいてん》や運動《うんどう》を感《かん》じとるはたらきをする。

さんび【賛美】 名詞 動詞 心《こころ》から、ほめたたえること。例 勇気《ゆうき》ある行動《こうどう》を賛美する。類 賞賛《しょうさん》。

さんぴ【賛否】 名詞 賛成《さんせい》と反対《はんたい》。例 提案《ていあん》に対《たい》する賛否を問《と》う。

さんびか【賛美歌】 名詞 キリスト教《きょう》で、神《かみ》やキリストをほめたたえる歌《うた》。類 聖歌《せいか》。

さんびょうし【三拍子】 名詞 ❶音楽《おんがく》の拍子《ひょうし》の一《ひと》つ。強《きょう》・弱《じゃく》・弱《じゃく》の三拍《さんぱく》から成《な》っている。❷三《みっ》つのことがら。三《みっ》つの大切《たいせつ》な条件《じょうけん》。

● **三拍子《さんびょうし》そろう** そのものにとって大切《たいせつ》な三《みっ》つの条件《じょうけん》がそろっている。例 せめ・守《まも》り・走《はし》りと三拍子そろったよい選手《せんしゅ》。

さんぷ【散布】 名詞 動詞 まき散《ち》らすこと。例 農薬《のうやく》を散布する。

ざんぶ【残部】 名詞 ❶残《のこ》りの部分《ぶぶん》。❷本《ほん》などの売《う》れ残《のこ》った部数《ぶすう》。例 この絵本《えほん》は売《う》れ行《ゆ》きがよく、残部わずかです。

さんぷく【山腹】 名詞 山《やま》の頂《ちょう》上《じょう》とふもとの間《あいだ》。類 中腹《ちゅうふく》。

さんぶつ【産物】 名詞 ❶その土地《とち》でとれたり、つくられたりする物《もの》。類 生産物《せいさんぶつ》。例 米《こめ》はこの地方《ちほう》のおもな産物だ。類 物産《ぶっさん》。❷あることの結果《けっか》。例 努力《どりょく》の産物。

サンフランシスコへいわじょうやく【サンフランシスコ平和条約】 名詞 第《だい》二次世界大戦《にじせかいたいせん》を終《お》わらせ、国交《こっこう》を回復《かいふく》させるため、一九五一（昭和二十六《しょうわにじゅうろく》）年《ねん》にアメリカのサンフランシスコで、日本《にほん》と連合国《れんごうこく》との間《あいだ》に結《むす》ばれた条約《じょうやく》。参考 この条約《じょうやく》と同時《どうじ》に、日米安《にちべいあん》全保障《ぜんほしょう》条約《じょうやく》も結《むす》ばれた。

サンプル (sample) 名詞 ❶商品《しょうひん》などの見本《みほん》。例 新製品《しんせいひん》のサンプル。❷調査《ちょうさ》などのための標本《ひょうほん》。例 検査《けんさ》で血液《けつえき》のサンプルをとる。

さんぶん【散文】 名詞 ことばの音《おん》の数《かず》や調子《ちょうし》に特別《とくべつ》な決《き》まりがない、ふつうの文章《ぶんしょう》。小説《しょうせつ》や記事《きじ》、日記《にっき》、手紙《てがみ》などに使《つか》われる。対 韻文《いんぶん》。

さんぶんし【散文詩】 名詞 ことばの音《おん》の数《かず》や調子《ちょうし》にとらわれないで、ふつうの文章《ぶんしょう》のように書《か》かれた詩《し》。

さんぽ【散歩】 名詞 動詞 気晴《きば》らしなどのために、とくに目的《もくてき》もなくぶらぶらと歩《ある》くこと。例 犬《いぬ》を連《つ》れて散歩する。

さんぼう【三方】 名詞 祭《まつ》りや儀式《ぎしき》のときに、神《かみ》や仏《ほとけ》に物《もの》を供《そな》える四角《しかく》い台《だい》。白《しら》木《き》でつくられ、三《みっ》つの方向《ほうこう》に穴《あな》があけてある。

さんぼう【三方】

四字熟語 **一世一代《いっせいちだい》** 一生《いっしょう》に一度《いちど》だけであること。また、一生《いっしょう》に一度《いちど》あるかないかの晴《は》れがましいこと。

さんぼう【参謀】 名詞 ❶軍隊《ぐんたい》で、作戦《さくせん》を計画《けいかく》する将校《しょうこう》。❷計画《けいかく》・作戦《さくせん》を立《た》てる役目《やくめ》の人《ひと》。例 選挙《せんきょ》参謀。

さんま 名詞 季語 秋 背《せ》は濃《こ》い青色《あおいろ》、腹《はら》は銀色《ぎんいろ》がかった白色《しろいろ》の、刀《かたな》に似《に》た形《かたち》の魚《さかな》。秋《あき》に多《おお》くとれる。ことば 漢字《かんじ》では「秋刀魚」と書《か》く。図 ⇩ 521ページ さかな〔魚〕

さんまいめ【三枚目】 名詞 映画《えいが》や演劇《えんげき》で、人《ひと》を笑《わら》わせるこっけいな役《やく》。また、その役《やく》をする人《ひと》。⇩ 1279ページ 伝統コラム

さんまん【散漫】 名詞 形容動詞 気持《きも》ちや考《かんが》えが一《ひと》つのことに集中《しゅうちゅう》していなくて、まとまりがないようす。例 注意《ちゅうい》が散漫になる。

さんみ【酸味】 名詞 すっぱい味《あじ》。例 レモンは酸味が強《つよ》い。

さんみゃく【山脈】 名詞 いくつもの山々《やまやま》が長《なが》く連《つら》なっている地形《ちけい》。例 木曽《きそ》山脈。

ざんむ【残務】 名詞 まだ終《お》わらずに残《のこ》っている仕事《しごと》。例 残務整理《せいり》。

さんめんきじ【三面記事】 名詞 新聞《しんぶん》で、世間《せけん》のできごとなどが書《か》いてある社会面《しゃかいめん》の記事《きじ》。ことば 昔《むかし》新聞《しんぶん》が四《よん》ページであったころ、第三《だいさん》ページが社会面《しゃかいめん》であったことから。

さんめんきょう【三面鏡】 名詞 正面《しょうめん》と左右《さゆう》の三《みっ》つの面《めん》に鏡《かがみ》をつけ、姿《すがた》を三方《さんぽう》から映《うつ》すようにした鏡台《きょうだい》。

さんもん【山門】 名詞 寺《てら》の正門《せいもん》。また、寺《てら》のこと。ことば 昔《むかし》、寺《てら》の多《おお》くは山《やま》に建《た》てられたことからいう。

さんや【山野】 名詞 山《やま》や野原《のはら》。野山《のやま》。

さんやく【三役】 名詞 ❶すもうで、大関《おおぜき》・関脇《せきわけ》・小結《こむすび》をまとめていうことば。❷重要《じゅうよう》な三《みっ》つの役職《やくしょく》。

さんよ【参与】 名詞 動詞 あることに加《くわ》わり、協力《きょうりょく》すること。例 国政《こくせい》（＝国《くに》の政治《せいじ》）に参与する。

さんよう【山陽】 ⇩ 550ページ さんようちほう

さんようすうじ【算用数字】 名詞 算数《さんすう》で使《つか》う、０１２３４５６７８９の数字《すうじ》。「アラビア数字《すうじ》」ともいう。

さんようちほう【山陽地方】 名詞 中国地《ちゅうごくち》方《ほう》の瀬戸内海側《せとないかいがわ》の地方《ちほう》。岡山県《おかやまけん》・広島県《ひろしまけん》と山口《やまぐち》県《けん》の南部《なんぶ》がふくまれる。

さんようちゅう【三葉虫】 名詞 古生代《こせいだい》（約《やく》五億《ごおく》四千万《よんせんまん》～二《に》億四千五百万《おくよんせんごひゃくまん》年前《ねんまえ》）に栄《さか》えた海《うみ》の動物《どうぶつ》。地層《ちそう》のできた年代《ねんだい》を知《し》る上《うえ》で重要《じゅうよう》な化石《かせき》の一《ひと》つ。

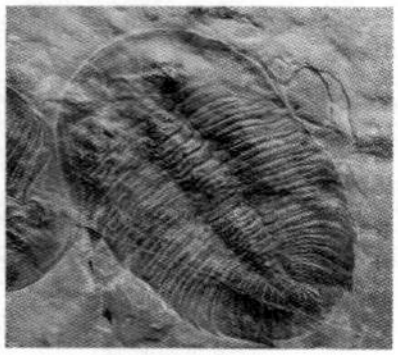
さんようちゅう（化石《かせき》）

さんらん【産卵】 名詞 動詞 卵《たまご》を産《う》むこと。例 さけは川《かわ》で産卵する。

さんらん【散乱】 名詞 動詞 ものがあちこちに散《ち》らばること。例 紙《かみ》くずが散乱している。

さんりくかいがん【三陸海岸】 名詞 青森《あおもり》県八戸市《けんはちのへし》から宮城県《みやぎけん》牡鹿半島《おしかはんとう》までの、太平洋《たいへいよう》に面《めん》した海岸《かいがん》。南部《なんぶ》はリアス海岸《かいがん》で有名《ゆうめい》。沖合《おきあい》は寒流《かんりゅう》と暖流《だんりゅう》が混《ま》じり合《あ》うよい漁場《ぎょじょう》である。三《さん》陸復興国立公園《りくふっこうこくりつこうえん》がある。

さんりくふっこうこくりつこうえん【三陸復興国立公園】 名詞 青森県南部《あおもりけんなんぶ》から宮城県北部《みやぎけんほくぶ》の太平洋岸《たいへいようがん》にかけての国立公園《こくりつこうえん》。リアス海岸《かいがん》など、海《うみ》の景観《けいかん》が美《うつく》しい。参考 東《ひがし》日本大震災《にほんだいしんさい》の復興《ふっこう》に貢献《こうけん》するために二〇一三年《ねん》につくられた。

ざんりゅう【残留】 名詞 動詞 あとに残《のこ》ること。例 農薬《のうやく》が果物《くだもの》に残留する。

ざんりゅうのうやく【残留農薬】 名詞 収《しゅう》穫後《かくご》の農作物《のうさくぶつ》、食品《しょくひん》、土《つち》の中《なか》などに残《のこ》っている農薬《のうやく》。

さんりん【山林】 名詞 ❶山《やま》と林《はやし》。❷山《やま》にある林《はやし》や森《もり》。例 山林を切《き》り開《ひら》く。

さんりんしゃ【三輪車】 名詞 車輪《しゃりん》が三《みっ》つついた乗《の》り物《もの》。

ざんるい【残塁】 名詞 野球《やきゅう》で、ランナーがその回《かい》のこうげきのうちにホームインできず、塁《るい》に残《のこ》ること。

サンルーム（sunroom） 名詞 ガラス張《ば》りにして、日光《にっこう》がよく入《はい》るようにした部屋《へや》。

さんれつ【参列】 名詞 動詞 式《しき》や会《かい》などに出席《しゅっせき》すること。例 入学式《にゅうがくしき》に参列した。

さんろく【山麓】 名詞 山《やま》のふもと。山《やま》すそ。対 山頂《さんちょう》。

仲《なか》がよいことを表《あらわ》す。この手話《しゅわ》は「友《とも》だち」という意味《いみ》もあるよ。

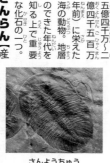

し

シ
ジ　じ

下《した》の 手話にチャレンジ を見《み》よう。

し 助詞 （ほかのことばのあとにつけて）❶ことがらを並《なら》べていうことば。例 勉強《べんきょう》はできるし、スポーツも得意《とくい》だ。❷ことがらを並《なら》べて、ほかにも理由《りゆう》があることを表《あらわ》す。例 寒《さむ》いし雨《あめ》だし、今日《きょう》はやめよう。

漢 **し【士】**〔士《さむらい》〕3画 5年 音 シ 訓

一 十 士（下《した》のよこぼうをみじかく）

❶さむらい。軍人《ぐんじん》。例 士気《しき》／武士《ぶし》／兵士《へいし》。❷りっぱな男《おとこ》。例 名士《めいし》／勇士《ゆうし》。❸ある資格《しかく》を持《も》つ人《ひと》。例 代議士《だいぎし》／博士《はくし》／弁護士《べんごし》。

漢 **し【子】**〔子《こ》〕3画 1年 音 シ・ス 訓 こ・ね

㇇ 了 子（すこしまるめる）

❶こども。例 子孫《しそん》／親子《おやこ》／母子《ぼし》。❷おとこ。例 子息《しそく》／王子《おうじ》。❸たね。たまご。例 種子《しゅし》／卵子《らんし》。❹小《ちい》さいもの。例 原子《げんし》／分子《ぶんし》。❺物《もの》の名《な》につけることば。例 格子《こうし》／扇子《せんす》／帽子《ぼうし》／様子《ようす》。

漢 **し【支】**〔支《し》〕4画 5年 音 シ 訓 ささえる

一 十 支 支（ながく）

❶ささえる。例 支持《しじ》／支点《してん》／心《こころ》の支《ささ》え。❷もとから分《わ》かれ出《で》る。また、分《わ》かれ出《で》たもの。例 支社《ししゃ》／支店《してん》／支流《しりゅう》。❸お金《かね》をはらう。例 支給《しきゅう》／支出《ししゅつ》／収支《しゅうし》。❹さしつかえ。例 支障《ししょう》。

漢 **し【止】**〔止《とめる》〕4画 2年 音 シ 訓 とまる・とめる

丨 ト 止 止（みじかく）

❶とまる。とめる。例 止血《しけつ》／行《い》き止《ど》まり／禁止《きんし》／停止《ていし》／防止《ぼうし》。❷やめる。例 中止《ちゅうし》／廃止《はいし》。

漢 **し【氏】**〔氏《うじ》〕4画 4年 音 シ 訓 うじ

（みぎから）㇒ 𠂆 𠂉 氏

❶みょうじ。例 氏名《しめい》。❷血《ち》すじ。祖先《そせん》が同《おな》じであることを表《あらわ》す。例 氏神《うじがみ》／氏子《うじこ》／源氏《げんじ》／平氏《へいし》。❸みょうじや名前《なまえ》の下《した》につけて、敬《うやま》う気持《きも》ちを表《あらわ》す。例 山口氏《やまぐちし》。

漢 **し【仕】**〔亻《にんべん》〕5画 3年 音 シ・ジ 訓 つかえる

ノ 亻 仁 什 仕（上《うえ》をながく）

❶役目《やくめ》について、はたらく。つかえる。例 仕官《しかん》／給仕《きゅうじ》／奉仕《ほうし》。❷ものごとをする。例 仕方《しかた》／仕事《しごと》／仕業《しわざ》。

漢 **し【司】**〔口《くち》〕5画 4年 音 シ 訓

㇆ ㇆ 司 司 司（つづけてかく）（わすれないように）

役目《やくめ》としてその仕事《しごと》をとりあつかう。また、その人《ひと》。例 司会《しかい》／司書《ししょ》／司法《しほう》／行司《ぎょうじ》／上司《じょうし》。

漢 **し【史】**〔口《くち》〕5画 5年 音 シ 訓

丨 口 口 中 史（つきだす）

❶れきし。また、それを書《か》いたもの。例 史学《しがく》／史実《しじつ》／史上《しじょう》。❷すぐれた人《ひと》。例 女史《じょし》。

し【四】 名詞 数《かず》の名《な》。よっつ。よん。

漢 **し【四】**〔囗《くにがまえ》〕5画 1年 音 シ 訓 よ・よつ・よっつ・よん

丨 冂 门 四 四（まげる）

❶よっつ。例 四角形《しかくけい》／四季《しき》。❷よたび。例 再三再四《さいさんさいし》／四回《よんかい》。

し【市】 名詞 地方公共団体《ちほうこうきょうだんたい》の一《ひと》つ。都市《とし》としてのいろいろな条件《じょうけん》を備《そな》えているもの。例 横浜市《よこはまし》。

漢 **し【市】**〔巾《はば》〕5画 2年 音 シ 訓 いち

丶 亠 亣 市 市（はねる）

❶いち。人《ひと》が集《あつ》まって、ものを売《う》り買《か》いするところ。例 市場《いちば》／朝市《あさいち》。❷あきない。もののとりひき。例 市価《しか》。❸まち。人《ひと》や家《いえ》が多《おお》く、にぎやかなところ。例 市街《しがい》／都市《とし》。❹地方公共《ちほうこうきょう》団体《だんたい》の一《ひと》つ。例 市民《しみん》。

あいうえお　かきくけこ　さしすせそ　し　たちつてと　なにぬねの　はひふへほ　まみむめも　や　ゆ　よ　らりるれろ　わ　を　ん

手話にチャレンジ **親《した》しい** 両手《りょうて》をにぎり合《あ》い、少《すこ》しゆり動《うご》かす。両手《りょうて》をにぎり合《あ》うこと、つまり握手《あくしゅ》によって、

し【矢】漢 ⇒1330ページ や〔矢〕

し【示】漢 ⇒553ページ じ〔示〕

し【次】漢 ⇒553ページ じ〔次〕

し【死】名詞 ❶死《し》ぬこと。例 死を覚悟《かくご》する。❷野球《やきゅう》で、「アウト」のこと。例 二《に》死満塁《まんるい》。

漢 し【死】〔歹〕がつへん 6画 3年 音 シ 訓 しぬ

一 ア 歹 歹 死 死（てんは一つ・みぎから・上へはねる）

❶しぬ。命《いのち》がなくなること。例 死去《しきょ》／死者《ししゃ》／死亡《しぼう》／生死《せいし》／即死《そくし》。対 生《せい》。❷いのちがけ。しにものぐるい。例 死守《ししゅ》／死力《しりょく》／必死《ひっし》。❸役《やく》に立《た》たない。活動《かつどう》しない。例 死角《しかく》／死語《しご》。

漢 し【糸】〔糸〕いと 6画 1年 音 シ 訓 いと

（とめる）

いと。例 糸切《いとき》り歯《ば》／生糸《きいと》／毛糸《けいと》／製糸《せいし》／綿糸《めんし》。

し【自】漢 ⇒554ページ じ〔自〕

漢 し【至】〔至〕いたる 6画 6年 音 シ 訓 いたる

（とめる・下をながく）

❶とどく。いたる。例 至《いた》る所《ところ》／夏至《げし》／冬至《とうじ》／必至《ひっし》。❷この上《うえ》なく。非常《ひじょう》に。例 至急《しきゅう》／至近《しきん》／至難《しなん》。

漢 し【志】〔心〕こころ 7画 5年 音 シ 訓 こころざす・こころざし

一 十 士 志 志 志（つきださない・うちがわへはねる）

❶こころざす。めざす。例 志願《しがん》／志望《しぼう》。❷考《かんが》え。気持《きも》ち。例 意志《いし》／大志《たいし》／同志《どうし》／有志《ゆうし》。

漢 し【私】〔禾〕のぎへん 7画 6年 音 シ 訓 わたくし・わたし

（みぎから・とめる）

❶おおやけでない、自分《じぶん》だけのこと。わたくし。例 私事《しじ》／私鉄《してつ》／私服《しふく》／私用《しよう》／私立《しりつ》。対 公《こう》。❷ひそか。例 私語《しご》。

漢 し【使】〔亻〕にんべん 8画 3年 音 シ 訓 つかう

（つきだす）

❶つかう。例 使役《しえき》／使用《しよう》／使《つか》い分《わ》け。❷つかい。例 使者《ししゃ》／使節《しせつ》／公使《こうし》／大使《たいし》／天使《てんし》。❸あたえられたつとめ。例 使命《しめい》。

漢 し【始】〔女〕おんなへん 8画 3年 音 シ 訓 はじめる・はじまる

（とめる）

❶はじめる。はじまる。例 始業《しぎょう》／始発《しはつ》／開始《かいし》／書《か》き始《はじ》める。対 終《しゅう》。❷はじまり。おこり。例 原始《げんし》／年始《ねんし》。対 終《しゅう》。

し【姉】漢 ⇒45ページ あね〔姉〕

し【枝】漢 ⇒154ページ えだ〔枝〕

漢 し【姿】〔女〕おんな 9画 6年 音 シ 訓 すがた

（はらう）

すがた。かたち。ありさま。例 姿勢《しせい》／容姿《ようし》。

漢 し【指】〔扌〕てへん 9画 3年 音 シ 訓 ゆび・さす

（はねる・みぎから）

❶ゆび。例 指紋《しもん》／指輪《ゆびわ》／親指《おやゆび》／屈指《くっし》。❷ゆびさす。さしずする。例 指図《さしず》／指示《しじ》／指導《しどう》。

漢 し【思】〔心〕こころ 9画 2年 音 シ 訓 おもう

（うちがわへはねる）

おもう。考《かんが》える。例 思《おも》い出《で》／思考《しこう》／不思議《ふしぎ》。

し【師】
❶名詞 人《ひと》を教《おし》え導《みちび》く人《ひと》。先生《せんせい》。例 師とあおぐ人《ひと》。
❷接尾語（ほかのことばのあとにつけて）ある専門《せんもん》の知識《ちしき》や技術《ぎじゅつ》を身《み》につけている人《ひと》を表《あらわ》す。例 美容師《びようし》／調理師《ちょうりし》。

漢 し【師】〔巾〕はば 10画 5年 音 シ

（はねる）

❶先生《せんせい》。教《おし》え導《みちび》くひと。例 師匠《ししょう》／師範《しはん》／教《きょう》師／牧師《ぼくし》。❷職業《しょくぎょう》や技術《ぎじゅつ》を持《も》ったひと。例 医師《いし》／技師《ぎし》／美容師《びようし》／薬剤師《やくざいし》。

漢 し【紙】〔糸〕いとへん 10画 2年 音 シ 訓 かみ

して同時《どうじ》に二《ふた》つの利益《りえき》を得《え》ることのたとえ。

❶かみ。例 紙幣《しへい》／画用紙《がようし》／手紙《てがみ》／表紙《ひょうし》／用紙《ようし》。❷「新聞紙《しんぶんし》」の略《りゃく》。例 紙面《しめん》／機関紙《きかんし》。

漢 **し【視】**〔見《みる》〕11画 6年 音 シ
みる。こまかくみる。例 視界《しかい》／視察《しさつ》／視線《しせん》／視点《してん》／視力《しりょく》／監視《かんし》／近視《きんし》／重視《じゅうし》／無視《むし》。

漢 **し【詞】**〔言《ごんべん》〕12画 6年 音 シ 訓 ことば
ことば。例 歌詞《かし》／作詞《さくし》／動詞《どうし》／品詞《ひんし》／名詞《めいし》。

漢 **し【歯】**〔歯《は》〕12画 3年 音 シ 訓 は
❶は。例 歯石《しせき》／永久歯《えいきゅうし》／乳歯《にゅうし》／むし歯《ば》。❷はのようにならんでいるもの。例 歯車《はぐるま》。

し【詩】 名詞 心《こころ》に強《つよ》く感《かん》じたことを、リズムや調子《ちょうし》のあることばで表《あらわ》したもの。例 詩を朗読《ろうどく》する。ことば「一編《いっぺん》」と数《かぞ》える。

漢 **し【詩】**〔言《ごんべん》〕13画 3年 音 シ
し。心《こころ》に感《かん》じたことを、リズムのあることばに表《あらわ》したもの。例 詩歌《しいか》／詩集《ししゅう》／詩人《しじん》／漢詩《かんし》。

漢 **し【試】**〔言《ごんべん》〕13画 4年 音 シ 訓 こころみる・ためす
ためしにやってみる。ためす。例 試合《しあい》／試運転《しうんてん》／試験《しけん》／試練《しれん》／新《あたら》しい試《こころ》み／腕試《うでだめ》し／入試《にゅうし》。

漢 **し【資】**〔貝《かい》〕13画 5年 音 シ
❶もと。もとで。もとになるもの。例 資金《しきん》／資源《しげん》／資本《しほん》／資料《しりょう》／学資《がくし》／出資《しゅっし》／投資《とうし》。❷生《う》まれつき。例 資質《ししつ》。❸地位《ちい》。身分《みぶん》。例 資格《しかく》。

漢 **し【飼】**〔食《しょくへん》〕13画 5年 音 シ 訓 かう
かう。えさをあたえてそだてる。例 飼《か》い主《ぬし》／飼育《しいく》／飼料《しりょう》。

漢 **し【誌】**〔言《ごんべん》〕14画 6年 音 シ
❶書《か》きしるす。書《か》きしるした物《もの》。例 地誌《ちし》／日誌《にっし》。❷「雑誌《ざっし》」の略《りゃく》。例 誌上《しじょう》／週刊誌《しゅうかんし》。

じ【仕】 漢 ⇓551ジ《ぺー》 し〔仕〕

漢 **じ【示】**〔示《しめす》〕5画 5年 音 ジ・シ 訓 しめす
しめす。みせる。例 示唆《しさ》／掲示《けいじ》／指示《しじ》／表示《ひょうじ》。

じ【地】 名詞
❶地面《じめん》。土地《とち》。例 地をならして平《たい》らにする。❷もともとの性質《せいしつ》。ありのまま。例 地が出《で》る。❸文章《ぶんしょう》の中《なか》の、会話《かいわ》でないところ。例 地の文《ぶん》。❹紙《かみ》や布《ぬの》の、模様《もよう》がない部分《ぶぶん》。例 白地《しろじ》に赤《あか》い花《はな》がらのシャツ。漢 ⇓823ジ《ぺー》 ち〔地〕

● **地《じ》で行《い》く** 小説《しょうせつ》やドラマの中《なか》にしかありえないようなことを、実際《じっさい》に行《おこな》う。例 映画《えいが》を地で行くような事件《じけん》。

じ【字】 名詞 文字《もじ》。例 きれいな字を書《か》く。

漢 **じ【字】**〔子《こ》〕6画 1年 音 ジ 訓 あざ
❶じ。もじ。例 字画《じかく》／字形《じけい》／字体《じたい》／漢字《かんじ》／数字《すうじ》。❷あざ。町《まち》や村《むら》の小《ちい》さな区分《くぶん》。例 大字《おおあざ》。

漢 **じ【寺】**〔寸《すん》〕6画 2年 音 ジ 訓 てら
てら。例 寺院《じいん》／寺社《じしゃ》／寺子屋《てらこや》／山寺《やまでら》。

漢 **じ【次】**〔欠《あくび》〕6画 3年 音 ジ・シ 訓 つぐ・つぎ
❶つぎ。つぎの。例 次回《じかい》／次点《じてん》／次男《じなん》／次《つ》い

あいうえお　かきくけこ　さしすせそ　し　たちつてと　なにぬねの　はひふへほ　まみむめも　や　ゆ　よ　らりるれろ　わ　を　ん

四字熟語　一石二鳥《いっせきにちょう》　一《ひと》つの石《いし》を投《な》げて、同時《どうじ》に二羽《にわ》の鳥《とり》をうち落《お》とすという意味《いみ》から、一《ひと》つのことを

で／二《に》の次《つぎ》。❷順序《じゅんじょ》。例次第《しだい》／順次《じゅんじ》／目次《もくじ》。❸回数《かいすう》を表《あらわ》すことば。例第一次試験《だいいちじしけん》。

漢 じ【自】〔自《みずから》〕6画 2年 音ジ・シ 訓みずから・おの-ずから

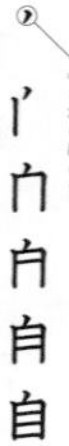

❶じぶん。じぶんから。例自覚《じかく》／自画像《じがぞう》／自己《こ》／自身《じしん》／自信《じしん》／自《みずか》らの力《ちから》／各自《かくじ》。対他《た》。❷思《おも》うまま。例自在《じざい》／自由《じゆう》。❸ひとりでに。もともと。例自生《じせい》／自然《しぜん》／自明《じめい》。

じ【耳】 漢⇒1278ページみみ〔耳〕

漢 じ【児】〔儿《ひとあし》〕7画 4年 音ジ・ニ 訓こ

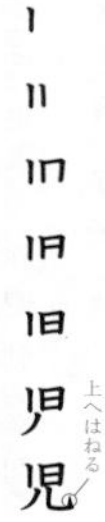

❶こども。例児童《じどう》／育児《いくじ》／園児《えんじ》／小児科《しょうにか》／乳児《にゅうじ》／幼児《ようじ》。❷若者《わかもの》。例風雲児《ふううんじ》。ことば「鹿児島《かごしま》」は特別《とくべつ》な読《よ》み方《かた》。

じ【似】 漢⇒1004ページに-る〔似〕

漢 じ【事】〔亅《はねぼう》〕8画 3年 音ジ・ズ 訓こと

❶こと。できごと。例事件《じけん》／事故《じこ》／事実《じじつ》／事《じ》前《ぜん》／火事《かじ》／記事《きじ》／食事《しょくじ》。❷しごと。しわざ。例事業《じぎょう》／事務《じむ》／工事《こうじ》。❸つかえる。例師事《しじ》。

漢 じ【治】〔氵《さんずい》〕8画 4年 音ジ・チ 訓おさめる・おさまる・なおる・なおす

❶おさめる。例治安《ちあん》／自治《じち》／政治《せいじ》／退治《たいじ》。❷病気《びょうき》をなおす。例治療《ちりょう》／全治《ぜんち》／湯治《とうじ》／不治《ふじ》。

漢 じ【持】〔扌《てへん》〕9画 3年 音ジ 訓もつ

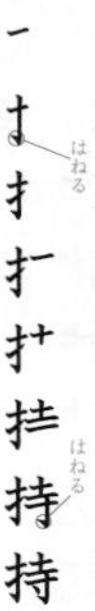

❶もつ。手《て》にもつ。もっている。例持参《じさん》／持《も》ち味《あじ》／所持品《しょじひん》／手持《ても》ち無沙汰《ぶさた》。❷もちこたえる。たもつ。例持久力《じきゅうりょく》／持続《じぞく》／支持《しじ》／保持《ほじ》。

じ【除】 漢⇒627ページじょ〔除〕

漢 じ【時】〔日《ひへん》〕10画 2年 音ジ 訓とき

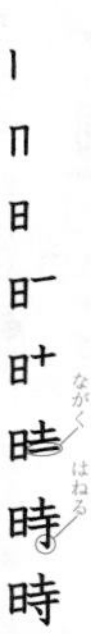

❶とき。例時間《じかん》／時差《じさ》／時速《じそく》／時計《とけい》／同時《どうじ》。❷そのとき。おり。例時価《じか》／時折《ときおり》／幼時《ようじ》。❸あるじき。じだい。例時局《じきょく》／時勢《じせい》／時節《じせつ》。

漢 じ【滋】〔氵《さんずい》〕12画 4年 音ジ

❶しげる。草木《くさき》がそだつ。❷うるおう。養分《ようぶん》になる。例滋養《じよう》。ことば「滋賀《しが》」は特別《とくべつ》な読《よ》み方《かた》。

じ【路】（ほかのことばのあとにつけて）「道《みち》」の意味《いみ》を表《あらわ》す。例家路《いえじ》／旅路《たびじ》。漢⇒1418ページろ〔路〕

漢 じ【辞】〔辛《からい》〕13画 4年 音ジ 訓やめる

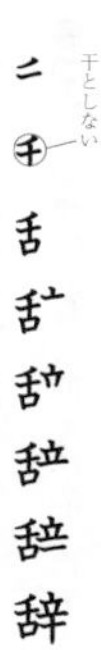

❶ことば。例辞書《じしょ》／辞典《じてん》／祝辞《しゅくじ》／答辞《とうじ》。❷ことわる。やめる。例辞職《じしょく》／辞する／辞退《じたい》。

漢 じ【磁】〔石《いしへん》〕14画 6年 音ジ 訓

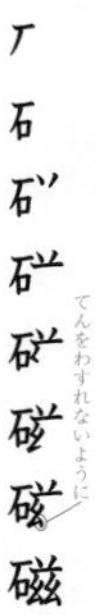

❶じしゃく。例磁気《じき》／磁針《じしん》／磁力《じりょく》。❷かたいやきもの。例磁器《じき》。

しあい【試合】 名詞 動詞 運動《うんどう》や武道《ぶどう》などで、勝《か》ち負《ま》けを争《あらそ》うこと。勝負《しょうぶ》すること。例練習《れんしゅう》試合。

じあい【自愛】 名詞 動詞 自分《じぶん》で自分《じぶん》の体《からだ》を大事《だいじ》にすること。例暑《あつ》さの折《おり》、くれぐれもご自愛ください。類自重《じちょう》。使い方手紙《てがみ》やあいさつなど、あらたまったときに使《つか》うことが多《おお》い。

じあい【慈愛】 名詞 かわいがり、大切《たいせつ》にする心《こころ》。例慈愛に満《み》ちた母《はは》の手紙《てがみ》。

しあがり【仕上がり】 名詞 でき上《あ》がること。また、でき上《あ》がったようす。できばえ。

しあがる【仕上がる】 動詞 でき上《あ》がる。完成《かんせい》する。例学級文集《がっきゅうぶんしゅう》が仕上がる。

しあげ【仕上げ】 名詞 ❶仕事を完成させること。例仕事《しごと》の仕上げが早《はや》い。❷仕事《しごと》の最後《さいご》のところ。例仕上げにかかる。❸でき上《あ》がり。できばえ。例本《ほん》の仕上げを見《み》る。

しあげる【仕上げる】 動詞 つくり上《あ》げる。

な期間《きかん》のたとえ。

仕事《しごと》などをすっかりすませる。例 工作《こうさく》を仕上げる。

しあさって 名詞 あさっての次《つぎ》の日《ひ》。今日《きょう》から三日後《みっかご》の日《ひ》。または、あさっての次《つぎ》の次《つぎ》の日《ひ》。参考 地方《ちほう》によって、指《さ》す日《ひ》がちがう。

シアター（theater） 名詞 劇場《げきじょう》。また、映画館《えいがかん》。

じあまり【字余り】 名詞 短歌《たんか》や俳句《はいく》などの定型詩《ていけいし》で、決《き》められた音数《おんすう》（五音《ごおん》または七音《しちおん》）より多《おお》いこと。また、そのような作品《さくひん》。対 字足《じた》らず。参考 たとえば、芭蕉《ばしょう》の「旅《たび》に病《や》んで夢《ゆめ》は枯《か》れ野《の》をかけめぐる」の句《く》は、「旅《たび》に病《や》んで」の部分《ぶぶん》が六音《ろくおん》あって字余《じあま》りである。

しあわせ【幸せ】 名詞 形容動詞 めぐまれていて、じゅうぶんに満足《まんぞく》していること。幸福《こうふく》。例 幸せな生活《せいかつ》。対 不幸《ふしあわ》せ。漢 ⇩443ジペーこう〔幸〕

しあん【私案】 名詞 自分《じぶん》だけの考《かんが》えや計画《けいかく》。

しあん【思案】 名詞 動詞 ❶どうしたらよいかと考《かんが》えること。例 作文《さくぶん》に何《なに》を書《か》くか思案する／思案をめぐらせる。❷心配《しんぱい》。例 思案顔《がお》。

●**思案《しあん》に余《あま》る** いろいろと考《かんが》えても、よい考《かんが》えが出《で》ない。例 ぼくには思案に余る問題《もんだい》だ。

●**思案《しあん》に暮《く》れる** どうしたらよいか迷《まよ》ってあれこれと考《かんが》える。例 本《ほん》をなくして思案に暮れた。

しあん【試案】 名詞 ためしにつくった案《あん》。検討《けんとう》の材料《ざいりょう》としてつくってみた計画《けいかく》や考《かんが》え。

シアンかカリウム【シアン化カリウム】 ⇩710ジペーせいさんカリ

しい 名詞 暖《あたた》かい地方《ちほう》に生《は》える高《たか》い木《き》。六月《ろくがつ》ごろ、においの強《つよ》い小《ちい》さな花《はな》をつける。材木《ざいもく》は建築《けんちく》や家具《かぐ》などに使《つか》う。ことば 漢字《かんじ》では「椎」と書《か》く。

じい【示威】 名詞 動詞 さかんな力《ちから》や勢《いきお》いを、人々《ひとびと》に示《しめ》すこと。例 示威行進《こうしん》。

じい【辞意】 名詞 ある仕事《しごと》や役目《やくめ》をやめようという気持《きも》ち。例 会長《かいちょう》に辞意を伝《つた》える。

シーエーティーブイ【CATV】 ⇩417ジペーケーブルテレビ

シーエスデジタルほうそう【CSデジタル放送】 名詞 通信衛星《つうしんえいせい》を使《つか》って電波《でんぱ》を送《おく》り、映像《えいぞう》や音声《おんせい》などをデジタル信号《しんごう》で伝《つた》える放送《ほうそう》。関連 地上《ちじょう》デジタル放送《ほうそう》。BS《ビーエス》デジタル放送《ほうそう》。ことば「CS《シーエス》」は「通信衛星《つうしんえいせい》」という意味《いみ》の英語《えいご》の頭文字《かしらもじ》。

ジーエヌアイ【GNI】 ⇩473ジペーこくみんそうしょとく

ジーエヌピー【GNP】 ⇩473ジペーこくみんそうせいさん

シーエム【CM】 ⇩493ジペーコマーシャル

シーオーツー【CO_2】 名詞 「二酸化炭素《にさんかたんそ》」のこと。参考「酸素原子《さんそげんし》（＝O）が二《ふた》つと炭素原子《たんそげんし》（＝C）が一《ひと》つ」という、二酸化炭素《にさんかたんそ》の原子《げんし》のしくみを表《あらわ》している。

しいか【詩歌】 名詞 ❶詩《し》・短歌《たんか》・俳句《はいく》などを合《あ》わせていうことば。❷漢詩《かんし》と和歌《わか》。ことば「しか」ともいう。

しいく【飼育】 名詞 動詞 動物《どうぶつ》を飼《か》って育《そだ》てること。例 うさぎを飼育する。

シーサー 名詞 沖縄《おきなわ》で、魔《ま》よけのために屋根《やね》の上《うえ》などにとりつけられる、しし（＝ライオン）をもとに考《かんが》え出《だ》された、想像上《そうぞうじょう》の動物《どうぶつ》の像《ぞう》。

シーズン（season） 名詞 ❶「季節《きせつ》」のこと。❷あることをするのに、一年《いちねん》じゅうでいちばんよい時期《じき》。例 海水浴《かいすいよく》のシーズンがきた。

シーズンオフ 名詞 スポーツの試合《しあい》やもよおしものなどの行《おこな》われない時期《じき》。季節外《きせつはず》れ。オフシーズン。ことば 英語《えいご》をもとに日本《にほん》で作《つく》られたことば。

ジーゼルエンジン ⇩882ジペーディーゼルエンジン

ジーゼルカー ⇩882ジペーディーゼルカー

シーソー（seesaw） 名詞 長《なが》い板《いた》の真《ま》ん中《なか》を台《だい》にのせ、両端《りょうはし》に人《ひと》が乗《の》って上《あ》がったり下《さ》がったりする遊《あそ》び。また、その道具《どうぐ》。

シーソーゲーム（seesaw game） 名詞 ぬいたりぬかれたりして、どちらが勝《か》つかわからない試合《しあい》。

しいたけ 名詞 季語秋 きのこの一《ひと》つ。しい・なら・くぬぎ・かし・くりなどのかれた木《き》の幹《みき》に生《は》える。食用《しょくよう》になり、さいばいもされる。ことば 漢字《かんじ》では、「椎茸」と書《か》く。また、「一枚《いちまい》」と数《かぞ》える。図 ⇩336ジペーきのこ

しいたげる【虐げる】 動詞 ひどいあつかいをして苦《くる》しめる。いじめる。

シーツ（sheet） 名詞 しき布団《ぶとん》の上《うえ》にしく布《ぬの》。

四字熟語 一朝一夕《いっちょういっせき》　「一朝《いっちょう》」はひと朝《あさ》、「一夕《いっせき》」はひと晩《ばん》の意味《いみ》で、どちらも短《みじか》い時間《じかん》のこと。わずか

敷布《しきふ》。

しいて【強いて】 副詞 無理《むり》に。例 強いて参加《さんか》しろとは言《い》わない。

シーディー【CD】 名詞 ❶音《おと》をデジタルの信号《しんごう》にかえて記録《きろく》してある円《えん》盤《ばん》。コンピューターで、データを記録《きろく》するために使《つか》うものもある。❷カードなどを使《つか》って、お金《かね》を自動的《じどうてき》に引《ひ》き出《だ》す装置《そうち》。現金自動《げんきんじどう》しはらい機《き》。ことば ❶は英語《えいご》の「コンパクトディスク」の、❷は英語《えいご》の「キャッシュディスペンサー」の頭《かしら》文字《もじ》からできたことば。

ジーディーピー【GDP】 ⇩472ページ こくないそうせいさん

シート (seat) 名詞 「座席《ざせき》」のこと。

シート (sheet) 名詞 ❶一枚《いちまい》の紙《かみ》。とくに、切手《きって》を印刷《いんさつ》した一枚《いちまい》の紙《かみ》。例 切手《きって》シート。❷日《ひ》よけや雨《あま》よけなどに使《つか》う布《ぬの》。

シード (seed) 名詞 動詞 トーナメント式《しき》の試合《しあい》で、初《はじ》めから強《つよ》いチームや選手同士《せんしゅどうし》が対戦《たいせん》しないように、組《く》み合《あ》わせ方《かた》を工夫《くふう》すること。

シートベルト (seat belt) 名詞 自動車《じどうしゃ》や飛行《ひこう》機《き》の座席《ざせき》についている、体《からだ》を固定《こてい》させる安全用《あんぜんよう》のベルト。

シートン 名詞 (一八六〇～一九四六) アメリカの作家《さっか》・博物学者《はくぶつがくしゃ》。自分《じぶん》でさし絵《え》をかいた「シートン動物記《どうぶつき》」をまとめた。

ジーパン 名詞 じょうぶなもめんでつくったズボン。ことば 英語《えいご》の「ジーンズパンツ」をもとに、日本《にほん》で作《つく》られたことば。「Gパン」とも書《か》く。

ジーピーエス【GPS】 名詞 人《ひと》や物《もの》が、地《ち》球上《きゅうじょう》のどの位置《いち》にいるのかを知《し》るためのしくみ。人《ひと》や物《もの》に受信機《じゅしんき》をつけ、人工衛星《じんこうえいせい》が出《だ》す電《でん》波《ば》を受信《じゅしん》させて位置《いち》を測《はか》る。参考 カーナビゲーションシステムなどに使《つか》われている。

ジープ (Jeep) 名詞 道《みち》のない野山《のやま》を走《はし》ることができる小型自動車《こがたじどうしゃ》。馬力《ばりき》が大《おお》きく、がんじょうにできている。商標名《しょうひょうめい》。参考 アメリカで軍《ぐん》用《よう》に開発《かいはつ》された。

シーベルト (sievert) 名詞 放射線《ほうしゃせん》が生物《せいぶつ》の体《からだ》にあたえるえいきょうの度合《どあ》いを表《あらわ》す単位《たんい》。記《き》号《ごう》は「Sv」。

シーボルト 名詞 (一七九六～一八六六) ドイツの医者《いしゃ》。江戸時代《えどじだい》の末《すえ》ごろ、日本《にほん》に来《き》て医学《いがく》の塾《じゅく》を開《ひら》いた。また、日本《にほん》の動植物《どうしょくぶつ》・地理《ちり》・歴史《れきし》なども研究《けんきゅう》し、本《ほん》を書《か》いてヨーロッパに日本《にほん》をしょうかいした。

ジーマーク【Gマーク】 名詞 すぐれたデザインであるとして選《えら》ばれた商品《しょうひん》にあたえられるマーク。

シーラカンス (coelacanth) 名詞 「生《い》きた化《か》石《せき》」と呼《よ》ばれる、全長《ぜんちょう》一・五メートルくらいの魚《さかな》。大昔《おおむかし》に絶滅《ぜつめつ》したと考《かんが》えられていたが、一九三八年《ねん》にアフリカの海岸《かいがん》で発見《はっけん》された。

しいる【強いる】 動詞 無理《むり》にやらせる。おしつける。例 練習《れんしゅう》への参加《さんか》を強いる。漢 ⇩353ページ きょう〔強〕

シール (seal) 名詞 ❶絵《え》やマークなどが印刷《いんさつ》してあって、裏《うら》にのりがついている紙《かみ》。❷ふうとうなどの、閉《と》じたところにはる紙《かみ》。

しいれ【仕入れ】 名詞 売《う》るための品物《しなもの》や、つくるための原材料《げんざいりょう》を買《か》い入《い》れること。

しいれる【仕入れる】 動詞 売《う》るための品物《しなもの》や、つくるための原材料《げんざいりょう》を買《か》い入《い》れる。例 魚《うお》市場《いちば》からまぐろを仕入れる。

じいろ【地色】 名詞 布《ぬの》や紙《かみ》などの生地《きじ》の色《いろ》。下地《したじ》の色《いろ》。例 地色を青《あお》く染《そ》める。

しいん【子音】 名詞 発音《はつおん》するときに、くちびるや舌《した》・歯《は》・のどなどで、息《いき》がせばめられたりこすれたりして出《だ》される音《おと》。ka（か）・sa（さ）・ta（た）などのk・s・tの音《おと》。「しおん」ともいう。対 母音《ぼいん》。

しいん【死因】 名詞 死《し》んだ原因《げんいん》。

シーン (scene) 名詞 ❶光景《こうけい》。景色《けしき》。場面《ばめん》。例 感動的《かんどうてき》なシーン。❷劇《げき》や映画《えいが》などの一場面《いちばめん》。例 ラストシーン。

じいん【寺院】 名詞 てら。

ジーンズ (jeans) 名詞 もめんで作《つく》った厚手《あつで》のじょうぶな布《ぬの》。また、その布《ぬの》で作《つく》った衣服《いふく》。

じうた【地歌】 名詞 ❶その土地《とち》だけで歌《うた》われている歌《うた》。❷江戸時代《えどじだい》に歌《うた》われた声楽曲《せいがくきょく》の一種《いっしゅ》。京都《きょうと》・大阪地方《おおさかちほう》を中心《ちゅうしん》に伝《つた》えられてきた。三味線《しゃみせん》をひきながら歌《うた》われる。

しうち【仕打ち】 名詞 ほかの人《ひと》に対《たい》するやり

ろもあるということ。

方《かた》。あつかい方《かた》。例 ひどい仕打ちをする。
使い方 ふつう、悪《わる》いことの場合《ばあい》に使《つか》う。

しうんてん【試運転】 名詞 動詞 新《あたら》しい乗《の》り物《もの》や機械《きかい》などを、調子《ちょうし》をみるためにためしに動《うご》かしてみること。例 新車《しんしゃ》の試運転をする。

しえい【市営】 名詞 市《し》がお金《かね》を出《だ》して事業《じぎょう》を行《おこな》うこと。例 市営プール／市営バス。

しえい【私営】 名詞 民間《みんかん》の会社《かいしゃ》や個人《こじん》が事業《じぎょう》を行《おこな》うこと。民営《みんえい》。関連 公営《こうえい》。国営《こくえい》。

じえい【自衛】 名詞 動詞 自分《じぶん》の力《ちから》で自分《じぶん》を守《まも》ること。例 自衛の手段《しゅだん》を身《み》につける。

じえいたい【自衛隊】 名詞 日本《にほん》の安全《あんぜん》を保《たも》つためにつくられた組織《そしき》。陸上《りくじょう》・海上《かいじょう》・航空《こうくう》の三《みっ》つに分《わ》かれる。

ジェーアール【JR】 名詞 北海道《ほっかいどう》・東日《ひがしに》本《ほん》・東海《とうかい》・西日本《にしにほん》・四国《しこく》・九州《きゅうしゅう》の六《むっ》つの旅客《りょかく》会社《がいしゃ》と、貨物《かもつ》の鉄道会社《てつどうがいしゃ》。国鉄《こくてつ》（＝日本国有鉄《にほんこくゆうてつ》道《どう》）が分《わ》かれて生《う》まれた民営《みんえい》の会社《かいしゃ》。

ジェーアラート【Jアラート】 名詞 地震《じしん》、津波《つなみ》、弾道《だんどう》ミサイルの発射《はっしゃ》などの緊急事態《きんきゅうじたい》のときに、国《くに》がすぐに警報《けいほう》を出《だ》して国民《こくみん》に知《し》らせるシステム。正式《せいしき》には「全国瞬時警報《ぜんこくしゅんじけいほう》システム」。

ジェーエー【JA】 ⇩1022ジ《ペ》ー のうぎょうきょうどうくみあい

ジェーオーシー【JOC】 名詞 「日本《にほん》オリンピック委員会《いいんかい》」のこと。オリンピック規約《きやく》にもとづいたさまざまな活動《かつどう》を行《おこな》っている。

シェークスピア 名詞（一五六四～一六一六）イギリスの劇作家《げきさくか》・詩人《しじん》。「ハムレット」「ロミオとジュリエット」など、数々《かずかず》の作品《さくひん》を残《のこ》した。

ジェーリーグ【Jリーグ】 名詞 日本《にほん》のプロサッカーリーグのこと。

シェールオイル（shale oil）名詞 「シェール層《そう》」という、粘土《ねんど》などからできた固《かた》い岩《いわ》の層《そう》にふくまれる原油《げんゆ》。参考 シェール層《そう》は、地下二千《ちかにせん》メートル以上《いじょう》の深《ふか》いところにある。シェールオイルは、シェールガスとともに採掘《さいくつ》の技術《ぎじゅつ》が新《あら》たに開発《かいはつ》され、新《あたら》しいエネルギー源《げん》として利用《りよう》されるようになった。

シェールガス（shale gas）名詞 天然《てんねん》ガスの一《ひと》つ。「シェール層《そう》」という、粘土《ねんど》などからできた固《かた》い岩《いわ》の層《そう》にふくまれている。

しえき【使役】
❶ 名詞 動詞 人《ひと》を使《つか》って働《はたら》かせること。例 ピラミッドは大勢《おおぜい》の人《ひと》を使役してつくられた。
❷ 名詞 国語《こくご》で、人《ひと》に何《なに》かをさせることを表《あらわ》す言《い》い方《かた》。「立《た》たせる」「かえさせる」のように、「せる」「させる」などをつけて表《あらわ》す。

しえきぶん【使役文】 名詞 人《ひと》に何《なに》かをさせる言《い》い方《かた》の文《ぶん》。「読《よ》ませる」「考《かんが》えさせる」のように「せる」「させる」などをつける。

ジェスチャー（gesture）名詞
❶身《み》ぶり。手《て》ぶり。例 ジェスチャーが大《おお》きい。
❷見《み》せかけだけの行《おこな》い。例 あの人《ひと》が言《い》ったことは単《たん》なるジェスチャーだから気《き》にするな。
ことば「ゼスチャー」ともいう。

ジェットき【ジェット機】 名詞 おし縮《ちぢ》めた空気《くうき》に燃料《ねんりょう》をふきこんで爆発《ばくはつ》させ、そのふき出《だ》す力《ちから》で飛《と》ぶ飛行機《ひこうき》。

ジェットコースター 名詞 遊園地《ゆうえんち》の乗《の》り物《もの》の一《ひと》つ。急《きゅう》な上《のぼ》り下《くだ》りやカーブのあるレールの上《うえ》を、高速《こうそく》で走《はし》る小型《こがた》の乗《の》り物《もの》。ことば 英語《えいご》をもとに日本《にほん》で作《つく》られたことば。

ジェネリックいやくひん【ジェネリック医薬品】 名詞 新《あたら》しい薬《くすり》が発売《はつばい》されたあと、決《き》められた期間《きかん》が過《す》ぎると販売《はんばい》できるようになる、同《おな》じ成分《せいぶん》の薬《くすり》。「後発医薬品《こうはついやくひん》」ともいう。参考 開発《かいはつ》などにかかる費用《ひよう》が少《すく》なくてすむため、値段《ねだん》を安《やす》くすることができる。

シェルター（shelter）名詞 厚《あつ》い鉄板《てっぱん》など、がんじょうな物《もの》で守《まも》られた避難場所《ひなんばしょ》。例 地下《ちか》シェルター。

シェルパ（Sherpa）名詞 おもにネパールの高《こう》地《ち》に住《す》む民族《みんぞく》。ヒマラヤの登山《とざん》をする人々《ひとびと》の案《あん》内人《ないにん》や荷物運《にもつはこ》びとして活躍《かつやく》している。

しえん【支援】 名詞 動詞 力《ちから》を貸《か》したりはげましたりして、人《ひと》を助《たす》けること。例 めぐまれない人々《ひとびと》を助《たす》ける活動《かつどう》を支援する。類 援助《えんじょ》。

ジェンダー（gender）名詞 生物《せいぶつ》としてのおす・めすのちがいとは別《べつ》に、社会《しゃかい》や文化《ぶんか》の中《なか》でつくられた男女《だんじょ》のちがい。「男《おとこ》らしさ」「女《おんな》らしさ」など。

ジェンナー 名詞（一七四九～一八二三）イギリスの医者《いしゃ》。天然痘《てんねんとう》という感染症《かんせんしょう》の研究《けんきゅう》をして、それを予防《よぼう》する種痘《しゅとう》を発明《はつめい》した。

しお【塩】 名詞 しおからい味《あじ》がする白《しろ》いつぶ。

四字熟語 一長一短《いっちょういったん》 「長《ちょう》」はよいところ、「短《たん》」は悪《わる》いところの意味《いみ》で、よいところもあれば悪《わる》いとこ

おもな成分《せいぶん》は塩化《えんか》ナトリウムで、海水《かいすい》や岩塩《がんえん》などからとれる。食《た》べ物《もの》の味《あじ》つけや工業《こうぎょう》の原料《げんりょう》などに使《つか》う。類 食塩《しょくえん》。漢 ⇒159ページ えん〔塩〕

しお【潮】名詞 ❶太陽《たいよう》や月《つき》の引力《いんりょく》で、海水《かいすい》が周期的《しゅうきてき》に満《み》ちたり引《ひ》いたりすること。例 潮が満《み》ちる。❷海《うみ》の水《みず》。例 潮の流《なが》れ。❸あることをするのにちょうどよい時《とき》。潮時《しおどき》。例 ほかの客《きゃく》が来《き》たのを潮に店《みせ》を出《で》た。漢 ⇒844ページ ちょう〔潮〕

しおあじ【塩味】名詞 塩《しお》でつけた味《あじ》。

しおかぜ【潮風】名詞 海《うみ》からふいてくる風《かぜ》。

しおからい【塩辛い】形容詞 塩気《しおけ》が強《つよ》い。しょっぱい。例 このみそしるは塩辛い。

しおからとんぼ【塩辛とんぼ】名詞 季語秋 とんぼのなかまの昆虫《こんちゅう》。春《はる》から秋《あき》にかけて、平地《へいち》の池《いけ》やぬまで見《み》られる。おすは、塩《しお》をふいたような灰色《はいいろ》がかった青色《あおいろ》になる。めすは黄色《きいろ》で、「むぎわらとんぼ」と呼《よ》ばれる。

しおくり【仕送り】名詞 動詞 生活《せいかつ》や勉学《べんがく》を助《たす》けるために、お金《かね》や物《もの》を送《おく》ること。

しおけ【塩気】名詞 食《た》べ物《もの》などにふくまれている、しおからい味《あじ》。また、その度合《どあ》い。塩分《えんぶん》。

しおさい【潮さい】名詞 海水《かいすい》が満《み》ちるときの波《なみ》の音《おと》。「しおざい」ともいう。

しおしお【と】副詞 しょんぼりして力《ちから》がぬけたようす。がっかりして元気《げんき》がないようす。例 一回戦《いっかいせん》で負《ま》け、しおしおと引《ひ》き上《あ》げた。

しおづけ【塩漬け】名詞 野菜《やさい》や肉《にく》、魚《さかな》などを塩《しお》につけること。また、その漬物《つけもの》。

しおどき【潮時】名詞 ❶海《うみ》の水《みず》が満《み》ちるとき。また、引《ひ》くとき。❷何《なに》かをするのに、ちょうどよいとき。例 引《ひ》き返《かえ》すなら今《いま》が潮時だ。

しおひがり【潮干狩り】名詞 季語春 潮《しお》の引《ひ》いた砂浜《すなはま》で、貝《かい》などをとること。ことば 俳句《はいく》などでは「汐干狩」とも書《か》く。

しおみず【塩水】名詞 塩分《えんぶん》をふくんだ水《みず》。塩《しお》をとかした水《みず》。対 真水《まみず》。

しおめ【潮目】名詞 暖流《だんりゅう》と寒流《かんりゅう》など、二《ふた》つの性質《せいしつ》のちがう海流《かいりゅう》がぶつかってできる、帯《おび》のような筋《すじ》。プランクトンが多《おお》く、よい漁場《ぎょじょう》となることが多《おお》い。

しおらしい 形容詞 ひかえめでおとなしい。素直《すなお》でいじらしい。例 しおらしいようす。

しおり【枝折り】名詞 ❶読《よ》みかけの本《ほん》の間《あいだ》にはさみ、目印《めじるし》にするもの。❷わかりやすく説明《せつめい》した案内書《あんないしょ》。手引《てび》き。例 遠足《えんそく》のしおり。使い方 ふつうかな書《が》きにする。ことば もとは、山道《やまみち》などで、木《き》の枝《えだ》を折《お》るなどしてつくった道《みち》しるべのこと。

しおりど【枝折り戸】名詞 庭《にわ》などの出入《でい》り口《ぐち》につける、木《き》の枝《えだ》や竹《たけ》などで作《つく》った簡単《かんたん》な開《ひら》き戸《ど》。

しおりど

しおれる 動詞 ❶草《くさ》や木《き》が、水分《すいぶん》がなくなって弱《よわ》る。例 花《はな》がしおれる。❷元気《げんき》がなくなって、しょんぼりする。例 試《し》合《あい》に負《ま》けて、みんなしおれている。

しおん【子音】⇒556ページ しいん〔子音〕

じおん【字音】名詞 漢字《かんじ》の音読《おんよ》み。たとえば、「雨」の「う」、「手」の「しゅ」の読《よ》み方《かた》。漢《かん》和《わ》辞《じ》典《てん》などでは、かたかなで示《しめ》していることが多《おお》い。対 字訓《じくん》。

しか 助詞 （ほかのことばのあとにつけて）それだけ。例 三人《さんにん》しかいない／ほんの少《すこ》ししかない。使い方 あとに「ない」などのことばがくる。

しか【鹿】名詞 季語秋 山野《さんや》にすみ、木《き》の葉《は》や草《くさ》などを食《た》べる動物《どうぶつ》。おすには枝《えだ》のような角《つの》が生《は》える。体《からだ》はだいたい茶色《ちゃいろ》っぽい色《いろ》をしている

ガッテン日本語教室

四角《しかく》い

「四角《しかく》」は便利《べんり》なことばだ。もとは名詞《めいし》だけれど、あとに「い」をつけると「四角《しかく》い」という形容詞《けいようし》にもなる。「丸《まる》」も同《おな》じように「丸《まる》い」という形容詞《けいようし》になるね。だけど、ほかの形《かたち》、たとえば三角《さんかく》や五角形《ごかくけい》は、そうはならない。

ほかに「い」がついて形容詞《けいようし》になる名詞《めいし》には、色《いろ》の名《な》まえが多《おお》いんだ。赤《あか》、青《あお》、白《しろ》、黒《くろ》、黄色《きいろ》などがそうだよ。ところが、色《いろ》の名《な》まえでも緑《みどり》やむらさきは形容詞《けいようし》にならない。どちらかというと、よく使《つか》われることばが形容詞《けいようし》になるといえそうだね。

ごとをすばやくはっきりと始末《しまつ》すること。

が、夏《なつ》に白《しろ》い斑点《はんてん》ができるものもいる。

漢 **しか【鹿】**〔鹿《しか》〕11画 4年 音 訓 しか・か

亠 广 户 庐 庐 声 唐 唐 鹿

しか。動物《どうぶつ》のしか。

しか【市価】 名詞 店《みせ》でふつうに売《う》り買《か》いされている値段《ねだん》。例 市価の半値《はんね》で買《か》う。

しか【歯科】 名詞 歯《は》を専門《せんもん》に治《なお》す医学《いがく》。例 歯科医／歯科検診《けんしん》。

しか【詩歌】 ➡555ページ しいか

じか 名詞 間《あいだ》に何《なに》も入《はい》らないこと。例 じか火《び》／じか談判《だんぱん》。類 直接《ちょくせつ》。

じか【時価】 名詞 そのときどきの値段《ねだん》。例 時価百万円《ひゃくまんえん》のネックレス。

じが【自我】 名詞 ほかの人《ひと》とはちがう、自分自《じぶんじ》身《しん》。自分《じぶん》だけが持《も》っている心《こころ》の動《うご》き。例 自我に目覚《めざ》める。

しかい【司会】 名詞 動詞 会《かい》を進《すす》めること。また、その人《ひと》。例 司会者《しゃ》／司会を務《つと》める。

しかい【死海】 名詞 アラビア半島北西部《はんとうほくせいぶ》、イスラエルとヨルダンの国境《こっきょう》にある湖《みずうみ》。塩分《えんぶん》が非常《ひじょう》に高《たか》く、生物《せいぶつ》はすめない。湖面《こめん》は海面《かいめん》より約四百《やくよんひゃく》メートル低《ひく》い。

しかい【視界】 名詞 目《め》に見《み》える範囲《はんい》。視野《しや》。例 視界が開《ひら》ける／きりで視界が悪《わる》い。

しかい【歯科医】 名詞 歯《は》の病気《びょうき》を予防《よぼう》したり、治療《ちりょう》したりする医者《いしゃ》。歯医者《はいしゃ》。

しがい【市外】 名詞 市《し》の区域《くいき》の外《そと》。対 市内《しない》。

しがい【市街】 名詞 家《いえ》や店《みせ》が多《おお》くあって、にぎやかなところ。まち。また、まちのにぎやかな通《とお》り。例 市街地《ち》。

しがい【死骸】 名詞 死《し》んだ体《からだ》。死体《したい》。

じかい【次回】 名詞 この次《つぎ》のとき。例 次回の委員会《いいんかい》は金曜日《きんようび》です。

じかい【磁界】 名詞 磁石《じしゃく》の力《ちから》がはたらいているところ。磁場《じば》。

じがい【自害】 名詞 動詞 刃物《はもの》などを使《つか》って、自分《じぶん》で自分《じぶん》の命《いのち》を絶《た》つこと。自殺《じさつ》。使い方 古《ふる》い言《い》い方《かた》。

しかいしゃ【司会者】 名詞 司会《しかい》をする人《ひと》。

しがいせん【紫外線】 名詞 太陽《たいよう》の光《ひかり》をプリズムを通《とお》して分《わ》けたとき、むらさき色《いろ》の外側《そとがわ》にある目《め》に見《み》えない光線《こうせん》。日焼《ひや》けを起《お》こさせたり、ばいきんを殺《ころ》したりするはたらきがある。長《ちょう》時間《じかん》浴《あ》びると体《からだ》に害《がい》がおよぶことがある。対 赤外線《せきがいせん》。

しかえし【仕返し】 名詞 動詞 ひどいことをされた相手《あいて》に、やり返《かえ》すこと。復《ふく》しゅう。

しがきよし【志賀潔】 名詞（一八七〇～一九五七）明治《めいじ》から昭和時代《しょうわじだい》にかけての細菌学者《さいきんがくしゃ》。北《きた》里柴三郎《さとしばさぶろう》のもとで細菌《さいきん》を研究《けんきゅう》し、一八九七年《ねん》、赤痢菌《せきりきん》を発見《はっけん》した。

しかく【四角】 名詞 形容動詞 四《よっ》つの辺《へん》で囲《かこ》まれた図形《ずけい》。また、そのような形《かたち》。例 四角な紙《かみ》。

➡558ページ 日本語教室

しかく【死角】 名詞 ❶銃《じゅう》や大砲《たいほう》のたまの届《とど》く範囲《はんい》にあるが、地形《ちけい》や障害物《しょうがいぶつ》などのために、たまをうちこむことができないところ。❷ほかの物《もの》のかげにかくれて、見《み》えないところ。例 ここからは、死角になって姿《すがた》が見《み》えない。

しかく【視覚】 名詞 五感《ごかん》の一《ひと》つ。目《め》で、ものを見《み》るはたらき。関連 嗅覚《きゅうかく》。触覚《しょっかく》。聴覚《ちょうかく》。味覚《みかく》。

しかく【資格】 名詞 ❶ある仕事《しごと》をする力《ちから》があるという証明《しょうめい》。❷あることをするときの、その人《ひと》の立場《たちば》。例 学級代表《がっきゅうだいひょう》の資格で児童会《じどうかい》に出席《しゅっせき》した。

しがく【史学】 名詞 歴史《れきし》を研究《けんきゅう》する学問《がくもん》。歴《れき》史学《しがく》。

しがく【私学】 名詞 個人《こじん》がお金《かね》を出《だ》してつくり、経営《けいえい》する学校《がっこう》。私立《しりつ》の学校《がっこう》。

じかく【字画】 名詞 漢字《かんじ》を組《く》み立《た》てている点《てん》や線《せん》。また、その数《かず》。例 字画の多《おお》い漢字《かんじ》。

じかく【自覚】 名詞 動詞 ❶自分《じぶん》の力《ちから》や立場《たちば》、やらなければならないことなどをはっきり知《し》ること。例 兄《あに》としての自覚。❷自分《じぶん》で感《かん》じとること。例 病気《びょうき》の自覚症状《しょうじょう》がある。

しかくい【四角い】 形容詞 四角形《しかくけい》をしている。四角《しかく》である。➡558ページ 日本語教室

しかくけい【四角形】 名詞 四《よっ》つの辺《へん》で囲《かこ》まれた図形《ずけい》。しかっけい。教科 算 長方形《ちょうほうけい》・正方形《せいほうけい》・平行四辺形《へいこうしへんけい》・台形《だいけい》などがある。

じがくじしゅう【自学自習】 名詞 動詞 人《ひと》に教《おし》えてもらうのではなく、自分《じぶん》ひとりで学習《がくしゅう》すること。

四字熟語 **一刀両断《いっとうりょうだん》** 刀《かたな》を一回《いっかい》動かすだけ（一刀《いっとう》）でまっぷたつにする（両断《りょうだん》）という意味《いみ》から、もの

しかくしめん【四角四面】名詞 形容動詞 ❶真四角《ましかく》であること。❷ひどくまじめで、かたくるしいこと。例あの人《ひと》は四角四面な性格《せいかく》だ。

しかくすい【四角すい】名詞 底面《ていめん》が四角形《しかくけい》で、先《さき》がとがっている立体《りったい》。図⇩686ジページ ずけい

しかくちゅう【四角柱】名詞 上《うえ》の面《めん》と下《した》の面《めん》の形《かたち》と大《おお》きさが同《おな》じ四角形《しかくけい》で、その二《ふた》つの面《めん》が平行《へいこう》になっている立体《りったい》。

しかくばる【四角張る】動詞 ❶四角《しかく》のような形《かたち》をしている。類角張《かくば》る。❷かた苦《くる》しい態度《たいど》をとる。まじめくさる。例今日《きょう》の会《かい》は四角張った話《はなし》ばかりだった。類角《かく》張《ば》る。

しかけ【仕掛け】名詞 ❶やりかけであること。❷ほかにはたらきかけること。例相手《あいて》のしかけを待《ま》つ。❸ある目的《もくてき》のために工夫《くふう》してつくったしくみ。装置《そうち》。例自動車《じどうしゃ》が動《うご》く仕掛け。

しかけはなび【仕掛け花火】名詞 季語夏 火《ひ》をつけたときに、文字《もじ》や形《かたち》が現《あらわ》れるようにしかけをした花火《はなび》。
使い方❶❷は、ふつうかな書《が》きにする。

しかける【仕掛ける】動詞 ❶やり始《はじ》める。とちゅうまでする。やりかける。例勉強《べんきょう》をしかけたところに、電話《でんわ》が鳴《な》った。❷仕向《しむ》ける。はたらきかける。例けんかをしかける。❸装置《そうち》などをとりつける。セットする。例ねずみとりを仕掛ける。
使い方❶❷は、ふつうかな書《が》きにする。

しがけん【滋賀県】名詞 近畿《きんき》地方《ちほう》の北東部《ほくとうぶ》にある県《けん》。琵琶湖《びわこ》が面積《めんせき》のおよそ六分《ろくぶん》の一《いち》をしめる。県庁《けんちょう》は大津市《おおつし》にある。

しかざん【死火山】名詞 大昔《おおむかし》は噴火《ふんか》したと思《おも》われるが、今《いま》は活動《かつどう》していない火山《かざん》。ことば今《いま》では使《つか》われていないことば。

しかし 接続詞 前《まえ》の文《ぶん》と反対《はんたい》のことを述《の》べるときに使《つか》うつなぎのことば。けれども。だが。例必死《ひっし》でがんばった。しかし、成功《せいこう》しなかった。

じがじさん【自画自賛】名詞 動詞 自分《じぶん》で自《じ》分《ぶん》のことをほめること。類手前《てまえ》みそ。ことば自《じ》分でかいた絵《え》に、自分《じぶん》で賛《さん》（＝絵に書《か》き加《くわ》える詩《し》や文章《ぶんしょう》）を書《か》くことからきたことば。

しかしながら 接続詞 そうではあるが。例勉《べん》強《きょう》はきらいだ。しかしながら、理科《りか》だけは好《す》きだ。使い方「しかし」のあらたまった言《い》い方《かた》。

じかせい【自家製】名詞 自分《じぶん》の家《いえ》で作《つく》ること。また、作《つく》ったもの。例自家製のみそ。

じがぞう【自画像】名詞 自分《じぶん》で、自分《じぶん》の顔《かお》や姿《すがた》をかいた絵《え》。

しかた【仕方】名詞 やり方《かた》。方法《ほうほう》。

しかたがない【仕方がない】⇩560ジページ しかたない

しかたない【仕方ない】形容詞 ほかに方法《ほうほう》がない。やむを得《え》ない。仕方《しかた》がない。例悪《わる》いことをしたので、おこられても仕方ない。

じかたび【地下足袋】名詞 土木工事《どぼくこうじ》や、山《やま》や畑《はたけ》での仕事《しごと》のときなどにはく、ゴム底《ぞこ》のたび。

じがため【地固め】名詞 動詞 ❶建物《たてもの》を建《た》てる前《まえ》に、地面《じめん》を固《かた》めること。❷ものごとの基礎《きそ》を固《かた》めること。例選挙《せんきょ》への立候補《りっこうほ》のために地固めをする。

しかつ【死活】名詞 死《し》ぬか生《い》きるか。生《い》き死《し》に。例これは人類《じんるい》の死活にかかわる問題《もんだい》だ。

じかつ【自活】名詞 動詞 人《ひと》の助《たす》けを借《か》りないで、自分《じぶん》で働《はたら》いて生活《せいかつ》すること。例姉《あね》は高校《こうこう》を卒業《そつぎょう》して自活を始《はじ》めた。

しかっけい【四角形】⇩559ジページ しかくけい

しかつめらしい 形容詞 かた苦《くる》しい。また、もっともらしく、まじめくさっている。例しかつめらしい口《くち》ぶり。

しかと 副詞 ❶はっきりと。確《たし》かに。例しかと聞《き》いたぞ。❷しっかりと。かたく。例しかと手《て》をにぎる。

しがなおや【志賀直哉】名詞 （一八八三〜一九七二）大正《たいしょう》・昭和《しょうわ》時代《じだい》の小説家《しょうせつか》。「城《き》の崎《さき》にて」「暗夜行路《あんやこうろ》」「小僧《こぞう》の神様《かみさま》」などを書《か》いた。

じかに 副詞 間《あいだ》に人《ひと》や物《もの》をはさまないで。直接《ちょくせつ》に。例じかにさわる／じかに聞《き》いた話《はなし》。

じがね【地金】名詞 ❶めっきをするものの土台《どだい》になる金属《きんぞく》。❷その人《ひと》の生《う》まれつきの性質《せいしつ》。例最初《さいしょ》は親切《しんせつ》だったが、つきあううちに地金が出《で》てきた。

じかはつでん【自家発電】名詞 自分《じぶん》のとこ

さかんで威厳《いげん》があること。

ろで電気《でんき》を起《お》こすこと。

しかばね 名詞 ❶死《し》んだ人《ひと》の体《からだ》。❷「尸」のこと。漢字《かんじ》の部首《ぶしゅ》の一《ひと》つ。局・屋・居・届などの漢字《かんじ》を作《つく》る。

じかび【直火】 名詞 料理《りょうり》などで、直接火《ちょくせつひ》に当《あ》てること。また、その火《ひ》。例 魚《さかな》を直火で焼《や》く。

じかまき 名詞 動詞 作物《さくもつ》をつくるとき、なえどこでつくったなえを植《う》えかえるのではなく、田《た》や畑《はたけ》にじかに種《たね》をまくこと。「じきまき」ともいう。

しがみつく 動詞 しっかりとだきつく。例 おどろいて、となりにいた人《ひと》にしがみついた。

しがみつく

しかめっつら【しかめっ面】 名詞 まゆや額《ひたい》の辺《あた》りにしわを寄《よ》せた、機嫌《きげん》の悪《わる》そうな顔《かお》。

しかめる 動詞 いやな気持《きも》ちや苦痛《くつう》などを顔《かお》に表《あらわ》して、額《ひたい》や顔《かお》にしわを寄《よ》せる。例 注射《ちゅうしゃ》が痛《いた》くて、思《おも》わず顔《かお》をしかめた。

しかも 接続詞 そのうえに。さらに。例 わたしはつかれていて、しかもおなかがすいていた。

じかよう【自家用】 名詞 自分《じぶん》の家《いえ》のために使《つか》うこと。例 自家用車《しゃ》。

しからば 接続詞 もしそうであるならば。それなら。例 時間《じかん》がないのか。しからば明日《あす》まで待《ま》とう。使い方 古《ふる》い、あらたまった言《い》い方《かた》。

しかり 動詞 そうだ。そのとおりである。例 しかり、きみの言《い》うとおりだ。使い方 古《ふる》い言《い》い方《かた》。

しかりつける【叱り付ける】 動詞 強《つよ》くしかる。厳《きび》しくしかる。

しかりとばす【叱り飛ばす】 動詞 激《はげ》しくしかる。ひどくしかる。

しかる【叱る】 動詞 相手《あいて》の悪《わる》い行《おこな》いなどを、きつく注意《ちゅうい》する。例 いたずらした妹《いもうと》を叱る。

しかるべき
❶そうするのが当然《とうぜん》である。例 非難《ひなん》されてしかるべきふるまいだ。
❷それに適当《てきとう》な。ふさわしい。例 この件《けん》はしかるべき人《ひと》に相談《そうだん》して決《き》める。

しかん【士官】 名詞 軍隊《ぐんたい》で、ふつうの兵士《へいし》を指図《さしず》する地位《ちい》の人《ひと》。例 海軍士官《かいぐん》。

しかん【仕官】 名詞 動詞 ❶役人《やくにん》になること。❷昔《むかし》、武士《ぶし》が家来《けらい》として大名《だいみょう》などに仕《つか》えたこと。

しかん【師管】 名詞 植物《しょくぶつ》で、葉《は》でつくった養《よう》分《ぶん》を根《ね》やくき、花《はな》などに運《はこ》ぶ管《くだ》。関連 道管《どうかん》。

しがん【志願】 名詞 動詞 自分《じぶん》から進《すす》んで願《ねが》い出《で》ること。例 入学志願者《にゅうがくしゃ》。類 志望《しぼう》。

じかん【次官】 名詞 大臣《だいじん》の次《つぎ》の位《くらい》で、大臣《だいじん》の仕事《しごと》を助《たす》ける役《やく》。また、その役《やく》の人《ひと》。

じかん【時間】 名詞
❶止《と》まることなく続《つづ》く、時《とき》の流《なが》れ。例 時間を大切《たいせつ》にする。対 空間《くうかん》。
❷ある時刻《じこく》と時刻《じこく》の間《あいだ》。例 家《いえ》から学校《がっこう》まで歩《ある》くと、時間は十五分《じゅうごふん》かかる。
❸あることをやるために決《き》められた間《あいだ》。例 休《やす》み時間。
❹時《とき》の単位《たんい》。一時間《いちじかん》は、一日《いちにち》を二十四等分《にじゅうよんとうぶん》した一《ひと》つの長《なが》さで、六十分《ろくじっぷん》。
❺時刻《じこく》。とき。例 約束《やくそく》の時間になった。

じかんぎれ【時間切れ】 名詞 ものごとが終《お》わらないうちに、決《き》められた時間《じかん》が過《す》ぎてしまうこと。例 時間切れで全問解答《ぜんもんかいとう》できなかった。

じかんわり【時間割り】 名詞 仕事《しごと》や学校《がっこう》の授業《じゅぎょう》などの予定《よてい》を、時間《じかん》に割《わ》り当《あ》てて書《か》いた表《ひょう》。時間表《じかんひょう》。

しき【式】
❶名詞 決《き》まったやり方《かた》に従《したが》って行《おこな》う行事《ぎょうじ》。例 卒業式《そつぎょう》。
❷名詞 算数《さんすう》で、計算《けいさん》の方法《ほうほう》などを数字《すうじ》や記号《きごう》で表《あらわ》したもの。例 かけ算《ざん》の式。
❸接尾語 （ほかのことばのあとにつけて）「やり方《かた》」「方法《ほうほう》」の意味《いみ》を表《あらわ》す。例 和《わ》式／電動《でんどう》式の自転車《じてんしゃ》。

漢 **しき【式】**〔弋《しきがまえ》〕6画　3年　訓 音 シキ

上へはねる

❶きまり。決《き》まったやりかた。例 形式《けいしき》／新式《しんしき》／正式《せいしき》／方式《ほうしき》／洋式《ようしき》。❷決《き》まったやり方《かた》で行《おこな》う行事《ぎょうじ》。例 式辞《しきじ》／式場《しきじょう》／式典《しきてん》／儀式《ぎしき》／卒業《そつぎょう》式《しき》。❸計算《けいさん》のしかたを表《あらわ》したもの。例 数式《すうしき》。

しき【色】 漢 ⬇645ジペー しょく〔色〕

四字熟語　**威風堂堂《いふうどうどう》**　態度《たいど》や雰囲気《ふんいき》が堂々《どうどう》として威厳《いげん》があり、りっぱであるようす。「威風《いふう》」は、勢《いきお》いが

㊥ **しき【織】**〔糸《いとへん》〕18画 5年 音 ショク・シキ 訓 おる

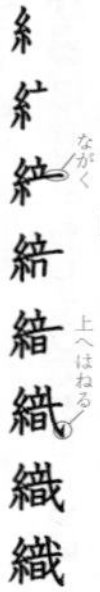

❶ぬのをおる。例 織物《おりもの》／織女星《しょくじょせい》／織機《しょっき》。❷組《く》み立《た》てる。例 組織《そしき》。

㊥ **しき【識】**〔言《ごんべん》〕19画 5年 音 シキ 訓

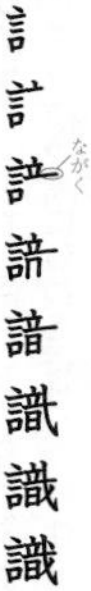

❶ものごとを見分《みわ》けて知《し》る。さとる。例 識別《しきべつ》／意識《いしき》／知識《ちしき》／認識《にんしき》。❷しるし。例 標識《ひょうしき》。

しき【士気】 名詞 ものごとをやりとげようとする意気《いき》ごみ。元気《げんき》さ。例 チームの士気が高《たか》まる。

しき【四季】 名詞 春《はる》・夏《なつ》・秋《あき》・冬《ふゆ》の四《よっ》つの季節《きせつ》。例 四季折々《おりおり》のながめを楽《たの》しむ。

しき【死期】 名詞 死《し》ぬとき。また、死《し》ぬべきとき。

しき【指揮】 名詞 動詞 ❶人々《ひとびと》に指図《さしず》して、まとまった行動《こうどう》をさせること。例 リーダーの指揮に従《したが》う。❷音楽《おんがく》で、演奏者《えんそうしゃ》に合図《あいず》をしながら、曲《きょく》の演奏《えんそう》をまとめていくこと。例 合奏《がっそう》を指揮する。

じき【直】 ㊥ ➡849ページ ちょく〔直〕

じき【食】 ㊥ ➡645ページ しょく〔食〕

じき【次期】 名詞 次《つぎ》の期間《きかん》。次《つぎ》の時期《じき》。

じき【時季】 名詞 季節《きせつ》。とくに、一年《いちねん》のうちで、あるものごとがさかんになる季節《きせつ》。例 そろそろさんまの時季だ。

じき【時期】 名詞 あることをするときや期間《きかん》。例 今《いま》は試合前《しあいまえ》の大事《だいじ》な時期だ。

じき【時機】 名詞 ちょうどよい時《とき》。チャンス。例 時機をみて、計画《けいかく》を話《はな》す。類 時節《じせつ》。

じき【磁気】 名詞 磁石《じしゃく》が鉄《てつ》を引《ひ》きつけたり、同《おな》じ極同士《きょくどうし》で引《ひ》きつけあったり、同じ極同《きょくどう》士《し》で退《しりぞ》けあったりするはたらき。

じき【磁器】 名詞 高《たか》い温度《おんど》で焼《や》いた、白《しろ》くてかたい焼き物《もの》。関連 陶器《とうき》。

じき[に]【直[に]】 副詞 すぐに。まもなく。例 母《はは》はじきに帰《かえ》ってきます。使い方 ふつうかな書《が》きにする。

しきい【敷居】 名詞 障子《しょうじ》やふすまなどを下《した》で支《ささ》えている、みぞのついた横木《よこぎ》。対 かも居《い》。図 ➡284ページ かもい

● **敷居《しきい》が高《たか》い** 迷惑《めいわく》をかけたというような気持《きも》ちがあって、その人《ひと》の家《いえ》に行《い》きにくい。使い方「高級《こうきゅう》すぎたり上品《じょうひん》すぎたりして入《はい》りにくい」という意味《いみ》ではないので注意《ちゅうい》。

しきいし【敷石】 名詞 道路《どうろ》や庭《にわ》などに、しき並《なら》べた石《いし》。

じきおんどけい【自記温度計】 名詞 温度《おんど》の変化《へんか》を、自動的《じどうてき》に記録《きろく》する温度計《おんどけい》。

しきかく【色覚】 名詞 色《いろ》のちがいを見分《みわ》ける能力《のうりょく》。

しきかくいじょう【色覚異常】 名詞 目《め》の網膜《もうまく》の異常《いじょう》などにより、ある種《しゅ》の色《いろ》のちがいが見分《みわ》けにくいこと。

しききん【敷金】 名詞 家《いえ》や部屋《へや》を借《か》りるときに、家主《やぬし》に預《あず》けておく保証金《ほしょうきん》。

しきけん【識見】 名詞 ものごとを正《ただ》しく見分《みわ》ける力《ちから》。例 識見が高《たか》い。類 見識《けんしき》。

しきさい【色彩】 名詞 色《いろ》。いろどり。例 色彩感覚《かんかく》／はなやかな色彩の着物《きもの》。

しきし【色紙】 名詞 和歌《わか》や俳句《はいく》、絵《え》などをかくための、厚《あつ》くて四角《しかく》い紙《かみ》。例 色紙に寄《よ》せ書《が》きをする。ことば「いろがみ」と読《よ》むと別《べつ》の意味《いみ》。

しきじ【式辞】 名詞 式《しき》のときに述《の》べるあいさつのことば。例 入学式《にゅうがくしき》の式辞。

じきじき【直直】 副詞 人《ひと》にやらせたりしないで、じかに。直接《ちょくせつ》。例 市長《しちょう》からじきじきに賞状《しょうじょう》をいただいた。使い方 ふつうかな書《が》きにする。

しきしゃ【識者】 名詞 知識《ちしき》があり、ものごとに対《たい》する正《ただ》しい判断《はんだん》ができる人《ひと》。例 識者の意見《いけん》を聞《き》く。類 有識者《ゆうしきしゃ》。

しきしゃ【指揮者】 名詞 ❶指図《さしず》をする人《ひと》。❷オーケストラや合唱団《がっしょうだん》などの指揮《しき》をする人《ひと》。「コンダクター」ともいう。

しきじょう【式場】 名詞 式《しき》を行《おこな》う場所《ばしょ》。

しきそ【色素】 名詞 物《もの》についている色《いろ》のもとになる物質《ぶっしつ》。

じきそ【直訴】 名詞 動詞 決《き》まった手続《てつづ》きをしないで、地位《ちい》の高《たか》い人《ひと》に直接《ちょくせつ》うったえること。例 直訴状《じょう》／社長《しゃちょう》に直訴する。

しきそう【色相】 名詞 赤《あか》さや青《あお》さといった、一《ひと》つ一《ひと》つの色《いろ》の調子《ちょうし》。色合《いろあ》い。関連 彩度《さいど》。明度《めいど》。

しきたり 名詞 昔《むかし》から行《おこな》われてきた習慣《しゅうかん》。習《なら》わし。例 村《むら》のしきたりを守《まも》る。

作《さ》に表《あらわ》れていない部分《ぶぶん》に深《ふか》い意味《いみ》がかくされていること。

しきち【敷地】 名詞 建物《たてもの》などを建《た》てるための土地《とち》。例 敷地面積《めんせき》／工場用《こうじょうよう》の敷地。

しきちょう【色調】 名詞 色の強《つよ》い・弱《よわ》い、濃《こ》い・うすいなどの調子《ちょうし》。色合《いろあ》い。

しきつめる【敷き詰める】 動詞 すきまなく一面《いちめん》にしく。例 庭《にわ》に小石《こいし》を敷き詰める。

じきテープ【磁気テープ】 名詞 磁気《じき》を帯《お》びたテープ。録音《ろくおん》や録画《ろくが》などに使《つか》われる。

しきてん【式典】 名詞 儀式《ぎしき》。式《しき》。例 記念《きねん》式典。

じきでん【直伝】 名詞 技術《ぎじゅつ》や知識《ちしき》などが、先生《せんせい》から弟子《でし》に直接《ちょくせつ》伝《つた》えられること。例 師匠《ししょう》直伝の落語《らくご》。

じきひつ【直筆】 名詞 その人《ひと》が自分《じぶん》で書《か》くこと。また、書《か》いたもの。類 自筆《じひつ》。対 代筆《だいひつ》。

しきふ【敷布】 名詞 しき布団《ぶとん》の上《うえ》にしく布《ぬの》。シーツ。

しきふく【式服】 名詞 あらたまった儀式《ぎしき》などに出席《しゅっせき》するときに着《き》る衣服《いふく》。類 礼服《れいふく》。

しきぶとん【敷き布団】 名詞 ねるときに、体《からだ》の下《した》にしく布団《ふとん》。対 掛《か》け布団《ぶとん》。

しきべつ【識別】 名詞 動詞 ものごとのちがいをはっきりと見分《みわ》けること。例 色《いろ》を識別する。類 判別《はんべつ》。

しきぼう【指揮棒】 名詞 音楽《おんがく》の指揮《しき》をする人《ひと》が、手《て》に持《も》ってふる棒《ぼう》。「タクト」ともいう。

じきまき【直まき】 ⇒561ジペー じかまき

しきもの【敷物】 名詞 地面《じめん》や、ゆかの上《うえ》にしくもの。ござ・じゅうたん・マットなど。

しきゅう【子宮】 名詞 女《おんな》の人《ひと》や哺乳類《ほにゅうるい》のめすの体《からだ》にある器官《きかん》。子供《こども》ができて成長《せいちょう》するところ。

しきゅう【支給】 名詞 動詞 人《ひと》にお金《かね》や物《もの》などをあたえること。例 ボーナスを支給する。

しきゅう【四球】 ⇒1144ジペー フォアボール

しきゅう【至急】 名詞 副詞 非常《ひじょう》に急《いそ》ぐこと。大急《おおいそ》ぎ。例 至急集《あつ》まってください。類 火急《かきゅう》。

しきゅう【死球】 ⇒894ジペー デッドボール

じきゅう【自給】 名詞 動詞 生活《せいかつ》に必要《ひつよう》なものを自分《じぶん》でつくること。例 食物《しょくもつ》を自給する。

じきゅう【持久】 名詞 動詞 長《なが》く持《も》ちこたえること。例 持久力《りょく》／持久戦《せん》。

しきゅうしき【始球式】 名詞 野球《やきゅう》の大会《たいかい》などで、最初《さいしょ》の試合《しあい》を始《はじ》める前《まえ》に、招待《しょうたい》された人《ひと》がボールを投《な》げる式《しき》。

じきゅうじそく【自給自足】 名詞 動詞 生活《せいかつ》に必要《ひつよう》なものを、自分《じぶん》でつくって間《ま》に合《あ》わせること。例 田畑《たはた》を耕《たがや》して自給自足の生活《せいかつ》を送《おく》る。

じきゅうそう【持久走】 名詞 無理《むり》のない速《はや》さで、長《なが》い時間《じかん》を走《はし》ること。

じきゅうりつ【自給率】 名詞 食料《しょくりょう》やエネルギーなどについて、国内《こくない》で消費《しょうひ》する量《りょう》のうち、国内《こくない》で生産《せいさん》されている割合《わりあい》。

じきゅうりょく【持久力】 名詞 運動《うんどう》や負担《ふたん》に、長《なが》い時間《じかん》持《も》ちこたえることができる力《ちから》。

しきょ【死去】 名詞 動詞 死《し》ぬこと。例 大統領《だいとうりょう》が死去した。類 死亡《しぼう》。使い方 あらたまった言《い》い方《かた》。

しぎょう【始業】 名詞 動詞 ❶一日《いちにち》の授業《じゅぎょう》や仕事《しごと》を始《はじ》めること。例 始業のチャイムが鳴《な》る。対 終業《しゅうぎょう》。❷学校《がっこう》で、決《き》められたある期間《きかん》の勉強《べんきょう》が始《はじ》まること。例 始業式《しき》。対 終業《しゅうぎょう》。

じきょう【自供】 名詞 動詞 とり調《しら》べを受《う》けて、自分《じぶん》がした悪《わる》いことやかくしていたことなどを話《はな》すこと。また、話《はな》した内容《ないよう》。類 自白《じはく》。

じぎょう【事業】 名詞 ❶お金《かね》をもうけるためにする仕事《しごと》。例 おじは飲食店経営《いんしょくてんけいえい》の事業を始《はじ》めた。❷社会《しゃかい》のためになる大《おお》きな仕事《しごと》。例 慈善《じぜん》事業。

じぎょうか【事業家】 名詞 事業《じぎょう》を始《はじ》めて、それを行《おこな》う人《ひと》。

しぎょうしき【始業式】 名詞 学校《がっこう》で、学期《がっき》が始《はじ》まるときに行《おこな》う式《しき》。対 終業式《しゅうぎょうしき》。

しきょうひん【試供品】 名詞 見本《みほん》として無料《むりょう》で配《くば》る商品《しょうひん》。

しきょく【支局】 名詞 本局《ほんきょく》や本社《ほんしゃ》から分《わ》かれて仕事《しごと》をしているところ。例 アメリカ支局。

じきょく【時局】 名詞 そのときどきの、世《よ》の中《なか》のありさま。例 重大《じゅうだい》な時局。

じきょく【磁極】 名詞 磁石《じしゃく》の両方《りょうほう》のはしの、鉄《てつ》を引《ひ》きつける力《ちから》が強《つよ》いところ。N極《エヌきょく》とS極《エスきょく》がある。

しきり【仕切り】 名詞 ❶境《さかい》。区切《くぎ》り。例 部屋《へや》の仕切り。❷すもうで、立《た》ち上《あ》がる前《まえ》の構《かま》え。

しきりに 副詞 ❶ひっきりなしに。例 電話《でんわ》がしきりに鳴《な》る。❷むやみに。やたらに。熱心《ねっしん》に。例 家《いえ》をしき

四字熟語 **意味深長《いみしんちょう》** 内容《ないよう》やことばの意味《いみ》に、深《ふか》みやふくみがある（深長《しんちょう》）ということで、ことばや動《どう》

あいうえお　かきくけこ　さしすせそ　し　たちつてと　なにぬねの　はひふへほ　まみむめも　や　ゆ　よ　らりるれろ　わ　を　ん

りにこいしがる／入部《にゅうぶ》をしきりにすすめる。

しきる【仕切る】 動詞 ❶境《さかい》をつけて、ある場所《ばしょ》をいくつかに分《わ》ける。区切《くぎ》る。例 部屋《へや》をカーテンで仕切る。❷中心《ちゅうしん》となってものごとを行《おこな》う。例 イベントを仕切る。❸すもうで、力士《りきし》が両手《りょうて》を土俵《どひょう》につけ、身構《みがま》える。

しきん【至近】 名詞 非常《ひじょう》に近《ちか》いこと。

しきん【資金】 名詞 事業《じぎょう》をするもとになるお金《かね》。元手《もとで》。

しぎん【詩吟】 名詞 漢詩《かんし》に節《ふし》をつけてうたうこと。

しきんきょり【至近距離】 名詞 非常《ひじょう》に近《ちか》いきょり。例 至近距離までせまる。

しきんせき【試金石】 名詞 ❶金属《きんぞく》の質《しつ》を調《しら》べるのに使《つか》う、黒《くろ》くてかたい石《いし》。❷力《ちから》や値打《ねう》ちなどをためすもとになること。例 次《つぎ》の試合《しあい》が、選手《せんしゅ》としての試金石になる。

しく【敷く】 動詞 ❶平《たい》らに広《ひろ》げる。広《ひろ》く一面《いちめん》に置《お》く。例 布団《ふとん》を敷く。❷物《もの》の下《した》にあてる。例 座布団《ざぶとん》を敷いてすわる。❸広《ひろ》く行《い》きわたらせる。例 法律《ほうりつ》を敷く。❹備《そな》えつける。例 鉄道《てつどう》を敷く。

じく【軸】 名詞 ❶回《まわ》る物《もの》の中心《ちゅうしん》になる棒《ぼう》。例 こまの軸。❷グラフをかくときに、もとにする縦横《たてよこ》の線《せん》。例 このグラフの縦《たて》軸は、値段《ねだん》を表《あらわ》している。❸手《て》で持《も》つ部分《ぶぶん》。例 ペン軸／マッチの軸。❹巻《ま》き物《もの》。例 かけ軸。❺活動《かつどう》の中心《ちゅうしん》になるもの。例 チームの軸になる。

じく【字句】 名詞 文字《もじ》と語句《ごく》。ことば。

じくう【時空】 名詞 時間《じかん》と空間《くうかん》。

しぐさ 名詞 体《からだ》の動《うご》かし方《かた》。動作《どうさ》や身《み》ぶり。例 赤《あか》ちゃんのしぐさがかわいらしい。

ジグザグ (zigzag) 名詞 形容動詞 右《みぎ》と左《ひだり》に、いなずまのような形《かたち》に折《お》れ曲《ま》がっていること。例 ジグザグに歩《ある》く。

しくしく[と] 副詞 ❶大《おお》きな声《こえ》を出《だ》さずに、泣《な》くようす。❷激《はげ》しくはない痛《いた》みが続《つづ》くようす。例 わきばらがしくしくと痛《いた》む。

しくじる 動詞 失敗《しっぱい》する。やりそこなう。例 シュートをしくじる。

ジグソーパズル (jigsaw puzzle) 名詞 一枚《いちまい》の絵《え》や写真《しゃしん》をいろいろな形《かたち》に切《き》ってばらばらにしたものを、もとのとおりに組《く》み合《あ》わせる遊《あそ》び。ことば 「ジグソー」は、曲《ま》がった線《せん》などを切《き》ることのできる糸《いと》のこぎりのこと。

しくちょうそん【市区町村】 名詞 市《し》と区《く》と町《まち》と村《むら》。

シグナル (signal) 名詞 ❶信号《しんごう》。合図《あいず》。例 シグナルを送《おく》る。❷信号機《しんごうき》。

しくはっく【四苦八苦】 名詞 動詞 非常《ひじょう》に苦《く》労《ろう》すること。例 難《むずか》しい問題《もんだい》に四苦八苦する。ことば もとは仏教《ぶっきょう》のことばで、人間《にんげん》のあらゆる苦《くる》しみのこと。

じくばり【字配り】 名詞 文字《もじ》の並《なら》べ方《かた》。例 字配りに気《き》をつけて、手紙《てがみ》を書《か》く。

しくみ【仕組み】 名詞 ❶機械《きかい》の組《く》み立《た》て。例 時計《とけい》の仕組み。❷ものごとの組《く》み立《た》て。例 社会《しゃかい》の仕組み。

しくむ【仕組む】 動詞 ❶目的《もくてき》に合《あ》うように組《く》み立《た》てる。工夫《くふう》してつくる。例 この人形《にんぎょう》は、人《ひと》が通《とお》ると動《うご》くように仕組んである。❷よくないことなどを計画《けいかく》する。くわだてる。例 うまく仕組まれたわなにはまった。

シクラメン (cyclamen) 名詞 季語 春 はち植《う》えなどにして育《そだ》てる草花《くさばな》。葉《は》はハート形《がた》で厚《あつ》い。春《はる》の初《はじ》めごろ、赤《あか》・むらさき・白色《しろいろ》などの花《はな》がさく。花《はな》は下《した》向《む》きに開《ひら》き、花《はな》びらがそり返《かえ》る。

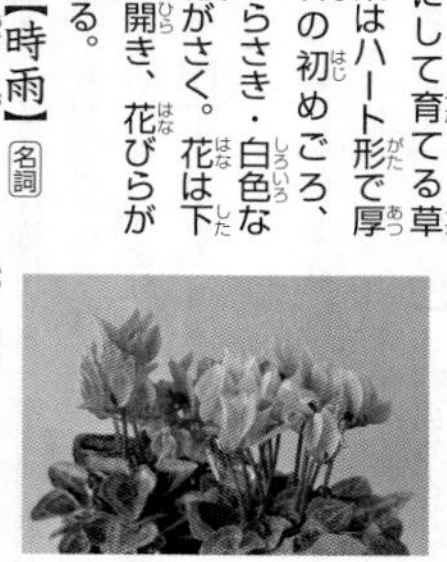
シクラメン

しぐれ【時雨】 名詞 季語 冬 秋《あき》の終《お》わりから冬《ふゆ》の初《はじ》めにかけて、降《ふ》ったりやんだりする雨《あめ》。

しぐれる 動詞 しぐれが降《ふ》る。

じくん【字訓】 名詞 漢字《かんじ》の訓読《くんよ》み。訓《くん》。たとえば、「山」の「やま」、「川」の「かわ」の読《よ》み方《かた》。漢和辞典《かんわじてん》などでは、ひらがなで示《しめ》していることが多《おお》い。対 字音《じおん》。

いについていう。

しけ 名詞 ❶風《かぜ》や雨《あめ》のために海《うみ》があれること。❷海《うみ》があれて魚《さかな》がとれないこと。対 なぎ。

しけい【死刑】 名詞 非常《ひじょう》に悪《わる》いことをした人《ひと》の命《いのち》をうばうばつ。

しけい【詩形・詩型】 名詞 詩《し》の形式《けいしき》。音《おん》の数《かず》やことばの調子《ちょうし》などによって区別《くべつ》する。定《てい》型詩《けいし》・自由詩《じゆうし》・散文詩《さんぶんし》など。

じけい【次兄】 名詞 上《うえ》から二番目《にばんめ》の兄《あに》。

じけい【字形】 名詞 文字《もじ》の形《かたち》。例 整《ととの》った字形。

しげき【刺激】 名詞 動詞 ❶目《め》・耳《みみ》・鼻《はな》・皮膚《ひふ》などの神経《しんけい》にはたらきかけて、強《つよ》い感《かん》じをあたえること。❷気持《きも》ちを高《たか》ぶらせること。興奮《こうふん》させること。例 試合前《しあいまえ》の選手《せんしゅ》は刺激しないほうがよい。

しげしげ［と］ 副詞 ❶何度《なんど》も。たびたび。例 しげしげと店《みせ》に通《かよ》う。❷じっと。よくよく。例 しげしげと見《み》つめる。

しけつ【止血】 名詞 動詞 血《ち》が出《で》るのを止《と》めること。例 止血剤《ざい》。

じけつ【自決】 名詞 動詞 ❶自分《じぶん》の意志《いし》で態度《たいど》や行動《こうどう》を決《き》めること。例 民族《みんぞく》自決。❷自分《じぶん》で自分《じぶん》の生命《せいめい》を絶《た》つこと。自殺《じさつ》。

しげみ【茂み】 名詞 草《くさ》や木《き》のたくさん生《は》えているところ。

しける 動詞 しめり気《け》を持《も》つ。例 せんべいがしける。使い方 かわいていなければいけない食《た》べ物《もの》やたたみなどについて使《つか》う。ことば 漢字《かんじ》では「湿気る」と書《か》く。

しける 動詞 ❶雨《あめ》や風《かぜ》が強《つよ》く、海《うみ》があれる。対なぐ。❷お金《かね》があまり入《はい》ってこない。また、元気《げんき》がない。例 しけた顔《かお》をする。対 なぐ。

しげる【茂る】 動詞 草木《くさき》が育《そだ》って、葉《は》や枝《えだ》がたくさん出《で》る。例 木々《きぎ》が青々《あおあお》と茂る。

しけん【私見】 名詞 自分《じぶん》だけの考《かんが》えや意見《いけん》。例 日本《にほん》の政治《せいじ》について私見を述《の》べる。

しけん【試験】 名詞 動詞 ❶学力《がくりょく》や能力《のうりょく》を調《しら》べるために、問題《もんだい》を出《だ》して答《こた》えさせること。例 入学《にゅうがく》試験。❷物《もの》の性質《せいしつ》などをためしてみること。例 製品《せいひん》の品質《ひんしつ》を試験する。

しげん【資源】 名詞 いろいろな物《もの》をつくり出《だ》すもとになるもの。参考 鉄《てつ》・木材《もくざい》などの自然《しぜん》からとれるもの以外《いがい》に、再利用《さいりよう》できる物資《ぶっし》や、労《ろう》働力《どうりょく》などの産業《さんぎょう》を支《ささ》えるものも指《さ》す。

じけん【事件】 名詞 ふだんは起《お》こらないような、変《か》わったできごと。例 殺人《さつじん》事件。

じげん【次元】 名詞 ❶数学《すうがく》などで、線《せん》・面《めん》・空間《くうかん》などの広《ひろ》がりを表《あらわ》すもの。直線《ちょくせん》は一次元《いちじげん》、平面《へいめん》は二次元《にじげん》、立体《りったい》は三次元《さんじげん》。❷ものごとを考《かんが》えたり、見《み》たりするときの立《たち》場《ば》。また、その水準《すいじゅん》。例 次元がちがう考《かんが》え。

じげん【字源】 名詞 一《ひと》つ一《ひと》つの文字《もじ》のでき方《かた》。ひらがなの「あ」は「安」からでき、漢字《かんじ》の「休」は「人」と「木」からできたなど。

じげん【時限】 名詞 ❶授業《じゅぎょう》時間《じかん》のひと区切《くぎ》り。例 四《よ》時限目《め》。❷時間《じかん》や期間《きかん》を限《かぎ》ること。例 時限爆弾《ばくだん》。

しげんエネルギーちょう【資源エネルギー庁】 名詞 石油《せきゆ》・石炭《せきたん》などの資源《しげん》や、電《でん》力《りょく》などのエネルギーに関《かん》する仕事《しごと》をする国《くに》の役《やく》所《しょ》。経済産業省《けいざいさんぎょうしょう》の下《した》にある。

しけんかん【試験管】 名詞 理科《りか》の実験《じっけん》などに使《つか》う、細長《ほそなが》くて底《そこ》の丸《まる》いガラスの管《くだ》。

しけんかんばさみ【試験管挟み】 名詞 試《し》験管《けんかん》をはさんで持《も》つための器具《きぐ》。試験管《しけんかん》を熱《ねっ》するときなどに使《つか》う。

しげんごみ【資源ごみ】 名詞 資源《しげん》として再《さい》利用《りよう》できるごみ。新聞紙《しんぶんし》・びん・かん・ペットボトルなど。

しけんてき【試験的】 形容動詞 ためしにやってみるようす。例 新《あたら》しい製品《せいひん》を試験的に販売《はんばい》する。

しご【死後】 名詞 死《し》んだあと。対 生前《せいぜん》。

しご【死語】 名詞 ❶昔《むかし》は使《つか》われていたが、今《いま》は話《はな》す人《ひと》がいなくなった言語《げんご》。ラテン語《ご》など。❷昔《むかし》は使《つか》ったが、今《いま》は使《つか》わなくなった単語《たんご》。

しご【私語】 名詞 動詞 自分《じぶん》たちだけの勝手《かって》な話《はなし》をすること。例 授業《じゅぎょう》中《ちゅう》の私語はやめよう。

じこ【自己】 名詞 自分自身《じぶんじしん》。例 自己満足《まんぞく》／自己の行《おこな》いをふり返《かえ》る。対 他者《たしゃ》。

じこ【事故】 名詞 思《おも》いがけない悪《わる》いできごと。例 交通《こうつう》事故／事故にあう。

四字熟語 **因果応報《いんがおうほう》** 行《おこな》いのよい悪《わる》いによって、それに応《おう》じたむくいがあるということ。おもに、悪《わる》い行《おこな》

じご【事後】 名詞 ものごとの終《お》わったあと。例 事後報告《ほうこく》／事後処理《しょり》。対 事前《じぜん》。

しこう【志向】 名詞 動詞 あることを目指《めざ》して気持《きも》ちが動《うご》くこと。例 話《はな》し合《あ》いによる解決《かいけつ》を志向する。

しこう【施工】 名詞 動詞 工事《こうじ》を行《おこな》うこと。「せこう」ともいう。例 トンネル工事《こうじ》が施工される。

しこう【指向】 名詞 動詞 ある決《き》まった方向《ほうこう》を目指《めざ》して向《む》かうこと。例 指向性《せい》アンテナ。

しこう【思考】 名詞 動詞 考《かんが》えること。考《かんが》え。例 思考力《りょく》／思考を重《かさ》ねる。

しこう【施行】 名詞 動詞 ❶決《き》まったことなどを実際《じっさい》に行《おこな》うこと。実施《じっし》。例 市《し》が新《あたら》しい事業《じぎょう》を施行する。❷新《あたら》しい法律《ほうりつ》が、実際《じっさい》に効力《こうりょく》を持《も》つようになること。「せこう」ともいう。例 憲法《けんぽう》の施行。

しこう【歯こう】 名詞 歯《は》の表面《ひょうめん》にたまったやわらかいよごれ。固《かた》まると歯石《しせき》になる。

じこう【事項】 名詞 一《ひと》つ一《ひと》つのことがら。例 注《ちゅう》意《い》事項。

じこう【時効】 名詞 ある決《き》まった期間《きかん》が過《す》ぎたため、権利《けんり》がなくなったり生《う》まれたりすること。例 あの強盗《ごうとう》事件《じけん》は明日《あす》で時効になる。

じこう【時候】 名詞 四季《しき》の気候《きこう》のようす。例 時候のあいさつ。

しこうさくご【試行錯誤】 名詞 動詞 何度《なんど》もためし、失敗《しっぱい》をくり返《かえ》しながら、問題解決《もんだいかいけつ》に向《む》けて方法《ほうほう》を探《さが》していくこと。例 試行錯誤の末《すえ》に新型《しんがた》ロボットが完成《かんせい》した。使い方「思考錯誤」と書《か》かないよう注《ちゅう》意《い》。

じごうじとく【自業自得】 名詞 自分《じぶん》がした悪《わる》いことのむくいを、自分《じぶん》で受《う》けること。例 けがをしたのは、自業自得だ。

しこうりょく【思考力】 名詞 ものごとを考《かんが》える力《ちから》。いろいろな体験《たいけん》や知識《ちしき》をもとにして、推測《すいそく》したり、筋道《すじみち》を立《た》てたりして考《かんが》える力《ちから》。

じごえ【地声】 名詞 生《う》まれつきの声《こえ》。

しこく【四国】 名詞 「四国地方《しこくちほう》」の略《りゃく》。

しごく 動詞 ❶細長《ほそなが》いものを片手《かたて》でにぎって、もう一方《いっぽう》の手《て》でこするように強《つよ》く引《ひ》っ張《ば》る。例 縄《なわ》をしごく／草《くさ》をしごいて種《たね》を落《お》とした。❷厳《きび》しくきたえる。例 大会前《たいかいまえ》に選手《せんしゅ》をしごく。

しごく【至極】 ❶ 名詞 この上《うえ》もないこと。例 迷惑《めいわく》至極だ。❷ 副詞 この上《うえ》なく。非常《ひじょう》に。例 至極よい天気《てんき》になった。

じこく【自国】 名詞 自分《じぶん》の国《くに》。例 自国語《ご》。対 他国《たこく》。

じこく【時刻】 名詞 時《とき》の流《なが》れの中《なか》の、ある決《き》まった時《とき》。「何時何分《なんじなんぷん》」という、その時《とき》。例 発《はっ》車《しゃ》時刻。

じごく【地獄】 名詞 ❶仏教《ぶっきょう》やキリスト教《きょう》で、悪《わる》い行《おこな》いをした人《ひと》が死《し》んだあとに行《い》くといわれる、おそろしいところ。対 極楽《ごくらく》。天国《てんごく》。❷ひどい苦《くる》しみのたとえ。例 受験《じゅけん》地獄。

● **地獄《じごく》で仏《ほとけ》に会《あ》う** ことわざ 苦《くる》しいときや困《こま》っているときに、思《おも》いがけない助《たす》けにあうこと。

しこくさんち【四国山地】 名詞 四国《しこく》の中《ちゅう》央部《おうぶ》を東西《とうざい》に走《はし》る険《けわ》しい山地《さんち》。四国《しこく》でいちばん高《たか》い石鎚山《いしづちさん》がある。

しこくちほう【四国地方】 名詞 日本《にほん》の西部《せいぶ》にあり、海《うみ》をへだてて本州《ほんしゅう》や九州《きゅうしゅう》と向《む》かい合《あ》う地方《ちほう》。徳島県《とくしまけん》・香川県《かがわけん》・愛媛県《えひめけん》・高知県《こうちけん》がある。

じこくひょう【時刻表】 名詞 列車《れっしゃ》・バス・飛行機《ひこうき》などの乗《の》り物《もの》の、出発《しゅっぱつ》や到着《とうちゃく》の時刻《じこく》を書《か》いた表《ひょう》。

じこけっていけん【自己決定権】 名詞 自《じ》分《ぶん》の人生《じんせい》や生命《せいめい》にかかわることを、自分《じぶん》で決《き》める権利《けんり》。たとえば、住《す》む場所《ばしょ》、仕事《しごと》、結婚《けっこん》などを自分《じぶん》で決《き》める権利《けんり》。

じこしょうかい【自己紹介】 名詞 動詞 自分《じぶん》の名前《なまえ》や職業《しょくぎょう》などを、自分《じぶん》で人《ひと》に話《はな》すこと。

じこせきにん【自己責任】 名詞 自分《じぶん》がしたことに対《たい》して、自分《じぶん》が責任《せきにん》を引《ひ》き受《う》けること。

しごせん【子午線】 名詞 地球《ちきゅう》の表面《ひょうめん》を通《とお》って、北極《ほっきょく》と南極《なんきょく》を縦《たて》に結《むす》んだ線《せん》。経線《けいせん》。ことば 「子」は北《きた》、「午」は南《みなみ》を表《あらわ》す。

しこたま 副詞 たくさん。どっさり。例 食料《しょくりょう》をしこたま買《か》いこむ。使い方 くだけた言《い》い方《かた》。

しこたんとう【色丹島】 名詞 北海道東部《ほっかいどうとうぶ》、歯舞諸島《はぼまいしょとう》にある島《しま》。第二次世界大戦《だいにじせかいたいせん》までは、こんぶ・さけ・ますなどの漁業《ぎょぎょう》の基地《きち》として栄《さか》えた。参考 第二次世界大戦《だいにじせかいたいせん》のとき、ソ連軍《れんぐん》に占《せん》領《りょう》され、その後《ご》、日本《にほん》とロシアとの間《あいだ》で領土《りょうど》交渉《こうしょう》が続《つづ》いている。

へ行《い》ったりこちらへ行《い》ったりして動《うご》き回《まわ》ること。

しこつとうやこくりつこうえん【支笏洞爺国立公園】 名詞 北海道南西部《ほっかいどうなんせいぶ》にある、支笏湖《しこつこ》・洞爺湖《とうやこ》を中心《ちゅうしん》とする国立公園《こくりつこうえん》。たくさんの火山《かざん》と温泉《おんせん》があるのが特色《とくしょく》。

しごと【仕事】 名詞
❶働《はたら》くこと。例 各委員《かくいいん》に仕事を割《わ》り当《あ》てる。
❷職業《しょくぎょう》。例 仕事を探《さが》す／お仕事は何《なん》ですか。

しごとおさめ【仕事納め】 名詞 季語冬 年末《ねんまつ》に、その年《とし》の仕事《しごと》が終《お》わること。また、その日《ひ》。対 仕事始《しごとはじ》め。

しごとはじめ【仕事始め】 名詞 季語新年 新年《しんねん》になって初《はじ》めて仕事《しごと》をすること。また、その日《ひ》。対 仕事納《しごとおさ》め。

しこむ【仕込む】 動詞
❶教《おし》えこむ。例 犬《いぬ》に芸《げい》を仕込む。
❷中《なか》に入《い》れる。例 時計《とけい》に発信機《はっしんき》を仕込む。
❸商売《しょうばい》のために、品物《しなもの》を買《か》い入《い》れる。仕入《しい》れる。
❹酒《さけ》・しょうゆ・みそなどの原料《げんりょう》を混《ま》ぜて、おけなどにつめる。例 みそを仕込む。
❺準備《じゅんび》をしておく。例 おでんを仕込んだ。

しこり 名詞
❶筋肉《きんにく》がこってかたくなること。また、そのかたまり。例 かたのしこりをもみほぐす。
❷いやなことがあったあとに残《のこ》る、すっきりしない感《かん》じ。例 友《とも》だちとの間《あいだ》のしこりがとけた。

じこりゅう【自己流】 名詞 先生《せんせい》などの教《おし》えを受《う》けず、自分《じぶん》で考《かんが》え出《だ》したやり方《かた》。類 我流《がりゅう》。

しさ【示唆】 名詞 動詞 それとなく教《おし》えること。例 先生《せんせい》から示唆をいただく。

じさ【時差】 名詞
❶国《くに》や地方《ちほう》によってちがう、標準時《ひょうじゅんじ》の差《さ》。
❷ものごとをするときに、時間《じかん》をずらすこと。例 時差出勤《しゅっきん》。

しさい【子細】 名詞
❶細《こま》かなこと。くわしいこと。例 事件《じけん》の原因《げんいん》を子細に調《しら》べる。類 委細《いさい》。詳細《しょうさい》。
❷訳《わけ》。事情《じじょう》。例 何《なに》か子細がありそうだ。類 委細《いさい》。
❸都合《つごう》の悪《わる》いこと。例 そのプリントは捨《す》ててしまっても子細はない。

しざい【死罪】 名詞 死刑《しけい》。また、死刑《しけい》になるほどの重《おも》い罪《つみ》。例 死罪にあたいする。

しざい【私財】 名詞 自分《じぶん》の財産《ざいさん》。例 この作家《さっか》は私財を投《な》げ出《だ》して絵本図書館《えほんとしょかん》をつくった。

しざい【資材】 名詞 物《もの》をつくるのに必要《ひつよう》な材料《ざいりょう》。例 建築《けんちく》資材。

しざい【資財】 名詞 暮《く》らしや仕事《しごと》のもとでとなる財産《ざいさん》。お金《かね》・物《もの》・土地《とち》など。

じざい【自在】 名詞 形容動詞 自分《じぶん》の思《おも》いのままにできること。例 機械《きかい》を自在にあやつる。

じざいかぎ【自在かぎ】 名詞 いろりやかまどの上《うえ》につるす、なべや鉄《てつ》びんなどをかけるためのかぎ。高《たか》さが調節《ちょうせつ》できるようになっている。図→111ページ いろり

しさく【思索】 名詞 動詞 筋道《すじみち》を立《た》てて、深《ふか》く考《かんが》えること。例 思索にふける。

しさく【試作】 名詞 動詞 ためしにつくってみること。また、つくったもの。例 試作品《ひん》。

じさく【自作】 名詞 動詞
❶自分《じぶん》でつくること。また、つくったもの。手作《てづく》り。例 自作の紙芝居《かみしばい》。
❷自分《じぶん》の土地《とち》で農作物《のうさくぶつ》をつくること。また、その農家《のうか》。自作農《じさくのう》。対 小作《こさく》。

じさくのう【自作農】 →567ページ じさく❷

しさつ【視察】 名詞 動詞 その場所《ばしょ》に行《い》って、実際《じっさい》にようすを調《しら》べること。例 地震《じしん》にあった地方《ちほう》を県知事《けんちじ》が視察する。

じさつ【自殺】 名詞 動詞 自分《じぶん》で自分《じぶん》の命《いのち》を絶《た》つこと。類 自害《じがい》。対 他殺《たさつ》。

しさん【四散】 名詞 動詞 四方《しほう》に散《ち》ってばらばらになること。例 戦争《せんそう》で家族《かぞく》が四散した。

しさん【資産】 名詞 土地《とち》・家《いえ》・お金《かね》などの財産《ざいさん》。

じさん【持参】 名詞 動詞 持《も》っていくこと。また、持《も》ってくること。例 明日《あす》は雨具《あまぐ》を持参してください。

しし 名詞 季語秋 「いのしし」のこと。

しし 名詞
❶「ライオン」のこと。
❷ライオンをもとに考《かんが》え出《だ》された、想像上《そうぞうじょう》の動物《どうぶつ》。
ことば 漢字《かんじ》では「獅子」と書《か》く。

しし【志士】 名詞 自分《じぶん》の命《いのち》を捨《す》てる覚悟《かくご》で、国《くに》や社会《しゃかい》のためにつくそうとする人《ひと》。志《こころざし》のりっぱな人《ひと》。例 幕末《ばくまつ》の志士。

しじ【支持】 名詞 動詞
❶支《ささ》えること。
❷人《ひと》の意見《いけん》や考《かんが》えに賛成《さんせい》して、応援《おうえん》すること。例 きみの提案《ていあん》を支持する。

四字熟語 **右往左往《うおうさおう》** 右《みぎ》へ行《い》ったり（右往《うおう》）左《ひだり》へ行《い》ったり（左往《さおう》）するという意味《いみ》で、うろたえてあちら

しじ【私事】 名詞 自分《じぶん》だけに関係《かんけい》のあること。わたくしごと。例 私事で仕事《しごと》を休《やす》む。

しじ【指示】 名詞 動詞 ❶指《さ》し示《しめ》すこと。例 進行方向《しんこうほうこう》を指示する。❷するべきことを教《おし》え、示《しめ》すこと。指図《さしず》すること。例 先生《せんせい》の指示に従《したが》う。

しじ【師事】 名詞 動詞 ある人《ひと》を先生《せんせい》として、教《おし》えを受《う》けること。例 有名《ゆうめい》な画家《がか》に師事する。

じし【次姉】 名詞 上《うえ》から二番目《にばんめ》の姉《あね》。

じじ【時事】 名詞 その時《とき》その時《とき》の世《よ》の中《なか》に起《お》こるできごと。例 時事問題《もんだい》。

しじご【指示語】 名詞 ものごと・場所《ばしょ》・方向《ほうこう》などを指《さ》し示《しめ》すことば。「これ」「それ」「あれ」「どれ」など。

じじこっこく【時時刻刻】 ❶副詞 次第次第《しだいしだい》に。だんだんと。例 スタートの時間《じかん》が時々刻々とせまってきた。❷名詞 その時《とき》その時《とき》。例 時々刻々の空模様《そらもよう》。

ししつ【資質】 名詞 生《う》まれつきの性質《せいしつ》や才能《さいのう》。

しじつ【史実】 名詞 歴史《れきし》の上《うえ》で、実際《じっさい》にあったこと。例 この小説《しょうせつ》は史実をもとに書《か》かれた。

じしつ【自室】 名詞 自分《じぶん》の部屋《へや》。

じじつ【事実】 ❶名詞 ほんとうにあったこと。例 この話《はなし》は事実だ。❷副詞 ほんとうに。実際《じっさい》に。例 事実、わたしは見《み》たのです。

●**事実《じじつ》は小説《しょうせつ》よりも奇《き》なり** ⇒205ページ ことわざ

じじつむこん【事実無根】 ⇒657ページ 四字熟語

ししふんじん【獅子奮迅】 ⇒659ページ 四字熟語

ししまい【しし舞】 名詞 季語 新年 正月《しょうがつ》などに、ししの頭《あたま》のかぶりものをつけて行《おこな》う舞《まい》。

しじみ 名詞 季語 春 川《かわ》や湖《みずうみ》の底《そこ》のどろや砂《すな》の中《なか》にいる、小《ちい》さな二枚《にまい》貝《がい》。貝殻《かいがら》は黒《くろ》っぽい茶《ちゃ》色《いろ》。食用《しょくよう》になる。ことば 漢字《かんじ》では「蜆」と書《か》く。

しじみ

しじもじ【指事文字】 名詞 数《かず》や位置《いち》のような、形《かたち》に表《あらわ》しにくいことがらを、点《てん》や線《せん》などで指《さ》し示《しめ》した漢字《かんじ》。「二」「上」「天」などがある。

ししゃ【支社】 名詞 本社《ほんしゃ》から分《わ》かれて仕事《しごと》をしているところ。例 九州支社《きゅうしゅうししゃ》。対 本社《ほんしゃ》。

ししゃ【死者】 名詞 死《し》んだ人《ひと》。死人《しにん》。

ししゃ【使者】 名詞 命令《めいれい》を受《う》けてお使《つか》いをする人《ひと》。使《つか》いの者《もの》。例 となりの国《くに》へ使者を出《だ》す。

ししゃ【視写】 名詞 動詞 書《か》いてあるものを見《み》て、そのとおりに書《か》き写《うつ》すこと。

ししゃ【試写】 名詞 動詞 映画《えいが》を、一般《いっぱん》の人々《ひとびと》に公開《こうかい》する前《まえ》に、一部《いちぶ》の決《き》まった人《ひと》に見《み》せること。

ししゃ【試射】 名詞 動詞 鉄砲《てっぽう》などを、ためしにうってみること。

じしゃ【寺社】 名詞 寺《てら》と神社《じんじゃ》。「社寺《しゃじ》」ともいう。

じしゃく【磁石】 名詞 ❶鉄《てつ》を引《ひ》きつける性質《せいしつ》を持《も》つもの。❷磁石《じしゃく》（＝❶）のN《エヌ》極《きょく》が北《きた》を、S《エス》極《きょく》が南《みなみ》を指《さ》す性質《せいしつ》を利用《りよう》した、方位《ほうい》を知《し》るための道具《どうぐ》。方《ほう》位磁針《いじしん》のこと。

じしゃく❷
（方位《ほうい》磁針）

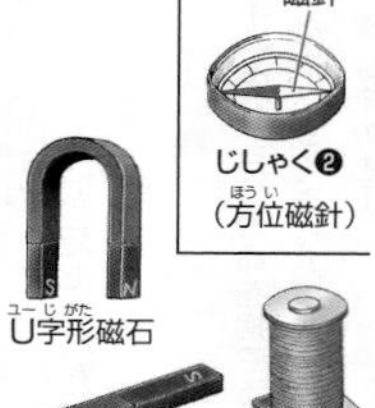

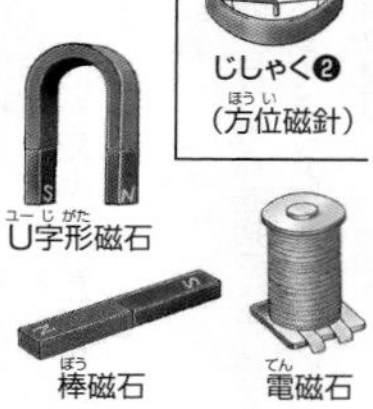

じしゃく❶

ししゃごにゅう【四捨五入】 名詞 動詞 およその数《かず》を出《だ》すやり方《かた》の一《ひと》つ。ある位《くらい》の数《かず》が4以《い》下《か》の場合《ばあい》は切《き》り捨《す》て、5以上《いじょう》の場合《ばあい》は切《き》り上《あ》げるやり方《かた》。例 58の一《いち》の位《くらい》を四捨五入すると60になる。

ししゃも 名詞 北海道《ほっかいどう》などの海《うみ》にすむ魚《さかな》。卵《たまご》を産《う》むときは川《かわ》をさかのぼる。体長《たいちょう》十五《じゅうご》センチメートルくらいで細長《ほそなが》い。食用《しょくよう》になる。ことば 漢字《かんじ》では「柳葉魚」と書《か》く。

ししゅ【死守】 名詞 動詞 命《いのち》がけで守《まも》ること。例 ゴールキーパーがゴールを死守する。

じしゅ【自主】 名詞 ほかの人《ひと》にたよったり、指図《さしず》を受《う》けたりせずに、自分《じぶん》ですること。例 自主トレーニング。

じしゅ【自首】 名詞 動詞 罪《つみ》をおかした人《ひと》が、自分《じぶん》から警察《けいさつ》に名乗《なの》り出《で》て罪《つみ》を話《はな》すこと。

ししゅう【詩集】 名詞 詩《し》を集《あつ》めた本《ほん》。

ししゅう【刺しゅう】 名詞 動詞 布《ぬの》に、色糸《いろいと》で絵《え》や模様《もよう》をぬいあらわすこと。

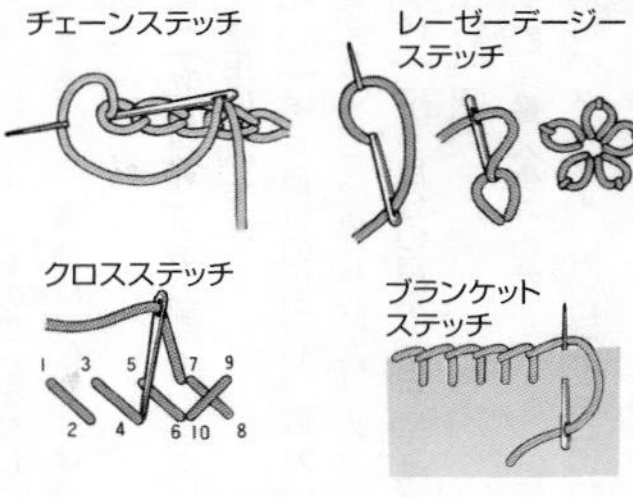

ししゅう【刺しゅう】

しじゅう【始終】 ❶名詞 始《はじ》めから終《お》わりまでの全部《ぜんぶ》。例 学校《がっこう》でのできごとの一部《いちぶ》始終を話《はな》す。❷副詞 絶《た》えず。いつも。例 妹《いもうと》はしじゅう歌《うた》を歌《うた》っている。使い方 ❷は、ふつうかな書《が》きにする。

じしゅう【自習】 名詞 動詞 自分《じぶん》で勉強《べんきょう》すること。例 算数《さんすう》の時間《じかん》は自習だった。

しじゅうから 名詞 季語 夏 すずめのなかまの、小形《こがた》の鳥《とり》。頭《あたま》が黒《くろ》く、のどからおなかの下《した》にかけて黒《くろ》い線《せん》がある。図 ⬇ 954ジページ とり〔鳥〕 ことば 漢字《かんじ》では「四十雀」と書《か》く。

しじゅうしょう【四重唱】 名詞 四人《よにん》がそれぞれちがう音《おと》のパートを受《う》け持《も》って歌《うた》う形式《けいしき》。カルテット。

しじゅうそう【四重奏】 名詞 四《よっ》つの楽器《がっき》が、それぞれちがう音《おと》のパートを受《う》け持《も》って演奏《えんそう》する形式《けいしき》。カルテット。

ししゅうびょう【歯周病】 名詞 歯《は》をとりまく組織《そしき》に起《お》こる病気《びょうき》。歯《は》ぐきがはれたり出血《しゅっけつ》したり、うみが出《で》て歯《は》がぐらついたりする。

じしゅく【自粛】 名詞 動詞 自分《じぶん》から進《すす》んで行《おこな》いや態度《たいど》をつつしむこと。例 活動《かつどう》を自粛する。

ししゅつ【支出】 名詞 動詞 お金《かね》をしはらうこと。また、しはらったお金《かね》。対 収入《しゅうにゅう》。

じしゅてき【自主的】 形容動詞 ほかの人《ひと》にたよったり、指図《さしず》を受《う》けたりしないで、自分《じぶん》から進《すす》んでものごとを行《おこな》うようす。例 自主的に練《れん》習《しゅう》を始《はじ》める。類 主体的《しゅたいてき》。

ししゅんき【思春期】 名詞 子供《こども》の体《からだ》から大人《おとな》の体《からだ》への成長《せいちょう》が始《はじ》まり、異性《いせい》への関心《かんしん》が芽生《めば》える時期《じき》。

ししょ【司書】 名詞 図書館《としょかん》などで、本《ほん》の整理《せいり》や貸《か》し出《だ》しなどの仕事《しごと》をする役《やく》。また、その人《ひと》。

しじょ【子女】 名詞 ❶むすことむすめ。子供《こども》。❷女《おんな》の子《こ》。むすめ。

じしょ【地所】 名詞 土地《とち》。例 駅前《えきまえ》の地所。

じしょ【自署】 名詞 動詞 書類《しょるい》などに、自分《じぶん》で自分《じぶん》の名前《なまえ》を書《か》くこと。また、その書《か》いたもの。サイン。例 契約書《けいやくしょ》に自署する。

じしょ【辞書】 名詞 「辞典《じてん》」のこと。

じじょ【次女】 名詞 女《おんな》のきょうだいで、二番《にばん》目《め》に生《う》まれた子《こ》。ことば「二女」とも書《か》く。

じじょ【自助】 名詞 他人《たにん》の力《ちから》にたよらずに、自分《じぶん》の力《ちから》でものごとを成《な》しとげること。例 地《じ》震《しん》に備《そな》えて、自助のとりくみが大切《たいせつ》だ。

ししょう【支障】 名詞 ものごとをするのに、じゃまになることがら。さしさわり。さしつかえ。

ししょう【市章】 名詞 市《し》のシンボルマーク。市《し》のしるし。

ししょう【死傷】 名詞 動詞 死《し》んだり、けがをしたりすること。例 事故《じこ》で死傷者《しゃ》が出《で》た。

ししょう【師匠】 名詞 学問《がくもん》や、落語《らくご》・おどりなどの芸《げい》ごとを教《おし》える人《ひと》。先生《せんせい》。対 弟子《でし》。

しじょう【史上】 名詞 歴史《れきし》に残《のこ》されている範《はん》囲《い》。歴史上《れきしじょう》。例 大会《たいかい》史上初《はつ》の大記録《だいきろく》。

しじょう【市場】 名詞 ❶品物《しなもの》を売《う》り買《か》いしたり、取《と》り引《ひ》きしたりするところ。例 新米《しんまい》が市場に出回《でまわ》る／株式《かぶしき》市場。❷品物《しなもの》を売《う》る範囲《はんい》。例 海外《かいがい》に市場を広《ひろ》げる。

しじょう【至上】 名詞 これ以上《いじょう》ないこと。最《さい》上《じょう》であること。最高《さいこう》。例 至上の喜《よろこ》び。

しじょう【私情】 名詞 自分《じぶん》だけの気持《きも》ち。個《こ》人的《じんてき》な感情《かんじょう》。例 私情をはさまないで話《はな》し合《あ》う。

しじょう【紙上】 名詞 ❶紙《かみ》の上《うえ》。❷新聞《しんぶん》の、記事《きじ》がのっている面《めん》。

しじょう【詩情】 名詞 ❶美《うつく》しい詩《し》を読《よ》んだような気持《きも》ち。❷詩《し》を作《つく》りたくなるような気持《きも》ち。例 詩情がわく。

しじょう【誌上】 名詞 雑誌《ざっし》の、記事《きじ》がのっている面《めん》。

四字熟語　有象無象《うぞうむぞう》　世《よ》の中《なか》にいくらでもいるような、つまらない人《ひと》たち。くだらない連中《れんちゅう》。

じしょう【自称】 名詞 動詞 自分《じぶん》のことを「このような者《もの》だ」と自分《じぶん》で言《い》うこと。例 ぼくは、クラス一《いち》の物知《ものし》りを自称している。

じしょう【事象】 名詞 実際《じっさい》に起《お》こったできごとや、ことがら。例 自然《しぜん》事象。類 現象《げんしょう》。

じじょう【自乗】 ➡995ページ にじょう

じじょう【事情】 名詞 ❶ものごとの訳《わけ》。例 おそくなった事情を話《はな》す。❷ようす。例 海外《かいがい》の事情にくわしい。

ししょく【試食】 名詞 動詞 味《あじ》やでき具合《ぐあい》をみるため、ためしに食《た》べてみること。

じしょく【辞職】 名詞 動詞 自分《じぶん》から申《もう》し出《で》て、勤《つと》めや役目《やくめ》をやめること。類 辞任《じにん》。退職《たいしょく》。

じじょでん【自叙伝】 名詞 自分《じぶん》の一生《いっしょう》のできごとを、自分《じぶん》で文章《ぶんしょう》に書《か》いたもの。自伝《じでん》。

じじょどりょく【自助努力】 名詞 他人《たにん》の力《ちから》にたよらず、自分《じぶん》の力《ちから》でものごとをなしとげようと努力《どりょく》すること。例 健康《けんこう》を保《たも》つには自助努力が大切《たいせつ》だ。

ししょばこ【私書箱】 名詞 郵便局《ゆうびんきょく》などに置《お》く、受取人専用《うけとりにんせんよう》の郵便受《ゆうびんう》け。

ししん【私心】 名詞 自分《じぶん》の損得《そんとく》や、自分《じぶん》の都合《つごう》だけを考《かんが》える気持《きも》ち。例 私心を捨《す》てる。

ししん【私信】 名詞 自分《じぶん》の用事《ようじ》で出《だ》す手紙《てがみ》。

ししん【指針】 名詞 ❶目標《もくひょう》。方針《ほうしん》。例 人生《じんせい》の指針。❷時計《とけい》や機械《きかい》のメーター、方位磁針《ほういじしん》などについている針《はり》。

しじん【詩人】 名詞 詩《し》を作《つく》る人《ひと》。また、詩《し》を作《つく》ることを仕事《しごと》にしている人《ひと》。

じしん【自身】 名詞 ❶自分《じぶん》。例 自身の考《かんが》えで行動《こうどう》する。❷（ほかのことばのあとにつけて）そのことばを強《つよ》めることば。そのもの。例 きみ自身の問題《もんだい》として考《かんが》えなさい。

じしん【自信】 名詞 自分《じぶん》の力《ちから》や値打《ねう》ち、正《ただ》しさなどを、自分《じぶん》で信《しん》じること。例 自信を持《も》つ。

じしん【地震】 名詞 火山《かざん》の爆発《ばくはつ》や、地下《ちか》の深《ふか》いところで起《お》こる変化《へんか》のために、地面《じめん》がゆれ動《うご》くこと。

じしん【時針】 名詞 時計《とけい》の針《はり》で、何時《なんじ》かを示《しめ》す短《みじか》いほうの針《はり》。短針《たんしん》。関連 分針《ふんしん》。秒針《びょうしん》。

じしん【磁針】 名詞 方位《ほうい》を知《し》るために使《つか》う、針《はり》の形《かたち》をした磁石《じしゃく》。図 ➡568ページ じしゃく❷

じしんかみなりかじおやじ【地震雷火事親父】 ことわざ 世《よ》の中《なか》の人々《ひとびと》がこわいと思《おも》うものを、こわい順《じゅん》に並《なら》べたことば。

じしんけい【地震計】 名詞 地震《じしん》による地面《じめん》のゆれ方《かた》を記録《きろく》する装置《そうち》。

しず【静】 漢 ➡706ページ せい〔静〕

ジス【ＪＩＳ】 名詞 「日本工業規格《にほんこうぎょうきかく》」のこと。工業製品《こうぎょうせいひん》の種類《しゅるい》・形《かたち》・サイズ・検査《けんさ》の方法《ほうほう》などについて、国《くに》が決《き》めた規格《きかく》。規格《きかく》に合《あ》っていると、ジスマークをつけることができる。

じすい【自炊】 名詞 動詞 自分《じぶん》の食事《しょくじ》を自分《じぶん》で作《つく》って生活《せいかつ》すること。

しすう【指数】 名詞 物《もの》の値段《ねだん》や生産高《せいさんだか》などの動《うご》きを表《あらわ》すとき、ある時期《じき》を百《ひゃく》とし、それと比《くら》べて表《あらわ》した数字《すうじ》。例 物価《ぶっか》指数／生産《せいさん》指数。

しずおかけん【静岡県】 名詞 中部地方《ちゅうぶちほう》の南《なん》東部《とうぶ》にある県《けん》。太平洋《たいへいよう》に面《めん》する。県庁《けんちょう》は静岡市《しずおかし》にある。茶《ちゃ》とみかんの産地《さんち》。

しずおかし【静岡市】 名詞 静岡県《しずおかけん》の中央部《ちゅうおうぶ》にある大《おお》きな都市《とし》。登呂遺跡《とろいせき》があり、商工業《しょうこうぎょう》がさかん。静岡県庁《しずおかけんちょう》がある。

しずか【静か】 形容動詞 ❶さわがしい音《おと》がしないで、ひっそりしているようす。例 静かな夜《よる》の町《まち》。❷性格《せいかく》や態度《たいど》が落《お》ち着《つ》いているようす。例 静かな話《はな》しぶり。❸乱《みだ》れた動《うご》きがなく、おだやかなようす。例 海《うみ》が静かになる。漢 ➡706ページ せい〔静〕

しずく【滴】 名詞 つぶとなって垂《た》れる水《みず》などの液体《えきたい》。例 屋根《やね》から雨《あめ》の滴が落《お》ちる。

しずけさ【静けさ】 名詞 静《しず》かなこと。静《しず》かなようす。例 海辺《うみべ》が静けさをとりもどした。

しずしず［と］【静静［と］】 副詞 静《しず》かに、ゆっくりと動《うご》くようす。例 しずしずと進《すす》み出《で》る。使い方 ふつうかな書《が》きにする。

シスター (sister) 名詞 ❶女《おんな》のきょうだい。対 ブラザー。❷キリスト教《きょう》で、厳《きび》しいおきてを守《まも》り、修行《しゅぎょう》している女《おんな》の人《ひと》。修道女《しゅうどうじょ》。

システム (system) 名詞 ❶いろいろなものごとを、順序《じゅんじょ》よくまとめたもの。また、そうした制度《せいど》や組織《そしき》。例 オンラインシステム。

重《かさ》ね、世《よ》の中《なか》のことを知《し》りつくしていて、悪《わる》がしこいこと。また、そのような人《ひと》。

❷方法《ほうほう》。方式《ほうしき》。やり方《かた》。例商品配達《しょうひんはいたつ》システム。

じすべり【地滑り】 名詞 動詞 大雨《おおあめ》や地震《じしん》などのために、土地《とち》の一部分《いちぶぶん》が低《ひく》い方《ほう》へすべり落《お》ちること。

ジスマーク【ＪＩＳマーク】 名詞 工業製品《こうぎょうせいひん》が、国《くに》で決《き》められた規格《きかく》に合《あ》っていることを表《あらわ》すしるし。ことば「ＪＩＳ」は「日本《にほん》工業規格《こうぎょうきかく》」の意味《いみ》を表《あらわ》す英語《えいご》の頭文字《かしらもじ》。

ジスマーク

しずまりかえる【静まり返る】 動詞 すっかり静《しず》かになる。例部屋《へや》が静まり返っている。

しずまる【静まる・鎮まる】 動詞 ❶物音《ものおと》がしなくなる。静《しず》かになる。例自動車《じどうしゃ》の音《おと》がようやく静まった。❷気持《きも》ちや世《よ》の中《なか》のさわぎ、天気《てんき》などが落《お》ち着《つ》く。治《おさ》まる。例ようやくあらしが静まった／痛《いた》みが鎮まる。漢 ↓706ジページ せい〔静〕

しずむ【沈む】 動詞 ❶水中《すいちゅう》に深《ふか》く入《はい》っていく。例船《ふね》が沈む。対浮《う》かぶ。浮《う》く。❷なやみごとなどで、元気《げんき》がなくなる。例悲《かな》しみに沈む。対浮《う》く。❸太陽《たいよう》や月《つき》などが、地平線《ちへいせん》の下《した》にかくれる。例日《ひ》が沈む。対昇《のぼ》る。❹生活《せいかつ》などが、よくない状態《じょうたい》になる。落《お》ちぶれる。例不幸《ふこう》のどん底《ぞこ》に沈む。

しずめる【沈める】 動詞 水《みず》の中《なか》に深《ふか》く入《い》れる。例全身《ぜんしん》をおふろに沈める。対浮《う》かべる。

しずめる【静める・鎮める】 動詞 ❶静《しず》かにさせる。おとなしくさせる。例さわがしい会場内《かいじょうない》を静めた。❷気持《きも》ちや世《よ》の中《なか》のさわぎなどを落《お》ち着《つ》かせる。治《おさ》める。例気《き》を静める／痛《いた》みを鎮める薬《くすり》。漢 ↓706ジページ せい〔静〕

しする【資する】 動詞 助《たす》けとなる。役《やく》に立《た》つ。例技術《ぎじゅつ》の進歩《しんぽ》に資する。

じする【辞する】 動詞 ❶あいさつして帰《かえ》る。例先生《せんせい》のお宅《たく》を辞する。❷役割《やくわり》や仕事《しごと》などをやめる。例役員《やくいん》を辞する。❸すすめを断《ことわ》る。例部長《ぶちょう》への昇進《しょうしん》の話《はなし》を辞する。使い方 あらたまった言《い》い方《かた》。

しせい【市制】 名詞 市《し》としての制度《せいど》。

しせい【私製】 名詞 個人《こじん》でつくること。また、つくったもの。対官製《かんせい》。

しせい【施政】 名詞 政治《せいじ》を行《おこな》うこと。また、行《おこな》っている政治《せいじ》。例施政方針《ほうしん》。

しせい【姿勢】 名詞 ❶何《なに》かをするときの体《からだ》の格好《かっこう》や構《かま》え。体勢《たいせい》。❷心《こころ》の持《も》ち方《かた》。心構《こころがま》え。例勉強《べんきょう》に対《たい》する姿勢。

姿勢《しせい》を正《ただ》す ❶体《からだ》の格好《かっこう》や構《かま》えをきちんとする。例姿勢を正してすわる。❷考《かんが》え方《かた》や気持《きも》ちを正《ただ》しくする。例夏《なつ》の大会《たいかい》に向《む》けて、キャプテンとして姿勢を正す。

じせい【自生】 名詞 動詞 植物《しょくぶつ》が自然《しぜん》に生《は》えること。例川原《かわら》にゆりが自生している。

じせい【自制】 名詞 動詞 自分《じぶん》の気持《きも》ちや欲《よく》を、自分《じぶん》でおさえること。例自制心《しん》。

じせい【自省】 名詞 動詞 自分《じぶん》のことばや行《おこな》いなどを反省《はんせい》すること。例自省心《しん》。

じせい【時世】 名詞 移《うつ》り変《か》わっていく世《よ》の中《なか》。時代《じだい》。例平和《へいわ》で豊《ゆた》かな時世。

じせい【時勢】 名詞 世《よ》の中《なか》の動《うご》き。また、その勢《いきお》い。例時勢に乗《の》る。

じせい【辞世】 名詞 ❶この世《よ》と別《わか》れること。死《し》ぬこと。❷この世《よ》に別《わか》れを言《い》うために作《つく》った詩《し》・短歌《たんか》・俳句《はいく》など。例辞世の句《く》。

しせき【史跡】 名詞 歴史《れきし》に残《のこ》っている有名《ゆうめい》なできごとや建物《たてもの》があったあと。例古都《こと》の史跡をめぐる。類旧跡《きゅうせき》。古跡《こせき》。

しせき【歯石】 名詞 唾液《だえき》の中《なか》の石灰分《せっかいぶん》や歯《し》こうなどが固《かた》まって、歯《は》にこびりついたもの。

じせき【自責】 名詞 自分《じぶん》の失敗《しっぱい》やあやまちを、自分《じぶん》で責《せ》めること。例自責の念《ねん》（＝思《おも》い）にかられる。

しせつ【私設】 名詞 個人《こじん》が自分《じぶん》のお金《かね》を出《だ》してつくった設備《せつび》。例私設図書館《としょかん》。

しせつ【使節】 名詞 国《くに》や政府《せいふ》の代表《だいひょう》として、外国《がいこく》に使《つか》いに行《い》く人《ひと》。例ブラジルの使節団《だん》。

しせつ【施設】 名詞 ある目的《もくてき》のために建《た》てたり、つくったりしたもの。例公共《こうきょう》施設／図書館《としょかん》や体育館《たいいくかん》などの施設を利用《りよう》する。

じせつ【自説】 名詞 自分《じぶん》の考《かんが》え。自分《じぶん》の意見《いけん》。

じせつ【時節】 名詞 ❶季節《きせつ》。例お花見《はなみ》の時節になる。❷何《なに》かをするのによい時《とき》。チャンス。例もうしばらく時節を待《ま》とう。類 時機《じき》。例 お金《かね》がものをいう時節だ。❸その時《とき》の世《よ》の中《なか》のようす。

じせつがら【時節柄】 副詞 このような季節《きせつ》だから。こういう時節《じせつ》にふさわしく。例 時節柄、かぜに気《き》をつけてください。

しせつだん【使節団】 名詞 国家《こっか》や君主《くんしゅ》の命令《めいれい》を受《う》けて、他国《たこく》をおとずれるために組織《そしき》された集団《しゅうだん》。教科 社 明治時代初《めいじじだいはじ》めにヨーロッパ・アメリカに行《い》った「岩倉使節団《いわくらしせつだん》」が有名《ゆうめい》。

しせん【支線】 名詞 鉄道《てつどう》などで、本線《ほんせん》から分《わ》かれた線《せん》。対 本線《ほんせん》。幹線《かんせん》。

しせん【視線】 名詞 目《め》の向《む》き。目《め》で見《み》ている方向《ほうこう》。例 視線が合《あ》う／視線を感《かん》じる。

しぜん【自然】 ❶ 名詞 山《やま》・川《かわ》・草《くさ》・木《き》・雨《あめ》・風《かぜ》・雪《ゆき》・星《ほし》など、人《ひと》がつくったものでないもの。例 自然保護《ほご》／自然のこわさを知《し》る。類 天然《てんねん》。対 人工《じんこう》。❷ 名詞 もともと備《そな》わっている性質《せいしつ》。例 明《あか》るい笑顔《えがお》がきみの自然の姿《すがた》だ。❸ 形容動詞 無理《むり》がなく、ありのままであること。例 自然なポーズの写真《しゃしん》。対 不自然《ふしぜん》。❹ 副詞 何《なに》もしないのにそうなるようす。ひとりでに。例 傷《きず》が自然に治《なお》った。使い方 ❹は、「自然《しぜん》と」「自然《しぜん》に」の形《かたち》で使《つか》うことが多《おお》い。

じぜん【事前】 名詞 ものごとの起《お》こる前《まえ》。また、行《おこな》う前《まえ》。例 事前の準備《じゅんび》が大切《たいせつ》だ。対 事後《じご》。

じぜん【慈善】 名詞 気《き》の毒《どく》な人《ひと》や困《こま》っている人《ひと》を助《たす》けること。例 慈善事業《じぎょう》。類 チャリティー。

しぜんかい【自然界】 名詞 人間《にんげん》がつくり出《だ》したものではない、もとからの世界《せかい》。山《やま》や川《かわ》、空《そら》、海《うみ》、太陽《たいよう》や星《ほし》、動植物《どうしょくぶつ》など、すべてのものが存在《そんざい》する世界《せかい》。

しぜんかがく【自然科学】 名詞 自然界《しぜんかい》のものごとのようすを調《しら》べ、ものごとの間《あいだ》の法則《ほうそく》を見《み》つけ出《だ》す学問《がくもん》。天文学《てんもんがく》・物理学《ぶつりがく》・化学《かがく》・地学《ちがく》・生物学《せいぶつがく》など。

しぜんかんきょう【自然環境】 名詞 人間《にんげん》をとり囲《かこ》んでいるものの中《なか》で、人《ひと》がつくったものでない、自然《しぜん》のもの。

しぜんげんしょう【自然現象】 名詞 自然《しぜん》界《かい》に起《お》こるさまざまなことがら。

しぜんさいがい【自然災害】 名詞 地震《じしん》・台風《たいふう》・火山《かざん》の爆発《ばくはつ》・津波《つなみ》など、自然《しぜん》の現象《げんしょう》が原因《げんいん》となって起《お》きる災害《さいがい》。

じぜんじぎょう【慈善事業】 名詞 気《き》の毒《どく》な人《ひと》や、困《こま》っている人《ひと》を助《たす》けるために行《おこな》われる社会事業《しゃかいじぎょう》。

しぜんしゅぎ【自然主義】 名詞 文学《ぶんがく》で、人間《にんげん》の生活《せいかつ》などの現実《げんじつ》をありのままにえがこうとする考《かんが》え方《かた》。

しぜんすう【自然数】 名詞 算数《さんすう》で、1、2、3、4…と続《つづ》く正《せい》の整数《せいすう》。

しぜんちゆ【自然治癒】 名詞 体《からだ》がもともと持《も》っている力《ちから》により、病気《びょうき》やけがが治《なお》ること。

しぜんほご【自然保護】 名詞 人間《にんげん》によって破壊《はかい》されたり汚染《おせん》されたりしないよう、自然《しぜん》のそのままの状態《じょうたい》を守《まも》ること。

しぜんりん【自然林】 ⇒909ジペー てんねんりん

しそ 名詞 季語 夏 香《かお》りのよい草《くさ》の一《ひと》つ。夏《なつ》から秋《あき》にかけて、小《ちい》さな花《はな》を穂《ほ》の形《かたち》につける。葉《は》と実《み》は食用《しょくよう》にする。ことば 漢字《かんじ》では「紫蘇」と書《か》く。

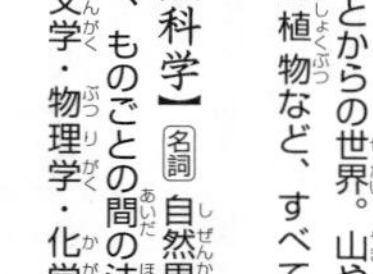

しそ

しそう【思想】 名詞 あることについてのまとまった考《かんが》え。とくに、社会《しゃかい》や人生《じんせい》のあり方《かた》についての考《かんが》え。例 思想家《か》／西洋《せいよう》思想。

じぞう【地蔵】 名詞 人々《ひとびと》を救《すく》い導《みちび》くといわれる仏《ほとけ》。「地蔵菩薩《じぞうぼさつ》」の略《りゃく》。参考 石《いし》で像《ぞう》をつくり、道《みち》ばたなどに置《お》くことが多《おお》い。

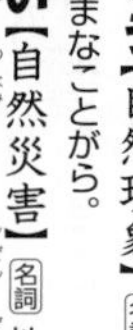

じぞう

じぞうぼさつ【地蔵菩薩】 ⇒572ジペー じぞう

しそく【子息】 名詞 ほかの人《ひと》のむすこのことを、敬《うやま》っていうことば。類 令息《れいそく》。対 息女《そくじょ》。

しそく【四則】 名詞 算数《さんすう》で、足《た》し算《ざん》・引《ひ》き算《ざん》・かけ算《ざん》・割《わ》り算《ざん》をまとめていうことば。

しぞく【士族】 名詞 明治時代《めいじじだい》になってから、もと武士《ぶし》だった人々《ひとびと》にあたえられた身分《みぶん》。一九四七年《ねん》に廃止《はいし》された。

しぞく【氏族】 名詞 同《おな》じ先祖《せんぞ》を持《も》つ人々《ひとびと》の集《あつ》まり。血縁《けつえん》の人々《ひとびと》の集《あつ》まり。

じそく【時速】 名詞 一時間《いちじかん》に進《すす》むきょりで表《あらわ》した速《はや》さ。例 時速六十《ろくじっ》キロメートルで車《くるま》を運《うん》転《てん》する。関連 秒速《びょうそく》。分速《ふんそく》。

じぞく【持続】 名詞 動詞 ある状態《じょうたい》が長《なが》く続《つづ》くこと。また、続《つづ》けること。例 薬《くすり》の効《き》き目《め》が持続する。類 継続《けいぞく》。

じぞくかのうせい【持続可能性】 名詞 環《かん》境《きょう》・経済《けいざい》・社会《しゃかい》などが、将来《しょうらい》まで持《も》ちこたえられるかどうかということ。参考 将来《しょうらい》のために、資源《しげん》を使《つか》いきらないで豊《ゆた》かな自然環境《しぜんかんきょう》を残《のこ》し、「持続可能《じぞくかのう》な社会《しゃかい》」を実現《じつげん》することが必《ひつ》要《よう》だといわれている。

じぞくかのうなかいはつもくひょう【持続可能な開発目標】 ↓154ジペー エスディージーズ

じぞくかのうなしゃかい【持続可能な社会】 将来《しょうらい》の世代《せだい》のために、資源《しげん》や自然環《しぜんかん》境《きょう》をできるだけ残《のこ》すように工夫《くふう》し、持《も》ちこたえることができる社会《しゃかい》。

しそちょう【始祖鳥】 名詞 鳥《とり》の祖先《そせん》と考《かんが》えられている生物《せいぶつ》。一億五千万年前《いちおくごせんまんねんまえ》の地層《ちそう》から化石《かせき》が発見《はっけん》された。からすより小《ちい》さく、するどい歯《は》がある。

しそちょう

しそん【子孫】 名詞 ❶ある人《ひと》の血《ち》を受《う》けついでいる人々《ひとびと》。例 徳川《とくがわ》家康《いえやす》の子孫。対 先祖《せんぞ》。祖先《そせん》。❷自分《じぶん》よりあとに生《う》まれ、生《い》きていく人々《ひとびと》。例 緑《みどり》の地球《ちきゅう》をわたしたちの子孫に残《のこ》そう。

しそんじる【仕損じる】 動詞 やりそこなう。失敗《しっぱい》する。仕損《しそん》ずる。例 せいてはことを仕損じる（＝あまり急《いそ》いでやると失敗《しっぱい》する）。

じそんしん【自尊心】 名詞 自分《じぶん》のことをすぐれていると思《おも》う気持《きも》ち。プライド。例 自尊心が傷《きず》つく。

しそんずる【仕損ずる】 ↓573ジペー しそんじる

した【下】 ❶名詞 位置《いち》の低《ひく》いところ。例 屋上《おくじょう》から下を見《み》る。対 上《うえ》。❷名詞 物《もの》がおおいかぶさってかげになっているところ。例 木《き》の下で雨宿《あまやど》りをする。対 上《うえ》。❸名詞 年齢《ねんれい》が低《ひく》いこと。例 弟《おとうと》は、ぼくより三《みっ》つ下だ。対 上《うえ》。❹名詞 力《ちから》や地位《ちい》などが低《ひく》いこと。例 仕事《しごと》を下の者《もの》に言《い》いつける。対 上《うえ》。❺接頭語 （ほかのことばの前《まえ》につけて）前《まえ》もってすることを表《あらわ》すことば。例 下調《しら》べ／下見《み》。漢 ↓214ジペー か〔下〕

● **下《した》にも置《お》かない** とても大切《たいせつ》にもてなす。非《ひ》常《じょう》にていねいにあつかう。例 下にも置かないもてなし。ことば 相手《あいて》を下座《しもざ》（＝目下《めした》の人《ひと》がすわる席《せき》）にすわらせないということから。

した【舌】 名詞 口《くち》の中《なか》にあって、物《もの》の味《あじ》を感《かん》じたり、発音《はつおん》を助《たす》けたりするもの。べろ。漢 ↓573ジペー した〔舌〕

● **舌《した》が回《まわ》る** よくしゃべる。すらすらとしゃべる。

● **舌《した》の根《ね》が乾《かわ》かないうちに** あることを言《い》ったか言《い》い終《お》わらないうちに。例 あやまった舌の根が乾かないうちに、妹《いもうと》を泣《な》かせている。

● **舌《した》を出《だ》す** かげで相手《あいて》のことをばかにする。

● **舌《した》を巻《ま》く** 非常《ひじょう》におどろいたり感心《かんしん》したりする。例 友人《ゆうじん》の剣道《けんどう》の上達《じょうたつ》ぶりに舌を巻いた。

漢 **した【舌】** 〔舌《した》〕 6画 6年 音 ゼツ 訓 した

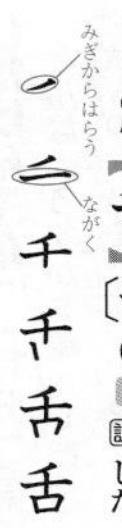

❶した。口《くち》の中《なか》にあって、味《あじ》を感《かん》じたり、発音《はつおん》を助《たす》けたりするもの。例 舌鼓《したつづみ》／猫舌《ねこじた》。❷ことば。例 毒舌《どくぜつ》／弁舌《べんぜつ》。

しだ 名詞 季語 新年 ぜんまい・わらび・すぎななどの植物《しょくぶつ》をまとめていう呼《よ》び名《な》。花《はな》はさかず、胞子《ほうし》でふえる。正月《しょうがつ》のかざり物《もの》に使《つか》われる。ことば 漢字《かんじ》では「羊歯」と書《か》く。

しだ

じた【自他】 名詞 自分《じぶん》と、ほかの人《ひと》。例 自他ともに認《みと》める読書家《どくしょか》。

したあご【下顎】 名詞 あごの下《した》のほうの部《ぶ》分《ぶん》。対 上顎《うわあご》。

したい【死体】 名詞 死《し》んだ人《ひと》や動物《どうぶつ》の体《からだ》。死《し》骸《がい》。

しだい【次第】 ❶名詞 順序《じゅんじょ》。例 入学式《にゅうがくしき》の式《しき》次第。❷名詞 どうしてこうなったかという訳《わけ》。成《な》り行《ゆ》き。例 事《こと》の次第を話《はな》す。

四字熟語 紆余曲折《うよきょくせつ》 「紆余《うよ》」は、曲《ま》がりくねっているようすのことで、事情《じじょう》などがこみいっていて複《ふく》

❸ 接尾語 （ほかのことばのあとにつけて）それによって決《き》まることを表《あらわ》す。例 どれを選《えら》ぶかはあなた次第だ。

❹ 接尾語 （ほかのことばのあとにつけて）…したらすぐ。例 読《よ》み終《お》わり次第返《かえ》してください。

じたい【字体】 名詞 ❶文字《もじ》の形《かたち》。新字体《しんじたい》や旧字体《きゅうじたい》などがある。たとえば新字体《しんじたい》「国」は、旧字体《きゅうじたい》では「國」となる。

❷書体《しょたい》。

じたい【自体】 名詞 それ自身《じしん》。そのもの。例 考《かんが》え方《かた》自体がまちがっている。

じたい【事態】 名詞 ものごとの成《な》り行《ゆ》き。ありさま。例 最悪《さいあく》の事態はさけたい。

じたい【辞退】 名詞 動詞 人《ひと》からすすめられたことなどを、遠慮《えんりょ》して断《ことわ》ること。例 リレーの選手《せんしゅ》に選《えら》ばれたが、辞退した。

じだい【時代】 名詞 ❶歴史《れきし》の上《うえ》で区切《くぎ》られたある期間《きかん》。例 江戸《えど》時代。

❷そのころ。その当時《とうじ》。例 時代におくれる。

❸長《なが》い年月《ねんげつ》がたって古《ふる》めかしいこと。例 時代劇《げき》／時代もののたんす。

じだいおくれ【時代後れ・時代遅れ】 名詞 その時代《じだい》の考《かんが》え方《かた》や流行《りゅうこう》などに合《あ》わないこと。例 時代後れのファッション。

じだいげき【時代劇】 名詞 歴史《れきし》上《じょう》のことがらを題材《だいざい》にした演劇《えんげき》や映画《えいが》。とくに、江戸《えど》時代《じだい》をあつかったもの。

しだいに【次第に】 副詞 だんだんに。少《すこ》しずつ。例 東《ひがし》の空《そら》が次第に明《あか》るくなってきた。

したう【慕う】 動詞 ❶こいしく思《おも》う。なつかしく思《おも》う。例 亡《な》くなった祖父《そふ》を慕う。

❷いっしょにいたくて、あとを追《お》う。例 子《こ》ねこがあとを慕ってきた。

❸すぐれた人《ひと》などを尊敬《そんけい》し、見習《みなら》おうとする。例 先生《せんせい》の人《ひと》がらを慕う。

したうけ【下請け】 名詞 動詞 ある人《ひと》が引《ひ》き受《う》けた仕事《しごと》の全部《ぜんぶ》か一部《いちぶ》を、別《べつ》の人《ひと》が引《ひ》き受《う》けること。また、引《ひ》き受《う》ける人《ひと》や会社《かいしゃ》。

したうち【舌打ち】 名詞 動詞 くやしいときや気《き》に入《い》らないときなどに、舌《した》で「チェッ」という音《おと》を鳴《な》らすこと。

したえ【下絵】 名詞 下《した》がきの絵《え》。

したがう【従う】 動詞 ❶あとについて行《い》く。例 前《まえ》の人《ひと》に従って歩《ある》く。

❷ほかの人《ひと》の言《い》うとおりにする。例 親《おや》の言《い》うことに従った。

❸決《き》まりや、決《き》まったやり方《かた》のとおりにする。例 規則《きそく》に従う／昔《むかし》からの習慣《しゅうかん》に従う。

❹（「…に従《したが》い」「…に従《したが》って」の形《かたち》で、全体《ぜんたい》で）「…につれて」の意味《いみ》を表《あらわ》す。例 歩《ある》くに従って道《みち》は険《けわ》しくなる。

漢 ⇩ 605ジペー《ジ》じゅう〔従〕

したがえる【従える】 動詞 ❶引《ひ》き連《つ》れる。連《つ》れていく。例 王様《おうさま》が家来《けらい》を従えて町《まち》を歩《ある》く。

❷他人《たにん》を自分《じぶん》の思《おも》いどおりにする。例 力《ちから》ずくで相手《あいて》を従える。

漢 ⇩ 605ジペー《ジ》じゅう〔従〕

したがき【下書き】 ❶ 名詞 動詞 清書《せいしょ》をする前《まえ》に、ためしに書《か》くこと。また、書《か》いたもの。例 習字《しゅうじ》の下書きをする。

❷ 名詞 ざっとかいたままで直《なお》していない文章《ぶんしょう》や絵《え》。

したがって【従って】 接続詞 だから。それゆえに。例 これはたいへんよい品物《しなもの》だ。従って値段《ねだん》も高《たか》い。

したぎ【下着】 名詞 シャツやパンツのように、直接《ちょくせつ》はだに着《つ》ける衣類《いるい》。肌着《はだぎ》。対 上着《うわぎ》。

したく【支度・仕度】 名詞 動詞 必要《ひつよう》なものなどを準備《じゅんび》すること。例 遠足《えんそく》の支度をする。類 用意《ようい》。

じたく【自宅】 名詞 自分《じぶん》の家《いえ》。

したくさ【下草】 名詞 木《き》の下《した》やかげに生《は》えている草《くさ》。森《もり》や林《はやし》に生《は》えている雑草《ざっそう》。

したくさがり【下草刈り】 名詞 木《き》を育《そだ》てるときに、苗木《なえぎ》の周《まわ》りに生《は》えた雑草《ざっそう》をかりとること。

したけんぶん【下検分】 名詞 動詞 前《まえ》もって、どんなようすかを調《しら》べておくこと。下見《したみ》。例 試合《しあい》の会場《かいじょう》を下検分する。

したごころ【下心】 名詞 心《こころ》の中《なか》でひそかに考《かんが》えていることがら。とくに、悪《わる》いたくらみ。

したごしらえ【下ごしらえ】 名詞 動詞 ❶前《まえ》もって準備《じゅんび》しておくこと。また、その準備《じゅんび》。

❷料理《りょうり》で、ざっと作《つく》っておくこと。例 夕食《ゆうしょく》の下ごしらえをする。

ように、ものごとがあとかたもなく消《き》えてなくなること。

したじ【下地】 名詞
❶ものごとの基礎《きそ》。例 英語《えいご》の下地ができている。
❷生《う》まれつき持《も》っている才能《さいのう》。素質《そしつ》。例 妹《いもうと》は、音楽《おんがく》にすぐれた下地がある。
❸「しょうゆ」のこと。

ことば ❸は、ふつう「お下地《したじ》」という。

しだし【仕出し】 名詞 注文《ちゅうもん》を受《う》けて料理《りょうり》を作《つく》り、届《とど》けること。また、その料理《りょうり》。出前《でまえ》。例 仕出し屋《や》さんにお弁当《べんとう》を注文《ちゅうもん》する。

したしい【親しい】 形容詞 おたがいの気持《きも》ちが通《つう》じていて、仲《なか》がよい。例 親しい友《とも》だち。
漢 ↓659ページ しん〔親〕

したじき【下敷き】 名詞
❶物《もの》の下《した》にしく物《もの》。
❷物《もの》の下《した》にしかれること。例 へいの下敷きになる。
❸手本《てほん》やもとになるもの。例 昔話《むかしばなし》を下敷きにして小説《しょうせつ》を書《か》く。

したしきなかにもれいぎあり【親しき仲にも礼儀あり】 ↓207ページ ことわざ

したしみ【親しみ】 名詞 親《した》しく感《かん》じる気持《きも》ち。例 転入生《てんにゅうせい》の人《ひと》がらに親しみを覚《おぼ》える。

したしむ【親しむ】 動詞
❶仲《なか》よくする。親《した》しくする。例 長《なが》いこと親しんだ友《とも》だちと別《わか》れる。
❷なじむ。身近《みぢか》に接《せっ》する。例 自然《しぜん》に親しむ。
漢 ↓659ページ しん〔親〕

したじゅんび【下準備】 名詞 前《まえ》もって準備《じゅんび》をしておくこと。また、その準備《じゅんび》。

したしらべ【下調べ】 名詞 動詞 前《まえ》もって調《しら》べること。例 会場《かいじょう》の下調べをする。

したそうだん【下相談】 名詞 動詞 前《まえ》もってしておく相談《そうだん》。例 会議《かいぎ》の下相談をしておく。

したたか
❶ 副詞 ひどく。いやというほど。例 足《あし》をしたたかぶつけた。
❷ 形容動詞 簡単《かんたん》にあつかえないようす。手《て》ごわいようす。例 思《おも》っていたよりしたたかな人《ひと》だ。

使い方 ❶は、「したたかに」の形《かたち》でも使《つか》う。

したためる 動詞
❶書《か》き記《しる》す。書《か》く。例 手紙《てがみ》をしたためる。
❷食事《しょくじ》をする。例 朝食《ちょうしょく》をしたためる。

使い方 古《ふる》い言《い》い方《かた》。

したたらず【舌足らず】 名詞 形容動詞
❶舌《した》が回《まわ》らなくて、ことばがはっきりしないこと。例 幼《おさな》い子《こ》の舌足らずな話《はな》し方《かた》。
❷自分《じぶん》の言《い》いたいことをうまく言《い》い表《あらわ》せないこと。例 急《いそ》いだために舌足らずな説明《せつめい》になった。

したたる【滴る】 動詞
❶水《みず》などがしずくになって落《お》ちる。例 額《ひたい》からあせが滴る。
❷みずみずしさがあふれている。例 緑《みどり》したたる若葉《わかば》。

使い方 ❷は、かな書《が》きにすることが多《おお》い。

したつづみ【舌鼓】 名詞 おいしいものを食《た》べて舌《した》を鳴《な》らすこと。

ことば 「したづつみ」ということもある。

● **舌鼓《したつづみ》を打《う》つ** おいしいものを食《た》べて、思《おも》わず舌《した》を鳴《な》らす。例 ごちそうに舌鼓を打った。

したっぱ【下っ端】 名詞 地位《ちい》や身分《みぶん》が低《ひく》いこと。また、その人《ひと》。

したづみ【下積み】 名詞
❶積《つ》まれている物《もの》の下《した》にあること。また、その物《もの》。
❷人《ひと》に使《つか》われ、上《うえ》に立《た》てないこと。例 下積み生活《せいかつ》を送《おく》る。

したて【下手】 名詞
❶下《した》の方《ほう》。対 上手《うわて》。
❷へりくだること。
❸すもうで、組《く》んだ相手《あいて》のうでの下《した》に差《さ》しこんだ手《て》。対 上手《うわて》。

ことば 「へた」「しもて」と読《よ》むと別《べつ》の意味《いみ》。

● **下手《したて》に出《で》る** へりくだった態度《たいど》をとる。例 あまり下手に出ると、ばかにされるよ。

したて【仕立て】 名詞 着物《きもの》や洋服《ようふく》を、ぬってつくること。

したてもの【仕立物】 名詞 ぬいもの。ぬった衣服《いふく》。例 仕立物を届《とど》ける。

したてる【仕立てる】 動詞
❶着物《きもの》や洋服《ようふく》を、ぬってつくる。例 ゆかたを仕立てる。
❷教《おし》えこんで育《そだ》て上《あ》げる。例 一人前《いちにんまえ》の職人《しょくにん》に仕立てる。
❸特別《とくべつ》に用意《ようい》する。例 つり船《ぶね》を仕立てる。
❹ほんとうはそうでないものを、それらしくつくり上《あ》げる。例 悪人《あくにん》に仕立てられてしまった。

したなめずり【舌なめずり】 名詞 動詞 舌《した》でくちびるをなめ回《まわ》すこと。また、食《た》べ物《もの》やほし

四字熟語 **雲散霧消《うんさんむしょう》** 雲《くも》が風《かぜ》に散《ち》らされてすっかり見《み》えなくなり、霧《きり》が日《ひ》の光《ひかり》に当《あ》たって消《き》えてしまう

いものなどを待《ま》ち構《かま》えていること。例 ごちそうを舌なめずりして待《ま》つ。

したばき【下履き】 名詞 戸外《こがい》ではくためのはきもの。対 上履《うわば》き。

じたばた【と】 副詞 動詞 ❶手足《てあし》をばたばた動《うご》かしてもがくようす。❷あわててさわぐようす。例 今《いま》さらじたばたしてもしかたがない。

したばたらき【下働き】 名詞 ❶人《ひと》の下《した》について働《はたら》くこと。また、その人《ひと》。❷人《ひと》の家《いえ》の洗濯《せんたく》・炊事《すいじ》などの雑用《ざつよう》をすること。また、その人《ひと》。

したび【下火】 名詞 ❶火《ひ》の勢《いきお》いがおとろえること。例 火事《かじ》がようやく下火になった。❷ものごとの勢《いきお》いがおとろえること。例 このゲームの人気《にんき》も下火になってきた。

したまち【下町】 名詞 都会《とかい》で、低《ひく》い土地《とち》にある、おもに商工業《しょうこうぎょう》のさかんな町《まち》。対 山《やま》の手《て》。

したまわる【下回る】 動詞 ある数《かず》や量《りょう》よりも少《すく》なくなる。例 入場者《にゅうじょうしゃ》の数《かず》は、予想《よそう》をはるかに下回った。対 上回《うわまわ》る。

したみ【下見】 名詞 動詞 前《まえ》もって見《み》ておくこと。例 会場《かいじょう》の下見をする。

したむき【下向き】 名詞 ❶下《した》を向《む》いていること。例 自動車《じどうしゃ》のヘッドライトを下向きにする。対 上向《うわむ》き。❷ものごとがよくない方向《ほうこう》に向《む》かうこと。例 人気《にんき》が下向きになる。対 上向《うわむ》き。

したやく【下役】 名詞 役所《やくしょ》や会社《かいしゃ》などで、地《ち》位《い》が下《した》の人《ひと》。また、その役《やく》。対 上役《うわやく》。

したよみ【下読み】 名詞 動詞 前《まえ》もって読《よ》んでおくこと。例 台本《だいほん》の下読みをする。

じだらく【自堕落】 名詞 形容動詞 生活態度《せいかつたいど》がだらしないようす。例 自堕落な生活《せいかつ》。

じたらず【字足らず】 名詞 短歌《たんか》や俳句《はいく》などの定型詩《ていけいし》で、決《き》められた音数《おんすう》（五音《ごおん》または七《しち》音《おん》）より少《すく》ないこと。また、そのような作品《さくひん》。対 字余《じあま》り。参考 たとえば、芥川龍之介《あくたがわりゅうのすけ》の「兎《うさぎ》も片耳《かたみみ》垂《た》るる大暑《たいしょ》かな」の句《く》は、「兎《うさぎ》も」の部《ぶ》分《ぶん》が四音《よんおん》しかなく字足《じた》らずである。

したりがお【したり顔】 名詞 うまくやったぞ、というような、得意《とくい》そうな顔《かお》つき。例 父《ちち》はしたり顔でつった魚《さかな》の自慢《じまん》話《ばなし》をした。

したわしい【慕わしい】 形容詞 心《こころ》がひかれてなつかしく、そばにいたいような気持《きも》ちである。例 遠《とお》いふるさとが慕わしい／慕わしいお母様《かあさま》。

じだん【示談】 名詞 争《あらそ》いごとを、裁判《さいばん》にかけずに話《はな》し合《あ》いで解決《かいけつ》すること。

じだんだをふむ【じだんだを踏む】 地面《じめん》やゆかを足《あし》で激《はげ》しくふみ鳴《な》らすようにして、ひどくくやしがる。ことば 「じだんだ」は「地《じ》たたら（＝鉄《てつ》などをとかすときに使《つか》った、足《あし》でふんで風《かぜ》を送《おく》る装置《そうち》）」が変化《へんか》した形《かたち》。これをふむようすが、くやしがって足《あし》をじたばたさせるようすと似《に》ていることからきたことば。

しち【七】 名詞 数《かず》の名《な》。ななつ。なな。

漢 **しち【七】**〔一《いち》〕 2画 1年 音 シチ 訓 なな・ななつ・なの

❶ななつ。しち。例 七五三《しちごさん》／七五調《しちごちょう》／七福神《しちふくじん》／七草《ななくさ》／七日《なのか》。❷なんども。例 七転八倒《しちてんばっとう》。

しち【質】 名詞 ❶お金《かね》を借《か》りるとき、代《か》わりに預《あず》けておく品《しな》物《もの》。例 質屋《や》／質に入《い》れる。❷約束《やくそく》のしるしに預《あず》けておくもの。例 人《ひと》質。

漢 ⬇577ジベー しつ〔質〕

じち【自治】 名詞 自分《じぶん》たちのことを自分《じぶん》たちで話《はな》し合《あ》って決定《けってい》し、行《おこな》っていくこと。例 地方《ちほう》自治。

じちかい【自治会】 名詞 学校《がっこう》や地域《ちいき》で、自分《じぶん》たちのことを自分《じぶん》たちで決定《けってい》し、行《おこな》っていく会《かい》。

しちごさん【七五三】 名詞 季語冬 子供《こども》の成《せい》長《ちょう》を祝《いわ》う行事《ぎょうじ》。男《おとこ》の子《こ》は三才《さんさい》と五才《ごさい》、女《おんな》の子《こ》は三才《さんさい》と七才《ななさい》の年《とし》の十一月十五日《じゅういちがつじゅうごにち》に、神社《じんじゃ》にお参《まい》りをする。

しちごちょう【七五調】 名詞 詩《し》や和歌《わか》などの調子《ちょうし》の一《ひと》つ。七音《しちおん》・五音《ごおん》の順《じゅん》にことばをくり返《かえ》すもの。「海《うみ》は広《ひろ》いな（七音《しちおん》）、大《おお》きいな（五音《ごおん》）」など。関連 五七調《ごしちちょう》。

シチズンシップ (citizenship) 名詞 「市民権《しみんけん》」のこと。例 シチズンシップ教育《きょういく》（＝市民《しみん》として積極的《せっきょくてき》に社会《しゃかい》に参加《さんか》できるようになるための教育《きょういく》）。

ろえること。人《ひと》や国《くに》・家《いえ》などが、栄《さか》えたりおとろえたりすること。

じちたい【自治体】名詞 都道府県《とどうふけん》・市町村《しちょうそん》など、自治《じち》を認《みと》められているおおやけの団体《だんたい》。例 地方《ちほう》自治体。

しちてんばっとう【七転八倒】名詞 動詞 痛《いた》みや苦《くる》しみのために転《ころ》げ回《まわ》ること。例 七転八倒の苦《くる》しみ。

しちふくじん【七福神】名詞 幸《しあわ》せ（=福《ふく》）をさずけてくれるという七人《しちにん》の神《かみ》。大黒天《だいこくてん》・恵《え》比寿《びす》・毘沙門天《びしゃもんてん》・弁財天《べんざいてん》・福禄寿《ふくろくじゅ》・寿老人《じゅろうじん》・布袋《ほてい》の七人《しちにん》。

しちふくじん

しちへんげ【七変化】名詞 季語 夏 ❶かぶきのおどりで、一人《ひとり》の役者《やくしゃ》が早変《はやが》わりしながら七《なな》つの役《やく》を演《えん》じるもの。❷「あじさい」の別《べつ》の呼《よ》び名《な》。ことば 季語《きご》として使《つか》うのは❷の意味《いみ》。

しちめんちょう【七面鳥】名詞 北《きた》アメリカ原産《げんさん》のきじのなかまの鳥《とり》。頭《あたま》と首《くび》に毛《け》がなく、皮膚《ひふ》の色《いろ》が変化《へんか》する。食用《しょくよう》にし、とくにクリスマスの料理《りょうり》に使《つか》う。図⇒954ペ《ぺ》ージ《じ》 とり〔鳥〕

しちや【質屋】名詞 品物《しなもの》を預《あず》かり、決《き》まった利子《りし》を取《と》ってお金《かね》を貸《か》す店《みせ》。

しちゅう【支柱】名詞 支《ささ》えになる柱《はしら》。また、中心《ちゅうしん》となるもの。例 テントの支柱。

しちゅう【市中】名詞 町《まち》の中《なか》。市《し》の中《なか》。市内《しない》。例 路線《ろせん》バスが市中を走《はし》っている。

シチュー（stew）名詞 肉《にく》や野菜《やさい》などを、スープといっしょに時間《じかん》をかけて煮《に》こんだ料理《りょうり》。

しちょう【市庁】名詞「市役所《しやくしょ》」のこと。

しちょう【市長】名詞 市《し》の政治《せいじ》を行《おこな》う人《ひと》の中《なか》で、いちばん責任《せきにん》のある人《ひと》。

じちょう【自重】名詞 動詞 ❶軽《かる》はずみな行《おこな》いを、気《き》をつけてひかえること。❷自分《じぶん》の体《からだ》を大切《たいせつ》にすること。類 自愛《じあい》。

しちょうかく【視聴覚】名詞 視覚《しかく》と聴覚《ちょうかく》。目《め》でものを見《み》るはたらきと、耳《みみ》で音《おと》を聞《き》き分《わ》けるはたらき。例 視聴覚教室《きょうしつ》。

しちょうかくきょういく【視聴覚教育】名詞 スライド・映画《えいが》・テレビ・ラジオ・コンピューターなどを使《つか》って、目《め》や耳《みみ》の感覚《かんかく》を通《とお》して行《おこな》う教育《きょういく》。

しちょうしゃ【視聴者】名詞 テレビやラジオを見《み》たり聞《き》いたりしている人《ひと》。

しちょうそん【市町村】名詞 市《し》と町《まち》と村《むら》。

しちょうりつ【視聴率】名詞 テレビで、ある番組《ばんぐみ》がどれだけ見《み》られているかという割合《わりあい》。

しちりん【七輪・七厘】名詞 粘土《ねんど》を固《かた》めて焼《や》いてつくったこんろ。炭《すみ》を入《い》れて使《つか》う。

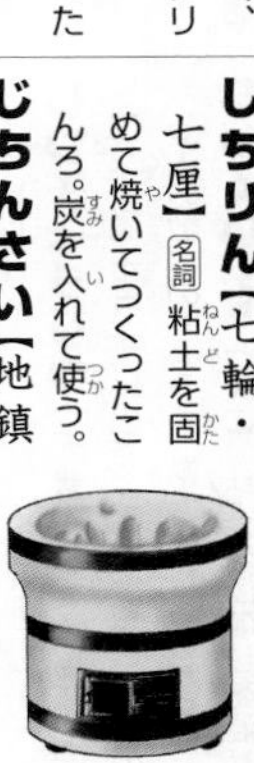
しちりん

じちんさい【地鎮祭】名詞 土木工事《どぼくこうじ》や建築工事《けんちくこうじ》を始《はじ》める前《まえ》に行《おこな》う儀式《ぎしき》。工事《こうじ》の安全《あんぜん》を土地《とち》の神様《かみさま》にいのる。

漢 **しつ**【失】〔大《だい》〕5画 4年 音 シツ 訓 うしなう

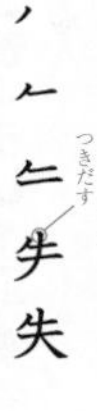

❶なくす。うしなう。例 失格《しっかく》／失業《しつぎょう》／失点《しってん》／失望《しつぼう》／失礼《しつれい》／見失《みうしな》う。対 得《とく》。❷あやまち。しくじり。例 失火《しっか》／失言《しつげん》／失策《しっさく》／失敗《しっぱい》／過失《かしつ》。

漢 **しつ**【室】〔宀《うかんむり》〕9画 2年 音 シツ 訓 むろ

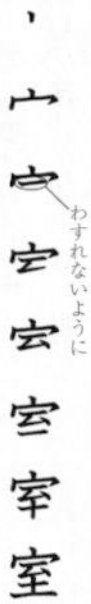

❶へや。例 室温《しつおん》／室内《しつない》／温室《おんしつ》／教室《きょうしつ》／地下室《ちかしつ》／和室《わしつ》。❷むろ。ほらあな。例 石室《いしむろ》。

しつ【質】名詞 あるものの中身《なかみ》や内容《ないよう》のよしあし。例 質が悪《わる》い製品《せいひん》／量《りょう》より質。

漢 **しつ**【質】〔貝《かい》〕15画 5年 音 シツ・シチ・チ 訓 ただ-す

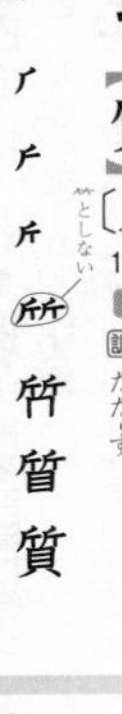

❶ものが成《な》り立《た》つもと。なかみ。例 実質《じっしつ》／物《ぶっ》質《しつ》／本質《ほんしつ》。❷たち。生《う》まれつき。例 性質《せいしつ》／素《そ》質《しつ》／体質《たいしつ》。❸かざり気《け》がない。例 質実《しつじつ》／質素《しっそ》。❹といただす。例 質問《しつもん》。❺しち。約束《やくそく》を守《まも》るしるしに預《あず》けておくものや人《ひと》。例 質屋《しちや》／人質《ひとじち》。

じつ【日】 ㊥ ⇩996ジーにち〔日〕

㊥ **じつ【実】** 〔宀〕うかんむり 8画 3年 音 ジツ 訓 み・みのる

❶まごころ。例 実直《じっちょく》／誠実《せいじつ》。❷ほんとう。まこと。例 実現《じつげん》／実際《じっさい》／事実《じじつ》／真実《しんじつ》。❸なかみ。例 実質《じっしつ》／実《じつ》をとる／充実《じゅうじつ》。❹木《き》や草《くさ》にみがなる。また、そのみ。例 秋《あき》の実《みの》り／果実《かじつ》。

じっ【十】 ㊥ ⇩604ジーじゅう〔十〕

しつい【失意】 名詞 思《おも》いどおりにならなくて、がっかりすること。例 失意のどん底《ぞこ》。類 失望《しつぼう》。対 得意《とくい》。

じついん【実印】 名詞 市区《しく》町村《ちょうそん》などの役所《やくしょ》に届《とど》けてある、大切《たいせつ》な書類《しょるい》におす正式《せいしき》な判《はん》こ。対 認《みと》め印《いん》。

じつえき【実益】 名詞 実際《じっさい》に利益《りえき》になること。また、実際《じっさい》の役《やく》に立《た》つこと。例 趣味《しゅみ》と実益をかねる。類 実利《じつり》。

じつえん【実演】 名詞 動詞 ❶人々《ひとびと》の目《め》の前《まえ》で、実際《じっさい》にやって見《み》せること。❷役者《やくしゃ》や歌手《かしゅ》が舞台《ぶたい》で演《えん》じること。

しつおん【室温】 名詞 部屋《へや》の中《なか》の温度《おんど》。

しっか【失火】 名詞 不注意《ふちゅうい》で火事《かじ》を起《お》こすこと。また、その火事《かじ》。

じっか【実家】 名詞 その人《ひと》が生《う》まれた家《いえ》。例 母《はは》の実家は京都《きょうと》にある。類 生家《せいか》。

しつがい【室外】 名詞 部屋《へや》の外《そと》。対 室内《しつない》。

しっかく【失格】 名詞 動詞 決《き》まりを破《やぶ》ったり、基準《きじゅん》に達《たっ》しなかったりして、資格《しかく》を失《うしな》うこと。例 反則《はんそく》をして失格になった。

しっかり【と】 副詞 動詞 ❶かたくてがんじょうなようす。例 この建物《たてもの》はしっかりしている／蛇口《じゃぐち》をしっかりしめる。❷人《ひと》の性質《せいしつ》や考《かんが》え方《かた》が確《たし》かで、まちがいのないようす。例 若《わか》いがしっかりした人《ひと》だ。❸おとろえていなくて、じょうぶなようす。例 祖母《そぼ》は、まだまだ足腰《あしこし》がしっかりしている。

しっかん【疾患】 名詞 病気《びょうき》。例 皮膚《ひふ》疾患。使い方「病気《びょうき》」よりもあらたまった言《い》い方《かた》。

じっかん【十干】 名詞 昔《むかし》のこよみで、年《とし》・月《つき》・日《ひ》・時《とき》・方位《ほうい》などを十二支《じゅうにし》と組《く》み合《あ》わせて、表《あらわ》すときに使《つか》ったもの。甲《きのえ》・乙《きのと》・丙《ひのえ》・丁《ひのと》・戊《つちのえ》・己《つちのと》・庚《かのえ》・辛《かのと》・壬《みずのえ》・癸《みずのと》。「じゅっかん」ともいう。⇩669ジー 伝統コラム

じっかん【実感】 名詞 動詞 実際《じっさい》に体験《たいけん》して感《かん》じること。また、そのような、生《い》き生《い》きとした感《かん》じ。例 勝《か》ったという実感がわいてこない。

しっき【湿気】 ⇩579ジーしっけ

しっき【漆器】 名詞 うるしをぬったうつわや道具《どうぐ》。ぬり物《もの》。例 漆器のおぼん。

しつぎ【質疑】 名詞 わからないことや疑問《ぎもん》に思《おも》うことを人《ひと》に聞《き》くこと。例 質疑応答《おうとう》。

じつぎ【実技】 名詞 演技《えんぎ》や技術《ぎじゅつ》を実際《じっさい》に行《おこな》うこと。例 運転免許《うんてんめんきょ》の実技試験《しけん》。

しつぎおうとう【質疑応答】 名詞 質問《しつもん》したり、それに答《こた》えたりすること。

しっきゃく【失脚】 名詞 動詞 失敗《しっぱい》して、それまでの地位《ちい》や立場《たちば》を失《うしな》うこと。

しつぎょう【失業】 名詞 動詞 生活《せいかつ》のための仕《し》事《ごと》を失《うしな》うこと。例 失業者《しゃ》。類 失職《しっしょく》。

じっきょう【実況】 名詞 実際《じっさい》に行《おこな》われているありのままのようす。例 野《や》球《きゅう》の実況中継《ちゅうけい》。

じつぎょう【実業】 名詞 農業《のうぎょう》・工業《こうぎょう》・商業《しょうぎょう》などのような、物《もの》をつくったり売《う》り買《か》いしたりする仕事《しごと》。

じつぎょうか【実業家】 名詞 商業《しょうぎょう》や工業《こうぎょう》などの、規模《きぼ》の大《おお》きい事業《じぎょう》をやっている人《ひと》。

しつぎょうしゃ【失業者】 名詞 失業《しつぎょう》している人《ひと》。

じっきょうほうそう【実況放送】 名詞 ラジオやテレビで、ものごとが実際《じっさい》に行《おこな》われている場所《ばしょ》から、そのようすを放送《ほうそう》すること。

しつぎょうほけん【失業保険】 ⇩497ジーこようほけん

しつぎょうりつ【失業率】 名詞 労働力人口《ろうどうりょくじんこう》（＝満十五才以上《まんじゅうごさいいじょう》で、働《はたら》く意思《いし》と能力《のうりょく》のある人《ひと》の数《かず》）のうち、失業者《しつぎょうしゃ》がしめる割合《わりあい》。

しっくい 名詞 石灰《せっかい》に、粘土《ねんど》やふのりを混《ま》ぜて練《ね》ったもの。かべの上《うわ》ぬりなどに使《つか》う。

しっくり【と】 副詞 動詞 人《ひと》の気持《きも》ちやものごとなどが、よく合《あ》うようす。例 友《とも》だちとの仲《なか》

わうということで、自然《しぜん》の美《うつく》しさに心《こころ》をよせる風流《ふうりゅう》をいう。

がしっくりいかない。

じっくり【と】 副詞 心《こころ》を落《お》ち着《つ》けて、ゆっくりとものごとを行《おこな》うようす。例 計画《けいかく》をじっくりと練《ね》り直《なお》す。

しつけ 名詞 礼儀《れいぎ》や作法《さほう》を教《おし》えて、きちんとできるようにさせること。例 厳《きび》しいしつけ。

しつけ【仕付け】 名詞 ぬい物《もの》をするとき、ぬい目《め》がくるわないよう、初《はじ》めに大《おお》まかにぬっておくこと。例 仕付け糸《いと》／仕付けぬい。

しっけ【湿気】 名詞 空気《くうき》中《ちゅう》や物《もの》の中《なか》にふくまれている水分《すいぶん》。しめり気《け》。「しっき」ともいう。

しっけい【失敬】
❶ 名詞 動詞 形容動詞 礼儀《れいぎ》に外《はず》れていること。失《しつ》礼《れい》。例 返事《へんじ》もしないで失敬な人《ひと》だ。
❷ 名詞 動詞 人《ひと》と別《わか》れること。例 わたしは、ここで失敬します。
❸ 感動詞 人《ひと》と別《わか》れるときや、あやまるときに言《い》うことば。例 これはどうも失敬。
❹ 名詞 動詞 人《ひと》の物《もの》をだまって借《か》りたり、持《も》っていったりすること。例 兄《あに》のペンを失敬する。
使い方 ❸は、ふつう男《おとこ》の人《ひと》が使《つか》う。

じっけい【実景】 名詞 実際《じっさい》の景色《けしき》。

しつけいと【仕付け糸】 名詞 ぬい物《もの》のしつけをするときに使《つか》う糸《いと》。

じつげつ【日月】 名詞
❶太陽《たいよう》と月《つき》。
❷年月《ねんげつ》。月日《つきひ》。例 長《なが》い日月をついやす。

しつける 動詞 礼儀《れいぎ》や作法《さほう》を教《おし》えて、身《み》につけさせる。例 子供《こども》をしつける。

しつける【仕付ける】 動詞 やり慣《な》れている。例 ふだんしつけないことをして失敗《しっぱい》した。
使い方 ふつうかな書《が》きにする。

しっけん【執権】 名詞 鎌倉《かまくら》時代《じだい》に、将軍《しょうぐん》を助《たす》け政治《せいじ》を行《おこな》った最高《さいこう》の役目《やくめ》。また、その人《ひと》。北《ほう》条《じょう》氏《し》が代々《だいだい》この役《やく》についた。

しつげん【失言】 名詞 動詞 言《い》ってはいけないことをうっかり言《い》ってしまうこと。また、そのことば。例 新聞《しんぶん》の取材《しゅざい》で大臣《だいじん》が失言する。

しつげん【湿原】 名詞 水分《すいぶん》が多《おお》い、じめじめした草原《そうげん》。例 釧路《くしろ》湿原。

じっけん【実権】 名詞 実際《じっさい》に人々《ひとびと》を従《したが》わせる力《ちから》。例 会社《かいしゃ》の実権をにぎる。

じっけん【実験】 名詞 動詞 結果《けっか》がどうなるかを知《し》るために、実際《じっさい》にためしてみること。例 食塩水《しょくえんすい》がこおるかどうか実験する。

じつげん【実現】 名詞 動詞 思《おも》っていたことが、ほんとうのことになること。また、ほんとうのことにすること。例 長年《ながねん》の夢《ゆめ》が実現した。

じっけんだい【実験台】 名詞
❶道具《どうぐ》や材料《ざいりょう》を置《お》いて、実験《じっけん》を行《おこな》う台《だい》。
❷実験《じっけん》のために使《つか》われる物《もの》や人《ひと》。例 発明家《はつめいか》自《みずか》らが実験台になる。

しつこい 形容詞
❶色《いろ》・香《かお》り・味《あじ》などが強《つよ》すぎる。
❷くどくてうるさい。例 しつこく小言《こごと》を言《い》う。

しっこう【執行】 名詞 動詞 決定《けってい》したことを実《じっ》際《さい》に行《おこな》うこと。例 刑《けい》を執行する。

じっこう【実行】 名詞 動詞 計画《けいかく》や約束《やくそく》などを、実際《じっさい》に行《おこな》うこと。例 計画《けいかく》を実行にうつす。類 実施《じっし》。実践《じっせん》。

じっこうりょく【実行力】 名詞 ものごとを実際《じっさい》に行《おこな》う力《ちから》。例 実行力のある人《ひと》。

しっこく【漆黒】 名詞 うるしをぬったように黒《くろ》くてつやつやしていること。また、その色《いろ》。

じっさい【実際】
❶ 名詞 ほんとうのこと。ありのままのようす。例 小説《しょうせつ》ではなく、実際にあった話《はなし》。
❷ 副詞 ほんとうに。まったく。例 実際よい人《ひと》だ。

じつざい【実在】 名詞 動詞 ほんとうにあること。例 主人公《しゅじんこう》は、実在の人物《じんぶつ》です。対 架空《かくう》。

しっさく【失策】 名詞 動詞
❶やりそこなうこと。失敗《しっぱい》。
❷野球《やきゅう》で、エラーすること。

じっし【十指】 名詞 十本《じっぽん》の指《ゆび》。「じゅっし」ともいう。

●**十指《じっし》に余《あま》る** 十本《じっぽん》の指《ゆび》では数《かぞ》えきれないほど多《おお》い。例 十指に余る人《ひと》が賛成《さんせい》してくれた。

じっし【実子】 名詞 血《ち》のつながりのある子《こ》。対 養子《ようし》。まま子《こ》。

じっし【実施】 名詞 動詞 実際《じっさい》に行《おこな》うこと。例 調査《ちょうさ》を実施する。類 実行《じっこう》。実践《じっせん》。

しつじつ【質実】 名詞 形容動詞 かざり気《け》がなく、まじめなこと。

じっしつ【実質】 名詞 実際《じっさい》の中身《なかみ》。内容《ないよう》。例 形《かたち》だけで、実質のない決《き》まり。対 形式《けいしき》。

しつじつごうけん【質実剛健】 名詞 形容動詞 かざり気《け》がなくまじめで、強《つよ》くたくま

あいうえお　かきくけこ　さしすせそ　し　たちつてと　なにぬねの　はひふへほ　まみむめも　や　ゆ　よ　らりるれろ　わ　を　ん

四字熟語 花鳥風月《かちょうふうげつ》　花《はな》を見《み》たり鳥《とり》の声《こえ》を聞《き》いたりして楽《たの》しみ、風《かぜ》の動《うご》きや月《つき》の美《うつく》しさなどを心《こころ》から味《あじ》

しいこと。例 質実剛健な校風《こうふう》。

じっしつてき【実質的】 形容動詞 見《み》た目《め》や形《かたち》よりも、実際《じっさい》の中身《なかみ》や内容《ないよう》を大切《たいせつ》にするようす。例 実質的なリーダーはきみだ。対 形式的《けいしきてき》。

じっしゃ【実写】 名詞 動詞 実際《じっさい》のようすを、映画《えいが》や写真《しゃしん》などに写《うつ》すこと。また、その映画《えいが》や写真《しゃしん》など。

じっしゃかい【実社会】 名詞 学校《がっこう》などとはちがって、実際《じっさい》に働《はたら》いて暮《く》らしていく世《よ》の中《なか》。

じっしゅう【実収】 名詞 ❶実際《じっさい》のもうけ。全部《ぜんぶ》の収入《しゅうにゅう》から、税金《ぜいきん》や費《ひ》用《よう》を引《ひ》いて、残《のこ》ったもの。❷作物《さくもつ》の実際《じっさい》のとれ高《だか》。

じっしゅう【実習】 名詞 動詞 実際《じっさい》に仕事《しごと》をして、習《なら》うこと。例 調理《ちょうり》実習。

しっしょう【失笑】 名詞 動詞 ばかばかしさなどががまんできないで、思《おも》わず笑《わら》うこと。

● **失笑《しっしょう》を買《か》う** ばかばかしかったりくだらなかったりして、人《ひと》に笑《わら》われる。

じっしょう【実証】 名詞 動詞 証拠《しょうこ》を示《しめ》して、証明《しょうめい》すること。また、確《たし》かな証拠《しょうこ》。例 犯人《はんにん》でないことを実証する／実証のない話《はなし》。

じつじょう【実情・実状】 名詞 ほんとうのようす。ありのままのようす。例 台風《たいふう》による農作物《のうさくぶつ》の被害《ひがい》の実情を調《しら》べる。類 実態《じったい》。

しっしょく【失職】 名詞 動詞 生活《せいかつ》のための仕《し》事《ごと》を失《うしな》うこと。類 失業《しつぎょう》。

しっしん【失神】 名詞 動詞 気《き》を失《うしな》うこと。類 気絶《きぜつ》。

しっしん【湿しん】 名詞 皮膚《ひふ》に赤《あか》い斑点《はんてん》や小《ち》さいできものなどができて、かゆくなる病気《びょうき》。あせもなど。

じっしんぶんるいほう【十進分類法】 名詞 図《と》書《しょ》館《かん》の本《ほん》などの分類《ぶんるい》・整理《せいり》のしかた。図書《としょ》の分野《ぶんや》を1〜9に分《わ》け、そのどれにも入《はい》らない雑誌《ざっし》などを総記《そうき》0とし、さらにそれぞれを十《じゅう》ずつに細《こま》かく分《わ》けていく方法《ほうほう》。「じゅっしんぶんるいほう」ともいう。

じっしんほう【十進法】 名詞 一《いち》・十《じゅう》・百《ひゃく》・千《せん》というように、十倍《じゅうばい》または十分《じゅうぶん》の一《いち》ごとに位《くらい》どりが変《か》わっていく数《かず》の表《あらわ》し方《かた》。「じゅっしんほう」ともいう。関連 二進法《にしんほう》。

じっすう【実数】 名詞 実際《じっさい》の数《かず》。例 入場者《にゅうじょうしゃ》の実数を発表《はっぴょう》する。

しっせき【叱責】 名詞 動詞 しかって責《せ》めること。例 厳《きび》しい叱責を受《う》ける。

じっせき【実績】 名詞 実際《じっさい》に挙《あ》げた成績《せいせき》。例 今《いま》までの実績が認《みと》められ、選手《せんしゅ》に選《えら》ばれた。

じっせん【実践】 名詞 動詞 実際《じっさい》に行《おこな》うこと。例 リサイクルを実践する。類 実行《じっこう》。実施《じっし》。

じっせん【実線】 名詞 とちゅうに切《き》れ目《め》のない線《せん》。関連 点線《てんせん》。

しっそ【質素】 名詞 形容動詞 ❶はでなところやかざり気《け》がないこと。地味《じみ》であること。例 質素な身《み》なり。❷ぜいたくをしないこと。例 質素に暮《く》らす。

しっそう【失踪】 名詞 動詞 家《いえ》を出《で》たまま、ゆくえがわからなくなること。例 失踪届《とどけ》。

しっそう【疾走】 名詞 動詞 たいへん速《はや》く走《はし》ること。例 全力《ぜんりょく》疾走。

じつぞう【実像】 名詞 ❶レンズを通《とお》った光《ひかり》が、一点《いってん》で交《まじ》わってできる像《ぞう》。対 虚像《きょぞう》。❷ほんとうのすがた。例 王様《おうさま》の実像。対 虚像《きょぞう》。

じっそく【実測】 名詞 動詞 実際《じっさい》に測《はか》ること。例 部屋《へや》の広《ひろ》さを実測する。

しったい【失態】 名詞 人《ひと》に笑《わら》われるような、みっともない失敗《しっぱい》。例 失態を演《えん》じる。

じったい【実体】 名詞 ほんとうのすがた。例 UFO《ユーフォー》の実体はまだなぞだ。類 正体《しょうたい》。

じったい【実態】 名詞 ものごとのありのままのようす。例 学生《がくせい》の生活《せいかつ》の実態。類 実情《じつじょう》。

しったかぶり【知ったかぶり】 名詞 知《し》らないのに知《し》っているようなふりをすること。

じつだん【実弾】 名詞 鉄砲《てっぽう》や大砲《たいほう》などの本物《ほんもの》のたま。

しっち【湿地】 名詞 しめり気《け》が多《おお》く、じめじめした土地《とち》。例 湿地帯《たい》。

じっち【実地】 名詞 ❶実際《じっさい》の場所《ばしょ》。例 実地見学《けんがく》。❷実際《じっさい》。現実《げんじつ》。例 考《かんが》えを実地にためす。

じっちゅうはっく【十中八九】 名詞 十《じゅう》のうち、八《はち》か九《きゅう》まで。おおかた。ほとんど。「じゅっちゅうはっく」ともいう。例 合格《ごうかく》は十中八九まちがいない。

しっちょう【失調】 名詞 調子《ちょうし》が悪《わる》くなること。バランスがとれなくなること。例 栄養《えいよう》失調。

のいいように言《い》ったりものごとを進《すす》めたりすること。

じっちょく【実直】 名詞 形容動詞 まじめで正《しょう》直《じき》なようす。例 実直に生《い》きる。

しっつい【失墜】 名詞 動詞 失敗《しっぱい》や事件《じけん》がもとで、信用《しんよう》や名誉《めいよ》などをなくすこと。例 店《みせ》の信《しん》用《よう》を失墜した。

じつづき【地続き】 名詞 ある土地《とち》とある土《と》地《ち》が、海《うみ》や川《かわ》などでへだてられないで、つながっていること。

じって【十手】 名詞 江戸《えど》時代《じだい》、罪人《ざいにん》をとらえるときに役人《やくにん》が使《つか》った、手元《てもと》にかぎのついた鉄《てつ》の棒《ぼう》。「じゅって」ともいう。

じって

しってん【失点】 名詞 ❶試合《しあい》などで、相手《あいて》にとられた点《てん》。対 得点《とくてん》。❷仕事《しごと》などでの失敗《しっぱい》。ミス。

しっと【嫉妬】 名詞 動詞 人《ひと》のことをうらやましく思《おも》って、にくんだりねたんだりすること。また、その気持《きも》ち。例 人気者《にんきもの》に嫉妬する。

しつど【湿度】 名詞 空気中《くうきちゅう》にふくまれている水蒸気《すいじょうき》の割合《わりあい》。空気《くうき》のしめり具合《ぐあい》。例 湿度が高《たか》い。

じっと 副詞 動詞 ❶動《うご》かないでいるようす。例 見《み》つからないようにじっとしている。❷物《もの》を見《み》つめるようす。例 じっと観察《かんさつ》する。❸がまんするようす。例 痛《いた》みをじっとこらえる。

じつどう【実働】 名詞 動詞 実際《じっさい》に働《はたら》くこと。例 実働時間《じかん》。

しつどけい【湿度計】 名詞 空気中《くうきちゅう》の湿度《しつど》を測《はか》る道具《どうぐ》。かみの毛《け》ののび縮《ちぢ》みを利用《りよう》したものや、水《みず》の蒸発《じょうはつ》を利用《りよう》したものなどがある。

しっとり[と] 副詞 動詞 ❶軽《かる》くしめり気《け》があるようす。例 木《き》の葉《は》が、夜《よ》つゆにしっとりとぬれている。❷落《お》ち着《つ》いて静《しず》かなようす。例 しっとりした町並《まちな》み。

じっとり[と] 副詞 動詞 しめり気《け》を多《おお》くふくんでいるようす。例 あせでじっとりとした服《ふく》。

しつない【室内】 名詞 部屋《へや》の中《なか》。対 室外《しつがい》。

しつないがく【室内楽】 名詞 少人数《しょうにんずう》で、それぞれの楽器《がっき》が、ちがうパートを受《う》け持《も》って演《えん》奏《そう》する音楽《おんがく》。弦楽《げんがく》四重奏《しじゅうそう》やピアノ三重奏《さんじゅうそう》など。

じつに【実に】 副詞 ほんとうに。まったく。例 実に楽《たの》しい一日《いちにち》だった。

しつねん【失念】 名詞 動詞 うっかりして忘《わす》れてしまうこと。度忘《どわす》れすること。例 約束《やくそく》を失念していた。使い方 あらたまった言《い》い方《かた》。

じつは【実は】 副詞 ほんとうは。打《う》ち明《あ》けて言《い》うと。例 手紙《てがみ》を書《か》いたのは実はぼくです。

しっぱい【失敗】 名詞 動詞 やりそこなうこと。うまくいかないこと。例 失敗作《さく》。対 成功《せいこう》。

●**失敗《しっぱい》は成功《せいこう》のもと** ➡209ページ ことわざ

じっぱひとからげ【十把一からげ】 名詞 いろいろなものを、あまり価値《かち》のないものと考《かんが》えて、ひとまとめにしてあつかうこと。「じゅっぱひとからげ」ともいう。例 売《う》れ残《のこ》った商《しょう》品《ひん》を十把一からげにして売《う》る。

じっぴ【実費】 名詞 実際《じっさい》にかかる費用《ひよう》。例 会《かい》場《じょう》までの交通費《こうつうひ》は、実費でしはらいます。

しっぴつ【執筆】 名詞 動詞 文章《ぶんしょう》を書《か》くこと。例 執筆者《しゃ》／小説《しょうせつ》の執筆にとりかかる。

しっぷ【湿布】 名詞 動詞 痛《いた》みやはれなどを治《なお》すために、水《みず》・湯《ゆ》・薬《くすり》をひたしたガーゼや布《ぬの》を、悪《わる》いところに当《あ》てること。

じっぷ【実父】 名詞 自分《じぶん》と血《ち》がつながっている父《ちち》。対 養父《ようふ》。

しっぷう【疾風】 名詞 速《はや》く、強《つよ》くふく風《かぜ》。例 疾風のようにかけぬける。類 はやて。

じつぶつ【実物】 名詞 実際《じっさい》のもの。本物《ほんもの》。

じつぶつだい【実物大】 名詞 本物《ほんもの》と同《おな》じ大《おお》きさ。例 実物大の写真《しゃしん》。

じつぶつとうえいき【実物投影機】 名詞 手元《てもと》にあるものを拡大《かくだい》して映《うつ》し出《だ》す装置《そうち》。授《じゅ》業《ぎょう》などで使《つか》われる。「書画《しょが》カメラ」ともいう。

しっぺい【疾病】 名詞 病気《びょうき》。使い方「病気《びょうき》」よりもあらたまった言《い》い方《かた》。

しっぺがえし【しっぺ返し】 名詞 動詞 すぐに仕返《しかえ》しをすること。例 友《とも》だちにいたずらをしたらしっぺ返しをされた。ことば もとは「しっぺい返《がえ》し」という。「しっぺい」は、座禅《ざぜん》を組《く》む人《ひと》を打《う》つのに使《つか》う、細長《ほそなが》い竹《たけ》の板《いた》のこと。

じっぺんしゃいっく【十返舎一九】 名詞 （一七六五～一八三一）江戸《えど》時代《じだい》のこっけい本《ぼん》の作《さく》者《しゃ》。「東海道中膝栗毛《とうかいどうちゅうひざくりげ》」が有名《ゆうめい》。

しっぽ【尻尾】 名詞 ❶動物《どうぶつ》の尾《お》。

四字熟語　**我田引水《がでんいんすい》**　他人《たにん》のことを考《かんが》えないで、自分《じぶん》の田《た》んぼにだけ水《みず》を引《ひ》くという意味《いみ》で、自分《じぶん》の都合《つごう》

❷細長《ほそなが》い形《かたち》をしたもののはし。例 だいこんの尻尾。

●**尻尾《しっぽ》を出《だ》す** かくしたり、ごまかしたりしていたことがわかってしまう。

●**尻尾《しっぽ》をつかむ** かくしたり、ごまかしたりしていることを見《み》つけ出《だ》す。例 いたずらの犯人《はんにん》の尻尾をつかんだ。

●**尻尾《しっぽ》を巻《ま》く** かなわないと思《おも》って、立《た》ち向《む》かうのをやめる。降参《こうさん》する。例 尻尾を巻いてにげ出《だ》す。

じつぼ【実母】 名詞 自分《じぶん》と血《ち》がつながっている母《はは》。自分《じぶん》を生《う》んだ母《はは》。対 義母《ぎぼ》。養母《ようぼ》。まま母《はは》。

しつぼう【失望】 名詞 動詞 希望《きぼう》を失《うしな》うこと。また、期待《きたい》が外《はず》れてがっかりすること。例 急《きゅう》な旅行《りょこう》の中止《ちゅうし》に失望してしまった。類 失意《しつい》。

しっぽうやき【七宝焼】 名詞 銅《どう》や銀《ぎん》などの面《めん》に上薬《うわぐすり》をかけて焼《や》いてつくった、美《うつく》しい模《も》様《よう》のある焼《や》き物《もの》。

しつむ【執務】 名詞 動詞 事務《じむ》の仕事《しごと》をすること。例 執務中《ちゅう》／執務時間《じかん》。

じつむ【実務】 名詞 実際《じっさい》の仕事《しごと》。例 実務につく。

しつめい【失明】 名詞 動詞 目《め》が見《み》えなくなること。

じつめい【実名】 名詞 ほんとうの名前《なまえ》。例 実名を明《あ》かす。本名《ほんみょう》。対 仮名《かめい》。

しつもん【質問】 名詞 動詞 わからないことや知《し》りたいことをたずねること。例 質問を受《う》ける／先生《せんせい》に質問する。

じつよう【実用】 名詞 実際《じっさい》の役《やく》に立《た》つこと。実際《じっさい》に使《つか》うこと。例 実用品《ひん》／実用的《てき》。

じつようか【実用化】 名詞 動詞 実際《じっさい》に使《つか》えるようにすること。例 ロボットを実用化する。

じつようてき【実用的】 形容動詞 実際《じっさい》の役《やく》に立《た》つようす。例 実用的なプレゼント。

しつらえる 動詞 設備《せつび》などを準備《じゅんび》する。用意《ようい》する。例 書斎《しょさい》に本棚《ほんだな》をしつらえる／歓迎会《かんげいかい》の会場《かいじょう》をしつらえる。使い方 少《すこ》し古《ふる》い言《い》い方《かた》。

じつり【実利】 名詞 実際《じっさい》に役立《やくだ》つこと。実際《じっさい》の利益《りえき》。例 実利を優先《ゆうせん》して考《かんが》える。類 実益《じつえき》。

しつりょう【質量】 名詞 物体《ぶったい》が持《も》っている物《ぶっ》質《しつ》の分量《ぶんりょう》。参考 月《つき》では、重《おも》さ（＝重量《じゅうりょう》）は地《ち》球《きゅう》の六分《ろくぶん》の一《いち》になるが、質量《しつりょう》は月《つき》でも地球《ちきゅう》でも同《おな》じ。

じつりょく【実力】 名詞 ❶ほんとうに持《も》っている力《ちから》。実際《じっさい》の腕前《うでまえ》。例 実力を出《だ》す／国語《こくご》の実力を養《やしな》う。❷武力《ぶりょく》や腕力《わんりょく》。例 実力にうったえる。

しつれい【失礼】 ❶ 名詞 動詞 形容動詞 礼儀《れいぎ》に外《はず》れること。行儀《ぎょうぎ》が悪《わる》いこと。例 失礼な人《ひと》。類 非礼《ひれい》。無礼《ぶれい》。不作法《ぶさほう》。❷ 名詞 動詞 目上《めうえ》の人《ひと》のいる場所《ばしょ》に入《はい》ったり、人《ひと》と別《わか》れたりすること。例 これで失礼します。❸ 感動詞 別《わか》れるときやあやまるときに言《い》うことば。例 どうも失礼。

じつれい【実例】 名詞 実際《じっさい》にあった例《れい》。例 実例を示《しめ》して説明《せつめい》する。

しつれん【失恋】 名詞 動詞 恋《こい》に破《やぶ》れること。恋《こい》がかなわないこと。例 失恋の痛手《いたで》。

じつわ【実話】 名詞 実際《じっさい》にあったほんとうの話《はなし》。例 実話を映画化《えいがか》する。

して【仕手】 名詞 ❶ものごとをする人《ひと》。❷能《のう》・狂言《きょうげん》などの主役《しゅやく》。また、それを演《えん》じる人《ひと》。関連 わき。つれ。あど。使い方 ❷は、ふつう「シテ」と書《か》く。

してい【子弟】 名詞 年《とし》の若《わか》い者《もの》。年少《ねんしょう》の者《もの》。

してい【指定】 名詞 動詞 とくにそれと決《き》めること。例 指定席《せき》／日時《にちじ》を指定する。

してい【師弟】 名詞 先生《せんせい》と生徒《せいと》。師匠《ししょう》と弟子《でし》。

しでかす【仕出かす】 動詞 困《こま》ったことや、大《おお》きなことをしてしまう。例 大失敗《だいしっぱい》を仕出かす。使い方 くだけた言《い》い方《かた》。

してき【私的】 形容動詞 その人《ひと》だけに関係《かんけい》があるようす。個人的《こじんてき》。プライベート。例 私的な用事《ようじ》で会社《かいしゃ》を休《やす》む。対 公的《こうてき》。

してき【指摘】 名詞 動詞 まちがいや大切《たいせつ》なことを見《み》つけ出《だ》して、指《さ》し示《しめ》すこと。例 問題点《もんだいてん》を指摘する。

してき【詩的】 形容動詞 詩《し》のような味《あじ》わいがあるようす。例 詩的な風景《ふうけい》に、思《おも》わず見《み》とれる。

してつ【私鉄】 名詞 民間《みんかん》の会社《かいしゃ》が経営《けいえい》している鉄道《てつどう》。「私営鉄道《しえいてつどう》」「私有鉄道《しゆうてつどう》」の略《りゃく》。

してやられる 相手《あいて》のたくらみに、うまくだまされる。また、相手《あいて》に先《さき》をこされる。例 敵《てき》にしてやられる。

してん【支店】 名詞 本店《ほんてん》から分《わ》かれた店《みせ》。対 本店《ほんてん》。

「祭《さい》」は祖先《そせん》を祭《まつ》る行事《ぎょうじ》を指《さ》す。人《ひと》の一生《いっしょう》のうちの、大事《だいじ》な儀式《ぎしき》をまとめていうことば。

してん【支点】 名詞 てこや天《てん》びんで、支《ささ》えになっている部分《ぶぶん》。関連 力点《りきてん》。作用点《さようてん》。図 ⇩ 890ページ てこ

してん【視点】 名詞
❶ものごとを見《み》たり、考《かんが》えたりする立場《たちば》。例 新《あたら》しい視点から問題《もんだい》を考《かんが》え直《なお》す。
❷見《み》ている先《さき》のところ。

しでん【市電】 名詞 市が経営《けいえい》している電車《でんしゃ》。

じてん【字典】 名詞 漢字《かんじ》を決《き》まった順序《じゅんじょ》に並《なら》べて、読《よ》み方《かた》や意味《いみ》などを説明《せつめい》した本《ほん》。⇩ 使い分け

使い分け　じてん　字典・事典・辞典

字典 漢字《かんじ》を説明《せつめい》した本《ほん》。「字典《じてん》で漢字《かんじ》の成《な》り立《た》ちを調《しら》べる」

事典 いろいろなことがらを解説《かいせつ》した本《ほん》。「百科事典《ひゃっかじてん》／植物事典《しょくぶつじてん》／人名事《じんめいじ》典《てん》／歴史事典《れきしじてん》」

辞典 ことばの読《よ》み方《かた》、意味《いみ》、使《つか》い方《かた》などを説明《せつめい》した本《ほん》。類 辞書《じしょ》「国語辞典《こくごじてん》／英和辞典《えいわじてん》」

じてん【次点】 名詞 当選《とうせん》または入選《にゅうせん》した人《ひと》の次《つぎ》の点数《てんすう》や順位《じゅんい》。また、その人《ひと》。

じてん【自転】 名詞 動詞
❶自分《じぶん》の力《ちから》で回《まわ》ること。
❷太陽《たいよう》・地球《ちきゅう》・月《つき》などの天体《てんたい》が、その天体《てんたい》の中《なか》にあるじくを中心《ちゅうしん》として回《まわ》ること。対 公転《こうてん》。

じてん【事典】 名詞 いろいろなことがらを決《き》まった順序《じゅんじょ》に並《なら》べて、わかりやすく説明《せつめい》した本《ほん》。例 百科事典／人名事典《じんめいじてん》。⇩ 使い分け

じてん【辞典】 名詞 ことばを決《き》まった順序《じゅんじょ》に並《なら》べ、その読《よ》み方《かた》・意味《いみ》・使《つか》い方《かた》などを説明《せつめい》した本《ほん》。辞書《じしょ》。例 国語辞典《こくごじてん》。⇩ 使い分け

じでん【自伝】 名詞 自分《じぶん》の一生《いっしょう》のできごとを、自分《じぶん》で文章《ぶんしょう》に書《か》いたもの。自叙伝《じじょでん》。

じてんしゃ【自転車】 名詞 足《あし》でペダルをふみ、二《ふた》つの車輪《しゃりん》を回《まわ》して走《はし》る乗《の》り物《もの》。

じてんしゃせんようどうろ【自転車専用道路】 名詞 自転車《じてんしゃ》が通《とお》るための、専用《せんよう》の道路《どうろ》。

してんのう【四天王】 名詞
❶仏教《ぶっきょう》で、帝釈天《たいしゃくてん》に仕《つか》えて東西南北《とうざいなんぼく》を守《まも》る四《よ》人《にん》の神《かみ》。持国天《じこくてん》・増長天《ぞうちょうてん》・広目天《こうもくてん》・多聞天《たもんてん》のこと。
❷部下《ぶか》や弟子《でし》などの中《なか》で、もっともすぐれた四《よ》人《にん》。

しと【使途】 名詞 お金《かね》や品物《しなもの》のつかい道《みち》。例 会員《かいいん》に会費《かいひ》の使途を説明《せつめい》する。類 用途《ようと》。

しどう【私道】 名詞 個人《こじん》が自分《じぶん》の土地《とち》につくった道路《どうろ》。対 公道《こうどう》。

しどう【始動】 名詞 動詞 機械《きかい》や組織《そしき》などが動《うご》き始《はじ》めること。また、動《うご》かし始《はじ》めること。例 新《あたら》しい計画《けいかく》が始動する／エンジンを始動する。

しどう【指導】 名詞 動詞 教《おし》え導《みちび》くこと。例 水泳教室《すいえいきょうしつ》で指導を受《う》ける。

じとう【地頭】 名詞 鎌倉《かまくら》・室町時代《むろまちじだい》に置《お》かれた役人《やくにん》。荘園《しょうえん》の管理《かんり》・税金《ぜいきん》のとり立《た》て・悪人《あくにん》のとりしまりなどをした。関連 守護《しゅご》。

じどう【自動】 名詞 人《ひと》が操作《そうさ》しなくても、機《き》械《かい》などがひとりでに動《うご》くこと。例 自動ドア／全自動《ぜんじどう》の食器洗《しょっきあら》い機《き》。対 手動《しゅどう》。

じどう【児童】 名詞
❶子供《こども》。例 児童公園《こうえん》。
❷小学生《しょうがくせい》。例 児童会《かい》。類 学童《がくどう》。
ことば 中学生《ちゅうがくせい》・高校生《こうこうせい》は「生徒《せいと》」、大学生《だいがくせい》は「学生《がくせい》」ということが多《おお》い。

じどうかい【児童会】 名詞 児童《じどう》が中心《ちゅうしん》となって、議題《ぎだい》について話《はな》し合《あ》う会《かい》。

じどうかいさつ【自動改札】 名詞 切符《きっぷ》や定期券《ていきけん》の情報《じょうほう》を機械《きかい》で読《よ》みとって、自動的《じどうてき》に改札《かいさつ》を行《おこな》う方法《ほうほう》。また、その機械《きかい》。

じどうかん【児童館】 名詞 地域《ちいき》の子供《こども》たちに対《たい》し、遊《あそ》びを通《とお》して健康増進《けんこうぞうしん》をはかったり、放課後《ほうかご》の安全《あんぜん》な居場所《いばしょ》を提供《ていきょう》したりする施設《しせつ》。

じどうぎゃくたい【児童虐待】 名詞 親《おや》などの保護者《ほごしゃ》が、暴力《ぼうりょく》をふるったりひどいあつかいをしたりして子供《こども》をいじめること。

じどうけんしょう【児童憲章】 名詞 すべての子供《こども》の幸《しあわ》せを守《まも》るためにつくられた決《き》まり。一九五一年五月五日《ねんごがついつか》に決《き》められた。

あいうえお　かきくけこ　さしすせそ　し　たちつてと　なにぬねの　はひふへほ　まみむめも　やゆよ　らりるれろ　わをん

じどうし【自動詞】 名詞 動詞《どうし》の種類《しゅるい》の一《ひと》つで、ほかにはたらきをおよぼさない動詞《どうし》。「友《とも》だちが来《く》る」の「来《く》る」、「花《はな》がさく」の「さく」のように、「…を」ということばがなくても「友《とも》だち」や「花《はな》」（＝主語《しゅご》）のはたらきを表《あらわ》すことができる。対 他動詞《たどうし》。

しどうしゃ【指導者】 名詞 ある集《あつ》まりの中心《ちゅうしん》になり、みんなをまとめて導《みちび》いていく人《ひと》。リーダー。

じどうしゃ【自動車】 名詞 エンジンの力《ちから》で車輪《しゃりん》を回《まわ》して道《みち》を走《はし》る乗《の》り物《もの》。ことば「一台《いちだい》」と数《かぞ》える。

じどうしょ【児童書】 名詞 子供《こども》のために書《か》かれた本《ほん》。

じどうてき【自動的】 形容動詞 ひとりでに動《うご》くようす。また、ものごとがひとりでに変化《へんか》していくようす。例 自動的にドアが開《ひら》く。

じどうはんばいき【自動販売機】 名詞 お金《かね》やカードを入《い》れ、ボタンをおすと品物《しなもの》が出《で》てくるしくみになっている機械《きかい》。

じどうふくしほう【児童福祉法】 名詞 十《じゅう》八才未満《はっさいみまん》の子供《こども》たちのすこやかな成長《せいちょう》をはかるために定《さだ》められた法律《ほうりつ》。

じどうぶんがく【児童文学】 名詞 子供《こども》のために書《か》かれた文学作品《ぶんがくさくひん》。童話《どうわ》・おとぎ話《ばなし》など。

しどけない 形容詞 服装《ふくそう》などが乱《みだ》れていて、だらしない。しまりがない。例 しどけない姿《すがた》。

しとげる【し遂げる】 動詞 最後《さいご》までやって完成《かんせい》させる。なしとげる。例 難《むずか》しい仕事《しごと》をついにし遂げた。

しとしと［と］ 副詞 雨《あめ》が静《しず》かに降《ふ》るようす。例 霧雨《きりさめ》がしとしと降《ふ》る。

じとじと［と］ 副詞 動詞 しめり気《け》がとても多《おお》くて、不快《ふかい》なようす。例 じとじとした天気《てんき》。

しとめる【仕留める】 動詞 獲物《えもの》をうち殺《ころ》す。また、ねらっていたものを手《て》に入《い》れる。例 くまを仕留める／金賞《きんしょう》を仕留める。

しとやか 形容動詞 動作《どうさ》や話《はな》し方《かた》などが、落《お》ち着《つ》いていて上品《じょうひん》なようす。例 しとやかに歩《ある》く。

しどろもどろ 形容動詞 自信《じしん》がなかったりあわてたりして、話《はなし》などがすらすらとできないようす。例 突然《とつぜん》の質問《しつもん》に、しどろもどろになった。

-しな 接尾語 （ほかのことばのあとにつけて）「ちょうどその時《とき》」「…のついで」などの意味《いみ》を表《あらわ》す。例 ねしな／帰《かえ》りしなに買《か》い物《もの》をする。

しな【品】 名詞
❶品物《しなもの》。物《もの》。例 大切《たいせつ》な品。
❷品物《しなもの》の性質《せいしつ》。品質《ひんしつ》。例 このくつは品がよい。
漢 ⬇1134ジペー ひん〔品〕

しない【市内】 名詞 市《し》の区域《くいき》の中《なか》。対 市外《しがい》。

しない【竹刀】 名詞 四本《よんほん》に割《わ》った竹《たけ》を束《たば》ねて、刀《かたな》の代《か》わりとするもの。剣道《けんどう》で使《つか》う。図 ⬇437ジペー けんどう〔剣道〕

しなう 動詞 折《お》れないで、やわらかに曲《ま》がる。例 実《み》の重《おも》さで木《き》の枝《えだ》がしなう。

しなうす【品薄】 名詞 形容動詞 品物《しなもの》が少《すく》ないこと。例 雨《あめ》が少《すく》ないため、野菜《やさい》が品薄になっている。

しなぎれ【品切れ】 名詞 品物《しなもの》が売《う》り切《き》れてなくなること。売《う》り切《き》れ。

しなさだめ【品定め】 名詞 動詞 品物《しなもの》のよしあしを、よく調《しら》べたり意見《いけん》を言《い》い合《あ》ったりして決《き》めること。例 洋服《ようふく》の品定めをする。

しなの【信濃】 名詞 昔《むかし》の国《くに》の名《な》の一《ひと》つ。今《いま》の長野県《ながのけん》に当《あ》たる。

しなのがわ【信濃川】 名詞 中部地方《ちゅうぶちほう》の東部《とうぶ》を北《きた》へ流《なが》れて日本海《にほんかい》に注《そそ》ぐ川《かわ》。日本《にほん》でもっとも長《なが》い。

しなびる 動詞 水気《みずけ》がなくなって、しぼんだりしわが寄《よ》ったりする。例 きゅうりがしなびる。

しなもの【品物】 名詞 何《なに》かの役《やく》に立《た》つ、形《かたち》のある物《もの》。しな。

しなやか 形容動詞
❶やわらかくて、曲《ま》げてもすぐもとにもどるようす。例 やなぎのしなやかな枝《えだ》。
❷動《うご》きがなめらかで美《うつく》しいようす。例 しなやかにおどる。

じならし【地ならし】 名詞
❶地面《じめん》を平《たい》らにすること。
❷ものごとがうまくいくように、前《まえ》もって準備《じゅんび》しておくこと。例 会議前《かいぎまえ》に地ならしをする。

じなり【地鳴り】 名詞 動詞 地震《じしん》や山《やま》くずれなどで、地面《じめん》の下《した》から鳴《な》りひびくような音《おと》がすること。また、その音《おと》。

シナリオ （scenario） 名詞 映画《えいが》・劇《げき》のせりふや場面《ばめん》のようすを、筋《すじ》を追《お》って書《か》いたもの。台《だい》本《ほん》。脚本《きゃくほん》。

シナリオライター 名詞 シナリオを書《か》く人《ひと》。

えてこらしめる（懲悪《ちょうあく》）こと。

脚本家《きゃくほんか》。

しなん【至難】 名詞 非常《ひじょう》に難《むずか》しいこと。例 このパズルを完成《かんせい》させるのは至難のわざだ。

じなん【次男】 名詞 男《おとこ》のきょうだいで、二番《にばん》目《め》に生《う》まれた子《こ》。ことば「二男」とも書《か》く。

シニア（senior） 名詞 年上《としうえ》の人《ひと》。また、上級《じょうきゅう》生《せい》。例 シニア料金《りょうきん》／シニアコース。

しにぎわ【死に際】 名詞 死《し》ぬ間際《まぎわ》。

しにく【歯肉】 名詞 歯《は》ぐき。

しにせ【老舗】 名詞 昔《むかし》から続《つづ》いている、信用《しんよう》のある有名《ゆうめい》な店《みせ》。

しにめ【死に目】 名詞 死《し》ぬとき。死《し》にぎわ。例 祖父《そふ》の死に目に会《あ》えなかった。

しにものぐるい【死に物狂い】 名詞 形容動詞 死《し》んでも構《かま》わないというくらい、いっしょうけんめいにものごとをすること。例 テストの前《まえ》の日《ひ》は、死に物狂いで勉強《べんきょう》した。

しにわかれ【死に別れ】 名詞 相手《あいて》が死《し》んだために別《わか》れること。対 生《い》き別《わか》れ。

しにん【死人】 名詞 死《し》んだ人《ひと》。死者《ししゃ》。

●**死人《しにん》に口《くち》なし** ↓211ジペー ことわざ

じにん【自任】 名詞 動詞 あることがらにふさわしい性質《せいしつ》や才能《さいのう》、実力《じつりょく》などが自分《じぶん》にある、と自分《じぶん》で思《おも》うこと。例 音楽《おんがく》の天才《てんさい》を自任する。

じにん【自認】 名詞 動詞 自分《じぶん》に関《かん》することについて、自分《じぶん》で認《みと》めること。例 母《はは》は機械《きかい》に弱《よわ》いことを自認している。

じにん【辞任】 名詞 動詞 勤《つと》めや役目《やくめ》を、自分《じぶん》からやめること。類 辞職《じしょく》。対 就任《しゅうにん》。

しぬ【死ぬ】 動詞 ❶命《いのち》がなくなる。対 生《う》まれる。生《い》きる。❷生《い》き生《い》きとしていない。例 このとらの絵《え》は目《め》が死んでいる。対 生《い》きる。❸値打《ねう》ちがなくなる。役《やく》に立《た》たない。例 ほとんど利用《りよう》されず、せっかくの体育館《たいいくかん》が死んでいる。❹野球《やきゅう》で、アウトになる。対 生《い》きる。
漢 ↓552ジペー し〔死〕

じぬし【地主】 名詞 土地《とち》の持《も》ち主《ぬし》。

じねつ【地熱】 名詞 地球《ちきゅう》の内部《ないぶ》から地表《ちひょう》付近《ふきん》に伝《つた》わってくる熱《ねつ》。「ちねつ」ともいう。

じねつはつでん【地熱発電】 名詞 地下《ちか》で発生《はっせい》する高温《こうおん》の水蒸気《すいじょうき》を利用《りよう》して電気《でんき》を起《お》こすこと。「ちねつはつでん」ともいう。

シネマ（フランス語） 名詞 「映画《えいが》」のこと。

シネマスコープ（CinemaScope） 名詞 横長《よこなが》のスクリーンに映像《えいぞう》を映《うつ》し、いくつものスピーカーから音声《おんせい》を出《だ》す大型映画《おおがたえいが》。シネスコ。商《しょう》標名《ひょうめい》。

シネラマ（Cinerama） 名詞 弓形《ゆみがた》になった横長《よこなが》のスクリーンに、三台《さんだい》の映写機《えいしゃき》を使《つか》って、立体《りったい》的《てき》に映写《えいしゃ》する大型映画《おおがたえいが》。商標名《しょうひょうめい》。

しの 名詞 群《むら》がって生《は》える細《ほそ》い竹《たけ》。しの竹《だけ》。ことば 漢字《かんじ》では「篠」と書《か》く。

しのうこうしょう【士農工商】 名詞 江戸《えど》時代《じだい》、職業《しょくぎょう》によって分《わ》けた四《よっ》つの身分《みぶん》。士《し》は武士《ぶし》、農《のう》は農民《のうみん》、工《こう》は職人《しょくにん》、商《しょう》は商人《しょうにん》で、武《ぶ》士《し》がいちばん身分《みぶん》の高《たか》いものとされていた。

しのぎをけずる【しのぎを削る】 激《はげ》しく争《あらそ》うこと。例 決勝戦《けっしょうせん》はしのぎを削る熱戦《ねっせん》となった。ことば「しのぎ」は、刀《かたな》の刃《は》と背《せ》の間《あいだ》の高《たか》くなっているところ。「しのぎ」がけずられるくらいに、刀《かたな》をぶつけ合《あ》いながら激《はげ》しく切《き》り合《あ》うことからきたことば。

しのぐ 動詞 ❶つらいのをがまんして切《き》りぬける。こらえる。例 雨《あめ》つゆをしのぐ。❷力《ちから》や程度《ていど》などが、ほかよりも上《うえ》である。まさる。こえる。例 募金《ぼきん》の額《がく》は昨年《さくねん》をしのいだ。

しのつくあめ【しの突く雨】 激《はげ》しく降《ふ》る雨《あめ》。どしゃぶりの雨《あめ》。ことば しの（＝細《ほそ》い竹《たけ》）を束《たば》ねてつきさすように降《ふ》る雨《あめ》という意味《いみ》。

しのはい【死の灰】 名詞 原子爆弾《げんしばくだん》などの核爆《かくばく》弾《だん》が爆発《ばくはつ》したときに出《で》る、放射能《ほうしゃのう》をふくんだ、人体《じんたい》に有害《ゆうがい》な灰《はい》。参考 一九五四年《ねん》に、アメリカの水爆実験《すいばくじっけん》によって第五福竜丸《だいごふくりゅうまる》が被災《ひさい》したときに、日本《にほん》の新聞《しんぶん》によって作《つく》られたことば。

しのばせる【忍ばせる】 動詞 ❶音《おと》や声《こえ》が人《ひと》に気《き》づかれないようにする。例 足音《あしおと》を忍ばせて近寄《ちかよ》る。❷人《ひと》に知《し》られないようにかくし持《も》つ。例 ポケットに大金《たいきん》を忍ばせる。

しのび【忍び】 名詞 ❶知《し》られないように、ひっそりと行《おこな》うこと。例 お忍びの外出《がいしゅつ》。❷ひそかに敵《てき》のようすをさぐったり、敵《てき》の中《なか》に入《はい》りこんだりすること。また、そのような技《ぎ》術《じゅつ》を身《み》につけた人《ひと》。忍術《にんじゅつ》。忍者《にんじゃ》。例 忍びの者《もの》。

四字熟語　**勧善懲悪《かんぜんちょうあく》**　よい行《おこな》いや考《かんが》え方《かた》をするようにすすめ（勧善《かんぜん》）、悪《わる》い行《おこな》いや考《かんが》え方《かた》にはばつをあた

しのびあし【忍び足】 名詞 人《ひと》に気《き》づかれないように、こっそりと歩《ある》くこと。また、その歩《ある》き方《かた》。類 抜《ぬ》き足差《あしさ》し足《あし》。

しのびこむ【忍び込む】 動詞 人《ひと》に気《き》づかれないように、こっそり入《はい》りこむ。例 どろぼうは窓《まど》から忍び込んだらしい。

しのびない【忍びない】 形容詞 つらくてがまんできない。たえられない。例 このアルバムは捨《す》てるに忍びない。

しのびなき【忍び泣き】 名詞 声《こえ》を立《た》てないで泣《な》くこと。人《ひと》に知《し》られないように泣《な》くこと。

しのびよる【忍び寄る】 動詞 気《き》づかれないように、そっと近《ちか》づく。例 後《うし》ろから忍び寄る。

しのびわらい【忍び笑い】 名詞 まわりにわからないように、声《こえ》をおさえて笑《わら》うこと。

しのぶ 動詞 なつかしく思《おも》い出《だ》す。例 昔《むかし》をしのぶ。

しのぶ【忍ぶ】 動詞 ❶がまんする。こらえる。例 はじを忍んでお願《ねが》いする。❷人《ひと》に知《し》られないようにする。例 人目《ひとめ》を忍んで泣《な》く。

じのぶん【地の文】 名詞 物語《ものがたり》や小説《しょうせつ》などで、会話文以外《かいわぶんいがい》の文《ぶん》。対 会話文《かいわぶん》。

しば 名詞 野山《のやま》に生《は》える小《ちい》さな木《き》。また、その小枝《こえだ》。例 しばかり／しばを集《あつ》めてたき火《び》をする。

しば【芝】 名詞 葉《は》が細《ほそ》く、くきが地面《じめん》をはってふえる草《くさ》。庭《にわ》や土手《どて》などに植《う》えて、芝生《しばふ》にする。

じば【地場】 名詞 その土地《とち》や地域《ちいき》。地元《じもと》。例 地場農産物《のうさんぶつ》（＝その土地《とち》でとれた農産物《のうさんぶつ》）。

じば【磁場】 ↓559ページ じかい〔磁界〕

しはい【支配】 名詞 動詞 ❶上《うえ》に立《た》って、全体《ぜんたい》を思《おも》うように治《おさ》めたり、仕事《しごと》をとりしまったりすること。例 支配者《しゃ》。❷人《ひと》の考《かんが》えや行動《こうどう》などに大《おお》きな力《ちから》を持《も》ち、決《き》まったものにすること。例 感情《かんじょう》に支配される。

しばい【芝居】 名詞 ❶演劇《えんげき》。また、演技《えんぎ》。❷人《ひと》をだますためのつくりごと。例 きみの芝居にはまんまと引《ひ》っかかったよ。

しはいにん【支配人】 名詞 主人《しゅじん》や社長《しゃちょう》の代《か》わりに、仕事《しごと》の指図《さしず》やとりしまりをする人《ひと》。例 ホテルの支配人。

じはく【自白】 名詞 動詞 自分《じぶん》がした悪《わる》いことやかくしごとなどを、自分《じぶん》から話《はな》すこと。例 容疑者《ようぎしゃ》がついに犯行《はんこう》を自白した。類 自供《じきょう》。

じばさんぎょう【地場産業】 名詞 その地域《ちいき》の特徴《とくちょう》を生《い》かして行《おこな》っている産業《さんぎょう》。

しばし 副詞 ちょっとの間《あいだ》。しばらく。例 しばしの別《わか》れ。使い方 古《ふる》い言《い》い方《かた》。

しばしば 副詞 たびたび。何度《なんど》も。例 しばしば会議《かいぎ》を開《ひら》く。

じはだ【地肌】 名詞 ❶土地《とち》の表面《ひょうめん》。例 山《やま》の地肌が見《み》える。❷化粧《けしょう》をしていない、もとのままのはだ。素肌《すはだ》。例 地肌にクリームをぬる。

しばたく ↓586ページ しばたたく

しばたたく 動詞 何度《なんど》もまばたきをする。「しばたく」ともいう。例 まぶしそうに目《め》をしばたたく。

しはつ【始発】 名詞 ❶その日《ひ》、いちばん初《はじ》めに出発《しゅっぱつ》すること。また、その電車《でんしゃ》やバスなど。例 始発電車《でんしゃ》。対 最終《さいしゅう》。終発《しゅうはつ》。❷電車《でんしゃ》やバスなどが、そこから発車《はっしゃ》すること。例 東京《とうきょう》始発ののぞみ号《ごう》。対 終着《しゅうちゃく》。

じはつてき【自発的】 形容動詞 自分《じぶん》から進《すす》んでものごとを行《おこな》うようす。例 自発的に手伝《てつだ》う。

しばふ【芝生】 名詞 しばが一面《いちめん》に生《は》えているところ。

じばら【自腹】 名詞 ❶自分《じぶん》のおなか。❷自分《じぶん》のお金《かね》。

● **自腹《じばら》を切《き》る** 自分《じぶん》のお金《かね》を出《だ》してはらう。例 自腹を切ってごちそうする。類 身銭《みぜに》を切《き》る。

しはらい【支払い】 名詞 代金《だいきん》や料金《りょうきん》をわたすこと。例 支払いをすませる。

しはらう【支払う】 動詞 代金《だいきん》や料金《りょうきん》をわたす。例 本《ほん》の代金《だいきん》を支払う。

しばらく 副詞 ❶少《すこ》しの間《あいだ》。例 しばらくお待《ま》ちください。❷長《なが》い間《あいだ》。例 祖母《そぼ》にはしばらく会《あ》っていない。

しばる【縛る】 動詞 ❶ひもやなわなどを巻《ま》きつけて結《むす》ぶ。ゆわえる。例 雑誌《ざっし》をひもで縛る。❷自由《じゆう》にさせない。制限《せいげん》する。例 規則《きそく》で縛る。

しはん【市販】 名詞 動詞 ふつうの店《みせ》で売《う》っていること。

いること。また、売《う》ること。例 市販品《ひん》。

しはん【師範】 名詞 ❶手本《てほん》や模範《もはん》になる人《ひと》。例 多《おお》くの人《ひと》から師範とあおがれる。
❷学問《がくもん》やけいこごとを教《おし》える人《ひと》。先生《せんせい》。

じばん【地盤】 名詞 ❶建物《たてもの》などの土台《どだい》となる土地《とち》。例 この辺《あた》りは地盤がしっかりしている。
❷その人《ひと》が力《ちから》を持《も》っているところ。例 選挙《せんきょ》の地盤を固《かた》める。

しはんぶん【四半分】 名詞 半分《はんぶん》の半分《はんぶん》。四《よん》分《ぶん》の一《いち》。例 豆腐《とうふ》を四半分に切《き》る。

しひ【私費】 名詞 個人《こじん》が出《だ》す費用《ひよう》。例 私費留《りゅう》学《がく》／事業《じぎょう》に私費を投《とう》じる。類 自費《じひ》。対 公費《こうひ》。

じひ【自費】 名詞 自分《じぶん》で出《だ》す費用《ひよう》。例 自費出《しゅっ》版《ぱん》。類 私費《しひ》。

じひ【慈悲】 名詞 情《なさ》け。いつくしみ。あわれみ。情《なさ》け深《ぶか》い心《こころ》。例 慈悲深《ぶか》い人《ひと》。

じびか【耳鼻科】 名詞 耳《みみ》と鼻《はな》の病気《びょうき》を専門《せんもん》に治《なお》す医学《いがく》。また、その病院《びょういん》。

じびき【字引】 名詞 ❶「字典《じてん》」のこと。
❷「辞典《じてん》」のこと。

じびきあみ【地引き網】 名詞 遠浅《とおあさ》の海岸《かいがん》の沖《おき》に大《おお》きなあみを張《は》り、あみの両《りょう》端《はし》の引《ひ》きづなを陸《りく》上《じょう》で引《ひ》き寄《よ》せて魚《さかな》をとる方法《ほうほう》。

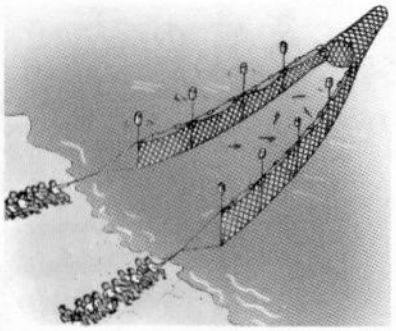
じびきあみ

しひつ【始筆】 名詞 習字《しゅうじ》で、点画《てんかく》の筆使《ふでづか》いの一《ひと》つ。筆《ふで》を入《い》れるところのこと。対 終筆《しゅうひつ》。関連 送筆《そうひつ》。

しひつ【試筆・始筆】 名詞 季語 新年 新年《しんねん》に初《はじ》めて筆《ふで》で字《じ》を書《か》くこと。書《か》き初《ぞ》め。

じひつ【自筆】 名詞 自分《じぶん》で書《か》くこと。また、自分《じぶん》で書《か》いたもの。例 自筆の手紙《てがみ》。類 直筆《じきひつ》。対 代筆《だいひつ》。

じひびき【地響き】 名詞 重《おも》い物《もの》が落《お》ちたり大《おお》きな車《くるま》が通《とお》ったりしたとき、その音《おと》が地面《じめん》を伝《つた》わってひびくこと。例 地響きを立《た》てる。

じひょう【時評】 名詞 世《よ》の中《なか》の、その時々《ときどき》のできごとに対《たい》する評論《ひょうろん》。例 社会時評《しゃかいじひょう》。

じひょう【辞表】 名詞 勤《つと》めや役目《やくめ》をやめたいということを書《か》いて出《だ》す書類《しょるい》。辞職願《じしょくねが》い。

じびょう【持病】 名詞 なかなか治《なお》らなくて、いつも苦《くる》しめられている病気《びょうき》。

しびれる 動詞 ❶体《からだ》の感覚《かんかく》がなくなる。体《からだ》がびりびりとふるえる感《かん》じがする。例 足《あし》がしびれる。
❷興奮《こうふん》して、うっとりとなる。例 美《うつく》しい歌声《うたごえ》に観客《かんきゃく》はしびれた。

しびれをきらす【しびれを切らす】 ❶長《なが》い間《あいだ》すわり続《つづ》けて、足《あし》がしびれる。
❷待《ま》ちくたびれて、がまんができなくなる。例 三時間《さんじかん》待《ま》たされて、しびれを切らした。

しぶ【渋】 名詞 ❶しぶい味《あじ》。例 あずきの渋をぬく。
❷しぶがきなどからとれるしる。くさるのを防《ふせ》ぐために、和紙《わし》にぬって使《つか》う。

しぶ【支部】 名詞 本部《ほんぶ》から分《わ》かれて仕事《しごと》をしているところ。例 支部長《ちょう》。対 本部《ほんぶ》。

しぶ【市部】 名詞 都道府県《とどうふけん》を市《し》と郡《ぐん》に分《わ》けたうちの、市《し》に入《はい》る地域《ちいき》。対 郡部《ぐんぶ》。

じふ【自負】 名詞 動詞 自分《じぶん》の行動《こうどう》や能力《のうりょく》などに自信《じしん》があること。また、それをほこりに思《おも》っていること。例 母《はは》は歌《うた》がうまいと自負している。

じふ【慈父】 名詞 子供《こども》に対《たい》してやさしく、愛《あい》情《じょう》の深《ふか》い父《ちち》。対 慈母《じぼ》。

しぶい【渋い】 形容詞 ❶舌《した》がしびれるような味《あじ》である。例 渋いお茶《ちゃ》。
❷あまり目立《めだ》たず、落《お》ち着《つ》いた感《かん》じがする。例 はでな色《いろ》より渋い色《いろ》のほうが好《す》きだ。
❸機嫌《きげん》が悪《わる》いようす。例 渋い顔《かお》をする。
❹けちである。例 お金《かね》に渋い。

しぶおんぷ【四分音符】 名詞 楽譜《がくふ》に使《つか》う音《おん》符《ぷ》の一《ひと》つ。音《おと》の長《なが》さは、全音符《ぜんおんぷ》の四分《よんぶん》の一《いち》。「しぶんおんぷ」ともいう。図 ⇩213ジ《ペー》 おんぷ〔音符〕

しぶがき【渋柿】 名詞 季語 秋 熟《じゅく》してもしぶいかき。しぶをぬいたり干《ほ》しがきにしたりして食《た》べる。対 甘柿《あまがき》。

しぶき 名詞 水《みず》が細《こま》かい玉《たま》になって飛《と》び散《ち》ったもの。例 水《みず》しぶき／しぶきを上《あ》げて飛《と》びこむ。

しぶきゅうふ【四分休符】 名詞 楽譜《がくふ》に使《つか》う休《きゅう》符《ふ》の一《ひと》つ。休《やす》む長《なが》さは、全休符《ぜんきゅうふ》の四分《よんぶん》の一《いち》。「しぶんきゅうふ」ともいう。図 ⇩351ジ《ペー》 きゅうふ〔休符〕

四字熟語 完全無欠《かんぜんむけつ》　すべてが整《ととの》っていて（完全《かんぜん》）、悪《わる》いところや足《た》りないところが一《ひと》つもない（無欠《むけつ》）

しふく【私服】 名詞 ❶決《き》められた服《ふく》でない、自分《じぶん》の服《ふく》。例 私服で通学《つうがく》する。対 制服《せいふく》。❷制服《せいふく》を着《き》ないで、ふつうの服装《ふくそう》で仕事《しごと》をしている刑事《けいじ》。「私服刑事《しふくけいじ》」の略《りゃく》。

しふく【雌伏】 名詞 動詞 自分《じぶん》が活躍《かつやく》する機会《きかい》が来《く》るのを待《ま》って、力《ちから》をつけながらがまんして日《ひ》を送《おく》ること。例 雌伏十年《じゅうねん》、ようやくチャンスがめぐってきた。対 雄飛《ゆうひ》。

しふくをこやす【私腹を肥やす】 地位《ちい》や立場《たちば》を利用《りよう》して、自分《じぶん》の財産《ざいさん》をふやす。

しぶさわえいいち【渋沢栄一】 名詞 （一八四〇～一九三一）明治《めいじ》・大正時代《たいしょうじだい》の実業家《じつぎょうか》。明《めい》治新政府《じしんせいふ》の役人《やくにん》となったあと、実業家《じつぎょうか》となり、日本最初《にほんさいしょ》の銀行《ぎんこう》である第一国立銀行《だいいちこくりつぎんこう》を設立《せつりつ》するなど、多《おお》くの会社《かいしゃ》に関係《かんけい》した。

しぶしぶ[と]【渋渋[と]】 副詞 いやいやながら。気《き》が進《すす》まないままに。例 渋々掃除《そうじ》を始《はじ》める。

しぶぞめいっき【渋染一揆】 名詞 江戸時《えどじ》代《だい》の末《すえ》に、岡山藩《おかやまはん》（＝今《いま》の岡山県《おかやまけん》）で、身分《みぶん》の上《うえ》で厳《きび》しく差別《さべつ》されていた人々《ひとびと》が、差別《さべつ》の強《きょう》化《か》に反対《はんたい》して起《お》こした一揆《いっき》。参考「渋染《しぶぞめ》」は、かきのしぶで染《そ》めたもののこと。

しぶつ【私物】 名詞 個人《こじん》の持《も》ち物《もの》。

じぶつ【事物】 名詞 ものごと。例 明治時代《めいじじだい》には、外国《がいこく》の事物がたくさん日本《にほん》に入《はい》ってきた。

ジフテリア（diphtheria）名詞 ジフテリア菌《きん》によって起《お》こる感染症《かんせんしょう》。高《たか》い熱《ねつ》が出《で》て、のどに白《しろ》い膜《まく》ができる。小《ちい》さい子供《こども》がかかりやすい。

シフト（shift）名詞 動詞 ❶交替《こうたい》で勤務《きんむ》すること。例 来月《らいげつ》の勤務《きんむ》シフト。❷野球《やきゅう》で、打者《だしゃ》によって守備《しゅび》の位置《いち》を変《か》えること。❸自動車《じどうしゃ》のギアを入《い》れかえること。

しぶとい 形容詞 ❶強情《ごうじょう》である。例 弟《おとうと》はしぶとい性格《せいかく》だ。❷ねばり強《づよ》い。例 しぶとく調査《ちょうさ》を続《つづ》ける。

しぶみ【渋み】 名詞 ❶しぶい味《あじ》。例 渋みのあるお茶《ちゃ》。❷地味《じみ》で、落《お》ち着《つ》きのある感《かん》じ。例 渋みのある配色《はいしょく》を好《この》む／大人《おとな》の渋みを感《かん》じさせる人《ひと》。

しぶる【渋る】 動詞 ❶気《き》が進《すす》まない。するのをいやがる。例 返事《へんじ》を渋って、いつまでもはっきりしない。❷すらすらといかない。例 手紙《てがみ》を書《か》く手《て》が渋る。

じぶん【自分】 名詞 ❶その人自身《ひとじしん》。例 自分のことは自分でする。対 他人《たにん》。❷わたし。例 それは自分の本《ほん》です。

じぶん【時分】 名詞 ❶とき。ころ。時期《じき》。例 もう来《く》る時分だ。❷ちょうどよい時《とき》。例 時分を見計《みはか》らって帰《かえ》る。

しぶんおんぷ【四分音符】 ⇩587ジページ しぶおんぷ

じぶんかって【自分勝手】 名詞 形容動詞 ほかの人《ひと》のことを考《かんが》えないで、自分《じぶん》だけに都合《つごう》のよいようにするようす。わがまま。例 自分勝手な人／旅行中《りょこうちゅう》は自分勝手に行動《こうどう》しない。

しぶんきゅうふ【四分休符】 ⇩587ジページ しぶきゅうふ

じぶんじしん【自分自身】 名詞 「自分《じぶん》」を強《つよ》めていうことば。例 自分自身を信《しん》じる。

しぶんしょ【私文書】 名詞 役所《やくしょ》の書類《しょるい》ではない、個人《こじん》の立場《たちば》でつくった書類《しょるい》。対 公文書《こうぶんしょ》。

しへい【紙幣】 名詞 紙《かみ》でつくったお金《かね》。お札《さつ》。例 千円《せんえん》紙幣。対 硬貨《こうか》。

じへいしょう【自閉症】 名詞 発達障害《はったつしょうがい》の一《ひと》つ。人《ひと》とかかわることが苦手《にがて》である、ことばの発達《はったつ》におくれがみられる、同《おな》じ動作《どうさ》をくり返《かえ》すなどの特徴《とくちょう》がある。

じべた【地べた】 名詞 地面《じめん》。例 地べたにすわる。

しべつ【死別】 名詞 動詞 死《し》に別《わか》れること。対 生別《せいべつ》。

シベリア 名詞 ロシアの、ウラル山脈《さんみゃく》から東《ひがし》の広《ひろ》い地域《ちいき》。寒《さむ》さが厳《きび》しく、森林《しんりん》が広《ひろ》がっている。石油《せきゆ》・天然《てんねん》ガス・鉱物《こうぶつ》などの資源《しげん》が豊富《ほうふ》。

しへん【紙片】 名詞 紙《かみ》のきれはし。紙切《かみき》れ。

しべん【至便】 形容動詞 とても便利《べんり》である。例 交通《こうつう》至便な土地《とち》。

じへん【事変】 名詞 ❶人々《ひとびと》が不安《ふあん》になるような、大《おお》きなできごと。❷戦争《せんそう》をすることを相手《あいて》の国《くに》に伝《つた》えないで行《おこな》う戦争《せんそう》。

じべん【自弁】 名詞 動詞 自分《じぶん》で費用《ひよう》をはらうこと。例 会場《かいじょう》までの交通費《こうつうひ》は自弁だ。

しへんけい【四辺形】 名詞 四《よっ》つの直線《ちょくせん》で囲《かこ》

いへん危《あぶ》ない状態《じょうたい》のたとえ。

まれた図形《ずけい》。四角形《しかくけい》。正方形《せいほうけい》・長方形《ちょうほうけい》・台形《だいけい》など。

じぼ【字母】 名詞 ❶かなやアルファベットなど、音《おん》を表《あらわ》す一《ひと》つ一《ひと》つの文字《もじ》。❷活字《かつじ》を作《つく》るもとになる、金属《きんぞく》の型《かた》。

じぼ【慈母】 名詞 子供《こども》に対《たい》してやさしく、愛《あい》情《じょう》の深《ふか》い母《はは》。対 慈父《じふ》。

しほう【四方】 名詞 ❶東《ひがし》・西《にし》・南《みなみ》・北《きた》の四《よっ》つの方角《ほうがく》。❷まわり。例 四方に注意《ちゅうい》を配《くば》る。

しほう【司法】 名詞 国《くに》が、法律《ほうりつ》によって人《ひと》の行《おこな》いを調《しら》べ、正《ただ》しいか正《ただ》しくないかを決《き》めること。関連 行政《ぎょうせい》。立法《りっぽう》。

しぼう【子房】 名詞 めしべの下《した》のほうにあるふくらんだ部分《ぶぶん》。めしべの先《さき》に花粉《かふん》がつくと、ふくらんで実《み》になる。図 ⇩1068ジペー はな〔花〕

しぼう【死亡】 名詞 動詞 死《し》ぬこと。例 死亡者《しゃ》。類 死去《しきょ》。対 出生《しゅっせい》。

しぼう【志望】 名詞 動詞 こうしたいと、自分《じぶん》から望《のぞ》むこと。例 姉《あね》は志望していた大学《だいがく》に入《はい》った。類 志願《しがん》。

しぼう【脂肪】 名詞 動物《どうぶつ》や植物《しょくぶつ》の体《からだ》の中《なか》にたくわえられるあぶら。大事《だいじ》な栄養素《えいようそ》の一《ひと》つ。関連 炭水化物《たんすいかぶつ》。たんぱく質《しつ》。

じほう【時報】 名詞 ❶時刻《じこく》を知《し》らせること。例 正午《しょうご》の時報。❷その時《とき》その時《とき》のできごとを知《し》らせる新聞《しんぶん》や雑《ざっ》誌《し》など。例 社会時報《しゃかいじほう》。

しほうい【四方位】 名詞 東《ひがし》・西《にし》・南《みなみ》・北《きた》の四《よっ》つの方位《ほうい》。図 ⇩1203ジペー ほうい〔方位〕

しぼうこう【志望校】 名詞 自分《じぶん》が行《い》きたいと望《のぞ》んでいる学校《がっこう》。例 志望校を決《き》める。

じぼうじき【自暴自棄】 名詞 形容動詞 やけになって、投《な》げやりな行動《こうどう》をとること。例 試験《しけん》に落《お》ちて自暴自棄になる。

しほうとりひき【司法取引】 名詞 事件《じけん》の容疑者《ようぎしゃ》や被告《ひこく》が、捜査《そうさ》に協力《きょうりょく》する代《か》わりに、刑《けい》を軽《かる》くしてもらうなどの見返《みかえ》りを得《え》られる制《せい》度《ど》。

しほうはっぽう【四方八方】 名詞 あちらこちら。方々《ほうぼう》。例 四方八方に散《ち》らばる。

しぼうりつ【死亡率】 名詞 ❶ある期間《きかん》の、全体《ぜんたい》の人口《じんこう》に対《たい》する、死《し》んだ人《ひと》の割合《わりあい》。❷ある病気《びょうき》にかかった人全体《ひとぜんたい》に対《たい》する、その病気《びょうき》で死《し》んだ人《ひと》の割合《わりあい》。例 がんの死亡率。

しぼつ【死没】 名詞 動詞 人《ひと》が死《し》ぬこと。死亡《しぼう》。例 死没者《しゃ》。

しぼむ 動詞 ふくらんでいたものが、勢《いきお》いがなくなって縮《ちぢ》む。例 花《はな》がしぼむ／風船《ふうせん》がしぼむ／期待《きたい》がしぼんでしまった。対 膨《ふく》らむ。

しぼり【絞り】 名詞 ❶しぼること。しぼったもの。例 お絞り。❷「絞《しぼ》り染《ぞ》め」の略《りゃく》。例 絞りの羽織《はおり》。❸花《はな》びらの色《いろ》がまだらになっているもの。❹カメラの、レンズに入《はい》る光《ひかり》の明《あか》るさを調節《ちょうせつ》

伝統的《でんとうてき》な言語文化《げんごぶんか》

人《ひと》を呼《よ》ぶことば

ぼく・わたし、きみ・あなた

きみはふだん自分《じぶん》のことをなんと呼《よ》んでいるかな。ぼく？　わたし？　それとも、おれ？　友《とも》だちのことはどうだろう。きみ？　おまえ？　あなた？

日本語《にほんご》には、自分《じぶん》や相手《あいて》を呼《よ》ぶことばがいくつもあるね。では、「ぼく」「きみ」ってもともとどういう意味《いみ》だったか、知《し》っているかな。調《しら》べてごらん。きっとびっくりするよ。

自分《じぶん》の呼《よ》び方《かた》を、友《とも》だちの前《まえ》では「おれ」、授業中《じゅぎょうちゅう》に発言《はつげん》するときは「ぼく」、作文《さくぶん》に書《か》くときは「わたし」と使《つか》い分《わ》けることもあるよね。相手《あいて》や場面《ばめん》によって自分《じぶん》や相手《あいて》の呼《よ》び方《かた》を変《か》えるのは大切《たいせつ》なことだよ。

また、子供《こども》を連《つ》れたお母《かあ》さんが、自分《じぶん》のことを「お母《かあ》さん」と呼《よ》んだり、自分《じぶん》の父親《ちちおや》を「おじいちゃん」と呼《よ》んだりすることがあるよね。みんなの中《なか》には、妹《いもうと》に向《む》かって自分《じぶん》のことを「お姉《ねえ》ちゃん」と呼《よ》んだり、お母《かあ》さんに「お兄《にい》ちゃん」と呼《よ》ばれたりする人《ひと》もいるんじゃないかな。

これは、家族《かぞく》みんなが、家族《かぞく》の中《なか》のいちばん小《ちい》さな子《こ》の立場《たちば》に立《た》って自分《じぶん》や相手《あいて》を呼《よ》んでいるわけだ。このように自分《じぶん》や相手《あいて》を呼《よ》ぶのは、日《に》本語《ほんご》の特徴《とくちょう》なんだよ。

四字熟語　危機一髪《ききいっぱつ》　かみの毛一本《けいっぽん》をはさむくらいの、ごく近《ちか》くに危険《きけん》がせまっているという意味《いみ》で、た

するしかけ。

しぼりぞめ【絞り染め】 名詞 布《ぬの》を染《そ》める方法《ほう》の一《ひと》つ。布《ぬの》のところどころを糸《いと》でくくって、その部分《ぶぶん》だけ染《そ》まらないようにしたもの。

しぼる【絞る・搾る】 動詞 ❶ねじったりおしつけたりして水分《すいぶん》を出《だ》す。例 タオルを絞る／乳《ちち》を搾る。❷簡単《かんたん》には出《で》ないものを無理《むり》に出《だ》させる。例 知恵《ちえ》を絞る。❸広《ひろ》がっているものをまとめる。例 ふくろの口《くち》を絞る／問題《もんだい》を一《ひと》つに絞る。❹厳《きび》しくきたえたりしかったりする。例 なまけて父《ちち》に絞られる。❺カメラのレンズに入《はい》る光《ひかり》の量《りょう》を少《すく》なくする。❻音量《おんりょう》などを小《ちい》さくする。例 テレビの音《おと》を絞る。

しほん【資本】 名詞 事業《じぎょう》や商売《しょうばい》などをするのに必要《ひつよう》なお金《かね》。元手《もとで》。

しほんか【資本家】 名詞 もうけることを目当《めあ》てに、事業《じぎょう》にお金《かね》を出《だ》している人《ひと》。会社《かいしゃ》などを経営《けいえい》する人《ひと》。対 労働者《ろうどうしゃ》。

しほんしゅぎ【資本主義】 名詞 資本家《しほんか》がお金《かね》を出《だ》して事業《じぎょう》を行《おこな》い、労働者《ろうどうしゃ》がそこで働《はたら》いてお金《かね》をもらうという社会《しゃかい》のしくみ。対 社会主義《しゃかいしゅぎ》。共産主義《きょうさんしゅぎ》。

しま 名詞 縦《たて》、または横《よこ》の筋《すじ》が一定《いってい》の方向《ほうこう》に並《なら》んでいる模様《もよう》。ことば 漢字《かんじ》では「縞」と書《か》く。

しま【島】 名詞 まわり全体《ぜんたい》を海《うみ》や湖《みずうみ》に囲《かこ》まれている陸地《りくち》。漢 ➡914ページ とう〔島〕

しま【志摩】 名詞 昔《むかし》の国《くに》の名《な》の一《ひと》つ。今《いま》の三重《みえ》県《けん》の東部《とうぶ》、志摩半島《しまはんとう》に当《あ》たる。

しまい 名詞 ❶ものごとが終《お》わること。やめること。おしまい。例 今日《きょう》の練習《れんしゅう》はもうしまいにしよう。❷いちばん後《うし》ろ。最後《さいご》。例 本《ほん》をしまいまで読《よ》む。

しまい【仕舞】 名詞 能楽《のうがく》で、シテ（＝主役《しゅやく》）が一人《ひとり》で、装束《しょうぞく》や面《めん》をつけず、うたいだけで舞《ま》う略式《りゃくしき》の舞《まい》。

しまい【姉妹】 名詞 ❶同《おな》じ親《おや》を持《も》つ、女《おんな》の子供同士《こどもどうし》。姉《あね》と妹《いもうと》。例 三人《さんにん》姉妹。対 兄弟《きょうだい》。❷たがいに似《に》ている点《てん》やつながりのあるもの。例 姉妹店《てん》／姉妹品《ひん》／姉妹都市《とし》。

-じまい 接尾語 （ほかのことばのあとにつけて）❶する予定《よてい》だったことを、しないまま終《お》わってしまうこと。例 そのまま聞《き》かずじまいになる。❷それを終《お》わりにする意味《いみ》を表《あらわ》す。例 店《みせ》じまい。

しまいとし【姉妹都市】 名詞 文化《ぶんか》の交流《こうりゅう》や親善《しんぜん》をはかるためにつながりを持《も》っている複数《ふくすう》の都市《とし》。参考 東京《とうきょう》とニューヨークなど、外国《がいこく》の都市同士《としどうし》の関係《かんけい》が多《おお》い。

しまう 動詞 ❶すませる。終《お》わりにする。例 仕事《しごと》をしまう。❷かたづける。例 おもちゃをしまう。❸店《みせ》・商売《しょうばい》などをやめる。例 店《みせ》をしまう。❹（「…てしまう」の形《かたち》で）「すっかり終《お》わる」という意味《いみ》を表《あらわ》す。例 全部《ぜんぶ》食《た》べてしまった。❺（「…てしまう」の形《かたち》で）「困《こま》ったことになる」という意味《いみ》を表《あらわ》す。例 本《ほん》をなくしてしまった。

しまうま【しま馬】 名詞 アフリカの草原《そうげん》にすむうまのなかまの動物《どうぶつ》。白《しろ》っぽい体《からだ》に黒色《くろいろ》のしまが入《はい》っている。馬《うま》よりもろばに似《に》ている。

じまえ【自前】 名詞 費用《ひよう》を自分《じぶん》で出《だ》すこと。例 自前の衣装《いしょう》で劇《げき》に出演《しゅつえん》する。

しまかげ【島影】 名詞 島《しま》のすがた。例 島影一《ひと》つ見《み》えない大海原《おおうなばら》。

じまく【字幕】 名詞 映画《えいが》やテレビで、題名《だいめい》・配役《はいやく》・説明《せつめい》・会話《かいわ》などを、画面《がめん》の中《なか》に文字《もじ》で映《うつ》し出《だ》すもの。

しまぐに【島国】 名詞 まわりを海《うみ》に囲《かこ》まれた国《くに》。例 日本《にほん》は島国だ。

しまぐにこんじょう【島国根性】 名詞 島国《しまぐに》に住《す》む国民《こくみん》に多《おお》いと言《い》われる、物《もの》の見方《みかた》や考《かんが》え方《かた》がせまく、ゆとりのない性質《せいしつ》。

じまくほうそう【字幕放送】 名詞 テレビなどで、ふつうの放送《ほうそう》と同時《どうじ》に、音声《おんせい》を文字《もじ》にして画面《がめん》に示《しめ》す放送《ほうそう》。

しまざきとうそん【島崎藤村】 名詞 （一八七二〜一九四三）明治《めいじ》から昭和《しょうわ》時代《じだい》にかけての詩人《しじん》・小説家《しょうせつか》。詩集《ししゅう》「若菜集《わかなしゅう》」や小説《しょうせつ》「破戒《はかい》」「夜明《よあ》け前《まえ》」などを書《か》いた。

しまつ【始末】 ❶名詞 ものごとの始《はじ》めから終《お》わりまでの事情《じじょう》。わけ。例 ことの始末を説明《せつめい》する。❷名詞 ものごとの結果《けっか》。例 よく注意《ちゅうい》したのにこの始末だ。❸名詞 動詞 かたづけること。例 いらない本《ほん》を

ものごとを最悪《さいあく》の状態《じょうたい》からよい方向《ほうこう》へ向《む》かわせること。

始末する。

❹ 名詞 動詞 むだづかいをしないこと。例 始末屋《や》。

●**始末《しまつ》に負《お》えない** どうしようもない。解決《かいけつ》する方法《ほうほう》がない。例 わがままで始末に負えない。

しまった 感動詞 失敗《しっぱい》やまちがいなどに気《き》づいたときに思《おも》わず言《い》うことば。例 しまった、ねぼうした。

しまながし【島流し】 名詞 昔《むかし》のけいばつの一《ひと》つ。罪《つみ》をおかした人《ひと》を、遠《とお》くの島《しま》や地方《ちほう》に送《おく》ること。

しまねけん【島根県】 名詞 中国地方《ちゅうごくちほう》の北部《ほくぶ》にある県《けん》。日本海《にほんかい》に面《めん》する。出雲大社《いずもたいしゃ》があり、神話《しんわ》の舞台《ぶたい》として知《し》られる。県庁《けんちょう》は松江市《まつえし》にある。

しまばらあまくさいっき【島原・天草一揆】 名詞 一六三七年《ねん》から一六三八年《ねん》にかけて、九州《きゅうしゅう》の島原《しまばら》・天草《あまくさ》のキリシタンを主《しゅ》とする農民《のうみん》たちが、天草四郎《あまくさしろう》をかしらとして起《お》こした一揆《いっき》。キリシタンのとりしまりと厳《きび》しい年貢《ねんぐ》のとり立《た》てに反対《はんたい》して戦《たたか》った。「島原《しまばら》の乱《らん》」「天《あま》草《くさ》の乱《らん》」ともいう。

しまばらのらん【島原の乱】 ⇩591ページ しまばらあまくさいっき

しまはんとう【志摩半島】 名詞 三重県《みえけん》の東《とう》部《ぶ》、太平洋《たいへいよう》につき出《で》た半島《はんとう》。海岸《かいがん》はリアス海岸《かいがん》で、伊勢志摩国立公園《いせしまこくりつこうえん》の一部《いちぶ》。真珠《しんじゅ》の養殖《ようしょく》がさかん。

しまり【締まり】 名詞 ❶ゆるみやたるみがなく、引《ひ》きしまっていること。例 締まりのない表情《ひょうじょう》。❷戸《と》じまり。❸しめくくり。例 ものごとの締まりをつける。

●**締《し》まりがない** だらしがない。きちんとしていない。例 締まりがない服装《ふくそう》。

しまりす 名詞 背中《せなか》に五本《ごほん》の黒《くろ》い縦《たて》じまがあるりすのなかま。口《くち》の中《なか》の左右《さゆう》にふくろがあり、えさをためて運《はこ》ぶ。冬《ふゆ》は冬眠《とうみん》する。

しまりす

しまりや【締まり屋】 名詞 むだづかいしない人《ひと》。倹約家《けんやくか》。けち。

しまる【閉まる】 動詞 開《あ》いていたものがとじる。例 ドアが閉まる／店《みせ》が閉まる。対 開《あ》く。

漢 ▶1185ジペ へい【閉】

しまる【締まる】 動詞 ❶ゆるみがなくなる。対 たるむ。❷気持《きも》ちが張《は》りつめてゆるみがなくなる。緊《きん》張《ちょう》する。例 身《み》が締まる思《おも》いがした。対 たるむ。

漢 ⇩1185ページ へい〔閉〕

じまん【自慢】 名詞 動詞 自分《じぶん》のことや自分《じぶん》に関係《かんけい》のあるものを、自分《じぶん》でほめること。例 妹《いもうと》は自分《じぶん》のかいた絵《え》を自慢している。

しまんとがわ【四万十川】 名詞 高知県《こうちけん》の西《せい》部《ぶ》を流《なが》れる川《かわ》。

しみ 名詞 季語 夏 紙《かみ》や衣類《いるい》などを食《く》いあらす小《ちい》さな昆虫《こんちゅう》。銀色《ぎんいろ》がかった白色《しろいろ》をしている。体《たい》長《ちょう》九《きゅう》ミリメートルくらい。ことば 漢字《かんじ》では「紙魚」「衣魚」と書《か》く。

しみ【染み】 名詞 ❶油《あぶら》やしるなどがついてできたよごれ。例 服《ふく》に染みをつけてしまった。❷皮膚《ひふ》にできる茶色《ちゃいろ》の斑点《はんてん》。

漢 ⇩764ページ そ-める〔染〕

じみ【地味】 形容動詞 はなやかさがなく、ひかえめなこと。落《お》ち着《つ》いた感《かん》じで目立《めだ》たないこと。例 節約《せつやく》して地味に暮《く》らす／地味な服《ふく》。対 派手《はで》。ことば 「ちみ」と読《よ》むと別《べつ》の意味《いみ》。

しみこむ【染み込む】 動詞 ❶ものの内部《ないぶ》に入《はい》りこむ。例 においが服《ふく》に染み込む／味《あじ》がよく染み込んだ料理《りょうり》。❷ある考《かんが》えや習慣《しゅうかん》などが、心《こころ》に深《ふか》く入《はい》りこむ。例 先生《せんせい》のことばが胸《むね》に染み込む。

しみじみ［と］ 副詞 深《ふか》く心《こころ》に感《かん》じるようす。つくづく。例 母《はは》が旅行《りょこう》に出《で》かけている間《あいだ》、親《おや》のありがたみをしみじみと感《かん》じた。

しみず【清水】 名詞 季語 夏 地中《ちちゅう》からわいて出《で》るきれいな水《みず》。

じみち【地道】 形容動詞 無理《むり》をしないで、少《すこ》しずつでも確実《かくじつ》にものごとを進《すす》めるようす。例 地道な努力《どりょく》を重《かさ》ねる。

しみったれ 名詞 形容動詞 お金《かね》などを出《だ》したがらないこと。けちなこと。また、そのような人《ひと》。

しみとおる【染みとおる】 動詞 ❶裏側《うらがわ》や内側《うちがわ》までしみこむ。例 下着《したぎ》にまで雨《あめ》が染みとおる。❷心《こころ》に深《ふか》く強《つよ》く感《かん》じる。例 心《こころ》に染みとおる歌声《うたごえ》。

しみぬき【染み抜き】 名詞 動詞 衣服《いふく》などにつ

いたしみやよごれを、薬品《やくひん》などでとること。また、そのときに使《つか》う薬品《やくひん》。

シミュレーション（simulation）名詞 コンピューターなどを使《つか》って、できるだけ実際《じっさい》に近《ちか》い状況《じょうきょう》を作《つく》って実験《じっけん》を行《おこな》うこと。模擬実験《もぎじっけん》。例 発電量《はつでんりょう》のシミュレーションを行《おこな》う。

しみる【染みる】 動詞 ❶水気《みずけ》やにおいが、少《すこ》しずつ中《なか》に入《はい》りこむ。例 服《ふく》に油《あぶら》のにおいが染みる。❷色《いろ》がつく。染《そ》まる。例 紙《かみ》にインクが染みた。❸痛《いた》みを感《かん》じる。例 傷口《きずぐち》に薬《くすり》がしみる。❹心《こころ》に深《ふか》く感《かん》じる。例 親切《しんせつ》が身《み》にしみる。

使い方 ❸❹は、かな書《が》きにすることが多《おお》い。

漢 ⇒764ページ《ジ》 そ-める〔染〕

-じみる 接尾語 （ほかのことばのあとにつけて）❶しみこんでいる。例 キッチンが油《あぶら》じみる。❷そのように見《み》える。例 子供《こども》じみた話《はな》し方《かた》。

しみわたる【染み渡る】 動詞 水気《みずけ》などが少《すこ》しずつ中《なか》に入《はい》り、すみからすみまで届《とど》く。例 冷《ひ》えた体《からだ》に熱《あつ》いお茶《ちゃ》が染み渡る。

しみん【市民】 名詞 ❶その市《し》に住《す》んでいる人《ひと》。市《し》の住民《じゅうみん》。例 市民会館《かいかん》。関連 区民《くみん》。町民《ちょうみん》。村民《そんみん》。❷国《くに》の政治《せいじ》に参加《さんか》する権利《けんり》を持《も》っている人《ひと》。

しみんけん【市民権】 名詞 国民《こくみん》または市民《しみん》として、自由《じゆう》に考《かんが》えたり行動《こうどう》したりすることなどが守《まも》られ、政治《せいじ》に参加《さんか》することのできる権利《けんり》。シチズンシップ。

しみんびょうどう【四民平等】 名詞 明治《めいじ》政府《せいふ》が、江戸時代《えどじだい》の士農工商《しのうこうしょう》の身分制度《みぶんせいど》をとりやめた時《とき》の政策《せいさく》。農工商《のうこうしょう》を平民《へいみん》とし、結婚《けっこん》や職業《しょくぎょう》・居住《きょじゅう》の自由《じゆう》などを認《みと》めた。教科 社 実際《じっさい》には新《あら》たな身分《みぶん》がつくられたり、差別《さべつ》される人々《ひとびと》が残《のこ》されたりした。

じむ【事務】 名詞 役所《やくしょ》や会社《かいしゃ》などで、おもに机《つくえ》の上《うえ》で書《か》いたり計算《けいさん》したりする仕事《しごと》。例 事務室《しつ》。

しむける【仕向ける】 動詞 あることをするように、相手《あいて》にはたらきかける。例 使《つか》った食器《しょっき》は自分《じぶん》でかたづけるように仕向ける。

じむしょ【事務所】 名詞 事務《じむ》の仕事《しごと》をするところ。オフィス。

じむてき【事務的】 形容動詞 気持《きも》ちを表《おもて》にあらわさずに、決《き》められたとおりにするようす。例 事務的に処理《しょり》する。

しめい【氏名】 名詞 名字《みょうじ》と名前《なまえ》。類 姓名《せいめい》。

しめい【使命】 名詞 自分《じぶん》にあたえられた、果《は》たさなければならない役目《やくめ》。例 キャプテンの使命を果《は》たす。類 任務《にんむ》。

しめい【指名】 名詞 動詞 あることをさせるために、名前《なまえ》を指《さ》し示《しめ》すこと。名指《なざ》し。例 指名されて意見《いけん》を述《の》べる／大臣《だいじん》を指名する。

じめい【自明】 名詞 形容動詞 とくに調《しら》べたりためしたり、また証明《しょうめい》したりしなくてもはっきりしていること。わかりきっていること。例 妹《いもうと》に絵《え》の才能《さいのう》があることは自明だ。

しめかざり【しめ飾り】 名詞 季語 新年 正月《しょうがつ》などに、門口《かどぐち》や神棚《かみだな》にしめ縄《なわ》をかざること。また、そのかざり。

しめきり【締め切り】 名詞 日《ひ》を決《き》めて、とりあつかいを終《お》わりにすること。また、その日《ひ》や時刻《じこく》。例 文集《ぶんしゅう》の原稿《げんこう》の締め切りが近《ちか》づく。

しめきる【閉め切る】 動詞 ❶戸《と》や窓《まど》などを、すっかり閉《し》める。❷戸《と》や窓《まど》などを、長《なが》い間《あいだ》閉《し》めたままにしておく。例 空《あ》き教室《きょうしつ》は、閉め切ったままだ。

しめきる【締め切る】 動詞 受《う》け付《つ》けやとりあつかいなどを打《う》ちきる。例 募集《ぼしゅう》を締め切る。

しめくくり【締めくくり】 名詞 まとまりをつけること。例 会《かい》の締めくくりのあいさつ。

しめくくる【締めくくる】 動詞 ❶束《たば》ねてしばる。❷まとまりをつけて終《お》わる。例 全員《ぜんいん》の合唱《がっしょう》で発表会《はっぴょうかい》を締めくくる。

しめじ 名詞 季語 秋 小形《こがた》のきのこ。白《しろ》または灰色《はいいろ》で、秋《あき》、林《はやし》の中《なか》に固《かた》まって生《は》える。食用《しょくよう》になる。図 ⇒336ページ《ジ》 きのこ

しめしあわせる【示し合わせる】 動詞 ❶前《まえ》もって相談《そうだん》し合《あ》う。例 集《あつ》まる場所《ばしょ》を示し合わせる。❷合図《あいず》をして知《し》らせ合《あ》う。例 友《とも》だちと目《め》で示し合わせて外《そと》へ出《で》た。

しめしがつかない【示しがつかない】 よい手本《てほん》として見《み》せることができない。例 ぼくがこわがっていては、弟《おとうと》に示しがつかない。

しめしめ 感動詞 自分《じぶん》の思《おも》いどおりになっていることをこっそり喜《よろこ》ぶときに言《い》うことば。例 しめしめ、計画《けいかく》はうまくいった。

三句《さんく》で新《あたら》しく展開《てんかい》させ（転《てん》）、最後《さいご》にまとめる（結《けつ》）ことから、ものごとの順序《じゅんじょ》や組《く》み立《た》てのこと。

じめじめ【と】 副詞 動詞
❶しめり気《け》が多《おお》く、うっとうしいようす。例 梅雨《つゆ》のじめじめした天気《てんき》。
❷性質《せいしつ》や雰囲気《ふんいき》が暗《くら》いようす。例 じめじめした話《はなし》。

しめす【示す】 動詞
❶よくわかるように物《もの》を出《だ》して見《み》せる。例 入《にゅう》場券《じょうけん》を示す。
❷指《ゆび》さすなどして教《おし》える。例 道順《みちじゅん》を示す。
❸意味《いみ》や気持《きも》ちを表《あらわ》す。例 反省《はんせい》の気持《きも》ちを示す。
漢 ⇩553ページ じ〔示〕

しめす【湿す】 動詞 しめり気《け》を持《も》たせる。ぬらす。しめらせる。例 ハンカチを水《みず》で湿す。

しめすへん【示偏】 名詞 「ネ」のこと。漢字《かんじ》の部首《ぶしゅ》の一《ひと》つ。「示」の形《かたち》が変《か》わったもので、神《かみ》に関係《かんけい》のある漢字《かんじ》を作《つく》ることが多《おお》い。社・神・福・礼などの漢字《かんじ》を作《つく》る。

しめだいこ【締太鼓】 名詞 太鼓《たいこ》の一《ひと》つ。皮《かわ》のはしに通《とお》したひもで、皮《かわ》を締《し》めたりゆるめたりして音《おと》を調節《ちょうせつ》する。図 ⇩269ページ がっき〔楽器〕

しめだす【締め出す・閉め出す】 動詞
❶門《もん》や戸《と》を閉《し》めて、外《そと》にいる人《ひと》が入《はい》れないようにする。例 門限《もんげん》におくれて閉め出された。
❷仲間《なかま》に入《い》れない。仲間《なかま》から追《お》い出《だ》す。例 野《や》球《きゅう》のメンバーから締め出す。

しめつ【死滅】 名詞 動詞 すべて死《し》んでしまい、ほろびること。例 大昔《おおむかし》に死滅した植物《しょくぶつ》。

じめつ【自滅】 名詞 動詞
❶自然《しぜん》にほろびること。
❷自分《じぶん》のしたことで自分《じぶん》がほろびること。例 核兵器《かくへいき》の使用《しよう》は人類《じんるい》の自滅につながる。

しめつける【締め付ける】 動詞
❶きつくしめる。例 ゆかたの帯《おび》を締め付ける。
❷規則《きそく》などによって、行動《こうどう》を厳《きび》しく制限《せいげん》する。例 国民《こくみん》を締め付ける法律《ほうりつ》。

しめっぽい【湿っぽい】 形容詞
❶しめり気《け》がある。じめじめする。
❷気分《きぶん》がしずんでいる。例 湿っぽい話《はなし》。

しめなわ【しめ縄】 名詞 神社《じんじゃ》や神棚《かみだな》の前《まえ》などにつるす縄《なわ》。白《しろ》い紙《かみ》を垂《た》らし、清《きよ》らかな場所《ばしょ》であることを示《しめ》す。季語 新年

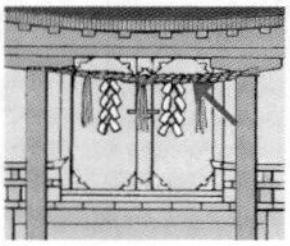
しめなわ

しめやか 形容動詞
❶ひっそりとして、静《しず》かなようす。例 しめやかに雨《あめ》が降《ふ》る。
❷人々《ひとびと》の気持《きも》ちがしずんで、悲《かな》しそうなようす。例 葬式《そうしき》がしめやかに行《おこな》われた。

しめり【湿り】 名詞
❶水気《みずけ》があること。例 砂《すな》が湿りを帯《お》びている。
❷雨《あめ》が降《ふ》ること。例 よいお湿りだ。

しめりけ【湿り気】 名詞 空気《くうき》中《ちゅう》や物《もの》の中《なか》にふくまれている水分《すいぶん》。湿気《しっけ》。

しめる【湿る】 動詞
❶水気《みずけ》をふくむ。例 湿ったタオル。対 乾《かわ》く。
❷気分《きぶん》がしずむ。明《あか》るく楽《たの》しい気持《きも》ちがなくなる。例 悲《かな》しい話《はなし》を聞《き》き、気持《きも》ちが湿る。

しめる【占める】 動詞 ある場所《ばしょ》をとる。ある地位《ちい》や割合《わりあい》などを自分《じぶん》のものにする。例 マラソン大会《たいかい》の上位《じょうい》は上級生《じょうきゅうせい》が占めていた。

しめる【閉める】 動詞 開《ひら》いていたものを閉《と》じる。例 門《もん》を閉める／店《みせ》を閉める。対 開《あ》ける。
漢 ⇩1185ページ へい〔閉〕 ⇩ 使い分け

しめる【絞める】 動詞 首《くび》などのまわりを、ひもや手《て》などで強《つよ》くおさえる。

しめる【締める】 動詞
❶固《かた》く結《むす》ぶ。例 帯《おび》を締める。
❷ゆるみをなくして固《かた》くする。例 ねじを締める。対 緩《ゆる》める。
❸節約《せつやく》する。例 財布《さいふ》のひもを締める。
❹気持《きも》ちや行動《こうどう》のゆるみをなくす。緊張《きんちょう》させる。例 気持《きも》ちを締める。対 緩《ゆる》める。
❺区切《くぎ》りをつける。合計《ごうけい》する。例 月末《げつまつ》に帳簿《ちょうぼ》を締める／締めて一万円《いちまんえん》。
⇩ 使い分け

使い分け
しめる
閉める・締める

閉める 開《ひら》いていたものをとじる。「窓《まど》を閉《し》める／ふたを閉《し》める／店《みせ》を閉《し》める」

締める ゆるみやたるみをなくし、きつくする。「帯《おび》をぎゅっと締《し》める／ねじを締《し》める」

しめん【四面】 名詞

四字熟語 **起承転結《きしょうてんけつ》** 漢詩《かんし》の作《つく》り方《かた》で、第一句《だいいっく》で言《い》い起《お》こし（起《き》）、第二句《だいにく》でそのことを受《う》け（承《しょう》）、第《だい》

❶四《よっ》つの面《めん》。❷まわり。四方《しほう》。例 四面をビルに囲《かこ》まれた家《いえ》。

しめん【紙面】 名詞 紙《かみ》の表面《ひょうめん》。とくに、新聞《しんぶん》の、記事《きじ》が書《か》いてあるページ。

しめん【誌面】 名詞 雑誌《ざっし》の、記事《きじ》が書《か》いてあるページ。

じめん【地面】 名詞 土地《とち》の表面《ひょうめん》。土地《とち》。例 地面にすわる／地面がこおる。

しめんそか【四面楚歌】 名詞 故事成語 まわりが敵《てき》ばかりで、味方《みかた》がいないこと。例 会議《かいぎ》では全員《ぜんいん》に反対《はんたい》されて四面楚歌だった。ことば 昔《むかし》、中国《ちゅうごく》の楚《そ》の国《くに》の将軍《しょうぐん》が、漢《かん》の国《くに》の軍《ぐん》にとり囲《かこ》まれたとき、漢《かん》の軍隊《ぐんたい》の中《なか》から楚《そ》の歌《うた》が聞《き》こえてきたので、楚《そ》の人《ひと》がみんな漢《かん》に降伏《こうふく》したのかと思《おも》い、おどろき悲《かな》しんだという話《はなし》から。

しも【下】 名詞 ❶低《ひく》いほう。また、川《かわ》や風《かぜ》などの流《なが》れの終《お》わりのほう。例 川《かわ》の下に村《むら》がある。対 上《かみ》。❷あとのほう。例 下半期《はんき》／下の句《く》。対 上《かみ》。❸身分《みぶん》や地位《ちい》の低《ひく》いもの。例 下座《ざ》。対 上《かみ》。❹体《からだ》のこしから下《した》のこと。または、大小便《だいしょうべん》のこと。例 赤《あか》ちゃんの下の世話《せわ》をする。

漢 ↓214ページ か〔下〕

しも【霜】 名詞 季語冬 晴《は》れた寒《さむ》い夜《よる》、空気《くうき》中《ちゅう》の水蒸気《すいじょうき》が、冷《ひ》えた地面《じめん》や物《もの》にふれてできる白《しろ》く細《こま》かい氷《こおり》。例 今朝《けさ》は一面《いちめん》に霜が降《お》りた。

しもうさ【下総】 名詞 昔《むかし》の国《くに》の名《な》の一《ひと》つ。今《いま》の千葉県《ちばけん》の北部《ほくぶ》と茨城県《いばらきけん》の南部《なんぶ》に当《あ》たる。

しもがれ【霜枯れ】 名詞 季語冬 しものため

に草木《くさき》がかれること。

しもきたはんとう【下北半島】 名詞 青森《あおもり》県《けん》の北東部《ほくとうぶ》にある半島《はんとう》。津軽海峡《つがるかいきょう》におのの形《かたち》につき出《で》ている。本州《ほんしゅう》のいちばん北《きた》にある。

しもざ【下座】 名詞 人《ひと》の集《あつ》まるときに、目下《めした》の人《ひと》や位《くらい》の低《ひく》い人《ひと》がすわる席《せき》。類 末席《まっせき》。対 上座《かみざ》。

しもじも【下下】 名詞 身分《みぶん》の低《ひく》い、ふつうの人々《ひとびと》。例 下々の者《もの》。使い方 古《ふる》い言《い》い方《かた》。

しもつき【霜月】 名詞 季語冬 昔《むかし》のこよみで十《じゅう》一月《いちがつ》のこと。↓1450ページ 十二《じゅうに》か月《げつ》の古《ふる》い呼《よ》び方《かた》

しもつけ【下野】 名詞 昔《むかし》の国《くに》の名《な》の一《ひと》つ。今《いま》の栃木県《とちぎけん》に当《あ》たる。

しもて【下手】 名詞 ❶下《した》のほう。対 上手《かみて》。❷舞台《ぶたい》の、客席《きゃくせき》から見《み》て左側《ひだりがわ》。対 上手《かみて》。図↓

282ページ かみて

ことば 「へた」「したて」と読《よ》むと別《べつ》の意味《いみ》。

じもと【地元】 名詞 ❶そのことに関係《かんけい》のある土地《とち》。例 道路《どうろ》をつくるために、地元の人《ひと》に話《はなし》を聞《き》く。❷自分《じぶん》の住《す》んでいる土地《とち》。例 地元の学校《がっこう》。

しものく【下の句】 名詞 短歌《たんか》で、五《ご》・七《しち》・五《ご》・七《しち》・七《しち》の五句《ごく》のうちの、後半《こうはん》の七《しち》・七《しち》の部分《ぶぶん》。たとえば、「こんじきの　ちひ（い）さきとりの　かたちして　いちょうちるなり　ゆうひのおかに」の～～～の部分《ぶぶん》。対 上《かみ》の句《く》。

しもばしら【霜柱】 名詞 季語冬 寒《さむ》さのために、土《つち》の中《なか》の水分《すいぶん》がこおってできた細《ほそ》い氷《こおり》の柱《はしら》。表面《ひょうめん》の土《つち》を持《も》ち上《あ》げる。例 霜柱が立《た》つ。

しもふり【霜降り】 名詞 ❶しもが降《お》りたように白《しろ》い点《てん》が一面《いちめん》に散《ち》らばっていること。例 霜降りの布地《ぬのじ》で着物《きもの》を作《つく》る。❷牛肉《ぎゅうにく》で、赤身《あかみ》の部分《ぶぶん》に白《しろ》いあぶらが細《こま》かいあみ目《め》のように入《はい》っていること。しもふり肉《にく》。❸魚《さかな》や肉《にく》などに、熱湯《ねっとう》をかけるなどして表面《ひょうめん》を白《しろ》くする調理《ちょうり》のしかた。

しもやけ【霜焼け】 名詞 季語冬 寒《さむ》さのために、手《て》や足《あし》の指《ゆび》、耳《みみ》などの血《ち》の流《なが》れが悪《わる》くなり、赤《あか》くはれてかゆくなること。

しもよけ【霜よけ】 名詞 季語冬 野菜《やさい》や草木《くさき》をしもでいためないように、わらなどでおおうこと。また、そのおおい。

しもん【指紋】 名詞 指先《ゆびさき》の内側《うちがわ》にある、多《おお》くの筋《すじ》からできている模様《もよう》。また、それが物《もの》にふれてついたあと。参考 指紋《しもん》は人《ひと》によってちがっており、一生《いっしょう》変《か》わらない。

しもん【諮問】 名詞 動詞 政治《せいじ》などのやり方《かた》や方針《ほうしん》について、下《した》の地位《ちい》の人《ひと》や専門家《せんもんか》などに意見《いけん》を聞《き》くこと。例 諮問機関《きかん》。対 答申《とうしん》。

じもんじとう【自問自答】 名詞 動詞 心《こころ》の中《なか》で、自分《じぶん》に質問《しつもん》して自分《じぶん》で答《こた》えること。例 ほんとうにしたいことは何《なに》かを自問自答する。

シモン＝ステビン 名詞 （一五四八～一六二〇）ベルギーの数学者《すうがくしゃ》。小数《しょうすう》の考《かんが》え方《かた》を発見《はっけん》した。

しや【視野】 名詞 ❶目《め》に見《み》える範囲《はんい》。視界《しかい》。例 山々《やまやま》が視野いっぱいに広《ひろ》がる。❷ものごとの見方《みかた》や考《かんが》え方《かた》の範囲《はんい》。例 読書《どくしょ》で

が見《み》えてしまうという意味《いみ》。疑《うたが》いの心《こころ》を持《も》つと、なんでもないこともおそろしくなったり、不安《ふあん》になったりする

視野を広《ひろ》げる。

しゃ 名詞 季語 夏 絹糸《きぬいと》をからみ合《あ》わせて織《お》った、目《め》があらく、軽《かる》くてうすい織物《おりもの》。夏《なつ》の着物《きもの》などに使《つか》う。ことば 漢字《かんじ》では「紗」と書《か》く。

漢 **しゃ【写】**〔冖《わかんむり》〕5画 3年 音 シャ 訓 うつす・うつる

❶うつす。例 写実《しゃじつ》／写真《しゃしん》／映写《えいしゃ》／複写《ふくしゃ》。❷かきうつす。例 写生《しゃせい》／書写《しょしゃ》。

漢 **しゃ【社】**〔ネ《しめすへん》〕7画 2年 音 シャ 訓 やしろ

❶神《かみ》をまつるところ。やしろ。例 神社《じんじゃ》。❷人々《ひとびと》の集《あつ》まり。なかま。例 社会《しゃかい》／社交《しゃこう》。❸「会社《かいしゃ》」の略《りゃく》。例 社員《しゃいん》／社長《しゃちょう》／出社《しゅっしゃ》／本社《ほんしゃ》。

漢 **しゃ【車】**〔車《くるま》〕7画 1年 音 シャ 訓 くるま

❶じくを中心《ちゅうしん》として回《まわ》る輪《わ》。例 車輪《しゃりん》／水車《すいしゃ》／風車《ふうしゃ》。❷くるまの回転《かいてん》によって動《うご》く乗《の》り物《もの》。例 車庫《しゃこ》／車道《しゃどう》／車内《しゃない》／自動車《じどうしゃ》／電車《でんしゃ》／馬車《ばしゃ》。

漢 **しゃ【舎】**〔人《ひとやね》〕8画 5年 音 シャ

たてもの。宿《やど》。家《いえ》。例 駅舎《えきしゃ》／校舎《こうしゃ》／宿舎《しゅくしゃ》。

漢 **しゃ【者】**〔耂《おいかんむり》〕8画 3年 音 シャ 訓 もの

❶人《ひと》。もの。例 医者《いしゃ》／学者《がくしゃ》／患者《かんじゃ》／作者《さくしゃ》／打者《だしゃ》／読者《どくしゃ》／人気者《にんきもの》／筆者《ひっしゃ》／若者《わかもの》／悪者《わるもの》。❷こと。きまったものをさすことば。例 前者《ぜんしゃ》／後者《こうしゃ》。

しゃ【砂】 漢 ⇒508ジペー さ〔砂〕

漢 **しゃ【射】**〔寸《すん》〕10画 6年 音 シャ 訓 いる

❶弓《ゆみ》に矢《や》をつがえている。てっぽうをうつ。例 発射《はっしゃ》／的《まと》を射《い》る。❷いきおいよく発《はっ》する。例 注射《ちゅうしゃ》／反射《はんしゃ》。

漢 **しゃ【捨】**〔扌《てへん》〕11画 6年 音 シャ 訓 すてる

❶すてる。例 捨《す》て身《み》／取捨《しゅしゃ》。対 取《しゅ》。❷おしげもなく人《ひと》にあたえる。ほどこす。例 喜捨《きしゃ》。

漢 **しゃ【謝】**〔言《ごんべん》〕17画 5年 音 シャ 訓 あやまる

❶礼《れい》をいう。例 謝恩《しゃおん》／謝礼《しゃれい》／感謝《かんしゃ》／月謝《げっしゃ》。❷あやまる。例 謝罪《しゃざい》。❸ことわる。例 面会謝絶《めんかいしゃぜつ》。

ジャー（jar）名詞 飲《の》み物《もの》やごはんなどを入《い》れる保温容器《ほおんようき》。例 炊飯《すいはん》ジャー。

じゃあく【邪悪】 名詞 形容動詞 心《こころ》がひねくれていて、悪《わる》いこと。例 邪悪な考《かんが》え。

ジャージ（jersey）名詞 やわらかくてのび縮《ちぢ》みしやすい、厚手《あつで》のメリヤスの布《ぬの》。また、その布《ぬの》でつくった運動着《うんどうぎ》。ジャージー。

ジャーナリスト（journalist）名詞 新聞《しんぶん》・雑誌《ざっし》・放送《ほうそう》の編集者《へんしゅうしゃ》や記者《きしゃ》などをまとめていうことば。

ジャーナリズム（journalism）名詞 新聞《しんぶん》・雑誌《ざっし》・放送《ほうそう》などの報道《ほうどう》の活動《かつどう》。また、その仕事《しごと》。

シャープ（sharp）
❶形容動詞 するどいようす。はっきりしているようす。例 シャープな意見《いけん》。
❷名詞 音楽《おんがく》で、音符《おんぷ》の左側《ひだりがわ》につけてその音《おと》を「半音上《はんおんあ》げる」ことを表《あらわ》す記号《きごう》。「♯」で表《あらわ》す。「えい記号《きごう》」ともいう。対 フラット。

シャープペンシル 名詞 しんを少《すこ》しずつ出《だ》して使《つか》い、しんがなくなったら新《あたら》しいしんを追加《ついか》できる鉛筆《えんぴつ》。ことば 英語《えいご》をもとに日本《にほん》で作《つく》られたことば。

シャーベット（sherbet）名詞 季語 夏 果物《くだもの》のしるに砂糖《さとう》や香料《こうりょう》を入《い》れてこおらせた菓子《かし》。

ジャーマンしき【ジャーマン式】 名詞 リコーダーの種類《しゅるい》の一《ひと》つ。ハ長調《ちょうちょう》の曲《きょく》を、やさしい指使《ゆびづか》いでふけるように作《つく》られたもの。バロック式《しき》と比《くら》べると「ファ」の音《おと》の指使《ゆびづか》いがちがう。関連 バロック式《しき》。

シャーレ ⇒1194ジペー ペトリざら

しゃい【謝意】 名詞 感謝《かんしゃ》の気持《きも》ち。または、

四字熟語 **疑心暗鬼《ぎしんあんき》** 「疑心暗鬼《ぎしんあんき》を生《しょう》ず」の略《りゃく》で、疑《うたが》う心《こころ》があると、暗《くら》がりに、いるはずのないゆうれいということ。

関連 = 関係《かんけい》の深《ふか》いことば

おわびの気持《きも》ち。例 恩人《おんじん》に謝意を述《の》べる。

しゃいん【社員】 名詞 会社《かいしゃ》に勤《つと》めている人《ひと》。会社員《かいしゃいん》。

しゃうん【社運】 名詞 会社《かいしゃ》の運命《うんめい》。例 社運をかけた新製品《しんせいひん》を発売《はつばい》する。

しゃおん【謝恩】 名詞 受《う》けた恩《おん》に感謝《かんしゃ》し、お礼《れい》をすること。例 謝恩会《かい》。

しゃか【釈迦】 名詞 (紀元前《きげんぜん》五〇〇ごろ) 仏教《ぶっきょう》を開《ひら》いた人《ひと》。ヒマラヤ山麓《さんろく》に住《す》むシャカ族《ぞく》の王子《おうじ》として生《う》まれたが、救《すく》いを求《もと》めて出家《しゅっけ》。苦《くる》しい修行《しゅぎょう》ののち、さとりを開《ひら》いて仏教《ぶっきょう》を広《ひろ》めた。

●**釈迦《しゃか》に説法《せっぽう》** ことわざ 自分《じぶん》よりもよく知《し》っている人《ひと》にものを教《おし》えることは、おろかだということ。ことば 仏教《ぶっきょう》を開《ひら》いた釈迦《しゃか》に、仏《ほとけ》の教《おし》えを説《と》くということからきたことば。

しゃかい【社会】 名詞 ❶世《よ》の中《なか》。世間《せけん》。例 社会に出《で》て働《はたら》く。❷おたがいに力《ちから》を合《あ》わせて生活《せいかつ》している人々《ひとびと》の集《あつ》まり。国家《こっか》・学校《がっこう》・家族《かぞく》など。例 地域《ちいき》社会。❸同《おな》じ仲間《なかま》の集《あつ》まり。例 芸人《げいにん》の社会。❹「社会科《しゃかいか》」の略《りゃく》。

しゃかいうんどう【社会運動】 名詞 社会《しゃかい》問題《もんだい》の解決《かいけつ》を目指《めざ》し、広《ひろ》く仲間《なかま》を集《あつ》めて活動《かつどう》すること。

しゃかいか【社会科】 名詞 学校《がっこう》の教科《きょうか》の一《ひと》つ。世《よ》の中《なか》のしくみやできごと、暮《く》らしのようすなどを勉強《べんきょう》する教科《きょうか》。

しゃかいかがく【社会科学】 名詞 人間《にんげん》社《しゃ》会《かい》に関係《かんけい》するさまざまなものごとを研究《けんきゅう》する学問《がくもん》。政治学《せいじがく》・経済学《けいざいがく》・法学《ほうがく》など。

しゃかいきょういく【社会教育】 名詞 図《と》書館《しょかん》や博物館《はくぶつかん》など、学校《がっこう》や家庭《かてい》以外《いがい》で行《おこな》われる教育《きょういく》。

しゃかいじぎょう【社会事業】 名詞 困《こま》っている人《ひと》を助《たす》けたり、罪《つみ》をおかした人《ひと》を教《おし》え導《みちび》いたりするような、よりよい世《よ》の中《なか》をつくるための仕事《しごと》。

しゃかいしゅぎ【社会主義】 名詞 物《もの》をつくり出《だ》す農地《のうち》や工場《こうじょう》を、社会《しゃかい》の人《ひと》みんなのものにし、そこから得《え》た利益《りえき》を社会全体《しゃかいぜんたい》で平等《びょうどう》に分《わ》けようとする考《かん》え方《かた》。また、そのような社《しゃ》会《かい》のしくみ。対 資本主義《しほんしゅぎ》。

しゃかいじん【社会人】 名詞 学生《がくせい》などに対《たい》して、世《よ》の中《なか》に出《で》て働《はたら》いている人《ひと》。

しゃかいせい【社会性】 名詞 ❶周《まわ》りの人《ひと》とかかわりながら、社会生活《しゃかいせいかつ》をうまく進《すす》めていく力《ちから》。例 社会性を身《み》につける。❷社会《しゃかい》のさまざまな問題《もんだい》とかかわりがあること。また、その度合《どあ》い。例 社会性の高《たか》い記事《きじ》。

しゃかいせいかつ【社会生活】 名詞 世《よ》の中《なか》の人《ひと》がおたがいにつながりを持《も》ち、助《たす》け合《あ》って暮《く》らしていくこと。

しゃかいてき【社会的】 形容動詞 世《よ》の中《なか》と関《かん》係《けい》のあるようす。例 社会的関心《かんしん》の高《たか》いニュース。

しゃかいふくし【社会福祉】 名詞 めぐまれない人《ひと》の生活《せいかつ》を助《たす》けること。また、そのためのしくみ。例 社会福祉の制度《せいど》が充実《じゅうじつ》した国《くに》。

しゃかいほうし【社会奉仕】 名詞 損得《そんとく》を考《かんが》えずに、世《よ》の中《なか》のためにつくすこと。

しゃかいほしょう【社会保障】 名詞 病気《びょうき》をしたり、仕事《しごと》をなくしたり、年《とし》をとったりした人《ひと》たちの生活《せいかつ》を助《たす》ける、国《くに》のしくみ。参考 健《けん》康保険《こうほけん》・雇用保険《こようほけん》・年金《ねんきん》・生活保護《せいかつほご》などがある。

しゃかいめん【社会面】 名詞 新聞《しんぶん》で、世《よ》の中《なか》の身近《みぢか》なできごとの記事《きじ》がのっている紙面《しめん》。

じゃがいも【じゃが芋】 名詞 季語 秋 畑《はたけ》につくる作物《さくもつ》の一《ひと》つ。夏《なつ》の初《はじ》めに、白色《しろいろ》やうすむらさき色《いろ》の花《はな》がさく。地下《ちか》のくきにでんぷんがたくわえられてかたまりになり、これを食用《しょくよう》にする。「ばれいしょ」ともいう。図 ⇩105ページ いも ことば 俳句《はいく》などでは「馬鈴薯」とも書《か》く。

しゃかいもんだい【社会問題】 名詞 人々《ひとびと》が社会《しゃかい》で生活《せいかつ》していく上《うえ》で起《お》こる、いろいろな問題《もんだい》。例 ごみの増加《ぞうか》が社会問題となっている。

しゃがむ 動詞 ひざを曲《ま》げてこしを落《お》とす。かがむ。例 しゃがんで競技《きょうぎ》を見《み》る。

しゃがれる ⇩658ページ しわがれる

じゃき【邪気】 名詞 ❶昔《むかし》、病気《びょうき》などの悪《わる》いことを招《まね》くとされた悪《わる》いもの。例 邪気をはらう。❷悪《わる》だくみをするような、よくない心《こころ》。例 邪気のない笑顔《えがお》。

しゃく 名詞 昔《むかし》、宮中《きゅうちゅう》で男性《だんせい》が正装《せいそう》するときに右手《みぎて》に持《も》った細長《ほそなが》い板《いた》。ことば 漢字《かんじ》では「笏」と書《か》く。

しゃく 名詞 形容動詞 腹《はら》が立《た》つこと。例 しゃくの種《たね》(=腹《はら》が立《た》つ原因《げんいん》)。ことば 漢字《かんじ》では「癪」と

きが、ふつうでは思《おも》いもよらないほど変《か》わっているようす。

書《か》く。

●**しゃくに障《さわ》る**　気《き》に入《い》らなくて、いらいらする。腹《はら》が立《た》って、むしゃくしゃする。例 妹《いもうと》の得意《とくい》げな顔《かお》がしゃくに障《さわ》る。類 かんに障《さわ》る。

しゃく【勺】 名詞 ❶昔《むかし》、日本《にほん》で使《つか》われていた容積《ようせき》の単位《たんい》。一勺《いっしゃく》は一合《いちごう》の十分《じゅうぶん》の一《いち》で、約《やく》〇・〇一八リットル。❷昔《むかし》、日本《にほん》で使《つか》われていた面積《めんせき》の単位《たんい》。一勺《いっしゃく》は一坪《ひとつぼ》の百分《ひゃくぶん》の一《いち》で、約《やく》〇・〇三三平方《へいほう》メートル。

漢 **しゃく【尺】**〔尸〕しかばね 4画 6年 音 シャク 訓

コ　コ　尸　尺（はらう）

❶昔《むかし》、日本《にほん》で使《つか》われていた長《なが》さの単位《たんい》。一尺《いっしゃく》は約《やく》三十・三センチメートル。例 三尺《さんじゃく》。❷長《なが》さ。ものさし。例 尺度《しゃくど》／縮尺《しゅくしゃく》／巻《ま》き尺《じゃく》。

↓545ジ 伝統コラム 単位《たんい》

しゃく【石】 漢 ↓719ジ せき〔石〕

しゃく【赤】 漢 ↓719ジ せき〔赤〕

しゃく【昔】 漢 ↓1284ジ むかし〔昔〕

漢 **しゃく【借】**〔亻〕にんべん 10画 4年 音 シャク 訓 かりる

亻（とめる）　仁　仕　併　借　借　借　借

かりる。例 借家《しゃくや》／借用《しゃくよう》／借金《しゃっきん》／前借《まえが》り。

じゃく【若】 漢 ↓1427ジ わか-い〔若〕

漢 **じゃく【弱】**〔弓〕ゆみへん 10画 2年 音 ジャク 訓 よわ-い・よわ-る・よわ-まる・よわ-める

コ　コ　弓　弓　弓（てんは二つ）　弓　弱　弱

❶よわい。例 弱小《じゃくしょう》／弱点《じゃくてん》／弱気《よわき》／強弱《きょうじゃく》／病弱《びょうじゃく》。対 強《きょう》。❷年《とし》がわかい。例 弱年《じゃくねん》。❸ある数《かず》にすこし足《た》りないことを示《しめ》すことば。例 一《いち》メートル弱《じゃく》。対 強《きょう》。

じゃく【着】 漢 ↓835ジ ちゃく〔着〕

ジャクサ【JAXA】 名詞 「宇宙航空研究開発機構《うちゅうこうくうけんきゅうかいはつきこう》」のこと。宇宙《うちゅう》と航空《こうくう》についてのさまざまな研究《けんきゅう》や開発《かいはつ》・利用《りよう》を行《おこな》う日本《にほん》の団体《だんたい》。参考 日本各地《にほんかくち》に宇宙《うちゅう》センターや宇宙観測所《うちゅうかんそくじょ》などがある。

しゃくし 名詞 しるやごはんなどをよそう道具《どうぐ》。ことば 漢字《かんじ》では「杓子」と書《か》く。

しゃくしじょうぎ【しゃくし定規】 名詞 形容動詞 一《ひと》つの決《き》まりややり方《かた》を、すべての場合《ばあい》に当《あ》てはめようとすること。融通《ゆうずう》がきかないこと。ことば 漢字《かんじ》では「杓子定規《しゃくしじょうぎ》」と書《か》く。「しゃくし」は曲《ま》がっていて定規《じょうぎ》の代《か》わりにはならないのに、無理《むり》に使《つか》おうとすることからきたことば。

じゃくしゃ【弱者】 名詞 力《ちから》の弱《よわ》い人《ひと》。権力《けんりょく》や勢力《せいりょく》などがなく、社会的《しゃかいてき》に弱《よわ》い立場《たちば》にある人《ひと》。例 弱者《じゃくしゃ》の立場《たちば》に立《た》って考《かんが》える。対 強者《きょうしゃ》。

シャクシャイン 名詞 （？～一六六九）江戸時代《えどじだい》のえぞ地《ち》（＝今《いま》の北海道《ほっかいどう》）、日高地方《ひだかちほう》のアイヌ民族《みんぞく》の首長《しゅちょう》。一六六九年《ねん》、松前藩《まつまえはん》の支配《しはい》に対《たい》して、アイヌの人々《ひとびと》をひきいて戦《たたか》ったが、だまし討《う》ちにあい殺《ころ》された。

しやくしょ【市役所】 名詞 市《し》の仕事《しごと》をする役所《やくしょ》。「市庁《しちょう》」ともいう。関連 区役所《くやくしょ》。

じゃくしょう【弱小】 名詞 形容動詞 ❶弱《よわ》くて小《ちい》さいこと。例 弱小《じゃくしょう》チーム。対 強大《きょうだい》。❷年《とし》が若《わか》いこと。例 弱小《じゃくしょう》の身《み》。

じゃくたい【弱体】 形容動詞 組織《そしき》などが、しっかりしていないようす。例 弱体化《じゃくたいか》。

しゃくち【借地】 名詞 動詞 土地《とち》を借《か》りること。また、借《か》りた土地《とち》。例 借地《しゃくち》に建《た》てた家《いえ》。

じゃぐち【蛇口】 名詞 水道《すいどう》の管《くだ》の先《さき》にとりつけた、水《みず》を出《だ》す金属製《きんぞくせい》の器具《きぐ》。

じゃくてん【弱点】 名詞 ❶足《た》りないところ。弱《よわ》み。例 落《お》ち着《つ》きのないのが弱点《じゃくてん》です。類 欠点《けってん》。❷人《ひと》に知《し》られると困《こま》るようなこと。例 相手《あいて》の弱点《じゃくてん》をつく。

しゃくど【尺度】 名詞 ❶物差《ものさ》し。❷ものごとの値打《ねう》ちをはかったり、決《き》めたりするもとになるもの。例 幸《しあわ》せの尺度《しゃくど》。

しゃくどう【赤銅】 名詞 銅《どう》に少量《しょうりょう》の金《きん》を混《ま》ぜてつくった、赤黒《あかぐろ》い金属《きんぞく》。例 赤銅色《しゃくどういろ》のはだ。

しゃくとりむし【尺取虫】 名詞 季語 夏 細長《ほそなが》い体《からだ》を曲《ま》げたりのばしたりして進《すす》む、「が」の幼虫《ようちゅう》のこと。ことば 「尺《しゃく》」は「長《なが》さ」「ものさし」の意味《いみ》。人《ひと》が指《ゆび》で物《もの》の長《なが》さを測《はか》るときの

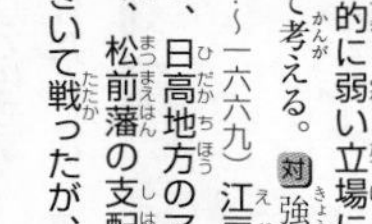

しゃくとりむし

あいうえお　かきくけこ　さしすせそ　し　たちつてと　なにぬねの　はひふへほ　まみむめも　やゆよ　らりるれろ　わをん

四字熟語 **奇想天外《きそうてんがい》**　「奇想《きそう》」は奇抜《きばつ》な考《かんが》え、「天外《てんがい》」ははるかかなたの空《そら》という意味《いみ》で、考《かんが》え方《かた》や思《おも》いつ

ような動《うご》きをすることからきた呼《よ》び名《な》。

しゃくなげ 名詞 季語夏 つつじのなかまの低《ひく》い木《き》。おもに高山《こうざん》に生《は》える。初夏《しょか》のころ、枝《えだ》の先《さき》に白《しろ》やうす紅色《べにいろ》の花《はな》がまとまってさく。

しゃくなげ

じゃくにくきょうしょく【弱肉強食】 名詞 力《ちから》の弱《よわ》いものが、強《つよ》いもののえじきになること。強《つよ》い者《もの》が弱《よわ》い者《もの》を負《ま》かして栄《さか》えること。

しゃくねつ【しゃく熱】 名詞 焼《や》けるようにあついこと。例 しゃく熱《ねつ》の太陽《たいよう》。

じゃくねん【若年・弱年】 名詞 年《とし》が若《わか》いこと。また、その人《ひと》。

じゃくはい【若輩・弱輩】 名詞 年《とし》が若《わか》く、経験《けいけん》が足《た》りない人《ひと》。未熟《みじゅく》な人《ひと》。使い方 自分《じぶん》のことをへりくだっていうときや、相手《あいて》を悪《わる》くいうときに使《つか》う。

しゃくはち【尺八】 名詞 日本《にほん》の楽器《がっき》の一《ひと》つ。竹《たけ》でつくった縦笛《たてぶえ》。ことば 長《なが》さが一尺八寸《いっしゃくはっすん》（＝約五十五《やくごじゅうご》センチメートル）あることからきた名《な》まえ。図➡269ページ がっき〔楽器〕

しゃくほう【釈放】 名詞 動詞 つかまえた人《ひと》を、自由《じゆう》にすること。例 疑《うたが》いが晴《は》れたので、容疑者《ようぎしゃ》を釈放《しゃくほう》する。対 逮捕《たいほ》。

しゃくめい【釈明】 名詞 動詞 誤解《ごかい》などを解《と》くために、自分《じぶん》の立場《たちば》や事情《じじょう》を説明《せつめい》すること。例 事故《じこ》が起《お》きた事情《じじょう》を釈明《しゃくめい》する。類 弁明《べんめい》。

しゃくや【借家】 名詞 借《か》りて住《す》む家《いえ》。

しゃくやく 名詞 季語夏 ぼたんに似《に》た草花《くさばな》。初夏《しょか》のころ、白《しろ》・赤色《あかいろ》などの大《おお》きな花《はな》をつける。

しゃくやく

しゃくよう【借用】 名詞 動詞 物《もの》などを借《か》りて使《つか》うこと。例 姉《あね》の辞書《じしょ》を借用《しゃくよう》する。

しゃくりあげる【しゃくり上げる】 動詞 声《こえ》を吸《す》いこむようにして泣《な》く。

しゃけ ➡526ページ さけ

しゃげき【射撃】 名詞 動詞 ピストルや鉄砲《てっぽう》でうつこと。

ジャケット（jacket） 名詞 ❶こしくらいまでの長《なが》さの上着《うわぎ》。❷本《ほん》やCD《シーディー》などのカバー。

じゃけん【邪険】 形容動詞 思《おも》いやりがなくて、意地《いじ》が悪《わる》いようす。例 邪険《じゃけん》に返事《へんじ》をする。

しゃこ【車庫】 名詞 自動車《じどうしゃ》や電車《でんしゃ》などを入《い》れる建物《たてもの》。

じゃこ 名詞 かたくちいわしなどの稚魚《ちぎょ》（＝卵《たまご》からかえって間《ま》もない魚《さかな》）を干《ほ》したもの。ことば 小《ちい》さな魚《さかな》をたくさん広《ひろ》げて干《ほ》したようすが、織物《おりもの》のちりめんの細《こま》かいしわに似《に》ていることから、「ちりめんじゃこ」とも呼《よ》ばれる。

しゃこう【社交】 名詞 世《よ》の中《なか》で生活《せいかつ》していくために必要《ひつよう》なつきあい。

しゃこうかい【社交界】 名詞 上流階級《じょうりゅうかいきゅう》の人《ひと》たちが集《あつ》まってつきあう社会《しゃかい》。

しゃこうせい【社交性】 名詞 人《ひと》と上手《じょうず》につきあうことができる性質《せいしつ》。例 社交性《しゃこうせい》がある人《ひと》。

しゃこうダンス【社交ダンス】 名詞 男女《だんじょ》二人一組《ふたりひとくみ》で、音楽《おんがく》に合《あ》わせておどるダンス。ワルツやタンゴなどがある。

しゃこうてき【社交的】 形容動詞 人《ひと》とのつきあいが上手《じょうず》なようす。例 社交的《しゃこうてき》な性格《せいかく》。

しゃこうばん【遮光板】 名詞 強《つよ》い光《ひかり》をさえぎるための板《いた》。

しゃざい【謝罪】 名詞 動詞 罪《つみ》やあやまちについて、あやまること。例 謝罪文《しゃざいぶん》／事故《じこ》を起《お》こした会社《かいしゃ》が、被害者《ひがいしゃ》に謝罪《しゃざい》する。

しゃさつ【射殺】 名詞 動詞 鉄砲《てっぽう》や弓《ゆみ》などでうち殺《ころ》すこと。

しゃじ【社寺】 名詞 神社《じんじゃ》と寺《てら》。寺社《じしゃ》。

しゃじ【謝辞】 名詞 感謝《かんしゃ》のことば。例 代表《だいひょう》として謝辞《しゃじ》を述《の》べる。また、おわびのことば。

しゃじく【車軸】 名詞 車《くるま》の心棒《しんぼう》。

●**車軸《しゃじく》を流《なが》す** 雨《あめ》がひどく激《はげ》しく降《ふ》るようす。ことば 激《はげ》しく降《ふ》る雨《あめ》が、車《くるま》の心棒《しんぼう》のような太《ふと》い線《せん》に見《み》えるという意味《いみ》から。

しゃじつ【写実】 名詞 実際《じっさい》のようすをそのまま絵《え》や文章《ぶんしょう》に表《あらわ》すこと。

しゃじつてき【写実的】 形容動詞 実際《じっさい》のようすを、ありのままに絵《え》や文章《ぶんしょう》に表《あらわ》すようす。例 写実的《しゃじつてき》な虫《むし》の絵《え》。

しゃしゅ【射手】 名詞 弓《ゆみ》で矢《や》を射《い》る人《ひと》。また、鉄砲《てっぽう》をうつ人《ひと》。

めて言《い》い表《あらわ》したことば。

しゃしょう【車掌】 名詞 列車《れっしゃ》やバスなどの中《なか》で、乗客《じょうきゃく》の世話《せわ》や車内《しゃない》の仕事《しごと》をする人《ひと》。

しゃしん【写真】 名詞 物《もの》のすがたをカメラで記録《きろく》すること。また、記録《きろく》したもの。例 記念《きねん》写真。ことば「一枚《いちまい》」「一葉《いちよう》」「一点《いってん》」と数《かぞ》える。

しゃしんき【写真機】 ⇒283ページ カメラ

ジャス【JAS】 名詞 「日本農林規格《にほんのうりんきかく》」のこと。農産物《のうさんぶつ》や肉《にく》・魚《さかな》の加工食品《かこうしょくひん》の品質《ひんしつ》について、国《くに》が決《き》めた規格《きかく》。規格《きかく》に合《あ》っていると、ジャスマークをつけることができる。

ジャズ (jazz) 名詞 アメリカ南部《なんぶ》の黒人《こくじん》の間《あいだ》に起《お》こって世界《せかい》に広《ひろ》まった、力強《ちからづよ》いリズムを持《も》つ音楽《おんがく》。例 ジャズバンド。

じゃすい【邪推】 名詞 動詞 人《ひと》の言《い》ったりしたりしたことを、悪《わる》い意味《いみ》にとること。例 それはきみの邪推だ。

ジャストインタイムほうしき【ジャストインタイム方式】 名詞 ものをつくるとき、必要《ひつよう》な部品《ぶひん》や材料《ざいりょう》を、必要《ひつよう》なときに必要《ひつよう》な量《りょう》だけつくるという考《かんが》え方《かた》。むだをなくすことができる。「かんばん方式《ほうしき》」ともいう。

ジャスマーク【JASマーク】 名詞 農産物《のうさんぶつ》や肉《にく》・魚《さかな》の加工食品《かこうしょくひん》の品質《ひんしつ》が、国《くに》で決《き》められた規格《きかく》に合《あ》っていることを表《あらわ》すしるし。ことば「JAS」は「日本農林規格《にほんのうりんきかく》」の意味《いみ》を表《あらわ》す英語《えいご》の頭文字《かしらもじ》。

ジャスマーク

ジャスミン (jasmine) 名詞 季語夏 もくせいのなかまの植物《しょくぶつ》。一年《いちねん》じゅう、緑色《みどりいろ》の葉《は》をつけている。夏《なつ》に黄色《きいろ》や白《しろ》の香《かお》りがよい花《はな》がさき、香料《こうりょう》がとれる。

ジャスミン

しゃせい【写生】 名詞 動詞 人物《じんぶつ》や風景《ふうけい》などを、ありのままに絵《え》や文章《ぶんしょう》にかくこと。スケッチ。例 山《やま》の風景《ふうけい》を写生する。

しゃせい【射精】 名詞 動詞 動物《どうぶつ》のおすが性器《せいき》から精液《せいえき》を出《だ》すこと。

しゃせいぶん【写生文】 名詞 ものごとや景色《けしき》などを、見《み》たとおりに写《うつ》そうとして書《か》いた文章《ぶんしょう》。参考 明治時代《めいじじだい》に、正岡子規《まさおかしき》が唱《とな》えて始《はじ》めた。

しゃせつ【社説】 名詞 新聞社《しんぶんしゃ》や雑誌社《ざっししゃ》などが発表《はっぴょう》する、その会社《かいしゃ》の意見《いけん》として述《の》べた文章《ぶんしょう》。

しゃぜつ【謝絶】 名詞 動詞 人《ひと》の申《もう》し出《で》などを、ていねいに断《ことわ》ること。例 面会謝絶《めんかいしゃぜつ》（＝人《ひと》に会《あ》うのを断《ことわ》ること）。

しゃせん【車線】 名詞 道路《どうろ》に線《せん》を引《ひ》いて区切《くぎ》り、一台《いちだい》の自動車《じどうしゃ》が走《はし》れるはばにつくった部分《ぶぶん》。

しゃせん【斜線】 名詞 ななめに引《ひ》いた線《せん》。

しゃそう【車窓】 名詞 電車《でんしゃ》や自動車《じどうしゃ》などの窓《まど》。例 車窓からの風景《ふうけい》を楽《たの》しむ。

しゃたい【車体】 名詞 電車《でんしゃ》や自動車《じどうしゃ》などの、人《ひと》や物《もの》をのせる部分《ぶぶん》。

しゃたく【社宅】 名詞 会社《かいしゃ》が、社員《しゃいん》やその家族《かぞく》を住《す》まわせるために持《も》っている家《いえ》。

しゃだん【遮断】 名詞 動詞 電気《でんき》・熱《ねつ》・音《おと》・光《ひかり》・交通《こうつう》など一方《いっぽう》から他方《たほう》へ進《すす》むものを、とちゅうでさえぎって止《と》めること。例 暗幕《あんまく》で光《ひかり》を遮断する／大雪《おおゆき》で交通《こうつう》が遮断された。

しゃだんき【遮断機】 名詞 踏切《ふみきり》などで、列車《れっしゃ》や電車《でんしゃ》が通《とお》るときに、人《ひと》や自動車《じどうしゃ》の通行《つうこう》を止《と》めるしかけ。

しゃち 名詞 ❶海《うみ》にすむ、いるかのなかまの哺乳類《ほにゅうるい》。おすは体長《たいちょう》九《きゅう》メートルくらい。大《おお》きな背《せ》びれがある。性質《せいしつ》があらく、群《む》れをつくって生活《せいかつ》し、くじらなどをおそって食《た》べる。❷「しゃちほこ」の略《りゃく》。

しゃちほこ 名詞 ❶体《からだ》は魚《さかな》の形《かたち》をし、頭《あたま》はとらに似《に》て、背中《せなか》にするどいとげのある想像上《そうぞうじょう》の魚《さかな》。❷城《しろ》や宮殿《きゅうでん》の屋根《やね》の両端《りょうはし》についているかざり。火事《かじ》を防《ふせ》ぐといわれている。ことば 漢字《かんじ》では「鯱」と書《か》く。

しゃちほこ❷

しゃちほこばる【しゃちほこ張る】 動詞 緊張《きんちょう》して体《からだ》がかたくなる。「しゃちこばる」「しゃっちょこばる」ともいう。例 あこがれの人《ひと》を前《まえ》にしてしゃちほこ張る。ことば「しゃちほこ立《だ》ち」は逆立《さかだ》ちのこと。

しゃちゅう【車中】 名詞 列車《れっしゃ》や自動車《じどうしゃ》などの中《なか》。例 車中で食事《しょくじ》をとる。

しゃちょう【社長】 名詞 会社《かいしゃ》でいちばん責任《せきにん》

四字熟語　喜怒哀楽《きどあいらく》　喜《よろこ》んだりおこったり悲《かな》しんだり楽《たの》しんだり、という人間《にんげん》のいろいろな感情《かんじょう》をまとのある人《ひと》。

シャツ (shirt) 名詞 ❶上半身《じょうはんしん》に着《き》る肌着《はだぎ》。例ランニングシャツ。❷「ワイシャツ」「ポロシャツ」などの略《りゃく》。

じゃっかん【若干】 名詞 いくらか。少《すこ》し。例二人《ふたり》の意見《いけん》には、若干のちがいがある。

じゃっかん【弱冠】 名詞 年《とし》が若《わか》いこと。例弱冠二十才《にじっさい》にして、世界《せかい》を舞台《ぶたい》に活躍《かつやく》する。

しゃっかんほう【尺貫法】 名詞 日本《にほん》で昔《むかし》から使《つか》われていたはかり方《かた》。長《なが》さは「尺《しゃく》」、重《おも》さは「貫《かん》」、体積《たいせき》は「升《しょう》」を単位《たんい》とした。参考 一九五九年《ねん》から「メートル法《ほう》」に切《き》りかえられた。⇩1453ジベー 長《なが》さ・重《おも》さ・面積《めんせき》・体積《たいせき》を表《あらわ》すことば

ジャッキ 名詞 重《おも》い物《もの》を下《した》から持《も》ち上《あ》げる道具《どうぐ》。

しゃっきん【借金】 名詞 動詞 お金《かね》を借《か》りること。また、そのお金《かね》。例借金を返《かえ》す。

ジャック (jack) 名詞 トランプで、兵士《へいし》の絵《え》のあるカード。

ジャックナイフ (jackknife) 名詞 刃《は》を折《お》りたためるようになっている、大型《おおがた》のナイフ。

しゃっくり 名詞 横隔膜《おうかくまく》がけいれんして、空気《くうき》が急《きゅう》に吸《す》いこまれるために、おかしな音《おと》が自然《しぜん》に出《で》ること。

ジャッジ (judge) ❶名詞 動詞 判定《はんてい》すること。例ミスジャッジ／ジャッジを下《くだ》す。❷名詞 審判《しんぱん》。ボクシングやレスリングなどでは、レフェリーに対《たい》して副審《ふくしん》をいう。

シャッター (shutter) 名詞 ❶防犯《ぼうはん》や防火《ぼうか》のための金属《きんぞく》の戸《と》。細長《ほそなが》い金属《きんぞく》の板《いた》をつなぎ合《あ》わせ、巻《ま》きこめるようになっている。よろい戸《ど》。❷カメラで、フィルムに一定時間《いっていじかん》だけ光《ひかり》が当《あ》たるように開《あ》け閉《し》めするしかけ。例シャッターを切《き》る。

シャットアウト (shutout) 名詞 動詞 ❶しめ出《だ》すこと。例いやなにおいをシャットアウトする。❷野球《やきゅう》で、相手《あいて》に一点《いってん》もあたえずに勝《か》つこと。

しゃてき【射的】 名詞 おもちゃのじゅうで、人形《にんぎょう》などの的《まと》をねらい、うち落《お》としたら賞品《しょうひん》としてそれをもらえる遊《あそ》び。

しゃでん【社殿】 名詞 神社《じんじゃ》で、神《かみ》として祭《まつ》るものをおさめてある建物《たてもの》。

しゃどう【車道】 名詞 道路《どうろ》で、車《くるま》だけが通《とお》るように決《き》められた部分《ぶぶん》。対歩道《ほどう》。

じゃどう【邪道】 名詞 ❶正《ただ》しくないやり方《かた》。例何《なに》をしてでも勝《か》てばよいという考《かんが》えは邪道だ。対正道《せいどう》。❷悪《わる》い行《おこな》い。悪《あく》の道《みち》。例邪道に走《はし》る。対正道《せいどう》。

シャトル (shuttle) 名詞 ❶乗《の》り物《もの》が、決《き》まった区間《くかん》を定期的《ていきてき》に往復《おうふく》すること。折《お》り返《かえ》し運転《うんてん》。例シャトルバス。❷「スペースシャトル」の略《りゃく》。❸「シャトルコック」の略《りゃく》。バドミントンで打《う》ち合《あ》う、羽根《はね》のついた球《たま》。

しゃにかまえる【斜に構える】 ものごとに正面《しょうめん》から向《む》き合《あ》わないで、ふざけた態度《たいど》や不《ふ》まじめな態度《たいど》をとる。ことば「斜《しゃ》」は「ななめ」という意味《いみ》。剣道《けんどう》で、刀《かたな》をまっすぐでなく、ななめに構《かま》えるという意味《いみ》から。

しゃにくさい【謝肉祭】 ⇩217ジベー カーニバル❶

しゃにむに 副詞 ほかのことは考《かんが》えないで、がむしゃらに。例しゃにむにこうげきする。

じゃのめ【蛇の目】 名詞 ❶太《ふと》い輪《わ》の形《かたち》の模様《もよう》。❷白《しろ》く太《ふと》い輪《わ》の模様《もよう》のかさ。「蛇《じゃ》の目《め》がさ」の略《りゃく》。

じゃのめ❷

しゃば 名詞 ❶仏教《ぶっきょう》で、なやみや苦《くる》しみの多《おお》い、この世《よ》のこと。❷刑務所《けいむしょ》などの中《なか》から見《み》て、外《そと》の自由《じゆう》な世界《せかい》。

じゃばら【蛇腹】 名詞 折《お》りたたまれていて、自由《じゆう》にのびたり縮《ちぢ》んだりするしくみのもの。ちょうちんやアコーディオンの胴《どう》の部分《ぶぶん》など。

ジャパン (Japan) 名詞 「日本《にほん》」のこと。

しゃふつ【煮沸】 名詞 動詞 煮《に》え立《た》たせること。例煮沸消毒《しょうどく》。

しゃぶる 動詞 口《くち》の中《なか》に入《い》れて、なめたり吸《す》ったりする。例あめをしゃぶる。

しゃべる 動詞 ❶ものを言《い》う。例赤《あか》ちゃんがしゃべり始《はじ》める／朝《あさ》からひと言《こと》もしゃべらない。❷口数《くちかず》多《おお》く言《い》う。例となりのおばさんはよくしゃべる人《ひと》だ。

使い方 「話《はな》す」「語《かた》る」などに比《くら》べて、親《した》しい人《ひと》たちと軽《かる》い話題《わだい》について話《はな》すときに使《つか》う。

シャベル (shovel) 名詞 土《つち》や砂《すな》などをほったり、すくったりする道具《どうぐ》。スコップ。「ショベル」ともいう。

しゃへん【斜辺】 名詞 算数《さんすう》で、直角三角形《ちょっかくさんかくけい》の、直角《ちょっかく》と向《む》かい合《あ》っている辺《へん》。

ジャポニカまい【ジャポニカ米】 名詞 米《こめ》の種類《しゅるい》の一《ひと》つ。日本《にほん》で多《おお》くさいばいされる種類《しゅるい》で、つぶが短《みじか》く、たくとねばりが出《で》る。関連 インディカ米《まい》。

シャボン (ポルトガル語) 名詞 「石《せっ》けん」のこと。

シャボンだま【シャボン玉】 名詞 季語 春 石《せっ》けんをとかした水《みず》をストローなどの先《さき》につけ、ふいて作《つく》るあわの玉《たま》。

じゃま【邪魔】 名詞 動詞 形容動詞 さまたげになること。また、そのもの。例 邪魔が入《はい》る／邪魔な物《もの》をどかす。

しゃみせん【三味線】 名詞 日本音楽《にほんおんがく》で伴奏《ばんそう》などに使《つか》う弦楽器《げんがっき》。三本《さんぼん》の弦《げん》をばちや指先《ゆびさき》ではじいて鳴《な》らす。図 ⇒269ジペー がっき〔楽器〕

ジャム (jam) 名詞 いちごやりんごなどの果物《くだもの》に砂糖《さとう》を加《くわ》えて煮《に》つめたもの。菓子《かし》やパンなどにつけて食《た》べる。

しゃむしょ【社務所】 名詞 神社《じんじゃ》で、事務《じむ》の仕事《しごと》をする所《ところ》。

しゃめん【斜面】 名詞 ななめになっている面《めん》。例 山《やま》の急《きゅう》斜面。

しゃも 名詞 にわとりの品種《ひんしゅ》の一《ひと》つ。気性《きしょう》があらく、鳥同士《とりどうし》をたたかわせる遊《あそ》びに使《つか》われる。肉《にく》・卵《たまご》を食用《しょくよう》にする。

しゃも

しゃもじ 名詞 ごはんを盛《も》りつけるのに使《つか》う、先《さき》が平《ひら》たい道具《どうぐ》。

しゃよう【社用】 名詞 会社《かいしゃ》の用事《ようじ》。

じゃり【砂利】 名詞 角《かど》の丸《まる》くなった小石《こいし》。また、その集《あつ》まり。例 砂利道《みち》。

しゃりょう【車両】 名詞 汽車《きしゃ》・電車《でんしゃ》・自動車《じどうしゃ》などのこと。とくに、その一台一台《いちだいいちだい》のこと。

しゃりん【車輪】 名詞 車《くるま》の輪《わ》。

しゃれ 名詞 ❶（「おしゃれ」の形《かたち》で）美《うつく》しく着《き》かざること。例 おしゃれをして出《で》かける。❷同《おな》じ音《おと》のことばを使《つか》った、こっけいなことば。「スキーが大好《だいす》きー」「だれも電話《でんわ》に出《で》んわ」など。例 しゃれを飛《と》ばす。

じゃれあう【じゃれ合う】 動詞 まつわりついてふざけ合《あ》う。例 子《こ》ねこがじゃれ合う。

しゃれい【謝礼】 名詞 感謝《かんしゃ》の気持《きも》ちを表《あらわ》すことば。また、そのためのおくり物《もの》やお金《かね》。

しゃれこうべ ⇒542ジペー されこうべ

しゃれる 動詞 ❶美《うつく》しく着《き》かざる。おしゃれをする。例 しゃれた姿《すがた》。❷気《き》がきいている。例 しゃれた造《つく》りの家《いえ》。

じゃれる 動詞 まつわりついてふざける。例 ぼくの足《あし》に子犬《こいぬ》がじゃれる。

シャワー (shower) 名詞 季語 夏 じょうろのような口《くち》から、湯《ゆ》や水《みず》を出《だ》して浴《あ》びるしかけ。また、その湯《ゆ》や水《みず》のこと。

ジャングル (jungle) 名詞 熱帯地方《ねったいちほう》で、たくさんの木《き》がしげっている林《はやし》。密林《みつりん》。

ジャングルジム (jungle gym) 名詞 公園《こうえん》や小学校《しょうがっこう》などにある、鉄《てっ》パイプを格子《こうし》のように組《く》み立《た》てた遊《あそ》び道具《どうぐ》。

じゃんけん 名詞 片手《かたて》で石《いし》（＝グー）・はさみ（＝チョキ）・紙《かみ》（＝パー）の形《かたち》を出《だ》し合《あ》って、相手《あいて》と勝《か》ち負《ま》けを決《き》める遊《あそ》び。じゃんけんぽん。

じゃんけんぽん じゃんけんをするときのかけ声《ごえ》。また、「じゃんけん」のこと。

シャンソン (フランス語) 名詞 フランスで、人々《ひとびと》に親《した》しまれている歌《うた》。

シャンツェ (ドイツ語) 名詞 季語 冬 スキーのジャンプ台《だい》。

シャンデリア (フランス語) 名詞 天井《てんじょう》からつり下《さ》げる、かざりのついた電灯《でんとう》。

しゃんと 副詞 動詞 ❶姿勢《しせい》や気持《きも》ちなどがしっかりしているようす。例 背筋《せすじ》をしゃんとのばす。❷おとろえを見《み》せず、しっかりしているようす。例 祖母《そぼ》は年《とし》のわりにしゃんとしている。

ジャンヌ＝ダルク 名詞（一四一二～一四三一）フランスの愛国者《あいこくしゃ》。神《かみ》のお告《つ》げを受《う》けたとして、兵《へい》をひきいてイギリス軍《ぐん》と戦《たたか》い、フランスを救《すく》った。のちにイギリス軍《ぐん》にとらえられ、火《ひ》

四字熟語　牛飲馬食《ぎゅういんばしょく》　牛《うし》のように飲《の》み、馬《うま》のように食《た》べるという意味《いみ》で、たくさん飲《の》んだり食《た》べたりす

あぶりの刑《けい》となった。

ジャンパー (jumper) 名詞 季語 冬 ❶運動《うんどう》や作業《さぎょう》をするときに着《き》る、ゆったりとした上着《うわぎ》。❷陸上競技《りくじょうきょうぎ》やスキーのジャンプの選手《せんしゅ》。

シャンハイ【上海】 名詞 中国《ちゅうごく》の長江《ちょうこう》の河口《かこう》にある大都市《だいとし》。貿易港《ぼうえきこう》として発展《はってん》し、中国《ちゅうごく》の商工業《しょうこうぎょう》・金融《きんゆう》の中心地《ちゅうしんち》となっている。

ジャンプ (jump) ❶名詞 動詞 とび上がること。❷名詞 スキーや陸上競技《りくじょうきょうぎ》で、とんだきょりや高《たか》さをきそう種目《しゅもく》。

シャンプー (shampoo) 名詞 動詞 かみの毛《け》を洗《あら》う洗剤《せんざい》。また、それでかみの毛《け》を洗《あら》うこと。

ジャンボ (jumbo) ❶名詞 形容動詞 とびぬけて大《おお》きいこと。例 ジャンボサイズ。❷名詞 大型《おおがた》ジェット旅客機《りょかっき》のこと。「ジャンボジェット」の略《りゃく》。ことば アメリカのサーカスで人気《にんき》になった大《おお》きな象《ぞう》の名《な》まえからきたことば。

ジャンル (フランス語) 名詞 「種類《しゅるい》」「部門《ぶもん》」のこと。とくに、文芸作品《ぶんげいさくひん》の、詩《し》・小説《しょうせつ》・戯曲《ぎきょく》などの種類《しゅるい》や区分《くぶん》。例 本《ほん》をジャンル別《べつ》に並《なら》べる。

漢 **しゅ【手】**〔手《て》〕4画 1年 音 シュ 訓 て・た

一 二 三 手（下をながく　はねる）

❶て。例 手話《しゅわ》／手綱《たづな》／手足《てあし》／握手《あくしゅ》／挙手《きょしゅ》／拍手《はくしゅ》。❷てだて。方法《ほうほう》。例 手段《しゅだん》／手法《しゅほう》／手腕《しゅわん》。❸ある仕事《しごと》をする人《ひと》。例 運転手《うんてんしゅ》／歌手《かしゅ》／選手《せんしゅ》。

しゅ【主】 名詞 ❶かしら。主人《しゅじん》。例 主とあおぐ。❷中心《ちゅうしん》となるものごと。例 実技《じつぎ》を主としたクラブ活動《かつどう》。❸キリスト教《きょう》で、神《かみ》、またはイエス＝キリストのこと。

漢 **しゅ【主】**〔丶《てん》〕5画 3年 音 シュ・ス 訓 ぬし・おも・あるじ

丶 亠 亍 主 主（下をながく）

❶ぬし。あるじ。例 主君《しゅくん》／主人《しゅじん》。対 従《じゅう》。❷中心《ちゅうしん》となっておこなう。つかさどる。例 主催《しゅさい》。❸おもな。たいせつな。例 主食《しゅしょく》／主役《しゅやく》。

漢 **しゅ【守】**〔宀《うかんむり》〕6画 3年 音 シュ・ス 訓 まもる・もり

丶 丶 宀 宁 守 守（はねる）

まもる。例 守衛《しゅえい》／守護《しゅご》／守勢《しゅせい》／守備《しゅび》／子守《こもり》／死守《ししゅ》／保守《ほしゅ》／見守《みまも》る／留守《るす》。

しゅ【朱】 名詞 ❶少《すこ》し黄色《きいろ》っぽい赤色《あかいろ》。❷赤《あか》い色《いろ》のすみや絵《え》の具《ぐ》。

朱《しゅ》に交《まじ》われば赤《あか》くなる →953ページ 故事成語

朱《しゅ》を入《い》れる 文字《もじ》や文章《ぶんしょう》を、赤《あか》い色《いろ》のすみやペンなどで修正《しゅうせい》する。

漢 **しゅ【取】**〔又《また》〕8画 3年 音 シュ 訓 とる

一 丅 F F E 耳 取 取（下へながく）

とる。手《て》に入《い》れる。例 取材《しゅざい》／取捨《しゅしゃ》／取得《しゅとく》／採取《さいしゅ》／先取点《せんしゅてん》。対 捨《しゃ》。

漢 **しゅ【首】**〔首《くび》〕9画 2年 音 シュ 訓 くび・こうべ

丶 丷 䒑 䒑 产 首 首 首（ながく）

❶かしら。あたま。くび。例 首筋《くびすじ》／首輪《くびわ》／機首《きしゅ》。❷第一《だいいち》。いちばん上《うえ》。中心《ちゅうしん》。例 首位《しゅい》／首相《しゅしょう》／首席《しゅせき》／首都《しゅと》／首府《しゅふ》／元首《げんしゅ》。❸和歌《わか》を数《かぞ》えることば。例 百人一首《ひゃくにんいっしゅ》。❹もうす。つげる。例 自首《じしゅ》。

しゅ【修】 漢 →603ページ しゅう〔修〕

漢 **しゅ【酒】**〔酉《ひよみのとり》〕10画 3年 音 シュ 訓 さけ・さか

丶 丶 氵 汀 沂 沔 洒 洒 酒 酒（わすれないように）

さけ。例 酒場《さかば》／酒屋《さかや》／甘酒《あまざけ》／飲酒《いんしゅ》／洋酒《ようしゅ》。

しゅ【衆】 漢 →604ページ しゅう〔衆〕

漢 **しゅ【種】**〔禾《のぎへん》〕14画 4年 音 シュ 訓 たね

二 禾 秆 秆 稍 稍 種 種（みぎからはらう）

❶たね。例 種子《しゅし》／種《たね》まき。❷同《おな》じなかま。たぐい。例 種族《しゅぞく》／種目《しゅもく》／種類《しゅるい》／各種《かくしゅ》／人種《じんしゅ》／品種《ひんしゅ》。❸もとになるもの。例 種本《たねほん》／火種《ひだね》。

漢 **じゅ【受】**〔又《また》〕8画 3年 音 ジュ 訓 うける・うかる

昔《むかし》のままで、進歩《しんぽ》や発展《はってん》が少《すこ》しもないようす。

うける。うけとる。例受験《じゅけん》／受賞《じゅしょう》／受信《じゅしん》／受《じゅ》粉《ふん》／受話器《じゅわき》。

じゅ【従】 漢 ↓605ページ じゅう〔従〕

漢 **じゅ【授】**〔扌《てへん》〕11画 5年 音ジュ 訓さずける・さずかる

❶あたえる。さずける。例授《さず》かり物《もの》／授受《じゅじゅ》／授賞《じゅしょう》。❷おしえる。つたえる。例授業《じゅぎょう》／教《きょう》授《じゅ》／伝授《でんじゅ》。

じゅ【就】 漢 ↓604ページ しゅう〔就〕

漢 **じゅ【樹】**〔木《きへん》〕16画 6年 音ジュ 訓き

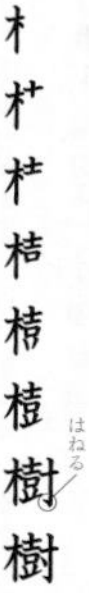

❶木《き》。立《た》ち木《き》。例樹氷《じゅひょう》／樹木《じゅもく》／樹林《じゅりん》／街路樹《がいろじゅ》／常緑樹《じょうりょくじゅ》／植樹《しょくじゅ》。❷うちたてる。例樹立《じゅりつ》。

しゅい【首位】 名詞 第一位《だいいちい》。一番《いちばん》。類首席《しゅせき》。

しゅい【趣意】 名詞 ❶あることを行《おこな》うときの訳《わけ》や考《かんが》え、目的《もくてき》。❷言《い》おうとしていることのおもな意味《いみ》。例趣意《い》のわかりやすい文章《ぶんしょう》。

しゅいろ【朱色】 名詞 少《すこ》し黄色《きいろ》っぽい赤色《あかいろ》。

しゅいんじょう【朱印状】 名詞 戦国時代《せんごくじだい》以降《いこう》の大名《だいみょう》や、江戸時代《えどじだい》の将軍《しょうぐん》が出《だ》した、外国《がいこく》との貿易《ぼうえき》や外国《がいこく》へ行《い》くことを認《みと》める許可証《きょかしょう》。朱色《しゅいろ》の判《はん》こがおしてあった。

しゅいろ

しゅいんせん【朱印船】 名詞 昔《むかし》、外国《がいこく》へ行《い》くことを認《みと》める朱印状《しゅいんじょう》を持《も》って、貿易《ぼうえき》した船《ふね》。豊臣秀吉《とよとみひでよし》が始《はじ》め、鎖国《さこく》まで続《つづ》いた。御朱印船《ごしゅいんせん》。

しゆう【私有】 名詞 動詞 個人《こじん》が自分《じぶん》のものとして持《も》っていること。また、そのもの。例私有財産《ざいさん》／私有地《ち》。関連公有《こうゆう》。国有《こくゆう》。

しゆう【雌雄】 名詞 ❶めすとおす。❷勝《か》ち負《ま》け。

● **雌雄を決する** どちらがすぐれているかを決《き》める。例決勝戦《けっしょうせん》で雌雄を決する。

漢 **しゅう【収】**〔又《また》〕4画 6年 音シュウ 訓おさめる・おさまる

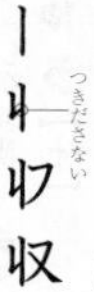

❶おさめる。とり入《い》れる。例収穫《しゅうかく》／収集《しゅうしゅう》／収入《しゅうにゅう》／収納《しゅうのう》／回収《かいしゅう》／領収書《りょうしゅうしょ》。❷まとめる。ととのえる。例収拾《しゅうしゅう》。

漢 **しゅう【州】**〔川《かわ》〕6画 3年 音シュウ 訓す

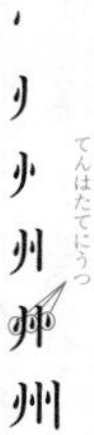

❶島《しま》。大陸《たいりく》。例本州《ほんしゅう》。❷政治《せいじ》をおこなうために分《わ》けたくぎり。例州知事《しゅうちじ》／州立《しゅうりつ》／オレゴン州《しゅう》。❸す。川《かわ》の中《なか》にできた島《しま》。例三角州《さんかくす》。

漢 **しゅう【周】**〔口《くち》〕8画 4年 音シュウ 訓まわり

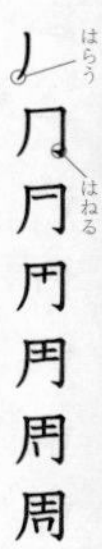

❶めぐる。まわる。まわり。例周囲《しゅうい》／周期《しゅうき》／周辺《しゅうへん》／周遊券《しゅうゆうけん》／円周《えんしゅう》／学校《がっこう》の周《まわ》り。❷ひろくゆきわたる。あまねく。例周知《しゅうち》／周到《しゅうとう》。

漢 **しゅう【宗】**〔宀《うかんむり》〕8画 6年 音シュウ・ソウ

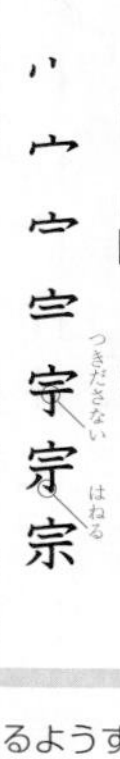

❶神《かみ》や仏《ほとけ》の教《おし》え。また、その同《おな》じ教《おし》えを守《まも》る人々《ひとびと》の集《あつ》まり。例宗教《しゅうきょう》／宗派《しゅうは》／改宗《かいしゅう》／天台宗《てんだいしゅう》。❷大《おお》もと。祖先《そせん》。家元《いえもと》。例宗家《そうけ》／宗匠《そうしょう》。

しゅう【拾】 漢 ↓1133ページ ひろ-う〔拾〕

しゅう【祝】 漢 ↓615ページ しゅく〔祝〕

漢 **しゅう【秋】**〔禾《のぎへん》〕9画 2年 音シュウ 訓あき

あき。例秋風《あきかぜ》／秋雨《あきさめ》／秋分《しゅうぶん》／初秋《しょしゅう》／晩秋《ばんしゅう》／立秋《りっしゅう》。対春《しゅん》。

漢 **しゅう【修】**〔亻《にんべん》〕10画 5年 音シュウ・シュ 訓おさめる・おさまる

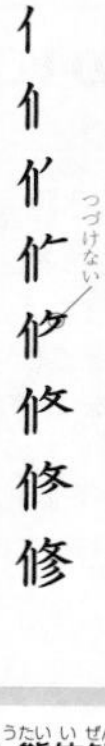

❶学《まな》んで身《み》につける。おさめる。例修学《しゅうがく》／修《しゅ》行《ぎょう》／修業《しゅうぎょう》／研修《けんしゅう》。❷なおす。つくろう。例修正《しゅうせい》／修復《しゅうふく》／修理《しゅうり》。❸かざる。例修飾《しゅうしょく》。

しゅう【週】 名詞 接尾語 日曜日《にちようび》から土曜日《どようび》までの七日間《なのかかん》。また、それを数《かぞ》えることば。例週

四字熟語 旧態依然《きゅうたいいぜん》　古《ふる》くからのありさま（旧態《きゅうたい》）が、そのままであるようす（依然《いぜん》）という意味《いみ》で、

に一度《いちど》水泳《すいえい》教室《きょうしつ》に行《い》く／今月《こんげつ》の第三《だいさん》週。

漢 **しゅう【週】**〔辶《しんにょう》〕11画 2年 訓 音 シュウ

丿 冂 円 円 用 周 周 凋 週 （はらう・はねる）

日曜日《にちようび》から土曜日《どようび》までの七日間《なのかかん》。例 週刊《しゅうかん》／週間《しゅうかん》／週末《しゅうまつ》／今週《こんしゅう》／毎週《まいしゅう》／来週《らいしゅう》。

漢 **しゅう【終】**〔糸《いとへん》〕11画 3年 訓 音 シュウ おわる・おえる

く 幺 糸 糸 糸 紀 終 終 終 （はらう）

おわる。おわり。例 終業《しゅうぎょう》／終戦《しゅうせん》／終了《しゅうりょう》／最終《さいしゅう》／食《た》べ終《お》わる／読《よ》み終《お》える。対 始《し》。初《しょ》。

漢 **しゅう【習】**〔羽《はね》〕11画 3年 訓 音 シュウ ならう

丁 习 羽 羽 羽 羽 習 習 習 （はねる）

❶ならう。例 習得《しゅうとく》／学習《がくしゅう》／自習《じしゅう》／手習《てなら》い／復習《ふくしゅう》／練習《れんしゅう》。❷ならわし。例 習慣《しゅうかん》／習性《しゅうせい》。

漢 **しゅう【就】**〔尢《だいのまげあし》〕12画 6年 訓 音 シュウ・ジュ つく・つける

亠 古 亨 京 京 京 就 就 就 （はねる・まげてはねる）

❶仕事《しごと》や役目《やくめ》などにつく。例 就学《しゅうがく》／就航《しゅうこう》／就職《しゅうしょく》／就任《しゅうにん》。❷なしとげる。例 成就《じょうじゅ》。

漢 **しゅう【衆】**〔血《ち》〕12画 6年 訓 音 シュウ・シュ

ノ 宀 血 血 尹 衆 衆 衆 （はねない・かたちにちゅうい）

大勢《おおぜい》の人《ひと》。例 衆人《しゅうじん》／衆知《しゅうち》／合衆国《がっしゅうこく》／観衆《かんしゅう》／群衆《ぐんしゅう》／公衆《こうしゅう》／大衆《たいしゅう》／民衆《みんしゅう》。

漢 **しゅう【集】**〔隹《ふるとり》〕12画 3年 訓 音 シュウ あつまる・あつめる・つどう

ノ イ 亻 什 隹 隹 隼 集 集 （ながく・とめる）

❶あつまる。あつめる。つどう。例 集会《しゅうかい》／集合《しゅうごう》／集団《しゅうだん》／採集《さいしゅう》／収集《しゅうしゅう》／特集《とくしゅう》。❷詩《し》や文《ぶん》章《しょう》をあつめたもの。例 歌集《かしゅう》／詩集《ししゅう》／文集《ぶんしゅう》。

じゆう【自由】 名詞 形容動詞 ❶考《かんが》えや行《おこな》いが、ほかからしばられないこと。例 言論《げんろん》の自由。❷思《おも》いのままにすること。例 自由に遊《あそ》ぶ。

じゅう【十】 名詞 数《かず》の名《な》。とお。 ↓604ジペー

外国語教室

漢 **じゅう【十】**〔十《じゅう》〕2画 1年 訓 音 ジュウ・ジッ とお・と

一 十 （とめる）

❶とお。じゅう。例 十指《じっし》／十字路《じゅうじろ》。❷そろっている。完全《かんぜん》。例 十分《じゅうぶん》。❸数《かず》がおおい。例 十人十色《じゅうにんといろ》。ことば 音読《おんよ》みの「ジッ」は「ジュッ」とも読《よ》む。

-じゅう【中】 接尾語 （ほかのことばのあとにつけて）

❶「そのあいだずっと」という意味《いみ》を表《あらわ》す。例 一日《いちにち》じゅう働《はたら》く。

❷「その時間《じかん》のうち」という意味《いみ》を表《あらわ》す。例 今日《きょう》じゅうに宿題《しゅくだい》をすませる。

❸「その中《なか》のすべて」という意味《いみ》を表《あらわ》す。例 家《いえ》じゅうを消毒《しょうどく》する。

使い方 ふつうかな書《が》きにする。

漢 ↓837ジペー ちゅう〔中〕

漢 **じゅう【住】**〔亻《にんべん》〕7画 3年 訓 音 ジュウ すむ・すまう

ノ イ 亻 仁 什 住 住 （下をながく）

すむ。すまい。例 住居《じゅうきょ》／住所《じゅうしょ》／住宅《じゅうたく》／住人《じゅうにん》／住民《じゅうみん》／住み心地《ごこち》／安住《あんじゅう》。

じゅう【拾】 漢 ↓1133ジペー ひろう〔拾〕

漢 **じゅう【重】**〔里《さと》〕9画 3年 訓 音 ジュウ・チョウ え・おもい・かさねる・かさなる

一 二 千 台 亘 亘 重 重 重 （みぎからはらう・下をながく）

ガッテン外国語教室

数字《すうじ》の10はどう読《よ》む？

数字《すうじ》の「10」は、朝鮮語《ちょうせんご》は「십」でシッ（プ）、中国語《ちゅうごくご》の方言《ほうげん》である広東語《カントンご》では「十」でサップと読《よ》む。タイ語《ご》では「๑๐」でシッ（プ）と読《よ》む。どれも発音《はつおん》がとても似《に》ているね。

日本《にほん》でも昔《むかし》は「十」をひらがなで「じふ」と書《か》いて「じゅう」と発音《はつおん》していたんだよ。「じふ」とそのまま発音《はつおん》していた時代《じだい》もあった。「じふ」だと朝鮮語《ちょうせんご》などの発音《はつおん》に似《に》ているね。

行《ゆ》きが急《きゅう》に変《か》わって、解決《かいけつ》や結末《けつまつ》に向《む》かうこと。

❶おもい。おもさ。例 重苦《おもくる》しい／重量《じゅうりょう》／重力《じゅうりょく》／体重《たいじゅう》。対 軽《けい》。❷だいじな。例 重視《じゅうし》／重点《じゅうてん》／重要《じゅうよう》／重宝《ちょうほう》／貴重《きちょう》。❸ひどい。きびしい。例 重傷《じゅうしょう》／重病《じゅうびょう》／厳重《げんじゅう》。❹かさねる。かさなる。例 重《かさ》ね着《ぎ》／重箱《じゅうばこ》／五重《ごじゅう》の塔《とう》／八重《やえ》。❺おおきい。おおじかけな。例 重工業《じゅうこうぎょう》。

漢 **じゅう【従】**〔彳〕ぎょうにんべん 10画 6年 音 ジュウ・ショウ・ジュ 訓 したがう・したがえる

❶したがう。言《い》うとおりにする。例 従順《じゅうじゅん》／従属《じゅうぞく》／追従《ついじゅう》／服従《ふくじゅう》。❷とも。けらい。例 従者《じゅうしゃ》／主従《しゅじゅう》。対 主《しゅ》。❸…より。例 従前《じゅうぜん》／従来《じゅうらい》。

じゅう【銃】 名詞 鉄砲《てっぽう》。ピストル。ことば「一挺《いっちょう》」と数《かぞ》える。

漢 **じゅう【縦】**〔糸〕いとへん 16画 6年 音 ジュウ 訓 たて

❶たて。例 縦横《じゅうおう》／縦走《じゅうそう》／縦断《じゅうだん》／縦列《じゅうれつ》／縦書《たてが》き。対 横《おう》。❷思《おも》うままにする。例 操縦《そうじゅう》。

しゅうあく【醜悪】 形容動詞 とてもみにくいようす。例 醜悪な争《あらそ》い。

しゅうあけ【週明け】 名詞 新《あたら》しい週《しゅう》が始《はじ》まること。ことば ふつう、月曜日《げつようび》を指《さ》す。

じゅうあつ【重圧】 名詞

❶強《つよ》い力《ちから》でおしつけること。また、その力《ちから》。例 雪《ゆき》の重圧にもたえる建築《けんちく》。❷人《ひと》の心《こころ》を苦《くる》しめるような力《ちから》。例 試験《しけん》の重圧が心《こころ》にのしかかっている。

しゅうい【周囲】 名詞

❶まわり。例 家《いえ》の周囲にへいをつくる。❷まわりをとり巻《ま》いている人《ひと》やもの。環境《かんきょう》。例 周囲の意見《いけん》を聞《き》く。

じゅうい【獣医】 名詞 牛《うし》・馬《うま》・犬《いぬ》などの動物《どうぶつ》の病気《びょうき》やけがを治《なお》す医者《いしゃ》。

じゆういし【自由意志】 名詞 まわりからのえいきょうではなく、自分《じぶん》の考《かんが》え。

しゅういつ【秀逸】 名詞 形容動詞 ほかのものよりも、とびぬけてすぐれていること。例 秀逸な絵《え》。

しゅうえき【収益】 名詞 利益《りえき》を手《て》に入《い》れること。また、その利益《りえき》。もうけ。例 収益を上《あ》げる。

しゅうえん【終演】 名詞 動詞 劇《げき》や音楽会《おんがくかい》などが終《お》わること。また、終《お》えること。例 終演時間《じかん》。対 開演《かいえん》。

じゅうおう【縦横】 名詞

❶縦《たて》と横《よこ》。❷思《おも》うまま。思《おも》いどおり。例 縦横に動《うご》き回《まわ》る。

じゅうおうむじん【縦横無尽】 名詞 形容動詞 思《おも》いのままに行動《こうどう》すること。例 テニスコートを縦横無尽にかけ回《まわ》る。類 自由自在《じゆうじざい》。

しゅうか【集荷】 名詞 動詞 農業《のうぎょう》や漁業《ぎょぎょう》などでとれた物《もの》を、各地《かくち》から一《いっ》か所《しょ》に集《あつ》めること。また、その物《もの》。

しゅうかい【集会】 名詞 動詞 多《おお》くの人《ひと》が、ある目的《もくてき》のために集《あつ》まること。また、その集《あつ》まり。例 集会を開《ひら》く／全校《ぜんこう》集会。類 会合《かいごう》。

じゅうかがくこうぎょう【重化学工業】 名詞 重工業《じゅうこうぎょう》と化学工業《かがくこうぎょう》をあわせた呼《よ》び名《な》。多《おお》くの資本《しほん》と高《たか》い技術《ぎじゅつ》が必要《ひつよう》とされる。

しゅうかく【収穫】

❶名詞 動詞 農作物《のうさくぶつ》をとり入《い》れること。また、とり入《い》れた物《もの》。例 みかんを収穫する。❷名詞 ものごとをして得《え》られたよい結果《けっか》。例 収穫の大《おお》きい旅《たび》だった。

しゅうがく【修学】 名詞 動詞 勉強《べんきょう》して、学問《がくもん》を身《み》につけること。

しゅうがく【就学】 名詞 動詞 学校《がっこう》に入学《にゅうがく》すること。とくに、小学校《しょうがっこう》へ入《はい》ること。例 就学児童《じどう》。

しゅうかくだか【収穫高】 名詞 収穫《しゅうかく》した農作物《のうさくぶつ》の量《りょう》。

しゅうがくりょこう【修学旅行】 名詞 児童《じどう》・生徒《せいと》が実際《じっさい》に見《み》て勉強《べんきょう》するため、学校行事《がっこうぎょうじ》として行《い》く旅行《りょこう》。

じゆうがた【自由形】 名詞 水泳競技《すいえいきょうぎ》の一《ひと》つで、泳《およ》ぎ方《かた》を決《き》めずに行《おこな》う種目《しゅもく》。参考 ふつうはクロールで泳《およ》ぐ。

じゆうかったつ【自由かっ達】 形容動詞 心《こころ》が広《ひろ》く、ものごとにこだわらないで思《おも》いのままにふるまうようす。例 自由かっ達な人《ひと》。

しゅうかん【週刊】 名詞 新聞《しんぶん》や雑誌《ざっし》などを、一週間《いっしゅうかん》に一回《いっかい》出《だ》すこと。また、そのもの。例 週刊誌《し》。

しゅうかん【週間】 名詞

❶日曜《にちよう》から土曜《どよう》までの七日間《なのかかん》。また、その七日《なのか》

四字熟語　急転直下《きゅうてんちょっか》　「急転《きゅうてん》」は急《きゅう》に変《か》わること、「直下《ちょっか》」はまっすぐに下《くだ》ることで、ものごとの成《な》り

間《かん》を数《かぞ》えるときの単位《たんい》。例 新《あたら》しい一《いっ》週間が始《はじ》まる／運動会《うんどうかい》まであと三《さん》週間だ。❷何《なに》か特別《とくべつ》の行事《ぎょうじ》をする七日間《なのかかん》。例 衛生《えいせい》週間。

しゅうかん【習慣】 名詞 ❶古《ふる》くからふつうに行《おこな》われていること。しきたり。例 昔《むかし》からの習慣を受《う》けつぐ。類 慣習《かんしゅう》。❷くり返《かえ》しているうちに、自然《しぜん》にそうするようになること。例 早起《はやお》きの習慣がついた。

じゅうかん【縦貫】 名詞 動詞 縦《たて》、または南北《なんぼく》の方向《ほうこう》につらぬくこと。例 縦貫道路《どうろ》。類 縦断《じゅうだん》。

しゅうかんし【週刊誌】 名詞 一週間《いっしゅうかん》に一回《いっかい》発行《はっこう》される雑誌《ざっし》。使い方「週間誌」と書《か》かないよう注意《ちゅうい》。

-しゅうき【周忌】 接尾語 〔数《かず》を表《あらわ》すことばのあとにつけて〕毎年《まいとし》やってくる、その人《ひと》の死《し》んだ日《ひ》と同《おな》じ日《ひ》。例 祖母《そぼ》の三《さん》周忌。類 回忌《かいき》。

しゅうき【周期】 名詞 同《おな》じ運動《うんどう》がくり返《かえ》されるとき、その一回《いっかい》にかかる時間《じかん》。例 ふりこの周期を計《はか》る。類 サイクル。

しゅうき【臭気】 名詞 いやなにおい。

しゅうき【秋季】 名詞 秋《あき》の季節《きせつ》。例 秋季大《たい》会《かい》。対 春季《しゅんき》。関連 夏季《かき》。冬季《とうき》。

しゅうき【秋期】 名詞 秋《あき》の期間《きかん》。秋《あき》の間《あいだ》。対 春期《しゅんき》。関連 夏期《かき》。冬期《とうき》。

しゅうぎ【祝儀】 名詞 ❶お祝《いわ》いの式《しき》。❷お祝《いわ》いの気持《きも》ちを表《あらわ》すためにおくるお金《かね》や品《しな》物《もの》。例 入学祝《にゅうがくいわ》いの祝儀を届《とど》ける。❸世話《せわ》をしてくれた人《ひと》に、お礼《れい》としてわたすお金《かね》。チップ。例 祝儀をはずむ。

しゅうぎ【衆議】 名詞 大勢《おおぜい》の人《ひと》が集《あつ》まって、意見《いけん》を出《だ》し合《あ》うこと。また、その意見《いけん》。

しゅうぎいっけつ【衆議一決】 名詞 動詞 大勢《おおぜい》の人《ひと》が集《あつ》まって話《はな》し合《あ》い、意見《いけん》が一《ひと》つにまとまること。

しゅうぎいん【衆議院】 名詞 参議院《さんぎいん》とともに国会《こっかい》をつくっているしくみ。選挙《せんきょ》によって選《えら》ばれた議員《ぎいん》が、国《くに》の政治《せいじ》のもとになる法律《ほうりつ》や予《よ》算《さん》などを決《き》める。議員《ぎいん》の任期《にんき》は四年《よねん》だが、とちゅうで解散《かいさん》することがある。対 参議院《さんぎいん》。教科 社 第二次世界大戦前《だいにじせかいたいせんまえ》の大日本帝国憲法《だいにほんていこくけんぽう》のもとでは、貴族院《きぞくいん》とともに議会《ぎかい》を構成《こうせい》した。

しゅうぎいんぎいん【衆議院議員】 名詞 衆《しゅう》議院《ぎいん》の議員《ぎいん》。選挙《せんきょ》によって選《えら》ばれ、任期《にんき》は四年《よねん》。対 参議院議員《さんぎいんぎいん》。

じゅうきカード【住基カード】 ⇩613ページ じゅうみんきほんだいちょうカード

しゅうきてき【周期的】 形容動詞 ある決《き》まった時間《じかん》をおいて、同《おな》じことがくり返《かえ》し起《お》こるようす。例 周期的に雨《あめ》が降《ふ》る。

じゅうきネット【住基ネット】 ⇩613ページ じゅうみんきほんだいちょうネットワークシステム

しゅうぎぶくろ【祝儀袋】 名詞 祝《いわ》いごとのときに、お金《かね》や心《こころ》づけを入《い》れてわたすふくろ。

しゅうきゅう【週休】 名詞 毎週《まいしゅう》決《き》まった休《きゅう》日《じつ》があること。また、その休日《きゅうじつ》。例 週休二日《ふつか》。

しゅうきゅう【週給】 名詞 一週間《いっしゅうかん》ごとにしはらわれる給料《きゅうりょう》。関連 月給《げっきゅう》。日給《にっきゅう》。

しゅうきゅう【蹴球】 ⇩1161ページ フットボール

じゅうきょ【住居】 名詞 人《ひと》が住《す》むところ。住《す》む家《いえ》。住《す》まい。例 古代人《こだいじん》の住居あと。類 住宅《じゅうたく》。

しゅうきょう【宗教】 名詞 神《かみ》や仏《ほとけ》を信《しん》じることによって、安心《あんしん》や幸福《こうふく》を得《え》ようとすること。また、その教《おし》え。参考 仏教《ぶっきょう》・キリスト教《きょう》・イスラム教《きょう》などがある。

しゅうぎょう【修業】 ⇩615ページ しゅぎょう〔修業〕

しゅうぎょう【終業】 名詞 動詞 ❶一日《いちにち》の授業《じゅぎょう》や仕事《しごと》を終《お》えること。対 始業《しぎょう》。❷学校《がっこう》で、決《き》められたある期間《きかん》の勉強《べんきょう》が終《お》わること。例 終業式《しき》。対 始業《しぎょう》。

しゅうぎょう【就業】 名詞 動詞 仕事《しごと》につくこと。仕事《しごと》を始《はじ》めること。例 就業時間《じかん》。

じゅうぎょういん【従業員】 名詞 会社《かいしゃ》や工場《こうじょう》などで働《はたら》いている人《ひと》。

しゅうきょうか【宗教家】 名詞 神父《しんぷ》・牧師《ぼくし》や僧《そう》など、神《かみ》や仏《ほとけ》の教《おし》えを広《ひろ》めるための活動《かつどう》をしている人《ひと》。

しゅうきょうかいかく【宗教改革】 名詞 十六世紀《じゅうろくせいき》にヨーロッパで起《お》こったキリスト教《きょう》の改革運動《かいかくうんどう》。それまでのローマ教会《きょうかい》のやり方《かた》に反対《はんたい》して、聖書《せいしょ》だけが正《ただ》しい信仰《しんこう》のもとだと主張《しゅちょう》した。参考 この改革《かいかく》で、キリスト教《きょう》はカトリック（＝旧教《きゅうきょう》）とプロテスタント（＝新《しん》教《きょう》）に分《わ》かれた。

しゅうぎょうしき【終業式】 名詞 学校《がっこう》で、

うぞんきょうえい」ともいう。

学期《がっき》が終《お》わるときに行《おこな》う式《しき》。対 始業式《しぎょうしき》。

しゅうきょく【終局】 名詞 ものごとが終《お》わりになること。終《お》わり。例 長年続《ながねんつづ》いた争《あらそ》いは終局をむかえた。類 終幕《しゅうまく》。

しゅうきょく【しゅう曲】 名詞 平《たい》らな地層《ちそう》が横《よこ》から強《つよ》くおされて、波《なみ》を打《う》ったように曲《ま》がること。

しゅうぎょとう【集魚灯】 名詞 夜《よる》、魚《さかな》を集《あつ》めてとるのに使《つか》う明《あ》かり。

しゅうきん【集金】 名詞 動詞 お金《かね》を集《あつ》めること。例 新聞代《しんぶんだい》を集金する。

じゅうきんぞく【重金属】 名詞 比重《ひじゅう》が大《おお》きい、重《おも》い金属《きんぞく》をまとめた言《い》い方《かた》。金《きん》・銀《ぎん》・銅《どう》・鉄《てつ》・鉛《なまり》・水銀《すいぎん》など。対 軽金属《けいきんぞく》。

シュークリーム 名詞 卵《たまご》と小麦粉《こむぎこ》などで作《つく》った皮《かわ》の中《なか》にクリームをつめた洋菓子《ようがし》。ことば もとはフランス語《ご》の「シューアラクレーム」。「シュー」は「キャベツ」のこと。キャベツのような形《かたち》をしていることからついた名《な》まえ。

じゅうぐん【従軍】 名詞 動詞 軍隊《ぐんたい》といっしょに、戦場《せんじょう》に行《い》くこと。例 従軍記者《きしゃ》。

しゅうけい【集計】 名詞 動詞 それぞれの数《かず》を集《あつ》めて合計《ごうけい》すること。また、合計《ごうけい》したもの。例 アンケートの集計結果《けっか》。

しゅうげき【襲撃】 名詞 動詞 突然相手《とつぜんあいて》におそいかかること。例 敵《てき》の城《しろ》を襲撃する。

しゅうけつ【終結】 名詞 動詞 ものごとが終《お》わること。例 ようやく戦争《せんそう》が終結した。

しゅうけつ【集結】 名詞 動詞 一《ひと》つのところに集《あつ》まること。また、集《あつ》めること。例 人々《ひとびと》は広《ひろ》場《ば》に集結した。

じゅうけつ【充血】 名詞 動詞 体《からだ》のある部分《ぶぶん》に流《なが》れる血《ち》が異常《いじょう》に多《おお》くなること。例 寝不足《ねぶそく》で目《め》が充血している。

しゅうげん【祝言】 名詞 結婚式《けっこんしき》。例 祝言を挙《あ》げる。使い方 古《ふる》い言《い》い方《かた》。

じゆうけんきゅう【自由研究】 名詞 自分《じぶん》でテーマを決《き》めてとりくむ研究《けんきゅう》。例 夏休《なつやす》みの自由研究で、あさがおの生長《せいちょう》を観察《かんさつ》した。

しゅうこう【就航】 名詞 動詞 船《ふね》や飛行機《ひこうき》が、初《はじ》めて航路《こうろ》を行《い》き来《き》すること。

しゅうごう【集合】 ❶ 名詞 動詞 一《いっ》か所《しょ》に集《あつ》まること。また、集《あつ》めること。例 朝九時《あさくじ》に集合する。対 解散《かいさん》。❷ 名詞 同《おな》じ性質《せいしつ》を持《も》ったものの集《あつ》まり。例 三《さん》で割《わ》り切《き》れる数《かず》の集合。

じゅうこう【重厚】 形容動詞 落《お》ち着《つ》いていて、重々《おもおも》しい感《かん》じがするようす。例 石造《いしづく》りの重厚な建物《たてもの》。対 軽薄《けいはく》。

じゅうこうぎょう【重工業】 名詞 鉄鋼《てっこう》・自動車《じどうしゃ》・船《ふね》・機械《きかい》など、重《おも》く大《おお》きいものをつくる工業《こうぎょう》。対 軽工業《けいこうぎょう》。

じゆうこうどう【自由行動】 名詞 自分《じぶん》のやりたいことをすること。

じゅうごや【十五夜】 名詞 季語 秋 ❶ 昔《むかし》のこよみで、八月十五日《はちがつじゅうごにち》の満月《まんげつ》の夜《よる》。昔《むかし》から月見《つきみ》をする習《なら》わしがある。❷ 満月《まんげつ》の夜《よる》。

しゅうさい【秀才】 名詞 学問《がくもん》などで、才能《さいのう》がとくにすぐれている人《ひと》。類 英才《えいさい》。

じゅうざい【重罪】 名詞 重《おも》い罪《つみ》。例 重罪をおかす。

しゅうさく【習作】 名詞 動詞 絵画《かいが》・彫刻《ちょうこく》・音《おん》楽《がく》・小説《しょうせつ》などで、練習《れんしゅう》のために作品《さくひん》をつくること。また、その作品《さくひん》。

じゅうさつ【銃殺】 名詞 動詞 鉄砲《てっぽう》で、うち殺《ころ》すこと。

しゅうさん【集散】 名詞 動詞 人《ひと》や物《もの》が、集《あつ》まったり、散《ち》らばったりすること。例 この市場《いちば》には日本各地《にほんかくち》の農産物《のうさんぶつ》が集散する。

しゅうさんち【集散地】 名詞 生産物《せいさんぶつ》を産地《さんち》から集《あつ》め、それをほかの地方《ちほう》へ送《おく》り出《だ》すところ。

しゅうし【収支】 名詞 入《はい》ってくるお金《かね》と、出《で》ていくお金《かね》。収入《しゅうにゅう》と支出《ししゅつ》。例 収支が合《あ》う。

しゅうし【宗旨】 名詞 ❶ ある宗教《しゅうきょう》・宗派《しゅうは》の中心《ちゅうしん》となる教《おし》え。❷ ある宗教《しゅうきょう》の中《なか》の流派《りゅうは》。❸ その人《ひと》が持《も》っている考《かんが》え方《かた》や好《この》みなど。例 宗旨を変《か》えて、新聞《しんぶん》を読《よ》むことにする。

しゅうし【終始】 ❶ 名詞 動詞 始《はじ》めから終《お》わりまで同《おな》じようすが続《つづ》くこと。例 姉《あね》の話《はなし》は旅行《りょこう》のことに終始した。❷ 副詞 始《はじ》めから終《お》わりまでずっと。いつも。例 ぼくのチームが終始リードしていた。

しゅうじ【習字】 名詞 おもに筆《ふで》で、文字《もじ》の書《か》き方《かた》を習《なら》うこと。類 書道《しょどう》。

じゆうし【自由詩】 名詞 ことばの調子《ちょうし》や数《かず》

四字熟語 **共存共栄《きょうそんきょうえい》** 二《ふた》つ以上《いじょう》のものが、たがいに助《たす》け合《あ》ってともに生《い》き、ともに栄《さか》えること。「きょなどを自由《じゆう》に決《き》めて、形《かたち》にとらわれずに書《か》く詩《し》。対 定型詩《ていけいし》。

じゅうし【重視】 名詞 動詞 大切《たいせつ》なことだと思《おも》うこと。重《おも》くみること。例 このクラブでは、体力《たいりょく》づくりを重視している。対 軽視《けいし》。

じゅうじ【十字】 名詞 「十」の字《じ》の形《かたち》。線《せん》が縦《たて》・横《よこ》に交《まじ》わった形《かたち》。例 十字架《か》／十字路《ろ》。

● **十字《じゅうじ》を切《き》る** キリスト教徒《きょうと》が神《かみ》にいのるとき、胸《むね》の前《まえ》で、手《て》で十字《じゅうじ》の形《かたち》をえがく。

じゅうじ【従事】 名詞 動詞 ある仕事《しごと》についていること。例 福祉《ふくし》の仕事《しごと》に従事する。

しゅうしいっかん【終始一貫】 副詞 動詞 始《はじ》めから終《お》わりまで、態度《たいど》や意見《いけん》が変《か》わらないようす。例 終始一貫反対《はんたい》する。類 首尾一貫《しゅびいっかん》。

じゅうじか【十字架】 名詞 ❶キリスト教《きょう》のしるしとして使《つか》う、「十」の字《じ》の形《かたち》。❷昔《むかし》、罪《つみ》をおかした人《ひと》をはりつけにした、「十」の字《じ》の形《かたち》をした柱《はしら》。

じゅうじぐん【十字軍】 名詞 キリスト教《きょう》の聖地《せいち》エルサレムをイスラム教徒《きょうと》からうばい返《かえ》すために起《お》こした、キリスト教徒《きょうと》の軍《ぐん》。十一《じゅういっ》世紀末《せいきまつ》から約《やく》二百年《にひゃくねん》にわたってくり返《かえ》された。

じゆうじざい【自由自在】 形容動詞 自分《じぶん》のしたいようにできるようす。思《おも》いのまま。例 鳥《とり》は自由自在に空《そら》を飛《と》べる。類 縦横無尽《じゅうおうむじん》。

しゅうしせん【終止線】 名詞 楽譜《がくふ》で、曲全《きょくぜん》体《たい》の終《お》わりであることを表《あらわ》す二本《にほん》の縦線《たてせん》。左《ひだり》が細《ほそ》く、右《みぎ》が太《ふと》い。

じゅうしちじょうのけんぽう【十七条の憲法】 名詞 六〇四年《ねん》、聖徳太子《しょうとくたいし》が定《さだ》めた、十七条《じゅうしちじょう》からできている条文《じょうぶん》。貴族《きぞく》や役人《やくにん》に対《たい》して和《わ》の尊重《そんちょう》や天皇《てんのう》への服従《ふくじゅう》など、道徳的《どうとくてき》な心得《こころえ》を示《しめ》したもの。「憲法十七条《けんぽうじゅうしちじょう》」ともいう。

しゅうじつ【終日】 名詞 一日《いちにち》じゅう。朝《あさ》から晩《ばん》まで。例 今日《きょう》は終日いそがしかった。

じゅうじつ【充実】 名詞 動詞 内容《ないよう》がじゅうぶんにあって、豊《ゆた》かであること。例 充実した毎《まい》日《にち》を過《す》ごす／気力《きりょく》が充実する。

しゅうしふ【終止符】 名詞 ❶英語《えいご》などの文《ぶん》の終《お》わりにつける「・」の印《しるし》。ピリオド。❷ものごとの終《お》わり。

● **終止符《しゅうしふ》を打《う》つ** 続《つづ》いていたものごとをそこで終《お》わりにする。例 ホームランで熱戦《ねっせん》に終止符を打った。

じゅうしまつ 名詞 すずめより少《すこ》し小《ちい》さい鳥《とり》。白色《しろいろ》の体《からだ》に黒《くろ》や茶色《ちゃいろ》のまだらのあるものが多《おお》い。ことば 漢字《かんじ》では「十姉妹」と書《か》く。

じゅうしゃ【従者】 名詞 主人《しゅじん》について行《い》って、世話《せわ》をする人《ひと》。お供《とも》。

しゅうじゃく【執着】 ↓610ページ しゅうちゃく〔執着〕

しゅうしゅう【収拾】 名詞 動詞 混乱《こんらん》している状態《じょうたい》を治《おさ》め、まとめること。例 いろいろな意見《いけん》が出《で》て、収拾がつかない。↓使い分け

しゅうしゅう【収集】 名詞 動詞 物《もの》を集《あつ》めること。例 絵《え》はがきを収集する。↓使い分け

使い分け

しゅうしゅう 収拾・収集

収拾 散《ち》らばったり、乱《みだ》れたりしている状態《じょうたい》をとりまとめること。「混乱《こんらん》を収拾《しゅうしゅう》する」

収集 物《もの》を集《あつ》めること。とくに、カードなどを趣味《しゅみ》で集《あつ》めること。また、集《あつ》めたもの。「ごみの収集《しゅうしゅう》／シールを収集《しゅうしゅう》する」

じゅうじゅう【重重】 副詞 かさねがさね。じゅうぶんに。よくよく。例 重々おわびいたします／重々承知《しょうち》の上《うえ》でしたことです。

じゆうしゅぎ【自由主義】 名詞 ひとりひとりの考《かんが》えや行《おこな》いを大切《たいせつ》にし、国《くに》や管理者《かんりしゃ》などがおさえつけないようにする考《かんが》え方《かた》。

しゅうしゅく【収縮】 名詞 動詞 ふくらんでいたものを縮《ちぢ》めること。また、縮《ちぢ》まること。例 筋肉《きんにく》が収縮する。対 膨張《ぼうちょう》。

しゅうじゅく【習熟】 名詞 動詞 ものごとによく慣《な》れて、上手《じょうず》になること。例 コンピューターの使《つか》い方《かた》に習熟する。類 熟達《じゅくたつ》。熟練《じゅくれん》。

じゅうじゅつ【柔術】 名詞 日本《にほん》に古《ふる》くからあった武術《ぶじゅつ》の一《ひと》つ。現在《げんざい》の柔道《じゅうどう》のもととなった。

じゅうじゅん【従順】 形容動詞 素直《すなお》で、さからわないようす。例 飼《か》い主《ぬし》に従順な犬《いぬ》。

じゅうしょ【住所】 名詞 住《す》んで生活《せいかつ》をしているところ。所番地《ところばんち》。例 住所氏名《しめい》を書《か》く。

しゅうしょう【愁傷】 名詞 なげき悲《かな》しむこと。使い方 人《ひと》が亡《な》くなったときに、「ご愁傷《しゅうしょう》さま（です）」などの形《かたち》で、おくやみのことばとして使《つか》う。

じゅうしょう【重症】 名詞 病気《びょうき》が重《おも》いこと。対 軽症《けいしょう》。

じゅうしょう【重唱】 名詞 動詞 二人以上《ふたりいじょう》が、それぞれちがう音《おと》のパートを受《う》け持《も》って歌《うた》うこと。二重唱《にじゅうしょう》や三重唱《さんじゅうしょう》などがある。

じゅうしょう【重傷】 名詞 重《おも》い傷《きず》。大《おお》けが。深手《ふかで》。例 全治六《ぜんちろっ》か月《げつ》の重傷を負《お》う。対 軽傷《けいしょう》。

しゅうしょく【修飾】 名詞 動詞 ❶美《うつく》しくかざること。例 話《はなし》に修飾が多《おお》い。❷あることばの前《まえ》にほかのことばをつけて、意味《いみ》をくわしくしたり、はっきりさせたりすること。例 修飾語《ご》。

しゅうしょく【就職】 名詞 動詞 勤《つと》め先《さき》を見《み》つけて、働《はたら》くこと。職業《しょくぎょう》につくこと。対 退職《たいしょく》。

じゅうしょく【住職】 名詞 その寺《てら》の責任者《せきにんしゃ》となっているおぼうさん。

しゅうしょくぐち【就職口】 名詞 勤《つと》める先《さき》。例 就職口が決《き》まった。

しゅうしょくご【修飾語】 名詞 あることばの前《まえ》につけて、その意味《いみ》をくわしくしたり、はっきりさせたりすることば。たとえば、「白《しろ》い雲《くも》がぽっかりとうかぶ」の「白《しろ》い」は「雲《くも》」の、「ぽっかりと」は「うかぶ」の修飾語《しゅうしょくご》。

じゅうしょろく【住所録】 名詞 人《ひと》の名前《なまえ》と住所《じゅうしょ》を書《か》き留《と》めておくもの。

じゅうじろ【十字路】 名詞 道《みち》が「十」の字《じ》のような形《かたち》に交《まじ》わっているところ。四《よ》つ角《かど》。類 交差点《こうさてん》。

しゅうしん【執心】 名詞 動詞 あることに強《つよ》く心《こころ》を引《ひ》かれること。例 金銭《きんせん》に執心する。類 執着《しゅうちゃく》。

しゅうしん【終身】 名詞 死《し》ぬまで。一生《いっしょう》。例 終身刑《けい》。類 終生《しゅうせい》。

しゅうしん【就寝】 名詞 動詞 ねどこに入《はい》ること。ねること。例 わたしの就寝時間《じかん》は九時《くじ》です。対 起床《きしょう》。

しゅうじん【囚人】 名詞 罪《つみ》をおかして、法律《ほうりつ》の定《さだ》めるばつを受《う》け、刑務所《けいむしょ》に入《い》れられている人《ひと》。

しゅうじん【衆人】 名詞 多《おお》くの人々《ひとびと》。例 衆人の見《み》ている中《なか》で事故《じこ》が起《お》きた。

じゅうしん【重心】 名詞 物体《ぶったい》のそれぞれの部分《ぶぶん》の重《おも》さがつりあっている中心《ちゅうしん》となる点《てん》。例 重心を失《うしな》って平均台《へいきんだい》から落《お》ちる。

じゅうしん【重臣】 名詞 大事《だいじ》な役目《やくめ》についている、位《くらい》の高《たか》い家来《けらい》。

じゅうしん【銃身】 名詞 鉄砲《てっぽう》やピストルの、たまが通《とお》る細長《ほそなが》い管《くだ》の部分《ぶぶん》。

しゅうじんかんし【衆人環視】 名詞 多《おお》くの人《ひと》がまわりで見《み》ていること。例 衆人環視の中《なか》で見事《みごと》なわざを見《み》せる。

シューズ（shoes） 名詞 「くつ」のこと。例 テニスシューズ／ランニングシューズ。

ジュース（deuce） 名詞 テニスや卓球《たっきゅう》などで、あと一点《いってん》で勝負《しょうぶ》が決《き》まるという場面《ばめん》で同点《どうてん》になること。そのあと先《さき》に続《つづ》けて二点《にてん》とったほうが勝《か》ちとなる。「デュース」ともいう。

ジュース（juice） 名詞 果物《くだもの》や野菜《やさい》をしぼってとったしる。また、それに水《みず》や砂糖《さとう》などを加《くわ》えた飲《の》み物《もの》。

しゅうせい【修正】 名詞 動詞 まちがいやよくないところを直《なお》して正《ただ》しくすること。例 文字《もじ》のまちがいを修正する。類 訂正《ていせい》。

しゅうせい【習性】 名詞 ❶長《なが》い間《あいだ》の習慣《しゅうかん》によって身《み》についた性質《せいしつ》。くせ。例 早起《はやお》きが習性となる。❷ある動物《どうぶつ》に生《う》まれつき備《そな》わっている、生活《せいかつ》や行動《こうどう》のしかた。例 さけは生《う》まれた川《かわ》にもどってくる習性がある。

しゅうせい【終生・終世】 名詞 死《し》ぬまでの間《あいだ》。一生《いっしょう》。例 この感動《かんどう》は終生忘《わす》れません。類 終身《しゅうしん》。生涯《しょうがい》。

じゅうせい【銃声】 名詞 鉄砲《てっぽう》やピストルをうった音《おと》。例 一発《いっぱつ》の銃声がひびいた。

じゅうぜい【重税】 名詞 高《たか》い税金《ぜいきん》。

しゅうせき【集積】 名詞 動詞 たくさんのものを集《あつ》めて、積《つ》み重《かさ》ねること。また、積《つ》み重《かさ》なること。例 貨物《かもつ》を集積する。

じゅうせき【重責】 名詞 重《おも》くて大切《たいせつ》な責任《せきにん》。例 チームのエースとしての重責を果《は》たす。

しゅうせきかいろ【集積回路】 ↓15ページアイシー

四字熟語 玉石混交《ぎょくせきこんこう》 美《うつく》しい宝石《ほうせき》と石《いし》ころが入《い》りまじっているという意味《いみ》で、値打《ねう》ちのあるものとつま

しゅうせん【周旋】 名詞 動詞 取《と》り引《ひ》きの間《あいだ》に入《はい》って、世話《せわ》をすること。例 下宿《げしゅく》の周旋。類 あっ旋《せん》。

しゅうせん【終戦】 名詞 戦争《せんそう》が終《お》わること。例 終戦記念日《きねんび》。対 開戦《かいせん》。ことば ふつう、日本《にほん》では、第二次世界大戦《だいにじせかいたいせん》が終《お》わったことを指《さ》す。

しゅうぜん【修繕】 名詞 動詞 こわれたところを直《なお》すこと。例 傘《かさ》を修繕する。類 修理《しゅうり》。

じゅうぜん【従前】 名詞 今《いま》まで。これまで。例 従前どおりのやり方《かた》で行《おこな》う。類 従来《じゅうらい》。

じゅうそう【重奏】 名詞 動詞 いくつかの楽器《がっき》が、それぞれちがうパートを受《う》け持《も》って同時《どうじ》に演奏《えんそう》する形式《けいしき》。二重奏《にじゅうそう》や三重奏《さんじゅうそう》などがある。

じゅうそう【重曹】 名詞 胃《い》の薬《くすり》やふくらし粉《こ》として使《つか》う白《しろ》い粉《こな》。「炭酸水素《たんさんすいそ》ナトリウム」のこと。「重炭酸《じゅうたんさん》ソーダ（曹達）」の略《りゃく》。

じゅうそう【縦走】 名詞 動詞 ❶縦《たて》、または南北《なんぼく》に通《とお》っていること。例 この道路《どうろ》は半島《はんとう》を縦走している。❷登山《とざん》で、山々《やまやま》の頂上《ちょうじょう》から頂上《ちょうじょう》へとたどって歩《ある》くこと。例 北《きた》アルプスを縦走する。

しゅうそく【終息】 名詞 動詞 続《つづ》いていたものごとがすっかり終《お》わること。例 戦争《せんそう》が終息する／はしかの流行《りゅうこう》が終息に向《む》かう。

しゅうぞく【習俗】 名詞 昔《むかし》からその土地《とち》に伝《つた》わってきた、風俗《ふうぞく》や習慣《しゅうかん》。例 故郷《こきょう》の村《むら》の習俗を調《しら》べる。

じゅうぞく【従属】 名詞 動詞 力《ちから》の強《つよ》いほかのものの下《した》に、つき従《したが》うこと。例 大国《たいこく》に従属する国々《くにぐに》。

しゅうたい【醜態】 名詞 はずかしい行《おこな》いや、みっともない態度《たいど》。例 醜態をさらす。

じゅうたい【渋滞】 名詞 動詞 ものごとがすらすらと進《すす》まないこと。例 道路《どうろ》が渋滞する。

じゅうたい【縦隊】 名詞 縦《たて》に長《なが》く並《なら》んだ列《れつ》の形《かたち》。例 四列縦隊《よんれつじゅうたい》。対 横隊《おうたい》。

じゅうたい【重体・重態】 名詞 病気《びょうき》やけがが非常《ひじょう》に重《おも》く、命《いのち》が危《あぶ》ないようす。類 危篤《きとく》。

じゅうだい【重大】 形容動詞 非常《ひじょう》に大切《たいせつ》であるようす。例 重大な事件《じけん》／責任《せきにん》重大。

じゅうたく【住宅】 名詞 人《ひと》が住《す》むための家《いえ》。住《す》まい。住居《じゅうきょ》。例 高層《こうそう》住宅。

じゅうたくち【住宅地】 名詞 人《ひと》が住《す》むための家《いえ》が多《おお》く建《た》っている地域《ちいき》。また、住《す》む家《いえ》を建《た》てるのに適《てき》した土地《とち》。例 郊外《こうがい》の住宅地。

しゅうだん【集団】 名詞 多《おお》くの人《ひと》やものなどの集《あつ》まり。例 集団で登校《とうこう》する。類 団体《だんたい》。

じゅうたん 名詞 季語 冬 ゆかの敷物《しきもの》として使《つか》われる、厚《あつ》い毛織物《けおりもの》。カーペット。

じゅうだん【縦断】 名詞 動詞 ❶縦《たて》に断《た》ち切《き》ること。対 横断《おうだん》。❷縦《たて》、または南北《なんぼく》の方向《ほうこう》に通《とお》りぬけること。例 自動車《じどうしゃ》で日本列島《にほんれっとう》を縦断する。類 縦貫《じゅうかん》。対 横断《おうだん》。

しゅうだんそかい【集団疎開】 名詞 第二次世界大戦《だいにじせかいたいせん》の末期《まっき》に、戦争《せんそう》の被害《ひがい》をふせぐため、都会《とかい》の子供《こども》たちを、学校《がっこう》ごと地方《ちほう》の農村《のうそん》や山村《さんそん》に移動《いどう》させたこと。関連 学童疎開《がくどうそかい》。

しゅうち【周知】 名詞 動詞 広《ひろ》くみんなに知《し》れわたっていること。例 それは周知の事実《じじつ》だ。

しゅうち【衆知】 名詞 多《おお》くの人《ひと》の持《も》っている知恵《ちえ》。例 衆知を集《あつ》める。

しゅうちく【修築】 名詞 動詞 建物《たてもの》などを修理《しゅうり》すること。例 体育館《たいいくかん》を修築する。

しゅうちしん【羞恥心】 名詞 はずかしいと思《おも》う気持《きも》ち。例 羞恥心が欠《か》けている。

しゅうちゃく【執着】 名詞 動詞 あることに心《こころ》がとらえられて、どうしてもはなれないこと。「しゅうじゃく」ともいう。例 勝《か》ち負《ま》けに執着しないで試合《しあい》を楽《たの》しむ。類 執心《しゅうしん》。

しゅうちゃく【終着】 名詞 電車《でんしゃ》やバスなどが終点《しゅうてん》に着《つ》くこと。例 終着駅《えき》。対 始発《しはつ》。

しゅうちゅう【集中】 名詞 動詞 一《ひと》つのところに集《あつ》まること。また、集《あつ》めること。例 集中力《りょく》／人口《じんこう》が都市《とし》に集中する。対 分散《ぶんさん》。

しゅうちゅうごうう【集中豪雨】 名詞 せまい地域《ちいき》に、短時間《たんじかん》に集中《しゅうちゅう》して激《はげ》しく降《ふ》る雨《あめ》。

しゅうちょう【しゅう長】 名詞 部族《ぶぞく》のかしら。

じゅうちん【重鎮】 名詞 ある分野《ぶんや》で、重要《じゅうよう》な地位《ちい》をしめている人《ひと》。中心《ちゅうしん》となっている人《ひと》。例 この作家《さっか》は日本《にほん》の文学界《ぶんがくかい》の重鎮だ。

しゅうてん【終点】 名詞 いちばん終《お》わりのところ。とくに、バスや電車《でんしゃ》などの最後《さいご》の駅《えき》。対 起点《きてん》。

じゅうてん【重点】 名詞 とくに大切《たいせつ》なところ。例 漢字《かんじ》に重点を置《お》いて勉強《べんきょう》した。類 力点《りきてん》。

非常《ひじょう》にめずらしいこと。

じゅうでん【充電】 名詞 動詞 蓄電池《ちくでんち》や蓄電器《ちくでんき》に電気《でんき》を入《い》れてためること。例 携帯電話《けいたいでんわ》を充電しておく。対 放電《ほうでん》。ことば「休《やす》みの間《あいだ》に充電《じゅうでん》する」のように、人《ひと》が力《ちから》をたくわえることのたとえにも使《つか》う。

しゅうでんしゃ【終電車】 名詞 その日《ひ》の最《さい》後《ご》に出《で》る電車《でんしゃ》。終電《しゅうでん》。

じゅうでんち【充電池】 ⇩828ジペー ちくでんち

しゅうと 名詞 夫《おっと》の父《ちち》。または、妻《つま》の父《ちち》。対 しゅうとめ。

シュート（shoot） 名詞 動詞 ❶サッカーやバスケットボールなどで、ゴールに向《む》けてボールをけったり、投《な》げたりすること。❷野球《やきゅう》で、ピッチャーの投《な》げた球《たま》がバッターの近《ちか》くで曲《ま》がること。また、その球《たま》。右投《みぎな》げなら、右《みぎ》に曲《ま》がる。

じゅうど【重度】 名詞 ものごとの程度《ていど》が重《おも》いこと。例 重度の患者《かんじゃ》。対 軽度《けいど》。

しゅうとう【周到】 形容動詞 細《こま》かいところまで注意《ちゅうい》が行《い》き届《とど》いていて、ぬけたところがないようす。例 用意《ようい》周到な人《ひと》／周到に準備《じゅんび》する。

じゅうとう【充当】 名詞 動詞 お金《かね》や人《ひと》などを、不足《ふそく》している部分《ぶぶん》にあててうめ合《あ》わせること。例 お祭《まつ》りの売上金《うりあげきん》は、子供会《こどもかい》の費用《ひよう》に充当します。使い方 文章《ぶんしょう》でよく使《つか》うことば。

じゅうどう【柔道】 名詞 日本《にほん》で始《はじ》まった武道《ぶどう》の一《ひと》つ。武器《ぶき》を持《も》たないで組《く》み合《あ》い、相手《あいて》を投《な》げたおしたりおさえこんだりする。

しゅうどういん【修道院】 名詞 キリスト教《きょう》の中《なか》のカトリックを信《しん》じる人《ひと》たちが、神《かみ》に仕《つか》え、決《き》まりを守《まも》って、ともに暮《く》らすところ。

しゅうどうじょ【修道女】 ⇩570ジペー シスター❷

しゅうとく【拾得】 名詞 動詞 落《お》とし物《もの》を拾《ひろ》うこと。使い方 あらたまった言《い》い方《かた》。

しゅうとく【修得】 名詞 動詞 学問《がくもん》や技術《ぎじゅつ》などを、学《まな》んで身《み》につけること。例 看護《かんご》の技術《ぎじゅつ》を修得する。

しゅうとく【習得】 名詞 動詞 習《なら》い覚《おぼ》えること。例 外国語《がいこくご》を習得する。

しゅうとくぶつ【拾得物】 名詞 だれかに拾《ひろ》われた落《お》とし物《もの》。例 拾得物取扱所《とりあつかいしょ》。

しゅうとめ 名詞 夫《おっと》の母《はは》。または、妻《つま》の母《はは》。対 しゅうと。

じゅうなん【柔軟】 形容動詞 ❶やわらかく、よく曲《ま》がるようす。例 柔軟体操《たいそう》／柔軟な体《からだ》。❷考《かんが》え方《かた》が固《かた》くなく、その場《ば》に応《おう》じて変《か》えられるようす。例 柔軟な態度《たいど》で話《はな》し合《あ》う。

じゅうなんたいそう【柔軟体操】 名詞 体《からだ》をやわらかくするために、関節《かんせつ》を曲《ま》げたりのばしたりして行《おこな》う体操《たいそう》。

じゅうにし【十二支】 名詞 昔《むかし》のこよみで、十干《じっかん》と組《く》み合《あ》わせて、年《とし》・時刻《じこく》・方位《ほうい》などを表《あらわ》すときに使《つか》ったもの。十二《じゅうに》の動物《どうぶつ》の名《な》まえで表《あらわ》すことがある。子《ね》（＝ねずみ）・丑《うし》・寅《とら》・卯《う》（＝うさぎ）・辰《たつ》（＝竜《りゅう》）・巳《み》（＝へび）・午《うま》・未《ひつじ》・申《さる》・酉《とり》・戌《いぬ》・亥《い》（＝いのしし）。⇩669ジペー

伝統コラム 十干《じっかん》と十二支《じゅうにし》

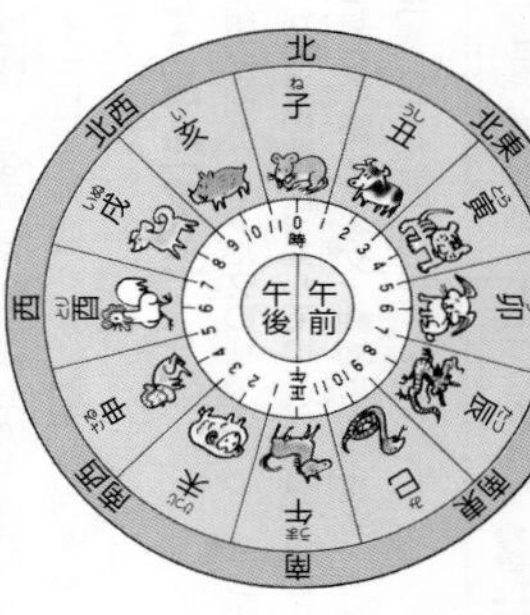

じゅうにし

じゅうにしちょう【十二指腸】 名詞 小《しょう》腸《ちょう》の一部《いちぶ》で、胃《い》にいちばん近《ちか》い部分《ぶぶん》。

じゅうにひとえ【十二ひとえ】 名詞 平安時《へいあんじ》代《だい》、宮中《きゅうちゅう》の女官《じょかん》が着《き》た正式《せいしき》の服《ふく》装《そう》。着物《きもの》をたくさん重《かさ》ねて着《き》た。参考 十二枚《じゅうにまい》着《き》るとは限《かぎ》らない。

じゅうにひとえ

じゅうにぶん【十二分】 形容動詞 多《おお》すぎるほどじゅうぶんなこと。例 もう、十二分にごちそうになりました。使い方「じゅうぶん」を強《つよ》めた言《い》い方《かた》。

しゅうにゅう【収入】 名詞 お金《かね》が入《はい》ること。また、そのお金《かね》。例 収入を得《え》る。対 支出《ししゅつ》。

しゅうにゅういんし【収入印紙】 名詞 国《くに》に手数料《てすうりょう》などを納《おさ》めたしるしとしてはる、切《きっ》

四字熟語 空前絶後《くうぜんぜつご》　これまでに一度《いちど》も例《れい》がなく（空前《くうぜん》）、これからも二度《にど》とない（絶後《ぜつご》）という意味《いみ》で、

あいうえお かきくけこ さしすせそ たちつてと なにぬねの はひふへほ まみむめも や ゆ よ らりるれろ わ を ん

手《て》に似《に》た紙《かみ》。

しゅうにん【就任】 名詞 動詞 役目《やくめ》につくこと。例 議長《ぎちょう》に就任する。対 辞任《じにん》。退任《たいにん》。

じゅうにん【住人】 名詞 そこに住《す》んでいる人《ひと》。例 アパートの住人。類 住民《じゅうみん》。

じゅうにんといろ【十人十色】 名詞 好《この》みや考《かんが》えは、人《ひと》によっていろいろであるということ。例 人《ひと》の性格《せいかく》は十人十色だ。

じゅうにんなみ【十人並み】 名詞 形容動詞 顔立《かおだ》ちや能力《のうりょく》などが、ごくふつうであること。人並《ひとな》み。例 ぼくの国語《こくご》の成績《せいせき》は十人並みだ。

-しゅうねん【周年】 接尾語 （数《かず》を表《あらわ》すことばのあとにつけて）「あることがあってから…回目《かいめ》の年《とし》」という意味《いみ》を表《あらわ》すことば。例 創立《そうりつ》五十周年《じっしゅうねん》の記念日《きねんび》。

しゅうねん【執念】 名詞 一《ひと》つのことを深《ふか》く思《おも》いこんで、そこからはなれない心《こころ》。

じゅうねんいちじつ【十年一日】 名詞 十年間《じゅうねんかん》がまるで一日《いちにち》であるかのように、長《なが》い間《あいだ》変《か》わることなく同《おな》じことをくり返《かえ》していること。例 十年一日の仕事《しごと》ぶりである。

じゅうねんひとむかし【十年一昔】 十年《じゅうねん》たつと、世《よ》の中《なか》は大《おお》きく変《か》わって、すっかり昔《むかし》のことになるということ。

しゅうねんぶかい【執念深い】 形容詞 深《ふか》く思《おも》いこんでいつまでも忘《わす》れない。

しゅうのう【収納】 名詞 動詞 ❶たんすや押《お》し入《い》れなどに、物《もの》をしまうこと。❷お金《かね》や品物《しなもの》を受《う》けとって収《おさ》めること。

しゅうは【宗派】 名詞 一《ひと》つの宗教《しゅうきょう》の中《なか》で、いくつかに分《わ》かれたグループ。

しゅうはい【集配】 名詞 動詞 郵便物《ゆうびんぶつ》や荷物《にもつ》を、集《あつ》めたり配《くば》ったりすること。

じゅうばこ【重箱】 名詞 料理《りょうり》を入《い》れて積《つ》み重《かさ》ねることができる、四角《しかく》い箱《はこ》。

●**重箱《じゅうばこ》の隅《すみ》をつつく** 問題《もんだい》にするほどでもない細《こま》かいことをとり上《あ》げて、うるさく言《い》う。「重箱《じゅうばこ》の隅《すみ》をようじでほじくる」ともいう。

じゅうばこよみ【重箱読み】 名詞 漢字《かんじ》二字《にじ》の熟語《じゅくご》の読《よ》み方《かた》のうち、「重箱《じゅうばこ》」のように、上《うえ》を音《おん》、下《した》を訓《くん》で読《よ》む読《よ》み方《かた》。番組《ばんぐみ》・役場《やくば》・客間《きゃくま》・台所《だいどころ》など。対 湯桶読《ゆとうよ》み。

しゅうはすう【周波数】 名詞 電波《でんぱ》や交流電流《こうりゅうでんりゅう》、音波《おんぱ》などが、一秒間《いちびょうかん》に向《む》きを変《か》える回数《かいすう》。単位《たんい》はヘルツ。

じゅうはちばん【十八番】 名詞 その人《ひと》がいちばん得意《とくい》とする芸《げい》。おはこ。例 わたしの十八番の手品《てじな》を見《み》せましょう。類 お家芸《いえげい》。ことば かぶきの市川家《いちかわけ》に伝《つた》わる十八《じゅうはち》の得意《とくい》な出《だ》し物《もの》を「かぶき十八番《じゅうはちばん》」と呼《よ》ぶことから。

しゅうはつ【終発】 名詞 その日《ひ》、最後《さいご》に出発《しゅっぱつ》すること。また、その電車《でんしゃ》やバスなど。例 終発電車《でんしゃ》。対 始発《しはつ》。

しゅうばん【週番】 名詞 一週間《いっしゅうかん》ごとに交代《こうたい》してする仕事《しごと》や役目《やくめ》。また、その人《ひと》。

しゅうばん【終盤】 名詞 ❶囲碁《いご》や将棋《しょうぎ》で、勝負《しょうぶ》の終《お》わりに近《ちか》いころ。❷ものごとの終《お》わりに近《ちか》い段階《だんかい》。例 レースの終盤で逆転《ぎゃくてん》する。

じゅうはん【重版】 名詞 動詞 一度《いちど》出版《しゅっぱん》した本《ほん》を、同《おな》じ版《はん》を使《つか》ってもう一度《いちど》出版《しゅっぱん》すること。類 再版《さいはん》。

しゅうひつ【終筆】 名詞 習字《しゅうじ》で、点画《てんかく》の筆《ふで》使《づか》いの一《ひと》つ。点画《てんかく》の終《お》わりの部分《ぶぶん》で、とめ・はね・はらいがある。対 始筆《しひつ》。関連 送筆《そうひつ》。

じゅうびょう【重病】 名詞 重《おも》い病気《びょうき》。大病《たいびょう》。

じゆうびょうどう【自由平等】 名詞 人《ひと》はだれでもみんな同《おな》じように自由《じゆう》で、同《おな》じような権利《けんり》を持《も》ち、差別《さべつ》もないこと。

しゅうふく【修復】 名詞 動詞 こわれたところを直《なお》して、もとどおりにすること。例 トンネルの修復工事《こうじ》／友人《ゆうじん》との関係《かんけい》を修復する。

じゅうふく【重複】 ⇒848ジ ちょうふく

しゅうぶん【秋分】 名詞 季語秋 秋《あき》、太陽《たいよう》が真東《まひがし》から出《で》て真西《まにし》にしずみ、昼《ひる》と夜《よる》の長《なが》さがほぼ同《おな》じになる日《ひ》。秋《あき》の彼岸《ひがん》の中日《ちゅうにち》で、九月《くがつ》二十三日《にじゅうさんにち》ごろ。対 春分《しゅんぶん》。関連 夏至《げし》。冬至《とうじ》。⇒1450ジ 二十四節気《にじゅうしせっき》

じゅうぶん【重文】 名詞 ❶組《く》み立《た》てからみた文《ぶん》の種類《しゅるい》の一《ひと》つ。二《ふた》つの部分《ぶぶん》が対等《たいとう》の関係《かんけい》で並《なら》んでいて、それぞれの中《なか》に主語《しゅご》と述語《じゅつご》がある文《ぶん》。関連 単文《たんぶん》。複文《ふくぶん》。❷「重要文化財《じゅうようぶんかざい》」の略《りゃく》。

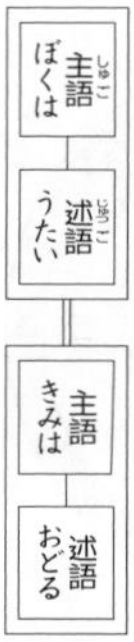

じゅうぶん【重文】❶

じゅうぶん【十分・充分】 形容動詞 副詞 ものごとが必要《ひつよう》なだけあって満《み》ち足《た》りているようす。例 これだけあれば十分だ／十分考《かんが》えてからお返事《へんじ》します。

しゅうぶんのひ【秋分の日】 名詞 季語 秋 秋《あき》の国民《こくみん》の祝日《しゅくじつ》の一《ひと》つ。九月二十三日《くがつにじゅうさんにち》ごろ。彼岸《ひがん》の中日《ちゅうにち》に当《あ》たる。対 春分《しゅんぶん》の日《ひ》。

シューベルト 名詞 （一七九七～一八二八）オーストリアの作曲家《さっきょくか》。「魔王《まおう》」「野《の》ばら」などの歌曲《かきょく》や「ます」などの作品《さくひん》をつくった。

しゅうへん【周辺】 名詞 まわり。ある場所《ばしょ》や物《もの》などの近《ちか》く。例 駅《えき》の周辺／王様《おうさま》の周辺の人々《ひとびと》。類 近辺《きんぺん》。付近《ふきん》。

じゆうぼうえききょうてい【自由貿易協定】 ⬇157ページ エフティーエー

シューマイ （中国語）名詞 中国料理《ちゅうごくりょうり》の一《ひと》つ。ひき肉《にく》に野菜《やさい》を混《ま》ぜたものを、小麦粉《こむぎこ》で作《つく》ったうすい皮《かわ》で包《つつ》み、蒸《む》したもの。

しゅうまく【終幕】 名詞 ❶劇《げき》の最後《さいご》の一幕《ひとまく》。対 序幕《じょまく》。❷劇《げき》などが終《お》わること。類 閉幕《へいまく》。対 開幕《かいまく》。❸ものごとの終《お》わり。また、その場面《ばめん》。大《おお》づめ。例 ついに事件《じけん》は終幕をむかえた。類 終局《しゅうきょく》。対 序幕《じょまく》。

しゅうまつ【週末】 名詞 一週間《いっしゅうかん》の終《お》わり。ことば ふつう、土曜《どよう》と日曜《にちよう》、ウイークエンド。または金曜《きんよう》から日曜《にちよう》までをいう。

しゅうまつ【終末】 名詞 ものごとの終《お》わり。最後《さいご》。例 終末をむかえる。類 結末《けつまつ》。

じゅうまん【充満】 名詞 動詞 いっぱいになること。ある場所《ばしょ》に、いっぱいに満《み》ちること。例 室内《しつない》にけむりが充満する。

じゅうみん【住民】 名詞 その土地《とち》に住《す》んでいる人《ひと》。例 住民票《ひょう》／住民運動《うんどう》。類 住人《じゅうにん》。

じゅうみんきほんだいちょうカード【住民基本台帳カード】 名詞 住民基本台帳《じゅうみんきほんだいちょう》ネットワークシステムで利用《りよう》される、本人《ほんにん》の個人情報《こじんじょうほう》を記録《きろく》したIC《アイシー》カード。希望者《きぼうしゃ》に対《たい》して市町村《しちょうそん》が発行《はっこう》する。略《りゃく》して「住基《じゅうき》カード」ともいう。

じゅうみんきほんだいちょうネットワークシステム【住民基本台帳ネットワークシステム】 名詞 国《くに》や市町村《しちょうそん》が、国民《こくみん》の個人情報《こじんじょうほう》をコンピューターに入力《にゅうりょく》し、ネットワークを通《つう》じて管理《かんり》・利用《りよう》するシステム。略《りゃく》して「住基《じゅうき》ネット」ともいう。

じゆうみんけんうんどう【自由民権運動】 名詞 明治時代《めいじじだい》の初《はじ》めに、板垣退助《いたがきたいすけ》らが中心《ちゅうしん》になって起《お》こした政治運動《せいじうんどう》。国会《こっかい》を開《ひら》くことなどを求《もと》めた。

じゆうみんけんは【自由民権派】 名詞 明治時代《めいじじだい》の初《はじ》めに自由民権運動《じゆうみんけんうんどう》を進《すす》めた人《ひと》たちをまとめた呼《よ》び名《な》。板垣退助《いたがきたいすけ》や大隈重信《おおくましげのぶ》らがいる。

じゅうみんじち【住民自治】 名詞 都道府《とどうふ》県《けん》・市町村《しちょうそん》の政治《せいじ》を行《おこな》うときに、その決定《けってい》に地域《ちいき》の住民《じゅうみん》が参加《さんか》すること。

じゅうみんぜい【住民税】 名詞 その土地《とち》に住《す》んでいる人《ひと》や、その土地《とち》にある会社《かいしゃ》にかけられる税金《ぜいきん》。

じゅうみんとうひょう【住民投票】 名詞 市町村《しちょうそん》の重要《じゅうよう》なことがらについて、住《す》んでいる人《ひと》の意思《いし》を確《たし》かめるために行《おこな》われる投票《とうひょう》。

しゅうめい【襲名】 名詞 動詞 役者《やくしゃ》や芸人《げいにん》などが、親《おや》や師匠《ししょう》などの芸名《げいめい》を受《う》けつぐこと。例 先代《せんだい》の芸名《げいめい》を襲名する。

じゅうめん【渋面】 名詞 機嫌《きげん》の悪《わる》そうな、苦々《にがにが》しい顔《かお》つき。しかめっつら。例 渋面をつくる。

じゅうもう【柔毛】 名詞 小腸《しょうちょう》の内側《うちがわ》にたくさんある、小《ちい》さくつき出《だ》したもの。消化《しょうか》された食《た》べ物《もの》の栄養《えいよう》を、ここからとり入《い》れる。ことば「絨毛」とも書《か》く。

じゅうもんじ【十文字】 名詞 「十」の字《じ》の形《かたち》。線《せん》が縦《たて》・横《よこ》に交《まじ》わった形《かたち》。十字《じゅうじ》。例 十文字に交差《こうさ》した道《みち》。

しゅうや【終夜】 名詞 夜通《よどお》し。一晩《ひとばん》じゅう。例 終夜営業《えいぎょう》。

しゅうやく【集約】 名詞 動詞 多《おお》くのものを集《あつ》めて整理《せいり》し、一《ひと》つにまとめること。例 みんなの意見《いけん》を集約する。

じゅうやく【重役】 名詞 責任《せきにん》の重《おも》い役目《やくめ》の人《ひと》。とくに、会社《かいしゃ》の取締役《とりしまりやく》などのこと。

じゅうゆ【重油】 名詞 原油《げんゆ》から、揮発油《きはつゆ》・灯油《とうゆ》・軽油《けいゆ》などをとり去《さ》った残《のこ》りの油《あぶら》。参考 ボイラーやディーゼルエンジンなどの燃料《ねんりょう》になる。また、アスファルトの原料《げんりょう》として使《つか》われる。

しゅうゆう【周遊】 名詞 動詞 旅行《りょこう》してまわること。例 大《おお》きな島《しま》の中《なか》を自転車《じてんしゃ》に乗《の》って周遊

四字熟語　苦心惨憺《くしんさんたん》　「惨憺《さんたん》」は、あれこれと考《かんが》えて苦労《くろう》するようすのことで、何《なに》かをするためにたいへ

する。類 回《かい》遊《ゆう》。

しゅうゆうけん【周遊券】 名詞 割《わり》引《びき》乗《じょう》車《しゃ》券《けん》の一《ひと》つ。決《き》められた地《ち》域《いき》を自《じ》由《ゆう》に旅《りょ》行《こう》し、出《しゅっ》発《ぱつ》した駅《えき》に帰《かえ》ることができる。

しゅうゆう

しゅうよう【収容】 名詞 動詞 人《ひと》や物《もの》をある場《ば》所《しょ》に入《い》れること。例 けが人《にん》を病《びょう》院《いん》に収容する。

しゅうよう【修養】 名詞 動詞 りっぱな人《ひと》になるために、学《がく》問《もん》を修《おさ》め、心《こころ》をみがくこと。例 修養を積《つ》む。

じゅうよう【重要】 名詞 形容動詞 とくに大《たい》切《せつ》なこと。例 重要人《じん》物《ぶつ》／重要な役《やく》割《わり》。

じゅうようし【重要視】 名詞 動詞 あるものごとを、大《たい》切《せつ》なことだと考《かん》える こと。重《おも》くみること。例 その意《い》見《けん》はたいへん重要視された。

じゅうようせい【重要性】 名詞 重要《じゅうよう》であること。大《たい》切《せつ》さ。例 努《ど》力《りょく》の重要性を思《おも》い知《し》る。

じゅうようぶんかざい【重要文化財】 名詞 国《くに》がとくに値《ね》打《う》ちがあるものとして、法《ほう》律《りつ》によって保《ほ》護《ご》している、建《けん》築《ちく》物《ぶつ》・絵《かい》画《が》・書《しょ》物《もつ》などの文《ぶん》化《か》財《ざい》。

じゅうようむけいぶんかざい【重要無形文化財】 名詞 日《に》本《ほん》の芸《げい》能《のう》や工《こう》芸《げい》技《ぎ》術《じゅつ》など、形《かたち》として残《のこ》すことのできないものの中《なか》で、国《くに》がとくにすぐれたものとして、法《ほう》律《りつ》によって保《ほ》護《ご》しているわざ。また、そのわざを持《も》つ人《ひと》は、「人《にん》間《げん》国《こく》宝《ほう》」ともいう。ことば 重《じゅう》要《よう》無《む》形《けい》文《ぶん》化《か》財《ざい》に指《し》定《てい》されたわざを持《も》つ人《ひと》は、「人《にん》間《げん》国《こく》宝《ほう》」ともいう。

しゅうらい【襲来】 名詞 動詞 敵《てき》や台《たい》風《ふう》などがおそってくること。例 台《たい》風《ふう》の襲来に備《そな》える。類 来《らい》襲《しゅう》。

じゅうらい【従来】 名詞 副詞 今《いま》まで。もとから。例 従来の方《ほう》法《ほう》。類 旧《きゅう》来《らい》。従《じゅう》前《ぜん》。使い方 「従《じゅう》来《らい》」には「～から」という意《い》味《み》がふくまれているので「従《じゅう》来《らい》から」といわないよう注《ちゅう》意《い》。

しゅうらく【集落】 名詞 人《ひと》の住《す》む家《いえ》が集《あつ》まっているところ。例 山《やま》のふもとの集落。

しゅうり【修理】 名詞 動詞 こわれたところを直《なお》すこと。例 自《じ》転《てん》車《しゃ》を修理に出《だ》す。類 修《しゅう》繕《ぜん》。

しゅうりつ【州立】 名詞 州《しゅう》がお金《かね》を出《だ》してつくり、州《しゅう》で管《かん》理《り》すること。例 州立大《だい》学《がく》。

しゅうりょう【修了】 名詞 動詞 決《き》められた範《はん》囲《い》の勉《べん》強《きょう》を学《まな》び終《お》わること。例 修了式《しき》。

しゅうりょう【終了】 名詞 動詞 すっかり終《お》わること。また、終《お》えること。例 すべての試《し》合《あい》が終了した。類 完《かん》了《りょう》。対 開《かい》始《し》。

じゅうりょう【十両】 名詞 すもうの番《ばん》付《づけ》で、前《まえ》頭《がしら》の下《した》、幕《まく》下《した》の上《うえ》の位《くらい》。ことば 昔《むかし》、一《いち》年《ねん》間《かん》に十《じゅう》両《りょう》の給《きゅう》料《りょう》をもらっていたことからきた呼《よ》び名《な》。

じゅうりょう【重量】 名詞 ❶物《もの》の重《おも》さ。例 荷《に》物《もつ》に重量制《せい》限《げん》がある。❷重《おも》いこと。例 重量級《きゅう》の選《せん》手《しゅ》。対 軽《けい》量《りょう》。

じゅうりょうあげ【重量挙げ】 名詞 バーベル（＝両《りょう》端《はし》におもりをつけた鉄《てつ》の棒《ぼう》）を持《も》ち上《あ》げて、力《ちから》の強《つよ》さを比《くら》べる競《きょう》技《ぎ》。「ウエートリフティング」ともいう。

じゅうりょうかん【重量感】 名詞 どっしりとして、重《おも》そうな感《かん》じ。例 重量感のある花《か》瓶《びん》。

じゅうりょく【重力】 名詞 地《ち》球《きゅう》が中《ちゅう》心《しん》に向《む》かって物《もの》を引《ひ》きつける力《ちから》。参考 重《じゅう》力《りょく》がはたらかない宇《う》宙《ちゅう》空《くう》間《かん》では、物《もの》の重《おも》さもなくなる。

しゆうりん【私有林】 名詞 個《こ》人《じん》や民《みん》間《かん》の会《かい》社《しゃ》などが持《も》っている山《やま》や林《はやし》。関連 国《こく》有《ゆう》林《りん》。

じゅうれつ【縦列】 名詞 縦《たて》に並《なら》ぶこと。また、その列《れつ》。例 縦列駐《ちゅう》車《しゃ》。

しゅうれっしゃ【終列車】 名詞 その日《ひ》の、最《さい》後《ご》の列《れっ》車《しゃ》。最《さい》終《しゅう》列《れっ》車《しゃ》。

しゅうれん【修練】 名詞 動詞 心《こころ》やわざを、みがきたえること。例 修練を積《つ》む。類 鍛《たん》練《れん》。

しゅうれん【習練】 名詞 動詞 上《じょう》手《ず》になるためにくり返《かえ》し習《なら》うこと。例 剣《けん》道《どう》のわざを習練する。類 練《れん》習《しゅう》。

しゅうろう【就労】 名詞 動詞 仕《し》事《ごと》につくこと。また、仕《し》事《ごと》をしていること。例 就労時《じ》間《かん》。

じゅうろうどう【重労働】 名詞 体《たい》力《りょく》が必《ひつ》要《よう》な、激《はげ》しい仕《し》事《ごと》。力《ちから》仕《し》事《ごと》。

しゅうろく【収録】 名詞 動詞 ❶本《ほん》や雑《ざっ》誌《し》などに記《き》事《じ》としてのせること。例 人《にん》気《き》歌《か》手《しゅ》のインタビューが収録された雑《ざっ》誌《し》。❷録《ろく》音《おん》や録《ろく》画《が》をすること。例 テレビ番《ばん》組《ぐみ》の収録。

しゅうろく【集録】 名詞 動詞 いろいろなものを集《あつ》めて記《き》録《ろく》すること。また、記《き》録《ろく》したもの。例 いろいろな地《ち》方《ほう》の民《みん》話《わ》を集録した本《ほん》。

じゅうろくぶおんぷ【十六分音符】 名詞

てきそい合《あ》うこと。

楽譜《がくふ》に使《つか》う音符《おんぷ》の一《ひと》つ。音《おと》の長《なが》さは四分音符《しぶおんぷ》の四分《よんぶん》の一《いち》。「じゅうろくぶんおんぷ」ともいう。図 ↓213ページ おんぷ〔音符〕

じゅうろくぶきゅうふ【十六分休符】 名詞 楽譜《がくふ》に使《つか》う休符《きゅうふ》の一《ひと》つ。休《やす》む長《なが》さは四分《しぶ》休符《きゅうふ》の四分《よんぶん》の一《いち》。「じゅうろくぶんきゅうふ」ともいう。図 ↓351ページ きゅうふ〔休符〕

しゅうわい【収賄】 名詞 動詞 その人《ひと》の都合《つごう》のよいようにしてあげる代《か》わりに、不正《ふせい》にお金《かね》や品物《しなもの》をもらうこと。対 贈賄《ぞうわい》。

しゅえい【守衛】 名詞 役所《やくしょ》・会社《かいしゃ》などの出入《でい》り口《ぐち》で番《ばん》をする仕事《しごと》。また、その人《ひと》。

じゅえき【樹液】 名詞
❶樹木《じゅもく》の中《なか》にある、水分《すいぶん》や養分《ようぶん》などの液体《えきたい》。
❷樹木《じゅもく》からにじみ出《で》る液《えき》。

しゅえん【主演】 名詞 動詞 劇《げき》や映画《えいが》で、中心《ちゅうしん》になる役《やく》をすること。また、その人《ひと》。対 助演《じょえん》。

しゅえん【酒宴】 名詞 人《ひと》が集《あつ》まって酒《さけ》を飲《の》んで楽《たの》しむ会《かい》。酒盛《さかも》り。

シュガー（sugar）名詞 「砂糖《さとう》」のこと。

じゅかい【樹海】 名詞 森林《しんりん》が広《ひろ》がっていて、上《うえ》から見《み》ると海《うみ》のように見《み》えるところ。

しゅかく【主客】 名詞
❶主人《しゅじん》と客《きゃく》。
❷おもなものとつけ足《た》しのもの。例 主客転倒《てんとう》。
ことば 「しゅきゃく」ともいう。

じゅがく【儒学】 ↓615ページ じゅきょう

しゅかくてんとう【主客転倒】 名詞 動詞 おもなものとつけ足《た》しのもののあつかいが逆《ぎゃく》になること。人《ひと》の立場《たちば》やものごとの順序《じゅんじょ》などが逆《ぎゃく》になること。「しゅきゃくてんとう」ともいう。例 中身《なかみ》より包《つつ》み紙《がみ》に気《き》をつかいすぎるのは、主客転倒だ。

しゅかん【主幹】 名詞 中心《ちゅうしん》になって仕事《しごと》を進《すす》めまとめる人《ひと》。例 編集《へんしゅう》主幹。

しゅかん【主観】 名詞
❶自分《じぶん》だけの見方《みかた》や考《かんが》え方《かた》。例 主観を交《まじ》えないで話《はな》す。対 客観《きゃっかん》。
❷ものごとを感《かん》じたり、考《かんが》えたり、理解《りかい》したりする心《こころ》のはたらき。

しゅがん【主眼】 名詞 おもなねらい。大事《だいじ》なところ。例 守備力《しゅびりょく》に主眼をおいて練習《れんしゅう》する。

しゅかんてき【主観的】 形容動詞 自分《じぶん》だけの見方《みかた》や感《かん》じ方《かた》をもとにして、ものごとを考《かんが》えるようす。例 あくまでも主観的な見方《みかた》ですが、わたしはこう思《おも》います。対 客観的《きゃっかんてき》。

しゅき【手記】 名詞 自分《じぶん》のしたことや思《おも》ったことを、自分《じぶん》で書《か》いたもの。

しゅぎ【主義】 名詞 正《ただ》しいと信《しん》じて持《も》ち続《つづ》けている考《かんが》えや意見《いけん》。例 平和《へいわ》主義。

しゅきゃく【主客】 ↓615ページ しゅかく

しゅきゃくてんとう【主客転倒】 ↓615ページ しゅかくてんとう

じゅきゅう【需給】 名詞 物《もの》を必要《ひつよう》とすることと、あたえること。需要《じゅよう》と供給《きょうきゅう》。

しゅぎょう【修行】 名詞 動詞
❶仏教《ぶっきょう》で、仏《ほとけ》の教《おし》えを守《まも》り、よい行《おこな》いをするよう努力《どりょく》を続《つづ》けること。
❷学問《がくもん》やわざをみがいたり、心《こころ》をきたえたりすること。例 武者修行《むしゃしゅぎょう》。

しゅぎょう【修業】 名詞 動詞 学問《がくもん》やけいこごとを、習《なら》って身《み》につけること。しゅうぎょう。例 この学者《がくしゃ》は外国《がいこく》の大学《だいがく》で医学《いがく》を修業した。

じゅきょう【儒教】 名詞 中国《ちゅうごく》の孔子《こうし》が唱《とな》え、孟子《もうし》などが広《ひろ》めた政治《せいじ》・道徳《どうとく》の教《おし》え。日本《にほん》にも四《し》～五世紀《ごせいき》ごろ伝《つた》わり、大《おお》きなえいきょうをあたえた。儒学《じゅがく》。

じゅぎょう【授業】 名詞 動詞 学校《がっこう》などで、学問《がくもん》や技術《ぎじゅつ》を教《おし》えること。また、その勉強《べんきょう》。例 授業を受《う》ける。

しゅぎょく【珠玉】 名詞
❶真珠《しんじゅ》と宝石《ほうせき》。
❷宝石《ほうせき》のように、美《うつく》しくすぐれたもの。とくに、詩《し》や文章《ぶんしょう》についていう。例 珠玉の名作集《めいさくしゅう》。

漢 **しゅく【祝】**〔ネ しめすへん〕9画 4年 音 シュク・シュウ 訓 いわう

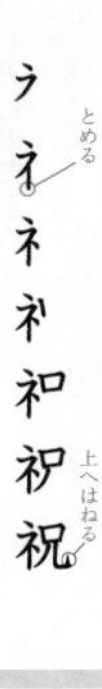

いわう。例 祝儀《しゅうぎ》／祝辞《しゅくじ》／祝日《しゅくじつ》／祝典《しゅくてん》／祝電《しゅくでん》／祝福《しゅくふく》／卒業祝《そつぎょういわ》い。

漢 **しゅく【宿】**〔宀 うかんむり〕11画 3年 音 シュク 訓 やど・やどる・やどす

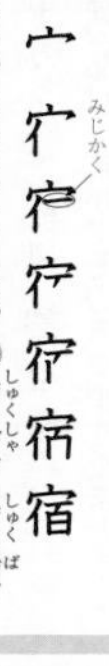

❶とまる。とまるところ。例 宿舎《しゅくしゃ》／宿場《しゅくば》／宿泊《しゅくはく》／宿屋《やどや》／合宿《がっしゅく》／下宿《げしゅく》／民宿《みんしゅく》。❷もとからの。例 宿願《しゅくがん》／宿敵《しゅくてき》／宿命《しゅくめい》。

四字熟語　群雄割拠《ぐんゆうかっきょ》　多《おお》くの英雄《えいゆう》が、各地《かくち》でそれぞれ勢力《せいりょく》をふるい、おたがいに相手《あいて》を従《したが》わせようとし

㊅ **しゅく**【縮】〔糸《いとへん》〕 17画 6年 音 シュク 訓 ちぢむ・ちぢまる・ちぢめる・ちぢれる・ちぢらす

ちぢむ。ちぢめる。例 縮尺《しゅくしゃく》／縮小《しゅくしょう》／縮図《しゅくず》／縮《ちぢ》れ毛《げ》／圧縮《あっしゅく》／軍縮《ぐんしゅく》／短縮《たんしゅく》／伸《の》び縮《ちぢ》み。

じゅく【塾】名詞 学校《がっこう》とは別《べつ》に、生徒《せいと》を集《あつ》めて勉強《べんきょう》などを教《おし》えるところ。例 学習塾《がくしゅうじゅく》。

㊅ **じゅく**【熟】〔灬《れんが》〕 15画 6年 音 ジュク 訓 うれる

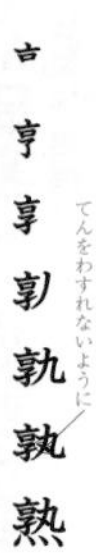

てんをわすれないように

❶果物《くだもの》などがうれる。例 熟《じゅく》す／成熟《せいじゅく》／未熟《みじゅく》。❷にる。にえる。例 半熟《はんじゅく》。❸よくなれる。じゅうぶんにする。例 熟睡《じゅくすい》／熟読《じゅくどく》／習熟《しゅうじゅく》。

しゅくえき【宿駅】⇩617ジ しゅくば

しゅくえん【祝宴】名詞 お祝《いわ》いのための宴《えん》会《かい》。例 優勝《ゆうしょう》の祝宴を開《ひら》く。

しゅくが【祝賀】名詞 動詞 喜《よろこ》び祝《いわ》うこと。例 祝賀会《かい》。類 慶賀《けいが》。

しゅくがん【宿願】名詞 長《なが》い間《あいだ》持《も》ち続《つづ》けていた願《ねが》い。例 宿願の優勝《ゆうしょう》を果《は》たす。類 念願《ねんがん》。

じゅくご【熟語】名詞 ❶二《ふた》つ以上《いじょう》の漢字《かんじ》が結《むす》びついて、一《ひと》つのことばになったもの。「学校《がっこう》」「交通安全《こうつうあんぜん》」など。❷二《ふた》つ以上《いじょう》のことばが結《むす》びついて、一《ひと》つのことばと同《おな》じはたらきをするもの。「ひな祭《まつ》り」「天《あま》の川《がわ》」など。

しゅくさいじつ【祝祭日】名詞 祝日《しゅくじつ》と祭《さい》日《じつ》。

しゅくさつ【縮刷】名詞 動詞 新聞《しんぶん》や本《ほん》などを、もとの大《おお》きさよりも小《ち》いさくして印刷《いんさつ》すること。また、その印刷《いんさつ》したもの。例 新聞《しんぶん》の縮刷版《ばん》。

しゅくじ【祝辞】名詞 お祝《いわ》いのことば。

じゅくじくん【熟字訓】名詞 二字以上《にじいじょう》の漢《かん》字《じ》でできたことばを、一字《いちじ》ずつ読《よ》まないで、そのことば全体《ぜんたい》にあてられた訓《くん》で読《よ》む読《よ》み方《かた》。「明日（あす）・大人（おとな）・一人（ひとり）」など。

しゅくじつ【祝日】名詞 祝《いわ》いの日《ひ》。とくに、国《くに》が定《さだ》めた「国民《こくみん》の祝日《しゅくじつ》」。

しゅくしゃ【宿舎】名詞 ❶とまるところ。宿《やど》。❷職員《しょくいん》など特定《とくてい》の人々《ひとびと》が住《す》んでいるところ。例 公務員《こうむいん》宿舎。

しゅくしゃ【縮写】名詞 動詞 写真《しゃしん》や地図《ちず》、書《しょ》類《るい》などを、大《おお》きさを縮《ちぢ》めて写《うつ》すこと。また、縮《ちぢ》めて写《うつ》したもの。例 図面《ずめん》を縮写する。

しゅくしゃく【縮尺】名詞 動詞 地図《ちず》や設計図《せっけいず》などを、実際《じっさい》の大《おお》きさより縮《ちぢ》めてかくこと。また、縮《ちぢ》めた割合《わりあい》。例 縮尺五万分《ごまんぶん》の一《いち》の地図《ちず》。

しゅくじょ【淑女】名詞 しとやかで品《ひん》のよい女《おんな》の人《ひと》。対 紳士《しんし》。

しゅくしょう【縮小】名詞 動詞 縮《ちぢ》めて小《ち》いさくすること。また、縮《ちぢ》まって小《ち》いさくなること。例 絵《え》を半分《はんぶん》の大《おお》きさに縮小してコピーする。対 拡大《かくだい》。使い方「縮少」と書《か》かないよう注意《ちゅうい》。

しゅくす【祝す】動詞 いわう。例 合格《ごうかく》を祝して、かんぱいしよう。

しゅくず【縮図】名詞 ❶もとの形《かたち》を変《か》えないで、縮《ちぢ》めてかいた図《ず》。例 五十万分《ごじゅうまんぶん》の一《いち》の縮図。対 拡大図《かくだいず》。❷実際《じっさい》のありさまが、そのまま小《ち》いさくまとまって表《あらわ》れていること。例 人生《じんせい》の縮図。

じゅくす【熟す】動詞 ❶果物《くだもの》などがじゅうぶんに実《みの》る。❷あることをするのにちょうどよい時《とき》になる。例 計画実行《けいかくじっこう》の機《き》が熟す。ことば「じゅくする」ともいう。

じゅくすい【熟睡】名詞 動詞 ぐっすりと、よくねむること。

じゅくする【熟する】⇩616ジ じゅくす

じゅくせい【熟成】名詞 動詞 酒《さけ》・みそなどの食品《しょくひん》が、じゅうぶんに発酵《はっこう》してでき上《あ》がり、味《あじ》にまろやかさが出《で》ること。

しゅくだい【宿題】名詞 ❶家《いえ》でやってくるように、先生《せんせい》から出《だ》される問《もん》題《だい》。例 夏休《なつやす》みの宿題。❷その場《ば》で決《き》まらないで、あとに残《のこ》された問《もん》題《だい》。例 公園《こうえん》の掃除《そうじ》については、今後《こんご》の宿題だ。

じゅくたつ【熟達】名詞 動詞 慣《な》れて上手《じょうず》になること。例 英語《えいご》に熟達する。類 習熟《しゅうじゅく》。熟練《じゅくれん》。

じゅくち【熟知】名詞 動詞 非常《ひじょう》によく知《し》っていること。例 相手《あいて》の弱点《じゃくてん》を熟知している。

しゅくちょく【宿直】名詞 動詞 学校《がっこう》や会社《かいしゃ》などに勤《つと》める人《ひと》が、交替《こうたい》でとまって夜《よる》の番《ばん》をすること。また、その人《ひと》。対 日直《にっちょく》。

で、むちゃな行《おこな》いをすること。

しゅくてき【宿敵】 名詞 前《まえ》から勝《か》ちたいと思《おも》っている敵《てき》。例 十年来《じゅうねんらい》の宿敵をたおす。

しゅくてん【祝典】 名詞 お祝《いわ》いの式《しき》。例 創《そう》立記念《りつきねん》の祝典を挙《あ》げる。

しゅくでん【祝電】 名詞 お祝《いわ》いの電報《でんぽう》。例 祝電を打《う》つ。

じゅくどく【熟読】 名詞 動詞 文章《ぶんしょう》の意味《いみ》をよく考《かんが》えながら読《よ》むこと。じゅうぶんに内容《ないよう》を読《よ》みとること。例 説明書《せつめいしょ》を熟読する。類 精読《せいどく》。

しゅくば【宿場】 名詞 昔《むかし》、街道《かいどう》のとちゅうにあった、旅人《たびびと》が宿《やど》にとまったり、馬《うま》やかごを乗《の》りついだりしたところ。「宿駅《しゅくえき》」ともいう。

しゅくはい【祝杯】 名詞 お祝《いわ》いの酒《さけ》を飲《の》むさかずき。例 祝杯をあげる（＝お祝《いわ》いの酒《さけ》を飲《の》む）。

しゅくはく【宿泊】 名詞 動詞 宿《やど》にとまること。例 民宿《みんしゅく》に宿泊する。

しゅくばまち【宿場町】 名詞 昔《むかし》、宿場《しゅくば》を中《ちゅう》心《しん》に栄《さか》えた町《まち》。

しゅくふく【祝福】 名詞 動詞 ❶他人《たにん》の幸《しあわ》せを喜《よろこ》び祝《いわ》うこと。例 新入生《しんにゅうせい》を祝福する。❷キリスト教《きょう》で、神《かみ》からめぐみをあたえられること。また、そのめぐみ。

しゅくほう【祝砲】 名詞 お祝《いわ》いの気持《きも》ちを表《あらわ》すためにうつ大砲《たいほう》。音《おと》だけで、たまはうたない。

しゅくぼう【宿望】 名詞 前々《まえまえ》から持《も》っていた望《のぞ》み。例 全国優勝《ぜんこくゆうしょう》の宿望を果《は》たす。

しゅくめい【宿命】 名詞 生《う》まれる前《まえ》から決《き》まっていて、変《か》えられない運命《うんめい》。例 宿命的《てき》な出《で》会《あ》い。

じゅくりょ【熟慮】 名詞 動詞 じゅうぶんに考《かんが》えること。例 熟慮した上《うえ》で決定《けってい》する。類 熟考《じゅっこう》。

じゅくれん【熟練】 名詞 動詞 仕事《しごと》などによく慣《な》れて上手《じょうず》なこと。例 熟練工《こう》。類 習熟《しゅうじゅく》。熟達《じゅくたつ》。

しゅくん【主君】 名詞 自分《じぶん》の仕《つか》えている主《しゅ》人《じん》。殿様《とのさま》や君主《くんしゅ》。

しゅくん【殊勲】 名詞 とくにすぐれた手《て》がら。例 殊勲を立《た》てる。

しゅげい【手芸】 名詞 編《あ》み物《もの》やししゅうなど、手先《てさき》を使《つか》ってするわざ。例 手芸教室《きょうしつ》。

しゅけん【主権】 名詞 国《くに》を治《おさ》める最高《さいこう》の権《けん》力《りょく》。例 主権者《しゃ》。教科 社 大日本帝国憲法《だいにほんていこくけんぽう》のもとでは、主権《しゅけん》は天皇《てんのう》にあったが、現在《げんざい》の日本国憲法《にほんこくけんぽう》のもとでは、国民《こくみん》にある。

じゅけん【受験】 名詞 動詞 季語 春 試験《しけん》を受《う》けること。例 大学《だいがく》を受験する。

しゅけんざいみん【主権在民】 ⇩473ジペーこくみんしゅけん

しゅご【主語】 名詞 文《ぶん》の中《なか》で、「何《なに》が…」「何《なに》は…」のように、動作《どうさ》やようすのもとになっていることば。たとえば、「花《はな》がさく」の「花《はな》が」、「わたしは学生《がくせい》です」の「わたしは」などのこと。対 述語《じゅつご》。

しゅご【守護】 ❶名詞 動詞 守《まも》ること。例 守護神《しん》。❷名詞 鎌倉《かまくら》・室町《むろまち》時代《じだい》に、国々《くにぐに》を守《まも》るために置《お》かれた役人《やくにん》。今《いま》の警察《けいさつ》や裁判所《さいばんしょ》の役目《やくめ》をした。関連 地頭《じとう》。

しゅこう【趣向】 名詞 ❶おもしろさを出《だ》すための工夫《くふう》。例 趣向をこらしたパーティー。❷ようす。おもむき。例 趣向の変《か》わった芝居《しばい》。

じゅこう【受講】 名詞 動詞 講習《こうしゅう》や講義《こうぎ》などを受《う》けること。例 受講生《せい》／夏期講習《かきこうしゅう》を受講する。

しゅこうぎょう【手工業】 名詞 人《ひと》の手《て》と簡《かん》単《たん》な道具《どうぐ》で品物《しなもの》をつくる、しくみの小《ちい》さい工《こう》業《ぎょう》。

しゅごだいみょう【守護大名】 名詞 室町《むろまち》時代《じだい》に、守護《しゅご》に任命《にんめい》された国《くに》を自分《じぶん》の領地《りょうち》のように支配《しはい》して、大《おお》きな力《ちから》を持《も》つようになった守護《しゅご》のこと。

しゅこん【主根】 名詞 植物《しょくぶつ》の根《ね》のうち、地《ち》中《ちゅう》にまっすぐのびて中心《ちゅうしん》となっている、太《ふと》いもの。関連 側根《そっこん》。

しゅさい【主菜】 名詞 食事《しょくじ》の中《なか》で、中心《ちゅうしん》となるおかず。肉《にく》・魚《さかな》・卵《たまご》などをおもな材料《ざいりょう》とする料理《りょうり》。メーンディッシュ。

しゅさい【主催】 名詞 動詞 中心《ちゅうしん》になって会《かい》などを開《ひら》くこと。また、その人《ひと》や団体《だんたい》。例 新聞《しんぶん》社《しゃ》の主催で美術展《びじゅってん》が開《ひら》かれる。

しゅざい【取材】 名詞 動詞 新聞《しんぶん》・雑誌《ざっし》の記事《きじ》や作文《さくぶん》などの、材料《ざいりょう》を集《あつ》めること。例 事故現《じこげん》場《ば》で取材する。

しゅざん【珠算】 名詞 そろばんを使《つか》ってする計算《けいさん》。関連 暗算《あんざん》。筆算《ひっさん》。

しゅし【主旨】 名詞 文章《ぶんしょう》や話《はなし》の中心《ちゅうしん》となる考《かんが》え。おもな意味《いみ》。例 説明文《せつめいぶん》の主旨を読《よ》みとる。

四字熟語　**軽挙妄動《けいきょもうどう》**　「軽挙《けいきょ》」も「妄動《もうどう》」も、深《ふか》く考《かんが》えないで軽々《かるがる》しく行動《こうどう》するという意味《いみ》で、軽《かる》はずみ

しゅし【種子】 名詞 植物《しょくぶつ》の種《たね》。
教科 理 あさがおのように実《み》の中《なか》にできるものもあれば、ひまわりのように実《み》と一体《いったい》になっているものもある。

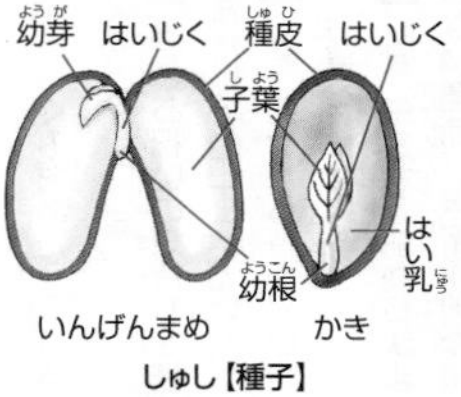

しゅし【種子】

しゅし【趣旨】 名詞 あることを行《おこな》うねらいや訳《わけ》。また、話《はなし》の中《なか》で言《い》おうとしていること。例 この会《かい》の趣旨を説明《せつめい》する。

じゅし【樹脂】 名詞 木《き》の幹《みき》などから出《で》る液《えき》。また、それが固《かた》まったもの。やに。

しゅじい【主治医】 名詞 ❶その病人《びょうにん》を、中心《ちゅうしん》となって治療《ちりょう》する医者《いしゃ》。❷かかりつけの医者《いしゃ》。

しゅじく【主軸】 名詞 ❶いくつかの軸《じく》の中《なか》で、中心《ちゅうしん》となる軸《じく》。❷ものごとの中心《ちゅうしん》となる、大切《たいせつ》な人《ひと》やことがら。例 チームの主軸となって活躍《かつやく》する。

しゅしゃ【取捨】 名詞 動詞 よいものや必要《ひつよう》なものをとり、悪《わる》いものやいらないものを捨《す》てること。例 持《も》っていく物《もの》の取捨に迷《まよ》う。

しゅしゃせんたく【取捨選択】 名詞 動詞 悪《わる》いものやいらないものを捨《す》てて、よいものや必要《ひつよう》なものだけを選《えら》びとること。例 文集《ぶんしゅう》にのせる作品《さくひん》を取捨選択する。

しゅじゅ【種種】 名詞 副詞 いろいろ。さまざま。例 種々雑多《ざった》／種々の意見《いけん》をまとめる。

じゅじゅ【授受】 名詞 動詞 あたえることと受《う》けとること。受《う》けわたし。やりとり。例 金銭《きんせん》の授受。

しゅじゅう【主従】 名詞 中心《ちゅうしん》になるものと、それに従《したが》うもの。主人《しゅじん》と家来《けらい》。

しゅじゅざった【種種雑多】 形容動詞 いろいろな種類《しゅるい》のものが、まじり合《あ》っているようす。例 種々雑多なおもちゃ。

しゅじゅつ【手術】 名詞 動詞 病気《びょうき》やけがを治《なお》すために、医者《いしゃ》が人《ひと》の体《からだ》を切《き》り開《ひら》いて悪《わる》い部分《ぶぶん》を取《と》ったり、手当《てあ》てをしたりすること。

しゅしょう【主将】 名詞 スポーツなどで、チームの中心《ちゅうしん》となる人《ひと》。キャプテン。

しゅしょう【主唱】 名詞 動詞 大勢《おおぜい》の人《ひと》の中心《ちゅうしん》となって、意見《いけん》や主張《しゅちょう》を唱《とな》えること。

しゅしょう【首相】 名詞 「内閣総理大臣《ないかくそうりだいじん》」のこと。

しゅしょう【殊勝】 形容動詞 心《こころ》がけや行《おこな》いがりっぱで、感心《かんしん》なようす。例 早起《はやお》きして庭掃《にわそう》除《じ》をするとは殊勝な心《こころ》がけだ。

しゅじょう【衆生】 名詞 仏教《ぶっきょう》で、この世《よ》に生《い》きているすべてのもの。また、とくに、人間《にんげん》のこと。

じゅしょう【受賞】 名詞 動詞 ほうびや賞《しょう》をもらうこと。例 大会《たいかい》で優秀賞《ゆうしゅうしょう》を受賞した。対 授賞《じゅしょう》。

じゅしょう【授賞】 名詞 動詞 ほうびや賞《しょう》をあたえること。例 授賞式《しき》。対 受賞《じゅしょう》。

しゅしょく【主食】 名詞 米《こめ》やパンなど、毎日《まいにち》の食事《しょくじ》の中心《ちゅうしん》となる食《た》べ物《もの》。対 副食《ふくしょく》。

しゅしん【主審】 名詞 その競技《きょうぎ》の審判《しんぱん》の中《なか》で、中心《ちゅうしん》になる人《ひと》。

しゅじん【主人】 名詞 ❶一家《いっか》の中心《ちゅうしん》となる人《ひと》。例 この家《いえ》のご主人は医者《いしゃ》です。❷自分《じぶん》が仕《つか》えている人《ひと》。例 はい、ご主人様《さま》。❸妻《つま》が自分《じぶん》の夫《おっと》を指《さ》して人《ひと》に言《い》うときに使《つか》うことば。例 主人はただ今外出中《いまがいしゅっちゅう》です。

じゅしん【受信】 名詞 動詞 ❶電信《でんしん》・電話《でんわ》・放送《ほうそう》などで、ほかからの通信《つうしん》を受《う》けること。類 着信《ちゃくしん》。対 送信《そうしん》。発信《はっしん》。❷手紙《てがみ》などを受《う》けとること。対 発信《はっしん》。

じゅしんき【受信機】 名詞 電信《でんしん》・電話《でんわ》・放送《ほうそう》などを受《う》ける機械《きかい》。

しゅじんこう【主人公】 名詞 物語《ものがたり》・小説《しょうせつ》・映画《えいが》などの中《なか》で、中心《ちゅうしん》となる人物《じんぶつ》。

じゅず【数珠】 名詞 数多《かずおお》くの小《ちい》さい玉《たま》を、糸《いと》でつないで輪《わ》にしたもの。仏《ほとけ》を拝《おが》むときなどに、手《て》にかける。「ずず」ともいう。例 数珠玉《だま》。

じゅず

じゅずだま【数珠玉】 名詞 季語 秋 ❶じゅずにする玉《たま》。❷いねのなかまの草《くさ》。秋《あき》に黒《くろ》っぽい色《いろ》のかたい実《み》をつける。実《み》に糸《いと》を通《とお》してじゅずのようにつなげたり、お手玉《てだま》に入《い》れたりする。
ことば 季語《きご》として使《つか》うのは❷の意味《いみ》。

はじとも思《おも》わないこと。

じゅずつなぎ【数珠つなぎ】 名詞 じゅずの玉《たま》のように、多《おお》くの人《ひと》や物《もの》をひとつなぎにすること。例 車《くるま》が数珠つなぎになる。

しゅせい【守勢】 名詞 相手《あいて》のこうげきを防《ふせ》ぐこと。そのような構《かま》え。受《う》け身《み》。例 守勢にまわる／守勢に立《た》つ。対 攻勢《こうせい》。

じゅせい【受精】 名詞 動詞 めすの卵《らん》とおすの精子《せいし》が結《むす》びつくこと。

じゅせいらん【受精卵】 名詞 受精《じゅせい》した卵《らん》。めすの卵《らん》がおすの精子《せいし》と結《むす》びついたもの。

しゅせき【主席】 名詞 国《くに》や大《おお》きな団体《だんたい》の、いちばん上《うえ》の位《くらい》の人《ひと》。代表者《だいひょうしゃ》。例 国家《こっか》の主席。

しゅせき【首席】 名詞 ❶成績《せいせき》がいちばんであること。また、その人《ひと》。例 首席で卒業《そつぎょう》する。類 首位《しゅい》。❷地位《ちい》や役目《やくめ》がいちばん上《うえ》の人《ひと》。例 楽団《がくだん》の首席指揮者《しきしゃ》。

しゅせんど【守銭奴】 名詞 お金《かね》をためることだけを生《い》きがいにしているような、けちな人《ひと》。

じゅぞう【受像】 名詞 動詞 放送《ほうそう》されたテレビの電波《でんぱ》を受《う》けて、人《ひと》の姿《すがた》や物《もの》の形《かたち》などを目《め》に映《うつ》る像《ぞう》として映《うつ》し出《だ》すこと。

しゅぞく【種族】 名詞 ❶同《おな》じ祖先《そせん》から出《で》て、同《おな》じことばや習慣《しゅうかん》を持《も》つ人々《ひとびと》の集《あつ》まり。❷同《おな》じ種類《しゅるい》の生物《せいぶつ》。例 種族を保存《ほぞん》する。

しゅたい【主体】 名詞 ❶組織《そしき》やものごとの中心《ちゅうしん》となるもの。例 代表《だいひょう》委員《いいん》が主体となって活動《かつどう》する。❷自分《じぶん》の意志《いし》で、ほかにはたらきかけるもの。

しゅだい【主題】 名詞 ❶小説《しょうせつ》・映画《えいが》・劇《げき》などで、作者《さくしゃ》が表《あらわ》そうとしている中心《ちゅうしん》の考《かんが》え。例 動物《どうぶつ》に対《たい》する愛情《あいじょう》を主題にした映画《えいが》。類 テーマ。❷音楽《おんがく》で、曲《きょく》の中心《ちゅうしん》になるメロディー。例 曲《きょく》の最後《さいご》で主題がくり返《かえ》される。類 テーマ。

しゅだいか【主題歌】 名詞 映画《えいが》やテレビ番組《ばんぐみ》などで歌《うた》われる、作品《さくひん》の主題《しゅだい》を表《あらわ》す歌《うた》。「テーマソング」ともいう。

しゅたいせい【主体性】 名詞 自分《じぶん》の考《かんが》えをしっかり持《も》ち、人《ひと》の意見《いけん》などに左右《さゆう》されない性質《せいしつ》。例 主体性のある人《ひと》。

しゅたいてき【主体的】 形容動詞 自分《じぶん》の考《かんが》えを持《も》って、進《すす》んでものごとを行《おこな》うようす。例 委員会活動《いいんかいかつどう》に主体的にとりくむ。類 自主的《じしゅてき》。

じゅだく【受諾】 名詞 動詞 たのみごとや申《もう》しこみを引《ひ》き受《う》けること。例 相手《あいて》の申《もう》し入《い》れを受諾する。類 承諾《しょうだく》。対 拒絶《きょぜつ》。

しゅだん【手段】 名詞 ある目的《もくてき》を成《な》しとげるための、やり方《かた》。方法《ほうほう》。手《て》だて。例 交通《こうつう》手段／思《おも》いきった手段をとる。

●**手段《しゅだん》を選《えら》ばない** 目的《もくてき》を成《な》しとげるためならば、どんな手段《しゅだん》でも使《つか》う。例 試合《しあい》に勝《か》つためには、手段を選ばない。

じゅちゅう【受注】 名詞 動詞 注文《ちゅうもん》を受《う》けること。例 新製品《しんせいひん》を大量《たいりょう》に受注した。対 発注《はっちゅう》。

しゅちゅうにおさめる【手中に収める】 自分《じぶん》のものにする。手《て》に入《い》れる。例 勝利《しょうり》を手中に収める。

しゅちょう【主張】 名詞 動詞 自分《じぶん》の考《かんが》えや意見《いけん》を、強《つよ》くはっきりと言《い》うこと。また、その意見《いけん》。例 わたしの主張が認《みと》められた。

しゅちょう【首長】 名詞 ❶組織《そしき》や団体《だんたい》などの、いちばん上《うえ》の位《くらい》の人《ひと》。例 首長選挙《せんきょ》。❷部族《ぶぞく》などの集団《しゅうだん》のかしら。

漢 **しゅつ【出】**〔凵〕《かんにょう》 5画 1年 音 シュツ・スイ 訓 でる・だす

❶でる。だす。あらわれる。例 出現《しゅつげん》／出発《しゅっぱつ》／出版《しゅっぱん》／出納《すいとう》／外出《がいしゅつ》／進出《しんしゅつ》／手出《てだ》し／遠出《とおで》／輸出《ゆしゅつ》。対 入《にゅう》。❷決《き》まった場所《ばしょ》に行《い》って仕事《しごと》をする。でむく。例 出演《しゅつえん》／出場《しゅつじょう》／出席《しゅっせき》／出張《しゅっちょう》。

漢 **じゅつ【述】**〔辶〕《しんにょう》 8画 5年 音 ジュツ 訓 のべる

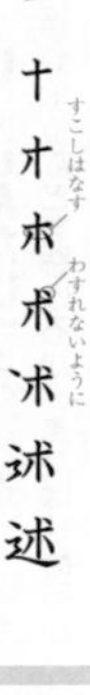

のべる。いう。例 述語《じゅつご》／記述《きじゅつ》／口述《こうじゅつ》／著述《ちょじゅつ》。

漢 **じゅつ【術】**〔行〕《ぎょうがまえ》 11画 5年 音 ジュツ 訓

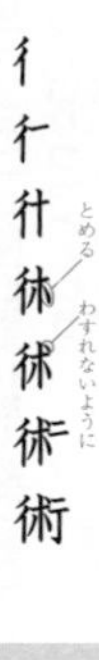

❶学問《がくもん》や芸《げい》などのわざ。例 医術《いじゅつ》／学術《がくじゅつ》／技術《ぎじゅつ》／芸術《げいじゅつ》／手術《しゅじゅつ》／美術《びじゅつ》。❷はかりごと。例 術策《じゅっさく》／術数《じゅっすう》。❸ふしぎなわざ。例 魔術《まじゅつ》。

しゅつえん【出演】 名詞 動詞 劇《げき》・映画《えいが》・放送《ほうそう》

四字熟語　厚顔無恥《こうがんむち》　あつかましくて（厚顔《こうがん》）はじ知《し》らず（無恥《むち》）であること。ずうずうしくて、はじを

番組《ばんぐみ》などに出《で》ること。例 テレビ番組《ばんぐみ》の出演者《しゃ》。

しゅっか【出火】 名詞 動詞 火事《かじ》が起《お》こること。また、起《お》こすこと。

しゅっか【出荷】 名詞 動詞 荷物《にもつ》を送《おく》り出《だ》すこと。とくに、商品《しょうひん》を市場《いちば》などへ出《だ》すこと。例 いちごの出荷が始《はじ》まる。対 入荷《にゅうか》。

しゅつがん【出願】 名詞 動詞 役所《やくしょ》や学校《がっこう》などに、許可《きょか》や申《もう》しこみなどを願《ねが》い出《で》ること。願書《がんしょ》を出《だ》すこと。例 入試《にゅうし》の出願手続《てつづ》きをする。

じゅっかん【十干】 ↓578ページ《ジ》 じっかん〔十干〕

しゅっきん【出金】 名詞 動詞 しはらいのためにお金《かね》を出《だ》すこと。また、そのお金《かね》。支出《ししゅつ》。対 入金《にゅうきん》。

しゅっきん【出勤】 名詞 動詞 仕事《しごと》をするために勤《つと》め先《さき》に出《で》ること。類 出社《しゅっしゃ》。対 欠勤《けっきん》。

しゅっけ【出家】 名詞 動詞 仏《ほとけ》の道《みち》に入《はい》って、おぼうさんになること。また、その人《ひと》。

しゅっけつ【出欠】 名詞 出席《しゅっせき》と欠席《けっせき》。

しゅっけつ【出血】 名詞 動詞 ❶血《ち》が出《で》ること。❷商売《しょうばい》などで、損《そん》を出《だ》したりぎせいをはらったりすること。例 出血大売《おおう》り出《だ》し。

しゅつげん【出現】 名詞 動詞 現《あらわ》れ出《で》ること。例 思《おも》わぬ強敵《きょうてき》が出現した。

じゅつご【述語】 名詞 文《ぶん》の中《なか》で、「どうする」「どんなだ」というように、主語《しゅご》の動作《どうさ》・ようすを説明《せつめい》することば。たとえば、「花《はな》がさく」の「さく」、「雪《ゆき》は白《しろ》い」の「白《しろ》い」などのこと。対 主語《しゅご》。

じゅつご【術語】 名詞 学問《がくもん》や科学《かがく》・技術《ぎじゅつ》などの、それぞれの分野《ぶんや》で使《つか》う専門《せんもん》のことば。学術用語《がくじゅつようご》。

しゅっこう【出航】 名詞 動詞 船《ふね》や飛行機《ひこうき》が、目的地《もくてきち》へ向《む》かって出発《しゅっぱつ》すること。

しゅっこう【出港】 名詞 動詞 船《ふね》が港《みなと》を出《で》ること。類 出帆《しゅっぱん》。対 入港《にゅうこう》。

じゅっこう【熟考】 名詞 動詞 時間《じかん》をかけてじゅうぶんに考《かんが》えること。例 熟考の末決心《すえけっしん》する。類 熟慮《じゅくりょ》。

しゅっこく【出国】 名詞 動詞 ある国《くに》から出《で》て行《い》くこと。例 出国の手続《てつづ》きをする。対 入国《にゅうこく》。

じゅっさく【術策】 名詞 人《ひと》をだましたり、おとしいれたりするための計画《けいかく》。例 自分《じぶん》だけ得《とく》をしようと術策をめぐらす。

しゅっさつ【出札】 名詞 動詞 駅《えき》などで切符《きっぷ》を売《う》ること。例 出札係《がかり》。

しゅっさん【出産】 名詞 動詞 子供《こども》を産《う》むこと。また、子供《こども》が生《う》まれること。例 出産祝《いわ》い。

しゅっし【出資】 名詞 動詞 商売《しょうばい》や事業《じぎょう》をするための、もとになるお金《かね》を出《だ》すこと。類 投資《とうし》。

じゅっし【十指】 ↓579ページ《ジ》 じっし〔十指〕

しゅっしゃ【出社】 名詞 動詞 仕事《しごと》をするために会社《かいしゃ》に出《で》ること。類 出勤《しゅっきん》。対 退社《たいしゃ》。

しゅっしょう【出生】 名詞 動詞 人《ひと》が生《う》まれ出《で》ること。「しゅっせい」ともいう。例 出生届《とどけ》／出生地《ち》。類 誕生《たんじょう》。対 死亡《しぼう》。

しゅつじょう【出場】 名詞 動詞 競技会《きょうぎかい》などに出《で》ること。例 運動会《うんどうかい》でリレーに出場する。

しゅっしょうぜんしんだん【出生前診断】 名詞 生《う》まれる前《まえ》の、おなかの中《なか》にいる子供《こども》に、病気《びょうき》などの異常《いじょう》がないかを調《しら》べる検査《けんさ》。

しゅっしょうりつ【出生率】 名詞 全人口《ぜんじんこう》に対《たい》して、その一年間《いちねんかん》に生《う》まれた人数《にんずう》の割合《わりあい》。「しゅっせいりつ」ともいう。

しゅっしょく【出色】 名詞 ほかのものに比《くら》べて、とくにすぐれていること。例 今回《こんかい》の作品《さくひん》は出色のできばえだ。類 抜群《ばつぐん》。

しゅっしょしんたい【出処進退】 名詞 今《いま》の仕事《しごと》や地位《ちい》などを続《つづ》けるか、またはやめるかということ。身《み》のふり方《かた》。例 出処進退を決《き》める。

しゅっしん【出身】 名詞 その土地《とち》で生《う》まれたり、その学校《がっこう》を卒業《そつぎょう》したりしたこと。例 母《はは》は九州《きゅうしゅう》の出身です／出身校《こう》。

しゅつじん【出陣】 名詞 動詞 戦《たたか》いに出《で》かけること。また、試合《しあい》に出《で》ること。例 出陣式《しき》。

じゅっしんぶんるいほう【十進分類法】 ↓580ページ《ジ》 じっしんぶんるいほう

じゅっしんほう【十進法】 ↓580ページ《ジ》 じっしんほう

しゅっすい【出水】 名詞 動詞 川《かわ》などの水《みず》が、大量《たいりょう》にあふれ出《で》ること。洪水《こうずい》。

じゅっすう【術数】 名詞 自分《じぶん》の思《おも》うようにものごとを進《すす》めたり、人《ひと》をだましたりするための計画《けいかく》。例 権謀術数《けんぼう》（＝人《ひと》をだますための数々《かずかず》の計画《けいかく》）。

しゅっせ【出世】 名詞 動詞 世《よ》の中《なか》に出《で》て成功《せいこう》すること。りっぱな地位《ちい》につくこと。

ったくでたらめで、あるはずもないこと。

しゅっせい【出生】↓620ページ しゅっしょう

しゅっせい【出征】 名詞 動詞 軍隊《ぐんたい》に入《はい》って戦争《せんそう》に行《い》くこと。

しゅっせいりつ【出生率】↓620ページ しゅっしょうりつ

しゅっせき【出席】 名詞 動詞 学校《がっこう》の授業《じゅぎょう》や会《かい》などに出《で》ること。例 集会《しゅうかい》に出席する。対 欠席《けっせき》。

しゅっせさく【出世作】 名詞 その人《ひと》の作品《さくひん》の中《なか》で、世《よ》の中《なか》に認《みと》められるきっかけとなったもの。

しゅつだい【出題】 名詞 動詞 試験《しけん》やクイズなどで、問題《もんだい》を出《だ》すこと。例 出題範囲《はんい》／出題者《しゃ》。

じゅっちゅうはっく【十中八九】↓580ページ じっちゅうはっく

しゅっちょう【出張】 名詞 動詞 仕事《しごと》で、ふだんの勤《つと》め先以外《さきいがい》のところへ出《で》かけていくこと。

しゅっちょうじょ【出張所】 名詞 役所《やくしょ》や会社《かいしゃ》などが、本部《ほんぶ》とは別《べつ》につくった事務所《じむしょ》。

じゅって【十手】↓581ページ じって

しゅってん【出典】 名詞 あることばや文《ぶん》などの出《で》どころ。また、それがのっている本《ほん》。例 ことわざの出典を調《しら》べる。

しゅつど【出土】 名詞 動詞 古《ふる》い時代《じだい》のものなどが、土《つち》の中《なか》から出《で》てくること。例 近《ちか》くの山《やま》から大昔《おおむかし》の土器《どき》が出土した。

しゅっとう【出頭】 名詞 動詞 役所《やくしょ》などから呼《よ》び出《だ》されて、出《で》かけて行《い》くこと。例 警察署《けいさつしょ》に出頭する。

しゅつどう【出動】 名詞 動詞 消防隊《しょうぼうたい》や警察官《けいさつかん》などが、出《で》て行《い》って活動《かつどう》をすること。例 交通《こうつう》事故《じこ》が起《お》こり、パトカーが出動した。

しゅつどひん【出土品】 名詞 土《つち》の中《なか》から出《で》てきたもの。古《ふる》い時代《じだい》の石器《せっき》や美術品《びじゅつひん》など。

しゅつにゅう【出入】 名詞 動詞 出《で》ることと入《はい》ること。でいり。ではいり。例 お金《かね》の出入。

しゅつば【出馬】 名詞 動詞 ❶地位《ちい》の高《たか》い人《ひと》が、自分《じぶん》でその場《ば》に乗《の》り出《だ》すこと。例 社長《しゃちょう》自《みずか》ら出馬して指導《しどう》に当《あ》たった。❷選挙《せんきょ》に立候補《りっこうほ》すること。例 総選挙《そうせんきょ》に出馬する。ことば もとは、馬《うま》に乗《の》って出《で》かけることをいう。

しゅっぱつ【出発】 名詞 動詞 ❶ある場所《ばしょ》を目指《めざ》して出《で》かけること。例 海外《かいがい》旅行《りょこう》に出発する。対 到着《とうちゃく》。❷新《あたら》しく始《はじ》めること。また、始《はじ》まり。例 新《あたら》しい人生《じんせい》の出発。

じゅっぱひとからげ【十把一からげ】↓581ページ じっぱひとからげ

しゅっぱん【出帆】 名詞 動詞 船《ふね》が港《みなと》を出《で》ること。例 横浜港《よこはまこう》を出帆する。類 出港《しゅっこう》。ことば 昔《むかし》の船《ふね》は帆《ほ》を張《は》っていたことからきたことば。

しゅっぱん【出版】 名詞 動詞 本《ほん》などを編集《へんしゅう》・印刷《いんさつ》して、売《う》り出《だ》すこと。例 出版社《しゃ》。類 刊行《かんこう》。

しゅっぴ【出費】 名詞 お金《かね》をつかうこと。また、そのお金《かね》。例 今月《こんげつ》は出費が多《おお》い。

しゅっぴん【出品】 名詞 動詞 作品《さくひん》を、展覧会《てんらんかい》などに出《だ》すこと。例 書道展《しょどうてん》に出品した。

しゅっぺい【出兵】 名詞 動詞 軍隊《ぐんたい》を出動《しゅつどう》させること。類 派兵《はへい》。

しゅつぼつ【出没】 名詞 動詞 現《あらわ》れたり、かくれたりすること。時々《ときどき》すがたを見《み》せること。

しゅつりょう【出漁】 名詞 動詞 魚《さかな》や貝《かい》などをとりに、船《ふね》で出《で》かけること。

しゅつりょく【出力】 名詞 動詞 ❶機械《きかい》が出《だ》すエネルギーの量《りょう》。❷コンピューターなどで、処理《しょり》した結果《けっか》を外部《がいぶ》に出《だ》すこと。また、その処理結果《しょりけっか》。例 入力《にゅうりょく》した文字《もじ》をモニターの画面《がめん》に出力する。対 入力《にゅうりょく》。

しゅつるい【出塁】 名詞 動詞 野球《やきゅう》で、バッターがヒットなどで塁《るい》に出《で》ること。

しゅと【首都】 名詞 その国《くに》の政府《せいふ》のある都市《とし》。「首府《しゅふ》」ともいう。参考 日本《にほん》の首都《しゅと》は東京《とうきょう》。

しゅとう【種痘】 名詞 天然痘《てんねんとう》を予防《よぼう》するための方法《ほうほう》。一七九六年《ねん》、天然痘《てんねんとう》にかかった牛《うし》からとった病原体《びょうげんたい》を人《ひと》の体《からだ》に植《う》えつける方法《ほうほう》を、イギリス人《じん》ジェンナーが発明《はつめい》した。

しゅどう【手動】 名詞 機械《きかい》や装置《そうち》を、人《ひと》が手《て》を使《つか》って動《うご》かすこと。例 手動運転《うんてん》。対 自動《じどう》。

じゅどうきつえん【受動喫煙】 名詞 たばこを吸《す》う人《ひと》のまわりにいる人《ひと》が、自分《じぶん》の意思《いし》とは関係《かんけい》なく、たばこのけむりを吸《す》いこむこと。

じゅどうてき【受動的】 形容動詞 ほかからのはたらきかけを受《う》けて行動《こうどう》するようす。受《う》け身《み》であるようす。例 受動的な態度《たいど》。対 能動的《のうどうてき》。

しゅとく【取得】 名詞 動詞 手《て》に入《い》れて、自分《じぶん》のものにすること。例 運転免許《うんてんめんきょ》を取得する。

しゅとけん【首都圏】 名詞 東京都《とうきょうと》とその近《ちか》くの地域《ちいき》。東京《とうきょう》・神奈川《かながわ》・埼玉《さいたま》・千葉《ちば》・茨城《いばらき》・

四字熟語 **荒唐無稽《こうとうむけい》**　「荒唐《こうとう》」はよりどころがなくとりとめがない、「無稽《むけい》」は根拠《こんきょ》がないという意味《いみ》。ま

栃木《とちぎ》・群馬《ぐんま》・山梨《やまなし》の一都七県《いっとななけん》を指《さ》すことが多《おお》い。

しゅとして【主として】 副詞 大部分《だいぶぶん》であるようす。おもに。例 主として小学生《しょうがくせい》を対象《たいしょう》としたスポーツ教室《きょうしつ》が開《ひら》かれる。

シュトラウス ⇩1375ページ ヨハン＝シュトラウス

じゅなん【受難】 名詞 ❶ひどい困難《こんなん》にあうこと。例 交通事故《こうつうじこ》にあった上《うえ》に病気《びょうき》もして、今年《ことし》は受難の一年《いちねん》だった。❷イエス＝キリストが十字架《じゅうじか》の上《うえ》で受《う》けた苦《くる》しみのこと。

ジュニア（junior）名詞 ❶年《とし》の若《わか》い人《ひと》。例 ジュニアチーム。❷年下《としした》の人《ひと》。また、下級生《かきゅうせい》。❸子供《こども》。とくに、父《ちち》と同《おな》じ名前《なまえ》のむすこ。

しゅにく【朱肉】 名詞 判《はん》こをおすときに使《つか》う、赤《あか》い着色料《ちゃくしょくりょう》をしみこませたもの。

じゅにゅう【授乳】 名詞 動詞 赤《あか》んぼうに乳《ちち》を飲《の》ませること。例 三時間《さんじかん》おきに授乳する。

しゅにん【主任】 名詞 ある仕事《しごと》の中心《ちゅうしん》となって責任《せきにん》を持《も》つ役目《やくめ》。また、その人《ひと》。例 食品《しょくひん》売《う》り場《ば》の主任。

しゅぬり【朱塗り】 名詞 朱色《しゅいろ》にぬること。また、ぬった物《もの》。例 朱塗りのおわん。

ジュネーブ 名詞 スイスの西部《せいぶ》、レマン湖《こ》のほとりにある都市《とし》。国際赤十字《こくさいせきじゅうじ》など多《おお》くの国際《こくさい》機関《きかん》の本部《ほんぶ》が置《お》かれている。

しゅのう【首脳】 名詞 国《くに》・会社《かいしゃ》・団体《だんたい》などの中心《ちゅうしん》となって働《はたら》く人《ひと》。例 政府《せいふ》の首脳が集《あつ》まる。使い方「主脳」と書《か》かないよう注意《ちゅうい》。

シュノーケル（ドイツ語）名詞 水中《すいちゅう》で呼吸《こきゅう》するための道具《どうぐ》。J《ジェー》字形《じがた》のホースの先《さき》の部分《ぶぶん》を口《くち》にくわえ、もう一方《いっぽう》の先《さき》を水面《すいめん》の上《うえ》に出《だ》して使《つか》う。

シュノーケル

シュバイツァー 名詞（一八七五～一九六五）フランスの哲学者《てつがくしゃ》・医者《いしゃ》。アフリカにわたり、病気《びょうき》に苦《くる》しむ人《ひと》たちの治療《ちりょう》につくした。一九五二年《ねん》、ノーベル平和賞《へいわしょう》を受《う》けた。

じゅばく【呪縛】 名詞 動詞 まじないをかけて、動《うご》けなくすること。例 呪縛が解《と》ける。

しゅはん【主犯】 名詞 悪《わる》いことをした人《ひと》の中《なか》で、中心《ちゅうしん》となった人《ひと》。

しゅはん【首班】 名詞 いちばん上《うえ》の地位《ちい》。とくに、内閣総理大臣《ないかくそうりだいじん》のこと。例 首班を指名《しめい》する。

じゅばん 名詞 和服《わふく》の下《した》に着《き》る、えりのついた下着《したぎ》。「じばん」ともいう。例 長《なが》じゅばん。ことば ポルトガル語《ご》からきたことば。

しゅび【守備】 名詞 動詞 相手《あいて》のこうげきを防《ふせ》ぎ、守《まも》ること。例 守備練習《れんしゅう》。類 防御《ぼうぎょ》。対 攻撃《こうげき》。

しゅび【首尾】 名詞 ❶初《はじ》めと終《お》わり。例 文章《ぶんしょう》の首尾を合《あ》わせる。❷ものごとの成《な》り行《ゆ》き。結果《けっか》。例 みんなが協力《きょうりょく》したので首尾は上々《じょうじょう》だ。

じゅひ【樹皮】 名詞 木《き》の皮《かわ》。

しゅびいっかん【首尾一貫】 名詞 動詞 初《はじ》めから終《お》わりまで、考《かんが》えや行動《こうどう》が変《か》わらないこと。例 意見《いけん》が首尾一貫している。類 終始一貫《しゅうしいっかん》。

しゅびょう【種苗】 名詞 ❶植物《しょくぶつ》の種《たね》となえ。例 種苗店《てん》。❷養殖漁業《ようしょくぎょぎょう》で、稚魚《ちぎょ》や卵《たまご》のこと。

じゅひょう【樹氷】 名詞 季語冬 冬《ふゆ》、きりのつぶなどが強《つよ》い風《かぜ》によって木《き》の枝《えだ》などにふきつけられ、こおりついたもの。

しゅびよく【首尾よく】 副詞 うまい具合《ぐあい》に。都合《つごう》よく。例 首尾よく開始時刻《かいしじこく》に間《ま》に合《あ》った。

しゅひん【主賓】 名詞 客《きゃく》の中《なか》で中心《ちゅうしん》となる人《ひと》。例 同窓会《どうそうかい》の主賓として、先生《せんせい》を招《まね》く。

しゅふ【主婦】 名詞 家事《かじ》などの仕事《しごと》をし、夫《おっと》とともに家庭《かてい》の中心《ちゅうしん》となる女《おんな》の人《ひと》。

しゅふ【首府】 ⇩621ページ しゅと

シュプレヒコール（ドイツ語）名詞 デモや集会《しゅうかい》などで、大勢《おおぜい》の人《ひと》が声《こえ》をそろえて、スローガンなどをさけぶこと。

しゅぶん【主文】 名詞 長《なが》い文章《ぶんしょう》の中《なか》で、いちばん大切《たいせつ》なことが書《か》いてあるところ。

じゅふん【受粉】 名詞 動詞 おしべの花粉《かふん》が、めしべの先《さき》につくこと。

しゅべつ【種別】 名詞 動詞 種類《しゅるい》によって分《わ》けること。また、その区別《くべつ》。

しゅほう【手法】 名詞 ものごとのやり方《かた》。とくに絵《え》・文章《ぶんしょう》・彫刻《ちょうこく》などの表現《ひょうげん》のしかた。例 油絵《あぶらえ》の手法を学《まな》ぶ。類 技法《ぎほう》。

しゅみ【趣味】 名詞 ❶仕事《しごと》でなく、楽《たの》しみのためにやっていること。例 わたしの趣味は読書《どくしょ》です。

❷美《うつく》しさやおもしろさを感《かん》じとる力《ちから》。例 趣味のよい服《ふく》。

❸おもむき。味《あじ》わい。例 趣味豊《ゆた》かな庭《にわ》。

じゅみょう【寿命】 名詞 ❶生物《せいぶつ》が生《い》きていられる年数《ねんすう》。いのち。❷物《もの》が使《つか》える年数《ねんすう》。例 寿命が長《なが》い電池《でんち》。

しゅもく【種目】 名詞 種類《しゅるい》によって分《わ》けたときの、一《ひと》つ一《ひと》つ。種類《しゅるい》ごとの名《な》まえ。例 ぼくの出《で》る種目は平泳《ひらおよ》ぎだ。

じゅもく【樹木】 名詞 木《き》。立《た》ち木《き》。

じゅもん【呪文】 名詞 不思議《ふしぎ》な力《ちから》を持《も》つとされる、まじないやのろいのことば。例 呪文を唱《とな》える。

しゅやく【主役】 名詞 ❶劇《げき》や映画《えいが》などで、中心《ちゅうしん》となる役《やく》。また、その役《やく》をする人《ひと》。例 演劇発表会《えんげきはっぴょうかい》で主役を演《えん》じる。対 脇役《わきやく》。❷ものごとの中心《ちゅうしん》となる人《ひと》。例 このパーティーの主役はきみだ。対 脇役《わきやく》。

じゅよ【授与】 名詞 動詞 さずけあたえること。例 卒業証書《そつぎょうしょうしょ》を授与する。

しゅよう【主要】 名詞 形容動詞 ものごとの中心《ちゅうしん》となっていて、とくに大事《だいじ》であること。例 世界《せかい》の主要な都市《とし》。

しゅよう【腫瘍】 名詞 体《からだ》の一部《いちぶ》の細胞《さいぼう》が異常《いじょう》にふえたもの。はれもののようになることが多《おお》い。良性《りょうせい》のものと、がんなどの悪性《あくせい》のものがある。

じゅよう【受容】 名詞 動詞 ほかのものを受《う》け入《い》れること。例 外国《がいこく》の文化《ぶんか》を受容する。

じゅよう【需要】 名詞 品物《しなもの》を必要《ひつよう》としていること。とくに、商品《しょうひん》を必要《ひつよう》として、買《か》おうとすること。例 今年《ことし》の冬《ふゆ》は、暖房器具《だんぼうきぐ》の需要がとくに多《おお》い。対 供給《きょうきゅう》。

しゅようせんしんこくしゅのうかいぎ【主要先進国首脳会議】 ↓538ジペーサミット

しゅよく【主翼】 名詞 飛行機《ひこうき》をうき上《あ》がらせるための、左右《さゆう》に張《は》り出《だ》した大《おお》きいつばさ。関連 尾翼《びよく》。

しゅら【修羅】 ↓34ジペーあしゅら

ジュラルミン (duralumin) 名詞 アルミニウムに銅《どう》・マンガン・マグネシウムなどを混《ま》ぜてつくった合金《ごうきん》。軽《かる》くてじょうぶなので、飛行機《ひこうき》などの材料《ざいりょう》として使《つか》われる。

じゅり【受理】 名詞 動詞 書類《しょるい》などを正式《せいしき》に受《う》けとること。例 入学願書《にゅうがくがんしょ》を受理する。対 却下《きゃっか》。

しゅりじょう【首里城】 名詞 沖縄県那覇市《おきなわけんなはし》の首里《しゅり》にある、旧琉球王朝《きゅうりゅうきゅうおうちょう》の城《しろ》。一九四五(昭和二十《しょうわにじゅう》)年《ねん》、アメリカとの戦争《せんそう》で焼《や》け落《お》ちたが、一部《いちぶ》が復元《ふくげん》されている。

じゅりつ【樹立】 名詞 動詞 それまでなかったものをつくり上《あ》げること。しっかりとうちたてること。例 新記録《しんきろく》を樹立する。

しゅりゅう【主流】 名詞 ❶川《かわ》の中心《ちゅうしん》になる流《なが》れ。おもな流《なが》れ。類 本流《ほんりゅう》。対 支流《しりゅう》。❷学問《がくもん》や団体《だんたい》などで、中心《ちゅうしん》となっている考《かんが》え方《かた》や人々《ひとびと》。例 反対意見《はんたいいけん》が主流をしめている。類 本流《ほんりゅう》。

しゅりゅうえん【主流煙】 名詞 たばこを吸《す》う人《ひと》が、たばこから直接《ちょくせつ》吸《す》いこむけむり。関連 副流煙《ふくりゅうえん》。

しゅりゅうだん【手りゅう弾】 ↓900ジペーてりゅうだん

しゅりょう【狩猟】 名詞 動詞 季語冬 鉄砲《てっぽう》やあみ、わななどで、野生《やせい》のけものや鳥《とり》をとること。かり。例 狩猟民族《みんぞく》。

しゅりょう【首領】 名詞 仲間《なかま》の中心《ちゅうしん》になる人《ひと》。かしら。例 どろぼうの首領。使い方 ふつう悪《わる》い仲間《なかま》について使《つか》う。

じゅりょう【受領】 名詞 動詞 お金《かね》や品物《しなもの》を受《う》けとること。例 受領書《しょ》。類 領収《りょうしゅう》。

しゅりょく【主力】 名詞 ❶その人《ひと》が持《も》っている力《ちから》の大部分《だいぶぶん》。おもな力《ちから》。❷チームやグループの中《なか》で、中心《ちゅうしん》となる力《ちから》。例 主力選手《せんしゅ》。

じゅりん【樹林】 名詞 木《き》がたくさん生《は》えているところ。例 針葉樹林《しんようじゅりん》／樹林帯《たい》。

しゅるい【種類】 名詞 いろいろなものの中《なか》で、同《おな》じような性質《せいしつ》や形《かたち》を持《も》つなかま。

じゅれい【樹齢】 名詞 木《き》の年齢《ねんれい》。例 樹齢千年《せんねん》の大木《たいぼく》。参考 年輪《ねんりん》の数《かず》で調《しら》べることができる。

シュレッダー (shredder) 名詞 紙《かみ》を細《こま》かく切《き》り刻《きざ》む機械《きかい》。書類《しょるい》などを読《よ》みとれないようにして捨《す》てるときに使《つか》う。

しゅれん【手練】 名詞 そのことに慣《な》れてい

四字熟語　公平無私《こうへいむし》　どちらにもかたよらず公平《こうへい》で、自分《じぶん》の感情《かんじょう》や利益《りえき》にとらわれないこと。

て、上手《じょうず》な腕前《うでまえ》。例 手練の早《はや》わざで敵《てき》をたおす。

しゅろ 名詞 やしのなかまの高《たか》い木《き》。幹《みき》は毛《け》でおおわれ、葉《は》は大《おお》きく、手《て》のひらのように深《ふか》く切《き》れこんでいる。

しゅろ

じゅろうじん【寿老人】 名詞 七福神《しちふくじん》の一人《ひとり》で、長寿《ちょうじゅ》をさずけるという神《かみ》。白《しろ》いひげをたらし、つえを持《も》っている。図 ↓577ページ しちふくじん

しゅわ【手話】 名詞 耳《みみ》や口《くち》が不自由《ふじゆう》な人《ひと》のための、音声《おんせい》を使《つか》わないで、手《て》の形《かたち》や体《からだ》の動《うご》きなどでことばを伝《つた》え合《あ》う方法《ほうほう》。↓625ページ

社会へのとびら ↓1444ページ 手話《しゅわ》

じゅわき【受話器】 名詞 電話機《でんわき》で、耳《みみ》に当《あ》てて相手《あいて》の声《こえ》を聞《き》く装置《そうち》。対 送話器《そうわき》。

しゅわん【手腕】 名詞 ものごとをうまく行《おこな》う能力《のうりょく》。腕前《うでまえ》。例 コーチとして手腕をふるう。

しゅん【旬】 名詞 その野菜《やさい》や果物《くだもの》、魚《さかな》などが多《おお》くとれて、味《あじ》もよい時期《じき》。例 旬の味覚《みかく》を楽《たの》しむ。

漢 **しゅん【春】** 〔日《ひ》〕 9画 2年 音 シュン 訓 はる

一 ニ 三 声 夫 夫 春 春 春（よこぼうの二ほんめからはじめる）

❶はる。例 春一番《はるいちばん》／春雨《はるさめ》／早春《そうしゅん》／立春《りっしゅん》。対 秋《しゅう》。❷わかくて元気《げんき》なとしごろ。例 青春《せいしゅん》。❸年《とし》のはじめ。新年《しんねん》。例 新春《しんしゅん》。

じゅん【純】 形容動詞 かざり気《け》がなく、素直《すなお》であるようす。例 弟《おとうと》には純なところがある。

漢 **じゅん【純】** 〔糸《いとへん》〕 10画 6年 音 ジュン

く 幺 糸 糸 糸 紅 紅 純 純（みぎから）（上へはねる）

まじりけがない。けがれがない。例 純金《じゅんきん》／純《じゅん》真《しん》／純粋《じゅんすい》／純白《じゅんぱく》／純毛《じゅんもう》／清純《せいじゅん》／単純《たんじゅん》。

じゅん【順】 名詞 ある決《き》まりによる並《なら》び方《かた》。順《じゅん》序《じょ》。順番《じゅんばん》。例 あいうえお順／順を追《お》って話《はな》す。

漢 **じゅん【順】** 〔頁《おおがい》〕 12画 4年 音 ジュン

丿 川 川 川 川 川 順 順 順（はらう）（とめる）（とめる）

❶したがう。さからわない。例 従順《じゅうじゅん》。対 逆《ぎゃく》。❷思《おも》いどおりである。例 順調《じゅんちょう》。❸じゅんばん。例 順位《じゅんい》／順序《じゅんじょ》／順路《じゅんろ》／手順《てじゅん》／筆順《ひつじゅん》。

漢 **じゅん【準】** 〔氵《さんずい》〕 13画 5年 音 ジュン

氵 汁 汁 汁 汁 淮 淮 準 準（はねない）

❶めやす。めあて。例 基準《きじゅん》／水準《すいじゅん》／標準《ひょうじゅん》。❷主《しゅ》となるものにならう。のっとる。そなえる。例 準拠《じゅんきょ》／準《じゅん》じる／準備《じゅんび》。❸（ほかのことばの前《まえ》につけて）その次《つぎ》であることを表《あらわ》す。例 準会員《じゅんかいいん》／準急《じゅんきゅう》／準決勝《じゅんけっしょう》。

じゅんい【順位】 名詞 ある順番《じゅんばん》に並《なら》べられたときの位置《いち》。例 順位をつける。

じゅんえき【純益】 名詞 売《う》り上《あ》げから、仕入《しい》れ値《ね》やいろいろな費用《ひよう》を差《さ》し引《ひ》いた、ほんとうのもうけ。

じゅんえん【順延】 名詞 動詞 前《まえ》もって決《き》めた日《ひ》を、順々《じゅんじゅん》に先《さき》へ延《の》ばしていくこと。例 雨天《うてん》順延。

じゅんおう【順応】 ↓626ページ じゅんのう

じゅんかい【巡回】 名詞 動詞 ❶次々《つぎつぎ》と回《まわ》っていくこと。例 巡回図書館《としょかん》。❷見回《みまわ》ること。例 パトカーが巡回する。

しゅんかしゅうとう【春夏秋冬】 名詞 春《はる》・夏《なつ》・秋《あき》・冬《ふゆ》の四《よっ》つの季節《きせつ》。四季《しき》。

じゅんかつゆ【潤滑油】 名詞 ❶機械《きかい》などがなめらかに動《うご》くように差《さ》す油《あぶら》。❷ものごとをうまく運《はこ》ぶ仲立《なかだ》ちとなるもの。

しゅんかん【瞬間】 名詞 ❶まばたきするくらいの間《あいだ》。ほんのわずかな時間《じかん》。類 一瞬《いっしゅん》。瞬時《しゅんじ》。❷何《なに》かをしたすぐあと。例 会《あ》った瞬間に好《す》きになった。

じゅんかん【旬刊】 名詞 新聞《しんぶん》や雑誌《ざっし》などを、十日《とおか》に一回《いっかい》出《だ》すこと。また、そのもの。

じゅんかん【循環】 名詞 動詞 ぐるりと回《まわ》ってもとの場所《ばしょ》にもどり、それを何度《なんど》もくり返《かえ》すこと。例 循環バス／血液《けつえき》は体《からだ》の中《なか》を循環している。

じゅんかん【循環】

いにやましいところがなくて、堂々《どうどう》としてりっぱなようす。

じゅんかんがたしゃかい【循環型社会】 名詞 リサイクル・リユース・リデュースなどを進《すす》め、資源《しげん》の再利用《さいりよう》や再資源化《さいしげんか》などのサイクル（＝循環《じゅんかん》）を大事《だいじ》にした社会《しゃかい》。

じゅんかんき【循環器】 名詞 血液《けつえき》・リンパを体《からだ》の各部分《かくぶぶん》に運《はこ》んで酸素《さんそ》や栄養分《えいようぶん》をあたえ、いらなくなったものを体外《たいがい》に出《だ》す器官《きかん》。心臓《しんぞう》・血管《けっかん》・リンパ管《かん》など。

しゅんき【春季】 名詞 春《はる》の季節《きせつ》。例 春季大《たい》会《かい》。対 秋季《しゅうき》。関連 夏季《かき》。冬季《とうき》。

しゅんき【春期】 名詞 春《はる》の期間《きかん》。春《はる》の間《あいだ》。対 秋期《しゅうき》。関連 夏期《かき》。冬期《とうき》。

しゅんぎく【春菊】 名詞 季語 春 きくのなかまの草《くさ》。夏《なつ》、黄色《きいろ》や白色《しろいろ》の花《はな》がさく。葉《は》には独特《どくとく》の香《かお》りがあり、食用《しょくよう》になる。

しゅんぎく

じゅんきゅう【準急】 名詞 急行《きゅうこう》の次《つぎ》に速《はや》い列車《れっしゃ》。「準急行列車《じゅんきゅうこうれっしゃ》」の略《りゃく》。

じゅんきょ【準拠】 名詞 動詞 あるものをよりどころとして、それに従《したが》うこと。例 教科書《きょうかしょ》に準拠した問題集《もんだいしゅう》。

じゅんきょう【殉教】 名詞 動詞 自分《じぶん》の信《しん》じる宗教《しゅうきょう》のため、命《いのち》を捨《す》てること。例 殉教者《しゃ》。

じゅんぎょう【巡業】 名詞 動詞 劇《げき》や芸《げい》、すもうなどを見《み》せながら、いろいろな土地《とち》を回《まわ》ること。例 サーカス団《だん》が地方《ちほう》を巡業する。

じゅんきん【純金】 名詞 混《ま》じり物《もの》の入《はい》っていない、純粋《じゅんすい》な金《きん》。

じゅんぐり【順繰り】 名詞 決《き》められた順番《じゅんばん》どおり、次々《つぎつぎ》に行《おこな》うこと。例 順繰りに発言《はつげん》する。

じゅんけつ【純潔】 名詞 形容動詞 心《こころ》や体《からだ》にけがれがなく、清《きよ》らかであること。

じゅんけっしょう【準決勝】 名詞 決勝戦《けっしょうせん》に出《で》るものを決《き》めるための試合《しあい》。

しゅんこう【しゅん工】 名詞 動詞 工事《こうじ》が終《お》わってでき上《あ》がること。類 落成《らくせい》。対 起工《きこう》。

じゅんさ【巡査】 名詞 いちばん下《した》の位《くらい》の警察《けいさつ》官《かん》。

しゅんじ【瞬時】 名詞 まばたきする間《あいだ》くらいの、とても短《みじか》い時間《じかん》。例 瞬時のできごと。類 一瞬《いっしゅん》。瞬間《しゅんかん》。

じゅんし【巡視】 名詞 動詞 変《か》わったことがないか、ようすを見《み》て回《まわ》ること。例 校内《こうない》巡視。

じゅんじ【順次】 副詞 順々《じゅんじゅん》に。次々《つぎつぎ》に。例 先頭《せんとう》の人《ひと》から順次入《はい》ってください。

じゅんじじっこう【順次実行】 名詞 プログラミングで、プログラムに書《か》かれた命令《めいれい》を上《うえ》から順番《じゅんばん》に実行《じっこう》すること。

じゅんしゅ【遵守・順守】 名詞 動詞 決《き》まりや法律《ほうりつ》などに従《したが》い、それを固《かた》く守《まも》ること。例 交通規則《こうつうきそく》を遵守する。

じゅんじゅん[に]【順順[に]】 副詞 順序《じゅんじょ》

辞典《じてん》の外《そと》に飛《と》びだそう！

社会《しゃかい》へのとびら

手話《しゅわ》と点字《てんじ》

声《こえ》や文字《もじ》を使《つか》わないことば

両方《りょうほう》の手《て》のひらを合《あ》わせてから左右《さゆう》に開《ひら》く動作《どうさ》、なんのことかわかる？

答《こた》えは「本《ほん》」。これは、声《こえ》の代《か》わりに手《て》や体《からだ》の動《うご》きで会話《かいわ》をする「手話《しゅわ》」で表《あらわ》したものだ。手話《しゅわ》は耳《みみ》が不自由《ふじゆう》な人《ひと》やことばを話《はな》せない人《ひと》にとって大切《たいせつ》な会話《かいわ》の手段《しゅだん》。最近《さいきん》では、手話通訳《しゅわつうやく》が映《うつ》されているテレビ番組《ばんぐみ》も見《み》かけるようになったね。

この辞典《じてん》の「あ・い・う…」の音《おん》の初《はじ》めのページにも、いろいろな手話《しゅわ》がのっている。きみもやってみよう！

また、目《め》が不自由《ふじゆう》な人《ひと》のための「点字《てんじ》」もあるよ。駅《えき》の券売機《けんばいき》やエレベーターの階数表示《かいすうひょうじ》などにでこぼこの点《てん》が並《なら》んでいるのを、きみも見《み》たことがあるんじゃないかな？

点字《てんじ》は縦《たて》3点《てん》、横《よこ》2点《てん》の6個《こ》の点《てん》からできている。それを組《く》み合《あ》わせて、アルファベットや五十音《ごじゅうおん》の文字《もじ》を表《あらわ》すんだ。点字《てんじ》を読《よ》むときは、指《ゆび》で一《ひと》つ一《ひと》つさわりながら読《よ》みとっていくよ。

町《まち》で見《み》かける点字《てんじ》は、目《め》の不自由《ふじゆう》な人《ひと》たちにとってとても大切《たいせつ》な情報源《じょうほうげん》だ。よごしたり、傷《きず》つけたりしないように気《き》をつけようね。

もっとしらべてみよう！

●関連《かんれん》ページ

ふろく「手話《しゅわ》」……………… p.1444
ふろく「点字《てんじ》」……………… p.1442

四字熟語 公明正大《こうめいせいだい》 公平《こうへい》でかくしごとがなく（公明《こうめい》）、正《ただ》しくてりっぱ（正大《せいだい》）という意味《いみ》で、心《こころ》や行《おこな》よく次々《つぎつぎ》に。例 順々に診察《しんさつ》を受《う》ける。

じゅんじょ【順序】 名詞 ものの、決《き》まった並《なら》び方《かた》。また、ものごとを行《おこな》うときの手順《てじゅん》。例 順序を入《い》れかえる／順序をふんで行《おこな》う。

じゅんじょう【純情】 名詞 形容動詞 素直《すなお》できれいな心《こころ》。また、そのような心《こころ》を持《も》っていること。例 純情ではずかしがり屋《や》の少年《しょうねん》。

じゅんしょく【純色】 名詞 同《おな》じ色相《しきそう》の中《なか》で、もっともあざやかな色《いろ》。

じゅんしょく【殉職】 名詞 動詞 自分《じぶん》の仕事《しごと》をやりぬこうとして、命《いのち》をなくすこと。例 火災《かさい》の消火中《しょうかちゅう》に、消防士《しょうぼうし》が殉職した。

じゅんじょだてる【順序立てる】 動詞 筋《すじ》道《みち》に従《したが》って、ものごとの順序《じゅんじょ》を整理《せいり》する。例 スピーチは、順序立てて話《はな》すことが大切《たいせつ》だ。

じゅんじょふどう【順序不同】 ↓626ジペー じゅんふどう

じゅんじる【準じる】 動詞 ❶もとになるものにならう。例 今年《ことし》の大会《たいかい》は去年《きょねん》に準じて行《おこな》います。❷あるものと、ほぼ同《おな》じにあつかう。例 会員《かいいん》に準じてあつかう。ことば「準《じゅん》ずる」ともいう。

じゅんしん【純真】 形容動詞 素直《すなお》できれいな心《こころ》を持《も》っており、欲《よく》などがないようす。例 純真な心《こころ》を持《も》ち続《つづ》ける。

じゅんすい【純粋】 名詞 形容動詞 ❶混《ま》じり気《け》がないこと。例 純粋な秋田犬《あきたいぬ》。❷悪《わる》い考《かんが》えや欲《よく》がなく、心《こころ》が清《きよ》らかなこと。例 純粋な心《こころ》を持《も》った少年《しょうねん》。

じゅんずる【準ずる】 ↓626ジペー じゅんじる

しゅんせつ【春節】 名詞 中国《ちゅうごく》で、昔《むかし》のこよみの正月《しょうがつ》のこと。参考 一月末《いちがつまつ》から二月《にがつ》初《はじ》めにあたり、中国《ちゅうごく》では今《いま》のこよみの正月《しょうがつ》より盛大《せいだい》に祝《いわ》われる。

じゅんせつ【順接】 名詞 文章《ぶんしょう》の前《まえ》の部分《ぶぶん》にあとの部分《ぶぶん》が続《つづ》くとき、意味《いみ》のつながりが自然《しぜん》であること。対 逆接《ぎゃくせつ》。ことば たとえば、「雨《あめ》が降《ふ》った。だから、出《で》かけなかった」「寒《さむ》いので、セーターを着《き》る」などのこと。

じゅんちょう【順調】 形容動詞 ものごとがすらすらと調子《ちょうし》よく進《すす》むこと。例 工事《こうじ》は順調に進《すす》んでいる。

じゅんて【順手】 名詞 鉄棒《てつぼう》を、手《て》の甲《こう》を上《うえ》にしてにぎること。対 逆手《ぎゃくて》。逆手《さかて》。

じゅんど【純度】 名詞 その物《もの》の純粋《じゅんすい》さの度合《どあ》い。例 純度の高《たか》い金《きん》。

じゅんとう【順当】 形容動詞 そうなることが当然《とうぜん》であるようす。例 順当な結果《けっか》に終《お》わる。

じゅんに【順に】 副詞 順番《じゅんばん》に従《したが》って。順番《じゅんばん》どおりに。例 並《なら》んで、順に体育館《たいいくかん》の中《なか》に入《はい》る。

じゅんのう【順応】 名詞 動詞 まわりの変化《へんか》に合《あ》わせて、自分《じぶん》をうまく変《か》えていくこと。「じゅんおう」ともいう。類 適応《てきおう》。

じゅんぱく【純白】 名詞 形容動詞 真《ま》っ白《しろ》なようす。例 純白のドレス。

じゅんばん【順番】 名詞 順序《じゅんじょ》どおりにものごとをすること。また、その順序《じゅんじょ》。例 順番に並《なら》ぶ／大縄《おおなわ》とびで、わたしの順番がきた。

じゅんび【準備】 名詞 動詞 あらかじめ用意《ようい》をすること。例 運動会《うんどうかい》の準備をする。類 支度《したく》。

じゅんびうんどう【準備運動】 名詞 運動《うんどう》をする前《まえ》に行《おこな》う、体《からだ》をほぐすための軽《かる》い運動《うんどう》。

じゅんぷう【順風】 名詞 船《ふね》や人《ひと》の進《すす》む方向《ほうこう》にふく風《かぜ》。追《お》い風《かぜ》。対 逆風《ぎゃくふう》。

じゅんぷうまんぱん【順風満帆】 名詞 形容動詞 船《ふね》が帆《ほ》いっぱいに風《かぜ》を受《う》けて進《すす》むように、ものごとがうまく進《すす》むこと。使い方「じゅんぷうまんぽ」と読《よ》まないよう注意《ちゅうい》。

じゅんふどう【順不同】 名詞 何《なに》かを並《なら》べるとき、順序《じゅんじょ》に決《き》まりがないこと。順序不同《じゅんじょふどう》。使い方 名前《なまえ》を並《なら》べて書《か》くときなどに書《か》きそえることば。

しゅんぶん【春分】 名詞 季語㊚ 春《はる》、太陽《たいよう》が真東《まひがし》から出《で》て真西《まにし》にしずみ、昼《ひる》と夜《よる》の長《なが》さがほぼ同《おな》じになる日《ひ》。春《はる》の彼岸《ひがん》の中日《ちゅうにち》で、三月《さんがつ》二十一日《にじゅういちにち》ごろ。対 秋分《しゅうぶん》。関連 夏至《げし》。冬至《とうじ》。↓1450ジペー 二十四節気《にじゅうしせっき》

しゅんぶんのひ【春分の日】 名詞 季語㊚ 国民《こくみん》の祝日《しゅくじつ》の一《ひと》つ。三月《さんがつ》二十一日《にじゅういちにち》ごろ。春《はる》の彼岸《ひがん》の中日《ちゅうにち》に当《あ》たる。対 秋分《しゅうぶん》の日《ひ》。

じゅんぼく【純朴】 形容動詞 素直《すなお》でかざり気《け》のないようす。例 純朴な人《ひと》がら。

しゅんみんあかつきをおぼえず【春眠暁を覚えず】 ↓955ジペー 故事成語

じゅんもう【純毛】 名詞 動物《どうぶつ》の毛《け》だけでつくられた織物《おりもの》や毛糸《けいと》。例 純毛のセーター。

助《たす》けてくれるものもない中《なか》で、ただひとり力《ちから》いっぱい戦《たたか》ったり努力《どりょく》したりすること。

じゅんりょう【純良】 形容動詞 混《ま》じり気《け》がなくて品質《ひんしつ》がよいようす。例 純良なバター。

じゅんれい【巡礼】 名詞 動詞 あちらこちらの寺《てら》や神社《じんじゃ》などをお参《まい》りしながら歩《ある》くこと。また、その人《ひと》。

じゅんろ【順路】 名詞 順序《じゅんじょ》よく進《すす》めるように決《き》められた道筋《みちすじ》。例 会場《かいじょう》を順路どおりに歩《ある》く。

じゅんわくせい【準惑星】 名詞 惑星《わくせい》に準《じゅん》じる性質《せいしつ》を持《も》つと考《かんが》えられる星《ほし》。冥王星《めいおうせい》など。
参考 「惑星《わくせい》」とのちがいは、自分《じぶん》の軌道《きどう》の近《ちか》くにほかの天体《てんたい》があるということ。

漢 **しょ【処】**〔几《つくえ》〕5画 6年 音 ショ 訓 ところ
ノ ク 夂 夂 処（上へはねる）
❶そこにとどまっている。例 処世《しょせい》／出処進退《しゅっしょしんたい》。❷ところ。例 居処《きょしょ》。❸とりさばく。始末《しまつ》する。例 処置《しょち》／処分《しょぶん》／処理《しょり》／対処《たいしょ》。

漢 **しょ【初】**〔刀《かたな》〕7画 4年 音 ショ 訓 はじめ・はじめて・はつ・うい・そめる
、 ラ ネ ネ ネ 初 初（てんは二つ）（つきださない）
はじめ。はじめて。例 初陣《ういじん》／初夏《しょか》／初期《しょき》／初めて会《あ》う／初雪《はつゆき》／書《か》き初め／最初《さいしょ》。対 終《しゅう》。

漢 **しょ【所】**〔戸《と》〕8画 3年 音 ショ 訓 ところ
一 ㇇ ㇇ 戸 戸 所 所 所（はらう）
❶ところ。例 所在地《しょざいち》／近所《きんじょ》／住所《じゅうしょ》／台所《だいどころ》／場所《ばしょ》／名所《めいしょ》／役所《やくしょ》。❷（ほかのことばの前《まえ》につけて）「…すること」「…するもの」などの意味《いみ》を表《あらわ》す。例 所感《しょかん》／所属《しょぞく》／所得《しょとく》／所有《しょゆう》。

しょ【書】 名詞 ❶書《か》いた文字《もじ》。例 藤原定家《ふじわらのさだいえ》の書。❷書道《しょどう》。例 書を習《なら》う。❸本《ほん》。例 書を読《よ》む。❹手紙《てがみ》。例 書をしたためる。

漢 **しょ【書】**〔曰《いわく》〕10画 2年 音 ショ 訓 かく
フ ヲ ヨ 크 聿 聿 書 書 書（つきだす）
❶かく。しるす。例 書記《しょき》／清書《せいしょ》。❷文字《もじ》。かきかた。例 書体《しょたい》／書道《しょどう》。❸かきつけ。てがみ。例 書簡《しょかん》／書類《しょるい》。❹本《ほん》。例 書店《しょてん》／書物《しょもつ》／読書《どくしょ》。

漢 **しょ【暑】**〔日《ひ》〕12画 3年 音 ショ 訓 あつい
丨 冂 日 日 旦 早 昇 暑 暑（下をながく）（ながくつきだす）
あつい。温度《おんど》が高《たか》い。例 暑中見舞《しょちゅうみま》い／寒暑《かんしょ》／残暑《ざんしょ》／避暑《ひしょ》／蒸《む》し暑《あつ》い。対 寒《かん》。

漢 **しょ【署】**〔罒《あみがしら》〕13画 6年 音 ショ
丨 冂 罒 罒 罒 罕 罢 署 署（ながくつきだす）
❶やくわり。役所《やくしょ》。例 署長《しょちょう》／消防署《しょうぼうしょ》／部署《ぶしょ》。❷名《な》まえを書《か》く。例 署名《しょめい》／自署《じしょ》。

漢 **しょ【諸】**〔言《ごんべん》〕15画 6年 音 ショ 訓 もろ
言 言 計 計 詳 諸 諸 諸（ながくつきだす）
いろいろな。多《おお》くの。例 諸君《しょくん》／諸国《しょこく》／諸島《しょとう》。

漢 **じょ【女】**〔女《おんな》〕3画 1年 音 ジョ・ニョ・ニョウ 訓 おんな・め
く 女 女
❶おんな。例 女王《じょおう》／女子《じょし》／女性《じょせい》／女優《じょゆう》／女房《にょうぼう》／女神《めがみ》／乙女《おとめ》／少女《しょうじょ》／男女《だんじょ》／天女《てんにょ》／美女《びじょ》。対 男《だん》。❷むすめ。例 王女《おうじょ》／長女《ちょうじょ》／養女《ようじょ》。対 男《だん》。

漢 **じょ【助】**〔力《ちから》〕7画 3年 音 ジョ 訓 たすける・たすかる・すけ
丨 冂 月 月 且 助 助（つきだす）
たすける。たすけ。例 助言《じょげん》／助手《じょしゅ》／助走《じょそう》／助力《じょりょく》／助太刀《すけだち》／助け船《たすけぶね》／救助《きゅうじょ》／手助《てだす》け／補助《ほじょ》。

漢 **じょ【序】**〔广《まだれ》〕7画 5年 音 ジョ
、 亠 广 户 庐 序 序（てんをわすれないように）（はねる）
❶はしがき。まえがき。例 序曲《じょきょく》／序文《じょぶん》／序論《じょろん》。❷じゅんばん。例 序列《じょれつ》／順序《じゅんじょ》／秩序《ちつじょ》。

漢 **じょ【除】**〔阝《こざとへん》〕10画 6年 音 ジョ・ジ 訓 のぞく
㇇ 阝 阝 阝 阾 险 除 除（はねる）（下をながく）
❶のぞく。とりのける。例 除外《じょがい》／除雪《じょせつ》／解除《かいじょ》／掃除《そうじ》。❷わる。わり算《ざん》。例 除数《じょすう》。対 乗《じょう》。

じょい【女医】 名詞 女性《じょせい》の医者《いしゃ》。

四字熟語 **孤軍奮闘《こぐんふんとう》** 助《たす》けもなく孤立《こりつ》した軍隊《ぐんたい》（孤軍《こぐん》）が、勇気《ゆうき》をふるって戦《たたか》う（奮闘《ふんとう》）という意味《いみ》で、

しょいこむ【しょい込む】 動詞 ❶背中《せなか》に重《おも》い荷物《にもつ》をせおう。❷めんどうなことや、自分《じぶん》の責任《せきにん》をこえたことなどを引《ひ》き受《う》ける。かかえこむ。背負《せお》いこむ。

しょいんづくり【書院造り】 名詞 室町《むろまち》時《じ》代《だい》に始《はじ》まった家《いえ》のつくり方《かた》の一《ひと》つ。とこの間《ま》・たな・障子《しょうじ》・ふすま・玄関《げんかん》・たたみなどがあり、今《いま》の日本建築《にほんけんちく》のもとになった。

しよう【子葉】 名詞 植物《しょくぶつ》の種《たね》の一部分《いちぶぶん》で、いちばん初《はじ》めに出《で》る葉《は》。図 ➡618ページ しゅし〔種子〕

しよう【仕様】 名詞 ❶やり方《かた》。方法《ほうほう》。例 返事《へんじ》の仕様に困《こま》る。❷機械《きかい》や器具《きぐ》などのつくりや内容《ないよう》。例 仕様書《しょ》／抗菌《こうきん》仕様の歯《は》ブラシ。

●**仕様《しよう》がない** ➡632ページ しようがない

しよう【私用】 名詞 仕事《しごと》ではない、自分《じぶん》の用《よう》事《じ》。例 私用で東京《とうきょう》に行《い》く。対 公用《こうよう》。

しよう【使用】 名詞 動詞 使《つか》うこと。用《もち》いること。例 使用者《しゃ》／理科室《りかしつ》を使用する。

しよう【試用】 名詞 動詞 ためしに使《つか》ってみること。例 新《あたら》しい機械《きかい》は、まだ試用の段階《だんかい》だ。

しょう 名詞 日本《にほん》の楽器《がっき》の一《ひと》つ。ふき口《くち》のついたつぼの上《うえ》に、竹《たけ》の管《くだ》を円《まる》く並《なら》べて立《た》てた笛《ふえ》。雅楽《ががく》で使《つか》う。ことば 漢字《かんじ》では「笙」と書《か》く。

しょう 動詞 ❶人《ひと》やものなどを背中《せなか》に乗《の》せる。例 妹《いもうと》をしょう。❷仕事《しごと》や責任《せきにん》などを引《ひ》き受《う》ける。例 将来《しょうらい》をしょって立《た》つ人材《じんざい》。❸うぬぼれる。例 ずいぶんしょった人《ひと》だ。ことば「背負《せお》う」が変化《へんか》してできたことば。

しょう【上】 漢 ➡630ページ じょう〔上〕

しょう【小】 ❶ 名詞 小《ちい》さいこと。小《ちい》さいもの。例 大《だい》は小をかねる。対 大《だい》。❷ 接頭語 （ほかのことばの前《まえ》につけて）似《に》ていて規模《きぼ》が小《ちい》さいものを表《あらわ》す。例 小京《きょう》都《と》。

漢 **しょう【小】**〔小《しょう》〕3画 1年 音 ショウ 訓 ちいさい・こ・お

❶ちいさい。形《かたち》がちいさい。例 小川《おがわ》／小型《こがた》／縮小《しゅくしょう》。❷みじかい。簡単《かんたん》な。例 小冊《しょうさっ》子《し》。❸わずか。すこし。ちょっとした。例 小雨《こさめ》／小食《しょうしょく》。❹ほぼ。だいたい。例 小一時間《こいちじかん》。❺自分《じぶん》のことをへりくだっていうことば。例 小生《しょうせい》。

しょう【井】 漢 ➡65ページ い〔井〕

しょう【升】 名詞 昔《むかし》、日本《にほん》で使《つか》われていた容積《ようせき》の単位《たんい》。一升《いっしょう》は十合《じゅうごう》に当《あ》たり、約《やく》一・八リットル。

漢 **しょう【少】**〔小《しょう》〕4画 2年 音 ショウ 訓 すくない・すこし

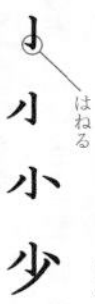

❶すくない。わずか。例 少数《しょうすう》／少量《しょうりょう》／減少《げんしょう》／多少《たしょう》。対 多《た》。❷わかい。例 少年《しょうねん》／幼少《ようしょう》。

しょう【正】 漢 ➡704ページ せい〔正〕

しょう【生】 漢 ➡704ページ せい〔生〕

しょう【声】 漢 ➡705ページ せい〔声〕

しょう【性】 名詞 生《う》まれつきの性質《せいしつ》。例 心配《しんぱい》性。漢 ➡705ページ せい〔性〕

●**性《しょう》に合《あ》う** その人《ひと》の性質《せいしつ》によく合《あ》う。例 ひとりで本《ほん》を読《よ》むのが、ぼくの性に合っている。

漢 **しょう【招】**〔扌《てへん》〕8画 5年 音 ショウ 訓 まねく

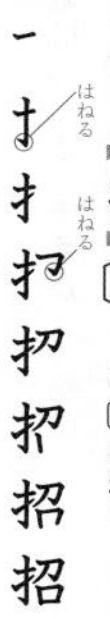

まねく。よぶ。例 招集《しょうしゅう》／招待《しょうたい》／手招《てまね》き。

漢 **しょう【承】**〔手《て》〕8画 6年 音 ショウ 訓 うけたまわる

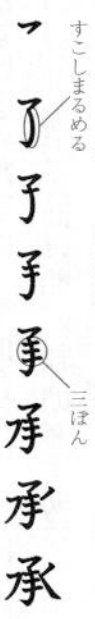

❶受《う》け入《い》れる。例 承知《しょうち》／承認《しょうにん》／承服《しょうふく》／了承《りょうしょう》。❷受《う》けつぐ。例 継承《けいしょう》／伝承《でんしょう》。

漢 **しょう【松】**〔木《きへん》〕8画 4年 音 ショウ 訓 まつ

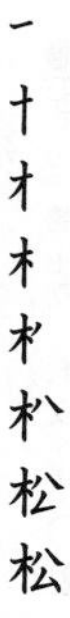

まつ。例 松竹梅《しょうちくばい》／松葉《まつば》／松林《まつばやし》／門松《かどまつ》。

しょう【青】 漢 ➡705ページ せい〔青〕

しょう【政】 漢 ➡705ページ せい〔政〕

しょう【星】 漢 ➡705ページ せい〔星〕

漢 **しょう【昭】**〔日《ひへん》〕9画 3年 音 ショウ

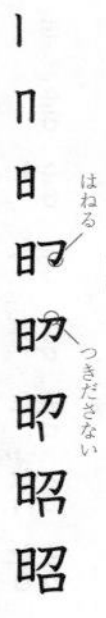

あきらか。あきらかにする。例 昭和《しょうわ》。

しょう【相】 漢 ↓744ページ そう〔相〕

しょう【省】 漢 ↓705ページ せい〔省〕

漢 **しょう【将】**〔寸《すん》〕10画 6年 音 ショウ 訓

❶上《うえ》に立《た》ってひきいる人《ひと》。例 将軍《しょうぐん》／主将《しゅしょう》／大将《たいしょう》／武将《ぶしょう》。❷これから先《さき》。例 将来《しょうらい》。

しょう【従】 漢 ↓605ページ じゅう〔従〕

漢 **しょう【消】**〔氵《さんずい》〕10画 3年 音 ショウ 訓 きえる・けす

❶きえる。けす。ついやす。例 消印《けしいん》／消火《しょうか》／消去《しょうきょ》／消毒《しょうどく》／消費《しょうひ》／消防署《しょうぼうしょ》／解消《かいしょう》／立《た》ち消《ぎ》え。❷ひかえめ。例 消極的《しょうきょくてき》。

しょう【笑】 漢 ↓1437ページ わら-う〔笑〕

しょう【商】 名詞 割《わ》り算《ざん》の答《こた》え。対 積《せき》。

漢 **しょう【商】**〔口《くち》〕11画 3年 音 ショウ 訓 あきなう

❶あきなう。品物《しなもの》をうりかいする。例 商業《しょうぎょう》／商社《しょうしゃ》／商店《しょうてん》／商人《しょうにん》／商売《しょうばい》／商品《しょうひん》／行商《ぎょうしょう》。❷あきんど。あきないをするひと。例 画商《がしょう》／貿易商《ぼうえきしょう》。❸割《わ》り算《ざん》のこたえ。対 積《せき》。

漢 **しょう【唱】**〔口《くちへん》〕11画 4年 音 ショウ 訓 となえる

❶となえる。例 暗唱《あんしょう》／復唱《ふくしょう》／平和《へいわ》を唱《とな》える。❷うたう。例 唱歌《しょうか》／合唱《がっしょう》／独唱《どくしょう》／輪唱《りんしょう》。

しょう【清】 漢 ↓705ページ せい〔清〕

漢 **しょう【章】**〔立《たつ》〕11画 3年 音 ショウ 訓

❶書《か》いたものや音楽《おんがく》のひとまとまり。例 楽章《がくしょう》／文章《ぶんしょう》。❷しるし。例 勲章《くんしょう》／校章《こうしょう》／市章《ししょう》。

漢 **しょう【勝】**〔力《ちから》〕12画 3年 音 ショウ 訓 かつ・まさる

❶たたかいにかつ。例 勝《か》ち目《め》／勝敗《しょうはい》／勝負《しょうぶ》／勝利《しょうり》／男勝《おとこまさ》り／全勝《ぜんしょう》／優勝《ゆうしょう》。対 敗《はい》。負《ふ》。❷景色《けしき》などがすぐれている。例 景勝《けいしょう》／名勝《めいしょう》。

しょう【焼】 漢 ↓1333ページ や-く〔焼〕

しょう【装】 漢 ↓745ページ そう〔装〕

漢 **しょう【証】**〔言《ごんべん》〕12画 5年 音 ショウ 訓 あかし

❶あかし。しるし。ほんとうのことをあきらかにする。あかす。例 証言《しょうげん》／証拠《しょうこ》／証人《しょうにん》／証明《しょうめい》／検証《けんしょう》／実証《じっしょう》／立証《りっしょう》。❷しょうめいする書《か》きつけ。例 保険証《ほけんしょう》／免許証《めんきょしょう》。

伝統的《でんとうてき》な言語文化《げんごぶんか》

助数詞《じょすうし》

いろいろなものの数《かぞ》え方《かた》

鉛筆《えんぴつ》が1本《ぽん》、ノートが2冊《さつ》、と、ものを数《かぞ》えるときには数字《すうじ》のあとに「本《ほん》」「冊《さつ》」「枚《まい》」などのことばをつけるよね。これらのことばを「助数詞《じょすうし》」というよ。日本語《にほんご》にはとてもたくさんの助数詞《じょすうし》があって、調《しら》べてみるとおもしろいよ。いかは1杯《ぱい》、うさぎは1羽《わ》、キャベツは1玉《たま》、いすは1脚《きゃく》…といった具合《ぐあい》で、テニスコートやロケットにも数《かぞ》え方《かた》があるんだ。

うさぎが1羽《わ》、うさぎが2羽《わ》…

これらを覚《おぼ》えて使《つか》い分《わ》けるのは大変《たいへん》だから、いかやうさぎを1匹《ぴき》、キャベツやいすを1個《こ》と数《かぞ》えても、今《いま》ではそれほど困《こま》ることはない。だいたい細長《ほそなが》いものは「本《ほん》」、うすいものは「枚《まい》」、小《ちい》さな生《い》き物《もの》は「匹《ひき》」、大《おお》きな生《い》き物《もの》は「頭《とう》」などと考《かんが》えておけば大丈夫《だいじょうぶ》だ。ほかには「冊《さつ》」「台《だい》」「着《ちゃく》」「通《つう》」などがよく使《つか》われるね。それぞれがどういうものに使《つか》われるのか考《かんが》えてみよう。

また、「××が1本《ぽん》ある」と聞《き》けば、「××」が何《なに》か知《し》らなくても、それが細長《ほそなが》いものだと見当《けんとう》をつけることもできるね。数《かぞ》え方《かた》で、それがどんな特徴《とくちょう》を持《も》つものかわかるなんて、おもしろいと思《おも》わない？

もっとみてみよう！

- 物《もの》を数《かぞ》えることば（助数詞《じょすうし》）（→p.1454）
- 「ことば絵事典《えじてん》2」（偕成社《かいせいしゃ》）
- 「かぞえ方《かた》絵事典《えじてん》」（ＰＨＰ研究所《ピーエイチピーけんきゅうじょ》）

四字熟語　**古今東西《ここんとうざい》**　「古今《ここん》」は昔《むかし》と今《いま》、「東西《とうざい》」は東洋《とうよう》と西洋《せいよう》という意味《いみ》。昔《むかし》から今《いま》まで、そして世界《せかい》の

漢 **しょう【象】**〔豕《ぶた》〕12画 5年 音 ショウ・ゾウ 訓 かたど-る

❶かたどる。例 象徴《しょうちょう》。❷ありさま。あらわれたかたち。例 印象《いんしょう》／現象《げんしょう》。❸ぞう。例 象牙《ぞうげ》。

漢 **しょう【傷】**〔亻《にんべん》〕13画 6年 音 ショウ 訓 きず・いたむ・いためる

❶きず。けが。例 傷口《きずぐち》／負傷《ふしょう》。❷きずつける。例 傷害《しょうがい》／損傷《そんしょう》。❸かなしむ。例 傷心《しょうしん》。

漢 **しょう【照】**〔灬《れんが》〕13画 4年 音 ショウ 訓 てる・てらす・てれる

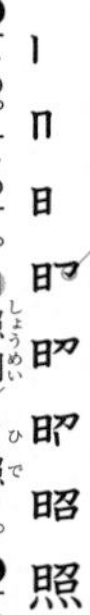

❶てる。てらす。例 照明《しょうめい》／日照《ひで》り。❷てらし合《あ》わせる。例 照会《しょうかい》／照合《しょうごう》／参照《さんしょう》／対照《たいしょう》。

漢 **しょう【障】**〔阝《こざとへん》〕14画 6年 音 ショウ 訓 さわる

さえぎる。さまたげる。じゃま。例 障害物《しょうがいぶつ》／障子《しょうじ》／故障《こしょう》／支障《ししょう》／保障《ほしょう》。

しょう【精】 漢 ➡706ページ せい〔精〕

しょう【賞】 名詞 すぐれたはたらきをした人《ひと》にあたえるほうび。例 最優秀《さいゆうしゅう》の賞をもらう。

漢 **しょう【賞】**〔貝《かい》〕15画 5年 音 ショウ

❶ほめる。例 賞賛《しょうさん》／賞罰《しょうばつ》。❷ほうび。例 賞品《しょうひん》／賞与《しょうよ》／入賞《にゅうしょう》。❸めでる。美《うつく》しさやよさをあじわう。例 賞味《しょうみ》／鑑賞《かんしょう》。

じょう【滋養】 名詞 体《からだ》の栄養《えいよう》になること。また、そのもの。例 滋養の多《おお》い料理《りょうり》。

-じょう 接尾語 (数《かず》を表《あらわ》すことばのあとにつけて) 紙《かみ》やのりなどの、一《ひと》つにまとまったものを数《かぞ》えることば。参考 たとえば、半紙《はんし》は二十枚《にじゅうまい》で一《いち》じょう。のりは十枚《じゅうまい》で一《いち》じょう。

漢 **じょう【上】**〔一《いち》〕3画 1年 音 ジョウ・ショウ 訓 うえ・うわ・かみ・あげる・あがる・のぼる・のぼせる・のぼす

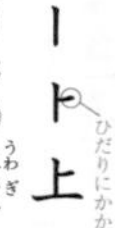

❶うえ。例 上着《うわぎ》／上下《じょうげ》／屋上《おくじょう》／川上《かわかみ》／目上《めうえ》。対 下《か》。❷のぼる。あがる。あげる。例 上京《じょうきょう》／上陸《じょうりく》／上《のぼ》り坂《ざか》／逆上《さかあ》がり／見上《みあ》げる。対 下《か》。❸すぐれている。例 上等《じょうとう》／上人《しょうにん》／上品《じょうひん》。対 下《か》。❹高《たか》いところ。例 上空《じょうくう》／頂上《ちょうじょう》。❺やってみせる。例 上映《じょうえい》／上演《じょうえん》。

じょう【成】 漢 ➡705ページ せい〔成〕

漢 **じょう【条】**〔木《き》〕7画 5年 音 ジョウ

❶すじみち。すじ。例 条理《じょうり》。❷かじょう書《が》きにしたもの。例 条文《じょうぶん》／条約《じょうやく》／憲法第九条《けんぽうだいきゅうじょう》。

漢 **じょう【状】**〔犬《いぬ》〕7画 5年 音 ジョウ

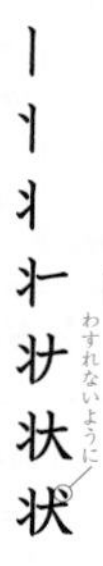

❶かたち。すがた。ありさま。例 状況《じょうきょう》／状態《じょうたい》／異状《いじょう》／病状《びょうじょう》。❷書《か》きつけ。手紙《てがみ》。例 賞状《しょうじょう》／書状《しょじょう》／年賀状《ねんがじょう》／礼状《れいじょう》。

じょう【定】 漢 ➡881ページ てい〔定〕

漢 **じょう【乗】**〔ノ《の》〕9画 3年 音 ジョウ 訓 のる・のせる

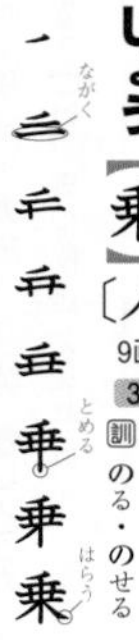

❶のる。のせる。例 乗車《じょうしゃ》／乗馬《じょうば》／馬乗《うまの》り／便乗《びんじょう》。❷かけ算《ざん》をする。例 乗法《じょうほう》。対 除《じょ》。

漢 **じょう【城】**〔土《つちへん》〕9画 4年 音 ジョウ 訓 しろ

しろ。例 城下町《じょうかまち》／城跡《しろあと》／宮城《きゅうじょう》／落城《らくじょう》。

ことば 「茨城《いばらき》」「宮城《みやぎ》」は特別《とくべつ》な読《よ》み方《かた》。

漢 **じょう【常】**〔巾《はば》〕11画 5年 音 ジョウ 訓 つね・とこ

❶いつも。決《き》まって。ふだん。例 常緑樹《じょうりょくじゅ》／常《つね》／常夏《とこなつ》／日常《にちじょう》。❷ふつう。あたりまえ。例 常識《じょうしき》／異常《いじょう》／正常《せいじょう》／非常《ひじょう》。

じょう【情】 名詞 ❶心《こころ》のはたらき。気持《きも》ち。例 親愛《しんあい》の情。

うす。

❷人《ひと》を思《おも》いやる気持《きも》ち。人情《にんじょう》。例 情が深《ふか》い人《ひと》。

漢 ↓631ページ じょう〔情〕

● **情《じょう》が移《うつ》る** 接《せっ》しているうちに親《した》しみや愛情《あいじょう》がわく。例 預《あず》かった犬《いぬ》に情が移ってしまった。

● **情《じょう》にもろい** 人《ひと》への思《おも》いやりの気持《きも》ちに心《こころ》が動《うご》かされやすい。例 情にもろくてすぐ泣《な》く人《ひと》。

漢 **じょう【情】**〔忄〕りっしんべん 11画 5年 音 ジョウ・セイ 訓 なさけ

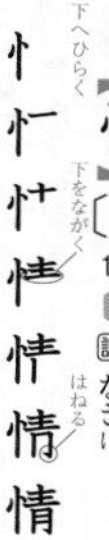

❶心《こころ》のはたらき。例 情緒《じょうちょ》／情熱《じょうねつ》／感情《かんじょう》。❷なさけ。人《ひと》を思《おも》いやるきもち。例 愛情《あいじょう》／同《どう》情《じょう》／友情《ゆうじょう》。❸ようす。ありさま。例 情景《じょうけい》／情勢《じょうせい》／情報《じょうほう》／事情《じじょう》／実情《じつじょう》。❹おもむき。おもしろみ。例 詩情《しじょう》／風情《ふぜい》。

じょう【盛】 漢 ↓1326ページ も-る〔盛〕

漢 **じょう【場】**〔土〕つちへん 12画 2年 音 ジョウ 訓 ば

❶ばしょ。ば。例 会場《かいじょう》／競技場《きょうぎじょう》／漁場《ぎょじょう》／登場《とうじょう》／牧場《ぼくじょう》。❷とき。おり。例 場合《ばあい》。

-じょう【畳】 接尾語 （数《かず》を表《あらわ》すことばのあとにつけて）部屋《へや》の広《ひろ》さを、たたみの枚数《まいすう》で表《あらわ》すことば。例 六《ろく》畳の部屋《へや》。

漢 **じょう【蒸】**〔艹〕くさかんむり 13画 6年 音 ジョウ 訓 むす・むれる・むらす

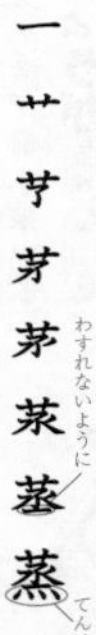

あたためられて、水分《すいぶん》が気体《きたい》となる。むす。例 蒸気《じょうき》／蒸発《じょうはつ》／蒸留《じょうりゅう》／蒸《む》し風呂《ぶろ》。

じょう【静】 漢 ↓706ページ せい〔静〕

じょう【縄】 漢 ↓985ページ なわ〔縄〕

じょう【錠】 名詞 戸《と》やふたが開《ひら》かないようにするための金具《かなぐ》。かぎ。例 錠をおろす。

じょうあい【情愛】 名詞 愛《あい》する心《こころ》。かわいいと思《おも》う気持《きも》ち。例 親子《おやこ》の情愛。類 愛情《あいじょう》。

しょうあく【掌握】 名詞 動詞 完全《かんぜん》に自分《じぶん》のものにすること。自分《じぶん》の思《おも》いどおりに動《うご》かせるようにしておくこと。例 会社《かいしゃ》の実権《じっけん》を掌握する。

じょうい【上位】 名詞 位《くらい》や順番《じゅんばん》が上《うえ》のほうにあること。例 大会《たいかい》で上位に入《はい》った。対 下位《かい》。

しょういだん【焼い弾】 名詞 建物《たてもの》などを焼《や》きはらうための、ほのおや高《たか》い熱《ねつ》が出《で》るようにつくられた爆弾《ばくだん》。

しょういん【勝因】 名詞 勝《か》った原因《げんいん》。例 みんなが心《こころ》を一《ひと》つにしたのが勝因だ。対 敗因《はいいん》。

じょういん【上院】 名詞 イギリスやアメリカなどの議会《ぎかい》のしくみで、二《ふた》つある議院《ぎいん》のうち、日本《にほん》の参議院《さんぎいん》に当《あ》たるもの。対 下院《かいん》。

じょういん【乗員】 名詞 列車《れっしゃ》・船《ふね》・飛行機《ひこうき》などに乗《の》って仕事《しごと》をする人《ひと》。乗組員《のりくみいん》。乗務員《じょうむいん》。

じょうえい【上映】 名詞 動詞 人々《ひとびと》に見《み》せるために映画《えいが》を映《うつ》すこと。例 映画《えいが》の上映会《かい》。

しょうエネルギー【省エネルギー】 名詞 産業《さんぎょう》や生活《せいかつ》に必要《ひつよう》な、石油《せきゆ》・電気《でんき》などの資源《しげん》やエネルギーを節約《せつやく》すること。略《りゃく》して「省《しょう》エネ」ともいう。

しょうえん【荘園】 名詞 奈良時代《ならじだい》から室町時《むろまちじ》代《だい》にかけて、貴族《きぞく》・寺社《じしゃ》などが持《も》っていた土地《とち》。

じょうえん【上演】 名詞 動詞 劇《げき》などを舞台《ぶたい》で行《おこな》い、人々《ひとびと》に見《み》せること。例 オペラを上演する。類 公演《こうえん》。

しょうおう【照応】 名詞 動詞 二《ふた》つのものが、おたがいにうまく関連《かんれん》し合《あ》っていること。例 この作文《さくぶん》は初《はじ》めと終《お》わりが照応していない。

じょうおん【常温】 名詞 ❶いつも一定《いってい》の温度《おんど》。例 常温を保《たも》つ。❷とくにあたためたり冷《ひ》やしたりしていない、ふつうの温度《おんど》。例 常温で保存《ほぞん》する。

しょうか【昇華】 名詞 動詞 固体《こたい》から直接《ちょくせつ》気体《きたい》になること。また、気体《きたい》から直接《ちょくせつ》固体《こたい》になること。たとえば、固体《こたい》の二酸化炭素《にさんかたんそ》であるドライアイスが、液体《えきたい》にならず、直接気体《ちょくせつきたい》の二酸《にさん》化炭素《かたんそ》になること。

しょうか【消化】 名詞 動詞 ❶食《た》べ物《もの》をかみくだいたり、唾液《だえき》や胃液《いえき》などのはたらきで、体《からだ》に吸収《きゅうしゅう》されやすい養分《ようぶん》に変《か》えたりすること。例 消化器《き》／消化不良《ふりょう》。❷見《み》たり聞《き》いたりしたことをよく理解《りかい》して、自《じ》分《ぶん》のものにすること。例 本《ほん》の内容《ないよう》を消化する。❸かたづけてしまうこと。例 予定《よてい》を消化する。

しょうか【消火】 名詞 動詞 火《ひ》を消《け》すこと。また、火事《かじ》を消《け》すこと。例 消火器《き》。

しょうか【商家】 名詞 商売《しょうばい》をしている家《いえ》。商《しょう》人《にん》の家《いえ》。使い方 少《すこ》し古《ふる》い言《い》い方《かた》。

しょうか【唱歌】 名詞 歌《うた》を歌《うた》うこと。また、

あいうえお
かきくけこ
さしすせそ
し
たちつてと
なにぬねの
はひふへほ
まみむめも
や　ゆ　よ
らりるれろ
わ　を　ん

四字熟語 **虎視眈眈《こしたんたん》** とらがするどい目《め》つきで獲物《えもの》をねらうように、じっくりチャンスをねらっているよ

その歌《うた》。例 小学《しょうがく》唱歌。

しょうが 名詞 季語 秋 畑《はたけ》につくる作物《さくもつ》の一《ひと》つ。葉《は》はささに似《に》ている。地下《ちか》にできるくきはうす黄色《きいろ》のかたまりで、香《かお》りとからみがあり、食用《しょくよう》になる。

しょうが

じょうか【城下】 名詞 城《しろ》のそば。

じょうか【浄化】 名詞 動詞 ❶よごれをとり除《のぞ》いて、きれいにすること。例 水道《すいどう》の浄化施設《しせつ》。❷悪《わる》いところをとり除《のぞ》いて、正《ただ》しくすること。例 社会《しゃかい》を浄化する。

しょうかい【紹介】 名詞 動詞 知《し》らない人同士《ひとどうし》を引《ひ》き合《あ》わせたり、人々《ひとびと》にものごとを知《し》らせたりすること。例 自己《じこ》紹介／友人《ゆうじん》に本《ほん》を紹介する。

しょうかい【照会】 名詞 動詞 はっきりしない点《てん》を、問《と》い合《あ》わせて確《たし》かめること。例 会議《かいぎ》の日時《にちじ》を、電話《でんわ》で照会する。

しょうがい【生涯】 名詞 生《う》まれてから死《し》ぬまでの間《あいだ》。例 医《い》学《がく》の発展《はってん》に生涯をささげた。類 一生《いっしょう》。終生《しゅうせい》。

しょうがい【渉外】 名詞 組織《そしき》や団体《だんたい》で、外部《がいぶ》と連絡《れんらく》や交渉《こうしょう》をすること。例 渉外係《がかり》。

しょうがい【傷害】 名詞 動詞 人《ひと》にけがをさせること。また、けがをすること。例 傷害保険《ほけん》。

しょうがい【障害】 名詞 ❶じゃまになること。また、じゃまになるもの。例 数々《かずかず》の障害を乗《の》りこえて橋《はし》が完成《かんせい》した。❷体《からだ》に故障《こしょう》があること。例 消化器《しょうかき》に障害がある。

じょうがい【場外】 名詞 決《き》められた場所《ばしょ》の外《そと》。例 場外ホームラン。対 場内《じょうない》。

しょうがいぶつ【障害物】 名詞 何《なに》かをするのにじゃまになるもの。さまたげになるもの。

しょうがいぶつきょうそう【障害物競走】 名詞 コースに置《お》かれたハードルなどの障害物《がいぶつ》をこえながら走《はし》る競走《きょうそう》。

しょうかえき【消化液】 名詞 食物《しょくもつ》を分解《ぶんかい》して、吸収《きゅうしゅう》しやすくするはたらきのある液《えき》。唾液《だえき》・胃液《いえき》など。

しょうかかん【消化管】 名詞 食《た》べた物《もの》が通《とお》る、体《からだ》の中《なか》の管《くだ》。食べ物《もの》の消化《しょうか》と養分《ようぶん》の吸収《きゅうしゅう》を行《おこな》う。人間《にんげん》では、口《くち》からのど、食道《しょくどう》、胃《い》、小腸《しょうちょう》、大腸《だいちょう》を経《へ》て、こう門《もん》までをいう。

しょうかき【消化器】 名詞 食《た》べた物《もの》をこなしたり、その養分《ようぶん》を吸収《きゅうしゅう》したりするところ。口《くち》・食道《しょくどう》・胃《い》・腸《ちょう》など。消化器官《しょうかきかん》。

しょうかき【消火器】 名詞 火事《かじ》がまだ燃《も》え広《ひろ》がらないときに火《ひ》を消《け》すための小型《こがた》の器具《きぐ》。

しょうかきかん【消化器官】 ⬇632ジー《ページ》しょうかき〔消化器〕

しょうかく【昇格】 名詞 動詞 地位《ちい》や資格《しかく》などが上《あ》がること。例 父《ちち》は課長《かちょう》に昇格した。類 栄進《えいしん》。昇進《しょうしん》。格上《かくあ》げ。対 降格《こうかく》。

しょうがく【小額】 名詞 金額《きんがく》の単位《たんい》が小《ちい》さいこと。例 小額紙幣《しへい》。対 高額《こうがく》。

しょうがく【少額】 名詞 少《すこ》しの金額《きんがく》。例 少額の貯金《ちょきん》。類 低額《ていがく》。対 多額《たがく》。

しょうがくきん【奨学金】 名詞 学問《がくもん》や研究《けんきゅう》を続《つづ》けていけるように、学生《がくせい》・生徒《せいと》に貸《か》したりあたえたりするお金《かね》。

しょうがくせい【小学生】 名詞 小学校《しょうがっこう》に通《かよ》っている子供《こども》。

しょうかせん【消火栓】 名詞 火事《かじ》を消《け》すために、道路《どうろ》や大《おお》きな建物《たてもの》などに特別《とくべつ》につくりつけられた水道《すいどう》のせん。

しょうかそんじゅく【松下村塾】 名詞 江《え》戸時代《どじだい》の末《すえ》ごろに長州藩《ちょうしゅうはん》（＝今《いま》の山口県《やまぐちけん》）の萩《はぎ》にあった塾《じゅく》。一八五六年《ねん》から吉田松陰《よしだしょういん》が中心《ちゅうしん》となった。参考 高杉晋作《たかすぎしんさく》・桂小五郎《かつらこごろう》（のちの木戸孝允《きどたかよし》）・伊藤博文《いとうひろぶみ》など、幕末《ばくまつ》から明治維新《めいじいしん》にかけて活躍《かつやく》した多《おお》くの人《ひと》たちが学《まな》んだ。

しょうがつ【正月】 名詞 季語 新年 ❶一年《いちねん》の初《はじ》めの月《つき》。一月《いちがつ》。❷新年《しんねん》を祝《いわ》う期間《きかん》。

しょうがっこう【小学校】 名詞 日本《にほん》の義務《ぎむ》教育《きょういく》で、六才《ろくさい》から十二才《じゅうにさい》までの子供《こども》が通《かよ》う学校《がっこう》。

しょうがつことはじめ【正月事始め】 名詞 季語 冬 正月《しょうがつ》に向《む》けて準備《じゅんび》を始《はじ》めること。また、その日《ひ》。

しょうがない【仕様がない】 どうすることもできない。また、手《て》に負《お》えない。しょうがない。例 文句《もんく》を言《い》っても仕様がない。

じょうかまち【城下町】 名詞 昔《むかし》、大名《だいみょう》が住《す》んでいた城《しろ》を中心《ちゅうしん》にして発達《はったつ》した町《まち》。

しょうかん【小寒】 名詞 季語 冬 一年《いちねん》のうち

く、だれの助《たす》けも得《え》られないでいること。

で、大寒《だいかん》についで寒《さむ》さが厳《きび》しいとされるころ。一月六日《いちがつむいか》ごろ。関連 寒《かん》の入《い》り。大寒《だいかん》。↓1450ページ 二十四節気《にじゅうしせっき》

じょうかん【上官】 名詞 軍隊《ぐんたい》や役所《やくしょ》などで、その人《ひと》より位《くらい》が上《うえ》の人《ひと》。例 上官の指示《しじ》に従《したが》う。

じょうかん【上巻】 名詞 書物《しょもつ》を二《ふた》つまたは三《みっ》つに分《わ》けてある場合《ばあい》の、最初《さいしょ》の巻《かん》。関連 下巻《げかん》。

じょうかん【情感】 名詞 人《ひと》の心《こころ》に強《つよ》くうったえてくる感《かん》じ。例 情感あふれるメロディー。

しょうき【正気】 名詞 頭《あたま》のはたらきや意識《いしき》がきちんとしていること。対 狂気《きょうき》。

しょうき【勝機】 名詞 勝負《しょうぶ》に勝《か》てるチャンス。例 勝機をつかむ。

しょうき【鍾馗】 名詞 病気《びょうき》や魔物《まもの》を追《お》いはらうとされる中国《ちゅうごく》の神《かみ》。長《なが》い剣《けん》を持《も》ち、ひげを生《は》やしている。日本《にほん》では五月人形《ごがつにんぎょう》としてかざられる。

しょうぎ【将棋】 名詞 縦横《たてよこ》九《ここの》つずつのますの中《なか》で、おたがいに二十枚《にじゅうまい》ずつのこまを動《うご》かし、相手《あいて》の王将《おうしょう》をとり合《あ》う遊《あそ》び。使い方 将棋《しょうぎ》は「指《さ》す」、囲碁《いご》は「打《う》つ」という。ことば 試合《しあい》は、「一局《いっきょく》」「一番《いちばん》」「一戦《いっせん》」、こまを動《うご》かすことは「一手《いって》」と数《かぞ》える。

じょうき【上気】 名詞 動詞 興奮《こうふん》したり暑《あつ》くなったりしたために、頭《あたま》に血《ち》が上《のぼ》ること。のぼせて顔《かお》が赤《あか》くなること。例 喜《よろこ》びで上気した顔《かお》。

じょうき【上記】 名詞 文章《ぶんしょう》などで、その上《うえ》や前《まえ》に書《か》いてあること。例 連絡先《れんらくさき》は上記のとおりです。対 下記《かき》。

じょうき【蒸気】 名詞 ❶液体《えきたい》や固体《こたい》が温《あたた》められ、蒸発《じょうはつ》して気体《きたい》になったもの。❷「水蒸気《すいじょうき》」の略《りゃく》。

じょうぎ【定規・定木】 名詞 線《せん》を引《ひ》くときや図《ず》をかくときなどに使《つか》う道具《どうぐ》。例 三角《さんかく》定規。

じょうききかん【蒸気機関】 名詞 水蒸気《すいじょうき》が熱《ねつ》によって膨張《ぼうちょう》する力《ちから》を利用《りよう》して、機械《きかい》を動《うご》かすしかけ。

じょうききかんしゃ【蒸気機関車】 名詞 水蒸気《すいじょうき》の力《ちから》を利用《りよう》して車輪《しゃりん》を回《まわ》し、客車《きゃくしゃ》や貨車《かしゃ》を引《ひ》いてレールの上《うえ》を走《はし》る車《くるま》。

じょうきげん【上機嫌】 名詞 形容動詞 とても機嫌《きげん》がよいこと。例 上機嫌に鼻歌《はなうた》を歌《うた》う／新《あたら》しい服《ふく》を買《か》ってもらって上機嫌だ。対 不機嫌《ふきげん》。

じょうきせん【蒸気船】 名詞 水蒸気《すいじょうき》の力《ちから》を利用《りよう》して動《うご》く船《ふね》。汽船《きせん》。

じょうきタービン【蒸気タービン】 名詞 高温《こうおん》の水蒸気《すいじょうき》をふきつけて羽根車《はねぐるま》を回《まわ》し、物《もの》を動《うご》かす力《ちから》を起《お》こす機械《きかい》。

しょうぎだおし【将棋倒し】 名詞 一《ひと》つたおれると、ほかのものも次々《つぎつぎ》にたおれること。ことば 将棋《しょうぎ》のこまを立《た》てて並《なら》べ、はしの一《ひと》つをたおすと次々《つぎつぎ》にたおれることからきたことば。

しょうぎだおし

しょうきゃく【焼却】 名詞 動詞 焼《や》き捨《す》てること。例 古《ふる》い書類《しょるい》を焼却する。

じょうきゃく【乗客】 名詞 列車《れっしゃ》・バス・飛行機《ひこうき》などの乗《の》り物《もの》に乗《の》る客《きゃく》。

しょうきゃくろ【焼却炉】 名詞 ごみなどを高温《こうおん》で焼《や》く設備《せつび》。

しょうきゅう【昇給】 名詞 動詞 給料《きゅうりょう》が上《あ》がること。例 父《ちち》の会社《かいしゃ》では年《ねん》に一度《いちど》昇給する。

じょうきゅう【上級】 名詞 学年《がくねん》や位《くらい》・等級《とうきゅう》などが上《うえ》であること。例 上級生《せい》。対 下級《かきゅう》。

じょうきゅうせい【上級生】 名詞 自分《じぶん》より学年《がくねん》が上《うえ》の、児童《じどう》・生徒《せいと》・学生《がくせい》。対 下級生《かきゅうせい》。

しょうきょ【消去】 名詞 動詞 消《け》してなくすこと。消《け》し去《さ》ること。例 データを消去する。

しょうぎょう【商業】 名詞 品物《しなもの》を売《う》ったり買《か》ったりして、そこから利益《りえき》を得《え》る仕事《しごと》。

じょうきょう【上京】 名詞 動詞 地方《ちほう》から東京《とうきょう》へ行《い》くこと。例 いなかから、祖母《そぼ》が上京した。ことば 昔《むかし》は京都《きょうと》へ行《い》くことをいった。

じょうきょう【状況・情況】 名詞 そのときのようす。ありさま。例 現地《げんち》の状況を報告《ほうこく》する。類 情勢《じょうせい》。

しょうきょくてき【消極的】 形容動詞 自分《じぶん》から進《すす》んでものごとをしようとしないようす。ひかえめで引《ひ》っこみがちなようす。対 積極的《せっきょくてき》。

しょうきん【賞金】 名詞 ほうびのお金《かね》。

じょうくう【上空】 名詞 ❶ある場所《ばしょ》の上《うえ》の空《そら》。例 東京《とうきょう》上空。❷空《そら》の上《うえ》のほう。例 けむりが上空に立《た》ち上《のぼ》る。

四字熟語 **孤立無援《こりつむえん》** ひとりぼっちでいて（孤立《こりつ》）、助《たす》ける者《もの》がいない（無援《むえん》）状態《じょうたい》のこと。仲間《なかま》もな

しょうぐん【将軍】 名詞 ❶軍隊《ぐんたい》を指揮《しき》する、位《くらい》の高《たか》い軍人《ぐんじん》。軍隊《ぐんたい》の長《ちょう》。❷幕府《ばくふ》のかしら。

じょうげ【上下】 ❶ 名詞 上《うえ》と下《した》。例 上下を逆《ぎゃく》に置《お》く。❷ 名詞 列車《れっしゃ》などの上《のぼ》りと下《くだ》り。例 上下線《せん》。❸ 名詞 動詞 上《あ》がり下《さ》がりすること。例 土地《とち》の値段《ねだん》が上下する。

しょうけい【小計】 名詞 動詞 ある一部分《いちぶぶん》だけを合計《ごうけい》すること。また、その合計《ごうけい》。

じょうけい【情景】 名詞 その場《ば》のありさま。心《こころ》に何《なに》かを感《かん》じさせるようなようすや景色《けしき》。例 心温《こころあたた》まる情景。類 光景《こうけい》。

しょうけいもじ【象形文字】 名詞 物《もの》の形《かたち》をかたどって作《つく》られた文字《もじ》。「山《やま》」「月《つき》」「鳥《とり》」などの漢字《かんじ》のほか、エジプト文字《もじ》などにある。

しょうげき【衝撃】 名詞 ❶物《もの》に急《きゅう》に加《くわ》わる大《おお》きな力《ちから》。類 ショック。❷思《おも》いがけないできごとで、心《こころ》が激《はげ》しく動《うご》くこと。例 人々《ひとびと》に衝撃をあたえた事件《じけん》。類 ショック。

じょうげどう【上下動】 名詞 上下《じょうげ》に動《うご》くこと。とくに地震《じしん》で、上下《じょうげ》にゆれ動《うご》くこと。対 水平動《すいへいどう》。

しょうけん【証券】 名詞 財産《ざいさん》などについての権利《けんり》や義務《ぎむ》が書《か》いてある書類《しょるい》。株券《かぶけん》・債券《さいけん》など。例 証券会社《がいしゃ》／証券取引所《とりひきじょ》。

しょうげん【証言】 名詞 動詞 事実《じじつ》を明《あき》らかにするために、自分《じぶん》の知《し》っていることなどを言《い》うこと。また、そのことば。とくに、裁判《さいばん》で、証人《しょうにん》として言《い》うこと。例 事実《じじつ》を証言する。

じょうけん【条件】 名詞 あることを決《き》めるため、またはものごとが成《な》り立《た》つために、必要《ひつよう》なことがら。例 すぐ返《かえ》すという条件で本《ほん》を借《か》りる。

じょうげんのつき【上弦の月】 名詞 季語 秋 右半分《みぎはんぶん》の光《ひか》っている半月《はんげつ》。三日月《みかづき》の四日《よっか》くらいあとに見《み》える。半月《はんげつ》の直線《ちょくせん》の部分《ぶぶん》（＝弓《ゆみ》の弦《つる》の部分《ぶぶん》）を上《うえ》にしてしずむので、この名《な》がある。対 下弦《かげん》の月《つき》。図 ⬇425ジ《ペー》 げつれい〔月齢〕

じょうけんはんしゃ【条件反射】 名詞 ある刺激《しげき》と、それとは関係《かんけい》のない別《べつ》の条件《じょうけん》を同《どう》時《じ》にあたえ続《つづ》けると、その条件《じょうけん》だけで反射《はんしゃ》が起《お》きるようになること。参考 たとえば、犬《いぬ》にえさをあたえるのと同時《どうじ》にベルの音《おと》を聞《き》かせることを続《つづ》けると、ベルの音《おと》を聞《き》いただけでよだれが出《で》るようになる。

じょうけんぶんき【条件分岐】 名詞 プログラミングで、条件《じょうけん》によって実行《じっこう》する処理《しょり》を分《わ》けること。

しょうこ【証拠】 名詞 確《たし》かにそうだということを、相手《あいて》にわからせるためのもの。

しょうご【正午】 名詞 昼《ひる》の十二時《じゅうにじ》。午後零時《ごごれいじ》。

じょうご 名詞 液体《えきたい》を口《くち》のせまい入《い》れ物《もの》に入《い》れたり、こしたりするときに使《つか》う道具《どうぐ》。ろうと。

じょうご

じょうご【上戸】 名詞 ❶酒《さけ》をたくさん飲《の》む人《ひと》。酒《さけ》が好《す》きな人《ひと》。対 下戸《げこ》。❷（「…上戸《じょうご》」の形《かたち》で）くせを表《あらわ》すことば。例 笑《わら》い上戸／泣《な》き上戸。

しょうこう【小康】 名詞 病気《びょうき》や争《あらそ》いなどの状態《じょうたい》が、一時《いちじ》おさまっていること。例 小康状態《じょうたい》／小康を得《え》る。

しょうこう【将校】 名詞 軍隊《ぐんたい》で、兵士《へいし》を指図《さしず》する地位《ちい》の人《ひと》。

しょうこう【焼香】 名詞 動詞 香《こう》をたいて、仏《ほとけ》を拝《おが》んだり、死《し》んだ人《ひと》のたましいをなぐさめたりすること。例 祖母《そぼ》のお墓《はか》の前《まえ》で焼香する。

しょうごう【称号】 名詞 資格《しかく》などを表《あらわ》す呼《よ》び名《な》。例 医学博士《いがくはくし》の称号をあたえられる。

しょうごう【照合】 名詞 動詞 二《ふた》つのものを比《くら》べ合《あ》わせて調《しら》べること。例 リストを照合する。

じょうこう【上皇】 名詞 天皇《てんのう》の位《くらい》を退《しりぞ》いた人《ひと》を呼《よ》ぶ名《な》。関連 法皇《ほうおう》。参考 昔《むかし》、上皇《じょうこう》が政治《せいじ》を行《おこな》ったことを「院政《いんせい》」という。

じょうこう【乗降】 名詞 動詞 乗《の》り物《もの》に乗《の》り降《お》りすること。例 乗降客《きゃく》でホームが混雑《こんざつ》する。

しょうこうぎょう【商工業】 名詞 商業《しょうぎょう》と工業《こうぎょう》。例 商工業が発達《はったつ》する。

しょうこうぐち【昇降口】 名詞 建物《たてもの》などの、のぼりおりするための出入《でい》り口《ぐち》。

じょうこうごう【上皇后】 名詞 上皇《じょうこう》の妻《つま》。

しょうこうねつ【しょう紅熱】 名詞 子供《こども》がかかることが多《おお》い感染症《かんせんしょう》の一《ひと》つ。急《きゅう》に熱《ねつ》が出《で》て頭《あたま》が痛《いた》くなり、体《からだ》じゅうに赤《あか》いぶつぶつがあらわれる。

わからなくなるという意味《いみ》から、ものごとのようすがわからず、どうしたらよいかわからないことのたとえ。

しょうこく【小国】 名詞 ❶面積《めんせき》のせまい国《くに》。対 大国《たいこく》。❷政治《せいじ》や経済《けいざい》などの力《ちから》の弱《よわ》い国《くに》。対 大国《たいこく》。

じょうこく【上告】 名詞 動詞 裁判《さいばん》で、二回目《にかいめ》の判決《はんけつ》に不満《ふまん》があるとき、もう一《ひと》つ上《うえ》の裁判所《さいばんしょ》に裁判《さいばん》のやり直《なお》しを申《もう》し立《た》てること。

しょうこりもなく【性懲りもなく】 前《まえ》の失敗《しっぱい》にこりることなく。例 あんなにおこられたのに、性懲りもなく掃除《そうじ》をサボった。

しょうこん【商魂】 名詞 チャンスを見《み》のがさず、もうけようとする商人《しょうにん》の心構《こころがま》え。例 商魂たくましい販売員《はんばいいん》。

しょうさい【商才】 名詞 じょうずに商売《しょうばい》をする才能《さいのう》。例 商才のある人《ひと》。

しょうさい【詳細】 名詞 形容動詞 くわしく、細《こま》かいこと。例 詳細な報告書《ほうこくしょ》。類 委細《いさい》。子細《しさい》。

じょうざい【錠剤】 名詞 丸《まる》い、または平《ひら》たいつぶになっている薬《くすり》。

じょうさし【状差し】 名詞 柱《はしら》やかべにかけ、受《う》けとった手紙《てがみ》やはがきを入《い》れておくもの。

しょうさん【勝算】 名詞 勝《か》てそうな見《み》こみ。勝《か》ちめ。例 この試合《しあい》には勝算がある。

しょうさん【硝酸】 名詞 強《つよ》いにおいのある無《む》色《しょく》の液体《えきたい》。強《つよ》い酸性《さんせい》で、多《おお》くの金属《きんぞく》をとかす性《せい》質《しつ》がある。爆薬《ばくやく》や染料《せんりょう》などの原料《げんりょう》になる。

しょうさん【賞賛・称賛】 名詞 動詞 ほめたたえること。例 賞賛の声《こえ》が上《あ》がる。類 賛美《さんび》。

じょうさん【蒸散】 名詞 植物《しょくぶつ》がその中《なか》の水《みず》を、水蒸気《すいじょうき》として外《そと》へ出《だ》すはたらき。おもに葉《は》の気孔《きこう》で行《おこな》う。

しょうし【焼死】 名詞 動詞 焼《や》け死《し》ぬこと。例 火事《かじ》で焼死する。

しょうじ【障子】 名詞 季語 冬 木《き》のわくに、縦《たて》・横《よこ》の細《ほそ》いさんをわたし、紙《かみ》をはった戸《と》。部屋《へや》の仕切《しき》りなどにする。

しょうじ

じょうし【上司】 名詞 会社《かいしゃ》や役所《やくしょ》などで、地《ち》位《い》が上《うえ》の人《ひと》。

じょうじ【常時】 名詞 副詞 いつも。常《つね》に。例 常時薬《くすり》を備《そな》えておく。

しょうしか【少子化】 名詞 生《う》まれる子供《こども》の数《かず》が減《へ》ること。人口《じんこう》に対《たい》する子供《こども》の数《かず》の割合《わりあい》が低《ひく》くなること。↓635ジペー 社会へのとびら 少子高齢化《しょうしこうれいか》

しょうじき【正直】 名詞 形容動詞 正《ただ》しい心《こころ》を持《も》っていて、うそを言《い》わないこと。例 正直な人《ひと》／正直に話《はな》す。

●**正直《しょうじき》のこうべに神宿《かみやど》る** ↓217ジペー ことわざ

じょうしき【常識】 名詞 ふつうの人《ひと》ならだれでも持《も》っているような、考《かんが》え方《かた》や知識《ちしき》。例 そんなことは常識だ／常識がない。

しょうしこうれいか【少子高齢化】 名詞 人口《じんこう》の中《なか》で、子供《こども》の数《かず》が少《すく》なくなると同時《どうじ》に、

辞典《じてん》の外《そと》に飛《と》びだそう!

社会《しゃかい》へのとびら

少《しょう》子《し》高齢化《こうれいか》

お年寄《としよ》りが安心《あんしん》して
暮《く》らせるように

きみは何人《なんにん》きょうだい?　「4人《にん》きょうだい!」など、きょうだいが多《おお》い人《ひと》はあまりいないかもね。

でも、きみたちのおじいちゃんやおばあちゃんの世代《せだい》は、5人前後《にんぜんご》のきょうだいがいるのはめずらしくない。昔《むかし》の日本《にほん》はもっと子供《こども》が多《おお》かったんだ。

? 少《しょう》子《し》高齢化《こうれいか》って?

日本《にほん》では、生《う》まれる子供《こども》の数《かず》が年々《ねんねん》減《へ》っている。また、医学《いがく》の進歩《しんぽ》や栄養《えいよう》状態《じょうたい》がよくなったことで、長生《ながい》きできるようになった。だから「子供《こども》が少《すく》なくてお年寄《としよ》りが多《おお》い」社会《しゃかい》になってきたんだ。このような変化《へんか》を「少子《しょうし》高齢化《こうれいか》」というよ。

! 少《しょう》子《し》高齢化《こうれいか》が進《すす》む

日本《にほん》では、14才以下《さいいか》の子供《こども》の割合《わりあい》は1970年《ねん》には全体《ぜんたい》の約《やく》24%だったけれど、2017年《ねん》には約《やく》12%にまで減少《げんしょう》している。

一方《いっぽう》、65才以上《さいいじょう》のお年寄《としよ》りの割合《わりあい》は1970年《ねん》に7%をこえ、現在《げんざい》は30%近《ちか》くになっている。つまり、少子高齢《しょうしこうれい》化《か》はどんどん進《すす》んでいるんだ。

お年寄《としよ》りを支《ささ》える地域《ちいき》づくり

お年寄《としよ》りが増《ふ》えている社会《しゃかい》で、お年《とし》寄《よ》りの暮《く》らしを地域全体《ちいきぜんたい》で支《ささ》えるしくみづくりが進《すす》んでいる。

きみの身《み》の回《まわ》りにある、お年寄《としよ》りが通《かよ》ったり暮《く》らしたりする施設《しせつ》や、地域《ちいき》で受《う》けられるさまざまなサービスについて調《しら》べてみよう。

もっとしらべてみよう!

●参考図書《さんこうとしょ》
「もっと知《し》りたい!　お年《とし》よりのこと」(全《ぜん》5巻《かん》)(岩崎書店《いわさきしょてん》)

年《とし》をとっている人《ひと》の数《かず》が増《ふ》えること。↓635ページ

社会へのとびら

しょうしつ【消失】 名詞 動詞 それまであったものが、消《き》えてなくなること。例 当選《とうせん》の権利《けんり》が消失する。類 消滅《しょうめつ》。

しょうしつ【焼失】 名詞 動詞 焼《や》けてなくなること。また、焼《や》いてなくすこと。

じょうしつ【上質】 名詞 形容動詞 品物《しなもの》の質《しつ》がよいこと。良質《りょうしつ》。例 上質の紙《かみ》。

じょうじつ【情実】 名詞 相手《あいて》に対《たい》して特別《とくべつ》な親《した》しい気持《きも》ちがあったり、自分《じぶん》の利益《りえき》を考《かんが》えたりして、公平《こうへい》でなくなること。

しょうしゃ【商社】 名詞 貿易《ぼうえき》など、商品《しょうひん》の取《と》り引《ひ》きをして利益《りえき》を得《え》ている会社《かいしゃ》。

しょうしゃ【勝者】 名詞 試合《しあい》に勝《か》った人《ひと》やチーム。対 敗者《はいしゃ》。

じょうしゃ【乗車】 名詞 動詞 電車《でんしゃ》やバスなどの乗《の》り物《もの》に乗《の》ること。例 広島駅《ひろしまえき》で新幹線《しんかんせん》に乗車する。対 下車《げしゃ》。降車《こうしゃ》。

じょうしゃけん【乗車券】 名詞 電車《でんしゃ》やバスなど、乗《の》り物《もの》に乗《の》るための切符《きっぷ》。

じょうしゃひっすい【盛者必衰】 名詞 今《いま》は勢《いきお》いのさかんな人《ひと》であっても、そのうち必《かなら》ずおとろえる時《とき》が来《く》るということ。

じょうしゅ【城主】 名詞 城《しろ》の持《も》ち主《ぬし》。その城《しろ》の殿様《とのさま》。

じょうじゅ【成就】 名詞 動詞 ものごとが、望《のぞ》んでいたとおりに成《な》しとげられること。願《ねが》いがかなうこと。例 長年《ながねん》の願《ねが》いが成就した。

しょうしゅう【召集】 名詞 動詞 ❶国会《こっかい》を開《ひら》くために、議員《ぎいん》を呼《よ》び集《あつ》めること。例 国会《こっかい》を召集する。❷戦争《せんそう》のときに、兵隊《へいたい》となる人々《ひとびと》を集《あつ》めること。

しょうしゅう【招集】 名詞 動詞 会議《かいぎ》などのために、人々《ひとびと》を呼《よ》び集《あつ》めること。例 代表《だいひょう》委員《いいん》に招集がかかる。

じょうしゅう【常習】 名詞 いつもし慣《な》れてくせになっていること。例 遅刻《ちこく》の常習者《しゃ》。使い方 おもに、悪《わる》いことについて使《つか》う。

じょうしゅうはん【常習犯】 名詞 同《おな》じ犯《はん》罪《ざい》を何度《なんど》もくり返《かえ》すこと。また、その人《ひと》。

しょうしゅうれいじょう【召集令状】 名詞 戦争《せんそう》のときに、国民《こくみん》に兵隊《へいたい》になるように命《めい》令《れい》した文書《ぶんしょ》。「赤紙《あかがみ》」ともいう。

じょうじゅん【上旬】 名詞 ひと月《つき》を三《みっ》つに分《わ》けたうちの、初《はじ》めの十日間《とおかかん》。一日《ついたち》から十日《とおか》まで。類 初旬《しょじゅん》。関連 中旬《ちゅうじゅん》。下旬《げじゅん》。

しょうしょ【小暑】 名詞 季語 夏 二十四節気《にじゅうしせっき》の一《ひと》つ。暑《あつ》さが次第《しだい》に厳《きび》しくなってくるころ。七月七日《しちがつなのか》ごろ。↓1450ページ 二十四節気《にじゅうしせっき》

しょうしょ【詔書】 名詞 天皇《てんのう》のことばが書《か》かれた文書《ぶんしょ》。

しょうしょ【証書】 名詞 あることを証明《しょうめい》するための文書《ぶんしょ》。例 卒業《そつぎょう》証書。類 証文《しょうもん》。

しょうじょ【少女】 名詞 年《とし》の若《わか》い女子《じょし》。女《おんな》の子《こ》。対 少年《しょうねん》。

じょうしょ【情緒】 ↓639ページ じょうちょ

しょうしょう【少少】 名詞 副詞 少《すこ》し。ほんのちょっと。例 少々お待《ま》ちください。

しょうじょう【症状】 名詞 病気《びょうき》やけがのようす。例 かぜの症状が軽《かる》くなった。

しょうじょう【賞状】 名詞 ほめたたえることばを書《か》いた文書《ぶんしょ》。

じょうしょう【上昇】 名詞 動詞 高《たか》くなること。上《うえ》にのぼっていくこと。例 気温《きおん》が急《きゅう》に上昇した。対 下降《かこう》。降下《こうか》。低下《ていか》。

じょうじょう【上上】 名詞 形容動詞 この上《うえ》もなくよいこと。例 上々のできばえに満足《まんぞく》する／今日《きょう》の気分《きぶん》は上々だ。

じょうしょうきりゅう【上昇気流】 名詞 上《うえ》の方《ほう》に向《む》かう大気《たいき》の流《なが》れ。太陽《たいよう》の光《ひかり》で温《あたた》められた地表《ちひょう》によって、大気《たいき》が熱《ねっ》せられたときなどに起《お》こる。

しょうしょく【小食・少食】 名詞 食《た》べる量《りょう》が少《すく》ないこと。対 大食《たいしょく》。

じょうしょく【常食】 名詞 いつも食《た》べている食《た》べ物《もの》。例 米《こめ》を常食とする。

しょうじる【生じる】 動詞 ❶生《は》える。生《は》やす。例 木《き》の芽《め》が生じる。❷起《お》こる。起《お》こす。例 不都合《ふつごう》が生じる。ことば 「生《しょう》ずる」ともいう。

じょうじる【乗じる】 動詞 ❶都合《つごう》よく利用《りよう》する。つけこむ。例 暗《くら》やみに乗じてにげる。❷かけ算《ざん》をする。ことば 「乗《じょう》ずる」ともいう。

しょうしん【小心】 名詞 形容動詞 気《き》が小《ちい》さい

言《い》い表《あらわ》せないおく深《ぶか》い真理《しんり》のこと。のちに、ことばにできないようなひどいこと、もってのほか、とんでもない

こと。臆病《おくびょう》なこと。例 小心者《もの》。対 大胆《だいたん》。

しょうしん【昇進】 名詞 動詞 地位《ちい》が上《あ》がること。例 課長《かちょう》から部長《ぶちょう》に昇進する。類 栄進《えいしん》。昇《しょう》格《かく》。

しょうしん【傷心】 名詞 動詞 悲《かな》しみなどのために、心《こころ》をいためること。また、そのような、傷《きず》ついた心《こころ》。例 音楽《おんがく》で傷心をなぐさめる。

しょうじん【小人】 名詞 ❶子供《こども》。「しょうにん」ともいう。対 大人《おとな》。❷心《こころ》や考《かんが》えなどのせまい人《ひと》。小人物《しょうじんぶつ》。対 大人《たいじん》。

しょうじん【精進】 名詞 動詞 ❶いっしょうけんめい努力《どりょく》すること。例 優勝《ゆうしょう》できるよう精進します。❷肉《にく》や魚《さかな》を食《た》べないで、野菜《やさい》だけを食《た》べること。例 精進料理《りょうり》／精進あげ（＝野菜《やさい》のてんぷら）。❸身《み》を清《きよ》めて、信仰《しんこう》にはげむこと。

じょうしんえつこうげんこくりつこうえん【上信越高原国立公園】 名詞 群《ぐん》馬《ま》・新潟《にいがた》・長野《ながの》の三県《さんけん》にまたがる国立公園《こくりつこうえん》。浅《あさ》間《ま》山《やま》・白根《しらね》山《さん》などの火山《かざん》や、多《おお》くの温泉《おんせん》がある。

しょうしんしょうめい【正真正銘】 名詞 まちがいなく本物《ほんもの》であること。ほんとう。例 これは正真正銘のダイヤモンドだ。

しょうじんぶつ【小人物】 名詞 心《こころ》がせまく、徳《とく》の低《ひく》い人《ひと》。小人《しょうじん》。対 大人物《だいじんぶつ》。

しょうじんりょうり【精進料理】 名詞 肉《にく》や魚《さかな》を使《つか》わず、野菜《やさい》や穀類《こくるい》だけで作《つく》った料理《りょうり》。

じょうず【上手】 名詞 形容動詞 ❶何《なに》かをしたりつくったりすることが、うまくできること。また、そのような人《ひと》。例 スケートが上手になった。対 下手《へた》。❷（「お上手《じょうず》」の形《かたち》で）相手《あいて》の機嫌《きげん》をとるための、ほめことば。お世辞《せじ》。例 お上手を言《い》う。

ことば 「うわて」「かみて」と読《よ》むと別《べつ》の意味《いみ》。

● **上手《じょうず》の手《て》から水《みず》が漏《も》れる** ことわざ どんなにうまい人《ひと》でも、ときには失敗《しっぱい》することがある。

じょうすい【上水】 名詞 飲《の》み水《みず》などに使《つか》うきれいな水《みず》。また、「上水道《じょうすいどう》」のこと。対 下水《げすい》。

じょうすい【浄水】 名詞 水《みず》を、こしたり消《しょう》毒《どく》したりしてきれいにし、飲《の》めるようにすること。また、そのようにした水《みず》。

じょうすいき【浄水器】 名詞 飲《の》み水《みず》にするために、水《みず》に混《ま》じっているよごれなどをとり除《のぞ》く装置《そうち》。

じょうすいじょう【浄水場】 名詞 川《かわ》や湖《みずうみ》などから引《ひ》いた水《みず》を、こしたり消毒《しょうどく》したりして、飲《の》めるようにするところ。

じょうすいち【浄水池】 名詞 浄水場《じょうすいじょう》で、きれいにした水《みず》をためておく池《いけ》。

じょうすいどう【上水道】 名詞 飲《の》み水《みず》などに使《つか》う、きれいな水《みず》を送《おく》る設備《せつび》。上水《じょうすい》。ふつうは「水道《すいどう》」という。対 下水道《げすいどう》。

しょうすう【小数】 名詞 0よりも大《おお》きくて1よりも小《ちい》さい数《かず》。また、整数《せいすう》だけで表《あらわ》せない数《かず》を、小数点《しょうすうてん》を使《つか》って表《あらわ》したもの。0.88や2.67など。関連 整数《せいすう》。分数《ぶんすう》。→ 使い分け

しょうすう【少数】 名詞 数《かず》が少《すく》ないこと。例 少数意見《いけん》。対 多数《たすう》。→ 使い分け

使い分け

しょうすう

小数・少数

小数 1よりも小《ちい》さい数《かず》をふくむ、0.8や1.2のような数《かず》。「小数点《しょうすうてん》」

少数 数《かず》が少《すく》ないこと。「少数民族《しょうすうみんぞく》／少数精鋭《しょうすうせいえい》／少数《しょうすう》でも団結力《だんけつりょく》は強《つよ》い」

じょうすう【乗数】 名詞 かけ算《ざん》で、かけるほうの数《かず》。「5×3」の場合《ばあい》は「3」。

しょうすうてん【小数点】 名詞 小数《しょうすう》を表《あらわ》すとき、一《いち》の位《くらい》のあとにつける点《てん》。

しょうすうみんぞく【少数民族】 名詞 複《ふく》数《すう》の民族《みんぞく》からなる国《くに》の中《なか》で、人口《じんこう》が少《すく》なく、独《どく》自《じ》のことば・文化《ぶんか》・習慣《しゅうかん》などを持《も》つ民族《みんぞく》。

しょうする【称する】 動詞 ❶名乗《なの》る。…という。例 山田《やまだ》と称する人《ひと》。❷ほめる。たたえる。例 優勝《ゆうしょう》を称し、トロフィーがおくられた。

しょうする【証する】 動詞 証明《しょうめい》する。事実《じじつ》であると保証《ほしょう》する。例 卒業《そつぎょう》したことを証する。

しょうする【賞する】 動詞 ほめたたえる。

しょうずる【生ずる】 → 636ページ しょうじる

四字熟語 **言語道断《ごんごどうだん》**　ことば（言語《ごんご》）で言《い》い表《あらわ》せない（道断《どうだん》）という意味《いみ》で、もとは仏教《ぶっきょう》で、ことばにこと、という意味《いみ》に使《つか》う。

じょうずる【乗ずる】
⇒636ジ じょうじる

しょうせい【小生】 代名詞 わたくし。 使い方 おもに男《おとこ》の人《ひと》が、自分《じぶん》のことをへりくだっていうことば。手紙《てがみ》などで使《つか》う。

じょうせい【情勢・状勢】 名詞 ものごとのありさま。ようす。成《な》り行《ゆ》き。 例 社会情勢《しゃかいじょうせい》／世界《せかい》の情勢《じょうせい》を伝《つた》えるニュース番組《ばんぐみ》。 類 状況《じょうきょう》。

じょうせき【定石】 名詞 ❶囲碁《いご》で、ある場面《ばめん》でもっともよいとされる、決《き》まった打《う》ち方《かた》。❷あることを行《おこな》うときに、よいとされている、決《き》まったやり方《かた》。 例 定石どおりに事《こと》を進《すす》める。

しょうせつ【小雪】 名詞 季語 冬 二十四節気《にじゅうしせっき》の一《ひと》つ。寒《さむ》くなり、初雪《はつゆき》が降《ふ》り始《はじ》めるころ。十《じゅう》一月《いちがつ》二十三日《にじゅうさんにち》ごろ。 ⇒1450ジ 二十四節気《にじゅうしせっき》

しょうせつ【小節】 名詞 楽譜《がくふ》で、五線《ごせん》上《じょう》の縦線《たてせん》と縦線《たてせん》で区切《くぎ》られた部分《ぶぶん》。

しょうせつ【小説】 名詞 作者《さくしゃ》がつくり出《だ》した人物《じんぶつ》を通《とお》して、人間《にんげん》の生《い》き方《かた》や社会《しゃかい》のありさまをえがく文学《ぶんがく》。 例 推理小説《すいりしょうせつ》／小説家《か》。 ことば 「一編《いっぺん》」と数《かぞ》える。

じょうせつ【常設】 名詞 動詞 いつでも使《つか》えるように備《そな》えてあること。 例 博物館《はくぶつかん》の常設展示《てんじ》。

しょうせつパイプ【消雪パイプ】 名詞 雪《ゆき》の多《おお》い地域《ちいき》で、雪《ゆき》が積《つ》もらないようにするためのしくみ。道路《どうろ》にうめこんだパイプから水《みず》をふき出《だ》させて雪《ゆき》をとかす。

しょうせん【商船】 名詞 商業《しょうぎょう》の目的《もくてき》で客《きゃく》や貨物《かもつ》を運《はこ》ぶ船《ふね》。客船《きゃくせん》や貨物船《かもつせん》など。

じょうせん【乗船】 名詞 動詞 船《ふね》に乗《の》ること。 対 下船《げせん》。

しょうぞう【肖像】 名詞 ある人《ひと》の顔《かお》や姿《すがた》を、絵《え》や彫刻《ちょうこく》などで表《あらわ》したもの。

じょうそう【上層】 名詞 ❶積《つ》み重《かさ》なったものの上《うえ》のほう。 例 マンションの上層階《かい》。 対 下層《かそう》。❷上《うえ》のほうの地位《ちい》。 例 会社《かいしゃ》の上層部《ぶ》。 対 下層《かそう》。

じょうそう【情操】 名詞 正《ただ》しいもの、美《うつく》しいものなどを素直《すなお》に感《かん》じとる、豊《ゆた》かな気持《きも》ち。 例 情操教育《きょういく》／豊《ゆた》かな情操を養《やしな》う。

じょうぞう【醸造】 名詞 動詞 米《こめ》や大豆《だいず》などを発酵《はっこう》させて、酒《さけ》・みそ・しょうゆなどをつくること。 例 醸造酒《しゅ》。

しょうそういん【正倉院】 名詞 奈良《なら》の東大寺《とうだいじ》にある木造《もくぞう》の蔵《くら》。奈良時代《ならじだい》の美術工芸品《びじゅつこうげいひん》のほか、シルクロードを通《とお》って西《にし》アジアから伝《つた》わったものなどが収《おさ》められている。また、建物《たてもの》は、「校倉造《あぜくらづく》り」というつくり方《かた》でできている。

しょうぞうが【肖像画】 名詞 ある人《ひと》の顔《かお》や姿《すがた》をかいた絵《え》。

しょうそく【消息】 名詞 ❶便《たよ》り。知《し》らせ。 例 転校《てんこう》した友人《ゆうじん》からの消息。❷あることのようすや成《な》り行《ゆ》き。 例 その人《ひと》の消息はだれも知《し》らない。

しょうぞく【装束】 名詞 あることをするための身《み》なり。身《み》じたく。 例 旅《たび》装束。

しょうたい【正体】 名詞 ❶ほんとうのすがた。 例 正体を現《あらわ》す。 類 実体《じったい》。❷しっかりした気持《きも》ち。 例 正体もなくねむる。

しょうたい【招待】 名詞 動詞 客《きゃく》を招《まね》いてもてなすこと。 例 誕生会《たんじょうかい》に友《とも》だちを招待する。

じょうたい【上体】 名詞 体《からだ》の、こしから上《うえ》の部分《ぶぶん》。上半身《じょうはんしん》。 例 上体を反《そ》らす。

じょうたい【常体】 名詞 文《ぶん》の終《お》わりを「…だ」「…である」などで言《い》い表《あらわ》す文《ぶん》の形《かたち》。 対 敬体《けいたい》。 ⇒414ジ 日本語教室

じょうたい【常態】 名詞 ふつうのありさま。いつものようす。 例 祭《まつ》りが終《お》わり、町《まち》の交通《こうつう》事情《じじょう》は常態にもどった。

じょうたい【状態・情態】 名詞 ものごとのようすやありさま。 例 健康《けんこう》状態がよい。

じょうだい【上代】 名詞 おもに文学《ぶんがく》の歴史《れきし》で、奈良時代《ならじだい》のこと。または、その前後《ぜんご》をふくめた時期《じき》のこと。

しょうたいじょう【招待状】 名詞 会《かい》やパーティーなどに客《きゃく》を招《まね》くための手紙《てがみ》。

しょうだく【承諾】 名詞 動詞 人《ひと》のたのみごとや願《ねが》いごとを聞《き》き入《い》れること。 例 パソコンを使《つか》うときは親《おや》の承諾を得《え》る。 類 受諾《じゅだく》。

じょうたつ【上達】 名詞 動詞 腕前《うでまえ》が上《あ》がること。上手《じょうず》になること。 例 習字《しゅうじ》が上達する。

しょうだん【昇段】 名詞 動詞 剣道《けんどう》・柔道《じゅうどう》・囲《い》碁《ご》・将棋《しょうぎ》などで、段位《だんい》が上《あ》がること。

じょうだん【上段】 名詞 いくつか段《だん》があるうちの、上《うえ》のほうの段《だん》。 関連 中段《ちゅうだん》。下段《げだん》。

じょうだん【冗談】 名詞 まじめではない、ふざけた話《はなし》。また、ふざけてすること。

冬《ふゆ》の気候《きこう》の型《かた》をいうことば。

しょうち【承知】 名詞 動詞 ❶聞《き》き入《い》れること。引《ひ》き受《う》けること。例 親《おや》にひとり旅《たび》を承知してもらった。❷知《し》っていること。例 事情《じじょう》は承知しています。❸(「承知《しょうち》しない」の形《かたち》で、全体《ぜんたい》で)許《ゆる》さない。勘弁《かんべん》しない。例 うそをついたら承知しないぞ。

しょうち【招致】 名詞 動詞 もよおしものや会《かい》議《ぎ》などを招《まね》き寄《よ》せること。例 オリンピックを招致する。

じょうち【常置】 名詞 動詞 いつも置《お》いておくこと。いつもあること。例 消火器《しょうかき》を常置する。

しょうちくばい【松竹梅】 名詞 ❶松《まつ》と竹《たけ》と梅《うめ》。古《ふる》くからめでたいものとされ、祝《いわ》いごとのかざりなどに使《つか》う。❷品物《しなもの》などを、上《じょう》・中《ちゅう》・下《げ》の三《みっ》つの等級《とうきゅう》に分《わ》けたときの、それぞれの呼《よ》び方《かた》。

しょうちゅう【焼酎】 名詞 季語夏 米《こめ》・麦《むぎ》・いもなどを発酵《はっこう》させ、蒸留《じょうりゅう》してつくる酒《さけ》。

じょうちょ【情緒】 名詞 ❶喜《よろこ》びや悲《かな》しみなど、そのときそのときに起《お》こるいろいろな感情《かんじょう》。例 情緒が安定《あんてい》する。❷その物《もの》や場所《ばしょ》から感《かん》じられる、特別《とくべつ》な雰囲《ふんい》気《き》。例 異国《いこく》情緒あふれる景色《けしき》。

ことば 「じょうちょ」と読《よ》みならわされている。「じょうしょ」が正《ただ》しい読《よ》みだが、今《いま》は

しょうちょう【小腸】 名詞 消化管《しょうかかん》の一部《いちぶ》。胃《い》と大腸《だいちょう》の間《あいだ》にあり、消化《しょうか》された養分《ようぶん》を、水《すい》分《ぶん》とともに吸収《きゅうしゅう》して、血液中《けつえきちゅう》にとり入《い》れる。教科 理 内部《ないぶ》には、「柔毛《じゅうもう》」と呼《よ》ばれる突起《とっき》がたくさんある。図 ⇒966ページ ないぞう〔内臓〕

しょうちょう【省庁】 名詞 名《な》まえに「省《しょう》」や「庁《ちょう》」のつく役所《やくしょ》。外務省《がいむしょう》・財務省《ざいむしょう》や、文《ぶん》化庁《かちょう》・警察庁《けいさつちょう》など。

しょうちょう【象徴】 名詞 動詞 形《かたち》のない考《かんが》えや気持《きも》ちなどを、色《いろ》や形《かたち》などにたとえて表《あらわ》すこと。また、表《あらわ》したもの。シンボル。例 はとは、平和《へいわ》の象徴とされている。

しょうちょうてき【象徴的】 形容動詞 形《かたち》がなくて目《め》に見《み》えないものごとを、色《いろ》・形《かたち》・音《おと》などの具体的《ぐたいてき》なものにたとえて表《あらわ》すようす。

じょうてい【上底】 名詞 台形《だいけい》の平行《へいこう》な二《ふた》つの辺《へん》のうちの一辺《いっぺん》。教科 算 もう一《ひと》つの辺《へん》を「下《か》底《てい》」という。

じょうてい【上程】 名詞 動詞 議案《ぎあん》を会議《かいぎ》にかけること。例 予算案《よさんあん》を議会《ぎかい》に上程する。

じょうでき【上出来】 名詞 形容動詞 できばえがすぐれていること。例 この成績《せいせき》なら上出来だ。対 不出来《ふでき》。

しょうてん【昇天】 名詞 動詞 ❶天《てん》にのぼること。❷死《し》んで、たましいが天《てん》にのぼること。死《し》ぬこと。

しょうてん【商店】 名詞 品物《しなもの》を売《う》る店《みせ》。

しょうてん【焦点】 名詞 ❶光《ひかり》がレンズを通《とお》ったり球面鏡《きゅうめんきょう》で反射《はんしゃ》したりして、一《ひと》つに集《あつ》まる点《てん》。❷人々《ひとびと》の注意《ちゅうい》や関心《かんしん》が集《あつ》まるところ。例 大事《だいじ》な問題《もんだい》に焦点をしぼって話《はな》し合《あ》おう。

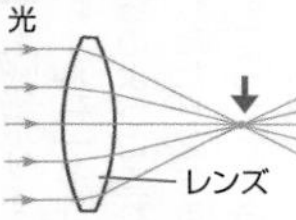

しょうてん【焦点】❶

しょうてんがい【商店街】 名詞 いろいろな商店《しょうてん》がたくさん並《なら》んでいる通《とお》り。

しょうてんき【上天気】 名詞 よく晴《は》れたすばらしい天気《てんき》。

しょうてんきょり【焦点距離】 名詞 レンズや球面鏡《きゅうめんきょう》の、中心《ちゅうしん》から焦点《しょうてん》までの長《なが》さ。

しょうど【焦土】 名詞 草木《くさき》や建物《たてもの》が焼《や》けて、何《なに》もなくなってしまった土地《とち》。

しょうど【照度】 名詞 光《ひかり》を受《う》けている面《めん》の、明《あか》るさの度合《どあ》い。単位《たんい》は「ルクス」。

じょうと【譲渡】 名詞 動詞 物《もの》や財産《ざいさん》・権利《けんり》などをゆずりわたすこと。例 土地《とち》を譲渡する。

じょうど【浄土】 名詞 仏教《ぶっきょう》で、仏《ほとけ》がいるとされるけがれのない国《くに》。例 極楽《ごくらく》浄土。

しょうとう【消灯】 名詞 動詞 明《あ》かりを消《け》すこと。例 消灯時間《じかん》。対 点灯《てんとう》。

しょうどう【衝動】 名詞 あることを急《きゅう》にしたくなる、強《つよ》い心《こころ》の動《うご》き。例 走《はし》り出《だ》したいという衝動にかられる。

じょうとう【上等】 名詞 形容動詞 品質《ひんしつ》などがよいこと。例 上等な服《ふく》。類 高級《こうきゅう》。対 下等《かとう》。

じょうとう【常とう】 名詞 決《き》まりきったやり方《かた》。いつものやり方《かた》。例 常とう手段《しゅだん》。

しょうどく【消毒】 名詞 動詞 薬《くすり》や熱《ねつ》などによって、物《もの》についているばいきんを殺《ころ》すこと。例 傷口《きずぐち》を消毒する。

しょうとくたいし【聖徳太子】 名詞 (五七四～六二二) 飛鳥時代《あすかじだい》の政治家《せいじか》。推古天皇《すいこてんのう》を助《たす》

四字熟語 三寒四温《さんかんしおん》　三日間《みっかかん》くらい寒《さむ》さの厳《きび》しい日《ひ》が続《つづ》き、次《つぎ》の四日間《よっかかん》くらいは暖《あたた》かい日《ひ》が続《つづ》くという、

けて政治《せいじ》を行《おこな》い、「冠位十二階《かんいじゅうにかい》」「十七条《じゅうしちじょう》の憲《けん》法《ぽう》」を定《さだ》めた。遣隋使《けんずいし》を送《おく》って中国《ちゅうごく》の文化《ぶんか》をとり入《い》れ、仏教《ぶっきょう》を広《ひろ》めるために法隆寺《ほうりゅうじ》などの寺《てら》を建《た》てた。

しょうどくやく【消毒薬】 名詞 ばいきんを殺《ころ》すための薬品《やくひん》。

しょうどけい【照度計】 名詞 照度《しょうど》を測《はか》る器《き》具《ぐ》。

じょうどしゅう【浄土宗】 名詞 仏教《ぶっきょう》の宗《しゅう》派《は》の一《ひと》つ。ひたすら念仏《ねんぶつ》を唱《とな》えれば、だれでも救《すく》われて浄土《じょうど》に行《い》くことができるという教《おし》え。平安時代《へいあんじだい》の末《すえ》ごろに法然《ほうねん》が開《ひら》いた。

じょうどしんしゅう【浄土真宗】 名詞 仏《ぶっ》教《きょう》の宗派《しゅうは》の一《ひと》つ。阿弥陀仏《あみだぶつ》を一心《いっしん》に信《しん》じることで浄土《じょうど》に行《い》くことができるという教《おし》え。鎌《かま》倉時代《くらじだい》の初期《しょき》に、法然《ほうねん》の弟子《でし》の親鸞《しんらん》が開《ひら》いた。「真宗《しんしゅう》」「一向宗《いっこうしゅう》」ともいう。

しょうとつ【衝突】 名詞 動詞
❶物《もの》と物《もの》とがぶつかること。例 車《くるま》の衝突事故《じこ》。
❷意見《いけん》などが合《あ》わなくて争《あらそ》うこと。例 二人《ふたり》の意見《いけん》が衝突した。

じょうない【場内】 名詞 決《き》められた場所《ばしょ》の中《なか》。例 場内放送《ほうそう》。対 場外《じょうがい》。

しょうないへいや【庄内平野】 名詞 山形《やまがた》県《けん》にある平野《へいや》。日本海《にほんかい》に面《めん》し、最上川《もがみがわ》が流《なが》れている。米作《こめづく》りがさかん。

しょうに【小児】 名詞 小《ちい》さい子供《こども》。

しょうにか【小児科】 名詞 子供《こども》の病気《びょうき》を専《せん》門《もん》に治《なお》す医学《いがく》。

しょうにまひ【小児まひ】 ⇩1227ジペーポリオ

しょうにゅうせき【しょう乳石】 名詞 しょう乳洞《にゅうどう》の天井《てんじょう》から、つららのように垂《た》れ下《さ》がっているもの。天井《てんじょう》からしたたり落《お》ちるしずくの中《なか》の炭酸《たんさん》カルシウムが固《かた》まってできる。

しょうにゅうどう【しょう乳洞】 名詞 石《せっ》灰岩《かいがん》が雨水《あまみず》や地下水《ちかすい》によってとかされて、自然《しぜん》にできた洞穴《ほらあな》。参考 山口県《やまぐちけん》の秋芳洞《あきよしどう》などが有名《ゆうめい》。

しょうにん【上人】 名詞
❶りっぱでえらいおぼうさん。
❷おぼうさんを尊敬《そんけい》して呼《よ》ぶことば。例 法然《ほうねん》上人。

しょうにん【小人】 ⇩637ジペーしょうじん〔小人〕❶

しょうにん【承認】 名詞 動詞 正《ただ》しいものだとして認《みと》めること。また、よいと認《みと》めて許《ゆる》すこと。例 先生《せんせい》の承認を得《え》る。類 是認《ぜにん》。

しょうにん【商人】 名詞 商売《しょうばい》を仕事《しごと》にしている人《ひと》。

しょうにん【証人】 名詞
❶事実《じじつ》を証明《しょうめい》する人《ひと》。例 結婚《けっこん》の証人になる。
❷裁判所《さいばんしょ》で、自分《じぶん》が見《み》たり聞《き》いたりしたことを述《の》べる人《ひと》。例 事件《じけん》の証人になる。
❸その人《ひと》について、まちがいないと責任《せきにん》を持《も》つ人《ひと》。保証人《ほしょうにん》。

じょうにん【常任】 名詞 動詞 いつもその役目《やくめ》についていること。例 常任理事国《りじこく》／常任委員《いいん》。

しょうにんかんもん【証人喚問】 名詞 国《こっ》会《かい》で、問題《もんだい》になっていることの証人《しょうにん》を呼《よ》び出《だ》して、証言《しょうげん》や記録《きろく》の提出《ていしゅつ》を求《もと》めること。

しょうにんずう【少人数】 名詞 人数《にんずう》が少《すく》ないこと。少《すく》ない人数《にんずう》。小人数《こにんずう》。対 多人数《たにんずう》。

じょうにんりじこく【常任理事国】 名詞 国際的《こくさいてき》な組織《そしき》で、常《つね》に理事会《りじかい》（＝その組織《そしき》を代《だい》表《ひょう》し、責任《せきにん》を持《も》って仕事《しごと》を行《おこな》う集団《しゅうだん》）の一員《いちいん》となっている国《くに》。とくに、国際連合《こくさいれんごう》の安全保《あんぜんほ》障《しょう》理事会《りじかい》のものをいうことが多《おお》い。関連 非常《ひじょう》任理事国《にんりじこく》。

しょうね【性根】 名詞 ものごとに対《たい》する心《こころ》の持《も》ち方《かた》。根性《こんじょう》。例 性根をすえて（＝覚悟《かくご》をしっかりと持《も》って）問題《もんだい》にとりくむ。

じょうねつ【情熱】 名詞 身《み》も心《こころ》もそのことに打《う》ちこむ、激《はげ》しい感情《かんじょう》。熱情《ねつじょう》。例 情熱家《か》。

しょうねん【少年】 名詞
❶年《とし》の若《わか》い男子《だんし》。男《おとこ》の子《こ》。対 少女《しょうじょ》。
❷年《とし》の若《わか》い人《ひと》。子供《こども》。

● **少年《しょうねん》よ大志《たいし》を抱《いだ》け** 若者《わかもの》よ、大《おお》きな志《こころざし》を持《も》ちなさい。ことば アメリカの教育者《きょういくしゃ》のクラーク博士《はかせ》が、北海道《ほっかいどう》の札幌農学校《さっぽろのうがっこう》の教《おし》え子《ご》たちと別《わか》れるときに言《い》ったことば。

しょうねんば【正念場】 名詞 失敗《しっぱい》できない、いちばん大事《だいじ》な場面《ばめん》。例 ここが勝負《しょうぶ》の正念場だ。

しょうのう【小脳】 名詞 脳《のう》の一部分《いちぶぶん》。大脳《だいのう》とせきずいの間《あいだ》にあり、運動《うんどう》を調節《ちょうせつ》したり、つりあいを保《たも》ったりするはたらきがある。

しょうのう【しょう脳】 名詞 「くすのき」の幹《みき》や根《ね》からとった、においの強《つよ》い半透明《はんとうめい》な結《けっ》晶《しょう》。火薬《かやく》や防虫剤《ぼうちゅうざい》などに使《つか》われる。

らばっているようす。

しょうのつき【小の月】 名詞 一年の十二か月《げつ》のうち、日数《にっすう》が三十日《さんじゅうにち》以下《いか》の月《つき》。二《に》・四《よん》・六《ろく》・九《きゅう》・十一月《じゅういちがつ》。対 大《だい》の月《つき》。

じょうば【乗馬】 名詞 動詞 馬《うま》に乗《の》ること。また、乗《の》るための馬《うま》。例 乗馬クラブ。

しょうはい【勝敗】 名詞 勝《か》ち負《ま》け。例 勝敗を争《あらそ》う。類 勝負《しょうぶ》。

しょうばい【商売】
❶ 名詞 動詞 品物《しなもの》を売《う》ったり、買《か》ったりすること。例 商売人《にん》。類 商《あきな》い。
❷ 名詞 職業《しょくぎょう》。家《いえ》の仕事《しごと》。例 小説《しょうせつ》を書《か》くのがわたしの商売です。

しょうばつ【賞罰】 名詞 ほめることとばっすること。

じょうはつ【蒸発】 名詞 動詞
❶液体《えきたい》が気体《きたい》に変《か》わること。例 水分《すいぶん》が蒸発する。
❷なんの手《て》がかりも残《のこ》さないで、人《ひと》が突然《とつぜん》いなくなること。

じょうはつざら【蒸発皿】 名詞 理科《りか》の実験《じっけん》で、水溶液《すいようえき》を熱《ねっ》して水分《すいぶん》を蒸発《じょうはつ》させるときに使《つか》う皿《さら》。

しょうばん【相伴】 名詞 動詞 客《きゃく》の相手《あいて》をしながら、いっしょにごちそうを食《た》べたり飲《の》んだりすること。例 お相伴にあずかる。

じょうはんしん【上半身】 名詞 体《からだ》の、こしから上《うえ》の部分《ぶぶん》。上体《じょうたい》。対 下半身《かはんしん》。

しょうひ【消費】 名詞 動詞 お金《かね》や物《もの》などをつかってなくすこと。例 消費者《しゃ》。対 生産《せいさん》。

じょうび【常備】 名詞 動詞 いつでも使えるように用意《ようい》しておくこと。例 かぜ薬《ぐすり》を常備する。

しょうひきげん【消費期限】 名詞 食品《しょくひん》について、その日《ひ》までは食《た》べても安全《あんぜん》であると保証《ほしょう》する日付《ひづけ》の表示《ひょうじ》。弁当《べんとう》・そうざい・肉《にく》・魚《さかな》などの、日《ひ》もちのしない食品《しょくひん》につけられる。

しょうひしゃ【消費者】 名詞 つくり出《だ》された品物《しなもの》を買《か》って使《つか》う人《ひと》。対 生産者《せいさんしゃ》。

しょうひしゃちょう【消費者庁】 名詞 消《しょう》費者《ひしゃ》の安全《あんぜん》で豊《ゆた》かな生活《せいかつ》を目的《もくてき》とした国《くに》の役《やく》所《しょ》。内閣府《ないかくふ》の下《した》にある。

しょうひしゃぶっかしすう【消費者物価指数】 名詞 国民《こくみん》のふつうの生活《せいかつ》の中《なか》で購《こう》入《にゅう》される商品《しょうひん》の値段《ねだん》が、どのくらい上《あ》がったり下《さ》がったりしたかを示《しめ》すあたい。

しょうひしゃホットライン【消費者ホットライン】 名詞 消費者《しょうひしゃ》が商品《しょうひん》やサービスに関《かん》する事故《じこ》やトラブルにあったときのための、電話相談《でんわそうだん》の窓口《まどぐち》。

しょうひぜい【消費税】 名詞 品物《しなもの》を買《か》ったりサービスを受《う》けたりすることにかかる税金《ぜいきん》。

しょうひせいかつセンター【消費生活センター】 名詞 消費者《しょうひしゃ》からの、商品《しょうひん》やサービスなどに対《たい》する苦情《くじょう》や問《と》い合《あ》わせを受《う》けたり、相談《そうだん》に乗《の》ったりする機関《きかん》。都道府県《とどうふけん》・市《し》町《ちょう》村《そん》が運営《うんえい》している。

しょうひょう【商標】 名詞 会社《かいしゃ》が、自分《じぶん》のところでつくった商品《しょうひん》・サービスであることを示《しめ》すためにつける、名前《なまえ》や図形《ずけい》、記号《きごう》などのしるし。トレードマーク。例 登録商標。

しょうひん【商品】 名詞 売《う》ったり買《か》ったりする品物《しなもの》。例 商品券《けん》。

しょうひん【賞品】 名詞 ほうびとしてあたえる品物《しなもの》。例 運動会《うんどうかい》で賞品をもらう。

じょうひん【上品】 名詞 形容動詞 品《ひん》がよいこと。例 上品なことばづかい。対 下品《げひん》。

しょうひんけん【商品券】 名詞 デパートなどが発行《はっこう》する券《けん》。券《けん》に書《か》いてある金額分《きんがくぶん》の商《しょう》品《ひん》と交換《こうかん》することができる。

しょうひんさくもつ【商品作物】 名詞 商《しょう》品《ひん》として売《う》るためにさいばいされる農作物《のうさくぶつ》。

しょうぶ 名詞 季語 夏 さといものなかまの草《くさ》花《ばな》。沼地《ぬまち》などに生《は》え、葉《は》は細長《ほそなが》い。夏《なつ》の初《はじ》めにうすい黄《き》緑色《みどりいろ》の花《はな》をつける。あやめのなかまの花《はな》しょうぶとは別《べつ》の種類《しゅるい》。ことば 漢字《かんじ》では「菖蒲」と書《か》く。

しょうぶ

しょうぶ【勝負】
❶ 名詞 勝《か》ち負《ま》け。例 勝負がつく。類 勝敗《しょうはい》。
❷ 名詞 動詞 勝《か》ち負《ま》けを決《き》めるために戦《たたか》うこと。例 正々堂々《せいせいどうどう》と勝負しろ。

じょうぶ【丈夫】 形容動詞
❶体《からだ》が健康《けんこう》なようす。例 丈夫な体《からだ》。
❷もののつくりがしっかりしていて、こわれにくいようす。例 丈夫な机《つくえ》。

じょうぶ【上部】 名詞 上《うえ》のほうの部分《ぶぶん》。例 温度《おんど》

四字熟語 三三五五《さんさんごご》　あちらに三人《さんにん》（三三《さんさん》）、こちらに五人《ごにん》（五五《ごご》）というように、人々《ひとびと》があちこちに散《ち》

計《けい》の上部を持《も》つ／灯台《とうだい》の上部に上《のぼ》る。対 下部《かぶ》。

しょうふく【承服】 名詞 動詞 人《ひと》の言《い》うことを聞《き》き入《い》れて、それに従《したが》うこと。例 あなたの意《い》見《けん》には承服できない。

しょうぶごと【勝負事】 名詞 囲碁《いご》や将棋《しょうぎ》など、勝《か》ち負《ま》けを争《あらそ》うゲーム。とくに、かけごと。

しょうふだ【正札】 名詞 商品《しょうひん》につける、ほんとうの値段《ねだん》を書《か》いた札《ふだ》。

じょうぶつ【成仏】 名詞 動詞 ❶仏教《ぶっきょう》で、さとりを開《ひら》いて仏《ほとけ》になること。❷死《し》ぬこと。例 祖父《そふ》は安《やす》らかに成仏した。

しょうぶゆ【しょうぶ湯】 名詞 季語 夏 五《ご》月五日《がついつか》の節句《せっく》に、しょうぶの根《ね》や葉《は》を入《い》れてわかすふろ。病気《びょうき》を招《まね》く悪《わる》い気《き》をはらうといわれる。

しょうぶん【性分】 名詞 その人《ひと》が生《う》まれつき持《も》っている性質《せいしつ》。たち。例 たのみごとをされると、いやとは言《い》えない性分だ。類 性格《せいかく》。

じょうぶん【条文】 名詞 規則《きそく》や法律《ほうりつ》などを箇《か》条《じょう》書《が》きにしてある文《ぶん》。例 憲法《けんぽう》の条文。

しょうへき【障壁】 名詞 ❶仕切《しき》りのかべ。❷行動《こうどう》する際《さい》にじゃまになるもの。例 貿易上《ぼうえきじょう》の障壁となる問題《もんだい》。

しょうべん【小便】 名詞 動詞 腎臓《じんぞう》を通《とお》してぼうこうにたまり、体《からだ》の外《そと》に出《だ》される液体《えきたい》。おしっこ。尿《にょう》。対 大便《だいべん》。

じょうほ【譲歩】 名詞 動詞 自分《じぶん》の意見《いけん》や考《かんが》えをおさえて、相手《あいて》の意見《いけん》に近《ちか》づけたり、従《したが》ったりすること。類 妥協《だきょう》。例 相手《あいて》に譲歩して話《はな》し合《あ》いをまとめる。

しょうぼう【消防】 名詞 火《か》事《じ》を消《け》したり、火事が起《お》こるのを防《ふせ》いだりすること。例 消防車《しゃ》。

じょうほう【乗法】 名詞 「かけ算《ざん》」のこと。対 除法《じょほう》。

じょうほう【情報】 名詞 ものごとのようすについての知《し》らせ。また、考《かんが》えや行動《こうどう》のもとになる資料《しりょう》や知識《ちしき》。例 台風《たいふう》の情報を伝《つた》える／インターネットで、好《す》きな作家《さっか》に関《かん》する情報を検索《けんさく》する。

じょうほうかしゃかい【情報化社会】 名詞 「情報《じょうほう》」が大《おお》きな価値《かち》を持《も》ち、情報《じょうほう》を生《う》み出《だ》すことと使《つか》うことを中心《ちゅうしん》に動《うご》いていく社《しゃ》会《かい》。参考 さらに発展《はってん》した社会《しゃかい》を「高度《こうど》情報《じょうほう》化《か》社会《しゃかい》」という。

しょうぼうかんせいしつ【消防管制室】 名詞 一一九番通報《ばんつうほう》による火事《かじ》や救急《きゅうきゅう》の緊《きん》急《きゅう》情報《じょうほう》をとりまとめ、消防車《しょうぼうしゃ》や救急車《きゅうきゅうしゃ》などに出動《しゅつどう》の指示《しじ》を出《だ》すところ。

じょうほうけんさく【情報検索】 名詞 集《あつ》められたたくさんのデータの中《なか》から、必要《ひつよう》な情《じょう》報《ほう》を探《さが》してとり出《だ》すこと。「ＩＲ《アイアール》」ともいう。

じょうほうこうかいせいど【情報公開制度】 名詞 国《くに》や市区町村《しくちょうそん》などが持《も》っている情報《じょうほう》を公開《こうかい》するよう、国民《こくみん》が求《もと》める権利《けんり》を認《みと》める制度《せいど》。

しょうぼうし【消防士】 名詞 消防《しょうぼう》の仕事《しごと》をする人《ひと》。

しょうぼうしゃ【消防車】 名詞 消防《しょうぼう》の作《さ》業《ぎょう》を行《おこな》うための自動車《じどうしゃ》。ポンプ車《しゃ》・はしご車《しゃ》など。消防自動車《しょうぼうじどうしゃ》。

しょうぼうしょ【消防署】 名詞 消防《しょうぼう》の仕《し》事《ごと》をする役所《やくしょ》。

しょうぼうだん【消防団】 名詞 地域《ちいき》の住《じゅう》民《みん》によってつくられる消防《しょうぼう》の組織《そしき》。

じょうほうちかん【上方置換】 名詞 空気《くうき》より軽《かる》い気体《きたい》を集《あつ》める方法《ほうほう》。口《くち》を下《した》に向《む》けた容《よう》器《き》の中《なか》に気体《きたい》を導《みちび》き入《い》れ、容器《ようき》の中《なか》に気体《きたい》をためる。関連 下方置換《かほうちかん》。水上置換《すいじょうちかん》。

しょうぼうちょう【消防庁】 名詞 消防《しょうぼう》に関《かん》する仕事《しごと》をする国《くに》の役所《やくしょ》。総務省《そうむしょう》の下《した》にある。

しょうほん【抄本】 名詞 一部分《いちぶぶん》をぬき出《だ》した書物《しょもつ》。また、書類《しょるい》の一部分《いちぶぶん》をぬき出《だ》したもの。例 戸籍《こせき》抄本。

しょうまっせつ【枝葉末節】 名詞 ものごとの中心《ちゅうしん》から外《はず》れた、あまり重要《じゅうよう》でないことがら。小《ちい》さなつまらないこと。例 枝葉末節にこだわると、大事《だいじ》なことが見《み》えなくなる。

しょうまん【小満】 名詞 季語 夏 二十四節気《にじゅうしせっき》の一《ひと》つ。草木《くさき》がしげって緑《みどり》が満《み》ち始《はじ》めるころ。五月二十一日《ごがつにじゅういちにち》ごろ。⇒1450ページ 二十四節気《にじゅうしせっき》

しょうみ【正味】 名詞 ❶入《い》れ物《もの》の重《おも》さを除《のぞ》いた、中身《なかみ》だけの重《おも》さ。❷実際《じっさい》の数《かず》や量《りょう》。例 遠足《えんそく》で正味二時間《にじかん》歩《ある》く。

しょうみ【賞味】 名詞 動詞 味《あじ》わいながら、おいしく食《た》べること。例 地方《ちほう》の名物《めいぶつ》を賞味する。

しょうみきげん【賞味期限】 名詞 食品《しょくひん》に

も頭《あたま》を下《さ》げてたのみごとをすることのたとえ。

ついて、おいしく食《た》べられる期限《きげん》を示《しめ》す日付《ひづけ》。スナック菓子《がし》・かんづめなどの、日《ひ》もちのする食品《しょくひん》につけられる。

じょうみゃく【静脈】 名詞 体《からだ》のいろいろな部分《ぶぶん》の血《ち》を心臓《しんぞう》に送《おく》り返《かえ》す血管《けっかん》。対 動脈《どうみゃく》。

じょうむ【常務】 名詞 社長《しゃちょう》を助《たす》けて、会社《かいしゃ》の仕事《しごと》を行《おこな》う役目《やくめ》。また、その人《ひと》。専務《せんむ》の下《した》に置《お》かれる。「常務取締役《じょうむとりしまりやく》」の略《りゃく》。

じょうむいん【乗務員】 名詞 列車《れっしゃ》・バス・飛行機《ひこうき》などに乗《の》りこんで、運転《うんてん》したり、客《きゃく》の世《せ》話《わ》をしたりする人《ひと》。

しょうむてんのう【聖武天皇】 名詞 （七〇一〜七五六）奈良時代《ならじだい》の天皇《てんのう》。仏教《ぶっきょう》を深《ふか》く信《しん》じ、全国《ぜんこく》に国分寺《こくぶんじ》を建《た》てた。また、奈良《なら》に東大寺《とうだいじ》を建《た》てて大仏《だいぶつ》を祭《まつ》った。

しょうめい【証明】 名詞 動詞 ものごとがほんとうであることを、理由《りゆう》やよりどころなどを挙《あ》げて、はっきりさせること。例 身分証明書《みぶんしょうめいしょ》。

しょうめい【照明】 ❶ 名詞 動詞 電灯《でんとう》などで明《あか》るく照《て》らすこと。また、その明《あ》かり。例 照明器具《きぐ》。❷ 名詞 劇《げき》などで、その場面《ばめん》の効果《こうか》を高《たか》めるための明《あ》かり。例 舞台《ぶたい》照明。

しょうめつ【消滅】 名詞 動詞 消《き》えてなくなること。例 そのクラブは自然《しぜん》消滅した。類 消失《しょうしつ》。

しょうめん【正面】 名詞 ❶ものの前側《まえがわ》の面《めん》。表側《おもてがわ》。例 建物《たてもの》の正面にまわる。関連 側面《そくめん》。背面《はいめん》。❷まっすぐ前《まえ》の方向《ほうこう》。例 先生《せんせい》の正面にすわる。

しょうめんきって【正面切って】 遠慮《えんりょ》をしないで、はっきりと。例 上級生《じょうきゅうせい》に対《たい》して正面切って反対意見《はんたいいけん》を言《い》った。

しょうもう【消耗】 名詞 動詞 ❶使《つか》って減《へ》らすこと。また、使《つか》ってなくなること。例 消耗品《ひん》。❷体力《たいりょく》や気力《きりょく》を使《つか》いすぎて、つかれること。例 神経《しんけい》を消耗する。

しょうもうひん【消耗品】 名詞 使《つか》っているうちに、減《へ》ったりなくなったりするもの。鉛筆《えんぴつ》や紙《かみ》、消《け》しゴムなど。

しょうもん【証文】 名詞 お金《かね》や品物《しなもの》を借《か》りたことなどの、証拠《しょうこ》となる文書《ぶんしょ》。類 証書《しょうしょ》。

じょうもん【城門】 名詞 城《しろ》の門《もん》。城《しろ》の出入《でい》り口《ぐち》。

じょうもんじだい【縄文時代】 名詞 縄文《じょうもん》土器《どき》を使《つか》っていた時代《じだい》。紀元前一万三千年《きげんぜんいちまんさんぜんねん》ごろから紀元前四世紀《きげんぜんよんせいき》ごろまで。

じょうもんすぎ【縄文杉】 名詞 鹿児島県屋《かごしまけんや》久島《くしま》にある、最大《さいだい》といわれる屋久杉《やくすぎ》。周囲《しゅうい》一六・四メートル。樹齢《じゅれい》は三千年以上《さんぜんねんいじょう》といわれる。

じょうもんどき【縄文土器】 名詞 日本《にほん》でいちばん古《ふる》い新石器時代《しんせっきじだい》の土器《どき》。表面《ひょうめん》に縄目《なわめ》の模様《もよう》があるものが多《おお》いので、この名《な》がつけられた。低《ひく》い温度《おんど》で焼《や》かれていて、厚《あつ》くてもろい。関連 弥生土器《やよいどき》。

じょうもんどき

しょうや【庄屋】 名詞 江戸時代《えどじだい》の村《むら》のかしら。ふつう代官《だいかん》が農民《のうみん》の中《なか》から選《えら》んで、村《むら》を治《おさ》めさせた。ことば おもに関西地方《かんさいちほう》での呼《よ》び名《な》。関東地方《かんとうちほう》では「名主《なぬし》」といった。

しょうやく【生薬】 名詞 植物《しょくぶつ》、動物《どうぶつ》などの自然《しぜん》の材料《ざいりょう》を、そのまま、または干《ほ》したり粉《こな》にしたりして、薬《くすり》として使《つか》うもの。

じょうやく【条約】 名詞 国《くに》と国《くに》との間《あいだ》で、文《ぶん》書《しょ》に書《か》いて決《き》めた約束《やくそく》。また、その文書《ぶんしょ》。

じょうやくかいせい【条約改正】 名詞 江《え》戸時代《どじだい》の終《お》わりに幕府《ばくふ》が外国《がいこく》と結《むす》んだ不平等《ふびょうどう》な条約《じょうやく》について、明治政府《めいじせいふ》が相手国《あいてこく》にはたらきかけてその内容《ないよう》を改《あらた》めたこと。

じょうやとう【常夜灯】 名詞 夜《よる》じゅうつけておく明《あ》かり。例 夜《よる》の歩道《ほどう》を照《て》らす常夜灯。

しょうゆ【しょう油】 名詞 小麦《こむぎ》・大豆《だいず》を原《げん》料《りょう》とし、塩《しお》・こうじを混《ま》ぜて発酵《はっこう》させた、黒《くろ》っぽい液体《えきたい》の調味料《ちょうみりょう》。

しょうよ【賞与】 名詞 役所《やくしょ》や会社《かいしゃ》などで、勤《つと》めている人《ひと》に対《たい》して、給料《きゅうりょう》のほかに特別《とくべつ》に出《だ》すお金《かね》。ボーナス。

しょうよう【商用】 名詞 商売《しょうばい》の上《うえ》での用事《ようじ》。

じょうよう【常用】 名詞 動詞 いつも使《つか》っていること。例 胃薬《いぐすり》を常用する。

じょうようかんじ【常用漢字】 名詞 ふつうの社会生活《しゃかいせいかつ》の中《なか》で、わかりやすい文章《ぶんしょう》を書《か》き表《あらわ》すために使《つか》う漢字《かんじ》として定《さだ》められた漢字《かんじ》。

じょうようしゃ【乗用車】 名詞 人《ひと》が乗《の》るための自動車《じどうしゃ》。

四字熟語 三拝九拝《さんぱいきゅうはい》 「拝《はい》」は、おじぎをする意味《いみ》で、何度《なんど》もていねいにおじぎをすること。また、何度《なんど》

しょうようじゅりん【照葉樹林】 [名詞] しい・かし・つばきなど、葉《は》につやのある常緑《じょうりょく》の広葉樹《こうようじゅ》が多《おお》く生《は》える林《はやし》。亜熱帯《あねったい》から温帯《おんたい》に広《ひろ》がる。

しょうらい【将来】 [名詞] 今《いま》から先《さき》。行《ゆ》く末《すえ》。[例] 将来の夢《ゆめ》は科学者《かがくしゃ》になることだ。[類] 未来《みらい》。

しょうらいせい【将来性】 [名詞] これからもっと成長《せいちょう》したり、発展《はってん》したりする可能性《かのうせい》。[例] 将来性のある若手選手《わかてせんしゅ》。

しょうり【勝利】 [名詞] [動詞] 戦《たたか》いや試合《しあい》などに勝《か》つこと。[例] 勝利を収《おさ》める。[対] 敗北《はいぼく》。

じょうり【条理】 [名詞] ものごとの、そうあるべき筋道《すじみち》。ものの道理《どうり》。[例] 条理にかなった方法《ほうほう》。

じょうりく【上陸】 [名詞] [動詞] 海《うみ》や船《ふね》から、陸《りく》に上《あ》がること。[例] 無人島《むじんとう》に上陸する。

しょうりゃく【省略】 [名詞] [動詞] ものごとや文《ぶん》章《しょう》などを簡単《かんたん》にするため、一部分《いちぶぶん》を省《はぶ》くこと。[例] 時間《じかん》の都合《つごう》で説明《せつめい》は省略します。

じょうりゅう【上流】 [名詞] ❶川《かわ》の流《なが》れの源《みなもと》に近《ちか》い部分《ぶぶん》。また、川《かわ》の水《みず》が流《なが》れてくるほう。川上《かわかみ》。[関連] 中流《ちゅうりゅう》。下流《かりゅう》。❷地位《ちい》や生活《せいかつ》の程度《ていど》などが高《たか》いこと。[例] 上流社会《しゃかい》／上流階級《かいきゅう》。[関連] 中流《ちゅうりゅう》。下流《かりゅう》。

じょうりゅう【蒸留】 [名詞] [動詞] 液体《えきたい》を熱《ねっ》してできた蒸気《じょうき》を冷《ひ》やして、再《ふたた》び液体《えきたい》にすること。

じょうりゅうすい【蒸留水】 [名詞] 水《みず》を蒸《じょう》留《りゅう》して、混《ま》じり物《もの》をとり除《のぞ》いた水《みず》。

しょうりょう【少量】 [名詞] 少《すこ》しの量《りょう》。[対] 多《た》量《りょう》。

しょうりょう【精霊】 [名詞] 仏教《ぶっきょう》で、死《し》んだ人《ひと》のたましい。「せいれい」ともいう。

しょうりょうばった [名詞] ばったのなかまの昆《こん》虫《ちゅう》。草《くさ》むらなどにすむ。色《いろ》は緑《みどり》色《いろ》と茶色《ちゃいろ》のものがある。おすは、キチキチと音《おと》を立《た》てて飛《と》ぶので「きちきちばった」と呼《よ》ばれる。

しょうりょうばった

じょうりょく【常緑】 [名詞] 一年《いちねん》じゅう、葉《は》が緑《みどり》色《いろ》をしていること。

しょうりょくか【省力化】 [名詞] [動詞] 機械《きかい》を使《つか》うなどして、手間《てま》を省《はぶ》くようにすること。[例] 作業《さぎょう》を省力化する。

じょうりょくじゅ【常緑樹】 [名詞] 松《まつ》・すぎ・かしなどのように、一年《いちねん》じゅう葉《は》が緑色《みどりいろ》をしている木《き》。[類] ときわ木《ぎ》。[対] 落葉樹《らくようじゅ》。

じょうるり【浄瑠璃】 [名詞] 日本《にほん》に古《ふる》くからある芸能《げいのう》の一《ひと》つ。三味線《しゃみせん》に合《あ》わせ、節《ふし》をつけて語《かた》る。

しょうれい【奨励】 [名詞] [動詞] よいことだとして、それを行《おこな》うようにすすめること。[例] クラブ活動《かつどう》を奨励する。

じょうれい【条例】 [名詞] 都道府県《とどうふけん》や市町村《しちょうそん》などの議会《ぎかい》で決《き》めた規則《きそく》。

じょうれん【常連】 [名詞] ある決《き》まった店《みせ》や集《あつ》まりなどに、いつも出入《でい》りする人《ひと》。[例] 常連客《きゃく》。

しょうろ [名詞] [季語 春] きのこの一《ひと》つ。海岸《かいがん》などの松林《まつばやし》の地中《ちちゅう》に生《は》える。成熟前《せいじゅくまえ》のものは香《かお》りがよく、食用《しょくよう》になる。[図] ⇩336ジ《ペー》 きのこ

じょうろ [名詞] 草花《くさばな》などに水《みず》を注《そそ》ぎかける道《どう》具《ぐ》。「じょろ」ともいう。

しょうろう【鐘楼】 [名詞] 寺《てら》の境内《けいだい》にある、かねをつるしてある建物《たてもの》。かねつき堂《どう》。

しょうわ【昭和】 ⇩644ジ《ペー》 しょうわじだい

しょうわ【唱和】 [名詞] [動詞] 一人《ひとり》の人《ひと》の言《い》ったことばに合《あ》わせて、ほかの人々《ひとびと》も同《おな》じように言《い》うこと。[例] クラスで決《き》めた標語《ひょうご》を唱和する。

しょうわきち【昭和基地】 [名詞] 南極《なんきょく》の東《ひがし》オングル島《とう》にある、日本《にほん》の南極観測基地《なんきょくかんそくきち》。一九五七年《ねん》に開設《かいせつ》。

しょうわくせい【小惑星】 [名詞] 太陽《たいよう》のまわりを回《まわ》っている、たくさんの小《ち》さな天体《てんたい》。大部《だいぶ》分《ぶん》が火星《かせい》と木星《もくせい》の間《あいだ》にある。これまでに、四《よん》十万個以上《じゅうまんこいじょう》の軌道《きどう》が確《たし》かめられている。[図] ⇩785ジ《ペー》 たいようけい

しょうわじだい【昭和時代】 [名詞] 大正時《たいしょうじ》代《だい》のあと、一九二六年《ねん》から一九八九年《ねん》までの時《じ》代《だい》。第二次世界大戦《だいにじせかいたいせん》があり、一九四五年《ねん》の終《しゅう》戦後《せんご》、日本《にほん》は大《おお》きく変化《へんか》した。

しょうわのひ【昭和の日】 [名詞] [季語 春] 国民《こくみん》の祝日《しゅくじつ》の一《ひと》つ。四月二十九日《しがつにじゅうくにち》。昭和《しょうわ》の時代《じだい》をふり返《かえ》り、国《くに》の将来《しょうらい》について考《かんが》える日《ひ》。

しょえん【初演】 [名詞] [動詞] 演劇《えんげき》や音楽《おんがく》などの作品《さくひん》を、初《はじ》めて演《えん》じること。

じょえん【助演】 [名詞] [動詞] 映画《えいが》や劇《げき》で、わき役《やく》を演《えん》じること。また、その人《ひと》。[対] 主演《しゅえん》。

ショー (show) [名詞] 人《ひと》に見《み》せるためのもよお

書《か》くという意味《いみ》で、自分《じぶん》で自分《じぶん》のことをほめること。

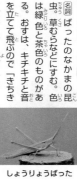

し。展示会《てんじかい》や芝居《しばい》、歌《うた》、おどりなどの見《み》せ物《もの》。例 ファッションショー／ショー番組《ばんぐみ》。

じょおう【女王】 名詞 ❶女《おんな》の王《おう》。❷ある分野《ぶんや》でいちばんすぐれていたり、人気《にんき》があったりする女《おんな》の人《ひと》。例 スケートの女王。

ショーウインドー (show window) 名詞 店《みせ》先《さき》などで、客《きゃく》に見《み》せるために商品《しょうひん》をかざってあるガラス窓《まど》。

ジョーカー (joker) 名詞 トランプで、スペード・ハート・ダイヤ・クラブの五十二枚《ごじゅうにまい》以外《いがい》の、特別《とくべつ》なはたらきをするカード。「ばば」ともいう。

ジョーク (joke) 名詞 冗談《じょうだん》。例 ジョークを飛《と》ばす。

ショート (short) ❶名詞 短《みじか》いこと。例 ショートヘア。対 ロング。❷名詞 野《や》球《きゅう》で、二塁《にるい》と三塁《さんるい》の間《あいだ》。また、そこを守《まも》る人《ひと》。❸名詞 動詞 二本《にほん》の電線《でんせん》が破《やぶ》れるなどしてつながり、大量《たいりょう》の電流《でんりゅう》が流《なが》れること。

ショートケーキ (shortcake) 名詞 スポンジのようにやわらかく焼《や》いた生地《きじ》の上《うえ》に、生《なま》クリームや果物《くだもの》などをのせたケーキ。

ショートショート (short-short) 名詞 ユーモアがあったり意外《いがい》な落《お》ちがあったりする、きわめて短《みじか》い小説《しょうせつ》。

ショートパンツ (short pants) 名詞 季語 夏 短《みじか》いズボン。半《はん》ズボン。

ショール (shawl) 名詞 季語 冬 女《おんな》の人《ひと》がかたにかけて、寒《さむ》さを防《ふせ》いだりかざりにしたりするもの。かたかけ。

ショールーム (showroom) 名詞 商品《しょうひん》などを並《なら》べて、客《きゃく》に見《み》せるための部屋《へや》。展示室《てんじしつ》。

しょか【初夏】 名詞 季語 夏 夏《なつ》の初《はじ》め。対 晩夏《ばんか》。

しょか【書架】 名詞 本棚《ほんだな》。

しょか【書家】 名詞 書道《しょどう》の専門家《せんもんか》。

しょが【書画】 名詞 書《か》き物《もの》と絵《え》。

じょがい【除外】 名詞 動詞 ある範囲《はんい》の中《なか》に入《い》れないこと。範囲《はんい》からとり除《のぞ》くこと。例 経験《けいけん》者《しゃ》は、アンケートの対象《たいしょう》から除外します。

しょかん【所感】 名詞 感《かん》じたことや思《おも》ったこと。感想《かんそう》。例 元日《がんじつ》に父《ちち》が新年《しんねん》の所感を述《の》べる。

しょかん【書簡】 名詞 手紙《てがみ》。類 書《しょ》状《じょう》。使い方 あらたまった言《い》い方《かた》。

じょかん【女官】 名詞 宮《きゅう》中《ちゅう》に仕《つか》える女《おんな》の人《ひと》。「にょかん」ともいう。

しょき【初期】 名詞 ある期間《きかん》の初《はじ》めのころ。例 昭《しょう》和《わ》初期／有名作家《ゆうめいさっか》の初期の作品《さくひん》。対 末期《まっき》。

しょき【書記】 名詞 ❶会議《かいぎ》などの記録《きろく》をとる役目《やくめ》。また、その人《ひと》。❷役所《やくしょ》や団体《だんたい》などで、文書《ぶんしょ》の作成《さくせい》や整理《せいり》などの事務《じむ》の仕事《しごと》をする役目《やくめ》。また、その人《ひと》。

しょき【暑気】 名詞 夏《なつ》の暑《あつ》さ。例 暑気ばらい（＝暑《あつ》さをはらいのけるために何《なに》かをすること）。対 寒気《かんき》。

しょきあたり【暑気あたり】 名詞 季語 夏 夏《なつ》の暑《あつ》さのせいで体《からだ》の具合《ぐあい》が悪《わる》くなること。

ことば 俳句《はいく》などでは「暑気中」とも書《か》く。

しょきゅう【初級】 名詞 ものごとを習《なら》い始《はじ》めてすぐの、最初《さいしょ》の段階《だんかい》。

じょきょ【除去】 名詞 動詞 そこからなくすこと。とり除《のぞ》くこと。例 川《かわ》のごみを除去する。

しょぎょうむじょう【諸行無常】 ↓699ページ

四字熟語

じょきょく【序曲】 名詞 ❶オペラやバレエなどで、幕《まく》が上《あ》がる前《まえ》に演奏《えんそう》する曲《きょく》。❷ものごとの初《はじ》め。例 事件《じけん》の序曲。

ジョギング (jogging) 名詞 準《じゅん》備《び》運動《うんどう》や健康《けんこう》などのために、ゆっくり走《はし》ること。

しよく【私欲】 名詞 自分《じぶん》の得《とく》になることだけを考《かんが》える心《こころ》。例 私利《しり》私欲。

漢 **しょく【色】**〔色《いろ》〕 6画 2年 音 ショク・シキ 訓 いろ

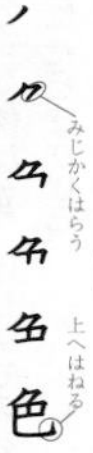

❶いろ。いろどり。例 色紙《いろがみ》／色調《しきちょう》／原色《げんしょく》／着《ちゃく》色《しょく》／配色《はいしょく》。❷かおかたち。例 容色《ようしょく》。❸ようす。例 異色《いしょく》／国際色《こくさいしょく》／特色《とくしょく》。

しょく【食】 名詞 食《た》べること。また、食《た》べる量《りょう》。漢 ↓645ページ しょく〔食〕

● **食《しょく》が進《すす》む** 食欲《しょくよく》があって、たくさん食《た》べられる。例 すずしくなって食が進む。

漢 **しょく【食】**〔食《しょく》〕 9画 2年 音 ショク・ジキ 訓 くう・くらう・たべる

四字熟語 **自画自賛《じがじさん》** 自分《じぶん》でかいた絵《え》（自画《じが》）に、本来《ほんらい》は他人《たにん》に書《か》いてもらう詩《し》や文章《ぶんしょう》（賛《さん》）を自分《じぶん》で

ノ 𠆢 亽 今 今 食 食 食（はらう）（かたちにちゅうい）

❶たべる。たべもの。例食事《しょくじ》／食料《しょくりょう》／食器《しょっき》／給食《きゅうしょく》／断食《だんじき》。❷むしばむ。そこなう。例浸食《しんしょく》。❸太陽《たいよう》や月《つき》がかける。例月食《げっしょく》／日食《にっしょく》。

漢 **しょく【植】**〔木《きへん》〕12画 3年 音 ショク 訓 うえる・うわる

十 木 朩 杧 杧 杭 植 植

❶草《くさ》や木《き》をうえる。例植木《うえき》／植林《しょくりん》／移植《いしょく》。❷土地《とち》を切《き》り開《ひら》くために、人《ひと》をうつす。例植民《しょくみん》地《ち》／入植《にゅうしょく》。❸活字《かつじ》を版《はん》に組《く》む。例誤植《ごしょく》。

しょく【蜀】 名詞 三世紀中《さんせいきなか》ごろ、中国《ちゅうごく》にあった国《くに》の名《な》。魏《ぎ》・呉《ご》と並《なら》ぶ三国《さんごく》の一《ひと》つ。

しょく【織】 漢 ↓562ジペー しき〔織〕

しょく【職】 名詞

❶仕事《しごと》。例職を探《さが》す。

❷役目《やくめ》や地位《ちい》。例議長《ぎちょう》の職につく。

❸生活《せいかつ》を支《ささ》える技術《ぎじゅつ》。例手《て》に職をつける。

漢 **しょく【職】**〔耳《みみへん》〕18画 5年 音 ショク

丅 耳 耶 聕 聕 職 職 職（ながく）（上へはねる）

❶つとめ。しごと。例職業《しょくぎょう》／職場《しょくば》／辞職《じしょく》／就職《しゅうしょく》／退職《たいしょく》。❷技術《ぎじゅつ》。例職人《しょくにん》。

しょくあたり【食あたり】 名詞 悪《わる》くなった物《もの》などを食《た》べたり飲《の》んだりして、おなかをこわすこと。食中毒《しょくちゅうどく》。

しょくあん【職安】 ↓449ジペー こうきょうしょくぎょうあんていじょ

しょくいく【食育】 名詞 食《しょく》についての教育《きょういく》。食材《しょくざい》の生産《せいさん》、料理《りょうり》、栄養《えいよう》、食文化《しょくぶんか》やマナーなどについて教育《きょういく》する。

しょくいん【職員】 名詞 役所《やくしょ》・病院《びょういん》・学校《がっこう》・団体《だんたい》などに勤《つと》めている人《ひと》。例職員室《しっ》。

しょくえん【食塩】 名詞 食用《しょくよう》にする塩《しお》。

しょくえんすい【食塩水】 名詞 食塩《しょくえん》を水《みず》にとかしたもの。

しょくぎょう【職業】 名詞 生活《せいかつ》していくためにする仕事《しごと》。職《しょく》。例職業につく。

しょくぎょうあんていじょ【職業安定所】 ↓449ジペー こうきょうしょくぎょうあんていじょ

しょくぎょうくんれんがっこう【職業訓練学校】 名詞 ある職業《しょくぎょう》につくために必要《ひつよう》な技術《ぎじゅつ》などを学《まな》ぶ施設《しせつ》。

しょくぎょうびょう【職業病】 名詞 その職業《しょくぎょう》に長《なが》くついている人《ひと》がかかりやすい病気《びょうき》。職場環境《しょくばかんきょう》や職業《しょくぎょう》の特性《とくせい》などにより起《お》こる。

しょくご【食後】 名詞 食事《しょくじ》をしたあと。例食後のデザート。対食前《しょくぜん》。

しょくさんこうぎょう【殖産興業】 名詞 生産《せいさん》を増《ふ》やし、産業《さんぎょう》をさかんにすること。教科社 明治政府《めいじせいふ》が、西洋《せいよう》の国々《くにぐに》に対抗《たいこう》するために、近代化《きんだいか》を進《すす》めようとしてとった政策《せいさく》。

しょくじ【食事】 名詞 生《い》きていくために必要《ひつよう》な食《た》べ物《もの》を食《た》べること。また、その食《た》べ物《もの》。

しょくじ【植字】 名詞 動詞 印刷《いんさつ》するために、活字《かつじ》を原稿《げんこう》どおりに並《なら》べて、版《はん》に組《く》むこと。

しょくしがうごく【食指が動く】 ↓957ジペー 故事成語

しょくじバランスガイド【食事バランスガイド】 名詞 健康的《けんこうてき》な食生活《しょくせいかつ》を送《おく》るために、一日《いちにち》に何《なに》をどのくらい食《た》べたらよいかをわかりやすくイラストで表《あらわ》したもの。

しょくしゅ【触手】 名詞 くらげやいそぎんちゃくなどの口《くち》のまわりにある、ひげのような細《ほそ》長《なが》いもの。物《もの》にさわったり、食《た》べ物《もの》をとらえたりするはたらきをする。

● **触手《しょくしゅ》を伸《の》ばす** ほしいものを手《て》に入《い》れようとはたらきかける。

しょくじゅ【植樹】 名詞 動詞 木《き》を植《う》えること。例創立記念日《そうりつきねんび》に桜《さくら》を植樹する。

しょくじょせい【織女星】 ↓208ジペー おりひめぼし

しょくせいかつ【食生活】 名詞 ふだんの生《せい》活《かつ》の中《なか》の、食事《しょくじ》に関《かん》すること。例時代《じだい》とともに食生活が変化《へんか》した。

しょくぜん【食前】 名詞 食事《しょくじ》をする前《まえ》。例食前に手《て》を洗《あら》う。対食後《しょくご》。

しょくぜん【食膳】 名詞 食事《しょくじ》をするとき、料理《りょうり》を盛《も》りつけたうつわをのせる台《だい》。

しょくだい【しょく台】 名詞 火《ひ》をともしたろうそくを立《た》てる台《だい》。ろうそく立《た》て。

しょくたく【食卓】 名詞 食事《しょくじ》をするのに使《つか》うテーブル。例家族《かぞく》そろって食卓を囲《かこ》む。

しょくたく【嘱託】

❶ 名詞 動詞 ある仕事《しごと》を、たのんでやってもらうを、自分《じぶん》でつくって間《ま》に合《あ》わせること。

こと。例 嘱託医《い》。

❷名詞 正規《せいき》の社員《しゃいん》や職員《しょくいん》ではないが、特別《とくべつ》にたのまれて仕事《しごと》をする人《ひと》。

しょくちゅうしょくぶつ【食虫植物】名詞 葉《は》で昆虫《こんちゅう》などをつかまえて消《しょう》化《か》し、その栄養分《えいようぶん》を吸収《きゅうしゅう》する植物《しょくぶつ》。もうせんごけ・うつぼかずらなど。

↑もうせんごけ

←うつぼかずら

しょくちゅうしょくぶつ

しょくちゅうどく【食中毒】名詞 食《た》べたり飲《の》んだりしたものにふくまれる毒素《どくそ》やばいきんのために起《お》こる中毒《ちゅうどく》。はいたり、下痢《げり》をしたりする。食《しょく》あたり。例 食中毒を起《お》こす。

しょくどう【食堂】名詞 ❶食事《しょくじ》をする部屋《へや》。❷食事《しょくじ》をさせる店《みせ》。例 駅前《えきまえ》の食堂。

しょくどう【食道】名詞 消化管《しょうかかん》の一部《いちぶ》。のどと胃《い》をつないでいる、食《た》べた物《もの》が通《とお》る管《くだ》。図↓966ページ ないぞう〔内臓〕

しょくにん【職人】名詞 習《なら》い覚《おぼ》えた技術《ぎじゅつ》でものをつくる仕事《しごと》をしている人《ひと》。大工《だいく》・左官《さかん》・庭師《にわし》など。例 職人かたぎ（＝職人《しょくにん》らしい、仕《し》事《ごと》をりっぱにやりとげようとする性格《せいかく》）。

しょくば【職場】名詞 仕事《しごと》をする場所《ばしょ》。勤《つと》め先《さき》。

しょくばい【触媒】名詞 それ自身《じしん》は変化《へんか》しないが、他《ほか》の物質《ぶっしつ》の化学反応《かがくはんのう》の速度《そくど》を変《か》えるもの。

しょくばたいけん【職場体験】名詞 学校《がっこう》の生徒《せいと》などが、店《みせ》や会社《かいしゃ》などで実際《じっさい》の仕事《しごと》を体《たい》験《けん》したり、働《はたら》く人《ひと》と接《せっ》したりする学習《がくしゅう》活動《かつどう》。例 姉《あね》は、職場体験で、三日間《みっかかん》書店《しょてん》で働《はたら》いた。

しょくパン【食パン】名詞 箱形《はこがた》に焼《や》いた、主食用《しゅしょくよう》のパン。

しょくひ【食費】名詞 食事《しょくじ》にかかる費用《ひよう》。

しょくひん【食品】名詞 食《た》べ物《もの》となる品物《しなもの》。

しょくひんてんかぶつ【食品添加物】名詞 食品《しょくひん》の加工《かこう》や調理《ちょうり》のときに、味《あじ》や色《いろ》などをつけたり、くさりにくくしたりするために加《くわ》えるもの。

しょくひんトレー【食品トレー】名詞 スーパーマーケットなどで、肉《にく》や魚《さかな》などの食品《しょくひん》をのせてある容器《ようき》。

しょくひんはいきぶつ【食品廃棄物】名詞 食品《しょくひん》の製造《せいぞう》・流通《りゅうつう》・消費《しょうひ》のそれぞれの段《だん》階《かい》で捨《す》てられる、調理《ちょうり》くず、売《う》れ残《のこ》り、食《た》べ残《のこ》しなどのこと。ことば 食品廃棄物《しょくひんはいきぶつ》のうち、本《ほん》来《らい》は食《た》べられるもののことを「食品《しょくひん》ロス」という。

しょくひんロス【食品ロス】名詞 まだ食《た》べられるのに、捨《す》てられる食品《しょくひん》。例 食品ロスを減《へ》らす。

しょくぶつ【植物】名詞 木《き》・草《くさ》・海藻《かいそう》のように、一《いっ》か所《しょ》から動《うご》かずに、水《みず》や空気《くうき》から養分《ようぶん》をとって生《い》きる生物《せいぶつ》。対 動物《どうぶつ》。

しょくぶつえん【植物園】名詞 研究《けんきゅう》をしたり人々《ひとびと》に見《み》せたりするために、いろいろな植《しょく》物《ぶつ》を植《う》えておくところ。関連 動物園《どうぶつえん》。

しょくぶつプランクトン【植物プランクトン】名詞 体内《たいない》に葉緑素《ようりょくそ》を持《も》ち、光合成《こうごうせい》によって自分《じぶん》で養分《ようぶん》をつくり出《だ》す性質《せいしつ》を持《も》つプランクトン。クロレラ・みかづきもなど。

しょくへん【食偏】名詞「飠」のこと。漢字《かんじ》の部首《ぶしゅ》の一《ひと》つ。「食」の形《かたち》が変《か》わったもので、飲食《いんしょく》に関係《かんけい》のある漢字《かんじ》を作《つく》ることが多《おお》い。飲・館・飯・飼など。

しょくみんち【植民地】名詞 ❶ある国《くに》の領土《りょうど》となって、その国《くに》に治《おさ》められている土地《とち》。❷ある国《くに》から移《うつ》り住《す》んだ人《ひと》たちによって切《き》り開《ひら》かれた土地《とち》。

しょくむ【職務】名詞 会社《かいしゃ》などで、自分《じぶん》が受《う》け持《も》っている仕事《しごと》。役目《やくめ》。例 職務を果《は》たす。

しょくもつ【食物】名詞 食《た》べ物《もの》。

しょくもつせんい【食物繊維】名詞 食《た》べ物《もの》の中《なか》にふくまれている、消化《しょうか》されない成分《せいぶん》。野菜《やさい》や豆《まめ》に多《おお》くふくまれる。体《からだ》の中《なか》の害《がい》になる物質《ぶっしつ》を外《そと》に出《だ》すはたらきがある。

しょくもつれんさ【食物連鎖】名詞 自然《しぜん》の中《なか》のさまざまな生物《せいぶつ》の間《あいだ》に、「食《た》べる」「食《た》べられる」という関係《かんけい》がいくつもつながって続《つづ》いていること。たとえば、草《くさ》をばったが食《た》べ、ばったをかえるが食《た》べ、かえるをへびが食《た》べるといったつながり。

四字熟語 自給自足《じきゅうじそく》　自分《じぶん》でまかない（自給《じきゅう》）、自分《じぶん》で満《み》たす（自足《じそく》）ということ。生活《せいかつ》に必要《ひつよう》なもの

しょくよう【食用】 名詞 食《た》べ物《もの》にすること。食《た》べられること。例 食用の油《あぶら》。

しょくよく【食欲】 名詞 何《なに》か食《た》べたいと思《おも》う気《き》持《も》ち。例 食欲が出《で》る。

しょくりょう【食料】 名詞 食《た》べ物《もの》。

しょくりょう【食糧】 名詞 食《た》べ物《もの》。おもに主《しゅ》食《しょく》となる米《こめ》や麦《むぎ》などを指《さ》す。例 非《ひ》常《じょう》用《よう》の食糧。

しょくりょうじきゅうりつ【食料自給率】 名詞 国《こく》民《みん》が食《た》べている食《しょく》料《りょう》のうち、国内《こくない》で生産《せいさん》されている食《しょく》料《りょう》の割合《わりあい》。

しょくりょうひん【食料品】 名詞 食《た》べ物《もの》となる品物《しなもの》。ことば おもに、米《こめ》やパンなどの主《しゅ》食《しょく》以外《いがい》を指《さ》す。

しょくりん【植林】 名詞 動詞 季語 春 野《の》や山《やま》に、木《き》のなえを植《う》えて林《はやし》をつくること。

しょくん【諸君】 代名詞 大勢《おおぜい》の人《ひと》に呼《よ》びかけることば。きみたち。みなさん。例 生徒《せいと》諸君。

使い方 目上《めうえ》の人《ひと》には使《つか》わない。

しょけい【処刑】 名詞 動詞 罪《つみ》を犯《おか》した人《ひと》に、けいばつをあたえること。とくに、死刑《しけい》にすること。

しょけい【初経】 名詞 初《はじ》めての月経《げっけい》。初潮《しょちょう》。

じょけいし【叙景詩】 名詞 風景《ふうけい》を見《み》たままに書《か》き表《あらわ》した詩《し》。関連 叙情詩《じょじょうし》。叙事詩《じょじし》。

しょげかえる【しょげ返る】 動詞 がっかりして、すっかり元気《げんき》をなくしてしまう。例 しかられて、しょげ返ってしまった。

しょげる 動詞 がっかりして元気《げんき》がなくなる。例 失敗《しっぱい》をしてしょげる。

しょけん【所見】 名詞 ❶見《み》たことがら。また、見《み》てわかったこと。例 お医者《いしゃ》さんの所見を聞《き》く。❷考《かんが》え。意見《いけん》。例 就任会見《しゅうにんかいけん》で所見を述《の》べる。

じょげん【助言】 名詞 動詞 ほかの人《ひと》に、助《たす》けになるようなことを言《い》うこと。また、そのことば。アドバイス。例 先生《せんせい》から助言をいただく。

しょこ【書庫】 名詞 本《ほん》をしまっておく部屋《へや》や建物《たてもの》。

じょこう【徐行】 名詞 動詞 乗《の》り物《もの》が、いつでも止《と》まれるくらいの速《はや》さで進《すす》むこと。

しょこく【諸国】 名詞 たくさんの国々《くにぐに》。例 ヨーロッパ諸国の文化《ぶんか》／近隣《きんりん》諸国。

しょさ【所作】 名詞 体《からだ》の動《うご》かし方《かた》。身《み》ぶり。ふるまい。

しょさい【書斎】 名詞 家《いえ》で、本《ほん》を読《よ》んだり、ものを書《か》いたりするための部屋《へや》。

しょざい【所在】 名詞 ❶そのものがあるところ。ありか。例 責任《せきにん》の所在をはっきりさせる。❷その人《ひと》がいるところ。住《す》みか。例 昔《むかし》の友《とも》だちの所在がやっとわかった。

しょざいち【所在地】 名詞 人《ひと》や物《もの》が存在《そんざい》する場所《ばしょ》。例 県庁《けんちょう》所在地。

しょざいない【所在ない】 形容詞 することがなくて、退屈《たいくつ》である。例 雨《あめ》で練習《れんしゅう》が中止《ちゅうし》になったので、兄《あに》は所在ないようすだ。

じょさいない【如才ない】 形容詞 ぬけ目《め》がない。気《き》がきいていて愛想《あいそ》がよい。例 如才ない返事《へんじ》／如才なくふるまう。

じょさんし【助産師】 名詞 赤《あか》んぼうが生《う》まれるときに、赤《あか》んぼうとお母《かあ》さんの手助《てだす》けをしたり、世話《せわ》をしたりすることを仕事《しごと》にしている女《おんな》の人《ひと》。

しょし【初志】 名詞 ものごとをやろうと思《おも》い立《た》ったときの、最初《さいしょ》の気《き》持《も》ち。例 姉《あね》は初志をつらぬいてとうとう看護師《かんごし》になった。類 初心《しょしん》。

しょじ【所持】 名詞 動詞 身《み》に着《つ》けて持《も》っていること。例 身分証明書《みぶんしょうめいしょ》を所持する。

じょし【女子】 名詞 ❶女《おんな》の子《こ》。例 女子生徒《せいと》。対 男子《だんし》。❷女《おんな》。女《おんな》の人《ひと》。例 女子マラソン。対 男子《だんし》。

じょし【女史】 名詞 すぐれたはたらきをしている女《おんな》の人《ひと》を尊敬《そんけい》していうことば。名前《なまえ》のあとにつけて呼《よ》ぶことが多《おお》い。例 樋口一葉《ひぐちいちよう》女史。

じょし【助詞】 名詞 品詞《ひんし》の一《ひと》つ。ほかのことばのあとにつけて、ことばとことばをつなぎ、その関係《かんけい》を示《しめ》したり、意味《いみ》をそえたりすることば。「学校《がっこう》へ行《い》く」の「へ」、「自分《じぶん》で考《かんが》える」の「で」など。

じょじ【女児】 名詞 女《おんな》の子《こ》。対 男児《だんじ》。

じょじし【叙事詩】 名詞 歴史的《れきしてき》なできごとや人物《じんぶつ》のはたらきなど、実際《じっさい》にあったことをありのままに述《の》べた詩《し》。関連 叙景詩《じょけいし》。叙情詩《じょじょうし》。

じょしつき【除湿器】 名詞 空気《くうき》中《ちゅう》のしめり気《け》をとり除《のぞ》く器具《きぐ》。

しょじひん【所持品】 名詞 身《み》に着《つ》けて持《も》っている物《もの》。

とばから、非常《ひじょう》に苦労《くろう》することをいう。

しょしゃ【書写】
❶名詞 動詞 書《か》き写《うつ》すこと。類 筆写《ひっしゃ》。
❷名詞 国語《こくご》で、文字《もじ》の正《ただ》しい書《か》き方《かた》の学習《がくしゅう》。

じょしゅ【助手】 名詞
❶仕事《しごと》や研究《けんきゅう》などの手助《てだす》けをする人《ひと》。
❷大学《だいがく》で、教授《きょうじゅ》・准教授《じゅんきょうじゅ》の仕事《しごと》を助《たす》ける人《ひと》。

しょしゅう【初秋】 名詞 季語秋 秋《あき》の初《はじ》め。対 晩秋《ばんしゅう》。

じょじゅつ【叙述】 名詞 動詞 ものごとのありさまや考《かんが》えなどを、順《じゅん》を追《お》って述《の》べること。また、述《の》べたもの。例 運動会《うんどうかい》の一日《いちにち》を叙述する。

しょしゅん【初春】 名詞 季語春
❶春《はる》の初《はじ》め。類 早春《そうしゅん》。春先《はるさき》。対 晩春《ばんしゅん》。
❷「正月《しょうがつ》」のこと。
ことば「はつはる」ともいう。❷の意味《いみ》で季語《きご》として使《つか》う場合《ばあい》の季節《きせつ》は「新年《しんねん》」。

しょじゅん【初旬】 名詞 月《つき》の初《はじ》めの十日間《とおかかん》。類 上旬《じょうじゅん》。

しょしょ【処暑】 名詞 季語秋 二十四節気《にじゅうしせっき》の一《ひと》つ。夏《なつ》の暑《あつ》さがおさまってくるころ。八月二十三日《はちがつにじゅうさんにち》ごろ。
⬇1450ページ 二十四節気《にじゅうしせっき》

しょじょう【書状】 名詞 手紙《てがみ》。類 書簡《しょかん》。
使い方 あらたまった言《い》い方《かた》。

じょしょう【序章】 名詞 小説《しょうせつ》や論説文《ろんせつぶん》などで、本題《ほんだい》に入《はい》る前《まえ》に、前置《まえお》きとして置《お》く章《しょう》。

じょじょうし【叙情詩】 名詞 自分《じぶん》の心《こころ》に感《かん》じた喜《よろこ》びや悲《かな》しみ、さびしさなどの心《こころ》の動《うご》きを述《の》べた詩《し》。関連 叙景詩《じょけいし》。叙事詩《じょじし》。ことば「抒情詩」とも書《か》く。

じょじょに【徐徐に】 副詞 ゆっくりと、少《すこ》しずつ。だんだん。例 徐々にスピードを上《あ》げる。

しょしん【初心】 名詞
❶あることをしようと決心《けっしん》したときの、最初《さいしょ》の気持《きも》ち。例 初心にかえる。類 初志《しょし》。
❷ある学問《がくもん》や芸《げい》などにまだ慣《な》れていないこと。習《なら》い始《はじ》め。例 初心者《しゃ》。

● **初心忘《しょしんわす》るべからず**
⬇221ページ ことわざ

しょしん【所信】 名詞 あることがらについて、こうだと信《しん》じていること。考《かんが》え。例 政治《せいじ》問題《もんだい》について、首相《しゅしょう》が所信を述《の》べる。

しょしんしゃ【初心者】 名詞 ものごとを習《なら》い始《はじ》めたばかりの人《ひと》。

じょすう【除数】 名詞 割《わ》り算《ざん》で、割《わ》るほうの数《かず》。たとえば、「8÷4=2」の「4」。

じょすうし【助数詞】 名詞 数《かず》を表《あらわ》すことばのあとにつけて、数《かぞ》えるものの種類《しゅるい》や単位《たんい》を表《あらわ》すことば。「一個《いっこ》」の「個《こ》」、「二本《にほん》」の「本《ほん》」など。
⬇629ページ 伝統コラム
⬇1454ページ 物《もの》を数《かぞ》えることば（助数詞《じょすうし》）

じょすうし【序数詞】 名詞 順序《じゅんじょ》を示《しめ》すことば。「第一《だいいち》」「二位《にい》」「三番目《さんばんめ》」などのこと。

しょする【処する】 動詞
❶自分《じぶん》の置《お》かれた場《ば》にふさわしい行動《こうどう》をとる。例 困難《こんなん》に処する。
❷適切《てきせつ》にものごとの始末《しまつ》をつける。とりはからう。例 問題《もんだい》に対《たい》して、冷静《れいせい》に事《こと》を処する。
❸ばつをあたえる。例 厳罰《げんばつ》に処する。

しょせい【処世】 名詞 いろいろなものごとをうまく処理《しょり》しながら、世《よ》の中《なか》で暮《く》らしていくこと。例 処世術《じゅつ》。類 世渡《よわた》り。

しょせい【書生】 名詞
❶「学生《がくせい》」の古《ふる》い言《い》い方《かた》。
❷他人《たにん》の家《いえ》に住《す》みこんで、仕事《しごと》を手伝《てつだ》いながら勉強《べんきょう》する人《ひと》。明治《めいじ》・大正時代《たいしょうじだい》に多《おお》くみられた。

じょせい【女性】 名詞 女《おんな》の人《ひと》。女《おんな》。対 男性《だんせい》。

じょせい【助成】 名詞 動詞 研究《けんきゅう》や事業《じぎょう》などが進《すす》むように助《たす》けること。例 助成金《きん》。

しょせいじゅつ【処世術】 名詞 世《よ》の中《なか》で暮《く》らしていくための方法《ほうほう》。

じょせいてき【女性的】 形容動詞 女《おんな》らしいようす。対 男性的《だんせいてき》。

しょせき【書籍】 名詞 本《ほん》。書物《しょもつ》。図書《としょ》。

じょせき【除籍】 名詞 動詞 名簿《めいぼ》や戸籍《こせき》などにのっている名前《なまえ》を消《け》し、そこでの身分《みぶん》をなくすこと。例 除籍処分《しょぶん》にする。

しょせつ【諸説】 名詞 あることがらについての、いろいろな考《かんが》え方《かた》や意見《いけん》。

じょせつ【除雪】 名詞 動詞 季語冬 積《つ》もった雪《ゆき》をとり除《のぞ》くこと。例 除雪作業《さぎょう》。

じょせつしゃ【除雪車】 名詞 季語冬 積《つ》もった雪《ゆき》をとり除《のぞ》く車《くるま》。

しょせん【所詮】 副詞 結局《けっきょく》は。どうせ。例 所詮勝《か》てるはずのない相手《あいて》だった。

じょせん【除染】 名詞 動詞 放射線《ほうしゃせん》を発《はっ》する物質《ぶっしつ》で汚染《おせん》されたときに、それをとり除《のぞ》いたり、土《つち》やコンクリートなどでおおって放射線《ほうしゃせん》をさえぎったりすること。

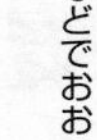
四字熟語　**四苦八苦《しくはっく》**　生《い》きる、老《お》いる、病気《びょうき》になる、死《し》ぬなど、人生《じんせい》のあらゆる苦《くる》しみを表《あらわ》す仏教《ぶっきょう》のこ

しょぞう【所蔵】 名詞 動詞 自分《じぶん》のものとして、しまっておくこと。例 市立美術館《しりつびじゅつかん》所蔵の絵《え》。

じょそう【助走】 名詞 動詞 走《はし》りはばとび・高《たか》とび・体操《たいそう》などの運動競技《うんどうきょうぎ》で、勢《いきお》いをつけるために、踏《ふ》み切《き》りの地点《ちてん》まで走《はし》ること。

じょそう【除草】 名詞 動詞 季語 夏 雑草《ざっそう》をとり除《のぞ》くこと。草《くさ》とり。

じょそうざい【除草剤】 名詞 雑草《ざっそう》をとり除《のぞ》くための薬《くすり》。田《た》や畑《はたけ》で使《つか》うときは、作物《さくもつ》にえいきょうの少《すく》ないものが使《つか》われる。

しょぞく【所属】 名詞 動詞 会《かい》や団体《だんたい》などに入《はい》っていること。例 サッカー部《ぶ》に所属する。

しょたい【所帯】 名詞 独立《どくりつ》し、一戸《いっこ》として生《せい》活《かつ》していること。一家《いっか》の暮《く》らし。例 所帯を持《も》つ。

しょたい【書体】 名詞 ❶文字《もじ》のいろいろな書《か》き方《かた》。楷書《かいしょ》・行書《ぎょうしょ》・草《そう》書《しょ》などがある。❷印刷《いんさつ》に使《つか》う、いろいろな文字《もじ》の種類《しゅるい》。明朝《みんちょう》体《たい》・教科書体《きょうかしょたい》・ゴシック体《たい》などがある。❸字《じ》の書《か》きぶり。

しょたい【書体】❶

しょたい【書体】❷

しょだい【初代】 名詞 代々続《だいだいつづ》いている家《いえ》や役《やく》職《しょく》などの、最初《さいしょ》の人《ひと》。例 初代の校長《こうちょう》。

しょたいめん【初対面】 名詞 初《はじ》めて会《あ》うこと。例 初対面の人《ひと》とあいさつする。

しょだな【書棚】 名詞 本《ほん》を並《なら》べるたな。本棚《ほんだな》。

しょだん【初段】 名詞 剣道《けんどう》・柔道《じゅうどう》・囲碁《いご》・将《しょう》棋《ぎ》などであたえられる、最初《さいしょ》の段位《だんい》。

しょち【処置】 名詞 動詞 ❶ものごとをどうあつかうか決《き》めて、決《き》まりをつけること。例 事故《じこ》が起《お》き、工場長《こうじょうちょう》は緊急《きんきゅう》処置をとった。類 措置《そち》。❷病気《びょうき》やけがなどの手当《てあ》てをすること。例 応《おう》急《きゅう》処置。

しょちゅう【暑中】 名詞 夏《なつ》の暑《あつ》い期間《きかん》。とくに、夏《なつ》の土用《どよう》の十八日間《じゅうはちにちかん》。対 寒中《かんちゅう》。

しょちゅうみまい【暑中見舞い】 名詞 季語 夏 夏《なつ》の暑《あつ》いころに、知人《ちじん》や友人《ゆうじん》などのようすをたずねること。また、そのための手紙《てがみ》。参考 立秋《りっしゅう》（＝八月八日《はちがつようか》ごろ）を過《す》ぎると、「残《ざん》暑見舞《しょみま》い」となる。

しょちょう【初潮】 ↓648ページ しょけい〔初経〕

しょちょう【署長】 名詞 警察署《けいさつしょ》・税務署《ぜいむしょ》・消《しょう》防署《ぼうしょ》などで、地位《ちい》がいちばん上《うえ》の人《ひと》。

じょちょう【助長】 名詞 動詞 故事成語 人《ひと》やもののごとにはたらきかけて、ある方向《ほうこう》に進《すす》んだり成長《せいちょう》したりするよう、助《たす》けること。また、余《よ》計《けい》な手助《てだす》けをして、かえって悪《わる》い方向《ほうこう》に進《すす》めてしまうこと。例 国際化《こくさいか》を助長する／なぐさめのことばは、兄《あに》のいかりを助長することになった。ことば 植《う》えたなえが早《はや》くのびるようにと引《ひ》っぱって、かれさせてしまったという話《はなし》から。

しょっかく【触角】 名詞 昆虫《こんちゅう》やえび・かになどの頭《あたま》の部分《ぶぶん》にあって、物《もの》にさわったりかぎわけたりする器官《きかん》。かたつむりなどの巻《ま》き貝《がい》にある角《つの》を指《さ》していうこともある。

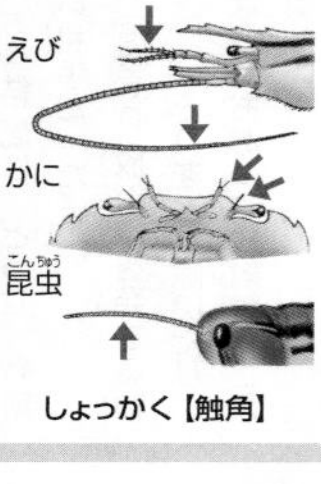

しょっかく【触角】

しょっかく【触覚】 名詞 五感《ごかん》の一《ひと》つ。皮膚《ひふ》に物《もの》がふれたことを感《かん》じる感覚《かんかく》。関連 嗅覚《きゅうかく》。視《し》覚《かく》。聴覚《ちょうかく》。味覚《みかく》。

しょっかん【食感】 名詞 食《た》べ物《もの》を口《くち》の中《なか》に入《い》れて、歯《は》や舌《した》などでふれたときの感《かん》じ。

しょっき【食器】 名詞 食事《しょくじ》をするときに使《つか》う道具《どうぐ》。皿《さら》・茶《ちゃ》わん・はしなど。

しょっき【織機】 名詞 布《ぬの》を織《お》る機械《きかい》。機織《はたお》り機《き》。例 自動《じどう》織機。

ショック（shock） 名詞 ❶心《こころ》に急《きゅう》に受《う》ける強《つよ》いおどろきや痛手《いたで》。例 親《しん》友《ゆう》の転校《てんこう》にショックを受《う》ける。類 衝撃《しょうげき》。❷急《きゅう》に加《くわ》わる強《つよ》い力《ちから》。例 落雷《らくらい》のショックで停《てい》電《でん》した。類 衝撃《しょうげき》。

しょっこう【しょっ光】 名詞 ともしびの光《ひかり》。

しょっちゅう 副詞 いつも。絶《た》えず。例 妹《いもうと》はしょっちゅう音楽《おんがく》をきいている。

ショット（shot） 名詞 ❶ゴルフやテニスで、球《たま》を打《う》つこと。❷映画《えいが》などで、とぎれることなく映《うつ》された、一《ひと》つの場面《ばめん》。例 ロングショット。

そうとして、何回《なんかい》も失敗《しっぱい》を重《かさ》ねながら目的《もくてき》に近《ちか》づいていくこと。

しょっぱい 形容詞 塩《しお》気《け》が強《つよ》い。塩《しお》からい。使い方 くだけた言《い》い方《かた》。

ショッピング（shopping） 名詞 動詞 買《か》い物《もの》をすること。例 ショッピングに出《で》かける。

ショッピングカート（shopping-cart） 名詞 スーパーマーケットなどで、客《きゃく》が商品《しょうひん》を入《い》れて運《はこ》ぶ、手押《てお》しの車《くるま》。

ショッピングセンター（shopping center） 名詞 たくさんの店《みせ》を集《あつ》めた建物《たてもの》や区域《くいき》。

ショップ（shop） 名詞 店《みせ》。商店《しょうてん》。

しょてい【所定】 名詞 決《き》められていること。例 入学《にゅうがく》のための所定の手続《てつづ》きをとる。

しょてん【書店】 名詞 ❶本《ほん》を売《う》る店《みせ》。本屋《ほんや》。❷本《ほん》を出版《しゅっぱん》する会社《かいしゃ》。

しょとう【初冬】 名詞 季語冬 冬《ふゆ》の初《はじ》め。対 晩《ばん》冬《とう》。

しょとう【初等】 名詞 学問《がくもん》や教育《きょういく》などの、いちばん初《はじ》めの段階《だんかい》。例 初等教育《きょういく》。関連 高等《こうとう》。

しょとう【諸島】 名詞 一《ひと》つの地域《ちいき》に集《あつ》まっている、いくつかの島々《しまじま》。例 伊豆《いず》諸島。類 群島《ぐんとう》。

しょどう【書道】 名詞 筆《ふで》を使《つか》って字《じ》を書《か》く芸《げい》術《じゅつ》。また、それを習《なら》うこと。類 習字《しゅうじ》。

じょどうし【助動詞】 名詞 品詞《ひんし》の一《ひと》つ。ほかのことばのあとにつけて、そのことばのはたらきを助《たす》け、意味《いみ》をそえることば。「行《い》った」の「た」、「行《い》きます」の「ます」、「行《い》きたい」の「たい」など。

しょとく【所得】 名詞 ある決《き》まった期間《きかん》に得《え》たもうけ。例 年間《ねんかん》所得。

しょとくぜい【所得税】 名詞 一年間《いちねんかん》のひとりひとりの所得《しょとく》に対《たい》してかけられる税金《ぜいきん》。国《くに》に納《おさ》められる。

しょなのか【初七日】 名詞 人《ひと》が死《し》んだ日《ひ》から、死《し》んだ日《ひ》を入《い》れて七日《なのか》めの日《ひ》。また、その日《ひ》に行《おこな》う法事《ほうじ》。「しょなぬか」ともいう。

じょにだん【序二段】 名詞 すもうの番付《ばんづけ》で、三段目《さんだんめ》の下《した》、序《じょ》の口《くち》の上《うえ》の位《くらい》。

しょにち【初日】 名詞 芝居《しばい》やすもうなどが何《なん》日《にち》か続《つづ》いて行《おこな》われるときの、最初《さいしょ》の日《ひ》。対 千《せん》秋楽《しゅうらく》。ことば「はつひ」と読《よ》むと別《べつ》の意味《いみ》。

じょのくち【序の口】 名詞 ❶ものごとの始《はじ》まったばかりのところ。例 このくらいの苦《くる》しさは序の口だ。❷すもうで、いちばん下《した》の位《くらい》。

しょばつ【処罰】 名詞 動詞 ばつをあたえること。例 違反者《いはんしゃ》は、規則《きそく》に従《したが》って処罰します。

じょばつ【除伐】 名詞 林《はやし》の手入《てい》れのために、不要《ふよう》な木《き》を切《き》ること。

しょはん【初版】 名詞 出版《しゅっぱん》された本《ほん》の最初《さいしょ》の版《はん》。例 初版本《ぼん》。

ショパン 名詞（一八一〇～一八四九）ポーランドの作曲家《さっきょくか》。ワルツや夜想曲《やそうきょく》などの美《うつく》しいピアノ曲《きょく》を数多《かずおお》くつくった。

しょひょう【書評】 名詞 本《ほん》の内容《ないよう》や、でき具《ぐ》合《あい》についての批評《ひひょう》。また、その文章《ぶんしょう》。

しょぶん【処分】 名詞 動詞 ❶ものごとのあつかい方《かた》を決《き》めてかたづけること。例 小《ちい》さくなった服《ふく》を処分する。❷ばつをあたえること。例 出場停止《しゅつじょうていし》処分。

じょぶん【序文】 名詞 本《ほん》などの前書《まえが》き。本《ほん》の初《はじ》めに、その本《ほん》ができた訳《わけ》などを書《か》いた文《ぶん》。はしがき。

ショベル ⬇601ページ シャベル

ショベルカー 名詞 土木工事《どぼくこうじ》に使《つか》われる、大《おお》きなシャベルがついた車《くるま》。ことば 英語《えいご》をもとに日本《にほん》で作《つく》られたことば。

しょほ【初歩】 名詞 ものごとの習《なら》い始《はじ》め。最《さい》初《しょ》の段階《だんかい》。

しょほう【処方】 名詞 動詞 医者《いしゃ》が、病人《びょうにん》の状《じょう》態《たい》に合《あ》わせて薬《くすり》の量《りょう》や混《ま》ぜ方《かた》を指示《しじ》すること。また、その内容《ないよう》。例 処方せん。

じょほう【除法】 名詞「割《わ》り算《ざん》」のこと。対 乗法《じょうほう》。

しょほうせん【処方箋】 名詞 医者《いしゃ》が、患者《かんじゃ》の状態《じょうたい》に合《あ》わせて薬《くすり》の種類《しゅるい》や混《ま》ぜ合《あ》わせ方《かた》を書《か》いた書類《しょるい》。

しょぼしょぼ[と] ❶副詞 小雨《こさめ》が、勢《いきお》いなく降《ふ》り続《つづ》くようす。❷副詞 動詞 目《め》をはっきり開《あ》けていられないようす。例 ねむくて目《め》がしょぼしょぼする。

じょまく【序幕】 名詞 ❶演劇《えんげき》の最初《さいしょ》の幕《まく》。第一幕《だいいちまく》。対 終幕《しゅうまく》。❷ものごとの始《はじ》まり。また、その場面《ばめん》。例 大《たい》会《かい》は序幕から盛《も》り上《あ》がった。対 終幕《しゅうまく》。

じょまくしき【除幕式】 名詞 銅像《どうぞう》や記念碑《きねんひ》などができ上《あ》がったことを祝《いわ》い、おおってある

四字熟語 **試行錯誤《しこうさくご》** ためしにやってみて（試行《しこう》）まちがえる（錯誤《さくご》）という意味《いみ》で、解決策《かいけつさく》を見《み》つけ出《だ》

布《ぬの》をとり除《のぞ》いて公開《こうかい》する儀式《ぎしき》。

しょみん【庶民】 名詞 特別《とくべつ》の地位《ちい》や大《おお》きな財《ざい》産《さん》などを持《も》たない、ふつうの人《ひと》。一般《いっぱん》の人《ひと》。 類 大衆《たいしゅう》。民衆《みんしゅう》。

しょみんてき【庶民的】 形容動詞 考《かんが》え方《かた》や暮《く》らしぶりなどが、一般《いっぱん》の人々《ひとびと》と変《か》わりがないようす。気取《きど》らず、親《した》しみが持《も》てるようす。 例 庶民的な人《ひと》がら。 類 大衆的《たいしゅうてき》。

しょむ【庶務】 名詞 会社《かいしゃ》や役所《やくしょ》などの、いろいろな事務《じむ》。 例 庶務係《がかり》。

しょめい【書名】 名詞 本《ほん》の名《な》まえ。

しょめい【署名】 名詞 動詞 自分《じぶん》の名前《なまえ》を書《か》きつけること。また、書《か》きつけた名前《なまえ》。サイン。 例 書類《しょるい》に署名する。 類 記名《きめい》。

じょめい【助命】 名詞 動詞 命《いのち》を助《たす》けること。

じょめい【除名】 名詞 動詞 会《かい》や団体《だんたい》などの名《めい》簿《ぼ》から名前《なまえ》を消《け》して、仲間《なかま》から外《はず》すこと。

しょめん【書面】 名詞 手紙《てがみ》。文書《ぶんしょ》。 例 先方《せんぽう》へは書面で連絡《れんらく》をする。

しょもつ【書物】 名詞 本《ほん》。図書《としょ》。書籍《しょせき》。

じょや【除夜】 名詞 季語 冬 十二月三十一日《じゅうにがつさんじゅういちにち》の夜《よる》。大《おお》みそかの夜《よる》。

●**除夜《じょや》の鐘《かね》** ⇩652ジペー じょやのかね

じょやく【助役】 名詞 ❶市《し》長《ちょう》・町《ちょう》長《ちょう》・村《そん》長《ちょう》を助《たす》ける役目《やくめ》。現在《げんざい》は「副市長《ふくしちょう》」「副町長《ふくちょうちょう》」「副村長《ふくそんちょう》」という。❷駅《えき》長《ちょう》を助《たす》ける役目《やくめ》。

じょやのかね【除夜の鐘】 名詞 季語 冬 大《おお》みそかの夜《よる》から新年《しんねん》にかけて、寺《てら》でつく百《ひゃく》八回《はちかい》のかね。 参考 仏教《ぶっきょう》で、人間《にんげん》の心《こころ》の中《なか》にあるとされる百八《ひゃくやっ》つの迷《まよ》いをとり去《さ》るといわれる。

しょゆう【所有】 名詞 動詞 自分《じぶん》のものとして持《も》っていること。また、持《も》っているもの。 例 土地《とち》を所有する。

じょゆう【女優】 名詞 女《おんな》の俳優《はいゆう》。 対 男優《だんゆう》。

しょゆうけん【所有権】 名詞 自分《じぶん》のものとして、自由《じゆう》に使《つか》ったり売《う》ったりできる権利《けんり》。

しょよう【所用】 名詞 用事《ようじ》。用件《ようけん》。 例 所用で東京《とうきょう》まで出《で》かける。 使い方 あらたまった言《い》い方《かた》。

しょよう【所要】 名詞 あるものごとをするのに必要《ひつよう》とすること。 例 所要時間《じかん》。

しょり【処理】 名詞 動詞 始末《しまつ》すること。かたづけること。 例 てきぱきと仕事《しごと》を処理する。 ことば コンピューターに実行《じっこう》させる仕事《しごと》のことも「処理《しょり》」という。

じょりゅう【女流】 名詞 世《よ》の中《なか》で活躍《かつやく》している女性《じょせい》。 例 女流作家《さっか》。 使い方 ふつう、仕事《しごと》を表《あらわ》すことばの上《うえ》につけて使《つか》う。

じょりょく【助力】 名詞 動詞 力《ちから》を貸《か》して助《たす》けること。手助《てだす》け。 例 助力をたのむ。

しょるい【書類】 名詞 必要《ひつよう》なことなどを書《か》き記《しる》したもの。文書《ぶんしょ》。書《か》きつけ。 例 重要《じゅうよう》書類。

ショルダーバッグ (shoulder bag) 名詞 かたにかけて持《も》ち歩《ある》くかばん。

じょれつ【序列】 名詞 ある決《き》まりに従《したが》って並《なら》べた順序《じゅんじょ》。 例 得点《とくてん》によって序列をつける。

しょろう【初老】 名詞 老人《ろうじん》になりかける年《とし》ごろ。

じょろん【序論】 名詞 論文《ろんぶん》で、本論《ほんろん》に入《はい》る前《まえ》に、前置《まえお》きとして述《の》べる部分《ぶぶん》。 関連 本論《ほんろん》。結論《けつろん》。

しょんぼり［と］ 副詞 動詞 元気《げんき》がなく、さびしそうなようす。 例 しかられてしょんぼりする。

しら【白】 (ほかのことばの前《まえ》につけて)「白《しろ》」「白《しろ》い」の意味《いみ》を表《あらわ》す。 例 白波《なみ》／白旗《はた》。 漢 ⇩1047ジペー はく〔白〕

じらい【地雷】 名詞 地《ち》中《ちゅう》にうめ、ふむと爆発《ばくはつ》して、人《ひと》を傷《きず》つけたり車《くるま》などをこわしたりする兵器《へいき》。

しらうお【白魚】 名詞 季語 春 日本《にほん》の近《ちか》くの海《うみ》にすむ魚《さかな》。体長《たいちょう》十《じっ》センチメートルくらいで細《ほそ》長《なが》い。春《はる》、卵《たまご》を産《う》むときは川《かわ》をさかのぼる。食《しょく》用《よう》になる。

しらが【白髪】 名詞 白《しろ》くなったかみの毛《け》。はくはつ。

しらかば【白かば】 名詞 高原《こうげん》などに生《は》える木《き》の一《ひと》つ。幹《みき》の皮《かわ》が白《しろ》く、紙《かみ》のようにはがれる。

しらかば

しらかみさんち【白神山地】 名詞 青森県《あおもりけん》と秋田県《あきたけん》の県境《けんざかい》にある山地《さんち》。ぶなの広《ひろ》い原生林《げんせいりん》がある。一九九三年《ねん》に日本《にほん》で初《はじ》めて世界自然遺《せかいしぜんい》産《さん》に登録《とうろく》された。

しらかわごう【白川郷】 名詞 岐阜県《ぎふけん》の北西《ほくせい》部《ぶ》にある地域《ちいき》。合掌造《がっしょうづく》りの大《おお》きな民家《みんか》がある。富山県《とやまけん》の五箇山《ごかやま》とあわせて世界文化遺産《せかいぶんかいさん》に登録《とうろく》された。

いを受《う》ける（自得《じとく》）という意味《いみ》。自分《じぶん》のした悪《わる》い行《おこな》いが、悪《わる》い結果《けっか》となって自分《じぶん》の身《み》に返《かえ》ってくることをいう。

しらかわよふね【白河夜船・白川夜船】 名詞 何《なに》も知《し》らずにぐっすりとねむりこむこと。ことば 京都《きょうと》を見物《けんぶつ》したふりをする男《おとこ》に、川《かわ》の地名《ちめい》の白河《しらかわ》（白川《しらかわ》）のことをたずねたら、川の名前だと思いこんで、「夜《よる》、船《ふね》で通《とお》ったから知《し》らない。」と答《こた》えたという話《はなし》からきたことば。

しらき【白木】 名詞 何《なに》もぬっていない、けずったままの木材《もくざい》。例 白木の机《つくえ》。

しらぎ【新羅】 名詞 四世紀《よんせいき》の中《なか》ごろ、朝鮮半《ちょうせんはん》島東南部《とうとうなんぶ》におこった国《くに》。七世紀《ななせいき》に半島《はんとう》を統一《とういつ》し、九三五年《ねん》まで続《つづ》いた。「しんら」ともいう。

しらきづくり【白木造り】 名詞 何《なに》もぬっていない、けずったままの木《き》でつくること。また、そのつくったもの。例 白木造りの家具《かぐ》。

しらける【白ける】 動詞 ❶色《いろ》がうすくなって白《しろ》っぽくなる。❷おもしろくなくなる。気《き》まずくなる。例 兄《あに》の勝手《かって》な態度《たいど》に、みんな白けてしまった。

しらさぎ【白さぎ】 名詞 季語夏 さぎのなかまの鳥《とり》のうち、全身《ぜんしん》が白《しろ》いものをまとめていう呼《よ》び名《な》。

しらさぎ

しらじら【と】【白白［と］】 副詞 ❶夜《よ》が明《あ》けて、空《そら》がだんだん明《あか》るくなっていくようす。例 東《ひがし》の空《そら》が白々としてきた。❷いかにも白《しろ》く見《み》えるようす。例 雪《ゆき》が積《つ》もり、夜道《よみち》が白々と明《あか》るい。

しらじらしい【白白しい】 形容詞 ❶知《し》っているのに、知《し》らないふりをするようす。しらばくれている。例 白々しい態度《たいど》をとる。❷見《み》えすいている。わざとらしい。例 白々しいうそをつく。

じらす 動詞 わざと相手《あいて》をいらいらさせる。例 そんなにじらさないで、早《はや》く教《おし》えてよ。

しらずしらず【知らず知らず】 副詞 気《き》づかないうちに。いつの間《ま》にか。例 知らず知らず国語《こくご》が好《す》きになっていた。

シラスだいち【シラス台地】 名詞 九州《きゅうしゅう》の南部《なんぶ》に広《ひろ》がる、火山灰《かざんばい》や軽石《かるいし》などが積《つ》もってできた台地《だいち》。大雨《おおあめ》が降《ふ》るとくずれやすい。

しらせ【知らせ】 名詞 ❶知《し》らせること。通知《つうち》。例 合格《ごうかく》の知らせが届《とど》く。❷何《なに》かが起《お》こる前《まえ》ぶれ。例 虫《むし》の知らせ。

しらせる【知らせる】 動詞 ほかの人《ひと》が知《し》るようにする。伝《つた》える。例 ニュースを知らせる。

しらたき【白滝】 名詞 細《ほそ》く作《つく》ったこんにゃく。なべ料理《りょうり》などに使《つか》う。

しらたま【白玉】 名詞 季語夏 白玉粉《しらたまこ》（＝もち米《ごめ》の粉《こな》）をこねて作《つく》っただんご。しるこや冷《つめ》たい砂糖水《さとうみず》などに入《い》れて食《た》べる。

しらつゆ【白露】 名詞 季語秋 白《しろ》く光《ひか》って見《み》えるつゆ。

しらなみ【白波】 名詞 あわ立《だ》って、白《しろ》く見《み》える波《なみ》。例 白波が立《た》つ。

しらぬがほとけ【知らぬが仏】 ことわざ そのことを知《し》ってしまうと気《き》になったり腹《はら》が立《た》ったりするが、知《し》らなければ平気《へいき》でいられるということのたとえ。例 ぬき打《う》ちテストがあるというのに、みんな知らぬが仏で遊《あそ》んでいる。

しらばくれる 動詞 知《し》っているのに、知《し》らないふりをする。とぼける。しらばっくれる。例 しらばくれても、証拠《しょうこ》があるからむだだよ。

しらはた【白旗】 名詞 白《しろ》い色《いろ》の旗《はた》。戦争《せんそう》で、戦《たたか》う気持《きも》ちがないことを表《あらわ》すときに使《つか》う。しろはた。

しらはのやがたつ【白羽の矢が立つ】 たくさんの中《なか》から、とくに見《み》こまれて選《えら》び出《だ》される。例 次《つぎ》の試合《しあい》の四番《よばん》バッターとして、ぼくに白羽の矢が立った。使い方「白羽《しらは》の矢《や》が当《あ》たる」と言《い》わないよう注意《ちゅうい》。ことば 神様《かみさま》が、いけにえとする少女《しょうじょ》の家《いえ》の屋根《やね》に白《しろ》い矢《や》を立《た》てる、という昔《むかし》の伝説《でんせつ》からきたことば。

しらべ【調べ】 名詞 ❶調《しら》べること。調査《ちょうさ》。例 警察《けいさつ》の調べが進《すす》む。❷音楽《おんがく》や詩《し》などの調子《ちょうし》。例 ピアノの美《うつく》しい調べ。

しらべがくしゅう【調べ学習】 名詞 自分《じぶん》自身《じしん》で学習《がくしゅう》の課題《かだい》を見《み》つけ、いろいろな方法《ほうほう》で調《しら》べてまとめる学習《がくしゅう》。

しらべる【調べる】 動詞 ❶わからないことや確《たし》かでないことを、見《み》たり聞《き》いたり比《くら》べたりしてはっきりさせる。例 ことばの意味《いみ》を辞典《じてん》で調べる。❷さがす。例 机《つくえ》の引《ひ》き出《だ》しを調べる。

漢 ↓ 844ジベー ちょう〔調〕

四字熟語 **自業自得《じごうじとく》** もと、仏教《ぶっきょう》のことばで、自分《じぶん》のしたこと（自業《じごう》）によって、自分自身《じぶんじしん》がそのむく

しらほ【白帆】 名詞 船《ふね》にかけた白《しろ》い帆《ほ》。また、白《しろ》い帆《ほ》をかけた船《ふね》。例 海《うみ》に白帆がうかぶ。

しらみ 名詞 人《ひと》や動物《どうぶつ》の皮膚《ひふ》について血《ち》を吸《す》う小《ちい》さな昆虫《こんちゅう》。発《はっ》しんチフスなどの病原菌《びょうげんきん》を運《はこ》ぶことがある。

しらみつぶし【しらみ潰し】 名詞 しらみを一《いっ》ぴきずつつぶすように、ものごとを、片端《かたはし》から残《のこ》らず調《しら》べること。例 小犬《こいぬ》のゆくえをしらみ潰しにさがす。

しらむ【白む】 動詞 白《しろ》くなる。とくに、夜《よ》が明《あ》けて明《あか》るくなる。例 東《ひがし》の空《そら》が白んできた。

しらをきる【白を切る】 知《し》らないふりをする。しらばくれる。例 つまみ食《ぐ》いを疑《うたが》われたが、「知《し》らないよ。」と白を切った。

しらんかお【知らん顔】 名詞 知《し》っているのに知《し》らないふりをすること。また、その顔《かお》つき。知《し》らんぷり。

しらんぷり【知らん振り】 名詞 知《し》っているのに知《し》らないふりをすること。知《し》らん顔《かお》。しらんふり。例 呼《よ》んでも知らん振りをしている。

しり【尻】 名詞 ❶こしの後《うし》ろの下《した》の部分《ぶぶん》。おしり。図→287ページ からだ
❷後《うし》ろ。あと。例 先生《せんせい》の尻について歩《ある》く。
❸終《お》わり。末《すえ》。例 徒競走《ときょうそう》は尻から二番目《にばんめ》だった。

●**尻《しり》が重《おも》い** めんどうくさがって、なかなか動《うご》こうとしない。例 おつかいに行《い》くはずの弟《おとうと》が、尻が重くてなかなか出発《しゅっぱつ》しない。対 尻《しり》が軽《かる》い。

●**尻《しり》が軽《かる》い** ❶気軽《きがる》にすぐ行動《こうどう》する。対 尻《しり》が重《おも》い。
❷行動《こうどう》が軽《かる》はずみである。

●**尻《しり》がこそばゆい** 気持《きも》ちが落《お》ち着《つ》かなくて、じっとしていることが難《むずか》しい。きまりが悪《わる》い。例 そんなにほめられると尻がこそばゆい。

●**尻《しり》に火《ひ》が付《つ》く** ものごとがさしせまってきて、じっとしていられなくなる。例 試験《しけん》が近《ちか》づき、やっと尻に火が付いて勉強《べんきょう》を始《はじ》めた。

●**尻《しり》をたたく** やる気《き》を出《だ》すようにはげましたり、早《はや》くするように急《いそ》がせたりする。例 母《はは》に尻をたたかれて、やっと準備《じゅんび》を始《はじ》めた。

しりあい【知り合い】 名詞 おたがいに知《し》り合《あ》っていること。また、その人《ひと》。知人《ちじん》。例 多《おお》くの人《ひと》と知り合いになる。

しりあがり【尻上がり】 名詞 ❶終《お》わりになるほどよくなること。例 尻上がりに調子《ちょうし》が出《で》てきた。対 尻下《しりさ》がり。
❷ことばの終《お》わりのほうの音《おと》が高《たか》いこと。例 尻上がりに発音《はつおん》する。対 尻下《しりさ》がり。

シリーズ（series）名詞 ❶同《おな》じような形《かたち》や内容《ないよう》で続《つづ》けてつくられる作品《さくひん》のこと。続《つづ》きもの。例 シリーズで放送《ほうそう》する。
❷あるひとまとまりの数試合《すうしあい》。例 日本《にほん》シリーズ。

シリウス（ラテン語）名詞 大犬座《おおいぬざ》の中《なか》にある青《あお》白《じろ》い星《ほし》。星《ほし》の中《なか》でもっとも明《あか》るい。教科 理 オリオン座《ざ》のベテルギウス、小犬座《こいぬざ》のプロキオンとともに、冬《ふゆ》の大三角《だいさんかく》の一《ひと》つ。

しりうまにのる【尻馬に乗る】 人《ひと》のあとについて、よく考《かんが》えもしないで行動《こうどう》する。例 人《ひと》の尻馬に乗ってさわぐ。

しりおし【尻押し】 名詞 動詞 ❶後《うし》ろからおすこと。
❷かげにいて、人《ひと》を助《たす》けること。あとおし。例 みんなの尻押しがあったので成功《せいこう》できた。

じりき【自力】 名詞 ほかの人《ひと》をたよらない、自分《じぶん》ひとりの力《ちから》。例 山小屋《やまごや》まで自力でたどりつく。対 他力《たりき》。

しりきれとんぼ【尻切れとんぼ】 名詞 ものごとがとちゅうで切《き》れて、あとが続《つづ》かないこと。例 弟《おとうと》の話《はなし》は、いつも尻切れとんぼだ。

しりごみ【尻込み】 名詞 動詞 ❶ためらったりおそれたりして、後《うし》ろにさがること。例 大《おお》きな犬《いぬ》を見《み》て思《おも》わず尻込みした。
❷決心《けっしん》がつかずにぐずぐずすること。例 尻込みしないで、自分《じぶん》の意見《いけん》を述《の》べなさい。

しりさがり【尻下がり】 名詞 ❶終《お》わりになるほど悪《わる》くなること。例 今年《ことし》の成績《せいせき》は尻下がりだった。対 尻上《しりあ》がり。
❷ことばの終《お》わりのほうの音《おと》が低《ひく》いこと。例 尻下がりに発音《はつおん》する。対 尻上《しりあ》がり。

しりしよく【私利私欲】 →701ページ 四字熟語

じりじり【と】 ❶ 副詞 少《すこ》しずつせまっていくようす。例 敵《てき》がじりじりとせめてくる。
❷ 副詞 太陽《たいよう》が強《つよ》く照《て》りつけるようす。
❸ 副詞 動詞 あせっていらいらするようす。例 なかなか来《こ》ない客《きゃく》をじりじりしながら待《ま》つ。

しりぞく【退く】 動詞

❶後《うし》ろへさがる。例一歩《いっぽ》退く。対進む。❷ある地位《ちい》からはなれる。職《しょく》をやめる。例会長《かいちょう》を退く。漢↓770ページ たい〔退〕

しりぞける【退ける】 動詞 ❶後《うし》ろへさがらせる。追《お》い返《かえ》す。例敵《てき》を退ける。❷遠《とお》ざける。例ほかの人《ひと》を退けて、二人《ふたり》だけで話《はな》し合《あ》う。❸受《う》け入《い》れない。断《ことわ》る。例願《ねが》いを退ける。❹ある地位《ちい》からはなれさせる。職《しょく》をやめさせる。例役員《やくいん》から退けられた。漢↓770ページ たい〔退〕

しりつ【市立】 名詞 市《し》のお金《かね》でつくって、市《し》が管理《かんり》すること。例市立図書館《しりつとしょかん》。ことば「私立《しりつ》」と区別《くべつ》するために「いちりつ」ともいう。

しりつ【私立】 名詞 個人《こじん》や、民間《みんかん》の団体《だんたい》のお金《かね》でつくって、管理《かんり》していること。例私立大学《しりつだいがく》。対公立《こうりつ》。ことば「市立《しりつ》」と区別《くべつ》するために「わたくしりつ」ともいう。

じりつ【自立】 名詞 動詞 人《ひと》にたよらないで、自分《じぶん》の力《ちから》で行動《こうどう》したり生活《せいかつ》したりしていくこと。例高校卒業後《こうこうそつぎょうご》、自立して生活《せいかつ》する。類独立《どくりつ》。

じりつご【自立語】 名詞 それだけで一《ひと》つの文節《ぶんせつ》を作《つく》ることができることば。動詞《どうし》・形容詞《けいようし》・形容動詞《けいようどうし》・名詞《めいし》・副詞《ふくし》・連体詞《れんたいし》・接続詞《せつぞくし》・感動詞《かんどうし》をいう。たとえば、「走《はし》る」「美《うつく》しい」「静《しず》かだ」「ねこ」「とても」「この」「しかし」「はい」など。対付属語《ふぞくご》。

じりつしんけい【自律神経】 名詞 自分《じぶん》の意志《いし》では動《うご》かせない、内臓《ないぞう》や血管《けっかん》などのはたらきを調節《ちょうせつ》している神経《しんけい》。呼吸《こきゅう》・血液《けつえき》の流《なが》れ・消化《しょうか》・あせの分泌《ぶんぴつ》などを調節《ちょうせつ》している。

しりとり【尻取り】 名詞 前《まえ》の人《ひと》が言《い》ったことばの、いちばんあとの音《おん》で始《はじ》まることばを探《さが》して、ことばを続《つづ》けていく遊《あそ》び。「かわ」→「わた」→「たね」など。「ん」で終《お》わることばを言《い》うと負《ま》けとなる。

しりぬぐい【尻拭い】 名詞 ほかの人《ひと》の失敗《しっぱい》などの、後始末《あとしまつ》をすること。

しりびれ 名詞 魚《さかな》の体《からだ》の、腹側《はらがわ》の後《うし》ろのほうにあるひれ。図↓1133ページ ひれ

しりめ【尻目】 名詞 ❶目玉《めだま》だけを動《うご》かして、ちらっと見《み》ること。❷(「…を尻目《しりめ》に」の形《かたち》で、全体《ぜんたい》で)…を気《き》にしないで。…を無視《むし》して。例苦《くる》しそうに走《はし》る選手《せんしゅ》を尻目に、どんどん追《お》いぬいていった。

●**尻目《しりめ》にかける** ちらっと見《み》るだけで相手《あいて》にしない。見下《みくだ》すようすを表《あらわ》すことば。例ほえる小犬《こいぬ》を尻目にかけて大《おお》きな犬《いぬ》がゆうゆうと進《すす》む。

しりめつれつ【支離滅裂】 形容動詞 筋道《すじみち》が通《とお》っていなくて、まとまりがないようす。めちゃくちゃ。例支離滅裂な話《はなし》。

しりもち【尻餅】 名詞 後《うし》ろにたおれて、しりを地面《じめん》に打《う》ちつけること。例尻餅をつく。

しりゅう【支流】 名詞 本流《ほんりゅう》へ流《なが》れこむ小《ちい》さな川《かわ》。また、本流《ほんりゅう》から分《わ》かれ出《で》た川《かわ》。類分流《ぶんりゅう》。対本流《ほんりゅう》。主流《しゅりゅう》。

じりゅう【時流】 名詞 その時代《じだい》の考《かんが》え方《かた》などの傾向《けいこう》。

●**時流《じりゅう》に乗《の》る** その時代《じだい》の傾向《けいこう》や流行《りゅうこう》にうまく合《あ》う。例時流に乗った商品《しょうひん》。

しりょ【思慮】 名詞 注意深《ちゅういぶか》く、いろいろと考《かんが》えをめぐらすこと。また、その考《かんが》え。例思慮が足《た》りない/思慮深《ぶか》い人《ひと》。

しりょう【資料】 名詞 研究《けんきゅう》や調査《ちょうさ》などのための材料《ざいりょう》。例資料集《しゅう》。

しりょう【飼料】 名詞 家畜《かちく》にあたえるえさ。

しりょく【死力】 名詞 死《し》にものぐるいで出《だ》す、ありったけの力《ちから》。類全力《ぜんりょく》。

●**死力《しりょく》を尽《つ》くす** 死《し》にものぐるいで、ありったけの力《ちから》を出《だ》す。例死力を尽くして戦《たたか》う。

しりょく【視力】 名詞 物《もの》を見《み》る、目《め》の力《ちから》。例視力検査《けんさ》/視力が下《さ》がる。

しりょく【資力】 名詞 事業《じぎょう》などをするときの、もとになるお金《かね》などを出《だ》せる力《ちから》。

じりょく【磁力】 名詞 磁石《じしゃく》のN《エヌ》極《きょく》とS《エス》極《きょく》がたがいに引《ひ》きつけ合《あ》ったり、退《しりぞ》け合《あ》ったりする力《ちから》。

シリンダー (cylinder) 名詞 エンジンなどの中心《ちゅうしん》にある、丸《まる》いつつの中《なか》をピストンが往復《おうふく》する部分《ぶぶん》。

しる【汁】 名詞 ❶物《もの》の中《なか》にふくまれている水分《すいぶん》。例果物《くだもの》の汁。❷吸《す》い物《もの》。おつゆ。例みそ汁/すまし汁。❸(「汁《しる》を吸《す》う」の形《かたち》で)人《ひと》のおかげで手《て》に入《はい》るもうけ。例一人《ひとり》だけうまい汁を吸《す》う。

しる【知る】 動詞 ❶わかる。理解《りかい》する。例人《ひと》の気持《きも》ちを知る。

四字熟語　**時時刻刻《じじこっこく》**　時刻《じこく》を追《お》って、次第次第《しだいしだい》に。だんだんと。また、その時《とき》その時《とき》。

❷気《き》がつく。例 そうとは知らなかった。
❸覚《おぼ》えている。例 わたしの小《ちい》さいころを知る人《ひと》。
❹かかわりがある。例 わたしの知ったことではない。
❺つきあいがある。例 町《まち》で知っている人《ひと》に会《あ》った。
❻経験《けいけん》したことがある。例 わたしたちは戦争《せんそう》を知らない。

●**知《し》る由《よし》もない** 知《し》るための手段《しゅだん》がない。例 事件《じけん》の原因《げんいん》については、今《いま》では知る由もない。
漢 ↓ 824ジ《ペー》 ち〔知〕

シルエット（フランス語）名詞 横顔《よこがお》などを、黒《くろ》一色《いっしょく》でかげのようにかいたもの。また、物《もの》や体《からだ》のかげや、輪郭《りんかく》。例 夕焼《ゆうや》け空《ぞら》に、山《やま》のシルエットが美《うつく》しい。

シルク（silk）名詞 絹《きぬ》。絹《きぬ》の糸《いと》。絹《きぬ》の布《ぬの》。

シルクロード（Silk Road）名詞 昔《むかし》、アジア大陸《たいりく》を横切《よこぎ》ってヨーロッパと中国《ちゅうごく》を結《むす》んでいた交通路《こうつうろ》。この道《みち》を通《とお》って中国から絹《きぬ》（＝シルク）がヨーロッパに運《はこ》ばれたのでこの名《な》がついた。「絹《きぬ》の道《みち》」ともいう。参考 東大寺《とうだいじ》の正倉院《しょうそういん》には、シルクロードによって西《にし》アジアからもたらされたガラス器《き》や楽器《がっき》などが残《のこ》っている。

しるこ【汁粉】 名詞 あずきあんを水《みず》でのばしたしるに、もちや白玉《しらたま》などを入《い》れたあまい食品《しょくひん》。

しるし【印】 名詞
❶ほかの物《もの》と区別《くべつ》するために、つけたり書《か》いたりしたもの。目印《めじるし》。例 予定表《よていひょう》に印をつける。
❷証拠《しょうこ》。例 受《う》けとった印にサインしてください。
❸気持《きも》ちを表《あらわ》したもの。例 ほんのお礼《れい》の印です。
漢 ↓ 112ジ《ペー》 いん〔印〕

しるしばんてん【印半てん】 名詞 背中《せなか》やえりなどに、名前《なまえ》や家紋《かもん》などを染《そ》めぬいた半《はん》てん。

しるす【記す】 動詞
❶書《か》きつける。例 名前《なまえ》を記す。
❷覚《おぼ》える。心《こころ》に刻《きざ》みつける。例 心《こころ》に深《ふか》く記す。
漢 ↓ 315ジ《ペー》 き〔記〕

シルバー（silver）名詞 「銀《ぎん》」「銀色《ぎんいろ》」のこと。

シルバーシート 名詞 電車《でんしゃ》やバスなどで、お年寄《としよ》りや体《からだ》の不自由《ふじゆう》な人《ひと》が優先的《ゆうせんてき》にすわれる座席《ざせき》。ことば 英語《えいご》をもとに日本《にほん》で作《つく》られたことば。

しるべ 名詞 目《め》じるし。案内《あんない》。例 道《みち》しるべ。

しるべ【知るべ】 名詞 知《し》り合《あ》い。知人《ちじん》。例 引《ひ》っ越《こ》してきたばかりで知るべがない。

しるもの【汁物】 名詞 みそしるやスープのような、しるの多《おお》い食《た》べ物《もの》。

しれい【司令】 名詞 動詞 軍隊《ぐんたい》などを指揮《しき》すること。また、その人《ひと》。例 海軍《かいぐん》司令長官《ちょうかん》。

しれい【指令】 名詞 動詞 地位《ちい》が上《うえ》の人《ひと》が、下《した》の人《ひと》に命令《めいれい》すること。また、その命令《めいれい》。指図《さしず》。例 指令室《しつ》／本部《ほんぶ》からの指令を受《う》ける。

じれい【事例】 名詞 あることがらの例《れい》となるような、実際《じっさい》にあったできごと。例《れい》となるような事実《じじつ》。例 事例を挙《あ》げながら説明《せつめい》する。

じれい【辞令】 名詞
❶あいさつや受《う》け答《こた》えのときに使《つか》うことば。例 社交《しゃこう》辞令。
❷会社《かいしゃ》や役所《やくしょ》などで、役目《やくめ》をかえるときに本人《ほんにん》にわたす書類《しょるい》。例 転勤《てんきん》の辞令を受《う》けとる。

じれったい 形容詞 思《おも》うようにならなくて、いらいらするようす。例 針《はり》の穴《あな》に糸《いと》が通《とお》らなくてじれったい。類 歯《は》がゆい。もどかしい。

しれとこくりつこうえん【知床国立公園】 名詞 北海道《ほっかいどう》の北東部《ほくとうぶ》、知床半島《しれとこはんとう》を中心《ちゅうしん》とする国立公園《こくりつこうえん》。原生林《げんせいりん》におおわれ、ひぐまなどの多《おお》くの野生動物《やせいどうぶつ》が生息《せいそく》している。二〇〇五年《ねん》に世界自然遺産《せかいしぜんいさん》に登録《とうろく》された。

しれとこはんとう【知床半島】 名詞 北海道《ほっかいどう》北東部《ほくとうぶ》にある、オホーツク海《かい》につき出《で》た半島《はんとう》。

しれる【知れる】 動詞
❶大勢《おおぜい》の人《ひと》が知《し》ることになる。例 名《な》の知れた歌手《かしゅ》。
❷わかる。例 そんな悪口《わるくち》を言《い》う気《き》が知れない。

じれる 動詞 思《おも》いどおりにものごとが進《すす》まず、いらいらする。例 なかなか返事《へんじ》が来《こ》ず、じれる。

しれわたる【知れ渡る】 動詞 広《ひろ》く人々《ひとびと》に知《し》られる。例 うわさが知れ渡る。

しれん【試練】 名詞 決心《けっしん》の固《かた》さなどを厳《きび》しくためすこと。また、そのときの苦《くる》しみ。例 多《おお》くの試練にたえる。

ジレンマ（dilemma）名詞 対立《たいりつ》する二《ふた》つのことがらのうち、どちらにしてよいか迷《まよ》って決《き》められない状態《じょうたい》。板《いた》ばさみ。例 ジレンマにおちいる。

しろ【代】
❶必要《ひつよう》な部分《ぶぶん》。例 のり代／ぬい代。
❷田《た》。田《た》んぼ。例 代かき／苗《なわ》代。
❸代《か》わりになるもの。例 身《み》の代金《きん》。
漢 ↓ 771ジ《ペー》 だい〔代〕

にあったという根拠《こんきょ》がないこと。

しろ【白】 名詞 ❶雪《ゆき》のような色《いろ》。対 黒《くろ》。❷罪《つみ》がないこと。例 調《しら》べた結果《けっか》、その人物《じんぶつ》は白だった。対 黒《くろ》。
使い方 ほかのことばの前《まえ》につくときは、「しら」となることが多《おお》い。「白波《しらなみ》」「白雪《しらゆき》」など。
漢 ↓1047ページ はく〔白〕

しろ【城】 名詞 昔《むかし》、土地《とち》を治《おさ》めていた武士《ぶし》などが、敵《てき》を防《ふせ》いだり自分《じぶん》の力《ちから》を示《しめ》したりするために建《た》てた、大《おお》きくてがんじょうな建物《たてもの》。漢 ↓630ページ じょう〔城〕

しろあと【城跡】 名詞 昔《むかし》、城《しろ》があったあと。

しろあり【白あり】 名詞 ありに似《に》た白色《しろいろ》の昆《こん》虫《ちゅう》。暗《くら》いところにすみ、木《き》の建物《たてもの》などを食《く》いあらす。

しろい【白い】 形容詞 ❶雪《ゆき》のような色《いろ》をしている。例 白い雲《くも》。対 黒《くろ》い。❷色《いろ》がついていないようす。何《なに》もかいていないようす。例 白い答案用紙《とうあんようし》。漢 ↓1047ページ はく〔白〕

●**白《しろ》い歯《は》を見《み》せる** にっこりと笑《わら》う。

●**白《しろ》い目《め》で見《み》る** にくしみやばかにする気持《きも》ちなどのこもった、冷《つめ》たい目《め》で人《ひと》を見《み》る。

しろうと【素人】 名詞 そのことを専門《せんもん》にしていない人《ひと》。また、そのことをよく知《し》らない人《ひと》。類 アマチュア。対 玄人《くろうと》。

しろうとばなれ【素人離れ】 名詞 動詞 しろうとだとは思《おも》えないほど、上手《じょうず》であること。

しろかき【代かき】 名詞 季語 夏 田植《たう》えの前《まえ》に、田《た》の土《つち》をほり起《お》こし、水《みず》を入《い》れて混《ま》ぜ、平《たい》らにならすこと。

しろがね 名詞 「銀《ぎん》」の古《ふる》い言《い》い方《かた》。関連 黄金《こがね》。あかがね。くろがね。

しろくじちゅう【四六時中】 名詞 副詞 一日《いちにち》じゅう。いつも。例 四六時中本《ほん》を読《よ》んでいる。

しろくま【白熊】 名詞 北極《ほっきょく》地方《ちほう》にすむ、大《おお》きな白《しろ》いくま。「北極《ほっきょく》ぐま」ともいう。

しろくろ【白黒】 名詞 ❶白《しろ》と黒《くろ》。❷正《ただ》しいか正《ただ》しくないか。無罪《むざい》か有罪《ゆうざい》か。例 白黒を争《あらそ》う。❸色《いろ》のついていない、写真《しゃしん》や映画《えいが》などのこと。

●**白黒《しろくろ》をはっきりさせる** 正《ただ》しいか正《ただ》しくないか、有罪《ゆうざい》か無罪《むざい》かなど、ものごとをはっきりさせる。

しろざけ【白酒】 名詞 季語 春 白《しろ》くてあまい、どろどろした酒《さけ》。ひな祭《まつ》りのときなどに飲《の》む。

しろじ【白地】 名詞 布《ぬの》や紙《かみ》が白《しろ》いこと。また、そのもの。例 白地の紙《かみ》に絵《え》をかく。

じろじろ【と】 副詞 遠慮《えんりょ》なく見《み》つめるようす。例 人《ひと》の顔《かお》をじろじろ見《み》ないでください。

しろたえ【白たえ】 名詞 ❶こうぞなどの木《き》の皮《かわ》のせんいで織《お》った、白《しろ》い布《ぬの》。❷白《しろ》い色《いろ》。例 白たえの雲《くも》。
使い方 ❷は、古《ふる》い言《い》い方《かた》。

シロップ（オランダ語）名詞 濃《こ》い砂糖水《さとうみず》。また、砂糖水《さとうみず》に果物《くだもの》のしるなどを入《い》れて煮《に》たしる。

しろつめくさ【白詰草】 名詞 季語 春 野原《のはら》に生《は》える、豆《まめ》のなかまの草花《くさばな》。ふつう葉《は》は三枚《さんまい》で、夏《なつ》に白《しろ》い花《はな》がさく。肥料《ひりょう》や家畜《かちく》のえさにする。「クローバー」ともいう。参考 葉《は》が四枚《よんまい》のものは、幸福《こうふく》のしるしといわれている。

しろつめくさ

しろながすくじら 名詞 くじらのなかまの動《どう》物《ぶつ》。動物《どうぶつ》の中《なか》でもっとも大《おお》きく、体長三十《たいちょうさんじゅう》メートルをこえるものもある。数《かず》が減《へ》っており、現在《げんざい》はつかまえることが禁止《きんし》されている。図 ↓383ページ くじら

しろバイ【白バイ】 名詞 交通《こうつう》のとりしまりのときなどに警察官《けいさつかん》が乗《の》る、白《しろ》いオートバイ。

しろはた【白旗】 ↓653ページ しらはた

しろぼし【白星】 名詞 ❶丸《まる》や星《ほし》の形《かたち》をした、白《しろ》いしるし。対 黒星《くろぼし》。❷すもうなどで勝《か》つこと。また、勝《か》ったときにつける白《しろ》くて丸《まる》いしるし。対 黒星《くろぼし》。

シロホン ↓1319ページ もっきん

しろみ【白身】 名詞 ❶卵《たまご》の中《なか》のすき通《とお》った部分《ぶぶん》。火《ひ》を通《とお》すと白《しろ》くなる。卵白《らんぱく》。対 黄身《きみ》。❷魚《さかな》などの肉《にく》の白《しろ》い部分《ぶぶん》。関連 赤身《あかみ》。

しろみそ【白みそ】 名詞 白《しろ》みがかった黄色《きいろ》いみそ。米《こめ》のこうじを多《おお》く使《つか》い、あまみが強《つよ》い。西京《さいきょう》みそなど。関連 赤《あか》みそ。

しろめ【白目】 名詞

|四字熟語| **事実無根《じじつむこん》**　「無根《むこん》」は、根拠《こんきょ》がないこと。うわさなどが、事実《じじつ》にもとづいておらず、ほんとう

❶目玉《めだま》の白《しろ》い部分《ぶぶん》。対 黒目《くろめ》。❷冷《つめ》たい気持《きも》ちやおこった気持《きも》ちを表《あらわ》す目《め》つき。例 白目でにらむ。

じろん【持論】 名詞 その人《ひと》が、ふだんから持《も》っている意見《いけん》。いつも主張《しゅちょう》している考《かんが》え。例 あくまでも持論にこだわる。使い方「自論」と書《か》かないよう注意《ちゅうい》。

しわ 名詞 皮膚《ひふ》・紙《かみ》・布《ぬの》などがたるんだり、縮《ちぢ》んだりしてできる細《こま》かい筋《すじ》。例 額《ひたい》にしわを寄《よ》せる。

しわがれる 動詞 声《こえ》がかすれる。しゃがれる。例 しわがれた声《こえ》のおばあさん。

しわけ【仕分け】 名詞 動詞 品物《しなもの》などを、種類《しゅるい》や目的《もくてき》などによって分《わ》けること。例 郵便物《ゆうびんぶつ》の仕分け作業《さぎょう》。

しわざ【仕業】 名詞 したこと。行《おこな》い。例 かべに傷《きず》をつけたのは、ねこの仕業にちがいない。使い方 ふつう、よくないことについて使《つか》う。

じわじわ[と] 副詞 ❶ものごとが、ゆっくり少《すこ》しずつ進《すす》んでいくようす。例 相手《あいて》をじわじわと追《お》いつめる。❷液体《えきたい》が、ゆっくりしみ出《だ》すようす。例 歩《ある》き始《はじ》めてすぐに、あせがじわじわ出《で》てくる。

しわす【師走】 名詞 季語 冬 昔《むかし》のこよみで十二《じゅうに》月《がつ》のこと。「しはす」ともいう。ことば 年《とし》の暮《く》れに、おぼうさん（師《し》）がお経《きょう》を上《あ》げるために走《はし》り回《まわ》ることからきたことばともいわれる。⇩1450ページ 十二《じゅうに》か月《げつ》の古《ふる》い呼《よ》び方《かた》

しわよせ【しわ寄せ】 名詞 動詞 うまくいかなかったことをちゃんと解決《かいけつ》しなかったために、悪《わる》いえいきょうなどをほかのものにあたえること。また、そのような悪《わる》いえいきょう。例 夏休《なつやす》みになまけたしわ寄せで、九月《くがつ》は大変《たいへん》だった。

じわれ【地割れ】 名詞 動詞 日照《ひで》りや地震《じしん》などで、地面《じめん》が割《わ》れること。また、その割《わ》れ目《め》。

しん【心】 名詞 こころ。こころの奥底《おくそこ》。例 心から好《す》きだ。

漢 **しん【心】**〔心《こころ》〕4画 2年 音 シン 訓 こころ

❶しんぞう。例 心電図《しんでんず》。❷こころ。きもち。例 心情《しんじょう》／心身《しんしん》／心配《しんぱい》／心理《しんり》／安心《あんしん》／感心《かんしん》。❸まんなか。大切《たいせつ》なところ。例 核心《かくしん》／中心《ちゅうしん》。

しん【申】 漢 ⇩1312ページ もう-す〔申〕

しん【芯】 名詞 ❶ものの中心《ちゅうしん》になっている部分《ぶぶん》。例 鉛筆《えんぴつ》の芯。❷ろうそくなどの、火《ひ》をつけるところ。❸体《からだ》の中《なか》。例 芯まで冷《ひ》え切《き》る。

漢 **しん【身】**〔身《み》〕7画 3年 音 シン 訓 み

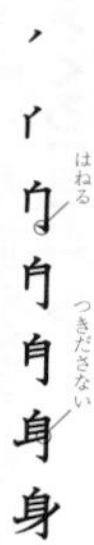

❶からだ。例 身体《しんたい》／身長《しんちょう》／全身《ぜんしん》。❷物《もの》のなかみ。例 刀身《とうしん》。❸地位《ちい》や立場《たちば》。例 身分《みぶん》。

漢 **しん【臣】**〔臣《しん》〕7画 4年 音 シン・ジン

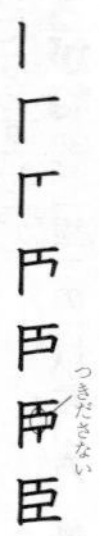

けらい。例 臣下《しんか》／家臣《かしん》／重臣《じゅうしん》／大臣《だいじん》。対 君《くん》。

漢 **しん【信】**〔亻《にんべん》〕9画 4年 音 シン

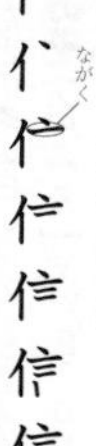

❶約束《やくそく》にそむかない。まこと。例 信義《しんぎ》。❷うたがわない。例 信者《しんじゃ》／信用《しんよう》／信頼《しんらい》／自信《じしん》。対 疑《ぎ》。❸たより。知《し》らせ。例 通信《つうしん》／電信《でんしん》／返信《へんしん》。

漢 **しん【神】**〔ネ《しめすへん》〕9画 3年 音 シン・ジン 訓 かみ・かん・こう

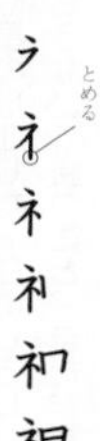

❶かみさま。例 神棚《かみだな》／神主《かんぬし》／神社《じんじゃ》／神殿《しんでん》／神《しん》仏《ぶつ》／神話《しんわ》。❷こころ。例 神経《しんけい》／失神《しっしん》／精神《せいしん》。ことば「神奈川《かながわ》」は特別《とくべつ》な読《よ》み方《かた》。

しん【真】 名詞 本物《ほんもの》であること。例 真の勇気《ゆうき》を見《み》せる。漢 ⇩658ページ しん〔真〕

● **真《しん》に迫《せま》る** ほんとうのことのように見《み》える。例 真に迫る演技《えんぎ》。

漢 **しん【真】**〔目《め》〕10画 3年 音 シン 訓 ま・まこと

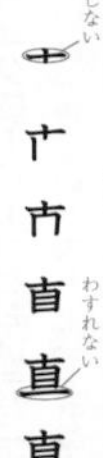

❶まこと。うそやいつわりがない。例 真剣《しんけん》／真実《しんじつ》／真理《しんり》／真心《まごころ》／写真《しゃしん》。❷混《ま》じり気《け》のない。まったくの。例 真空《しんくう》／真昼《まひる》／真水《まみず》／純真《じゅんしん》。

しん【秦】 名詞 昔《むかし》の中国《ちゅうごく》の王朝《おうちょう》。始皇帝《しこうてい》が初《はじ》めて中国《ちゅうごく》を統一《とういつ》してつくった。紀元前《きげんぜん》二二一年《ねん》から紀元前《きげんぜん》二〇六年《ねん》まで続《つづ》いた。

しい勢《いきお》いで立《た》ち向《む》かい、奮闘《ふんとう》すること。

㊥ **しん【針】**〔金《かねへん》〕10画 6年 音 シン 訓 はり

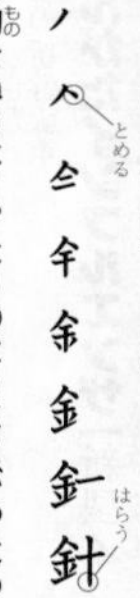

ノ 𠆢 𠆢 今 全 余 金 金 針 針（とめる）（はらう）

❶物《もの》をぬうはり。はりのようにとがったもの。例 針葉樹《しんようじゅ》／針金《はりがね》／運針《うんしん》。❷時計《とけい》や磁石《じしゃく》のはり。例 針路《しんろ》／磁針《じしん》／長針《ちょうしん》／秒針《びょうしん》。

㊥ **しん【進】**〔辶《しんにょう》〕11画 3年 音 シン 訓 すすむ・すすめる

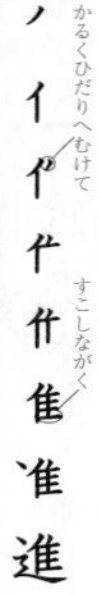

ノ イ 亻 什 隹 隹 進（かるくひだりへむけて）（すこしながく）

❶すすむ。例 進行《しんこう》／進出《しんしゅつ》／進入《しんにゅう》／進歩《しんぽ》／進路《しんろ》／一進一退《いっしんいったい》／急進《きゅうしん》／前進《ぜんしん》。対 退《たい》。❷下《した》から上《うえ》へあがる。例 進学《しんがく》／進級《しんきゅう》／昇進《しょうしん》。❸さしあげる。例 進言《しんげん》／進呈《しんてい》／進物《しんもつ》。

しん【清】 名詞 中国最後《ちゅうごくさいご》の王朝《おうちょう》。一六一六年《ねん》から一九一二年《ねん》まで続《つづ》いた。

㊥ **しん【深】**〔氵《さんずい》〕11画 3年 音 シン 訓 ふかい・ふかまる・ふかめる

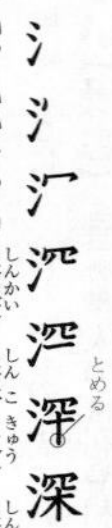

丶 氵 氵 氵 氵 氵 深 深（とめる）

❶ふかい。ふかさ。例 深海《しんかい》／深呼吸《しんこきゅう》／深山《しんざん》／深入《ふかい》り／水深《すいしん》／根深《ねぶか》い。❷まっさかり。たけなわ。例 深夜《しんや》。

㊥ **しん【森】**〔木《き》〕12画 1年 音 シン 訓 もり

一 十 木 木 木 本 森 森 森

もり。例 森林《しんりん》。

㊥ **しん【新】**〔斤《おのづくり》〕13画 2年 音 シン 訓 あたらしい・あらた・にい

亠 立 立 立 辛 亲 新 新（とめる）

あたらしい。あたらしくする。例 新年《しんねん》／新聞《しんぶん》／新妻《にいづま》／革新《かくしん》／心新《こころあら》たに／最新《さいしん》／真新《まあたら》しい。対 旧《きゅう》。古《こ》。

㊥ **しん【親】**〔見《みる》〕16画 2年 音 シン 訓 おや・したしい・したしむ

亠 立 辛 亲 新 親 親 親 親（とめる）（上へはねる）

❶おや。例 親子《おやこ》／両親《りょうしん》。❷したしい。例 親善《しんぜん》／親密《しんみつ》／親友《しんゆう》。❸みうち。例 親族《しんぞく》／親類《しんるい》／肉親《にくしん》。❹本人《ほんにん》がする。例 親展《しんてん》。

㊥ **じん【人】**〔人《ひと》〕2画 1年 音 ジン・ニン 訓 ひと

ノ 人（おさえてはらう）

ひと。にんげん。例 人物《じんぶつ》／人相《にんそう》／人影《ひとかげ》／友人《ゆうじん》。

㊥ **じん【仁】**〔亻《にんべん》〕4画 6年 音 ジン・ニ

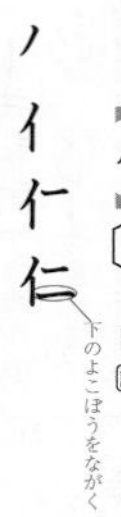

ノ イ 仁 仁（下のよこぼうをながく）

いつくしみ。思《おも》いやり。例 仁愛《じんあい》／仁義《じんぎ》／仁王《におう》。

じん【臣】 ㊥ ⇒ 658ページ しん〔臣〕

じん【神】 ㊥ ⇒ 658ページ しん〔神〕

じん【陣】 名詞 ❶戦《たたか》いのために兵隊《へいたい》を集《あつ》めて置《お》いているところ。陣地《じんち》。例 陣を張《は》る。❷戦《たたか》い。合戦《かっせん》。例 大坂夏《おおさかなつ》の陣。❸人《ひと》の集《あつ》まり。例 報道陣《ほうどうじん》／経営陣《けいえいじん》。

しんあい【親愛】 名詞 ❶人《ひと》を愛《あい》し、親《した》しむ気持《きも》ち。例 親愛の情《じょう》。❷（「親愛《しんあい》なる」の形《かたち》で）相手《あいて》に対《たい》して、親《した》しみや愛情《あいじょう》を感《かん》じていること。例 親愛なるあなたへ。

じんあい【仁愛】 名詞 あわれみ深《ぶか》いこと。情《なさ》け深《ぶか》いこと。

しんあん【新案】 名詞 新《あたら》しく考《かんが》え出《だ》すこと。新《あたら》しい思《おも》いつきや工夫《くふう》。

しんい【真意】 名詞 ほんとうの気持《きも》ち。また、ほんとうの意味《いみ》。例 発言《はつげん》の真意をたずねる。

じんい【人為】 名詞 自然《しぜん》のままではなく、人《ひと》の手《て》を加《くわ》えること。人工《じんこう》。例 人為的《てき》。

じんいん【人員】 名詞 人《ひと》の数《かず》。人数《にんずう》。

しんえい【新鋭】 名詞 新《あたら》しくて勢《いきお》いがよいこと。また、その人《ひと》やもの。例 新鋭の選手《せんしゅ》がそろう。類 新進《しんしん》。

じんえい【陣営】 名詞 ❶軍隊《ぐんたい》が集《あつ》まっているところ。陣地《じんち》。❷対立《たいりつ》する立場《たちば》の、それぞれの側《がわ》。例 保守《ほしゅ》陣営。

しんえん【深遠】 形容動詞 計《はか》り知《し》れないほど、おくが深《ふか》いようす。例 深遠な考《かんが》え。

しんか【臣下】 名詞 君主《くんしゅ》に仕《つか》える人《ひと》。家来《けらい》。

しんか【真価】 名詞 ほんとうの値打《ねう》ち。例 作曲家《さっきょくか》としての真価を発揮《はっき》する。

しんか【進化】 名詞 動詞 ❶生物《せいぶつ》が、長《なが》い間《あいだ》に環境《かんきょう》に合《あ》わせて形《かたち》やはたらきを変化《へんか》させたり、種類《しゅるい》を増《ふ》やしたりしてい

四字熟語　獅子奮迅《ししふんじん》　獅子《しし》（＝ライオン）がたてがみをふるってあれくるうように、ものごとに対《たい》して激《はげ》

くこと。対 退化《たいか》。❷ものごとが発展《はってん》し進《すす》んでいくこと。例 工業《こうぎょう》技術《ぎじゅつ》の進化が目覚《めざ》ましい。対 退化《たいか》。

じんか【人家】名詞 人《ひと》の住《す》む家《いえ》。

シンガー（singer）名詞 歌手《かしゅ》。歌《うた》う人《ひと》。

しんかい【深海】名詞 海《うみ》の深《ふか》いところ。

しんがい【心外】形容動詞 思《おも》いもよらないようす。また、思《おも》いがけないことになって残念《ざんねん》なようす。例 そんなに悪《わる》く言《い》われるのは心外だ。

しんがい【侵害】名詞 動詞 人《ひと》の権利《けんり》や利益《りえき》などをおかし、損害《そんがい》をあたえること。例 人権《じんけん》侵害／プライバシーを侵害する。

しんかいぎょ【深海魚】名詞 深《ふか》い海《うみ》の底《そこ》にすむ魚《さかな》。大《おお》きな目《め》や口《くち》を持《も》つもの、光《ひかり》を出《だ》すものなど、特徴《とくちょう》のあるものが多《おお》い。

しんがお【新顔】名詞 新《あたら》しく仲間《なかま》に入《はい》った人《ひと》。新人《しんじん》。例 バレー部《ぶ》の新顔。類 新参《しんざん》。対 古顔《ふるがお》。

しんがく【進学】名詞 動詞 上《うえ》の学校《がっこう》へ進《すす》むこと。例 中学校《ちゅうがっこう》に進学する。

じんかく【人格】名詞 人《ひと》としての値打《ねう》ち。人《ひと》がら。例 人格を高《たか》める。

じんかくしゃ【人格者】名詞 人《ひと》がらのすぐれている、りっぱな人《ひと》。

しんがた【新型】名詞 今《いま》まであるものとはちがって、新《あたら》しく考《かんが》え出《だ》された型《かた》や形式《けいしき》。例 新型の新幹線車両《しんかんせんしゃりょう》。

しんがたインフルエンザ【新型インフルエンザ】名詞 それまでは人《ひと》に感染《かんせん》しなかったインフルエンザウイルスが、動物《どうぶつ》から人《ひと》に感染《かんせん》するようになって起《お》きる、新《あたら》しいインフルエンザ。参考 かかると症状《しょうじょう》が重《おも》くなり、大流行《だいりゅうこう》する可能性《かのうせい》がある。

しんがっき【新学期】名詞 新《あたら》しく始《はじ》まる学期《がっき》。また、学期《がっき》の初《はじ》め。

シンガポールきょうわこく【シンガポール共和国】名詞 東南《とうなん》アジア、マレー半島《はんとう》の南《みなみ》のはしにある、シンガポール島《とう》を中心《ちゅうしん》とした国《くに》。首都《しゅと》はシンガポール。「シンガポール」ともいう。

（国旗《こっき》）

しんから【心から】副詞 心《こころ》の底《そこ》から。例 あの人《ひと》の行《おこな》いにはしんから頭《あたま》が下《さ》がる。使い方 ふつうかな書《が》きにする。

しんがり 名詞 ❶列《れつ》や順番《じゅんばん》のいちばん後《うし》ろ。❷軍隊《ぐんたい》が退《しりぞ》くときに、いちばん後《うし》ろにいて敵《てき》を防《ふせ》ぐこと。また、その部隊《ぶたい》。

しんかん【神官】名詞 神社《じんじゃ》で神《かみ》に仕《つか》える人《ひと》。類 神主《かんぬし》。

しんかん【新刊】名詞 新《あたら》しく本《ほん》を印刷《いんさつ》して世《よ》に出《だ》すこと。また、その本《ほん》。例 新刊書《しょ》。

しんかんせん【新幹線】名詞 ＪＲ《ジェーアール》の、おもな都市《とし》を結《むす》ぶ鉄道《てつどう》。また、その列車《れっしゃ》。レールのはばがふつうの鉄道《てつどう》よりも広《ひろ》く、高速《こうそく》で走《はし》る。

しんき【新規】名詞 新《あたら》しくすること。例 スイミングクラブに新規に入会《にゅうかい》する。

しんぎ【信義】名詞 約束《やくそく》を守《まも》り、真心《まごころ》を持《も》って務《つと》めを果《は》たすこと。例 信義を重《おも》んじる。

しんぎ【真偽】名詞 ほんとうかうそか。例 ことの真偽を確《たし》かめる。

しんぎ【審議】名詞 動詞 会議《かいぎ》に出《だ》された案《あん》などをくわしく調《しら》べ、それについて意見《いけん》を述《の》べ合《あ》うこと。例 国会《こっかい》で法案《ほうあん》を審議する。

じんぎ【仁義】名詞 仁《じん》と義《ぎ》。人《ひと》への思《おも》いやりと、人《ひと》が当然《とうぜん》行《おこな》わなければならない正《ただ》しい筋道《すじみち》。例 仁義を重《おも》んじる。

しんきいってん【心機一転】名詞 動詞 あることをきっかけとして、気持《きも》ちがすっかり変《か》わること。例 今日《きょう》から心機一転して、早朝練習《そうちょうれんしゅう》を始《はじ》めよう。使い方 「心気一転」と書《か》かないよう注意《ちゅうい》。

しんきじく【新機軸】名詞 今《いま》までとはちがった計画《けいかく》や方法《ほうほう》。新《あたら》しい工夫《くふう》。例 商品《しょうひん》の売《う》り方《かた》について、新機軸を打《う》ち出《だ》す。

ジンギス＝カン ⇒853ページ チンギス＝ハン

しんきまきなおし【新規まき直し】名詞 初《はじ》めからもう一度《いちど》やり直《なお》すこと。

しんきゅう【進級】名詞 動詞 等級《とうきゅう》や学年《がくねん》が上《うえ》に進《すす》むこと。例 三年生《さんねんせい》に進級する。

しんきゅう【新旧】名詞 新《あたら》しいことと古《ふる》いこと。例 クラブ活動《かつどう》も新旧交代《こうたい》の時期《じき》だ。

しんきょ【新居】名詞 新《あたら》しく建《た》てた家《いえ》。また、新《あたら》しく住《す》み始《はじ》めた家《いえ》。とくに、結婚《けっこん》して初《はじ》めて住《す》む家《いえ》。対 旧居《きゅうきょ》。

しんきょう【心境】名詞 そのときの気持《きも》ち。心《こころ》のようす。例 心境の変化《へんか》／複雑《ふくざつ》な心境。

しんきょう【進境】 名詞 進歩《しんぽ》したようす。上達《じょうたつ》した程度《ていど》。例 進境いちじるしい。

しんきょう【新教】 ⇩1178ページ《ジ》 プロテスタント

しんきろう【しん気楼】 名詞 季語春 光《ひかり》がふつうとちがう曲《ま》がり方《かた》をして、地上《ちじょう》のものが空中《くうちゅう》にうかび上《あ》がって見《み》えたり、遠《とお》くのものが近《ちか》くに見《み》えたりすること。空気《くうき》の濃《こ》さが場所《ばしょ》によってちがうために起《お》こる。砂《さ》漠《ばく》や海上《かいじょう》に現《あらわ》れることが多《おお》い。

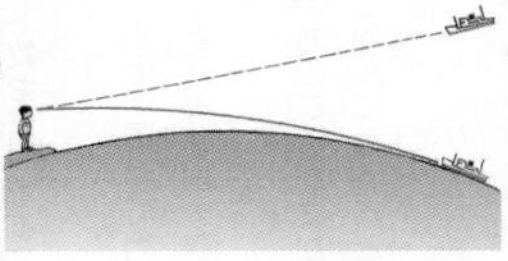

しんきろう

しんきろく【新記録】 名詞 今《いま》までの記録《きろく》を破《やぶ》ってできた、最高記録《さいこうきろく》。例 新記録を出《だ》す。

しんきんかん【親近感】 名詞 親《した》しみやすい感《かん》じ。身近《みぢか》な感《かん》じ。例 親近感をいだく。

しんく【辛苦】 名詞 動詞 つらい目《め》にあって苦《くる》しむこと。例 辛苦をなめる。

しんく【真紅・深紅】 名詞 真《ま》っ赤《か》。濃《こ》い紅《べに》色《いろ》。例 真紅に染《そ》まった夕焼《ゆうや》け空《ぞら》。

しんぐ【寝具】 名詞 布団《ふとん》・まくら・毛布《もうふ》など、ねるときに使《つか》うもの。類 夜具《やぐ》。

しんくう【真空】 名詞 空気《くうき》などの気体《きたい》がまったくない空間《くうかん》。例 真空状態《じょうたい》。

じんぐう【神宮】 名詞 位《くらい》の高《たか》い神社《じんじゃ》。伊勢神《いせじん》宮《ぐう》・明治神宮《めいじじんぐう》・熱田神宮《あつたじんぐう》など。

しんくうかん【真空管】 名詞 真空《しんくう》のガラスの管《くだ》の中《なか》に、電極《でんきょく》を入《い》れたもの。

ジンクス（jinx） 名詞 縁起《えんぎ》が悪《わる》いことがら。また、そのような言《い》い伝《つた》え。例 準決勝《じゅんけっしょう》で負《ま》けるというジンクスを破《やぶ》る。使い方 現在《げんざい》では、縁起《えんぎ》のよいことについても使《つか》う。

シングル（single） 名詞 ❶一《ひと》つ。または一人用《ひとりよう》。例 シングルベッド。対 ダブル。❷前合《まえあ》わせのボタンが一列《いちれつ》の洋服《ようふく》。対 ダブル。

シングルス（singles） 名詞 テニスや卓球《たっきゅう》などで、一対一《いったいいち》で行《おこな》う試合《しあい》。対 ダブルス。

しんぐん【進軍】 名詞 動詞 軍隊《ぐんたい》が進《すす》んで行《い》くこと。

しんけい【神経】 名詞 ❶動物《どうぶつ》の体《からだ》の中《なか》に広《ひろ》がっている、糸《いと》のように細《ほそ》い器官《きかん》。いろいろな感《かん》じを脳《のう》に伝《つた》えたり、脳《のう》の命令《めいれい》を体《からだ》のそれぞれの部分《ぶぶん》に伝《つた》えたりする。❷ものごとを感《かん》じとる心《こころ》のはたらき。例 細《こま》かいところまで神経を使《つか》う／神経がするどい人《ひと》。

しんけいしつ【神経質】 名詞 形容動詞 ものごとに感《かん》じやすく、ちょっとしたことでも気《き》にする性質《せいしつ》。例 母《はは》は物音《ものおと》に神経質だ。

しんけいしょう【神経症】 名詞 心配《しんぱい》ごとや緊張《きんちょう》が長《なが》く続《つづ》くことなどが原因《げんいん》で起《お》きる、神《しん》経《けい》の病気《びょうき》。ノイローゼ。

しんけいすいじゃく【神経衰弱】 名詞 ❶神経《しんけい》がつかれたために起《お》こる病気《びょうき》。いらいらして気持《きも》ちが変《か》わりやすく、頭痛《ずつう》がしたりねむれなくなったりする。❷トランプの遊《あそ》び方《かた》の一《ひと》つ。

しんけいつう【神経痛】 名詞 ある部分《ぶぶん》の神《しん》経《けい》に沿《そ》って、激《はげ》しい痛《いた》みが起《お》こる病気《びょうき》。

しんげき【進撃】 名詞 動詞 敵《てき》をこうげきして、進《すす》んで行《い》くこと。対 退却《たいきゃく》。

しんげき【新劇】 名詞 明治時代《めいじじだい》の終《お》わりごろから、ヨーロッパの新《あたら》しい劇《げき》のえいきょうを受《う》けて始《はじ》まった劇《げき》。

しんげつ【新月】 名詞 季語秋 ❶太陽《たいよう》と地球《ちきゅう》の間《あいだ》に入《はい》ったときの、見《み》えない月《つき》。月《つき》が、太陽《たいよう》の光《ひかり》の当《あ》たっていない面《めん》を地《ち》球《きゅう》に向《む》けているため見《み》えなくなる。対 満月《まんげつ》。❷昔《むかし》のこよみで、その月《つき》の初《はじ》めに見《み》える細《ほそ》い月《つき》。「三日月《みかづき》」のこともいう。

図⇩425ページ《ジ》げつれい〔月齢〕

ことば 季語《きご》として使《つか》うのは❷の意味《いみ》。

しんけつをそそぐ【心血を注ぐ】 ありったけの力《ちから》を出《だ》し、そのことだけに打《う》ちこむ。全《ぜん》力《りょく》をつくす。例 心血を注いで書《か》き上《あ》げた作文《さくぶん》。

しんけん【真剣】 ❶ 名詞 本物《ほんもの》の刀《かたな》。❷ 形容動詞 まじめであるようす。本気《ほんき》であるようす。例 妹《いもうと》は真剣な顔《かお》で母《はは》にうったえた。

しんげん【進言】 名詞 動詞 自分《じぶん》より地位《ちい》が上《うえ》の人《ひと》に、自分《じぶん》の意見《いけん》や考《かんが》えを言《い》うこと。例 クラブのあり方《かた》について、部長《ぶちょう》に進言する。

しんげん【震源】 名詞 ❶地下《ちか》の、地震《じしん》の波《なみ》が最初《さいしょ》に起《お》こった場所《ばしょ》。❷事件《じけん》やもめごとなどのおおもと。例 今回《こんかい》のさわぎの震源は一通《いっつう》の手紙《てがみ》だった。

四字熟語 **七転八倒《しちてんばっとう》** 七回《ななかい》転《ころ》んで（七転《しちてん》）八回《はちかい》たおれる（八倒《ばっとう》）という意味《いみ》で、激《はげ》しい痛《いた》みや苦《くる》しみのた

じんけん【人権】 名詞 人間《にんげん》が生《う》まれたときから持《も》っている、自由《じゆう》・平等《びょうどう》・生存《せいぞん》などの人間《にんげん》としての権利《けんり》。例 基本的《きほんてき》人権／人権の尊重《そんちょう》。

しんけんしょうぶ【真剣勝負】 名詞 ❶本物《ほんもの》の刀《かたな》を使《つか》って勝負《しょうぶ》すること。❷本気《ほんき》で勝《か》ち負《ま》けを争《あらそ》うこと。また、いっしょうけんめいになってものごとにとりくむこと。

しんげんち【震源地】 名詞 ❶震源《しんげん》（＝❶）の真上辺《まうえあた》りの地域《ちいき》。❷事件《じけん》やもめごとなどが起《お》こったもと。

じんけんひ【人件費】 名詞 働《はたら》いている人《ひと》にはらうお金《かね》。給料《きゅうりょう》やいろいろな手当《てあて》など。

しんご【新語】 名詞 ❶最近使《さいきんつか》われ出《だ》した新《あたら》しいことば。❷新《あたら》しく習《なら》うことば。新出語《しんしゅつご》。

しんこう【信仰】 名詞 動詞 神《かみ》や仏《ほとけ》を信《しん》じ、敬《うやま》うこと。例 信仰心《しん》／キリスト教《きょう》を信仰する。類 信心《しんじん》。

しんこう【侵攻】 名詞 動詞 よその国《くに》を武力《ぶりょく》でせめて、領土《りょうど》に入《はい》りこむこと。例 他国《たこく》の侵攻を受《う》ける。

しんこう【振興】 名詞 動詞 ものごとがさかんになるようにすること。さかんになること。例 地域《ちいき》の産業《さんぎょう》を振興する。

しんこう【進行】 名詞 動詞 ❶ある方向《ほうこう》に向《む》かって進《すす》んで行《い》くこと。❷ものごとがはかどること。また、順序《じゅんじょ》よく進《すす》めること。例 計画《けいかく》どおりに仕事《しごと》を進行させる／司会《しかい》の進行に沿《そ》って話《はな》し合《あ》う。

しんこう【新興】 名詞 新《あたら》しくできてきたり、さかんになったりしてくること。例 新興勢力《せいりょく》。

しんこう【親交】 名詞 親《した》しいつきあい。例 親交を結《むす》ぶ。

しんごう【信号】 名詞 ❶色《いろ》・音《おと》・形《かたち》・光《ひかり》・電波《でんぱ》などによって、遠《とお》くはなれたところにものごとを伝《つた》える合図《あいず》。❷「信号機《しんごうき》」のこと。例 信号を守《まも》る。

じんこう【人口】 名詞 ❶ある地域《ちいき》に住《す》んでいる人《ひと》の数《かず》。❷人々《ひとびと》のうわさ。人々《ひとびと》の言《い》うこと。

じんこう【人工】 名詞 人《ひと》の手《て》を加《くわ》えること。人《ひと》の力《ちから》でつくり出《だ》すこと。例 人工芝《しば》。類 人造《じんぞう》。対 自然《しぜん》。天然《てんねん》。

じんこうえいせい【人工衛星】 名詞 ロケットによって打《う》ち上《あ》げられ、地球《ちきゅう》のまわりを回《まわ》る人工《じんこう》の物体《ぶったい》。宇宙《うちゅう》のようすや地球《ちきゅう》の気象《きしょう》のようすを調《しら》べたり、通信《つうしん》の役《やく》に立《た》てたりする。

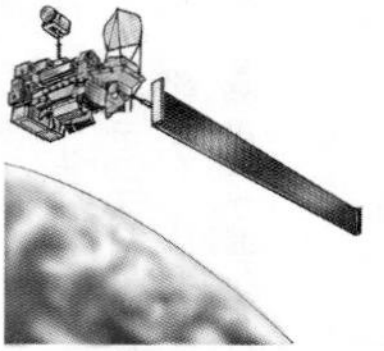

じんこうえいせい

じんこうえいよう【人工栄養】 名詞 ❶母乳《ぼにゅう》の代《か》わりに、牛乳《ぎゅうにゅう》や粉《こな》ミルクなどで赤《あか》んぼうを育《そだ》てること。また、そのもの。❷病人《びょうにん》などが自分《じぶん》で食事《しょくじ》がとれないときに、注射《ちゅうしゃ》などで体内《たいない》に入《い》れる栄養物《えいようぶつ》。

しんごうき【信号機】 名詞 道路《どうろ》や線路《せんろ》にとりつけて、人《ひと》・車《くるま》・電車《でんしゃ》などに、進《すす》め・止《と》まれ・注意《ちゅうい》などの合図《あいず》を送《おく》る機械《きかい》。

じんこうこきゅう【人工呼吸】 名詞 息《いき》が止《と》まって死《し》んだような状態《じょうたい》になっている人《ひと》の息《いき》をふき返《かえ》させるため、胸《むね》を強《つよ》くおしたり、口《くち》から空気《くうき》を送《おく》りこんだりすること。

しんこうこく【新興国】 名詞 新《あたら》しく勢《いきお》いがさかんになってきた国《くに》。とくに、急速《きゅうそく》に経済《けいざい》が成長《せいちょう》してきている国《くに》。

じんこうしば【人工芝】 名詞 芝生《しばふ》に似《に》せて人工《じんこう》の素材《そざい》で作《つく》った敷物《しきもの》。野球《やきゅう》場《じょう》などで使《つか》う。

じんこうじゅせい【人工授精】 名詞 動詞 めすの卵子《らんし》とおすの精子《せいし》を、人工的《じんこうてき》に結《むす》びつけること。例 さけの人工授精。

じんこうちのう【人工知能】 ➡149ページ エーアイ

じんこうてき【人工的】 形容動詞 人《ひと》の手《て》を加《くわ》えているようす。自然《しぜん》のままでないようす。例 人工的につくられた薬品《やくひん》。

じんこうみつど【人口密度】 名詞 ある地《ち》域《いき》の人口《じんこう》のこみ具合《ぐあい》。ふつう、一平方《いちへいほう》キロメートル当《あ》たり何人住《なんにんす》んでいるかを数字《すうじ》で示《しめ》す。例 都市《とし》は山村《さんそん》より人口密度が高《たか》い。

じんこうりん【人工林】 名詞 苗木《なえぎ》を植《う》えたり種《たね》をまいたりさし木《き》をしたりして、人工的《じんこうてき》につくられた森林《しんりん》。対 天然林《てんねんりん》。

しんこきゅう【深呼吸】 名詞 動詞 息《いき》を大《おお》きく吸《す》ったり、はいたりすること。例 深呼吸し

問《もん》したり、それに答《こた》えたりすること。

て気《き》持ちを落《お》ち着《つ》かせる。

しんこく【申告】 名詞 動詞 国《くに》の決《き》まりに従《したが》って、国民《こくみん》が、あることがらを役所《やくしょ》に申《もう》し出《で》ること。例 税金《ぜいきん》の申告をする。

しんこく【深刻】 形容動詞 非《ひ》常《じょう》に差《さ》しせまっていて、重大《じゅうだい》であるようす。例 海《うみ》のよごれは深刻な問題《もんだい》だ／進路《しんろ》について深刻になやむ。

しんこっちょう【真骨頂】 名詞 そのもの本《ほん》来《らい》のすがた。例 真骨頂を発揮《はっき》する。

しんこん【新婚】 名詞 結婚《けっこん》したばかりであること。また、その人《ひと》。例 新婚旅行《りょこう》。

しんごんしゅう【真言宗】 名詞 仏教《ぶっきょう》の宗《しゅう》派《は》の一《ひと》つ。平安時代《へいあんじだい》の初期《しょき》に、唐《とう》（＝今《いま》の中《ちゅう》国《ごく》）で密教《みっきょう》を学《まな》んだ空海《くうかい》が帰国《きこく》して開《ひら》いた。

しんさ【審査】 名詞 動詞 くわしく調《しら》べて、よいか悪《わる》いか、合格《ごうかく》か不合格《ふごうかく》かなどを決《き》めること。例 審査員《いん》／作品《さくひん》を審査する。

しんさい【震災】 名詞 地震《じしん》によって受《う》ける災《さい》害《がい》。例 関東大震災《かんとうだいしんさい》。

じんさい【人災】 名詞 人《ひと》が不注意《ふちゅうい》だったり、対策《たいさく》をおこたったりしたために起《お》こる災難《さいなん》。対 天災《てんさい》。

じんざい【人材】 名詞 才能《さいのう》があって、役《やく》に立《た》つ人物《じんぶつ》。例 人材不足《ぶそく》。

しんさく【新作】 名詞 動詞 新《あたら》しく作品《さくひん》をつくること。また、その作品《さくひん》。例 秋《あき》の新作発表《はっぴょう》会《かい》。対 旧作《きゅうさく》。

しんさつ【診察】 名詞 動詞 病気《びょうき》のようすや原《げん》因《いん》を知《し》るために、医者《いしゃ》が病人《びょうにん》の体《からだ》を調《しら》べること。例 診察室《しつ》。

しんざん【深山】 名詞 人《ひと》の住《す》まないような、おく深《ぶか》い山《やま》。奥山《おくやま》。例 深山にわけ入《い》る。

しんざん【新参】 名詞 新《あたら》しく仲間《なかま》になること。また、その人《ひと》。例 新参者《もの》ですが、よろしくお願《ねが》いいたします。類 新顔《しんがお》。対 古参《こさん》。

しんさんをなめる【辛酸をなめる】 つらく苦《くる》しい経験《けいけん》をする。例 人生《じんせい》の辛酸をなめる。

しんし【紳士】 名詞 ❶上品《じょうひん》で礼儀正《れいぎただ》しい、りっぱな男《おとこ》の人《ひと》。対 淑女《しゅくじょ》。❷大人《おとな》の男《おとこ》の人《ひと》を尊敬《そんけい》していうことば。例 紳士服《ふく》。

じんじ【人事】 名詞 ❶人《ひと》の力《ちから》でできること。例 人事をつくす。❷会社《かいしゃ》や役所《やくしょ》で、人《ひと》の地位《ちい》や役割《やくわり》に関係《かんけい》することがら。例 人事部《ぶ》。❸人間社会《にんげんしゃかい》に関《かん》することがら。例 人事にうとい。

ことば 「ひとごと」と読《よ》むと別《べつ》の意味《いみ》。

● **人事《じんじ》を尽《つ》くして天命《てんめい》を待《ま》つ** ➡961ページ 故事成語

じんじいん【人事院】 名詞 国家公務員《こっかこうむいん》の給《きゅう》与《よ》や勤務《きんむ》条件《じょうけん》などに関《かん》する仕事《しごと》をする国《くに》の役《やく》所《しょ》。

しんしき【神式】 名詞 神道《しんとう》の決《き》まりに従《したが》って行《おこな》う儀式《ぎしき》。例 神式で結婚式《けっこんしき》を挙《あ》げる。

しんしき【新式】 名詞 やり方《かた》や型《かた》などが新《あたら》しいこと。例 新式の機械《きかい》。対 旧式《きゅうしき》。

しんしつ【寝室】 名詞 ねるための部屋《へや》。

しんじつ【真実】 ❶名詞 うそやかざりのない、ほんとうのこと。まこと。例 真実を述《の》べる。対 虚偽《きょぎ》。❷副詞 ほんとうに。まったく。例 真実、おどろいたよ。

じんじふせい【人事不省】 名詞 意識《いしき》を失《うしな》って何《なに》もわからなくなること。例 人事不省におちいる。

しんじゃ【信者】 名詞 その宗教《しゅうきょう》を信《しん》じる人《ひと》。例 キリスト教《きょう》の信者。類 教徒《きょうと》。信徒《しんと》。

じんじゃ【神社】 名詞 神《かみ》を祭《まつ》ってあるところ。お宮《みや》。やしろ。

ジンジャー（ginger）名詞 「しょうが」のこと。例 ジンジャービスケット。

しんしゅ【進取】 名詞 進《すす》んで新《あたら》しいものごとにとりくんでいくこと。例 進取の気性《きしょう》に富《と》む。

しんしゅ【新種】 名詞 新《あら》たに発見《はっけん》されたり、新《あら》たにつくり出《だ》されたりした種類《しゅるい》。例 新種のウイルス／新種のりんご。

しんじゅ【真珠】 名詞 あこや貝《がい》などの中《なか》にできる、美《うつく》しいつやのある白《しろ》い玉《たま》。指輪《ゆびわ》や首《くび》かざりなどに使《つか》われる。パール。参考 日本《にほん》ではあこや貝《がい》を養殖《ようしょく》し、人工的《じんこうてき》につくっている。

しんじゅ【新樹】 名詞 季語 夏 初夏《しょか》の、若葉《わかば》が芽《め》ぶいたみずみずしい樹木《じゅもく》。新緑《しんりょく》の樹木《じゅもく》。

じんしゅ【人種】 名詞 体《からだ》つき・皮膚《ひふ》の色《いろ》・かみの毛《け》の色《いろ》などによって分《わ》けた人間《にんげん》の種類《しゅるい》。

しんしゅう【真宗】 ➡640ページ じょうどしんしゅう

しんじゅう【心中】 名詞 動詞 二人《ふたり》以上《いじょう》の人《ひと》がいっしょに自殺《じさつ》すること。ことば 「しんちゅう」

四字熟語 **質疑応答《しつぎおうとう》** 「質疑《しつぎ》」はわからないことを聞《き》くこと、「応答《おうとう》」は聞《き》かれたことに答《こた》えることで、質《しつ》

関連 = 関係《かんけい》の深《ふか》いことば

と読《よ》むと別《べつ》の意味《いみ》。

しんじゅがい【真珠貝】 名詞 「あこや貝《がい》」の別《べつ》の名《な》まえ。

しんしゅく【伸縮】 名詞 動詞 のびたり縮《ちぢ》んだりすること。のび縮《ちぢ》み。例 伸縮する素材《そざい》の洋服《ようふく》。

しんしゅつ【進出】 名詞 動詞 新《あたら》しい方面《ほうめん》に進《すす》み出《で》ること。例 海外《かいがい》に進出する。

しんしゅつ【新出】 名詞 動詞 教科書《きょうかしょ》などで、ある文字《もじ》やことばなどが初《はじ》めて出《で》てくること。例 新出語《ご》／三年生《さんねんせい》で新出する漢字《かんじ》。

じんじゅつ【仁術】 名詞 人《ひと》を思《おも》いやる方法《ほうほう》。また、やさしくいたわりのある行《おこな》い。例 医《い》は仁術（＝医学《いがく》は、思《おも》いやりの心《こころ》で人《ひと》を救《すく》う道《みち》である）。

しんしゅつきぼつ【神出鬼没】 名詞 人間《にんげん》をこえた力《ちから》を持《も》つ神《かみ》であるかのように、自由自《じゆうじ》在《ざい》に現《あらわ》れたりかくれたりすること。例 神出鬼没の怪盗《かいとう》。

しんじゅわん【真珠湾】 名詞 アメリカ合衆国《がっしゅうこく》のハワイ州《しゅう》オアフ島《とう》にある湾《わん》。アメリカ海軍《かいぐん》の基地《きち》がある。一九四一（昭和十六《しょうわじゅうろく》）年十二月八日《ねんじゅうにがつようか》、この基地《きち》を日本海軍《にほんかいぐん》が突然《とつぜん》こうげきし、太平洋戦争《たいへいようせんそう》が始《はじ》まるきっかけとなった。

しんしゅん【新春】 名詞 季語 新年 年《とし》の初《はじ》め。正月《しょうがつ》。初春《はつはる》。例 新春を祝《いわ》う。

しんしょ【親書】 名詞 自分《じぶん》で書《か》いた手紙《てがみ》。とくに、天皇《てんのう》や首相《しゅしょう》、大統領《だいとうりょう》などが、自分自身《じぶんじしん》で書《か》いた手紙《てがみ》。

しんじょ 名詞 魚《さかな》やえびなどのすり身《み》に、すったやまいもを混《ま》ぜて、蒸《む》したりゆでたりした食《た》べ物《もの》。吸《す》い物《もの》などに入《い》れる。

しんしょう【身上】 名詞 財産《ざいさん》。たくわえ。例 ぜいたくをしすぎて、身上をつぶす。類 身代《しんだい》。
ことば 「しんじょう」と読《よ》むと別《べつ》の意味《いみ》。

しんしょう【辛勝】 名詞 動詞 苦《くる》しい戦《たたか》いをして、やっとのことで勝《か》つこと。例 今日《きょう》の試合《しあい》は五対四《ごたいよん》で辛勝した。対 楽勝《らくしょう》。

しんじょう【心情】 名詞 心《こころ》の中《なか》で思《おも》っている気持《きも》ち。思《おも》い。例 主人公《しゅじんこう》の心情を読《よ》みとる。

しんじょう【身上】 名詞
❶その人《ひと》のこと。身《み》の上《うえ》。例 身上調査《ちょうさ》。
❷その人《ひと》のよいところ。とりえ。例 仕事《しごと》にミスのないことを身上とする。
ことば 「しんしょう」と読《よ》むと別《べつ》の意味《いみ》。

しんじょう【信条】 名詞 心《こころ》に固《かた》く信《しん》じて守《まも》っていることがら。

しんじょう【真情】 名詞 ほんとうの気持《きも》ち。真心《まごころ》。例 真情のあふれる手紙《てがみ》。

じんじょう【尋常】 形容動詞
❶当《あ》たり前《まえ》であるようす。ふつうであるようす。例 尋常なやり方《かた》では解決《かいけつ》しない。
❷いさぎよいようす。例 いざ、尋常に勝負《しょうぶ》しろ。

しんしょうぼうだい【針小棒大】 名詞 形容動詞 ちょっとしたことを大《おお》げさに言《い》うこと。例 他人《たにん》の失敗《しっぱい》を針小棒大に言《い》いたてる。ことば 針《はり》のように小《ちい》さなものごとを、棒《ぼう》のように大《おお》きく言《い》うことからきたことば。

しんしょく【侵食】 名詞 動詞 ほかのものの部《ぶ》分《ぶん》をだんだん自分《じぶん》のものにして食《く》いこんでいくこと。例 となりの国《くに》の領土《りょうど》を侵食する。

しんしょく【浸食】 名詞 動詞 川《かわ》や海《うみ》の水《みず》、風《かぜ》などが、土地《とち》をけずりとっていくこと。ことば 「侵食」とも書《か》く。

しんしょく【寝食】 名詞 ねることと食《た》べること。毎日《まいにち》の生活《せいかつ》に欠《か》かせないことがら。
●**寝食《しんしょく》を忘《わす》れる** ねることも食《た》べることも忘《わす》れるほど、ものごとに熱中《ねっちゅう》してとりくむ。例 寝食を忘れて研究《けんきゅう》に打《う》ちこむ。

しんじる【信じる】 動詞
❶ほんとうである、正《ただ》しいと、深《ふか》く心《こころ》に思《おも》う。例 あなたの言《い》ったことを信じる。対 疑《うたが》う。
❷神《かみ》や仏《ほとけ》を尊《とうと》いと思《おも》い、その教《おし》えに従《したが》う。
ことば 「信《しん》ずる」ともいう。

しんしん【心身】 名詞 心《こころ》と体《からだ》。例 心身をきたえる。

しんしん【新進】 名詞 新《あたら》しく力《ちから》をあらわしてくること。また、その人《ひと》。例 新進作家《さっか》。類 新鋭《しんえい》。

しんしん［と］ 副詞
❶静《しず》まりかえって、ひっそりとしているようす。例 しんしんと夜《よ》がふける。
❷寒《さむ》さなどが体《からだ》のしんにしみるようす。例 今《こん》夜《や》の寒《さむ》さはしんしんと身《み》にしみる。
❸雪《ゆき》が静《しず》かに降《ふ》るようす。

しんじん【信心】 名詞 動詞 神《かみ》や仏《ほとけ》を信《しん》じること。また、その心《こころ》。類 信仰《しんこう》。

しんじん【新人】 名詞
❶新《あたら》しく仲間《なかま》に入《はい》った人《ひと》。新顔《しんがお》。例 テニス部《ぶ》

めでかざり気《け》がなく、しっかりしていること。

の新人。❷ある分野《ぶんや》に新《あたら》しく現《あらわ》れた人《ひと》。例 新人歌手《かしゅ》。

じんしん【人心】 名詞 世《よ》の中《なか》の人々《ひとびと》の心《こころ》。例 人心をつかむ演説《えんぜつ》／人心を安定《あんてい》させる。

しんしんきえい【新進気鋭】 →715ページ 四字熟語

しんじんぶかい【信心深い】 形容詞 神《かみ》や仏《ほとけ》を強《つよ》く信《しん》じているようす。例 信心深いおばあさん。

しんすい【浸水】 名詞 動詞 洪水《こうずい》などのために水《みず》が入《はい》りこんでくること。水《みず》びたしになること。また、その水《みず》。例 洪水《こうずい》で床上《ゆかうえ》まで浸水した。

しんすい【進水】 名詞 動詞 新《あたら》しくつくった船《ふね》を、初《はじ》めて水《みず》にうかべること。

しんずい【神髄・真髄】 名詞 ものごとのおく深《ふか》くにある、いちばん大切《たいせつ》なところ。例 芸《げい》の神髄をきわめる。

しんすいしき【進水式】 名詞 新《あたら》しくつくった船《ふね》を、初《はじ》めて水《みず》にうかべるときに行《おこな》う儀式《ぎしき》。

じんずうりき【神通力】 →668ページ じんつうりき

しんずる【信ずる】 →664ページ しんじる

しんせい【申請】 名詞 動詞 役所《やくしょ》などへ、あることの許可《きょか》などを願《ねが》い出《で》ること。例 申請書《しょ》。

しんせい【神聖】 名詞 形容動詞 清《きよ》らかで、尊《とうと》くて、おかしてはならないこと。まったくけがれのないこと。例 神社《じんじゃ》は神聖な場所《ばしょ》だ。

しんせい【真性】 名詞 確《たし》かにその病気《びょうき》であること。例 真性コレラ。対 疑似《ぎじ》。

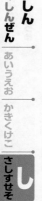

しんせい【新制】 名詞 新しい制度。対 旧制。

しんせい【新星】 名詞 ❶それまで暗《くら》かった星《ほし》が、急《きゅう》に明《あか》るくかがやきだし、そのあとゆっくり暗《くら》くなっていくもの。❷ある分野《ぶんや》で、急《きゅう》に注目《ちゅうもく》され人気《にんき》が出《で》てきた新人《しんじん》。例 ロック界《かい》の新星。

じんせい【人生】 名詞 ❶人《ひと》がこの世《よ》に生《い》きている間《あいだ》。人《ひと》の一生《いっしょう》。例 幸《しあわ》せな人生をおくる。❷人《ひと》が生《い》きていくこと。生《い》き方《かた》。例 人生について語《かた》る。

しんせいがん【深成岩】 名詞 マグマが、地下《ちか》の深《ふか》いところで冷《ひ》えて固《かた》まってできた岩《いわ》。花《か》こう岩《がん》など。関連 火山岩《かざんがん》。

じんせいかん【人生観】 名詞 人生《じんせい》の意味《いみ》や目的《もくてき》などについての考《かんが》え方《かた》。例 人生観が変《か》わるようなできごと。

しんせいだい【新生代】 名詞 地球《ちきゅう》の歴史《れきし》の中《なか》で、いちばん新《あたら》しい時代《じだい》。約六千五百万年《やくろくせんごひゃくまんねん》前《まえ》から現在《げんざい》までの間《あいだ》。哺乳類《ほにゅうるい》や種子植物《しゅししょくぶつ》が栄《さか》え、人類《じんるい》も現《あらわ》れた。関連 古生代《こせいだい》。中生代《ちゅうせいだい》。

しんせき【親戚】 名詞 血《ち》のつながっている人《ひと》たちや、結婚《けっこん》などでつながりのできた人《ひと》たち。親類《しんるい》。ことば 自分《じぶん》の家族《かぞく》以外《いがい》の人《ひと》を指《さ》す。

じんせきみとう【人跡未踏】 →717ページ 四字熟語

シンセサイザー (synthesizer) 名詞 電気的《でんきてき》に音《おと》を起《お》こし、いろいろな回路《かいろ》によって音《おと》を自由《じゆう》に合成《ごうせい》できるようにした楽器《がっき》。ふつう、けんばんがついている。

しんせつ【新雪】 名詞 季語冬 新《あたら》しく降《ふ》り積《つ》もった雪《ゆき》。

しんせつ【新設】 名詞 動詞 新《あたら》しくつくること。例 近《ちか》くに小学校《しょうがっこう》が新設された。

しんせつ【新説】 名詞 今《いま》までにない新《あたら》しい意見《いけん》や考《かんが》え方《かた》。例 新説を唱《とな》える。

しんせつ【親切】 名詞 形容動詞 人《ひと》に対《たい》する思《おも》いやりが深《ふか》いこと。例 周《まわ》りの人《ひと》に親切にしよう。対 不親切《ふしんせつ》。

しんせっきじだい【新石器時代】 名詞 石器時代《せっきじだい》を二《ふた》つに分《わ》けたうちの、現代《げんだい》に近《ちか》い新《あたら》しいほうの時代《じだい》。みがいた石器《せっき》を使《つか》い、農耕《のうこう》や家畜《かちく》の飼育《しいく》が行《おこな》われるようになった。関連 旧石器時代《きゅうせっきじだい》。

しんせん【新鮮】 形容動詞 ❶新《あたら》しくて、生《い》き生《い》きしているようす。例 新鮮な野菜《やさい》。❷よごれがなく、気持《きも》ちがよいようす。すがすがしいようす。例 新鮮な山《やま》の空気《くうき》。❸今《いま》までのものにはなかった新《あたら》しさが感《かん》じられるようす。例 新鮮な考《かんが》え方《かた》。

しんぜん【神前】 名詞 神《かみ》の前《まえ》。例 神前結婚《けっこん》。

しんぜん【親善】 名詞 おたがいに理解《りかい》し合《あ》い、仲《なか》よくすること。例 親善試合《じあい》。

じんせん【人選】 名詞 動詞 ふさわしい人《ひと》を選《えら》ぶこと。例 役員《やくいん》の人選を急《いそ》ぐ。

しんぜんたいし【親善大使】 名詞 国家《こっか》や地域《ちいき》の間《あいだ》に交流《こうりゅう》を深《ふか》めるためにもうけられる

四字熟語 **質実剛健《しつじつごうけん》** 「質実《しつじつ》」はかざり気《け》がなく、まじめなことで、「剛健《ごうけん》」は心身《しんしん》ともに強《つよ》いこと。まじ役職《やくしょく》。また、その呼《よ》び名《な》。例 観光親善大使《かんこうしんぜんたいし》。

しんそう【真相】 名詞 事件《じけん》などのほんとうのすがたや内容《ないよう》。例 事件の真相をさぐる。

しんぞう【心臓】 名詞 ❶左《ひだり》の胸《むね》にあり、体全体《からだぜんたい》に血液《けつえき》を送《おく》るはたらきをする器官《きかん》。例 心臓がどきどきする。❷全体《ぜんたい》の中心《ちゅうしん》になる大切《たいせつ》な部分《ぶぶん》。例 東京《とうきょう》は日本《にほん》の政治《せいじ》・経済《けいざい》の心臓部《ぶ》だ。❸「心臓《しんぞう》が強《つよ》い」の略《りゃく》。例 あんなに堂々《どうどう》と文句《もんく》を言《い》えるなんて、心臓だ。

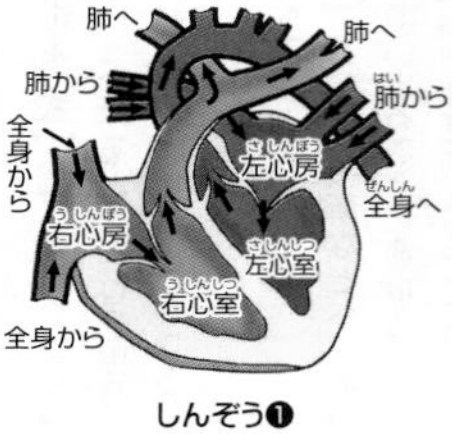

しんぞう❶

●**心臓《しんぞう》が強《つよ》い** 度胸《どきょう》があって、あつかましいこと。

じんぞう【人造】 名詞 人《ひと》の力《ちから》でつくること。また、つくり出《だ》したもの。類 人工《じんこう》。対 天然《てんねん》。

じんぞう【腎臓】 名詞 血液《けつえき》の中《なか》から、尿《にょう》になるものをとり出《だ》す器官《きかん》。大人《おとな》のにぎりこぶしくらいの大《おお》きさで、おなかの後《うし》ろ側《がわ》の左右《さゆう》に一《ひと》つずつある。図 ⇒966ページ ないぞう〔内臓〕

じんぞうこ【人造湖】 名詞 発電《はつでん》・上水道《じょうすいどう》・かんがいなどのために、人《ひと》の力《ちから》でつくった湖《みずうみ》。

じんぞうにんげん【人造人間】 名詞「ロボット」のこと。

しんぞうびょう【心臓病】 名詞 心臓《しんぞう》にかかわる病気《びょうき》をまとめていう呼《よ》び名《な》。例 狭心症《きょうしんしょう》・心《しん》筋梗塞《きんこうそく》など。

しんぞうまひ【心臓まひ】 名詞 心臓《しんぞう》が急《きゅう》に止《と》まること。ことば 医学《いがく》で使《つか》われる正式《せいしき》なことばではない。

しんぞく【親族】 名詞 血《ち》のつながっている人《ひと》たちや、結婚《けっこん》でつながりができた人《ひと》たち。身内《みうち》。親戚《しんせき》。例 親族会議《かいぎ》。図 ⇒667ページ

じんそく【迅速】 名詞 形容動詞 たいへんすばやいこと。例 迅速に行動《こうどう》する。類 敏速《びんそく》。

しんそこ【心底】 ❶名詞 心《こころ》のおく深《ふか》く。例 心底からこわいと思《おも》う。❷副詞 心《こころ》から。ほんとうに。例 心底感心《かんしん》した。

しんたい【身体】 名詞 人間《にんげん》の体《からだ》。例 身体測定《そくてい》。類 人体《じんたい》。

しんたい【進退】 名詞 ❶進《すす》むことと、さがること。❷職《しょく》をやめるか続《つづ》けるかということ。例 失敗《しっぱい》の責任《せきにん》を感《かん》じ、進退を考《かんが》える。

しんだい【身代】 名詞 家《いえ》の財産《ざいさん》。例 一代《いちだい》で身代を築《きず》き上《あ》げる／身代をつぶす。類 身上《しんしょう》。

しんだい【寝台】 名詞 ねるために使《つか》う台《だい》。ベッド。例 寝台列車《れっしゃ》。

じんたい【人体】 名詞 人間《にんげん》の体《からだ》。類 身体《しんたい》。

じんたい【じん帯】 名詞 骨《ほね》と骨《ほね》を結《むす》びつける役目《やくめ》をしているひものような組織《そしき》。関節《かんせつ》のところによく発達《はったつ》している。

じんだい【甚大】 形容動詞 ものごとの程度《ていど》が非常《ひじょう》に大《おお》きいようす。例 台風《たいふう》の被害《ひがい》は甚大だ。

しんたいきわまる【進退きわまる】 進《すす》むこともさがることもできず、途方《とほう》に暮《く》れる。

しんたいけんさ【身体検査】 名詞 ❶身長《しんちょう》や体重《たいじゅう》をはかったり、体《からだ》のようすを医者《いしゃ》にみてもらったりすること。❷危険物《きけんぶつ》などを持《も》っていないかどうか、持ち物《もの》や服装《ふくそう》を調《しら》べること。

しんだいしゃ【寝台車】 名詞 夜行列車《やこうれっしゃ》で、寝台《しんだい》（＝ベッド）がついている車両《しゃりょう》。

しんたいそう【新体操】 名詞 体操競技《たいそうきょうぎ》の一《ひと》つ。音楽《おんがく》に合《あ》わせ、ボール・フープ（＝輪《わ》）・リボン・クラブ（＝こん棒《ぼう》）・ロープを使《つか》って演技《えんぎ》し、技術《ぎじゅつ》や美《うつく》しさをきそう競技《きょうぎ》。

しんたいりく【新大陸】 名詞 十五世紀末《じゅうごせいきまつ》まで、ヨーロッパ人《じん》に知《し》られていなかった大陸《たいりく》。南北《なんぼく》アメリカ・オーストラリア大陸《たいりく》をいう。

しんだん【診断】 名詞 動詞 医者《いしゃ》が人《ひと》の体《からだ》を調《しら》べて、病気《びょうき》かどうか、また、なんの病気かを判断《はんだん》すること。例 診断書《しょ》。

じんち【陣地】 名詞 戦《たたか》いのために軍隊《ぐんたい》を配置《はいち》してあるところ。例 敵《てき》の陣地をうばう。

しんちく【新築】 名詞 動詞 新《あたら》しく、建物《たてもの》を建《た》てること。また、その建物《たてもの》。例 家《いえ》を新築する。

じんちく【人畜】 名詞 人間《にんげん》と家畜《かちく》。例 人畜無害《がい》（＝人間《にんげん》にも家畜《かちく》にも害《がい》がないこと）。

しんちゃ【新茶】 名詞 季語 夏 その年《とし》の新芽《しんめ》で作《つく》った茶《ちゃ》。

しんちゅう【心中】 名詞 心《こころ》の中《なか》。例 心中のなやみを打《う》ち明《あ》ける。類 胸中《きょうちゅう》。ことば「しんじゅう」と読《よ》むと別《べつ》の意味《いみ》。

りにあつかうこと。どうにでもなれという気持《きも》ちになること。

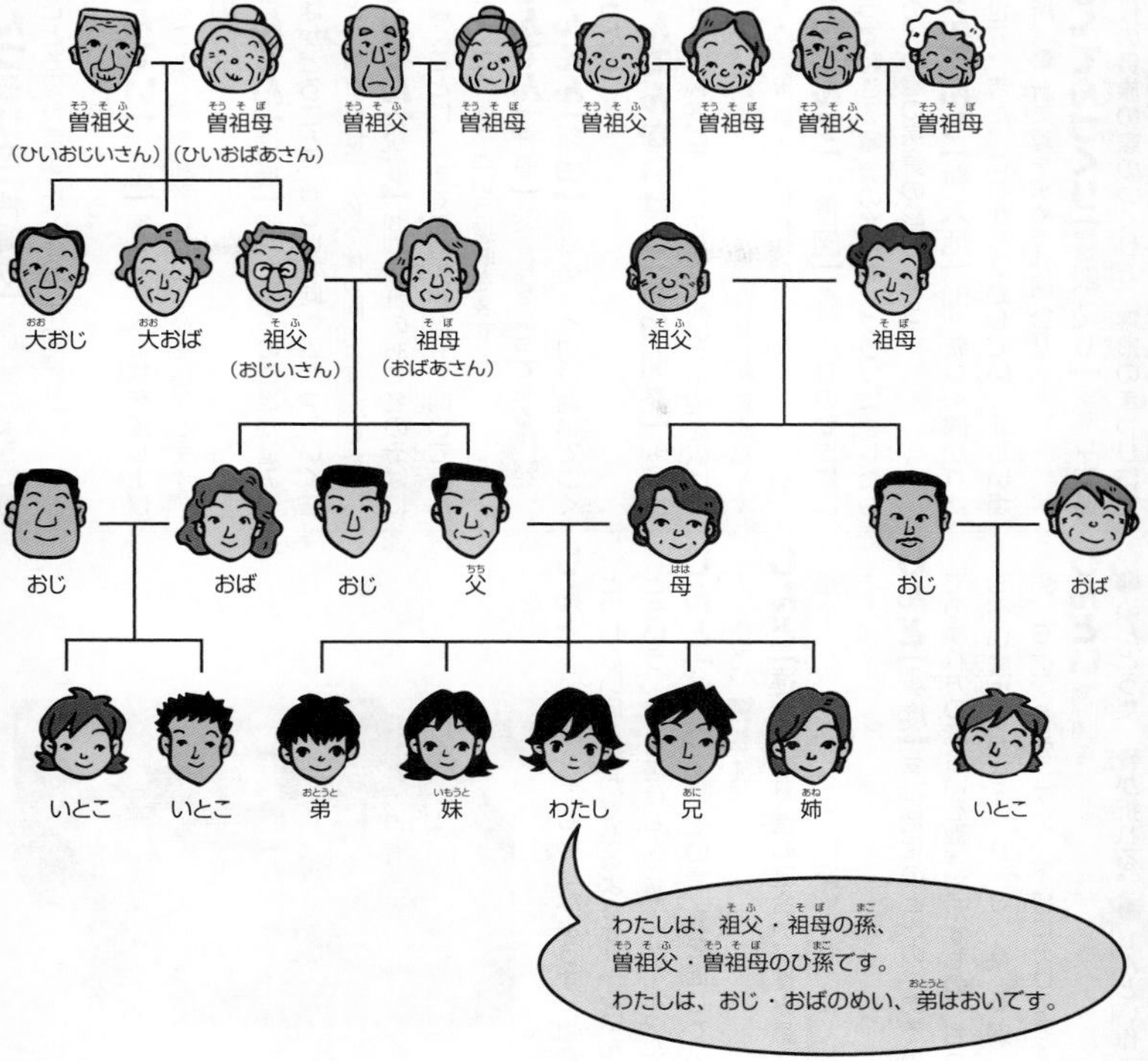

しんぞく

しんちゅう【進駐】 名詞 動詞 軍隊《ぐんたい》が、よその国《くに》の領土《りょうど》に入《はい》り、そこにとどまっていること。

しんちゅう【真ちゅう】 名詞 銅《どう》とあえんを混《ま》ぜてつくった金属《きんぞく》。さびにくく、機械《きかい》・日用《にちよう》品《ひん》・楽器《がっき》など、使《つか》い道《みち》は広《ひろ》い。「黄銅《おうどう》」ともいう。

しんちょう【身長】 名詞 背《せ》の高《たか》さ。背《せ》たけ。

しんちょう【深長】 形容動詞 ものごとに深《ふか》い意味《いみ》がふくまれているようす。おく深《ぶか》いようす。例 意味《いみ》深長なほほえみ。

しんちょう【慎重】 名詞 形容動詞 とても注意《ちゅうい》深《ぶか》くものごとを行《おこな》うこと。例 慎重な行動《こうどう》。対 軽率《けいそつ》。

しんちょう【新調】 名詞 動詞 服《ふく》などを新《あたら》しくつくること。また、新《あたら》しく買《か》うこと。例 制服《せいふく》を新調する。

じんちょうげ 名詞 季語 春 庭《にわ》などに植《う》える低《ひく》い木《き》。葉《は》は厚《あつ》く、つやがある。春《はる》の初《はじ》めごろ、赤《あか》むらさき色《いろ》や白色《しろいろ》の小《ちい》さな花《はな》が集《あつ》まってさく。花《はな》は香《かお》りが強《つよ》い。

じんちょうげ

しんちんたいしゃ【新陳代謝】 名詞 ❶生物《せいぶつ》が、食物《しょくもつ》や水《みず》などの、生《い》きるために必《ひつ》要《よう》なものを体《からだ》にとり入《い》れ、いらなくなったものをあせや便《べん》などにして体《からだ》の外《そと》に出《だ》すこと。❷新《あたら》しいものが、古《ふる》いものにとってかわるこ

四字熟語 **自暴自棄《じぼうじき》** ものごとが自分《じぶん》の思《おも》いどおりにならないために、やけをおこして自分自身《じぶんじしん》を投《な》げや

と。[例] 新陳代謝の激《はげ》しいチーム。

じんつうりき【神通力】[名詞] 神《かみ》のように何《なに》ごとも思《おも》うままにできる、不思議《ふしぎ》な力《ちから》。「じんずうりき」ともいう。

しんてい【進呈】[名詞][動詞] 人《ひと》に物《もの》を差《さ》し上《あ》げること。[例] 参加者《さんかしゃ》には記念品《きねんひん》を進呈します。[類] 贈呈《ぞうてい》。

しんてん【進展】[名詞][動詞] ものごとが進《すす》み、はかどること。新《あたら》しい方向《ほうこう》へ広《ひろ》がっていくこと。[例] 事件《じけん》は、学校全体《がっこうぜんたい》の問題《もんだい》に進展した。

しんてん【親展】[名詞] 手紙《てがみ》のあて名《な》のそばに書《か》くことば。「あて名《な》の人《ひと》が自分《じぶん》で開《ひら》いて読《よ》んでください」という意味《いみ》を表《あらわ》す。

しんでん【神殿】[名詞] 神《かみ》を祭《まつ》ってある建物《たてもの》。

しんでん【新田】[名詞] 新《あたら》しく切《き》り開《ひら》いてつくった田《た》。

しんでんかいはつ【新田開発】[名詞] 原《げん》野《や》・山林《さんりん》などを新《あたら》しく切《き》り開《ひら》いて田畑《たはた》を広《ひろ》げること。[教科 社] とくに、江戸時代《えどじだい》に生産《せいさん》を増《ふ》やすために積極的《せっきょくてき》に行《おこな》われた。

しんでんず【心電図】[名詞] 心臓《しんぞう》の動《うご》きによって起《お》こる電流《でんりゅう》の変化《へんか》を、グラフに表《あらわ》したもの。心臓《しんぞう》の病気《びょうき》の診断《しんだん》に使《つか》う。

しんてんち【新天地】[名詞] 新《あたら》しく開《ひら》かれた世界《せかい》。また、これから活動《かつどう》していく新《あたら》しい場《ば》所《しょ》。[例] 新天地を求《もと》めて外国《がいこく》へ行《い》く。

しんでんづくり【寝殿造り】[名詞] 平安時《へいあんじ》代《だい》の貴族《きぞく》の家《いえ》のつくり方《かた》。寝殿《しんでん》のまわりに対《たいの》屋《や》（＝東《ひがし》の対《たい》・西《にし》の対《たい》など）を置《お》いて廊下《ろうか》で結《むす》び、庭《にわ》には大《おお》きな池《いけ》をつくる。

しんでんづくり

しんと [副詞][動詞] とても静《しず》かなようす。物音《ものおと》ひとつしないほど静《しず》かであるようす。「しいんと」ともいう。[例] 会場《かいじょう》はしんと静《しず》まりかえった。

しんと【信徒】[名詞] その宗教《しゅうきょう》を信《しん》じている人《ひと》。信者《しんじゃ》。[類] 教徒《きょうと》。

しんど【進度】[名詞] 進《すす》む度合《どあ》い。進《すす》み具合《ぐあい》。[例] 学習《がくしゅう》の進度が速《はや》い。[使い方] 文章《ぶんしょう》でよく使《つか》うことば。

しんど【震度】[名詞] 地震《じしん》のときの、ある場所《ばしょ》でのゆれ方《かた》の度合《どあ》いを数字《すうじ》で示《しめ》すもの。もっとも弱《よわ》い震度《しんど》0から1、2、3、4、5弱《じゃく》、5強《きょう》、6弱《じゃく》、6強《きょう》、7の十階級《じっかいきゅう》に分《わ》けて表《あらわ》す。

しんどい [形容詞] ❶めんどうだ。骨《ほね》が折《お》れる。[例] しんどい作業《さぎょう》。❷つかれて、体《からだ》がだるい。[例] ずっと走《はし》ってきたのでしんどい。[ことば] もとは関西地方《かんさいちほう》の方言《ほうげん》。

しんとう【神道】[名詞] 日本《にほん》に昔《むかし》から伝《つた》わる神《しん》話《わ》の神々《かみがみ》や祖先《そせん》を敬《うやま》う宗教《しゅうきょう》。神社《じんじゃ》を建《た》て、神《かみ》を祭《まつ》る。

しんとう【浸透】[名詞][動詞] ❶液体《えきたい》がしみとおること。❷ある考《かんが》えなどが、だんだん広《ひろ》く行《い》きわたっていくこと。[例] 男女平等《だんじょびょうどう》の考《かんが》え方《かた》が浸透する。

しんとう【親等】[名詞] 親族《しんぞく》の関係《かんけい》の、遠《とお》い近《ちか》いを表《あらわ》すことば。親子《おやこ》は一親等《いっしんとう》、兄弟姉妹《きょうだいしまい》は二親等《にしんとう》。

しんどう【神童】[名詞] 非常《ひじょう》にすぐれた才能《さいのう》を持《も》った子供《こども》。

しんどう【振動】[名詞][動詞] ❶細《こま》かくゆれ動《うご》くこと。[例] 地震《じしん》で窓《まど》ガラスが振動する。❷物《もの》が、決《き》まった速《はや》さでゆれること。

しんどう【新道】[名詞] 新《あたら》しくつくった道路《どうろ》。[対] 旧道《きゅうどう》。

しんどう【震動】[名詞][動詞] ふるえ動《うご》くこと。[例] 大地《だいち》が震動する。

じんとう【陣頭】[名詞] ❶敵《てき》と戦《たたか》うときの、いちばん前《まえ》の列《れつ》。❷仕事《しごと》などをするときの、先頭《せんとう》。[例] 六年生《ろくねんせい》が陣頭に立《た》って大掃除《おおそうじ》を行《おこな》った。

じんどう【人道】[名詞] ❶人間《にんげん》として行《おこな》わなければならないこと。[例] けが人《にん》を見捨《みす》てることは人道に反《はん》する。

ということ。あらゆる方向《ほうこう》という意味《いみ》で、あちらこちら。方々《ほうぼう》。

❷人《ひと》が通るようにつくった道。歩道。

じんどうしゅぎ【人道主義】名詞 すべての人《ひと》を愛《あい》する心《こころ》を持《も》ち、人類全体《じんるいぜんたい》の幸福《こうふく》を目指《めざ》す考《かんが》え方《かた》。

じんとく【人徳】名詞 その人《ひと》に自然《しぜん》に備《そな》わっている、人《ひと》から尊敬《そんけい》され親《した》しまれるようなよい性質《せいしつ》。例 人徳のある人《ひと》。

しんとしん【新都心】名詞 新《あたら》しく都市《とし》の中心《ちゅうしん》となった地域《ちいき》。とくに、東京都庁《とうきょうとちょう》のある新宿《しんじゅく》の辺《あた》り。

じんとり【陣取り】名詞 子供《こども》の遊《あそ》びの一《ひと》つ。二組《ふたくみ》に分《わ》かれて陣地《じんち》を決《き》め、おたがいに陣地《じんち》を取《と》り合《あ》ったり、敵《てき》をほりょにしたりする。

じんどる【陣取る】動詞
❶陣地《じんち》を構《かま》える。
❷ある場所《ばしょ》をとる。例 いちばん前《まえ》に陣取る。

シンナー（thinner）名詞 塗料《とりょう》などをうすめるときなどに使《つか》う液体《えきたい》。神経《しんけい》をまひさせるはたらきがある。

しんに【真に】副詞 ほんとうに。まことに。例 真にすばらしい成果《せいか》。

しんにちか【親日家】名詞 日本《にほん》のことが好《す》きで、よく知《し》っている外国人《がいこくじん》。

しんにゅう ➡669ページ《ペ-ジ》しんにょう

しんにゅう【侵入】名詞 動詞 よその家《いえ》や国《くに》などに、無理《むり》やり入《はい》りこむこと。例 店《みせ》にどろぼうが侵入した。

しんにゅう【浸入】名詞 動詞 水《みず》が入《はい》りこむこと。例 大雨《おおあめ》で、水《みず》が床下《ゆかした》まで浸入してきた。

しんにゅう【進入】名詞 動詞 進《すす》んで行《い》って、ある場所《ばしょ》に入《はい》ること。例 進入禁止《きんし》／ホームに列車《れっしゃ》が進入してくる。

しんにゅうせい【新入生】名詞 季語 春 新《あたら》しく入学《にゅうがく》した児童《じどう》・生徒《せいと》・学生《がくせい》。

しんにょう 名詞「辶」のこと。漢字《かんじ》の部首《ぶしゅ》の一《ひと》つ。「行《い》く」「すすむ」という意味《いみ》に関係《かんけい》のある漢字《かんじ》を作《つく》ることが多《おお》い。運・遠・通・道など。「しんにゅう」ともいう。

しんにん【信任】名詞 動詞 その人を信用して、役目《やくめ》や仕事《しごと》を任《まか》せること。例 信任投票《とうひょう》／みんなの信任を得《え》て、代表《だいひょう》になった。対 不信任《ふしんにん》。

しんにん【新任】名詞 動詞 新《あたら》しくその役《やく》や仕事《しごと》につくこと。また、その人《ひと》。例 新任の先生《せんせい》。

しんねん【信念】名詞 自分《じぶん》の考《かんが》えが正《ただ》しいと信《しん》じて疑《うたが》わない心《こころ》。例 強《つよ》い信念を持《も》つ。

しんねん【新年】名詞 季語 新年 新《あたら》しい年《とし》。年《とし》の初《はじ》め。例 新年のあいさつ。関連 旧年《きゅうねん》。

しんのう【親王】名詞 天皇《てんのう》の子《こ》や孫《まご》に当《あ》たる男性《だんせい》。対 内親王《ないしんのう》。

しんぱい【心配】
❶名詞 動詞 形容動詞 気《き》にかけること。不安《ふあん》に思《おも》うこと。例 遅刻《ちこく》してみんなに心配をかけた／遠足《えんそく》の日《ひ》の天気《てんき》が心配だ。類 懸念《けねん》。対 安心《あんしん》。
❷名詞 動詞 人《ひと》のために気《き》を配《くば》ること。世話《せわ》をすること。例 おじに宿《やど》の心配をしてもらった。

しんぱいしょう【心配性】名詞 小《ちい》さいことや起《お》こりそうもないことまで心配《しんぱい》する性格《せいかく》。

伝統的《でんとうてき》な言語文化《げんごぶんか》

十干《じっかん》と十二支《じゅうにし》

干支《えと》は60種類《しゅるい》ある？

「干支《えと》」と聞《き》くと、「子丑寅卯辰巳午未申酉戌亥《ねうしとらうたつみうまひつじさるとりいぬい》」という生《う》まれ年《どし》のことを思《おも》いうかべる人《ひと》が多《おお》いのではないかな。これは「十二支《じゅうにし》」。年賀状《ねんがじょう》を書《か》くときに、「今年《ことし》は子年《ねどし》」とかいうよね。

実《じつ》は、年《とし》には「十二支《じゅうにし》」のほかに、「十干《じっかん》」といって「甲乙丙丁戊己庚辛壬癸《きのえきのとひのえひのとつちのえつちのとかのえかのとみずのえみずのと》」という10種類《しゅるい》の分《わ》け方《かた》がある。この「十干《じっかん》」の「干《かん》」と「十二支《じゅうにし》」の「支《し》」を組《く》み合《あ》わせたものを「干支《えと》」というんだよ。

十干《じっかん》と十二支《じゅうにし》を、甲子《きのえね》、乙丑《きのとうし》、丙寅《ひのえとら》…、と順番《じゅんばん》に組《く》み合《あ》わせていくと、最後《さいご》の癸亥《みずのとい》まで、なんと60種類《しゅるい》！　つまり、60年《ねん》かかるんだ。甲子《きのえね》の年《とし》に生《う》まれた人《ひと》が満《まん》60才《さい》になると、ようやく二度目《にどめ》の甲子《きのえね》がやってくる。60才《さい》を「還暦《かんれき》」っていうのは、このように「暦《こよみ》」が一周《いっしゅう》する年《とし》だからなんだ。

ほかにも、十二支《じゅうにし》は、下《した》の図《ず》のように時刻《じこく》や方角《ほうがく》を表《あらわ》すときにも使《つか》っていたよ。

「干支《えと》」は、昔《むかし》から生活《せいかつ》のいろいろな場面《ばめん》にかかわっていたんだね。

もっとみてみよう！

● 昔《むかし》のこよみと年《とし》・月《つき》・季節《きせつ》のことば「十二支《じゅうにし》」「十干《じっかん》」「干支《えと》」（→p.1451）

四字熟語 **四方八方《しほうはっぽう》**「四方《しほう》」は東西南北《とうざいなんぼく》の方向《ほうこう》、「八方《はっぽう》」はそれに加《くわ》えて北東《ほくとう》・北西《ほくせい》・南東《なんとう》・南西《なんせい》の方向《ほうこう》

じんばおり【陣羽織】 名詞 昔《むかし》、武士《ぶし》が戦《たたか》いのとき、よろいの上《うえ》に着《き》たそでなしの羽織《はおり》。

しんぱく【心拍】 名詞 心臓《しんぞう》が、血液《けつえき》を送《おく》り出《だ》すためにふくらんだり縮《ちぢ》んだりすること。例 心拍数《すう》（＝一分間《いっぷんかん》に心臓《しんぞう》が収縮《しゅうしゅく》する回数《かいすう》）。

シンバル（cymbal）名詞 打楽器《だがっき》の一《ひと》つ。二枚《にまい》の金属《きんぞく》の円盤《えんばん》を打《う》ち合《あ》わせて鳴《な》らす。図 ↓269ページ がっき〔楽器〕

しんぱん【侵犯】 名詞 動詞 よその国《くに》の領土《りょうど》や権利《けんり》などをおかすこと。例 国籍不明《こくせきふめい》の潜水艦《せんすいかん》が領海《りょうかい》を侵犯する。

しんぱん【新版】 名詞 以前出版《いぜんしゅっぱん》した本《ほん》を、書《か》き直《なお》したり、デザインを変《か》えたりして新《あたら》しく出《だ》したもの。対 旧版《きゅうはん》。

しんぱん【審判】 名詞 動詞 ❶勝《か》ち負《ま》けや反則《はんそく》などを見分《みわ》けて決《き》めること。また、その人《ひと》。❷正《ただ》しいか、正《ただ》しくないかを調《しら》べて決《き》めること。例 公正《こうせい》な審判を下《くだ》す。

しんぱん【親藩】 名詞 徳川家一門《とくがわけいちもん》の大名《だいみょう》。尾張《おわり》・紀伊《きい》・水戸《みと》の御三家《ごさんけ》や、越前松平家《えちぜんまつだいらけ》などがあった。関連 外様《とざま》。譜代《ふだい》。

しんぴ【神秘】 名詞 人間《にんげん》の力《ちから》では考《かんが》えられないような、不思議《ふしぎ》なこと。例 大自然《だいしぜん》の神秘。

しんぴてき【神秘的】 形容動詞 人《ひと》の力《ちから》では計《はか》り知《し》れないような、不思議《ふしぎ》なようす。例 夜空《よぞら》にうかび上《あ》がる神秘的なオーロラ。

しんぴょうせい【信ぴょう性】 名詞 ものごとが信用《しんよう》できる度合《どあ》い。例 信ぴょう性が高《たか》い話《はなし》。

しんぴん【新品】 名詞 まだ使《つか》っていない、新《あたら》しい品物《しなもの》。例 新品のかばん。

じんぴん【人品】 名詞 その人《ひと》の人《ひと》がらや品《ひん》位《い》。その人《ひと》に備《そな》わっている雰囲気《ふんいき》。例 人品いやしからぬ（＝りっぱな）人《ひと》。

しんぷ【神父】 名詞 キリスト教《きょう》のカトリックの教会《きょうかい》で、神《かみ》の教《おし》えを説《と》く人《ひと》。ことば プロテスタントの教会《きょうかい》では「牧師《ぼくし》」という。

しんぷ【新婦】 名詞 結婚《けっこん》したばかりの女性《じょせい》。花嫁《はなよめ》。対 新郎《しんろう》。

しんぷう【新風】 名詞 これまでにはなかった、新《あたら》しい考《かんが》え方《かた》ややり方《かた》。例 映画界《えいがかい》に新風をふきこむ。

シンフォニー ↓449ページ こうきょうきょく

しんぷく【心服】 名詞 動詞 心《こころ》から尊敬《そんけい》して従《したが》うこと。例 村民《そんみん》はみんな、村長《そんちょう》に心服している。

しんぷく【振幅】 名詞 ゆれ動《うご》くはば。物《もの》が左右《さゆう》にゆれ動《うご》くはばの、半分《はんぶん》の長《なが》さで表《あらわ》す。ふれはば。例 振幅が大《おお》きい。

しんぶつ【神仏】 名詞 神《かみ》と仏《ほとけ》。神道《しんとう》と仏教《ぶっきょう》。例 神仏にいのる。

じんぶつ【人物】 名詞 ❶ひと。例 登場《とうじょう》人物。❷人《ひと》がら。例 あの人《ひと》の人物は保証《ほしょう》するよ。❸役《やく》に立《た》つ人《ひと》。すぐれた人《ひと》。例 あの人《ひと》はなかなかの人物だ。

じんぶつが【人物画】 名詞 人物《じんぶつ》を主題《しゅだい》としてえがいた絵画《かいが》。

じんぶつぞう【人物像】 名詞 物語《ものがたり》などでえがかれる、人物《じんぶつ》の性格《せいかく》や特徴《とくちょう》。外見《がいけん》や行動《こうどう》などを通《とお》して、その人物《じんぶつ》のものの考《かんが》え方《かた》や生《い》き方《かた》などが表《あらわ》される。例 授業《じゅぎょう》で主人公《しゅじんこう》の人物像について話《はな》し合《あ》う。

シンプル（simple）形容動詞 簡単《かんたん》ですっきりしているようす。かざり気《け》がないようす。例 シンプルなデザインの服《ふく》。

しんぶん【新聞】 名詞 世《よ》の中《なか》のできごとや問題《もんだい》などを、多《おお》くの人《ひと》に早《はや》く知《し》らせるために、定期的《ていきてき》に出《だ》される印刷物《いんさつぶつ》。例 学級《がっきゅう》新聞。ことば「一部《いちぶ》」と数《かぞ》える。新聞《しんぶん》の種類《しゅるい》をあらわすときは「一紙《いっし》」と数《かぞ》える。

しんぶんきしゃ【新聞記者】 名詞 新聞《しんぶん》をつくるために、世《よ》の中《なか》のできごとを調《しら》べて記事《きじ》を書《か》く人《ひと》。

しんぶんしゃ【新聞社】 名詞 新聞《しんぶん》を発行《はっこう》している会社《かいしゃ》。

しんぶんすう【真分数】 名詞 分子《ぶんし》が分母《ぶんぼ》よりも小《ちい》さい分数《ぶんすう》。$\frac{1}{2}$・$\frac{2}{3}$など。関連 仮分数《かぶんすう》。帯分数《たいぶんすう》。

しんぺん【身辺】 名詞 身《み》の回《まわ》り。例 身辺整理《せいり》／身辺で起《お》きた事件《じけん》。

しんぽ【進歩】 名詞 動詞 ものごとがだんだんよいほうへ進《すす》んでいくこと。例 科学《かがく》の進歩／技術《ぎじゅつ》が進歩する。類 向上《こうじょう》。発展《はってん》。対 退歩《たいほ》。

しんぼう【心棒】 名詞 ❶こまや車《くるま》などの中心《ちゅうしん》にある棒《ぼう》。❷はたらきの中心《ちゅうしん》となるもの。例 チームの心

こと。

棒となって活躍《かつやく》する。

しんぼう【辛抱】 名詞 動詞 苦《くる》しさやつらさをじっとがまんすること。例 もう少《すこ》しの辛抱だ。

しんぼう【信望】 名詞 人《ひと》から信《しん》じられ、たよりにされること。例 信望のある人《ひと》。類 人望《じんぼう》。

じんぼう【人望】 名詞 多《おお》くの人《ひと》からしたわれたり、たよりにされたりすること。例 人望のある人《ひと》。類 信望《しんぼう》。

しんぼうづよい【辛抱強い】 形容詞 苦《くる》しさやつらさなどに、じっとたえるようす。がまん強《づよ》い。例 赤《あか》ちゃんが泣《な》きやむまで辛抱強くあやす。

しんぼく【親睦】 名詞 親《した》しみ、仲《なか》よくすること。例 近所《きんじょ》の人《ひと》たちと親睦を深《ふか》める。

シンポジウム（symposium） 名詞 ある問題《もんだい》について、何人《なんにん》かが意見《いけん》を述《の》べ、それについて、参加者《さんかしゃ》たちも交《まじ》えて討論《とうろん》する会《かい》。

しんぽてき【進歩的】 形容動詞 考《かんが》え方《かた》や行動《こうどう》のしかたなどが、同《おな》じ時代《じだい》のほかの人《ひと》に比《くら》べて新《あたら》しいようす。例 進歩的な意見《いけん》。

シンボル（symbol） 名詞 目《め》に見《み》えないことがらや考《かんが》えなどを、目《め》で見《み》てわかるように表《あらわ》したもの。象徴《しょうちょう》。例 平和《へいわ》のシンボル。

しんまい【新米】 名詞 季語 秋 ❶その年《とし》に新《あたら》しくとれた米《こめ》。対 古米《こまい》。❷始《はじ》めたばかりで、まだ慣《な》れていない人《ひと》。例 新米の社員《しゃいん》。類 駆《か》け出《だ》し。

じんましん 名詞 皮膚《ひふ》が赤《あか》くかゆくなる病気《びょうき》。体《からだ》に合《あ》わない食《た》べ物《もの》や薬《くすり》などによって起《お》こることが多《おお》い。

しんみ【親身】 形容動詞 身内《みうち》の人《ひと》のように親切《しんせつ》なこと。例 親身になって世話《せわ》をする。

しんみつ【親密】 名詞 形容動詞 非常《ひじょう》に親《した》しいようす。例 親密なつきあい。

じんみゃく【人脈】 名詞 ある分野《ぶんや》や集団《しゅうだん》などの中《なか》の、人《ひと》と人《ひと》とのつながり。例 人脈を広《ひろ》げる。

しんみょう【神妙】 形容動詞 ❶素直《すなお》でおとなしいようす。例 神妙な顔《かお》であやまる。❷感心《かんしん》なようす。例 妹《いもうと》は神妙にも掃除《そうじ》を始《はじ》めた。

しんみり［と］ 副詞 動詞 ❶静《しず》かで落《お》ち着《つ》いているようす。例 しんみりと思《おも》い出話《でばなし》をする。❷心《こころ》がしずんでさびしいようす。例 悲《かな》しい話《はなし》を聞《き》いて、しんみりした気持《きも》ちになった。

しんみん【臣民】 名詞 君主国《くんしゅこく》で、君主《くんしゅ》に支配《しはい》される国民《こくみん》。とくに、旧憲法《きゅうけんぽう》（=大日本帝国《だいにほんていこく》憲法《けんぽう》）の時代《じだい》の日本国民《にほんこくみん》。

じんみん【人民】 名詞 社会《しゃかい》をつくっている人々《ひとびと》。例 人民のための政治《せいじ》。

じんみんげん【人民元】 名詞 中華人民共和国《ちゅうかじんみんきょうわこく》のお金《かね》の単位《たんい》である「元《げん》」のこと。

じんむてんのう【神武天皇】 名詞 「古事記《こじき》」や「日本書紀《にほんしょき》」に出《で》てくる天皇《てんのう》。九州《きゅうしゅう》から大和《やまと》にせめのぼって、日本最初《にほんさいしょ》の天皇《てんのう》の位《くらい》についたとされる。

しんめ【新芽】 名詞 新《あたら》しく出《で》た芽《め》。

しんめい【身命】 名詞 体《からだ》と命《いのち》。例 身命をなげうつ（=おしげもなく差《さ》し出《だ》す）。

じんめい【人名】 名詞 人《ひと》の名前《なまえ》。

じんめい【人命】 名詞 人《ひと》のいのち。例 人命救助《きゅうじょ》／人命にかかわる問題《もんだい》。

じんめいようかんじ【人名用漢字】 名詞 常用漢字《じょうようかんじ》以外《いがい》で人《ひと》の名前《なまえ》に使《つか》うことができると決《き》められた漢字《かんじ》。

しんもつ【進物】 名詞 おくり物《もの》。

じんもん【尋問】 名詞 動詞 警察官《けいさつかん》や裁判官《さいばんかん》などが、くわしく質問《しつもん》して調《しら》べること。例 尋問を受《う》ける。

しんや【深夜】 名詞 真夜中《まよなか》。夜《よ》ふけ。例 深夜放送《ほうそう》。

しんゆう【親友】 名詞 信《しん》じ合《あ》っている、とても仲《なか》のよい友《とも》だち。類 知己《ちき》。

しんよう【信用】 ❶名詞 動詞 確《たし》かだと信《しん》じて疑《うたが》わないこと。例 あなたのことを信用している。❷名詞 評判《ひょうばん》がよいこと。信《しん》じられていること。例 信用のある店《みせ》で買《か》い物《もの》をする。

じんよう【陣容】 名詞 ❶戦《たたか》いのために整《ととの》えた陣地《じんち》のようす。例 陣容を整《ととの》える。❷会社《かいしゃ》や団体《だんたい》などの、人《ひと》の配置《はいち》や顔《かお》ぶれ。例 来年《らいねん》に向《む》けて、陣容を一新《いっしん》する。

しんようじゅ【針葉樹】 名詞 針《はり》のようにとがった葉《は》、または小《ちい》さいうろこ形《がた》の葉《は》を持《も》つ

あいうえお　かきくけこ　さしすせそ　し　たちつてと　なにぬねの　はひふへほ　まみむめも　や　ゆ　よ　らりるれろ　わ　を　ん

四字熟語 **自問自答《じもんじとう》** 心《こころ》の中《なか》で自分自身《じぶんじしん》に問《と》いかけて（自問《じもん》）、それに対《たい》して自分《じぶん》で自分《じぶん》に答《こた》える（自答《じとう》）

木《き》。松《まつ》・すぎ・ひのきなど。建築《けんちく》やパルプの材《ざい》料《りょう》などになる。例 針葉樹林《りん》。対 広葉樹《こうようじゅ》。

しんら【新羅】 ⇒653ジペー しらぎ

しんらい【信頼】 名詞 動詞 確《たし》かだと信《しん》じて、たよりにすること。例 あの人《ひと》なら信頼できる。

しんらつ【辛辣】 名詞 形容動詞 相手《あいて》に対《たい》する評《ひょう》価《か》などのことばが、とても厳《きび》しいこと。例 辛辣な批評《ひひょう》。

しんらばんしょう【森羅万象】 名詞 宇宙《うちゅう》にある、すべてのものごと。

しんらん【親鸞】 名詞 （一一七三〜一二六二）鎌《かま》倉時代《くらじだい》のおぼうさん。浄土宗《じょうどしゅう》の法然《ほうねん》の弟子《でし》になり、のちに浄土真宗《じょうどしんしゅう》を開《ひら》いた。

しんり【心理】 名詞 心《こころ》の動《うご》き方《かた》。気持《きも》ち。例 子供《こども》の心理をえがいた小説《しょうせつ》。

しんり【真理】 名詞 いつでもどこでも変《か》わらず、正《ただ》しいとされることがら。例 科学《かがく》の真理を追究《ついきゅう》する。

しんり【審理】 名詞 動詞 裁判所《さいばんしょ》が、事実関係《じじつかんけい》をよく調《しら》べて明《あき》らかにすること。例 事実関係《じじつかんけい》を審理する。

しんりがく【心理学】 名詞 人《ひと》の心《こころ》のはたらきや行動《こうどう》を研究《けんきゅう》する学問《がくもん》。

じんりき【人力】 ⇒672ジペー じんりょく〔人力〕

じんりきしゃ【人力車】 名詞 人《ひと》を乗《の》せて、人《ひと》が引《ひ》いて走《はし》る二輪車《にりんしゃ》。日本《にほん》で発明《はつめい》され、明治《めいじ》・大正時代《たいしょうじだい》に広《ひろ》く使《つか》われた。

じんりきしゃ

しんりゃく【侵略】 名詞 動詞 よその国《くに》にせめ入《い》って、その領土《りょうど》をうばいとること。例 侵略戦争《せんそう》。

しんりょう【診療】 名詞 動詞 医者《いしゃ》が、病人《びょうにん》のようすを調《しら》べて、治療《ちりょう》すること。例 診療時間《じかん》。

しんりょうじょ【診療所】 名詞 医者《いしゃ》が、病《びょう》人《にん》やけが人《にん》を診察《しんさつ》したり治療《ちりょう》したりする所《ところ》。しんりょうしょ。類 医院《いいん》。参考 「病院《びょういん》」より小《ち》さいものを指《さ》す。

しんりょく【深緑】 名詞 濃《こ》い緑色《みどりいろ》。ふかみどり。

しんりょく【新緑】 名詞 季語 夏 春《はる》の終《お》わりから夏《なつ》の初《はじ》めにかけての、若葉《わかば》の緑《みどり》。例 山《やま》の新緑が美《うつく》しい。

[redacted]

しんりょく【深緑】

じんりょく【人力】 名詞 人間《にんげん》の力《ちから》。人《ひと》の持《も》つ能力《のうりょく》。「じんりき」ともいう。例 人力でこの石《いし》を動《うご》かすのは無理《むり》だ。

じんりょく【尽力】 名詞 動詞 力《ちから》をつくすこと。例 住《す》みやすい町《まち》づくりに尽力する。

しんりん【森林】 名詞 木《き》がたくさん集《あつ》まって生《は》えている、広《ひろ》いところ。例 森林破壊《はかい》。

しんりんかんりしょ【森林管理署】 名詞 国有林《こくゆうりん》を守《まも》り、管理《かんり》する役所《やくしょ》。林野庁《りんやちょう》の下《した》にある。参考 以前《いぜん》は「営林署《えいりんしょ》」といった。

しんりんよく【森林浴】 名詞 森林《しんりん》の中《なか》に入《はい》って、きれいな空気《くうき》を吸《す》い、樹木《じゅもく》の香《かお》りを浴《あ》びること。心身《しんしん》をさわやかにし、気持《きも》ちを安《やす》らかにするために行《おこな》う。

しんるい【進塁】 名詞 動詞 野球《やきゅう》で、ランナーが次《つぎ》の塁《るい》に進《すす》むこと。

しんるい【親類】 ⇒665ジペー しんせき

じんるい【人類】 名詞 人間《にんげん》をほかの動物《どうぶつ》と区《く》別《べつ》していうことば。例 人類の未来《みらい》について考《かんが》える。

じんるいあい【人類愛】 名詞 国《くに》や人種《じんしゅ》の区《く》別《べつ》なく、すべての人間《にんげん》を仲間《なかま》として広《ひろ》く愛《あい》すること。また、その心《こころ》。

しんれき【新暦】 名詞 日本《にほん》で、明治時代《めいじじだい》の初《はじ》めごろから使《つか》われているこよみ。太陽《たいよう》の動《うご》きをもとにしてつくられている。類 太陽暦《たいようれき》。対 旧《きゅう》暦《れき》。

しんろ【針路】 名詞 ❶羅針盤《らしんばん》の針《はり》が示《しめ》す、船《ふね》や航空機《こうくうき》の進《すす》む方向《ほうこう》。例 針路を東《ひがし》にとる。❷ものごとが目指《めざ》していく方向《ほうこう》や、道筋《みちすじ》。

しんろ【進路】 名詞 ❶進《すす》んでいく方向《ほうこう》。例 台風《たいふう》の進路。❷人《ひと》がこれから進《すす》む方向《ほうこう》。例 卒業後《そつぎょうご》の進路を決《き》める。

しんろう【心労】 名詞 動詞 あれこれと心配《しんぱい》すること。心《こころ》を痛《いた》めること。例 心労が重《かさ》なる。類 気苦労《きぐろう》。

しんろう【新郎】 名詞 結婚《けっこん》したばかりの男《だん》性《せい》。花婿《はなむこ》。対 新婦《しんぷ》。

しんわ【神話】 名詞 大昔《おおむかし》の、神《かみ》を中心《ちゅうしん》とした物語《ものがたり》。例 ギリシャ神話。

⇒787ジペー 伝統コラム

をつまむ。続《つづ》いて指先《ゆびさき》を上《うえ》に向《む》けて手《て》のひらをのばし、顔《かお》の中央《ちゅうおう》から下《した》へ下《お》ろす。

す

ス
ズ　ず

下《した》の 手話にチャレンジ を見《み》よう。

す 名詞 細《ほそ》い竹《たけ》やあしのくきなどをあらく編《あ》んだもの。 ことば 漢字《かんじ》では「簀」と書《か》く。

す【子】 漢 ⇩551ページ し〔子〕

す【主】 漢 ⇩602ページ しゅ〔主〕

す【守】 漢 ⇩602ページ しゅ〔守〕

す【州】 名詞 川《かわ》・海《うみ》・湖《みずうみ》などで土《つち》や砂《すな》が積《つ》もり、水面《すいめん》に出《で》ているところ。 例 三角州《さんかくす》。 漢 ⇩603ページ しゅう〔州〕

す【素】 漢 ⇩743ページ そ〔素〕

す【巣】 名詞 ❶鳥《とり》・けもの・虫《むし》などが、卵《たまご》を産《う》んだり子《こ》を育《そだ》てたりするすみか。 ❷悪者《わるもの》が集《あつ》まっているところ。 例 悪党《あくとう》の巣《す》。

漢 **す【巣】**〔⺍《つ》〕 11画 4年 音 ソウ 訓 す

丶 ⺍(としない) 𭕄 当 𠁊 単 単 巣

す【酢】 名詞 すっぱい味《あじ》のする、液体《えきたい》の調味料《ちょうみりょう》。

す【数】 漢 ⇩679ページ すう〔数〕

ず 助動詞 （ほかのことばのあとにつけて）打《う》ち消《け》しの意味を表す。…ない。 例 何も持たずに出かけた／どこにも寄《よ》らずに家《いえ》に帰《かえ》る。

ず【図】 名詞 ❶ものごとのようすを絵《え》で表《あらわ》したもの。 例 図に表《あらわ》す／機械《きかい》のしくみを図で示《しめ》す。 ❷ある光景《こうけい》。ようす。 例 とても見《み》られた図ではない。

● **図《ず》に当《あ》たる** ものごとが思《おも》ったとおりになる。 例 作戦《さくせん》が図に当たって勝利《しょうり》した。 漢 ⇩673ページ ず〔図〕

● **図《ず》に乗《の》る** いい気《き》になってつけ上《あ》がる。調子《ちょうし》に乗《の》る。 例 ほめられるとすぐ図に乗る。 使い方 「頭に乗る」と書《か》かないよう注意《ちゅうい》。

漢 **ず【図】**〔口《くにがまえ》〕 7画 2年 音 ズ・ト 訓 はかる

丨 冂 𠔿 冈 図(やや大きく) 図

❶ず。絵《え》にかいたもの。 例 図画《ずが》／図形《ずけい》／図表《ずひょう》／図面《ずめん》／図書《としょ》／地図《ちず》。 ❷はかる。工夫《くふう》する。 例 意図《いと》。

ず【豆】 漢 ⇩914ページ とう〔豆〕

ず【事】 漢 ⇩554ページ じ〔事〕

ず【頭】 名詞 人《ひと》のあたま。 漢 ⇩915ページ とう〔頭〕

● **頭《ず》が高《たか》い** いばった態度《たいど》で生意気《なまいき》だ。

すあし【素足】 名詞 季語 夏 ❶靴下《くつした》などをはいていない足《あし》。 ❷くつなどをはいていない足《あし》。はだし。

ずあん【図案】 名詞 いろいろな形《かたち》や色《いろ》を組《く》み合《あ》わせて、図《ず》にかき表《あらわ》したもの。

漢 **すい【水】**〔水《みず》〕 4画 1年 音 スイ 訓 みず

亅(はねる) 才 水

❶みず。 例 水泳《すいえい》／水害《すいがい》／水道《すいどう》／水分《すいぶん》／断水《だんすい》。 ❷みずのような状態《じょうたい》のもの。 例 水銀《すいぎん》。 ❸水素《すいそ》のこと。 例 水爆《すいばく》／炭水化物《たんすいかぶつ》。

すい【出】 漢 ⇩619ページ しゅつ〔出〕

漢 **すい【垂】**〔土《つち》〕 8画 6年 音 スイ 訓 たれる・たらす

一 二 三(ながく) 乖 𠂹 垂 垂(ながく一ぽん)

たれる。たれさがる。 例 垂線《すいせん》／垂直《すいちょく》／懸垂《けんすい》。

すい【粋】 名詞 混《ま》じり気《け》がなく、すぐれたもの。 例 技術《ぎじゅつ》の粋《すい》を集《あつ》めてつくる。

漢 **すい【推】**〔扌《てへん》〕 11画 6年 音 スイ 訓 おす

扌 扌 扩(ひだりへはらう) 扩 护 推(つきださない)

❶おす。前《まえ》へおし進《すす》める。 例 推移《すいい》／推進《すいしん》。 ❷おしはかる。 例 推測《すいそく》／推定《すいてい》／推理《すいり》／推量《すいりょう》／類推《るいすい》。 ❸よいものとしてすすめる。 例 推薦《すいせん》。

すい【酸い】 形容詞 酢《す》のような味《あじ》である。すっぱい。 漢 ⇩543ページ さん〔酸〕

● **酸《す》いも甘《あま》いもかみ分《わ》ける** 多《おお》くの経験《けいけん》を積《つ》んで、世《よ》の中《なか》のことにくわしく、人《ひと》の気持《きも》ちがよくわかっている。

ずい【隋】 名詞 昔《むかし》の中国《ちゅうごく》の王朝《おうちょう》。五八一年《ねん》から六一八年《ねん》まで続《つづ》いた。長安《ちょうあん》（＝今《いま》の西安《せいあん》）

手話にチャレンジ **すみません** 右手《みぎて》の親指《おやゆび》と人《ひと》さし指《ゆび》を開《ひら》いて指先《ゆびさき》をまゆの前《まえ》におく。前《まえ》に出《だ》しながら２本《ほん》の指《ゆび》を都《みやこ》とした。

ずい【髄】 名詞 ❶骨《ほね》の中《なか》のすきまを満《み》たしている、やわらかいもの。骨髄《こつずい》。例 寒《さむ》さが骨《ほね》の髄まで（＝体《からだ》の中《ちゅう》心《しん》まで）しみる。❷植物《しょくぶつ》のくきの中《ちゅう》心《しん》のやわらかい部分《ぶぶん》。

すいあげる【吸い上げる】 動詞 ❶水《みず》や空気《くうき》などを、吸《す》いこんで高《たか》い方《ほう》へ上《あ》げる。例 インクをスポイトで吸い上げる。❷人《ひと》の利益《りえき》などをとり上《あ》げて、自分《じぶん》のものにしてしまう。例 もうけを親分《おやぶん》が吸い上げる。❸人《ひと》の意見《いけん》や要望《ようぼう》をとり上《あ》げる。例 みんなの意見《いけん》を吸い上げる。

すいあつ【水圧】 名詞 水《みず》の圧力《あつりょく》。水《みず》が水中《すいちゅう》の物質《ぶっしつ》の表面《ひょうめん》をおしつける力《ちから》。

すいい【水位】 名詞 もとになる面《めん》から測《はか》った、川《かわ》や海《うみ》、湖《みずうみ》などの水面《すいめん》の高《たか》さ。例 大雨《おおあめ》で川《かわ》の水位が上《あ》がった。

すいい【推移】 名詞 動詞 時《とき》がたつにつれて、ものごとのようすが移《うつ》り変《か》わること。移《うつ》り変《か》わり。例 時代《じだい》が推移する／物価《ぶっか》の推移を調《しら》べる。

ずいい【随意】 名詞 形容動詞 好《す》きなようにしてよいこと。例 どうぞご随意におとりください。

すいいき【水域】 名詞 海《うみ》や湖《みずうみ》、川《かわ》などの水面《すいめん》上《じょう》の、ある範囲《はんい》。例 危険《きけん》水域。

ずいいきん【随意筋】 名詞 自分《じぶん》の考《かんが》えに従《したが》って、思《おも》いどおりに動《うご》かすことのできる筋肉《きんにく》。手足《てあし》の筋肉《きんにく》など。対 不随意筋《ふずいいきん》。

ずいいち【随一】 名詞 ある範囲《はんい》の中《なか》でもっともすぐれていること。例 県内《けんない》随一の桜《さくら》の名所《めいしょ》／クラス随一の物知《ものし》り。

スイーツ（sweets）名詞 あまい菓子《かし》。例 コンビニでスイーツを買《か》う。

スイート（sweet）名詞 形容動詞 あまいこと。あまいようす。例 スイートポテト／スイートなチョコレートが大好《だいす》きだ。

スイートピー（sweet pea）名詞 季語 春 豆《まめ》のなかまの草花《くさばな》。初夏《しょか》に、白《しろ》・むらさき・うす紅色《べにいろ》などの、ちょうの形《かたち》の花《はな》をつける。

スイートピー

ずいいん【随員】 名詞 身分《みぶん》の高《たか》い人《ひと》につき従《したが》う人《ひと》。例 首相《しゅしょう》の随員として中国《ちゅうごく》をおとずれる。

すいうん【水運】 名詞 船《ふね》で、人《ひと》や荷物《にもつ》などを運《はこ》ぶこと。

すいえい【水泳】 名詞 動詞 季語 夏 水《みず》の中《なか》で泳《およ》ぐこと。例 水泳教室《きょうしつ》に通《かよ》う。参考 クロール・平泳《ひらおよ》ぎ・背泳《せおよ》ぎ・バタフライなどの泳《およ》ぎ方《かた》がある。

すいえいきょうぎ【水泳競技】 名詞 水《みず》の中《なか》で行《おこな》われる競技《きょうぎ》。競泳《きょうえい》・飛《と》びこみ・水球《すいきゅう》など。「水上競技《すいじょうきょうぎ》」ともいう。

すいえき【すい液】 名詞 すい臓《ぞう》でつくられ、十二指腸《じゅうにしちょう》へ出《だ》される消化液《しょうかえき》。でんぷん・たんぱく質《しつ》・しぼうを消化《しょうか》するはたらきがある。

すいおん【水温】 名詞 水《みず》の温度《おんど》。

すいか 名詞 季語 秋 うりのなかまの植物《しょくぶつ》の一《ひと》つ。黄色《きいろ》の花《はな》がさき、夏《なつ》、緑色《みどりいろ》の大《おお》きな実《み》がなる。実《み》の中《なか》は赤《あか》や黄色《きいろ》で、水気《みずけ》が多《おお》くあまい。ことば 漢字《かんじ》では「西瓜」と書《か》く。

すいか

すいがい【水害】 名詞 洪水《こうずい》などによる災害《さいがい》。

すいかわり【すいか割り】 名詞 目《め》かくしをして、少《すこ》しはなれたところからすいかに近《ちか》づき、棒《ぼう》でたたいて割《わ》る遊《あそ》び。

すいきゅう【水球】 名詞 水泳競技《すいえいきょうぎ》の一《ひと》つ。七人《しちにん》ずつの二《ふた》つのチームが、泳《およ》ぎながらボールを相手《あいて》のゴールに投《な》げこみ得点《とくてん》をきそう。

すいぎゅう【水牛】 名詞 東南《とうなん》アジアなどの熱《ねっ》帯地方《たいちほう》にすむ牛《うし》。横《よこ》に広《ひろ》がった大《おお》きな角《つの》を持《も》ち、水浴《みずあ》びを好《この》む。

すいきょ【推挙】 名詞 動詞 人《ひと》を、ある役目《やくめ》や地位《ちい》にふさわしいとして、すすめること。推薦《すいせん》すること。例 委員《いいん》に推挙する。

すいぎょのまじわり【水魚の交わり】 故事成語 水《みず》と魚《さかな》のような、切《き》りはなせない親《した》しいつきあい。ことば 昔《むかし》、中国《ちゅうごく》の劉備《りゅうび》という皇《こう》帝《てい》が、家臣《かしん》である孔明《こうめい》との仲《なか》を、水《みず》と魚《さかな》にたとえたことからきたことば。

もじなどのこと）を、まっすぐな定規《じょうぎ》の代《か》わりに使《つか》って線《せん》を引《ひ》こうとするということから、一《ひと》つの決《き》まりやや

すいぎん【水銀】 名詞 銀色《ぎんいろ》をした、ふつうの温度《おんど》で液体《えきたい》である金属《きんぞく》。温度《おんど》の上下《じょうげ》によって体積《たいせき》が規則正《きそくただ》しく変《か》わるので、温度計《おんどけい》などに使《つか》われる。教科 社 毒《どく》があり、公害《こうがい》病《びょう》の一《ひと》つである水俣《みなまた》病《びょう》の原因《げんいん》となった。

すいぎんおんどけい【水銀温度計】 名詞 細《ほそ》いガラス管《かん》に水銀《すいぎん》を入《い》れた温度計《おんどけい》。

すいぎんきあつけい【水銀気圧計】 名詞 片端《かたはし》を閉《と》じたガラス管《かん》に水銀《すいぎん》を入《い》れ、水銀槽《すいぎんそう》の中《なか》に逆《さか》さに立《た》てたときの水銀《すいぎん》柱《ちゅう》の高《たか》さによって気圧《きあつ》を測《はか》る器具《きぐ》。気圧《きあつ》が正確《せいかく》に測《はか》れる。図 ↓317ページ きあつけい

すいけい【推計】 名詞 動詞 ある資《し》料《りょう》をもとに計算《けいさん》して、およその数《すう》量《りょう》を出《だ》すこと。例 推計人口《じんこう》。

すいげん【水源】 名詞 川《かわ》などの水《みず》が流《なが》れ出《で》てくるもと。源《みなもと》。類 源《げん》流《りゅう》。

すいげんち【水源地】 名詞 川《かわ》などの水《みず》が流《なが》れ出《だ》す源《みなもと》となる土地《とち》。

すいげんりん【水源林】 名詞 水源地《すいげんち》の近《ちか》くにあって、降《ふ》った雨水《あまみず》をたくわえる森林《しんりん》。教科 社 雨水《あまみず》が河川《かせん》に一度《いちど》に流《なが》れ出《で》るのを防《ふせ》ぐはたらきがあり、「緑《みどり》のダム」と呼《よ》ばれる。

すいこう【遂行】 名詞 動詞 仕事《しごと》や役目《やくめ》などをやりとげること。例 あたえられた任《にん》務《む》を遂行する。

すいこう【推こう】 名詞 動詞 故事成語 詩《し》や文《ぶん》章《しょう》の内容《ないよう》やことばづかいなどを、よりよくするために何度《なんど》も考《かんが》えて直《なお》すこと。例 推こうを重《かさ》ねる。ことば 漢字《かんじ》では「推敲」と書《か》く。↓967ページ 故事成語「推敲《すいこう》」

すいごう【水郷】 名詞 川《かわ》の下《か》流《りゅう》や湖《みずうみ》、ぬまなどの近《ちか》くにある町《まち》や村《むら》。とくに、景色《けしき》の美《うつく》しいところ。参考 利《と》根《ね》川《がわ》下《か》流《りゅう》の、茨《いばら》城《き》県《けん》潮《いた》来《こ》を中《ちゅう》心《しん》とする地域《ちいき》など。

ずいこう【随行】 名詞 動詞 目上《めうえ》の人《ひと》に従《したが》って行《い》くこと。また、その人《ひと》。例 大臣《だいじん》に随行する。

すいこうさいばい【水耕栽培】 名詞 土《つち》を使《つか》わないで、栄養分《えいようぶん》の入《はい》った水《みず》で植《しょく》物《ぶつ》を育《そだ》てること。

すいこでん【水滸伝】 名詞 中《ちゅう》国《ごく》の明《みん》の時代《じだい》に書《か》かれた小説《しょうせつ》。武芸《ぶげい》にすぐれた百《ひゃく》八人《はちにん》が、梁《りょう》山泊《ざんぱく》という地《ち》に集《あつ》まって、悪《わる》い政府《せいふ》や役人《やくにん》に抵抗《ていこう》して戦《たたか》うようすをえがいている。

すいこてんのう【推古天皇】 名詞 （五五四～六二八）飛鳥時代《あすかじだい》の天皇《てんのう》。初《はじ》めての女性《じょせい》の天皇《てんのう》で、おいの聖《しょう》徳太子《とくたいし》を摂《せっ》政《しょう》にして政治《せいじ》を行《おこな》った。

すいこむ【吸い込む】 動詞 吸《す》って中《なか》に入《い》れる。例 新鮮《しんせん》な空気《くうき》を思《おも》いきり吸い込む。

すいさいが【水彩画】 名詞 水《みず》でとかして使《つか》う絵《え》の具《ぐ》でかいた絵《え》。関連 油《あぶら》絵《え》。

すいさつ【推察】 名詞 動詞 人《ひと》の気持《きも》ちや事《じ》情《じょう》などを、たぶんこうではないかと考《かんが》えること。例 相手《あいて》の気持《きも》ちを推察する。類 推測《すいそく》。推量《すいりょう》。

すいさん【水産】 名詞 海《うみ》・川《かわ》・湖《みずうみ》などで、魚《さかな》・貝《かい》・海藻《かいそう》などをとること。また、とれたもの。例 水産加《か》工業《こうぎょう》。

すいさんかカルシウム【水酸化カルシウム】 名詞 肥《ひ》料《りょう》・しっくい・さらし粉《こ》の原《げん》料《りょう》になる白《しろ》い粉《こな》。運動《うんどう》場《じょう》の線《せん》を引《ひ》くのにも使《つか》われる。「消石灰《しょうせっかい》」ともいう。

すいさんかナトリウム【水酸化ナトリウム】 名詞 白色《しろいろ》の固体《こたい》。空気《くうき》中《ちゅう》の水分《すいぶん》を吸《す》って、自然《しぜん》にとける。水溶液《すいようえき》は強《つよ》いアルカリ性《せい》を示《しめ》し、石《せっ》けんやパルプなどをつくるのに使《つか》われる。「苛性《かせい》ソーダ」ともいう。

すいさんぎょう【水産業】 名詞 魚《さかな》・貝《かい》・海《かい》藻《そう》などをとったり、育《そだ》てたり、加工《かこう》して食品《しょくひん》にしたりする仕事《しごと》。

すいさんしけんじょう【水産試験場】 名詞 魚《さかな》や貝《かい》などの水産物《すいさんぶつ》の研《けん》究《きゅう》などをしているところ。

すいさんちょう【水産庁】 名詞 水産《すいさん》資《し》源《げん》を守《まも》ったり水産《すいさん》業《ぎょう》を発展《はってん》させたりすることを目《もく》的《てき》とした国《くに》の役所《やくしょ》。農林水産《のうりんすいさん》省《しょう》の下《した》にある。

すいさんぶつ【水産物】 名詞 海《うみ》・川《かわ》・湖《みずうみ》などからとれるもの。魚《さかな》・貝《かい》・海藻《かいそう》など。類 海《かい》産物《さんぶつ》。関連 農産物《のうさんぶつ》。

すいし【水死】 名詞 動詞 水《みず》におぼれて死《し》ぬこと。類 溺死《できし》。

すいじ【炊事】 名詞 動詞 食《た》べ物《もの》を料《りょう》理《り》して、食《しょく》事《じ》を作《つく》ること。例 炊事当番《とうばん》。

ずいじ【随時】 副詞 ❶必要《ひつよう》のある、そのときどき。例 結果《けっか》の発《はっ》表《ぴょう》は随時行《おこな》います。❷気《き》の向《む》いたときや都合《つごう》のよいときの、いつで

四字熟語 **杓子定規《しゃくしじょうぎ》** 曲《ま》がっている杓子《しゃくし》（＝しるやごはんをよそうときに使《つか》うおたまじゃくしやしゃもじ）のように、ひとつのや り方《かた》を、すべての場合《ばあい》に当《あ》てはめようとすること。融通《ゆうずう》がきかないこと。

も。例 受《う》け付《つ》けは随時いたします。

すいしつ【水質】名詞 水《みず》の性質《せいしつ》・成分《せいぶん》・すみ具合《ぐあい》。

すいしゃ【水車】名詞 落《お》ちる水《みず》や流《なが》れる水《みず》の力《ちから》で回《まわ》る車《くるま》。回《まわ》る力《ちから》を、粉《こな》をひいたりするのに使《つか》う。「みずぐるま」ともいう。例 水車小屋《ごや》。関連 風車《ふうしゃ》。

すいしゃ

すいじゃく【衰弱】名詞 動詞 体《からだ》の力《ちから》がおとろえて、弱《よわ》ること。例 病気《びょうき》で体《からだ》が衰弱する。

すいじゅん【水準】名詞 ものごとのようすや価値《かち》を比《くら》べるときの、目安《めやす》となる程度《ていど》。レベル。例 生活《せいかつ》水準が高《たか》い国《くに》／小学三年生《しょうがくさんねんせい》の水準を上回《うわまわ》る体力《たいりょく》。類 基準《きじゅん》。標準《ひょうじゅん》。

すいじゅんき【水準器】名詞 土地《とち》や物《もの》の面《めん》などが水平《すいへい》かどうかを調《しら》べる器具《きぐ》。

ずいしょ【随所】名詞 いたる所《ところ》。あちらこちら。例 町《まち》の随所にポスターをはる。

すいしょう【水晶】名詞 石英《せきえい》が六角柱《ろっかくちゅう》の結晶《けっしょう》になったもの。ふつう無色透明《むしょくとうめい》だが、むらさき色《いろ》のものもある。かざり物《もの》などにする。

すいしょう【推奨】名詞 動詞 人《ひと》や物《もの》などのすぐれているところをほめ、よいとして人《ひと》にすすめること。例 先生《せんせい》推奨の参考書《さんこうしょ》。

すいしょう【推賞】名詞 動詞 人《ひと》や物《もの》などを、たいへんすぐれているとしてほめること。例 審査員全員《しんさいんぜんいん》から推賞された作品《さくひん》。

すいじょう【水上】名詞 水《みず》の上《うえ》。水面《すいめん》。対 陸上《りくじょう》。

すいじょうき【水蒸気】名詞 水《みず》が蒸発《じょうはつ》して気体《きたい》になったもの。

すいじょうきょうぎ【水上競技】⇩674ページ すいえいきょうぎ

すいしょうたい【水晶体】名詞 眼球《がんきゅう》の前《まえ》の方《ほう》にある、透明《とうめい》でレンズの形《かたち》をした部分《ぶぶん》。厚《あつ》さが自由《じゆう》に変《か》わり、入《はい》ってくる光《ひかり》を屈折《くっせつ》させて、目《め》の網膜《もうまく》に像《ぞう》を結《むす》ぶはたらきをする。

すいじょうちかん【水上置換】名詞 水《みず》にとけにくい気体《きたい》をとり出《だ》す方法《ほうほう》。水《みず》の中《なか》に、中《なか》を水《みず》で満《み》たした容器《ようき》を口《くち》を下《した》にして入《い》れ、その容器《ようき》に気体《きたい》を導《みちび》き入《い》れてためる。関連 上方置換《じょうほうちかん》。下方置換《かほうちかん》。

すいしん【水深】名詞 海《うみ》・川《かわ》・湖《みずうみ》などの、水面《すいめん》から底《そこ》までの深《ふか》さ。

すいしん【推進】名詞 動詞 ❶物《もの》を前《まえ》の方《ほう》へおし進《すす》めること。例 推進力《りょく》の大《おお》きいエンジン。❷計画《けいかく》などがはかどるようにすること。例 ボランティア活動《かつどう》を推進する。

スイス ⇩676ページ スイスれんぽう

すいすい［と］副詞 ❶気持《きも》ちよくかろやかに進《すす》むようす。例 めだかがすいすいと泳《およ》ぐ。❷仕事《しごと》や勉強《べんきょう》などがはかどるようす。例 難《むずか》しい問題《もんだい》をすいすい解《と》く。

スイスれんぽう【スイス連邦】名詞 ヨーロッパの中央部《ちゅうおうぶ》にある国《くに》。山《やま》や湖《みずうみ》の景色《けしき》がよい国《くに》として知《し》られる。時計《とけい》などの精密《せいみつ》機械工業《きかいこうぎょう》もさかん。永世中立国《えいせいちゅうりつこく》。首都《しゅと》はベルン。「スイス」ともいう。

（国旗《こっき》）

すいせい【水生】名詞 動詞 水中《すいちゅう》にすむこと。また、水中《すいちゅう》に生《は》えること。例 水生昆虫《こんちゅう》／水生動物《どうぶつ》／水生植物《しょくぶつ》。対 陸生《りくせい》。

すいせい【水性】名詞 水《みず》にとけやすい性質《せいしつ》を持《も》っていること。例 水性のボールペン。対 油性《ゆせい》。

すいせい【水星】名詞 太陽《たいよう》にもっとも近《ちか》い惑星《わくせい》。太陽《たいよう》のまわりを八十八日《はちじゅうはちにち》で一周《いっしゅう》する。図 ⇩785ページ たいようけい

すいせい【水勢】名詞 水《みず》の流《なが》れる勢《いきお》い。

すいせい【すい星】名詞 太陽《たいよう》のまわりをだ円《えん》をえがいて回《まわ》っている天体《てんたい》。ガスやちりなどからできていて、ふつう長《なが》く尾《お》を引《ひ》いている。「ほうき星《ぼし》」ともいう。図 ⇩785ページ たいようけい

●**すい星《せい》のごとく** 才能《さいのう》のある人《ひと》が急《きゅう》に現《あらわ》れるようす。例 すい星のごとく現《あらわ》れた新人選手《しんじんせんしゅ》。

すいせいがん【水成岩】名詞 堆積岩《たいせきがん》の一《ひと》つ。水《みず》の底《そこ》に積《つ》もった砂《すな》や小石《こいし》が固《かた》まってできた岩石《がんせき》。

すいせいこんちゅう【水生昆虫】名詞 水《すい》中《ちゅう》や水面《すいめん》で生活《せいかつ》する昆虫《こんちゅう》。みずすまし・げんごろうなど。

勝《か》って、栄《さか》えること。弱《よわ》いものが強《つよ》いもののぎせいになること。

すいせん【水仙】 名詞 季語冬 冬《ふゆ》から春《はる》の初《はじ》めにかけて、香《かお》りのよい白《しろ》または黄色《きいろ》の花《はな》がさく草《くさ》。葉《は》は細長《ほそなが》く、球根《きゅうこん》でふえる。

すいせん【水仙】

すいせん【水洗】 名詞 動詞 水《みず》で洗《あら》い流《なが》すこと。例 水洗トイレ。

すいせん【垂線】 名詞 ある直《ちょく》線《せん》や平面《へいめん》に、直《ちょっ》角《かく》に交《まじ》わる直《ちょく》線《せん》。垂直《すいちょくせん》線。

すいせん【推薦】 名詞 動詞 自分《じぶん》がよいと思《おも》う人《ひと》やものをほかの人《ひと》にすすめること。例 友《とも》だちを委員《いいんちょう》長に推薦した。

すいせんぶん【推薦文】 名詞 自分《じぶん》がよいと思《おも》う人《ひと》やものを、ほかの人《ひと》にすすめるために書《か》いた文章《ぶんしょう》。

すいそ【水素】 名詞 色《いろ》もにおいもない、もっとも軽《かる》い気体《きたい》。燃《も》えやすく、燃《も》えると酸素《さんそ》と結《むす》びついて水《みず》になる。

すいそう【水葬】 名詞 動詞 人《ひと》が死《し》んだときに、海《うみ》や川《かわ》などにしずめてほうむること。関連 火《か》葬《そう》。土葬《どそう》。

すいそう【水槽】 名詞 水《みず》をためておく入《い》れ物《もの》。例 水槽で金魚《きんぎょ》を飼《か》う。

すいそう【吹奏】 名詞 動詞 管楽器《かんがっき》をふいて演《えん》奏《そう》すること。例 吹奏楽団《がくだん》。

すいぞう【すい臓】 名詞 胃《い》の後《うし》ろにある内《ない》臓《ぞう》。食《た》べ物《もの》を消化《しょうか》するすい液《えき》をつくって十二《じゅうに》指腸に送る。図 ↓966ページ ないぞう〔内臓〕

ずいそう【随想】 名詞 心《こころ》にうかぶ思《おも》い。また、それを書《か》いた文章《ぶんしょう》。類 随筆《ずいひつ》。

すいそうがく【吹奏楽】 名詞 トランペットやフルートなどの管楽器《かんがっき》と、大太鼓《おおだいこ》・小太鼓《こだいこ》などの打楽器《だがっき》で演奏《えんそう》される音楽《おんがく》。

すいそうがくだん【吹奏楽団】 ↓1170ページ ブラスバンド

すいそく【推測】 名詞 動詞 ものごとの内容《ないよう》や成《な》り行《ゆ》きについて、こうではないかと考《かんが》えること。例 事故《じこ》の原因《げんいん》を推測する。類 推察《すいさつ》。推量《すいりょう》。

すいぞくかん【水族館】 名詞 水中《すいちゅう》にすむ動《どう》物《ぶつ》や植物《しょくぶつ》をガラス張《ば》りの水槽《すいそう》に入《い》れて、人々《ひとびと》に見《み》せるところ。

すいそばくだん【水素爆弾】 名詞 水素《すいそ》の原子核《げんしかく》がとけ合《あ》ってヘリウムに変《か》わるときに出《で》る、非常《ひじょう》に大《おお》きなエネルギーを利用《りよう》した爆弾《ばくだん》。略《りゃく》して「水爆《すいばく》」ともいう。

すいたい【衰退】 名詞 動詞 勢《いきお》いなどが少《すこ》しずつおとろえて、活気《かっき》のない状態《じょうたい》になること。例 町《まち》の産業《さんぎょう》が衰退する。対 繁栄《はんえい》。

すいたい【すい体】 名詞 三角《さんかく》すい・四角《しかく》すい・円《えん》すいなどをまとめて呼《よ》ぶことば。↓686ページ ずけい

すいちゅう【水中】 名詞 水《みず》の中《なか》。

すいちゅうよくせん【水中翼船】 名詞 船《ふね》の底《そこ》につばさをとりつけ、船体《せんたい》を水上《すいじょう》にうき上《あ》がらせて進《すす》む船《ふね》。

すいちょく【垂直】 名詞 形容動詞 ❶直線と直線、直線と面、面と面が直角に交《まじ》わる関係《かんけい》を表《あらわ》すことば。❷水平面《すいへいめん》や地平面《ちへいめん》に対《たい》して、直《ちょっ》角《かく》の方向《ほうこう》にあること。例 柱《はしら》を垂直に立《た》てる。

すいちょくせん【垂直線】 ↓677ページ すいせん〔垂線〕

すいつく【吸い付く】 動詞 吸《す》って、くっつく。また、ぴったりとくっつく。例 磁石《じしゃく》にくぎが吸い付く。

スイッチ (switch) ❶ 名詞 電流《でんりゅう》を止《と》めたり流《なが》したりする装置《そうち》。例 テレビのスイッチを切《き》る。❷ 名詞 動詞 ほかのやり方《かた》や物《もの》に切《き》りかえること。例 打席《だせき》を右《みぎ》から左《ひだり》へスイッチする。

スイッチバック (switchback) 名詞 動詞 電車《でんしゃ》が急《きゅう》な坂《さか》を上《のぼ》り下《お》りできるように、ジグザグの形《かたち》にしかれた線路《せんろ》。また、その線路《せんろ》を電車《でんしゃ》が、前進《ぜんしん》と後退《こうたい》をくり返《かえ》して進《すす》むこと。

すいてい【水底】 名詞 水《みず》の底《そこ》。

すいてい【推定】 名詞 動詞 はっきりしないことを、このくらいだろうと考《かんが》えて決《き》めること。例 古《ふる》いお寺《てら》の建《た》てられた時期《じき》を推定する。

すいてき【水滴】 名詞 水《みず》のしずく。

すいでん【水田】 名詞 いねを作《つく》るために水《みず》を入《い》れた田《た》。田《た》んぼ。

すいとう【水筒】 名詞 飲《の》み水《みず》やお茶《ちゃ》などを入《い》れて持《も》ち歩《ある》く入《い》れ物《もの》。

すいとう【水稲】 名詞 水田《すいでん》で作《つく》るいね。対 陸《りく》稲《とう》。

四字熟語　弱肉強食《じゃくにくきょうしょく》　弱《よわ》いものが強《つよ》いものに食《く》われてしまうということから、強《つよ》いものが弱《よわ》いものに

すいとう【出納】名詞 動詞 お金《かね》や品物《しなもの》を出《だ》し入《い》れすること。例 出納係《がかり》。

すいどう【水道】名詞 ❶飲《の》み水《みず》や生活《せいかつ》に使《つか》う水《みず》を家庭《かてい》などに送《おく》る設《せつ》備《び》。上水道《じょうすいどう》。❷船《ふね》の通《とお》る道《みち》。❸陸地《りくち》にはさまれて、海《うみ》がせまくなっているところ。海峡《かいきょう》。例 紀伊《きい》水道。

すいどうかん【水道管】名詞 飲《の》み水《みず》や生活《せいかつ》に使《つか》う水《みず》を、家庭《かてい》などに送《おく》るための管《くだ》。

すいどうメーター【水道メーター】名詞 使《つか》った水道水《すいどうすい》の量《りょう》をはかる装置《そうち》。

すいとりがみ【吸い取り紙】名詞 インクなどを使《つか》って書《か》いたあと、上《うえ》から当《あ》てて水分《すいぶん》を吸《す》いとるための紙《かみ》。

すいとる【吸い取る】動詞 吸《す》いこんで取《と》る。例 掃除機《そうじき》でほこりを吸い取る。

すいなん【水難】名詞 水《みず》による災難《さいなん》。洪水《こうずい》・水死《すいし》など。例 水難にあう。

すいばいか【水媒花】名詞 水《みず》によって花粉《かふん》がめしべに運《はこ》ばれ、受粉《じゅふん》する花《はな》。きんぎょもなど。関連 虫媒花《ちゅうばいか》。鳥媒花《ちょうばいか》。風媒花《ふうばいか》。

すいばく【水爆】⇒677ページ すいそばくだん

すいはん【炊飯】名詞 ごはんをたくこと。例 炊飯器《き》。

ずいひつ【随筆】名詞 心《こころ》に思《おも》いうかぶこと、見聞《みき》きしたことなどを自由《じゆう》に書《か》いた文章《ぶんしょう》。エッセー。類 随想《ずいそう》。⇒993ページ 伝統コラム

すいふ【水夫】名詞 船《ふね》に乗《の》って働《はたら》いている人《ひと》。

船乗《ふなの》り。使い方 少《すこ》し古《ふる》い言《い》い方《かた》。

すいぶん【水分】名詞 物《もの》にふくまれている水《みず》の量《りょう》。水気《みずけ》。例 水分の多《おお》い果物《くだもの》。

ずいぶん【随分】❶副詞 たいそう。とても。例 今日《きょう》は随分寒《さむ》い。❷形容動詞 ひどいようす。例 人《ひと》のことを「ばか」だなんて、随分な言《い》い方《かた》だ。

すいへい【水平】名詞 形容動詞 ❶静《しず》かな水面《すいめん》のように平《たい》らであること。例 水平な線《せん》を引《ひ》く。❷地球《ちきゅう》の重力《じゅうりょく》の方向《ほうこう》に対《たい》して、直角《ちょっかく》の方向《ほうこう》にあること。例 てこが水平につりあう。

すいへい【水兵】名詞 海軍《かいぐん》の兵士《へいし》。

すいへいせん【水平線】名詞 ❶空《そら》と水面《すいめん》の境目《さかいめ》の、線《せん》のように見《み》えるところ。対 地平線《ちへいせん》。❷水平《すいへい》な面《めん》に平行《へいこう》している直線《ちょくせん》。

すいへいどう【水平動】名詞 前後《ぜんご》、または左右《さゆう》にゆれ動《うご》くこと。とくに地震《じしん》で、水平方向《すいへいほうこう》にゆれること。対 上下動《じょうげどう》。

すいぼうそうこ【水防倉庫】名詞 水害《すいがい》を防《ふせ》ぐための資材《しざい》をたくわえておく倉庫《そうこ》。土《ど》のう・シート・くいなどがおさめられている。

すいほうにきする【水泡に帰する】いっしょうけんめい努力《どりょく》してきたことが、すっかりむだになる。例 長年《ながねん》の苦労《くろう》が水泡に帰する。

すいぼくが【水墨画】名詞 すみだけでかいた絵《え》。すみ絵《え》。参考 鎌倉《かまくら》時代《じだい》に中国《ちゅうごく》から日本《にほん》へ伝《つた》わった。画家《がか》では雪舟《せっしゅう》などが有名《ゆうめい》。

すいぼつ【水没】名詞 動詞 水《みず》の中《なか》にしずんでしまうこと。例 洪水《こうずい》で水没した森《もり》。

すいま【睡魔】名詞 ひどいねむ気《け》。例 睡魔がおそってくる。

ずいまくえん【髄膜炎】名詞 髄膜《ずいまく》（＝脳《のう》とせきずいを包《つつ》む膜《まく》）が、ウイルスや細菌《さいきん》などによって炎症《えんしょう》を起《お》こすこと。参考 以前《いぜん》は「脳膜《のうまく》炎《えん》」といった。

すいません ⇒699ページ すみません

すいみゃく【水脈】名詞 地下《ちか》を流《なが》れている水《みず》の道《みち》。例 水脈をほり当《あ》てる。

すいみん【睡眠】名詞 動詞 ねむること。例 睡眠時間《じかん》／毎日《まいにち》九時間《くじかん》の睡眠をとる。

スイミング（swimming）名詞 泳《およ》ぐこと。水泳《すいえい》。例 スイミングスクール。

すいめん【水面】名詞 水《みず》の表面《ひょうめん》。

すいもの【吸い物】名詞 日本料理《にほんりょうり》で、野菜《やさい》・魚《さかな》・貝《かい》などを入《い》れたすましじる。「おすまし」ともいう。

すいもん【水門】名詞 水《みず》の流《なが》れや量《りょう》を調節《ちょうせつ》するため、川《かわ》や貯水池《ちょすいち》などにつくってある門《もん》。

すいよう【水曜】名詞 週《しゅう》の四番目《よんばんめ》の曜日《ようび》。水《すい》曜日《ようび》。

すいようえき【水溶液】名詞 ある物《もの》を水《みず》にとかした、すき通《とお》った液《えき》。砂糖水《さとうみず》・食塩水《しょくえんすい》など。

すいよく【水浴】名詞 動詞 水《みず》を浴《あ》びること。水浴《みずあ》び。

すいり【水利】名詞 船《ふね》で人《ひと》や荷物《にもつ》を運《はこ》ぶのに便利《べんり》なこと。例 この町《まち》は水利がよい。

まに行動《こうどう》すること。

すいり【推理】 名詞 動詞 あることがらをもとにして、まだわかっていないほかのことを想像《そうぞう》し、考《かんが》えること。例 事件《じけん》の犯人《はんにん》を推理する。

すいりしょうせつ【推理小説】 名詞 事件《じけん》などのなぞを解《と》くことを中《ちゅう》心《しん》にして、筋《すじ》を組《く》み立《た》てた小説《しょうせつ》。

すいりゅう【水流】 名詞 水《みず》の流《なが》れ。

すいりょう【水量】 名詞 水《みず》の量《りょう》。水《みず》かさ。

すいりょう【推量】 名詞 動詞 はっきりしないものごとについて、たぶんこうだろうと考《かんが》えること。おし量《はか》ること。例 当《あ》て推量（＝いいかげんな推量《すいりょう》）。類 推察《すいさつ》。推測《すいそく》。

すいりょく【水力】 名詞 水《みず》の勢《いきお》い。水《みず》が流《なが》れたり落《お》ちたりするときの力《ちから》。

すいりょくはつでん【水力発電】 名詞 高《たか》いところから落《お》ちる水《みず》の力《ちから》で発電機《はつでんき》を動《うご》かし、電気《でんき》を起《お》こすこと。関連 火力発電《かりょくはつでん》。原子力発《げんしりょくはっ》電《でん》。風力発電《ふうりょくはつでん》。

すいれん 名詞 季語 夏 池《いけ》やぬまに生《は》える水《みず》草《くさ》。根《ね》は水《みず》の底《そこ》のどろの中《なか》にあり、葉《は》は水面《すいめん》にうく。夏《なつ》に、白《しろ》やも色《いろ》などの花《はな》がさく。

すいれん

すいろ【水路】 名詞 ❶水《みず》を流《なが》すためにつくった道《みち》。❷船《ふね》の通《とお》る道《みち》。航路《こうろ》。

すいろん【推論】 名詞 動詞 わかっていることをもとに、ほかのことについて、こうだろうと筋道《すじみち》を立《た》てて考《かんが》えること。

スイング (swing) 名詞 動詞 ❶野《や》球《きゅう》のバットやテニスのラケット、ゴルフのクラブなどをふること。例 フルスイング。❷ジャズ特有《とくゆう》の、おどり出《だ》したくなるようなリズム。また、そのリズムに乗《の》ること。

ことば 「スウィング」ともいう。

漢 **すう【数】** 〔攵〕《のぶん》 13画 2年 音 スウ・ス 訓 かず・かぞえる

❶かず。かぞえる。例 数字《すうじ》／数値《すうち》／算数《さんすう》／点《てん》数《すう》／人数《にんずう》／分数《ぶんすう》。❷いくつか。例 数人《すうにん》／数年《すうねん》。

すう【吸う】 動詞 ❶口《くち》や鼻《はな》から、水《みず》や空気《くうき》などを体《からだ》の中《なか》に引《ひ》き入《い》れる。例 息《いき》を吸う。対 吐《は》く。❷ある物《もの》が水気《みずけ》を中《なか》にとりこむ。しみこむ。吸《きゅう》収《しゅう》する。例 シャツがあせを吸う。

漢 ➡346ジ《ペー》きゅう〔吸〕

スウィング ➡679ジ《ペー》スイング

スウェーデン ➡679ジ《ペー》スウェーデンおうこく

スウェーデンおうこく【スウェーデン王国】 名詞 ヨーロッパの北《ほく》部《ぶ》にある国《くに》。森林《しんりん》が多《おお》く、パルプ工業《こうぎょう》がさかん。鉄《てつ》鉱石《こうせき》が多《おお》くとれる。首都《しゅと》はストックホルム。「スウェーデン」ともいう。

（国旗《こっき》）

すうがく【数学】 名詞 数《かず》や図形《ずけい》について研《けん》究《きゅう》する学問《がくもん》。

すうし【数詞】 名詞 名詞《めいし》の中《なか》で、物《もの》の数《すう》量《りょう》や順《じゅん》序《じょ》を表《あらわ》すことば。「一《いち》」「二《ふた》つ」「三番目《さんばんめ》」など。

すうじ【数字】 名詞 数《かず》を表《あらわ》す文字《もじ》。アラビア数字《すうじ》（＝算用数字《さんようすうじ》。1・2・3など）、漢数字《かんすうじ》（一・二・三など）、ローマ数字《すうじ》（Ⅰ・Ⅱ・Ⅲなど）などがある。

すうしき【数式】 名詞 数《かず》や量《りょう》を表《あらわ》す数字《すうじ》や文《も》字《じ》を、＋・－・×・÷などの記号《きごう》で結《むす》びつけ、数学的《すうがくてき》に意味《いみ》を持《も》つようにしたもの。

すうじつ【数日】 名詞 三《さん》、四日《よっか》。また、五《ご》、六日《ろくにち》。

ずうずうしい 形容詞 人《ひと》の気持《きも》ちを考《かんが》えないで、自分勝手《じぶんかって》なことをするようす。例 列《れつ》の中《なか》に割《わ》りこんでくるなんて、ずうずうしい人《ひと》だ。類 厚《あつ》かましい。

ずうたい【ずう体】 名詞 体《からだ》。体《からだ》つき。例 ずう体の大《おお》きな人《ひと》。

すうち【数値】 名詞 計算《けいさん》したり測《そく》定《てい》したりして出《だ》した数《かず》。例 一年間《いちねんかん》の目標《もくひょう》を数値で表《あらわ》す。

すうちょくせん【数直線】 名詞 直《ちょく》線《せん》の上《うえ》に0の点《てん》（＝原点《げんてん》）を決《き》め、基《き》準《じゅん》となる長《なが》さごとに目盛《めも》りをつけた直線《ちょくせん》。

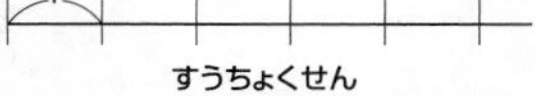

すうちょくせん

スーツ (suit) 名詞 上下《じょうげ》を同《おな》じ布《ぬの》で

四字熟語 縦《じゅう》横《おう》無《む》尽《じん》 「縦《じゅう》横《おう》」は思《おも》うままにすること、「無尽《むじん》」は終《お》わりがないという意《い》味《み》で、思《おも》いのま仕立《した》てた、ひとそろいの洋服《ようふく》。背広《せびろ》の上下《じょうげ》や、ひとそろいになった上着《うわぎ》とスカートなど。

ことば「一着《いっちゃく》」と数《かぞ》える。

スーツケース（suitcase）名詞 着《き》がえなどを入《い》れる旅行用《りょこうよう》のかばん。

すうにん【数人】 名詞 三《さん》、四人《よにん》。また、五《ご》、六人《ろくにん》。数名《すうめい》。

すうねん【数年】 名詞 三《さん》、四年《よねん》。また、五《ご》、六年《ろくねん》。

スーパー（super）

❶ 接頭語（ほかのことばの前《まえ》につけて）とびぬけてすぐれている。「超《ちょう》…」の意味《いみ》。例 スーパーマン。

❷ 名詞「スーパーマーケット」の略《りゃく》。

❸ 名詞 映画《えいが》やテレビなどで、画面《がめん》のはしなどに出《で》る字幕《じまく》。例 速報《そくほう》がスーパーで流《なが》れる。

ことば ❸は、英語《えいご》の「スーパーインポーズ」の略《りゃく》。

スーパーコンピューター（supercomputer）名詞 非常《ひじょう》に速《はや》いスピードで大量《たいりょう》の計算《けいさん》を行《おこな》う、高性能《こうせいのう》のコンピューター。略《りゃく》して「スパコン」ともいう。

スーパーていぼう【スーパー堤防】 名詞 非常《ひじょう》にはばの広《ひろ》い堤防《ていぼう》。洪水《こうずい》や地震《じしん》に強《つよ》い。

スーパーマーケット（supermarket）名詞 食料品《しょくりょうひん》や日用品《にちようひん》などの品物《しなもの》を、客《きゃく》が自由《じゆう》に選《えら》びとり、出口《でぐち》でまとめて代金《だいきん》をはらうしくみになっている、大《おお》きな店《みせ》。スーパー。

スーパーマン（superman）名詞 人間《にんげん》とは思《おも》えないような、特別《とくべつ》な能力《のうりょく》を持《も》っている人《ひと》。超人《ちょうじん》。

すうはい【崇拝】 名詞 動詞 尊《とうと》いものとして、心《こころ》の底《そこ》から尊敬《そんけい》すること。

すうふ【数符】 名詞 点字《てんじ》で、数字《すうじ》を表《あらわ》すために使《つか》われる符号《ふごう》。かな文字《もじ》と区別《くべつ》するために前《まえ》に置《お》かれる。

スープ（soup）名詞 肉《にく》や野菜《やさい》を煮《に》たしるに味《あじ》をつけたもの。

ズーム（zoom）名詞 映画《えいが》やテレビなどで、特《とく》別《べつ》なレンズを使《つか》って、さつえいする画像《がぞう》を大《おお》きくしたり小《ちい》さくしたりすること。

すうりょう【数量】 名詞 物《もの》の数《かず》と量《りょう》。

すえ【末】 名詞

❶終《お》わり。最後《さいご》。例 今月《こんげつ》の末。対 初《はじ》め。

❷結果《けっか》。例 苦心《くしん》の末、やっとできた。

❸これから先《さき》。将来《しょうらい》。例 末が楽《たの》しみな子《こ》だ。

❹はしのほう。先《さき》。例 枝《えだ》の末についている葉《は》。

❺大切《たいせつ》でないこと。例 末の問題《もんだい》。

漢 ⇩ 1246ジベー まつ〔末〕

すえおき【据え置き】 名詞 手《て》をつけずにそのままの状態《じょうたい》にしておくこと。例 料金《りょうきん》を据え置きにする（＝値上《ねあ》げしない）。

すえおく【据え置く】 動詞

❶変《か》えないで、そのままにしておく。例 運賃《うんちん》を据え置く。

❷ある場所《ばしょ》に置《お》く。すえつける。

すえおそろしい【末恐ろしい】 形容詞 今《いま》でさえこのようであるから、これから先《さき》がどうなるかわからない。例 大人《おとな》を言《い》い負《ま》かすとは、末恐ろしい子《こ》だ。

使い方 ふつうは悪《わる》くなりそうなときに使《つか》うが、とてもすぐれているときにも使《つか》うことがある。

スエズうんが【スエズ運河】 名詞 アジア大陸《たいりく》とアフリカ大陸《たいりく》の境《さかい》にある運河《うんが》。地中海《ちちゅうかい》と紅海《こうかい》、アジアとヨーロッパを結《むす》ぶ。

すえたのもしい【末頼もしい】 形容詞 これから先《さき》、どんなによくなるだろうかと楽《たの》しみである。例 末頼もしい若者《わかもの》。

すえつける【据え付ける】 動詞 しっかりととりつける。ある場所《ばしょ》に、動《うご》かないように置《お》く。例 大《おお》きな機械《きかい》を据え付ける。

すえっこ【末っ子】 名詞 きょうだいの中《なか》で、いちばんあとに生《う》まれた子《こ》。

すえながく【末永く・末長く】 副詞 この先《さき》ずっと。遠《とお》い将来《しょうらい》まで。例 末永くお幸《しあわ》せに。

すえひろがり【末広がり】 名詞

❶先《さき》のほうが広《ひろ》がっていること。

❷だんだん栄《さか》えていくこと。例 会社《かいしゃ》の事業《じぎょう》が末広がりに発展《はってん》する。

❸「扇子《せんす》」をめでたく言《い》うことば。

すえる 動詞 食《た》べ物《もの》や飲《の》み物《もの》がくさってすっぱくなる。例 すえたにおい。

すえる【据える】 動詞

❶ある場所《ばしょ》に、動《うご》かないように物《もの》を置《お》く。例 広場《ひろば》に銅像《どうぞう》を据える。

❷落《お》ち着《つ》ける。例 こしを据えて仕事《しごと》をする。

❸ある地位《ちい》や役目《やくめ》につける。例 社長《しゃちょう》に据える。

りまで態度《たいど》や意見《いけん》を変《か》えないこと。首尾一貫《しゅびいっかん》。

すおう【周防】 名詞 昔《むかし》の国《くに》の名《な》の一《ひと》つ。今《いま》の山口県《やまぐちけん》の東部《とうぶ》に当《あ》たる。

ずが【図画】 名詞 絵《え》。また、絵《え》をかくこと。

スカート（skirt） 名詞 女《おんな》の人《ひと》の洋服《ようふく》で、こしから下《した》をおおうもの。

スカーフ（scarf） 名詞 首《くび》に巻《ま》いたり頭《あたま》にかぶったりする、うすい布《ぬの》。

ずかい【図解】 名詞 動詞 ものごとを図《ず》にして、わかりやすく説明《せつめい》すること。例 機械《きかい》のしくみを図解する。類 図説《ずせつ》。

ずがいこつ【頭蓋骨】 名詞 人《ひと》や動物《どうぶつ》の頭《あたま》の骨《ほね》。

スカイダイビング（skydiving） 名詞 航空機《こうくうき》から飛《と》び降《お》り、とちゅうでパラシュートを開《ひら》いて着地《ちゃくち》するスポーツ。

スカイライン（skyline） 名詞
❶山《やま》や高原《こうげん》につくられた、見晴《みは》らしのよい自動《じどう》車道路《しゃどうろ》。
❷建物《たてもの》や山《やま》などの、空《そら》を背景《はいけい》にしたときの輪郭《りんかく》線《せん》。

スカウト（scout） 名詞 動詞 スポーツや芸能界《げいのうかい》などで、有望《ゆうぼう》な人材《じんざい》を見《み》つけ出《だ》したり、ほかから引《ひ》きぬいたりすること。また、そのような仕《し》事《こと》をする人《ひと》。

すがお【素顔】 名詞
❶化粧《けしょう》をしていない、ふだんのままの顔《かお》。
❷ありのままのすがた。例 あの人《ひと》の素顔はなかなか見《み》えない。

ずがこうさく【図画工作】 名詞 小学校《しょうがっこう》で学習《がくしゅう》する教科《きょうか》の一《ひと》つ。絵《え》をかいたり、道具《どうぐ》を使《つか》って物《もの》を作《つく》ったりする。図工《ずこう》。

すかさず 副詞 間《あいだ》を置《お》かないで。機会《きかい》をのがさず、すぐさま。例 質問《しつもん》にすかさず答《こた》える。

すかし【透かし】 名詞
❶すきまをつくること。また、すきまをつくった部分《ぶぶん》。例 透かしぼり。
❷明《あか》るいほうへ向《む》けるとうかび上《あ》がって見《み》える文字《もじ》や模様《もよう》。例 透かしが入《はい》ったお札《さつ》。

すかしぼり【透かし彫り】 名詞 木《き》の板《いた》などをくりぬいて模様《もよう》をほり出《だ》す彫刻《ちょうこく》。

すかす 動詞 機嫌《きげん》をとって、なだめる。例 泣《な》いている子供《こども》をなだめたりすかしたりする。

すかす【透かす】 動詞
❶物《もの》と物《もの》との間《あいだ》を空《あ》ける。すきまをつくる。例 間《あいだ》を透《す》かして木《き》を植《う》える。
❷物《もの》を通《とお》して見《み》る。例 お札《さつ》を透かすと、絵《え》がうき出《で》て見《み》える。

ずかずか【と】 副詞 遠慮《えんりょ》せずに、乱暴《らんぼう》に入《はい》りこむようす。例 他人《たにん》の部屋《へや》にずかずか入《はい》る。

すがすがしい 形容詞 さっぱりとして、気持《きも》ちがよい。さわやかなようす。例 朝《あさ》の空気《くうき》は、とてもすがすがしい。

すがた【姿】 名詞
❶体《からだ》つき。格好《かっこう》。例 後《うし》ろ姿。
❷服装《ふくそう》。身《み》なり。例 着物《きもの》姿。
❸全体《ぜんたい》の形《かたち》。例 巨大《きょだい》なビルが姿を現《あらわ》した。
❹ようす。ありさま。例 ありのままの姿。
漢 ➡552ページ し【姿】

すがたみ【姿見】 名詞 体全体《からだぜんたい》を見《み》ることができる、長《なが》くて大《おお》きな鏡《かがみ》。

すかっと 副詞 動詞 すっきりして気持《きも》ちがいいようす。すがすがしく快《こころよ》いようす。例 久《ひさ》しぶりの青空《あおぞら》で、気分《きぶん》がすかっとする。

ずがら【図柄】 名詞 図案《ずあん》の模様《もよう》。例 楽《たの》しい図柄のカーテン。

すがりつく【すがり付く】 動詞 はなれないように、いっしょうけんめいくっついてつかまる。例 小《ちい》さい子供《こども》が母親《ははおや》にすがり付く。

すがる 動詞
❶つかまってはなさないようにする。しがみつく。例 手《て》すりにすがって階段《かいだん》を上《のぼ》る。
❷助《たす》けを求《もと》める。たよる。例 人《ひと》の情《なさ》けにすがる。

すがわらのみちざね【菅原道真】 名詞（八四五〜九〇三）平安時代《へいあんじだい》の初《はじ》めごろの学者《がくしゃ》・政治家《せいじか》。天皇《てんのう》に重《おも》く用《もち》いられたが、藤原氏《ふじわらし》のために九州《きゅうしゅう》の大宰府《だざいふ》に移《うつ》された。詩《し》・文章《ぶんしょう》・書道《しょどう》にすぐれ、今《いま》も学問《がくもん》の神様《かみさま》として祭《まつ》られている。

ずかん【図鑑】 名詞 絵《え》や写真《しゃしん》などを入《い》れて、わかりやすく説明《せつめい》した本《ほん》。例 植物《しょくぶつ》図鑑。

スカンク（skunk） 名詞 アメリカ大陸《たいりく》にすむ、いたちのなかま。毛《け》が長《なが》く、尾《お》はふさふさとしている。敵《てき》におそわれると、逆立《さかだ》ちをして、しりからくさい液《えき》を出《だ》す。毛《け》皮《がわ》を利用《りよう》する。

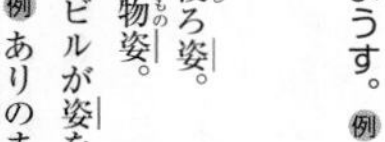
スカンク

四字熟語　**終始一貫**《しゅうしいっかん》　「一貫《いっかん》」は、一《ひと》つの方法《ほうほう》や考《かんが》え方《かた》を変《か》えないでつらぬきとおすこと。始《はじ》めから終《お》わ

ずかんそくねつ【頭寒足熱】 名詞 頭《あたま》を冷《ひ》やして、足《あし》をあたためること。

すき 名詞 牛《うし》や馬《うま》などに引《ひ》かせて、田畑《たはた》の土《つち》をほり起《お》こす道具《どうぐ》。 ことば 漢字《かんじ》では「犂」と書《か》く。

すき 名詞 田畑《たはた》の土《つち》をほり起《お》こす道《どう》具《ぐ》。手《て》に持《も》って使《つか》う。 ことば 漢字《かんじ》では「鋤」と書《か》く。

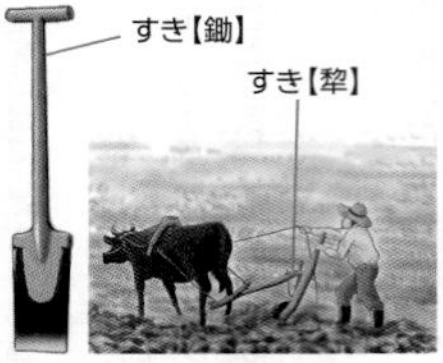

すき

すき【好き】 名詞 形容動詞 ❶心《こころ》を引《ひ》かれること。気《き》に入《い》ること。 例 好きな色《いろ》は何色《なにいろ》ですか。 対 嫌《きら》い。 ❷思《おも》いのままにすること。 例 あなたの好きにすればよい。 ⇩683ページ ことばにチャレンジ

●**好《す》きこそ物《もの》の上手《じょうず》なれ** ⇩225ページ ことわざ

すき【透き・隙】 名詞 ❶物《もの》と物《もの》との間《あいだ》。 例 戸《と》のすきからのぞき見《み》る。 ❷いそがしい時《じ》間《かん》の中《なか》の空《あ》いた時《じ》間《かん》。ひま。 例 仕事《しごと》のすきをみてお茶《ちゃ》を飲《の》む。 ❸気《き》持《も》ちのゆるみ。油断《ゆだん》。 例 あの人《ひと》にはすきがない／相手《あいて》のすきをうかがう。 使い方 かな書《が》きにすることが多《おお》い。

すぎ【杉】 名詞 高《たか》い木《き》の一《ひと》つ。幹《みき》はまっすぐにのび、針《はり》のようにとがった葉《は》は一年《いちねん》じゅう緑《みどり》色《いろ》。建築《けんちく》・家具《かぐ》などの材料《ざいりょう》に使《つか》われる。

-すぎ【過ぎ】 接尾語 （ほかのことばのあとにつけて）❶その時間《じかん》や年《とし》をこえている。 例 校門《こうもん》は八時《はちじ》過ぎに開《ひら》く／祖父《そふ》は六十《ろくじゅう》過ぎだ。 ❷程度《ていど》をこえている。 例 食《た》べ過ぎで苦《くる》しい。

スキー (ski) 名詞 季語冬 くつにつけて、雪《ゆき》の上《うえ》をすべるための細長《ほそなが》い板《いた》。また、それをはいて、雪《ゆき》の上《うえ》で行《おこな》うスポーツ。

スキーヤー (skier) 名詞 季語冬 スキーをする人《ひと》。

すききらい【好き嫌い】 名詞 好《す》きと思《おも》うことと、きらいと思《おも》うこと。 例 食《た》べ物《もの》の好き嫌いが激《はげ》しい。

すぎごけ【杉ごけ】 名詞 しめった土地《とち》に生《は》えるこけのなかま。全体《ぜんたい》がすぎの小枝《こえだ》を立《た》てたような形《かたち》をしている。 図 ⇩474ページ こけ

すきこのんで【好き好んで】 特別《とくべつ》に好《す》きで。わざわざ。 例 雨《あめ》の中《なか》、好き好んで出《で》かけて行《い》くことはない。

すぎさる【過ぎ去る】 動詞 ❶ある地点《ちてん》を通《とお》りこしてはなれていく。 例 台《たい》風《ふう》が過ぎ去る。 ❷ある時《とき》から時間《じかん》がたつ。 例 過ぎ去った日々《ひび》。

すきずき【好き好き】 名詞 人《ひと》によっていろいろな好《この》みがあること。 例 服《ふく》の趣味《しゅみ》には好き好きがある。

すぎたげんぱく【杉田玄白】 名詞 （一七三三～一八一七）江戸《えど》時代中《じだいなか》ごろの医者《いしゃ》。前野良沢《まえのりょうたく》らとオランダの解剖学《かいぼうがく》の本《ほん》を日本語《にほんご》に訳《やく》し、「解体新書《かいたいしんしょ》」と名《な》づけて発表《はっぴょう》した。

すぎたるはおよばざるがごとし【過ぎたるは及ばざるがごとし】 故事成語 何《なに》ごとも、やりすぎるのは、足《た》りないことと同《おな》じようによくないことである。ほどほどがよい。「過《す》ぎたるはなお及《およ》ばざるがごとし」ともいう。

すきっぱら【すきっ腹】 名詞 おなかがすいていること。空腹《くうふく》。すきばら。

スキップ (skip) 名詞 動詞 片足《かたあし》ずつ、かわるがわる軽《かる》くとびはねながら進《すす》むこと。

すきとおる【透き通る】 動詞 ❶その物《もの》の中《なか》や向《む》こうにあるものがよく見《み》える。 例 川《かわ》の底《そこ》が透き通って見《み》える。 ❷声《こえ》や音《おと》がすんでいてよくひびく。 例 透き通った声《こえ》。

すぎな 名詞 季語春 野原《のはら》や土手《どて》などに生《は》える草《くさ》。春《はる》の初《はじ》め、地下《ちか》にのびたくきからつくしが出《で》る。

すぎない【過ぎない】 （「…に過《す》ぎない」の形《かたち》で）ただ…であるだけだ。…以上《いじょう》のものではない。 例 それは、言《い》い訳《わけ》に過ぎない。

すぎはらちうね【杉原千畝】 名詞 （一九〇〇～一九八六）昭和時代《しょうわじだい》の外交官《がいこうかん》。一九四〇年《ねん》、リトアニアで、ドイツの迫害《はくがい》からのがれて出《しゅっ》国《こく》しようとするユダヤ人《じん》に、日本《にほん》を通過《つうか》するための許可証《きょかしょう》を出《だ》し、多《おお》くの命《いのち》を救《すく》った。

すきま【透き間・隙間】 名詞 物《もの》と物《もの》の間《あいだ》の、少《すこ》しはなれているところ。

すきまかぜ【透き間風・隙間風】 名詞 季語冬 戸《と》などのすきまからふきこんでくる冷《つめ》たい風《かぜ》。

りひとりみんなちがっているということ。

ことばにチャレンジ！

好《す》き

いろんなことばでいろんな「好《す》き」を表《あらわ》してみよう！

入門編《にゅうもんへん》

●まずは、よく使《つか》う別《べつ》のことばで

愛《あい》する わたしは、あなたを**愛《あい》し**ています。……p.15

お気《き》に入《い》り この帽子《ぼうし》は、わたしの大《だい》の**お気《き》に入《い》り**だ。……p.179

好《この》む 兄《あに》は、明《あか》るい色《いろ》の服《ふく》を**好《この》ん**で着《き》る。……p.491

愛情《あいじょう》 家族《かぞく》の**愛情《あいじょう》**をいっぱいに受《う》けて育《そだ》った。……p.15

夢中《むちゅう》 姉《あね》は最近《さいきん》ギターに**夢中《むちゅう》だ**。……p.1291

気《き》に入《い》る わたしからのプレゼントは**気《き》に入《い》っ**ていただけましたか。……p.314

修行編《しゅぎょうへん》

●次《つぎ》に、少《すこ》しむずかしいことばで

いとしい 小《ちい》さな妹《いもうと》を**いとしく**思《おも》う。……p.100

「いとおしい」ともいうよ！

好意《こうい》 クラスメートの明《あか》るい性格《せいかく》に**好意《こうい》**をいだく。……p.445

胸《むね》をこがす あこがれの人《ひと》への思《おも》いに**胸《むね》をこがす**。……p.1293

達人編《たつじんへん》

●背《せ》のびして、もっとむずかしいことばで

いつくしむ 庭《にわ》の草花《くさばな》を**いつくしん**で育《そだ》てる。……p.93

したう やさしくて、みんなから**したわ**れている先生《せんせい》。……p.574

めでる 母《はは》は文鳥《ぶんちょう》を**めでる**のを何《なに》よりも楽《たの》しみにしている。……p.1307

愛着《あいちゃく》 保育園《ほいくえん》のころに買《か》ってもらったこのぬいぐるみには**愛着《あいちゃく》**がある。……p.16

愛用《あいよう》 長年《ながねん》**愛用《あいよう》し**ているコーヒーカップ。……p.17

好感《こうかん》 店《みせ》の人《ひと》の親切《しんせつ》な対応《たいおう》に**好感《こうかん》**を持《も》つ。……p.448

最愛《さいあい》 いろいろな困難《こんなん》を乗《の》りこえ、主人公《しゅじんこう》は**最愛《さいあい》**の人《ひと》と結婚《けっこん》した。……p.511

もっと

●おもしろいたとえの表現《ひょうげん》を使《つか》って

心《こころ》をうばわれる 美術館《びじゅつかん》で見《み》た一枚《いちまい》の絵《え》に**心《こころ》をうばわれ**てしまった。……p.476

熱《ねつ》を上《あ》げる 人気《にんき》のアイドルに**熱《ねつ》を上《あ》げる**。……p.1015

□がない

父《ちち》は果物《くだもの》に**□がない**。

□に当《あ》てはまることばは何《なに》？
p.1297にのっている見出《みだ》し語《ご》だよ！

●好《す》きでかわいいと思《おも》うようすを、たとえを使《つか》って表《あらわ》して

ねこかわいがり 近所《きんじょ》のおじいさんは、孫《まご》を**ねこかわいがりし**ている。……p.1013

目《め》の中《なか》に入《い》れても痛《いた》くない

わが子《こ》は**目《め》の中《なか》に入《い》れても痛《いた》くない**ほどかわいい。……p.1297

四字熟語 十人十色《じゅうにんといろ》 十人《じゅうにん》いれば十人《じゅうにん》とも顔《かお》つきや性格《せいかく》などがちがうように、人《ひと》の好《この》みや考《かんが》え方《かた》はひと

すきやき【すき焼き】 名詞 季語 冬 牛肉《ぎゅうにく》に、ねぎ・豆腐《とうふ》・しらたきなどを加《くわ》え、しょうゆ・みりん・砂糖《さとう》などで煮《に》ながら食《た》べる料理《りょうり》。ことば「すき（＝田畑《たはた》の土《つち》をほり起《お》こす道具《どうぐ》）」の金属《きんぞく》の部分《ぶぶん》の上《うえ》で肉《にく》などを焼《や》いたことからきた呼《よ》び名《な》ともいわれる。

すきやづくり【数寄屋造り・数奇屋造り】 名詞 茶室《ちゃしつ》の様式《ようしき》をとり入《い》れた、部屋《へや》や建物《たてもの》のつくり方《かた》。

スキャナー（scanner）名詞 文字《もじ》や写真《しゃしん》などを、画像《がぞう》のデータとしてコンピューターにとりこむ装置《そうち》。

スキャンダル（scandal）名詞 はずかしいことや悪《わる》いことをしたというような、よくないうわさ。

スキューバ（scuba）名詞 水《みず》の中《なか》に長《なが》い時間《じかん》もぐるための道具《どうぐ》。圧縮《あっしゅく》空気《くうき》を入《い》れたボンベと、口《くち》に空気《くうき》を送《おく》る管《くだ》などでできている。「アクアラング」は、この商標名《しょうひょうめい》。

スキューバダイビング（scuba diving）名詞 スキューバを使《つか》って水《みず》の中《なか》にもぐるスポーツ。

スキューバダイビング

すぎる【過ぎる】
❶ 動詞 通《とお》って行《い》く。例 電車《でんしゃ》が鉄橋《てっきょう》を過ぎる。
❷ 動詞 時間《じかん》がたつ。例 一週間《いっしゅうかん》が過ぎた。
❸ 動詞 程度《ていど》をこす。例 悪《わる》ふざけが過ぎる。
❹ 動詞 すぐれている。まさる。例 身《み》に過ぎる光栄《こうえい》。
❺ 接尾語（ほかのことばのあとにつけて）ふつうの程度《ていど》をこえている。例 食《た》べすぎる。
使い方 ❺は、ふつうかな書《が》きにする。
漢 ⬇ 216ページ か〔過〕

ずきん【頭巾】 名詞 ふくろの形《かたち》につくった、頭《あたま》にかぶる布《ぬの》。

スキンシップ 名詞 はだとはだとのふれ合《あ》いを大切《たいせつ》にし、心《こころ》を通《かよ》わせること。ことば 英語《えいご》をもとに日本《にほん》で作《つく》られたことば。

すく 動詞 かみの毛《け》をくしでとかす。ことば 漢字《かんじ》では「梳く」と書《か》く。

すく 動詞 水《みず》にとかした原料《げんりょう》を、すの上《うえ》にうすく流《なが》し入《い》れて、紙《かみ》や食《た》べ物《もの》ののりをつくる。ことば 漢字《かんじ》では「漉く」と書《か》く。

すく 動詞 すきなどを使《つか》って田畑《たはた》の土《つち》をほり起《お》こす。例 畑《はたけ》をすいて種《たね》をまく。ことば 漢字《かんじ》では「鋤く」と書《か》く。

すく 動詞
❶中《なか》にあるものが少《すく》なくなったり、なくなったりする。例 道《みち》がすいている／おなかがすく。
❷ひまになる。例 手《て》がすく。
❸さっぱりする。例 胸《むね》がすく思《おも》いがする。
ことば 漢字《かんじ》では「空く」と書《か》く。

すく【好く】 動詞 心《こころ》が引《ひ》かれる。好《この》む。気《き》に入《い》る。例 みんなに好かれる人《ひと》。対 嫌《きら》う。漢 ⬇ 443ページ こう〔好〕

すく【透く】 動詞
❶物《もの》と物《もの》との間《あいだ》が空《あ》く。すきまができる。例 歯《は》が透いている。
❷物《もの》を通《とお》して向《む》こうにあるものが見《み》える。例 ガラス窓《まど》から庭《にわ》が透いて見《み》える。

すぐ 副詞
❶時間《じかん》をおかないで。ただちに。例 もうすぐ学校《がっこう》が始《はじ》まる／ぼくもすぐ行《い》きます。
❷きょりが短《みじか》いようす。例 ぼくの家《いえ》は、ここからすぐだ。

すくい【救い】 名詞
❶救《すく》うこと。助《たす》けること。例 救いの手《て》を差《さ》しのべる。
❷明《あか》るい気持《きも》ちにさせたり、ほっとさせたりするもの。例 お金《かね》をぬすまれたが、家族《かぞく》が無事《ぶじ》だったのがせめてもの救いだ。

スクイズ（squeeze）名詞 野球《やきゅう》で、三塁《さんるい》ランナーをバントで本塁《ほんるい》にかえし、得点《とくてん》しようとするこうげき。

すくいぬし【救い主】 名詞
❶困《こま》っているときに助《たす》けてくれた人《ひと》。
❷キリスト教《きょう》で、救世主《きゅうせいしゅ》。イエス＝キリストのこと。

すくう 動詞
❶液体《えきたい》や粉《こな》の表面《ひょうめん》のところをとり出《だ》す。例 手《て》で水《みず》をすくって飲《の》む／小《こ》さじで砂糖《さとう》をすくう。
❷液体《えきたい》の中《なか》のものをさっととり上《あ》げる。例 金魚《きんぎょ》をすくう。
❸足《あし》などを少《すこ》し上《うえ》の方《ほう》へはらい上《あ》げる。例 相《あい》

いつも同《おな》じことをくり返《かえ》していること。

手《て》の足《あし》をすくってたおす。

すくう【救う】 動詞 危《あぶ》ないこと、困《こま》っていること、苦《くる》しんでいることから助《たす》ける。例 おぼれかけた子供《こども》を救う。漢 ↓346ページ きゅう〔救〕

すくう【巣くう】 動詞 ❶動物《どうぶつ》が巣《す》をつくってすむ。❷よくないものが集《あつ》まって、居《い》つく。例 悪人《あくにん》が町《まち》に巣くう。

スクーター (scooter) 名詞 ❶ガソリンエンジンで動《うご》く二輪車《にりんしゃ》。またがらずに、足《あし》をそろえて乗《の》る。❷子供《こども》の遊《あそ》び用《よう》の乗《の》り物《もの》の一《ひと》つ。片足《かたあし》を板《いた》に乗《の》せ、片足《かたあし》で地面《じめん》をけって進《すす》む。

スクープ (scoop) 名詞 動詞 ほかの新聞《しんぶん》や雑誌《ざっし》よりも先《さき》に大《おお》きなニュースを見《み》つけ出《だ》して報道《ほうどう》すること。また、その記事《きじ》。類 特種《とくだね》。

スクール (school) 名詞 「学校《がっこう》」のこと。

スクールカウンセラー 名詞 学校《がっこう》で、児童《じどう》や生徒《せいと》のなやみの相談《そうだん》にのったり、教師《きょうし》や保《ほ》護者《ごしゃ》に助言《じょげん》をしたりする心理《しんり》の専門家《せんもんか》。ことば 英語《えいご》をもとに日本《にほん》で作《つく》られたことば。

スクールゾーン 名詞 幼稚園《ようちえん》や小学校《しょうがっこう》に通《かよ》う子供《こども》を交通事故《こうつうじこ》から守《まも》るため、通学路《つうがくろ》と決《き》めた道路《どうろ》。ことば 英語《えいご》をもとに日本《にほん》で作《つく》られたことば。

スクールバス (school bus) 名詞 児童《じどう》・生徒《せいと》の通学用《つうがくよう》のバス。

すぐさま 副詞 間《あいだ》を置《お》かないで。すぐに。例 知《し》らせを聞《き》いて、すぐさまかけ出《だ》した。

すくすく[と] 副詞 元気《げんき》よく育《そだ》つようす。例 子供《こども》がすくすく育《そだ》つ。

すくない【少ない】 形容詞 数《かず》や量《りょう》が少《すこ》ししかない。例 今年《ことし》は雨《あめ》が少ない。対 多《おお》い。使い方 「少い」と書《か》かないよう送《おく》りがなに注意《ちゅうい》。漢 ↓628ページ しょう〔少〕

すくなからず【少なからず】 副詞 たくさん。大《おお》いに。例 少なからずおどろいた。

すくなくとも【少なくとも】 副詞 ❶どんなに少《すく》なくみても。例 この本《ほん》を読《よ》み終《お》えるには、少なくとも一週間《いっしゅうかん》はかかる。❷じゅうぶんではないが、せめて。例 少なくとも、これだけは覚《おぼ》えておこう。

すくなめ【少なめ】 名詞 形容動詞 数《かず》や量《りょう》が、ふつうよりもすこし少《すく》ないこと。例 今日《きょう》は客《きゃく》が少なめだ／砂糖《さとう》を少なめにする。対 多《おお》め。

すくむ 動詞 おそれや緊張《きんちょう》などのため、体《からだ》が縮《ちぢ》んで動《うご》けなくなる。例 足《あし》がすくむ。

-ずくめ 接尾語 (ほかのことばのあとにつけて)全体《ぜんたい》がそればかりであることを表《あらわ》す。例 黒《くろ》ずくめの服装《ふくそう》／いいことずくめの一日《いちにち》だった。

すくめる 動詞 ❶体《からだ》を縮《ちぢ》ませる。例 首《くび》をすくめる。❷動《うご》けなくする。おさえつける。例 子供《こども》をだきすくめる。

スクラッチ (Scratch) 名詞 教育用《きょういくよう》に開発《かいはつ》されたプログラミング言語《げんご》。最小限《さいしょうげん》のキーボード入力《にゅうりょく》とマウス操作《そうさ》でプログラミングができる。↓1179ページ 社会へのとびら プログラミング

スクラップ (scrap) ❶名詞 動詞 新聞《しんぶん》や雑誌《ざっし》などから記事《きじ》を切《き》りぬくこと。また、切《き》りぬいたもの。例 料理《りょうり》の作《つく》り方《かた》をスクラップする。❷名詞 くず鉄《てつ》。例 古《ふる》い自家用車《じかようしゃ》をスクラップにする。

スクラップブック (scrapbook) 名詞 新聞《しんぶん》や雑誌《ざっし》の記事《きじ》の切《き》りぬきなどをはっておくノート。

スクラム (scrum) 名詞 ❶ラグビーで、両《りょう》チームの選手《せんしゅ》がボールをとるためにかたを組《く》んでおし合《あ》うこと。❷大勢《おおぜい》の人《ひと》がかたやうでを組《く》み合《あ》って、がっちりと固《かた》まること。例 クラスメートとスクラムを組《く》んで歌《うた》う。

スクランブルエッグ (scrambled eggs) 名詞 卵《たまご》に牛乳《ぎゅうにゅう》などを加《くわ》え、バターをとかしたフライパンでかきまぜながらいためて、やわらかく仕上《しあ》げた料理《りょうり》。

スクランブルこうさてん【スクランブル交差点】 名詞 車道《しゃどう》の信号《しんごう》が一度《いちど》にすべて赤《あか》になり、歩行《ほこう》者《しゃ》が縦《たて》・横《よこ》・ななめを自由《じゆう》に横《おう》断《だん》できるようになっている交差《こうさ》点《てん》。

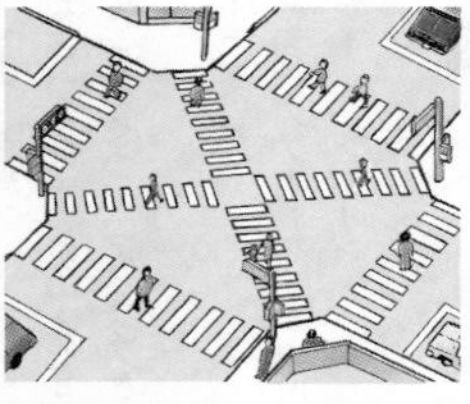

スクランブルこうさてん

四字熟語 十年一日《じゅうねんいちじつ》　十年間《じゅうねんかん》がまるでたったの一日《いちにち》であるかのように、長《なが》い間《あいだ》少《すこ》しも変《か》わることなく、

スクリーン（screen）名詞 映画《えいが》などを映《うつ》す幕《まく》。映写幕《えいしゃまく》。また、映画《えいが》のこと。

スクリュー（screw）名詞 船《ふね》の底《そこ》の後《うし》ろにとりつけてある、回転《かいてん》して船《ふね》を進《すす》める羽根《はね》。

スクリュー

すぐる 動詞 たくさんの人《ひと》やものの中《なか》から、よいものを選《えら》ぶ。よりすぐる。

すぐれる【優れる】 動詞 ❶ほかのものよりもまさっている。りっぱである。例 優れた性能《せいのう》を持《も》つ機械《きかい》。対 劣《おと》る。❷（「優《すぐ》れない」の形《かたち》で、全体《ぜんたい》で）体《からだ》や天気《てんき》の状態《じょうたい》がよくない。例 顔色《かおいろ》が優れない。漢 ↓1348ジ《ペー》 ゆう〔優〕

スクロール（scroll）名詞 動詞 コンピューターなどで、画面《がめん》に表示《ひょうじ》しきれないとき、表示部分《ひょうじぶぶん》を上下《じょうげ》や左右《さゆう》に動《うご》かすこと。例 画面《がめん》を下《した》にスクロールする。

-すけ【助】 接尾語 （人《ひと》の特徴《とくちょう》をとらえたことばのあとにつけて）人《ひと》の名前《なまえ》のようにいうことば。例 ねぼ助（＝ねぼうをする人《ひと》）。漢 ↓627ジ《ペー》 じょ〔助〕

すげ 名詞 細長《ほそなが》くかたい葉《は》を持《も》つ草《くさ》。葉《は》を使《つか》って、頭《あたま》にかぶる「かさ」や雨具《あまぐ》の「みの」などを作《つく》った。種類《しゅるい》がとても多《おお》い。例 すげがさ。

ずけい【図形】 名詞 ❶物《もの》の形《かたち》をかいた図《ず》。❷点《てん》・線《せん》・面《めん》・角《かく》からできている形《かたち》。

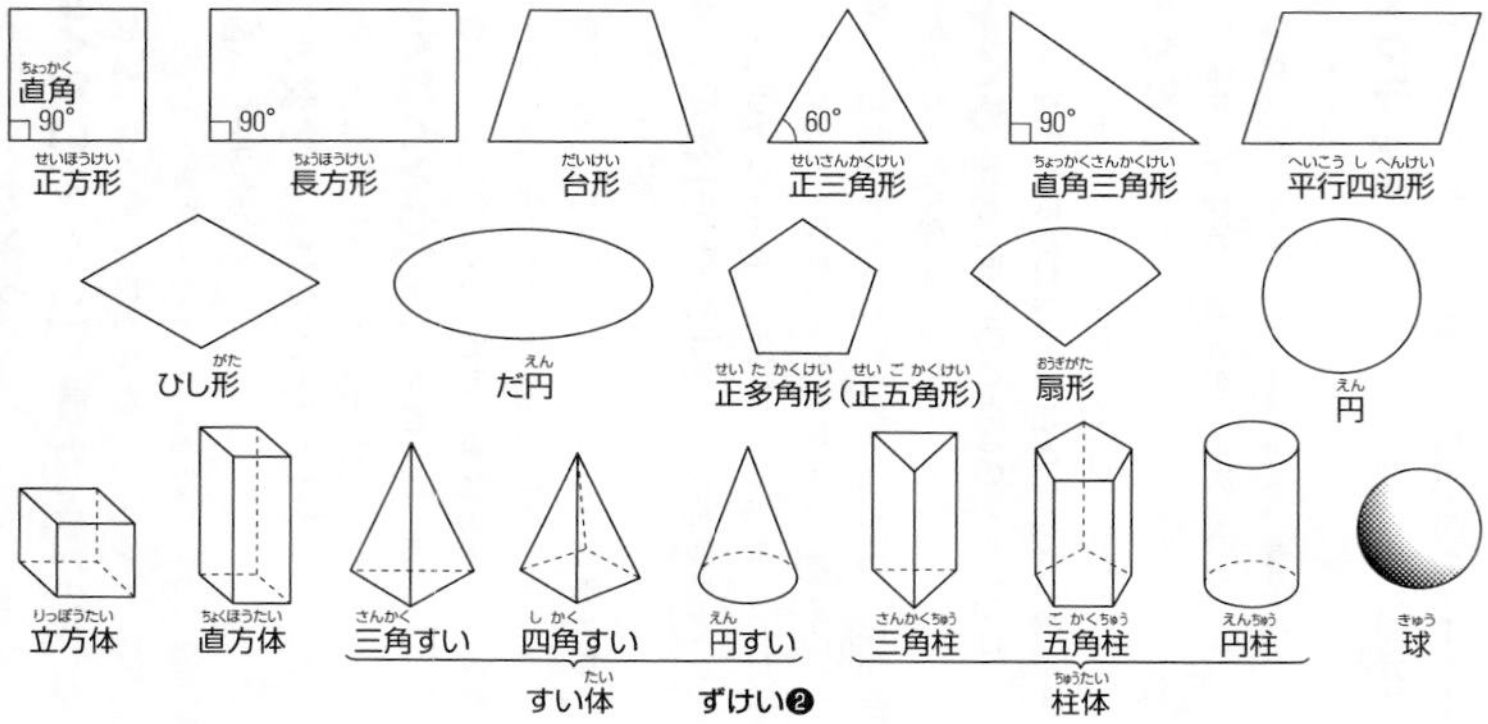

ずけい❷

スケート（skate）名詞 季語冬 ❶底《そこ》に金具《かなぐ》のついたくつをはき、氷《こおり》の上《うえ》をすべるスポーツ。また、そのくつ。「アイススケート」の略《りゃく》。❷「ローラースケート」の略《りゃく》。

スケートリンク 名詞 スケートをする場所《ばしょ》。ことば 英語《えいご》の「スケーティングリンク」からできたことば。

スケール（scale）名詞 ❶大《おお》きさ。規模《きぼ》。例 スケールの大《おお》きな話《はなし》。❷長《なが》さや角度《かくど》などを測《はか》る器具《きぐ》。物差《ものさ》しなど。

すげがさ 名詞 すげという植物《しょくぶつ》の葉《は》で編《あ》んだかさ。田畑《たはた》で仕事《しごと》をするときなどに使《つか》う。図 ↓252ジ《ペー》 かさ

スケジュール（schedule）名詞 予定《よてい》。また、予定表《よていひょう》。例 旅行《りょこう》のスケジュールを組《く》む。

ずけずけ［と］ 副詞 遠慮《えんりょ》なく思《おも》ったとおりのことを言《い》うようす。例 ずけずけと意見《いけん》を言《い》う。

すけだち【助太刀】 名詞 動詞 力《ちから》を貸《か》して助《たす》けること。また、助《たす》ける人《ひと》。例 助太刀をたのむ。

スケッチ（sketch）名詞 動詞 ❶写生《しゃせい》すること。例 母《はは》の顔《かお》をスケッチする。❷文章《ぶんしょう》や音楽《おんがく》などで、景色《けしき》やありさまを簡単《かんたん》に表現《ひょうげん》すること。また、その文章《ぶんしょう》など。

スケッチブック（sketchbook）名詞 写生《しゃせい》をするための帳面《ちょうめん》。写生帳《しゃせいちょう》。

すけとうだら 名詞 魚《さかな》のたらのなかま。食用《しょくよう》とし、加工品《かこうひん》の原料《げんりょう》にもなる。卵《たまご》はたらこやめんたいこの材料《ざいりょう》となる。

なことととそうでないこととをとりちがえること。

すげない 形容詞 思《おも》いやりの気持《きも》ちがない。そっけない。例 さそいをすげなく断《ことわ》られた。

すける【透ける】 動詞 ものを通《とお》して、中《なか》や向《む》こう側《がわ》が見《み》える。例 カーテンが透けて部屋《へや》の中《なか》が見《み》える。

すげる 動詞 さし通《とお》して、結《むす》んでつける。また、はめこむ。例 げたの鼻緒《はなお》をすげる。

スコア (score) 名詞 ❶競《きょう》技《ぎ》の得点《とくてん》。また、得点《とくてん》などの記録《きろく》。❷音楽《おんがく》で、合奏《がっそう》や合《がっ》唱《しょう》のすべてのパートの楽《がく》譜《ふ》をまとめて書《か》いたもの。

スコアボード (scoreboard) 名詞 競《きょう》技《ぎ》の得《とく》点《てん》などを掲示《けいじ》する板《いた》。

すごい 形容詞 ❶おそろしい。とても気味《きみ》が悪《わる》い。例 すごい顔《かお》でにらむ。❷すばらしい。例 すごいわざを見《み》せる。❸程度《ていど》が激《はげ》しい。例 今日《きょう》はすごく寒《さむ》い。使い方「すごい楽《たの》しい」などと言《い》うことがあるが、正《ただ》しい言《い》い方《かた》は「すごく楽《たの》しい」。

ずこう【図工】 ⇩681ページ ずがこうさく

スコール (squall) 名詞 熱帯《ねったい》地方《ちほう》で降《ふ》る、激《はげ》しいにわか雨《あめ》。

すこし【少し】 副詞 少《すく》ないようす。ちょっと。わずか。例 ごはんを少し残《のこ》す／もう少し右《みぎ》に寄《よ》る。対 沢山《たくさん》。漢 ⇩628ページ しょう〔少〕

すこしも【少しも】 副詞 ぜんぜん。まったく。ちっとも。例 少しもおもしろくない。使い方 あとに「ない」などのことばがくる。

すごす【過ごす】 ❶動詞 時間《じかん》を使《つか》う。例 日曜日《にちようび》は家《いえ》で過ごした。❷動詞 暮《く》らす。月日《つきひ》を送《おく》る。例 外国《がいこく》で三年《さんねん》過ごした。❸動詞 適当《てきとう》な程度《ていど》をこす。やりすぎる。例 なんでも度《ど》を過ごすとよくない。❹接尾語（ほかのことばのあとにつけて）…のままにしておく。例 友《とも》だちの失敗《しっぱい》を見《み》過ごす。漢 ⇩216ページ か〔過〕

すごすご［と］ 副詞 がっかりして、元気《げんき》なくその場《ば》をはなれるようす。例 すごすごと帰《かえ》る。

スコット 名詞（一八六八～一九一二）イギリスの探検家《たんけんか》。一九一二年《ねん》、アムンゼンより一《いっ》か月《げつ》おくれて南極点《なんきょくてん》に到着《とうちゃく》したが、その帰《かえ》り道《みち》に遭《そう》難《なん》して死《し》んだ。

スコップ（オランダ語）名詞 土《つち》や砂《すな》をすくったり、ほったりするのに使《つか》う道具《どうぐ》。シャベル。

すこぶる 副詞 とても。非常《ひじょう》に。たいへん。例 弟《おとうと》はすこぶる機嫌《きげん》がいい。

すごみ 名詞 顔《かお》つきやことばつきなどの、ぞっとするほどおそろしいようす。例 すごみのある声《こえ》。

すごむ 動詞 おどすようなことを言《い》ったりしたりする。こわいと思《おも》わせるような態度《たいど》をする。例 その男《おとこ》は大《おお》きな声《こえ》を出《だ》してすごんだ。

すこやか【健やか】 形容動詞 体《からだ》がじょうぶで元気《げんき》なようす。健康《けんこう》。例 健やかに育《そだ》つ。使い方「健か」と書《か》かないよう送《おく》りがなに注《ちゅう》意《い》。漢 ⇩428ページ けん〔健〕

すごろく 名詞 季語 新年 さいころをふり、出《で》た目《め》の数《かず》だけ進《すす》んで、最後《さいご》の「上《あ》がり」に早《はや》く着《つ》いた人《ひと》が勝《か》ちになる遊《あそ》び。参考 正《しょう》月《がつ》に行《おこな》われることが多《おお》い。

すさぶ ⇩687ページ すさむ

すさまじい 形容詞 ❶おそろしい。例 すさまじい顔《かお》でどなる。❷勢《いきお》いが激《はげ》しい。例 すさまじい食《しょく》欲《よく》。

すさむ 動詞 ❶勢《いきお》いが激《はげ》しくなる。ひどくあれる。例 風《かぜ》がふきすさむ。❷気持《きも》ちにゆとりがなく、とげとげしくなる。あれて、いいかげんになる。例 すさんだ生活《せいかつ》。ことば「すさぶ」ともいう。

ずさん 名詞 形容動詞 故事成語 いいかげんなこと。まちがいや手落《てお》ちが多《おお》いこと。例 ずさんな計《けい》画《かく》。⇩971ページ 故事成語「杜撰《ずさん》」

すし 名詞 季語 夏 酢《す》で味《あじ》をつけたごはんに、魚《さかな》・貝《かい》・野菜《やさい》・卵《たまご》焼《や》きなどをのせたり混《ま》ぜたりした食《た》べ物《もの》。にぎりずし・ちらしずしなど。ことば「すっぱい」という意味《いみ》の昔《むかし》のことば「酸《す》し」からきた呼《よ》び名《な》。漢字《かんじ》で「寿司」と書《か》くこともある。

すじ【筋】 ❶名詞 筋肉《きんにく》。筋肉《きんにく》の中《なか》にある細《ほそ》い糸《いと》のようなもの。例 足《あし》の筋がつった／首《くび》の筋を痛《いた》める。❷名詞 細長《ほそなが》い線《せん》。例 赤《あか》い筋が三本入《さんぼんはい》った旗《はた》。❸名詞 物語《ものがたり》などのあらまし。例 見《み》てきた映《えい》画《が》の筋を母《はは》に話《はな》す。

四字熟語 主客転倒《しゅかくてんとう》　主人《しゅじん》と客《きゃく》（主客《しゅかく》）の立場《たちば》が逆《さか》さまになる（転倒《てんとう》）という意味《いみ》から、ものごとの大切《たいせつ》

❹ 名詞 ものごとの道理《どうり》。例 筋の通《とお》った意見《いけん》。
❺ 名詞 血管《けっかん》。例 青筋《あおすじ》を立《た》てておこる。
❻ 名詞 ものごとに関係《かんけい》のあるところ。方面《ほうめん》。例 これは確《たし》かな筋から聞《き》いた話《はなし》だ。
❼ 名詞 素質《そしつ》。才能《さいのう》。例 音楽《おんがく》の筋がよい。
❽ 接尾語 (ほかのことばのあとにつけて) 細長《ほそなが》いものを数《かぞ》えることば。例 一筋《ひとすじ》の道《みち》。
❾ 接尾語 (ほかのことばのあとにつけて) 川《かわ》や道路《どうろ》に沿《そ》ったところを表《あらわ》すことば。例 道筋《みちすじ》/川筋《かわすじ》。
漢 ↓ 371ジ きん〔筋〕

ずし 名詞 仏《ぶつ》像《ぞう》やお経《きょう》を納《おさ》めるための箱《はこ》。とびらが両方《りょうほう》に開《ひら》き、お堂《どう》のような形《かたち》をしている。

ずし

ずし【図示】 名詞 動詞 図《ず》にかいて示《しめ》すこと。例 靴下《くつした》の編《あ》み方《かた》を図示する。

すじかい【筋交い】 名詞
❶ななめに向《む》かい合《あ》っていること。また、ななめに交《まじ》わっていること。はすかい。例 家《いえ》の筋交いに図書館《としょかん》がある。
❷建物《たてもの》を風《かぜ》や地震《じしん》に備《そな》えて強《つよ》くするため、柱《はしら》と柱《はしら》の間《あいだ》にななめにとりつける木材《もくざい》。

すじがき【筋書き】 名詞
❶劇《げき》・小説《しょうせつ》などのあらすじを書《か》いたもの。
❷前《まえ》もって立《た》てた計画《けいかく》。例 ものごとはなかなか筋書きどおりにはいかない。

すじがね【筋金】 名詞 ものをしっかりとじょうぶにするために内側《うちがわ》に入《い》れる、金属《きんぞく》の棒《ぼう》。

すじがねいり【筋金入り】 名詞 しっかりした考《かんが》えや技術《ぎじゅつ》を持《も》っていること。例 筋金入りの人物《じんぶつ》。ことば 物《もの》をじょうぶにするために、中《なか》に筋金《すじがね》を入《い》れることからきたことば。

ずしき【図式】 名詞 物《もの》のようすや関係《かんけい》などをわかりやすく表《あらわ》した図《ず》。

すじぐも【筋雲】 名詞 細《ほそ》い筋《すじ》のように見《み》える雲《くも》。「巻雲《けんうん》」のこと。図 ↓ 395ジ くも〔雲〕

すじこ【筋子】 名詞 さけやますの卵《たまご》を、かたまりのまま塩《しお》づけにした食品《しょくひん》。参考 一《ひと》つぶずつほぐしたものを「イクラ」という。

すじだて【筋立て】 名詞 物語《ものがたり》・話《はなし》・計画《けいかく》などの内容《ないよう》の、だいたいの組《く》み立《た》て。話《はなし》の筋《すじ》の進《すす》み方《かた》。例 劇《げき》の筋立てを考《かんが》える。

すじちがい【筋違い】
❶ 名詞 ななめに交《まじ》わっていること。
❷ 名詞 筋肉《きんにく》をいためること。
❸ 名詞 形容動詞 見当《けんとう》ちがいなこと。理屈《りくつ》に合《あ》わないこと。例 その反対意見《はんたいいけん》は筋違いだ。

すしづめ【すし詰め】 名詞 人《ひと》や物《もの》が、せまいところにすきまのないほどぎっしりつまっていること。例 乗客《じょうきゃく》ですし詰めのバス。ことば すしが折《お》り箱《ばこ》に、すきまなくぎっしりとつめられているようすからきたことば。

すじみち【筋道】 名詞 ものごとの道理《どうり》や順序《じゅんじょ》。例 筋道を立《た》てて話《はなし》をする。

すじむかい【筋向かい】 名詞 ななめに向《む》かい合《あ》っていること。「筋向《すじむ》こう」ともいう。例 交番《こうばん》は銀行《ぎんこう》の筋向かいにあります。

すじょう【素性・素姓】 名詞
❶血筋《ちすじ》や家《いえ》がら。生《う》まれや育《そだ》ち。
❷そのものがどこから伝《つた》えられたかということ。いわれ。例 素性の知《し》れない古《ふる》いつぼ。

ずじょう【頭上】 名詞 頭《あたま》の上《うえ》。上《うえ》の方《ほう》。例 頭上注意《ちゅうい》。

すす 名詞
❶物《もの》が完全《かんぜん》に燃《も》えないときに出《で》る、黒《くろ》い粉《こな》。
❷けむりがほこりといっしょに固《かた》まって、天井《てんじょう》やかべについたもの。例 すすはらい。

すず 名詞 銀色《ぎんいろ》がかった白色《しろいろ》でつやがある、さびにくい金属《きんぞく》。ブリキをつくったり、うすく紙《かみ》のようにのばして包装《ほうそう》に使《つか》ったりする。

すず【鈴】 名詞 金属《きんぞく》や土《つち》でできた、ふると美《うつく》しい音《おと》がするもの。中《なか》の空《から》になっているところに、石《いし》や金属《きんぞく》の玉《たま》が入《はい》っている。

●**鈴《すず》を転《ころ》がすよう** 女《おんな》の人《ひと》の声《こえ》が、すんで美《うつく》しいようす。例 鈴を転がすような声《こえ》で歌《うた》う。

ずず【数珠】 ↓ 618ジ じゅず

すずかけのき【すずかけの木】 名詞 街路樹《がいろじゅ》としてよく植《う》えられる、高《たか》い木《き》。葉《は》は手《て》のひらのような形《かたち》をしている。秋《あき》に鈴《すず》のような形《かたち》の丸《まる》い実《み》がたれ下《さ》がる。「プラタナス」と呼《よ》ぶこともある。

すずかさんみゃく【鈴鹿山脈】 名詞 中部《ちゅうぶ》地方南部《ちほうなんぶ》、滋賀県《しがけん》と三重県《みえけん》の境《さかい》に南北《なんぼく》に走《はし》る山《さん》脈《みゃく》。

すずかぜ【涼風】 名詞 季語夏 すずしい風《かぜ》。とくに、秋《あき》の初《はじ》めごろにふくすずしい風《かぜ》。「りょうふう」ともいう。

すすき 名詞 季語秋 秋《あき》の七草《ななくさ》の一《ひと》つ。葉《は》が細長《ほそなが》く、山《やま》や野原《のはら》に群《むら》がって生《は》える。高《たか》さ一《いち》～二《に》メートル。秋《あき》には白《しろ》っぽい色《いろ》の穂《ほ》をつける。「おばな」ともいう。図→25ページ あきのななくさ

すずきみえきち【鈴木三重吉】 名詞 （一八八二～一九三六）明治《めいじ》から昭和《しょうわ》時代《じだい》にかけての小説家《しょうせつか》・童話作家《どうわさっか》。数多《かずおお》くの童話《どうわ》を書《か》き、童話雑誌《どうわざっし》「赤《あか》い鳥《とり》」を出《だ》して、児童文学《じどうぶんがく》のためにつくした。

すすぐ 動詞 ❶水《みず》で洗《あら》い落《お》とす。例 洗濯物《せんたくもの》をすすぐ。類 ゆすぐ。❷口《くち》の中《なか》を水《みず》できれいにする。うがいをする。例 口《くち》をすすぐ。類 ゆすぐ。❸悪《わる》い評判《ひょうばん》などをとり除《のぞ》く。例 はじをすすぐ。

すすける 動詞 すすがついてうす黒《ぐろ》くなる。また、すすがついたようにきたなくなる。例 すすけたカーテン。

すずしい【涼しい】 形容詞 ❶ひんやりして気持《きも》ちがよい。例 涼《すず》しい部屋《へや》で読書《どくしょ》をする。対 暖《あたた》かい。❷すっきりしていて美《うつく》しい。例 目元《めもと》が涼《すず》しい。

すずしいかお【涼しい顔】 自分《じぶん》に関係《かんけい》があるのに、関係《かんけい》がないようなふりをしてすましていること。また、そのような顔《かお》つきや態度《たいど》。例 落書《らくが》きしておいて、涼《すず》しい顔《かお》をしている。

すずしろ →775ページ だいこん❶

すずな →278ページ かぶ

すずなり【鈴なり】 名詞 ❶木《き》の実《み》や果物《くだもの》などが、一《ひと》つのところにたくさんぶら下《さ》がっていること。例 かきが鈴なりになっている。❷人《ひと》が一《いっ》か所《しょ》にたくさん集《あつ》まったり、とりついたりしているようす。例 見物人《けんぶつにん》が鈴なりになっている。

すずなり❶

すすはき【すす掃き】 →689ページ すすはらい

すすはらい【すす払い】 名詞 季語冬 家《いえ》の中《なか》のすすやほこりをはらって、きれいに掃除《そうじ》をすること。年末《ねんまつ》に正月《しょうがつ》をむかえる準備《じゅんび》として行《おこな》うことが多《おお》い。「すすはき」ともいう。

すすむ【進む】 動詞 ❶前《まえ》の方《ほう》へ行《い》く。例 船《ふね》が進《すす》む。対 退《しりぞ》く。❷よくなる。進歩《しんぽ》する。例 技術《ぎじゅつ》が進《すす》む。❸はかどる。例 工事《こうじ》が進《すす》んだ。❹程度《ていど》が上《あ》がる。例 中学校《ちゅうがっこう》に進《すす》む。❺ひどくなる。例 病気《びょうき》が進《すす》んだ。❻自分《じぶん》からやる気《き》になる。例 進《すす》んで手伝《てつだ》いをする。❼時計《とけい》が、正《ただ》しい時刻《じこく》より先《さき》を示《しめ》す。例 時計《とけい》が五分《ごふん》進《すす》んでいる。対 後《おく》れる。
漢→659ページ しん〔進〕

すずむ【涼む】 動詞 日陰《ひかげ》に入《はい》ったり、すずしい風《かぜ》に当《あ》たったりして、暑《あつ》さをさける。

すずむし【鈴虫】 名詞 季語秋 昆虫《こんちゅう》の一《ひと》つ。体《からだ》は黒《くろ》っぽい茶色《ちゃいろ》で、触角《しょっかく》が長《なが》い。秋《あき》、おすは羽《はね》をすり合《あ》わせて鳴《な》く。図→505ページ こんちゅう

すすめ【勧め】 名詞 そうするように言《い》うこと。すすめること。例 兄《あに》の勧《すす》めで合唱部《がっしょうぶ》に入《はい》る。

すずめ 名詞 家《いえ》の近《ちか》くで見《み》られる小鳥《ことり》。体《からだ》は茶色《ちゃいろ》で、農作物《のうさくぶつ》や虫《むし》を食《た》べ、よく鳴《な》く。体長《たいちょう》十五《じゅうご》センチメートルくらい。ことば 漢字《かんじ》では「雀」と書《か》く。図→954ページ とり〔鳥〕

●**すずめの涙《なみだ》** 非常《ひじょう》に少《すく》ないことのたとえ。例 お年玉《としだま》をつかいすぎて、残《のこ》ったのはすずめの涙《なみだ》ほどの小銭《こぜに》だけだ。

●**すずめ百《ひゃく》まで踊《おど》り忘《わす》れず** →227ページ ことわざ

すずめばち 名詞 日本《にほん》でもっとも大《おお》きなはち。体《からだ》に黒《くろ》と黄色《きいろ》のしまがある。強《つよ》い毒《どく》のある針《はり》を持《も》ち、人《ひと》や動物《どうぶつ》をおそうこともある。「くまんばち」とも呼《よ》ばれる。ことば 漢字《かんじ》では「雀蜂」と書《か》く。

すずめばち

すすめる【進める】 動詞 ❶前《まえ》の方《ほう》へ動《うご》かす。例 車《くるま》を進《すす》める。❷進歩《しんぽ》させる。よいほうに向《む》かわせる。例 工場《こうじょう》の機械化《きかいか》を進《すす》める。❸はかどらせる。例 仕事《しごと》を進《すす》める。

四字熟語　出処進退《しゅっしょしんたい》　今《いま》の仕事《しごと》や地位《ちい》などにとどまるか、またはやめるかということ。身《み》のふり方《かた》。

❹時計《とけい》が先《さき》の時刻《じこく》を指《さ》すようにする。例 時計《とけい》を五分《ごふん》進める。
漢 ➡659ページ《ジ》　しん〔進〕

すすめる【勧める】 動詞 ❶自分《じぶん》がよいと思《おも》うことを、相手《あいて》にするように言《い》う。例 友人《ゆうじん》に合唱《がっしょう》部《ぶ》への入部《にゅうぶ》を勧める。❷食《た》べたり使《つか》ったりしてもらうように、相手《あいて》に物《もの》を差《さ》し出《だ》す。例 お客様《きゃくさま》にお茶《ちゃ》を勧める。

すすめる【薦める】 動詞 ある人《ひと》やものごとをほめて、それをとり上《あ》げるように言《い》う。例 図書委員《としょいいん》に田中《たなか》さんを薦めた。

すずらん 名詞 季語 夏 ゆりのなかまの草花《くさばな》。初夏《しょか》に、鈴《すず》のような形《かたち》をした小《ちい》さな白《しろ》い花《はな》が並《なら》んでさく。ことば 漢字《かんじ》では「鈴蘭」と書《か》く。

すずらん

すずり 名詞 すみを水《みず》でするための道具《どうぐ》。石《いし》やかわらでできている。ことば「すみすり」ということばが縮《ちぢ》まってできたことば。

すすりあげる【すすり上げる】 動詞 鼻《はな》をすする。また、そのようにして泣《な》く。

すすりなく【すすり泣く】 動詞 大《おお》きな声《こえ》を立《た》てないで、鼻《はな》をすするようにして泣《な》く。例 迷子《まいご》になった子供《こども》がすすり泣く。

すする 動詞 ❶吸《す》うようにして口《くち》に入《い》れる。例 お茶《ちゃ》をすする／そばをすする。❷息《いき》といっしょに鼻水《はなみず》を吸《す》いこむ。

ずせつ【図説】 名詞 動詞 図《ず》などを使《つか》って、わかりやすく説明《せつめい》すること。また、その説明《せつめい》したもの。類 図解《ずかい》。

すそ【裾】 名詞 ❶服《ふく》の下《した》の部分《ぶぶん》。例 裾に模様《もよう》のある着物《きもの》。❷山《やま》のふもと。例 山《やま》の裾に田《た》んぼが広《ひろ》がる。❸物《もの》のはし。例 カーテンの裾を持《も》ち上《あ》げる。

すその【裾野】 名詞 山《やま》のふもとに、ゆるやかに広《ひろ》がっている野原《のはら》。例 富士《ふじ》の裾野。

スター (star) 名詞 ❶「星《ほし》」のこと。❷人気《にんき》のある人《ひと》。人気者《にんきもの》。例 映画《えいが》スター。

スタート (start) 名詞 動詞 出発《しゅっぱつ》すること。また、出発点《しゅっぱつてん》。始《はじ》まり。例 選手《せんしゅ》たちがいっせいにスタートを切《き》る／新学期《しんがっき》がスタートする。

スタートライン 名詞 ❶競走《きょうそう》などで、スタートするところに引《ひ》かれた線《せん》。例 選手《せんしゅ》がスタートラインに並《なら》ぶ。❷ものごとの始《はじ》まりになるところ。出発点《しゅっぱつてん》。例 人生《じんせい》の新《あたら》しいスタートラインに立《た》つ。ことば 英語《えいご》の「スタート」と「ライン」を合《あ》わせて、日本《にほん》で作《つく》られたことば。

スタイル 名詞 ❶体《からだ》つき。姿《すがた》。例 スタイルがよい。❷服装《ふくそう》や髪形《かみがた》。例 流行《りゅうこう》のヘアスタイル。❸様式《ようしき》。例 生活《せいかつ》スタイルが変《か》わる。❹文章《ぶんしょう》や絵《え》、音楽《おんがく》、建築《けんちく》などの表現《ひょうげん》の方法《ほうほう》。表《あらわ》し方《かた》。

スタジアム (stadium) 名詞 観客席《かんきゃくせき》のある運動競技場《うんどうきょうぎじょう》。野球場《やきゅうじょう》・陸上競技場《りくじょうきょうぎじょう》など。

スタジオ (studio) 名詞 ❶写真《しゃしん》や映画《えいが》をとるところ。❷テレビなどの放送《ほうそう》や録音《ろくおん》をする部屋《へや》。❸画家《がか》などの仕事部屋《しごとべや》や、ダンスなどの練習場《れんしゅうじょう》。

すたすた【と】 副詞 わき目《め》もふらずに急《いそ》いで歩《ある》くようす。例 すたすたと通《とお》り過《す》ぎる。

ずたずた 形容動詞 細《こま》かく切《き》れるようす。例 紙《かみ》をずたずたに破《やぶ》る。

すだつ【巣立つ】 動詞 ❶ひな鳥《どり》が大《おお》きくなって、巣《す》から飛《と》び立《た》つ。❷学校《がっこう》を卒業《そつぎょう》する。例 もうすぐ六年生《ろくねんせい》はこの学校《がっこう》から巣立っていく。❸親《おや》のもとからはなれて社会《しゃかい》へ出《で》る。例 親元《おやもと》を巣立ってひとり暮《ぐ》らしを始《はじ》める。

スタッカート (イタリア語) 名詞 音楽《おんがく》で、その音《おと》を短《みじか》く切《き》って演奏《えんそう》すること。また、その記号《きごう》。対 レガート。

スタッカート

スタッフ (staff) 名詞 ❶それぞれの役目《やくめ》を持《も》って、一《ひと》つの仕事《しごと》にとりくんでいる人々《ひとびと》。例 店《みせ》のスタッフ。❷映画《えいが》や劇《げき》をつくるときの、俳優《はいゆう》以外《いがい》の人々《ひとびと》。かんとくやカメラマンなど。

ずだぶくろ【ずだ袋】 名詞 ❶おぼうさんが物《もの》を入《い》れて首《くび》にかけるふくろ。❷簡単《かんたん》なつくりの、大《おお》きめの布《ぬの》のふくろ。

スタミナ (stamina) 名詞 ものごとを続《つづ》けてやること。終始一貫《しゅうしいっかん》。

りぬく力《ちから》。持久力《じきゅうりょく》。体力《たいりょく》。例スタミナのある選手《せんしゅ》／たくさん食《た》べてスタミナをつける。

すたる【廃る】 動詞 すたれる。ことば「男《おとこ》が廃《すた》る」「名《な》が廃《すた》る」は、「…としてのほこりが傷《きず》つく」という意味《いみ》。

すだれ 名詞 季語 夏 細《ほそ》くけずった竹《たけ》やあしのくきを、糸《いと》で編《あ》んだもの。部屋《へや》の仕切《しき》りや日《ひ》よけにする。

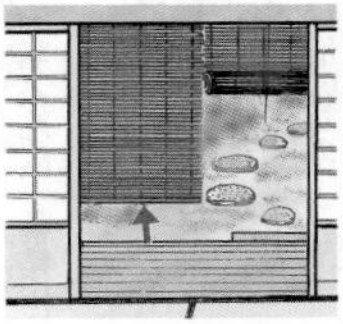
すだれ

すたれる【廃れる】 動詞 人気《にんき》や勢《いきお》いがなくなる。行《おこな》われなくなる。例ミニスカートの流行《りゅうこう》が廃れる／古《ふる》い行事《ぎょうじ》が廃れる。対はやる。

スタンス（stance）名詞 ❶立場《たちば》。姿勢《しせい》。例公平《こうへい》なスタンスで見守《みまも》る。❷野球《やきゅう》やゴルフなどで、球《たま》を打《う》つときの足《あし》の置《お》き方《かた》。

スタンド（stand）名詞 ❶物《もの》をのせたり、立《た》てたりするための台《だい》。❷机《つくえ》の上《うえ》などに置《お》く、台《だい》のついた電灯《でんとう》。「電気《でんき》スタンド」の略《りゃく》。❸階段《かいだん》のようになっている、競技場《きょうぎじょう》の見物席《けんぶつせき》。例正面《しょうめん》スタンド。❹駅《えき》や道《みち》ばたにある売店《ばいてん》。例ガソリンスタンド。❺立《た》ったまま飲《の》んだり食《た》べたりできる店《みせ》。例コーヒースタンド。

スタンバイ（standby）名詞 動詞 準備《じゅんび》をととのえて待《ま》つこと。例楽屋《がくや》でスタンバイする。

スタンプ（stamp）名詞 ❶切手《きって》やはがきにおす消印《けしいん》。❷ゴムの判《はん》こ。とくに旅行先《りょこうさき》などで記念《きねん》におす、ゴムの判《はん》こ。例スタンプラリー。

スチーブンソン 名詞（一七八一～一八四八）イギリスの技術者《ぎじゅつしゃ》・発明家《はつめいか》。蒸気機関車《じょうききかんしゃ》の実用《じつよう》化《か》に成功《せいこう》した。

スチーム（steam）名詞 季語 冬 ❶蒸気《じょうき》。湯気《ゆげ》。例スチームアイロン。❷管《くだ》の中《なか》に蒸気《じょうき》を通《とお》し、部屋《へや》を暖《あたた》めるしかけ。ことば季語《きご》として使《つか》うのは❷の意味《いみ》。

スチール（steal）名詞 動詞 野球《やきゅう》で、「とうるい」のこと。

スチール（steel）名詞「鋼鉄《こうてつ》」「はがね」のこと。例スチール製《せい》のいす。

スチールウール（steel wool）名詞 鋼鉄《こうてつ》を毛《け》のように細《ほそ》くしたもの。なべなどをみがくのに使《つか》う。

スチュワーデス（stewardess）名詞 飛行機《ひこうき》の中《なか》で、乗客《じょうきゃく》の世話《せわ》をしたり案内《あんない》をしたりする女《おんな》の人《ひと》。ことば今《いま》は男女《だんじょ》ともに「キャビンアテンダント」「客室乗務員《きゃくしつじょうむいん》」という。

ずつ 助詞（ほかのことばのあとにつけて）❶同《おな》じに分《わ》けた量《りょう》を表《あらわ》す。例お菓子《かし》を三《みっ》つずつもらった。❷くり返《かえ》す量《りょう》を表《あらわ》す。例漢字《かんじ》を毎日《まいにち》百字《ひゃくじ》ずつ書《か》いた／少《すこ》しずつ病気《びょうき》がよくなってきた。

ずつう【頭痛】 名詞 ❶頭《あたま》が痛《いた》むこと。❷心配《しんぱい》。なやみ。

● **頭痛《ずつう》の種《たね》** 心配《しんぱい》ごとやなやみのもと。例だんだん難《むずか》しくなる漢字《かんじ》の勉強《べんきょう》が頭痛の種だ。

すっかり 副詞 まったく。全部《ぜんぶ》。残《のこ》らず。例約《やく》束《そく》をすっかり忘《わす》れていた。

すっきり[と] 副詞 動詞 ❶さっぱりして気持《きも》ちのよいようす。例空《そら》がすっきりと晴《は》れ上《あ》がった。❷むだなものや、はっきりしないものがなく、格好《かっこう》がよいようす。例すっきりしたデザインのワンピース／すっきりとした文章《ぶんしょう》。

ズック（オランダ語）名詞 ❶太《ふと》い麻糸《あさいと》やもめん糸《いと》で織《お》った厚《あつ》い布《ぬの》。テント・かばん・運動《うんどう》ぐつなどに使《つか》われる。❷ズック（＝❶）でできたくつのこと。

すっくと 副詞 勢《いきお》いよく、まっすぐに立《た》つようす。例すっくと立《た》ち上《あ》がって意見《いけん》を述《の》べる。

ずっしり[と] 副詞 持《も》った感《かん》じが重《おも》く、手《て》ごたえが感《かん》じられるようす。例ずっしりと重《おも》いメロン。

すったもんだ 名詞 動詞 意見《いけん》などがまとまらず、ひどくもめること。例すったもんだのあげく代表者《だいひょうしゃ》が決《き》まった。使い方くだけた言《い》い方《かた》。

ずっと 副詞 ❶ずいぶん。はるかに。例その本《ほん》はずっと前《まえ》に読《よ》んだことがある。❷長《なが》く続《つづ》くようす。例雨《あめ》がずっと降《ふ》っている。

四字熟語 首尾一貫《しゅびいっかん》 初《はじ》めから終《お》わりまで（首尾《しゅび》）、一《ひと》つのやり方《かた》や考《かんが》え方《かた》を変《か》えないでやり通《とお》す（一貫《いっかん》）

すっとんきょう 形容動詞 突然《とつぜん》、調子《ちょうし》はずれなことをするようす。例 すっとんきょうな声《こえ》を上《あ》げる。

すっぱい【酸っぱい】 形容詞 酢《す》のような味《あじ》である。酸《す》い。例 酸っぱいレモン。ことば「口《くち》が酸《す》っぱくなるほど言《い》う」は、いやになるほどくり返《かえ》して言《い》うという意味《いみ》。

すっぱぬく【すっぱ抜く】 動詞 人《ひと》がかくしていることを見《み》つけて、広《ひろ》く発表《はっぴょう》する。例 新聞《しんぶん》が事件《じけん》に関係《かんけい》ある人《ひと》の名《な》をすっぱ抜いた。使い方 くだけた言《い》い方《かた》。

すっぽかす 動詞 やらなければならないことをしないで、ほうっておく。例 約束《やくそく》をすっぽかす。

すっぽり【と】 副詞 ❶出《だ》し入《い》れの具合《ぐあい》がちょうどよいようす。例 新《あたら》しい長《なが》ぐつに足《あし》がすっぽりと入《はい》った。❷上《うえ》からすっかりかぶせておおうようす。例 布団《ふとん》を頭《あたま》からすっぽりとかぶってねた。

すっぽん 名詞 かめのなかまの動物《どうぶつ》。こうらは円《まる》くてやわらかく、かむ力《ちから》が強《つよ》い。食用《しょくよう》になる。図 ↓1062ページ はちゅうるい

すで【素手】 名詞 手《て》に道具《どうぐ》や武器《ぶき》などを持《も》ったりつけたりしないこと。例 素手で戦《たたか》う。

スティック (stick) 名詞 ❶棒《ぼう》。また、棒《ぼう》のような形《かたち》のもの。❷ホッケーなどのスポーツで使《つか》う、球《たま》を打《う》つための棒《ぼう》。

ステーキ (steak) 名詞 厚《あつ》めに切《き》った肉《にく》を焼《や》いた料理《りょうり》。とくに、牛肉《ぎゅうにく》を焼《や》いたものをいうことが多《おお》い。

ステージ (stage) 名詞 舞台《ぶたい》。演壇《えんだん》。例 初《はじ》めてステージに立《た》つ。教科 理 顕微鏡《けんびきょう》の、観察《かんさつ》するものをのせる台《だい》のことも「ステージ」という。

ステーション (station) 名詞 ❶列車《れっしゃ》などのとまる場所《ばしょ》。駅《えき》、または停車場《ていしゃじょう》。❷ある仕事《しごと》を受《う》けつけるところ。例 サービスステーション。

ステープラー (stapler) 名詞 「コ」の形《かたち》の針《はり》で紙《かみ》をとじる道具《どうぐ》。「ホッチキス（ホチキス）」は、この商標名《しょうひょうめい》。

すてき 形容動詞 気《き》に入《い》って、心《こころ》を引《ひ》きつけられるようす。すばらしいようす。例 すてきなドレス。ことば 漢字《かんじ》では「素敵」と書《か》く。

すてご【捨て子】 名詞 親《おや》が幼《おさな》い子供《こども》を捨《す》てること。また、捨《す》てられた子供《こども》。

ステッカー (sticker) 名詞 裏《うら》にのりがついている、小《ちい》さなはり紙《がみ》。

ステッキ (stick) 名詞 つえ。

ステップ (steppe) 名詞 ほとんど雨《あめ》の降《ふ》らない草原《そうげん》。中央《ちゅうおう》アジアなどに広《ひろ》がる。

ステップ (step) 名詞 ❶列車《れっしゃ》やバスなどの出入《でい》り口《ぐち》のふみ段《だん》。❷目標《もくひょう》にいきつくまでの段階《だんかい》。例 英会話《えいかいわ》教室《きょうしつ》で、次《つぎ》のステップに進《すす》んだ。❸ダンスの足《あし》の動《うご》き。例 リズムに合《あ》わせてステップを踏《ふ》む。

すでに【既に】 副詞 ❶今《いま》より前《まえ》に。以前《いぜん》に。例 このことはすでにお知《し》らせしました。❷その時《とき》にはもう。もはや。例 店《みせ》に着《つ》いた時《とき》には、すでに閉《し》まっていた。使い方 ふつうかな書《が》きにする。

すてね【捨て値】 名詞 捨《す》てるのと同《おな》じくらいの、とても安《やす》い値段《ねだん》。

すてばち【捨て鉢】 名詞 形容動詞 ものごとがうまくいかず、投《な》げやりな気持《きも》ちになること。やけくそ。例 失敗《しっぱい》が続《つづ》いて捨て鉢になる。

ステビン ↓594ページ シモン＝ステビン

すてみ【捨て身】 名詞 命《いのち》を捨《す》てるくらいのつもりで、力《ちから》いっぱいものごとに当《あ》たること。例 強《つよ》い相手《あいて》に捨て身でぶつかる。

すてる【捨てる】 動詞 ❶いらないものとして投《な》げ出《だ》す。例 ごみを捨てる。対 拾《ひろ》う。❷構《かま》わないでおく。ほうっておく。例 困《こま》っている人《ひと》を捨ててはおけない。❸あきらめる。例 望《のぞ》みを捨てる。漢 ↓595ページ しゃ〔捨〕

● **捨《す》てる神《かみ》あれば拾《ひろ》う神《かみ》あり** ↓229ページ ことわざ

ステレオ (stereo) 名詞 録音《ろくおん》した音《おと》を、二《ふた》つ以上《いじょう》のスピーカーで立体的《りったいてき》に出《だ》すしかけ。

ステンドグラス (stained glass) 名詞 色《いろ》ガラスを組《く》み合《あ》わせて、模様《もよう》や絵《え》を表《あらわ》した板《いた》ガラス。教会《きょうかい》などの窓《まど》に使《つか》われている。

ステンレス 名詞 鉄《てつ》とニッケル・クロムを混《ま》ぜ合《あ》わせてつくった合金《ごうきん》。さびにくくかたい。刃《は》

とで、船《ふね》が帆《ほ》にいっぱい風《かぜ》を受《う》けて進《すす》むように、ものごとが順調《じゅんちょう》に思《おも》いどおりに進《すす》むこと。

物《もの》・食器《しょっき》などに使《つか》われる。ことば 英語《えいご》の「ステンレススチール」の略《りゃく》。「ステン」は「汚《よご》れ」「しみ」の意味《いみ》で、「レス」は「ない」という意味《いみ》。「さびない」という意味《いみ》からきた呼《よ》び名《な》。

スト ⇒693ページ《ジ》ストライキ

ストア（store）名詞 店《みせ》。商店《しょうてん》。

ストーカー（stalker）名詞 自分《じぶん》が関心《かんしん》を持《も》った相手《あいて》に対《たい》し、しつこく追《お》いかけまわしたり、電話《でんわ》やメールなどを一方的《いっぽうてき》に送《おく》り続《つづ》けたりする人《ひと》。ことば もとは「しのび寄《よ》る人《ひと》」という意味《いみ》。

ストーブ（stove）名詞 季語 冬 部屋《へや》の中《なか》を暖《あたた》める道具《どうぐ》。石油《せきゆ》・ガス・電気《でんき》・まきなどを使《つか》って熱《ねつ》を出《だ》す。

すどおり【素通り】 名詞 動詞 そこに立《た》ち寄《よ》らないで、通《とお》り過《す》ぎて行《い》くこと。例 今日《きょう》は本屋《ほんや》さんの前《まえ》を素通りして帰《かえ》った。

ストーリー（story）名詞
❶話《はなし》。物語《ものがたり》。例 ショートストーリー。
❷映画《えいが》や小説《しょうせつ》などの話《はなし》の筋《すじ》。筋書《すじが》き。

ストッキング（stocking）名詞 ひざの上《うえ》まである長《なが》い靴下《くつした》。とくに、女性用《じょせいよう》のうすいものをいう。ことば「一足《いっそく》」と数《かぞ》える。

ストック（ドイツ語）名詞 スキーですべるときに使《つか》うつえ。両手《りょうて》に一本《いっぽん》ずつ持《も》つ。

ストック（stock）名詞 動詞 品物《しなもの》をたくわえておくこと。また、たくわえた品物《しなもの》。例 飲料水《いんりょうすい》をストックする。

ストックホルム 名詞 スウェーデンの首都《しゅと》。毎年《まいとし》、ノーベル賞《しょう》の授賞式《じゅしょうしき》が行《おこな》われる。

ストップ（stop）名詞 動詞
❶止《と》まること。また、止《と》めること。例 電車《でんしゃ》がストップする／雨《あめ》のため作業《さぎょう》をストップした。
❷「止《と》まれ」の合図《あいず》。停止信号《ていししんごう》。

ストップウォッチ（stopwatch）名詞 競技《きょうぎ》などで使《つか》う時計《とけい》。針《はり》や数字《すうじ》を自由《じゆう》に動《うご》かしたり止《と》めたりでき、一秒《いちびょう》未満《みまん》の時間《じかん》も計《はか》れる。

ストライキ（strike）名詞
❶労働者《ろうどうしゃ》が、やとい主《ぬし》に対《たい》する要求《ようきゅう》を通《とお》すために、そろって仕事《しごと》を休《やす》むこと。
❷学生《がくせい》が、自分《じぶん》たちの要求《ようきゅう》を通《とお》すために、みんなで授業《じゅぎょう》を受《う》けないこと。
ことば 略《りゃく》して「スト」ともいう。

ストライク（strike）名詞
❶野球《やきゅう》で、ピッチャーの投《な》げた球《たま》が、ホームベースの上《うえ》を、バッターのわきの下《した》とひざの間《あいだ》の高《たか》さで通《とお》ること。また、空《から》ぶりやファウルもストライクとして数《かぞ》える。対 ボール。
❷ボウリングで、一回目《いっかいめ》に投《な》げたボールで全部《ぜんぶ》のピンをたおすこと。

ストライプ（stripe）名詞 しまの模様《もよう》。例 ストライプのシャツ。

ストラップ（strap）名詞
❶服《ふく》などのかたについたひも。
❷カメラや携帯電話《けいたいでんわ》などにつけるつりひも。

ストレート（straight）
❶形容動詞 まっすぐなようす。例 ストレートなかみの毛《け》／意見《いけん》をストレートに言《い》う。
❷名詞 野球《やきゅう》で、ピッチャーが投《な》げるまっすぐな球《たま》。直球《ちょっきゅう》。
❸名詞 ボクシングで、うでをまっすぐのばして打《う》つこと。
❹名詞 連続《れんぞく》していること。例 ストレート勝《が》ち。

ストレス（stress）名詞 外《そと》からの刺激《しげき》が原因《げんいん》となって、心《こころ》や体《からだ》によくない変化《へんか》が起《お》こること。また、そのような刺激《しげき》。

ストレッチ（stretch）名詞
❶体《からだ》の筋肉《きんにく》や関節《かんせつ》などをのばすこと。
❷競技場《きょうぎじょう》などの、直線《ちょくせん》のコース。例 ホームストレッチ（＝ゴールの前《まえ》の直線《ちょくせん》の部分《ぶぶん》）。
❸布《ぬの》などが、のび縮《ちぢ》みすること。例 ストレッチのきいたズボン。

ストレプトマイシン（streptomycin）名詞 土《つち》の中《なか》にすむ菌《きん》からとり出《だ》された、結核《けっかく》・肺炎《はいえん》・チフス・赤痢《せきり》などに効《き》く薬《くすり》。

ストロー（straw）名詞 飲《の》み物《もの》を飲《の》むための細《ほそ》い管《くだ》。紙《かみ》・ビニールなどで作《つく》る。ことば もとは「麦《むぎ》わら」という意味《いみ》で、麦《むぎ》わらで作《つく》ることも多《おお》かった。

ストローク（stroke）名詞
❶テニスやゴルフなどで、ボールを打《う》つこと。また、そのひと打《う》ち。
❷水泳《すいえい》で、手《て》で水《みず》をかくこと。また、そのひとかき。
❸ボートで、オールで水《みず》をこぐこと。また、そのひとこぎ。

ストロボ（strobe）名詞 暗《くら》いところで写真《しゃしん》をとるとき、シャッターを切《き》る瞬間《しゅんかん》に、写《うつ》すとこ

四字熟語　順風満帆《じゅんぷうまんぱん》　「順風《じゅんぷう》」は船《ふね》の進《すす》む方向《ほうこう》にふく風《かぜ》のこと、「満帆《まんぱん》」は帆《ほ》が風《かぜ》をいっぱいに受《う》けるこ

ろを明《あか》るくする装置《そうち》。

すな【砂】 名詞 非常《ひじょう》に細《こま》かい岩《いわ》や石《いし》のつぶ。海《うみ》や川《かわ》の岸《きし》などにある。漢 ↓508ページ さ〔砂〕

●**砂《すな》をかむよう** 味《あじ》わいがなくて、少《すこ》しもおもしろくないことのたとえ。例 入院中《にゅういんちゅう》は外《そと》に遊《あそ》びに行《い》けなくて砂をかむような毎日《まいにち》だった。

すなあらし【砂嵐】 名詞 砂漠《さばく》などで起《お》こる、砂《すな》を巻《ま》き上《あ》げてふく強《つよ》い風《かぜ》。

すなお【素直】 形容動詞 ❶性格《せいかく》や態度《たいど》にひねくれたところがなく、人《ひと》にさからわないようす。例 注意《ちゅうい》を素直に聞《き》く。❷くせやかざり気《け》がないようす。例 素直な字《じ》。

すなけむり【砂煙】 名詞 砂《すな》がまい上《あ》がって、けむりのように見《み》えるもの。例 トラックが砂煙を上《あ》げて走《はし》る。

すなご【砂子】 名詞 ❶砂《すな》。❷金《きん》ぱくや銀《ぎん》ぱく（＝金《きん》や銀《ぎん》をたたいて紙《かみ》のようにうすくのばしたもの）を粉《こな》にしたもの。ふすま紙《がみ》や色紙《しきし》などにふきつけてかざりにする。

すなじ【砂地】 名詞 砂《すな》の多《おお》い土地《とち》。すなち。

スナック（snack） 名詞 ❶軽《かる》い食事《しょくじ》。また、手軽《てがる》に食《た》べられる菓子《かし》。❷軽《かる》い食事《しょくじ》や酒《さけ》を出《だ》す店《みせ》。

スナップ（snap） 名詞 ❶服《ふく》の合《あ》わせ目《め》などを留《と》める、円《まる》い金具《かなぐ》。凸型《とつがた》と凹型《おうがた》で一組《ひとくみ》になり、おすと留《と》まる。❷人物《じんぶつ》などの一瞬《いっしゅん》の動《うご》きや表情《ひょうじょう》をすばやく写《うつ》しとった、自然《しぜん》な雰囲気《ふんいき》の写真《しゃしん》。「スナップショット」の略《りゃく》。スナップ写真《しゃしん》。❸スポーツで、手首《てくび》の力《ちから》を使《つか》うこと。例 スナップをきかせてボールを投《な》げる。

スナップしゃしん【スナップ写真】 ↓694ページ スナップ❷

すなどけい【砂時計】 名詞 真《ま》ん中《なか》のくびれたガラスなどの入《い》れ物《もの》に砂《すな》を入《い》れ、上《うえ》から落《お》ちる砂《すな》の量《りょう》で時間《じかん》を計《はか》る時計《とけい》。

すなどけい

すなば【砂場】 名詞 砂遊《すなあそ》びなどができるように、砂《すな》を入《い》れておくところ。

すなはま【砂浜】 名詞 砂地《すなじ》の海岸《かいがん》。

すなはら【砂原】 名詞 広《ひろ》い砂地《すなじ》。

すなぼこり【砂ぼこり】 名詞 細《こま》かい砂《すな》のつぶが、ほこりのようにまい上《あ》がったもの。

すなやま【砂山】 名詞 砂《すな》が積《つ》もって少《すこ》し高《たか》くなったところ。

すなわち 接続詞 ❶言《い》いかえると。つまり。例 学校《がっこう》の代表者《だいひょうしゃ》、すなわち校長先生《こうちょうせんせい》。❷それがそのまま。ちょうど。まさしく。例 父《ちち》は厳《きび》しくしかる。それはすなわち愛情《あいじょう》だ。

スニーカー（sneakers） 名詞 底《そこ》がゴムでできている運動《うんどう》ぐつ。ことば もとは「こっそり歩《ある》く人《ひと》」という意味《いみ》。足音《あしおと》があまりしなくて静《しず》かなことからこの名《な》がついた。

ずぬける【図抜ける・頭抜ける】 動詞 ほかのものや人《ひと》よりも、とびぬけてすぐれている。ずばぬける。例 図抜けて絵《え》がうまい。

すね 名詞 足《あし》の、ひざから足首《あしくび》のくるぶしまでの部分《ぶぶん》。図 ↓287ページ からだ

●**すねに傷《きず》を持《も》つ** 人《ひと》に知《し》られては困《こま》るような悪事《あくじ》がある。

●**すねをかじる** 自分《じぶん》で働《はたら》かないで、親《おや》に生活費《せいかつひ》などのめんどうをみてもらう。「親《おや》のすねをかじる」ともいう。

すねあて【すね当て】 名詞 野球《やきゅう》のキャッチャーやサッカー・ホッケーの選手《せんしゅ》などが、すねをけがから守《まも》るために着《つ》ける用具《ようぐ》。

すねかじり 名詞 自分《じぶん》で働《はたら》かずに、親《おや》から生活費《せいかつひ》などをもらって生活《せいかつ》すること。また、その人《ひと》。

すねる 動詞 気《き》に入《い》らないことがあって、人《ひと》の言《い》うことを素直《すなお》に聞《き》かない。例 妹《いもうと》が母《はは》にしかられてすねている。

ずのう【頭脳】 名詞 ❶脳《のう》。❷考《かんが》える力《ちから》。知恵《ちえ》。例 頭脳をはたらかす。

スノーボード（snow board） 名詞 雪《ゆき》の上《うえ》をすべるための、スキーよりはばの広《ひろ》い一枚《いちまい》の板《いた》。また、それをはいて、雪《ゆき》の上《うえ》で行《おこな》うスポーツ。

すのこ 名詞 ❶はばのせまい板《いた》を、少《すこ》しずつ間《あいだ》を空《あ》けて打《う》ちつけたもの。ふろ場《ば》などにしく。❷細《ほそ》い竹《たけ》やあしのくきを編《あ》んだもの。日《ひ》よけにしたり魚《さかな》などを干《ほ》したりする。

すのこ❶

いこと。ほんとう。

すのもの【酢の物】 名詞 野菜《やさい》や魚《さかな》、貝《かい》やわかめなどを、酢《す》で味《あじ》つけした料理《りょうり》。

スパーク（spark） 名詞 動詞 空気中《くうきちゅう》などを電気《でんき》が流《なが》れて火花《ひばな》が散《ち》ること。また、その火花《ひばな》。

スパイ（spy） 名詞 動詞 こっそりと敵《てき》や相手《あいて》のようすをさぐって、味方《みかた》に知《し》らせること。また、その人《ひと》。

スパイク（spike）
❶ 名詞 運動用《うんどうよう》のくつの底《そこ》につける、すべり止《ど》めのくぎ。また、それをつけたくつ。「スパイクシューズ」の略《りゃく》。
❷ 名詞 動詞 競技中《きょうぎちゅう》にスパイク（＝❶）で相手《あいて》を傷《きず》つけること。
❸ 名詞 動詞 バレーボールで、味方《みかた》がネットぎわに打《う》ち上《あ》げたボールを、相手側《あいてがわ》のコートに強《つよ》く打《う》ちこむこと。

スパイス（spice） 名詞 食《た》べ物《もの》にからい味《あじ》や香《かお》りなどをつけるための調味料《ちょうみりょう》。香辛料《こうしんりょう》。こしょう・さんしょう・とうがらしなど。

スパゲッティ（イタリア語） 名詞 細長《ほそなが》くて穴《あな》のない、イタリアのめん類《るい》。

すばこ【巣箱】 名詞 季語 春
❶鳥《とり》が中《なか》に巣《す》をつくりやすいように、木《き》などにかける箱《はこ》。
❷みつばちを飼《か》う箱《はこ》。

スパコン ➡680ジペー スーパーコンピューター

すばしこい 形容詞 動作《どうさ》などが非常《ひじょう》に速《はや》い。すばしっこい。例 うさぎがすばしこくにげる。

ずばずば［と］ 副詞 核心《かくしん》をついたことを、遠《えん》慮《りょ》なく次々《つぎつぎ》に言《い》うようす。例 兄《あに》はだれに対《たい》しても思《おも》ったことをずばずばと言《い》う。

すはだ【素肌】 名詞
❶化粧《けしょう》をしていないはだ。
❷下着《したぎ》を着《き》ていない、じかのはだ。

スパナ（spanner） 名詞 ナットやボルトをはさんで、しめたりゆるめたりする道具《どうぐ》。

スパナ

ずばぬける【ずば抜ける】 動詞 ほかのものよりもとびぬけてすぐれている。例 ずば抜けた才能《さいのう》の持《も》ち主《ぬし》。

すばやい【素早い】 形容詞 動作《どうさ》などが非常《ひじょう》にはやい。例 素早く着《き》がえる。

すばらしい 形容詞
❶非常《ひじょう》にすぐれているようす。りっぱで見事《みごと》なようす。例 すばらしいできばえの作品《さくひん》。
❷程度《ていど》が激《はげ》しい。例 すばらしく速《はや》い車《くるま》。
ことば 漢字《かんじ》では「素晴らしい」と書《か》く。

➡696ジペー ことばにチャレンジ

ずばり［と］ 副詞
❶中心《ちゅうしん》となることをするどく見《み》つけ、言《い》い当《あ》てるようす。例 欠点《けってん》をずばりと指摘《してき》された。
❷刀《かたな》などで勢《いきお》いよく切《き》るようす。

すばる 名詞 おうし座《ざ》にあるプレアデス星団《せいだん》の日本《にほん》での呼《よ》び名《な》。肉眼《にくがん》で、ふつう六個《ろっこ》の星《ほし》が見《み》える。ことば 漢字《かんじ》では「昴」と書《か》く。

スパルタ 名詞 古代《こだい》ギリシャにあった都市国《としこっ》家《か》。兵士《へいし》を育《そだ》てるため、厳《きび》しい教育《きょういく》をすることで知られていた。

スパルタしき【スパルタ式】 名詞 古代《こだい》ギリシャのスパルタで行《おこな》われたような、とても厳《きび》しい教育《きょういく》のやり方《かた》。

ずはん【図版】 名詞 本《ほん》や雑誌《ざっし》の中《なか》に印刷《いんさつ》してのせてある図《ず》や絵《え》。

スピーカー（speaker） 名詞
❶テレビやラジオ、オーディオ機器《きき》などで、電《でん》気《き》の信号《しんごう》を音《おと》に変《か》える装置《そうち》。
❷声《こえ》や音《おと》を大《おお》きくする器械《きかい》。拡声器《かくせいき》。

スピーチ（speech） 名詞 会《かい》や式《しき》などのときに、人々《ひとびと》の前《まえ》でする短《みじか》い話《はなし》。

スピード（speed） 名詞
❶速《はや》さ。速度《そくど》。例 車《くるま》のスピードを上《あ》げる。
❷速《はや》いこと。例 スピードくじ。

スピカ（ラテン語） 名詞 おとめ座《ざ》の中《なか》でもっとも明《あか》るい星《ほし》。青白《あおじろ》くかがやいて見《み》える。

ずひょう【図表】 名詞 数《かず》や量《りょう》の関係《かんけい》を図《ず》や表《ひょう》に表《あらわ》したもの。グラフなどのこと。

スフィンクス（Sphinx） 名詞 古代《こだい》エジプトで、神殿《しんでん》や王《おう》の墓《はか》などの入《い》り口《ぐち》にかざった、顔《かお》が人間《にんげん》で体《からだ》がライオンの、大《おお》きな石《いし》の像《ぞう》。

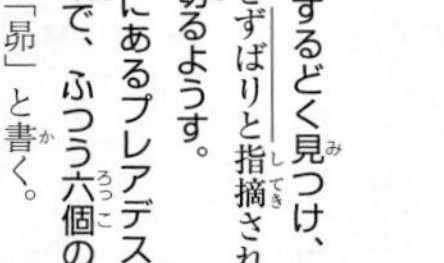
スフィンクス

スプーン（spoon） 名詞 液体《えきたい》や粉《こな》などをすくいとる道具《どうぐ》。さじ。

ずぶとい【図太い】 形容詞 少《すこ》しのことではび

四字熟語 正真正銘《しょうしんしょうめい》 本物《ほんもの》であることがまちがいなく確《たし》かであるようす。うそやいつわりがまったくな

ことばにチャレンジ！

すばらしい

いろんなことばでいろんな「すばらしい」を表《あらわ》してみよう！

入門編《にゅうもんへん》

●まずは、よく使《つか》う別《べつ》のことばで

すごい　昨年《さくねん》の水泳大会《すいえいたいかい》では、**すごい**記録《きろく》が出《で》た。……p.687

すてき　今日《きょう》のワンピースは**すてきだ**ね。……p.692

飛《と》び切《き》り　**飛《と》び切《き》り**おいしいケーキを食《た》べた。……p.947

見事《みごと》　体操《たいそう》の選手《せんしゅ》が**見事《みごと》な**わざを見《み》せる。……p.1264

最高《さいこう》　この作品《さくひん》は**最高《さいこう》**のできばえだ。

「最高《さいこう》」の反対《はんたい》の意味《いみ》のことばは何《なに》かな？　p.513にのっている見出《みだ》し語《ご》の 対 を見《み》てみよう！

りっぱ　市《し》の大会《たいかい》では、全《ぜん》メンバーが**りっぱな**成績《せいせき》を残《のこ》した。……p.1395

修行編《しゅぎょうへん》

●次《つぎ》に、少《すこ》しむずかしいことばで

あざやか　板前《いたまえ》さんが**あざやかな**手《て》つきで魚《さかな》をさばく。……p.31

際立《きわだ》つ　マラソン大会《たいかい》で、この選手《せんしゅ》は**際立《きわだ》っ**た走《はし》りを見《み》せた。……p.370

しろうとばなれ　おばさんの料理《りょうり》の腕前《うでまえ》は**しろうとばなれし**ている。……p.657

ずばぬける　劇団《げきだん》の中《なか》でも**ずばぬけ**た演技力《えんぎりょく》を持《も》つ俳優《はいゆう》。……p.695

目覚《めざ》ましい　しばらく見《み》ない間《あいだ》に、3才《さい》のいとこは**目覚《めざ》ましく**成長《せいちょう》した。……p.1304

完璧《かんぺき》　今日《きょう》のテストのできは**完璧《かんぺき》だっ**た。……p.310

達人編《たつじんへん》

●背《せ》のびして、もっとむずかしいことばで

ぬきん出《で》る　親友《しんゆう》は、校内《こうない》でも**ぬきん出《で》**てピアノがうまい。……p.1008

一流《いちりゅう》　祖父《そふ》の誕生日《たんじょうび》には**一流《いちりゅう》**のレストランで食事《しょくじ》をした。……p.92

屈《くっ》□　かれは全国《ぜんこく》でも**屈《くっ》□**のピアニストだ。

□に当《あ》てはまることばは何《なに》？　p.389にのっている見出《みだ》し語《ご》だよ！

絶品《ぜっぴん》　母《はは》の作《つく》るアップルパイは**絶品《ぜっぴん》**だ。……p.728

抜群《ばつぐん》　兄《あに》の絵《え》のセンスは**抜群《ばつぐん》だ**。……p.1063

非凡《ひぼん》　この小説家《しょうせつか》は**非凡《ひぼん》な**才能《さいのう》を持《も》っている。……p.1122

もっと

●どんなふうにすばらしいかを、たとえを使《つか》って表《あらわ》して

天下一品《てんかいっぴん》　この店《みせ》のおすしは**天下一品《てんかいっぴん》**だ。……p.902

群《ぐん》をぬく　姉《あね》は**群《ぐん》をぬく**成績《せいせき》で試験《しけん》に合格《ごうかく》した。……p.408

非《ひ》の打《う》ち所《どころ》がない　この作文《さくぶん》は**非《ひ》の打《う》ち所《どころ》がない**。……p.1095

右《みぎ》に出《で》る者《もの》がない　歌《うた》を歌《うた》わせたら父《ちち》の**右《みぎ》に出《で》る者《もの》がない**。……p.1263

申《もう》し分《ぶん》がない　今日《きょう》はピクニックに行《い》くのに**申《もう》し分《ぶん》がない**天気《てんき》だ。……p.1312

あまり大切《たいせつ》でないことがら。小《ちい》さなつまらないこと。

くともしないようす。ふてぶてしい。例 図太い神経《しんけい》の持《も》ち主《ぬし》。

ずぶぬれ 名詞 全身《ぜんしん》がひどくぬれること。びしょぬれ。ぐしょぬれ。例 雨《あめ》でずぶぬれになる。

すぶり【素振り】 名詞 バット・ラケット・竹刀《しない》などを、実際《じっさい》に球《たま》などを打《う》つのではなく、練習《れんしゅう》のためにふること。ことば「そぶり」と読《よ》むと別《べつ》の意味《いみ》。

スプリング（spring）名詞
❶ばね。例 ベッドのスプリングがきいている。
❷「春《はる》」のこと。例 スプリングコート。

スプリンクラー（sprinkler）名詞
❶火事《かじ》のとき、自動的《じどうてき》に水《みず》をふき出《だ》す装置《そうち》。天井《じょう》などにとりつける。
❷畑《はたけ》や庭《にわ》に立《た》てて、自動的《じどうてき》に水《みず》をまく装置《そうち》。

スプレー（spray）名詞 液体《えきたい》をきりのようにふき出《だ》させる道具《どうぐ》。例 ヘアスプレー。

すべ 名詞 方法《ほうほう》。やり方《かた》。例 なすすべもない（=どうすることもできない）。使い方 少《すこ》し古《ふる》い言《い》い方《かた》。

スペア（spare）名詞 予備《よび》の品《しな》。例 スペアキー。

スペイン 名詞 ヨーロッパの南西部《なんせいぶ》にある国《くに》。農業《のうぎょう》がさかんでオリーブやオレンジなどの産地《さんち》。闘牛《とうぎゅう》が有名《ゆうめい》。首都《しゅと》はマドリード。

（国旗《こっき》）

スペース（space）名詞
❶空《あ》いているところ。空間《くうかん》。例 この部屋《へや》には、ベッドを置《お》くスペースがない。
❷「宇宙《うちゅう》」のこと。

スペースシャトル（space shuttle）名詞 アメリカで開発《かいはつ》された、地球《ちきゅう》と宇宙《うちゅう》を行《い》き来《き》する宇宙船《うちゅうせん》。二〇一一年《ねん》まで使《つか》われた。

スペード（spade）名詞 トランプの、黒《くろ》い♠のしるし。

スペクトル（フランス語）名詞 光《ひかり》をプリズムに当《あ》てたときに見《み》られる、色《いろ》の帯《おび》。図 ⇩1173ページ《ジ》プリズム

スペシャル（special）名詞 形容動詞 特別《とくべつ》。特製《とくせい》。例 スペシャルメニュー。

スペシャルオリンピックス（Special Olympics）名詞 知的《ちてき》な障害《しょうがい》のある人《ひと》のために、ふだんの生活《せいかつ》におけるスポーツ活動《かつどう》を助《たす》けたり、スポーツ大会《たいかい》を開《ひら》いたりする国際的《こくさいてき》な団体《だんたい》。また、その団体《だんたい》が開《ひら》く競技会《きょうぎかい》。

すべすべ【と】 副詞 動詞 表面《ひょうめん》がなめらかなようす。例 赤《あか》ちゃんのはだはすべすべしている。

すべて【全て】
❶名詞 全部《ぜんぶ》。みんな。例 これがわたしの知《し》っていることの全てです。
❷副詞 すっかり。残《のこ》らず。例 掃除《そうじ》が全て終《お》わった。
漢 ⇩732ページ《ジ》ぜん〔全〕

すべりこむ【滑り込む】 動詞
❶すべって、または、すべるようにして中《なか》に入《はい》る。例 ランナーがセカンドに滑り込む／電車がホームに滑り込む。
❷その時間《じかん》にぎりぎりで間《ま》に合《あ》う。例 閉店《へいてん》五分前《ふんまえ》に滑り込んだ。

すべりこむ❶

すべりだい【滑り台】 名詞 公園《こうえん》などにある、高《たか》い所《ところ》から地上《ちじょう》に台《だい》をななめにわたした遊《あそ》び道具《どうぐ》。すべり降《お》りて遊《あそ》ぶ。

すべりだし【滑り出し】 名詞 ものごとの始《はじ》めのころ。出《で》だし。例 駅前《えきまえ》に開店《かいてん》したレストランは好調《こうちょう》な滑り出しのようだ。

すべる【滑る】 動詞
❶物《もの》の表面《ひょうめん》をなめらかに動《うご》く。例 雪《ゆき》の上《うえ》をスキーで滑る。
❷転《ころ》びそうになる。例 雪道《ゆきみち》で滑って転《ころ》んだ。
❸うっかりしてしゃべる。例 つい口《くち》が滑った。
❹試験《しけん》に落《お》ちる。
❺物《もの》が手《て》からすりぬける。例 はしが滑って落《お》ちた。

すべる【統べる】 動詞 一《ひと》つにまとめる。おさめる。例 国《くに》を統べる。漢 ⇩915ページ《ジ》とう〔統〕

スポイト（オランダ語）名詞 液体《えきたい》を吸《す》い上《あ》げてほかの入《い》れ物《もの》に移《うつ》す道具《どうぐ》。ガラスなどの管《くだ》のはしに、ゴムなどのふくろがついている。

スポイト

スポーツ（sports）名詞 いろいろな運動《うんどう》や競《きょう》

四字熟語 **枝葉末節《しようまっせつ》**「枝葉《しよう》」は木《き》の枝《えだ》と葉《は》、「末節《まっせつ》」は重要《じゅうよう》でないことで、ものごとの本筋《ほんすじ》から外《はず》れた、

技《ぎ》をまとめていうことば。

スポーツクライミング（Sport Climbing）名詞 出《で》っ張《ぱ》りをとりつけた人工《じんこう》の壁《かべ》を登《のぼ》り、速《はや》さやどこまで登《のぼ》れるかなどをきそう競技《きょうぎ》。

スポーツのひ【スポーツの日】 名詞 国民《こくみん》の祝日《しゅくじつ》の一《ひと》つ。十月《じゅうがつ》の第二《だいに》月曜日《げつようび》。スポーツを楽《たの》しみ、人《ひと》を尊重《そんちょう》する精神《せいしん》を育《そだ》てる日《ひ》。

スポーツマン（sportsman）名詞 スポーツをする人《ひと》。また、運動競技《うんどうきょうぎ》の選手《せんしゅ》。

スポーツマンシップ（sportsmanship）名詞 スポーツをする人《ひと》にふさわしい、明《あか》るく正々堂々《せいせいどうどう》と戦《たたか》おうとする心《こころ》や態度《たいど》。

ずぼし【図星】 名詞 目当《めあ》てのところ。急所《きゅうしょ》。また、それをぴたりと当《あ》てること。例 きみの予想《よそう》は図星だった。ことば もとは、矢《や》などを当《あ》てる的《まと》の中心《ちゅうしん》にある、黒《くろ》い点《てん》のこと。ここにねらいを定《さだ》めることからきたことば。

●**図星《ずぼし》を指《さ》す** ぴたりと言《い》い当《あ》てる。また、急所《きゅうしょ》をつく。例 図星を指されておどろく。

スポット（spot）名詞 ❶場所《ばしょ》。地点《ちてん》。例 花見《はなみ》の人気《にんき》スポット。❷テレビやラジオで、番組《ばんぐみ》と番組《ばんぐみ》の間《あいだ》に入《はい》る、短《みじか》いニュースや広告《こうこく》などのこと。❸「スポットライト」の略《りゃく》。

スポットライト（spotlight）名詞 舞台《ぶたい》などの一部分《いちぶぶん》だけを照《て》らし出《だ》す光線《こうせん》。スポット。ことば 世《よ》の中《なか》の注目《ちゅうもく》を集《あつ》めることを、「スポットライトを浴《あ》びる」とたとえることがある。

すぼまる 動詞 先《さき》のほうが細《ほそ》くせまくなる。例 すそがすぼまったデザインのパンツ。

すぼむ 動詞 ❶ふくらんだものが縮《ちぢ》んで小《ちい》さくなる。例 風船《ふうせん》がすぼむ。❷先《さき》のほうが細《ほそ》くせまくなる。例 先《さき》のすぼんだ花瓶《かびん》。

すぼめる 動詞 縮《ちぢ》めて小《ちい》さくする。例 かさをすぼめる／口《くち》をすぼめてストローを吸《す》う。

ずぼら 名詞 形容動詞 いいかげんで、だらしないこと。例 ずぼらな性格《せいかく》。

ズボン（フランス語）名詞 こしから下《した》にはく洋服《ようふく》で、またから先《さき》が二《ふた》つに分《わ》かれて足《あし》を包《つつ》む形《かたち》になっているもの。ことば フランス語《ご》の「ジュポン（＝スカートなどの下《した》にはく下着《したぎ》）」からきたことばといわれる。

スポンサー（sponsor）名詞 ❶テレビやラジオで、番組《ばんぐみ》をつくるお金《かね》を出《だ》している人《ひと》や会社《かいしゃ》。❷事業《じぎょう》などで、お金《かね》を出《だ》してくれる人《ひと》。

スポンジ（sponge）名詞 ❶「海綿《かいめん》」のこと。❷海綿《かいめん》のようにふわふわしている、穴《あな》のたくさんあいたゴムやプラスチック。水《みず》をよく吸《す》う。

スマート（smart）形容動詞 ❶身《み》なりやふるまい方《かた》などが、すっきりとしてしゃれているようす。例 スマートな服装《ふくそう》。❷体《からだ》つきや形《かたち》がすらりとしているようす。

スマートフォン（smartphone）名詞 通話《つうわ》以外《いがい》にもさまざまな機能《きのう》を持《も》つ携帯電話《けいたいでんわ》のこと。メールやインターネットの利用《りよう》、写真撮影《しゃしんさつえい》、音楽《おんがく》や動画《どうが》の再生《さいせい》、文章《ぶんしょう》の作成《さくせい》や電子書籍《でんししょせき》での読書《どくしょ》など、小《ちい》さなパソコンのように使《つか》うことができる。「スマートホン」「スマホ」ともいう。

すまい【住まい】 名詞 ❶住《す》んでいるところ。家《いえ》。例 お住まいはどちらですか。❷住《す》むこと。例 ひとり住まい。

すまう【住まう】 動詞 ずっと住《す》んでいる。住《す》み続《つづ》ける。例 森《もり》の一軒家《いっけんや》に住まう。使い方 あらたまった言《い》い方《かた》。㊇ ⇩604ページ じゅう〔住〕

すましじる【澄まし汁】 名詞 だしじるにしょうゆや塩《しお》などで味《あじ》をつけた、透明《とうめい》なしる物《もの》。

すます【済ます】 動詞 ❶全部《ぜんぶ》やってしまう。終《お》わらせる。例 宿題《しゅくだい》を済ました／レジでしはらいを済ます。❷間《ま》に合《あ》わせる。例 お昼《ひる》はパンで済ました。ことば 「すませる」ともいう。㊇ ⇩510ページ さい〔済〕

すます【澄ます】 動詞 ❶にごりやくもりをなくす。対 濁《にご》す。❷心《こころ》を落《お》ち着《つ》かせる。注意《ちゅうい》を一《ひと》つのところに集《あつ》める。例 耳《みみ》を澄ます。❸気取《きど》る。また、自分《じぶん》には関係《かんけい》ないという顔《かお》つきをする。例 つんと澄まして歩《ある》く／遅刻《ちこく》したのに平気《へいき》な顔《かお》で澄ましている。

すませる【済ませる】 ⇩698ページ すます〔済ます〕

すまない【済まない】 申《もう》し訳《わけ》ない。おわびやお礼《れい》のしようがない。例 迷惑《めいわく》をかけてほんと

仏教《ぶっきょう》のことば。この世《よ》にあるすべてははかないものであるということ。

うにすまない。使い方 ふつうかな書きにする。

スマホ ↓698ページ スマートフォン

すみ【炭】 名詞 季語冬 ❶木を蒸《む》し焼《や》きにしてつくった燃料《ねんりょう》。木炭《もくたん》。例 炭をおこす（＝炭《すみ》に火《ひ》をつけて燃《も》やす）。❷木《き》などが焼《や》けて黒《くろ》くなったもの。
漢 ↓815ページ たん〔炭〕

すみ【隅】 名詞 囲《かこ》まれたところのはしや角《かど》。例 部屋《へや》の隅。

●**隅《すみ》から隅《すみ》まで** 一方《いっぽう》のすみから、別《べつ》のすみまで。すべてにわたって。例 隅から隅までさがす。

●**隅《すみ》に置《お》けない** 思《おも》ったよりも知識《ちしき》があったり力《ちから》がすぐれていたりして、油断《ゆだん》できない。ばかにできない。例 ふだんはおとなしいが、弟《おとうと》はあれでなかなか隅に置けない。

すみ【墨】 名詞 ❶すすを「にかわ」で固《かた》めたもの。また、それをすった黒《くろ》いしる。筆《ふで》で字《じ》や絵《え》をかくのに使《つか》う。❷いかやたこがはき出《だ》す、黒《くろ》いしる。

すみえ【墨絵】 名詞 すみだけでかいた絵《え》。水《すい》墨画《ぼくが》。

すみか【住みか】 名詞 住《す》んでいるところ。住《す》まい。例 山賊《さんぞく》の住みか。

すみきる【澄み切る】 動詞 ❶にごりやくもりがなく、よくすんでいる。❷心《こころ》に迷《まよ》いがなく、はっきりしている。例 澄み切った気持《きも》ちで発表会《はっぴょうかい》にのぞむ。

すみごこち【住み心地】 名詞 住《す》んでいる気分《ぶん》。例 住み心地のよい家《いえ》。

すみこみ【住み込み】 名詞 やとわれた人《ひと》が、やとい主《ぬし》の家《いえ》でいっしょに生活《せいかつ》すること。例 住み込みで働《はたら》く店員《てんいん》。対 通《かよ》い。

すみずみ【隅隅】 名詞 あちらこちらのすみ。どんなところもすべて。例 部屋《へや》の隅々までさがした／会場《かいじょう》の隅々まで歌声《うたごえ》がひびいた。

すみぞめのころも【墨染めの衣】 名詞 黒《くろ》く染《そ》めた、おぼうさんの着物《きもの》。

すみだがわ【隅田川】 名詞 東京都《とうきょうと》の東部《とうぶ》を流《なが》れ、東京湾《とうきょうわん》に注《そそ》ぐ川《かわ》。荒川《あらかわ》の下流《かりゅう》。勝鬨橋《かちどきばし》など、有名《ゆうめい》な橋《はし》が多《おお》くかかっている。

すみだわら【炭俵】 名詞 季語冬 炭《すみ》をつめる俵《たわら》。

すみつく【住み着く】 動詞 同《おな》じところに長《なが》く住《す》み続《つづ》ける。例 ここに住み着いて十年《じゅうねん》たつ。

すみっこ【隅っこ】 名詞 すみのほう。すみ。

すみなれる【住み慣れる】 動詞 長《なが》く住《す》んでその場所《ばしょ》に慣《な》れる。例 住み慣れた町《まち》を出《で》る。

すみび【炭火】 名詞 季語冬 炭《すみ》でおこした火《ひ》。

すみません【済みません】 おわびやお礼《れい》のことば。また、人《ひと》にものをたのんだり、呼《よ》びかけたりするときに言《い》うことば。すいません。例 おくれてすみません／すみませんが来《き》ていただけますか。使い方 ふつうかな書《が》きにする。

すみやか【速やか】 形容動詞 ものごとを、時《じ》間《かん》をかけずにすばやく行《おこな》うようす。例 速やかに集合《しゅうごう》してください。
漢 ↓755ページ そく〔速〕

すみやき【炭焼き】 名詞 季語冬 ❶木《き》を蒸《む》し焼《や》きにして炭《すみ》をつくること。また、それを仕事《しごと》とする人《ひと》。例 炭焼き小屋《ごや》。❷炭《すみ》でおこした火《ひ》で焼《や》くこと。また、そうして作《つく》った料理《りょうり》。例 炭焼きのステーキ。

すみれ 名詞 季語春 野山《のやま》や道《みち》ばたに生《は》える草花《くさばな》。春《はる》、むらさき色《いろ》の小《ちい》さな花《はな》がさく。

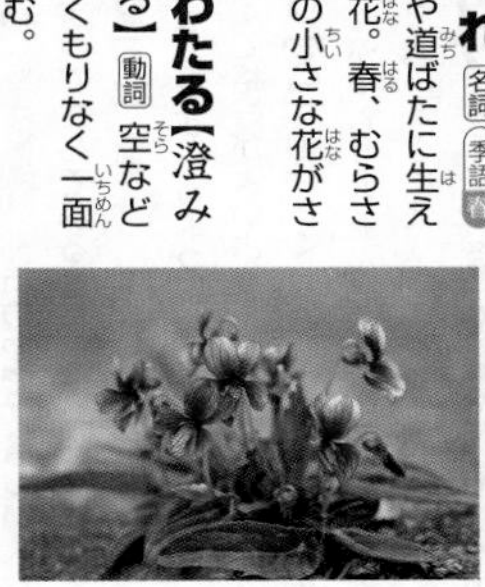
すみれ

すみわたる【澄み渡る】 動詞 空《そら》などが、くもりなく一面《いちめん》にすむ。

すむ【住む】 動詞 ❶家《いえ》にする場所《ばしょ》を決《き》めて、そこで生活《せいかつ》する。例 いなかに住む／ぼくは東京《とうきょう》に住んでいる。❷動物《どうぶつ》が、巣《す》をつくったりしてそこで生活《せいかつ》する。例 水《みず》の中《なか》にすむ動物《どうぶつ》。
使い方 ❷は、かな書《が》きにすることが多《おお》い。
漢 ↓604ページ じゅう〔住〕

すむ【済む】 動詞 ❶終《お》わる。かたづく。例 宿題《しゅくだい》が全部《ぜんぶ》済んだ。❷安心《あんしん》する。満足《まんぞく》する。例 気《き》が済むまで遊《あそ》ぶ。❸間《ま》に合《あ》う。解決《かいけつ》する。例 用事《ようじ》は電話《でんわ》で済んだ。
漢 ↓510ページ さい〔済〕

すむ【澄む】 動詞 ❶にごりやくもりがない状態《じょうたい》である。例 川《かわ》の水《みず》が澄んでいる／澄んだひとみ。対 濁《にご》る。

四字熟語 諸行無常《しょぎょうむじょう》　この世《よ》のすべてのものは移《うつ》り変《か》わっていて、少《すこ》しの間《あいだ》もとどまっていないという

❷心《こころ》に迷《まよ》いがなく、清《きよ》らかである。例 澄んだ心《こころ》。対 濁《にご》る。❸音《おと》や色《いろ》がさえている。例 澄んだ笛《ふえ》の音《ね》。対 濁《にご》る。❹清音《せいおん》（＝「゛」や「゜」がつかない、かなで表《あらわ》される音《おと》）で発音《はつおん》する。対 濁《にご》る。

スムーズ（smooth）形容動詞 ものごとがすらすらと進《すす》むようす。スムース。例 事件《じけん》はスムーズに解決《かいけつ》した／会《かい》はスムーズに進行《しんこう》した。

すめばみやこ【住めば都】 ↓231ジペー ことわざ

ずめん【図面】 名詞 建物《たてもの》や機械《きかい》などの組《く》み立《た》てやつくり方《かた》を、図《ず》に表《あらわ》したもの。

すもう【相撲】 名詞 季語 秋 土俵《どひょう》の上《うえ》で二人《ふたり》がとりくみ、相手《あいて》をたおすか土俵《どひょう》の外《そと》におし出《だ》すかして勝《か》ちを争《あらそ》う競技《きょうぎ》。日本《にほん》の国技《こくぎ》。例 相撲をとる。

すもうとり【相撲取り】 名詞 すもうをとることを職業《しょくぎょう》にしている人《ひと》。力士《りきし》。

スモッグ（smog）名詞 工場《こうじょう》などから出《で》たけむりや排気《はいき》ガスが、空一面《そらいちめん》に広《ひろ》がり、濃《こ》いきりのようになったもの。公害《こうがい》の原因《げんいん》となる。

すもも 名詞 季語 夏 ばらのなかまの木《き》の一《ひと》つ。六《ろく》～七月《しちがつ》、赤《あか》むらさきや黄色《きいろ》のすっぱい実《み》がなる。

すもも

すやき【素焼き】 名詞 陶器《とうき》を、上薬《うわぐすり》をかけないで、低《ひく》い温度《おんど》で焼《や》くこと。また、そうして焼《や》いたもの。例 素焼きの植木鉢《うえきばち》。

すやすや［と］ 副詞 安《やす》らかに、よくねむっているようす。例 赤《あか》んぼうがすやすやとねむる。

すら 助詞（ほかのことばのあとにつけて）一《ひと》つの例《れい》を示《しめ》して、そのほかの場合《ばあい》を考《かんが》えさせるときに使《つか》うことば。…でも。…さえ。例 兄すら解《と》けなかった問題《もんだい》だ。

スラー（slur）名詞 楽譜《がくふ》で、音《おと》の高《たか》さのちがう二《ふた》つ以上《いじょう》の音符《おんぷ》の下《した》または上《うえ》につけて、なめらかに演奏《えんそう》することを表《あらわ》す記号《きごう》。

スラー

スライス（slice）名詞 動詞 ❶うすく切《き》ること。また、うすく切《き》ったもの。例 スライスしたチーズ。❷ゴルフなどで、右打《みぎう》ちの打者《だしゃ》の打《う》ったボールが右《みぎ》の方《ほう》に、左打《ひだりう》ちの打者《だしゃ》の打《う》ったボールが左《ひだり》の方《ほう》に、曲《ま》がって飛《と》ぶこと。❸テニスや卓球《たっきゅう》で、ボールの下側《したがわ》をけずるように打《う》ち、逆《ぎゃく》の回転《かいてん》をかけること。

スライダー（slider）名詞 野球《やきゅう》の変化球《へんかきゅう》の一《ひと》つ。ピッチャーが投《な》げたうでとは反対《はんたい》の方向《ほうこう》へ、水平《すいへい》にすべるように球《たま》が曲《ま》がる。

スライディング（sliding）名詞 動詞 ❶すべること。例 スライディングシュート。❷野球《やきゅう》で、走者《そうしゃ》がベースにすべりこむこと。

スライド（slide）❶名詞 フィルムに光《ひかり》を当《あ》て、スクリーンに映《うつ》す装置《そうち》。また、そのフィルム。❷名詞 動詞 すべること。例 スライド式《しき》の本棚《ほんだな》。

スライドガラス 名詞 顕微鏡《けんびきょう》で、見《み》ようとする物《もの》をのせるガラス板《いた》。ことば 英語《えいご》をもとに日本《にほん》で作《つく》られたことば。

スライム（slime）名詞 ぬるぬるした、ねばりのあるもの。子供《こども》のおもちゃとして使《つか》われる。

ずらす 動詞 ❶すべらせるようにして少《すこ》し動《うご》かす。❷位置《いち》や時間《じかん》などが重《かさ》ならないようにする。例 時間《じかん》をずらして出発《しゅっぱつ》する。

すらすら［と］ 副詞 ものごとがなめらかに進《すす》むようす。例 教科書《きょうかしょ》をすらすら読《よ》む。

スラックス（slacks）名詞「ズボン」のこと。

スラム（slum）名詞 都市《とし》の中《なか》で、貧《まず》しい人《ひと》たちが集《あつ》まって住《す》んでいるところ。例 スラム街《がい》。

すらり［と］ 副詞 ❶刀《かたな》などをすべるようにぬくようす。❷細《ほそ》くて格好《かっこう》がよいようす。例 すらりとした足《あし》。

ずらり［と］ 副詞 多《おお》くの人《ひと》や物《もの》が並《なら》ぶようす。例 びんがずらりと並《なら》んでいる。使い方 同《おな》じような物《もの》が並《なら》ぶときに使《つか》うことが多《おお》い。

スランプ（slump）名詞 勉強《べんきょう》や仕事《しごと》・スポーツなどで、ある時期《じき》調子《ちょうし》が悪《わる》くなること。

すり 名詞 人《ひと》が身《み》に着《つ》けている物《もの》やお金《かね》を、気《き》づかれないようにぬき取《と》ること。また、その人《ひと》。

すりあわせる【すり合わせる】 動詞 ❶二《ふた》つのものをこすり合《あ》わせる。例 手《て》のひら

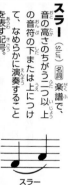

をすり合わせる。
❷案《あん》や意見《いけん》、予定《よてい》などを調整《ちょうせい》して、まとめる。例 各班《かくはん》から出《で》た意見《いけん》をすり合わせる。

スリーアール【3R】名詞 ごみを出《だ》さない社会《しゃかい》にするための三《みっ》つのとりくみ。英語《えいご》の「リデュース（＝捨《す》てるごみを減《へ》らす）」「リユース（＝くり返《かえ》し使《つか》う）」「リサイクル（＝別《べつ》のものにつくりかえて使《つか》う）」の頭文字《かしらもじ》をとったもの。

すりえ【すり餌】名詞 野菜《やさい》や米《こめ》ぬかなどをすりつぶした、小鳥《ことり》にあたえるえさ。

すりかえる【すり替える】動詞 人《ひと》にわからないように、こっそりととりかえる。例 本物《ほんもの》をにせ物《もの》にすり替える。

すりガラス 名詞 表面《ひょうめん》をかたい砂《すな》でこするなどして、すき通《とお》らないようにしたガラス。くもりガラス。

すりきず【擦り傷】名詞 すりむいてできた傷《きず》。

すりきり【すり切り】名詞 粉《こな》やつぶになったものをスプーンなどに入《い》れたときに、表面《ひょうめん》を平《たい》らにすること。例 すり切り一杯《いっぱい》の塩《しお》。

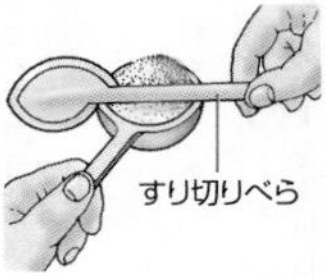

すりきり

すりきりべら【すり切りべら】名詞 計量《けいりょう》スプーンや計量《けいりょう》カップに粉《こな》などを入《い》れたときに、表面《ひょうめん》を平《たい》らにするための、へら。図⇓

すりきれる【擦り切れる】動詞 こすれて切《き》れる。例 そで口《ぐち》が擦り切れる。

すりこぎ 名詞 すりばちの中《なか》で食《た》べ物《もの》をすりつぶすのに使《つか》う木《き》の棒《ぼう》。参考 さんしょうの木《き》で作《つく》ったものがよいとされる。図⇓701ジベーすりばち

スリット（slit）名詞 さけ目《め》。すきま。

スリッパ（slipper）名詞 建物《たてもの》や部屋《へや》の中《なか》で足《あし》につっかけてはくはきもの。

スリップ（slip）
❶名詞 動詞 すべること。とくに、車《くるま》のタイヤが横《よこ》すべりすること。例 雪《ゆき》でスリップする。
❷名詞 かたからひもでつるす、女《おんな》の人《ひと》の下着《したぎ》。

すりつぶす【すり潰す】動詞 すって、つぶす。すって形《かたち》をなくす。例 ゆでたあずきをすり潰す。

すりぬける【すり抜ける】動詞 たくさんの人《ひと》の間《あいだ》やせまいところを、ぶつからないようにうまく通《とお》りぬける。例 人混《ひとご》みの中《なか》をすり抜ける。

すりばち【すり鉢】名詞 すりこぎで食《た》べ物《もの》をすりつぶすのに使《つか》うはち。内《うち》側《がわ》に細《こま》かい刻《きざ》み目《め》がある。

すりばち

すりへらす【すり減らす】動詞
❶こすりつけて小《ちい》さくする。例 くつのかかとをすり減らして歩《ある》き回《まわ》る。
❷心《こころ》や体《からだ》を長《なが》い間《あいだ》集中《しゅうちゅう》して使《つか》って、ひどくつかれさせる。例 やっかいな仕事に、神経をすり減らした。

すりみ【すり身】名詞 魚《さかな》の身《み》をすりつぶしたもの。

スリム（slim）形容動詞 ほっそりしているようす。例 スリムな体型《たいけい》。

すりむく【擦りむく】動詞 地面《じめん》などにこすって、皮膚《ひふ》を傷《きず》つける。例 ひざを擦りむく。

すりもの【刷り物】名詞 印刷《いんさつ》したもの。

すりよる【擦り寄る】動詞
❶体《からだ》がふれるほどに近《ちか》くよる。例 犬《いぬ》がしっぽをふって擦り寄ってきた。
❷ひざで、ゆかをするようにして近寄《ちかよ》る。

スリラー（thriller）名詞 ぞっとするようなスリルをあたえる小説《しょうせつ》や映画《えいが》。

スリランカ ⇓701ジベースリランカみんしゅしゃかいしゅぎきょうわこく

スリランカみんしゅしゃかいしゅぎきょうわこく【スリランカ民主社会主義共和国】名詞 インド洋《よう》のセイロン島《とう》にある国《くに》。首都《しゅと》はスリジャヤワルダナプラコッテ。「スリランカ」ともいう。

(国旗《こっき》)

スリル（thrill）名詞 こわかったりひやひやしたりして、ぞっとする感《かん》じ。例 スリル満点《まんてん》の映画《えいが》。

する 動詞 人《ひと》が身《み》に着《つ》けているお金《かね》や持《も》ち物《もの》を、こっそりぬき取《と》る。例 財布《さいふ》をすられた。ことば

四字熟語　私利私欲《しりしよく》　自分《じぶん》だけの利益《りえき》や満足《まんぞく》のこと。自分《じぶん》だけ得《とく》をすればいいという気持《きも》ちのこと。

漢字《かんじ》では「掏る」と書《か》く。

する 動詞

❶こすって細《こま》かくだく。すりつぶす。例 すりばちでごまをする。

❷お金《かね》などをすっかりつかってしまう。

使い方 ❷は、くだけた言《い》い方《かた》。

する 動詞

❶行《おこな》う。例 勉強《べんきょう》をする／料理《りょうり》をする。

❷ある状態《じょうたい》になる。例 病気《びょうき》をする。

❸あるものにならせる。例 あの人《ひと》を委員長《いいんちょう》にしよう。

❹感《かん》じられる。例 音《おと》がする／においがする。

❺値打《ねう》ちがある。例 この服《ふく》は一万円《いちまんえん》もする。

❻思《おも》う。例 遠足《えんそく》の日《ひ》を楽《たの》しみにする。

❼時間《じかん》がたつ。例 三十分《さんじっぷん》すると授業《じゅぎょう》が始《はじ》まる。

❽身《み》に着《つ》ける。例 包帯《ほうたい》をする／腕時計《うでどけい》をする。

❾(「…にする」の形《かたち》で）そう決《き》める。例 昼食《ちゅうしょく》はラーメンにする。

使い方 尊敬《そんけい》した言《い》い方《かた》は「なさる」「される」、へりくだった言《い》い方《かた》は「いたす」。ことば 漢字《かんじ》では「為る」と書《か》く。

する【刷る】 動詞 インクなどを使《つか》って、字《じ》や絵《え》を紙《かみ》に写《うつ》し出《だ》す。印刷《いんさつ》する。例 版画《はんが》を刷る。

漢 ⇒532ジペー さつ〔刷〕

する【擦る】 動詞 物《もの》と物《もの》とを強《つよ》くこすり合《あ》わせる。例 マッチを擦る／すみを擦る。

ずるい 形容詞 自分《じぶん》が得《とく》するように、ごまかしたり人《ひと》をだしぬいたりするようす。例 自分《じぶん》だけ先《さき》に行《い》くなんてずるい。

するが【駿河】 名詞 昔《むかし》の国《くに》の名《な》の一《ひと》つ。今《いま》の静岡県《しずおかけん》の中央部《ちゅうおうぶ》に当《あ》たる。

ずるがしこい【ずる賢い】 形容詞 ずるいことに頭《あたま》がはたらくようす。悪知恵《わるぢえ》がはたらくようす。例 ずる賢いやり方《かた》。

するがわん【駿河湾】 名詞 静岡県東部《しずおかけんとうぶ》、伊《い》豆半島《ずはんとう》と御前崎《おまえざき》の間《あいだ》の海域《かいいき》。沿岸《えんがん》には沼津《ぬまづ》・清《し》水《みず》・焼津《やいづ》などの港《みなと》があり、漁業《ぎょぎょう》がさかん。

するする［と］ 副詞 すべるようになめらかに動《うご》いたり、進《すす》んだりするようす。例 するすると木《き》に登《のぼ》る。

ずるずる［と］ 副詞

❶物《もの》を引《ひ》きずっていくようす。例 重《おも》い荷物《にもつ》をずるずると引《ひ》きずる。

❷しまりがなく長引《ながび》くようす。例 返事《へんじ》をずるずると延《の》ばす。

❸少《すこ》しずつすべり落《お》ちるようす。例 ずるずると坂《さか》をすべり落《お》ちる。

すると 接続詞

❶そうすると。例 きりが晴《は》れた。すると山《やま》のすがたがくっきりと見《み》えてきた。

❷それでは。例 なるほど、するときみは知《し》らなかったんだね。

するどい【鋭い】 形容詞

❶先《さき》が細《ほそ》くとがっていて、ささる感《かん》じである。例 ばらの鋭いとげ。

❷よく切《き》れる。例 鋭い刃物《はもの》。対 鈍《にぶ》い。

❸勢《いきお》いが激《はげ》しく、おそろしい感《かん》じがする。例 鋭い目《め》つき。

❹感《かん》じ方《かた》がすぐれている。例 感覚《かんかく》が鋭い／鋭い意見《いけん》。対 鈍《にぶ》い。

するめ 名詞 いかを干《ほ》した食《た》べ物《もの》。はらわたをとり除《のぞ》いて切《き》り開《ひら》き、干《ほ》してつくる。

するりと 副詞 動《うご》き方《かた》などが、すべるようになめらかなようす。例 門《もん》をするりと通《とお》りぬける。

ずれ 名詞

❶正《ただ》しい位置《いち》から少《すこ》し外《はず》れていること。ずれること。例 机《つくえ》のずれを正《ただ》す。

❷二《ふた》つのものが重《かさ》なり合《あ》わないこと。食《く》いちがうこと。例 二人《ふたり》の意見《いけん》にはずれがある。

すれすれ 形容動詞

❶もう少《すこ》しでふれるくらいに近《ちか》づくようす。例 鳥《とり》が水面《すいめん》すれすれに飛《と》んでいる。

❷ある限度《げんど》を、もう少《すこ》しでこえそうになるようす。ぎりぎり。例 集合時間《しゅうごうじかん》すれすれに着《つ》いた。

すれちがう【擦れ違う】 動詞

❶たがいに近《ちか》くを通《とお》りすぎて、反対《はんたい》の方向《ほうこう》へ行《い》く。例 バス同士《どうし》が擦れ違う。

❷出会《であ》うはずの人《ひと》と会《あ》えないでいる。例 あの人《ひと》とは最近《さいきん》擦れ違ってばかりだ。

すれっからし【擦れっ枯らし】 名詞 いろいろな苦労《くろう》などを経験《けいけん》して、悪《わる》がしこくなっていること。また、その人《ひと》。

すれる【擦れる】 動詞

❶物《もの》と物《もの》とがふれ合《あ》う。例 木《き》の葉《は》が擦れる。

❷こすれて、いたむ。例 そで口《ぐち》が擦れてきた。

❸世《よ》の中《なか》になれて悪《わる》がしこくなる。例 都会暮《とかいぐ》らしで擦れてしまった。

めちゃくちゃであるようす。

使い方 ❸は、くだけた言《い》い方《かた》。

ずれる 動詞 ❶正《ただ》しい位置《いち》から少《すこ》し外《はず》れる。例 めがねがずれる／印刷《いんさつ》がずれる。❷目安《めやす》となるところから外《はず》れる。例 歌《うた》い始《はじ》めのタイミングがずれる。

スローガン (slogan) 名詞 ある団体《だんたい》のうったえたいことを言《い》い表《あらわ》した短《みじか》いことば。

スロープ (slope) 名詞 土地《とち》がななめにかたむいたところ。坂《さか》。参考 通行《つうこう》しやすいように、段《だん》差《さ》のあるところに人《ひと》がつくったものもいう。

スローフード (slow food) 名詞 食生活《しょくせいかつ》を見《み》直《なお》そうという運動《うんどう》。昔《むかし》からその地方《ちほう》で食《た》べられてきた食材《しょくざい》や料理《りょうり》を受《う》けつぎ、質《しつ》のよい食品《しょくひん》を作《つく》る人々《ひとびと》を守《まも》り、食《しょく》に関《かん》する教育《きょういく》をすすめようと提案《ていあん》する。ことば「ファーストフード」に対《たい》していうことば。

スローモーション (slow motion) 名詞 ❶映像《えいぞう》の動《うご》きを、実際《じっさい》よりゆっくり見《み》せること。❷ゆっくりした動作《どうさ》。

すわり【座り】 名詞 落《お》ち着《つ》き具合《ぐあい》。安定《あんてい》の具《ぐ》合《あい》。例 座りのよい湯《ゆ》のみ。

すわりごこち【座り心地】 名詞 すわってみたときに受《う》ける感《かん》じ。例 座り心地のよいいす。

すわりこむ【座り込む】 動詞 ❶中《なか》に入《はい》りこんですわる。例 居間《いま》に座り込む。❷すわったまま動《うご》かない。例 歩《ある》きつかれて道《みち》に座り込んでしまった。

すわる【座る】 動詞 ❶ひざを折《お》り曲《ま》げてこしを下《お》ろす。席に着く。例 ソファーに座る／案内《あんない》された席《せき》に座る。❷ある地位《ちい》や役目《やくめ》につく。例 社長《しゃちょう》のいすに座る。
漢 ➡509ページ《ジ》ざ〔座〕

すわる【据わる】 動詞 じっとして動《うご》かない。落《お》ち着《つ》いている。例 赤《あか》んぼうの首《くび》が据わる／腹《はら》が据わる（＝落《お》ち着《つ》いていて度胸《どきょう》がある）。

スワン (swan) 名詞 「白鳥《はくちょう》」のこと。

漢 **すん【寸】** 〔寸《すん》〕 3画 6年 音 スン 訓

一　寸《はねる》　寸

❶昔《むかし》、日本《にほん》で使《つか》われていた、長《なが》さの単位《たんい》。一《いっ》寸《すん》は約三《やくさん》センチメートル。❷わずか。すこし。
例 寸暇《すんか》／寸志《すんし》／寸前《すんぜん》／寸分《すんぶん》。

すんか【寸暇】 名詞 ほんの少《すこ》しのひま。
● **寸暇《すんか》を惜《お》しむ** ほんの少《すこ》しの時間《じかん》も大切《たいせつ》にして、むだにしない。例 寸暇を惜しんで試験勉《しけんべん》強《きょう》をする。

ずんぐり 副詞 動詞 太《ふと》くて短《みじか》いようす。太《ふと》って背丈《せたけ》の低《ひく》いようす。例 ずんぐりした体《からだ》。

すんけい【寸景】 名詞 小《ちい》さな風景《ふうけい》。ちょっとした場面《ばめん》。

すんげき【寸劇】 名詞 短《みじか》く、軽《かる》い内容《ないよう》の劇《げき》。

すんし【寸志】 名詞 自分《じぶん》の気持《きも》ちを表《あらわ》す、わずかな品物《しなもの》やお金《かね》。例 寸志ですがお受《う》けとりください。使い方 へりくだった言《い》い方《かた》。

ずんずん[と] 副詞 人《ひと》が、勢《いきお》いよく速《はや》く進《すす》むようす。また、ものごとが速《はや》く進《すす》んだり変化《へんか》したりするようす。例 ずんずんと歩く／木の芽がずんずんのびる。類 どんどん[と]。

すんぜん【寸前】 名詞 ほんの少《すこ》し前《まえ》。直前《ちょくぜん》。例 ゴール寸前で追《お》いぬいた。

すんだん【寸断】 名詞 動詞 細《こま》かく切《き》ること。ずたずたに切《き》ること。例 土砂《どしゃ》くずれで、道路《どうろ》が寸断されている。

すんてつひとをさす【寸鉄人を刺す】 短《みじか》いが人《ひと》の心《こころ》を激《はげ》しく動《うご》かすことばを言《い》って、相手《あいて》の急所《きゅうしょ》をつく。「寸鉄人《すんてつひと》を殺《ころ》す」ともいう。

すんでのこと もう少《すこ》しのところで。あやうく。すんでのところ。例 すんでのことで車《くるま》にひかれるところだった。

すんでのところ ➡703ページ《ジ》すんでのこと

すんなり[と] 副詞 動詞 ❶細《ほそ》くて格好《かっこう》よくのびているようす。ほっそり。例 すんなりした指《ゆび》。❷あっさり。手間《てま》取《ど》らずに。例 話《はな》し合《あ》いはすんなりまとまった。

すんびょう【寸秒】 名詞 ほんのわずかな時《じ》間《かん》。例 寸秒を争《あらそ》う（＝ほんのわずかな時間《じかん》もむだにはできない）。

すんぶん【寸分】 名詞 副詞 ほんの少《すこ》し。わずか。例 この時計《とけい》は寸分のくるいもない。使い方 あとに「ない」などのことばがくる。

すんぽう【寸法】 名詞 ❶物《もの》の長《なが》さ。例 洋服《ようふく》の寸法を測《はか》る。類 サイズ。❷ものごとをする手順《てじゅん》。段《だん》どり。例 役割《やくわり》を決《き》めてから始《はじ》めようという寸法だ。

四字熟語 支離滅裂《しりめつれつ》 「支離《しり》」も「滅裂《めつれつ》」も、ばらばらになることで、ものごとのまとまりも筋道《すじみち》もなく、

せ

セ
ぜ ぜ

下《した》の 手話にチャレンジ を見《み》よう。

せ【世】㊥ ⇩704ジペー せい〔世〕

せ【背】 名詞 ❶背中《せなか》。例 馬《うま》の背にまたがる／おふろで父《ちち》の背を流《なが》す。図 ⇩287ジペー からだ ❷後《うし》ろ。例 海《うみ》を背にして立《た》つ。❸身長《しんちょう》。せい。例 背がのびる。❹山《やま》の尾根《おね》。例 山《やま》の背を歩《ある》く。❺本《ほん》の、全《ぜん》ページをとじた部分《ぶぶん》の外側《そとがわ》の面《めん》。書《しょ》名《めい》や作者名《さくしゃめい》などが書《か》かれた部分《ぶぶん》。関連 小口《こぐち》。地《ち》。天《てん》。のど。

㊥ ⇩1037ジペー はい〔背〕

● **背《せ》に腹《はら》はかえられない** ⇩235ジペー ことわざ

● **背《せ》を向《む》ける** ❶後《うし》ろを向《む》く。例 太陽《たいよう》に背を向けて立《た》つ。❷逆《さか》らう。または、知《し》らんぷりする。例 世《よ》の中《なか》に背を向けて暮《く》らす。

せ【畝】 名詞 昔《むかし》、日本《にほん》で使《つか》われていた、田《た》や畑《はたけ》などの広《ひろ》さを表《あらわ》す単位《たんい》。一畝《いっせ》は一反《いったん》の十分《じゅうぶん》の一《いち》で、約百平方《やくひゃくへいほう》メートル。

せ【瀬】 名詞 ❶川《かわ》の浅《あさ》いところ。例 浅瀬《あさせ》。対 ふち。❷川《かわ》の流《なが》れの速《はや》いところ。例 ふねで瀬を下《くだ》る。❸立場《たちば》。例 立《た》つ瀬がない。❹場合《ばあい》。機会《きかい》。例 またの会《あ》う瀬を楽《たの》しみに。

ぜあみ【世阿弥】 名詞 （一三六三?～一四四三?）室町時代《むろまちじだい》の能役者《のうやくしゃ》、能《のう》の作者《さくしゃ》。父《ちち》の観阿弥《かんあみ》とともに、能《のう》をつくり上《あ》げた。「風姿花伝《ふうしかでん》」という能《のう》の芸術論《げいじゅつろん》を書《か》いた。

せい 名詞 それがあるできごとの原因《げんいん》であることを表《あらわ》すことば。ため。例 遅刻《ちこく》したのは、バスがおくれたせいだ。使い方 よくないできごとについて使《つか》うことが多《おお》い。

せい【井】㊥ ⇩65ジペー い〔井〕

㊥ **せい【世】**〔一《いち》〕 5画 3年 音 セイ・セ 訓 よ

一（とめる） 十 廿 廿 世

❶よのなか。例 世界《せかい》／世間《せけん》／世論《せろん》／世渡《よわた》り。❷時代《じだい》。例 世紀《せいき》／世代《せだい》／後世《こうせい》／中世《ちゅうせい》／乱世《らんせい》。❸人《ひと》の一代《いちだい》。例 ナポレオン三世《さんせい》／日系二世《にっけいにせい》。

せい【正】 名詞 ❶算数《さんすう》で、ある数《かず》がゼロより大《おお》きいこと。プラス。例 正の数《すう》。対 負《ふ》。❷正式《せいしき》のもの。主《しゅ》となるもの。例 正と副《ふく》の二通《につう》の書類《しょるい》。対 副《ふく》。

㊥ **せい【正】**〔止《とめる》〕 5画 1年 音 セイ・ショウ 訓 ただしい・ただす・まさ

一 T F F（みじかく） 正

❶ただしい。例 正直《しょうじき》／正解《せいかい》／正確《せいかく》／正義《せいぎ》／公正《こうせい》。対 誤《ご》。❷ただしくする。ただす。例 改正《かいせい》／修正《しゅうせい》／訂正《ていせい》。❸ちょうど。まさに。例 正午《しょうご》／正反対《せいはんたい》／正方形《せいほうけい》。❹おもなもの。本来《ほんらい》のもの。例 正式《せいしき》／正門《せいもん》。対 副《ふく》。❺ゼロより大《おお》きい数《かず》。プラス。例 正数《せいすう》。対 負《ふ》。❻一月《いちがつ》のこと。例 正月《しょうがつ》。

㊥ **せい【生】**〔生《うまれる》〕 5画 1年 音 セイ・ショウ 訓 いきる・いかす・いける・うまれる・うむ・おう・はえる・はやす・き・なま

ノ 𠂉 仁 牛 生（下をながく）

❶いきる。いきている。例 生活《せいかつ》／生死《せいし》／生息《せいそく》／生物《せいぶつ》／生命《せいめい》／一生《いっしょう》／往生《おうじょう》／長生《ながい》き／野生《やせい》。対 死《し》。❷うまれる。うむ。はえる。例 生《お》い茂《しげ》る／生産《せいさん》／誕生《たんじょう》／発生《はっせい》／早生《はやう》まれ／芽生《めば》え。❸いきている間《あいだ》。例 生涯《しょうがい》／終生《しゅうせい》／人生《じんせい》。❹勉《べん》

ガッテン外国語教室

姓《せい》・名《めい》？ それとも名《めい》・姓《せい》？

日本人《にほんじん》の名前《なまえ》をローマ字《じ》で表《あらわ》すときは「Taro Yamada」と「名《めい》・姓《せい》（＝名字《みょうじ》）」の順《じゅん》にするだろうか。それとも「Yamada Taro」のように「姓《せい》・名《めい》」にするほうがいいだろうか。日本《にほん》では、漢字《かんじ》などで名前《なまえ》を書《か》くときは「姓《せい》・名《めい》」、ローマ字《じ》のときは「名《めい》・姓《せい》」が多《おお》いね。でも、中国《ちゅうごく》ではローマ字《じ》で書《か》くときも「姓《せい》・名《めい》」だ。ハングルなどを使《つか》う韓国《かんこく》も同《おな》じ「姓《せい》・名《めい》」の順《じゅん》に書《か》くんだよ。国《くに》によってちがいがあるんだね。

ながら、右《みぎ》に動《うご》かす。成績《せいせき》を折《お》れ線《せん》グラフで表《あらわ》したときの線《せん》のようすだよ。

類＝意味《いみ》のよく似《に》たことば　対＝反対《はんたい》の意味《いみ》のことばや対《つい》になることば

強をしている人。例 生徒／学生／書生。❺まだ新《あたら》しい。例 生糸《きいと》／生鮮《せいせん》／生卵《なまたまご》／生水《なまみず》。❺な

漢 **せい【成】**〔戈〕ほこづくり 6画 4年 音 セイ・ジョウ 訓 なる・なす

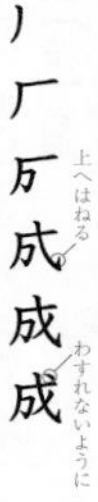

❶できあがる。なる。例 成果《せいか》／成功《せいこう》／成立《せいりつ》／成就《じょうじゅ》／成仏《じょうぶつ》／成《な》り立《た》つ／完成《かんせい》／作成《さくせい》／達成《たっせい》／名《な》を成《な》す。❷そだつ。そだてる。例 成熟《せいじゅく》／成《せい》人《じん》／成虫《せいちゅう》／成長《せいちょう》／成年《せいねん》。

漢 **せい【西】**〔西〕にし 6画 2年 音 セイ・サイ 訓 にし

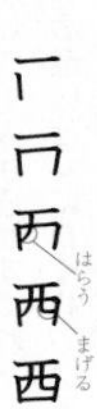

❶にし。例 西経《せいけい》／西部《せいぶ》／西方《せいほう》／西風《にしかぜ》／関西《かんさい》／東西《とうざい》／南西《なんせい》。対 東《とう》。❷ヨーロッパのこと。例 西欧《せいおう》／西洋《せいよう》／西暦《せいれき》。

漢 **せい【声】**〔士〕さむらい 7画 2年 音 セイ・ショウ 訓 こえ・こわ

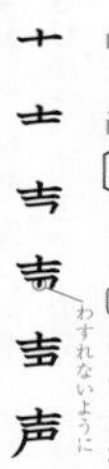

❶こえ。例 声色《こわいろ》／声楽《せいがく》／声帯《せいたい》／声量《せいりょう》／歌声《うたごえ》／音声《おんせい》／歓声《かんせい》／発声《はっせい》。❷のべる。こえを出《だ》す。例 声《せい》援《えん》／声明《せいめい》。❸うわさ。ひょうばん。例 声望《ぼう》／名声《めいせい》。

漢 **せい【制】**〔刂〕りっとう 8画 5年 音 セイ

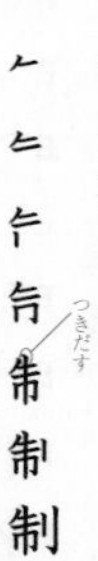

❶きまりやものをつくる。ととのえる。例 制作《さく》／制定《せいてい》／制度《せいど》／制服《せいふく》／規制《きせい》／六三制《ろくさんせい》。❷おさえつける。例 制限《せいげん》／制止《せいし》／制約《せいやく》／強制《きょうせい》。

せい【姓】 名詞 名字《みょうじ》。人《ひと》の名前《なまえ》で、家《いえ》を表《あらわ》す部《ぶ》分《ん》。例 姓は山田《やまだ》、名《な》は太郎《たろう》と申《もう》します。⇩

せい【性】 名詞 704ジペー 外国語教室

❶生《う》まれつきの性質《せいしつ》。たち。例 人《ひと》の性は善《ぜん》だ。❷男女《だんじょ》の区別《くべつ》。また、おすとめすの区別《くべつ》。例 性のちがい。

漢 **せい【性】**〔忄〕りっしんべん 8画 5年 音 セイ・ショウ

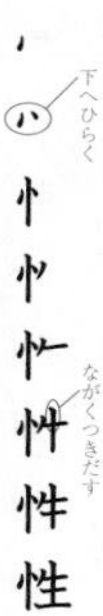

❶うまれつき。例 性分《しょうぶん》／性格《せいかく》／個性《こせい》／本性《ほんしょう》。❷ものごとの性質《せいしつ》・傾向《けいこう》。例 性能《せいのう》／急性《きゅうせい》／酸《さん》性《せい》。❸男《おとこ》と女《おんな》、おすとめすの区別《くべつ》。例 性別《せいべつ》／異性《いせい》／女性《じょせい》／男性《だんせい》。

漢 **せい【青】**〔青〕あお 8画 1年 音 セイ・ショウ 訓 あお・あおい

❶あおい。例 青写真《あおじゃしん》／青空《あおぞら》／青銅《せいどう》／群青《ぐんじょう》／緑《ろく》青《しょう》。❷年《とし》がわかい。例 青二才《あおにさい》／青春《せいしゅん》／青年《せいねん》。

漢 **せい【政】**〔攵〕のぶん 9画 5年 音 セイ・ショウ 訓 まつりごと

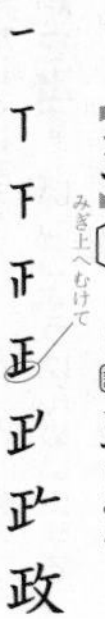

❶国《くに》をおさめる。まつりごと。例 政策《せいさく》／政治《せいじ》／政党／政府／行政／国政／摂政／善政。❷ものごとをととのえる。例 家政婦《かせいふ》／財政《ざいせい》。

漢 **せい【星】**〔日〕ひ 9画 2年 音 セイ・ショウ 訓 ほし

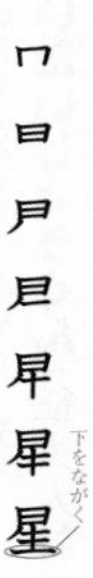

❶ほし。例 星雲《せいうん》／星座《せいざ》／星空《ほしぞら》／衛星《えいせい》／明星《みょうじょう》／惑星《わくせい》。❷めあて。ねらい。例 図星《ずぼし》／目星《めぼし》。

せい【背】 名詞 身長《しんちょう》。背丈《せたけ》。せ。例 背比《くら》べ。

漢 ⇩1037ジペー はい〔背〕

漢 **せい【省】**〔目〕め 9画 4年 音 セイ・ショウ 訓 かえりみる・はぶく

❶自分《じぶん》でよく考《かんが》える。かえりみる。例 内省《ないせい》／反省《はんせい》。❷みまう。ぶじかどうかたずねる。例 帰省《きせい》。❸はぶく。例 省略《しょうりゃく》。❹国《くに》の仕事《しごと》をする役所《やくしょ》。例 外務省《がいむしょう》。

せい【情】 漢 ⇩631ジペー じょう〔情〕

漢 **せい【清】**〔氵〕さんずい 11画 4年 音 セイ・ショウ 訓 きよい・きよまる・きよめる

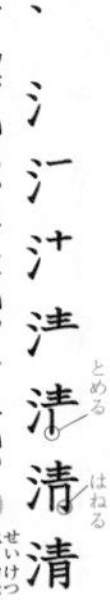

❶すんでいる。きよい。きれい。例 清潔《せいけつ》／清《せい》純《じゅん》／清書《せいしょ》／清浄《せいじょう》／清流《せいりゅう》。❷きれいに整理《せいり》する。例 清算《せいさん》／清掃《せいそう》。

せい【盛】 漢 ⇩1326ジペー も-る〔盛〕

漢 **せい【晴】**〔日〕ひへん 12画 2年 音 セイ 訓 はれる・はらす

手話にチャレンジ　**成績《せいせき》**　両手《りょうて》の人《ひと》さし指《ゆび》を、指先《ゆびさき》を上《うえ》に向《む》けて並《なら》べる。右手《みぎて》の人《ひと》さし指《ゆび》をジグザグに上下《じょうげ》させ

日 日 日一 日十 日丰 晴 晴 晴（とめる）（はねる）

はれ。はれる。例 晴雨《せいう》／晴耕雨読《せいこううどく》／晴天《せいてん》／快晴《かいせい》／気晴《きば》らし／日本晴《にほんば》れ。

漢 **せい【勢】**〔力《ちから》〕13画 5年 訓音 セイ いきおい

土 夫 坴 坴丸 埶 埶 勢 勢（大きくならないように）

❶いきおい。例 勢力《せいりょく》／気勢《きせい》／優勢《ゆうせい》。❷ようす。なりゆき。例 運勢《うんせい》／姿勢《しせい》／情勢《じょうせい》／地勢《ちせい》。❸多《おお》くの人《ひと》の集《あつ》まり。例 大勢《おおぜい》／軍勢《ぐんぜい》／多勢《たぜい》。

漢 **せい【聖】**〔耳《みみ》〕13画 6年 訓音 セイ ひじり

一 丅 F 耳 耳口 耳口 聖 聖（よこぼうつきださない）

❶かしこく人《ひと》がらがすぐれた人《ひと》。例 聖人《せいじん》。❷一《ひと》つの道《みち》にとくにすぐれている人《ひと》。例 楽聖《がくせい》。❸きよい。とうとい。例 聖火《せいか》／聖書《せいしょ》／聖地《せいち》／聖夜《せいや》／神聖《しんせい》。

漢 **せい【誠】**〔言《ごんべん》〕13画 6年 訓音 セイ まこと

言 言 訁 訂 訢 誠 誠 誠（はねる）（わすれないように）

まこと。まごころ。例 誠意《せいい》／誠実《せいじつ》／忠誠《ちゅうせい》。

せい【精】 名詞 ❶自然《しぜん》の木《き》や水《みず》などに宿《やど》るというたましい。例 森《もり》の精。❷体力《たいりょく》や気力《きりょく》などの元気《げんき》のもと。例 精をつける。

● **精《せい》も根《こん》も尽《つ》きる** 元気《げんき》も力《ちから》も、すっかり使《つか》い果《は》たしてしまう。

● **精《せい》を出《だ》す** いっしょうけんめいにやる。例 部屋《へや》の掃除《そうじ》に精を出す。

漢 **せい【精】**〔米《こめへん》〕14画 5年 訓音 セイ・ショウ くわ-しい

丷 半 米 米一 米十 粘 精 精（とめる）（はねる）

❶混《ま》じり気《け》がない。例 精製《せいせい》／精米《せいまい》。❷すぐれたもの。よりすぐったもの。例 精鋭《せいえい》。❸こころ。たましい。例 精進《しょうじん》／精神《せいしん》。❹こまかい。くわしい。例 精巧《せいこう》／精読《せいどく》／精密《せいみつ》。❺元気《げんき》のもと。例 精力《せいりょく》。

漢 **せい【製】**〔衣《ころも》〕14画 5年 訓音 セイ

㇐ 告 制 制 制 製 製 製（下をながく）（はねる）

つくる。つくったもの。例 製材《せいざい》／製作《せいさく》／製糸《せいし》／製造《せいぞう》／製鉄《せいてつ》／製品《せいひん》／官製《かんせい》／特製《とくせい》。

漢 **せい【静】**〔青《あお》〕14画 4年 訓音 セイ・ジョウ しず・しずか・しずまる・しずめる

十 主 青 青 青 静 静 静（つきだす）

しずか。じっとして動《うご》かない。例 静止《せいし》／静物画《せいぶつが》／静養《せいよう》／安静《あんせい》／沈静《ちんせい》／平静《へいせい》／冷静《れいせい》。対 動《どう》。

漢 **せい【整】**〔攵《のぶん》〕16画 3年 訓音 セイ ととのえる・ととのう

一 ㇐ 束 束 敕 敕 整 整（欠としない）

ただしくそろえる。ととのえる。例 整数《せいすう》／整地《せいち》／整備《せいび》／整理《せいり》／整列《せいれつ》／均整《きんせい》／調整《ちょうせい》。

ぜい【税】 名詞 国《くに》や都道府県《とどうふけん》・市町村《しちょうそん》などが仕事《しごと》をするため、人々《ひとびと》から集《あつ》めるお金《かね》。税金《ぜいきん》。

漢 **ぜい【税】**〔禾《のぎへん》〕12画 5年 訓音 ゼイ

㇒ 二 禾 禾 税 税 税 税（みぎから）（とめる）（上へはねる）

ぜいきん。国《くに》などがとり立《た》てるおかね。例 税関《ぜいかん》／税金《ぜいきん》／税務署《ぜいむしょ》／税率《ぜいりつ》／課税《かぜい》／関税《かんぜい》／重税《じゅうぜい》／消費税《しょうひぜい》／納税《のうぜい》。

ぜい【説】 漢 ➡724ページ・せつ〔説〕

せいあつ【制圧】 名詞 動詞 力《ちから》で相手《あいて》を負《ま》かし、おさえつけること。例 武力《ぶりょく》で制圧する。

せいい【誠意】 名詞 心《こころ》をこめてまじめにものごとに当《あ》たる気持《きも》ち。例 誠意ある態度《たいど》。

せいいき【声域】 名詞 ある人《ひと》が出《だ》すことができる、声《こえ》の高《たか》い低《ひく》いの範囲《はんい》。

せいいく【生育】 名詞 動詞 生《う》まれ育《そだ》つこと。とくに、植物《しょくぶつ》が育《そだ》つこと。また、生《う》まれたものを育《そだ》てること。例 いねが生育《せいいく》する。類 生長《せいちょう》。

せいいく【成育】 名詞 動詞 育《そだ》って大《おお》きくなること。とくに、人《ひと》や動物《どうぶつ》が育《そだ》つこと。例 ひよこの成育を記録《きろく》する。類 成長《せいちょう》。発育《はついく》。

せいいたいしょうぐん【征夷大将軍】 名詞 ❶奈良《なら》・平安時代《へいあんじだい》、東北地方《とうほくちほう》に住《す》むえぞを討《う》つように命令《めいれい》された総大将《そうだいしょう》の役名《やくめい》。❷鎌倉幕府《かまくらばくふ》以後《いご》、幕府《ばくふ》の最高《さいこう》の位《くらい》のこと。将《しょう》

にして気持《きも》ちがまったく変《か》わること。心《こころ》をすっかり入《い》れかえること。

軍《くん》。

せいいっぱい【精いっぱい】 副詞 できる限《かぎ》り。いっしょうけんめい。例 精いっぱい速《はや》く走《はし》る。

せいう【晴雨】 名詞 晴《は》れと雨《あめ》。例 明日《あす》の遠足《えんそく》は、晴雨にかかわらず決行《けっこう》します。

せいうけい【晴雨計】 名詞 「気圧計《きあつけい》」の古《ふる》い呼《よ》び方《かた》。ことば 気圧《きあつ》と天気《てんき》が深《ふか》く関係《かんけい》することからついた名《な》まえ。

せいうん【星雲】 名詞 宇宙空間《うちゅうくうかん》にガスやちりがたくさん集《あつ》まって、うすい雲《くも》のように見《み》えるもの。例 オリオン星雲。

せいうんのこころざし【青雲の志】 故事成語 出世《しゅっせ》し、高《たか》い地位《ちい》につきたいと望《のぞ》む心《こころ》。例 青雲の志をいだいて海外《かいがい》に出《で》る。

せいえい【精鋭】 名詞 勢《いきお》いがさかんで、力《ちから》がすぐれていること。また、その人《ひと》。

せいえき【精液】 名詞 動物《どうぶつ》のおすの性器《せいき》から出《で》る、精子《せいし》をふくんだ液体《えきたい》。

せいえん【声援】 名詞 動詞 声《こえ》を出《だ》して応援《おうえん》すること。例 味方《みかた》の声援にはげまされる。

せいえん【製塩】 名詞 動詞 塩《しお》をつくること。

せいおう【西欧】 名詞 ❶ヨーロッパ。西洋《せいよう》。❷ヨーロッパの中《なか》で、西《にし》の方《ほう》にある国々《くにぐに》。フランス・イギリス・ドイツなど。対 東欧《とうおう》。

せいおん【清音】 名詞 濁点《だくてん》「゛」、半濁点《はんだくてん》「゜」がつかない、かなで表《あらわ》される音《おん》。「ガギグゲゴ」に対《たい》する「カキクケコ」など。関連 濁音《だくおん》。半濁《はんだく》音《おん》。

せいか【生花】 名詞 ❶生《い》きた花《はな》。対 造花《ぞうか》。❷「生《い》け花《ばな》」のこと。

せいか【生家】 名詞 その人《ひと》の生《う》まれた家《いえ》。例 父《ちち》の生家は鳥取県《とっとりけん》にある。類 実家《じっか》。

せいか【成果】 名詞 あることをしてできた、よい結果《けっか》。できばえ。例 努力《どりょく》の成果が現《あらわ》れる。

せいか【声価】 名詞 人《ひと》やものごとに対《たい》する世《せ》間《けん》の評判《ひょうばん》。例 声価が高《たか》まる。類 名声《めいせい》。

せいか【青果】 名詞 生《なま》の野菜《やさい》と果物《くだもの》。例 スーパーの青果売《う》り場《ば》。

せいか【盛夏】 名詞 季語 夏 夏《なつ》のいちばん暑《あつ》いころ。夏《なつ》のさかり。真夏《まなつ》。

せいか【聖火】 名詞 ❶神《かみ》にささげる、清《きよ》らかな火《ひ》。❷オリンピックのとき、ギリシャのオリンピアで点火《てんか》されて競技場《きょうぎじょう》まで運《はこ》ばれ、聖火台《せいかだい》にともされるかがり火《び》。例 聖火リレー。せいかランナー 図⇩708ページ

せいか【聖歌】 名詞 神《かみ》や仏《ほとけ》をたたえる歌《うた》。宗《しゅう》教《きょう》歌《か》。例 聖歌隊《たい》。類 賛美歌《さんびか》。

せいかい【正解】 名詞 正《ただ》しい答《こた》え。正《ただ》しい解《かい》釈《しゃく》。例 クイズの解答《かいとう》はすべて正解だった。

せいかい【政界】 名詞 政治《せいじ》に関係《かんけい》する人々《ひとびと》の社会《しゃかい》。関連 財界《ざいかい》。

せいかい【盛会】 名詞 人《ひと》がたくさん集《あつ》まり、にぎやかな会《かい》。例 同窓会《どうそうかい》は盛会でした。

伝統的《でんとうてき》な言語文化《げんごぶんか》

二十四節気《にじゅうしせっき》

24の季節《きせつ》

天気予報《てんきよほう》で「寒《かん》の入《い》り」などということばを聞《き》いたことがないかな？「立春《りっしゅん》」や「冬至《とうじ》」なら聞《き》いたことがあるよね。

「立春《りっしゅん》」や「冬至《とうじ》」は「二十四《にじゅうし》節気《せっき》」といって、一年《いちねん》を24の季節《きせつ》に分《わ》けて名《な》まえをつけたものなんだよ。季節《きせつ》が24！　そんなにたくさんの季節《きせつ》を感《かん》じとった昔《むかし》の人《ひと》の季節《きせつ》感《かん》、すごいと思《おも》わない？

一年《いちねん》でもっとも寒《さむ》い時期《じき》は、「小《しょう》寒《かん》」から「立春《りっしゅん》」までの約《やく》30日間《にちかん》とされている。「寒《かん》の入《い》り」は、この期間《きかん》が始《はじ》まる日《ひ》のことなんだ。

一方《いっぽう》、暑《あつ》い季節《きせつ》は「小暑《しょうしょ》」から「立秋《りっしゅう》」までの期間《きかん》。「暑中見舞《しょちゅうみま》い」はその「小暑《しょうしょ》」から「立秋《りっしゅう》」までの間《あいだ》に出《だ》すんだよ。そして「立《りっ》秋《しゅう》」を過《す》ぎたら「残暑見舞《ざんしょみま》い」だ。

こんなふうに、「二十四節気《にじゅうしせっき》」は、日常生活《にちじょうせいかつ》の中《なか》にいろいろな形《かたち》で生《い》きているよ。冬至《とうじ》の日《ひ》（＝一年《いちねん》で昼《ひる》がいちばん短《みじか》い日《ひ》）に、かぼちゃを食《た》べたりゆず湯《ゆ》に入《はい》ったりして一年《いちねん》の健康《けんこう》をいのる行事《ぎょうじ》もその一《ひと》つだね。

ほかにどんなものがあるか、調《しら》べてみるとおもしろいよ。

もっとみてみよう！

- 昔《むかし》のこよみと年《とし》・月《つき》・季節《きせつ》のことば「二十四節気《にじゅうしせっき》」（→p.1450）
- 「心《こころ》をそだてる　子《こ》ども歳時記《さいじき》12か月《げつ》」（講談社《こうだんしゃ》）

四字熟語　**心機一転《しんきいってん》**　心《こころ》のはたらき（心機《しんき》）ががらりと変《か》わる（一転《いってん》）ということ。あることをきっかけ

せいかいちば【青果市場】名詞 野菜《やさい》や果物《くだもの》を売《う》り買《か》いする市場《いちば》。

せいかく【正確】名詞 形容動詞 正《ただ》しく、まちがいがないこと。くるいのないこと。例 正確な記録《きろく》を残《のこ》す／正確に計算《けいさん》する。

せいかく【性格】名詞 ❶その人《ひと》に生《う》まれつき備《そな》わっている性質《せいしつ》。人《ひと》がら。例 妹《いもうと》は明《あか》るい性格だ。類 性分《しょうぶん》。❷ものごとが持《も》っている性質《せいしつ》。例 それとこれとは性格のちがう問題《もんだい》だ。

せいがく【声楽】名詞 人《ひと》の声《こえ》による音楽《おんがく》。歌《か》曲《きょく》・合唱《がっしょう》曲《きょく》・オペラなど。関連 器楽《きがく》。

せいかつ【生活】名詞 動詞 生《い》きて活動《かつどう》すること。世《よ》の中《なか》で暮《く》らしていくこと。また、その暮《く》らしや暮《く》らしぶり。例 学校《がっこう》生活／ひとりで生活する／生活が楽《らく》になる。

せいかつか【生活科】名詞 身近《みぢか》な社会《しゃかい》や自《し》然《ぜん》と、自分《じぶん》とのかかわりを学習《がくしゅう》する教科《きょうか》。小《しょう》学校一《がっこういち》・二年生《にねんせい》で学習《がくしゅう》する科目《かもく》の一《ひと》つ。

せいかつかんきょう【生活環境】名詞 人《にん》間《げん》が毎日生活《まいにちせいかつ》していくときの、まわりのようす。例 生活環境を整《ととの》える。

せいかつきょうどうくみあい【生活協同組合】→709ページ せいきょう〔生協〕

せいかつしゅうかん【生活習慣】名詞 ふだんの生活《せいかつ》で、長《なが》い間《あいだ》くり返《かえ》していること。とくに、食生活《しょくせいかつ》・運動《うんどう》・休養《きゅうよう》・飲酒《いんしゅ》・喫煙《きつえん》などの習慣《しゅうかん》をいう。

せいかつしゅうかんびょう【生活習慣病】名詞 食《しょく》生活《せいかつ》の乱《みだ》れ・運動《うんどう》不足《ぶそく》・飲酒《いんしゅ》・喫《きつ》煙《えん》など、生活習慣《せいかつしゅうかん》に深《ふか》くかかわって起《お》きると考《かんが》えられる病気《びょうき》。高血圧《こうけつあつ》・糖尿病《とうにょうびょう》・がんなど。参考 以前《いぜん》は「成人病《せいじんびょう》」といった。

せいかつすいじゅん【生活水準】名詞 ある社会《しゃかい》でふつうに行《おこな》われている生活《せいかつ》の程度《ていど》。

せいかつなん【生活難】名詞 ものの値段《ねだん》が上《あ》がったり、収入《しゅうにゅう》が減《へ》ったりして、生活《せいかつ》が苦《くる》しいこと。

せいかつはいすい【生活排水】名詞 炊《すい》事《じ》・洗濯《せんたく》・入浴《にゅうよく》などの毎日《まいにち》の生活《せいかつ》により、下《げ》水道《すいどう》などに排出《はいしゅつ》される水《みず》。

せいかつひ【生活費】名詞 暮《く》らしていくのにかかるお金《かね》。

せいかつぶん【生活文】名詞 毎日《まいにち》の暮《く》らしの中《なか》でのできごとを題材《だいざい》にして書《か》いた文章《ぶんしょう》。

せいかつほご【生活保護】名詞 生活《せいかつ》に困《こま》っている人《ひと》を、健康《けんこう》で文化的《ぶんかてき》な最低限《さいていげん》の生活《せいかつ》ができるように、国《くに》が助《たす》ける制度《せいど》。

せいかつようすい【生活用水】名詞 飲《の》み水《みず》など、生活《せいかつ》するために必要《ひつよう》な水《みず》。

せいかランナー【聖火ランナー】名詞 オリンピックのとき、ギリシャのオリンピアで点《てん》火《か》された聖火《せいか》を、大《たい》会《かい》の開《ひら》かれる都市《とし》までリレーしながら運《はこ》ぶ走《そう》者《しゃ》。

せいかランナー

せいかん【生還】名詞 動詞 ❶危《あぶ》ない目《め》にあって生《い》きてかえること。例 ふぶきの山《やま》から無事《ぶじ》生還した。❷→1213ページ ホームイン

せいかん【静観】名詞 動詞 何《なに》もしないで、ものごとの成《な》り行《ゆ》きを静《しず》かに見守《みまも》ること。例 姉《あね》は弟《おとうと》たちのけんかを静観していた。

せいがん【請願】名詞 動詞 願《ねが》いごとを、議会《ぎかい》や役所《やくしょ》などに申《もう》し出《で》ること。例 公園《こうえん》をつくってくれるように、市《し》に請願する。類 陳情《ちんじょう》。

ぜいかん【税関】名詞 港《みなと》・空港《くうこう》・国境《こっきょう》などで、外国《がいこく》から出入《でい》りする品物《しなもの》を調《しら》べたり、税金《ぜいきん》をかけたりする役所《やくしょ》。

せいかんトンネル【青函トンネル】名詞 本州《ほんしゅう》の青森《あおもり》と北海道《ほっかいどう》の函館《はこだて》をつなぐ、鉄道《てつどう》の海底《かいてい》トンネル。津軽海峡《つがるかいきょう》の海底《かいてい》を通《とお》る。全長《ぜんちょう》五十三・八五キロメートル。

せいき【生気】名詞 生《い》き生《い》きとした気力《きりょく》。例 生気のない顔《かお》／生気をとりもどす。

せいき【世紀】名詞 ❶百年《ねん》をひと区切《くぎ》りとした年代《ねんだい》の数《かぞ》え方《かた》。たとえば、二十一世紀《にじゅういっせいき》は二〇〇一年《ねん》から二一〇〇年《ねん》までをいう。❷（「世紀《せいき》の」の形《かたち》で）百年《ひゃくねん》に一度《いちど》しかないようなすばらしいこと。例 世紀の大発見《だいはっけん》。

せいき【正規】名詞 正式《せいしき》に決《き》められていること。また、それに合《あ》っていること。例 正規の手続《てつづ》きをふんで入会《にゅうかい》する。

せいき【性器】→712ページ せいしょくき

せいぎ【正義】 名詞 人《ひと》としてしなければならない、正《ただ》しい行《おこな》い。

せいぎかん【正義感】 名詞 人《ひと》としての正《ただ》しい考《かんが》え方《かた》や行動《こうどう》を重《おも》んじる気持《きも》ち。

せいきゅう【性急】 形容動詞 ものごとを急《いそ》いでやろうとするようす。例 性急に結論《けつろん》を出《だ》さないで、よく考《かんが》えてみる。

せいきゅう【請求】 名詞 動詞 自分《じぶん》が受《う》けとる権利《けんり》のあるものごとを、相手《あいて》に求《もと》めること。例 しはらいを請求する。

せいきゅうしょ【請求書】 名詞 品物《しなもの》を買《か》った人《ひと》などに、お金《かね》のしはらいを求《もと》める書類《しょるい》。対 領収書《りょうしゅうしょ》。

せいきょ【逝去】 名詞 動詞 人《ひと》が死《し》ぬこと。例 おじいさまのご逝去をお悔《く》やみ申《もう》し上《あ》げます。使い方 あらたまった言《い》い方《かた》。

せいぎょ【制御】 名詞 動詞 ❶ものごとをおさえて、自分《じぶん》の思《おも》いどおりに動《うご》かすこと。例 ゆれ動《うご》く感情《かんじょう》を制御する。❷機械《きかい》などが正《ただ》しくはたらくようにすること。

せいきょう【生協】 名詞 消費者《しょうひしゃ》が生活《せいかつ》をよりよくするためにお金《かね》を出《だ》し合《あ》い、質《しつ》のよい物《もの》を買《か》えたり、安《やす》く買《か》えたりするようにした組合《くみあい》。「生活協同組合《せいかつきょうどうくみあい》」の略《りゃく》。

せいきょう【盛況】 名詞 人《ひと》がたくさん集《あつ》まり、にぎわっているようす。例 発表会《はっぴょうかい》は盛況だった。

せいきょく【政局】 名詞 政治《せいじ》のようす。政治《せいじ》の世界《せかい》の動《うご》き。例 政局が安定《あんてい》する。

せいきん【精勤】 名詞 動詞 まじめに仕事《しごと》や勉強《べんきょう》にはげむこと。例 精勤手当《てあて》。

ぜいきん【税金】 名詞 国《くに》や都道府県《とどうふけん》・市町村《しちょうそん》などが仕事《しごと》をするため、人々《ひとびと》から集《あつ》めるお金《かね》。

せいく【成句】 名詞 ❶二《ふた》つ以上《いじょう》のことばがいっしょになって、ある決《き》まった意味《いみ》を表《あらわ》すことば。「ねこをかぶる」「油《あぶら》を売《う》る」など。慣用句《かんようく》。❷昔《むかし》から広《ひろ》く使《つか》われていることばやことわざ。「笑《わら》う門《かど》には福来《ふくき》たる」「負《ま》けるが勝《か》ち」など。

せいくらべ【背比べ】 名詞 動詞 背《せい》の高《たか》さを比《くら》べ合《あ》うこと。類 丈比《たけくら》べ。

せいけい【生計】 名詞 暮《く》らしていくための方《ほう》法《ほう》。暮《く》らし向《む》き。生活《せいかつ》。類 家計《かけい》。

● **生計《せいけい》を立《た》てる** お金《かね》をかせいで暮《く》らしていく。例 ピアノ教師《きょうし》として生計を立てる。

せいけい【西経】 名詞 イギリスのグリニッジ天文台《てんもんだい》があったところを通《とお》り、南極点《なんきょくてん》と北極《ほっきょく》点《てん》を結《むす》ぶ線《せん》を〇度《ど》として、それから西側《にしがわ》へ一八〇度《ど》までの経度《けいど》。対 東経《とうけい》。図 ⇩99ページ いど〔緯度〕

せいけい【整形】 名詞 動詞 ものの形《かたち》を正《ただ》しく整《ととの》えること。また、美《うつく》しく整《ととの》えること。例 整形手術《しゅじゅつ》。

せいけつ【清潔】 名詞 形容動詞 ❶よごれがなく、きれいなこと。例 清潔な部屋《へや》は気持《きも》ちがよい。対 不潔《ふけつ》。❷心《こころ》が清《きよ》らかで、うそやごまかしがないこと。例 清潔な人《ひと》がら。

せいけん【政見】 名詞 政治《せいじ》についての意見《いけん》。例 政見放送《ほうそう》。

せいけん【政権】 名詞 政治《せいじ》を行《おこな》う権力《けんりょく》。例 政権をにぎる。

せいげん【制限】 名詞 動詞 ここまでという区《く》切《ぎ》りを決《き》めること。また、その区切《くぎ》り。例 車《くるま》のスピードは制限されている。類 限定《げんてい》。制約《せいやく》。

せいご【生後】 名詞 生《う》まれてからのち。例 生後六《ろっ》か月《げつ》の赤《あか》ちゃん。

せいご【正誤】 名詞 ❶正《ただ》しいことと、まちがっていること。例 答《こた》えの正誤を確《たし》かめる。❷まちがいをただすこと。例 正誤表《ひょう》。

せいこう【成功】 名詞 動詞 ❶ものごとが思《おも》いどおりにうまくいくこと。例 実験《じっけん》が成功した。対 失敗《しっぱい》。❷世《よ》の中《なか》で高《たか》い地位《ちい》や財産《ざいさん》を得《え》ること。例 漫《まん》画家《がか》として成功する。

せいこう【性交】 名詞 動詞 性的《せいてき》に交《まじ》わること。

せいこう【精巧】 名詞 形容動詞 細《こま》かい部分《ぶぶん》まで正確《せいかく》につくられていること。例 精巧な細工《さいく》。

せいこう【製鋼】 名詞 鋼鉄《こうてつ》をつくること。また、つくられた鋼鉄《こうてつ》。例 製鋼所《じょ》。

せいこうどく【晴耕雨読】 名詞 動詞 晴《は》れた日《ひ》には田畑《たはた》を耕《たがや》し、雨《あめ》の日《ひ》には家《いえ》にいて本《ほん》を読《よ》むこと。心《こころ》静《しず》かで自由《じゆう》な生活《せいかつ》を楽《たの》しむようすをいう。例 祖父《そふ》は晴耕雨読の毎日《まいにち》だ。

せいこうとうてい【西高東低】 名詞 日本《にほん》付近《ふきん》で、冬《ふゆ》によく見《み》られる気圧配置《きあつはいち》。西《にし》のシベ

四字熟語 **真剣勝負《しんけんしょうぶ》** 本物《ほんもの》の刀《かたな》を使《つか》って勝負《しょうぶ》する、ということから、本気《ほんき》で勝《か》ち負《ま》けを争《あらそ》うこと。いっ

リアに高気圧《こうきあつ》があり、東《ひがし》の海上《かいじょう》に低気圧《ていきあつ》がある。日本海側《にほんかいがわ》は雪《ゆき》や雨《あめ》が降《ふ》り、太平洋側《たいへいようがわ》は晴《は》れることが多《おお》い。

せいごかくけい【正五角形】 名詞 五《いつ》つの辺《へん》の長《なが》さが等《ひと》しい五角形《ごかくけい》。五《いつ》つの角《かく》はすべて一〇八度《ど》で等《ひと》しい。せいごかっけい。図 ↓686ページずけい

せいごかっけい【正五角形】 ↓710ページせいごかくけい

せいこん【精根】 名詞 ものごとをするときの、ありったけの気力《きりょく》と体力《たいりょく》。例 何日《なんにち》も続《つづ》いた仕事《しごと》で精根つき果《は》てた（＝使《つか》い果《は》たした）。

せいざ【正座】 名詞 動詞 足《あし》をくずさず、きちんとすわること。例 たたみの上《うえ》に正座する。

せいざ【星座】 名詞 明《あか》るい星《ほし》や目立《めだ》つ星《ほし》をいくつか結《むす》んで、神《かみ》や動物《どうぶつ》などの形《かたち》に見立《みた》てたもの。大《おお》ぐま座《ざ》・こと座《ざ》など、全部《ぜんぶ》で八十八《はちじゅうはち》ある。

せいさい【制裁】 名詞 動詞 悪《わる》いことをした人《ひと》や決《き》まりを守《まも》らなかった人《ひと》を、こらしめること。また、そのばつ。例 制裁を加《くわ》える。

せいさい【精彩・生彩】 名詞 生《い》き生《い》きと元《げん》気《き》で、目立《めだ》っていること。例 精彩を欠《か》く演奏《えんそう》。

● **精彩《せいさい》を放《はな》つ** 生《い》き生《い》きとしていて、目立《めだ》つ。例 今日《きょう》の演技《えんぎ》はひときわ精彩を放っていた。

せいざい【製材】 名詞 動詞 山《やま》から切《き》り出《だ》してきた木《き》を、板《いた》や角材《かくざい》にすること。例 製材所《しょ》。

せいさく【制作】 名詞 動詞 芸術《げいじゅつ》作品《さくひん》などをつくること。例 コンクールに出《だ》す絵《え》を制作する。↓使い分け

せいさく【政策】 名詞 政治《せいじ》を行《おこな》う上《うえ》での考《かんが》え方《かた》や、やり方《かた》。例 外交《がいこう》政策。

せいさく【製作】 名詞 動詞 品物《しなもの》をこしらえること。例 新《あたら》しい機械《きかい》を製作する。↓使い分け

> **使い分け**
>
> **せいさく**
> 制作・製作
>
> **制作** 芸術《げいじゅつ》作品《さくひん》などをつくること。
> 「絵画《かいが》の制作《せいさく》／卒業《そつぎょう》制作《せいさく》／記念《きねん》品《ひん》の制作《せいさく》」
>
> 
>
> **製作** 品物《しなもの》をこしらえること。
> 「家具《かぐ》の製作《せいさく》／製作所《せいさくじょ》」
>
> 

せいさん【生産】 名詞 動詞 生活《せいかつ》に必要《ひつよう》なものをつくり出《だ》すこと。例 生産者《しゃ》／自動車《じどうしゃ》を生産する。対 消費《しょうひ》。

せいさん【成算】 名詞 成功《せいこう》するという見《み》こみ。例 成算がある。↓使い分け

せいさん【清算】 名詞 動詞 ❶お金《かね》の貸《か》し借《か》りを計算《けいさん》して、区切《くぎ》りをつけること。例 借金《しゃっきん》を清算する。❷今《いま》までのつながりや生活《せいかつ》のしかたをすっかりやめること。例 悪《わる》い仲間《なかま》とのつきあいを清算する。↓使い分け

せいさん【精算】 名詞 動詞 お金《かね》などを、細《こま》かく計算《けいさん》して結果《けっか》を出《だ》し、区切《くぎ》りをつけること。例 乗《の》りこし料金《りょうきん》を精算する。↓使い分け

> **使い分け**
>
> **せいさん**
> 成算・清算・精算
>
> **成算** ある事《こと》を成《な》しとげることができる見《み》こみ。
> 「成算《せいさん》がある／成算《せいさん》が立《た》たない」
>
> 
>
> **清算** 金銭関係《きんせんかんけい》や財産《ざいさん》などを整《せい》理《り》して、後始末《あとしまつ》をつけること。
> 「借金《しゃっきん》を清算《せいさん》する／過去《かこ》を清算《せいさん》する」
>
> 
>
> **精算** 運賃《うんちん》や費用《ひよう》などを細《こま》かく正確《せいかく》に計算《けいさん》して、結果《けっか》を出《だ》すこと。
> 「乗《の》りこし料金《りょうきん》を精算《せいさん》する／精算《せいさん》所《じょ》」
>
> 

せいさんかくけい【正三角形】 名詞 三《みっ》つの辺《へん》の長《なが》さが等《ひと》しい三角形《さんかくけい》。三《みっ》つの角《かく》はすべて六〇度《ど》で等《ひと》しい。せいさんかっけい。図 ↓686ページずけい

せいさんかっけい【正三角形】 ↓710ページせいさんかくけい

せいさんカリ【青酸カリ】 名詞 「シアン化《か》カリウム」のこと。猛毒《もうどく》の化学薬品《かがくやくひん》。

たりして、どこにいるのか簡単《かんたん》にわからないこと。

せいさんしゃ【生産者】 名詞 生活《せいかつ》に必要《ひつよう》なものをつくり出《だ》す人《ひと》。対 消費者《しょうひしゃ》。

せいさんだか【生産高】 名詞 生産《せいさん》されたものの量《りょう》。

せいさんちょうせい【生産調整】 名詞 米《こめ》などの農作物《のうさくぶつ》や工業製品《こうぎょうせいひん》をつくりすぎないように、つくる量《りょう》を調整《ちょうせい》すること。

せいし【生死】 名詞 ❶生《い》きることと、死《し》ぬこと。例 生死の境目《さかいめ》。❷生《い》きているか、死《し》んでいるかということ。例 その探検家《たんけんか》は生死さえもわからない。

せいし【正視】 名詞 動詞 正面《しょうめん》からまともに見《み》ること。まっすぐに見《み》ること。

せいし【制止】 名詞 動詞 ある事《こと》をしようとするのを止《と》めること。例 けんかを制止する。

せいし【精子】 名詞 男《おとこ》の人《ひと》や動物《どうぶつ》のおすの体《からだ》でつくられる細胞《さいぼう》。卵子《らんし》と結《むす》びついて子《こ》ができる。一部《いちぶ》の植物《しょくぶつ》にも見《み》られる。対 卵子《らんし》。

せいし【静止】 名詞 動詞 じっと止《と》まって動《うご》かないこと。例 静止画像《がぞう》。対 運動《うんどう》。

せいし【製糸】 名詞 糸《いと》をつくること。とくに、まゆから生糸《きいと》をとること。例 製糸工場《こうじょう》。

せいし【製紙】 名詞 紙《かみ》をつくること。

せいじ【政治】 名詞 国《くに》や都道府県《とどうふけん》・市町村《しちょうそん》などを治《おさ》めること。

せいしえいせい【静止衛星】 名詞 地上《ちじょう》から見《み》ると止《と》まっているように見《み》える人工衛星《じんこうえいせい》。地球《ちきゅう》の自転《じてん》と同《おな》じ速《はや》さで回《まわ》っている。

せいしが【静止画】 名詞 コンピューターなどであつかう、動《うご》きのない画像《がぞう》。対 動画《どうが》。

せいじか【政治家】 名詞 ❶政治《せいじ》を行《おこな》う人《ひと》。❷ぬけ目《め》がなく、かけ引《ひ》きのうまい人《ひと》。やり手《て》。例 あの人《ひと》はなかなかの政治家だ。

せいしかくけい【正四角形】 ➡716ジ《ペー》せいほうけい

せいしかっけい【正四角形】 ➡716ジ《ペー》せいほうけい

せいしき【正式】 名詞 形容動詞 正《ただ》しいやり方《かた》。決《き》められたとおりのやり方《かた》。また、それに合《あ》っているようす。例 正式な服装《ふくそう》で出席《しゅっせき》する／入会《にゅうかい》を正式に申《もう》しこむ。類 本式《ほんしき》。対 略式《りゃくしき》。

せいしつ【性質】 名詞 ❶生《う》まれつき持《も》っている人《ひと》がら。性格《せいかく》。❷そのものにもともと備《そな》わっているもの。例 砂糖《さとう》は水《みず》にとけやすい性質を持《も》っている。

せいじつ【誠実】 名詞 形容動詞 まじめで、真《ま》心《こころ》があること。うそをついたりごまかしたりしないこと。例 誠実な人《ひと》。

せいじゃ【正邪】 名詞 正《ただ》しいことと、正《ただ》しくないこと。例 物事《ものごと》の正邪を見《み》きわめる。

せいじゃ【聖者】 名詞 ❶知識《ちしき》や行《おこな》いが非常《ひじょう》にすぐれた人《ひと》。聖人《せいじん》。❷キリスト教《きょう》で、とくにりっぱな信者《しんじゃ》のこと。

せいしゃいん【正社員】 名詞 会社《かいしゃ》の、正式《せいしき》な勤務時間《きんむじかん》のすべての時間帯《じかんたい》を働《はたら》き、定年《ていねん》まで勤《つと》める見《み》こみの社員《しゃいん》。ことば 派遣社員《はけんしゃいん》・パートタイマー・アルバイトなどに対《たい》していうよび方《かた》。

せいじゃく【静寂】 名詞 形容動詞 静《しず》かで、ひっそりとしていること。例 夜《よる》の静寂を破《やぶ》る声《こえ》。

せいしゅ【清酒】 名詞 米《こめ》からつくる、こして透明《とうめい》にした酒《さけ》。日本酒《にほんしゅ》。

せいしゅく【静粛】 名詞 形容動詞 物音《ものおと》や声《こえ》を出《だ》さないで、静《しず》かにしていること。例 お話《はなし》が始《はじ》まりますから、静粛にしてください。

せいじゅく【成熟】 名詞 動詞 ❶果物《くだもの》などが、じゅうぶんに実《みの》ること。例 いねが成熟する。対 未熟《みじゅく》。❷人《ひと》の体《からだ》や心《こころ》が、一人前《いちにんまえ》に成長《せいちょう》すること。例 成熟した大人《おとな》。対 未熟《みじゅく》。

せいしゅくず【星宿図】 名詞 天球《てんきゅう》を二十八《にじゅうはち》に分《わ》け、星座《せいざ》の位置《いち》を表《あらわ》したもの。参考 奈良《なら》県《けん》のキトラ古墳《こふん》の天井《てんじょう》にかかれたものが有名《ゆうめい》。

せいしゅん【青春】 名詞 人生《じんせい》の中《なか》の、春《はる》にたとえられるような、若《わか》くて元気《げんき》な年《とし》ごろ。青年《せいねん》時代《じだい》。

せいじゅん【清純】 形容動詞 清《きよ》らかで、けがれのないようす。例 清純な美《うつく》しさ。

せいしょ【清書】 名詞 動詞 下書《したが》きしたものをきれいに書《か》き直《なお》すこと。また、書《か》き直《なお》したもの。例 作文《さくぶん》を清書する。

せいしょ【聖書】 名詞 キリスト教《きょう》の教《おし》えのもとになる本《ほん》。旧約聖書《きゅうやくせいしょ》と新約聖書《しんやくせいしょ》がある。「バイブル」ともいう。

せいじょ【聖女】 名詞 尊《とうと》くて清《きよ》らかな女《おんな》の人《ひと》。とくに、キリスト教《きょう》などで、神聖《しんせい》な女性《じょせい》。

せいしょう【斉唱】 名詞 動詞 みんなが、同《おな》じ

四字熟語 神出鬼没《しんしゅつきぼつ》 人間《にんげん》をこえた力《ちから》を持《も》つ神《かみ》であるかのように、自由自在《じゆうじざい》にとつぜん現《あらわ》れたりかくれ

音程《おんてい》やリズムで声《こえ》をそろえて歌《うた》うこと。例 校《こう》歌《か》を斉唱する。関連 合唱《がっしょう》。独唱《どくしょう》。

せいじょう【正常】 名詞 形容動詞 正《ただ》しい状態《じょうたい》にあること。ほかとちがったところがないこと。例 機械《きかい》は正常に動《うご》いている。対 異常《いじょう》。

せいじょう【清浄】 名詞 形容動詞 よごれがなくきれいなこと。例 清浄な空気《くうき》。対 不浄《ふじょう》。

せいじょうき【星条旗】 名詞 アメリカ合衆《がっしゅう》国《こく》の国旗《こっき》。アメリカが独立《どくりつ》したときの州《しゅう》の数《かず》を表《あらわ》す十三本《じゅうさんぼん》の赤《あか》・白《しろ》の横線《よこせん》と、今《いま》の州《しゅう》の数《かず》を表《あらわ》す五十個《ごじっこ》の白《しろ》い星《ほし》がえがかれている。

せいしょうなごん【清少納言】 名詞 (一〇〇〇ごろ) 平安時代《へいあんじだい》の中《なか》ごろの女性《じょせい》の文学者《ぶんがくしゃ》。随筆《ずいひつ》「枕草子《まくらのそうし》」の作者《さくしゃ》。

せいしょうねん【青少年】 名詞 青年《せいねん》と少《しょう》年《ねん》。若《わか》い人《ひと》たち。

せいしょく【生殖】 名詞 動詞 生物《せいぶつ》が自分《じぶん》の子《こ》をつくること。また、そのはたらき。

せいしょくき【生殖器】 名詞 生物《せいぶつ》が子《こ》をつくるための器官《きかん》。性器《せいき》。

せいしん【清新】 名詞 形容動詞 新《あたら》しく生《い》き生《い》きとしているようす。例 清新なイメージ。

せいしん【誠心】 名詞 うそのない気持《きも》ち。真《ま》心《ごころ》。例 誠心誠意《せいい》。

せいしん【精神】 名詞
❶心《こころ》。たましい。対 肉体《にくたい》。
❷気力《きりょく》。心《こころ》のはたらき。例 精神を集中《しゅうちゅう》する。
❸ものごとのもとになる大事《だいじ》な考《かんが》え。例 スポーツの精神にのっとって正々堂々《せいせいどうどう》と戦《たたか》う。

● 精神《せいしん》一到《いっとう》何事《なにごと》か成《な》らざらん ↓975ジペー 故事 成語

せいじん【成人】 名詞 動詞 子供《こども》が育《そだ》って大人《おとな》になること。また、そうなった人《ひと》。日本《にほん》では満《まん》二十才《にじっさい》以上《いじょう》の人《ひと》。二〇二二年《ねん》四月一日《しがつついたち》からは「十八才《じゅうはっさい》以上《いじょう》の人《ひと》」をいう。例 成人式《しき》。類 成《せい》年《ねん》。

せいじん【聖人】 名詞 知識《ちしき》や行《おこな》いがたいへんすぐれていて、人々《ひとびと》から尊敬《そんけい》されるりっぱな人《ひと》。類 君子《くんし》。

せいしんせいい【誠心誠意】 副詞 真《ま》心《ごころ》を持《も》って、いっしょうけんめいに行《おこな》うようす。例 誠心誠意、教育《きょういく》のためにつくした。

せいしんてき【精神的】 形容動詞 心《こころ》のはたらきに関係《かんけい》するようす。対 物質的《ぶっしつてき》。

せいしんねんれい【精神年齢】 名詞
❶精神《せいしん》の発達《はったつ》の度合《どあ》いを、何才《なんさい》くらいに当《あ》てはまるかで表《あらわ》した数字《すうじ》。
❷ほんとうの年齢《ねんれい》とは関係《かんけい》なく、その人《ひと》の考《かんが》え方《かた》や行《おこな》いが何才《なんさい》くらいのものかということ。

せいじんのひ【成人の日】 名詞 季語 新年 国《こく》民《みん》の祝日《しゅくじつ》の一《ひと》つ。一月《いちがつ》の第二月曜日《だいにげつようび》。成人《せいじん》になった人《ひと》をお祝《いわ》いし、はげます日《ひ》。

せいじんびょう【成人病】 ↓708ジペー せいかつしゅうかんびょう

せいしんりょく【精神力】 名詞 ものごとをやりとげようとする心《こころ》の強《つよ》さ。類 気力《きりょく》。

せいず【製図】 名詞 動詞 建物《たてもの》や機械《きかい》などの図《ず》面《めん》をかくこと。例 製図用具《ようぐ》。

せいすい【盛衰】 名詞 ものごとの勢《いきお》いがさかんになることと、おとろえること。類 興亡《こうぼう》。

せいすう【正数】 名詞 0より大《おお》きい数《かず》。対 負《ふ》数《すう》。

せいすう【整数】 名詞 0と、1・2・3…など、0に次々《つぎつぎ》に1を足《た》していってできる数《かず》。関連 小数《しょうすう》。分数《ぶんすう》。

せいする【制する】 動詞
❶おさえて止《と》めさせる。例 むやみな発言《はつげん》を制する。
❷おさえて従《したが》わせる。支配《しはい》する。例 徳川家康《とくがわいえやす》が天下《てんか》を制した。

せいせい【清清】 副詞 動詞 すっきりとして、気持《きも》ちが晴れ晴れするようす。例 部屋《へや》をきれいに掃除《そうじ》して清々した。

せいせい【精製】 名詞 動詞
❶とくに気《き》をつけて、ていねいにつくること。対 粗製《そせい》。
❷混《ま》じり物《もの》をとり除《のぞ》いて、質《しつ》のよい品物《しなもの》にすること。例 さとうきびから砂糖《さとう》を精製する。

せいぜい 副詞
❶できるだけ。例 今《いま》のうちに、せいぜい遊《あそ》んでおこう。
❷いくら多《おお》くみても。例 この品《しな》は、せいぜい千円《せんえん》くらいの値打《ねう》ちしかない。

せいせいどうどう【正正堂堂】[と] 副詞 態度《たいど》や行《おこな》いが、正《ただ》しく、りっぱなようす。例 自分《じぶん》の考《かんが》えを正々堂々と言《い》う。
使い方「正々堂々たる態度《たいど》」などの形《かたち》でも使《つか》う。

せいせき【成績】 名詞 ❶あることをやり終《お》えた結果《けっか》。例 予選《よせん》の成績は二勝一敗《にしょういっぱい》だ／売《う》り上《あ》げの成績がよい。❷勉強《べんきょう》のでき具合《ぐあい》。例 算数《さんすう》の成績が上《あ》がった。使い方「成積」と書《か》かないよう注意《ちゅうい》。

せいせん【生鮮】 名詞 形容動詞 肉《にく》や魚《さかな》、野菜《やさい》などが、新《あたら》しくて生《い》きがよいこと。例 生鮮食《しょく》品《ひん》。

せいせん【精選】 名詞 動詞 多《おお》くのものの中《なか》から、よく調《しら》べて、よいものを選《えら》び出《だ》すこと。例 精選された商品《しょうひん》。

せいぜん【生前】 名詞 死《し》んだ人《ひと》が生《い》きていたとき。死《し》ぬ前《まえ》。例 生前、祖母《そぼ》が大切《たいせつ》にしていた本《ほん》。対 死後《しご》。

せいぜん[と]【整然[と]】 副詞 きれいに整《ととの》って、きちんとしているようす。例 本《ほん》が整然と並《なら》んでいる。対 雑然《ざつぜん》[と]。使い方「整然たる行列《ぎょうれつ》」などの形《かたち》でも使《つか》う。

せいそ【清そ】 名詞 形容動詞 さっぱりして清《きよ》らかなようす。例 白《しろ》い清そなブラウス。

せいそう【正装】 名詞 動詞 儀式《ぎしき》などに出《で》るために、正式《せいしき》な服装《ふくそう》をすること。また、その服《ふく》装《そう》。モーニングやもんつきなど。対 略装《りゃくそう》。

せいそう【清掃】 名詞 動詞 きれいに掃除《そうじ》をすること。例 清掃当番《とうばん》／道路《どうろ》を清掃する。

せいそう【盛装】 名詞 動詞 美《うつく》しく、はなやかに着《き》かざること。また、その服装《ふくそう》。

せいそう【精巣】 名詞 動物《どうぶつ》のおすが持《も》つ生《せい》殖《しょく》器官《きかん》で、精子《せいし》をつくるところ。対 卵巣《らんそう》。

せいぞう【製造】 名詞 動詞 材料《ざいりょう》に手《て》を加《くわ》えて、品物《しなもの》をつくること。例 お菓子《かし》の製造。

せいそうけん【成層圏】 名詞 地球《ちきゅう》をとり巻《ま》く大気《たいき》の層《そう》の一《ひと》つ。対流圏《たいりゅうけん》の上《うえ》の、約十《やくじゅう》〜五《ご》十《じっ》キロメートルの高《たか》さにある。天候《てんこう》の変化《へんか》がない。関連 対流圏《たいりゅうけん》。

せいそうこうじょう【清掃工場】 名詞 ごみを集《あつ》めて燃《も》やしたり、資源《しげん》となるものを分別《ぶんべつ》したりする工場《こうじょう》。

せいそく【生息】 名詞 動詞 動物《どうぶつ》がすんで生活《せいかつ》していること。例 ゴリラの生息する森《もり》。

せいぞろい【勢ぞろい】 名詞 動詞 関係《かんけい》のあるたくさんの人《ひと》が、一《いっ》か所《しょ》に集《あつ》まること。例 出場選手《しゅつじょうせんしゅ》が勢ぞろいして入場行進《にゅうじょうこうしん》をした。

せいぞん【生存】 名詞 動詞 生《い》きていること。生《い》き残《のこ》っていること。例 飛行機事故《ひこうきじこ》の生存者《しゃ》。

せいぞんきょうそう【生存競争】 名詞 生《せい》物《ぶつ》が、生《い》き残《のこ》るためにたがいに争《あらそ》うこと。強《つよ》いものが残《のこ》り、弱《よわ》いものはほろびていく。

せいたい【生態】 名詞 ❶動物《どうぶつ》や植物《しょくぶつ》の、自然《しぜん》の中《なか》で生活《せいかつ》しているようす。例 鳥《とり》の生態を観察《かんさつ》する。❷生活《せいかつ》しているありのままのようす。例 現代《げんだい》の若者《わかもの》の生態をえがいた小説《しょうせつ》。

せいたい【声帯】 名詞 のどの中央《ちゅうおう》の部分《ぶぶん》にある、声《こえ》を出《だ》す器官《きかん》。左右《さゆう》に一本《いっぽん》ずつあり、帯《おび》のような筋肉《きんにく》でできていて、肺《はい》から出《で》る空気《くうき》がこれをふるわせて声《こえ》を出《だ》す。

せいだい【盛大】 形容動詞 集会《しゅうかい》や行事《ぎょうじ》などが、たいへんりっぱに、にぎやかに行《おこな》われるようす。例 盛大なかんげいを受《う》ける。

せいたいがく【生態学】 ⇒152ページ エコロジー❶

せいたいけい【生態系】 名詞 自然界《しぜんかい》のある場所《ばしょ》に生《い》きる生物同士《せいぶつどうし》の関係《かんけい》と、その環境《かんきょう》とを、ひとまとめにして見《み》たもの。

せいたかくけい【正多角形】 名詞 すべての辺《へん》の長《なが》さが等《ひと》しく、角《かく》の大《おお》きさがすべて等《ひと》しい多角形《たかくけい》。教科 算 正三角形《せいさんかくけい》や正四角形《せいしかくけい》（＝正方《せいほう》形《けい》）などがある。

ぜいたく 名詞 形容動詞 ❶必要以上《ひつよういじょう》にお金《かね》をかけること。例 ぜいたくに暮《く》らす。❷その人《ひと》の立場《たちば》をこえて、必要以上《ひつよういじょう》に求《もと》めること。例 ぜいたくなお願《ねが》いですが…。

せいたん【生誕】 名詞 動詞 生《う》まれること。誕《たん》生《じょう》。例 生誕地《ち》／キリストの生誕。

せいだん【星団】 名詞 たくさんの星《ほし》が、せまい範囲《はんい》に集《あつ》まっているもの。

せいち【生地】 名詞 その人《ひと》の生《う》まれた土地《とち》。

ことば「きじ」と読《よ》むと別《べつ》の意味《いみ》。

せいち【聖地】 名詞 ある宗教《しゅうきょう》で、清《きよ》らかで尊《とうと》いとされている土地《とち》。神《かみ》や仏《ほとけ》、聖人《せいじん》などに関係《かんけい》のある土地《とち》。

せいち【整地】 名詞 動詞 土地《とち》を平《たい》らにならすこと。例 野原《のはら》を整地して、公園《こうえん》をつくる。

せいちゅう【成虫】 名詞 育《そだ》って、親《おや》になった昆虫《こんちゅう》。対 幼虫《ようちゅう》。

せいちょう【成長・生長】 名詞 動詞

四字熟語　針小棒大《しんしょうぼうだい》　針《はり》ほどの小《ちい》さなことを棒《ぼう》のように大《おお》きく言《い》うという意味《いみ》で、ちょっとしたことを

❶育《そだ》って大《おお》きくなること。例 子供《こども》が成長する／生長のはやい木《き》。類 生育《せいいく》。成育《せいいく》。発育《はついく》。
❷ものごとが発展《はってん》すること。例 経済《けいざい》の成長。
使い方 人《ひと》や動物《どうぶつ》には「成長《せいちょう》」、植物《しょくぶつ》には「生《せい》長《ちょう》」と使《つか》い分《わ》けることもある。

せいつう【精通】 名詞 動詞
❶細《こま》かいことまでよく知《し》っていること。例 母《はは》は日本《にほん》の音楽《おんがく》に精通している。
❷男子《だんし》の体《からだ》から初《はじ》めて精液《せいえき》が出《で》ること。

せいてい【制定】 名詞 動詞 法律《ほうりつ》や規則《きそく》をつくり、決《き》めること。例 憲法《けんぽう》を制定する。

せいてき【静的】 形容動詞 静《しず》かで動《うご》きがないようす。対 動的《どうてき》。

せいてつ【製鉄】 名詞 動詞 鉄鉱石《てっこうせき》から、鉄《てつ》をつくること。例 製鉄所《じょ》。

せいてはことをしそんじる【せいては事を仕損じる】 ことわざ 急《いそ》ぐとかえって失《しっ》敗《ぱい》しやすいものだから、あわてないで落《お》ち着《つ》いてやりなさいということ。

せいてん【晴天】 名詞 よく晴《は》れている空《そら》。また、天気《てんき》がよいこと。関連 雨天《うてん》。曇天《どんてん》。

せいてん【聖典】 名詞 ある宗《しゅう》教《きょう》の教《おし》えや決《き》まりについて書《か》いてある、重要《じゅうよう》な書物《しょもつ》。仏教《ぶっきょう》の経典《きょうてん》、キリスト教《きょう》の聖書《せいしょ》、イスラム教《きょう》のコーランなど。

せいでんき【静電気】 名詞 下《した》じきでかみの毛《け》をこすると起《お》きる電気《でんき》のように、流《なが》れないでそこにとどまっている電気《でんき》。

せいてんのへきれき【青天の霹靂】 ↓ 977ジペー 故事成語

せいてんはくじつ【青天白日】 ↓ 729ジペー 四字熟語

せいと【生徒】 名詞
❶先生《せんせい》から教《おし》えてもらっている人《ひと》。例 絵画《かいが》教《きょう》室《しつ》の生徒。
❷中学生《ちゅうがくせい》や高校生《こうこうせい》。
ことば 小学生《しょうがくせい》は「児童《じどう》」、大学生《だいがくせい》は「学生《がくせい》」ということが多《おお》い。

せいど【制度】 名詞 国《くに》や世《よ》の中《なか》の暮《く》らしなどについて決《き》められた、しくみや決《き》まり。

せいど【精度】 名詞 仕事《しごと》や機械《きかい》などの正確《せいかく》さの度合《どあ》い。例 精度の高《たか》い測定器《そくていき》。

せいとう【正当】 名詞 形容動詞 正《ただ》しくて、道理《どうり》に合《あ》っていること。例 正当な理由《りゆう》。対 不当《ふとう》。

せいとう【正答】 名詞 動詞 正《ただ》しい答《こた》え。また、正《ただ》しく答《こた》えること。対 誤答《ごとう》。

せいとう【正統】 名詞 形容動詞
❶正《ただ》しい系統《けいとう》や血統《けっとう》。例 正統な後継者《こうけいしゃ》。
❷伝統《でんとう》や教《おし》えを正《ただ》しく受《う》け継《つ》いで伝《つた》えていること。例 正統派《は》。対 異端《いたん》。

せいとう【政党】 名詞 政治《せいじ》について、同《おな》じ考《かんが》えや目的《もくてき》を持《も》つ人《ひと》たちが集《あつ》まってつくる団体《だんたい》。

せいとう【製糖】 名詞 動詞 さとうきびなどから、砂糖《さとう》をつくること。

せいどう【正道】 名詞 正《ただ》しいやり方《かた》や道筋《みちすじ》。また、正《ただ》しい行《おこな》い。例 正道を歩《あゆ》む。対 邪道《じゃどう》。

せいどう【青銅】 名詞 銅《どう》とすずとを混《ま》ぜ合《あ》わせてつくった金属《きんぞく》。さびにくく、じょうぶなので、銅像《どうぞう》などをつくるときに使《つか》う。「ブロンズ」ともいう。例 青銅器《き》。

せいどういつせいしょうがい【性同一性障害】 ↓ 715ジペー せいべついわ

せいどうき【青銅器】 名詞 青銅《せいどう》でできた道《どう》具《ぐ》。日本《にほん》では弥生時代《やよいじだい》に使《つか》い始《はじ》めた。銅鏡《どうきょう》・銅剣《どうけん》・銅《どう》たくなどがある。

せいどうきじだい【青銅器時代】 名詞 石《せっ》器時代《きじだい》と鉄器時代《てっきじだい》の間《あいだ》。青銅器《せいどうき》が使《つか》われていた時代《じだい》。

せいとうせいじ【政党政治】 名詞 国民《こくみん》にもっとも支持《しじ》されている政党《せいとう》が中心《ちゅうしん》となって、政治《せいじ》を行《おこな》うこと。

せいとうぼうえい【正当防衛】 名詞 乱暴《らんぼう》をされたときに、自分《じぶん》を守《まも》るためにしかたなく相手《あいて》に害《がい》を加《くわ》えること。

せいどく【精読】 名詞 動詞 ていねいにくわしく読《よ》むこと。例 教科書《きょうかしょ》を精読する。類 熟読《じゅくどく》。

せいとん【整頓】 名詞 動詞 きちんとかたづけること。例 部屋《へや》を整頓する。類 整理《せいり》。

せいなん【西南】 名詞 西《にし》と南《みなみ》との中間《ちゅうかん》に当《あ》たる方角《ほうがく》。南西《なんせい》。対 東北《とうほく》。

せいなんせい【西南西】 名詞 西《にし》と南西《なんせい》との中間《ちゅうかん》に当《あ》たる方角《ほうがく》。

せいなんせんそう【西南戦争】 名詞 一八七七年《ねん》、明治政府《めいじせいふ》に不満《ふまん》を持《も》つ鹿児島《かごしま》の士族《しぞく》（もと武士《ぶし》）たちが、西郷隆盛《さいごうたかもり》を中心《ちゅうしん》として起《お》こした反乱《はんらん》。「西南《せいなん》の役《えき》」ともいう。

せいにゅう【生乳】 名詞 牛《うし》からしぼったまま

う人《ひと》のこと。

の乳《ちち》。

せいねん【成年】 名詞 心《こころ》や体《からだ》が一人前《いちにんまえ》になったと認《みと》められる年齢《ねんれい》。日本《にほん》の法律《ほうりつ》では、満二十《まんにじっ》才《さい》。二〇二二年《ねん》四月一日《しがつついたち》からは満十八才《まんじゅうはっさい》。類 成人《せいじん》。対 未成年《みせいねん》。

せいねん【青年】 名詞 二十才前後《にじっさいぜんご》の若《わか》い人《ひと》。若者《わかもの》。

せいねんかいがいきょうりょくたい【青年海外協力隊】 名詞 発展途上国《はってんとじょうこく》を援助《えんじょ》するために現地《げんち》に派遣《はけん》される、青年《せいねん》ボランティアの組織《そしき》。農業《のうぎょう》や漁業《ぎょぎょう》、医療《いりょう》などの技能《ぎのう》を持《も》った青年《せいねん》が派遣《はけん》される。一九六五年《ねん》に始《はじ》まった。

せいねんがっぴ【生年月日】 名詞 生《う》まれた年《とし》と月《つき》と日《ひ》。

せいのう【性能】 名詞 機械《きかい》などがはたらく上《うえ》での性質《せいしつ》と力《ちから》。例 高《こう》性能のカメラ。

せいは【制覇】 名詞 動詞 ❶競争相手《きょうそうあいて》に勝《か》って、権力《けんりょく》をにぎること。例 このカメラは日本《にほん》の市場《しじょう》を制覇した。❷スポーツなどで優勝《ゆうしょう》すること。例 サッカーで全国《ぜんこく》制覇を目指《めざ》す。

せいばい【成敗】 名詞 動詞 ばつをあたえること。こらしめること。例 けんか両《りょう》成敗（＝けんかをした者《もの》を、両方《りょうほう》ともばっすること）。

せいはつ【整髪】 名詞 動詞 かみの毛《け》の形《かたち》を整《ととの》えること。類 散髪《さんぱつ》。調髪《ちょうはつ》。理髪《りはつ》。

せいばつ【征伐】 名詞 動詞 悪者《わるもの》や反抗《はんこう》する者《もの》をせめて、退治《たいじ》すること。

せいはんたい【正反対】 名詞 形容動詞 まったく逆《ぎゃく》であること。例 駅《えき》と正反対の方向《ほうこう》に進《すす》む。

せいひ【成否】 名詞 成功《せいこう》するか、失敗《しっぱい》するかということ。例 手術《しゅじゅつ》の成否の知《し》らせを待《ま》つ。

せいび【整備】 名詞 動詞 きちんと手入《てい》れをして、いつでも使《つか》えるようにしておくこと。例 自動車《じどうしゃ》を整備する。

せいび

せいひょう【製氷】 名詞 動詞 こおりをつくること。例 製氷皿《ざら》。

せいひれい【正比例】 名詞 動詞 二《ふた》つの数《かず》や量《りょう》の、一方《いっぽう》が二倍《にばい》、三倍《さんばい》になると、もう一方《いっぽう》も二倍《にばい》、三倍《さんばい》になる関係《かんけい》。比例《ひれい》。対 反比例《はんぴれい》。

せいひん【製品】 名詞 売《う》るためにつくられた品物《しなもの》。例 新《しん》製品。

せいふ【政府】 名詞 ❶国《くに》の政治《せいじ》を行《おこな》う中心《ちゅうしん》となるしくみ。例 日本《にほん》政府。❷「内閣《ないかく》」のこと。

せいぶ【西部】 名詞 ある地域《ちいき》の西《にし》の方《ほう》。対 東《とう》部《ぶ》。

せいふかいはつえんじょ【政府開発援助】 ⇩174ジペー オーディーエー

せいふく【制服】 名詞 ある団体《だんたい》や学校《がっこう》、会社《かいしゃ》などの人々《ひとびと》が着《き》るように決《き》められた服《ふく》。類 ユニフォーム。対 私服《しふく》。

せいふく【征服】 名詞 動詞 ❶相手《あいて》を打《う》ち負《ま》かして、従《したが》わせること。例 他《た》国《こく》を征服する。❷難《むずか》しいことや苦《くる》しいことに負《ま》けないで、やりとげること。例 登山隊《とざんたい》はエベレストを征服した。

せいぶつ【生物】 名詞 生《い》き物《もの》。動物《どうぶつ》・植物《しょくぶつ》をまとめていうことば。ことば「なまもの」と読《よ》むと別《べつ》の意味《いみ》。

せいぶつ【静物】 名詞 動《うご》かないもの。とくに絵《え》の題材《だいざい》をいう。花《はな》・果物《くだもの》・道具《どうぐ》など。

せいぶつが【静物画】 名詞 花《はな》・果物《くだもの》・道具《どうぐ》などの静物《せいぶつ》をえがいた絵画《かいが》。

せいぶつたようせい【生物多様性】 名詞 さまざまな生《い》き物《もの》が存在《そんざい》し、豊《ゆた》かな生態系《せいたいけい》をつくっていること。

せいふん【製粉】 名詞 動詞 麦《むぎ》などの穀物《こくもつ》をひいて粉《こな》にすること。例 製粉工場《こうじょう》。

せいぶん【成分】 名詞 ある物《もの》が二《ふた》つ以上《いじょう》のものからできている場合《ばあい》の、もとになる一《ひと》つ一《ひと》つのもの。例 薬《くすり》の成分を調《しら》べる。

せいへき【性癖】 名詞 かたよった性質《せいしつ》。くせ。例 物事《ものごと》を大《おお》げさに言《い》う性癖がある。

せいべつ【生別】 名詞 動詞 おたがいに生《い》きているまま、はなればなれになること。生《い》き別《わか》れ。例 戦争《せんそう》で生別した親子《おやこ》。対 死別《しべつ》。

せいべつ【性別】 名詞 男《おとこ》と女《おんな》の区別《くべつ》。また、おすとめすの区別《くべつ》。

せいべついわ【性別違和】 名詞 体《からだ》の性別《せいべつ》と自分《じぶん》の性別《せいべつ》として感《かん》じている性別《せいべつ》が合《あ》っていない状態《じょうたい》。ことば「性同一性障害《せいどういつせいしょうがい》」ともいうが、

四字熟語 **新進気鋭《しんしんきえい》** 最近《さいきん》その分野《ぶんや》にあらわれたばかりで、非常《ひじょう》に勢《いきお》いがさかんなこと。また、そうい

近年《きんねん》は、「性別違和《せいべついわ》」という呼《よ》び名《な》が用《もち》いられるようになっている。

せいへん【政変】 名詞 政治《せいじ》の上《うえ》での、急《きゅう》で大《おお》きな変化《へんか》。とくに、内閣《ないかく》が急《きゅう》に変《か》わること。

せいぼ【聖母】 名詞 キリスト教《きょう》で、イエス＝キリストの母《はは》、マリア。

せいぼ【歳暮】 名詞 季語冬 ❶一年《いちねん》の終《お》わり。年《とし》の暮《く》れ。❷お世話《せわ》になった人《ひと》などに、年《とし》の暮《く》れにするおくり物《もの》。関連 中元《ちゅうげん》。

使い方 ❷は、「お歳暮《せいぼ》」ということが多《おお》い。

せいほう【西方】 名詞 西《にし》の方角《ほうがく》。西《にし》の方《ほう》。「さいほう」ともいう。対 東方《とうほう》。

せいほう【製法】 名詞 物《もの》のつくり方《かた》。製造《せいぞう》法《ほう》。例 フランスパンの製法を調《しら》べる。

せいぼう【声望】 名詞 多《おお》くの人《ひと》からのよい評《ひょう》判《ばん》。例 声望が高《たか》い医者《いしゃ》。

せいぼう【制帽】 名詞 学校《がっこう》や団体《だんたい》などでかぶるように決《き》められた帽子《ぼうし》。

せいほうけい【正方形】 名詞 四《よっ》つの辺《へん》の長《なが》さが等《ひと》しく、四《よっ》つの角《かく》がすべて直角《ちょっかく》である四《し》角形《かくけい》。真四角《ましかく》。正四角形《せいしかくけい》。図 ⇒686ページ ずけい

せいほく【西北】 名詞 西《にし》と北《きた》との中間《ちゅうかん》に当《あ》たる方角《ほうがく》。北西《ほくせい》。対 東南《とうなん》。

せいほくせい【西北西】 名詞 西《にし》と北西《ほくせい》との中間《ちゅうかん》に当《あ》たる方角《ほうがく》。

せいほん【製本】 名詞 動詞 印刷《いんさつ》したものや、ものが書《か》いてある紙《かみ》をとじて、本《ほん》の形《かたち》につくること。例 卒業文集《そつぎょうぶんしゅう》を製本した。

せいまい【精米】 名詞 動詞 玄米《げんまい》をついて、白《しろ》い米《こめ》にすること。また、白《しろ》くした米《こめ》。

せいみつ【精密】 形容動詞 ❶細《こま》かい部分《ぶぶん》にもくるいがなく、うまくつくられているようす。例 精密な機械《きかい》。❷細《こま》かいところまでくわしいようす。例 精密検査《けんさ》。

せいみつきかい【精密機械】 名詞 精密《せいみつ》につくられた機械《きかい》。時計《とけい》やカメラ、コンピューターなど。

せいむ【政務】 名詞 政治《せいじ》を行《おこな》う上《うえ》でのさまざまな仕事《しごと》。

せいむかつどうひ【政務活動費】 名詞 都《と》道府県《どうふけん》・市町村《しちょうそん》の議員《ぎいん》に、調査《ちょうさ》・研究《けんきゅう》などの活動《かつどう》のために支給《しきゅう》されるお金《かね》。

ぜいむしょ【税務署】 名詞 税金《ぜいきん》についての仕事《しごと》をする役所《やくしょ》。国税庁《こくぜいちょう》の下《した》にある。

せいめい【生命】 名詞 ❶命《いのち》。例 生命力《りょく》。❷ものごとのもっとも大切《たいせつ》なところ。例 高音《こうおん》の美《うつく》しさが、あの歌手《かしゅ》の生命である。

せいめい【声明】 名詞 動詞 自分《じぶん》の意見《いけん》を、世《よ》の中《なか》の人々《ひとびと》に向《む》けて発表《はっぴょう》すること。また、その内容《ないよう》。例 声明文《ぶん》／政府《せいふ》が声明を出《だ》した。

せいめい【姓名】 名詞 名字《みょうじ》と名前《なまえ》。氏名《しめい》。

せいめい【清明】 名詞 季語春 二十四節気《にじゅうしせっき》の一《ひと》つ。すべてのものがすがすがしく陽気《ようき》になるころ。四月五日《しがついつか》ごろ。⇒1450ページ 二十四節気《にじゅうしせっき》

せいめいほけん【生命保険】 名詞 お金《かね》を積《つ》み立《た》てておき、死《し》んだときや、決《き》められた年《ねん》齢《れい》になったときに、約束《やくそく》した金額《きんがく》の保険金《ほけんきん》がしはらわれるしくみ。

せいめいりょく【生命力】 名詞 生《い》きようとする力《ちから》。例 強《つよ》い生命力を感《かん》じる。

せいもん【正門】 名詞 正面《しょうめん》の門《もん》。表門《おもてもん》。対 裏門《うらもん》。

せいもん【声門】 名詞 二《ふた》つの声帯《せいたい》の間《あいだ》の、息《いき》が通《とお》るせまいすきま。

せいや【聖夜】 名詞 季語冬 クリスマスの前夜《ぜんや》。十二月二十四日《じゅうにがつにじゅうよっか》の夜《よる》。クリスマスイブ。

せいやく【制約】 名詞 動詞 ものごとの範囲《はんい》を決《き》めて、それをこえさせないようにすること。ものごとに条件《じょうけん》をつけて、自由《じゆう》にさせないこと。また、その条件《じょうけん》。例 自由時間《じゆうじかん》は制約されている／参加《さんか》には年齢《ねんれい》の制約がある。類 制限《せいげん》。

せいやく【誓約】 名詞 動詞 固《かた》く約束《やくそく》すること。また、その約束《やくそく》。例 誓約書《しょ》。

せいやく【製薬】 名詞 動詞 薬《くすり》をつくること。

せいゆ【製油】 名詞 動詞 ❶原油《げんゆ》からガソリンや灯油《とうゆ》などをつくること。❷動植物《どうしょくぶつ》から油《あぶら》をとること。

せいゆう【声優】 名詞 ラジオ・テレビ・映画《えいが》などで、声《こえ》だけで出演《しゅつえん》する俳優《はいゆう》。

せいゆじょ【製油所】 名詞 原油《げんゆ》からガソリンなどの石油製品《せきゆせいひん》をつくる工場《こうじょう》。

せいよう【西洋】 名詞 ヨーロッパやアメリカの国々《くにぐに》。例 西洋音楽《おんがく》。対 東洋《とうよう》。

せいよう【静養】 名詞 動詞 心《こころ》や体《からだ》を静《しず》かに休《やす》

だ一度《いちど》も通《とお》ったり入《はい》ったりしたことがないこと。

めて、病気《びょうき》を治《なお》したり、つかれをとったりすること。例 高原《こうげん》で静養する。類 休養《きゅうよう》。養生《ようじょう》。

せいようおんがく【西洋音楽】 名詞 西洋《せいよう》で発達《はったつ》した音楽《おんがく》。洋楽《ようがく》。

せいようし【西洋紙】 ⇩1364ジベー ようし〔洋紙〕

せいようはっか【西洋はっか】 名詞 「ペパーミント」の別《べつ》の名《な》まえ。

せいようりょうり【西洋料理】 名詞 西洋《せいよう》風《ふう》の料理《りょうり》。洋食《ようしょく》。

せいらい【生来】 名詞 ❶生《う》まれつき。例 生来、あわてんぼうだ。❷生《う》まれてから今《いま》まで。例 母《はは》は生来、人《ひと》をうらんだことがないという。

せいり【生理】 名詞 ❶生物《せいぶつ》が生《い》きていくために必要《ひつよう》な体《からだ》のはたらき。例 くしゃみは生理現象《げんしょう》の一《ひと》つだ。❷⇩422ジベー げっけい

せいり【整理】 名詞 動詞 ❶きちんとかたづけること。例 引《ひ》き出《だ》しの中《なか》を整理する。類 整頓《せいとん》。❷いらないものをとり除《のぞ》くこと。例 古《ふる》い服《ふく》を整理した。

ぜいりし【税理士】 名詞 税金《ぜいきん》についての書類《しょるい》の作成《さくせい》や税金《ぜいきん》の申告《しんこく》などの仕事《しごと》をする人《ひと》。専門《せんもん》の資格《しかく》を持《も》つ。

せいりつ【成立】 名詞 動詞 ❶ものごとができ上《あ》がること。例 来年度《らいねんど》の予《よ》算《さん》が成立する／新《あたら》しい法律《ほうりつ》が成立する。❷話《はなし》がまとまること。例 取《と》り引《ひ》きが成立した。

ぜいりつ【税率】 名詞 税金《ぜいきん》をかける割合《わりあい》。

せいりゅう【清流】 名詞 きれいにすんだ水《みず》の流《なが》れ。対 濁流《だくりゅう》。

せいりゅう【整流】 名詞 交流《こうりゅう》の電流《でんりゅう》を直《ちょく》流《りゅう》にかえること。

せいりょう【声量】 名詞 声《こえ》の強《つよ》さ、大《おお》きさや豊《ゆた》かさ。例 あの歌手《かしゅ》は声量が豊《ゆた》かだ。

せいりょういんりょう【清涼飲料】 名詞 飲《の》むとさわやかな感《かん》じがする、アルコールをふくまない飲《の》み物《もの》。サイダーやコーラ、ジュースなど。「清涼飲料水《せいりょういんりょうすい》」ともいう。

せいりょく【勢力】 名詞 ほかのものをおさえて、自分《じぶん》の思《おも》うままに動《うご》く力《ちから》。勢《いきお》い。例 台風《たいふう》が勢力を強《つよ》める／新人政治家《しんじんせいじか》が勢力をのばす。

せいりょく【精力】 名詞 心《こころ》や体《からだ》をはたらかせるもとになる力《ちから》。例 研究《けんきゅう》に精力を注《そそ》ぐ。類 活《かっ》力《りょく》。

せいれい【政令】 名詞 憲法《けんぽう》や法律《ほうりつ》で決《き》められたことを実施《じっし》するために、内閣《ないかく》が出《だ》す命令《めいれい》。

せいれい【精励】 名詞 動詞 仕事《しごと》や勉強《べんきょう》などに、いっしょうけんめいはげむこと。

せいれい【精霊】 名詞 ❶死《し》んだ人《ひと》のたましい。「しょうりょう」ともいう。❷山《やま》・川《かわ》・植物《しょくぶつ》・動物《どうぶつ》など、この世《よ》のすべてのものに宿《やど》っていると考《かんが》えられるたましい。

せいれいしていとし【政令指定都市】 名詞 人口五十万人以上《じんこうごじゅうまんにんいじょう》の、指定《してい》された都市《とし》。ふつうの都市《とし》にはない権限《けんげん》が認《みと》められる。

せいれき【西暦】 名詞 イエス＝キリストが生《う》まれたとされる年《とし》を元年《がんねん》（＝最初《さいしょ》の年《とし》）として数《かぞ》える、年代《ねんだい》の数《かぞ》え方《かた》。例 令和元年《れいわがんねん》は西暦二〇一九年《ねん》です。参考 西暦元年《せいれきがんねん》より前《まえ》は、逆《ぎゃく》に数《かぞ》えて「紀元前何年《きげんぜんなんねん》」という。

せいれつ【整列】 名詞 動詞 きちんと列《れつ》をつくって並《なら》ぶこと。例 校庭《こうてい》で全員《ぜんいん》が整列する。

せいれん【精錬】 名詞 動詞 鉱石《こうせき》からとった金《きん》属《ぞく》から、混《ま》じり物《もの》をとり除《のぞ》いて質《しつ》のよいものにすること。例 銅《どう》を精錬する。

せいれんけっぱく【清廉潔白】 ⇩731ジベー 四字熟語

せいろう 名詞 食《た》べ物《もの》を蒸《む》す道具《どうぐ》。底《そこ》のすのこの上《うえ》に食《た》べ物《もの》を置《お》き、湯《ゆ》をわかしたかまやなべにのせて使《つか》う。せいろ。ことば 漢字《かんじ》では「蒸籠」と書《か》く。

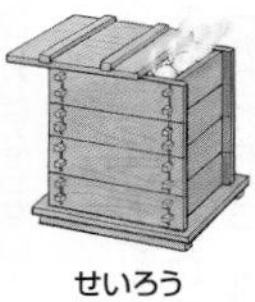
せいろう

せいろくかくけい【正六角形】 名詞 六《むっ》つの辺《へん》の長《なが》さが等《ひと》しい六角形《ろくかくけい》。せいろっかくけい。せいろっかっけい。

せいろん【正論】 名詞 正《ただ》しい議論《ぎろん》や意見《いけん》。

セーター (sweater) 名詞 季語冬 毛糸《けいと》などで編《あ》んだ上着《うわぎ》。とくに、頭《あたま》からかぶって着《き》るものをいう。

セーニョ (イタリア語) 名詞 楽譜《がくふ》に使《つか》われる記《き》号《ごう》「𝄋」のこと。ことば イタリア語《ご》で「記号《きごう》」「目印《めじるし》」という意味《いみ》。

セーヌがわ【セーヌ川】 名詞 フランスの北《ほく》

あいうえお　かきくけこ　さしすせそ　せ　たちつてと　なにぬねの　はひふへほ　まみむめも　や ゆ よ　らりるれろ　わ を ん

四字熟語 人跡未踏《じんせきみとう》　人《ひと》のしるす足《あし》あと（人跡《じんせき》）がまだふまれていない（未踏《みとう》）という意味《いみ》で、人間《にんげん》がま

部《ぶ》を流《なが》れる川《かわ》。パリを通《とお》って、イギリス海峡《かいきょう》に注《そそ》ぐ。

セーフ（safe）名詞 ❶野球《やきゅう》で、ランナーが生《い》きること。対 アウト。❷テニスなどで、ボールが決《き》められた線《せん》の内側《うちがわ》に入《はい》ること。対 アウト。

セーブ（save）名詞 動詞 ❶出《だ》しすぎないように、おさえること。例 力《ちから》をセーブして投《な》げる／声《こえ》の大《おお》きさをセーブする。❷コンピューターなどで、データを保存《ほぞん》すること。❸野球《やきゅう》で、救援投手《きゅうえんとうしゅ》がリードを守《まも》ったまま試合終了《しあいしゅうりょう》まで投《な》げること。例 セーブポイント。

セーラーふく【セーラー服】 名詞 水兵《すいへい》の上着《うわぎ》に似《に》せてつくった、えりの大《おお》きな服《ふく》。女子生徒《じょしせいと》の制服《せいふく》などにする。

セーラーふく

セール（sale）名詞 ふだんより特別《とくべつ》に安《やす》く売《う》ること。売《う》り出《だ》し。例 年末《ねんまつ》セール。

セールスマン（salesman）名詞 家《いえ》や会社《かいしゃ》に出《で》かけて行《い》って、商品《しょうひん》を売《う》り広《ひろ》める仕事《しごと》をする人《ひと》。

せおいこむ【背負い込む】 ↓628ページ しょいこむ❷

せおいなげ【背負い投げ】 名詞 柔道《じゅうどう》で、相手《あいて》のうでをとり、背中《せなか》に乗《の》せて投《な》げるわざ。

せおう【背負う】 動詞 ❶背中《せなか》に乗《の》せる。例 リュックサックを背負う／妹《いもうと》を背負う。❷仕事《しごと》や責任《せきにん》などを引《ひ》き受《う》ける。例 一家《いっか》を背負って働《はたら》いている。ことば「しょう」ともいう。

せおよぎ【背泳ぎ】 名詞 季語 夏 泳《およ》ぎ方《かた》の一《ひと》つ。あお向《む》けになって泳《およ》ぐ泳《およ》ぎ方《かた》。「背泳《はいえい》」「バックストローク」ともいう。

せかい【世界】 名詞 ❶地球上《ちきゅうじょう》のすべてのところ。例 世界平和《へいわ》。❷世《よ》の中《なか》。社会《しゃかい》。例 ボランティア活動《かつどう》は広《ひろ》い世界を知《し》るよい機会《きかい》だ。❸同《おな》じなかまの集《あつ》まり。例 動物《どうぶつ》の世界。

せかいいさん【世界遺産】 名詞 人類《じんるい》の宝《たから》として世界的《せかいてき》に守《まも》っていくために、「世界遺産条約《せかいいさんじょうやく》」にもとづいて定《さだ》められた、いろいろな文化財《ぶんかざい》や自然《しぜん》。歴史《れきし》のある建物《たてもの》や遺跡《いせき》などの「文化遺産《ぶんかいさん》」と、貴重《きちょう》な生物《せいぶつ》や地形《ちけい》がある地域《ちいき》などの「自然遺産《しぜんいさん》」がある。↓719ページ 社会へのとびら

せかいいさんじょうやく【世界遺産条約】 名詞 一九七二年《ねん》に、昔《むかし》の人々《ひとびと》が残《のこ》した建物《たてもの》・遺跡《いせき》や美《うつく》しい自然《しぜん》などを、人類《じんるい》の宝《たから》として守《まも》っていこうと決《き》めた条約《じょうやく》。正《ただ》しくは「世界《せかい》の文化遺産及《ぶんかいさんおよ》び自然遺産《しぜんいさん》の保護《ほご》に関《かん》する条約《じょうやく》」という。

せかいいきおくいさん【世界記憶遺産】 ↓718ページ せかいのきおく

せかいきろく【世界記録】 名詞 競技《きょうぎ》などで、世界《せかい》でいちばんすぐれた成績《せいせき》。

せかいしぜんいさん【世界自然遺産】 名詞 人類《じんるい》の宝《たから》として世界的《せかいてき》に守《まも》っていくために、「世界遺産条約《せかいいさんじょうやく》」にもとづいて定《さだ》められた、貴重《きちょう》な生物《せいぶつ》や地形《ちけい》などがある地域《ちいき》。

せかいしょくりょうけいかく【世界食糧計画】 名詞 国際連合《こくさいれんごう》の機関《きかん》の一《ひと》つ。食糧《しょくりょう》に困《こま》っている国《くに》や災害《さいがい》にあった国《くに》などに、食糧《しょくりょう》の援助《えんじょ》を行《おこな》う。「ＷＦＰ《ダブリューエフピー》」ともいう。

せかいじんけんせんげん【世界人権宣言】 名詞 一九四八年《ねん》に国連《こくれん》で採択《さいたく》された宣言《せんげん》。人々《ひとびと》がおたがいに尊重《そんちょう》しなければならない人権《じんけん》の基準《きじゅん》を示《しめ》したもの。

せかいたいせん【世界大戦】 名詞 世界的《せかいてき》な規模《きぼ》の戦争《せんそう》。とくに、一九一四年《ねん》から一九一八年《ねん》の第一次世界大戦《だいいちじせかいたいせん》と、一九三九年《ねん》から一九四五年《ねん》までの第二次世界大戦《だいにじせかいたいせん》を指《さ》す。

せかいてき【世界的】 形容動詞 ❶世界《せかい》じゅうに関係《かんけい》のあるようす。例 海《うみ》のよごれは世界的に重要《じゅうよう》な問題《もんだい》だ。❷世界《せかい》じゅうに知《し》られるほどにすぐれているようす。例 世界的な映画《えいが》かんとく。

せかいのきおく【世界の記憶】 名詞 世界的《せかいてき》に重要《じゅうよう》な記録物《きろくぶつ》を保存《ほぞん》・公開《こうかい》し、後世《こうせい》に伝《つた》えていく、ユネスコの事業《じぎょう》。書物《しょもつ》・楽譜《がくふ》・写真《しゃしん》などが登録《とうろく》される。「世界記憶遺産《せかいきおくいさん》」ともいう。

せかいぶんかいさん【世界文化遺産】

しいものが、古《ふる》いものにとってかわること。また、生物《せいぶつ》が、食物《しょくもつ》や水《みず》などの、生《い》きるために必要《ひつよう》なものを体《からだ》に

名詞 人類《じんるい》の宝《たから》として世界的《せかいてき》に守《まも》っていくために、「世界遺産条約《せかいいさんじょうやく》」にもとづいて定《さだ》められた、歴史《れきし》のある建物《たてもの》や遺跡《いせき》などの文化財《ぶんかざい》。

せかいぼうえききかん【世界貿易機関】 名詞 世界《せかい》の国々《くにぐに》が自由《じゆう》に貿易《ぼうえき》できるように、ルールをつくったり争《あらそ》いを処理《しょり》したりする国際的《こくさいてき》な組織《そしき》。「WTO《ダブリューティーオー》」ともいう。

せかいほけんきかん【世界保健機関】 ⇩809ページ ダブリューエッチオー

せかす 動詞 急《いそ》がせる。せき立《た》てる。例 のんびり着《き》がえをしている妹《いもうと》をせかす。

せかせか[と] 副詞 動詞 いそがしそうで、落《お》ち着《つ》きのないようす。例 せかせかと歩《ある》く。

ぜがひでも【是が非でも】 何《なに》がなんでも。どうしても。例 是が非でも最後《さいご》までやりとげよう。ことば「是非《ぜひ》」を強《つよ》めていうことば。

せがむ 動詞 無理《むり》にたのむ。ねだる。例 父《ちち》にせがんで望遠鏡《ぼうえんきょう》を買《か》ってもらう。

せがれ 名詞 自分《じぶん》のむすこをへりくだっていうことば。また、他人《たにん》のむすこを乱暴《らんぼう》にいうことば。

セカンド (second) 名詞 ❶第二《だいに》。二番目《にばんめ》。関連 ファースト。サード。❷野球《やきゅう》で、二塁《にるい》。また、二塁《にるい》を守《まも》る人《ひと》。関連 ファースト。サード。❸⇩722ページ セコンド❷

せき 名詞 季語 冬 かぜをひいたり、むせたりしたときなどに、のどや気管《きかん》が刺激《しげき》されて出《で》る、短《みじか》く強《つよ》い息《いき》。ことば 漢字《かんじ》では「咳」と書《か》く。

せき 名詞 水《みず》の流《なが》れをとめたり、調節《ちょうせつ》したりするために、川《かわ》の中《なか》や湖《みずうみ》などの流《なが》れ口《ぐち》につくった仕切《しき》り。ことば 漢字《かんじ》では「堰」と書《か》く。

● **せきを切《き》ったように** がまんしていたものなどが、一度《いちど》に外《そと》に出《で》るようす。例 こらえていたなみだが、せきを切ったようにあふれた。

せき【夕】 漢 ⇩1348ページ ゆう〔夕〕

漢 **せき【石】**〔石《いし》〕 5画 1年 音 セキ・シャク・コク 訓 いし

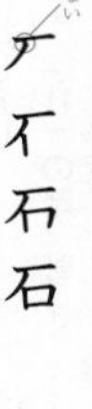

❶いし。例 石段《いしだん》／磁石《じしゃく》／宝石《ほうせき》。❷かたいことのたとえ。例 石頭《いしあたま》。❸昔《むかし》、日本《にほん》で使《つか》われていた容積《ようせき》の単位《たんい》。一石《いっこく》は約百八十《やくひゃくはちじゅう》リットル。例 石高《こくだか》。

漢 **せき【赤】**〔赤《あか》〕 7画 1年 音 セキ・シャク 訓 あか・あかい・あからむ・あからめる

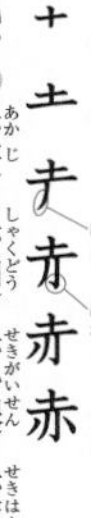

❶あかい。例 赤字《あかじ》／赤銅《しゃくどう》／赤外線《せきがいせん》／赤飯《せきはん》。❷まこと。まごころ。例 赤心《せきしん》。❸体《からだ》のほかに何《なに》もない。例 赤貧《せきひん》／赤裸裸《せきらら》。

せき【昔】 漢 ⇩1284ページ むかし〔昔〕

せき【席】 名詞 ❶すわるための場所《ばしょ》。例 席につく／指定席《していせき》。

辞典《じてん》の外《そと》に飛《と》びだそう!

社会《しゃかい》へのとびら

世界遺産《せかいいさん》

地球《ちきゅう》の宝《たから》を守《まも》る

地球《ちきゅう》には、かけがえのない美《うつく》しい自然《しぜん》や、昔《むかし》の人々《ひとびと》が残《のこ》してくれたすばらしい建物《たてもの》や遺跡《いせき》がある。でも、災害《さいがい》や戦争《せんそう》、土地《とち》の開発《かいはつ》などのために、なくなってしまいそうな自然《しぜん》や文化財《ぶんかざい》はとても多《おお》いんだ。

これらを世界《せかい》のみんなで守《まも》っていくため、ユネスコ（＝国連教育科学文化機関《こくれんきょういくかがくぶんかきかん》）が中心《ちゅうしん》になって進《すす》めているのが、世界遺産《せかいいさん》のとりくみだ。

? なぜ世界遺産条約《せかいいさんじょうやく》ができたの？

1960年《ねん》、エジプト政府《せいふ》は、ナイル川上流《がわじょうりゅう》にアスワンハイダムという大《おお》きなダムをつくり始《はじ》めた。ところが、このダムが完成《かんせい》すると、古代《こだい》エジプトのたくさんの貴重《きちょう》な遺跡《いせき》が水没《すいぼつ》してしまうことになる。

そこでユネスコは、これらの遺跡《いせき》を別《べつ》の場所《ばしょ》に移《うつ》すことを決《き》めた。この時《とき》「人類共通《じんるいきょうつう》の遺産《いさん》をみんなで守《まも》ろう」という考《かんが》え方《かた》が広《ひろ》がり、1972年《ねん》に世界遺産条約《せかいいさんじょうやく》が誕生《たんじょう》したんだ。

日本《にほん》の世界遺産《せかいいさん》を知《し》ろう！

日本《にほん》にも、白神山地《しらかみさんち》や屋久島《やくしま》、法隆寺《ほうりゅうじ》、原爆《げんばく》ドーム、富士山《ふじさん》など多《おお》くの世界遺産《せかいいさん》がある。きみはいくつ知《し》っているかな？　また、それらはなぜ世界遺産《せかいいさん》に選《えら》ばれたのか、調《しら》べて考《かんが》えてみよう。

もっとしらべてみよう！

●参考図書《さんこうとしょ》

「講談社《こうだんしゃ》の動《うご》く図鑑《ずかん》MOVE《ムーブ》　世界遺産《せかいいさん》」（講談社《こうだんしゃ》）

●参考《さんこう》ホームページ

「世界遺産《せかいいさん》　富士山《ふじさん》とことんガイド」（静岡県《しずおかけん》）

http://www.fujisan223.com/

四字熟語 **新陳代謝《しんちんたいしゃ》**　「新《しん》」は新《あたら》しいもの、「陳《ちん》」は古《ふる》いもの、「代《たい》」「謝《しゃ》」は入《い》れかわるという意味《いみ》で、新《あたら》しいものをとり入《い》れ、いらなくなったものをあせや便《べん》などにして体《からだ》の外《そと》に出《だ》すこと。

❷会場《かいじょう》。例 お祝《いわ》いの席。

漢 **せき【席】**〔巾《はば》〕10画 4年 音 セキ 訓

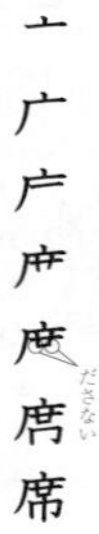

❶せき。すわるところ。例 席順《せきじゅん》／客席《きゃくせき》／欠席《けっせき》／座席《ざせき》。❷地位《ちい》・成績《せいせき》などの順位《じゅんい》。例 席次《せきじ》／首席《しゅせき》。❸たくさんの人《ひと》がすわるところ。会場《かいじょう》。例 席上《せきじょう》。

-せき【隻】 接尾語 （数《かず》を表《あらわ》すことばのあとにつけて）ふねの数《かず》を示《しめ》すことば。例 一隻《いっせき》の貨物《かもつ》船《せん》。ことば ボートなどの小《ち》さいふねは「そう」で数《かぞ》えることもある。

漢 **せき【責】**〔貝《かい》〕11画 5年 音 セキ 訓 せめる

❶せめる。とがめる。例 自責《じせき》。❷しなければならないつとめ。例 責任《せきにん》／責務《せきむ》／重責《じゅうせき》。

せき【関】 名詞 「関所《せきしょ》」のこと。例 白河《しらかわ》の関。

漢 ↓296ページ かん〔関〕

●**関《せき》の山《やま》** ↓721ページ せきのやま

せき【積】 名詞 かけ算《ざん》の答《こた》え。対 商《しょう》。

漢 **せき【積】**〔禾《のぎへん》〕16画 4年 音 セキ 訓 つむ・つもる

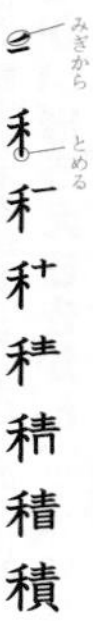

❶つむ。つもる。例 積雪《せきせつ》／山積《さんせき》／蓄積《ちくせき》。❷ひろさ。かさ。例 体積《たいせき》／面積《めんせき》／容積《ようせき》。❸かけ算《ざん》のこたえ。対 商《しょう》。

漢 **せき【績】**〔糸《いとへん》〕17画 5年 音 セキ 訓

❶まゆ・わたなどから糸《いと》を引《ひ》き出《だ》す。つむぐ。例 紡績《ぼうせき》。❷仕事《しごと》の結果《けっか》。例 業績《ぎょうせき》／実績《じっせき》／成績《せいせき》。

せき【籍】 名詞 ❶戸籍《こせき》。例 生《う》まれた町《まち》に籍がある。❷ある団体《だんたい》に所属《しょぞく》していること。例 サッカー部《ぶ》に籍をおく。

せきうん【積雲】 名詞 むくむくと盛《も》り上《あ》がった、綿《わた》のような雲《くも》。

せきえい【石英】 名詞 花《か》こう岩《がん》などにふくまれている、ガラスのようなつやがある鉱物《こうぶつ》。ガラスや瀬戸《せと》物《もの》などの原料《げんりょう》になる。参考 石英《せきえい》の結晶《けっしょう》を水晶《すいしょう》という。

せきがいせん【赤外線】 名詞 太陽《たいよう》の光《ひかり》をプリズムを通《とお》して分《わ》けたとき、赤色《あかいろ》の外側《そとがわ》にある、目《め》には見《み》えない光線《こうせん》。病気《びょうき》の治療《ちりょう》や情報《じょうほう》通信《つうしん》などに使《つか》われる。「熱線《ねっせん》」ともいう。例 赤外線通信《つうしん》。対 紫外線《しがいせん》。

せきがはら【関ヶ原】 名詞 岐阜県《ぎふけん》の南西部《なんせいぶ》にある場所《ばしょ》。一六〇〇年《ねん》に、徳川家康《とくがわいえやす》らの軍《ぐん》と石田三成《いしだみつなり》らの軍《ぐん》との、天下《てんか》分《わ》け目《め》の戦《たたか》いがあった。ことば 勝負《しょうぶ》や運命《うんめい》を決《き》める大事《だいじ》なときという意味《いみ》で使《つか》われることもある。

せきがはらのたたかい【関ヶ原の戦い】 名詞 一六〇〇年《ねん》、徳川家康《とくがわいえやす》らの軍《ぐん》と石田《いしだ》三成《みつなり》らの軍《ぐん》が争《あらそ》った大《おお》きな戦《たたか》い。徳川家康《とくがわいえやす》の軍《ぐん》が勝《か》ち、日本全国《にほんぜんこく》を支配《しはい》するようになった。

せきこむ【せき込む】 動詞 続《つづ》けて激《はげ》しくせきをする。例 お茶《ちゃ》にむせてせき込む。

せきこむ【せき込む】 動詞 急《いそ》ぎ、あせる。例 せき込んでたずねる。ことば 漢字《かんじ》では「急き込む」と書《か》く。

せきさい【積載】 名詞 動詞 船《ふね》や自動車《じどうしゃ》などに、荷物《にもつ》を積《つ》みこむこと。例 積載制限《せいげん》をこえる。類 搭載《とうさい》。

せきざい【石材】 名詞 家《いえ》や橋《はし》、彫刻《ちょうこく》などの材料《ざいりょう》として使《つか》う石《いし》。

せきじ【席次】 名詞 ❶すわる席《せき》の順序《じゅんじょ》。類 席順《せきじゅん》。❷成績《せいせき》の順番《じゅんばん》。例 席次が上《あ》がる。類 席順《せきじゅん》。

せきしつ【石室】 名詞 ❶石《いし》でつくった部屋《へや》。岩《いわ》のすきまを利用《りよう》したほら穴《あな》。❷古墳《こふん》の中《なか》にある、死者《ししゃ》を置《お》くための、石《いし》でつくった部屋《へや》。たて穴式《あなしき》と横穴式《よこあなしき》がある。

せきじつ【昔日】 名詞 過《す》ぎ去《さ》った昔《むかし》。例 昔日の栄光《えいこう》。類 往時《おうじ》。

せきじゅうじ【赤十字】 名詞 ❶白地《しろじ》に赤《あか》の十字《じゅうじ》の形《かたち》をかいたしるし。❷「赤十字社《せきじゅうじしゃ》」の略《りゃく》。戦《せん》争《そう》のとき、敵味方《てきみかた》の区別《くべつ》なく傷《きず》ついた人《ひと》を救《すく》う国際的《こくさいてき》な団体《だんたい》。平和《へいわ》なときは、病人《びょうにん》や災害《さいがい》に

せきじゅうじ❷
（マーク）

あった人《ひと》を助《たす》けるなどの活動《かつどう》をする。一八六四年《ねん》、スイス人《じん》のデュナンらの力《ちから》でつくられた。

せきじゅん【席順】 名詞 ❶すわる席《せき》の順序《じゅんじょ》。類 席次《せきじ》。❷成績《せいせき》の順番《じゅんばん》。類 席次《せきじ》。

せきじゅん【石じゅん】 名詞 しょう乳洞《にゅうどう》のゆかから、たけのこのように上《うえ》にのびているもの。天井《てんじょう》からしたたり落《お》ちるしずくの中《なか》の炭酸《たんさん》カルシウムが積《つ》もって、長《なが》い年月《ねんげつ》をかけてできる。

せきしょ【関所】 名詞 昔《むかし》、国境《くにざかい》や大切《たいせつ》な道《みち》で、通《とお》る人《ひと》や荷物《にもつ》を調《しら》べたり、通行料《つうこうりょう》をとったりしたところ。関《せき》。例 箱根《はこね》の関所。

せきしょ

せきじょう【席上】 名詞 会《かい》が開《ひら》かれている場《ば》。例 会議《かいぎ》の席上での発言《はつげん》。

せきしん【赤心】 名詞 うそやかざりのない、ありのままの心《こころ》。真心《まごころ》。

せきずい【脊髄】 名詞 背骨《せぼね》の中《なか》を通《とお》って脳《のう》につながる神経《しんけい》の束《たば》。脳《のう》と体《からだ》の部分《ぶぶん》とをつなぐ。

せきせいいんこ 名詞 いんこのなかまの鳥《とり》。オーストラリア原産《げんさん》。飼《か》い鳥《どり》として人気《にんき》があり、羽《はね》の色《いろ》は、黄《き》・青《あお》・白《しろ》などいろいろある。くちばしの付《つ》け根《ね》が青《あお》いものが、おす。

せきせいいんこ

せきせつ【積雪】 名詞 降り積もった雪。

せきせつりょう【積雪量】 名詞 降《ふ》った雪《ゆき》がとけないで地面《じめん》に残《のこ》っている厚《あつ》さ。

せきぞう【石像】 名詞 石《いし》をほってつくった像《ぞう》。

せきたかかず【関孝和】 名詞 （一六四〇ごろ～一七〇八）江戸時代《えどじだい》の数学者《すうがくしゃ》。日本《にほん》に古《ふる》くからあった数学《すうがく》（＝和算《わさん》）を進歩《しんぽ》させた。

せきたてる【せき立てる】 動詞 早《はや》くするように急《いそ》がせる。例 父《ちち》は、母《はは》にせき立てられて、やっと出《で》かけた。

せきたん【石炭】 名詞 季語 冬 大昔《おおむかし》の植物《しょくぶつ》が、地中《ちちゅう》に長《なが》い間《あいだ》うまっているうちに変化《へんか》してできた物質《ぶっしつ》。燃料《ねんりょう》や化学工業《かがくこうぎょう》の原料《げんりょう》として使《つか》われる。泥炭《でいたん》・褐炭《かったん》・無煙炭《むえんたん》などの種類《しゅるい》がある。

せきたんガス【石炭ガス】 名詞 石炭《せきたん》を空気《くうき》にふれないようにして熱《ねっ》したときに出《で》るガス。燃料《ねんりょう》に使《つか》う。

せきちゅう【脊柱】 ↓729ページ せぼね

せきつい【脊椎】 名詞 背骨《せぼね》をつくっている一《ひと》つ一つの骨《ほね》。また、背骨全体《せぼねぜんたい》のこと。

せきついどうぶつ【脊椎動物】 名詞 背骨《せぼね》のある動物《どうぶつ》。哺乳類《ほにゅうるい》・鳥類《ちょうるい》・は虫類《ちゅうるい》・両生類《りょうせいるい》・魚類《ぎょるい》など。

せきとう【石塔】 名詞 ❶石《いし》でつくった塔《とう》。❷墓石《ぼせき》。

せきどう【赤道】 名詞 地球《ちきゅう》の北極《ほっきょく》と南極《なんきょく》から同じきょりで、地球上をぐるりとめぐる線。この線《せん》を〇度《ど》として緯度《いど》を決《き》める。

せきどう

せきとめる【せき止める】 動詞 水《みず》の流《なが》れやものごとの進行《しんこう》などを、さえぎって止《と》める。通《とお》れないようにする。例 土砂《どしゃ》くずれで川《かわ》がせき止められる。

せきとり【関取】 名詞 すもうで、十両以上《じゅうりょういじょう》の人《ひと》を呼《よ》ぶ名《な》。

せきにん【責任】 名詞 自分《じぶん》が引《ひ》き受《う》けてしなければならない務《つと》め。例 責任を果《は》たす。

せきにんかん【責任感】 名詞 自分《じぶん》のやるべきことを、最後《さいご》までやりとげようとする気持《きも》ち。例 責任感のある人《ひと》／責任感が強《つよ》い。

せきにんしゃ【責任者】 名詞 ある組織《そしき》や仕事《しごと》の、責任《せきにん》をとる立場《たちば》の人《ひと》。

せきのやま【関の山】 名詞 これ以上《いじょう》はできないという、ぎりぎりのところ。せいぜい。例 三級合格《さんきゅうごうかく》が関の山だ。ことば「関《せき》」は今《いま》の三重県《みえけん》にある土地《とち》の名《な》。「山《やま》」は山車《だし》（＝祭《まつ》りのときに引《ひ》く、かざりつけた車《くるま》）のこと。関《せき》でつくられた山車《だし》が、これ以上《いじょう》ないほどにりっぱだったことからきたことば。

せきはい【惜敗】 名詞 動詞 試合《しあい》で、おしいところで負《ま》けること。例 五対四《ごたいよん》で惜敗した。

せきばらい【せき払い】 名詞 動詞 自分《じぶん》がいることを人《ひと》に示《しめ》したり、のどの調子《ちょうし》を整《ととの》えたりするために、わざとせきをすること。例 演説《えんぜつ》を始《はじ》める前《まえ》に、大《おお》きくせき払いをした。

せきはん【赤飯】 名詞 もち米《ごめ》にあずきを混《ま》ぜ

四字熟語 森羅万象《しんらばんしょう》 「森羅《しんら》」はものがたくさんあるようす、「万象《ばんしょう》」はさまざまな形《かたち》のことで、宇宙《うちゅう》にて蒸《む》したごはん。お祝《いわ》いのときなどに作《つく》ったり食《た》べたりする。

せきひ【石碑】 名詞 ❶記念《きねん》のために、石《いし》に文字《もじ》を刻《きざ》んで建《た》てたもの。❷墓石《ぼせき》。

せきひん【赤貧】 名詞 非常《ひじょう》に貧乏《びんぼう》なこと。

せきぶつ【石仏】 名詞 石《いし》でつくったり、岩《いわ》に刻《きざ》んだりした仏《ほとけ》の像《ぞう》。いしぼとけ。

せきべつ【惜別】 名詞 別《わか》れをおしむこと。例 惜別の情《じょう》。

せきぼく【石墨】 ↓469ジペー こくえん〔黒鉛〕

せきむ【責務】 名詞 しなければならない務《つと》め。例 責務を果《は》たす。

せきめん【赤面】 名詞 動詞 はずかしくて顔《かお》が赤《あか》くなること。例 人前《ひとまえ》で転《ころ》び、赤面した。

せきもり【関守】 名詞 昔《むかし》、関所《せきしょ》を守《まも》った役《やく》人《にん》。

せきゆ【石油】 名詞 ❶大昔《おおむかし》の生物《せいぶつ》が地中《ちちゅう》にうまってできたといわれる油《あぶら》。地中《ちちゅう》からとったままのものを原油《げんゆ》といい、これからガソリン・軽油《けいゆ》・灯油《とうゆ》・重油《じゅうゆ》などがつくられる。燃料《ねんりょう》や化学工業《かがくこうぎょう》の原料《げんりょう》として使《つか》う。❷「灯油《とうゆ》」のこと。例 石油ストーブ。

せきゆストーブ【石油ストーブ】 名詞 灯《とう》油《ゆ》を燃料《ねんりょう》とするストーブ。

セキュリティー (security) 名詞 安全《あんぜん》を守《まも》ったり、犯罪《はんざい》を防《ふせ》いだりすること。保安《ほあん》。防犯《ぼうはん》。例 学校《がっこう》のセキュリティーを強化《きょうか》する。

せきらら【赤裸裸】 形容動詞 何《なに》もかくさずに、ありのままであるようす。例 真実《しんじつ》を赤裸々に話《はな》す。

せきらんうん【積乱雲】 名詞 季語夏 山《やま》のように盛《も》り上《あ》がった大《おお》きな雲《くも》。夏《なつ》によくでき、にわか雨《あめ》やかみなりを起《お》こす。

せきり【赤痢】 名詞 赤痢菌《せきりきん》によって起《お》こる感《かん》染症《せんしょう》。高《たか》い熱《ねつ》が出《で》て、おなかが激《はげ》しく痛《いた》んだり、血《ち》の混《ま》じった下痢《げり》をしたりする。

せきりきん【赤痢菌】 名詞 赤痢《せきり》を発生《はっせい》させる細菌《さいきん》。一八九七年《ねん》に、志賀《しが》潔《きよし》によって発見《はっけん》された。

せきるい【石塁】 名詞 敵《てき》を防《ふせ》ぐために、石《いし》を積《つ》み上《あ》げてつくった土手《どて》のようなもの。

せきわけ【関脇】 名詞 すもうの番付《ばんづけ》で、大関《おおぜき》の下《した》、小結《こむすび》の上《うえ》の位《くらい》。三役《さんやく》の一《ひと》つ。

せく 動詞 ❶早《はや》くしようとして気持《きも》ちがいらいらする。例 気《き》がせく。類 焦《あせ》る。❷息《いき》が激《はげ》しくなる。例 坂《さか》をかけ上《のぼ》ったので、息《いき》がせいて苦《くる》しい。
ことば 漢字《かんじ》では「急く」と書《か》く。

セクシャルハラスメント (sexual harassment) 名詞 ことばや行動《こうどう》による性的《せいてき》ないやがらせ。略《りゃく》して「セクハラ」ともいう。

セクハラ ↓722ジペー セクシャルハラスメント

せけん【世間】 名詞 ❶世《よ》の中《なか》。社会《しゃかい》。例 大学《だいがく》を卒業《そつぎょう》して世間に出《で》る。❷世《よ》の中《なか》の人々《ひとびと》。例 世間の口はうるさい。❸つきあい。例 おじは世間が広《ひろ》い。

せけんしらず【世間知らず】 名詞 形容動詞 世《よ》の中《なか》のことをよく知《し》らないこと。また、そのような人《ひと》。例 世間知らずな若者《わかもの》。

せけんてい【世間体】 名詞 世《よ》の中《なか》の人々《ひとびと》が見《み》て、どう思《おも》うかということ。例 世間体ばかり気《き》にしている。

せけんばなし【世間話】 名詞 世《よ》の中《なか》のできごとやうわさなどについての、気軽《きがる》な話《はなし》。

せこう【施工】 ↓566ジペー しこう〔施工〕

せこう【施行】 ↓566ジペー しこう〔施行〕❷

セコンド (second) 名詞 ❶時間《じかん》の単位《たんい》。秒《びょう》。❷ボクシングで、選手《せんしゅ》の世話《せわ》をする人《ひと》。セカンド。

セザンヌ 名詞 (一八三九〜一九〇六) フランスの画家《がか》。見《み》たままを写《うつ》すのではない、独自《どくじ》の画風《がふう》をひらいた。二十世紀《にじっせいき》の絵画《かいが》に大《おお》きなえいきょうをあたえた。

せし【セ氏】 名詞 「セ氏温度《しおんど》」の略《りゃく》。水《みず》がこおる温度《おんど》を零度《れいど》、ふっとうする温度《おんど》を百度《ひゃくど》として、その間《あいだ》を百等分《ひゃくとうぶん》した温度《おんど》の測《はか》り方《かた》。また、その温度《おんど》。「摂氏《せっし》」ともいう。記号《きごう》は「℃」。対 カ氏《し》。
ことば 考《かんが》え出《だ》した、スウェーデンの天《てん》文学者《もんがくしゃ》セルシウスの名《な》から「セ氏《し》」という。

せじ【世辞】 名詞 相手《あいて》の機嫌《きげん》をとろうとして、大《おお》げさにほめることば。例 お世辞を言《い》う。

とから、世《よ》の中《なか》のめんどうなことからはなれ、のんびりと自分《じぶん》の思《おも》うままの生活《せいかつ》をすること。

使い方 「お世辞」の形で使うことが多い。

セシウム (cesium) 名詞 金属《きんぞく》をつくる元素《げんそ》の一《ひと》つ。電気《でんき》をよく通《とお》し、光《ひかり》を電流《でんりゅう》に変換《へんかん》する装置《そうち》などに用《もち》いられる。参考 ウランが核分裂《かくぶんれつ》するとき、放射能《ほうしゃのう》を持《も》つセシウムが発生《はっせい》する。

せしゅう【世襲】 名詞 動詞 その家《いえ》の地位《ちい》や財《ざい》産《さん》、職業《しょくぎょう》などを、親《おや》から子《こ》へと代々《だいだい》受《う》けつぐこと。

せじょう【世情】 名詞 世《よ》の中《なか》のようす。例 世情にうとい（＝よく知《し》らない）／世情に明《あか》るい（＝よく知《し》っている）。類 世相《せそう》。

せすじ【背筋】 名詞 背中《せなか》の、背骨《せぼね》に沿《そ》って通《とお》っている細長《ほそなが》いくぼみ。

●**背筋《せすじ》が寒《さむ》くなる** こわくてぞっとする。例 もしかしたら自分《じぶん》が事故《じこ》にあっていたかもしれないと思《おも》うと、背筋が寒くなった。

ゼスチャー ⇒557ジペー ジェスチャー

ぜせい【是正】 名詞 動詞 悪《わる》いところやまちがいなどを改《あらた》めて、正《ただ》しくすること。例 めんどうな手続《てつづ》きのしかたを是正する。

せせこましい 形容詞 ❶せまくてきゅうくつなようす。例 せせこましい部屋《へや》／家《いえ》がせせこましく立《た》ち並《なら》ぶ通《とお》り。❷小《ちい》さなことにこだわって、余裕《よゆう》がないようす。例 せせこましい考《かんが》え方《かた》。

せせらぎ 名詞 川《かわ》の浅《あさ》いところを流《なが》れる水《みず》の音《おと》。また、その流《なが》れ。例 小川《おがわ》のせせらぎ。

せせらわらう【せせら笑う】 動詞 ばかにして笑《わら》う。あざ笑《わら》う。例 鼻《はな》の先《さき》でせせら笑う。

せそう【世相】 名詞 世の中のようすやありさま。例 現代《げんだい》の世相を反映《はんえい》した事件《じけん》。類 世《せ》情《じょう》。

せぞく【世俗】 名詞 ❶ふつうの世《よ》の中《なか》。また、そこに生《い》きる人々《ひとびと》。❷世《よ》の中《なか》の習《なら》わしや習慣《しゅうかん》。例 世俗に従《したが》う。

せたい【世帯】 名詞 住《す》まいや生活《せいかつ》をいっしょにしている人々《ひとびと》の集《あつ》まり。例 この町《まち》には、約《やく》三百《さんびゃく》の世帯がある／結婚《けっこん》して世帯を分《わ》ける。

せだい【世代】 名詞 ❶親《おや》・子《こ》・孫《まご》といったそれぞれの時代《じだい》。例 親《おや》から子《こ》へ世代が交代《こうたい》する。❷同《おな》じ年《とし》ごろの人々《ひとびと》。例 同《どう》世代／若《わか》い世代。

せたけ【背丈】 名詞 背《せ》の高《たか》さ。身長《しんちょう》。

せち【節】 漢 ⇒724ジペー せつ〔節〕

せちがらい【世知辛い】 形容詞 思《おも》いやりや温《あたた》かい心《こころ》が欠《か》けていて、暮《く》らしにくい。例 世知辛い世《よ》の中《なか》。

漢 **せつ【切】** 〔刀〕かたな 4画 2年 音 セツ・サイ 訓 きる・きれる

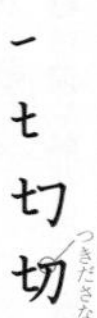

❶刃物《はもの》できる。例 切《き》れ味《あじ》／切断《せつだん》／輪切《わぎ》り。❷強《つよ》くさしせまる。例 切実《せつじつ》／切迫《せっぱく》。❸しきりに。例 切《せつ》に祈《いの》る／切望《せつぼう》／痛切《つうせつ》。❹ていねい。ねんごろ。例 懇切《こんせつ》／親切《しんせつ》。❺すべて。例 一切《いっさい》。

漢 **せつ【折】** 〔扌〕てへん 7画 4年 音 セツ 訓 おる・おり・おれる

❶おる。おれる。例 折《お》り紙／右折／曲折／骨折《せっ》／左折《させつ》。❷くじく。くじける。例 挫折《ざせつ》／名《な》折《お》れ。❸わける。例 折衷《せっちゅう》／折半《せっぱん》。❹とき。機《き》会《かい》。例 折《おり》を見《み》る。

せつ【殺】 漢 ⇒532ジペー さつ〔殺〕

漢 **せつ【接】** 〔扌〕てへん 11画 5年 音 セツ 訓 つぐ

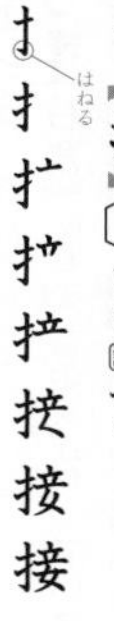

❶つぐ。つなぐ。例 接続《せつぞく》／接着《せっちゃく》／接《つ》ぎ木《き》／溶《よう》接《せつ》。❷近《ちか》づく。例 接近《せっきん》／接戦《せっせん》／間接《かんせつ》／直接《ちょくせつ》。❸人《ひと》に会《あ》う。つきあう。例 接待《せったい》／面接《めんせつ》。

漢 **せつ【設】** 〔言〕ごんべん 11画 5年 音 セツ 訓 もうける

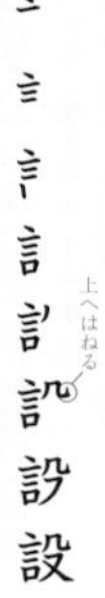

そなえつける。もうける。例 設営《せつえい》／設計《せっけい》／設《せっ》置《ち》／設定《せってい》／設備《せつび》／設問《せつもん》／建設《けんせつ》／新設《しんせつ》／増設《ぞうせつ》。

漢 **せつ【雪】** 〔雨〕あめかんむり 11画 2年 音 セツ 訓 ゆき

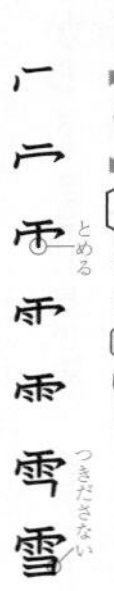

❶ゆき。例 雪原《せつげん》／雪合戦《ゆきがっせん》／残雪《ざんせつ》／除雪《じょせつ》／積雪《せきせつ》／風雪《ふうせつ》。❷すすぐ。ぬぐう。例 雪辱《せつじょく》。

せつ【節】 名詞 ❶ある時期《じき》。折《おり》。例 その節はお世話《せわ》になりました。❷文章《ぶんしょう》などのひと区切《くぎ》り。例 詩《し》の一節《いっせつ》。❸正《ただ》しいと信《しん》じることをおし通《とお》すこと。例 節

四字熟語 **晴耕雨読《せいこううどく》** 晴《は》れた日《ひ》には外《そと》に出《で》て田畑《たはた》を耕《たがや》し、雨《あめ》が降《ふ》ったら家《いえ》にこもって本《ほん》を読《よ》む、というこ

を曲《ま》げない。

㊉ **せつ【節】** 〔⺮〕《たけかんむり》 13画 4年 音 セッ・セチ 訓 ふし

❶ふし。ものがくぎれているところ。例 節穴《ふしあな》／節目《ふしめ》／関節《かんせつ》。❷くぎり。文章《ぶんしょう》のきれめ。例 文節《ぶんせつ》。❸音楽《おんがく》の調子《ちょうし》。ふしまわし。例 義太夫《ぎだゆう》節《ぶし》。❹気候《きこう》のかわりめ。例 節句《せっく》／季節《きせつ》。❺とき。おり。例 時節《じせつ》。❻けじめ。ほどあい。例 節度《せつど》。❼はぶく。倹約《けんやく》する。例 節水《せっすい》／節約《せつやく》。❽しっかりとまもる。みさお。例 節操《せっそう》。

せつ【説】 名詞 ある物事《ものごと》についての意見《いけん》や主張《しゅちょう》。例 新《あたら》しい説を発表《はっぴょう》する。

㊉ **せつ【説】** 〔言〕《ごんべん》 14画 4年 音 セッ・ゼイ 訓 とく

❶とく。よくわかるようにはなす。例 説得《せっとく》／説明《せつめい》／解説《かいせつ》／遊説《ゆうぜい》。❷かんがえ。意見《いけん》。例 学説《がくせつ》／社説《しゃせつ》／論説《ろんせつ》。❸はなし。ものがたり。例 説話《せつわ》／小説《しょうせつ》／伝説《でんせつ》。

ぜつ【舌】 ㊉ ⇩573ジ《ペー》 した〔舌〕

㊉ **ぜつ【絶】** 〔糸〕《いとへん》 12画 5年 音 ゼツ 訓 たえる・たやす・たつ

❶たえる。たちきる。やめる。例 絶交《ぜっこう》／絶望《ぜつぼう》／絶滅《ぜつめつ》／気絶《きぜつ》／断絶《だんぜつ》／根絶《ねだ》やし。❷ことわる。例 拒絶《きょぜつ》／謝絶《しゃぜつ》。❸とびぬけている。非常《ひじょう》に。例 絶景《ぜっけい》／絶好《ぜっこう》／絶賛《ぜっさん》／絶対《ぜったい》／絶大《ぜつだい》。❹とおくはなれる。例 絶海《ぜっかい》。

せつえい【設営】 名詞 動詞 仕事《しごと》やもよおしものなどのために、建物《たてもの》や会場《かいじょう》をつくって準備《じゅんび》すること。例 ステージを設営する。

ぜつえん【絶縁】 名詞 動詞 ❶縁《えん》を切《き》ること。関係《かんけい》をなくすこと。例 絶縁状《じょう》。類 絶交《ぜっこう》。❷電流《でんりゅう》や熱《ねつ》が伝《つた》わらないようにすること。

ぜつえんたい【絶縁体】 名詞 電気《でんき》や熱《ねつ》を伝《つた》えないもの。ガラス・ゴム・瀬戸物《せともの》など。対 導体《どうたい》。

せっかい【切開】 名詞 動詞 病気《びょうき》や傷《きず》を治《なお》すために、体《からだ》の一部《いちぶ》を切《き》り開《ひら》くこと。例 切開手術《しゅじゅつ》。

せっかい【石灰】 名詞 石灰岩《せっかいがん》からつくる白《しろ》い粉《こな》。肥料《ひりょう》・消毒剤《しょうどくざい》・ガラス・セメントなどをつくるのに使《つか》われる。また、運動場《うんどうじょう》などに線《せん》を引《ひ》くときにも使《つか》う。

せつがい【雪害】 名詞 大雪《おおゆき》やなだれによる災害《さいがい》。

ぜっかい【絶海】 名詞 陸地《りくち》から遠《とお》くはなれた海《うみ》。例 絶海の孤島《ことう》。

せっかいがん【石灰岩】 名詞 堆積岩《たいせきがん》の一《ひと》つ。大昔《おおむかし》の動物《どうぶつ》の骨《ほね》や貝殻《かいがら》などが、水《みず》の底《そこ》に積《つ》もってかたまりおし固《かた》められてできた岩《いわ》。「石灰石《せっかいせき》」ともいう。

せっかいすい【石灰水】 名詞 石灰《せっかい》を水《みず》にとかしたもの。二酸化炭素《にさんかたんそ》を吸収《きゅうしゅう》すると白《しろ》くにごる。

せっかいせき【石灰石】 ⇩724ジ《ペー》 せっかいがん

せっかく 副詞 ❶力《ちから》をつくすようす。苦労《くろう》して。わざわざ。例 せっかく来《き》たのに、留守《るす》だ。❷(「せっかくの」の形《かたち》で) たまにしかなく、大事《だいじ》なようす。例 せっかくの休日《きゅうじつ》なのに雨《あめ》だ。

せっかち 名詞 形容動詞 気《き》が短《みじか》く、ものごとを急《いそ》いで進《すす》めたがるようす。また、そのような人《ひと》。例 せっかちな性格《せいかく》。対 のんき。

せっかん【石棺】 名詞 死者《ししゃ》を入《い》れておくための、石《いし》でつくられたひつぎ。

せつがん【接岸】 名詞 動詞 船《ふね》などが岸《きし》に接《せっ》すること。例 タンカーが接岸する。

せっかんせいじ【摂関政治】 名詞 平安時代《へいあんじだい》、摂政《せっしょう》や関白《かんぱく》の地位《ちい》についた藤原氏《ふじわらし》が、天皇《てんのう》の代《か》わりに政治《せいじ》を行《おこな》ったしくみ。

せつがんレンズ【接眼レンズ】 名詞 顕微鏡《けんびきょう》や望遠鏡《ぼうえんきょう》などの、物《もの》を見《み》るとき目《め》に近《ちか》いほうのレンズ。対 対物《たいぶつ》レンズ。

せっき【石器】 名詞 大昔《おおむかし》の人《ひと》が使《つか》っていた、石《いし》でつくった道具《どうぐ》。おのや包丁《ほうちょう》などがある。

せっきじだい【石器時代】 名詞 人類《じんるい》がまだ金属《きんぞく》を知《し》らず、石器《せっき》を使《つか》っていた時代《じだい》。この時代《じだい》から人類《じんるい》の文化《ぶんか》が開《ひら》け始《はじ》めた。

せっきゃく【接客】 名詞 動詞 客《きゃく》の相手《あいて》をすること。例 笑顔《えがお》で接客する。

せっきょう【説教】 名詞 動詞

❶神や仏などの教えを話して聞かせること。❷注意《ちゅうい》したり、言《い》い聞《き》かせたりすること。例 帰《かえ》りがおそかったので母《はは》に説教された。

ぜっきょう【絶叫】 名詞 動詞 出《だ》せる限《かぎ》りの大《おお》きな声《こえ》でさけぶこと。例 あまりの痛《いた》さに絶叫する。

せっきょくてき【積極的】 形容動詞 ものごとを自分《じぶん》から進《すす》んで行《おこな》おうとするようす。例 授業《じゅぎょう》で積極的に手《て》を挙《あ》げる。対 消極的《しょうきょくてき》。

せっきん【接近】 名詞 動詞 近《ちか》づくこと。例 台《たい》風《ふう》が日本列島《にほんれっとう》に接近する。

せっく【節句・節供】 名詞 季節《きせつ》の変《か》わり目《め》などを祝《いわ》う日《ひ》。一月七日《いちがつなのか》の七草《ななくさ》、三月三日《さんがつみっか》のも、五月五日《ごがついつか》の端午《たんご》、七月七日《しちがつなのか》の七夕《たなばた》、九月《くがつ》九日《ここのか》のきくの五節句《ごせっく》があるが、とくに三月三《さんがつみっ》日《か》と五月五日《ごがついつか》をいうことが多《おお》い。

ぜっく【絶句】
❶名詞 動詞 話《はなし》のとちゅうでことばが出《で》てこなくなること。例 おどろきのあまり絶句した。
❷名詞 漢詩《かんし》の形式《けいしき》の一《ひと》つ。起《き》・承《しょう》・転《てん》・結《けつ》の四句《よんく》からなる詩《し》。一句《いっく》が五字《ごじ》のものを「五言絶《ごごんぜっ》句《く》」、七字《しちじ》のものを「七言絶句《しちごんぜっく》」という。

せっけい【設計】 名詞 動詞
❶建物《たてもの》や機械《きかい》などをつくるとき、図面《ずめん》をかいて計画《けいかく》を立《た》てること。例 設計図《ず》。
❷計画《けいかく》を立《た》てること。例 引《ひ》っ越《こ》し先《さき》での新《あたら》しい生活《せいかつ》を設計する。

せっけい【雪渓】 名詞 季語 夏 高《たか》い山《やま》の谷間《たにま》で、夏《なつ》でも雪《ゆき》や氷《こおり》が残《のこ》っているところ。

ぜっけい【絶景】 名詞 比べるもののないほどすばらしい景色《けしき》。例 山《やま》の頂上《ちょうじょう》からの絶景を楽《たの》しむ。

せつげっか【雪月花】 名詞 雪《ゆき》と月《つき》と花《はな》。とくに、日本《にほん》の四季《しき》の美《うつく》しさを代表《だいひょう》するものとして、冬《ふゆ》の雪《ゆき》・秋《あき》の月《つき》・春《はる》のさくらの花《はな》のことをいう。「せつげっか」ともいう。

せっけっきゅう【赤血球】 名詞 血液《けつえき》の成分《せいぶん》の一《ひと》つ。赤《あか》い色《いろ》の色素《しきそ》を持《も》つ小《ちい》さいつぶで、体《からだ》の各部分《かくぶぶん》に酸素《さんそ》を運《はこ》ぶはたらきをする。

せっけっきゅうちんこうそくど【赤血球沈降速度】 名詞 血液《けつえき》をガラス管《かん》に入《い》れたときの、赤血球《せっけっきゅう》がしずむ速《はや》さ。病気《びょうき》の診断《しんだん》に使《つか》う。略《りゃく》して「血沈《けっちん》」ともいう。

せっけん【石けん】 名詞 よごれを洗《あら》い落《お》とすために使《つか》うもの。油《あぶら》に、苛性《かせい》ソーダを加《くわ》えてつくる。シャボン。

せつげん【雪原】 名詞 季語 冬
❶見《み》わたす限《かぎ》り雪《ゆき》が積《つ》もった野原《のはら》。
❷雪《ゆき》がこおりついていつまでも残《のこ》っている広《ひろ》いところ。

せつげん【節減】 名詞 動詞 お金《かね》や物《もの》をつかう量《りょう》を、切《き》りつめて減《へ》らすこと。例 むだな明《あ》かりを消《け》して光熱費《こうねつひ》を節減する。

ゼッケン（ドイツ語）名詞 スポーツの選手《せんしゅ》が胸《むね》や背中《せなか》につける、番号《ばんごう》を書《か》いた布《ぬの》。また、その番号《ばんごう》。

せっこう【斥候】 名詞 敵《てき》のようすや辺《あた》りの地《ち》形《けい》などを、ひそかに調《しら》べること。また、その役《やく》目の兵士。

せっこう【石こう】 名詞 白《しろ》くてやわらかい鉱《こう》物《ぶつ》。また、その粉《こな》。セメント・チョーク・彫《ちょう》刻《こく》などの材料《ざいりょう》にする。

せつごう【接合】 名詞 動詞 物《もの》と物《もの》をつなぎ合《あ》わせること。例 鉄板《てっぱん》を接合する。

ぜっこう【絶好】 名詞 ものごとを行《おこな》うのに、この上《うえ》なくよいこと。例 絶好のチャンス。

ぜっこう【絶交】 名詞 動詞 つきあいをやめること。例 友《とも》だちと絶交する。類 絶縁《ぜつえん》。

せっさたくま【切磋琢磨】 ⇩733ページ 四字熟語

ぜっさん【絶賛】 名詞 動詞 この上《うえ》なくほめること。例 この劇《げき》は新聞《しんぶん》で絶賛された。

せっし【摂氏】 ⇩722ページ セし

せつじつ【切実】 形容動詞
❶身《み》にしみて強《つよ》く感《かん》じるようす。例 友《とも》だちの大切《たいせつ》さを切実に感《かん》じる。
❷その人《ひと》に、直接《ちょくせつ》深《ふか》いかかわりがあるようす。例 子供《こども》にとって、近《ちか》くに遊《あそ》び場《ば》がないというのは切実な問題《もんだい》だ。

せっしゃ【拙者】 代名詞 立場《たちば》が上《うえ》の人《ひと》に対《たい》して、自分《じぶん》のことをへりくだって言《い》うときのことば。ことば 昔《むかし》のさむらいが使《つか》ったことば。

せっしゅ【接種】 名詞 動詞 感染症《かんせんしょう》を防《ふせ》いだり、治《なお》したりするために、病原菌《びょうげんきん》を少《すこ》しだけ体《からだ》に植《う》えつけること。例 予防《よぼう》接種。

せっしゅ【摂取】 名詞 動詞
❶食《た》べ物《もの》や栄養《えいよう》をとり入《い》れること。例 野菜《やさい》か

四字熟語 **誠心誠意《せいしんせいい》**「誠心《せいしん》」も「誠意《せいい》」も、真心《まごころ》の意味《いみ》で、真心《まごころ》を持《も》って、いっしょうけんめいにもの

らビタミンC《シー》を摂取する。
❷学問《がくもん》や技術《ぎじゅつ》を、ほかから学《まな》んでとり入《い》れること。例 外国《がいこく》の文化《ぶんか》を摂取する。

せっしゅう【雪舟】 名詞 （一四二〇～一五〇六）室町時代《むろまちじだい》のおぼうさん。中国《ちゅうごく》で墨絵《すみえ》の勉強《べんきょう》をし、「山水画《さんすいが》」と呼《よ》ばれる風景画《ふうけいが》を多《おお》くかいた。

せっしょう【折衝】 名詞 動詞 問題《もんだい》の解決《かいけつ》を目《め》指《ざ》して話《はな》し合《あ》うこと。例 貿易問題《ぼうえきもんだい》について、相手国《あいてこく》と折衝を重《かさ》ねる。

せっしょう【殺生】
❶名詞 動詞 生《い》き物《もの》を殺《ころ》すこと。例 むだな殺生をしてはいけない。
❷形容動詞 ひどいようす。残酷《ざんこく》なようす。例 ぼくだけ置《お》いて行《い》くなんて、殺生だよ。

せっしょう【摂政】 名詞 天皇《てんのう》に代《か》わって国《くに》の政治《せいじ》を行《おこな》う役《やく》。また、その人《ひと》。天皇《てんのう》が幼《おさな》いときや重《おも》い病気《びょうき》にかかっているときなどに置《お》く。

せつじょうしゃ【雪上車】 名詞 キャタピラーをつけて、雪《ゆき》や氷《こおり》の上《うえ》を走《はし》れるようにした自《じ》動車《どうしゃ》。

せっしょく【接触】 名詞 動詞
❶ふれ合《あ》うこと。例 車《くるま》の接触事故《じこ》／電線《でんせん》に木《き》の枝《えだ》が接触する。
❷かかわりを持《も》つこと。人《ひと》とつきあうこと。例 貿易《ぼうえき》の仕事《しごと》は外国人《がいこくじん》と接触する機会《きかい》が多《おお》い。

せつじょく【雪辱】 名詞 動詞 前《まえ》に負《ま》けた相手《あいて》に勝《か》って、名誉《めいよ》をとりもどすこと。例 去年《きょねん》の試合《しあい》の雪辱を果《は》たす。

ぜっしょく【絶食】 名詞 動詞 食《た》べ物《もの》を食《た》べないこと。例 検査《けんさ》のために絶食する。類 断食《だんじき》。

セッション（session） 名詞 集《あつ》まって、話《はな》し合《あ》いや演奏《えんそう》などをすること。

せっすい【節水】 名詞 動詞 水《みず》をむだのないように使《つか》うこと。例 節水を心《こころ》がける。

せっする【接する】 動詞
❶近《ちか》づける。例 ひざを接して話《はな》し合《あ》う。
❷ふれ合《あ》う。つながる。例 となりの人《ひと》とかたが接する／海《うみ》に接した公園《こうえん》。
❸つきあう。話《はなし》のやりとりをする。例 多《おお》くの人《ひと》と接したい。
❹あう。出《で》くわす。例 よい知《し》らせに接する。

ぜっする【絶する】 動詞 はるかにこえる。かけはなれている。例 想像《そうぞう》を絶する美《うつく》しさ。

せっせい【摂生】 名詞 動詞 健康《けんこう》を保《たも》つため、生活《せいかつ》のしかたに気《き》をつけること。例 祖父《そふ》は、ふだんから摂生に努《つと》めている。類 養生《ようじょう》。

せっせい【節制】 名詞 動詞 ひかえめにすること。例 健康《けんこう》のためにあまいものを節制する。

ぜっせい【絶世】 名詞 比《くら》べるものが世《よ》の中《なか》にないほど、とてもすぐれていること。例 絶世の美女《びじょ》。

せっせと 副詞 休《やす》まないで、いっしょうけんめいにするようす。例 せっせと働《はたら》く。

せっせん【接戦】 名詞
❶両方《りょうほう》の力《ちから》が同《おな》じくらいで、どちらが勝《か》つかわからない戦《たたか》い。例 試合《しあい》は接戦になった。
❷近《ちか》づいて戦《たたか》うこと。

ぜっせん【舌戦】 名詞 相手《あいて》を言《い》い負《ま》かそうとして、言《い》い争《あらそ》うこと。例 舌戦をくり広《ひろ》げる。

せっそう【節操】 名詞 正《ただ》しいと思《おも》う考《かんが》えを、固《かた》く守《まも》ってかえないこと。例 節操がない。

せつぞく【接続】 名詞 動詞 二《ふた》つのものがつながること。また、つなぎ合《あ》わせること。例 バスの接続が悪《わる》い／コードを電源《でんげん》に接続する。

せつぞくご【接続語】 名詞 ことばとことば、段落《だんらく》と段落《だんらく》、文《ぶん》と文《ぶん》をつなぐはたらきをすることば。たとえば、「暑《あつ》いから、窓《まど》を開《あ》けよう」の「から」や、「昨日《きのう》は寒《さむ》かった。けれど、今日《きょう》はとても暑《あつ》い」の「けれど」など。

せつぞくし【接続詞】 名詞 品詞《ひんし》の一《ひと》つ。ことばとことば、文《ぶん》と文《ぶん》とをつなぐはたらきをすることば。「ペンまたは鉛筆《えんぴつ》で書《か》く」の「または」や、「あしたは日曜《にちよう》だ。ところできみはどこに行《い》くの」の「ところで」など。

せっそくどうぶつ【節足動物】 名詞 体《からだ》に節《ふし》があり、表面《ひょうめん》がかたいからでおおわれている動物《どうぶつ》。昆虫《こんちゅう》や、えび・かになどの甲殻類《こうかくるい》、くも、むかでなど。

せったい【接待】 名詞 動詞 客《きゃく》をもてなすこと。

ぜったい【絶対】
❶名詞 ほかの何《なに》ものにも比《くら》べられないこと。例 絶対の自信《じしん》を持《も》つ。対 相対《そうたい》。
❷副詞 必《かなら》ず。どんなことがあっても。例 絶対勝《か》つ。
❸副詞 けっして。例 絶対うそは言《い》わない。
使い方 ❸は、あとに「ない」などのことばがくる。

す。

ぜつだい【絶大】 形容動詞 比べるものがないくらい大《おお》きいようす。例 王様《おうさま》の力《ちから》は絶大だ。

ぜったいぜつめい【絶体絶命】 名詞 追《お》いつめられて、もうどうにもならないこと。例 絶体絶命のピンチ。使い方「絶対絶命」と書《か》かないよう注意《ちゅうい》。

ぜったいたすう【絶対多数】 名詞 全体《ぜんたい》の中《なか》で、圧倒的《あっとうてき》に数《かず》が多《おお》いこと。例 投票《とうひょう》の結果《けっか》、絶対多数で村田《むらた》くんが委員長《いいんちょう》に決《き》まった。

ぜったいてき【絶対的】 形容動詞 ほかには、何《なに》も比《くら》べるものがないほどであるようす。例 絶対的な強《つよ》さをほこるチーム。対 相対的《そうたいてき》。

せつだん【切断】 名詞 動詞 切《き》りはなすこと。例 切断面《めん》／電線《でんせん》を切断する。

せっち【設置】 名詞 動詞 ❶設備《せつび》などをつくること。備《そな》えつけること。例 本棚《ほんだな》を設置する。❷ある役割《やくわり》を持《も》った組織《そしき》などをつくること。例 調査委員会《ちょうさいいんかい》を設置する。

せっちゃく【接着】 名詞 動詞 物《もの》とほかの物《もの》をくっつけること。また、物《もの》と物《もの》とが、くっつくこと。

せっちゃくざい【接着剤】 名詞 物《もの》と物《もの》をくっつけるのに使《つか》うもの。例 瞬間《しゅんかん》接着剤。

せっちゅう【折衷】 名詞 動詞 二《ふた》つのちがうものごとから、それぞれのよいところをとって、新《あたら》しいものをつくること。例 和洋《わよう》折衷。

ぜっちょう【絶頂】 名詞 ❶山《やま》のいちばん高《たか》いところ。頂上《ちょうじょう》。❷ものごとの最高の状態。例 人気の絶頂。

せっつ【摂津】 名詞 昔《むかし》の国《くに》の名《な》の一《ひと》つ。今《いま》の大阪府《おおさかふ》の北部《ほくぶ》と兵庫県《ひょうごけん》の東部《とうぶ》に当《あ》たる。

せってい【設定】 名詞 動詞 ❶ものごとをつくって、定《さだ》めること。例 今月《こんげつ》の目標《もくひょう》を設定する。❷物語《ものがたり》で、時《とき》・場所《ばしょ》・登場人物《とうじょうじんぶつ》など、もとになることがらを決《き》めること。

せってん【接点】 名詞 ❶二《ふた》つのものごとがふれ合《あ》うところ。考《かんが》えなどの一致《いっち》するところ。例 港《みなと》は外国文化《がいこくぶんか》との接点の一《ひと》つだ／二人《ふたり》の考《かんが》えの接点をさぐる。❷数学《すうがく》で、曲《ま》がった線《せん》や面《めん》が、ほかの線《せん》や面《めん》にふれ合《あ》うところ。

せつでん【節電】 名詞 動詞 電気《でんき》を使《つか》う量《りょう》を節約《せつやく》すること。

セット（set）❶名詞 道具《どうぐ》などの、組《く》み合《あ》わされたひとそろい。例 茶《ちゃ》わんと皿《さら》をセットで買《か》う。❷名詞 映画《えいが》や芝居《しばい》などの舞台装置《ぶたいそうち》。例 テレビドラマのセット。❸名詞 試合《しあい》のひと区切《くぎ》り。例 第一《だいいち》セット。❹名詞 動詞 機械《きかい》や道具《どうぐ》を用意《ようい》すること。例 目覚《めざ》まし時計《どけい》を七時《しちじ》にセットする。❺名詞 動詞 かみの毛《け》を整《ととの》えること。例 美容院《びよういん》でセットする。

せつど【節度】 名詞 ちょうどよい程度《ていど》であること。例 節度を守《まも》って行動《こうどう》する。

せっとう【窃盗】 名詞 ほかの人《ひと》のお金《かね》や物《もの》をぬすむこと。また、その人。例 窃盗犯。

せっとうご【接頭語】 名詞 あることばの前《まえ》につき、軽《かる》く意味《いみ》を加《くわ》えたり調子《ちょうし》を整《ととの》えたりして、合《あ》わせて一語《いちご》となることば。「お手紙《てがみ》」「ご親切《しんせつ》」「小高《こだか》い」「ものさびしい」の「お」「ご」「小《こ》」「もの」など。対 接尾語《せつびご》。

せっとく【説得】 名詞 動詞 よく話《はな》して、わからせること。話《はな》して納得《なっとく》させること。例 いっしょに行《い》くように説得する。

せっとくりょく【説得力】 名詞 よくわかるように話《はな》して、相手《あいて》を納得《なっとく》させる力《ちから》。例 兄《あに》の話《はな》し方《かた》は説得力がある。

せつな【刹那】 名詞 ほんのわずかな時間《じかん》。例 それはすれちがった刹那のできごとだった。

せつない【切ない】 形容詞 さびしかったり、苦《くる》しかったり、悲《かな》しかったりしてやりきれない。例 転校《てんこう》する友人《ゆうじん》を切ない気持《きも》ちで見送《みおく》る。

せつに【切に】 副詞 心《こころ》から。ぜひとも。例 お返事《へんじ》を切にお待《ま》ちしております。

せっぱく【切迫】 名詞 動詞 ❶約束《やくそく》した時間《じかん》や日《ひ》がせまること。例 しめ切《き》りが切迫している。❷重大《じゅうだい》なことが近《ちか》く起《お》こりそうな、張《は》りつめた状態《じょうたい》になること。例 切迫した空気《くうき》がただよう。類 緊迫《きんぱく》。

せっぱつまる【せっぱ詰まる】 動詞 追《お》いつめられてどうにもしかたがなくなる。例 せっぱ詰まって、友《とも》だちに助《たす》けをたのんだ。ことば「せっぱ（＝切羽《せっぱ》）」は、刀《かたな》の、手《て》に持《も》つ

四字熟語　正正堂堂《せいせいどうどう》　ひきょうな手段《しゅだん》を使《つか》ったりすることがなく、態度《たいど》や行《おこな》いが正《ただ》しくりっぱであるよう

[関連]＝関係《かんけい》の深《ふか》いことば

部分《ぶぶん》と刃《は》の間《あいだ》につける金具《かなぐ》。これがつまると刀《かたな》がぬき差《さ》しできなくなることからきたことば。

せっぱん【折半】 [名詞][動詞] お金《かね》や物《もの》を半分《はんぶん》に分《わ》けること。[例] おやつ代《だい》は二人《ふたり》で折半した。

ぜっぱん【絶版】 [名詞] 一度《いちど》出版《しゅっぱん》した本《ほん》を、もう出版《しゅっぱん》しないこと。

せつび【設備】 [名詞][動詞] 必要《ひつよう》なものを備《そな》えつけること。また、備《そな》えつけたもの。[例] 冷暖房《れいだんぼう》の設備がととのった家《いえ》。

せつびご【接尾語】 [名詞] あることばのあとにつき、意味《いみ》を加《くわ》えたり調子《ちょうし》を整《ととの》えたりして、合《あ》わせて一語《いちご》となることば。「わたしたち」「お母《かあ》さん」「寒《さむ》け」「春《はる》めく」の「たち」「さん」「け」「めく」など。[対] 接頭語《せっとうご》。

ぜっぴつ【絶筆】 [名詞] 死《し》んだ人《ひと》が、生《い》きていたときの最後《さいご》にかいた文章《ぶんしょう》や絵《え》などのこと。

ぜっぴん【絶品】 [名詞] ほかに比《くら》べるものがないほど、特別《とくべつ》にすぐれたもの。[例] あの店《みせ》のおすしは絶品だ。

せっぷく【切腹】 [名詞][動詞] 自分《じぶん》で腹《はら》を切《き》って死《し》ぬこと。[参考] 江戸《えど》時代《じだい》の武士《ぶし》などが行《おこな》った。

せつぶん【節分】 [名詞] [季語][冬] 立春《りっしゅん》・立夏《りっか》・立《りっ》秋《しゅう》・立冬《りっとう》の前《まえ》の日《ひ》。多《おお》くは立春《りっしゅん》の前日《ぜんじつ》（＝二《に》月三日《がつみっか》ごろ）を指《さ》す。この日《ひ》は豆《まめ》まきをする習《なら》わしがある。

ぜっぺき【絶壁】 [名詞] かべのように急《きゅう》なかたむきでそびえ立《た》つがけ。[類] 断崖《だんがい》。

せつぼう【切望】 [名詞][動詞] 心《こころ》から強《つよ》く願《ねが》うこと。[例] 戦争《せんそう》がなくなることを切望する。[類] 熱望《ねつぼう》。

せっぽう【説法】 [名詞][動詞] 仏《ほとけ》の教《おし》えを、わかりやすく話《はな》して聞《き》かせること。

ぜつぼう【絶望】 [名詞][動詞] すっかり望《のぞ》みがなくなること。希望《きぼう》を失《うしな》うこと。[例] 絶望的《てき》／試《し》験《けん》に落《お》ちたからといって絶望することはない。

せつめい【説明】 [名詞][動詞] よくわかるように相手《あいて》に話《はな》すこと。[例] 説明文《ぶん》／説明を受《う》ける。

ぜつめい【絶命】 [名詞][動詞] 命《いのち》がなくなること。死《し》ぬこと。

せつめいぶん【説明文】 [名詞] あることがらを説明《せつめい》するために、筋道《すじみち》を立《た》てて書《か》いた文章《ぶんしょう》。

ぜつめつ【絶滅】 [名詞][動詞] すっかりほろんで、なくなってしまうこと。[例] 絶滅寸前《すんぜん》の生物《せいぶつ》。

ぜつめつきぐしゅ【絶滅危惧種】 [名詞] 絶《ぜつ》滅《めつ》するおそれのある生物《せいぶつ》。

⇩1413ページ 社会へのとびら レッドリスト

せつもん【設問】 [名詞][動詞] 問題《もんだい》を出《だ》すこと。また、その問題《もんだい》。[例] 設問をよく読《よ》んで答《こた》える。

せつやく【節約】 [名詞][動詞] むだをなくして、お金《かね》や物《もの》をつかう量《りょう》を少《すく》なくすること。[例] おこづかいを節約する。[類] 倹約《けんやく》。[対] 浪費《ろうひ》。

せつりつ【設立】 [名詞][動詞] 会社《かいしゃ》や学校《がっこう》などを新《あたら》しくつくること。[例] 私立《しりつ》の小学校《しょうがっこう》を設立する。[類] 創設《そうせつ》。創立《そうりつ》。

せつわ【説話】 [名詞] 昔《むかし》から語《かた》り伝《つた》えられてきた話《はなし》。神話《しんわ》・伝説《でんせつ》・昔話《むかしばなし》など。

せと【瀬戸】 [名詞] 陸《りく》と陸《りく》とにはさまれて、海《うみ》がせまくなったところ。

せど【背戸】 [名詞] 家《いえ》の裏側《うらがわ》にある出入《でい》り口《ぐち》。裏《うら》口《ぐち》。

せとうち【瀬戸内】 [名詞] 瀬戸内海《せとないかい》。また、その沿岸《えんがん》の地域《ちいき》。

せとうちこうぎょうちいき【瀬戸内工業地域】 [名詞] 瀬戸内海沿岸《せとないかいえんがん》に広《ひろ》がる、工業《こうぎょう》のさかんな地域《ちいき》。阪神工業地帯《はんしんこうぎょうちたい》と北九州工業地域《きたきゅうしゅうこうぎょうちいき》の間《あいだ》にある。

せとぎわ【瀬戸際】 [名詞] ものごとがうまくいくかどうかが決《き》まる、大切《たいせつ》な分《わ》かれ目《め》。[例] 今《いま》がこの仕事《しごと》が成功《せいこう》するかどうかの瀬戸際だ。

せとないかい【瀬戸内海】 [名詞] 本州《ほんしゅう》・四《し》国《こく》・九州《きゅうしゅう》に囲《かこ》まれた海《うみ》。淡路島《あわじしま》・小豆島《しょうどしま》をはじめ約三千《やくさんぜん》の島《しま》があり、景色《けしき》がよく国立公園《こくりつこうえん》になっている。

せとないかいこくりつこうえん【瀬戸内海国立公園】 [名詞] 瀬戸内海《せとないかい》とその沿岸《えんがん》をふくむ国立公園《こくりつこうえん》。近畿地方《きんきちほう》から九州地方《きゅうしゅうちほう》にまたがる広大《こうだい》な公園《こうえん》。

せともの【瀬戸物】 [名詞] 茶《ちゃ》わん・皿《さら》などの焼《や》き物《もの》のこと。[ことば] もとは、愛知県瀬戸市《あいちけんせとし》とその周辺《しゅうへん》でつくられた焼《や》き物《もの》を指《さ》したことば。

せなか【背中】 [名詞] ❶体《からだ》の、胸《むね》や腹《はら》と反対側《はんたいがわ》の部分《ぶぶん》。背《せ》。❷後《うし》ろ。[例] 門《もん》を背中に写真《しゃしん》をとる。

せなかあわせ【背中合わせ】 [名詞] 二人《ふたり》の人《ひと》や二《ふた》つのものが背中《せなか》をつけて、反対《はんたい》の方《ほう》を向《む》いていること。[例] 背中合わせにいすを並《なら》べる。[対] 向《む》かい合《あ》わせ。

ぜに【銭】 [名詞] お金《かね》。とくに、硬貨《こうか》のこと。[例]

ころがないこと。また、疑《うたが》いが晴《は》れて無罪《むざい》であることがはっきりすること。

小銭。漢↓732ページ せん〔銭〕

ぜにん【是認】 名詞 動詞 そのとおりであると、認《みと》めること。それでよいと認《みと》めること。類 承《しょう》認《にん》。対 否認《ひにん》。

せのび【背伸び】 名詞 動詞 ❶つま先《さき》で立《た》って体《からだ》をできるだけのばし、背《せ》を高《たか》くすること。例 背伸びしてりんごをとる。❷自分《じぶん》の力《ちから》以上《いじょう》のことをしようとすること。例 背伸びして高校生《こうこうせい》向《む》けの本《ほん》を読《よ》む。

せばまる【狭まる】 動詞 せまくなる。例 川《かわ》幅《はば》が次第《しだい》に狭まる。対 広《ひろ》がる。

せばめる【狭める】 動詞 せまくする。例 前《まえ》の車《くるま》との間隔《かんかく》を狭める。対 広《ひろ》げる。

せばんごう【背番号】 名詞 スポーツ選手《せんしゅ》などがユニフォームの背中《せなか》につける番号《ばんごう》。

ぜひ【是非】
❶ 名詞 よいことと悪《わる》いこと。例 是非をよく考《かんが》えて行動《こうどう》する。
❷ 副詞 必《かなら》ず。きっと。例 是非ご出席《しゅっせき》ください。

ぜひとも【是非とも】 副詞 「是非《ぜひ》」を強《つよ》めた言《い》い方《かた》。どうしても。必《かなら》ず。例 きみには是非とも来《き》てもらいたい。

せひょう【世評】 名詞 世《よ》の中《なか》の評判《ひょうばん》。うわさ。例 世評を気《き》にする。

せびる 動詞 お金《かね》や物《もの》をくれるように、しつこくたのむ。例 おこづかいをせびる。

せびれ【背びれ】 名詞 魚《さかな》の背中《せなか》にあるひれ。図↓1133ページ ひれ

せびろ【背広】 名詞 男の人が着る、折りえりのついた上着《うわぎ》。また、その上着《うわぎ》とズボンがそろいになった洋服《ようふく》。チョッキがつくものもある。

ゼブラ（zebra）名詞 「しまうま」のこと。

せぼね【背骨】 名詞 人《ひと》や動物《どうぶつ》・魚《さかな》などの背中《せなか》を通《とお》っていて、体《からだ》を支《ささ》えている骨《ほね》。脊柱《せきちゅう》。

せまい【狭い】 形容詞
❶面積《めんせき》やはばが小《ちい》さい。例 狭い部屋《へや》／狭い道《みち》。対 広《ひろ》い。
❷範囲《はんい》が小《ちい》さい。例 知識《ちしき》が狭い。対 広《ひろ》い。
❸物《もの》の見方《みかた》や考《かんが》え方《かた》にゆとりがない。例 そんなことでおこるとは、心《こころ》が狭いよ。対 広《ひろ》い。

せまくるしい【狭苦しい】 形容詞 せまくてきゅうくつなようす。例 狭苦しい部屋《へや》。

せまる【迫る】 動詞
❶時間《じかん》が近《ちか》づく。近寄《ちかよ》る。例 作文提出《さくぶんていしゅつ》のしめ切《き》りが迫る。
❷きょりが近《ちか》くなる。例 追《お》っ手《て》が近《ちか》くに迫る。
❸間《あいだ》がせまくなる。例 川《かわ》の両岸《りょうぎし》が迫る。
❹息《いき》がつまって苦《くる》しくなる。例 悲《かな》しみが胸《むね》に迫る。
❺強《つよ》く求《もと》める。例 相手《あいて》に返事《へんじ》を迫る。

せみ 名詞 季語 夏 夏《なつ》、木《き》などに止《と》まってよく鳴《な》く昆《こん》虫《ちゅう》。幼虫《ようちゅう》は数年《すうねん》間《かん》地中《ちちゅう》で暮《く》らし、地上《ちじょう》に出《で》て成虫《せいちゅう》になると一《いち》〜三週間《さんしゅうかん》くらいで死《し》ぬ。鳴《な》くのはおす。種類が多い。ことば 漢字では「蟬」と書く。

せみ
（つくつくぼうし）

せみしぐれ【せみ時雨】 名詞 季語 夏 たくさんのせみがいっせいに鳴《な》いている声《こえ》を、しぐれの降《ふ》る音《おと》にたとえていうことば。

ゼムクリップ（Gem clip）名詞 細《ほそ》い針金《はりがね》を曲《ま》げてつくったクリップ。商標名《しょうひょうめい》。

せめ【攻め】 名詞 敵《てき》や相手《あいて》をせめること。例 守《まも》りから攻めに転《てん》じる。類 攻撃《こうげき》。対 守《まも》り。

せめおとす【攻め落とす】 動詞 敵《てき》の城《しろ》や陣《じん》地《ち》をせめて、うばいとる。

せめかかる【攻めかかる】 動詞 こちらからこうげきをしかける。例 敵《てき》にいっせいに攻めかかる。

せめぎあう【せめぎ合う】 動詞 おたがいに争《あらそ》い合《あ》ったりきそい合《あ》ったりする。例 決勝戦《けっしょうせん》出場《しゅつじょう》をかけて両《りょう》チームがせめぎ合う。

せめこむ【攻め込む】 動詞 相手《あいて》の陣地《じんち》や建《たて》物《もの》などに、せめて入《はい》りこむ。例 敵《てき》の城《しろ》に、一《いっ》気《き》に攻め込む。

せめたてる【攻め立てる】 動詞 続《つづ》けざまに激《はげ》しくせめる。例 一気《いっき》に攻め立てる。

せめたてる【責め立てる】 動詞
❶強《つよ》くとがめる。激《はげ》しく非難《ひなん》する。例 失敗《しっぱい》を責め立てる。
❷無理《むり》にたのむ。何度《なんど》もせがむ。例 父《ちち》を責め立て、ついにギターを買《か》ってもらった。

せめて 副詞 じゅうぶんではないが、それだけでも。少《すく》なくとも。例 入選《にゅうせん》は無理《むり》でも、せめて佳作《かさく》には入《はい》りたい。

四字熟語 青天白日《せいてんはくじつ》 空《そら》は青《あお》くすみわたり太陽《たいよう》がかがやくよい天気《てんき》のように、心《こころ》の中《なか》に少《すこ》しもやましいと

せめてもの じゅうぶんではないが、できる限《かぎ》りの。精《せい》いっぱいの。例 大《おお》きなけがではなかったことが、せめてもの救《すく》いだ。

せめる【攻める】 動詞 こちらから、敵《てき》に戦《たたか》いをしかける。こうげきする。例 敵《てき》の城《しろ》を攻める／ゴールを目指《めざ》して攻める。対 守《まも》る。防《ふせ》ぐ。

せめる【責める】 動詞 ❶失敗《しっぱい》などをとがめる。非難《ひなん》する。例 人《ひと》のあやまちを責める。❷苦《くる》しめる。苦痛《くつう》をあたえる。例 責めて白状《はくじょう》させる。❸無理《むり》にたのむ。例 子供《こども》に責められて、映画《えいが》に連《つ》れていく。漢 ⇩720ページ せき〔責〕

せめをおう【責めを負う】 罪《つみ》やあやまちなどの責任《せきにん》をとる。例 事故《じこ》の責めを負う。

セメント (cement) 名詞 石灰石《せっかいせき》と粘土《ねんど》を混《ま》ぜて焼《や》き、粉《こな》にしたもの。水《みず》で練《ね》ってかわかすとよく固《かた》まる。砂《すな》や砂利《じゃり》と混《ま》ぜて、建築《けんちく》の材料《ざいりょう》などに使《つか》う。

ゼラチン (gelatin) 名詞 動物《どうぶつ》の骨《ほね》や皮《かわ》からとった「にかわ」からつくるもの。菓子《かし》や薬《くすり》のカプセルの材料《ざいりょう》などに使《つか》う。参考 お湯《ゆ》に入《い》れるととけ、冷《ひ》やすと固《かた》まる。

セラミックス (ceramics) 名詞 セメント・ガラス・瀬戸物《せともの》などでつくられた製品《せいひん》。

せり 名詞 季語 春 春《はる》の七草《ななくさ》の一《ひと》つ。小川《おがわ》の岸《きし》や田《た》んぼなど、しめったところに生《は》える草《くさ》。若《わか》い葉《は》やくきによい香《かお》りがあり、食用《しょくよう》になる。ことば 漢字《かんじ》では「芹」と書《か》く。図 ⇩084ページ はるのななくさ

せり【競り】 名詞 ❶せること。競争《きょうそう》すること。例 ゴール前《まえ》で激《はげ》しい競りを見《み》せた。❷「競《せ》り売《う》り」のこと。例 魚《さかな》を競りにかける。

せりあい【競り合い】 名詞 おたがいに負《ま》けまいとして競争《きょうそう》すること。せり合《あ》うこと。

せりあう【競り合う】 動詞 おたがいに負《ま》けまいとして競争《きょうそう》する。例 ゴール直前《ちょくぜん》まで、二人《ふたり》は激《はげ》しく競り合った。

ゼリー (jelly) 名詞 季語 夏 果物《くだもの》のしるなどに砂糖《さとう》を入《い》れ、ゼラチンで固《かた》めた菓子《かし》。

せりうり【競り売り】 名詞 大勢《おおぜい》の人《ひと》に競争《きょうそう》で値段《ねだん》をつけさせ、その中《なか》でいちばん高《たか》い値段《ねだん》をつけた人《ひと》に品物《しなもの》を売《う》ること。競売《きょうばい》。

せりだす【せり出す】 動詞 ❶前《まえ》の方《ほう》へ出《で》る。例 太《ふと》っておなかがせり出す。❷劇場《げきじょう》で、しかけを使《つか》って役者《やくしゃ》や大道具《おおどうぐ》を舞台《ぶたい》の上《うえ》へおし上《あ》げる。

せりふ 名詞 ❶劇《げき》の中《なか》で、役者《やくしゃ》が言《い》うことば。❷ことば。文句《もんく》。例 捨《す》てぜりふ（＝立《た》ち去《さ》るときに言《い》い捨《す》てることば）をはく。

せる 助動詞 （ほかのことばのあとにつけて）ほかの人《ひと》に何《なに》かをやらせる意味《いみ》を表《あらわ》す。例 買《か》い物《もの》に行《い》かせる。使い方 「させる」と同《おな》じ意味《いみ》だが、前《まえ》のことばによって使《つか》い分《わ》ける。⇩730ページ 日本語教室

せる【競る】 動詞 ❶勝《か》とうとして争《あらそ》う。例 最後《さいご》まで競って、同時《どうじ》にゴールした。❷競《せ》り売《う》りで、争《あらそ》って高《たか》い値段《ねだん》をつけ合《あ》う。例 ほしかった絵《え》を競って、自分《じぶん》のものにした。漢 ⇩354ページ きょう〔競〕

セルフサービス (self-service) 名詞 食堂《しょくどう》やスーパーマーケットなどで、客《きゃく》が、注文《ちゅうもん》した料理《りょうり》を自分《じぶん》で運《はこ》んだり、選《えら》んだ品物《しなもの》を自分《じぶん》で会計《かいけい》に持《も》って行《い》ったりすること。

セルフタイマー (self-timer) 名詞 カメラで、一定《いってい》の時間《じかん》がたつと、自動《じどう》でシャッターが切《き》れるしかけ。

セルロイド (celluloid) 名詞 プラスチックの一《ひと》つ。おもちゃや文房具《ぶんぼうぐ》などの材料《ざいりょう》になる。参考 燃《も》えやすいので、現在《げんざい》ではあまり使《つか》われて

ガッテン日本語教室

せる・させる

　ある人《ひと》がほかの人《ひと》に何《なに》かをやらせるときには、「…せる」や「…させる」ということばを使《つか》うことが多《おお》い。

　たとえば「わたしは弟《おとうと》に花瓶《かびん》の水《みず》をかえさせる」というような言《い》い方《かた》だ。このように、人《ひと》に何《なに》かを「させる」ことを「使役《しえき》」というんだ。

　使役《しえき》の「せる」の上《うえ》には、「読《よ》ませる」の「ま」のように、必《かなら》ず、ア段《だん》の音《おん》がくる。「聞《き》かせる」「走《はし》らせる」などもそうだよ。いろいろなことばに「せる」をつけて、確《たし》かめてみてね。

が正《ただ》しくてやましいところがないこと。

いない。

セレナーデ（ドイツ語）名詞 ❶夜《よる》、恋人《こいびと》の家《いえ》の窓辺《まどべ》で歌《うた》う歌《うた》。❷管楽器《かんがっき》や弦楽器《げんがっき》で演奏《えんそう》するための、楽《たの》しくかろやかな組曲《くみきょく》。

ことば「セレナード」ともいう。

セレモニー（ceremony）名詞 儀式《ぎしき》。式典《しきてん》。例 開校記念《かいこうきねん》セレモニー。

セロ ↓825ページ チェロ

ゼロ（フランス語）名詞 ❶数字《すうじ》の0。れい。❷まったくないこと。例 ゼロからの出発《しゅっぱつ》。

ゼロエミッション（zero emission）名詞 廃棄物《はいきぶつ》を別《べつ》のものの原料《げんりょう》として再利用《さいりよう》するなどして、ごみとして捨《す》てるものをなくそうとする考《かんが》え方《かた》。

セロハン（フランス語）名詞 つるつるしてすき通《とお》った、うすい紙《かみ》のようなもの。包《つつ》み紙《がみ》などに使《つか》われる。

セロハンテープ 名詞 セロハンの片面《かためん》に接着剤《せっちゃくざい》をつけたテープ。

セロリ（celery）名詞 野菜《やさい》の一《ひと》つ。独特《どくとく》の香《かお》りがあり、おもにくきを食《た》べる。

セロリ

せろん【世論】 名詞 世《よ》の中《なか》の多《おお》くの人《ひと》の考《かんが》えや意見《いけん》。「よろん」ともいう。例 世論が高まる。

せろんちょうさ【世論調査】 ↓1380ページ よろんちょうさ

せわ【世話】 ❶名詞 やっかい。めんどう。例 世話がかかる。❷名詞 動詞 めんどうをみること。例 病人《びょうにん》の世話をする。❸名詞 動詞 しょうかいして、仲《なか》をとりもつこと。例 その仕事《しごと》にぴったりの人《ひと》を世話するよ。

● **世話《せわ》がない** ❶手間《てま》がかからない。❷あきれて、どうすることもできない。例 こんなに寒《さむ》いのに半《はん》そで一枚《いちまい》なんて世話がない。

● **世話《せわ》が焼《や》ける** 手間《てま》がかかってめんどうだ。例 わたしの妹《いもうと》は、かわいいが世話が焼ける。

● **世話《せわ》をかける** 人《ひと》にめんどうをかける。例 学生時代《がくせいじだい》は先生《せんせい》に世話をかけた。

● **世話《せわ》を焼《や》く** 進《すす》んで人《ひと》のめんどうをみる。

せわしい 形容詞 ❶いそがしい。例 年《とし》の暮《く》れはせわしい。❷落《お》ち着《つ》かない。せかせかしているようす。例 立《た》ったりすわったり、せわしい人《ひと》だ。

ことば「せわしない」ともいう。

せわしない ↓731ページ せわしい

せわずき【世話好き】 名詞 形容動詞 人《ひと》のめんどうをみるのが好《す》きであること。また、その人《ひと》。例 世話好きなおじさん。

せわにん【世話人】 名詞 会《かい》や行事《ぎょうじ》などで、中心《ちゅうしん》となってめんどうをみる人《ひと》。世話役《せわやく》。

せわやく【世話役】 ↓731ページ せわにん

せん【千】 名詞 数《かず》の名《な》。百《ひゃく》の十倍《じゅうばい》。

漢 **せん【千】**〔十《じゅう》〕3画 1年 音 セン 訓 ち

ノ 二 千（みぎからはらう）

❶せん。百《ひゃく》の十倍《じゅうばい》。例 千円《せんえん》／千人《せんにん》。❷たくさん。数《かず》がおおい。例 千客万来《せんきゃくばんらい》／千差万別《せんさばんべつ》／千里眼《せんりがん》／千草《ちぐさ》。

せん【川】 漢 ↓292ページ かわ〔川〕

漢 **せん【先】**〔儿《ひとあし》〕6画 1年 音 セン 訓 さき・ま-ず

ノ ㇐ 𠂉 生 牛 先（上へはねる）

❶さき。さきに立《た》つ。例 先回《さきまわ》り／先生《せんせい》／先祖《せんぞ》／先手《せんて》／先頭《せんとう》／先発《せんぱつ》／祖先《そせん》／率先《そっせん》／優先《ゆうせん》／行《い》き先《さき》。❷前《まえ》の。以前《いぜん》。例 先月《せんげつ》／先刻《せんこく》／先日《せんじつ》／先週《せんしゅう》／先例《せんれい》。❸これからのち。例 先見《せんけん》の明《めい》。

漢 **せん【宣】**〔宀《うかんむり》〕9画 6年 音 セン 訓

丶 宀 宀（わすれないように） 宁 宣 宣 宣（ながく）

❶のべる。いう。例 宣言《せんげん》／宣告《せんこく》／宣誓《せんせい》／宣戦《せんせん》。❷広《ひろ》く知《し》らせる。広《ひろ》める。例 宣教師《せんきょうし》／宣伝《せんでん》。

漢 **せん【専】**〔寸《すん》〕9画 6年 音 セン 訓 もっぱら

一 ㇕ 日 亩（つきださない） 亩 車 専 専

❶そのことだけをする。もっぱら。例 専業《せんぎょう》／

四字熟語 清廉潔白《せいれんけっぱく》 「清廉《せいれん》」も「潔白《けっぱく》」も、心《こころ》や行《おこな》いが清《きよ》く正《ただ》しいこと。心《こころ》が清《きよ》らかで欲《よく》がなく、行《おこな》い

あいうえお　かきくけこ　さしすせそ　せ　たちつてと　なにぬねの　はひふへほ　まみむめも　やゆよ　らりるれろ　わをん

専属《せんぞく》／専任《せんにん》／専念《せんねん》／専門《せんもん》／専《もっぱ》らのうわさ。❷ひとりじめにする。例専売《せんばい》／専有《せんゆう》／専用《せんよう》。

せん【浅】漢➡30ジーあさ-い〔浅〕

漢 **せん【洗】**〔氵《さんずい》〕9画 6年 音セン 訓あらう

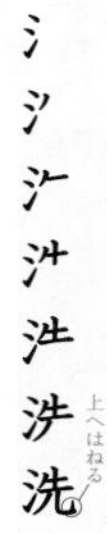

❶あらう。例洗顔《せんがん》／洗濯《せんたく》／水洗《すいせん》／手洗《てあら》い。❷すっきりする。きよめる。例洗礼《せんれい》／洗練《せんれん》。

せん【染】漢➡764ジーそ-める〔染〕

漢 **せん【泉】**〔水《みず》〕9画 6年 音セン 訓いずみ

地中《ちちゅう》から水《みず》のわき出《で》るところ。いずみ。例温《おん》泉《せん》／源泉《げんせん》／鉱泉《こうせん》／冷泉《れいせん》。

せん【栓】名詞
❶びんなどの入《い》れ物《もの》の口《くち》や穴《あな》をふさぐもの。例ビールの栓をぬく。
❷水道管《すいどうかん》やガス管《かん》の口《くち》につけ、閉《と》じたり開《あ》けたりするところ。コック。例消火栓《しょうかせん》。

漢 **せん【船】**〔舟《ふねへん》〕11画 2年 音セン 訓ふね・ふな

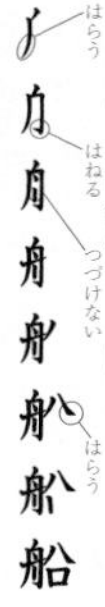

ふね。例船員《せんいん》／船長《せんちょう》／船頭《せんどう》／船足《ふなあし》／船旅《ふなたび》／漁《ぎょ》船《せん》／商船《しょうせん》／造船《ぞうせん》／帆掛《ほか》け船《ぶね》。

漢 **せん【戦】**〔戈《ほこづくり》〕13画 4年 音セン 訓いくさ・たたかう

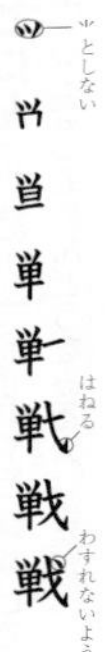

たたかう。たたかい。例戦後《せんご》／戦災《せんさい》／戦場《せんじょう》／戦争《せんそう》／戦《たたか》い抜《ぬ》く／勝《か》ち戦《いくさ》／苦戦《くせん》／作戦《さくせん》／対戦《たいせん》。

漢 **せん【銭】**〔金《かねへん》〕14画 6年 音セン 訓ぜに

❶お金《かね》。ぜに。例銭湯《せんとう》／金銭《きんせん》／小銭《こぜに》。❷日本《にほん》のお金《かね》の単位《たんい》。一銭《いっせん》は一円《いちえん》の百分《ひゃくぶん》の一《いち》。今《いま》は実際《じっさい》のお金《かね》としては使《つか》われていない。例一銭《いっせん》。

せん【選】名詞 選《えら》ぶこと。例学校代表《がっこうだいひょう》メンバーの選にもれる。

漢 **せん【選】**〔辶《しんにょう》〕15画 4年 音セン 訓えらぶ

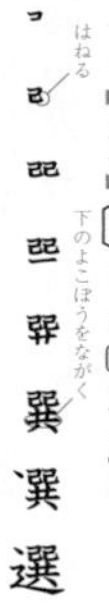

えらぶ。えらぶこと。例選挙《せんきょ》／選手《せんしゅ》／選出《せんしゅつ》／選択《せんたく》／人選《じんせん》／当選《とうせん》／入選《にゅうせん》／予選《よせん》／落選《らくせん》。

せん【線】名詞
❶糸《いと》のように細長《ほそなが》いもの。筋《すじ》。例線を引《ひ》く。
❷点《てん》が集《あつ》まってできる図形《ずけい》。
❸考《かんが》えやものごとを進《すす》めていく方向《ほうこう》。例その線でいこう。

漢 **せん【線】**〔糸《いとへん》〕15画 2年 音セン

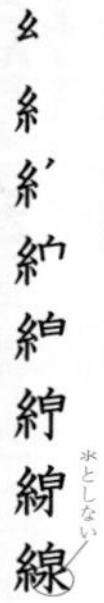

❶すじ。糸《いと》のように細長《ほそなが》いもの。例線香《せんこう》／光《こう》線《せん》／電線《でんせん》。❷算数《さんすう》で、位置《いち》と長《なが》さがあってはばのないもの。例曲線《きょくせん》／直線《ちょくせん》／点線《てんせん》。❸さかいめ。例境界線《きょうかいせん》／水平線《すいへいせん》。❹みちすじ。経路《けいろ》。例幹線《かんせん》／支線《しせん》／本線《ほんせん》。

漢 **ぜん【全】**〔入《ひとやね》〕6画 3年 音ゼン 訓まったく・すべて

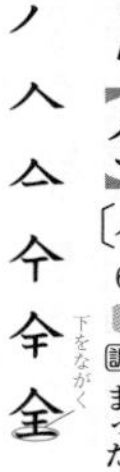

❶すべて。みな。まったく。例全員《ぜんいん》／全国《ぜんこく》／全身《ぜんしん》／全体《ぜんたい》／全部《ぜんぶ》／全力《ぜんりょく》。❷かけたところがない。例安全《あんぜん》／完全《かんぜん》／健全《けんぜん》。

漢 **ぜん【前】**〔刂《りっとう》〕9画 2年 音ゼン 訓まえ

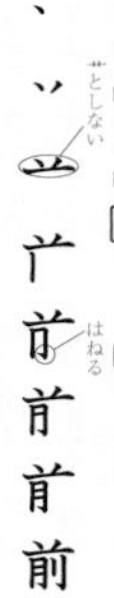

❶まえのほう。さき。例前記《ぜんき》／前後《ぜんご》／前進《ぜんしん》／前払《まえばら》い／門前《もんぜん》。対後《ご》。❷あるときよりまえ。例前回《ぜんかい》／前日《ぜんじつ》／前例《ぜんれい》／以前《いぜん》／午前《ごぜん》／食前《しょくぜん》。対後《ご》。❸わりあて。わけたもの。例二人前《ににんまえ》。

ぜん【善】名詞 よいこと。人《ひと》の行《おこな》いとして、正《ただ》しいこと。対悪《あく》。漢➡732ジーぜん〔善〕

●**善《ぜん》は急《いそ》げ**➡241ジー ことわざ

漢 **ぜん【善】**〔口《くち》〕12画 6年 音ゼン 訓よい

❶よい。ただしい。例善悪《ぜんあく》／善行《ぜんこう》／善人《ぜんにん》／改《かい》善《ぜん》／最善《さいぜん》／慈善《じぜん》。対悪《あく》。❷たくみな。うまい。例善処《ぜんしょ》。❸なかよくする。例親善《しんぜん》。

みがくこと。また、仲間《なかま》どうしがたがいにはげまし合《あ》って向上《こうじょう》すること。

漢 **ぜん【然】**〔灬《れんか》〕 12画 4年 音 ゼン・ネン 訓

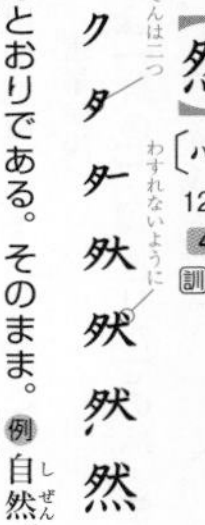

ノ　ク　タ　タ　外　狄　狄　狄　然（てんは二つ）（わすれないように）

❶そのとおりである。そのまま。例 自然《しぜん》／天然《てんねん》／当然《とうぜん》。❷ようすやありさまを表《あらわ》す。例 整然《せいぜん》／全然《ぜんぜん》／平然《へいぜん》。

ぜん【禅】 名詞 ❶仏教《ぶっきょう》で、心《こころ》を集中《しゅうちゅう》することによってさとりを開《ひら》くこと。また、そのために、足《あし》を組《く》んで静《しず》かにすわり続《つづ》けること。座禅《ざぜん》。❷「禅宗《ぜんしゅう》」の略《りゃく》。座禅《ざぜん》などの修行《しゅぎょう》によってさとりを開《ひら》こうとする、仏教《ぶっきょう》の一派《いっぱ》。

ぜん【膳】 ❶ 名詞 食事《しょくじ》のときに食《た》べ物《もの》をのせる台《だい》。おぜん。❷ 接尾語 （数《かず》を表《あらわ》すことばのあとにつけて）茶《ちゃ》わんに盛《も》ったごはんを数《かぞ》えることば。❸ 接尾語 （数《かず》を表《あらわ》すことばのあとにつけて）はしを数《かぞ》えることば。二本《にほん》ひと組《くみ》で一膳《いちぜん》という。

ぜんあく【善悪】 名詞 よいことと悪《わる》いこと。

せんい【船医】 名詞 航海《こうかい》している船《ふね》に乗《の》り組《く》み、病気《びょうき》やけがの治療《ちりょう》をする医者《いしゃ》。

せんい【戦意】 名詞 戦《たたか》おうとする意気《いき》ごみ。

せんい【繊維】 名詞 ❶織物《おりもの》や糸《いと》の材料《ざいりょう》となる、細《ほそ》い糸《いと》のようなもの。例 化学《かがく》繊維。❷動物《どうぶつ》や植物《しょくぶつ》の体《からだ》を組《く》み立《た》てている、細《ほそ》い糸《いと》のようなもの。例 食物《しょくもつ》繊維。

ぜんい【善意】 名詞 ❶人《ひと》のためになろうという思《おも》いやりの心《こころ》。例 善意にあふれた人々《ひとびと》。対 悪意《あくい》。❷よい意味《いみ》。例 人《ひと》の言《い》うことを善意にとる。対 悪意《あくい》。

ぜんいき【全域】 名詞 ある地域《ちいき》や分野《ぶんや》の、すべての範囲《はんい》。例 町内《ちょうない》全域をパトロールする。

せんいこうぎょう【繊維工業】 名詞 せんいを加工《かこう》して、糸《いと》や織物《おりもの》をつくる工業《こうぎょう》。

せんいちやものがたり【千一夜物語】 ⇒ 56ジ《ペー》アラビアンナイト

せんいん【船員】 名詞 船《ふね》に乗《の》り組《く》んで仕事《しごと》をする人《ひと》。

ぜんいん【全員】 名詞 全部《ぜんぶ》の人《ひと》。みんな。例 出場者《しゅつじょうしゃ》全員で歌《うた》う。

ぜんえい【前衛】 名詞 ❶テニスやバレーボールなどで、前《まえ》のほうを守《まも》る選手《せんしゅ》。対 後衛《こうえい》。❷芸術《げいじゅつ》などで、考《かん》えや方法《ほうほう》がこれまでとちがってまったく新《あたら》しいこと。例 前衛音楽《おんがく》。

せんえつ【せん越】 名詞 形容動詞 自分《じぶん》の立場《たちば》にふさわしくないような、出《で》しゃばった行《おこな》いをすること。例 せん越ながら申《もう》し上《あ》げます。

ぜんおん【全音】 名詞 音《おと》の高《たか》さのちがいを表《あらわ》す単位《たんい》。半音《はんおん》の二倍《にばい》の音程《おんてい》。たとえば、ドとレ、レとミの間《あいだ》など。対 半音《はんおん》。

ぜんおんぷ【全音符】 名詞 楽譜《がくふ》に使《つか》う音符《おんぷ》の一《ひと》つ。音《おと》の長《なが》さは四分《しぶ》音符《おんぷ》の四倍《よんばい》。図 ⇒ 213ジ《ペー》おんぷ〔音符〕

せんか【戦火】 名詞 ❶戦争《せんそう》で起《お》きた火事《かじ》。例 戦火で家《いえ》を失《うしな》った。❷「戦争《せんそう》」のこと。例 戦火が広《ひろ》がる。

ぜんか【全科】 名詞 全部《ぜんぶ》の科目《かもく》・学科《がっか》。全教科《ぜんきょうか》。

ぜんか【前科】 名詞 前《まえ》に法律《ほうりつ》を破《やぶ》る行《おこな》いをして、ばつを受《う》けたこと。例 前科がある。

せんかい【旋回】 名詞 動詞 ❶ぐるぐる回《まわ》ること。例 たかが空《そら》を旋回する。❷飛行機《ひこうき》が進《すす》む方向《ほうこう》をかえること。例 飛行機《ひこうき》が左《ひだり》に旋回する。

せんがい【選外】 名詞 コンクールや展覧会《てんらんかい》などで、作品《さくひん》が入選《にゅうせん》しないこと。

ぜんかい【全快】 名詞 動詞 病気《びょうき》やけががすっかり治《なお》ること。例 全快祝《いわ》い。類 全治《ぜんち》。使い方 病気《びょうき》の場合《ばあい》に使《つか》うことが多《おお》い。

ぜんかい【全壊】 名詞 動詞 すっかりこわれること。例 大地震《おおじしん》で建物《たてもの》が全壊した。

ぜんかい【前回】 名詞 この前《まえ》のとき。

ぜんがく【全額】 名詞 全部《ぜんぶ》の金額《きんがく》。類 総額《そうがく》。

ぜんがく【前額】 名詞 ひたい。おでこ。

せんかくしゃ【先覚者】 名詞 世《よ》の中《なか》の変《か》わり方《かた》や進《すす》み方《かた》を人《ひと》より先《さき》に見《み》ぬいて、活動《かつどう》した人《ひと》。例 医学《いがく》の先覚者。

せんかくしょとう【尖閣諸島】 名詞 沖縄《おきなわ》県《けん》の南西部《なんせいぶ》にある、魚釣島《うおつりじま》・北小島《きたこじま》・南小島《みなみこじま》などの島々《しまじま》。参考 すべて無人島《むじんとう》である。

せんかん【戦艦】 名詞 戦争《せんそう》に使《つか》う船《ふね》の中《なか》で、戦《たたか》う力《ちから》がもっともすぐれている大型《おおがた》の船《ふね》。

四字熟語　切磋琢磨《せっさたくま》　ぞうげや宝石《ほうせき》などを切《き》ったりみがいたりして美《うつく》しく仕上《しあ》げるように、学問《がくもん》や人格《じんかく》を

せんがん【洗眼】 名詞 動詞 水《みず》や薬《くすり》で、目《め》を洗《あら》うこと。例 洗眼液《えき》。

せんがん【洗顔】 名詞 動詞 顔《かお》を洗《あら》うこと。洗《せん》面《めん》。例 洗顔石《せっ》けん。

せんき【戦記】 名詞 戦争《せんそう》のようすを書《か》いた記《き》録《ろく》。例 戦記物語《ものがたり》。

ぜんき【前記】 名詞 文章《ぶんしょうちゅう》中で、そこよりも前《まえ》のほうに書《か》いてあること。例 くわしくは前記のとおりです。対 後記《こうき》。

ぜんき【前期】 名詞 ❶ある期間《きかん》を二《ふた》つ、または三《みっ》つに分《わ》けたときの初《はじ》めの期間《きかん》。関連 中期《ちゅうき》。後期《こうき》。❷今《いま》よりも一《ひと》つ前《まえ》の期間《きかん》。例 前期の委員長《いいんちょう》から仕事《しごと》を引《ひ》きつぐ。

せんきゃく【先客】 名詞 先《さき》に来《き》ている客《きゃく》。例 先客があったので、玄関《げんかん》でしばらく待《ま》った。

せんきゃく【船客】 名詞 船《ふね》の乗客《じょうきゃく》。客《きゃく》として船《ふね》に乗《の》っている人《ひと》。

せんきゃくばんらい【千客万来】 ⇒ 737ジペー 四字熟語

ぜんきゅうふ【全休符】 名詞 楽譜《がくふ》に使《つか》う休《きゅう》符《ふ》の一《ひと》つ。休《やす》む長《なが》さは四分《しぶ》休符《きゅうふ》の四倍《よんばい》。図 ⇒ 351ジペー きゅうふ〔休符〕

せんきょ【選挙】 名詞 動詞 大勢《おおぜい》の人《ひと》の中《なか》から、ある役目《やくめ》や地位《ちい》につく人《ひと》を選《えら》ぶこと。例 選挙に出《で》る／選挙演説《えんぜつ》。

せんぎょ【鮮魚】 名詞 とりたての魚《さかな》。生《い》きのよい魚《さかな》。

せんきょう【船橋】 名詞 船《ふね》の甲板《かんぱん》にある、見《み》張《は》りや指図《さしず》をするところ。ブリッジ。

せんきょう【戦況】 名詞 戦《たたか》いのようす。

せんぎょう【専業】 名詞 ある仕事《しごと》だけを、専《せん》門《もん》に行《おこな》っていること。例 専業農家《のうか》。対 兼業《けんぎょう》。

せんきょうし【宣教師】 名詞 宗教《しゅうきょう》を教《おし》え広《ひろ》める人《ひと》。とくに、キリスト教《きょう》の教《おし》えを外国《がいこく》に広《ひろ》める人《ひと》。

せんぎょうのうか【専業農家】 名詞 ほとんど農業《のうぎょう》だけで生活《せいかつ》している農家《のうか》。対 兼業農《けんぎょうのう》家《か》。

せんきょうんどう【選挙運動】 名詞 選挙《せんきょ》で、ある候補者《こうほしゃ》が当選《とうせん》するように、ポスターをはったり演説《えんぜつ》をしたりして、大勢《おおぜい》の人《ひと》にはたらきかけること。

せんきょく【戦局】 名詞 戦《たたか》いの進《すす》み具合《ぐあい》やようす。例 戦局は味方《みかた》に有利《ゆうり》に動《うご》いている。

せんきょく【選挙区】 名詞 選挙《せんきょ》のとき、議《ぎ》員《いん》を選《えら》び出《だ》す単位《たんい》として区分《くぶん》した地域《ちいき》。

せんきょけん【選挙権】 名詞 選挙《せんきょ》で、投票《とうひょう》することができる権利《けんり》。対 被選挙権《ひせんきょけん》。参考 日《に》本《ほん》では、満十八才以上《まんじゅうはっさいいじょう》の男女《だんじょ》にあたえられる。

せんぎり【千切り】 名詞 野菜《やさい》などの切《き》り方《かた》の一《ひと》つ。細長《ほそなが》く切《き》ること。また、そのように切《き》ったもの。図 ⇒ 368ジペー きる〔切る〕

せんくしゃ【先駆者】 名詞 ほかの人々《ひとびと》より先《さき》にものごとをする人《ひと》。新《あたら》しいことを最初《さいしょ》に始《はじ》めた人《ひと》。例 ロボット開発《かいはつ》の先駆者。類 草分《くさわ》け。

ぜんけい【全景】 名詞 全体《ぜんたい》のながめや景色《けしき》。例 学校《がっこう》の屋上《おくじょう》から、町《まち》の全景が見《み》える。

せんけつ【先決】 名詞 動詞 ほかのことよりも先《さき》に決《き》めなければならないこと。例 みんなの理解《りかい》を得《え》るのが先決だ。

せんげつ【先月】 名詞 今月《こんげつ》の前《まえ》の月《つき》。関連 来《らい》月《げつ》。

せんけつもんだい【先決問題】 名詞 ほかの問《もん》題《だい》の前《まえ》に、まず解決《かいけつ》しなければならない問《もん》題《だい》。例 住《す》むところを決《き》めるのが先決問題だ。

せんげん【宣言】 名詞 動詞 自分《じぶん》の考《かんが》えや態度《たいど》を人々《ひとびと》にはっきりと知《し》らせること。例 父《ちち》はたばこをやめると宣言した。

ぜんけん【全権】 名詞 ❶任《まか》された内容《ないよう》を行《おこな》うためのすべての権利《けんり》。例 会長《かいちょう》から全権を任《まか》される。❷国《くに》の代表《だいひょう》として、外国《がいこく》との話《はな》し合《あ》いを任《まか》されている人《ひと》。例 全権大使《たいし》。

ぜんげん【前言】 名詞 前《まえ》に言《い》ったことば。例 前言をとり消《け》す。

せんけんのめい【先見の明】 これから先《さき》のことを前《まえ》もって見《み》ぬくかしこさ。例 新《あたら》しい商《しょう》売《ばい》が成功《せいこう》したのは先見の明があったからだ。

せんこ【千古】 名詞 ❶はるか昔《むかし》。例 千古のミステリー。❷永遠《えいえん》。例 千古不易《ふえき》（＝永遠《えいえん》に変《か》わらないこと）。

せんご【戦後】 名詞 戦争《せんそう》の終《お》わったあと。とくに、第二次世界大戦《だいにじせかいたいせん》の終《お》わったあと。例 戦後、日本《にほん》の工業《こうぎょう》は急速《きゅうそく》に発達《はったつ》した。対 戦前《せんぜん》。

ぜんご【前後】

あること。

❶[名詞] あるものごとの前と後ろ。例 前後の文をよく読《よ》む／事故《じこ》の前後のことは記憶《きおく》にない。❷[名詞][動詞] 順序《じゅんじょ》が逆《ぎゃく》になること。例 話《はなし》が前後する。❸[名詞][動詞] すぐに続《つづ》くこと。例 姉《あね》と妹《いもうと》が前後して帰《かえ》ってきた。❹[接尾語]（数《かず》を表《あらわ》すことばのあとにつけて）…くらい。例 千円《せんえん》前後で買《か》える品物《しなもの》。

せんこう【先攻】 [名詞][動詞] スポーツなどで、先《さき》にこうげきすること。[対] 後攻《こうこう》。

せんこう【専攻】 [名詞][動詞] あることを専門《せんもん》に研究《けんきゅう》すること。例 大学《だいがく》で化学《かがく》を専攻する。

せんこう【選考】 [名詞][動詞] たくさんの人《ひと》や作《さく》品《ひん》をくわしく調《しら》べて、ふさわしいものを選《えら》び出《だ》すこと。例 候補者《こうほしゃ》の選考を行《おこな》った。

せんこう【線香】 [名詞] 香料《こうりょう》の粉《こな》を練《ね》って、細《ほそ》長《なが》く固《かた》めたもの。火《ひ》をつけて、仏前《ぶつぜん》やお墓《はか》に供《そな》える。例 線香を上《あ》げて拝《おが》んだ。

せんこう【せん光】 [名詞] ぱっと光《ひか》って消《き》える、強《つよ》い光《ひかり》。例 一瞬《いっしゅん》、せん光が走《はし》る。

ぜんこう【全校】 [名詞] ❶その学校全体《がっこうぜんたい》。例 全校生徒《せいと》。❷全部《ぜんぶ》の学校《がっこう》。例 市内《しない》の全校が参加《さんか》する大会《たいかい》。

ぜんこう【善行】 [名詞] よい行《おこな》い。りっぱな行《おこな》い。例 善行を積《つ》む。

せんこうはなび【線香花火】 [名詞] [季語 夏] ❶こよりの先《さき》に火薬《かやく》を巻《ま》きこんだ、小《ちい》さい花《はな》火《び》。❷初《はじ》めは勢《いきお》いがよいが、長続《ながつづ》きしないことのたとえ。例 新製品の人気は線香花火に終わった。

せんこく【先刻】 ❶[名詞][副詞] 少《すこ》し前《まえ》。先《さき》ほど。例 先刻お電話《でんわ》しましたがお留守《るす》でした。[対] 後刻《ごこく》。❷[副詞] とっくに。すでに。もう。例 先刻ご承《しょう》知《ち》のことと思《おも》いますが。

せんこく【宣告】 [名詞][動詞] ❶相手《あいて》にはっきり知《し》らせること。言《い》いわたすこと。例 医者《いしゃ》から手術《しゅじゅつ》が必要《ひつよう》だと宣告された。❷裁判《さいばん》で罪《つみ》を犯《おか》した人《ひと》に判決《はんけつ》を言《い》いわたすこと。例 有罪《ゆうざい》を宣告する。

ぜんこく【全国】 [名詞] 国全体《くにぜんたい》。国《くに》じゅう。

ぜんこくこうとうがっこうそうごうたいいくたいかい【全国高等学校総合体育大会】 ⇒114ページ インターハイ

ぜんこくし【全国紙】 [名詞] 全国《ぜんこく》の読者《どくしゃ》を対《たい》象《しょう》に発行《はっこう》される新聞《しんぶん》。[関連] 地方紙《ちほうし》。

せんごくじだい【戦国時代】 [名詞] 十五世《じゅうごせい》紀《き》の応仁《おうにん》の乱《らん》からの約百年間《やくひゃくねんかん》。全国《ぜんこく》の武将《ぶしょう》が争《あらそ》い、織田信長《おだのぶなが》・豊臣秀吉《とよとみひでよし》によって全国《ぜんこく》がまとめられた。

ぜんこくしゅんじけいほうシステム【全国瞬時警報システム】 ⇒557ページ ジェーアラート

ぜんこくすいへいしゃ【全国水平社】 [名詞] 一九二二年《ねん》に、昔《むかし》からひどい差別《さべつ》を受《う》けて苦《くる》しめられてきた人々《ひとびと》が、差別《さべつ》と貧困《ひんこん》からの解《かい》放《ほう》を目指《めざ》してつくった組織《そしき》。

せんごくだいみょう【戦国大名】 [名詞] 戦《せん》国時代に、各地で一国を支配した大名。

ぜんごさく【善後策】 [名詞] ものごとの後始《あとし》末《まつ》をうまくつけるための方法《ほうほう》。例 水害《すいがい》の善後策を考《かんが》える。

ぜんごふかく【前後不覚】 [名詞] よっぱらったり、ねむくなったりして、あとさきがわからなくなること。例 前後不覚にねむりこむ。

センサー（sensor）[名詞] 熱《ねつ》や光《ひかり》、電波《でんぱ》や音《おと》などに反応《はんのう》する装置《そうち》。感知器《かんちき》。

せんさい【戦災】 [名詞] 戦争《せんそう》で受《う》けた災害《さいがい》。

せんさい【繊細】 [形容動詞] ❶ほっそりとして美《うつく》しいようす。例 繊細な指《ゆび》。❷感《かん》じ方《かた》がするどくて細《こま》かいようす。デリケート。例 繊細な神経《しんけい》の持《も》ち主《ぬし》。

せんざい【洗剤】 [名詞] 衣類《いるい》や食器《しょっき》などを洗《あら》うときに使《つか》うもの。石《せっ》けんや合成洗剤《ごうせいせんざい》がある。

せんざい【潜在】 [名詞][動詞] 外《そと》にあらわれ出《で》てはいないが、内側《うちがわ》にかくれて存在《そんざい》していること。例 潜在意識《いしき》／潜在能力《のうりょく》。

ぜんさい【前菜】 [名詞] 食事《しょくじ》の最初《さいしょ》に出《だ》される、軽《かる》い食《た》べ物《もの》。[類] オードブル。

せんざいいちぐう【千載一遇】 [名詞] 千年《せんねん》に一度《いちど》しかめぐり合《あ》えないほど、めったにない機会《きかい》。例 千載一遇のチャンス。

せんさく [名詞][動詞] 細《こま》かいところまで、くわしく調《しら》べて知《し》ろうとすること。例 人《ひと》の生活《せいかつ》についてせんさくするのはやめなさい。

せんさばんべつ【千差万別】 [名詞] たくさんのものごとが、それぞれにちがっているこ

四字熟語 **絶体絶命《ぜったいぜつめい》** のがれられない困難《こんなん》な場面《ばめん》にいることや、追《お》いつめられてどうにもならない立場《たちば》に

と。例 人《ひと》の考《かんが》えは千差万別だ。

せんし【戦士】名詞 ❶戦争《せんそう》に参加《さんか》して、たたかう兵士《へいし》。❷ある分野《ぶんや》で、みんなの先頭《せんとう》に立《た》って活躍《かつやく》する人《ひと》。例 企業《きぎょう》戦士。

せんし【戦死】名詞 動詞 戦場《せんじょう》で戦《たたか》って死《し》ぬこと。例 戦死者《しゃ》。

せんじ【戦時】名詞 戦争《せんそう》が行《おこな》われているとき。対 平時《へいじ》。

せんしつ【船室】名詞 船《ふね》の中《なか》の部屋《へや》。とくに、船客《せんきゃく》が使《つか》う部屋《へや》。

せんじつ【先日】名詞 少《すこ》し前《まえ》の、ある日《ひ》。この間《あいだ》。例 先日お話《はな》ししたとおりです。

ぜんじつ【前日】名詞 その前《まえ》の日《ひ》。対 翌日《よくじつ》。

せんじつめる【煎じ詰める】動詞 ❶つきつめてよく考《かんが》える。例 煎じ詰めるとぼくの考《かんが》えもきみと同《おな》じということになる。❷薬草《やくそう》などを、じゅうぶんに煮出《にだ》す。

せんしゃ【洗車】名詞 動詞 自動車《じどうしゃ》などの車体《しゃたい》についたよごれを洗《あら》い落《お》とすこと。

せんしゃ【戦車】名詞 厚《あつ》い鉄板《てっぱん》でおおわれた車体《しゃたい》に大砲《たいほう》などをのせ、キャタピラーで走《はし》る兵器《へいき》。「タンク」ともいう。

せんじゃ【選者】名詞 たくさんの作品《さくひん》の中《なか》からすぐれたものを選《えら》び出《だ》す役目《やくめ》の人《ひと》。

ぜんしゃ【前者】名詞 二《ふた》つ挙《あ》げたことがらのうち、前《まえ》のほうのもの。例 吹奏楽部《すいそうがくぶ》と合唱部《がっしょうぶ》では、前者のほうが人数《にんずう》が多《おお》い。対 後者《こうしゃ》。

ぜんしゃのてつをふむ【前車のてつを踏む】前《まえ》の人《ひと》と同《おな》じ失敗《しっぱい》をくり返《かえ》すこと。ことば「てつ」は漢字《かんじ》では「轍」と書《か》き、車《くるま》が通《とお》ったあとに残《のこ》る、車輪《しゃりん》のあとのこと。

せんしゅ【先取】名詞 動詞 ほかより先《さき》に取《と》ること。例 相手《あいて》チームが一点《いってん》を先取した。

せんしゅ【船首】名詞 船《ふね》の前《まえ》の部分《ぶぶん》。例 船首を南《みなみ》に向《む》ける。類 へ先《さき》。対 船尾《せんび》。

せんしゅ【選手】名詞 選《えら》ばれて競技《きょうぎ》などに出《で》る人《ひと》。例 オリンピックの選手／テニスの選手。

せんしゅう【先週】名詞 今《いま》の週《しゅう》の前《まえ》の週《しゅう》。例 雑誌《ざっし》の先週号《ごう》。対 来週《らいしゅう》。

せんしゅう【選集】名詞 ある人《ひと》の作品《さくひん》、またはある種類《しゅるい》の作品《さくひん》の中《なか》から、すぐれたものを選《えら》んで集《あつ》めた書物《しょもつ》。

ぜんしゅう【全集】名詞 ある人《ひと》の作品《さくひん》を全部《ぜんぶ》集《あつ》めた書物《しょもつ》。また、同《おな》じ種類《しゅるい》や同《おな》じ時代《じだい》の作品《さくひん》をたくさん集《あつ》めてまとめた書物《しょもつ》。例 文学《ぶんがく》全集。

ぜんしゅう【禅宗】→733ページ ぜん〔禅〕❷

せんじゅうみん【先住民】名詞 ある人々《ひとびと》が移《うつ》り住《す》んでくる前《まえ》に、その地域《ちいき》に先《さき》に住《す》んでいた人々《ひとびと》。

せんしゅうらく【千秋楽】名詞 芝居《しばい》やすもうなどが何日《なんにち》か続《つづ》いて行《おこな》われるときの、最後《さいご》の日《ひ》。対 初日《しょにち》。ことば もとは、雅楽《ががく》の曲《きょく》の一《ひと》つ。仏教《ぶっきょう》の行事《ぎょうじ》などの終《お》わりに、この曲《きょく》を演奏《えんそう》したことからきたことばともいわれる。

せんしゅけん【選手権】名詞 競技会《きょうぎかい》などで優勝《ゆうしょう》し、最高《さいこう》の実力《じつりょく》を認《みと》められた選手《せんしゅ》やチームにあたえられる資格《しかく》。また、そのために行《おこな》われる試合《しあい》や大会《たいかい》。例 世界《せかい》選手権大会《たいかい》。

せんしゅつ【選出】名詞 動詞 選《えら》び出《だ》すこと。例 クラスの代表《だいひょう》を選出する。

せんじゅつ【戦術】名詞 戦《たたか》いに勝《か》つためのやり方《かた》。また、目的《もくてき》をとげるための方法《ほうほう》。例 試《し》合《あい》の戦術を練《ね》る。

せんしゅてん【先取点】名詞 試合《しあい》などで、相手側《あいてがわ》より先《さき》にとった点《てん》。例 先取点を上《あ》げる。

ぜんしょ【善処】名詞 動詞 もっともよい方法《ほうほう》で、ものごとの始末《しまつ》をつけること。例 この件《けん》については当社《とうしゃ》が責任《せきにん》を持《も》って善処します。

せんじょう【洗浄】名詞 動詞 水《みず》や薬品《やくひん》などで、きれいに洗《あら》うこと。例 傷口《きずぐち》を洗浄する。

せんじょう【戦場】名詞 戦争《せんそう》が行《おこな》われている場所《ばしょ》。戦地《せんち》。類 戦線《せんせん》。

ぜんしょう【全勝】名詞 動詞 全部《ぜんぶ》の試合《しあい》や勝負《しょうぶ》に勝《か》つこと。対 全敗《ぜんぱい》。

ぜんしょう【全焼】名詞 動詞 火事《かじ》で、建物《たてもの》が全部《ぜんぶ》焼《や》けてしまうこと。丸焼《まるや》け。関連 半焼《はんしょう》。

せんじょうち【扇状地】名詞 山地《さんち》から流《なが》れ出《で》る川《かわ》が運《はこ》んできた土《つち》や砂《すな》が、川《かわ》が平野《へいや》に出《で》るところでたまってできた、扇形《おうぎがた》の土地《とち》。

せんしょく【染色】名詞 動詞 染料《せんりょう》を使《つか》って布《ぬの》や糸《いと》を染《そ》めること。また、染《そ》めた色《いろ》。

せんしょくたい【染色体】名詞 細胞《さいぼう》が分《わ》かれるときに見《み》られる、細《ほそ》いひものような形《かたち》のもの。遺伝子《いでんし》（DNA《ディーエヌエー》）をふくんでいて、生物《せいぶつ》の種類《しゅるい》によって形《かたち》や数《かず》が決《き》まっている。ことば ある決《き》まった色素《しきそ》によく染《そ》まることからついた

やって来《き》て、商売《しょうばい》などが繁盛《はんじょう》すること。

名まえ。

せんじる【煎じる】 動詞 薬草《やくそう》やお茶《ちゃ》などを煮《に》つめて、味《あじ》や成分《せいぶん》をとかし出《だ》す。例 漢方薬《かんぽうやく》を煎じて飲《の》む。

せんしん【先進】 名詞 ほかよりも先《さき》に進《すす》んでいること。ほかよりも進歩《しんぽ》していること。例 先進国《こく》。対 後進《こうしん》。

せんしん【専心】 名詞 動詞 そのことだけにいっしょうけんめいになること。例 兄《あに》は、科学《かがく》の研究《けんきゅう》に専心している。類 専念《せんねん》。

せんじん【先人】 名詞 ❶昔《むかし》の人《ひと》。例 先人の教《おし》えを学《まな》ぶ。❷祖先《そせん》。例 先人の墓《はか》を大切《たいせつ》にする。

せんじん【先陣】 名詞 ❶昔《むかし》の戦《たたか》いで、本陣《ほんじん》（＝大将《たいしょう》がいるところ）の前《まえ》にいる部隊《ぶたい》。❷いちばんはやくものごとを始《はじ》めること。一番《いちばん》乗《の》り。例 先陣争《あらそ》い。

ぜんしん【全身】 名詞 体《からだ》じゅう。体全体《からだぜんたい》。例 全身の力《ちから》をふりしぼる。類 こん身《しん》。満身《まんしん》。

ぜんしん【前身】 名詞 ❶その団体《だんたい》が今《いま》のようになる前《まえ》の形《かたち》。例 この会社《かいしゃ》の前身は小《ち》さな商店《しょうてん》だった。❷前《まえ》の仕事《しごと》や身分《みぶん》。例 あのタレントの前身は学校《がっこう》の先生《せんせい》だ。❸仏教《ぶっきょう》で、この世《よ》に生《う》まれる前《まえ》の身《み》の上《うえ》。

ぜんしん【前進】 名詞 動詞 前《まえ》へ進《すす》むこと。例 目的地《もくてきち》に向《む》かって前進を続《つづ》ける。対 後退《こうたい》。

せんしんこく【先進国】 名詞 経済《けいざい》や技術《ぎじゅつ》、文化などが進んでいる国。

ぜんしんぜんれい【全身全霊】 名詞 体力《たいりょく》と精神力《せいしんりょく》のすべて。例 全身全霊でがんばる。

ぜんじんみとう【前人未踏】 名詞 まだだれも、そこまでたどり着《つ》いていないこと。例 前人未到の大記録《だいきろく》。

せんす【扇子】 名詞 季語 夏 あおいで風《かぜ》を起《お》こし、すずむための道具《どうぐ》。竹《たけ》の骨《ほね》に紙《かみ》などをはり、折《お》りたためるようにしてある。おうぎ。

せんす

センス（sense） 名詞 ものごとの細《こま》かい味《あじ》わいや意味《いみ》などを感《かん》じとる、心《こころ》の力《ちから》。例 あの人《ひと》は服《ふく》のセンスがよい。

せんすい【潜水】 名詞 動詞 水《みず》の中《なか》にもぐること。例 潜水服《ふく》。

せんすいかん【潜水艦】 名詞 戦争《せんそう》に使《つか》う船《ふね》の一《ひと》つ。水《みず》にもぐって敵《てき》に近《ちか》づき、こうげきしたりようすをさぐったりする。

ぜんせ【前世】 名詞 仏教《ぶっきょう》で、この世《よ》に生《う》まれてくる前《まえ》にいたとされる世《よ》。関連 現世《げんせ》。来世《らいせ》。

せんせい【先生】 名詞 ❶学校《がっこう》などで、学問《がくもん》や技術《ぎじゅつ》を人《ひと》に教《おし》える人《ひと》。❷医者《いしゃ》や弁護士《べんごし》などを尊敬《そんけい》した言《い》い方《かた》。

せんせい【先制】 名詞 動詞 相手《あいて》よりも先《さき》に動《うご》いて、相手《あいて》をおさえること。例 先制こうげき。

せんせい【宣誓】 名詞 動詞 ちかいのことばを言《い》うこと。また、そのことば。

ぜんせい【全盛】 名詞 もっとも勢《いきお》いのよいようす。たいへん栄えていること。例 全盛期。

ぜんせい【善政】 名詞 人々《ひとびと》の暮《く》らしを守《まも》る、よい政治《せいじ》。対 悪政《あくせい》。

せんせいてん【先制点】 名詞 相手《あいて》よりも先《さき》にとる得点《とくてん》。例 先制点を入《い》れる。

センセーション（sensation） 名詞 人々《ひとびと》の注《ちゅう》意《い》を強《つよ》く引《ひ》きつけて、話題《わだい》の中心《ちゅうしん》になること。大評判《だいひょうばん》。例 センセーションを巻《ま》き起《お》こす。

せんせん【宣戦】 名詞 動詞 戦争《せんそう》を始《はじ》めるということを、相手《あいて》の国《くに》に言《い》いわたすこと。例 宣戦を布告《ふこく》する。

せんせん【戦線】 名詞 戦争《せんそう》で、戦《たたか》いが行《おこな》われている場所《ばしょ》。類 戦場《せんじょう》。戦地《せんち》。

せんぜん【戦前】 名詞 戦争《せんそう》が始《はじ》まる前《まえ》。とくに、第二次世界大戦《だいにじせかいたいせん》の始《はじ》まる前《まえ》。対 戦後《せんご》。

ぜんせん【前線】 名詞 ❶戦場《せんじょう》などで、敵《てき》にいちばん近《ちか》いところ。❷冷《つめ》たい空気《くうき》のかたまりと温《あたた》かい空《くう》気《き》のかたまりの境《さかい》目《め》が地面《じめん》と接《せっ》する線《せん》。この付近《ふきん》では、天気《てんき》が悪《わる》くなる。寒冷前線《かんれいぜんせん》・温暖前線《おんだんぜんせん》・梅雨前線《ばいうぜんせん》など。

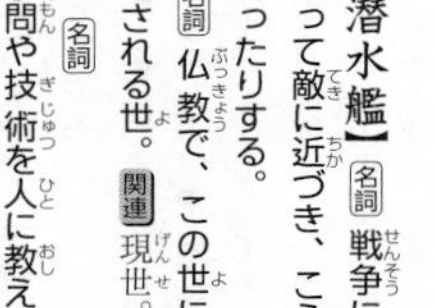

ぜんせん【前線】❷

ぜんせん【善戦】 名詞 動詞 力《ちから》を出《だ》しきってりっぱに戦《たたか》うこと。例 善戦したが、残念《ざんねん》ながら敗《やぶ》れてしまった。類 健闘《けんとう》。

ぜんぜん【全然】 副詞 まったく。まるで。例

四字熟語 千客万来《せんきゃくばんらい》 「千《せん》」と「万《まん》」はとても数《かず》が多《おお》いことを表《あらわ》すことば。たくさんの客《きゃく》が次《つぎ》から次《つぎ》へと

全然知《し》らない。使い方 あとに「ない」などのことばがくる。

せんせんきょうきょう【戦戦恐恐】⇩751ジペー 四字熟語

せんぞ【先祖】 名詞 ❶その血筋《ちすじ》の、いちばん初《はじ》めの人《ひと》。類 祖先《そせん》。❷その血筋《ちすじ》で、今生《いまい》きている人《ひと》より前《まえ》の代《だい》の人《ひと》々《びと》。例 先祖のお墓《はか》を守《まも》る。類 祖先《そせん》。対 子孫《しそん》。

せんそう【船倉】 名詞 船《ふね》の、貨物《かもつ》を積《つ》みこむところ。ふなぐら。

せんそう【戦争】 名詞 動詞 ❶国《くに》と国《くに》とが、武器《ぶき》を使《つか》って戦《たたか》うこと。いくさ。対 平和《へいわ》。❷戦《たたか》いのような激《はげ》しい競争《きょうそう》や、ひどく混乱《こんらん》したようすのこと。例 受験《じゅけん》戦争。

ぜんそう【前奏】 名詞 ❶歌《うた》や独奏《どくそう》が始《はじ》まる前《まえ》の、伴奏《ばんそう》の部分《ぶぶん》。❷曲《きょく》の初《はじ》めや、オペラなどで幕《まく》が開《あ》く前《まえ》に演《えん》奏《そう》される部分《ぶぶん》。

ぜんそうきょく【前奏曲】 名詞 ❶オペラなどの幕《まく》が開《あ》く前《まえ》や、組曲《くみきょく》の初《はじ》めに演奏《えんそう》される曲《きょく》。❷自由《じゆう》な形式《けいしき》の器楽《きがく》の小曲《しょうきょく》。「プレリュード」ともいう。

せんぞく【専属】 名詞 動詞 ある一《ひと》つの会社《かいしゃ》や団体《だんたい》の仕事《しごと》だけをすること。例 専属の美容師《びようし》。

ぜんそく【ぜん息】 名詞 突然激《とつぜんはげ》しくせきが続《つづ》いて、息《いき》が苦《くる》しくなる病気《びょうき》。

ぜんそくりょく【全速力】 名詞 出《だ》せる限《かぎ》りのはやさ。フルスピード。例 全速力で走《はし》る。

センター（center）名詞 ❶中央《ちゅうおう》。中心《ちゅうしん》。また、中心《ちゅうしん》となる場所《ばしょ》や施《し》設《せつ》。例 センターライン／市《し》の文化《ぶんか》センター。❷野球《やきゅう》で、外野《がいや》の中央《ちゅうおう》の位置《いち》。また、そこを守《まも》る人《ひと》。例 センターフライ。❸バレーボールなどの球技《きゅうぎ》で、守備《しゅび》の中央《ちゅうおう》の位置《いち》。また、そこを守《まも》る人《ひと》。

センターライン（centerline）名詞 ❶スポーツで使《つか》うコートの、中央《ちゅうおう》に引《ひ》かれた線《せん》。関連 エンドライン。サイドライン。❷道路《どうろ》の中央《ちゅうおう》に引《ひ》かれた線《せん》。

せんたい【船体】 名詞 船《ふね》の形《かたち》。また、船《ふね》の胴体《どうたい》。

せんだい【先代】 名詞 ❶前《まえ》の時代《じだい》。❷前《まえ》の代《だい》。例 先代の社長《しゃちょう》。

ぜんたい【全体】 ❶名詞 ある一《ひと》つのものごとの、全部《ぜんぶ》。すべて。例 クラス全体で参加《さんか》した。対 部分《ぶぶん》。❷副詞 もともと。そもそも。例 全体、無理《むり》な話《はなし》だ。❸副詞 疑《うたが》いの気持《きも》ちを強《つよ》く表《あらわ》すことば。いったい。例 全体、何《なに》をしようというのだ。

せんだいし【仙台市】 名詞 宮城県《みやぎけん》の中央部《ちゅうおうぶ》にある大《おお》きな都市《とし》。東北地方《とうほくちほう》の政治《せいじ》・経済《けいざい》・文《ぶん》化《か》の中心地《ちゅうしんち》で、宮城県《みやぎけん》の県庁《けんちょう》がある。

せんたいしょう【線対称】 名詞 一《ひと》つの形《かたち》を直線《ちょくせん》を折《お》り目《め》として折《お》ったとき、両側《りょうがわ》の部分《ぶぶん》がぴったり重《かさ》なること。教科 算 折《お》り目《め》とした直《ちょく》線《せん》を「対称《たいしょう》の軸《じく》」という。図⇩778ジペー たいしょうずけい

ぜんたいてき【全体的】 形容動詞 ものごとの全体《ぜんたい》にかかわるようす。

せんだいはん【仙台藩】 名詞 江戸時代《えどじだい》、今《いま》の宮城県《みやぎけん》の辺《あた》りにあった藩《はん》。伊達政宗《だてまさむね》から始《はじ》まる。

せんだいへいや【仙台平野】 名詞 宮城県《みやぎけん》の東部《とうぶ》にある平野《へいや》。太平洋《たいへいよう》に面《めん》し、稲作《いなさく》がさかん。仙台市《せんだいし》が中心都市《ちゅうしんとし》。

ぜんだいみもん【前代未聞】 名詞 これまでに聞《き》いたこともないような、めずらしいこと。例 前代未聞のできごと。類 破天荒《はてんこう》。

せんたく【洗濯】 名詞 動詞 よごれた服《ふく》などを洗《あら》ってきれいにすること。例 洗濯機《き》。

せんたく【選択】 名詞 動詞 たくさんの中《なか》から、よいと思《おも》われるものを選《えら》び出《だ》すこと。例 作文《さくぶん》のテーマを選択する。

せんたくいた【洗濯板】 名詞 手《て》で洗濯《せんたく》をするときに使《つか》う、表面《ひょうめん》にぎざぎざのついた板《いた》。布《ぬの》をこすりつけて洗《あら》う。

せんたくし【選択肢】 名詞 質問《しつもん》に対《たい》して、そこから選《えら》んで答《こた》えるように用意《ようい》された、二《ふた》つ以上《いじょう》の項目《こうもく》。

せんだって【先だって】 名詞 副詞 この間《あいだ》。先日《せんじつ》。例 先だってはありがとうございました。使い方「先立って」と書《か》かないよう注意《ちゅうい》。

せんたん【先端】 名詞 ❶細長《ほそなが》いものの先《さき》のほう。はし。例 棒《ぼう》の先端。

り、ねむくなったりして、正体《しょうたい》をなくすこと。

❷時代や流行の先頭。例 時代の先端をいく技術。

せんだん【船団】 名詞 ある仕事《しごと》をするために、ひとかたまりになって行動《こうどう》する船《ふね》の集《あつ》まり。例 船団を組《く》む。

せんだんはふたばよりかんばし【せんだんは双葉より芳し】 ⇒237ページ ことわざ

せんち【戦地】 名詞 戦争《せんそう》が行《おこな》われている場所《ばしょ》。戦場《せんじょう》。類 戦線《せんせん》。

センチ 名詞
❶メートルやリットルなどの単位《たんい》の上《うえ》につけて、百分《ひゃくぶん》の一《いち》を表《あらわ》すことば。
❷「センチメートル」の略《りゃく》。

ぜんち【全治】 名詞 動詞 病気《びょうき》やけががすっかりよくなること。例 全治一《いっ》か月《げつ》のけが。類 全快《ぜんかい》。完治《かんち》。使い方 けがの場合《ばあい》に使《つか》うことが多《おお》い。

ぜんちぜんのう【全知全能】 名詞 どんなことでも知《し》っていて、どんなことでもできること。例 全知全能の神《かみ》。

センチメートル（フランス語）名詞 メートル法《ほう》の長《なが》さの単位《たんい》。一《いっ》センチメートルは一《いち》メートルの百分《ひゃくぶん》の一《いち》。記号《きごう》は「cm」。略《りゃく》して「センチ」ともいう。

センチメンタル（sentimental）形容動詞 ものごとに感《かん》じやすく、すぐにさびしくなったり悲《かな》しくなったりしてしまうようす。例 夏《なつ》も終《お》わり、センチメンタルな気分《きぶん》になる。

せんちゃ【煎茶】 名詞
❶せんじて飲《の》む茶《ちゃ》。
❷上等《じょうとう》な茶《ちゃ》と番茶《ばんちゃ》の間《あいだ》の品質《ひんしつ》の緑茶《りょくちゃ》。

せんちゃく【先着】 名詞 動詞 その場所に、ほかの人《ひと》より先《さき》に着《つ》くこと。例 先着順《じゅん》。

せんちょう【船長】 名詞 船《ふね》の乗組員《のりくみいん》の中《なか》でいちばん上《うえ》の位《くらい》の人《ひと》。乗組員《のりくみいん》に指示《しじ》し、船《ふね》を進《すす》める責任《せきにん》を持《も》つ。

ぜんちょう【全長】 名詞 全体《ぜんたい》の長《なが》さ。例 全長二《に》百《ひゃく》メートルの橋《はし》。

ぜんちょう【前兆】 名詞 あるものごとが起《お》こることを、前《まえ》もって知《し》らせるもの。前《まえ》ぶれ。例 地震《じしん》の前兆。類 兆《きざ》し。兆候《ちょうこう》。

せんて【先手】 名詞
❶人《ひと》よりも先《さき》にものごとをすること。例 ライバル会社《がいしゃ》に先手をとられる。
❷囲碁《いご》・将棋《しょうぎ》で、先《さき》に打《う》つほう。対 後手《ごて》。対 後手《ごて》。

●**先手《せんて》を打《う》つ** 相手《あいて》より先《さき》にこうげきをしかける。また、人《ひと》よりも先《さき》にものごとを行《おこな》って備《そな》える。

せんてい【選定】 名詞 動詞 たくさんの中《なか》から選《えら》んで決《き》めること。例 課題図書《かだいとしょ》を選定する。

せんてい【せん定】 名詞 動詞 季語 春 木《き》の形《かたち》を整《ととの》えたり、花《はな》や実《み》がよくつくようにしたりするため、枝《えだ》の一部《いちぶ》を切《き》ること。

ぜんてい【前提】 名詞 あることがらが成《な》り立《た》つもとになることがら。例 全員《ぜんいん》の参加《さんか》を前提にして計画《けいかく》を立《た》てる。

せんてつ【せん鉄】 名詞 鉄鉱石《てっこうせき》をとかしただけの、かたくてもろい鉄《てつ》。鋼鉄《こうてつ》や鋳物《いもの》の原料《げんりょう》にする。

せんでん【宣伝】 名詞 動詞
❶あることがらを、多《おお》くの人《ひと》に広《ひろ》めること。例 コマーシャルで新製品を宣伝する。
❷ものごとを大《おお》げさに言《い》いふらすこと。例 百点《ひゃくてん》をとったからといって、そんなに宣伝するな。

ぜんてん【前転】 名詞 動詞 マット運動《うんどう》で、両手《りょうて》を前《まえ》につき、首《くび》を曲《ま》げ、前《まえ》に一回転《いっかいてん》して起《お》きること。対 後転《こうてん》。

せんてんてき【先天的】 形容動詞 生《う》まれたときからその人《ひと》の身《み》に備《そな》わっているようす。例 先天的な体質《たいしつ》。対 後天的《こうてんてき》。

せんと【遷都】 名詞 動詞 首都《しゅと》をほかの土地《とち》に移《うつ》すこと。

セント（cent）名詞 アメリカやカナダなどのお金《かね》の単位《たんい》。一《いっ》セントは一《いち》ドルの百分《ひゃくぶん》の一《いち》。

せんど【鮮度】 名詞 魚《さかな》や野菜《やさい》などの、新《あたら》しさの程度《ていど》。例 鮮度のよい魚《さかな》。

ぜんと【前途】 名詞
❶この先《さき》の道《みち》。行《ゆ》く手《て》。例 旅《たび》の前途は長《なが》い。
❷これからの人生《じんせい》。将来《しょうらい》。例 二人《ふたり》の前途を祝《いわ》ってかんぱいする。

ぜんど【全土】 名詞 その土地全体《とちぜんたい》。とくに、国土全体《こくどぜんたい》。例 アメリカ全土。

せんとう【先頭】 名詞 いちばん前《まえ》。いちばん先《さき》。例 先頭を切《き》って走《はし》る。類 トップ。

せんとう【戦闘】 名詞 動詞 武器《ぶき》を使《つか》って戦《たたか》うこと。例 戦闘を開始《かいし》する。

せんとう【銭湯】 名詞 料金《りょうきん》をとって入浴《にゅうよく》をさせるところ。ふろ屋《や》。公衆浴場《こうしゅうよくじょう》。

せんどう【先導】 名詞 動詞 先《さき》に進《すす》んで、道《みち》を案内《あんない》すること。例 パトカーが行進《こうしん》を先導する。

四字熟語 **前後不覚《ぜんごふかく》** ものごとのあとさき（前後《ぜんご》）もわからない（不覚《ふかく》）という意味《いみ》で、よっぱらった

せんどう【扇動】 名詞 動詞 あることをするように仕向《しむ》けること。あおること。例 人々《ひとびと》を扇動してさわぎを起《お》こす。

せんどう【船頭】 名詞 船《ふね》をこぐことを仕事《しごと》にしている人《ひと》。また、船《ふね》の指揮《しき》をとる人《ひと》。

●**船頭《せんどう》多《おお》くして船《ふね》山《やま》に登《のぼ》る** ⇒239ページ ことわざ

せんどきじだい【先土器時代】 名詞 縄文《じょうもん》時代《じだい》より前《まえ》の、まだ土器《どき》をつくったり使《つか》ったりしていなかった時代《じだい》。

セントバレンタインデー ⇒1085ページ バレンタインデー

せんにゅう【潜入】 名詞 動詞 こっそりと入《はい》りこむこと。例 敵《てき》の陣地《じんち》に潜入する。

せんにゅうかん【先入観】 名詞 実際《じっさい》に見《み》たり聞《き》いたりする前《まえ》に、それについて頭《あたま》の中《なか》でつくられた考《かんが》え。例 先入観にとらわれる。

せんにょ【仙女】 名詞 女《おんな》の仙人《せんにん》。

せんにん【仙人】 名詞 人間《にんげん》の世界《せかい》からはなれて山《やま》の中《なか》に住《す》み、不思議《ふしぎ》な術《じゅつ》を使《つか》い、年《とし》をとらず死《し》ぬこともないという、空想《くうそう》上《じょう》の人《ひと》。ことば 世《よ》の中《なか》のことにあまり慣《な》れず、欲《よく》のない人《ひと》のことをたとえていうことがある。

せんにん【先任】 名詞 先《さき》にその仕事《しごと》をしていること。また、その人《ひと》。例 先任の校長先生《こうちょうせんせい》。

せんにん【専任】 名詞 ある一《ひと》つの仕事《しごと》や役目《やくめ》だけを受《う》け持《も》つこと。また、その人《ひと》。例 音楽《おんがく》専任の先生《せんせい》。対 兼任《けんにん》。

ぜんにん【前任】 名詞 前《まえ》にその仕事《しごと》を受《う》け持《も》っていたこと。また、その人《ひと》。例 前任者《しゃ》から仕事《しごと》を引《ひ》きつぐ。対 後任《こうにん》。

ぜんにん【善人】 名詞 ❶正直《しょうじき》で、行《おこな》いのよい人《ひと》。対 悪人《あくにん》。❷お人《ひと》よし。気《き》のいい人《ひと》。

せんにんりき【千人力】 名詞 千人分《せんにんぶん》の力《ちから》と感《かん》じるほどの強《つよ》い力《ちから》。また、千人分《せんにんぶん》の助《たす》けがあると思《おも》えるほど、心強《こころづよ》いこと。

せんぬき【栓抜き】 名詞 びんのせんをぬいて開《あ》ける道具《どうぐ》。

せんねん【先年】 名詞 何年《なんねん》か前《まえ》。過《す》ぎ去《さ》った年《とし》。例 先年、父《ちち》と登《のぼ》った山《やま》。対 後年《こうねん》。

せんねん【専念】 名詞 動詞 そのことだけに、いっしょうけんめいになること。例 仕事《しごと》に専念する。類 専心《せんしん》。

ぜんねん【前年】 名詞 その年《とし》の前《まえ》の年《とし》。対 翌年《よくねん》。

ぜんのう【全納】 名詞 動詞 納《おさ》めなければならないお金《かね》やものを、全部《ぜんぶ》納《おさ》めること。例 保険料《ほけんりょう》を全納する。類 完納《かんのう》。

せんのりきゅう【千利休】 名詞 (一五二二〜一五九一) 安土桃山《あづちももやま》時代《じだい》の、茶道《さどう》を完成《かんせい》した人《ひと》。織田信長《おだのぶなが》・豊臣秀吉《とよとみひでよし》に仕《つか》えたが、のち、秀吉《ひでよし》と考《かんが》えが合《あ》わなくなり、切腹《せっぷく》させられた。

せんばい【専売】 名詞 動詞 ❶ほかの人《ひと》には売《う》らせないで、その人《ひと》だけが売《う》ること。例 この腕時計《うでどけい》は当店《とうてん》の専売です。❷ある品物《しなもの》を、ふつうの会社《かいしゃ》などには売《う》らせないで、政府《せいふ》が直接《ちょくせつ》に売《う》ること。

せんぱい【先輩】 名詞 ❶同《おな》じ学校《がっこう》や会社《かいしゃ》などに、自分《じぶん》より先《さき》に入《はい》った人《ひと》。例 姉《あね》はわたしの学校《がっこう》の先輩だ。対 後輩《こうはい》。❷自分《じぶん》より経験《けいけん》などが上《うえ》の人《ひと》。例 あなたのほうがこの仕事《しごと》では先輩です。対 後輩《こうはい》。

ぜんぱい【全敗】 名詞 動詞 全部《ぜんぶ》の試合《しあい》や勝負《しょうぶ》に負《ま》けること。対 全勝《ぜんしょう》。

ぜんぱい【全廃】 名詞 動詞 それまでしてきたことを、全部《ぜんぶ》やめてしまうこと。例 核兵器《かくへいき》の全廃を目指《めざ》す。

せんぱく【船舶】 名詞 船《ふね》。とくに、大《おお》きめの船《ふね》。使い方 あらたまった言《い》い方《かた》。

せんばこき【千歯こき】 名詞 いねなどを脱穀《だっこく》する、昔《むかし》の農具《のうぐ》。くしの歯《は》のように並《なら》んだ鉄《てつ》の細《ほそ》い棒《ぼう》で穂《ほ》をしごいて、もみを落《お》とす。

せんばつ【選抜】 名詞 動詞 たくさんの中《なか》から選《えら》び出《だ》すこと。例 代表選手《だいひょうせんしゅ》を選抜する。

せんぱつ【先発】 名詞 動詞 ❶先《さき》に出発《しゅっぱつ》すること。また、その人《ひと》。例 先発隊《たい》。対 後発《こうはつ》。❷野球《やきゅう》で、試合《しあい》の最初《さいしょ》から出《で》ること。また、その人《ひと》。例 先発投手《とうしゅ》。

せんぱつ【洗髪】 名詞 動詞 かみの毛《け》を洗《あら》うこと。

せんばづる【千羽鶴】 名詞 ❶折《お》り紙《がみ》で折《お》ったたくさんのつるを、糸《いと》でつないだもの。病気《びょうき》がよくなるように、また願《ねが》いごとがかなうようにいのって作《つく》る。❷たくさんのつるをかいた模様《もよう》。

せんばん【旋盤】 名詞 材料《ざいりょう》をとりつけて回《まわ》し

ないような、めったにないよい機会《きかい》のこと。

ながら刃物を当てて、切ったり、けずったり、穴《あな》をあけたりする機械《きかい》。

せんぱん【先般】 名詞 この間《あいだ》。先《さき》ごろ。例 料《りょう》金《きん》は先般ご説明《せつめい》したとおりです。

ぜんはん【前半】 名詞 二《ふた》つに分《わ》けたうちの、前《まえ》の半分《はんぶん》。例 試合《しあい》の前半が終《お》わる。対 後半《こうはん》。

ぜんぱん【全般】 名詞 あるものごとを大《おお》づかみにした全体《ぜんたい》。すべて。例 今年《ことし》は全般にいねの育《そだ》ちがよい。

せんび【船尾】 名詞 船《ふね》の後《うし》ろの部分《ぶぶん》。類 とも。対 船首《せんしゅ》。

せんぴょう【選評】 名詞 動詞 たくさんの作品《さくひん》の中《なか》からすぐれたものを選《えら》び、それについて批《ひ》評《ひょう》をすること。

ぜんぶ【全部】 名詞 副詞 あるものごとのすべて。みんな。例 おかずを全部食《た》べる。対 一部《いちぶ》。

せんぷう【旋風】 名詞 ❶空気《くうき》がうずを巻《ま》いて起《お》こる強《つよ》い風《かぜ》。つむじ風《かぜ》。❷突然《とつぜん》世《よ》の中《なか》をおどろかしたり、動《うご》かしたりするような大《おお》きなできごと。例 スポーツ界《かい》に旋風を巻《ま》き起《お》こす。

せんぷうき【扇風機】 名詞 季語 夏 電気《でんき》の力《ちから》で羽根《はね》を回《まわ》し、風《かぜ》を送《おく》る機械《きかい》。

せんぷく【船腹】 名詞 船《ふね》の胴体《どうたい》。また、荷物《にもつ》を積《つ》みこむ部分《ぶぶん》。

せんぷく【潜伏】 名詞 動詞 ❶人《ひと》に知《し》られないようにかくれること。例 犯《はん》人《にん》は山《やま》に潜伏しているらしい。❷病気を起こす菌が体の中に入っているが、おもてに病状《びょうじょう》があらわれないこと。

せんぶん【線分】 名詞 数学《すうがく》で、直線上《ちょくせんじょう》にある二《ふた》つの点《てん》にはさまれた部分《ぶぶん》。参考 直線上《ちょくせんじょう》に二《ふた》つの点A《てんエー》とB《ビー》があるとき、A《エー》とB《ビー》にはさまれた部分《ぶぶん》を「線分AB《せんぶんエービー》」という。

ぜんぶん【全文】 名詞 文章《ぶんしょう》の全体《ぜんたい》。例 全文を通《とお》して読《よ》む。

ぜんぶん【前文】 名詞 ❶前《まえ》に書《か》いてある文章《ぶんしょう》。例 この件《けん》については前文のとおりだ。❷本文《ほんぶん》の前《まえ》に書《か》く文章《ぶんしょう》。前書《まえが》き。❸手紙《てがみ》の初《はじ》めに書《か》く、あいさつなどのことば。

せんべい【煎餅】 名詞 小麦《こむぎ》や米《こめ》の粉《こな》をこねてうすくのばし、味《あじ》をつけて焼《や》いた菓子《かし》。

せんべいぶとん【煎餅布団】 名詞 せんべいのようにうすくて、粗末《そまつ》な布団《ふとん》。

せんべつ【選別】 名詞 動詞 ある決《き》まりに従《したが》って、選《えら》び分《わ》けること。例 大《おお》きさによってりんごを選別する。

せんべつ【せん別】 名詞 旅《たび》に出《で》る人《ひと》や、別《わか》れる人《ひと》に、品物《しなもの》やお金《かね》をおくること。また、その品物《しなもの》やお金《かね》。類 はなむけ。

ぜんぺん【全編】 名詞 詩《し》・文章《ぶんしょう》・小説《しょうせつ》・映《えい》画《が》などの一《ひと》つの作品《さくひん》の全体《ぜんたい》。

ぜんぺん【前編】 名詞 小説《しょうせつ》や映画《えいが》などの作品《さくひん》で、二《ふた》つか三《みっ》つに分《わ》かれているもののうち、最《さい》初《しょ》のもの。関連 中編《ちゅうへん》。後編《こうへん》。

せんぺんばんか【千変万化】 名詞 動詞 ようすがいろいろに変わること。例 千変万化する雲《くも》の形《かたち》。

せんべんをつける【先べんをつける】 ほかの人《ひと》より先《さき》にそのことにとりかかる。例 新《あたら》しい薬《くすり》の開発《かいはつ》に先べんをつけた。ことば 「べん」は「鞭」と書《か》き、「むち」のこと。人《ひと》より先《さき》に馬《うま》にむちを打《う》って行《い》くことからきたことば。

せんぼう【羨望】 名詞 動詞 うらやましがること。例 みんなの羨望の的《まと》となる。

せんぽう【先方】 名詞 ❶相手《あいて》の人《ひと》。相手方《あいてがた》。例 先方の考《かんが》えを聞《き》く。対 当方《とうほう》。❷向《む》こうの方《ほう》。例 先方に光《ひか》っているのは海《うみ》だ。

ぜんぽう【前方】 名詞 前《まえ》の方《ほう》。対 後方《こうほう》。

せんぼうきょう【潜望鏡】 名詞 水中《すいちゅう》の潜《せん》水艦《すいかん》から水面上《すいめんじょう》のようすを見《み》るための望遠鏡《ぼうえんきょう》。

ぜんぽうこうえんふん【前方後円墳】 名詞 古墳《こふん》の形《かたち》の一《ひと》つ。前方《ぜんぽう》が長方形《ちょうほうけい》または台《だい》形《けい》で、後《うし》ろが円形《えんけい》。大阪《おおさか》にある大仙古墳《だいせんこふん》が有《ゆう》名《めい》。図 ⇒493ジ《ペー》 こふん

せんぼつ【戦没】 名詞 動詞 戦争《せんそう》で死《し》ぬこと。戦死《せんし》。例 戦没者《しゃ》。

ぜんまい 名詞 季語 春 野山《のやま》に生《は》えるしだのなかまの植物《しょくぶつ》の一《ひと》つ。若《わか》い葉《は》はうず巻《ま》きのように巻《ま》いていて、食用《しょくよう》になる。ことば 漢字《かんじ》では「薇」と書《か》く。

ぜんまい

ぜんまい 名詞 はがねをうず巻《ま》きのように巻《ま》い

四字熟語　千載一遇《せんざいいちぐう》　千年《せんねん》（千載《せんざい》）の間《あいだ》に一回《いっかい》めぐりあう（一遇《いちぐう》）という意味《いみ》で、千年《せんねん》に一度《いちど》しか出合《であ》え

たばね。もとにもどろうとする力《ちから》で物《もの》を動《うご》かす。時計《とけい》やおもちゃなどに使《つか》われる。

せんまいどおし【千枚通し】名詞 重《かさ》ねた紙《かみ》などをさし通《とお》し、穴《あな》をあけるのに使《つか》う道具《どうぐ》。

ぜんまいばかり 名詞 ぜんまいの、物《もの》の重《おも》みでのびることを利用《りよう》したしかけのはかり。

せんむ【専務】名詞
❶ある一《ひと》つの仕事《しごと》だけを受《う》け持《も》つこと。
❷社長《しゃちょう》を助《たす》けて、会社《かいしゃ》の仕事《しごと》をとりしまる役《やく》目《め》。また、その人《ひと》。「専務取締役《せんむとりしまりやく》」の略《りゃく》。

せんむとりしまりやく【専務取締役】➡742ページせんむ❷

せんめい【鮮明】形容動詞 あざやかで、はっきりしているようす。例 鮮明な画像《がぞう》。

ぜんめつ【全滅】名詞 動詞 一《ひと》つ残《のこ》らずだめになること。全部《ぜんぶ》ほろびること。例 台風《たいふう》で、畑《はたけ》の作物《さくもつ》が全滅した。

せんめん【洗面】名詞 動詞 顔《かお》を洗《あら》うこと。洗《せん》顔《がん》。例 洗面所《じょ》／洗面器《き》。

ぜんめん【全面】名詞 表面全体《ひょうめんぜんたい》。また、すべての方面《ほうめん》。例 かべの全面に色《いろ》をぬる。

ぜんめん【前面】名詞 前《まえ》の方《ほう》。表《おもて》の方《ほう》。例 自《じ》分《ぶん》の長所《ちょうしょ》を前面におし出《だ》す。

せんめんき【洗面器】名詞 顔《かお》を洗《あら》うときに使《つか》う、水《みず》や湯《ゆ》を入《い》れる入《い》れ物《もの》。

せんめんじょ【洗面所】名詞
❶顔《かお》や手《て》を洗《あら》うための設備《せつび》があるところ。
❷「トイレット」のこと。

ぜんめんてき【全面的】形容動詞 ものごとの全体《ぜんたい》にわたっているようす。全部《ぜんぶ》に関係《かんけい》しているようす。例 計画《けいかく》を全面的に変《か》える。

せんもう【繊毛】名詞 生物《せいぶつ》の細胞《さいぼう》の表面《ひょうめん》に生《は》えている毛《け》のようなもの。微生物《びせいぶつ》には、これを動《うご》かして移動《いどう》するものがある。

ぜんもう【全盲】名詞 目《め》がまったく見《み》えないこと。

せんもん【専門】名詞 ある一《ひと》つのことだけを受《う》け持《も》ったり、研究《けんきゅう》したりすること。また、そのことがら。例 絵本《えほん》を専門に売《う》る書店《しょてん》。

せんもんか【専門家】名詞 ある一《ひと》つのことだけを受《う》け持《も》ったり研究《けんきゅう》したりしていて、そのことについてくわしい人《ひと》。使い方「専問・家」と書《か》かないよう注意《ちゅうい》。

せんもんがっこう【専門学校】名詞 高校《こうこう》を卒業《そつぎょう》している人《ひと》に対《たい》して、専門的《せんもんてき》な知識《ちしき》や技術《ぎじゅつ》を教《おし》える学校《がっこう》。

ぜんもんのとらこうもんのおおかみ【前門の虎、後門のおおかみ】➡979ページ 故事成語

ぜんや【前夜】名詞
❶ゆうべ。昨夜《さくや》。
❷ある特別《とくべつ》な日《ひ》の前《まえ》の夜《よる》。例 クリスマス前夜。
❸大事件《だいじけん》が起《お》こる直前《ちょくぜん》のこと。例 第二次世界《だいにじせかい》大戦《たいせん》前夜。

せんやいちやものがたり【千夜一夜物語】➡56ページアラビアンナイト

せんやく【先約】名詞 それより先《さき》にした、別《べつ》の約束《やくそく》。例 日曜《にちよう》は先約があるので行《い》けません。

ぜんやさい【前夜祭】名詞 行事《ぎょうじ》や記念日《きねんび》の前《まえ》の日《ひ》に行《おこな》う、祭《まつ》りやもよおし。

せんゆう【専有】名詞 動詞 ひとりだけで持《も》っていること。ひとりじめにすること。例 広《ひろ》い部屋《へや》を専有する。対 共有《きょうゆう》。

せんよう【専用】名詞 動詞
❶ある決《き》まった人《ひと》だけが使《つか》うこと。例 子供《こども》専用プール。対 共用《きょうよう》。
❷ある決《き》まったことだけに使《つか》うこと。例 仕事《しごと》専用の電話《でんわ》。対 兼用《けんよう》。

ぜんよう【全容】名詞 全体《ぜんたい》のすがたやようす。例 事件《じけん》の全容を明《あき》らかにする。

せんらん【戦乱】名詞 戦争《せんそう》のために世《よ》の中《なか》が乱《みだ》れること。例 戦乱の続《つづ》く国《くに》。

せんりがん【千里眼】名詞 遠《とお》くはなれたところでのできごとや人《ひと》の心《こころ》などを、見《み》ぬくことのできる力《ちから》。また、そのような力《ちから》を持《も》つ人《ひと》。

せんりつ【旋律】名詞 高《たか》さや長《なが》さのちがう音《おと》を組《く》み合《あ》わせてつくる、音《おと》の流《なが》れ。メロディー。節《ふし》。

せんりつ【戦慄】名詞 動詞 おそろしさで体《からだ》がふるえること。例 大事故《だいじこ》の映像《えいぞう》に戦慄した。

せんりのみちもいっぽより【千里の道も一歩より】➡981ページ 故事成語

せんりゃく【戦略】名詞 戦《たたか》いや競争《きょうそう》に勝《か》つための、全体的《ぜんたいてき》な方法《ほうほう》や計画《けいかく》。例 試合《しあい》の前《まえ》に戦略を練《ね》る。

ぜんりゃく【前略】名詞
❶手紙《てがみ》で、初《はじ》めのあいさつなどを省《はぶ》くときに書《か》

大空《おおぞら》を表《あらわ》している。実際《じっさい》に空《そら》を見上《みあ》げるように顔《かお》を上《あ》げて表現《ひょうげん》してみよう。

くことば。
❷文章《ぶんしょう》を引用《いんよう》するときなどに、その文章《ぶんしょう》の前《まえ》の部分《ぶぶん》を省《はぶ》くこと。関連 中略《ちゅうりゃく》。後略《こうりゃく》。

せんりゅう【川柳】 名詞 五《ご》・七《しち》・五《ご》の十七《じゅうしち》音《おん》でできている短《みじか》い詩《し》。形《かたち》は俳句《はいく》に似《に》ているが、季語《きご》はない。世《よ》の中《なか》のようすや人《ひと》の心《こころ》などを、皮肉《ひにく》やおかしみをこめてよむ。「本降《ほんぶ》りになって出《で》てゆく雨宿《あまやど》り」など。ことば 江戸時代《えどじだい》の俳人《はいじん》の柄井川柳《からいせんりゅう》の名前《なまえ》からついた名《な》。

せんりょう【千両】 名詞 季語冬 ❶一両《いちりょう》の千倍《せんばい》。❷とても価値《かち》が高《たか》いこと。例 この役者《やくしゃ》の声《こえ》は一声《ひとこえ》千両だ。❸暖《あたた》かい地方《ちほう》の山林《さんりん》に生《は》える、背《せ》の低《ひく》い木《き》。一年《いちねん》じゅう緑《みどり》の葉《は》をつけ、冬《ふゆ》に、赤《あか》や黄色《きいろ》の小《ちい》さくて丸《まる》い実《み》をつける。正月《しょうがつ》のかざりに使《つか》う。ことば 季語《きご》として使《つか》うのは❸の意味《いみ》。

せんりょう【占領】 名詞 動詞 ❶ある場所《ばしょ》を自分《じぶん》のものにすること。例 わたしのいすをねこが占領している。❷よその国《くに》の土地《とち》に軍隊《ぐんたい》が入《はい》りこんで支配《しはい》すること。

せんりょう【染料】 名詞 布《ぬの》や糸《いと》などを染《そ》める材料《ざいりょう》。例 化学《かがく》染料。

ぜんりょう【善良】 形容動詞 人《ひと》がらがよく、素直《すなお》であるようす。例 善良な村人《むらびと》。

せんりょく【戦力】 名詞 ❶戦争《せんそう》をするために必要《ひつよう》な力《ちから》。❷ものごとをやりとげるために必要《ひつよう》な力《ちから》を持《も》った人《ひと》。また、その力《ちから》。例 チームの新《あら》しい戦力。

ぜんりょく【全力】 名詞 もうこれ以上《いじょう》は出《だ》せないというくらいの、ありったけの力《ちから》。例 全力投球《とうきゅう》／全力をつくす。類 死力《しりょく》。

ぜんりょくとうきゅう【全力投球】 名詞 動詞 ❶野球《やきゅう》で、投手《とうしゅ》が全力《ぜんりょく》で投《な》げること。❷全力《ぜんりょく》を出《だ》してものごとにとりくむこと。例 合唱《がっしょう》コンクールに向《む》けて全力投球する。

ぜんりん【前輪】 名詞 車《くるま》の前《まえ》の車輪《しゃりん》。対 後輪《こうりん》。

せんれい【先例】 名詞 前《まえ》にあった例《れい》。前《まえ》からのしきたり。例 先例にない事態《じたい》。類 前例《ぜんれい》。

せんれい【洗礼】 名詞 ❶キリスト教《きょう》で、信者《しんじゃ》になるための式《しき》。❷初《はじ》めての厳《きび》しい経験《けいけん》。とくに、一人前《いちにんまえ》になるための厳《きび》しい経験《けいけん》。例 あらしの洗礼を受《う》ける。

ぜんれい【前例】 名詞 前《まえ》にあった例《れい》。例 こんなことは前例がない。類 先例《せんれい》。

せんれき【戦歴】 名詞 戦争《せんそう》や試合《しあい》などに参加《さんか》してきた経歴《けいれき》。例 かがやかしい戦歴。

ぜんれき【前歴】 名詞 これまでの経歴《けいれき》。これまでしてきた仕事《しごと》や地位《ちい》など。

ぜんれつ【前列】 名詞 前《まえ》の列《れつ》。対 後列《こうれつ》。

せんれん【洗練】 名詞 動詞 人《ひと》がらや態度《たいど》、考《かんが》え方《かた》、作品《さくひん》などをみがいて、すっきりした上《じょう》品《ひん》なものにすること。例 洗練された文章《ぶんしょう》。

せんろ【線路】 名詞 汽車《きしゃ》や電車《でんしゃ》が通《とお》る、鉄《てつ》の棒《ぼう》をしき並《なら》べた道筋《みちすじ》。

そ

ソ

ゾ　ぞ

下《した》の 手話にチャレンジ を見《み》よう。

漢 **そ【祖】**〔ネ《しめすへん》〕9画 5年 音 ソ 訓

、 ラ ネ ネ ネ 初 祖 祖（とめる）

❶その家《いえ》の昔《むかし》の人《ひと》。例 祖先《そせん》／祖父《そふ》／先祖《せんぞ》。❷ものごとを始《はじ》めた人《ひと》。例 元祖《がんそ》。❸自分《じぶん》が生《う》まれた国《くに》。本国《ほんごく》。例 祖国《そこく》。

そ【租】 名詞 昔《むかし》の税《ぜい》の一《ひと》つ。田《た》でとれた作物《さくもつ》の一部《いちぶ》を納《おさ》めさせた。関連 調《ちょう》。庸《よう》。

漢 **そ【素】**〔糸《いと》〕10画 5年 音 ソ・ス 訓 もと

一 十 丰 丰 圭 麦 素 素 素（下《した》をながく）

❶手《て》をくわえない。もとのまま。例 素足《すあし》／素顔《すがお》／素手《すで》／素肌《すはだ》／質素《しっそ》。❷もと。例 素材《そざい》／素質《そしつ》／素数《そすう》／栄養素《えいようそ》／元素《げんそ》／炭素《たんそ》／要素《ようそ》。❸ふだん。つね。例 素行《そこう》／平素《へいそ》。❹ざっと。かんたんな。例 素描《そびょう》。

漢 **そ【組】**〔糸《いとへん》〕11画 2年 音 ソ 訓 くむ・くみ

く 幺 糸 糸 糹 紅 組 組

手話にチャレンジ　空《そら》　右手《みぎて》の手《て》のひらを前《まえ》に向《む》けて、頭《あたま》の上《うえ》で大《おお》きく円《えん》をえがくように動《うご》かす。頭《あたま》の上《うえ》に広《ひろ》がる

❶くむ。くみたてる。例 組曲《くみきょく》／組織《そしき》／番組《ばんぐみ》。❷なかま。例 組合《くみあい》／赤組《あかぐみ》。

そ【想】 漢 ↓745ページ そう〔想〕

ぞ 助詞 （ほかのことばのあとにつけて）意味《いみ》を強《つよ》めることば。例 これは大変《たいへん》なことになったぞ／さあ、出発《しゅっぱつ》するぞ。使い方 少《すこ》し乱暴《らんぼう》なことば。目上《めうえ》の人《ひと》には使《つか》わない。

そあく【粗悪】 形容動詞 品物《しなもの》などのつくり方《かた》が雑《ざつ》で、質《しつ》が悪《わる》いようす。例 粗悪な品《しな》／粗悪な食品《しょくひん》。

そいつ 代名詞 その人《ひと》。それ。例 そいつはびっくりしたな。使い方 乱暴《らんぼう》な言《い》い方《かた》のため、とても親《した》しい人《ひと》か、目下《めした》の人《ひと》に対《たい》してしか使《つか》わない。

そいね【添い寝】 名詞 動詞 寄《よ》りそって、いっしょにねること。例 おばあちゃんが添い寝をして、お話《はなし》をしてくれた。

そう
❶ 副詞 そのように。そんなに。例 わたしはそう思《おも》います／公園《こうえん》はここからそう遠《とお》くない。
❷ 感動詞 相手《あいて》のことばなどに対《たい》して、納得《なっとく》したり、少《すこ》し疑《うたが》ったりする気持《きも》ちを表《あらわ》す。例 そう。そのとおりだ／そう？　おかしいな。

●**そうは問屋《とんや》が卸《おろ》さない** ことわざ そんなに簡《かん》単《たん》に、思《おも》いどおりにはいかない。ことば そんなに安《やす》い値段《ねだん》では、問屋《とんや》が品物《しなもの》をおろしてくれないという意味《いみ》から。

-そう 接尾語 （数《かず》を表《あらわ》すことばのあとにつけて）ふねなどの数《かず》を示《しめ》すことば。とくに、小《ちい》さなふねについて使《つか》うことが多《おお》い。例 一《いっ》そうのボート。ことば 漢字《かんじ》では「艘」と書《か》く。

漢 **そう【争】**〔⺈《く》〕 6画 4年 音 ソウ 訓 あらそう

刀としない　つきだす　はねる

あらそう。きそう。例 争議《そうぎ》／争点《そうてん》／言《い》い争《あらそ》い／競争《きょうそう》／戦争《せんそう》／論争《ろんそう》。

漢 **そう【早】**〔日《ひ》〕 6画 1年 音 ソウ・サッ 訓 はやい・はやまる・はやめる

ながく　はらう

❶時間《じかん》や時期《じき》がはやい。例 早速《さっそく》／早計《そうけい》／早春《そうしゅん》／早退《そうたい》／早朝《そうちょう》／早耳《はやみみ》。❷速度《そくど》がはやい。例 早《そう》急《きゅう》／早口《はやくち》。

そう【宋】 名詞 昔《むかし》の中国《ちゅうごく》の王朝《おうちょう》。九六〇年《ねん》から一二七九年《ねん》まで続《つづ》き、元《げん》にほろぼされた。

漢 **そう【走】**〔走《はしる》〕 7画 2年 音 ソウ 訓 はしる

かたちにちゅうい

❶はしる。例 走者《そうしゃ》／競走《きょうそう》／助走《じょそう》／独走《どくそう》／暴走《ぼうそう》／力走《りきそう》。❷にげる。にげだす。例 脱走《だっそう》／逃走《とうそう》。

そう【宗】 漢 ↓603ページ しゅう〔宗〕

漢 **そう【奏】**〔大《だい》〕 9画 6年 音 ソウ 訓 かなでる

下のよこぼうをながく　とめる

楽器《がっき》を鳴《な》らす。かなでる。例 演奏《えんそう》／合奏《がっそう》。

漢 **そう【草】**〔艹《くさかんむり》〕 9画 1年 音 ソウ 訓 くさ

つきだす　ながく

❶くさ。例 草原《そうげん》／海草《かいそう》／雑草《ざっそう》／野草《やそう》。❷したがき。例 草案《そうあん》／草稿《そうこう》／起草《きそう》。❸くずし書《が》きの書体《しょたい》。例 草書《そうしょ》。

漢 **そう【送】**〔⻌《しんにょう》〕 9画 3年 音 ソウ 訓 おくる

とめる

❶おくりとどける。例 送料《そうりょう》／配送《はいそう》／発送《はっそう》／放《ほう》送《そう》／郵送《ゆうそう》。❷人《ひと》を見《み》おくる。例 送辞《そうじ》／送別《そうべつ》。

漢 **そう【相】**〔目《め》〕 9画 3年 音 ソウ・ショウ 訓 あい

はねない

❶たがいに。ともに。例 相手《あいて》／相互《そうご》／相談《そうだん》。❷すがた。かたち。ようす。例 真相《しんそう》／手相《てそう》／人相《にんそう》。❸うけつぐ。例 相続《そうぞく》。❹大臣《だいじん》。例 首相《しゅしょう》。

漢 **そう【倉】**〔人《ひとやね》〕 10画 4年 音 ソウ 訓 くら

よこぼうをつきださない

穀物《こくもつ》などをしまっておくところ。くら。例 倉《そう》庫《こ》／穀倉《こくそう》／米倉《こめぐら》／船倉《せんそう》。

そう【巣】 漢 ↓673ページ す〔巣〕

漢 **そう【窓】**〔穴《あなかんむり》〕 11画 6年 音 ソウ 訓 まど

ものごとがそれぞれにちがっていること。

丶 宀 穴 空 空 空 窓 窓

❶まど。例 窓口《まどぐち》／車窓《しゃそう》。❷まどのある部屋《へや》。建物《たてもの》。例 同窓会《どうそうかい》。

漢 **そう【創】**〔刂〕りっとう　12画　6年　音 ソウ　訓 つくる

ノ 𠆢 今 今 刍 倉 創（とめる）

はじめてつくる。例 創意《そうい》／創刊《そうかん》／創作《そうさく》／創造《そうぞう》／創立記念日《そうりつきねんび》／独創的《どくそうてき》。

漢 **そう【装】**〔衣〕ころも　12画　6年　音 ソウ・ショウ　訓 よそおう

丨 丬 壮 壮 奘 装 装（かたちにちゅうい）

❶よそおう。服《ふく》をつけて身《み》じたくする。例 衣装《いしょう》／仮装《かそう》／軽装《けいそう》／服装《ふくそう》。❷かざる。ととのえる。例 装飾《そうしょく》。❸とりつける。そなえつける。例 装置《そうち》／装備《そうび》／舗装《ほそう》。

そう【僧】 名詞 仏《ほとけ》の道《みち》に入《はい》り、仏《ほとけ》の教《おし》えを説《と》く人《ひと》。おぼうさん。類 僧侶《そうりょ》。

漢 **そう【想】**〔心〕こころ　13画　3年　音 ソウ・ソ　訓 おもう

十 木 札 机 相 相 想 想（とめる）（うちがわへはねる）

おもう。考《かんが》え。例 想像《そうぞう》／想《そう》を練《ね》る／感想《かんそう》／空想《くうそう》／思想《しそう》／予想《よそう》／理想《りそう》。

そう【層】 名詞 ❶重《かさ》なり。例 火山灰《かざんばい》の層《そう》。❷年齢《ねんれい》や地位《ちい》などで分《わ》けた集《あつ》まり。例 上位層《じょういそう》／選手《せんしゅ》の層《そう》が厚《あつ》い（＝数《かず》が多《おお》い）チーム。

漢 **そう【層】**〔尸〕しかばね　14画　6年　音 ソウ

尸 尸 屈 屈 屛 屛 層 層（上より小さく）

❶つみかさなる。かさなったもの。例 層雲《そううん》／高層《こうそう》／断層《だんそう》／地層《ちそう》。❷範囲《はんい》。年齢《ねんれい》や地位《ちい》などで分《わ》けた区分《くぶん》。例 階層《かいそう》／年齢層《ねんれいそう》。

漢 **そう【総】**〔糸〕いとへん　14画　5年　音 ソウ

幺 糸 糸 紒 総 総 総 総（はらう）（はねる）

❶一《ひと》つにまとめる。例 総計《そうけい》／総合《そうごう》。❷全体《ぜんたい》をとりしまる。例 総長《そうちょう》／総務《そうむ》／総理《そうり》。❸ぜんぶの。例 総意《そうい》／総会《そうかい》／総額《そうがく》。

漢 **そう【操】**〔扌〕てへん　16画　6年　音 ソウ　訓 みさお・あやつる

扌 扌 扣 扫 掃 操 操 操（はねる）（口を三つ）（とめる）

❶手《て》にとってあやつる。例 操業《そうぎょう》／操縦《そうじゅう》／体操《たいそう》。❷かたくまもってかえない。例 節操《せっそう》。

そう【沿う】 動詞 ❶長《なが》いもののそばからはなれないで進《すす》んでいく。例 川《かわ》に沿《そ》って歩《ある》く。❷ある決《き》まりや考《かんが》え方《かた》などに従《したが》ってものごとを進《すす》める。例 予定表《よていひょう》に沿《そ》って進《すす》める。漢⇒159ページ えん〔沿〕

そう【添う】 動詞 ❶はなれずに、そばにいる。例 病人《びょうにん》につき添《そ》う。❷望《のぞ》みや目当《めあ》てに合《あ》う。例 みんなの希望《きぼう》に添《そ》うように、行《い》き先《さき》を決《き》める。

漢 **ぞう【造】**〔辶〕しんにょう　10画　5年　音 ゾウ　訓 つくる

ノ 𠂉 牛 生 告 告 造（つきださない）

❶つくる。例 造花《ぞうか》／造形《ぞうけい》／造船《ぞうせん》／改造《かいぞう》／製造《せいぞう》／木造《もくぞう》。❷ゆきつく。きわめる。例 造詣《ぞうけい》。

ぞう【象】 名詞 アフリカやインドに群《む》れをつくってすむ、陸上《りくじょう》でいちばん大《おお》きい動物《どうぶつ》。鼻《はな》ときばが長《なが》く、耳《みみ》が大《おお》きい。漢⇒630ページ しょう〔象〕

ぞう【像】 名詞 ❶すがた。形《かたち》。とくに、神仏《しんぶつ》や人《ひと》・動物《どうぶつ》などのすがたを表《あらわ》した彫刻《ちょうこく》や絵《え》。例 大《おお》きな仏《ほとけ》の像《ぞう》。❷レンズや鏡《かがみ》を使《つか》ってできる物《もの》の形《かたち》。例 光《ひかり》が像《ぞう》を結《むす》ぶ。

漢 **ぞう【像】**〔亻〕にんべん　14画　5年　音 ゾウ

亻 亻 伯 伯 俜 侮 像 像（まるめる）

すがた。かたち。人《ひと》やものに似《に》せたもの。例 映像《えいぞう》／画像《がぞう》／現像《げんぞう》／想像《そうぞう》／銅像《どうぞう》／仏像《ぶつぞう》。

漢 **ぞう【増】**〔土〕つちへん　14画　5年　音 ゾウ　訓 ます・ふえる・ふやす

土 扌 圹 坳 坳 増 増 増（てんは二つ）

❶多《おお》くなる。ます。例 増加《ぞうか》／増額《ぞうがく》／増減《ぞうげん》／増《ぞう》

四字熟語 **千差万別《せんさばんべつ》** ものごとによって千《せん》もの差《さ》があり、万《まん》ものちがいがあるという意味《いみ》で、たくさんの

水《すい》／増大《ぞうだい》／増築《ぞうちく》／急増《きゅうぞう》。対 減《げん》。❷おごる。つけあがる。例 増長《ぞうちょう》。

ぞう【雑】 漢 ⇒532ページ《ジ》 ざつ〔雑〕

漢 **ぞう【蔵】**〔艹《くさかんむり》〕15画 6年 音 ゾウ 訓 くら

❶しまっておく。たくわえる。例 蔵書《ぞうしょ》／貯蔵《ちょぞう》／冷蔵庫《れいぞうこ》。❷物《もの》をしまっておくところ。くら。例 土蔵《どぞう》。

漢 **ぞう【臓】**〔月《にくづき》〕19画 6年 音 ゾウ

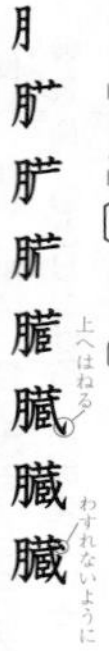

体《からだ》の中《なか》のいろいろな器官《きかん》。例 臓器《ぞうき》／肝臓《かんぞう》／心《しん》臓《ぞう》／内臓《ないぞう》。

そうあたり【総当たり】 名詞 参加《さんか》した選手《せんしゅ》やチームが、ほかの全部《ぜんぶ》と試合《しあい》をすること。例 総当たり戦《せん》（＝リーグ戦《せん》）。対 勝《か》ち抜《ぬ》き。

そうあん【草案】 名詞 文章《ぶんしょう》の下書《したが》き。例 憲法《けんぽう》の草案。ことば 法律《ほうりつ》などをつくるときの、正式《せいしき》な文章《ぶんしょう》についていうことが多《おお》い。

そうあん【創案】 名詞 動詞 今《いま》までなかった新《あたら》しいことを、初《はじ》めて考《かんが》え出《だ》すこと。例 その学《がく》者《しゃ》は新《あたら》しい機械《きかい》を創案した。

そうい【相違】 名詞 動詞 ❶ちがいがあること。また、そのちがい。例 二人《ふたり》の意見《いけん》には相違がある。類 異同《いどう》。差異《さい》。❷（「…に相違《そうい》ない」の形《かたち》で、全体《ぜんたい》で）…にちがいない。…にまちがいない。例 忘《わす》れ物《もの》を届《とど》けてくれたのは兄《あに》に相違ない。

そうい【創意】 名詞 新《あたら》しいものをつくり出《だ》そうとする気持《きも》ち。新《あたら》しい思《おも》いつき。

そうい【総意】 名詞 みんなの考《かんが》え。全体《ぜんたい》の意《い》見《けん》。例 出席者《しゅっせきしゃ》の総意によって決《き》める。

そういくふう【創意工夫】 名詞 動詞 新《あたら》しいものやうまいやり方《かた》をあれこれと考《かんが》えること。例 クラス全員《ぜんいん》で創意工夫して劇《げき》をつくった。

そういん【総員】 名詞 全部《ぜんぶ》の人《ひと》。全体《ぜんたい》の人《にん》数《ずう》。例 この船《ふね》の乗組員《のりくみいん》は総員十五名《じゅうごめい》です。類 総勢《そうぜい》。

ぞういん【増員】 名詞 動詞 人数《にんずう》を増《ふ》やすこと。例 部員《ぶいん》の増員をはかる。

そううん【層雲】 名詞 空《そら》の低《ひく》いところに、きりのように広《ひろ》がる雲《くも》。霧雲《きりぐも》。参考 層雲《そううん》が地表《ちひょう》に届《とど》く場合《ばあい》は、「霧《きり》」と呼《よ》ばれる。

ぞうえい【造営】 名詞 動詞 宮殿《きゅうでん》や寺《てら》、神社《じんじゃ》などを建《た》てること。例 寺院《じいん》を造営する。

ぞうえん【造園】 名詞 動詞 庭《にわ》や公園《こうえん》などを、草木《くさき》や池《いけ》などの配置《はいち》を考《かんが》えてつくること。例 造園業《ぎょう》。

ぞうお【憎悪】 名詞 動詞 にくみきらうこと。また、そのような気持《きも》ち。例 戦争《せんそう》を憎悪する。

そうおう【相応】 名詞 動詞 形容動詞 つりあっていること。ふさわしいこと。例 実力《じつりょく》に相応したチームに入《はい》る／年《とし》相応の服装《ふくそう》をする。

そうおん【騒音】 名詞 さわがしい音《おと》。うるさい音《おと》。類 雑音《ざつおん》。

そうおんもんだい【騒音問題】 名詞 自動《じどう》車《しゃ》・飛行機《ひこうき》などの騒音《そうおん》が、人々《ひとびと》の生活《せいかつ》にあたえる問題《もんだい》。

ぞうか【造花】 名詞 紙《かみ》・布《ぬの》・ビニールなどで本物《ほんもの》に似《に》せてつくった花《はな》。対 生花《せいか》。

ぞうか【増加】 名詞 動詞 数《かず》や量《りょう》が増《ふ》えること。また、増《ふ》やすこと。例 人口《じんこう》が増加する。対 減《げん》少《しょう》。

そうかい【壮快】 形容動詞 とても元気《げんき》があり、気持《きも》ちがよいようす。例 壮快な行進曲《こうしんきょく》。

そうかい【爽快】 形容動詞 さわやかで気持《きも》ちがよいようす。例 山《やま》の朝《あさ》は爽快だ。

そうかい【総会】 名詞 その会《かい》に入《はい》っている人《ひと》たちが全員集《ぜんいんあつ》まって話《はな》し合《あ》う会《かい》。例 児童《じどう》総会。

そうがかり【総掛かり】 名詞 みんなが力《ちから》を合《あ》わせて一《ひと》つのことをすること。例 クラスのみんなが総掛かりでかざりつけをした。

そうかく【総画】 名詞 一《ひと》つの漢字《かんじ》を組《く》み立《た》てている線《せん》や点《てん》の全部《ぜんぶ》。また、その数《かず》。たとえば「年」の総画《そうかく》は六画《ろっかく》。例 総画索引《さくいん》。

そうがく【奏楽】 名詞 動詞 音楽《おんがく》を演奏《えんそう》すること。また、その音楽《おんがく》。例 奏楽堂《どう》。

そうがく【総額】 名詞 全部《ぜんぶ》のお金《かね》を合《あ》わせた額《がく》。例 集《あつ》めたお金《かね》の総額。類 全額《ぜんがく》。

ぞうがく【増額】 名詞 動詞 金額《きんがく》を増《ふ》やすこと。例 おこづかいを増額してもらう。対 減額《げんがく》。

そうかくさくいん【総画索引】 名詞 漢和《かんわ》辞典《じてん》などで、総画数《そうかくすう》から漢字《かんじ》を探《さが》すための索《さく》引《いん》。漢字《かんじ》の読《よ》み方《かた》がわからなくても、その字《じ》が

力《りょく》と精神力《せいしんりょく》のすべてということ。

どこにのっているかがわかる。関連 音訓索引《おんくんさくいん》。部首索引《ぶしゅさくいん》。

そうかくびき【総画引き】 名詞 漢和辞典《かんわじてん》などを、総画索引《そうかくさくいん》を使《つか》って引《ひ》くこと。関連 音訓引《おんくんび》き。部首引《ぶしゅび》き。

そうかつ【総括】 名詞 動詞 多《おお》くのちがうものを、一《ひと》つにまとめること。例 クラスの意見《いけん》を総括する。

そうかん【壮観】 名詞 大《おお》きくてりっぱな、すばらしいながめ。例 山頂《さんちょう》からの景色《けしき》は壮観だ。

そうかん【相関】 名詞 動詞 おたがいに関係《かんけい》し合《あ》うこと。例 運動不足《うんどうぶそく》と肥満《ひまん》には相関がある。

そうかん【送還】 名詞 動詞 人《ひと》を、もといた国《くに》や場所《ばしょ》に送《おく》り返《かえ》すこと。例 強制《きょうせい》送還。

そうかん【創刊】 名詞 動詞 新聞《しんぶん》や雑誌《ざっし》などを新《あたら》しく出《だ》し始《はじ》めること。例 雑誌《ざっし》の創刊号《ごう》。類 発刊《はっかん》。対 廃刊《はいかん》。

そうかん【総監】 名詞 警察《けいさつ》などの大《おお》きな組織《そしき》全体《ぜんたい》をまとめ、かんとくする役目《やくめ》。また、その人《ひと》。例 警視《けいし》総監。

ぞうかん【増刊】 名詞 動詞 雑誌《ざっし》などを、決《き》まったときのほかに、特別《とくべつ》に出《だ》すこと。

そうがんきょう【双眼鏡】 名詞 二《ふた》つの望遠《ぼうえん》鏡《きょう》を組《く》み合《あ》わせた、両方《りょうほう》の目《め》で遠《とお》くの物《もの》を見《み》る道具《どうぐ》。

そうがんじったいけんびきょう【双眼実体顕微鏡】 名詞 接眼《せつがん》レンズが二《ふた》つある顕《けん》微鏡《びきょう》。両目《りょうめ》で見《み》るため、物《もの》を立体的《りったいてき》に観察《かんさつ》することができる。

そうき【早期】 名詞 早《はや》い時期《じき》。初《はじ》めのころ。例 病気《びょうき》を早期に発見《はっけん》する。

そうき【想起】 名詞 動詞 前《まえ》にあったことを思《おも》い起《お》こすこと。例 お祭《まつ》りはいつも幼《おさな》いころを想起させる。

そうき【総記】 名詞 ❶全体《ぜんたい》の内容《ないよう》をまとめて書《か》き記《しる》した文章《ぶんしょう》。❷図書《としょ》の十進分類法《じっしんぶんるいほう》で、分類《ぶんるい》の項目《こうもく》の一《ひと》つ。百《ひゃっ》科事典《かじてん》・新聞《しんぶん》・雑誌《ざっし》など、特定《とくてい》の分野《ぶんや》に入《はい》らないもの。

そうぎ【争議】 名詞 ❶おたがいに意見《いけん》を言《い》い合《あ》って、争《あらそ》うこと。❷働《はたら》く条件《じょうけん》についての、やとい主《ぬし》と、やとわれている人《ひと》との間《あいだ》の争《あらそ》い。「労働争議《ろうどうそうぎ》」の略《りゃく》。

そうぎ【葬儀】 ↓749ページ そうしき

ぞうき【雑木】 名詞 建物《たてもの》や家具《かぐ》などをつくるのには使《つか》えない木《き》。炭《すみ》やまきとして使《つか》われる。

ぞうき【臓器】 名詞 体《からだ》の中《なか》にあるいろいろな器官《きかん》。とくに、胸《むね》や腹《はら》にあるものをいう。心《しん》臓《ぞう》・肺《はい》・胃《い》・腸《ちょう》など。

ぞうきいしょく【臓器移植】 名詞 重《おも》い病《びょう》気《き》や事故《じこ》などで正常《せいじょう》にはたらかなくなったり傷《きず》ついたりした臓器《ぞうき》の代《か》わりに、ほかの人《ひと》の臓《ぞう》器《き》を移《うつ》し入《い》れること。

ぞうきばやし【雑木林】 名詞 いろいろな種《しゅ》類《るい》の木《き》が生《は》えている林《はやし》。

そうきゅう【早急】 名詞 形容動詞 非常《ひじょう》に急《いそ》ぐこと。大急《おおいそ》ぎ。「さっきゅう」ともいう。例 早

伝統的《でんとうてき》な言語文化《げんごぶんか》

月《つき》の名《な》まえ

神無月《かんなづき》の神様《かみさま》はどこにいる？

5月《がつ》のよく晴《は》れた空《そら》を「さつき晴《ば》れ」ということがあるね。「さつき」は5月《がつ》の古《ふる》い呼《よ》び方《かた》だ。また、12月《がつ》を「しわす」というのも聞《き》いたことがあるだろう。これも12月《がつ》の古《ふる》い呼《よ》び方《かた》なんだ。このように、1月《がつ》から12月《がつ》までのそれぞれに、古《ふる》い呼《よ》び方《かた》があるんだよ。

10月《がつ》は「かんなづき」。漢字《かんじ》では「神無月」と書《か》かれるよ。神様《かみさま》がいなくなる月《つき》なのかな。いったいどこへ行《い》ってしまうんだろうね。

実《じつ》は、10月《がつ》は日本《にほん》じゅうの神様《かみさま》が、島根県《しまねけん》にある出雲大社《いずもたいしゃ》に集《あつ》まって話《はな》し合《あ》いをする月《つき》だという言《い》い伝《つた》えがあるんだ。

10月《がつ》は、神様《かみさま》たちが出雲《いずも》に出《で》かけてしまって留守《るす》なんだね。でも、出雲《いずも》には神様《かみさま》たちが集《あつ》まっているわけだ。だから出雲《いずも》では10月《がつ》のことを「神在月（かみありづき）」と呼《よ》ぶようになったんだよ。

本当《ほんとう》は、「かんなづき」をなぜ「神無月」と書《か》くのかはよくわからないんだけれど、日本《にほん》じゅうの神様《かみさま》が出《で》かけて留守《るす》になっているようすは、想像《そうぞう》するとなかなかおもしろいよね？

もっとみてみよう！

- 昔《むかし》のこよみと年《とし》・月《つき》・季節《きせつ》のことば「十二《じゅうに》か月《げつ》の古《ふる》い呼《よ》び方《かた》」（→p.1450）
- 「心《こころ》をそだてる　子《こ》ども歳時記《さいじき》12か月《げつ》」（講談社《こうだんしゃ》）

四字熟語　**全身全霊《ぜんしんぜんれい》**　体《からだ》のすべて（全身《ぜんしん》）と心《こころ》のすべて（全霊《ぜんれい》）という意味《いみ》で、その人《ひと》の持《も》っている体《たい》

急に品物《しなもの》を送《おく》ります。

そうきょ【壮挙】名詞 大変《たいへん》な力《ちから》や勇気《ゆうき》を必要《ひつよう》とする、大《おお》きな計画《けいかく》や仕事《しごと》。例 ヨットによる世界一周《せかいいっしゅう》の壮挙を成《な》しとげた。

そうぎょう【創業】名詞 動詞 新《あたら》しく事業《じぎょう》を始《はじ》めること。例 創業五十年《ごじゅうねん》のデパート。

そうぎょう【操業】名詞 動詞 機械《きかい》などを動《うご》かして仕事《しごと》をすること。例 工場《こうじょう》は、毎日午前九《まいにちごぜんく》時《じ》から操業する。

ぞうきょう【増強】名詞 動詞 人《ひと》や設備《せつび》などを増《ふ》やして、力《ちから》を強《つよ》くすること。例 チームのメンバーを増強する。

そうきん【送金】名詞 動詞 お金《かね》を送《おく》ること。また、そのお金《かね》。例 現金書留《げんきんかきとめ》で送金する。

ぞうきん【雑巾】名詞 よごれをふきとるための布《ぬの》。例 雑巾がけ。

そうぐう【遭遇】名詞 動詞 思《おも》いがけなく出《で》あうこと。例 列車事故《れっしゃじこ》の現場《げんば》に遭遇した。

そうけ【宗家】名詞 ❶茶道《さどう》やおどり、生《い》け花《ばな》などの流派《りゅうは》の中心《ちゅうしん》である家《いえ》。家元《いえもと》。❷一族《いちぞく》の中《なか》の、もとの家《いえ》。本家《ほんけ》。

ぞうげ【象牙】名詞 象《ぞう》のきば。参考 判《はん》こやいろいろな細工物《さいくもの》に使《つか》われたが、象《ぞう》を保護《ほご》するために、現在《げんざい》はほとんど使《つか》われなくなっている。

そうけい【早計】名詞 早《はや》まった考《かんが》え。軽《かる》はずみな考《かんが》え。例 あきらめるのは早計だ。

そうけい【総計】名詞 動詞 全部《ぜんぶ》を足《た》して計算《けいさん》すること。また、その数《かず》。合計《ごうけい》。

そうげい【送迎】名詞 動詞 人《ひと》を送《おく》ったりむかえたりすること。送《おく》りむかえ。例 送迎バス。

ぞうけい【造詣】名詞 あることについて、人《ひと》並《な》み以上《いじょう》に持《も》っている知識《ちしき》。例 あの人《ひと》は俳句《はいく》に造詣が深《ふか》い。

ぞうけい【造形・造型】名詞 動詞 形《かたち》のある作品《さくひん》をつくること。例 造形美術《びじゅつ》。

ぞうけいびじゅつ【造形美術】名詞 美《うつく》しさを、目《め》に見《み》える形《かたち》で表現《ひょうげん》する芸術《げいじゅつ》。建築《けんちく》・彫刻《ちょうこく》・絵画《かいが》など。

ぞうげしつ【象牙質】名詞 歯《は》の中心部分《ちゅうしんぶぶん》をつくっている物質《ぶっしつ》。骨《ほね》よりかたい。図 ⬇1034ページ は〔歯〕

ぞうけつ【増結】名詞 動詞 列車《れっしゃ》で、車両《しゃりょう》をつなげて足《た》すこと。

そうけっさん【総決算】名詞 動詞 ❶ある期間内《きかんない》のお金《かね》の出《だ》し入《い》れを全部計算《ぜんぶけいさん》して、まとめをすること。❷ものごとのしめくくりをすること。例 第六《だいろく》学年《がくねん》は、小学校生活《しょうがっこうせいかつ》の総決算のときだ。

そうけん【双肩】名詞 ❶左右両方《さゆうりょうほう》のかた。❷重《おも》い責任《せきにん》や大切《たいせつ》な役目《やくめ》を引《ひ》き受《う》けるものをたとえていうことば。例 地球《ちきゅう》の未来《みらい》はきみたちの双肩にかかっている。

そうけん【壮健】名詞 形容動詞 元気《げんき》でじょうぶなこと。例 みなさま、ご壮健のことと存《ぞん》じます。使い方 あらたまった言《い》い方《かた》。

そうけん【創建】名詞 動詞 建物《たてもの》や会社《かいしゃ》などを、初《はじ》めてつくること。例 千年前《せんねんまえ》に創建された寺《てら》。

そうげん【草原】名詞 草《くさ》が一面《いちめん》に生《は》えている広《ひろ》い土地《とち》。

ぞうげん【増減】名詞 動詞 増《ふ》えたり減《へ》ったりすること。例 体重《たいじゅう》の増減を調《しら》べる。

そうこ【倉庫】名詞 物《もの》をしまっておく建物《たてもの》。類 倉《くら》。

そうご【相互】名詞 おたがい。また、かわるがわる。例 相互にはげまし合《あ》う。

そうこう【奏功】名詞 動詞 目的《もくてき》を成《な》しとげて、うまくいくこと。例 練習《れんしゅう》が奏功して速《はや》く泳《およ》げるようになった。類 功《こう》を奏《そう》する。

そうこう【草稿】名詞 文章《ぶんしょう》の下書《したが》き。

そうこう【霜降】名詞 季語 秋 二十四節気《にじゅうしせっき》の一《ひと》つ。しもが降《お》り始《はじ》めるころ。十月二十三日《じゅうがつにじゅうさんにち》ごろ。⬇1450ページ 二十四節気《にじゅうしせっき》

そうごう【総合】名詞 動詞 ばらばらなものを一《ひと》つにまとめ上《あ》げること。例 各種目《かくしゅもく》の得点《とくてん》を総合する／総合病院《びょういん》／総合大学《だいがく》。対 分析《ぶんせき》。

そうごうかいはつ【総合開発】名詞 その地域《ちいき》の土地《とち》・資源《しげん》・環境《かんきょう》などをうまく使《つか》って、開発《かいはつ》を行《おこな》うこと。

そうごうてき【総合的】形容動詞 いろいろなものごとを、一《ひと》つにまとめるようす。

そうごうてきながくしゅう【総合的な学習】名詞 教科《きょうか》にとらわれず、体験《たいけん》を重視《じゅうし》し課題探究《かだいたんきゅう》を中心《ちゅうしん》にしてさまざまな活動《かつどう》を総合的《そうごうてき》に行《おこな》う学習《がくしゅう》。

そうごうをくずす【相好を崩す】喜《よろこ》んで

り着《つ》いていないこと。

うれしそうな顔《かお》をする。にこにこする。ことば「相好《そうごう》」は、表情《ひょうじょう》のこと。

そうごん【荘厳】 名詞 形容動詞 重々《おもおも》しくてりっぱなようす。例 荘厳な寺院《じいん》。

そうさ【捜査】 名詞 動詞 警察《けいさつ》などが、犯人《はんにん》をさがしたり、とり調《しら》べたりすること。例 事件《じけん》を捜査する。

そうさ【操作】 名詞 動詞 ❶機械《きかい》などを動《うご》かすこと。例 ハンドルを操作する。❷お金《かね》や仕事《しごと》などをやりくりして、うまく都合《つごう》をつけること。例 資金《しきん》を操作する。

ぞうさ【造作・雑作】 名詞 手間《てま》がかかること。めんどう。例 造作をおかけしました／造作もない（＝簡単《かんたん》な）仕事《しごと》。ことば「造作」を「ぞうさく」と読《よ》むと別《べつ》の意味《いみ》。

そうさい【相殺】 名詞 動詞 おたがいの貸《か》しと借《か》り、損《そん》と得《とく》を、ゼロになるように差《さ》し引《ひ》きすること。

そうさい【総裁】 名詞 役所《やくしょ》・団体《だんたい》・政党《せいとう》などで、全体《ぜんたい》の仕事《しごと》や人《ひと》をまとめる役《やく》。また、その人《ひと》。例 日本銀行《にっぽんぎんこう》総裁。

そうざい【総菜】 名詞 ふだん食《た》べるおかず。

そうさく【捜索】 名詞 動詞 どこに行《い》ったのかわからなくなった人《ひと》や物《もの》を、さがし求《もと》めること。例 山《やま》で遭難《そうなん》した人《ひと》を捜索する。

そうさく【創作】 名詞 動詞 ❶初《はじ》めてつくり出《だ》すこと。類 創造《そうぞう》。❷絵《え》・小説《しょうせつ》・彫刻《ちょうこく》・音楽《おんがく》などを、自分《じぶん》の考《かんが》えでつくること。また、その作品《さくひん》。例 魔法使《まほうつか》いの物語《ものがたり》を創作する。

ぞうさく【造作】 名詞 ❶家《いえ》を建《た》てたり部屋《へや》をつくったりすること。❷家《いえ》の中《なか》にとりつけたもの。ふすま・障子《しょうじ》・欄間《らんま》など。例 家《いえ》の造作を新《あたら》しくする。❸顔《かお》のつくり。例 りっぱな造作の顔《かお》。ことば「ぞうさ」と読《よ》むと別《べつ》の意味《いみ》。

ぞうさつ【増刷】 名詞 動詞 本《ほん》や雑誌《ざっし》などを、追加《ついか》して印刷《いんさつ》すること。

ぞうさない【造作ない】 形容詞 手間《てま》がかからない。簡単《かんたん》である。例 時計《とけい》の修理《しゅうり》ぐらい、父《ちち》には造作ないことだ。

ぞうさん【増産】 名詞 動詞 つくり出《だ》す量《りょう》が増《ふ》えること。また、増《ふ》やすこと。例 小麦《こむぎ》を増産する。対 減産《げんさん》。

そうし【創始】 名詞 動詞 ものごとを新《あたら》しく始《はじ》めること。ものごとの始《はじ》まり。例 この学園《がくえん》の創始者《しゃ》。

そうじ【相似】 ❶名詞 動詞 形《かたち》や性質《せいしつ》が、よく似《に》ていること。❷名詞 図形同士《ずけいどうし》が、大《おお》きさはちがうが形《かたち》がまったく同《おな》じであること。例 相似形《けい》。

そうじ【送辞】 名詞 卒業式《そつぎょうしき》で、在校生《ざいこうせい》が卒業生《そつぎょうせい》におくることば。対 答辞《とうじ》。

そうじ【掃除】 名詞 動詞 ごみやよごれをとってきれいにすること。例 年末《ねんまつ》の大掃除《おお》。類 清掃《せいそう》。

ぞうし【増資】 名詞 動詞 企業《きぎょう》が資本金《しほんきん》（＝元手《もとで》となるお金《かね》）を増《ふ》やすこと。

そうしき【葬式】 名詞 死《し》んだ人《ひと》をほうむるための儀式《ぎしき》。葬儀《そうぎ》。

そうじき【掃除機】 名詞 掃除《そうじ》に使《つか》う器具《きぐ》。ふつうは「電気掃除機《でんきそうじき》」のことをいう。

そうじけい【相似形】 名詞 大《おお》きさはちがうが、形《かたち》がまったく同《おな》じ図形《ずけい》。

そうじけい

そうししゃ【創始者】 名詞 ものごとをいちばん先《さき》に始《はじ》めた人《ひと》。また、初《はじ》めてつくった人《ひと》。

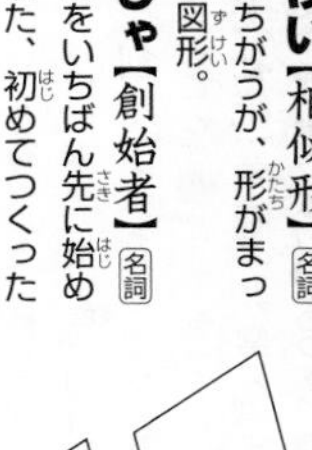

そうじしょく【総辞職】 名詞 全員《ぜんいん》がそろってその職《しょく》をやめること。とくに、内閣総理大臣《ないかくそうりだいじん》をはじめ、国務大臣全員《こくむだいじんぜんいん》が同時《どうじ》にやめること。

そうしつ【喪失】 名詞 動詞 大切《たいせつ》な支《ささ》えであったものを失《うしな》うこと。例 自信《じしん》を喪失する。

そうして ➡759ページ そして

そうじて【総じて】 副詞 細《こま》かいところは別《べつ》として、全体《ぜんたい》としてみれば。例 今回《こんかい》のテストは総じてよくできた。

そうしゃ【走者】 名詞 ❶陸上競技《りくじょうきょうぎ》で、走《はし》る人《ひと》。ランナー。例 リレーの第一《だいいち》走者。❷野球《やきゅう》で、塁《るい》に出《で》た人《ひと》。ランナー。

そうしゃ【奏者】 名詞 楽器《がっき》を演奏《えんそう》する人《ひと》。例 フルート奏者。

そうしゃじょう【操車場】 名詞 列車《れっしゃ》の車両《しゃりょう》を切《き》りはなしたり連結《れんけつ》したりするところ。

四字熟語　前人未到《ぜんじんみとう》　「前人《ぜんじん》」は今《いま》までの人《ひと》、「未到《みとう》」はまだたどり着《つ》いていないことで、まだだれもたど

そうじゅう【操縦】 名詞 動詞 ❶機械《きかい》・乗《の》り物《もの》などを動《うご》かすこと。❷人《ひと》を自分《じぶん》の思《おも》いどおりに動《うご》かすこと。

ぞうしゅう【増収】 名詞 動詞 入《はい》ってくるお金《かね》や、作物《さくもつ》のとれる量《りょう》が増《ふ》えること。対 減収《げんしゅう》。

そうじゅく【早熟】 名詞 形容動詞 ❶実《み》が早《はや》く熟《じゅく》すこと。❷心《こころ》や体《からだ》が早《はや》く大人《おとな》っぽくなること。ませていること。例 早熟な子供《こども》。

そうしゅん【早春】 名詞 季語 春 春《はる》の初《はじ》め。類 初春《しょしゅん》。春先《はるさき》。対 晩春《ばんしゅん》。

そうしょ【草書】 名詞 漢字《かんじ》の書体《しょたい》の一《ひと》つ。点《てん》や画《かく》を簡単《かんたん》にして、行書《ぎょうしょ》をさらにくずしたもの。関連 楷書《かいしょ》。行書《ぎょうしょ》。図 ⇩650《ページ》 しょたい〔書体〕❶

ぞうしょ【蔵書】 名詞 自分《じぶん》のものとして持《も》っている本《ほん》。例 この図書館《としょかん》の蔵書は約三万冊《やくさんまんさつ》だ。

そうしょう【宗匠】 名詞 和歌《わか》・俳句《はいく》・茶道《さどう》などの先生《せんせい》。

そうしょう【総称】 名詞 動詞 同《おな》じ種類《しゅるい》のものをまとめて呼《よ》ぶこと。また、その呼《よ》び名《な》。例 服《ふく》や下着《したぎ》などを総称して「衣類《いるい》」という。

そうじょう【僧正】 名詞 おぼうさんの、いちばん高《たか》い位《くらい》。

そうしょく【草食】 名詞 動詞 草《くさ》をおもな食《た》べ物《もの》とすること。例 草食動物《どうぶつ》。対 肉食《にくしょく》。

そうしょく【装飾】 名詞 動詞 美《うつく》しくかざりつけること。また、そのかざり。例 装飾品《ひん》。

ぞうしょく【増殖】 名詞 動詞 増《ふ》えること。また、増《ふ》やすこと。例 ウイルスが増殖する。

そうしょくどうぶつ【草食動物】 名詞 草《くさ》などの植物《しょくぶつ》をおもな食《た》べ物《もの》とする動物《どうぶつ》。馬《うま》・牛《うし》・うさぎなど。関連 肉食動物《にくしょくどうぶつ》。雑食動物《ざっしょくどうぶつ》。

そうしん【送信】 名詞 動詞 電波《でんぱ》や電線《でんせん》などを使《つか》って、通信《つうしん》を送《おく》ること。例 メールを送信する／送信機《き》。類 発信《はっしん》。対 受信《じゅしん》。着信《ちゃくしん》。

ぞうしん【増進】 名詞 動詞 勢《いきお》いや力《ちから》がいっそう増加《ぞうか》すること。また、増加《ぞうか》させること。例 運動《うんどう》すると食欲《しょくよく》が増進する。対 減退《げんたい》。

そうしんぐ【装身具】 名詞 ネックレスや指輪《ゆびわ》など、身《み》に着《つ》けるかざり。アクセサリー。

ぞうすい【増水】 名詞 動詞 雨《あめ》などのために、川《かわ》や池《いけ》の水《みず》の量《りょう》が増《ふ》えること。対 減水《げんすい》。

ぞうすい【雑炊】 名詞 季語 冬 野菜《やさい》などの具《ぐ》を入《い》れて、味《あじ》つけしたかゆ。おじや。

そうすいかん【送水管】 名詞 水《みず》を送《おく》る管《くだ》。

そうすう【総数】 名詞 全体《ぜんたい》の数《かず》。

そうする【奏する】 動詞 ❶演奏《えんそう》する。例 ピアノを奏する。❷うまく成《な》しとげる。例 功《こう》を奏する（＝やったことがよい結果《けっか》を表《あらわ》す）。

そうせい【早世】 名詞 動詞 まだ若《わか》いうちに死《し》ぬこと。若死《わかじ》に。例 早世した画家《がか》。

そうぜい【総勢】 名詞 全体《ぜんたい》の人数《にんずう》。例 総勢三《さん》十人《じゅうにん》のチーム。類 総員《そういん》。

ぞうせい【造成】 名詞 動詞 土地《とち》などに手《て》を加《くわ》えて、使《つか》えるようにつくり上《あ》げること。例 宅《たく》地《ち》を造成する。

ぞうぜい【増税】 名詞 動詞 税金《ぜいきん》の額《がく》を増《ふ》やすこと。対 減税《げんぜい》。

そうせいじ【双生児】 名詞 「双子《ふたご》」のこと。

そうせきうん【層積雲】 名詞 大《おお》きなかたまりになったり、うねのように長《なが》くのびたりして空《そら》をおおう、灰色《はいいろ》の雲《くも》。低《ひく》い空《そら》に現《あらわ》れる。

そうせつ【創設】 名詞 動詞 学校《がっこう》や会社《かいしゃ》などを新《あたら》しくつくること。類 設立《せつりつ》。創立《そうりつ》。

そうぜつ【壮絶】 形容動詞 非常《ひじょう》に勇《いさ》ましいようす。また、非常《ひじょう》に激《はげ》しいようす。例 壮絶な最期《さいご》をとげる／壮絶な戦《たたか》い。

ぞうせつ【増設】 名詞 動詞 今《いま》までのものに加《くわ》えて、建物《たてもの》や設備《せつび》を増《ふ》やすこと。例 校舎《こうしゃ》を増設する。

そうぜん[と]【騒然[と]】 副詞 がやがやと

ガッテン日本語教室

そうだ

(1)午後《ごご》には雨《あめ》が降《ふ》りそうだ。
(2)午後《ごご》には雨《あめ》が降《ふ》るそうだ。

上《うえ》の二《ふた》つの文《ぶん》では、1文字《もじ》しかちがわないのに、文《ぶん》の意味《いみ》はずいぶんちがってくるね。

(1)は、空《そら》が暗《くら》くなって、今《いま》にも雨《あめ》が降《ふ》ろうとするようすを表《あらわ》している。(2)は、天気予報《てんきよほう》や人《ひと》の話《はなし》を聞《き》いて、その内容《ないよう》を伝《つた》えているんだね。

(1)の「そうだ」は「様態《ようたい》」、(2)の「そうだ」は「伝聞《でんぶん》」というんだ。形《かたち》は同《おな》じでも、意味《いみ》がちがうから気《き》をつけようね。

意味《いみ》で、何《なに》か起《お》きるのではないかと、おそれてびくびくすること。

さわがしいようす。例 審査《しんさ》の結果《けっか》が発表《はっぴょう》され、場内《じょうない》は騒然となった。使い方「騒然たる社会《しゃかい》情勢《じょうせい》」などの形《かたち》でも使《つか》う。

ぞうせん【造船】名詞 動詞 船《ふね》をつくること。

そうせんきょ【総選挙】名詞 議員全員《ぎいんぜんいん》を一度《いちど》に選《えら》ぶこと。とくに衆議院議員《しゅうぎいんぎいん》の選挙《せんきょ》をいう。

そうそう【早早】
❶副詞 急《いそ》いでするようす。例 用事《ようじ》をすませると早々に帰《かえ》って行《い》った。
❷名詞（ほかのことばのあとにつけて）…してすぐ。…になるとすぐ。例 新年《しんねん》早々に集会《しゅうかい》がある。
使い方 ❶は、「早々《そうそう》に」の形《かたち》で使《つか》うことが多《おお》い。

そうそう【草草】名詞 手紙《てがみ》の本文《ほんぶん》の終《お》わりにつける、あいさつのことば。「急《いそ》いで走《はし》り書《が》きをしました」という意味《いみ》。使い方 手紙《てがみ》の初《はじ》めに「前略《ぜんりゃく》」などと書《か》いたときに、終《お》わりに使《つか》う。

そうぞう【創造】名詞 動詞 それまでになかったものを、初《はじ》めてつくり出《だ》すこと。例 創造力《りょく》／天地《てんち》創造。類 創作《そうさく》。対 模倣《もほう》。

そうぞう【想像】名詞 動詞 そこにないものや知《し》らないことを、心《こころ》の中《なか》に思《おも》いうかべること。例 未来《みらい》の乗《の》り物《もの》を想像する。類 空想《くうそう》。

●**想像《そうぞう》を絶《ぜっ》する** 想像《そうぞう》できる範囲《はんい》をこえている。例 台風《たいふう》の被害《ひがい》は想像を絶する規模《きぼ》だった。

そうぞうしい【騒騒しい】形容詞 声《こえ》や物音《ものおと》がうるさい。やかましい。さわがしい。例 休《やす》み時間《じかん》の教室《きょうしつ》は騒々しい。

そうそく【総則】名詞 全体《ぜんたい》についての、大《おお》きな規則《きそく》。対 細則《さいそく》。

そうぞく【相続】名詞 動詞 財産《ざいさん》や権利《けんり》などを受《う》けつぐこと。例 遺産《いさん》を相続する。

そうそふ【曽祖父】名詞 おじいさんやおばあさんのお父《とう》さん。ひいおじいさん。対 曽祖母《そうそぼ》。
図➡667ページ しんぞく

そうそぼ【曽祖母】名詞 おじいさんやおばあさんのお母《かあ》さん。ひいおばあさん。対 曽祖父《そうそふ》。
図➡667ページ しんぞく

そうそん【曽孫】名詞 孫《まご》の子供《こども》。ひ孫《まご》。

そうだ 助動詞（ほかのことばのあとにつけて）
❶ほかから聞《き》いたことを表《あらわ》す。…ということである。例 明日《あす》は雪《ゆき》が降《ふ》るそうだ。
❷いま、起《お》ころうとするようすを表《あらわ》す。…するようすだ。例 雪《ゆき》が降《ふ》りそうだ。
❸見《み》たことから、そのようなようすや状態《じょうたい》だと思《おも》われることを表《あらわ》す。…のようだ。例 思《おも》ったよりも元気《げんき》そうだ。

そうたい【早退】名詞 動詞 学校《がっこう》や勤《つと》め先《さき》などから、決《き》められた時間《じかん》より早《はや》く帰《かえ》ること。例 熱《ねつ》が出《で》たので早退した。類 早引《はやび》け。➡750ページ 日本語教室

そうたい【相対】名詞 ほかのものとの関係《かんけい》によって、成《な》り立《た》っていたり、とらえられたりすること。例 相対的《てき》／相対評価《ひょうか》。対 絶対《ぜったい》。

そうたい【総体】名詞 あるものごとのすべて。そのもの全体《ぜんたい》。例 総体として問題《もんだい》はない。

そうだい【壮大】形容動詞 大《おお》きくて、りっぱなようす。例 山々《やまやま》の壮大ながめ。類 雄大《ゆうだい》。

そうだい【総代】名詞 みんなの代表《だいひょう》となる人《ひと》。例 卒業生《そつぎょうせい》総代。

ぞうだい【増大】名詞 動詞 増《ふ》えて大《おお》きくなること。また、増《ふ》やして大《おお》きくすること。例 石油《せきゆ》の消費量《しょうひりょう》が増大する。

そうだいしょう【総大将】名詞 軍《ぐん》などの全体《ぜんたい》をまとめる、いちばん上《うえ》の位《くらい》の人《ひと》。

そうたいてき【相対的】形容動詞 ものごとを、ほかのものとの関係《かんけい》によってとらえるようす。例 クラスの中《なか》で相対的に見《み》ると、ぼくは背《せ》が高《たか》い方《ほう》だ。対 絶対的《ぜったいてき》。

そうだち【総立ち】名詞 そこにいる人全部《ひとぜんぶ》が、おどろいたり興奮《こうふん》したりして、いっせいに立《た》ち上《あ》がること。例 演奏《えんそう》が終《お》わると、観客《かんきゃく》は総立ちになった。

そうだつ【争奪】名詞 動詞 争《あらそ》ってうばい合《あ》うこと。例 優勝《ゆうしょう》カップ争奪戦《せん》。

そうだん【相談】名詞 動詞 どうすればよいかを話《はな》し合《あ》うこと。例 友《とも》だちの相談に乗《の》る。

そうち【装置】名詞 動詞 機械《きかい》や道具《どうぐ》などをとりつけること。また、そのしくみやしかけ。

ぞうちく【増築】名詞 動詞 今《いま》ある建物《たてもの》に、新《あたら》しい部分《ぶぶん》をつけ加《くわ》えて建《た》てること。建《た》て増《ま》し。

そうちゃく【装着】名詞 動詞 身《み》に着《つ》けること。また、とりつけること。例 コンタクトレンズを装着する／車《くるま》のシートベルトを装着する。

そうちょう【早朝】名詞 朝《あさ》の早《はや》いころ。

そうちょう【荘重】形容動詞 おごそかで重々《おもおも》

四字熟語 戦戦恐恐《せんせんきょうきょう》 「戦戦《せんせん》」はおそれてびくびくするようす、「恐恐《きょうきょう》」は身《み》をつつしむようすという

しいようす。例 荘重な音楽《おんがく》が流《なが》れる。

そうちょう【総長】 名詞 ❶全体《ぜんたい》の仕事《しごと》をまとめてとりしまる役目《やくめ》の人《ひと》。例 国際連合《こくさいれんごう》の事務《じむ》総長。❷総合大学《そうごうだいがく》の学長《がくちょう》。例 大学《だいがく》総長。

ぞうちょう【増長】 名詞 動詞 ❶調子《ちょうし》に乗《の》って、つけ上《あ》がること。うぬぼれること。例 一回《いっかい》の成功《せいこう》で増長してはいけない。❷よくない傾向《けいこう》がだんだんひどくなること。例 弟《おとうと》のわがままが増長する。

そうで【総出】 名詞 みんながそろって出《で》ること。また、出《で》かけること。例 家族《かぞく》総出で出《で》むかえる。

そうてい【装丁】 名詞 動詞 紙《かみ》をとじて表紙《ひょうし》をつけ、本《ほん》のすがたにすること。また、本《ほん》のデザイン。例 文集《ぶんしゅう》を装丁する／美《うつく》しい装丁の本《ほん》。

そうてい【想定】 名詞 動詞 条件《じょうけん》やようすを仮《かり》に考《かんが》えてみること。また、その考《かんが》え。例 地震《じしん》を想定した避難訓練《ひなんくんれん》。

ぞうてい【贈呈】 名詞 動詞 人《ひと》に物《もの》を差《さ》し上《あ》げること。例 卒業生《そつぎょうせい》に記念品《きねんひん》を贈呈する。類 進《しん》呈《てい》。使い方 あらたまった言《い》い方《かた》。

そうてん【争点】 名詞 議論《ぎろん》や争《あらそ》いごとで、問題《もんだい》となっているところ。例 話《はな》し合《あ》いの争点をはっきりさせる。

そうでん【送電】 名詞 動詞 発電所《はつでんしょ》から、電線《でんせん》を使《つか》って電気《でんき》を送《おく》ること。

そうでんせん【送電線】 名詞 発電所《はつでんしょ》で起《お》こした電気《でんき》を、変電所《へんでんしょ》に送《おく》るための電線《でんせん》。

そうとう【相当】 ❶ 名詞 動詞 当《あ》てはまること。ふさわしいこと。例 実力《じつりょく》に相当した仕事《しごと》。❷ 副詞 形容動詞 かなり。だいぶ。例 明日《あす》もそうとう暑《あつ》いということだ。使い方 ❷は、かな書《が》きにすることが多《おお》い。

そうどう【騒動】 名詞 ❶大勢《おおぜい》の人《ひと》が、さわぎ立《た》てること。大《おお》さわぎ。❷世《よ》の中《なか》をさわがせるような、争《あらそ》いごとやもめごと。例 米《こめ》騒動。

ぞうとう【贈答】 名詞 動詞 品物《しなもの》などを人《ひと》におくったりお返《かえ》しをしたりすること。例 贈答品《ひん》。

そうどういん【総動員】 名詞 動詞 仕事《しごと》などをさせるために、全部《ぜんぶ》の人《ひと》を集《あつ》めること。例 生徒《せいと》を総動員して、ごみ拾《ひろ》いをした。

そうなん【遭難】 名詞 動詞 登山中《とざんちゅう》や、船《ふね》・飛行機《ひこうき》に乗《の》っているときなどに、命《いのち》にかかわるような災難《さいなん》にあうこと。例 冬《ふゆ》の山《やま》で遭難した。

ぞうに【雑煮】 名詞 季語 新年 野菜《やさい》や肉《にく》などを入《い》れて煮《に》たしるにもちを入《い》れた、正月《しょうがつ》の食《た》べ物《もの》。

そうにゅう【挿入】 名詞 動詞 中《なか》にさし入《い》れること。例 映画《えいが》の挿入歌《か》。

そうにょう【走にょう】 名詞 「走」のこと。漢字《かんじ》の部首《ぶしゅ》の一《ひと》つ。「起」などの漢字《かんじ》を作《つく》る。

そうねん【壮年】 名詞 三十代《さんじゅうだい》から五十代《ごじゅうだい》くらいまでの、働《はたら》きざかりの年《とし》ごろ。また、その年《とし》ごろの人《ひと》。

そうは【走破】 名詞 動詞 予定《よてい》の道《みち》のりを走《はし》り通《とお》すこと。例 全《ぜん》コースを走破した。

そうば【相場】 名詞 ❶そのときどきの、品物《しなもの》の値段《ねだん》。例 野菜《やさい》の相場が上《あ》がった。❷株《かぶ》などの売《う》り買《か》いの市場《しじょう》。また、そこでお金《かね》をもうけるやり方《かた》。例 相場に手《て》を出《だ》す。❸(「相場《そうば》が決《き》まっている」などの形《かたち》で)世《よ》の中《なか》でそういうものだと思《おも》われていること。例 正《しょう》月《がつ》はめでたいものと相場が決《き》まっている。

そうはく【そう白】 形容動詞 顔《かお》が青《あお》ざめているようす。例 おどろきで、顔面《がんめん》そう白になる。

ぞうはつ【増発】 名詞 動詞 列車《れっしゃ》・バスなどの走《はし》る回数《かいすう》を増《ふ》やすこと。例 お正月《しょうがつ》に電車《でんしゃ》を増発する。

そうはとんやがおろさない【そうは問屋が卸さない】 ⬇744ページ「そう」の子見出《こみだ》し

そうばん【早晩】 副詞 おそかれ早《はや》かれ、そのうちに。いつかは。例 この問題《もんだい》も早晩決着《けっちゃく》がつくだろう。

そうび【装備】 名詞 動詞 ❶必要《ひつよう》なものを用意《ようい》すること。例 登山《とざん》の装備。❷武器《ぶき》や機械《きかい》などを備《そな》えつけること。例 冷凍《れいとう》庫《こ》を装備した輸送《ゆそう》トラック。

そうひつ【送筆】 名詞 習字《しゅうじ》で、筆《ふで》の運《はこ》び。関連 始筆《しひつ》。終筆《しゅうひつ》。

ぞうひょう【雑兵】 名詞 身分《みぶん》の低《ひく》い兵士《へいし》。

そうふ【送付】 名詞 動詞 書類《しょるい》や品物《しなもの》などを、送《おく》り届《とど》けること。例 入会申込書《にゅうかいもうしこみしょ》を事務所《じむしょ》に送付する。

な、とてもめずらしいこと。

そうへい【僧兵】 名詞 昔《むかし》、大《おお》きな寺院《じいん》に住《す》みこんで働《はたら》きながら、武器《ぶき》を持《も》って戦《たたか》うようになった僧《そう》。

ぞうへいきょく【造幣局】 名詞 お金《かね》・メダル・勲章《くんしょう》などをつくる機関《きかん》。本局《ほんきょく》は大阪市《おおさかし》にある。

そうべつ【送別】 名詞 動詞 別《わか》れて行《い》く人《ひと》を送《おく》ること。例 送別会《かい》／送別のことば。

ぞうほ【増補】 名詞 動詞 以前《いぜん》に出版《しゅっぱん》した本《ほん》に、足《た》りなかった部分《ぶぶん》などを加《くわ》えること。例 国語《こくご》辞典《じてん》の増補改訂版《かいていばん》。

そうほう【双方】 名詞 あちら側《がわ》とこちら側《がわ》。両方《りょうほう》。例 双方の意見《いけん》を聞《き》く。

そうほうこう【双方向】 名詞 放送《ほうそう》や通信《つうしん》などで、送《おく》り手《て》が情報《じょうほう》を伝《つた》えるだけでなく、受《う》け手《て》からも情報《じょうほう》を送《おく》ることができる方式《ほうしき》。例 双方向通信《つうしん》。

そうまとう【走馬灯】 名詞 季語 夏 中《なか》の明《あ》かりをつけて回転《かいてん》させると、まわりの紙《かみ》に影絵《かげえ》が次々《つぎつぎ》に映《うつ》るしかけになっている灯籠《とうろう》。回《まわ》り灯籠《どうろう》。

そうまとう

そうみ【総身】 名詞 体《からだ》じゅう。全身《ぜんしん》。使い方 古《ふる》い言《い》い方《かた》。

そうむ【総務】 名詞 役所《やくしょ》や会社《かいしゃ》などで、全体《ぜんたい》に関係《かんけい》する仕事《しごと》を受《う》け持《も》つ役目《やくめ》。また、その役《やく》目《め》の人《ひと》。例 総務部長《ぶちょう》。

そうむしょう【総務省】 名詞 行政《ぎょうせい》や地方自治《ちほうじち》の制度《せいど》についての仕事《しごと》や、通信《つうしん》・放送《ほうそう》・消防《しょうぼう》などの仕事をする国《くに》の役所《やくしょ》。

そうめい【そう明】 形容動詞 ものわかりが早《はや》くてかしこいようす。例 そう明な若者《わかもの》。

そうめいきょく【奏鳴曲】 ↓762ページ ソナタ

そうめん 名詞 小麦粉《こむぎこ》を塩水《しおみず》でこね、細《ほそ》くのばしてかわかした食《た》べ物《もの》。ゆでて食《た》べる。ことば 「一束《ひとたば》」「一把《いちわ》」と数《かぞ》える。漢字《かんじ》では「素麺」と書《か》く。

そうもく【草木】 名詞 草《くさ》や木《き》。植物《しょくぶつ》。草木《くさき》。

ぞうもつ【臓物】 名詞 内臓《ないぞう》。とくに、鳥《とり》・けもの・魚《さかな》などの内臓《ないぞう》。類 はらわた。

ぞうよ【贈与】 名詞 動詞 人《ひと》に、お金《かね》や物《もの》などをあげること。例 子供《こども》に財産《ざいさん》を贈与する。

そうり【総理】 ↓965ページ ないかくそうりだいじん

ぞうり【草履】 名詞 鼻緒《はなお》（＝足《あし》の指《ゆび》をかけるひも）がついていて、底《そこ》の平《たい》らなはきもの。

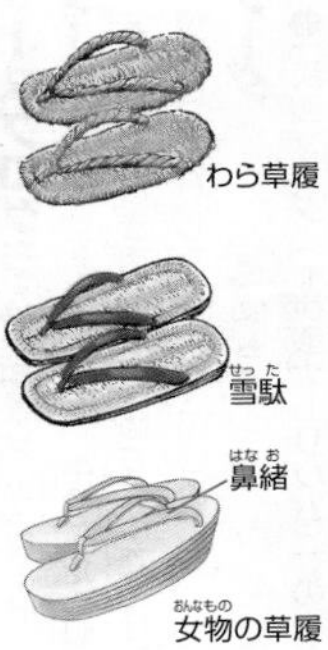

ぞうり

そうりだいじん【総理大臣】 ↓965ページ ないかくそうりだいじん

そうりつ【創立】 名詞 動詞 学校《がっこう》や会社《かいしゃ》などを初《はじ》めてつくること。例 創立記念日《きねんび》／この会社《かいしゃ》は今年《ことし》で創立五十年になる。類 設立。創設。

ぞうりむし【草履虫】 名詞 池《いけ》などにいる、草履《ぞうり》のような形《かたち》の生物《せいぶつ》。大《おお》きさは〇・三ミリメートルくらいで、体《からだ》じゅうに生《は》えた毛《け》を動《うご》かして泳《およ》ぐ。

そうりょ【僧侶】 名詞 おぼうさん。僧《そう》。

そうりょう【送料】 名詞 物《もの》を送《おく》るのにかかるお金《かね》。送《おく》り賃《ちん》。

そうりょう【総量】 名詞 全体《ぜんたい》の大《おお》きさや重《おも》さ。全体《ぜんたい》の分量《ぶんりょう》。

ぞうりょう【増量】 名詞 動詞 分量《ぶんりょう》や重《おも》さが増《ふ》えること。また、増《ふ》やすこと。対 減量《げんりょう》。

そうりょく【総力】 名詞 あるだけの力《ちから》。全《ぜん》力《りょく》。例 総力を挙《あ》げて戦《たたか》う。

そうりょくせん【総力戦】 名詞 持《も》っているすべての力《ちから》を使《つか》って戦《たたか》うこと。

ぞうりん【造林】 名詞 動詞 野山《のやま》に木《き》を植《う》えて、森林《しんりん》を育《そだ》てること。

ソウル 名詞 大韓民国《だいかんみんこく》の首都《しゅと》。朝鮮半島《ちょうせんはんとう》の中部《ちゅうぶ》にある。

そうるい【藻類】 名詞 水中《すいちゅう》に生《は》え、光合成《こうごうせい》を行《おこな》う植物《しょくぶつ》をまとめていう呼《よ》び名《な》。こんぶなどの海藻《かいそう》と、あおみどろなどの淡水藻《たんすいそう》がある。

そうれい【壮麗】 形容動詞 大《おお》きくりっぱで、美《うつく》しいようす。例 壮麗な寺院《じいん》。

そうれつ【壮烈】 形容動詞 非常《ひじょう》に勇《いさ》ましく、激《はげ》しいようす。例 壮烈な死《し》をとげる。

そうれつ【葬列】 名詞 葬式《そうしき》に参加《さんか》する人《ひと》たちの行列《ぎょうれつ》。

四字熟語 **前代未聞《ぜんだいみもん》** 今《いま》までに聞《き》いたことがない、という意味《いみ》で、これまで一度《いちど》も聞《き》いたことがないよう

そうろう【候】 動詞 「いる」「ある」などのていねいな言い方《かた》。例 小次郎《こじろう》と申《もう》す者《もの》にて候。使い方 古《ふる》い言《い》い方《かた》。漢 ➡444ページこう〔候〕

そうろん【総論】 名詞 全体《ぜんたい》をまとめて述《の》べる意見《いけん》。対 各論《かくろん》。

そうわ【挿話】 名詞 話《はなし》や文章《ぶんしょう》の間《あいだ》にはさむ、短《みじか》くて興味深《きょうみぶか》い話《はなし》。類 エピソード。

ぞうわい【贈賄】 名詞 動詞 自分《じぶん》に都合《つごう》のよいことをしてもらうために、不正《ふせい》にお金《かね》や品物《しなもの》をわたすこと。わいろをおくること。対 収賄《しゅうわい》。

そうわき【送話器】 名詞 電話機《でんわき》の、口《くち》に当《あ》てて相手《あいて》に声《こえ》を送《おく》る装置《そうち》。対 受話器《じゅわき》。

そえがき【添え書き】 名詞 動詞 手紙《てがみ》や文書《ぶんしょ》などのあとに、つけ加《くわ》えて書《か》くこと。また、そのことば。例 招待状《しょうたいじょう》に添え書きをする。

そえる【添える】 動詞 ある物《もの》につけ加《くわ》える。例 花束《はなたば》に手紙《てがみ》を添えておくった。

そえん【疎遠】 名詞 形容動詞 長《なが》い間《あいだ》つきあいがなく、親《した》しみがうすれてしまうこと。例 転校《てんこう》した友《とも》だちと疎遠になる。

ソーシャルネットワーキングサービス (social networking service) 名詞 インターネット上《じょう》でさまざまな人々《ひとびと》とつながり、情報《じょうほう》交換《こうかん》などをしあうためのネットワークサービス。「SNS《エスエヌエス》」ともいう。参考 ふつう会員制《かいいんせい》で、プロフィールを公開《こうかい》したり、メッセージをやりとりしたりできる。➡755ページ 社会へのとびら

ソース (sauce) 名詞 西洋料理《せいようりょうり》で使《つか》う液体《えきたい》の調味料《ちょうみりょう》。とくに、ウスターソース。例 トマトソース／ソース焼《や》きそば。

ソースコード (source code) 名詞 プログラミング言語《げんご》で書《か》かれた、コンピューターのプログラム。「ソースプログラム」ともいう。

ソースプログラム ➡754ページ ソースコード

ソーセージ (sausage) 名詞 牛《うし》やぶたの腸《ちょう》に、味《あじ》つけしたひき肉《にく》などをつめて、ゆでたり蒸《む》し焼《や》きにしたりした食《た》べ物《もの》。腸《ちょう》づめ。

ソーダ (オランダ語) 名詞 ❶「炭酸《たんさん》ソーダ（＝炭酸《たんさん》ナトリウム）」のこと。強《つよ》いアルカリ性《せい》を持《も》ち、ガラス・紙《かみ》・石《せっ》けんなどの原料《げんりょう》になる。❷炭酸《たんさん》ガスをとかした飲《の》み物《もの》。「ソーダ水《すい》」の略《りゃく》。例 クリームソーダ。

ソート (sort) 名詞 動詞 コンピューターなどで、データを、ある決《き》まりに従《したが》って並《なら》べること。配《はい》列《れつ》。例 データを五十音順《ごじゅうおんじゅん》でソートする。

ソーラー (solar) 名詞 「太陽《たいよう》」「太陽《たいよう》の光《ひかり》や熱《ねつ》のエネルギー」という意味《いみ》を表《あらわ》す。例 ソーラーシステム。

ソーラーカー (solar car) 名詞 太陽電池《たいようでんち》によって発電《はつでん》し、その電力《でんりょく》で走《はし》る車《くるま》。

ソーラーシステム (solar system) 名詞 太《たい》陽《よう》の熱《ねつ》を利用《りよう》して、暖房《だんぼう》・冷房《れいぼう》や湯《ゆ》わかしなどを行《おこな》うしくみ。

ソーラーハウス (solar house) 名詞 太陽《たいよう》の熱《ねつ》を、暖房《だんぼう》・冷房《れいぼう》や湯《ゆ》わかしなどに利用《りよう》できるようにつくられた家《いえ》。

ゾーン (zone) 名詞 区切《くぎ》りをつけた、ある場《ば》所《しょ》。区域《くいき》。例 歩行者《ほこうしゃ》ゾーン。

そかい【疎開】 名詞 動詞 戦争《せんそう》などの被害《ひがい》をさけるために、都会《とかい》の人《ひと》がほかの土地《とち》に移《うつ》ること。例 集団《しゅうだん》疎開。

そがい【阻害】 名詞 動詞 じゃまをすること。例 会議《かいぎ》の進行《しんこう》を阻害する。

そがい【疎外】 名詞 動詞 仲間《なかま》はずれにして、冷《つめ》たくすること。例 疎外感《かん》を味《あじ》わう。

そかく【組閣】 名詞 動詞 総理大臣《そうりだいじん》が、それぞれの大臣《だいじん》を決《き》めて、内閣《ないかく》をつくること。

そがし【蘇我氏】 名詞 六世紀《ろくせいき》から七世紀《ななせいき》にかけて、大《おお》きな力《ちから》を持《も》っていた一族《いちぞく》。仏教《ぶっきょう》などの大陸文化《たいりくぶんか》を積極的《せっきょくてき》にとり入《い》れた。六四五年《ねん》に蘇我入鹿《そがのいるか》が中大兄皇子《なかのおおえのおうじ》（＝のちの天智天皇《てんじてんのう》）らに殺《ころ》され、力《ちから》を失《うしな》っていった。

そがのいるか【蘇我入鹿】 名詞 （？～六四五）飛鳥時代《あすかじだい》の豪族《ごうぞく》。朝廷《ちょうてい》で力《ちから》をふるったが、中《なかの》大兄皇子《おおえのおうじ》（＝のちの天智天皇《てんじてんのう》）や中臣鎌足《なかとみのかまたり》（＝のちの藤原鎌足《ふじわらのかまたり》）らに殺《ころ》された。

漢 **そく【束】**〔木《き》〕7画 4年 音 ソク 訓 たば

❶たば。ひとくくりにしたもの。例 札束《さつたば》／花《はな》束《たば》。❷たばねる。くくる。むすぶ。例 束縛《そくばく》／結束《けっそく》／約束《やくそく》。

漢 **そく【足】**〔足《あし》〕7画 1年 音 ソク 訓 あし・たりる・たる・たす

知識《ちしき》と能力《のうりょく》を持っていること。

丶 口 口 ⺊ 早 足 足（かたちにちゅうい）

❶あし。例 足音《あしおと》／足跡《そくせき》／土足《どそく》。❷あるく。例 遠足《えんそく》。❸たりる。例 不足《ふそく》／満足《まんぞく》。❹たす。例 補足《ほそく》。❺はきもの。また、はきもののひとそろいを数《かぞ》えることば。例 一足《いっそく》。

漢 **そく【則】**〔刂 りっとう〕9画 5年 音 ソク 訓

丨 冂 月 目 貝 貝 則《みじかく》 則《はねる》

きまり。さだめ。例 規則《きそく》／原則《げんそく》／校則《こうそく》／反則《はんそく》。

漢 **そく【速】**〔辶 しんにょう〕10画 3年 音 ソク 訓 はやい・はやめる・はやまる・すみやか

一 ㄏ 戸 戸 申 束《とめる》 束 涑 速

❶はやい。はやめる。例 速度《そくど》／速報《そくほう》／高速《こうそく》／低速《ていそく》。❷はやさ。例 速力《そくりょく》／時速《じそく》／風速《ふうそく》。

漢 **そく【息】**〔心 こころ〕10画 3年 音 ソク 訓 いき

ノ 丆 ㄏ 白 自 自 息《うちがわへはねる》 息 息

❶いき。例 嘆息《たんそく》／窒息《ちっそく》／鼻息《はないき》。❷生《い》きる。例 生息《せいそく》。❸やすむ。例 安息《あんそく》／休息《きゅうそく》。❹ふえる。例 利息《りそく》。❺子供《こども》。むすこ。例 子息《しそく》。

漢 **そく【側】**〔亻 にんべん〕11画 4年 音 ソク 訓 がわ

亻 亻 亻 仴 但 俱 側 側《はねる》

❶そば。かたわら。例 側近《そっきん》。❷一方《いっぽう》のがわ。例 側面《そくめん》／左側《ひだりがわ》。ことば「側」の訓読《くんよ》みは「かわ」とも読《よ》む。

漢 **そく【測】**〔氵 さんずい〕12画 5年 音 ソク 訓 はかる

丶 氵 氵 汌 泪 泪 浿 測 測《はねる》

❶はかる。例 測定《そくてい》／測量／観測／目測。❷おしはかる。例 推測《すいそく》／予測《よそく》。

そぐ 動詞 ❶物《もの》の先《さき》をとがるようにけずる。例 竹《たけ》の先《さき》をそぐ。❷うすく切《き》りとる。けずりとる。例 ごぼうをそいでささがきにする。❸減《へ》らす。弱《よわ》める。例 勢《いきお》いをそぐ／敵《てき》の力《ちから》をそぐ。

ぞく【俗】 ❶形容動詞 世《よ》の中《なか》でふつうに行《おこな》われているようす。例 俗説《ぞくせつ》／俗な言《い》い方《かた》。❷形容動詞 あまり上品《じょうひん》ではないようす。例 俗な趣味《しゅみ》。❸名詞 おぼうさんに対《たい》して、ふつうの人《ひと》のこと。

漢 **ぞく【族】**〔方 かたへん〕11画 3年 音 ゾク 訓

辞典《じてん》の外《そと》に飛《と》びだそう!

社会《しゃかい》へのとびら

ソーシャルネットワーキングサービス

SNS《エスエヌエス》で世界《せかい》を広《ひろ》げよう

Twitter《ツイッター》、Facebook《フェイスブック》、LINE《ライン》、Instagram《インスタグラム》…。聞いたことがある人《ひと》もいるかな？

これらはインターネット上《じょう》で人《ひと》と人《ひと》がつながるサービスで、「ソーシャルネットワーキングサービス（＝SNS《エスエヌエス》）」という。

世界《せかい》がつながる

「同《おな》じ趣味《しゅみ》を持《も》つ外国《がいこく》の人《ひと》と知《し》り合《あ》ってメッセージを送《おく》り合《あ》う」「自分《じぶん》の作品《さくひん》を世界《せかい》じゅうの人《ひと》に見《み》てもらう」といったことが簡単《かんたん》にできるのは、S《エス》NS《エヌエス》のいいところだね。SNS《エスエヌエス》で世界《せかい》がつながっているんだ。

責任《せきにん》を持《も》とう

世界《せかい》じゅうの人《ひと》に情報《じょうほう》を送《おく》ることができるのはとてもすてきなことだ。だけど、まちがった情報《じょうほう》を流《なが》す、流《なが》れてきた情報《じょうほう》をよく確《たし》かめずに別《べつ》のだれかに送《おく》る、といったことをしてしまうと、結果《けっか》としてだれかを傷《きず》つけることになってしまうかもしれない。

世界《せかい》とつながろう

SNS《エスエヌエス》で送《おく》ることができる情報《じょうほう》は増《ふ》えている。はじめは文字《もじ》だけだったけれど、写真《しゃしん》やイラストが加《くわ》わり、今《いま》では動画《どうが》も送《おく》ることができる。

きみならSNS《エスエヌエス》でどんなことを発信《はっしん》してみたいかな？ SNS《エスエヌエス》で失敗《しっぱい》しないためには何《なに》に気《き》をつければいいかも考《かんが》えてみよう！

四字熟語 **全知全能《ぜんちぜんのう》** すべてのことを知《し》り（全知《ぜんち》）、どんなことでもできる（全能《ぜんのう》）ということ。完全《かんぜん》な

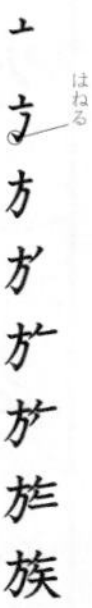

同《おな》じ祖先《そせん》からわかれたなかま。身内《みうち》。例 一族《いちぞく》／家族《かぞく》／貴族《きぞく》／血族《けつぞく》／氏族《しぞく》／種族《しゅぞく》／親族《しんぞく》／部族《ぶぞく》／民族《みんぞく》。

漢 **ぞく【属】**〔尸《しかばね》〕12画 5年 音 ゾク 訓

❶したがう。つく。例 属《ぞく》する／属国《ぞっこく》／所属《しょぞく》／付属《ふぞく》。❷同《おな》じなかま。例 金属《きんぞく》。

漢 **ぞく【続】**〔糸《いとへん》〕13画 4年 音 ゾク 訓 つづく・つづける

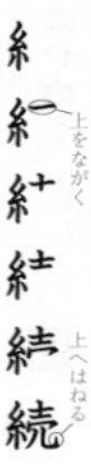

つづく。つづける。例 続出《ぞくしゅつ》／続発《ぞくはつ》／続行《ぞっこう》／後続《こうぞく》／接続《せつぞく》／相続《そうぞく》／連続《れんぞく》。対 断《だん》。

ぞく【賊】 名詞 ❶人《ひと》の物《もの》をとる人《ひと》。どろぼう。例 海賊《かいぞく》。❷支配者《しはいしゃ》に逆《さか》らう人《ひと》。例 賊軍《ぞくぐん》。

ぞくあく【俗悪】 名詞 形容動詞 程度《ていど》が低《ひく》くて下品《げひん》なこと。例 俗悪《ぞくあく》な本《ほん》。

そくい【即位】 名詞 動詞 天皇《てんのう》や王《おう》などが、位《くらい》につくこと。対 退位《たいい》。

そくおう【即応】 名詞 動詞 まわりの状態《じょうたい》やものごとの変化《へんか》に、うまく合《あ》わせること。例 技術《ぎじゅつ》の進歩《しんぽ》に即応《そくおう》する。

そくおん【促音】 名詞 ことばを言《い》うときに、つまって発音《はつおん》される音《おと》。書《か》くときは、「やっと」「どっち」などのように、小《ちい》さい「っ」で書《か》き表《あらわ》す。関連 はつ音《おん》。よう音《おん》。直音《ちょくおん》。

そくおんびん【促音便】 名詞 音便《おんびん》の一《ひと》つ。あることばの音《おと》が、発音《はつおん》しやすいように小《ちい》さい「っ」で表《あらわ》す音《おと》に変《か》わること。「行《い》きて」が「行《い》って」、「走《はし》りて」が「走《はし》って」になるなど。関連 イ音便《おんびん》。ウ音便《おんびん》。はつ音便《おんびん》。

日本語教室 買《か》う・買《か》って
↓232ページ

ぞくぐん【賊軍】 名詞 朝廷《ちょうてい》や政府《せいふ》に逆《さか》らう軍隊《ぐんたい》。対 官軍《かんぐん》。

ぞくご【俗語】 名詞 世《よ》の中《なか》でふだん使《つか》われている、くだけたことば。「おやじ」「おふくろ」「でっかい」「ちっちゃい」など。

そくざに【即座に】 副詞 その場《ば》ですぐ。例 兄《あに》にたのんだら即座《そくざ》に引《ひ》き受《う》けてくれた。

そくし【即死】 名詞 動詞 事故《じこ》などにあって、その場《ば》ですぐ死《し》ぬこと。

そくじ【即時】 名詞 すぐそのとき。すぐさま。例 注文《ちゅうもん》を受《う》けたら即時《そくじ》発送《はっそう》します。類 即刻《そっこく》。

そくじつ【即日】 名詞 その日《ひ》にすぐ。当日《とうじつ》。例 即日《そくじつ》開票《かいひょう》／商品《しょうひん》を即日《そくじつ》発送《はっそう》する。

ぞくしゅつ【続出】 名詞 動詞 次々《つぎつぎ》に続《つづ》いて出《で》てくること。続《つづ》けて起《お》こること。例 事故《じこ》が続出《ぞくしゅつ》する。

そくじょ【息女】 名詞 ほかの人《ひと》のむすめのことを、敬《うやま》っていうことば。類 令嬢《れいじょう》。対 子息《しそく》。

そくしん【促進】 名詞 動詞 よい結果《けっか》が早《はや》くあらわれるように、ものごとをおし進《すす》めること。はかどらせること。例 新商品開発《しんしょうひんかいはつ》を促進《そくしん》する。

そくする【即する】 動詞 ぴったりと当《あ》てはまる。例 実情《じつじょう》に即《そく》したやり方《かた》。

ぞくする【属する】 動詞 ❶ある仲間《なかま》に入《はい》っている。例 サッカー部《ぶ》に属《ぞく》している。❷ある種類《しゅるい》や範囲《はんい》に入《はい》っている。例 ペンギンは鳥類《ちょうるい》に属《ぞく》する。

そくせい【促成】 名詞 動詞 植物《しょくぶつ》などを人工的《じんこうてき》に早《はや》く生長《せいちょう》させること。

そくせい【速成】 名詞 動詞 急《いそ》いで仕上《しあ》げること。また、早《はや》くでき上《あ》がること。

そくせいさいばい【促成栽培】 名詞 動詞 温室《おんしつ》などで、野菜《やさい》や果物《くだもの》などを人工的《じんこうてき》にふつうより早《はや》く生長《せいちょう》させること。対 抑制栽培《よくせいさいばい》。

そくせき【即席】 名詞 その場《ば》ですぐにすること。また、すぐできること。例 即席《そくせき》ラーメン。

そくせき【足跡】 名詞 ❶歩《ある》いたあとに残《のこ》る、足《あし》やくつなどの形《かたち》。あしあと。❷仕事《しごと》や研究《けんきゅう》などで、あとに残《のこ》るもの。例 その学者《がくしゃ》は、科学《かがく》の世界《せかい》に大《おお》きな足跡《そくせき》を残《のこ》した。

ぞくせけん【俗世間】 名詞 ふつうの人々《ひとびと》が住《す》んでいる、いろいろなできごとが起《お》こる、この世《よ》の中《なか》。

ぞくせつ【俗説】 名詞 世《よ》の中《なか》で広《ひろ》く言《い》い伝《つた》えられているが、確《たし》かに正《ただ》しいとはいえないような考《かんが》え。

そくせん【側線】 名詞 ❶鉄道《てつどう》で、ふだん使《つか》う線路《せんろ》以外《いがい》の線路《せんろ》。車両《しゃりょう》

っている人《ひと》は若《わか》いときは目立《めだ》たず、ゆっくりと実力《じつりょく》を養《やしな》っていって、年《とし》をとるにつれてだんだんにりっぱにな

の入《い》れかえや荷物《にもつ》の積《つ》み下《お》ろしなどに使《つか》う。

❷魚類《ぎょるい》や両生類《りょうせいるい》の体《からだ》の両側《りょうがわ》に、線状《せんじょう》に並《なら》んでいる感覚器官《かんかくきかん》。水《みず》の流《なが》れ・圧力《あつりょく》・温度《おんど》などを感《かん》じとる。

ぞくぞく[と] 副詞 動詞
❶寒気《さむけ》がするようす。例 かぜを引《ひ》いたらしく、体《からだ》じゅうがぞくぞくする。
❷うれしさなどを体《からだ》じゅうで感《かん》じるようす。例 ぞくぞくするほどうれしくなった。

ぞくぞく[と]【続続[と]】 副詞 ものごとが次々《つぎつぎ》と続《つづ》くようす。例 展覧会《てんらんかい》に人々《ひとびと》が続々とつめかける。

そくたつ【速達】 名詞 「速達郵便《そくたつゆうびん》」の略《りゃく》。特《とく》別《べつ》の料金《りょうきん》をとって、ふつうの郵便《ゆうびん》より速《はや》く届《とど》ける郵便《ゆうびん》。

そくだん【即断】 名詞 動詞 その場《ば》ですぐに決《き》めること。例 即断しないで、もう一度《いちど》考《かんが》える。

そくだん【速断】 名詞 動詞 すばやく判断《はんだん》して決《き》めること。または、早《はや》まった判断《はんだん》をすること。例 迷子《まいご》になったと速断してしまった。

そくち【測地】 名詞 動詞 土地《とち》の広《ひろ》さや形《かたち》などを測《はか》ること。土地《とち》の測量《そくりょう》。

そくてい【測定】 名詞 動詞 器械《きかい》などを使《つか》って、物《もの》の大《おお》きさや量《りょう》などをはかること。例 体重《たいじゅう》測定／きょりを測定する。類 計測《けいそく》。

そくど【速度】 名詞 進《すす》む速《はや》さ。例 車《くるま》の速度を落《お》とす。類 速力《そくりょく》。参考 一秒間《いちびょうかん》・一時間《いちじかん》など、決《き》まった時間《じかん》のうちにどれだけ進《すす》むかで表《あらわ》す。

そくとう【即答】 名詞 動詞 その場《ば》ですぐに答《こた》えること。また、その答え。例「出席します。」と即答する。

そくどきごう【速度記号】 名詞 音楽《おんがく》で、演奏《えんそう》するときの速《はや》さを表《あらわ》す記号《きごう》。

そくどきごう

ぞくに【俗に】 副詞 世《よ》の中《なか》で一般《いっぱん》に。ふつうに。例 桜《さくら》の実《み》のことを俗に「さくらんぼ」という。

そくばい【即売】 名詞 動詞 その場《ば》で品物《しなもの》を売《う》ること。例 展示《てんじ》している品物《しなもの》を即売する。

そくばく【束縛】 名詞 動詞 自由《じゆう》をうばうこと。例 規則《きそく》に束縛されて自由《じゆう》に行動《こうどう》させないこと。類 拘束《こうそく》。対 解放《かいほう》。ことば もとは「しばる」「つないでとらえる」という意味《いみ》。

ぞくはつ【続発】 名詞 動詞 続《つづ》いて起《お》こること。例 事故《じこ》が続発する。

ぞくへん【続編】 名詞 小説《しょうせつ》や映画《えいが》などで、前《まえ》の作品《さくひん》の続《つづ》きのもの。

そくほう【速報】 名詞 動詞 できごとなどをすばやく知《し》らせること。また、その知《し》らせ。例 ニュース速報／選挙《せんきょ》速報。類 急報《きゅうほう》。

ぞくみょう【俗名】 名詞
❶死《し》んで戒名《かいみょう》（＝死《し》んだ人《ひと》につける名前《なまえ》）を持《も》った人《ひと》の、生《い》きていたときの名前《なまえ》。対 戒名《かいみょう》。
❷おぼうさんの、出家《しゅっけ》する前《まえ》の名前《なまえ》。対 戒《かい》名《みょう》。

そくめん【側面】 名詞
❶ものの左右の面。横の面。関連 正面。背面。教科 算 算数《さんすう》では、立体《りったい》の底面《ていめん》以外《いがい》の面《めん》のことをいう。
❷わき。そば。例 友《とも》だちを側面から助《たす》ける。
❸一《ひと》つのものの、いろいろな性質《せいしつ》などのうちの一《ひと》つ。例 友《とも》だちの、意外《いがい》な側面を発見《はっけん》する。

ソクラテス 名詞 （紀元前《きげんぜん》四六九ごろ～紀元前《きげんぜん》三九九）古代《こだい》ギリシャの哲学者《てつがくしゃ》。対話《たいわ》を通《とお》して、真《しん》理《り》を求《もと》めることを人々《ひとびと》に教《おし》え、プラトンなどの弟子《でし》を育《そだ》てた。

そくりょう【測量】 名詞 動詞 器械《きかい》を使《つか》って、土地《とち》などの広《ひろ》さ・形《かたち》・高《たか》さ・深《ふか》さ・位置《いち》などを測《はか》ること。例 工事《こうじ》の予定地《よていち》を測量する。

そくりょく【速力】 名詞 速《はや》さ。スピード。例 車《くるま》は速力を落《お》とした。類 速度《そくど》。

そぐわない ふさわしくない。つりあわない。似合《にあ》わない。例 内容《ないよう》にそぐわない表紙《ひょうし》。

ソケット (socket) 名詞 電球《でんきゅう》などを差《さ》しこむ受《う》け口《ぐち》。

そげる 動詞 けずり落《お》とされたようになる。例 やせて、ほおがげっそりそげたように見《み》える。

そこ 代名詞
❶相手《あいて》が今《いま》いる場所《ばしょ》や、相手《あいて》に近《ちか》い場所《ばしょ》を指《さ》すことば。例 そこで待《ま》ちなさい。
❷そのこと。その点《てん》。例 作者《さくしゃ》が言《い》いたいことは何《なに》か、そこを読《よ》みとろう。

そこ【底】 名詞
❶くぼんだ物《もの》などの、いちばん下《した》のところ。例 海《うみ》の底／底の厚《あつ》いなべ。

四字熟語　**大器晩成《たいきばんせい》**　大《おお》きなうつわは、でき上《あ》がるまでに時間《じかん》がかかるということから、大《おお》きな才能《さいのう》を持《も》るということ。

❷いちばんおく深《ぶか》いところ。例 底力《ぢから》／心《こころ》の底から感謝《かんしゃ》する。

❸ものごとの、最後《さいご》にいきつくところ。果《は》て。限界《げんかい》。例 底なしの食欲《しょくよく》／底知《し》れない知識《ちしき》。

漢 ⇒881ページ てい〔底〕

● **底《そこ》が浅《あさ》い** 中身《なかみ》が大《たい》したものでなくて、深《ふか》みがない。例 あの人《ひと》の話《はなし》は、底が浅い。

● **底《そこ》を突《つ》く** たくわえておいたものが、すっかりなくなる。例 貯金《ちょきん》が底を突く。

そこう【素行】名詞 ふだんの行《おこな》い。類 品行《ひんこう》。

そこかしこ 代名詞 あちらこちら。例 ぬいだものがそこかしこに散《ち》らかっている。

そこく【祖国】名詞 自分《じぶん》が生《う》まれた国《くに》。先祖《せんぞ》から何代《なんだい》にもわたって住《す》んでいるところ。類 故国《ここく》。母国《ぼこく》。

そこそこ

❶副詞 急《いそ》いでいるようす。例 ねぼうして、朝《あさ》ごはんもそこそこに家《いえ》をとび出《だ》す。

❷副詞 まあまあ。例 そこそこのできばえ。

❸接尾語 (数《かず》を表《あらわ》すことばのあとにつけて) せいぜいそのくらい。例 百円《ひゃくえん》そこそこの値段《ねだん》。

使い方 ❶はふつう「…もそこそこに」の形《かたち》で使《つか》う。

そこぢから【底力】名詞 ふだんは表《おもて》には出《で》ないが、いざというときに出《で》る強《つよ》い力《ちから》。例 底力を発揮《はっき》して逆転《ぎゃくてん》した。使い方「そこじから」と書《か》かないよう注意《ちゅうい》。

そこつ 形容動詞 そそっかしいこと。例 他人《たにん》のくつをはいていくとは、そこつな人《ひと》だ。

そこで 接続詞 前《まえ》の話《はなし》を受《う》けて、次《つぎ》の話題《わだい》を切《き》り出《だ》すときのことば。それで。そうして。そのようなわけで。例 人数《にんずう》が足《た》りません。そこでぜひあなたにも来《き》てほしい。

そこなう【損なう】

❶動詞 物《もの》をこわす。だめにする。例 貴重《きちょう》な美術品《びじゅつひん》を損なう。

❷動詞 悪《わる》くする。例 健康《けんこう》を損なう。

❸接尾語 (ほかのことばのあとにつけて) 失敗《しっぱい》する。例 お昼《ひる》を食《た》べ損なう／字《じ》を書《か》き損なう。

ことば「損《そこ》ねる」ともいう。漢 ⇒767ページ そん〔損〕

そこなし【底無し】名詞

❶物《もの》の底《そこ》がないこと。また、どこまで行《い》っても底《そこ》に届《とど》かないほど深《ふか》いこと。例 底無しぬま。

❷終《お》わりがないこと。きりがないこと。例 底無しの体力《たいりょく》を持《も》った選手《せんしゅ》。

そこぬけ【底抜け】名詞

❶入《い》れ物《もの》などの底《そこ》がないこと。

❷きりがないこと。程度《ていど》が大《おお》きいこと。例 底抜けに明《あか》るい人《ひと》。

そこねる【損ねる】⇒758ページ そこなう　漢 ⇒767ページ そん〔損〕

そこはかとなく 副詞 はっきりとではないが、なんとなく。どことなく。例 春《はる》の気配《けはい》がそこはかとなく感《かん》じられる。

そこびえ【底冷え】名詞 動詞 季語 冬 体《からだ》のしんまで冷《ひ》えるほど寒《さむ》いこと。

そこびかり【底光り】名詞 動詞 うわべは目立《めだ》たないが、奥底《おくそこ》から感《かん》じられる、深《ふか》みのある光《ひかり》。例 古《ふる》いお寺《てら》の柱《はしら》は底光りがしている。

そこびきあみ【底引き網】名詞 海底《かいてい》にふくろのようなあみをしずめ、船《ふね》で引《ひ》いて魚《さかな》をとる方法《ほうほう》。

そこら 代名詞

❶その辺《へん》。その辺《あた》り。例 そこらに落《お》ちているかもしれない。

❷その程度《ていど》。そのくらい。例 そこらでやめておきなさい。

そざい【素材】名詞 物《もの》をつくるもとになる材《ざい》料《りょう》。また、芸術作品《げいじゅつさくひん》のもとになるもの。例 素材のよい料理《りょうり》／学校生活《がっこうせいかつ》を素材にした小説《しょうせつ》。

そざつ【粗雑】形容動詞 あらっぽくて、いいかげんなようす。例 粗雑な仕事《しごと》ぶり。

そし【阻止】名詞 動詞 食《く》い止《と》めること。おさえてやめさせること。例 値上《ねあ》げを阻止する。

そじ【素地】名詞 もとになるもの。土台《どだい》。下地《したじ》。例 音楽家《おんがくか》としての素地がある。

そしき【組織】名詞 動詞

❶物《もの》や人《ひと》が集《あつ》まり、ある決《き》まりに従《したが》って、まとまりのあるしくみをつくること。また、そのしくみ。例 委員会《いいんかい》を組織する／全国的《ぜんこくてき》な組織。

❷生物《せいぶつ》の体《からだ》で、同《おな》じ形《かたち》とはたらきを持《も》った細胞《さいぼう》の集《あつ》まり。

そしきてき【組織的】形容動詞 決《き》まりや目的《もくてき》などに従《したが》って、全体《ぜんたい》がきちんとまとまっているようす。例 組織的に行動《こうどう》する。

そしつ【素質】名詞 生《う》まれつき持《も》っている性《せい》質《しつ》や才能《さいのう》。例 画家《がか》としての素質がある。

ろとなるもっともな理由《りゆう》。

そして 接続詞 ❶前《まえ》の動作《どうさ》に続《つづ》いて行《おこな》われることを表《あらわ》す。そうして。例 外《そと》に出《で》た。そして駅《えき》に向《む》かった。❷前《まえ》のことばにつけ加《くわ》えることを表《あらわ》す。そうして。例 楽《たの》しく、そして愉快《ゆかい》な物語《ものがたり》。

そしな【粗品】 名詞 粗末《そまつ》な品物《しなもの》。人《ひと》に物《もの》をおくるときに、へりくだってその物《もの》を指《さ》すことば。「そひん」ともいう。

そしゃく 名詞 動詞 ❶食《た》べ物《もの》をかみくだくこと。❷話《はなし》や文章《ぶんしょう》の内容《ないよう》などを、よく考《かんが》えて、きちんと理解《りかい》すること。例 本《ほん》の内容《ないよう》をそしゃくしてから感想文《かんそうぶん》を書《か》く。

そしょう【訴訟】 名詞 動詞 裁判所《さいばんしょ》に裁判《さいばん》をしてもらいたいと申《もう》し出《で》ること。うったえること。例 訴訟を起《お》こす。

そしょく【粗食】 名詞 粗末《そまつ》な食事《しょくじ》。粗末《そまつ》な食《た》べ物《もの》。

そしらぬかお【素知らぬ顔】 知《し》っているのに、知《し》らないようなふりをしている顔《かお》。例 名《な》前《まえ》を呼《よ》ばれたのに、素知らぬ顔で歩《ある》いていく。

そしる 動詞 人《ひと》のことを悪《わる》く言《い》う。非難《ひなん》する。例 なんとそしられても、考《かんが》えは変《か》わらない。

そすい【疎水】 名詞 船《ふね》を通《とお》したり、川《かわ》や湖《みずうみ》から田《た》に水《みず》を引《ひ》いたりするために、土地《とち》を切《き》り開《ひら》いてつくった水路《すいろ》。

そすう【素数】 名詞 1より大《おお》きい整数《せいすう》で、1と、その数自身《かずじしん》のほかの数《かず》では割《わ》りきれない数《かず》。2・3・5・7・11など。

そせい【粗製】 名詞 つくり方がいいかげんなこと。また、そのようにしてつくったもの。例 粗製品《ひん》。対 精製《せいせい》。

そぜい【租税】 名詞 国《くに》や都道府県《とどうふけん》・市町村《しちょうそん》などに、人々《ひとびと》が納《おさ》めるお金《かね》。税金《ぜいきん》。

そせいらんぞう【粗製乱造】 名詞 動詞 いいかげんなつくり方《かた》で、やたらにたくさんつくること。例 安《やす》い商品《しょうひん》を粗製乱造する。

そせき【礎石】 名詞 ❶建物《たてもの》の土台《どだい》にする石《いし》。❷ものごとの土台《どだい》となるものや人《ひと》。例 国《くに》の礎石となった人物《じんぶつ》。

そせん【祖先】 名詞 ❶その血筋《ちすじ》のいちばん初《はじ》めの人《ひと》。また、その血《ち》筋《すじ》で、今《いま》より前《まえ》の代《だい》の人々《ひとびと》。類 先祖《せんぞ》。対 子孫《しそん》。❷生《い》き物《もの》が今《いま》のものに進化《しんか》する前《まえ》のもの。例 人類《じんるい》の祖先。

そそう【粗相】 名詞 動詞 ❶不注意《ふちゅうい》のために失敗《しっぱい》すること。また、その失敗《しっぱい》。例 とんだ粗相をいたしました。❷大小便《だいしょうべん》をもらすこと。

そぞう【塑像】 名詞 粘土《ねんど》や石《せっ》こうでつくった像《ぞう》。

そそぐ 動詞 りっぱな行《おこな》いなどによって、悪《わる》い評判《ひょうばん》をとり除《のぞ》く。例 汚名《おめい》をそそぐ。

そそぐ【注ぐ】 動詞 ❶流《なが》れこむ。例 川《かわ》が海《うみ》に注ぐ。❷雨《あめ》などが降《ふ》りかかる。例 降《ふ》り注ぐ雪《ゆき》。❸液体《えきたい》をかける。例 花《はな》に水《みず》を注ぐ。❹液体をつぎこむ。例 ポットに湯を注ぐ。❺こぼす。落《お》とす。例 なみだを注ぐ。❻集中《しゅうちゅう》する。例 全力《ぜんりょく》を注ぐ。
漢➡837ページ ちゅう〔注〕

そそくさ【と】 副詞 あわてて落《お》ち着《つ》かないようす。例 用件《ようけん》だけ伝《つた》えてそそくさと帰《かえ》った。

そそっかしい 形容詞 落《お》ち着《つ》きがなく、注意《ちゅうい》が足《た》りない。例 スリッパをはいたまま外《そと》に出《で》るなんて、そそっかしい人《ひと》だ。

そそっかしい

そそのかす【唆す】 動詞 うまくおだてて、その気《き》になるように仕向《しむ》ける。例 唆されて、いたずらをしてしまった。使い方 ふつう、よくない意味《いみ》に使《つか》う。

そそりたつ【そそり立つ】 動詞 山《やま》などが高《たか》く立《た》っている。そびえ立《た》つ。

そそる 動詞 そうしたいという気持《きも》ちを起《お》こさせる。さそう。例 食欲《しょくよく》をそそるよいにおい。

そぞろあるき【そぞろ歩き】 名詞 動詞 あてもなく、ぶらぶら歩《ある》くこと。

そだいごみ【粗大ごみ】 名詞 大型《おおがた》の不用品《ふようひん》。家具《かぐ》や寝具《しんぐ》など。

そだち【育ち】 名詞 ❶育《そだ》つこと。成長《せいちょう》。例 いねの育ちがよい。❷ある人《ひと》が育《そだ》ってきた環境《かんきょう》や、育《そだ》てられ方《かた》。例 育ちのよい人《ひと》。

四字熟語 **大義名分**《たいぎめいぶん》 人《ひと》として、また国民《こくみん》として守《まも》るべき筋道《すじみち》。また、ある行動《こうどう》を起《お》こすためのよりどこ

そだちざかり【育ち盛り】 名詞 子供《こども》の体《からだ》が、どんどん成長《せいちょう》する時期。

そだつ【育つ】 動詞 ❶大《おお》きくなる。成長《せいちょう》する。例 桜《さくら》の木《き》が育つ。❷一人前《いちにんまえ》になる。例 学生《がくせい》が医者《いしゃ》に育っていく。
漢 ⇒76ページ いく〔育〕

そだてのおや【育ての親】 名詞 生《う》んだ親《おや》の代《か》わりとなって育《そだ》ててくれた親《おや》。対 生《う》みの親《おや》。

そだてる【育てる】 動詞 ❶子供《こども》や動植物《どうしょくぶつ》の世話《せわ》をして大《おお》きくする。例 ねこを育てる。❷能力《のうりょく》や心《こころ》のはたらきなどをのばす。例 選手《せんしゅ》を育てる／友情《ゆうじょう》を育てる。漢 ⇒76ページ いく〔育〕

そち 代名詞 ❶「そちら」「そっち」の古《ふる》い言《い》い方《かた》。❷「おまえ」の古《ふる》い言《い》い方《かた》。目下《めした》の相手《あいて》を指《さ》していうことば。なんじ。

そち【措置】 名詞 動詞 ものごとがうまく解決《かいけつ》するように、とりはからうこと。例 必要《ひつよう》な措置をとる。類 処置《しょち》。

そちゅうし【祖沖之】 名詞 （四二九〜五〇〇）中国《ちゅうごく》の数学者《すうがくしゃ》。円周率《えんしゅうりつ》を三・一四一五九二六に近《ちか》いあたいであると計算《けいさん》した。

そちょうよう【租・調・庸】 名詞 昔《むかし》の日本《にほん》で行《おこな》われた税《ぜい》の制度《せいど》。穀物《こくもつ》や織物《おりもの》、その地方《ちほう》の特産物《とくさんぶつ》などを納《おさ》めさせたり、労働《ろうどう》させたりした。

そちら 代名詞 ❶相手《あいて》のほうや、相手《あいて》に近《ちか》い場所《ばしょ》・ものを指《さ》すことば。例 そちらへ行きます／そちらの時計《とけい》。❷相手《あいて》や、相手側《あいてがわ》を指《さ》すことば。例 そちらのご意見《いけん》を聞《き》かせてください。
使い方 「そっち」よりもていねいな言《い》い方《かた》。

そつ 名詞 手落《てお》ち。むだ。
●**そつがない** 手落《てお》ちやむだがない。例 あの人《ひと》は何《なに》をやってもそつがない。

漢 **そつ【卒】**〔十〕じゅう 8画 4年 音 ソツ 訓
卒（木としない）
❶おえる。例 卒業《そつぎょう》。❷いきなり。とつぜん。例 卒倒《そっとう》。

そつ【率】 漢 ⇒1393ページ りつ〔率〕

そつえん【卒園】 名詞 動詞 幼稚園《ようちえん》や保育園《ほいくえん》を卒業《そつぎょう》すること。対 入園《にゅうえん》。

そっき【速記】 名詞 動詞 ❶はやく書《か》くこと。❷特別《とくべつ》な記号《きごう》を使《つか》って、人《ひと》の話《はなし》をすばやく書《か》きとること。また、その技術《ぎじゅつ》。

そっきゅう【速球】 名詞 野球《やきゅう》で、ピッチャーが投《な》げる速《はや》い球《たま》。

そっきょう【即興】 名詞 ❶その場《ば》で感《かん》じるおもしろみ。❷その場《ば》で感《かん》じたおもしろみを、すぐに詩《し》や歌《うた》などにすること。例 即興詩人《しじん》／即興の演奏《えんそう》。

そつぎょう【卒業】 名詞 動詞 季語 春 ❶その学校《がっこう》で決《き》められた勉強《べんきょう》を全部《ぜんぶ》学《まな》び終《お》わって、学校《がっこう》を出《で》ること。例 卒業生《せい》。対 入学《にゅうがく》。❷ある段階《だんかい》を過《す》ぎること。例 漫画《まんが》は卒業した。

そつぎょうしき【卒業式】 名詞 季語 春 学校《がっこう》で、卒業《そつぎょう》を祝《いわ》って行《おこな》われる儀式《ぎしき》。

そつぎょうしょうしょ【卒業証書】 名詞 季語 春 その学校《がっこう》を卒業《そつぎょう》したというしるしに、卒業生《そつぎょうせい》にわたされる書《か》き物《もの》。

そっきん【即金】 名詞 その場《ば》ですぐに、現金《げんきん》でしはらうこと。また、そのお金《かね》。

そっきん【側近】 名詞 身分《みぶん》の高《たか》い人《ひと》のそばに仕《つか》えること。また、その人《ひと》。例 大統領《だいとうりょう》の側近。

ソックス（socks）名詞 短《みじか》い靴下《くつした》。

そっくり ❶副詞 残《のこ》らず。全部《ぜんぶ》。例 おもちゃをそっくり弟《おとうと》にゆずる／そっくりそのまま持《も》って帰《かえ》る。❷形容動詞 とてもよく似《に》ているようす。例 わたしはお父《とう》さんにそっくりだ。

そっくりかえる【反っくり返る】 動詞 体《からだ》を後《うし》ろに反《そ》らす。また、いばってそのようにする。例 反っくり返って歩《ある》く。

そっけつ【即決】 名詞 動詞 その場《ば》で、ものごとをすぐに決めること。

そっけない【素っ気ない】 形容詞 思《おも》いやりがない。愛想《あいそ》がない。例 素っ気ない態度《たいど》。

そっこう【速攻】 名詞 動詞 試合《しあい》や戦《たたか》いで、すばやくこうげきすること。例 速攻で得点《とくてん》する。

ぞっこう【続行】 名詞 動詞 ものごとを続《つづ》けて行《おこな》うこと。例 話《はな》し合《あ》いを続行する。類 継続《けいぞく》。

そっこうじょ【測候所】 名詞 その地方《ちほう》の天気《てんき》や地震《じしん》などのようすを調《しら》べるところ。気象庁《きしょうちょう》の下《した》にある。

のごとに動《どう》じず、まったくおそれを知《し》らないようす。

そっこく【即刻】 副詞 すぐに。ただちに。例 即刻避難《ひなん》してください。類 即時《そくじ》。

ぞっこく【属国】 名詞 よその国《くに》に治《おさ》められていて、独立《どくりつ》していない国《くに》。

そっこん【側根】 名詞 植物《しょくぶつ》の根《ね》のうち、主《しゅ》となる太《ふと》い根《ね》から枝分《えだわ》かれしてのびた、細《ほそ》いもの。関連 主根《しゅこん》。

そっせん【率先】 名詞 動詞 自分《じぶん》から、ほかの人《ひと》の先《さき》に立《た》ってものごとをすること。例 率先して掃除《そうじ》をする。

そっち 代名詞 「そちら」のくだけた言《い》い方《かた》。

そっちのけ 名詞 ほうっておくこと。ほったらかし。例 宿題《しゅくだい》をそっちのけにして遊《あそ》ぶ。

そっちゅう【卒中】 ⇩1023ジペーのうそっちゅう

そっちょく【率直】 形容動詞 かくしたりかざったりしないで、ありのままで正直《しょうじき》なようす。例 自分《じぶん》の考《かんが》えを率直に述《の》べる。

そっと 副詞
❶静《しず》かに。例 そっとはしを置《お》く。
❷気《き》づかれないように。こっそり。例 そっと部屋《へや》を出《で》る。
❸そのままに。さわらないで。例 そっとしておく。

ぞっと 副詞 動詞
❶おそろしくて、ふるえるようす。例 その話《はなし》は何度《なんど》聞《き》いてもぞっとする。
❷寒《さむ》さを感《かん》じて、ふるえるようす。例 外《そと》に出《で》ると、風《かぜ》が冷《つめ》たくてぞっとした。

●**ぞっとしない** 感心《かんしん》しない。よい気持《きも》ちがしない。例 あまりぞっとしないニュースだね。

そっとう【卒倒】 名詞 動詞 急《きゅう》に気《き》を失《うしな》ってたおれること。例 貧血《ひんけつ》で卒倒した。

そっぽ 名詞 よそのほう。よそ。ほか。

●**そっぽを向《む》く** 知《し》らん顔《かお》をする。相手《あいて》を無視《むし》する。例 声《こえ》をかけてもそっぽを向いている。

そで【袖】 名詞
❶服《ふく》の、うでを通《とお》す部分《ぶぶん》。例 長《なが》袖/袖を通《とお》す(=服《ふく》を着《き》る)。
❷ある物《もの》のわきについているもの。例 舞台《ぶたい》の袖/机《つくえ》の袖(=机《つくえ》のわきの引《ひ》き出《だ》し)。

●**袖《そで》にすがる** 同情《どうじょう》を引《ひ》いて、助《たす》けを求《もと》める。

●**袖《そで》にする** 相手《あいて》にしないで、冷《つめ》たくあしらう。例 恋人《こいびと》を袖にする。

●**袖《そで》の下《した》** ⇩761ジペーそでのした

●**袖振《そでふ》り合《あ》うも他生《たしょう》の縁《えん》** ことわざ 道《みち》ですれちがう人《ひと》とそでがふれ合《あ》うようなちょっとしたかかわりも、偶然《ぐうぜん》ではなく、前世《ぜんせ》からの関係《かんけい》があるからだということわざ。

●**袖《そで》を引《ひ》く**
❶そっと注意《ちゅうい》する。例 図書室《としょしつ》でおしゃべりしている子《こ》の袖を引く。
❷さそう。例 「もう帰《かえ》ろう。」と母《はは》の袖を引く。

そでぐち【袖口】 名詞 服《ふく》のそでのはしの、手《て》首《くび》が出《で》る部分《ぶぶん》。例 袖口がすり切《き》れる。

そでのした【袖の下】 名詞 自分《じぶん》に都合《つごう》よくとりはからってもらうため、相手《あいて》にこっそりわたすお金《かね》や品物《しなもの》。わいろ。ことば そでの下《した》からこっそり相手《あいて》にわたすことからきたことば。

そと【外】 名詞
❶建物《たてもの》から出《で》たところ。表《おもて》。例 外で遊《あそ》ぶ。対 内《うち》。中《なか》。
❷囲《かこ》いや仕切《しき》りなどで囲《かこ》んだとき、内側《うちがわ》でない部分《ぶぶん》。例 土俵《どひょう》の外に出《で》る。対 内《うち》。中《なか》。
❸表《おもて》にあらわれた部分《ぶぶん》。例 感情《かんじょう》を外に出《だ》す。対 内《うち》。
❹自分《じぶん》の家《いえ》ではないところ。例 今夜《こんや》は外で食《しょく》事《じ》をしよう。
漢 ⇩219ジペーがい〔外〕

そとうば【卒塔婆】 ⇩761ジペーそとば

そとうみ【外海】 名詞 港《みなと》などの外《そと》の、陸地《りくち》に囲《かこ》まれていない広《ひろ》い海《うみ》。「がいかい」ともいう。例 ヨットは外海に出《で》た。対 内海《うちうみ》。

そとがわ【外側】 名詞 物《もの》や場所《ばしょ》などの外《そと》のほう。物《もの》の表面《ひょうめん》。例 小屋《こや》の外側にペンキをぬる。対 内側《うちがわ》。

そとのり【外のり】 名詞 入《い》れ物《もの》などの外側《そとがわ》の寸法《すんぽう》。対 内《うち》のり。

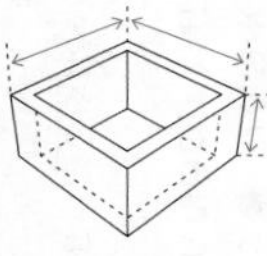

そとのり

そとば【卒塔婆】 名詞 死《し》んだ人《ひと》の死後《しご》の幸《しあわ》せをいのるために、墓《はか》に立《た》てる細長《ほそなが》い木《き》の板《いた》。お経《きょう》のことばなどが書《か》いてある。「そとうば」ともいう。

ソナー (sonar) 名詞 船《ふね》などで使《つか》う装置《そうち》。水中《すいちゅう》で超音波《ちょうおんぱ》を出《だ》し、反射《はんしゃ》してもどってくるまでの時間《じかん》から、物体《ぶったい》とのきょりや方向《ほうこう》などがわかる。魚《さかな》の群《む》れを探《さが》すときなどに使《つか》われる。

そなえ【備え】 名詞 いざという時《とき》のための用《よう》意《い》。準備《じゅんび》。

四字熟語 **大胆不敵《だいたんふてき》** 「大胆《だいたん》」は度胸《どきょう》があること、「不敵《ふてき》」は敵《てき》を敵《てき》とも思《おも》わないこと。度胸《どきょう》があっても

●**備《そな》えあれば憂《うれ》いなし** ↓983ページ 故事成語

そなえつけ【備え付け】 名詞 その場所《ばしょ》に用意《ようい》してあること。また、その物《もの》。例 客室《きゃくしつ》に備え付けの家具《かぐ》。

そなえつける【備え付ける】 動詞 いつでも使《つか》えるように、ある場所《ばしょ》にとりつけておく。例 教室《きょうしつ》の後《うし》ろにロッカーが備え付けてある。

そなえもの【供え物】 名詞 神《かみ》や仏《ほとけ》に供《そな》える物《もの》。お供《そな》え。供物《くもつ》。

そなえる【供える】 動詞 神《かみ》や仏《ほとけ》の前《まえ》に物《もの》を差《さ》し上《あ》げる。例 お墓《はか》に花《はな》を供える。漢 ↓353ページ きよう〔供〕 ↓ 使い分け

使い分け

そなえる

供える・備える

供える　神《かみ》や仏《ほとけ》に物《もの》をささげる。「仏壇《ぶつだん》に花《はな》を供《そな》える／お地蔵様《じぞうさま》にお団子《だんご》を供《そな》える」

備える　前《まえ》もって用意《ようい》する。ととのえそろえておく。準備《じゅんび》する。「旅行《りょこう》に備《そな》える／災害《さいがい》に備《そな》える」

そなえる【備える】 動詞

❶ものごとがうまくいくように、前《まえ》もって用意《ようい》する。例 本番《ほんばん》に備えて練習《れんしゅう》する。

❷機械《きかい》や道具《どうぐ》をとりつける。例 この旅館《りょかん》は全《ぜん》室《しつ》に冷蔵庫《れいぞうこ》を備えている。

❸もとから持《も》っている。身《み》につけている。例 思《おも》いやりの心《こころ》を備えた人《ひと》。

漢 ↓1095ページ び〔備〕 ↓ 使い分け

ソナタ（イタリア語）名詞 ピアノ・バイオリンなどの器楽《きがく》曲《きょく》の形式《けいしき》の一《ひと》つ。三《みっ》つか四《よっ》つの楽章《がくしょう》からできている。「奏鳴曲《そうめいきょく》」ともいう。

そなわる【備わる】 動詞

❶設備《せつび》や用意《ようい》がある。例 実験設備《じっけんせつび》が備わる。

❷自然《しぜん》に身《み》についている。例 気品《きひん》が備わる。

漢 ↓1095ページ び〔備〕

そねむ 動詞 うらやましがってにくむ。ねたむ。

その 連体詞

❶話《はな》し手《て》よりも聞《き》き手《て》の近《ちか》くにあるものを指《さ》すことば。例 そのコップをとってください。

❷少《すこ》しはなれたところのものを指《さ》すことば。例 その角《かど》を曲《ま》がると交番《こうばん》があります。

❸すぐ前《まえ》に言《い》ったことを指《さ》すことば。例 そのことは、次《つぎ》のページに出《で》ています。

その【園】 名詞

❶花《はな》・野菜《やさい》などを植《う》えるために区切《くぎ》られた土《と》地《ち》。庭園《ていえん》。例 花《はな》の園。

❷特別《とくべつ》に区切《くぎ》られた場所《ばしょ》。例 学《まな》びの園。

漢 ↓159ページ えん〔園〕

そのうえ【その上】 接続詞 それに加《くわ》えて。さらに。例 風《かぜ》は冷《つめ》たく、その上雪《ゆき》が降《ふ》ってきた。

そのうち【その内】 副詞 近《ちか》いうち。少《すこ》し時間《じかん》がたったら。例 そのうち遊《あそ》びに行《い》きます。

使い方 ふつうかな書《が》きにする。

そのきになる【その気になる】 あることに対《たい》して、本気《ほんき》でそうしようと思《おも》うようになる。例 委員長《いいんちょう》に推薦《すいせん》されて、その気になる。

そのくせ 接続詞 それなのに。それにもかかわらず。例 弟《おとうと》はすぐ友《とも》だちとけんかをする。そのくせ妹《いもうと》にはとてもやさしい。

そのご【その後】 名詞 それからあと。例 その後いかがですか。

そのすじ【その筋】 名詞

❶そのことをとりあつかっている役所《やくしょ》。とくに、警察《けいさつ》。例 その筋の情報《じょうほう》。

❷その方面《ほうめん》。その分野《ぶんや》。例 父《ちち》はその筋では有《ゆう》名《めい》だそうだ。類 その道《みち》。

そのた【その他】 名詞 前《まえ》に述《の》べたものごとを除《のぞ》いた、ほかのものごと。そのほか。例 バスその他の乗《の》り物《もの》を利用《りよう》する。

そのつど【その都度】 名詞 そのたびごとに。例 絵筆《えふで》を使《つか》ったら、その都度水《みず》で洗《あら》う。

そのて【その手】 名詞

❶そのような方法《ほうほう》。例 その手があったか。

❷そのような種類《しゅるい》。例 その手のものはない。

●**その手《て》は食《く》わない** そのようなやり方《かた》にはだまされない。例 うまいことを言《い》ってごまかそうとしても、その手は食わないよ。

そのばかぎり【その場限り】 名詞 そのときだけで、あとのことは構《かま》わないこと。例 その場限りの言《い》い訳《わけ》でごまかす。

そのばしのぎ【その場しのぎ】 名詞 あとのことは考《かんが》えずに、その場面《ばめん》だけをなんとか切《き》りぬけること。例 その場しのぎの返事《へんじ》をする。

そのばのがれ【その場逃れ】 名詞 その場面《めん》だけを、なんとかごまかすこと。例 その場逃れのうそをつく。

そのひぐらし【その日暮らし】 名詞 ❶その日《ひ》に働《はたら》いて手《て》に入《い》れたお金《かね》で、その日《ひ》の生活《せいかつ》をするこ と。また、そのような貧乏《びんぼう》な生《せい》活《かつ》。❷先《さき》のことを考《かんが》えないで、一日一日《いちにちいちにち》をいいかげんに暮《く》らしていくこと。

そのまま 副詞 ❶今《いま》の状態《じょうたい》のまま。例 そのままほうっておく。❷すぐに。例 横《よこ》になるとそのままねむりこんでしまった。

そのみち【その道】 名詞 ある専門《せんもん》の方面《ほうめん》。その分野《ぶんや》。例 この切手《きって》は、その道の人《ひと》が見《み》れば値打《ねう》ちがわかる。類 その筋《すじ》。

そのもの 名詞 （ほかのことばのあとにつけて）それ以外《いがい》の何《なに》ものでもないこと。それ自身《じしん》。例 ぼくの体《からだ》は健康《けんこう》そのものだ。

そば 名詞 ❶畑《はたけ》につくる作物《さくもつ》の一《ひと》つ。くきはうすい赤色《あかいろ》で、葉《は》はほぼ三角形《さんかくけい》をしている。白《しろ》い花《はな》がさき、その実《み》をひいてそば粉《こ》をつくる。❷そば粉《こ》を水《みず》でこねて、細長《ほそなが》く切《き》った食《た》べ物《もの》。

そば 名詞 ❶すぐ近《ちか》く。かたわら。例 公園《こうえん》のそばの家《いえ》。❷何《なに》かをしたすぐあと。例 教《おそ》わるそばから忘《わす》れてしまう。
ことば 漢字《かんじ》では「側」「傍」と書《か》く。

そばがき 名詞 季語冬 そば粉に熱湯を加えて練った食《た》べ物《もの》。しょうゆなどをつけて食《た》べる。

そばかす 名詞 顔《かお》にできる、茶色《ちゃいろ》の小《ちい》さい斑《はん》点《てん》。

そばだつ 動詞 ほかのものよりぐんと高《たか》くそびえたつ。例 そばだつ山《やま》を見上《みあ》げる。

そばだてる 動詞 注意《ちゅうい》を集《あつ》める。例 耳《みみ》をそばだてる（＝耳《みみ》をすまして、よく聞《き》こうとする）。

そびえたつ【そびえ立つ】 動詞 山《やま》や建物《たてもの》などが、空《そら》に向《む》かって高《たか》く立《た》つ。例 天高《てんたか》くそびえ立つビル群《ぐん》。

ソビエトれんぽう【ソビエト連邦】 名詞 一九九一年《ねん》に解体《かいたい》した国《くに》。アジアからヨーロッパにかけて世界一広《せかいいちひろ》い面積《めんせき》を持《も》つ国《くに》だったが、現在《げんざい》はロシアなどのいくつかの共和国《きょうわこく》に分《わ》かれている。略《りゃく》して「ソ連《れん》」ともいった。

そびえる 動詞 山《やま》などが高《たか》く立《た》つ。

そびやかす 動詞 わざと高《たか》くする。例 百点《ひゃくてん》をとった弟《おとうと》は、かたをそびやかして帰《かえ》ってきた。

そびょう【素描】 名詞 動詞 ❶鉛筆《えんぴつ》や木炭《もくたん》などを使《つか》い、線《せん》だけで物《もの》のだいたいの形《かたち》を表《あらわ》すこと。また、その絵《え》。類 デッサン。❷情景《じょうけい》やものごとのあらましを文章《ぶんしょう》で表《あらわ》すこと。例 旅先《たびさき》の町《まち》のようすを素描したエッセー。

そひん【粗品】 ➡759ジベーそしな

そふ【祖父】 名詞 父《ちち》の父《ちち》。または、母《はは》の父《ちち》。おじいさん。対 祖母《そぼ》。図 ➡667ジベーしんぞく

ソファー (sofa) 名詞 背中《せなか》をよりかからせるところがある、すわった感《かん》じのやわらかい長《なが》いす。

ソフト (soft) ❶形容動詞 やわらかいようす。例 あの人《ひと》は人当《ひとあ》たりがソフトで親《した》しみやすい。対 ハード。❷名詞「ソフトウェア」の略《りゃく》。対 ハード。❸名詞「ソフトクリーム」の略《りゃく》。❹名詞「ソフトボール」の略《りゃく》。

ソフトウェア (software) 名詞 コンピューターを動《うご》かすプログラムのこと。また、記録《きろく》された音楽《おんがく》や映像《えいぞう》などのこと。ソフト。対 ハードウェア。

ソフトクリーム 名詞 季語夏 やわらかく作《つく》ったアイスクリーム。ことば 英語《えいご》をもとに日本《にほん》で作《つく》られたことば。

ソフトボール (softball) 名詞 野球《やきゅう》のボールよりひと回《まわ》り大《おお》きくてやわらかいボール。また、そのボールを使《つか》ってする、野球《やきゅう》に似《に》たスポーツ。

そふぼ【祖父母】 名詞 祖父《そふ》と祖母《そぼ》。

ソプラノ （イタリア語）名詞 歌《うた》を歌《うた》うときの声《こえ》の種類《しゅるい》で、女性《じょせい》のいちばん高《たか》い声《こえ》の範囲《はんい》。また、その声《こえ》で歌《うた》う人《ひと》。関連 メッゾソプラノ。アルト。

そぶり【素振り】 名詞 顔色《かおいろ》やふるまいに、気《き》持《も》ちや考《かんが》えが表《あらわ》れたようす。例 もう帰《かえ》りたいというような素振りをする。ことば「すぶり」と読《よ》むと別《べつ》の意味《いみ》。

そぼ【祖母】 名詞 父《ちち》の母《はは》。または、母《はは》の母《はは》。おばあさん。対 祖父《そふ》。図 ➡667ジベーしんぞく

四字熟語 大同小異《だいどうしょうい》 大体《だいたい》のところは同《おな》じで、細《こま》かいところでちがいがあるということ。ものごとを比《くら》

そぼう【粗暴】 形容動詞 することや性格《せいかく》が、あらあらしくて乱暴《らんぼう》なこと。例 粗暴なふるまい。

そぼく【素朴】 名詞 形容動詞 ❶かざり気《け》がなく、ありのままであるようす。例 いなかの素朴な風景《ふうけい》／素朴な人《ひと》。❷考《かんが》え方《かた》が複雑《ふくざつ》でないこと。例 素朴な質問《しつもん》。

そまつ【粗末】 形容動詞 ❶品質《ひんしつ》がよくないようす。つくり方《かた》がていねいでないようす。例 粗末な服《ふく》。❷大事《だいじ》にしないようす。例 物《もの》を粗末にする。

そまる【染まる】 動詞 ❶しみこんで色《いろ》がつく。例 赤色《あかいろ》に染まる。❷えいきょうを受《う》ける。例 悪《あく》に染まる。

漢 ➡764ページ そーめる〔染〕

そむく【背く】 動詞 ❶言《い》うことを聞《き》かない。逆《さか》らう。例 母《はは》の言《い》いつけに背いた。❷裏切《うらぎ》る。例 期待《きたい》に背く／国王《こくおう》に背く。❸決《き》まりを守《まも》らない。例 校則《こうそく》に背く。

漢 ➡1037ページ はい〔背〕

そむける【背ける】 動詞 顔《かお》や目《め》などをよその方《ほう》へ向《む》ける。例 はずかしくて顔《かお》を背けた。漢 ➡1037ページ はい〔背〕

そめいよしの【染井吉野】 名詞 日本《にほん》でもっともよく見《み》られるさくらの種類《しゅるい》。四月《しがつ》ごろ、葉《は》が出《で》るよりも先《さき》に花《はな》が開《ひら》く。早《はや》く育《そだ》つが、木《き》の寿命《じゅみょう》は短《みじか》い。参考 江戸時代《えどじだい》の終《お》わりごろに染井《そめい》（＝現在《げんざい》の東京都豊島区《とうきょうととしまく》にあった地名《ちめい》）から広《ひろ》まったのでこの名《な》がある。

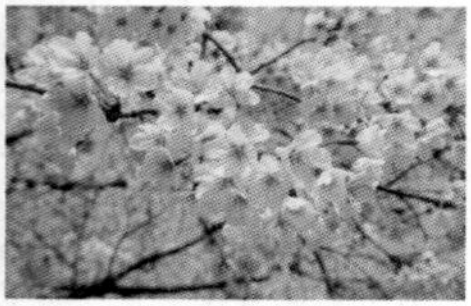
そめいよしの

そめつける【染め付ける】 動詞 布《ぬの》や和紙《わし》などを染《そ》めて、色《いろ》や模様《もよう》をつける。

そめもの【染め物】 名詞 布《ぬの》などを染《そ》めること。また、染《そ》めたもの。

そめる【染める】 動詞 ❶色《いろ》をつける。ある色《いろ》をしみこませる。また、ある色《いろ》に変《か》える。例 草《くさ》のしるで布《ぬの》を染める。❷顔《かお》やほおを赤《あか》くする。例 はずかしさにほおを染める。❸（「手《て》を染める」などの形《かたち》で）あることをし始《はじ》める。例 新《あたら》しい仕事《しごと》に手《て》を染める。

漢 **そーめる【染】**〔木《き》〕 9画 6年 音 セン 訓 そめる・そまる・しみる・しみ

、 ⺀ 氵 氵 氿（丸としない） 氿 氿 染

❶色《いろ》をつける。そめる。例 染色《せんしょく》／染料《せんりょう》／染《そ》め物《もの》／ろうけつ染《ぞ》め。❷えいきょうを受《う》ける。うつる。例 感染《かんせん》／伝染《でんせん》。

-そめる【初める】 接尾語 （ほかのことばのあとにつけて）…し始《はじ》める。例 夜《よ》が明《あ》け初める。

漢 ➡627ページ しょ〔初〕

そもそも ❶ 接続詞 あらたまって話《はなし》をするとき、初《はじ》めにつけることば。例 そもそも勉強《べんきょう》とは、自分《じぶん》のためにするものだ。❷ 名詞 初《はじ》め。もともと。例 失敗《しっぱい》のそもそもの原因《げんいん》は、よく考《かんが》えずに始《はじ》めたことだ。❸ 副詞 最初《さいしょ》から。例 楽《らく》をしようというのがそもそもまちがいだ。

そや【粗野】 形容動詞 ことばや態度《たいど》が乱暴《らんぼう》で下品《げひん》なようす。例 粗野なことばづかい。

そよう【素養】 名詞 ふだんから心《こころ》がけて身《み》につけている、学問《がくもん》や知識《ちしき》、技術《ぎじゅつ》。

そよかぜ【そよ風】 名詞 そよそよと静《しず》かにふく風《かぜ》。

そよぐ 動詞 風《かぜ》がふいて、草《くさ》や木《き》の枝《えだ》などが静《しず》かにゆれる。例 花《はな》が風《かぜ》にそよいでいる。

そよそよ［と］ 副詞 風《かぜ》が静《しず》かにふくようす。例 風《かぜ》がそよそよと木《こ》の葉《は》をゆらしている。

そら【空】 ❶ 名詞 地上《ちじょう》から見上《みあ》げたときの、上《うえ》の方《ほう》の空間《くうかん》。天《てん》。例 大空《おおぞら》／空にうかぶ雲《くも》。❷ 名詞 天候《てんこう》。例 空模様《もよう》。❸ 名詞 書《か》いたものを見《み》ないで言《い》うこと。例 九九《くく》をそらで言《い》う。❹ 名詞 気持《きも》ち。心地《ここち》。例 上《うわ》の空。❺ 名詞 遠《とお》くはなれた場所《ばしょ》。例 旅《たび》の空。❻ 接頭語 （ほかのことばの前《まえ》につけて）「なんとなく」「うその」「あてにならない」などの意味《いみ》を表《あらわ》す。例 空おそろしい／空なみだ／空だのみ（＝当《あ》てにならないことを期待《きたい》すること）。

使い方 ❸は、ふつうかな書《が》きにする。

漢 ➡377ページ くう〔空〕

そらいろ【空色】 名詞 晴れた空《そら》のような、うすい青《あお》色《いろ》。

そらいろ

そらおそろしい【空恐ろしい】 形容詞 なんとなくおそろしい。

そらごと【空言】 名詞 ほんとうではないこと。うそ。

そらす 動詞 ❶別《べつ》の方《ほう》に向《む》ける。はずす。例 目《め》をそらす／注意《ちゅうい》をそらす／話《はなし》をそらす。❷とりそこなう。のがす。例 キャッチャーが球《たま》を後《うし》ろにそらした。❸人《ひと》の機嫌《きげん》を悪《わる》くする。例 あの人《ひと》は話《はなし》がうまくて、人《ひと》をそらさない。

使い方 ❸は「そらさない」の形《かたち》で使《つか》うことが多《おお》い。

そらす【反らす】 動詞 後《うし》ろの方《ほう》に曲《ま》げる。例 胸《むね》を反らす。漢 ↓1085ジー はん〔反〕

そらぞらしい【空空しい】 形容詞 知《し》っているのに知《し》らないふりをするようす。また、うそだとすぐにわかるようなようす。例 空々しい態度《たいど》をとる／空々しいお世辞《せじ》を言《い》う。

そらとぼける【空とぼける】 動詞 知《し》っているのに、わざと知《し》らないふりをする。

そらに【空似】 名詞 血《ち》のつながりもないのに、顔形《かおかたち》がよく似《に》ていること。例 他人《たにん》の空似。

そらね【空音】 名詞 ❶実際《じっさい》には鳴《な》っていないのに、聞《き》こえるような気《き》がする音。❷鳥《とり》などの鳴《な》き声《ごえ》をまねして出《だ》す声《こえ》。

そらまめ【空豆】 名詞 季語夏 豆《まめ》のなかまの作《さく》物《もつ》の一《ひと》つ。春《はる》にうすむらさき色《いろ》の花《はな》がさき、さやの中《なか》に平《ひら》たい豆《まめ》ができる。豆《まめ》を食用《しょくよう》にする。

そらみみ【空耳】 名詞 ❶音《おと》や声《こえ》がしていないのに、聞《き》こえたように感《かん》じること。❷聞《き》こえているのに、聞《き》こえないふりをすること。例 妹《いもうと》は、都合《つごう》が悪《わる》くなると空耳を使《つか》う。

そらもよう【空模様】 名詞 空《そら》のようす。天《てん》気《き》のようす。例 空模様があやしい。

そらんじる 動詞 書《か》いたものを見《み》ないでも、そのとおりに言《い》えるように覚《おぼ》えこむ。暗記《あんき》する。例 かけ算《ざん》の九九《くく》をそらんじる。

そり 名詞 季語冬 雪《ゆき》や氷《こおり》などの上《うえ》をすべらせて、人《ひと》や荷物《にもつ》などを運《はこ》ぶ乗《の》り物《もの》。例 犬《いぬ》ぞり。

そり【反り】 名詞 ❶反《そ》ること。弓《ゆみ》のような形《かたち》に曲《ま》がること。❷刀《かたな》の曲《ま》がり具合《ぐあい》。

●**反《そ》りが合《あ》わない** 気《き》が合《あ》わない。仲《なか》がよくない。例 あの二人《ふたり》はどうも反りが合わないようだ。

ことば 刀《かたな》の本体《ほんたい》とさやの反《そ》り具合《ぐあい》が合《あ》わない、ということからきたことば。

そりかえる【反り返る】 動詞 ❶弓《ゆみ》のように、一方《いっぽう》のほうに曲《ま》がる。❷いばって、体《からだ》を後《うし》ろへ反《そ》らす。例 王様《おうさま》が大《おお》きないすにすわって反り返っていた。

そりみ【反り身】 名詞 体《からだ》を後《うし》ろに反《そ》らした姿《し》勢。

そる 動詞 かみの毛《け》やひげなどを、かみそりで根《ね》もとから切《き》りとる。例 父《ちち》は毎朝《まいあさ》ひげをそる。

そる【反る】 動詞 後《うし》ろの方《ほう》に曲《ま》がる。また、弓《ゆみ》のような形《かたち》に曲《ま》がる。例 体《からだ》が反る／指《ゆび》が反る。漢 ↓1085ジー はん〔反〕

それ 代名詞 ❶相手《あいて》の近《ちか》くにあるものを指《さ》すことば。例 それを見《み》せてください。❷前《まえ》に言《い》ったことや、話題《わだい》になっていることを指《さ》すことば。例 それはいつのことですか。❸その時《とき》。例 それからは会《あ》っていない。

それから 接続詞 ❶そのことに続《つづ》いて。その次《つぎ》に。例 全員《ぜんいん》で映《えい》画《が》を見《み》た。それから先生《せんせい》の説明《せつめい》があった。❷それに加《くわ》えて。そして。例 パンと牛乳《ぎゅうにゅう》、それからりんごも食《た》べた。

それきり 副詞 それだけで終《お》わって、あとに続《つづ》かないようす。それっきり。例 その犬《いぬ》は、それきりすがたを見《み》せなくなった。

それぞれ 名詞 副詞 一《ひと》つ一《ひと》つ。ひとりひとり。例 参加者《さんかしゃ》のそれぞれが意見《いけん》を述《の》べた。

それだけ ❶ほかのことはともかく、そのことだけは。例 それだけはやめてほしい。❷それですべて。例 今日《きょう》の宿題《しゅくだい》はそれだけです。❸その程度《ていど》。それぐらい。例 それだけ練習《れんしゅう》したなら本番《ほんばん》は大丈夫《だいじょうぶ》だ。

四字熟語　他人行儀《たにんぎょうぎ》　親《した》しい間《あいだ》がらであるのに、他人《たにん》に対《たい》するようによそよそしいふるまいをすること。

❹ 副詞 その分《ぶん》だけよけいに。例 早《はや》く提出《ていしゅつ》すれば、それだけよい点《てん》がもらえる。

それだけに 接続詞 そうであるからなおさら。例 いっしょうけんめい練習《れんしゅう》した。それだけに、負《ま》けたのがくやしくてならない。

それっきり ⇩765ジベー それきり

それで 接続詞
❶そういうわけで。だから。例 バスがおくれ、それで遅刻《ちこく》しました。
❷そして。それから。例 それで、これからどうするつもりですか。

それでは
❶ 接続詞 前《まえ》に言《い》ったことをしめくくって、話《はなし》を次《つぎ》に進《すす》めることば。例 それでは次《つぎ》の問題《もんだい》に進《すす》みます。
❷ 接続詞 それなら。そういうわけなら。例 切符《きっぷ》を持《も》っていないんですか。それでは、入場《にゅうじょう》はできませんよ。
❸ 感動詞 別《わか》れのあいさつのことば。それじゃ。例「また来《き》ます。それでは。」

それでも 接続詞 そうであっても。それにもかかわらず。例 雨《あめ》だった。それでも外《そと》で遊《あそ》んだ。

それどころ
❶(「それどころか」の形《かたち》で、全体《ぜんたい》で）それだけではなく。そんな程度《ていど》ではなく。例 お礼《れい》も言《い》わない。それどころか、文句《もんく》まで言《い》うなんて。
❷(「それどころではない」の形《かたち》で、全体《ぜんたい》で）とてもその程度《ていど》ではない。例 十人《じゅうにん》は来《く》ると思《おも》っていたが、実際《じっさい》はそれどころではなかった。

それどころか 接続詞 それよりもさらに。とてもその程度《ていど》ではなく。例 お礼《れい》も言《い》わない。それどころか、おこっているようすだった。

それとなく 副詞 はっきり言《い》わないで。遠回《とおまわ》しに。例 それとなく注意《ちゅうい》した。

それとも 接続詞 あるいは。または。例 このまま進《すす》もうか、それとも引《ひ》き返《かえ》そうか。

それなら 接続詞 そういうわけなら。例 もうすぐ到着《とうちゃく》しそうだ。それなら少《すこ》し待《ま》ってみよう。

それなり
❶ 名詞 非常《ひじょう》によいとはいえないが、それにふさわしい程度《ていど》であること。例 少《すこ》しでも勉強《べんきょう》すれば、それなりに成績《せいせき》が上《あ》がる。
❷ 副詞 そのまま。それっきり。例 また来《く》るよと言《い》ったのに、それなり姿《すがた》を見《み》せなくなってしまった。

それに 接続詞 その上《うえ》に。さらに。例 宿題《しゅくだい》があるし、それにもうおそいので、帰《かえ》ります。

それにしても 接続詞
❶そうであるとしても、やはり。例 帰《かえ》りがおそくなるとは言《い》っていたが、それにしてもおそすぎる。
❷それはそれでよいとして。そのことは別《べつ》にして。例 それにしても、すごい台風《たいふう》だった。

それはそれは
❶実《じつ》に。ほんとうに。例 それはそれは冷《つめ》たい水《みず》だった。
❷相手《あいて》の話《はなし》におどろいたり、感《かん》じ入《い》ったりしていることを表《あらわ》すことば。おやおや。まあまあ。例 それはそれは大変《たいへん》でしたね。

それほど 副詞
❶そんなに。例 それほど有名《ゆうめい》な人《ひと》だったのか。
❷思《おも》ったほど。例 今日《きょう》はそれほど寒《さむ》くない。
使い方 ❷は、あとに「ない」などのことばがくる。

それもそのはず そうなるのも当然《とうぜん》なこと。例 うさぎがかめに負《ま》けたのは、それもそのはず、とちゅうで昼寝《ひるね》をしていたからだ。

それゆえ 接続詞 そういうわけで。それだから。例 日本《にほん》は地震《じしん》が多《おお》い。それゆえ日《ひ》ごろの備《そな》えが大切《たいせつ》だ。
使い方 あらたまった言《い》い方《かた》。

それる 動詞 ちがったほうへ行《い》く。外《はず》れる。例 話《はなし》がわきにそれてしまった。

ソれん【ソ連】 ⇩763ジベー ソビエトれんぽう

ソロ （イタリア語）名詞
❶一人《ひとり》で歌《うた》うこと。独唱《どくしょう》。
❷一人《ひとり》で楽器《がっき》を演奏《えんそう》すること。独奏《どくそう》。
❸一人《ひとり》だけであること。例 ソロホームラン。

そろい
❶ 名詞 そろうこと。同《おな》じであること。例 おそろいのワンピース。
❷ 接尾語 （数《かず》を表《あらわ》すことばのあとにつけて）いくつかが集《あつ》まってひとまとまりになったものを表《あらわ》すことば。例 一《ひと》そろいのユニフォーム。

そろう 動詞
❶状態《じょうたい》が同《おな》じになる。例 大《おお》きさのそろったりんご。
❷きちんと合《あ》う。一致《いっち》する。例 みんなの歌声《うたごえ》

力《りょく》しないで、ほかの人《ひと》の力《ちから》をあてにしてものごとをしようとすること。「本願《ほんがん》」は、仏《ほとけ》が立《た》てた、すべての人《ひと》を

がそろった。❸集《あつ》まる。例 参加者《さんかしゃ》が全員《ぜんいん》そろう。❹必要《ひつよう》なものや、足《た》りないものがととのう。例 道具《どうぐ》がそろう。

そろえる 動詞 ❶状態《じょうたい》を同《おな》じにする。例 大《おお》きさをそろえる。❷合《あ》わせる。一致《いっち》させる。例 声《こえ》をそろえて読《よ》む／足並《あしな》みをそろえて歩《ある》く。❸きちんと並《なら》べて整《ととの》える。例 ぬいだくつをそろえる。❹集《あつ》める。例 優秀《ゆうしゅう》な選手《せんしゅ》をそろえる。❺足《た》りないものがないようにととのえる。例 つり道具《どうぐ》をそろえる。

そろそろ[と] 副詞 ❶ゆっくり。静《しず》かに。例 そろそろと歩《ある》く。❷間《ま》もなく。もうすぐ。例 そろそろ父《ちち》が帰《かえ》って来《く》る時間《じかん》だ。

ぞろぞろ[と] 副詞 ❶多《おお》くのものが、とぎれないで続《つづ》くようす。例 会場《かいじょう》から、人《ひと》がぞろぞろと出《で》てきた。❷衣服《いふく》などを、だらしなく引《ひ》きずるようす。

そろばん 名詞 ❶おもに、日本《にほん》や中国《ちゅうごく》で古《ふる》くから使《つか》っている計算《けいさん》の道具《どうぐ》。❷計算《けいさん》。とくに、損得《そんとく》の計算《けいさん》。例 そろばんが合《あ》わない。

ことば 漢字《かんじ》では「算盤」と書《か》き、その中国語《ちゅうごくご》の読《よ》み方《かた》「ソワンパン」が変化《へんか》して「そろばん」となったといわれている。また、❶は、「一《いっ》挺」「一台」と数える。

そわそわ[と] 副詞 動詞 気持《きも》ちや態度《たいど》が落《お》ち着《つ》かないようす。例 弟《おとうと》は、今日《きょう》新《あたら》しい自転車《じてんしゃ》が届《とど》くので、朝《あさ》からそわそわしている。

漢 **そん【存】**〔子《こ》〕 6画 6年 音 ソン・ゾン 訓

一 ナ 𠂇 存 存 存（すこしまるめる）

❶そこにある。生《い》きている。例 存在《そんざい》／現存《げんそん》。❷たもつ。もっている。例 保存《ほぞん》。❸考《かんが》え。例 異存《いぞん》／一存《いちぞん》。対 亡《ぼう》。

漢 **そん【村】**〔木《きへん》〕 7画 1年 音 ソン 訓 むら

一 十 才 木 木 村 村（はねる）

むら。いなか。例 村長《そんちょう》／村人《むらびと》／漁村《ぎょそん》／山村《さんそん》／農村《のうそん》。

漢 **そん【孫】**〔子《こへん》〕 10画 4年 音 ソン 訓 まご

孑 孑 孫 孫 孫 孫 孫（とめる）

まご。血《ち》すじを受《う》けついだ人《ひと》。例 子孫《しそん》／初孫《はつまご》。

漢 **そん【尊】**〔寸《すん》〕 12画 6年 音 ソン 訓 たっとい・とうとい・たっとぶ・とうとぶ

丷 䒑 酋 酋 尊 尊（よこぼう二ほん）

❶とうとい。たっとぶ。例 尊敬《そんけい》／尊重《そんちょう》／自尊心《じそんしん》。❷神《かみ》や仏《ほとけ》の名《な》につけていうことば。例 本尊《ほんぞん》。

そん【損】 名詞 形容動詞 ❶もうけがなくなること。例 五万円の損。対 益《えき》。得《とく》。❷努力《どりょく》をしてもむくわれないこと。例 ぼくはいつも損な役回《やくまわ》りだ。

漢 **そん【損】**〔扌《てへん》〕 13画 5年 音 ソン 訓 そこなう・そこねる

一 扌 扌 扌 捐 損 損（はねる）（中のよこぼう二ほん）

❶そこなう。きずつける。例 損害《そんがい》／損傷《そんしょう》／破《は》損《そん》。❷へらす。利益《りえき》をうしなう。例 損益《そんえき》／損《そん》失《しつ》。対 得《とく》。

ぞん【存】 漢 ➡767ジペー そん〔存〕

そんえき【損益】 名詞 損《そん》をすることと得《とく》をすること。損失《そんしつ》と利益《りえき》。例 損益の計算《けいさん》。類 損得《そんとく》。

そんがい【損害】 名詞 物《もの》がこわれたり、お金《かね》や物《もの》をなくしたりして損《そん》をすること。類 損失《そんしつ》。

ぞんがい【存外】 形容動詞 副詞 思《おも》ったより。案《あん》外《がい》。例 存外にうまくできた。

そんがいばいしょう【損害賠償】 名詞 損《そん》害《がい》をあたえた者《もの》が、損害《そんがい》を受《う》けた者《もの》にお金《かね》をはらうなどして、つぐないをすること。

そんがいほけん【損害保険】 名詞 偶然《ぐうぜん》の事故《じこ》などで受《う》けた損《そん》を、うめ合《あ》わせるための保《ほ》険《けん》。火災保険《かさいほけん》・運送保険《うんそうほけん》など。

ソング（song） 名詞 「歌《うた》」のこと。

そんけい【尊敬】 名詞 動詞 相手《あいて》を敬《うやま》うこと。心《こころ》からりっぱだと思《おも》うこと。例 わたしの尊敬する人《ひと》は父《ちち》です。対 軽蔑《けいべつ》。

そんけいご【尊敬語】 名詞 話《はな》し相手《あいて》や話題《わだい》

四字熟語 **他力本願《たりきほんがん》** 仏教《ぶっきょう》で、阿弥陀《あみだ》という仏《ほとけ》の力《ちから》によって成仏《じょうぶつ》するという意味《いみ》から転《てん》じて、自分《じぶん》は努《ど》力せず、他人の力をあてにすること。もとは、阿弥陀がすべての人を救《すく》おうというちかいのこと。

とする人《ひと》の、ものやふるまいなどを敬《うやま》って言《い》う言《い》い方《かた》。「手紙《てがみ》」を「お手紙《てがみ》」、「読《よ》む」を「お読《よ》みになる」、「言《い》う」を「おっしゃる」というなど。関連 謙譲語《けんじょうご》。丁寧語《ていねいご》。

そんげん【尊厳】 名詞 形容動詞 尊《とうと》くおごそかで、傷《きず》つけがたいこと。例 人間《にんげん》の命《いのち》の尊厳。

そんげんし【尊厳死】 名詞 治《なお》る見《み》こみのない病《びょう》気《き》などで苦《くる》しんでいる人《ひと》が、本人《ほんにん》の意志《いし》で、必要以上《ひつよういじょう》の治療《ちりょう》を断《ことわ》り、人《ひと》としての尊厳《そんげん》を持《も》って死《し》をむかえること。

そんざい【存在】 名詞 動詞 物《もの》があること。人《ひと》がいること。また、その物《もの》や人《ひと》。例 地球《ちきゅう》にはさまざまな生物《せいぶつ》が存在する。

ぞんざい 形容動詞 ものごとのあつかい方《かた》や言《い》い方《かた》などが、いいかげんで乱暴《らんぼう》なようす。例 ぞんざいに答《こた》える。

そんざいかん【存在感】 名詞 その人《ひと》が、確《たし》かにそこにいるという感《かん》じを、まわりにあたえること。例 キャプテンには、抜群《ばつぐん》の存在感がある。

そんしつ【損失】 名詞 損《そん》をすること。大切《たいせつ》なものや、自分《じぶん》の利益《りえき》を失《うしな》うこと。例 台風《たいふう》で大《おお》きな損失が出《で》た。類 損害《そんがい》。

そんしょう【損傷】 名詞 動詞 こわれたり傷《きず》ついたりすること。また、こわしたり傷《きず》つけたりすること。例 事故《じこ》で車《くるま》が損傷した。

そんじる【損じる】
❶ 動詞 こわす。いためる。悪《わる》くする。例 機嫌《きげん》を損じる。
❷ 接尾語 （ほかのことばのあとにつけて）やりそこなう。例 手紙《てがみ》を何度《なんど》も書《か》き損じた。
ことば 「損《そん》ずる」ともいう。

ぞんじる【存じる】 動詞
❶「思《おも》う」「考《かんが》える」のへりくだった言《い》い方《かた》。例 ぜひおうかがいしたいと存じます。
❷「知《し》る」「承知《しょうち》する」のへりくだった言《い》い方《かた》。例 その話《はなし》なら存じております。
ことば 「存《ぞん》ずる」ともいう。

そんする【損する】 動詞 もうけを失《うしな》う。努《ど》力《りょく》などがむだになる。例 株《かぶ》の売買《ばいばい》で損する。

そんずる【損ずる】 ⇒768ジページ《ベー》 そんじる

ぞんずる【存ずる】 ⇒768ジページ《ベー》 ぞんじる

そんぞく【存続】 名詞 動詞 なくならないで、そのまま続《つづ》くこと。例 クラブを存続させる。

そんだい【尊大】 形容動詞 いばって、えらそうにするようす。例 尊大な口《くち》のきき方《かた》。

そんちょう【村長】 名詞 村《むら》の政治《せいじ》を行《おこな》う人《ひと》の中《なか》で、いちばん責任《せきにん》のある人《ひと》。

そんちょう【尊重】 名詞 動詞 価値《かち》があると認《みと》めて、大事《だいじ》にすること。大切《たいせつ》にあつかうこと。例 人《ひと》の意見《いけん》は尊重しなければいけない。

そんとく【損得】 名詞 損《そん》をすることと得《とく》をすること。損失《そんしつ》と利益《りえき》。例 損得を考《かんが》えないで働《はたら》く。類 損益《そんえき》。利害《りがい》。

そんな 連体詞 そのような。そういう。例 そんな話《はなし》は聞《き》いていない。

そんなに 副詞 そのように。それほど。例 そんなにたくさん買《か》ったのですか。

そんのうじょうい【尊皇攘夷】 名詞 天皇《てんのう》を敬《うやま》って国《くに》の中心《ちゅうしん》とし、外国人《がいこくじん》を日本《にほん》の外《そと》に追《お》いはらおうとする考《かんが》え。江戸時代《えどじだい》の終《お》わりにさかんになった。

そんぷ【尊父】 名詞 他人《たにん》の父親《ちちおや》を尊敬《そんけい》していうことば。対 母堂《ぼどう》。

そんぶん【孫文】 名詞 （一八六六～一九二五）中《ちゅう》国《ごく》の政治家《せいじか》。革命運動《かくめいうんどう》の指導者《しどうしゃ》として活躍《かつやく》し、清王朝《しんおうちょう》をたおして中華民国《ちゅうかみんこく》を建《た》てた。

ぞんぶん【存分】 形容動詞 副詞 思《おも》いのまま。じゅうぶん。例 今日《きょう》は存分に遊《あそ》んだ。

そんぼう【存亡】 名詞 このまま残《のこ》っていけるか、ほろびてなくなってしまうかということ。例 王国《おうこく》の存亡をかけた戦《たたか》い。使い方 文章《ぶんしょう》の中《なか》などで使《つか》うことば。

そんみん【村民】 名詞 その村《むら》に住《す》んでいる人《ひと》。村《むら》の住人《じゅうにん》。関連 市民《しみん》。区民《くみん》。町民《ちょうみん》。

ぞんめい【存命】 名詞 動詞 この世《よ》に生《い》きていること。例 それはおじいさんが存命中《ちゅう》のできごとだった。

そんらく【村落】 名詞 いなかで、家《いえ》が集《あつ》まっているところ。村《むら》。類 村里《むらざと》。

そんりつ【存立】 名詞 動詞 組織《そしき》や制度《せいど》などが、なくならないで続《つづ》いていくこと。例 会社《かいしゃ》の存立があやうい。

そんりつ【村立】 名詞 村《むら》がお金《かね》を出《だ》してつくり、村《むら》で管理《かんり》すること。例 村立小学校《しょうがっこう》。

そんりょう【損料】 名詞 物《もの》を借《か》りるときにはらうお金《かね》。使用料《しようりょう》。

時《じ》にもう片方《かたほう》の手《て》を下《した》へ、と交互《こうご》に上下《じょうげ》させる。心《こころ》が軽《かろ》やかにはずむようすだ。

た

タ
ダ　だ

下《した》の 手話にチャレンジ を見《み》よう。

た 助動詞 （ほかのことばのあとにつけて）
❶すんだことを表《あらわ》す。例 昨日《きのう》テレビを見《み》た／朝《あさ》のうちに雨《あめ》が降《ふ》った。
❷そのようすが今《いま》続《つづ》いていることを表《あらわ》す。…ている。…てある。例 ぬれた服《ふく》／開《ひら》いたドア。
❸まだ起《お》こらないことを、仮《かり》に起《お》こったとしていう。例 明日《あす》来《き》た人《ひと》にはお菓子《かし》を上《あ》げます。
❹軽《かる》い命令《めいれい》を表《あらわ》す。例 さあ、帰《かえ》った、帰《かえ》った。
使い方「ん」に続《つづ》くときは必《かなら》ず「だ」となる。「い」に続《つづ》くときも「だ」となることがある。「読《よ》んだ」など。「こいだ」など。

た【太】 漢 ⇒770ジペー たい〔太〕

た【手】（ほかのことばの前《まえ》につけて）「手《て》」の意《い》味《み》を表《あらわ》す。例 手綱《づな》。漢 ⇒602ジペー しゅ〔手〕

漢 **た【他】**〔亻〕にんべん　5画　3年　音 タ　訓 ほか
ノ　亻　仃（はねる）　什（上へはねる）　他
❶ほか。べつ。ちがった。例 他意《たい》／他方《たほう》。❷自分以外《じぶんいがい》の人《ひと》やもの。例 他国《たこく》／他人《たにん》。対 自《じ》。

た【田】 名詞 いねを植《う》えて育《そだ》てるところ。田《た》んぼ。例 田畑《はた》／田に水《みず》を引《ひ》く。漢 ⇒902ジペー でん〔田〕

漢 **た【多】**〔夕〕ゆう　6画　2年　音 タ　訓 おおい
ノ　ク　夕　多　多　多（てんをつきださない）
数《かず》や量《りょう》がおおい。たくさん。例 多数《たすう》／多勢《たぜい》／多量《たりょう》／雑多《ざった》。対 少《しょう》。

だ 助動詞 （ほかのことばのあとにつけて）
❶ものごとをはっきりこうであると言《い》いきる気《き》持《も》ちを表《あらわ》す。例 明日《あす》は出発《しゅっぱつ》だ／きみが先《さき》だ。
❷すんだことなどを表《あらわ》す「た」が「だ」になったもの。例 本《ほん》を読《よ》んだ／海《うみ》で泳《およ》いだ。

漢 **だ【打】**〔扌〕てへん　5画　3年　音 ダ　訓 うつ
一　扌（はねる）　扌　扌　打（はねる）
うつ。たたく。例 打楽器《だがっき》／打球《だきゅう》／代打《だいだ》／乱打《らんだ》。

たあいない ⇒815ジペー たわいない

ダーウィン 名詞（一八〇九～一八八二）イギリスの生物学者《せいぶつがくしゃ》。進化論《しんかろん》を唱《とな》え、「種《しゅ》の起源《きげん》」などの本《ほん》を書《か》いた。

ダークホース（dark horse）名詞
❶競馬《けいば》で、実力《じつりょく》はよくわからないが、勝《か》つ力《ちから》がありそうだと予想《よそう》される馬《うま》。
❷実力《じつりょく》はよくわからないが、活躍《かつやく》しそうだと思《おも》われるチームや人《ひと》。

ターゲット（target）名詞 的《まと》。また、ねらうべき相手《あいて》。例 大学生《だいがくせい》をターゲットにした商品《しょうひん》。

タージマハル 名詞 インドにおけるイスラム建築《けんちく》を代表《だいひょう》する美しい建物。十七世紀に、皇帝《こうてい》がきさきの墓《はか》として造《つく》った。世界遺産《せかいいさん》の一《ひと》つ。

ダース 名詞 十二《じゅうに》をひと組《くみ》として品物《しなもの》の数《かず》を表《あらわ》すときの単位《たんい》。例 一《いち》ダース（＝十二本《じゅうにほん》）の鉛筆《えんぴつ》。ことば 英語《えいご》の「ダズン」が変化《へんか》したことば。参考 十二《じゅうに》ダースを「一《いち》グロス」という。

ターバン（turban）名詞 インド人《じん》やイスラム教《きょう》の信者《しんじゃ》の男性《だんせい》が頭《あたま》に巻《ま》く布《ぬの》。また、それに似《に》た女性用《じょせいよう》の帽子《ぼうし》。

ターバン

タービン（turbine）名詞 羽根車《はねぐるま》に蒸気《じょうき》や水《みず》をふきつけて回転《かいてん》させ、動力《どうりょく》を得《え》る機械《きかい》。

ターヘル＝アナトミア 名詞 日本最初《にほんさいしょ》の西洋医学《せいようい がく》の翻訳書《ほんやくしょ》である「解体新書《かいたいしんしょ》」の原本《げんぽん》となった本《ほん》。ドイツ人《じん》クルムスの「解剖図譜《かいぼうずふ》」をオランダ語《ご》に訳《やく》したもの。

ターミナル（terminal）名詞
❶鉄道《てつどう》やバスの、いろいろな路線《ろせん》の終点《しゅうてん》や起《き》点《てん》が集《あつ》まっているところ。例 バスターミナル。
❷空港《くうこう》で、いろいろな施設《しせつ》が集《あつ》まっている建物《たてもの》。
❸電池《でんち》などの、電流《でんりゅう》の出入《でい》り口《ぐち》につけた金具《かなぐ》。

タール（tar）名詞 木材《もくざい》や石炭《せきたん》などを空気《くうき》にふれさせないで熱《ねっ》するとできる、黒《くろ》いねばねばした液《えき》。塗料《とりょう》や、薬品《やくひん》の原料《げんりょう》などにする。

ターン（turn）名詞 動詞
❶回転《かいてん》すること。例 ダンスでターンをきめる。
❷向《む》きを変《か》えること。例 車《くるま》が左《ひだり》にターンする。
❸水泳《すいえい》で、プールのはしで折《お》り返《かえ》すこと。

手話にチャレンジ　楽《たの》しい　指先《ゆびさき》を向《む》かい合《あ》わせた両手《りょうて》の手《て》のひらを胸《むね》の前《まえ》に置《お》く。片方《かたほう》の手《て》を上《うえ》に動《うご》かすと同《どう》

たい 名詞 陸《りく》に近《ちか》い海《うみ》にすむ、平《ひら》たい体《からだ》をした魚《さかな》。赤色《あかいろ》のものが多《おお》い。中《なか》でも「まだい」は色《いろ》やすがたが美《うつく》しく、味《あじ》もよいので、昔《むかし》からお祝《いわ》いの料理《りょうり》に使《つか》われる。ことば 漢字《かんじ》では「鯛」と書《か》く。図 ⇒521ページ さかな〔魚〕

たい 助動詞 （ほかのことばのあとにつけて）そうすることを願《ねが》う気持《きも》ちを表《あらわ》す。例 本《ほん》を読《よ》みたい／ぼくも行《い》きたかった／何《なに》を食《た》べたいの。

たい【大】 漢 ⇒771ページ だい〔大〕

漢 **たい【太】**〔大《だい》〕 4画 2年 音 タイ・タ 訓 ふとい・ふとる

一 ナ 大 太（てんにちゅうい）

おおきい。ふとい。例 太鼓《たいこ》／太平洋《たいへいよう》／太陽《たいよう》／丸太《まるた》。

たい【代】 漢 ⇒771ページ だい〔代〕

たい【台】 漢 ⇒771ページ だい〔台〕

漢 **たい【体】**〔亻《にんべん》〕 7画 2年 音 タイ・テイ 訓 からだ

ノ イ 仁 什 休 休 体（とめる）（わすれないように）

❶からだ。例 体育《たいいく》／体温《たいおん》／肉体《にくたい》。❷かたち。例 体積《たいせき》／液体《えきたい》／天体《てんたい》／文体《ぶんたい》。❸すがた。ようす。例 体裁《ていさい》／風体《ふうてい》。

たい【対】 名詞 ❶試合《しあい》などで、対立《たいりつ》を表《あらわ》すことば。例 赤組《あかぐみ》対白組《しろぐみ》。❷数量《すうりょう》などの割合《わりあい》を表《あらわ》すことば。例 しょうゆと酢《す》を七対三《ななたいさん》で混《ま》ぜる。

漢 **たい【対】**〔寸《すん》〕 7画 3年 音 タイ・ツイ

丶 亠 ナ 文 文 対 対（とめる）（はねる）

❶むかいあう。相手《あいて》になる。例 対抗《たいこう》／対戦《たいせん》／対面《たいめん》／対立《たいりつ》／応対《おうたい》／反対《はんたい》。❷つい。二《ふた》つでひと組《くみ》になるもの。例 対句《ついく》／一対《いっつい》。

漢 **たい【待】**〔彳《ぎょうにんべん》〕 9画 3年 音 タイ 訓 まつ

ノ ク 彳 彳 彳 待 待 待 待（下をながく）（はねる）

❶まつ。例 待機《たいき》／待避《たいひ》／待望《たいぼう》／待《ま》ち合《あ》わせ／期待《きたい》。❷もてなす。例 招待《しょうたい》／接待《せったい》／優待《ゆうたい》。

漢 **たい【退】**〔辶《しんにょう》〕 9画 6年 音 タイ 訓 しりぞく・しりぞける

フ ヨ 艮 艮 艮 艮 退 退 退（とめる）

❶しりぞく。ひきさがる。例 退散《たいさん》／退場《たいじょう》／退席《たいせき》／後退《こうたい》。対 進《しん》。❷身《み》をひく。やめる。例 退職《たいしょく》／引退《いんたい》／辞退《じたい》／脱退《だったい》。❸おとろえる。よわる。例 減退《げんたい》／衰退《すいたい》。

漢 **たい【帯】**〔巾《はば》〕 10画 4年 音 タイ 訓 おびる・おび

一 十 卄 卌 卌 帯 帯 帯（はねる）

❶おび。おびのようにまきつけるもの。例 帯《おび》グラフ／眼帯《がんたい》／包帯《ほうたい》。❷身《み》につける。もつ。例 携帯《けいたい》／妻帯《さいたい》。❸地域《ちいき》。はんい。例 火山帯《かざんたい》／寒帯《かんたい》／工業地帯《こうぎょうちたい》。❹手《て》をとりあう。例 連帯《れんたい》。

漢 **たい【隊】**〔阝《こざとへん》〕 12画 4年 音 タイ

了 阝 阝 阝 阝 隊 隊 隊（みじかく）（はねる）

あつまり。一団《いちだん》にまとまったもの。例 隊員《たいいん》／隊長《たいちょう》／隊列《たいれつ》／音楽隊《おんがくたい》／軍隊《ぐんたい》／探検隊《たんけんたい》。

たい【貸】 漢 ⇒257ページ か-す〔貸〕

漢 **たい【態】**〔心《こころ》〕 14画 5年 音 タイ

ム 台 自 自 能 能 態 態（はねる）（みぎから）

ありさま。ようす。かたち。例 態勢《たいせい》／態度《たいど》／事態《じたい》／実態《じったい》／状態《じょうたい》／生態《せいたい》。

たい【他意】 名詞 心《こころ》の中《なか》にかくしている別《べつ》の考《かんが》え。例 あなたのためになると思《おも》ってやったことで、他意《たい》はない。

タイ ⇒773ページ タイおうこく

タイ（tie） 名詞 ❶音楽《おんがく》で、同《おな》じ高《たか》さの二《ふた》つの音符《おんぷ》の下《した》または上《うえ》につけて、一《ひと》つの音符《おんぷ》として合《あ》わせた長《なが》さを演奏《えんそう》することを表《あらわ》す記号《きごう》。❷スポーツなどで、記録《きろく》や得点《とくてん》が同《おな》じであること。例 タイ記録《きろく》を出《だ》す。❸「ネクタイ」の略《りゃく》。例 タイピン。

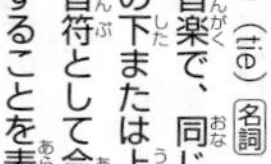
タイ❶

だい【大】 ❶ 名詞 大《おお》きいこと。大《おお》きいもの。例 声《こえ》を大《おお》にしてうったえる。対 小《しょう》。❷ 接頭語 （ほかのことばの前《まえ》につけて）「大《おお》き

遠回《とおまわ》しな言《い》い方《かた》などをしないで、いきなり話《はなし》の本題《ほんだい》に入《はい》ること。

い」「すぐれた」「大変な」の意味を表す。例大自然《しぜん》／大作家《さっか》／大成功《せいこう》。

❸接尾語（ほかのことばのあとにつけて）それぐらいの大《おお》きさの意味《いみ》を表《あらわ》す。例にぎりこぶし大のボール／はがき大の紙《かみ》。

●**大《だい》なり小《しょう》なり** 漢 ⬇771ページ だい〔大〕 大《おお》きい小《ちい》さいのちがいはあっても。程度《ていど》の差《さ》はあっても。例だれにでも大なり小なり欠点《けってん》はある。類多《おお》かれ少《すく》なかれ。

●**大《だい》は小《しょう》を兼《か》ねる** ⬇249ページ ことわざ

漢**だい【大】**〔大《だい》〕3画 1年 音ダイ・タイ 訓おお・おおきい・おおいに

一ナ大（はらう）

❶おおきい。ひろい。例大型《おおがた》／大地《だいち》／拡大《かくだい》／巨大《きょだい》／最大《さいだい》。対小《しょう》。❷おおい。たくさん。例大金《たいきん》／大衆《たいしゅう》／大量《たいりょう》。❸力《ちから》がつよい。例大国《たいこく》／大敵《たいてき》。❹すぐれている。例大人物《だいじんぶつ》／偉大《いだい》。❺たいせつな。例大将《たいしょう》／大任《たいにん》／大役《たいやく》。❻位《くらい》がいちばんうえ。例大統領《だいとうりょう》。❼おおよそ。例大意《たいい》／大体《だいたい》。❽ひどい。はなはだしい。例大《おお》雨《あめ》／大敗《たいはい》。❾おおきさ。例実物大《じつぶつだい》／等身大《とうしんだい》。

だい【内】 漢 ⬇964ページ ない〔内〕

漢**だい【代】**〔亻《にんべん》〕5画 3年 音ダイ・タイ 訓かわる・かえる・よ・しろ

ノ亻亻代代（七としない）

❶かわる。かわり。例代表《だいひょう》／代用《だいよう》／代理《だいり》／交《こう》代《たい》。❷そのためにいるお金《かね》。例代金《だいきん》／車代《くるまだい》／身《み》の代金。❸よ。時代。例君《きみ》が代《よ》／現代《げんだい》／古代《だい》。❹その地位《ちい》にあるあいだ。例初代《しょだい》／先代《せんだい》。

だい【台】 ❶名詞 人《ひと》や物《もの》を上《うえ》にのせるためのもの。例台に上《のぼ》っても手《て》が届《とど》かない。
❷接尾語（数《かず》を表《あらわ》すことばのあとにつけて）車《くるま》や機械《きかい》を数《かぞ》えることば。例三台の車《くるま》。
❸接尾語（ほかのことばのあとにつけて）値段《ねだん》や数量《すうりょう》のおおよその範囲《はんい》を表《あらわ》すことば。例おやつは五百円台《ごひゃくえんだい》におさえる／八時台《じ》のバスに乗《の》る。

漢**だい【台】**〔口《くち》〕5画 2年 音ダイ・タイ

ㄥム厶台台（とめる）

❶たかいところ。たかいたてもの。例台地《だいち》／灯台《とうだい》／時計台《とけいだい》／舞台《ぶたい》。❷人《ひと》やものをのせるもの。例台車《だいしゃ》／鏡台《きょうだい》／荷台《にだい》。❸もとになるもの。例台帳《だいちょう》／土台《どだい》。❹乗《の》り物《もの》や機械《きかい》を数《かぞ》えることば。例五台《ごだい》／数台《すうだい》。❺おおよその範囲《はんい》を示《しめ》すことば。例大台《おおだい》／五十歳台《ごじっさいだい》。

漢**だい【弟】**〔弓《ゆみ》〕7画 2年 音テイ・ダイ・デ 訓おとうと

丶丷当肖弟弟弟（まげてはねる）（つきださない）

❶おとうと。例弟妹《ていまい》／義弟《ぎてい》／兄弟《きょうだい》。対兄《きょう》。❷でし。例高弟《こうてい》／門弟《もんてい》。

漢**だい【第】**〔⺮《たけかんむり》〕11画 3年 音ダイ

ノ𠂉竹竺笃笃第第

❶じゅんじょ。例次第《しだい》。❷じゅんじょを表《あらわ》すとき、数字《すうじ》の前《まえ》につけることば。例第一《だいいち》／第《だい》二次《にじ》。❸試験《しけん》。例及第《きゅうだい》／落第《らくだい》。

だい【題】 名詞 内容《ないよう》を示《しめ》した短《みじか》いことば。題《だい》名《めい》。タイトル。例作文《さくぶん》の題《だい》を考《かんが》える。

漢**だい【題】**〔頁《おおがい》〕18画 3年 音ダイ

日旦早是是題題題（つきださない）（かたちにちゅうい）（とめる）

❶だい。みだし。例題名《だいめい》／題目《だいもく》／表題《ひょうだい》。❷中心《ちゅうしん》となることがら。例題材《だいざい》／議題《ぎだい》／主題《しゅだい》／話題《わだい》。❸もんだい。とい。例課題《かだい》／宿題《しゅくだい》／問《もん》題《だい》。

たいあたり【体当たり】 名詞 動詞 ❶相手《あいて》に、自分《じぶん》の体《からだ》をぶつけていくこと。❷全力《ぜんりょく》でものごとに当《あ》たること。例難《むずか》しい仕事《しごと》に体当《たいあ》たりでとり組《く》む。

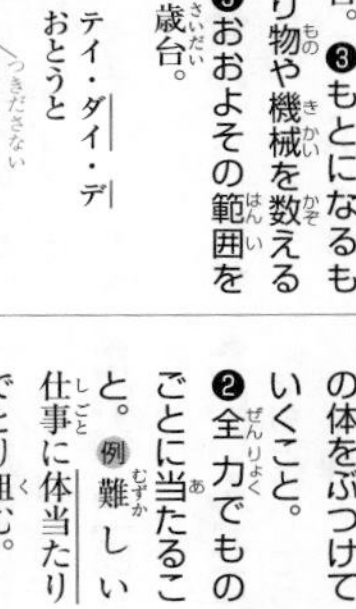

たいあたり❶

ダイアリー（diary）名詞「日記《にっき》」のこと。

ダイアル ⬇785ページ ダイヤル

たいあん【大安】 名詞 こよみの上《うえ》で、何《なに》をするのにも縁起《えんぎ》がよいといわれる日《ひ》。例大安吉《きち》日《じつ》。参考とくに結婚式《けっこんしき》などによい日《ひ》とされる。

四字熟語 単刀直入《たんとうちょくにゅう》 ただひとりで刀《かたな》一本《いっぽん》を持《も》って敵《てき》の中《なか》へ切《き》りこんでいくという意味《いみ》から、前置《まえお》きや

だいあん【代案】 名詞 もとの案《あん》の代《か》わりに出《だ》す案。例 代案《だいあん》を検討《けんとう》する。

たいい【大意】 名詞 話《はなし》や文章《ぶんしょう》などの、だいたいの意味《いみ》や内容《ないよう》。例 大意をつかむ。類 大要《たいよう》。要旨《ようし》。

たいい【体位】 名詞 ❶体《からだ》の位置《いち》や姿勢《しせい》。❷体格《たいかく》や健康《けんこう》の程度《ていど》。例 体位の向上《こうじょう》。

たいい【退位】 名詞 動詞 天皇《てんのう》や王《おう》などが、位《くらい》を退《しりぞ》くこと。対 即位《そくい》。

たいいく【体育】 名詞 ❶健康《けんこう》な体《からだ》をつくるための教育《きょういく》。関連 知育《ちいく》。徳育《とくいく》。❷学校《がっこう》で習《なら》う教科《きょうか》の一《ひと》つ。運動競技《うんどうきょうぎ》の技術《ぎじゅつ》などを学《まな》ぶ。

たいいくかん【体育館】 名詞 中《なか》でいろいろなスポーツをするための建物《たてもの》。

たいいくのひ【体育の日】 名詞 季語秋 「スポーツの日《ひ》」の二〇一九年《ねん》までの呼《よ》び名《な》。参考 一九六四年《ねん》の東京《とうきょう》オリンピックを記念《きねん》し、国民《こくみん》がスポーツに親《した》しみ、健康《けんこう》になるようにという考《かんが》えで定《さだ》められた。

だいいち【第一】 ❶名詞 いちばん初《はじ》め。最初《さいしょ》。例 朝起《あさお》きたら第一に顔《かお》を洗《あら》う。❷名詞 いちばんすぐれていること。例 日本《にほん》第一の名建築《めいけんちく》。❸名詞 いちばん大事《だいじ》なこと。例 健康《けんこう》が第一だ。❹副詞 まず何《なに》よりも。例 料理《りょうり》をしようにも、第一材料《ざいりょう》がない。

だいいちいんしょう【第一印象】 名詞 あるものや人《ひと》から、いちばん初めに受《う》ける感《かん》じ。例 この絵《え》は第一印象がとてもよかった。

だいいちじさんぎょう【第一次産業】 名詞 産業《さんぎょう》を大《おお》きく三《みっ》つに分《わ》けたうちの一《ひと》つ。自然《しぜん》にはたらきかけて食料《しょくりょう》や原材料《げんざいりょう》を得《え》る、農業《のうぎょう》・水産業《すいさんぎょう》・林業《りんぎょう》など。関連 第二次産業《だいにじさんぎょう》。第三次産業《だいさんじさんぎょう》。

だいいちじせかいたいせん【第一次世界大戦】 名詞 一九一四年《ねん》から一九一八年《ねん》まで続《つづ》いた大《おお》きな戦争《せんそう》。ドイツ・オーストリアなどの同盟国《どうめいこく》と、ロシア・イギリス・フランス・アメリカ・日本《にほん》などの連合国《れんごうこく》が戦《たたか》い、同盟国側《どうめいこくがわ》が負《ま》けた。

だいいちにんしゃ【第一人者】 名詞 あることについて、並《なら》ぶ人《ひと》がいないほどすぐれている人《ひと》。例 医学《いがく》の第一人者。

だいいっきゅう【第一級】 名詞 ものごとや人《ひと》が、たいへんすぐれていること。例 第一級の製品《せいひん》。

だいいっせい【第一声】 名詞 ある活動《かつどう》を始《はじ》めるとき、おおやけの場《ば》で最初《さいしょ》に言《い》うことば。例 立候補《りっこうほ》の第一声を上《あ》げる。

だいいっせん【第一線】 名詞 ❶戦場《せんじょう》で、敵《てき》にいちばん近《ちか》いところ。❷ある分野《ぶんや》や職場《しょくば》で、いちばん重要《じゅうよう》な仕事《しごと》が活発《かっぱつ》に行《おこな》われるところ。例 第一線で活躍《かつやく》する新聞記者《しんぶんきしゃ》。

だいいっぽ【第一歩】 名詞 ❶初《はじ》めのひと足《あし》。❷ものごとのいちばん初《はじ》め。例 プロ選手《せんしゅ》としての第一歩をふみ出《だ》す。

たいいん【退院】 名詞 動詞 入院《にゅういん》していた人《ひと》が、病気《びょうき》やけがが治《なお》って病院《びょういん》から自宅《じたく》に帰《かえ》ること。対 入院《にゅういん》。

たいいん【隊員】 名詞 隊《たい》に属《ぞく》している人《ひと》。隊《たい》の仲間《なかま》の一人《ひとり》。

たいいんれき【太陰暦】 名詞 月《つき》の満《み》ち欠《か》けをもとにしてつくられたこよみ。一《いっ》か月《げつ》を二《に》十九日《じゅうくにち》または三十日《さんじゅうにち》とし、一年《いちねん》を十二《じゅうに》か月《げつ》とした。「陰暦《いんれき》」ともいう。類 旧暦《きゅうれき》。対 太陽暦《たいようれき》。

たいえき【体液】 名詞 動物《どうぶつ》の体《からだ》の中《なか》にある、血液《けつえき》・リンパなどの液体《えきたい》。

ダイエット (diet) 名詞 動詞 健康《けんこう》や美容《びよう》のために、食事《しょくじ》の量《りょう》や種類《しゅるい》を制限《せいげん》すること。

たいえん【退園】 名詞 動詞 動物園《どうぶつえん》や植物園《しょくぶつえん》など、「園《えん》」と名《な》のつく所《ところ》から外《そと》に出《で》ること。例 五時《ごじ》に退園した。対 入園《にゅうえん》。

たいおう【対応】 名詞 動詞 ❶たがいに向《む》かい合《あ》うこと。例 長方形《ちょうほうけい》の対応する二《ふた》つの辺《へん》。❷つりあうこと。例 実力《じつりょく》に対応した評価《ひょうか》。❸相手《あいて》の動《うご》きやその場《ば》のようすに応《おう》じて、行動《こうどう》すること。例 相手《あいて》の要求《ようきゅう》に対応する。

だいおう【大王】 名詞 「王《おう》」を尊敬《そんけい》していうことば。例 アレキサンダー大王。

は、二日分《ふつかぶん》の行程《こうてい》を一日《いちにち》で進《すす》むという意味《いみ》。

タイおうこく【タイ王国】 名詞 東南《とうなん》アジアにある国《くに》。米《こめ》・ゴム・すずなどの産地《さんち》で、仏教《ぶっきょう》がさかん。首都《しゅと》はバンコク。「タイ」ともいう。

(国旗《こっき》)

ダイオキシン（dioxin） 名詞 塩素《えんそ》をふくむ、たいへん有毒《ゆうどく》ないくつかの化合物《かごうぶつ》をまとめた呼《よ》び名《な》。ごみを燃《も》やしたときの灰《はい》や、自動車《じどうしゃ》の排気《はいき》ガスなどにふくまれる。

たいおん【体温】 名詞 人間《にんげん》や動物《どうぶつ》の体《からだ》の温《おん》度《ど》。熱《ねつ》。例 体温を測《はか》る。

たいおんけい【体温計】 名詞 体温《たいおん》を測《はか》る温《おん》度計《どけい》。

たいか【大火】 名詞 季語冬 大《おお》きな火事《かじ》。例 大火にみまわれる。

たいか【大家】 名詞 ❶あることについての知識《ちしき》やわざがとくにすぐれ、高《たか》く評価《ひょうか》されている人《ひと》。例 日本画《にほんが》の大家。類 巨匠《きょしょう》。権威《けんい》。❷財産《ざいさん》のある家《いえ》。また、家《いえ》がらのよい家《いえ》。
ことば 「おおや」と読《よ》むと別《べつ》の意味《いみ》。

たいか【耐火】 名詞 火《ひ》や熱《ねつ》に強《つよ》く、燃《も》えたりとけたりしにくいこと。例 耐火建築《けんちく》。

たいか【退化】 名詞 動詞 ❶進歩《しんぽ》したものが、もとの状態《じょうたい》にあともどりすること。対 進化《しんか》。❷生物《せいぶつ》の体《からだ》の一部《いちぶ》が、使《つか》わないためにはたらきがおとろえたり、形《かたち》がなくなったりすること。人間の盲腸、へびの足など。対 進化。

たいが【大河】 名詞 はばが広《ひろ》く、水《みず》の量《りょう》が多《おお》い大《おお》きな川《かわ》。また、そのような大《おお》きくて長《なが》いもののたとえ。例 大河小説《しょうせつ》。

だいか【代価】 名詞 ❶品物《しなもの》の値段《ねだん》。代金《だいきん》。❷あることをするために必要《ひつよう》な損害《そんがい》やぎせい。例 高速道路建設《こうそくどうろけんせつ》の代価として緑《みどり》が失《うしな》われた。

たいかい【大会】 名詞 ある会《かい》の会員全体《かいいんぜんたい》の集《あつ》まり。また、大勢《おおぜい》の人《ひと》が集《あつ》まる会《かい》。例 全国《ぜんこく》大会／体育《たいいく》大会。

たいかい【大海】 名詞 広《ひろ》くて大《おお》きい海《うみ》。例 大海に船出《ふなで》する。類 大洋《たいよう》。

たいかい【退会】 名詞 動詞 入《はい》っていた会《かい》をやめること。例 クラブを退会する。対 入会《にゅうかい》。

たいがい【大概】 ❶ 名詞 ものごとのあらまし。大部分《だいぶぶん》。例 大概のものは用意《ようい》しました。❷ 副詞 ある程度《ていど》のところで。ほどほど。いいかげん。例 冗談《じょうだん》もたいがいにしてくれ。❸ 副詞 たいてい。例 朝食《ちょうしょく》はたいがいパンだ。
使い方 ❷❸は、ふつうかな書《が》きにする。

たいがい【対外】 名詞 外部《がいぶ》や外国《がいこく》を相手《あいて》にすること。例 対外試合《じあい》／日本《にほん》の対外政策《せいさく》。

たいかく【体格】 名詞 体《からだ》の大《おお》きさや格好《かっこう》。体《からだ》つき。例 りっぱな体格／体格がよい。

たいがく【退学】 名詞 動詞 卒業《そつぎょう》する前《まえ》に学校《がっこう》をやめること。

だいがく【大学】 名詞 高等学校《こうとうがっこう》を卒業《そつぎょう》した人《ひと》やそれと同等の学力のある人に対して、さらに高《たか》い程度《ていど》の教育《きょういく》をする学校《がっこう》。

だいがくいん【大学院】 名詞 大学《だいがく》を卒業《そつぎょう》した人《ひと》が、さらに深《ふか》く学習《がくしゅう》・研究《けんきゅう》をするところ。

たいかくせん【対角線】 名詞 図形《ずけい》の、となり合《あ》っていない二《ふた》つの頂点《ちょうてん》と頂点《ちょうてん》を結《むす》ぶ直線《ちょくせん》。

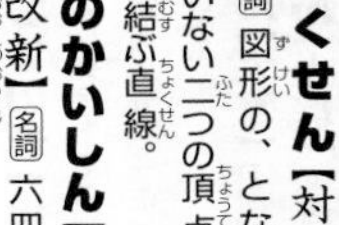
たいかくせん

たいかのかいしん【大化の改新】 名詞 六四五年《ねん》、中大兄皇子《なかのおおえのおうじ》（＝のちの天智天皇《てんじてんのう》）・中臣鎌足《なかとみのかまたり》（＝のちの藤原鎌足《ふじわらのかまたり》）が中心《ちゅうしん》となって行《おこな》った政治改革《せいじかいかく》。蘇我氏《そがし》をほろぼして、天皇中心《てんのうちゅうしん》の政治《せいじ》に改《あらた》めた。教科 社 すべての土地《とち》と人民《じんみん》を国《くに》のものと定《さだ》めたり、戸籍《こせき》をつくって税《ぜい》の制度《せいど》を決《き》めたりした。

たいかん【耐寒】 名詞 寒《さむ》さにたえること。例 耐寒訓練《くんれん》を受《う》ける。

たいがん【対岸】 名詞 川《かわ》や湖《みずうみ》などの、向《む》こう岸《ぎし》。

●**対岸《たいがん》の火事《かじ》** ↓245ページ ことわざ

だいかん【大寒】 名詞 季語冬 こよみの上《うえ》で、一年《いちねん》じゅうでいちばん寒《さむ》いとされるころ。一月《いちがつ》二十日《はつか》ごろ。関連 小寒《しょうかん》。寒《かん》の入《い》り。↓1450ページ 二《に》十四節気《じゅうしせっき》

だいかん【代官】 名詞 江戸時代《えどじだい》に、幕府《ばくふ》の持《も》っていた土地《とち》を治《おさ》めた役人《やくにん》。

たいかんしき【戴冠式】 名詞 王《おう》が初《はじ》めて王《おう》冠《かん》を頭《あたま》にのせて、位《くらい》についたことを広《ひろ》く人々《ひとびと》に

あいうえお
かきくけこ
さしすせそ
たちつてと た
なにぬねの
はひふへほ
まみむめも
やゆよ
らりるれろ
わをん

四字熟語 昼夜兼行《ちゅうやけんこう》 昼《ひる》と夜《よる》の区別《くべつ》なく、仕事《しごと》などを一日《いちにち》じゅう休《やす》まないで続《つづ》けて行《おこな》うこと。「兼行《けんこう》」

知《し》らせる儀式《ぎしき》。

だいかんていこく【大韓帝国】 名詞 一八九七年《ねん》から一九一〇年《ねん》までの朝鮮《ちょうせん》の正式《せいしき》な国名《こくめい》。国王《こくおう》を皇帝《こうてい》と改《あらた》めるなどして国力《こくりょく》の強化《きょうか》をはかろうとしたが、日本《にほん》に併合《へいごう》された。

だいかんみんこく【大韓民国】 名詞 朝鮮半島《ちょうせんはんとう》の北緯《ほくい》三八度線《どせん》から南《みなみ》にある国《くに》。貿易《ぼうえき》や文化《ぶんか》などで日本《にほん》との関係《かんけい》が深《ふか》い。首都《しゅと》はソウル。「韓国《かんこく》」ともいう。

(国旗《こっき》)

たいき【大気】 名詞 地球《ちきゅう》をとり巻《ま》いている気体《きたい》。例 大気のよごれを調査《ちょうさ》する／大気圏《けん》。

たいき【待機】 名詞 動詞 いつでも動《うご》き出《だ》せるように、準備《じゅんび》をして待《ま》つこと。例 自宅《じたく》待機。

たいぎ【大儀】 形容動詞 くたびれていて、または、それをするのが大変《たいへん》そうなので、気《き》が進《すす》まないようす。おっくう。例 しゃべるのも大儀だ。

たいきおせん【大気汚染】 名詞 大気《たいき》が、自動車《じどうしゃ》の排気《はいき》ガスや工場《こうじょう》のけむりなどの有害《ゆうがい》な物質《ぶっしつ》でよごされること。

たいぎご【対義語】 名詞
❶たがいに反対《はんたい》の意味《いみ》を持《も》つことば。反対語《はんたいご》。「遠《とお》い」と「近《ちか》い」など。対 同義語《どうぎご》。
❷対《つい》になっていることば。対語《ついご》。「父《ちち》」と「母《はは》」など。

だいぎし【代議士】 名詞 選挙《せんきょ》で選《えら》ばれ、国民《こくみん》の意見《いけん》を代表《だいひょう》して国《くに》の政治《せいじ》をする人《ひと》。国会議《こっかいぎ》員《いん》。ことば ふつう、衆議院議員《しゅうぎいんぎいん》をいう。

たいきばんせい【大器晩成】 ⇩757ページ 四字熟語

だいきぼ【大規模】 形容動詞 物《もの》のつくりや仕事《しごと》の計画《けいかく》などが、大《おお》がかりであること。例 ここに大規模な工場《こうじょう》が建設《けんせつ》されるらしい。

だいきぼしゅうせきかいろ【大規模集積回路】 ⇩158ページ エルエスアイ

たいぎめいぶん【大義名分】 名詞 行動《こうどう》を起《お》こすときに、人《ひと》に堂々《どうどう》と説明《せつめい》できる、もっともな理由《りゆう》。例 大義名分が立《た》つ。

たいきゃく【退却】 名詞 動詞 戦《たたか》いなどに負《ま》けて、後《うし》ろへさがること。対 進撃《しんげき》。

だいきゅう【代休】 名詞 休日《きゅうじつ》に登校《とうこう》したり働《はたら》いたりした代《か》わりに、平日《へいじつ》にとる休《やす》み。例 代休をとる。

たいきゅうりょく【耐久力】 名詞 長《なが》く持《も》ちこたえられる力《ちから》。また、苦《くる》しいことにたえられる力《ちから》。例 耐久力のある素材《そざい》。

たいきょ【大挙】
❶名詞 たいへん大《おお》きな計画《けいかく》。例 オリンピックで三種目優勝《さんしゅもくゆうしょう》の大挙を成《な》しとげる。
❷名詞 動詞 大勢《おおぜい》がいっしょになってすること。例 観光客《かんこうきゃく》が大挙しておとずれた。

たいきょ【退去】 名詞 動詞 その場《ば》から立《た》ちのくこと。例 危険区域《きけんくいき》から退去する。

たいきょく【大局】 名詞 ものごとをおおまかに見《み》たときの、全体《ぜんたい》の動《うご》き。例 大局を見《み》て判断《はんだん》する。

たいきょく【対局】 名詞 動詞 二人《ふたり》が向《む》かい合《あ》って囲碁《いご》や将棋《しょうぎ》をすること。

たいきょく【対極】 名詞 正反対《せいはんたい》のところ。例 二人《ふたり》の意見《いけん》は対極にある。

たいきん【大金】 名詞 たくさんのお金《かね》。例 趣味《しゅみ》に大金をつぎこむ。

だいきん【代金】 名詞 品物《しなもの》を買《か》うためにはらうお金《かね》。例 くつの代金をはらう。

だいきんひきかえ【代金引き換え】 名詞 代金《だいきん》と交換《こうかん》で品物《しなもの》などをわたすこと。

だいく【大工】 名詞 家《いえ》を建《た》てたり、直《なお》したりすることを仕事《しごと》とする人《ひと》。また、その仕事《しごと》。

たいぐう【待遇】 名詞 動詞
❶人《ひと》をもてなすこと。例 温《あたた》かい待遇を受《う》ける。
❷働《はたら》く人《ひと》の、給料《きゅうりょう》や勤務時間《きんむじかん》などのとりあつかい方《かた》。例 この会社《かいしゃ》は待遇がよい。

たいくつ【退屈】 名詞 動詞 形容動詞 何《なに》もすることがなくて、つまらないこと。また、おもしろいところがないこと。例 退屈な映画《えいが》。

たいくつしのぎ【退屈しのぎ】 名詞 あるものごとに気持《きも》ちを向《む》けて、退屈《たいくつ》であることを忘《わす》れるようにすること。例 退屈しのぎに散歩《さんぽ》に出《で》かけた。

たいぐん【大軍】 名詞 兵士《へいし》が大勢《おおぜい》いる軍隊《ぐんたい》。

たいぐん【大群】 名詞 動物《どうぶつ》などがたくさん集《あつ》まってつくる群《む》れ。例 はちの大群。

たいけい【大兄】 代名詞 男性《だんせい》が手紙《てがみ》などを書《か》くとき、相手《あいて》の男性《だんせい》を敬《うやま》って呼《よ》ぶことば。自分《じぶん》と同《おな》じくらいか、年上《としうえ》の男性《だんせい》に対《たい》して使《つか》う。

すぐに変《か》わって定《さだ》まらないこと。

例 大兄のご健康をおいのり申し上げます。関連 貴君《きくん》。貴兄《きけい》。

たいけい【体形】 名詞 体《からだ》のかたち。

たいけい【体系】 名詞 いろいろなものごとを、ある決《き》まりや考《かんが》え方《かた》によって順序《じゅんじょ》正《ただ》しくまとめたものの全体《ぜんたい》。例 電気《でんき》の料金《りょうきん》体系。

たいけい【体型】 名詞 体《からだ》つきを肉《にく》づきによって分《わ》けた型《かた》。やせ型《がた》・肥満型《ひまんがた》など。

だいけい【台形】 名詞 向《む》かい合《あ》っているひと組《くみ》の辺《へん》が平行《へいこう》な四角形《しかくけい》。図 ⇒686ジ《ペー》ずけい

たいけつ【対決】 名詞 動詞 争《あらそ》っているもののどちらが正《ただ》しいか、またはどちらがすぐれているかを、直接《ちょくせつ》向《む》かい合《あ》って決《き》めること。例 最《さい》後《ご》は横綱《よこづな》同士《どうし》の対決となった。

たいけん【体験】 名詞 動詞 自分《じぶん》で実際《じっさい》にやってみること。また、そのようにして身《み》についたもの。例 体験談《だん》／乗馬《じょうば》を体験する。類 経験《けいけん》。

たいげん【大言】 名詞 動詞 いばって、大《おお》きなことを言《い》うこと。また、そのことば。例 大言をはく（＝言《い》う）。

たいげん【体言】 名詞 そのことば一《ひと》つで意味《いみ》を持《も》ち、形《かたち》が変《か》わらないことば。名詞《めいし》、代名詞《だいめいし》の二種類《にしゅるい》で、あとに「は」「が」がついて主語《しゅご》になる。対 用言《ようげん》。

たいげんそうご【大言壮語】 名詞 動詞 できもしないことや大《おお》げさなことを、大《おお》いばりで言《い》うこと。また、そのことば。例 「次《つぎ》は優勝《ゆうしょう》だ。」と大言壮語する。

たいげんどめ【体言止め】 名詞 文《ぶん》の終《お》わりを名詞などの体言にする表現方法。たとえば、「柿《かき》くへ（え）ば鐘《かね》が鳴《な》るなり法隆寺《ほうりゅうじ》」という俳句《はいく》には、体言止《たいげんど》めが使《つか》われている。

たいこ【太古】 名詞 大昔《おおむかし》。遠《とお》い昔《むかし》。例 太古の生物《せいぶつ》。

たいこ【太鼓】 名詞 打楽器《だがっき》の一《ひと》つ。木《き》や金属《きんぞく》でできたつつの両側《りょうがわ》、または片側《かたがわ》に皮《かわ》を張《は》り、手《て》やばちで打《う》って音《おと》を出《だ》すもの。ことば 「一面《いちめん》」と数《かぞ》える。図 ⇒269ジ《ペー》がっき〔楽器〕

たいご【対語】 ⇒854ジ《ペー》ついご

たいこう【対向】 名詞 動詞 おたがいに向《む》かい合《あ》うこと。例 対向車《しゃ》。

たいこう【対抗】 名詞 動詞 負《ま》けまいとして、おたがいに張《は》り合《あ》うこと。おたがいに競争《きょうそう》すること。例 学年《がくねん》対抗戦《せん》／対抗意識《いしき》を燃《も》やす。

たいこう【対校】 名詞 学校《がっこう》と学校《がっこう》とが競争《きょうそう》すること。例 対校試合《じあい》。

たいこう【退校】 名詞 動詞 生徒《せいと》や学生《がくせい》が、卒《そつ》業前《ぎょうまえ》に学校《がっこう》をやめること。退学《たいがく》。

だいこう【代行】 名詞 動詞 ある人《ひと》の代《か》わりに、その仕事《しごと》や役割《やくわり》などを行《おこな》うこと。また、その人《ひと》。例 運転《うんてん》を代行する／監督《かんとく》代行。

だいこうぶつ【大好物】 名詞 とても好《す》きな食《た》べ物《もの》や飲《の》み物《もの》。いちばんの好物《こうぶつ》。

たいこく【大国】 名詞 ❶面積《めんせき》の広《ひろ》い国《くに》。対 小国《しょうこく》。❷政治《せいじ》や経済《けいざい》などの力《ちから》の強《つよ》い国《くに》。例 経済《けいざい》大国／世界《せかい》の大国に成長《せいちょう》する。対 小国《しょうこく》。

だいこく【大黒】 ⇒775ジ《ペー》だいこくてん

だいこくてん【大黒天】 名詞 七福神の一人。大《おお》きなふくろを背負《せお》って打《う》ち出《で》の小《こ》づちを持《も》ち、米俵《こめだわら》の上《うえ》に乗《の》っている。「大黒《だいこく》」ともいう。図 ⇒577ジ《ペー》しちふくじん

だいこくばしら【大黒柱】 名詞 ❶家《いえ》の中央《ちゅうおう》に立《た》って屋根《やね》を支《ささ》える太《ふと》い柱《はしら》。❷家庭《かてい》や集団《しゅうだん》の中心《ちゅうしん》となって働《はたら》き、支《ささ》えている人《ひと》。例 一家《いっか》の大黒柱。

たいこばし【太鼓橋】 名詞 太鼓《たいこ》の胴《どう》のように、真《ま》ん中《なか》が高《たか》くなった半円形《はんえんけい》の橋《はし》。

たいこばし

たいこばんをおす【太鼓判を押す】 絶対《ぜったい》にまちがいはないとうけ合《あ》う。例 次《つぎ》は必《かなら》ず入賞《にゅうしょう》できると先生《せんせい》から太鼓判を押された。

だいごふくりゅうまる【第五福竜丸】 名詞 一九五四年《ねん》に、アメリカがビキニ環礁《かんしょう》で行《おこな》った水爆実験《すいばくじっけん》で放射能《ほうしゃのう》を浴《あ》びた、日本《にほん》のまぐろ漁船《ぎょせん》。乗組員《のりくみいん》の一人《ひとり》が死亡《しぼう》した。

だいごみ【だいご味】 名詞 ものごとのほんとうのおもしろさや深《ふか》い味《あじ》わい。例 プロの演《えん》奏会《そうかい》で、クラシック音楽《おんがく》のだいご味を味《あじ》わう。

だいこん【大根】 名詞 季語 冬 ❶野菜《やさい》の一《ひと》つ。根《ね》は白《しろ》く太《ふと》い。根《ね》のほか、葉《は》も食用《しょくよう》になる。「すずしろ」ともいい、春《はる》の七草《ななくさ》の一《ひと》つ。図 ⇒1084ジ《ペー》はるのななくさ ❷「大根役者《だいこんやくしゃ》」の略《りゃく》。演技《えんぎ》の下手《へた》な役者《やくしゃ》のこと。

四字熟語 朝令暮改《ちょうれいぼかい》 朝《あさ》に出《だ》した命令《めいれい》を、その日《ひ》の夕方《ゆうがた》には改《あらた》めるという意味《いみ》で、決《き》まりや命令《めいれい》などが

たいさ【大差】 名詞 大《おお》きなちがい。例 大差で試合《しあい》に勝《か》つ／両者《りょうしゃ》の間《あいだ》に大差はない。

たいざ【対座】 名詞 動詞 向《む》かい合《あ》ってすわること。例 祖父《そふ》と対座して将棋《しょうぎ》を指《さ》す。

たいざい【滞在】 名詞 動詞 よその土地《とち》へ行《い》き、そこにしばらくとどまること。例 北海道《ほっかいどう》に一《いっ》か月《げつ》滞在する。類 とう留《りゅう》。

だいざい【題材】 名詞 小説《しょうせつ》や絵《え》などの作品《さくひん》の中心《ちゅうしん》となる材料《ざいりょう》。例 旅行《りょこう》を題材に作文《さくぶん》を書《か》く。

たいさく【大作】 名詞 規模《きぼ》が大《おお》きく、力《ちから》のこもった作品《さくひん》。また、すぐれた作品《さくひん》。

たいさく【対策】 名詞 問題《もんだい》や事件《じけん》に対《たい》して、どのように解決《かいけつ》するかという、そのやり方《かた》。例 交通事故防止《こうつうじこぼうし》の対策を立《た》てる。類 方策《ほうさく》。

だいさく【代作】 名詞 動詞 本人《ほんにん》の代《か》わりにつくること。また、その作品《さくひん》。例 弟子《でし》が代作する。

たいさん【退散】 名詞 動詞 ❶集《あつ》まった人《ひと》たちが帰《かえ》っていくこと。例 もうおそいからそろそろ退散しよう。❷にげ去《さ》ること。例 敵《てき》はあわてて退散した。

だいさんじさんぎょう【第三次産業】 名詞 産業《さんぎょう》を大《おお》きく三《みっ》つに分《わ》けたうちの一《ひと》つ。商品《しょうひん》を売《う》ったり、サービスを提供《ていきょう》したりする、商業《しょうぎょう》・運輸業《うんゆぎょう》・通信業《つうしんぎょう》・金融業《きんゆうぎょう》など。関連 第一次産業《だいいちじさんぎょう》。第二次産業《だいにじさんぎょう》。

だいさんしゃ【第三者】 名詞 そのことがらに直接関係《ちょくせつかんけい》のない人《ひと》。対 当事者《とうじしゃ》。

だいさんセクター【第三セクター】 名詞 国《くに》や地方公共団体《ちほうこうきょうだんたい》と民間企業《みんかんきぎょう》がともにお金《かね》を出《だ》してつくった、事業《じぎょう》を行《おこな》う組織《そしき》。地域《ちいき》の開発《かいはつ》や交通《こうつう》などに関《かん》する事業《じぎょう》を行《おこな》う。

たいさんぼく【泰山木】 名詞 もくれんのなかまの高《たか》い木《き》。葉《は》は一年《いちねん》じゅう緑色《みどりいろ》で、大《おお》きくつやがある。五《ご》、六月《ろくがつ》ごろ、香《かお》りのよい白《しろ》い大《おお》きな花《はな》をつける。

たいさんぼく

たいざんめいどうしてねずみいっぴき【大山鳴動してねずみ一匹】 ↓247ページ
ことわざ

たいし【大志】 名詞 高《たか》い目標《もくひょう》へと向《む》かう気持《きも》ち。大きな望み。例 大志をいだく。類 大望《たいもう》。

たいし【大使】 名詞 国《くに》を代表《だいひょう》して外国《がいこく》に行《い》き、その国《くに》とのつきあいをしたり、その国《くに》にいる自分《じぶん》の国《くに》の人《ひと》たちを守《まも》ったりする役目《やくめ》の人《ひと》。「特《とく》命全権大使《めいぜんけんたいし》」の略《りゃく》。例 大使館《かん》／フランス大使。

たいじ【対じ】 名詞 動詞 対立《たいりつ》する者同士《ものどうし》が、向《む》き合《あ》ったまま動《うご》かないこと。例 川《かわ》をはさんで両軍《りょうぐん》が対じする。

たいじ【胎児】 名詞 母親《ははおや》のおなかの中《なか》の、まだ生《う》まれていない子《こ》。

たいじ【退治】 名詞 動詞 人《ひと》に害《がい》をあたえるものをほろぼすこと。例 害虫《がいちゅう》を退治する。

だいし【台紙】 名詞 写真《しゃしん》や絵《え》などをはりつけるための厚《あつ》い紙《かみ》。

だいじ【大事】 ❶形容動詞 重要《じゅうよう》なようす。大切《たいせつ》なようす。例 大事な用件《ようけん》／妹《いもうと》を大事に思《おも》う。❷形容動詞 気《き》をつけるようす。例 体《からだ》を大事にしてください。❸名詞 重大《じゅうだい》なできごと。例 国《くに》の大事。❹名詞 大《おお》きな仕事《しごと》。例 大事を成《な》しとげる。

● **大事《だいじ》に至《いた》る** 大変《たいへん》な状態《じょうたい》になる。例 事故《じこ》にあったが、さいわい大事に至らずにすんだ。

● **大事《だいじ》を取《と》る** じゅうぶんに用心《ようじん》する。無理《むり》をしないで、慎重《しんちょう》に行動《こうどう》する。例 大事を取ってもう一日《いちにち》休《やす》んだ。

だいじ【題字】 名詞 本《ほん》や石碑《せきひ》、かけじくなどに、題《だい》として書《か》く文字《もじ》。

ダイジェスト (digest) 名詞 動詞 文章《ぶんしょう》やできごとなどの内容《ないよう》を、大切《たいせつ》なところをぬき出《だ》して短《みじか》くまとめること。また、まとめたもの。

たいしかん【大使館】 名詞 大使《たいし》が、派遣《はけん》された国《くに》で仕事《しごと》をする役所《やくしょ》。

だいしきゅう【大至急】 名詞 副詞 きわめて大急《おおいそ》ぎであること。例 大至急連絡《れんらく》をください。

だいしぜん【大自然】 名詞 人間《にんげん》の力《ちから》がおよばない大《おお》きな力《ちから》を持《も》つ自然《しぜん》。例 大自然の美《うつく》しさ。

たいした【大した】 連体詞 ❶大変《たいへん》な。すばらしい。例 自分《じぶん》で本箱《ほんばこ》をつくってしまったとは大したものだ。❷特別《とくべつ》にとり上《あ》げて言《い》うほどの。それほどの。例 大した問題《もんだい》ではない。使い方 ❷は、あとに「ない」などのことばがくる。

たいしつ【体質】 名詞

ぐらに進《すす》むこと。

❶生まれつき持っている体の性質。例じょうぶな体質。❷組織《そしき》などに深《ふか》くしみこんでいる性質《せいしつ》。例会《かい》社《しゃ》の体質を改善《かいぜん》する。

たいしつ【退室】 名詞 動詞 その部屋《へや》から出《で》ること。例答案《とうあん》を出《だ》した人《ひと》は退室してください。

たいして【大して】 副詞 それほど。そんなに。例この本《ほん》は大しておもしろくない。使い方 あとに「ない」などのことばがくる。

たいしゃ【退社】 名詞 動詞 ❶勤《つと》めていた会社《かいしゃ》をやめること。対入社《にゅうしゃ》。❷勤《つと》めを終《お》えて会社《かいしゃ》を出《で》ること。例退社時間《じかん》。対出社《しゅっしゃ》。

だいしゃ【台車】 名詞 ❶荷物《にもつ》を運《はこ》ぶときに使《つか》う、車輪《しゃりん》と取《と》っ手《て》の付《つ》いた台《だい》。❷列車《れっしゃ》の車体《しゃたい》を支《ささ》える、車輪《しゃりん》の付《つ》いたわくの部《ぶ》分《ぶん》。

だいじゃ【大蛇】 名詞 大《おお》きなへび。

たいしゃく【貸借】 名詞 動詞 貸《か》すことと借《か》りること。貸《か》し借《か》り。

たいじゅ【大樹】 名詞 大《おお》きな木《き》。大木《たいぼく》。例寄《よ》らば大樹のかげ（＝たよるなら、力《ちから》のある人《ひと》や大《おお》きな組織《そしき》がよい）。類巨木《きょぼく》。

たいしゅう【大衆】 名詞 多数《たすう》の人々《ひとびと》。また、世《よ》の中《なか》の、ごくふつうの人《ひと》たち。例大衆文学《ぶんがく》。類公衆《こうしゅう》。庶民《しょみん》。民衆《みんしゅう》。

たいじゅう【体重】 名詞 体《からだ》の重《おも》さ。

たいしゅうてき【大衆的】 形容動詞 ふつうの人々が気軽に親しめるようす。例大衆的なレストラン。類庶民的《しょみんてき》。

たいしゅつ【退出】 名詞 動詞 その場所《ばしょ》から引《ひ》き下《さ》がること。使い方 役所《やくしょ》や、あらたまった場《ば》所《しょ》から出《で》るときに使《つか》うことが多《おお》い。

たいしょ【大暑】 名詞 季語夏 二十四節気《にじゅうしせっき》の一《ひと》つ。一年《いちねん》でいちばん暑《あつ》いころ。七月二十三《しちがつにじゅうさん》日《にち》ごろ。↓1450ページ二十四節気《にじゅうしせっき》

たいしょ【対処】 名詞 動詞 問題《もんだい》や事件《じけん》などに対《たい》して、それにふさわしい行動《こうどう》をとること。処《しょ》理《り》すること。例水害《すいがい》に対処する。

たいしょう【大将】 名詞 ❶軍人《ぐんじん》のいちばん上《うえ》の位《くらい》。また、その位《くらい》の人《ひと》。❷人《ひと》の集《あつ》まりの中《なか》で、いちばん上《うえ》に立《た》つ人《ひと》。例がき大将。❸人《ひと》を、親《した》しみをこめて、またはからかって呼《よ》ぶことば。例大将、調子《ちょうし》はどうだい？

たいしょう【大勝】 名詞 動詞 大《おお》きな差《さ》をつけて勝《か》つこと。例一回戦《いっかいせん》は十五対一《じゅうごたいいち》で大勝した。類圧勝《あっしょう》。対大敗《たいはい》。

たいしょう【対称】 名詞 二《ふた》つの点《てん》・線《せん》・形《かたち》などが、ある一《ひと》つの点《てん》・線《せん》・面《めん》を境《さかい》にして、ちょうど向《む》かい合《あ》う位置《いち》にあること。図↓778ページ たいしょうずけい ↓使い分け

たいしょう【対象】 名詞 目当《めあ》てや目標《もくひょう》となるもの。例学生《がくせい》が対象の調査《ちょうさ》。↓使い分け

たいしょう【対照】 ❶名詞 動詞 二《ふた》つのものを照《て》らし合《あ》わせること。見比《みくら》べること。例写《うつ》しをもとのものと対照して、まちがいがないか調べる。類対比。❷名詞 二《ふた》つのもののとりあわせ。コントラスト。例背景《はいけい》との色《いろ》の対照がおもしろい。↓使い分け

> **使い分け　たいしょう**　対称・対象・対照
>
> **対称**　ある点《てん》・線《せん》・面《めん》を境《さかい》にして、点《てん》・線《せん》・図形《ずけい》などがそれぞれ完全《かんぜん》に向《む》き合《あ》う位置《いち》にあること。
> 「対称《たいしょう》の図形《ずけい》／線対称《せんたいしょう》」
>
> 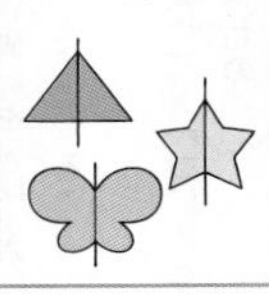
>
> **対象**　はたらきかけの目標《もくひょう》とするもの。
> 「子供対象《こどもたいしょう》の物語《ものがたり》／女性対象《じょせいたいしょう》の商品《しょうひん》」
>
> 
>
> **対照**　あるものをほかのものと比《くら》べること。
> 「二枚《にまい》の写真《しゃしん》を対照《たいしょう》する」
>
> 

たいしょう【隊商】 名詞 隊《たい》を組《く》んで砂漠《さばく》を行《い》き来《き》する商人《しょうにん》。キャラバン。

たいじょう【退場】 名詞 動詞 その場所《ばしょ》・舞《ぶ》台《たい》・会場《かいじょう》などから立《た》ち去《さ》ること。例一年生《いちねんせい》が舞台《ぶたい》から退場した。対入場《にゅうじょう》。登場《とうじょう》。

だいしょう【大小】 名詞 ❶大《おお》きいことと小《ちい》さいこと。大《おお》きいものと小《ちい》さ

四字熟語　猪突猛進《ちょとつもうしん》　いのししがまっすぐにつき進《すす》むように、一《ひと》つのことに向《む》かってすごい勢《いきお》いでまっし

いもの。例 大小さまざまな作品《さくひん》。
❷長《なが》い刀《かたな》と短《みじか》い刀《かたな》。例 大小をこしに差《さ》す。

だいしょう【代償】名詞
❶他人《たにん》に損害《そんがい》をあたえたつぐないとして、お金《かね》や物《もの》を差《さ》し出《だ》すこと。また、そのお金《かね》や品物《しなもの》。
❷あることをするためにはらったぎせい。例 戦《たたか》いには勝《か》ったが、代償も大《おお》きかった。

たいしょうじだい【大正時代】名詞
明治《めいじ》時代《じだい》のあと、一九一二年《ねん》から一九二六年《ねん》までの時代《じだい》。第一次世界大戦《だいいちじせかいたいせん》や関東大震災《かんとうだいしんさい》があった。

たいしょうずけい【対称図形】名詞
線《せん》対称《たいしょう》や点対《てんたい》称《しょう》になっている図《ず》形《けい》。

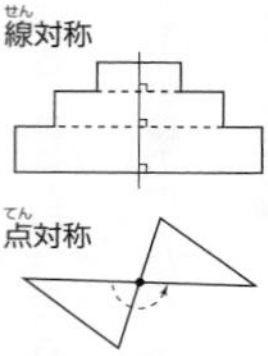

たいしょうずけい

だいじょうぜんてん【台上前転】名詞
とび箱《ばこ》のとび方《かた》の一《ひと》つ。両足《りょうあし》でふみきり、とび箱《ばこ》の上《うえ》で両手《りょうて》をつき、前転《ぜんてん》して下《お》りる。

だいじょうだいじん【太政大臣】名詞
❶律令《りつりょう》制の政治体制《せいじたいせい》の、いちばん上《うえ》の位《くらい》。
❷明治政府初期《めいじせいふしょき》の太政官制《だいじょうかんせい》の、いちばん上《うえ》の位《くらい》。❶と区別《くべつ》するため「だじょうだいじん」とも読《よ》む。

たいしょうてき【対照的】形容動詞
二《ふた》つのものごとの間《あいだ》で、ちがいがはっきりしているようす。例 二人《ふたり》は対照的な性格《せいかく》をしている。

だいじょうぶ【大丈夫】形容動詞
しっかりとしていて、心配《しんぱい》のないようす。例 ちゃんと手《て》当《あ》てをしたから大丈夫だよ。

だいじょうみゃく【大静脈】名詞
体《からだ》じゅうを回《まわ》って、酸素《さんそ》が少《すく》なくなった血《ち》を集《あつ》めて心《しん》臓《ぞう》に送《おく》る太《ふと》い血管《けっかん》。対 大動脈《だいどうみゃく》。

たいしょく【大食】名詞 動詞
たくさん食《た》べること。大食《おおぐ》い。例 大食漢《かん》。対 小食《しょうしょく》。

たいしょく【退職】名詞 動詞
勤《つと》めをやめること。例 定年《ていねん》退職する。類 辞職《じしょく》。対 就職《しゅうしょく》。

たいしん【耐震】名詞
強《つよ》い地震《じしん》にあってもこわれないで、持《も》ちこたえること。例 耐震建築《けんちく》。

たいじん【大人】名詞
心《こころ》が広《ひろ》く、人《ひと》から尊敬《そんけい》されるりっぱな人《ひと》。大人物《だいじんぶつ》。対 小人《しょうじん》。

たいじん【退陣】名詞 動詞
❶重要《じゅうよう》な地位《ちい》や役目《やくめ》から退《しりぞ》くこと。例 総理大《そうりだい》臣《じん》が退陣する。
❷軍隊《ぐんたい》が、後《うし》ろへ退《しりぞ》くこと。類 退任《たいにん》。

だいじん【大臣】名詞
❶国《くに》の政治《せいじ》を行《おこな》うために、内閣《ないかく》を構成《こうせい》している人《ひと》。総理大臣《そうりだいじん》と国務大臣《こくむだいじん》がある。
❷昔《むかし》、国《くに》を治《おさ》めた役人《やくにん》のいちばん上《うえ》の位《くらい》の人《ひと》。例 左《さ》大臣／右《う》大臣。

たいじんじらい【対人地雷】名詞
人《ひと》をねらってしかけられる地雷《じらい》。参考 一九九七年《ねん》、多《おお》くの国《くに》がカナダのオタワに集《あつ》まって「対人地雷《たいじんじらい》禁止《きんし》のための条約《じょうやく》」を作《つく》った。

だいじんぶつ【大人物】名詞
心《こころ》が広《ひろ》く、すぐれた才能《さいのう》を持《も》ったりっぱな人《ひと》。大人《たいじん》。対 小《しょう》人物《じんぶつ》。

だいず【大豆】名詞
豆《まめ》のなかまの作物《さくもつ》。夏《なつ》に白色《しろいろ》または赤《あか》むらさき色《いろ》の花《はな》をつける。種《たね》は食《しょく》用《よう》になり、豆腐《とうふ》・みそ・しょうゆ・納豆《なっとう》などの原料《げんりょう》になる。

タイスコア 名詞
競技《きょうぎ》で、得点《とくてん》が同《おな》じであること。同点《どうてん》。ことば 英語《えいご》をもとに日本《にほん》で作《つく》られたことば。

たいする【対する】動詞
❶向《む》かい合《あ》う。例 テーブルをはさんで対する。
❷相手《あいて》にする。例 笑顔《えがお》で客《きゃく》に対する。
❸戦《たたか》う。対抗《たいこう》する。例 強敵《きょうてき》と対する。
❹対《つい》になる。例 赤《あか》に対する白《しろ》。
❺…についてする。…に関《かん》する。例 この提案《ていあん》に対する意見《いけん》はありませんか。
❻比《くら》べる。例 輸《ゆ》入《にゅう》に対して輸《ゆ》出《しゅつ》の量《りょう》が多《おお》い。

だいする【題する】動詞
作品《さくひん》などに題《だい》をつける。例 「友情《ゆうじょう》」と題した作文《さくぶん》。

たいせい【大成】名詞 動詞
❶りっぱに仕上《しあ》げること。例 研究《けんきゅう》を大成する。
❷才能《さいのう》をのばしてりっぱな人物《じんぶつ》になること。例 音楽家《おんがくか》として大成する。
❸たくさんの資料《しりょう》などを集《あつ》めて、一《ひと》つにまとめ上《あ》げること。また、集《あつ》めたもの。

たいせい【大勢】名詞
ものごとや世《よ》の中《なか》の、だいたいの成《な》り行《ゆ》き。例 この試合《しあい》の大勢は決《き》まった。ことば 「おおぜい」と読《よ》むと別《べつ》の意味《いみ》。

たいせい【体制】名詞
❶組織《そしき》や社会《しゃかい》のしくみ。例 資本主義《しほんしゅぎ》体制の国《くに》。
❷社会《しゃかい》を支配《しはい》している勢力《せいりょく》。例 体制に反対《はんたい》する。

かにじっくりと考《かんが》えること。

たいせい【体勢】 名詞 何《なに》かをするときの体《からだ》の構《かま》え。姿勢《しせい》。例 体勢がくずれる。

たいせい【胎生】 名詞 子供《こども》が、母親《ははおや》の体《からだ》の中《なか》で育《そだ》ち、親《おや》と同《おな》じ形《かたち》で生《う》まれること。対 卵生《らんせい》。
参考 ほとんどの哺乳類《ほにゅうるい》は胎生《たいせい》。

たいせい【態勢】 名詞 あるものごとに対《たい》する態度《たいど》や身構《みがま》え。例 災害《さいがい》に備《そな》えて態勢を整《ととの》える。

たいせいほうかん【大政奉還】 名詞 江戸《えど》幕府《ばくふ》の第十五代《だいじゅうごだい》将軍《しょうぐん》徳川慶喜《とくがわよしのぶ》が、一八六七年《ねん》に政権《せいけん》を天皇《てんのう》に返《かえ》したこと。

たいせいよう【大西洋】 名詞 世界《せかい》の三大洋《さんたいよう》の一《ひと》つ。太平洋《たいへいよう》に次《つ》いで、世界《せかい》で二番目《にばんめ》に広《ひろ》い。南北《なんぼく》アメリカ大陸《たいりく》とヨーロッパ・アフリカ大陸《たいりく》にはさまれ、重要《じゅうよう》な海上交通路《かいじょうこうつうろ》となっている。使い方「太西洋」と書《か》かないよう注意《ちゅうい》。ただし、「たいへいよう」は「太平洋」と書《か》く。

たいせき【体積】 名詞 立体《りったい》の大《おお》きさ。かさ。
教科 算 たとえば、直方体《ちょくほうたい》の体積《たいせき》は、たて×横《よこ》×高《たか》さで求《もと》める。

たいせき【退席】 名詞 動詞 会《かい》などの席《せき》を立《た》って、その場所《ばしょ》から出《で》て行《い》くこと。例 急用《きゅうよう》で退席する。

たいせき【堆積】 名詞 動詞 物《もの》が積《つ》み重《かさ》なること。また、風《かぜ》や水《みず》の流《なが》れによって、どろ・砂《すな》・小石《こいし》などが運《はこ》ばれ、ある場所《ばしょ》に積《つ》もること。

たいせきがん【堆積岩】 名詞 水《みず》の底《そこ》などに積《つ》もった小石《こいし》・砂《すな》・粘土《ねんど》などが固《かた》まってできた岩《いわ》。砂岩《さがん》・れき岩《がん》など。関連 火成岩《かせいがん》。

たいせつ【大切】 形容動詞
❶大事《だいじ》にするようす。ていねいにあつかうようす。例 父《ちち》が大切にしている時計《とけい》。
❷重要《じゅうよう》であるようす。例 大切な仕事《しごと》。

たいせつ【大雪】 名詞 季語 冬
❶おおゆき。
❷二十四節気《にじゅうしせっき》の一《ひと》つ。雪《ゆき》が本格的《ほんかくてき》に降《ふ》るころ。十二月七日《じゅうにがつなのか》ごろ。⬇1450ジペー 二十四節気《にじゅうしせっき》
ことば 季語《きご》として使《つか》うのは❷の意味《いみ》。

だいせつざん【大雪山】 名詞 北海道《ほっかいどう》の中部《ちゅうぶ》にある、旭岳《あさひだけ》を中心《ちゅうしん》とした火山群《かざんぐん》。高山植物《こうざんしょくぶつ》が多《おお》く、ふもとには温泉《おんせん》がある。大雪山国立公園《だいせつざんこくりつこうえん》にふくまれる。

だいせつざんこくりつこうえん【大雪山国立公園】 名詞 北海道《ほっかいどう》の中央部《ちゅうおうぶ》、大雪山《だいせつざん》を中心《ちゅうしん》とする国立公園《こくりつこうえん》。広大《こうだい》な原生林《げんせいりん》や、多《おお》くの温泉《おんせん》がある。

たいせん【大戦】 名詞
❶大《おお》きな戦争《せんそう》。
❷「第一次世界大戦《だいいちじせかいたいせん》」「第二次世界大戦《だいにじせかいたいせん》」のこと。

たいせん【対戦】 名詞 動詞 たがいに向《む》かい合《あ》って戦《たたか》うこと。例 一組《いちくみ》と二組《にくみ》が対戦する。

だいせん【大山】 名詞 鳥取県《とっとりけん》の西部《せいぶ》にある火《か》山《ざん》。中国地方《ちゅうごくちほう》でもっとも高《たか》い山《やま》。大山隠岐国《だいせんおきこく》立公園《りつこうえん》にふくまれる。

だいせんおきこくりつこうえん【大山隠岐国立公園】 名詞 鳥取《とっとり》・島根《しまね》・岡山《おかやま》の三《さん》県《けん》にまたがる国立公園《こくりつこうえん》。大山《だいせん》を中心《ちゅうしん》に、隠岐《おき》諸島《しょとう》・島根半島《しまねはんとう》をふくむ。

だいせんこふん【大仙古墳】 名詞 大阪府《おおさかふ》堺市《さかいし》にある前方後円墳《ぜんぽうこうえんふん》。五世紀《ごせいき》ごろにつくられた。「仁徳陵古墳《にんとくりょうこふん》」ともいう。ことば「大山古墳」と書《か》くこともある。

たいぜんじじゃく〔と〕【泰然自若〔と〕】 副詞 何《なに》があってもあわてず落《お》ち着《つ》いているようす。使い方「泰然自若たる態度《たいど》」などの形《かたち》でも使《つか》う。

たいそう【大層】
❶副詞 非常《ひじょう》に。たいへん。例 朝晩《あさばん》はたいそう寒《さむ》い。
❷形容動詞 大《おお》げさなようす。例 大層な言《い》い方《かた》。
使い方 ❶は、ふつうかな書《が》きにする。

たいそう【体操】 名詞 体《からだ》をきたえたり、発達《はったつ》を助《たす》けたりするために、体《からだ》の各部分《かくぶぶん》を規則《きそく》正《ただ》しく動《うご》かす運動《うんどう》。例 ラジオ体操。

だいそう【代走】 ⬇1135ジペー ピンチランナー

だいそれた【大それた】 連体詞 自分《じぶん》の力《ちから》や立場《たちば》にふさわしくないほど大《おお》きな。とんでもない。例 大《おお》それた願《ねが》いを持《も》つ。

たいだ【怠惰】 名詞 形容動詞 なまけていて、だらしがないこと。例 怠惰な生活《せいかつ》。対 勤勉《きんべん》。

だいだ【代打】 ⬇1135ジペー ピンチヒッター

だいたい【大体】
❶名詞 おおよそのところ。大部分《だいぶぶん》。例 話《はなし》の大体はつかむことができた。
❷副詞 おおよそ。ほとんど。例 だいたい二十人《にじゅうにん》くらいが来《き》た／宿題《しゅくだい》はだいたい終《お》わった。
❸副詞 もともと。はじめから。例 だいたい、

四字熟語 沈思黙考《ちんしもっこう》 深《ふか》く思《おも》いにしずみ（沈思《ちんし》）、だまって考《かんが》える（黙考《もっこう》）という意味《いみ》で、落《お》ち着《つ》いて静《しず》

きみの考《かんが》え方《かた》がおかしいよ。

使い方 ❷❸は、ふつうかな書《が》きにする。

だいたい【代替】 名詞 動詞 ほかのものを、あるものの代《か》わりにすること。例 みんなの意見《いけん》がまとまらないので、代替案《あん》を出《だ》す。

だいだい 名詞 季語 秋 みかんのなかまの木《き》の一《ひと》つ。夏《なつ》の初《はじ》めに白色《しろいろ》の花《はな》がさく。実《み》は正月《しょうがつ》のかざりや料理《りょうり》に使《つか》い、皮《かわ》は薬《くすり》にする。

だいだい【代代】 名詞 何代《なんだい》も続《つづ》いていること。例 先祖《せんぞ》代々／代々続《つづ》いた古《ふる》い旅館《りょかん》。

だいだいいろ【だいだい色】 名詞 赤《あか》みがかった黄色《きいろ》。オレンジ色《いろ》。

だいだいいろ

だいたいエネルギー【代替エネルギー】 名詞 現在《げんざい》のおもなエネルギー源《げん》の石油《せきゆ》や天然《てんねん》ガス、石炭《せきたん》などの代《か》わりになる、新《あたら》しいエネルギー。

だいたいこつ【大たい骨】 名詞 太《ふと》もものところにある、長《なが》く大《おお》きい骨《ほね》。

だいだいてき【大大的】 形容動詞 非常《ひじょう》に大《おお》がかりなようす。例 秋祭《あきまつ》りを大々的に行《おこな》う。

だいたすう【大多数】 名詞 ほとんど全部《ぜんぶ》に近《ちか》い数《かず》。例 大多数の人《ひと》が賛成《さんせい》した。類 大部分《だいぶぶん》。

たいだん【対談】 名詞 動詞 あるテーマについて、二人《ふたり》が向《む》かい合《あ》って話《はなし》をすること。また、その話《はなし》。例 二人《ふたり》の作家《さっか》が児童文学《じどうぶんがく》について対談する。類 対話《たいわ》。

たいだん【退団】 名詞 動詞 劇団《げきだん》や球団《きゅうだん》など、それまで入《はい》っていた団体《だんたい》をやめること。

だいたん【大胆】 形容動詞 度胸《どきょう》があって、ものごとをおそれないようす。例 大胆な行動《こうどう》。対 小心《しょうしん》。

だいたんふてき【大胆不敵】 形容動詞 非常《ひじょう》に度胸《どきょう》があって、何《なに》ものもおそれないようす。例 大胆不敵にも、一人《ひとり》で敵《てき》に向《む》かっていった。

使い方 「大胆不適」と書《か》かないよう注意《ちゅうい》。

だいち【大地】 名詞 広々《ひろびろ》とした土地《とち》。地面《じめん》。例 母《はは》なる大地／大地に広《ひろ》がる自然《しぜん》。

だいち【台地】 名詞 周《まわ》りより少《すこ》し高《たか》くて平《たい》らな土地《とち》。

たいちょう【体長】 名詞 動物《どうぶつ》などの体《からだ》の長《なが》さ。哺《ほ》乳類《にゅうるい》・は虫類《ちゅうるい》・鳥類《ちょうるい》・魚類《ぎょるい》などによってその測《はか》り方《かた》がちがう。

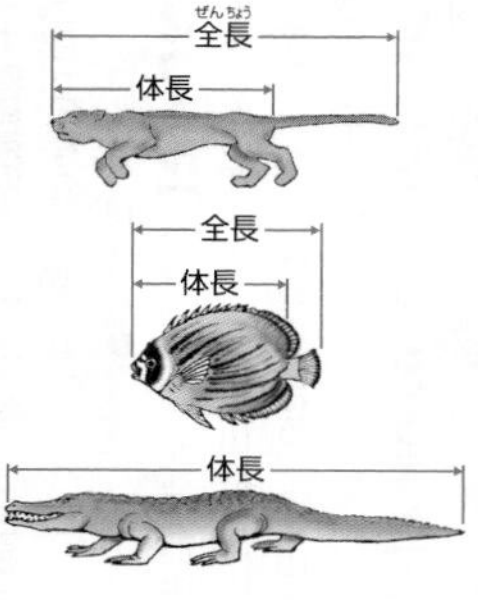

たいちょう【体長】

たいちょう【体調】 名詞 体《からだ》の調子《ちょうし》。例 体調を整《ととの》える／体調がよい。

たいちょう【隊長】 名詞 隊《たい》や集団《しゅうだん》を、中心《ちゅうしん》となって指揮《しき》する人《ひと》。例 父《ちち》は消防隊《しょうぼうたい》の隊長だ。

だいちょう【大腸】 名詞 消化管《しょうかかん》の一部《いちぶ》。小腸《しょうちょう》に続《つづ》く、こう門《もん》までの部分《ぶぶん》で、おもに水分《すいぶん》を吸《す》いとるはたらきをする。盲腸《もうちょう》・結腸《けっちょう》・直腸《ちょくちょう》からなる。図 ➡966ジ《ペー》 ないぞう〔内臓〕

だいちょう【台帳】 名詞 ❶商店《しょうてん》で、品物《しなもの》の売《う》り上《あ》げなどを書《か》き留《と》めておく帳面《ちょうめん》。
❷あることがらのもとになる帳簿《ちょうぼ》。例 戸籍《こせき》台帳。

だいちょうきん【大腸菌】 名詞 人《ひと》や動物《どうぶつ》の大腸《だいちょう》にいる細菌《さいきん》。病気《びょうき》の原因《げんいん》となる種類《しゅるい》もある。

たいてい【大抵】 名詞 副詞 ❶おおかた。大部分《だいぶぶん》。例 サッカーのことならたいてい知《し》っている。
❷たぶん。おそらく。例 妹《いもうと》はたいてい二時《にじ》までには帰《かえ》ってくるでしょう。
❸ほどほどにするようす。いいかげん。例 わがままもたいていにしなさい。
❹ふつう。ひととおり。例 たいていのことではびっくりしない。

使い方 ふつうかな書《が》きにする。❹は、あとに「ない」などのことばがくる。

たいてき【大敵】 名詞 大勢《おおぜい》の敵《てき》。また、非常《ひじょう》に強《つよ》い敵《てき》。例 寝不足《ねぶそく》は健康《けんこう》の大敵だ。類 強敵《きょうてき》。

たいど【態度】 名詞 ❶心《こころ》の動《うご》きが、ものの言《い》い方《かた》やしぐさに表《あらわ》れたもの。身《み》ぶり。例 落《お》ち着《つ》いた態度。
❷あるものごとについての考《かんが》え方《かた》や心構《こころがま》え。例 どうするのか態度をはっきりしなさい。

たいとう【台頭】 名詞 動詞 「頭《あたま》をもち上《あ》げる」という意味《いみ》から、新《あたら》しいものが勢力《せいりょく》をのばしてくること。

と。

てくること。例 新人《しんじん》の台頭が目覚ましい。

たいとう【対等】 名詞 形容動詞 二《ふた》つのものの立《たち》場《ば》や力《ちから》などに、よい悪《わる》いや上下《じょうげ》の差《さ》がないこと。例 対等な立場《たちば》で話《はな》し合《あ》う。

たいどう【帯同】 名詞 動詞 いっしょに連《つ》れていくこと。例 トレーナーを帯同して大会《たいかい》に参《さん》加《か》する。

だいどうしょうい【大同小異】 名詞 少《すこ》しのちがいはあるが、だいたいは同《おな》じであること。似《に》たり寄《よ》ったり。例 どの意見《いけん》も大同小異だ。類 五十歩百歩《ごじっぽひゃっぽ》。

だいどうみゃく【大動脈】 名詞 ❶心臓《しんぞう》から体《からだ》じゅうに血《ち》を送《おく》り出《だ》す太《ふと》い血管《けっかん》。対 大静脈《だいじょうみゃく》。❷交通《こうつう》の上《うえ》で大事《だいじ》な道路《どうろ》や線路《せんろ》をたとえていうことば。例 新幹線《しんかんせん》は日本《にほん》の交通《こうつう》の大動脈だ。

だいとうりょう【大統領】 名詞 共和国《きょうわこく》の政治《せいじ》の最高責任者《さいこうせきにんしゃ》。国《くに》と国民《こくみん》とを代表《だいひょう》し、選《せん》挙《きょ》で選《えら》ばれる。

たいとく【体得】 名詞 動詞 実際《じっさい》にやってみて、知識《ちしき》やわざを身《み》につけること。例 料理《りょうり》のこつを体得した。類 会得《えとく》。

だいどく【代読】 名詞 動詞 本人《ほんにん》に代《か》わって読《よ》むこと。例 お祝《いわ》いのことばを代読する。

だいどころ【台所】 名詞 ❶家《いえ》の中《なか》で、食事《しょくじ》のしたくをするところ。キッチン。炊事場《すいじば》。❷お金《かね》のやりくりをするところ。例 国《くに》の台所が苦《くる》しい。

タイトル（title）名詞 ❶本《ほん》や映画《えいが》などの題名《だいめい》。❷映画《えいが》やテレビの字幕《じまく》。❸スポーツで、優勝者《ゆうしょうしゃ》にあたえられる最高《さいこう》の資格《しかく》。選手権《せんしゅけん》。

タイトルマッチ（title match）名詞 チャンピオンを決《き》める試合《しあい》。選手権試合《せんしゅけんじあい》。

たいない【体内】 名詞 体《からだ》の中《なか》。

だいなし【台無し】 名詞 形容動詞 だめになってしまい、使《つか》いものにならなくなること。例 畑《はたけ》の作物《さくもつ》が、台風《たいふう》で台無しになった。

ダイナマイト（dynamite）名詞 大《おお》きな爆発《ばくはつ》力《りょく》を持《も》つ爆薬《ばくやく》。山《やま》や岩《いわ》をくずすのに使《つか》われる。ニトログリセリンがおもな原料《げんりょう》。参考 一八六六年《ねん》、スウェーデンのノーベルが発明《はつめい》した。

ダイナミック（dynamic）形容動詞 動《うご》きがあって、力強《ちからづよ》いようす。例 姉《あね》はダイナミックな演《えん》奏《そう》をする。

だいなりしょうなり【大なり小なり】
→771ページ「大《だい》」の子見出《こみだ》し

だいにじさんぎょう【第二次産業】 名詞 産業《さんぎょう》を大《おお》きく三《みっ》つに分《わ》けたうちの一《ひと》つ。物《もの》を加工《かこう》して製品《せいひん》をつくる、工業《こうぎょう》・鉱業《こうぎょう》・建設業《けんせつぎょう》など。関連 第一次産業《だいいちじさんぎょう》。第三次産業《だいさんじさんぎょう》。

だいにじせかいたいせん【第二次世界大戦】 名詞 一九三九（昭和十四《しょうわじゅうよ》）年《ねん》、ドイツがポーランドにせめ入《い》ったのをはじめに、日《に》本《ほん》・ドイツ・イタリアが、アメリカ・イギリス・フランス・ソ連《れん》・中国《ちゅうごく》などの連合国《れんごうこく》と世《せ》界の各地で戦った大きな戦争。一九四五（昭和二十《わにじゅう》）年八月《ねんはちがつ》、日本《にほん》の降伏《こうふく》で終《お》わった。

たいにち【対日】 名詞 日本《にほん》を相手《あいて》とすること。例 対日感情《かんじょう》／対日貿易《ぼうえき》に力《ちから》を入《い》れる。

だいにほんていこくけんぽう【大日本帝国憲法】 名詞 一八八九（明治二十二《めいじにじゅうに》）年《ねん》に公布《こうふ》された憲法《けんぽう》。天皇《てんのう》に主権《しゅけん》があった。「明《めい》治憲法《じけんぽう》」ともいう。

たいにん【大任】 名詞 大切《たいせつ》な役目《やくめ》。重大《じゅうだい》な務《つと》め。例 議長《ぎちょう》の大任を果《は》たす。類 大役《たいやく》。

たいにん【退任】 名詞 動詞 今《いま》までの任務《にんむ》をやめること。例 会長《かいちょう》を退任する。類 退陣《たいじん》。対 就《しゅう》任《にん》。

ダイニングキッチン 名詞 食堂《しょくどう》をかねた台《だい》所《どころ》。ことば 英語《えいご》をもとに日本《にほん》で作《つく》られたことば。「ダイニング」は英語《えいご》で「食事《しょくじ》」という意味《いみ》。

たいねつ【耐熱】 名詞 高《たか》い熱《ねつ》を加《くわ》えても性質《せいしつ》が変《か》わらないこと。例 耐熱ガラス容器《ようき》。

だいの【大の】 連体詞 ❶一人前《いちにんまえ》の。りっぱな。例 大の大人《おとな》を負《ま》かす。❷非常《ひじょう》な。大変《たいへん》な。例 大の仲《なか》よし。

たいのう【滞納】 名詞 動詞 納《おさ》めるべきお金《かね》を、決《き》められた期日《きじつ》が過《す》ぎても納《おさ》めないこと。例 電気料金《でんきりょうきん》を滞納する。

だいのう【大脳】 名詞 脳《のう》の中《なか》の大部分《だいぶぶん》をしめている、やわらかくしわの多《おお》い器官《きかん》。目《め》・耳《みみ》・鼻《はな》・手《て》・足《あし》などからの感《かん》じを受《う》けとめ、考《かんが》えたり覚《おぼ》えたりするはたらきをする。

だいのじ【大の字】 名詞 「大」という字《じ》のよ

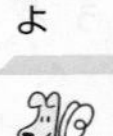

四字熟語　適材適所《てきざいてきしょ》　その人《ひと》の持《も》っている性質《せいしつ》や才能《さいのう》に、よく当《あ》てはまった仕事《しごと》や役目《やくめ》を割《わ》り当《あ》てるこ

あいうえお　かきくけこ　さしすせそ　たちつてと　た　なにぬねの　はひふへほ　まみむめも　や　ゆ　よ　らりるれろ　わ　を　ん

うに、人間《にんげん》が両手《りょうて》・両足《りょうあし》を大《おお》きく広《ひろ》げた格好《かっこう》。例 大の字になってねる。

だいのつき【大の月】 名詞 一年《いちねん》の十二《じゅうに》か月《げつ》のうち、日数《にっすう》が三十一《さんじゅういち》日《にち》ある月《つき》。一《いち》・三《さん》・五《ご》・七《なな》・八《はち》・十《じゅう》・十二月《じゅうにがつ》。対 小《しょう》の月《つき》。

たいは【大破】 名詞 動詞 ひどくこわれること。例 自動車《じどうしゃ》が事故《じこ》で大破した。

ダイバー (diver) 名詞
❶水中《すいちゅう》にもぐって仕事《しごと》をする人《ひと》。
❷水泳《すいえい》で、飛《と》びこみ競技《きょうぎ》の選手《せんしゅ》。
❸スキューバダイビングやスカイダイビングをする人《ひと》。

たいはい【大敗】 名詞 動詞 大《おお》きな差《さ》をつけられて負《ま》けること。大負《おおま》け。例 十点差《じってんさ》で大敗してしまった。対 大勝《たいしょう》。

だいばかり【台ばかり】 名詞 台《だい》の上《うえ》に物《もの》をのせて重《おも》さを量《はか》るはかり。図 ⇩1045ジ゙ー はかり

だいはちぐるま【大八車】 名詞 大《おお》きな車輪《しゃりん》が二《ふた》つついた、人《ひと》が引《ひ》いて荷物《にもつ》を運《はこ》ぶ車《くるま》。ことば 「八人分《はちにんぶん》の仕事《しごと》の代《か》わりをする車《くるま》」という意味《いみ》の「代八車」がもととといわれる。

だいはちぐるま

たいばつ【体罰】 名詞 なぐったりけったりするなど、体《からだ》に直接《ちょくせつ》苦《くる》しみをあたえるばつ。

たいはん【大半】 名詞 全体《ぜんたい》の半分以上《はんぶんいじょう》。大部分《だいぶぶん》。例 クラスの大半がかぜを引《ひ》いている。

たいばん【胎盤】 名詞 母親《ははおや》の子宮《しきゅう》の中《なか》にあり、胎児《たいじ》とへそのおでつながっている器官《きかん》。胎児《じ》に栄養《えいよう》を送《おく》るはたらきをする。

たいひ【対比】 名詞 動詞 二《ふた》つのものを比《くら》べて、ちがいを調《しら》べること。例 去年《きょねん》と今年《ことし》の気温《きおん》を対比する。類 対照《たいしょう》。比較《ひかく》。

たいひ【待避】 名詞 動詞 ほかの列車《れっしゃ》などが通《とお》り過《す》ぎるのをよけて待《ま》つこと。例 待避線《せん》。

たいひ【退避】 名詞 動詞 危険《きけん》をさけるため、安全《あんぜん》な場所《ばしょ》へにげること。例 洪水《こうずい》のため、となりの町《まち》へ退避した。類 避難《ひなん》。

たいひ【堆肥】 名詞 わら・草《くさ》・落《お》ち葉《ば》などを積《つ》み重《かさ》ね、くさらせてつくった肥料《ひりょう》。

タイピスト (typist) 名詞 タイプライターを打《う》つことを仕事《しごと》にしている人《ひと》。

だいひつ【代筆】 名詞 動詞 本人《ほんにん》の代《か》わりに、手紙《てがみ》や書類《しょるい》などを書《か》くこと。また、そうして書《か》いたもの。例 手紙《てがみ》の代筆をする。対 自筆《じひつ》。直筆《じきひつ》。

たいびょう【大病】 名詞 重《おも》い病気《びょうき》。例 大病をわずらう。類 重病《じゅうびょう》。

だいひょう【代表】 名詞 動詞
❶みんなに代《か》わって考《かんが》えを言《い》ったりものごとをしたりすること。また、その人《ひと》。例 クラスを代表して児童会《じどうかい》に出《で》る。
❷ある一《ひと》つのものが、全体《ぜんたい》のようすをよく表《あらわ》していること。また、そのもの。例 日本《にほん》の山《やま》を代表するのは富士山《ふじさん》だ。

だいひょうさく【代表作】 名詞 ある作者《さくしゃ》の特色《とくしょく》がよく出《で》ている、すぐれた作品《さくひん》。

だいひょうてき【代表的】 形容動詞 全体《ぜんたい》を代表《だいひょう》するような性質《せいしつ》や特徴《とくちょう》を持《も》っているようす。例 りんごは青森県《あおもりけん》の代表的な産物《さんぶつ》だ。

ダイビング (diving) 名詞 動詞
❶水泳《すいえい》で、飛《と》びこみ競技《きょうぎ》のこと。
❷水中《すいちゅう》にもぐること。例 スキューバダイビング。
❸高《たか》いところから飛《と》び降《お》りること。例 スカイダイビング。

タイプ (type)
❶名詞 人《ひと》やものごとを、ある性質《せいしつ》や特徴《とくちょう》から区別《くべつ》したときの、それぞれのまとまり。型《かた》。例 スポーツマンタイプ。
❷名詞 動詞 「タイプライター」の略《りゃく》。また、タイプライターで文字《もじ》を打《う》ち出《だ》すこと。

だいぶ【大分】 副詞 相当《そうとう》。かなり。だいぶん。例 かぜはだいぶよくなった。使い方 ふつうかな書《が》きにする。

たいふう【台風】 名詞 季語秋 夏《なつ》から秋《あき》にかけて日本付近《にほんふきん》をおそう、強《つよ》い熱帯低気圧《ねったいていきあつ》。南《みなみ》のほうの海上《かいじょう》ででき、北《きた》のほうへ動《うご》いてくる。激《はげ》しい風雨《ふうう》で、大《おお》きな被害《ひがい》が出《で》ることがある。例 台風一過《いっか》（＝台風《たいふう》が通《とお》り過《す》ぎて風雨《ふうう》が治《おさ》まること）。関連 サイクロン。ハリケーン。教科理 中心付近《ちゅうしんふきん》の最大風速《さいだいふうそく》が大《おお》きい台風《たいふう》を「強《つよ》い台風《たい》」といい、風速十五《ふうそくじゅうご》メートル以上《いじょう》の範囲《はんい》が広《ひろ》い台風《たいふう》を「大型《おおがた》の台風《たいふう》」という。

だいふく【大福】 名詞 あんをやわらかいもちで包《つつ》んだ和菓子《わがし》。「大福《だいふく》もち」の略《りゃく》。

だいふくもち【大福餅】 ⇩782ジ゙ー だいふく

動《どう》が変《か》わらないようす。どこまでも。あくまでも。

だいぶつ【大仏】 名詞 大《おお》きな仏《ほとけ》の像《ぞう》。参考 奈《な》良《ら》にある東大寺《とうだいじ》の大仏《だいぶつ》や、鎌倉《かまくら》にある長谷《はせ》の大《だい》仏《ぶつ》がとくに有名《ゆうめい》。

たいぶつレンズ【対物レンズ】 名詞 望遠《ぼうえん》鏡《きょう》・顕微《けんび》鏡《きょう》などの、つつの先《さき》のほう（見《み》る物《もの》に近《ちか》いほう）にあるレンズ。対 接眼《せつがん》レンズ。

だいぶぶん【大部分】 名詞 ほとんど全部《ぜんぶ》。おおかた。たいてい。例 クラスの大部分の人《ひと》が泳《およ》げる。類 大多数《だいたすう》。大半《たいはん》。対 一部分《いちぶぶん》。

タイプライター (typewriter) 名詞 指《ゆび》でキー（＝おしボタン）をたたいて、文字《もじ》を紙《かみ》に打《う》ち出《だ》す機械《きかい》。

だいぶん【大分】 ↓782ジベー だいぶ

たいぶんすう【帯分数】 名詞 整数《せいすう》と真分数《しんぶんすう》の和《わ》の形《かたち》で表《あらわ》した分数《ぶんすう》。たとえば$1\frac{2}{3}$など。関連 仮分数《かぶんすう》。真分数《しんぶんすう》。

たいへい【太平・泰平】 名詞 形容動詞 世《よ》の中《なか》が、おだやかで平和《へいわ》なこと。例 天下《てんか》太平。

たいへいよう【太平洋】 名詞 世界《せかい》の三大洋《さんたいよう》の一《ひと》つ。アジア・オーストラリア・南極《なんきょく》・南《なん》北《ぼく》アメリカに囲《かこ》まれた、世界《せかい》でもっとも広《ひろ》い海《うみ》。広《ひろ》さは世界《せかい》の海《うみ》の約半分《やくはんぶん》に当《あ》たる。使い方 「大平洋」と書《か》かないよう注意《ちゅうい》。ただし、「たいせいよう」は「大西洋」と書《か》く。ことば 英語《えいご》では「パシフィックオーシャン（＝静《しず》かな海《うみ》）」という。マゼランがこの海《うみ》を初《はじ》めて横断《おうだん》したとき、おだやかだったのでこのように名《な》づけた。

たいへいようせんそう【太平洋戦争】 名詞 第二次世界大戦《だいにじせかいたいせん》のうち、日本《にほん》と、アメリカ・イギリス・中国《ちゅうごく》などの連合国《れんごうこく》が、太平洋《たいへいよう》を中心《ちゅうしん》にして戦《たたか》った戦争《せんそう》。一九四一（昭和十《しょうわじゅう》六《ろく》）年十二月八日《ねんじゅうにがつようか》、日本《にほん》がハワイの真珠湾《しんじゅわん》をこうげきして始《はじ》まり、一九四五（昭和二十《しょうわにじゅう》）年八月十五日《ねんはちがつじゅうごにち》、日本《にほん》の降伏《こうふく》で終《お》わった。

たいへいようベルト【太平洋ベルト】 名詞 南関東《みなみかんとう》から瀬戸内海《せとないかい》を経《へ》て北九州《きたきゅうしゅう》につながる、太平洋沿岸《たいへいようえんがん》の帯《おび》（＝ベルト）状《じょう》の地域《ちいき》。主要《しゅよう》な工業地域《こうぎょうちいき》が集《あつ》まっていて、人口《じんこう》が多《おお》い。

たいべつ【大別】 名詞 動詞 大《おお》きく分《わ》けること。おおまかに分《わ》けること。例 生物《せいぶつ》は、動物《どうぶつ》と植《しょく》物《ぶつ》に大別される。

たいへん【大変】 ❶ 形容動詞 ふつうでなく、重大《じゅうだい》なようす。また、苦労《くろう》が多《おお》いようす。例 大変な事件《じけん》が起《お》こった／あとかたづけが大変だ。❷ 副詞 とても。非常《ひじょう》に。例 たいへん美《うつく》しい本《ほん》。使い方 ❷は、ふつうかな書《が》きにする。

だいべん【大便】 名詞 こう門《もん》から出《だ》される食《た》べ物《もの》のかす。ふん。うんち。対 小便《しょうべん》。

だいべん【代弁】 名詞 動詞 その人《ひと》の代《か》わりに、その人《ひと》の考《かんが》えを話《はな》すこと。例 妹《いもうと》の気持《きも》ちを代弁した。

たいほ【退歩】 名詞 動詞 あともどりすること。前《まえ》より悪《わる》くなること。例 技術《ぎじゅつ》の退歩。対 進歩《しんぽ》。

たいほ【逮捕】 名詞 動詞 警察《けいさつ》が、罪《つみ》をおかした人《ひと》や、その疑《うたが》いのある人《ひと》をつかまえること。例 逮捕状《じょう》／刑事《けいじ》が犯人《はんにん》を逮捕した。対 釈放《しゃくほう》。

たいほう【大砲】 名詞 大《おお》きな弾丸《だんがん》を遠《とお》くまでうち出《だ》す兵器《へいき》。ことば 「一門《いちもん》」と数《かぞ》える。

たいぼう【大望】 ↓784ジベー たいもう〔大望〕

たいぼう【耐乏】 名詞 必要《ひつよう》な物《もの》が足《た》りなくて不自由《ふじゆう》な状態《じょうたい》を、がまんすること。例 耐乏生活《せいかつ》。

たいぼう【待望】 名詞 動詞 待《ま》ち望《のぞ》むこと。楽《たの》しみにして待《ま》つこと。例 待望の夏休《なつやす》みがきた。

たいほうりつりょう【大宝律令】 名詞 飛鳥時代《あすかじだい》、七〇一（大宝元《たいほうがん》）年《ねん》にできた法律《ほうりつ》。文武天皇《もんむてんのう》の命令《めいれい》でつくられた。

たいぼく【大木】 名詞 大《おお》きな木《き》。類 巨木《きょぼく》。大《たい》樹《じゅ》。

だいほん【台本】 名詞 劇《げき》・映画《えいが》・放送《ほうそう》などで、せりふや動作《どうさ》、装置《そうち》などが書《か》いてある本《ほん》。脚本《きゃくほん》。シナリオ。

タイマー (timer) 名詞 ❶「ストップウォッチ」のこと。また、それを使《つか》って時間《じかん》を計《はか》る人《ひと》。❷「タイムスイッチ」のこと。例 タイマーを六《ろく》時《じ》にセットする。

たいまい【大枚】 名詞 たくさんのお金《かね》。大《たい》金《きん》。例 大枚をはたいて新車《しんしゃ》を買《か》う。

たいまつ 名詞 昔《むかし》、やにのついた松《まつ》の木《き》や竹《たけ》などを束《たば》ね、火《ひ》をつけて明《あ》かりに使《つか》ったもの。ことば 「たき松《まつ》」が変化《へんか》してできたことばといわれる。「たき」は「火《ひ》をたく」の「たく」と同《おな》じ。漢字《かんじ》では「松明」と書《か》く。

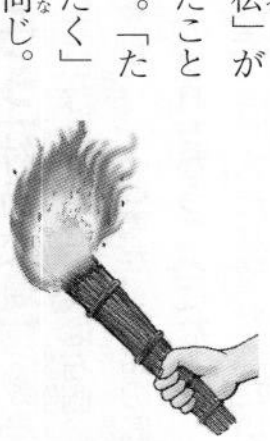
たいまつ

あいうえお　かきくけこ　さしすせそ　たちつてと　た　なにぬねの　はひふへほ　まみむめも　や　ゆ　よ　らりるれろ　わ　を　ん

四字熟語 徹頭徹尾《てっとうてつび》　頭《あたま》からしっぽまでつらぬきとおすという意味《いみ》から、はじめから終《お》わりまで考《かんが》えや行《こう》

たいまん【怠慢】 名詞 形容動詞 なまけて、仕事《しごと》や勉強《べんきょう》など、やるべきことをしないこと。例 掃除当番《そうじとうばん》の怠慢で廊下《ろうか》がきたない。対 勤勉《きんべん》。

だいみょう【大名】 名詞 昔《むかし》、広《ひろ》い領地《りょうち》と多《おお》くの家来《けらい》を持《も》っていた武士《ぶし》。とくに、江戸《えど》時《じ》代《だい》、一万石以上《いちまんごくいじょう》の領地《りょうち》を持《も》っていた武士《ぶし》。

だいみょうぎょうれつ【大名行列】 名詞 江戸時代《えどじだい》、大名《だいみょう》が参勤交代《さんきんこうたい》で国元《くにもと》と江戸《えど》とを往復《おうふく》するときなどに、決《き》められた規模《きぼ》ややり方《かた》で行《い》き来《き》した行列《ぎょうれつ》。

タイミング (timing) 名詞 ものごとをするのに、ちょうどよいとき。例 タイミングよく友《とも》だちが来《き》たので、掃除《そうじ》を手伝《てつだ》ってもらった。

タイム (time) 名詞
❶時間《じかん》。例 ランチタイム。
❷試合《しあい》を、とちゅうで少《すこ》しの間《あいだ》中断《ちゅうだん》すること。例 タイムをとって作戦《さくせん》を練《ね》る。
❸競走《きょうそう》や競泳《きょうえい》などで、かかった時間《じかん》。例 五《ご》十《じゅう》メートル走《そう》のタイムは九秒《きゅうびょう》だった。

タイムカード (timecard) 名詞 出社《しゅっしゃ》や退社《たいしゃ》の時刻《じこく》を記録《きろく》するカード。タイムレコーダーという機械《きかい》に差《さ》しこむと、時刻《じこく》が記録《きろく》される。

タイムカプセル (time capsule) 名詞 その時《じ》代《だい》の記録《きろく》や品物《しなもの》を入《い》れてあとの時代《じだい》に伝《つた》える入《い》れ物《もの》。金属《きんぞく》などで作《つく》り、土《つち》にうめることが多《おお》い。

タイムスイッチ (time switch) 名詞 合《あ》わせておいた時刻《じこく》になると、ひとりでにスイッチが入《はい》ったり切《き》れたりする装置《そうち》。タイマー。

タイムスリップ 名詞 小説《しょうせつ》などの中《なか》で、一《いっ》瞬《しゅん》のうちに、過去《かこ》や未来《みらい》に移動《いどう》してしまうこと。ことば 英語《えいご》をもとに日本《にほん》で作《つく》られたことば。

タイムマシン (time machine) 名詞 過去《かこ》や未《み》来《らい》の世界《せかい》に自由《じゆう》に行《い》くことができるという、空《くう》想上《そうじょう》の機械《きかい》。

ダイムラー 名詞 (一八三四〜一九〇〇) ドイツの技術者《ぎじゅつしゃ》。ガソリンエンジンを発明《はつめい》し、ガソリンエンジン自動車《じどうしゃ》をつくった。

タイムリー (timely) 形容動詞 ちょうどよい時《とき》にものごとが起《お》こったり、行《おこな》われたりするようす。例 兄《あに》は決勝戦《けっしょうせん》でタイムリーなヒットを打《う》った。

タイムレコーダー (time recorder) 名詞 カードを差《さ》しこむと、自動的《じどうてき》にその時刻《じこく》を記録《きろく》できる装置《そうち》。会社《かいしゃ》などで、働《はたら》く人《ひと》が会社《かいしゃ》に来《き》た時《じ》刻《こく》や帰《かえ》る時刻《じこく》を記録《きろく》するのに使《つか》う。

だいめい【題名】 名詞 書物《しょもつ》や作品《さくひん》などの名《な》まえ。題《だい》。タイトル。

だいめいし【代名詞】 名詞 品詞《ひんし》の一《ひと》つ。人《ひと》や物《もの》、場所《ばしょ》の名《な》まえを言《い》う代《か》わりに使《つか》うことば。「わたし・きみ」「これ・それ・あれ」など。ことば 「富士山《ふじさん》は、日本《にほん》の山《やま》の代名詞《だいめいし》です」のように、代表的《だいひょうてき》な人《ひと》やものをいうときに使《つか》うことがある。

たいめん【体面】 名詞 世《よ》の中《なか》に対《たい》する体裁《ていさい》。例 体面を保《たも》つ。類 面目《めんぼく》。

たいめん【対面】 名詞 動詞
❶直接顔《ちょくせつかお》を合《あ》わせること。例 友人《ゆうじん》と久《ひさ》しぶりに対面することができた。
❷向《む》かい合《あ》うこと。例 対面式《しき》キッチン。

たいめんこうつう【対面交通】 名詞 歩道《ほどう》と車道《しゃどう》が分《わ》かれていない道路《どうろ》で、人《ひと》は右側《みぎがわ》、車《くるま》は左側《ひだりがわ》を通《とお》るやり方《かた》。人《ひと》と車《くるま》が、道路《どうろ》の同《おな》じ側《がわ》で向《む》かい合《あ》ってすれちがうことになる。

たいもう【大望】 名詞 大《おお》きな望《のぞ》み。「たいぼう」ともいう。例 大望をいだく。類 大志《たいし》。

たいもう【体毛】 名詞 体《からだ》に生《は》えている毛《け》。

だいもく【題目】 名詞
❶書物《しょもつ》・文章《ぶんしょう》・話《はなし》などの題《だい》。
❷話《はな》し合《あ》いなどでとり上《あ》げる問題《もんだい》。テーマ。

タイヤ (tire) 名詞 自動車《じどうしゃ》・自転車《じてんしゃ》などの車輪《しゃりん》にはるゴムの輪《わ》。ことば 「一本《いっぽん》」と数《かぞ》える。

ダイヤ 名詞
❶「ダイヤモンド」の略《りゃく》。
❷鉄道《てつどう》やバスの運行表《うんこうひょう》。例 雪《ゆき》で列車《れっしゃ》のダイヤが乱《みだ》れた。
❸トランプの赤《あか》い◆の印《しるし》。
ことば ❷は、英語《えいご》の「ダイヤグラム」の略《りゃく》。

たいやく【大役】 名詞 大切《たいせつ》な役目《やくめ》。責任《せきにん》の重《おも》い役目《やくめ》。例 児童会長《じどうかいちょう》の大役を務《つと》める。類 大《たい》任《にん》。

たいやく【対訳】 名詞 動詞 原文《げんぶん》とその訳文《やくぶん》を、比《くら》べることができるように並《なら》べて示《しめ》すこと。

だいやく【代役】 名詞 劇《げき》や映画《えいが》などで、ある役《やく》の人《ひと》が出《で》られなくなったときに、別《べつ》の人《ひと》がその役《やく》をすること。また、その人《ひと》。

ダイヤモンド (diamond) 名詞
❶もっともかたく、もっとも値打《ねう》ちのある宝《ほう》のがないほどすぐれていること。

石。ダイヤ。「金剛石」ともいう。❷野球場《やきゅうじょう》で、本塁《ほんるい》と一《いち》・二《に》・三塁《さんるい》を結《むす》んだ正方形《せいほうけい》のところ。内野《ないや》。

ダイヤル（dial）名詞 ❶ラジオや機械《きかい》などの目盛《めも》り板《いた》。また、それを調節《ちょうせつ》するためのつまみ。❷穴《あな》に指《ゆび》を入《い》れて回《まわ》してかける方式《ほうしき》の電話機《でんわき》の、数字盤《すうじばん》。

ことば「ダイアル」ともいう。

たいよ【貸与】 名詞 動詞 物《もの》やお金《かね》などを人《ひと》に貸《か》しあたえること。例 施設《しせつ》の職員《しょくいん》に制服《せいふく》を貸与する。

たいよう【大洋】 名詞 広《ひろ》くて大《おお》きい海《うみ》。太平《たいへい》洋《よう》・大西洋《たいせいよう》・インド洋《よう》など。類 大海《たいかい》。

たいよう【大要】 名詞 長《なが》い文章《ぶんしょう》や話《はなし》などの大事《だいじ》なところを、おおまかにまとめたもの。あらまし。類 大意《たいい》。要旨《ようし》。

たいよう【太陽】 名詞 太陽系《たいようけい》の中心《ちゅうしん》になっている恒星《こうせい》。表面温度《ひょうめんおんど》が六千度《ろくせんど》あり、地球上《ちきゅうじょう》の生物《せいぶつ》はこの光《ひかり》と熱《ねつ》によって育《そだ》つ。直径《ちょっけい》は地球《ちきゅう》の百九倍《ひゃくきゅうばい》もある。図 ⇩785ページ たいようけい

だいよう【代用】 名詞 動詞 あるものの代《か》わりに、ほかのものを使《つか》うこと。例 代用品《ひん》／旗《はた》をつくる布《ぬの》がないので、紙《かみ》で代用する。

たいようエネルギー【太陽エネルギー】 名詞 太陽《たいよう》が出《だ》す、光《ひかり》や熱《ねつ》のエネルギー。

たいようけい【太陽系】 名詞 太陽《たいよう》を中心《ちゅうしん》として動《うご》いている星《ほし》の集《あつ》まり。地球《ちきゅう》をふくむ八《やっ》つの惑星《わくせい》とその周《まわ》りを回《まわ》っている衛星《えいせい》、そのほか多くの小惑星・すい星などからなっている。

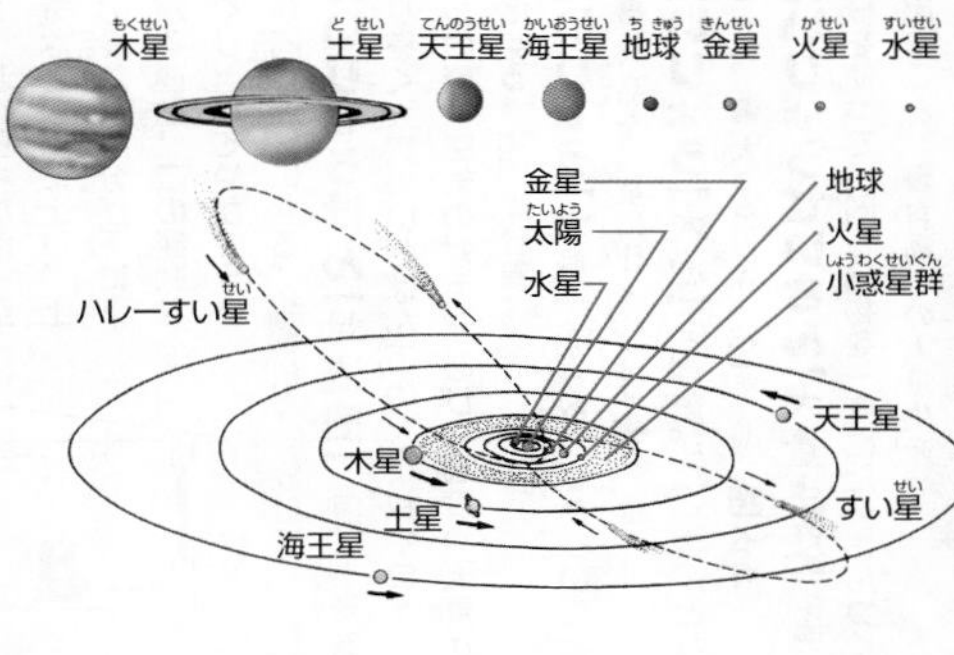

たいようけい

たいようこうせん【太陽光線】 名詞 太陽《たいよう》から出《で》る光《ひかり》。

たいようこうど【太陽高度】 名詞 太陽《たいよう》の見《み》える高《たか》さ。一日《いちにち》の中《なか》では、正午《しょうご》ごろにもっとも高《たか》くなる。

たいようこうはつでん【太陽光発電】 名詞 太陽《たいよう》の光《ひかり》のエネルギーを、電気《でんき》のエネルギーに変《か》えること。

たいようしゅう【大洋州】 ⇩188ページ オセアニア

たいようでんち【太陽電池】 名詞 太陽の光《ひかり》のエネルギーを、電気《でんき》のエネルギーに変《か》える電池《でんち》。人工衛星《じんこうえいせい》やソーラーカーなどの電源《でんげん》として、広《ひろ》く利用《りよう》されている。

たいようねつ【太陽熱】 名詞 太陽《たいよう》から地球《ちきゅう》に伝《つた》わる熱《ねつ》。

たいようねつおんすいき【太陽熱温水器】 名詞 太陽熱《たいようねつ》で水《みず》を温《あたた》める装置《そうち》。屋根《やね》などに設置《せっち》する。

たいようれき【太陽暦】 名詞 地球《ちきゅう》が太陽《たいよう》のまわりをひと回《まわ》りする時間《じかん》を一年《いちねん》としたこよみ。一年《いちねん》はふつう三百六十五日《さんびゃくろくじゅうごにち》で、四年《よねん》に一《いち》度《ど》三百六十六日《さんびゃくろくじゅうろくにち》のうるう年《どし》をおく。「陽暦《ようれき》」ともいう。類 新暦《しんれき》。対 太陰暦《たいいんれき》。参考 日本《にほん》では一八七二（明治五《めいじご》）年《ねん》にとり入《い》れられた。

たいら【平ら】 形容動詞 かたむきやでこぼこがないようす。例 平らな道《みち》。漢 ⇩1185ページ へい〔平〕

たいらげる【平らげる】 動詞 ❶残《のこ》さないで、すっかり食《た》べてしまう。例 ごちそうをひとりで平らげる。❷敵《てき》を一人《ひとり》残《のこ》らず退治《たいじ》する。

使い方「平げる」と書《か》かないよう送《おく》りがなに注意《ちゅうい》。

たいらのきよもり【平清盛】 名詞（一一一八～一一八一）平安時代《へいあんじだい》の末《すえ》ごろの武将《ぶしょう》。平氏《へいし》のかしらとして力《ちから》をのばし、政治《せいじ》の権力《けんりょく》をにぎった。武士《ぶし》として初《はじ》めて太政大臣《だいじょうだいじん》となった。

だいり【内裏】 名詞 ❶昔《むかし》、天皇《てんのう》の住《す》んでいたごてん。

四字熟語 天下一品《てんかいっぴん》　世《よ》の中《なか》（天下《てんか》）でこれ一《ひと》つしかないというほどすぐれているもの。ほかに比《くら》べるも

❷「内裏《だいり》びな」の略《りゃく》。ももの節句《せっく》にかざる、男《だん》女《じょ》ひとそろいの人形《にんぎょう》。

だいり【代理】名詞 動詞 ある人《ひと》に代《か》わってものごとをすること。また、その人《ひと》。例 母《はは》の代理であいさつする。

だいリーグ【大リーグ】名詞 アメリカのプロ野《や》球《きゅう》のいちばん上《うえ》にあるリーグ。アメリカンリーグとナショナルリーグがある。「メジャーリーグ」ともいう。

たいりく【大陸】名詞
❶広《ひろ》く大《おお》きな陸地《りくち》。ふつう、ユーラシア（アジア・ヨーロッパ）・アフリカ・北《きた》アメリカ・南《みなみ》アメリカ・オーストラリア・南極《なんきょく》の六《むっ》つをいう。
❷日本《にほん》から、中国《ちゅうごく》を指《さ》していうことば。

たいりくせいきこう【大陸性気候】名詞 大陸《たいりく》の内部《ないぶ》に見《み》られる気候《きこう》。雨《あめ》が少《すく》なく、また、昼《ひる》と夜《よる》、夏《なつ》と冬《ふゆ》の気温《きおん》の差《さ》が大《おお》きい。対 海洋性気候《かいようせいきこう》。

たいりくだな【大陸棚】名詞 大陸《たいりく》のまわりの海《うみ》で、深《ふか》さ二《に》百《ひゃく》メートルまでの、かたむきのゆるやかな海底《かいてい》のこと。魚《さかな》が多《おお》く集《あつ》まり、大事《だいじ》な漁場《ぎょじょう》となっている。

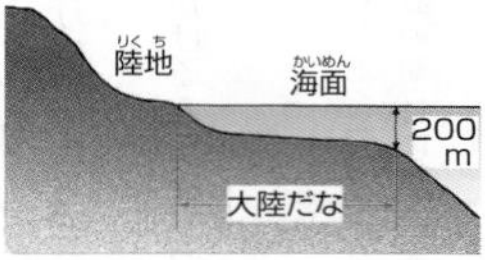

たいりくだな

だいりせき【大理石】名詞 石灰岩《せっかいがん》が地下《ちか》で変化《へんか》してできた岩石《がんせき》。ふつう白色《しろいろ》で、みがくと美《うつく》しいつやが出《で》る。建築《けんちく》や彫《ちょう》刻《こく》などの材料《ざいりょう》にする。

たいりつ【対立】名詞 動詞 意見《いけん》などのちがうものが、たがいに張《は》り合《あ》うこと。たがいに反対《はんたい》の立場《たちば》に立《た》つこと。例 考《かんが》えが対立する。

だいりてん【代理店】名詞 会社《かいしゃ》や店《みせ》から依《い》頼《らい》されて、代《か》わりに販売《はんばい》などの仕事《しごと》を行《おこな》う店《みせ》。例 広告《こうこく》代理店／販売《はんばい》代理店。

たいりゃく【大略】名詞 副詞 おおよそ。だいたい。あらまし。例 事件《じけん》の大略を知《し》る。

たいりゅう【対流】名詞 熱《ねつ》の伝《つた》わり方《かた》の一《ひと》つ。温《あたた》められた水《みず》・空《くう》気《き》などが上《うえ》に上《のぼ》り、上《うえ》の冷《つめ》たい部分《ぶぶん》が下《した》に下《さ》がる運動《うんどう》。この運動《うんどう》をくり返《かえ》してやがて全体《ぜんたい》が同《おな》じ温度《おんど》になる。関連 伝導《でんどう》。放射《ほうしゃ》。

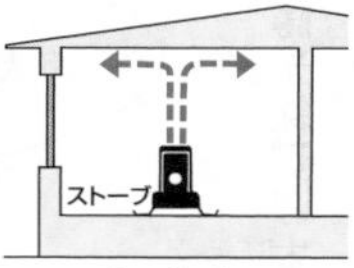

たいりゅう

たいりゅうけん【対流圏】名詞 地球《ちきゅう》をとり巻《ま》く大気《たいき》のいちばん下《した》の、十数《じゅうすう》キロメートルの層《そう》。空気《くうき》の対流《たいりゅう》があり、温度《おんど》や天気《てんき》が変《へん》化《か》する。関連 成層圏《せいそうけん》。

たいりょう【大量】名詞 数《かず》や量《りょう》が多《おお》いこと。例 商品《しょうひん》を大量に仕入《しい》れる。類 多量《たりょう》。

たいりょう【大漁】名詞 魚《さかな》がたくさんとれること。例 大漁を祝《いわ》う。類 豊漁《ほうりょう》。対 不漁《ふりょう》。

たいりょうせいさん【大量生産】名詞 機《き》械《かい》を使《つか》って、同《おな》じ品物《しなもの》を一度《いちど》にたくさんつくり出《だ》すこと。例 自動車《じどうしゃ》の大量生産。

たいりょうばた【大漁旗】名詞 魚《さかな》のたくさんとれた船《ふね》が立《た》てる旗《はた》。

たいりょく【体力】名詞 仕事《しごと》や運動《うんどう》をしたり、病気《びょうき》にたえたりする体《からだ》の強《つよ》さ。

たいりん【大輪】名詞 花《はな》の大《おお》きさが、ふつうのものより大《おお》きいこと。また、その花《はな》。例 大輪のきくの花《はな》。

タイル（tile）名詞 粘土《ねんど》などをうすい板《いた》の形《かたち》に焼《や》いて、美《うつく》しい色《いろ》や模様《もよう》をつけ、つやを出《だ》したもの。ふろ場《ば》などのかべやゆかにはる。

ダイレクトメール（direct mail）名詞 商店《しょうてん》や会社《かいしゃ》などが、必要《ひつよう》と思《おも》われる人《ひと》に直接送《ちょくせつおく》る、商品《しょうひん》の広告《こうこく》や手紙《てがみ》。

たいれつ【隊列】名詞 大勢《おおぜい》がきちんと並《なら》んでつくった列《れつ》。例 隊列を組《く》んで行進《こうしん》する。

たいろう【大老】名詞 江戸時代《えどじだい》、将軍《しょうぐん》を助《たす》けて政治《せいじ》を行《おこな》う役目《やくめ》の中《なか》で、いちばん上《うえ》の地位《ちい》。また、その役《やく》にある人《ひと》。

だいろっかん【第六感】名詞 ぴんときて、ものごとを感《かん》じとる心《こころ》のはたらき。勘《かん》。直感《ちょっかん》。
ことば 人間《にんげん》がふつうに持《も》っている五感《ごかん》（＝見《み》る・聞《き》く・においをかぐ・味《あじ》わう・さわる、の五《いつ》つの感覚《かんかく》）以外《いがい》の、六番目《ろくばんめ》の感覚《かんかく》という意味《いみ》。

たいわ【対話】名詞 動詞 向《む》かい合《あ》って話《はなし》をすること。また、その話《はなし》。例 親子《おやこ》の対話。類 対談《たいだん》。

たいわん【台湾】名詞 中《ちゅう》国大陸《ごくたいりく》の南東《なんとう》にある島《しま》。米・さとうきびなどの農《のう》業《ぎょう》や、機械《きかい》・造船《ぞうせん》などの工《こう》業《ぎょう》がさかん。主要都市《しゅようとし》はタ

（旗《はた》）

と。世《よ》の中《なか》が非常《ひじょう》におだやかで平和《へいわ》なこと。「天下泰平」とも書《か》く。

イペイ（台北）。

たうえ【田植え】 名詞 季語夏 苗代《なわしろ》で育《そだ》てたいねのなえを、田《た》に植《う》えること。

タウン（town）名詞「町《まち》」のこと。例 ベッドタウン。

ダウン（down）名詞 動詞 ❶下《さ》がること。例 成績《せいせき》がダウンする。対 アップ。❷ボクシングで、相手《あいて》に打《う》たれてたおれること。❸病気《びょうき》やつかれですっかり弱《よわ》ること。

ダウンロード（download）名詞 動詞 コンピューターのネットワークを使《つか》って、プログラムやデータなどを自分《じぶん》のコンピューターにとりこむこと。対 アップロード。

たえがたい【耐え難い・堪え難い】 形容詞 がまんできない。しんぼうできない。例 耐え難い苦《くる》しみ。

たえかねる【耐えかねる・堪えかねる】 動詞 たえることができない。こらえきれない。がまんしきれない。例 寒《さむ》さに耐えかねる。

だえき【唾液】 名詞 口《くち》の中に出てきて、食物を分解《ぶんかい》し、吸収《きゅうしゅう》しやすくする液《えき》。つば。

たえしのぶ【耐え忍ぶ・堪え忍ぶ】 動詞 つらいことなどをがまんする。例 苦《くる》しい生活《せいかつ》を耐え忍んだ。

たえず【絶えず】 副詞 ずっと続《つづ》いて。いつも。常《つね》に。例 人間《にんげん》は絶えず呼吸《こきゅう》をしている。

たえだえ【絶え絶え】 形容動詞 今《いま》にもとぎれそうなようす。とぎれとぎれ。例 ようやくゴールした選手《せんしゅ》は、息《いき》も絶え絶えだった。

たえぬく【耐え抜く・堪え抜く】 動詞 苦《くる》しさやつらさを、最後《さいご》までがまんする。

たえまなく【絶え間なく】 とぎれることがなく。ずっと。ひっきりなしに。例 昨日《きのう》から絶え間なく雨《あめ》が降《ふ》り続《つづ》いている。

たえる【絶える】 動詞 ❶とぎれる。とちゅうで切《き》れる。例 連絡《れんらく》が絶える。❷ほろびる。なくなる。例 家《いえ》が絶える。

たえる【耐える・堪える】 漢 ⬇724ジ《ペ》ーぜつ〔絶〕 動詞 ❶がまんする。こらえる。例 寒《さむ》さに耐える／遺憾《いかん》に堪えない（＝残念《ざんねん》でたまらない）。❷持《も》ちこたえる。例 この家《いえ》はどんな大地震《おおじしん》にも耐えられるつくりだ。❸する値打《ねう》ちがある。例 見《み》るに堪えない絵《え》。

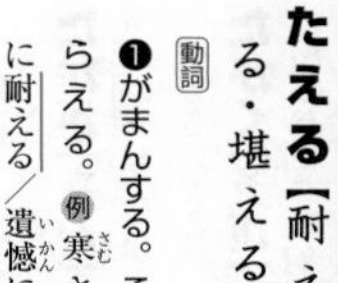
たえる【耐える】❶

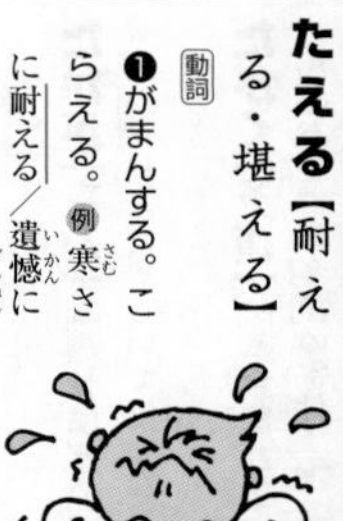

だえん【だ円】 名詞 細長《ほそなが》い円《えん》。「長円《ちょうえん》」ともいう。図 ⬇686ジ《ペ》ーずけい

たおこし【田起こし】 名詞 季語春 田植《たう》えの前《まえ》に、田《た》の土《つち》をほり起《お》こすこと。

たおす【倒す】 動詞 ❶立《た》っているものを横《よこ》にする。例 木《き》を倒す。❷負《ま》かす。例 相手《あいて》チームを倒す。❸殺《ころ》す。例 鉄砲《てっぽう》でくまを倒す。

伝統的《でんとうてき》な言語文化《げんごぶんか》

神話《しんわ》

「因幡《いなば》の白《しろ》うさぎ」

「因幡《いなば》の白《しろ》うさぎ」という話《はなし》を知《し》っている？　うさぎがわに（＝さめ）をおこらせて、毛《け》をむしられて泣《な》いていると、通《とお》りかかったいたずらな神様《かみさま》たちが、でたらめな手当《てあ》てのしかたを教《おし》えてしまうんだ。うさぎがますます痛《いた》くて泣《な》いていると、大国主命《おおくにぬしのみこと》という神様《かみさま》が通《とお》りかかり、かわいそうに思《おも》って正《ただ》しい手当《てあ》てを教《おし》えてくれた。おかげでうさぎはもとどおりになった、という話《はなし》だね。

このように、人間《にんげん》が地上《ちじょう》に現《あらわ》れる前《まえ》の時代《じだい》を舞台《ぶたい》とした、神様《かみさま》の話《はなし》が神話《しんわ》だ。その土地《とち》を神様《かみさま》がどのように作《つく》ったかとか、そのじゃまをする者《もの》とどう戦《たたか》ったかとか、神様《かみさま》たちの活躍《かつやく》などがえがかれるよ。

日本《にほん》の神話《しんわ》には「古事記《こじき》」や「日本書紀《にほんしょき》」などの古《ふる》い書物《しょもつ》にある物語《ものがたり》がもとになっているものが多《おお》いよ。「因幡《いなば》の白《しろ》うさぎ」「やまたのおろち」「海彦山彦《うみひこやまひこ》」などがそうだ。

ところでこの「因幡《いなば》の白《しろ》うさぎ」は鳥取市《とっとりし》の白兎《はくと》（＝白《しろ》いうさぎ）海岸《かいがん》が舞台《ぶたい》だといわれているんだ。このような神話《しんわ》の舞台《ぶたい》は、日本《にほん》の各地《かくち》にあるよ。探《さが》してみるのも楽《たの》しいね。

もっとみてみよう！

- 古事記《こじき》（→p.480）
- 日本書紀《にほんしょき》（→p.1001）

- 「日本《にほん》の神話《しんわ》」（のら書店《しょてん》）
- 「日本《にほん》の神話《しんわ》」（玉川大学出版部《たまがわだいがくしゅっぱんぶ》）

四字熟語　**天下太平《てんかたいへい》**　「天下《てんか》」は空《そら》の下《した》という意味《いみ》で、世《よ》の中《なか》のこと、「太平《たいへい》」は争《あらそ》いごとがなく平和《へいわ》なこ

❹ほろぼす。続《つづ》かなくする。例 政府《せいふ》を倒《たお》す。❺借《か》りたお金《かね》を返《かえ》さないままにする。例 借金《しゃっきん》をふみ倒す。

たおやか 形容動詞 姿《すがた》や動《うご》き方《かた》などがやわらかでやさしい感《かん》じがするようす。例 たおやかな女《おんな》の人《ひと》。

タオル (towel) 名詞 表面《ひょうめん》に糸《いと》を小《ちい》さい輪《わ》の形《かたち》に出《だ》して織《お》った、もめんの布《ぬの》。また、それでつくった手《て》ぬぐい。例 バスタオル。

タオルケット 名詞 タオル地《じ》で作《つく》った、夏用《なつよう》のうすいかけ布団《ぶとん》。ことば 英語《えいご》をもとに日本《にほん》で作《つく》られたことば。

たおれる【倒れる】 動詞 ❶立《た》っているものが横《よこ》になる。転《ころ》ぶ。例 暴風《ぼうふう》で木《き》が倒れる。❷ほろびる。だめになる。例 幕府《ばくふ》が倒れる。❸病気《びょうき》になる。例 暑《あつ》さに倒れる。❹死《し》ぬ。

たか 名詞 季語冬 するどいつめと曲《ま》がったくちばしを持《も》つ、中形《ちゅうがた》の鳥《とり》。小《ちい》さな動物《どうぶつ》や小鳥《ことり》をおそって食《た》べる。ことば 漢字《かんじ》では「鷹」と書《か》く。

たか

たか【高】 ❶名詞 入《はい》ったお金《かね》や、生産物《せいさんぶつ》などの数《かず》や量《りょう》。例 魚《さかな》のとれ高／売上高《うりあげだか》。❷接尾語 (ほかのことばのあとにつけて) 値段《ねだん》が高《たか》くなることを表《あらわ》すことば。例 円高《えんだか》。使い方 ほかのことばのあとにつくときは「だか」となることが多《おお》い。漢 ↓444ページ こう(高)

●**高《たか》が知《し》れている** 大《たい》したことはない。

●**高をくくる** どうせ大《たい》したことはないと軽《かる》くみる。例 高をくくると大変《たいへん》な目《め》にあうよ。

たが 名詞 おけやたるのまわりをしめるための、竹《たけ》や金属《きんぞく》の輪《わ》。図 ↓182ページ おけ

●**たがが緩《ゆる》む** 気持《きも》ちがゆるんで、しまりがなくなる。例 テストが終《お》わって、たがが緩む。

だが 接続詞 前《まえ》の文《ぶん》と反対《はんたい》のことを述《の》べるときに使《つか》うつなぎのことば。しかし。そうであるけれども。

ダカーポ (イタリア語《ご》) 名詞 音楽《おんがく》で、「曲《きょく》の初《はじ》めにもどり、くり返《かえ》し演奏《えんそう》しなさい」という意味《いみ》のことば。記号《きごう》は「D.C.」。

たかい【他界】 名詞 動詞 死《し》ぬこと。例 その作家《さっか》は若《わか》くして他界した。ことば もとは、「この世《よ》でないほかの世界《せかい》」という意味《いみ》のことば。

たかい【高い】 形容詞 ❶上《うえ》へのびている。上《うえ》の方《ほう》にある。例 背《せ》が高い／高いところ。対 低《ひく》い。❷程度《ていど》や価値《かち》、身分《みぶん》などが上《うえ》である。例 温度《おんど》が高い／高い地位《ちい》につく。対 低《ひく》い。❸音《おと》や声《こえ》が大《おお》きい。例 テレビの音《おと》が高い。対 低《ひく》い。❹お金《かね》が多《おお》くいる。高価《こうか》である。例 値段《ねだん》が高い。対 安《やす》い。❺広《ひろ》く世《よ》の中《なか》に知《し》られている。例 このレストランは評判《ひょうばん》が高い。漢 ↓444ページ こう(高)

たがい【互い】 名詞 向《む》こうとこちら。両方《りょうほう》。おたがい。例 互いの気持《きも》ちを考《かんが》える。

だかい【打開】 名詞 動詞 解決《かいけつ》の方法《ほうほう》を見《み》つけ出《だ》して、行《い》きづまった状態《じょうたい》を、なんとか切《き》り開《ひら》くこと。例 打開策《さく》／困難《こんなん》を打開する。

たがいちがい【互い違い】 名詞 二《ふた》つのものが順《じゅん》に入《い》れかわること。かわるがわる。例 赤《あか》い花《はな》と白《しろ》い花《はな》が互い違いに植《う》えてある。

たがいに【互いに】 副詞 両方《りょうほう》ともに。両方《りょうほう》がそれぞれに。例 互いに顔《かお》を見合《みあ》わせる。

たかいびき【高いびき】 名詞 大《おお》きないびき。また、ぐっすりねむりこむこと。例 大《おお》さわぎの中《なか》、祖父《そふ》だけが高いびきをかいていた。

たがう 動詞 ❶ちがう。例 予想《よそう》にたがわぬ強敵《きょうてき》。❷外《はず》れる。それる。例 矢《や》はねらいたがわず的《まと》を射《い》た／人《ひと》の道《みち》にたがう行《おこな》い。使い方 やや古《ふる》い言《い》い方《かた》。

たがえる 動詞 ❶ちがわせる。❷約束《やくそく》や決《き》まりに、そむく。例 約束《やくそく》をたがえる。使い方 やや古《ふる》い言《い》い方《かた》。

たかが【高が】 副詞 せいぜい。たかだか。例 たかが転《ころ》んだぐらいで泣《な》くな。使い方 ふつうかな書《が》きにする。

たがく【多額】 名詞 金額《きんがく》が多《おお》いこと。たくさんのお金《かね》。例 多額の寄付《きふ》。類 高額《こうがく》。対 少額《しょうがく》。

たかくけい【多角形】 名詞 三《みっ》つ以上《いじょう》の辺《へん》で

間《かん》くらいの、非常《ひじょう》に短《みじか》い時間《じかん》。また、行動《こうどう》が非常《ひじょう》にすばやいことのたとえ。

囲まれた図形。三角形・四角形《けい》・八角形《はちかくけい》など。「たかっけい」ともいう。

たかくけい

たかくけいえい【多角経営】 名詞 一《ひと》つの会社《かいしゃ》が、いろいろな種類《しゅるい》の事業《じぎょう》を同時《どうじ》に行《おこな》うこと。

たかくてき【多角的】 形容動詞 いろいろな方面《ほうめん》にわたっているようす。例 多角的に考《かんが》える。

たかさ【高さ】 名詞 高《たか》いことの程度《ていど》。例 背《せ》の高さ／質《しつ》の高さ。教科 算 算数《さんすう》では、図形《ずけい》の頂《ちょう》点《てん》から底辺《ていへん》に垂直《すいちょく》に引《ひ》いた直線《ちょくせん》の長《なが》さをいう。

だがし【駄菓子】 名詞 値段《ねだん》の安《やす》い菓子《かし》。

たかしお【高潮】 名詞 台風《たいふう》などによって海面《かいめん》が大《おお》きく盛《も》り上《あ》がり、陸地《りくち》に大《おお》きな波《なみ》がおし寄《よ》せること。

たかすぎしんさく【高杉晋作】 名詞 （一八三九〜一八六七）江戸《えど》時代《じだい》の末《すえ》ごろの武士《ぶし》。今《いま》の山口県《やまぐちけん》の生《う》まれ。吉田松陰《よしだしょういん》の松下村塾《しょうかそんじゅく》で学《まな》んだ。農民《のうみん》を兵士《へいし》に加《くわ》えた奇兵隊《きへいたい》を作《つく》り、藩《はん》の倒《とう》幕運動《ばくうんどう》の中心《ちゅうしん》となって活躍《かつやく》した。

たかだい【高台】 名詞 まわりより高《たか》くて、平《たい》らになっている土地《とち》。例 高台に立《た》つ家《いえ》。

たかだか【高高】 副詞 ❶たいへん高《たか》いようす。例 高々と手《て》を挙《あ》げる。❷多《おお》く見積《みつ》もっても。せいぜい。例 たかだか二《に》、三百円《さんびゃくえん》の品物《しなもの》だ。使い方 ❶は、「高々と」の形《かたち》でも使《つか》う。❷は、ふつうかな書《が》きにする。

だがっき【打楽器】 名詞 たたいて音を出す楽器《き》。太鼓《たいこ》・トライアングル・木琴《もっきん》・シンバルなど。図 ⇩269ページ がっき〔楽器〕

たかっけい【多角形】 ⇩788ページ たかくけい

たかとび【高飛び】 名詞 動詞 悪《わる》いことをした人《ひと》が遠《とお》くへにげること。例 外国《がいこく》に高飛びする。

たかとび【高跳び】 名詞 陸上競技《りくじょうきょうぎ》で、高《たか》くとぶことをきそう種目《しゅもく》。走《はし》り高《たか》とびと棒高《ぼうたか》とびがある。

たかなみ【高波】 名詞 高《たか》く立《た》つ波《なみ》。大波《おおなみ》。

たかなる【高鳴る】 動詞 ❶高《たか》く鳴《な》りひびく。例 高鳴る笛《ふえ》や太鼓《たいこ》の音《おと》。❷喜《よろこ》びや期待《きたい》などで、胸《むね》がどきどきする。例 高鳴る胸《むね》をおさえて審査《しんさ》の結果《けっか》を聞《き》く。

たかね【高値】 名詞 ものの値段《ねだん》が高《たか》いこと。例 品物《しなもの》が不足《ふそく》して高値が続《つづ》く。対 安値《やすね》。

たかね【高根】 名詞 山《やま》の、高《たか》い頂上《ちょうじょう》。例 富士《ふじ》の高根。

●**高根《たかね》の花《はな》** 高《たか》い山《やま》にさいている美《うつく》しい花《はな》のように、見《み》るだけで、手《て》に入《い》れることのできないもののたとえ。

たかのぞみ【高望み】 名詞 動詞 自分《じぶん》の能力《のうりょく》でできること以上《いじょう》のものを望《のぞ》むこと。また、そのような望《のぞ》み。例 高望みして失敗《しっぱい》した。

たかのちょうえい【高野長英】 名詞 （一八〇四〜一八五〇）江戸《えど》時代《じだい》の末《すえ》ごろのらん学者《がくしゃ》・医者《いしゃ》。長崎《ながさき》でシーボルトに学《まな》んだ。渡辺崋山《わたなべかざん》らと幕府《ばくふ》の外国《がいこく》への政策《せいさく》を批判《ひはん》し、ばっせられた。

たかびしゃ【高飛車】 形容動詞 相手《あいて》を無理《むり》におさえつけるような態度をとるようす。例 高飛車にものを言《い》う。

たかぶる【高ぶる】 動詞 ❶強《つよ》く激《はげ》しくなる。興奮《こうふん》する。例 気持《きも》ちが高ぶってねむれない。❷自慢《じまん》する。えらそうにする。例 おごり高ぶる。

たかまつし【高松市】 名詞 香川県《かがわけん》の北部《ほくぶ》にある市《し》。栗林公園《りつりんこうえん》がある。瀬戸内海《せとないかい》に面《めん》しており、香川県《かがわけん》の県庁《けんちょう》がある。

たかまる【高まる】 動詞 高《たか》くなる。盛《も》り上《あ》がる。例 ファンの期待《きたい》が高まる。対 低《ひく》まる。漢 ⇩444ページ こう〔高〕

たかみのけんぶつ【高みの見物】 自分《じぶん》はそのことに関係《かんけい》しないで、楽《らく》な気持《きも》ちで成《な》り行《ゆ》きをながめること。使い方 「高《たか》み」は「高《たか》いところ」の意味《いみ》。ここでの「み」は「見《み》る」という意味《いみ》ではないので、「高見の見物」と書《か》かないよう注意《ちゅうい》。

たかむらこうたろう【高村光太郎】 名詞 （一八八三〜一九五六）大正《たいしょう》から昭和《しょうわ》時代《じだい》にかけての詩人《しじん》・彫刻家《ちょうこくか》。「道程《どうてい》」「智恵子抄《ちえこしょう》」などの詩集《ししゅう》を出《だ》した。

たかめ【高め】 名詞 形容動詞 ふつうより少《すこ》し高《たか》いこと。例 今年《ことし》の夏《なつ》は気温《きおん》が高めだ。対 低《ひく》め。

たがめ 名詞 大形《おおがた》の水生昆虫《すいせいこんちゅう》。小魚《こざかな》や

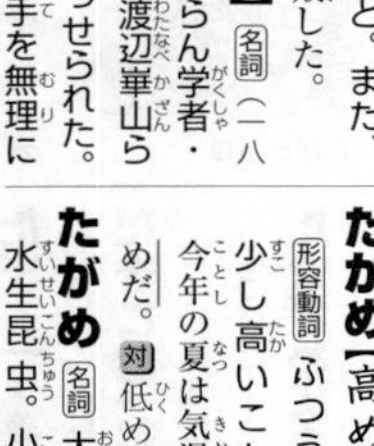

たがめ

四字熟語 **電光石火《でんこうせっか》** いなびかり（電光《でんこう》）がひらめいたり、火打《ひう》ち石《いし》の火花《ひばな》（石火《せっか》）が飛《と》んだりする瞬《しゅん》

かえるなどをつかまえ、体液《たいえき》を吸《す》う。

たかめる【高める】 動詞 高《たか》くする。強《つよ》くする。例 教養《きょうよう》を高める／質《しつ》を高める。対 低《ひく》める。

たがやす【耕す】 動詞 季語 春 作物《さくもつ》をつくるために、田畑《たはた》の土《つち》をほり返《かえ》して土《つち》をやわらかくする。例 畑《はたけ》を耕す。使い方「耕やす」「耕がやす」と書《か》かないよう注意《ちゅうい》。漢 ↓444ページ こう〔耕〕

たかゆかそうこ【高床倉庫】 名詞 地面《じめん》に高《たか》い柱《はしら》を立《た》てて、その上《うえ》にゆかを張《は》った倉庫《そうこ》。弥生時代《やよいじだい》に多《おお》くつくられ、収穫《しゅうかく》した米《こめ》などをたくわえた。

たから【宝】 名詞 ❶金《きん》・銀《ぎん》・宝石《ほうせき》などのような、値打《ねう》ちのある貴《き》重《ちょう》な品《しな》。❷たいへん大切《たいせつ》なもの。例 健康《けんこう》は何《なに》よりの宝だ。漢 ↓1202ページ ほう〔宝〕

● **宝《たから》の持《も》ち腐《ぐさ》れ** ↓251ページ ことわざ

だから 接続詞 前《まえ》のことがらが理由《りゆう》や原因《げんいん》となって、あとのことがらが起《お》こることを表《あらわ》すことば。そのため。そういうわけで。例 急用《きゅうよう》ができた。だから出席《しゅっせき》できない。

たからか【高らか】 形容動詞 声《こえ》や音《おと》などが高《たか》くて、よくひびくようす。例 声《こえ》高らかに歌《うた》う。

たからがい【宝貝】 名詞 暖《あたた》かい海《うみ》にすむ、卵《たまご》形《がた》の巻《ま》き貝《がい》。貝殻《かいがら》はつやがあって美《うつく》しく、昔《むかし》はお金《かね》として使《つか》われた。図 ↓219ページ かい〔貝〕

たからくじ【宝くじ】 名詞 都道府県《とどうふけん》などが売《う》り出《だ》す、当《あ》たるとお金《かね》がもらえるくじ。

たからぶね【宝船】 名詞 季語 新年 宝物《たからもの》や米《こめ》俵《だわら》を積《つ》み、七福神《しちふくじん》を乗《の》せた、めでたい船《ふね》。また、それをかいた絵《え》。参考 正月《しょうがつ》二日《ふつか》の夜《よる》、この絵《え》をまくらの下《した》にしいてねるとよい初夢《はつゆめ》を見《み》るという。

たからぶね

たからもの【宝物】 名詞 宝《たから》として大切《たいせつ》にする物《もの》。とても値打《ねう》ちがある物《もの》。「ほうもつ」ともいう。

たかる 動詞 ❶一《ひと》つのところに多《おお》くのものが集《あつ》まる。例 見《み》せ物《もの》に人《ひと》がたかる。❷虫《むし》が集《あつ》まってつく。例 砂糖《さとう》にありがたかる。❸人《ひと》に無理《むり》やりお金《かね》や物《もの》を出《だ》させる。

たがる 助動詞 (ほかのことばのあとにつけて)そうしたいと思《おも》っているようすを表《あらわ》す。例 行《い》きたがる／飲《の》みたがる。

たかわらい【高笑い】 名詞 動詞 大《おお》きな声《こえ》で笑《わら》うこと。例 大勝利《だいしょうり》に高笑いする。

たき【滝】 名詞 季語 夏 高《たか》いところから流《なが》れ落《お》ちる、水《みず》の流《なが》れ。例 滝つぼ／滝に打《う》たれる。

だきあわせ【抱き合わせ】 名詞 ❶二《ふた》つのものを組《く》み合《あ》わせること。❷ものを売《う》るとき、売《う》れる品《しな》と売《う》れない品《しな》を組《く》み合《あ》わせて売《う》ること。例 抱き合わせ販売《はんばい》。

たきぎ【薪】 名詞 燃料《ねんりょう》にするための木《き》。まき。

たぎご【多義語】 名詞 いくつかのちがう意味《いみ》を持《も》つことば。

だきこむ【抱き込む】 動詞 うまいことを言《い》って、仲間《なかま》に引《ひ》き入《い》れる。例 友《とも》だちを抱き込んでいたずらをする。

たきざわばきん【滝沢馬琴】 名詞 (一七六七～一八四八) 江戸時代《えどじだい》の末《すえ》ごろの小説家《しょうせつか》。「南総《なんそう》里見八犬伝《さとみはっけんでん》」などを書《か》いた。

タキシード (tuxedo) 名詞 男《おとこ》の人《ひと》が夜《よる》のパーティーなどに着《き》る礼服《れいふく》。上着《うわぎ》は背広《せびろ》の形《かたち》をしている。

だきしめる【抱き締める】 動詞 うでに力《ちから》を入《い》れてだく。

だきすくめる【抱きすくめる】 動詞 強《つよ》くだいて動《うご》けないようにする。例 暴《あば》れる弟《おとうと》を後《うし》ろから抱きすくめる。

たきだし【炊き出し】 名詞 動詞 災害《さいがい》にあった人《ひと》たちに、ごはんをたいて配《くば》ること。

たきつけ【たき付け】 名詞 まきや炭《すみ》などに火《ひ》をつけるのに使《つか》う、紙《かみ》などの燃《も》えやすいもの。

たきつける【たき付ける】 動詞 ❶火《ひ》をつけて、燃《も》やし始《はじ》める。❷おだてて、あることをさせようとする。けしかける。例 友《とも》だちをたき付けて立候補《りっこうほ》させる。

たきつぼ【滝つぼ】 名詞 季語 夏 たきの水《みず》が落《お》ちていく真下《ました》の、水《みず》が深《ふか》くたまっているところ。

たきにわたる【多岐にわたる】 ものごとがいろいろな方面《ほうめん》に分《わ》かれている。例 音楽《おんがく》やスポーツなどの多岐にわたる分野《ぶんや》で活躍《かつやく》する。

ようすのこと。言《い》うことやすることにかざり気《け》がなく、無邪気《むじゃき》で明《あか》るくすなおなこと。

たきび【たき火】 名詞 季語冬 家《いえ》の外《そと》で、落《お》ち葉《ば》などを集《あつ》めて燃《も》やすこと。また、その火《ひ》。

だきゅう【打球】 名詞 野《や》球《きゅう》やテニスなどで、打《う》った球《たま》。例 打球はぐんぐんのびた。

だきょう【妥協】 名詞 動詞 意見《いけん》などのちがうものが、おたがいにゆずり合《あ》って、ものごとをうまくまとめること。折《お》り合《あ》いをつけること。例 妥協案《あん》。類 譲《じょう》歩《ほ》。

たぎる 動詞 ❶ぐらぐらと煮《に》え立《た》つ。例 湯《ゆ》がたぎる。❷感《かん》情《じょう》が強《つよ》くわき起《お》こる。例 たぎる情《じょう》熱《ねつ》。

たきれんたろう【滝廉太郎】 名詞 （一八七九～一九〇三）明《めい》治《じ》時《じ》代《だい》の作《さっ》曲《きょく》家《か》。ドイツで西洋《せいよう》音楽《おんがく》を勉《べん》強《きょう》し、「荒《こう》城《じょう》の月《つき》」「花《はな》」「はとぽっぽ」などの名《めい》曲《きょく》を残《のこ》した。

たく 動詞 火《ひ》をつけて燃《も》やす。例 落《お》ち葉《ば》をたく。

漢 **たく【宅】**〔宀〕うかんむり 6画 6年 音 タク 訓

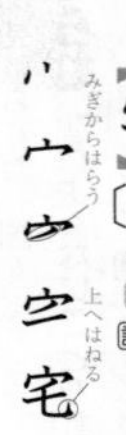

住《す》んでいるところ。すまい。例 宅《たく》地《ち》／帰《き》宅《たく》／自宅《じたく》／社宅《しゃたく》／住宅《じゅうたく》。

たく【度】 漢 ⇩912ジ゛ー ど〔度〕

たく【炊く】 動詞 食《た》べ物《もの》、とくに米《こめ》を煮《に》る。例 ごはんを炊く。

タグ（tag）名詞 必要《ひつよう》な情《じょう》報《ほう》を書《か》いて、物《もの》につけられた小《ち》さな札《ふだ》。荷札《にふだ》・値札《ねふだ》など。例 商品《しょうひん》のタグを見《み》て、値段《ねだん》を確認《かくにん》する。

だく【抱く】 動詞 ❶うでの中にかかえこむ。例 赤ちゃんを抱く。❷心《こころ》の中《なか》に、ある考《かんが》えや気《き》持《も》ちを持《も》つ。例 希《き》望《ぼう》を胸《むね》に抱く。

たくあん 名詞 季語冬 「たくあんづけ」の略《りゃく》。干《ほ》しただいこんを塩《しお》とぬかでつけた漬物《つけもの》。たくわん。ことば 江《え》戸《ど》時《じ》代《だい》の初《はじ》めに沢庵《たくあん》和《お》尚《しょう》が始《はじ》めたことからとも、また「貯《たく》え漬《づ》け」からこの名《な》がついたともいわれる。

たぐい【類い】 名詞 ❶同《おな》じような性質《せいしつ》のもの。同《おな》じ種類《しゅるい》のもの。例 ライオンやとらの類いのもうじゅう。❷程度《ていど》が同《おな》じくらいであるもの。例 類いのない美《うつく》しさ。漢 ⇩1405ジ゛ー るい〔類〕

たぐいまれ【類いまれ】 形容動詞 めったにないほどすぐれているようす。例 類いまれな才《さい》能《のう》の持《も》ち主《ぬし》。

たくえつ【卓越】 名詞 動詞 ほかよりもはるかにすぐれていること。例 卓越した才能《さいのう》。

だくおん【濁音】 名詞 かなの右上《みぎうえ》に「゛」（＝濁点《だくてん》）をつけて表《あらわ》される音《おと》。にごる音《おと》。「ガ・ザ・ダ・バ」など。関連 清音《せいおん》。半濁音《はんだくおん》。

たくさん【沢山】 形容動詞 副詞 ❶数《かず》や量《りょう》が多《おお》いようす。例 ごはんをたくさん食《た》べた。対 少《すこ》し。❷じゅうぶんで、それ以上《いじょう》いらないようす。例 アイスクリームは、もうたくさんだ。使い方 ふつうかな書《が》きにする。

たくしあげる【たくし上げる】 動詞 手《て》でまくり上《あ》げる。例 そでをたくし上げる。

タクシー（taxi）名詞 客を乗せて目的地まで走り、きょりや時《じ》間《かん》によって料《りょう》金《きん》をとる自《じ》動《どう》車《しゃ》。

たくじしょ【託児所】 名詞 小《ち》さい子《こ》供《ども》を預《あず》かって、世《せ》話《わ》をするところ。

たくじょう【卓上】 名詞 机《つくえ》やテーブルなどの上《うえ》。例 卓上カレンダー。

たくす【託す】 動詞 ❶人《ひと》にたのんで、仕《し》事《ごと》や用《よう》事《じ》、伝《でん》言《ごん》などを任《まか》せる。預《あず》ける。例 妹《いもうと》に手《て》紙《がみ》を託す。❷自《じ》分《ぶん》の思《おも》いなどを、別《べつ》のものを通《とお》して表《ひょう》現《げん》しようとする。例 喜《よろこ》びの気《き》持《も》ちを歌《うた》に託す。ことば「託《たく》する」ともいう。

たくする【託する】 ⇩791ジ゛ー たくす

たくち【宅地】 名詞 家《いえ》を建《た》てるための土《と》地《ち》。また、家《いえ》の建《た》っている土《と》地《ち》。例 宅地開《かい》発《はつ》。

だくてん【濁点】 名詞 「が」「ダ」など濁《だく》音《おん》を書《か》き表《あらわ》すときに、かなの右《みぎ》上《うえ》につける「゛」のしるし。

タクト（ドイツ語）名詞 音《おん》楽《がく》の指《し》揮《き》をする人《ひと》が持《も》つ棒《ぼう》。指《し》揮《き》棒《ぼう》。例 タクトをふる。

たくはい【宅配】 名詞 動詞 荷《に》物《もつ》や商《しょう》品《ひん》などを、送《おく》り先《さき》の家《いえ》に直《ちょく》接《せつ》届《とど》けること。例 産《さん》地《ち》から野《や》菜《さい》を宅配する。

たくはいびん【宅配便】 名詞 たのんだ荷《に》物《もつ》を、送《おく》り先《さき》の家《いえ》まで届《とど》けるしくみ。

たくはつ【たく鉢】 名詞 動詞 おぼうさんが修《しゅ》行《ぎょう》のために、鉢《はち》を持《も》ってお経《きょう》をとなえながら家《いえ》々を回《まわ》り、米《こめ》やお金《かね》などをもらうこと。

たくましい 形容詞

四字熟語 天真爛漫《てんしんらんまん》　「天真《てんしん》」は自然《しぜん》のままでかざり気《け》がないこと、「爛漫《らんまん》」は外《そと》に明《あか》るくあらわれている

❶体《からだ》ががっしりとしていて強《つよ》そうである。また、元気《げんき》がよい。例 たくましい体《からだ》。例 困難《こんなん》に負《ま》けないたくましい心《こころ》。❷意志《いし》が強《つよ》く、ぐらつかない。❸さかんである。思《おも》いのままにするようす。例 想像《そうぞう》をたくましくする。

たくみ【巧み】 形容動詞 手際《てぎわ》がよく、やり方《かた》がうまいようす。上手《じょうず》。例 巧みにふねをこぐ。

たくらみ 名詞 よくない計画《けいかく》。例 犯罪《はんざい》のたくらみは見破《みやぶ》られた。類 もくろみ。

たくらむ 動詞 よくないことを計画《けいかく》する。例 いたずらをたくらむ。類 もくろむ。

だくりゅう【濁流】 名詞 にごった水《みず》の流《なが》れ。例 橋《はし》が濁流にのまれてしまった。対 清流《せいりゅう》。

たぐる【手繰る】 動詞 ❶両手《りょうて》でかわるがわる糸《いと》などを引《ひ》いて手元《てもと》に寄《よ》せる。例 つり糸《いと》を手繰る。❷順々《じゅんじゅん》にさかのぼって、もとをたずねる。例 記憶《きおく》を手繰る。

たくわえ【蓄え】 名詞 ためておくこと。また、ためておいたもの。とくに、貯金《ちょきん》。

たくわえる【蓄える】 動詞 お金《かね》や物《もの》などをためておく。例 食料《しょくりょう》を蓄える。

たくわん ⇩791ページ たくあん

たけ【丈】 名詞 ❶人《ひと》や物《もの》の高《たか》さ。例 丈の高《たか》い草《くさ》。❷物《もの》の長《なが》さ。とくに、衣服《いふく》や布地《ぬのじ》の長《なが》さ。例 ズボンの丈を測《はか》る。❸あるだけ全部《ぜんぶ》。すべて。例 思《おも》いの丈を話《はな》す。

たけ【竹】 名詞 いねのなかまの植物《しょくぶつ》の一《ひと》つ。くきはかたく、中《なか》は空《から》になっていて節《ふし》がある。竹《たけ》細工《ざいく》や建築《けんちく》などに使《つか》われる。若《わか》い芽《め》は「竹《たけ》の子《こ》」といって、食用《しょくよう》になる。参考 松《まつ》、梅《うめ》と合《あ》わせて「松竹梅《しょうちくばい》」と呼《よ》ばれ、めでたい植物《しょくぶつ》とされている。漢 ⇩828ページ ちく〔竹〕

●**竹《たけ》を割《わ》ったよう** さっぱりした性質《せいしつ》のたとえ。

だけ 助詞（ほかのことばのあとにつけて）❶「…くらい」「…ほど」のように程度《ていど》や範囲《はんい》を限《かぎ》る意味《いみ》を表《あらわ》す。例 あれだけやれば大丈夫《だいじょうぶ》だ。❷…ばかり。ただそれだけ。例 読《よ》むだけでなく書《か》くことも大事《だいじ》だ。❸（「…だけに」「…だけのことはある」の形《かたち》で）「…にふさわしい」という意味《いみ》を表《あらわ》す。例 前《まえ》にも出演《しゅつえん》したことがあるだけに落《お》ち着《つ》いている。

たけうま【竹馬】 名詞 季語冬 二本《にほん》の竹《たけ》の棒《ぼう》に足《あし》をのせるところをつけ、乗《の》って歩《ある》けるようにした、子供《こども》の遊《あそ》び道具《どうぐ》。

たけうま

たけかんむり【竹冠】 名詞 「⺮」のこと。漢字《かんじ》の部首《ぶしゅ》の一《ひと》つ。竹《たけ》に関係《かんけい》のある漢字《かんじ》を作《つく》ることが多《おお》い。算・節・笛・筆など。

だげき【打撃】 名詞 ❶強《つよ》く打《う》つこと。例 頭部《とうぶ》に打撃を受《う》ける。❷心《こころ》にあたえられる大《おお》きな傷《きず》。例 父《ちち》の死《し》は、大《おお》きな打撃であった。❸損害《そんがい》。例 台風《たいふう》で、町《まち》は大《おお》きな打撃を受《う》けた。❹野球《やきゅう》で、バッターが球《たま》を打《う》つこと。

たけくらべ【丈比べ】 名詞 背《せ》の高《たか》さを比《くら》べ合《あ》うこと。類 背比《せいくら》べ。使い方 少《すこ》し古《ふる》い言《い》い方《かた》。

たけざきすえなが【竹崎季長】 名詞 （一二四六～？）鎌倉時代後期《かまくらじだいこうき》の武士《ぶし》。元寇《げんこう》のときの戦《たたか》いで活躍《かつやく》した。

たげた【田げた】 名詞 しめった田《た》やどろ田《た》で作業《さぎょう》するときにはくはき物《もの》。体《からだ》がしずむのを防《ふせ》ぐために使《つか》われた。教科 社 福岡県《ふくおかけん》にある、弥生《やよい》時代《じだい》の板付遺跡《いたづけいせき》などからも見《み》つかっている。

たけだかつより【武田勝頼】 名詞 （一五四六～一五八二）戦国時代《せんごくじだい》の武将《ぶしょう》。武田信玄《たけだしんげん》のむすこ。織田信長《おだのぶなが》・徳川家康《とくがわいえやす》と長篠《ながしの》で戦《たたか》って大敗《たいはい》し、のちに自殺《じさつ》した。

たけだけしい 形容詞 ❶いかにも強《つよ》そうで、勇《いさ》ましいようす。例 たけだけしいライオン。❷図々《ずうずう》しい。例 ぬすっとたけだけしい（＝悪《あく》事《じ》が見《み》つかっても、平気《へいき》な顔《かお》をしている）。

たけだしんげん【武田信玄】 名詞 （一五二一～一五七三）戦国時代《せんごくじだい》の武将《ぶしょう》。甲斐《かい》の国《くに》（＝今《いま》の山梨県《やまなしけん》）一帯《いったい》を治《おさ》めた。上杉謙信《うえすぎけんしん》との川中島《かわなかじま》の戦《たたか》いが有名《ゆうめい》。

だけつ【妥結】 名詞 動詞 意見《いけん》のちがう者《もの》が、おたがいにゆずり合《あ》って話《はなし》をまとめること。

だけど 接続詞 前《まえ》の文《ぶん》と反対《はんたい》のことを述《の》べるときに使《つか》うつなぎのことば。しかし。けれど。例 転《ころ》んだ。だけどすぐに立《た》ち上《あ》がった。

たけとりものがたり【竹取物語】 名詞 平《へい》安時代《あんじだい》の初《はじ》めごろに書《か》かれた、日本《にほん》でいちばん

あいうえお
かきくけこ
さしすせそ
たちつてと
なにぬねの
はひふへほ
まみむめも
やゆよ
らりるれろ
わをん

など。

古い物語。作者は不明。竹の中から生まれたかぐやひめが竹取《たけと》りのおじいさんに育《そだ》てられ、多《おお》くの人《ひと》の求婚《きゅうこん》を断《ことわ》って月《つき》の世界《せかい》に帰《かえ》って行《い》くまでをえがく。⇒949ページ 伝統コラム

たけとんぼ【竹とんぼ】 名詞 竹《たけ》をプロペラの形《かたち》にけずり、その真《ま》ん中《なか》に軸《じく》を差《さ》しこんだおもちゃ。軸《じく》を両手《りょうて》で回《まわ》し、飛《と》ばして遊《あそ》ぶ。

たけなわ 名詞 形容動詞 ものごとがもっともさかんであること。また、そのとき。例 桜《さくら》の花《はな》は今《いま》がたけなわである。

たけのこ【竹の子】 名詞 季語夏 竹《たけ》の、土《つち》の中《なか》にあるくきから出《で》る若《わか》い芽《め》。茶色《ちゃいろ》の皮《かわ》に包《つつ》まれていて、中《なか》の白《しろ》い部分《ぶぶん》を食用《しょくよう》にする。

たけひご【竹ひご】 名詞 竹《たけ》を細《ほそ》く割《わ》ってけずったもの。工作《こうさく》などに使《つか》う。「ひご」ともいう。

たけやぶ【竹やぶ】 名詞 竹《たけ》がたくさん生《は》えているところ。

たけりたつ【たけり立つ】 動詞 気《き》がたかぶって、あらあらしくなる。例 馬《うま》がたけり立つ。

たける 動詞
❶あることについてとくにすぐれている。例 姉《あね》は計算《けいさん》にたけている。
❷真《ま》っさかりになる。例 春《はる》がたける。
❸さかりを少《すこ》し過《す》ぎる。例 年《とし》たけた人《ひと》。

たこ 名詞 手足《てあし》などのよく使《つか》ってすれる部分《ぶぶん》の皮《かわ》が、厚《あつ》く、かたくなったもの。例 ペンだこ。

たこ 名詞 季語春 細《ほそ》い竹《たけ》などで作《つく》った骨組《ほねぐ》みに紙《かみ》などをはって、長《なが》い糸《いと》をつけ、風《かぜ》の力《ちから》を利用《りよう》して空中《くうちゅう》に高《たか》くあげるおもちゃ。ことば 漢字《かんじ》では「凧」と書く。参考 形が「いか」に似ていることから、関西《かんさい》では「いかのぼり」や「いか」と呼《よ》ばれていた。

たこ 名詞 海《うみ》の底《そこ》にすむ、やわらかな動物《どうぶつ》。足《あし》は八《はち》本《ほん》で、物《もの》に吸《す》いつくことのできる吸盤《きゅうばん》がある。すみをはいて身《み》を守《まも》る。食用《しょくよう》になる。ことば 漢《かん》字《じ》では「蛸」と書《か》く。

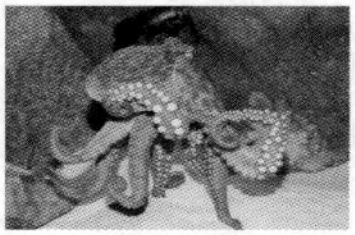
たこ

たこあげ【たこ揚げ】 名詞 季語新年 たこを空《そら》にあげること。おもに正月《しょうがつ》にする遊《あそ》び。

たこあげ

たこいと【たこ糸】 名詞 たこあげに使《つか》う、じょうぶな糸《いと》。

だこう【蛇行】 名詞 動詞 川《かわ》や道《みち》などが、へびがはうように曲《ま》がりくねっていること。また、そのように進《すす》むこと。例 蛇行運転《うんてん》。

たこがた【たこ形】 名詞 四角形《しかくけい》の一《ひと》つで、となり合《あ》った二本《にほん》の辺《へん》の長《なが》さが等《ひと》しい組《くみ》が二組《ふたくみ》ある図形《ずけい》。

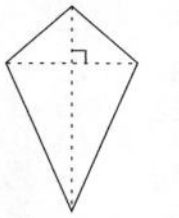
たこがた

たこく【他国】 名詞
❶よその国《くに》。外国《がいこく》。対 自国《じこく》。
❷自分が生まれた土地ではない土地。

たこやき【たこ焼き】 名詞 水《みず》でといた小麦《こむぎ》粉《こ》に、細《こま》かく切《き》ったたこやねぎなどを加《くわ》えて、鉄《てつ》の型《かた》に流《なが》しこみ、小《ちい》さな球《たま》の形《かたち》に焼《や》いた食《た》べ物《もの》。ソースや青《あお》のりをかけて食《た》べる。

たごん【他言】 名詞 動詞 ほかの人《ひと》に話《はな》すこと。例 他言無用《むよう》（＝ほかの人《ひと》に話《はな》してはならない）。類 口外《こうがい》。使い方「多言」と書《か》かないよう注意《ちゅうい》。

たさい【多彩】 名詞 形容動詞
❶いろいろな色《いろ》があって美《うつく》しいこと。
❷種類《しゅるい》が多《おお》くてはなやかなようす。例 文化祭《ぶんかさい》では多彩なもよおしが行《おこな》われた。

だざいふ【大宰府】 名詞 昔《むかし》、今《いま》の福岡県《ふくおかけん》に置《お》かれた役所《やくしょ》。九州《きゅうしゅう》と壱岐《いき》・対馬《つしま》を治《おさ》め、外国《がいこく》との交渉《こうしょう》などにあたった。

たさつ【他殺】 名詞 ほかの人《ひと》に殺《ころ》されること。対 自殺《じさつ》。

たざわこ【田沢湖】 名詞 秋田県東部《あきたけんとうぶ》にあるカルデラ湖《こ》。水深《すいしん》は日本《にほん》でもっとも深《ふか》い。

ださん【打算】 名詞 動詞 ものごとをする前《まえ》に、それが自分《じぶん》にとって損《そん》か得《とく》かを考《かんが》えること。

ださんてき【打算的】 形容動詞 自分《じぶん》の損得《そんとく》を考《かんが》えてから行動《こうどう》するようす。例 打算的な考《かんが》え。

たざんのいし【他山の石】 ⇒985ページ 故事成語

たし【足し】 名詞 足《た》りないところをうめ合《あ》わせるもの。また、助《たす》けとなるもの。例 そんなわずかな量《りょう》では、なんの足しにもならない。

だし【出し】 名詞

四字熟語 天変地異《てんぺんちい》 自然界《しぜんかい》に起《お》こる、ふつうとはちがったできごとのこと。暴風雨《ぼうふうう》・地震《じしん》・火山《かざん》の噴火《ふんか》

❶かつおぶしやこんぶなどをひたして、味《あじ》を出《だ》したしる。「だしじる」の略《りゃく》。また、だしじるをとるもとになるもの。❷自分《じぶん》の利益《りえき》のために、うまく利用《りよう》するもの。使い方 ふつうかな書《が》きにする。

●**だしにする** 自分《じぶん》の利益《りえき》のために、ほかの人《ひと》やものごとをうまく利用《りよう》する。例 弟《おとうと》をだしにして、遊園地《ゆうえんち》に連《つ》れていってもらう。

だし【山車】 名詞 季語夏 祭《まつ》りのときに、かざりつけて大勢《おおぜい》で引《ひ》いて歩《ある》く車《くるま》。

だし【山車】

だしいれ【出し入れ】 名詞 動詞 出《だ》すことと入《い》れること。出《だ》したり入《い》れたりすること。例 たなから食器《しょっき》を出し入れする。

だしおしむ【出し惜しむ】 動詞 もったいないと思《おも》って、お金《かね》や品物《しなもの》などを出《だ》すのをいやがる。例 趣味《しゅみ》にかかる費用《ひよう》は出し惜しまない。

たしか【確か】 ❶形容動詞 しっかりとして、まちがいがないようす。信用《しんよう》できるようす。例 うでの確かな大工《だいく》／きみの言《い》うことなら確かだ。❷副詞 たぶん。例 確かかばんに入《い》れたはずだ。㊥ ⇒242ページ かく〔確〕

たしかめる【確かめる】 動詞 まちがいがないかどうかを調《しら》べる。あやふやなところをはっきりさせる。例 答《こた》えを確かめる。使い方「確める」「確しかめる」と書《か》かないよう送《おく》りがなに注意《ちゅうい》。㊥ ⇒242ページ かく〔確〕

たしざん【足し算】 名詞 二《ふた》つ以上《いじょう》の数《かず》を合《あ》わせる計算《けいさん》。「寄《よ》せ算《ざん》」「加法《かほう》」ともいう。対 引《ひ》き算《ざん》。

だししぶる【出し渋る】 動詞 お金《かね》や品物《しなもの》などを出《だ》すことをいやがる。例 会費《かいひ》を出し渋る。

たじたじ【と】 副詞 相手《あいて》の勢《いきお》いにおされているようす。例 質問責《しつもんぜ》めにたじたじとなる。

たじつ【他日】 名詞 この先《さき》のいつか別《べつ》の日《ひ》。例 この件《けん》については、他日お話《はな》ししましょう。

たしなみ 名詞 ❶芸《げい》ごとなどを身《み》につけていること。例 姉《あね》はお茶《ちゃ》やおどりのたしなみがある。❷好《この》み。趣味《しゅみ》。例 上品《じょうひん》なたしなみ。❸ふだんの心《こころ》がけ。つつしみ。例 社会人《しゃかいじん》としてのたしなみ。

たしなむ 動詞 ❶好《す》きで楽《たの》しむ。例 酒《さけ》をたしなむ。❷芸《げい》ごとなどを身《み》につける。例 俳句《はいく》をたしなむ。❸行《おこな》いをきちんとする。

たしなめる 動詞 悪《わる》いところを直《なお》すように注意《ちゅうい》する。例 先生《せんせい》にたしなめられた。

だしぬく【出し抜く】 動詞 人《ひと》のすきをねらったり、だましたりして、自分《じぶん》が先《さき》にやってしまう。例 人《ひと》を出し抜いて列《れつ》の先頭《せんとう》に並《なら》ぶ。

だしぬけ【出し抜け】 形容動詞 思《おも》いがけないようす。突然《とつぜん》。例 出し抜けに大声《おおごえ》を出《だ》す。

たじま【但馬】 名詞 昔《むかし》の国《くに》の名《な》の一《ひと》つ。今《いま》の兵庫県《ひょうごけん》の北部《ほくぶ》に当《あ》たる。

だしもの【出し物】 名詞 演劇《えんげき》や演芸会《えんげいかい》などで演《えん》じる作品《さくひん》。

たしゃ【他者】 名詞 自分以外《じぶんいがい》の、ほかの人《ひと》。他人《たにん》。対 自己《じこ》。

だしゃ【打者】 名詞 野球《やきゅう》で、投手《とうしゅ》の投《な》げる球《たま》を打《う》つ人《ひと》。バッター。例 左《ひだり》打者。

だじゃれ【駄じゃれ】 名詞 へたなしゃれ。つまらないしゃれ。例 駄じゃれを飛《と》ばす。

たしゅ【多種】 名詞 種類《しゅるい》が多《おお》いこと。例 この作家《さっか》が書《か》いた書物《しょもつ》は多種にわたる。

たしゅたよう【多種多様】 名詞 形容動詞 いろいろであること。さまざまであること。例 植物園《しょくぶつえん》には多種多様な草木《くさき》がある。

だじゅん【打順】 名詞 野球《やきゅう》で、バッターとなる順番《じゅんばん》。

たしょう【多少】 ❶名詞 多《おお》いことと少《すく》ないこと。例 注文《ちゅうもん》の多少にかかわらず配達《はいたつ》します。❷副詞 いくらか。少《すこ》し。例 多少問題《もんだい》がある。

だじょうだいじん【太政大臣】 ⇒778ページ だいじょうだいじん❷

たじろぐ 動詞 相手《あいて》の勢《いきお》いにおされて、しりごみする。例 強《つよ》い口調《くちょう》にたじろぐ。類 ひるむ。

だしん【打診】 名詞 動詞 ❶医者《いしゃ》が、患者《かんじゃ》の胸《むね》や背中《せなか》を指先《ゆびさき》で軽《かる》くたたき、体《からだ》の具合《ぐあい》を調《しら》べること。❷それとなく相手《あいて》のようすや考《かんが》えをさぐること。例 向《む》こうの考《かんが》えを打診してみよう。

見《み》かけはちがっているようでも内容《ないよう》は同《おな》じであること。

たす【足す】 動詞 ❶足《た》りないのを補《おぎな》う。加《くわ》える。増《ふ》やす。例 水槽《すいそう》に水《みず》を足す。❷ある数にある数《かず》を加《くわ》える。足《た》し算《ざん》をする。例 三《さん》足す五《ご》は八《はち》。対 引《ひ》く。❸ものごとをすませる。例 用《よう》を足す。
漢 ⇩754ジ ペ ー そく〔足〕

だす【出す】 ❶動詞 中《なか》から外《そと》へ移《うつ》す。例 筆箱《ふでばこ》から鉛筆《えんぴつ》を出す。対 入《い》れる。❷動詞 こちらから、向《む》こうへやる。例 手紙《てがみ》を出す／使《つか》いを出す。❸動詞 表《おもて》にあらわす。例 いかりを顔《かお》に出す／芽《め》を出す。❹動詞 発表《はっぴょう》する。例 本《ほん》を出す。❺動詞 ものごとを起《お》こす。始《はじ》める。生《しょう》じさせる。例 火事《かじ》を出す／店《みせ》を出す／元気《げんき》を出す。❻動詞 結果《けっか》を示《しめ》す。例 答《こた》えを出す。❼動詞 人《ひと》にわたす。あたえる。例 先生《せんせい》が宿題《しゅくだい》を出す／食事代《しょくじだい》を出す。❽接尾語（ほかのことばのあとにつけて）…し始《はじ》める。例 動《うご》き出す。漢 ⇩619ジ ペ ー しゅつ〔出〕

たすう【多数】 名詞 数《かず》が多《おお》いこと。例 多数の票《ひょう》が集《あつ》まる。対 少数《しょうすう》。

だすう【打数】 名詞 野球《やきゅう》で、バッターになった回数《かいすう》から、フォアボール・デッドボール・犠《ぎ》打《だ》などを引《ひ》いた数《かず》。例 五打席四打数二安打《ごだせきよんだすうにあんだ》。

たすうけつ【多数決】 名詞 ものごとを決《き》めるとき、賛成《さんせい》する人《ひと》が多《おお》いほうに決《き》めること。

たすかる【助かる】 動詞 ❶危《あぶ》ないことや苦《くる》しいことからのがれる。救《すく》われる。例 命《いのち》だけは助かった。❷つかう力《ちから》やお金《かね》や時間《じかん》などが少《すく》なくてすみ、楽《らく》である。例 兄《あに》が手伝《てつだ》ってくれて助かった。
漢 ⇩627ジ ペ ー じょ〔助〕

たすき 名詞 ❶着物《きもの》を着《き》て仕事《しごと》をするとき、そでがじゃまにならないようにたくし上《あ》げるためのひも。背中《せなか》でななめの十文字《じゅうもんじ》になるようにかける。❷かたから反対側《はんたいがわ》のこしにななめにかける、輪《わ》になった細長《ほそなが》い布《ぬの》。例 次《つぎ》の走者《そうしゃ》にたすきをわたす。

たすき❶

たすきがけ【たすき掛け】 名詞 たすきをかけること。また、たすきをかけた姿《すがた》。

たすけ【助け】 名詞 助《たす》けること。また、助《たす》ける人《ひと》。例 きみの助けが必要《ひつよう》だ。

たすけあい【助け合い】 名詞 おたがいに力《ちから》を合《あ》わせること。おたがいに助《たす》け合《あ》うこと。

たすけあう【助け合う】 動詞 おたがいに相《あい》手《て》を助《たす》ける。助《たす》けたり助《たす》けられたりする。例 みんなで助け合って暮《く》らしていく。

たすけぶね【助け船・助け舟】 名詞 ❶しずみそうな船《ふね》や、おぼれそうな人《ひと》を助《たす》けるための船《ふね》。❷人《ひと》が困《こま》っているときに、力《ちから》を貸《か》して助《たす》けること。例 助け船を出す。

たすける【助ける】 動詞 ❶危《あぶ》ないことから救《すく》う。例 おぼれそうになった人《ひと》を助ける。❷力《ちから》を貸《か》す。手伝《てつだ》う。例 母《はは》を助けて働《はたら》く。
漢 ⇩627ジ ペ ー じょ〔助〕

たずさえる【携える】 動詞 ❶手《て》に持《も》つ。身《み》に着《つ》ける。例 弁当《べんとう》を携えて出《で》かける。❷手《て》を取《と》り合《あ》って行《い》く。連《つ》れ立《だ》って行《い》く。例 友《とも》だちと手《て》を携えて学校《がっこう》へ行《い》く。

たずさわる【携わる】 動詞 あることに関係《かんけい》する。例 父《ちち》はこの工事《こうじ》に携わっている。

たずねる【訪ねる】 動詞 人《ひと》の家《いえ》やよその場所《ばしょ》に行《い》く。訪問《ほうもん》する。例 親戚《しんせき》の家《いえ》を訪ねる。
使い方 へりくだった言《い》い方《かた》は「うかがう」。漢 ⇩1203ジ ペ ー ほう〔訪〕

たずねる【尋ねる】 動詞 ❶さがし求《もと》める。例 愛犬《あいけん》のゆくえを尋ねる。❷質問《しつもん》する。きく。例 疑問点《ぎもんてん》を先生《せんせい》に尋ねる。❸さぐり求《もと》めて明《あき》らかにする。例 ナイル川《がわ》の水源《すいげん》を尋ねる。
使い方 ❷のへりくだった言《い》い方《かた》は「うかがう」。

たぜい【多勢】 名詞 多《おお》くの人《ひと》。大勢《おおぜい》。例 わたしは多勢の応援《おうえん》に元気《げんき》づけられた。対 無勢《ぶぜい》。

●**多勢《たぜい》に無勢《ぶぜい》** 少《すく》ない人数《にんずう》でたくさんの人《ひと》を相《あい》手《て》にしても、とてもかなわないということ。

だせい【惰性】 名詞 ❶今《いま》まで続《つづ》けてきた勢《いきお》いや習慣《しゅうかん》。例 夏休《なつやす》みか

四字熟語 同工異曲《どうこういきょく》 音楽《おんがく》・詩歌《しいか》・文章《ぶんしょう》などで、作《つく》り方《かた》は同《おな》じでも作品《さくひん》のおもむきがちがうこと。また、

らの惰性で、早起《はやお》きするのがつらい。 ❷ ➡ 304ページ かんせい〔慣性〕

[使い方] ❶は、あまりよい意味《いみ》には使《つか》われない。

だせき【打席】 [名詞] 野球《やきゅう》で、「バッターボックス」のこと。また、そこにバッターとして立《た》つこと。

だせん【打線】 [名詞] 野球《やきゅう》で、バッターの顔《かお》ぶれ。 [例] 下位《かい》打線でチャンスをつくる。

たそがれ [名詞] 夕方《ゆうがた》のうす暗《ぐら》いころ。夕暮《ゆうぐ》れ。 [類] 暮《く》れ方《がた》。 [ことば] うす暗《ぐら》くて人《ひと》の見分《みわ》けがつかず、「誰《た》そ彼《かれ》は(＝古《ふる》いことばで、あの人《ひと》はだれだろうか、の意味《いみ》)」とたずねるということからきたことば。

だそく【蛇足】 [名詞] [故事成語] つけ足《た》されたむだなもの。余計《よけい》なもの。 [ことば] 昔《むかし》、中国《ちゅうごく》で、へびの絵《え》をかく競争《きょうそう》をしたとき、いちばん早《はや》くかき上《あ》げた人《ひと》が、得意《とくい》になって足《あし》までかいたために負《ま》けになった、という話《はなし》から。

ただ [名詞] ❶お金《かね》がいらないこと。無料《むりょう》。 ❷とくに変《か》わったことがないこと。何《なに》ごともないこと。ふつう。 [例] ただの紙《かみ》きれ／いたずらがばれたらただではすまされない。

● **ただより高《たか》い物《もの》はない** ➡ 255ページ ことわざ

ただ ❶ [副詞] ひたすら。そのことだけ。 [例] 雨《あめ》の中《なか》をただ走《はし》った。 ❷ [副詞] わずかに。たった。 [例] 反対《はんたい》する人《ひと》はただ一人《ひとり》だ。 ❸ [接続詞] ただし。 [例] よい品物《しなもの》だが、ただ、値《ね》段《だん》が高《たか》すぎる。

ただい【多大】 [形容動詞] 非常《ひじょう》に多《おお》いようす。 [例] 多大な利益《りえき》を上《あ》げる。

ただいま【ただ今】 ❶ [名詞] [副詞] 今《いま》。現在《げんざい》。 [例] ただ今の時刻《じこく》。 ❷ [副詞] 今《いま》すぐ。 [例] ただ今参《まい》ります。 ❸ [副詞] ほんの少《すこ》し前《まえ》。さっき。 [例] 父《ちち》はただ今出《で》かけたばかりです。 ❹ [感動詞] 外《そと》から家《いえ》へ帰《かえ》ってきたときのあいさつのことば。 [例] お母《かあ》さん、ただいま。

[使い方] ❶〜❸は、あらたまった言《い》い方《かた》。❹は、ふつうかな書《が》きにする。

たたえる [動詞] りっぱなことだとしてほめる。 [例] きみの努力《どりょく》を、おおいにたたえよう。 [ことば] 漢字《かんじ》では「称える」「讃える」と書《か》く。

たたえる [動詞] ❶水《みず》などをいっぱいに満《み》たす。 [例] すき通《とお》った水《みず》をたたえた湖《みずうみ》。 ❷気持《きも》ちを顔《かお》に表《あらわ》す。 [例] 笑《え》みをたたえる。

たたかい【戦い・闘い】 [名詞] ❶戦争《せんそう》をすること。 ❷勝《か》ち負《ま》けを決《き》めること。試合《しあい》。 [例] 紅白《こうはく》に分《わ》かれての戦い。 ❸つらく苦《くる》しいことに打《う》ち勝《か》とうとすること。 [例] 病気《びょうき》との闘い。

たたかいぬく【戦い抜く・闘い抜く】 [動詞] とちゅうでやめることなく、最後《さいご》まで力《ちから》いっぱいたたかう。 [例] 力《ちから》の限《かぎ》り戦い抜いた。

たたかう【戦う・闘う】 [動詞] ❶武器《ぶき》を持《も》って争《あらそ》う。戦争《せんそう》をする。 ❷勝《か》ち負《ま》けを決《き》める。試合《しあい》をする。 [例] 明日《あす》の決勝戦《けっしょうせん》は、力《ちから》いっぱい戦うぞ。 ❸つらく苦《くる》しいことに打《う》ち勝《か》とうとする。 [例] 病気《びょうき》と闘う。 [漢] ➡ 732ページ せん〔戦〕

たたき [名詞] 玄関《げんかん》などの、コンクリートなどで固《かた》めた土間《どま》。 [ことば] 漢字《かんじ》では「三和土」と書《か》く。

たたき [名詞] ❶たたくこと。 [例] かたたたき。 ❷けもの・鳥《とり》・魚《さかな》の肉《にく》を包丁《ほうちょう》で細《こま》かくたたくこと。また、そのような料理《りょうり》。 [例] あじのたたき。

たたきあげる【たたき上げる】 [動詞] 努力《どりょく》や苦労《くろう》を重《かさ》ねてうでをみがき、りっぱなものになる。 [例] 見習《みなら》いからたたき上げて、りっぱなコックになった。

たたきうり【たたき売り】 [名詞] ❶道《みち》ばたで、台《だい》をたたいたりしながら、威勢《いせい》よく品物《しなもの》を売《う》ること。 [例] バナナのたたき売り。 ❷もうけを考《かんが》えないで、品物《しなもの》を安《やす》く売《う》ってしまうこと。 [例] 閉店前《へいてんまえ》のたたき売り。 [類] 投《な》げ売《う》り。

たたきこむ【たたき込む】 [動詞] ❶強《つよ》い力《ちから》で中《なか》に入《い》れる。 [例] 太《ふと》い柱《はしら》を地面《じめん》にたたき込む。 ❷身《み》につくように、教《おし》えこむ。 [例] 料理《りょうり》の基本《きほん》をしっかりたたき込む。

たたきつける [動詞] ❶激《はげ》しく強《つよ》く打《う》ちつける。 [例] たたきつけるような雨《あめ》。

そがしくかけ回《まわ》ること。

❷激しい勢いで差し出す。

たたきなおす【たたき直す】 動詞 曲《ま》がった心《こころ》などを、きたえ直《なお》して正《ただ》しくする。例 なまけぐせのついた根性《こんじょう》をたたき直す。

たたきのめす 動詞 相手《あいて》が起《お》き上《あ》がれなくなるくらいに、激《はげ》しくたたく。さんざんにやっつける。例 おそってきた敵《てき》をたたきのめした。

たたく 動詞
❶続《つづ》けて打《う》つ。例 戸《と》をたたく／太鼓《たいこ》をたたく。
❷打《う》ち合《あ》わせて音《おと》を出《だ》す。例 手《て》をたたく。
❸なぐる。例 頭《あたま》をたたかれた。
❹こうげきする。悪《わる》く言《い》う。例 政治家《せいじか》が新聞《しんぶん》でたたかれる。
❺値段《ねだん》を安《やす》くさせる。例 古本《ふるほん》をたたいて買《か》う。
❻(「口《くち》をたたく」の形《かたち》で、全体《ぜんたい》で) いろいろ言《い》う。例 むだ口《ぐち》をたたく。

ただごと【ただ事】 名詞 ふつうのこと。当《あ》たり前《まえ》のこと。例 あのあわてようはただ事ではない。使い方 あとに「ない」などのことばがくることが多《おお》い。

ただし【但し】 接続詞 前《まえ》のことばにつけ足《た》して、そのほかの場合《ばあい》や条件《じょうけん》をいうときに使《つか》うことば。けれども。例 果物《くだもの》は好《す》きだ。ただしももは苦手《にがて》だ。使い方 ふつうかな書《が》きにする。

ただしい【正しい】 形容詞
❶まちがっていない。ほんとうである。例 その答《こた》えは正しい。
❷心《こころ》がまっすぐである。例 心《こころ》を正しく持《も》つ。
❸きちんとしている。整《とと》のっている。例 正しい姿勢／礼儀正しい人。

漢 ↓704ページ せい〔正〕

ただしがき【但し書き】 名詞 本文《ほんぶん》のあとに、例外《れいがい》や条件《じょうけん》などの説明《せつめい》をつけ加《くわ》えた文《ぶん》。ことば 「ただし」ということばで始《はじ》まることが多《おお》いことからきたことば。

ただす 動詞 わからないことなどをはっきりさせるために質問《しつもん》する。例 疑問《ぎもん》を先生《せんせい》にただす。

ただす 動詞 罪《つみ》があるかどうか、とり調《しら》べる。例 ぬすみの罪《つみ》をただす。

ただす【正す】 動詞
❶まっすぐにする。きちんとする。例 姿勢《しせい》を正して話《はなし》を聞《き》く。
❷まちがいを直《なお》す。例 書《か》きまちがいを正す。

漢 ↓704ページ せい〔正〕

たたずまい 名詞 そこから感《かん》じられる雰囲気《ふんいき》。例 落《お》ち着《つ》いたたたずまいの家《いえ》。

たたずむ 動詞 しばらく立《た》ち止《ど》まる。しばらくそこにとどまる。例 門《もん》のそばにたたずむ。

ただちに【直ちに】 副詞 すぐに。例 直ちに集《あつ》まれ。漢 ↓849ページ ちょく〔直〕

だだっこ【だだっ子】 名詞 あまえて、わがままばかり言《い》う子供《こども》。

だだっぴろい【だだっ広い】 形容詞 やたらに広《ひろ》い。例 だだっ広い家《いえ》。

ただでさえ 副詞 そうでなくても。ふつうの場合《ばあい》でも。例 ただでさえせまい廊下《ろうか》に荷物《にもつ》がいっぱいで、通《とお》りぬけることもできない。

ただならぬ 連体詞 ふつうでない。ただごとではない。例 ただならぬ気配《けはい》を感《かん》じる。

ただばたらき【ただ働き】 名詞 動詞 お金をもらわないで働《はたら》くこと。

たたみ【畳】 名詞 わらを糸《いと》でぬい固《かた》めたものに、いぐさのくきを編《あ》んだものをかぶせた敷《しき》物《もの》。和室《わしつ》にしく。

●畳《たたみ》の上《うえ》の水練《すいれん》 ↓253ページ ことわざ

たたみいと【畳糸】 名詞 畳表《たたみおもて》やへりをぬうための糸《いと》。

たたみおもて【畳表】 名詞 畳《たたみ》の表面《ひょうめん》にはる、いぐさのくきと麻糸《あさいと》などで織《お》ったござ。

たたみかける【畳み掛ける】 動詞 間《あいだ》をおかないで次々《つぎつぎ》とものごとをする。例 畳み掛けるように質問《しつもん》を浴《あ》びせる。

たたみこむ【畳み込む】 動詞
❶たたんで中《なか》に入《い》れる。
❷しっかりと覚《おぼ》えこむ。例 両親《りょうしん》の教《おし》えを胸《むね》に畳み込む。

たたみどこ【畳床】 名詞 たたみの中《なか》にある、しんの部分《ぶぶん》。

たたむ【畳む】 動詞
❶折《お》り重《かさ》ねて小《ちい》さくする。例 シャツを畳む。
❷開《ひら》いているものを閉《と》じる。例 傘《かさ》を畳む。
❸今《いま》までやっていた商売《しょうばい》をやめる。例 店《みせ》を畳む。
❹自分《じぶん》の心《こころ》の中《なか》にしまっておく。例 その話《はなし》はわたしの胸《むね》に畳んでおきます。

ただよう【漂う】 動詞
❶空《そら》や水《みず》にうかんでゆらゆらしている。例 花《はな》びらが水面《すいめん》に漂っている。

四字熟語　**東奔西走《とうほんせいそう》**　「奔《ほん》」も「走《そう》」も走《はし》り回《まわ》るという意味《いみ》で、目的《もくてき》を達成《たっせい》するため、あちらこちらへい

❷辺《あた》りに立《た》ちこめる。例 よいにおいが漂《ただよ》う。

たたり 名詞 ❶神《かみ》・仏《ほとけ》・死《し》んだ人《ひと》などのたましいなどから受《う》けるわざわい。❷悪《わる》いことをしたために受《う》けるわざわい。

たたる 動詞 ❶神《かみ》・仏《ほとけ》・死《し》んだ人《ひと》のたましいなどが、わざわいをあたえる。❷あることをしたために悪《わる》い結果《けっか》となる。例 食《た》べすぎがたたっておなかをこわした。

ただれる 動詞 皮膚《ひふ》や肉《にく》が、やけどなどによって破《やぶ》れてくずれる。

だだをこねる 子供《こども》が、あまえたり無理《むり》を言《い》ったりして人《ひと》を困《こま》らせる。

たち 名詞 ❶人《ひと》の生《う》まれつきの性質《せいしつ》や体質《たいしつ》。例 素直《すなお》なたち。❷ものごとの性質《せいしつ》。例 たちの悪《わる》いいたずら。

-たち 接尾語 （ほかのことばのあとにつけて）数《かず》が二人《ふたり》または二《ふた》つ以上《いじょう》であることを表《あらわ》す。例 町《まち》の人《ひと》たち／虫《むし》たち。

たち【太刀】 名詞 長《なが》い刀《かたな》。

たちあい【立ち会い】 名詞 その場《ば》にいること。立《た》ち会《あ》うこと。また、その人《ひと》。例 両家《りょうけ》の親族《しんぞく》立ち会いのもと、結婚式《けっこんしき》を挙《あ》げる。

たちあい【立ち合い】 名詞 すもうで、おたがいに両手《りょうて》を土俵《どひょう》につき、仕切《しき》りをしてから立《た》ち上《あ》がること。例 立ち合いが合《あ》わない。

たちあう【立ち会う】 動詞 関係《かんけい》のある者《もの》として、何《なに》かが行《おこな》われる場《ば》にいる。例 選挙《せんきょ》の開《かい》票《ひょう》に立ち会う／妻《つま》の出産《しゅっさん》に立ち会う。

たちあう【立ち合う】 動詞 おたがいに勝負《しょうぶ》を争《あらそ》う。例 正々堂々《せいせいどうどう》と立ち合う。

たちあがる【立ち上がる】 動詞 ❶体《からだ》を起《お》こして立《た》つ。例 いすから立ち上がる。❷元気《げんき》をとりもどす。立《た》ち直《なお》る。例 悲《かな》しみから立ち上がる。❸決心《けっしん》してものごとを始《はじ》める。例 市民《しみん》は暴力《ぼうりょく》をなくす運動《うんどう》に立ち上がった。

たちあげる【立ち上げる】 動詞 ❶コンピューターなどを、使《つか》える状態《じょうたい》にする。起動《きどう》する。❷会社《かいしゃ》や事業《じぎょう》などを新《あたら》しくおこして、活動《かつどう》を始《はじ》める。例 新《しん》プロジェクトを立ち上げる。

たちいふるまい【立ち居振る舞い】 名詞 立《た》ったりすわったりするなどの、ふだんのいろいろな動作《どうさ》。例 上品《じょうひん》な立ち居振る舞い。類 起居《ききょ》。

たちいりきんし【立ち入り禁止】 名詞 中《なか》に入《はい》ることを禁止《きんし》すること。

たちいる【立ち入る】 動詞 ❶中《なか》に入《はい》る。例 危険《きけん》な場所《ばしょ》には立ち入るな。❷深《ふか》く他人《たにん》のことにかかわる。例 立ち入ったことを聞《き》く。

たちうち【太刀打ち】 名詞 動詞 張《は》り合《あ》って、競争《きょうそう》をすること。例 スポーツでは、とても兄《あに》には太刀打ちできない。使い方「立ち打ち」と書《か》かないよう注意《ちゅうい》。ことば もとは、太刀《たち》（＝長《なが》い刀《かたな》）で切《き》り合《あ》うことをいうことば。

たちおうじょう【立ち往生】 名詞 動詞 進《すす》むとちゅうで行《い》きづまって、動《うご》きがとれなくなること。例 大雪《おおゆき》で車《くるま》が立ち往生する。ことば もとは、立《た》ったまま死《し》ぬことをいうことば。

たちおくれる【立ち後れる・立ち遅れる】 動詞 ❶立《た》つのがおくれる。❷ものごとの出発《しゅっぱつ》や進歩《しんぽ》がおくれる。例 この分野《ぶんや》の研究《けんきゅう》は外国《がいこく》に比《くら》べて立ち後れている。

たちかえる【立ち返る】 動詞 もとのところや状態《じょうたい》にもどる。例 初心《しょしん》に立ち返って練習《れんしゅう》する。類 立《た》ち戻《もど》る。

たちき【立ち木】 名詞 地面《じめん》に生《は》えて立《た》っている木《き》。例 立ち木を切《き》りたおす。

たちぎえ【立ち消え】 名詞 ❶火《ひ》がとちゅうで消《き》えること。❷ものごとが、とちゅうで、いつの間《ま》にかとりやめになること。例 計画《けいかく》が立ち消えになる。

たちぎき【立ち聞き】 名詞 動詞 人《ひと》の話《はなし》をこっそり聞《き》くこと。類 盗《ぬす》み聞《ぎ》き。

たちきる【断ち切る】 動詞 ❶切《き》りはなす。例 ロープを断ち切る。❷今《いま》まであった関係《かんけい》をきっぱりとなくす。例 悪《わる》い友《とも》だちとのつきあいを断ち切った。

たちげいこ【立ち稽古】 名詞 演劇《えんげき》で、台本《だいほん》の読《よ》み合《あ》わせが終《お》わったあと、実際《じっさい》に動作《どうさ》や表情《ひょうじょう》をつけながらけいこすること。

たちこめる【立ち込める】 動詞 けむり・におい・きりなどが、辺《あた》り一面《いちめん》にいっぱいになる。例 湖《みずうみ》にきりが立ち込めてきた。

りで進《すす》むこと（独歩《どっぽ》）。

たちさる【立ち去る】動詞 その場所からいなくなる。出《で》て行《い》く。

たちすくむ【立ちすくむ】動詞 こわかったりおどろいたりして、立《た》ったまま動《うご》けなくなる。例 がけの上《うえ》から下《した》を見《み》て立《た》ちすくむ。

たちつくす【立ち尽くす】動詞 そこから動《うご》こうとせず、ずっと立《た》ったままでいる。例 夕《ゆう》焼《や》けの美《うつく》しさにしばらく立ち尽くしていた。

たちつぼすみれ 名詞 すみれのなかまの草花《くさばな》。日本《にほん》の各地《かくち》でよく見《み》られる。野《の》山《やま》や道《みち》ばたに生《は》え、春《はる》、うすむらさき色《いろ》の花《はな》がさく。

たちつぼすみれ

たちどころに【立ち所に】副詞 その場《ば》ですぐに。例 どんな事件《じけん》もたちどころに解決《かいけつ》する名探偵《めいたんてい》。使い方 ふつうかな書《が》きにする。

たちどまる【立ち止まる】動詞 歩《ある》くのをやめて止《と》まる。足《あし》を止《と》める。

たちなおる【立ち直る】動詞 悪《わる》くなっていたものがよい方向《ほうこう》にもどる。例 悲《かな》しみの底《そこ》から立ち直る。

たちならぶ【立ち並ぶ】動詞 並《なら》んで立《た》っている。例 いろいろな店《みせ》が立ち並ぶ商店街《しょうてんがい》。

たちのく【立ち退く】動詞 今《いま》までいた場所《ばしょ》や住《す》んでいた場所《ばしょ》からはなれて、よそへ移《うつ》る。例 建てかえのため、アパートを立ち退く。

たちのぼる【立ち上る】動詞 高《たか》く上《うえ》へ上《あ》がる。例 えんとつからけむりが立ち上る。

たちば【立場】名詞 ❶その人《ひと》が置《お》かれている状態《じょうたい》や地位《ちい》。例 ほかの人《ひと》の立場も考《かんが》えて行動《こうどう》する。❷考《かんが》え方《かた》や意見《いけん》のもと。よりどころ。例 学級《がっきゅう》委員《いいん》の立場から発言《はつげん》する／平和主義の立場。

たちばさみ【裁ちばさみ】名詞 布地《ぬのじ》を切《き》るときに使《つか》う大《おお》きなはさみ。

たちはだかる【立ちはだかる】動詞 前《まえ》に立《た》って、通《とお》れないようにじゃまをする。立ちふさがる。例 強敵《きょうてき》が立ちはだかる。

たちはたらく【立ち働く】動詞 いっしょうけんめい体《からだ》を動《うご》かして仕事《しごと》をする。

たちばな 名詞 季語秋 みかんのなかまの木《き》。初《しょ》夏《か》に白《しろ》い花《はな》がさく。実《み》は小《ちい》さく、熟《じゅく》してもすっぱい。

たちばなし【立ち話】名詞 動詞 立《た》ったまま話《はなし》をすること。また、その話《はなし》。

たちふさがる【立ち塞がる】動詞 前《まえ》に立《た》って、通《とお》れないようにじゃまをする。立ちはだかる。例 ゴールの前《まえ》にキーパーが立ち塞がる。

たちまち 副詞 すぐに。急《きゅう》に。例 広告《こうこく》の品《しな》はたちまち売《う》り切《き》れた。

たちまちづき【立ち待ち月】名詞 季語秋 昔《むかし》のこよみで、十七日《じゅうしちにち》の夜《よる》の月《つき》。とくに、八《はち》月《がつ》十七日《じゅうしちにち》の月《つき》。立《た》ち待《ま》ちの月《つき》。⇒1449ページ 昔《むかし》のこよみと年《とし》・月《つき》・季節《きせつ》のことば

たちまわり【立ち回り】名詞 ❶あちらこちらに寄《よ》りながら歩《ある》き回《まわ》ること。例 立ち回り先。❷けんか。つかみ合《あ》い。例 大《おお》立ち回り。❸芝居《しばい》などでの、刀《かたな》で切《き》り合《あ》ったり、なぐり合《あ》ったりする演技《えんぎ》。

たちまわる【立ち回る】動詞 ❶あちらこちらと歩《ある》き回《まわ》る。例 町《まち》じゅうの図書館《としょかん》を立ち回って、自由研究《じゆうけんきゅう》の資料《しりょう》を集《あつ》めた。❷自分《じぶん》に有利《ゆうり》になるように、人々《ひとびと》の間《あいだ》を回《まわ》ってはたらきかける。例 話《はな》し合《あ》いがうまく進《すす》むように、事前《じぜん》に立ち回る。❸立《た》ち寄《よ》る。例 犯人《はんにん》が立ち回りそうな場所《ばしょ》。

たちみ【立ち見】名詞 立《た》ったままで見物《けんぶつ》すること。例 立ち見席《せき》。

たちむかう【立ち向かう】動詞 ❶相手《あいて》に向《む》かっていく。例 悪者《わるもの》に立ち向かう。❷困難《こんなん》なことにも、にげずに正面《しょうめん》から向《む》かっていく。例 苦《くる》しい練習《れんしゅう》に進《すす》んで立ち向かう。

たちめ【裁ち目】名詞 布《ぬの》をはさみなどで切《き》ったときの切り目《め》。

たちもどる【立ち戻る】動詞 もとの場所《ばしょ》や状態《じょうたい》にもどる。例 原点《げんてん》に立ち戻って考《かんが》える。類 立《た》ち返《かえ》る。

だちょう 名詞 アフリカの草原《そうげん》にすむ、大《おお》きい鳥《とり》。頭《あたま》までの高《たか》さは二《に》メートル以上《いじょう》になる。つばさは小《ちい》さくて飛《と》べないが、足《あし》が強《つよ》く走《はし》るのが速《はや》い。ことば 漢字《かんじ》では「駝鳥」と書《か》く。

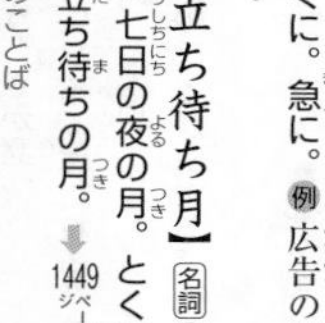
だちょう

四字熟語 独立独歩《どくりつどっぽ》 ほかの人《ひと》の力《ちから》を借《か》りず、だれの支配《しはい》も受《う》けないで（独立《どくりつ》）、自分《じぶん》の信《しん》じる道《みち》をひと

たちよる【立ち寄る】 動詞

❶そばに近寄《ちかよ》る。例 木陰《こかげ》に立ち寄った。

❷ついでにちょっと寄《よ》る。例 書店《しょてん》に立ち寄る。

だちん【駄賃】 名詞 お使《つか》いや手伝《てつだ》いなどをしたときにもらう、ほうびのお金《かね》。

たつ 動詞 時《とき》が過《す》ぎる。例 長《なが》い時《とき》がたつ。

たつ【辰】 名詞

❶十二支《じゅうにし》の五番目《ごばんめ》。りゅう。例 辰年生《としう》まれ。

❷昔《むかし》の時刻《じこく》の呼《よ》び名《な》。今《いま》の午前八時《ごぜんはちじ》ごろ。また、その前後二時間《ぜんごにじかん》くらい。

❸昔《むかし》の方角《ほうがく》の呼《よ》び名《な》。東南東《とうなんとう》。

図 ↓ 611ページ じゅうにし

たつ【竜】 ↓ 1397ページ りゅう〔竜〕

漢 **たつ【達】** 〔辶〕しんにょう 12画 4年 音 タツ 訓

❶しとげる。目的《もくてき》がかなう。例 達成《たっせい》／栄達《えいたつ》。

❷とどく。知《し》らせ。例 達《たっ》する／速達《そくたつ》／伝達《でんたつ》／配達《はいたつ》。❸すぐれる。例 達人《たつじん》／上達《じょうたつ》／発達《はったつ》。

たつ【立つ】

❶動詞 縦《たて》にまっすぐになる。例 柱《はしら》が立つ。

❷動詞 起《お》き上《あ》がる。体《からだ》を起《お》こす。例 いすからすばやく立つ。

❸動詞 ある場所《ばしょ》からはなれる。例 父《ちち》は今朝外《けさがい》国《こく》へ立った。

❹動詞 上《うえ》の方《ほう》へ上《あ》がる。のぼる。例 湯気《ゆげ》が立つ。

❺動詞 ある地位《ちい》や役《やく》に身《み》を置《お》く。例 チームの先頭《せんとう》に立つ。

❻動詞 つきささる。例 かたすぎて歯《は》が立たない。

❼動詞 起《お》こる。例 波《なみ》が立つ。

❽動詞 広《ひろ》まる。例 うわさが立つ。

❾動詞 確《たし》かなものになる。保《たも》たれる。例 暮《く》らしが立つ／顔《かお》が立つ（＝面目《めんぼく》が保《たも》たれる）。

❿動詞 はっきりものごとが決《き》まる。例 予定《よてい》が立つ。

⓫動詞 たいへん上手《じょうず》である。例 筆《ふで》が立つ。

⓬動詞 筋道《すじみち》が通《とお》る。例 言《い》い訳《わけ》が立たない。

⓭動詞 気持《きも》ちが高《たか》ぶる。例 気《き》が立つ／腹《はら》が立つ。

⓮動詞 開《ひら》かれる。例 日曜日《にちようび》には朝市《あさいち》が立つ。

⓯動詞 使《つか》いものになる。例 役《やく》に立つ。

⓰接尾語（ほかのことばのあとにつけて）そのようすが激《はげ》しいことを表《あらわ》す。例 湯《ゆ》がわき立つ。

教科 算 算数《さんすう》では、「十《じゅう》の位《くらい》に商《しょう》が立《た》つ」など、割《わ》り算《ざん》の答《こた》えを出《だ》すときに使《つか》う。

漢 ↓ 1393ページ りつ〔立〕 ↓ 使い分け

使い分け たつ 立つ・建つ

立つ 縦《たて》に上《うえ》に向《む》いた形《かたち》になる。「両足《りょうあし》でしっかり立つ／庭《にわ》に木《き》が立《た》つ」

建つ 建物《たてもの》などがつくられる。「家《いえ》が建《た》つ／銅像《どうぞう》が建《た》つ」

たつ【建つ】 動詞 建物《たてもの》などがつくられる。漢 ↓ 428ページ けん〔建〕 ↓ 使い分け

たつ【裁つ】 動詞 布《ぬの》や紙《かみ》を、ある形《かたち》に切《き》る。例 型紙《かたがみ》を裁つ。漢 ↓ 511ページ さい〔裁〕 ↓ 800ページ 使い分け

使い分け たつ 裁つ・断つ・絶つ

裁つ 型《かた》に合《あ》わせて、布《ぬの》や紙《かみ》を切《き》る。「寸法《すんぽう》に合《あ》わせて生地《きじ》を裁《た》つ」

断つ ひと続《つづ》きのものをとちゅうで切《き》る。切《き》りはなす。やめる。「ひもを断《た》つ／あまいものを断《た》つ」

絶つ 続《つづ》いていたものをそれ以《い》上《じょう》続《つづ》けない。続《つづ》くはずのものをそこで終《お》わりにする。「交《まじ》わりを絶《た》つ／交通事故《こうつうじこ》があとを絶《た》たない」

たつ【断つ・絶つ】 動詞

❶切《き》る。切《き》りはなす。例 かみの毛《け》を断つ。

❷今《いま》まで続《つづ》いていたものをやめる。例 酒《さけ》を断つ／縁《えん》を絶つ。

❸さえぎる。例 にげ道《みち》を断つ。

苦労《くろう》を重《かさ》ねること。

❹なくす。終わらせる。例 命を絶つ。

漢 → 816ページ だん〔断〕・724ページ ぜつ〔絶〕 → 使い分け

だつい【脱衣】 名詞 動詞 着《き》ているものをぬぐこと。例 脱衣場《じょう》。対 着衣《ちゃくい》。

だついじょ【脱衣所】 名詞 ふろ場《ば》やプールなどで、衣服《いふく》をぬぎ着《き》するところ。

だっかい【脱会】 名詞 動詞 入《はい》っていた会《かい》からぬけること。退会《たいかい》。例 脱会届《とどけ》。対 入会《にゅうかい》。

だっかい【奪回】 名詞 動詞 とられたものをうばい返《かえ》すこと。例 優勝《ゆうしょう》カップを奪回する。

たっきゅう【卓球】 名詞 室内競技《しつないきょうぎ》の一《ひと》つ。台《だい》の中央《ちゅうおう》にネットを張《は》り、ラケットで球《たま》を打《う》ち合《あ》う。ピンポン。

だっきゅう【脱臼】 名詞 動詞 骨《ほね》の関節《かんせつ》が外《はず》れること。

ダッグアウト (dugout) 名詞 野球場《やきゅうじょう》で、試《し》合中《あいちゅう》にかんとくや選手《せんしゅ》がひかえている場所《ばしょ》。ベンチ。

タックル (tackle) 名詞 動詞 ラグビーなどで、ボールを持《も》った相手《あいて》に飛《と》びついて進《すす》めなくすること。

たっけん【卓見】 名詞 すぐれた考《かんが》えや意見《いけん》。

だっこ【抱っこ】 名詞 動詞 だくこと。例 赤《あか》ちゃんを抱っこする。使い方 小《ちい》さな子供《こども》が使《つか》う。また、小《ちい》さな子供《こども》に対《たい》して使《つか》うことが多《おお》い。

だっこく【脱穀】 名詞 動詞 季語 秋 いねや麦《むぎ》などの実《み》を穂《ほ》からはなすこと。また、実《み》からもみがらをとり除《のぞ》くこと。例 脱穀機《き》。

だつごく【脱獄】 名詞 動詞 囚人《しゅうじん》が、刑務所《けいむしょ》からにげ出すこと。

だつじ【脱字】 名詞 書《か》かれたり印刷《いんさつ》されたりした文章《ぶんしょう》の中《なか》でぬけている字《じ》。例 誤字《ごじ》、脱字には注意《ちゅうい》しよう。

だっしめん【脱脂綿】 名詞 あぶら気《け》をとり去《さ》って消毒《しょうどく》した綿《わた》。

たっしゃ【達者】 形容動詞 ❶体《からだ》がじょうぶで、病気《びょうき》などをしないようす。例 祖父《そふ》は今《いま》でも達者だ。❷とても上手《じょうず》なようす。例 ギターが達者な人《ひと》。

だっしゅ【奪取】 名詞 動詞 相手《あいて》からうばいとること。例 チャンピオンベルトを奪取する。

ダッシュ (dash) ❶ 名詞 文章《ぶんしょう》の中《なか》で、ことばとことばの間《あいだ》に入《い》れる「——」の記号《きごう》。説明《せつめい》を補《おぎな》ったり、ことばをとちゅうで止《と》めたり省略《しょうりゃく》したりするときなどに使《つか》う。「中線《なかせん》」ともいう。❷ 名詞 数学《すうがく》などで、「A′」のように文字《もじ》の右上《みぎうえ》につける「′」の記号《きごう》。❸ 名詞 動詞 力《ちから》いっぱい走《はし》ること。例 スタートダッシュ。

だっしゅう【脱臭】 名詞 動詞 いやなにおいをとること。例 トイレの脱臭剤《ざい》。

だっしゅつ【脱出】 名詞 動詞 危《あぶ》ないところやよくない状態《じょうたい》などからぬけ出《だ》すこと。例 燃《も》える建物《たてもの》から脱出する。

だっしょく【脱色】 名詞 動詞 もとからの色《いろ》や、染《そ》めた色《いろ》をとり去《さ》ること。対 着色《ちゃくしょく》。

たつじん【達人】 名詞 あるものごとにとくにすぐれている人。例 剣道の達人。類 名人。

だっすい【脱水】 名詞 動詞 ❶水分《すいぶん》をとり去《さ》ること。例 洗濯物《せんたくもの》を脱水する。❷体《からだ》の中《なか》の水分《すいぶん》が不足《ふそく》すること。例 脱水症状《しょうじょう》。

たっする【達する】 動詞 ❶いきつく。届《とど》く。例 ついに頂上《ちょうじょう》に達した。❷やりとげる。成《な》しとげる。例 目的《もくてき》を達する。

だっする【脱する】 動詞 ぬけ出《で》る。のがれ出《で》る。例 ピンチを脱する。

たっせい【達成】 名詞 動詞 目指《めざ》していたことを成《な》しとげること。例 目標《もくひょう》を達成する。

だつぜい【脱税】 名詞 動詞 税金《ぜいきん》をごまかして納《おさ》めないこと。

たつせがない【立つ瀬がない】 はずかしくて、人《ひと》と顔《かお》を合《あ》わせられない。自分《じぶん》の立場《たちば》がない。例 期待《きたい》されていたのに一回戦《いっかいせん》で負《ま》けてしまい、立つ瀬がない。

だっせん【脱線】 名詞 動詞 ❶電車《でんしゃ》などの車輪《しゃりん》が線路《せんろ》から外《はず》れること。❷話《はなし》や行《おこな》いが横道《よこみち》にそれること。例 脱線してばかりで話《はなし》が進《すす》まない。

だっそう【脱走】 名詞 動詞 ぬけ出《だ》してにげること。例 動物園《どうぶつえん》から、さるが脱走した。

たった 副詞 わずか。ほんの。ただ。例 たった一日《いちにち》で読《よ》み終《お》わった。

だったい【脱退】 名詞 動詞 今《いま》まで入《はい》っていた団体《だんたい》からぬけること。例 連盟《れんめい》を脱退する。対 加入《かにゅう》。加盟《かめい》。

たつたひめ【竜田姫・立田姫】 名詞

四字熟語　難行苦行《なんぎょうくぎょう》　たくさんの苦《くる》しみや困難《こんなん》にたえて行《おこな》うつらい修行《しゅぎょう》、ということから、たいへんな

季語 秋 奈良県《ならけん》の竜田山《たつたやま》にいるといわれている、秋《あき》の女神《めがみ》。

タッチ（touch）
❶ 名詞 動詞 さわること。例 タッチアウト。
❷ 名詞 動詞 関係《かんけい》すること。例 その件《けん》にはあまり深《ふか》くタッチしないほうがよい。
❸ 名詞 絵《え》をかくときの筆《ふで》の使《つか》い方《かた》。例 力強《ちからづよ》いタッチの絵《え》。
❹ 名詞 ピアノなどのキーのたたき方《かた》。例 するどいタッチで演奏《えんそう》する。
❺ 名詞 手《て》ざわり。はだざわり。

タッチパネル（touch panel）名詞 指《ゆび》やペンなどで画面《がめん》をさわることで、コンピューターを操作《そうさ》する装置《そうち》。参考 スマートフォンやタブレット型端末《がたたんまつ》などで広《ひろ》く利用《りよう》されている。

たって 副詞 どうしても。無理《むり》にでも。例 友《とも》だちのたってのたのみで、いっしょに出《で》かけた。

だって
❶ 接続詞 相手《あいて》の言《い》ったことや前《まえ》に言《い》ったことに対《たい》して、反対《はんたい》の気持《きも》ちや理由《りゆう》を述《の》べることば。例「来《こ》なきゃだめじゃないか。」「だって、頭《あたま》が痛《いた》いんだもの。」
❷ 助詞（ほかのことばのあとにつけて）…であっても。例 ぼくだってできる。
❸ 助詞（ほかのことばのあとにつけて）…だそうだ。例 あしたは雨《あめ》なんだって。

たっとい【尊い・貴い】 ↓924ジペー とうとい
漢 ↓767ジペー そん〔尊〕・316ジペー き〔貴〕

たっとぶ【尊ぶ・貴ぶ】 ↓924ジペー とうとぶ
漢 ↓767ジペー そん〔尊〕・316ジペー き〔貴〕

たつとりあとをにごさず【立つ鳥跡を濁さず】 ↓257ジペー ことわざ

たづな【手綱】 名詞 馬《うま》をあやつるために、くつわ（＝馬《うま》の口《くち》につける金具《かなぐ》）につけ、乗《の》り手《て》が手《て》に持《も》つつな。使い方「たずな」と書《か》かないよう注意《ちゅうい》。

● **手綱《たづな》を引《ひ》き締《し》める** 人《ひと》が勝手《かって》なことをしたり、気《き》をゆるめたりしないように引《ひ》きしめる。

たつのおとしご【竜の落とし子】 名詞 海《うみ》にいる魚《さかな》の一《ひと》つ。立《た》って泳《およ》ぐ。体長《たいちょう》五《ご》～十五《じゅうご》センチメートルくらい。頭部《とうぶ》が馬《うま》に似《に》た形《かたち》をしている。

たつのおとしご

だっぴ【脱皮】 名詞 動詞
❶ 昆虫《こんちゅう》やへびなどが大《おお》きくなるにつれて、古《ふる》い皮《かわ》をぬぎ捨《す》てること。例 せみが脱皮する。
❷ 古《ふる》い考《かんが》えや今《いま》までのやり方《かた》を捨《す》てて、新《あたら》しく変《か》わること。例 近代的《きんだいてき》な組織《そしき》へと脱皮をはかる。

たっぴつ【達筆】 名詞 形容動詞 すらすらと、上手《じょうず》に文字《もじ》を書《か》くこと。また、その字《じ》。例 先生《せんせい》は達筆だ。対 悪筆《あくひつ》。

たっぷり［と］
❶ 副詞 たくさん。じゅうぶん。例 バターをたっぷりとつける／たっぷりいただきました。
❷ 副詞 動詞 ゆとりのあるようす。例 たっぷりした服《ふく》。

だつぼう【脱帽】 名詞 動詞
❶ 帽子《ぼうし》をぬぐこと。
❷ 相手《あいて》がすぐれていることを認《みと》めて、尊敬《そんけい》の気持《きも》ちを表《あらわ》すこと。例 兄《あに》の努力《どりょく》に脱帽する。

たつまき【竜巻】 名詞 地上《ちじょう》にあるものや海《うみ》の水《みず》などを高《たか》く巻《ま》き上《あ》げる、うずを巻《ま》いた強《つよ》く激《はげ》しい風《かぜ》。

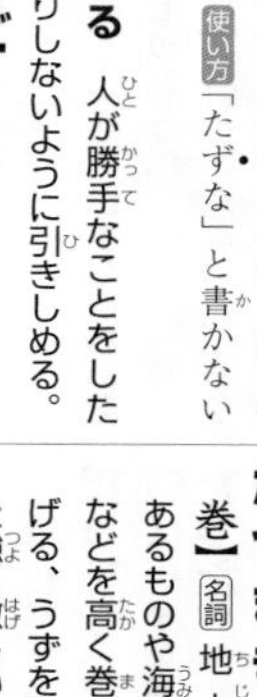
たつまき

だつらく【脱落】 名詞 動詞
❶ ぬけ落《お》ちること。例 ページの脱落した本《ほん》。
❷ ついていけなくなって、仲間《なかま》から外《はず》れること。例 マラソンのとちゅうで脱落した。

-たて 接尾語（ほかのことばのあとにつけて）あることをし終《お》わったばかりであることを表《あらわ》す。例 たきたてのごはん／下《お》ろしたての服《ふく》。

たて【盾】 名詞
❶ 敵《てき》の矢《や》やたま、刀《かたな》などから身《み》を守《まも》るために使《つか》う、木《き》や金属《きんぞく》でできた板《いた》。
❷ 自分《じぶん》の立場《たちば》を守《まも》るための手段《しゅだん》や言《い》い訳《わけ》。例 家《いえ》の遠《とお》さを盾に、係《かかり》になるのを断《ことわ》る。

● **盾《たて》に取《と》る** あることを、自分《じぶん》の身《み》を守《まも》るための言《い》い訳《わけ》や、言《い》いがかりをつけるための材料《ざいりょう》にする。例 雨降《あめふ》りを盾に取って練習《れんしゅう》しない。

たて【縦】 名詞
❶ 上下《じょうげ》の方向《ほうこう》。また、その長《なが》さ。例 首《くび》を縦にふる（＝承知《しょうち》する）。対 横《よこ》。
❷ 前後《ぜんご》の方向《ほうこう》。また、その長《なが》さ。例 縦に並《なら》ぶ。

う意味《いみ》から、相手《あいて》がなかなか思《おも》いどおりにならないこと。

対 横。 漢 ⇩605ページ じゅう〔縦〕

●**縦《たて》の物《もの》を横《よこ》にもしない** ⇩1370ページ 横《よこ》の物《もの》を縦《たて》にもしない（「横《よこ》」の子見出《こみだ》し）

だて 名詞 形容動詞 人目《ひとめ》を引《ひ》くために、はでな身《み》なりや行動《こうどう》をすること。また、見《み》えを張《は》って、見《み》かけをよくすること。例 だてな格好《かっこう》。

-だて【立て】 接尾語 （ほかのことばのあとにつけて）❶とくにその動作《どうさ》をすることを表《あらわ》す。例 かくしだてするな。❷車《くるま》につける牛《うし》や馬《うま》などの数《かず》を表《あらわ》す。例 四頭《よんとう》立ての馬車《ばしゃ》。❸映画《えいが》などで、一回《いっかい》に見《み》せる作品《さくひん》の数《かず》を表《あらわ》す。例 三本《さんぼん》立ての映画《えいが》。使い方 ❶は、ふつうかな書《が》きにする。

-だて【建て】 接尾語 （ほかのことばのあとにつけて）家《いえ》などの建《た》て方《かた》や階数《かいすう》を表《あらわ》す。例 一戸《いっこ》建ての家《いえ》／十階《じっかい》建てのビル。

たてあな【縦穴】 名詞 地面《じめん》を下《した》の方向《ほうこう》にほった穴《あな》。対 横穴《よこあな》。

たてあなじゅうきょ【たて穴住居】 名詞 大昔《おおむかし》の家《いえ》のつくり方《かた》。地面《じめん》を浅《あさ》くほり、草《くさ》ぶきの屋根《やね》でおおう。

たてあなじゅうきょ

たていたにみず【立て板に水】 ことわざ 立《た》てかけた板《いた》に水《みず》を流《なが》すように、すらすらと話《はな》すようすのたとえ。使い方「効《き》き目《め》や手《て》ごたえがない」という意味《いみ》で使《つか》わないよう注意《ちゅうい》。

たていと【縦糸】 名詞 織物で、縦の方向に通っている糸《いと》。対 横糸《よこいと》。

たてうり【建て売り】 名詞 家《いえ》を建《た》てて売《う》ること。また、その家《いえ》。例 建て売り住宅《じゅうたく》。

たてかえる【立て替える】 動詞 ほかの人《ひと》にかわって、一時的《いちじてき》にお金《かね》をはらう。例 妹《いもうと》の分《ぶん》の代金《だいきん》を立て替える。

たてがき【縦書き】 名詞 文字《もじ》を上《うえ》から下《した》に並《なら》べて書《か》いていくこと。対 横書《よこが》き。

たてかく【縦画】 名詞 漢字《かんじ》の中《なか》の、縦《たて》の方向《ほうこう》に書《か》く線《せん》。対 横画《よこかく》。

たてかける【立て掛ける】 動詞 ほかのものに寄《よ》りかからせて立《た》てる。例 はしごを木《き》に立て掛ける。

たてがみ 名詞 ライオンや馬《うま》などの、顔《かお》のまわりや首《くび》から背中《せなか》に生《は》えている長《なが》い毛《け》。

たてぐ【建具】 名詞 家《いえ》の中《なか》にとりつけ、開《あ》けたり閉《し》めたりして、部屋《へや》を仕切《しき》るもの。戸《と》・障子《しょうじ》・ふすまなど。

たでくうむしもすきずき【たで食う虫も好き好き】 ⇩261ページ ことわざ

たてごと【たて琴】 名詞 縦《たて》に張《は》った糸《いと》を指《ゆび》ではじく楽器《がっき》。ハープなど。

たてこむ【立て込む】 動詞 ❶混《こ》み合《あ》う。混雑《こんざつ》する。例 客《きゃく》で店内《てんない》が立て込む。❷いそがしくなる。例 仕事《しごと》が立て込んでいる。❸家《いえ》がぎっしりと並《なら》んでいる。例 この辺《あた》りは家《いえ》が立て込んでいる。使い方 ❸は、「建て込む」とも書く。

たてこもる【立て籠もる】 動詞 ❶家《いえ》や部屋《へや》の中《なか》に閉《と》じこもる。例 大雪《おおゆき》になり、一日《いちにち》じゅう家《いえ》に立て籠もっていた。❷城《しろ》などの中《なか》に閉《と》じこもり、そこを守《まも》る。

たてじく【縦軸】 名詞 グラフで、数字《すうじ》の目盛《めも》りをつけた縦《たて》の線《せん》。対 横軸《よこじく》。

たてつく【盾突く】 動詞 目上《めうえ》の人《ひと》に口答《くちごた》えしたり、逆《さか》らったりする。反抗《はんこう》する。

たてつけ【建て付け】 名詞 戸《と》やふすまなどの開《あ》けたり閉《し》めたりするときの具合《ぐあい》。例 戸《と》の建て付けが悪《わる》い。

たてつづけ【立て続け】 名詞 短《みじか》い間《あいだ》に、同《おな》じようなことが続《つづ》けて起《お》こること。例 町内《ちょうない》で火事《かじ》が立て続けにあった。類 続《つづ》けざま。

たてつぼ【建坪】 名詞 建物《たてもの》が建《た》っている部分《ぶぶん》の地面《じめん》の広《ひろ》さ。

たてなおす【立て直す・建て直す】 動詞 ❶たおれかかったものをまっすぐにもどす。例 かたむいた電柱《でんちゅう》を立て直す。❷初《はじ》めからやり直《なお》す。例 計画《けいかく》を立て直す。❸勢《いきお》いを盛《も》り返《かえ》す。例 会社《かいしゃ》を建て直す。

たてなみ【縦波】 名詞 ❶船《ふね》が進《すす》む方向《ほうこう》に立《た》つ波《なみ》。対 横波《よこなみ》。❷波《なみ》が進《すす》む方向《ほうこう》と、その波《なみ》を伝《つた》える物質《ぶっしつ》のゆれる方向《ほうこう》が同《おな》じになっている波《なみ》。音波《おんぱ》など。対 横波《よこなみ》。

たてひざ【立て膝】 名詞 片方《かたほう》のひざを立《た》ててすわること。また、その姿勢《しせい》。

四字熟語 **難攻不落《なんこうふらく》** 城《しろ》などの守《まも》りがかたくて攻《せ》めるのが難《むずか》しく（難攻《なんこう》）、せめ落《お》とせない（不落《ふらく》）とい

たてぶえ【縦笛】 名詞 縦《たて》に持《も》ってふく笛《ふえ》。リコーダーや尺八《しゃくはち》など。対 横笛《よこぶえ》。

たてふだ【立て札】 名詞 人《ひと》に知《し》らせたいことを書《か》いて立《た》てる板《いた》。例 進入禁止《しんにゅうきんし》の立て札。

たてまえ【建て前】 名詞 ❶表向《おもてむ》きの考《かんが》え方《かた》や決《き》まり。例 建て前ではなく、本音《ほんね》を話《はな》そう。対 本音《ほんね》。❷ ⇩1293ページ むねあげ

だてまさむね【伊達政宗】 名詞 (一五六七〜一六三六) 安土桃山時代《あづちももやまじだい》から江戸時代《えどじだい》の初《はじ》めごろにかけての武将《ぶしょう》。関ヶ原《せきがはら》の戦《たたか》いで徳川家康《とくがわいえやす》に味方《みかた》し、仙台藩《せんだいはん》の初代藩主《しょだいはんしゅ》となった。

たてまし【建て増し】 名詞 動詞 今《いま》ある建物《たてもの》に、新《あたら》しい部分《ぶぶん》をつけ加《くわ》えて建《た》てること。また、その建《た》てた部分《ぶぶん》。増築《ぞうちく》。例 二階《にかい》を建て増しした。

たてまつる【奉る】 動詞 ❶神《かみ》や仏《ほとけ》、身分《みぶん》の高《たか》い人《ひと》に物《もの》を差《さ》し上《あ》げる。例 神前《しんぜん》にお神酒《みき》を奉る。❷高《たか》い地位《ちい》につけて形《かたち》だけ敬《うやま》ってみせる。例 会長《かいちょう》と奉られていい気《き》になる。

たてもの【建物】 名詞 人《ひと》が住《す》んだり、仕事《しごと》をしたり、物《もの》を置《お》いたりするために、石《いし》・木《き》・鉄《てつ》などを使《つか》ってつくったもの。使い方「建て物」と書《か》かないよう注意《ちゅうい》。

たてやくしゃ【立て役者】 名詞 ❶芝居《しばい》などで中心《ちゅうしん》となっている役者《やくしゃ》。❷ものごとの中心《ちゅうしん》となって活躍《かつやく》する人《ひと》。例 今日《きょう》の試合《しあい》の立て役者は山田《やまだ》くんだった。

たてやま【立山】 名詞 富山県《とやまけん》の東部《とうぶ》にある山《やま》々。中部山岳国立公園《ちゅうぶさんがくこくりつこうえん》にふくまれる。

たてる【立てる】
❶ 動詞 まっすぐに起《お》こす。例 旗《はた》を立てる。
❷ 動詞 上《うえ》の方《ほう》へ上《あ》げる。例 湯気《ゆげ》を立てる。
❸ 動詞 起《お》こす。つくり出《だ》す。例 波《なみ》を立てる／お茶《ちゃ》を立てる。
❹ 動詞 広《ひろ》める。例 うわさを立てる。
❺ 動詞 気持《きも》ちを激《はげ》しくする。例 腹《はら》を立てる。
❻ 動詞 出《だ》す。発《はっ》する。例 声《こえ》を立てる。
❼ 動詞 はたらかせる。例 経験《けいけん》を役《やく》に立てる。
❽ 動詞 つき差《さ》す。例 つめを立てる。
❾ 動詞 成《な》しとげる。例 手《て》がらを立てる。
❿ 動詞 成《な》り立《た》たせる。例 暮《く》らしを立てる。
⓫ 動詞 定《さだ》める。決《き》める。例 計画《けいかく》を立てる。
⓬ 動詞 戸《と》などを閉《し》める。例 雨戸《あまど》を立てる。
⓭ 動詞 敬《うやま》ってあつかう。例 年上《としうえ》の人《ひと》を立てる。
⓮ 動詞 ある地位《ちい》や役目《やくめ》に身《み》を置《お》かせる。例 候《こう》補者《ほしゃ》を立てる。
⓯ 動詞 神《かみ》や仏《ほとけ》に願《ねが》いや決意《けつい》を示《しめ》す。例 ちかいを立てる。
⓰ 接尾語 (ほかのことばのあとにつけて) さかんに…する。例 さわぎ立てる／かざり立てる。
教科 算 算数《さんすう》では、「十《じゅう》の位《くらい》に商《しょう》を立《た》てる」など、割《わ》り算《ざん》の答《こた》えを出《だ》すときに使《つか》う。
漢 ⇩1393ページ りつ〔立〕

たてる【建てる】 動詞 ❶建物《たてもの》などをつくる。例 家《いえ》を建てる。❷新《あたら》しく国《くに》などをつくる。漢 ⇩428ページ けん〔建〕

たてわり【縦割り】 名詞 ❶縦《たて》に割《わ》ること。❷ある組織《そしき》や仕事《しごと》の分担《ぶんたん》などを、上下《じょうげ》の関係《かんけい》にもとづいて分《わ》けること。例 遠足《えんそく》のグループ分《わ》けは、一年《いちねん》から六年《ろくねん》までの縦割りにした。

だでん【打電】 名詞 動詞 電報《でんぽう》を打《う》つこと。

たとい ⇩805ページ たとえ

だとう【打倒】 名詞 動詞 打《う》ちたおすこと。負《ま》かすこと。例 昨年度《さくねんど》優勝校《ゆうしょうこう》の打倒が目標《もくひょう》だ。

だとう【妥当】 形容動詞 考《かんが》え方《かた》やり方《かた》が、その場合《ばあい》や理屈《りくつ》に合《あ》っているようす。例 妥当な意見《いけん》／妥当な要求《ようきゅう》。

たどうし【他動詞】 名詞 動詞《どうし》の種類《しゅるい》の一《ひと》つで、ほか(他)にはたらきかける意味《いみ》を持《も》つ動詞《どうし》。「字《じ》を書《か》く」の「書《か》く」、「水《みず》を飲《の》む」の

ガッテン外国語教室

たとえに使《つか》うことば

朝食《ちょうしょく》の定番《ていばん》メニューの「目玉焼《めだまや》き」は、日本語《にほんご》では「目玉《めだま》」だけど、英語《えいご》では「sunny-side《サニーサイド》 up《アップ》」という。太陽《たいよう》（＝sun《サン》）にたとえているんだね。形《かたち》だけでなく、色《いろ》も似《に》ているね。たとえに使《つか》われるものごとは、言語《げんご》によってちがうことがある。たとえば食《しょく》パンのはしの部分《ぶぶん》は、日本語《にほんご》では「パンの耳《みみ》」だけど、英語《えいご》では「heel《ヒール》（＝かかと）」などを使《つか》うよ。体《からだ》の部分《ぶぶん》は身近《みぢか》だから、たとえによく使《つか》われる。でも、必《かなら》ずしもおいしそうなたとえになるとは限《かぎ》らないね。

のに値段《ねだん》が非常《ひじょう》に安《やす》いこと。また、値段《ねだん》がとても安《やす》いこと。

あいうえお かきくけこ さしすせそ たちつてと なにぬねの はひふへほ まみむめも や ゆ よ らりるれろ わ を ん

「飲《の》む」のように、文を作るときに「…を」ということばが必要《ひつよう》となる。対 自動詞《じどうし》。

たとえ 副詞 仮《かり》に。もし。「たとい」ともいう。例 たとえ雨《あめ》が降《ふ》ったとしても行《い》くつもりだ。使い方 あとに「ても」「とも」などのことばがくる。

たとえ【例え】 名詞 あるものごとを説明《せつめい》するために、それと似《に》たものごとを例《れい》として挙《あ》げること。また、そのもの。↓804ページ 外国語教室

たとえば【例えば】 副詞 例《れい》を挙《あ》げれば。たとえて言《い》うと。例 例えばキャラメルのようなあまい物《もの》が好《す》きだ。

たとえようもない【例えようもない】 ほかとは比《くら》べものにならない。例えようがない。例 例えようもない美《うつく》しさに感動《かんどう》する。

たとえる【例える】 動詞 あるものごとを説明《せつめい》するために、それと似《に》ているほかのものを例《れい》に出《だ》す。例 きみを動物《どうぶつ》に例えるとしたら、ねこかな。漢 ↓1409ページ れい〔例〕 ↓804ページ 外国語教室

たとえに使《つか》うことば

たどく【多読】 名詞 動詞 本《ほん》をたくさん読《よ》むこと。

たどたどしい 形容詞 しっかりしていない。もたついている。例 たどたどしい読《よ》み方《かた》。

たどりつく【たどり着く】 動詞 目当《めあ》ての場《ば》所《しょ》に、やっと行《い》き着《つ》く。例 ようやく家《いえ》にたどり着いた。

たどる 動詞
❶道《みち》などに沿《そ》って進《すす》む。例 細《ほそ》い山道《やまみち》をたどる。
❷はっきりしないものの筋道《すじみち》を探《さが》しながら進《すす》む。例 記憶《きおく》をたどる。
❸ある方向へ進む。例 不思議な運命をたどる。

たな【棚】 名詞
❶物《もの》をのせるために、板《いた》を横《よこ》にわたしてつくった台《だい》。例 本《ほん》棚。
❷ふじなどの植物《しょくぶつ》のつるをはわせるために、木《き》や竹《たけ》などを組《く》んでつくったもの。例 ふじ棚。

●**棚《たな》からぼた餅《もち》** ことわざ 思《おも》いがけない幸運《こううん》をつかむことのたとえ。

●**棚《たな》に上《あ》げる** 問題《もんだい》にしないで、ほうっておく。知《し》らんふりをする。例 自分《じぶん》のことは棚に上げて、人《ひと》のまちがいを責《せ》める。

たなあげ【棚上げ】 名詞 動詞 問題《もんだい》になっていることの解決《かいけつ》をあとに延《の》ばす。例 おこづかいの値上《ねあ》げについては、いったん棚上げする。

たなおろし【棚卸し】 名詞 動詞
❶決算《けっさん》などのために、今《いま》ある品物《しなもの》の数《かず》や値段《ねだん》などを調《しら》べること。例 棚卸しのため休業《きゅうぎょう》します。
❷人《ひと》の欠点《けってん》などをとり上《あ》げて、悪口《わるくち》を言《い》うこと。

たなかしょうぞう【田中正造】 名詞 （一八四一～一九一三）明治時代《めいじじだい》の政治家《せいじか》。栃木県《とちぎけん》の足《あし》尾銅山《おどうざん》の鉱毒《こうどく》によって被害《ひがい》を受《う》けた農民《のうみん》を救《すく》うため、長年《ながねん》にわたって力《ちから》をつくした。

たなご 名詞 川《かわ》やぬまなどにすむ魚《さかな》。体長《たいちょう》は八《はっ》センチメートルくらいで、形《かたち》はふなに似《に》ている。食用《しょくよう》になる。図 ↓521ページ さかな〔魚〕

たなごころ 名詞 「手《て》のひら」の古《ふる》い言《い》い方《かた》。

●**たなごころを返《かえ》す**
❶手《て》のひらをひっくり返《かえ》すように、簡単《かんたん》にできることのたとえ。
❷言うことや態度を、簡単に変えることのたとえ。類 手《て》のひらを返《かえ》す。

●**たなごころを指《さ》す** 手《て》のひらにあるものを指《ゆび》さすように、ものごとが非常《ひじょう》にはっきりしていることのたとえ。例 きみの無実《むじつ》はたなごころを指すように明《あき》らかだ。

たなざらし 名詞 売《う》れ残《のこ》った商品《しょうひん》が、いつまでも店先《みせさき》にあること。また、その商品《しょうひん》。

たなだ【棚田】 名詞 山《やま》やおかなどの斜面《しゃめん》に、階段《かいだん》のようにつくった田《た》んぼ。

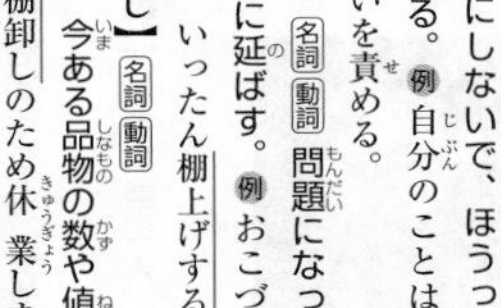
たなだ

たなばた【七夕】 名詞 季語 秋 七月《しちがつ》七日《なのか》の節句《せっく》。また、その夜《よる》に行《おこな》う行事《ぎょうじ》。ひこ星《ぼし》と織姫星《おりひめぼし》が、一年《いちねん》に一《いち》度《ど》だけ、この夜《よる》に天《あま》の川《がわ》をわたって出会《であ》うという伝説《でんせつ》から起《お》こった。願《ねが》いごとなどを書《か》いた短《たん》冊《ざく》をささにかざりつける。

たなびく 動詞 けむりや雲《くも》が横《よこ》に長《なが》く広《ひろ》がる。

たなん【多難】 名詞 形容動詞 苦《くる》しみや災難《さいなん》が多《おお》いこと。例 前途《ぜんと》多難。

たに【谷】 名詞
❶山《やま》と山《やま》との間《あいだ》の、低《ひく》くくぼんだところ。例 谷間《ま》／谷底《そこ》／谷川《がわ》。教科 社 地図《ちず》では、山《やま》の頂《ちょう》上《じょう》から見《み》て、等高線《とうこうせん》が内側《うちがわ》にくぼんでいる部分《ぶぶん》が「谷《たに》」にあたる。
❷谷《たに》（＝❶）のように、高《たか》い部分《ぶぶん》にはさまれた

四字熟語 二束三文《にそくさんもん》 二《ふた》つ（二束《にそく》）でわずかなお金《かね》（三文《さんもん》）にしかならないというところから、数《かず》が多《おお》い

低《ひく》い部分《ぶぶん》。例 気圧《きあつ》の谷《たに》。

漢 **たに【谷】**〔谷〕7画 2年 音 コク 訓 たに・や

ノ ハ（とめる） ク 父 谷 谷 谷

たに。山《やま》と山《やま》に囲《かこ》まれた低《ひく》いところ。例 谷川《たにがわ》／谷底《たにそこ》／谷間《たにま》／渓谷《けいこく》。

だに 名詞 八本《はちほん》の足《あし》があり、動物《どうぶつ》に寄生《きせい》して血《ち》を吸《す》って生《い》きている小《ちい》さな虫《むし》。植物《しょくぶつ》につくものもいる。

たにあい【谷あい】 名詞 谷《たに》の中《なか》。谷間《たにま》。例 谷《たに》あいの村《むら》。

たにおり【谷折り】 名詞 紙《かみ》などを折《お》るとき、折《お》り目《め》が内側《うちがわ》になるように折《お》ること。対 山折《やまお》り。

たにかぜ【谷風】 名詞 谷間《たにま》から山《やま》の頂《ちょうじょう》上に向《む》かってふく風《かぜ》。対 山風《やまかぜ》。

たにがわ【谷川】 名詞 谷間《たにま》を流《なが》れる川《かわ》。

たにし 名詞 季語 春 池《いけ》・ぬま・水田《すいでん》・小川《おがわ》などにすむ巻《ま》き貝《がい》。貝殻《がら》は、黒《くろ》っぽい緑《みどり》色《いろ》をしていてふたがある。食用《しょくよう》になる。

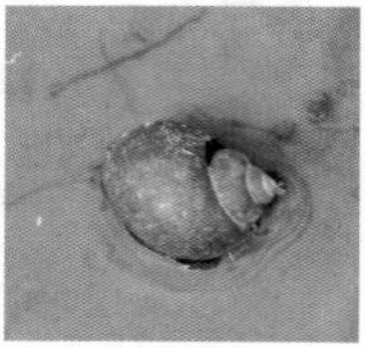
たにし

たにそこ【谷底】 名詞 谷《たに》のいちばん深《ふか》いところ。

たにま【谷間】 名詞 ❶谷《たに》の中《なか》。谷《たに》あい。❷高《たか》いものに囲《かこ》まれた、低《ひく》いところ。例 ビルの谷間。

たにん【他人】 名詞 ❶自分《じぶん》以外《いがい》の人《ひと》。例 他人を思《おも》いやる。対 自分《じぶん》。❷血筋《ちすじ》のつながっていない人《ひと》。家族《かぞく》や親戚《しんせき》でない人《ひと》。例 赤《あか》の他人。❸そのことに関係《かんけい》のない人《ひと》。例 他人は口出《くちだ》しをしないでほしい。❹親《した》しくない人《ひと》。知《し》らない人《ひと》。

●**他人《たにん》の空似《そらに》** 家族《かぞく》や親戚《しんせき》でもないのに、顔《かお》や姿《すがた》がよく似《に》ていること。

たにんぎょうぎ【他人行儀】 名詞 形容動詞 親《した》しい間《あいだ》がらであるのに、他人《たにん》に対《たい》するようによそよそしいふるまいをすること。例 他人行儀なあいさつ。

たにんずう【多人数】 名詞 大勢《おおぜい》の人《ひと》。多《おお》い人数《にんずう》。大人数《おおにんずう》。対 少人数《しょうにんずう》。

たぬき 名詞 季語 冬 犬《いぬ》のなかまの動物《どうぶつ》。穴《あな》にすみ、夜《よる》に活動《かつどう》する。尾《お》が太《ふと》く足《あし》が短《みじか》い。昔《むかし》は人《ひと》をだますと信《しん》じられていた。ことば 漢字《かんじ》では「狸」と書《か》く。

たぬきねいり【たぬき寝入り】 名詞 動詞 ねむったふりをすること。例 困《こま》ったことがあるとすぐにたぬき寝入りする。

たぬき

たね【種】 名詞 ❶草《くさ》や木《き》の芽《め》を出《だ》すもとになるもの。種子《しゅし》。例 種まき。教科 理 あさがおのように実《み》の中《なか》にできるものと、ひまわりのように実《み》と一体《いったい》になっているものがある。❷血筋《ちすじ》。血統《けっとう》。また、血筋《ちすじ》を伝《つた》えるもの。例 種つけ／種馬《うま》。❸もとになるもの。原因《げんいん》。例 心配《しんぱい》の種。❹話《はなし》や文章《ぶんしょう》の材料《ざいりょう》。例 話《はなし》の種／特《とく》種。❺料理《りょうり》の材料《ざいりょう》。例 おでんの種／すし種。❻手品《てじな》などのしかけ。例 種もしかけもない。

漢 ➡602ページ しゅ〔種〕

たねあかし【種明かし】 名詞 動詞 手品《てじな》などのしかけを教《おし》えること。

たねいも【種芋】 名詞 季語 春 いもをふやすのに使《つか》う、植《う》えつけ用《よう》のいも。

たねがしま【種子島】 名詞 鹿児島県南部《かごしまけんなんぶ》の大隅諸島《おおすみしょとう》にある島《しま》。日本《にほん》に初《はじ》めて鉄砲《てっぽう》が伝《つた》えられたところとして知《し》られる。

たねぎれ【種切れ】 名詞 材料《ざいりょう》となるものがすっかりなくなること。例 アイディアが種切れになる。

たねほん【種本】 名詞 あることについて書《か》いたり話《はな》したりするときにもとになる、他人《たにん》の書《か》いた本《ほん》。

たねまき【種まき】 名詞 季語 春 草花《くさばな》や野菜《やさい》などの種《たね》をまくこと。

たねもみ【種もみ】 名詞 種《たね》としてまくためのもみ。

たねん【多年】 名詞 何年《なんねん》もの長《なが》い間《あいだ》。長年《ながねん》。例 多年にわたって努力《どりょく》する。

していくこと。

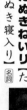

あいうえお　かきくけこ　さしすせそ　たちつてと　た　なにぬねの　はひふへほ　まみむめも　やゆよ　らりるれろ　わをん

ことばにチャレンジ！

楽《たの》しむ

いろんなことばでいろんな「楽《たの》しむ」を表《あらわ》してみよう！

入門編《にゅうもんへん》

●まずは、よく使《つか》う別《べつ》のことばで

おもしろがる　ぼくのかいたまんがを、みんな**おもしろがっ**て読《よ》んでくれた。……p.204

はしゃぐ　初《はじ》めての海水浴《かいすいよく》で、妹《いもうと》はとても**はしゃい**でいる。……p.1054

喜《よろこ》ぶ　公園《こうえん》で、子供《こども》たちは**喜《よろこ》ん**で遊《あそ》んでいた。……p.1379

愉快《ゆかい》　遊園地《ゆうえんち》でとても**愉快《ゆかい》な**一日《いちにち》を過《す》ごした。……p.1353

修行編《しゅぎょうへん》

●次《つぎ》に、少《すこ》しむずかしいことばで

うかれる　お祭《まつ》りの音楽《おんがく》に**うかれ**て、子供《こども》たちは表《おもて》へ飛《と》び出《だ》していった。……p.121

□をかがやかす　弟《おとうと》がアニメ映画《えいが》を**□をかがやかし**て見《み》ている。

□に当《あ》てはまることばは何《なに》？
p.1298にのっている見出《みだ》し語《ご》だよ！

達人編《たつじんへん》

●背《せ》のびして、もっとむずかしいことばで

興《きょう》じる　家族《かぞく》でトランプに**興《きょう》じる**。……p.358

観賞《かんしょう》　植物園《しょくぶつえん》できくの花《はな》を**観賞《かんしょう》する**。……p.302

「鑑賞《かんしょう》」ということばもあるよ。
p.303を見《み》て、ちがいを調《しら》べてみよう！

歓談《かんだん》　ストーブのまわりで**歓談《かんだん》する**。……p.305

娯楽《ごらく》　入院中《にゅういんちゅう》の**娯楽《ごらく》**は読書《どくしょ》とテレビだった。……p.497

堪能《たんのう》　クリスマスは、毎年母《まいとしはは》の料理《りょうり》を**堪能《たんのう》する**。……p.821

まねことば

●ようすまねことばを使《つか》って

うきうき［と］　**うきうきし**ながら遠足《えんそく》の道《みち》のりを歩《ある》く。……p.121

わくわく［と］　クリスマス会《かい》のことを考《かんが》えると**わくわくする**。……p.1430

たねんそう【多年草】 名詞 何年も生き続ける草《くさ》。冬《ふゆ》になって、地上《ちじょう》のくきや葉《は》がかれても、地下《ちか》にくきや根《ね》が残《のこ》っていて、春《はる》になるとそこから芽《め》が出《で》て育《そだ》つ。関連 一年草《いちねんそう》。二年草《にねんそう》。

だの 助詞 （ほかのことばのあとにつけて）いくつかの例《れい》を並《なら》べていうときに使《つか》うことば。例 夏休《なつやす》みは登山《とざん》だの旅行《りょこう》だの予定《よてい》がいっぱいだ。

たのしい【楽しい】 形容詞 心《こころ》がのびのびとして、うきうきする感《かん》じである。愉快《ゆかい》な気分《きぶん》である。例 楽しい絵《え》／楽しく遊《あそ》ぶ。漢 ⇩243ジペー がく〔楽〕

たのしげ【楽しげ】 形容動詞 いかにも楽《たの》しそうなようす。例 楽しげに遊《あそ》んでいる。

たのしみ【楽しみ】 ❶ 名詞 楽《たの》しむこと。楽《たの》しいと感《かん》じていること。例 父《ちち》のいちばんの楽しみは庭《にわ》いじりだ。❷ 名詞 形容動詞 きっと楽《たの》しいだろうと待《ま》ち望《のぞ》んでいるようす。例 キャンプが楽しみだ。

たのしむ【楽しむ】 動詞 ❶うれしく思《おも》う。愉快《ゆかい》に感《かん》じる。例 学校生活《がっこうせいかつ》を楽しむ。❷好《す》きなことをして満足《まんぞく》を感《かん》じる。例 家族《かぞく》でゲームを楽しむ。漢 ⇩243ジペー がく〔楽〕 ⇩807ジペー ことばにチャレンジ

たのみ【頼み】 名詞 ❶人《ひと》に、何《なに》かをしてほしいとお願《ねが》いすること。また、その内容《ないよう》。例 ちょっと頼みがある。❷あてにすること。たよりにすること。例 きみを頼みにしている。

四字熟語 **日進月歩《にっしんげっぽ》**　ものごとが、日《ひ》ごと月《つき》ごとに進歩《しんぽ》していくこと。とどまることなく、どんどん発展《はってん》

たのみこむ【頼み込む】 動詞 どうしてもそうしてほしいと、いっしょうけんめいにたのむ。例 チームに入《はい》ってほしいと頼み込む。

たのむ【頼む】 動詞
❶人《ひと》に、何《なに》かをしてほしいとお願《ねが》いする。例 本《ほん》を貸《か》してくれるよう頼む。
❷あてにする。たよる。例 父《ちち》を一家《いっか》の柱《はしら》と頼む。
❸任《まか》せる。すっかりしてもらう。例 あとのことはよろしく頼む。

たのもしい【頼もしい】 形容詞
❶たよりになりそうなようす。心強《こころづよ》い。例 きみがチームに入《はい》ってくれたとは頼もしい。
❷将来《しょうらい》よくなるだろうと思《おも》われ、楽《たの》しみである。例 末《すえ》頼もしい少年《しょうねん》。

たば【束】
❶名詞 ひとまとめにしてしばったもの。例 古《ふる》新聞《しんぶん》を束にする。
❷接尾語 （数《かず》を表《あらわ》すことばのあとにつけて）ひとまとめにしてしばったものを数《かぞ》えることば。例 ねぎを一《ひと》束買う。漢 ⬇754ページ そく〔束〕

だは【打破】 名詞 動詞
❶相手《あいて》を負《ま》かすこと。例 強敵《きょうてき》を打破する。
❷発展《はってん》のさまたげになるようなことをとり除《のぞ》くこと。例 よくないしきたりを打破する。

たばこ 名詞 なすのなかまの植物《しょくぶつ》の一《ひと》つ。また、その葉《は》をかわかしたもの。そのまま巻《ま》いたり、刻《きざ》んで紙《かみ》に巻《ま》いたりして、火《ひ》をつけて吸《す》う。ニコチンという体《からだ》によくない物質《ぶっしつ》をふくんでいる。ことば 漢字《かんじ》では「煙草」と書《か》く。

たはた【田畑】 名詞 田《た》と畑《はたけ》。「でんぱた」ともいう。

たはつ【多発】 名詞 動詞 事件《じけん》や事故《じこ》などがたくさん起《お》きること。例 交通事故《こうつうじこ》が多発する。

たばねる【束ねる】 動詞
❶ひとまとめにする。束《たば》にする。例 切《き》った枝《えだ》を束ねる。
❷全体《ぜんたい》をまとめる。例 クラスを束ねる。

たび【度】
❶名詞 ものごとが起《お》こる、それぞれのとき。例 この度はおめでとう。
❷名詞 （「…度《たび》に」の形《かたち》で）…をするときごとに。例 きみは、会《あ》う度に大《おお》きくなるね。
❸接尾語 （数《かず》を表《あらわ》すことばのあとにつけて）回《かい》数《すう》を数《かぞ》えることば。例 手紙《てがみ》を三《み》度読《よ》み返《かえ》した。漢 ⬇912ページ ど〔度〕

たび【旅】 名詞 動詞 家《いえ》をはなれて、しばらくほかの土地《とち》へ行《い》くこと。旅行《りょこう》。例 旅に出《で》る。漢 ⬇1399ページ りょ〔旅〕

● **旅の恥《はじ》はかき捨《す》て** ⬇265ページ ことわざ

● **旅は道連《みちづ》れ世《よ》は情《なさ》け** ことわざ 旅《たび》ではいっしょになった者《もの》が助《たす》け合《あ》い、世《よ》の中《なか》では思《おも》いやって生《い》きることが大切《たいせつ》だということ。

たび【足袋】 名詞 季語冬 つま先《さき》が二《ふた》つに分《わ》かれてふくろのようになっているはき物《もの》。和服《わふく》を着《き》るときなどにはく。

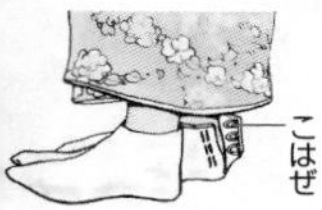

たび【足袋】

たびかさなる【度重なる】 動詞 同《おな》じことが何度《なんど》も続《つづ》いて起《お》こる。例 度重なる事故《じこ》が問題《もんだい》となる。

たびげいにん【旅芸人】 名詞 あちらこちらを旅《たび》して、芸《げい》を見《み》せながら生活《せいかつ》している人《ひと》。

たびさき【旅先】 名詞 旅《たび》に出《で》かけて行《い》った土地《とち》。旅行先《りょこうさき》。例 旅先から絵《え》はがきを出《だ》す。

たびじ【旅路】 名詞 旅《たび》の道筋《みちすじ》。また、旅《たび》。例 旅路の景色《けしき》／旅路を急《いそ》ぐ／旅路につく。

たびじたく【旅支度】 名詞 旅《たび》に出《で》るための準備《じゅんび》。例 旅支度をととのえる。

たびだつ【旅立つ】 動詞 旅《たび》に出《で》る。旅行《りょこう》に出発《しゅっぱつ》する。例 外国《がいこく》へと旅立つ。

たびたび【度度】 副詞 何度《なんど》も。しばしば。例 せりふを度々まちがえた。

たびどり【旅鳥】 名詞 わたり鳥《どり》で、わたるとちゅう日本《にほん》に立《た》ち寄《よ》るもの。ちどり・しぎなど。図 ⬇1435ページ わたりどり

たびはだし【足袋はだし】 名詞 たびだけをはいていて、草履《ぞうり》やげたなどのはき物《もの》をはいていないこと。

たびびと【旅人】 名詞 旅《たび》をしている人《ひと》。旅行者《りょこうしゃ》。

ダビング （dubbing） 名詞 動詞 録音《ろくおん》・録画《ろくが》されている音《おと》や画像《がぞう》を、別《べつ》のディスクやテープなどに移《うつ》すこと。

タフ （tough） 形容動詞 体《からだ》や心《こころ》がたくましくて、少《すこ》しくらいのことではへこたれないようす。例 タフな人《ひと》。

タブー （taboo） 名詞 してはならないこと。とくに、宗教《しゅうきょう》や世《よ》の中《なか》の習慣《しゅうかん》などによって禁《きん》じようとすること。

られていること。例 お葬式にはでな服装はタブーだ。類 禁物《きんもつ》。

だぶつく 動詞 ❶お金《かね》や品物《しなもの》などが余《あま》っている。例 ブームが去《さ》って、商品《しょうひん》がだぶつく。❷服《ふく》などが大《おお》きすぎる。例 ズボンがだぶつく。❸液体《えきたい》が入《い》れ物《もの》の中《なか》にいっぱいでゆれ動《うご》く。例 水《みず》を飲《の》みすぎて腹《はら》がだぶつく。

たぶらかす 動詞 うまいことを言《い》って、だます。例 悪《わる》い人《ひと》にたぶらかされる。

ダブリューエッチオー【WHO】名詞「世界保健機関《せかいほけんきかん》」のこと。国際連合《こくさいれんごう》の機関《きかん》の一《ひと》つ。保健衛生《ほけんえいせい》の分野《ぶんや》で、世界《せかい》の国々《くにぐに》が協力《きょうりょく》するための機関《きかん》。一九四八年《ねん》につくられた。

ダブリューエフピー【WFP】↓718ページ せかいしょくりょうけいかく

ダブリューダブリューダブリュー【WWW】↓1426ページ ワールドワイドウェブ

ダブリューティーオー【WTO】↓719ページ せかいぼうえききかん

ダブる 動詞 重《かさ》なる。二重《にじゅう》になる。例 文字《もじ》がダブって見《み》える。ことば 英語《えいご》の「ダブル」からできたことば。

ダブル（double）名詞 ❶二人用《ふたりよう》。例 ダブルベッド。対 シングル。❷二重《にじゅう》。二倍《にばい》。二個《にこ》。例 ダブルプレー／ダブルパンチ。❸洋服《ようふく》の上着《うわぎ》で、前合《まえあ》わせが深《ふか》く、ボタンが二《に》列《れつ》ついている服《ふく》。対 シングル。

ダブルクリック（double click）名詞 動詞 コンピューターで、マウスのボタンを二回《にかい》続《つづ》けておすこと。

ダブルス（doubles）名詞 テニスや卓球《たっきゅう》などで、二名《にめい》が一組《ひとくみ》になって行《おこな》う試合《しあい》。対 シングルス。

ダブルドリブル（double dribble）名詞 バスケットボールやハンドボールでの反則《はんそく》の一《ひと》つ。一度《いちど》やめたドリブルをまた始《はじ》めること。

ダブルハイフン（double hyphen）名詞 外国《がいこく》の人名《じんめい》の間《あいだ》などを区切《くぎ》る、「＝」の符号《ふごう》。「ヘレン＝ケラー」のように使《つか》う。「二重《にじゅう》ハイフン」ともいう。

ダブルプレー（double play）名詞 野球《やきゅう》で、連続《れんぞく》したプレーで二人《ふたり》をアウトにすること。「併殺《へいさつ》」ともいう。

ダブルベース ↓506ページ コントラバス

ダブルヘッダー（double-header）名詞 野球《やきゅう》で、同《おな》じチーム同士《どうし》が、同《おな》じ日《ひ》に二回《にかい》試合《しあい》をすること。

タブレットがたたんまつ【タブレット型端末】名詞 板状《いたじょう》の画面《がめん》にふれて操作《そうさ》する、小型《こがた》のコンピューター機器《きき》。持《も》ち歩《ある》きに便利《べんり》で、インターネットや動画《どうが》、音楽《おんがく》、電子書籍《でんししょせき》などを手軽《てがる》に楽《たの》しむことができる。「タブレット端末《たんまつ》」ともいう。参考「タブレット」は英語《えいご》で、もとは「字《じ》を書《か》きつける板《いた》」の意味《いみ》。

たぶん【多分】❶名詞 たくさん。多《おお》いこと。例 多分にちょうだいいたしました。❷副詞 おそらく。たいてい。例 あの子《こ》が来《こ》ないのは、たぶん病気《びょうき》のせいだろう。使い方 ❷は、ふつうかな書《が》きにし、あとに「だろう」などのことばがくる。

たべごろ【食べ頃】名詞 その食《た》べ物《もの》のいちばんおいしいころ。食《た》べるのにちょうどよいとき。

たべすぎ【食べ過ぎ】名詞 程度《ていど》をこして食《た》べること。

たべずぎらい【食べず嫌い】名詞 食《た》べたことがないのに、きらいだと決《き》めてしまうこと。食《く》わず嫌《ぎら》い。

たべもの【食べ物】名詞 食用《しょくよう》にするもの。食物《しょくもつ》。

たべる【食べる】動詞 ❶かんでのみこむ。例 夕食《ゆうしょく》を食べる。❷生活《せいかつ》する。生《い》きていく。例 今《いま》の給料《きゅうりょう》でなんとか食べていける。使い方 ❶の尊敬《そんけい》した言《い》い方《かた》は「召《め》し上《あ》がる」「上《あ》がる」、へりくだった言《い》い方《かた》は「いただく」「ちょうだいする」。漢 ↓645ページ しょく〔食〕

だほ【だ捕】名詞 動詞 外国《がいこく》や敵《てき》の船《ふね》をつかまえること。例 密漁船《みつりょうせん》をだ捕する。

たほう【他方】❶名詞 ほかの方面《ほうめん》。もう一方《いっぽう》。❷副詞 一方《いっぽう》では。見方《みかた》を変《か》えると。例 姉《あね》は気《き》が強《つよ》いが、他方こわがりでもある。

たぼう【多忙】名詞 形容動詞 非常《ひじょう》にいそがしいこと。例 多忙な日々《ひび》を送《おく》る。類 多用《たよう》。

あいうえお　かきくけこ　さしすせそ　たちつてと た　なにぬねの　はひふへほ　まみむめも　やゆよ　らりるれろ　わをん

四字熟語 薄利多売《はくりたばい》 品物《しなもの》一つ当《ひとあ》たりのもうけを少《すく》なくし、数《かず》を多《おお》く売《う》ることで、全体《ぜんたい》として利益《りえき》を上《あ》げ

たほうめん【多方面】 名詞 形容動詞 いろいろな方面《ほうめん》や分野《ぶんや》。また、いろいろな方面《ほうめん》や分野《ぶんや》にわたっているようす。例 多方面《たほうめん》から考《かんが》える。

だぼく【打撲】 名詞 動詞 体《からだ》を強《つよ》く打《う》ちつけること。

だぼくしょう【打撲傷】 名詞 体《からだ》を強《つよ》く打《う》ちつけたり、ぶたれたりしてできた傷《きず》。

たま 名詞 めずらしいほど少《すく》ないこと。例 たまの休日《きゅうじつ》／たまには遊《あそ》びにおいで。

たま【玉】 名詞 ❶まるい形《かたち》をしたもの。また、まるめたもの。例 シャボン玉／毛糸《けいと》の玉。❷宝石《ほうせき》。美《うつく》しい石《いし》。❸めがねのレンズ。❹美《うつく》しいものや大切《たいせつ》なもののたとえ。例 玉のはだ／玉手箱《たまてばこ》。❺そろばんで、計算《けいさん》するときに指《ゆび》ではじくもの。
漢 ⇒362ページ ぎょく〔玉〕

●**玉《たま》にきず** 故事成語 それさえなければ申《もう》し分《ぶん》ないのに、わずかに欠点《けってん》があること。例 おこりっぽいのが玉にきずだ。

●**玉《たま》の汗《あせ》** 季語 夏 大《おお》つぶのあせ。

●**玉《たま》を転《ころ》がすよう** 美《うつく》しい声《こえ》のたとえ。例 玉を転がすような歌声《うたごえ》。

たま【球】 名詞 ❶丸《まる》い形《かたち》のもの。野球《やきゅう》のボールなど。❷電球《でんきゅう》。例 照明《しょうめい》の球が切《き》れる。
漢 ⇒346ページ きゅう〔球〕

たま【弾】 名詞 ピストルや鉄砲《てっぽう》などでうちだすもの。例 弾をこめる／弾が当《あ》たる。

たまいれ【玉入れ】 名詞 運動会《うんどうかい》などで、組《くみ》に分《わ》かれて、高《たか》いさおの先《さき》につけたかごの中《なか》に玉《たま》を投《な》げ入《い》れ、かごに入《はい》った玉《たま》の数《かず》で勝《か》ち負《ま》けをきそう競技《きょうぎ》。

-たまえ （ほかのことばのあとにつけて）「…しなさい」「…してください」の意味《いみ》を表《あらわ》す。例 もっと食《た》べたまえ／私《わたくし》の罪《つみ》を許《ゆる》したまえ。

たまぐし【玉串】 名詞 さかきという木の枝《えだ》に、白《しろ》い紙《かみ》や布《ぬの》をつけて、神前《しんぜん》に供《そな》えるもの。

たまげる 動詞 びっくりする。非常《ひじょう》におどろく。例 あの人《ひと》の食欲《しょくよく》にはたまげた。

たまご【卵】 名詞 ❶鳥《とり》・魚《さかな》・虫《むし》などのめすが産《う》むもの。中《なか》から子《こ》がかえる。❷卵《たまご》（＝❶）のうち、とくににわとりの産《う》むもの。例 卵焼《や》き。❸まだ一人前《いちにんまえ》になっていない人《ひと》。例 学者《がくしゃ》の卵。
教科 理 理科《りか》では、「卵《らん》」「卵子《らんし》」を「たまご」ともいう。使い方 ❷は、「玉子」とも書《か》く。

漢 **たまご【卵】**〔卩〕ふしづくり 7画 6年 音 ラン 訓 たまご
たまご。めすがうむもの。例 卵黄《らんおう》／卵生《らんせい》／鶏卵《けいらん》／産卵《さんらん》。

たまごがた【卵形】 名詞 にわとりの卵《たまご》のような形《かたち》。例 卵形の顔《かお》。

たまごやき【卵焼き】 名詞 かきまぜた卵《たまご》に味《あじ》つけをして焼《や》いた料理《りょうり》。

たましい【魂】 名詞 ❶体《からだ》の中《なか》にあって、心《こころ》のはたらきのもとになると考《かんが》えられているもの。❷何《なに》かをしようとする、とても強《つよ》い気持《きも》ち。気力《きりょく》。例 魂をこめてつくり上《あ》げた作品《さくひん》。

たまじゃり【玉砂利】 名詞 丸《まる》くてつぶの大《おお》きな砂利《じゃり》。例 玉砂利をしきつめた境内《けいだい》を歩《ある》く。

だます 動詞 ❶うそをついてほんとうと思《おも》わせる。例 人《ひと》をだます／まんまとだまされた。❷なだめる。機嫌《きげん》をとる。また、そのようにして具合《ぐあい》の悪《わる》い機械《きかい》や体《からだ》を使《つか》う。例 泣《な》いている子《こ》をだましてやっと連《つ》れて来《き》た。

たまたま 副詞 ❶偶然《ぐうぜん》に。思《おも》いがけなく。例 駅《えき》でたまたまクラスの友《とも》だちに会《あ》った。❷たまに。ときおり。例 夏《なつ》にはたまたまかみなりが鳴《な》る。

たまてばこ【玉手箱】 名詞 ❶昔話《むかしばなし》で、浦島太郎《うらしまたろう》が竜宮城《りゅうぐうじょう》の乙姫《おとひめ》からもらったという箱《はこ》。❷秘密《ひみつ》にして、簡単《かんたん》には人《ひと》に見《み》せない、大切《たいせつ》な物《もの》を入《い》れておく箱《はこ》。

たまどめ【玉どめ】 名詞 布《ぬの》などを手《て》でぬったとき、ぬい終《お》わりに糸《いと》の玉《たま》を作《つく》ってとめること。

たまな【玉菜・球菜】 名詞 季語 夏 「キャベツ」の別《べつ》の名《な》まえ。

たまにきず【玉にきず】 ⇒810ページ「玉《たま》」の子見《こみ》

からもよく思《おも》われるようにふるまう人《ひと》のこと。

出し

たまねぎ【玉ねぎ】 名詞 季語夏 畑《はたけ》につくる作《さく》物《もつ》の一《ひと》つ。ゆりのなかま。地下《ちか》の、たまの形《かたち》をしたくきを食《しょく》用《よう》にする。においと刺《し》激《げき》が強《つよ》い。

たまねぎ

たまのあせ【玉の汗】 ⇩810ジペー「玉《たま》」の子見出《こみだ》し

たまのこしにのる【玉のこしに乗る】 女《おんな》の人《ひと》が、お金《かね》持《も》ちや地位《ちい》の高《たか》い人《ひと》と結婚《けっこん》する。ことば「玉《たま》のこし」は昔《むかし》、身分《みぶん》の高《たか》い人《ひと》が乗《の》ったりっぱな乗《の》り物《もの》のこと。

たまのり【玉乗り】 名詞 大《おお》きな玉《たま》に乗《の》って演《えん》じる曲芸《きょくげい》。また、それをする人《ひと》。

たまむし【玉虫】 名詞 季語夏 羽《はね》が金《きん》色《いろ》がかった緑色《みどりいろ》で、二本《にほん》の赤《あか》むらさき色《いろ》の縦《たて》の線《せん》がある昆《こん》虫《ちゅう》。美《うつく》しいので、工芸品《こうげいひん》などに利用《りよう》されていた。

たまむし

たまむすび【玉結び】 名詞 布《ぬの》などを手《て》でぬい始《はじ》めるとき、糸《いと》がぬけないように糸《いと》のはしを結《むす》んで作《つく》る玉《たま》。

たまもの 名詞 ❶神様《かみさま》や身分《みぶん》の高《たか》い人《ひと》などがくださったもの。例 この子《こ》は神様《かみさま》からのたまものだ。❷何《なに》かをしたために得《え》ることができた、よい結《けっ》果。例 優勝は努力のたまものだ。ことば 漢字《かんじ》では「賜物」と書《か》く。

たまらない 形容詞 ❶がまんできない。たえられない。例 こう寒《さむ》くてはたまらない。❷なんともいえないほどよい。例 ホームランを打《う》ったときの気分《きぶん》はたまらない。

たまりかねる 動詞 がまんしきれなくなる。例 あまりの騒音《そうおん》にたまりかねて注《ちゅう》意《い》した。

だまりこくる【黙りこくる】 動詞 ひと言《こと》も話《はな》さないで、だまったままでいる。例 弟《おとうと》は、何《なに》を聞《き》いても黙りこくっていた。

だまりこむ【黙り込む】 動詞 ひと言《こと》も話《はな》さなくなる。例 黙り込んだままうつむく。

たまる 動詞 ❶物《もの》が一《ひと》つのところに集《あつ》まって多《おお》くなる。例 ほこりがたまる。❷たくわえがふえる。例 お金《かね》がたまる。❸ものごとがかたづかないで残《のこ》る。とどこおる。例 仕事《しごと》がたまる。

だまる【黙る】 動詞 口《くち》を閉《と》じてものを言《い》わない。

たまわる【賜る】 動詞 ❶目上《めうえ》の人《ひと》から物《もの》をもらう。いただく。例 王《おう》様《さま》からごほうびを賜る。類 授《さず》かる。❷目上《めうえ》の人《ひと》が物《もの》をあたえる。例 殿様《とのさま》が人々《ひとびと》にお祝《いわ》いを賜る。類 授《さず》ける。使い方 ❶は、へりくだった言《い》い方《かた》。❷は、尊敬《そんけい》した言《い》い方《かた》。

たみ【民】 名詞 国や社会をつくっている、一般の人《ひと》たち。使い方 古《ふる》い言《い》い方《かた》。漢 ⇩1282ジペー みん〔民〕

たみんぞくこっか【多民族国家】 名詞 いくつかの民族《みんぞく》が集《あつ》まってできている国家《こっか》。

ダム（dam）名詞 発電《はつでん》に使《つか》う水《みず》や田畑《たはた》に引《ひ》く水《みず》などをたくわえたり、洪水《こうずい》を防《ふせ》いだりするために、川《かわ》などをせきとめて水《みず》をためる設備《せつび》。

たむける【手向ける】 動詞 神《かみ》や仏《ほとけ》、死《し》んだ人《ひと》などに供《そな》え物《もの》をする。例 墓《はか》に花《はな》を手向ける。

たむろする 動詞 何人《なんにん》かの人《ひと》が一《いっ》か所《しょ》に集《あつ》まる。例 若者《わかもの》がたむろする場所《ばしょ》。

ため 名詞 ❶役《やく》に立《た》つこと。利益《りえき》になること。例 ためになる本《ほん》を読《よ》む。❷そのことが理由《りゆう》や原因《げんいん》であることを表《あらわ》すことば。例 病気《びょうき》のため学校《がっこう》を休《やす》んだ。❸そのことが目的《もくてき》であることを表《あらわ》すことば。例 優勝《ゆうしょう》するためにがんばった。

だめ 形容動詞 ❶むだなようす。してもしかたがないようす。例 いくら言《い》い張《は》ってもだめだよ。❷役《やく》に立《た》たないようす。使《つか》いものにならないようす。例 ケーキをこがしてだめにする。❸うまくできないようす。例 ぼくは体育《たいいく》がまるでだめだ。❹してはいけないことである。例 この中《なか》に入《はい》ってはだめだ。ことば 漢字《かんじ》では「駄目」と書《か》く。もとは囲碁《いご》の

四字熟語 八方美人《はっぽうびじん》　どんな方向《ほうこう》（八方《はっぽう》）から見《み》ても、美《うつく》しく欠点《けってん》がない（美人《びじん》）という意味《いみ》から、だれ

ことばで、どちらの陣地《じんち》にもならない場所《ばしょ》のこと。ここに石《いし》を置《お》いてもむだになることから。

●**だめを押《お》す**　大丈夫《だいじょうぶ》だとは思《おも》うが、念《ねん》のためにもう一度《いちど》確《たし》かめる。例「明日《あす》は八時《はちじ》集合《しゅうごう》だからね。」と友《とも》だちにだめを押す。

ためいき【ため息】名詞　感心《かんしん》したときやがっかりしたときなどに出《で》る、大《おお》きな息《いき》。例ため息をつく。

ためいけ【ため池《いけ》】名詞　田《た》に引《ひ》く水《みず》などをためておく池。

ダメージ（damage）名詞　損害《そんがい》や被害《ひがい》。心《こころ》や体《からだ》などにあたえる痛手《いたで》。例台風《たいふう》は農作物《のうさくぶつ》に大《おお》きなダメージをあたえた。

だめおし【だめ押し】名詞 動詞　❶大丈夫《だいじょうぶ》だとは思《おも》うが、もう一度《いちど》確《たし》かめておくこと。例明日《あす》の約束《やくそく》を電話《でんわ》でだめ押しする。❷スポーツで、勝負《しょうぶ》がほぼ決《き》まったのに、さらに点《てん》を加《くわ》えて、勝利《しょうり》をより確《たし》かなものにすること。例だめ押しのホームラン。

ためこむ【ため込む】動詞　たくさんためる。ためてしまっておく。例お金《かね》をため込む。

ためし名詞　以前《いぜん》に実際《じっさい》にあったこと。例弟《おとうと》は朝《あさ》自分《じぶん》で起《お》きたためしがない。

ためし【試し】名詞　実際《じっさい》にやってみること。試《こころ》み。例力試《ちからだめ》し／ものは試しだ。

ためす【試す】動詞　実際《じっさい》にやってみる。試《こころ》みる。例できるかどうか試してみよう。漢⇩553ジペーし〔試〕

ためつすがめつ【矯めつすがめつ】副詞　いろいろな方向《ほうこう》からよく見《み》るようす。例展示《てんじ》された作品《さくひん》を矯めつすがめつながめる。

ためらう動詞　決心《けっしん》がつかないで、どうしようかと迷《まよ》う。例行《い》こうか行《い》くまいかためらう。

ためる動詞　❶集《あつ》めて増《ふ》やす。例お湯《ゆ》をためる。❷お金《かね》をたくわえる。例おこづかいをためる。❸やらなければならないことをしないで増《ふ》やす。とどこおらせる。例宿題《しゅくだい》をためる。

ためん【他面】　❶名詞　ものごとのある面《めん》に対《たい》して、別《べつ》の面《めん》。❷副詞　別《べつ》の面《めん》では。ほかの面《めん》から言《い》えば。例安全《あんぜん》な製品《せいひん》だが、他面、電気代《でんきだい》がかかりすぎる。

ためん【多面】名詞　❶多《おお》くの平《たい》らな面《めん》。例多面体《ためんたい》。❷いろいろな方面《ほうめん》。例多面にわたる趣味《しゅみ》。

ためんてき【多面的】形容動詞　いろいろな方《ほう》面《めん》にわたっているようす。例多面的なものの見方《みかた》／多面的に考《かんが》える。対一面的《いちめんてき》。

たもうさく【多毛作】名詞　同《おな》じ田畑《たはた》で、一《いち》年《ねん》に三回《さんかい》以上《いじょう》作物《さくもつ》をつくること。関連一毛作《いちもうさく》。二毛作《にもうさく》。

たもつ【保つ】動詞　ある状態《じょうたい》を、そのまま続《つづ》ける。持《も》ちこたえる。例一定《いってい》の温度《おんど》を保つ／健康《けんこう》を保つ。漢⇩1201ジペーほ〔保〕

たもと名詞　❶着物《きもの》のそでの、ふくろのようになって下《さ》がっている部分《ぶぶん》。❷すぐそば。かたわら。例橋《はし》のたもと。

●**たもとを分《わ》かつ**　人《ひと》との関係《かんけい》をやめる。別《わか》れる。

たもんてん【多聞天】⇩1106ジペーびしゃもんてん

たやす【絶やす】動詞　続《つづ》いていたものを、すっかりなくなるようにする。例悪《わる》い習慣《しゅうかん》を絶やす／暖炉《だんろ》の火《ひ》を絶やさない（＝消《け》さない）。漢⇩724ジペーぜつ〔絶〕

たやすい形容詞　簡単《かんたん》である。易《やさ》しい。例言《い》うのはたやすいが実際《じっさい》に行《おこな》うのは難《むずか》しい。

たゆたう動詞　水《みず》などにういているものが、ゆらゆらとゆれ動《うご》く。例青《あお》い海《うみ》に白《しろ》いヨットがたゆたっている。使い方古《ふる》い言《い》い方《かた》。

たゆまず　なまけないで。気《き》をゆるめることなく。例たゆまず練習《れんしゅう》を続《つづ》ける。

たゆまぬ　なまけることのない。例たゆまぬ努《ど》力《りょく》を重《かさ》ねる。

たよう【多用】　❶名詞　用事《ようじ》が多《おお》くていそがしいこと。例ご多用中《ちゅう》すみません。類多忙《たぼう》。❷名詞 動詞　たくさん使《つか》うこと。例漢字《かんじ》を多用した文章《ぶんしょう》。

たよう【多様】形容動詞　いろいろあるようす。種類《しゅるい》が多《おお》いようす。例人《ひと》の好《この》みは多様だ／多《た》種《しゅ》多様／多様化《か》（＝いろいろな種類《しゅるい》に分《わ》かれること）。対一様《いちよう》。

たようせい【多様性】名詞　いろいろな種類《しゅるい》のものがあること。変化《へんか》に富《と》んでいること。例多様性を大切《たいせつ》にする社会《しゃかい》。

たより【便り】名詞　手紙《てがみ》。知《し》らせ。例お便り

ことで、変化《へんか》や人生《じんせい》のうきしずみなどが非常《ひじょう》に激《はげ》しいこと。

をいただく／無事《ぶじ》の便り《たより》が届《とど》く。漢↓1197ジペーべ ん〔便〕

たより【頼り】 名詞 たのみとすること。また、たのみとする人《ひと》やもの。例 頼りになる人《ひと》。

たよりない【頼りない】 形容詞 ❶あてにならなくて不安《ふあん》である。例 頼りない返事《へんじ》が返《かえ》ってきた。❷たよりとする人《ひと》やものがなくて心細《こころぼそ》い。例 頼りない身《み》の上《うえ》。

たよる【頼る】 動詞 あてにする。たのみにする。例 人《ひと》に頼らずに、自分《じぶん》でやってみる。

たら 名詞 季語冬 北《きた》の海《うみ》にすむ魚《さかな》の一《ひと》つ。食用《しょくよう》になり、肝臓《かんぞう》から肝油《かんゆ》をとる。ことば 漢字《かんじ》では「鱈」と書《か》く。図↓521ジペー さかな〔魚〕

たら 助詞（ほかのことばのあとにつけて）❶あきれたりおどろいたりする気持《きも》ちで話題《わだい》にすることを表《あらわ》す。例 お父《とう》さんったらまだねてるよ／この店《みせ》のカレーはおいしいったらない。❷じれったい気持《きも》ちで強《つよ》く求《もと》めることを表《あらわ》す。例 もうやめてったら。❸遠回《とおまわ》しに命令《めいれい》したりすすめたりする気持《きも》ちを表《あらわ》す。例 もう帰《かえ》ったら／先生《せんせい》に話《はな》してみたら。使い方 くだけた言《い》い方《かた》。

たらい 名詞 水《みず》や湯《ゆ》を入《い》れて、洗濯《せんたく》などに使《つか》う平《ひら》たいおけ。例 金《かな》だらい。

たらいまわし【たらい回し】 名詞 動詞 順《じゅん》々に、ほかの人《ひと》や場所《ばしょ》に回《まわ》すこと。例 問《と》い合《あ》わせの電話《でんわ》をたらい回しにされる。

だらく【堕落】 名詞 動詞 不《ふ》まじめになり、行《おこな》いや人《ひと》がらが悪《わる》くなること。例 堕落した生活《せいかつ》。

-だらけ 接尾語（ほかのことばのあとにつけて）そのものがいやになるほど多《おお》いことを表《あらわ》す。例 まちがいだらけ／どろだらけ。

だらける 動詞 気持《きも》ちにしまりがなくなる。だらしなくなる。例 あまりの暑《あつ》さにだらける。

だらしない 形容詞 ❶しまりがない。きちんとしていない。例 服《ふく》装《そう》がだらしない。❷気《き》力《りょく》が感《かん》じられず、情《なさ》けない。例 あんなにあっけなく負《ま》けるとはだらしないぞ。

たらす【垂らす】 動詞 ❶下《した》の方《ほう》へ下《お》ろす。ぶら下《さ》げる。例 池《いけ》につり糸《いと》を垂らして魚《さかな》をつる。❷液体《えきたい》を少《すこ》しずつ落《お》とす。例 よだれを垂らす。漢↓673ジペー すい〔垂〕

-たらず【足らず】 接尾語（ほかのことばのあとにつけて）❶その数《かず》に少《すこ》し足《た》りない意味《いみ》を表《あらわ》す。例 あと十分《じっぷん》足らずで到着《とうちゃく》する。❷それがじゅうぶんでないことを表《あらわ》す。例 説《せつ》明《めい》が舌《した》足らずでわかりにくい。

だらだら〔と〕 副詞 動詞 ❶ゆるやかなかたむきが続《つづ》くようす。例 だらだらした坂《さか》を上《のぼ》る。❷液体《えきたい》がとぎれずに流《なが》れるようす。例 あせをだらだらと流《なが》す。❸ものごとが長々《ながなが》と続《つづ》くようす。例 だらだらとおしゃべりをする。

タラップ（オランダ語）名詞 船や飛行機の乗り降《お》りに使《つか》う、はしごのような階段《かいだん》。

たらばがに 名詞 かににすがたが似《に》ている、やどかりのなかま。北《きた》の海《うみ》にすみ、体《からだ》は暗《くら》いむらさき色《いろ》。おすは大《おお》きく、あしを広《ひろ》げると一・五メートルくらいになる。食用《しょくよう》にする。ことば たらの漁《ぎょ》場《じょう》でよくとれることからついた名《な》まえ。

たらふく 副詞 おなかいっぱい。例 ごちそうをたらふく食《た》べる。使い方 くだけた言《い》い方《かた》。

たり 助詞（ほかのことばのあとにつけて）❶動作《どうさ》や状態《じょうたい》を並《なら》べていうときに使《つか》うことば。例 歩《ある》いたり走《はし》ったりして学校《がっこう》へ行《い》く。❷一《ひと》つの動作《どうさ》を例《れい》としていうときに使《つか》うことば。例 昨日《きのう》は魚《さかな》をとったりして遊《あそ》んだ。使い方 前《まえ》に「ん」「い」がくるときは「だり」になることがある。「飛《と》んだり」「泳《およ》いだり」など。

ダリア（dahlia）名詞 季語夏 きくのなかまの植物《しょくぶつ》の一《ひと》つ。夏《なつ》から秋《あき》にかけて赤《あか》・白《しろ》・黄《き》などの大《おお》きな花《はな》をつけ、球根《きゅうこん》でふえる。ことば スウェーデンの植物学者《しょくぶつがくしゃ》ダールの名《な》から、この名《な》がつけられたといわれる。

ダリア

たりき【他力】 名詞 他人《たにん》の力《ちから》。他人《たにん》の助《たす》け。対 自力《じりき》。

たりきほんがん【他力本願】 名詞 ❶仏教《ぶっきょう》で、阿弥陀《あみだ》という仏《ほとけ》の力《ちから》によって成仏《じょうぶつ》

四字熟語 波乱万丈《はらんばんじょう》 「波乱《はらん》」はものごとに激《はげ》しいうきしずみや変化《へんか》があること、「万丈《ばんじょう》」は非常《ひじょう》に高い

すること。
❷自分《じぶん》は努力《どりょく》しないで、ほかの人《ひと》の力《ちから》をあてにして、ものごとをしようとすること。
ことば「本願」は、仏《ほとけ》が立《た》てた、すべての人《ひと》を救《すく》おうというちかいのこと。

だりつ【打率】 名詞 野球《やきゅう》で、バッターがヒットを打《う》った割合《わりあい》。例 二割五分《にわりごぶ》の打率。

たりょう【多量】 名詞 形容動詞 量《りょう》が多《おお》いこと。例 出血多量《しゅっけつたりょう》。類 大量《たいりょう》。対 少量《しょうりょう》。

だりょく【惰力】 名詞 物《もの》が、今《いま》までと同《おな》じ動《うご》きを続《つづ》けようとする力《ちから》。例 車《くるま》が惰力で進《すす》む。

たりる【足りる】 動詞
❶じゅうぶんである。例 資金《しきん》は足りている。
❷値打《ねう》ちがある。例 とるに足りない意見《いけん》だ。
❸間《ま》に合《あ》う。例 電話《でんわ》で用《よう》が足りる。

たる 名詞 酒《さけ》・みそ・しょうゆを入《い》れる、木《き》でつくったふたつきの入《い》れ物《もの》。例 酒《さか》だる。

漢 ➡ 754ページ そく〔足〕

たる【足る】 動詞 「足《た》りる」の古《ふる》い言《い》い方《かた》。例 キャプテンは信《しん》じるに足る（＝信《しん》じるだけの値《ね》打《う》ちがある）人物《じんぶつ》だ。漢 ➡ 754ページ そく〔足〕

だるい 形容詞 元気《げんき》がなくて、体《からだ》を動《うご》かすのがつらい感《かん》じである。例 かぜで体《からだ》がだるい。

たるき【垂木】 名詞 屋根板《やねいた》を支《ささ》えるために、むね（＝屋根《やね》のいちばん高《たか》いところ）から、のき（＝屋根《やね》のはしの、かべより外《そと》へ張《は》り出《だ》した部分《ぶぶん》）にわたす木《き》。

ダルセーニョ（イタリア語）名詞 音楽《おんがく》で、「記《き》号《ごう》𝄋のところまでもどり、もう一度演奏《いちどえんそう》しなさい」という意味《いみ》のことば。記号《きごう》は「D.S.」。

だるま 名詞
❶（五〇〇ごろ）インドのおぼうさん。中国《ちゅうごく》にわたって禅宗《ぜんしゅう》を開《ひら》いた。九年間《くねんかん》、かべに向《む》かって座禅《ざぜん》をしたといわれる。だるま大師《だいし》。
❷だるま大師《だいし》がすわっている姿《すがた》をかたどった、赤《あか》くて丸《まる》い人形《にんぎょう》。
❸丸《まる》くずんぐりした形《かたち》をしたもの。例 雪《ゆき》だるま。
ことば 漢字《かんじ》では「達磨」と書《か》く。

だるまだいし【達磨大師】 ➡ 814ページ だるま❶

たるむ 動詞
❶ぴんと張《は》っていたものがゆるむ。例 たこの糸《いと》がたるむ。対 締《し》まる。
❷気《き》がゆるむ。緊張《きんちょう》がなくなる。例 気《き》がたるむとけがをしやすい。対 締《し》まる。

たれ【垂れ】 名詞 漢字《かんじ》を組《く》み立《た》てている部分《ぶぶん》の一《ひと》つ。漢字《かんじ》の上《うえ》から左《ひだり》にたれているもの。「がんだれ（厂）」「まだれ（广）」「やまいだれ（疒）」など。

だれ【誰】 代名詞
❶名前《なまえ》を知《し》らない人《ひと》を指《さ》すことば。例 あなたは誰ですか。
❷とくに決《き》めずに、一般《いっぱん》の人《ひと》を指《さ》すことば。例 誰か助《たす》けて／誰でもいいから来《き》てくれ。

たれこめる【垂れ込める】 動詞 雲《くも》などが低《ひく》く広《ひろ》がって、辺《あた》りをおおう。例 雨雲《あまぐも》が重《おも》く垂れ込めている。

だれしも【誰しも】 副詞 だれでも。「だれも」を強《つよ》めた言《い》い方《かた》。例 誰しも病気《びょうき》にはなりたくない。

だれそれ【誰それ】 代名詞 とくに名前《なまえ》をはっきりさせないで、だれかを指《さ》すことば。ある人《ひと》。例 誰それに聞《き》いた話《はなし》。

だれひとり【誰一人】 だれも。一人《ひとり》も。例 誰一人その場《ば》を立《た》ち去《さ》る人《ひと》がいない。使い方 あとに「ない」などのことばがくる。

だれも【誰も】
❶だれでも。どんな人《ひと》でも。例 そんなことは誰もが知《し》っている。
❷どんな人《ひと》も。例 真相《しんそう》は誰も知《し》らない。
使い方 ❷は、あとに「ない」などのことばがくる。

たれる【垂れる】 動詞
❶しずくになって落《お》ちる。例 水道《すいどう》の蛇口《じゃぐち》から水《みず》が垂れる。
❷下《した》に下《さ》がる。例 つららが垂れる。
❸下《した》の方《ほう》へ下《お》ろす。例 つり糸《いと》を垂れる。
❹目下《めした》の人《ひと》に示《しめ》す。例 教《おし》えを垂れる。

漢 ➡ 673ページ すい〔垂〕

だれる 動詞 緊張《きんちょう》がなくなって、気持《きも》ちがゆるむ。だらける。例 試合《しあい》が長引《ながび》いてだれる。

タレント 名詞 テレビやラジオなどに出演《しゅつえん》して、歌《うた》を歌《うた》ったり、芝居《しばい》をしたりする人《ひと》。

だろう（ほかのことばのあとにつけて）
❶たぶんそうであろうという意味《いみ》を表《あらわ》す。例 明日《あす》までには終《お》わるだろう。
❷相手《あいて》に、念《ねん》をおしたり、確《たし》かめたりしたいときに使《つか》うことば。例 約束《やくそく》しただろう／ぼくの

ど死《し》にかかっていること。

席《せき》はどこだろう。

たろうかじゃ【太郎冠者】 名詞 狂言《きょうげん》の役《やく》の一《ひと》つ。大名《だいみょう》の家来《けらい》で、こっけいな役《やく》を演《えん》じる。

タワー (tower) 名詞 細長《ほそなが》く高《たか》くそびえ立《た》った建物《たてもの》。塔《とう》。例 東京《とうきょう》タワー。

たわいがない ⇩815ページ たわいない

たわいない 形容詞 ❶張《は》り合《あ》いや手《て》ごたえがない。例 たわいなく試合《しあい》に負《ま》けた。❷しっかりした考《かんが》えがない。無邪気《むじゃき》である。例 たわいないいたずら。❸とりとめがない。例 たわいないおしゃべり。❹正体《しょうたい》がない。例 父《ちち》はよっぱらってたわいなくねてしまった。

ことば「たあいない」「たわいがない」ともいう。

たわごと 名詞 いいかげんなことば。くだらないことば。例 たわごとを言《い》うな。

たわし 名詞 やしのせんいやナイロンなどを束《たば》ねて作《つく》った、なべなどを洗《あら》うのに使《つか》う道具《どうぐ》。

たわむ 動詞 重《おも》みが加《くわ》わって弓《ゆみ》なりに曲《ま》がる。例 かきの実《み》がいっぱいなって枝《えだ》がたわむ。

たわむれる【戯れる】 動詞 おもしろがって遊《あそ》ぶ。ふざける。例 子供《こども》が犬《いぬ》と戯れる／浜辺《はまべ》で波《なみ》と戯れる。

たわめる 動詞 ゆるくおし曲《ま》げる。弓《ゆみ》のような形《かたち》に曲《ま》げる。例 竹《たけ》をたわめてかごをつくる。

たわら【俵】 名詞 米《こめ》や炭《すみ》などを入《い》れるのに使《つか》う、わらなどで編《あ》んだふくろ。例 炭俵《すみだわら》／米俵《こめだわら》／俵形《だわらがた》のおにぎり。漢 ⇩1126ページ ひょう〔俵〕

たわら

たわらすぎざん【俵杉算】 名詞 算数《さんすう》で、米俵《こめだわら》を下《した》から順《じゅん》に一個《いっこ》ずつ減《へ》らして積《つ》み上《あ》げ、いちばん上《うえ》が一個《いっこ》になったときの俵《たわら》の合計数《ごうけいすう》を求《もと》める問題《もんだい》。

たわわ 形容動詞 木《き》の枝《えだ》などが、実《み》の重《おも》さで折《お》れそうなほどに曲《ま》がっているようす。例 枝《えだ》もたわわに、実《み》がなる。

たん 名詞 気管《きかん》から出《で》る、ねばり気《け》のあるもの。

たん【反】 名詞 ❶昔《むかし》、日本《にほん》で使《つか》われていた、田《た》や畑《はたけ》などの広《ひろ》さを表《あらわ》す単位《たんい》。一反《いったん》は約《やく》十《じゅう》アール（＝千平方《せんへいほう》メートル）。❷布《ぬの》の長《なが》さの単位《たんい》。一反《いったん》は約《やく》十《じゅう》メートル。これで大人《おとな》一人分《ひとりぶん》の着物《きもの》をつくることができる。漢 ⇩1085ページ はん〔反〕

漢 **たん【担】**〔扌〕てへん 8画 6年 音 タン 訓 かつぐ・になう

一 丁 扌 扌 扣 扣 担 担（はねる／わすれないように）

❶かつぐ。になう。例 担架《たんか》。❷仕事《しごと》をひきうける。うけもつ。例 担当《たんとう》／担任《たんにん》／負担《ふたん》／分担《ぶんたん》。

漢 **たん【単】**〔⺍〕つ 9画 4年 音 タン

丶 丷 ⺍ 㐅 当 単 単 単（とめない）

❶ひとつだけ。例 単語《たんご》／単数《たんすう》／単独《たんどく》。対 複。❷こみいっていない。例 単純《たんじゅん》／単調《たんちょう》／簡単《かんたん》。

漢 **たん【炭】**〔火〕ひ 9画 3年 音 タン 訓 すみ

丨 山 山 屵 屵 岸 炭 炭（みぎからはらう）

❶すみ。例 炭火《すみび》／木炭《もくたん》。❷せきたん。例 炭鉱《たんこう》。❸炭素《たんそ》のこと。例 炭水化物《たんすいかぶつ》。

漢 **たん【探】**〔扌〕てへん 11画 6年 音 タン 訓 さぐる・さがす

一 扌 扌 扌 抨 抨 探 探（はねる／まげてとめる）

さぐる。さがす。例 探究《たんきゅう》／探検《たんけん》／探偵《たんてい》／探訪《たんぼう》。

漢 **たん【短】**〔矢〕やへん 12画 3年 音 タン 訓 みじかい

ノ ㇀ 午 矢 矢 知 短 短（つきださない）

❶みじかい。例 短歌《たんか》／短気《たんき》／短縮《たんしゅく》。対 長《ちょう》。❷かける。おとっている。例 短所《たんしょ》。対 長《ちょう》。

漢 **たん【誕】**〔言〕ごんべん 15画 6年 音 タン

亠 言 言 言 言 訁 誕 誕（正としない／えとしない）

生《う》まれる。例 誕生《たんじょう》／生誕《せいたん》。

漢 **だん【団】**〔口〕くにがまえ 6画 5年 音 ダン・トン

丨 冂 冂 団 団 団（はねる）

❶まるい。例 団子《だんご》。❷集《あつ》まる。まとまる。例

四字熟語 半死半生《はんしはんしょう》 半《なか》ば死《し》に半《なか》ば生《い》きている状態《じょうたい》、ということから、今《いま》にも死《し》にそうなこと。ほとん

団結《だんけつ》／団地《だんち》。❸人々《ひとびと》の集《あつ》まり。例 球団《きゅうだん》／集団《しゅうだん》。

漢 **だん【男】**〔田《た》〕7画 1年 音 ダン・ナン 訓 おとこ

はねる

❶おとこ。例 男子《だんし》／男女《だんじょ》／男性《だんせい》／美男《びなん》。対 女《じょ》。❷むすこ。例 長男《ちょうなん》。対 女《じょ》。

だん【段】 名詞 ❶階段《かいだん》。また、そのような形《かたち》のもの。例 段を上《のぼ》る。❷文章《ぶんしょう》の区切《くぎ》り。まとまり。❸武道《ぶどう》や囲碁《いご》・将棋《しょうぎ》などの等級《とうきゅう》。例 段をとる。❹場合《ばあい》。例 いざ書《か》く段になると難《むずか》しい。❺こと。例 失礼《しつれい》の段お許《ゆる》しください。

漢 **だん【段】**〔殳《るまた》〕9画 6年 音 ダン

はねる

❶だん。かいだん。例 石段《いしだん》。❷くぎり。きれめ。例 段階《だんかい》／段落《だんらく》。❸てだて。やりかた。例 算段《さんだん》／手段《しゅだん》。❹囲碁《いご》・将棋《しょうぎ》・剣道《けんどう》・柔道《じゅうどう》などの力《ちから》の等級《とうきゅう》。例 初段《しょだん》。

漢 **だん【断】**〔斤《おのづくり》〕11画 5年 音 ダン 訓 たつ・ことわる

とめる

❶たちきる。たつ。例 断水《だんすい》／断念《だんねん》／断片《だんぺん》／中断《ちゅうだん》。対 続《ぞく》。❷思《おも》いきる。例 断然《だんぜん》／判断《はんだん》。❸はっきりときめる。例 断言《だんげん》／断定《だんてい》／決断《けつだん》。

だん【暖】 名詞 暖《あたた》かいこと。例 ねこが暖を求《もと》めてこたつに入《はい》る。漢→816ジ《ぺー》だん〔暖〕

● **暖《だん》を取《と》る** 体《からだ》をあたためる。例 ストーブで暖を取る。

漢 **だん【暖】**〔日《ひへん》〕13画 6年 音 ダン 訓 あたたか・あたたかい・あたたまる・あたためる

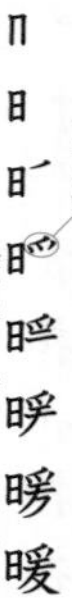

としない

❶あたたかい。例 暖色《だんしょく》／暖冬《だんとう》／暖流《だんりゅう》／温暖《おんだん》／寒暖《かんだん》。対 寒《かん》。❷あたためる。例 暖房《だんぼう》／暖炉《だんろ》。

漢 **だん【談】**〔言《ごんべん》〕15画 3年 音 ダン

はらう

はなす。はなし。例 談話《だんわ》／会談《かいだん》／座談会《ざだんかい》／雑談《ざつだん》／相談《そうだん》／対談《たいだん》／美談《びだん》／筆談《ひつだん》／面談《めんだん》／余談《よだん》。

だん【壇】 名詞 周《まわ》りより少《すこ》し高《たか》くつくった場所《ばしょ》。

だんあつ【弾圧】 名詞 動詞 権力《けんりょく》を持《も》つ者《もの》が、力《ちから》によって、反対《はんたい》する相手《あいて》をおさえつけること。例 報道《ほうどう》の自由《じゆう》を弾圧する。

たんい【単位】 名詞 ❶長《なが》さや重《おも》さや量《りょう》などを表《あらわ》すときの、もとにする大《おお》きさ。メートル、グラムなど。❷組織《そしき》をつくるもとになるもの。例 班《はん》単位で行動《こうどう》する。❸高校《こうこう》や大学《だいがく》で決《き》まっている学習《がくしゅう》の量《りょう》。例 単位をとる。

だんい【段位】 名詞 剣道《けんどう》・柔道《じゅうどう》・囲碁《いご》・将棋《しょうぎ》などで、技能《ぎのう》の高《たか》さを表《あらわ》す位《くらい》。→545ジ《ぺー》 伝統コラム

たんいつ【単一】 名詞 形容動詞 ❶ただ一《ひと》つであること。一人《ひとり》であること。例 自由時間《じゆうじかん》に単一行動《こうどう》をとる。❷まじりもののないこと。それだけであること。例 単一民族国家《みんぞくこっか》。

だんいん【団員】 名詞 その団体《だんたい》に入《はい》っている人《ひと》。例 ボーイスカウトの団員。

たんおんかい【短音階】 名詞 短調《たんちょう》の曲《きょく》のもとになる音《おと》の並《なら》びで、ラ・シ・ド・レ・ミ・ファ・ソ・ラのような音《おと》の列《れつ》のこと。長音階《ちょうおんかい》に比《くら》べて、暗《くら》い感《かん》じがする。対 長音階《ちょうおんかい》。図 →211ジ《ぺー》おんかい

たんか【担架】 名詞 病人《びょうにん》やけが人《にん》をねかせて運《はこ》ぶための道具《どうぐ》。

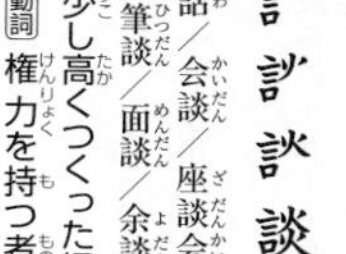

たんか【担架】

たんか【炭化】 名詞 動詞 有機物《ゆうきぶつ》が熱《ねつ》や細菌《さいきん》の力《ちから》で分解《ぶんかい》されて、炭素《たんそ》を多《おお》くふくんだ物質《ぶっしつ》になること。

たんか【単価】 名詞 品物《しなもの》の、一《ひと》つあたりの値段《ねだん》。

たんか【短歌】 名詞 和歌《わか》の形《かたち》の一《ひと》つで、五《ご》・七《しち》・五《ご》・七《しち》・七《しち》の三十一音《さんじゅういちおん》からできているもの。奈良時代《ならじだい》より前《まえ》からうたわれている。「金色《こんじき》のちひ（い）さき鳥《とり》のかたちして銀杏《いちょう》ちるなり夕日《ゆうひ》の岡《おか》に」など。関連 長歌《ちょうか》。ことば 「みそひと（＝三十一）文字《もじ》」ともいう。また、「一首《いっしゅ》」と数《かぞ》える。→1031ジ《ぺー》 伝統コラム

だんか【だん家】 名詞 その寺《てら》に墓《はか》があって、どうか信《しん》じきれなくて迷《まよ》うこと。

葬式や法事をしてもらい、お金や品物を出して寺《てら》を支《ささ》える家《いえ》。

タンカー（tanker）名詞 石油《せきゆ》などの液体《えきたい》を運《はこ》ぶ船《ふね》。「油送船《ゆそうせん》」ともいう。例 大型《おおがた》タンカー。

だんかい【段階】 名詞 ❶ものごとが進《すす》んでいく順序《じゅんじょ》。また、そのとちゅうのひと区切《くぎ》り。例 段階をふんで話《はな》す。❷ものごとを順々《じゅんじゅん》に差《さ》をつけて分《わ》けた、その区切《くぎ》り。例 重《おも》さを三《さん》段階に分《わ》けてみる。

だんがい【断崖】 名詞 急《きゅう》なかたむきでそびえ立《た》つがけ。類 絶壁《ぜっぺき》。

たんかをきる【たんかを切る】 けんかなどで、相手《あいて》に勢《いきお》いよくことばを浴《あ》びせる。

たんがん【単眼】 名詞 昆虫《こんちゅう》やくもなどが持《も》つ、光《ひかり》を感《かん》じる程度《ていど》の簡単《かんたん》なしくみの目《め》。関連 複眼《ふくがん》。

たんがん【嘆願】 名詞 動詞 わけを説明《せつめい》して、心《こころ》からお願《ねが》いすること。例 嘆願書《しょ》。

だんがん【弾丸】 名詞 鉄砲《てっぽう》や大砲《たいほう》などのたま。

たんき【短気】 名詞 形容動詞 気《き》が短《みじか》くて、すぐおこったり、いやになったりすること。また、そのような性質《せいしつ》。例 短気を起《お》こす。

●**短気《たんき》は損気《そんき》** ⬇269ページ ことわざ

たんき【短期】 名詞 短《みじか》い期間《きかん》。例 短期大学《だいがく》。対 長期《ちょうき》。

たんきゅう【探究】 名詞 動詞 ものごとのほんとうのすがたや意味《いみ》を知《し》ろうとして、どこまでも深《ふか》く調《しら》べること。例 真理《しんり》を探究する。

たんきゅう【探求】 名詞 動詞 あるものごとを努力して探し求めること。例 世界平和の探求。

だんきゅう【段丘】 名詞 海岸《かいがん》や川岸《かわぎし》に見《み》られる、階段《かいだん》のようになっている地形《ちけい》。海岸段丘《かいがんだんきゅう》・河岸段丘《かがんだんきゅう》がある。

たんきょり【短距離】 名詞 ❶短《みじか》い道《みち》のり。対 長距離《ちょうきょり》。❷陸上競技《りくじょうきょうぎ》や競泳《きょうえい》などで、きょりの短《みじか》い競技《きょうぎ》。陸上競技《りくじょうきょうぎ》では四百《よんひゃく》メートル以下《いか》をいう。関連 中距離《ちゅうきょり》。長距離《ちょうきょり》。

タンギング（tonguing）名詞 管楽器《かんがっき》の演奏《えんそう》で、音《おと》を出《だ》すときに舌《した》を使《つか》うやり方《かた》。

タンク（tank）名詞 ❶ガス・水《みず》・石油《せきゆ》などのような、気体《きたい》や液体《えきたい》を入《い》れておく、大《おお》きな入《い》れ物《もの》。例 石油《せきゆ》タンク。❷戦車《せんしゃ》。

タングステン（tungsten）名詞 白《しろ》っぽい灰色《はいいろ》のかたい金属《きんぞく》。高《たか》い温度《おんど》でもとけないので、電《でん》球《きゅう》の中《なか》にあるフィラメントをつくるのに使《つか》われている。

タングラム（tangram）名詞 正方形《せいほうけい》の板《いた》を七《なな》つの図形《ずけい》に切《き》り分《わ》け、その図形《ずけい》を全部《ぜんぶ》使《つか》ってさまざまな形《かたち》を作《つく》るパズル。

タンクローリー 名詞 液体《えきたい》を運《はこ》ぶため、筒形《つつがた》のタンクを備《そな》えたトラック。ことば 英語《えいご》をもとに日本《にほん》で作《つく》られたことば。

たんけい【湛慶】 名詞（一一七三〜一二五六）鎌《かま》倉時代《くらじだい》の彫刻家《ちょうこくか》。運慶《うんけい》の子《こ》。京都《きょうと》の三十三《さんじゅうさん》間堂《げんどう》の千手観音像《せんじゅかんのんぞう》などの仏像《ぶつぞう》をつくった。

だんけつ【団結】 名詞 動詞 多《おお》くの人《ひと》が心《こころ》を合《あ》わせて一つにまとまること。例 団結が固い。

たんけん【探検・探険】 名詞 動詞 まだ知《し》られていない土地《とち》へ危険《きけん》をおかして出《で》かけていって、いろいろなことを調《しら》べること。例 探検家《か》。

たんげん【単元】 名詞 学習《がくしゅう》することがらを内《ない》容《よう》によって分《わ》けた、ひとまとまり。

だんげん【断言】 名詞 動詞 自分《じぶん》の意見《いけん》をはっきりと言《い》いきること。例「この作戦《さくせん》は必《かなら》ず成功《せいこう》する。」と断言する。類 言明《げんめい》。明言《めいげん》。

たんけんたい【探検隊】 名詞 探検《たんけん》のためにつくられた一団《いちだん》。

たんご【丹後】 名詞 昔《むかし》の国《くに》の名《な》の一《ひと》つ。今《いま》の京都府《きょうとふ》の北部《ほくぶ》に当《あ》たる。

たんご【単語】 名詞 文《ぶん》を組《く》み立《た》てていることばの、いちばん小《ちい》さい単位《たんい》。たとえば「本《ほん》を読《よ》む」という文《ぶん》は、「本《ほん》」「を」「読《よ》む」の三《みっ》つの単語《たんご》に分《わ》かれる。

たんご【端午】 ⬇818ページ たんごのせっく

タンゴ（スペイン語）名詞 二十世紀《にじっせいき》の初《はじ》めに、アルゼンチンから世界《せかい》に広《ひろ》まったおどりの曲《きょく》。また、それに合《あ》わせておどるダンス。

だんこ[と]【断固[と]】 副詞 考《かんが》えをきっぱりと決《き》め、そのとおりにするようす。絶対《ぜったい》に。例 その方法《ほうほう》には、断固として反対《はんたい》する。使い方「断固たる態度《たいど》」などの形《かたち》でも使《つか》う。

だんご【団子】 名詞 ❶米《こめ》などの粉《こな》を水《みず》でこねて小《ちい》さく丸《まる》め、蒸《む》したりゆでたりした食《た》べ物《もの》。例 きび団子。❷丸《まる》く固《かた》まったもの。例 肉《にく》団子。

四字熟語 **半信半疑《はんしんはんぎ》** 半分《はんぶん》は信《しん》じ、半分《はんぶん》は疑《うたが》うということで、ものごとや他人《たにん》の気持《きも》ちなどがほんとうか

ことば 「団」は「まるい」という意味《いみ》。また、❶をくしにさしたものは、「一串《ひとくし》」「一本《いっぽん》」と数《かぞ》える。

たんこう【炭坑】 名詞 石炭《せきたん》をほり出《だ》すための穴《あな》。

たんこう【炭鉱】 名詞 石炭《せきたん》をほり出《だ》す鉱山《こうざん》。

だんこう【団交】 名詞 動詞 「団体交渉《だんたいこうしょう》」の略《りゃく》。

だんこう【断行】 名詞 動詞 思《おも》いきって行《おこな》うこと。例 運賃《うんちん》の値下《ねさ》げを断行する。類 決行《けっこう》。

だんごう【談合】 名詞 動詞 ❶話《はな》し合《あ》うこと。相談《そうだん》すること。❷公共事業《こうきょうじぎょう》の入札《にゅうさつ》などのとき、参加業者《さんかぎょうしゃ》が前《まえ》もって話し合い、価格《かかく》や落札《らくさつ》する者《もの》を決《き》めておくこと。

たんこうぼん【単行本】 名詞 雑誌《ざっし》や全集《ぜんしゅう》に対《たい》して、一冊《いっさつ》の本《ほん》としてそれだけで発行《はっこう》される本《ほん》。

たんごのせっく【端午の節句】 名詞 季語 夏 五月五日《ごがついつか》の男《おとこ》の子《こ》の節句《せっく》。こいのぼりをあげるなどして、子供《こども》の元気《げんき》な成長《せいちょう》を祝《いわ》う。「こどもの日《ひ》」として国民《こくみん》の祝日《しゅくじつ》になっている。端午《たんご》。

だんごむし【団子虫】 名詞 体長《たいちょう》一《いっ》センチメートルくらいの虫《むし》。体《からだ》はだ円形《えんけい》で背《せ》は丸《まる》く、さわられると団子《だんご》のように体《からだ》を丸《まる》めて身《み》を守《まも》る。

だんごむし

たんさ【探査】 名詞 動詞 さぐって調《しら》べること。例 宇宙《うちゅう》探査ロケット。

だんさ【段差】 名詞 道路《どうろ》などにある、高《たか》さがちがっている所《ところ》。例 段差に気《き》をつけて歩《ある》く。

ダンサー (dancer) 名詞 ダンスをおどる人《ひと》。例 バレエダンサー。

たんさく【単作】 名詞 一《ひと》つの田畑《たはた》に、一《ひと》つの作物《さくもつ》を年《ねん》に一回《いっかい》だけつくること。類 一毛作《いちもうさく》。関連 二期作《にきさく》。

たんざく【短冊】 名詞 ❶短歌《たんか》や俳句《はいく》などを書《か》く、細長《ほそなが》い厚紙《あつがみ》。❷うすくて細長《ほそなが》い四角形《しかくけい》。例 だいこんを短冊に切《き》る。

たんざくぎり【短冊切り】 名詞 料理《りょうり》で、野菜《やさい》などを短冊《たんざく》のようなうすい長方形《ちょうほうけい》に切《き》ること。図 ⇨368ページ きる〔切る〕

たんさん【炭酸】 名詞 二酸化炭素《にさんかたんそ》（＝炭酸《たんさん》ガス）が水《みず》にとけてできる弱《よわ》い酸《さん》。例 炭酸飲料《いんりょう》。

たんさんガス【炭酸ガス】 ⇨994ページ にさんかたんそ

たんさんカルシウム【炭酸カルシウム】 名詞 貝殻《かいがら》や石灰石《せっかいせき》、大理石《だいりせき》などの成分《せいぶん》の、白《しろ》い固形物《こけいぶつ》。

たんさんすい【炭酸水】 名詞 二酸化炭素《にさんかたんそ》（＝炭酸《たんさん》ガス）を水《みず》にとかした液《えき》。ソーダ水《すい》・サイダーなどに使《つか》われる。

たんさんすいそナトリウム【炭酸水素ナトリウム】 ⇨610ページ じゅうそう〔重曹〕

たんさんソーダ【炭酸ソーダ】 ⇨754ページ ソーダ❶

たんさんどうかさよう【炭酸同化作用】 名詞 植物《しょくぶつ》が、空気中《くうきちゅう》の二酸化炭素《にさんかたんそ》と根《ね》から吸《す》い上《あ》げた水分《すいぶん》とから、でんぷんをつくるはたらき。多《おお》くは光《ひかり》の助《たす》けを借《か》りて行《おこな》い、これを「光合成《こうごうせい》」という。「炭素同化作用《たんそどうかさよう》」ともいう。

たんさんナトリウム【炭酸ナトリウム】 ⇨754ページ ソーダ❶

たんし【端子】 名詞 電気製品《でんきせいひん》の電流《でんりゅう》の出入《でい》り口《ぐち》についている、電源《でんげん》コードなどをつなぐための金具《かなぐ》。教科 理 電流計《でんりゅうけい》や電圧計《でんあつけい》にはプラス端子《たんし》とマイナス端子《たんし》があり、電源《でんげん》（乾電池《かんでんち》など）のプラス極側《きょくがわ》にはプラス端子を、マイナス極《きょく》側《がわ》にはマイナス端子《たんし》をつなぐ。

だんし【男子】 名詞 ❶男《おとこ》の子《こ》。例 小学三年生《しょうがくさんねんせい》の男子。対 女子《じょし》。❷男《おとこ》。男《おとこ》の人《ひと》。例 男子マラソン。対 女子《じょし》。

だんじ【男児】 名詞 ❶男《おとこ》の子《こ》。対 女児《じょじ》。❷男《おとこ》の人《ひと》。とくに、勇《いさ》ましくりっぱな男《おとこ》。例 快男児《かいだんじ》／日本男児《にほんだんじ》。

だんじき【断食】 名詞 動詞 一定《いってい》の期間《きかん》、食《た》べ物《もの》を食べないこと。類 絶食《ぜっしょく》。

たんじじつ【短時日】 名詞 短《みじか》い期間《きかん》。わずかな日数《にっすう》。例 短時日でせりふを覚《おぼ》える。

だんじて【断じて】 副詞 ❶絶対《ぜったい》に。けっして。どうしても。例 動物《どうぶつ》をいじめるのは、断じて許《ゆる》せない。❷きっと。必《かなら》ず。例 断じて成功《せいこう》させるぞ。
使い方 ❶は、あとに「ない」などのことばがくる。

たんしゃ【単車】 名詞 エンジンのついた二輪《にりん》

美《うつく》しくりっぱにかざったことばのこと。

車。オートバイをいうことが多い。

たんじゅう【胆汁】 名詞 肝臓《かんぞう》でつくられる黄《き》色《いろ》の液《えき》。たんのうにためられたあと、腸《ちょう》に出《で》て、食《た》べ物《もの》の中《なか》のしぼうを消化《しょうか》するのを助《たす》ける。

たんしゅく【短縮】 名詞 動詞 時間《じかん》やきょりなどを、短《みじか》く縮《ちぢ》めること。例 短縮授業《じゅぎょう》／大会記《たいかいき》録《ろく》を一秒《いちびょう》短縮した。対 延長《えんちょう》。

たんじゅん【単純】 名詞 形容動詞 ❶簡単《かんたん》なようす。こみ入《い》っていないようす。例 これは単純な問題《もんだい》だ。対 複雑《ふくざつ》。❷ほかの種類《しゅるい》のものがまじっていないようす。例 単純な色《いろ》／単純に不注意《ふちゅうい》が原因《げんいん》です。❸考《かんが》えが浅《あさ》いようす。例 単純な思《おも》いつき。

たんじゅんめいかい【単純明快】 形容動詞 すっきりしていて、わかりやすいようす。例 先生《せんせい》の答《こた》えは単純明快だった。

たんしょ【短所】 名詞 よくないところ。足《た》りないところ。類 欠点《けってん》。対 長所《ちょうしょ》。

だんじょ【男女】 名詞 男《おとこ》と女《おんな》。例 男女平等《びょうどう》。

たんじょう【誕生】 名詞 動詞 ❶生《う》まれること。例 誕生日《び》。類 出生《しゅっせい》。❷ものが新《あたら》しくできること。例 駅前《えきまえ》にデパートが誕生した。

だんしょう【談笑】 名詞 動詞 なごやかに楽《たの》しく話《はなし》をすること。例 家族《かぞく》と談笑する。

たんじょうせき【誕生石】 名詞 生《う》まれた月《つき》ごとに決《き》められた宝石《ほうせき》。身《み》に着《つ》けると幸《しあわ》せになれるといわれる。

たんじょうび【誕生日】 名詞 生《う》まれた日《ひ》。誕生を祝う日。

だんしょく【暖色】 名詞 暖《あたた》かい感《かん》じをあたえる色《いろ》。赤《あか》・黄《き》・だいだいなど。対 寒色《かんしょく》。

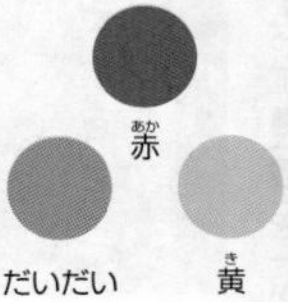

だんしょく

たんしょくやさい【淡色野菜】 名詞 うすい色《いろ》の野菜《やさい》。ビタミンC《シー》が多《おお》くふくまれている。だいこん・キャベツ・はくさいなど。関連 緑黄色野菜《りょくおうしょくやさい》。

だんじょこようきかいきんとうほう【男女雇用機会均等法】 名詞 働《はたら》く女性《じょせい》と男性《だんせい》との間《あいだ》にある、さまざまな差別《さべつ》をなくすための法律《ほうりつ》。一九八六年《ねん》から実施《じっし》された。

だんじょどうけん【男女同権】 名詞 男性《だんせい》も女性《じょせい》も、平等《びょうどう》の権利《けんり》を持《も》つこと。

だんじる【断じる】 動詞 ❶きっぱりと決《き》める。断定《だんてい》する。例 火事《かじ》の原《げん》因《いん》は放火《ほうか》だと断じる。❷ものごとのよい、悪《わる》いを判断《はんだん》する。裁《さば》く。例 罪《つみ》と断じる。ことば「断《だん》ずる」ともいう。

たんしん【単身】 名詞 ただひとり。例 単身で海外《かいがい》にわたる。

たんしん【短針】 名詞 時計《とけい》の、短《みじか》いほうの針《はり》。何時《なんじ》であるかを示《しめ》す。対 長針《ちょうしん》。

たんしんふにん【単身赴任】 名詞 家族《かぞく》を残《のこ》して、ただひとりで勤務地《きんむち》に行《い》くこと。

たんす 名詞 引《ひ》き出《だ》しやとびらなどがついた、木《き》でつくった箱形《はこがた》の家具《かぐ》。服《ふく》などをしまうためのもの。ことば「一棹」と数える。

ダンス（dance）名詞 西洋風《せいようふう》のおどり。例 フォークダンス。

たんすい【淡水】 名詞 川《かわ》や湖《みずうみ》の水《みず》や地下水《ちかすい》など、塩気《しおけ》のない水《みず》。真水《まみず》。例 淡水魚《ぎょ》。

だんすい【断水】 名詞 動詞 水道《すいどう》の水《みず》が出《で》なくなること。例 水道工事《すいどうこうじ》のため、断水します。

たんすいかぶつ【炭水化物】 名詞 炭素《たんそ》・水素《すいそ》・酸素《さんそ》が結《むす》びついてできたもの。でんぷん・砂糖《さとう》など。大事《だいじ》な栄養素《えいようそ》の一《ひと》つ。関連 脂《し》肪《ぼう》。たんぱく質《しつ》。

たんすいぎょ【淡水魚】 名詞 川《かわ》や湖《みずうみ》などの真水《まみず》にすむ魚《さかな》。こい・ふなど。図 ⇩521ジ《ペー》さかな〔魚〕

たんすう【単数】 名詞 人《ひと》やものの数《かず》が一《ひと》つであること。対 複数《ふくすう》。

だんずる【断ずる】 ⇩819ジ《ペー》だんじる

たんせい【丹精】 名詞 動詞 ものごとを、心《こころ》をこめて行《おこな》うこと。例 丹精をこめて育《そだ》てた花《はな》。

だんせい【男性】 名詞 男《おとこ》の人《ひと》。男《おとこ》。対 女性《じょせい》。

だんせい【弾性】 名詞 外《そと》から加《くわ》えられた力《ちから》で形《かたち》を変《か》えた物《もの》が、もとにもどろうとする性質《せいしつ》。ゴムやばねなどに見《み》られる。

だんせいてき【男性的】 形容動詞 男《おとこ》らしいようす。対 女性的《じょせいてき》。

だんぜつ【断絶】 名詞 動詞 ❶それまで続《つづ》いてきたものが絶《た》えること。例 王《おう》の一族《いちぞく》は数百年前《すうひゃくねんまえ》に断絶した。❷それまでつきあいのあった関係《かんけい》が断《た》ち切《き》れる

四字熟語 **美辞麗句《びじれいく》** 「美辞《びじ》」も「麗句《れいく》」も美《うつく》しくかざったことばのことで、中身《なかみ》のない、うわべだけを

こと。例 国交断絶《こっこう》。
❸考《かんが》え方《かた》や気持《きも》ちなどに、大《おお》きなへだたりができること。例 親子《おやこ》の断絶。

たんせん【単線】 名詞 鉄道《てつどう》で、上《のぼ》りと下《くだ》りの列車《れっしゃ》が同《おな》じ線路《せんろ》を使《つか》うもの。対 複線《ふくせん》。

だんぜん【断然】 副詞 ❶きっぱりと心《こころ》を決《き》めるようす。例 ぼくは断然テニス部《ぶ》に決めた。
❷かけはなれてちがうようす。例 赤組《あかぐみ》のほうが断然強《つよ》い。

たんそ【炭素】 名詞 石炭《せきたん》やダイヤモンドなどをつくっている元素《げんそ》。動物《どうぶつ》や植物《しょくぶつ》の体《からだ》の中《なか》にも、化合物《かごうぶつ》の形《かたち》でふくまれている。燃《も》えて二酸《にさん》化炭素《かたんそ》になる。

だんそう【断層】 名詞 ❶地面《じめん》が割《わ》れたりずり落《お》ちたりしてできた、地層《ちそう》の食《く》いちがい。例 六《ろく》メートルの断層。
❷感《かん》じ方《かた》や考《かんが》え方《かた》のちがい。ずれ。例 年代《ねんだい》のちがいによって考《かんが》え方《かた》に断層がある。

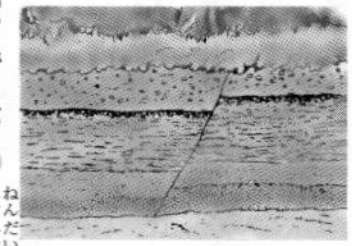
だんそう❶

たんそく【嘆息】 名詞 動詞 困《こま》ったり心配《しんぱい》したりして、ため息《いき》をつくこと。

だんぞく【断続】 名詞 動詞 とぎれたり、また始《はじ》まったりしながら続《つづ》くこと。例 断続的《てき》な雨《あめ》。

たんそどうかさよう【炭素同化作用】
↓818ジベー たんさんどうかさよう

だんたい【団体】 名詞 同《おな》じ目的《もくてき》を持《も》った人々《ひとびと》の集《あつ》まり。例 団体行動《こうどう》／政治《せいじ》団体。類 集団《しゅうだん》。

だんたいこうしょう【団体交渉】 名詞 動詞 労働組合《ろうどうくみあい》などの代表者《だいひょうしゃ》が、賃金《ちんぎん》などの労《ろう》働条件《どうじょうけん》について、使用者側《しようしゃがわ》と話《はな》し合《あ》うこと。略《りゃく》して「団交《だんこう》」ともいう。

だんたいせん【団体戦】 名詞 個人戦《こじんせん》の結果《けっか》を総合《そうごう》して、チームの勝敗《しょうはい》を決《き》める戦《たたか》い方《かた》。例 柔道《じゅうどう》の団体戦で優勝《ゆうしょう》する。

だんだら 名詞 いろいろな模様《もよう》や色《いろ》が横《よこ》じまになっていること。例 だんだら模様《もよう》のセーター。

たんたん［と］【淡淡［と］】 副詞 あっさりしているようす。さっぱりしてこだわらないようす。例 自分《じぶん》の気持《きも》ちを淡々と語《かた》る。

だんだん【段段】 ❶名詞 階段《かいだん》。また、階段《かいだん》のようなもの。例 神社《じんじゃ》の段々を上《のぼ》る。
❷副詞 次第《しだい》に。少《すこ》しずつ。例 日《ひ》が暮《く》れるのがだんだん早《はや》くなってきた。
使い方 ❷は、ふつうかな書《が》きにし、「だんだんと」「だんだんに」の形《かたち》でも使《つか》う。

だんだんばたけ【段段畑】 名詞 山《やま》やおかの斜面《しゃめん》に、階段《かいだん》のように段《だん》をつけてつくられた畑《はたけ》。

だんだんばたけ

たんち【探知】 名詞 動詞 かくれているものを、さぐって知《し》ること。例 金属探知機《きんぞくたんちき》。

だんち【団地】 名詞 住宅《じゅうたく》や工場《こうじょう》などを一《いっ》か所《しょ》に集《あつ》めて建《た》てたところ。また、その建物《たてもの》。例 工業《こうぎょう》団地。

だんちがい【段違い】 ❶形容動詞 大変《たいへん》にちがっているようす。例 あの人《ひと》は段違いに歌《うた》がうまい。
❷名詞 段《だん》の高《たか》さがちがうこと。例 段違いのたな。

たんちょう【単調】 名詞 形容動詞 変化《へんか》が少《すく》なく、同《おな》じようなようすが続《つづ》くこと。例 単調なリズム。

たんちょう【短調】 名詞 短音階《たんおんかい》をもとにしてつくられた曲《きょく》の調子《ちょうし》。長調《ちょうちょう》に比《くら》べて、暗《くら》くもの悲《がな》しい感《かん》じがする。対 長調《ちょうちょう》。

だんちょう【団長】 名詞 団体《だんたい》をまとめる人《ひと》。団体《だんたい》の代表者《だいひょうしゃ》。例 応援《おうえん》団長。

たんちょうづる【丹頂鶴】 名詞 つるのなかまの鳥《とり》。全身白《ぜんしんしろ》色《いろ》で、首《くび》と羽《はね》の先《さき》が黒《くろ》く、頭《あたま》のてっぺんは赤《あか》い。全長《ぜんちょう》一・四メートルくらい。日本《にほん》では北海道《ほっかいどう》にすむ。特《とく》別天然記念物《べってんねんきねんぶつ》に指定《してい》されている。「たんちょう」ともいう。

たんちょうづる

だんちょうのおもい【断腸の思い】 はらわたがちぎれるほどの、たいへんつらい悲《かな》しみや苦《くる》しみ。例 断腸の思いで別《わか》れる。

たんてい【探偵】 名詞 人《ひと》の秘密《ひみつ》や事件《じけん》のよう

多《おお》くの経験《けいけん》を積《つ》んで、きたえられていること。

すなどを、人に知られないように調べること。また、それを仕事《しごと》にしている人《ひと》。例 私立《しりつ》探偵。

だんてい【断定】 名詞 動詞 はっきりと判断《はんだん》すること。そうとはっきり決《き》めること。例 警察《けいさつ》はその男《おとこ》が犯人《はんにん》だと断定した。

たんてき【端的】 形容動詞 ❶わかりやすく、はっきりしているようす。例 人物《じんぶつ》の特徴《とくちょう》が端的に表《あらわ》された絵《え》。❷手《て》っ取《と》り早《ばや》いようす。手《て》短《みじか》なようす。例 自《じ》分《ぶん》の意見《いけん》をひと言《こと》で端的に述《の》べる。

たんでん【炭田】 名詞 地下《ちか》にたくさんの石炭《せきたん》があって、それをほり出《だ》しているところ。

たんと 副詞 たくさん。いっぱい。例 遠慮《えんりょ》しないでたんと食《た》べなさい。使い方 くだけた言《い》い方《かた》。

たんとう【担当】 名詞 動詞 ある仕事《しごと》の役《やく》を受《う》け持《も》つこと。また、その人《ひと》。例 わたしは玄関《げんかん》の掃除《そうじ》を担当している。

たんとう【短刀】 名詞 短《みじか》い刀《かたな》。

だんとう【暖冬】 名詞 いつもの年《とし》より暖《あたた》かい冬《ふゆ》。

たんとうちょくにゅう【単刀直入】 名詞 形容動詞 前置《まえお》きをしたり遠回《とおまわ》しに言《い》ったりしないで、いきなり話《はなし》の本題《ほんだい》に入《はい》ること。使い方 ・「短刀直入」と書《か》かないよう注《ちゅう》意《い》。ことば ただひとりで刀《かたな》一本《いっぽん》を持《も》って敵《てき》の中《なか》へ切《き》りこんでいく、ということからきたことば。

だんどうミサイル【弾道ミサイル】 名詞 ロケットエンジンで打《う》ち上《あ》げられるミサイルの一《ひと》つ。とても高《たか》いところを高速《こうそく》で飛《と》ぶため、見《み》つかりにくい。

たんどく【単独】 名詞 ただ一《ひと》つであること。また、ただひとりであること。例 単独行動《こうどう》。対 共同《きょうどう》。

だんどり【段取り】 名詞 ものごとを進《すす》める順《じゅん》序《じょ》。また、その準備《じゅんび》。例 仕事《しごと》の段取りをつける。

だんな【旦那】 名詞 ❶商店《しょうてん》などの男《おとこ》の主人《しゅじん》を、やとわれている人《ひと》が呼《よ》ぶことば。❷夫《おっと》を指《さ》して呼《よ》ぶことば。❸商人《しょうにん》などが男《おとこ》の客《きゃく》を呼《よ》ぶことば。

たんなる【単なる】 連体詞 ただの。それだけの。例 単なるうわさにすぎない。

たんに【単に】 副詞 ただ。例 単にきみだけの問題《もんだい》ではない。使い方 あとに「だけ」「のみ」「ばかり」などのことばがくることが多《おお》い。

たんにん【担任】 名詞 動詞 役目《やくめ》や学級《がっきゅう》を受《う》け持《も》つこと。また、その人《ひと》。受《う》け持《も》ち。例 担任の先生《せんせい》。

だんねつざい【断熱材】 名詞 熱《ねつ》がほかから伝《つた》わったり外《そと》へにげたりしないようにするためのもの。発泡《はっぽう》スチロールや、ガラスからつくったせんいなどが使《つか》われる。

たんねん【丹念】 形容動詞 心《こころ》をこめて、ていねいにやるようす。例 丹念に作《つく》られた和菓子《わがし》。

だんねん【断念】 名詞 動詞 しようと思《おも》っていたことを、あきらめること。例 熱《ねつ》が出《で》たので、運動会《うんどうかい》に出《で》るのを断念した。

たんのう【堪能】 ❶ 形容動詞 学問《がくもん》や技術《ぎじゅつ》などの、あることにすぐれているようす。上達《じょうたつ》しているようす。例 兄《あに》は語学《ごがく》に堪能で、五《ご》か国語《こくご》が話《はな》せる。❷ 名詞 動詞 じゅうぶんに満足《まんぞく》すること。例 コンサートで音楽《おんがく》の楽《たの》しさを堪能した。

たんのう【胆のう】 名詞 体《からだ》の器官《きかん》の一《ひと》つ。肝《かん》臓《ぞう》の下《した》にあり、肝臓《かんぞう》から出《で》るたんじゅうをためておく。図 ⇒966ページ ないぞう〔内臓〕

だんのうらのたたかい【壇ノ浦の戦い】 名詞 一一八五年《ねん》、壇《だん》ノ浦《うら》(今《いま》の山口県《やまぐちけん》の地名《ちめい》)で行《おこな》われた、源氏《げんじ》と平氏《へいし》の最後《さいご》の戦《たたか》い。源氏《げんじ》が勝《か》った。

たんば【丹波】 名詞 昔《むかし》の国《くに》の名《な》の一《ひと》つ。今《いま》の京都府《きょうとふ》の中部《ちゅうぶ》と兵庫県《ひょうごけん》の東部《とうぶ》に当《あ》たる。

たんぱ【短波】 名詞 波長《はちょう》が短《みじか》い電波《でんぱ》。波長《はちょう》が十《じゅう》メートルから百《ひゃく》メートルくらいまでのもの。海外《かいがい》への放送《ほうそう》や通信《つうしん》に使《つか》う。関連 長波《ちょうは》。

たんぱく【淡泊・淡白】 名詞 形容動詞 ❶あっさりしていること。例 このスープは淡泊な味《あじ》だ。対 濃厚《のうこう》。❷ものごとにこだわらないこと。欲《よく》が少《すく》ないこと。例 淡泊な人《ひと》。

たんぱくしつ【たんぱく質】 名詞 動物《どうぶつ》や植物《しょくぶつ》の体《からだ》をつくっているおもな成分《せいぶん》の一《ひと》つ。炭素《たんそ》・酸素《さんそ》・水素《すいそ》・窒素《ちっそ》などが結《むす》びついてできている。大切《たいせつ》な栄養素《えいようそ》の一《ひと》つで、肉《にく》・牛乳《ぎゅうにゅう》・豆《まめ》などに多《おお》くふくまれる。関連 脂肪《しぼう》。炭水化物《たんすいかぶつ》。

たんばこうち【丹波高地】 名詞 京都府《きょうとふ》から

四字熟語 **百戦錬磨《ひゃくせんれんま》** たくさんの戦《たたか》い(=百戦《ひゃくせん》)を通《とお》して、きたえ上《あ》げられて(=錬磨《れんま》)いること。数《かず》

兵庫県《ひょうごけん》にかけて広《ひろ》がる山地《さんち》。

だんぱつ【断髪】 名詞 動詞 長《なが》いかみの毛《け》を短《みじか》く切《き》ること。また、短《みじか》く切《き》った髪形《かみがた》。

タンバリン ⇓822ページ タンブリン

だんぱん【談判】 名詞 動詞 もめごとや問題《もんだい》を解決《かいけつ》するために、相手《あいて》と話《はな》し合《あ》うこと。例 給《きゅう》料《りょう》を上《あ》げてほしい、と社長《しゃちょう》に直接《ちょくせつ》談判する。

ダンピング（dumping）名詞 動詞 もうけを考《かんが》えないで、非常《ひじょう》に安《やす》い値段《ねだん》で商品《しょうひん》を売《う》ること。

ダンプカー 名詞 荷台《にだい》をななめにして、積《つ》んでいるものを下《お》ろすことができる大型《おおがた》トラック。

ことば 英語《えいご》の「ダンプトラック」をもとにして日本《にほん》で作《つく》られたことば。

タンブリン（tambourine）名詞 わくの周《まわ》りに何《なん》か所《しょ》かうすい金属板《きんぞくばん》を二枚《にまい》ずつつけ、皮《かわ》を一《いち》枚張《まいは》ったリズム楽器《がっき》。「タンバリン」ともいう。

ことば アラビア語《ご》の「タンブール（＝太鼓《たいこ》のなかま）」が変化《へんか》してできたことば。図 ⇓269ページ

が

つき〔楽器〕

たんぶん【単文】 名詞 組《く》み立《た》てからみた文《ぶん》の種類《しゅるい》の一《ひと》つ。主語《しゅご》と述語《じゅつご》が、それぞれ一《ひと》つしかない文《ぶん》。「犬《いぬ》がほえる。」「夏《なつ》は暑《あつ》い。」など。関連 重文《じゅうぶん》。複文《ふくぶん》。

たんぶん【短文】 名詞 短《みじか》い文《ぶん》や文章《ぶんしょう》。対 長《ちょう》文《ぶん》。

たんぺん【短編】 名詞 小説《しょうせつ》・映画《えいが》などの短《みじか》いもの。例 短編小説《しょうせつ》。対 長編《ちょうへん》。

だんぺん【断片】 名詞 切《き》れはし。かけら。一《いち》部分《ぶぶん》。例 布地《ぬのじ》の断片。

だんぺんてき【断片的】 形容動詞 まとまりがなく、とぎれとぎれなようす。例 断片的な記憶《きおく》しかない。

たんぼ【田んぼ】 名詞 水田《すいでん》。田《た》。

たんぽ【担保】 名詞 お金《かね》を借《か》りるときに、返《かえ》す保証《ほしょう》として、借《か》りる人《ひと》が貸《か》す人《ひと》に預《あず》けておくもの。例 土地《とち》を担保にしてお金《かね》を借《か》りる。類 抵当《ていとう》。形《かた》。

たんぼう【探訪】 名詞 動詞 ある場所《ばしょ》へ出《で》かけて行《い》って、実際《じっさい》のようすやできごとのありさまを調《しら》べること。例 外国《がいこく》の遺跡《いせき》を探訪する。

だんぼう【暖房】 名詞 動詞 季語冬 建物《たてもの》や車《くるま》の中《なか》などを暖《あたた》めること。また、そのしくみ。例 冷《れい》暖房完備《かんび》。対 冷房《れいぼう》。

だんボール【段ボール】 名詞 平《たい》らなボール紙《がみ》と波形《なみがた》のボール紙《がみ》をはり合《あ》わせたもの。箱《はこ》などにして使《つか》う。

たんぽぽ 名詞 季語春 野原《のはら》に生《は》える、きくのなかまの草花《くさばな》。春《はる》、黄《き》色《いろ》または白色《しろいろ》の花《はな》がさき、実《み》には白《しろ》い綿毛《わたげ》がついていて、風《かぜ》にふかれて運《はこ》ばれる。

ことば 俳句《はいく》などでは「蒲公英」とも書《か》く。

たんぽぽ

たんまつ【端末】 名詞
❶終《お》わり。はし。
❷「端末装置《たんまつそうち》」の略《りゃく》。中心《ちゅうしん》となるコンピューターにつながっていて、情報《じょうほう》を入《い》れたり出《だ》したりするための装置《そうち》。

だんまつま【断末魔】 名詞 死《し》ぬ間際《まぎわ》。また、死《し》ぬ間際《まぎわ》の苦《くる》しみ。例 断末魔のさけび。

たんまり［と］ 副詞 たくさん。たっぷり。例 貯《ちょ》金《きん》がたんまりある。使い方 くだけた言《い》い方《かた》。

たんめい【短命】 名詞 形容動詞
❶命《いのち》が短《みじか》いこと。例 短命な人《ひと》。対 長命《ちょうめい》。
❷長続《ながつづ》きしないこと。例 短命なテレビ番組《ばんぐみ》。

だんめん【断面】 名詞
❶切《き》り口《くち》の面《めん》。例 断面図《ず》。
❷ものごとをある立場《たちば》から見《み》たときのようす。例 社会《しゃかい》の一《いち》断面をえがいた小説《しょうせつ》。

だんめんず【断面図】 名詞 立体《りったい》をある平面《へいめん》で切《き》った場合《ばあい》の、切《き》り口《くち》のようすをかき表《あらわ》した図《ず》。例 りんごの断面図。

たんもの【反物】 名詞 着物《きもの》にする織物《おりもの》。とくに、大人《おとな》の着物一着分《きものいっちゃくぶん》の長《なが》さに切《き》って、巻《ま》いてある織物《おりもの》。類 呉服《ごふく》。

だんやく【弾薬】 名詞 鉄砲《てっぽう》や大砲《たいほう》などのたまと、それを発射《はっしゃ》させるための火薬《かやく》。例 弾薬庫《こ》。

だんゆう【男優】 名詞 男《おとこ》の俳優《はいゆう》。対 女優《じょゆう》。

たんよう【単葉】 名詞
❶一枚《いちまい》だけからなっている葉《は》。桜《さくら》・つばきなど。対 複葉《ふくよう》。
❷飛行機《ひこうき》で、つばさが一《ひと》つであること。例 単葉機《き》。対 複葉《ふくよう》。

だんらく【段落】 名詞
❶文章《ぶんしょう》を内容《ないよう》によって大《おお》きく分《わ》けたときの区《く》切《ぎ》り。

に、手前《てまえ》から前《まえ》の方《ほう》に回転《かいてん》させよう。丸《まる》い球《きゅう》の表面《ひょうめん》を示《しめ》しているよ。

❷ものごとの区切り。例 一段落ついたらひと休みしよう。

参考 ❶はふつう、一字分《いちじぶん》を下《さ》げて書《か》き出《だ》す。

だんらん【団らん】 名詞 動詞 集《あつ》まって、なごやかに時《とき》を過《す》ごすこと。例 一家《いっか》団らん。

だんりゅう【暖流】 名詞 赤道《せきどう》の辺《あた》りから南北《なんぼく》の方向《ほうこう》に流《なが》れる、暖《あたた》かい海水《かいすい》の流《なが》れ。日本近海《にほんきんかい》では、黒潮《くろしお》と対馬海流《つしまかいりゅう》がある。対 寒流《かんりゅう》。図→231ページ かいりゅう

だんりょく【弾力】 名詞 ❶力《ちから》を加《くわ》えられて形《かたち》が変《か》わったものが、もとの形《かたち》にもどろうとする力《ちから》。外《そと》からの力《ちから》をはね返《かえ》す力《ちから》。例 このゴムは弾力がある。❷その場《ば》に応《おう》じて、考《かんが》え方《かた》ややり方《かた》などを変《か》えることのできる力《ちから》。例 弾力的《てき》に考《かんが》えて解決《かいけつ》しよう。

たんれん【鍛練・鍛錬】 名詞 動詞 体《からだ》や心《こころ》をきたえて強《つよ》くすること。例 スポーツで体《からだ》を鍛練する。類 修練《しゅうれん》。ことば もとは「金属《きんぞく》を打《う》ってきたえる」という意味《いみ》のことば。

だんろ【暖炉】 名詞 季語冬 かべにつくりつけた、火《ひ》をたいて部屋《へや》を暖《あたた》める設備《せつび》。

だんわ【談話】 ❶名詞 動詞 話《はなし》をすること。話《はなし》。例 談話室《しつ》。❷名詞 あることがらについて述《の》べる意見《いけん》。例 首相《しゅしょう》が談話を発表《はっぴょう》した。

たんをはっする【端を発する】 それをきっかけにして、ものごとが始《はじ》まる。例 テレビ番組《ばんぐみ》に端を発して人気《にんき》が出《で》た。

ち

チ　ヂ　ぢ

下《した》の 手話にチャレンジ を見《み》よう。

ち【千】 漢→731ページ せん〔千〕

ち【地】 名詞 ❶大地《だいち》。陸地《りくち》。例 天《てん》と地／地をはうように進《すす》む。対 天《てん》。❷ある限《かぎ》られた場所《ばしょ》。例 思《おも》い出《で》の地／地の利《り》がある。❸本《ほん》や荷物《にもつ》などの下《した》の部分《ぶぶん》。例 天《てん》地無用《むよう》（＝上下《じょうげ》を逆《さか》さまにするな）。漢→823ページ ち〔地〕

●**地《ち》に落《お》ちる** それまであった力《ちから》や勢《いきお》いが、すっかりなくなる。例 うそをついて、信用《しんよう》が地に落ちた。

漢 **ち【地】**〔土〕つちへん 6画 2年 音 チ・ジ 訓

❶つち。だいち。対 天《てん》。例 地震《じしん》／地面《じめん》／地下《ちか》／大地《だいち》／天地《てんち》／土地《とち》。❷ところ。場所《ばしょ》。例 地《ち》区《く》／地名《ちめい》／産地《さんち》／農地《のうち》。❸みぶんやたちば。例 地位《ちい》／境地《きょうち》。❹うまれつき。もとになるもの。例 地声《じごえ》／下地《したじ》／素地《そじ》。❺織物《おりもの》のきじ。例 裏地《うらじ》／布地《ぬのじ》。

漢 **ち【池】**〔氵〕さんずい 6画 2年 音 チ 訓 いけ

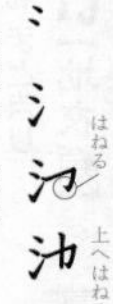

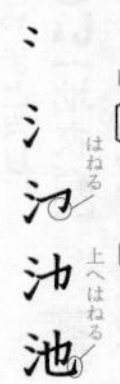

いけ。例 貯水池《ちょすいち》／電池《でんち》。

ち【血】 名詞 ❶動物《どうぶつ》の血管《けっかん》を流《なが》れる赤《あか》い液体《えきたい》。体《からだ》に必要《ひつよう》な栄《えい》養分《ようぶん》や酸素《さんそ》を送《おく》ったり、いらなくなったものを運《はこ》んだりする。血液《けつえき》。❷祖先《そせん》からのつながり。血筋《ちすじ》。血統《けっとう》。例 血のつながり／血を引《ひ》く。漢→421ページ けつ〔血〕

●**血《ち》が騒《さわ》ぐ** 興奮《こうふん》して、落《お》ち着《つ》いていられない。例 祭《まつ》りの日《ひ》が近《ちか》づくと血が騒ぐ。

●**血《ち》となり肉《にく》となる** ❶食《た》べたものが体《からだ》の栄養《えいよう》となる。❷学《まな》んだことや経験《けいけん》したことなどが、役《やく》に立《た》つものとしてきちんと身《み》につく。

●**血《ち》の通《かよ》った** 人間《にんげん》らしい温《あたた》かさがある。例 血の通ったことば。

●**血《ち》の気《け》** →832ページ ちのけ

●**血《ち》のにじむような** 大変《たいへん》な苦労《くろう》をするようす。例 血のにじむような努力《どりょく》をした結果《けっか》、試《し》験《けん》に合格《ごうかく》した。

●**血《ち》の巡《めぐ》り** →832ページ ちのめぐり

●**血《ち》も涙《なみだ》もない** 思《おも》いやりやさしさが少《すこ》しもない。例 血も涙もない冷《つめ》たい仕打《しう》ちを受《う》ける。

●**血《ち》湧《わ》き肉躍《にくおど》る** 興奮《こうふん》して、体《からだ》じゅうに力《ちから》がわいてくる。例 血湧き肉躍る冒険物語《ぼうけんものがたり》。

●**血《ち》を分《わ》ける** 実《じつ》の親子《おやこ》や兄弟姉妹《きょうだいしまい》など、血縁《けつえん》

手話にチャレンジ **地球《ちきゅう》** 左手《ひだりて》の指先《ゆびさき》をつまんで丸《まる》い形《かたち》にする。右手《みぎて》は左手《ひだりて》でつくった丸《まる》のまわりをおおうよう

の関係《かんけい》である。

ち【乳】 名詞 ちち。 例 乳飲《の》み子《ご》。 漢 ⇩1001ページ《ジ》 にゅう〔乳〕

ち【治】 漢 ⇩554ページ《ジ》 じ〔治〕

漢 **ち【知】**〔矢〕《やへん》 8画 2年 音 チ 訓 しる

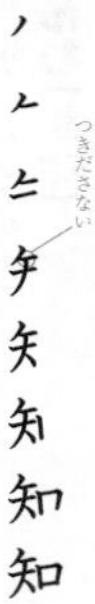

❶しる。しらせる。 例 承知《しょうち》／通知《つうち》。 ❷ちえ。 例 知識《ちしき》／知能《ちのう》。 ❸しりあい。 例 知己《ちき》／知人《ちじん》／旧知《きゅうち》。 ❹おさめる。 例 知事《ちじ》。

漢 **ち【値】**〔亻〕《にんべん》 10画 6年 音 チ 訓 ね・あたい

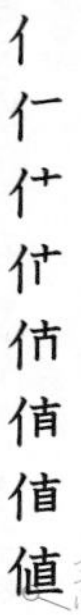

❶あたい。ねうち。 例 値段《ねだん》／値札《ねふだ》／価値《かち》。 ❷数《かず》の大《おお》きさ。 例 数値《すうち》／平均値《へいきんち》。

漢 **ち【置】**〔罒〕《あみがしら》 13画 4年 音 チ 訓 おく

❶おく。 例 置物《おきもの》／位置《いち》／配置《はいち》／放置《ほうち》／物置《ものおき》。 ❷とりはからう。 例 処置《しょち》。

ち【質】 漢 ⇩577ページ《ジ》 しつ〔質〕

チアリーダー (cheerleader) 名詞 応援団員《おうえんだんいん》。スポーツの試合《しあい》などで、おどったり声援《せいえん》を送《おく》ったりして、はなやかな応援《おうえん》をする。

ちあん【治安】 名詞 国《くに》や社会《しゃかい》がおだやかに治《おさ》まっていること。また、おだやかに治《おさ》めること。 例 治安のよい国《くに》。

ちあんいじほう【治安維持法】 名詞 社会《しゃかい》主義《しゅぎ》など、国家《こっか》や社会《しゃかい》のしくみを変《か》えようとする運動《うんどう》をとりしまるために定《さだ》められた法律《ほうりつ》。一九二五年《ねん》に制定《せいてい》、一九四五年《ねん》に廃止《はいし》された。

ちい【地位】 名詞 ❶身分《みぶん》。位《くらい》。 例 大臣《だいじん》の地位につく。 ❷位置《いち》。立場《たちば》。 例 その国《くに》の輸出品《ゆしゅっひん》の中《なか》では、石油《せきゆ》が大《おお》きな地位をしめている。

ちいき【地域】 名詞 ある限《かぎ》られた範囲《はんい》の土地《とち》。 例 地域社会《しゃかい》／地域開発《かいはつ》。 類 地区《ちく》。地帯《ちたい》。

ちいきあんぜんマップ【地域安全マップ】 名詞 子供《こども》が事故《じこ》や犯罪《はんざい》にあうことを防《ふせ》ぐための地図《ちず》。人《ひと》から見《み》えにくく危険《きけん》な場所《ばしょ》などを掲載《けいさい》する。市町村《しちょうそん》や学校《がっこう》などで作《つく》られる。「安全《あんぜん》マップ」ともいう。

ちいく【知育】 名詞 頭《あたま》のはたらきを活発《かっぱつ》にし、知識《ちしき》を豊《ゆた》かにするための教育《きょういく》。 関連 体育《たいいく》。徳《とく》育《いく》。

ちいさい【小さい】 形容詞 ❶広《ひろ》さ、かさ、高《たか》さなどがわずかである。 例 小さい手《て》／小さい庭《にわ》。 対 大《おお》きい。 ❷数量《すうりょう》や程度《ていど》がわずかである。 例 被害《ひがい》が小さい。 対 大《おお》きい。 ❸年《とし》が少《すく》ない。幼《おさな》い。 例 となりには、小さい子《こ》が二人《ふたり》いる。 対 大《おお》きい。 ❹心《こころ》や気持《きも》ちがせまい。 例 気《き》が小さい。 対 大《おお》きい。

ことば「小《ちい》さくなる」というと、はずかしさやこわさで体《からだ》を縮《ち》める意味《いみ》にもなる。

ちいさな【小さな】 連体詞 小《ちい》さい。 対 大《おお》きな。 例 赤《あか》ちゃんの小さな手《て》／小さな友情《ゆうじょう》が生《う》まれる。

漢 ⇩628ページ《ジ》 しょう〔小〕

チーズ (cheese) 名詞 牛乳《ぎゅうにゅう》などのたんぱく質《しつ》を固《かた》まらせ、発酵《はっこう》させてつくった食《た》べ物《もの》。

チーター (cheetah) 名詞 ねこのなかまの動物《どうぶつ》。走《はし》るのが速《はや》く、最高速度《さいこうそくど》は時速《じそく》百《ひゃっ》キロメートル以上《いじょう》にもなる。体長《たいちょう》一・五メートルくらい。「チータ」ともいう。

チーター

チーフ (chief) 名詞 中心《ちゅうしん》となって仕事《しごと》をする人《ひと》。主任《しゅにん》。

チーム (team) 名詞 知恵《ちえ》や力《ちから》を出《だ》し合《あ》って同《おな》じものごとをする仲間《なかま》。とくに、スポーツをするときの組《くみ》。 例 みんなでサッカーのチームをつくる。

チームカラー (team colors) 名詞 スポーツで、そのチームの持《も》っている個性《こせい》や特色《とくしょく》。また、そのチームを表《あらわ》す色《いろ》。

チームワーク (teamwork) 名詞 チームの結《むす》びつきやまとまり。

ちいるい【地衣類】 名詞 菌類《きんるい》と藻類《そうるい》がいっしょになって、一《ひと》つの植物《しょくぶつ》のように見《み》えるもの。岩《いわ》や土《つち》の表面《ひょうめん》、木《き》の幹《みき》などに、一面《いちめん》につく。

ちえ【知恵】 名詞 ものごとを考えたり、判断したりする頭《あたま》のはたらき。例 みんなで考《かんが》えたらよい知恵がうかんだ。

● **知恵《ちえ》を絞《しぼ》る** よい結果《けっか》を出《だ》そうと、ありったけの知恵《ちえ》を出《だ》して考《かんが》える。例 みんなで知恵を絞って、学級《がっきゅう》新聞《しんぶん》のタイトルを考《かんが》える。

● **知恵《ちえ》を付《つ》ける** 人《ひと》にこうしなさいと教《おし》える。入《い》れ知恵《ぢえ》をする。例 周《まわ》りから知恵を付けられて、うそをつく。使い方 ふつう、悪《わる》いことの場《ば》合《あい》に使《つか》う。

チェア（chair）名詞「いす」のこと。

チェーン（chain）名詞
❶「くさり」のこと。例 自転車《じてんしゃ》のチェーン。
❷仕入《しい》れや宣伝《せんでん》などを共同《きょうどう》で行《おこな》う、店《みせ》やホテルのグループ。

チェーンストア（chain store）名詞 品物《しなもの》を共同《きょうどう》で仕入《しい》れて、同《おな》じ売《う》り方《かた》をする小売店《こうりてん》の集《あつ》まり。また、その店《みせ》。

チェーンソー（chain saw）名詞 歯《は》のついたチェーンをエンジンで回転《かいてん》させて、木材《もくざい》などを切《き》るのこぎり。

チェス（chess）名詞 白黒《しろくろ》十六個《じゅうろっこ》ずつのこまを動《うご》かし、相手《あいて》のキング（＝王《おう》）をとり合《あ》うゲーム。

チェック（check）
❶名詞 動詞 比《くら》べ合《あ》わせたり検査《けんさ》したりすること。また、そのためにつける「✓」などの印《しるし》。例 持《も》ち物《もの》をチェックする。
❷名詞 格子《こうし》じまの模様《もよう》。例 チェックの布《ぬの》。
❸名詞 小切手《こぎって》。

ちえのわ【知恵の輪】 名詞 いろいろな形をした輪《わ》を、つないだりはずしたりして遊《あそ》ぶおもちゃ。

チェリー（cherry）名詞「さくらんぼ」のこと。

チェロ（イタリア語）名詞 バイオリンを大《おお》きくしたような弦楽器《げんがっき》。力強《ちからづよ》い低音《ていおん》から、はりのある高音《こうおん》まで出《だ》せる。「セロ」ともいう。図 ⇩ 269ジペー がっき〔楽器〕

ちえん【遅延】 名詞 動詞 予定《よてい》の日時《にちじ》よりもおくれること。長引《ながび》くこと。例 大雨《おおあめ》で電車《でんしゃ》が遅延する。

チェンジ（change）名詞 動詞 かえること。また、かわること。例 メンバーチェンジ。

チェンバロ（イタリア語）名詞 十六《じゅうろく》〜十八世紀《じゅうはっせいき》にヨーロッパで使《つか》われたけんばん楽器《がっき》。けんばんをおすと、器械《きかい》のつめが弦《げん》をはじいて音《おと》を出《だ》す。「ハープシコード」ともいう。

ちか【地下】 名詞
❶地面《じめん》の下《した》。例 地下鉄《てつ》。対 地上《ちじょう》。
❷死《し》んだ人《ひと》が行《い》くという世界《せかい》。あの世《よ》。
❸世《よ》の中《なか》の人《ひと》に気《き》づかれないようなところ。秘《ひ》密《みつ》の場所《ばしょ》。例 地下組織《そしき》。

ちか【地価】 名詞 土地《とち》の値段《ねだん》。

ちかい【地階】 名詞 建物《たてもの》の地下《ちか》にある部分《ぶぶん》。地下室《ちかしつ》。例 デパートの地階。参考 階数《かいすう》は、上《うえ》から順《じゅん》に地下一階《ちかいっかい》、地下二階《ちかにかい》と数《かぞ》える。

ちかい【近い】 形容詞
❶きょり・時間《じかん》などがはなれていない。例 駅《えき》に近いところ／発表会《はっぴょうかい》が近くなる。対 遠《とお》い。
❷つながりが深い。親しい。例 近い親戚／村長《ちょう》さんとは近い関係《かんけい》にある。
❸似《に》ている。…と言《い》ってもよい。例 黒《くろ》に近い むらさき／きみが考《かんが》えていることは不可能《ふかのう》に近い。
❹数《かず》がそこまで届《とど》きそうである。例 千人《せんにん》近い人々《ひとびと》。
漢 ⇩ 370ジペー きん〔近〕

ちかい【誓い】 名詞
❶心《こころ》の中《なか》で固《かた》く決心《けっしん》すること。また、その内《ない》容《よう》。例 最後《さいご》までやりぬくと誓いを立《た》てる。
❷神《かみ》や仏《ほとけ》、または他人《たにん》に、固《かた》く約束《やくそく》すること。また、その内容《ないよう》。

ちがい【違い】 名詞 同《おな》じでないこと。ちがっていること。例 大《おお》きさの違い／年齢《ねんれい》の違い。

ちがいだな【違い棚】 名詞 二枚《にまい》のたな板《いた》を、左右段《さゆうだん》ちがいにとりつけた棚《たな》。和室《わしつ》のとこの間《ま》のわきなどにつける。

ちがいない【違いない】
❶まちがいなくそうだ。そのとおりだ。例 違いない。きみの言《い》うとおりだ。
❷（「…にちがいない」の形《かたち》で、全体《ぜんたい》で）きっと…だ。…に決《き》まっている。例 明日《あす》はいい天気《てんき》にちがいない。

ちがいほうけん【治外法権】 名詞 外国《がいこく》で、その国《くに》の法律《ほうりつ》に従《したが》わなくてもよいという特別《とくべつ》な権利《けんり》。元首《げんしゅ》や外交官《がいこうかん》などに認《みと》められる。

ちかう【誓う】 動詞
❶あることを固《かた》く決心《けっしん》する。例 今年《ことし》は、遅刻《ちこく》をしないと誓った。

四字熟語　**品行方正《ひんこうほうせい》**「品行《ひんこう》」は行《おこな》いのこと、「方正《ほうせい》」はきちんとして正《ただ》しいことで、ふだんの行《おこな》いや態度《たいど》

❷神《かみ》や仏《ほとけ》、または他人《たにん》に固《かた》く約束《やくそく》する。例 開《かい》会式《かいしき》で、正々堂々《せいせいどうどう》と戦《たたか》うことを誓う。

ちがう【違う】 動詞

❶合《あ》わない。同《おな》じでない。例 意見《いけん》が違う。

❷まちがっている。正《ただ》しくない。例 答《こた》えが違う。

ことば 「さすが名人《めいじん》は違《ちが》う」のように、ふつうよりすぐれているという意味《いみ》で使《つか》うことがある。

ちがえる【違える】 動詞

❶かえる。同《おな》じでなくする。例 出発時間《しゅっぱつじかん》を違えて、会《あ》わないようにする。

❷まちがえる。例 道《みち》を違えてしまった。

❸筋《すじ》などを外《はず》す。例 首《くび》の筋《すじ》を違えた。

ちかがい【地下街】 名詞 地下《ちか》につくられた商《しょう》店街《てんがい》。

ちかく【地核】 名詞 地球《ちきゅう》の中心《ちゅうしん》にある、高温《こうおん》で高圧《こうあつ》の部分《ぶぶん》。外核《がいかく》と内核《ないかく》に分《わ》けられ、外核《がいかく》は液体《えきたい》、内核《ないかく》は固体《こたい》と考《かんが》えられている。

ちかく【地殻】 名詞 地球《ちきゅう》の外側《そとがわ》をおおう部分《ぶぶん》。厚《あつ》さは、大陸《たいりく》では平均三十五《へいきんさんじゅうご》キロメートル、海《うみ》では五《ご》～六《ろっ》キロメートルくらいあるといわれている。

ちかく【近く】

❶ 名詞 近《ちか》いところ。近所《きんじょ》。対 遠《とお》く。

❷ 副詞 まもなく。近《ちか》いうちに。例 近く練習試《れんしゅうじ》合《あい》がある予定《よてい》だ。

ちかく【知覚】 名詞 動詞 見《み》る・聞《き》く・味《あじ》わう・においをかぐ・ふれるなどして、物《もの》の性質《せいしつ》を知《し》ること。また、そのはたらき。例 知覚神経《しんけい》。

ちがく【地学】 名詞 地球《ちきゅう》と、地球《ちきゅう》をつくり上《あ》げているものを研究《けんきゅう》する学問《がくもん》。地質学《ちしつがく》・鉱物《こうぶつ》学《がく》・地震学《じしんがく》など。

ちかくへんどう【地殻変動】 名詞 地球内《ちきゅうない》部《ぶ》の力《ちから》によって、地殻《ちかく》が変形《へんけい》したり変化《へんか》したりすること。新《あら》たに陸《りく》や山《やま》ができることがある。

ちかけい【地下茎】 名詞 地中《ちちゅう》にのびている植物《しょくぶつ》のくき。はす・じゃがいも・さといも・ゆりなどにある。養分《ようぶん》をたくわえたり、なかまをふやしたりするはたらきをする。

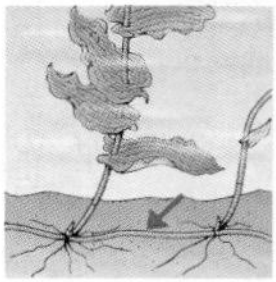

ちかけい

ちかごろ【近頃】 名詞 このごろ。最近《さいきん》。

ちかしい【近しい】 形容詞 仲《なか》がよい。親《した》しい。例 となりの人《ひと》と近しくなる。

ちかしげん【地下資源】 名詞 地下《ちか》にあって、人《ひと》の生活《せいかつ》に必要《ひつよう》なものや役《やく》に立《た》つものの原料《げんりょう》となるもの。石油《せきゆ》・石炭《せきたん》・天然《てんねん》ガス・鉄鉱《てっこう》など。

ちかしつ【地下室】 名詞 建物《たてもの》で、地下《ちか》につくった部屋《へや》。

ちかすい【地下水】 名詞 地下《ちか》の土砂《どしゃ》や岩石《がんせき》などのすきまにたまったり、地下《ちか》を流《なが》れたりしている水《みず》。

ちかぢか【近近】 副詞 近《ちか》いうちに。例 近々、おじゃましたいと思《おも》います。

ちかづき【近付き】 名詞 親《した》しくつきあうこと。また、親《した》しくなった人《ひと》。知《し》り合《あ》い。例 お近付きになれてうれしい。

ちかづく【近付く】 動詞

❶きょりや時期《じき》などが近《ちか》くなる。例 夏休《なつやす》みが近付く。対 遠《とお》ざかる。遠《とお》のく。

❷親《した》しくなる。交《まじ》わる。対 遠《とお》ざかる。例 悪《わる》い仲間《なかま》に近付かないようにする。対 遠《とお》ざかる。遠《とお》のく。

ちかづける【近付ける】 動詞

❶近寄《ちかよ》らせる。近《ちか》くに寄《よ》せる。例 顔《かお》を近付けて花《はな》の香《かお》りをかぐ。対 遠《とお》ざける。

❷そばに寄《よ》せて親《した》しむ。仲《なか》よくする。例 他人《たにん》をあまり近付けない人《ひと》。対 遠《とお》ざける。

ちかてつ【地下鉄】 名詞 「地下鉄道《ちかてつどう》」の略《りゃく》。おもに都市《とし》で、地下《ちか》にほったトンネルを走《はし》る鉄《てつ》道《どう》。参考 一八六三年《ねん》にイギリスのロンドンに開《かい》通《つう》したのが初《はじ》め。日本《にほん》では、一九二七年《ねん》に初《はじ》めてできた。

ちかどう【地下道】 名詞 地下《ちか》につくった通《とお》り道《みち》。

ちかまつもんざえもん【近松門左衛門】 名詞 （一六五三～一七二四）江戸時代《えどじだい》の初《はじ》めごろの、じょうるり・かぶき台本《だいほん》の作者《さくしゃ》。「曽《そ》根崎心中《ねざきしんじゅう》」「国性爺合戦《こくせんやかっせん》」などを書《か》いた。

1239ジペー 伝統コラム 人形浄瑠璃《にんぎょうじょうるり》

ちかみち【近道】

❶ 名詞 動詞 目的《もくてき》の場所《ばしょ》まで早《はや》く行《い》ける道《みち》。また、そういう道《みち》を通《とお》って行《い》くこと。例 学校《がっこう》への近道。対 回《まわ》り道《みち》。

❷ 名詞 ものごとを早《はや》く成《な》しとげるための方法《ほうほう》。早道《はやみち》。例 成功《せいこう》への近道は努力《どりょく》することだ。

ちかめ【近目】 名詞 「近視《きんし》」のこと。対 遠目《とおめ》。

ちがや 名詞 野原《のはら》や土手《どて》などに生《は》える草《くさ》の一《ひと》つ。

の景色《けしき》が非常《ひじょう》に美《うつく》しいこと。

葉は細長く、先がとがっている。春《はる》、白《しろ》い毛《け》のついた穂《ほ》を出《だ》す。

ちがや

ちかよる【近寄る】 動詞 近《ちか》くに行《い》く。近《ちか》づく。例 近寄って観察《かんさつ》する。

ちから【力】 名詞 ❶自分《じぶん》が動《うご》いたりほかの物《もの》を動《うご》かしたりする、筋肉《きんにく》のはたらき。例 うでの力が強《つよ》い／力仕事《しごと》。❷物《もの》を動《うご》かしたり、動《うご》きを変化《へんか》させたりするはたらき。例 磁石《じしゃく》の力で動《うご》く。❸ものごとを行《おこな》う能力《のうりょく》。才能《さいのう》。とくに、学力《がくりょく》。例 正《ただ》しく考《かんが》える力／国語《こくご》の力をつける。❹骨折《ほねお》り。おかげ。労力《ろうりょく》。例 みんなの力でよい会《かい》になった。❺たよりになるもの。よりどころ。例 力になる。❻ほかのものごとにえいきょうするはたらき。例 教育《きょういく》の力／読書《どくしょ》の力で作文《さくぶん》が上手《じょうず》になった。❼効《き》き目《め》。例 薬《くすり》の力が表《あらわ》れてきた。❽気力《きりょく》。元気《げんき》。例 声《こえ》に力がある。

漢 ⇒1402ページ りょく〔力〕

● **力《ちから》がわく** 元気《げんき》や勢《いきお》いが出《で》てくる。例 友《とも》だちの声援《せいえん》で力がわいた。

● **力《ちから》になる** 助《たす》けとなる。たよりになる。例 きみが困《こま》ったときには力になろう。

● **力《ちから》の限《かぎ》り** 全力《ぜんりょく》をつくして。力《ちから》いっぱい。例 力の限りがんばる。

● **力を入れる** 熱心にとりくむ。例 算数に力を入れる。

● **力《ちから》を落《お》とす** 元気《げんき》をなくす。がっかりする。例 コンテストに落選《らくせん》して力を落とす。

● **力《ちから》を貸《か》す** 力《ちから》や知恵《ちえ》などを使《つか》って助《たす》ける。例 妹《いもうと》がクッキーを焼《や》くのに力を貸す。

ちからいっぱい【力いっぱい】 副詞 持《も》っている力《ちから》を全部《ぜんぶ》出《だ》しきるようす。力《ちから》の限《かぎ》り。例 自転車《じてんしゃ》を力いっぱいこいで、坂道《さかみち》を上《のぼ》る。

ちからこぶ【力こぶ】 名詞 力《ちから》を入《い》れてひじを曲《ま》げたとき、うでにできる筋《きん》肉《にく》の盛《も》り上《あ》がり。

ちからこぶ

● **力《ちから》こぶを入《い》れる** とくに力《ちから》を入《い》れて熱心《ねっしん》にやる。

ちからしごと【力仕事】 名詞 重《おも》い物《もの》を動《うご》かすような、力《ちから》のいる仕事《しごと》。

ちからずく【力ずく】 名詞 力《ちから》を使《つか》って、無《む》理《り》に自分《じぶん》の思《おも》いどおりにすること。例 力ずくで弟《おとうと》から漫画《まんが》を取《と》り返《かえ》した。類 腕《うで》ずく。

ちからぞえ【力添え】 名詞 動詞 力《ちから》を貸《か》して助《たす》けること。手助《てだす》けすること。例 おじさんの力添えでアメリカに留学《りゅうがく》できた。

ちからだめし【力試し】 名詞 自分《じぶん》の力《ちから》や腕《うで》前《まえ》をためしてみること。例 力試しに検定《けんてい》を受《う》けてみる。類 腕試《うでだめ》し。

ちからつきる【力尽きる】 動詞 持《も》っている力《ちから》を全部《ぜんぶ》出《だ》してしまって、力《ちから》がなくなってしまう。例 校庭を十周したところで力尽きた。

ちからづける【力付ける】 動詞 元気《げんき》を出《だ》すようにはげます。例 病気《びょうき》の友《とも》だちを力付ける。

ちからづよい【力強い】 形容詞 ❶力《ちから》がこもっている。例 力強い太鼓《たいこ》の音《おと》。❷たのもしい。たよりになる。例 きみが手伝《てつだ》ってくれるとは力強い。

ちからまかせ【力任せ】 形容動詞 ありったけの力《ちから》を出《だ》して何《なに》かをするようす。例 力任せにドアをたたく。

ちからもち【力持ち】 名詞 力《ちから》が強《つよ》いこと。また、力《ちから》が強《つよ》い人《ひと》。

ちき【知己】 名詞 ❶自分《じぶん》のことをよくわかってくれる人《ひと》。とても親《した》しい人《ひと》。類 親友《しんゆう》。❷知《し》り合《あ》い。知人《ちじん》。例 商売上《しょうばいじょう》の知己。

ちぎ【千木】 名詞 神《じん》社《じゃ》などの屋根《やね》の両《りょう》端《はし》に、「×」の形《かたち》にとりつけられた木《き》。

ちぎ

ちきゅう【地球】 名詞 太陽《たいよう》に三番目《さんばんめ》に近《ちか》い惑星《わくせい》。人類《じんるい》をはじめ、いろいろな生物《せいぶつ》がすんでいる。一日《いちにち》に一《いっ》回自転《かいじてん》しながら、一年《いちねん》かかって太陽《たいよう》の周《まわ》りを一《いっ》回転《かいてん》する。図 ⇒785ページ たいようけい

ちきゅうおんだんか【地球温暖化】 名詞 地球《ちきゅう》の平均気温《へいきんきおん》が高《たか》くなる現象《げんしょう》。石油《せきゆ》や石炭《せきたん》などを燃《も》やしたときにできる二酸化炭素《にさんかたんそ》によっ

四字熟語 **風光明媚《ふうこうめいび》** 「風光《ふうこう》」は自然《しぜん》の景色《けしき》のこと、「明媚《めいび》」は山《やま》や川《かわ》などが清《きよ》らかで美《うつく》しいことで、自然《しぜん》

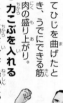

て、地球《ちきゅう》から熱《ねつ》がにげにくくなることがおもな原因《げんいん》とされる。

ちきゅうかがく【地球科学】 名詞 地球《ちきゅう》について研究《けんきゅう》するいろいろな学問《がくもん》。

ちきゅうぎ【地球儀】 名詞 地球《ちきゅう》の形《かたち》につくった模型《もけい》。表面《ひょうめん》に世界地図《せかいちず》が記《しる》され、回転《かいてん》するようにできている。

ちきゅうぎ

ちきゅうサミット【地球サミット】 名詞 一九九二年《ねん》に、ブラジルで開《ひら》かれた会議《かいぎ》。地《ち》球《きゅう》の環境《かんきょう》を守《まも》り、次《つぎ》の世代《せだい》の人々《ひとびと》が安心《あんしん》して生活《せいかつ》できるような開発《かいはつ》をするための話《はな》し合《あ》いが行《おこな》われた。正式《せいしき》には「国連環境開発会議《こくれんかんきょうかいはつかいぎ》」または「環境《かんきょう》と開発《かいはつ》に関《かん》する国連会議《こくれんかいぎ》」。

ちぎょ【稚魚】 名詞 卵《たまご》からかえって間《ま》もない魚《さかな》。例 稚魚を川《かわ》に放《はな》す。

ちきょう【地峡】 名詞 二《ふた》つの大《おお》きな陸地《りくち》をつないでいる、細長《ほそなが》い陸地《りくち》。北《きた》アメリカと南《みなみ》アメリカをつなぐパナマ地峡《ちきょう》など。

ちぎり【契り】 名詞 固《かた》い約束《やくそく》。ちかい。例 夫《ふう》婦《ふ》の契りを結《むす》ぶ（＝夫婦《ふうふ》となる約束《やくそく》をする）。

ちぎる 動詞 ❶指先《ゆびさき》で細《こま》かく切《き》りはなす。例 紙《かみ》をちぎる。❷手《て》でねじりとる。もぎとる。例 なしを枝《えだ》からちぎる。

ちぎる【契る】 動詞 将来《しょうらい》のことを固《かた》く約束《やくそく》する。

ちぎれる 動詞 もぎとられたように切《き》れる。例 雲《くも》がちぎれて流《なが》れていった。

チキン（chicken） 名詞 にわとりの肉《にく》。例 チキンカツ／チキンライス。

㊕ **ちく【竹】**〔竹〕たけ 6画 1年 音 チク 訓 たけ

とめる はねる

たけ。例 竹馬《たけうま》／竹輪《ちくわ》。ことば 「竹刀《しない》」は特別《とくべつ》な読《よ》み方《かた》。

㊕ **ちく【築】**〔⺮〕たけかんむり 16画 5年 音 チク 訓 きずく

上へはねる とめる

つくる。きずく。例 築城《ちくじょう》／改築《かいちく》／建築《けんちく》／構築《こうちく》／修築《しゅうちく》／新築《しんちく》／増築《ぞうちく》。

ちく【地区】 名詞 ひとまとまりに区切《くぎ》られた土《と》地《ち》。例 地区別《べつ》に登校《とうこう》する。類 地域《ちいき》。

ちくいち【逐一】 副詞 もらさずに、一《ひと》つ一《ひと》つ。いちいち。例 試合《しあい》のようすをみんなに逐一報告《ほうこく》する。

ちくおんき【蓄音機】 名詞 レコードを回《まわ》して、録音《ろくおん》した音声《おんせい》を再生《さいせい》する機械《きかい》。

ちくご【筑後】 名詞 昔《むかし》の国《くに》の名《な》の一《ひと》つ。今《いま》の福岡県《ふくおかけん》の南部《なんぶ》に当《あ》たる。

ちくごがわ【筑後川】 名詞 九州中北部《きゅうしゅうちゅうほくぶ》から流《なが》れ出《で》て、有明海《ありあけかい》に注《そそ》ぐ川《かわ》。九州地方《きゅうしゅうちほう》でもっとも長《なが》い。下流《かりゅう》に筑紫平野《つくしへいや》が開《ひら》ける。

ちぐさ【千草】 名詞 いろいろな草《くさ》。

ちくさん【畜産】 名詞 牛《うし》・馬《うま》・ぶた・羊《ひつじ》などの家畜《かちく》を飼《か》って、食品《しょくひん》や毛皮《けがわ》など、人間《にんげん》の生《せい》活《かつ》に役立《やくだ》つものをつくり出《だ》す仕事《しごと》。例 畜産業《ぎょう》。

ちくさんぶつ【畜産物】 名詞 家畜《かちく》からとれる食品《しょくひん》や毛皮《けがわ》など。

ちくじ【逐次】 副詞 順々《じゅんじゅん》に。次々《つぎつぎ》に。例 情《じょう》報《ほう》が入《はい》りしだい、逐次連絡《れんらく》する。

ちくしょう【畜生】 ❶ 名詞 けもの。また、鳥《とり》・けもの・虫《むし》・魚《さかな》などをまとめていうことば。❷ 感動詞 人《ひと》をののしったり、くやしがったりするときに言《い》うことば。

使い方 ❷は、下品《げひん》な言《い》い方《かた》。また、ふつうかな書《が》きにする。

ちくじょう【築城】 名詞 動詞 城《しろ》を築《きず》くこと。例 湖《みずうみ》のほとりに築城する。

ちくせき【蓄積】 名詞 動詞 たくわえて、だんだん多《おお》くしていくこと。また、たまること。例 疲労《ひろう》が蓄積する。

ちくぜん【筑前】 名詞 昔《むかし》の国《くに》の名《な》の一《ひと》つ。今《いま》の福岡県《ふくおかけん》の北西部《ほくせいぶ》に当《あ》たる。

ちくちく【と】 副詞 動詞 ❶針《はり》などの先《さき》のとがったもので、浅《あさ》く、くり返《かえ》しつきさすようす。また、そのような痛《いた》みを感《かん》じるようす。例 布《ぬの》をちくちくぬう。❷意地《いじ》の悪《わる》いことをくり返《かえ》して言《い》うようす。例 ちくちくといやみを言《い》う。

ちくでんき【蓄電器】 ⇒504ジベー コンデンサー

ちくでんち【蓄電池】 名詞 電気《でんき》をたくわえ

類=意味《いみ》のよく似《に》たことば　対=反対《はんたい》の意味《いみ》のことばや対《つい》になることば

ておく電池。充電して何度も使うことができる。「充電池《じゅうでんち》」「バッテリー」ともいう。

ちぐはぐ 形容動詞 二《ふた》つ以上《いじょう》のものごとのようすが、そろっていないようす。うまくかみ合《あ》っていないようす。例 左右《さゆう》がちぐはぐなくつ。

ちくばのとも【竹馬の友】 故事成語 小《ちい》さい時《とき》からの友《とも》だち。幼《おさな》なじみ。ことば「竹馬《たけうま》でいっしょに遊《あそ》んだ友《とも》だち」という意味《いみ》からきたことば。

ちくび【乳首】 名詞 ❶乳房《ちぶさ》の先《さき》の、小《ちい》さくつき出《で》た部分《ぶぶん》。❷ゴムなどで❶に似《に》た形《かたち》につくった、赤《あか》んぼうにくわえさせるもの。

チグリスがわ【チグリス川】 ⇩883ページ ティグリスがわ

ちくりん【竹林】 名詞 竹《たけ》の林《はやし》。竹《たけ》やぶ。

ちくわ【竹輪】 名詞 すりつぶした魚《さかな》の身《み》をくしにぬりつけて、焼《や》いたり蒸《む》したりした食《た》べ物。ことば 切り口が竹の輪切りに似ているところからきた呼《よ》び名《な》。

ちけい【地形】 名詞 土地《とち》の表面《ひょうめん》のようす。山《やま》・川《かわ》・平野《へいや》・海《うみ》などの高低《こうてい》や形《かたち》などのようす。例 地形図《ず》／水田《すいでん》に適《てき》した地形。類 地勢《ちせい》。

チケット（ticket）名詞 切符《きっぷ》。入場券《にゅうじょうけん》・乗車《じょうしゃ》券《けん》などの券《けん》。

ちご【稚児】 名詞 神社《じんじゃ》や寺《てら》の祭《まつ》りなどの行列《ぎょうれつ》に、美《うつく》しく着《き》かざって加《くわ》わる男女《だんじょ》の子供《こども》。

ちこく【遅刻】 名詞 動詞 決《き》められた時刻《じこく》におくれること。例 学校《がっこう》に遅刻しないようにする。

ちさん【治山】 名詞 山《やま》に木《き》を植《う》えたり育《そだ》てたりして、あれないように整備《せいび》すること。

ちさんちしょう【地産地消】 名詞 地域《ちいき》でとれた野菜《やさい》や魚《さかな》などを、その地域《ちいき》で消費《しょうひ》すること。⇩829ページ 社会へのとびら

ちし【地誌】 名詞 ある地域《ちいき》の地理《ちり》や特徴《とくちょう》について書《か》き記《しる》した書物《しょもつ》。

ちし【致死】 名詞 人を死なせること。例 過失致死の疑《うたが》いでたいほする。

ちじ【知事】 名詞 都道府県《とどうふけん》の政治《せいじ》を行《おこな》う、いちばん上《うえ》の役目《やくめ》。また、その人《ひと》。四年《よねん》ごとに、その土地《とち》に住《す》む人《ひと》の選挙《せんきょ》で選《えら》ばれる。

ちしお【血潮】 名詞 ❶体《からだ》の中《なか》の血《ち》。流《なが》れ出《で》る血《ち》。❷激《はげ》しい情熱《じょうねつ》のたとえ。例 青春《せいしゅん》の血潮。

ちしき【知識】 名詞 ものごとについて、いろいろと知《し》ってわかっていること。また、その内容《ないよう》。例 知識を得《え》る。

ちしきじん【知識人】 名詞 学問《がくもん》や知識《ちしき》がある人《ひと》。また、学問《がくもん》や知識《ちしき》に関係《かんけい》のある職業《しょくぎょう》についている人《ひと》。

ちしきよく【知識欲】 名詞 ものごとを知《し》りたい、理解《りかい》したいという気持《きも》ち。

ちじく【地軸】 名詞 地球《ちきゅう》の北極《ほっきょく》と南極《なんきょく》を結《むす》ぶ直線《ちょくせん》。地球《ちきゅう》は、これをじくにして一日《いちにち》に一回《いっかい》

辞典《じてん》の外《そと》に飛《と》びだそう!

社会《しゃかい》へのとびら

地産地消《ちさんちしょう》

食《た》べて応援《おうえん》しよう

きみの学校《がっこう》では、地元《じもと》産《さん》の野菜《やさい》などを使《つか》った「地産地消《ちさんちしょう》メニュー」の給食《きゅうしょく》の日《ひ》はないかな？

地産地消《ちさんちしょう》には、どんないいことがあるんだろう？

新鮮《しんせん》で安心《あんしん》な食材《しょくざい》

地元産《じもとさん》の食料《しょくりょう》は何《なに》よりも新鮮《しんせん》だ。また、生産者《せいさんしゃ》や流通《りゅうつう》の経路《けいろ》がわかることが多《おお》く、安心《あんしん》して食《た》べられる。地元《じもと》の特産物《とくさんぶつ》や伝統的《でんとうてき》な郷土料理《きょうどりょうり》などを知《し》ることができて、自分《じぶん》の住《す》む地域《ちいき》がより身近《みぢか》になるのも楽《たの》しいね。

地元《じもと》の生産者《せいさんしゃ》を応援《おうえん》

1960年代《ねんだい》ごろから、日本《にほん》では洋食化《ようしょくか》が進《すす》み、米《こめ》の消費量《しょうひりょう》が大《おお》きく減少《げんしょう》した。一方《いっぽう》で、輸入《ゆにゅう》される農産物《のうさんぶつ》や食品《しょくひん》の割合《わりあい》が増《ふ》えている。輸入《ゆにゅう》食品《しょくひん》は国産品《こくさんひん》より安《やす》い場合《ばあい》が多《おお》く、国産品《こくさんひん》が売《う》れなくなって、国内《こくない》の農家《のうか》や生産者《せいさんしゃ》にとっては大打撃《だいだげき》だ。

地産地消《ちさんちしょう》は、地元《じもと》の生産物《せいさんぶつ》を買《か》うことで、国内《こくない》の農業《のうぎょう》や産業《さんぎょう》を応援《おうえん》するとりくみでもあるんだよ。

地球《ちきゅう》にもやさしい

食料《しょくりょう》を運《はこ》ぶ船《ふね》や飛行機《ひこうき》、自動車《じどうしゃ》などは二酸化炭素《にさんかたんそ》を出《だ》すから、食料《しょくりょう》の輸入《ゆにゅう》は地球《ちきゅう》の環境《かんきょう》にもえいきょうを与《あた》えるよ。地産地消《ちさんちしょう》であれば輸送距離《ゆそうきょり》が短《みじか》くてすみ、環境《かんきょう》にやさしいね。

きみの身近《みぢか》で、どんな地産地消《ちさんちしょう》があるか探《さが》してみよう！

もっとしらべてみよう！

●参考図書《さんこうとしょ》

「こども食育《しょくいく》ずかん（4）地産地消《ちさんちしょう》と自給率《じきゅうりつ》って何《なん》だろう？」（少年写真《しょうねんしゃしん》新聞社《しんぶんしゃ》）

四字熟語　不言実行《ふげんじっこう》　何《なに》も言《い》わないで（不言《ふげん》）行動《こうどう》に移《うつ》す（実行《じっこう》）という意味《いみ》で、余計《よけい》なことを言《い》わない

自転《じてん》している。

ちしつ【地質】 名詞 地球《ちきゅう》の表面《ひょうめん》をつくっている、岩石《がんせき》・地層《ちそう》などの性質《せいしつ》や状態《じょうたい》。

ちしつじだい【地質時代】 名詞 地球《ちきゅう》が生《う》まれてから現在《げんざい》までの時代《じだい》。地層《ちそう》や化石《かせき》などを手《て》がかりにした研究《けんきゅう》ができる時代《じだい》をいう。参考 古《ふる》いほうから、先《せん》カンブリア時代《じだい》・古生代《こせいだい》・中《ちゅう》生代《せいだい》・新生代《しんせいだい》に分《わ》けられる。

ちしまかいりゅう【千島海流】 ➡206ページ おやしお

ちしまれっとう【千島列島】 名詞 北海道《ほっかいどう》の北東部《ほくとうぶ》からカムチャツカ半島《はんとう》に、弓《ゆみ》の形《かたち》に並《なら》ぶ島々《しまじま》。国後島《くなしりとう》・択捉島《えとろふとう》などをふくむ。参考 第《だい》二次世界大戦《にじせかいたいせん》のとき、ソ連軍《れんぐん》に占領《せんりょう》され、その後《ご》、日本《にほん》とロシアとの間《あいだ》で領土交渉《りょうどこうしょう》が続《つづ》いている。

ちじょう【地上】 名詞 ❶地面《じめん》の上《うえ》。また、地面《じめん》から上《うえ》。対 地下《ちか》。❷今《いま》、生《い》きている世《よ》の中《なか》。例 地上の楽園《らくえん》。

ちじょうデジタルほうそう【地上デジタル放送】 名詞 地上《ちじょう》にある送信所《そうしんじょ》から電波《でんぱ》を送《おく》り、映像《えいぞう》や音声《おんせい》などをデジタル信号《しんごう》で伝《つた》える放送《ほうそう》。関連 CS《シーエス》デジタル放送《ほうそう》。BS《ビーエス》デジタル放送《ほうそう》。

ちじょうは【地上波】 名詞 地上《ちじょう》にある送信《そうしん》所《じょ》から送《おく》る、放送《ほうそう》のための電波《でんぱ》。電波《でんぱ》の届《とど》く範《はん》囲《い》は近《ちか》くに限《かぎ》られる。関連 衛星波《えいせいは》。

ちしりょう【致死量】 名詞 人《ひと》や動物《どうぶつ》を死《し》なせるのにじゅうぶんな、薬《くすり》や毒《どく》などの量《りょう》。

ちじん【知人】 名詞 知《し》っている人《ひと》。知《し》り合《あ》い。

ちず【地図】 名詞 海《うみ》・陸《りく》・山《やま》・川《かわ》などのようすを、一定《いってい》の割合《わりあい》で縮《ちぢ》めてかき表《あらわ》した図《ず》。例 世《せ》界《かい》地図／地図帳《ちょう》。

ちすい【治水】 名詞 堤防《ていぼう》やダムなどをつくって、水害《すいがい》を防《ふせ》いだり、川《かわ》の水《みず》を利用《りよう》しやすくしたりすること。例 治水工事《こうじ》。

ちずきごう【地図記号】 名詞 地図《ちず》に使《つか》われている、土地利用《とちりよう》のようすや建物《たてもの》などを表《あらわ》す記《き》号《ごう》。教科社 物《もの》の形《かたち》や、関係《かんけい》のある文字《もじ》などをもとにしてつくられている。

ちすじ【血筋】 名詞 親子《おやこ》やきょうだいなどの、血《ち》のつながり。血統《けっとう》。

ちせい【地勢】 名詞 山《やま》・川《かわ》・平野《へいや》などの土地《とち》のようす。類 地形《ちけい》。

ちせい【治世】 名詞 ❶平和《へいわ》に治《おさ》まっている世《よ》の中《なか》。対 乱世《らんせい》。❷君主《くんしゅ》などが世《よ》の中《なか》を治《おさ》めること。また、その期間《きかん》。例 徳川家康《とくがわいえやす》の治世。

ちせい【知性】 名詞 ものごとを考《かんが》えたり、判《はん》断《だん》したりする力《ちから》。例 知性的《てき》な会話《かいわ》。

ちせいず【地勢図】 名詞 土地《とち》の高低《こうてい》などの地《ち》形《けい》や、交通《こうつう》・集落《しゅうらく》などのおおまかなようすを表《あらわ》した地図《ちず》。

ちそ【地租】 名詞 土地《とち》に対《たい》してかけられる税《ぜい》金《きん》。教科社 明治時代《めいじじだい》に行《おこな》われた地租改正《ちそかいせい》以来《いらい》、国《くに》の重要《じゅうよう》な収入《しゅうにゅう》であった。今《いま》の固定資産税《こていしさんぜい》に当《あ》たる。

ちそう【地層】 名詞 土《つち》や砂《すな》・岩石《がんせき》・生物《せいぶつ》の死骸《しがい》などが、長《なが》い間《あいだ》積《つ》み重《かさ》なってできた地下《ちか》の層《そう》。

ちそかいせい【地租改正】 名詞 明治時代《めいじじだい》に行《おこな》われた、土地《とち》に対《たい》する税金《ぜいきん》のかけ方《かた》の改革《かいかく》。土地《とち》の所有者《しょゆうしゃ》に地券《ちけん》を発行《はっこう》して所有権《しょゆうけん》を認《みと》め、米《こめ》の代《か》わりにお金《かね》で税《ぜい》を納《おさ》めさせた。

ちたい【地帯】 名詞 ある特徴《とくちょう》を持《も》った、ひと続《つづ》きの土地《とち》。例 安全《あんぜん》地帯／稲作《いなさく》地帯。類 地域《ちいき》。

チタニウム ➡830ページ チタン

ちたはんとう【知多半島】 名詞 愛知県《あいちけん》の南《なん》西部《せいぶ》、伊勢湾《いせわん》と三河湾《みかわわん》の間《あいだ》につき出《だ》した半島《はんとう》。

チタン（ドイツ語）名詞 軽《かる》くてかたく、強《つよ》い金《きん》属《ぞく》。熱《ねつ》に強《つよ》くさびないので、ジェット機《き》の部品《ぶひん》などに使《つか》われる。「チタニウム」ともいう。

ちち【父】 名詞 ❶男親《おとこおや》。父親《ちちおや》。お父《とう》さん。対 母《はは》。図 ➡667ページ しんぞく ❷あるものごとを始《はじ》めた人《ひと》。また、ある分野《ぶんや》で、初期《しょき》にすぐれた業績《ぎょうせき》を残《のこ》した人《ひと》。例 近代《きんだい》科学《かがく》の父と呼《よ》ばれる人物《じんぶつ》。漢 ➡1136ページ ふ〔父〕

ちち【乳】 名詞 ❶乳房《ちぶさ》。❷子供《こども》を生《う》んだ母親《ははおや》の乳房《ちぶさ》から出《で》る、白《しろ》いしる。漢 ➡1001ページ にゅう〔乳〕

ちちうえ【父上】 名詞「父《ちち》」の尊敬《そんけい》した言《い》い方《かた》。対 母上《ははうえ》。

ちちうし【乳牛】 ➡1002ページ にゅうぎゅう

ちちおや【父親】 名詞 父《ちち》。男親《おとこおや》。お父《とう》さん。対 母親《ははおや》。

ちちかた【父方】 名詞 父《ちち》のほうの血筋《ちすじ》の親《しん》

りくむこと。

類。例 父方のおじ。対 母方。

ちぢこまる【縮こまる】動詞 人《ひと》や動物《どうぶつ》が体《からだ》を丸《まる》めて小《ちい》さくなる。例 寒《さむ》さで縮こまる。

ちぢに【千千に】副詞 さまざまであるようす。いろいろであるようす。例 気持《きも》ちが千々に乱《みだ》れる。

ちちのひ【父の日】名詞 季語夏 父親《ちちおや》に感謝《かんしゃ》する日《ひ》。六月《ろくがつ》の第三日曜日《だいさんにちようび》。関連 母《はは》の日《ひ》。

ちちばなれ【乳離れ】⇒833ジ ちばなれ

ちちぶじけん【秩父事件】名詞 一八八四年《ねん》、埼玉県秩父地方《さいたまけんちちぶちほう》で、借金《しゃっきん》と重《おも》い税金《ぜいきん》に苦《くる》しむ農民《のうみん》が、高利貸《こうりが》し（＝高《たか》い利息《りそく》をとってお金《かね》を貸《か》す人《ひと》）・役所《やくしょ》・警察《けいさつ》などをおそった事件《じけん》。

ちちぶたまかいこくりつこうえん【秩父多摩甲斐国立公園】名詞 東京《とうきょう》・埼玉《さいたま》・山梨《やまなし》・長野《ながの》の一都三県《いっとさんけん》にまたがる国立公園《こくりつこうえん》。関《かん》東山地《とうさんち》の中心部《ちゅうしんぶ》にあり、変化《へんか》に富《と》む山々《やまやま》と渓《けい》谷《こく》が美《うつく》しい。

ちぢまる【縮まる】動詞 短《みじか》くなったり、小《ちい》さくなったりする。例 得点の差が縮まる。漢⇒616ジ しゅく〔縮〕

ちぢみ【縮み】名詞 季語夏 ❶縮《ちぢ》むこと。❷「縮《ちぢ》み織《お》り」の略《りゃく》。ことば 季語《きご》として使《つか》うのは❷の意味《いみ》。

チヂミ（朝鮮語）名詞 朝鮮風《ちょうせんふう》のお好《この》み焼《や》き。小《こ》麦粉《むぎこ》をといて、野菜《やさい》や魚貝《ぎょかい》などを入《い》れて焼《や》いた食《た》べ物《もの》。たれをつけて食《た》べる。

ちぢみあがる【縮み上がる】動詞 寒《さむ》さやおそろしさなどで、体《からだ》がすくんで小《ちい》さくなる。例 がけから下《した》を見《み》て縮み上がる。

ちぢみおり【縮み織り】名詞 織物《おりもの》の一《ひと》つ。表面《ひょうめん》に細《こま》かいしわが出《で》るようにした織物《おりもの》。略《りゃく》して「縮《ちぢ》み」ともいう。

ちぢむ【縮む】動詞 ❶短《みじか》くなったり、小《ちい》さくなったりする。例 毛《け》糸《いと》のセーターが縮んでしまった。対 伸《の》びる。❷おそろしくて、体《からだ》が小《ちい》さくなる。例 父《ちち》のどなり声に、身の縮む思いがした。使い方「ちぢむ」と書《か》かないよう注意《ちゅうい》。漢⇒616ジ しゅく〔縮〕

ちぢめる【縮める】動詞 ❶小《ちい》さくする。短《みじか》くする。例 人《ひと》から聞《き》いた話《はなし》を縮めて話《はな》す。類 つづめる。対 伸《の》ばす。❷おそろしくて、体《からだ》を小《ちい》さくする。例 かみなりの音《おと》に身《み》を縮める。漢⇒616ジ しゅく〔縮〕

ちちゅう【地中】名詞 土《つち》の中《なか》。

ちちゅうかい【地中海】名詞 アジア・ヨーロッパ・アフリカに囲《かこ》まれた、東西《とうざい》に細長《ほそなが》い海《うみ》。古代《こだい》から大事《だいじ》な交通路《こうつうろ》として栄《さか》えた。

ちぢらす【縮らす】動詞 ちぢれるようにする。ちぢらせる。例 かみの毛《け》を縮らす。漢⇒616ジ しゅく〔縮〕

ちぢらせる【縮らせる】⇒831ジ ちぢらす

ちぢれげ【縮れ毛】名詞 ちぢれている毛《け》。

ちぢれる【縮れる】動詞 しわが寄《よ》ったり、巻《ま》いたりしたような状態《じょうたい》になる。例 縮れた葉先《はさき》。

伝統的《でんとうてき》な言語文化《げんごぶんか》

伝承《でんしょう》―語《かた》りつがれてきたもの

「浦島太郎《うらしまたろう》」

浦島太郎《うらしまたろう》はどこに住《す》んでいたか知《し》ってる？　おとぎ話《ばなし》の登場人物《とうじょうじんぶつ》だからわかるわけないって？　丹後半島《たんごはんとう》（京都《きょうと》）の筒川《つつがわ》というところに浦嶋神社《うらしまじんじゃ》があるよ。その神社《じんじゃ》にまつられているのは…さて、だれかな？　調《しら》べてごらん。

今《いま》から1300年《ねん》も前《まえ》の丹後《たんご》の国《くに》のようすを記《しる》した「丹後国風土記《たんごのくにふどき》」には、釣《つ》りをしていた「浦島子《うらしまこ》」がかめといっしょに「蓬萊山《ほうらいさん》」に行《い》ったという不思議《ふしぎ》な話《はなし》がのっているんだ。また奈良時代《ならじだい》の「万葉集《まんようしゅう》」という歌集《かしゅう》には、「浦島子《うらしまこ》」が海神《かいじん》の姫《ひめ》と出会《であ》って海神《かいじん》の宮《みや》で暮《く》らすことになったという歌《うた》が出《で》てくるよ。そして室町時代《むろまちじだい》の「御伽草子《おとぎぞうし》」には、みんながよく知《し》っている浦島太郎《うらしまたろう》の話《はなし》が出《で》てくるんだ。

今《いま》では、日本《にほん》のあちこちによく似《に》たお話《はなし》が伝《つた》わっているよ。浦島太郎《うらしまたろう》ゆかりの神社《じんじゃ》もあちこちにある。かめをまつった神社《じんじゃ》もある。そしてなんと、太郎《たろう》が持《も》ち帰《かえ》った玉手箱《たまてばこ》だと言《い》い伝《つた》えられているものまであるらしい！　みんなの住《す》む町《まち》にも、昔《むかし》から伝《つた》えられてきたお話《はなし》があるかもしれないよ。調《しら》べてみるとおもしろそうだね。

もっとみてみよう！

- 「おとぎ草子《ぞうし》」（岩波書店《いわなみしょてん》）
- 「新版《しんぱん》　日本《にほん》のむかし話《ばなし》 3」（偕成社《かいせいしゃ》）

四字熟語　不眠不休《ふみんふきゅう》　何《なに》かをなしとげるため、ねむることも休《やす》むこともせず、いっしょうけんめいにと

ちつ 漢 ↓616ページ しゅく〔縮〕

ちつ 名詞 哺《ほ》乳《にゅう》類《るい》のめすにある生《せい》殖《しょく》器《き》官《かん》の一《いち》部《ぶ》。子《し》宮《きゅう》から体《からだ》の外《そと》に通《つう》じる、管《くだ》のような部《ぶ》分《ぶん》。

ちっこう【築港】 名詞 動詞 港《みなと》をつくること。また、つくった港《みなと》。

ちつじょ【秩序】 名詞 ものごとの、正《ただ》しい順《じゅん》序《じょ》や決《き》まり。また、それが守《まも》られている、きちんとした状《じょう》態《たい》。例 秩序を重《おも》んじる／秩序を乱《みだ》す。

ちっそ【窒素】 名詞 色《いろ》・味《あじ》・においのない気《き》体《たい》。空《くう》気《き》には、体《たい》積《せき》でおよそ五《ご》分《ぶん》の四《よん》ふくまれている。肥《ひ》料《りょう》や火《か》薬《やく》などの原《げん》料《りょう》となる。

ちっそく【窒息】 名詞 動詞 息《いき》がつまって呼《こ》吸《きゅう》ができなくなること。

ちっとも 副詞 少《すこ》しも。ぜんぜん。例 一人《ひとり》きりでもちっともさびしくない。使い方 あとに「ない」などのことばがくる。

チップ（chip） 名詞 ❶木《もく》材《ざい》を細《こま》かく切《き》ったもの。パルプを作《つく》るのに使《つか》う。❷野《や》菜《さい》や果《くだ》物《もの》などをうすく切《き》ったもの。例 ポテトチップ。❸IC《アイシー》（＝コンピューターなどに使《つか》われる電《でん》子《し》回《かい》路《ろ》）を組《く》みこんだ小《ちい》さなケース。

チップ（tip） ❶ 名詞 料《りょう》金《きん》のほかに、サービスなどのお礼《れい》としてわたすお金《かね》。類 心《こころ》付《づ》け。❷ 名詞 動詞 野《や》球《きゅう》で、球《たま》がバッターのバットをかすること。例 ファウルチップ。

ちっぽけ 形容動詞 小《ちい》さいようす。とるに足《た》りないようす。例 ちっぽけな庭《にわ》／ちっぽけな夢《ゆめ》。

ちてい【地底】 名詞 地《ち》下《か》のずっと深《ふか》いところ。大《だい》地《ち》の底《そこ》。

ちてき【知的】 形容動詞 ❶知《ち》識《しき》や知《ち》性《せい》が豊《ゆた》かなようす。例 知的な人《ひと》。❷知《ち》識《しき》や知《ち》性《せい》に関《かん》係《けい》するようす。例 知的な仕《し》事《ごと》につく。

ちてきしょうがい【知的障害】 名詞 知《ち》能《のう》の発《はっ》達《たつ》がほかの人《ひと》よりおくれている状《じょう》態《たい》。

ちてん【地点】 名詞 地《ち》上《じょう》の、ある場《ば》所《しょ》。ある位《い》置《ち》。例 マラソンの折《お》り返《かえ》し地点。

ちどうせつ【地動説】 名詞 地《ち》球《きゅう》が太《たい》陽《よう》の周《まわ》りを回《まわ》っているとする考《かんが》え方《かた》。対 天《てん》動《どう》説《せつ》。参考 十《じゅう》六《ろく》世《せい》紀《き》にコペルニクスが唱《とな》え、ガリレイ、ニュートンらによって証《しょう》明《めい》された。

ちとせあめ【千歳あめ】 名詞 季語 冬 七《しち》五《ご》三《さん》の祝《いわ》いのときなどに売《う》られる、紅《こう》白《はく》の細《ほそ》長《なが》いあめ。

ちどり【千鳥】 名詞 季語 冬 海《かい》岸《がん》や川《かわ》岸《ぎし》などに群《む》れをつくってすむ小《ちい》さな鳥《とり》。背《せ》中《なか》は黒《くろ》っぽい茶《ちゃ》色《いろ》で、ほおや腹《はら》は白《しろ》く、くちばしは細《ほそ》くて短《みじか》い。種《しゅ》類《るい》が多《おお》い。

ちどり

ちどりあし【千鳥足】 名詞 酒《さけ》に酔《よ》ってよろよろと歩《ある》くこと。また、その足《あし》どり。ことば ちどりの歩《ある》き方《かた》に似《に》ていることからきたことば。

ちなまぐさい【血なまぐさい】 形容詞 ❶血《ち》のにおいがする。❷血《ち》が流《なが》れるようにむごたらしいようす。例 血なまぐさい事《じ》件《けん》。

ちなみに 接続詞 それに関《かん》係《けい》して、ついでに言《い》うと。例 ちなみにこの服《ふく》は姉《あね》の手《て》製《せい》です。

ちなむ 動詞 あることと関《かん》係《けい》づける。つながりを持《も》つ。例 季《き》節《せつ》にちなんで和《わ》菓《が》子《し》を名《な》づける。

ちねつ【地熱】 名詞 地《ち》球《きゅう》の内《ない》部《ぶ》から地《ち》表《ひょう》付《ふ》近《きん》に伝《つた》わってくる熱《ねつ》。「じねつ」ともいう。

ちねつはつでん【地熱発電】 ↓585ページ じねつはつでん

ちのう【知能】 名詞 ものごとを覚《おぼ》えたり、考《かんが》えたり、わかったりする頭《あたま》のはたらき。

ちのうしすう【知能指数】 名詞 知《ち》能《のう》の発《はっ》達《たつ》の状《じょう》態《たい》を表《あらわ》す数《すう》字《じ》。精《せい》神《しん》年《ねん》齢《れい》をほんとうの年《ねん》齢《れい》で割《わ》り、100をかけたもの。

ちのけ【血の気】 名詞 ❶血《ち》が通《かよ》っているようす。血《けっ》色《しょく》。例 おそろしさに、血の気の引《ひ》く思《おも》いがした。❷元《げん》気《き》がよくて、すぐに興《こう》奮《ふん》するような性《せい》質《しつ》。例 あの人《ひと》は若《わか》いだけに血の気が多《おお》い。

● **血《ち》の気《け》がうせる** おそろしさなどのために、顔《かお》が青《あお》白《じろ》くなる。血《ち》の気《け》が引《ひ》く。

● **血《ち》の気《け》が引《ひ》く** おそろしさなどのために、顔《かお》が真《ま》っ青《さお》になる。血《ち》の気《け》がうせる。

ちのみご【乳飲み子】 名詞 まだ乳《ちち》を飲《の》んでいる、生《う》まれて間《ま》もない赤《あか》んぼう。類 乳《にゅう》児《じ》。

ちのめぐり【血の巡り】 名詞

❶血液が血管の中を流れて回ること。類 血行。❷頭《あたま》のはたらき。例 血の巡りがよくて話《はなし》の理《り》解《かい》が早《はや》い。

ちのり【地の利】 名詞 土地《とち》のようすや位置《いち》が、あることをするのに都合《つごう》がよいこと。例 地の利を得《え》て、商売《しょうばい》が繁盛《はんじょう》した。

ちばけん【千葉県】 名詞 関東地方《かんとうちほう》の南東部《なんとうぶ》にある県《けん》。成田国際空港《なりたこくさいくうこう》・京葉工業地域《けいようこうぎょうちいき》がある。県庁《けんちょう》は千葉市《ちばし》にある。

ちばし【千葉市】 名詞 千葉県《ちばけん》の中央部《ちゅうおうぶ》にある大《おお》きな都市《とし》。工業《こうぎょう》がさかん。千葉県《ちばけん》の県庁《けんちょう》がある。

ちばしる【血走る】 動詞 興奮《こうふん》したり、熱中《ねっちゅう》したりして、目《め》が赤《あか》くなる。例 血走った目《め》つき。

ちばなれ【乳離れ】 名詞 動詞 ❶赤《あか》んぼうが成長《せいちょう》して、乳《ちち》を飲《の》まなくなること。類 離乳《りにゅう》。❷子供《こども》が成長《せいちょう》して、親《おや》にたよらずに自立《じりつ》する気持《きも》ちになること。

ことば 「ちちばなれ」ともいう。

ちびちび【と】 副詞 少《すこ》しずつ。ちょっとずつ。例 ちびちびと水《みず》を飲《の》む。使い方 くだけた言《い》い方《かた》。

ちひょう【地表】 名詞 地球《ちきゅう》の表面《ひょうめん》。また、土地《とち》の表面《ひょうめん》。

ちぶさ【乳房】 名詞 女《おんな》の人《ひと》や動物《どうぶつ》のめすの体《からだ》にある、乳《ちち》を出《だ》すところ。

チフス（ドイツ語）名詞 チフス菌《きん》によって起《お》こる感染症《かんせんしょう》。腸《ちょう》チフス・パラチフス・発《はっ》しんチフスの三種類《さんしゅるい》があるが、ふつうは腸《ちょう》チフスを指《さ》す。

ちへいせん【地平線】 名詞 空と平らな地面との境目《さかいめ》の、線《せん》のように見《み》えるところ。対 水《すい》平線《へいせん》。

チベット 名詞 中国《ちゅうごく》の南西部《なんせいぶ》、ヒマラヤ山脈《さんみゃく》の北側《きたがわ》にあるチベット族《ぞく》の自治区《じちく》。区都《くと》はラサ。

ちほう【地方】 名詞 ❶ある広《ひろ》がりを持《も》つ地域《ちいき》。例 東北《とうほく》地方。❷首都《しゅと》や都市《とし》からはなれた土地《とち》。例 地方出身《しゅっしん》者《しゃ》。対 中央《ちゅうおう》。

ちほうけんさつちょう【地方検察庁】 名詞 地方裁判所《ちほうさいばんしょ》・家庭裁判所《かていさいばんしょ》に対応《たいおう》して置《お》かれる検察庁《けんさつちょう》。

ちほうこうきょうだんたい【地方公共団体】 名詞 都道府県《とどうふけん》・市町村《しちょうそん》など、自分《じぶん》たちの住《す》む土地《とち》を、国《くに》の法律《ほうりつ》に従《したが》って自分《じぶん》たちで治《おさ》める団体《だんたい》。地方自治体《ちほうじちたい》。

ちほうこうふぜい【地方交付税】 名詞 国《くに》が国民《こくみん》から集《あつ》め、都道府県《とどうふけん》・市町村《しちょうそん》にわたすお金《かね》。地域《ちいき》ごとの収入《しゅうにゅう》のかたよりを調整《ちょうせい》し、すべての都道府県《とどうふけん》・市町村《しちょうそん》が必要《ひつよう》なお金《かね》を得《え》られるようにするためのもの。

ちほうこうむいん【地方公務員】 名詞 地《ち》方公共団体《ほうこうきょうだんたい》で働《はたら》いている人《ひと》。県庁《けんちょう》や市役所《しやくしょ》などで働《はたら》く人《ひと》・公立学校《こうりつがっこう》の先生《せんせい》・警察官《けいさつかん》のほか、地方議会《ちほうぎかい》の議員《ぎいん》などもふくむ。

ちほうさいばんしょ【地方裁判所】 名詞 簡易裁判所《かんいさいばんしょ》であつかわないうったえや事件《じけん》について、いちばん初《はじ》めの裁判《さいばん》をする裁判所《さいばんしょ》。都府《とふ》県《けん》にそれぞれ一《いっ》か所《しょ》、北海道《ほっかいどう》に四《よん》か所《しょ》ある。

ちほうし【地方紙】 名詞 ある地域の読者を対象《しょう》に発行《はっこう》される新聞《しんぶん》。関連 全国紙《ぜんこくし》。

ちほうじち【地方自治】 名詞 都道府県《とどうふけん》・市区町村が、その住民《じゅうみん》の意思《いし》にもとづいて政治《せいじ》を行《おこな》うこと。

ちほうじちたい【地方自治体】 ⇒833ページ ちほうこうきょうだんたい

ちほうしょく【地方色】 名詞 その地方《ちほう》にしかない自然《しぜん》や風俗《ふうぞく》などから感《かん》じられる、独特《どくとく》の感《かん》じ。例 地方色豊《ゆた》かなお祭《まつ》り。類 郷土色《きょうどしょく》。ローカルカラー。

ちほうぜい【地方税】 名詞 都道府県《とどうふけん》・市町《しちょう》村《そん》などの地方公共団体《ちほうこうきょうだんたい》が、仕事《しごと》をする費用《ひよう》として住民《じゅうみん》から集《あつ》める税金《ぜいきん》。関連 国税《こくぜい》。

ちほうぶんけん【地方分権】 名詞 政治《せいじ》を行《おこな》う権利《けんり》を、中央《ちゅうおう》の政府《せいふ》に集中《しゅうちゅう》させないで、できるだけ都道府県《とどうふけん》・市町村《しちょうそん》に分散《ぶんさん》させること。

ちまき 名詞 季語 夏 米《こめ》の粉《こな》などを、ささなどの葉《は》で巻《ま》き、蒸《む》してつくったもち。五月五日《ごがついつか》の端午《たんご》の節句《せっく》に食《た》べる。

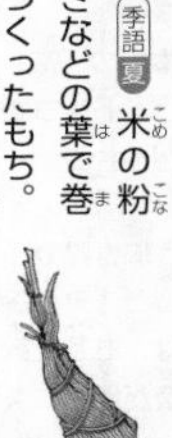
ちまき

ちまた 名詞 ❶町《まち》の通《とお》り。町《まち》の中《なか》。❷人々《ひとびと》が生活《せいかつ》している世《よ》の中《なか》。世間《せけん》。❸ものごとの行《おこな》われるところ。場所《ばしょ》。例 戦乱《せんらん》のちまた。

ちまなこ【血眼】 名詞 ❶血走《ちばし》った目《め》。

四字熟語 不老不死《ふろうふし》 「不老《ふろう》」は老《お》いることがないこと、「不死《ふし》」は死《し》ぬことがないこと。いつまでも年《とし》を

❷夢中《むちゅう》で何《なに》かをするようす。例 落《お》とした財布《さいふ》を血眼になってさがし回《まわ》った。

ちまみれ【血まみれ】 名詞 形容動詞 全体《ぜんたい》が血《ち》だらけになること。血《ち》みどろ。

ちまめ【血豆】 名詞 指《ゆび》などを強《つよ》くはさんだときなどにできる、赤黒《あかぐろ》い豆《まめ》のようなもの。内《ない》出血《しゅっけつ》した血《ち》がたまってできる。

ちまよう【血迷う】 動詞 いかりや悲《かな》しみなどのために、正《ただ》しい判断《はんだん》ができなくなる。例 何《なに》を血迷ったことを言《い》っているんだ。

ちみ【地味】 名詞 作物《さくもつ》をつくる上《うえ》での、土地《とち》の性質《せいしつ》のよしあし。例 この畑《はたけ》は地味が肥《こ》えている（＝豊《ゆた》かである）。ことば 「じみ」と読《よ》むと別《べつ》の意味《いみ》。

ちみつ【緻密】 形容動詞 ❶細《こま》かいところまで注意《ちゅうい》が行《い》き届《とど》いて、きちんとしているようす。例 緻密な計画《けいかく》。類 綿密《めんみつ》。❷物《もの》の表面《ひょうめん》の、きめが細《こま》かいようす。

ちみどろ【血みどろ】 名詞 形容動詞 全体《ぜんたい》が血《ち》だらけになること。血《ち》まみれ。

ちめい【地名】 名詞 その土地《とち》の名《な》まえ。

ちめいしょう【致命傷】 名詞 ❶死《し》ぬ原因《げんいん》となる傷《きず》。❷二度《にど》と立《た》ち直《なお》れないような、とり返《かえ》しのつかない失敗《しっぱい》や損害《そんがい》。例 ピッチャーのミスが致命傷となって負《ま》けてしまった。

ちめいてき【致命的】 形容動詞 ❶命《いのち》にかかわるようす。命《いのち》をなくす原因《げんいん》になるようなようす。例 致命的な重傷《じゅうしょう》を負《お》う。❷とり返《かえ》しがつかないほど重大《じゅうだい》なようす。例 致命的なミスをする。

ちゃ【茶】 名詞 ❶つばきのなかまの木《き》。秋《あき》に白《しろ》い花《はな》がさく。また、その葉《は》で作《つく》った飲《の》み物《もの》。例 冷《つめ》たいお茶を飲《の》む。❷「茶《ちゃ》の湯《ゆ》」のこと。❸「茶色《ちゃいろ》」のこと。例 茶のコート。
▶834ジペー 外国語教室

漢 **ちゃ【茶】**〔艹〕くさかんむり　9画　2年　音 チャ・サ　訓

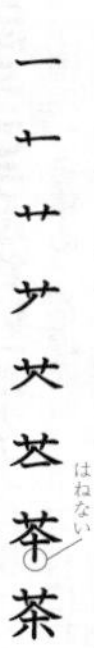

はねない

❶茶《ちゃ》の木《き》。また、茶《ちゃ》の葉《は》で作《つく》ったのみもの。例 茶話会《さわかい》／紅茶《こうちゃ》／番茶《ばんちゃ》／緑茶《りょくちゃ》。❷茶道《さどう》。茶《ちゃ》の作法《さほう》。例 茶室《ちゃしつ》。❸茶《ちゃ》を煮出《にだ》したような色《いろ》。例 茶色《ちゃいろ》。❹おどけ。こっけい。例 茶番《ちゃばん》／茶目《ちゃめ》。

チャーシュー（中国語） 名詞 調味料《ちょうみりょう》につけこんだぶた肉《にく》のかたまりを焼《や》いたもの。焼《や》きぶた。

チャーター（charter） 名詞 動詞 船《ふね》・飛行機《ひこうき》・バスなどを借《か》りきること。例 チャーター便《びん》。

チャーチル 名詞（一八七四〜一九六五）イギリスの政治家《せいじか》。第二次世界大戦《だいにじせかいたいせん》のときに首相《しゅしょう》として活躍《かつやく》し、連合軍《れんごうぐん》の勝利《しょうり》に力《ちから》をつくした。

チャーハン（中国語） 名詞 ごはんを肉《にく》・卵《たまご》・野《や》菜《さい》などといっしょにいためて味《あじ》をつけた、中《ちゅう》国風《ごくふう》の料理《りょうり》。

チャーミング（charming） 形容動詞 魅力《みりょく》があって、人《ひと》の心《こころ》をひきつけるようす。例 チャーミングな笑顔《えがお》の青年《せいねん》。

ガッテン外国語教室

「茶」の読《よ》み方《かた》は？

日本語《にほんご》の「茶《ちゃ》」は、英語《えいご》では「tea（ティー）」という。トルコ語《ご》では「çay（チャイ）」、タイ語《ご》では「ชา（チャー）」、フランス語《ご》では「thé（テ）」、イタリア語《ご》では「tè（テ）」という。このように世界《せかい》の「茶《ちゃ》」を表《あらわ》すことばは「チャ」系《けい》の発音《はつおん》と「テ」系《けい》の発音《はつおん》に大《おお》きく分《わ》かれている。

実《じつ》は、お茶《ちゃ》を飲《の》む習慣《しゅうかん》がある中国《ちゅうごく》では、「茶」の発音《はつおん》が地方《ちほう》によって「チャ」や「テ」に分《わ》かれており、それが世界《せかい》じゅうに広《ひろ》まったんだよ。

チャイコフスキー 名詞（一八四〇〜一八九三）ロシアの作曲家《さっきょくか》。「白鳥《はくちょう》の湖《みずうみ》」「くるみ割《わ》り人《にん》形《ぎょう》」などの曲《きょく》が有名《ゆうめい》。

チャイナタウン ▶838ジペー ちゅうかがい

チャイム（chime） 名詞 ❶入《い》り口《ぐち》などにつける合図《あいず》のベル。❷打楽器《だがっき》の一《ひと》つ。音階《おんかい》に合《あ》わせて並《なら》べたひと組《くみ》のかね。

チャイルド（child） 名詞 「子供《こども》」のこと。

チャイルドシート 名詞 自動車《じどうしゃ》の座席《ざせき》にとりつける、ベルトのついた子供用《こどもよう》のいす。ことば 英語《えいご》をもとに日本《にほん》で作《つく》られたことば。参考 六才《ろくさい》未満《みまん》の子供《こども》を乗《の》せるときには必《かなら》ず使《つか》うよう法律《ほうりつ》で決《き》められている。

た自分《じぶん》の考《かんが》えや意見《いけん》を持《も》たないで、むやみに他人《たにん》の意見《いけん》に賛成《さんせい》すること。

ちゃいろ【茶色】 名詞 黒みがかった赤黄色《あかきいろ》。

ちゃいろ

ちゃえん【茶園】⇩836ページ ちゃばたけ

ちゃか【茶菓】⇩520ページ さか〔茶菓〕

ちゃかす【茶化す】 動詞 まじめなことを冗《じょう》談《だん》のように言《い》ってごまかす。

ちゃかっしょく【茶褐色】 名詞 黒《くろ》みがかった茶《ちゃ》色《いろ》。

ちゃかっしょく

ちゃがら【茶殻】 名詞 茶《ちゃ》を入《い》れたあとの残《のこ》りかす。

ちゃき【茶器】 名詞 茶《ちゃ》を入《い》れたり飲《の》んだりするときに使《つか》う道《どう》具《ぐ》。茶道《ちゃどう》具《ぐ》。

漢 **ちゃく**【着】〔羊《ひつじ》〕 12画 3年 音 チャク・ジャク 訓 きる・きせる・つく・つける

ソ　ᅭ　ヰ　𦍌　羊《つづけてかかない》　羊　着　着

❶身《み》につける。きる。例 着物《きもの》／着用《ちゃくよう》。❷つく。とどく。例 着席《ちゃくせき》／着地《ちゃくち》／発着《はっちゃく》。❸おちつく。例 決着《けっちゃく》／定着《ていちゃく》。❹思《おも》いつく。例 着眼《ちゃくがん》／着想《ちゃくそう》。❺自分《じぶん》のものにする。例 着服《ちゃくふく》。❻心《こころ》について、思《おも》いきれない。例 愛着《あいちゃく》／執着《しゅうちゃく》。❼衣服《いふく》の数《かず》を数《かぞ》えることば。例 洋服一着《ようふくいっちゃく》。❽ついた順《じゅん》を数《かぞ》えることば。例 第一着《だいいっちゃく》。

ちゃくい【着衣】 名詞 衣《い》服《ふく》を着《き》ること。また、その衣服《いふく》。対 脱衣《だつい》。

ちゃくがん【着眼】 名詞 動詞 ものごとの大切な点《てん》に目《め》をつけること。例 着眼点《てん》。類 着目《ちゃくもく》。

ちゃくし【嫡子】 名詞 その家《いえ》のあとをつぐ子《こ》。あととり。

ちゃくじつ【着実】 名詞 形容動詞 落《お》ち着《つ》いて、まちがいなくものごとを進《すす》めること。例 着実に研究《けんきゅう》を進《すす》める／着実な進歩《しんぽ》。類 堅実《けんじつ》。

ちゃくしゅ【着手】 名詞 動詞 仕事《しごと》などにとりかかること。例 道路工事《どうろこうじ》に着手する。

ちゃくじゅん【着順】 名詞 到着《とうちゃく》した順番《じゅんばん》。例 着順に並《なら》ぶ。

ちゃくしょく【着色】 名詞 動詞 色《いろ》をつけること。対 脱色《だっしょく》。

ちゃくしょくりょう【着色料】 名詞 色《いろ》をつけるために、食品《しょくひん》や飲《の》み物《もの》に混《ま》ぜる薬品《やくひん》。体《からだ》に多《おお》くとり入《い》れると害《がい》のあるものもある。

ちゃくしん【着信】 名詞 動詞 ほかからの通信《つうしん》が届《とど》くこと。類 受信《じゅしん》。対 送信《そうしん》。発信《はっしん》。

ちゃくすい【着水】 名詞 動詞 空《そら》から水面《すいめん》に降《お》りること。例 水上飛行機《すいじょうひこうき》が着水した。

ちゃくせき【着席】 名詞 動詞 席《せき》に着《つ》くこと。すわること。例 着席して話《はなし》を聞《き》く。対 起立《きりつ》。

ちゃくそう【着想】 名詞 心《こころ》にうかんだ工夫《くふう》や思《おも》いつき。アイディア。例 おもしろい着想。

ちゃくち【着地】 名詞 動詞 ❶空《そら》を飛《と》んでいるものが、地面《じめん》に降《お》りること。着陸《ちゃくりく》。例 飛行機《ひこうき》は無事《ぶじ》に着地した。❷体操競技《たいそうきょうぎ》やスキーのジャンプで、とび上《あ》がった選手《せんしゅ》が、地面《じめん》に降《お》り立《た》つこと。

ちゃくちゃく【着々〔と〕】 副詞 ものごとが順序《じゅんじょ》よく確実《かくじつ》に進《すす》むようす。例 新校舎《しんこうしゃ》の建設《けんせつ》が着々と進《すす》んでいる。

ちゃくにん【着任】 名詞 動詞 新《あたら》しいつとめにつくこと。また、そのために新《あたら》しい土地《とち》に着《つ》くこと。例 新《あたら》しい先生《せんせい》が着任された。類 赴任《ふにん》。

ちゃくばらい【着払い】 名詞 荷物《にもつ》の送料《そうりょう》や代金《だいきん》を、受《う》けとった側《がわ》がはらうこと。

ちゃくふく【着服】 名詞 動詞 おおやけのお金《かね》や品物《しなもの》を、こっそり自分《じぶん》のものにすること。例 会社《かいしゃ》のお金《かね》を着服するのは罪《つみ》だ。

ちゃくぼう【着帽】 名詞 動詞 帽子《ぼうし》をかぶること。

ちゃくもく【着目】 名詞 動詞 ある点《てん》を大切《たいせつ》だと考《かんが》えて、目《め》をつけること。例 花《はな》の色《いろ》の変化《へんか》に着目して研究《けんきゅう》する。類 着眼《ちゃくがん》。

ちゃくよう【着用】 名詞 動詞 服《ふく》などを身《み》に着《つ》けること。例 学校《がっこう》では制服《せいふく》を着用する。

ちゃくりく【着陸】 名詞 動詞 飛行機《ひこうき》などが、空中《くうちゅう》から地上《ちじょう》に降《お》りること。対 離陸《りりく》。

チャコ 名詞 洋裁《ようさい》などで、布《ぬの》にしるしをつけるときに使《つか》うチョーク。ことば 英語《えいご》の「チョーク」からきたことば。

ちゃこし【茶こし】 名詞 茶《ちゃ》をつぐとき、茶《ちゃ》の葉《は》をこして、湯《ゆ》のみに入《はい》らないようにするあみ。

ちゃしつ【茶室】 名詞 茶《ちゃ》の湯《ゆ》をするための部《へ》屋《や》。

ちゃたく【茶たく】 名詞 茶《ちゃ》を出《だ》すときに茶《ちゃ》わんをのせる、木《き》などでできた小《ちい》さな皿《さら》。

あいうえお
かきくけこ
さしすせそ
たちつてと
ち
なにぬねの
はひふへほ
まみむめも
やゆよ
らりるれろ
わをん

四字熟語 付和雷同《ふわらいどう》　かみなりが鳴《な》ると、ありとあらゆるものがいっしょにふるえるように、しっかりし

ちゃだんす【茶だんす】 名詞 茶器《ちゃき》や食器《しょっき》などを入《い》れておく、たなや引《ひ》き出《だ》しのついた家具《かぐ》。

ちゃち 形容動詞 安《やす》っぽくていいかげんなようす。つまらなくて値打《ねう》ちのないようす。例 ちゃちなおもちゃ。使い方 くだけた言《い》い方《かた》。

チャチャチャ （スペイン語） 名詞 キューバのダンス音楽《おんがく》。一九五〇年代《ねんだい》に流行《りゅうこう》した。

ちゃちゃをいれる【茶茶を入れる】 人《ひと》が話《はなし》をしているとちゅうで、冷《ひ》やかしてじゃまをする。例 よけいな茶々を入れておこられる。

ちゃっか【着火】 名詞 動詞 火《ひ》がつくこと。また、火《ひ》をつけること。例 たきぎに着火する。

ちゃっかり［と］ 副詞 動詞 ぬけ目《め》がなく、ずうずうしいようす。例 妹《いもうと》は、自分《じぶん》だけちゃっかりとお菓子《かし》をもらっている。

チャック 名詞 「ファスナー」の商標名《しょうひょうめい》。ことば 日本《にほん》で作《つく》られたことば。

ちゃっこう【着工】 名詞 動詞 工事《こうじ》にとりかかること。例 ビルの建設《けんせつ》に着工する。類 起工《きこう》。

ちゃづつ【茶筒】 名詞 茶《ちゃ》の葉《は》を入《い》れておく、筒形《つつがた》の入《い》れ物《もの》。

チャット （chat） 名詞 インターネットを通《つう》じて、会話《かいわ》をするようにメッセージをやりとりすること。ことば 英語《えいご》では「おしゃべり」という意味《いみ》。

ちゃつぼ【茶つぼ】 名詞 茶《ちゃ》の葉《は》を入《い》れておくつぼ。

ちゃつみ【茶摘み】 名詞 季語春 茶《ちゃ》の木《き》の芽《め》や葉《は》をつみとること。また、その人《ひと》。

ちゃつみうた【茶摘み歌】 名詞 季語春 茶《ちゃ》つみをしながら歌《うた》う歌《うた》。ことば 俳句《はいく》などでは「茶摘唄」とも書《か》く。

ちゃどう【茶道】 ⇩535ページ さどう〔茶道〕

ちゃどころ【茶所】 名詞 ❶茶《ちゃ》を多《おお》く生産《せいさん》している所《ところ》。❷寺《てら》や神社《じんじゃ》などで、お参《まい》りに来《き》た人《ひと》に茶《ちゃ》を出《だ》してもてなす所《ところ》。

ちゃのま【茶の間】 名詞 家族《かぞく》がふだん、食事《しょくじ》をしたり、くつろいだりする部屋《へや》。類 居間《いま》。

ちゃのゆ【茶の湯】 名詞 客《きゃく》を招《まね》き、茶《ちゃ》をたててもてなすこと。また、その作法《さほう》。類 茶道《さどう》。教科社 室町時代《むろまちじだい》にさかんになった文化《ぶんか》の一《ひと》つ。

ちゃばしら【茶柱】 名詞 茶《ちゃ》を湯《ゆ》のみについだとき、湯《ゆ》の中《なか》で縦《たて》にうかんだ茶《ちゃ》のくき。ことば このようすを「茶柱《ちゃばしら》が立《た》つ」といい、よいことが起《お》こる前《まえ》ぶれとされている。

ちゃばたけ【茶畑】 名詞 季語春 茶《ちゃ》の木《き》を植《う》えた畑《はたけ》。「茶園《ちゃえん》」ともいう。

ちゃばん【茶番】 名詞 底《そこ》の見《み》えすいた、ばかばかしいふるまいや作《つく》りごと。茶番劇《ちゃばんげき》。例 今回《こんかい》のさわぎはとんだ茶番だった。ことば もとは「茶番狂言《ちゃばんきょうげん》（＝江戸時代《えどじだい》の、おもしろおかしい短《みじか》い芝居《しばい》）」のことをいった。

ちゃぶだい【ちゃぶ台】 名詞 おもに和室《わしつ》での食事《しょくじ》に使《つか》う、短《みじか》いあしのついた台《だい》。あしを折《お》りたたむことができる。

チャペル （chapel） 名詞 「礼拝堂《れいはいどう》」のこと。

ちゃぼ 名詞 にわとりの品種《ひんしゅ》の一《ひと》つ。体《からだ》が小《ちい》さくて、足《あし》が短《みじか》い。ペットとして飼《か》われる。ことば 江戸時代《えどじだい》にチャンパ（＝今《いま》のベトナムにあった国《くに》）から輸入《ゆにゅう》されたことからきた名《な》まえ。

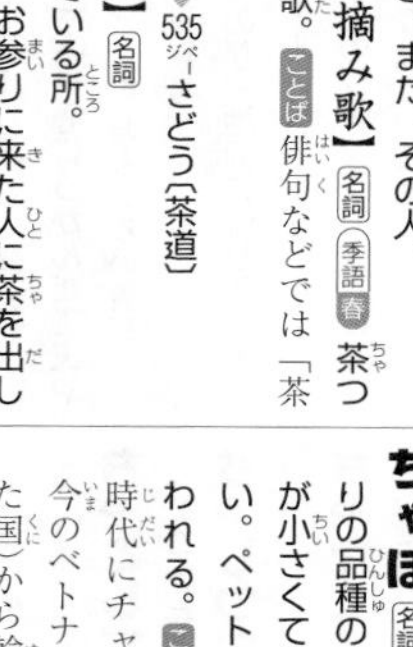

ちゃぼ

ちやほや［と］ 副詞 動詞 相手《あいて》の機嫌《きげん》をとって、お世辞《せじ》を言《い》ったり、あまやかしたりするようす。例 ちやほやされていい気《き》になる。

ちゃみせ【茶店】 名詞 通《とお》りがかりの人《ひと》を休《やす》ませて、茶《ちゃ》を飲《の》ませたり菓子《かし》を売《う》ったりする、道《みち》ばたの小《ちい》さな店《みせ》。茶屋《ちゃや》。

ちゃめ【茶目】 名詞 形容動詞 子供《こども》っぽい悪気《わるぎ》のないいたずらをすること。また、その人《ひと》。おちゃめ。例 お茶目でかわいい女《おんな》の子《こ》。

ちゃめっけ【茶目っ気】 名詞 無邪気《むじゃき》ないたずらをして人《ひと》を笑《わら》わせるのが好《す》きな性質《せいしつ》。例 弟《おとうと》はいつでも茶目っ気たっぷりだ。

ちゃや【茶屋】 名詞 ❶茶《ちゃ》を売《う》る店《みせ》。❷⇩836ページ ちゃみせ

チャリティー （charity） 名詞 寄付《きふ》などをして、困《こま》っている人《ひと》たちを助《たす》けること。また、そのためのもよおし。類 慈善《じぜん》。

チャレンジ （challenge） 名詞 動詞 難《むずか》しいことに、進《すす》んで向《む》かっていくこと。挑戦《ちょうせん》すること。

い働《はたら》いたり努力《どりょく》したりすること。

例 苦手《にがて》な科目《かもく》にチャレンジする。

ちゃわかい【茶話会】 ⇩542ジペー さわかい

ちゃわん【茶わん】 名詞 一人分《ひとりぶん》の茶《ちゃ》をついだり、ごはんを盛《も》ったりする食器《しょっき》。例 湯飲《ゆの》み茶わん。ことば 客用《きゃくよう》のものは「一客《いっきゃく》」と数《かぞ》える。

ちゃわんむし【茶わん蒸し】 名詞 茶《ちゃ》わんに、とり肉《にく》・えび・ぎんなんなどの具《ぐ》と、卵《たまご》をだしじるでといた液《えき》を入《い》れて蒸《む》した料理《りょうり》。

－ちゃん 接尾語 (人《ひと》の名前《なまえ》などのあとにつけて)親《した》しみの気持《きも》ちを表《あらわ》す。例 明子《あきこ》ちゃん／おばあちゃん。ことば「さん」が変化《へんか》してできたことばで、「さん」よりも親《した》しみの気持《きも》ちが強《つよ》い。

チャンス (chance) 名詞 あることをするのにちょうどよい時《とき》。よい機会《きかい》。類 好機《こうき》。

ちゃんちゃんこ 名詞 季語 冬 中《なか》に綿《わた》を入《い》れた、そでのない羽織《はおり》。

ちゃんと 副詞 ❶きちんと。すっかり。例 散《ち》らかった部屋《へや》をちゃんとかたづけた。❷まちがいなく。しっかり。例 その話《はなし》ならちゃんとこの耳《みみ》で聞《き》いた。

チャンネル (channel) 名詞 ❶テレビやラジオの放送《ほうそう》などで、それぞれの放送局《そうきょく》に割《わ》り当《あ》てられた電波《でんぱ》の周波数《しゅうはすう》。❷画面《がめん》に映《うつ》っているテレビの放送局《ほうそうきょく》を切《き》りかえるつまみやボタン。

ちゃんばら 名詞 時代劇《じだいげき》などで、刀《かたな》で切《き》り合《あ》うこと。

チャンピオン (champion) 名詞 ❶試合《しあい》や大会の優勝者。例 世界チャンピオン。❷ある分野《ぶんや》でいちばんすぐれている人《ひと》。

チャンプルー 名詞 沖縄《おきなわ》の代表的《だいひょうてき》な家庭料理《かていりょうり》で、豆腐《とうふ》と野菜《やさい》をいためたもの。入《い》れる野菜《やさい》の名《な》まえをつけて、「ゴーヤーチャンプルー」のように呼《よ》ぶ。ことば 沖縄《おきなわ》のことばで「混《ま》ぜ合《あ》わせる」という意味《いみ》からきたことばといわれる。

ちゃんぽん 名詞 ❶ちがったものをまぜこぜにすること。例 父《ちち》はいつも洋酒《ようしゅ》と日本酒《にほんしゅ》をちゃんぽんに飲《の》む。❷肉《にく》・野菜《やさい》・魚貝《ぎょかい》などをいため、スープを入《い》れて煮《に》こんだめん料理《りょうり》。長崎《ながさき》の名物料理《めいぶつりょうり》。

ちゅう【中】 名詞 まんなか。ふつうであること。例 中くらいの背《せ》の高《たか》さ。

漢 **ちゅう【中】**〔丨〕《ぼう》 4画 1年 音 チュウ・ジュウ 訓 なか
丨 冂 口 中（はらう）
❶なか。うちがわ。例 中央《ちゅうおう》／中心《ちゅうしん》／中庭《なかにわ》／中身《なかみ》／胸中《きょうちゅう》。❷あいだ。とちゅう。例 中間《ちゅうかん》／中断《ちゅうだん》／中途《ちゅうと》／会議中《かいぎちゅう》／最中《さいちゅう》。❸なかほど。かたよらない。例 中立《ちゅうりつ》。❹あたる。例 中毒《ちゅうどく》／的中《てきちゅう》／命中《めいちゅう》。❺ある範囲《はんい》のすべて。例 家中《いえじゅう》／世界中《せかいじゅう》。❻「中国《ちゅうごく》」の略《りゃく》。例 日中関係《にっちゅうかんけい》。

ちゅう【仲】 漢 ⇩968ジペー なか〔仲〕

漢 **ちゅう【虫】**〔虫〕《むし》 6画 1年 音 チュウ 訓 むし
丨 冂 口 中 虫（すこしみぎ上へ） 虫
むし。例 虫眼鏡／昆虫／成虫／幼虫。

ちゅう【沖】 漢 ⇩178ジペー おき〔沖〕

ちゅう【宙】 名詞 地面《じめん》からはなれたところ。空中《くうちゅう》。例 体《からだ》が宙《ちゅう》にまう。漢 ⇩837ジペー ちゅう〔宙〕

● **宙《ちゅう》に浮《う》く** ❶空中《くうちゅう》にうかぶ。例 体《からだ》が宙に浮く感《かん》じがする。❷中途半端《ちゅうとはんぱ》なままになる。例 道路《どうろ》の延長計画《えんちょうけいかく》は宙に浮いたままだ。

● **宙《ちゅう》に迷《まよ》う** ものごとが中途半端《ちゅうとはんぱ》で落《お》ち着《つ》かない状態《じょうたい》にある。例 計画《けいかく》は宙に迷った状態《じょうたい》だ。

● **宙《ちゅう》を飛《と》ぶ** ❶空中《くうちゅう》を飛《と》ぶ。❷足《あし》が地面《じめん》につかないほど速《はや》く走《はし》る。例 知《し》らせをもらい、おどろきのあまり宙を飛んでかけつけた。

漢 **ちゅう【宙】**〔宀〕《うかんむり》 8画 6年 音 チュウ
丶 丷 宀 宂 宙（つきだす） 宙 宙
そら。空中《くうちゅう》。例 宙返《ちゅうがえ》り／宇宙《うちゅう》。

漢 **ちゅう【注】**〔氵〕《さんずい》 8画 3年 音 チュウ 訓 そそぐ
丶 冫 氵 氵 汁 泩 注（下をながく）
❶そそぐ。あつめる。例 注意《ちゅうい》／注射《ちゅうしゃ》。❷あつらえる。例 注文《ちゅうもん》／発注《はっちゅう》。❸ことばの意味《いみ》などをわかりやすく説明《せつめい》する。例 注記《ちゅうき》／注釈《ちゅうしゃく》。

漢 **ちゅう【忠】**〔心〕《こころ》 8画 6年 音 チュウ

あいうえお　かきくけこ　さしすせそ　たちつてと　ち　なにぬねの　はひふへほ　まみむめも　や　ゆ　よ　らりるれろ　わ　を　ん

四字熟語 粉骨砕身《ふんこつさいしん》 自分《じぶん》の骨《ほね》を粉《こな》にして、体《からだ》をくだくくらいに、力《ちから》の限《かぎ》りをつくしていっしょうけんめ

丶 冂 口 中 中 忠 忠 忠（うちがわへはねる）

まごころ。例 忠犬《ちゅうけん》／忠告《ちゅうこく》／忠実《ちゅうじつ》／忠誠《ちゅうせい》。

漢 **ちゅう**【昼】〔日《ひ》〕9画 2年 音 チュウ 訓 ひる

一 コ 尸 尺（ひろく） 尺 昼 昼 昼

ひるま。例 昼食《ちゅうしょく》／昼夜《ちゅうや》／昼寝《ひるね》／白昼《はくちゅう》。対 夜《や》。

漢 **ちゅう**【柱】〔木《きへん》〕9画 3年 音 チュウ 訓 はしら

一 十 才 木 木 杧 杧 柱

❶はしら。例 円柱《えんちゅう》／霜柱《しもばしら》／電柱《でんちゅう》／門柱《もんちゅう》。❷ものごとの中心《ちゅうしん》となるもの。例 大黒柱《だいこくばしら》。

ちゅうい【注意】名詞 動詞 ❶気《き》をつけること。用心《ようじん》すること。例 遠足《えんそく》の注意を聞《き》く／ありの動《うご》きを注意して見《み》る。❷悪《わる》いところや、直《なお》さなければならないところを、気《き》をつけるように言《い》うこと。例 乱暴《らんぼう》なことばづかいをやめるよう、母《はは》に注意された。

● **注意《ちゅうい》を払《はら》う** 気《き》をつける。用心《ようじん》する。例 体《たい》調《ちょう》の変化《へんか》に注意を払う。

● **注意《ちゅうい》を引《ひ》く** 人《ひと》の注意《ちゅうい》や関心《かんしん》を引《ひ》きつける。目《め》を引《ひ》く。例 道行《みちゆ》く人《ひと》の注意を引く看板《かんばん》。

ちゅういけっかんたどうせいしょうがい【注意欠陥・多動性障害】⬇149ジページ エーディーエッチディー

ちゅういぶかい【注意深い】形容詞 注意《ちゅうい》が行《い》き届《とど》いている。よく気《き》をつけている。例 機械《きかい》を注意深く点検《てんけん》する。

ちゅういほう【注意報】名詞 大雨《おおあめ》・洪水《こうずい》・強風《きょうふう》などによって災害《さいがい》の起《お》こるおそれがあるときに、気象庁《きしょうちょう》などが注意《ちゅうい》を呼《よ》びかける知《し》らせ。例 強風注意報《きょうふうちゅういほう》が発表《はっぴょう》された。参考「特別警報《とくべつけいほう》」や「警報《けいほう》」よりは注意《ちゅうい》の度合《どあ》いが低《ひく》い。

チューインガム（chewing gum）名詞 口《くち》の中《なか》でかみながら味《あじ》わう菓子《かし》。ガム。

ちゅうおう【中央】名詞 ❶真《ま》ん中《なか》。例 公園《こうえん》の中央に池《いけ》がある。類 中心《ちゅうしん》。❷中心《ちゅうしん》となる大切《たいせつ》なはたらきをするところ。例 市《し》の中央体育館《たいいくかん》。❸ある国《くに》の、政治《せいじ》や経済《けいざい》の中心《ちゅうしん》となっているところ。首都《しゅと》。対 地方《ちほう》。

ちゅうおうアルプス【中央アルプス】名詞 中部地方《ちゅうぶちほう》にある「木曽山脈《きそさんみゃく》」のこと。もっとも高《たか》い山《やま》は駒ケ岳《こまがたけ》。

ちゅうおうこうち【中央高地】名詞 本州《ほんしゅう》の真《ま》ん中《なか》あたりの、海《うみ》からはなれている地域《ちいき》。高《たか》い山《やま》や盆地《ぼんち》が多《おお》い。夏《なつ》はすずしく、冬《ふゆ》は寒《さむ》くて積雪《せきせつ》が多《おお》い。

ちゅうかい【仲介】名詞 動詞 両方《りょうほう》の間《あいだ》に入《はい》って、話《はなし》をとりついだり、まとめたりすること。仲立《なかだ》ち。例 土地《とち》の売買《ばいばい》を仲介する。

ちゅうがい【虫害】名詞 害虫《がいちゅう》に食《く》いあらされるなどして、作物《さくもつ》や樹木《じゅもく》などが受《う》ける損害《そんがい》。

ちゅうがえり【宙返り】名詞 動詞 空中《くうちゅう》にとび上《あ》がって体《からだ》を回転《かいてん》させること。とんぼ返《がえ》り。

ちゅうかがい【中華街】名詞 中国人《ちゅうごくじん》が外国《がいこく》につくった、中国人街《ちゅうごくじんがい》。日本《にほん》では、横浜《よこはま》や神戸《こうべ》などにある。「チャイナタウン」ともいう。

ちゅうかく【中核】名詞 ものごとの中心《ちゅうしん》となる、いちばん大切《たいせつ》な部分《ぶぶん》。例 チームの中核となる選手《せんしゅ》。

ちゅうがく【中学】名詞「中学校《ちゅうがっこう》」の略《りゃく》。

ちゅうかくし【中核市】名詞 人口《じんこう》二十万人《にじゅうまんにん》以上《いじょう》の、指定《してい》された都市《とし》。政令指定都市《せいれいしていとし》ほどは大《おお》きくないが、比較的大《ひかくてきおお》きな都市《とし》として、ふつうの都市《とし》にはない権限《けんげん》が認《みと》められる。

ちゅうがくせい【中学生】名詞 中学校《ちゅうがっこう》に通《かよ》う生徒《せいと》。

ちゅうがくねん【中学年】名詞 小学校《しょうがっこう》で、中《なか》ほどの学年《がくねん》。ふつうは三《さん》・四年生《よねんせい》を指《さ》す。関連 高学年《こうがくねん》。低学年《ていがくねん》。

ちゅうかじんみんきょうわこく【中華人民共和国】名詞 アジアの東部《とうぶ》から中部《ちゅうぶ》にかけて広《ひろ》がる国《くに》。人口《じんこう》は世界一多《せかいいちおお》く、農業《のうぎょう》がさかん。豊《ゆた》かな資源《しげん》を利用《りよう》して工業《こうぎょう》も発展《はってん》している。日本《にほん》とは文化《ぶんか》や貿易《ぼうえき》で昔《むかし》から関係《かんけい》が深《ふか》い。首都《しゅと》はペキン（北京）。「中国《ちゅうごく》」ともいう。

（国旗《こっき》）

ちゅうかそば【中華そば】名詞 中国風《ちゅうごくふう》のめんを使《つか》った料理《りょうり》。とくに、ラーメンをいう。

ちゅうがっこう【中学校】名詞 小学校《しょうがっこう》を卒業《そつぎょう》してから進《すす》む、三年間《さんねんかん》の義務教育《ぎむきょういく》の学校《がっこう》。中学《ちゅうがく》。

みごとをしたりするときに、体《からだ》をかがめて頭《あたま》を低《ひく》く下《さ》げること。

ちゅうかりょうり【中華料理】 ⇩839ページ・ちゅうごくりょうり

ちゅうかん【中間】 名詞 ❶二《ふた》つのものの間《あいだ》。真《ま》ん中《なか》。例 中間地点《ちてん》。❷ものごとのとちゅう。例 中間報告《ほうこく》。❸性質《せいしつ》や程度《ていど》が中《ちゅう》くらいであること。かたよっていないこと。例 中間の意見《いけん》をとる。

ちゅうかん【昼間】 名詞 昼《ひる》の間《あいだ》。日中《にっちゅう》。ひるま。対 夜間《やかん》。

ちゅうかんしょく【中間色】 名詞 ❶純色《じゅんしょく》（＝混《ま》じり気《け》のない色《いろ》）に、白《しろ》や灰色《はいいろ》の混《ま》じった、やわらかい感《かん》じの色《いろ》。❷赤《あか》・青《あお》・黄《き》の三原色《さんげんしょく》と黒《くろ》・白以外《しろいがい》の色《いろ》。

ちゅうき【中期】 名詞 ある期間《きかん》を三《みっ》つに分《わ》けたときの、真《ま》ん中《なか》の期間《きかん》。関連 前期《ぜんき》。後期《こうき》。

ちゅうき【注記】 名詞 動詞 本文《ほんぶん》のことばの意《い》味《み》などがよくわかるように、本文《ほんぶん》とは別《べつ》に説明《せつめい》を書《か》き記《しる》すこと。また、その書《か》き記《しる》したもの。

ちゅうぎ【忠義】 名詞 主人《しゅじん》に真心《まごころ》をつくして仕《つか》えること。類 忠誠《ちゅうせい》。

ちゅうきゅう【中級】 名詞 ものごとの程度《ていど》や段階《だんかい》が中《ちゅう》くらいであること。

ちゅうきょうこうぎょうちたい【中京工業地帯】 名詞 名古屋市《なごやし》を中心《ちゅうしん》に、愛知県《あいちけん》から三重県《みえけん》にかけて広《ひろ》がる、工業《こうぎょう》のさかんな地域《ちいき》。

ちゅうきょり【中距離】 名詞 ❶中《ちゅう》くらいのきょり。❷「中距離走《ちゅうきょりそう》」の略《りゃく》。陸上競技《りくじょうきょうぎ》では、ふつう八百メートルから千五百メートルくらいのものをいう。関連 短距離《たんきょり》。長距離《ちょうきょり》。

ちゅうきんとう【中近東】 名詞 ヨーロッパから見《み》て東側《ひがしがわ》で、極東《きょくとう》より西側《にしがわ》の地域《ちいき》。アフリカ北東部《ほくとうぶ》から西《にし》アジアにかけての一帯《いったい》を指《さ》すことが多《おお》い。

ちゅうくう【中空】 名詞 ❶空《そら》の、高《たか》くも低《ひく》くもない中《なか》ほど。「なかぞら」ともいう。例 中空に満月《まんげつ》がうかぶ。❷中《なか》が空《から》っぽであること。例 中空の柱《はしら》。

ちゅうけい【中継】 名詞 動詞 ❶とちゅうで受《う》けつぐこと。受《う》けついでもう一方《いっぽう》にわたすこと。なかつぎ。例 中継地点《ちてん》。❷「中継放送《ちゅうけいほうそう》」の略《りゃく》。例 スポーツ中継。

ちゅうけいしゃ【中継車】 名詞 事件《じけん》の現場《げんば》や競技場《きょうぎじょう》などから中継放送《ちゅうけいほうそう》を行《おこな》うため、必要《ひつよう》なものを装備《そうび》した自動車《じどうしゃ》。

ちゅうけいほうそう【中継放送】 名詞 事《じ》件《けん》の現場《げんば》や競技場《きょうぎじょう》などからの放送《ほうそう》を、放送局《ほうそうきょく》がなかつぎをして伝《つた》えること。例 事故現場《じこげんば》からの中継放送。

ちゅうけん【中堅】 名詞 ❶団体《だんたい》や会社《かいしゃ》の中《なか》で、中心《ちゅうしん》となって働《はたら》く人《ひと》。また、地位《ちい》などが中《ちゅう》くらいで、働《はたら》きざかりの人《ひと》。❷野球《やきゅう》で、「中堅手《ちゅうけんしゅ》」の略《りゃく》。外野《がいや》の中央部《ちゅうおうぶ》を守《まも》る人《ひと》。センター。

ちゅうけん【忠犬】 名詞 飼《か》い主《ぬし》によく従《したが》う犬《いぬ》。

ちゅうげん【中元】 名詞 季語 秋 ❶昔のこよみで七月十五日のこと。先祖のたましいをなぐさめる「うらぼん」の行事《ぎょうじ》を行《おこな》う。❷お世話《せわ》になった人《ひと》などに対《たい》して、おぼんのころにするおくり物《もの》。例 お中元。関連 歳暮《せいぼ》。

ちゅうげん【忠言】 名詞 その人《ひと》のためを思《おも》って、真心《まごころ》をこめて注意《ちゅうい》することば。類 忠告《ちゅうこく》。

ちゅうこ【中古】 名詞 ❶使《つか》って少《すこ》し古《ふる》くなっていること。「ちゅうぶる」ともいう。例 中古車《しゃ》／中古品《ひん》。❷おもに文学《ぶんがく》の歴史《れきし》で、平安時代《へいあんじだい》のこと。

ちゅうこう【忠孝】 名詞 忠義《ちゅうぎ》と孝行《こうこう》。主人《しゅじん》や親《おや》に対《たい》して、真心《まごころ》をもってつくすこと。

ちゅうこく【忠告】 名詞 動詞 相手《あいて》のためを思《おも》って、欠点《けってん》などを注意《ちゅうい》すること。また、そのことば。例 人《ひと》の忠告に耳《みみ》を貸《か》す。類 忠言《ちゅうげん》。

ちゅうごく【中国】 名詞 ❶「中国地方《ちゅうごくちほう》」の略《りゃく》。❷⇩838ページ・ちゅうかじんみんきょうわこく

ちゅうごくさんち【中国山地】 名詞 中国《ちゅうごく》地方《ちほう》の中央部《ちゅうおうぶ》を東西《とうざい》に走《はし》る山地《さんち》。中国地方《ちゅうごくちほう》でいちばん高《たか》い大山《だいせん》がある。

ちゅうごくちほう【中国地方】 名詞 本州《ほんしゅう》の西部《せいぶ》にある地方《ちほう》。山陰地方《さんいんちほう》と山陽地方《さんようちほう》とに分《わ》けられる。鳥取県《とっとりけん》・島根県《しまねけん》・岡山県《おかやまけん》・広島県《ひろしまけん》・山口県《やまぐちけん》がある。

ちゅうごくりょうり【中国料理】 名詞 中《ちゅう》国《ごく》で発達《はったつ》した料理《りょうり》。北京料理《ペキンりょうり》・上海料理《シャンハイりょうり》・広東料理《カントンりょうり》・四川料理《しせんりょうり》など。中華料理《ちゅうかりょうり》。

ちゅうごし【中腰】 名詞 こしを半分《はんぶん》くらい上《あ》

四字熟語　**平身低頭《へいしんていとう》**　「平身《へいしん》」は体《からだ》をかがめること、「低頭《ていとう》」は頭《あたま》を低《ひく》くすること。人《ひと》にあやまったりたの

げて、立《た》ちかけた姿勢《しせい》。例 中腰になって荷物《にもつ》を持《も》ち上《あ》げる。

ちゅうこしゃ【中古車】 名詞 使《つか》って少《すこ》し古《ふる》くなった自動車《じどうしゃ》。

ちゅうざ【中座】 名詞 動詞 話《はな》し合《あ》いや会《かい》などのとちゅうで、席《せき》を立《た》ってぬけること。例 電《でん》話《わ》がきたので、会議《かいぎ》を中座する。

ちゅうさい【仲裁】 名詞 動詞 争《あらそ》いの間《あいだ》に入《はい》って、両方《りょうほう》を仲直《なかなお》りさせること。例 友《とも》だちのけんかを仲裁する／争《あらそ》いの仲裁に入《はい》る。類 調停《ちょうてい》。

ちゅうざい【駐在】 ❶ 名詞 動詞 仕事《しごと》のため、よそのある場所《ばしょ》に長《なが》くとどまること。例 アメリカ駐在の記者《きしゃ》。❷ 名詞「駐在所《ちゅうざいしょ》」の略《りゃく》。また、そこにいる警察《けいさつ》官《かん》。例 村《むら》の駐在さん。

ちゅうざいしょ【駐在所】 名詞 警察署《けいさつしょ》から遠《とお》いところにあり、警察官《けいさつかん》が住《す》みこんで、受《う》け持《も》ちの区域《くいき》の仕事《しごと》をするところ。

ちゅうし【中止】 名詞 動詞 とちゅうでやめること。また、やると決《き》まっていたことを、やめること。例 雨天《うてん》中止／工事《こうじ》を中止する。

ちゅうし【注視】 名詞 動詞 注意《ちゅうい》して、じっと見《み》つめること。例 選手《せんしゅ》の動《うご》きを注視する。類 注目《ちゅうもく》。

ちゅうじえん【中耳炎】 名詞 かぜなどが原《げん》因《いん》で、耳《みみ》のこまくのおくがはれて熱《ねつ》を持《も》つ病《びょう》気《き》。

ちゅうじく【中軸】 名詞 ❶物《もの》の中心《ちゅうしん》をつらぬくじく。❷ものごとの中心《ちゅうしん》となる、大切《たいせつ》な人《ひと》やことがら。例 中軸打者《だしゃ》。

ちゅうじつ【忠実】 形容動詞 ❶目上《めうえ》の人《ひと》によく従《したが》い、まじめで、正直《しょうじき》にものごとをするようす。例 飼《か》い主《ぬし》に忠実な犬《いぬ》。❷少《すこ》しのちがいもなく、ありのままであるようす。例 手本《てほん》の絵《え》を忠実に写《うつ》す。

ちゅうしゃ【注射】 名詞 動詞 皮膚《ひふ》に針《はり》をさして、薬《くすり》を体《からだ》の中《なか》に入《い》れること。例 予防《よぼう》注射。

ちゅうしゃ【駐車】 名詞 動詞 車《くるま》をとめておくこと。例 駐車場《じょう》／駐車禁止《きんし》。ことば 運転《うんてん》をしている人《ひと》が車《くるま》をはなれて、長《なが》い時間《じかん》とめていることをいう。短《みじか》い時間《じかん》のときは「停車《ていしゃ》」という。

ちゅうしゃく【注釈】 名詞 動詞 ある文章《ぶんしょう》の中《なか》の、難《むずか》しいことばやわかりにくい部分《ぶぶん》に説明《せつめい》をつけて、わかりやすくすること。また、ものごとに説明《せつめい》をつけ加《くわ》えること。

ちゅうしゅう【中秋】 名詞 季語 秋 昔《むかし》のこよみで、八月十五日《はちがつじゅうごにち》のこと。

ちゅうしゅうのめいげつ【中秋の名月】 昔《むかし》のこよみで、八月十五日《はちがつじゅうごにち》の夜《よる》に出《で》る月《つき》。すすき・さといも・団子《だんご》などを供《そな》えて、月見《つきみ》をする。類 芋名月《いもめいげつ》。

ちゅうしゅつ【抽出】 名詞 動詞 多《おお》くのものの中《なか》から一部《いちぶ》をぬき出《だ》すこと。例 名簿《めいぼ》から、学《がっ》校《こう》の近《ちか》くに住《す》む人《ひと》を抽出する。

ちゅうじゅん【中旬】 名詞 ひと月《つき》を三《みっ》つに分《わ》けたうちの、真《ま》ん中《なか》の十日間《とおかかん》。十一日《じゅういちにち》から二十日《はつか》まで。関連 上旬《じょうじゅん》。下旬《げじゅん》。

ちゅうしょう【中傷】 名詞 動詞 でたらめな悪《わる》口《くち》を言《い》いふらして、その人《ひと》の名誉《めいよ》を傷《きず》つけること。例 他人《たにん》から中傷を受《う》ける。

ちゅうしょう【抽象】 名詞 動詞 いくつかのことがらや物《もの》から、共通《きょうつう》する点《てん》をぬき出《だ》してまとめること。たとえば、ボール・地球《ちきゅう》・すいか・うみがめの卵《たまご》から、「形《かたち》がまるい」という共通《きょうつう》の性質《せいしつ》をぬき出《だ》すこと。対 具体《ぐたい》。具象《ぐしょう》。

ちゅうしょうきぎょう【中小企業】 名詞 資本《しほん》（事業《じぎょう》のもとになるお金《かね》）や働《はたら》く人《ひと》の数《かず》が少《すく》なく、規模《きぼ》が小《ちい》さい会社《かいしゃ》や工場《こうじょう》などのこと。

ちゅうじょうグラフ【柱状グラフ】 名詞 資料《しりょう》の散《ち》らばり具合《ぐあい》を表《あらわ》す、棒《ぼう》グラフに似《に》たグラフ。棒《ぼう》グラフとちがい、それぞれの柱《はしら》と柱《はしら》の間《あいだ》を空《あ》けない。

ちゅうしょうてき【抽象的】 形容動詞 ❶いくつかのものごとに共通《きょうつう》している点《てん》をぬき出《だ》して、ひとまとめにとらえるようす。例 ものごとを抽象的にとらえる。対 具体的《ぐたいてき》。❷頭《あたま》の中《なか》だけで考《かんが》えていて、実際《じっさい》のありさまに合《あ》っていないようす。例 抽象的な説明《せつめい》で、よくわからなかった。対 具体的《ぐたいてき》。

ちゅうしょく【昼食】 名詞 昼《ひる》ごはん。関連 朝《ちょう》食《しょく》。夕食《ゆうしょく》。

ちゅうしん【中心】 名詞 ❶真《ま》ん中《なか》。例 円《えん》の中心／球《きゅう》の中心。類 中央《ちゅうおう》。❷ものごとの大切《たいせつ》な部分《ぶぶん》。また、いちばん大事《だいじ》なはたらきをする場所《ばしょ》や人《ひと》。例 政治《せいじ》の中心。

ちゅうしん【忠臣】 名詞 主君《しゅくん》に真心《まごころ》をつ

して仕える家来。

ちゅうしんかく【中心角】 名詞 一《ひと》つの円《えん》の二《ふた》つの半径《はんけい》がつくる角《かく》。

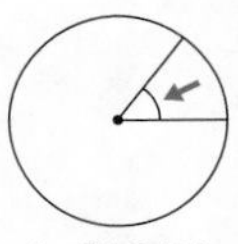

ちゅうしんかく

ちゅうしんじんぶつ【中心人物】 名詞 あるできごとや集団《しゅうだん》、物語《ものがたり》などの中心《ちゅうしん》となる、重要《じゅうよう》な人物《じんぶつ》。

ちゅうしんてき【中心的】 形容動詞 ものごとの中心《ちゅうしん》にあるようす。重要《じゅうよう》な位置《いち》をしめるようす。例 クラブで中心的な役割《やくわり》を果《は》たす。

ちゅうしんてん【中心点】 名詞 ものごとの中心《ちゅうしん》になるところ。例 計画《けいかく》の中心点を説明《せつめい》する。

ちゅうすい【注水】 名詞 動詞 水《みず》を注《そそ》ぎ入《い》れること。また、水《みず》を注《そそ》ぎかけること。

ちゅうすいえん【虫垂炎】 名詞 虫垂《ちゅうすい》（＝盲《もう》腸《ちょう》の下《した》のはしにある、細《ほそ》い管《くだ》のような出《で》っぱり）が炎症《えんしょう》を起《お》こすこと。ことば 一般《いっぱん》に「盲《もう》腸炎《ちょうえん》」ともいう。

ちゅうすう【中枢】 名詞 ものごとの中心《ちゅうしん》となる、いちばん大事《だいじ》なところ。例 父《ちち》は会社《かいしゃ》の中枢として働《はたら》いている。

ちゅうせい【中世】 名詞 歴史《れきし》の時代《じだい》の分《わ》け方《かた》の一《ひと》つ。古代《こだい》と近世《きんせい》との間《あいだ》の時代《じだい》。日本《にほん》では、鎌倉時代《かまくらじだい》から江戸時代《えどじだい》の前《まえ》までをいう。関連 古《こ》代《だい》。近世《きんせい》。近代《きんだい》。現代《げんだい》。

ちゅうせい【中性】 名詞 ❶アルカリ性《せい》でも酸性《さんせい》でもない性質《せいしつ》。例 中性洗剤《せんざい》／食塩水《しょくえんすい》は中性です。教科 理 青色《あおいろ》、赤色《あかいろ》の、どちらのリトマス紙の色も変えない。❷女性《じょせい》・男性《だんせい》いずれともはっきりしない性質《せいしつ》。

ちゅうせい【忠誠】 名詞 主人《しゅじん》などのために、正直《しょうじき》に真心《まごころ》をもってつくすこと。例 忠誠をちかう。類 忠義《ちゅうぎ》。

ちゅうせいせんざい【中性洗剤】 名詞 水《みず》にとかすと中性《ちゅうせい》の性質《せいしつ》を示《しめ》す合成洗剤《ごうせいせんざい》。

ちゅうせいだい【中生代】 名詞 地球《ちきゅう》の歴《れき》史《し》の中《なか》で、約《やく》二《に》億四千《おくよんせん》五《ご》百万年前《ひゃくまんねんまえ》から六千《ろくせん》五《ご》百万年前《ひゃくまんねんまえ》の間《あいだ》。きょうりゅう・アンモナイト・しだなどが栄《さか》えた。関連 古生代《こせいだい》。新生代《しんせいだい》。

ちゅうせきせい【沖積世】 ↓303ページ かんしんせい

ちゅうぜつ【中絶】 名詞 動詞 続《つづ》いてきたことなどを、とちゅうでやめること。また、とちゅうで止《と》まること。例 橋《はし》の建設《けんせつ》を中絶する。類 中断《ちゅうだん》。

ちゅうせん【抽選】 名詞 動詞 くじを引《ひ》くこと。くじ引《び》き。

ちゅうぞう【鋳造】 名詞 動詞 とかした金属《きんぞく》を鋳型《いがた》に流《なが》しこんで、決《き》まった形《かたち》のものをつくること。例 銅貨《どうか》を鋳造する。

ちゅうたい【中退】 名詞 動詞 学校《がっこう》を卒業《そつぎょう》しないで、とちゅうでやめること。「中途退学《ちゅうとたいがく》」の略《りゃく》。

ちゅうたい【柱体】 名詞 円柱《えんちゅう》と角柱《かくちゅう》をまとめて呼《よ》ぶことば。図 ↓686ページ ずけい

ちゅうだん【中段】 名詞 いくつか段《だん》があるうちの、中《なか》ほどの段《だん》。関連 上段《じょうだん》。下段《げだん》。

ちゅうだん【中断】 名詞 動詞 続《つづ》いているものごとが、とちゅうで切《き》れること。また、切《き》ること。例 雨のため試合を中断する。類 中絶

ちゅうちょ 名詞 動詞 決心《けっしん》がつかず、あれこれ迷《まよ》ってぐずぐずすること。ためらうこと。例 自信《じしん》がなく、手《て》を挙《あ》げるのをちゅうちょした。

ちゅうづり【宙づり】 名詞 空中《くうちゅう》にぶら下《さ》がった状態《じょうたい》。例 スキー場《じょう》のリフトが宙づりのまま動《うご》かない。

ちゅうてん【中天】 名詞 天《てん》の真《ま》ん中《なか》。例 中天に月《つき》がかかる。

ちゅうと【中途】 名詞 ❶行《い》く道《みち》のりの中《なか》ほど。例 中途で引《ひ》き返《かえ》す。❷ものごとが続《つづ》いている中《なか》ほど。とちゅう。例 中途半端《はんぱ》／仕事《しごと》を中途でほうり出《だ》す。

ちゅうとう【中東】 名詞 ヨーロッパからみて、少《すこ》し東《ひがし》寄《よ》りのアジアの地域《ちいき》。イラン・イラク・アフガニスタンなどの国《くに》。関連 近東《きんとう》。極《きょく》東《とう》。

ちゅうとう【中等】 名詞 程度《ていど》が中《ちゅう》くらいであること。関連 高等《こうとう》。下等《かとう》。

ちゅうとう【柱頭】 名詞 ❶柱《はしら》のいちばん上《うえ》の部分《ぶぶん》。❷めしべの先《さき》の、花粉《かふん》がつく部分《ぶぶん》。

ちゅうどく【中毒】 名詞 動詞 食《た》べ物《もの》・ガス・薬《くすり》などの毒《どく》のため、体《からだ》の具合《ぐあい》が悪《わる》くなること。例 食《しょく》中毒／中毒症状《しょうじょう》。

ちゅうとたいがく【中途退学】 ↓841ページ ちゅうたい【中退】

ちゅうとはんぱ【中途半端】 名詞 形容動詞 どっちつかずではっきりしないこと。やりかけ

四字熟語 暴飲暴食《ぼういんぼうしょく》　むやみにたくさん飲《の》んだり食《た》べたりすること。

のままであること。例 中途半端な態度《たいど》をとる／宿題《しゅくだい》が中途半端になる。

チューナー (tuner) 名詞 ラジオやテレビで、目的《もくてき》のチャンネルの電波《でんぱ》にうまく調整《ちょうせい》するための装置《そうち》。

ちゅうにくちゅうぜい【中肉中背】 名詞 人《ひと》の体《からだ》つきが、体重《たいじゅう》も身長《しんちょう》も中《ちゅう》くらいであること。

ちゅうにち【中日】 名詞 季語 春 春《はる》と秋《あき》の彼《ひ》岸《がん》の七日間《なのかかん》の、真《ま》ん中《なか》の日《ひ》。春分《しゅんぶん》の日《ひ》と秋分《しゅうぶん》の日《ひ》に当《あ》たる。ことば 季語《きご》として使《つか》うのは春《はる》の中日《ちゅうにち》の意味《いみ》。

ちゅうにゅう【注入】 名詞 動詞 水《みず》などを注《そそ》ぎ入《い》れること。つぎこむこと。例 タンクに油《あぶら》を注入する。

ちゅうねん【中年】 名詞 青年《せいねん》と老年《ろうねん》の間《あいだ》の、四十才前後《よんじっさいぜんご》の年《とし》ごろ。また、それくらいの年《とし》ごろの人《ひと》。

チューバ ➡899ページ テューバ

ちゅうばいか【虫媒花】 名詞 昆虫《こんちゅう》によって花粉《かふん》がめしべに運《はこ》ばれ、受粉《じゅふん》する花《はな》。桜《さくら》・れんげ草《そう》など。関連 水媒花《すいばいか》。鳥媒花《ちょうばいか》。風媒花《ふうばいか》。

ちゅうび【中火】 名詞 料理《りょうり》で、強火《つよび》と弱火《よわび》の間《あいだ》の、中《ちゅう》くらいの強《つよ》さの火《ひ》。

ちゅうぶ【中部】 名詞 ❶真《ま》ん中《なか》の部分《ぶぶん》。❷「中部地方《ちゅうぶちほう》」の略《りゃく》。

チューブ (tube) 名詞 ❶管《かん》。くだ。❷タイヤの中《なか》の、空気《くうき》を入《い》れるゴムの管《くだ》。❸歯《は》みがき・絵《え》の具《ぐ》などのやわらかいものを入《い》れ、おし出《だ》して使《つか》う筒形《つつがた》の入《い》れ物《もの》。

ちゅうふく【中腹】 名詞 山《やま》の頂上《ちょうじょう》とふもととの間《あいだ》。山《やま》の中《なか》ほど。類 山腹《さんぷく》。

ちゅうぶこくさいくうこう【中部国際空港】 名詞 愛知県《あいちけん》の伊勢湾《いせわん》東北部《とうほくぶ》の海上《かいじょう》に造《つく》られた国際空港《こくさいくうこう》。

ちゅうぶさんがくこくりつこうえん【中部山岳国立公園】 名詞 北《きた》アルプス一帯《いったい》を中心《ちゅうしん》とした、長野《ながの》・富山《とやま》・岐阜《ぎふ》・新潟《にいがた》の四県《よんけん》にまたがる国立公園《こくりつこうえん》。標高三千《ひょうこうさんぜん》メートル級《きゅう》の山々《やまやま》が並《なら》ぶ。

ちゅうぶちほう【中部地方】 名詞 本州《ほんしゅう》の中部《ちゅうぶ》にある地方《ちほう》。北陸地方《ほくりくちほう》・中央高地《ちゅうおうこうち》・東海《とうかい》地方《ちほう》に分《わ》けられる。新潟県《にいがたけん》・富山県《とやまけん》・石川県《いしかわけん》・福井県《ふくいけん》・山梨県《やまなしけん》・長野県《ながのけん》・岐阜県《ぎふけん》・静岡県《しずおかけん》・愛知県《あいちけん》の九県《きゅうけん》がある。

ちゅうぶらりん【宙ぶらりん・中ぶらりん】 名詞 形容動詞 ❶空中《くうちゅう》にぶら下《さ》がっているようす。❷どちらにも決《き》まらないようす。例 賛成《さんせい》なのか反対《はんたい》なのか、宙ぶらりんな態度《たいど》をとる。

ちゅうぶる【中古】 ➡839ページ ちゅうこ❶

ちゅうへん【中編】 名詞 小説《しょうせつ》や映画《えいが》などの作品《さくひん》で、三《みっ》つに分《わ》かれているもののうち、中《ちゅう》間《かん》のもの。関連 前編《ぜんぺん》。後編《こうへん》。

ちゅうもく【注目】 名詞 動詞 注意《ちゅうい》してよく見《み》ること。じっと見守《みまも》ること。例 黒板《こくばん》に注目してください。類 注視《ちゅうし》。

● **注目《ちゅうもく》の的《まと》** 多《おお》くの人《ひと》が関心《かんしん》を持《も》って見守《みまも》る、人《ひと》やものごと。例 優勝《ゆうしょう》して全校生徒《ぜんこうせいと》の注目の的となる。

● **注目《ちゅうもく》を浴《あ》びる** 多《おお》くの人《ひと》から見《み》られる。たくさんの関心《かんしん》を集《あつ》める。例 ノーベル賞《しょう》を受賞《じゅしょう》して世界《せかい》じゅうの注目を浴びる。

ちゅうもん【注文】 名詞 動詞 ❶ほしいと思《おも》う品物《しなもの》を、つくったり届《とど》けたりするように、店《みせ》にたのむこと。例 昼食《ちゅうしょく》にそばを注文した。❷ああしてほしい、こうしてほしいとたのむこと。例 妹《いもうと》の注文を聞《き》いてやる。

● **注文《ちゅうもん》を付《つ》ける** 自分《じぶん》の望《のぞ》むとおりになるようにたのむ。例 味《あじ》つけに注文を付ける。

ちゅうや【昼夜】 ❶名詞 昼《ひる》と夜《よる》。例 一《いっ》昼夜。❷副詞 昼《ひる》も夜《よる》も。いつも。例 昼夜作業《さぎょう》してやっと完成《かんせい》した。

● **昼夜《ちゅうや》の別《べつ》なく** 昼《ひる》と夜《よる》の区別《くべつ》なく、一日《いちにち》じゅうずっと。例 昼夜の別なく建設工事《けんせつこうじ》を進《すす》める。

ちゅうやけんこう【昼夜兼行】 名詞 仕事《しごと》などを、昼《ひる》も夜《よる》も休《やす》まないで続《つづ》けて行《おこな》うこと。

ちゅうりつ【中立】 名詞 動詞 どちらにもかたよらないこと。どちらにも味方《みかた》しないこと。例 中立の立場《たちば》を守《まも》る。

ちゅうりつこく【中立国】 名詞 戦争《せんそう》が起《お》きたとき、どの国《くに》にも味方《みかた》をしない国《くに》。

慮がなく、無作法《ぶさほう》にふるまうこと。

チューリップ (tulip) 名詞 季語春 ゆりのなかまの草花《くさばな》。春《はる》に、つりがね形《がた》の花《はな》が上向《うわむ》きにさく。花《はな》の色《いろ》は白《しろ》・黄《き》・赤《あか》・むらさきなどいろいろある。球根《きゅうこん》でふえる。

チューリップ

ちゅうりゃく【中略】 名詞 文章《ぶんしょう》を引用《いんよう》するときなどに、その文章《ぶんしょう》のとちゅうの文章《ぶんしょう》を省《はぶ》くこと。関連 前略《ぜんりゃく》。後略《こうりゃく》。

ちゅうりゅう【中流】 名詞 ❶川《かわ》の源《みなもと》から河口《かこう》までの間《あいだ》の、中間《ちゅうかん》の部分《ぶぶん》。関連 上流《じょうりゅう》。下流《かりゅう》。❷両岸《りょうぎし》から見《み》たときの、川《かわ》の流《なが》れの真《ま》ん中《なか》。❸地位《ちい》や生活《せいかつ》の程度《ていど》が中《ちゅう》くらいのこと。例 中流家庭《かてい》。関連 上流《じょうりゅう》。下流《かりゅう》。

ちゅうりんじょう【駐輪場】 名詞 自転車《じてんしゃ》をとめておくための場所《ばしょ》。駅《えき》や商店《しょうてん》の近《ちか》くや、集合住宅《しゅうごうじゅうたく》、学校《がっこう》などの施設《しせつ》につくられる。

ちゅうわ【中和】 名詞 動詞 酸《さん》とアルカリのように、ちがう性質《せいしつ》のものが混《ま》ざり合《あ》って、それぞれの性質《せいしつ》やはたらきをなくしてしまうこと。

ちよ【千代】 名詞 千年《せんねん》。また、たいへん長《なが》い年月《ねんげつ》。

漢 **ちょ【著】** 〔艹〕くさかんむり 11画 6年 音 チョ 訓 あらわす・いちじるしい

一 艹 艹 芏 芏ながく 著ながくつきだす 著 著

❶本を書きあらわす。共著《きょうちょ》。❷めだつ。いちじるしい。例 著作／著者／著書／著名《ちょめい》。

漢 **ちょ【貯】** 〔貝〕かいへん 12画 5年 音 チョ 訓

丨 冂 目 貝 貝' 貯よこぼう一ぽん 貯

ためる。たくわえる。例 貯金《ちょきん》／貯水池《ちょすいち》／貯蔵《ちょぞう》。

ちょいちょい 副詞 たびたび。ちょくちょく。例 近《ちか》くの本屋《ほんや》さんにちょいちょい行《い》く。使い方 くだけた言《い》い方《かた》。

ちょう 名詞 季語春 昆虫《こんちゅう》の一《ひと》つ。りん粉《ぷん》（＝うろこのような粉《こな》）のついた四枚《よんまい》の美《うつく》しい羽《はね》を持《も》ち、管《くだ》のような口《くち》で花《はな》のみつを吸《す》う。世界《せかい》で一《いち》万以上《まんいじょう》の種類《しゅるい》がある。ちょうちょ。ことば 漢字《かんじ》では「蝶」と書《か》く。

●**ちょうよ花《はな》よと** 子供《こども》をとてもかわいがって、大事《だいじ》に育《そだ》てるようす。例 ちょうよ花よと育《そだ》てられる。

漢 **ちょう【丁】** 〔一〕いち 2画 3年 音 チョウ・テイ 訓

一 丁みぎにはねない

❶豆腐《とうふ》などを数《かぞ》えることば。例 豆腐二丁《とうふにちょう》。❷町《まち》の区分《くぶん》をいうことば。例 一丁目《いっちょうめ》。❸気を配《くば》る。例 丁重《ていちょう》／丁寧《ていねい》。

漢 **ちょう【庁】** 〔广〕まだれ 5画 6年 音 チョウ 訓

丶 亠 广 庁はねる

役所。例 庁舎／気象庁／警視庁／県庁。

ちょう【兆】 名詞 数《かず》の名《な》。億《おく》の一万倍《いちまんばい》。

漢 **ちょう【兆】** 〔儿〕ひとあし 6画 4年 音 チョウ 訓 きざす・きざし

丿 丬二つ 兆上へはねる 兆 兆

❶きざし。まえぶれ。例 兆候《ちょうこう》／吉兆《きっちょう》／前兆《ぜんちょう》。❷ちょう。億《おく》の一万倍《いちまんばい》。例 一兆円《いっちょうえん》。

ちょう【町】 名詞 ❶地方公共団体《ちほうこうきょうだんたい》の一《ひと》つ。例 町議会《ぎかい》。❷市《し》や区《く》を小《ち》さく分《わ》けた区域《くいき》。例 町内会《ないかい》／千《ち》代田区永田町《よだくながた》。

漢 **ちょう【町】** 〔田〕た 7画 1年 音 チョウ 訓 まち

丨 冂 皿 田 田 田一 町はねる

❶まち。人家《じんか》が集《あつ》まったところ。市街地《しがいち》。例 城下町《じょうかまち》／港町《みなとまち》。❷地方公共団体《ちほうこうきょうだんたい》の一《ひと》つ。例 町村《ちょうそん》／町長《ちょうちょう》。❸昔《むかし》の、土地《とち》の広《ひろ》さをはかる単位《たんい》。一町《いっちょう》は、約《やく》九十九・二アール。❹昔《むかし》の、きょりをはかる単位《たんい》。一町《いっちょう》は、一間《いっけん》の六十《ろくじゅう》倍《ばい》。約百九《やくひゃくきゅう》メートル。

漢 **ちょう【長】** 〔長〕ながい 8画 2年 音 チョウ 訓 ながい

丨 𠂇 F 𠂇 長ながく 長 長 長

❶ながい。ながさ。ながくする。例 長期《ちょうき》／長身《ちょうしん》／長編《ちょうへん》／長方形《ちょうほうけい》／長雨《ながあめ》／延長《えんちょう》／身長《しんちょう》／全長《ぜんちょう》。対 短《たん》。❷上《うえ》に立《た》つ人《ひと》。かしら。例 長官《ちょうかん》／

四字熟語 傍若無人《ぼうじゃくぶじん》 自分《じぶん》のそばにだれもいないかのようにふるまう、という意味《いみ》で、勝手気《かってき》ままで遠《えん》駅長《えきちょう》／議長《ぎちょう》／校長《こうちょう》／船長《せんちょう》。❸としうえ。めうえ。例長女《ちょうじょ》／長男《ちょうなん》／長老《ちょうろう》／年長《ねんちょう》。❹すぐれている。例長所《ちょうしょ》／特長《とくちょう》。対短《たん》。❺そだつ。のびる。例成長《せいちょう》。

ちょう【重】 漢 ⇒604ページ じゅう〔重〕

漢 **ちょう【帳】**〔巾《はば》〕11画 3年 音チョウ 訓 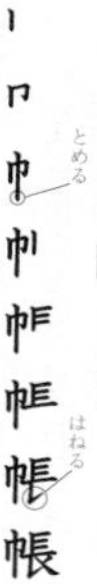
❶まく。例開帳《かいちょう》／どん帳《ちょう》。❷ノート。例帳《ちょう》面《めん》／通帳《つうちょう》／手帳《てちょう》／日記帳《にっきちょう》。

漢 **ちょう【張】**〔弓《ゆみへん》〕11画 5年 音チョウ 訓はる 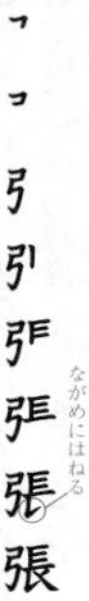
❶ひろげる。ふくらませる。例拡張《かくちょう》／表面《ひょうめん》張力《ちょうりょく》。❷言《い》いはる。例主張《しゅちょう》。❸おおげさにする。例誇張《こちょう》。

漢 **ちょう【頂】**〔頁《おおがい》〕11画 6年 音チョウ 訓いただく・いただき 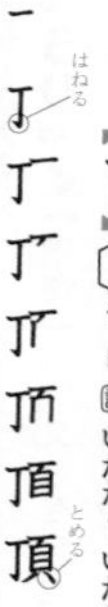
物《もの》のてっぺん。いただき。例頂角《ちょうかく》／頂上《ちょうじょう》／頂点《ちょうてん》／山頂《さんちょう》／登頂《とうちょう》。

漢 **ちょう【鳥】**〔鳥《とり》〕11画 2年 音チョウ 訓とり 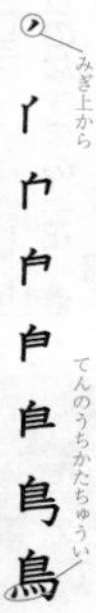
とり。例鳥類《ちょうるい》／鳥肉《とりにく》／益鳥《えきちょう》／害鳥《がいちょう》／小鳥《ことり》／白鳥《はくちょう》。ことば「鳥取《とっとり》」は特別《とくべつ》な読《よ》み方《かた》。

漢 **ちょう【朝】**〔月《つき》〕12画 2年 音チョウ 訓あさ 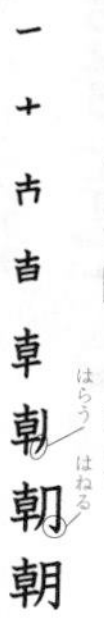
❶あさ。例朝刊《ちょうかん》／早朝《そうちょう》／明朝《みょうちょう》。対夕《ゆう》。晩《ばん》。❷短《みじか》い時間《じかん》。例一朝一夕《いっちょういっせき》。❸天皇《てんのう》や君主《くんしゅ》が政《せい》治《じ》をとるところやその時代《じだい》。例朝廷《ちょうてい》／王朝《おうちょう》。

ちょう-【超】 接頭語 （ほかのことばの前《まえ》につけて）ふつう以上《いじょう》の。並外《なみはず》れた。例超特急《とっきゅう》。

ちょう【腸】 名詞 消化管《しょうかかん》の一部《いちぶ》。大腸《だいちょう》と小《しょう》腸《ちょう》に分《わ》かれ、栄養《えいよう》や水分《すいぶん》を消化《しょうか》し吸収《きゅうしゅう》する。例腸の具合《ぐあい》が悪《わる》い／腸の検査《けんさ》をする。

漢 **ちょう【腸】**〔月《にくづき》〕13画 6年 音チョウ 訓はらわた 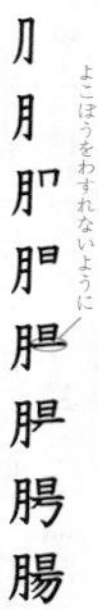
ちょう。消化管《しょうかかん》の一部《いちぶ》。胃《い》に続《つづ》いて食《た》べ物《もの》をこなし、栄養《えいよう》をとり入《い》れるところ。例胃腸《いちょう》／大腸《だいちょう》。

漢 **ちょう【潮】**〔氵《さんずい》〕15画 6年 音チョウ 訓しお 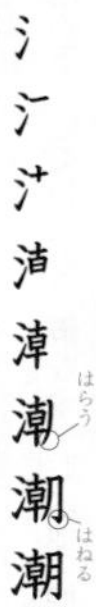
❶海《うみ》の水《みず》。うしお。例潮流《ちょうりゅう》／黒潮《くろしお》／満潮《まんちょう》。❷世《よ》の中《なか》のうつりかわり。例風潮《ふうちょう》。

漢 **ちょう【調】**〔言《ごんべん》〕15画 3年 音チョウ 訓しらべる・ととのう・ととのえる 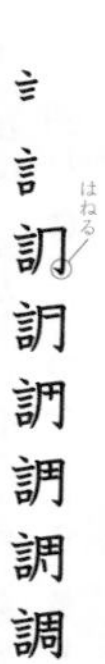
❶しらべる。例調査《ちょうさ》。❷ととのえる。例調整《ちょうせい》／調節《ちょうせつ》／調理《ちょうり》／調和《ちょうわ》。❸ようす。ぐあい。例好調《こうちょう》／体調《たいちょう》。❹音《おと》のしらべ。例調子《ちょうし》／五《ご》七調《しちちょう》／ハ長調《ちょうちょう》。❺昔《むかし》の税《ぜい》の一《ひと》つ。織物《おりもの》や地《ち》方《ほう》の特産物《とくさんぶつ》を納《おさ》めさせた。関連租《そ》。庸《よう》。

ちょうい【弔意】 名詞 人《ひと》の死《し》をなげき悲《かな》しむ気持《きも》ち。例弔意を表《あらわ》す。

ちょうい【潮位】 名詞 基準《きじゅん》となる位置《いち》から測《はか》った海面《かいめん》の高《たか》さ。例潮位計《けい》。

ちょういん【調印】 名詞 動詞 条約《じょうやく》や契約《けいやく》などを結《むす》んだしるしとして、両方《りょうほう》の代表者《だいひょうしゃ》が書類《しょるい》に判《はん》をおしたり、サインをしたりすること。

ちょうえき【懲役】 名詞 罪《つみ》をおかした人《ひと》を、決《き》められた期間《きかん》、刑務所《けいむしょ》に入《い》れて仕事《しごと》をさせ、罪《つみ》のつぐないをさせること。例懲役五年《ごねん》。

ちょうえつ【超越】 名詞 動詞 ふつうに考《かんが》えられる程度《ていど》や基準《きじゅん》などを、はるかにこえていること。例常識《じょうしき》を超越した考《かんが》えの持《も》ち主《ぬし》。

ちょうえん【長円】 名詞 細長《ほそなが》い円《えん》。だ円《えん》。

ちょうおん【長音】 名詞 長《なが》くのばす音《おと》。「おかあさん」の「かあ」、「コース」の「コー」など。

ちょうおんかい【長音階】 名詞 長調《ちょうちょう》の曲《きょく》のもとになる音《おと》の並《なら》びで、ド・レ・ミ・ファ・ソ・ラ・シ・ドのような音《おと》の列《れつ》のこと。短音階《たんおんかい》に比《くら》べて、明《あか》るい感《かん》じがする。対短音階《たんおんかい》。図⇒211ページ おんかい

ちょうおんそく【超音速】 名詞 音《おと》が空気《くうき》

をよじるほどの大笑《おおわら》いをすること。

中を伝わるよりも速い速度。

ちょうおんぱ【超音波】 名詞 振動数《しんどうすう》が一秒《いちびょう》間《かん》に二万回以上《にまんかいいじょう》の音波《おんぱ》。人間《にんげん》の耳《みみ》には音《おと》として聞《き》こえないが、海《うみ》の深《ふか》さを測《はか》ったり、魚《さかな》の群《む》れを探《さが》したりするのに利用《りよう》されている。

ちょうか【長歌】 名詞 和歌《わか》の形《かたち》の一《ひと》つ。五音《ごおん》と七音《しちおん》をくり返《かえ》し、最後《さいご》に七音《しちおん》を重《かさ》ねて終《お》わる長《なが》い歌《うた》。「万葉集《まんようしゅう》」に多《おお》くのっている。関連 短歌《たんか》。

ちょうか【超過】 名詞 動詞 決《き》まった時間《じかん》・程度《ていど》・量《りょう》・数《かず》などをこえること。例 定員《ていいん》超過。

ちょうかい【町会】 名詞 ❶住民《じゅうみん》が集《あつ》まって、町内《ちょうない》の行事《ぎょうじ》などを相談《そうだん》する会《かい》。町内会《ちょうないかい》。❷「町議会《ちょうぎかい》」の古《ふる》い言《い》い方《かた》。また、「町議会《ちょうぎかい》」の略《りゃく》。

ちょうかい【朝会】 名詞 学校《がっこう》などで、朝《あさ》のあいさつや話《はな》し合《あ》いをする集《あつ》まり。朝礼《ちょうれい》。

ちょうかいさん【鳥海山】 名詞 東北地方《とうほくちほう》の秋田県《あきたけん》と山形県《やまがたけん》との境《さかい》にある火山《かざん》。

ちょうかく【頂角】 名詞 二等辺三角形《にとうへんさんかくけい》で、等《ひと》しい二辺《にへん》にはさまれた角《かく》。対 底角《ていかく》。

ちょうかく【聴覚】 名詞 五感《ごかん》の一《ひと》つ。音《おと》を聞《き》き分《わ》ける感覚《かんかく》。関連 嗅覚《きゅうかく》。視覚《しかく》。触覚《しょっかく》。味覚《みかく》。

ちょうかん【長官】 名詞 官庁《かんちょう》のいちばん上《うえ》の役目《やくめ》。また、その役《やく》の人《ひと》。例 警察庁《けいさつちょう》長官。

ちょうかん【朝刊】 名詞 毎日《まいにち》、朝《あさ》に発行《はっこう》される新聞《しんぶん》。対 夕刊《ゆうかん》。

ちょうかんず【鳥かん図】 名詞 土地《とち》や建物《たてもの》のようすを、高《たか》いところから見下《みお》ろしたようにかいた図や地図。

ちょうき【長期】 名詞 長《なが》い期間《きかん》。対 短期《たんき》。

ちょうぎかい【町議会】 名詞 町《まち》の政治《せいじ》について話《はな》し合《あ》って決《き》める議会《ぎかい》。「町会《ちょうかい》」ともいう。

ちょうきょう【調教】 名詞 動詞 犬《いぬ》・馬《うま》・もうじゅうなどの動物《どうぶつ》を訓練《くんれん》すること。例 調教師《し》。

ちょうきょり【長距離】 名詞 ❶長《なが》い道《みち》のり。例 長距離電話《でんわ》。対 短距離《たんきょり》。❷陸上競技《りくじょうきょうぎ》や競泳などで、きょりの長《なが》い競技《きょうぎ》。陸上競技《りくじょうきょうぎ》では五千《ごせん》メートル以上《いじょう》、水泳《すいえい》では千五百《せんごひゃく》メートル以上《いじょう》をいう。例 長距離ランナー。関連 短距離《たんきょり》。中距離《ちゅうきょり》。

ちょうけい【長兄】 名詞 いちばん上《うえ》の兄《あに》。対 長姉《ちょうし》。使い方 あらたまった言《い》い方《かた》。

ちょうけし【帳消し】 名詞 ❶貸《か》し借《か》りの関係《かんけい》がなくなること。例 借《か》りたお金《かね》を返《かえ》して帳消しにした。❷ものごとが、差《さ》し引《ひ》きをしてゼロになること。例 昨日《きのう》の失敗《しっぱい》をがんばりで帳消しにする。ことば もとは、お金《かね》などの貸《か》し借《か》りがすんで帳《ちょう》面《めん》の記入《きにゅう》を消《け》すことをいうことば。

ちょうこう【長江】 名詞 中国《ちゅうごく》の中部《ちゅうぶ》を東《ひがし》へ流《なが》れて東《ひがし》シナ海《かい》に注《そそ》ぐ大《おお》きい川《かわ》。「揚子江《ようすこう》」ともいう。

ちょうこう【聴講】 名詞 動詞 講義《こうぎ》をきくこと。例 聴講生《せい》／大学《だいがく》の講義《こうぎ》を聴講する。

ちょうこう【兆候・徴候】 名詞 これから何《なに》かが起《お》こると感《かん》じさせる、ものごとのようすや動《うご》き。例 寒気《さむけ》は、かぜの兆候だ。類 前兆《ぜんちょう》。

ちょうごう【調合】 名詞 動詞 いくつかの種類の薬《くすり》などを、ちょうどよい割合《わりあい》で混《ま》ぜ合《あ》わせること。例 病院《びょういん》で、薬《くすり》を調合してもらう。

ちょうこく【彫刻】 名詞 動詞 木《き》や石《いし》、金属《きんぞく》などをほって、いろいろな形《かたち》をつくったり、文字《もじ》や形《かたち》を刻《きざ》みつけたりすること。また、そのようにしてつくったもの。

ちょうこくか【彫刻家】 名詞 彫刻《ちょうこく》を専門《せんもん》とする芸術家《げいじゅつか》。

ちょうこくとう【彫刻刀】 名詞 版画《はんが》や彫《ちょう》刻《こく》をつくるときに使《つか》う小刀《こがたな》。切《き》り出《だ》し・丸刀《まるとう》・三角刀《さんかくとう》・平刀《ひらとう》などがある。

ちょうさ【調査】 名詞 動詞 ものごとを明《あき》らかにするために調《しら》べること。例 世論《よろん》調査。

ちょうさしょ【調査書】 名詞 ❶調査《ちょうさ》の結果《けっか》をまとめた書類《しょるい》。例 聞《き》き取《と》り調査書。❷ ➡965ページ ないしんしょ

ちょうさんぼし【朝三暮四】 名詞 故事成語 ❶目《め》の前《まえ》の損得《そんとく》にとらわれて、結果《けっか》が同《おな》じであることに気《き》づかないこと。❷うまいことばで、人《ひと》をだますこと。ことば 昔《むかし》、中国《ちゅうごく》で、さるをたくさん飼《か》っていた人《ひと》が、えさの木《き》の実《み》を朝《あさ》に三《みっ》つ、夕方《ゆうがた》に四《よっ》つあたえようとしたらさるがおこったので、朝《あさ》に四《よっ》つ、夕方《ゆうがた》に三《みっ》つにしようと言《い》ったところ、さるが喜《よろこ》んだという話《はなし》から。

ちょうし【長姉】 名詞 いちばん上《うえ》の姉《あね》。対 長《ちょう》

四字熟語 **抱腹絶倒《ほうふくぜっとう》** おなかをかかえ（抱腹《ほうふく》）、地面《じめん》にひっくり返《かえ》って（絶倒《ぜっとう》）笑《わら》う、という意味《いみ》で、身《み》

兄《けい》。使い方 あらたまった言《い》い方《かた》。

ちょうし【調子】 名詞 ❶体《からだ》や機械《きかい》などの具合《ぐあい》。ようす。例 おなかの調子がおかしい。❷音楽《おんがく》で、音《おと》の高《たか》さの具合《ぐあい》。また、そのリズムやテンポ。例 ピアノの調子がくるう。❸ことばの言《い》い回《まわ》し。口調《くちょう》。例 強《つよ》い調子で非難《ひなん》する。❹ものごとが進《すす》んでいくときの勢《いきお》い。はずみ。例 やっと調子が出《で》てきた。

● **調子《ちょうし》がいい** ❶体《からだ》の具合《ぐあい》や仕事《しごと》の進《すす》み具合《ぐあい》がよい。例 朝早《あさはや》く起《お》きると、体《からだ》の調子がいい。❷相手《あいて》の気持《きも》ちに合《あ》うようにうまく話《はな》したり行動《こうどう》したりする。例 調子がいいことばかり言《い》う。

● **調子《ちょうし》に乗《の》る** ❶仕事《しごと》などがうまく進《すす》むようになる。❷いい気《き》になって軽《かる》はずみな行動《こうどう》をする。例 調子に乗ってはしゃぐ。

● **調子《ちょうし》を合《あ》わせる** 相手《あいて》の考《かんが》えや気持《きも》ちに従《したが》うように話《はな》したり行動《こうどう》したりする。例 人《ひと》に調子を合わせるだけでなく自分《じぶん》の考《かんが》えを言《い》う。

ちょうじ【弔辞】 名詞 人《ひと》の死《し》を悲《かな》しみ、死《し》んだ人《ひと》のたましいをなぐさめることば。

ちょうしゃ【庁舎】 名詞 役所《やくしょ》の建物《たてもの》。

ちょうじゃ【長者】 名詞「大金持《おおがねも》ち」の古《ふる》い言《い》い方《かた》。例 億万《おくまん》長者／長者番付《ばんづけ》。類 富豪《ふごう》。

ちょうしゅ【聴取】 名詞 動詞 ものごとのようすなどを、人《ひと》から聞《き》きとること。人《ひと》からよく聞《き》くこと。例 関係者《かんけいしゃ》から事情《じじょう》を聴取する。

ちょうじゅ【長寿】 名詞 寿命《じゅみょう》が長《なが》いこと。長生《ながい》き。例 不老《ふろう》長寿（＝いつまでも年《とし》をとらず長生《ながい》きをすること）。類 長命《ちょうめい》。

ちょうしゅう【徴収】 名詞 動詞 料金《りょうきん》・税金《ぜいきん》・会費《かいひ》などを集《あつ》めること。例 会費《かいひ》を徴収します。

ちょうしゅう【聴衆】 名詞 音楽《おんがく》・講演《こうえん》などをききに集《あつ》まった人々《ひとびと》。例 満員《まんいん》の聴衆。

ちょうじゅう【鳥獣】 名詞 鳥《とり》やけもの。

ちょうじゅうぎが【鳥獣戯画】 名詞 平安《へいあん》時代《じだい》から鎌倉《かまくら》時代《じだい》にかけてできた絵巻《えまき》。うさぎやかえるなどの動物《どうぶつ》が人《ひと》のようにえがかれていることで有名《ゆうめい》。

ちょうしゅうはん【長州藩】 名詞 江戸《えど》時代《じ》、今《いま》の山口県《やまぐちけん》にあった藩《はん》。藩主《はんしゅ》は毛利氏《もうりし》。薩摩藩《さつまはん》とともに倒幕運動《とうばくうんどう》の中心《ちゅうしん》となった。「萩藩《はぎはん》」ともいう。

ちょうしょ【長所】 名詞 よいところ。すぐれているところ。例 きみの長所は親切《しんせつ》なところだ。類 美点《びてん》。対 短所《たんしょ》。

ちょうじょ【長女】 名詞 女《おんな》のきょうだいの中《なか》で、いちばん先《さき》に生《う》まれた子《こ》。対 長男《ちょうなん》。

ちょうしょう【嘲笑】 名詞 動詞 ばかにして笑《わら》うこと。あざ笑《わら》うこと。例 人《ひと》の嘲笑を買《か》う（＝嘲笑《ちょうしょう》される）。

ちょうじょう【頂上】 名詞 ❶山《やま》などのいちばん高《たか》いところ。てっぺん。例 エベレストの頂上に達《たっ》した。❷それ以上《いじょう》のものがないこと。例 暑《あつ》さの頂上。

ちょうしょく【朝食】 名詞 朝《あさ》ごはん。関連 昼食《ちゅうしょく》。夕食《ゆうしょく》。

ちょうじり【帳尻】 名詞 ❶お金《かね》の出《だ》し入《い》れの計算《けいさん》の結果《けっか》。例 おこづかい帳《ちょう》の帳尻が合《あ》わない。❷ものごとの最後《さいご》の結果《けっか》。話《はなし》のつじつま。例 おくれた分《ぶん》、急《いそ》いで作業《さぎょう》して帳尻を合《あ》わせる。

ちょうじる【長じる】 動詞 ❶成長《せいちょう》する。大人《おとな》になる。例 長じて画家《がか》になる。❷すぐれる。例 スポーツに長じる。ことば「長《ちょう》ずる」ともいう。

ちょうしん【長身】 名詞 背《せ》が高《たか》いこと。

ちょうしん【長針】 名詞 時計《とけい》の、長《なが》いほうの針《はり》。分《ふん》を示《しめ》す。対 短針《たんしん》。

ちょうじん【超人】 名詞 人並《ひとな》み外《はず》れた能力《のうりょく》を持《も》つ人《ひと》。スーパーマン。

ちょうしんき【聴診器】 名詞 医者《いしゃ》が病人《びょうにん》の体《からだ》に当《あ》てて、心臓《しんぞう》や呼吸《こきゅう》の音《おと》を聞《き》き、体《からだ》の具合《ぐあい》を調《しら》べる道具《どうぐ》。

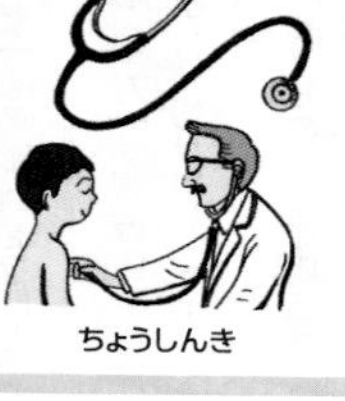
ちょうしんき

ちょうじんてき【超人的】 形容動詞 ふつうの人《ひと》とは思《おも》えないほどすぐれたようす。例 超人的なはたらきで多《おお》くの人命《じんめい》を救《すく》った。

ちょうずる【長ずる】 ↓846ページ《ジ》ちょうじる

ちょうせい【調整】 名詞 動詞 ものごとの調子《ちょうし》や状態《じょうたい》を整《ととの》えて、うまくいくようにすること。

末《まつ》」はささいでつまらないこと。「転倒《てんとう》」は、さかさまになること。

例 時間[illegible]を調整する。類 調節《ちょうせつ》。

ちょうせき【長石】 名詞 火成岩《かせいがん》のおもな成分《せいぶん》の一《ひと》つ。せとものやガラスの原料《げんりょう》になる。

ちょうせつ【調節】 名詞 動詞 ちょうどよくなるように、整《ととの》えること。例 テレビの音《おと》を調節する。類 調整《ちょうせい》。

ちょうせん【挑戦】 名詞 動詞 ❶戦《たたか》いをしかけること。戦《たたか》いをいどむこと。❷難《むずか》しいことに思《おも》いきって立《た》ち向《む》かっていくこと。例 世界一周《せかいいっしゅう》に挑戦する。

ちょうせん【朝鮮】 ⇩847ジペーちょうせんはんとう

ちょうぜん【と】【超然［と］】 副詞 ほかのことにかかわり合《あ》わず、ゆうゆうとしているようす。例 超然とした態度《たいど》。使い方「超然たる美《うつく》しさ」などの形《かたち》でも使《つか》う。

ちょうせんつうしんし【朝鮮通信使】 名詞 朝鮮《ちょうせん》の国王《こくおう》が日本《にほん》に送《おく》った使節《しせつ》。江戸時《えどじ》代《だい》には、将軍《しょうぐん》が代《か》わるときなどに来日《らいにち》した。

ちょうせんはんとう【朝鮮半島】 名詞 アジアの東部《とうぶ》にある大《おお》きな半島《はんとう》。朝鮮民主主義《ちょうせんみんしゅしゅぎ》人民共和国《じんみんきょうわこく》と大韓民国《だいかんみんこく》の二《ふた》つの国《くに》がある。

ちょうせんみんしゅしゅぎじんみんきょうわこく【朝鮮民主主義人民共和国】 名詞 朝鮮半島《ちょうせんはんとう》の北緯《ほくい》三八度線《どせん》から北《きた》にある社会主義国《しゃかいしゅぎこく》。石炭《せきたん》などの資源《しげん》が豊《ゆた》か。首《しゅ》都《と》はピョンヤン（平壌）。現在《げんざい》、日本《にほん》との間《あいだ》に国交《こっこう》はない。「北朝鮮《きたちょうせん》」ともいう。

（国旗《こっき》）

ちょうそ【彫塑】 名詞 彫刻《ちょうこく》と塑像《そぞう》（＝粘土《ねんど》や石《せっ》こうでつくった像《ぞう》）。

ちょうぞう【彫像】 名詞 木《き》・石《いし》・金属《きんぞく》などをほり刻《きざ》んでつくった像《ぞう》。

ちょうそくのしんぽ【長足の進歩】 非常《ひじょう》にはやく発達《はったつ》したり、上達《じょうたつ》したりすること。例 現代《げんだい》の医学《いがく》は長足の進歩をとげた。

ちょうそん【町村】 名詞 町《まち》と村《むら》。

ちょうだい【頂戴】 名詞 動詞 ❶「もらう」「食《た》べる」「飲《の》む」のへりくだった言《い》い方《かた》。例 ありがたくちょうだいします。❷何《なに》かをたのむときのことば。ください。例 おやつをちょうだい／聞《き》いてちょうだい。使い方 ふつうかな書《が》きにする。

ちょうたつ【調達】 名詞 動詞 必要《ひつよう》な金《かね》や品物《しなもの》などをとりそろえること。例 食料《しょくりょう》を調達する。

ちょうたん【長短】 名詞 ❶長《なが》いことと短《みじか》いこと。❷よい点《てん》と悪《わる》い点《てん》。長所《ちょうしょ》と短所《たんしょ》。

ちょうたんぱ【超短波】 名詞 波長《はちょう》が非常《ひじょう》に短《みじか》い電波《でんぱ》。波長《はちょう》が一《いち》メートルから十《じゅう》メートルまでのもの。テレビ・FM《エフエム》放送《ほうそう》などに使《つか》われる。

ちょうチフス【腸チフス】 名詞 腸《ちょう》チフス菌《きん》が体内《たいない》に入《はい》り、腸《ちょう》がおかされる感染症《かんせんしょう》。高《たか》い熱《ねつ》が出《で》て下痢《げり》を起《お》こす。

ちょうちょ ⇩843ジペーちょう

ちょうちょう【町長】 名詞 町《まち》の政治《せいじ》を行《おこな》う人《ひと》の中《なか》で、いちばん責任《せきにん》のある人《ひと》。

ちょうちょう【長調】 名詞 長音階《ちょうおんかい》をもとにしてつくられた曲《きょく》の調子《ちょうし》。短調《たんちょう》に比《くら》べて、明《あか》るい感《かん》じがする。対 短調《たんちょう》。

ちょうちん 名詞 竹《たけ》でつくった骨組《ほねぐ》みに紙《かみ》をはり、中《なか》にろうそくをともして明《あ》かりとするもの。

ちょうちん

●**ちょうちんに釣《つ》り鐘《がね》** ことわざ 二《ふた》つのものの差《さ》がありすぎて、つり合《あ》わないことのたとえ。また、比《くら》べものにならないことのたとえ。類 月《つき》とすっぽん。ことば ちょうちんとつりがねは、形《かたち》は似《に》ていても、重《おも》さや大《おお》きさがまったくちがうということからきたことば。

●**ちょうちんを持《も》つ** 人《ひと》の手先《てさき》になって、その人《ひと》を宣伝《せんでん》して回《まわ》る。

ちょうちんもち【ちょうちん持ち】 名詞 ❶ほかの人《ひと》の先《さき》に立《た》ち、ちょうちんを持《も》って足《あし》元《もと》を照《て》らして行《い》く役《やく》。また、その人《ひと》。❷人《ひと》の手先《てさき》になって、その人《ひと》を宣伝《せんでん》して回《まわ》ること。また、その人《ひと》。

ちょうつがい 名詞 とびらやふたなどを、一方《いっぽう》のはしがつながったまま開《あ》けたり閉《し》めたりできるようにする金具《かなぐ》。

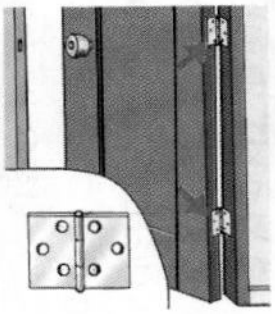
ちょうつがい

ちょうづめ【腸詰め】 名詞 「ソーセージ」のこと。

ちょうてい【朝廷】 名詞 昔《むかし》、天皇《てんのう》が政治《せいじ》を行《おこな》

四字熟語 本末転倒《ほんまつてんとう》　重《じゅう》要《よう》なこととそうでないことをとりちがえること。「本《ほん》」は根本的《こんぽんてき》で大事《だいじ》なこと、

関連＝関係《かんけい》の深《ふか》いことば

ったところ。また、天皇《てんのう》が政治《せいじ》を行《おこな》ったしくみ。例 大和《やまと》朝廷。

ちょうてい【調停】 名詞 動詞 意見《いけん》のちがう者《もの》や争《あらそ》っている者《もの》の間《あいだ》に立《た》って、仲直《なかなお》りをさせること。例 二人《ふたり》の争《あらそ》いを調停する。類 仲裁《ちゅうさい》。

ちょうてん【頂点】 名詞 ❶いちばん高《たか》いところ。てっぺん。❷ものごとのいちばんさかんなとき。例 興奮《こうふん》が頂点に達《たっ》する。❸二《ふた》つの直線《ちょくせん》が交《まじ》わった角《かく》のところ。また、多面体《ためんたい》で、三《みっ》つ以上《いじょう》の面《めん》が交《まじ》わっているところ。教科 算 たとえば、三角形《さんかくけい》の頂点《ちょうてん》は三《みっ》つ、立方体《りっぽうたい》の頂点《ちょうてん》は八《やっ》つある。

ちょうでん【弔電】 名詞 人《ひと》が死《し》んだときに、悲《かな》しみおしむ気持《きも》ちを表《あらわ》すために送《おく》る電報《でんぽう》。

ちょうど 副詞 ❶ほどよく。都合《つごう》よく。例 食事《しょくじ》をするのにちょうどよい時間《じかん》だ。❷不足《ふそく》や、余《あま》りのないこと。例 お金《かね》が、ちょうど足《た》りた／ちょうど五時《ごじ》だ。❸まるで。あたかも。例 ちょうど雪《ゆき》の降《ふ》るように花《はな》びらが散《ち》った。

ちょうど【調度】 名詞 家《いえ》の中《なか》でふだん使《つか》う、身《み》の回《まわ》りの家具《かぐ》や道具《どうぐ》。たんす・いす・机《つくえ》など。例 調度品《ひん》。

ちょうどうけん【聴導犬】 名詞 耳《みみ》の不自由《ふじゆう》な人《ひと》の生活《せいかつ》を助《たす》けるように訓練《くんれん》された犬《いぬ》。目覚《めざ》まし時計《どけい》が鳴《な》っていることや、玄関《げんかん》に人《ひと》が来《き》たことな[illegible]を[illegible]せたりする。関連 介助犬《かいじょけん》。盲導《もうどう》犬《けん》。

ちょうとっきゅう【超特急】 名詞 ❶特急《とっきゅう》(＝特別急行列車《とくべつきゅうこうれっしゃ》)よりさらに速《はや》い列車《れっしゃ》。❷ものごとを非常《ひじょう》に速《はや》くすること。例 超特急で皿洗《さらあら》いをかたづける。

ちょうない【町内】 名詞 同《おな》じ町《まち》の中《なか》。

ちょうないかい【町内会】 名詞 住民《じゅうみん》が集《あつ》まって、町内《ちょうない》の行事《ぎょうじ》などを相談《そうだん》する会《かい》。町会《ちょうかい》。

ちょうなん【長男】 名詞 男《おとこ》のきょうだいの中《なか》で、いちばん先《さき》に生《う》まれた子《こ》。対 長女《ちょうじょ》。

ちょうにん【町人】 名詞 江戸《えど》時代《じだい》、町《まち》に住《す》んだ商人《しょうにん》や職人《しょくにん》。例 町人文化《ぶんか》。

ちょうのうりょく【超能力】 名詞 ふつうの人間《にんげん》ではできないようなことをする、不思議《ふしぎ》な能力《のうりょく》。テレパシーや念力《ねんりき》など。

ちょうは【長波】 名詞 波《は》長《ちょう》の長《なが》い電波《でんぱ》。波《は》長《ちょう》が一《いち》キロメートル以上《いじょう》のもの。関連 短波《たんぱ》。

ちょうば【帳場】 名詞 商店《しょうてん》や旅館《りょかん》で、お金《かね》の計算《けいさん》などをするところ。

ちょうば【跳馬】 名詞 体操《たいそう》の種目《しゅもく》の一《ひと》つ。馬《うま》の背中《せなか》のような形《かたち》の台《だい》をとびこす競技《きょうぎ》。また、それに使《つか》う器具《きぐ》。

ちょうばいか【鳥媒花】 名詞 鳥《とり》によって花《か》粉《ふん》がめしべに運《はこ》ばれ、受粉《じゅふん》する花《はな》。つばきなど。関連 水媒花《すいばいか》。虫媒花《ちゅうばいか》。風媒花《ふうばいか》。

ちょうはつ【挑発】 名詞 動詞 相手《あいて》を刺激《しげき》して、事件《じけん》などを起《お》こすように仕向《しむ》けること。例 友《とも》だちの挑発にのって、けんかしてしまった。

ちょうはつ【調髪】 名詞 動詞 かみの毛《け》を切《き》ったりゆったりして、形《かたち》を整《ととの》えること。類 散髪《さんぱつ》。整髪《せいはつ》。理髪《りはつ》。

ちょうばつ【懲罰】 名詞 悪《わる》いことをした人《ひと》にばつをあたえること。また、そのばつ。

ちょうふく【重複】 名詞 動詞 同《おな》じものごとが、重《かさ》なること。「じゅうふく」ともいう。例 作文《さくぶん》のテーマが友《とも》だちと重複した。

ちょうぶん【長文】 名詞 長《なが》い文《ぶん》や文章《ぶんしょう》。例 友《とも》だちに長文の手紙《てがみ》を書《か》く。対 短文《たんぶん》。

ちょうへい【徴兵】 名詞 動詞 国《くに》が、国民《こくみん》をある期間《きかん》、強制的《きょうせいてき》に軍隊《ぐんたい》に入《い》れること。

ちょうへいせい【徴兵制】 名詞 国《くに》が国民《こくみん》に軍隊《ぐんたい》に入《はい》る義務《ぎむ》を負《お》わせる制度《せいど》。

ちょうへいれい【徴兵令】 名詞 明治《めいじ》時代《じだい》の初《はじ》めに出《だ》された、徴兵《ちょうへい》に関《かん》する法令《ほうれい》。満二十《まんにじっ》才《さい》になった男子《だんし》を三年間《さんねんかん》軍隊《ぐんたい》に入《はい》らせるようにするものだった。

ちょうへん【長編】 名詞 小説《しょうせつ》・映画《えいが》などの長《なが》いもの。例 長編小説。対 短編《たんぺん》。

ちょうぼ【帳簿】 名詞 お金《かね》や品物《しなもの》の出《だ》し入《い》れなどを書《か》きつける帳面《ちょうめん》。

ちょうほう【重宝】 名詞 動詞 形容動詞 役《やく》に立《た》って便利《べんり》なこと。また、便利《べんり》なものとしてよく使《つか》うこと。例 重宝な道具《どうぐ》。

ちょうぼう【眺望】 名詞 遠《とお》くまで見《み》わたすこと。また、そのながめ。例 山《やま》の上《うえ》は眺望がよい。類 展望《てんぼう》。見晴《みは》らし。

ちょうほうけい【長方形】 名詞 四《よっ》つの角《かく》が

の意見《いけん》が、一《ひと》つにまとまること。

みんな直角になっている四角形。長四角。「く形《けい》」ともいう。図↓686ページ ずけい

ちょうほんにん【張本人】 名詞 事件《じけん》や問題《もんだい》などを起《お》こす、いちばんもとになった人《ひと》。

ちょうみりょう【調味料】 名詞 食《た》べ物《もの》や飲《の》み物《もの》に味《あじ》をつけるために使《つか》うもの。砂糖《さとう》・塩《しお》・みそ・しょうゆ・ソースなど。

ちょうみん【町民】 名詞 その町《まち》に住《す》んでいる人《ひと》。町《まち》の住民《じゅうみん》。関連 市民《しみん》。区民《くみん》。村民《そんみん》。

ちょうめ【丁目】 名詞 町《まち》の中《なか》を小《ちい》さく分《わ》ける単位《たんい》。番地《ばんち》より大《おお》きい。例 一丁目三番地《いっちょうめさんばんち》。

ちょうめい【長命】 名詞 形容動詞 長生《ながい》きすること。類 長寿《ちょうじゅ》。対 短命《たんめい》。

ちょうめん【帳面】 名詞 ものを書《か》くために、紙《かみ》をとじ合《あ》わせたもの。ノート。

ちょうもん【弔問】 名詞 動詞 死《し》んだ人《ひと》の家族《かぞく》を訪《たず》ねて、おくやみを言《い》うこと。例 弔問客《きゃく》。

ちょうやく【跳躍】 名詞 動詞
❶とびはねること。
❷高《たか》とび・はばとび・三段《さんだん》とびなどの、とび上《あ》がる陸上競技《りくじょうきょうぎ》。

ちょうよう【重陽】 名詞 季語秋 昔《むかし》のこよみで九月九日《くがつここのか》の節句《せっく》。もとは中国《ちゅうごく》の行事《ぎょうじ》で、日本《にほん》でも昔《むかし》、きくを観賞《かんしょう》して楽《たの》しんだ。「きくの節句《せっく》」ともいう。

ちょうり【調理】 名詞 動詞 食《た》べ物《もの》を料理《りょうり》すること。例 調理師《し》。

ちょうりつ【町立】 名詞 町《まち》がお金《かね》を出《だ》してつくり、町《まち》で管理《かんり》すること。例 町立図書館《としょかん》。

ちょうりつ【調律】 名詞 楽器の音の高さを、決《き》められた高《たか》さに合《あ》わせること。

ちょうりゅう【潮流】 名詞
❶潮《しお》が満《み》ちたり引《ひ》いたりするために起《お》こる、海《うみ》の水《みず》の流《なが》れ。例 この辺《あた》りの海《うみ》は潮流が速《はや》い。
❷世《よ》の中《なか》が動《うご》いていくようす。世《よ》の中《なか》の移《うつ》り変《か》わり。例 時代《じだい》の潮流に乗《の》って成功《せいこう》する。

ちょうりょく【聴力】 名詞 音《おと》をききとる力《ちから》。

ちょうるい【鳥類】 名詞 鳥《とり》のなかま。

ちょうれい【朝礼】 名詞 学校《がっこう》などで、朝《あさ》のあいさつや話《はなし》をするための集《あつ》まり。類 朝会《ちょうかい》。

四字熟語
ちょうれいぼかい【朝令暮改】 ↓775ページ

ちょうろう【長老】 名詞 年《とし》をとっていて、多《おお》くの経験《けいけん》を積《つ》んでいる人《ひと》。例 村《むら》の長老。

ちょうわ【調和】 名詞 動詞 つりあいがとれていること。例 部屋《へや》と家具《かぐ》の色《いろ》が調和している。

チョーク ↓1050ページ はくぼく

ちよがみ【千代紙】 名詞 模様《もよう》をいろいろな色《いろ》で印刷《いんさつ》した、美《うつく》しい紙《かみ》。箱《はこ》にはったり、折《お》り紙《がみ》に使《つか》ったりする。

ちょき 名詞 じゃんけんで、人《ひと》さし指《ゆび》と中指《なかゆび》をつき出《だ》した手《て》の形《かたち》。はさみ。ことば ふつう「チョキ」と書《か》く。

ちょきん【貯金】 名詞 動詞 お金《かね》をためること。また、ためたお金《かね》。例 貯金箱《ばこ》。類 貯蓄《ちょちく》。預金《よきん》。

漢 **ちょく【直】**〔目《め》〕8画 2年
訓 音 チョク・ジキ
ただちに・なおす・なおる

一 十 𠫓 冇 冇 直 直

❶まっすぐ。例 直線《ちょくせん》／直立《ちょくりつ》。対 曲《きょく》。❷ただしい。すなお。例 正直《しょうじき》／率直《そっちょく》。対 曲《きょく》。❸じかに。例 直接《ちょくせつ》／直感《ちょっかん》。❹当番《とうばん》。例 日直《にっちょく》。

ちょくえい【直営】 名詞 動詞 直接《ちょくせつ》に経営《けいえい》すること。例 農家《のうか》が直営する売店《ばいてん》。

ちょくおん【直音】 名詞 日本語《にほんご》で、「あ」「か」「さ」「だ」「ぱ」のようにかな一字《いちじ》で表《あらわ》すことができる音《おん》。小《ちい》さい「っ」と「ん」はふくまれない。関連 促音《そくおん》。はつ音《おん》。よう音《おん》。

ちょくげき【直撃】 名詞 動詞 ばくだんや台風《たいふう》などが、直接当《ちょくせつあ》たること。例 大型台風《おおがたたいふう》の直撃を受《う》ける。

ちょくご【直後】 名詞 あることが起《お》こった、すぐあと。また、あるもののすぐあと。例 母《はは》が出《で》かけた直後に電話《でんわ》があった。対 直前《ちょくぜん》。

ちょくし【直視】 名詞 動詞
❶目《め》をそらさないで、まっすぐ見《み》つめること。
❷ものごとのありのままのすがたを見《み》つめること。例 現実《げんじつ》を直視する。

ちょくしゃ【直射】 名詞 動詞 さえぎる物《もの》がなく、光《ひかり》が直接当《ちょくせつあ》たること。まっすぐに照《て》らすこと。

ちょくしゃにっこう【直射日光】 名詞 さえぎる物《もの》がなく、直接照《ちょくせつて》りつける日光《にっこう》。

ちょくしん【直進】 名詞 動詞 まっすぐに進《すす》むこと。例 目標《もくひょう》に向《む》かって直進する。

ちょくせつ【直接】 名詞 副詞 間《あいだ》にほかのもの

あいうえお　かきくけこ　さしすせそ　たちつてと　ち　なにぬねの　はひふへほ　まみむめも　や　ゆ　よ　らりるれろ　わ　を　ん

四字熟語 満場一致《まんじょういっち》 「満場《まんじょう》」は会場《かいじょう》にいる人《ひと》のすべてということで、その場所《ばしょ》に集《あつ》まった人《ひと》たち全員《ぜんいん》

を置《お》かないこと。じか。例直接会《あ》って話《はな》します／学校《がっこう》から直接病院《びょういん》に行《い》く。対間接《かんせつ》。

ちょくせつぜい【直接税】 名詞 税金《ぜいきん》をはらう人《ひと》が直接納《ちょくせつおさ》める税金《ぜいきん》。所得税《しょとくぜい》・法人税《ほうじんぜい》など。対間接税《かんせつぜい》。

ちょくせつてき【直接的】 形容動詞 間《あいだ》にほかのものを置《お》かないで、じかに接《せっ》するようす。例直接的な話《はな》し合《あ》い。対間接的《かんせつてき》。

ちょくせん【直線】 名詞 まっすぐな線《せん》。例直線きょり。また、二《ふた》つの点《てん》を結《むす》ぶいちばん短《みじか》い線《せん》。対曲線《きょくせん》。

ちょくぜん【直前】 名詞 あることが起《お》こる、すぐ前《まえ》。また、あるもののすぐ目《め》の前《まえ》。例発《はっ》車《しゃ》直前に駅《えき》に着《つ》いた。対直後《ちょくご》。

ちょくちょう【直腸】 名詞 大腸《だいちょう》の最後《さいご》の部《ぶ》分《ぶん》。下《した》はこう門《もん》につながっている。

ちょくちょく 副詞 たびたび。類ちょいちょい。使い方くだけた言《い》い方《かた》。

ちょくつう【直通】 名詞 動詞 電車《でんしゃ》や電話《でんわ》などが、とちゅうで乗《の》りかえたり中継《ちゅうけい》したりせずに、直接通《ちょくせつつう》じること。例直通電話《でんわ》／直通電車《でんしゃ》。

ちょくばい【直売】 名詞 動詞 品物《しなもの》をつくった人《ひと》が、問屋《とんや》・市場《いちば》・商店《しょうてん》を通《とお》さずに、使《つか》う人《ひと》に直接《ちょくせつ》売ること。例産地直売《さんち》。

ちょくほうたい【直方体】 名詞 長方形《ちょうほうけい》だけ、または正方形《せいほうけい》と長方形《ちょうほうけい》の面《めん》で囲《かこ》まれている立体《りったい》。図⇒686ジ ずけい

ちょくめん【直面】 名詞 動詞 あるものごとに直接向《ちょくせつむ》かい合《あ》うこと。例危機《きき》に直面する。

ちょくやく【直訳】 名詞 動詞 ある国《くに》のことばで書《か》かれたものを、一語一語《いちごいちご》そのとおりに、ほかの国《くに》のことばに直《なお》すこと。対意訳《いやく》。

ちょくりつ【直立】 名詞 動詞 まっすぐに立《た》つこと。例直立不動《ふどう》の姿勢《しせい》で話《はなし》を聞《き》く。

ちょくりゅう【直流】
❶名詞 動詞 まっすぐに流《なが》れること。
❷名詞 流《なが》れる方向《ほうこう》が決《き》まっている電気《でんき》。直流《ちょくりゅう》電流《でんりゅう》。対交流《こうりゅう》。
参考❷乾電池《かんでんち》から流《なが》れる電流《でんりゅう》は直流《ちょくりゅう》。

ちょくれつ【直列】 名詞 「直列《ちょくれつ》つなぎ」のこと。

ちょくれつつなぎ【直列つなぎ】 名詞 乾電池《かんでんち》のつなぎ方《かた》の一《ひと》つ。乾電池《かんでんち》のプラス極《きょく》と、別《べつ》の乾電池《かんでんち》のマイナス極《きょく》をつなぐつなぎ方《かた》。対並列《へいれつ》つなぎ。
教科理 流《なが》れる電流《でんりゅう》の大《おお》きさは、乾電池一個《かんでんちいっこ》のときよりも大《おお》きく、同《おな》じ数《かず》の乾電池《かんでんち》を並列《へいれつ》つなぎにした場合《ばあい》よりも大《おお》きい。

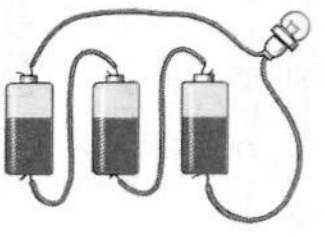
ちょくれつつなぎ

ちょこちょこ[と] 副詞
❶小《ちい》さい歩《ほ》はばで、速《はや》く歩《ある》いたり走《はし》ったりするようす。また、あちこち動《うご》き回《まわ》るようす。例子供《こども》がちょこちょこと走《はし》り回《まわ》る。
❷たびたび。しばしば。例友《とも》だちはちょこちょこと遅刻《ちこく》する。

ちょこなんと 副詞 小《ちい》さいものが、きちんとすわっているようす。ちょこんと。例ベンチのそばに、小犬《こいぬ》がちょこなんとしている。

チョコレート (chocolate) 名詞 カカオの種《たね》の粉《こな》と、ミルク・砂糖《さとう》・香料《こうりょう》などを混《ま》ぜて練《ね》り固《かた》めた菓子《かし》。固形《こけい》のチョコレートが作《つく》られるようになったのは一八〇〇年代《ねんだい》で、日本《にほん》には江戸《えど》時代《じだい》に初《はじ》めて伝《つた》えられたといわれる。参考カカオの種《たね》から作《つく》った飲《の》み物《もの》が始《はじ》まり。

ちょこんと 副詞
❶少《すこ》しだけ。ちょっと。例ちょこんとつつく。
❷小《ちい》さいものが、きちんとすわっているようす。ちょこなんと。例女《おんな》の子《こ》がいすにちょこんとすわっている。

ちょさく【著作】 名詞 動詞 本《ほん》を書《か》きあらわすこと。また、その本《ほん》。類著述《ちょじゅつ》。

ちょさくけん【著作権】 名詞 文学《ぶんがく》や音楽《おんがく》、絵《え》などで、作者《さくしゃ》の許可《きょか》なしにはほかの人《ひと》はその作品《さくひん》を使用《しよう》できないとする、作者《さくしゃ》の持《も》つ権利《けんり》。

ちょさくぶつ【著作物】 名詞 自分《じぶん》の思想《しそう》や感情《かんじょう》を表現《ひょうげん》してつくったもの。文学作品《ぶんがくさくひん》や論《ろん》文《ぶん》・評論《ひょうろん》などのほか、音楽《おんがく》・絵《え》・彫刻《ちょうこく》・建築《けんちく》などの作品《さくひん》もふくむ。

ちょしゃ【著者】 名詞 その本《ほん》を書《か》きあらわした人《ひと》。類筆者《ひっしゃ》。

ちょじゅつ【著述】 名詞 動詞 本《ほん》や文章《ぶんしょう》を書《か》きあらわすこと。また、その書《か》いたもの。例著述家《か》／著述業《ぎょう》。類著作《ちょさく》。

ちょしょ【著書】 名詞 その人《ひと》が書《か》きあらわした本《ほん》。

ちょすい【貯水】 名詞 動詞 水《みず》をためておくこ

と。また、ためた水《みず》。

ちょすいち【貯水池】 名詞 発電《はつでん》に使《つか》う水《みず》や田《た》畑《はた》に引《ひ》く水《みず》、飲《の》み水《みず》などをためておく人工《じんこう》の池《いけ》。

ちょぞう【貯蔵】 名詞 動詞 物《もの》をたくわえて、しまっておくこと。例 倉庫《そうこ》に米《こめ》を貯蔵する。

ちょちく【貯蓄】 名詞 動詞 お金《かね》などの財産《ざいさん》をたくわえること。また、そのたくわえたもの。例 将来《しょうらい》のために貯蓄する。類 貯金《ちょきん》。

ちょっか【直下】 名詞 ❶すぐ下《した》。真下《ました》。例 赤道《せきどう》直下。❷まっすぐに落《お》ちること。また、ものごとが非《ひ》常《じょう》に速《はや》く進《すす》むこと。例 急転《きゅうてん》直下（＝ものごとの成《な》り行《ゆ》きが急《きゅう》に変《か》わり、解決《かいけつ》に向《む》かうこと）。

ちょっかく【直角】 名詞 二《ふた》つの直線《ちょくせん》が垂直《すいちょく》に交《まじ》わってできる角《かく》。九〇度《ど》の角《かく》。図 ↓242ページ かく〔角〕

ちょっかくさんかくけい【直角三角形】 名詞 一《ひと》つの角《かく》が直角《ちょっかく》である三角形《さんかくけい》。図 ↓686ページ ずけい

ちょっかん【直感】 名詞 動詞 考《かんが》えたり説明《せつめい》されたりしなくても、ものごとを直接感《ちょくせつかん》じとること。例 答《こた》えが直感でわかった。

ちょっかん【直観】 名詞 動詞 筋道《すじみち》をたどって考《かんが》えるのではなく、ものごとのほんとうのすがたを直接《ちょくせつ》とらえること。例 真理《しんり》を直観する。

チョッキ（ポルトガル語） 名詞 そでのない短《みじか》い服《ふく》。洋服《ようふく》の上着《うわぎ》の下《した》などに着《き》る。ベスト。

ちょっきゅう【直球】 名詞 野球《やきゅう》で、ピッチャーが投《な》げるまっすぐな球《たま》。ストレート。例 直球で勝負する。対 変化球。

ちょっけい【直系】 名詞 ❶先祖《せんぞ》から、親《おや》・子《こ》・孫《まご》、というように直接《ちょくせつ》続《つづ》く血筋《ちすじ》。❷直接《ちょくせつ》に受《う》けついでいること。例 直系の弟《で》子《し》。対 傍系《ぼうけい》。

ちょっけい【直径】 名詞 円《えん》または球《きゅう》の中心《ちゅうしん》を通《とお》り、円周《えんしゅう》や球面《きゅうめん》の上《うえ》の二点《にてん》を結《むす》ぶ直線《ちょくせん》。関連 円周《えんしゅう》。半径《はんけい》。使い方「直経」と書《か》かないよう注《ちゅう》意《い》。図 ↓159ページ えん〔円〕

ちょっけつ【直結】 名詞 動詞 間《あいだ》にほかのものを入《い》れずに、直接結《ちょくせつむす》びつくこと。

ちょっこう【直行】 名詞 動詞 寄《よ》り道《みち》をしないで、直接《ちょくせつ》行《い》くこと。例 学校《がっこう》から海《うみ》へ直行する。

ちょっと 副詞 ❶わずか。少《すこ》し。例 ちょっとだけ食《た》べる。❷しばらく。例 ちょっとお待《ま》ちください。❸軽《かる》い気持《きも》ちで。ためしに。例 ちょっと聞《き》いてきます。❹簡単《かんたん》には。例 ちょっと思《おも》いつかない考《かんが》えだ。使い方 ❹は、あとに「ない」などのことばがくる。

ちょっとした 連体詞 ❶わずかの。少《すこ》しの。例 ちょっとした不注意《ふちゅうい》が大事故《だいじこ》を引《ひ》き起《お》こす。❷かなりの。相当《そうとう》の。例 姉《あね》のピアノの腕前《うでまえ》はちょっとしたものだ。

ちょっとやそっと 簡単《かんたん》には。少《すこ》しくらいでは。例 ちょっとやそっとではおどろかない。使い方 あとに「ない」などのことばがくる。

ちょっぴり 副詞 少しだけ。ほんのわずか。例 ちょっぴりからい。使い方 くだけた言《い》い方《かた》。

ちょとつもうしん【猪突猛進】 ↓777ページ 四字熟語

ちょぼくじょう【貯木場】 名詞 材木《ざいもく》をためておく場所《ばしょ》。

ちょめい【著名】 名詞 形容動詞 世《よ》の中《なか》に名前《なまえ》が知《し》られていること。有名《ゆうめい》。例 著名な科学者《かがくしゃ》。

チョモランマ ↓157ページ エベレスト

ちょろまかす 動詞 人《ひと》の見《み》ていないときに、こっそりぬすむ。ごまかす。例 店《みせ》の金《かね》をちょろまかす。使い方 くだけた言《い》い方《かた》。

ちょんぎる【ちょん切る】 動詞 無造作《むぞうさ》に切《き》る。簡単《かんたん》に切《き》る。例 ひもをちょん切る。

ちょんまげ 名詞 昔《むかし》、男《おとこ》の人《ひと》がしていた、かみの毛《け》をまとめて頭《あたま》の上《うえ》で束《たば》ねた髪《かみ》形《がた》。

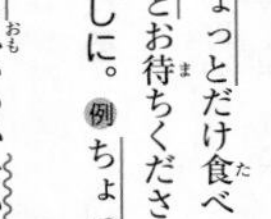

ちょんまげ

ちらかす【散らかす】 動詞 物《もの》をきちんと整理《せいり》しないで、あちらこちらにほうり出《だ》しておく。例 部屋《へや》じゅうに本《ほん》を散らかす。漢 ↓543ページ さん〔散〕

ちらかる【散らかる】 動詞 物《もの》があちらこちらに乱《みだ》れて広《ひろ》がる。散《ち》らばる。漢 ↓543ページ さん〔散〕

ちらし【散らし】 名詞 ❶散《ち》らすこと。また、散《ち》らしたもの。❷宣伝《せんでん》のため、町《まち》で配《くば》ったり新聞《しんぶん》に折《お》りこんだりする印刷物《いんさつぶつ》。

四字熟語 **無我夢中《むがむちゅう》** 我《われ》を忘《わす》れて夢《ゆめ》の中《なか》にいるようなようすのことで、一《ひと》つのことに心《こころ》をうばわれ、ほ

❸すし飯《めし》の上《うえ》に、魚《さかな》・貝《かい》・のり・卵《たまご》焼《や》きなどをのせた料理《りょうり》。「ちらしずし」の略《りゃく》。

ちらしずし【散らしずし】 ⇒851ジペー ちらし❸

ちらす【散らす】
❶ 動詞 散《ち》るようにする。ばらばらにする。例 風《かぜ》が花《はな》を散らす。
❷ 動詞 一《いっ》か所《しょ》に集《しゅう》中《ちゅう》しない。対 集《あつ》める。例 気《き》を散らす。
❸ 動詞 はれものの痛《いた》みや熱《ねつ》などを、手術《しゅじゅつ》をしないで薬《くすり》を飲《の》んだりしておさえる。
❹ 接尾語 （ほかのことばのあとにつけて）やたらに…する。さかんに…する。例 まき散らす。
漢 ⇒543ジペー さん〔散〕

ちらちら［と］ 副詞 動詞
❶小《ちい》さくて軽《かる》いものが、散《ち》るように落《お》ちてくるようす。例 雪《ゆき》がちらちら降《ふ》ってきた。
❷明《あ》かりがついたり消《き》えたりするように見《み》えるようす。例 町《まち》の明《あ》かりがちらちらする。
❸物《もの》が見《み》えたりかくれたりするようす。例 人《ひと》影《かげ》がちらちらする。
❹話《はなし》やうわさなどが、時々《ときどき》聞《き》こえるようす。例 悪《わる》いうわさがちらちら耳《みみ》に入《はい》る。

ちらつく 動詞
❶目《め》立《だ》たないくらいにちらちらと降《ふ》る。例 雪《ゆき》がちらつく。
❷光《ひかり》やすがたが、消《き》えたり見《み》えたりする。見《み》えかくれする。例 おもかげがちらつく。

ちらっと ⇒852ジペー ちらりと

ちらばる【散らばる】 動詞 あちらこちらに乱《みだ》れて広《ひろ》がる。ばらばらにある。例 玄関《げんかん》に、くつが散らばっていた。

ちらほら［と］ 副詞 あちこちに少《すこ》しずつあるようす。例 梅《うめ》の花《はな》がちらほらさき始《はじ》めた。

ちらりと 副詞 ほんの少《すこ》しだけ、見《み》えたり聞《き》こえたりするようす。ちらっと。例 おへそがちらりと見《み》えた。

ちり 名詞
❶細《こま》かなごみ。ほこり。例 ちり一《ひと》つない教室《きょうしつ》。
❷ごくわずかなことのたとえ。また、値打《ねう》ちのないもののたとえ。例 そんなことはちりほども思《おも》わないよ。

ちりも積《つ》もれば山《やま》となる ⇒273ジペー ことわざ

ちり【地理】 名詞
❶土地《とち》のようす。例 この町《まち》の地理にくわしい。
❷地《ち》球《きゅう》上《じょう》の山《やま》・川《かわ》・海《うみ》・陸《りく》・気候《きこう》・人口《じんこう》・産《さん》業《ぎょう》・交通《こうつう》などのようす。また、それを研《けん》究《きゅう》する学問《がくもん》。

チリ ⇒852ジペー チリきょうわこく

ちりあくた 名詞 ちりとごみ。ごみくず。また、価値《かち》のないもののたとえ。

ちりがみ【ちり紙】 名詞 鼻《はな》をかんだり、トイレなどで使《つか》ったりする紙《かみ》。

チリきょうわこく【チリ共和国】 名詞 南《みなみ》アメリカの南西部《なんせいぶ》、アンデス山《さん》脈《みゃく》と太平洋《たいへいよう》にはさまれた、南北《なんぼく》に細長《ほそなが》い国《くに》。首都《しゅと》はサンティアゴ。「チリ」ともいう。

（国旗《こっき》）

ちりぢり【散り散り】 形容動詞 集《あつ》まっていたものがあちこちに散《ち》らばるようす。例 家族《かぞく》散り散りになる。

ちりばめる 動詞 金《きん》・銀《ぎん》・宝石《ほうせき》などを、あちらこちらに散《ち》らしてはめこむ。例 宝石《ほうせき》をちりばめたように美《うつく》しい星空《ほしぞら》。

ちりめん 名詞 絹織物《きぬおりもの》の一《ひと》つで、表面《ひょうめん》を縮《ちぢ》ませて細《こま》かいしわをつけたもの。

ちりゃく【知略】 名詞 知恵《ちえ》をはたらかせて考《かんが》えた方法《ほうほう》や計画《けいかく》。知恵《ちえ》のすぐれたはかりごと。

ちりょう【治療】 名詞 動詞 病《びょう》気《き》やけがを治《なお》すこと。例 けが人《にん》の治療にあたる／歯《は》を治療する。類 医《い》療《りょう》。

ちる【散る】 動詞
❶ばらばらにはなれて落《お》ちる。例 桜《さくら》の花《はな》びらが散る。
❷ばらばらになる。例 人々《ひとびと》があちらこちらに散っていった。
❸集《しゅう》中《ちゅう》しなくなる。対 集《あつ》まる。例 気《き》が散る。
❹にじむ。例 インクが散る。
❺はれや痛《いた》みがなくなる。例 注《ちゅう》射《しゃ》で痛《いた》みが散る。
漢 ⇒543ジペー さん〔散〕

チルド（chilled） 名詞 セ氏《し》零《れい》度《ど》前《ぜん》後《ご》の、こおらない程《てい》度《ど》の温度《おんど》で冷蔵《れいぞう》すること。

漢 **ちん【賃】** 〔貝《かい》〕 13画 6年 訓 音 チン

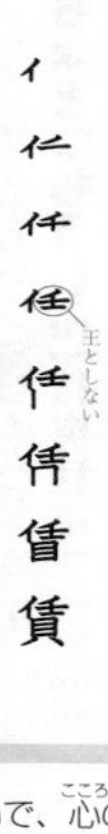

人《ひと》をやとったり、物《もの》を使《つか》ったりするときにはら

ないで、心《こころ》のこだわりや迷《まよ》いを捨《す》て去《さ》ること。

あいうえお　かきくけこ　さしすせそ　たちつてと　ち　なにぬねの　はひふへほ　まみむめも　やゆよ　らりるれろ　わをん

うお金。例 賃金／運賃／家賃／宿賃。

ちんあげ【賃上げ】名詞 動詞 賃金《ちんぎん》を上《あ》げること。例 会社《かいしゃ》に賃上げを要求《ようきゅう》する。

ちんか【沈下】名詞 動詞 土地《とち》などがしずんで低《ひく》くなること。例 地盤《じばん》が沈下する。対 隆起《りゅうき》。

ちんか【鎮火】名詞 動詞 火事《かじ》が消《き》えること。また、火《ひ》を消《け》すこと。例 山火事《やまかじ》が鎮火する。

ちんがし【賃貸し】名詞 動詞 お金《かね》をとって品《しな》物《もの》や場所《ばしょ》などを貸《か》すこと。賃貸《ちんたい》。

チンギス＝ハン 名詞（一一六二？～一二二七）モンゴル帝国《ていこく》をつくった人物《じんぶつ》。モンゴルの部族《ぶぞく》をまとめ、中国《ちゅうごく》や西《にし》アジアをせめて、大《おお》きな国《くに》をつくり上《あ》げた。ジンギス＝カン。

ちんきゃく【珍客】名詞 めったに会《あ》うことのない、めずらしい客《きゃく》。

ちんぎん【賃金】名詞 働《はたら》いた人《ひと》が、その働《はたら》きに対《たい》して、やとい主《ぬし》からもらうお金《かね》。

ちんげんさい 名詞 葉《は》が円《まる》くて、くきが厚《あつ》い、薄《うす》緑《みどりいろ》色の中国《ちゅうごく》の野菜《やさい》。いため物《もの》などに使《つか》う。

ちんげんさい

ちんじ【珍事】名詞 めずらしいできごと。また、思《おも》いがけないできごと。例 珍事が起《お》こる。

ちんしごと【賃仕事】名詞 家《いえ》などで、仕事《しごと》一《ひと》つについていくら、というふうに賃金《ちんぎん》をもらってする仕事《しごと》。

ちんしもっこう【沈思黙考】↓779ページ 四

ちんしゃ【陳謝】名詞 動詞 事情《じじょう》を話《はな》してあやまること。例 被害者《ひがいしゃ》に陳謝する。

ちんじゅ【鎮守】名詞 その土地《とち》を守《まも》る神《かみ》。また、その神《かみ》を祭《まつ》った神社《じんじゃ》。

ちんじょう【陳情】名詞 動詞 役所《やくしょ》などに行《い》って、実際《じっさい》のようすを話《はな》し、よくしてくれるようにたのむこと。例 水害対策《すいがいたいさく》を知事《ちじ》に陳情する。類 請願《せいがん》。

ちんせい【沈静】名詞 動詞 落《お》ち着《つ》いて静《しず》かになること。例 ブームが沈静する。

ちんたい【沈滞】名詞 動詞 活気《かっき》がなく、ものごとの進《すす》むようすがないこと。例 沈滞していたクラブ活動《かつどう》に活気《かっき》がもどる。

ちんたい【賃貸】名詞 動詞 お金《かね》をとって品物《しなもの》や場所《ばしょ》などを貸《か》すこと。例 賃貸マンション。

ちんちゃく【沈着】形容動詞 落《お》ち着《つ》いていて、少《すこ》しもあわてないようす。例 地震《じしん》が起《お》きたが、沈着に行動《こうどう》した。類 冷静《れいせい》。

ちんちょう【珍重】名詞 動詞 めずらしいものとして大切《たいせつ》にすること。例 珍重品《ひん》。

ちんつうざい【鎮痛剤】名詞 痛《いた》みを止《と》めたり、やわらげたりするための薬《くすり》。痛《いた》み止《ど》め。

ちんでん【沈殿】名詞 動詞 液体《えきたい》に混《ま》じっているものが液体《えきたい》と分《わ》かれ、底《そこ》にたまること。

ちんどんや【ちんどん屋】名詞 目立《めだ》つ服装《ふくそう》で、かね・太鼓《たいこ》・三味線《しゃみせん》・クラリネットなどを鳴《な》らして、商店《しょうてん》などの宣伝《せんでん》の仕事《しごと》をする人《ひと》。

チンパンジー（chimpanzee）名詞 アフリカにすむさるのなかまの一《ひと》つ。毛《け》は黒《くろ》っぽい茶色《ちゃいろ》で、顔《かお》はしわが多《おお》く、耳《みみ》が大《おお》きい。体長六十五《たいちょうろくじゅうご》～百《ひゃく》センチメートル。知恵《ちえ》が発達《はったつ》している。

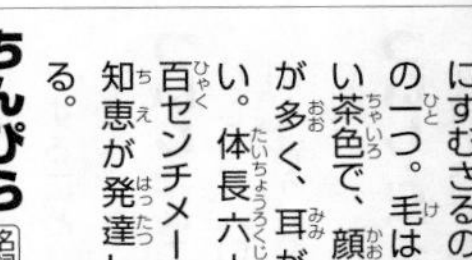

チンパンジー

ちんぴら 名詞 悪党《あくとう》の下《した》っぱ。また、不良《ふりょう》の少年少女《しょうねんしょうじょ》。使い方 俗《ぞく》な言《い》い方《かた》。

ちんぷんかんぷん 名詞 形容動詞 何《なに》がなんだか、わけがわからないこと。例 あの人《ひと》の話《はなし》はちんぷんかんぷんだ。

ちんぼつ【沈没】名詞 動詞 船《ふね》が水中《すいちゅう》にしずむこと。例 沈没船《せん》／フェリーボートがあらしで沈没した。

ちんみ【珍味】名詞 めったに味《あじ》わえないような、めずらしい食《た》べ物《もの》。例 山海《さんかい》の珍味。

ちんみょう【珍妙】形容動詞 変《か》わっていて、おかしいようす。例 珍妙な格好《かっこう》。

ちんもく【沈黙】名詞 動詞 何《なに》も言《い》わないでいること。例 沈黙を守《まも》る／沈黙を破《やぶ》る。

●**沈黙《ちんもく》は金《きん》** ことわざ だまっていることのほうが、よくしゃべることよりも価値《かち》がある。「沈《ちん》黙《もく》は金《きん》、雄弁《ゆうべん》は銀《ぎん》」ともいう。

ちんれつ【陳列】名詞 動詞 人《ひと》に見《み》せるためにいろいろな品物《しなもの》を並《なら》べること。例 たなに商品《しょうひん》を陳列する。

四字熟語　**無念無想《むねんむそう》**　「無念《むねん》」も「無想《むそう》」も、何《なに》も考《かんが》えないで心《こころ》を空《から》っぽにすること。まったく何《なに》も考《かんが》え

つ

ツ
ヅ
づ

下《した》の｜手話にチャレンジ｜を見《み》よう。

つ【通】 漢 ⇩855ジペー つう〔通〕

つ【都】 漢 ⇩912ジペー と〔都〕

ツアー（tour）名詞 観光《かんこう》やスポーツなどのための旅行《りょこう》。とくに、旅行会社《りょこうがいしゃ》などが計画《けいかく》を立《た》てる、団体《だんたい》で行《い》く旅行《りょこう》。例 スキーツアー。

つい 副詞 ❶うっかり。思《おも》わず。例 約束《やくそく》をつい忘《わす》れてしまった。❷時間《じかん》やきょりがあまりはなれていないようす。すぐ。例 ついさっき雨《あめ》がやんだところだ。

つい【対】 ❶名詞 二《ふた》つでひと組《くみ》になっているもの。例 対の置《お》き物《もの》／対のコーヒーカップ。❷接尾語（数《かず》を表《あらわ》すことばのあとにつけて）二《ふた》つでひと組《くみ》のものを数《かぞ》えることば。例 赤《あか》と白《しろ》で一《いっ》対のお茶《ちゃ》わん。漢 ⇩770ジペー たい〔対〕

漢 **つい【追】**〔辶〕しんにょう 9画 3年 音 ツイ 訓 おう

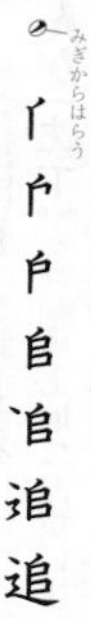

❶あとをおう。おいかける。例 追加《ついか》／追求《ついきゅう》／追従《ついじゅう》／追跡《ついせき》／追突《ついとつ》。❷おいはらう。例 追放《ついほう》。

ついえる【費える】 動詞 ❶お金《かね》などが、つかわれてひどく減《へ》る。❷時間《じかん》がむだに過《す》ぎる。例 むなしく月日《つきひ》が費えた。

ついおく【追憶】 名詞 動詞 過《す》ぎ去《さ》った昔《むかし》のことを、あれこれとなつかしく思《おも》い出《だ》すこと。漢 ⇩1095ジペー ひ〔費〕

ついか【追加】 名詞 動詞 あとからつけ加《くわ》えること。例 すしの注文《ちゅうもん》を追加する。

ついき【追記】 名詞 動詞 文《ぶん》や語句《ごく》をあとから書《か》き加《くわ》えること。また、その文《ぶん》や語句《ごく》。

ついきゅう【追及】 名詞 動詞 ものごとの原因《げんいん》などを、どこまでも追《お》いつめること。また、問《と》いつめること。例 事故《じこ》の原因《げんいん》を追及する。⇩ 使い分け

ついきゅう【追究】 名詞 動詞 ものごとをどこまでも調《しら》べて、明《あき》らかにしていくこと。例 学《がく》問《もん》の追究。⇩ 使い分け

ついきゅう【追求】 名詞 動詞 目的《もくてき》のものをどこまでも追《お》い求《もと》めて、手《て》に入《い》れようとすること。例 利益《りえき》を追求する。⇩ 使い分け

使い分け
ついきゅう
追及・追究・追求

追及 責任《せきにん》や原因《げんいん》などがどこにあるのかを、どこまでも追《お》いつめること。
「責任《せきにん》を追及《ついきゅう》する」

追究 ことがらを明《あき》らかにするために、深《ふか》く調《しら》べていくこと。
「真理《しんり》を追究《ついきゅう》する」

追求 目的《もくてき》とするものをどこまでも追《お》い求《もと》めること。
「利益《りえき》を追求《ついきゅう》する／幸福《こうふく》を追求《ついきゅう》する」

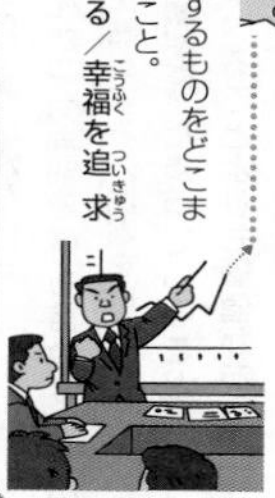

ついく【対句】 名詞 一《ひと》つの詩《し》や文章《ぶんしょう》の中《なか》で、組《く》み立《た》てが似《に》ていたり、意味《いみ》が対《つい》になっていたりする語句《ごく》を二《ふた》つ並《なら》べた言《い》い表《あらわ》し方《かた》。「雨《あめ》ニモマケズ、風《かぜ》ニモマケズ」や「山《やま》よりも高《たか》く、海《うみ》よりも深《ふか》い」など。

ついげき【追撃】 名詞 動詞 にげて行《い》く敵《てき》を追《お》いかけて、こうげきすること。

ついご【対語】 名詞 対《つい》になることば。「男《おとこ》」と「女《おんな》」など。「たいご」ともいう。類 対義《たいぎ》語《ご》。

ついじゅう【追従】 名詞 動詞 人《ひと》の言《い》うことやすることに、そのまま従《したが》ったり、それをまねたりすること。ことば「ついしょう」と読《よ》むと別《べっ》の意味《いみ》。

ついしょう【追従】 名詞 動詞 お世辞《せじ》を言《い》ったりして、人《ひと》の機嫌《きげん》をとること。例 お客《きゃく》にお追従を言《い》う。ことば「ついじゅう」と読《よ》むと別《べつ》の意味《いみ》。

ついしん【追伸】 名詞 手紙《てがみ》で、いったん本文《ほんぶん》を終《お》わらせたあと、つけ足《た》して書《か》く文《ぶん》。また、

に沿《そ》って右手《みぎて》を前《まえ》に出《だ》す。お金《かね》を財布《さいふ》から出《だ》してつかうしぐさからきているよ。

その文《ぶん》の初《はじ》めに書《か》くことば。

ついせき【追跡】 名詞 動詞 ❶にげる者《もの》のあとを追《お》いかけること。例 警官《けいかん》が犯人《はんにん》を追跡する。
❷ものごとがその後《ご》どうなったかを調《しら》べること。例 追跡調査《ちょうさ》／事件《じけん》のその後《ご》を追跡する。

ついぞ 副詞 今《いま》までに一度《いちど》も。例 そんなことはついぞ考《かんが》えたこともない。使い方 あとに「ない」などのことばがくる。

ついそう【追想】 名詞 動詞 過《す》ぎ去《さ》ったことや、亡《な》くなった人《ひと》を思《おも》い出《だ》してしのぶこと。例 楽《たの》しかった子供《こども》のころを追想する。

ついたち【一日】 名詞 月《つき》の最初《さいしょ》の日《ひ》。いちにち。対 みそか。

ついたて 名詞 びょうぶに似《に》た、立《た》てて使《つか》う家《か》具《ぐ》。部屋《へや》の中《なか》を仕切《しき》ったり、目《め》かくしにしたりする。

ついて（「…について」の形《かたち》で）
❶…に関《かん》して。例 遠足《えんそく》について相談《そうだん》する。
❷…ごとに。例 会費《かいひ》は一回《いっかい》について千円《せんえん》だ。

ついで 名詞 あることをいっしょにするのに、ちょうどよい機会《きかい》。例 ついでがあれば、ぜひお立《た》ち寄《よ》りください。

ついで【次いで】 接続詞 引《ひ》き続《つづ》いて。その次《つぎ》に。例 先生《せんせい》のあいさつが終《お》わり、次いで話《はな》し合《あ》いの時間《じかん》となった。

ついでに 副詞 よいおりに。何《なに》かをするとき、いっしょに。例 友《とも》だちを送《おく》っていったついでに、図書館《としょかん》に寄《よ》る。

ついては 接続詞 そういうわけで。そこで。例 明日《あす》は運動会《うんどうかい》です。ついてはみなさんもぜひ見《み》に来《き》てください。

ついとう【追悼】 名詞 動詞 亡《な》くなった人《ひと》をなつかしく思《おも》って、その死《し》を悲《かな》しむこと。例 追悼文集《ぶんしゅう》。類 哀悼《あいとう》。

ついとつ【追突】 名詞 動詞 乗《の》り物《もの》などが、後《うし》ろからぶつかること。例 追突事故《じこ》。

ついに 副詞
❶しまいには。とうとう。例 努力《どりょく》のかいあって、ついに成功《せいこう》した。
❷最後《さいご》まで。一度《いちど》も。例 待《ま》っていたがついに会《あ》えなかった。
使い方 ❷は、あとに「ない」などのことばがくる。

ついばむ 動詞 鳥《とり》がくちばしで物《もの》をつついて食《た》べる。例 小鳥《ことり》がえさをついばんでいる。

ついひ【追肥】 ↓165ページ おいごえ

ついほう【追放】 名詞 動詞
❶追《お》いはらうこと。しめ出《だ》すこと。例 町《まち》から暴力《ぼうりょく》を追放する。
❷おおやけの地位《ちい》や仕事《しごと》についている人《ひと》をやめさせること。

ついやす【費やす】 動詞
❶お金《かね》や労力《ろうりょく》をつかう。また、つかってなくす。例 この工事《こうじ》には三年《さんねん》を費やした。
❷むだにつかう。例 余計《よけい》な時間《じかん》を費やした。
漢 ↓1095ページ ひ〔費〕

ついらく【墜落】 名詞 動詞 高《たか》いところから落《お》ちること。例 ジェット機《き》が墜落した。

つう【通】
❶ 名詞 ある方面《ほうめん》のことにくわしいこと。また、その人《ひと》。例 フランス料理《りょうり》の通。
❷ 接尾語 （数《かず》を表《あらわ》すことばのあとにつけて）手《て》紙《がみ》などを数《かぞ》えることば。例 手紙《てがみ》二《に》通／一《いっ》通のメールが届《とど》く。

漢 **つう【通】**〔辶〕しんにょう 10画 2年 音 ツウ・ツ 訓 とおる・とおす・かよう

てんをわすれないように　とめる　はねる

❶とおる。とおす。例 通過《つうか》／通行《つうこう》／開通《かいつう》。❷かよう。いききする。例 通学《つうがく》／通信《つうしん》／交通《こうつう》。❸しらせる。例 通達《つうたつ》／通知《つうち》。❹広《ひろ》くいきわたる。例 通用《つうよう》／共通《きょうつう》／普通《ふつう》。❺ものごとをよくしっている。例 音楽通《おんがくつう》／精通《せいつう》。❻手紙《てがみ》や書類《しょるい》を数《かぞ》えることば。例 一通《いっつう》。

漢 **つう【痛】**〔疒〕やまいだれ 12画 6年 音 ツウ 訓 いたい・いたむ・いためる

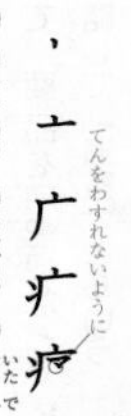
てんをわすれないように　はねる

❶いたい。いたむ。例 痛手《いたで》／苦痛《くつう》／頭痛《ずつう》／腹《ふく》痛《つう》。❷非常《ひじょう》に。とても。例 痛快《つうかい》／痛感《つうかん》／痛切《つうせつ》。

つうか【通貨】 名詞 その国《くに》でつかわれているお金《かね》。

つうか【通過】 名詞 動詞
❶通《とお》り過《す》ぎること。止《と》まらずに通《とお》って行《い》くこと。例 特急列車《とっきゅうれっしゃ》が通過した。
❷試験《しけん》などに合格《ごうかく》すること。それでよいと認《みと》められること。例 一次予選《いちじよせん》を通過する。

手話にチャレンジ　使《つか》う　左《ひだり》手《て》の手《て》のひらの上《うえ》に、右手《みぎて》の親指《おやゆび》と人《ひと》さし指《ゆび》で輪《わ》を作《つく》ってのせる。左《ひだり》手《て》の手《て》のひら

つうかい【痛快】 形容動詞 胸《むね》がすっとするようなことを見聞《みき》きして、非常《ひじょう》に気持《きも》ちよく感《かん》じるようす。例 痛快なシュート。

つうがく【通学】 名詞 動詞 学校《がっこう》に通《かよ》うこと。

つうがくろ【通学路】 名詞 学校《がっこう》に通《かよ》うときに通《とお》る道《みち》。

つうかん【痛感】 名詞 動詞 強《つよ》く心《こころ》に感《かん》じること。身《み》にしみて感《かん》じること。例 試合《しあい》に負《ま》けて、自分《じぶん》の実力《じつりょく》のなさを痛感した。

つうきん【通勤】 名詞 動詞 会社《かいしゃ》や役所《やくしょ》などの勤《つと》め先《さき》に通《かよ》うこと。例 電車《でんしゃ》で通勤する。

つうこう【通行】 名詞 動詞 道路《どうろ》を、人《ひと》や車《くるま》が通《とお》ること。例 通行人《にん》／右側《みぎがわ》通行／通行止《ど》め。

つうこうてがた【通行手形】 名詞 ある場《ば》所《しょ》を通行《つうこう》することを許可《きょか》する印《しるし》として発行《はっこう》された通行券《つうこうけん》。教科 社 江戸《えど》時代《じだい》、関所《せきしょ》を通《とお》るために必要《ひつよう》だった。

つうこく【通告】 名詞 動詞 正式《せいしき》に決《き》まったことを知《し》らせること。また、その知《し》らせ。例 市《し》役所《やくしょ》から通告があった。類 通達《つうたつ》。通知《つうち》。

つうさん【通算】 名詞 動詞 全体《ぜんたい》をまとめて計《けい》算《さん》すること。また、その数《かず》。例 あの選手《せんしゅ》は去《きょ》年《ねん》、通算二十本《にじっぽん》のホームランを打《う》った。

つうしょう【通称】 名詞 正《ただ》しい名《な》まえではないが、世《よ》の中《なか》でふつうに使《つか》われている呼《よ》び名《な》。例 あの山《やま》は通称「とんがり山《やま》」という。

つうしょう【通商】 名詞 動詞 外国《がいこく》と品物《しなもの》の売《う》り買《か》いをすること。貿易《ぼうえき》。例 通商条約《じょうやく》。

つうじょう【通常】 名詞 ふつうであること。ふだん行《おこな》われていること。例 通常の三倍《さんばい》の利《り》益《えき》があった／通常は十時開店《じゅうじかいてん》だ。類 平常《へいじょう》。

つうじょうこっかい【通常国会】 名詞 毎《まい》年《とし》決《き》まった時期《じき》に開《ひら》かれる国会《こっかい》。期間《きかん》は百五《ひゃくご》十日《じゅうにち》で、次《つぎ》の年度《ねんど》の予算《よさん》などを話《はな》し合《あ》う。

つうじる【通じる】 動詞

❶道《みち》などがつながっている。例 この道《みち》は海《うみ》に通じている。

❷通《かよ》う。開通《かいつう》する。例 電流《でんりゅう》が通じる。

❸連絡《れんらく》がつく。例 やっと電話《でんわ》が通じた。

❹相手《あいて》にわかる。伝《つた》わる。例 この店《みせ》では英語《えいご》が通じる／気持《きも》ちが通じる。

❺共通《きょうつう》したものがある。例 全員《ぜんいん》に通じる問題《もんだい》。

❻くわしく知《し》っている。例 父《ちち》はこの町《まち》の歴史《れきし》に通じている。

❼知《し》らせる。例 相手《あいて》に話《はなし》は通じてある。

❽(「…を通《つう》じて」の形《かたち》で、全体《ぜんたい》で)…の間《あいだ》ずっと。例 このプールは一年《いちねん》を通じて利用《りよう》できる。

❾(「…を通《つう》じて」の形《かたち》で、全体《ぜんたい》で)ある人《ひと》・ものを仲立《なかだ》ちとして。例 インターネットを通じて世界《せかい》とつながる。

ことば 「通《つう》ずる」ともいう。

つうしん【通信】 名詞 動詞

❶ようすを知《し》らせること。たより。例 学級《がっきゅう》通信。

❷郵便《ゆうびん》・電信《でんしん》・電話《でんわ》・インターネットなどで、連絡《れんらく》をとったり知《し》らせたりすること。例 無線《むせん》で漁船《ぎょせん》に通信する。

つうしんえいせい【通信衛星】 名詞 遠《とお》くはなれた場所《ばしょ》への通信《つうしん》に利用《りよう》する人工衛星《じんこうえいせい》。テレビ放送《ほうそう》や電話《でんわ》などに利用《りよう》されている。

つうしんきょういく【通信教育】 名詞 郵《ゆう》便《びん》やラジオ・テレビ・インターネットなどを使《つか》って、自分《じぶん》の家《いえ》で教育《きょういく》を受《う》けるしくみ。

つうしんしゃ【通信社】 名詞 新聞社《しんぶんしゃ》・放送《ほうそう》局《きょく》などに、ニュースを集《あつ》めて送《おく》る仕事《しごと》をする会《かい》社《しゃ》。

つうしんはんばい【通信販売】 名詞 郵《ゆう》便《びん》・電話《でんわ》・インターネットなどで注文《ちゅうもん》を受《う》けて、商品《しょうひん》を宅配便《たくはいびん》などで送《おく》る販売《はんばい》のやり方《かた》。略《りゃく》して「通販《つうはん》」ともいう。

つうしんぶん【通信文】 名詞 連絡《れんらく》をとったり何《なに》かを知《し》らせたりするための文章《ぶんしょう》。例 荷物《にもつ》に簡単《かんたん》な通信文をそえる。

つうしんぼ【通信簿】 ⇒857ページ つうちひょう

つうずる【通ずる】 ⇒856ページ つうじる

つうせつ【通説】 名詞 世《よ》の中《なか》に広《ひろ》く認《みと》められている考《かんが》え。例 古代《こだい》の歴史《れきし》についての通説。類 定説《ていせつ》。

つうせつ【痛切】 形容動詞 心《こころ》に強《つよ》く感《かん》じるようす。例 親《おや》のありがたみを痛切に感《かん》じる。

つうぞく【通俗】 名詞 形容動詞 世《よ》の中《なか》のふつうの人向《ひとむ》きであること。

つうぞくてき【通俗的】 形容動詞 わかりやすく、ふつうの人向《ひとむ》きであるようす。例 通俗的な物語《ものがたり》。

つうたつ【通達】 名詞 動詞 知《し》らせること。とくに、役所《やくしょ》から下《した》の役所《やくしょ》や一般《いっぱん》の人々《ひとびと》に知《し》らせること。また、その知《し》らせ。例 交通《こうつう》とりしまりに関《かん》する通達が届いた。類 通告。通知。

つうち【通知】 名詞 動詞 知《し》らせること。また、その知《し》らせ。例 合格《ごうかく》通知。類 通告《つうこく》。通達《つうたつ》。

つうちひょう【通知表】 名詞 学校《がっこう》での子供《こども》の勉強《べんきょう》や生活《せいかつ》のようすを、家庭《かてい》に知《し》らせるためにまとめたもの。「通信簿《つうしんぼ》」ともいう。

つうちょう【通帳】 名詞 銀行《ぎんこう》や店《みせ》で、お金《かね》や品物《しなもの》の出《だ》し入《い》れなどを書《か》き留《と》めておく帳面《ちょうめん》。

つうどく【通読】 名詞 動詞 文章《ぶんしょう》を、初《はじ》めから終《お》わりまでひととおり読《よ》み通《とお》すこと。

つうはん【通販】 ↓856ページ つうしんはんばい

ツーピース (two-piece) 名詞 上着《うわぎ》とスカートのように、上下《じょうげ》二《ふた》つでひとそろいになっている洋服《ようふく》。

つうふう【通風】 名詞 風《かぜ》を通《とお》すこと。風通《かぜとお》し。例 この部屋《へや》は通風がよい。

つうぶん【通分】 名詞 動詞 分母《ぶんぼ》のちがう二《ふた》つ以上《いじょう》の分数《ぶんすう》を、分母《ぶんぼ》の同《おな》じ分数《ぶんすう》にすること。教科 算 たとえば、$\frac{1}{2}$と$\frac{1}{3}$を通分《つうぶん》すると、$\frac{3}{6}$と$\frac{2}{6}$になる。

つうほう【通報】 名詞 動詞 情報《じょうほう》などを知《し》らせること。また、その知《し》らせ。例 気象《きしょう》通報／交《こう》通事故《つうじこ》を警察《けいさつ》に通報する。

つうやく【通訳】 名詞 動詞 ちがうことばを使《つか》う人々《ひとびと》の間《あいだ》で、それぞれのことばを、相手《あいて》にわかることばに直《なお》して伝《つた》えること。また、その人《ひと》。例 日本語《にほんご》を英語《えいご》に通訳する。

つうよう【通用】 名詞 動詞 ❶広《ひろ》く一般《いっぱん》に使《つか》われ、認《みと》められていること。例 英語は多くの国で通用する。❷ある期間《きかん》使《つか》えること。例 この定期券《ていきけん》は一《いっ》か月間《げつかん》通用する。❸いつも出入《でい》りすること。例 通用口《ぐち》。

つうようもん【通用門】 名詞 ふだんの出入《でい》りに使《つか》う門《もん》。

ツール (tool) 名詞 ❶工具《こうぐ》。道具《どうぐ》。❷コンピューターを使《つか》いやすくするための補助《ほじょ》的《てき》なソフトウェア。

つうれい【通例】 ❶名詞 いつものやり方《かた》。例 大《おお》みそかは祖父《そふ》の家《いえ》で過《す》ごすのが通例になっている。❷副詞 一般《いっぱん》に。ふつう。例 図書館《としょかん》は通例月曜《げつよう》日《び》が休《やす》みだ。

つうれつ【痛烈】 形容動詞 非常《ひじょう》に激《はげ》しくて厳《きび》しいこと。例 痛烈なヒット／痛烈に批判《ひはん》する。

つうろ【通路】 名詞 行《い》き来《き》するための道《みち》。通《とお》り道《みち》。

つうわ【通話】 名詞 動詞 電話《でんわ》で話《はな》すこと。また、その話《はなし》。例 家《いえ》に電話《でんわ》したが通話中《ちゅう》だった。

つえ 名詞 歩《ある》くときの助《たす》けとする、細長《ほそなが》い棒《ぼう》。ステッキ。例 つえをついて歩《ある》く。

つか 名詞 刀《かたな》や弓《ゆみ》の、手《て》でにぎるところ。ことば 漢字《かんじ》では「柄」と書《か》く。図 ↓264ページ かたな

つか【塚】 名詞 ❶土《つち》を高《たか》く盛《も》ってつくった墓《はか》。❷土《つち》を高《たか》く盛《も》り上《あ》げたところ。例 あり塚。

つかい【使い・遣い】 名詞 ❶人《ひと》にたのまれて用事をしに行くこと。また、その人《ひと》。例 父《ちち》に言《い》いつけられて使いに行《い》った。❷あるものをつかうこと。また、つかう人《ひと》やつかい方《かた》。例 ことば遣い／魔法《まほう》使い。使い方 ❶は、「お使《つか》い」の形《かたち》でも使《つか》う。❷は、ほかのことばのあとにつくときは、「づかい」となることもある。

つがい 名詞 二《ふた》つでひと組《くみ》になるもの。とくに、めすとおすのひと組《くみ》。例 つがいの小鳥《ことり》。

つかいこなす【使いこなす】 動詞 そのものがじゅうぶんに役立《やくだ》つように、上手《じょうず》に使《つか》う。例 コンピューターを使いこなす。

つかいこむ【使い込む】 動詞 ❶会社《かいしゃ》のお金《かね》や預《あず》かったお金《かね》を勝手《かって》につかう。❷長《なが》い間《あいだ》使《つか》って、そのものになじむ。例 使い込んだグローブ。

つかいすて【使い捨て】 名詞 使《つか》い終《お》わったら、そのまま捨《す》ててしまうこと。例 使い捨ての紙《かみ》コップ。

つかいはしり【使い走り】 名詞 動詞 用《よう》を言《い》いつけられてあちこち回《まわ》ること。また、その人《ひと》。

つかいはたす【使い果たす】 動詞 全部《ぜんぶ》、残《のこ》らず使《つか》ってしまう。例 お年玉《としだま》を使い果たす。

つかいふるす【使い古す】 動詞 古《ふる》くなるまで長《なが》い間《あいだ》使《つか》う。例 使い古した辞書《じしょ》。

つかいみち【使い道】 名詞 使《つか》う方法《ほうほう》。使《つか》う目的《もくてき》。例 お年玉《としだま》の使い道を考《かんが》える。

つかいわけ【使い分け】 名詞 似《に》たようなものを、その役目《やくめ》や目的《もくてき》によって区別《くべつ》して使《つか》うこ

四字熟語 **無病息災《むびょうそくさい》** 「無病《むびょう》」も「息災《そくさい》」も、病気《びょうき》をしないで健康《けんこう》でいるという意味《いみ》。病気《びょうき》にならない

と。例 同《おな》じ読《よ》みの漢字《かんじ》の使い分けを調《しら》べる。

つかいわける【使い分ける】 動詞 相手《あいて》や目的《もくてき》に合《あ》うように、区別《くべつ》してうまく使《つか》う。例 話《はな》す相手《あいて》によって、ことばを使い分ける。

つかう【使う・遣う】 動詞 ❶役立《やくだ》てる。用《もち》いる。例 はさみを使う。❷はたらかせる。例 人《ひと》を使う。❸ついやす。例 お金《かね》を遣う／体力《たいりょく》を使う。❹あやつる。例 人形《にんぎょう》を遣う。❺心《こころ》をはたらかせる。例 気《き》を遣う。❻ある動作《どうさ》をする。例 湯《ゆ》を使う（＝おふろに入《はい》る）。❼ことばを話《はな》す。例 外国語《がいこくご》を使う。

漢 ⇩552ジペー し〔使〕

つかえる 動詞 ❶ふさがって通《とお》らなくなる。つまる。例 薬《くすり》がのどにつかえる。❷じゃまがあってぶつかる。例 頭《あたま》が天井《てんじょう》につかえる。❸ものごとがすらすらとうまくいかなくなる。例 ことばがつかえてうまく話《はな》せない。

つかえる【仕える】 動詞 主人《しゅじん》や目上《めうえ》の人《ひと》のそばで、命令《めいれい》に従《したが》って働《はたら》く。例 王様《おうさま》に仕える。

漢 ⇩551ジペー し〔仕〕

つがえる 動詞 矢《や》を弓《ゆみ》のつるに当《あ》てる。例 弓《ゆみ》に矢《や》をつがえて射《い》る。

つかさどる 動詞 役目《やくめ》として受《う》け持《も》つ。ある仕《し》事《ごと》の全体《ぜんたい》を管理《かんり》する。例 国会《こっかい》は立法《りっぽう》をつかさどる／牧師《ぼくし》が結婚《けっこん》の儀式《ぎしき》をつかさどる。使い方

あらたまった場面《ばめん》で使《つか》う、古《ふる》いことば。

つかつか【と】 副詞 迷《まよ》ったりしないで、勢《いきお》いよく進《すす》み出《で》るようす。例 つかつかと前《まえ》へ出《で》る。

つかのま【つかの間】 名詞 ちょっとの間《あいだ》。わずかな時間《じかん》。例 つかの間のできごと。

つかまえる【捕まえる】 動詞 ❶しっかりにぎる。例 父《ちち》のうでをつかまえる。❷にげるものをとらえる。例 犯人《はんにん》を捕まえる。

使い方 ❶は、かな書《が》きにすることが多《おお》い。

つかまる【捕まる】 動詞 ❶とらえられる。つかまえられる。例 どろぼうが捕まった。❷引《ひ》き留《と》められる。例 遊《あそ》びに行《い》こうとしたところを妹《いもうと》に捕まった。❸自分《じぶん》の体《からだ》を支《ささ》えたりするため、ほかの物《もの》をにぎる。例 手《て》すりにつかまる。

使い方 ❸は、かな書《が》きにすることが多《おお》い。

つかみあう【つかみ合う】 動詞 おたがいに相手《あいて》の体《からだ》をつかんで、けんかをする。例 教室《きょうしつ》の真《ま》ん中《なか》でつかみ合った。

つかみかかる 動詞 相手《あいて》に激《はげ》しい勢《いきお》いで組《く》みつく。例 弟《おとうと》は泣《な》きながら兄《あに》につかみかかった。

つかみどころがない【つかみ所がない】 大事《だいじ》な点《てん》がはっきりわからない。とらえどころがない。例 弟《おとうと》の話《はなし》はつかみ所がない。

つかむ 動詞 ❶物《もの》をにぎって持《も》つ。例 木《き》の枝《えだ》をつかむ。❷手《て》に入《い》れる。自分《じぶん》のものにする。例 少女《しょうじょ》はついに幸《しあわ》せをつかんだ。

❸しっかりと理解《りかい》する。例 話《はなし》の要点《ようてん》をつかむ。

つかる【漬かる】 動詞 ❶水《みず》や湯《ゆ》などの中《なか》に長《なが》くひたる。例 熱《あつ》いふろにつかった。❷漬物《つけもの》ができて食《た》べられるようになる。

使い方 ❶は、ふつうかな書《が》きにする。

つがる【津軽】 名詞 青森県《あおもりけん》西部《せいぶ》の、昔《むかし》の呼《よ》び名《な》。

つがるかいきょう【津軽海峡】 名詞 本州《ほんしゅう》と北海道《ほっかいどう》の間《あいだ》にある海《うみ》。太平洋《たいへいよう》と日本海《にほんかい》をつなぐ。海底《かいてい》を青函《せいかん》トンネルが通《とお》る。

つがるはんとう【津軽半島】 名詞 青森県《あおもりけん》北西部《ほくせいぶ》につき出《で》た半島《はんとう》。東側《ひがしがわ》は陸奥湾《むつわん》、西側《にしがわ》は日本海《にほんかい》に面《めん》している。

つがるふじ【津軽富士】 ⇩111ジペー いわきさん

つかれ【疲れ】 名詞 つかれること。くたびれること。例 旅行《りょこう》の疲れがどっと出《で》た。類 疲労《ひろう》。

つかれはてる【疲れ果てる】 動詞 すっかりつかれてしまう。くたくたにつかれる。例 疲れ果ててそのままねむってしまった。

つかれる【疲れる】 動詞 ❶あることに体力《たいりょく》や気力《きりょく》を使《つか》ってしまって弱《よわ》る。例 一日《いちにち》山歩《やまある》きをして、すっかり疲れた。類 くたびれる。❷長《なが》く使《つか》って弱《よわ》くなる。例 疲れてよれよれになった服《ふく》。類 くたびれる。

つかわす【遣わす】 動詞 ❶つかいとして行《い》かせる。例 王《おう》は家来《けらい》をとなりの国《くに》に遣わした。

うす。

❷目下の者に物をあたえる。例 ほうびを遣わす。
❸（「…てつかわす」の形《かたち》で）目下《めした》の者《もの》に…してやる。例 今度《こんど》だけは許《ゆる》してつかわすぞ。
使い方 ❶は、あらたまった言《い》い方《かた》。❷❸は、古《ふる》い言《い》い方《かた》。❸は、ふつうかな書《が》きにする。

つき（「…につき」の形《かたち》で）
❶…について。…に関《かん》して。例 この点《てん》につき、追加《ついか》で説明《せつめい》があります。
❷…のため。…の理由《りゆう》で。例 雨天《うてん》につき、試《し》合《あい》は中止《ちゅうし》とします。
❸…ごとに。例 景品《けいひん》はお一人《ひとり》につき二個《にこ》です。
使い方 ❶❷はあらたまった言《い》い方《かた》。

つき【月】 名詞 季語秋
❶地球《ちきゅう》の周《まわ》りを約一《やくいっ》か月《げつ》でひと回《まわ》りする衛星《えいせい》。太陽《たいよう》の位置《いち》との関係《かんけい》で、新月《しんげつ》・三日月《みかづき》・半月《はんげつ》・満月《まんげつ》と形《かたち》が変《か》わって見《み》える。
❷一年《いちねん》を十二《じゅうに》に分《わ》けた一《ひと》つ。一《いっ》か月《げつ》。例 月の初《はじ》め／月が変《か》わる。
漢 ⇩422ページ げつ〔月〕 ⇩747ページ 伝統コラム

●**月《つき》とすっぽん** ことわざ 二《ふた》つのものが、比《くら》べようがないくらいちがっていることのたとえ。例 母《はは》とわたしの料理《りょうり》の腕前《うでまえ》は月とすっぽんだ。類 ちょうちんに釣《つ》り鐘《がね》。ことば 月《つき》もすっぽんもまるい形《かたち》をしているが、まったくちがうものであることからきたことば。

つき【付き】
❶名詞 付《つ》くこと。また、その具合《ぐあい》。例 のりの付きが悪《わる》い。
❷名詞（「お付《つ》き」の形《かたち》で）えらい人《ひと》の世話《せわ》をするためにそばにいる人。お供。
❸名詞 幸運《こううん》。例 付きがめぐってきた。
❹接尾語（ほかのことばのあとにつけて）あるものがついている意味《いみ》を表《あらわ》す。例 付録《ふろく》付きの雑誌《ざっし》／朝食《ちょうしょく》付きのホテル。
❺接尾語（ほかのことばのあとにつけて）ようすや状態《じょうたい》を表《あらわ》す。例 手《て》つき／目《め》つきが鋭《するど》い。
使い方 ❺は、ふつうかな書《が》きにする。

つぎ【次】 名詞
❶すぐあとに続《つづ》くこと。また、そのもの。例 次はぼくの番《ばん》だ。
❷昔《むかし》の宿場《しゅくば》。例 東海道《とうかいどう》五《ご》十三《じゅうさん》次。
漢 ⇩553ページ じ〔次〕

つぎ【継ぎ】 名詞 衣服《いふく》などの破《やぶ》れ目《め》に布《ぬの》を当《あ》ててぬうこと。また、その布《ぬの》。例 ズボンのひざに継ぎを当《あ》てる。

つきあい【付き合い】 名詞
❶友《とも》だちとして交《まじ》わること。交際《こうさい》。例 村田《むらた》くんとは幼稚園《ようちえん》からの付き合いだ。
❷義理《ぎり》や礼儀《れいぎ》から、人《ひと》と行動《こうどう》をともにすること。例 付き合いでおじの将棋《しょうぎ》の相手《あいて》をした。

つきあう【付き合う】 動詞
❶人《ひと》と交際《こうさい》する。例 となりの家《いえ》とは昔《むかし》から親《した》しく付き合っている。
❷義理《ぎり》や礼儀《れいぎ》から、人《ひと》と行動《こうどう》をともにする。例 妹《いもうと》に付き合って公園《こうえん》に行《い》った。

つきあかり【月明かり】 名詞 月《つき》の光《ひかり》。また、月《つき》の光《ひかり》で明《あか》るいこと。例 月明かりが差《さ》しこむ。

つきあたり【突き当たり】 名詞 道《みち》などの、それ以上先へ進めなくなったところ。例 突き当たりを左《ひだり》に曲《ま》がってください。

つきあたる【突き当たる】 動詞
❶ぶつかる。例 車《くるま》がかべに突き当たる。
❷それ以上先《いじょうさき》へ進《すす》めなくなる。行《い》きづまる。例 難《むずか》しい問題《もんだい》に突き当たった。

つきあわせる【突き合わせる】 動詞
❶二《ふた》つのものをくっつけるようにして向《む》かい合《あ》わせる。例 顔《かお》を突き合わせて相談《そうだん》する。
❷二《ふた》つのものを比《くら》べて調《しら》べる。例 資料《しりょう》と原稿《げんこう》を突き合わせる。

つきおくれ【月後れ・月遅れ】 名詞
❶一《いっ》か月《げつ》おくれること。また、行事《ぎょうじ》などを一《いっ》か月《げつ》おくらせて行《おこな》うこと。
❷毎月出《まいつきだ》される雑誌《ざっし》の、前《まえ》の月《つき》の号《ごう》。

つきかえす【突き返す】 動詞
❶相手《あいて》がついてきたのを、こちらのほうからもつく。例 胸《むね》を突き返す。
❷受《う》けとらないで返《かえ》す。つっ返《かえ》す。例 おくり物《もの》を突き返す。

つきかげ【月影】 名詞 季語秋
❶月《つき》の光《ひかり》。例 月影がさえる。
❷月《つき》のすがた。例 池《いけ》の水《みず》に月影が映《うつ》る。
ことば 季語《きご》として使《つか》うのは❷の意味《いみ》。

つきがさ【月がさ】 名詞 月《つき》の周《まわ》りに見《み》える、光《ひかり》の輪《わ》。関連 日《ひ》がさ。

つぎき【接ぎ木】 名詞 動詞 季語春 木《き》の枝《えだ》や芽《め》を切《き》りとり、ほかの木《き》の幹《みき》につぐこと。花《はな》や果《くだ》物《もの》の実《み》を早《はや》く生長《せいちょう》させたり、よい品種《ひんしゅ》を作《つく》っ

四字熟語 無味乾燥《むみかんそう》 味《あじ》わいがなく、うるおいもないという意味《いみ》で、内容《ないよう》に味《あじ》わいやおもしろみがないよ

たりするときに行《おこな》う。

つきぎめ【月ぎめ】 名詞 料金《りょうきん》などを、一《いっ》か月《げつ》いくらという形《かたち》で約束《やくそく》すること。また、その約束《やくそく》。例 月ぎめで駐車場《ちゅうしゃじょう》を借《か》りる。

つきぎり【付ききり】 名詞 いつもそばにつきそっていること。つきっきり。例 付ききりで祖母《そぼ》の世話《せわ》をする。

つぎこむ【つぎ込む】 動詞 ❶水《みず》などを入《い》れ物《もの》の中《なか》に注《そそ》ぐ。❷あることのために、お金《かね》や力《ちから》などをどんどんつかう。例 財産《ざいさん》をすべて研究《けんきゅう》につぎ込んだ。

つきさす【突き刺す】 動詞 先《さき》のとがったものでついて刺《さ》す。例 ようじを突き刺す。

つきそい【付き添い】 名詞 そばについて、世話《せわ》をすること。また、その人《ひと》。

つきそう【付き添う】 動詞 世話《せわ》をするために、そばについている。例 病人《びょうにん》に付き添う。

つきだす【突き出す】 動詞 ❶強《つよ》くおして、外《そと》に出《だ》す。❷勢《いきお》いよく出《だ》す。例 こぶしを突き出す。❸犯人《はんにん》などを警察《けいさつ》に引《ひ》きわたす。

つぎたす【継ぎ足す】 動詞 足《た》りないところに、あとから加《くわ》える。つないで長《なが》くする。例 文章《ぶんしょう》を継ぎ足す/ロープを継ぎ足す。

つきづき【月月】 名詞 一《いっ》か月《げつ》ごと。毎月《まいつき》。例 月々のおこづかい。

つぎつぎ【次次】 副詞 ものごとがとぎれずに続《つづ》くようす。あとからあとから。例 わからない点《てん》を次々質問《しつもん》する/希望者《きぼうしゃ》が次々に現《あらわ》れた。

使い方「次々《つぎつぎ》に」「次々《つぎつぎ》と」の形《かたち》でも使《つか》う。

つきっきり【付きっきり】 ⇩860ページ つききり

つきつける【突きつける】 動詞 目《め》の前《まえ》に勢《いきお》いよく差《さ》し出《だ》す。例 相手《あいて》に証拠《しょうこ》を突きつける。

つきつめる【突き詰める】 動詞 ❶ものごとを最後《さいご》のところまで調《しら》べて確《たし》かめる。例 原因《げんいん》は何《なに》か突き詰めていく。❷そのことばかり考《かんが》えこむ。思《おも》いつめる。例 そんなに突き詰めて考《かんが》えないほうがいいよ。

つきでる【突き出る】 動詞 ❶とがったものが、何《なに》かをつき破《やぶ》って出《で》る。例 板《いた》の裏《うら》からくぎが突き出ている。❷ある部分《ぶぶん》が、上《うえ》や前《まえ》や外側《そとがわ》の方《ほう》に飛《と》び出《だ》す。例 がけから突き出た大《おお》きな岩《いわ》。

つきとおす【突き通す】 動詞 ついて裏側《うらがわ》まで通《とお》す。つらぬく。例 きりで板《いた》を突き通す。

つきとばす【突き飛ばす】 動詞 乱暴《らんぼう》についたり、ぶつかったりして、はね飛《と》ばす。例 犯人《はんにん》は乗客《じょうきゃく》を突き飛ばしてにげた。

つきとめる【突き止める】 動詞 わからないことを、調《しら》べてはっきりさせる。探《さが》し当《あ》てる。例 失敗《しっぱい》の原因《げんいん》を突き止めた。

つきなみ【月並み】 形容動詞 どこにでもあり、おもしろみがないこと。ありふれていること。例 月並みな考《かんが》え。

つきぬける【突き抜ける】 動詞 ❶あるものを通《とお》って、反対側《はんたいがわ》に出《で》る。例 鉄砲《てっぽう》のたまがかべを突き抜ける。❷向《む》こう側《がわ》に通《とお》りぬける。例 公園《こうえん》を突き抜けるのが近道《ちかみち》だ。

つきのわぐま【月の輪熊】 名詞 体《からだ》の毛《け》が黒《くろ》く、胸《むね》に三日月形《みかづきがた》に白《しろ》い毛《け》が生《は》えているくま。アジアにすむ。

つきのわぐま

つぎはぎ【継ぎはぎ】 名詞 ❶服《ふく》の破《やぶ》れなどに、ほかの布《ぬの》を当《あ》ててぬい合《あ》わせること。例 継ぎはぎだらけのユニフォーム。❷ほかのものをあれこれと集《あつ》めてつなぎ合《あ》わせ、一《ひと》つのものに作《つく》ること。

つきはなす【突き放す】 動詞 ❶ついたり強《つよ》くおしたりして、はなれさせる。❷たよってくる相手《あいて》を、受《う》け入《い》れずに見捨《みす》てる。相手《あいて》にしない。例 冷《つめ》たいことばで突き放す。

つきひ【月日】 名詞 ❶月《つき》と太陽《たいよう》。❷年月《ねんげつ》。時間《じかん》。例 月日が流《なが》れる。❸月《つき》と日《ひ》。例 手紙《てがみ》の終《お》わりに月日を入《い》れる。

つきまとう【付きまとう】 動詞 ❶そばにくっついてはなれない。例 妹《いもうと》はいつも母《はは》に付きまとっている。❷よくない感情《かんじょう》などがいつまでもはなれない。例 不安《ふあん》が付きまとう。

つきみ【月見】 名詞 季語秋 月《つき》を見《み》て楽《たの》しむこと。とくに、十五夜《じゅうごや》(=昔《むかし》のこよみで八月《はちがつ》十五日《じゅうごにち》の夜《よる》)の月《つき》にお供《そな》えをしてながめること。

外《そと》に持《も》ち出《だ》したり人《ひと》に貸《か》したりしないこと。

つきみそう【月見草】 名詞 季語 夏
❶北《きた》アメリカ原産《げんさん》の草花《くさばな》。夏《なつ》の夕方《ゆうがた》に白《しろ》い花《はな》がさき、翌朝《よくあさ》しぼんで赤《あか》くなる。
❷「おおまつよいぐさ」「まつよいぐさ」のあやまった呼《よ》び名《な》。

つきみそう❶

つきみだんご【月見団子】 名詞 季語 秋 昔《むかし》のこよみで、八月十五日《はちがつじゅうごにち》と九月十三日《くがつじゅうさんにち》の名月《めいげつ》の夜《よる》に供《そな》える団子《だんご》。

つぎめ【継ぎ目】 名詞 物《もの》と物《もの》をつなぎ合《あ》わせたところ。つなぎ目《め》。

つきもの【付き物】 名詞 あるものに、いつもついて回《まわ》るもの。例 子供《こども》にけんかは付き物だ。

つきやぶる【突き破る】 動詞
❶紙《かみ》などをついて破《やぶ》る。例 ふすまを突き破る。
❷勢《いきお》いよくぶつかっていって、前《まえ》にあるものをこわす。例 馬《うま》がさくを突き破ってにげた。

つきやま【築山】 名詞 庭《にわ》に、土《つち》や石《いし》を山《やま》の形《かたち》に積《つ》み上《あ》げたもの。

つきゆび【突き指】 名詞 動詞 指《ゆび》の先《さき》を強《つよ》くぶつけたりして、指《ゆび》の関節《かんせつ》を痛《いた》めること。

つきよ【月夜】 名詞 季語 秋 月《つき》が明《あか》るく照《て》っている夜《よる》。対 闇夜《やみよ》。

つきよたけ 名詞 毒《どく》きのこの一《ひと》つ。夏《なつ》から秋《あき》にかけて、ぶなのかれ木《き》などに集《あつ》まって生《は》える。ひだは白《しろ》く、暗《くら》い場所《ばしょ》で光《ひか》って見《み》える。図 ⇩336ジ《ぺー》きのこ

つきる【尽きる】 動詞
❶すっかりなくなる。例 力《ちから》が尽きる／燃料《ねんりょう》が尽きる。
❷続《つづ》いたものが終《お》わる。例 林《はやし》のところで道《みち》は尽きていた。
❸（「…に尽《つ》きる」の形《かたち》で）…に限《かぎ》る。それですべて言《い》いつくされる。例 その映画《えいが》の見《み》どころはラストシーンに尽きる。

つく 動詞 米《こめ》などをうすに入《い》れて、きねなどで打《う》つ。例 もちをつく。

つく 動詞
❶火《ひ》が燃《も》え始《はじ》める。ともる。例 明《あ》かりがつく。
❷電気器具《でんききぐ》のスイッチが入《はい》る。例 テレビがつく。
ことば 漢字《かんじ》では「点く」と書《か》く。

つく 動詞
❶息《いき》をする。例 ため息《いき》をつく。
❷うそや悪口《わるくち》などのよくないことを言《い》う。例 うそをつく／悪態《あくたい》をつく。
ことば 漢字《かんじ》では「吐く」と書《か》く。

つく【付く】 動詞
❶物《もの》がふれてはなれなくなる。物《もの》がくっつく。例 よく付くのり／ズボンにしみが付く。
❷ものにそえてある。例 定食《ていしょく》にはデザートが付く／会《かい》への参加《さんか》には条件《じょうけん》が付く。
❸つきそう。従《したが》う。例 母《はは》に付いて行《い》く。
❹仲間《なかま》になる。例 強《つよ》い味方《みかた》が付く。
❺新《あら》たに加《くわ》わる。例 力《ちから》が付く／知恵《ちえ》が付く。
❻決《き》まる。まとまる。例 決心《けっしん》が付く／計画《けいかく》は来年実施ということで話が付いた。
❼根《ね》を下《お》ろす。例 庭《にわ》に植《う》えた木《き》が付いた。
❽あたいする。ある値段《ねだん》になる。例 高《たか》く付く。
❾目《め》や耳《みみ》などに感《かん》じる。例 気《き》が付く。
❿幸運《こううん》にめぐまれる。例 今日《きょう》はついている。
使い方 かな書《が》きにすることが多《おお》い。
漢 ⇩ 1136ジ《ぺー》ふ〔付〕 ⇩ 使い分け

使い分け　つく
付く・突く
着く・就く

付く　物《もの》と物《もの》とがふれてくっつく。
「どろが顔《かお》に付《つ》く」

突く　細《ほそ》い物《もの》で一《ひと》つのところを強《つよ》くおしたりつきさしたりする。また、道具《どうぐ》で強《つよ》く打《う》つ。
「やりで突《つ》く／羽根《はね》を突《つ》く」

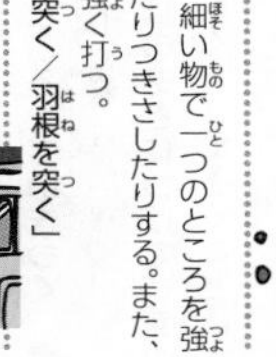

着く　人《ひと》や物《もの》がある場所《ばしょ》に行《い》きつく。到着《とうちゃく》する。
「駅《えき》に着《つ》く／港《みなと》に船《ふね》が着《つ》く」

就く　ある地位《ちい》や役目《やくめ》になる。また、ある状態《じょうたい》になる。
「会長《かいちょう》の職《しょく》に就《つ》く／病《やまい》のとこに就《つ》く」

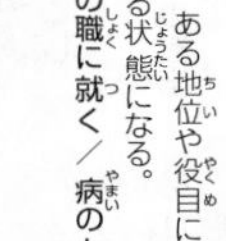

つく【突く】 動詞
❶細長《ほそなが》い物《もの》の先《さき》でさす。例 針《はり》で突く。

四字熟語　門外不出《もんがいふしゅつ》　門《もん》の外《そと》に出《だ》さないという意味《いみ》から、大切《たいせつ》なものとしてしまっておいて、けっして

❷支《ささ》えにする。例つえを突く。
❸地面《じめん》やゆかにふれる。例ゆかにひざを突いた。
❹こうげきする。例相手《あいて》の弱点《じゃくてん》をつく。
❺まりや羽根《はね》を打《う》ってはずませる。
❻打《う》って音《おと》を鳴《な》らす。例かねをつく。
❼強《つよ》く感《かん》じる。例鼻《はな》をつくにおい。
❽負《ま》けずに進《すす》む。例あらしをついて出《で》かけた。
使い方❹～❽は、かな書《が》きにすることが多《おお》い。
↓861ページ 使い分け

つく【着く】 動詞
❶ある場所《ばしょ》まで届《とど》く。到着《とうちゃく》する。例学校《がっこう》に着く。
❷すわる。体《からだ》を置《お》く。例席《せき》に着く／スタートの位置《いち》に着く。
❸体《からだ》や物《もの》の一部《いちぶ》が目当《めあ》てのところに届《とど》いてふれる。例いすが高《たか》くて足《あし》がゆかに着かない。
漢↓835ページ ちゃく〔着〕↓861ページ 使い分け

つく【就く】 動詞
❶ある地位《ちい》や役目《やくめ》になる。例大臣《だいじん》の地位《ちい》に就く。対降《お》りる。
❷あることにとりかかる。ある状態《じょうたい》になる。例七時《しちじ》から仕事《しごと》に就く／ねむりに就く。
❸人《ひと》に従《したが》って勉強《べんきょう》する。例先生《せんせい》に就いてバイオリンを習《なら》う。
漢↓604ページ しゅう〔就〕↓861ページ 使い分け

つぐ 動詞 水《みず》などを入《い》れ物《もの》の中《なか》に注《そそ》ぐ。例湯飲《ゆの》みにお茶《ちゃ》をつぐ。

つぐ【次ぐ】 動詞
❶あとに続《つづ》く。例かけっこに次いでつな引《ひ》きが始《はじ》まった。
❷すぐ下《した》の順位《じゅんい》になる。例富士山《ふじさん》に次いで高《たか》い山《やま》。漢↓553ページ じ〔次〕

つぐ【接ぐ】 動詞 つなぎ合《あ》わせる。例折《お》れた骨《ほね》を病院《びょういん》で接いでもらう。漢↓723ページ せつ〔接〕

つぐ【継ぐ】 動詞
❶あとを受《う》けて続《つづ》ける。例父《ちち》の仕事《しごと》を継ぐ。
❷あとから加《くわ》える。つけ足《た》す。例友人《ゆうじん》のことばを継いで、わたしが説明《せつめい》した。
❸つなぎ合《あ》わせる。つくろう。例破《やぶ》れたズボンのひざを、青《あお》い布《ぬの》で継いだ。

つくえ【机】 名詞 本《ほん》を読《よ》んだり、字《じ》を書《か》いたりするのに使《つか》う台《だい》。ことば「一脚《いっきゃく》」「一基《いっき》」と数《かぞ》える。

漢 **つくえ【机】**〔木〕きへん 6画 6年 音キ 訓つくえ

つくえ。読《よ》み書《か》きをする台《だい》。例机上《きじょう》／勉強机《べんきょうづくえ》。

つくし 名詞 季語春 春《はる》先《さき》に、地下《ちか》にのびた「すぎな」のくきから出《で》る、筆《ふで》のような形《かたち》をしたもの。先《さき》のほうに胞子《ほうし》ができる。食用《しょくよう》になる。つくしんぼ。

つくし

つくし【筑紫】 名詞 昔《むかし》の国《くに》の名《な》の、筑前《ちくぜん》と筑後《ちくご》の二《ふた》つの国《くに》を合《あ》わせた地域《ちいき》の呼《よ》び名《な》。今《いま》の福岡県《ふくおかけん》に当《あ》たる。

つくしさんち【筑紫山地】 名詞 九州北部《きゅうしゅうほくぶ》をほぼ東西《とうざい》に走《はし》る山地《さんち》。

つくしへいや【筑紫平野】 名詞 九州地方《きゅうしゅうちほう》でもっとも広《ひろ》い平野《へいや》。有明海《ありあけかい》に面《めん》し、筑後川《ちくごがわ》が流《なが》れる。稲作《いなさく》がさかん。

つくしんぼ ↓862ページ つくし

つくす【尽くす】
❶動詞 あるだけのものを出《だ》す。例計画《けいかく》の実現《じつげん》のために力《ちから》を尽くす。
❷動詞 果《は》たす。やり終《お》える。例委員長《いいんちょう》としての義務《ぎむ》を尽くす。
❸動詞 人《ひと》のためにはたらく。例この医師《いし》は子供《こども》たちのために尽くして一生《いっしょう》を終《お》えた。
❹動詞 これ以上《いじょう》ないところまでいきつく。例ぜいたくの限《かぎ》りを尽くした料理《りょうり》。
❺接尾語 （ほかのことばのあとにつけて）すっかり…する。例食《た》べ尽くす／できることはすべてやり尽くした。

つくだに【つくだ煮】 名詞 小魚《こざかな》・貝《かい》・のり・野菜《やさい》などを、しょうゆ・砂糖《さとう》などで味《あじ》をつけ、煮《に》つめた食《た》べ物《もの》。長《なが》い間《あいだ》保存《ほぞん》できる。ことば江戸時代《えどじだい》に東京《とうきょう》の佃島《つくだじま》でつくられたことからきた呼《よ》び名《な》。

つくづく【と】 副詞
❶よくよく。じっと。例将来《しょうらい》のことをつくづく考《かんが》えてみる。
❷身《み》にしみて。ほんとうに。例友《とも》だちの友情《ゆうじょう》をつくづくと感《かん》じた。

つくつくぼうし【つくつく法師】 名詞 季語秋 せみのなかま。細長《ほそなが》い体《からだ》ですき通《とお》った羽《はね》を持《も》つ。鳴《な》き声《ごえ》が「ツクツクホーシ」または

も立《た》たないこと。

「オーシーツクツク」と聞《き》こえる。つくつくほうし。

つくつくぼうし

つぐない【償い】 名詞 つぐなうこと。また、そのために必《ひつ》要《よう》なもの。

つぐなう【償う】 動詞 ❶人《ひと》のものをこわしたりなくしたりして損《そん》をさせたときに、お金《かね》や品物《しなもの》で返《かえ》す。弁償《べんしょう》する。❷自分《じぶん》の罪《つみ》やあやまちを、ほかのことでうめ合《あ》わせる。例 まじめな人間《にんげん》になって罪《つみ》を償う。

つくね 名詞 ひき肉《にく》や魚《さかな》のすり身《み》に卵《たまご》やかたくり粉《こ》などを加《くわ》えて練《ね》って丸《まる》め、焼《や》いたり揚《あ》げたりした食《た》べ物《もの》。

つくねんと 副詞 ひとりきりで、何《なに》もしないでぼんやりとしているようす。例 ブランコのそばに、女《おんな》の子《こ》がつくねんと立《た》っていた。

つぐみ 名詞 季語 秋 つばめより少《すこ》し大《おお》きいわたり鳥《どり》。背中《せなか》は黒《くろ》っぽく、茶色《ちゃいろ》の羽《はね》がまじる。秋《あき》に群《む》れをつくって日本《にほん》にわたって来《く》る。

つぐみ

つぐむ 動詞 口《くち》を閉《と》じてものを言《い》わない。だまる。例 口《くち》をつぐむ。

つくり 名詞 漢字《かんじ》を組《く》み立《た》てている右側《みぎがわ》の部分《ぶぶん》。「おおがい（頁）」「さんづくり（彡）」「りっとう（刂）」など。対 偏。

つくり【作り・造り】 名詞 ❶こしらえること。また、こしらえたもの。例 米《こめ》作り／手《て》作りのお菓子《かし》。❷つくられたものの、でき上《あ》がりのようす。例 この家具《かぐ》は造りがよい。❸もののしくみ。構造《こうぞう》。とくに、体《からだ》つき。例 昆虫《こんちゅう》とくもは体《からだ》のつくりがちがう。❹わざとすること。見《み》せかけること。例 作り笑《わら》い。❺身《み》なりや化粧《けしょう》のようす。例 若《わか》作り。❻「さしみ」のこと。例 たいのお作り。

使い方 ❸は、ふつうかな書《が》きにする。

つくりごと【作り事】 名詞 実際《じっさい》にはないのに、ほんとうにあるように作《つく》ったことがら。うそ。例 作り事を言《い》う。

つくりだす【作り出す・造り出す】 動詞 ❶つくり始《はじ》める。例 母《はは》が趣味《しゅみ》でケーキを作り出して二年《にねん》になる。❷生《う》み出《だ》す。生産《せいさん》する。例 たくさんの製品《せいひん》を作り出す。❸新《あたら》しいものを考《かんが》えて作《つく》る。創作《そうさく》する。例 新《あたら》しいゲームを作り出す。

つくりつけ【作り付け】 名詞 家具《かぐ》などを、その場所《ばしょ》からとり外《はず》せないようにつくること。また、そのようにつくったもの。

つくりばなし【作り話】 名詞 実際《じっさい》にはないことを、ほんとうにあるかのように作《つく》った話《はなし》。

つくりもの【作り物】 名詞 何《なに》かに似《に》せて作《つく》ったもの。　に七物

つくりわらい【作り笑い】 名詞 笑《わら》いたくないのに、無理《むり》に笑《わら》うこと。

つくる【作る・創る】 動詞 ❶ものをこしらえる。例 紙《かみ》で人形《にんぎょう》を作る／料《りょう》理《り》を作る。❷作物《さくもつ》や草花《くさばな》を育《そだ》てる。例 野菜《やさい》を作る。❸それまでなかった新《あたら》しいものを生《う》み出《だ》す。例 世界記録《せかいきろく》を作る／新《あたら》しい文化《ぶんか》を創る。❹わざとそのようにする。例 笑顔《えがお》を作る。❺整《ととの》える。かたちづくる。例 グループを作る／列《れつ》を作って進《すす》む。❻役《やく》に立《た》てられるように都合《つごう》する。例 人《ひと》と会《あ》う時間《じかん》を作る／旅行《りょこう》のお金《かね》を作る。

漢 ⇒524ジペー さく〔作〕・745ジペー そう〔創〕

⇒ 使い分け

使い分け

つくる　作る・造る

作る 物《もの》をこしらえる。「米《こめ》を作《つく》る／文《ぶん》を作《つく》る／料《りょう》理《り》を作《つく》る」

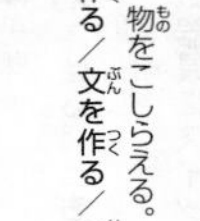

造る 組《く》み立《た》てたり、原料《げんりょう》や材料《ざいりょう》に手《て》を加《くわ》えたりして、形《かたち》あるものをこしらえる。「船《ふね》を造《つく》る／庭園《ていえん》を造《つく》る／酒《さけ》を造《つく》る」

つくる【造る】 動詞
❶とくに大《おお》きなものをこしらえる。例 橋《はし》を造る。
❷原料《げんりょう》から、酒《さけ》・しょうゆ・みそなどをこしらえる。例 大豆《だいず》からしょうゆを造る。
漢 ↓745ページ ぞう〔造〕 ↓863ページ 使い分け

つくろう【繕う】 動詞
❶破《やぶ》れたり、こわれたりしたところを直《なお》す。修《しゅう》理《り》する。例 ズボンのほころびを繕う。
❷乱《みだ》れを直《なお》して整《ととの》える。例 身《み》なりを繕う。
❸うまく言《い》い訳《わけ》をする。ごまかす。例 その場《ば》を繕う。
❹うわべをかざる。例 世間体《せけんてい》を繕う。

つけ【付け】
❶ 名詞 品物《しなもの》を買《か》ったときの勘定《かんじょう》書《が》き。
❷ 名詞 買《か》い物《もの》の代金《だいきん》をその場《ば》ではらわず、あとでまとめてはらう約束《やくそく》をして、店《みせ》の帳面《ちょうめん》に書《か》きつけておくこと。例 この店《みせ》は付けがきく。
❸ 接尾語 （ほかのことばのあとにつけて）いつも…している。例 かかりつけのお医者《いしゃ》さん。
使い方 ❸は、かな書《が》きにすることが多《おお》い。

-づけ【付け】 接尾語 （日《ひ》にちを表《あらわ》すことばのあとにつけて）その日付《ひづけ》であることを表《あらわ》す。例 四月一日《しがつついたち》付けで入社《にゅうしゃ》する。

つけあがる【付け上がる】 動詞 相手《あいて》が厳《きび》しくないので、いい気《き》になって勝手気《かってき》ままなことをする。調子《ちょうし》に乗《の》って思《おも》い上《あ》がる。例 ちょっとおだてるとすぐ付け上がる。

つけいる【付け入る】 動詞 相手《あいて》のすきや弱《じゃく》点《てん》などをとらえて、うまく利用《りよう》する。例 付け入るすきがない。類 付《つ》け込《こ》む。

つげぐち【告げ口】 名詞 動詞 人《ひと》の失敗《しっぱい》や秘密《ひみつ》を、こっそりほかの人《ひと》に知《し》らせること。

つけくわえる【付け加える】 動詞 前《まえ》からあったものに足《た》す。つけ足《た》す。例 問題《もんだい》のあとに先生《せんせい》はヒントを付け加えた。

つけこむ【付け込む】 動詞 相手《あいて》のすきや弱《じゃく》点《てん》などをとらえて、うまく利用《りよう》する。例 人《ひと》の弱《よわ》みに付け込む。類 付《つ》け入《い》る。

つけたし【付け足し】 名詞 つけ加《くわ》えること。また、つけ加《くわ》えたもの。付《つ》けたり。

つけたす【付け足す】 動詞 もとからあるものに、さらに加《くわ》える。つけ加《くわ》える。例 空《そら》の絵《え》に雲《くも》を付け足した。

つけたり【付けたり】 名詞 おもなものにつけ加《くわ》えただけで、重要《じゅうよう》でないもの。つけ足《た》し。例 ほんの付けたりだ。

つけな【漬け菜】 名詞 漬物《つけもの》にする菜《な》っ葉《ぱ》。また、漬物《つけもの》にした菜《な》っ葉《ぱ》。

つけね【付け根】 名詞 物《もの》がくっついている、根《ね》もとのところ。例 指《ゆび》の付け根。

つけねらう【付け狙う】 動詞 人《ひと》のあとをつけて、こうげきするすきをうかがう。

つけまわす【付け回す】 動詞 人《ひと》のあとをしつこく追《お》いかける。例 刑事《けいじ》が容疑者《ようぎしゃ》を付け回す。

つけめ【付け目】 名詞
❶ほんとうの目当《めあ》て。ねらい。
❷つけこむのに都合《つごう》のよい、相手《あいて》の弱《じゃく》点《てん》やチャンス。例 相手《あいて》の守備《しゅび》のまずさが付け目だ。

つけもの【漬物】 名詞 野菜《やさい》などを、塩《しお》・みそ・ぬかなどにつけた食《た》べ物《もの》。

つけやきば【付け焼き刃】 名詞 その場《ば》に間《ま》に合《あ》わせるため、知識《ちしき》やり方《かた》などを急《いそ》いで覚《おぼ》えこもうとすること。例 付け焼き刃の勉強《べんきょう》。
類 一夜《いちや》漬《づ》け。

つける 動詞
❶燃《も》えさせる。ともす。点火《てんか》する。例 火《ひ》をつける。対 消《け》す。
❷電気器具《でんききぐ》にスイッチを入《い》れて、はたらかせる。例 ラジオをつける。対 消《け》す。
ことば 漢字《かんじ》では「点ける」と書《か》く。

つける【付ける】
❶ 動詞 物《もの》をふれさせて、はなれないようにする。例 服《ふく》にすみを付ける。対 落《お》とす。
❷ 動詞 書《か》きこむ。例 こづかい帳《ちょう》を付ける。
❸ 動詞 しるしを残《のこ》す。例 机《つくえ》に傷《きず》を付ける。
❹ 動詞 新《あら》たに生《しょう》じさせる。例 力《ちから》を付ける。
❺ 動詞 あとからこっそりついて行《い》く。例 兄《あに》のあとを付けて行《い》く。
❻ 動詞 加《くわ》える。そえる。例 付録《ふろく》を付ける。
❼ 動詞 決《き》める。例 値段《ねだん》を付ける。
❽ 動詞 気持《きも》ちを向《む》ける。注意《ちゅうい》する。例 気《き》を付ける／目《め》を付ける。
❾ 動詞 そばに人《ひと》を置《お》く。例 病人《びょうにん》につきそいを付ける。
❿ 接尾語 （ほかのことばのあとにつけて）よく…し慣《な》れている。例 船《ふね》に乗《の》りつけていると、よわない。

う意味《いみ》で、ぐずぐずと迷《まよ》ってばかりいて、はっきりと決《き》められないこと。

勢《いきお》いで…する」の意味《いみ》を表《あらわ》す。例 投《な》げつける／たたきつける。

使い方 かな書《が》きにすることが多《おお》い。

漢 →1136ジペーふ〔付〕

つける【就ける】 動詞 人《ひと》をある地位《ちい》や役《やく》に置《お》いて、働《はたら》かせる。例 部《ぶ》下《か》を管《かん》理《り》職《しょく》に就ける／新人《しんじん》を大役《たいやく》に就ける。漢 →604ジペーしゅう〔就〕

つける【着ける】 動詞

❶身《み》にまとう。着《き》る。例 下着《したぎ》を着ける／ネックレスを着ける。

❷寄《よ》せる。例 車《くるま》を玄関《げんかん》に着けてください。

❸ある場所《ばしょ》にいるようにさせる。例 入《い》り口《ぐち》に警官《けいかん》を二人《ふたり》着ける。漢 →835ジペーちゃく〔着〕

つける【漬ける】 動詞

❶水《みず》などにひたす。例 洗濯物《せんたくもの》を水《みず》につける。

❷漬物《つけもの》にする。例 きゅうりを漬ける。

使い方 ❶は、ふつうかな書《が》きにする。

つげる【告げる】 動詞

❶言《い》う。伝《つた》える。例 別《わか》れを告げる。

❷知《し》らせる。例 チャイムが昼休《ひるやす》みを告げる。

使い方 あらたまった言《い》い方《かた》。漢 →468ジペーこく〔告〕

つごう【都合】

❶ 名詞 具合《ぐあい》。事情《じじょう》。例 話《はなし》が都合よく進《すす》む／明《あ》日《す》は都合が悪《わる》いので欠席《けっせき》します。

❷ 名詞 動詞 やりくりして、お金《かね》や品物《しなもの》を用意《ようい》すること。例 資金《しきん》が足《た》りないので、十万円《じゅうまんえん》ほど都合してください。

❸ 副詞 全部《ぜんぶ》で。合《あ》わせて。例 出席者《しゅっせきしゃ》は都合三《さん》

つし【津市】 名詞 三重県《みえけん》中央部《ちゅうおうぶ》にある市《し》。伊《い》勢平野《せへいや》の中央部《ちゅうおうぶ》にあり、伊勢湾《いせわん》に面《めん》している。三重県《みえけん》の県庁《けんちょう》がある。

つじ 名詞

❶道《みち》が「十」の字《じ》のような形《かたち》に交《まじ》わっているところ。十字路《じゅうじろ》。四《よ》つ角《かど》。

❷道《みち》ばた。例 つじ説法《せっぽう》（＝道《みち》ばたに立《た》って、人々《ひとびと》に仏《ほとけ》の教《おし》えを説《と》くこと）。

ことば 漢字《かんじ》では「辻」と書《か》く。

つじつま 名詞 ものごとの前後《ぜんご》のつながり方《かた》。話《はなし》の筋道《すじみち》。例 さっきの話《はなし》とつじつまが合《あ》わない。

ことば 「つじ」は裁縫《さいほう》でぬい目《め》が十文字《じゅうもんじ》に合《あ》うところ。「つま」は着物《きもの》のすその左右《さゆう》が合《あ》うところ。「つじ」も「つま」もきちんと合《あ》わないといけない、ということからきたことば。

つしま【対馬】 名詞

❶九州《きゅうしゅう》地方《ちほう》の北部《ほくぶ》の対馬海峡《つしまかいきょう》にある島《しま》。長《なが》崎県《さきけん》の一部《いちぶ》。朝鮮半島《ちょうせんはんとう》に近《ちか》く、昔《むかし》から大陸《たいりく》との交通《こうつう》や文化《ぶんか》の伝来《でんらい》に大《おお》きな役割《やくわり》を果《は》たした。

❷昔《むかし》の国《くに》の名《な》の一《ひと》つ。今《いま》の長崎県《ながさきけん》の一部《いちぶ》、対馬諸島《つしましょとう》に当《あ》たる。

つしまかいきょう【対馬海峡】 名詞 九《きゅう》州《しゅう》と朝鮮半島《ちょうせんはんとう》の間《あいだ》の海《うみ》。参考 九州《きゅうしゅう》と対馬《つしま》の間《あいだ》を「東水道《ひがしすいどう》」、対馬《つしま》と朝鮮半島《ちょうせんはんとう》の間《あいだ》を「西水《にしすい》道《どう》」と呼《よ》ぶ。

つしまかいりゅう【対馬海流】 名詞 日本《にほん》の日本海側《にほんかいがわ》を北東《ほくとう》に向《む》かって流《なが》れる暖流《だんりゅう》。九《きゅう》州《しゅう》の南《みなみ》で日本海流《にほんかいりゅう》（＝黒潮《くろしお》）と枝分《えだわ》かれする。

つた 名詞 季語 秋 ぶどうのなかまで、つる性《せい》の木《き》。巻《ま》きひげの先《さき》に吸《きゅう》盤《ばん》があり、岩《いわ》やほかの木《き》などにからみついてのびる。秋《あき》には紅葉《こうよう》する。

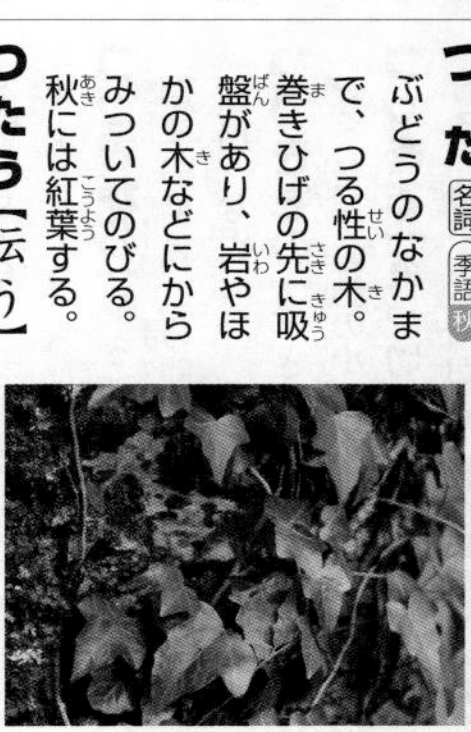
つた

つたう【伝う】 動詞 ある物《もの》に沿《そ》って動《うご》く。例 なみだがほほを伝う。漢 →902ジペーでん〔伝〕

つだうめこ【津田梅子】 名詞 （一八六四〜一九二九）明治《めいじ》・大正《たいしょう》時代《じだい》の女子教育家《じょしきょういくか》。日本最《にほんさい》初《しょ》の女子留学生《じょしりゅうがくせい》としてアメリカに行《い》った。帰《き》国後《こくご》に英語《えいご》を教《おし》え、一九〇〇年《ねん》に女子英学塾《じょしえいがくじゅく》（＝今《いま》の津田塾大学《つだじゅくだいがく》）を創立《そうりつ》した。

つたえあう【伝え合う】 動詞 おたがいに伝《つた》える。例 電話《でんわ》で気持《きも》ちを伝え合う。

つたえる【伝える】 動詞

❶ことばで知《し》らせる。例 先生《せんせい》からの伝言《でんごん》を友《とも》だちに伝える。

❷昔《むかし》から受《う》けついできたことを、教《おし》えさずける。例 こけしづくりの技術《ぎじゅつ》を若者《わかもの》に伝える。

❸ほかから持《も》ってきて広《ひろ》める。例 外国《がいこく》の文化《ぶんか》を伝える。

❹あるものを、一方《いっぽう》からもう一方《いっぽう》に移《うつ》す。例 銅《どう》は熱《ねつ》をよく伝える。漢 →902ジペーでん〔伝〕

つたない【拙い】 形容詞

四字熟語 優柔不断《ゆうじゅうふだん》「優柔《ゆうじゅう》」ははきはきしないこと、「不断《ふだん》」はものごとをなかなか決《き》められないと

❶まずい。下手《へた》である。じゅうぶんでない。例 拙い文章《ぶんしょう》。
❷おとっている。例 拙い者《もの》ですが、よろしくお願《ねが》いします。
❸運《うん》が悪《わる》い。例 武運《ぶうん》（＝戦《たたか》いの運《うん》）拙く敗《やぶ》れる。

つたわる【伝わる】 動詞 ❶話《はなし》が人《ひと》をとおして知《し》れわたる。例 うわさが次々《つぎつぎ》に伝わった。❷昔《むかし》から今《いま》まで受《う》けつがれている。例 この地《ち》方《ほう》に三百年《さんびゃくねん》も伝わるお祭《まつ》り。❸よそから来《く》る。例 漢字《かんじ》は中国《ちゅうごく》から伝わってきた。❹物《もの》に沿《そ》って動《うご》いていく。例 ロープを伝わって下《お》りる。❺一方《いっぽう》からもう一方《いっぽう》へ移《うつ》る。例 音《おと》が水《みず》の中《なか》を伝わる／書《か》き手《て》のやさしさが伝わる手紙《てがみ》。

つち 漢 ↓902ジペーでん〔伝〕

つち 名詞 物《もの》をたたくのに使《つか》う、柄《え》のついた道《どう》具《ぐ》。金《かな》づち・木《き》づちなどがある。

つち【土】 名詞 ❶細《こま》かくくだけた岩《いわ》や石《いし》と、かれた植物《しょくぶつ》などが変化《へんか》したものが混《ま》ざったもの。❷地面《じめん》。また、土地《とち》。例 外国《がいこく》の土をふむ。

漢 ↓912ジペーど〔土〕

● **土《つち》が付《つ》く** すもうで、負《ま》ける。例 初《はじ》めて横綱《よこづな》に土が付いた。

つちかう【培う】 動詞 ❶根《ね》に土《つち》をかけて草木《くさき》を育《そだ》てる。❷力《ちから》やよい性質《せいしつ》をじっくりと育《そだ》てる。例 健康《けんこう》な体《からだ》を培う／友情《ゆうじょう》を培う。

つちくさい【土臭い】 形容詞 土《つち》のにおいがする。

つちくれ【土くれ】 名詞 土《つち》のかたまり。ひとかたまりの土《つち》。例 土くれをふみくだく。

つちけむり【土煙】 名詞 土《つち》や砂《すな》がふき上《あ》げられて、けむりのように見《み》えるもの。

つちつかず【土付かず】 名詞 すもうで、勝《か》ち続《つづ》けていること。例 土付かずの力士《りきし》。

つちふまず【土踏まず】 名詞 足《あし》の裏《うら》のへこんだところ。図 ↓287ジペーからだ

つちへん【土偏】 名詞「土」のこと。漢字《かんじ》の部首《ぶしゅ》の一《ひと》つ。土《つち》や地面《じめん》に関係《かんけい》のある漢字《かんじ》を作《つく》ることが多《おお》い。境・地・坂・場など。

つちぼこり【土ぼこり】 名詞 土《つち》や砂《すな》が、ほこりのようにまい上《あ》がったもの。例 雨《あめ》が降《ふ》らないので、土ぼこりがひどい。

つつ 助詞（ほかのことばのあとにつけて）❶二《ふた》つの動作《どうさ》がいっしょに行《おこな》われることを表《あらわ》す。例 何度《なんど》もふり返《かえ》りつつ去《さ》っていった。❷…ながらも。…にもかかわらず。例 行儀《ぎょうぎ》が悪《わる》いと思《おも》いつつ、つまみ食《ぐ》いをする。❸動作《どうさ》が続《つづ》いていることを表《あらわ》す。例 車《くるま》は家《いえ》に近《ちか》づきつつある。

つつ【筒】 名詞 まるく細長《ほそなが》い形《かたち》で、中《なか》が空《から》になっているもの。例 竹筒《たけ》。

つつうらうら【津津浦浦】 名詞「すべての港《みなと》や海岸《かいがん》」という意味《いみ》から、全国《ぜんこく》の至《いた》るところ。国《くに》じゅう。例 津々浦々に評判《ひょうばん》が広《ひろ》まる。

つっかいぼう【突っかい棒】 名詞 物《もの》がたおれないように、支《ささ》えに使《つか》う棒《ぼう》。

つっかえす【突っ返す】 ↓859ジペーつきかえす❷

つっかかる【突っ掛かる】 動詞 ❶引《ひ》っかかる。ぶつかる。例 しきいに突っ掛かって転《ころ》ぶ。❷言《い》いがかりをつける。相手《あいて》に激《はげ》しく向《む》かっていく。例 弟《おとうと》は、いつもわたしに突っ掛かってくる。

つっかける【突っ掛ける】 動詞 ❶はき物《もの》を、足先《あしさき》に引《ひ》っかけるようにしてはく。例 サンダルを突っ掛けて庭《にわ》に出《で》る。❷強《つよ》く激《はげ》しい勢《いきお》いで体《からだ》をぶつける。例 全力《ぜんりょく》で突っ掛けたが、軽《かる》くかわされた。

つつがない 形容詞 いつもと変《か》わったことがない。無事《ぶじ》である。例 つつがなく暮《く》らす。

つづき【続き】 ❶名詞 続《つづ》くこと。続《つづ》き具合《ぐあい》。また、あとに続《つづ》くもの。例 話《はなし》の続きは明日《あす》にしましょう。❷接尾語（ほかのことばのあとについて）ずっと続《つづ》いていることを表《あらわ》すことば。例 雨《あめ》続き／中国《ちゅうごく》とヨーロッパは陸《りく》続きだ。

つづきがら【続き柄】 名詞 家族《かぞく》や親戚《しんせき》などの間《あいだ》での関係《かんけい》。「母親《ははおや》」と「長女《ちょうじょ》」、「おじ」と「めい」など。

つづきもの【続き物】 名詞 何回《なんかい》かに分《わ》けて続《つづ》く、新聞《しんぶん》・雑誌《ざっし》の小説《しょうせつ》や、テレビのドラマなど。

つっきる【突っ切る】 動詞 まっすぐ通《とお》りぬける。勢《いきお》いよく横切《よこぎ》る。例 自転車《じてんしゃ》で広場《ひろば》を突っ切る。

…評判《ひょうばん》だけで、実際《じっさい》の内容《ないよう》や力《ちから》がそれにつり合《あ》っていないこと。

つつく 動詞 ❶細長《ほそなが》い物《もの》で軽《かる》く何度《なんど》もつく。例 木《き》の枝《えだ》で地面《じめん》をつつく。❷けしかける。例 弟《おとうと》をつついてお年玉《としだま》をねだらせた。❸欠点《けってん》をとり上《あ》げる。とがめる。例 試合《しあい》での失敗《しっぱい》を友人《ゆうじん》につつかれた。❹はしなどを使《つか》って食《た》べる。例 家族《かぞく》ですきやきをつつく。

つづく【続く】 動詞 ❶同《おな》じ状態《じょうたい》がとぎれないでつながる。例 雨《あめ》の日《ひ》が続く。❷長《なが》く連《つら》なる。例 車《くるま》が続いて通《とお》る。❸あとについていく。例 先生《せんせい》に続いて歩《ある》く。❹次々《つぎつぎ》に起《お》こる。例 最近《さいきん》、大事件《だいじけん》が続いている。漢→756ページぞく〔続〕

つつぐち【筒口】 名詞 ❶つつの先《さき》。❷大砲《たいほう》やけんじゅうの先《さき》の部分《ぶぶん》。

つづけざま【続けざま】 名詞 ものごとが次々《つぎつぎ》に起《お》こるようす。例 近所《きんじょ》で続けざまに火事《かじ》があった。類 立《た》て続《つづ》け。

つづける【続ける】 動詞 ❶とちゅうでやめないで、ずっとやる。例 ピアノのけいこを毎日《まいにち》続ける／歩《ある》き続ける。❷間《あいだ》をおかないで、あとにつける。例 先生《せんせい》のあとに続けて教科書《きょうかしょ》を読《よ》む。❸間《あいだ》をおかないで、くり返《かえ》しする。例 二度《にど》、三度《さんど》と続けてミスをした。漢→756ページぞく〔続〕

つっけんどん 形容動詞 態度やことばづかいな どに、思《おも》いやりやさしさがないこと。例 つっけんどんな返事《へんじ》。

つっこむ【突っ込む】 動詞 ❶激《はげ》しい勢《いきお》いで入《はい》っていく。または進《すす》む。例 車《くるま》が歩道《ほどう》に突っ込んだ。❷差《さ》しこむ。つき入《い》れる。例 穴《あな》に指《ゆび》を突っ込む。❸気《き》をつかわずに中《なか》へ入《い》れる。例 引《ひ》き出《だ》しにノートを突っ込む。❹深《ふか》く問題《もんだい》に入《はい》りこむ。例 突っ込んだ話《はなし》をする。❺相手《あいて》の弱点《じゃくてん》をせめる。例 かんちがいして発言《はつげん》して、みんなから突っ込まれた。

つつじ 名詞 季語 春 野山《のやま》に生《は》える低《ひく》い木《き》の一《ひと》つ。春《はる》から夏《なつ》にかけて花《はな》がさく。種類《しゅるい》が多《おお》く、庭《にわ》などに植《う》える。

つつじ

つつしみ【慎み】 名詞 まちがいがあったり失礼《しつれい》になったりしないよう、ひかえめにすること。例 慎みのないふるまい。

つつしみぶかい【慎み深い】 形容詞 行《おこな》いやことばなどに気《き》をつけて、ひかえめである。

つつしむ【慎む】 動詞 まちがいや失礼《しつれい》がないように、ことばや行《おこな》いなどに気《き》をつける。ひかえめにする。例 勝手《かって》な行動《こうどう》を慎む。

つつしむ【謹む】 動詞 （「謹《つつし》んで」の形《かたち》で）うやうやしく…する。ていねいに…する。例 謹んでお祝《いわ》い申《もう》し上《あ》げます。使い方 あいさつや手紙《てがみ》などに使《つか》う、あらたまった言《い》い方《かた》。

つつそで【筒袖】 名詞 たもとがない、つつの形《かたち》のそで。また、そういうそでの着物《きもの》。

つったつ【突っ立つ】 動詞 ❶その場《ば》に立《た》ったままでいる。❷まっすぐに立《た》つ。例 おかの上《うえ》に木《き》が一本《いっぽん》突っ立っている。

つつぬけ【筒抜け】 名詞 話《はな》し声《ごえ》などが、そのままほかの人《ひと》に聞《き》こえること。また、秘密《ひみつ》がほかの人《ひと》に伝《つた》わってしまうこと。例 となりの家《いえ》の声《こえ》が筒抜けだ／ないしょ話《ばなし》が筒抜けになる。

つっぱねる【突っぱねる】 動詞 きっぱりと断《ことわ》る。例 むちゃな要求《ようきゅう》を突っぱねる。類 はねつける。

つっぱる【突っ張る】 動詞 ❶棒《ぼう》などをおし当《あ》てて支《ささ》える。例 棒《ぼう》で突っ張って本棚《ほんだな》を支《ささ》える。❷うでや足《あし》を、力《ちから》を入《い》れてぴんとのばす。例 両手《りょうて》を突っ張って上体《じょうたい》を起《お》こす。❸すもうで、相手《あいて》を手《て》のひらで強《つよ》くつく。❹体《からだ》のある部分《ぶぶん》がかたくなり、引《ひ》っ張《ぱ》られるような感《かん》じがする。例 足《あし》の筋肉《きんにく》が突っ張る。❺自分《じぶん》の考《かんが》えや態度《たいど》をおし通《とお》す。例 話《はな》し合《あ》いで、自分《じぶん》の意見《いけん》を曲《ま》げずに突っ張る。

つつましい 形容詞 ❶ひかえめである。例 つつましい態度《たいど》。❷ぜいたくをしないようす。質素《しっそ》なようす。

あいうえお　かきくけこ　さしすせそ　たちつてと　なにぬねの　はひふへほ　まみむめも　や　ゆ　よ　らりるれろ　わ　を　ん

四字熟語 有名無実《ゆうめいむじつ》　世間《せけん》で名前《なまえ》が知《し》られている（有名《ゆうめい》）が、中身《なかみ》はない（無実《むじつ》）という意味《いみ》で、名《な》まえ

例 つつましく暮《く》らす。

つつましやか 形容動詞 ひかえめで、遠慮深《えんりょぶか》いようす。例 つつましやかで礼儀正《れいぎただ》しい人《ひと》。

つづまる 動詞 短《みじか》くなる。縮《ちぢ》まる。例 つづまった言《い》い方《かた》。

つつみ【堤】 名詞 池《いけ》や川《かわ》の水《みず》があふれ出《で》ないように、土《つち》・石《いし》・コンクリートなどを高《たか》く積《つ》み上《あ》げたもの。土手《どて》。堤防《ていぼう》。

つつみ【包み】 名詞 紙《かみ》やふろしきなどで包《つつ》むこと。また、包《つつ》んだもの。例 包み紙《がみ》／プレゼントの包み。

つづみ【鼓】 名詞 日本《にほん》の楽器《がっき》の一《ひと》つ。真《ま》ん中《なか》がくびれた胴《どう》の両《りょう》側《がわ》に皮《かわ》を張《は》ってひもでしめ、皮《かわ》の部分《ぶぶん》を手《て》で打《う》って鳴《な》らす。使い方「つずみ」と書《か》かないよう注意《ちゅうい》。図↓269ページ がっき〔楽器〕

つつみかくす【包み隠す】 動詞 ❶物《もの》を包《つつ》んで見《み》えなくする。❷人《ひと》に知《し》られないように秘密《ひみつ》にする。例 包み隠さずに話《はな》す。

つつみがみ【包み紙】 名詞 物《もの》を包《つつ》む紙《かみ》。包装紙《ほうそうし》。

つつみこむ【包み込む】 動詞 包《つつ》んで中《なか》に入《い》れる。また、全体《ぜんたい》をすっぽりとおおう。例 皮《かわ》であんを包み込む／きりが町《まち》を包み込む。

つつむ【包む】 動詞 ❶紙《かみ》や布《ぬの》などで、物《もの》を外《そと》からおおう。例 プレゼントを花模様《はなもよう》の紙《かみ》で包む。❷とり囲《かこ》む。おおいかくす。例 山《やま》の頂上《ちょうじょう》はきりに包まれている／なぞに包まれた人物《じんぶつ》。

❸心《こころ》の中《なか》にかくす。秘《ひ》める。例 友《とも》だちの顔《かお》は包みきれない喜《よろこ》びにかがやいていた。漢↓1202ページ ほう〔包〕

つづめる 動詞 短《みじか》くする。簡単《かんたん》にする。類 縮《ちぢ》める。

つづら 名詞 着物《きもの》などを入《い》れる、箱《はこ》の形《かたち》をしたかご。参考 もともと「つづらふじ」のつるでつくられていた。

つづら

つづらおり【つづら折り】 名詞 いくつにも折《お》れ曲《ま》がった坂道《さかみち》。例 つづら折りの山道《やまみち》。

つづり 名詞 ❶とじ合《あ》わせること。また、とじたもの。例 みんなの感想文《かんそうぶん》のつづりを見《み》る。❷外国語《がいこくご》のことばを書《か》き表《あらわ》すときの、文字《もじ》の並《なら》べ方《かた》。例 英語《えいご》のつづりを調《しら》べる。

つづる 動詞 ❶つなぎ合《あ》わせる。とじ合《あ》わせる。例 いろどりよく布《ぬの》をつづって座布団《ざぶとん》のカバーを作《つく》る。❷詩《し》や文章《ぶんしょう》を作《つく》る。例 運動会《うんどうかい》の思《おも》い出《で》を作文《さくぶん》につづる。❸アルファベットなどを使《つか》って単語《たんご》を書《か》く。

つて 名詞 たよりになるような人《ひと》や手《て》がかり。手《て》づる。例 つてをたよってアメリカへ行《い》く。

つと 副詞 突然《とつぜん》。急《きゅう》に。例 道《みち》のとちゅうでつと立《た》ち止《ど》まった。使い方 少《すこ》し古《ふる》い言《い》い方《かた》。

つど【都度】 名詞 そのたびごと。毎回《まいかい》。例 本《ほん》を読《よ》んだら、その都度感想《かんそう》を書《か》いておく。

つどい【集い】 名詞 集《あつ》まり。会合《かいごう》。

つどう【集う】 動詞 人々《ひとびと》が集《あつ》まる。より合《あ》う。例 十年《じゅうねん》ぶりにクラスの友《とも》だちが集う。漢↓604ページ しゅう〔集〕

つとまる【務まる・勤まる】 動詞 仕事《しごと》や役目《やくめ》をきちんとやりとげることができる。例 きみなら主役《しゅやく》でもりっぱに務まるだろう。漢↓1283ページ む〔務〕・371ページ きん〔勤〕

つとめ【務め】 名詞 しなければならない仕事《しごと》や役目《やくめ》。例 委員《いいん》長《ちょう》としての務めを果《は》たす。

つとめ【勤め】 名詞 ❶会社《かいしゃ》や役所《やくしょ》など、決《き》まった場所《ばしょ》へ行《い》って働《はたら》くこと。また、その仕事《しごと》。例 勤めをやめる。❷毎日《まいにち》、仏《ほとけ》の前《まえ》でお経《きょう》を上《あ》げること。例 朝《あさ》のお勤め。

つとめさき【勤め先】 名詞 会社《かいしゃ》や役所《やくしょ》など、勤《つと》めているところ。

つとめて【努めて】 副詞 できるだけ。努力《どりょく》して。例 努めて平気《へいき》なふりをする。

つとめにん【勤め人】 名詞 会社《かいしゃ》や役所《やくしょ》などに勤《つと》めている人《ひと》。サラリーマン。

つとめる【努める】 動詞 いっしょうけんめいにやる。がんばる。例 いつも、なるべく早起《はやお》きするように努めている。漢↓912ページ ど〔努〕↓使い分け

つとめる【務める】 動詞 ある役目《やくめ》を受《う》け持《も》つ。例 応援団《おうえんだん》の団長《だんちょう》を務める。漢↓1283ページ む〔務〕↓使い分け

つとめる【勤める】 動詞 会社《かいしゃ》や役所《やくしょ》など、決《き》まった場所《ばしょ》で働《はたら》く。例 市役所《しやくしょ》に勤める。漢↓

で、世《よ》の中《なか》のわずらわしいことからはなれて思《おも》うままにゆったりと生活《せいかつ》すること。

使い分け

つとめる

努める・務める・勤める

努める 力《ちから》を入《い》れてやる。がんばる。努力《どりょく》する。
「事故《じこ》のないように努《つと》める」

務める しなくてはならないことをする。役目《やくめ》を受《う》け持《も》つ。
「学級委員《がっきゅういいん》を務《つと》める」

勤める 職場《しょくば》に行《い》って働《はたら》く。
「会社《かいしゃ》に勤《つと》める」

つな【綱】 名詞 ❶植物《しょくぶつ》のせんいや針金《はりがね》などをより合《あ》わせてつくった、太《ふと》くてじょうぶなひも。ロープ。例 綱引《ひ》き。❷たよりにするもの。例 たのみの綱。

つながり 名詞 ❶つながっていること。❷関係《かんけい》。例 血《ち》のつながりがある。

つながる 動詞 ❶別々《べつべつ》のものが、結《むす》びついてひと続《つづ》きになる。例 二《ふた》つの校舎《こうしゃ》が廊下《ろうか》でつながっている。❷関係《かんけい》する。結《むす》ばれる。例 厚《あつ》い友情《ゆうじょう》でつながる。

つなぎことば【つなぎ言葉】 名詞 ことばとことば、文《ぶん》と文《ぶん》、段落《だんらく》と段落《だんらく》をつなぐはたらきをすることば。「今日《きょう》は寒《さむ》い。だから外《そと》に出《で》ない」の「だから」や、「今日《きょう》は寒《さむ》いけれど、外《そと》に出《で》る」の「けれど」などのことば。「接続《せつぞく》語《ご》」ともいう。

つなぎめ【つなぎ目】 名詞 物《もの》と物《もの》をつなぎ合《あ》わせた部分《ぶぶん》。例 ロープのつなぎ目。

つなぐ 動詞 ❶はなれているものを結《むす》びつける。例 手《て》をつなぐ／問《と》い合《あ》わせの電話《でんわ》を担当者《たんとうしゃ》につなぐ。❷しばりつける。例 犬《いぬ》をつなぐ／船《ふね》をつなぐ。❸切《き》れないようにする。続《つづ》かせる。例 命《いのち》をつなぐ／望《のぞ》みをつなぐ。

つなひき【綱引き】 名詞 二《ふた》つの組《くみ》に分《わ》かれて一本《いっぽん》のつなを引《ひ》き合《あ》い、どちらの力《ちから》が強《つよ》いかを比《くら》べる競技《きょうぎ》。

つなみ【津波】 名詞 地震《じしん》などのために、突然《とつぜん》海岸《かいがん》におし寄《よ》せる大《おお》きな波《なみ》。

つなわたり【綱渡り】 名詞 ❶高《たか》いところに張《は》ったつなの上《うえ》を、落《お》ちないようにわたる曲芸《きょくげい》。❷危険《きけん》な状態《じょうたい》の中《なか》でものごとを行《おこな》うことのたとえ。例 夏休《なつやす》みの宿題《しゅくだい》が終《お》わるかどうか、綱渡りの毎日《まいにち》だ。

つね【常】 名詞 ❶ふだん。例 常日《ひ》ごろ。❷決《き》まっていていつも変《か》わらないこと。例 美《うつく》しいものにあこがれるのは人《ひと》の常《つね》だ。❸あ……の人《ひと》）にはできない発想《はっそう》だ。

漢 ⇒ 630ジ じょう【常】

つねづね【常常】 副詞 ふだん。いつも。例 火《ひ》のもとには常々注意《ちゅうい》している。

つねに【常に】 副詞 いつも。絶《た》えず。例 交通《こうつう》安全《あんぜん》には常に気《き》をつけている。

つねひごろ【常日頃】 名詞 いつも。ふだん。つねづね。例 常日頃から、栄養《えいよう》バランスのよい食事《しょくじ》をしている。

つねる 動詞 つめや指《ゆび》の先《さき》で、皮膚《ひふ》を強《つよ》くつまんでひねる。例 ほっぺたをつねる。

つの【角】 名詞 ❶動物《どうぶつ》の頭《あたま》につき出《で》ている、かたいもの。例 しかの角。❷物《もの》の表面《ひょうめん》につき出《で》ているもの。

漢 ⇒ 242ジ かく【角】

●**角《つの》を出《だ》す** 女《おんな》の人《ひと》がやきもちをやく。しっとする。ことば 能楽《のうがく》などで、女《おんな》の人《ひと》のたましいが、しっとしておにの姿《すがた》になることから。

つのかくし【角隠し】 名詞 結婚式《けっこんしき》のときに和装《わそう》の花嫁《はなよめ》が頭《あたま》にかぶる、白《しろ》いかざりの布《ぬの》。

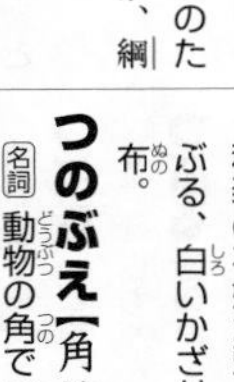
つのかくし

つのぶえ【角笛】 名詞 動物《どうぶつ》の角《つの》でつくった笛《ふえ》。

つのる【募る】 動詞 ❶広《ひろ》く呼《よ》びかけて集《あつ》める。募集《ぼしゅう》する。例 寄付《きふ》

四字熟語 悠悠自適《ゆうゆうじてき》　ゆったりと落《お》ち着《つ》いたようす（悠悠《ゆうゆう》）で、心《こころ》のままに楽《たの》しむ（自適《じてき》）という意《い》

を募る／会員《かいいん》を募る。❷ますます激《はげ》しくなる。例 寒《さむ》さが募る。

つば 名詞 ❶帽子《ぼうし》の前《まえ》や、周《まわ》りについているふち。例 つばの広《ひろ》い帽子《ぼうし》。類 ひさし。❷刀《かたな》の、つか（＝手《て》でにぎるところ）と刃《は》の間《あいだ》にある平《ひら》たい金具《かなぐ》。図⇩264ジペー かたな

つば【唾】 名詞 口《くち》の中《なか》に出《で》る、ねばり気《け》のある液体《えきたい》。食《た》べ物《もの》を消化《しょうか》するはたらきがある。唾《だ》液《えき》。「つばき」ともいう。

つばき 名詞 季語 春 暖《あたた》かい地方《ちほう》に多《おお》く生《は》える木《き》の一《ひと》つ。一年《いちねん》じゅう、つやのあるかたい緑《みどり》の葉《は》をつけており、春先《はるさき》に赤《あか》や白《しろ》の花《はな》がさく。種《たね》からつばき油《あぶら》をとる。ことば 漢字《かんじ》では「椿」と書《か》く。

つばき

つばさ【翼】 名詞 ❶鳥《とり》の羽《はね》。❷飛行機《ひこうき》の羽《はね》。

つばぜりあい【つばぜり合い】 名詞 ❶おたがいに相手《あいて》の刀《かたな》をつばで受《う》け止《と》めて、おし合《あ》うこと。❷勝《か》ち負《ま》けを激《はげ》しく争《あらそ》うこと。例 優勝《ゆうしょう》候補《こうほ》同《どう》士《し》が一対一《いったいいち》のつばぜり合いを演《えん》じている。

つばめ 名詞 季語 春 春《はる》、日本《にほん》に来《き》て、秋《あき》、南《みなみ》に

帰《かえ》るわたり鳥《どり》。背《せ》は黒《くろ》く、腹《はら》が白《しろ》い。尾《お》は先《さき》が二《ふた》つに分《わ》かれている。すばやく飛《と》びながら虫《むし》をつかまえる。家《いえ》の軒下《のきした》などに、どろで巣《す》をつくる。ことば 漢字《かんじ》では「燕」と書《か》く。図⇩954ジペー とり〔鳥〕

つぶ【粒】 ❶名詞 丸《まる》くて小《ちい》さいもの。例 豆粒《まめつぶ》。❷名詞 集《あつ》まりをつくっているものや人《ひと》の、一《ひと》つ一《ひと》つ。例 粒のそろったみかん。❸接尾語（数《かず》を表《あらわ》すことばのあとにつけて）丸《まる》くて小《ちい》さいものを数《かぞ》えるときに使《つか》うことば。例 薬《くすり》を三《さん》粒飲《の》む。

つぶさに 副詞 細《こま》かに。くわしく。もれなく。例 事件《じけん》をつぶさに報告《ほうこく》する。

つぶす【潰す】 動詞 ❶おしつけたり、たたいたりして、形《かたち》をくずす。例 段《だん》ボールの箱《はこ》を潰す／ゆで卵《たまご》を潰す。❷だめにして役《やく》に立《た》たなくする。例 しゃべりすぎて声《こえ》を潰す／チャンスを潰す。❸ほろぼす。なくす。例 会社《かいしゃ》を潰す。❹むだに時間《じかん》を過《す》ごす。例 ひまを潰す。❺空《あ》いたところをうめる。例 すみでぬり潰す。❻ほかのことに利用《りよう》するために、形《かたち》を変《か》える。例 畑《はたけ》を潰して家《いえ》を建《た》てる。

つぶぞろい【粒ぞろい】 名詞 すぐれた人《ひと》やものがそろっていること。例 今年《ことし》の作品《さくひん》は粒ぞろいだ。

つぶて 名詞 投《な》げつける小石《こいし》。

つぶやく 動詞 小《ちい》さな声《こえ》でひとり言《ごと》をいう。ぶつぶつ言《い》う。

つぶより【粒より】 名詞 多《おお》くの中《なか》からよいものを選《えら》び出《だ》すこと。また、選《えら》び出《だ》したもの。例 粒よりの選手《せんしゅ》でチームをつくる。

つぶら 形容動詞 まるくて、かわいらしいようす。例 赤《あか》ちゃんのつぶらなひとみ。

つぶる 動詞 目《め》を閉《と》じる。つむる。ことば 見《み》て見《み》ないふりをすることを、「目《め》をつぶる」とたとえることがある。

つぶれる【潰れる】 動詞 ❶おされたりして、形《かたち》がくずれる。例 ケーキが潰れる／くつのかかとが潰れる。❷役《やく》に立《た》たなくなる。だめになる。例 歌《うた》いすぎて声《こえ》が潰れる。❸ほろびる。なくなる。例 会社《かいしゃ》が潰れる。❹時間《じかん》がむだに使《つか》われる。例 貴重《きちょう》な時間《じかん》が潰れる。

つべこべ【と】 副詞 あれこれと文句《もんく》を言《い》うようす。例 終《お》わったことをつべこべ言《い》うな。

ツベルクリン（ドイツ語）名詞 結核菌《けっかくきん》が体《からだ》に入《はい》っているかどうかを調《しら》べるための薬《くすり》。結核菌《けっかくきん》が入《はい》っていると、赤《あか》い注射《ちゅうしゃ》のあとが大《おお》きくなる。参考 一八九〇年《ねん》、コッホが発明《はつめい》した。

つぼ 名詞 ❶口《くち》が小《ちい》さくて、胴《どう》がふくらんだ入《い》れ物《もの》。❷くぼんで深《ふか》くなっているところ。例 たきつぼ。❸ものごとの大事《だいじ》なところ。要点《ようてん》。急所《きゅうしょ》。例 話《はなし》のつぼをおさえて聞《き》く。❹あらかじめ考《かんが》え

あいうえお　かきくけこ　さしすせそ　たちつてと　なにぬねの　はひふへほ　まみむめも　や　ゆ　よ　らりるれろ　わ　を　ん

…つけなければならない、といういましめのことば。

げたら相手の思うつぼだ。
❺おきゅうをすえたり、マッサージをしたりするときの、体《からだ》の大事《だいじ》な場所《ばしょ》。

●つぼにはまる
❶要点《ようてん》をきちんとおさえている。例 つぼにはまった発言《はつげん》をする。
❷ものごとがねらったとおりになる。例 作戦《さくせん》がつぼにはまり、試合《しあい》に勝《か》った。

つぼ【坪】 名詞 土地《とち》や建物《たてもの》などの広《ひろ》さを表《あらわ》す単《たん》位《い》。一坪《ひとつぼ》は約《やく》三・三平方《へいほう》メートル。

-っぽい ⇒1202ページ -ぽい

つぼたじょうじ【坪田譲治】 名詞（一八九〇～一九八二）小説家《しょうせつか》・童話作家《どうわさっか》。「風《かぜ》の中《なか》の子《こ》供《ども》」「子供《こども》の四季《しき》」など、子供《こども》の世界《せかい》を書《か》いた作品《さくひん》が多《おお》い。

つぼまる 動詞 物《もの》の口《くち》や先《さき》のほうが、せまく小《ちい》さくなる。例 口《くち》がつぼまった花瓶《かびん》。

つぼみ 名詞 花《はな》の、まだ開《ひら》いていないもの。

つぼむ 動詞
❶開いていたものが閉じる。例 花がつぼむ。
❷物《もの》の口《くち》や先《さき》のほうが、せまく小《ちい》さくなる。例 すそがつぼんだズボン。

つぼめる 動詞 せまく小《ちい》さくする。閉《と》じる。例 かさをつぼめる。

つま【妻】 名詞
❶結婚《けっこん》している男女《だんじょ》のうち、女《おんな》のほう。対 夫《おっと》。
❷さしみなどにそえる、野菜《やさい》や海藻《かいそう》など。
使い方 ❷は、ふつうかな書《が》きにする。ことば ❶は、もとは「夫《おっと》」にも使《つか》われたことばで、古典《こてん》では「夫」を「つま」と読《よ》むことがある。
漢 ⇒510ページ さい〔妻〕

つまかわ【爪皮】 名詞 げたなどの先《さき》につけるおおい。雨《あめ》や雪《ゆき》が降《ふ》っているときに、よごれを防《ふせ》ぐためにつける。例 爪皮のついた雪《ゆき》げた。

つまさき【爪先】 名詞 足《あし》の指《ゆび》の先《さき》。例 爪先で立《た》つ。図 ⇒287ページ からだ

つまさきあがり【爪先上がり】 名詞 少《すこ》しずつ上《のぼ》り坂《ざか》になっていること。また、その道《みち》。例 爪先上がりの山道。

つまされる 動詞
❶自分《じぶん》の身《み》に起《お》こったことのように、しみじみと感《かん》じる。例 きみの話《はなし》は身《み》につまされるよ。
❷人《ひと》の情《なさ》けなどに心《こころ》を動《うご》かされる。

つましい 形容詞 むだづかいをしない。質素《しっそ》である。例 つましい暮《く》らし。

つまずく 動詞
❶歩《ある》いていて、足《あし》の先《さき》が何《なに》かに当《あ》たり、転《ころ》びそうになる。けつまずく。例 木《き》の根《ね》につまずく。
❷うまくいかない。失敗《しっぱい》する。例 簡単《かんたん》な計算《けいさん》でつまずく。

つまはじき【爪はじき】 名詞 動詞 人《ひと》をきらって仲間《なかま》に入《い》れないこと。例 爪はじきにされる。

つまびく【爪弾く】 動詞 弦楽器《げんがっき》を指先《ゆびさき》ではじいて鳴《な》らす。例 ギターを爪弾く。

つまびらか 形容動詞 細《こま》かい点《てん》までよくわかるようす。例 事故《じこ》の原因《げんいん》がつまびらかになった。

伝統的《でんとうてき》な言語文化《げんごぶんか》

昔話《むかしばなし》

むかしむかし、あるところに…

小《ちい》さいころ、「むかしむかし、あるところに…」で始《はじ》まる昔話《むかしばなし》の本《ほん》を読《よ》んでもらったよね。最後《さいご》はたいてい「めでたし、めでたし」で終《お》わっていたね。どんなお話《はなし》を覚《おぼ》えているかな。「桃太郎《ももたろう》」「かちかち山《やま》」「さるかに合戦《がっせん》」「舌切《したき》りすずめ」「花咲《はなさか》じいさん」などはみんな知《し》ってるよね。どれも長《なが》く伝《つた》えられてきた昔話《むかしばなし》だ。

でも、同《おな》じ話《はなし》なのに、少《すこ》しずつ話《はなし》の中身《なかみ》がちがっていることもあるよ。例《たと》えば、「おむすびころりん」では、となりの欲《よく》の深《ふか》いおじいさんが、最後《さいご》にもぐらになってしまうものや、穴《あな》の中《なか》にうまって出《で》られなくなってしまうものなどがあるんだ。

それは、昔話《むかしばなし》がおばあちゃんから孫《まご》へ、そのまた孫《まご》へ、というふうに、語《かた》りつがれてきたものだからなんだね。とちゅうで話《はなし》の筋《すじ》が自然《しぜん》に変《か》わったり、その地方《ちほう》の生活《せいかつ》にあわせて、出《で》てくる人《ひと》や場所《ばしょ》を変《か》えてみたりしたこともあっただろう。海《うみ》の話《はなし》が山《やま》の話《はなし》に変《か》わったり、兄弟《きょうだい》の話《はなし》が姉妹《しまい》の話《はなし》に変《か》わったり…。同《おな》じ昔話《むかしばなし》の本《ほん》を集《あつ》めて読《よ》み比《くら》べたり、みんなが覚《おぼ》えている昔話《むかしばなし》を、おたがいに話《はな》して比《くら》べてみたりすると、新《あたら》しい発見《はっけん》があるかもしれないよ。

もっとみてみよう！

●「新版《しんぱん》　日本《にほん》のむかし話《ばなし》」（偕成社《かいせいしゃ》）

四字熟語 **油断大敵《ゆだんたいてき》** 油断《ゆだん》することは、思《おも》わぬ失敗《しっぱい》のもとになるので、何《なに》よりもおそろしい敵《てき》として気《き》を

つまみ 名詞
❶つまんで持《も》ったり動《うご》かしたりするところ。例 ふたのつまみ／スイッチのつまみ。
❷つまむこと。また、つまんだ量《りょう》を表《あらわ》すことば。例 ひとつまみの塩《しお》。
❸酒《さけ》を飲《の》むときに食《た》べる、手軽《てがる》な食《た》べ物《もの》。おつまみ。

つまみぐい【つまみ食い】 名詞 動詞
❶はしなどを使《つか》わずに、指先《ゆびさき》でつまんで食《た》べること。
❷人《ひと》に見《み》つからないように、こっそり食《た》べること。例 お菓子《かし》をつまみ食いして見《み》つかった。

つまみだす【つまみ出す】 動詞
❶指先《ゆびさき》でつまんで外《そと》へ出《だ》す。
❷人《ひと》を無理《むり》に外《そと》へ出《だ》す。例 またいたずらをしたら、外《そと》へつまみ出すぞ。

つまむ 動詞
❶指先《ゆびさき》やはしなどではさんで持《も》つ。例 鼻《はな》をつまむ／ごみをつまんで捨《す》てた。
❷指先《ゆびさき》で取《と》って食《た》べる。例 すしをつまむ。
❸大事《だいじ》なところをぬき出《だ》す。例 昨日《きのう》の事件《じけん》をつまんで話《はな》す。
❹(「つままれる」の形《かたち》で、全体《ぜんたい》で) けものにだまされる。例 きつねにつままれる。

つまようじ 名詞 歯《は》と歯《は》の間《あいだ》にはさまったものを取《と》ったり、食《た》べ物《もの》をさして取《と》ったりするのに使《つか》う、小《ちい》さな細《ほそ》い棒《ぼう》。

つまらない 形容詞
❶おもしろくない。興味《きょうみ》がわかない。例 つまらない一日《いちにち》／つまらない本《ほん》。
❷値打《ねう》ちがない。大《たい》したものではない。例 つまらないものを買《か》ってしまった。
❸ばからしい。例 つまらないミスをおかす。
使い方 ❷の意味《いみ》から、自分《じぶん》のおくり物《もの》を、へりくだって「つまらないもの」ということがある。

つまり【詰まり】
❶ 接続詞 言《い》いかえれば。結局《けっきょく》。例 この子《こ》は母《はは》の妹《いもうと》の子《こ》、つまりいとこに当《あ》たります。
❷ 名詞 つまること。例 鼻《はな》詰まり。
❸ 名詞 ものごとの終《お》わり。例 どん詰まり／とどのつまり（＝結局《けっきょく》のところは）。
使い方 ❶❸は、ふつうかな書《が》きにする。

つまる【詰まる】 動詞
❶すきまなくいっぱいになる。例 観客《かんきゃく》がぎっしり詰まる／仕事《しごと》が詰まる。
❷つかえて通《とお》らなくなる。例 鼻《はな》が詰まる。
❸短《みじか》くなる。例 セーターのたけが詰まる。
❹苦《くる》しくなる。にげ道《みち》がなくなる。例 返事《へんじ》に詰まる／金《かね》に詰まる。
❺「がっこう」「サッカー」などのように、「っ」「ッ」で書《か》き表《あらわ》す音《おと》（＝促音《そくおん》）になる。

つみ【罪】
❶ 名詞 してはならないことや、法律《ほうりつ》などにそむく悪《わる》い行《おこな》い。例 罪をおかす。
❷ 名詞 悪《わる》い行《おこな》いに対《たい》するばつ。例 罪に服《ふく》する。
❸ 形容動詞 思《おも》いやりがないようす。例 小《ちい》さな子《こ》をからかうなんて、罪な人《ひと》だ。
漢 ↓ 511ジペー ざい〔罪〕

●**罪《つみ》のない** 悪気《わるぎ》のない。無邪気《むじゃき》な。例 罪のないいたずら／罪のない寝顔《ねがお》。
●**罪《つみ》を着《き》せる** 自分《じぶん》の悪《わる》い行《おこな》いの責任《せきにん》を、何《なに》もしていない人《ひと》におしつける。
成語
●**罪《つみ》をにくんで人《ひと》をにくまず** ↓ 995ジペー 故事

つみあげる【積み上げる】 動詞
❶物《もの》の上《うえ》に物《もの》を重《かさ》ねてのせ、高《たか》くする。例 段《だん》ボール箱《ばこ》を積み上げる。
❷ものごとをくり返《かえ》し行《おこな》い、よい結果《けっか》を残《のこ》していく。例 人前《ひとまえ》で演奏《えんそう》する経験《けいけん》を積み上げる。

つみおろし【積み下ろし】 名詞 船《ふね》や車《くるま》などに、荷物《にもつ》を積《つ》んだり下《お》ろしたりすること。

つみかさなる【積み重なる】 動詞
❶上《うえ》へ上《うえ》へと積《つ》まれて高《たか》くなる。例 本《ほん》が積み重なっている。
❷同《おな》じようなものごとが重《かさ》なって、たまる。例 つかれが積み重なる。

つみかさねる【積み重ねる】 動詞
❶上《うえ》へ上《うえ》へと積《つ》んで高《たか》くする。例 れんがを積み重ねる。
❷ものごとをくり返《かえ》して行《おこな》い、高《たか》めていく。例 経験《けいけん》を積み重ねる／努力《どりょく》を積み重ねる。

つみき【積み木】 名詞 いろいろな形《かたち》をした小《ちい》さな木切《きぎ》れを、重《かさ》ねたり組《く》み合《あ》わせたりして遊《あそ》ぶおもちゃ。

つみくさ【摘み草】 名詞 季語春 野山《のやま》で草《くさ》や花《はな》をつむこと。

つみこむ【積み込む】 動詞 車《くるま》や船《ふね》などに荷《に》

ろまで十分《じゅうぶん》にととのっていること。

あいうえお かきくけこ さしすせそ たちつてと なにぬねの はひふへほ まみむめも や ゆ よ らりるれろ わ を ん

物《もつ》をのせる。例 トラックに荷物《にもつ》を積み込む。

つみだす【積み出す】動詞 船《ふね》や車《くるま》などに荷《に》物《もつ》を積《つ》んで、送《おく》り出《だ》す。

つみたて【積み立て】名詞 お金《かね》などを少《すこ》しずつためること。例 旅行《りょこう》費用《ひよう》の積み立て。
使い方 「積立金《つみたてきん》」などの場合《ばあい》には、送《おく》りがなをつけない。

つみたてる【積み立てる】動詞 お金《かね》などを少《すこ》しずつためて、だんだんと多《おお》くする。例 おこづかいを積み立てて望遠鏡《ぼうえんきょう》を買《か》う。

つみに【積み荷】名詞 船《ふね》や車《くるま》などに積《つ》んで運《はこ》ぶ荷物《にもつ》。例 港《みなと》で積み荷を下《お》ろす。

つみのこし【積み残し】名詞 積《つ》みきれないで、または処理《しょり》しきれないで、残《のこ》してしまうこと。また、残《のこ》したもの。例 積み残しの荷物《にもつ》。

つみぶかい【罪深い】形容詞 罪《つみ》が重《おも》い。例 罪深い行為《こうい》。

つみほろぼし【罪滅ぼし】名詞 よい行《おこな》いをして、それまでした悪《わる》い行《おこな》いのうめ合《あ》わせをすること。例 心《こころ》を改《あらた》めた罪人《ざいにん》は、罪滅ぼしに貧《まず》しい人々《ひとびと》のために働《はたら》いた。

つむ【詰む】動詞
❶すきまなくくっついている。例 目《め》の詰んだ布地《ぬのじ》。
❷将棋《しょうぎ》で、王将《おうしょう》が追《お》いつめられてにげ場《ば》がなくなり、負《ま》けになる。例 あと一手《いって》で詰む。

つむ【摘む】動詞
❶指先《ゆびさき》などでつまんで取《と》る。例 花《はな》を摘む。
❷はさみなどで先《さき》を切《き》る。例 枝《えだ》を摘む。

つむ【積む】動詞
❶上《うえ》に重《かさ》ねてのせる。例 机《つくえ》に本《ほん》を積む。
❷何回《なんかい》も行《おこな》う。例 経験《けいけん》を積む／練習《れんしゅう》を積む。
❸荷物《にもつ》をのせる。例 トラックに荷物《にもつ》を積む。
漢 ⇒ 720ページ《ペー ジ》 せき〔積〕

つむぐ【紡ぐ】動詞 綿《わた》やまゆからせんいをとり出《だ》し、それをより合《あ》わせて糸《いと》にする。

つむじ 名詞 かみの毛《け》がうずのように巻《ま》いて生《は》えているところ。

● **つむじを曲げる** 機嫌《きげん》を悪《わる》くして、人《ひと》の言《い》うことを聞《き》かない。

つむじかぜ【つむじ風】名詞 うずを巻《ま》きながら勢《いきお》いよくふく風《かぜ》。類 旋風《せんぷう》。

つむじまがり【つむじ曲がり】名詞 形容動詞 性質《せいしつ》が素直《すなお》でなく、ひねくれていること。また、そのような人《ひと》。類 へそ曲《ま》がり。

つむる ⇒ 870ページ《ペー ジ》 つぶる

つめ【爪】名詞
❶手《て》や足《あし》の指先《ゆびさき》に生《は》えるかたいもの。
❷ことやギターなどをひくときに、指先《ゆびさき》にはめるもの。
❸物《もの》を引《ひ》っかけたり留《と》めたりするためのしかけ。

● **爪《つめ》に火《ひ》をともす** ろうそくの代《か》わりにつめに火《ひ》をともすという意味《いみ》で、極端《きょくたん》にお金《かね》や物《もの》をつかわないことのたとえ。

● **爪《つめ》のあかほど** ほんの少《すこ》しであることのたとえ。例 爪のあかほども反省《はんせい》していない。

● **爪《つめ》のあかを煎《せん》じて飲《の》む** ことわざ すぐれた人《ひと》のつめのあかをもらって薬として飲むという意味《み》で、少《すこ》しでもその人《ひと》のようになろうと心《こころ》がけることのたとえ。

つめ【詰め】名詞 最後《さいご》の仕上《しあ》げ。例 発表会《はっぴょうかい》の練習《れんしゅう》もそろそろ詰めの段階《だんかい》だ。

-づめ【詰め】接尾語（ほかのことばのあとにつけて）
❶中《なか》につめるという意味《いみ》を表《あらわ》す。例 箱《はこ》詰めの菓子《かし》。
❷ずっとあるようすが続《つづ》くという意味《いみ》を表《あらわ》す。例 今日《きょう》は朝《あさ》から立《た》ち詰めだ。

つめあと【爪痕】名詞
❶つめでひっかいたあと。
❷災害《さいがい》や戦争《せんそう》などで受《う》けた、大《おお》きな被害《ひがい》のあとのたとえ。例 大地震《おおじしん》の爪痕。

つめあわせ【詰め合わせ】名詞 一《ひと》つの入《い》れ物《もの》に、ちがう種類《しゅるい》の品物《しなもの》をいっしょにつめたもの。例 クッキーの詰め合わせ。

つめえり【詰め襟】名詞 洋服《ようふく》のえりで、折《お》り返《かえ》さずに立《た》てているもの。また、そのえりの洋《よう》服《ふく》。学生服《がくせいふく》など。

つめかける【詰め掛ける】動詞 大勢《おおぜい》の人《ひと》が一度《いちど》におしかける。例 コンサート会場《かいじょう》に観客《かんきゃく》が詰め掛けた。

つめこむ【詰め込む】動詞 入《い》れられるだけいっぱい入《い》れる。例 乗客《じょうきゃく》を詰め込んだ電車《でんしゃ》。

つめしょ【詰め所】名詞 ある仕事《しごと》をする人《ひと》たちが集《あつ》まり、仕事《しごと》の準備《じゅんび》をして待《ま》っているところ。例 新聞記者《しんぶんきしゃ》の詰め所。

四字熟語 用意周到《よういしゅうとう》 「周到《しゅうとう》」は、行《い》き届《とど》いて手《て》ぬかりがないこと。何《なに》かをする前《まえ》の準備《じゅんび》が細《こま》かいとこ

つめたい【冷たい】 形容詞 ❶温度《おんど》が低《ひく》く感《かん》じられる。例 冷たい水《みず》。対 熱《あつ》い。❷やさしさや思《おも》いやりがない。例 冷たい態度《たいど》。対 温《あたた》かい。 漢 ⇩1408ページ れい〔冷〕

つめよる【詰め寄る】 動詞 激《はげ》しい態度《たいど》で相《あい》手《て》にせまっていく。例 早《はや》く返事《へんじ》をしろと詰め寄る。

つめる【詰める】 動詞 ❶物《もの》を入《い》れていっぱいにする。穴《あな》などをふさぐ。例 リュックサックに荷物《にもつ》を詰めた。❷短《みじか》くする。縮《ちぢ》める。例 スカートのたけを詰める。❸その場所《ばしょ》に行《い》ってひかえている。例 補欠《ほけつ》としてベンチに詰める。❹止《と》める。例 息《いき》を詰める。❺そのことばかりを続《つづ》ける。例 根《こん》を詰めて（＝集中《しゅうちゅう》して）勉強《べんきょう》する。❻これ以外《いがい》にはないような状態《じょうたい》にする。例 話《はなし》を最後《さいご》まで詰める。

つもり【積もり】 名詞 ❶そうしようと、前《まえ》から思《おも》っていること。例 明日《あす》はハイキングに出《で》かけるつもりです。❷ほんとうはそうではないが、そうなったかのように思《おも》うこと。例 先生《せんせい》になったつもりで、妹《いもうと》に教《おし》える。
使い方 ふつうかな書《が》きにする。

つもる【積もる】 動詞 ❶上《うえ》に重《かさ》なって高《たか》くなる。例 雪《ゆき》が積もった。❷たまって多《おお》くなる。例 不満《ふまん》が積もる／久《ひさ》しぶりに会《あ》った友《とも》だちと積もる話《はなし》をする。

つや【艶】 名詞 表面《ひょうめん》がなめらかに美《うつく》しく光《ひか》っていること。例 くつをみがいて艶を出《だ》す。 漢 ⇩720ページ せき〔積〕

つや【通夜】 名詞 葬式《そうしき》の前《まえ》の晩《ばん》、死《し》んだ人《ひと》のたましいをなぐさめるために、親戚《しんせき》や親《した》しい人《ひと》が集《あつ》まって一夜《いちや》を過《す》ごすこと。

つやつや［と］【艶艶［と］】 副詞 動詞 つやがあって美《うつく》しいようす。例 艶々したかみの毛《け》。

つゆ 名詞 ❶果物《くだもの》や植物《しょくぶつ》から出《で》る水分《すいぶん》。水気《みずけ》。❷吸《す》い物《もの》。食事《しょくじ》のときに飲《の》む、すましじる。❸しょうゆにだしじるなどを加《くわ》えて作《つく》った、そばやてんぷらなどをつけて食《た》べるしる。

つゆ【露】 名詞 季語 秋 ❶気温《きおん》が下《さ》がる夜《よる》や朝早《あさはや》く、空気《くうき》中《ちゅう》の水分《すいぶん》が細《こま》かい水《みず》のつぶになって物《もの》の表面《ひょうめん》についたもの。❷消《き》えやすく、はかないもののたとえ。例 露の命《いのち》。❸わずかなことのたとえ。例 疑《うたが》う気持《きも》ちはつゆほどもない。
使い方 ❸は、ふつうかな書《が》きにする。

つゆ【梅雨】 名詞 季語 夏 六月《ろくがつ》から七月《しちがつ》にかけて長《なが》く降《ふ》り続《つづ》く雨《あめ》。また、その時期《じき》。「ばいう」ともいう。例 梅雨入《い》り／梅雨が明《あ》ける。類 五月雨《さみだれ》。

つゆあけ【梅雨明け】 名詞 動詞 季語 夏 梅雨《つゆ》の期間《きかん》が終《お》わること。対 梅雨《つゆ》入《い》り。

つゆいり【梅雨入り】 名詞 動詞 梅雨《つゆ》の期間《きかん》が始《はじ》まること。入梅《にゅうばい》。対 梅雨明《つゆあ》け。

つゆくさ【露草】 名詞 季語 秋 道《みち》ばたなどに生《は》える草《くさ》。夏《なつ》、あい色《いろ》の小《ちい》さい花《はな》がさく。「ほたるぐさ」ともいう。

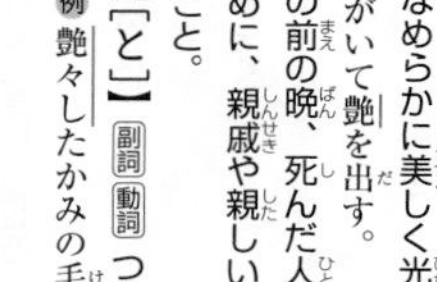
つゆくさ

つゆしらず【つゆ知らず】 少《すこ》しも知《し》らないで。例 にせ物《もの》とはつゆ知らず買《か》ってしまった。ことば「つゆ」は、ごくわずかという意味《いみ》。

つゆばれ【梅雨晴れ】 名詞 季語 夏 ❶梅雨《つゆ》の間《あいだ》にときどきある晴《は》れ間《ま》。❷梅雨《つゆ》の時期《じき》が終《お》わって晴《は》れること。

つよい【強い】 形容詞 ❶力《ちから》がすぐれている。例 強いチーム。対 弱《よわ》い。❷じょうぶである。たえる力《ちから》が大《おお》きい。例 強い体《からだ》／わたしは暑《あつ》さに強い。対 弱《よわ》い。❸しっかりしている。例 意志《いし》が強い。対 弱《よわ》い。❹激《はげ》しい。厳《きび》しい。例 強い風《かぜ》がふいている／強い口調《くちょう》で責《せ》める。対 弱《よわ》い。❺得意《とくい》である。例 ぼくは計算《けいさん》に強い。対 弱《よわ》い。 漢 ⇩353ページ きょう〔強〕

つよがり【強がり】 名詞 強《つよ》くないのに、強《つよ》そうに見《み》せかけること。例「こんなけがくらい、平気《へいき》だよ。」と強がりを言《い》う。

つよがる【強がる】 動詞 強《つよ》そうに見《み》せかける。例「こわくなんかないよ。」と強がる。

つよき【強気】 名詞 形容動詞 必ずうまくいくと信《しん》じて、おそれることなくものごとに向《む》かうこと。例 強気に勝負《しょうぶ》する／強気な発言《はつげん》。対 弱気《よわき》。

つよごし【強腰】 名詞 相手《あいて》に対《たい》して強《つよ》い態度《たいど》をとり、ゆずらないこと。例 強腰で話《はな》し合《あ》いを進《すす》めた。対 弱腰《よわごし》。

つよび【強火】 名詞 料理《りょうり》で、火力《かりょく》が強《つよ》い火《ひ》。対 弱火《よわび》。

つよまる【強まる】 動詞 だんだん強《つよ》くなる。例 台風《たいふう》が近《ちか》づき、風《かぜ》が強まってきた。対 弱《よわ》まる。漢 ⇩353ジペー きょう〔強〕

つよみ【強み】 名詞 強《つよ》いところ。すぐれたところ。例 わたしたちの強みは団結《だんけつりょく》力だ。対 弱《よわ》み。

つよめる【強める】 動詞 力《ちから》や勢《いきお》いなどを強《つよ》くする。例 火《ひ》を強める／声《こえ》を強める／確信《かくしん》を強める。対 弱《よわ》める。漢 ⇩353ジペー きょう〔強〕

つら【面】 名詞 ❶「顔《かお》」の乱暴《らんぼう》な言《い》い方《かた》。例 面構《がま》え／泣《な》き面。❷物《もの》の表面《ひょうめん》。例 上《うわ》っ面。漢 ⇩1309ジペー めん〔面〕

●**面《つら》の皮《かわ》が厚《あつ》い** ずうずうしい。厚《あつ》かましい。

つらあて【面当て】 名詞 よく思《おも》っていない人《ひと》の前《まえ》で、わざといやがることを言《い》ったり、したりすること。

つらい 形容詞 ❶がまんできないほど苦《くる》しい。例 つらい別《わか》れ。❷思《おも》いやりがなくて冷《つめ》たい。例 つらい仕打《しう》ち。

-づらい 接尾語 （ほかのことばのあとにつけて）…しにくい。例 読《よ》みづらい／聞《き》きづらい。

つらがまえ【面構え】 名詞 顔《かお》つき。例 負《ま》けん気の強そうな面構え。

つらくあたる【つらく当たる】 思《おも》いやりのない冷《つめ》たい態度《たいど》で接《せっ》する。例 いらいらして弟《おとうと》につらく当たってしまった。

つらだましい【面魂】 名詞 強《つよ》い気持《きも》ちや性格《せいかく》があらわれた顔《かお》つき。例 不敵《ふてき》な面魂。

つらつら【と】 副詞 よく考《かんが》えてみるようす。つくづく。よくよく。例 つらつら考《かんが》えてみるに、わたしも悪《わる》かった。使い方 少《すこ》し古《ふる》い言《い》い方《かた》。

つらなり【連なり】 名詞 つらなっていること。また、つらなっているもの。例 山々《やまやま》の連なり。

つらなる【連なる】 動詞 ❶列《れつ》になって続《つづ》く。例 つるが連なって飛《と》ぶ。❷出席《しゅっせき》する。参加《さんか》する。例 開会式《かいかいしき》に各国《かっこく》の代表《だいひょう》が連なる。漢 ⇩1415ジペー れん〔連〕

つらぬく【貫く】 動詞 ❶はしからはしまでつき通《とお》す。例 大陸《たいりく》を貫いて走《はし》る特急列車《とっきゅうれっしゃ》／鉄砲《てっぽう》のたまはかべを貫いた。❷初《はじ》めから終《お》わりまでやりとげる。果《は》たす。例 昔《むかし》からの夢《ゆめ》を貫いてパイロットになった。

つらねる【連ねる】 動詞 ❶一列《いちれつ》に並《なら》べる。例 車《くるま》を連ねて式場《しきじょう》に向《む》かう／商店《しょうてん》がのきを連ねる（＝立《た》ち並《なら》ぶ）。❷会《かい》や団体《だんたい》などに、一員《いちいん》として加《くわ》わる。例 実行委員会《じっこういいんかい》に名《な》を連ねる。漢 ⇩1415ジペー れん〔連〕

つらよごし【面汚し】 名詞 仲間《なかま》の人《ひと》たちにはじをかかせること。また、その人《ひと》。

つらら 名詞 季語 冬 冬《ふゆ》に、屋根《やね》などから少《すこ》しずつ落ちる水がこおって、棒《ぼう》のように垂《た》れ下《さ》がったもの。

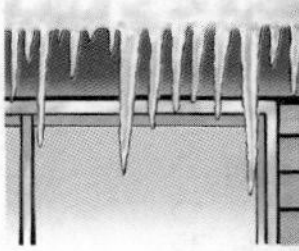
つらら

つられる【釣られる】 動詞 ❶心《こころ》を引《ひ》きつけられる。例 おまけにつられてお菓子《かし》を買《か》った。❷ほかの動《うご》きに引《ひ》きずられる。例 友《とも》だちにつられて、ぼくも笑《わら》い出《だ》してしまった。

つり【釣り】 名詞 ❶魚《さかな》をつること。❷つり銭《せん》。おつり。使い方 ふつうかな書《が》きにする。

つりあい【釣り合い】 名詞 重《おも》さや力《ちから》、強《つよ》さなどが同《おな》じくらいで、かたよっていないこと。バランス。例 平均台《へいきんだい》の上《うえ》で釣り合いをとる。

つりあう【釣り合う】 動詞 ❶二《ふた》つのもののつりあいがとれる。例 天《てん》びんが釣り合う。❷調和《ちょうわ》する。似合《にあ》う。例 花《はな》と花瓶《かびん》が釣り合う。

つりあげる【つり上げる】 動詞 ❶物《もの》をつって上《うえ》に持《も》ち上《あ》げる。例 クレーンで材木《ざいもく》をつり上げる。❷引《ひ》っ張《ぱ》るように上《うえ》の方《ほう》に上《あ》げる。例 目《め》をつり上げておこる。❸物《もの》の値段《ねだん》をわざと上《あ》げる。例 商品《しょうひん》の値段《ねだん》をつり上げる。

つりあげる【釣り上げる】 動詞 つりざおで魚《さかな》をつって水中《すいちゅう》から引《ひ》き上《あ》げる。

あいうえお　かきくけこ　さしすせそ　たちつてと　つ　なにぬねの　はひふへほ　まみむめも　や　ゆ　よ　らりるれろ　わ　を　ん

四字熟語 立身出世《りっしんしゅっせ》　世《よ》の中《なか》で成功《せいこう》して高《たか》い地位《ちい》につき、名《な》を知《し》られるようになること。

つりいと【釣り糸】 名詞 魚《さかな》をつるのに使《つか》う糸《いと》。例 釣り糸を垂《た》れる（＝釣《つ》りをする）。

つりかご【つり籠】 名詞 つるすようにしてあるかご。

つりがね【釣り鐘】 名詞 寺《てら》などにつるしてある、大《おお》きなかね。

つりがね

つりかわ【つり革】 名詞 電《でん》車《しゃ》やバスなどで、立《た》っている人《ひと》がつかまるための、輪《わ》のついたひも。

つりこまれる【釣り込まれる】 動詞 さそいこまれる。引《ひ》きこまれる。例 弟《おとうと》の笑顔《えがお》に釣り込まれてほほえんだ。

つりざお【釣りざお】 名詞 魚《さかな》をつるのに使《つか》うさお。

つりせん【釣り銭】 名詞 買《か》ったものの値段《ねだん》より大《おお》きい額《がく》のお金《かね》ではらったとき、多《おお》い分《ぶん》だけ返《かえ》してもらうお金《かね》。おつり。

つりばし【釣り橋】 名詞 両岸《りょうがん》からつななどを張《は》り、その下《した》に通《つう》路《ろ》をつり下《さ》げてつくった橋《はし》。

つりばし

つりばり【釣り針】 名詞 魚《さかな》をつるときに使《つか》う、先《さき》の曲《ま》がった針《はり》。

つりぼり【釣り堀】 名詞 池《いけ》やほりに魚《さかな》を放《はな》しておいて、お金《かね》をとって客《きゃく》につらせるところ。季語 夏

つりわ【つり輪】 名詞 体操《たいそう》の種目《しゅもく》の一《ひと》つ。上《うえ》からつり下《さ》げた二本《にほん》のロープの先《さき》についた輪《わ》を両《りょう》手《て》でにぎり、足《あし》がゆかに着《つ》かないように演《えん》技《ぎ》する。また、それに使《つか》う用具《ようぐ》。

つる 名詞 ❶植物《しょくぶつ》のくきで、細長《ほそなが》くのびて、物《もの》に巻《ま》きついたり地面《じめん》をはったりするもの。例 あさがおのつる。
❷めがねの両《りょう》わきにある、耳《みみ》にかける部分《ぶぶん》。
ことば 漢字《かんじ》では「蔓」と書《か》く。

つる 動詞 ❶物《もの》を引《ひ》っかけて、下《さ》げる。かけわたす。例 たなをつる／カーテンをつる／橋《はし》をつる。
❷すもうで、相手《あいて》のまわしに両《りょう》手《て》をかけて持《も》ち上《あ》げる。
ことば 漢字《かんじ》では「吊る」と書《か》く。

つる 動詞 ❶筋肉《きんにく》がかたくなって、動《うご》かなくなる。例 足《あし》がつる。
❷一部《いちぶ》が引《ひ》っ張《ぱ》られたように上《うえ》に上《あ》がる。例 細《ほそ》くつった目《め》。

つる【弦】 名詞 ❶弓《ゆみ》に張《は》る糸《いと》。げん。
❷なべや土瓶《どびん》などの、さげて持《も》つ部分《ぶぶん》。

つる【鶴】 名詞 季語 冬 水辺《みずべ》にすむ大形《おおがた》の鳥《とり》の一《ひと》つ。首《くび》・足《あし》・くちばしが細長《ほそなが》い。たんちょうづる・まなづるなどの種類《しゅるい》がある。すがたが美《うつく》しく、昔《むかし》からめでたい鳥《とり》とされている。

● **鶴《つる》の一《ひと》声《こえ》** 力《ちから》のある人《ひと》の、みんなを従《したが》わせるひと言《こと》。例 父《ちち》の鶴の一声で話《はなし》はまとまった。

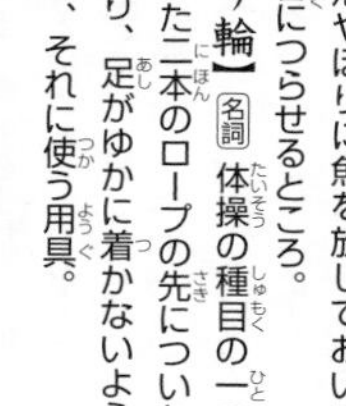
つる
（たんちょうづる）

つる【釣る】 動詞 ❶泳《およ》いでいる魚《さかな》をつり針《ばり》に引《ひ》っかけてとる。
❷相手《あいて》の気《き》を引《ひ》いて、自分《じぶん》の望《のぞ》むようにさせる。例 妹《いもうと》をお菓子《かし》で釣って、手伝《てつだ》わせる。

つるかめざん【鶴亀算】 名詞 算数《さんすう》で、つるとかめとの合計数《ごうけいすう》と、その足《あし》の合計数《ごうけいすう》から、つるとかめの数《かず》を求《もと》める問題《もんだい》。

つるぎ【剣】 名詞 両側《りょうがわ》に刃《は》のある刀《かたな》。けん。例 もろはの剣（＝役《やく》に立《た》つが、使《つか》い方《かた》によっては危険《きけん》であるもののたとえ）。

つるくさ【つる草】 名詞 くきが「つる」になってのびる草《くさ》をまとめていう呼《よ》び名《な》。あさがおなど。

つるしあげる【つるし上げる】 動詞 ある人《ひと》を、大勢《おおぜい》の人《ひと》で厳《きび》しく責《せ》める。

つるす 動詞 ひもなどでつって物《もの》を下《さ》げる。ぶら下《さ》げる。例 ささに短冊《たんざく》をつるした。

つるつる［と］
❶ 副詞 動詞 形容動詞 表面《ひょうめん》がなめらかで、つやのあるようす。例 つるつるとした紙《かみ》。対 ざらざら「と」。

❷ 副詞 動詞 形容動詞 よくすべるようす。例 道《みち》がこおってつるつるすべる。❸ 副詞 そばやうどんなどを、勢《いきお》いよくすするようす。

つるのひとこえ【鶴の一声】 →876ジ「鶴《つる》」の子見出《こみだ》し

つるはし【鶴はし】 名詞 かたい土《つち》などをほるときに使《つか》う道具《どうぐ》。木《き》の柄《え》の先《さき》に、つるのくちばしのような形《かたち》の鉄《てつ》をつけたもの。

つるはし

つるべ 名詞 井戸《いど》の水《みず》をくみ上《あ》げるときに使《つか》うおけ。つなや、長《なが》いさおの先《さき》に結《むす》びつけてある。

つるべ

つるべうち【つるべ打ち】 名詞 ❶たくさんのうち手《て》が並《なら》んで、鉄砲《てっぽう》を立《た》て続《つづ》けにうつこと。❷野球《やきゅう》で、バッターがヒットを次々《つぎつぎ》に打《う》つこと。

つるべおとし【つるべ落とし】 季語秋 つるべを井戸《いど》の中《なか》に落《お》とすように、まっすぐに速《はや》く落《お》ちること。とくに、秋《あき》に日《ひ》がすぐに暮《く》れてしまうことのたとえ。

つるむ 動詞 ❶動物《どうぶつ》が交尾《こうび》する。❷いっしょに行動《こうどう》する。例 友《とも》とつるんで歩《ある》く。

つるれいし 名詞 うりのなかまのつる草《くさ》。観《かん》賞用《しょうよう》や食用《しょくよう》になる。「にがうり」「ゴーヤー」ともいう。

つるれいし

つれ【連れ】 名詞 ❶いっしょに行《い》ったり、したりする人《ひと》。仲間《なかま》。❷能楽《のうがく》で、シテ（＝主役《しゅやく》）またはワキ（＝相手《あいて》役《やく》）にともない、演技《えんぎ》を助《たす》ける役《やく》。関連 して。わき。

使い方 ❷は、ふつう「ツレ」と書《か》く。

つれあい【連れ合い】 名詞 ❶連《つ》れになること。また、その人《ひと》。❷夫婦《ふうふ》の片方《かたほう》から見《み》て、もう片方《かたほう》を言《い》うことば。例 連れ合いを亡《な》くす。

つれさる【連れ去る】 動詞 人《ひと》を連《つ》れてよそへ行《い》ってしまう。

つれそう【連れ添う】 動詞 夫婦《ふうふ》になる。夫《ふう》婦《ふ》になっていっしょに暮《く》らす。

つれだす【連れ出す】 動詞 人《ひと》をさそって、外《そと》へ連《つ》れて出《で》る。例 妹《いもうと》を散歩《さんぽ》に連れ出した。

つれだつ【連れ立つ】 動詞 いっしょに行《い》く。例 弟《おとうと》と連れ立って、お祭《まつ》りに行く。

つれづれぐさ【徒然草】 名詞 鎌倉時代《かまくらじだい》の終《お》わりごろに、兼好法師《けんこうほうし》が書《か》いた随筆《ずいひつ》。人生《じんせい》や自然《しぜん》などいろいろなテーマについて、見聞《みき》きしたことや考《かんが》えたことを書《か》いている。

つれて （「…につれて」の形《かたち》で）…するとともに。…するにしたがって。例 冬《ふゆ》が近《ちか》づくにつれてだんだん寒くなってきた。

つれない 形容詞 ❶思《おも》いやりがない。冷《つめ》たい。例 つれない返事《へんじ》。❷知《し》らないふりをしている。よそよそしい。例 名前《なまえ》を呼《よ》んだのに、つれなく通《とお》り過《す》ぎた。

つれる【連れる】 動詞 いっしょに行《い》く。従《したが》えて行《い》く。例 弟《おとうと》を連れて出《で》る。漢 →1415ジ れん〔連〕

つわもの 名詞 ❶強《つよ》い人《ひと》。勇《いさ》ましい人《ひと》。また、ある分野《ぶんや》でとくにすぐれている人《ひと》。❷「兵士《へいし》」「さむらい」の古《ふる》い言《い》い方《かた》。

つわり 名詞 にんしんした初《はじ》めのころに、はき気《け》がしたり、食欲《しょくよく》がなくなったり、食《た》べ物《もの》の好《この》みが変《か》わったりすること。

つんざく 動詞 強《つよ》い力《ちから》で引《ひ》きさく。つき破《やぶ》る。例 耳《みみ》をつんざくようなさけび声《ごえ》。

つんつるてん 名詞 服《ふく》が、その人《ひと》の体《からだ》に対《たい》して短《みじか》すぎて、手足《てあし》が出《で》ているようす。

つんと 副詞 ❶すましていて愛想《あいそ》がないようす。例 話《はな》しかけてもつんとしている。❷鼻《はな》をさすように、においが強《つよ》く感《かん》じられるようす。例 わさびが鼻《はな》につんとくる。

ツンドラ （ロシア語《ご》） 名詞 一年《いちねん》じゅうほとんど氷《こおり》が張《は》り、夏《なつ》の間《あいだ》だけ表面《ひょうめん》の氷《こおり》がとけるが、こけのようなものしか生《は》えない寒《さむ》い土地《とち》。シベリア北部《ほくぶ》・アラスカなどにある。

つんのめる 動詞 前《まえ》に勢《いきお》いよくたおれかかる。例 徒競走《ときょうそう》で足《あし》がもつれてつんのめる。

四字熟語 流言飛語《りゅうげんひご》　世《よ》の中《なか》で言《い》いふらされる、根拠《こんきょ》のない、いいかげんなうわさ。

て

テ　デ　で

下《した》の 手話にチャレンジ を見《み》よう。

て 助詞 (ほかのことばのあとにつけて)

❶文《ぶん》の中《なか》で前後《ぜんご》をつなげるときに使《つか》うことば。そして。例 大《おお》きくて重《おも》い。

❷理由《りゆう》を表《あらわ》す。…ので。…から。例 明《あか》るくて目《め》が覚《さ》める。

❸ことがらが続《つづ》いて行《おこな》われることを表《あらわ》す。例 学校《がっこう》から帰《かえ》って宿題《しゅくだい》をして遊《あそ》ぶ。

❹方法《ほうほう》や手段《しゅだん》を表《あらわ》す。例 辞書《じしょ》を引《ひ》いて調《しら》べる。

❺反対《はんたい》のことを表《あらわ》す。…ても。…のに。例 わかっていてやらない。

❻人《ひと》にたのむ気持《きも》ちを表《あらわ》す。例 これ手伝《てつだ》って。

使い方 前《まえ》に「ん」「ない」「い」がくるときは「で」となることがある。「読《よ》んで」「しないで」「泳《およ》いで」など。

て【手】

❶名詞 人《ひと》の体《からだ》の左右《さゆう》のかたから出《で》ている部分《ぶぶん》。例 手をふって歩《ある》く。

❷名詞 手首《てくび》から先《さき》の部分《ぶぶん》。例 手をたたく。図 ↓287ジペー からだ

❸名詞 道具《どうぐ》の、持《も》つところ。取《と》っ手《て》。例 両手《りょうて》なべ。

❹名詞 働《はたら》く人《ひと》。例 人手《ひとで》／手が足《た》りない。

❺名詞 方法《ほうほう》。やり方《かた》。例 手立《だ》て／うまい手。

❻名詞 手間《てま》やひまのかかること。例 手数《すう》。

❼名詞 腕前《うでまえ》。例 手が上《あ》がる。

❽名詞 位置《いち》。方向《ほうこう》。例 上手《かみて》／行《ゆ》く手。

❾名詞 つながり。関係《かんけい》。例 手を結《むす》ぶ。

❿名詞 種類《しゅるい》。例 この手の品《しな》は売《う》りきれました。

⓫名詞 ほのおなどの勢《いきお》い。例 火《ひ》の手が上《あ》がる。

⓬名詞 書《か》かれた文字《もじ》。例 この字《じ》は先生《せんせい》の手だ。

⓭名詞 傷《きず》。例 深手《ふかで》／手負《お》いのくま。

⓮名詞 トランプや将棋《しょうぎ》などで、自分《じぶん》の持《も》っている札《ふだ》。例 よい手がきた。

⓯接頭語 (ほかのことばの前《まえ》につけて) 自分《じぶん》で作《つく》った物《もの》であることを表《あらわ》す。例 手打《う》ちそば。

⓰接頭語 (ほかのことばの前《まえ》につけて) 調子《ちょうし》を強《つよ》めることば。例 とても手ごわい相手《あいて》。

⓱接尾語 (ほかのことばのあとにつけて) …する人《ひと》。例 話《はな》し手。

使い方 ほかのことばの前《まえ》につくときは、「た」となることがある。「手綱《たづな》」など。

㊥ ↓602ジペー しゅ〔手〕

手《て》が上《あ》がる 腕前《うでまえ》が上《あ》がる。とくに、字《じ》が上手《じょうず》になる。例 習字《しゅうじ》の手が上がる。

手《て》が空《あ》く 仕事《しごと》の区切《くぎ》りがついて、ひまができる。例 手が空いたから手伝《てつだ》おう。対 手《て》が塞《ふさ》がる。

手《て》がかかる 時間《じかん》や手数《てすう》がかかる。例 熱帯魚《ねったいぎょ》を飼《か》うのはとても手がかかる。

手《て》が切《き》れる それまでつきあっていた人《ひと》との関係《かんけい》がなくなる。縁《えん》が切《き》れる。例 悪《わる》い仲間《なかま》と手が切れる。

手《て》が込《こ》む 手間《てま》をかけて細《こま》かくつくられている。例 手が込んだかざり。

手《て》が付《つ》けられない どうすることもできない。例 手が付けられないほど散《ち》らかっている。

手《て》が出《で》ない

❶どうにもやりようがない。例 難《むずか》しくて手が出ない。

❷値段《ねだん》が高《たか》くて買《か》えない。例 この本《ほん》にはとても手が出ない。

手《て》が届《とど》く

❶注意《ちゅうい》や世話《せわ》などが、じゅうぶんに行《い》き届《とど》く。例 いそがしくて、本《ほん》の整理《せいり》まで手が届かない。

❷もう少《すこ》しでそうなる。例 おじいさんは、もう八十《はちじゅう》に手が届く年《とし》になった。

手《て》が入《はい》る

❶足《た》りないところや悪《わる》いところなどに、ほかの人《ひと》の修正《しゅうせい》やつけ足《た》しが加《くわ》わる。例 作品《さくひん》に先生《せんせい》の手が入る。

❷警察《けいさつ》などが、捜査《そうさ》のために立《た》ち入《い》る。例 事務所《じむしょ》に警察《けいさつ》の手が入った。

手《て》が離《はな》せない やっていることがあって、ほかのことができない。例 今《いま》手が離せないから、代《か》わりに電話《でんわ》に出《で》てちょうだい。

手《て》が離《はな》れる

❶子供《こども》が大《おお》きくなって、世話《せわ》をしなくてよくなる。例 むすこの手が離れて、ゆとりができる。

❷仕事《しごと》などが終《お》わり、それと関係《かんけい》なくなる。例 やっと、めんどうな仕事《しごと》から手が離れる。

照《て》れてはずかしそうな顔《かお》をしてみよう。照《て》れるときにする自然《しぜん》な身《み》ぶりだね。

●**手《て》が塞がる**　❶物《もの》を持《も》つなどしていて、両手《りょうて》が使《つか》えない。❷仕事《しごと》などをしていて、ほかのことができない。例 手が塞がっているので行《い》けない。対 手《て》が空《あ》く。

●**手《て》が回《まわ》る**　❶世《せ》話《わ》が行《い》き届《とど》く。例 今日《きょう》はアイロンがけまでは手が回らない。❷犯人《はんにん》をつかまえるための手配《てはい》がされている。

●**手《て》に汗《あせ》を握《にぎ》る**　どうなることかとはらはらする。例 試合《しあい》は手に汗を握る大接戦《だいせっせん》だった。

●**手《て》に余《あま》る**　自分《じぶん》だけではどうすることもできない。持《も》て余《あま》す。例 妹《いもうと》のいたずらがひどくて手に余る。類 手《て》に負《お》えない。

●**手《て》に入《い》れる**　自分《じぶん》のものにする。例 めずらしい切手《きって》を手に入れた。類 手《て》にする。

●**手《て》に負《お》えない**　自分《じぶん》の力《ちから》ではどうにもできない。例 この仕事《しごと》はぼくの手に負えない。類 手《て》に余《あま》る。

●**手《て》にする**　❶手《て》に持《も》つ。例 本《ほん》を手にして歩《ある》く。❷自分《じぶん》のものにする。例 少女《しょうじょ》はやっと幸《しあわ》せを手にすることができた。類 手《て》に入《い》れる。

●**手《て》に付《つ》かない**　ほかのことが気《き》になって、落《お》ち着《つ》いてものごとができない。例 テレビの音《おと》が気《き》になって、勉強《べんきょう》が手に付かない。

●**手《て》に取《と》るように**　物《もの》を手《て》に取《と》って見《み》るのと同《おな》じように、はっきりとわかるようす。例 友《とも》だちのくやしさが手に取るようにわかる。

●**手《て》に乗る**　相手の策略にひっかかる。例 敵はまんまとこちらの手に乗った。

●**手《て》に入《はい》る**　自分《じぶん》のものになる。例 めずらしい画《が》集《しゅう》が手に入った。

●**手《て》の内《うち》** ➡896ジ《ペー》てのうち

●**手《て》の甲《こう》** ➡896ジ《ペー》てのこう

●**手《て》の付《つ》けようがない**　どこから手《て》をつけてよいかわからない。どうしようもない。例 部《へ》屋《や》は手の付けようがないほど散《ち》らかっていた。

●**手《て》のひら** ➡896ジ《ペー》てのひら

●**手《て》も足《あし》も出《で》ない**　自分《じぶん》の力《ちから》ではどうしようもない。例 この問題《もんだい》には手も足も出ない。

●**手《て》を上《あ》げる**　❶どうしようもなくなって投《な》げ出《だ》す。降参《こうさん》する。例 パズルが難《むずか》しすぎて手を上げる。❷なぐろうとして手《て》をふり上《あ》げる。例 おこって手を上げてしまったことを後悔《こうかい》する。❸上手《じょうず》になる。腕前《うでまえ》を上《あ》げる。例 短《みじか》い間《あいだ》にずいぶん手を上げたね。

●**手《て》を合《あ》わせる**　❶両方《りょうほう》の手《て》のひらを合《あ》わせて、拝《おが》む。また、そのようにして、ものごとをたのんだり、感謝《かんしゃ》したりする。例 仏壇《ぶつだん》に向《む》かって手を合わせる。❷相手《あいて》となって勝負《しょうぶ》する。例 将棋《しょうぎ》の名人《めいじん》と手を合わせる。ことば「手《て》を合《あ》わす」ともいう。

●**手《て》を入《い》れる**　足《た》りないところや悪《わる》いところを直《なお》す。例 作文《さくぶん》に手を入れる。

●**手《て》を打《う》つ**　❶手のひらを打ち合わせて音を出す。例 人《ひと》手《で》が足《た》りない場合《ばあい》のために手を打っておく。❷前《まえ》もってうまくいくようにしておく。❸話《はな》し合《あ》いをまとめる。例 もう少《すこ》し安《やす》くしてくれたら手を打とう。

●**手《て》を替《か》え品《しな》を替《か》え**　いろいろなやり方《かた》をするようす。例 手を替え品を替えご機嫌《きげん》をとる。

●**手《て》をかける**　時間《じかん》や手数《てすう》をかける。手間《てま》をかける。例 母《はは》が手をかけて育《そだ》てた花《はな》。

●**手《て》を貸《か》す**　仕事《しごと》を手伝《てつだ》う。手助《てだす》けをする。例 荷物《にもつ》を運《はこ》ぶのに手を貸す。

●**手《て》を借《か》りる**　手伝《てつだ》ってもらう。例 兄《あに》の手を借りて作品《さくひん》を仕上《しあ》げる。

●**手《て》を切《き》る**　関係《かんけい》をやめる。縁《えん》を切《き》る。

●**手《て》を下《くだ》す**　自分《じぶん》が直接《ちょくせつ》する。例 こんな仕事《しごと》は、社長《しゃちょう》が手を下すまでもない。

●**手《て》を組《く》む**　同《おな》じ目的《もくてき》のために力《ちから》を合《あ》わせる。仲間《なかま》になる。例 二《ふた》つの会社《かいしゃ》が手を組んで、新《しん》製品《せいひん》を生《う》み出《だ》した。

●**手《て》を加《くわ》える**　直《なお》したり、つけ足《た》したりする。例 買《か》ってきた服《ふく》に手を加える。

●**手《て》をこまぬく** ➡879ジ《ペー》手《て》をこまねく（「手《て》」の子《こ》見《み》出《だ》し）

●**手《て》をこまねく**　何《なに》かしなくてはいけないのに、何《なに》もしないでいる。手《て》をこまぬく。例 帽《ぼう》子《し》が川《かわ》を流《なが》れていくのを手をこまねいて見《み》ていた。使い方「準備《じゅんび》をして待《ま》ち構《かま》える」という意《い》味《み》ではないので注意《ちゅうい》。

●**手《て》を染《そ》める**　あることをし始《はじ》める。例 ぬすみ

あいうえお かきくけこ さしすせそ たちつてと て なにぬねの はひふへほ まみむめも や ゆ よ らりるれろ わ を ん

手話にチャレンジ　照《て》れる　指《ゆび》を折《お》り曲《ま》げた片手《かたて》をほおに当《あ》て、指先《ゆびさき》でかくしぐさをする。表情《ひょうじょう》にも気《き》をつけて

に手を染める。

● **手《て》を出《だ》す**
❶自分《じぶん》から進《すす》んで動作《どうさ》をしかける。例 ごちそうに手を出す。
❷やってみる。新《あたら》しくかかわりを持《も》つ。例 熱帯魚《ねったいぎょ》の飼育《しいく》に手を出す／新事業《しんじぎょう》に手を出す。
❸人《ひと》のものをぬすむ。例 預《あず》かった品物《しなもの》に手を出す。
❹暴力《ぼうりょく》をふるう。

● **手《て》を尽《つ》くす** できるだけのことをする。例 手を尽くして、病人《びょうにん》の治療《ちりょう》をした。

● **手《て》をつける**
❶ものごとをやり始《はじ》める。例 仕事《しごと》に手をつける。
❷食《た》べ始《はじ》める。例 ごちそうに手をつける。
❸使《つか》い始《はじ》める。使《つか》う。例 預金《よきん》に手をつける。

● **手《て》を取《と》る**
❶親《した》しみの気持《きも》ちをこめて人《ひと》の手《て》をにぎる。例 手を取って再会《さいかい》を喜《よろこ》ぶ。
❷心《こころ》をこめてていねいに教《おし》えるたとえ。例 手を取って教《おし》える。

● **手《て》を抜《ぬ》く** 力《ちから》をぬいて、いいかげんにする。例 手を抜かずにいっしょうけんめい作《つく》ろう。

● **手《て》を延《の》ばす** 仕事《しごと》などの範囲《はんい》を広《ひろ》げる。類 手《て》を広《ひろ》げる。

● **手《て》を離《はな》れる**
❶その人《ひと》が管理《かんり》するものでなくなる。例 名簿《めいぼ》作《づく》りの仕事《しごと》が手を離れる。
❷世話《せわ》が必要《ひつよう》でなくなる。例 子供《こども》が親《おや》の手を離れる。

● **手《て》を引《ひ》く**
❶相手《あいて》の手《て》を取《と》って、連《つ》れて歩《ある》く。例 妹《いもうと》の手を引いて道路《どうろ》をわたる。
❷関係《かんけい》していたことからぬける。例 すべての仕事《しごと》から手を引いた。

● **手《て》を広《ひろ》げる** 仕事《しごと》などの範囲《はんい》を広《ひろ》くする。例 商売《しょうばい》の手を広げる。類 手《て》を延《の》ばす。

● **手《て》を回《まわ》す** うまくいくように前《まえ》もって手配《てはい》したり、こっそりと対策《たいさく》をとったりする。例 裏《うら》から手を回して、相手《あいて》のじゃまをする。

● **手《て》を結《むす》ぶ** 同《おな》じ目的《もくてき》のために、おたがいに協《きょう》力《りょく》する。例 ライバルと手を結ぶ。

● **手《て》を焼《や》く** うまくとりあつかえないで、とても困《こま》る。てこずる。例 弟《おとうと》のいたずらには、母《はは》も手を焼いている。

● **手《て》を休《やす》める** していた仕事《しごと》をいったんやめる。ひと休《やす》みする。例 手を休めて話《はなし》を聞《き》く。

で 助詞 (ほかのことばのあとにつけて)
❶やり方《かた》や材料《ざいりょう》を表《あらわ》す。例 筆《ふで》で書《か》く／車《くるま》で行《い》く／りんごでジャムを作《つく》る。
❷場所《ばしょ》を表《あらわ》す。例 公園《こうえん》で遊《あそ》ぶ。
❸原因《げんいん》や理由《りゆう》を表《あらわ》す。例 かぜで休《やす》んだ。
❹期限《きげん》や範囲《はんい》を表《あらわ》す。例 この仕事《しごと》はあと一週《いっしゅう》間《かん》で終《お》わる／一時間《いちじかん》で百《ひゃっ》キロメートル走《はし》る。
❺状態《じょうたい》を表《あらわ》す。例 家族《かぞく》で出《で》かける。

で【出】 名詞
❶出《で》ること。例 日《ひ》の出／明日《あす》、会社《かいしゃ》へは午後《ごご》の出になります。対 入《い》り。
❷出《で》るときのようす。出《で》る具合《ぐあい》。例 水《みず》の出が

❸人《ひと》の出身《しゅっしん》。例 母《はは》は東北《とうほく》の出だ。悪《わる》い。

で【弟】 漢 ⇩771ページ《ジ》 だい〔弟〕

であい【出会い・出合い】 名詞 人《ひと》やものごとにたまたまあうこと。

であいがしら【出会い頭・出合い頭】 名詞 両方《りょうほう》が出《で》たとたん。出《で》あったとたん。例 曲《ま》がり角《かど》で、友《とも》だちと出会い頭にぶつかった。

であう【出会う・出合う】 動詞 人《ひと》やものごとにたまたまあう。例 図書館《としょかん》で友《とも》だちに出会った。類 出《で》くわす。

てあか【手あか】 名詞 手《て》でさわったためについたよごれ。例 手あかのついた教科書《きょうかしょ》。

てあし【手足】 名詞
❶手《て》と足《あし》。
❷ある人《ひと》の思《おも》いどおりになって働《はたら》く人《ひと》。

● **手《て》足《あし》となる** ある人《ひと》の思《おも》いどおりに動《うご》く。また、ある人《ひと》のたよりになる。例 社長《しゃちょう》の手足となって働《はたら》く／けがをした母《はは》の手足となる。

であし【出足】 名詞
❶どのくらいの人《ひと》が来《き》ているかということ。人《ひと》の集《あつ》まりの具合《ぐあい》。例 今日《きょう》は客《きゃく》の出足がよい。
❷走《はし》り始《はじ》めるときの速《はや》さ。例 出足のよい車《くるま》。
❸ものごとが始《はじ》まるとき。また、そのときのようす。例 仕事《しごと》の出足で失敗《しっぱい》する。

てあたりしだい【手当たり次第】 副詞 手《て》にふれるものはなんでも。片《かた》っぱしから。例 手当たり次第に本《ほん》を読《よ》む。

てあつい【手厚い】

…章《んしょう》などの筋道《すじみち》がよく通《とお》り、整《ととの》っているようす。

て、あつかいがていねいなようす。例手厚い看病《かんびょう》を受《う》ける。

てあて【手当て・手当】 名詞 ❶病気《びょうき》やけがを治《なお》すために、薬《くすり》をつけるなどして、めんどうをみること。例傷《きず》の手当てをする。❷働《はたら》いたことに対《たい》してはらうお金《かね》。例残業《ざんぎょう》手当。❸給料《きゅうりょう》のほかにはらうお金《かね》。例通勤《つうきん》手当。

てあみ【手編み】 名詞 機械《きかい》を使《つか》わないで、手《て》で編《あ》むこと。また、手《て》で編《あ》んだもの。例手編みのマフラー。

てあら【手荒】 形容動詞 あつかい方《かた》が乱暴《らんぼう》なようす。例道具《どうぐ》を手荒にあつかうな。

てあらい【手洗い】 名詞 ❶手《て》を洗《あら》うこと。また、手《て》を洗《あら》うときに使《つか》う水《みず》や容器《ようき》。❷洗濯物《せんたくもの》などを、手《て》で洗《あら》うこと。❸便所《べんじょ》。トイレ。例お手洗いに行《い》く。

てあらい【手荒い】 形容詞 あつかい方《かた》や動作《どうさ》が乱暴《らんぼう》である。例手荒いあつかいは厳禁《げんきん》です。

てあわせ【手合わせ】 名詞 動詞 スポーツや将《しょう》棋《ぎ》などで、相手《あいて》になって勝負《しょうぶ》をすること。例囲碁《いご》の手合わせをお願《ねが》いしたい。

てい【丁】 漢 ↓843ページ ちょう〔丁〕

てい【体】 名詞 ❶外《そと》から見《み》たときのすがた。ようす。例山《やま》の中《なか》でくまにあい、ほうほうの体で（＝やっとのことで）にげてきた。❷自分《じぶん》に都合《つごう》の悪《わる》いことなどをかくした、見《み》せかけのようす。例体のいい（＝都合《つごう》のいい）言《い》い訳《わけ》をする。

漢 **てい** ↓770ページ たい〔体〕

漢 **てい【低】**〔亻〕にんべん 7画 4年 音 テイ 訓 ひくい・ひくめる・ひくまる

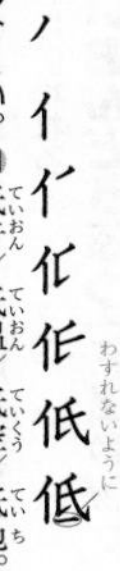

❶ひくい。例低音《ていおん》／低温《ていおん》／低空《ていくう》／低地《ていち》。対高《こう》。❷おとる。やすい。例低価格《ていかかく》／低利《ていり》。対高《こう》。

てい【弟】 漢 ↓771ページ だい〔弟〕

漢 **てい【定】**〔宀〕うかんむり 8画 3年 音 テイ・ジョウ 訓 さだめる・さだまる・さだか

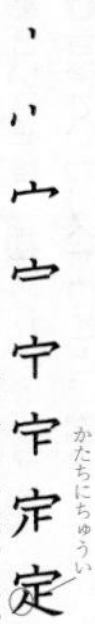

❶さだめる。きめる。例定石《じょうせき》／定員《ていいん》／定価《ていか》／定期《ていき》／定食《ていしょく》／一定《いってい》／決定《けってい》／否定《ひてい》／予定《よてい》。❷そのとおり。例案《あん》の定《じょう》。

漢 **てい【底】**〔广〕まだれ 8画 4年 音 テイ 訓 そこ

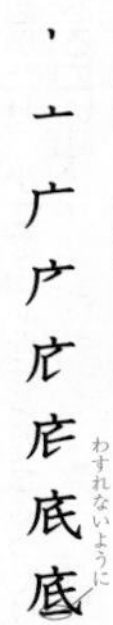

そこ。例底力《そこぢから》／底辺《ていへん》／海底《かいてい》／根底《こんてい》／谷底《たにそこ》。

漢 **てい【庭】**〔广〕まだれ 10画 3年 音 テイ 訓 にわ

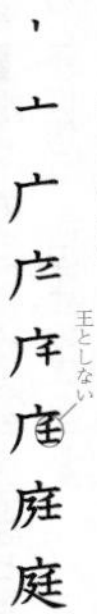

❶にわ。例庭園《ていえん》／庭先《にわさき》／校庭《こうてい》／中庭《なかにわ》。❷家《いえ》。例家庭《かてい》。

漢 **てい【停】**〔亻〕にんべん 11画 5年 音 テイ 訓 とまる

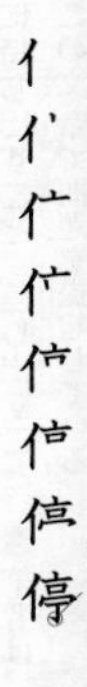

とまる。とめる。例停止《ていし》／停車《ていしゃ》／停戦《ていせん》／停電《ていでん》／停留所《ていりゅうじょ》／調停《ちょうてい》。

漢 **てい【提】**〔扌〕てへん 12画 5年 音 テイ 訓 さげる

❶さし出《だ》す。かかげる。例提案《ていあん》／提起《ていき》／提供《ていきょう》／提示《ていじ》／前提《ぜんてい》。❷助《たす》け合《あ》う。手《て》を貸《か》す。例提携《ていけい》。

漢 **てい【程】**〔禾〕のぎへん 12画 5年 音 テイ 訓 ほど

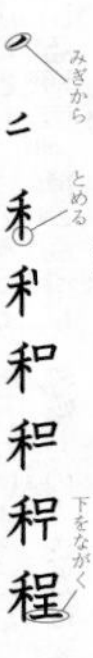

❶ほどあい。例程度《ていど》／音程《おんてい》／身《み》の程《ほど》。❷道《みち》のり。長《なが》さ。例行程《こうてい》／日程《にってい》／旅程《りょてい》。❸きまり。例課程《かてい》／規程《きてい》。

ていあん【提案】 名詞 動詞 会議《かいぎ》などで、ある考《かんが》えを出《だ》すこと。また、その考《かんが》え。例学級会《がっきゅうかい》で、席《せき》がえを提案した。

ディーエヌエー【DNA】 名詞 生物《せいぶつ》の細胞《さいぼう》の中《なか》にある物質《ぶっしつ》。体《からだ》や性質《せいしつ》についてのいろいろな情報《じょうほう》を親《おや》から子《こ》に伝《つた》える、遺伝子《いでんし》の本体《ほんたい》。「デオキシリボ核酸《かくさん》」ともいう。

ディーケー【DK】 名詞 「ダイニングキッチン」のこと。例2DK（＝部屋《へや》が二《ふた》つとダイニングキッチン）のアパート。ことば「ダイニングキッチン」の頭文字《かしらもじ》からできたことば。

ディージェー【DJ】 ↓884ページ ディスクジョッ

四字熟語 **理路整然《りろせいぜん》** 「理路《りろ》」はものごとの筋道《すじみち》のこと、「整然《せいぜん》」はきちんとして整《ととの》っているようす。話《はなし》や

キー

ティーシャツ【Tシャツ】名詞 広《ひろ》げた形《かたち》がアルファベットのT《ティー》の字《じ》に似《に》た、えりのない丸《まる》首《くび》のシャツ。

ディーゼルエンジン（diesel engine）名詞 ドイツ人《じん》のディーゼルが発明《はつめい》した機関《きかん》。空気《くうき》を強《つよ》い力《ちから》でおし縮《ちぢ》め、高温《こうおん》になったところへ重《じゅう》油《ゆ》や軽油《けいゆ》をふきこんで爆発《ばくはつ》させ、その力《ちから》でピストンを動《うご》かす。船《ふね》・車両《しゃりょう》などに使《つか》う。「ジーゼルエンジン」ともいう。

ディーゼルカー 名詞 ディーゼルエンジンで走《はし》る鉄道《てつどう》の車両《しゃりょう》。「ジーゼルカー」ともいう。
ことば 英語《えいご》をもとに日本《にほん》で作《つく》られたことば。

ていいてん【定位点】名詞 そろばんの横板《よこいた》に、三《さん》けたごとに打《う》たれている点《てん》。

ティーバッグ（tea bag）名詞 お湯《ゆ》を注《そそ》ぐだけですぐ飲《の》めるように、紙《かみ》などのふくろに一人《ひとり》分《ぶん》の紅茶《こうちゃ》の葉《は》などを入《い》れたもの。

ディーピーイー【DPE】名詞 写真《しゃしん》の現《げん》像《ぞう》・焼《や》きつけ・引《ひ》きのばしのこと。ことば 英語《えいご》をもとに日本《にほん》で作《つく》られたことば。

ティーピーピー【TPP】名詞 太平洋《たいへいよう》を囲《かこ》む国々《くにぐに》の間《あいだ》の、経済《けいざい》上《じょう》の取《と》り決《き》めの一《ひと》つ。すべての関税《かんぜい》をなくし、より自由《じゆう》に貿易《ぼうえき》や投資《とうし》などを行《おこな》えるようにするためのもの。「環太平洋《かんたいへいよう》経済連携協定《けいざいれんけいきょうてい》」「環太平洋《かんたいへいよう》パートナーシップ協《きょう》定《てい》」ともいう。

ディーブイ【DV】➡950ページドメスティックバイオレンス

ディーブイディー【DVD】名詞 音声《おんせい》と映像《えいぞう》を、デジタルの信号《しんごう》に変《か》えて記録《きろく》してある円盤《えんばん》。コンピューターで、データを記録《きろく》するために使《つか》うものもある。

ティーポット（teapot）名詞 紅茶《こうちゃ》などを入《い》れるときに使《つか》う、西洋式《せいようしき》のきゅうす。

ていいん【定員】名詞 決《き》まった人数《にんずう》。例 定員を割《わ》る（＝決《き》まった人数《にんずう》より下《した》になる）。

ていえん【庭園】名詞 草木《くさき》を植《う》えたり、岩《いわ》を置《お》いたり、小《ちい》さな山《やま》や池《いけ》などをつくったりしてある広《ひろ》い庭《にわ》。

ていおう【帝王】名詞
❶帝国《ていこく》の王《おう》。皇帝《こうてい》。
❷大《おお》きな力《ちから》を持《も》って、ある分野《ぶんや》や集団《しゅうだん》を支配《しはい》している人《ひと》。例 音楽界《おんがくかい》の帝王。

ていおん【低音】名詞
❶低《ひく》い音《おと》や声《こえ》。対 高音《こうおん》。
❷音楽《おんがく》で、「バス」のこと。対 高音《こうおん》。

ていおん【低温】名詞 低《ひく》い温度《おんど》。対 高温《こうおん》。

ていおんさっきん【低温殺菌】名詞 食品《しょくひん》に、セ氏六十《しろくじゅう》～七十度《ななじゅうど》の熱《ねつ》を三十分《さんじっぷん》～一時間《いちじかん》ほど加《くわ》えてばいきんを殺《ころ》すやり方《かた》。牛乳《ぎゅうにゅう》など、高《たか》い熱《ねつ》を加《くわ》えると味《あじ》や品質《ひんしつ》が変《か》わってしまうものに使《つか》われる。

ていおんどうぶつ【定温動物】➡446ページこうおんどうぶつ

ていか【低下】名詞 動詞
❶低《ひく》くなること。下《さ》がること。例 気温《きおん》が低下した。対 上昇《じょうしょう》。
❷程度《ていど》が悪《わる》くなること。例 学力《がくりょく》の低下。対 向上《こうじょう》。

ていか【定価】名詞 売《う》る品物《しなもの》につけてある、決《き》まった値段《ねだん》。例 定価販売《はんばい》。

ていかく【底角】名詞 二等辺三角形《にとうへんさんかくけい》で、底辺《ていへん》の両端《りょうはし》にある二《ふた》つの角《かく》。対 頂角《ちょうかく》。

ていがく【低額】名詞 金額《きんがく》が少《すく》ないこと。類 少額《しょうがく》。対 高額《こうがく》。

ていがく【停学】名詞 学校《がっこう》が、決《き》まりを守《まも》らなかった学生《がくせい》や生徒《せいと》の登校《とうこう》を、ある期間《きかん》禁止《きんし》すること。

ていがくねん【低学年】名詞 小学校《しょうがっこう》で、下《した》のほうの学年《がくねん》。ふつうは一《いち》・二年生《にねんせい》を指《さ》す。関連 高学年《こうがくねん》。中学年《ちゅうがくねん》。使い方 低学年《ていがくねん》と高学年《こうがくねん》とに分《わ》けた場合《ばあい》は、一《いち》・二《に》・三年生《さんねんせい》を指《さ》す。

ていかっしゃ【定滑車】名詞 軸《じく》がほかのものにとりつけてあって、動《うご》かないようになっている滑車《かっしゃ》。関連 動滑車《どうかっしゃ》。参考 力《ちから》の大《おお》きさは変《か》えずに、力《ちから》の向《む》きを変《か》えるのに使《つか》われる。

でいがん【泥岩】名詞 堆積岩《たいせきがん》の一《ひと》つ。どろが積《つ》もって、長《なが》い間《あいだ》に固《かた》まってできた岩石《がんせき》。

ていき【定期】名詞
❶日《ひ》や時刻《じこく》が決《き》まっていること。例 定期便《びん》。対 臨時《りんじ》。
❷いつからいつまでと期間《きかん》が決《き》まっていること。例 定期預金《よきん》。
❸「定期券《ていきけん》」の略《りゃく》。

ていき【提起】名詞 動詞 問題《もんだい》などを、その場《ば》に持《も》ち出《だ》すこと。差《さ》し出《だ》すこと。例 筆者《ひっしゃ》は、この文章《ぶんしょう》で問題《もんだい》を提起している。

ていぎ【定義】 名詞 動詞 あるものごとやことばの意味《いみ》を、はっきりと決《き》めること。また、決《き》めた内容《ないよう》。例 三角形《さんかくけい》の定義。

ていきあつ【低気圧】 名詞 ❶大気《たいき》の圧力《あつりょく》が、まわりに比《くら》べて低《ひく》いところ。低気圧《ていきあつ》の近《ちか》くでは、ふつう天気《てんき》が悪《わる》い。対 高気圧《こうきあつ》。❷機嫌《きげん》が悪《わる》いこと。例 今朝《けさ》の母《はは》は、少《すこ》し低気圧のようだ。

ていきけん【定期券】 名詞 決《き》められた期間《きかん》中《ちゅう》、ある区間《くかん》の中《なか》を自由《じゆう》に乗《の》り降《お》りできる、乗《の》り物《もの》の切符《きっぷ》。ことば 「定期乗車券《ていきじょうしゃけん》」の略《りゃく》。さらに略《りゃく》して「定期《ていき》」ともいう。

ていきじょうしゃけん【定期乗車券】 ⬇883ページ ていきけん

ていきてき【定期的】 形容動詞 一定《いってい》の期間《きかん》をおいて、決《き》まった時期《じき》にものごとを行《おこな》うようす。例 定期的に公園《こうえん》の清掃《せいそう》をする。

ていきびん【定期便】 名詞 決《き》まった日《ひ》や時刻《じこく》に、決《き》まった場所《ばしょ》へ客《きゃく》や荷物《にもつ》を運《はこ》ぶ飛行機《ひこうき》・船《ふね》・バス・トラックなど。

ていきゅう【低級】 名詞 形容動詞 ものごとの質《しつ》や程度《ていど》が低《ひく》いこと。対 高級《こうきゅう》。

ていきゅう【庭球】 ⬇895ページ テニス

ていきゅうび【定休日】 名詞 商店《しょうてん》・会社《かいしゃ》などで、休《やす》みと決《き》めてある日《ひ》。

ていきょう【提供】 名詞 動詞 ほかの人《ひと》の役《やく》に立《た》つように、物《もの》やお金《かね》などを差《さ》し出《だ》すこと。例 子供《こども》たちに遊《あそ》び場《ば》を提供する。

ていきよきん【定期預金】 名詞 銀行《ぎんこう》などに、ある期間《きかん》は引《ひ》き出《だ》さないということを約束《やくそく》した預金《よきん》。参考 普通預金《ふつうよきん》よりも利息《りそく》が高《たか》い。

ていくう【低空】 名詞 空《そら》の、地面《じめん》に近《ちか》いところ。対 高空《こうくう》。

ていくうひこう【低空飛行】 名詞 動詞 飛行機《ひこうき》などが、空《そら》の低《ひく》いところを飛《と》ぶこと。

ティグリスがわ【ティグリス川】 名詞 トルコ東部《とうぶ》の山地《さんち》から流《なが》れ出《で》て、イラクを流《なが》れ、下流《かりゅう》でユーフラテス川《がわ》と合流《ごうりゅう》してペルシア湾《わん》に注《そそ》ぐ川《かわ》。下流域《かりゅういき》で古代《こだい》メソポタミア文明《ぶんめい》が栄《さか》えた。「チグリス川《がわ》」ともいう。

ていけい【定形】 名詞 決《き》まった形《かたち》。決《き》められた形《かたち》。例 定形郵便物《ていけいゆうびんぶつ》。

ていけい【定型】 名詞 決《き》まった型《かた》。例 定型詩《ていけいし》。

ていけい【提携】 名詞 動詞 力《ちから》を合《あ》わせ、助《たす》け合《あ》って仕事《しごと》をすること。例 外国《がいこく》の会社《かいしゃ》と提携して、新《あたら》しい商品《しょうひん》をつくる。

ていけいし【定型詩】 名詞 一行《いちぎょう》の音《おん》の数《かず》や、行《ぎょう》の数《かず》、その並《なら》べ方《かた》などに決《き》まりのある詩《し》。日本《にほん》では、五《ご》・七《しち》・五《ご》・七《しち》・七《しち》の短歌《たんか》や、五《ご》・七《しち》・五《ご》の俳句《はいく》など。対 自由詩《じゆうし》。

ていけつ【締結】 名詞 動詞 条約《じょうやく》や協定《きょうてい》などを結《むす》ぶこと。例 平和条約《へいわじょうやく》を締結する。

ていけつあつ【低血圧】 名詞 血圧《けつあつ》が、決《き》められたあたいよりも低《ひく》いこと。対 高血圧《こうけつあつ》。

ていげん【提言】 名詞 動詞 自分《じぶん》の考《かんが》えや意見《いけん》をみんなの前《まえ》に示《しめ》すこと。また、その考《かんが》えや意見《いけん》。例 災害《さいがい》のときの支援《しえん》について提言する。

ていこう【抵抗】 ❶名詞 動詞 手向《てむ》かうこと。逆《さか》らうこと。例 むだな抵抗はやめなさい。❷名詞 素直《すなお》に受《う》け入《い》れられない気持《きも》ち。例 あの人《ひと》のやり方《かた》には抵抗を感《かん》じる。❸名詞 ある力《ちから》に対《たい》して反対《はんたい》の方向《ほうこう》にはたらく力《ちから》。例 空気抵抗《くうきていこう》。❹名詞 電気《でんき》の流《なが》れをさまたげる力《ちから》。

ていこうりょく【抵抗力】 名詞 外《そと》からの力《ちから》をはね返《かえ》す力《ちから》。とくに、病気《びょうき》に負《ま》けまいとする体《からだ》の力《ちから》。例 つかれがたまって抵抗力が弱《よわ》まる。

ていこく【定刻】 名詞 決《き》められた時刻《じこく》。例 定刻に五分《ごふん》おくれて、電車《でんしゃ》が着《つ》いた。類 定時《ていじ》。

ていこく【帝国】 名詞 皇帝《こうてい》が治《おさ》めている国《くに》。例 ローマ帝国。

ていこくぎかい【帝国議会】 名詞 大日本《だいにほん》帝国憲法《ていこくけんぽう》のもとで、一八九〇（明治《めいじ》二十三《にじゅうさん》）年《ねん》に開設《かいせつ》された議会《ぎかい》。貴族院《きぞくいん》と衆議院《しゅうぎいん》があった。一九四七（昭和《しょうわ》二十二《にじゅうに》）年に日本国憲法《にほんこくけんぽう》ができて、今《いま》の国会《こっかい》に代《か》わった。

デイサービス 名詞 お年寄《としよ》りや障害《しょうがい》のある人《ひと》などが施設《しせつ》に通《かよ》い、入浴《にゅうよく》や食事《しょくじ》の世話《せわ》、生活《せいかつ》を送《おく》るための訓練《くんれん》などを受《う》ける福祉《ふくし》のサービス。ことば 英語《えいご》をもとに日本《にほん》で作《つく》られたことば。

ていさい【体裁】 名詞 ❶外《そと》から見《み》たときのすがたやようす。例 ケーキは体裁よくでき上《あ》がった。❷人《ひと》に見《み》られたときの自分《じぶん》のようす。例 失敗《しっぱい》ばかりしていて体裁が悪《わる》い。

四字熟語 **臨機応変《りんきおうへん》** その場《ば》のようすや状況《じょうきょう》の変化《へんか》に合《あ》わせて、いちばんよいやり方《かた》をすること。

ていさつ【偵察】 名詞 動詞 こっそりと相手《あいて》のようすをさぐること。例 となりのクラスの練《れん》習《しゅう》のようすを偵察する。

ていし【停止】 名詞 動詞 ❶動《うご》いているものが、とちゅうで止《と》まること。例 車《くるま》が赤信号《あかしんごう》で停止した。❷続《つづ》いていたことを、一時《いちじ》やめること。また、やめさせること。例 出場《しゅつじょう》停止。

ていじ【定時】 名詞 決《き》められた時刻《じこく》。例 列車《れっしゃ》は定時に到着《とうちゃく》した。類 定刻《ていこく》。

ていじ【提示】 名詞 動詞 相手《あいて》に差《さ》し出《だ》して見《み》せること。例 免許証《めんきょしょう》を提示する。

デイジー ⇒886ページ デージー

ていしせい【低姿勢】 名詞 形容動詞 へりくだったひかえめな態度《たいど》をとること。例 低姿勢でたのみごとをする。

ていしゃ【停車】 名詞 動詞 車《くるま》などがとまること。例 電車《でんしゃ》が駅《えき》に停車した。対 発車《はっしゃ》。

ていしゃじょう【停車場】 名詞 「駅《えき》」の古《ふる》い言《い》い方《かた》。「ていしゃば」ともいう。

ていしゃば【停車場】 ⇒884ページ ていしゃじょう

ていしゅ【亭主】 名詞 ❶夫《おっと》。対 女房《にょうぼう》。❷その家《いえ》の主人《しゅじん》。例 宿屋《やどや》の亭主。

ていじゅう【定住】 名詞 動詞 ある場所《ばしょ》にずっと住《す》むこと。住《す》みつくこと。

ていしゅうは【低周波】 名詞 電波《でんぱ》や交流電流《こうりゅうでんりゅう》、音波《おんぱ》などの周波数《しゅうはすう》が小《ちい》さいこと。対 高周波《こうしゅうは》。

ていしゅつ【提出】 名詞 動詞 差《さ》し出《だ》すこと。例 宿題《しゅくだい》を先生《せんせい》に提出する。

ていしょう【提唱】 名詞 動詞 意見《いけん》や考《かんが》えを発表《はっぴょう》して、人々《ひとびと》に呼《よ》びかけること。例 森林保護《しんりんほご》のための運動《うんどう》を提唱する。

ていしょく【定食】 名詞 食堂《しょくどう》などで、いくつかの料理《りょうり》を組《く》み合《あ》わせた、決《き》まった献立《こんだて》の食事《しょくじ》。例 てんぷら定食。

ていしょく【定職】 名詞 長《なが》く続《つづ》けていく、決《き》まった職業《しょくぎょう》。例 定職につく。

ていすう【定数】 名詞 人《ひと》や物《もの》などの、決《き》められた数《かず》。例 議員《ぎいん》の定数／定数をこえる。

ディスカウント (discount) 名詞 値引《ねび》きすること。安売《やすう》り。例 ディスカウントショップ。

ディスカッション (discussion) 名詞 動詞 みんなで意見《いけん》を出《だ》し合《あ》って、話《はな》し合《あ》いをすること。討論《とうろん》。討議《とうぎ》。

ディスク (disk・disc) 名詞 ❶レコード。また、CD《シーディー》やDVD《ディーブイディー》など。❷コンピューターで、データを記録《きろく》するもの。ハードディスクなど。ことば もとは「円盤《えんばん》」という意味《いみ》。

ディスクジョッキー (disk jockey) 名詞 ラジオ放送《ほうそう》で、音楽《おんがく》をきかせながら、合間《あいま》に短《みじか》いおしゃべりなどを入《い》れて番組《ばんぐみ》を進《すす》める人《ひと》。また、その番組《ばんぐみ》。「DJ《ディージェー》」ともいう。

ディズニー 名詞 (一九〇一〜一九六六) アメリカの映画製作者《えいがせいさくしゃ》。「白雪姫《しらゆきひめ》」「バンビ」などのアニメーション映画《えいが》や動物映画《どうぶつえいが》などをつくった。

ディスプレー (display) 名詞 ❶多《おお》くの人《ひと》に見《み》せるため、品物《しなもの》を並《なら》べること。展示《てんじ》。例 お店《みせ》のディスプレーをながめる。❷コンピューターなどの、文字《もじ》や図《ず》を示《しめ》す画面《がめん》。

ていせい【訂正】 名詞 動詞 まちがいを正《ただ》しく直《なお》すこと。例 字《じ》の誤《あやま》りを訂正する。類 修正《しゅうせい》。

ていせつ【定説】 名詞 あることがらについての考《かんが》えで、多《おお》くの人々《ひとびと》が「正《ただ》しい」としているもの。広《ひろ》く認《みと》められている説《せつ》。例 人間《にんげん》はさるのなかまから進化《しんか》したというのが定説だ。類 通説《つうせつ》。

ていせん【停船】 名詞 動詞 船《ふね》がとまること。船《ふね》をとめること。

ていせん【停戦】 名詞 動詞 戦争中《せんそうちゅう》に、一時的《いちじてき》に戦《たたか》いをやめること。例 停戦協定《きょうてい》を結《むす》ぶ。

ていそ【提訴】 名詞 動詞 もめごとを裁判所《さいばんしょ》などにうったえ出《で》ること。

ていそく【低速】 名詞 速度《そくど》がおそいこと。また、おそい速度《そくど》。例 低速運転《うんてん》。対 高速《こうそく》。

ていぞく【低俗】 名詞 形容動詞 程度《ていど》が低《ひく》くて下品《げひん》な感《かん》じがすること。例 低俗な番組《ばんぐみ》。対 高尚《こうしょう》。

ていたい【停滞】 名詞 動詞 あるところに止《と》まったまま先《さき》に進《すす》まないこと。ものごとがはかどらないこと。例 人《ひと》が足《た》りず、作業《さぎょう》が停滞する。

ていたい【手痛い】 形容詞 程度《ていど》がひどい。厳《きび》しい。例 工場《こうじょう》の火事《かじ》で、手痛い損害《そんがい》を受《う》けた。

ていたく【邸宅】 名詞 大《おお》きくて、りっぱな住《す》まい。屋敷《やしき》。例 大《だい》邸宅に住《す》む。

ていち【低地】 名詞 低《ひく》い土地《とち》。対 高地《こうち》。

ていちあみ【定置網】 名詞 魚《さかな》が通《とお》る所《ところ》にあみを張《は》っておき、その中《なか》に魚《さかな》を導《みちび》き入《い》れてとる方法《ほうほう》。さけ・ます・にしんなどの漁《りょう》で使《つか》われる。

ていちゃく【定着】 名詞 動詞 ❶あるところにしっかりとついて、はなれなくなること。例 店《みせ》に客《きゃく》が定着した。❷当《あ》たり前《まえ》になること。例 うがいと手《て》洗《あら》いをする習慣《しゅうかん》が定着した。

ていちょう【丁重】 形容動詞 礼儀《れいぎ》正《ただ》しく、ていねいなようす。例 丁重なあいさつ。

ていちょう【低調】 名詞 形容動詞 ❶調子《ちょうし》がよくないこと。うまい具合《ぐあい》に進《すす》まないこと。例 低調な売《う》れ行《ゆ》き。対 好調《こうちょう》。❷程度《ていど》が低《ひく》いこと。例 低調な作品《さくひん》。

ていちょうご【丁重語】 名詞 相手《あいて》に対《たい》する話《はな》し手《て》のへりくだった気持《きも》ちを表《あらわ》す「謙譲語《けんじょうご》」の一《ひと》つ。「いる」を「おる」、「する」を「いたす」というなど。使い方 ふつう、「おります」「いたします」のように、ていねいな気持《きも》ちを表《あらわ》す「ます」をつけて使《つか》う。

ティッシュ ⇒885ページ ティッシュペーパー

ティッシュペーパー 名詞 鼻《はな》をかむときなどに使《つか》う、うすくてやわらかい紙《かみ》。ちり紙《がみ》。ティッシュ。

ていっぱい【手一杯】 形容動詞 そのことだけで精《せい》いっぱいで、ほかのことをするゆとりがないようす。例 自分《じぶん》の仕事《しごと》だけで手一杯だ。

ていでん【停電】 名詞 動詞 送《おく》られてくる電気《でんき》の流《なが》れが、一時《いちじ》とまること。電気《でんき》が消《き》えること。例 かみなりが落《お》ちて停電した。

ていど【程度】 ❶名詞 ほかと比《くら》べた場合《ばあい》の、ものごとの度合《どあ》い。例 上達《じょうたつ》の程度。❷接尾語 (ほかのことばのあとにつけて) およそ…くらい。例 一《いち》キロメートル程度のきょり。

ていとう【抵当】 名詞 お金《かね》を借《か》りるときに、返《かえ》す保証《ほしょう》として、借《か》りる人《ひと》が貸《か》す人《ひと》に預《あず》けておくもの。例 土地《とち》を抵当に入《い》れる。類 担保《たんぽ》。形《かた》。

ディナー (dinner) 名詞 正式《せいしき》な食事《しょくじ》。ふつうは、夕食《ゆうしょく》をいうことが多《おお》い。

ていねい【丁寧】 形容動詞 ❶きちんとしていて礼儀《れいぎ》正《ただ》しいようす。また、心《こころ》がこもっていて親切《しんせつ》なようす。例 ことばづかいが丁寧だ／道《みち》を丁寧に教《おし》える。❷細《こま》かいところまで、よく気《き》をつけるようす。例 品物《しなもの》を丁寧にとりあつかう。

ていねいご【丁寧語】 名詞 相手《あいて》を尊敬《そんけい》する気持《きも》ちを表《あらわ》すためにする、ていねいな言《い》い方《かた》。「元気《げんき》です。」のように、文《ぶん》の最後《さいご》に「です」「ます」をつけるなどする。関連 謙譲語《けんじょうご》。尊敬語《そんけいご》。

ていねん【定年・停年】 名詞 役所《やくしょ》や会社《かいしゃ》などで、勤《つと》めをやめなければならないと決《き》められている年齢《ねんれい》。例 定年退職《たいしょく》。

ていねんぴ【低燃費】 名詞 機械《きかい》が、ある仕《し》事《ごと》をするときに、必要《ひつよう》となる燃料《ねんりょう》が少《すく》ないこと。参考 低燃費《ていねんぴ》の自動車《じどうしゃ》の場合《ばあい》、同《おな》じ量《りょう》の燃《ねん》料《りょう》で走《はし》れるきょりが、ほかと比《くら》べて長《なが》い。

ていはく【停泊】 名詞 動詞 船《ふね》がいかりを降《お》ろしてとまること。例 船が港に停泊している。

デイパック (daypack) 名詞 その日《ひ》の分《ぶん》の荷《に》物《もつ》が入《はい》るくらいの、小型《こがた》のリュックサック。

ていばん【定番】 名詞 ❶流行《りゅうこう》に関係《かんけい》なく、いつでも一定《いってい》の売《う》り上《あ》げがある商品《しょうひん》。例 定番商品《しょうひん》。❷だれでも知《し》っていて、その種類《しゅるい》を代表《だいひょう》するもの。例 卵焼《たまごや》きはお弁当《べんとう》のおかずの定番だ。

ていひょう【定評】 名詞 世《よ》の中《なか》の多《おお》くの人々《ひとびと》に認《みと》められている評判《ひょうばん》。例 あの店《みせ》はサービスがいいという定評がある。

ディフェンス (defense) 名詞 スポーツで、守備《しゅび》すること。防御《ぼうぎょ》。対 オフェンス。

ディベート (debate) 名詞 討論《とうろん》のやり方《かた》の一《ひと》つ。一《ひと》つの問題《もんだい》について、賛成《さんせい》と反対《はんたい》の二組《ふたくみ》に分《わ》かれて意見《いけん》を言《い》い合《あ》う。

ていへん【底辺】 名詞 ❶三角形《さんかくけい》や四角形《しかくけい》で面積《めんせき》を求《もと》めるときに定《さだ》める辺《へん》。三角形《さんかくけい》では、頂角《ちょうかく》に対《たい》する辺《へん》となる。❷あるしくみの中《なか》の、いちばん下《した》のほう。例 国《くに》の産業《さんぎょう》を底辺で支《ささ》える人々《ひとびと》。

ていぼう【堤防】 名詞 川《かわ》や海《うみ》の水《みず》があふれ出《だ》すのを防《ふせ》ぐために、土《つち》・石《いし》・コンクリートなどを高《たか》く積《つ》み上《あ》げたもの。

ていぼく【低木】 名詞 幹《みき》が細《ほそ》く、根《ね》もとから何本《なんぼん》にも分《わ》かれて出《で》ていて、あまり高《たか》くならない木《き》。つつじ・やつでなど。「かん木《ぼく》」ともいう。対 高木《こうぼく》。

ていまい【弟妹】 名詞 弟《おとうと》と妹《いもうと》。

四字熟語　**老若男女《ろうにゃくなんにょ》**　年《とし》老《お》いたものも、若《わか》いものも、男《おとこ》も女《おんな》もすべて。年齢《ねんれい》や性別《せいべつ》に関係《かんけい》なく、すべて

ていめい【低迷】 名詞 動詞 よくない状態《じょうたい》からぬけ出《だ》せないこと。例 成績《せいせき》が低迷する。ことば もとは、雲《くも》などが低《ひく》く垂《た》れてただようことをいうことば。

ていめん【底面】 名詞 角柱《かくちゅう》や円柱《えんちゅう》の向《む》かい合《あ》っている面《めん》や、円《えん》すいや角《かく》すいの頂点《ちょうてん》に対《たい》する面《めん》。例 円柱《えんちゅう》の底面は、円《えん》である。

ていめんせき【底面積】 名詞 立体《りったい》の底面《ていめん》の面積《めんせき》。

ていよく【体よく】 副詞 うまくとりつくろって。体裁《ていさい》よく。例 たのみごとを体よく断《ことわ》る。

ティラノサウルス（ラテン語）名詞 昔《むかし》、北《きた》アメリカに生息《せいそく》していた肉食《にくしょく》のきょうりゅう。全長《ぜんちょう》は十三《じゅうさん》～十五《じゅうご》メートルくらいで、前足《まえあし》はとても小《ちい》さく、大《おお》きく発達《はったつ》した後《うし》ろ足《あし》で歩《ある》く。

ていり【低利】 名詞 ふつうより、利子《りし》が低《ひく》いこと。対 高利《こうり》。

ていり【定理】 名詞 学問《がくもん》の上《うえ》で、正《ただ》しいと証《しょう》明《めい》されていることがら。例 ピタゴラスの定理。

でいり【出入り】 名詞 動詞
❶出《で》たり入《はい》ったりすること。ではいり。例 人《ひと》の出入りがたえない店《みせ》。
❷仕事《しごと》などでよくおとずれること。例 昔《むかし》から出入りしている酒屋《さかや》さん。

でいりぐち【出入り口】 名詞 人《ひと》が出入《でい》りするところ。

ていりゅう【底流】 名詞
❶海《うみ》や川《かわ》の、底《そこ》のほうの流《なが》れ。
❷表面上《ひょうめんじょう》には現《あらわ》れない、ものごとの底《そこ》に流《なが》れている傾向《けいこう》。例 平和《へいわ》を願《ねが》う心《こころ》は、国民《こくみん》みんなの底流にある。

ていりゅうじょ【停留所】 名詞 バスや路面《ろめん》電車《でんしゃ》がとまって客《きゃく》が乗《の》り降《お》りする、決《き》められた場所《ばしょ》。

ていりょう【定量】 名詞 決《き》まった分量《ぶんりょう》。

ていれ【手入れ】 名詞 動詞
❶世話《せわ》をしてきれいにしたり、悪《わる》いところを直《なお》したりすること。例 庭《にわ》の手入れ。
❷犯人《はんにん》をつかまえたりするために、警察官《けいさつかん》がその場所《ばしょ》に入《はい》りこむこと。

ていれい【定例】 名詞 いつも決《き》まって行《おこな》われること。例 定例の会議《かいぎ》を開《ひら》く。

ディレクター（director）名詞 映画《えいが》・演劇《えんげき》・テレビ番組《ばんぐみ》などのかんとく・演出家《えんしゅつか》。

ティンパニー（イタリア語）名詞 打楽器《だがっき》の一《ひと》つ。オーケストラで使《つか》う半球形《はんきゅうがた》の太鼓《たいこ》。図 ⇒ 269ジ《ペー》がっき〔楽器〕

てうす【手薄】 形容動詞
❶人手《ひとで》が足《た》りないこと。例 会場《かいじょう》の警備《けいび》が手薄になる。
❷手元《てもと》にある品物《しなもの》やお金《かね》が少《すく》ないこと。例 人《にん》気《き》のある商品《しょうひん》が手薄になる。

てうち【手打ち】 名詞
❶そばやうどんなどを、機械《きかい》を使《つか》わずに手《て》でつくること。例 手打ちそば。
❷取《と》り引《ひ》きや仲直《なかなお》りができたしるしに、手を打《う》ち鳴《な》らすこと。例 手打ち式《しき》。
❸昔《むかし》、武士《ぶし》が、家来《けらい》や町人《ちょうにん》などを切《き》り殺《ころ》したこと。例 手打ちにする。

デーゲーム 名詞 野球《やきゅう》などで、昼間《ひるま》に行《おこな》われる試合《しあい》。対 ナイトゲーム。ナイター。

デージー（daisy）名詞 季語 春 「ひなぎく」のこと。「デイジー」ともいう。

データ（data）名詞
❶ものごとを考《かんが》えたり研究《けんきゅう》したりするときのもとになる事実《じじつ》や資料《しりょう》。例 実験結果《じっけんけっか》のデータ。
❷コンピューターであつかう、数字《すうじ》や記号《きごう》におきかえられた情報《じょうほう》。

データベース（database）名詞 コンピューターで、関連《かんれん》する情報《じょうほう》をたくさん集《あつ》めて、探《さが》しやすいように整理《せいり》されたもの。

データほうそう【データ放送】 名詞 テレビ・ラジオなどの放送用電波《ほうそうようでんぱ》を利用《りよう》して、文字《もじ》や画像《がぞう》などのデータを送信《そうしん》する放送《ほうそう》。番組表《ばんぐみひょう》や天気《てんき》など、いろいろな情報《じょうほう》を送《おく》ることができる。

デート（date）
❶名詞 日付《ひづけ》。
❷名詞 動詞 日時《にちじ》や場所《ばしょ》を決《き》めて、恋人同士《こいびとどうし》などが会《あ》うこと。

テープ（tape）名詞
❶はばがせまく、長《なが》くて平《ひら》たいひも。とくに、競走《きょうそう》の決勝点《けっしょうてん》に張《は》るひも。例 紙《かみ》テープ。
❷録音《ろくおん》や録画《ろくが》に使《つか》う、表面《ひょうめん》に磁気《じき》を帯《お》びさせた細長《ほそなが》いひものようなもの。例 ビデオテープ。

●**テープを切《き》る** 競走《きょうそう》などで、一着《いっちゃく》でゴールに着《つ》く。例 新記録《しんきろく》でテープを切る。

テープカッター 名詞 セロハンテープやクラ

フトテープなどを切るために使う、刃のついた台《だい》。ことば 英語《えいご》をもとに日本《にほん》で作《つく》られたことば。

テーブル（table）名詞 あしの高《たか》い机《つくえ》。とくに、食卓《しょくたく》。例 食事《しょくじ》のテーブルにつく。

テーブルかけ【テーブル掛け】⬇887ジ《ペー》 テーブルクロス

テーブルクロス（tablecloth）名詞 テーブルにかける布《ぬの》。テーブルかけ。

テーブルマナー（table manners）名詞 食事《しょくじ》の作法《さほう》。

テープレコーダー（tape recorder）名詞 磁気《じき》を持《も》ったテープに音《おと》や声《こえ》を録音《ろくおん》したり、それを再生《さいせい》して聞《き》いたりすることのできる機械《きかい》。

テーマ（ドイツ語）名詞
❶作品《さくひん》の中心《ちゅうしん》となっている考《かんが》え。主題《しゅだい》。例 小説《しょうせつ》のテーマを読《よ》みとる。
❷話《はな》し合《あ》いでとり上《あ》げる問題《もんだい》や、論文《ろんぶん》・講演《こうえん》などの題《だい》。題目《だいもく》。例 討論会《とうろんかい》のテーマを決《き》める。
❸音楽《おんがく》で、曲《きょく》の中心《ちゅうしん》となっているメロディー。主題《しゅだい》。例 第三楽章《だいさんがくしょう》のテーマ。

テーマソング 名詞 映画《えいが》・テレビ番組《ばんぐみ》などの主題歌《しゅだいか》。ことば ドイツ語《ご》の「テーマ」と英語《えいご》の「ソング」をもとに、日本《にほん》で作《つく》られたことば。

テーマパーク（theme park）名詞 あるテーマに沿《そ》ってつくられた、大型《おおがた》の遊園地《ゆうえんち》。

ておい【手負い】名詞 傷《きず》ついていること。また、その人《ひと》や動物《どうぶつ》。例 手負いのしか。

デオキシリボかくさん【デオキシリボ核酸】⬇881ジ《ペー》 ディーエヌエー

ておくれ【手後れ・手遅れ】名詞 ものごとの始末《しまつ》がおくれて、間《ま》に合《あ》わなくなること。また、病気《びょうき》やけがの手当《てあ》てがおくれて、回復《かいふく》の見《み》こみがなくなること。例 今《いま》ごろあやまっても、もう手後れだ。

ておけ【手おけ】名詞 取《と》っ手《て》のついた小《ちい》さなおけ。

ておしぐるま【手押し車】名詞
❶手《て》でおして動《うご》かす車《くるま》。
❷うつぶせでうでを立《た》てた姿勢《しせい》からひざや足首《あしくび》を持《も》ち上《あ》げてもらい、軽《かる》くおしてもらって手《て》のひらで歩《ある》く運動《うんどう》。

ておち【手落ち】名詞 注意《ちゅうい》が足《た》りなくて、やるべきことをやっていないこと。例 よく見《み》なかったのは、ぼくの手落ちだ。類 手抜《てぬ》かり。

ており【手織り】名詞 道具《どうぐ》を使《つか》って、手《て》で布《ぬの》を織《お》ること。また、その布《ぬの》。

デカ（フランス語）名詞 「リットル」などの単位《たんい》の前《まえ》につけて、十倍《じゅうばい》であることを表《あらわ》すことば。記号《きごう》は「da」。例 一《いち》デカリットル（＝十《じゅう》リットル）。関連 デシ。

でかい 形容詞 大《おお》きい。「でっかい」ともいう。例 でかい家《いえ》だなあ。使い方 くだけた言《い》い方《かた》。

てかがみ【手鏡】名詞 手《て》に持《も》って使《つか》う、柄《え》のついた小《ちい》さな鏡《かがみ》。

てがかり【手掛かり・手懸かり】名詞
❶手《て》をかけるところ。よじ上《のぼ》ったりするときなどに、手《て》をかけて体《からだ》を支《ささ》えるところ。
❷問題《もんだい》を解決《かいけつ》するための、最初《さいしょ》のきっかけ。糸口《いとぐち》。例 事件解決の手掛かりを見つける

てがき【手書き】名詞 印刷《いんさつ》などでなく、自分《じぶん》の手《て》で字《じ》や絵《え》をかくこと。また、かいたもの。例 手書きのクリスマスカード。

でがけ【出がけ】名詞 出《で》かけようとする、そのとき。例 出がけに雨《あめ》が降《ふ》ってきた。

てがける【手掛ける・手懸ける】動詞 実際《じっさい》に自分《じぶん》でする。例 この仕事《しごと》を手掛けてから一年《いちねん》になる。

でかける【出掛ける】動詞
❶出《で》て行《い》く。例 町《まち》へ出掛ける。
❷出《で》ようとする。例 家《いえ》を出かけたところへ電話《でんわ》が鳴《な》った。
使い方 ❷は、ふつう「出かける」と書《か》く。

てかげん【手加減】名詞 動詞
❶相手《あいて》の程度《ていど》によってほどよく調節《ちょうせつ》すること。例 弟《おとうと》との勝負《しょうぶ》では手加減する。類 手心《てごころ》。
❷経験《けいけん》からの感《かん》じで、量《りょう》や程度《ていど》をはかること。例 手加減で砂糖《さとう》を入《い》れる。

てかず【手数】⬇892ジ《ペー》 てすう

でかせぎ【出稼ぎ】名詞 自分《じぶん》の住《す》んでいる土地《とち》をはなれて、ある期間《きかん》よその土地《とち》へ行《い》って働《はたら》くこと。また、その人《ひと》。例 都会《とかい》へ出稼ぎに行《い》く。

てがた【手形】名詞
❶手《て》のひらにすみをぬって紙《かみ》などにおしつけた、手《て》の形《かたち》。例 力士《りきし》の手形。
❷ある金額《きんがく》のお金《かね》を、決《き》まった日《ひ》に決《き》められた場所《ばしょ》ではらうことを約束《やくそく》した書《か》きつけ。

でかた【出方】名詞 ものごとに対《たい》する態度《たいど》。

四字熟語 **和洋折衷《わようせっちゅう》** 日本風《にほんふう》と西洋風《せいようふう》との両方《りょうほう》を、うまくとり合《あ》わせること。

やり方《かた》。例 相手《あいて》の出方を見《み》る。

てがたい【手堅い】 形容詞 やり方《かた》が確《たし》かで、危《あぶ》なげがない。例 手堅く得点《とくてん》する。

でかでか【と】 副詞 並外《なみはず》れて大《おお》きく、目立《めだ》つようす。例 記事《きじ》が、新聞《しんぶん》にでかでかとのる。 使い方 くだけた言《い》い方《かた》。

てがみ【手紙】 名詞 用事《ようじ》やあいさつなどを書《か》いて、人《ひと》に送《おく》るもの。たより。ことば「一通《いっつう》」「一本《いっぽん》」と数《かぞ》える。

てがみぶん【手紙文】 名詞 手紙《てがみ》の文章《ぶんしょう》。あいさつを述《の》べる「前文《ぜんぶん》」、中心《ちゅうしん》になることがらを書《か》く「本文《ほんぶん》」、終《お》わりのあいさつの「末文《まつぶん》」、日付《ひづけ》・差出人《さしだしにん》・相手《あいて》の名前《なまえ》を書《か》く「後《あと》づけ」の順《じゅん》に書《か》く。

てがら【手柄】 名詞 人《ひと》にほめられるような、りっぱなはたらき。例 手柄を立《た》てる。類 功績《こうせき》。

てがる【手軽】 形容動詞 簡単《かんたん》にできるようす。手間《てま》がかからないようす。例 ノートパソコンは、手軽に持《も》ち歩《ある》くことができる。

㊎ **てき【的】**〔白《しろ》〕8画 4年 音 テキ 訓 まと

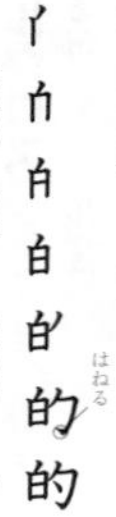

❶まと。例 的中《てきちゅう》／的外《まとはず》れ／標的《ひょうてき》。❷目《め》あて。例 目的《もくてき》。❸たしか。例 的確《てきかく》。❹（ほかのことばのあとにつけて）「…の性質《せいしつ》を持《も》つ」「…のような」などの意味《いみ》を表《あらわ》す。例 劇的《げきてき》／文学的《ぶんがくてき》。

㊎ **てき【笛】**〔⺮《たけかんむり》〕11画 3年 音 テキ 訓 ふえ

❶ふえ。管《くだ》にあなをあけて音《おと》をだす楽器《がっき》。例 鼓笛隊《こてきたい》／草笛《くさぶえ》／口笛《くちぶえ》／横笛《よこぶえ》。❷合図《あいず》に鳴《な》らすもの。よびこ。例 汽笛《きてき》／警笛《けいてき》。

㊎ **てき【適】**〔⻌《しんにょう》〕14画 5年 音 テキ

ちょうどよい。あてはまる。例 適温《てきおん》／適《てき》する／適切《てきせつ》／適度《てきど》／適当《てきとう》／快適《かいてき》／最適《さいてき》。

てき【敵】 名詞 ❶戦《たたか》いや競争《きょうそう》の相手《あいて》。例 敵と味方《みかた》に分《わ》かれて戦《たたか》う。❷害《がい》となるもの。例 寝不足《ねぶそく》は健康《けんこう》の敵だ。

㊎ **てき【敵】**〔攵《のぶん》〕15画 6年 音 テキ 訓 かたき

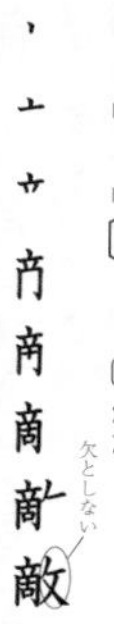

❶かたき。たたかいのあいて。例 敵役《かたきやく》／敵意《てきい》／敵視《てきし》／敵地《てきち》／強敵《きょうてき》／宿敵《しゅくてき》。❷あいてになる。つりあう。例 匹敵《ひってき》／無敵《むてき》。

でき【出来】 名詞 ❶できること。でき上《あ》がること。❷できばえ。でき具合《ぐあい》。成績《せいせき》。例 上出来《じょうでき》／出来不出来《ふでき》／今年《ことし》の米《こめ》の出来は平年並《へいねんな》みだ。

できあい【出来合い】 名詞 注文《ちゅうもん》を受《う》けてつくるのではなく、すでにでき上《あ》がっていること。また、そのもの。例 出来合いのおかず。

類 既製《きせい》。

できあがり【出来上がり】 名詞 ❶でき上《あ》がること。完成《かんせい》。例 出来上がりは十《とお》日後《かご》です。❷でき具合《ぐあい》。できばえ。例 美《うつく》しい出来上がり。

できあがる【出来上がる】 動詞 すっかりできる。完成《かんせい》する。

てきい【敵意】 名詞 相手《あいて》を敵《てき》としてにくむ気《き》持《も》ち。相手《あいて》にはむかおうとする気持《きも》ち。例 敵意をいだく／敵意に満《み》ちたまなざし。

てきおう【適応】 名詞 動詞 ❶うまく当《あ》てはまること。例 転校先《てんこうさき》の学校《がっこう》にもすぐ適応した。類 順応《じゅんのう》。❷動物《どうぶつ》や植物《しょくぶつ》が生《い》きていくために、まわりのようすに合《あ》わせて、体《からだ》の形《かたち》・色《いろ》・はたらきなどをかえること。類 順応《じゅんのう》。

てきおん【適温】 名詞 ちょうどよい温度《おんど》。

てきがいしん【敵がい心】 名詞 敵《てき》に対《たい》して、相手《あいて》をたおそうと強《つよ》く思《おも》う気持《きも》ち。例 敵がい心に燃《も》える。

てきかく【的確】 形容動詞 ぴたりと当《あ》てはまり、確《たし》かでまちがいがないようす。「てっかく」ともいう。例 問題点《もんだいてん》を的確にとらえる。

てきかく【適格】 名詞 形容動詞 ある資格《しかく》や仕事《しごと》に当《あ》てはまっていること。「てっかく」ともいう。例 わたしはキャプテンには適格ではない。

てきぎ【適宜】 形容動詞 副詞 ❶それぞれが自分《じぶん》の思《おも》いどおりにするようす。例 適宜昼食《ちゅうしょく》をとる。

❷その場によく合っているようす。例 適宜な処置《しょち》。

できぐあい【出来具合】 名詞 でき上《あ》がったもののようすや程度《ていど》。できばえ。例 料理《りょうり》の出来具合は上々《じょうじょう》だ。

てきごう【適合】 名詞 動詞 ちょうどよく当《あ》てはまること。例 条件《じょうけん》に適合した物《もの》を選《えら》ぶ。

てきこく【敵国】 名詞 戦争《せんそう》をしている、相手《あいて》の国《くに》。

できごころ【出来心】 名詞 ふと起《お》こった悪《わる》い考《かんが》え。例 ほんの出来心からのいたずらだった。

できごと【出来事】 名詞 世《よ》の中《なか》に起《お》こるいろいろなこと。事件《じけん》。例 今日《きょう》の出来事。

てきざいてきしょ【適材適所】 名詞 その人《ひと》の持《も》っている性質《せいしつ》や才能《さいのう》に、よく当《あ》てはまった仕事《しごと》や役目《やくめ》を割《わ》り当《あ》てること。

てきし【敵視】 名詞 動詞 相手《あいて》を敵《てき》として見《み》ること。

できし【溺死】 名詞 動詞 水《みず》におぼれて死《し》ぬこと。例 溺死者《しゃ》。類 水死《すいし》。

てきしゅつ【摘出】 名詞 動詞 ❶つまみ出《だ》すこと。ぬき出《だ》すこと。例 要点《ようてん》を摘出する。❷手術《しゅじゅつ》をして、悪《わる》いところをとり除《のぞ》くこと。

てきじん【敵陣】 名詞 敵《てき》の陣地《じんち》。

テキスト (text) 名詞 教科書《きょうかしょ》。また、学習《がくしゅう》に使《つか》う本《ほん》。「テキストブック」の略《りゃく》。

テキストブック ⇒889ページ テキスト

てきする【適する】 動詞 ちょうどよく合《あ》う。

ふさわしい。例 稲作に適した土地

てきせい【適正】 名詞 形容動詞 そのものごとにふさわしく、正《ただ》しいこと。例 適正価格《かかく》。

てきせい【適性】 名詞 性質《せいしつ》や能力《のうりょく》が、あることをするのによく合《あ》っていること。また、その性質《せいしつ》や能力《のうりょく》。例 音楽家《おんがくか》としての適性がある。

てきせつ【適切】 形容動詞 よく当《あ》てはまるようす。ふさわしいようす。例 適切なことばで表現《ひょうげん》する。類 適当《てきとう》。

てきたい【敵対】 名詞 動詞 相手《あいて》を敵《てき》だと思《おも》って立《た》ち向《む》かうこと。例 敵対する勢力《せいりょく》。

できだか【出来高】 名詞 ❶仕事《しごと》などで、でき上《あ》がった分量《ぶんりょう》。例 賃金《ちんぎん》は出来高に応《おう》じてしはらいます。❷とり入《い》れた農作物《のうさくぶつ》の量《りょう》。例 米《こめ》の出来高。

できたて【出来たて】 名詞 たった今《いま》できたばかりであること。また、そのもの。例 出来たてほやほやのまんじゅう。

てきち【敵地】 名詞 敵《てき》の領地《りょうち》。敵《てき》が支配《しはい》している土地《とち》。例 敵地に乗《の》りこむ。

てきちゅう【的中・適中】 名詞 動詞 ❶矢《や》やたまが的《まと》に当《あ》たること。命中《めいちゅう》。❷考《かんが》えていたことがぴたりと当《あ》たること。例 天気予報《てんきよほう》が的中した。

使い方 「敵中」と書《か》かないよう注意《ちゅうい》。

てきど【適度】 名詞 形容動詞 程度《ていど》がちょうどよいこと。ほどよいこと。例 適度な運動《うんどう》。対 過度《かど》。

てきとう【適当】 形容動詞 ❶目的《もくてき》や条件《じょうけん》にちょうどよく合《あ》っているようす。例 委員として適当な人を選ぶ。類 適任

❷ものごとの程度《ていど》や大《おお》きさなどがほどよいようす。例 部屋《へや》を適当な温度《おんど》に保《たも》つ。❸いいかげんなようす。例 適当なことを言《い》う。

てきにん【適任】 名詞 その人《ひと》の才能《さいのう》や性質《せいしつ》が、仕事《しごと》や役目《やくめ》によく合《あ》っていること。例 クラス代表《だいひょう》には、きみが適任だ。類 適役《てきやく》。

できばえ【出来栄え】 名詞 でき上《あ》がったもののようす。でき具合《ぐあい》。例 見事《みごと》な出来栄え。

てきぱき[と] 副詞 動詞 ものごとを早《はや》くきちんとするようす。例 仕事《しごと》をてきぱき進《すす》める。

てきはつ【摘発】 名詞 動詞 悪《わる》いことを見《み》つけ出《だ》して、世間《せけん》に発表《はっぴょう》すること。例 選挙違反《せんきょいはん》を摘発する。

てきひ【適否】 名詞 ふさわしいか、ふさわしくないかということ。例 方法《ほうほう》の適否を考《かんが》える。

てきびしい【手厳しい】 形容詞 たいへん厳《きび》しい。手《て》かげんすることがない。例 父《ちち》に手厳しく注意《ちゅうい》された。対 手《て》ぬるい。

できふでき【出来不出来】 名詞 でき具合《ぐあい》がよいことと悪《わる》いこと。でき具合《ぐあい》がよいか悪《わる》いか。例 一《ひと》つ一《ひと》つの作業《さぎょう》の出来不出来が全体《ぜんたい》の仕上《しあ》がりを決《き》める。

てきめん 名詞 形容動詞 効《き》き目《め》や結果《けっか》が、たちまちあらわれるようす。例 努力《どりょく》の結果《けっか》がてきめんにあらわれた。

できもの【出来物】 名詞 皮膚《ひふ》がうんで、はれ上《あ》がったもの。おでき。

てきやく【適役】 名詞 仕事《しごと》や劇《げき》などで、その

故事成語 **青《あお》は藍《あい》より出《い》でて藍《あい》より青《あお》し** 青色《あおいろ》の染料《せんりょう》は「あい」という植物《しょくぶつ》からつくられるが、その色

人《ひと》にぴったり合《あ》っている役《やく》。はまり役《やく》。例 王《おう》子様《じさま》には山本《やまもと》くんが適役だ。類 適任《てきにん》。

てきよう【適用】 名詞 動詞 法律《ほうりつ》や規則《きそく》を実際《じっさい》に当《あ》てはめて使《つか》うこと。例 新《あたら》しい決《き》まりを適用する。

てきりょう【適量】 名詞 ちょうどよい分量《ぶんりょう》。例 しょうゆを適量加《くわ》える。

できる【出来る】 動詞 ❶つくられる。例 新《あたら》しい店《みせ》ができる。❷とれる。例 果物《くだもの》ができる。❸仕上《しあ》がる。でき上《あ》がる。例 準備《じゅんび》ができた。❹ものごとが起《お》こる。生《しょう》じる。例 急《きゅう》に用事《ようじ》ができた。❺する力《ちから》がある。可能性《かのうせい》がある。例 逆上《さかあ》がりができる／明日《あす》なら行《い》くことができる。❻すぐれている。例 運動《うんどう》のよくできる子《こ》／なかなかよくできた人物《じんぶつ》だ。使い方 ふつうかな書《が》きにする。

できるだけ【出来るだけ】 できる限《かぎ》り。可《か》能《のう》な限《かぎ》り。例 できるだけ早《はや》く帰《かえ》る／できるだけのことはした。使い方 ふつうかな書《が》きにする。

てぎわ【手際】 名詞 何《なに》かをするときの、進《すす》め方《かた》やり方《かた》。例 仕事《しごと》の手際がよい。

てぐすねひく【手ぐすね引く】 じゅうぶんに準備《じゅんび》をして、その時《とき》が来《く》るのを待《ま》ち構《かま》えている。例 魚《さかな》がわなにかかるのを手ぐすね引いて待《ま》ち受《う》ける。ことば 「くすね」は、松《まつ》やにと油《あぶら》を混《ま》ぜて練《ね》ったもの。弓《ゆみ》で矢《や》を射《い》る前《まえ》に手《て》にぬって、すべらないように準備《じゅんび》したことから。

てくせ【手癖】 名詞 手《て》のくせ。とくに、ぬすみをしてしまうくせ。例 手癖が悪《わる》い（＝ぬすみをするくせがある）。

てぐち【手口】 名詞 悪《わる》いことなどをするときのやり方《かた》。例 同《おな》じ手口の犯行《はんこう》。類 やり口《くち》。

でぐち【出口】 名詞 外《そと》へ出《で》るために通《とお》るところ。対 入《い》り口《ぐち》。

てくてく【と】 副詞 同《おな》じ調子《ちょうし》で歩《ある》き続《つづ》けるようす。例 となり町《まち》からてくてく歩《ある》いて帰《かえ》る。

テクニック（technique）名詞 技術《ぎじゅつ》。上手《じょうず》にするやり方《かた》。例 シュートのテクニックをみがく。

でくのぼう【でくの坊】 名詞 人《ひと》の言《い》いなりに動《うご》くだけで、自分《じぶん》では何《なに》もできない人《ひと》。役《やく》に立《た》たない人《ひと》。ことば もとは、あやつり人形《にんぎょう》を指《さ》すことば。

テクノロジー（technology）名詞 科学技術《かがくぎじゅつ》。工業技術《こうぎょうぎじゅつ》。

てくばり【手配り】 名詞 動詞 ものごとを行《おこな》うのに必要《ひつよう》な準備《じゅんび》をすること。手配《てはい》。例 空港《くうこう》で出《で》むかえる手配りをする。

てくび【手首】 名詞 うでと手《て》のひらとをつないでいるところ。図→287ページからだ

デクレシェンド（イタリア語）名詞 音楽《おんがく》で、演奏《えんそう》する強《つよ》さを表《あらわ》すことば。「だんだん弱《よわ》く」という意味《いみ》。デクレッシェンド。対 クレシェンド。図→357ページきょうじゃくきごう

デクレッシェンド→890ページデクレシェンド

でくわす【出くわす】 動詞 思《おも》いがけなくあう。ばったり出《で》あう。例 町《まち》でひょっこり友《とも》だちに出《で》くわした。類 出《で》会《あ》う。

てこ 名詞 棒《ぼう》を一《いっ》点《てん》で支《ささ》え、支《ささ》えを中心《ちゅうしん》として動《うご》かすことができるようにしたもの。小《ちい》さい力《ちから》で重《おも》い物《もの》を動《うご》かすときなどに利用《りよう》する。参考 くぎぬき・はさみなどは、てこを利用《りよう》したもの。

てこ

●てこでも動《うご》かない どんなことをしても動《うご》かない。

てこいれ【てこ入れ】 名詞 動詞 全体《ぜんたい》がうまく進《すす》むように、弱《よわ》いところを外《そと》から助《たす》けて強《つよ》くすること。例 有名《ゆうめい》なコーチを招《まね》いてチームにてこ入れする。

てごころ【手心】 名詞 ものごとのあつかい方《かた》を、相手《あいて》に合《あ》わせてほどよく調節《ちょうせつ》すること。例 妹《いもうと》に、手心を加《くわ》えてボールを投《な》げた。類 手加減《てかげん》。

てこずる 動詞 どうしたらよいか、あつかいに困《こま》る。思《おも》いどおりにいかず、苦労《くろう》する。例 難《むずか》しい問題《もんだい》にてこずる。

てごたえ【手ごたえ】 名詞 ❶手《て》で何《なに》かをしたときに、手《て》に受《う》ける感《かん》じ。例 魚《さかな》がえさに食《く》いついた手ごたえがあった。❷こちらのしたことに対《たい》する、相手《あいて》の反応《はんのう》。例 いくら注意《ちゅうい》してもさっぱり手ごたえがない。

でこぼこ【凸凹】 名詞 動詞 形容動詞 ●物《もの》の表面《ひょうめん》が高《たか》くなったり低《ひく》くなったり

たちまち遠《とお》いところまで知《し》れわたってしまうということ。

いるようす。おうとつ。例 でこぼこがある道。
❷不《ふ》ぞろいなこと。例 みんなの仕事《しごと》のでき具《ぐ》合《あい》にでこぼこがある。

使い方 ふつうかな書《が》きにする。

デコレーション（decoration）名詞 かざり。装飾《そうしょく》。例 デコレーションケーキ。

てごろ【手頃】 形容動詞
❶大《おお》きさや形《かたち》などがちょうどよいようす。例 手頃な木《き》を選《えら》んでつえにする。
❷自分《じぶん》の力《ちから》や条件《じょうけん》につりあっているようす。例 手頃な値段《ねだん》の服《ふく》。

てごわい【手ごわい】 形容詞 強《つよ》くてなかなか負《ま》かすことができない。例 手ごわい相手《あいて》。

テコンドー（朝鮮語）名詞 空手《からて》に似《に》た、朝鮮《ちょうせん》で始《はじ》まった格闘技《かくとうぎ》。

デザート（dessert）名詞 食事《しょくじ》の最後《さいご》に出《で》る果《くだ》物《もの》や菓子《かし》。

デザイナー（designer）名詞 服《ふく》・建物《たてもの》・家具《かぐ》などの形《かたち》・模様《もよう》・色《いろ》などを考《かんが》えることを仕事《しごと》にしている人《ひと》。例 ファッションデザイナー。

デザイン（design）名詞 動詞 物《もの》をつくるとき、形《かたち》・組《く》み立《た》て方《かた》・模様《もよう》・色《いろ》などについて考《かんが》えること。また、それを図《ず》にかき表《あらわ》したもの。

でさかり【出盛り】 名詞 季節《きせつ》の野菜《やさい》や果物《くだもの》などがたくさん出回《でまわ》ること。また、その季節《きせつ》。

てさき【手先】 名詞
❶手《て》の先《さき》。指先《ゆびさき》。例 手先の器用《きよう》な人《ひと》。
❷ある人《ひと》の言《い》いなりに使《つか》われる人《ひと》。手下《てした》。子《こ》分《ぶん》。例 悪《あく》の手先。

でさき【出先】 名詞 出かけて行ったところ。外出先《がいしゅつさき》。例 出先から電話《でんわ》をかける。

てさぎょう【手作業】 名詞 手《て》でする作業《さぎょう》。また、機械《きかい》を使《つか》わないで人《ひと》が行《おこな》う作業《さぎょう》。

てさぐり【手探り】 名詞 動詞
❶暗《くら》いところや周《まわ》りがよく見《み》えないところで、物《もの》が手《て》にさわる感《かん》じでようすをさぐること。
❷はっきりした見通《みとお》しがないまま、ものごとをすること。例 この研究《けんきゅう》は、まだ手探りの状態《じょうたい》だ。

てさげ【手提げ】 名詞 手《て》にさげて持《も》つようにした、かばん・ふくろ・かごなど。

てさばき【手さばき】 名詞 ものをあつかうときの、手《て》の動《うご》かし方《かた》。例 見事《みごと》な手さばきを見《み》せる。

てざわり【手触り】 名詞 手《て》でさわった感《かん》じ。例 ふわふわした手触りのぬいぐるみ。

でし【弟子】 名詞 先生《せんせい》について教《おし》えを受《う》ける人《ひと》。例 落語家《らくごか》の弟子。類 門人《もんじん》。門弟《もんてい》。対 師匠《ししょう》。

デシ（フランス語）名詞「リットル」などの単位《たんい》の前《まえ》につけて、十分《じゅうぶん》の一《いち》であることを表《あらわ》すことば。記号《きごう》は「d」。例 一《いち》デシリットル。関連 デカ。

でしいり【弟子入り】 名詞 動詞 弟子《でし》になること。入門《にゅうもん》。例 すもう部屋《べや》に弟子入りする。

てしおさんち【天塩山地】 名詞 北海道《ほっかいどう》の北《ほく》西部《せいぶ》を日本海《にほんかい》に沿《そ》って南北《なんぼく》に走《はし》る山地《さんち》。

てしおにかける【手塩にかける】 自分《じぶん》で世話《せわ》をし、大切《たいせつ》に育《そだ》てる。例 弟子《でし》を手塩にかけて育《そだ》てる。

デジカメ ➡891ページデジタルカメラ

てしごと【手仕事】 名詞 手先を使ってする細かい作業《さぎょう》や仕事《しごと》。裁縫《さいほう》や編《あ》み物《もの》など。

てした【手下】 名詞 ある人《ひと》に従《したが》って、言《い》いつけられたとおりに働《はたら》く人《ひと》。子分《こぶん》。

デジタル（digital）名詞 数量《すうりょう》を、針《はり》などを使《つか》わないで、数字《すうじ》で表《あらわ》すこと。例 デジタル時計《とけい》。対 アナログ。

デジタルか【デジタル化】 名詞 動詞 文字《もじ》や写真《しゃしん》・映像《えいぞう》などを、デジタル信号《しんごう》に変《か》えること。

デジタルカメラ（digital camera）名詞 フィルムを使《つか》わないで、画像《がぞう》をデジタル信号《しんごう》に変《か》えて記録《きろく》するカメラ。ことば 略《りゃく》して「デジカメ」ともいうが、「デジカメ」は商標名《しょうひょうめい》。

デジタルディバイド（digital devide）名詞 コンピューターやインターネットを使《つか》って情《じょう》報《ほう》を利用《りよう》できる人《ひと》とできない人《ひと》との間《あいだ》に生《う》まれる格差《かくさ》。参考 住《す》んでいる地域《ちいき》、年齢《ねんれい》、収入《しゅうにゅう》など、さまざまな理由《りゆう》で格差《かくさ》が生《う》まれる。

デジタルほうそう【デジタル放送】 名詞 映像《えいぞう》や音声《おんせい》などを、デジタル信号《しんごう》で送《おく》る放送《ほうそう》。映像《えいぞう》や音声《おんせい》がきれいで、一《ひと》つの電波《でんぱ》に複数《ふくすう》の映《えい》像《ぞう》や音声《おんせい》などがのせられる。

てじな【手品】 名詞 人《ひと》の目《め》をうまくごまかしながら、手先《てさき》でいろいろと不思議《ふしぎ》なことをしてみせる芸《げい》。類 奇術《きじゅつ》。マジック。

デシベル（decibel）名詞 音《おと》の強《つよ》さを表《あらわ》す単位《たんい》。人《ひと》が聞《き》きとれる、もっとも小《ちい》さな音《おと》を〇デシベルとする。記号《きごう》は「dB」。

でじま【出島】 名詞 長崎市《ながさきし》の地名《ちめい》。江戸時代《えどじだい》

故事成語 悪事千里《あくじせんり》を走《はし》る　よい行《おこな》いはなかなか世間《せけん》に伝《つた》わらないが、悪《わる》いことをすると、そのうわさは

に、幕府《ばくふ》が長崎港内《ながさきこうない》に造《つく》った人工《じんこう》の島《しま》。鎖国《さこく》していたとき、外国《がいこく》とのただ一《ひと》つの窓口《まどぐち》だった。

でしゃばる【出しゃばる】 ［動詞］ 余計《よけい》なことをしたり、言《い》ったりする。［例］ 自分《じぶん》に関係《かんけい》のない問題《もんだい》にまで出しゃばるものではない。

てじゅん【手順】 ［名詞］ ものごとを進《すす》めていく順序《じゅんじょ》。［例］ 手順よく仕事《しごと》を進《すす》める。

デシリットル （フランス語） ［名詞］ メートル法《ほう》の体積《たいせき》の単位《たんい》。一《いち》デシリットルは一《いち》リットルの十《じゅう》分《ぶん》の一《いち》。記号《きごう》は「dL」。

です ［助動詞］ （ほかのことばのあとにつけて）「…だ」のていねいな言《い》い方《かた》。［例］ これはわたしのものです／勉強中《べんきょうちゅう》です。

てすう【手数】 ［名詞］ あることをするのに必要《ひつよう》な力《ちから》や時間《じかん》。また、めんどうであること。骨折《ほねお》り。「てかず」ともいう。［例］ お手数をかけてすみません。［類］ 手間《てま》。

てすうりょう【手数料】 ［名詞］ あることをしてもらったことに対《たい》してしはらうお金《かね》。［例］ ふりこみ手数料。

てずから【手ずから】 ［副詞］ 自分《じぶん》の手《て》で。自《みずか》ら。［例］ 校長先生《こうちょうせんせい》が手ずから優勝旗《ゆうしょうき》をわたしてくださった。

ですから ［接続詞］ そういうわけで。そのため。［例］ 今日《きょう》はお客《きゃく》さまが来《こ》られます。ですから、家《いえ》を出《で》られません。［使い方］「だから」よりもていねいな言《い》い方《かた》。

てすき【手隙・手透き】 ［名詞］ 仕事《しごと》や用事《ようじ》がなくて、手《て》が空《あ》いていること。ひま。［例］ お手隙なら、たのみたいことがあるのですが。

ですぎる【出過ぎる】 ［動詞］ ❶決《き》まった線《せん》や範囲《はんい》をこえて出《で》る。❷必要以上《ひつよういじょう》の余計《よけい》なことをする。［例］ となりの組《くみ》のことに、出過ぎた意見《いけん》を言《い》ってしまった。

デスク （desk） ［名詞］ ❶机《つくえ》。事務机《じむづくえ》。❷新聞社《しんぶんしゃ》などで、取材《しゅざい》や編集《へんしゅう》を指図《さしず》する人《ひと》。

デスクトップ （desktop） ［名詞］ ❶卓上用《たくじょうよう》のもの。とくに、机《つくえ》の上《うえ》にすえつけて使《つか》う大型《おおがた》のパソコン。❷コンピューターを起動《きどう》したときに表示《ひょうじ》される、基本《きほん》の画面《がめん》。

テスター （tester） ［名詞］ 電気器具《でんききぐ》の電圧《でんあつ》・電流《でんりゅう》・ていこうなどを測《はか》る、小型《こがた》の器械《きかい》。

テスト （test） ［名詞］［動詞］ 試験《しけん》や検査《けんさ》をすること。［例］ 学力《がくりょく》テスト／新《あたら》しい機械《きかい》をテストする。

てすり【手すり】 ［名詞］ 橋《はし》や階段《かいだん》などのふちにある、手《て》をかけるための横木《よこぎ》。

てせい【手製】 ［名詞］ 自分《じぶん》で作《つく》ること。また、作《つく》ったもの。手作《てづく》り。［例］ 母《はは》の手製の服《ふく》。

てそう【手相】 ［名詞］ その人《ひと》の性格《せいかく》や運勢《うんせい》がわかるという、手《て》のひらの筋《すじ》のようす。［関連］ 人相《にんそう》。

でぞめしき【出初め式】 ［名詞］ ［季語 新年］ 新年《しんねん》に消防《しょうぼう》の仕事《しごと》をする人《ひと》たちが初《はじ》めて集《あつ》まって、火事《かじ》の消《け》し方《かた》やはしご乗《の》りなどを人々《ひとびと》に見《み》せる行事《ぎょうじ》。

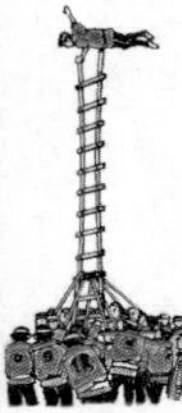
てぞめしき

でそろう【出そろう】 ［動詞］ 出《で》るはずのものが、全部《ぜんぶ》出《で》る。［例］ 各県《かくけん》の代表者《だいひょうしゃ》が出そろった。

てだし【手出し】 ［名詞］［動詞］ ❶争《あらそ》いなどを、自分《じぶん》のほうからしかけること。❷世話《せわ》を焼《や》くこと。構《かま》うこと。［例］ ぼくの仕事《しごと》に、余計《よけい》な手出しをしないでくれ。

でだし【出だし】 ［名詞］ ものごとの始《はじ》まり。［例］ 仕事《しごと》の出だしは順調《じゅんちょう》だ。

てだすけ【手助け】 ［名詞］［動詞］ 人《ひと》の仕事《しごと》などの手伝《てつだ》いをすること。また、その人《ひと》。

てだて【手立て】 ［名詞］ ものごとを行《おこな》うやり方《かた》。方法《ほうほう》。［例］ よい手立てを考《かんが》える。

でたとこしょうぶ【出たとこ勝負】 ［名詞］ 前《まえ》もって準備《じゅんび》をしないで、その場《ば》の成《な》り行《ゆ》きでどうするか決《き》めること。

てだまにとる【手玉に取る】 相手《あいて》を自分《じぶん》の思《おも》いどおりに動《うご》かす。［例］ 敵《てき》を手玉に取る。

でたらめ ［名詞］［形容動詞］ 言《い》うことや行《おこな》いなどが、理屈《りくつ》に合《あ》っていないこと。［例］ よく考《かんが》えもせず、でたらめなことを言《い》うな。

てぢか【手近】 ［名詞］［形容動詞］ ❶手《て》の届《とど》くすぐそば。［例］ 手近なところへ置《お》く。❷身《み》の回《まわ》りにあって、わかりやすいこと。［例］ 手近な例《れい》を挙《あ》げて説明《せつめい》する。［使い方］「てじか」と書《か》かないよう注意《ちゅうい》。

てちがい【手違い】 ［名詞］ やり方《かた》や順序《じゅんじょ》をまちがえたり、思《おも》わぬできごとで予定《よてい》がくるった

たい石《いし》にも穴《あな》があく。たとえ力《ちから》が弱《よわ》くても、根気《こんき》よく努力《どりょく》し続《つづ》ければ必《かなら》ず成功《せいこう》する、ということ。

りすること。例 手違いで友だちに会えなかった

てちょう【手帳】 名詞 忘《わす》れないように、ものごとを書《か》き留《と》めておく小《ちい》さな帳面《ちょうめん》。

てつ【鉄】 名詞 ❶鉄鉱石《てっこうせき》からとり出《だ》される金属《きんぞく》。かたくて強《つよ》く、使《つか》い道《みち》が広《ひろ》い。例 鉄のレール／鉄のくぎ。❷かたくて強《つよ》いものをたとえていうことば。例 鉄のような意志《いし》を持《も》つ。

漢 ↓893ページ てつ〔鉄〕

鉄《てつ》は熱《あつ》いうちに打《う》て ことわざ ❶人《ひと》は若《わか》いうちにきたえるべきである。❷ものごとを行《おこな》うのによいときをのがしてはいけない。
ことば 鉄《てつ》は、熱《ねっ》してやわらかいうちにたたいてきたえることからきたことば。

漢 **てつ【鉄】** 〔金〕《かねへん》 13画 3年 音 テツ 訓

❶てつ。くろがね。かたくてじょうぶな金属《きんぞく》。例 鉄筋《てっきん》／鉄鋼《てっこう》／鋼鉄《こうてつ》／製鉄《せいてつ》。❷かたくてつよい。ゆるがない。例 鉄則《てっそく》／鉄壁《てっぺき》。❸「鉄道《てつどう》」の略《りゃく》。例 私鉄《してつ》／地下鉄《ちかてつ》。

てっかい【撤回】 名詞 動詞 一度《いちど》出《だ》した意見《いけん》や提案《ていあん》をとり下《さ》げること。例 発言《はつげん》を撤回する。

でっかい ↓887ページ でかい

てっかく【的確】 ↓888ページ てきかく〔的確〕

てっかく【適格】 ↓888ページ てきかく〔適格〕

てつがく【哲学】 名詞 人生《じんせい》や世界《せかい》などのすべてのものごとの、いちばんもとになることを深く研究《けんきゅう》する学問《がくもん》。

てつかず【手付かず】 名詞 まだ手《て》をつけていないこと。つかったり、とりかかったりしていなくて、もとのままであること。例 手付かずの貯金《ちょきん》／宿題《しゅくだい》は手付かずのままだ。

てつかぶと【鉄かぶと】 名詞 戦場《せんじょう》などで、頭《あたま》を守《まも》るためにかぶる、鉄《てつ》でできた帽子《ぼうし》。

てづかみ【手づかみ】 名詞 手《て》で、直接《ちょくせつ》つかむこと。例 手づかみで食《た》べる。

てっかん【鉄管】 名詞 鉄《てつ》でつくった管《くだ》。

てつき【手つき】 名詞 手《て》を使《つか》って何《なに》かをするときの、手《て》の動《うご》かし方《かた》。例 慣《な》れた手つきでお皿《さら》を洗《あら》う。

てっき【鉄器】 名詞 鉄《てつ》でつくった道具《どうぐ》。教科 社 弥生時代《やよいじだい》に、大陸《たいりく》から日本《にほん》に伝《つた》えられた。

デッキ（deck） 名詞 ❶船《ふね》の上《うえ》の、広《ひろ》くて平《たい》らなところ。甲板《かんぱん》。❷列車《れっしゃ》の、人《ひと》が乗《の》り降《お》りするところ。

てっきじだい【鉄器時代】 名詞 石器時代《せっきじだい》、青銅器時代《せいどうきじだい》の次《つぎ》の時代《じだい》。鉄《てつ》でつくった道具《どうぐ》や武器《ぶき》を使《つか》うようになった。

てっきょ【撤去】 名詞 動詞 建物《たてもの》や施設《しせつ》などをとり除《のぞ》くこと。例 古《ふる》い物置《ものおき》を撤去する。

てっきょう【鉄橋】 名詞 鉄《てつ》でつくった橋《はし》。とくに、鉄道《てつどう》の通《とお》っている橋《はし》。

てっきり 副詞 きっと。まちがいなく。例 その本《ほん》はてっきりなくしたとばかり思《おも》っていた。
使い方 自分《じぶん》で勝手《かって》に思《おも》いこんだときに使《つか》う。

てっきん【鉄琴】 名詞 木琴に似た打楽器。金属製《ぞくせい》の細長《ほそなが》い板《いた》を、丸《まる》い玉《たま》のついた棒《ぼう》でたたいて鳴《な》らす。「グロッケン」ともいう。

てっきん【鉄筋】 名詞 ❶コンクリートを強《つよ》くするために中《なか》にうめこむ鉄《てつ》の棒《ぼう》。❷「鉄筋《てっきん》コンクリート」の略《りゃく》。

てっきんコンクリート【鉄筋コンクリート】 名詞 鉄《てつ》の棒《ぼう》をしんに入《い》れて、周《まわ》りをコンクリートで固《かた》めたもの。

てづくり【手作り】 名詞 自分《じぶん》で作《つく》ること。また、作《つく》ったもの。例 手作りのパン。類 手製《てせい》。

てつけ【手付け】 名詞 ものを買《か》ったり借《か》りたりするときに、その約束《やくそく》のしるしとして、前《まえ》もって相手《あいて》にわたすお金《かね》。代金《だいきん》の一部《いちぶ》に当《あ》てる。

てっけん【鉄剣】 名詞 鉄《てつ》でできた剣《けん》。日本《にほん》では弥生時代《やよいじだい》・古墳時代《こふんじだい》の遺跡《いせき》から出《で》ることが多《おお》い。

てっこう【鉄鉱】 名詞 鉄《てつ》を多《おお》くふくんでいる鉱石《こうせき》。鉄鉱石《てっこうせき》。

てっこう【鉄鋼】 名詞 せん鉄《てつ》・鋼鉄《こうてつ》などをまとめていうことば。参考「せん鉄《てつ》」は、とかした鉄鉱石《てっこうせき》からとり出《だ》したままの、もろい鉄《てつ》。「鋼鉄《こうてつ》」は、せん鉄《てつ》から炭素《たんそ》を減《へ》らしてつくる、かたくて強《つよ》い鉄《てつ》。

てっこうせき【鉄鉱石】 名詞 鉄《てつ》の原料《げんりょう》となる鉱石《こうせき》。磁鉄鉱《じてっこう》・赤鉄鉱《せきてっこう》など。教科 社 日本《にほん》ではほとんどとれないため、外国《がいこく》からの輸入《ゆにゅう》にたよっている。

故事成語 雨垂《あまだ》れ石《いし》をうがつ　雨《あま》だれのような小《ちい》さな水滴《すいてき》でも、長《なが》い間《あいだ》同《おな》じところに落《お》ちていると、た

てっこつ【鉄骨】 名詞 建物《たてもの》の骨《ほね》組《ぐ》みに使《つか》う鉄《てつ》の材料《ざいりょう》。

てつざい【鉄材】 名詞 機械《きかい》や建築《けんちく》などに、材《ざい》料《りょう》として使《つか》われる鉄《てつ》。

デッサン（フランス語） 名詞 動詞 鉛筆《えんぴつ》や木炭《もくたん》などで、絵《え》や彫刻《ちょうこく》の下《した》がきとしてかいた絵《え》。また、その絵《え》をかくこと。類 素描《そびょう》。

てっしゅう【撤収】 名詞 動詞 ❶とり去《さ》って、しまいこむこと。例 テントを撤収する。❷軍隊《ぐんたい》などが引《ひ》き上《あ》げること。撤退《てったい》。

てつじん【鉄人】 名詞 鉄《てつ》のように強《つよ》い体《からだ》を持《も》つ人《ひと》。例 鉄人レース（＝トライアスロン）。

てつじんレース【鉄人レース】 ⇩952ページ トライアスロン

てっする【徹する】 動詞 ❶一《ひと》つのことをやり通《とお》す。例 記録《きろくがかり》係としての仕事《しごと》に徹する。❷しみとおる。例 風《かぜ》の冷《つめ》たさが骨身《ほねみ》に徹する（＝体《からだ》のしんまでしみとおる）。❸その時間《じかん》全部《ぜんぶ》を通《とお》す。例 夜《よ》を徹して救助活《きゅうじょかつ》動《どう》に当《あ》たる。

てつせい【鉄製】 名詞 鉄《てつ》でつくること。また、鉄《てつ》でつくられたもの。てっせい。

てっせい【鉄製】 ⇩894ページ てつせい

てっそく【鉄則】 名詞 変《か》えることのできない厳《きび》しい決《き》まり。例 安全第一《あんぜんだいいち》が鉄則だ。

てったい【撤退】 名詞 動詞 軍隊《ぐんたい》などが、陣地《じんち》などを捨《す》てて退《しりぞ》くこと。

てつだい【手伝い】 名詞 手伝《てつだ》うこと。また、その人《ひと》。

てつだう【手伝う】 動詞 ❶人《ひと》の仕事《しごと》などを助《たす》ける。手助《てだす》けする。❷ある原因《げんいん》に、さらに別《べつ》の原因《げんいん》が加《くわ》わる。例 さつえいの現場《げんば》は、見物人《けんぶつにん》が集《あつ》まったことも手伝って大混乱《だいこんらん》だった。

でっち 名詞 昔《むかし》、職人《しょくにん》や商人《しょうにん》の家《いえ》で働《はたら》いた少《しょう》年《ねん》。

でっちあげる【でっち上げる】 動詞 ありもしないことを、ほんとうにあるようにつくり上《あ》げる。例 証拠《しょうこ》をでっち上げる。

てつづき【手続き】 名詞 ものごとを行《おこな》うときの、決《き》まった順序《じゅんじょ》や方法《ほうほう》。

てってい【徹底】 名詞 動詞 ❶すみずみまで行《い》きわたらせること。例 クラス全員《ぜんいん》に注意《ちゅうい》を徹底させる。❷どこまでもやり通《とお》すこと。例 祖父《そふ》は徹底した飛行機《ひこうき》ぎらいだ。

てっていてき【徹底的】 形容動詞 どこまでもやり通《とお》すようす。例 原因《げんいん》を徹底的に調《しら》べる。

てっとう【鉄塔】 名詞 鉄材《てつざい》を組《く》み立《た》ててつくった塔《とう》や柱《はしら》。

てつどう【鉄道】 名詞 レールをしいて電車《でんしゃ》や汽車《きしゃ》などを走《はし》らせ、人《ひと》や荷物《にもつ》を運《はこ》ぶ交通機関《こうつうきかん》。教科 社 日本《にほん》では、一八七二（明治五《めいじご》）年《ねん》に初《はじ》めて開通《かいつう》した。

てっとうてつび【徹頭徹尾】 副詞 はじめから終《お》わりまで。どこまでも。あくまでも。例 徹頭徹尾、話《はな》し合《あ》いによる解決《かいけつ》を目指《めざ》す。

てつどうもう【鉄道網】 名詞 あみの目《め》のように、あちこちを結《むす》んでいる鉄道《てつどう》。

デッドヒート（dead heat） 名詞 競走《きょうそう》や競泳《きょうえい》などで、ほとんど同時《どうじ》にゴールインし、勝《か》ち負《ま》けがつけにくいこと。また、激《はげ》しいせり合《あ》い。例 ゴール前《まえ》でデッドヒートをくり広《ひろ》げる。

デッドボール 名詞 野球《やきゅう》で、ピッチャーの投《な》げた球《たま》が、バッターの体《からだ》に当《あ》たること。バッターは一塁《いちるい》に進《すす》むことができる。「死球《しきゅう》」ともいう。ことば 英語《えいご》をもとに日本《にほん》で作《つく》られたことば。

てっとりばやい【手っ取り早い】 形容詞 ❶手早《てばや》い。すばやい。例 手っ取り早くかたづける。❷手間《てま》がかからない。例 人《ひと》に聞《き》くより自分《じぶん》で調《しら》べたほうが手っ取り早い。

てっぱい【撤廃】 名詞 動詞 これまでの制度《せいど》や規則《きそく》などをとりやめること。例 条約《じょうやく》の撤廃。

でっぱり【出っ張り】 名詞 出《で》っ張《ば》ること。また、出っ張《ぱ》った部分《ぶぶん》。例 足首《あしくび》の外側《そとがわ》の出っ張りを「くるぶし」という。

でっぱる【出っ張る】 動詞 あるものの一部《いちぶ》分《ぶん》が、つき出《で》る。例 おなかが出っ張る。

てっぱん【鉄板】 名詞 鉄《てつ》の板《いた》。

てつびん【鉄瓶】 名詞 鉄《てつ》でできている、やかんに似《に》た湯《ゆ》わかし。

でっぷり【と】 副詞 動詞 非《ひ》常《じょう》に太《ふと》っているようす。例 でっぷりしたねこ。

てつぶん【鉄分】 名詞 あるものにふくまれて

いる、鉄の成分。例 レバーには鉄分が多い。

てっぺき【鉄壁】 名詞 鉄《てつ》のかべのように、しっかりした守《まも》り。例 鉄壁の守備《しゅび》。

てっぺん 名詞 いちばん高《たか》いところ。頂上《ちょうじょう》。例 山《やま》のてっぺんに登《のぼ》る。

てつぼう【鉄棒】 名詞 ❶鉄《てつ》の棒《ぼう》。❷二本《にほん》の柱《はしら》の間《あいだ》に鉄《てつ》の棒《ぼう》をわたした運動用具《うんどうようぐ》。また、それを使《つか》った体操《たいそう》の種目《しゅもく》。

てっぽう【鉄砲】 名詞 火薬《かやく》をつめて爆発《ばくはつ》させ、その力《ちから》でたまをうち出《だ》すしかけの武器《ぶき》。とくに、その小《ちい》さなもの。教科 社 一五四三年《ねん》に、ポルトガル人《じん》によって鹿児島県《かごしまけん》の種子島《たねがしま》に伝《つた》えられた。

てっぽうだま【鉄砲玉《てっぽう》】 名詞 ❶鉄砲《てっぽう》のたま。❷行《い》ったまま、なかなか帰《かえ》ってこないこと。例 弟《おとうと》のお使《つか》いはいつも鉄砲玉だ。使い方 くだけた言《い》い方《かた》。

てっぽうみず【鉄砲水】 名詞 山《やま》で降《ふ》った大雨《おおあめ》などのために、とつぜん激《はげ》しい勢《いきお》いで水《みず》が流《なが》れ出《だ》すこと。例 鉄砲水で大《おお》きな被害《ひがい》が出《で》る。

てつめんぴ【鉄面皮】 名詞 形容動詞 顔《かお》の皮《かわ》が鉄《てつ》でできているかと思《おも》われるほど、厚《あつ》かましくてはじ知《し》らずなこと。また、そのような人《ひと》。

てつや【徹夜】 名詞 動詞 一晩《ひとばん》じゅう起《お》きていること。例 徹夜で試験勉強《しけんべんきょう》をする。

てづる【手づる】 名詞 ❶手《て》がかり。糸口《いとぐち》。❷たよりにすることのできる人。つて。例 親戚《せき》の手づるで仕事《しごと》を見《み》つけた。

でどころ【出所】 名詞 ❶ものごとが出《で》てきたもとのところ。例 うわさの出所。❷出《で》るべき場合《ばあい》や場面《ばめん》。例 出所をまちがえる。

テトラポッド (Tetrapod) 名詞 海岸《かいがん》や川岸《かわぎし》に置《お》いて、大波《おおなみ》による害《がい》を受《う》けるのを防《ふせ》ぐ、四本足《よんほんあし》のコンクリートブロック。商標名《しょうひょうめい》。

テトラポッド

てどり【手取り】 名詞 収入《しゅうにゅう》から税金《ぜいきん》などを差《さ》し引《ひ》いた、実際《じっさい》に受《う》けとる金額《きんがく》。

てとりあしとり【手取り足取り】 何《なに》から何《なに》まで、ていねいにめんどうをみて教《おし》えるようす。例 新入社員《しんにゅうしゃいん》に手取り足取り仕事《しごと》を教《おし》える。

テナー ↓896ページ《ジ》・テノール

てなおし【手直し】 名詞 動詞 でき上《あ》がったあとに、不完全《ふかんぜん》なところを直《なお》すこと。例 作文《さくぶん》を手直しする。

でなおす【出直す】 動詞 ❶一度《いちど》帰《かえ》って、もう一度《いちど》出《で》かける。例 明日《あす》、必要《ひつよう》な書類《しょるい》をそろえて出直します。❷初《はじ》めからやり直《なお》す。例 一《いち》から出直そう。

てなずける【手なずける】 動詞 ❶かわいがって、言《い》うことをよく聞《き》くようにする。例 いんこを手なずける。❷うまくあつかって味方《みかた》にする。

てなみ【手並み】 名詞 腕前《うでまえ》。例 お手並み拝見《はいけん》。

てならい【手習い】 名詞 動詞 ❶字《じ》の書《か》き方《かた》を習《なら》うこと。習字《しゅうじ》。❷勉強《べんきょう》やけいこをすること。例 六十《ろくじゅう》の手習い（＝年《とし》をとってから勉強《べんきょう》などを始《はじ》めること）。

テナント (tenant) 名詞 ビルなどの一部《いちぶ》の区画《くかく》を借《か》りて営業《えいぎょう》する店《みせ》や事務所《じむしょ》。例 駅前《えきまえ》のビルに新《あたら》しくテナントが入《はい》る。

テニス (tennis) 名詞 コートの真《ま》ん中《なか》に張《は》ったネットをはさんで、一人対一人《ひとりたいひとり》、または二人対二人《ふたりたいふたり》で、ラケットでボールを打《う》ち合《あ》う競技《きょうぎ》。硬式《こうしき》と軟式《なんしき》がある。「庭球《ていきゅう》」ともいう。

テニスコート (tennis court) 名詞 テニスをするための長方形《ちょうほうけい》の場所《ばしょ》。中央《ちゅうおう》にネットを張《は》る。ことば 「一面《いちめん》」と数《かぞ》える。

てにてに【手に手に】 副詞 ひとりひとりが、それぞれの手《て》に。例 手に手に小旗《こばた》を持《も》つ。

てにもつ【手荷物】 名詞 手《て》に持《も》って運《はこ》ぶ荷物《にもつ》。

てにをは 名詞 ❶ほかのことばのあとにつけて、その関係《かんけい》を示《しめ》したり、意味《いみ》をそえたりすることば。助詞《じょし》のこと。例 てにをはをぬかさないよう気《き》をつける。❷助詞《じょし》や助動詞《じょどうし》などのことばの使《つか》い方《かた》。また、話《はなし》のすじ。例 この文《ぶん》はてにをはがおかしい。

テヌート (イタリア語) 名詞 音楽《おんがく》で、その音符《おんぷ》

故事成語 言《い》うは易《やす》く行《おこな》うは難《かた》し　口《くち》で言《い》うだけなら、どんなにたいへんなことでも簡単《かんたん》に言《い》えるが、そ

の長《なが》さをじゅうぶんに保《たも》って演奏《えんそう》すること。また、その記号《きごう》。

てぬかり【手抜かり】 名詞 注意《ちゅうい》が足《た》りなかったために、不十分《ふじゅうぶん》なところや失敗《しっぱい》があること。例 準備《じゅんび》に手抜かりがあった。類 手落《てお》ち。

てぬぐい【手拭い】 名詞 手《て》・顔《かお》・体《からだ》などをふく、細長《ほそなが》いもめんの布《ぬの》。類 タオル。

てぬるい【手ぬるい】 形容詞 あつかい方《かた》ややり方《かた》が厳《きび》しくない。例 練習《れんしゅう》のしかたが手ぬるい。対 手厳《てきび》しい。

デネブ（アラビア語）名詞 白鳥座《はくちょうざ》の中《なか》で、もっとも明《あか》るい星《ほし》。白鳥《はくちょう》の尾《お》に当《あ》たる部分《ぶぶん》に、白《しろ》くかがやいて見《み》える。教科 理 わし座《ざ》のアルタイル、こと座《ざ》のベガとともに、夏《なつ》の大三角《だいさんかく》の一《ひと》つ。

てのうち【手の内】 名詞 ❶腕前《うでまえ》や能力《のうりょく》。手並《てな》み。例 県大会《けんたいかい》で、新《あたら》しいチームの手の内を初《はじ》めて見《み》せた。❷心《こころ》の中《なか》にかくしている考《かんが》えや計画《けいかく》。例 相手《あいて》に手の内を読《よ》まれる。❸力《ちから》のおよぶ範囲《はんい》。例 勝利《しょうり》を手の内に収《おさ》める。

●**手《て》の内《うち》を明《あ》かす** 心《こころ》の中《なか》にかくしている考《かんが》えや計画《けいかく》を明《あき》らかにする。例 決勝戦《けっしょうせん》を前《まえ》に両《りょう》チームとも手の内を明かさない。

テノール（ドイツ語）名詞 歌《うた》を歌《うた》うときの声《こえ》の種類《しゅるい》で、男性《だんせい》のいちばん高《たか》い声《こえ》の範囲《はんい》。また、その声《こえ》で歌《うた》う人《ひと》。「テナー」ともいう。関連 バリトン。バス。

てのこう【手の甲】 名詞 手《て》のひらの反対側《はんたいがわ》の、手首《てくび》から指《ゆび》の付《つ》け根《ね》までの部分《ぶぶん》。図 ➡ 287ページ からだ

てのひら【手のひら】 名詞 手首《てくび》から先《さき》の、物《もの》をにぎったときに内側《うちがわ》になる面《めん》。図 ➡ 287ページ からだ

●**手《て》のひらを返《かえ》す** 言《い》うことや態度《たいど》を、それまでとはがらりと変《か》える。例 手のひらを返したように冷《つめ》たい態度《たいど》をとる。類 たなごころを返《かえ》す。

デノミ ➡ 896ページ デノミネーション

デノミネーション 名詞 通貨《つうか》の単位《たんい》の呼《よ》び名《な》を切《き》り下《さ》げること。たとえば、今《いま》までの百円《ひゃくえん》を新一円《しんいちえん》と呼《よ》び変《か》えること。略《りゃく》して「デノミ」ともいう。

ては 助詞（ほかのことばのあとにつけて）❶そのことが起《お》こると、よくないことが起《お》こることを表《あらわ》す。…たら。例 のんびりしていては電車《でんしゃ》に間《ま》に合《あ》わない／今《いま》やめてはこれまでの苦労《くろう》がだいなしになる。❷（「…てはいけない」などの形《かたち》で、全体《ぜんたい》で）禁止《きんし》を表《あらわ》す。例 廊下《ろうか》を走《はし》ってはいけない／それにさわってはだめです。❸すでに起《お》こったことを示《しめ》して、だからこうなるということを表《あらわ》す。…たからには。例 そこまで言《い》われてはだまっていられない。❹そのことが起《お》こると、いつも同《おな》じ結果《けっか》になることを表《あらわ》す。…と決《き》まっていつも。例 人《ひと》は空気《くうき》がなくては生《い》きられない／せいては事《こと》をしそんじる（＝急《いそ》ぐとかえって失敗《しっぱい》しやすい）。❺同《おな》じ動作《どうさ》がくり返《かえ》されることを表《あらわ》す。例 寄《よ》せては返《かえ》す波《なみ》の音《おと》／ちぎってはちぎっては投《な》げ、ちぎっては投《な》げ。

使い方 前《まえ》に「ん」「い」がくるときは「では」になることがある。「飲《の》んでは」「泳《およ》いでは」など。

では ❶接続詞 それでは。それなら。例 では、次《つぎ》のページに進《すす》みましょう。❷助詞（ほかのことばのあとにつけて）…であるならば。例 これではだめだ。❸感動詞 別《わか》れのあいさつに使《つか》うことば。例 では、またあした。

デパート 名詞 多《おお》くの種類《しゅるい》の品物《しなもの》を、売《う》り場《ば》を分《わ》けて売《う》っている大《おお》きな店《みせ》。百貨店《ひゃっかてん》。ことば 英語《えいご》の「デパートメントストア」の略《りゃく》。

てはい【手配】 名詞 動詞 ❶準備《じゅんび》すること。用意《ようい》。例 会場《かいじょう》へのタクシーを手配する／海外旅行《かいがいりょこう》の手配を進《すす》める。❷犯人《はんにん》をつかまえるために、あちらこちらに連絡《れんらく》をすること。例 指名手配《しめいてはい》。

デはい【デ杯】 ➡ 897ページ デビスカップ

ではいり【出入り】 名詞 動詞 出《で》たり入《はい》ったりすること。でいり。例 人《ひと》の出入りが多《おお》い部屋《へや》。

てはじめ【手始め】 名詞 ものごとにとりかかるはじめ。例 大掃除《おおそうじ》の手始めに窓《まど》をみがく。

てはず【手はず】 名詞 ものごとを行《おこな》うために、前《まえ》もってしておく準備《じゅんび》。例 運動会《うんどうかい》の手はずをととのえる。

てばた【手旗】 名詞 手《て》で持《も》つ小《ちい》さい旗《はた》。

常《じょう》に頭《あたま》のはたらきがよいことのたとえ。

てばたしんごう【手旗信号】 名詞 右手に赤《あか》、左手《ひだりて》に白《しろ》の小《ちい》さな旗《はた》を持《も》ち、一定《いってい》の決《き》まりに従《したが》って動《うご》かして、遠《とお》くの人《ひと》と通信《つうしん》する方法《ほうほう》。

てはっちょうくちはっちょう【手八丁口八丁】 ⇒387ページ口《くち》も八丁《はっちょう》手《て》も八丁《はっちょう》（「口《くち》」の子見出《こみだ》し）

でばな【出ばな・出鼻】 名詞 出《で》ようとする、そのとき。また、ものごとを始《はじ》めようとする、そのとき。「ではな」ともいう。

●**出《で》ばなをくじく** ものごとを始《はじ》めようとするときに、じゃまをしてやる気《き》をなくさせる。例 運動会《うんどうかい》が始《はじ》まる時間《じかん》に雨《あめ》が降《ふ》り出《だ》して、出ばなをくじかれた。

てばなし【手放し】 名詞 ❶手《て》を放《はな》すこと。❷遠慮《えんりょ》したり、気持《きも》ちをかくしたりしないこと。例 優勝《ゆうしょう》を手放しで喜《よろこ》ぶ。

てばなす【手放す】 動詞 ❶持《も》っている物《もの》を手《て》から放《はな》す。❷自分《じぶん》の持《も》ち物《もの》を人《ひと》にあげたり売《う》ったりする。例 車《くるま》を手放す。❸親《おや》が子供《こども》を自分《じぶん》のそばから放《はな》す。

てばやい【手早い】 形容詞 することがはやい。例 手早く着《き》がえる／仕事《しごと》が手早い。

ではらう【出払う】 動詞 人《ひと》やものが、全部《ぜんぶ》出《で》てしまって何《なに》も残《のこ》っていない。例 店《みせ》の者《もの》は出払っていて、だれもいません。

でばん【出番】 名詞 ❶舞台《ぶたい》に出《で》る番《ばん》。例 学芸会《がくげいかい》で、どきどきしながら出番を待つ。❷活躍《かつやく》する機会《きかい》。例 ここは、きみの出番だ。

てびかえる【手控える】 動詞 ものごとをひかえめにする。また、やめておく。例 商品《しょうひん》の仕入《しい》れを手控える。

てびき【手引き】 名詞 動詞 ❶案内《あんない》すること。例 見学者《けんがくしゃ》の手引きをする。❷わかりやすく教《おし》え導《みちび》くこと。また、そのための本《ほん》など。例 学習《がくしゅう》の手引き。❸世話《せわ》。しょうかい。例 知《し》り合《あ》いの手引きで放送局《ほうそうきょく》の見学《けんがく》ができた。

デビスカップ (Davis Cup) 名詞 アメリカのデビスが寄付《きふ》した、銀《ぎん》のカップ。また、それを争《あらそ》って毎年《まいとし》行《おこな》われるテニスの国際試合《こくさいじあい》。「デ杯《はい》」ともいう。

デビュー （フランス語） 名詞 動詞 俳優《はいゆう》・歌手《かしゅ》・作《さっ》家《か》などの新人《しんじん》が、初《はじ》めて多《おお》くの人々《ひとびと》の前《まえ》に登《とう》場《じょう》すること。例 デビュー曲《きょく》。

てびょうし【手拍子】 名詞 手《て》をたたいて拍《ひょう》子《し》をとること。また、その拍子《ひょうし》。例 手拍子を打《う》つ。関連 足拍子《あしびょうし》。

てびろい【手広い】 形容詞 関係《かんけい》している範囲《はんい》が広《ひろ》い。例 手広く商売《しょうばい》する。

てぶくろ【手袋】 名詞 季語冬 寒《さむ》さを防《ふせ》いだり、手《て》を守《まも》ったりするために手《て》にはめる、ふくろの形《かたち》をしたもの。ことば「一双《いっそう》」「一組《ひとくみ》」と数《かぞ》える。

てぶそく【手不足】 名詞 ものごとをするのに人手《ひとで》が足《た》りないこと。

でふね【出船】 名詞 船が港を出ること。また、その船《ふね》。「でぶね」ともいう。対 入《い》り船《ふね》。使い方 少《すこ》し古《ふる》い言《い》い方《かた》。

てぶら【手ぶら】 名詞 手《て》に何《なに》も持《も》たないこと。また、人《ひと》の家《いえ》を訪《たず》ねるときにおみやげなどを持《も》って行《い》かないこと。例 手ぶらで出《で》かける。

てぶり【手振り】 名詞 手《て》を動《うご》かすこと。また、その動《うご》き。例 手振りを交《ま》じえて話《はなし》をする。

デフレ 名詞 「デフレーション」の略《りゃく》。

デフレーション (deflation) 名詞 物《もの》の値段《ねだん》が下《さ》がって、お金《かね》の価値《かち》が上《あ》がること。出回《でまわ》っているお金《かね》の量《りょう》に比《くら》べて、商品《しょうひん》の量《りょう》が多《おお》すぎるときに起《お》こり、景気《けいき》が悪《わる》くなる。略《りゃく》して「デフレ」ともいう。対 インフレーション。

テフロン (Teflon) 名詞 ふっ素《そ》をふくむ合成樹《ごうせいじゅ》脂《し》。熱《ねつ》や薬品《やくひん》などに強《つよ》く、フライパンや機械《きかい》、電子機器《でんしきき》の部品《ぶひん》などに使《つか》われる。商標名《しょうひょうめい》。例 テフロン加工《かこう》。

てへん【手偏】 名詞 「扌」のこと。漢字《かんじ》の部首《ぶしゅ》の一《ひと》つ。「手」の形《かたち》が変《か》わったもので、手《て》に関《かん》係《けい》のある漢字《かんじ》を作《つく》ることが多《おお》い。指・持・拾・打など。

てほどき【手ほどき】 名詞 動詞 ものごとを初《はじ》めて学《まな》ぶ人《ひと》に、初《はじ》めからわかりやすく教《おし》えること。例 母《はは》から習字《しゅうじ》の手ほどきを受《う》けた。使い方「手《て》ほどき」には「教《おし》える」という意味《いみ》がふくまれているので、「手《て》ほどきを教《おし》える」といわないよう注意《ちゅうい》。

てほん【手本】 名詞

故事成語 一《いち》を聞《き》いて十《じゅう》を知《し》る　ものごとの一部《いちぶ》を聞《き》いただけで全体《ぜんたい》のことがわかってしまうほど、ひ

❶字《じ》や絵《え》を練習《れんしゅう》するときに、見習《みなら》ってまねるためのもの。❷ほかの人《ひと》が見習《みなら》うもととなるような、りっぱな人《ひと》。また、そのような行《おこな》い。例 わたしの手本はお姉《ねえ》さんだ。

てま【手間】 名詞 ある仕事《しごと》をするのにかかる時《じ》間《かん》や労力《ろうりょく》。例 手間がかかる料理《りょうり》。類 手数《てすう》。

デマ 名詞 でたらめなうわさや宣伝《せんでん》。例 デマを飛《と》ばす。ことば ドイツ語《ご》の「デマゴギー」の略《りゃく》。

てまえ【手前】 ❶ 名詞 自分《じぶん》に近《ちか》いほう。こちら。例 いすを手前に引《ひ》く／交番《こうばん》の手前の角《かど》を左《ひだり》に曲《ま》がる。❷ 名詞 人《ひと》に対《たい》する体裁《ていさい》。例 お客様《きゃくさま》の手前、おこることもできない。❸ 名詞 腕前《うでまえ》。手並《てな》み。例 お手前を拝見《はいけん》いたしましょう。❹ 名詞 茶道《さどう》で、茶《ちゃ》をたてるときの作法《さほう》。例 結《けっ》構《こう》なお手前でした。❺ 代名詞 自分《じぶん》のことをへりくだっていうことば。例 手前どもの店《みせ》へ一度《いちど》おこしください。使い方 ❹は、「点前」とも書《か》く。

でまえ【出前】 名詞 注文《ちゅうもん》を受《う》けた料理《りょうり》を、その家《いえ》に届《とど》けること。また、届《とど》ける人《ひと》やその料《りょう》理《り》。例 すしの出前をたのむ。

てまえがって【手前勝手】 名詞 形容動詞 自《じ》分《ぶん》に都合《つごう》のよいことだけを考《かんが》えて行動《こうどう》すること。自分勝手《じぶんかって》。例 手前勝手なふるまいでチームワークを乱《みだ》す。

てまえみそ【手前みそ】 名詞 自分《じぶん》で自分《じぶん》のことをほめること。例 手前みそを並《なら》べる。類 自画自賛《じがじさん》。ことば「自《じ》分《ぶん》の家《いえ》で作《つく》ったみその味《あじ》を自慢《じまん》する」ということからきたことば。

でまかせ【出任せ】 名詞 形容動詞 思《おも》いつくままに、いいかげんなことを言《い》うこと。例 口《くち》から出任せのうそを言《い》う。

でまど【出窓】 名詞 建物《たてもの》のかべから外《そと》に張《は》り出《だ》した窓《まど》。

てまどる【手間取る】 動詞 時間《じかん》がかかる。例 準備《じゅんび》に手間取り、会《かい》の開始《かいし》がおくれた。

てまね【手まね】 名詞 手《て》を動《うご》かしてものごとのまねをすること。例 手まねで説明《せつめい》する。

てまねき【手招き】 名詞 動詞 手《て》をふって、こちらへ来《く》るように合図《あいず》をすること。

てまひま【手間暇】 名詞 何《なに》かをするのに必要《ひつよう》な労力《ろうりょく》と時間《じかん》。例 手間暇かけて料理《りょうり》を作《つく》る。

てまめ【手まめ】 名詞 形容動詞 ものごとをめんどうがらずにすること。例 手まめに小鳥《ことり》の世話《せわ》をする。

てまり【手まり】 名詞 季語 新年 手《て》でついて遊《あそ》ぶまり。ゴムでできたものや、綿《わた》をしんにし、色糸《いろいと》を巻《ま》いて作《つく》ったものがある。

てまわし【手回し】 名詞 ❶手《て》で回《まわ》すこと。例 手回しのオルゴール。❷前《まえ》もって用意《ようい》しておくこと。例 鉛筆《えんぴつ》が手回しよく準備《じゅんび》されていた。

てまわり【手回り】 名詞 手《て》の届《とど》くところ。身《み》の回《まわ》り。例 手回り品《ひん》。

でまわる【出回る】 動詞 品物《しなもの》が、あちこちの店《みせ》に出《で》る。例 りんごが出回る季節《きせつ》。

てみじか【手短】 形容動詞 話《はなし》や文章《ぶんしょう》が簡単《かんたん》で短《みじか》いようす。例 時《じ》間《かん》がないので手短に説明《せつめい》します。使い方「手短か」と書《か》かないよう注意《ちゅうい》。

でみせ【出店】 名詞 ❶本店《ほんてん》からはなれたところに出《だ》した店《みせ》。支店《してん》。❷道《みち》ばたなどに出《だ》した店《みせ》。例 神社《じんじゃ》のお祭《まつ》りに出店が並《なら》ぶ。類 露店《ろてん》。

てみやげ【手土産】 名詞 人《ひと》を訪《たず》ねるときに持《も》って行《い》く、ちょっとしたみやげ物《もの》。

てむかう【手向かう】 動詞 目上《めうえ》の人《ひと》や強《つよ》い者《もの》などに反抗《はんこう》する。逆《さか》らう。類 歯向《はむ》かう。

でむかえ【出迎え】 名詞 とちゅうまで出《で》ていって人《ひと》をむかえること。また、むかえに行《い》く人《ひと》。例 出迎えの車《くるま》。対 見送《みおく》り。

でむかえる【出迎える】 動詞 とちゅうまで出《で》ていって人《ひと》をむかえる。例 駅《えき》に行《い》って、お客《きゃく》さんを出迎える。

でむく【出向く】 動詞 あるところに出《で》かけて行《い》く。例 先生《せんせい》の家《いえ》へあいさつに出向く。

デメリット (demerit) 名詞 そうすることによって損《そん》をする点《てん》。欠点《けってん》。対 メリット。

ても 助詞 (ほかのことばのあとにつけて) ❶たとえ…であっても。例 苦《くる》しくても走《はし》り続《つづ》ける。❷…けれども。…にもかかわらず。例 注意《ちゅうい》してもだめだった。使い方 前《まえ》に「ん」「い」がくるときは「でも」となることがある。「読《よ》んでも」「永《およ》いでも」な

やまとまりもなく、ただ騒ぎたてるだけの人々《ひとびと》の集《あつ》まりのこと。

でも ❶〔接続詞〕それなのに。しかし。けれども。例ぼくはがんばった。でも、負《ま》けてしまった。❷〔助詞〕すべてそうだということを表《あらわ》す。例だれでも入《にゅう》場《じょう》できます／いつでも来《き》ていいよ。❸〔助詞〕一《ひと》つの例《れい》を挙《あ》げ、ほかのものはいうまでもない、という気《き》持《も》ちを表《あらわ》す。…でさえ。例そんなことは、子供《こども》でも知《し》っている。❹〔助詞〕とくにそれというわけではなく、だいたいそんなもの、という気《き》持《も》ちを表《あらわ》す。例テレビでも見《み》ようか。使い方❷～❹は、ほかのことばのあとにつけて使《つか》う。

デモ 〔名詞〕自分《じぶん》たちの考《かんが》えや意見《いけん》を認《みと》めさせるために、大勢《おおぜい》の人《ひと》が集《あつ》まって勢《いきお》いを示《しめ》すこと。また、その集《あつ》まりや、そのための行進《こうしん》。ことば英《えい》語《ご》の「デモンストレーション」の略《りゃく》。

デモクラシー ↓1282ページ みんしゅしゅぎ

てもち【手持ち】 〔名詞〕手元《てもと》に持《も》っていること。また、そのもの。例手持ちのお金《かね》が少《すく》ない。

てもちぶさた【手持ち無沙汰】 〔名詞〕〔形容動詞〕何《なに》もすることがなくて退屈《たいくつ》なこと。例待《ま》たされて手持ち無沙汰なので本《ほん》を読《よ》む。

てもと【手元】 〔名詞〕❶手《て》が届《とど》くくらいの近《ちか》いところ。自分《じぶん》のそば。例辞書《じしょ》を手元に置《お》いて本《ほん》を読《よ》む。❷仕事《しごと》などをするときの、手《て》の調子《ちょうし》や手《て》の動《うご》き。例手元がくるってコップを落《お》とした。❸手近…（以下略）

元が苦《くる》しい。

デュース ↓609ページ ジュース(deuce)

テューバ (tuba)〔名詞〕金管楽器《きんかんがっき》の一《ひと》つ。低音《ていおん》部《ぶ》を受《う》け持《も》つ大型《おおがた》のらっぱ。「チューバ」ともいう。図↓269ページ がっき〔楽器〕

デュエット (duet)〔名詞〕❶二人《ふたり》で歌《うた》うこと。二重《にじゅう》唱《しょう》。❷楽器《がっき》を二人《ふたり》で演奏《えんそう》すること。二重《にじゅう》奏《そう》。

デュオ (イタリア語)〔名詞〕二重《にじゅう》奏《そう》や二重《にじゅう》唱《しょう》。また、そのための曲《きょく》や演奏団体《えんそうだんたい》。

デュナン 〔名詞〕(一八二八～一九一〇) スイスの人《ひと》。戦争《せんそう》での負傷者《ふしょうしゃ》の救護活動《きゅうごかつどう》につくし、赤《せき》十字社《じゅうじしゃ》をつくった。一九〇一年《ねん》、最初《さいしょ》のノーベル平和《へいわ》賞《しょう》を受《う》けた。

てら【寺】 〔名詞〕仏像《ぶつぞう》をまつり、おぼうさんが住《す》んで修行《しゅぎょう》や行事《ぎょうじ》、儀式《ぎしき》などを行《おこな》うところ。漢↓553ページ じ〔寺〕

テラ (tera)〔名詞〕「ヘルツ」「バイト」などの単《たん》位《い》の前《まえ》につけて、一兆倍《いっちょうばい》であることを表《あらわ》すことば。記号《きごう》は「T」。ことばもとはギリシャ語《ご》の「テラス（＝怪物《かいぶつ》）」。

てらう 〔動詞〕自分《じぶん》の知識《ちしき》や才能《さいのう》を自慢《じまん》して、わざと見《み》せびらかす。また、自分《じぶん》がすぐれているように見《み》せかける。例奇《き》をてらう（＝変《か》わったことをわざとして人《ひと》の注意《ちゅうい》を引《ひ》く）。

てらこや【寺子屋】 〔名詞〕江戸時代《えどじだい》に、おもに町人《ちょうにん》や農民《のうみん》の子供《こども》を集《あつ》めて、読《よ》み書《か》きやそろばんなどを教《おし》えたところ。使い方「寺小•屋」と

てらしあわせる【照らし合わせる】 〔動詞〕両方《りょうほう》を比《くら》べて確《たし》かめる。例クイズを解《と》いて、解答《かいとう》と照らし合わせる。

てらす【照らす】 〔動詞〕❶光《ひかり》を当《あ》てて明《あか》るくする。例懐中電灯《かいちゅうでんとう》で足元《あしもと》を照らす。❷比《くら》べて確《たし》かめる。例自分《じぶん》の行《おこな》いが正《ただ》しいかどうか、規則《きそく》に照らして考《かんが》える。漢↓630ページ しょう〔照〕

テラス (フランス語)〔名詞〕ゆかと同《おな》じくらいの高《たか》さで部屋《へや》の外《そと》に張《は》り出《だ》した、台《だい》のようなところ。類バルコニー。ベランダ。

デラックス (deluxe)〔名詞〕〔形容動詞〕ぜいたくで高級《こうきゅう》なこと。ごうかなこと。例デラックスな車《くるま》。

てり【照り】 〔名詞〕❶太陽《たいよう》が照《て》ること。晴天《せいてん》。例照りが強《つよ》い。❷物《もの》の表面《ひょうめん》が光《ひか》ること。つや。例みがいて照りを出《だ》す。❸日本料理《にほんりょうり》で、しょうゆ・みりんなどを煮《に》つめた、しる。料理《りょうり》につやを出《だ》すためにぬる。例照り焼《や》き／魚《さかな》に照りをつける。

てりかえし【照り返し】 〔名詞〕太陽《たいよう》などの光《ひかり》を反射《はんしゃ》すること。例雪《ゆき》の照り返しがまぶしい。

デリケート (delicate)〔形容動詞〕❶ものごとにするどく感《かん》じやすいようす。例デリケートな人《ひと》／デリケートなはだ。❷びみょうなようす。また、そのために、とりあつかいに注意《ちゅうい》しなければならないようす。

故事成語 烏合《うごう》の衆《しゅう》 「烏《う》」は、からすのこと。うるさく鳴《な》いてさわぐからすの集《あつ》まりのように、決《き》ま

例 デリケートな問題《もんだい》。

てりつける【照りつける】 動詞 太陽《たいよう》が激《はげ》しく照《て》る。例 夏《なつ》の日差《ひざ》しが照りつける。

てりはえる【照り映える】 動詞 光《ひかり》に当《あ》たって美《うつく》しくかがやく。例 湖面《こめん》が夕日《ゆうひ》に照り映えている。

デリバリー (delivery) 名詞 荷物《にもつ》などを配達《はいたつ》すること。

てりやき【照り焼き】 名詞 しょうゆ・みりんなどを混《ま》ぜて作《つく》ったたれをつけながら、表面《ひょうめん》につやが出《で》るように焼《や》くこと。また、そうして焼《や》いたもの。例 魚《さかな》の切《き》り身《み》を照り焼きにする。

てりゅうだん【手りゅう弾】 名詞 手《て》で投《な》げる小型《こがた》の爆弾《ばくだん》。「しゅりゅうだん」ともいう。

てりょうり【手料理】 名詞 料理屋《りょうりや》などにたのまないで、自分《じぶん》の手《て》で作《つく》った料理《りょうり》。

てる【照る】 動詞
❶光《ひか》りかがやく。例 日《ひ》が照る。対 陰《かげ》る。
❷天気《てんき》がよい。晴《は》れる。例 照る日《ひ》、くもる日《ひ》。
漢 ⇒630ページ しょう〔照〕

でる【出る】 動詞
❶内《うち》から外《そと》へ行《い》く。例 庭《にわ》に出る／教室《きょうしつ》を出る。対 入《い》る。入《はい》る。
❷あらわれる。例 つかれが顔《かお》に出る。
❸出発《しゅっぱつ》する。例 列車《れっしゃ》が駅《えき》を出た。
❹卒業《そつぎょう》する。去《さ》る。例 大学《だいがく》を出る。
❺売《う》れる。例 このジュースはよく出ます。
❻出版《しゅっぱん》される。また、本《ほん》などにのる。例 十一月号《がつごう》が出る／新聞《しんぶん》に名前《なまえ》が出る。
❼起《お》こる。発生《はっせい》する。例 火《ひ》が出る／元気《げんき》が出る。
❽産出《さんしゅつ》される。とれる。例 山《やま》から金《きん》が出た。
❾参加《さんか》する。例 大会《たいかい》に出る。
❿結果《けっか》が得《え》られる。例 答《こた》えが出る。
⓫通《つう》じる。例 この道《みち》を行《い》けば駅《えき》に出る。
⓬ある範囲《はんい》をこえる。例 線《せん》から出る／余《あま》りが出る。
⓭あたえられる。例 宿題《しゅくだい》が出る。
漢 ⇒619ページ しゅつ〔出〕

●**出《で》るくいは打《う》たれる** ことわざ すぐれた人《ひと》や、目立《めだ》ちすぎる人《ひと》、出《で》しゃばったことをする人《ひと》は、ねたまれたりにくまれたりするものだ。
使い方 「出るくぎは打たれる」といわないよう注意《ちゅうい》。

●**出《で》る幕《まく》がない** その人《ひと》が口《くち》を出《だ》したり、活躍《かつやく》したりする場面《ばめん》がない。例 生徒《せいと》だけでりっぱに進《すす》めて、先生《せんせい》の出る幕がなかった。

デルタ ⇒544ページ さんかくす

てるてるぼうず【照る照る坊主】 名詞 晴《は》れることをいのって、軒下《のきした》などにつるす、紙《かみ》や布《ぬの》で作《つく》った簡単《かんたん》な人形《にんぎょう》。

てれかくし【照れ隠し】 名詞 はずかしさや気《き》まずさを、人前《ひとまえ》でごまかそうとすること。例 照れ隠しに笑《わら》う。

てれくさい【照れくさい】 形容詞 はずかしい。きまりが悪《わる》い。例 人前《ひとまえ》で歌《うた》を歌《うた》うのは、照れくさい。

テレパシー (telepathy) 名詞 目《め》・耳《みみ》・口《くち》などを使《つか》わないで、思《おも》っていることが感《かん》じ…心《こころ》から心《こころ》に直接《ちょくせつ》伝《つた》わること。

テレビ 名詞 画像《がぞう》を電波《でんぱ》にかえて送《おく》り、受《う》けた側《がわ》がそれを画像《がぞう》として映《うつ》し出《だ》すしかけ。また、その機械《きかい》。ことば 英語《えいご》の「テレビジョン」の略《りゃく》。「テレ」は「遠《とお》い」、「ビジョン」は「見《み》ること」という意味《いみ》。

テレビかいぎ【テレビ会議】 名詞 はなれた場所《ばしょ》を通信回線《つうしんかいせん》で結《むす》び、参加者《さんかしゃ》がおたがいの映像《えいぞう》や音声《おんせい》を送信《そうしん》したり受信《じゅしん》したりしながら行《おこな》う会議《かいぎ》。

テレビゲーム 名詞 テレビの画面《がめん》に映《うつ》し出《だ》される画像《がぞう》で遊《あそ》ぶゲーム。ことば 英語《えいご》をもとに日《に》本《ほん》で作《つく》られたことば。

テレビでんわ【テレビ電話】 名詞 画面《がめん》で相手《あいて》を見《み》ながら話《はなし》ができる電話《でんわ》。

テレビとう【テレビ塔】 名詞 テレビ放送《ほうそう》の電波《でんぱ》を送《おく》るための塔《とう》。

テレフォン ⇒900ページ テレホン

テレホン (telephone) 名詞 「電話《でんわ》」「電話機《でんわき》」のこと。テレフォン。

テレホンカード 名詞 公衆電話《こうしゅうでんわ》をかけるときに、お金《かね》の代《か》わりに電話機《でんわき》に差《さ》しこんで使《つか》うカード。ことば 英語《えいご》をもとに日本《にほん》で作《つく》られたことば。

てれる【照れる】 動詞 はずかしがる。はにかむ。例 みんなに拍手《はくしゅ》されて照れてしまった。
漢 ⇒630ページ しょう〔照〕

テロ ⇒900ページ テロリズム

という意味《いみ》。古《ふる》いものを研究《けんきゅう》して、そこから新《あたら》しい考《かんが》えや知識《ちしき》を得《え》ること。

使って、政治的な目的をなしとげようとする考え方《かた》。また、その暴力的《ぼうりょくてき》な行為《こうい》。略《りゃく》して「テロ」ともいう。

でわ【出羽】 名詞 昔《むかし》の国《くに》の名《な》の一《ひと》つ。今《いま》の秋田《あきた》県《けん》のほぼ全域《ぜんいき》と山形県《やまがたけん》に当《あ》たる。羽前《うぜん》・羽後《うご》に分《わ》かれた。

てわけ【手分け】 名詞 動詞 一《ひと》つのことを、何《なん》人《にん》かで分《わ》けてすること。例 いなくなったうさぎを手分けしてさがす。類 分担《ぶんたん》。

でわさんち【出羽山地】 名詞 東北地方《とうほくちほう》の日《に》本海側《ほんかいがわ》を南北《なんぼく》に走《はし》る山地《さんち》。

てわたす【手渡す】 動詞 相手《あいて》に直接《ちょくせつ》わたす。例 先生《せんせい》が答案用紙《とうあんようし》をひとりひとりに手渡した。

てん【天】 名詞
❶空《そら》。大空《おおぞら》。例 天を見上《みあ》げる。対 地《ち》。
❷神《かみ》がいると考《かんが》えられている高《たか》い場所《ばしょ》。天国《てんごく》。例 天に召《め》される。
❸すべてのものを創造《そうぞう》したり支配《しはい》したりする神《かみ》。例 運《うん》を天に任《まか》せる。

漢 ⇩901ページ てん〔天〕

● **天高《てんたか》く馬肥《うまこ》ゆる秋《あき》** ことわざ 空《そら》はよく晴《は》れ馬《うま》はよく太《ふと》るという、秋《あき》のすばらしさを表《あらわ》すことば。

● **天《てん》にも昇《のぼ》る心地《ここち》** とてもうれしい気持《きも》ちのたとえ。例 コンクールで優勝《ゆうしょう》できて、天にも昇る心地だ。

● **天《てん》は二物《にぶつ》を与《あた》えず** ことわざ 一人《ひとり》の人間《にんげん》が、いくつもよいところを持《も》つということはない。

● **天《てん》は人《ひと》の上《うえ》に人《ひと》を造《つく》らず** ことわざ 人《ひと》はもともと平等であって、上下の区別はないということ。「…人《ひと》の下《した》に人《ひと》を造《つく》らず」と続《つづ》く。参考 福沢諭吉《ふくざわゆきち》のことば。

● **天《てん》は自《みずか》ら助《たす》くる者《もの》を助《たす》く** ことわざ 人《ひと》の力《ちから》をあてにせず自分《じぶん》で努力《どりょく》する人《ひと》は、天《てん》が助《たす》けてくれる。

● **天《てん》を焦《こ》がす** 火《ひ》が高《たか》く燃《も》え上《あ》がる。例 キャンプファイアの火《ひ》が天を焦がす。

● **天《てん》をつく** 非常《ひじょう》に高《たか》いようす。また、勢《いきお》いの非常《ひじょう》にさかんなようす。例 天をつくような高《こう》層《そう》ビル。

漢 **てん【天】**〔大《だい》〕 4画 1年 音 テン 訓 あめ・あま

一　二　チ　天（つきださない）

❶おおぞら。例 天気《てんき》／天体《てんたい》／天地《てんち》／雨天《うてん》／晴《せい》天《てん》。対 地《ち》。❷てっぺん。いちばんうえ。例 天《てん》井《じょう》。❸しぜん。しぜんのちから。例 天災《てんさい》／天《てん》然《ねん》。❹うまれつき。例 天才《てんさい》／天性《てんせい》／天分《てんぶん》。❺世界《せかい》のすべてをおさめるもの。神《かみ》。例 天子《てんし》／天罰《てんばつ》。❻神《かみ》がすむところ。例 天国《てんごく》／天使《てんし》。

漢 **てん【典】**〔八《はち》〕 8画 4年 音 テン

丨　冂　巾　曲　曲（よこぼうは一ぽん）　曲　典　典（とめる）

❶本《ほん》。例 古典《こてん》／辞典《じてん》／出典《しゅってん》。❷手本《てほん》。きまり。例 典型《てんけい》／法典《ほうてん》。❸ぎしき。例 祭典《さいてん》／式典《しきてん》。

漢 **てん【店】**〔广《まだれ》〕 8画 2年 音 テン 訓 みせ

丶　亠　广（○）　广　庁　庁　店　店

みせ。例 店員《てんいん》／店長《てんちょう》／店頭《てんとう》／店先《みせさき》／飲食店《いんしょくてん》／書店《しょてん》／売店《ばいてん》／百貨店《ひゃっかてん》／夜店《よみせ》。

てん【点】 名詞
❶小《ちい》さい印《しるし》。
❷位置《いち》だけがあって大《おお》きさのないもの。例 二つの点を線《せん》で結《むす》ぶ。
❸文《ぶん》の区切《くぎ》りにつけるしるし。読点《とうてん》。例「また」のあとに点を打《う》つ。
❹とくにとり上《あ》げる部分《ぶぶん》。例 その点も考《かんが》えてみた。
❺テストや競技《きょうぎ》などの成績《せいせき》。点数《てんすう》。例 よい点がとれた／見事《みごと》なシュートで点を入《い》れる。

漢 **てん【点】**〔灬《れんが》〕 9画 2年 音 テン

丨　ト（十としない）　ㅏ　占　占　占　点　点　点

❶小《ちい》さいしるし。例 点字《てんじ》／句点《くてん》。❷ある決《き》まったところ。例 終点《しゅうてん》／地点《ちてん》。❸評価《ひょうか》や成績《せいせき》を数字《すうじ》で表《あらわ》したもの。例 採点《さいてん》／得点《とくてん》／満点《まんてん》。❹一《ひと》つ一《ひと》つしらべる。例 点検《てんけん》／点呼《てんこ》。❺火《ひ》をつける。例 点灯《てんとう》／点滅《てんめつ》。❻さす。そそぐ。例 点滴《てんてき》。❼指《さ》し示《しめ》すことがら。例 欠点《けってん》／重点《じゅうてん》／要点《ようてん》。❽ものの数《かず》を数《かぞ》えることば。例 三点《さんてん》セット。

漢 **てん【展】**〔尸《しかばね》〕 10画 6年 音 テン

ㄱ　ㅋ　尸　尸　屏　屈　展（かたちにちゅうい）　展

故事成語　**温故知新《おんこちしん》**　昔《むかし》のことをよく調《しら》べ（温故《おんこ》）、今《いま》に通《つう》じる新《あたら》しい知識《ちしき》や考《かんが》え方《かた》を発見《はっけん》する（知新《ちしん》）

❶広《ひろ》がる。広《ひろ》げる。例 展開《てんかい》／展望《てんぼう》／進展《しんてん》／発《はっ》展《てん》。❷ならべる。例 展示《てんじ》／展覧会《てんらんかい》／個展《こてん》。

漢 **てん【転】**〔車《くるまへん》〕11画 3年 音 テン 訓 ころがる・ころげる・ころがす・ころぶ

一 ㄇ 亘 亘 車 車 転（下をながく）転 転

❶ころぶ。例 転倒《てんとう》／転落《てんらく》／横転《おうてん》。❷くるくるまわる。ころがる。例 運転《うんてん》／回転《かいてん》／自転《じてん》。❸かえる。うつる。例 転勤《てんきん》／転校《てんこう》／転入《てんにゅう》／移転《いてん》。

漢 **でん【田】**〔田《た》〕5画 1年 音 デン 訓 た

丨 ㄇ 冂（つきださない）田 田

❶たんぼ。例 田植《たう》え／田畑《たはた》／田園《でんえん》／水田《すいでん》。対 畑《はた》。❷何《なに》かがとれるところ。例 炭田《たんでん》／油田《ゆでん》。

漢 **でん【伝】**〔亻《にんべん》〕6画 4年 音 デン 訓 つたわる・つたえる・つたう

ノ 亻 亻 亻（下のよこぼうをながく）伝 伝

❶つたえる。つたわる。例 伝言《でんごん》／伝説《でんせつ》／伝達《でんたつ》／伝統《でんとう》／言《い》い伝《つた》え／遺伝《いでん》／宣伝《せんでん》。❷人《ひと》の一生《いっしょう》を書《か》いた本《ほん》。例 伝記《でんき》／自伝《じでん》。

漢 **でん【電】**〔雨《あめかんむり》〕13画 2年 音 デン

一 ㄧ 雨（とめる）雨 雨 雨 雨 雷 電（上へはねる）

❶いなびかり。例 電光《でんこう》。❷でんき。例 電車《でんしゃ》／電線《でんせん》／電池《でんち》／電灯《でんとう》／電流《でんりゅう》／電力《でんりょく》／発電《はつでん》。❸「電話《でんわ》」「電信《でんしん》」「電車《でんしゃ》」の略《りゃく》。例 外電《がいでん》／祝電《しゅくでん》。

でんあつ【電圧】 名詞 電気《でんき》を流《なが》そうとするはたらきの強《つよ》さ。強《つよ》さを表《あらわ》す単位《たんい》はボルトで、記《き》号《ごう》は「V」。

でんあつけい【電圧計】 名詞 電圧《でんあつ》を測《はか》る器《き》具《ぐ》。

てんい【転移】 名詞 動詞 場所《ばしょ》が移《うつ》ること。また、場所《ばしょ》を移《うつ》すこと。例 がんが転移する。

てんいむほう【天衣無縫】 ⇨997ページ 故事成語

てんいん【店員】 名詞 店《みせ》に勤《つと》めている人《ひと》。

でんえん【田園】 名詞 ❶田《た》や畑《はたけ》。❷田畑《たはた》や野原《のはら》などが広《ひろ》がっているところ。いなか。例 田園地帯《ちたい》／田園の風景《ふうけい》。

でんえんとし【田園都市】 名詞 自然《しぜん》の美《うつく》しさをそのまま残《のこ》して、大都市《だいとし》の近《ちか》くに計画的《けいかくてき》につくられた都市《とし》。

てんか【天下】 名詞 ❶空《そら》の下《した》。空《そら》の下《した》に広《ひろ》がる全世界《ぜんせかい》。❷全国《ぜんこく》。国《くに》じゅう。例 天下統一《とういつ》。❸世《よ》の中《なか》。世間《せけん》。例 天下をゆるがす大事件《だいじけん》が起《お》きる。❹ある人《ひと》が、思《おも》うままにふるまうこと。例 日《にち》曜日《ようび》の公園《こうえん》は、子供《こども》たちの天下だ。

●**天下《てんか》の台所《だいどころ》** ⇨903ページ てんかのだいどころ

てんか【点火】 名詞 動詞 火《ひ》をつけること。

てんか【添加】 名詞 動詞 ほかの物《もの》を加《くわ》えること。例 食品《しょくひん》添加物《ぶつ》。

てんか【転嫁】 名詞 動詞 責任《せきにん》や罪《つみ》などを、ほかの人《ひと》におしつけること。例 花瓶《かびん》をこわした責任《せきにん》を弟《おとうと》に転嫁する。

でんか【殿下】 名詞 皇族《こうぞく》を尊敬《そんけい》して呼《よ》ぶことば。例 皇太子《こうたいし》殿下。

でんか【電化】 名詞 動詞 家庭《かてい》や社会《しゃかい》で、熱《ねつ》や光《ひかり》を出《だ》したり機械《きかい》を動《うご》かしたりするのに、電気《でんき》の力《ちから》を利用《りよう》すること。例 電化製品《せいひん》。

てんかい【展開】 名詞 動詞 ❶大《おお》きく広《ひろ》がること。例 美《うつく》しい夜景《やけい》が目《め》の前《まえ》に展開する。❷ものごとが次々《つぎつぎ》に動《うご》いて、進《すす》んでいくこと。例 決勝《けっしょう》トーナメントでは激《はげ》しい接戦《せっせん》が展開された。❸行《い》きづまっていたことが、新《あたら》しいほうに進《すす》んでいくこと。例 事件《じけん》は思《おも》わぬ展開を見《み》せた。

てんかい【転回】 名詞 動詞 ❶ぐるっと回《まわ》って向《む》きを変《か》えること。また、向《む》きが変《か》わること。例 車《くるま》を転回させる。❷方針《ほうしん》などを大《おお》きく変《か》えること。また、方針《ほうしん》などが大《おお》きく変《か》わること。例 運命《うんめい》の転回点《てん》。

てんかいず【展開図】 名詞 立体《りったい》を切《き》り開《ひら》いて全《ぜん》部《ぶ》の面《めん》を平面《へいめんじょう》上に広《ひろ》げた図《ず》。

てんかいず

てんかいっぴん【天下一品】 名詞 ほかに比《くら》べるものがないほどすぐれていること。例 先生《せんせい》の話《はなし》のおもしろさは天下一品だ。

となって天《てん》にのぼってしまったという話《はなし》から、最後《さいご》にいちばん大切《たいせつ》なものを加《くわ》えて仕上《しあ》げることをいう。

てんかく【点画】 名詞 漢字をかたちづくっている点《てん》と線《せん》。

でんがく【田楽】 名詞 季語 春 ❶昔《むかし》、田植《たう》えのときなどに、豊作《ほうさく》をいのって歌《うた》いおどった芸能《げいのう》。❷「田楽豆腐《でんがくどうふ》」の略《りゃく》。豆腐《とうふ》を四角《しかく》に切《き》ってくしをさし、みそをぬって火《ひ》で焼《や》いた食《た》べ物《もの》。

ことば 季《き》語《ご》として使《つか》うのは❷の意味《いみ》。

てんかたいへい【天下太平】 ↓787ページ 四字熟語

てんかとういつ【天下統一】 名詞 全国《ぜんこく》を一《ひと》つにまとめて治《おさ》めること。

てんかのだいどころ【天下の台所】 江戸《えど》時代《じだい》の大坂《おおさか》（＝今《いま》の大阪《おおさか》）を指《さ》すことば。

教科 社 江戸《えど》時代《じだい》、最大《さいだい》の商工業《しょうこうぎょう》都市《とし》だった大坂《おおさか》には、全国《ぜんこく》から米《こめ》や産物《さんぶつ》が運《はこ》びこまれ、取《と》り引《ひ》きされたあとに、江戸《えど》に送《おく》りこまれた。

でんかのほうとう【伝家の宝刀】

ことわざ ❶その家《いえ》に宝物《たからもの》として代々《だいだい》伝《つた》わる刀《かたな》。❷いざというときにしか使《つか》わない、とっておきの手段《しゅだん》。例 うそ泣《な》きは妹《いもうと》の伝家の宝刀だ。

てんかぶつ【添加物】 名詞 いろいろな目的《もくてき》で、ある物《もの》に加《くわ》えるもの。例 食品添加物《しょくひんてんかぶつ》。

てんかふぶ【天下布武】 名詞 織田信長《おだのぶなが》が使《つか》った印《いん》にほられた文《ぶん》。全国統一《ぜんこくとういつ》を目指《めざ》す心《こころ》を示《しめ》している。

てんかわけめ【天下分け目】 国《くに》を支配《しはい》する権力《けんりょく》を自分《じぶん》がとるか、相手《あいて》にとられるかが決《き》まるとき。また、勝負が決まるたいせつなとき。

てんかん【転換】 名詞 動詞 方向《ほうこう》・考《かんが》え方《かた》・気《き》持《も》ちなどをかえること。また、かわること。例 気分転換《きぶんてんかん》のために外《そと》に出《で》た。

てんき【天気】 名詞 ❶空《そら》のようす。空模様《そらもよう》。例 今日《きょう》は天気が悪《わる》い。❷晴《は》れていること。晴天《せいてん》。例 天気が続《つづ》く／どうか明日《あす》は天気になりますように。❸人《ひと》の機嫌《きげん》。例 お天気屋《や》。

てんき【転記】 名詞 動詞 書《か》いてあることを、ほかのものに書《か》き写《うつ》すこと。例 メモした電話《でんわ》番号《ばんごう》をアドレス帳《ちょう》に転記する。

てんき【転機】 名詞 ものごとの状態《じょうたい》が変《か》わるきっかけ。例 人生《じんせい》の転機になったできごと。

でんき【伝記】 名詞 ある人《ひと》の一生《いっしょう》のことを書《か》いたもの。例 エジソンの伝記を読《よ》む。

でんき【電気】 名詞 ❶モーターを回《まわ》したり、明《あ》かりをつけたりするはたらきのもととなるもの。例 静電気《せいでんき》。❷電灯《でんとう》。例 電気をつける。

てんきあめ【天気雨】 名詞 太陽《たいよう》が照《て》っているのに降《ふ》る雨《あめ》。

でんききかんしゃ【電気機関車】 名詞 電《でん》気《き》を使《つか》った動力《どうりょく》で走《はし》る機関車《きかんしゃ》。

でんきじどうしゃ【電気自動車】 名詞 電《でん》気《き》を使《つか》って走《はし》る自動車《じどうしゃ》。排気《はいき》ガスを出《だ》さない。

↓153ページ 社会へのとびら エコカー

てんきず【天気図】 名詞 ある時刻《じこく》に調《しら》べた各《かく》地《ち》の天気《てんき》のようすを、いろいろな記号《きごう》や数字《すうじ》を使って地図の上に記入したもの。

てんきず

でんきスタンド【電気スタンド】 名詞 ゆかや机《つくえ》の上《うえ》などに置《お》いて使《つか》う、台《だい》のついた電灯《でんとう》。

でんきストーブ【電気ストーブ】 名詞 電《でん》気《き》を使《つか》って部屋《へや》を暖《あたた》める器具《きぐ》。

でんきそうじき【電気掃除機】 名詞 ごみやほこりを吸《す》いこんで掃除《そうじ》をする電気器具《でんききぐ》。

でんきぶんかい【電気分解】 名詞 動詞 水溶《すいよう》液《えき》に電流《でんりゅう》を流《なが》して化学変化《かがくへんか》を起《お》こし、物質《ぶっしつ》を分解《ぶんかい》すること。

てんきゅう【天球】 名詞 すべての星《ほし》が、地《ち》球《きゅう》を中心《ちゅうしん》とした大《おお》きな球《きゅう》の球面上《きゅうめんじょう》にあるものと、仮《かり》に考《かんが》えたときの、その球《きゅう》。例 天球儀《ぎ》。

でんきゅう【電球】 名詞 電灯《でんとう》のたま。電流《でんりゅう》を流《なが》すと、中《なか》にあるフィラメントという金属《きんぞく》の線《せん》が高温《こうおん》になり、光《ひかり》を出《だ》す。例 電球が切《き》れる。

てんきょ【転居】 名詞 動詞 住《す》む家《いえ》を変《か》えること。引《ひ》っ越《こ》し。例 転居届《とどけ》を出《だ》す。

故事成語 画竜点睛《がりょうてんせい》 中国《ちゅうごく》のすぐれた画家《がか》のかいた目《め》のない竜《りゅう》の絵《え》に目《め》をかき入《い》れたところ、竜《りゅう》が本《ほん》

てんぎょう【転業】名詞 動詞 職業《しょくぎょう》を変《か》えること。例 会社《かいしゃ》をやめて作家《さっか》に転業する。

でんぎょうだいし【伝教大師】⬇516ジ《ペー》さいちょう〔最澄〕

でんきょく【電極】名詞 電流《でんりゅう》を通《とお》すときの、電気《でんき》が流《なが》れ出《で》るほうと流《なが》れこむほうの二《ふた》つの極《きょく》。流《なが》れ出《で》るほうをプラス極《きょく》（＝陽極《ようきょく》）、流《なが》れこむほうをマイナス極《きょく》（＝陰極《いんきょく》）という。

てんきよほう【天気予報】名詞 気温《きおん》・気圧《きあつ》・風速《ふうそく》などを観測《かんそく》し、それをもとに天気《てんき》の変《か》わり方《かた》を予想《よそう》して知《し》らせること。

てんきん【転勤】名詞 動詞 同《おな》じ会社《かいしゃ》や役所《やくしょ》などで、勤《つと》める場所《ばしょ》が変《か》わること。類 転任《てんにん》。

てんぐ 名詞
❶山奥《やまおく》にすむと想像《そうぞう》されていた想像上《じょう》の怪物《かいぶつ》。鼻《はな》が高《たか》く赤《あか》い顔《かお》をしていて、つばさで空《そら》を自由《じゆう》に飛《と》ぶとされる。
❷うぬぼれて、いい気《き》になること。また、その人《ひと》。

てんぐ❶

ことば 漢字《かんじ》では「天狗」と書《か》く。❷は、てんぐ（＝❶）の鼻《はな》が高《たか》く、また、「自慢《じまん》に思《おも》うこと」を「鼻《はな》が高《たか》い」ということからきたことば。

●**てんぐになる** うぬぼれて、いい気《き》になる。例 テストで満点《まんてん》をとっててんぐになる。

てんくう【天空】名詞 広々《ひろびろ》とした空《そら》。大空《おおぞら》。

てんぐさ【天草】名詞 浅《あさ》い海《うみ》の岩《いわ》などにつく海藻《かいそう》。赤《あか》むらさき色《いろ》で、細《こま》かく枝《えだ》分かれしている。寒天《かんてん》やところてんの原料《げんりょう》になる。

てんぐたけ 名詞 毒《どく》きのこの一《ひと》つ。高《たか》さは二十《にじっ》センチメートルくらいで、茶色《ちゃいろ》いかさに白《しろ》いいぼがついている。夏《なつ》から秋《あき》にかけて、松林《まつばやし》などに生《は》える。図 ⬇336ジ《ペー》きのこ

でんぐりがえし【でんぐり返し】名詞「前転《ぜんてん》」「後転《こうてん》」のこと。両手《りょうて》を地《ち》につき、体《からだ》を丸《まる》めて、前《まえ》、または後《うし》ろに一回転《いっかいてん》すること。でんぐり返《がえ》り。

てんけい【典型】名詞 同《おな》じなかまの中《なか》で、その特徴《とくちょう》をもっともよく表《あらわ》しているもの。例 兄《あに》はスポーツマンの典型だ。

てんけいてき【典型的】形容動詞 あるものの特徴《とくちょう》を、もっともよく表《あらわ》しているようす。例 典型的なドイツ料理《りょうり》。

でんげき【電撃】名詞
❶電流《でんりゅう》を受《う》けたときに感《かん》じる、激《はげ》しいショック。
❷いなずまのように、急《きゅう》に敵《てき》をせめること。また、すばやく行動《こうどう》すること。例 電撃作戦《さくせん》。

でんげきてき【電撃的】形容動詞 いなずまのように、突然《とつぜん》で、すばやいようす。例 二人《ふたり》は電撃的に結婚《けっこん》した。

てんけん【点検】名詞 動詞 一《ひと》つ一《ひと》つ調《しら》べること。使い方「点険」と書《か》かないよう注意《ちゅうい》。

でんげん【電源】名詞
❶電流《でんりゅう》をとるもと。例 この部屋《へや》には電源がない。
❷発電所《はつでんしょ》など、電気《でんき》をつくり出《だ》すところ。

てんこ【点呼】名詞 動詞 ひとりひとりの名前《なまえ》を呼《よ》んで、そろっているか確《たし》かめること。例 先生《せんせい》は遠足《えんそく》に出発《しゅっぱつ》する前《まえ》に点呼をとった。

てんこう【天候】名詞 ある期間《きかん》の天気《てんき》のようす。例 悪《あく》天候／天候にめぐまれる。

てんこう【転向】名詞 動詞 仕事《しごと》や考《かんが》え方《かた》などを変《か》えること。例 この選手《せんしゅ》は、百《ひゃく》メートル走《そう》から五百《ごひゃく》メートル走《そう》に転向した。

てんこう【転校】名詞 動詞 児童《じどう》・生徒《せいと》がほかの学校《がっこう》に移《うつ》ること。例 転校生《せい》。

でんこう【電光】名詞
❶電灯《でんとう》の光《ひかり》。例 電光掲示板《けいじばん》。
❷いなびかり。いなずま。例 夜空《よぞら》に電光が走《はし》る。

でんこうけいじばん【電光掲示板】名詞 電球《でんきゅう》などの光《ひかり》を使《つか》って、文字《もじ》や図《ず》などを表示《ひょうじ》する掲示板《けいじばん》。

でんこうせっか【電光石火】名詞 いなびかりがひらめいたり、火打《ひう》ち石《いし》の火花《ひばな》が飛《と》んだりする瞬間《しゅんかん》くらいの、非常《ひじょう》に短《みじか》い時間《じかん》。また、行動《こうどう》が非常《ひじょう》にすばやいことのたとえ。例 電光石火の早《はや》わざ。

でんこうニュース【電光ニュース】名詞 縦横《たてよこ》にたくさん並《なら》べた電球《でんきゅう》を、文字《もじ》の形《かたち》に光《ひか》らせて、ニュースを知《し》らせるしかけ。

てんごく【天国】名詞
❶キリスト教《きょう》などで、神《かみ》や天使《てんし》がおり、よい行《おこな》いをした人《ひと》が死《し》んだあとに行《い》くという天上《てんじょう》の世界《せかい》。類 極楽《ごくらく》。対 地獄《じごく》。
❷すばらしい、楽《たの》しいところをたとえていうことば。

…臓《ぞう》と胆《たん》のうのことで、心《こころ》の底《そこ》という意味《いみ》。

類 楽園、楽土。対 地獄。

でんごん【伝言】 名詞 動詞 人《ひと》にたのんで用件《ようけん》を伝《つた》えること。また、そのことば。ことづて。

てんさ【点差】 名詞 得点《とくてん》の差《さ》。例 ホームランで点差を広《ひろ》げる。

てんさい【天才】 名詞 生《う》まれつき持《も》っている、ずばぬけてすぐれた才能《さいのう》。また、それを持《も》っている人《ひと》。例 天才画家《がか》。

てんさい【天災】 名詞 地震《じしん》や洪水《こうずい》などの、自然《しぜん》の変化《へんか》によって起《お》こる災難《さいなん》。対 人災《じんさい》。

● **天災《てんさい》は忘《わす》れた頃《ころ》にやってくる** ことわざ 地震《じしん》や洪水《こうずい》などの災害《さいがい》は、起《お》きてから年月《ねんげつ》がたって人々《ひとびと》が忘《わす》れたころにまた起《お》こるものなので、用心《ようじん》を忘《わす》れてはならない。

てんさい【転載】 名詞 動詞 すでに発表《はっぴょう》された文章《ぶんしょう》や絵《え》、写真《しゃしん》などを、ほかの本《ほん》や新聞《しんぶん》などにそのままのせること。

てんさい【てん菜】 名詞 だいこんのような形《かたち》をした植物《しょくぶつ》。根《ね》のしぼりじるから砂糖《さとう》をつくる。「砂糖大根《さとうだいこん》」「ビート」ともいう。日本《にほん》では北海道《ほっかいどう》など、すずしい地方《ちほう》でさいばいされる。

てんざい【点在】 名詞 動詞 あちこちに散《ち》らばってあること。例 キャンプ場《じょう》にテントが点在している。類 散在《さんざい》。

てんさく【転作】 名詞 動詞 田畑《たはた》で、これまでつくっていた作物《さくもつ》とは別《べつ》の作物《さくもつ》をつくること。

てんさく【添削】 名詞 動詞 文章《ぶんしょう》や答案《とうあん》などを、余計《よけい》なところをけずったり、足《た》りないところを書《か》き加《くわ》えたりして直《なお》すこと。

でんさんき【電算機】 ➡50 コンピューター

てんし【天子】 名詞 天《てん》に代《か》わって国《くに》を治《おさ》める人《ひと》。昔《むかし》、君主《くんしゅ》や天皇《てんのう》などを指《さ》した古《ふる》いことば。

てんし【天使】 名詞 ❶キリスト教《きょう》などで、人間《にんげん》の世界《せかい》につかわされた神《かみ》の使《つか》い。「エンゼル」ともいう。❷情《なさ》け深《ぶか》く清《きよ》らかな心《こころ》を持《も》った、やさしい人《ひと》のたとえ。例 白衣《はくい》の天使（＝女性《じょせい》の看護師《かんごし》のたとえ）。

てんじ【点字】 名詞 目《め》の不自由《ふじゆう》な人《ひと》が指《ゆび》でさわって読《よ》めるようにつくられた文字《もじ》。表面《ひょうめん》にとび出《だ》させた小《ちい》さな点《てん》を組《く》み合《あ》わせて表《あらわ》す。➡

625ページ 社会へのとびら　➡1442ページ 点字《てんじ》

てんじ【展示】 名詞 動詞 品物《しなもの》を並《なら》べて、たくさんの人《ひと》に見《み》せること。例 作品《さくひん》を展示する。

でんし【電子】 名詞 原子《げんし》をつくっている、非常《ひじょう》に小《ちい》さいつぶ。マイナスの電気《でんき》を持《も》つ。「エレクトロン」ともいう。

でんしか【電子化】 名詞 動詞 さまざまな手続《てつづ》きや仕事《しごと》に、コンピューターを使《つか》うようにすること。また、紙《かみ》の文書《ぶんしょ》や画像《がぞう》などを、デジタルデータに変《か》えること。例 カルテの電子化。

てんじく【天竺】 名詞 昔《むかし》、日本《にほん》や中国《ちゅうごく》で、インドを指《さ》した言《い》い方《かた》。

てんじくねずみ 名詞 「モルモット」のこと。

でんしけいさんき【電子計算機】 ➡507ページ コンピューター

でんしけんびきょう【電子顕微鏡】 名詞 光《ひかり》の代《か》わりに電子《でんし》を使《つか》う顕微鏡《けんびきょう》。非常《ひじょう》に小《ちい》さ

でんしこうがく【電子工学】 ➡159ページ エレクトロニクス

でんしじしょ【電子辞書】 名詞 辞書《じしょ》や事典《じてん》の内容《ないよう》が入《はい》った、携帯用《けいたいよう》の電子機器《でんしきき》。

でんじしゃく【電磁石】 名詞 鉄《てつ》のしんにエナメル線《せん》などを巻《ま》いたもの。エナメル線《せん》に電流《でんりゅう》が流《なが》れている間《あいだ》だけ、鉄《てつ》が磁石《じしゃく》になる。モーターなどに利用《りよう》されている。図 ➡568ページ じしゃく❶

でんししょせき【電子書籍】 名詞 本《ほん》の内容《ないよう》をデジタルデータにして画面《がめん》で読《よ》めるようにしたもの。専用《せんよう》の機器《きき》やパソコン、携帯電話《けいたいでんわ》、タブレット型端末《がたたんまつ》などで読《よ》むことができる。

てんじディスプレー【点字ディスプレー】 名詞 点字《てんじ》を表示《ひょうじ》する装置《そうち》。点字《てんじ》の読《よ》み書《か》きのほか、コンピューターに接続《せつぞく》して情報《じょうほう》のやりとりもできる。

てんじてんのう【天智天皇】 名詞 （六二六～六七一）飛鳥時代《あすかじだい》の天皇《てんのう》。初《はじ》め中大兄皇子《なかのおおえのおうじ》といった。中臣鎌足《なかとみのかまたり》（＝のちの藤原鎌足《ふじわらのかまたり》）とともに蘇我氏《そがし》をほろぼし、大化《たいか》の改新《かいしん》を行《おこな》って、政治《せいじ》のしくみを変《か》えた。

でんしとうひょう【電子投票】 名詞 インターネットやコンピューターなどを使《つか》って行《おこな》う投票《とうひょう》。

でんじは【電磁波】 名詞 電波《でんぱ》・赤外線《せきがいせん》・紫外線《しがいせん》・X《エックス》線《せん》など、電気《でんき》や磁気《じき》のはたらきによって生《う》まれる波《なみ》をまとめていうことば。

故事成語　肝胆相照《かんたんあいて》らす　おたがいに心《こころ》の底《そこ》まで打《う》ち明《あ》けて、かくしごとなく交際《こうさい》すること。「肝胆《かんたん》」は

てんじばん【点字盤】 名詞 点字《てんじ》を書《か》くための器具《きぐ》。

でんしぶひん【電子部品】 名詞 電子機器《でんしきき》や電化製品《でんかせいひん》などに使《つか》われる部品《ぶひん》。

てんじブロック【点字ブロック】 名詞 目《め》の不自由《ふじゆう》な人《ひと》が安全《あんぜん》に歩《ある》けるように、歩道《ほどう》や駅《えき》のホームなどに並《なら》べてしいてある、でこぼこのあるブロック。

でんしペーパー【電子ペーパー】 名詞 電《でん》気《き》を使《つか》って、文字《もじ》や映像《えいぞう》などを表示《ひょうじ》する、紙《かみ》のようにうすい画面《がめん》。

でんしマネー【電子マネー】 名詞 ＩＣ《アイシー》カードなどを使《つか》って、現金《げんきん》の代《か》わりに代金《だいきん》のしはらいをするしくみ。参考 クレジットカードやキャッシュカードに似《に》ているが、電子《でんし》マネーは署《しょ》名《めい》や暗証番号《あんしょうばんごう》を使《つか》わなくてよい。

でんしメール【電子メール】 名詞 コンピューターのネットワークを使《つか》って、文字《もじ》や絵《え》などを手紙《てがみ》のように送《おく》ったり受《う》けとったりすること。また、そのようにして送《おく》るもの。「Ｅ《イー》メール」「メール」ともいう。例 電子メールのアドレス。ことば「メール」は英語《えいご》で「郵便《ゆうびん》」という意味《いみ》。

でんしゃ【電車】 名詞 電気《でんき》の力《ちから》で、線路《せんろ》の上《うえ》を走《はし》る乗《の》り物《もの》。

てんしゅ【店主】 名詞 店《みせ》の主人《しゅじん》。

てんじゅ【天寿】 名詞 天《てん》からさずかった命《いのち》の長《なが》さ。寿命《じゅみょう》。例 天寿をまっとうする（＝長生《ながい》きをしたのちに死《し》ぬ）。

でんじゅ【伝授】 名詞 動詞 わざや方法《ほうほう》などを教《おし》えさずけること。

てんしゅかく【天守閣】 名詞 城《しろ》の中心《ちゅうしん》に建《た》てられた、いちばん高《たか》い建物《たてもの》。

てんしゅかく

てんしゅつ【転出】 名詞 動詞 ❶ほかの土地《とち》に移《うつ》り住《す》むこと。対 転入《てんにゅう》。❷ほかの職場《しょくば》に移《うつ》ること。

てんじょう【天上】 名詞 ❶空《そら》の上《うえ》。また、空《そら》。天《てん》。例 天上の美《うつく》しい星《ほし》。❷仏教《ぶっきょう》で、天人《てんにん》がすむと考《かんが》えられている空《そら》の上《うえ》の世界《せかい》。天上界《てんじょうかい》。

てんじょう【天井】 名詞 ❶部屋《へや》の上《うえ》の面《めん》に張《は》った板《いた》。❷ものごとのいちばん高《たか》いところのたとえ。例 この秋《あき》のまつたけの値段《ねだん》は天井知《し》らず（＝どこまで高《たか》くなるかわからないこと）だった。

でんしょう【伝承】 名詞 動詞 昔《むかし》からの言《い》い伝《つた》えやしきたりなどを受《う》けつぎ、次《つぎ》の時代《じだい》に伝《つた》えていくこと。また、その伝《つた》えられたもの。例 地域《ちいき》に伝承されてきた昔話《むかしばなし》。⇩831ジベー

伝統コラム

てんじょうかい【天上界】 ⇩906ジベー てんじょう〔天上〕❷

てんしょく【天職】 名詞 天《てん》からさずかった仕《し》事《ごと》。また、自分《じぶん》の性質《せいしつ》によく合《あ》っている職業《しょくぎょう》。

てんしょく【転職】 名詞 動詞 職業《しょくぎょう》を変《か》えること。例 会社員《かいしゃいん》から看護師《かんごし》に転職する。

でんしょばと【伝書ばと】 名詞 かならず巣《す》に帰《かえ》る性質《せいしつ》を利用《りよう》して、手紙《てがみ》などを届《とど》けさせる訓練《くんれん》をしたはと。

てんじる【点じる】 動詞 ❶火《ひ》や明《あ》かりをつける。例 ろうそくに火《ひ》を点じる。❷お茶《ちゃ》をたてる。例 野外《やがい》で茶《ちゃ》を点じる。ことば「点《てん》ずる」ともいう。

てんじる【転じる】 動詞 向《む》きやようすなどを変《か》える。また、変《か》わる。「転《てん》ずる」ともいう。例 進行方向《しんこうほうこう》を南《みなみ》に転じる。

でんしレンジ【電子レンジ】 名詞 電波《でんぱ》を熱《ねつ》に変《か》えることによって、短《みじか》い時間《じかん》で食品《しょくひん》を温《あたた》めたり、調理《ちょうり》したりする電気器具《でんききぐ》。

でんしん【電信】 名詞 電気《でんき》のはたらきを利用《りよう》して、はなれたところと通信《つうしん》すること。有線電《ゆうせんでん》信《しん》と無線電信《むせんでんしん》がある。

でんしんばしら【電信柱】 名詞 電線《でんせん》・電話《でんわ》線《せん》などを支《ささ》える柱《はしら》。電柱《でんちゅう》。

てんしんらんまん【天真爛漫】 名詞 形容動詞 言《い》うことやすることにかざり気《け》がなく、すなおで明《あか》るく無邪気《むじゃき》なこと。例 天真爛漫な子《こ》。

てんすう【点数】 名詞 ❶成績《せいせき》を数字《すうじ》で表《あらわ》したもの。例 テストの点数。❷品物《しなもの》の数《かず》。例 倉庫《そうこ》の品物《しなもの》の点数を調《しら》べる。

てんずる【点ずる】 ⇩906ジベー てんじる〔点じる〕

…えったという話《はなし》から、悪《わる》いところや足《た》りないところがまったくなく、りっぱなことをいう。

てんせい【天性】 名詞 ある性質《せいしつ》を生まれつき持《も》っていること。また、その性質《せいしつ》。 例 弟《おとうと》には天性の明《あか》るさがある。

でんせいかん【伝声管】 名詞 はなれたところに声《こえ》を伝《つた》えるための管《くだ》。管《くだ》の一方《いっぽう》のはしで話《はな》した声《こえ》が、もう一方《いっぽう》のはしで聞《き》けるようになっている。船《ふね》や飛行機《ひこうき》などで使《つか》った。

でんせつ【伝説】 名詞 昔《むかし》から語《かた》り伝《つた》えられてきた話《はなし》。言《い》い伝《つた》え。 例 村《むら》に伝《つた》わる伝説。

てんせん【点線】 名詞 点《てん》が並《なら》んでできている線《せん》。 例 点線のところで折《お》り曲《ま》げてください。 関連 実線《じっせん》。

てんせん【転戦】 名詞 動詞 次々《つぎつぎ》に場所《ばしょ》を変《か》えて戦《たたか》うこと。 例 ゴルフのツアーで日本各地《にほんかくち》を転戦する。

でんせん【伝染】 名詞 動詞 ❶病気《びょうき》がうつること。❷あることがほかへ伝《つた》わり広《ひろ》まること。 例 友《とも》だちのあくびが伝染した。

でんせん【電線】 名詞 電流《でんりゅう》を通《とお》すための金属《きんぞく》の線《せん》。

でんせんびょう【伝染病】 名詞 細菌《さいきん》やウイルスによって人《ひと》から人《ひと》へとうつる病気《びょうき》。今《いま》は「感染症《かんせんしょう》」という。

てんそう【転送】 名詞 動詞 送《おく》られてきた手紙《てがみ》などを、また別《べつ》のところへ送《おく》ること。 例 手紙《てがみ》を引《ひ》っ越《こ》し先《さき》に転送する。 類 回送《かいそう》。

でんそう【電送】 名詞 動詞 電波《でんぱ》や電流《でんりゅう》を使《つか》って、写真《しゃしん》や文字《もじ》などをはなれた場所《ばしょ》に送《おく》ること。

てんたい【天体】 名詞 太陽・月・星など、宇宙《ちゅう》にあるすべてのもの。 例 天体観測《かんそく》。

てんだいしゅう【天台宗】 名詞 仏教《ぶっきょう》の宗《しゅう》派《は》の一《ひと》つ。平安時代《へいあんじだい》の初期《しょき》に、唐《とう》（=今《いま》の中《ちゅう》国《ごく》）に留学《りゅうがく》して学《まな》んだ最澄《さいちょう》が、比叡山《ひえいざん》に延暦《えんりゃく》寺《じ》を開《ひら》いて教《おし》えを広《ひろ》めた。

てんたいしょう【点対称】 名詞 二《ふた》つの点《てん》・線《せん》・形《かたち》などが、ある一《ひと》つの点《てん》を境《さかい》にして、ちょうど向《む》かい合《あ》う位置《いち》にあること。 図 ⇩778ページ《ジ》 たいしょうずけい

てんたいぼうえんきょう【天体望遠鏡】 名詞 天体《てんたい》の観測《かんそく》に使《つか》う望遠鏡《ぼうえんきょう》。

でんたく【電卓】 名詞 電子技術《でんしぎじゅつ》を使《つか》った小型《こがた》の計算機《けいさんき》。「電子式卓上計算機《でんししきたくじょうけいさんき》」の略《りゃく》。

でんたつ【伝達】 名詞 動詞 命令《めいれい》や連絡《れんらく》を伝《つた》えること。 例 クラス全員《ぜんいん》に伝達する。

てんち【天地】 名詞 ❶天《てん》と地《ち》。❷世界《せかい》。世《よ》の中《なか》。 例 新《あたら》しい天地を求《もと》めて旅立《たびだ》つ。❸本《ほん》や荷物《にもつ》などの上《うえ》と下《した》の部分《ぶぶん》。また、上下《じょうげ》の方向《ほうこう》。 例 はがきの天地を空《あ》けて文字《もじ》を書《か》く。

てんち【転地】 名詞 動詞 病気《びょうき》を治《なお》すために、住《す》む土地《とち》を変《か》えること。

でんち【田地】 名詞 田《た》。田《た》んぼ。 例 先祖《せんぞ》から受《う》けついだ田地を守《まも》る。

でんち【電池】 名詞 薬品《やくひん》や金属《きんぞく》などのはたらきで電流《でんりゅう》を起《お》こすしかけ。 例 乾《かん》電池。 使い方 「電地」と書《か》かないよう注意《ちゅうい》。

てんちむよう【天地無用】 名詞 荷物《にもつ》などの外側に書く、注意書きのことば。「上下を逆さまにするな」という意味《いみ》。

てんちゅう【転注】 名詞 ある漢字《かんじ》のもともとの意味《いみ》を、関係《かんけい》のあるほかの意味《いみ》に変《か》えて用《もち》いること。もともと「音楽《おんがく》」を意味《いみ》する漢字《かんじ》「楽」を、音楽《おんがく》をたのしむことから「たのしい」という意味《いみ》に用《もち》いる、など。

でんちゅう【電柱】 名詞 電線《でんせん》・電話線《でんわせん》などを支《ささ》える柱《はしら》。電信柱《でんしんばしら》。

てんちょう【天頂】 名詞 真上《まうえ》にある空《そら》。空《そら》の中《なか》で、地球上《ちきゅうじょう》から観測《かんそく》する人《ひと》の真上《まうえ》にあるところ。

てんちょう【店長】 名詞 商店《しょうてん》などの責任者《せきにんしゃ》。

てんちょう【転調】 名詞 動詞 音楽《おんがく》で、曲《きょく》のとちゅうで、ほかの調《ちょう》に変《か》えること。また、変《か》わること。 例 長調《ちょうちょう》から短調《たんちょう》に転調する。

てんで 副詞 全然《ぜんぜん》。まったく。 例 このガイドブックはてんで役《やく》に立《た》たない。 使い方 あとに「ない」などのことばがくる。くだけた言《い》い方《かた》。

てんてき【天敵】 名詞 その動物《どうぶつ》を好《この》んで食《た》べる、ほかの動物《どうぶつ》。 参考 たとえば、へびはねずみの天敵《てんてき》。

てんてき【点滴】 名詞 動詞 薬《くすり》や栄養分《えいようぶん》をふくんだ液体《えきたい》などを、時間《じかん》をかけて少《すこ》しずつ静脈《じょうみゃく》に注入《ちゅうにゅう》すること。

てんてこまい【てんてこ舞い】 名詞 動詞 非常《ひじょう》にいそがしくて、あわてさわぐようす。 例 大勢《おおぜい》のお客《きゃく》さんに、母《はは》はてんてこ舞いしていた。 ことば 「てんてこ」はおどりのときに鳴《な》

故事成語 完璧《かんぺき》　昔《むかし》中国《ちゅうごく》で、うばわれそうになった宝石《ほうせき》（璧《へき》）を、もとの完全《かんぜん》な形《かたち》のままで無事《ぶじ》に持《も》ち

らす太鼓《たいこ》の音《おと》。これに合《あ》わせてあわただしくおどるようすからきたことば。

てんてつき【転てつ機】 名詞 線路《せんろ》の分《わ》かれ目《め》で、列車《れっしゃ》などを別《べつ》の線路《せんろ》に進《すす》ませる装置《そうち》。ポイント。

てんでに 副詞 それぞれが。思《おも》い思《おも》いに。例 みんなてんでに好《す》きな席《せき》にすわった。

てんてん【点点】
❶ 名詞 二《ふた》つ以上《いじょう》の点《てん》。
❷ 名詞 点《てん》が並《なら》んでできている線《せん》。点線《てんせん》。
❸ 副詞 あちこちに散《ち》らばっているようす。例 山《やま》のふもとに家《いえ》が点々と見《み》える。
❹ 副詞 しずくがぽつりぽつりと落《お》ちるようす。例 葉《は》の先《さき》から、雨《あめ》のしずくが点々と落《お》ちる。
使い方 ❸❹は、「点点《てんてん》と」の形《かたち》でも使《つか》う。

てんてん[と]【転転[と]】 副詞
❶次《つぎ》から次《つぎ》へと変《か》わっていくようす。例 さまざまな仕事《しごと》を転々とする。
❷転《ころ》がるようす。例 ボールが転々と転《ころ》がっていく。

でんでんむし【でんでん虫】 ⇩263ジー《ペー》 かたつむり

テント (tent) 名詞 季語 夏 野外《やがい》で、日光《にっこう》・雨《あめ》・風《かぜ》などを防《ふせ》ぐために幕《まく》を張《は》ってつくる、小屋《こや》のようなもの。また、その幕《まく》。類 天幕《てんまく》。ことば「一張《ひとはり》」と数《かぞ》える。

てんとう【店頭】 名詞 店先《みせさき》。例 お菓子屋《かしや》さんの店頭にケーキが並《なら》んでいる。

てんとう【点灯】 名詞 動詞 明《あ》かりをつけること。例 ライトを点灯する。対 消灯《しょうとう》。

てんとう【転倒】 名詞 動詞
❶ひっくり返《かえ》ること。例 自転車《じてんしゃ》が風《かぜ》で転倒する／スキー場《じょう》で転倒し、けがをした。
❷逆《さか》さまになること。例 本末《ほんまつ》転倒（＝大事《だいじ》なことと大事《だいじ》でないことが逆《ぎゃく》になること）。
❸びっくりしてあわてること。例 父《ちち》が大《おお》けがをしたと聞《き》いて気《き》が転倒してしまった。

でんとう【伝統】 名詞 昔《むかし》から受《う》けつがれてきた、考《かんが》え方《かた》やり方《かた》、習慣《しゅうかん》などのこと。

でんとう【電灯】 名詞 電気《でんき》によって光《ひか》る明《あ》かり。

でんどう【伝道】 名詞 動詞 宗教《しゅうきょう》、とくにキリスト教《きょう》の教《おし》えを伝《つた》え、広《ひろ》めること。類 布教《ふきょう》。
⇩ 使い分け

使い分け
でんどう 伝道・伝導

伝道 おもにキリスト教《きょう》で、教《おし》えを広《ひろ》めて、信者《しんじゃ》を増《ふ》やすこと。「伝道師《でんどうし》」

伝導 熱《ねつ》や電気《でんき》が物体《ぶったい》の中《なか》を伝《つた》わっていくこと。「伝導体《でんどうたい》／熱伝導《ねつでんどう》」

でんどう【伝導】 名詞
❶熱《ねつ》の伝《つた》わり方《かた》の一《ひと》つ。熱《ねつ》が物体《ぶったい》の中《なか》を伝《つた》わって移《うつ》っていくこと。関連 対流《たいりゅう》。放射《ほうしゃ》。
❷電気《でんき》が物体《ぶったい》の中《なか》を伝《つた》わって移《うつ》っていくこと。
⇩ 使い分け

でんどう【殿堂】 名詞
❶大《おお》きくて、りっぱな建物《たてもの》。また、ある分野《ぶんや》の中心《ちゅうしん》となるような建物《たてもの》や場所《ばしょ》。例 学問《がくもん》の殿堂。
❷神《かみ》や仏《ほとけ》を祭《まつ》ってある建物《たてもの》。

でんどうき【電動機】 ⇩1313ジー《ペー》 モーター

でんとうげいのう【伝統芸能】 名詞 昔《むかし》から受《う》けつがれてきた芸能《げいのう》。とくに、日本《にほん》に古《ふる》くから伝《つた》わる、能楽《のうがく》・文楽《ぶんらく》・歌舞伎《かぶき》などの芸能《げいのう》。

でんとうこうぎょう【伝統工業】 名詞 昔《むかし》から受《う》けついだ技術《ぎじゅつ》を守《まも》り、一《ひと》つ一《ひと》つを手作《てさ》業《ぎょう》でつくっていく工業《こうぎょう》。

でんとうこうげい【伝統工芸】 名詞 昔《むかし》から長《なが》く行《おこな》われてきた方法《ほうほう》で美術品《びじゅつひん》などをつくること。

てんどうせつ【天動説】 名詞 地球《ちきゅう》は宇宙《うちゅう》の中心《ちゅうしん》にあって動《うご》かず、太陽《たいよう》・月《つき》・星《ほし》が地球《ちきゅう》の周《まわ》りを回《まわ》っているという考《かんが》え方《かた》。十六世紀《じゅうろくせいき》にコペルニクスが唱《とな》えた地動説《ちどうせつ》が認《みと》められるまで、広《ひろ》く信《しん》じられていた。対 地動説《ちどうせつ》。

でんとうてき【伝統的】 形容動詞 昔《むかし》から受《う》けつがれてきているようす。例 地域《ちいき》の伝統的な行事《ぎょうじ》。

てんとうむし【天道虫】 名詞 季語 夏 半球《はんきゅう》の形《かたち》をした小《ち》さな昆虫《こんちゅう》。たくさんの種類《しゅるい》があるが、黒《くろ》い七《なな》つの斑点《はんてん》のある「ななほしてんと

どを通《とお》らなかったという話《はなし》から、心配《しんぱい》する必要《ひつよう》のないことを、あれこれ心配《しんぱい》することをいう。

類＝意味《いみ》のよく似《に》たことば　対＝反対《はんたい》の意味《いみ》のことばや対《つい》になることば

う」が有名。図 ↓505ページ こんちゅう

てんにゅう【転入】 名詞 動詞 よそから、その土地《とち》や学校《がっこう》に移《うつ》ってくること。例 転入生《せい》。対 転出《てんしゅつ》。

てんにょ【天女】 名詞 天《てん》にすむといわれる女《おんな》の人《ひと》。類 天人《てんにん》。

てんにん【天人】 名詞 天《てん》にすむといわれる人《ひと》。ふつうは美《うつく》しい女《おんな》の人《ひと》とされ、羽《は》衣《ごろも》を着《き》て、おどりや音楽《おんがく》がうまく、自由《じゆう》に空《そら》を飛《と》ぶことができるという。類 天女《てんにょ》。

てんにょ

てんにん【転任】 名詞 動詞 役目《やくめ》や勤《つと》める場所《ばしょ》が変《か》わること。例 本社《ほんしゃ》に転任した。類 転勤《てんきん》。

でんねつき【電熱器】 名詞 ニクロム線《せん》などに電流《でんりゅう》を流《なが》して熱《ねつ》を発生《はっせい》させる器具《きぐ》。電気《でんき》こんろ・電気ストーブなど。

でんねつせん【電熱線】 名詞 電流《でんりゅう》を流《なが》し、熱《ねつ》を発生《はっせい》させて使《つか》う、ニクロム線《せん》などの金属線《きんぞくせん》。

てんねん【天然】 名詞 人《ひと》の手《て》が加《くわ》わっていないようす。自然《しぜん》のままであるようす。例 天然資源《しげん》／天然の温泉《おんせん》。対 人工《じんこう》。人造《じんぞう》。

てんねんガス【天然ガス】 名詞 地下《ちか》からとれる、燃《も》えるガス。石炭《せきたん》や石油《せきゆ》のとれる地方《ちほう》から多《おお》く出《で》る。燃料《ねんりょう》に使《つか》う。

てんねんきねんぶつ【天然記念物】 名詞 国《くに》の決《き》まりで大切《たいせつ》に守《まも》っていくように定《さだ》められた、めずらしい動植物《どうしょくぶつ》や鉱物《こうぶつ》。

んねんしげん【天然資源】 名詞 天然に存在《そんざい》する資源《しげん》。森林資源《しんりんしげん》・地下資源《ちかしげん》など。

てんねんしょく【天然色】 名詞 物《もの》がもともと持《も》っている、自然《しぜん》のままの色《いろ》。また、映画《えいが》や写真《しゃしん》などで、自然《しぜん》に近《ちか》い色《いろ》を表《あらわ》したもの。

てんねんとう【天然痘】 名詞 ウイルスによって起《お》こる感染症《かんせんしょう》の一《ひと》つ。高《たか》い熱《ねつ》が出《で》て、体《からだ》にうみを持《も》った小《ちい》さなぶつぶつができ、治《なお》ってもあとが残《のこ》る。種痘《しゅとう》で予防《よぼう》できる。「ほうそう」ともいう。

てんねんりん【天然林】 名詞 人《ひと》の手《て》が加《くわ》わらないで、自然《しぜん》に育《そだ》った森林《しんりん》。自然林《しぜんりん》。対 人工林《じんこうりん》。

てんのう【天皇】 名詞 日本国憲法《にほんこくけんぽう》によって、日本《にほん》の国《くに》および日本国民統合《にほんこくみんとうごう》の象徴《しょうちょう》であると定《さだ》められている人《ひと》。

てんのうざん【天王山】 名詞 ❶京都府《きょうとふ》の南西部《なんせいぶ》にある山《やま》。❷勝敗《しょうはい》の大事《だいじ》な分《わ》かれ目《め》。

ことば ❷は、一五八二年《ねん》、豊臣秀吉《とよとみひでよし》と明智光秀《あけちみつひで》が戦《たたか》ったとき、天王山《てんのうざん》を秀吉《ひでよし》が先《さき》に占領《せんりょう》して勝利《しょうり》したことからいわれるようになった。

てんのうせい【天王星】 名詞 太陽《たいよう》に近《ちか》いほうから数《かぞ》えて七番目《ななばんめ》の惑星《わくせい》。太陽《たいよう》の周《まわ》りを一周《いっしゅう》するのにおよそ八十四年《はちじゅうよねん》かかる。直径《ちょっけい》が地球《ちきゅう》の約四倍《やくよんばい》ある。暗《くら》くてうすい輪《わ》が発見《はっけん》されている。図 ↓785ページ たいようけい

てんのうたんじょうび【天皇誕生日】 名詞 国民《こくみん》の祝日《しゅくじつ》の一《ひと》つ。令和時代《れいわじだい》の天皇誕生《てんのうたんじょう》日は二月二十三日。天皇の誕生を祝

でんぱ【電波】 名詞 目《め》には見《み》えず、光《ひかり》と同《おな》じ速《はや》さで進《すす》む電気《でんき》の波《なみ》。ラジオ・テレビ・無線通《むせんつう》信《しん》などに使《つか》われる。例 電波探知機《たんちき》。

てんばい【転売】 名詞 動詞 ある人《ひと》から買《か》ったものを、さらにほかの人《ひと》に売《う》ること。例 骨《こっ》とう品《ひん》を知人《ちじん》に転売する。

でんぱた【田畑】 ↓808ページ たはた

でんぱたんちき【電波探知機】 ↓1410ページ レーダー

てんばつ【天罰】 名詞 悪《わる》いことをした人《ひと》が、天《てん》の神《かみ》から受《う》けるというばつ。例 悪人《あくにん》に天罰が下《くだ》る。

てんぴ【天日】 名詞 太陽《たいよう》の光《ひかり》や熱《ねつ》。例 魚《さかな》の天日干《ぼ》し／お茶《ちゃ》の葉《は》を天日にさらす。

てんぴ【天火】 名詞 食《た》べ物《もの》を蒸《む》し焼《や》きにする料理《りょうり》の道具《どうぐ》。オーブン。

てんびき【天引き】 名詞 動詞 給料《きゅうりょう》などの中《なか》から、前《まえ》もって、ある金額《きんがく》を差《さ》し引《ひ》くこと。例 給料《きゅうりょう》から保険料《ほけんりょう》を天引きする。

てんびょう【点描】 名詞 動詞 ❶線《せん》を使《つか》わないで、点《てん》の集《あつ》まりで絵《え》をえがく方《ほう》法《ほう》。❷人物《じんぶつ》やものごとの特徴《とくちょう》を、短《みじか》い文章《ぶんしょう》で書《か》くこと。また、その文章《ぶんしょう》。例 小学校生活《しょうがっこうせいかつ》を点描する。

でんぴょう【伝票】 名詞 会社《かいしゃ》・銀行《ぎんこう》・商店《しょうてん》などで、お金《かね》の出《だ》し入《い》れや品物《しなもの》の受《う》けわたしを書《か》き記《しる》しておく紙《かみ》。

故事成語　杞憂《きゆう》　昔《むかし》中国《ちゅうごく》の杞《き》という国《くに》の人《ひと》が、天《てん》が落《お》ちてこないかと心配《しんぱい》して、夜《よる》もねむれず食事《しょくじ》もの

てんぴょうじだい【天平時代】 名詞 奈良《なら》時代《じだい》の中《なか》ごろ、聖武天皇《しょうむてんのう》の時代《じだい》。仏教《ぶっきょう》がさかんになり、貴族《きぞく》の文化《ぶんか》が栄《さか》えた。

てんびん【天びん】 名詞
❶はかりの一《ひと》つ。棒《ぼう》の真《ま》ん中《なか》を支《ささ》えて両《りょう》端《はし》に皿《さら》をつけ、一方《いっぽう》に量《はか》る物《もの》を、もう一方《いっぽう》におもりをのせて重《おも》さを量《はか》る。
❷両端《りょうはし》に荷物《にもつ》をつるして、かたにかつぐ棒《ぼう》。「天《てん》びん棒《ぼう》」の略《りゃく》。

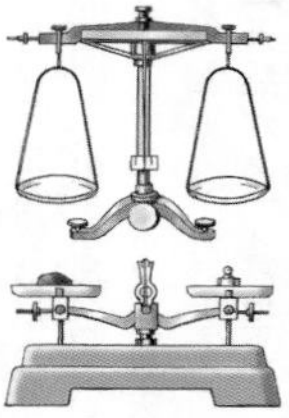
てんびん❶

●**天《てん》びんにかける**　どちらがすぐれているか、またはどちらが得《とく》か、二《ふた》つのものごとを比《くら》べる。例 どちらの商品《しょうひん》が得《とく》か天びんにかけて決《き》める。類 はかりにかける。

てんびんぼう【天びん棒】 ⇒910ページ てんびん❷

てんぷ【添付】 名詞 動詞 書類《しょるい》などに、ほかのものをそえること。例 書類《しょるい》に写真《しゃしん》を添付してください。

てんぷく【転覆】 名詞 動詞
❶ひっくり返《かえ》ること。また、ひっくり返《かえ》すこと。例 台風《たいふう》で船《ふね》が転覆した。
❷政府《せいふ》などがほろびること。また、ほろぼすこと。

てんぷら 名詞 魚《さかな》や野菜《やさい》などに、水《みず》でといた小《こ》麦粉《むぎこ》の衣《ころも》をつけて油《あぶら》であげた料理《りょうり》。例 かぼちゃのてんぷら。ことば もとはポルトガル語《ご》だが、日本語《にほんご》になりきっていることばで、「天ぷら」「天麩羅」などと書《か》くこともある。⇒137ページ 伝統コラム 外来語《がいらいご》

てんぶん【天分】 名詞 生《う》まれつきの才能《さいのう》や性《せい》質《しつ》。例 絵《え》の天分をのばす。

でんぶん【伝聞】 名詞 動詞 直接《ちょくせつ》見《み》たり聞《き》いたりするのではなく、人《ひと》から伝《つた》え聞《き》くこと。

でんぶん【電文】 名詞 電報《でんぽう》で送《おく》る文章《ぶんしょう》。

でんぷん【でん粉】 名詞 炭水化物《たんすいかぶつ》の一《ひと》つ。米《こめ》・麦《むぎ》・いもなどに多《おお》くふくまれている、味《あじ》もにおいもない白《しろ》い小《ちい》さなつぶ。教科 理 生物《せいぶつ》に必《ひつ》要《よう》な要素《ようそ》の一《ひと》つ。よう素溶液《そようえき》をつけると青《あお》むらさき色《いろ》に変《か》わる。

でんぷんのり【でん粉のり】 名詞 でんぷんを原料《げんりょう》としてつくったのり。

てんぺんちい【天変地異】 ⇒793ページ 四字熟語

てんぽ【店舗】 名詞 商品《しょうひん》を売《う》るための建物《たてもの》。店《みせ》。例 店舗を構《かま》える。

テンポ（イタリア語）名詞
❶音楽《おんがく》で、曲《きょく》の速《はや》さ。例 速《はや》いテンポの曲《きょく》。
❷ものごとの進《すす》む速《はや》さ。進《すす》み具合《ぐあい》。例 仕事《しごと》はテンポよく進《すす》んだ。

てんぼう【展望】 名詞 動詞
❶広《ひろ》く遠《とお》くまで見《み》わたすこと。また、そのながめ。見晴《みは》らし。例 展望台《だい》。類 眺望《ちょうぼう》。
❷広《ひろ》く社会《しゃかい》の動《うご》きなどを見通《みとお》すこと。例 これからの日本《にほん》の工業《こうぎょう》を展望する。

でんぽう【電報】 名詞 電信《でんしん》で送《おく》る通信《つうしん》。例 お祝《いわ》いの電報を打《う》つ。

デンマーク ⇒910ページ デンマークおうこく

デンマークおうこく【デンマーク王国】 名詞 ヨーロッパの北部《ほくぶ》にある国《くに》。酪農《らくのう》がさかんで、バター・チーズ・ベーコンなどを輸出《ゆしゅつ》している。首都《しゅと》はコペンハーゲン。「デンマーク」ともいう。

（国旗《こっき》）

てんまく【天幕】 名詞 野外《やがい》で、日光《にっこう》・雨《あめ》・風《かぜ》などを防《ふせ》ぐために張《は》る幕《まく》。テント。

てんません【伝馬船】 名詞 荷物《にもつ》などを運《はこ》ぶのに使《つか》う小《ちい》さな船《ふね》。木《き》でつくられ、底《そこ》が浅《あさ》く、平《たい》らにできている。

てんません

てんまつ【てん末】 名詞 ものごとの始《はじ》めから終《お》わりまでのようす。例 交通事故《こうつうじこ》のてん末を語《かた》る。

てんまど【天窓】 名詞 屋根《やね》にあけた窓《まど》。部屋《へや》を明《あか》るくしたり、けむりを外《そと》に出《だ》したりするためのもの。

てんめい【天命】 名詞
❶天《てん》からあたえられた寿命《じゅみょう》。
❷天《てん》

ていることを鼻《はな》が高《たか》いということから、そのようすを表《あらわ》しているよ。

い運命《うんめい》。例 できることはやったので、あとは天命を待《ま》とう。

てんめつ【点滅】 名詞 動詞 明《あ》かりがついたり消《き》えたりすること。また、つけたり消《け》したりすること。例 港《みなと》の灯台《とうだい》の光《ひかり》が点滅している。類 明滅《めいめつ》。

てんもん【天文】 名詞 太陽《たいよう》・月《つき》・星《ほし》など、天体《てんたい》についてのいろいろなことがら。例 天文学《がく》／天文台《だい》。

てんもんがく【天文学】 名詞 太陽《たいよう》・月《つき》・星《ほし》などの天体《てんたい》や宇宙《うちゅう》について研究《けんきゅう》する学問《がくもん》。

てんもんだい【天文台】 名詞 天体《てんたい》のようすを観測《かんそく》し、研究《けんきゅう》するところ。

てんもんたんい【天文単位】 名詞 宇宙《うちゅう》に関《かん》するきょりの単位《たんい》の一《ひと》つ。一天文単位《いちてんもんたんい》は太陽《たいよう》と地球《ちきゅう》の間《あいだ》のきょりで、約一億四千九百六《やくいちおくよんせんきゅうひゃくろく》十《じっ》キロメートル。

てんやく【点訳】 名詞 動詞 ふつうの文字《もじ》で書《か》かれたものを、点字《てんじ》に直《なお》すこと。

てんやもの【店屋物】 名詞 飲食店《いんしょくてん》に注文《ちゅうもん》して届《とど》けてもらう料理《りょうり》。例 お昼《ひる》に店屋物をとる。

てんやわんや 名詞 みんながさわぎたてて、ごった返《がえ》すようす。例 大《おお》みそかの街角《まちかど》はてんやわんやの大《おお》さわぎだ。使い方 くだけた言《い》い方《かた》。

でんらい【伝来】 名詞 動詞 ❶外国《がいこく》から伝《つた》わってくること。例 仏教《ぶっきょう》の伝来。❷昔《むかし》から伝《つた》わっていること。例 先祖《せんぞ》伝来の刀《かたな》。

てんらく【転落】 名詞 動詞 ❶転がり落《お》ちること。例 急な山道で車が転落した。❷悪《わる》い状態《じょうたい》に落《お》ちこむこと。落《お》ちぶれること。例 スターの地位《ちい》から転落する。

てんらん【天覧】 名詞 天皇《てんのう》がご覧《らん》になること。例 天覧試合《じあい》。

てんらんかい【展覧会】 名詞 作品《さくひん》などを並《なら》べて、人々《ひとびと》に見《み》せるもよおし。

でんりゅう【電流】 名詞 電気《でんき》の流《なが》れ。直流《ちょくりゅう》と交流《こうりゅう》がある。強《つよ》さを表《あらわ》す単位《たんい》はアンペアで、記号《きごう》は「A」。例 電流の向《む》き。

てんりゅうがわ【天竜川】 名詞 長野県《ながのけん》の諏訪湖《すわこ》から南《みなみ》へ流《なが》れて、静岡県《しずおかけん》で太平洋《たいへいよう》に注《そそ》ぐ川《かわ》。とちゅうに多《おお》くのダムがある。

でんりゅうけい【電流計】 名詞 電流《でんりゅう》の強《つよ》さを測《はか》る器具《きぐ》。

でんりょく【電力】 名詞 電気《でんき》のエネルギー。または、電流《でんりゅう》が決《き》められた時間《じかん》の中《なか》でする仕事《しごと》の量《りょう》。大《おお》きさを表《あらわ》す単位《たんい》はワットで、記号《きごう》は「W」。例 電力会社《がいしゃ》。

でんれい【伝令】 名詞 命令《めいれい》や知《し》らせを伝《つた》えること。また、伝《つた》える人《ひと》。

でんれい【電鈴】 名詞 電磁石《でんじしゃく》を利用《りよう》して音《おと》を出《だ》すしくみのベル。

でんわ【電話】 名詞 動詞 声《こえ》や音《おと》を電気《でんき》の信号《しんごう》に変《か》えて伝《つた》え、遠《とお》くの相手《あいて》と話《はなし》ができるようにしたしかけ。電話機《でんわき》。また、電話機《でんわき》を使《つか》って話《はなし》をすること。例 国際《こくさい》電話／友《とも》だちに電話をかける。

と 助詞 （ほかのことばのあとにつけて）❶思《おも》ったことや言《い》ったことを表《あらわ》す。例 この詩《し》はすごいと思《おも》う／「はい。」と答《こた》えた。❷相手《あいて》を表《あらわ》す。例 先生《せんせい》と会《あ》う。❸並《なら》べたものごとを表《あらわ》す。例 見《み》ると聞《き》くとは大《おお》ちがい。❹比《くら》べるものを表《あらわ》す。例 あなたのやり方《かた》は、わたしとはちがう。❺ようすを表《あらわ》す。…のように。例 紙《かみ》ふぶきが雪《ゆき》と降《ふ》る。❻仮《かり》に…ならば。例 早《はや》く行《い》くと間《ま》に合《あ》う。❼…とも。…ても。例 雨《あめ》が降《ふ》ろうと雪《ゆき》が降《ふ》ろうと出《で》かける。❽結果《けっか》を表《あらわ》す。例 引《ひ》き分《わ》けとなる。❾ことがらが、同時《どうじ》、または続《つづ》いて起《お》こることを表《あらわ》す。例 家《いえ》に帰《かえ》ると、友《とも》だちが来《き》ていた。❿あることが条件《じょうけん》になって、別《べつ》のあることが必《かなら》ず起《お》こることを示《しめ》す。例 このひもを引《ひ》くと、カーテンが開《あ》きます。

と【十】 とお。じゅう。例 十人《じゅうにん》十色《いろ》。漢 ⬇604ページ じゅう〔十〕

と【土】 漢 ⬇912ページ ど〔土〕

あいうえお　かきくけこ　さしすせそ　たちつてと　と　なにぬねの　はひふへほ　まみむめも　やゆよ　らりるれろ　わをん

手話にチャレンジ　得意《とくい》　親指《おやゆび》と小指《こゆび》を立《た》てた右手《みぎて》の親指《おやゆび》を、鼻先《はなさき》に置《お》いてななめ上《うえ》に動《うご》かす。満足《まんぞく》して得意《とくい》にな

と【戸】 名詞 家《いえ》の出入《でい》り口《ぐち》や、窓《まど》などにとりつけて、開《あ》けたり閉《し》めたりするもの。例 戸じまり／戸を開《あ》ける。漢 ⇩440ページ こ〔戸〕

と【斗】 名詞 昔《むかし》、日本《にほん》で使《つか》われていた容積《ようせき》の単《たん》位《い》。酒《さけ》や米《こめ》の量《りょう》を量《はか》るのに使《つか》われた。一斗《いっと》は十《じっ》升《しょう》で、約十八《やくじゅうはち》リットル。例 四斗《しと》だる。

と【図】 漢 ⇩673ページ ず〔図〕

と【度】 漢 ⇩912ページ ど〔度〕

漢 **と【徒】**〔彳《ぎょうにんべん》〕10画 4年 音 ト 訓

ノ ク 彳 彳 往 往 徒（下をながく）（みじかく）

❶あるく。例 徒歩《とほ》。❷何《なに》もない。むだ。例 徒《と》労《ろう》。❸でし。なかま。例 学徒《がくと》／生徒《せいと》。

と【都】 名詞 地方公共団体《ちほうこうきょうだんたい》の一《ひと》つ。東京都《とうきょうと》がこれに当《あ》たる。例 都がつくった学校《がっこう》／都の建《たて》物《もの》。関連 道《どう》。府《ふ》。県《けん》。

漢 **と【都】**〔阝《おおざと》〕11画 3年 音 ト・ツ 訓 みやこ

+ 土 耂 耂 者 者 者 都 都（ながく）（はねる）

❶みやこ。国《くに》の政治《せいじ》の中心地《ちゅうしんち》。例 古都《こと》／首都《しゅと》。❷おおきなまち。例 都会《とかい》／都市《とし》。❸すべて。みな。例 都合《つごう》。❹東京都《とうきょうと》のこと。例 都庁《とちょう》。

と【登】 漢 ⇩914ページ とう〔登〕

と【頭】 漢 ⇩915ページ とう〔頭〕

ど- 接頭語（ほかのことばの前《まえ》につけて）❶非常《ひじょう》に。とても。例 どぎつい色《いろ》。❷ちょうど。例 的《まと》のど真《ま》ん中《なか》に当《あ》たる。

❸相手《あいて》をののしったりいやしめたりする気持《きも》ちを表《あらわ》す。例 どけち。使い方 くだけた言《い》い方《かた》。

漢 **ど【土】**〔土《つち》〕3画 1年 音 ド・ト 訓 つち

一 十 土（下のよこぼうをながく）

❶つち。例 土器《どき》／土砂《どしゃ》／土足《どそく》／土手《どて》／土俵《どひょう》／赤土《あかつち》／粘土《ねんど》。❷とち。くに。例 土着《どちゃく》／郷土《きょうど》／国土《こくど》／風土《ふうど》。

漢 **ど【努】**〔力《ちから》〕7画 4年 音 ド 訓 つとめる

く 女 女 女ˊ 奴 奴 努 努（はらう）

つとめる。はげむ。例 努力《どりょく》。

ど【度】

❶ 名詞 ものごとの程度《ていど》。例 親密《しんみつ》の度を増《ま》す。

❷ 名詞 レンズの強《つよ》さ。例 度の強《つよ》いめがね。

❸ 名詞 接尾語 回数《かいすう》。また、回数《かいすう》を数《かぞ》えることば。例 度が重《かさ》なる／週《しゅう》に二《に》度塾《じゅく》に通《かよ》う。

漢 ⇩912ページ ど〔度〕

● **度《ど》が過《す》ぎる** ほどよい程度《ていど》をこえている。例 今回《こんかい》のいたずらは度が過ぎているよ。

● **度《ど》を失《うしな》う** びっくりして落《お》ち着《つ》きをなくす。例 母《はは》がけがをしたと聞《き》いて度を失った。

漢 **ど【度】**〔广《まだれ》〕9画 3年 音 ド・ト・タク 訓 たび

、 亠 广 广 庐 庐 庐 度 度（下のよこぼうをみじかく）

❶はかる。おしはかる。例 支度《したく》。❷ものさし。長《なが》さをはかる器具《きぐ》。例 度量衡《どりょうこう》。❸めもり。数《かず》で表《あらわ》す単位《たんい》。例 温度《おんど》／角度《かくど》／高度《こうど》／速度《そくど》。❹きまり。規則《きそく》。例 制度《せいど》／法度《はっと》。❺程度《ていど》。例 限《げん》度《ど》。❻ようす。人《ひと》の心《こころ》のおおきさ。例 度胸《どきょう》／態度《たいど》。❼たび。回数《かいすう》。例 今度《こんど》／三度《さんど》／毎度《まいど》。

ドア（door）名詞 西洋風《せいようふう》の戸《と》。類 扉《とびら》。

どあい【度合い】 名詞 ものごとの程度《ていど》。程合《ほどあ》い。例 草木《くさき》の生長《せいちょう》の度合いをみる。

とあみ【投網】 名詞 季語 夏 魚《さかな》をとるための、あみの一《ひと》つ。円《えん》すい形《けい》で、すそにおもりがついている。上《うえ》につなをつけ、水中《すいちゅう》に広《ひろ》げて投《な》げ、たぐり寄《よ》せて中《なか》に入《はい》った魚《さかな》をとる。

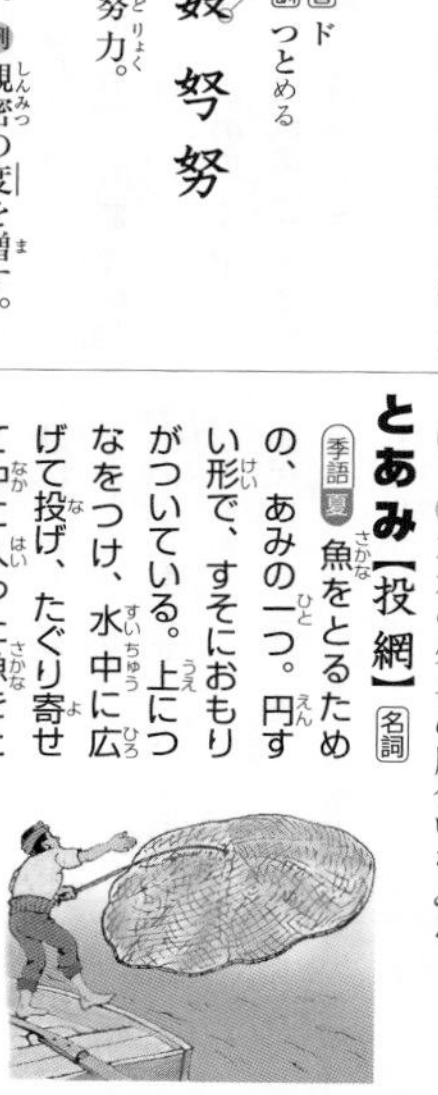

とあみ

とある 連体詞 ある一《ひと》つの。ある。例 南《みなみ》の国《くに》のとある町《まち》／夏《なつ》のとある日《ひ》。使い方 物語《ものがたり》や語《かた》りなどで使《つか》うことば。

とい 名詞 ❶家《いえ》の軒先《のきさき》につけ、屋根《やね》の雨水《あまみず》を受《う》けて地面《じめん》に流《なが》すしかけ。例 雨《あま》どい。❷木《き》や竹《たけ》でつくったつつで、湯《ゆ》や水《みず》をはなれたところに流《なが》すしかけ。

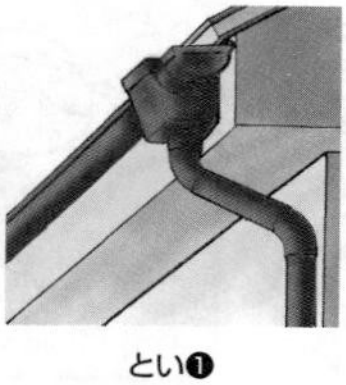

とい❶

とい【問い】 名詞

うかび、道《みち》が開《ひら》けるものだということ。

❶たずねること。質問。例 母の問いに答える。対 答《こた》え。❷問題《もんだい》。例 次《つぎ》の問いに答《こた》えなさい。対 答《こた》え。

漢 ➡1327ページ もん〔問〕

といあわせ【問い合わせ】 名詞 問《と》い合《あ》わせること。また、そのことがら。例 新商品《しんしょうひん》についての問い合わせが殺到《さっとう》した。

といあわせる【問い合わせる】 動詞 よくわからないことを、手紙《てがみ》や電話《でんわ》などで聞《き》いて確《たし》かめる。例 飛行機《ひこうき》の到着《とうちゃく》時刻《じこく》を問い合わせる。

といかえす【問い返す】 動詞 ❶同《おな》じことを、もう一度《いちど》たずねる。聞《き》き直《なお》す。例 はっきり聞《き》こえないので、何度《なんど》も問い返した。❷相手《あいて》の質問《しつもん》に答《こた》えないで、逆《ぎゃく》にこちらから質《しつ》問《もん》する。例「野球《やきゅう》は好《す》きですか。」と聞《き》くと、「きみはどうなの。」と問い返された。

といかけ【問い掛け】 名詞 相手《あいて》にたずねること。例 先生《せんせい》の問い掛けに答《こた》える。

といかける【問い掛ける】 動詞 質問をしかける。たずねる。例 どんな大人《おとな》になりたいか問い掛ける。

といき【吐息】 名詞 安心《あんしん》したときやがっかりしたときなどに、大《おお》きくはく息《いき》。ため息《いき》。例 ほっと吐息をつく。

といし【と石】 名詞 刃物《はもの》をとぐための石《いし》。

といただす【問いただす】 動詞 ❶わからない点《てん》をはっきりさせるために、聞《き》いて確《たし》かめる。例 くわしい事情《じじょう》を問いただす。❷厳《きび》しく責《せ》めてたずねる。例 いたずらをした人《ひと》はだれかと問いただす。

どいつ 代名詞 だれ。どれ。例 弟《おとうと》を泣《な》かせたのはどいつだ／どいつにしようか迷《まよ》う。使い方 乱《らん》暴《ぼう》な言《い》い方《かた》のため、とても親《した》しい人《ひと》か、目下《めした》の人《ひと》に対《たい》してしか使《つか》わない。

ドイツ ➡913ページ ドイツれんぽうきょうわこく

といって【と言って】 けれども。そうだとしても。例 この仕事《しごと》を人《ひと》にたのむのは簡単《かんたん》だ。と言ってだれにでもたのめることではない。

といつめる【問い詰める】 動詞 ほんとうのことを言《い》うまで、厳《きび》しく質問《しつもん》する。例 父《ちち》に問い詰められて、いたずらを白状《はくじょう》した。

ドイツれんぽうきょうわこく【ドイツ連邦共和国】 名詞 ヨーロッパの中部《ちゅうぶ》にある国《くに》。第《だい》二次《にじ》世界大戦《せかいたいせん》での敗戦《はいせん》後《ご》、ドイツ民主共和国《みんしゅきょうわこく》（＝東《ひがし》ドイツ）とドイツ連邦《れんぽう》共《きょう》和国《わこく》（＝西《にし》ドイツ）とに分《わ》かれたが、一九九〇年《ねん》に統一《とういつ》された。首都《しゅと》はベルリン。「ドイツ」ともいう。

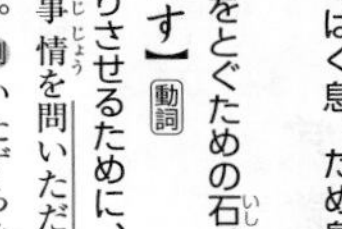

（国旗《こっき》）

トイレ 名詞「トイレット」の略《りゃく》。

トイレット（toilet）名詞 便所《べんじょ》。化粧室《けしょうしつ》。トイレ。例 トイレットペーパー。

漢 **とう【刀】**〔刀《かたな》〕2画 2年 音 トウ 訓 かたな

伝統的《でんとうてき》な言語文化《げんごぶんか》

漢詩《かんし》・漢文《かんぶん》

学《まな》びて時《とき》にこれを習《なら》う

知《し》らなかったことを初《はじ》めて知《し》ったとき、うきうきした気持《きも》ちになるよね。わからなかったことが、ぱっとわかったときも、うれしくなるだろう。だから、「どんどん学《まな》ぼう。そして学《まな》んだことはどんどん実際《じっさい》に生《い》かしていこう。きっと楽《たの》しいよ」。

これは、「論語《ろんご》」という中国《ちゅうごく》の古《こ》典《てん》に出《で》てくることばだ。実際《じっさい》には「学而時習之、不亦説乎」のように漢字《かんじ》だけで書《か》かれていて（＝漢文《かんぶん》）、これを「学《まな》びて時《とき》にこれを習《なら》う。また、説《よろこ》ばしからずや」と日本語《にほんご》に直《なお》して読《よ》んだんだ。「論語《ろんご》」は2000年以上《ねんいじょう》も前《まえ》にできあがったと考《かんが》えられていて、日本《にほん》でも古《ふる》くからずっと読《よ》みつがれてきた書物《しょもつ》なんだよ。このようにして中国《ちゅうごく》の古典《こてん》から歴《れき》史《し》や考《かんが》え方《かた》を学《まな》ぶことが、昔《むかし》から日《に》本《ほん》では大切《たいせつ》な勉強《べんきょう》だったんだよ。

「春眠《しゅんみん》暁《あかつき》を覚《おぼ》えず」とか「国破《くにやぶ》れて山河《さんが》あり」とか、中国《ちゅうごく》の古典《こてん》の詩《し》（＝漢詩《かんし》）もたくさん読《よ》まれてきたんだ。有名《ゆうめい》な漢詩《かんし》は、今《いま》でもいろいろな文章《ぶんしょう》に引用《いんよう》されるよ。すっかり日本語《にほんご》の中《なか》にとけこんでいるんだね。

また、文章《ぶんしょう》を書《か》くときに「起承《きしょう》転結《てんけつ》」という組《く》み立《た》てを使《つか》うことがあるけれど、これはもともと漢詩《かんし》を作《つく》るときに使《つか》う表現《ひょうげん》の工夫《くふう》なんだ。

もっとみてみよう！

●「はじめてであう論語《ろんご》」（汐文社《ちょうぶんしゃ》）

故事成語 窮《きゅう》すれば通《つう》ず　ほんとうに困《こま》ってどうにもならないというときになると、かえってよい考《かんが》えか

フ 刀（つきだ さない）

かたな。例 刀狩《かたなが》り／刀剣《とうけん》／小刀《こがたな》／短刀《たんとう》／木刀《ぼくとう》。

漢 **とう【冬】**〔夂〕ふゆがしら 5画 2年 音 トウ 訓 ふゆ

ノ ク 夂 冬 冬（てんは二つ）

ふゆ。例 冬至《とうじ》／冬眠《とうみん》／冬服《ふゆふく》／越冬《えっとう》／厳冬《げんとう》／初冬《しょとう》／真冬《まふゆ》／立冬《りっとう》。対 夏《か》。

漢 **とう【当】**〔⺌〕つ 6画 2年 音 トウ 訓 あたる・あてる

丨 丨丶 ⺌ 当 当 当（⺌とし ない）

❶あたる。わりあてる。例 当事者《とうじしゃ》／当選《とうせん》／当番《とうばん》／配当《はいとう》／日当《ひあ》たり。❷ただしい。あてはまる。例 当然《とうぜん》／見当《けんとう》／正当《せいとう》／相当《そうとう》／適当《てきとう》／不当《ふとう》。❸この。その。例 当時《とうじ》／当日《とうじつ》／当初《とうしょ》／当地《とうち》。

漢 **とう【灯】**〔火〕ひへん 6画 4年 音 トウ 訓 ひ・ともしび

丶 丷 火 火 灯 灯（みぎからはらう・はねる）

ともしび。あかり。例 灯火《とうか》／灯台《とうだい》／灯《ひ》をともす／街灯《がいとう》／消灯《しょうとう》／点灯《てんとう》／電灯《でんとう》。

漢 **とう【投】**〔扌〕てへん 7画 3年 音 トウ 訓 なげる

一 扌 扌 扌 投 投 投（はねる・はねる）

❶なげる。例 投下《とうか》／投球《とうきゅう》／投手《とうしゅ》／投《な》げ捨《す》てる／好投《こうとう》。❷さし出《だ》す。送《おく》りこむ。例 投資《とうし》／投書《とうしょ》／投票《とうひょう》。

漢 **とう【豆】**〔豆〕まめ 7画 3年 音 トウ・ズ 訓 まめ

一 丆 冂 戸 戸 豆 豆（下をながく）

まめ。例 豆腐《とうふ》／豆《まめ》まき／枝豆《えだまめ》／大豆《だいず》／納豆《なっとう》。

漢 **とう【東】**〔木〕き 8画 2年 音 トウ 訓 ひがし・あずま

一 丆 冂 戸 百 申 東 東

ひがし。例 東経《とうけい》／東西《とうざい》／東方《とうほう》／東北《とうほく》／東洋《とうよう》／東半球《ひがしはんきゅう》／関東《かんとう》／極東《きょくとう》。対 西《せい》。

とう【唐】 名詞 昔《むかし》の中国《ちゅうごく》の王朝《おうちょう》。六一八年《ねん》から九〇七年《ねん》まで栄《さか》えた。学問《がくもん》や文化《ぶんか》が進《すす》んでいて、日本《にほん》にも大《おお》きなえいきょうをあたえた。

漢 **とう【島】**〔山〕やま 10画 3年 音 トウ 訓 しま

ノ 亻 户 自 自 鳥 鳥 島 島（わすれないように・はねる）

しま。例 島国《しまぐに》／群島《ぐんとう》／諸島《しょとう》／日本列島《にほんれっとう》／離《はな》れ島《じま》／半島《はんとう》。

漢 **とう【党】**〔⺌〕つ 10画 6年 音 トウ

丨 ⺌ 尚 尚 尚 党 党（⺌とし ない・上へはねる）

同《おな》じ考《かんが》えを持《も》つ人《ひと》の集《あつ》まり。なかま。例 党首《とうしゅ》／党派《とうは》／党《とう》を組《く》む／悪党《あくとう》／政党《せいとう》／徒党《ととう》／野党《やとう》／与党《よとう》。

とう【納】 漢 ➡022ページ のう〔納〕

漢 **とう【討】**〔言〕ごんべん 10画 6年 音 トウ 訓 うつ

丶 亠 言 言 言 討 討（はねる）

❶てきをせめる。うつ。例 討《う》ち死《じ》に／やみ討《う》ち。❷しらべる。例 討議《とうぎ》／討論《とうろん》／検討《けんとう》。

とう【塔】 名詞 ❶細長《ほそなが》く高《たか》くそびえ立《た》った建物《たてもの》。タワー。❷仏《ほとけ》の骨《ほね》を納《おさ》めたり、仏《ほとけ》を祭《まつ》ったりするために造《つく》られた、高《たか》い建物《たてもの》。例 仏塔《ぶっとう》／五重《ごじゅう》の塔《とう》。

とう【道】 漢 ➡915ページ どう〔道〕

漢 **とう【湯】**〔氵〕さんずい 12画 3年 音 トウ 訓 ゆ

氵 氵 沪 沪 浔 浔 湯 湯（はねる）

❶ゆ。例 給湯《きゅうとう》／熱湯《ねっとう》。❷ふろ。おんせん。例 湯治《とうじ》／湯冷《ゆざ》め／銭湯《せんとう》。

漢 **とう【登】**〔癶〕はつがしら 12画 3年 音 トウ・ト 訓 のぼる

フ ヲ ヲ' 癶 癶 啓 登 登（かたちにちゅうい）

❶のぼる。あがる。例 登山《とざん》／登場《とうじょう》／登頂《とうちょう》／登板《とうばん》／山登《やまのぼ》り。❷おおやけの場所《ばしょ》に行《い》く。例 登校《とうこう》。❸帳面《ちょうめん》にのせる。例 登記《とうき》／登録《とうろく》。

漢 **とう【答】**〔⺮〕たけかんむり 12画 2年 音 トウ 訓 こたえる・こたえ

ノ ⺈ 竹 竺 笑 笒 答 答（はらう・わすれないように）

こたえる。こたえ。例 答案《とうあん》／受《う》け答《こた》え／応答《おうとう》

まで追《お》いつめられれば思《おも》わぬ力《ちから》を出《だ》して力《ちから》の強《つよ》いものに立《た》ち向《む》かい、負《ま》かすこともあるということ。

／回答《かいとう》／解答《かいとう》／正答《せいとう》／返答《へんとう》。対 問《もん》。

漢 **とう【等】**〔⺮《たけかんむり》〕12画 3年 音 トウ 訓 ひとしい・など

❶ひとしい。同《おな》じ。例 等号《とうごう》／等身大《とうしんだい》／等分《とうぶん》／均等《きんとう》／対等《たいとう》／平等《びょうどう》。❷くらい。じゅんじょ。例 等級《とうきゅう》／高等《こうとう》／上等《じょうとう》／初等《しょとう》／二等賞《にとうしょう》／優等《ゆうとう》。

漢 **とう【統】**〔糸《いとへん》〕12画 5年 音 トウ 訓 すべる

❶まとめる。例 統一《とういつ》／統計《とうけい》／統合《とうごう》／統治《とうち》。❷血《ち》すじ。つながり。例 系統《けいとう》／血統《けっとう》／伝統《でんとう》。

とう【読】 漢 ⇒933ページ どく〔読〕

漢 **とう【糖】**〔米《こめへん》〕16画 6年 音 トウ

あまみのあるもの。例 糖分《とうぶん》／砂糖《さとう》。参考 でんぷんなどの、あまみのない炭水化物《たんすいかぶつ》を指《さ》す場合《ばあい》もある。

漢 **とう【頭】**〔頁《おおがい》〕16画 2年 音 トウ・ズ・ト 訓 あたま・かしら

❶あたま。例 頭上《ずじょう》／頭痛《ずつう》／頭脳《ずのう》／頭髪《とうはつ》／頭部《とうぶ》／石頭《いしあたま》。❷かしら。例 頭取《とうどり》／頭領《とうりょう》／教頭《きょうとう》／番頭《ばんとう》。❸はじめ。例 頭文字《かしらもじ》／音頭《おんど》／先頭《せんとう》／年《ねん》頭《とう》。❹そのあたり。近《ちか》く。例 駅頭《えきとう》／店頭《てんとう》。❺大《おお》きな動物《どうぶつ》を数《かぞ》えることば。例 馬三頭《うまさんとう》。

とう【問う】 動詞 ❶たずねる。聞《き》く。例 意見《いけん》を問う。❷問題《もんだい》とする。例 年齢《ねんれい》は問わない。❸責任《せきにん》をはっきりさせるために、厳《きび》しく責《せ》める。例 罪《つみ》を問う。

使い方 ❶のへりくだった言《い》い方《かた》は「うかがう」。

漢 ⇒1327ページ もん〔問〕

どう 副詞 ❶どのように。例 どうしたらよいのかわからない。❷どんなであるか。いかが。例 このくつはどうですか。

漢 **どう【同】**〔口《くち》〕6画 2年 音 ドウ 訓 おなじ

❶おなじ。ひとしい。例 同一《どういつ》／同時《どうじ》／同性《どうせい》／同点《どうてん》／同様《どうよう》。対 異《い》。❷ともにする。例 同居《どうきょ》／同好《どうこう》／同情《どうじょう》／合同《ごうどう》。❸なかま。例 一同《いちどう》。

どう【胴】 名詞 ❶体《からだ》の、頭《あたま》と手足《てあし》を除《のぞ》いた真《ま》ん中《なか》の部分《ぶぶん》。胴《どう》体《たい》。例 胴の長《なが》い犬《いぬ》。❷物《もの》の、真《ま》ん中《なか》の部分《ぶぶん》。胴体《どうたい》。例 飛行機《ひこうき》の胴。❸剣道《けんどう》で、胸《むね》から腹《はら》の部分《ぶぶん》をおおう道具《どうぐ》。また、その部分《ぶぶん》を打《う》つこと。例 胴をつける。

漢 **どう【動】**〔力《ちから》〕11画 3年 音 ドウ 訓 うごく・うごかす

❶うごく。かわる。例 動《どう》じる／動物《どうぶつ》／動力《どうりょく》／移動《いどう》／運動《うんどう》／活動《かつどう》／自動《じどう》／身動《みうご》き。対 静《せい》。❷おこない。ふるまい。例 動作《どうさ》／言動《げんどう》／行動《こうどう》。

どう【堂】 名詞 神《かみ》や仏《ほとけ》を祭《まつ》っている建物《たてもの》。例 お堂にお参《まい》りする。漢 ⇒915ページ どう〔堂〕

●**堂《どう》に入《い》る** ものごとによく慣《な》れている。すっかり身《み》についている。例 堂に入ったあいさつ。

使い方 「入《い》る」を「はいる」と読《よ》まないよう注意《ちゅうい》。

漢 **どう【堂】**〔土《つち》〕11画 5年 音 ドウ

❶りっぱなたてもの。人《ひと》が集《あつ》まるたてもの。例 公会堂《こうかいどう》／講堂《こうどう》／食堂《しょくどう》／殿堂《でんどう》。❷神《かみ》や仏《ほとけ》をまつるたてもの。例 金堂《こんどう》／本堂《ほんどう》／礼拝堂《れいはいどう》。❸りっぱなようす。例 堂堂《どうどう》。❹他人《たにん》の母親《ははおや》を尊敬していうことば。例 母堂《ぼどう》。

どう【道】 名詞 地方公共団体《ちほうこうきょうだんたい》の一《ひと》つ。北海道《ほっかいどう》がこれに当《あ》たる。例 道の名物《めいぶつ》を紹介《しょうかい》する。関連 都《と》。府《ふ》。県《けん》。

漢 **どう【道】**〔⻌《しんにょう》〕12画 2年 音 ドウ・トウ 訓 みち

❶みち。とおりみち。例 道路《どうろ》／国道《こくどう》／鉄道《てつどう》／歩道《ほどう》。❷人《ひと》の守《まも》るべきおこない。例 道義《どうぎ》／道徳《どうとく》。❸ものごとのすじみち。例 道理《どうり》。❹専門《せんもん》

故事成語 **窮《きゅう》鼠《そ》猫《ねこ》をかむ** 追《お》いつめられたねずみがねこにかみつくように、力《ちから》の弱《よわ》いものでもぎりぎり

の学問《がくもん》や芸事《げいごと》のやりかた。例 剣道《けんどう》／柔道《じゅうどう》／書道《しょどう》。❺いう。つたえる。例 報道《ほうどう》。❻北海道《ほっかいどう》のこと。例 道庁《どうちょう》。

漢 **どう【童】**〔立《たつ》〕12画 3年 音 ドウ 訓 わらべ
子供《こども》。わらべ。例 童顔《どうがん》／童話《どうわ》／童歌《わらべうた》／学童《がくどう》／児童《じどう》。

漢 **どう【働】**〔亻《にんべん》〕13画 4年 音 ドウ 訓 はたらく
はたらく。例 働《はたら》き盛《ざか》り／労働《ろうどう》。ことば 日本《にほん》で作《つく》られた漢字《かんじ》（＝国字《こくじ》）。

どう【銅】 名詞 熱《ねつ》や電気《でんき》をよく伝《つた》える、赤《あか》みがかった金属《きんぞく》。例 銅メダル／銅でできたフライパン。

漢 **どう【銅】**〔金《かねへん》〕14画 5年 音 ドウ
どう。あかがね。例 銅山《どうざん》／銅像《どうぞう》／青銅《せいどう》。

漢 **どう【導】**〔寸《すん》〕15画 5年 音 ドウ 訓 みちびく
❶みちびく。教《おし》える。例 指導《しどう》／先導《せんどう》／補導《ほどう》。❷熱《ねつ》や電気《でんき》をつたえる。例 導線《どうせん》／伝導《でんどう》。

どうあげ【胴上げ】 名詞 動詞 大勢《おおぜい》で、ある人《ひと》の体《からだ》をあお向《む》けにして持《も》ち上《あ》げ、空中《くうちゅう》に何度《なんど》もほうり上《あ》げること。勝利《しょうり》の喜《よろこ》びやお祝《いわ》いの気持《きも》ちを表《あらわ》すときにする。

とうあつせん【等圧線】 名詞 天気図《てんきず》で、気圧《きあつ》の同《おな》じ地点《ちてん》を結《むす》んだ線《せん》。

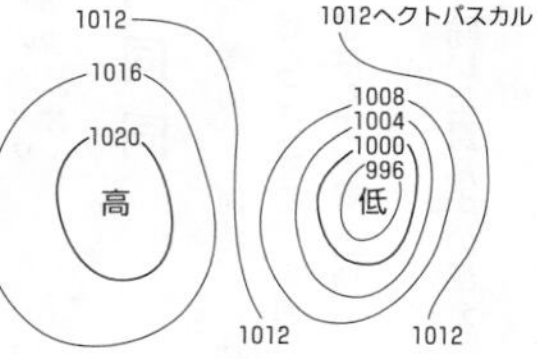

とうあつせん

とうあん【答案】 名詞 試験《しけん》などの答《こた》えを書《か》いた紙《かみ》。また、その答《こた》え。例 答案用紙《ようし》。

どうい【同意】 ❶ 名詞 同《おな》じ意味《いみ》。例 同意語《ご》。❷ 名詞 動詞 賛成《さんせい》すること。例 同意を求《もと》める。

どういう 連体詞 どのような。どんな。例 どういうことか説明《せつめい》してください。

どういご【同意語】 ⬇918ページ《ジ》どうぎご

どういたしまして お礼《れい》を言《い》われたときに、ていねいに打《う》ち消《け》してこたえる、あいさつのことば。

とういつ【統一】 名詞 動詞 ばらばらになっているものを一《ひと》つにまとめること。また、そのまとまり。例 天下《てんか》統一／衣装《いしょう》の色《いろ》を統一する。

どういつ【同一】 名詞 形容動詞 ❶同《おな》じであること。例 同一人物《じんぶつ》。❷分《わ》けへだてがないこと。例 子供《こども》も大人《おとな》も同一にあつかう。

とういつちほうせんきょ【統一地方選挙】 名詞 都道府県《とどうふけん》・市町村《しちょうそん》の長《ちょう》や議員《ぎいん》の選挙《せんきょ》で、投票日《とうひょうび》を全国《ぜんこく》で同《おな》じ日《ひ》にして行《おこな》う選挙《せんきょ》。

とういも【唐芋】 名詞 「さつまいも」の別《べつ》の名《な》まえ。

どういん【動員】 名詞 動詞 ある仕事《しごと》をするために、大勢《おおぜい》の人《ひと》やたくさんの物《もの》を集《あつ》めること。例 みんなを動員して海岸《かいがん》の掃除《そうじ》をする。

とうえい【投影】 名詞 動詞 ❶物《もの》のすがたや影《かげ》を、あるものの上《うえ》に映《うつ》し出《だ》すこと。例 投影図《ず》。❷あるものごとのえいきょうが、ほかのものごとの上《うえ》にあらわれること。例 作者《さくしゃ》の子供時代《こどもじだい》のできごとを投影した物語《ものがたり》。

とうえいき【投影機】 名詞 物《もの》のすがたや影《かげ》を、スクリーンなどに映《うつ》し出《だ》す器械《きかい》。

とうえいず【投影図】 名詞 物《もの》の形《かたち》を、真上《まうえ》・正面《しょうめん》・横《よこ》から見《み》て、三《みっ》つの平面《へいめん》の上《うえ》に書《か》き表《あらわ》した図《ず》。

とうおう【東欧】 名詞 ヨーロッパの中《なか》で、東《ひがし》の方《ほう》にある国々《くにぐに》。ポーランド・ハンガリー・ブルガリアなど。対 西欧《せいおう》。

どうおうこうぎょうちいき【道央工業地域】 ⬇1221ページ《ジ》ほっかいどうこうぎょうちいき

とうおん【唐音】 名詞 漢字《かんじ》の音《おん》の一《ひと》つ。平安《へいあん》時代《じだい》の終《お》わり以降《いこう》、中国《ちゅうごく》から日本《にほん》に伝《つた》わった音《おん》。「行」を「あん」、「鈴」を「りん」と読《よ》むなど。関連 漢音《かんおん》。呉音《ごおん》。

どうおん【同音】 名詞

まったという話《はなし》から、二者《にしゃ》が争《あらそ》っている間《あいだ》にほかの者《もの》が利益《りえき》を横《よこ》どりすること。

あいうえお　かきくけこ　さしすせそ　たちつてと　と　なにぬねの　はひふへほ　まみむめも　や　ゆ　よ　らりるれろ　わ　を　ん

❶同じ発音。同じ読み方。例「神」と「紙」は同音の語《ご》です。
❷同《おな》じ高《たか》さの音《おと》。

どうおんいぎご【同音異義語】 名詞 発音《はつおん》は同《おな》じだが意味《いみ》のちがうことば。同音語《どうおんご》。「天《てん》下《か》」と「点《てん》火《か》」、「花《はな》」と「鼻《はな》」など。

どうおんいじ【同音異字】 名詞 音読《おんよ》みが同《おな》じの別《べつ》の漢字《かんじ》。「記《き》」と「紀《き》」など。

どうおんご【同音語】 ⇩917ページ どうおんいぎご

とうおんせん【等温線】 名詞 天気図《てんきず》で、温《おん》度《ど》の同《おな》じ地点《ちてん》を結《むす》んだ線《せん》。

とうか【灯火】 名詞 ともしび。明《あ》かり。

とうか【投下】 名詞 動詞 高《たか》いところから物《もの》を投《な》げ落《お》とすこと。例 ヘリコプターから食料《しょくりょう》を投下する。

どうか 副詞
❶ていねいにたのむときに言《い》うことば。どうぞ。例 どうか、よろしくお願《ねが》いします。
❷なんとか。どうにか。例 このさわがしさは、どうかならないものか。
❸ふつうとはちがうようす。例 こんな失敗《しっぱい》をするなんて、このごろどうかしているよ。

どうか【同化】 名詞 動詞
❶周《まわ》りのものにえいきょうされて同《おな》じようになること。また、同《おな》じようにすること。例 子供《こども》たちは外国《がいこく》での暮《く》らしにすぐ同化した。
❷生物《せいぶつ》が、外《そと》からとり入《い》れたものを、自分《じぶん》の体《からだ》をつくるものに変《か》えること。

どうか【銅貨】 名詞 銅《どう》をおもな原料《げんりょう》としてつくられたお金。

どうが【動画】 名詞
❶⇩45ページ アニメーション
❷コンピューターなどであつかう、動《うご》きのある画像《がぞう》。対 静止画《せいしが》。

とうがい【等外】 名詞 決《き》められた等級《とうきゅう》や順《じゅん》位《い》のうちに入《はい》らないこと。例 精《せい》いっぱい演奏《えんそう》したが、おしくも等外だった。

とうかいこうぎょうちいき【東海工業地域】 名詞 静岡県《しずおかけん》の太平洋側《たいへいようがわ》に広《ひろ》がる、工《こう》業《ぎょう》のさかんな地域《ちいき》。京浜工業《けいひんこうぎょう》地帯《ちたい》と中京工《ちゅうきょうこう》業《ぎょう》地帯《ちたい》の間《あいだ》にある。

とうかいちほう【東海地方】 名詞 日本中《にほんちゅう》部《ぶ》の太平洋側《たいへいようがわ》の地方《ちほう》。静岡県《しずおかけん》・愛知県《あいちけん》などがふくまれる。

とうかいどう【東海道】 名詞 江戸《えど》時代《じだい》の五《ご》街道《かいどう》の一《ひと》つ。江戸《えど》から京都《きょうと》までの太平洋沿《たいへいようぞ》いの道《みち》で、五十三《ごじゅうさん》の宿場《しゅくば》があった。図 ⇩467ページ ごかいどう

とうかいどうごじゅうさんつぎ【東海道五十三次】 名詞
❶江戸《えど》時代《じだい》、江戸《えど》の日本橋《にほんばし》から京都《きょうと》の三条大《さんじょうおお》橋《はし》までの、東海道《とうかいどう》の間《あいだ》にあった五十三《ごじゅうさん》の宿《しゅく》場《ば》。
❷歌川広重《うたがわひろしげ》がえがいた浮世絵《うきよえ》の一《ひと》つ。教科 社 江《え》戸《ど》時代《じだい》後半《こうはん》には版画《はんが》の技術《ぎじゅつ》が発達《はったつ》したため、この絵《え》は大量《たいりょう》に印刷《いんさつ》された。

とうかいどうちゅうひざくりげ【東海道中膝栗毛】 名詞 江戸《えど》時代《じだい》に十返舎一九《じっぺんしゃいっく》が書いた物語。弥次郎兵衛と喜多八の、江戸から京都《きょうと》・大坂《おおさか》（＝今《いま》の大阪《おおさか》）までの旅《たび》をおもしろおかしくえがく。当時《とうじ》の人々《ひとびと》に大人気《だいにんき》で、続《ぞく》編《へん》などが二十年《にじゅうねん》にわたって書《か》き続《つづ》けられた。

どうかく【同格】 名詞
❶同《おな》じ資格《しかく》や身分《みぶん》であること。
❷二《ふた》つのことばが、同《おな》じ資格《しかく》で並《なら》んでいること。「わたしの妹《いもうと》ゆり子《こ》は、一年生《いちねんせい》だ」の、「わたしの妹《いもうと》」と「ゆり子《こ》」など。

とうかくをあらわす【頭角を現す】 故事成語 すぐれた才能《さいのう》や実力《じつりょく》が現《あらわ》れてきて、人《ひと》に知《し》られるようになる。例 この選手《せんしゅ》は今年《ことし》になって頭角を現してきた。ことば「頭角《とうかく》」は、頭《あたま》の先《さき》のこと。

とうかしたしむこう【灯火親しむ候】 夜《よる》、明《あ》かりをつけて本《ほん》を読《よ》むのにちょうどよい季節《きせつ》。秋《あき》のこと。ことば すずしくなり、夜《よる》が長《なが》いことからきたことば。

どうかせん【導火線】 名詞
❶爆薬《ばくやく》などに火《ひ》をつけるための線《せん》。
❷事件《じけん》などが起《お》こるきっかけとなるもの。例 ある人《ひと》の発言《はつげん》が、このさわぎの導火線となった。

どうかっしゃ【動滑車】 名詞 車《くるま》が回《まわ》ると、それに従《したが》って軸《じく》も動《うご》くようにしてある滑車《かっしゃ》。関連 定滑車《ていかっしゃ》。参考 動滑車《どうかっしゃ》を使《つか》うと、力《ちから》の大《おお》きさがおよそ半分《はんぶん》ですむ。

とうがらし【唐辛子】 名詞 季語 秋 なすのなかまの植物《しょくぶつ》の一《ひと》つ。実《み》は熟《じゅく》すと赤《あか》くなり、からい。食《た》べ物《もの》の味《あじ》つけに使《つか》う。「とんがらし」

故事成語 **漁夫《ぎょふ》の利《り》** 海辺《うみべ》で貝《かい》と鳥《とり》が争《あらそ》っているところに漁師《りょうし》が通《とお》りかかって、両方《りょうほう》ともつかまえてし

ともいう。

とうかん【投かん】 名詞 動詞 手紙《てがみ》やはがきなどをポストに入《い》れること。

とうがん 名詞 うりのなかまの野菜《やさい》。夏《なつ》に黄《き》色《いろ》の花《はな》がさく。実《み》は大《おお》きなだ円形《えんけい》で、食用《しょくよう》になる。ことば 漢字《かんじ》では「冬瓜」と書《か》く。冬《ふゆ》まで貯蔵《ちょぞう》できることからきた名《な》まえ。

とうがん

どうかん【同感】 名詞 動詞 ほかの人《ひと》と同《おな》じように考《かんが》えたり感《かん》じたりすること。例 きみの考《かんが》えに同感だ。

どうかん【道管】 名詞 植物《しょくぶつ》で、根《ね》から吸《す》い上《あ》げた水分《すいぶん》を運《はこ》ぶ管《くだ》。関連 師管《しかん》。

どうがん【童顔】 名詞 子供《こども》の顔《かお》。また、子供《こども》のような顔《かお》つき。

とうき【冬季】 名詞 冬《ふゆ》の季節《きせつ》。例 冬季オリンピック。対 夏季《かき》。関連 春季《しゅんき》。秋季《しゅうき》。

とうき【冬期】 名詞 冬《ふゆ》の期間《きかん》。冬《ふゆ》の間《あいだ》。例 冬期休業《きゅうぎょう》。対 夏期《かき》。関連 春期《しゅんき》。秋期《しゅうき》。

とうき【投機】 名詞
❶うまくいけば大《おお》きな利益《りえき》になることをねらって行《おこな》うこと。
❷値段《ねだん》が上《あ》がったり下《さ》がったりするものを、安《やす》いときに買《か》い、高《たか》くなったら売《う》って、お金《かね》をもうけること。

とうき【陶器】 名詞 粘土《ねんど》などで形《かたち》をつくり、上薬《うわぐすり》をかけてかまで焼《や》いたもの。焼《や》く温度《おんど》は磁器《じき》よりも低《ひく》い。関連 磁器《じき》。

とうき【登記】 名詞 動詞 自分《じぶん》の権利《けんり》や取《と》り引《ひ》きの事実《じじつ》をはっきりさせておくため、役所《やくしょ》の帳簿《ちょうぼ》（＝登記簿《とうきぼ》）に書《か》いておくこと。

とうき【騰貴】 名詞 動詞 物《もの》の値段《ねだん》や値打《ねう》ちが高《たか》くなること。例 物価《ぶっか》が騰貴する。対 下落《げらく》。

とうぎ【討議】 名詞 動詞 ある問題《もんだい》について、おたがいに意見《いけん》を言《い》い合《あ》うこと。例 新《あたら》しい学校《がっこう》の設立《せつりつ》について討議を重《かさ》ねる。類 討論《とうろん》。

どうき【同期】 名詞
❶同《おな》じ時期《じき》。同《おな》じ期間《きかん》。
❷入学《にゅうがく》・卒業《そつぎょう》や入社《にゅうしゃ》などの年度《ねんど》が同《おな》じであること。また、その人《ひと》たち。例 同期生《せい》。

どうき【動き】 名詞 心臓《しんぞう》がどきどきすること。ふだんよりも、心臓《しんぞう》が激《はげ》しく打《う》つこと。例 動きがする。

どうき【動機】 名詞 ある行動《こうどう》を起《お》こすもとになったことがら。きっかけ。例 先生《せんせい》にほめられたのが動機になって、詩《し》を書《か》き始《はじ》めた。

どうぎ【動議】 名詞 会議中《かいぎちゅう》に、予定《よてい》していなかった議題《ぎだい》を出《だ》すこと。また、その議題《ぎだい》。例 動議を提出《ていしゅつ》する。

どうぎ【道義】 名詞 人《ひと》として守《まも》らなければならないこと。例 道義に反《はん》する行《おこな》い。類 道徳《どうとく》。

どうぎご【同義語】 名詞 同《おな》じものごとを表《あらわ》すことば。「あした」と「あす」、「便所《べんじょ》」と「トイレ」など。同意語《どういご》。対 対義語《たいぎご》。

とうきび 名詞 季語 秋
❶「とうもろこし」の別《べつ》の名《な》まえ。
❷とうもろこしに似《に》た、いねのなかまの植物《しょくぶつ》。「もろこし」ともいう。

とうきゅう【投球】 名詞 動詞 野球《やきゅう》などで、ボールを投《な》げること。また、その投《な》げたボール。

とうきゅう【等級】 名詞 順位《じゅんい》や品質《ひんしつ》の上下《じょうげ》を区別《くべつ》した段階《だんかい》。

とうぎゅう【闘牛】 名詞 季語 春
❶牛《うし》と牛《うし》とをたたかわせる競技《きょうぎ》。また、その牛《うし》。
❷人《ひと》と牛《うし》とがたたかう競技《きょうぎ》。また、その牛《うし》。
参考 ❷は、スペインの国技《こくぎ》として有名《ゆうめい》。

どうきゅう【同級】 名詞
❶同《おな》じ学級《がっきゅう》。同《おな》じクラス。例 同級生《せい》。
❷同《おな》じ等級《とうきゅう》。

どうきゅうせい【同級生】 名詞 同《おな》じ学級《がっきゅう》の児童《じどう》・生徒《せいと》。また、同《おな》じ学年《がくねん》の児童《じどう》・生徒《せいと》。

どうきょ【同居】 名詞 動詞
❶家族《かぞく》が、一軒《いっけん》の家《いえ》にいっしょに住《す》むこと。対 別居《べっきょ》。
❷家族以外《かぞくいがい》の人《ひと》が、一軒《いっけん》の家《いえ》にいっしょに住《す》むこと。例 わたしの家《いえ》にはおじが同居している。

どうきょう【同郷】 名詞 故郷《こきょう》が同《おな》じであること。例 となりのおじさんは母《はは》と同郷だ。

どうぎょう【同業】 名詞 職業《しょくぎょう》が同《おな》じであること。また、その人《ひと》。例 同業者《しゃ》の集《あつ》まり。

とうきょうオリンピック【東京オリンピック】 名詞 一九六四（昭和《しょうわ》三十九《さんじゅうく》）年《ねん》に、東京《とうきょう》で開催《かいさい》されたオリンピック。アジアで開催《かいさい》された初《はじ》めてのオリンピック。

ときには気《き》をつけなさい、というのいましめのことば。

とうきょうだいくうしゅう【東京大空襲】 名詞 第二次世界大戦中《だいにじせかいたいせんちゅう》、一九四五（昭和《しょうわ》二十《にじゅう》）年三月十日《ねんさんがつとおか》に行《おこな》われた、アメリカ軍《ぐん》のB《ビー》29爆撃機《ばくげきき》による空襲《くうしゅう》。東京《とうきょう》の下町《したまち》を中心《ちゅうしん》に、大《おお》きな被害《ひがい》があった。

とうきょうと【東京都】 名詞 関東地方《かんとうちほう》の南部《なんぶ》にある日本《にほん》の首都《しゅと》。日本《にほん》の政治《せいじ》・経済《けいざい》・文化《ぶんか》などの中心地《ちゅうしんち》。都庁《とちょう》は新宿区《しんじゅくく》にある。

とうきょうわん【東京湾】 名詞 関東地方《かんとうちほう》の南部《なんぶ》、房総半島《ぼうそうはんとう》と三浦半島《みうらはんとう》に囲《かこ》まれた湾《わん》。沿岸《えんがん》には、京浜工業地帯《けいひんこうぎょうちたい》が広《ひろ》がっている。

とうきょく【当局】 名詞 その仕事《しごと》について、責任《せきにん》を持《も》っているところ。例 学校当局《がっこうとうきょく》。

どうぐ【道具】 名詞 ❶生活《せいかつ》や仕事《しごと》などをするときに使《つか》うもの。例 遊《あそ》び道具／勉強《べんきょう》道具。❷ほかの目的《もくてき》のために利用《りよう》されるものや人《ひと》。手段《しゅだん》。例 金《かね》もうけの道具に使《つか》われる。
ことば もとは仏教用語《ぶっきょうようご》で、修行《しゅぎょう》に使《つか》ういろいろなものを指《さ》して使《つか》ったことば。

とうぐう【東宮】 名詞 皇太子《こうたいし》の住《す》む宮殿《きゅうでん》。また、皇太子《こうたいし》のこと。

どうくつ【洞窟】 名詞 岩《いわ》などにできた、おくゆきの深《ふか》い大《おお》きな穴《あな》。洞穴《ほらあな》。

どうくんいぎご【同訓異義語】 名詞 訓読《くんよ》みが同《おな》じで、意味《いみ》がちがうことば。「切《き》る」と「着《き》る」など。

どうくんいじ【同訓異字】 名詞 訓読《くんよ》みが同《おな》じの別《べつ》の漢字《かんじ》。「神《かみ》」と「紙《かみ》」など。

とうげ【峠】 名詞 ❶山《やま》の坂道《さかみち》を上《のぼ》りきって、そこから下《くだ》りになるところ。例 峠の茶屋《ちゃや》。❷ものごとのいちばんさかんな時《とき》。また、いちばん危険《きけん》な時《とき》。
● **峠《とうげ》を越《こ》す** ものごとのいちばんさかんな時《とき》を過《す》ぎる。また、いちばん危険《きけん》な時《とき》を過《す》ぎる。例 病気《びょうき》は峠を越し、快方《かいほう》に向《む》かっている。

どうけ【道化】 名詞 こっけいな身《み》ぶりやことばで人《ひと》を笑《わら》わせること。また、それをする人《ひと》。

とうけい【東経】 名詞 イギリスのグリニッジ天文台《てんもんだい》があったところを通《とお》り、南極点《なんきょくてん》と北極《ほっきょく》点《てん》を結《むす》ぶ線《せん》を〇度《ど》として、そこから東側《ひがしがわ》へ一八〇度《ど》までの経度《けいど》。対 西経《せいけい》。図 ➡99ジ《ペー》 いど〔緯度〕

とうけい【統計】 名詞 同《おな》じ種類《しゅるい》のことがらについて、それを整理《せいり》し計算《けいさん》して、どのような特徴《とくちょう》があるかわかるように数《かず》・図《ず》・表《ひょう》に表《あらわ》すこと。例 体力調査《たいりょくちょうさ》の統計をとる。

とうけい【闘鶏】 名詞 季語 春 にわとりをたたかわせる遊《あそ》び。

どうけし【道化師】 名詞 サーカスなどで、こっけいなことをして人《ひと》を笑《わら》わせる人《ひと》。ピエロ。

とうけつ【凍結】 名詞 動詞 ❶こおりつくこと。例 水道管《すいどうかん》が凍結した。類 氷結《ひょうけつ》。❷お金《かね》や財産《ざいさん》などを自由《じゆう》に使用《しよう》したり移動《いどう》したりできないようにすること。また、ものごとを一時《いちじ》そのままの状態《じょうたい》で止《と》めておくこと。例 ダム建設《けんせつ》の計画《けいかく》が凍結された。

とうけん【刀剣】 名詞 刀やつるぎなどをまとめていうことば。

どうけん【同権】 名詞 同《おな》じ権利《けんり》を持《も》つこと。例 男女同権《だんじょどうけん》。

どうけん【銅剣】 名詞 青銅《せいどう》でできた剣《けん》。日本《にほん》では弥生時代《やよいじだい》につくられ、おもに祭《まつ》りのときなどに使《つか》われたといわれる。

どうげん【道元】 名詞（一二〇〇～一二五三）鎌《かま》倉時代《くらじだい》のおぼうさん。中国《ちゅうごく》で学《まな》んで、日本《にほん》に曹洞宗《そうとうしゅう》を伝《つた》えた。越前国《えちぜんのくに》（＝今《いま》の福井県《ふくいけん》）に永平寺《えいへいじ》を建《た》てた。

とうげんきょう【桃源郷】 名詞 現実《げんじつ》の世界《せかい》をはなれた、平和《へいわ》で理想的《りそうてき》な世界《せかい》。ことば 昔《むかし》の中国《ちゅうごく》の詩人《しじん》、陶淵明《とうえんめい》が書《か》いた「桃花源記《とうかげんき》」という物語《ものがたり》からきたことば。

とうご【頭語】 名詞 手紙《てがみ》などの書《か》き出《だ》しのことば。「拝啓《はいけい》」「前略《ぜんりゃく》」など。

とうこう【刀工】 名詞 刀《かたな》をつくることを仕事《しごと》にしている人《ひと》。

とうこう【投降】 名詞 動詞 戦争《せんそう》などで、降参《こうさん》すること。

とうこう【投稿】 名詞 動詞 新聞《しんぶん》や雑誌《ざっし》などにのせてもらうために、原稿《げんこう》を送《おく》ること。また、その原稿《げんこう》。例 新聞《しんぶん》に俳句《はいく》を投稿する。

とうこう【陶工】 名詞 陶器《とうき》や磁器《じき》をつくることを仕事《しごと》にしている人《ひと》。

とうこう【登校】 名詞 動詞 児童《じどう》や生徒《せいと》が、学校《がっこう》へ授業《じゅぎょう》を受《う》けに行《い》くこと。例 集団《しゅうだん》登校／妹《いもうと》と登校する。対 下校《げこう》。

故事成語 口《くち》は災《わざわ》いのもと　うっかり言《い》ったことばが思《おも》いがけない災難《さいなん》を招《まね》くことがあるから、何《なに》か言《い》う

とうごう【投合】 名詞 動詞 おたがいの気持《きも》ちがぴったりと合《あ》うこと。一致《いっち》すること。例 一《いち》度会《どあ》っただけで意気《いき》投合した。

とうごう【等号】 名詞 左右《さゆう》の二《ふた》つの数《かず》や式《しき》が等《ひと》しいことを示《しめ》す記号《きごう》。イコール。「＝」と書《か》く。対 不等号《ふとうごう》。

とうごう【統合】 名詞 動詞 いくつかのものを、一《ひと》つにまとめること。例 となり合《あ》った四《よっ》つの市町村《しちょうそん》を統合する。類 合併《がっぺい》。併合《へいごう》。

どうこう 副詞 あれこれといろいろ言《い》うようす。とやかく。例 決《き》まったことについて、今《いま》さらどうこう言《い》うつもりはない。

どうこう【同好】 名詞 趣味《しゅみ》や好《この》みが同《おな》じであること。例 同好会《どうこうかい》。

どうこう【同行】 名詞 動詞 いっしょに行《い》くこと。また、その人《ひと》。例 母《はは》に同行して、親類《しんるい》の家《いえ》に行《い》く。類 同伴《どうはん》。

どうこう【動向】 名詞 人《ひと》や世《よ》の中《なか》の動《うご》き。また、動《うご》いていく方向《ほうこう》。例 新聞《しんぶん》を読《よ》んで、社会《しゃかい》の動向を知《し》る。類 動静《どうせい》。

どうこう【瞳孔】 名詞 目《め》の中央《ちゅうおう》にある、小《ちい》さな穴《あな》。光線《こうせん》はここを通《とお》って目《め》の中《なか》に入《はい》る。ひとみ。

四字熟語 **どうこういきょく【同工異曲】** ➡795ページ

とうごうしっちょうしょう【統合失調症】 名詞 心《こころ》の病気《びょうき》の一《ひと》つ。だれも何《なに》も言《い》っていないのに声《こえ》が聞《き》こえるように感《かん》じる、現実《げんじつ》には起《お》こっていないことを起《お》こっているように感《かん》じるなど、さまざまな症状《しょうじょう》がある。

とうこうせん【等高線】 名詞 地図《ちず》の上《うえ》で、海面《かいめん》から同《おな》じ高《たか》さの地点《ちてん》を結《むす》んだ線《せん》。土地《とち》の高《たか》さや地形《ちけい》がわかるようにしてある。

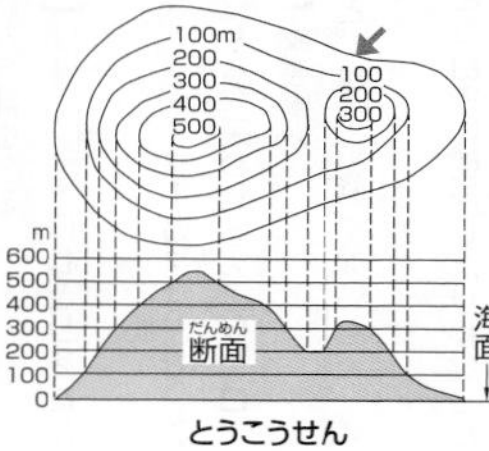

とうこうせん

とうごうへいはちろう【東郷平八郎】 名詞 （一八四七～一九三四）明治《めいじ》から昭和時代《しょうわじだい》にかけての海軍《かいぐん》の軍人《ぐんじん》。日露戦争《にちろせんそう》のときに連合艦隊《れんごうかんたい》の司令《しれい》長官《ちょうかん》を務《つと》めた。

とうごく【投獄】 名詞 動詞 罪人《ざいにん》を、監獄《かんごく》やろう屋《や》に入《い》れること。

とうごく【東国】 名詞 昔《むかし》、京都《きょうと》から見《み》て東《ひがし》の方《ほう》にある地方《ちほう》を指《さ》していったことば。とくに、関東地方《かんとうちほう》を指《さ》した。対 西国《さいごく》。

とうこつ【頭骨】 名詞 脊椎動物《せきついどうぶつ》の頭《あたま》の骨《ほね》。

とうざ【当座】 名詞 ❶そのとき。その場《ば》。例 引《ひ》っ越《こ》しをした当座は、さびしかった。❷しばらくの間《あいだ》。当分《とうぶん》。例 当座は、この服《ふく》で間《ま》に合《あ》わせることにしよう。

どうさ【動作】 名詞 体《からだ》の動《うご》き。身《み》のこなし。

とうさい【搭載】 名詞 動詞 車《くるま》や船《ふね》などに物資《ぶっし》を積《つ》みこむこと。また、機器《きき》などにある機能《きのう》を組《く》みこむこと。例 レーダーを搭載した漁船《ぎょせん》。類 積載《せきさい》。

とうざい【東西】 ❶名詞 東《ひがし》と西《にし》。例 東西に道《みち》が走《はし》る。対 南北《なんぼく》。❷名詞 東洋《とうよう》と西洋《せいよう》。例 東西交流《こうりゅう》。❸➡920ページ とうざいとうざい

どうざい【同罪】 名詞 同《おな》じ罪《つみ》。また、同《おな》じ責任《せきにん》があること。例 いたずらするのをだまって見《み》ていたのなら、きみも同罪だ。

とうざいとうざい【東西東西】 感動詞 芝《しば》居《い》やすもうで、客《きゃく》に呼《よ》びかけるときなどに使《つか》うことば。「とざいとうざい」「とうざい」ともいう。

とうざいなんぼく【東西南北】 名詞 東《ひがし》・西《にし》・南《みなみ》・北《きた》の四《よっ》つの方角《ほうがく》。

とうさく【盗作】 名詞 動詞 ほかの人《ひと》の作品《さくひん》を、自分《じぶん》が作《つく》ったものとして勝手《かって》に使《つか》うこと。

とうさん【倒産】 名詞 動詞 お金《かね》のやりくりがつかなくなって、会社《かいしゃ》や商店《しょうてん》がつぶれること。

どうさん【動産】 名詞 持《も》ち運《はこ》びのできる財《ざい》産《さん》。お金《かね》や品物《しなもの》など。対 不動産《ふどうさん》。

どうざん【銅山】 名詞 銅《どう》をふくんだ鉱石《こうせき》をほり出《だ》す山《やま》。

とうし【投資】 名詞 動詞 もうけを得《え》るために、事業《じぎょう》などにお金《かね》を出《だ》すこと。例 新《あたら》しい会社《かいしゃ》に投資する。類 出資《しゅっし》。

とうし【凍死】 名詞 動詞 こごえ死《し》ぬこと。

とうし【闘志】 名詞 立《た》ち向《む》かってたたかおうとする力強《ちからづよ》い気持《きも》ち。ファイト。例 闘志を燃《も》やす。

とうじ【冬至】 名詞 季語冬 太陽《たいよう》が一年《いちねん》のうちでもっとも南《みなみ》へ寄る日《ひ》。北半球《きたはんきゅう》では、一年《いちねん》のうちでもっとも昼《ひる》が短《みじか》く、夜《よる》が長《なが》い。十二月二十二日《じゅうにがつにじゅうににち》ごろ。対夏至《げし》。関連春分《しゅんぶん》。秋分《しゅうぶん》。→707ページ 伝統コラム 二十四節気《にじゅうしせっき》 →1450ページ 二十四節気《にじゅうしせっき》

とうじ【当時】 名詞 その時《とき》。そのころ。例入学《にゅうがく》当時のことはよく覚《おぼ》えている。

とうじ【湯治】 名詞 動詞 温泉《おんせん》に入《はい》って病気《びょうき》やけがを治《なお》すこと。例湯治場《ば》。

とうじ【答辞】 名詞 式《しき》のとき、お祝《いわ》いやあいさつのことばに対《たい》して答《こた》えることば。対送辞《そうじ》。

どうし【同士】 名詞 同《おな》じ関係《かんけい》の人《ひと》。同《おな》じ種類《しゅるい》のもの。例男《おとこ》同士。→使い分け

どうし【同志】 名詞 同《おな》じ考《かんが》えや目的《もくてき》を持《も》っていること。また、その人々《ひとびと》。→使い分け

使い分け **どうし** 同士・同志

同士 同《おな》じ関係《かんけい》・同《おな》じ種類《しゅるい》であること。「友《とも》だち同士《どうし》／いとこ同士《どうし》」

同志 同《おな》じ考《かんが》えや同《おな》じ目的《もくてき》を持《も》っていること。また、その人々《ひとびと》。「同志《どうし》を集《あつ》める」

どうし【動詞】 名詞 品詞《ひんし》の一《ひと》つ。人《ひと》やものの動《うご》きやはたらきなどを表《あらわ》す。「見《み》る」「聞《き》く」「読《よ》む」など。「読《よ》まない」「読《よ》みます」「読《よ》むとき」「読《よ》めば」「読《よ》もう」のように、ことばの終《お》わりが、ある決《き》まりに従《したが》って変《か》わる。

どうじ【同時】 名詞 ❶同《おな》じ時《とき》。例同時通訳《つうやく》／二人《ふたり》同時にゴールした。❷〔「…と同時《どうじ》に」の形《かたち》で〕…とともに。例大丈夫《だいじょうぶ》だと思《おも》うと同時に、心配《しんぱい》でもある。

どうしうち【同士討ち】 名詞 味方《みかた》同士《どうし》で争《あらそ》うこと。

とうじき【陶磁器】 名詞 陶器《とうき》と磁器《じき》。焼《や》き物《もの》。瀬戸物《せともの》。

とうじしゃ【当事者】 名詞 そのことがらに直接関係《ちょくせつかんけい》している人《ひと》。対第三者《だいさんしゃ》。

とうししんたく【投資信託】 →1139ページ ファンド❷

とうじつ【当日】 名詞 その日《ひ》。例遠足《えんそく》の当日、熱《ねつ》を出《だ》してしまった。

どうしつ【同室】 名詞 動詞 同《おな》じ部屋《へや》。また、同じ部屋《へや》に住《す》んだり、とまったりすること。

どうしつ【同質】 名詞 二《ふた》つ以上《いじょう》のものが、同《おな》じ性質《せいしつ》であること。例同質の素材《そざい》。対異質《いしつ》。

どうじつ【同日】 名詞 同《おな》じ日《ひ》。例二人《ふたり》の探検家《たんけんか》は同日に出発《しゅっぱつ》した。

どうして 副詞 ❶どのようにして。例転校《てんこう》した友《とも》だちは、今《いま》ごろどうしているだろう。❷なぜ。例どうしてそんなに上手《じょうず》なの。❸それどころか。かえって。例のんびりしているようで、どうして、なかなか気《き》の強《つよ》い人《ひと》だ。

どうしても 副詞 ❶どのようにしても。どう考《かんが》えても。例あの日《ひ》のことがどうしても思《おも》い出《だ》せない。❷どんなことがあっても。例この映画《えいが》はどうしても見《み》たい。

使い方 ❶は、あとに「ない」などのことばがくる。

とうしゃばん【謄写版】 名詞 ろうをぬった原紙《げんし》に字《じ》や絵《え》をかき、上《うえ》からインクのついたローラーを転《ころ》がして印刷《いんさつ》する道具《どうぐ》。また、その方法《ほうほう》。「がり版《ばん》」ともいう。

とうしゅ【投手】 名詞 野球《やきゅう》で、バッターにボールを投《な》げる人《ひと》。ピッチャー。対捕手《ほしゅ》。

とうしゅ【党首】 名詞 政党《せいとう》でいちばん上《うえ》の人《ひと》。

どうしゅ【同種】 名詞 同《おな》じ種類《しゅるい》。対異種《いしゅ》。

とうしょ【当初】 名詞 はじめのころ。ものごとのはじめ。例開店《かいてん》当初は満員《まんいん》だった。

とうしょ【投書】 名詞 動詞 自分《じぶん》の意見《いけん》や考《かんが》えを書《か》いて、新聞社《しんぶんしゃ》や放送局《ほうそうきょく》、役所《やくしょ》などに送《おく》ること。また、その書《か》いたもの。例投書箱《ばこ》。

どうじょ【童女】 名詞 女《おんな》の子供《こども》。幼《おさな》い女《おんな》の子《こ》。

とうしょう【凍傷】 名詞 季語冬 厳《きび》しい寒《さむ》さのために、皮膚《ひふ》などが傷《きず》つくこと。重《おも》いと死《し》ぬこともある。軽《かる》いものは「しもやけ」という。

とうじょう【搭乗】 名詞 動詞 飛行機《ひこうき》や船《ふね》などに乗《の》りこむこと。例空港《くうこう》で搭乗手続《てつづ》きをする。

とうじょう【登場】 名詞 動詞 ❶小説《しょうせつ》などに出《で》てくること。例登場人物《じんぶつ》。

故事成語　**君子《くんし》危《あや》うきに近寄《ちかよ》らず**　人《ひと》がらのすぐれたりっぱな人《ひと》（君子《くんし》）は、いつも注意深《ちゅういぶか》く行動《こうどう》し

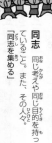

❷舞台《ぶたい》などに出《で》てくること。対 退場《たいじょう》。❸新《あたら》しいものなどが世《よ》の中《なか》に現《あらわ》れること。例 新製品《しんせいひん》が次々《つぎつぎ》に登場する。

どうじょう【同乗】 名詞 動詞 同《おな》じ乗《の》り物《もの》にいっしょに乗《の》ること。例 同乗者《しゃ》。

どうじょう【同情】 名詞 動詞 人《ひと》のなやみや苦《くる》しみなどをその人《ひと》の身《み》になって感《かん》じ、気《き》の毒《どく》に思《おも》うこと。例 事故《じこ》の被害者《ひがいしゃ》に同情する。

どうじょう【道場】 名詞 ❶柔道《じゅうどう》や剣道《けんどう》などを学《まな》び、けいこをするところ。❷仏《ほとけ》の教《おし》えについて修行《しゅぎょう》するところ。

とうじょうじんぶつ【登場人物】 名詞 映画《えいが》・物語《ものがたり》・劇《げき》などの中《なか》に出《で》てくる人《ひと》。

とうしょうだいじ【唐招提寺】 名詞 奈良《なら》市《し》にある寺《てら》。七五九年《ねん》、唐《とう》（＝今《いま》の中国《ちゅうごく》）からやって来《き》た鑑真《がんじん》が建《た》てた。

どうしようもない ❶ほかにどうすることもできない。例 寒《さむ》くてどうしようもない。❷どんなことをしても変《か》わる見《み》こみがない。救《すく》いがたい。例 どうしようもないあわて者《もの》だね。

どうしょくぶつ【動植物】 名詞 動物《どうぶつ》と植物《しょくぶつ》。

とうじる【投じる】 動詞 ❶投《な》げる。投《な》げ入《い》れる。❷お金《かね》を出《だ》す。つぎこむ。例 大金《たいきん》を投じる。❸投票《とうひょう》する。例 一票《いっぴょう》を投じる。ことば「投《とう》ずる」ともいう。

どうじる【動じる】 動詞 おどろいたり困《こま》ったりして、あわてる。落《お》ち着《つ》きを失《うしな》う。「動《どう》ずる」ともいう。例 地震《じしん》にもまったく動じない。

とうしん【刀身】 名詞 刀《かたな》の、さやに収《おさ》まる部《ぶ》分《ぶん》。

とうしん【灯心】 名詞 灯油《とうゆ》にひたして明《あ》かりをともす、細《ほそ》いひも。ランプなどのしん。

とうしん【答申】 名詞 動詞 上《うえ》の役所《やくしょ》や上役《うわやく》などからの質問《しつもん》に対《たい》して、意見《いけん》や答《こた》えを出《だ》すこと。例 大臣《だいじん》に答申を出《だ》す。対 諮問《しもん》。

どうしん【童心】 名詞 子供《こども》の心《こころ》。子供《こども》のような無邪気《むじゃき》な心《こころ》。例 童心に返《かえ》って遊《あそ》ぶ。

どうじん【同人】 名詞 同《おな》じ好《この》みや志《こころざし》を持《も》っている人《ひと》。仲間《なかま》。「どうにん」ともいう。

とうしんだい【等身大】 名詞 人《ひと》の身長《しんちょう》と同《おな》じくらいの大《おお》きさ。例 等身大のポスター。

とうずる【投ずる】 ➡922ページ とうじる

どうずる【動ずる】 ➡922ページ どうじる

どうせ 副詞 どのようにしても、望《のぞ》む結果《けっか》にはならないようす。結局《けっきょく》は。例 ひとりでやれると言《い》っても、どうせできないに決《き》まってるさ。

とうせい【当世】 名詞 今《いま》の世《よ》の中《なか》。例 当世風《ふう》のヘアスタイル。

とうせい【統制】 名詞 動詞 ❶決《き》まりに従《したが》ってものごとを制限《せいげん》したりとりしまったりすること。例 言論《げんろん》が統制される。❷全体《ぜんたい》の動《うご》きを一《ひと》つにまとめること。例 チームの統制がとれていない。

どうせい【同姓】 名詞 名字《みょうじ》が同《おな》じであること。例 同姓同名《どうめい》。

どうせい【同性】 名詞 男《おとこ》と男《おとこ》、女《おんな》と女《おんな》のように、性《せい》が同《おな》じであること。対 異性《いせい》。

どうせい【動静】 名詞 人《ひと》や世《よ》の中《なか》の、動《うご》きやようす。例 敵《てき》の動静をさぐる。類 動向《どうこう》。

とうせき【投石】 名詞 動詞 石《いし》を投《な》げつけること。例 デモ隊《たい》が投石する。

とうせき【透析】 名詞 動詞 セロハン膜《まく》などを使《つか》って、溶液《ようえき》から一定《いってい》の大《おお》きさ以下《いか》の分子《ぶんし》をとり除《のぞ》くこと。例 人工《じんこう》透析（＝血液《けつえき》から不要《ふよう》な物質《ぶっしつ》をとり除《のぞ》く、腎臓病《じんぞうびょう》の治療法《ちりょうほう》）。

どうせき【同席】 名詞 動詞 ❶同《おな》じテーブルにつくこと。例 社長《しゃちょう》と同席する。❷同《おな》じ会《かい》に出席《しゅっせき》すること。例 会議《かいぎ》に同席する。

とうせつ【当節】 名詞 このごろ。ちかごろ。最近《さいきん》。例 当節の若者《わかもの》。使い方 古《ふる》い言《い》い方《かた》。

とうせん【当選】 名詞 動詞 選挙《せんきょ》で選《えら》ばれること。対 落選《らくせん》。

とうせん【当せん】 名詞 動詞 くじに当《あ》たること。例 宝《たから》くじの当せん番号《ばんごう》。

とうぜん【当然】 形容動詞 副詞 そうなることが当《あ》たり前《まえ》であるようす。例 あんなにがんばったのだから、入賞《にゅうしょう》したのは当然だ。

どうせん【銅線】 名詞 銅《どう》でつくった針金《はりがね》。

どうせん【導線】 名詞 電流《でんりゅう》を通《とお》すために使《つか》う針金《はりがね》。

どうぜん【同然】 名詞 形容動詞 同《おな》じようなものであること。ほとんど変《か》わりがないこと。例 ここまでくれば、完成《かんせい》したも同然だ。類 同様《どうよう》。

どうぞ 副詞 人《ひと》に物《もの》をすすめたり、たのんだり

な集団《しゅうだん》の中《なか》で人《ひと》の下《した》にいるよりも、どんなに小《ちい》さな集団《しゅうだん》であっても、そこのかしらとなったほうがよい。

あいうえお　かきくけこ　さしすせそ　たちつてと　と　なにぬねの　はひふへほ　まみむめも　や　ゆ　よ　らりるれろ　わ　を　ん

するときに使《つか》うことば。どうか。何《なに》とぞ。例 お菓子《かし》をもう一《ひと》つどうぞ／どうぞよろしく。

とうそう【逃走】 名詞 動詞 にげること。例 犯《はん》人《にん》は逃走した。類 逃亡《とうぼう》。

とうそう【闘争】 名詞 動詞 たたかうこと。争《あらそ》うこと。例 闘争心《しん》。

どうそう【同窓】 名詞 同《おな》じ学校《がっこう》で学《まな》んだこと。例 同窓生《せい》。

どうぞう【銅像】 名詞 人《ひと》や動物《どうぶつ》などのすがたを、銅《どう》でかたちづくったもの。

どうそうかい【同窓会】 名詞 同《おな》じ学校《がっこう》で学《まな》んだ人《ひと》たちの会《かい》。関連 クラス会《かい》。

とうぞく【盗賊】 名詞 ぬすみをする悪者《わるもの》。どろぼう。とくに、ぬすみをする集団《しゅうだん》。

とうそつ【統率】 名詞 動詞 たくさんの人《ひと》を一《ひと》つにまとめて導《みちび》くこと。例 キャプテンがチームを統率する。

とうだい【灯台】 名詞 ❶みさきや港《みなと》の入《い》り口《ぐち》などにあって、夜《よる》の間《あいだ》、船《ふね》が安《あん》全《ぜん》に進《すす》めるように強《つよ》い光《ひかり》を出《だ》す高《たか》い建物《たてもの》。❷昔《むかし》、明《あ》かりをのせた台《だい》。台《だい》の上《うえ》に、油《あぶら》としんを入《い》れた皿《さら》をのせ、しんに火《ひ》をつけて使《つか》った。

とうだい❶

●**灯台下暗《とうだいもとくら》し** ことわざ 灯台《とうだい》の周《まわ》りは明《あか》るいが、すぐ下《した》は光《ひかり》が当《あ》たらなくて暗《くら》いように、身近《みぢか》なことはかえってわかりにくい、というたとえ。

どうたい【胴体】 名詞 ❶体《からだ》の、頭《あたま》と手足《てあし》を除《のぞ》いた真《ま》ん中《なか》の部分《ぶぶん》。胴《どう》。❷物《もの》の、真《ま》ん中《なか》の部分《ぶぶん》。胴《どう》。参考 この灯台《とうだい》は、船《ふね》を導《みちび》く灯台《とうだい》（＝❶）ではなく、昔《むかし》の照明器具《しょうめいきぐ》の灯台《とうだい》（＝❷）のこと。

どうたい【導体】 名詞 電気《でんき》や熱《ねつ》をよく伝《つた》えるもの。銀《ぎん》・銅《どう》・アルミニウムなど。対 絶縁体《ぜつえんたい》。

とうだいじ【東大寺】 名詞 奈良《なら》時代《じだい》、聖武《しょうむ》天皇《てんのう》によって奈良《なら》に建《た》てられた寺《てら》。本尊《ほんぞん》の大仏《だいぶつ》や、正倉院《しょうそういん》などが有名《ゆうめい》。参考 大仏殿《だいぶつでん》は、木造《もくぞう》建築《けんちく》としては世界一大《せかいいちおお》きい。

どうたく【銅たく】 名詞 弥生時代《やよいじだい》につくられ、祭《まつ》りのときに使《つか》ったといわれる、つりがね形《がた》の青銅器《せいどうき》。

とうたつ【到達】 名詞 動詞 行《い》き着《つ》くこと。届《とど》くこと。例 目標《もくひょう》に到達する。

とうち【当地】 名詞 自分《じぶん》が今《いま》いる、この土地《とち》。例 当地の名物《めいぶつ》は日本《にほん》そばです。

とうち【統治】 名詞 動詞 国《くに》や国民《こくみん》を治《おさ》めること。例 国家《こっか》を統治する。

とうちけん【統治権】 名詞 国《くに》や国民《こくみん》を治《おさ》める権利《けんり》。

とうちほう【倒置法】 名詞 文章《ぶんしょう》の中《なか》のある部分《ぶぶん》を強《つよ》めていうために、ことばの並《なら》べ方《かた》をひっくり返《かえ》すこと。強調《きょうちょう》することばを前《まえ》に置《お》くことが多《おお》い。「よい天気《てんき》だ、今日《きょう》は。」など。

とうちゃく【到着】 名詞 動詞 目的地《もくてきち》に着《つ》くこと。例 空港《くうこう》に到着した。対 出発《しゅっぱつ》。

どうちゅう【道中】 名詞 旅《たび》のとちゅう。また、旅《たび》。例 道中記《き》／道中のつかれをとる。

とうちょう【登頂】 名詞 動詞 山《やま》の頂上《ちょうじょう》に登《のぼ》ること。例 富士山《ふじさん》に登頂する。

どうちょう【同調】 名詞 動詞 人《ひと》の意見《いけん》や考《かんが》えなどに調子《ちょうし》を合《あ》わせること。例 姉《あね》の意見《いけん》に同調する。

どうちょう【道庁】 名詞 「北海道庁《ほっかいどうちょう》」のこと。北海道《ほっかいどう》の仕事《しごと》をする役所《やくしょ》。関連 県庁《けんちょう》。都《と》庁《ちょう》。府庁《ふちょう》。

とうちょく【当直】 名詞 動詞 学校《がっこう》や会社《かいしゃ》などで、日直《にっちょく》や宿直《しゅくちょく》をすること。また、その人《ひと》。

とうてい【到底】 副詞 とても。どうしても。例 作業《さぎょう》は今日《きょう》じゅうにはとうてい終《お》わりそうにない。使い方 かな書《が》きにすることが多《おお》い。また、あとに「ない」などのことばがくる。

どうてい【道程】 名詞 目的地《もくてきち》までのきょり。道《みち》のり。類 行程《こうてい》。

どうてき【動的】 形容動詞 動《うご》きがあるようす。生《い》き生《い》きしているようす。対 静的《せいてき》。

とうてん【当店】 名詞 この店《みせ》。例 この料理《りょうり》は当店自慢《じまん》の品《しな》です。

とうてん【読点】 名詞 文《ぶん》の意味《いみ》の切《き》れ目《め》につけるしるし。「、」のこと。てん。関連 句点《くてん》。

↓924ページ 日本語教室

どうてん【同点】 名詞 点数《てんすう》が同《おな》じであること。

どうてん【動転】 名詞 動詞 非常《ひじょう》におどろき、あわてること。例 突然《とつぜん》の知《し》らせに動転する。

とうど【陶土】 名詞 陶磁器《とうじき》の原料《げんりょう》となる粘土《ねんど》。

故事成語 鶏口《けいこう》となるも牛後《ぎゅうご》となるなかれ 「鶏口《けいこう》」はにわとりの口《くち》、「牛後《ぎゅうご》」は牛《うし》のしりのこと。大《おお》き

とうとい【尊い・貴い】 形容詞 ❶尊敬《そんけい》する気持《きも》ちを起《お》こさせるようす。例 仏《ほとけ》様《さま》の尊い教《おし》えを学《まな》ぶ。❷とても値打《ねう》ちがある。例 貴い体験《たいけん》をする。❸身分《みぶん》が高《たか》い。例 貴いお方《かた》。
ことば「たっとい」ともいう。
漢 ↓767ジ《ぺー》そん〔尊〕・316ジ《ぺー》き〔貴〕

とうとう【到頭】 副詞 ついに。結局《けっきょく》。例 半日《はんにち》も待《ま》ったが、とうとうだれも来《こ》なかった。
使い方 ふつうかな書《が》きにする。

とうとう[と] 副詞 ❶たくさんの水《みず》が勢《いきお》いよく流《なが》れるようす。例 川《かわ》の水《みず》がとうとうと流《なが》れる。❷すらすらと切《き》れ目《め》なく話《はな》すようす。例 長《なが》い物語《ものがたり》をとうとうと語《かた》る。
使い方「とうとうたる川《かわ》の流《なが》れ」などの形《かたち》でも使う。

どうとう【同等】 名詞 形容動詞 位《くらい》や程度《ていど》などが同《おな》じであること。例 初段《しょだん》と同等の実力《じつりょく》がある。

どうどう[と]【堂堂[と]】 副詞 ❶力強《ちからづよ》くりっぱなようす。例 堂々とした体格《たいかく》。❷何《なに》もおそれず、しっかりしているようす。例 大勢《おおぜい》の人《ひと》の前《まえ》で、堂々と話《はなし》をする。
使い方「堂々たる姿《すがた》」などの形《かたち》でも使う。

どうどうめぐり【堂堂巡り】 名詞 動詞 話《はな》し合《あ》いで、同《おな》じような議論《ぎろん》や意見《いけん》がくり返《かえ》されて先《さき》へ進《すす》まないこと。例 話《はなし》が堂々巡りする。
ことば もとは、祈願《きがん》のためにお堂《どう》の周《まわ》りを回《まわ》ることをいった。

どうとく【道徳】 名詞 人《ひと》として守《まも》らなければならない正《ただ》しい行《おこな》い。例 交通《こうつう》道徳。類 道義《どうぎ》。

どうとくてき【道徳的】 形容動詞 ❶道徳《どうとく》に関係《かんけい》があるようす。例 道徳的に考《かんが》えて、きみのしたことはまちがっていると思《おも》う。❷道徳《どうとく》に合《あ》っているようす。例 道徳的な行《おこな》い。

とうとつ【唐突】 形容動詞 突然《とつぜん》であるようす。例 姉《あね》は、唐突に役者《やくしゃ》になりたいと言《い》い出《だ》した。

とうとぶ【尊ぶ・貴ぶ】 動詞 ❶敬《うやま》い、大切《たいせつ》にする。例 祖先《そせん》を尊ぶ。❷何《なに》よりも大事《だいじ》なことと考《かんが》える。例 礼儀《れいぎ》を貴ぶ。
ことば「たっとぶ」ともいう。
漢 ↓767ジ《ぺー》そん〔尊〕・316ジ《ぺー》き〔貴〕

とうどり【頭取】 名詞 銀行《ぎんこう》などの、位《くらい》がいちばん上《うえ》の人《ひと》。

とうなす 名詞 季語秋 「かぼちゃ」の別《べつ》の名《な》まえ。

とうなん【東南】 名詞 東《ひがし》と南《みなみ》との中間《ちゅうかん》に当《あ》たる方角《ほうがく》。南東《なんとう》。対 西北《せいほく》。

とうなん【盗難】 名詞 お金《かね》や品物《しなもの》をぬすまれること。例 盗難にあう。

とうなんアジア【東南アジア】 名詞 アジアの南東部《なんとうぶ》の地域《ちいき》。インドシナ半島《はんとう》とマレー諸島《しょとう》から成《な》り、ベトナム・タイ・ミャンマー・フィリピン・インドネシアなどの国《くに》がある。貿易《ぼうえき》などで日本《にほん》との関係《かんけい》が深《ふか》い。

とうなんアジアしょこくれんごう【東南アジア諸国連合】 ↓35ジ《ぺー》アセアン

とうなんとう【東南東】 名詞 東《ひがし》と南東《なんとう》との中間《ちゅうかん》に当《あ》たる方角《ほうがく》。

読点《とうてん》

文《ぶん》のとちゅうの切《き》れ目《め》には「、」をつけるけれど、この点《てん》のことを「読点《とうてん》」というんだ。文《ぶん》を作《つく》るとき、どこに読点《とうてん》をつけるかでわかりやすさが変《か》わるし、意味《いみ》が変《か》わってしまうこともあるんだよ。
(1)ここで、はきものをぬいでください。
(2)ここでは、きものをぬいでください。
こんな看板《かんばん》があったら、(1)ならはいているくつをぬぐし、(2)なら服《ふく》をぬぐよね。正《ただ》しく意味《いみ》を伝《つた》えるために、適切《てきせつ》な位置《いち》に読点《とうてん》をつけるように気《き》をつけよう。

とうに 副詞 ずっと前《まえ》に。とっくに。例 そのことにはとうに気《き》がついていた。

どうにか 副詞 ❶じゅうぶんではないが、どうやら。やっと。例 失敗《しっぱい》ばかりしていたが、どうにか完成《かんせい》した。❷何《なん》らかの方法《ほうほう》で。なんとか。例 この荷物《にもつ》の山《やま》をどうにかしてもらえませんか。

どうにも 副詞 ❶どんなふうにしても。例 あの人《ひと》にたのまれたら、どうにも断《ことわ》れない。❷なんとも。ほんとうに。例 どうにも困《こま》ったことになった。
使い方 ❶は、あとに「ない」などのことばがくる。

どうにもならない どうすることもできな

する油《あぶら》を買《か》えなかった人《ひと》が、ほたるの光《ひかり》や雪明《ゆきあ》かりで勉強《べんきょう》し、のちにりっぱな役人《やくにん》になったという話《はなし》からきたい。例 文句を言ってもどうにもならない。

とうにゅう【投入】 名詞 動詞 ❶投《な》げ入《い》れること。❷力《ちから》やお金《かね》などをつぎこむこと。例 全力《ぜんりょく》投入／財産《ざいさん》を投入する。

とうにゅう【豆乳】 名詞 くだいた大豆《だいず》を水《みず》で煮《に》て、こした液《えき》。そのまま飲《の》むほか、豆腐《とうふ》の原《げん》料《りょう》にする。

どうにゅう【導入】 名詞 動詞 ❶外《そと》からお金《かね》や機械《きかい》、技術《ぎじゅつ》などをとり入《い》れること。例 工場《こうじょう》に最新式《さいしんしき》の機械《きかい》が導入された。❷書物《しょもつ》などのはじめの、本題《ほんだい》に引《ひ》きこんだり、関心《かんしん》を持《も》たせたりする部分《ぶぶん》。

とうにょうびょう【糖尿病】 名詞 血液《けつえき》の中《なか》の糖《とう》が増《ふ》えて、尿《にょう》の中《なか》にも糖《とう》が混《ま》ざる病気《びょうき》。

とうにん【当人】 名詞 その人《ひと》。本人《ほんにん》。例 けがをした当人はけろっとしていた。

どうにん【同人】 ⇩922ジペー どうじん

とうねん【当年】 名詞 今年《ことし》。例 父《ちち》は当年とって四十才《よんじっさい》です。

どうねん【同年】 名詞 ❶同《おな》じ年《とし》。その年《とし》。例 父《ちち》と母《はは》は平成二十三年《へいせいにじゅうさんねん》一月《いちがつ》に結婚《けっこん》し、同年十二月《じゅうにがつ》にぼくが生《う》まれた。❷同《おな》じ年齢《ねんれい》。同《おな》い年《どし》。例 同年の友《とも》だち。

どうのこうの あれこれといろいろ言《い》うようす。どうこう。とやかく。例 かげでどうのこうの言《い》うのはよくない。

とうのむかし【とうの昔】 ずっと前《まえ》。とっくの昔《むかし》。例 この遊《あそ》びがはやったのはとうの昔だ。

とうは【党派】 名詞 同《おな》じ考《かんが》えや意見《いけん》を持《も》っている人々《ひとびと》の集《あつ》まり。

とうは【踏破】 名詞 動詞 困難《こんなん》な長《なが》い道《みち》のりを歩《ある》き通《とお》すこと。例 北《きた》アルプスを踏破した。

どうはい【同輩】 名詞 年齢《ねんれい》や地位《ちい》などが同《おな》じくらいの人《ひと》。

とうばく【倒幕】 名詞 動詞 幕府《ばくふ》をたおすこと。

とうはつ【頭髪】 名詞 頭《あたま》の毛《け》。かみの毛《け》。

とうばつ【討伐】 名詞 動詞 軍隊《ぐんたい》を出《だ》して、従《したが》わない者《もの》をせめほろぼすこと。

とうばん【当番】 名詞 順番《じゅんばん》ですることになっている仕事《しごと》の、番《ばん》に当《あ》たること。また、その人《ひと》。例 掃除《そうじ》当番。対 非番《ひばん》。

とうばん【登板】 名詞 動詞 野球《やきゅう》で、ピッチャーが試合《しあい》に出《で》ること。

どうはん【同伴】 名詞 動詞 いっしょに連《つ》れ立《だ》って行《い》くこと。例 保護者《ほごしゃ》が同伴する。類 同行《どうこう》。

とうひ【逃避】 名詞 動詞 しなければならないことを、さけてのがれようとすること。例 現《げん》実《じつ》から逃避する。

とうひょう【投票】 名詞 動詞 選挙《せんきょ》のとき、自《じ》分《ぶん》がよいと思《おも》う人《ひと》の名前《なまえ》や、賛成《さんせい》か反対《はんたい》かの意《い》見《けん》を紙《かみ》に書《か》いて出《だ》すこと。

とうびょう【闘病】 名詞 動詞 病気《びょうき》を治《なお》そうと努力《どりょく》すること。例 闘病生活《せいかつ》。

どうひょう【道標】 名詞 その道《みち》の行《い》き先《さき》やきよりを書《か》いて、道《みち》ばたに立《た》てる札《ふだ》。道《みち》しるべ。

どうびょうあいあわれむ【同病相あわれむ】 ⇩295ジペー ことわざ

とうひょうりつ【投票率】 名詞 選挙権《せんきょけん》を持《も》つ人《ひと》の数《かず》に対《たい》する、投票《とうひょう》した人《ひと》の割合《わりあい》。

とうふ【豆腐】 名詞 大豆《だいず》からつくる、白《しろ》くてやわらかい食《た》べ物《もの》。水《みず》にひたした大豆《だいず》をつぶし、そのしるを煮《に》て、にがりで固《かた》める。ことば「一丁《いっちょう》」と数《かぞ》える。

●**豆腐《とうふ》にかすがい** ことわざ やわらかい豆腐《とうふ》にかすがい（＝材木《ざいもく》をつなぐためのくぎ）を打《う》ちこんでも役《やく》に立《た》たないように、いくら言《い》っても、手《て》ごたえや効《き》き目《め》がないことのたとえ。類 のれんに腕押《うでお》し。ぬかにくぎ。

とうぶ【東部】 名詞 ある地域《ちいき》の東《ひがし》の方《ほう》。対 西《せい》部《ぶ》。

とうぶ【頭部】 名詞 頭《あたま》の部分《ぶぶん》。

どうふう【同封】 名詞 動詞 ふうとうの中《なか》に、手紙《てがみ》といっしょに入《い》れること。例 祖父《そふ》への手《て》紙《がみ》に家族《かぞく》の写真《しゃしん》を同封する。

どうぶつ【動物】 名詞 人間《にんげん》・けもの・鳥《とり》・魚《さかな》・貝《かい》・虫《むし》などの生物《せいぶつ》。とくに、けものを指《さ》す場合《ばあい》もある。対 植物《しょくぶつ》。

どうぶつえん【動物園】 名詞 人々《ひとびと》に見《み》せるために、いろいろな動物《どうぶつ》をおりやさくなどの中《なか》で飼《か》っているところ。関連 植物園《しょくぶつえん》。

どうぶつプランクトン【動物プランクトン】 名詞 プランクトンのうち、光合成《こうごうせい》をしないで、植物《しょくぶつ》プランクトンを食《た》べて養分《ようぶん》を得《え》るもの。みじんこやつりがねむし、うにの子《こ》やかにの子《こ》など。

とうぶん【当分】 副詞 これから先《さき》、しばらく

故事成語　**蛍雪《けいせつ》の功《こう》**　苦労《くろう》して勉強《べんきょう》することで得《え》られたよい結果《けっか》のこと。昔中国《むかしちゅうごく》で、貧《まず》しくて明《あ》かりにことば。

の間《あいだ》。例 当分《とうぶん》暑《あつ》い日《ひ》が続《つづ》くでしょう。

とうぶん【等分】 名詞 動詞 同《おな》じ数《かず》や量《りょう》に分《わ》けること。例 二《に》等分／カステラを等分する。

とうぶん【糖分】 名詞 食《た》べ物《もの》などにふくまれている糖《とう》の成分《せいぶん》。また、あまみ。

とうへき【盗癖】 名詞 物《もの》をぬすむくせ。ぬすみぐせ。

とうべん【答弁】 名詞 動詞 議会《ぎかい》などで、聞《き》かれたことに答《こた》えること。例 国会《こっかい》で、総理大臣《そうりだいじん》が答弁する。

とうほう【当方】 名詞 相手《あいて》に対《たい》して、自分《じぶん》のほう。こちら。例 当方には関係《かんけい》ありません。対 先方《せんぽう》。使い方 あらたまった言《い》い方《かた》。

とうほう【東方】 名詞 東《ひがし》の方角《ほうがく》。東の方《ほう》。対 西方《せいほう》。

とうぼう【逃亡】 名詞 動詞 にげて、姿《すがた》をかくすこと。例 犯人《はんにん》は国外《こくがい》に逃亡した。類 逃走《とうそう》。

どうほう【同胞】 名詞 ❶きょうだい。❷自分《じぶん》と同《おな》じ国《くに》の人《ひと》。例 多《おお》くの同胞が海外《かいがい》で活躍《かつやく》している。

とうほうけんぶんろく【東方見聞録】 名詞 イタリアのマルコ＝ポーロの旅行体験《りょこうたいけん》を書《か》いた本《ほん》。十三世紀《じゅうさんせいき》に中央《ちゅうおう》アジアや中国《ちゅうごく》を旅行《りょこう》した体験《たいけん》が書《か》かれている。参考「ジパング」という名《な》で日本《にほん》のこともしょうかいされている。

とうほく【東北】 名詞 ❶東《ひがし》と北《きた》との中間《ちゅうかん》に当《あ》たる方角《ほうがく》。北東《ほくとう》。対 西南《せいなん》。❷「東北地方《とうほくちほう》」の略《りゃく》。

とうぼく【倒木】 名詞 たおれた木《き》。

とうほくちほう【東北地方】 名詞 本州《ほんしゅう》の北東部《ほくとうぶ》にある地方《ちほう》。青森県《あおもりけん》・秋田県《あきたけん》・岩手県《いわてけん》・宮城県《みやぎけん》・山形県《やまがたけん》・福島県《ふくしまけん》がふくまれる。

とうほくとう【東北東】 名詞 東《ひがし》と北東《ほくとう》との中間《ちゅうかん》に当《あ》たる方角《ほうがく》。

とうほん【謄本】 名詞 文書《ぶんしょ》などの内容《ないよう》を全部《ぜんぶ》写《うつ》しとったもの。とくに、戸籍謄本《こせきとうほん》のこと。

とうほんせいそう【東奔西走】 四字熟語 ⇒797ページ

とうみ【唐み】 名詞 穀物《こくもつ》のつぶを選別《せんべつ》する農具《のうぐ》。羽根車《はねぐるま》を手《て》で回《まわ》して風《かぜ》を起《お》こし、穀物《こくもつ》に交《ま》じったもみがらやごみなどをとり除《のぞ》く。

どうみゃく【動脈】 名詞 心臓《しんぞう》から送《おく》り出《だ》される血液《けつえき》を、体《からだ》のいろいろな部分《ぶぶん》に運《はこ》ぶ血管《けっかん》。対 静脈《じょうみゃく》。ことば「都市《とし》を結《むす》ぶ動脈《どうみゃく》」など、とくに重要《じゅうよう》な交通《こうつう》のたとえにも使《つか》う。

とうみょう【灯明】 名詞 神《かみ》や仏《ほとけ》に供《そな》える明《あ》かり。例 仏壇《ぶつだん》にお灯明を上《あ》げる。

とうみん【冬眠】 名詞 動詞 季語冬 かえるやりすなどの動物《どうぶつ》が、冬《ふゆ》の間《あいだ》食《た》べ物《もの》をとらず、土《つち》の中《なか》などでねむったようにじっとしていること。

とうめい【透明】 名詞 形容動詞 すき通《とお》っていること。例 無色《むしょく》透明／透明な液体《えきたい》。対 不透明《ふとうめい》。

どうめい【同名】 名詞 名前《なまえ》が同《おな》じであること。例 同姓《どうせい》同名。

どうめい【同盟】 名詞 動詞 同《おな》じ目的《もくてき》のために力《ちから》を合《あ》わせようと約束《やくそく》すること。また、その約《やく》束《そく》をした間《あいだ》がら。例 同盟国《こく》／同盟を結《むす》ぶ。

とうめん【当面】 名詞 動詞 ❶目《め》の前《まえ》にさしせまっていること。直面《ちょくめん》。例 難《むずか》しい問題《もんだい》に当面する。❷副詞 今《いま》のところ。さしあたり。例 この問題《もんだい》を解決《かいけつ》するのが当面の仕事《しごと》だ。

どうも 副詞 ❶どうしても。例 どうもうまく説明《せつめい》できない。❷なんだか。どことなく。例 新《あたら》しい席《せき》はどうも落《お》ち着《つ》かない。❸ほんとうに。まったく。例 弟《おとうと》のいたずらにはどうも困《こま》ったものだ。❹あいさつのことばの前《まえ》につけて、その気持《きも》ちを強《つよ》めることば。ほんとうに。例 どうもありがとう。使い方 ❶は、あとに「ない」などのことばがくる。

どうもう【どう猛】 形容動詞 性質《せいしつ》があらあらしくて強《つよ》いようす。例 どう猛な動物《どうぶつ》。

とうもろこし 名詞 季語秋 いねのなかまで、高《たか》さ二《に》メートルくらいになる作物《さくもつ》。夏《なつ》から秋《あき》に、円柱形《えんちゅうけい》の軸《じく》に黄色《きいろ》い実《み》がぎっしり並《なら》んでつく。食用《しょくよう》や家畜《かちく》のえさになる。「とうきび」「コーン」ともいう。

とうもろこし

どうもん【同門】 名詞 同《おな》じ先生《せんせい》のもとで学《まな》ぶこと。また、その人《ひと》。例 同門の先輩《せんぱい》。

とうやく【投薬】 名詞 動詞 病気《びょうき》やけがに合《あ》っ

にふれる者《もの》は必《かなら》ず殺《ころ》されるという中国《ちゅうごく》の話《はなし》から、目上《めうえ》の人《ひと》の気《き》に入《い》らないことをしてひどくおこらせること。

た薬を患者にあたえること。

とうやこ【洞爺湖】 名詞 北海道《ほっかいどう》の南西部《なんせいぶ》にある湖《みずうみ》。南岸《なんがん》には有珠山《うすざん》・昭和新山《しょうわしんざん》がそびえる。支笏湖《しこつこ》とともに国立公園《こくりつこうえん》になっている。

どうやら 副詞 ❶どうにか。やっとのことで。例 どうやら意見《いけん》がまとまった。❷なんとなく。なんだか。例 どうやら雨《あめ》になるようだ。

とうゆ【灯油】 名詞 原油《げんゆ》からつくる油《あぶら》。ストーブなどに使《つか》う。

とうよう【東洋】 名詞 トルコから東《ひがし》のアジアの国々《くにぐに》。日本《にほん》・中国《ちゅうごく》・インド・タイ・イランなど。例 東洋人《じん》／東洋音楽《おんがく》。対 西洋《せいよう》。

とうよう【盗用】 名詞 動詞 他人《たにん》のものや考《かんが》えなどをぬすんで使《つか》うこと。例 デザインを盗用する。

とうよう【登用】 名詞 動詞 ある人《ひと》を、今《いま》までより大事《だいじ》な仕事《しごと》につけること。例 すぐれた人材《じんざい》を登用する。類 起用《きよう》。抜《ばっ》てき。

どうよう【同様】 名詞 形容動詞 同《おな》じであるようす。例 今日《きょう》も、昨日《きのう》と同様に青空《あおぞら》だ。類 同然《どうぜん》。

どうよう【動揺】 名詞 動詞 ❶ゆれ動《うご》くこと。❷気持《きも》ちが落《お》ち着《つ》かないこと。例 事故《じこ》のニュースを聞《き》いて動揺する。

どうよう【童謡】 名詞 子供《こども》のためにつくられた歌《うた》。わらべ歌《うた》。

とうようかんじ【当用漢字】 名詞 社会生《しゃかいせい》活の中で使う漢字として、一九四六年に定められた千八百五十字《せんはっぴゃくごじゅうじ》の漢字《かんじ》。一九八一年《ねん》からは「常用漢字《じょうようかんじ》」が代《か》わりに使《つか》われている。

とうらい【到来】 名詞 動詞 ❶ちょうどよい時期《じき》がやってくること。例 お花見《はなみ》の季節《きせつ》が到来する／チャンス到来。❷よそからおくり物《もの》が届《とど》くこと。例 到来物《もの》のお菓子《かし》。

とうらく【当落】 名詞 当選《とうせん》と落選《らくせん》。例 選挙《せんきょ》の当落がはっきりする。

どうらく【道楽】 名詞 動詞 ❶仕事《しごと》のほかに楽《たの》しみとしてすること。例 父《ちち》は道楽でこっとう品《ひん》を集《あつ》めている。❷仕事《しごと》をしないで、遊《あそ》んでばかりいること。例 道楽者《もの》。

どうらん【胴乱】 名詞 植物採集《しょくぶつさいしゅう》のとき、とった植物《しょくぶつ》を入《い》れる、ブリキなどの入《い》れ物《もの》。

どうらん【胴乱】

どうらん【動乱】 名詞 世《よ》の中《なか》がさわがしくなり、乱《みだ》れること。また、戦争《せんそう》やそれによるさわぎ。例 何年《なんねん》も動乱が続《つづ》く。

どうり【道理】 名詞 ものごとの正《ただ》しい筋道《すじみち》。例 きみの説明《せつめい》は道理にかなっている（＝ものごとの正《ただ》しい筋道《すじみち》に合《あ》っている）。対 無理《むり》。使い方「どおり」と書《か》かないよう注意《ちゅうい》。

とうりつ【倒立】 名詞 動詞 手《て》をついて、逆《さか》さまに立《た》つこと。さか立《だ》ち。

どうりつ【道立】 名詞 北海道《ほっかいどう》の役所《やくしょ》がお金《かね》を出してつくり、管理すること。例 道立公園。

どうりで【道理で】 副詞 理由《りゆう》などを初《はじ》めて知《し》って納得《なっとく》するようすを表《あらわ》す。なるほど。そういう訳《わけ》で。例「ぼくは毎朝《まいあさ》ひとりで練習《れんしゅう》しているよ。」「どうりで最近《さいきん》うまくなったと思《おも》った。」使い方 ふつうかな書《が》きにする。

とうりゅう【とう留】 名詞 動詞 旅行先《りょこうさき》などにしばらくの間《あいだ》とどまること。例 海外《かいがい》に二《に》か月《げつ》間《かん》とう留する。類 滞在《たいざい》。

とうりゅうもん【登竜門】 ⇒1001ページ 故事成語

とうりょう【等量】 名詞 分量《ぶんりょう》が同《おな》じであること。同量《どうりょう》。

とうりょう【頭領・統領】 名詞 人々《ひとびと》をまとめて治《おさ》める人《ひと》。かしら。親分《おやぶん》。

どうりょう【同量】 名詞 同《おな》じ分量《ぶんりょう》。

どうりょう【同僚】 名詞 同《おな》じ職場《しょくば》で働《はたら》く仲間《なかま》。例 会社《かいしゃ》の同僚。

どうりょく【動力】 名詞 機械《きかい》などを動《うご》かすもとになる力《ちから》。電力《でんりょく》・水力《すいりょく》・火力《かりょく》・風力《ふうりょく》・原子力《げんしりょく》など。

どうりん【動輪】 名詞 モーターやピストンにつながって、機関車《きかんしゃ》・電車《でんしゃ》・自動車《じどうしゃ》などを走《はし》らせる車輪《しゃりん》。

とうるい【盗塁】 名詞 動詞 野球《やきゅう》で、ランナーが相手《あいて》チームのすきをねらって次《つぎ》の塁《るい》へ進《すす》むこと。

どうるい【同類】 名詞 同《おな》じ種類《しゅるい》。同《おな》じなかま。例 ねことライオンは同類だ。

とうれい【答礼】 名詞 動詞 相手《あいて》のあいさつに

故事成語　**逆鱗《げきりん》に触《ふ》れる**　「逆鱗《げきりん》」は、竜《りゅう》のあごの下《した》に１枚《まい》だけ逆《さか》さに生《は》えているうろこのことで、これ答《こた》えて、あいさつをすること。また、そのあいさつ。

どうれつ【同列】名詞 ❶同《おな》じ列《れつ》。❷同《おな》じ地位《ちい》や程度《ていど》であること。例 先輩《せんぱい》と同列にあつかわれて、ほこらしい。

どうろ【道路】名詞 人《ひと》や車《くるま》が通《とお》れるようにした道《みち》。例 有料《ゆうりょう》道路。

とうろう【灯籠】名詞 石《いし》・金属《きんぞく》・木《き》などでつくったわくの中《なか》に、明《あ》かりをともすようにしたもの。庭《にわ》などに置《お》く。例 石《いし》灯籠。

とうろう

とうろうながし【灯籠流し】名詞 季語 秋 おぼんの終《お》わりの日《ひ》に、火《ひ》をともした小《ち》さな灯《とう》籠《ろう》を海《うみ》や川《かわ》に流《なが》す行事《ぎょうじ》。おぼんにむかえた死《し》者《しゃ》のたましいを、あの世《よ》に帰《かえ》すために行《おこな》う。

とうろうのおの ↓1003ページ 故事成語

とうろく【登録】名詞 動詞 必要《ひつよう》なことがらを役所《やくしょ》などに届《とど》け出《で》て、おおやけの帳簿《ちょうぼ》にのせてもらうこと。例 クラブの会員《かいいん》に登録する。

とうろくしょうひょう【登録商標】名詞 特許庁《とっきょちょう》での登録《とうろく》の手続《てつづ》きをすませ、ほかの人《ひと》が使《つか》えないようにした商標《しょうひょう》（＝商品《しょうひん》・サービスの名《な》まえやしるし）。

どうろひょうしき【道路標識】名詞 道《みち》のようすや交通規則《こうつうきそく》をかいた目印《めじるし》。交通《こうつう》の安全《あんぜん》のため、道路《どうろ》のはしに立《た》てる。

とうろん【討論】名詞 動詞 ある問題《もんだい》について、おたがいに自分《じぶん》の考《かんが》えを言《い》って、意見《いけん》をたたかわせること。例 環境問題《かんきょうもんだい》について討論する。類 討議《とうぎ》。

どうわ【童話】名詞 子供《こども》のために書《か》かれた物《もの》語《がたり》。

とうわく【当惑】名詞 動詞 どうしてよいかわからなくて困《こま》ること。例 友《とも》だちが急《きゅう》に泣《な》き出《だ》したので当惑した。類 困惑《こんわく》。

とえはたえ【十重二十重】名詞 何重《なんじゅう》にも重《かさ》なっていること。例 十重二十重にとり囲《かこ》む。

とお【十】名詞 ❶数《かず》の名《な》。じゅう。例 十日《か》。❷十才《じっさい》のこと。例 今年《ことし》で十になる。

使い方「とう」と書《か》かないよう注意《ちゅうい》。

とおあさ【遠浅】名詞 岸《きし》から遠《とお》い沖《おき》の方《ほう》まで水《みず》が浅《あさ》いこと。また、そのようなところ。例 遠浅の海《うみ》。

漢 ↓604ページ じゅう〔十〕

とおい【遠い】形容詞 ❶きょり・時間《じかん》などがはなれている。例 駅《えき》までは遠い／遠い昔《むかし》／完成《かんせい》はまだ遠い。対 近《ちか》い。❷つながりがうすい。あまり親《した》しくない。例 遠い親戚《しんせき》。対 近《ちか》い。❸よく聞《き》こえない。例 おじいさんは耳《みみ》が遠い。

漢 ↓159ページ えん〔遠〕

とおえん【遠縁】名詞 血《ち》のつながりがうすい親戚《しんせき》。例 あなたとは遠縁に当《あ》たります。

とおか【十日】名詞 ❶月《つき》の十番目《じゅうばんめ》の日《ひ》。例 三月《さんがつ》十日。❷十日間《じゅうにちかん》。例 ジョギングを始《はじ》めて十日たった。

とおく【遠く】名詞 遠《とお》いところ。遠方《えんぽう》。例 遠くの町《まち》。対 近《ちか》く。

● **遠《とお》くの親類《しんるい》より近《ちか》くの他人《たにん》** ↓299ページ ことわざ

とおざかる【遠ざかる】動詞 ❶遠《とお》くへはなれていく。例 飛行機《ひこうき》は空《そら》の向《む》こうに遠ざかっていった。対 近付《ちかづ》く。❷親《した》しくなくなる。関係《かんけい》が弱《よわ》くなる。例 このごろ漫画《まんが》から遠ざかっている。対 近付《ちかづ》く。

とおざける【遠ざける】動詞 ❶近《ちか》くへ寄《よ》せつけない。例 燃《も》えやすいものはストーブから遠ざける。対 近付《ちかづ》ける。❷つきあいをしない。関係《かんけい》を持《も》たないようにする。例 悪《わる》い仲間《なかま》を遠ざける。対 近付《ちかづ》ける。

とおす【通す】動詞 ❶通《とお》らせる。例 門《もん》を開《あ》けて車《くるま》を通す。❷一方《いっぽう》から他方《たほう》へつきぬけさせる。道筋《みちすじ》をつける。例 針《はり》に糸《いと》を通す／空港《くうこう》まで地下鉄《ちかてつ》を通す。❸部屋《へや》に案内《あんない》する。例 友《とも》だちを部屋《へや》に通した。❹終《お》わりまでやりぬく。例 本《ほん》を最後《さいご》まで通して読《よ》んだ。❺仲立《なかだ》ちとする。例 受付《うけつけ》を通して書類《しょるい》を届《とど》ける。❻くぐらせる。例 とり肉《にく》を熱湯《ねっとう》に通す。❼試験《しけん》や検査《けんさ》で合格《ごうかく》とする。例 検査《けんさ》を通す。❽認《みと》めさせる。例 意見《いけん》を通す。

漢 ↓855ページ つう〔通〕

トースター（toaster）名詞 電気《でんき》などを使《つか》って、食《しょく》パンを焼《や》く器械《きかい》。

立身出世《りっしんしゅっせ》することのたとえ。

トースト (toast) 名詞 食パンをうすく切って焼《や》いたもの。バターなどをつけて食《た》べる。

とおせんぼう【通せん坊】 名詞 動詞 両手《りょうて》を広《ひろ》げて人《ひと》が通《とお》れないようにすること。とおせんぼ。

トータル (total) 名詞 合計《ごうけい》。総計《そうけい》。

とおで【遠出】 名詞 動詞 遠《とお》くへ出《で》かけること。例 日曜日《にちようび》に自転車《じてんしゃ》で遠出した。

トーテムポール (totem pole) 名詞 北《きた》アメリカの先住民《せんじゅうみん》が、まじないのために、自分《じぶん》たちと特別《とくべつ》に深《ふか》い関係《かんけい》があるとする動物《どうぶつ》の頭《あたま》などをほりつけて立《た》てた柱《はしら》。

とおとうみ【遠江】 名詞 昔《むかし》の国《くに》の名《な》の一《ひと》つ。今《いま》の静岡県《しずおかけん》の西部《せいぶ》に当《あ》たる。

トートバッグ (tote bag) 名詞 口《くち》の開《あ》いた、角型《かくがた》の手《て》さげかばん。

ドーナツ (doughnut) 名詞 小麦粉《こむぎこ》に、砂糖《さとう》・卵《たまご》・ミルクなどを混《ま》ぜて練《ね》り、油《あぶら》であげて作《つく》る菓子《かし》。輪《わ》・たま・棒《ぼう》などの形《かたち》にする。

トーナメント (tournament) 名詞 勝《か》ったもの同士《どうし》が次々《つぎつぎ》と試合《しあい》をしていって、最後《さいご》に残《のこ》った二組《ふたくみ》で優勝《ゆうしょう》を決《き》める方法《ほうほう》。勝《か》ちぬき戦《せん》。関連 リーグ戦《せん》。

とおのく【遠のく】 動詞 ❶遠《とお》くなる。遠《とお》ざかる。例 足音《あしおと》が遠のく。対 近付《ちかづ》く。❷関係《かんけい》がうすくなる。例 最近《さいきん》、編《あ》み物《もの》からは少《すこ》し遠のいている。対 近付《ちかづ》く。

とおのり【遠乗り】 名詞 動詞 自動車《じどうしゃ》・自転《じてん》車・馬などに乗って、遠くまで出かけること。

ドーピング (doping) 名詞 スポーツ選手《せんしゅ》が、運動能力《うんどうのうりょく》を高《たか》めるために、禁止《きんし》されている薬《くすり》を使《つか》うこと。例 ドーピング検査《けんさ》。

とおぼえ【遠ぼえ】 名詞 動詞 犬《いぬ》やおおかみなどが、遠《とお》くの方《ほう》で、声《こえ》を長《なが》くひいてほえること。また、その声《こえ》。

とおまき【遠巻き】 名詞 遠《とお》くから周《まわ》りをとり巻《ま》くこと。例 事故現場《じこげんば》を遠巻きにして見《み》る。

トーマス＝エジソン ⇩153ページ エジソン

とおまわし【遠回し】 名詞 形容動詞 ものごとをはっきりと言《い》わず、それとなく相手《あいて》にわからせようとするようす。例 遠回しに注意《ちゅうい》する。

とおまわり【遠回り】 名詞 動詞 近道《ちかみち》をしないで、遠《とお》いほうの道《みち》を行《い》くこと。回《まわ》り道《みち》をすること。例 車《くるま》が多《おお》い道《みち》をさけ、遠回りをする。

ドーム (dome) 名詞 半球《はんきゅう》の形《かたち》の屋根《やね》や天井《てんじょう》。まる屋根《やね》。まる天井《てんじょう》。

とおめ【遠目】 名詞 ❶遠《とお》くから見《み》ること。例 遠目にも妹《いもうと》だとすぐにわかった。❷「遠視《えんし》」のこと。対 近目《ちかめ》。使い方 ❷は、くだけた言《い》い方《かた》。

●**遠目《とおめ》が利《き》く** 遠《とお》くのほうまでよく見《み》える。例 日《ひ》が暮《く》れてきて遠目が利かない。

とおめがね【遠眼鏡】 名詞 「望遠鏡《ぼうえんきょう》」や「双《そう》眼鏡《がんきょう》」の古《ふる》い言《い》い方《かた》。

とおり【通り】 ❶名詞 道《みち》。道路《どうろ》。例 にぎやかな通り。❷名詞 人《ひと》や車が通るること。例 人の通りが多い。❸名詞 それと同《おな》じであること。例 きみの言《い》うとおりだ。❹名詞 風《かぜ》や水《みず》などの流《なが》れ具合《ぐあい》。例 風《かぜ》の通りがよい。❺名詞 声《こえ》などが伝《つた》わる具合《ぐあい》。例 通りのよい声《こえ》。❻名詞 広《ひろ》く知《し》られていること。理解《りかい》できること。例 本名《ほんみょう》より、あだ名《な》のほうが通りがよい。❼接尾語 (ほかのことばのあとにつけて) 種類《しゅるい》を数《かぞ》えることば。例 二《ふた》通りの方法《ほうほう》。使い方「とうり」と書《か》かないよう注意《ちゅうい》。❸は、ふつうかな書《が》きにする。

-どおり【通り】 接尾語 (ほかのことばのあとにつけて) ❶…くらい。例 工事《こうじ》は九分《くぶ》通り (＝ほとんど全部《ぜんぶ》) 終《お》わった。❷それと同《おな》じであること。例 お手本《てほん》通りに書《か》き写《うつ》す／今《いま》まで通りのやり方《かた》。❸道路《どうろ》の名《な》まえにつけることば。例 銀座《ぎんざ》通り。

とおりあめ【通り雨】 名詞 さっと降《ふ》って、すぐにやむ雨《あめ》。類 にわか雨《あめ》。

とおりいっぺん【通り一遍】 名詞 形容動詞 ❶うわべだけ整《ととの》え、心《こころ》がこもっていないこと。例 通り一遍のあいさつ。❷立《た》ち寄《よ》っただけで、なじみでないこと。例 通り一遍の客《きゃく》。

とおりがかり【通り掛かり】 名詞 そこをちょうど通《とお》ること。例 通りがかりの人《ひと》に道《みち》を聞《き》く。使い方 ふつう「通りがかり」と書《か》く。

故事成語 **こいの滝登《たきのぼ》り** 中国《ちゅうごく》の黄河《こうが》にある急流《きゅうりゅう》をさかのぼったこいは、竜《りゅう》になるという話《はなし》から、人《ひと》が

とおりかかる【通り掛かる】 動詞 ちょうどそこを通《とお》る。差《さ》しかかる。

とおりこす【通り越す】 動詞 ❶ある地点《ちてん》を過《す》ぎて、その先《さき》へ行《い》く。通《とお》り過《す》ぎる。例 目印《めじるし》の公園《こうえん》を通り越してしまった。❷ある程度《ていど》以上《いじょう》になる。例 すずしいのを通り越して寒《さむ》い。

とおりすがり【通りすがり】 名詞 偶然《ぐうぜん》そこを通《とお》ること。通《とお》るついで。例 通りすがりの家《いえ》で桜《さくら》がさいていた。

とおりすぎる【通り過ぎる】 動詞 ある場《ば》所《しょ》を通《とお》って、先《さき》へ行《い》く。例 学校《がっこう》の前《まえ》を通り過ぎる／特急列車《とっきゅうれっしゃ》が通り過ぎる。

とおりぬけ【通り抜け】 名詞 そこを通《とお》って向《む》こうへ行《い》くこと。また、その道《みち》。

とおりぬける【通り抜ける】 動詞 中《なか》を通《とお》って向《む》こうへ行《い》く。例 森《もり》を通り抜ける。

とおりみち【通り道】 名詞 通《とお》っていく道筋《みちすじ》。また、ある場所《ばしょ》にたどり着《つ》くまでの道《みち》。例 台《たい》風《ふう》の通り道／通り道の桜《さくら》をながめる。

とおる【通る】 動詞 ❶行《い》ったり来《き》たりする。過《す》ぎる。例 廊下《ろうか》の右《みぎ》側《がわ》を通る／公園《こうえん》の前《まえ》を通る。❷一方《いっぽう》から他方《たほう》へつきぬける。道筋《みちすじ》がつく。例 トンネルが通る／鉄道《てつどう》が通る。❸客《きゃく》として部屋《へや》に入《はい》る。例 座敷《ざしき》に通る。❹声《こえ》などがはっきり伝《つた》わる。例 よく通る声《こえ》。❺わかる。例 意味《いみ》の通る文章《ぶんしょう》を書《か》く。❻試験《しけん》や検査《けんさ》に合格《ごうかく》する。例 大学《だいがく》の試験《しけん》に通る。類 受《う》かる。❼知《し》れわたる。例 名《な》の通った店《みせ》。❽許《ゆる》される。認《みと》められる。例 無理《むり》が通る。
漢 ➡ 855ページ《ジ》 つう〔通〕

トーン（tone）名詞 ❶音《おと》や声《こえ》の調子《ちょうし》。例 やわらかいトーンで話《はな》す。❷色《いろ》の調子《ちょうし》。色調《しきちょう》。例 明《あか》るいトーンの服《ふく》。

とおんきごう【ト音記号】 名詞 楽譜《がくふ》の記号《きごう》の一《ひと》つ。五線譜《ごせんふ》の左端《ひだりはし》にあって、第二線《だいにせん》（＝下《した》から二番目《にばんめ》の線《せん》）がト音《おん》に当《あ》たることを示《しめ》す。関連 へ音記号《おんきごう》。

とおんきごう

とか【都下】 名詞 ❶東京都《とうきょうと》の区域内《くいきない》。❷東京都《とうきょうと》のうち、二十三区《にじゅうさんく》を除《のぞ》いた市町村《しちょうそん》。

とかい【都会】 名詞 たくさんの人々《ひとびと》が集《あつ》まり、政治《せいじ》・経済《けいざい》・文化《ぶんか》の中心《ちゅうしん》になっている町《まち》。類 都市《とし》。対 田舎《いなか》。

どがいし【度外視】 名詞 動詞 考《かん》えに入《い》れないこと。問題《もんだい》にしないこと。例 利益《りえき》を度外視する。

とがき【ト書き】 名詞 劇《げき》の台本《だいほん》の中《なか》で、人物《じんぶつ》のしぐさや周《まわ》りのようすを説明《せつめい》した部分《ぶぶん》。
ことば 「…ト言《い》って笑《わら》う」のように「ト」をつけて書《か》いたところからきたことば。

とかく 副詞 ❶いろいろ。あれこれ。例 十二月《じゅうにがつ》はとかくいそがしい。❷どうかすると。ともすると。例 休《やす》み中《ちゅう》はとかくなまけがちになる。

とかげ 名詞 季語 夏 細長《ほそなが》い体《からだ》に、四本《よんほん》の小《ちい》さな足《あし》を持《も》つ小《ちい》さい動物《どうぶつ》。動《うご》きがすばやく、草《くさ》むらなどにすみ、小《ちい》さい虫《むし》などを食《た》べる。尾《お》は長《なが》く切《き》れやすいが、また生《は》えてくる。図 ➡ 1062ページ《ジ》 はちゅうるい

とかす【解かす】 動詞 くしやブラシで、かみの毛《け》をほぐして、きれいに整《ととの》える。漢 ➡ 219ページ《ジ》 かい〔解〕

とかす【溶かす】 動詞 ❶水《みず》などの液体《えきたい》の中《なか》に、固《かた》まっているものを入《い》れて混《ま》ぜ合《あ》わせる。例 砂糖《さとう》を水《みず》に溶かす。❷固《かた》まっているものを液体《えきたい》にする。例 鉄《てつ》を溶かす／バターを溶かす。

どかす 動詞 今《いま》まであった場所《ばしょ》から、ほかへ移《うつ》す。どける。例 教室《きょうしつ》の後《うし》ろに机《つくえ》をどかす。

とかちがわ【十勝川】 名詞 北海道《ほっかいどう》の中央部《ちゅうおうぶ》から流《なが》れ出《で》て、十勝平野《とかちへいや》を通《とお》って太平洋《たいへいよう》に注《そそ》ぐ川《かわ》。

とかちへいや【十勝平野】 名詞 北海道《ほっかいどう》の南《なん》部《ぶ》にある平野《へいや》。太平洋《たいへいよう》に面《めん》し、十勝川《とかちがわ》が流《なが》れている。北海道《ほっかいどう》を代表《だいひょう》する畑作地帯《はたさくちたい》。

どかどか［と］ 副詞 ❶大勢《おおぜい》の人《ひと》が足音《あしおと》を立《た》てて勢《いきお》いよく出入《でい》りするようす。例 客《きゃく》がどかどかと店《みせ》に入《はい》る。❷ものごとが一度《いちど》に続《つづ》けて起《お》こるようす。例 どかどかとファンレターが届《とど》く。

とがめ 名詞 悪《わる》い行《おこな》いやあやまちを責《せ》めること。とがめること。おとがめ。例 良心《りょうしん》のとがめ。

とがめる 動詞

人《ひと》の中《なか》に、たった一人《ひとり》女《おんな》の人《ひと》がまじっていること。また、その女《おんな》の人《ひと》のこと。

❶悪い行いやあやまちを責める。注意する。例うそをついたことをとがめられる。❷あやしく思《おも》ってたずねる。例夜中《よなか》に歩《ある》いていたら、おまわりさんにとがめられた。❸後悔《こうかい》して心《こころ》に痛《いた》みを感《かん》じる。例気《き》がとがめる。

どかゆき【どか雪】 名詞 一度《いちど》にたくさん降《ふ》り積《つ》もる雪《ゆき》。例昨晩《さくばん》のどか雪で車《くるま》もバスも走《はし》れない。

とがらす 動詞 ❶先《さき》を細《ほそ》くする。するどくする。例鉛筆《えんぴつ》をとがらす。❷心《こころ》などをするどくはたらかせる。例神経《しんけい》をとがらす。❸不機嫌《ふきげん》な気《き》持《も》ちを表《おもて》に出《だ》す。例声《こえ》をとがらす。

とがる 動詞 ❶先《さき》が細《ほそ》くなる。例とがった鉛筆《えんぴつ》。❷心《こころ》が感《かん》じやすくなる。例神経《しんけい》がとがってねむれない。❸不機嫌《ふきげん》になる。おこる。例声《こえ》がとがる。

どかん【土管】 名詞 粘土《ねんど》を焼《や》いてつくった、丸《まる》い管《くだ》。下水管《げすいかん》などに使《つか》われる。

とき 名詞 さぎに似《に》た鳥《とり》。体《からだ》は白《しろ》く、羽《はね》の一部《いちぶ》がうすいもも色《いろ》。くちばしが長《なが》い。日本《にほん》では野生《やせい》のものは一度《いちど》絶滅《ぜつめつ》したが、ふたたび増《ふ》え始《はじ》めている。特別天然記念物《とくべつてんねんきねんぶつ》に指定《してい》されている。図 ⇒954ページ とり〔鳥〕 ⇒1413ページ 社会へのとびら レッドリスト

とき【時】 名詞 ❶時間《じかん》。例時がたつ。❷時刻。例出発の時がきた。❸そのころ。時代《じだい》。例子供《こども》の時の写真《しゃしん》。❹機会《きかい》。例次《つぎ》の時を待《ま》つ／よい時にめぐまれた。❺期限《きげん》。例本《ほん》を返《かえ》す時が過《す》ぎていますよ。❻季節《きせつ》。例時は春《はる》／花見《はなみ》時。❼場合《ばあい》。例雨《あめ》のときは、遠足《えんそく》を中止《ちゅうし》します。❽話題《わだい》になっている時期《じき》。例時の政府《せいふ》。

使い方 ❼は、ふつうかな書《が》きにする。

漢 ⇒554ページ じ〔時〕

● **時《とき》によって** その時《とき》のようすによって。その時《とき》その時《とき》で。例時によって言《い》うことがちがう。

● **時《とき》の人《ひと》** ⇒932ページ ときのひと

● **時《とき》は金《かね》なり** ことわざ 時間《じかん》はお金《かね》と同《おな》じくらい価値《かち》があって貴重《きちょう》なものだから、むだにしてはいけないということわざ。

● **時《とき》を移《うつ》さず** 時間《じかん》をおかないで。ただちに。例よいと思《おも》ったことは時を移さずやってみる。

● **時《とき》を得《え》る** よい機会《きかい》にめぐり合《あ》って栄《さか》える。例時を得て事業《じぎょう》が成功《せいこう》する。

● **時《とき》を稼《かせ》ぐ** 都合《つごう》のよい時《とき》がくるまで、ほかのことで時間《じかん》を引《ひ》き延《の》ばす。

● **時《とき》を刻《きざ》む** 時間《じかん》が過《す》ぎていく。

● **時《とき》をつくる** おんどりが鳴《な》いて夜《よ》が明《あ》けたのを知《し》らせる。

どき【土器】 名詞 土《つち》をこねて形《かたち》を作《つく》り、上薬《うわぐすり》をかけないで焼《や》いたうつわ。例縄文土器《じょうもんどき》。

ときあかす【解き明かす】 動詞 よくわからないことや問題《もんだい》を、調《しら》べたり解《と》いたりして、その意味《いみ》をはっきりさせる。例事件《じけん》の真相《しんそう》を解き明かす。

ときあかす【説き明かす】 動詞 ものごとの意味《いみ》がよくわかるように説明《せつめい》する。例百人一《ひゃくにんいっ》首《しゅ》の歌《うた》の意味《いみ》をやさしく説き明かした本《ほん》。

ときいろ【とき色】 名詞 うすいもも色《いろ》。ときの、一《いち》部《ぶ》の羽《はね》のような色《いろ》。

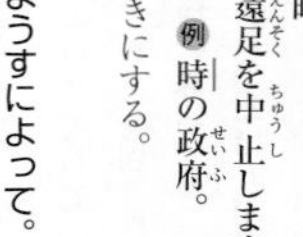

ときいろ

ときおり【時折】 副詞 時《とき》々《どき》。たまに。例時折、鳥《とり》の声《こえ》が聞《き》こえる。

とぎすます【研ぎ澄ます】 動詞 ❶刃物《はもの》をといで、よく切《き》れるようにする。❷心《こころ》のはたらきや感《かん》じ方《かた》をするどくする。例研ぎ澄まされた神経《しんけい》。

ときたま【時たま】 副詞 時々《ときどき》。たまに。例高《たか》い山《やま》では、夏《なつ》でも時たま雪《ゆき》が降《ふ》る。使い方 少《すこ》しくだけた言《い》い方《かた》。

どぎつい 形容詞 いやな感《かん》じがするほど強《つよ》い。例どぎつい色《いろ》。類 あくどい。ことば 「ど」は意《い》味《み》を強《つよ》めることば。

ときどき【時時】 ❶副詞 時《とき》たま。たまに。例時々鳥《とり》の声《こえ》がする。❷名詞 その時《とき》その時《とき》。また、季節《きせつ》ごと。例その時々で意見《いけん》がちがう／その時々の花《はな》がさく。

どきどき 副詞 動詞 運動《うんどう》や、喜《よろこ》び・緊張《きんちょう》・不安《ふあん》などのために、心臓《しんぞう》の鼓動《こどう》が早《はや》くなるようす。例結果《けっか》の発表《はっぴょう》をどきどきしながら待《ま》つ。

ときならぬ【時ならぬ】 思《おも》いもよらない。突然《とつぜん》の。また、季節外《きせつはず》れの。例時ならぬ大雪《おおゆき》。

故事成語 紅一点《こういってん》 一面《いちめん》の緑《みどり》の葉《は》の中《なか》に赤《あか》い花《はな》が一輪《いちりん》だけさいているという中国《ちゅうごく》の詩《し》から、大勢《おおぜい》の男《おとこ》の

ときに【時に】 ❶ 副詞 たまに。例 時に話《はな》したくないこともある。 ❷ 接続詞 話《はなし》をとちゅうでやめて、別《べつ》の話《はなし》をするときに使《つか》うことば。ところで。例 ときに、お母様《かあさま》はお元気《げんき》ですか。

使い方 ❷は、かな書《が》きにすることが多《おお》い。

ときには【時には】 副詞 場合《ばあい》によっては。たまには。例 時には失敗《しっぱい》することもある。

ときのこえ【ときの声】 名詞 戦《たたか》いのときなどに、元気《げんき》をつけるために、大勢《おおぜい》の人《ひと》が一度《いちど》に上《あ》げるさけび声《ごえ》。例 ときの声を上《あ》げる。

ときのひと【時の人】 世間《せけん》で話題《わだい》になっている人《ひと》。例 時の人として注目《ちゅうもく》を浴《あ》びる。

ときふせる【説き伏せる】 動詞 よく説明《せつめい》して、自分《じぶん》の意見《いけん》に従《したが》わせる。説得《せっとく》する。例 母《はは》を説き伏せて、自転車《じてんしゃ》を買《か》ってもらう。

どぎまぎ【と】 副詞 動詞 突然《とつぜん》のできごとにあわてるようす。例 外国《がいこく》の人《ひと》に道《みち》を聞《き》かれてどぎまぎした。

ときめく 動詞 喜《よろこ》びや期待《きたい》で、胸《むね》がどきどきする。例 胸《むね》をときめかせる。

ときめく【時めく】 動詞 ちょうどよい時代《じだい》にめぐり合《あ》って、栄《さか》える。例 今《いま》を時めく歌手《かしゅ》。

どぎもをぬく【度肝を抜く】 人《ひと》をたいへんびっくりさせる。

ドキュメンタリー (documentary) 名詞 実際《じっさい》にあったできごとを、ありのままに記録《きろく》したもの。例 ドキュメンタリー映画《えいが》。

どきょう【度胸】 名詞 ものごとをおそれない心《こころ》。例 度胸《どきょう》だめし／度胸がある。

● **度胸が据《す》わる** 落《お》ち着《つ》いていて、ものごとをおそれない心《こころ》がある。

どきょう【読経】 名詞 動詞 声《こえ》を出《だ》してお経《きょう》を読《よ》むこと。

ときょうそう【徒競走】 名詞 ある決《き》まったきょりを、何人《なんにん》かで走《はし》って、その速《はや》さをきそう競技《きょうぎ》。かけっこ。

とぎれとぎれ 形容動詞 副詞 とちゅうで何度《なんど》も切《き》れながら、続《つづ》いているようす。例 とぎれとぎれに笛《ふえ》の音《ね》が聞《き》こえる。

とぎれる 動詞 続《つづ》いていたものが、とちゅうで切《き》れる。例 道《みち》がとぎれる／話《はなし》がとぎれる。

ときわぎ【ときわ木】 名詞 一年《いちねん》じゅう、葉《は》が緑色《みどりいろ》をしている木《き》。松《まつ》・すぎ・つばき・かしなど。常緑樹《じょうりょくじゅ》。

漢 **とく【特】** 〔牛〕うしへん 10画 4年 音 トク 訓

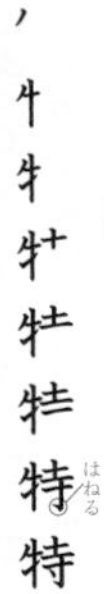

はねる

ふつうとはちがう。ほかよりすぐれている。例 特技《とくぎ》／特集《とくしゅう》／特色《とくしょく》／特長《とくちょう》／特別《とくべつ》／独特《どくとく》。

とく【得】 名詞 形容動詞 利益《りえき》になること。もうけ。例 得をする／まとめて買《か》ったほうが得だ。対 損《そん》。

漢 **とく【得】** 〔彳〕ぎょうにんべん 11画 5年 音 トク 訓 える・うる

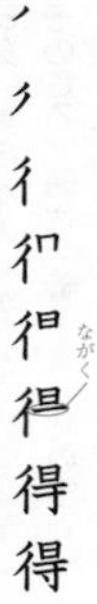

ながく

❶える。手《て》にいれる。例 得点《とくてん》／獲得《かくとく》／所得《しょとく》。対 失《しつ》。❷とくする。もうける。例 得策《とくさく》／損得《そんとく》。対 損《そん》。❸わかる。理解《りかい》して自分《じぶん》のものにする。例 会得《えとく》／習得《しゅうとく》／納得《なっとく》。

とく【徳】 名詞 心《こころ》が正《ただ》しくて、人《ひと》の行《おこな》うべき道《みち》に合《あ》っていること。例 徳の高《たか》い人《ひと》／徳を積《つ》む。

漢 **とく【徳】** 〔彳〕ぎょうにんべん 14画 4年 音 トク 訓

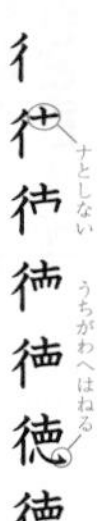

ナとしない うちがわへはねる

❶心《こころ》が正《ただ》しく、人《ひと》の行《おこな》うべき道《みち》に合《あ》ってりっぱなこと。例 人徳《じんとく》／道徳《どうとく》／美徳《びとく》。❷利益《りえき》。もうけ。例 徳用《とくよう》。

とく【読】 漢 ➡ 933ページ どく〔読〕

とく【溶く】 動詞 液体《えきたい》を混《ま》ぜてうすくする。とかす。また、かき混《ま》ぜてかたまりをなくす。例 水《みず》で絵《え》の具《ぐ》を溶く／卵《たまご》を溶く。

とく【解く】 動詞 ❶結《むす》んであるものをほどく。例 ひもを解く。❷答《こた》えを出《だ》す。はっきりさせる。例 計算問題《けいさんもんだい》を解く／なぞを解く。❸気持《きも》ちをふつうの状態《じょうたい》にもどす。例 誤解《ごかい》を解く／緊張《きんちょう》を解く。❹関係《かんけい》をなくす。例 契約《けいやく》を解く。❺制限《せいげん》などをなくして自由《じゆう》にする。例 外出禁止《がいしゅつきんし》の命令《めいれい》を解く。❻仕事《しごと》や役《やく》をやめさせる。例 部長《ぶちょう》の任《にん》を解く。

漢 ➡ 219ページ かい〔解〕

とく【説く】 動詞 相手《あいて》によくわかるように話《はな》

れるべきだということ。「後生《こうせい》」は、自分《じぶん》よりあとから生《う》まれてくる人《ひと》のこと。

類＝意味《いみ》のよく似《に》たことば　対＝反対《はんたい》の意味《いみ》のことばや対《つい》になることば

す。説明《せつめい》する。例 思《おも》いやりの大切《たいせつ》さを説《と》く。

漢 ↓724ジペー せつ〔説〕

とぐ【研ぐ】 動詞 ❶と石《いし》などを使《つか》って、刃物《はもの》をするどくする。例 包丁《ほうちょう》を研ぐ。❷水《みず》の中《なか》でこすり合《あ》わせて洗《あら》う。例 米《こめ》を研ぐ。

漢 ↓428ジペー けん〔研〕

どく 動詞 そこからはなれて、場所《ばしょ》を空《あ》ける。のく。例 ちょっとどいてください。

どく【毒】 名詞 ❶健康《けんこう》や命《いのち》に害《がい》のあるもの。例 ふぐの毒。❷人《ひと》に悪《わる》い影響《えいきょう》をあたえるもの。例 毒をふくんだことば。

漢 ↓933ジペー どく〔毒〕

●**毒《どく》にも薬《くすり》にもならない** 害《がい》にもならないが、役《やく》にも立《た》たない。

●**毒《どく》を食《く》らわば皿《さら》まで** 一度《いちど》悪《わる》いことをしたからには、どこまでも悪《わる》いことをやり通《とお》そうということ。ことば 毒《どく》を食《た》べたのなら、その毒《どく》をのせた皿《さら》までなめても同《おな》じだという意味《いみ》から。

●**毒《どく》をもって毒《どく》を制《せい》す** ことわざ 悪《わる》いものを取《と》り除《のぞ》くために、別《べつ》の悪《わる》いものを使《つか》うこと。

漢 **どく【毒】**〔母《なかれ》〕 8画 5年 音 ドク 訓

一 十 キ 主 ⿱主乚(つきださない) 毒 毒 毒(母としない)

❶どく。命《いのち》や体《からだ》に害《がい》があるもの。例 毒物《どくぶつ》／毒薬《どくやく》／害毒《がいどく》／解毒《げどく》／消毒《しょうどく》／中毒《ちゅうどく》。❷人《ひと》の心《こころ》を傷《きず》つけるもの。例 毒舌《どくぜつ》。

漢 **どく【独】**〔犭《けものへん》〕 9画 5年 音 ドク 訓 ひとり

丿 犭 犭(かたちにちゅうい) 犭 犭口 犭口 独 独

❶ひとり。例 独学《どくがく》／独唱《どくしょう》／独立《どくりつ》／独《ひと》り言《ごと》／単《たん》独《どく》。❷ドイツのこと。例 独語《どくご》。

漢 **どく【読】**〔言《ごんべん》〕 14画 2年 音 ドク・トク・トウ 訓 よむ

亠 言 言 言 言 言一 言十 言土(下をみじかく) 言声 読(上へはねる)

❶よむ。例 読書《どくしょ》／読本《とくほん》／読解《どっかい》／音読《おんどく》／通読《つうどく》／棒読《ぼうよ》み／朗読《ろうどく》。❷文《ぶん》のくぎり。例 句読点《くとうてん》。

とくい【特異】 形容動詞 ❶ふつうとちがっているようす。例 特異な事件《じけん》。❷めずらしいほどすぐれているようす。例 画《が》家《か》としての特異な才能《さいのう》を示《しめ》す。

とくい【得意】 ❶ 名詞 形容動詞 うまくできること。自信《じしん》があること。例 ぼくはピアノが得意だ。対 苦手《にがて》。不《ふ》得意《とくい》。❷ 名詞 形容動詞 望《のぞ》みどおりになって満足《まんぞく》していること。例 得意の絶頂《ぜっちょう》。対 失意《しつい》。❸ 名詞 形容動詞 自慢《じまん》すること。例 得意になって話《はなし》をする。❹ 名詞 いつも買《か》ってくれる客《きゃく》。例 お得意様《さま》。

とくいがお【得意顔】 名詞 ほこらしげで得《とく》意《い》そうな顔《かお》つき。例 結果《けっか》を得意顔で報告《ほうこく》する。

とくいく【徳育】 名詞 人《ひと》としての正《ただ》しい行《おこな》いを身《み》につけ、人間《にんげん》らしい豊《ゆた》かな心《こころ》を育《そだ》てるための教育《きょういく》。関連 知育《ちいく》。体育《たいいく》。

とくいげ【得意げ】 形容動詞 得意《とくい》そうなようす。ほこらしそうなようす。例 得意げに逆上《さかあ》がりをやって見《み》せる。

とくいさき【得意先】 名詞 いつも買《か》ってくれる客《きゃく》。

とくいまんめん【得意満面】 名詞 形容動詞 自慢《じまん》したい気持《きも》ちが顔《かお》じゅうに表《あらわ》れていること。例 優勝《ゆうしょう》トロフィーを手《て》に得意満面だ。

どぐう【土偶】 名詞 土《つち》でつくられた人形《にんぎょう》。とくに、縄文時代《じょうもんじだい》につくられたもの。

どくがく【独学】 名詞 動詞 学校《がっこう》へ行《い》ったり、先生《せんせい》についたりしないで、自分《じぶん》ひとりで勉強《べんきょう》すること。例 独学で絵《え》を学《まな》ぶ。類 独習《どくしゅう》。

とくがわいえみつ【徳川家光】 名詞 （一六〇四～一六五一）江戸《えど》幕府《ばくふ》の三代将軍《さんだいしょうぐん》。参勤交《さんきんこう》代制度《たいせいど》を定《さだ》め、キリスト教《きょう》の禁止《きんし》や鎖国《さこく》を行《おこな》って、江戸《えど》幕府《ばくふ》の政治《せいじ》のしくみを完成《かんせい》させた。

とくがわいえやす【徳川家康】 名詞 （一五四二～一六一六）江戸《えど》幕府《ばくふ》の最初《さいしょ》の将軍《しょうぐん》。関《せき》ケ《が》原《はら》の戦《たたか》いに勝《か》って天下《てんか》をとり、一六〇三年《ねん》、江《え》戸《ど》に幕府《ばくふ》を開《ひら》いて全国《ぜんこく》を治《おさ》めた。

とくがわじだい【徳川時代】 ↓156ジペー えどじだい

とくがわばくふ【徳川幕府】 ↓156ジペー えどばくふ

とくがわみつくに【徳川光圀】 名詞 （一六二八～一七〇〇）江戸時代《えどじだい》の水戸藩主《みとはんしゅ》。学問《がくもん》を好《この》み、学者《がくしゃ》を集《あつ》めて「大日本史《だいにほんし》」という歴史書《れきししょ》を

あいうえお　かきくけこ　さしすせそ　たちつてと　と　なにぬねの　はひふへほ　まみむめも　やゆよ　らりるれろ　わをん

故事成語　後生畏《こうせいおそ》るべし　若《わか》い人《ひと》は、勉強《べんきょう》しだいでどれだけりっぱになるかわからないのだから、おそ

まとめた。「水戸黄門《みとこうもん》」とも呼《よ》ばれる。

とくがわよしのぶ【徳川慶喜】 名詞 （一八三七～一九一三）江戸幕府最後《えどばくふさいご》の十五代将軍《じゅうごだいしょうぐん》。幕府《ばくふ》を建《た》て直《なお》そうとしたが失敗《しっぱい》し、一八六七年《ねん》、政権《せいけん》を天皇《てんのう》に返《かえ》した。

とくがわよしむね【徳川吉宗】 名詞 （一六八四～一七五一）江戸幕府《えどばくふ》の八代将軍《はちだいしょうぐん》。幕府《ばくふ》の財政《ざいせい》を建《た》て直《なお》すため、倹約《けんやく》をすすめ、新田《しんでん》を開《ひら》いた。また、よい貨幣《かへい》をつくり、学問《がくもん》をすすめるなど、すぐれた政治《せいじ》を行《おこな》った。

とくぎ【特技】 名詞 とくに自信《じしん》を持《も》っていて、よくできるわざ。例 特技は水泳《すいえい》です。

どくけ【毒気】 名詞 ❶毒《どく》となる成分《せいぶん》。❷他人《たにん》の気持《きも》ちを傷《きず》つけるような心《こころ》。悪意《あくい》。

ことば 「どっけ」「どっき」ともいう。

●**毒気《どくけ》を抜《ぬ》かれる** 気負《きお》った気持《きも》ちがはぐらかされて、気《き》がぬける。例 けんか相手《あいて》に笑顔《えがお》であいさつされて毒気を抜かれる。

どくご【独語】 ❶ 名詞 動詞 ひとり言《ごと》を言《い》うこと。また、ひとり言《ごと》。❷ 名詞 ドイツ語《ご》。

どくご【読後】 名詞 本《ほん》を読《よ》んだあと。例 読後の感想《かんそう》を書《か》きとめる。

どくごかん【読後感】 名詞 本《ほん》などを読《よ》んだあとの感想《かんそう》。例 さわやかな読後感の小説《しょうせつ》。

どくさい【独裁】 名詞 動詞 ひとりの人《ひと》、または、一部《いちぶ》の人《ひと》だけでものごとを決《き》めて行《おこな》うこと。とくに、そのようにして政治《せいじ》を行《おこな》うこと。

とくさく【得策】 名詞 うまいやり方《かた》。よい方法《ほうほう》。例 今日《きょう》は外出《がいしゅつ》をやめておくのが得策だ。

どくさつ【毒殺】 名詞 動詞 毒《どく》を使《つか》って殺《ころ》すこと。

とくさん【特産】 名詞 とくに、その地方《ちほう》でできること。また、そのもの。例 特産品《ひん》。

とくさんぶつ【特産物】 名詞 とくにその土地《とち》でとれたり作《つく》られたりする、作物《さくもつ》や品物《しなもの》。

とくし【特使】 名詞 特別《とくべつ》な役目《やくめ》を持《も》った使《つか》いの者《もの》。例 中国《ちゅうごく》からの特使が到着《とうちゃく》した。

どくじ【独自】 名詞 形容動詞 ほかにはない、そのものだけの性質《せいしつ》や特徴《とくちょう》を持《も》っているようす。例 自分《じぶん》独自の考《かんが》えを持《も》つ。類 独特《どくとく》。特有《とくゆう》。

とくしか【篤志家】 名詞 貧《まず》しい人《ひと》や困《こま》っている人《ひと》のために、熱心《ねっしん》に協力《きょうりょく》する人《ひと》。

とくしつ【特質】 名詞 そのものだけが持《も》っている、特別《とくべつ》な性質《せいしつ》。例 日本文化《にほんぶんか》の特質。類 特色《とくしょく》。特性《とくせい》。

とくしつ【得失】 名詞 得《とく》になることと、損《そん》になること。類 利害《りがい》。

とくしまけん【徳島県】 名詞 四国地方《しこくちほう》の東部《とうぶ》にある県《けん》。鳴門海峡《なるとかいきょう》をへだてて淡路島《あわじしま》と向《む》かい合《あ》う。農業《のうぎょう》のほか、せんい・パルプ工業《こうぎょう》がさかん。県庁《けんちょう》は徳島市《とくしまし》にある。

どくしゃ【読者】 名詞 本《ほん》や新聞《しんぶん》、雑誌《ざっし》などを読《よ》む人《ひと》。読《よ》み手《て》。例 読者の意見《いけん》。

どくじゃ【毒蛇】 ⇩936ページ どくへび

とくしゅ【特殊】 名詞 形容動詞 ふつうとは、とくにちがっていること。例 特殊な方法《ほうほう》でかかれた絵《え》／これは特殊な例《れい》だ。類 特別《とくべつ》。対 一般《いっぱん》。

とくしゅう【特集】 名詞 動詞 新聞《しんぶん》・雑誌《ざっし》・ラジオ・テレビなどで、特別《とくべつ》に一《ひと》つのことがらをとり上《あ》げて記事《きじ》にしたり、番組《ばんぐみ》をつくったりすること。また、その記事《きじ》や番組《ばんぐみ》。

どくしゅう【独習】 名詞 動詞 先生《せんせい》に教《おし》えてもらわないで、自分《じぶん》ひとりで勉強《べんきょう》したり練習《れんしゅう》したりすること。例 ピアノを独習する。類 独学《どくがく》。

どくしょ【読書】 名詞 動詞 本《ほん》を読《よ》むこと。

どくしょう【独唱】 名詞 動詞 ひとりで歌《うた》を歌《うた》うこと。ソロ。関連 合唱《がっしょう》。斉唱《せいしょう》。

とくしょく【特色】 名詞 ほかのものと比《くら》べて、とくにちがっているところ。また、とくに目立《めだ》って、すぐれているところ。例 特色のある作品《さくひん》／特色を生《い》かす。類 特質《とくしつ》。特性《とくせい》。特徴《とくちょう》。

どくしょしゅうかん【読書週間】 名詞 よい本《ほん》をみんなにすすめ、読書《どくしょ》の習慣《しゅうかん》を広《ひろ》めるために定《さだ》められた週間《しゅうかん》。十月二十七日《じゅうがつにじゅうしちにち》から十一月九日《じゅういちがつここのか》。

とくしん【得心】 名詞 動詞 心《こころ》の底《そこ》からよくわかること。納得《なっとく》すること。

●**得心《とくしん》がいく** 心《こころ》の底《そこ》から納得《なっとく》する。よくわかる。例 おたがいに得心がいくまで話《はな》し合《あ》う。

どくしん【独身】 名詞 結婚《けっこん》していないこと。また、その人《ひと》。

とくする【得する】 動詞 利益《りえき》を得《え》る。もうける。例 まとめ買《が》いで百円《ひゃくえん》得した。

どくする【毒する】 動詞 悪《わる》いえいきょうをあたえるということ。

あいうえお　かきくけこ　さしすせそ　たちつてと　と　なにぬねの　はひふへほ　まみむめも　や ゆ よ　らりるれろ　わ を ん

たえる。だめにする。例 子供《こども》の心《こころ》を毒する本《ほん》。

とくせい【特性】 名詞 そのものだけが持《も》っている、特別《とくべつ》な性質《せいしつ》。例 油《あぶら》は燃《も》えやすいという特性を持《も》つ。類 特質《とくしつ》。特色《とくしょく》。

とくせい【特製】 名詞 特別《とくべつ》につくること。また、そうしてつくったもの。例 特製のお弁当《べんとう》。

どくせい【毒性】 名詞 毒《どく》になる性質《せいしつ》。例 毒性の強《つよ》い薬品《やくひん》。

とくせつ【特設】 名詞 動詞 そのときだけ特別《とくべつ》に設《もう》けること。例 特設会場《かいじょう》。

どくぜつ【毒舌】 名詞 相手《あいて》を傷《きず》つけるような、意地《いじ》の悪《わる》い言《い》い方《かた》や厳《きび》しいことば。例 毒舌家《か》／毒舌をふるう。

とくせん【特選】 名詞 特別《とくべつ》にすぐれた作品《さくひん》として選《えら》ばれること。また、その作品《さくひん》。

どくせん【独占】 名詞 動詞 自分《じぶん》ひとりだけのものにすること。ひとりじめすること。例 遊《あそ》び場《ば》を独占する／人気《にんき》を独占する。

どくぜん【独善】 名詞 自分《じぶん》だけが正《ただ》しいと思《おも》いこむこと。ひとりよがり。例 独善的《てき》な考《かんが》え。

どくせんじょう【独擅場】 名詞 「独壇場《どくだんじょう》」のもとの言《い》い方《かた》。

どくそ【毒素】 名詞 体《からだ》に害《がい》になる物質《ぶっしつ》。

どくそう【独走】 名詞 動詞 ❶ほかの人《ひと》を大《おお》きくひきはなして、先頭《せんとう》を走《はし》ること。例 最後《さいご》は首位走者《しゅいそうしゃ》の独走状態《じょうたい》だった。❷ひとりだけ勝手《かって》な行《おこな》いをすること。例 みんなの考《かんが》えを聞《き》かないで独走する。

どくそう【独奏】 名詞 動詞 ひとりで楽器《がっき》を演《えん》奏《そう》すること。ソロ。例 ピアノの独奏。対 合奏《がっそう》。

どくそう【独創】 名詞 動詞 人《ひと》のまねをしないで、自分《じぶん》だけの考《かんが》えで新《あたら》しいものをつくり出《だ》すこと。また、つくり出《だ》したもの。

どくそうてき【独創的】 形容動詞 人《ひと》のまねをしないで、自分《じぶん》だけの考《かんが》えで新《あたら》しいものをつくり出《だ》すようす。例 独創的なアイディア。

とくそく【督促】 名詞 動詞 早《はや》くするようにせき立《た》てること。例 図書館《としょかん》から、本《ほん》を返《かえ》すよう督促された。類 催促《さいそく》。

ドクター (doctor) 名詞 ❶「医者《いしゃ》」のこと。❷「博士《はくし》」のこと。

とくだい【特大】 名詞 特別《とくべつ》に大《おお》きいこと。また、そのもの。例 特大のジャムパン。

とくだね【特種】 名詞 その新聞《しんぶん》や雑誌《ざっし》だけがとくに手《て》に入《い》れた記事《きじ》の材料《ざいりょう》。類 スクープ。

どくだみ 名詞 季語 夏 初夏《しょか》に、白《しろ》い花《はな》びらのように見《み》えるものの上《うえ》に薄黄《うすき》色《いろ》の花《はな》がさく草《くさ》。葉《は》はハート形《がた》。全体《ぜんたい》ににおいが強《つよ》く、薬草《やくそう》として利用《りよう》される。

どくだみ

どくだん【独断】 名詞 動詞 人《ひと》の意見《いけん》を聞《き》かず、自分《じぶん》の考《かんが》えだけでものごとを決《き》めること。例 社長《しゃちょう》の独断で工事《こうじ》が中止《ちゅうし》された。

どくだんじょう【独壇場】 名詞 その人《ひと》が、自分《じぶん》の思《おも》うままに活躍《かつやく》できる場所《ばしょ》や場面《ばめん》。ひとり舞台《ぶたい》。例 長距離走《ちょうきょりそう》は姉《あね》の独壇場だ。ことば もとは「独擅場《どくせんじょう》」だが、「どくだんじょう」と読《よ》みまちがえられてできたことば。

とぐち【戸口】 名詞 家《いえ》の出入《でい》り口《ぐち》。

とくちょう【特長】 名詞 ほかのものよりも、とくにすぐれているところ。例 このくつの特長は、水《みず》に強《つよ》いことだ。⇩ 使い分け

とくちょう【特徴】 名詞 ほかのものに比《くら》べてとくに目立《めだ》つところ。例 きりんは首《くび》が長《なが》いのが特徴だ。類 特色《とくしょく》。⇩ 使い分け

使い分け
とくちょう
特長・特徴

特長　ほかのものよりすぐれているところ。特別《とくべつ》の長所《ちょうしょ》のこと。「新製品《しんせいひん》の特長《とくちょう》／生徒《せいと》の特長《とくちょう》を引《ひ》き出《だ》す」

特徴　よい悪《わる》いに関係《かんけい》なく、ほかのものとちがって、目立《めだ》つ点《てん》。変《か》わっているところ。「人《ひと》の特徴《とくちょう》をつかんで似顔絵《にがおえ》をかく」

とくてい【特定】 名詞 動詞 とくにこれと決《き》めること。また、決《き》まっていること。例 特定の店《みせ》で買《か》い物《もの》をする。

とくていほけんようしょくひん【特定保健用食品】 名詞 健康《けんこう》を保《たも》つ効果《こうか》が期待《きたい》で

故事成語 **郷《ごう》に入《い》っては郷《ごう》に従《したが》え**　新《あたら》しい土地《とち》に移《うつ》り住《す》んだら、その土地《とち》の風俗《ふうぞく》や習慣《しゅうかん》に従《したが》うのがよい

関連＝関係《かんけい》の深《ふか》いことば

きるものとして、国《くに》が認《みと》めた食品《しょくひん》。「トクホ」ともいう。

とくてん【特典】名詞 特別《とくべつ》にあたえられる権《けん》利《り》やあつかい。例 会員《かいいん》には割引《わりびき》の特典がある。

とくてん【得点】名詞 動詞 試合《しあい》や試験《しけん》などで点《てん》をとること。また、その点数《てんすう》。対 失点《しってん》。

とくと 副詞 しっかりと。よく。じっくりと。例 とくとご覧《らん》ください。使い方 古《ふる》い言《い》い方《かた》。

とくとう【特等】名詞 一等《いっとう》より上《うえ》の、特別《とくべつ》すぐれた等級《とうきゅう》。例 特等席《せき》。

とくとく[と]【得得[と]】副詞 得意《とくい》そうなようす。例 得々として自慢《じまん》話《ばなし》をする。

どくとく【独特】名詞 形容動詞 そのものだけが特別《とくべつ》に持《も》っていること。例 独特な音色《ねいろ》。類 独《どく》自《じ》。特有《とくゆう》。

どくどくしい【毒毒しい】形容詞 ❶いかにも毒《どく》がありそうなようす。例 見《み》るからに毒々しいきのこ。❷人《ひと》をにくむ気《き》持《も》ちが表《あらわ》れているようす。例 毒々しい口《くち》をきく。❸色《いろ》がきつく、けばけばしい。例 毒々しい色《いろ》。

とくに【特に】副詞 特別《とくべつ》に。とりわけ。

どくは【読破】名詞 動詞 長《なが》い文章《ぶんしょう》や難《むずか》しい本《ほん》などを終《お》わりまで読《よ》み通《とお》すこと。例 夏休《なつやす》みに文学全集《ぶんがくぜんしゅう》を読破する予定《よてい》だ。

とくばい【特売】名詞 動詞 特別《とくべつ》に安《やす》い値段《ねだん》で売《う》ること。例 水曜日《すいようび》は魚《さかな》の特売日《び》だ。

とくはいん【特派員】名詞 外国《がいこく》のできごとを伝《つた》えるために、新聞社《しんぶんしゃ》・雑誌社《ざっししゃ》・放送局《ほうそうきょく》などから送《おく》られた記者《きしゃ》。

どくはく【独白】名詞 動詞 ❶ひとり言《ごと》を言《い》うこと。また、そのことば。❷劇《げき》などで、相手《あいて》なしにひとりでせりふを言《い》うこと。「モノローグ」ともいう。

とくひつ【特筆】名詞 動詞 とくにとり上《あ》げて目立《めだ》つように書《か》くこと。例 きみの努力《どりょく》は特筆にあたいする。

とくひょう【得票】名詞 動詞 選挙《せんきょ》で、票《ひょう》を得《え》ること。また、その票《ひょう》の数《かず》。例 得票が多《おお》い。

どくぶつ【毒物】名詞 毒《どく》のある物質《ぶっしつ》や薬品《やくひん》。

とくべつ【特別】形容動詞 副詞 ふつうとちがっていること。例 きみにだけ特別に教《おし》えよう／今日《きょう》は特別暑《あつ》い。類 特殊《とくしゅ》。対 普通《ふつう》。

とくべつきゅうこうれっしゃ【特別急行列車】⇩942ジベーとっきゅう❶

とくべつくいき【特別区域】⇩943ジベーとっく

とくべつけいほう【特別警報】名詞 大《おお》雨《あめ》・暴風《ぼうふう》・高潮《たかしお》などによって、数十年《すうじゅうねん》に一度《いちど》しかないような重大《じゅうだい》な災害《さいがい》の起《お》こるおそれが大《おお》きい場合《ばあい》に、気象庁《きしょうちょう》が出《だ》す警報《けいほう》。

とくべつこっかい【特別国会】名詞 衆議《しゅうぎ》院《いん》の総選挙《そうせんきょ》から三十日以内《さんじゅうにちいない》に開《ひら》かれる国会《こっかい》。新《あたら》しい内閣総理大臣《ないかくそうりだいじん》が指名《しめい》される。

とくべつしえんがっこう【特別支援学校】名詞 障害《しょうがい》のある児童《じどう》・生徒《せいと》がその人《ひと》に合《あ》った教育《きょういく》を受《う》け、障害《しょうがい》による困難《こんなん》を解消《かいしょう》できるような知識《ちしき》やわざを身《み》につけるための学校《がっこう》。

とくべつてんねんきねんぶつ【特別天然記念物】名詞 天然記念物《てんねんきねんぶつ》の中《なか》で、とくに重要《じゅうよう》なものとして指定《してい》されたもの。いりおもてやまねこ・とき・屋久杉《やくすぎ》など。

どくへび【毒蛇】名詞 毒《どく》を出《だ》すきばを持《も》つへび。コブラ・まむし・はぶなど。「どくじゃ」ともいう。

トクホ⇩935ジベーとくていほけんようしょくひん

とくほう【特報】名詞 動詞 特別《とくべつ》に知《し》らせること。特別《とくべつ》の報道《ほうどう》。例 選挙《せんきょ》特報。

とくぼう【徳望】名詞 考《かんが》えや行《おこな》いがりっぱで、人々《ひとびと》からしたわれること。

とくほん【読本】名詞 ❶昔《むかし》、学校《がっこう》で読《よ》み書《か》きを習《なら》うために使《つか》った教《きょう》科書《かしょ》。❷初《はじ》めて学《まな》ぶ人《ひと》のためにわかりやすく書《か》いた本《ほん》。入門書《にゅうもんしょ》。例 文章《ぶんしょう》読本。

どくみ【毒味・毒見】名詞 動詞 ❶食《た》べ物《もの》や飲《の》み物《もの》に毒《どく》が入《はい》っていないかどうか、食《た》べたり飲《の》んだりしてみて調《しら》べること。❷料理《りょうり》の味《あじ》かげんをみるために食《た》べてみること。例 スープの毒味をする。

どくむし【毒虫】名詞 毒《どく》を持《も》っていて、さしたりかんだりして人《ひと》に害《がい》をあたえる虫《むし》。むかで・はちなど。

とくめい【匿名】名詞 ほんとうの名前《なまえ》をかくして知《し》らせないこと。例 匿名で投書《とうしょ》する。

とくめい【特命】名詞 特別《とくべつ》の命令《めいれい》や任命《にんめい》。例 特命を受《う》ける／特命が下《くだ》る。

とくめいぜんけんたいし【特命全権大

から、仲《なか》の悪《わる》い者《もの》どうしが同《おな》じ場所《ばしょ》にいることのたとえ。また、敵《てき》と味方《みかた》が同《おな》じ困難《こんなん》などに対《たい》して、協力《きょうりょく》し合《あ》

使】↓776ページ たいし〔大使〕

とくやく【特約】 名詞 動詞 特別《とくべつ》の利益《りえき》などをあたえる約束《やくそく》で契約《けいやく》をすること。例 特約店《てん》。

どくやく【毒薬】 名詞 少《すこ》しの量《りょう》でも命《いのち》にかかわる強《つよ》い薬《くすり》。

とくゆう【特有】 名詞 形容動詞 そのものだけが、特別《とくべつ》に持《も》っていること。例 母《はは》特有の話《はな》し方《かた》。類 固有《こゆう》。独自《どくじ》。独特《どくとく》。

とくよう【徳用】 名詞 形容動詞 値段《ねだん》のわりに多《おお》かったり便利《べんり》だったりして、得《とく》になること。例 徳用品《ひん》／お徳用の洗剤《せんざい》。

とくり【徳利】 ↓943ページ とっくり

どくりつ【独立】 名詞 動詞 ❶ほかの力《ちから》を借《か》りないで、自分《じぶん》の力《ちから》でものごとを行《おこな》っていくこと。例 姉《あね》は独立してひとりで住《す》んでいる／アメリカ合衆国《がっしゅうこく》の独立。類 自立《じりつ》。❷ほかのものとはなれて、一《ひと》つだけあること。例 体育館《たいいくかん》は校舎《こうしゃ》から独立している。

どくりつどっぽ【独立独歩】 名詞 人《ひと》にたよらず、だれの支配《しはい》も受《う》けないで、自分《じぶん》の信《しん》じる道《みち》をひとりで進《すす》むこと。例 独立独歩の精神《せいしん》。

どくりょく【独力】 名詞 自分《じぶん》ひとりの力《ちから》。自《じ》力《りき》。例 独力で事業《じぎょう》をおこす。

とくれい【特例】 名詞 特別《とくべつ》に認《みと》められた例外《れいがい》。例 特例は認《みと》めません。

とぐろ 名詞 へびなどがうず巻《ま》きの形《かたち》になっていること。

とぐろ

●**とぐろを巻《ま》く** ❶へびなどが体《からだ》をうず巻《ま》きの形《かたち》にする。❷何人《なんにん》かの人《ひと》が、用《よう》もないのに、ある場所《ばしょ》に集《あつ》まってぶらぶらしている。

どくろ 名詞 雨《あめ》や風《かぜ》にさらされて、骨《ほね》だけになった人《ひと》の頭《あたま》。されこうべ。しゃれこうべ。

とげ 名詞 ❶針《はり》のように、細《ほそ》くとがったもの。❷体《からだ》にささった、細《ほそ》くとがった木《き》のかけらや魚《さかな》の骨《ほね》など。例 指《ゆび》にとげがささる。❸心《こころ》をつきさすような意地《いじ》の悪《わる》いようす。例 とげのある言《い》い方《かた》をする。

とけあう【解け合う】 動詞 おたがいに打《う》ち解《と》けて仲《なか》よくなる。例 住民《じゅうみん》の心《こころ》が解け合う。

とけい【時計】 名詞 時刻《じこく》を示《しめ》したり、時間《じかん》を計《はか》ったりする器械《きかい》。

とけいだい【時計台】 名詞 周《まわ》りから見《み》えるように、上《うえ》に大《おお》きな時計《とけい》をとりつけた塔《とう》や建物《たてもの》。

とけいまわり【時計回り】 名詞 時計《とけい》の針《はり》と同《おな》じ方向《ほうこう》に回《まわ》ること。右回《みぎまわ》り。

とげうお 名詞 背《せ》びれや腹《はら》びれなどに大《おお》きなとげのある魚《さかな》のなかま。水草《みずくさ》を使《つか》って巣《す》をつくり、卵《たまご》や子《こ》を守《まも》る。

とげうお

とけこむ【溶け込む】 動詞 ❶すっかりとけてまざる。例 さまざまな野菜《やさい》が溶け込んだスープ。❷雰囲気《ふんいき》になじんで、まわりと一《ひと》つになる。例 チームに溶け込む／風景《ふうけい》に溶け込んだ建物《たてもの》。

どげざ【土下座】 名詞 動詞 地面《じめん》にひざまずいて手《て》をつき、深《ふか》くおじぎをすること。例 土下座しておわびをする。

とげとげしい 形容詞 ことばや態度《たいど》に温《あたた》かみがなく、意地悪《いじわる》で冷《つめ》たいようす。例 とげとげしい目《め》つきでにらむ／とげとげしいことば。

とける【溶ける】 動詞 ❶水《みず》などの液体《えきたい》にほかのものが入《はい》って混《ま》ざり合《あ》う。例 砂糖《さとう》がコーヒーに溶ける。❷固《かた》まっていたものが液体《えきたい》になる。例 鉄《てつ》が熱《ねっ》せられて溶ける。

とける【解ける】 動詞 ❶結《むす》んであるものがゆるむ。ほどける。例 帯《おび》が解ける。❷疑《うたが》いやにくしみなどの気持《きも》ちがなくなる。例 いかりが解ける。❸答《こた》えが出《で》る。わかる。例 クイズが解けた。❹制限《せいげん》などがなくなって自由《じゆう》になる。例 公園《こうえん》の立《た》ち入《い》り禁止《きんし》が解ける。漢 ↓219ページ かい〔解〕

とげる【遂げる】 動詞 ❶すっかりやってしまう。例 目的《もくてき》を遂げる。❷そのようになる。例 急速《きゅうそく》な発展《はってん》を遂げる／りっぱな最期《さいご》を遂げる。

どける 動詞 今《いま》まであった場所《ばしょ》から、ほかへ移《うつ》す。どかす。のける。例 じゃまな石《いし》をどける。

故事成語　**呉越同舟《ごえつどうしゅう》**　昔《むかし》中国《ちゅうごく》で敵国《てきこく》どうしだった呉《ご》と越《えつ》の国《くに》の人《ひと》が、同《おな》じふねに乗《の》り合《あ》わせるという話《はなし》うことのたとえ。

とこ【床】 名詞
❶ねどこ。例 床をとる。
❷とこの間《ま》。例 床にかけじくをかける。
❸なえを育《そだ》てるところ。例 なえ床。
❹川《かわ》の底《そこ》。例 川《かわ》床。

● **床《とこ》に就《つ》く**
❶ねどこに入《はい》る。例 九時《くじ》に床に就く。
❷病《びょう》気《き》でねこむ。例 かぜで三日間《みっかかん》床に就いた。

とこ【常】（ほかのことばの前《まえ》につけて）「いつも」の意《い》味《み》を表《あらわ》す。例 常夏《なつ》。漢 ⇒630ページ じょう〔常〕

どこ 代名詞 はっきりとわからない場所《ばしょ》を指《さ》すことば。例 あなたの家《いえ》はどこですか。

とこあげ【床上げ】 名詞 動詞 長《なが》い間《あいだ》の病《びょう》気《き》が治《なお》ったり、赤《あか》んぼうを産《う》んだりしたあと、元気《げんき》になって、ねどこをかたづけること。また、その祝《いわ》い。

とこう【渡航】 名詞 動詞 船《ふね》や飛行機《ひこうき》で海《うみ》をわたって外国《がいこく》へ行《い》くこと。例 カナダに渡航する。

とこしえ 名詞 いつまでも長《なが》く変《か》わらないこと。例 この幸《しあわ》せがとこしえに続《つづ》きますように。

どことなく 副詞 どこだとは、はっきり言《い》えないが。なんとなく。例 どことなく部屋《へや》の感《かん》じがちがう。

とことん
❶名詞 最後《さいご》の最後《さいご》。例 とことんまでがんばる。
❷副詞 徹底的《てっていてき》に。どこまでも。例 失敗《しっぱい》の原因《げんいん》が明《あき》らかになるまでとことん調《しら》べる。

とこなつ【常夏】 名詞 一年《いちねん》じゅう夏《なつ》のような気候《きこう》であること。例 常夏の島《しま》ハワイ。

とこのま【床の間】 名詞 日本間《にほんま》で、座敷《ざしき》のおくの一部分《いちぶぶん》のゆかを一段高《いちだんたか》くしたところ。

どこふくかぜ【どこ吹く風】 自分《じぶん》には関係《かんけい》ないことだと、知《し》らん顔《かお》で聞《き》き流《なが》すようす。例 何度《なんど》注《ちゅう》意《い》されてもどこ吹く風と遊《あそ》んでいた。

どこもかしこも どこもみんな。至《いた》る所《ところ》。例 公園《こうえん》はどこもかしこも花見《はなみ》客《きゃく》でいっぱいだ。

とこや【床屋】 名詞 かみの毛《け》を切《き》ったりひげをそったりする店《みせ》。理《り》髪《はつ》店《てん》。⇒938ページ

ところ【所】 名詞
外国語教室 ゆかのお店《みせ》?
❶場所《ばしょ》。例 日当《ひあ》たりのよい所。
❷住所《じゅうしょ》。例 お所と電話番号《でんわばんごう》を教《おし》えてください。
❸地方《ちほう》。土地《とち》。例 所により雪《ゆき》。
❹部分《ぶぶん》。例 よごれた所をふく。
❺場合《ばあい》。例 今日《きょう》のところは、遠慮《えんりょ》します。
❻ちょうどその時《とき》。最中《さいちゅう》。例 出《しゅっ》発《ぱつ》するところに客《きゃく》が来《き》た／今《いま》、食事《しょくじ》をしているところだ。
❼範囲《はんい》。程度《ていど》。例 わたしが知《し》っているのは、こんなところです。
❽点《てん》。例 きみのやさしいところが好《す》きだ。
❾状態《じょうたい》。例 妹《いもうと》が歌《うた》っているところを見《み》た。
❿事《こと》。ことがら。例 ほんとうのところを話《はな》してください。
⓫…したら。例 みんなに聞《き》いたところ、一人《ひとり》だけ知《し》っていた。
使い方 ❺～⓫は、ふつうかな書《が》きにする。
漢 ⇒627ページ しょ〔所〕

ガッテン外国語教室

ゆかのお店《みせ》？

パンを売《う》るパン屋《や》さん、ケーキを売《う》るケーキ屋《や》さん…。いろいろある○○屋《や》さんの中《なか》でも「とこ屋《や》」は「床屋」と書《か》くけれど、ゆか（床）を売《う》っているわけではない。かみの毛《け》を切《き》ったりひげをそったりするお店《みせ》だね。床屋《とこや》さんの「床」は、仕《し》事《ごと》そのものを表《あらわ》すのではなく、仕事《しごと》をする「場《ば》所《しょ》」からきているといわれている。一方《いっぽう》、英語《えいご》で「とこ屋《や》」を意味《いみ》する「barber《バーバー》」は、もとはラテン語《ご》の「ひげ」。ひげをそったり整《ととの》えたりするのがおもな仕事《しごと》だったのかもしれないね。

● **所《ところ》変《か》われば品《しな》変《か》わる** ことわざ 土地《とち》がちがうと、ことばや風俗《ふうぞく》・習慣《しゅうかん》もちがうものだ。

どころ 助詞 （ほかのことばのあとにつけて「…どころではない」などの形《かたち》で）例《れい》を示《しめ》して、そのような程度《ていど》や状《じょう》態《たい》ではまったくないと強《つよ》く打《う》ち消《け》す意味《いみ》を表《あらわ》す。例 いそがしくて遊《あそ》びに行《い》くどころではない／この一週間《いっしゅうかん》は暑《あつ》いどころではない（＝非常《ひじょう》に暑《あつ》い）。

ところが
❶接続詞 そうであるのに。けれども。しかし。例 遠足《えんそく》の日《ひ》の朝《あさ》は晴《は》れていた。ところが、午《ご》後《ご》から雨《あめ》が降《ふ》り出《だ》した。
❷助詞 （ほかのことばのあとにつけて）…けれども。…たら。例 これで終《お》わりだと思《おも》っていたところが、まだ残《のこ》りの仕事《しごと》があった。

ればならないということから、危険《きけん》をおかさなければ大《おお》きな成功《せいこう》は得《え》られないということ。

どころか 助詞 （ほかのことばのあとにつけて）…でなくかえって。その反対《はんたい》に。例 正直《しょうじき》に言《い》ったら、しかられるどころかほめられた。

ところがき【所書き】 名詞 住所《じゅうしょ》を書《か》いたもの。また、住所《じゅうしょ》。

ところかまわず【所構わず】 副詞 どんな場所《ばしょ》だろうが平気《へいき》で。どこでも構《かま》わず。例 妹《いもうと》が所構わずシールをはるので困《こま》る。類 所嫌《ところきら》わず。

ところきらわず【所嫌わず】 副詞 場所《ばしょ》を選《えら》ばないで。どんな所《ところ》でも気《き》にしないで。例 所嫌わず横《よこ》になってねてしまう。類 所構《ところかま》わず。

ところせましと【所狭しと】 場所《ばしょ》がせまく感《かん》じられるほど。たくさんの物《もの》が、すきまなく。例 いろいろな商品《しょうひん》が所狭しと並《なら》んでいる。

ところで
❶ 接続詞 話題《わだい》を変《か》えて、別《べつ》の話《はなし》をするときに使《つか》うことば。それはそうと。例 ところで、あの映画《えいが》はもう見《み》たかい。
❷ 助詞 （ほかのことばのあとにつけて）もし…したとしても。たとえ…でも。例 今《いま》さら急《いそ》いだところで、追《お》いつけるわけがない。

ところてん 名詞 季語夏 「てんぐさ」という海藻《かいそう》を煮《に》て、そのしるを冷《ひ》やして固《かた》めた食《た》べ物《もの》。「ところてんつき」で細長《ほそなが》い形《かたち》におし出《だ》し、味《あじ》をつけて食《た》べる。

ところどころ【所所】 名詞 あちらこちら。

ところばんち【所番地】 名詞 住所《じゅうしょ》などの、地名《ちめい》と番地《ばんち》。

とさ【土佐】 名詞 昔《むかし》の国《くに》の名《な》の一《ひと》つ。今《いま》の高知《こうち》県《けん》に当《あ》たる。

とざいとうざい【東西東西】 ⇒920ジ とうざいとうざい

とさか 名詞 にわとりなどの頭《あたま》の上《うえ》にある、赤《あか》いかんむりのようなもの。

とさか

どさくさ 名詞 混乱《こんらん》したり混雑《こんざつ》したりしていること。ごたごたしていること。例 どさくさにまぎれて入《はい》りこむ。

とざす【閉ざす】 動詞
❶閉《し》める。例 固《かた》く門《もん》を閉ざす。
❷通《とお》れなくする。例 あらしが行《ゆ》く手《て》を閉ざした。
❸閉《と》じこめる。おおう。例 やみに閉ざされる。
❹つきあいや交流《こうりゅう》をなくす。例 国《くに》を閉ざす／心《こころ》を閉ざす。

とさはん【土佐藩】 名詞 江戸《えど》時代《じだい》、今《いま》の高知《こうち》県《けん》にあった藩《はん》。「高知藩《こうちはん》」ともいう。

とざま【外様】 名詞 関ケ原《せきがはら》の戦《たたか》いの前後《ぜんご》で、徳川《とくがわ》氏《し》に従《したが》うことになった大名《だいみょう》。関連 親藩《しんぱん》。譜代《ふだい》。

とざん【登山】 名詞 動詞 季語夏 山《やま》に登《のぼ》ること。山登《やまのぼ》り。例 登山電車《でんしゃ》／富士《ふじ》登山。対 下山《げざん》。

とし【年】 名詞
❶一年《いちねん》。十二《じゅうに》か月《げつ》。例 年の初《はじ》め／年の暮《く》れ。
❷年齢《ねんれい》。例 年をとる。
❸時代《じだい》。年月《ねんげつ》。例 年を経《へ》る。
漢 ⇒1019ジ ねん〔年〕

●**年《とし》が改《あらた》まる**
❶新《あたら》しい年《とし》になる。
❷年号《ねんごう》が変《か》わる。

●**年《とし》とともに** 年《とし》が過《す》ぎるにつれて。だんだん年《とし》をとると。例 年とともに、しらがが増《ふ》える。

●**年《とし》の市《いち》** ⇒940ジ としのいち

●**年《とし》の暮《く》れ** ⇒940ジ としのくれ

●**年《とし》の功《こう》** ⇒940ジ としのこう

●**年《とし》の頃《ころ》** ⇒940ジ としのころ

●**年《とし》の瀬《せ》** ⇒940ジ としのせ

●**年《とし》を越《こ》す** その年《とし》を送《おく》り、新年《しんねん》をむかえる。例 毎年《まいとし》、家族《かぞく》そろって年を越す。

●**年《とし》を経《へ》る** 長《なが》い年月《ねんげつ》がたつ。例 年を経た松《まつ》の大木《たいぼく》／年を経て再会《さいかい》する。

とし【都市】 名詞 人《ひと》が多《おお》く集《あつ》まり、政治《せいじ》・経済《けいざい》・文化《ぶんか》の中心《ちゅうしん》になっているところ。類 都会《とかい》。

どじ
❶ 名詞 間《ま》のぬけた失敗《しっぱい》。
❷ 形容動詞 間《ま》のぬけた失敗《しっぱい》ばかりするようす。例 どじなやつ。

●**どじを踏《ふ》む** 間《ま》のぬけた失敗《しっぱい》をする。へまをする。例 大事《だいじ》な場面《ばめん》でどじを踏んだ。

としうえ【年上】 名詞 年齢《ねんれい》が上《うえ》であること。また、その人《ひと》。例 姉《あね》は二《ふた》つ年上だ。対 年下《としした》。

としおいる【年老いる】 動詞 年《とし》をとる。例 年老いた母《はは》と暮《く》らす。

としおとこ【年男】 名詞 季語冬 その年《とし》のえとと同《おな》じえとの年《とし》に生《う》まれた男《おとこ》の人《ひと》。参考 節分《せつぶん》に、豆《まめ》まきの役《やく》をする。

としがいもなく【年がいもなく】 年齢《ねんれい》に

故事成語　**虎穴《こけつ》に入《い》らずんば虎子《こじ》を得《え》ず**　虎《とら》の子《こ》をつかまえようとするなら、まず虎《とら》がすむ穴《あな》に入《はい》らなけふさわしい考《かんが》えを思《おも》いめぐらすことなく。例 子供《こども》にからかわれて年がいもなくむきになる。

としかさ【年かさ】 名詞 年上《としうえ》。例 三人《さんにん》の中《なか》でいちばん年かさの子《こ》。

としガス【都市ガス】 名詞 ガス管《かん》を通《とお》して家々《いえいえ》に送《おく》られる、燃料用《ねんりょうよう》のガス。

としかっこう【年格好】 名詞 見《み》た目《め》で感《かん》じる、およその年齢《ねんれい》。例 二十才前後《にじっさいぜんご》の年格好の男性《だんせい》。

としがみ【年神】 名詞 季語 新年 正月《しょうがつ》に家《いえ》にむかえて祭《まつ》る神《かみ》。鏡《かがみ》もちなどを供《そな》え、門松《かどまつ》をかざる。

としけいかく【都市計画】 名詞 道路《どうろ》・住宅《じゅうたく》・公園《こうえん》など、都市全体《としぜんたい》をよりよくして住《す》みやすくするための計画《けいかく》。

としご【年子】 名詞 一才《いっさい》ちがいのきょうだい。

としこし【年越し】 名詞 動詞 季語 冬 その年《とし》を送《おく》り、新年《しんねん》をむかえること。とくに、大《おお》みそかの夜《よる》のこと。例 年越しそば。

としこしそば【年越しそば】 名詞 季語 冬 大《おお》みそかの夜《よる》に食《た》べるそば。参考「そばのように細《ほそ》く長《なが》く生《い》きられますように。」と縁起《えんぎ》をかついで食《た》べる。

とじこむ【とじ込む】 動詞 ❶ばらばらの紙《かみ》を、とじて一《ひと》つにまとめる。例 書類《しょるい》をファイルにとじ込む。❷書類《しょるい》や雑誌《ざっし》の中《なか》に、あとからはさんでとじる。例 応募《おうぼ》はがきがとじ込まれている。

とじこめる【閉じ込める】 動詞 出入《でい》り口《ぐち》を閉《し》めて、外《そと》へ出《で》られないようにする。

とじこもる【閉じ籠もる】 動詞 家《いえ》や部屋《へや》の中《なか》に入《はい》ったまま、外《そと》へ出《で》ない。例 部屋《へや》に閉じ籠もって本《ほん》ばかり読《よ》んでいる。

としごろ【年頃】 名詞 ❶だいたいの年《とし》。例 年頃は、五《ご》、六才《ろくさい》の子《こ》。❷あることをするのにちょうどよい年齢《ねんれい》。例 遊《あそ》びたい年頃。❸結婚《けっこん》するのにちょうどよい年齢《ねんれい》。

としした【年下】 名詞 年齢《ねんれい》が下《した》であること。また、その人《ひと》。例 年下の友《とも》だち。対 年上《としうえ》。

どしつ【土質】 名詞 土《つち》の性質《せいしつ》。

としつき【年月】 名詞 何年何《なんねんなん》か月《げつ》という長《なが》い間《あいだ》。ねんげつ。例 長《なが》い年月がたった。

として
❶…の立場《たちば》で。例 学校《がっこう》の代表《だいひょう》として大会《たいかい》に参加《さんか》する。
❷例外《れいがい》なく全部《ぜんぶ》がそうであるという意味《いみ》を表《あらわ》す。例 だれひとりとして賛成《さんせい》しなかった。
❸もし…とすれば。例 委員《いいん》に選《えら》ばれたとして、何《なに》をしますか。
❹…と思《おも》って。例 散歩《さんぽ》に行《い》こうとして外《そと》に出《で》た。
使い方 ❷は、あとに「ない」などのことばがくる。

どしどし 副詞 ❶ものごとをどんどん進《すす》めるようす。例 たまっていた仕事《しごと》をどしどしかたづける。❷次《つぎ》から次《つぎ》へと続《つづ》くようす。例 新聞社《しんぶんしゃ》に投書《とうしょ》がどしどし寄《よ》せられた。

としとり【年取り】 名詞 ❶年《とし》をとること。年齢《ねんれい》が多《おお》くなること。また、大《おお》みそかの夜《よる》に行《おこな》う、年《とし》をこす行事《ぎょうじ》のこと。❷新《あたら》しい年《とし》をむかえること。

としのいち【年の市】 名詞 季語 冬 年末《ねんまつ》に、正月《しょうがつ》に使《つか》うかざり物《もの》などを売《う》るために立《た》つ市《いち》。

としのくれ【年の暮れ】 名詞 季語 冬 一年《いちねん》の終《お》わりのころ。年《とし》の瀬《せ》。年末《ねんまつ》。

としのこう【年の功】 名詞 年《とし》をとっただけ経験《けいけん》が豊《ゆた》かで、ものごとがよくわかること。

としのころ【年の頃】 名詞 だいたいの年齢《ねんれい》。例 年の頃は三十才《さんじっさい》くらいの先生《せんせい》。

としのせ【年の瀬】 名詞 季語 冬 一年《いちねん》の終《お》わりのころ。年《とし》の暮《く》れ。年末《ねんまつ》。

とじまり【戸締まり】 名詞 家《いえ》の門《もん》や戸《と》・窓《まど》をしっかり閉《し》め、どろぼうなどが入《はい》らないようにすること。

としまわり【年回り】 名詞 年齢《ねんれい》の具合《ぐあい》。年《とし》ごろ。

どしゃ【土砂】 名詞 土《つち》と砂《すな》。

どしゃくずれ【土砂崩れ】 名詞 山《やま》などの土《ど》砂《しゃ》が、大雨《おおあめ》などによってくずれること。

どしゃぶり【土砂降り】 名詞 雨《あめ》が激《はげ》しく降《ふ》ること。また、その雨《あめ》。

としゅたいそう【徒手体操】 名詞 手《て》に何《なに》も持《も》たず、器械《きかい》なども使《つか》わないでする体操《たいそう》。対 器械体操《きかいたいそう》。

としょ【図書】 名詞 本《ほん》。書物《しょもつ》。例 図書室《しつ》。

とじょう【途上】 名詞 ものごとが進《すす》んでいるとちゅう。例 経済発展《けいざいはってん》の途上にある国《くに》。

もにげたことに変《か》わりはないという話《はなし》から、少《すこ》しのちがいはあっても同《おな》じようなものであるということ。

類＝意味《いみ》のよく似《に》たことば　対＝反対《はんたい》の意味《いみ》のことばや対《つい》になることば

どじょう 名詞 池《いけ》やぬまのどろの中《なか》にすむ、細長《ほそなが》い魚《さかな》。ぬるぬるしていて、短《みじか》いひげがある。食用《しょくよう》になる。

どじょう

どじょう【土壌】 名詞 土《つち》。とくに、作物《さくもつ》を育《そだ》てるための、田《た》や畑《はたけ》の土《つち》。

としょかん【図書館】 名詞 たくさんの本《ほん》・雑誌《ざっし》・新聞《しんぶん》などを集《あつ》めて、多《おお》くの人《ひと》が読《よ》んだり調《しら》べたりできるようにしてあるところ。

としより【年寄り・年寄】 名詞 ❶年《とし》をとった人《ひと》。老人《ろうじん》。❷すもうで、力士《りきし》を引退《いんたい》して、力士《りきし》を指導《しどう》したり育《そだ》てたりする人《ひと》。使い方 ❷は、「年寄」と書《か》く。

●**年寄《としよ》りの冷《ひ》や水《みず》** ことわざ 老人《ろうじん》が、自分《じぶん》の体《たい》力《りょく》などを考《かんが》えずに、無理《むり》をしたり、出《で》しゃばったりすること。ことば 老人《ろうじん》が若《わか》い人《ひと》と同《おな》じように冷《つめ》たい水《みず》を浴《あ》びたり飲《の》んだりすると体《からだ》によくないということからきたことば。

とじる 動詞 紙《かみ》などを重《かさ》ね、ひもを通《とお》したりして一《ひと》つにまとめる。例 みんなの作文《さくぶん》をとじる。

とじる【閉じる】 動詞 ❶開《ひら》いていたものが閉《し》まる。また、閉《し》める。ふさぐ。例 ドアが閉じる／目《め》を閉じる。対 開《ひら》く。❷終《お》わりにする。やめる。例 店《みせ》を閉じる／会《かい》を閉じる。対 開《ひら》く。漢 ⇒1185ページ へい〔閉〕

としん【都心】 名詞 都市《とし》の中心《ちゅうしん》になっているところ。とくに、東京都《とうきょうと》の中心部《ちゅうしんぶ》。例 都心部《ぶ》。

トス（toss） 名詞 動詞 ❶バレーボールで、味方《みかた》が敵《てき》のコートに打《う》ちこみやすいようにボールを軽《かる》く上《あ》げること。❷野球《やきゅう》などで、近《ちか》くの味方《みかた》に下《した》から軽《かる》くボールを投《な》げること。❸テニスで、サーブするためにボールを投《な》げ上《あ》げること。❹コインを投《な》げ上《あ》げて、落《お》ちたときに裏《うら》が出《で》るか表《おもて》が出《で》るかでものごとを決《き》めること。

どすう【度数】 名詞 ❶ものごとの回数《かいすう》。例 公共《こうきょう》サービスの利用《りよう》度数。❷角度《かくど》や温度《おんど》を表《あらわ》す数値《すうち》。例 温度計《おんどけい》の度数。

どすぐろい【どす黒い】 形容詞 にごったように黒《くろ》ずんでいるようす。例 どす黒い川《かわ》の水《みず》。

ドストエフスキー 名詞（一八二一～一八八一）ロシアの小説家《しょうせつか》。「罪《つみ》と罰《ばつ》」、「カラマーゾフの兄弟《きょうだい》」などを書《か》いた。

どせい【土星】 名詞 太陽《たいよう》に近《ちか》いほうから数《かぞ》えて六番目《ろくばんめ》にある惑星《わくせい》。太陽系《たいようけい》の中《なか》では木星《もくせい》の次《つぎ》に大《おお》きい。多《おお》くの衛星《えいせい》を持《も》ち、赤道《せきどう》のまわりにはばの広《ひろ》い輪《わ》がある。太陽《たいよう》のまわりを約《やく》二十九・五年《ねん》かかって一周《いっしゅう》する。図 ⇒785ページ たいようけい

どせい【怒声】 名詞 おこった声《こえ》。例 怒声を浴《あ》びせる。

どせきりゅう【土石流】 名詞 土《つち》や石《いし》が雨水《あまみず》といっしょになって、山《やま》などの斜面《しゃめん》を流《なが》れ落《お》ちること。例 大雨《おおあめ》のために土石流が発生《はっせい》した。

とぜつ【途絶】 名詞 動詞 交通《こうつう》や通信《つうしん》がとちゅうで切《き》れること。続《つづ》いてきたものがとだえること。例 連絡《れんらく》が途絶する。

とそ 名詞 季語 新年 さんしょう・ききょう・にっけいなどの薬草《やくそう》を混《ま》ぜ合《あ》わせて、みりんや酒《さけ》にひたしたもの。正月《しょうがつ》のお祝《いわ》いに飲《の》む。また、正月《しょうがつ》に飲《の》む酒《さけ》のこと。

とそう【塗装】 名詞 動詞 ペンキやニスなどの塗料《とりょう》をぬったり、ふきつけたりすること。

どそう【土葬】 名詞 動詞 死体《したい》を焼《や》かないで、そのまま土《つち》の中《なか》にうめてほうむること。関連 火《か》葬《そう》。水葬《すいそう》。

どぞう【土蔵】 名詞 まわりを土《つち》で厚《あつ》くぬり固《かた》めたくら。火事《かじ》などから大事《だいじ》なものを守《まも》るためにつくられた。

どそく【土足】 名詞 ❶はき物《もの》をはいたままの足《あし》。例 土足で体育館《たいいくかん》に入《はい》ってはいけません。❷どろだらけの足《あし》。

どだい【土台】 ❶名詞 建物《たてもの》や橋《はし》などのいちばん下《した》にあって、その重《おも》みを支《ささ》えているもの。例 土台工事《こうじ》。❷名詞 ものごとのもとになるもの。基礎《きそ》。例 スポーツ選手《せんしゅ》は体力《たいりょく》が土台だ。類 基盤《きばん》。❸副詞 初《はじ》めから。もともと。例 そんなことは、どだいできっこない。使い方 ❸は、ふつうかな書《が》きにし、あとに「ない」「できない」などのことばがくることが多《おお》い。

とだえる【途絶える】 動詞 ❶続《つづ》いていたものが、とちゅうで切《き》れる。例

あいうえお　かきくけこ　さしすせそ　たちつてと　と　なにぬねの　はひふへほ　まみむめも　やゆよ　らりるれろ　わをん

故事成語　五十歩百歩《ごじっぽひゃっぽ》　戦場《せんじょう》で、敵《てき》から五十歩《ごじっぽ》にげた者《もの》が百歩《ひゃっぽ》にげた者《もの》を臆病《おくびょう》だと笑《わら》ったが、どちら

船《ふね》からの連絡《れんらく》が途絶えた。
❷行《い》き来《き》がなくなる。例 空《そら》の交通《こうつう》が途絶える。

とだな【戸棚】 名詞 前《まえ》に戸《と》がついていて中《なか》にたなのある、物《もの》を入《い》れる家具《かぐ》。

どたばた【と】 副詞 動詞 大《おお》きな足音《あしおと》を立《た》ててさわぎ回《まわ》ったりするようす。例 どたばたと走《はし》り回《まわ》る／引《ひ》っ越《こ》しの準備《じゅんび》でどたばたしている。

とたん【途端】 名詞 ちょうどその時《とき》。例 廊下《ろうか》に出《で》た途端、友《とも》だちとぶつかった。

トタン （ポルトガル語）名詞 うすい鉄板《てっぱん》に、さびないようにあえんをめっきしたもの。屋根《やね》やといなどに使《つか》う。トタン板《いた》。

トタンいた【トタン板】 ⇩942ページ トタン

どたんば【土壇場】 名詞 いよいよ最後《さいご》という、せっぱつまった場面《ばめん》。例 土壇場で見事《みごと》に逆転《ぎゃくてん》した。

漢 **とち【栃】**〔木〕きへん 9画 4年 訓 音 とち

とちのき。実《み》は食用《しょくよう》になる。ことば 日本《にほん》で作《つく》られた漢字《かんじ》（＝国字《こくじ》）。

とち【土地】 名詞
❶土《つち》。例 肥《こ》えた（＝質《しっ》のよい）土地／土地を耕《たがや》す。
❷地面《じめん》。地所《じしょ》。例 広《ひろ》い土地／土地を買《か》う。
❸その地方《ちほう》。例 土地の人《ひと》に昔話《むかしばなし》を聞《き》く。

とちがら【土地柄】 名詞 その土地《とち》で見《み》られる、風習《ふうしゅう》や人情《にんじょう》などのようす。例 旅行者《りょこうしゃ》に親切《しんせつ》な土地柄。

とちぎけん【栃木県】 名詞 関東地方《かんとうちほう》の北部《ほくぶ》の内陸《ないりく》にある県《けん》。日光国立公園《にっこうこくりつこうえん》がある。県庁《けんちょう》は宇都宮市《うつのみやし》にある。

とちのき【栃の木】 名詞 山地《さんち》などに生《は》える、高《たか》い木《き》。葉《は》は手《て》のひらの形《かたち》に大《おお》きくさけている。家具《かぐ》やうつわなどの材料《ざいりょう》になる。実《み》の中《なか》にある種《たね》は食《た》べられる。

どちゃく【土着】 名詞 動詞 その土地《とち》にずっと住《す》みついていること。

とちゅう【途中】 名詞
❶目的地《もくてきち》に行《い》き着《つ》くまでの間《あいだ》。例 学校《がっこう》に行《い》く途中。
❷ものごとがまだ終《お》わらないうち。例 映画《えいが》の途中でねむくなる。

とちょう【都庁】 名詞「東京都庁《とうきょうとちょう》」のこと。東京都《とうきょうと》の仕事《しごと》をする役所《やくしょ》。関連 県庁《けんちょう》。道庁《どうちょう》。府庁《ふちょう》。

どちら 代名詞
❶はっきりとわからない方向《ほうこう》や場所《ばしょ》を指《さ》すことば。例 どちらから来《こ》られましたか。
❷二《ふた》つのものから一《ひと》つを選《えら》ぶときに使《つか》うことば。例 赤《あか》と青《あお》のどちらがよいですか。
❸どなた。どの方《かた》。例 どちら様《さま》ですか。
使い方「どっち」「だれ」よりていねいな言《い》い方《かた》。

とちりようず【土地利用図】 名詞 土地《とち》がどのように利用《りよう》されているかを表《あらわ》した地図《ちず》。住宅地《じゅうたくち》・商業地《しょうぎょうち》・田《た》・畑《はたけ》・森林《しんりん》などに分《わ》けて示《しめ》す。

とっか【特価】 名詞 ふつうより特別《とくべつ》に安《やす》い値段《ねだん》。例 特価品《ひん》／特価で買《か》う。

どっかい【読解】 名詞 動詞 文章《ぶんしょう》を読《よ》んで内容《ないよう》を理解《りかい》すること。例 読解力《りょく》。

どっかり【と】 副詞
❶重《おも》い物《もの》を置《お》くようす。例 どっかりと荷物《にもつ》を下《お》ろす。
❷体《からだ》の大《おお》きな人《ひと》がゆったりとこしを下《お》ろすようす。例 社長《しゃちょう》はどっかりといすにすわった。

とっかん【突貫】 名詞 ある仕事《しごと》を、とちゅうで休《やす》まずに一気《いっき》にやってしまうこと。例 突貫工事《こうじ》。

とっき【突起】 名詞 動詞 物《もの》の一部分《いちぶぶん》がつき出《で》ること。また、そのもの。例 かべに突起がある。

とっき【特記】 名詞 動詞 大切《たいせつ》なことがらとして、とくに書《か》き記《しる》すこと。例 特記事項《じこう》／話《はな》し合《あ》いで決《き》まった重要《じゅうよう》なことがらを特記する。

どっき【毒気】 ⇩934ページ どくけ

とっきゅう【特急】 名詞
❶止《と》まる駅《えき》が少《すく》なく、特別《とくべつ》に速《はや》く走《はし》る列車《れっしゃ》。「特別急行列車《とくべつきゅうこうれっしゃ》」の略《りゃく》。
❷とくに急《いそ》ぐこと。例 宿題《しゅくだい》を特急でやる。

とっきょ【特許】 名詞 人《ひと》や会社《かいしゃ》が新《あたら》しく発明《はつめい》したものについて、政府《せいふ》がその人《ひと》や会社《かいしゃ》だけにつくって売《う》る権利《けんり》を認《みと》めること。また、その権利《けんり》。例 ベルは電話《でんわ》を発明《はつめい》して特許をとった。

とっきょちょう【特許庁】 名詞 特許《とっきょ》や商標《しょうひょう》に関《かん》する仕事《しごと》をする国《くに》の役所《やくしょ》。経済産業省《けいざいさんぎょうしょう》の下《した》にある。

喜《よろこ》んだりすることはないという教《おし》え。昔《むかし》中国《ちゅうごく》で、老人《ろうじん》の飼《か》っていた馬《うま》がにげたが、よい馬《うま》を連《つ》れて帰《かえ》ってき命《いのち》が助《たす》かったという話《はなし》から。

ドッキング（docking）名詞 動詞 ❶宇宙空間《うちゅうくうかん》で、二《ふた》つの宇宙船《うちゅうせん》や人工衛星《じんこうえいせい》が結《むす》びつくこと。❷二《ふた》つのものが結《むす》びついて一《ひと》つになること。また、一《ひと》つにすること。例 二《ふた》つの案《あん》をドッキングする。

とっく【特区】 名詞 「特別区域《とくべつくいき》」のこと。産業《さんぎょう》や経済《けいざい》などの動《うご》きを活発《かっぱつ》にするため、法律《ほうりつ》による規制《きせい》をゆるめるなどして、ふつうより自由《じゆう》にさまざまな事業《じぎょう》が行《おこな》えるようになっている地域《ちいき》。例 経済特区《けいざいとっく》。

とつぐ【嫁ぐ】 動詞 女《おんな》の人《ひと》が結婚《けっこん》して、今《いま》までの家《いえ》を出《で》る。

ドック（dock）名詞 ❶大《おお》きな船《ふね》を造《つく》ったり、修理《しゅうり》したりするのに使《つか》う設備《せつび》。❷→1005ジベーにんげんドック

ドッグ（dog）名詞 「犬《いぬ》」のこと。例 ドッグフード。

とっくに 副詞 ずっと前《まえ》に。もうすでに。とうに。例 宿題《しゅくだい》はとっくにかたづけた。

とっくのむかし【とっくの昔】 ずっと前《まえ》。とうの昔《むかし》。例 そんなことはとっくの昔に知《し》っているよ。

とっくり【徳利】 名詞 酒《さけ》などを入《い》れるための、口《くち》のすぼまったうつわ。「とくり」ともいう。

とっくり［と］ 副詞 じゅうぶんに。念《ねん》を入《い》れて。例 夜《よる》までとっくりと話《はな》し合《あ》った。

とっくん【特訓】 名詞 動詞 短期間《たんきかん》に集中《しゅうちゅう》して、特別《とくべつ》に行《おこな》う激《はげ》しい訓練《くんれん》。「特別訓練《とくべつくんれん》」の略《りゃく》。例 優勝《ゆうしょう》を目指《めざ》して特訓する。

どっけ【毒気】 →934ジベーどくけ

とつげき【突撃】 名詞 動詞 敵《てき》に向《む》かって一気《いっき》にせめこむこと。例 大声《おおごえ》を上《あ》げて突撃する。

とっけん【特権】 名詞 ある特別《とくべつ》な人《ひと》にだけあたえられている権利《けんり》。例 特権階級《かいきゅう》。

とっこうたい【特攻隊】 名詞 第二次世界大戦《だいにじせかいたいせん》のときに、体当《たいあ》たりのこうげきを行《おこな》った日本《にほん》の部隊《ぶたい》。「特別攻撃隊《とくべつこうげきたい》」の略《りゃく》。

とっこうやく【特効薬】 名詞 ある病気《びょうき》や傷《きず》に、とくに効《き》き目《め》のある薬《くすり》。例 かぜの特効薬。

とっさ 名詞 ほんのわずかな間《あいだ》。例 とっさのできごと。

どっさり［と］ 副詞 物《もの》がたくさんあるようす。例 くりの実《み》がどっさりとれた。使い方 少《すこ》しくだけた言《い》い方《かた》。

ドッジボール（dodge ball）名詞 二組《ふたくみ》に分《わ》かれて一《ひと》つのボールを投《な》げ合《あ》い、相手側《あいてがわ》の体《からだ》に多《おお》く当《あ》てたほうが勝《か》ちとする球技《きゅうぎ》。

とつじょ【突如】 副詞 急《きゅう》に。だしぬけに。突然《とつぜん》。例 夜中《よなか》に突如サイレンが鳴《な》り出《だ》した。

どっしり［と］ 副詞 動詞 ❶見《み》るからに重《おも》いようす。ずっしりと。例 どっしりした本《ほん》。❷落《お》ち着《つ》いていて、重々《おもおも》しいようす。例 何《なに》があってもどっしりと構《かま》えている人《ひと》。

とっしん【突進】 名詞 動詞 一気《いっき》につき進《すす》むこと。まっしぐらに進《すす》むこと。例 相手《あいて》のゴールに突進した。

とつぜん【突然】 副詞 急《きゅう》に。思《おも》いがけなく。いきなり。例 町《まち》で突然名前《なまえ》を呼《よ》ばれた。

とったん【突端】 名詞 つき出《で》たものの先《さき》の部分《ぶぶん》。例 半島《はんとう》の突端。

どっち 代名詞 「どちら」のくだけた言《い》い方《かた》。

どっちつかず 名詞 形容動詞 どちらにも決《き》まらないこと。態度《たいど》がはっきりしないこと。あいまい。例 どっちつかずの返事《へんじ》では困《こま》る。

どっちみち 副詞 どちらにしても。結局《けっきょく》は。どうせ。例 これではどっちみち遅刻《ちこく》だ。

とっちめる 動詞 相手《あいて》を厳《きび》しくせめたりしかったりする。例 クラスのいたずらっ子《こ》をとっちめた。

とって
❶（「…にとって」の形《かたち》で、全体《ぜんたい》で）…の立場《たちば》からすると。…の側《がわ》から言《い》うならば。例 これはクラス全員《ぜんいん》にとって重要《じゅうよう》な問題《もんだい》だ。❷年齢《ねんれい》を数《かぞ》えてみれば。例 当年《とうねん》とって十才《じっさい》です。

とって【取っ手】 名詞 ドアや道具《どうぐ》などについている、手《て》でにぎったり手《て》をかけたりする部分《ぶぶん》。

とってい【突堤】 名詞 岸《きし》から、海《うみ》や川《かわ》の中《なか》に細長《ほそなが》くつき出《で》た堤防《ていぼう》。

とっておき【取って置き】 名詞 必要《ひつよう》なときまで大切《たいせつ》にしまっておくこと。また、そのもの。

とってかえす【取って返す】 動詞 とちゅうまで行《い》って引《ひ》き返《かえ》す。あとへもどる。例 忘《わす》れ物《もの》に気《き》づき、あわてて取って返した。

とってかわる【取って代わる】 動詞 ある

故事成語 **塞翁《さいおう》が馬《うま》**　人生《じんせい》の幸《しあわ》せと不幸《ふこう》は、変《か》わりやすく予想《よそう》できないものだから、むやみに悲《かな》しんだりした。老人《ろうじん》のむすこがその馬《うま》から落《お》ちて骨折《こっせつ》してしまったが、そのために戦争《せんそう》に行《い》かずにすみ、

人《ひと》や物《もの》に代《か》わって、その位置《いち》や役割《やくわり》につく。例 新人《しんじん》の選手《せんしゅ》がベテランに取って代わってレギュラーになった。

とってくう【取って食う】 動詞 ❶つかんで食《た》べる。❷つかまえて食《た》べる。例 そんなにびっくりして、取って食われるとでも思《おも》ったの？

とってつけたよう【取って付けたよう】 ことばや態度《たいど》などが、わざとらしくて不自《ふし》然《ぜん》なようす。例 取って付けたような笑顔《えがお》。

どっと 副詞 ❶たくさんの人《ひと》がいっせいにするようす。例 お客《きゃく》はどっと笑《わら》った。❷たくさんのものがいっせいにあらわれるようす。例 どっとつかれが出《で》る。

とっとりけん【鳥取県】 名詞 中国地方《ちゅうごくちほう》の北《ほく》東部《とうぶ》にある県《けん》。日本海《にほんかい》に面《めん》し、鳥取砂丘《とっとりさきゅう》が有《ゆう》名《めい》。なしとすいかの産地《さんち》。県庁《けんちょう》は鳥取市《とっとりし》にある。

とつにゅう【突入】 名詞 動詞 勢《いきお》いよくつき進《すす》んで中《なか》に入《はい》ること。例 試合《しあい》は後半戦《こうはんせん》に突入した。

とっぱ【突破】 名詞 動詞 ❶囲《かこ》いなどをつき破《やぶ》ること。難《むずか》しいところを、一気《いっき》に通《とお》りぬけること。例 敵《てき》の守備《しゅび》を突破する。❷ある数《かず》や量《りょう》をこえること。例 会員数《かいいんすう》が百人《ひゃくにん》を突破した。

とっぱつ【突発】 名詞 動詞 事件《じけん》などが、急《きゅう》に、思《おも》いがけなく起《お》きること。例 突発的《てき》／突発事《じ》故《こ》。

とっぴ【突飛】 形容動詞 思《おも》いもよらないほど、たいへん変《か》わっているようす。例 とっぴなことを言《い》われておどろく。使い方 ふつうかな書《が》きにする。

とっぴょうしもない【突拍子もない】 ふつうとはひどく調子《ちょうし》がひどく外《はず》れている。例 突拍子もない意見《いけん》。

トップ（top） 名詞 先頭《せんとう》。一番《いちばん》。例 トップを走《はし》る／トップの成績《せいせき》。

とっぷう【突風】 名詞 急《きゅう》にふき起《お》こる強《つよ》い風《かぜ》。

トップきじ【トップ記事】 名詞 新聞《しんぶん》などで、最初《さいしょ》にのせる、いちばん重要《じゅうよう》な記事《きじ》。

とっぷり【と】 副詞 日《ひ》がすっかり暮《く》れるようす。例 日《ひ》がとっぷりと暮《く》れる。

とつめんきょう【凸面鏡】 名詞 真《ま》ん中《なか》が丸《まる》く盛《も》り上《あ》がっている鏡《かがみ》。広《ひろ》い範囲《はんい》を映《うつ》すことができるので、バックミラーなどに使《つか》われる。対 凹面鏡《おうめんきょう》。

とつレンズ【凸レンズ】 名詞 真《ま》ん中《なか》が厚《あつ》く、まわりがうすいレンズ。物《もの》が大《おお》きく見《み》え、光《ひかり》を一点《いってん》に集《あつ》める。虫《むし》めがねや老眼鏡《ろうがんきょう》などに使《つか》う。対 凹《おう》レンズ。図 ⇒1416ページ レンズ

どて【土手】 名詞 川《かわ》の水《みず》が流《なが》れ出《だ》すのを防《ふせ》ぐために、土《つち》を高《たか》く盛《も》り上《あ》げたところ。類 堤《つつみ》。

とてつもない ふつうでは考《かんが》えられない。とんでもない。例 とてつもなく大《おお》きなケーキ。

とても 副詞 ❶どうしても。とうてい。例 あの人《ひと》にはとてもかなわない。❷非常《ひじょう》に。たいへん。例 とてもおいしい。使い方 ❶は、あとに「ない」などのことばがくる。

どてら 名詞 季語 冬 ふつうより長《なが》く大《おお》きめに作《つく》って綿《わた》を入《い》れた、そでの広《ひろ》い着物《きもの》。寒《さむ》いときに着《き》る。例 どてらをはおる。

とでん【都電】 名詞 東京都《とうきょうと》が経営《けいえい》する路面電《ろめんでん》車《しゃ》。

とど 名詞 北《きた》の海《うみ》にすむ、あしかのなかまの動物《どうぶつ》。体《からだ》はうすい茶色《ちゃいろ》の毛《け》でおおわれている。日本《にほん》では北海道《ほっかいどう》や青森《あおもり》の海岸《かいがん》で見《み》られる。

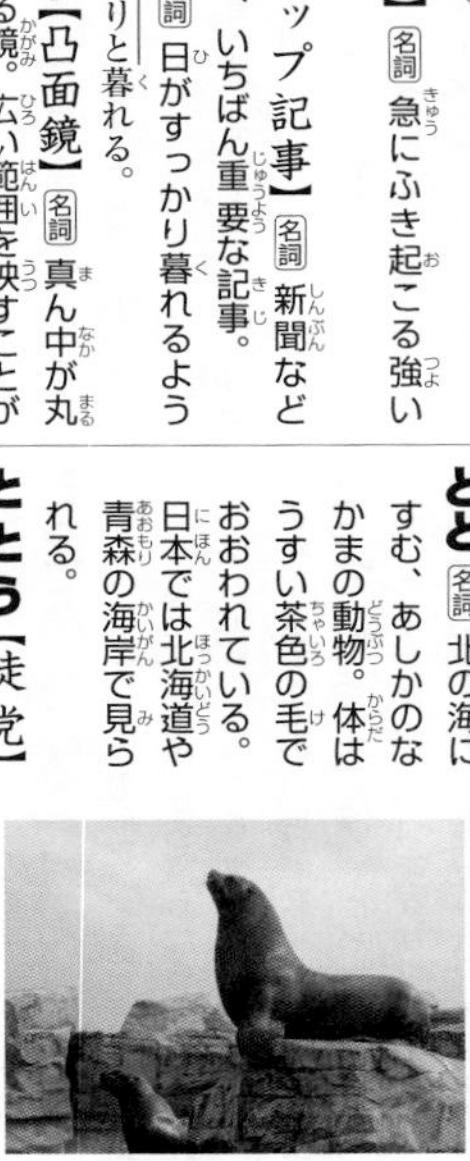
とど

ととう【徒党】 名詞 悪《わる》いことをするために集《あつ》まった仲間《なかま》。例 徒党を組《く》む。

どとう【怒とう】 名詞 あれくるう大波《おおなみ》。また、激《はげ》しい勢《いきお》いでおし寄《よ》せるようすのたとえ。例 怒とうの勢《いきお》いで敵《てき》がせめてきた。

とどうふけん【都道府県】 名詞 東京都《とうきょうと》・北海道《ほっかいどう》・大阪府《おおさかふ》・京都府《きょうとふ》と、そのほかの四十《よんじゅう》三《さん》の県《けん》をまとめていうことば。

とどく【届く】 動詞 ❶送《おく》ったものが着《つ》く。例 手紙《てがみ》が届く。❷すみずみまで行《い》きわたる。例 管理《かんり》の目《め》が届く。❸達《たつ》する。例 天井《てんじょう》まで手《て》が届く。

のだ。時間《じかん》を大切《たいせつ》にしなさいという教《おし》え。

❹願《ねが》いがかなう。例 思《おも》いが届いた。

とどけ【届け・届】名詞 届《とど》けること。また、そのことを書《か》いたもの。例 役所《やくしょ》に届けを出《だ》す／欠《けっ》席《せき》届。
漢 ↓945ジ《ペー》 とどける〔届〕

漢 **とどける**【届】〔尸〕しかばね 8画 6年 訓 音 とどける・とどく

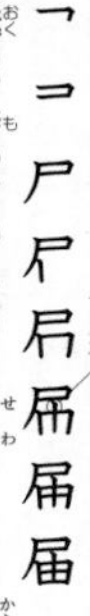
つきだす

❶送《おく》る。持《も》っていく。例 お世話《せわ》になった方《かた》におせいぼを届《とど》ける。❷目上《めうえ》の人《ひと》や役所《やくしょ》に申《もう》し出《で》る。例 拾《ひろ》ったお金《かね》を警察《けいさつ》に届《とど》ける。

とどこおる【滞る】動詞
❶ものごとがつかえて進《すす》まなくなる。例 仕事《しごと》が滞る。
❷はらわなければならないお金《かね》がたまる。例 会費《かいひ》が滞る。

ととのう【調う・整う】動詞
❶形《かたち》がきちんとする。乱《みだ》れたところがなくなる。例 整った服装《ふくそう》／足並《あしな》みが整う。
❷足《た》りないものがなく、そろう。用意《ようい》ができる。例 旅行《りょこう》の費用《ひよう》が調う。
❸まとまる。例 契約《けいやく》が調う。
漢 ↓844ジ《ペー》 ちょう〔調〕・706ジ《ペー》 せい〔整〕

ととのえる【調える・整える】動詞
❶形《かたち》をきちんとさせる。乱《みだ》れたところをなくす。例 服装《ふくそう》を整える。
❷足《た》りないところがないようにそろえる。用意《ようい》する。例 料理《りょうり》の材料《ざいりょう》を調える。
❸まとめる。例 縁談《えんだん》を調える。
漢 ↓844ジ《ペー》 ちょう〔調〕・706ジ《ペー》 せい〔整〕
↓ 使い分け

使い分け
ととのえる
調える・整える

調える 必要《ひつよう》なものを用意《ようい》する。まとめる。
「工作《こうさく》の道具《どうぐ》を調《ととの》える」

整える 乱《みだ》れたところがないようにきちんとする。
「体《からだ》の調子《ちょうし》を整《ととの》える／列《れつ》を整《ととの》える」

とどのつまり 副詞 いろいろなことがあったが、最後《さいご》には。結局《けっきょく》のところは。例 みんなで話《はな》し合《あ》ったが、とどのつまり全部《ぜんぶ》やり直《なお》しだよ。

とどまる 動詞
❶同《おな》じ地位《ちい》や場所《ばしょ》にいて動《うご》かない。例 二学期《にがっき》も学級長《がっきゅうちょう》にとどまった／船《ふね》が港《みなと》にとどまる。
❷あとに残《のこ》る。例 みんなが散歩《さんぽ》に行《い》っている間《あいだ》、わたしは家《いえ》にとどまった。
❸ある範囲《はんい》から出《で》ない。例 賛成者《さんせいしゃ》は半分《はんぶん》にとどまった／負傷者《ふしょうしゃ》は二《に》、三人《さんにん》にとどまらない。

とどめ 名詞 殺《ころ》すとき、絶対《ぜったい》に生《い》き返《かえ》らないように最後《さいご》にもう一度《いちど》さしたりすること。

●**とどめを刺《さ》す**
❶殺《ころ》すとき、生《い》き返《かえ》らないように、最後《さいご》にもう一度《いちど》急所《きゅうしょ》をつく。
❷相手《あいて》がそれ以上反撃《いじょうはんげき》できないように、徹底《てってい》的《てき》に打《う》ちのめす。例 試合《しあい》が終《お》わる直前《ちょくぜん》に、もう一点《いってん》入《い》れてとどめを刺した。
❸（「…は…にとどめを刺《さ》す」の形《かたち》で）…は…がいちばんすぐれている。例 すしはまぐろにとどめを刺す。

とどめる 動詞
❶動《うご》かさない。とめる。例 足《あし》をとどめる。
❷あとに残《のこ》す。例 のちの世《よ》に名《な》をとどめる。
❸ある範囲《はんい》におさめる。例 被害《ひがい》を最小限《さいしょうげん》にとどめる。

とどろかす 動詞
❶鳴《な》りひびかせる。例 太鼓《たいこ》の音《おと》をとどろかす。
❷世《よ》の中《なか》に広《ひろ》く知《し》らせる。例 名声《めいせい》をとどろかす。
❸胸《むね》をどきどきさせる。例 胸《むね》をとどろかして、その瞬間《しゅんかん》を待《ま》つ。

とどろく 動詞
❶大《おお》きな音《おと》がひびきわたる。鳴《な》りわたる。例 かみなりがとどろく。
❷名《な》まえが世《よ》の中《なか》に知《し》れわたる。例 その冒険《ぼうけん》家《か》は世界《せかい》に名《な》をとどろかせた。
❸胸《むね》がどきどきする。例 とどろく胸《むね》をおさえる。

ドナー（donor）名詞 臓器《ぞうき》や体《からだ》の組織《そしき》を、それを必要《ひつよう》とする人《ひと》に提供《ていきょう》する人《ひと》。

ドナウがわ【ドナウ川】名詞 ヨーロッパの中部《ちゅうぶ》から東《ひがし》へ流《なが》れて黒海《こっかい》に注《そそ》ぐ川《かわ》。ヨーロッパの重要《じゅうよう》な交通路《こうつうろ》で、流域《りゅういき》では農業《のうぎょう》がさかん。

となえる【唱える】動詞

故事成語 **歳月人《さいげつひと》を待《ま》たず** 年月《ねんげつ》というものは人《ひと》の都合《つごう》に関係《かんけい》なく、どんどん過《す》ぎ去《さ》っていってしまうも

❶節《ふし》をつけて歌《うた》うように言《い》う。例 お経《きょう》を唱える。❷大《おお》きな声《こえ》で言《い》う。さけぶ。例 万歳《ばんざい》を唱える。❸人《ひと》の先《さき》に立《た》って強《つよ》く意見《いけん》を言《い》う。例 世界《せかい》の平和《へいわ》を唱える。
㊮ ↓629ページ しょう〔唱〕

トナカイ（アイヌ語）名詞 北《ほっ》極《きょく》地《ち》方《ほう》にすむ、しかのなかまの大《おお》きい動物《どうぶつ》。おすもめすも、枝《えだ》のような大《おお》きな角《つの》を持《も》つ。そりを引《ひ》かせるのに使《つか》う。

トナカイ

どなた 代名詞「だれ」のていねいな言《い》い方《かた》。例 あの方《かた》はどなたですか。

となり【隣】 名詞 横《よこ》に並《なら》んでいること。また、その人《ひと》や家《いえ》、場所《ばしょ》。例 隣のおばさん。

●**隣《となり》の花《はな》は赤《あか》い** ↓307ページ ことわざ

となりぐみ【隣組】 名詞 第二次世界大戦《だいにじせかいたいせん》のときに、国民《こくみん》を一《ひと》つにまとめるためにつくられた地域《ちいき》の組織《そしき》。数軒《すうけん》を一《ひと》つの単位《たんい》とし、食料《しょくりょう》の配給《はいきゅう》などを行《おこな》った。

どなりたてる【怒鳴り立てる】 動詞 大声《おおごえ》を出《だ》して激《はげ》しく言《い》い立《た》てる。例 相手《あいて》が怒鳴り立てるので、何《なに》も言《い》い返《かえ》せなかった。

どなる【怒鳴る】 動詞 ❶大《おお》きな声《こえ》でさけぶ。わめく。例 いくら怒鳴っても聞《き》こえないらしい。❷大《おお》きな声《こえ》でしかる。例 いたずらをして、兄《あに》に怒鳴られた。

とにかく 副詞 なんにせよ。いずれにしても。ともかく。例 遅刻《ちこく》するかもしれないが、とにかく行《い》ってみよう。

とねがわ【利根川】 名詞 関東平野《かんとうへいや》を流《なが》れて太《たい》平洋《へいよう》に注《そそ》ぐ川《かわ》。流域面積《りゅういきめんせき》は日本第一位《にほんだいいちい》、長《なが》さは日本第二位《にほんだいにい》。

との【殿】 名詞 昔《むかし》、身分《みぶん》の高《たか》い人《ひと》や主君《しゅくん》を尊敬《そんけい》して呼《よ》んだことば。

どの 連体詞 いくつかのものの中《なか》で、はっきりと決《き》まっていないものを指《さ》すことば。例 どの服《ふく》を着《き》ようかな。

-どの【殿】 接尾語（相手《あいて》の名前《なまえ》や役職名《やくしょくめい》のあとにつけて）敬《うやま》う気持《きも》ちを表《あらわ》すことば。例 大山《おおやま》春子《はるこ》殿／児童会長《じどうかいちょう》殿。使い方 おおやけの手紙《てがみ》や書類《しょるい》などに多《おお》く使《つか》う。個人的《こじんてき》な手紙《てがみ》には「様《さま》」を使《つか》うことが多《おお》い。

どのう【土のう】 名詞 土《つち》をつめたふくろ。積《つ》み上《あ》げて水《みず》を防《ふせ》いだりする。

とのさま【殿様】 名詞 江戸時代《えどじだい》に、大名《だいみょう》や旗《はた》本《もと》などを尊敬《そんけい》して呼《よ》んだことば。

とのさまがえる【殿様がえる】 名詞 季語 春 かえるのなかま。背中《せなか》は緑色《みどりいろ》または薄茶色《うすちゃいろ》で、黒《くろ》のまだらもようがある。水田《すいでん》などにすむ。

とのさまがえる

とのさまばった【殿様ばった】 名詞 ばったのなかまの昆虫《こんちゅう》。大形《おおがた》で、緑色《みどりいろ》または茶色《ちゃいろ》。日当《ひあ》たりのよい草原《そうげん》にすむ。図 ↓505ページ こんちゅう

とはいえ【とは言え】 ❶（ほかのことばのあとにつけて）…とは言《い》うものの。…とは言《い》っても。例 春《はる》とは言え、朝《あさ》夕《ゆう》はまだ寒《さむ》い。❷ 接続詞 そうは言《い》っても。例 妹《いもうと》の熱《ねつ》は下《さ》がった。とは言え、まだ油断《ゆだん》はできない。

とばく【賭博】 名詞「かけごと」のこと。

どばし【土橋】 名詞 木《き》でつくって、上《うえ》に土《つち》をかぶせた橋《はし》。

とばす【飛ばす】 動詞 ❶空中《くうちゅう》を進《すす》ませる。例 紙飛行機《かみひこうき》を飛ばす。❷散《ち》らす。例 車《くるま》がどろを飛ばした。❸速《はや》く走《はし》らせる。例 オートバイを飛ばす。❹とちゅうをぬかす。例 一問目《いちもんめ》の問題《もんだい》を飛ばして二問目《にもんめ》から解《と》く。❺言《い》いふらす。言《い》い放《はな》つ。例 デマを飛ばす／やじを飛ばす。❻（ほかのことばのあとにつけて）勢《いきお》いよく…する。例 しかり飛ばす／投《な》げ飛ばす。
㊮ ↓1095ページ ひ〔飛〕

とばっちり 名詞 そばにいたために、思《おも》いがけない災難《さいなん》にあうこと。巻《ま》きぞえ。例 妹《いもうと》のいたずらのとばっちりを食《く》ってしかられた。

とび 名詞

いうこと。

❶わしやたかのなかまの鳥《とり》。体《からだ》はこげ茶色《ちゃいろ》で、くちばしはするどく曲《ま》がっており、空高《そらたか》く輪《わ》をえがいて飛《と》びながら獲物《えもの》を探《さが》す。とんび。図
❷建築《けんちく》や土木工事《どぼくこうじ》で、高《たか》いところに上《あ》がって仕《し》事《ごと》をする職人《しょくにん》。とび職《しょく》。
⇩954ページ《ジペー》 とり〔鳥〕

とびあがる【飛び上がる・跳び上がる】動詞
❶飛《と》んで空《そら》に上《あ》がる。例 飛行機《ひこうき》が飛び上がった。
❷高《たか》いところへはね上《あ》がる。例 ゆかから台《だい》の上《うえ》に跳び上がる。
❸おどろきや喜《よろこ》びなどで、おどり上《あ》がる。例 跳び上がって喜《よろこ》んだ。

とびあるく【飛び歩く】動詞 いそがしくあちこちと動《うご》き回《まわ》る。例 日本各地《にほんかくち》を飛び歩く。

とびいし【飛び石】名詞
❶川《かわ》の中《なか》や庭《にわ》などで、人《ひと》がその上《うえ》をふんで歩《ある》けるように、間《あいだ》を空《あ》けて並《なら》べてある石《いし》。踏《ふ》み石《いし》。
❷間《あいだ》が空《あ》いていること。例 飛び石連休《れんきゅう》。

とびいり【飛び入り】名詞 動詞 予定《よてい》していなかったのに、とちゅうから急《きゅう》に仲間《なかま》に加《くわ》わること。また、その人《ひと》。例 飛び入り参加《さんか》。

とびいろ【とび色】名詞 こげ茶色《ちゃいろ》。鳥《とり》のとびの羽《はね》に似《に》た色《いろ》。例 とび色の目《め》。

とびいろ

とびうお【飛び魚】名詞 季語 夏 大《おお》きくて長《なが》い胸《むな》びれを広《ひろ》げて海上《かいじょう》を飛《と》ぶことができる魚《さかな》。種類《しゅるい》が多《おお》く、食用《しょくよう》になる。図

とびうつる【飛び移る】動詞 飛《と》んで、ほかの所《ところ》に移動《いどう》する。例 小鳥《ことり》が木《き》から木《き》へと飛び移る。
⇩521ページ《ジペー》 さかな〔魚〕

とびおきる【飛び起きる】動詞 勢《いきお》いよく起《お》き上《あ》がる。例 地震《じしん》におどろいて飛び起きた。

とびおりる【飛び降りる】動詞
❶高《たか》いところから飛《と》んで降《お》りる。例 木《き》の上《うえ》から飛び降りる。
❷動《うご》いている乗《の》り物《もの》から飛《と》んで降《お》りる。例 ブランコから飛び降りる。

とびかう【飛び交う】動詞 多《おお》くのものが、それぞれちがう方向《ほうこう》へ入《い》り乱《みだ》れて飛《と》ぶ。例 ほたるが飛び交う／うわさが町《まち》に飛び交った。

とびかかる【飛び掛かる】動詞 勢《いきお》いよく相《あい》手《て》に飛《と》びつく。おどりかかる。例 ライオンが獲物《えもの》に飛び掛かっていった。

とびきり【飛び切り】名詞 副詞 ほかと比《くら》べて、非常《ひじょう》にすぐれていること。ずばぬけて。例 飛び切り上等《じょうとう》なシャツ。

とびぐち【とび口】名詞 棒《ぼう》の先《さき》に、鳥《とり》のとびのくちばしのような鉄《てつ》のかぎをつけた道具《どうぐ》。材木《ざいもく》などを運《はこ》ぶときにひっかけて使《つか》う。

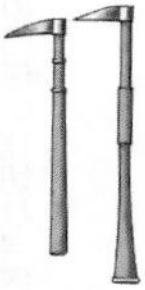
とびぐち

とびこえる【飛び越える・跳び越える】動詞 ある物《もの》の上《うえ》を飛《と》んでこえる。例 水《みず》たまりを跳び越える。

とびこみ【飛び込み】名詞 季語 夏
❶水泳《すいえい》で、空中《くうちゅう》を飛《と》んで水《みず》の中《なか》に入《はい》ること。
❷あるものの中《なか》に勢《いきお》いよく入《はい》りこむこと。また、突然入《とつぜんはい》りこむこと。例 飛び込みで取材《しゅざい》した。

とびこむ【飛び込む】動詞
❶勢《いきお》いよく中《なか》に入《はい》る。高《たか》いところからはねて中《なか》に入《はい》る。例 プールに飛び込む。
❷突然入《とつぜんはい》りこむ。例 弟《おとうと》が部屋《へや》に飛び込んできた。
❸自分《じぶん》から進《すす》んで関係《かんけい》する。例 政治《せいじ》の世界《せかい》に飛び込む。

とびしょく【とび職】名詞 建築《けんちく》や土木工事《どぼくこうじ》で、高《たか》いところに上《あ》がって仕事《しごと》をする職人《しょくにん》。とび。

とびだす【飛び出す】動詞
❶勢《いきお》いよく外《そと》へ出《で》る。例 穴《あな》の中《なか》からうさぎが飛び出す。
❷急《きゅう》に現《あらわ》れる。例 道《みち》にねこが飛び出してきた。
❸急《きゅう》によそに行《い》く。例 家《いえ》を飛び出す。
❹外《そと》につき出《で》る。例 くぎが飛び出している。

とびたつ【飛び立つ】動詞
❶飛《と》んでそこからはなれる。空中《くうちゅう》へとび上《あ》がる。例 草《くさ》むらから鳥《とり》が飛び立った。
❷うれしくて心《こころ》がわくわくする。例 わたしは飛び立つ思《おも》いでその知《し》らせを聞《き》いた。

とびちる【飛び散る】動詞 飛《と》んであちこちに散《ち》らばる。例 ガラスが割《わ》れて飛び散る。

とびつく【飛び付く】動詞
❶あるものに飛《と》びかかる。例 ねこがねずみに飛び付く。
❷心《こころ》を引《ひ》かれて深《ふか》く考《かんが》えないで近《ちか》づき、手《て》に

故事成語　先《さき》んずれば人《ひと》を制《せい》す　何《なに》ごとも、他人《たにん》よりも先《さき》に行《おこな》えば、有利《ゆうり》な立場《たちば》に立《た》つことができる、と

入《い》れようとする。例 うまい話《はなし》に飛び付く。

トピック (topic) 名詞 話題《わだい》。例 今日《きょう》のトピック。

とびどうぐ【飛び道具】 名詞 遠《とお》いところから敵《てき》をこうげきする武器《ぶき》。弓《ゆみ》や鉄砲《てっぽう》など。

とびぬける【飛び抜ける】 動詞 ほかと比《くら》べて、それだけがとくに程度《ていど》が高《たか》い。ずばぬける。例 妹《いもうと》は、クラスでも飛び抜けて足《あし》が速《はや》い。

とびのく【飛びのく】 動詞 すばやく体《からだ》をかわしてその場《ば》をはなれる。例 犬《いぬ》のしっぽをふんづけそうになり、あわてて飛びのいた。

とびのる【飛び乗る】 動詞
❶勢《いきお》いよくとび上《あ》がって、その上《うえ》に乗《の》る。例 馬《うま》に飛び乗る／ねこがテーブルに飛び乗る。
❷動《うご》いている乗《の》り物《もの》や動《うご》き出《だ》す直前《ちょくぜん》の乗《の》り物《もの》にとびついて乗《の》る。例 発車《はっしゃ》のベルを聞《き》いて列《れっ》車《しゃ》に飛び乗る。

とびばこ【跳び箱】 名詞 体操用具《たいそうようぐ》の一《ひと》つ。はずみをつけ、手《て》をかけてとびこすなどする。

とびひ【飛び火】
❶ 名詞 動詞 火事《かじ》のとき、火《ひ》の粉《こ》が飛《と》んで、はなれた場所《ばしょ》に燃《も》え移《うつ》ること。
❷ 名詞 動詞 事件《じけん》などのえいきょうが、関係《かんけい》がないと思《おも》われたところまで広《ひろ》がること。例 事件《じけん》は意外《いがい》なところへ飛び火した。
❸ 名詞 小《ちい》さい子供《こども》にできやすい、皮膚病《ひふびょう》の一《ひと》つ。

とびまわる【飛び回る・跳び回る】 動詞
❶あちらこちらと空中《くうちゅう》をとぶ。例 ヘリコプターが上空《じょうくう》を飛び回っている。
❷かけ回《まわ》る。はね回《まわ》る。例 野山《のやま》を跳び回る。
❸あることのために、あちらこちらをいそがしく動《うご》き回《まわ》る。例 父《ちち》は仕事《しごと》で飛び回っている。

どひょう【土俵】 名詞
❶すもうをとるための場所《ばしょ》。土《つち》をつめた俵《たわら》で直径約《ちょっけいやく》四・五メートルの円形《えんけい》に仕切《しき》り、内側《うちがわ》を土《つち》で固《かた》める。
❷土《つち》をつめた俵《たわら》。

とびら【扉】 名詞
❶開《ひら》き戸《ど》。ドア。
❷本《ほん》の本文《ほんぶん》の前《まえ》のページ。本《ほん》の題名《だいめい》や作者名《さくしゃめい》などが書《か》いてある。

どびん【土瓶】 名詞 湯《ゆ》をわかしたり、茶《ちゃ》を入《い》れたりするときに使《つか》う瀬戸物《せともの》の器具《きぐ》。

とぶ【飛ぶ・跳ぶ】 動詞
❶つばさなどで空中《くうちゅう》を進《すす》む。例 鳥《とり》が飛ぶ／飛《ひ》行機《こうき》が飛ぶ。
❷速《はや》く走《はし》る。大急《おおいそ》ぎで行《い》く。例 家《いえ》に飛んで帰《かえ》った。
❸地面《じめん》をけってはね上《あ》がる。例 ばったが跳んだ。
❹はね上《あ》がって、あるものの上《うえ》をこえる。例 とび箱《ばこ》を跳ぶ。
❺広《ひろ》まる。伝《つた》わる。例 悪《わる》いうわさが飛ぶ。
❻はねる。とびちる。例 火《ひ》の粉《こ》が飛ぶ。
❼間《あいだ》をぬかして、先《さき》にうつる。例 ページが飛んでいる。
❽にげる。例 犯人《はんにん》は外国《がいこく》へ飛んだ。
❾切《き》れる。例 ヒューズが飛ぶ。

漢 ↓ 1095ページ ひ〔飛〕 ↓ 使い分け

使い分け
とぶ
飛ぶ・跳ぶ

飛ぶ 空中《くうちゅう》を進《すす》んで行《い》く。また、急《いそ》いで行《い》く。
「鳥《とり》が飛《と》ぶ／飛《と》ぶように家《いえ》に帰《かえ》る」

跳ぶ 地面《じめん》をけって空中《くうちゅう》に上《あ》がる。
「水《みず》たまりを跳《と》ぶ／ハードルを跳《と》ぶ」

●**飛《と》ぶ鳥《とり》を落《お》とす勢《いきお》い** 勢力《せいりょく》が非常《ひじょう》に強《つよ》く、勢《いきお》いに乗《の》っていること。例 チームは飛ぶ鳥を落とす勢いで勝利《しょうり》を重《かさ》ねた。

どぶ 名詞 下水《げすい》や雨水《あまみず》を流《なが》すみぞ。

とべい【渡米】 名詞 動詞 アメリカへ行《い》くこと。
ことば 「米《べい》」は、アメリカのこと。

どべい【土塀】 名詞 土《つち》でつくったへい。

とほ【杜甫】 名詞 （七一二～七七〇）中国《ちゅうごく》の唐《とう》の時代《じだい》の詩人《しじん》。社会《しゃかい》のあり方《かた》や人々《ひとびと》の苦《くる》しみをうたった、誠実《せいじつ》で力強《ちからづよ》い詩《し》が多《おお》い。「詩聖《しせい》」と呼《よ》ばれる。

とほ【徒歩】 名詞 乗《の》り物《もの》に乗《の》らないで、歩《ある》いて行《い》くこと。例 学校《がっこう》まで徒歩で三十分《さんじっぷん》かかる。

とほうにくれる【途方に暮れる】 どうしたらよいかわからなくて困《こま》る。例 道《みち》に迷《まよ》ってしまい、途方に暮れた。

する、大切《たいせつ》なことば（銘《めい》）。

とほうもない【途方もない】 ❶理屈《りくつ》に合《あ》わない。とんでもない。例 途方もないことを言《い》う。❷ふつうの程度《ていど》をこえている。例 途方もなく大《おお》きい家《いえ》。

どぼく【土木】 名詞 「土木工事《どぼくこうじ》」の略《りゃく》。

どぼくこうじ【土木工事】 名詞 土《つち》・石《いし》・木《もく》材《ざい》・セメント・鉄材《てつざい》などを使《つか》って、道路《どうろ》・鉄《てつ》道《どう》・橋《はし》・港《みなと》・堤防《ていぼう》などを造《つく》る工事《こうじ》。

とぼける 動詞 ❶わざと知《し》らないふりをする。しらばくれる。❷間《ま》のぬけたことを言《い》ったりしたりする。おどける。例 とぼけたしぐさ。

とぼしい【乏しい】 形容詞 少《すく》ない。足《た》りない。例 おこづかいが乏しくなる／経験《けいけん》が乏しい。

とぼとぼ［と］ 副詞 元気《げんき》なく歩《ある》くようす。例 ひとりでとぼとぼと家《いえ》に帰《かえ》った。

どま【土間】 名詞 家《いえ》の中《なか》で、ゆかを張《は》らず、地《じ》面《めん》のままかコンクリートで固《かた》めたところ。

トマス＝エジソン ➡153ジペー エジソン

トマト (tomato) 名詞 季語 夏 なすのなかまの植物《しょくぶつ》の一《ひと》つ。夏《なつ》に黄色《きいろ》の花《はな》がさく。実《み》は熟《じゅく》すと赤《あか》くなり、生《なま》で食《た》べたりケチャップにしたりする。

トマト

とまどう【戸惑う】 動詞 どうしてよいのかわからなくなって、困《こま》る。まごつく。例 急《きゅう》に質《しつ》問《もん》されて戸惑った。

とまや【とま屋】 名詞 草《くさ》を編《あ》んで屋根《やね》にした、粗末《そまつ》な家《いえ》。

とまり【泊まり】 名詞 ❶とまること。例 一晩泊《ひとばんと》まりの旅《たび》。❷宿直《しゅくちょく》。例 父《ちち》は会社《かいしゃ》の泊まりで帰《かえ》らない。

とまりがけ【泊まりがけ】 名詞 よそにとまる予定《よてい》で出《で》かけること。例 泊まりがけで友《とも》だちの家《いえ》に行《い》く。対 日帰《ひがえ》り。

とまりぎ【止まり木】 名詞 鳥《とり》かごや鳥小屋《とりごや》の中《なか》に、鳥《とり》が止《と》まるように横《よこ》にわたした木《き》。

とまりこむ【泊まり込む】 動詞 家《いえ》に帰《かえ》らず、行《い》った先《さき》でそのまま泊《と》まる。例 病院《びょういん》に泊まり込んで看病《かんびょう》する。

とまる【泊まる】 動詞 ❶自分《じぶん》の家《いえ》ではない所《ところ》でその夜《よる》を過《す》ごす。例 ホテルに泊まる／友《とも》だちの家《いえ》に泊まる。❷船《ふね》が港《みなと》などにとどまる。例 外国船《がいこくせん》が港《みなと》に泊まっている。

とまる【止まる・留まる】 動詞 ❶動《うご》かなくなる。進《すす》まなくなる。例 バスが止まる／時計《とけい》が止まる。対 動《うご》く。❷続《つづ》いていたものがやむ。例 痛《いた》みが止まる。❸出《で》なくなる。例 水道《すいどう》が止まる。❹鳥《とり》などが、ものにつかまって休《やす》む。例 すずめが枝《えだ》に止まる。❺気持《きも》ちが向《む》く。あとまで心《こころ》に残《のこ》る。例 耳《みみ》に

伝統的《でんとうてき》な言語文化《げんごぶんか》

古典《こてん》の物語《ものがたり》

「かぐや姫《ひめ》」と「竹取物語《たけとりものがたり》」

かぐや姫《ひめ》のお話《はなし》はだれでもよく知《し》っているよね。実《じつ》は、あのお話《はなし》は、1000年以上《ねんいじょう》も昔《むかし》に書《か》かれた「竹《たけ》取物語《とりものがたり》」がもとになっているんだよ。

…竹《たけ》の中《なか》に、もと光《ひか》る竹《たけ》なむ《(ん)》一《ひと》すぢ《(じ)》ありける。あやしがりて、寄《よ》りて見《み》るに、筒《つつ》の中光《なかひか》りたり。それを見《み》れば、三寸《さんずん》ばかりなる人《ひと》、いとうつくしう《(しゅう)》てゐ《(い)》たり

これは、竹取《たけと》りのおじいさんが竹《たけ》の中《なか》に姫《ひめ》を見《み》つけた場面《ばめん》だ。何度《なんど》も音読《おんどく》すると、1000年前《ねんまえ》のことばでもなんとなくわかってくるから不思《ふし》議《ぎ》だよね。

さまざまな物語《ものがたり》の中《なか》でも、この「竹取物語《たけとりものがたり》」はもっとも古《ふる》いものらしく、平安時代《へいあんじだい》に書《か》かれた「源氏物《げんじもの》語《がたり》」では、この「竹取物語《たけとりものがたり》」を物《もの》語《がたり》の「おや」と呼《よ》んでいるんだ。

かぐや姫《ひめ》にプロポーズした貴族《きぞく》の男《おとこ》たちが、姫《ひめ》の出《だ》した難問《なんもん》にいどんだり、姫《ひめ》が残《のこ》していった不死《ふし》の薬《くすり》を富士山《ふじさん》の頂上《ちょうじょう》で燃《も》やしたり、みんなの知《し》っている「かぐや姫《ひめ》」のお話《はなし》とはちがうところもあるみたいだよ。調《しら》べてみるとおもしろそうだね。

もっとみてみよう！

- 竹取物語《たけとりものがたり》 （→p.792）
- 源氏物語《げんじものがたり》 （→p.434）
- 「わかる、伝《つた》わる、古典《こてん》のこころ1」（光村教育図書《みつむらきょういくとしょ》）
- 「21世紀版《せいきばん》 少年少女古典文学館《しょうねんしょうじょこてんぶんがくかん》 竹取物語《たけとりものがたり》・伊勢物語《いせものがたり》」（講談社《こうだんしゃ》）

故事成語　**座右《ざゆう》の銘《めい》**　いつも自分《じぶん》の身近《みぢか》なところ（座右《ざゆう》）に置《お》き、自分《じぶん》の行動《こうどう》や日常生活《にちじょうせいかつ》のいましめと

留まる／目《め》に留まる。
❻物《もの》がはなれたり動《うご》いたりしないようになる。例 絵《え》が画《が》びょうで留まっている。
漢 ↓551ページ し〔止〕・1397ページ りゅう〔留〕

とみ【富】 名詞
❶財産《ざいさん》。例 ばく大《だい》な富を築《きず》いた。
❷役《やく》に立《た》つもの。資源《しげん》。例 山《やま》や海《うみ》の富。
漢 ↓1137ページ ふ〔富〕

とみおかせいしじょう【富岡製糸場】 名詞 明治時代《めいじじだい》の初《はじ》めに、群馬県《ぐんまけん》の富岡《とみおか》につくられた官営《かんえい》の製糸工場《せいしこうじょう》。フランスから機械《きかい》や技《ぎ》術《じゅつ》を導入《どうにゅう》した。二〇一四年《ねん》に世界文化遺産《せかいぶんかいさん》に登録《とうろく》された。

とむ【富む】 動詞
❶お金《かね》や品物《しなもの》など、財産《ざいさん》をたくさん持《も》っている。
❷めぐまれている。たくさん持《も》っている。例 才能《さいのう》に富む／地下資源《ちかしげん》に富む。
漢 ↓1137ページ ふ〔富〕

とむらい【弔い】 名詞
❶死《し》んだ人《ひと》を悲《かな》しみ、おしむこと。くやみ。
❷葬式《そうしき》。例 弔いに集《あつ》まった人々《ひとびと》。

とむらう【弔う】 動詞
❶人《ひと》の死《し》を悲《かな》しみ、おしむ。
❷死《し》んだ人《ひと》のたましいをなぐさめるために、葬《そう》式《しき》などの儀式《ぎしき》をして、冥福《めいふく》（＝死後《しご》の幸福《こうふく》）をいのる。

とめがね【留め金】 名詞 物《もの》のつなぎ目《め》を留《と》める金具《かなぐ》。

ドメスティックバイオレンス (domestic violence) 名詞 結婚相手《けっこんあいて》や恋人《こいびと》など、いっしょに暮《く》らしている相手《あいて》から受《う》ける暴《ぼう》力《りょく》。男性《だんせい》から女性《じょせい》に対《たい》してふるわれる暴力《ぼうりょく》を指《さ》すことが多《おお》い。「DV《ディーブイ》」ともいう。参考 体《からだ》への暴力《ぼうりょく》だけでなく、ひどいことばやふるまいなどで相手《あいて》の心《こころ》を傷《きず》つけることもいう。

とめどなく 止《と》まることなく。あとからあとから。「とめどもなく」ともいう。例 なみだがとめどなくこぼれた。

とめどもなく ↓950ページ とめどなく

とめばり【留め針】 名詞
❶ぬい物《もの》をするときに、印《しるし》にしたり、折《お》り目《め》を留《と》めたりする針《はり》。待《ま》ち針《ばり》。
❷物《もの》を留《と》めておく針《はり》。

とめる【泊める】 動詞
❶宿《やど》を貸《か》して夜《よる》を過《す》ごさせる。例 一晩《ひとばん》泊めてください。
❷船《ふね》を港《みなと》につなぐ。例 船《ふね》を泊めて荷《に》をあげる。

とめる【止める・留める】 動詞
❶動《うご》いているものを動《うご》かなくする。例 駅前《えきまえ》で車《くるま》を止める／足《あし》を止めて風景《ふうけい》をながめる。
❷続《つづ》いていることをやめさせる。例 息《いき》を止めて水《みず》にもぐる。
❸出《で》ないようにする。例 ガスを止める。
❹させないようにする。例 けんかを止めた。
❺気持《きも》ちを向《む》ける。あとまで心《こころ》に残《のこ》す。例 目《め》を留める／母《はは》のことばを心《こころ》に留めて旅《たび》に出《で》た。
❻物《もの》がはなれたり動《うご》いたりしないようにする。例 バッジを胸《むね》に留めた／ボタンを留める。
漢 ↓551ページ し〔止〕・1397ページ りゅう〔留〕

とも 名詞 船《ふね》の後《うし》ろの部分《ぶぶん》。船尾《せんび》。対 へ先《さき》。ことば 漢字《かんじ》では「艫」と書《か》く。図 ↓1191ページ へさき

とも 助詞（ほかのことばのあとにつけて）
❶程度《ていど》や限度《げんど》を表《あらわ》す。例 少《すく》なくとも五十人《ごじゅうにん》は集《あつ》まるだろう。
❷たとえ…であっても。例 つらくともやりぬくぞ。
❸「もちろんそうだ」という気持《きも》ちを強《つよ》く表《あらわ》す。例「これは自分《じぶん》で作《つく》ったんですか。」「そうですとも。」

とも【友】 名詞 友《とも》だち。仲間《なかま》。漢 ↓1348ページ ゆう〔友〕

とも【共】
❶名詞 いっしょ。同《おな》じ。例 寝起《ねお》きを共にする。
❷接頭語（ほかのことばの前《まえ》につけて）いっしょに。同時《どうじ》に。例 共かせぎ。
❸接尾語（ほかのことばのあとにつけて）全部《ぜんぶ》。すべて。例 二人《ふたり》共行《い》ってしまった。
❹接尾語（ほかのことばのあとにつけて）…をふくめて。例 消費税《しょうひぜい》共で五百円《ごひゃくえん》です。
漢 ↓353ページ きょう〔共〕

とも【供】 名詞 目上《めうえ》の人《ひと》などについて行《い》くこと。また、その人《ひと》。例 お供を連《つ》れて歩《ある》く。使い方「お供《とも》」の形《かたち》で使《つか》うことが多《おお》い。漢 ↓353ページ きょう〔供〕

ども 助詞（ほかのことばのあとにつけて）「…しても」「…であるけれども」という意味《いみ》を表《あらわ》す。例 行《い》けども行《い》けどもゴールに着《つ》かない／子供《こども》

きたので、楚《そ》の人々《ひとびと》が漢《かん》に降参《こうさん》したと思《おも》って絶望《ぜつぼう》したという話《はなし》から、まわりが敵《てき》ばかりで味方《みかた》がいないこと。

と言《い》えども一人前《いちにんまえ》だ。

－ども 接尾語 （ほかのことばのあとにつけて）❶二人以上《ふたりいじょう》であることを表《あらわ》す。…たち。…ら。例 悪人《あくにん》ども。❷へりくだった気持《きも》ちを表《あらわ》す。例 わたくしども。使い方 ❶は、乱暴《らんぼう》な言《い》い方《かた》。

ともあれ 副詞 それはそれとして。ともかく。例 結果《けっか》はともあれ、よくがんばったね。

ともかく 副詞 ❶どちらにしても。とにかく。例 どんなところかわからないが、ともかく行《い》ってみよう。❷…は別《べつ》として。例 わたしたちはともかく、歩《ある》いて行《い》くのは小《ち》さい子《こ》には無理《むり》だろう。

ともかせぎ【共稼ぎ】 名詞 動詞 夫婦《ふうふ》がどちらも働《はたら》いて、お金《かね》をかせいでいること。共働《ともばたら》き。

ともぎれ【共切れ】 名詞 ある服《ふく》を作《つく》ったのと同《おな》じ布地《ぬのじ》。例 共切れでリボンを作《つく》る。

ともぐい【共食い】 名詞 動詞 ❶同《おな》じ種類《しゅるい》の動物《どうぶつ》などが、たがいに食《く》い合《あ》うこと。❷同《おな》じなかまが、たがいに利益《りえき》を争《あらそ》ってどちらも損《そん》をすること。例 二《ふた》つの店《みせ》が安売《やすう》り競争《きょうそう》をして、共食いになっている。

ともしび【ともし火】 名詞 明《あ》かりにするためにつけた火《ひ》。明《あ》かり。例 町《まち》のともし火。

ともす 動詞 明《あ》かりをつける。例 ろうそくをともす。

ともすると ⇒951ジペー ともすれば

ともすれば 副詞 どうかすると。ともすると。

例 ともすればなみだが出《で》そうになった。

ともだおれ【共倒れ】 名詞 激《はげ》しく競争《きょうそう》したり、助《たす》け合《あ》ったりした結果《けっか》、両方《りょうほう》ともやっていけなくなること。例 駅前《えきまえ》に立《た》ち並《なら》んだレストランが共倒れになる。

ともだち【友達】 名詞 親《した》しくつきあっている人《ひと》。友人《ゆうじん》。友《とも》。

ともづな【とも綱】 名詞 船《ふね》の後《うし》ろにあって、船《ふね》を岸《きし》につないでおくつな。

ともども【共共】 副詞 いっしょに。そろって。例 親子《おやこ》ともども、楽《たの》しく過《す》ごす。使い方 ふつうかな書《が》きにする。

ともなう【伴う】 動詞 ❶いっしょに連《つ》れていく。例 母《はは》は妹《いもうと》を伴って出《で》かけた。❷あるものごとにかならずついてくる。つきまとう。例 この仕事《しごと》には危険《きけん》が伴う。

ともなく （ほかのことばのあとにつけて）はっきりそうだ、というわけではないが。自然《しぜん》に。例 見《み》るともなく、窓《まど》の方《ほう》へ顔《かお》を向《む》けた。

ともに【共に】 副詞 ❶いっしょに。例 妹《いもうと》とともに行《い》く。❷同時《どうじ》に。例 うれしいとともに悲《かな》しくもある。使い方 ふつうかな書《が》きにする。

ともばたらき【共働き】 名詞 動詞 夫婦《ふうふ》がどちらも働《はたら》いて、お金《かね》をかせいでいること。共《とも》かせぎ。

ともる 動詞 明《あ》かりがつく。例 日《ひ》が暮《く》れて、町《まち》に明《あ》かりがともり始《はじ》めた。

どもる 動詞 ことばがつかえたり、声《こえ》が出《で》にくかったりして、すらすらとしゃべることができない。例 難《むずか》しい質問《しつもん》に、どもりながら答《こた》えた。

とやかく 副詞 人《ひと》のことをあれこれと言《い》うようす。なんのかのと。例 他人《たにん》の趣味《しゅみ》についてとやかく言《い》うものではない。

どやどや【と】 副詞 たくさんの人《ひと》が、さわがしく出入《でい》りするようす。例 修学旅行生《しゅうがくりょこうせい》たちが、館内《かんない》にどやどや入《はい》ってくる。

とやまけん【富山県】 名詞 中部《ちゅうぶ》地方《ちほう》の北部《ほくぶ》にある県《けん》。日本海《にほんかい》に面《めん》し、冬《ふゆ》は雪《ゆき》が多《おお》い。水力《すいりょく》発電《はつでん》がさかん。県庁《けんちょう》は富山市《とやまし》にある。

どよう【土用】 名詞 季語 夏 立春《りっしゅん》・立夏《りっか》・立秋《りっしゅう》・立冬《りっとう》の前《まえ》の十八日間《じゅうはちにちかん》のこと。とくに、立秋《りっしゅう》前《まえ》の夏《なつ》の土用《どよう》のことを指《さ》す。参考 夏《なつ》の土用《どよう》のうしの日《ひ》にうなぎを食《た》べると、夏負《なつま》けしないといわれている。

どよう【土曜】 名詞 週《しゅう》の七番目《ななばんめ》の曜日《ようび》。金曜《きんよう》の次《つぎ》の日《ひ》。土曜日《どようび》。

どようなみ【土用波】 名詞 季語 夏 夏《なつ》の土用《どよう》のころ起《お》こる、うねりの大《おお》きな波《なみ》。

どようぼし【土用干し】 名詞 季語 夏 夏《なつ》の土《ど》用《よう》のころに、衣服《いふく》や本《ほん》などをかげ干《ぼ》しして風《かぜ》を通《とお》し、虫《むし》がつかないようにすること。虫干《むしぼ》し。

とよとみひでよし【豊臣秀吉】 名詞 （一五三六ごろ～一五九八）戦国時代《せんごくじだい》から安土桃山時代《あづちももやまじだい》の武将《ぶしょう》。織田信長《おだのぶなが》のあとをついで日本《にほん》の全国《ぜんこく》統一《とういつ》を成《な》しとげた。また、検地《けんち》や刀狩《かたなが》りを行《おこな》って、封建制度《ほうけんせいど》のもとをつくった。羽柴秀吉《はしばひでよし》と

故事成語 **四面楚歌《しめんそか》** 昔《むかし》、中国《ちゅうごく》の楚《そ》の国《くに》の軍《ぐん》が漢《かん》の軍《ぐん》に囲《かこ》まれたとき、四方《しほう》から楚《そ》の国《くに》の歌《うた》が聞《き》こえて

いったが、名前《なまえ》を改《あらた》めた。

どよめき 名詞 音《おと》や声《こえ》がひびきわたること。ざわめき。例 場内《じょうない》からどよめきが起《お》こった。

どよめく 動詞 ❶鳴《な》りひびく。とどろきわたる。❷大勢《おおぜい》の人《ひと》がいっせいに声《こえ》を上《あ》げてさわぐ。例 当選者《とうせんしゃ》の発表《はっぴょう》に会場《かいじょう》はどよめいた。

とら【虎】 名詞 ねこのなかまの大《おお》きな動物《どうぶつ》。アジアの森林《しんりん》などにすみ、昼《ひる》は物陰《ものかげ》にひそんで、夜《よる》、おもに大《おお》きな動物《どうぶつ》をとって食《た》べる。黄色《きいろ》の地《じ》に黒《くろ》の横《よこ》じまがある。

とら【虎】

●**虎《とら》の威《い》を借《か》るきつね** 故事成語 自分《じぶん》には力《ちから》がないのに、強《つよ》いものやえらい人《ひと》の力《ちから》をたよっていばることのたとえ。

とらのいをかるきつね

とら【寅】 名詞 ❶十二支《じゅうにし》の三番目《さんばんめ》。例 寅年《とらどし》生《う》まれ。❷昔《むかし》の時刻《じこく》の呼《よ》び名《な》。今《いま》の午前《ごぜん》四時《よじ》ごろ。また、その前後《ぜんご》二時間《にじかん》くらい。❸昔《むかし》の方角《ほうがく》の呼《よ》び名《な》。東北東《とうほくとう》。図→611ページ じゅうにし

どら 名詞 青銅《せいどう》でできた、ばちで打《う》ち鳴《な》らす打楽器《だがっき》。おぼんのような形《かたち》をし、船《ふね》が港《みなと》を出《で》るときの合図《あいず》などにも使《つか》う。

とらい【渡来】 名詞 動詞 外国《がいこく》から海《うみ》をわたってやって来《く》ること。例 中国《ちゅうごく》から渡来《とらい》した刀《かたな》。

トライ (try) 名詞 動詞 ❶ためしてみること。試《こころ》みること。例 できるまで何度《なんど》でもトライする。❷ラグビーで、相手《あいて》のゴールラインの内側《うちがわ》の地面《じめん》にボールをつけること。得点《とくてん》になる。

ドライアイ (dry eye) 名詞 なみだの量《りょう》が減《へ》って、目《め》がかんそうすること。目《め》が痛《いた》くなったり、赤《あか》くなったりする。

ドライアイス (dry ice) 名詞 二酸化炭素《にさんかたんそ》を冷《ひ》やし、おし縮《ちぢ》めて固《かた》めたもの。物《もの》を冷《ひ》やすのに使《つか》う。とけると気体《きたい》にもどるので、氷《こおり》とちがって物《もの》をぬらさないですむ。

トライアスロン (triathlon) 名詞 遠泳《えんえい》・自転車走《じてんしゃそう》・長距離走《ちょうきょりそう》を連続《れんぞく》して行《おこな》い、その合計時間《ごうけいじかん》をきそう競技《きょうぎ》。「鉄人《てつじん》レース」ともいう。

トライアングル (triangle) 名詞 鉄《てつ》の棒《ぼう》を三角形《さんかくけい》に曲《ま》げ、金属《きんぞく》の棒《ぼう》でたたいて鳴《な》らす打楽器《だがっき》。図→269ページ がっき【楽器】

ドライクリーニング (dry cleaning) 名詞 水《みず》を使《つか》わないで、石油系《せきゆけい》の液《えき》などを使《つか》って行《おこな》う洗濯《せんたく》。

とらいじん【渡来人】 名詞 古代《こだい》、中国大陸《ちゅうごくたいりく》や朝鮮半島《ちょうせんはんとう》からやって来《き》て、日本《にほん》に住《す》み着《つ》いた人々《ひとびと》。新《あたら》しい文化《ぶんか》や技術《ぎじゅつ》を日本《にほん》に伝《つた》えた。

ドライバー (driver) 名詞 ❶自動車《じどうしゃ》を運転《うんてん》する人《ひと》。例 タクシードライバー。❷ねじ回《まわ》し。

ドライブ (drive) 名詞 動詞 ❶自動車《じどうしゃ》で遠乗《とおの》りすること。❷テニスや卓球《たっきゅう》などで、ボールが強《つよ》く回転《かいてん》するように打《う》つこと。

ドライブイン 名詞 自動車《じどうしゃ》に乗《の》った人《ひと》が立《た》ち寄《よ》って、食事《しょくじ》や買《か》い物《もの》などをするところ。

ドライフラワー (dried flower) 名詞 かんそうさせた草花《くさばな》。かざりなどに使《つか》う。

ドライヤー (dryer・drier) 名詞 ぬれたものをかわかす器具《きぐ》。とくに、かみの毛《け》をかわかすのに使《つか》うもの。

とらえどころがない【捉え所がない・捕らえ所がない】 ものごとを理解《りかい》・判断《はんだん》するための手《て》がかりがなくて、はっきりわからない。例 捉え所がない話《はなし》／捉え所がない人《ひと》。

とらえる【捕らえる・捉える】 動詞 ❶しっかりつかむ。例 えり首《くび》を捕らえる。❷つかまえる。とりおさえる。例 強盗《ごうとう》を捕らえた。❸理解《りかい》する。例 意味《いみ》を正《ただ》しく捉える。

トラクター (tractor) 名詞 工事《こうじ》や農業《のうぎょう》・林業《りんぎょう》などで使《つか》う、重《おも》い物《もの》を引《ひ》っ張《ぱ》って運《はこ》ぶ車《くるま》。とくに農業《のうぎょう》では、すきをつけて田畑《たはた》を耕《たがや》すのに使《つか》う。

どらごえ【どら声】 名詞 太《ふと》くにごった声《こえ》。例 どら声《ごえ》を張《は》り上《あ》げて歌《うた》を歌《うた》う。

だということ。朱色《しゅいろ》の中《なか》に交《ま》じっているといつのまにかその色《いろ》に染《そ》まってしまうことから。

トラコーマ (trachoma) 名詞 目《め》の感染症《かんせんしょう》の一《ひと》つ。まぶたの裏《うら》が赤《あか》くはれたり、白《しろ》いぶつぶつができたりする。ほうっておくと目《め》が見《み》えなくなることもある。「トラホーム」ともいう。

トラック (track) 名詞 運動場《うんどうじょう》や競技場《きょうぎじょう》で、競走《きょうそう》するときに走《はし》る道《みち》。また、そこで行《おこな》う競走《きょうそう》。対 フィールド。

トラック (truck) 名詞 荷物《にもつ》を運《はこ》ぶ自動車《じどうしゃ》。貨物自動車《かもつじどうしゃ》。

とらぬたぬきのかわざんよう【捕らぬたぬきの皮算用】 ことわざ 実現《じつげん》するかどうかわからないことをあてにして、あれこれと計画《けいかく》を立《た》てること。ことば まだつかまえてもいないたぬきの皮《かわ》を、いくらで売《う》ろうかと考《かんが》える、ということからきたことわざ。

とらのこ【虎の子】 名詞 とらは子供《こども》をとても大事《だいじ》にするといわれることから、とても大事《だいじ》にしていて手《て》ばなせないもの。例 虎の子の一万《いちまん》円《えん》を落《お》としてしまった。

とらのまき【虎の巻】 名詞 ❶いくさのやり方《かた》や、大切《たいせつ》なことが書《か》いてある巻《ま》き物《もの》。❷教科書《きょうかしょ》の説明《せつめい》や問題《もんだい》の答《こた》えが書《か》いてある自習用《じしゅうよう》の参考書《さんこうしょ》。あんちょこ。

トラブル (trouble) 名詞 ❶もめごと。いざこざ。例 乗客《じょうきゃく》の間《あいだ》でトラブルが起《お》きる。❷機械《きかい》などの故障《こしょう》。例 車《くるま》のエンジントラブル。

トラホーム ⇩953ページ トラコーマ

ドラマ (drama) 名詞 劇《げき》。芝居《しばい》。また、そのせりふなどを書《か》いた本《ほん》。例 テレビドラマ。

ドラマチック (dramatic) 形容動詞 まるでドラマのように、意外《いがい》なことが起《お》こったり、盛《も》り上《あ》がったりするようす。例 試合《しあい》はドラマチックな結末《けつまつ》をむかえた。類 劇的《げきてき》。

ドラム (drum) 名詞 西洋音楽《せいようおんがく》で使《つか》う太鼓《たいこ》。

ドラムかん【ドラム缶】 名詞 ガソリンなどを入《い》れる、たるのような形《かたち》の金属製《きんぞくせい》の大《おお》きなかん。

とらわれる【捕らわれる】 動詞 ❶つかまえられる。例 敵《てき》に捕らわれる。❷ある考《かんが》えやしきたりからぬけ出《だ》せない。例 昔《むかし》からの考《かんが》え方《かた》にとらわれる。使い方 ❷は、かな書《が》きにする。

トランク (trunk) 名詞 ❶旅行用《りょこうよう》の大《おお》きな四角《しかく》いかばん。❷自動車《じどうしゃ》の後《うし》ろにある、荷物《にもつ》を入《い》れるところ。

トランシーバー (transceiver) 名詞 短《みじか》いきょりの連絡《れんらく》に使《つか》う小型《こがた》の無線機《むせんき》。

トランジスター (transistor) 名詞 ゲルマニウムやシリコンを使《つか》ってつくった、電流《でんりゅう》の性質《せいしつ》を変《か》えるはたらきをするもの。小型《こがた》で、使《つか》う電力《でんりょく》が少《すく》ないので、小型《こがた》ラジオ・コンピューターなどに利用《りよう》される。

トランス 名詞 電圧《でんあつ》を高《たか》くしたり低《ひく》くしたりする器械《きかい》。変圧器《へんあつき》。ことば 英語《えいご》の「トランスフォーマー」の略《りゃく》。

トランプ (trump) 名詞 西洋《せいよう》から伝《つた》わったカードの一種《いっしゅ》。全部《ぜんぶ》で五十三枚《ごじゅうさんまい》あり、さまざまな遊《あそ》び方《かた》がある。ことば 英語《えいご》では「切《き》り札《ふだ》」という意味《いみ》。日本《にほん》でいう「トランプ」は、英語《えいご》では「カード」という。

トランペット (trumpet) 名詞 金管楽器《きんかんがっき》の一《ひと》つ。高《たか》くするどい音《おと》が出《で》る小型《こがた》のらっぱ。ことば「一本《いっぽん》」と数《かぞ》える。図⇩269ページ がっき〔楽器〕

トランポリン 名詞 金属《きんぞく》でできたわくにマットを張《は》って、その上《うえ》でとびはねられるようにした体操用具《たいそうようぐ》。また、その上《うえ》で行《おこな》う運動《うんどう》。ことば 商標名《しょうひょうめい》。

とり【酉】 名詞 ❶十二支《じゅうにし》の十番目《じゅうばんめ》。にわとり。例 酉年《どし》生《う》まれ。❷昔《むかし》の時刻《じこく》の呼《よ》び名《な》。今《いま》の午後六時《ごごろくじ》ごろ。また、その前後二時間《ぜんごにじかん》くらい。❸昔《むかし》の方角《ほうがく》の呼《よ》び名《な》。西《にし》。図⇩611ページ じゅうにし

とり【鳥】 名詞 ❶体《からだ》が羽毛《うもう》で包《つつ》まれ、つばさのある動物《どうぶつ》。二《に》本《ほん》の足《あし》とかたいくちばしを持《も》ち、卵《たまご》を産《う》む。ほとんどの種類《しゅるい》が空《そら》を飛《と》ぶ。❷にわとり。例 鳥肉《にく》／焼《や》き鳥。使い方 ❷は、「鶏」と書《か》くことが多《おお》い。ことば「一羽《いちわ》」「一匹《いっぴき》」と数《かぞ》える。図⇩954ページ 漢⇩844ページ ちょう〔鳥〕

ドリア (フランス語) 名詞 バターライスやピラフの上《うえ》にホワイトソースとチーズをかけて、オーブンで焼《や》いた料理《りょうり》。

とりあう【取り合う】 動詞

故事成語 朱《しゅ》に交《まじ》われば赤《あか》くなる　人《ひと》は悪《わる》い人《ひと》とつき合《あ》えば悪《わる》くなり、よい人《ひと》とつき合《あ》えばよくなるもの

とり【鳥】

とにも気《き》がつかないということ。

❶おたがいにとる。例 友《とも》だちと手《て》を取り合って成功《せいこう》を喜《よろこ》んだ。❷おたがいに自分《じぶん》のものにしようとして争《あらそ》うばい合《あ》う。例 おもちゃを取り合う。❸相手《あいて》にする。相手《あいて》の言《い》うことを聞《き》いて、かかわりあう。例 いくらたのんでも、「そんなことは無理《むり》だ。」と言《い》って取り合ってくれなかった。使い方 ❸は、あとに「ない」などのことばがくることが多《おお》い。

とりあえず【取りあえず】副詞 さしあたって。ひとまず。例 取りあえずかたづけておこう。

とりあげる【取り上げる】動詞 ❶下《した》にあるものを手《て》に取《と》る。拾《ひろ》い上《あ》げる。例 品物《しなもの》の中《なか》から赤《あか》いハンカチを取り上げた。❷うばいとる。例 おもちゃを取り上げられた。❸申《もう》し出《で》や意見《いけん》などを受《う》けつける。例 ぼくのアイディアが取り上げられた。問題《もんだい》にする。

とりあつかい【取り扱い】名詞 手《て》で動《うご》かしたり使《つか》ったりすること。とりあつかうこと。例 ガラスの取り扱いに注《ちゅう》意《い》する。使い方「取《とり》扱《あつかい》注《ちゅう》意《い》」「取《とり》扱《あつかい》説明書《せつめいしょ》」などの場合《ばあい》には、送《おく》りがなをつけない。

とりあつかう【取り扱う】動詞 ❶動《うご》かしたり使《つか》ったりする。例 機械《きかい》を取り扱う／薬品《やくひん》は注《ちゅう》意《い》して取り扱ってください。❷仕事《しごと》としてあつかう。処理《しょり》をする。例 ここで申《もう》しこみを取り扱っています。❸立場《たちば》に応《おう》じてもてなす。例 大事《だいじ》なお客《きゃく》様《さま》として取り扱う。

とりあわせ【取り合わせ】名詞 いくつかのものをとり上《あ》げて組《く》み合《あ》わせること。

とりあわせる【取り合わせる】動詞 いくつかのものを、バランスよく組《く》み合《あ》わせる。例 季節《きせつ》の果物《くだもの》を取り合わせたデザート。

とりい【鳥居】名詞 神《じん》社《じゃ》の参道《さんどう》の入《い》り口《ぐち》の門《もん》。

とりい

とりいそぎ【取り急ぎ】副詞 そのことだけを急《いそ》いで。例 取り急ぎご連絡《れんらく》いたします。使い方 おもにはがきなどで使《つか》う。

ドリーム（dream）名詞「夢《ゆめ》」のこと。

とりいる【取り入る】動詞 目上《めうえ》の人《ひと》などの機嫌《きげん》をとって、気《き》に入《い》られようとする。例 出《しゅっ》世《せ》したくて社長《しゃちょう》に取り入る。

とりいれ【取り入れ】名詞 とり入《い》れること。とくに、実《みの》った作物《さくもつ》をかりとること。例 野菜《やさい》の取り入れをする。

とりいれる【取り入れる】動詞 ❶とって中《なか》に入《い》れる。例 植物《しょくぶつ》は、根《ね》から水分《すいぶん》を取り入れる／洗濯物《せんたくもの》を家《いえ》の中《なか》に取り入れる。❷受《う》け入《い》れる。例 みんなの考《かんが》えを取り入れて学芸会《がくげいかい》の出《だ》し物《もの》を決《き》める。❸実《みの》った作物《さくもつ》をかりとる。例 いねを取り入れる。

とりえ【取り柄】名詞 役《やく》に立《た》つところ。よいところ。長所《ちょうしょ》。例 だれにでも取り柄はある。

トリオ（イタリア語）名詞 ❶音楽《おんがく》で、高《たか》さによって三《みっ》つのパートに分《わ》けた曲《きょく》を三人《さんにん》で合唱《がっしょう》すること。三重唱《さんじゅうしょう》。❷三種類《さんしゅるい》の楽器《がっき》で合奏《がっそう》すること。三重奏《さんじゅうそう》。❸三人《さんにん》で組《く》になること。三人組《さんにんぐみ》。例 仲《なか》よしトリオ。関連 コンビ。

とりおさえる【取り押さえる】動詞 しっかりつかまえて動《うご》けないようにする。例 犯人《はんにん》を取り押さえる。

とりおとす【取り落とす】動詞 ❶手《て》に持《も》っているものをうっかり落《お》とす。何《なに》かを取《と》ろうとして落《お》とす。例 リレーでバトンを取り落とした。❷あやまってぬかす。うっかり忘《わす》れる。例 この名簿《めいぼ》は何人《なんにん》かの名前《なまえ》が取り落とされている。

とりかえしがつかない【取り返しがつかない】もとどおりにすることができない。とりもどすことができない。例 この作業《さぎょう》に失《しっ》敗《ばい》すると、取り返しがつかなくなる。

とりかえす【取り返す】動詞 ❶貸《か》したりとられたりしたものを、自分《じぶん》の手《て》にとりもどす。例 弟《おとうと》からゲーム機《き》を取り返す。❷もとにもどす。もとどおりにする。回復《かいふく》する。例 いつもの元気《げんき》を取り返す。

とりかえる【取り替える・取り換える】動詞 ❶自分《じぶん》のものと相手《あいて》のものをかえる。交換《こうかん》する。例 友《とも》だちと鉛筆《えんぴつ》を取り替える。❷今《いま》まで使《つか》っていたものを別《べつ》のものにかえる。例 電池《でんち》を取り替える。

故事成語　春眠《しゅんみん》暁《あかつき》を覚《おぼ》えず　春《はる》の夜《よる》は短《みじか》いうえに暑《あつ》くも寒《さむ》くもなくてよくねむれるので、夜《よ》が明《あ》けたこ

とりかかる【取り掛かる】動詞 やり始《はじ》める。例 そろそろ宿題《しゅくだい》に取り掛かろう。

とりかこむ【取り囲む】動詞 周《まわ》りをぐるりと囲《かこ》む。例 先生《せんせい》を取り囲んで話《はなし》をした。

とりかじ【取りかじ】名詞 船《ふね》の進《すす》む方向《ほうこう》を左《ひだり》へ向《む》けるときの、かじのとり方《かた》。対 面《おも》かじ。

とりかわす【取り交わす】動詞 やりとりをする。交換《こうかん》する。例 友《とも》だちと固《かた》い約束《やくそく》を取り交わした。

とりき【取り木】名詞 季語 春 苗木《なえぎ》をつくる方《ほう》法《ほう》の一《ひと》つ。木《き》の枝《えだ》などの一部分《いちぶぶん》を、もとの木《き》から切《き》りはなさないまま土《つち》の中《なか》にうめ、そこから根《ね》が出《で》たら、木《き》から切《き》りはなす。

とりきめ【取り決め】名詞 話《はな》し合《あ》って決《き》めたこと。決定《けってい》。約束《やくそく》。例 代金《だいきん》のしはらい日《び》の取り決めをする／取り決めを守《まも》る。

とりきめる【取り決める】動詞 話《はな》し合《あ》って決《き》める。約束《やくそく》する。例 集合時間《しゅうごうじかん》を取り決める。

とりくち【取り口】名詞 すもうのとり方《かた》。例 落《お》ち着《つ》いた取り口で大関《おおぜき》が勝《か》った。

とりくみ【取り組み・取組】名詞 ❶いっしょうけんめいにものごとを行《おこな》うこと。とりくむこと。例 環境保護活動《かんきょうほごかつどう》への取り組み。❷すもうの組《く》み合《あ》わせ。例 千秋楽《せんしゅうらく》は好《こう》取組が多《おお》い。

とりくむ【取り組む】動詞 ❶たがいに組《く》み合《あ》う。❷いっしょうけんめいにものごとを行《おこな》う。例 あさがおの研究《けんきゅう》に取り組む。

とりけす【取り消す】動詞 前《まえ》に言《い》ったり書《か》いたりしたことや、一度《いちど》決《き》めたことなどを、なかったことにする。例 旅館《りょかん》の予約《よやく》を取り消す。

とりこ 名詞 ❶敵《てき》にとらえられた人《ひと》。ほりょ。❷あるものごとに夢中《むちゅう》になって、そのことばかり、したり考《かんが》えたりしている人《ひと》。例 ゲームのとりこになる。

とりこしぐろう【取り越し苦労】名詞 先《さき》のことまであれこれ考《かんが》えて、余計《よけい》な心配《しんぱい》をすること。例 落選《らくせん》したらどうしよう、と不《ふ》安《あん》だったが、取り越し苦労だった。

とりこむ【取り込む】動詞 ❶とって中《なか》へ入《い》れる。例 洗濯物《せんたくもの》を取り込む。❷とって自分《じぶん》のものにする。例 新《あたら》しい知識《ちしき》を取り込む。❸急《きゅう》なできごとなどで、ごたごたする。例 引《ひ》っ越《こ》したばかりで、まだ取り込んでいる。

とりこわす【取り壊す】動詞 建物《たてもの》などをこわす。例 古《ふる》い物置小屋《ものおきごや》を取り壊す。

とりざた【取り沙汰】名詞 動詞 世《よ》の中《なか》の人《ひと》たちがうわさすること。また、そのうわさ。例 病院《びょういん》の閉鎖《へいさ》が取り沙汰される。

とりさる【取り去る】動詞 とってそこからなくす。例 看板《かんばん》を取り去る。類 取《と》り除《のぞ》く。

とりしきる【取り仕切る】動詞 ものごとを責任《せきにん》を持《も》って引《ひ》き受《う》け、中心《ちゅうしん》となって行《おこな》う。例 委員長《いいんちょう》がこの仕事《しごと》を取り仕切る。

とりしまり【取り締まり】名詞 まちがいなどが起《お》こらないように、かんとくすること。例 交通安全週間《こうつうあんぜんしゅうかん》は、とくに取り締まりが厳《きび》しい。

とりしまりやく【取締役】名詞 会社《かいしゃ》の経営《けいえい》に責任《せきにん》を持《も》つ役目《やくめ》の人《ひと》。

とりしまる【取り締まる】動詞 まちがいなどが起《お》こらないように見守《みまも》り、かんとくする。例 駐車違反《ちゅうしゃいはん》を取り締まる。

とりしらべ【取り調べ】名詞 とり調《しら》べること。例 入場口《にゅうじょうぐち》で荷物《にもつ》の取り調べを受《う》ける。

とりしらべる【取り調べる】動詞 くわしく調《しら》べる。とくに、警察官《けいさつかん》などが事件《じけん》に関係《かんけい》のある人《ひと》から話《はなし》を聞《き》く。

とりすがる【取りすがる】動詞 しっかりとしがみつく。すがりつく。例 母《はは》の体《からだ》に取りすがって泣《な》く。

とりすます【取り澄ます】動詞 つんとすました態度《たいど》をとる。気取《きど》る。例 取り澄ました顔《かお》ですわっている。

とりそろえる【取りそろえる】動詞 いろいろなものをそろえる。必要《ひつよう》なものをそろえる。例 和食《わしょく》、洋食《ようしょく》を取りそろえたメニュー。

とりだす【取り出す】動詞 ❶中《なか》にある物《もの》を、手《て》で取《と》って外《そと》に出《だ》す。例 ポケットからハンカチを取り出す。❷たくさんあるものの中《なか》から選《えら》び出《だ》す。ぬき出《だ》す。例 海水《かいすい》から塩《しお》を取り出す。

とりたて【取り立て】名詞 ❶お金《かね》などを、さいそくして集《あつ》めること。例 借金《しゃっきん》の取り立てが厳《きび》しい。

昔《むかし》、中国《ちゅうごく》で、自分《じぶん》の人差《ひとさ》し指《ゆび》がひとりでに動《うご》くのを見《み》て、ごちそうにありつける前《まえ》ぶれだと言《い》った人《ひと》の話《はなし》から。

❷とくに目《め》をかけて、よい地位《ちい》などにつけること。例社長《しゃちょう》の取り立てで出世《しゅっせ》する。❸とったばかりであること。例取りたての野菜《やさい》。使い方❸は、ふつう「取りたて」と書《か》く。

とりたてる【取り立てる】 動詞 ❶お金《かね》などを、さいそくして集《あつ》める。例貸《か》したお金《かね》を取り立てる。❷特別《とくべつ》なことととしてとり上《あ》げる。例これくらいのことなら、取り立てて言《い》う必要《ひつよう》はない。❸とくに目《め》をかけて、よい地位《ちい》などにつける。例部長《ぶちょう》に取り立てられる。

とりちがえる【取り違える】 動詞 ❶あやまって、ほかのものをとる。例傘《かさ》を取り違えてしまった。❷まちがって理解《りかい》する。思《おも》いちがいをする。例言葉《ことば》の意味《いみ》を取り違える。

とりつ【都立】 名詞 東京都《とうきょうと》がつくって経営《けいえい》していること。例都立病院《びょういん》。

とりつぎ【取り次ぎ】 名詞 間《あいだ》に入《はい》って、用《よう》件《けん》や話《はなし》を伝《つた》えたり、品物《しなもの》の受《う》けわたしをしたりすること。また、その人《ひと》。中《なか》つぎ。使い方「取《とり》次店《つぎてん》」などの場合《ばあい》には、送《おく》りがなをつけない。

とりつく【取り付く】 動詞 ❶すがりつく。例弟《おとうと》は母《はは》に取り付いたままはなれない。❷とりかかる。始《はじ》める。例再《ふたた》び作業《さぎょう》に取り付いた。❸たましいなどがのり移《うつ》る。たたる。例きつねが取り付く。

●**取《と》り付《つ》く島《しま》もない** 相手《あいて》の態度《たいど》が冷《つめ》たく、話《はな》しかけるきっかけを見《み》つけることもできない。例何《なに》を聞《き》いても知《し》らん顔《かお》で、取り付く島もない。使い方「取《と》り付《つ》くひまもない」といわないよう注意《ちゅうい》。

トリック（trick）名詞 実際《じっさい》にはできないことやありえないことを、ほんとうのように見《み》せかけるしかけ。例手品《てじな》のトリックを見破《みやぶ》る。

とりつぐ【取り次ぐ】 動詞 間《あいだ》に入《はい》って、用《よう》件《けん》や話《はなし》を伝《つた》えたり、品物《しなもの》の受《う》けわたしをしたりする。例電話《でんわ》を取り次ぐ。

とりつくろう【取り繕う】 動詞 ❶直《なお》す。手《て》入《い》れをする。例かべの穴《あな》を取り繕う。❷あやまちなどを、その場《ば》だけうまくごまかす。例失敗《しっぱい》したが、言《い》い訳《わけ》をして取り繕った。

とりつける【取り付ける】 動詞 ❶部品《ぶひん》や器具《きぐ》などを、ある場所《ばしょ》につける。備《そな》えつける。例かべにたなを取り付ける。❷相手《あいて》からよい返事《へんじ》をもらって、約束《やくそく》などを成《せい》立《りつ》させる。例注文《ちゅうもん》を取り付ける。

とりっこ【取りっこ】 名詞 動詞 何人《なんにん》かでものをとり合《あ》うこと。例小《ちい》さい子《こ》がおもちゃを取りっこする。

とりで 名詞 昔《むかし》、中心《ちゅうしん》となる城《しろ》を守《まも》るために、はなれたところに造《つく》った小《ちい》さな城《しろ》。また、敵《てき》を防《ふせ》ぐために造《つく》った建物《たてもの》。

とりとめのない【取り留めのない】 まとまりがない。つかみどころがない。「とりとめがない」ともいう。例取り留めのない話《はなし》。

とりとめる【取り留める】 動詞 危《あぶ》ないところで食《く》い止《と》める。例なんとか命《いのち》を取り留めた。

とりどり 名詞 形容動詞 たくさんのものが、それぞれちがっているようす。さまざま。例色《いろ》とりどりの花《はな》がさき乱《みだ》れている。

とりなおす【取り直す】 動詞 ❶ものを手《て》で持《も》ち直《なお》す。持《も》ちかえる。例絵筆《えふで》を取り直す。❷気持《きも》ちを新《あら》たにする。くじけそうな心《こころ》を前《まえ》のような状態《じょうたい》にもどす。例気《き》を取り直して、初《はじ》めからやり直《なお》す。❸すもうで、もう一度《いちど》取組《とりくみ》をする。

とりなす【取りなす】 動詞 ❶争《あらそ》いなどの間《あいだ》に入《はい》って、仲直《なかなお》りさせる。例けんかしていた二人《ふたり》の間《あいだ》を取りなす。❷なだめて機嫌《きげん》がよくなるようにする。その場《ば》をうまくまとめる。例父《ちち》が取りなしてくれたおかげで、話《はな》し合《あ》いはなごやかに終《お》わった。

とりにがす【取り逃がす】 動詞 もう少《すこ》しのところでにげられる。つかまえそこなう。例犯人《はんにん》を取り逃がす／チャンスを取り逃がす。

とりにく【鳥肉・鶏肉】 名詞 にわとりの肉《にく》。

とりのいち【とりの市】 名詞 季語冬 毎年《まいとし》十一月《じゅういちがつ》のとりの日《ひ》に、鷲神社《おおとりじんじゃ》で行《おこな》われる祭《まつ》り。商売繁盛《しょうばいはんじょう》などをいのって、くま手《で》などを売《う》る市《いち》が立《た》つ。「おとり様《さま》」ともいう。

とりのける【取りのける】 動詞 ❶そこからとってなくす。とり除《のぞ》く。例畑《はたけ》の土《つち》から石《いし》を取りのける。

故事成語 **食指《しょくし》が動《うご》く** 食欲《しょくよく》が起《お》こること。また、何《なに》かがしたくなったり、ほしくなったりすること。

❷とって、別《べつ》にする。例 小《ちい》さいいもは取りのけて、別の料理《りょうり》に使《つか》う。

とりのこす【取り残す】 動詞
❶全部《ぜんぶ》はとらないで、残《のこ》しておく。
❷置《お》き去《ざ》りにする。例 流行《りゅうこう》に取り残される。
使い方 ❷は「取り残《のこ》される」の形《かたち》で使《つか》うことが多《おお》い。

とりのぞく【取り除く】 動詞 じゃまになっているものなどをとってなくす。類 取《と》り去《さ》る。

とりはからう【取り計らう】 動詞 ものごとがうまくいくように処理《しょり》をする。例 お任《まか》せしますので、うまく取り計らってください。

とりはずす【取り外す】 動詞 とりつけてあったものを外《はず》す。例 カバーを取り外す。

とりはだ【鳥肌】 名詞 寒《さむ》さやおそろしさのため、毛《け》をむしった鳥《とり》のはだのような小《ちい》さなぶつぶつが皮膚《ひふ》にできること。例 鳥肌が立《た》つ。

とりはらう【取り払う】 動詞 全部《ぜんぶ》とってなくしてしまう。例 カーテンを取り払う。

とりひき【取り引き・取引】 名詞 動詞
❶品物《しなもの》を売《う》ったり、買《か》ったりすること。売《う》り買《か》い。例 取引先《さき》／取り引きがうまくいった。
❷おたがいに利益《りえき》が得《え》られるように、条件《じょうけん》を出《だ》し合《あ》ってものごとを交換《こうかん》すること。例 犯人《はんにん》との取り引きの結果《けっか》、人質《ひとじち》が解放《かいほう》された。

とりふだ【取り札】 名詞 いろはがるたや百《ひゃく》人一首《にんいっしゅ》などで、取《と》るほうの札《ふだ》。対 読《よ》み札《ふだ》。

ドリブル (dribble) 名詞 動詞
❶サッカーやラグビーなどで、ボールをけりながら進《すす》むこと。
❷バスケットボールやハンドボールなどで、ボールを手《て》でつきながら進《すす》むこと。

トリプルプレー (triple play) 名詞 野球《やきゅう》で、連続《れんぞく》したプレーで三人《さんにん》をアウトにすること。

とりぶん【取り分】 名詞 何《なに》かを分《わ》けるとき、ひとりひとりがもらう分量《ぶんりょう》。分《わ》け前《まえ》。

トリマー (trimmer) 名詞 犬《いぬ》やねこなど、ペットの毛《け》をかったり整《ととの》えたりする仕事《しごと》をしている人《ひと》。

とりまき【取り巻き】 名詞 お金《かね》や地位《ちい》のある人《ひと》などのそばにいて、機嫌《きげん》をとること。また、その人《ひと》。例 取り巻きにおだてられる。

とりまぎれる【取り紛れる】 動詞 用事《ようじ》などに心《こころ》をうばわれて、ほかのことを忘《わす》れてしまう。例 いそがしさに取り紛れて、約束《やくそく》を忘《わす》れてしまった。

とりまく【取り巻く】 動詞
❶周《まわ》りをぐるりと囲《かこ》む。例 敵《てき》に取り巻かれる。
❷お金《かね》や地位《ちい》のある人《ひと》などのそばにいて、機嫌《きげん》をとる。

とりまぜる【取り混ぜる】 動詞 いろいろなものをいっしょに混《ま》ぜる。例 いろいろなお菓《か》子《し》を取り混ぜて箱《はこ》につめる。

とりまとめる【取りまとめる】 動詞
❶ばらばらなものを合《あ》わせて一《ひと》つにする。例 荷物《にもつ》を取りまとめる／みんなの意見《いけん》を取りまとめる。
❷いろいろ調整《ちょうせい》して、ものごとをうまく処理《しょり》する。例 縁談《えんだん》を取りまとめる。

とりみだす【取り乱す】 動詞
❶ものを散《ち》らかす。
❷思《おも》いがけないできごとに、落《お》ち着《つ》きをなくす。例 妹《いもうと》のけがを知《し》って、母《はは》は取り乱した。

とりめ【鳥目】 名詞 まわりが暗《くら》くなると目《め》が見《み》えにくくなる病気《びょうき》。ビタミンA《エー》が足《た》りないときなどに起《お》こる。「夜盲症《やもうしょう》」のこと。ことば 鳥《とり》の多《おお》くは夜《よる》になると目《め》が利《き》かなくなることからきたことば。

とりもち【鳥もち】 名詞 さおの先《さき》などにつけて、小鳥《ことり》や昆虫《こんちゅう》をつかまえるときに使《つか》う、ねばねばした物質《ぶっしつ》。もちのきなどの木《き》の皮《かわ》からとる。

とりもつ【取り持つ】 動詞
❶うまくもてなす。例 座《ざ》を取り持つ（＝その場《ば》の雰囲気《ふんいき》をなごやかにするよう、気《き》を配《くば》る）。
❷間《あいだ》に立《た》って世話《せわ》をする。例 二人《ふたり》の間《あいだ》を取り持《も》って仲直《なかなお》りさせた。

とりもどす【取り戻す】 動詞
❶人《ひと》にあたえたり、とられたりしたものを、とり返《かえ》す。例 姉《あね》に貸《か》していた本《ほん》を取り戻す。
❷もとの状態《じょうたい》に回復《かいふく》する。例 健康《けんこう》を取り戻す。

とりもなおさず【取りも直さず】 副詞 つまり。言《い》いかえると。例 意見《いけん》を言《い》わないということは、取りも直さず賛成《さんせい》ということだ。

とりやめる【取りやめる】 動詞 予定《よてい》していたことをやめる。中止《ちゅうし》する。例 雨《あめ》のため、遠《えん》足《そく》を取りやめる。

とりょう【塗料】 名詞 物《もの》がさびたりくさったりするのを防《ふせ》いだり、美《うつく》しくしたりするために、表面《ひょうめん》にぬるもの。ペンキ・ラッカー・ニス・うるしなど。

どりょう【度量】 名詞 他人《たにん》の言《い》うことなどを受《う》け入《い》れる、広《ひろ》い気持《きも》ち。例 度量が大《おお》きい。

どりょうこう【度量衡】 名詞 長《なが》さ（＝度《ど》）と容積《ようせき》（＝量《りょう》）と重《おも》さ（＝衡《こう》）。また、それらをはかる、ものさし・ます・はかりのこと。

どりょく【努力】 名詞 動詞 ある目的《もくてき》のために力《ちから》をつくすこと。いっしょうけんめいにやること。例 成績《せいせき》が上《あ》がったのは努力した結果《けっか》だ。

どりょくか【努力家】 名詞 目的《もくてき》のために、力《ちから》をつくしていっしょうけんめいがんばる人《ひと》。

とりよせる【取り寄せる】 動詞 注《ちゅう》文《もん》して持《も》って来《こ》させたり、送《おく》らせたりする。例 ほしい本《ほん》を取り寄せる。

ドリル（drill）名詞
❶回転《かいてん》させて、岩《いわ》・コンクリート・板《いた》などに穴《あな》をあける道《どう》具《ぐ》。
❷くり返《かえ》して行《おこな》う、問《もん》題《だい》を解《と》く練《れん》習《しゅう》。また、そのための教材《きょうざい》。例 算数《さんすう》のドリル。

ドリル❶

とりわけ【取り分け】 副詞 その中《なか》でも、とくに。ことに。例 今年《ことし》の冬《ふゆ》はとりわけ寒《さむ》い。
使い方 ふつうかな書《が》きにする。

とりわける【取り分ける】 動詞
❶それぞれの分《ぶん》を分《わ》けてとる。例 小《ちい》さい皿《さら》に料《りょう》理《り》を取り分ける。
❷とって、別《べつ》に分《わ》ける。例 帰《かえ》りのバスで食《た》べる分《ぶん》のお菓《か》子《し》を取り分けておく。

とる【取る】 動詞
❶手《て》に持《も》つ。つかむ。例 本《ほん》を手《て》に取る。
❷余分《よぶん》なものを除《のぞ》く。例 消《け》しゴムのかすを取る／よごれを取る。
❸ぬすむ。うばう。例 人《ひと》のものを取る。
❹選《えら》ぶ。例 好《す》きなほうを取る。
❺食《た》べる。例 どうぞ昼《ちゅう》食《しょく》を取ってください。
❻外《はず》す。例 帽《ぼう》子《し》を取る。
❼書《か》く。例 メモを取る。
❽注《ちゅう》文《もん》して持《も》ってこさせる。例 すしを取る。
❾場《ば》所《しょ》をしめる。例 よい席《せき》を取る。
❿引《ひ》き受《う》ける。例 責任《せきにん》を取る。
⓫数《かぞ》える。はかる。例 脈《みゃく》を取る。
漢 602ページ しゅ〔取〕

●**取《と》るに足《た》りない** わざわざ言《い》うほどのものではない。大《たい》したことのない。例 そんな失《しっ》敗《ぱい》など取るに足りないよ。

●**取《と》るものも取《と》りあえず** 持《も》って行《い》くものを手《て》にとるひまもないくらい、大急《おおいそ》ぎで。例 取るものも取りあえず、病《びょう》院《いん》にかけつけた。

とる【捕る】 動詞 つかまえる。とらえる。例 ねこがねずみを捕る。

とる【執る】 動詞
❶仕《し》事《ごと》などを行《おこな》う。例 事《じ》務《む》を執る。
❷手《て》に持《も》って使《つか》う。例 筆《ふで》を執る（＝文《ぶん》を書《か》く）。

とる【採る】 動詞
❶探《さが》して集《あつ》める。例 昆《こん》虫《ちゅう》をたくさん採る。
❷人《ひと》をやとう。例 新《しん》入《にゅう》社《しゃ》員《いん》を採る。
❸選《えら》んで用《もち》いる。例 ぼくの提《てい》案《あん》が採られた。
漢 510ページ さい〔採〕

とる【撮る】 動詞 写真《しゃしん》や映《えい》画《が》などを写《うつ》す。さつえいする。

ドル（dollar）名詞 アメリカやカナダなどのお金《かね》の単《たん》位《い》。一《いち》ドルは百《ひゃく》セント。記《き》号《ごう》は「$」。

どるい【土塁】 名詞 敵《てき》を防《ふせ》ぐために、土《つち》を盛《も》り上《あ》げてつくった、土《ど》手《て》のようなもの。

トルコ 959ページ トルコきょうわこく

トルコきょうわこく【トルコ共和国】 名詞 アジアとヨーロッパにまたがり、地《ち》中《ちゅう》海《かい》に面《めん》した国《くに》。サービス業《ぎょう》や工《こう》業《ぎょう》がさかん。首《しゅ》都《と》はアンカラ。「トルコ」ともいう。

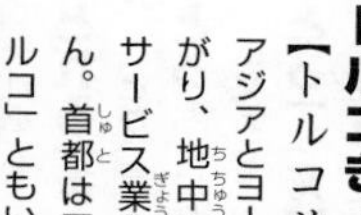
（国旗《こっき》）

トルストイ 名詞（一八二八～一九一〇）ロシアの小《しょう》説《せつ》家《か》。「戦争《せんそう》と平和《へいわ》」「復活《ふっかつ》」「アンナ＝カレーニナ」などを書《か》いた。

どれ
❶ 代名詞 いくつかある中《なか》で、はっきりしないものごとを指《さ》すことば。例 どれを買《か》おうか。
❷ 感動詞 思《おも》い立《た》って何《なに》かしようとするとき言《い》うことば。例 どれ、そろそろ始《はじ》めようか。
❸ 感動詞 軽《かる》く命《めい》令《れい》するときに言《い》うことば。例 どれ、見《み》せてごらん。

故事成語 **助《じょ》長《ちょう》** 植《う》えたなえが早《はや》くのびるようにと引《ひ》っぱって、かれさせてしまったという話《はなし》から、余《よ》計《けい》な力《ちから》をかして、かえって害《がい》を与えることではなく、助《たす》けること。

どれい【奴隷】 名詞 昔《むかし》、自由《じゆう》を認《みと》められないで、お金《かね》で売《う》り買《か》いされ、主人《しゅじん》の思《おも》うままに働《はたら》かされていた人《ひと》。

トレー (tray) 名詞 料理《りょうり》や書類《しょるい》などをのせる浅《あさ》いぼん。また、食品《しょくひん》などをのせて売《う》る浅《あさ》い容《よう》器。「トレイ」ともいう。例 食品《しょくひん》トレー。

トレーサビリティー (traceability) 名詞 ある食品《しょくひん》が、どこでどのようにつくられ、どのような筋道《すじみち》をたどって消費者《しょうひしゃ》まで届《とど》いたのかを、さかのぼって調《しら》べられるようにすること。また、そのしくみ。

トレーシングペーパー (tracing paper) 名詞 もとの図《ず》を上《うえ》からなぞって書《か》き写《うつ》すときなどに使《つか》う、半透明《はんとうめい》のうすい紙《かみ》。

トレード (trade) 名詞 動詞 ❶売買《ばいばい》の取《と》り引《ひ》き。貿易《ぼうえき》。❷プロ野球《やきゅう》などで、選手《せんしゅ》の所属《しょぞく》をほかのチームに移《うつ》したり、選手同士《せんしゅどうし》を交換《こうかん》したりすること。

トレードマーク (trademark) 名詞 ❶→641ページ しょうひょう ❷その人《ひと》を特徴《とくちょう》づけているもの。例 帽子《ぼうし》がこの作家《さっか》のトレードマークだ。

トレーナー (trainer) 名詞 ❶スポーツで、選手《せんしゅ》の体《からだ》の調子《ちょうし》を整《ととの》えたり、練習《れんしゅう》の指導《しどう》をしたりする人《ひと》。❷トレーニング用《よう》の厚手《あつで》の長《なが》そでシャツ。

トレーニング (training) 名詞 動詞 スポーツなどで、うまくなったり体《からだ》をきたえたりするために、練習《れんしゅう》をすること。

トレーニングパンツ 名詞 運動《うんどう》をするときにはく長《なが》いズボン。略《りゃく》して「トレパン」ともいう。ことば 英語《えいご》をもとに日本《にほん》で作《つく》られたことば。

トレーラー (trailer) 名詞 エンジンのついた車《くるま》に引《ひ》っ張《ぱ》られて人《ひと》や荷物《にもつ》を運《はこ》ぶ車《くるま》。

ドレス (dress) 名詞 女《おんな》の人《ひと》が着《き》る洋服《ようふく》。とくに、あらたまった場所《ばしょ》で着《き》る洋服《ようふく》。

とれだか【取れ高】 名詞 農作物《のうさくぶつ》などのとれた量《りょう》。例 米《こめ》の取《と》れ高《だか》。

トレッキング (trekking) 名詞 山歩《やまある》き。とくに、健康《けんこう》や景色《けしき》を楽《たの》しむことを目的《もくてき》に山《やま》を歩《ある》くこと。例 トレッキングシューズ。

ドレッサー (dresser) 名詞 鏡《かがみ》のついた化粧《けしょう》台《だい》。

ドレッシング (dressing) 名詞 油《あぶら》に酢《す》を混《ま》ぜ、塩《しお》・こしょうなどで味《あじ》をつけたソース。サラダなどにかけて使《つか》う。

トレパン →960ページ トレーニングパンツ

どれほど 副詞 ❶どのくらい。どんなに。例 あとどれほどで目的地《もくてきち》に着《つ》くだろうか。❷どんなに多《おお》く。例 どれほどつらくても三《さん》キロメートルを走《はし》りぬこう。

ドレミ (イタリア語《ご》) 名詞 音階《おんかい》のこと。とくに、西洋音楽《せいようおんがく》の七音《ななおん》(＝ド・レ・ミ・ファ・ソ・ラ・シ)の音階《おんかい》のこと。

トレモロ (イタリア語《ご》) 名詞 同《おな》じ音《おと》、または二《ふた》つの音《おと》を細《こま》かくくり返《かえ》す演奏《えんそう》のしかた。ことば 「ふるえる」という意味《いみ》からきたことば。

とれる【取れる】 動詞 ❶取《と》ることができる。❷作物《さくもつ》や獲物《えもの》などが手《て》に入《はい》る。収穫《しゅうかく》がある。❸はなれて落《お》ちる。なくなる。例 よごれが取《と》れる／つかれが取《と》れる。

とれる【捕れる】 動詞 魚《さかな》や鳥《とり》が手《て》に入《はい》る。例 この時期《じき》はさんまがよく捕《と》れる。

とれる【採れる】 動詞 ❶植物《しょくぶつ》などが手《て》に入《はい》る。例 たけのこが採《と》れる。❷人《ひと》をやとうことができる。例 今年《ことし》は優秀《ゆうしゅう》な社員《しゃいん》を五人《ごにん》も採《と》れた。

とれる【撮れる】 動詞 写真《しゃしん》や映画《えいが》などを写《うつ》すことができる。例 このカメラなら弟《おとうと》にも撮《と》れる。

とろ 名詞 川《かわ》が深《ふか》くて、流《なが》れがほとんどないように見《み》えるところ。

とろ【吐露】 名詞 動詞 心《こころ》の中《なか》の思《おも》いをかくさずに話《はな》すこと。例 真情《しんじょう》を吐露する。

とろ【登呂】 名詞 静岡市《しずおかし》にある地名《ちめい》。一九四三年《ねん》に、弥生時代《やよいじだい》の水田《すいでん》や住《す》まいなどのあとが発見《はっけん》され、木製《もくせい》の農具《のうぐ》や土器《どき》などが出土《しゅつど》した。

どろ【泥】 名詞 水《みず》の混《ま》じったやわらかい土《つち》。

● **泥《どろ》を塗《ぬ》る** はじをかかせる。名誉《めいよ》を傷《きず》つける。

● **泥《どろ》を吐《は》く** かくしていた悪《わる》いことをしゃべる。白状《はくじょう》する。

トロイカ (ロシア語《ご》) 名詞 三頭《さんとう》の馬《うま》で引《ひ》くロシアの馬車《ばしゃ》。雪《ゆき》が積《つ》もる時期《じき》は、車《くるま》を外《はず》してそりにする。

とろいせき【登呂遺跡】 名詞 静岡市《しずおかし》で発見《はっけん》された、弥生時代《やよいじだい》の水田《すいでん》や住《す》まいなどのあと。

味《み》。できるかぎりの努力《どりょく》をしたあとは、運命《うんめい》に任《まか》せる、ということ。

とろう【徒労】 名詞 苦労《くろう》してやったことが、結局《けっきょく》はなんの役《やく》にも立《た》たないこと。骨折《ほねお》り損《ぞん》。例 せっかくの努力《どりょく》も徒労に終《お》わった。

どろうみ【泥海】 名詞
❶どろの混《ま》ざったよごれた海《うみ》。
❷海《うみ》のように広《ひろ》がる一面《いちめん》のぬかるみ。

トロール (trawl) 名詞「トロールあみ」「トロール船《せん》」の略《りゃく》。

トロールあみ【トロール網】 名詞 魚《さかな》をとるあみの一《ひと》つ。大《おお》きなふくろのような形《かたち》で、両端《りょうはし》につけた引《ひ》きづなを船《ふね》で引《ひ》く。

トロールせん【トロール船】 名詞 トロールあみを引《ひ》いて漁《りょう》をする漁船《ぎょせん》。

ドローン (drone) 名詞 無線《むせん》などを使《つか》って、はなれたところから操縦《そうじゅう》する、無人《むじん》の航空機《こうくうき》。

どろくさい【泥臭い】 形容詞
❶どろのにおいがする。例 泥臭い水《みず》。
❷あかぬけていない。やぼったい。例 泥臭い格好《かっこう》。

とろける 動詞
❶固《かた》まっているものが、とけて形《かたち》がなくなる。例 チョコレートがとろける。
❷心《こころ》がひきつけられ、気《き》がゆるんでしまりがなくなる。例 心《こころ》がとろけるような美《うつく》しい曲《きょく》。

どろじあい【泥仕合】 名詞 たがいに相手《あいて》の秘密《ひみつ》や欠点《けってん》などをあばいて勝《か》とうとする、みにくい争《あらそ》い。

トロッコ 名詞 土《つち》や石《いし》などをのせ、レールの上《うえ》を手《て》でおして運《はこ》ぶ車《くるま》。ことば 英語《えいご》の「トラック」からきたことば。

ドロップ (drop) 名詞 いろいろな香《かお》りや味《あじ》をつけた、西洋風《せいようふう》のあめ。

トロッコ

とろとろ
❶ 副詞 動詞 形容動詞 物《もの》がとけて形《かたち》がなくなったり、ねばり気《け》が出《で》たりしているようす。例 とろとろになるまで煮《に》こんだシチュー。
❷ 副詞 動詞 あさくねむるようす。例 テレビを見《み》ながらとろとろしていた。
❸ 副詞 動詞 火力《かりょく》が弱《よわ》いようす。例 だんろの火《ひ》がとろとろ燃《も》える。
❹ 副詞 動詞 動《うご》きがゆっくりしているようす。例 とろとろしてないで、さっさと歩《ある》きなさい。

どろなわ【泥縄】 名詞 何《なに》ごとかが起《お》こってしまってから、あわてて用意《ようい》することのたとえ。例 泥縄式《しき》のテスト勉強《べんきょう》。ことば「泥棒《どろぼう》を捕《と》らえて縄《なわ》をなう」ということわざからきたことば。

どろぬま【泥沼】 名詞
❶どろが深《ふか》いぬま。
❷なかなかぬけることのできない悪《わる》い環境《かんきょう》。例 ようやく悪《あく》の泥沼からはい上《あ》がった。

とろび【とろ火】 名詞 ごく弱《よわ》い火《ひ》。

トロフィー (trophy) 名詞 優勝《ゆうしょう》した人《ひと》にあたえられるカップや像《ぞう》。

どろぼう【泥棒】 名詞 動詞 人《ひと》のものをぬすむこと。また、その人《ひと》。

●**泥棒《どろぼう》に追《お》い銭《せん》** ことわざ どろぼうにものをとられた上《うえ》に、さらにお金《かね》までやること。損《そん》を重《かさ》ねることのたとえ。「盗人《ぬすびと》に追《お》い銭《せん》」ともいう。

●**泥棒《どろぼう》を捕《と》らえて縄《なわ》をなう** ⇒315ページ ことわざ

どろまみれ【泥まみれ】 名詞 どろだらけになること。例 泥まみれになって遊《あそ》ぶ。

トロリーバス (trolley bus) 名詞 上《うえ》に張《は》った電線《でんせん》から、細長《ほそなが》い棒《ぼう》を通《とお》して電力《でんりょく》を受《う》け、レールのない道《みち》を走《はし》るバス。

とろろ 名詞 季語 秋 やまいもをすりおろし、だしじるや卵《たまご》などを入《い》れてのばした料理《りょうり》。ごはんなどにかけて食《た》べる。とろろじる。

とろろじる【とろろ汁】 ⇒961ページ・とろろ

ドロンゲーム (drawn game) 名詞 勝《か》ち負《ま》けのつかない試合《しあい》。引《ひ》き分《わ》けの試合《しあい》。

どろんこ【泥んこ】 名詞 どろ。また、どろだらけ。どろまみれ。使い方 くだけた言《い》い方《かた》。

トロンボーン (trombone) 名詞 金管楽器《きんかんがっき》の一《ひと》つ。組《く》み合《あ》わさった二本《にほん》の管《くだ》をすべらせ、長《なが》くしたり短《みじか》くしたりして、音《おと》の高《たか》さを変《か》える。図 ⇒269ページ がっき〔楽器〕

とわ 名詞 いつまでも変《か》わらないこと。例 とわの愛《あい》。類 永遠《えいえん》。永久《えいきゅう》。

どわすれ【度忘れ】 名詞 動詞 よく知《し》っていることを、ふと忘《わす》れてしまって思《おも》い出《だ》せないこと。例 電話番号《でんわばんごう》を度忘れしてしまった。

とわだこ【十和田湖】 名詞 東北地方《とうほくちほう》の青森県《あおもりけん》と秋田県《あきたけん》との境《さかい》にある湖《みずうみ》。湖水《こすい》は北《きた》に流《なが》れ出《で》て奥入瀬川《おいらせがわ》となる。景色《けしき》がよく、十和田八幡平《とわだはちまんたい》

故事成語 **人事《じんじ》を尽《つ》くして天命《てんめい》を待《ま》つ** 人間《にんげん》の力《ちから》でできることはすべてやり、結果《けっか》は天《てん》に任《まか》せるという意《い》

国立公園《こくりつこうえん》の中心《ちゅうしん》になっている。

とわだはちまんたいこくりつこうえん【十和田八幡平国立公園】 名詞 青《あお》森《もり》・秋田《あきた》・岩手《いわて》の三県《さんけん》にまたがる国立公園《こくりつこうえん》。十《と》和田湖《わだこ》・八甲田山《はっこうださん》・八幡平《はちまんたい》・奥入瀬渓流《おいらせけいりゅう》を中《ちゅう》心《しん》とする。

とん【団】 ㊌ ⇩815ページ だん〔団〕

とん【問】 ㊌ ⇩1327ページ もん〔問〕

トン（ton） 名詞 ❶メートル法《ほう》の重《おも》さの単位《たんい》。一《いっ》トンは千《せん》キログラム。記号《きごう》は「t」。❷船《ふね》やトラック、貨車《かしゃ》などの容積《ようせき》の単位《たんい》。

どんかく【鈍角】 名詞 九〇度《ど》より大《おお》きく、一八〇度《ど》より小《ちい》さい角《かく》。対 鋭角《えいかく》。図 ⇩242ページ かく〔角〕

とんかち 名詞 くぎなどを打《う》つときに使《つか》う「金《かな》づち」のこと。

とんカツ【豚カツ】 名詞 ぶた肉《にく》に、小麦粉《こむぎこ》・卵《たまご》・パン粉《こ》をつけて油《あぶら》であげる料理《りょうり》。日本《にほん》で考《かんが》え出《だ》された。

とんがらし ⇩917ページ とうがらし

どんかん【鈍感】 名詞 形容動詞 感覚《かんかく》や、ものごとに対《たい》する感《かん》じ方《かた》がにぶいこと。例 味《あじ》に鈍感な人《ひと》。類 無神経《むしんけい》。対 敏感《びんかん》。

とんきょう【頓狂】 形容動詞 突然《とつぜん》、その場《ば》に合《あ》わないことを言《い》ったりしたりするようす。すっとんきょう。例 頓狂な声《こえ》を上《あ》げる。

トング（tongs） 名詞 食品《しょくひん》をはさんでつかむための、U字形《ユーじがた》の道具《どうぐ》。

どんぐり 名詞 季語 秋 かし・くぬぎ・ならなどの実《み》。おわんの形《かたち》をしたからがついている。

● **どんぐりの背比《せいくら》べ** ことわざ どれも同《おな》じくらいで、とくにすぐれているものがないこと。

どんぐり

どんこう【鈍行】 名詞 どの駅《えき》にも止《と》まる電《でん》車《しゃ》。各駅停車《かくえきていしゃ》。普通列車《ふつうれっしゃ》。

とんこつ【豚骨】 名詞 だしなどをとるのに使《つか》う、ぶたの骨《ほね》。例 豚骨ラーメン。

とんざ【頓挫】 名詞 動詞 うまく進《すす》んでいたことが、とちゅうでだめになること。例 工場建《こうじょうけん》設《せつ》の計画《けいかく》が頓挫する。

とんじゃく【頓着】 ⇩962ページ とんちゃく

どんじゅう【鈍重】 形容動詞 動作《どうさ》などがにぶくてのろいようす。例 鈍重な動《うご》き。

とんじる【豚汁】 名詞 ぶた肉《にく》と野菜《やさい》を入《い》れてみそで味《あじ》つけしたしる。ぶたじる。

どんぞこ【どん底】 名詞 いちばん悪《わる》い状態《じょうたい》。例 悲《かな》しみのどん底。

とんだ 連体詞 とんでもない。思《おも》いがけない。例 とんだ失敗《しっぱい》をしてしまった／とんだ目《め》にあう。

とんち【頓知】 名詞 その場《ば》その場《ば》でぱっと思《おも》いつく、うまい考《かんが》えや知恵《ちえ》。例 頓知をはたらかせる。類 機知《きち》。

とんちゃく【頓着】 名詞 動詞 気《き》にすること。「とんじゃく」ともいう。例 わたしは細《こま》かいことには頓着しない。使い方 あとに「ない」などのことばがくることが多《おお》い。

どんちょう【どん帳】 名詞 劇場《げきじょう》の舞台《ぶたい》などに使《つか》う、ししゅうなどで模様《もよう》をつけた厚《あつ》い幕《まく》。

とんちんかん 名詞 形容動詞 ちぐはぐで、間《ま》がぬけたことを言《い》ったりしたりすること。また、その人《ひと》。例 とんちんかんな答《こた》えをする。

どんつう【鈍痛】 名詞 にぶく、重苦《おもくる》しい痛《いた》み。

どんづまり【どん詰まり】 名詞 ものごとの最後《さいご》。また、道《みち》の行《い》き止《ど》まり。

とんでひにいるなつのむし【飛んで火に入る夏の虫】 ⇩1009ページ 故事成語

とんでもない 形容詞 ❶思《おも》いもかけない。とほうもない。例 とんでもないところから、さがし物《もの》が出《で》てきた。❷相手《あいて》のことばを強《つよ》く打《う》ち消《け》すときのことば。決《けっ》してそうではない。例 とんでもない、それはあなたの思《おも》いちがいだ。❸望《のぞ》ましくない。よくない。例 妹《いもうと》のせいにするなんて、とんでもない兄《にい》さんだ。

どんてん【曇天】 名詞 くもった空《そら》。くもり。関連 雨天《うてん》。晴天《せいてん》。

どんでんがえし【どんでん返し】 名詞 ❶上下《じょうげ》が逆《さか》さまになるようにひっくり返《かえ》すこと。また、そのようなしかけ。❷ものごとの進《すす》み方《かた》が、急《きゅう》に意外《いがい》な方向《ほうこう》に変《か》わること。例 この話《はなし》にはどんでん返しがある。

しいつきあいのこと。昔《むかし》、中国《ちゅうごく》の劉備《りゅうび》という皇帝《こうてい》が、家臣《かしん》である孔明《こうめい》との仲《なか》を、水《みず》と魚《さかな》にたとえたことからき

とんでんへい【屯田兵】 名詞 明治政府が北海道《かいどう》の開拓《かいたく》と警備《けいび》を目的《もくてき》としてもうけた農兵《のうへい》。ふだんは農業《のうぎょう》を行《おこな》い、非常時《ひじょうじ》には兵士《へいし》となった。北海道《ほっかいどう》の開拓《かいたく》に大《おお》きな役割《やくわり》を果《は》たした。

とんと 副詞 まるっきり。ちっとも。例 とんと手紙《てがみ》も来《こ》なくなりました。使い方 あとに「ない」などのことばがくる。

どんど 名詞 季語 新年 一月十五日《いちがつじゅうごにち》に行《おこな》われる火《ひ》祭《まつ》りの行事《ぎょうじ》。正月《しょうがつ》の松《まつ》かざりなどを集《あつ》めて焼《や》く。この火《ひ》でもちを焼《や》いて食《た》べ、一年間《いちねんかん》の健康《けんこう》を願《ねが》う。どんど焼《や》き。「左義長《さぎちょう》」ともいう。

どんどやき【どんど焼き】 ➡963ジ《ペー》 どんど

とんとん
❶ 副詞 物《もの》を軽《かる》くたたく音《おと》のようす。例 ドアをとんとんたたく。
❷ 副詞 ものごとがうまく進《すす》んでいくようす。例 話《はなし》がとんとん進《すす》んだ。
❸ 名詞 両方《りょうほう》がだいたい同《おな》じ程度《ていど》であること。例 両者《りょうしゃ》の実力《じつりょく》はとんとんだ。
使い方 ❶❷は、「とんとんと」の形《かたち》でも使《つか》う。

どんどん[と] 副詞
❶物《もの》を続《つづ》けて強《つよ》くたたいたり、打《う》ったりする音《おと》のようす。例 太鼓《たいこ》をどんどん打《う》つ。
❷ものごとが次々《つぎつぎ》に進《すす》んでいくようす。例 客《きゃく》がどんどんやって来《き》た。類 ずんずん[と]。

とんとんびょうし【とんとん拍子】 名詞 ものごとが、調子《ちょうし》よく思《おも》いどおりに進《すす》んでいくこと。例 話《はな》し合《あ》いはとんとん拍子に進《すす》んだ。

どんな 連体詞 どのような。例 どんな音楽《おんがく》が好《す》きですか／どんなことがあっても行く。

どんなに 副詞 どのくらい。どれほど。例 どんなにかうれしかったことだろう。

トンネル (tunnel)
❶ 名詞 人《ひと》や車《くるま》などを通《とお》すため、山《やま》や海底《かいてい》などをほりぬいてつくった道《みち》。
❷ 名詞 動詞 野球《やきゅう》で、ボールをとりそこなって、またの間《あいだ》から後《うし》ろにのがすこと。

とんび 名詞 季語 冬
❶ ➡946ジ《ペー》 とび❶
❷ 男《おとこ》の人《ひと》が着物《きもの》の上《うえ》に着《き》る外《がい》とう。
ことば 季語《きご》として使《つか》うのは❷の意味《いみ》。

●**とんびがたかを生《う》む** ことわざ 平凡《へいぼん》な親《おや》からすぐれた子供《こども》が生《う》まれることのたとえ。対 うりのつるになすびはならぬ。

●**とんびに油揚《あぶらあ》げをさらわれる** ことわざ 大《たい》切《せつ》なものを、ふいに横《よこ》からうばわれてあっけにとられることのたとえ。

どんぴしゃり 副詞 少《すこ》しのちがいもなく当《あ》たるようす。予想《よそう》したとおりであるようす。例 きみの予想《よそう》はどんぴしゃりだったよ。

とんぷく【頓服】 名詞 動詞 薬《くすり》を、具合《ぐあい》が悪《わる》くなったときに、その一回《いっかい》だけ飲《の》むこと。また、そのような薬《くすり》。例 頓服薬《やく》。

どんぶり【丼】 名詞
❶食《た》べ物《もの》を盛《も》る、底《そこ》が深《ふか》くて厚《あつ》みのある瀬戸物《せともの》のはち。どんぶりばち。
❷どんぶり(＝❶)にごはんを盛《も》って、上《うえ》におかずをのせた料理《りょうり》。どんぶり物《もの》。例 親子丼《おやこ》。

どんぶりばち【丼鉢】 ➡963ジ《ペー》 どんぶり❶

どんぶりもの【丼物】 ➡963ジ《ペー》 どんぶり❷

とんぼ 名詞 季語 秋 体《からだ》が細長《ほそなが》く、四枚《よんまい》のすき通《とお》った羽《はね》を持《も》つ昆虫《こんちゅう》。目《め》は複眼《ふくがん》で大《おお》きい。幼虫《ようちゅう》は「やご」といい、水中《すいちゅう》にすむ。種類《しゅるい》が多《おお》い。図 ➡505ジ《ペー》 こんちゅう
ことば 漢字《かんじ》では「蜻蛉」と書《か》く。

とんぼがえり【とんぼ返り】 名詞 動詞
❶とび上《あ》がって、手《て》をつかないで体《からだ》を回転《かいてん》させること。宙返《ちゅうがえ》り。
❷行《い》き先《さき》に着《つ》いて、すぐ引《ひ》き返《かえ》すこと。例 京《きょう》都《と》で用事《ようじ》をすませ、とんぼ返りで帰《かえ》ってきた。

とんま 名詞 形容動詞 間《ま》がぬけていること。また、そのような人《ひと》。まぬけ。

ドンマイ 感動詞 スポーツなどで、失敗《しっぱい》した人《ひと》をはげますために呼《よ》びかけて言《い》う、「心配《しんぱい》するな」「大丈夫《だいじょうぶ》」という意味《いみ》のことば。ことば 英《えい》語《ご》がもとになってできたことば。

とんや【問屋】 名詞 品物《しなもの》を、つくった人《ひと》から買《か》って、小売店《こうりてん》におろし売《う》りする店《みせ》。

どんよく【貪欲】 名詞 形容動詞 たいへん欲《よく》が深《ふか》いこと。また、なんでも自分《じぶん》の中《なか》にとりこもうとすること。例 貪欲な人《ひと》／知識《ちしき》を貪欲に吸収《きゅうしゅう》する。対 無欲《むよく》。

どんより[と] 副詞 動詞
❶空《そら》がくもって、うす暗《ぐら》いようす。例 どんよりした天気《てんき》。
❷色《いろ》がにごって、新鮮《しんせん》さや明《あか》るさがないようす。例 どんよりした目《め》で起《お》きてきた。

あいうえお
かきくけこ
さしすせそ
たちつてと
と
なにぬねの
はひふへほ
まみむめも
やゆよ
らりるれろ
わをん

故事成語 **水魚《すいぎょ》の交《まじ》わり** 水《みず》と魚《さかな》がはなれることができないように、切《き》っても切《き》れないような、とても親《した》しい...たことば。

な

ナ

下《した》の 手話にチャレンジ を見《み》よう。

な 助詞 ❶（ほかのことばのあとにつけて）「してはいけない」という意味《いみ》を表《あらわ》す。例 川《かわ》で泳《およ》ぐな。❷強《つよ》く感《かん》じる気持《きも》ちを表《あらわ》す。例 上手《じょうず》だな。❸さそったり命令《めいれい》したりする気持《きも》ちを表《あらわ》す。例 早《はや》く来《き》な。❹念《ねん》をおす気持《きも》ちを表《あらわ》す。例 いいか、わかったな。

な【名】 名詞 ❶名前《なまえ》。とくに、名字《みょうじ》に対《たい》して、ひとりひとりにつける呼《よ》び名《な》。例 名を呼《よ》ばれる。❷評判《ひょうばん》。名誉《めいよ》。漢 ⇩1299ジベー めい〔名〕

● **名《な》が通《とお》る** 名前《なまえ》が広《ひろ》く知《し》られる。有名《ゆうめい》になる。例 日本全国《にほんぜんこく》に名が通る。

● **名《な》のある** 世《よ》の中《なか》に名前《なまえ》がよく知《し》られている。有名《ゆうめい》な。例 祖父《そふ》は名のある文学者《ぶんがくしゃ》だ。

● **名《な》は体《たい》を表《あらわ》す** ことわざ 名前《なまえ》は、そのものの性質《せいしつ》やようすをよく表《あらわ》すものだ。

● **名《な》もない** 世《よ》の中《なか》に名前《なまえ》があまり知《し》られていない。無名《むめい》の。例 名もない野《の》の花《はな》。

● **名《な》を上《あ》げる** 世《よ》の中《なか》でよい評判《ひょうばん》を得《え》て、有名《ゆうめい》になる。例 ピアニストとして名を上げる。

● **名《な》を売《う》る** 名前《なまえ》が世《よ》の中《なか》に広《ひろ》く知《し》られるようにする。例 テレビで名を売った歌手《かしゅ》。

● **名《な》を汚《けが》す** 評判《ひょうばん》を悪《わる》くする。名誉《めいよ》を傷《きず》つける。例 学校《がっこう》の名を汚す。

● **名《な》を捨《す》てて実《じつ》を取《と》る** うわべだけの名誉《めいよ》より、実際《じっさい》に利益《りえき》のあるほうを選《えら》ぶ。

● **名《な》を成《な》す** 有名《ゆうめい》になる。成功《せいこう》する。例 この詩人《しじん》は、彫刻家《ちょうこくか》としても名を成した。

● **名《な》を残《のこ》す** 死《し》んだあとにも名前《なまえ》を知《し》られる。例 名作曲家《めいさっきょくか》として名を残した。

漢 **な【奈】**〔大《だい》〕 8画 4年 音 ナ 訓

一 ナ 大 太 夳 夸 奈 奈

なに。どうして。どんな具合《ぐあい》か。疑問《ぎもん》を表《あらわ》すことば。

な【南】 漢 ⇩986ジベー なん〔南〕

な【納】 漢 ⇩1022ジベー のう〔納〕

な【菜】 名詞 ❶葉《は》やくきを食用《しょくよう》にする野菜《やさい》。菜《な》っ葉《ぱ》。❷あぶらな。例 菜の花《はな》／菜種《たね》。漢 ⇩510ジベー さい〔菜〕

なあ ❶ 助詞 （ほかのことばのあとにつけて）強《つよ》く感《かん》じる気持《きも》ちを表《あらわ》す。例 きれいな花《はな》だなあ。❷ 助詞 （ほかのことばのあとにつけて）念《ねん》をおす気持《きも》ちを表《あらわ》す。例 また行《い》こうなあ。❸ 感動詞 念《ねん》をおしたり呼《よ》びかけたりすることば。例 なあ、そうだろう／なあ、きみ。

ナース （nurse） 名詞 「看護師《かんごし》」のこと。

ない 助動詞 （ほかのことばのあとにつけて）❶打《う》ち消《け》しの意味《いみ》を表《あらわ》す。例 今日《きょう》は泳《およ》がない。❷さそったり、問《と》いかけたりする気持《きも》ちを表《あらわ》す。例 いっしょに遊《あそ》ばない？／これはあなたの本《ほん》じゃない？❸こうしてほしいと願《ねが》ったり、禁止《きんし》したりする気持《きも》ちを表《あらわ》す。例 きみも手伝《てつだ》ってくれないかなあ／よそ見《み》をしないでください。

漢 **ない【内】**〔冂《けいがまえ》〕 4画 2年 音 ナイ・ダイ 訓 うち

丨 冂《はねる》 内 内

❶うち。なか。例 内側《うちがわ》／内裏《だいり》／内科《ないか》／内部《ないぶ》／内容《ないよう》／以内《いない》／境内《けいだい》／校内《こうない》／国内《こくない》／身内《みうち》。対 外《がい》。❷ないしょ。例 内定《ないてい》／内密《ないみつ》。

ない【亡い】 形容詞 死《し》んでしまって、この世《よ》にいない。例 やさしかった祖父《そふ》は、今《いま》はもう亡い。使い方 「今《いま》は亡《な》き祖父《そふ》」のように「亡《な》き」という形《かたち》になることもある。漢 ⇩1203ジベー ぼう〔亡〕

ない【無い】 形容詞 ❶ものが存在《そんざい》しない。見当《みあ》たらない。例 雲《くも》のない空《そら》。対 有《あ》る。❷持《も》っていない。例 お金《かね》がない。対 有《あ》る。❸足《た》りない。欠《か》けている。例 信用《しんよう》がない。対 有《あ》る。使い方 ふつうかな書《が》きにする。漢 ⇩1283ジベー む〔無〕

● **ない袖《そで》は振《ふ》れない** ⇩323ジベー ことわざ

しょに親指《おやゆび》の指紋《しもん》をおして印鑑《いんかん》の代《か》わりにすることからそのしぐさを表《あらわ》しているよ。

ナイーブ（naive）形容動詞 素直《すなお》でかざり気《け》がないようす。また、感《かん》じやすく傷《きず》つきやすいようす。例 ナイーブな感性《かんせい》の持《も》ち主《ぬし》。

ないえん【内炎】 名詞 ほのおの内側《うちがわ》の、いちばん明《あか》るく光《ひか》っている部分《ぶぶん》。関連 炎心《えんしん》。外炎《がいえん》。
図↓162ページ えんしん

ないか【内科】 名詞 体《からだ》の中《なか》、とくに内臓《ないぞう》の病《びょう》気《き》を、手術《しゅじゅつ》をしないで治《なお》す医学《いがく》。対 外科《げか》。

ないかい【内海】 名詞 まわりをほとんど陸地《りくち》で囲《かこ》まれている海《うみ》。瀬戸内海《せとないかい》・地中海《ちちゅうかい》など。「うちうみ」ともいう。対 外海《がいかい》。

ないがい【内外】
❶名詞 内《うち》と外《そと》。例 部屋《へや》の内外の温度差《おんどさ》。
❷名詞 国内《こくない》と国外《こくがい》。例 内外のニュース。
❸接尾語（数《かず》などを表《あらわ》すことばのあとにつけて）…くらい。…前後《ぜんご》。例 千円《せんえん》内外の品《しな》。

ないかく【内角】 名詞
❶多角形《たかくけい》のとなり合《あ》った二《ふた》つの辺《へん》がつくる、内《うち》側《がわ》の角《かく》。対 外角《がいかく》。図↓221ページ がいかく
❷野球《やきゅう》で、ホームベースの、バッターに近《ちか》いほうの側《がわ》。「インコーナー」ともいう。例 内角高《たか》めのストレート。対 外角《がいかく》。

ないかく【内閣】 名詞 国会《こっかい》が決《き》めた法律《ほうりつ》や予《よ》算《さん》にもとづいて国《くに》の政治《せいじ》を行《おこな》う、いちばん上《うえ》のしくみ。総理大臣《そうりだいじん》と、そのほかの国務大臣《こくむだいじん》とで成《な》り立《た》っている。

ないかくかんぼう【内閣官房】 名詞 内閣《ないかく》の事務《じむ》を助《たす》ける仕事《しごと》をする機関《きかん》。首相官邸《しゅしょうかんてい》の中《なか》にある。

ないかくそうりだいじん【内閣総理大臣】 名詞 政府《せいふ》のいちばん上《うえ》の責任者《せきにんしゃ》。国会《こっかい》で、国会議員《こっかいぎいん》の中《なか》から選《えら》ばれる。ほかの国務大臣《こくむだいじん》を決《き》めて内閣《ないかく》をつくり、国《くに》の政治《せいじ》を行《おこな》う。「総理《そうり》大臣《だいじん》」「総理《そうり》」「首相《しゅしょう》」ともいう。

ないかくふ【内閣府】 名詞 国《くに》の重要《じゅうよう》な政策《せいさく》について考《かんが》え、ほかの省《しょう》や庁《ちょう》の間《あいだ》の調整《ちょうせい》などの仕事《しごと》をする国の役所《やくしょ》。総理大臣《そうりだいじん》がいちばん上《うえ》の責任者《せきにんしゃ》で、必要《ひつよう》な政策《せいさく》ごとに特命担当大臣《とくめいたんとうだいじん》を置《お》く。

ないかくほうせいきょく【内閣法制局】 名詞 法律案《ほうりつあん》を立案《りつあん》したり審査《しんさ》したりするために、内閣《ないかく》に置《お》かれた役所《やくしょ》。

ないがしろ 名詞 形容動詞 大事《だいじ》にしなければならないものを軽《かる》くみて、いいかげんにあつかうようす。例 恩人《おんじん》をないがしろにする。

ないけい【内径】 名詞 円筒《えんとう》などの内側《うちがわ》の直《ちょっ》径《けい》。対 外径《がいけい》。

ないこうてき【内向的】 形容動詞 進《すす》んで人《ひと》とつきあったり、気持《きも》ちを外《そと》に表《あらわ》したりせず、ひとりで考《かんが》えがちであるようす。内気《うちき》。対 外向《がいこう》的《てき》。

ないし 接続詞
❶（数《かず》を表《あらわ》すことばの間《あいだ》において）…から…まで。例 旅行《りょこう》は十日《とおか》ないし十二日《じゅうににち》の予定《よてい》だ。
❷あるいは。または。例 本人《ほんにん》ないし保護者《ほごしゃ》が出席《しゅっせき》します。
使い方「ないしは」の形《かたち》でも使《つか》う。

ないじつ【内実】 名詞 内部《ないぶ》のほんとうのようすや事情《じじょう》。例 事件《じけん》の内実を知《し》る。類 内情《ないじょう》。

ないしゅっけつ【内出血】 名詞 動詞 体《からだ》を強《つよ》く打《う》ったときなどに、血管《けっかん》が破《やぶ》れて体《からだ》の中《なか》で血《ち》が出《で》ること。

ないしょ【内緒】 名詞 ほかの人《ひと》に知《し》られないようにしておくこと。例 内緒話《ばなし》。類 内密《ないみつ》。

ないじょ【内助】 名詞 目立《めだ》たないところで助《たす》けること。例 内助の功《こう》（＝表《おもて》に出《で》ない身内《みうち》の手助《てだす》け。とくに、世間《せけん》での夫《おっと》の仕事《しごと》を支《ささ》える妻《つま》のはたらき）。

ないじょう【内情】 名詞 表《おもて》にあらわれていない、内側《うちがわ》のようす。内部《ないぶ》の事情《じじょう》。例 敵《てき》の内情をさぐる。類 内実《ないじつ》。

ないしょく【内職】 名詞 動詞
❶自分《じぶん》のほんとうの仕事《しごと》の合間《あいま》にする仕事《しごと》。
❷家《いえ》で、家事《かじ》などの合間《あいま》にする仕事《しごと》。

ないしん【内心】 名詞 心《こころ》の中《なか》。ほんとうの気《き》持《も》ち。例 平気《へいき》のように見《み》えても、内心はびくびくしている。

ないしんしょ【内申書】 名詞 ある児童《じどう》や生《せい》徒《と》が入《はい》りたいと思《おも》っている学校《がっこう》などに、その児《じ》童《どう》や生徒《せいと》の成績《せいせき》や人《ひと》がらなどを知《し》らせる書類《しょるい》。正式《せいしき》には「調査書《ちょうさしょ》」という。

ないしんのう【内親王】 名詞 天皇《てんのう》の子《こ》や孫《まご》に当《あ》たる女性《じょせい》。対 親王《しんのう》。

ないせい【内政】 名詞 国内《こくない》の政治《せいじ》。例 内政の問題《もんだい》にとりくむ。

ないせい【内省】 名詞 動詞 自分《じぶん》の考《かんが》えや行《おこな》いを、ふり返《かえ》ってよく考《かんが》えること。例 一年間《いちねんかん》の

手話にチャレンジ　**名前《なまえ》**　前《まえ》に向《む》けた左《ひだり》手《て》の手《て》のひらに、右手《みぎて》親指《おやゆび》の腹《はら》を当《あ》てる。大事《だいじ》な書類《しょるい》などで名前《なまえ》といっ

生活《せいかつ》を心《こころ》静《しず》かに内省する。

ないせん【内戦】 名詞 一《ひと》つの国《くに》の中《なか》で、国民《こくみん》が対立《たいりつ》して行《おこな》う戦争《せんそう》。

ないせん【内線】 名詞 会社《かいしゃ》や学校《がっこう》などの内部《ないぶ》でだけ通《つう》じる電話《でんわ》。対 外線《がいせん》。

ないそう【内装】 名詞 建物《たてもの》の中《なか》の設備《せつび》やかざりつけ。例 お店《みせ》の内装が新《あたら》しくなった。

ないぞう【内蔵】 名詞 動詞 そのものの中《なか》に持《も》っていたり、とりつけてあったりすること。例 コンピューターを内蔵したゲーム機《き》。

ないぞう【内臓】 名詞 胸《むね》や腹《はら》の中《なか》にあって、体《からだ》をはたらかせているもの。心臓《しんぞう》・胃《い》・腸《ちょう》などの器官《きかん》をまとめていうことば。類 はらわた。

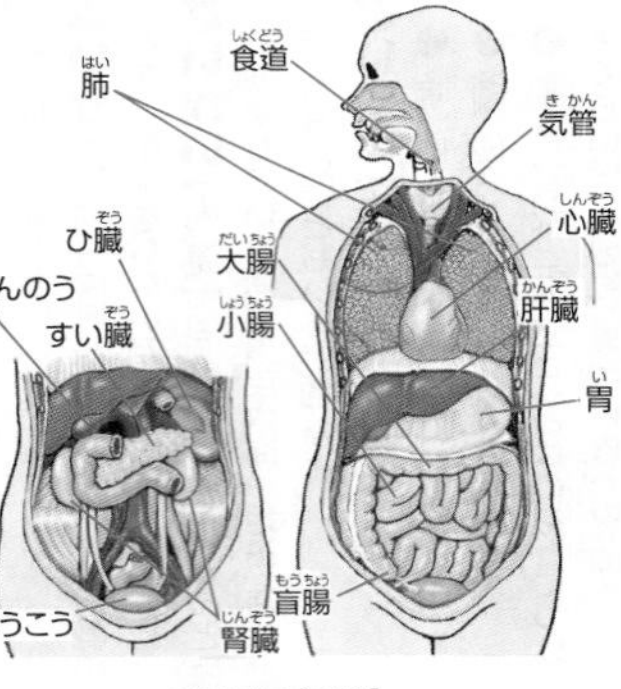

ないぞう【内臓】

ナイター 名詞 季語 夏 野《や》球《きゅう》などで、夜《よる》に行《おこな》われる試合《しあい》。ナイトゲーム。対 デーゲーム。
ことば 英語《えいご》をもとに日本《にほん》で作《つく》られたことば。

ないだく【内諾】 名詞 動詞 正式《せいしき》でなく、内々《ないない》で人《ひと》のたのみなどを聞《き》き入《い》れること。例 事前《じぜん》に、本人《ほんにん》の内諾を得《え》る。

ないち【内地】 名詞 ❶国内《こくない》。とくに、もともとその国《くに》の本土《ほんど》。例 内地米《まい》。対 外地《がいち》。❷海岸《かいがん》からはなれている陸地《りくち》の内部《ないぶ》。内陸《ないりく》。

ナイチンゲール 名詞 （一八二〇～一九一〇）イギリスの女性《じょせい》の看護師《かんごし》。クリミア戦争《せんそう》の戦場《せんじょう》で、けがをした兵士《へいし》の看護《かんご》に努《つと》めた。この活動《かつどう》が、のちに赤十字社《せきじゅうじしゃ》ができるもとになった。

ないつう【内通】 名詞 動詞 味方《みかた》のようすや秘《ひ》密《みつ》などを、敵《てき》にこっそり知《し》らせること。例 内通者《しゃ》。

ないてい【内定】 名詞 動詞 正式《せいしき》に決《き》まる前《まえ》に内々《ないない》に決《き》まること。また、決《き》めること。例 社《しゃ》員《いん》として採用《さいよう》されることが内定した。

ナイト ⇩326ページ きし〔騎士〕❷

ナイト (night) 名詞 「夜《よる》」のこと。

ナイトゲーム (night game) 名詞 野《や》球《きゅう》などで、夜《よる》に行《おこな》われる試合《しあい》。ナイター。対 デーゲーム。

ないない【内内】 名詞 副詞 ほかの人《ひと》にはわからないように、ものごとを行《おこな》うこと。例 内々で相談《そうだん》したい。類 内内《うちうち》。

ナイフ (knife) 名詞 ❶小刀《こがたな》。例 切《き》り出《だ》しナイフ。❷洋食《ようしょく》を食《た》べるときに使《つか》う小刀《こがたな》。

ないぶ【内部】 名詞 ❶内側《うちがわ》の部分《ぶぶん》。中《なか》。例 身体《しんたい》の内部。対 外部《がいぶ》。❷ある仲間《なかま》やしくみの中《なか》。例 会社《かいしゃ》の内部のことはわからない。対 外部《がいぶ》。

ないふく【内服】 名詞 動詞 薬《くすり》を飲《の》むこと。

ないふくやく【内服薬】 名詞 口《くち》から飲《の》む薬《くすり》。飲《の》み薬《ぐすり》。内用薬《ないようやく》。対 外用薬《がいようやく》。

ないぶん【内聞】 名詞 動詞 ❶正式《せいしき》でなく、こっそりと聞《き》くこと。❷外《そと》に発表《はっぴょう》しないこと。例 この話《はなし》は、内聞に願《ねが》います。

ないぶんぴつ【内分泌】 名詞 体《からだ》の中《なか》のホルモンをつくる器官《きかん》が、つくったホルモンを血液《けつえき》中《ちゅう》に送《おく》りこむこと。「ないぶんぴ」ともいう。
使い方 ❷は、「内分」とも書《か》く。

ないぶんぴつかくらんぶっしつ【内分泌かく乱物質】 ⇩299ページ かんきょうホルモン

ないみつ【内密】 名詞 形容動詞 ほかの人《ひと》に知《し》らせないこと。例 これは内密の話《はなし》だ。類 内緒《ないしょ》。

ないめん【内面】 名詞 ❶物《もの》の内側《うちがわ》の面《めん》。内部《ないぶ》。対 外面《がいめん》。❷心《こころ》の中《なか》。例 内面が美《うつく》しい人《ひと》。対 外面《がいめん》。

ないものねだり【無い物ねだり】 名詞 そこにないものを無理《むり》にほしがること。

ないや【内野】 名詞 野《や》球《きゅう》で、本塁《ほんるい》・一塁《いちるい》・二《に》塁《るい》・三塁《さんるい》を結《むす》んだ線《せん》の内側《うちがわ》。また、そこを守《まも》る人《ひと》。例 内野手《しゅ》。対 外野《がいや》。

ないよう【内容】 名詞 ❶中《なか》に入《はい》っているもの。中身《なかみ》。例 荷物《にもつ》の内容。❷文章《ぶんしょう》や話《はなし》などによって表《あらわ》されたことがら。例 話《はなし》の内容がさっぱりわからない。対 形式《けいしき》。

く」にかえたほうがよいだろうかとなやんだという話《はなし》から、詩《し》や文章《ぶんしょう》の内容《ないよう》やことばづかいなどをよくするた

ないようやく【内用薬】⇩966ページ ないふくやく

ないらん【内乱】名詞 武力《ぶりょく》によって政治《せいじ》の権力《けんりょく》をうばいとろうとする、国内《こくない》の争《あらそ》い。

ないりく【内陸】名詞 海岸《かいがん》から遠《とお》くはなれた陸地《りくち》。例 アメリカ大陸《たいりく》の内陸部《ぶ》。

ないりんさ【内輪差】名詞 自動車《じどうしゃ》が曲《ま》がるときに、内側《うちがわ》の前輪《ぜんりん》と後輪《こうりん》が通《とお》る道筋《みちすじ》の、位置《いち》の差《さ》。

ないりんざん【内輪山】名詞 火口《かこう》の中《なか》にもう一《ひと》つ火山《かざん》ができて、火山《かざん》が二重《にじゅう》になったときの、内側《うちがわ》の火山《かざん》。関連 外輪山《がいりんざん》。

ナイルがわ【ナイル川】名詞 アフリカ大陸《たいりく》の北東部《ほくとうぶ》を流《なが》れる、世界一長《せかいいちなが》い川《かわ》。白《しろ》ナイルと青《あお》ナイルを合《あ》わせて北《きた》に流《なが》れ、地中海《ちちゅうかい》に注《そそ》ぐ。大昔《おおむかし》、下流《かりゅう》ではエジプト文明《ぶんめい》が栄《さか》えた。

ナイロン（nylon）名詞 石炭《せきたん》・水《みず》・空気《くうき》などをもとにしてつくった合成繊維《ごうせいせんい》。絹《きぬ》に似《に》ているが、それよりも軽《かる》くて強《つよ》い。靴下《くつした》やロープなどに広《ひろ》く使《つか》われる。

なう 動詞 何本《なんぼん》かの糸《いと》やわらなどをより合《あ》わせて、一本《いっぽん》にする。例 縄《なわ》をなう。

ナウマンぞう【ナウマン象】名詞 約三十万年前《やくさんじゅうまんねんまえ》から約一万五千年前《やくいちまんごせんねんまえ》に、日本《にほん》・中国《ちゅうごく》・インドなどにすんでいた象《ぞう》。日本各地《にほんかくち》で化石《かせき》が発見《はっけん》されている。ことば この象《ぞう》の化石《かせき》を調《しら》べたドイツの地質学者《ちしつがくしゃ》ナウマンの名《な》から、この名《な》がつけられた。

なえ【苗】名詞 ❶種《たね》から芽《め》を出《だ》したばかりの小《ちい》さな植物《しょくぶつ》。とくに、植《う》えかえる前《まえ》のもの。❷いねの、なえ（＝❶）。

なえぎ【苗木】名詞 芽《め》が出《で》てから、植《う》えかえるまでの、小《ちい》さな木《き》。木《き》のなえ。

なえどこ【苗床】名詞 季語 春 種《たね》をまいて、なえを育《そだ》てるところ。

なお
❶副詞 やはり。まだ。例 今《いま》もなお残《のこ》る古《ふる》い町並《まちな》み。
❷副詞 さらに。そのうえに。例 あなたが来《き》てくれたらなお心強《こころづよ》い。
❸副詞 今《いま》の状態《じょうたい》に、さらに加《くわ》えられることを表《あらわ》す。例 旅行《りょこう》までなお十日《とおか》ある。
❹接続詞 つけ加《くわ》えて言《い》えば。例 遠足《えんそく》は十月五日《じゅうがついつか》です。なお、くわしいことはあとで知《し》らせます。

なおかつ【なお且つ】副詞
❶そのうえさらに。例 この食堂《しょくどう》の料理《りょうり》は、安《やす》くてなおかつおいしい。
❷それでもまだ。例 負《ま》けてもなおかつ練習《れんしゅう》を続《つづ》ける。
使い方 ふつうかな書《が》きにする。

なおさら 副詞 いっそう。ますます。例 だめと言《い》われると、なおさら行《い》きたくなる。

なおざり 名詞 形容動詞 ものごとをいいかげんにして、ほうっておくこと。例 植物《しょくぶつ》の手入《てい》れをなおざりにしてしまった。類 おろそか。使い方 「おざなり」とまちがえないよう注意《ちゅうい》。

なおし【直し】名詞 直《なお》すこと。正《ただ》しくしたり、修理《しゅうり》したりすること。例 作文《さくぶん》に直《なお》しをいれる。

なおす【治す】動詞 体《からだ》の悪《わる》いところをよくする。治療《ちりょう》する。例 けがを治《なお》す。漢 ⇩554ページ じ〔治〕

なおす【直す】
❶動詞 正《ただ》しくする。例 まちがいを直《なお》す。
❷動詞 こわれたり悪《わる》くなったりしていたものを、もとのよい状態《じょうたい》にする。例 ラジオを直《なお》す／機嫌《きげん》を直《なお》す。
❸動詞 別《べつ》のものにかえる。例 単位《たんい》をメートルからセンチメートルに直《なお》す。
❹接尾語（ほかのことばのあとにつけて）もう一度《いちど》…する。例 本《ほん》を初《はじ》めから読《よ》み直《なお》した。漢 ⇩849ページ ちょく〔直〕

なおる【治る】動詞 病気《びょうき》やけがなどがよくなる。例 かぜが治《なお》る。漢 ⇩554ページ じ〔治〕

なおる【直る】動詞
❶こわれたり悪《わる》くなったりしていたものが、もとのよい状態《じょうたい》にもどる。例 故障《こしょう》が直《なお》る／機嫌《きげん》が直《なお》る。
❷よくない状態《じょうたい》が、あらたまる。例 悪《わる》いくせがやっと直《なお》った。漢 ⇩849ページ ちょく〔直〕

なおれ【名折れ】名詞 名誉《めいよ》を傷《きず》つけるようなこと。はじ。例 罪《つみ》をおかすとは、政治家《せいじか》の名折《なお》れだ。

なか【中】名詞
❶囲《かこ》まれたものの内側《うちがわ》。例 教室《きょうしつ》の中《なか》。対 外《そと》。
❷二《ふた》つのものの間《あいだ》。例 中三日《なかみっか》おく。

故事成語 **推敲《すいこう》** 昔《むかし》、中国《ちゅうごく》で、ある人《ひと》が「僧《そう》は推《お》す月下《げっか》の門《もん》」という詩《し》を思《おも》いついたが、「推《お》す」を「敲《たた》く」にするかなやんだ話から、詩や文章をよくするために、何度《なんど》も考《かんが》えて直《なお》すこと。

❸ある範囲《はんい》のうち。例 班《はん》の中から一人《ひとり》選《えら》ぶ。
❹真《ま》ん中《なか》。例 列《れつ》の中ほど。
❺外《そと》からは見《み》えないところ。おく深《ぶか》いところ。例 山《やま》の中／心《こころ》の中。
❻最中《さいちゅう》。さなか。例 雪《ゆき》の中を出《で》かける。
漢 ⇩837ページ ちゅう〔中〕

●**中《なか》を取《と》る** 二《ふた》つのちがった意見《いけん》の中間《ちゅうかん》の考《かんが》えを選《えら》ぶ。

なか【仲】 名詞 人《ひと》と人《ひと》との関係《かんけい》。間《あいだ》がら。例 兄《きょう》弟《だい》の仲／仲がよい。漢 ⇩968ページ なか〔仲〕

●**仲《なか》を裂《さ》く** 親《した》しいもの同士《どうし》を無理《むり》に引《ひ》きはなす。例 恋人《こいびと》たちの仲を裂くできごと。

●**仲《なか》を取《と》り持《も》つ** 人《ひと》と人《ひと》との間《あいだ》に立《た》って、うまくいくように世《せ》話《わ》をすること。例 けんかしている二人《ふたり》の仲を取り持つ。

漢 **なか【仲】**〔亻〕《にんべん》 6画 4年 音 チュウ 訓 なか

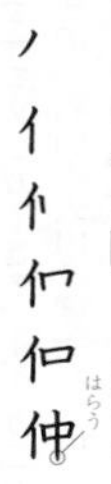

人《ひと》と人《ひと》とのあいだ。なかつぎ。例 仲介《ちゅうかい》／仲裁《ちゅうさい》／仲間《なかま》。ことば「仲人《なこうど》」は特別《とくべつ》な読《よ》み方《かた》。

ながあめ【長雨】 名詞 何日《なんにち》も降《ふ》り続《つづ》く雨《あめ》。例 秋《あき》の長雨。

ながい【長居】 名詞 動詞 よその家《いえ》など、一《ひと》つの場所《ばしょ》に長《なが》くいること。例 つい長居する。

ながい【長い・永い】 形容詞
❶もののはしからはしまでが、大《おお》きくはなれている。例 長いひも。対 短《みじか》い。
❷ある時《とき》からある時《とき》までの時間《じかん》がたくさんかかっている。例 長く病気《びょうき》をしていた／永いねむりにつく（＝死《し》ぬ）。対 短《みじか》い。
漢 ⇩843ページ ちょう〔長〕・146ページ えい〔永〕
⇩ 使い分け

使い分け
ながい
長い・永い

長い きょりや形《かたち》、寸法《すんぽう》などがながい。また、時間《じかん》がかかる。
対 短《みじか》い
「長《なが》いトンネル／長《なが》いかみの毛《け》／話《はなし》が長《なが》い」

永い 時間《じかん》や年月《ねんげつ》がいつまでも続《つづ》く。
「永《なが》いねむりにつく（＝死《し》ぬ）」

●**長《なが》い目《め》で見《み》る** 今《いま》のようすだけで判断《はんだん》しないで、これから先《さき》のことを時間《じかん》をかけて見守《みまも》る。

●**長《なが》い物《もの》には巻《ま》かれろ** ⇩325ページ ことわざ

ながいき【長生き】 名詞 動詞 長《なが》く生《い》きること。対 早死《はやじ》に。

ながいも【長芋】 名詞 季語 秋 やまいものなかまの、畑《はたけ》でつくられる作物《さくもつ》の一《ひと》つ。長《なが》い棒《ぼう》のようになった根《ね》の部分《ぶぶん》は食用《しょくよう》になり、とろろなどにして食《た》べる。

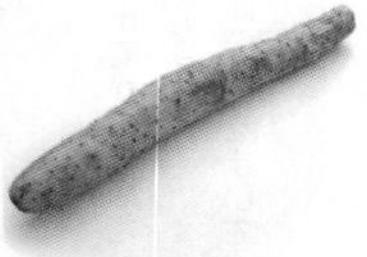
ながいも

なかいり【中入り】 名詞 すもうや芝居《しばい》などで、とちゅうでしばらく休《やす》むこと。また、その休《やす》み時間《じかん》。

なかがい【仲買】 名詞 品物《しなもの》を売《う》る人《ひと》と買《か》う人《ひと》の間《あいだ》に立《た》って世《せ》話《わ》をし、お金《かね》をもうけること。また、その人《ひと》。

ながぐつ【長靴】 名詞 足《あし》がぬれないようにするためにはく、ゴムなどでできた長《なが》いくつ。

なかぐろ【中黒】 名詞 ことばを並《なら》べて書《か》くときや、縦書《たてが》きで小数点《しょうすうてん》を表《あらわ》すときなどに使《つか》う、「・」と表《あらわ》す符号《ふごう》。「中点《なかてん》」「中《なか》ポツ」ともいう。

なかごろ【中頃】 名詞 時間《じかん》や場所《ばしょ》の、真《ま》ん中《なか》のあたり。中《なか》ほど。例 五月《ごがつ》の中頃／坂《さか》の中頃。

ながさ【長さ】 名詞
❶はしからはしまでのきょり。例 ひもの長さ。
教科 算 単位《たんい》はミリメートル（㎜）、センチメートル（㎝）、メートル（ｍ）、キロメートル（㎞）。
❷時間《じかん》。例 春分《しゅんぶん》の日《ひ》は昼《ひる》と夜《よる》の長さが同《おな》じだ。

ながさきけん【長崎県】 名詞 九州《きゅうしゅう》の北西部《ほくせいぶ》にある県《けん》。多《おお》くの島《しま》があり、漁業《ぎょぎょう》がさかん。県庁《けんちょう》は長崎市《ながさきし》にある。

ながし【流し】 名詞
❶台所《だいどころ》やふろ場《ば》で、物《もの》や体《からだ》を洗《あら》ったり、水《みず》を流《なが》したりするところ。
❷タクシーが、客《きゃく》を探《さが》して走《はし》ること。
❸さかり場《ば》などで、ギターをひいたり、歌《うた》を歌《うた》ったりしてお金《かね》をもらって歩《ある》くこと。また、その人《ひと》。

よくない。ものごとは適度《てきど》ということが大切《たいせつ》だ、ということ。

❹川などの水に流すこと。例 とうろう流し。

ながしかく【長四角】名詞 「長方形《ちょうほうけい》」のこと。

ながしののたたかい【長篠の戦い】名詞 一五七五年《ねん》、今《いま》の愛知県《あいちけん》の長篠《ながしの》で、織田信長《おだのぶなが》らの軍《ぐん》が武田勝頼《たけだかつより》の軍《ぐん》を鉄砲《てっぽう》を使《つか》って破《やぶ》った戦《たたか》い。

なかす【中州】名詞 川《かわ》の中《なか》に土《つち》や砂《すな》が積《つ》もって、島《しま》のようになったところ。

ながす【流す】動詞
❶水《みず》などの液体《えきたい》を、流《なが》れるようにする。例 バケツの水《みず》を流す／なみだを流す。
❷よごれを落《お》とす。例 体《からだ》を流す。
❸川《かわ》などにうかべて、流《なが》れるままにする。例 ささぶねを流す。
❹ばつとして遠《とお》くへ追《お》いやる。例 罪人《つみびと》を島《しま》に流す。
❺広《ひろ》める。伝《つた》える。例 うわさを流す。
❻やることになっていたことをとりやめる。例 集会《しゅうかい》を流す。
❼タクシーなどが、客《きゃく》を探《さが》してあちこち移動《いどう》する。
❽（ほかのことばのあとにつけて）気《き》にしないで、そのままにしておく。例 悪口《わるくち》を聞《き》き流す。
漢 ↓ 1397ジペー りゅう〔流〕

ながすくじら 名詞 くじらのなかまの動物《どうぶつ》。体《からだ》は細長《ほそなが》く、全長《ぜんちょう》二十《にじゅう》メートルをこえる。背《せ》中《なか》は青《あお》っぽい灰色《はいいろ》。図 ↓ 383ジペー くじら

なかせる【泣かせる】動詞
❶人《ひと》を泣《な》くようにさせる。
❷心配をかける。困らせる。例 兄は反抗期で親《おや》を泣かせてばかりいる。
❸ひどく感動《かんどう》させる。例 泣かせる映画《えいが》。

なかせん【中線】名詞 文章《ぶんしょう》の中《なか》で、ことばとことばの間《あいだ》に入《い》れる、「―」と表《あらわ》す符号《ふごう》。「ダッシュ」ともいう。

なかせんどう【中山道・中仙道】名詞 江《え》戸時代《どじだい》の五街道《ごかいどう》の一《ひと》つ。江戸《えど》から信濃《しなの》（＝今《いま》の長野県《ながのけん》）を通《とお》り、今《いま》の滋賀県《しがけん》の草津《くさつ》で東海道《とうかいどう》といっしょになって京都《きょうと》にいたる。図 ↓ 467ジペー ごかいどう

なかぞら【中空】名詞 空《そら》の中《なか》ほど。「ちゅうくう」ともいう。例 中空にある雲《くも》。

なかたがい【仲たがい】名詞 動詞 仲《なか》が悪《わる》くなること。例 友人《ゆうじん》と仲たがいした。対 仲直《なかなお》り。

なかだち【仲立ち】名詞 動詞 人《ひと》と人《ひと》との間《あいだ》に立《た》って、とり次《つ》いだり、世話《せわ》をしたりすること。また、その人《ひと》。例 友《とも》だちの仲立ちでけんかがおさまった。

ながたらしい【長たらしい】形容詞 いやになるほど、だらだらと長《なが》い。長《なが》ったらしい。例 長たらしいあいさつ。

なかだるみ【中だるみ】名詞 動詞 勢《いきお》いや緊《きん》張《ちょう》などが、とちゅうでゆるんでしまうこと。

ながだんぎ【長談義】名詞 動詞 長《なが》い時間《じかん》、とりとめなく話《はなし》をすること。例 下手《へた》の長談義（＝話《はなし》が下手《へた》な人《ひと》ほど、話《はなし》が長《なが》いということ）。

なかつぎ【中継ぎ】名詞 動詞
❶とちゅうでつぎ合《あ》わせること。また、その部《ぶ》分。例 中継ぎのつりざお。
❷とちゅうで引《ひ》きつぐこと。また、その人《ひと》。例 中継ぎのピッチャー。
❸両方《りょうほう》の間《あいだ》に入《はい》って連絡《れんらく》をつけること。例 電《でん》話《わ》の中継ぎをたのむ。

ながつき【長月】名詞 季語 秋 昔《むかし》のこよみで九《く》月《がつ》のこと。ことば 九月《くがつ》になると、日暮《ひぐ》れが早《はや》くなり、夜《よる》が長《なが》くなることからきた呼《よ》び名《な》ともいわれる。↓ 1450ジペー 十二《じゅうに》か月《げつ》の古《ふる》い呼《よ》び方《かた》

ながつづき【長続き】名詞 動詞 長《なが》く続《つづ》くこと。例 日記《にっき》をつけたが、長続きしなかった。

なかでも【中でも】副詞 たくさんある中《なか》で、とくに。とりわけ。例 どれも自信作《じしんさく》ですが、中でもこのクッキーがおすすめです。

なかてん【中点】↓ 968ジペー なかぐろ

ながと【長門】名詞 昔《むかし》の国《くに》の名《な》の一《ひと》つ。今《いま》の山口県《やまぐちけん》の北西部《ほくせいぶ》に当《あ》たる。

なかとみのかまたり【中臣鎌足】↓ 1155ジペー ふじわらのかまたり

なかなおり【仲直り】名詞 動詞 仲《なか》が悪《わる》くなっていた人同士《ひとどうし》が、また仲《なか》よくなること。例 友《とも》だちと仲直りした。対 仲《なか》たがい。

なかなか 副詞
❶ずいぶん。かなり。例 なかなかおもしろい本《ほん》。
❷すぐには。簡単《かんたん》には。例 この問題《もんだい》は、なかなか解《と》けない。
使い方 ❷は、あとに「ない」などのことばがくる。

ながなが［と］【長長［と］】副詞

あいうえお かきくけこ さしすせそ たちつてと なにぬねの な はひふへほ まみむめも やゆよ らりるれろ わをん

故事成語　過《す》ぎたるは及《およ》ばざるがごとし　何《なに》ごとも、やりすぎることは、やり足《た》りないことと同《おな》じように

❶長《なが》くのびているようす。例長々とねそべる。❷時間《じかん》が非常《ひじょう》に長《なが》いようす。例長々とおじゃまいたしました。

なかにわ【中庭】名詞 建物《たてもの》に囲《かこ》まれたところにある庭《にわ》。

ながねん【長年・永年】名詞 長《なが》い年月《ねんげつ》。例長年の努力《どりょく》がむくわれた。

なかのおおえのおうじ【中大兄皇子】⇩905ページ てんじてんのう

ながのけん【長野県】名詞 中部地方《ちゅうぶちほう》にある県《けん》。海《うみ》がなく、日本《にほん》アルプスや浅間山《あさまやま》などの高《こう》山《ざん》が多《おお》い。県庁《けんちょう》は長野市《ながのし》にある。

なかば【半ば】❶名詞 半分《はんぶん》ほど。例参加者《さんかしゃ》の半ばは学生《がくせい》だ。❷名詞 中《なか》ほど。とちゅう。例今月《こんげつ》の半ば／試《し》合《あい》半ばで雨《あめ》が降《ふ》り出《だ》した。❸副詞 半分《はんぶん》ほどその状態《じょうたい》になっているようす。例入選《にゅうせん》は半ばあきらめていた。
漢⇩1085ページ はん〔半〕

ながばなし【長話】名詞 動詞 長《なが》い時間《じかん》、話《はなし》をすること。また、その話《はなし》。

なかび【中日】名詞 すもうや芝居《しばい》などが行《おこな》われている期間《きかん》の、真《ま》ん中《なか》の日《ひ》。

ながびく【長引く】動詞 時間《じかん》が予定《よてい》より長《なが》くなる。のびのびになる。例会議《かいぎ》が長引く。

なかポツ【中ポツ】⇩968ページ なかぐろ

なかほど【中ほど】名詞 真《ま》ん中《なか》あたりであること。例客席《きゃくせき》の中ほどにすわる。類半《なか》ば。

なかま【仲間】名詞 ❶同《おな》じことをいっしょにする友《とも》だち。グループ。❷同《おな》じ種類《しゅるい》。例ライオンはねこの仲間である。

なかまいり【仲間入り】名詞 動詞 新《あたら》しく仲《なか》間《ま》に加《くわ》わること。例大人《おとな》の仲間入りをする。

なかまはずれ【仲間外れ】名詞 仲間《なかま》に入《い》れてもらえないこと。また、その人《ひと》。

なかまわれ【仲間割れ】名詞 動詞 仲間《なかま》の間《あいだ》で争《あらそ》いが起《お》こって、別《わか》れ別《わか》れになること。

なかみ【中身・中味】名詞 ❶中《なか》に入《はい》っているもの。例箱《はこ》の中身を見《み》る。❷本《ほん》や話《はなし》の内容《ないよう》。例中身のある話《はなし》を聞《き》いた。

なかみせ【仲店・仲見世】名詞 神社《じんじゃ》や寺《てら》の境内《けいだい》などにある、みやげ物《もの》などを売《う》る商店街《しょうてんがい》。

ながめ【長め】名詞 形容動詞 少《すこ》し長《なが》いこと。例長めのスカートをはく。対短《みじか》め。

ながめ【眺め】名詞 見《み》わたした景色《けしき》。例屋上《おくじょう》からの眺めはすばらしい。

ながめる【眺める】動詞 ❶つくづくと見《み》つめる。例目《め》を細《ほそ》めて眺める。❷見《み》わたす。遠《とお》くを見《み》る。例山《やま》の頂上《ちょうじょう》から景《け》色《しき》を眺める。

ながもち【長持ち・長持】❶名詞 動詞 長《なが》い間《あいだ》役《やく》に立《た》つこと。長《なが》く使《つか》えること。例このかばんは長持ちした。❷名詞 着物《きもの》などを入《い》れておく、ふたのついた長方形《ちょうほうけい》の箱《はこ》。
使い方 ❷は、「長持」と書《か》く。

ながや【長屋】名詞 横《よこ》に細長《ほそなが》い建物《たてもの》をいくつかに区切《くぎ》って、それぞれを一軒《いっけん》として住《す》めるようにした家《いえ》。

なかやすみ【中休み】名詞 動詞 仕事《しごと》などのとちゅうで休《やす》むこと。また、その休《やす》み。

ながゆ【長湯】名詞 動詞 おふろに長《なが》く入《はい》っていること。例おじいちゃんは長湯が好《す》きだ。

なかゆび【中指】名詞 五本《ごほん》の指《ゆび》の真《ま》ん中《なか》にある指《ゆび》。

なかよし【仲良し】名詞 仲《なか》がよいこと。また、その人《ひと》。例わたしたちは大《だい》の仲良しだ。

ながら 助詞（ほかのことばのあとにつけて）❶二《ふた》つのことがらが同時《どうじ》に行《おこな》われることを表《あらわ》す。例音楽《おんがく》をききながら手紙《てがみ》を書《か》く。❷…のまま。…のとおり。例昔《むかし》ながらの方法《ほうほう》。❸…にもかかわらず。…のに。例そのことを知《し》っていながら言《い》うことができない。

ながらえる【長らえる・永らえる】動詞 長《なが》く生《い》き続《つづ》ける。長生《ながい》きする。例生《い》き長らえる。使い方 少《すこ》し古《ふる》い言《い》い方《かた》。

ながらく【長らく】副詞 長《なが》い間《あいだ》。例長らくごぶさたいたしました。

ながれ【流れ】名詞 ❶流《なが》れること。例川《かわ》の上流《じょうりゅう》では流れが速《はや》い。❷流《なが》れる水《みず》。川《かわ》。例流れに沿《そ》った道《みち》を歩《ある》く。❸液体《えきたい》が動《うご》くように、動《うご》いていくようす。例時代《じだい》の流れ／車《くるま》の流れが悪《わる》い。❹(「お流《なが》れ」の形《かたち》で）とりやめになること。例旅行《りょこう》は雨《あめ》のためにお流れになった。❺血筋《ちすじ》。系統《けいとう》。

ことから、文章《ぶんしょう》や詩《し》にまちがいが多《おお》いこと。また、ものごとがいいかげんであること。「撰《せん》」は、詩文《しぶん》を作《つく》ると

流《なが》れにさおさす ことわざ ❶さおで水《みず》の底《そこ》をついて、流《なが》れに乗《の》ってふねを進《すす》める。❷時代《じだい》の流《なが》れにうまく乗《の》って、ものごとを順調《じゅんちょう》に進《すす》める。使い方 ❷は、「流《なが》れにさからう」という意味《いみ》で使《つか》わないよう注意《ちゅうい》。

流《なが》れをくむ ❶血筋《ちすじ》を引《ひ》きつぐ。例 戦国武将《せんごくぶしょう》の流れをくむ。❷あるやり方《かた》を受《う》けつぐ。例 本場《ほんば》のレストランの流れをくむイタリア料理店《りょうりてん》。

ながれさぎょう【流れ作業】 名詞 工場《こうじょう》などで品物《しなもの》をつくるときの、作業《さぎょう》のしくみの一《ひと》つ。手分《てわ》けをし、受《う》け持《も》ちの仕事《しごと》をしたらその品物《しなもの》を次《つぎ》の人《ひと》にわたして、順《じゅん》に仕上《しあ》げていく。

ながれぼし【流れ星】 ⇒1398ジ《ペー》 りゅうせい〔流星〕

ながれる【流れる】 動詞 ❶水《みず》などの液体《えきたい》が、高《たか》いほうから低《ひく》いほうへ動《うご》く。例 川《かわ》が流れる。❷物《もの》が水《みず》の上《うえ》をうかんで動《うご》いていく。例 かれ葉《は》が川《かわ》を流れる。❸時《とき》が過《す》ぎる。例 五年《ごねん》の月日《つきひ》が流れた。❹広《ひろ》まる。伝《つた》わっていく。例 うわさが流れる／電流《でんりゅう》が流れる。❺とりやめになる。例 雨《あめ》で試合《しあい》が流れる。❻液体《えきたい》が動《うご》くように、ものが動《うご》いていく。例 車《くるま》がスムーズに流れる。❼気体《きたい》などがただよう。例 きりが流れる。❽ある傾向《けいこう》になる。かたむく。例 楽《らく》なほうへと流れる。

なぎ 名詞 風《かぜ》がやんで波《なみ》が静《しず》かになること。とくに、朝《あさ》と夕方《ゆうがた》、海《うみ》からふく風《かぜ》と陸《りく》からふく風《かぜ》が入《い》れかわるとき、風《かぜ》がやんで波《なみ》がおだやかになること。対 しけ。

漢 ⇒1397ジ《ペー》 りゅう〔流〕

なきあかす【泣き明かす】 動詞 泣《な》き続《つづ》けて、夜《よ》を明《あ》かす。例 一晩《ひとばん》泣き明かす。

なきがお【泣き顔】 名詞 泣《な》いている顔《かお》。また、今《いま》にも泣《な》き出《だ》しそうな顔《かお》。泣《な》きっ面《つら》。

なきがら 名詞 死《し》んだ人《ひと》の体《からだ》。類 遺骸《いがい》。遺体《いたい》。使い方 「死体《したい》」よりもていねいな言《い》い方《かた》。

なきくずれる【泣き崩れる】 動詞 あまりの悲《かな》しさに、姿勢《しせい》をくずして激《はげ》しく泣《な》く。

なきごえ【泣き声】 名詞 ❶人《ひと》の泣《な》く声《こえ》。例 赤《あか》ちゃんの泣き声。❷泣《な》き出《だ》しそうな声《こえ》。なみだ声《ごえ》。

なきごえ【鳴き声】 名詞 けもの・鳥《とり》・虫《むし》などの鳴《な》く声《こえ》。

なきごと【泣き言】 名詞 つらいことや苦《くる》しいことをくどくどと言《い》うことば。例 泣き言を言《い》う／泣き言を並《なら》べる。

なぎさ 名詞 波《なみ》が打《う》ち寄《よ》せるところ。波打《なみう》ちぎわ。例 なぎさで貝拾《かいひろ》いをする。

なきさけぶ【泣き叫ぶ】 動詞 大《おお》きな声《こえ》を上《あ》げて激《はげ》しく泣《な》く。

なきしきる【鳴きしきる】 動詞 虫《むし》や鳥《とり》などがさかんに鳴《な》く。休《やす》みなく鳴《な》き続《つづ》ける。

なきじゃくる【泣きじゃくる】 動詞 しゃくり上《あ》げるようにして泣《な》く。

なぎたおす【なぎ倒す】 動詞 ❶立《た》っているものを、横《よこ》にはらってたおす。例 強風《きょうふう》が草木《くさき》をなぎ倒す。❷敵《てき》を次々《つぎつぎ》と打《う》ち負《ま》かす。例 相手《あいて》を次々《つぎつぎ》となぎ倒した。

なきたてる【鳴き立てる】 動詞 けもの・鳥《とり》・虫《むし》などが、大《おお》きな声《こえ》でさかんに鳴《な》く。例 犬《いぬ》がきゃんきゃんと鳴き立てる。

なきつく【泣きつく】 動詞 ❶泣《な》きながらすがりつく。例 子供《こども》が母親《ははおや》の胸《むね》に泣きつく。❷困《こま》って、泣《な》くようにしてたのみこむ。例 兄《あに》に泣きついて宿題《しゅくだい》を手伝《てつだ》ってもらった。

なきっつら【泣きっ面】 名詞 泣《な》いている顔《かお》。泣《な》き出《だ》しそうな顔《かお》。泣《な》き顔《がお》。なきつら。

泣《な》きっ面《つら》に蜂《はち》 ことわざ 悪《わる》いことの上《うえ》に、さらに悪《わる》いことが重《かさ》なって起《お》こることのたとえ。なきつらにはち。類 踏《ふ》んだり蹴《け》ったり。弱《よわ》り目《め》にたたり目《め》。ことば 泣《な》いている顔《かお》を、さらにはちがさす、ということからきたことば。

なきつら【泣き面】 ⇒971ジ《ペー》 なきっつら

泣《な》き面《つら》に蜂《はち》 ⇒971ジ《ペー》 「泣《な》きっ面《つら》に蜂《はち》」(「泣《な》きっ面《つら》」の子見出《こみだ》し)

なきなき【泣き泣き】 ⇒972ジ《ペー》 なくなく

なぎなた 名詞 長《なが》い柄《え》の先《さき》に、はばが広《ひろ》くて反《そ》りかえった刃《は》

なぎなた

故事成語 **杜撰《ずさん》** 昔《むかし》、中国《ちゅうごく》の杜黙《ともく》という人《ひと》が作《つく》った詩《し》は、漢詩《かんし》の決《き》まりに合《あ》っていないものが多《おお》かった
いう意味《いみ》。

がついた武器《ぶき》。また、それを使《つか》う武道《ぶどう》。

なきにしもあらず【無きにしもあらず】まったくないというわけでもない。少《すこ》しはある。例 逆転《ぎゃくてん》の可能性《かのうせい》も無きにしもあらずだ。

なきねいり【泣き寝入り】名詞 動詞 ❶泣《な》きながらねてしまうこと。❷不満《ふまん》ではあるが、どうすることもできないであきらめてしまうこと。例 相手《あいて》が強《つよ》いからといって、泣き寝入りしてはいけない。

なきのなみだ【泣きの涙】なみだを流《なが》して泣《な》くこと。大変《たいへん》に悲《かな》しむこと。例 決勝戦《けっしょうせん》で負《ま》け、泣きの涙で競技場《きょうぎじょう》をあとにした。

なきはらす【泣き腫らす】動詞 ひどく泣《な》いて、まぶたをはれさせる。

なきふす【泣き伏す】動詞 あまりの悲《かな》しさに、うつぶせになって泣《な》く。

なきべそ【泣きべそ】名詞 今《いま》にも泣《な》き出《だ》しそうな顔《かお》になること。例 泣きべそをかく。

なきむし【泣き虫】名詞 ちょっとしたことで、すぐに泣《な》いてしまう人《ひと》。

なきわらい【泣き笑い】名詞 動詞 ❶泣《な》きながら笑《わら》うこと。❷悲《かな》しいことがあったりうれしいことがあったりして、泣《な》いたり笑《わら》ったりすること。例 人生《じんせい》は泣き笑いの連続《れんぞく》だ。

なきをみる【泣きを見る】泣《な》きたいようなつらい目《め》にあう。例 なまけてばかりいると、あとで泣きを見るぞ。

なく【泣く】動詞 悲《かな》しみや喜《よろこ》びなどを心《こころ》に強《つよ》く感《かん》じて、なみだを流《なが》す。例 大声《おおごえ》を上《あ》げて泣く／赤《あか》ちゃんが泣いている。漢↓972ジペー なーく〔泣〕

● 泣《な》く子《こ》と地頭《じとう》には勝《か》てぬ ↓329ジペー ことわざ

↓使い分け

漢 **なーく**【泣】〔氵〕さんずい 8画 4年 音 キュウ 訓 なく

、 ⺀ 氵 氵 汁 汁 泣（下をせまく） 泣

なみだを流《なが》して、なく。例 うれし泣《な》き／号泣《ごうきゅう》。

なく【鳴く】動詞 けもの・鳥《とり》・虫《むし》などが、声《こえ》を出《だ》したり、羽《はね》をすり合《あ》わせて音《おと》を出《だ》したりする。例 犬《いぬ》が鳴く／こおろぎが鳴く。漢↓1299ジペー めい〔鳴〕

↓使い分け

> **使い分け**
>
> **なく** 泣く・鳴く
>
> **泣く** 人《ひと》が悲《かな》しさやうれしさなどを心《こころ》で感《かん》じて、なみだを流《なが》す。「しかられて泣《な》く／優勝《ゆうしょう》して大声《おおごえ》で泣《な》く」
>
> **鳴く** けもの・鳥《とり》・虫《むし》などが声《こえ》や音《おと》を出《だ》す。「犬《いぬ》が鳴《な》く／すずめが鳴《な》く／せみが鳴《な》く」

なぐ 動詞 風《かぜ》がやんで、波《なみ》が静《しず》まる。例 海《うみ》がなぐ。対 しける。

なぐさみ【慰み】名詞 気晴《きば》らし。楽《たの》しみ。

なぐさめ【慰め】名詞 なぐさめること。また、なぐさめるのに役《やく》に立《た》つもの。例 慰めのことばをかける。

なぐさめる【慰める】動詞 ❶苦《くる》しんだり、悲《かな》しんだりしている人《ひと》をいたわる。例 失敗《しっぱい》した友《とも》だちを慰める。❷心《こころ》をやわらげ、楽《たの》しませる。例 音楽《おんがく》をきいて心《こころ》を慰める。

なくす【亡くす】動詞 親《した》しい人《ひと》や大切《たいせつ》な人《ひと》を、死《し》ぬことによって失《うしな》う。死《し》なれる。例 父《ちち》を亡くす／おしい人《ひと》を亡くした。

なくす【無くす】動詞 物《もの》などを失《うしな》う。例 大切《たいせつ》な本《ほん》をなくしてしまった。使い方 ふつうかな書《が》きにする。

なくてななくせ【無くて七癖】ことわざ くせがないように見《み》える人《ひと》でも、探《さが》せば七《なな》つくらいのくせはある。人《ひと》にはだれでもくせがあるものだということ。

なくてはならない どうしても必要《ひつよう》である。欠《か》くことができない。例 子《こ》ねこのミイは、わが家《や》になくてはならない存在《そんざい》です。

なくなく【泣く泣く】副詞 泣《な》きながら。泣《な》き泣《な》き。また、泣《な》きたいほどつらい気持《きも》ちで。例 犬《いぬ》を飼《か》うのを泣く泣くあきらめた。

なくなる【亡くなる】動詞 「死《し》ぬ」のていねいな言《い》い方《かた》。例 祖母《そぼ》が亡くなった。

なくなる【無くなる】動詞 ❶物《もの》が見当《みあ》たらなくなる。例 本《ほん》がなくなった。❷減《へ》っていって、つきてしまう。例 いろいろ買《か》い物《もの》をしたのでお金《かね》がなくなってしまった。

は青空《あおぞら》のことで、高《たか》い地位《ちい》の意味《いみ》。

使い方 ふつうかな書《か》きにする。

なぐりがき【殴り書き】名詞 動詞 文字《もじ》や絵《え》を乱暴《らんぼう》に書《か》くこと。また、そのように書《か》いたもの。例 名前《なまえ》を殴り書きする／殴り書きのメモ。

なぐりつける【殴りつける】動詞 強《つよ》くなぐる。例 げんこつで殴りつける。

なぐる【殴る】動詞 強《つよ》く打《う》つ。例 げんこつで殴る。

なげうつ 動詞 投《な》げ捨《す》てる。また、大切《たいせつ》なものなどを思《おも》いきりよく差《さ》し出《だ》す。例 困《こま》っている人《ひと》のために、財産《ざいさん》をなげうつ。

なげうり【投げ売り】名詞 動詞 もうけを考《かんが》えないで、どんどん安《やす》く売《う》ってしまうこと。例 夏服《なつふく》を投げ売りする。類 たたき売《う》り。

なげかける【投げ掛ける】動詞
❶投《な》げて引《ひ》っかける。例 枝《えだ》にひもを投げ掛ける。
❷その方向《ほうこう》や相手《あいて》に向《む》ける。例 観客《かんきゃく》にほほえみを投げ掛ける。
❸問題《もんだい》や疑問《ぎもん》などを、差《さ》し出《だ》して示《しめ》す。例 政《せい》治《じ》への疑問《ぎもん》を投げ掛ける投書《とうしょ》。

なげかわしい【嘆かわしい】形容詞 ため息《いき》が出《で》るほど残念《ざんねん》だ。また、腹《はら》が立《た》つほど情《なさ》けない。例 嘆かわしい結果《けっか》に終《お》わる。

なげき【嘆き】名詞 心《こころ》を痛《いた》めて深《ふか》く悲《かな》しむこと。例 残《のこ》された者《もの》の嘆き／嘆きにしずむ。

なげく【嘆く】動詞
❶心《こころ》を痛《いた》めて深《ふか》く悲《かな》しむ。例 友《とも》の死《し》を嘆く。
❷つらさや不満《ふまん》などの気持《きも》ちを、口《くち》に出《だ》して言《い》う。例 練習《れんしゅう》の厳《きび》しさを嘆く。

なげこむ【投げ込む】動詞 物《もの》を中《なか》に投《な》げて入《い》れる。ほうりこむ。例 池《いけ》に小石《こいし》を投げ込む。

なげし 名詞 日本《にほん》の建物《たてもの》で、柱《はしら》と柱《はしら》の間《あいだ》にわたしてある、かざりの横木《よこぎ》。ふつう「かもい」の上《うえ》にある。図 ⇩284ページ かもい

なげすてる【投げ捨てる】動詞
❶物《もの》をほうり投《な》げて捨《す》てる。おしげもなく捨《す》てる。例 ごみを投げ捨てる。
❷仕事《しごと》などをほったらかしにする。例 草《くさ》むしりをとちゅうで投げ捨てて、遊《あそ》びに行《い》った。

なげだす【投げ出す】動詞
❶物《もの》を投《な》げて出《だ》す。また、投《な》げるようにして出《だ》す。例 足《あし》を投げ出す。
❷とちゅうであきらめて、やめてしまう。例 難《むずか》しいパズルを、とちゅうで投げ出した。
❸自分《じぶん》の身《み》や財産《ざいさん》を差《さ》し出《だ》す。例 人々《ひとびと》のためにすべての財産《ざいさん》を投げ出す。

なけなし 名詞 ほとんどないこと。ほんの少《すこ》ししかないこと。例 なけなしのお金《かね》をはたく。

なげなわ【投げ縄】名詞 先《さき》を輪《わ》の形《かたち》に結《むす》んだ長《なが》い縄《なわ》。投《な》げて動物《どうぶつ》をつかまえるのに使《つか》う。

なげやり【投げやり】名詞 形容動詞 ものごとをいいかげんにすること。どうなってもいいというような態度《たいど》をとること。例 仕事《しごと》を投げやりにする／投げやりな返事《へんじ》。

なげる【投げる】動詞
❶手《て》でものを遠《とお》くへほうる。例 球《たま》を投げる。
❷どうでもよいと思《おも》って、あきらめる。例 とちゅうで試合《しあい》を投げてしまった。
❸そちらの方《ほう》へ向《む》ける。例 視線《しせん》を投げる。
❹すもうや柔道《じゅうどう》で相手《あいて》をたおす。
漢 ⇩914ページ とう〔投〕

なげわざ【投げ技】名詞 すもう・柔道《じゅうどう》・レスリングなどで、相手《あいて》を投《な》げてたおすわざ。

なこうど【仲人】名詞 結婚《けっこん》する男女《だんじょ》の間《あいだ》に立《た》って、まとめる役《やく》をする人《ひと》。

なごむ【和む】動詞 なごやかになる。おだやかになる。例 心《こころ》が和む／雰囲気《ふんいき》が和む。漢 ⇩1426ページ わ〔和〕

なごやか【和やか】形容動詞 気持《きも》ちが打《う》ち解《と》けており、おだやかで落《お》ち着《つ》いているようす。例 和やかな雰囲気《ふんいき》。漢 ⇩1426ページ わ〔和〕

なごやし【名古屋市】名詞 愛知県《あいちけん》の北西部《ほくせいぶ》にある大《おお》きな都市《とし》。中京工業地帯《ちゅうきょうこうぎょうちたい》の中心地《ちゅうしんち》で、愛知県《あいちけん》の県庁《けんちょう》がある。

なごり【名残】名詞
❶ものごとが過《す》ぎ去《さ》ったあとでも、まだそのころのようすやおもかげが残《のこ》っていること。例 京都《きょうと》は、都《みやこ》だったころの名残をとどめている。
❷別《わか》れるのがつらいと思《おも》うこと。また、その気《き》持《も》ち。例 名残がつきない／名残をおしむ。

なごりおしい【名残惜しい】形容詞 心《こころ》が引《ひ》かれて、別《わか》れるのがつらい。心残《こころのこ》りである。例 親《した》しんだこの校舎《こうしゃ》と別《わか》れるのは名残惜しい。

ナサ【NASA】名詞「アメリカ航空宇宙《こうくううちゅう》局《きょく》」のこと。宇宙《うちゅう》の研究《けんきゅう》や開発《かいはつ》などを行《おこな》っている、アメリカの機関《きかん》。

故事成語 **青雲《せいうん》の志《こころざし》** 世《よ》の中《なか》に出《で》て、出世《しゅっせ》をして高《たか》い地位《ちい》につき、有名《ゆうめい》になろうという望《のぞ》み。「青雲《せいうん》」

なさい 「…しろ」の意味《いみ》のやわらかい言《い》い方《かた》。例 早《はや》くなさい／あれをご覧《らん》なさい。ことば「なさる」の命令《めいれい》の言《い》い方《かた》。

なさけ【情け】 名詞 人《ひと》に対《たい》する心《こころ》づかい。思《おも》いやりやあわれみの心《こころ》。例 情けをかける。漢 ⇒631ページ じょう〔情〕

●情《なさ》けは人《ひと》のためならず ⇒333ページ ことわざ

なさけしらず【情け知らず】 名詞 形容動詞 思《おも》いやりの心《こころ》がないこと。また、そのような人《ひと》。

なさけない【情けない】 形容詞 ❶期待外《きたいはず》れで残念《ざんねん》なようす。例 実力《じつりょく》を出《だ》せず、情けない結果《けっか》に終《お》わった。❷みじめなようす。例 情けない顔《かお》をする。

なさけぶかい【情け深い】 形容詞 思《おも》いやりの気持《きも》ちが強《つよ》い。例 情け深い人《ひと》。

なさけようしゃもない【情け容赦もない】 思《おも》いやりがなく、手加減《てかげん》もしないようす。例 情け容赦もない特訓《とっくん》が続《つづ》く。

なざし【名指し】 名詞 動詞 はっきりと名前《なまえ》を言《い》って、指《さ》し示《しめ》すこと。指名《しめい》。例 学級会《がっきゅうかい》で、名指しで注意《ちゅうい》された。

なさる 動詞 「する」の尊敬《そんけい》した言《い》い方《かた》。例 どうなさいますか／先生《せんせい》がお話《はなし》をなさる。

なし【梨】 名詞 季語 秋 果物《くだもの》の木《き》の一《ひと》つ。四《し》～五月《ごがつ》ごろ白《しろ》い花《はな》がさき、秋《あき》に丸《まる》くて大《おお》きい実《み》がなる。ことば「なし」は「無《な》し」に通《つう》じ、意味合《いみあ》いがよくないことから、反対《はんたい》に「ありの実《み》」と呼《よ》ぶことがある。

なし

漢 **なし【梨】**〔木《き》〕 11画 4年 音 訓 なし

〃 千 禾 禾 利 利 犁 梨

なし。ばらのなかまの木《き》。なしの実《み》。

なしくずし【なし崩し】 名詞 ものごとを少《すこ》しずつすませていくこと。くずしていくように、ものごとを少《すこ》しずつ進《すす》めていくこと。例 計画《けいかく》はなし崩しに進《すす》められた。

なしとげる【成し遂げる】 動詞 ものごとを終《お》わりまでやり通《とお》す。仕上《しあ》げる。

なしのつぶて 便《たよ》りをしても、相手《あいて》から返事《へんじ》がないこと。例 友《とも》だちに手紙《てがみ》を出《だ》したが、なしのつぶてだ。ことば「なし」は「無《な》し」にかけた言《い》い方《かた》。「つぶて」は投《な》げつけるための小石《こいし》のこと。投《な》げた小石《こいし》のようにもどってこないことからきたことば。

なじみ 名詞 慣《な》れて親《した》しむこと。また、その人《ひと》。例 幼《おさな》なじみ／なじみのない人《ひと》。

なじむ 動詞 ❶慣《な》れて、親《した》しくなる。仲《なか》よくなる。例 新《あたら》しいクラスになじむ。❷慣《な》れて、具合《ぐあい》がよくなる。例 新《あたら》しいくつが、やっと足《あし》になじんだ。

ナショナルトラスト 名詞 自然環境《しぜんかんきょう》や歴史《れきし》のある建物《たてもの》を、寄付《きふ》を集《あつ》めて買《か》いとったり、寄《き》贈《ぞう》されたりして取得《しゅとく》し、保護《ほご》・管理《かんり》をする市民《しみん》運動《うんどう》。イギリスから始《はじ》まった。

なじる 動詞 人《ひと》の悪《わる》いところなどをとり上《あ》げて、責《せ》めたり、文句《もんく》を言《い》ったりする。例 約束《やくそく》を守《まも》らなかったので、友《とも》だちになじられた。

なす 名詞 季語 夏 野《や》菜《さい》の一《ひと》つ。夏《なつ》から秋《あき》にかけてむらさき色《いろ》の花《はな》がさき、濃《こ》いむらさき色《いろ》の実《み》をつける。実《み》を食用《しょくよう》にする。「なすび」ともいう。ことば 漢字《かんじ》では「茄子」と書《か》く。

なす

なす 動詞 「する」「行《おこな》う」の古《ふる》い言《い》い方《かた》。例 この虫《むし》は人《ひと》に害《がい》をなす／なすすべがない（＝何《なに》もすることができない）。

なす【成す】 動詞 ❶形《かたち》をつくる。例 馬《うま》が群《む》れを成して走《はし》る。❷やりとげる。築《きず》き上《あ》げる。例 財《ざい》を成す（＝財産《ざいさん》をつくる）。漢 ⇒705ページ せい〔成〕

なずな 名詞 季語 新年 春《はる》の七草《ななくさ》の一《ひと》つ。道《みち》ばたや野山《のやま》に生《は》え、春《はる》に白《しろ》い小《ちい》さな花《はな》がさき、小《ちい》さな三角形《さんかくけい》の実《み》をつける。「ぺんぺん草《ぐさ》」ともいう。図 ⇒1084ページ はるのななくさ

なすび 名詞 季語 夏 「なす」のこと。

なすりつける【なすり付ける】 動詞 ❶こすりつける。例 手《て》についたよごれを、かべになすり付ける。

できないことはない。

教科＝教《きょう》科《か》で特別《とくべつ》に使《つか》われることばの説明《せつめい》　使い方＝ことばの使《つか》い方《かた》の注意《ちゅうい》

❷自分《じぶん》の罪《つみ》や責任《せきにん》を、ほかの人《ひと》におしつける。例 罪《つみ》を人《ひと》になすり付ける。

なする 動詞 ❶ぬりつける。こする。❷自分《じぶん》の罪《つみ》や責任《せきにん》を、人《ひと》のせいにする。

なぜ 副詞 どうして。どういうわけで。例 なぜけんかしたのか／地震《じしん》が起《お》こるのはなぜか。

なぜならば 接続詞 どうしてかというと。その理由《りゆう》は。なぜなら。例 きっとうまくいくだろう。なぜならば、姉《あね》はとても努力《どりょく》したからだ。使い方 あらたまった言《い》い方《かた》。

なせばなる【なせば成る】難《むずか》しいと思《おも》えることも、やろうと思《おも》えばできる。

なぞ【謎】名詞 ❶はっきりとわかっていない不思議《ふしぎ》なこと。例 宇宙《うちゅう》は謎に包《つつ》まれている。❷ものごとを遠回《とおまわ》しに言《い》うこと。また、そのことば。❸→975ページ《ジ》なぞなぞ

●**謎《なぞ》を掛《か》ける** ❶なぞなぞの問題《もんだい》を出《だ》す。❷はっきりと言《い》わず、それとなくわからせるように言《い》う。遠回《とおまわ》しに言《い》う。例 妹《いもうと》はほしいものをねだるのにいちいち謎を掛ける。

なぞなぞ【謎謎】名詞 かくれた意味《いみ》を持《も》っていることばを問《と》いかけて、相手《あいて》に答《こた》えを当《あ》てさせる遊《あそ》び。なぞ。

なぞらえる 動詞 ❶たとえる。ほかのものに見《み》たてる。例 人《ひと》の一生《いっしょう》を旅《たび》になぞらえる。❷まねる。似《に》せる。例 庭《にわ》には富士山《ふじさん》になぞらえてつくった山《やま》がある。

なぞる 動詞 かいてある字《じ》や絵《え》の上《うえ》をたどって書《か》く。例 下書《したが》きを、ボールペンでなぞる。

なた 名詞 はばが広《ひろ》くて厚《あつ》い刃《は》を持《も》つ刃物《はもの》。まきを割《わ》ったり枝《えだ》を切《き》ったりするのに使《つか》う。

なだ 名詞 波《なみ》があらくて、航海《こうかい》が難《むずか》しい海《うみ》。例 熊野《くまの》なだ。

なだかい【名高い】形容詞 世《よ》の中《なか》に名《な》まえが広《ひろ》く知《し》られている。有名《ゆうめい》である。例 米《こめ》の産地《さんち》として名高い地方《ちほう》。

なだたる【名だたる】連体詞 世《よ》の中《なか》に広《ひろ》く名《な》まえの知《し》られている。有名《ゆうめい》な。名高《なだか》い。例 世《せ》界《かい》に名だたる美《うつく》しい山脈《さんみゃく》。使い方 文章《ぶんしょう》の中《なか》で使《つか》うことが多《おお》い。

なたね【菜種】名詞 あぶらなの種《たね》。しぼって、てんぷらなどに使《つか》う「なたね油《あぶら》」をとる。

なたねあぶら【菜種油】名詞 あぶらなの種《たね》をしぼってとった油《あぶら》。食用《しょくよう》などにする。

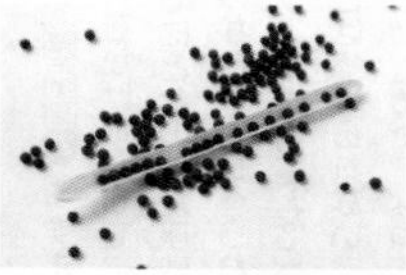

なたね

なたねづゆ【菜種梅雨】名詞 季語春 三月《さんがつ》の終《お》わりから四月《しがつ》にかけて、菜《な》の花《はな》がさくころに降《ふ》る長雨《ながあめ》。

なだめすかす 動詞 なぐさめたり機嫌《きげん》をとったりして、相手《あいて》の気《き》持《も》ちをやわらげる。例 いやがる子《こ》をなだめすかして、注射《ちゅうしゃ》をする。

なだめる 動詞 おこったり泣《な》いたりしている人《ひと》をなぐさめて、気《き》持《も》ちをやわらげる。例 けんかした二人《ふたり》をなだめて、仲直《なかなお》りさせる。

なだらか 形容動詞 ❶かたむきが急《きゅう》でないようす。例 なだらかな坂《さか》。❷おだやかに、すらすらと進《すす》むようす。例 なだらかな調子《ちょうし》で朗読《ろうどく》する。

なだれ【雪崩】名詞 季語春 山《やま》に積《つ》もったたくさんの雪《ゆき》が、急《きゅう》にくずれ落《お》ちること。

●**雪崩《なだれ》を打《う》つ** 大勢《おおぜい》の人《ひと》が一度《いちど》にどっとおし寄《よ》せるたとえ。例 ドアが開《ひら》くと、人々《ひとびと》が雪崩を打って入《はい》りこんだ。

なだれおちる【雪崩落ちる】動詞 たくさんのものが、なだれのように一度《いちど》に落《お》ちる。例 本棚《ほんだな》から本《ほん》が雪崩落ちる。

なだれこむ【雪崩込む】動詞 大勢《おおぜい》の人《ひと》が、なだれのように一度《いちど》にどっと入《はい》りこむ。例 開《かい》店《てん》と同時《どうじ》に客《きゃく》が雪崩込む。

ナチス（ドイツ語）名詞 ヒトラーがリーダーをしていたドイツの政党《せいとう》。独裁政治《どくさいせいじ》を行《おこな》い、第二次《だいにじ》世界大戦《せかいたいせん》を引《ひ》き起《お》こした。

ナチュラル（natural）❶形容動詞 自然《しぜん》なようす。自然《しぜん》のままであるようす。例 ナチュラルな感《かん》じのパーマ。❷名詞 音楽《おんがく》で、シャープ（＝♯）やフラット（＝♭）で変《か》えた音《おと》をもとの音《おと》にもどすしるし。「♮」で表《あらわ》す。

故事成語 精神一到何事か成《せいしんいっとうなにごとかな》らざらん　どんなに難《むずか》しくたいへんなことでも、心《こころ》を集中《しゅうちゅう》して向《む》かえば、

あいうえお　かきくけこ　さしすせそ　たちつてと　な なにぬねの　はひふへほ　まみむめも　やゆよ　らりるれろ　わをん

なつ【夏】 [名詞] [季語 夏] 一年《いちねん》を四《よっ》つの季節《きせつ》に分《わ》けたうちの一《ひと》つ。日本《にほん》では、ふつう六《ろく》・七《なな》・八月《はちがつ》の三《さん》か月《げつ》をいう。一年《いちねん》じゅうでいちばん暑《あつ》い季節《きせつ》。[対] 冬《ふゆ》。[関連] 春《はる》。秋《あき》。[漢] ⇩215ページ か〔夏〕

なっ【納】 [漢] ⇩1022ページ のう〔納〕

なついん【なつ印】 [名詞] [動詞] 判《はん》こをおすこと。[使い方] あらたまった言《い》い方《かた》。

なつおしむ【夏惜しむ】 [季語 夏] 去《さ》っていく夏《なつ》を残念《ざんねん》に思《おも》う。

なつかしい【懐かしい】 [形容詞] 昔《むかし》のことが思《おも》い出《だ》されて、心《こころ》が引《ひ》かれる。[例] アルバムを見《み》て、小《ちい》さいころを懐かしく感《かん》じた。

なつかしむ【懐かしむ】 [動詞] なつかしく思《おも》う。[例] 故郷《こきょう》を懐かしむ。

なつがすみ【夏がすみ】 [名詞] [季語 夏] 夏《なつ》に立《た》ちこめるかすみ。

なつがれ【夏枯れ】 [名詞] 商売《しょうばい》で、夏《なつ》に一時《いちじ》的《てき》に売《う》り上《あ》げが落《お》ちること。[対] 冬枯《ふゆが》れ。

なつごおり【夏氷】 [名詞] [季語 夏] 「かき氷《ごおり》」のこと。

なつく【懐く】 [動詞] その人《ひと》になれて親《した》しくなる。したう。[例] うちの犬《いぬ》はだれにでもすぐ懐く。

なつく

なつくさ【夏草】 [名詞] [季語 夏] 夏《なつ》に生《お》いしげる草《くさ》。

なつぐも【夏雲】 [名詞] [季語 夏] 夏《なつ》の空《そら》に見《み》られる雲《くも》。入道雲《にゅうどうぐも》やかみなり雲《ぐも》など。

なづける【名付ける】 [動詞] 名《な》まえをつける。[例] 拾《ひろ》ってきた小犬《こいぬ》にチロと名付けた。

なつこだち【夏木立】 [名詞] [季語 夏] 夏《なつ》の、生《お》いしげっている木立《こだち》。

なつざしき【夏座敷】 [名詞] [季語 夏] ふすまや障子《しょうじ》を外《はず》したり、すだれをかけたりして、暑《あつ》い夏《なつ》をすずしく過《す》ごすためにととのえた座敷《ざしき》。

ナッツ (nuts) [名詞] からのかたい、食《た》べられる果実《かじつ》。くるみ・ピーナッツ・アーモンドなど。

なっていない 一人前《いちにんまえ》とは認《みと》められない。問題《もんだい》にならないくらいひどい。だめだ。なってない。[例] きみの勉強《べんきょう》のやり方《かた》はなっていないよ。

ナット (nut) [名詞] ボルトと組《く》み合《あ》わせて、物《もの》をしめつけて固定《こてい》する留《と》め金《がね》。内側《うちがわ》にねじが刻《きざ》んである。[図] ⇩1228ページ ボルト(bolt)

なっとう【納豆】 [名詞] 蒸《む》した大豆《だいず》をなっとう菌《きん》で発酵《はっこう》させた、ねばり気《け》のある食《た》べ物《もの》。

なっとく【納得】 [名詞] [動詞] 相手《あいて》の話《はなし》や考《かんが》えがよくわかって、承知《しょうち》すること。[例] みんなが納得するまで話《はな》し合《あ》った。

なつどり【夏鳥】 [名詞] 春《はる》から夏《なつ》の間《あいだ》、日本《にほん》で卵《たまご》を産《う》んでひなを育《そだ》て、秋《あき》になると南《みなみ》の暖《あたた》かい地方《ちほう》へわたって冬《ふゆ》を過《す》ごす鳥《とり》。つばめ・ほととぎすなど。[対] 冬鳥《ふゆどり》。[図] ⇩1435ページ わたりどり

なつのだいさんかく【夏の大三角】 [名詞] 夏《なつ》の夜空《よぞら》に見《み》える星《ほし》の三角形《さんかくけい》。白鳥座《はくちょうざ》のデネブ、わし座《ざ》のアルタイル、こと座《ざ》のベガの三《みっ》つの星《ほし》を結《むす》ぶ。

なつば【夏場】 [名詞] 夏《なつ》のころ。夏《なつ》の間《あいだ》。[対] 冬場《ふゆば》。[例] この町《まち》は、夏場は観光客《かんこうきゃく》でにぎわう。

なっぱ【菜っ葉】 [名詞] 葉《は》の部分《ぶぶん》を食《た》べる野菜《やさい》。ほうれんそうやこまつななど。[使い方] くだけた言《い》い方《かた》。

なつばて【夏ばて】 [名詞] [動詞] 夏《なつ》の暑《あつ》さのために体《からだ》が弱《よわ》って、元気《げんき》がなくなること。夏負《なつま》け。

なつび【夏日】 [名詞] 一日《いちにち》の最高気温《さいこうきおん》がセ氏二《しに》十五度《じゅうごど》以上《いじょう》の日《ひ》。[関連] 冬日《ふゆび》。

ナップサック ⇩976ページ ナップザック

ナップザック (ドイツ語) [名詞] ハイキングなどに使《つか》う、簡単《かんたん》なつくりのリュックサック。「ナップサック」ともいう。

なつまけ【夏負け】 [名詞] [動詞] [季語 夏] 夏《なつ》の暑《あつ》さのために体《からだ》が弱《よわ》ること。夏《なつ》ばて。

なつまつり【夏祭り】 [名詞] [季語 夏] 夏《なつ》に行《おこな》われる、神社《じんじゃ》や地域《ちいき》などの祭《まつ》り。

なつみかん【夏みかん】 [名詞] [季語 春] みかんのなかまの木《き》。初《しょ》夏《か》に白《しろ》い花《はな》がさき、みかんより大《おお》きな実《み》がなる。味《あじ》はすっぱい。

なつみかん

なつめそうせき【夏目漱石】 [名詞] (一八六七～一九一六) 明《めい》治《じ》・大正《たいしょう》時代《じだい》の小説《しょうせつ》家《か》。「吾輩《わがはい》は猫《ねこ》である」「坊《ぼ》っちゃん」「こころ」などを書《か》いた。

のできごとや大事件《だいじけん》のこと。「霹靂《へきれき》」は、急《きゅう》に鳴《な》り出《だ》したかみなりのこと。

なつもの【夏物】 名詞 季語 夏 夏《なつ》の間《あいだ》に使《つか》うもの。とくに、夏《なつ》に着《き》る衣類《いるい》。対 冬物《ふゆもの》。

なつやすみ【夏休み】 名詞 季語 夏 夏《なつ》のとくに暑《あつ》い期間《きかん》の、学校《がっこう》などの休《やす》み。関連 春休《はるやす》み。冬休《ふゆやす》み。

なつやせ【夏痩せ】 名詞 動詞 季語 夏 夏《なつ》の暑《あつ》さのために、食欲《しょくよく》が落《お》ちて体《からだ》が弱《よわ》り、やせること。

なでおろす【なで下ろす】 動詞 ❶上《うえ》から下《した》に向《む》かってなでる。例 かみをやさしくなで下ろす。❷（「胸《むね》をなで下《お》ろす」の形《かたち》で、全体《ぜんたい》で）ほっと安心《あんしん》する。例 無事《ぶじ》を知《し》って胸《むね》をなで下ろした。

なでぎり【なで斬り・なで切り】 名詞 人《ひと》や物《もの》をかたっぱしから切《き》りたおすこと。また、大勢《おおぜい》の相手《あいて》を次々《つぎつぎ》に打《う》ち負《ま》かすこと。例 上位《じょうい》チームをなで斬りにして優勝《ゆうしょう》した。

なでしこ 名詞 季語 秋 秋《あき》の七草《ななくさ》の一《ひと》つ。山《やま》や野《の》に生《は》え、八《はち》～九月《くがつ》ごろ、もも色《いろ》の花《はな》がさく。図 ↓25ジペー あきのななくさ

なでつける【なで付ける】 動詞 かみの毛《け》などを、くしや手《て》でおさえて整《ととの》える。

なでまわす【なで回す】 動詞 手《て》のひらであちこちをなでる。例 けがはないかと、体《からだ》じゅうをなで回す。

なでる 動詞 手《て》のひらなどでやさしくさする。例 ねこの頭《あたま》をそっとなでる。

など 助詞 （ほかのことばのあとにつけて）❶例《れい》を挙《あ》げて、まだほかにもあることを表《あらわ》す。例 ラーメンなどめん類《るい》が好《す》きだ。❷はっきり言《い》わないで、やわらげていうときに使《つか》うことば。例 ジュースなどいかがですか。❸意味《いみ》を強《つよ》めていうときに使《つか》うことば。例 わたしはうそなどつかない。❹軽《かる》く見《み》る気持《きも》ちや、へりくだる気持《きも》ちを表《あらわ》す。例 かぜなどに負《ま》けるものか／わたしなど最後《さいご》でいいよ。

使い方 ❸は、あとに「ない」などのことばがくる。

ナトリウム （ドイツ語） 名詞 銀色《ぎんいろ》がかった白色《しろいろ》の、やわらかい金属《きんぞく》。食塩《しょくえん》に多《おお》くふくまれる。

なな【七】 名詞 数《かず》の名《な》。ななつ。しち。漢 ↓576ジペー しち〔七〕

なないろ【七色】 名詞 ❶七《なな》つの色《いろ》。赤《あか》・だいだい・黄《き》・緑《みどり》・青《あお》・あい・むらさきの七種類《ななしゅるい》の色《いろ》。例 七色のにじ。❷七種類《ななしゅるい》。例 七色とうがらし。

ななくさ【七草】 名詞 春《はる》の七草《ななくさ》、または秋《あき》の七草《ななくさ》のこと。図 ↓25ジペー あきのななくさ・1084ジペー はるのななくさ

ななくさがゆ【七草がゆ】 名詞 季語 新年 一《いち》月七日《がつなのか》に、春《はる》の七草《ななくさ》を入《い》れてつくるかゆ。その年《とし》の健康《けんこう》をいのって食《た》べる。

ななころびやおき【七転び八起き】 ことわざ 七回転《ななかいころ》んでも八回起《はちかいお》き上《あ》がるということから、何回失敗《なんかいしっぱい》してもくじけないでがんばり続《つづ》けること。

ななつ【七つ】 名詞 ❶数《かず》の名《な》。なな。しち。例 七つの海《うみ》。❷七才《ななさい》のこと。漢 ↓576ジペー しち〔七〕

ななつどうぐ【七つ道具】 名詞 仕事《しごと》をするのに必要《ひつよう》な、ひとそろいの道具《どうぐ》。いつも持《も》ち歩《ある》く、ひと組《くみ》になった仕事道具《しごとどうぐ》。

ななつのうみ【七つの海】 名詞 世界《せかい》じゅうの海《うみ》。とくに、南太平洋《みなみたいへいよう》・北太平洋《きたたいへいよう》・南大西洋《みなみたいせいよう》・北大西洋《きたたいせいよう》・インド洋《よう》・南極海《なんきょくかい》・北極海《ほっきょくかい》のこと。

ななひかり【七光】 名詞 親《おや》や主人《しゅじん》などがりっぱなおかげで、その子供《こども》や家臣《かしん》がいろいろ得《とく》をすること。例 親《おや》の七光。

ななふし 名詞 昆虫《こんちゅう》の一《ひと》つ。緑《みどり》または茶色《ちゃいろ》で、すがたが小枝《こえだ》によく似《に》ている。

ななふし

ななほしてんとう 名詞 てんとうむしのなかまの昆虫《こんちゅう》。上《うえ》の羽《はね》はだいだい色《いろ》で、七《なな》つの黒《くろ》い斑点《はんてん》がある。あぶらむしを食《た》べる益虫《えきちゅう》。

ことば 漢字《かんじ》では「七星天道」と書《か》く。

ななほしてんとう

ななめ【斜め】 名詞 形容動詞 ❶かたむいていること。例 斜めに線《せん》を引《ひ》く。

❷機嫌《きげん》が悪《わる》いこと。例 ご機嫌《きげん》斜め。

なに【何】
❶ 代名詞 はっきりしないものやことを指《さ》すことば。例 何がほしいの／何色《いろ》が好《す》きですか。
❷ 副詞 少《すこ》しも。まったく。例 何不自由《ふじゆう》のない暮《く》らし。
❸ 感動詞 おどろいたり聞《き》き返《かえ》したりするときのことば。例 なに、火事《かじ》だって。
❹ 感動詞 相手《あいて》のことばや自分《じぶん》の気持《きも》ちを打《う》ち消《け》すときに言《い》うことば。例 なに、構《かま》うものか。
使い方 ❶は、「なん」となることがある。❷は、あとに「ない」などのことばがくる。❸❹は、ふつうかな書《が》きにする。
漢 ⇩978ジページ《ぺー》なに〔何〕

● **何《なに》が何《なん》でも** どんなことがあっても。どうしても。例 何が何でもやりとげてみせる。

● **何《なに》から何《なに》まで** すべてにわたって。何《なに》もかも。すっかり。例 知《し》っていることを何から何まで話《はな》す。

● **何《なに》はさておき** ほかのことはあと回《まわ》しにしても。まず第一《だいいち》に。例 何はさておき、母《はは》には言《い》っておこう。

● **何《なに》はともあれ** ほかのことはどうでも。例 何はともあれ、早《はや》く医者《いしゃ》に行《い》ったほうがいい。

● **何《なに》はなくとも** ほかには何《なに》もなくても。例 何はなくとも家族《かぞく》の健康《けんこう》が第一《だいいち》だ。

● **何《なに》もかも** すべて。みんな。例 何もかもうまくいっている。

● **何《なに》やかや** あれやこれや。いろいろ。例 家《いえ》の引《ひ》っ越《こ》しが間近《まぢか》で、何やかやといそがしい。

● **何《なに》をおいても** ほかのことはあと回《まわ》しにしても。真《ま》っ先《さき》に。例 困《こま》ったときは何をおいてもかけつけるよ。

漢 **なに【何】**〔亻〕にんべん 7画 2年
音 カ
訓 なに・なん

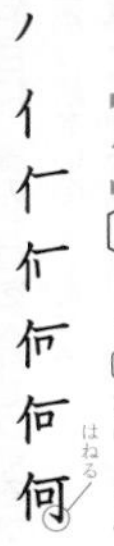

なに。わからないことをたずねることば。例 何者《なにもの》／何点《なんてん》／幾何学《きかがく》。

なにがし 代名詞
❶名《な》まえがわからないとき、また、わざと名《な》まえをはっきり言《い》わないときに使《つか》うことば。例 政治家《せいじか》のなにがし／なにがしという村《むら》。
❷数《かず》や量《りょう》がはっきりわからないとき、また、わざとぼかして言《い》うときに使《つか》うことば。例 なにがしかの寄付《きふ》をお願《ねが》いしたい。

なにかしら【何かしら】 副詞
❶はっきり何《なに》とはわからないようす。何《なに》か。例 兄《あに》は何かしら考《かんが》えこんでいた。
❷なんとなく。どういうわけか。例 夏《なつ》の終《お》わりは何かしらさびしい気持《きも》ちになる。

なにかと【何かと】 副詞 あれこれと。いろいろと。例 年《とし》の暮《く》れは何かと用事《ようじ》が多《おお》い。

なにかにつけて【何かにつけて】 いろいろなことがある、そのたびに。ことあるごとに。例 あの日《ひ》のことを何かにつけて思《おも》い出《だ》す。

なにくれとなく【何くれとなく】 あれこれと。いろいろと。例 おじさんは何くれとなく相談相手《そうだんあいて》になってくれる。

なにくわぬかお【何食わぬ顔】 何《なに》ごともないというような、すました顔《かお》。素知《そし》らぬ顔《かお》。例 けんかした妹《いもうと》が何食わぬ顔で帰《かえ》ってきた。

なにげない【何気ない】 形容詞
❶それらしいようすを見《み》せないようす。さりげない。例 何気ないふりをする。
❷なんの考《かんが》えもないようす。例 何気なくふりむくと、母《はは》が笑《わら》って立《た》っていた。

なにごと【何事】 名詞
❶どんなこと。なに。例 大《おお》きな物音《ものおと》に、何事が起《お》こったのかと飛《と》び起《お》きる。
❷すべてのこと。万事《ばんじ》。例 何事もいっしょうけんめいやることが大切《たいせつ》だ。
❸問題《もんだい》になるようなこと。例 何事もなく、三日間《みっかかん》の修学旅行《しゅうがくりょこう》が終《お》わった。
❹「なんということか」という意味《いみ》で、相手《あいて》を責《せ》めるときに使《つか》うことば。例 時間《じかん》におくれるとは何事だ。

なにしろ【何しろ】 副詞 ほかのことはともかく。例 何しろ暑《あつ》くてたまらない。ことば「何《なに》にしろ」がつまったことば。

なにとぞ【何とぞ】 副詞 どうか。例 何とぞお許《ゆる》しください／何とぞお体《からだ》を大切《たいせつ》に。使い方 相手《あいて》にものをたのむときに使《つか》うことば。

なにひとつ【何一つ】 何《なに》も。ひとつも。例 妹《いもうと》は何一つ覚《おぼ》えていなかった／まだ何一つでき上《あ》がっていない。使い方 あとに「ない」などのことばがくる。

なにぶん【何分】 副詞

おおかみが入《はい》ってくるという意味《いみ》で、一《ひと》つの災難《さいなん》をのがれたと思《おも》うと、また別《べつ》の災難《さいなん》にあうこと。

❶なんといっても。例 なにぶん初《はじ》めてのことなので心配《しんぱい》です。❷どうぞ。何《なに》とぞ。例 なにぶんよろしくお願《ねが》いします。使い方 ふつうかな書《が》きにする。

なにも【何も】 ❶すべて。全部《ぜんぶ》。例 家族《かぞく》のためなら苦労《くろう》も何もがまんできる。❷ 副詞 別《べつ》に。とくに。例 何もそこまで悪《わる》く言《い》うことはないだろう。使い方 ❷は、あとに「ない」などのことばがくることが多《おお》い。

なにもの【何者】 名詞 どういう人《ひと》。だれ。例 あの人《ひと》はいったい何者だろう。

なにやら【何やら】 副詞 何《なに》かわからないけれど。なんだか。例 何やらよいにおいがする。

なにより【何より】 副詞 ほかのどんなことよりもよいようす。このうえなく。例 野球《やきゅう》が何より好《す》きだ／ご無事《ぶじ》で何よりです。

なにわ【難波・浪速】 名詞 今《いま》の大阪市《おおさかし》とその周辺《しゅうへん》の古《ふる》い言《い》い方《かた》。

なにわぶし【なにわ節】 名詞 三味線《しゃみせん》を伴奏《ばんそう》に、節《ふし》をつけて物語《ものがたり》を語《かた》る演芸《えんげい》。「浪曲《ろうきょく》」ともいう。

なぬし【名主】 名詞 江戸時代《えどじだい》の村《むら》のかしら。ふつう代官《だいかん》が農民《のうみん》の中《なか》から選《えら》んで、村《むら》を治《おさ》めさせた。ことば おもに関東地方《かんとうちほう》での呼《よ》び名《な》。関西《かんさい》地方《ちほう》では「庄屋《しょうや》」といった。

なの【七】 ななつ。なな。しち。例 七日《か》。漢 ⬇576ジベー しち〔七〕

ナノ (nano) 名詞 「メートル」「グラム」「秒《びょう》」などの単位《たんい》の前《まえ》につけて、十億分《じゅうおくぶん》の一《いち》であることを表《あらわ》すことば。記号《きごう》は「n」。ことば もとはラテン語《ご》で「小人《こびと》」という意味《いみ》。

なのか【七日】 名詞 ❶月《つき》の七番目《ななばんめ》の日《ひ》。❷七日《しちにち》の間《あいだ》。一週間《いっしゅうかん》。例 休《やす》みも残《のこ》り七日だ。

ナノテクノロジー (nanotechnology) 名詞 原子《げんし》や分子《ぶんし》をあつかう、とても細《こま》かな技術《ぎじゅつ》。ことば 「ナノ（＝十億分《じゅうおくぶん》の一《いち》）メートル単位《たんい》のものをあつかうテクノロジー（＝技術《ぎじゅつ》）」という意味《いみ》からきたことば。参考 工業《こうぎょう》や医療《いりょう》などの分野《ぶんや》で応用《おうよう》されている。

なのはな【菜の花】 名詞 季語春 「あぶらな」のこと。

なのり【名乗り】 名詞 ❶自分《じぶん》の名前《なまえ》を相手《あいて》に告《つ》げること。❷昔《むかし》、武士《ぶし》が戦場《せんじょう》で、敵《てき》に向《む》かって自分《じぶん》の名《な》前《まえ》を大《おお》きな声《こえ》で言《い》ったこと。

なのる【名乗る】 動詞 ❶自分《じぶん》の名前《なまえ》を言《い》う。例 受付《うけつけ》で氏名《しめい》を名乗る。❷自分《じぶん》の名前《なまえ》とする。例 母《はは》の姓《せい》（＝名字《みょうじ》）を名乗る。

なはし【那覇市】 名詞 沖縄本島南西部《おきなわほんとうなんせいぶ》にある市《し》。首里城跡《しゅりじょうあと》などがある。沖縄県《おきなわけん》の県庁《けんちょう》がある。

なびく 動詞 ❶風《かぜ》や水《みず》の力《ちから》によって、物《もの》が横《よこ》に動《うご》く。例 けむりが風《かぜ》になびく。❷ほかの人《ひと》の力《ちから》や考《かんが》えに引《ひ》き寄《よ》せられて従《したが》う。例 一人《ひとり》の意見《いけん》に全員《ぜんいん》がなびいた。

ナビゲーター (navigator) 名詞 ❶車《くるま》の運転《うんてん》をする人《ひと》に、進《すす》む方向《ほうこう》や速度《そくど》などを指示《しじ》する人《ひと》。❷案内役《あんないやく》。

ナプキン (napkin) 名詞 おもに洋食《ようしょく》のとき、服《ふく》をよごさないように胸《むね》やひざにかける布《ぬの》や紙《かみ》。ナフキン。

なふだ【名札】 名詞 名前《なまえ》を書《か》いた札《ふだ》。

ナフタリン ⬇979ジベー ナフタレン

ナフタレン (ドイツ語) 名詞 コールタールからとる、特別《とくべつ》なにおいのある白《しろ》い結晶《けっしょう》。着物《きもの》の虫《むし》よけやにおい消《け》しに使《つか》う。「ナフタリン」ともいう。

なぶる 動詞 からかっていじめる。ばかにしてもてあそぶ。例 ねこが小鳥《ことり》をなぶっている。

なべ【鍋】 名詞 ❶食《た》べ物《もの》を煮《に》るのに使《つか》う道具《どうぐ》。❷なべで煮《に》ながら食《た》べる料理《りょうり》。例 寄《よ》せ鍋。

なべぶた【鍋蓋】 名詞 「亠」のこと。漢字《かんじ》の部首《ぶしゅ》の一《ひと》つ。京・交・亡などの漢字《かんじ》を作《つく》る。

ナポレオン 名詞 （一七六九～一八二一）フランスの軍人《ぐんじん》。皇帝《こうてい》となって、フランスの近代化《きんだいか》を進《すす》めた。一時《いちじ》はヨーロッパの大部分《だいぶぶん》を従《したが》えたが、戦《たたか》いに敗《やぶ》れ、島《しま》に流《なが》された。ナポレオン一世《いっせい》。

ナポレオンいっせい【ナポレオン一世】 ⬇979ジベー ナポレオン

あいうえお　かきくけこ　さしすせそ　たちつてと　なにぬねの　はひふへほ　まみむめも　やゆよ　らりるれろ　わをん

故事成語 前門《ぜんもん》の虎《とら》、後門《こうもん》のおおかみ　前《まえ》の門《もん》からおそってくるとらを防《ふせ》いだと思《おも》ったら、後《うし》ろの門《もん》から

なま【生】
❶名詞 煮《に》たり、焼《や》いたり、干《ほ》したりしていないこと。また、そのようなもの。例 野菜《やさい》を生で食べる。
❷名詞 ありのままの状態《じょうたい》であること。また、直接《ちょくせつ》であること。例 市民《しみん》の生の声《こえ》／オーケストラの演奏《えんそう》を生で聞《き》く。
❸接頭語（ほかのことばの前《まえ》につけて）不十分《ふじゅうぶん》なようすや、はっきりしないようすを表《あらわ》す。例 生煮《に》え／生かじりの知識《ちしき》。
❹接頭語（ほかのことばの前《まえ》につけて）少《すこ》し。なんとなく。例 生ぬるい。漢 ⇒704ページ せい【生】

なまあたたかい【生暖かい】 形容詞 少《すこ》し暖《あたた》かい。なんとなく暖かい。例 生暖かい風《かぜ》。

なまいき【生意気】 名詞 形容動詞 自分《じぶん》の年齢《ねんれい》や立場《たちば》などにつりあっていないような、えらそうなことを言《い》ったりしたりすること。

なまえ【名前】 名詞 ほかと区別《くべつ》するために、その人《ひと》や物《もの》などにつけた呼《よ》び名《な》。とくに、名字《みょうじ》に対《たい》して、ひとりひとりにつける呼《よ》び名《な》。例 犬《いぬ》に名前をつける／弟《おとうと》の名前は健二《けんじ》です。

なまえんそう【生演奏】 名詞 録音《ろくおん》したものの再生《さいせい》ではなく、その場《ば》で実際《じっさい》に楽器《がっき》を使《つか》って行《おこな》う演奏《えんそう》。

なまがし【生菓子】 名詞
❶あんなどを使《つか》った、水分《すいぶん》が多《おお》くて長持《ながも》ちしない菓子《かし》。まんじゅう・ようかんなど。対 干菓子《ひがし》。
❷クリームや果物《くだもの》を使《つか》った、ケーキなどの洋菓《ようが》子《し》。

なまかじり【生かじり】 名詞 ものごとのうわべだけ知《し》っているだけで、じゅうぶんにはわかっていないこと。例 生かじりの知識《ちしき》。

なまき【生木】 名詞 地面《じめん》に生《は》えている木《き》。また、切《き》ったばかりで、よくかわいていない木《き》。

なまきず【生傷】 名詞 受《う》けたばかりの新《あたら》しい傷《きず》。例 生傷が絶えないいたずらっ子《こ》。

なまぐさい【生臭い】 形容詞
❶生《なま》の魚《さかな》や肉《にく》などのにおいがする。例 魚《さかな》にさわって手《て》が生臭くなった。
❷血《ち》のにおいがする。例 生臭い事件《じけん》が起《お》こる。

なまくら 名詞 形容動詞
❶刃物《はもの》の切《き》れ味《あじ》が悪《わる》いこと。例 なまくらな刀《かたな》。
❷いくじがなく、なまけていること。例 なまくらな生活《せいかつ》をする。

なまクリーム【生クリーム】 名詞 牛乳《ぎゅうにゅう》からとり出《だ》した、脂肪分《しぼうぶん》。菓子《かし》や料理《りょうり》に使《つか》う。

なまけもの 名詞 南《みなみ》アメリカなどの森《もり》にすむ動物《どうぶつ》。体形《たいけい》はさるに似《に》ていて、手足《てあし》が長《なが》い。かぎの形《かたち》をしたつめで木《き》の枝《えだ》にぶら下《さ》がって生活《せいかつ》し、あまり動《うご》かない。

なまけもの

なまけもの【怠け者】 名詞 ものごとをいっしょうけんめいにやらない人《ひと》。よくなまける人《ひと》。

なまける【怠ける】 動詞 しなければいけないことをしない。いっしょうけんめいにやらない。例 掃除《そうじ》を怠けて、おこられた。

なまこ 名詞 季語冬 海《うみ》の底《そこ》にすむ動物《どうぶつ》。体《からだ》は丸《まる》い筒形《つつがた》でやわらかく、背中《せなか》にいぼがある。食用《しょくよう》になる。

なまごみ【生ごみ】 名詞 野菜《やさい》のくずや食《た》べ物《もの》の残《のこ》りなど、水分《すいぶん》の多《おお》いごみ。

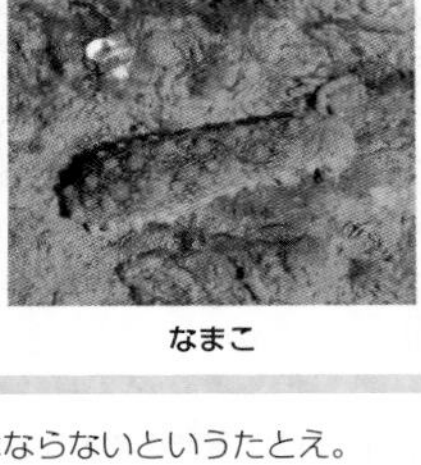
なまこ

なまごろし【生殺し】 名詞
❶ほとんど死《し》にそうな状態《じょうたい》にすること。
❷始末《しまつ》をつけず、中途半端《ちゅうとはんぱ》にして、ほうっておくこと。例 試合《しあい》に出場《しゅつじょう》できるかどうかがなかなか決《き》まらず、これでは生殺しだ。

なまじ ⇒980ページ なまじっか

なまじっか
❶副詞 しなくてもよいのに。よせばよいのに。例 なまじっか人《ひと》のまねをするから、失敗《しっぱい》する。
❷形容動詞 いいかげんなようす。中途半端《ちゅうとはんぱ》なようす。例 なまじっかな練習《れんしゅう》ではうまくならないよ。
ことば 「なまじ」ともいう。

なます 名詞
❶うすく切《き》った魚《さかな》の肉《にく》を酢《す》にひたした料理《りょうり》。
❷だいこんやにんじんなどの野菜《やさい》を細《こま》かく刻《きざ》み、酢《す》・しょうゆ・みりんなどであえた料理《りょうり》。

る。どんなに大《おお》きなことでも、手近《てぢか》なことから始《はじ》めていかなくてはならないというたとえ。

なまず 名詞 季語夏 川《かわ》やぬまなどにすむ魚《さかな》。うろこはなく、頭《あたま》が大《おお》きく平《たい》らで、四本《よんほん》の長《なが》い口《くち》ひげがある。食《しょく》用《よう》になる。

なまず

なまづめ【生爪】 名詞 指《ゆび》に生《は》えているままのつめ。例 生爪をはがす。
ことば 漢字《かんじ》では「鯰」と書《か》く。

なまなましい【生生しい】 形容詞 ❶たった今起《いまお》こったかのような、非常《ひじょう》に新《あたら》しい感《かん》じである。例 台風《たいふう》のあとが生々しく残《のこ》る。❷今《いま》、目《め》の前《まえ》で起《お》きているように、生《い》き生《い》きしているようす。例 生々しい表現《ひょうげん》の文章《ぶんしょう》。

なまにえ【生煮え】 名詞 ❶じゅうぶんに煮《に》えていないこと。❷返事《へんじ》や態度《たいど》がはっきりしないこと。例 いつまでたっても生煮えの返事《へんじ》しかしない。

なまぬるい【生ぬるい】 形容詞 ❶少《すこ》し温《あたた》かい。例 生ぬるい水《みず》。❷厳《きび》しさが足《た》りない。いいかげんである。例 生ぬるい考《かんが》えでは成功《せいこう》しない。

なまはんか【生半可】 名詞 形容動詞 ものごとがじゅうぶんでなく、いいかげんなこと。中途半端《ちゅうとはんぱ》。例 生半可な知識《ちしき》／生半可な努力《どりょく》。

なまへんじ【生返事】 名詞 いいかげんな返事《へんじ》。本気《ほんき》でなく、はっきりしない返事《へんじ》。例 ゲームに夢中《むちゅう》で生返事しか返《かえ》ってこない。

なまほうそう【生放送】 名詞 テレビやラジオで、録画《ろくが》や録音《ろくおん》したものを放送《ほうそう》するのではなく、スタジオや現場《げんば》から直接《ちょくせつ》放送《ほうそう》すること。また、その放送《ほうそう》。

なまみず【生水】 名詞 わかしていない水《みず》。

なまめかしい 形容詞 人《ひと》の心《こころ》をさそうような魅力《みりょく》や美《うつく》しさがある。例 なまめかしい女《おんな》の人《ひと》。

なまもの【生物】 名詞 煮《に》たり、焼《や》いたり、干《ほ》したりしていない、生《なま》の食《た》べ物《もの》。ことば「せいぶつ」と読《よ》むと別《べつ》の意味《いみ》。

なまやさしい【生易しい】 形容詞 簡単《かんたん》であるようす。たやすい。例 計画《けいかく》どおりにやりとげるのは生易しいことではない。使い方 あとに「ない」などのことばがくる。

なまり 名詞 標準語《ひょうじゅんご》とちがった発音《はつおん》。ある地方《ちほう》だけにある発音《はつおん》。例 東北《とうほく》なまり。

なまり【鉛】 名詞 青白《あおじろ》い色《いろ》の、やわらかくて重《おも》い金属《きんぞく》。熱《ねっ》するととけやすい。はんだなどに使《つか》う。

なまる 動詞 標準語《ひょうじゅんご》とちがう、ある地方《ちほう》だけにある発音《はつおん》をする。

なまる 動詞 ❶力《ちから》などが弱《よわ》くなる。にぶる。例 練習《れんしゅう》を休《やす》んで体《からだ》がなまる。❷刃物《はもの》の切《き》れ味《あじ》が悪《わる》くなる。例 包丁《ほうちょう》がなまる。ことば 漢字《かんじ》では「鈍る」と書《か》く。

なみ【波】 名詞 ❶風《かぜ》などによって、水面《すいめん》が高《たか》くなったり低《ひく》くなったりすること。例 さざ波／波が立《た》つ。❷振動《しんどう》が次々《つぎつぎ》に伝《つた》わっていくもの。例 音《おと》も光《ひかり》も波の一種《いっしゅ》である。❸ものごとの調子《ちょうし》などが一定《いってい》でなく、上下《じょうげ》していること。むらがあること。例 成績《せいせき》に波がある。❹動《うご》いていくものやおしよせてくるもののたとえ。例 人《ひと》の波にもまれる。漢 ⇩1034ジペー は〔波〕

● **波《なみ》に乗《の》る** 時《とき》の流《なが》れに乗《の》って栄《さか》える。また、そのときの勢《いきお》いにうまく乗《の》って調子《ちょうし》がよくなる。例 健康《けんこう》ブームの波に乗って商品《しょうひん》が売《う》れる。

なみ【並み・並】 ❶名詞 よくも悪《わる》くもなくふつうであること。例 並の成績《せいせき》／ちらしずしの並。❷接尾語 その一《ひと》つ一《ひと》つが全部《ぜんぶ》そうであることを表《あらわ》す。どの…も。例 商店街《しょうてんがい》の店《みせ》はのき並み休《やす》みだ。❸接尾語 それと同《おな》じ程度《ていど》であることを表《あらわ》す。例 足《あし》の速《はや》さは人並《ひとな》みだ／大人並《おとなな》みに食《た》べる。❹接尾語 同《おな》じ種類《しゅるい》のものが並《なら》んでいるようすを表《あらわ》す。例 足並《あしな》みをそろえる／町並《まちな》み。使い方 ❷～❹は、ほかのことばのあとにつけて使《つか》う。漢 ⇩981ジペー なみ〔並〕

漢 **なみ【並】**〔丷《そいち》〕8画 6年 音 ヘイ 訓 なみ・ならべる・ならぶ・ならびに

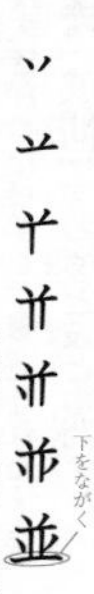

下をながく

❶ならぶ。ならべる。例 並木《なみき》／並行《へいこう》／並列《へいれつ》。❷なみ。ふつう。例 並製《なみせい》。

なみうちぎわ【波打ち際】 名詞 波《なみ》が打《う》ち寄《よ》せるところ。なぎさ。

なみうつ【波打つ】 動詞

故事成語　千里《せんり》の道《みち》も一歩《いっぽ》より　千里《せんり》の道《みち》を行《い》くような遠《とお》い旅《たび》でも、最初《さいしょ》の一歩《いっぽ》をふみ出《だ》すことから始《はじ》ま

❶波《なみ》が打《う》ち寄《よ》せる。例 波打つ岸辺《きしべ》。❷波《なみ》のようにゆれ動《うご》く。例 いねの穂《ほ》が波打つ。

なみがしら【波頭】 名詞 波《なみ》の、いちばん高《たか》く盛《も》り上《あ》がった部分《ぶぶん》。例 波頭が白《しろ》くくだける。

なみかぜ【波風】 名詞 ❶波《なみ》と風《かぜ》。例 波風のあらい海《うみ》。類 風波《ふうは》。❷もめごと。例 仲間《なかま》の間《あいだ》に波風が立《た》つようなことはしないほうがよい。類 風波《ふうは》。

なみき【並木】 名詞 道《みち》の両側《りょうがわ》に、一列《いちれつ》に並《なら》べて植《う》えてある木《き》。例 並木道《みち》。類 街路樹《がいろじゅ》。

なみせい【並製】 名詞 特別《とくべつ》につくるのではなく、ふつうにつくること。また、その品《しな》。

なみだ【涙】 名詞 ❶目《め》から出《で》る液体《えきたい》。目《め》の表面《ひょうめん》をかわかさないようにいつも少《すこ》しずつ出《で》ているほか、悲《かな》しいときやうれしいときなどにも出《で》る。例 涙を流《なが》す。❷人《ひと》に対《たい》する思《おも》いやりの気持《きも》ち。例 血《ち》も涙もない。

● **涙《なみだ》に暮《く》れる** ひどく泣《な》いて、なみだで何《なに》も見《み》えなくなる。また、泣《な》いて過《す》ごす。

● **涙《なみだ》にむせぶ** なみだのために息《いき》がつまりそうになる。例 ついに優勝《ゆうしょう》し、喜《よろこ》びの涙にむせぶ。

● **涙《なみだ》を浮《う》かべる** 目《め》になみだをためる。

● **涙《なみだ》を誘《さそ》う** 泣《な》きたい気持《きも》ちにさせる。例 観《かん》客《きゃく》の涙を誘う映画《えいが》。

● **涙《なみだ》をのむ** つらいことやくやしいことをがまんする。例 涙をのんで出場《しゅつじょう》をあきらめる。

なみたいてい【並大抵】 形容動詞 ふつうの程度《ていど》であるようす。ちょっとやそっと。例 並大抵な努力《どりょく》ではとても優勝《ゆうしょう》できない。使い方 あとに「ない」などのことばがくる。

なみだぐましい【涙ぐましい】 形容詞 同情《どうじょう》や感激《かんげき》のあまり、思《おも》わずなみだが出《で》るほどであるようす。例 涙ぐましい努力《どりょく》を重《かさ》ねる。

なみだぐむ【涙ぐむ】 動詞 目《め》になみだをうかべる。例 かわいそうな話《はなし》に涙ぐむ。

なみだごえ【涙声】 名詞 泣《な》きながら話《はな》す声《こえ》。また、泣《な》き出《だ》しそうな声《こえ》。例 涙声であやまる。

なみだつ【波立つ】 動詞 ❶波《なみ》が起《お》こる。例 強風《きょうふう》に池《いけ》の水面《すいめん》が波立つ。❷どきどきする。例 友人《ゆうじん》の態度《たいど》に胸《むね》が波立つ。❸さわがしくなる。もめごとが起《お》きる。例 世《よ》の中《なか》がなんとなく波立ってくる。

なみだながら［に］【涙ながら［に］】 副詞 泣《な》きながら。なみだを流《なが》しながら。例 事故《じこ》のようすを涙ながらに語《かた》る。

なみだもろい【涙もろい】 形容詞 ちょっとしたことにも、なみだを流《なが》しやすい。

なみなみ【並並】 名詞 ふつう。当《あ》たり前《まえ》。なみたいてい。例 並々ではない苦労《くろう》をした。使い方 ふつう、あとに「ならぬ」「ない」などのことばがくる。

● **並並《なみなみ》ならぬ** ふつうの程度《ていど》ではない。大変《たいへん》な。例 並々ならぬ努力《どりょく》で試験《しけん》に合格《ごうかく》した。使い方 あらたまった言《い》い方《かた》。

なみなみ［と］ 副詞 こぼれそうになるほど、いっぱいなようす。例 お茶《ちゃ》をなみなみとつぐ。

なみぬい【並縫い】 名詞 表《おもて》と裏《うら》の針目《はりめ》が同《おな》じ大《おお》きさに出《で》るようにするぬい方《かた》。四《よん》ミリメートルくらいの針目《はりめ》にする。図 ⇩1006ジぺー ぬう

なみのり【波乗り】 ⇩509ジぺー サーフィン

なみはずれる【並外れる】 動詞 ふつうではない。ふつうよりも特別《とくべつ》にすぐれていたり、程度《ど》が大《おお》きかったりする。例 並外れた才能《さいのう》。

なみま【波間】 名詞 波《なみ》と波《なみ》との間《あいだ》。

なむあみだぶつ【南無阿弥陀仏】 名詞 仏《ぶっ》教《きょう》で、仏《ほとけ》を拝《おが》むときに唱《とな》えることば。ことば 「阿弥陀仏《あみだぶつ》を信《しん》じ、その救《すく》いを求《もと》める」という意味《いみ》。

なめくじ 名詞 季語 夏 陸《りく》にすむ巻《ま》き貝《がい》のなかま。かたつむりに似《に》ているが、からはない。しめった場所《ばしょ》を好《この》み、野菜《やさい》などを食《た》べる。塩《しお》をかけると、体《からだ》の中《なか》の水分《すいぶん》が出《で》て、しぼむ。

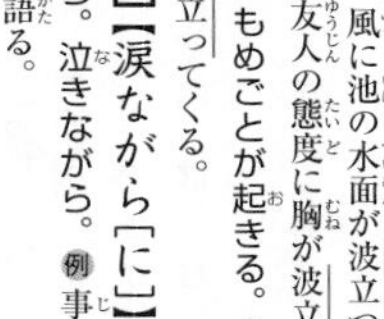
なめくじ

なめこ 名詞 きのこの一《ひと》つ。秋《あき》、ぶななどのかれた木《き》の幹《みき》に生《は》える。表面《ひょうめん》はねばねばしている。食用《しょくよう》になる。

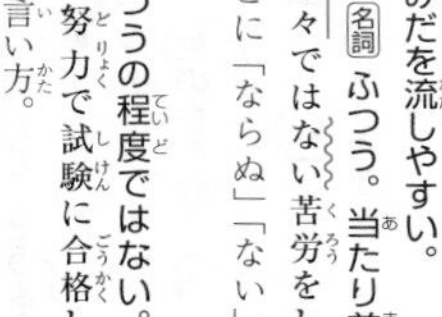
なめこ

なめしがわ【なめし革】 名詞 毛皮《けがわ》から毛《け》やあぶらをとってやわらかくしたかわ。

なめす 動詞 動物《どうぶつ》の毛皮《けがわ》から毛《け》やあぶらをとってやわらかくする。例 牛《うし》の皮《かわ》をなめす。

い、ということ。「うれい」は、心配《しんぱい》したり思《おも》いなやんだりすること。

なめらか【滑らか】 形容動詞
❶すべすべしているようす。例 滑らかな石《いし》。
❷ものごとが、つかえずにすらすらと進《すす》むようす。例 滑らかな口調《くちょう》で話《はな》す。

なめる 動詞
❶舌《した》の先《さき》で、物《もの》にさわる。例 あめをなめる。
❷経験《けいけん》する。例 人生《じんせい》の苦《くる》しみをなめる。
❸ばかにして軽《かる》くみる。あまくみる。例 なめてかかると大変《たいへん》な目《め》にあうよ。
❹(ほのおを舌《した》にたとえて) 火《ひ》が燃《も》える。例 火《ひ》はみるみるうちに町《まち》をなめつくした。

なや【納屋】 名詞 物《もの》をしまっておく小屋《こや》。物置《ものおき》小屋《ごや》。

なやましい【悩ましい】 形容詞
❶なやみや病気《びょうき》のせいで、気持《きも》ちが晴《は》れない。例 進路《しんろ》を決《き》められなくて悩ましい日々《ひび》を送《おく》る。
❷刺激《しげき》されて気持《きも》ちが落《お》ち着《つ》かない。心《こころ》が乱《みだ》れる。例 悩ましいデザインのドレス。

なやます【悩ます】 動詞 苦《くる》しめる。困《こま》らせる。心配《しんぱい》させる。例 難《むずか》しい問題《もんだい》に頭《あたま》を悩ます。

なやみ【悩み】 名詞 心《こころ》の中《なか》の苦《くる》しみ。心配《しんぱい》ごと。例 友《とも》だちに悩みを打《う》ち明《あ》ける。

なやむ【悩む】 動詞
❶心配《しんぱい》したり、考《かんが》えたりして苦《くる》しむ。例 いくら練習《れんしゅう》してもうまくならなくて悩んでいる。
❷病気《びょうき》などで苦《くる》しむ。例 ぜんそくに悩む。

なゆた【那由他・那由多】 名詞
❶きわめて大《おお》きな数《かず》。
❷大《おお》きな数《かず》を表《あらわ》すときに使《つか》う数《かず》の単位《たんい》。10の60乗《じょう》。10の72乗《じょう》という説《せつ》もある。

なよなよ【と】 副詞 動詞 やわらかくて、弱々《よわよわ》しいようす。例 なよなよした歩《ある》き方《かた》。

なら 名詞「小《こ》なら」のこと。また、小《こ》ならなどのぶなのなかまの木《き》をまとめていう呼《よ》び名《な》。雑《ぞう》木林《きばやし》や山《やま》に多《おお》く、秋《あき》にはどんぐりと呼《よ》ばれる実《み》がなる。ことば 漢字《かんじ》では「楢」と書《か》く。

ならい【習い】 名詞
❶習《なら》うこと。
❷ならわし。しきたり。習慣《しゅうかん》。
❸よくあること。当《あ》たり前《まえ》のこと。例 人《ひと》の命《いのち》に限《かぎ》りがあるのは世《よ》の習いだ。

●**習《なら》い性《せい》となる** 故事成語 長《なが》い間《あいだ》の習慣《しゅうかん》が、やがてその人《ひと》の生《う》まれつきの性質《せいしつ》のようになる。

ならいごと【習い事】 名詞 習字《しゅうじ》やピアノなど、先生《せんせい》について習《なら》うものごと。

ならう【倣う】 動詞 まねをする。同《おな》じようにする。例 右《みぎ》へ倣え／友《とも》だちのやり方《かた》を倣う。

ならう【習う】 動詞
❶教《おし》えを受《う》けて勉強《べんきょう》する。例 学校《がっこう》で習ったことを、家《いえ》に帰《かえ》って復習《ふくしゅう》する。
❷くり返《かえ》し練習《れんしゅう》して覚《おぼ》える。例 ピアノ曲《きょく》を、ひとりで何度《なんど》も習う。
漢 ⇩ 604ジ ページ しゅう〔習〕

●**習《なら》うより慣《な》れよ** ことわざ ものごとは、人《ひと》に教《おし》えてもらうより、自分《じぶん》で何度《なんど》もやってみるほうがよく身《み》につく、という意味《いみ》のことわざ。

ならけん【奈良県】 名詞 近畿《きんき》地方《ちほう》の内陸《ないりく》にある県《けん》。古代文化《こだいぶんか》の史跡《しせき》が多《おお》い。南部《なんぶ》は吉野杉《よしのすぎ》の産地《さんち》。県庁《けんちょう》は奈良市《ならし》にある。

ならじだい【奈良時代】 名詞 奈良《なら》に都《みやこ》が置《お》かれていた時代《じだい》。元明天皇《げんめいてんのう》が奈良《なら》に都《みやこ》を移《うつ》した七一〇年《ねん》から、桓武天皇《かんむてんのう》が京都《きょうと》に都《みやこ》を移《うつ》す七八四年《ねん》までの七十五年間《ななじゅうごねんかん》。仏教《ぶっきょう》が栄《さか》えた。

ならす 動詞 動物《どうぶつ》を人《ひと》になれさせる。例 いるかをならして芸《げい》をさせる。

ならす 動詞
❶でこぼこをなくして平《たい》らにする。例 地面《じめん》をならす。
❷平均《へいきん》する。例 クラス全員《ぜんいん》の身長《しんちょう》をならすと、百四十《ひゃくよんじっ》センチメートルになる。
ことば 漢字《かんじ》では「均す」と書《か》く。

ならす【慣らす】 動詞 慣《な》れるようにする。慣《な》れさせる。例 水《みず》に慣らす。
漢 ⇩ 296ジ ページ かん〔慣〕

ならす【鳴らす】 動詞
❶音《おと》を出《だ》す。例 かねを鳴らす。
❷評判《ひょうばん》になる。例 名子役《めいこやく》として鳴らす。
❸強《つよ》く言《い》う。言《い》い立《た》てる。例 不平《ふへい》を鳴らす。
漢 ⇩ 1299ジ ページ めい〔鳴〕

ならずもの【ならず者】 名詞 悪《わる》いことばかりしていて、手《て》のつけられない人《ひと》。

ならづけ【奈良漬け】 名詞 酒《さけ》かすに、なす・うり・だいこんなどをつけた食《た》べ物《もの》。

ならでは …でなくては。…以外《いがい》にはない。…だけにある。例 宮沢賢治《みやざわけんじ》ならではの童話《どうわ》。

ならびない【並びない】 形容詞 ほかに比《くら》べるものがないほどすぐれている。例 世界《せかい》に並びない名選手《めいせんしゅ》。

ならびに【並びに】 接続詞 同《おな》じようなものを

故事成語 **備《そな》えあれば憂《うれ》いなし** ふだんから準備《じゅんび》をしておけば、いざというときにも心配《しんぱい》することはな

並《なら》べていうときに使《つか》うことば。および。また。例 校長《こうちょう》先生《せんせい》並びに先生方《せんせいがた》が出席《しゅっせき》されます。 漢 ↓981ページ なみ〔並〕

ならぶ【並ぶ】 動詞
❶列《れつ》をつくる。例 四列《よんれつ》に並ぶ。
❷たがいに横《よこ》にとなり合《あ》う位置《いち》になる。例 映画館《えいがかん》で二人《ふたり》は並んですわった。
❸つりあう。同《おな》じくらいである。例 同時代《どうじだい》に並ぶ者《もの》のないすぐれた画家《がか》。
漢 ↓981ページ なみ〔並〕

ならべたてる【並べ立てる】 動詞
❶たくさんの物《もの》を一《ひと》つ一《ひと》つ並《なら》べる。
❷次々《つぎつぎ》にいくつも並《なら》べて言《い》う。例 不平不満《ふへいふまん》を並べ立てる。

ならべる【並べる】 動詞
❶列《れつ》をつくるようにそろえる。例 机《つくえ》を並べる。
❷いろいろな物《もの》を広《ひろ》げて置《お》く。例 部屋《へや》じゅうにぬいぐるみを並べて遊《あそ》んだ。
❸次々《つぎつぎ》に言《い》う。例 不平《ふへい》を並べる。
漢 ↓981ページ なみ〔並〕

ならわし【習わし】 名詞 昔《むかし》から、そうすることになっていること。しきたり。

なり 名詞
❶体《からだ》つき。例 なりは小《ちい》さいが、力《ちから》は強《つよ》い。
❷服装《ふくそう》。身《み》なり。例 ひどいなりをした人《ひと》。

なり 助詞 （ほかのことばのあとにつけて）
❶…するとすぐ。…と同時《どうじ》に。例 弟《おとうと》は家《いえ》に帰《かえ》るなりおやつをねだる。
❷二《ふた》つのことがらを並《なら》べ、どちらでも、という気持《きも》ちを表《あらわ》す。例 行《い》くなりやめるなり好《す》きなようにしなさい。
❸…のままで。例 電話《でんわ》が切《き》れたなりかかってこない。

‐なり 接尾語 （ほかのことばのあとにつけて）
❶…とおり。…するまま。例 人《ひと》の言《い》いなりになる。
❷その性質《せいしつ》や力《ちから》につりあっていることを表《あらわ》す。例 わたしなりにがんばります。
❸それに似《に》た形《かたち》やようすであることを表《あらわ》す。例 弓《ゆみ》なりに曲《ま》げる／山《やま》なりのボールを投《な》げる。

なりきる【成りきる】 動詞 すっかりそのものになってしまう。例 役《やく》に成りきって演《えん》じる。

なりきん【成金】 名詞
❶急《きゅう》に金持《かねも》ちになること。また、その人《ひと》。例 成金趣味《しゅみ》（＝やたらにはでなものを好《この》む趣味《しゅみ》）。
❷将棋《しょうぎ》で、敵《てき》の陣地《じんち》に入《はい》り、金将《きんしょう》というこまと同《おな》じはたらきをするようになったこま。

なりたち【成り立ち】 名詞
❶でき上《あ》がること。また、でき上《あ》がるまでの順序《じゅんじょ》。でき方《かた》。例 宇宙《うちゅう》の成り立ちを調《しら》べる。
❷ものごとのしくみ。組《く》み立《た》て。例 文章《ぶんしょう》の成り立ちを考《かんが》える。

なりたつ【成り立つ】 動詞
❶でき上《あ》がる。まとまる。例 相談《そうだん》が成り立つ。
❷つくられている。できている。例 この文章《ぶんしょう》は三《みっ》つの段落《だんらく》から成り立っている。
❸考《かんが》えられる。ありうる。例 いくつかの方法《ほうほう》が成り立つ。
❹やっていける。例 そんな安《やす》い値段《ねだん》で売《う》ったら、商売《しょうばい》が成り立たない。

なりひびく【鳴り響く】 動詞
❶大《おお》きな音《おと》が、辺《あた》りいっぱいにひびく。例 シンバルの音《おと》が鳴り響いた。
❷評判《ひょうばん》や名《な》まえが、世間《せけん》に広《ひろ》く伝《つた》わる。例 博士《はかせ》の名《な》は世界《せかい》に鳴り響いている。

なりふり 名詞 身なり。格好《かっこう》。例 なりふり構《かま》わず働《はたら》く。

なりもの【鳴り物】 名詞 笛《ふえ》・太鼓《たいこ》・つづみなどの楽器《がっき》をまとめていうことば。
● **鳴り物入り** 芝居《しばい》などをにぎやかにするために楽器《がっき》を鳴《な》らすことから、はでに宣伝《せんでん》すること。例 鳴り物入りで売《う》り出《だ》された新商品《しんしょうひん》。

なりゆき【成り行き】 名詞 ものごとの移《うつ》り変《か》わり。ものごとが進《すす》んでいくようす。また、その結果《けっか》。例 成り行き任《まか》せ／事《こと》の成り行きを見守《みまも》る。

なりわたる【鳴り渡る】 動詞
❶音《おと》が辺《あた》り一面《いちめん》にひびく。例 ベルが鳴り渡る。
❷評判《ひょうばん》が広《ひろ》まる。名《な》まえが知《し》れわたる。例 姉《あね》は、ピアノの名手《めいしゅ》として鳴り渡っている。

なりをひそめる【鳴りを潜める】 音《おと》を立《た》てずに静《しず》かにする。また、活動《かつどう》をやめて目立《めだ》たなくなる。おとなしくなる。例 近所《きんじょ》ののらねこが、最近《さいきん》は鳴りを潜めている。

なる 動詞 実《み》ができる。実《みの》る。例 みかんがなる。

なる 動詞
❶ちがった形《かたち》や状態《じょうたい》に変《か》わる。例 さなぎがち

から、自分《じぶん》をみがくための参考《さんこう》になる、他人《たにん》のよくないことばや行《おこな》いのこと。

ようになる／氷《こおり》がとけて水《みず》になる。
❷ある時《とき》に達《たつ》する。例 十才《じっさい》になる／五時《ごじ》になる。
❸役《やく》に立《た》つ。はたらく。例 この本《ほん》はためになる／薬《くすり》になる食《た》べ物《もの》。
❹（「お…になる」「ご…になる」の形《かたち》で）動作《どうさ》する人《ひと》に対《たい》する尊敬《そんけい》を表《あらわ》すことば。例 先生《せんせい》がお帰《かえ》りになった。

なる【成る】 動詞
❶組《く》み立《た》てられている。できている。例 日本《にほん》は、大小《だいしょう》の島々《しまじま》から成る。
❷成功《せいこう》する。成《な》しとげる。完成《かんせい》する。例 連続《れんぞく》優勝《ゆうしょう》成る／なせば成る（＝やればできる）／新校舎《しんこうしゃ》成る。
漢→705ページ せい〔成〕

なる【鳴る】 動詞
❶音《おと》がする。ひびく。例 教会《きょうかい》のかねが鳴る。
❷評判《ひょうばん》が高《たか》い。広《ひろ》く知《し》れわたる。例 名投手《めいとうしゅ》として鳴る。
漢→1299ページ めい〔鳴〕

なるこ【鳴子】 名詞 季語 秋 田《た》や畑《はたけ》をあらす、すずめなどの鳥《とり》を追《お》う道具《どうぐ》。竹筒《たけづつ》を板《いた》につけ、ひもを引《ひ》くと音《おと》が出《で》るようにしたもの。

なるこ

なるたけ 副詞 なるべく。できるだけ。例 明日《あす》はなるたけ早《はや》く学校《がっこう》に行《い》こう。

なるとかいきょう【鳴門海峡】 名詞 四国《しこく》と兵庫県《ひょうごけん》淡路島《あわじしま》の間《あいだ》の海《うみ》。流《なが》れが速《はや》く、うず潮《しお》ができることで有名《ゆうめい》。

なるべく 副詞 できるだけ。なるたけ。例 なるべく急《いそ》いでください。

なるほど
❶副詞 前《まえ》から聞《き》いていたとおり。ほんとうに。例 なるほど、これはよい品《しな》だ。
❷感動詞 相手《あいて》の話《はなし》に相《あい》づちを打《う》ったり、話《はなし》がよくわかったりしたときにいうことば。例 なるほど、よくわかりました。
使い方 相手《あいて》の話《はなし》に同意《どうい》しているときに使《つか》うが、目上《めうえ》の人《ひと》に使《つか》うのは失礼《しつれい》。

なれ【慣れ】 名詞 慣《な》れること。くり返《かえ》し経験《けいけん》して、上手《じょうず》になったり、平気《へいき》になったりすること。例 この仕事《しごと》には慣れが必要《ひつよう》だ。

なれあい【なれ合い】 名詞 前《まえ》もって打《う》ち合《あ》わせておいて、おたがいに都合《つごう》のよいようにすること。例 なれ合いの政治《せいじ》。使い方 ふつう、悪《わる》いことの場合《ばあい》に使《つか》う。

ナレーション（narration） 名詞 劇《げき》・映画《えいが》・テレビ・ラジオなどで、その場面《ばめん》の内容《ないよう》などについて説明《せつめい》すること。また、その説明《せつめい》。語《かた》り。

ナレーター（narrator） 名詞 ナレーションを行《おこな》う人《ひと》。映画《えいが》・テレビ・ラジオなどの語《かた》り手《て》。

なれっこ【慣れっこ】 名詞 すっかり慣《な》れてしまって、平気《へいき》であること。使い方 くだけた言《い》い方《かた》。

なれなれしい 形容詞 遠慮《えんりょ》がなさすぎると思《おも》えるほど、親《した》しそうにするようす。例 なれなれしくかたをたたく。

なれのはて【成れの果て】 名詞 落《お》ちぶれた結果《けっか》。また、落《お》ちぶれた情《なさ》けない姿《すがた》。例 このみじめな姿《すがた》が悪人《あくにん》の成れの果てだ。

なれる 動詞 親《した》しくなる。また、動物《どうぶつ》などがなつく。例 人《ひと》になれたねこ。

なれる【慣れる】 動詞
❶何度《なんど》もくり返《かえ》して、ふつうのことになる。例 新《あたら》しい学校《がっこう》にようやく慣れた。
❷何度《なんど》もやってうまくなる。例 慣れた手《て》つきでパソコンのキーボードを打《う》った。
❸なじむ。例 新《あたら》しいくつが足《あし》に慣れる。
漢→296ページ かん〔慣〕

なわ【縄】 名詞 わらやあさなどをより合《あ》わせて作《つく》ったひも。例 しめ縄／縄をなう。

漢 **なわ【縄】** 〔糸〕いとへん 15画 4年 音 ジョウ 訓 なわ

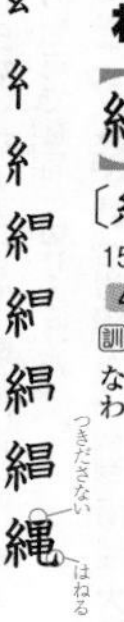

なわ。あさや糸《いと》などをより合《あ》わせて作《つく》ったひも。例 縄文土器《じょうもんどき》／縄跳《なわと》び／荒縄《あらなわ》。

なわしろ【苗代】 名詞 季語 春 いねの種《たね》をまいて、なえを育《そだ》てる田《た》。

なわとび【縄跳び・縄飛び】 名詞 季語 冬 縄《なわ》を回《まわ》してとびはねたり、張《は》った縄《なわ》をとびこえたりする遊《あそ》び。また、それに使《つか》う縄《なわ》。

なわばしご【縄ばしご】 名詞 縄《なわ》を結《むす》んでつくったはしご。はしにつけたかぎを高《たか》いところに引《ひ》っかけて、上《のぼ》り下《お》りする。

なわばり【縄張り】 名詞
❶縄《なわ》を張《は》って境《さかい》や場所《ばしょ》を決《き》めること。

故事成語　他山《たざん》の石《いし》　よその山《やま》から出《で》たつまらない石《いし》でも、自分《じぶん》の宝石《ほうせき》をみがくのには役立《やくだ》つということ

❷行動《こうどう》しても許《ゆる》される領分《りょうぶん》。自分《じぶん》の力《ちから》がおよぶ範囲《はんい》。また、動物《どうぶつ》がそれぞれの食料《しょくりょう》を得《え》るために動《うご》く範囲《はんい》。例 縄張り争《あらそ》い。

なん【何】
❶ 代名詞 はっきりしないものや事《こと》を指《さ》すことば。なに。例 これは何という花《はな》ですか。
❷ 接頭語 （ほかのことばの前《まえ》につけて）はっきりしない数《かず》や量《りょう》を表《あらわ》すことば。例 何度《と》もやってみる／今日《きょう》は何人来《にんき》ますか。
ことば「なに」が変《か》わった形《かたち》。漢 ⇒978ページ なに〔何〕

なん【男】 漢 ⇒816ページ だん〔男〕

漢 **なん【南】**〔十《じゅう》〕9画 2年 音 ナン・ナ 訓 みなみ

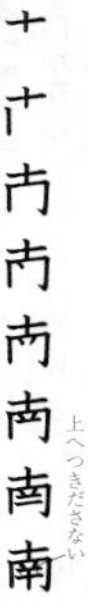

みなみ。例 南下《なんか》／南極《なんきょく》／南国《なんごく》／南中時刻《なんちゅうじこく》／南部《なんぶ》／南米《なんべい》／南方《なんぽう》／南風《みなみかぜ》。対 北《ほく》。

なん【納】 漢 ⇒1022ページ のう〔納〕

なん【難】 名詞
❶わざわい。例 難にあう。
❷むずかしいこと。例 就職《しゅうしょく》難。
❸欠点《けってん》。例 この入《い》れ物《もの》には少《すこ》し難がある。
漢 ⇒986ページ なん〔難〕

● **難《なん》を逃《のが》れる** 不幸《ふこう》なできごとにあわないですむ。例 大雨《おおあめ》の前《まえ》に家《いえ》に着《つ》き、難を逃れた。

漢 **なん【難】**〔隹《ふるとり》〕18画 6年 音 ナン 訓 かたい・むずかしい

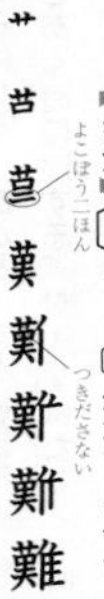

❶むずかしい。例 難易《なんい》／難解《なんかい》／難問《なんもん》／困難《こんなん》。対 易《えき》。❷わざわい。くるしみ。例 難民《なんみん》／苦難《くなん》／災難《さいなん》／避難《ひなん》。❸なじる。欠点《けってん》をせめる。例 非難《ひなん》。❹欠点《けってん》。例 難点《なんてん》。

なんい【南緯】 名詞 赤道《せきどう》を〇度《ど》として、そこから南極《なんきょく》までの間《あいだ》を九〇度《ど》に分《わ》けた緯度《いど》。対 北緯《ほくい》。図 ⇒99ページ いど〔緯度〕

なんい【難易】 名詞 難《むずか》しいことと易《やさ》しいこと。

なんおう【南欧】 名詞 ヨーロッパの中《なか》で、南《みなみ》のほうの地方《ちほう》。イタリア・フランス南部《なんぶ》・スペイン・ポルトガルなど。対 北欧《ほくおう》。

なんか【南下】 名詞 動詞 南《みなみ》の方角《ほうがく》へ進《すす》むこと。例 船《ふね》が大西洋《たいせいよう》を南下する。対 北上《ほくじょう》。

なんか【軟化】 名詞 動詞
❶やわらかくなること。やわらかくすること。対 硬化《こうか》。
❷態度《たいど》や意見《いけん》がやわらぎ、おだやかになること。例 反対《はんたい》していた人《ひと》の態度《たいど》が軟化した。対 硬化《こうか》。

なんかい【難解】 形容動詞 難《むずか》しくて、わかりにくいようす。例 難解な文章《ぶんしょう》。対 平易《へいい》。

なんかん【難関】 名詞
❶通《とお》りぬけるのが難《むずか》しいところ。類 難所《なんしょ》。
❷簡単《かんたん》に切《き》りぬけられない難《むずか》しいものごと。例 十倍《じゅうばい》の難関を突破《とっぱ》して、試験《しけん》に合格《ごうかく》した。

なんぎ【難儀】
❶ 名詞 動詞 苦《くる》しむこと。困《こま》ること。例 急《きゅう》な坂《さか》道《みち》で難儀した。類 難渋《なんじゅう》。
❷ 名詞 形容動詞 難《むずか》しいこと。めんどうなこと。例 難儀な仕事《しごと》／難儀をかける。

なんきゅう【軟球】 名詞 軟式《なんしき》の野球《やきゅう》やテニスで使《つか》う、やわらかめの球《たま》。対 硬球《こうきゅう》。

なんぎょうくぎょう【難行苦行】 名詞 動詞
❶たくさんの苦《くる》しみや困難《こんなん》をがまんして行《おこな》う、つらい修行《しゅぎょう》。例 難行苦行してさとりを開《ひら》く。
❷大変《たいへん》な苦労《くろう》をすること。例 人生《じんせい》は難行苦行の連続《れんぞく》だ。

なんきょく【南極】 名詞
❶地球《ちきゅう》の南《みなみ》のはし。対 北極《ほっきょく》。
❷「南極大陸《なんきょくたいりく》」の略《りゃく》。

なんきょく【難局】 名詞 どうしたらよいのかわからなくなるような、難《むずか》しい場面《ばめん》。例 みんなの知恵《ちえ》で難局を切《き》りぬけた。

なんきょくかい【南極海】 名詞 南極大陸《なんきょくたいりく》をとり巻《ま》く海《うみ》。厚《あつ》い氷《こおり》や流氷《りゅうひょう》におおわれ、くじらが多《おお》くすむ。「南氷洋《なんぴょうよう》」ともいう。

なんきょくけん【南極圏】 名詞 南緯《なんい》六六度《ど》三三分《ぶん》よりも南《みなみ》の地域《ちいき》。太陽《たいよう》がのぼらない日《ひ》としずまない日《ひ》が、それぞれ年《ねん》に一日以上《いちにちいじょう》ある。対 北極圏《ほっきょくけん》。

なんきょくたいりく【南極大陸】 名詞 南《なん》極《きょく》を中心《ちゅうしん》に広《ひろ》がる大陸《たいりく》。ほとんどが氷《こおり》でおおわれ、あざらしやペンギンなどがすんでいる。

なんきょくてん【南極点】 名詞 南緯《なんい》九〇度《ど》の地点《ちてん》。地軸《ちじく》の南《みなみ》のはしに当《あ》たる。

なんきんまめ【南京豆】 名詞 季語 秋 「落花《らっか》生《せい》」の別《べつ》の名《な》まえ。

なんくせ【難癖】 名詞 欠点《けってん》。悪《わる》いところ。

てつけたしたために一番《いちばん》になりそこねたという話《はなし》から、なくてもよい余分《よぶん》なもののたとえ。

●**難癖を付ける** 小さな欠点を見つけて、大げさに悪《わる》く言《い》う。

なんこう【難航】 名詞 動詞 ❶船《ふね》が、波《なみ》や風《かぜ》のためにうまく進《すす》まないこと。❷ものごとがうまく進《すす》まないこと。はかどらないこと。例 話《はな》し合《あ》いが難航する。 使い方「難行」と書《か》かないよう注意《ちゅうい》。

なんこう【軟こう】 名詞 ワセリンやろうなどを混《ま》ぜてぬりやすくした、やわらかいぬり薬《ぐすり》。

なんこうふらく【難攻不落】 ⇒803ページ 四字熟語

なんごく【南国】 名詞 南《みなみ》の暖《あたた》かい国《くに》や地方《ちほう》。対 北国《ほっこく》。

なんこつ【軟骨】 名詞 やわらかくて、弾力《だんりょく》性《せい》のある骨《ほね》。人《ひと》の耳《みみ》や鼻《はな》の骨《ほね》など。

なんざん【難産】 名詞 動詞 ❶出産《しゅっさん》のとき、赤《あか》んぼうがなかなか産《う》まれないこと。対 安産《あんざん》。❷ものごとがなかなかでき上《あ》がらないこと。例 難産の末《すえ》、新製品《しんせいひん》ができ上《あ》がった。

なんじ 代名詞「おまえ」の古《ふる》い言《い》い方《かた》。例 なんじの名《な》を名《な》乗《の》れ。

なんしき【軟式】 名詞 野《や》球《きゅう》やテニスなどで、やわらかい球《たま》を使《つか》うやり方《かた》。対 硬式《こうしき》。

なんじゃく【軟弱】 形容動詞 ❶やわらかくて弱《よわ》いようす。❷考《かんが》えや態度《たいど》がしっかりしていなくて、相手《あいて》の言《い》いなりになりやすいようす。例 軟弱でたよりない青年《せいねん》／軟弱な政治《せいじ》政策《せいさく》。対 強硬《きょうこう》。

なんじゅう【難渋】 名詞 動詞 ものごとがうまく進《すす》まなくて、苦労《くろう》すること。例 道《みち》がぬかるんで、進《すす》むのに難渋する。類 難儀《なんぎ》。

なんしょ【難所】 名詞 険《けわ》しくて、通《とお》るのに危《あぶ》ないところ。例 難所にさしかかる。類 難関《なんかん》。

なんしょく【難色】 名詞 賛成《さんせい》できない、承《しょう》知《ち》できないという態度《たいど》。例 難色を示《しめ》す。

なんすい【軟水】 名詞 カルシウムやマグネシウムなどのとけている量《りょう》が少《すく》ない水《みず》。天然《てんねん》の水《みず》の中《なか》では、地表《ちひょう》にわき出《で》てくる水《みず》に多《おお》い。石《せっ》けんがよくとける。対 硬水《こうすい》。

なんせい【南西】 名詞 南《みなみ》と西《にし》との中間《ちゅうかん》に当《あ》たる方角《ほうがく》。西南《せいなん》。対 北東《ほくとう》。図 ⇒1203ページ ほうい〔方位〕

なんせいしょとう【南西諸島】 名詞 鹿児《かご》島県《しまけん》の南部《なんぶ》から沖縄県《おきなわけん》にかけて連《つら》なる島々《しまじま》を、まとめた呼《よ》び名《な》。

なんせん【難船】 名詞 動詞 あらしなどのために、船《ふね》がこわれたりしずんだりすること。また、その船《ふね》。類 難破《なんぱ》。

ナンセンス（nonsense） 名詞 形容動詞 意味《いみ》がなくてくだらないこと。ばかげたこと。例 この時代《じだい》にそんなことを言《い》うのはナンセンスだ。

なんせんほくば【南船北馬】 名詞 あちこちを旅《たび》していること。ことば 中国《ちゅうごく》の南《みなみ》の地方《ちほう》は川《かわ》が多《おお》いので船《ふね》で行《い》き、北《きた》の地方《ちほう》は山野《さんや》が多《おお》いので馬《うま》で行《い》く、ということからきたことば。

なんだい【難題】 名詞 ❶難《むずか》しい問題《もんだい》。類 難問《なんもん》。❷人《ひと》を困《こま》らせるような無理《むり》なこと。言《い》いがかり。例 無理《むり》難題を言《い》う。

なんたいさん【男体山】 名詞 栃木県《とちぎけん》日光市《にっこうし》にある山《やま》。日光国立公園《にっこうこくりつこうえん》にふくまれる。

なんたいどうぶつ【軟体動物】 名詞 骨《ほね》がなく、体《からだ》がやわらかい動物《どうぶつ》をまとめていう呼《よ》び名《な》。からを持《も》つ貝《かい》のほか、いか・たこなど。

なんだか【何だか】 副詞 なんとなく。どういうわけか。例 なんだか落《お》ち着《つ》かない。 使い方 ふつうかな書《が》きにする。

なんたん【南端】 名詞 南《みなみ》のはし。例 日本《にほん》の最《さい》南端の島《しま》。対 北端《ほくたん》。

なんちゅう【南中】 名詞 動詞 太陽《たいよう》や星《ほし》が、真《ま》南《みなみ》にくること。このとき、太陽《たいよう》や星《ほし》はその日《ひ》の中《なか》でもっとも高《たか》いところに見《み》える。

なんちゅうじこく【南中時刻】 名詞 太陽《たいよう》や星《ほし》が南中《なんちゅう》する時刻《じこく》。同《おな》じ日《ひ》に太陽《たいよう》が南中《なんちゅう》する時刻《じこく》は、東《ひがし》の地方《ちほう》ほど早《はや》くなる。

なんて 助詞（ほかのことばのあとにつけて）❶気軽《きがる》に、やわらかい調子《ちょうし》で言《い》う気《き》持《も》ちを表《あらわ》す。…などと。例 そろそろ犬《いぬ》を飼《か》おうかなんて話《はな》しているんだ。❷はっきり決《き》めないで、例《れい》を挙《あ》げるのに使《つか》うことば。…などは。…なんかは。例 プレゼントに花束《はなたば》なんてどうかしら。❸ばかにしたり、大《たい》したことはないと軽《かる》く見《み》たりする気《き》持《も》ちを表《あらわ》す。…など。…なんか。例 あのチームなんて大《たい》して強《つよ》くないよ。❹おどろきや、意外《いがい》に思《おも》う気《き》持《も》ちを表《あらわ》す。例

故事成語 **蛇足《だそく》** 昔《むかし》中国《ちゅうごく》で、へびの絵《え》をかく競争《きょうそう》をしたとき、へびにはもともとない足《あし》を調子《ちょうし》に乗《の》っ

兄《あに》があんなことを言《い》うなんてびっくりした。

なんて【何て】副詞
❶ひどく心《こころ》を動《うご》かされたときに言《い》うことば。なんという。なんと。例 今日《きょう》はなんていいお天《てん》気《き》なんだろう。
❷どのように。どう。なんと。例 今《いま》、なんて聞《き》こえましたか。
使い方 ふつうかな書《が》きにする。

なんでも【何でも】副詞
❶どんなものでも。どんなことでも。例 病《びょう》気《き》が治《なお》るならなんでも食《た》べようと思《おも》う。
❷どうしても。例 何《なに》がなんでも行《い》きたい。
❸はっきりしないが、どうやら。例 なんでも今《いま》はアフリカにいるということだ。
使い方 ふつうかな書《が》きにする。

なんでもない【何でもない】大《たい》したことではない。例 このくらいの熱《ねつ》は、なんでもない。
使い方 ふつうかな書《が》きにする。

なんてん【南天】名詞 暖《あたた》かいところに生《は》える低《ひく》い木《き》。初《しょ》夏《か》に小《ちい》さな白《しろ》い花《はな》がさき、秋《あき》から冬《ふゆ》にかけて丸《まる》く小《ちい》さな赤《あか》い実《み》がなる。

なんてん【難点】名詞
❶難《むずか》しいところ。
❷よくないところ。欠《けっ》点《てん》。例 この部《へ》屋《や》は広《ひろ》いが、寒《さむ》すぎるのが難点だ。

なんと【何と】
❶副詞 どのように。どう。例 なんと言《い》ってあやまったらよいだろう。
❷感動詞 ひどく心《こころ》を動《うご》かされたときに言《い》うことば。なんという。例 なんと美《うつく》しい空《そら》だろう。
使い方 ふつうかな書《が》きにする。

なんど【何度】名詞
❶回《かい》数《すう》がはっきりしないとき、また、回《かい》数《すう》が多《おお》いときに言《い》うことば。何《なん》回《かい》。何《なん》べん。例 何度か電《でん》話《わ》したが留《る》守《す》だった／何度も注《ちゅう》意《い》される。
❷温《おん》度《ど》・角《かく》度《ど》などの度《ど》数《すう》がわからないときに言《い》うことば。例 今《け》朝《さ》の体《たい》温《おん》は何度ですか。

なんど【納戸】名詞 服《ふく》や道《どう》具《ぐ》などをしまっておく部《へ》屋《や》。

なんといっても【何と言《い》っても】だれがどう言《い》おうとも。いろいろ言《い》ってみても、やはり。例 なんと言っても父《ちち》の作《つく》るカレーが一《いち》番《ばん》だ。使い方 ふつう「なんと言《い》っても」と書《か》く。

なんとう【南東】名詞 南《みなみ》と東《ひがし》との中《ちゅう》間《かん》に当《あ》たる方《ほう》角《がく》。東《とう》南《なん》。対 北《ほく》西《せい》。図 ⇩1203ページ ほうい〔方位〕

なんとか【何とか】副詞 どうにか。やっとのことで。例 これでなんとか間《ま》に合《あ》った。使い方 ふつうかな書《が》きにする。

なんとしても【何としても】どんなことをしても。どうしても。例 次《つぎ》はなんとしても優《ゆう》勝《しょう》するぞ。使い方 ふつうかな書《が》きにする。

なんとなく【何となく】副詞 はっきりした理《り》由《ゆう》もなく。なんだか。例 なんとなく体《からだ》がだるい。使い方 ふつうかな書《が》きにする。

なんとなれば【何となれば】接続詞 どういうわけかというと。なぜならば。例 それはやめたほうがいい。なんとなれば、迷《めい》惑《わく》する人《ひと》がいるからだ。使い方 ふつうかな書《が》きにする。

なんとも【何とも】副詞
❶ほんとうに。まったく。例 なんとも困《こま》った。
❷どのようであるか。どうとも。例 なんとも言《い》えない美《うつく》しさ。
❸大《たい》したことはないという意《い》味《み》を表《あらわ》すことば。例 けがはもうなんともないよ。
使い方 ふつうかな書《が》きにする。また、❷❸は、あとに「ない」などのことばがくる。

なんなく【難なく】副詞 たやすく。簡《かん》単《たん》に。例 ぼくには解《と》けない問《もん》題《だい》を、兄《あに》は難なく解《と》く。

なんなら【何なら】副詞 よろしければ。よかったら。例 なんならこちらからお届《とど》けいたします。使い方 ふつうかな書《が》きにする。

なんなりと【何なりと】副詞 なんでも。どんなことでも。例 ご用《よう》がおありでしたらなんなりとおっしゃってください。使い方 ふつうかな書《が》きにする。

なんなんせい【南南西】名詞 南《みなみ》と南《なん》西《せい》との中《ちゅう》間《かん》に当《あ》たる方《ほう》角《がく》。

なんなんとう【南南東】名詞 南《みなみ》と南《なん》東《とう》との中《ちゅう》間《かん》に当《あ》たる方《ほう》角《がく》。

なんにも【何にも】副詞
❶どのようにも。なんの役《やく》にも。例 とちゅうでやめては、なんにもならない。
❷何《なに》一《ひと》つ。まったく。例 なんにもない場《ば》所《しょ》へ行《い》ってのんびりしたい。
使い方 あとに「ない」などのことばがくる。ふつうかな書《が》きにする。

分《ぶん》ないのに、ほんの少《すこ》しだけ欠《けっ》点《てん》があることのたとえ。

なんの【何の】 ❶何《なに》についての。どういう。例何の本《ほん》を読《よ》んでるの。❷大《たい》した。少《すこ》しの。例三点差《さんてんさ》くらいなんのことはない／なんの力《ちから》にもなれない。❸（「…のなんの」の形《かたち》で）前《まえ》のことばを強《つよ》めることば。例こわいのなんの。❹感動詞 相手《あいて》の心配《しんぱい》を打《う》ち消《け》す気持《きも》ちを表《あらわ》すことば。なに。いや。例「重《おも》いかい。」「なんの、これくらい平気《へいき》さ。」使い方❷は、あとに「ない」などのことばがくることが多《おお》い。❷～❹は、ふつうかな書《が》きにする。

なんのかのと【何のかのと】 あれやこれや。いろいろ。なんのかんの。例二学期《にがっき》が始《はじ》まってから、なんのかのといそがしい。使い方ふつうかな書《が》きにする。

なんのきなしに【何の気なしに】 とくにそうしようという考《かんが》えもなく。例なんの気なしに窓《まど》の外《そと》を見《み》ると、雪《ゆき》が降《ふ》っていた。使い方ふつう「なんの気《き》なしに」と書《か》く。

なんのその【何のその】 なんでもない。ものともしない。例寒《さむ》さもなんのそので、元気《げんき》に通学《つうがく》している。使い方ふつうかな書《が》きにする。

なんぱ【難破】 名詞 動詞 あらしなどのために、船《ふね》がこわれたりしずんだりすること。例難破船《なんせん》。類難船《なんせん》。

ナンバー (number) 名詞 数《かず》。数字《すうじ》。番号《ばんごう》。

ナンバープレート (numberplate) 名詞 自《じ》動車《どうしゃ》などの登録番号《とうろくばんごう》が書《か》かれた、金属《きんぞく》の板《いた》。

ナンバーワン (number one) 名詞 第一番《だいいちばん》。また、いちばんすぐれている人《ひと》。第一人者《だいいちにんしゃ》。

なんぱせん【難破船】 名詞 あらしなどのために、こわれたりしずんだりした船《ふね》。

なんばん【南蛮】 名詞 室町時代《むろまちじだい》の終《お》わりごろから江戸時代《えどじだい》にかけて、東南《とうなん》アジアの国々《くにぐに》を呼《よ》んだことば。また、それらの国々《くにぐに》を経由《けいゆ》してポルトガル人《じん》やスペイン人《じん》が来《き》たことから、ポルトガルやスペインのこと。

なんばんじん【南蛮人】 名詞 室町時代《むろまちじだい》の終《お》わりごろから江戸時代《えどじだい》にかけて、日本《にほん》にやって来《き》たポルトガル人《じん》やスペイン人《じん》を指《さ》していったことば。

なんばんぼうえき【南蛮貿易】 名詞 室町《むろまち》時代《じだい》の終《お》わりごろから江戸時代《えどじだい》の初《はじ》めにかけて、ポルトガルやスペインと日本《にほん》との間《あいだ》で行《おこな》われた貿易《ぼうえき》。教科 社 日本《にほん》は生糸《きいと》や鉄砲《てっぽう》などを輸《ゆ》入《にゅう》し、金《きん》や銀《ぎん》などを輸出《ゆしゅつ》した。

なんびょう【難病】 名詞 治《なお》りにくい病気《びょうき》。

なんぴょうよう【南氷洋】 名詞「南極海《なんきょくかい》」のこと。

なんぶ【南部】 名詞 ❶ある地域《ちいき》の南《みなみ》のほう。例九州《きゅうしゅう》南部。対北《ほく》部《ぶ》。❷今《いま》の岩手県盛岡市《いわてけんもりおかし》を中心《ちゅうしん》とする地方《ちほう》。

なんぶてっき【南部鉄器】 名詞 岩手県盛岡《いわてけんもりおか》地方《ちほう》などでつくられる、質《しつ》のよい鉄器《てっき》。

なんべい【南米】 ➡1275ページ みなみアメリカ

なんべん【何遍】 名詞 ❶回数《かいすう》がはっきりしないときに使《つか》うことば。何《なん》回《かい》。何度《なんど》。例図書館《としょかん》には何べん行《い》きましたか。❷たびたび。例何べんやっても難《むずか》しい。使い方ふつう「何べん」と書《か》く。

なんぽう【南方】 名詞 南《みなみ》の方角《ほうがく》。南《みなみ》のほう。例本島《ほんとう》の南方に小《ち》さな無人島《むじんとう》がある。対北方《ほっぽう》。

なんぼく【南北】 名詞 南《みなみ》と北《きた》。対東西《とうざい》。

なんぼくせんそう【南北戦争】 名詞 アメリカ合衆国《がっしゅうこく》で、一八六一年《ねん》から一八六五年《ねん》まで、北部《ほくぶ》と南部《なんぶ》に分《わ》かれて戦《たたか》った内戦《ないせん》。北部《ほくぶ》が勝利《しょうり》し、奴隷制度《どれいせいど》が廃止《はいし》された。

なんぼくちょうじだい【南北朝時代】 名詞 一三三六年《ねん》から一三九二年《ねん》までの、二人《ふたり》の天皇《てんのう》が、南朝《なんちょう》（今《いま》の奈良県吉野《ならけんよしの》）と北朝《ほくちょう》（京《きょう》都《と》）とに分《わ》かれて争《あらそ》った時代《じだい》。全国《ぜんこく》の武士《ぶし》も二《ふた》つに分《わ》かれて争《あらそ》った。

なんみん【難民】 名詞 戦争《せんそう》や災害《さいがい》などのせいで、もともといたところに住《す》めなくなり、ほかの場所《ばしょ》へにげてきた人々《ひとびと》。例難民キャンプ。

なんもん【難問】 名詞 難《むずか》しい問題《もんだい》。類難題《なんだい》。

なんよう【南洋】 名詞 南《みなみ》のほうの海《うみ》。とくに、太平洋《たいへいよう》の赤道近《せきどうちか》くの海《うみ》や島々《しまじま》。対北洋《ほくよう》。

なんら【何ら】 副詞 なにも。少《すこ》しも。例なんら問題《もんだい》はない。使い方あとに「ない」などのことばがくる。ふつうかな書《が》きにする。

なんらか【何らか】 副詞 何《なに》か。いくらか。例お世話《せわ》になった人《ひと》に、なんらかのお礼《れい》がしたい。使い方ふつうかな書《が》きにする。

あいうえお　かきくけこ　さしすせそ　たちつてと　なにぬねの　はひふへほ　まみむめも　やゆよ　らりるれろ　わをん

故事成語　玉《たま》にきず　美《うつく》しい玉《たま》に小《ちい》さなきずがあるという意味《いみ》で、ほかの部分《ぶぶん》はすべてすぐれていて申《もう》し

に

二

下《した》の 手話にチャレンジ を見《み》よう。

に 助詞 （ほかのことばのあとにつけて）❶場所《ばしょ》や時間《じかん》を表《あらわ》す。例 校庭《こうてい》に集《あつ》まる／七時《しちじ》に起《お》きる。❷変化《へんか》した結果《けっか》を表《あらわ》す。例 木《き》を燃《も》やすと灰《はい》になる。❸目的《もくてき》や目標《もくひょう》を表《あらわ》す。例 本《ほん》を買《か》いに行《い》く／サッカーの選手《せんしゅ》になりたい。❹原因《げんいん》や理由《りゆう》を表《あらわ》す。例 あまりの痛《いた》さになみだが出《で》た。❺相手《あいて》を表《あらわ》す。例 友人《ゆうじん》に会《あ》う。❻比《くら》べるとき、そのもとになるものを表《あらわ》す。例 妹《いもうと》は母《はは》に似《に》ている。❼ちがうものを並《なら》べていうときに使《つか》うことば。例 たいにひらめにたこ。❽同《おな》じことばを重《かさ》ねて意味《いみ》を強《つよ》めるときに使《つか》うことば。例 走《はし》りに走《はし》ってやっと間《ま》に合《あ》った。❾…として。例 お礼《れい》に手紙《てがみ》を書《か》く。

に【二】 名詞 ❶数《かず》の名《な》。ふたつ。例 二足《た》す二／五《ご》から二を引《ひ》く。❷二番目《ばんめ》。次《つぎ》。
漢 ↓990ページ に〔二〕

● **二《に》の足《あし》を踏《ふ》む** ↓999ページ にのあしをふむ
● **二《に》の腕《うで》** ↓999ページ にのうで
● **二《に》の句《く》が継《つ》げない** ↓999ページ にのくがつげない
● **二《に》の次《つぎ》** ↓999ページ にのつぎ
● **二《に》の舞《まい》** ↓999ページ にのまい

漢 **に【二】**〔二《に》〕 2画 1年 音 ニ 訓 ふた・ふたつ

❶ふたつ。に。例 二重《にじゅう》／二枚《にまい》／二重《ふたえ》／二親《ふたおや》／無二《むに》。❷にばんめ。つぎ。例 二世《にせい》。

に【仁】 漢 ↓659ページ じん〔仁〕

に【児】 漢 ↓554ページ じ〔児〕

に【荷】 名詞 ❶荷物《にもつ》。例 荷《に》を積《つ》む。❷やっかいなもの。例 毎日《まいにち》の掃除《そうじ》が荷になる。❸責任《せきにん》。例 やっとかたの荷を下《お》ろした。

漢 **に【荷】**〔艹《くさかんむり》〕 10画 3年 音 カ 訓 に

❶にもつ。例 荷車《にぐるま》／荷台《にだい》／集荷《しゅうか》／出荷《しゅっか》。❷かつぐ。ひきうける。例 荷担《かたん》。

にあう【似合う】 動詞 ふさわしい。ぴったりしている。例 よく似合う服《ふく》。

にあげ【荷揚げ】 名詞 動詞 船《ふね》に積《つ》んである荷《に》物《もつ》を陸《りく》に移《うつ》すこと。

にあたって【に当たって】（ほかのことばのあとにつけて）…を始《はじ》める、その時《とき》に。…に際《さい》して。例 新年《しんねん》をむかえるに当たっての決意《けつい》。

ニアミス（near miss） 名詞 飛《と》んでいる飛行機《ひこうき》同士《どうし》が、ぶつかりそうになるほど近《ちか》づくこと。異常接近《いじょうせっきん》。

にいー【新】 接頭語 （ほかのことばの前《まえ》につけて）「新《あたら》しい」「初《はじ》めての」「ういういしい」という意味《いみ》を表《あらわ》す。例 新盆《ぼん》／新妻《づま》。漢 ↓659ページ しん〔新〕

にいがたけん【新潟県】 名詞 中部地方《ちゅうぶちほう》の北《ほく》東部《とうぶ》にある県《けん》。日本海《にほんかい》に面《めん》し、稲作《いなさく》がさかん。県庁《けんちょう》は新潟市《にいがたし》にある。

にいがたし【新潟市】 名詞 新潟県《にいがたけん》の中部《ちゅうぶ》にある大《おお》きな都市《とし》。新潟県庁《にいがたけんちょう》がある。

にいがたへいや【新潟平野】 ↓155ページ えちごへいや

にいがたみなまたびょう【新潟水俣病】 ↓1274ページ みなまたびょう

にいさん【兄さん】 名詞 ❶「兄《あに》」を親《した》しみ、または尊敬《そんけい》して呼《よ》ぶことば。❷若《わか》い男《おとこ》の人《ひと》を呼《よ》ぶことば。対 姉《ねえ》さん。
対 姉《ねえ》さん。

ニーズ（needs） 名詞 必要《ひつよう》。要求《ようきゅう》。例 お客様《きゃくさま》のニーズにこたえる商品《しょうひん》。

にいづま【新妻】 名詞 結婚《けっこん》したばかりの女性《じょせい》。新婚《しんこん》の妻《つま》。

ニート 名詞 職業《しょくぎょう》につかず、学校《がっこう》にも行《い》かず、職業訓練《しょくぎょうくんれん》も受《う》けない若者《わかもの》のこと。ことば 英語《えいご》の頭文字《かしらもじ》をつないで作《つく》ったことばで、一九九〇年代末《ねんだいまつ》にイギリスで名《な》づけられた。

の手話《しゅわ》が鼻《はな》を高《たか》くするのに対《たい》して、「苦手《にがて》」は鼻《はな》をおさえる形《かたち》で表現《ひょうげん》するよ。

あいうえお　かきくけこ　さしすせそ　たちつてと　なにぬねの　に　はひふへほ　まみむめも　やゆよ　らりるれろ　わをん

にいみなんきち【新美南吉】 名詞 （一九一三〜一九四三）童話作家《どうわさっか》。児童雑誌《じどうざっし》「赤《あか》い鳥《とり》」に「おじいさんのランプ」「ごんぎつね」などの童《どう》話《わ》を発表《はっぴょう》した。

にいんせい【二院制】 名詞 国《くに》の議会《ぎかい》が二《ふた》つの議院《ぎいん》から成《な》り立《た》っているしくみ。参考 日本《にほん》の議会《ぎかい》は衆議院《しゅうぎいん》・参議院《さんぎいん》の二院制《にいんせい》をとっている。

にえきらない【煮え切らない】 形容詞 ぐずぐずして、はっきりしない。例 煮え切らない態度《たいど》。

にえくりかえる【煮え繰り返る】 動詞 ❶湯《ゆ》がぐらぐらと煮《に》え立《た》つ。❷非常《ひじょう》に腹《はら》が立《た》つ。例 はらわたが煮え繰り返る（＝がまんできないほど腹《はら》が立《た》つ）。

にえたぎる【煮えたぎる】 動詞 水《みず》などがふっとうする。熱《あつ》くなってぐらぐらと煮《に》え立《た》つ。

にえたつ【煮え立つ】 動詞 液体《えきたい》などが煮《に》えて、わき上《あ》がる。例 スープを煮え立たせる。

にえゆ【煮え湯】 名詞 煮《に》え立《た》った湯《ゆ》。

●**煮《に》え湯《ゆ》を飲《の》まされる** 信《しん》じていた人《ひと》に裏切《うらぎ》られて、ひどい目《め》にあわされることのたとえ。

にえる【煮える】 動詞 火《ひ》にかけた食《た》べ物《もの》に熱《ねつ》がよく通《とお》って、食《た》べられるようになる。例 野《や》菜《さい》が煮える。

におい【匂い・臭い】 名詞 ❶鼻《はな》に感《かん》じる、香《かお》りやくさみ。例 花《はな》の匂い。❷あることを感《かん》じさせる、雰囲気《ふんいき》やようす。例 この街《まち》には、まだ昔《むかし》の匂いが残《のこ》っている。使い方 不快《ふかい》な場合《ばあい》は「臭い」と書《か》くことが多《おお》い。

におう【仁王】 名詞 お寺《てら》の門《もん》の両《りょう》わきなどに、こわい顔《かお》をして立《た》っている像《ぞう》。仏《ほとけ》を守《まも》る役目《やくめ》をするといわれる。「金剛《こんごう》力士《りきし》」ともいう。

におう【仁王】

におう【匂う・臭う】 動詞 ❶においがする。例 梅《うめ》の花《はな》が匂う。❷なんとなくあやしい気配《けはい》が感《かん》じられる。例 今《いま》の話《はなし》はなにか臭うな。❸色《いろ》が美《うつく》しくかがやく。例 紅《くれない》匂うばらの花《はな》。使い方 ❸は「匂う」と書《か》く。❶❷は、不快《ふかい》な場《ば》合《あい》は「臭う」と書《か》くことが多《おお》い。

におうだち【仁王立ち】 名詞 仁王《におう》の像《ぞう》のように、こわい顔《かお》で立《た》って動《うご》かないこと。

におわせる【匂わせる】 動詞 ❶におうようにする。❷それとなく相手《あいて》に知《し》らせる。例 先生《せんせい》は、近《ちか》く転入生《てんにゅうせい》が来《く》ることを匂わせた。

にかい【二階】 名詞 建物《たてもの》の二番目《にばんめ》の階《かい》。

●**二階《にかい》から目薬《めぐすり》** ことわざ 二階《にかい》から下《した》にいる人《ひと》の目《め》にうまく目薬《めぐすり》を差《さ》せないように、ものごとが思《おも》うようにならなくてもどかしいことや、まわりくどくて効《き》き目《め》がないことのたとえ。

にがい【苦い】 形容詞 ❶濃《こ》すぎるお茶《ちゃ》を飲《の》んだときのような、舌《した》をさすいやな味《あじ》である。にがみがある。例 苦い薬《くすり》。❷つらい。苦《くる》しい。例 苦い思《おも》い出《で》。

❸おもしろくない。機嫌《きげん》が悪《わる》い。例 散《ち》らかった部屋《へや》を見《み》て、母《はは》は苦い顔《かお》をした。
漢 ⇩376ページ く〔苦〕

にがうり【苦うり】 名詞 季語秋 「つるれいし」の別《べつ》の名《な》まえ。「ゴーヤー」ともいう。

にがおえ【似顔絵】 名詞 ある人《ひと》の顔《かお》に似《に》せてかいた絵《え》。

にがしたさかなはおおきい【逃がした魚は大きい】 ことわざ 手《て》に入《い》れそこなったものは、実際《じっさい》よりもよいものに思《おも》われるものだ。ことば「つりそこねた魚《さかな》は、実際《じっさい》よりも大《おお》きく思《おも》える」という意味《いみ》からきたことば。

にがす【逃がす】 動詞 ❶つかまえていたものを放《はな》す。自由《じゆう》にしてやる。例 魚《さかな》を逃がしてやる。❷つかまえそこなう。にげられる。のがす。例 チャンスを逃がす。

にがて【苦手】 名詞 形容動詞 ❶いやな相手《あいて》。得意《とくい》でない相手《あいて》。例 おしゃべりな人《ひと》はどうも苦手だ。❷うまくできないで、いやなこと。例 わたしは走《はし》るのが苦手だ。対 得意《とくい》。

にがにがしい【苦苦しい】 形容詞 ひどくいやな気持《きも》ちである。非常《ひじょう》に不愉快《ふゆかい》である。例 のらねこのいたずらを苦々しく思《おも》う。

にがみ【苦み】 名詞 苦《にが》い味《あじ》であること。

にがむしをかみつぶしたよう【苦虫をかみつぶしたよう】 ひどく機嫌《きげん》の悪《わる》い顔《かお》つきのたとえ。

手話にチャレンジ　苦手《にがて》　右手《みぎて》の指《ゆび》の腹《はら》を、鼻《はな》をつぶすように軽《かる》く当《あ》てる。得意《とくい》でないことを表《あらわ》すので、「得意《とくい》」

にかよう【似通う】 動詞 たがいによく似《に》ている。例 似通ったデザインの服《ふく》。

にがり 名詞 海水《かいすい》を煮《に》つめて塩《しお》をつくるときにできる、苦《にが》いしる。たんぱく質《しつ》を固《かた》める性質《せいしつ》があり、豆腐《とうふ》をつくるのに使《つか》う。

にがりきる【苦り切る】 動詞 非常《ひじょう》に不愉快《ふゆかい》なようすをする。例 苦り切った表情《ひょうじょう》で話《はな》す。

にがる【苦る】 動詞 不愉快《ふゆかい》に思《おも》う。ひどくいやな顔《かお》をする。漢 ➡376ページ《ジ》く〔苦〕

にかわ 名詞 動物《どうぶつ》の皮《かわ》や骨《ほね》を水《みず》で煮《に》た液《えき》を固《かた》めたもの。ゼラチンがおもな成分《せいぶん》で、接着剤《せっちゃくざい》として使《つか》われる。

にがわらい【苦笑い】 名詞 動詞 心《こころ》の中《なか》では不《ふ》愉快《ゆかい》に思《おも》いながら、おこることもできず、無理《むり》に笑《わら》うこと。また、その笑《わら》い。苦笑《くしょう》。例 思《おも》わぬ失敗《しっぱい》をして苦笑いをする。

にきさく【二期作】 名詞 同《おな》じ作物《さくもつ》を同《おな》じ田畑《たはた》で一年《いちねん》に二回《にかい》つくること。おもに米《こめ》についていう。関連 単作《たんさく》。参考 同《おな》じ田畑《たはた》で一年《いちねん》に二回《にかい》、ちがう作物《さくもつ》をつくることは「二毛作《にもうさく》」という。

にきび 名詞 顔《かお》などの毛穴《けあな》にできる、小《ちい》さなふきでもの。若《わか》い人《ひと》に多《おお》い。

にぎやか 形容動詞

❶人《ひと》がたくさんいて、活気《かっき》のあるようす。例 町《まち》の大通《おおどお》りはにぎやかだ。

❷よくしゃべったり笑《わら》ったりして、さわがしいほど陽気《ようき》なようす。例 にぎやかな話《はな》し声《ごえ》。

にぎり【握り】 名詞

❶手《て》で物《もの》をつかむこと。にぎること。

❷手《て》で一度《いちど》ににぎった長《なが》さ・太《ふと》さ・量《りょう》。例 ひと握りの土《つち》。

❸手《て》で持《も》つところ。例 かさの握り。

❹「にぎりずし」の略《りゃく》。例 握り一人前《いちにんまえ》。

にぎりこぶし【握り拳】 名詞 固《かた》くにぎりしめた手《て》。げんこつ。

にぎりしめる【握り締める】 動詞 力《ちから》を入《い》れて、しっかりとにぎる。例 友《とも》だちの手《て》をしっかりと握り締めた。

にぎりずし【握りずし】 名詞 酢《す》を混《ま》ぜた飯《めし》を小《ちい》さくにぎり、その上《うえ》に魚《さかな》や貝《かい》などをのせたすし。にぎり。

にぎりつぶす【握り潰す】 動詞

❶手《て》でにぎってつぶす。例 空《あ》きかんを握り潰す。

❷解決《かいけつ》したりかたづけたりしなければならないことを、わざとそのままにしておく。例 わたしの提案《ていあん》を委員長《いいんちょう》が握り潰した。

にぎりめし【握り飯】 名詞 ごはんをにぎって、三角《さんかく》や丸《まる》の形《かたち》にかためたもの。おむすび。おにぎり。

にぎる【握る】 動詞

❶指《ゆび》をすべて内側《うちがわ》へ曲《ま》げ、くっつける。また、そのようにして物《もの》をつかむ。例 ボールを握る。

❷自分《じぶん》のものにする。つかむ。例 弱《よわ》みを握る。

❸にぎり飯《めし》やにぎりずしを作《つく》る。

にぎわう 動詞 たくさんの人《ひと》でにぎやかになる。繁盛《はんじょう》する。例 買《か》い物客《ものきゃく》でにぎわう。

にぎわす 動詞

❶にぎやかにする。活気《かっき》があるようにする。例 新聞《しんぶん》をにぎわす大事件《だいじけん》。

❷豊《ゆた》かにする。例 たくさんの料理《りょうり》が食卓《しょくたく》をにぎわした。

にく【肉】 名詞

❶人《ひと》や動物《どうぶつ》の皮膚《ひふ》の下《した》にあって骨《ほね》を包《つつ》んでいるやわらかい部分《ぶぶん》。

❷食用《しょくよう》にする牛肉《ぎゅうにく》・ぶた肉《にく》・とり肉《にく》などのこと。例 肉料理《りょうり》／魚《さかな》より肉が好《す》きだ。

❸ものの厚《あつ》み。例 肉の厚《あつ》い葉《は》。

漢 **にく【肉】**〔肉《にく》〕 6画 2年 訓 音 ニク

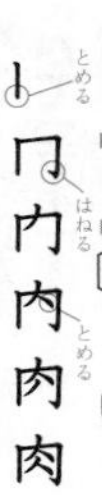

❶骨《ほね》のまわりのやわらかい部分《ぶぶん》。例 肉牛《にくぎゅう》／肉《にく》食《しょく》／牛肉《ぎゅうにく》／筋肉《きんにく》。❷からだ。例 肉体《にくたい》。❸果《くだ》物《もの》などのやわらかい部分《ぶぶん》。例 果肉《かにく》。❹厚《あつ》み、ふくらみのあるもの。例 肉太《にくぶと》。❺血縁関係《けつえんかんけい》のあるひと。例 肉親《にくしん》。❻そのままの。じかの。例 肉眼《にくがん》／肉声《にくせい》／肉筆《にくひつ》。❼判《はん》をおすときにつけるもの。例 朱肉《しゅにく》。

-にくい 接尾語 （ほかのことばのあとにつけて）

❶…するのが難《むずか》しい。…するのに具合《ぐあい》が悪《わる》い。例 読《よ》みにくい字《じ》／話《はな》しにくいこと。対 やすい。

❷なかなか…しない。例 こげつきにくいなべ。対 やすい。

にくい【憎い】 形容詞

❶やっつけてやりたいほど気《き》にくわない。例 動物《どうぶつ》をいじめる人《ひと》が憎い。対 かわいい。

❷腹《はら》が立《た》つほど見事《みごと》である。気《き》がきいている。

友《とも》だちのこと。幼《おさな》なじみ。

例 さすがにあの人は憎いことを言うね。

にくがん【肉眼】 名詞 めがねやコンタクトレンズ、望遠鏡《ぼうえんきょう》などを使《つか》わずに物《もの》を見《み》ること。また、そのような生《う》まれつきの目《め》。

にくぎゅう【肉牛】 名詞 食用《しょくよう》にする肉《にく》をとるために飼《か》う牛《うし》。関連 役牛《えきぎゅう》。乳牛《にゅうぎゅう》。

にくしみ【憎しみ】 名詞 にくいと思《おも》う気持《きも》ち。例 今《いま》までの憎しみが消《き》えた。

にくしょく【肉食】 名詞 動詞 ❶人間《にんげん》が、食物《しょくもつ》として肉類《にくるい》を食《た》べること。対 菜食《さいしょく》。❷動物《どうぶつ》が、ほかの動物《どうぶつ》の肉《にく》をおもな食《た》べ物《もの》にすること。例 肉食動物《どうぶつ》。対 草食《そうしょく》。

にくしょくどうぶつ【肉食動物】 名詞 ほかの動物《どうぶつ》の肉《にく》をおもな食《た》べ物《もの》とする動物《どうぶつ》。するどい歯《は》・つめ・くちばしを持《も》っているものが多《おお》い。ライオン・おおかみなど。関連 草食動物《そうしょくどうぶつ》。雑食動物《ざっしょくどうぶつ》。

にくしん【肉親】 名詞 親子《おやこ》やきょうだいのような、血のつながりの近い人《ひと》。

にくせい【肉声】 名詞 マイクや電話《でんわ》などを通《とお》さない、人《ひと》の口《くち》から出《で》た生《なま》の声《こえ》。

にくたい【肉体】 名詞 生《い》きている人《ひと》の体《からだ》。対 精神《せいしん》。

にくたいてき【肉体的】 形容動詞 体《からだ》にかかわるようす。例 肉体的な苦痛《くつう》をとり除《のぞ》く。

にくたいろうどう【肉体労働】 名詞 体《からだ》を使《つか》ってする仕事《しごと》。

にくたらしい【憎たらしい】 形容詞 「にくらしい」を強《つよ》めた言《い》い方《かた》。いかにもにくらしい。例 文句《もんく》ばかり言《い》って、憎たらしい人《ひと》だ。

にくづき【肉月】 名詞 「月」のこと。漢字《かんじ》の部首《ぶしゅ》の一《ひと》つ。「肉」の形《かたち》が変《か》わったもので、肉《にく》や体《からだ》に関係《かんけい》のある漢字《かんじ》を作《つく》ることが多《おお》い。腸・脈・育・胃など。参考 「月偏《つきへん》」は、形《かたち》は同《おな》じだが別《べつ》の部首《ぶしゅ》。

にくづき【肉付き】 名詞 体《からだ》の肉《にく》のつき具合《ぐあい》。太《ふと》り具合《ぐあい》。例 肉付きのよい人《ひと》。

にくづけ【肉付け】 名詞 動詞 だいたいでき上《あ》がった文章《ぶんしょう》などに、さらに手《て》を加《くわ》えて、内容《ないよう》を豊《ゆた》かにすること。例 あらすじに肉付けして物語《ものがたり》を作《つく》っていく。

にくはく【肉薄・肉迫】 名詞 動詞 ❶敵《てき》のすぐそばまでせめ寄《よ》ること。❷もうひと息《いき》というところまで、相手《あいて》にせまること。例 先頭《せんとう》の走者《そうしゃ》に肉薄する。

にくひつ【肉筆】 名詞 印刷《いんさつ》などではなく、じかに手《て》でかかれた文字《もじ》や絵《え》。

にくぶと【肉太】 名詞 形容動詞 文字《もじ》の線《せん》や点《てん》が太《ふと》いこと。例 肉太の字《じ》。

にくまれぐち【憎まれ口】 名詞 人《ひと》にきらわれるような言《い》い方《かた》やことば。

にくまれっこよにはばかる【憎まれっ子世にはばかる】 ことわざ 人《ひと》からにくまれるような者《もの》のほうが、世《よ》の中《なか》ではかえって強《つよ》い力《ちから》を持《も》ち、勢《いきお》いがあるようになるものだ。

にくむ【憎む】 動詞 にくらしく思《おも》う。きらう。

伝統的《でんとうてき》な言語文化《げんごぶんか》

古典《こてん》の随筆《ずいひつ》

「徒然草《つれづれぐさ》」

あともう少《すこ》しで成功《せいこう》…と思《おも》ったとたん失敗《しっぱい》してしまった、という経験《けいけん》はないかな。難《むずか》しいところを過《す》ぎて、成功目前《せいこうもくぜん》のときほど、油断《ゆだん》して失敗《しっぱい》しやすいものだね。だから木登《きのぼ》りの名人《めいじん》は、もう少《すこ》しで地面《じめん》に降《お》りるというときにいちばん注意《ちゅうい》するそうだ。

そんな、みんなが納得《なっとく》してしまうようなエピソードが「徒然草《つれづれぐさ》」という古典《こてん》の「随筆《ずいひつ》」にたくさんのっているよ。

「徒然草《つれづれぐさ》」は今《いま》から約《やく》700年《ねん》も前《まえ》に、兼好法師《けんこうほうし》という人《ひと》によって書《か》かれたものだ。

「徒然草《つれづれぐさ》」を読《よ》むと、その当時《とうじ》の人々《ひとびと》も、今《いま》に生《い》きるわたしたちとよく似《に》たものの見方《みかた》や考《かんが》え方《かた》をしていたことがとてもよくわかる。当《あ》たり前《まえ》のことだけれど「昔《むかし》と今《いま》とがつながっている！」という発見《はっけん》に、きっとわくわくするはずだ。そのようにつながった時間《じかん》の中《なか》に、きみたちも生《い》きている。古典《こてん》を読《よ》むと、そんなことにも気《き》がつくよ。

「徒然草《つれづれぐさ》」のほか、「方丈記《ほうじょうき》」（鴨長明《かものちょうめい》）や「枕草子《まくらのそうし》」（清少納言《せいしょうなごん》）も、思《おも》わずうなずいてしまうような「随筆《ずいひつ》」だよ。ぜひ読《よ》んでみよう。

もっとみてみよう！

- 「わかる、伝《つた》わる、古典《こてん》のこころ1」（光村教育図書《みつむらきょういくとしょ》）
- 「21世紀版《せいきばん》 少年少女古典文学館《しょうねんしょうじょこてんぶんがくかん》 徒然草《つれづれぐさ》・方丈記《ほうじょうき》」（講談社《こうだんしゃ》）

故事成語　**竹馬《ちくば》の友《とも》**　幼《おさな》いころ、いっしょに竹馬《たけうま》に乗《の》って遊《あそ》んだ友《とも》だちという意味《いみ》で、小《ちい》さいころからの

例 不正《ふせい》を憎む／戦争《せんそう》を憎む。対 愛《あい》する。

にくらしい【憎らしい】形容詞 ❶しゃくにさわる。腹立《はらだ》たしい。例 せっかくの休《やす》みに降《ふ》るとは、憎らしい雨《あめ》だ。❷しゃくにさわるほど見事《みごと》である。また、気《き》がきいている。例 弟《おとうと》は憎らしいほど絵《え》がうまい。

にぐるま【荷車】名詞 荷物《にもつ》を積《つ》んで人《ひと》や牛《うし》・馬《うま》が引《ひ》く車《くるま》。

ニクロムせん【ニクロム線】名詞 ニッケルとクロムの合金《ごうきん》でつくった線《せん》。電気《でんき》を通《とお》すと熱《ねつ》を出《だ》す。電熱器《でんねつき》などに使《つか》う。

にげあし【逃げ足】名詞 にげるときの足《あし》どり。にげる速《はや》さ。例 逃げ足が速《はや》い。

にげうせる【逃げうせる】動詞 にげて見《み》えなくなる。にげてゆくえがわからなくなる。例 犯人《はんにん》はまんまと逃げうせた。

にげごし【逃げ腰】名詞 今《いま》にもにげ出《だ》しそうなようすや、態度《たいど》。例 逃げ腰になる。

にげこむ【逃げ込む】動詞 にげて、ほかの場所《ばしょ》に入《はい》りこむ。例 ほら穴《あな》に逃げ込む。

にげだす【逃げ出す】動詞 ❶にげて、その場《ば》からいなくなる。例 すきを見《み》て逃げ出そう。❷にげ始《はじ》める。例 兵隊《へいたい》は次々《つぎつぎ》に逃げ出した。

にげのびる【逃げ延びる】動詞 つかまらないで、遠《とお》くまでにげる。にげて助《たす》かる。例 追《お》っ手《て》から逃げ延びる。

にげまどう【逃げ惑う】動詞 どこににげてよいかわからなくて、うろうろする。例 暗《くら》やみの中《なか》を逃げ惑った。

にげみち【逃げ道】名詞 ❶にげていく道《みち》。❷責任《せきにん》などをのがれる方法《ほうほう》。例 失敗《しっぱい》したときのために逃げ道をつくっておく。類 抜《ぬ》け道《みち》。

にげる【逃げる】動詞 ❶つかまらないように、その場《ば》をはなれる。また、つかまえられているものがぬけ出《で》る。例 犯人《はんにん》が追《お》っ手《て》から逃げる／魚《さかな》があみの目《め》から逃げる。対 追《お》う。❷めんどうなものごとから手《て》を引《ひ》く。責任《せきにん》などをさける。例 難《むずか》しい仕事《しごと》から逃げる。

●**逃《に》げるが勝《か》ち** ことわざ 無理《むり》に争《あらそ》うよりも、にげるほうが結局《けっきょく》は得《とく》になるということ。

にこげ【にこ毛】名詞 動物《どうぶつ》のやわらかな毛《け》。また、人《ひと》のやわらかな毛《け》。

にごす【濁す】動詞 ❶水《みず》などをよごして、すき通《とお》らなくする。対 澄《す》ます。❷ものごとをはっきりとわからないようにする。あいまいにする。例 ことばを濁す。

ニコチン（nicotine）名詞 たばこの葉《は》にふくまれる有毒《ゆうどく》な物質《ぶっしつ》。

にこにこ［と］副詞 動詞 うれしそうに笑《わら》うときの顔《かお》のようす。例 いつもにこにこしている。

にこむ【煮込む】動詞 ❶時間《じかん》をかけてじゅうぶんに煮《に》る。例 牛肉《ぎゅうにく》をよく煮込む。❷いろいろな材料《ざいりょう》をいっしょに煮《に》る。例 ぶた肉《にく》を豆《まめ》や野菜《やさい》と煮込んだ料理《りょうり》。

にこやか 形容動詞 にこにこして、おだやかなようす。例 お客様《きゃくさま》をにこやかにむかえる。

にごりざけ【濁り酒】名詞 季語 秋 かすをこしていない、白《しろ》くにごった酒《さけ》。

にごる【濁る】動詞 ❶水《みず》などがよごれて、すき通《とお》らなくなる。例 池《いけ》の水《みず》が濁っている。対 澄《す》む。❷あざやかでなくなる。はっきりしなくなる。例 濁った色《いろ》／濁った音色《ねいろ》。対 澄《す》む。❸心《こころ》などが清《きよ》らかでなくなる。例 濁った世《よ》の中《なか》。対 澄《す》む。❹濁音《だくおん》で発音《はつおん》する。対 澄《す》む。

にさんかたんそ【二酸化炭素】名詞 木《き》・紙《かみ》・ろうなどが燃《も》えたときにできる気体《きたい》。空気《くうき》より重《おも》く、色《いろ》もにおいもない。生物《せいぶつ》の呼吸《こきゅう》によってもできる。「炭酸《たんさん》ガス」ともいう。教科 理 植物《しょくぶつ》は、二酸化炭素《にさんかたんそ》を吸収《きゅうしゅう》して光合成《こうごうせい》を行《おこな》っている。参考 二酸化炭素《にさんかたんそ》の増加《ぞうか》は、地《ち》球《きゅう》温暖化《おんだんか》の原因《げんいん》の一《ひと》つと考《かんが》えられている。

にさんかマンガン【二酸化マンガン】名詞 酸素《さんそ》とマンガンの化合物《かごうぶつ》。黒《くろ》っぽい茶色《ちゃいろ》の粉《こな》。オキシドールなどを注《そそ》いで酸素《さんそ》をとり出《だ》すときに使《つか》う。乾電池《かんでんち》などの原料《げんりょう》になる。

にし【西】名詞 方角《ほうがく》の一《ひと》つ。太陽《たいよう》がしずむ方《ほう》角《がく》。対 東《ひがし》。関連 北《きた》。南《みなみ》。図 ⇩1203ジペー ほうい〔方位〕 漢 ⇩705ジペー せい〔西〕

●**西《にし》も東《ひがし》も分《わ》からない** ❶その土地《とち》のようすをまったく知《し》らない。例

ならないということ。

引っ越してきたばかりで西も東も分からない。

❷あるものごとに慣《な》れていなくて、どうしたらよいのかわからない。例 入学《にゅうがく》したばかりで西も東も分からない。

にじ【虹】 名詞 季語夏 雨《あめ》がやんだあとなどに、太陽《たいよう》と反対側《はんたいがわ》の空《そら》に見《み》える、七色《なないろ》の弓形《ゆみがた》の帯《おび》。日光《にっこう》が空気《くうき》中《ちゅう》の細《こま》かい水《みず》のつぶに当《あ》たって反《はん》射《しゃ》してできる。

にしかぜ【西風】 名詞 西《にし》からふいてくる風《かぜ》。対 東風《ひがしかぜ》。

にしき【錦】 名詞 ❶金《きん》・銀《ぎん》やそのほかの色糸《いろいと》で、美《うつく》しい模様《もよう》を織《お》り出《だ》した厚地《あつじ》の絹織物《きぬおりもの》。❷色《いろ》や模様《もよう》の美《うつく》しいもののたとえ。例 もみじの錦。

● **錦《にしき》を飾《かざ》る** ↓468ページ 故郷《こきょう》へ錦《にしき》を飾《かざ》る（「故郷《こきょう》」の子《こ》見《み》出《だ》し）

にしきえ【錦絵】 名詞 色《いろ》をたくさん使《つか》ってすった、浮世絵《うきよえ》の木版画《もくはんが》。

にしきへび 名詞 大形《おおがた》のへびのなかま。体《からだ》に黒《くろ》・赤《あか》・茶色《ちゃいろ》などの模様《もよう》がある。毒《どく》はなく、大《おお》きな動物《どうぶつ》も巻《ま》き殺《ころ》してのむ。熱帯地方《ねったいちほう》の森《もり》にすむ。図 ↓1062ページ はちゅうるい

にじげん【二次元】 名詞 長《なが》さとはばで表《あらわ》される広《ひろ》がり。面《めん》で表《あらわ》される広《ひろ》がり。

にしじんおり【西陣織】 名詞 京都市《きょうとし》の西陣《にしじん》でつくられる、高級《こうきゅう》な絹織物《きぬおりもの》。

にして（ほかのことばのあとにつけて）❶時間《じかん》や場所《ばしょ》を表《あらわ》すことば。…で。例 十才《じっさい》にして学者になる決意を固《かた》める。❷…であって。例 同《おな》じような体験《たいけん》をした人《ひと》にしてようやく理解《りかい》できる話《はなし》だ。

にしにほん【西日本】 名詞 日本列島《にほんれっとう》の西半《にしはん》分《ぶん》。対 東日本《ひがしにほん》。

にしはんきゅう【西半球】 名詞 地球《ちきゅう》を東《ひがし》と西《にし》に分《わ》けたときの、西側《にしがわ》の半分《はんぶん》。〇度の子午《しご》線《せん》から西《にし》へ一八〇度《ど》までの部分《ぶぶん》。南北《なんぼく》アメリカがふくまれる。対 東半球《ひがしはんきゅう》。

にしび【西日】 名詞 季語夏 西《にし》にかたむいた太《たい》陽《よう》の日《ひ》ざし。夕日《ゆうひ》。例 西日のさしこむ部屋《へや》。

にじみでる【にじみ出る】 動詞 ❶色《いろ》や油《あぶら》、水分《すいぶん》などが、表《おもて》にしみて出《で》てくる。例 あせがにじみ出る。❷自然《しぜん》と表《おもて》にあらわれる。例 人《ひと》がらがにじみ出た手紙《てがみ》。

にじむ 動詞 ❶絵《え》の具《ぐ》やすみ、油《あぶら》などが、布《ぬの》や紙《かみ》などにしみて広《ひろ》がる。例 色《いろ》がにじむ。❷なみだやあせなどがじわじわと出《で》てくる。例 額《ひたい》にあせがにじむ。

にしゃたくいつ【二者択一】 名詞 二《ふた》つのうち、どちらか一《ひと》つを選《えら》ぶこと。例 映画《えいが》に行《い》くかプールに行《い》くか、二者択一をせまられる。

にじゅう【二重】 名詞 二《ふた》つ重《かさ》なること。例 二重丸《まる》／二重の手間《てま》がかかった。

にじゅういっせいき【二十一世紀】 名詞 西暦《せいれき》二〇〇一年《ねん》から二一〇〇年《ねん》までの、百年《ひゃくねん》間《かん》。

にじゅうかぎ【二重かぎ】 名詞 かぎかっこのうち、『　』のこと。「ふたえかぎ」ともいう。

にじゅうしきかざん【二重式火山】 名詞 火口《かこう》の中《なか》にもう一《ひと》つ火山《かざん》ができて、二重《にじゅう》になった火山《かざん》。参考 熊本県《くまもとけん》の阿蘇山《あそさん》が有名《ゆうめい》。

にじゅうしせっき【二十四節気】 名詞 一《いち》年《ねん》を二十四《にじゅうし》の季節《きせつ》に分《わ》け、それぞれに名《な》まえをつけたもの。立春《りっしゅん》・夏至《げし》・秋分《しゅうぶん》・大雪《たいせつ》など。↓707ページ 伝統コラム ↓1450ページ 二十四節気《にじゅうしせっき》

にじゅうしょう【二重唱】 名詞 ソプラノとアルトなど、ちがう音《おと》のパートの二人《ふたり》または二《ふた》組《くみ》が合唱《がっしょう》すること。デュエット。

にじゅうじんかく【二重人格】 名詞 一人《ひとり》の人《ひと》がまったくちがう二《ふた》つの性格《せいかく》を持《も》つこと。また、同《おな》じ人《ひと》が場合《ばあい》によってちがうふるまいをすること。

にじゅうそう【二重奏】 名詞 二《ふた》つの楽器《がっき》が、それぞれちがう音《おと》のパートを受《う》け持《も》って演奏《えんそう》する形式《けいしき》。デュオ。

にじゅうハイフン【二重ハイフン】 ↓809ページ ダブルハイフン

にじゅうまど【二重窓】 名詞 寒《さむ》さや音《おと》を防《ふせ》ぐため、ガラスや戸《と》を二枚重《にまいかさ》ねてつくった窓《まど》。

にじょう【二乗】 名詞 動詞 二《ふた》つの同《おな》じ数《かず》をかけ合《あ》わせること。「自乗《じじょう》」ともいう。

にじりよる【にじり寄る】 動詞 すわったままで、ひざを動《うご》かして近《ちか》づく。例 ストーブのそばににじり寄る。

故事成語 **罪《つみ》をにくんで人《ひと》をにくまず**　おかした罪《つみ》はにくんでも、その罪《つみ》をおかした人《ひと》までもにくんでは

にしん 名詞 季語 春 北《きた》の海《うみ》にすみ、長《なが》さ三十《さんじっ》センチメートルくらいになる魚《さかな》。「かずのこ」は、にしんの卵《たまご》。図 ➡ 521ページ さかな〔魚〕

にしんほう【二進法】 名詞 すべての数《かず》を、0と1の二《ふた》つの数字《すうじ》で表《あらわ》す方法《ほうほう》。コンピューターで利用《りよう》される。十進法《じっしんほう》の「1」は二進法《にしんほう》では「1」、「2」は「10」となる。関連 十進法《じっしんほう》。

ニス 名詞 木《き》のやにをアルコールや油《あぶら》でとかした塗料《とりょう》。木製《もくせい》の家具《かぐ》などにぬり、つやを出《だ》して美《うつく》しくなめらかにする。「ワニス」の略《りゃく》。

にすい 名詞 「冫」のこと。漢字《かんじ》の部首《ぶしゅ》の一《ひと》つ。氷《こおり》や「冷《つめ》たい」という意味《いみ》に関係《かんけい》のある漢字《かんじ》を作《つく》ることが多《おお》い。冷・凍など。

にせ【偽】 名詞 本物《ほんもの》に似《に》せてつくること。また、似《に》せてつくったもの。例 偽の書類《しょるい》／偽札《さつ》。

にせアカシア 名詞 季語 夏 豆《まめ》のなかまの高《たか》い木《き》。初夏《しょか》に、ちょうの形《かたち》の白《しろ》い花《はな》がさく。街路樹《がいろじゅ》として植《う》えられる。

にせアカシア

にせい【二世】 名詞 ❶同《おな》じ名前《なまえ》の王《おう》などの位《くらい》を二番目《にばんめ》についだ人《ひと》。例 エリザベス二世。❷外国《がいこく》に移民《いみん》した人《ひと》の子《こ》で、その国《くに》の市民《しみん》となっている人《ひと》。例 日系《にっけい》二世。❸親《おや》からみて、子供《こども》。あとつぎ。例 二世誕生《たんじょう》。

にせもの【偽物】 名詞 本物《ほんもの》をまねてつくったもの。例 偽物のダイヤ。類 まがい物《もの》。対 本物《ほんもの》。

にせもの【偽者】 名詞 本人《ほんにん》らしく見《み》せかけた、別《べつ》の人物《じんぶつ》。また、身分《みぶん》や職業《しょくぎょう》をごまかしている人《ひと》。例 有名人《ゆうめいじん》の偽者／偽者の警察官《けいさつかん》。

にせる【似せる】 動詞 似《に》るようにする。例 本《ほん》物《もの》に似せて、模型《もけい》をつくる。

にそくさんもん【二束三文】 名詞 値段《ねだん》がとても安《やす》いこと。数《かず》が多《おお》くても、とても安《やす》い値《ね》段《だん》にしかならないこと。例 二束三文で売《う》る。

にそくのわらじをはく【二足のわらじを履く】 ひとりの人《ひと》が、二《ふた》つの仕事《しごと》を同時《どうじ》にする。例 歌手《かしゅ》と小説家《しょうせつか》の二足のわらじを履く。

にだい【荷台】 名詞 トラックや自転車《じてんしゃ》などの、荷物《にもつ》をのせる所《ところ》。

にたき【煮炊き】 名詞 動詞 食《た》べ物《もの》を煮《に》たり、たいたりして、調理《ちょうり》すること。炊事《すいじ》。

にだす【煮出す】 動詞 煮《に》て、食品《しょくひん》などの成分《せいぶん》をしるに出《だ》す。例 とりがらを煮出したスープ。

にたりよったり【似たり寄ったり】 大《たい》したちがいがないこと。例 どの店《みせ》にも似たり寄ったりのおみやげしかなかった。

漢 **にち【日】**〔日〕ひ 4画 1年 音 ニチ・ジツ 訓 ひ・か

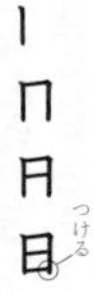

❶太陽《たいよう》。例 日没《にちぼつ》／日光《にっこう》／落日《らくじつ》。❷ひるま。例 日夜《にちや》／日中《にっちゅう》。❸いちにち。ひにち。例 日時《にちじ》／日記《にっき》／元日《がんじつ》／休日《きゅうじつ》。❹日数《にっすう》を数《かぞ》えるときのことば。例 十五日《じゅうごにち》。❺日本《にほん》のこと。例 日米《にちべい》。

にちえいどうめい【日英同盟】 名詞 一九〇二年《ねん》に、ロシアのアジア進出《しんしゅつ》を防《ふせ》ぐ目的《もくてき》で、日本《にほん》とイギリスが結《むす》んだ同盟《どうめい》。

にちぎん【日銀】 名詞 「日本銀行《にっぽんぎんこう》」の略《りゃく》。

にちげん【日限】 名詞 何日《なんにち》までと決《き》められた日《ひ》。例 工事《こうじ》の日限がせまる。類 期日《きじつ》。

にちじ【日時】 名詞 日《ひ》と時刻《じこく》。

にちじょう【日常】 名詞 ふだん。いつも。常《つね》日《ひ》ごろ。例 日常の会話《かいわ》。

にちじょうぎ【日常着】 名詞 ふだん着《ぎ》。

にちじょうさはんじ【日常茶飯事】 名詞 毎日《まいにち》のお茶《ちゃ》や食事《しょくじ》のように、いつものことで、めずらしくないこと。

にちじょうせいかつ【日常生活】 名詞 いつもの暮《く》らし。毎日《まいにち》の暮《く》らし。ふだんの生活《せいかつ》。

にちべい【日米】 名詞 日本《にほん》とアメリカ。例 日米関係《かんけい》。

にちべいあんぜんほしょうじょうやく【日米安全保障条約】 名詞 一九五一年《ねん》に、日本《にほん》とアメリカの間《あいだ》で結《むす》ばれた、軍事《ぐんじ》に関《かん》する条約《じょうやく》。これにより、日本《にほん》はアメリカ軍《ぐん》が日本国内《にほんこくない》に基地《きち》を置《お》くことを認《みと》めた。略《りゃく》して「安保《あんぽ》」「安保条約《あんぽじょうやく》」などともいう。

にちべいしゅうこうつうしょうじょうやく【日米修好通商条約】 名詞 一八五八年《ねん》に、江戸幕府《えどばくふ》とアメリカとの間《あいだ》で結《むす》ばれた条約《じょうやく》。下田《しもだ》・箱館《はこだて》（＝函館《はこだて》）のほか神奈川《かながわ》・長崎《ながさき》・新潟《にいがた》・兵庫《ひょうご》の開港《かいこう》、貿易《ぼうえき》の自由《じゆう》などを決《き》めた。関税自主権《かんぜいじしゅけん》がないなど、日本《にほん》に不利《ふり》な不平等条約《ふびょうどうじょうやく》だった。

関連＝関係《かんけい》の深《ふか》いことば

く、自然《しぜん》であり完全《かんぜん》で美《うつく》しいこと。また、人《ひと》がらにかざり気《け》がなく純真《じゅんしん》そのものであること。

にちべいわしんじょうやく【日米和親条約】 名詞 一八五四年《ねん》に、江戸《えど》幕府《ばくふ》とアメリカとの間《あいだ》で結《むす》ばれた条約《じょうやく》。下田《しもだ》・箱館《はこだて》(＝函《はこ》館《だて》)の港《みなと》への、アメリカ船《せん》の寄港《きこう》や食料《しょくりょう》の補《ほ》給《きゅう》などを認《みと》めた。鎖国政策《さこくせいさく》をとっていた幕府《ばくふ》が開国《かいこく》するきっかけとなった。

にちぼつ【日没】 名詞 太陽《たいよう》がしずむこと。日《ひ》の入《い》り。例 日没とともに街灯《がいとう》がついた。

にちや【日夜】 副詞 昼《ひる》も夜《よる》も。いつも。例 日夜、研究《けんきゅう》にはげむ。

にちよう【日曜】 名詞 週《しゅう》の最初《さいしょ》の曜日《ようび》。日曜《にちよう》日《び》。

にちようだいく【日曜大工】 名詞 日曜《にちよう》などの休日《きゅうじつ》に、趣味《しゅみ》でする大工《だいく》仕事《しごと》。また、それをする人《ひと》。

にちようひん【日用品】 名詞 ふだんの生活《せいかつ》で使《つか》う品物《しなもの》。タオル・石《せっ》けん・ティッシュペーパーなど。

にちりん【日輪】 名詞 「太陽《たいよう》」のこと。例 日輪が天《てん》にかがやく。

にちれん【日蓮】 名詞 (一二二二〜一二八二) 鎌《かま》倉時代《くらじだい》のおぼうさん。法華《ほけ》経《きょう》をもとに日蓮《にちれん》宗《しゅう》を開《ひら》いた。

にちろせんそう【日露戦争】 名詞 一九〇四年《ねん》から翌年《よくねん》にかけて、朝鮮半島《ちょうせんはんとう》と中国東北《ちゅうごくとうほく》部《ぶ》をめぐって日本《にほん》とロシアが戦《たたか》った戦争《せんそう》。

にっか【日課】 名詞 毎日《まいにち》するように決《き》めていること。例 小鳥《ことり》の世話《せわ》はわたしの日課だ。

につかわしい【似つかわしい】 形容詞 ふさわしい。似合《にあ》っている。ぴったりしている。例 結婚式《けっこんしき》に似つかわしい服装《ふくそう》で出席《しゅっせき》する。

にっかん【日刊】 名詞 新聞《しんぶん》などを毎日発行《まいにちはっこう》すること。例 日刊新聞《しんぶん》。

にっき【日記】 名詞 毎日《まいにち》のできごとや感《かん》じたことなどを書《か》いたもの。ことば 自分《じぶん》ひとりだけのために書《か》くものを「日記《にっき》」といい、そうでないものは「日誌《にっし》」ということが多《おお》い。

にっきちょう【日記帳】 名詞 日記《にっき》を書《か》くためのノート。

にっきゅう【日給】 名詞 一日当《いちにちあ》たりいくらと決《き》めてしはらわれる給料《きゅうりょう》。類 日当《にっとう》。関連 月《げっ》給《きゅう》。週給《しゅうきゅう》。

ニックネーム (nickname) 名詞 あだ名《な》。愛《あい》称《しょう》。

にづくり【荷造り】 名詞 動詞 品物《しなもの》を送《おく》ったり運《はこ》んだりするために、荷物《にもつ》をまとめること。例 引《ひ》っ越《こ》しのための荷造りをする。

につけ【煮付け】 名詞 魚《さかな》や野菜《やさい》などを、味《あじ》がよくしみこむように煮《に》た料理《りょうり》。

にっけい【日系】 名詞 日本人《にほんじん》の血筋《ちすじ》を引《ひ》いていること。例 日系ブラジル人《じん》。

ニッケル (nickel) 名詞 金属《きんぞく》の一《ひと》つ。銀《ぎん》に似《に》た色《いろ》で、かたくてさびにくい。ステンレスなどの合金《ごうきん》やめっきに使《つか》う。

にっこう【日光】 名詞 太陽《たいよう》の光《ひかり》。日《ひ》の光《ひかり》。

にっこうかいどう【日光街道】 名詞 江戸《えど》時代《じだい》の五街道《ごかいどう》の一《ひと》つ。江戸《えど》から今《いま》の栃木県《とちぎけん》の日《にっ》光《こう》まで通《つう》じ、宇都宮《うつのみや》で奥州街道《おうしゅうかいどう》と分《わ》かれる。

にっこうこくりつこうえん【日光国立公園】 名詞 福島《ふくしま》・栃木《とちぎ》・群馬《ぐんま》の三県《さんけん》にまたがる国立公園《こくりつこうえん》。白根山《しらねさん》・男体山《なんたいさん》・戦場《せんじょう》ヶ《が》原《はら》などをふくむ。

図→467ページ《ぺーじ》ごかいどう

にっこうしょうどく【日光消毒】 名詞 太《たい》陽《よう》の光《ひかり》に当《あ》て、紫外線《しがいせん》でばいきんを殺《ころ》すこと。

にっこうとうしょうぐう【日光東照宮】 名詞 栃木県日光市《とちぎけんにっこうし》にある、徳川家康《とくがわいえやす》をまつる神社《じんじゃ》。一九九九年《ねん》に「日光《にっこう》の社寺《しゃじ》」の一《ひと》つとして世界文化遺産《せかいぶんかいさん》に登録《とうろく》された。

にっこうよく【日光浴】 名詞 体《からだ》をじょうぶにするために、太陽《たいよう》の光《ひかり》を浴《あ》びること。

にっこり[と] 副詞 動詞 いかにもうれしそうな表情《ひょうじょう》を顔《かお》に表《あらわ》すようす。例 にっこりと笑《わら》う。

にっさん【日参】 名詞 動詞 ❶毎日神社《まいにちじんじゃ》やお寺《てら》にお参《まい》りに行《い》くこと。❷ある目的《もくてき》のために、決《き》まったところに毎日通《まいにちかよ》うこと。例 治療《ちりょう》のため、病院《びょういん》に日参する。

にっさん【日産】 名詞 一日《いちにち》に生産《せいさん》する品物《しなもの》の数《かず》や量《りょう》。例 日産五百個《ごひゃっこ》。関連 月産《げっさん》。年産《ねんさん》。

にっし【日誌】 名詞 団体《だんたい》や仕事《しごと》についての毎《まい》日《にち》のできごとを書《か》いたもの。例 学級《がっきゅう》日誌。

にっしゃびょう【日射病】 名詞 季語 夏 長《なが》い時間《じかん》、強《つよ》い日光《にっこう》に当《あ》たったために起《お》こる病気《びょうき》。頭《あたま》が痛《いた》くなったり、めまいがしたりする。

にっしょう【日照】 名詞 太陽《たいよう》の光《ひかり》が地上《ちじょう》を照《て》らすこと。例 日照権《けん》／日照時間《じかん》。

にっしょうき【日章旗】 名詞 日《ひ》の丸《まる》の旗《はた》。

故事成語　**天衣無縫《てんいむほう》**　天人《てんにん》の着物《きもの》には縫《ぬ》い目《め》がなかったという話《はなし》から、詩《し》や文章《ぶんしょう》などに細工《さいく》のあとがな

にっしょうけい【日照計】 名詞 太陽《たいよう》の光《ひかり》を感知《かんち》して、日照《にっしょう》時間《じかん》を計《はか》る装置《そうち》。

にっしょうけん【日照権】 名詞 自分《じぶん》の住《す》まいで、人間《にんげん》の生活《せいかつ》に必要《ひつよう》な日光《にっこう》をじゅうぶんに受《う》ける権利《けんり》。

にっしょうじかん【日照時間】 名詞 一日《いちにち》のうちで、太陽《たいよう》が雲《くも》やきりなどにさえぎられずに地上《ちじょう》を照《て》らす時間《じかん》。

にっしょく【日食】 名詞 月《つき》が太陽《たいよう》と地球《ちきゅう》の間《あいだ》にきて、太陽《たいよう》をかくしてしまう現象《げんしょう》。そのかげのでき方《かた》によって、部《ぶ》分日食《ぶんにっしょく》・皆既日食《かいきにっしょく》・金《きん》環日食《かんにっしょく》に分《わ》けられる。 関連 月食《げっしょく》。

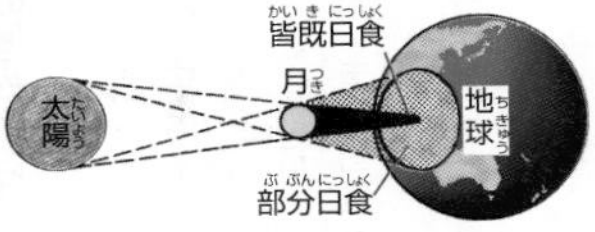

にっしょく

にっしんげっぽ【日進月歩】 名詞 絶《た》え間《ま》なく、どんどん進歩《しんぽ》すること。 例 科学《かがく》技《ぎ》術《じゅつ》の発達《はったつ》は日進月歩だ。 使い方 「日新月歩」と書《か》かないよう注意《ちゅうい》。

にっしんせんそう【日清戦争】 名詞 一八九四年《ねん》から翌年《よくねん》にかけて、朝鮮半島《ちょうせんはんとう》をめぐって日本《にほん》と清《しん》（＝今《いま》の中国《ちゅうごく》）とが戦《たたか》った戦争《せんそう》。

にっすう【日数】 名詞 日《ひ》にちの数《かず》。ひかず。

にっちもさっちもいかない 行《い》きづまって、どうにも動《うご》きがとれない。 例 借金《しゃっきん》が増《ふ》えて、にっちもさっちもいかない。

にっちゅう【日中】 名詞 ❶昼《ひる》の間《あいだ》。昼間《ひるま》。 例 日中は暖《あたた》かい。 対 夜間《やかん》。 ❷日本《にほん》と中国《ちゅうごく》。 例 日中関係《かんけい》。

にっちゅうせんそう【日中戦争】 名詞 日《に》本《ほん》と中国《ちゅうごく》の間《あいだ》で、一九三七（昭和《しょうわ》十二《じゅうに》）年《ねん》に始《はじ》まった戦争《せんそう》。一九四一（昭和《しょうわ》十六《じゅうろく》）年《ねん》に、太平洋戦争《たいへいようせんそう》へと広《ひろ》がり、一九四五（昭《しょう》和《わ》二十《にじゅう》）年《ねん》、日本《にほん》が敗《やぶ》れて終《お》わった。

にっちゅうへいわゆうこうじょうやく【日中平和友好条約】 名詞 一九七八年《ねん》、日本《にほん》と中国《ちゅうごく》との間《あいだ》で結《むす》ばれた条約《じょうやく》。国交《こっこう》正常化《せいじょうか》を受《う》けて、平和友好関係《へいわゆうこうかんけい》をさらに進《すす》め、経済《けいざい》や文化交流《ぶんかこうりゅう》の発展《はってん》を目指《めざ》すもの。

にっちょく【日直】 名詞 その日《ひ》の当番《とうばん》。また、学校《がっこう》や会社《かいしゃ》などの昼間《ひるま》の当番《とうばん》。 対 宿直《しゅくちょく》。

にってい【日程】 名詞 一日一日《いちにちいちにち》の予定《よてい》。 例 旅《りょ》行《こう》の日程／日程を組《く》む。

ニット （knit） 名詞 糸《いと》を編《あ》んで作《つく》った、のび縮《ちぢ》みする布《ぬの》。また、それで作《つく》った服《ふく》。

にっとう【日当】 名詞 一日分《いちにちぶん》の労働《ろうどう》に対《たい》してはらわれるお金《かね》。 類 日給《にっきゅう》。

ニッパー （nipper） 名詞 針金《はりがね》などを切《き》るのに使《つか》う工具《こうぐ》。

にっぽん【日本】 ↓1000ページ にほん

にっぽんぎんこう【日本銀行】 名詞 日本《にほん》の金融《きんゆう》の中心《ちゅうしん》となる銀行《ぎんこう》。紙幣《しへい》を発行《はっこう》したり、政府《せいふ》やふつうの銀行《ぎんこう》にお金《かね》を貸《か》したりする。略《りゃく》して「日銀《にちぎん》」ともいう。

にっぽんほうそうきょうかい【日本放送協会】 ↓156ページ エヌエイチケー

につまる【煮詰まる】 動詞 ❶煮《に》えて水分《すいぶん》がなくなる。 例 みそしるが煮詰まる。 ❷じゅうぶんに考《かんが》えたり、話《はな》し合《あ》ったりして、結論《けつろん》が出《で》る状態《じょうたい》になる。 例 話《はなし》が煮詰まった。 使い方 ❷で、「それ以上《いじょう》よい考《かんが》えが出《で》なくなる」という意味《いみ》で使《つか》うことがあるが、もともとは正《ただ》しい使《つか》い方《かた》ではない。

につめる【煮詰める】 動詞 ❶時間《じかん》をかけて、水分《すいぶん》がなくなるまで煮《に》る。 例 果物《くだもの》を煮詰めてジャムを作《つく》る。 ❷話《はな》し合《あ》いで、意見《いけん》を出《だ》し合《あ》って結論《けつろん》に近《ちか》づけていく。 例 話《はなし》をもっと煮詰めたほうがよい。

にて 助詞 （ほかのことばのあとにつけて）❶場《ば》所《しょ》や時間《じかん》を表《あらわ》す。 例 式《しき》は体育館《たいいくかん》にて行《おこな》います／六時《ろくじ》にて閉館《へいかん》いたします。 ❷原因《げんいん》や理由《りゆう》を表《あらわ》す。 例 病気《びょうき》にて欠席《けっせき》します。 ❸手段《しゅだん》や方法《ほうほう》を表《あらわ》す。 例 電車《でんしゃ》にてまいります。 使い方 あらたまった言《い》い方《かた》。 ことば 「で」の古《ふる》い言《い》い方《かた》。

にてもにつかない【似ても似つかない】 まったく似《に》ていない。まるでちがう。 例 手本《てほん》とは似ても似つかない仕上《しあ》がりになった。

にてもやいてもくえない【煮ても焼いても食えない】 ふつうのやり方《かた》ではうまくあつかうことができない。どうにも手《て》に負《お》えない。 例 わざと逆《さか》らってばかりで煮ても焼いても食えない人《ひと》だ。

にてんさんてん【二転三転】 名詞 動詞 もの

うになること。

ごとがあとからあとから何度《なんど》も変《か》わること。例 言《い》うことが二転三転する。

にどあることはさんどある【二度ある ことは三度ある】⇒347ページ ことわざ

にとうへんさんかくけい【二等辺三角形】名詞 二辺《にへん》の長《なが》さが等《ひと》しい三角形《さんかくけい》。

にどでま【二度手間】名詞 一回《いっかい》ですむことに、二回《にかい》も手間《てま》をかけること。例 下書《したが》きを省《はぶ》いたら書《か》き直《なお》しとなり、二度手間になった。

にどと【二度と】副詞 けっして。ふたたび。例 こんな簡単《かんたん》な計算《けいさん》は二度とまちがえないぞ。使い方 あとに「ない」などのことばがくる。

にとべいなぞう【新渡戸稲造】名詞（一八六二～一九三三）明治《めいじ》から昭和《しょうわ》時代《じだい》にかけての教育家《きょういくか》。札幌農学校《さっぽろのうがっこう》でアメリカの教育家《きょういくか》クラークに教《おし》えを受《う》け、キリスト教《きょう》の立場《たちば》から、世《せ》界《かい》の平和《へいわ》のために努力《どりょく》した。

にとをおうものはいっとをもえず【二兎を追う者は一兎をも得ず】ことわざ 同時《どうじ》に二《ふた》つのことをしようとすると、どちらもうまくいかないというたとえ。類 あぶ蜂取《はちと》らず。対 一挙両得《いっきょりょうとく》。一石二鳥《いっせきにちょう》。ことば「兎」は、うさぎのこと。二《に》ひきのうさぎを同時《どうじ》につかまえようとすると、結局一《けっきょくいっ》ぴきもつかまえられない、ということからきたことば。

にないて【担い手】名詞 ものごとの中心《ちゅうしん》となり、責任《せきにん》を持《も》ってそれを進《すす》める人《ひと》。例 未来《みらい》の担い手は若《わか》いきみたちだ。

になう【担う】動詞 ❶かたにかつぐ。例 重《おも》い荷《に》を担う。❷責任《せきにん》を持《も》って引《ひ》き受《う》ける。例 新《あたら》しい時代《じだい》を担う子供《こども》たち。漢 ⇒815ページ たん〔担〕

ににんさんきゃく【二人三脚】名詞 二人《ふたり》でかたを組《く》んで、おたがいの内側《うちがわ》の足《あし》をしばり、三本足《さんぼんあし》のようにして走《はし》る競技《きょうぎ》。ことば 二人《ふたり》で協力《きょうりょく》してものごとを進《すす》めることをたとえていうことがある。

ににんしょう【二人称】名詞 話《はな》し手《て》が聞《き》き手《て》を指《さ》していうことば。「あなた」「きみ」「おまえ」など。関連 一人称《いちにんしょう》。三人称《さんにんしょう》。

にねんそう【二年草】名詞 秋《あき》に種《たね》から芽《め》を出《だ》して冬《ふゆ》をこし、春《はる》に花《はな》をさかせて実《み》を結《むす》ぶ草《くさ》。「越年草《えつねんそう》」ともいう。関連 一年草《いちねんそう》。多年草《たねんそう》。

にのあしをふむ【二の足を踏む】どうしようかと迷《まよ》って、ぐずぐずする。ためらう。例 ほしい本《ほん》があったが、値段《ねだん》が高《たか》いので二の足を踏んだ。ことば 一歩《いっぽ》ふみ出《だ》して、二歩目《にほめ》は足《あし》ぶみをする、という意味《いみ》からきたことば。

にのうで【二の腕】名詞 かたからひじの間《あいだ》。図 ⇒287ページ からだ

にのくがつげない【二の句が継げない】たいへんおどろいたりあきれたりして、次《つぎ》のことばが出《で》てこない。

にのつぎ【二の次】名詞 一番目《いちばんめ》ではないこと。いちばん大事《だいじ》ではないこと。あと回《まわ》し。例 勉強《べんきょう》は二の次にして、ピアノを練習《れんしゅう》する。

にのまい【二の舞】名詞 ほかの人《ひと》が前《まえ》にしたのと同《おな》じ失敗《しっぱい》をすること。例 遅刻《ちこく》しておこられた姉《あね》の二の舞を演《えん》じる。

にのみやきんじろう【二宮金次郎】⇒999ページ にのみやそんとく

にのみやそんとく【二宮尊徳】名詞（一七八七～一八五六）江戸《えど》時代後期《じだいこうき》の人《ひと》。大名《だいみょう》や幕府《ばくふ》に用《もち》いられ、農業《のうぎょう》の指導者《しどうしゃ》として多《おお》くの町《まち》や村《むら》を建《た》て直《なお》した。「二宮金次郎《にのみやきんじろう》」ともいう。

にばしゃ【荷馬車】名詞 荷物《にもつ》を運《はこ》ぶ馬車《ばしゃ》。

にばんせんじ【二番煎じ】名詞 ❶一度《いちど》せんじたお茶《ちゃ》や薬《くすり》を、もう一度《いちど》せんじ直《なお》して出《だ》したもの。❷前《まえ》にあったもののくり返《かえ》しで、新《あたら》しさがないこと。例 この曲《きょく》は昔《むかし》のヒット曲《きょく》の二番煎じだ。

にひゃくとおか【二百十日】名詞 季語秋 立春《りっしゅん》から数《かぞ》えて、二百十日目《にひゃくじゅうにちめ》の日《ひ》。九月一《くがつつい》日《たち》ごろに当《あ》たり、このころは台風《たいふう》が多《おお》い。

にひゃっかいりぎょぎょうすいいき【二百海里漁業水域】名詞 沿岸《えんがん》から二百《にひゃっ》海里《かいり》（＝約三百七十《やくさんびゃくななじっ》キロメートル）の内側《うちがわ》の海《うみ》のことで、その国《くに》だけが漁《りょう》をすることができると決《き》められた範囲《はんい》。

にぶい【鈍い】形容詞 ❶刃物《はもの》などの切《き》れ味《あじ》が悪《わる》い。対 鋭《するど》い。❷感《かん》じ方《かた》がするどくない。例 かんが鈍い。対 鋭《するど》い。❸動《うご》きがおそい。のろい。例 動《うご》きが鈍いかめ。❹はっきりしない。例 鈍い色《いろ》の空《そら》。

にぶおんぷ【二分音符】名詞 楽譜《がくふ》に使《つか》う音《おん》符《ぷ》の一《ひと》つ。音《おと》の長《なが》さは全音符《ぜんおんぷ》の二分《にぶん》の一《いち》。「に

故事成語 **頭角《とうかく》を現《あらわ》す** 「頭角《とうかく》」は、頭《あたま》の先《さき》のこと。すぐれた才能《さいのう》や実力《じつりょく》が現《あらわ》れてきて、人《ひと》に知《し》られるよ

ぶんおんぷ」ともいう。図 ⇒ 213ページ おんぷ〔音符〕

にぶがっしょう【二部合唱】名詞 音《おと》の高《たか》さのちがう二《ふた》つのグループによる合唱《がっしょう》。

にぶきゅうふ【二分休符】名詞 楽譜《がくふ》に使《つか》う休符《きゅうふ》の一《ひと》つ。長《なが》さは全休符《ぜんきゅうふ》の二分《にぶん》の一《いち》。「にぶんきゅうふ」ともいう。図 ⇒ 351ページ きゅうふ〔休符〕

にふだ【荷札】名詞 送《おく》り先《さき》や受《う》けとる人《ひと》の名《な》前《まえ》を書《か》いて、荷物《にもつ》につける札《ふだ》。

にぶる【鈍る】動詞 ❶するどくなくなる。例 切《き》れ味《あじ》が鈍る。❷うまくなくなる。能力《のうりょく》が下《さ》がる。例 うでが鈍る。❸勢《いきお》いが弱《よわ》くなる。例 客《きゃく》の出足《であし》が鈍る。

にぶん【二分】名詞 動詞 二《ふた》つに分《わ》けること。例 人気《にんき》を二分する東西《とうざい》のスーパースター。

にべもない 態度《たいど》が冷《つめ》たく、愛想《あいそ》がない。そっけない。例 ていねいにお願《ねが》いしたが、にべもなく断《ことわ》られた。

にぼし【煮干し】名詞 小《ちい》さないわしを、煮《に》て干《ほ》したもの。だしをとるのに使《つか》う。

にほん【日本】名詞 アジア東部《とうぶ》にある、島々《しまじま》からなる国《くに》。面積《めんせき》は約三十七万《やくさんじゅうななまん》八千平方《はっせんへいほう》キロメートルで、人口《じんこう》は約一億三千万人《やくいちおくさんぜんまんにん》。首都《しゅと》は東京《とうきょう》。「にっぽん」ともいう。

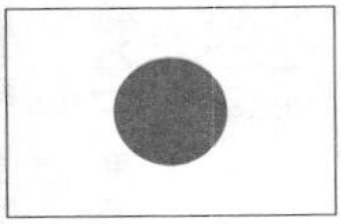

(国旗《こっき》)

にほんアルプス【日本アルプス】名詞 中部地方《ちゅうぶちほう》にある飛驒山脈《ひださんみゃく》(=北《きた》アルプス)・木曽《きそ》山脈《さんみゃく》(=中央《ちゅうおう》アルプス)・赤石山脈《あかいしさんみゃく》(=南《みなみ》アルプス)をまとめた呼《よ》び名《な》。高山《こうざん》が連《つら》なり、「日本《にほん》の屋根《やね》」といわれる。

にほんうなぎ【日本うなぎ】名詞 うなぎの品種《ひんしゅ》の一《ひと》つ。東《ひがし》アジアの周辺《しゅうへん》の海《うみ》に広《ひろ》く生息《せいそく》している。養殖《ようしょく》がさかんで、食用《しょくよう》にする。

にほんが【日本画】名詞 日本《にほん》に昔《むかし》から伝《つた》わっている材料《ざいりょう》や方法《ほうほう》でえがく絵《え》。独特《どくとく》な絵《え》の具《ぐ》やすみを使《つか》い、紙《かみ》や絹《きぬ》などに毛筆《もうひつ》でかく。対 洋画《ようが》。

にほんかい【日本海】名詞 日本列島《にほんれっとう》とアジア大陸《たいりく》との間《あいだ》の海《うみ》。広《ひろ》さは約百万平方《やくひゃくまんへいほう》キロメートル。

にほんかいこう【日本海溝】名詞 北海道《ほっかいどう》の南部《なんぶ》から千葉県《ちばけん》の房総沖《ぼうそうおき》まで、日本列島《にほんれっとう》に沿《そ》って太平洋《たいへいよう》の海底《かいてい》に続《つづ》く深《ふか》いみぞ。全長約八《ぜんちょうやくはっ》百《びゃく》キロメートルで、いちばん深《ふか》いところは八千《はっせん》メートルをこえる。

にほんかいりゅう【日本海流】⇒ 406ページ くろしお

にほんかもしか【日本かもしか】名詞 日本《にほん》にすむかもしかのなかま。ほおにはひげが生《は》えている。一時《いちじ》、数《かず》がたいへん減《へ》ったため、現在《げんざい》は特別天然記念物《とくべつてんねんきねんぶつ》として保護《ほご》されている。

にほんかもしか

にほんきろく【日本記録】名詞 日本人《にほんじん》が競技《きょうぎ》などで出《だ》した、今《いま》までいちばんよい記録《きろく》。

にほんぎんこう【日本銀行】⇒ 998ページ にっぽんぎんこう

にほんご【日本語】名詞 日本《にほん》で昔《むかし》から使《つか》われてきたことば。⇒ 1000ページ 外国語教室・1336ページ 日本語教室

にほんこうぎょうきかく【日本工業規格】⇒ 570ページ ジス〔JIS〕

にほんこくけんぽう【日本国憲法】名詞 日本《にほん》の国《くに》の大《おお》もとになる決《き》まり。一九四六(昭和二十一《しょうわにじゅういち》)年十一月三日《ねんじゅういちがつみっか》に公布《こうふ》、翌年《よくねん》の五月《ごがつ》三日《みっか》から実施《じっし》された。国民主権《こくみんしゅけん》・平和主義《へいわしゅぎ》・基《き》

ガッテン外国語教室

パラオにある日本語《にほんご》

「パラオ」という国《くに》を知《し》っている？　日本《にほん》から3200キロメートル以上《いじょう》はなれているこの国《くに》の公用語《こうようご》の一《ひと》つにパラオ語《ご》がある。パラオ語には、スコウジョウ（飛行場《ひこうじょう》）、ヤサスィー（やさしい）など、日本語《にほんご》が混《ま》ざっている。

実《じつ》は今《いま》から約《やく》100年前《ねんまえ》、日本《にほん》がパラオを治《おさ》めていた時期《じき》がある。その時《とき》、現地《げんち》に住《す》む人々《ひとびと》に日本語教育《にほんごきょういく》が行《おこな》われていたんだ。だから今《いま》でもパラオには日本語《にほんご》がもとになっていることばがあるんだよ。

とができたこいは竜《りゅう》になれるという伝説《でんせつ》から、世《よ》の中《なか》に認《みと》められるための難《むずか》しい関門《かんもん》のこと。

類＝意味《いみ》のよく似《に》たことば　対＝反対《はんたい》の意味《いみ》のことばや対《つい》になることば

本的人権《ほんてきじんけん》の尊重《そんちょう》を大原則《だいげんそく》としている。

にほんざる【日本猿】 名詞 日本《にほん》にすむさるのなかま。毛《け》は黒《くろ》っぽい茶色《ちゃいろ》で、顔《かお》としりが赤《あか》い。群《む》れで生活《せいかつ》する。

にほんざる

にほんさんけい【日本三景】 名詞 日本《にほん》でもっとも景色《けしき》がよいとされる三《さん》か所《しょ》。宮城県《みやぎけん》の松島《まつしま》・京都府《きょうとふ》の天橋立《あまのはしだて》・広島県《ひろしまけん》の厳島《いつくしま》。

にほんし【日本史】 名詞 日本《にほん》の歴史《れきし》。

にほんし【日本紙】 →1432ページ わし〔和紙〕

にほんしゅ【日本酒】 名詞 米《こめ》をおもな原料《げんりょう》にして、発酵《はっこう》させてつくる日本独特《にほんどくとく》の酒《さけ》。対 洋酒《ようしゅ》。

にほんしょき【日本書紀】 名詞 奈良時代《ならじだい》の初《はじ》めに、舎人親王《とねりしんのう》と太安万侶《おおのやすまろ》を中心《ちゅうしん》にしてつくられた歴史《れきし》の本《ほん》。大昔《おおむかし》から六九七年《ねん》までのできごとが、漢文《かんぶん》で書《か》かれている。

にほんじんがっこう【日本人学校】 名詞 外国《がいこく》で生活《せいかつ》する日本人《にほんじん》の子供《こども》たちの教育《きょういく》を目的《もくてき》につくられた学校《がっこう》。

にほんせきじゅうじしゃ【日本赤十字社】 名詞 戦争《せんそう》や災害《さいがい》、病気《びょうき》で苦《くる》しむ人《ひと》たちを助《たす》ける活動《かつどう》を行《おこな》う団体《だんたい》。一八七七年《ねん》の西南戦争《せいなんせんそう》の際《さい》につくられた博愛社《はくあいしゃ》をもとに設立《せつりつ》された。

にほんとう【日本刀】 名詞 日本独特《にほんどくとく》の方法《ほうほう》でつくられた刀《かたな》。図→264ページ かたな

にほんのうえん【日本脳炎】 名詞 蚊《か》が運《はこ》ぶウイルスによって起《お》こる感染症《かんせんしょう》。高《たか》い熱《ねつ》が出《で》て、脳《のう》がおかされ、死《し》ぬことが多《おお》い。

にほんのうりんきかく【日本農林規格】 →599ページ ジャス〔JAS〕

にほんばれ【日本晴れ】 名詞 雲一《くもひと》つなく晴《は》れわたったよい天気《てんき》。

にほんま【日本間】 名詞 たたみ・障子《しょうじ》・ふすま・とこの間《ま》などがある、日本風《にほんふう》の部屋《へや》。和室《わしつ》。対 洋間《ようま》。

にほんまち【日本町】 名詞 江戸時代《えどじだい》の初《はじ》めごろ、東南《とうなん》アジアの各地《かくち》に日本人《にほんじん》が集団《しゅうだん》で移《うつ》り住《す》んでつくった町《まち》。シャム（＝今《いま》のタイ）のアユタヤなどにあった。

にほんりょうり【日本料理】 名詞 日本《にほん》で独自《どくじ》に発達《はったつ》した、伝統的《でんとうてき》な料理《りょうり》。和食《わしょく》。

にほんれっとう【日本列島】 名詞 アジアの東部《とうぶ》、太平洋《たいへいよう》の北西部《ほくせいぶ》を、北東《ほくとう》から南西《なんせい》に連《つら》なる列島《れっとう》。最大《さいだい》の島《しま》は本州《ほんしゅう》。太平洋《たいへいよう》・オホーツク海《かい》・日本海《にほんかい》・東《ひがし》シナ海《かい》に囲《かこ》まれている。火山《かざん》や温泉《おんせん》が多《おお》い。

にまいがい【二枚貝】 名詞 はまぐり・あさり・ほたて貝《がい》など、二枚《にまい》のからを持《も》つ貝《かい》。関連 巻《ま》き貝《がい》。図→219ページ かい〔貝〕

にまいじた【二枚舌】 名詞 前《まえ》に言《い》ったこととちがうことを言《い》うこと。うそをつくこと。例 二枚舌を使《つか》う。

にまいめ【二枚目】 名詞 ❶映画《えいが》や演劇《えんげき》などで、美男子《びなんし》の役《やく》。また、その役《やく》をする人《ひと》。❷美男子《びなんし》。

ことば 昔《むかし》、かぶきの看板《かんばん》の二番目《にばんめ》に美男子役《びなんしやく》の役者《やくしゃ》の名前《なまえ》が書《か》かれたことからきたことば。→1279ページ 伝統コラム

にもうさく【二毛作】 名詞 同《おな》じ田畑《たはた》で、一年《いちねん》に二回《にかい》、ちがう種類《しゅるい》の作物《さくもつ》をつくること。関連 一毛作《いちもうさく》。多毛作《たもうさく》。参考 同《おな》じ作物《さくもつ》を同《おな》じ田畑《たはた》で年二回《ねんにかい》つくることは「二期作《にきさく》」という。

にもかかわらず …であるのに。例 熱《ねつ》があるにもかかわらず学校《がっこう》に行《い》くと言《い》い張《は》った。

にもつ【荷物】 名詞 ❶持《も》ち運《はこ》んだり、送《おく》ったりする品物《しなもの》。❷めんどうをかけるやっかいなもの。例 けがをして、仲間《なかま》のお荷物になってしまった。

にもの【煮物】 名詞 野菜《やさい》や魚《さかな》などに味《あじ》つけをして煮《に》ること。また、その食《た》べ物《もの》。

にゃく【若】 漢 →1427ページ わか-い〔若〕

ニュアンス（フランス語）名詞 色《いろ》・音《おと》・意味《いみ》などの、びみょうな感《かん》じ。例 ことばのニュアンスのちがいに気《き》をつける。

漢 **にゅう【入】**〔入《いる》〕2画 1年 音 ニュウ 訓 いる・いれる・はいる

❶はいる。いれる。例 入《い》り口《ぐち》／入学《にゅうがく》／入場《にゅうじょう》／収入《しゅうにゅう》／輸入《ゆにゅう》。対 出《しゅつ》。❷ひつよう。例 入用《にゅうよう》。

漢 **にゅう【乳】**〔し《おつにょう》〕8画 6年 音 ニュウ 訓 ちち・ち

故事成語 登竜門《とうりゅうもん》 中国《ちゅうごく》の黄河《こうが》の上流《じょうりゅう》に流《なが》れの激《はげ》しい竜門《りゅうもん》というところがあり、ここをのぼりきるこ

❶ちち。例 乳牛《にゅうぎゅう》／牛乳《ぎゅうにゅう》／母乳《ぼにゅう》。❷ちちを飲《の》むこと。例 乳児《にゅうじ》。

にゅういん【入院】 名詞 動詞 病気《びょうき》やけがを治《なお》すために、一定期間《いっていきかん》病院《びょういん》に入《はい》ること。対 退《たい》院《いん》。

にゅうえき【乳液】 名詞 ❶植物《しょくぶつ》にふくまれる、白《しろ》いミルクのような液《えき》体《たい》。❷皮膚《ひふ》に水分《すいぶん》と油分《あぶらぶん》をあたえる、ミルクのような化粧水《けしょうすい》。

にゅうえん【入園】 名詞 動詞 ❶幼稚園《ようちえん》や保育園《ほいくえん》に、園児《えんじ》として入《はい》ること。例 入園式《しき》。対 卒園《そつえん》。❷動物園《どうぶつえん》や植物園《しょくぶつえん》など、「園《えん》」と名《な》のつく所《ところ》に入《はい》ること。例 入園料《りょう》。対 退園《たいえん》。

にゅうか【入荷】 名詞 動詞 市場《いちば》や店《みせ》に商品《しょうひん》が入《はい》ること。例 新商品《しんしょうひん》が入荷した。対 出荷《しゅっか》。

にゅうかい【入会】 名詞 動詞 ある会《かい》に入《はい》ること。例 入会金《きん》。対 退会《たいかい》。脱会《だっかい》。

にゅうかく【入閣】 名詞 動詞 大臣《だいじん》になって、内閣《ないかく》の一員《いちいん》となること。

にゅうがく【入学】 名詞 動詞 季語 春 児童《じどう》・生《せい》徒《と》・学生《がくせい》として、学校《がっこう》に入《はい》ること。対 卒業《そつぎょう》。

にゅうがくしき【入学式】 名詞 季語 春 学校《がっこう》で、入学《にゅうがく》を祝《いわ》って行《おこな》われる儀式《ぎしき》。

にゅうがくしけん【入学試験】 名詞 季語 春 学校《がっこう》が、入学《にゅうがく》を希望《きぼう》する人《ひと》たちの中《なか》から、入学《にゅうがく》させる人《ひと》を選《えら》ぶために行《おこな》う試験《しけん》。入《にゅう》試《し》。

にゅうぎゅう【乳牛】 名詞 乳《ちち》をとるための牛《うし》。ホルスタイン、ジャージーなどの種類《しゅるい》がある。「ちちうし」ともいう。関連 役牛《えきぎゅう》。肉牛《にくぎゅう》。

にゅうきょ【入居】 名詞 動詞 そこに入《はい》って住《す》むこと。例 新築《しんちく》マンションに入居する。

にゅうきん【入金】 名詞 動詞 ❶お金《かね》が手元《てもと》に入《はい》ること。また、そのお金《かね》。例 入金を確認後《かくにんご》、商品《しょうひん》を送《おく》る。対 出金《しゅっきん》。❷お金《かね》をはらいこむこと。また、そのお金《かね》。例 銀行《ぎんこう》の口座《こうざ》に入金する。

にゅうこう【入港】 名詞 動詞 船《ふね》が港《みなと》に入《はい》ること。例 外国《がいこく》の客船《きゃくせん》が入港した。対 出港《しゅっこう》。

にゅうこく【入国】 名詞 動詞 外国《がいこく》から、ある国《くに》へ入《はい》ること。例 入国手続《てつづ》き。対 出国《しゅっこく》。

にゅうさつ【入札】 名詞 動詞 工事《こうじ》をうけ負《お》う会社《かいしゃ》を決《き》めたり、品物《しなもの》の売《う》り買《か》いをしたりするときのやり方《かた》の一《ひと》つ。希望者《きぼうしゃ》のそれぞれに、見《み》積《つ》もりの値段《ねだん》を出《だ》させること。

にゅうざん【入山】 名詞 動詞 ❶登山《とざん》などのために、山《やま》に入《はい》ること。❷おぼうさんが、修行《しゅぎょう》のため、また、住職《じゅうしょく》となるため、寺《てら》に入《はい》ること。

にゅうさんきん【乳酸菌】 名詞 糖分《とうぶん》を分解《ぶんかい》し、すっぱい味《あじ》のする乳酸《にゅうさん》をつくる細菌《さいきん》。ヨーグルトやチーズなどをつくるときに使《つか》う。

にゅうし【入試】 名詞 季語 春 「入学試験《にゅうがくしけん》」の略《りゃく》。例 入試問題《もんだい》。

にゅうし【乳歯】 名詞 生《う》まれて半年《はんとし》ごろから生《は》え始《はじ》め、十才《じっさい》ごろまでにぬけかわる歯《は》。上《じょう》下《げ》十本《じっぽん》ずつある。対 永久歯《えいきゅうし》。

にゅうじ【乳児】 名詞 生《う》まれて一年《いちねん》くらいまでの、乳《ちち》を飲《の》んでいる子供《こども》。乳飲《ちの》み子《ご》。赤《あか》んぼう。

ニュージーランド 名詞 オーストラリアの東《ひがし》にある島国《しまぐに》。牧畜《ぼくちく》がさかん。首都《しゅと》はウェリントン。

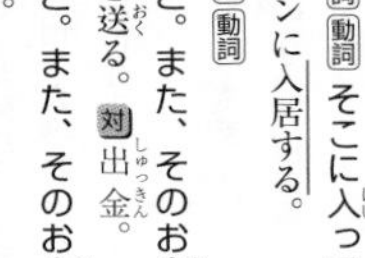
(国旗《こっき》)

にゅうしゃ【入社】 名詞 動詞 ある会社《かいしゃ》に社員《しゃいん》として入《はい》ること。例 入社試験《しけん》。対 退社《たいしゃ》。

にゅうしゅ【入手】 名詞 動詞 自分《じぶん》のものにすること。手《て》に入《い》れること。例 ほしかった品物《しなもの》を入手した。

にゅうしょう【入賞】 名詞 動詞 競技会《きょうぎかい》や展《てん》覧会《らんかい》などで、成績《せいせき》がよく、賞《しょう》をもらうこと。例 六位《ろくい》に入賞した。類 入選《にゅうせん》。

にゅうじょう【入場】 名詞 動詞 会場《かいじょう》などに入《はい》ること。例 次《つぎ》は選手《せんしゅ》の入場です。対 退場《たいじょう》。

にゅうじょうけん【入場券】 名詞 会場《かいじょう》や劇場《げきじょう》などに入《はい》るのに必要《ひつよう》な切符《きっぷ》。

にゅうしょく【入植】 名詞 動詞 植民地《しょくみんち》や開《かい》拓地《たくち》に移《うつ》り住《す》んで生活《せいかつ》すること。

ニュース（news）名詞 新《あたら》しいできごとや、めずらしいできごと。また、その知《し》らせ。ことば テレビやラジオの報道番組《ほうどうばんぐみ》をいうことが多《おお》い。

ニュースキャスター（newscaster）名詞 テ

レビなどで、解説《かいせつ》しながらニュースを伝《つた》える人《ひと》。

にゅうせいひん【乳製品】 名詞 バター・チーズ・粉《こな》ミルク・ヨーグルトなど、牛乳《ぎゅうにゅう》から作《つく》った食品《しょくひん》。

にゅうせん【入選】 名詞 動詞 展覧会《てんらんかい》などで、応募《おうぼ》した作品《さくひん》が審査《しんさ》に合格《ごうかく》すること。例 コンクールに入選する。類 入賞《にゅうしょう》。対 落選《らくせん》。

ニュータウン (new town) 名詞 大都市《だいとし》の近《ちか》くに計画的《けいかくてき》につくられた、新《あたら》しい都市《とし》。

にゅうでん【入電】 名詞 動詞 電報《でんぽう》・電信《でんしん》などで知《し》らせが届《とど》くこと。例 ヒマラヤの登山隊《とざんたい》から、「全員無事《ぜんいんぶじ》」との入電があった。

にゅうどう【入道】
❶ 名詞 動詞 仏《ほとけ》の道《みち》に入《はい》って修行《しゅぎょう》すること。また、その人《ひと》。
❷ 名詞 ぼうず頭《あたま》の人《ひと》。また、ぼうず頭《あたま》の化《ば》け物《もの》。例 大入道《おおにゅうどう》。

にゅうどうぐも【入道雲】 名詞 季語 夏 夏《なつ》の晴《は》れた空《そら》にむくむくと高《たか》く盛《も》り上《あ》がる雲《くも》。発達《はったつ》した積乱雲《せきらんうん》や積雲《せきうん》をいう。ことば 入道《にゅうどう》（＝❷）に形《かたち》が似《に》ていることからきた呼《よ》び名《な》。図 ⇩395ページ くも〔雲〕

ニュートン 名詞 （一六四二～一七二七）イギリスの物理学者《ぶつりがくしゃ》・数学者《すうがくしゃ》。万有引力《ばんゆういんりょく》の法則《ほうそく》などを発見《はっけん》して、現代《げんだい》の科学《かがく》のもとを築《きず》いた。アイザック＝ニュートン。

にゅうねん【入念】 名詞 形容動詞 細《こま》かいところまでよく注意《ちゅうい》して、ていねいにすること。

にゅうばい【入梅】 名詞 季語 夏 梅雨《つゆ》の季節《きせつ》に入《はい》ること。梅雨入《つゆい》り。

ニューメディア (new media) 名詞 情報《じょうほう》をやりとりする方法《ほうほう》の中《なか》で、新《あたら》しい技術《ぎじゅつ》を利用《りよう》したもの。ケーブルテレビ・インターネット・衛星放送《えいせいほうそう》など。ことば 新聞《しんぶん》・雑誌《ざっし》・テレビなどのメディアに対《たい》していうことば。

にゅうもん【入門】
❶ 名詞 動詞 弟子《でし》となって教《おし》えを受《う》けること。
❷ 名詞 学問《がくもん》や芸《げい》ごとなどを学《まな》び始《はじ》めること。また、そのためのわかりやすい手引《てび》き。例 入門書《しょ》。

にゅうよう【入用】 名詞 形容動詞 あることをするために必要《ひつよう》であること。入《い》り用《よう》。例 旅行《りょこう》に入用の品《しな》／大金《たいきん》が入用になった。対 不用《ふよう》。

ニューヨーク 名詞 アメリカ合衆国《がっしゅうこく》の北東部《ほくとうぶ》にある大都市《だいとし》。高《たか》いビルディングが立《た》ち並《なら》び、大貿易港《だいぼうえきこう》を持《も》つ。世界《せかい》の政治《せいじ》・経済《けいざい》の中心地《ちゅうしんち》の一《ひと》つで、国際連合《こくさいれんごう》の本部《ほんぶ》がある。

にゅうよく【入浴】 名詞 動詞 ふろに入《はい》ること。例 入浴剤《ざい》／毎日《まいにち》入浴する。

にゅうりょく【入力】 名詞 動詞 コンピューターなどに情報《じょうほう》を入《い》れること。例 データを入力する。対 出力《しゅつりょく》。

にゅうわ【柔和】 形容動詞 やさしく、おだやかなようす。例 柔和な顔《かお》。

にょ【女】 漢 ⇩627ページ じょ〔女〕

にょう 名詞 漢字《かんじ》を組《く》み立《た》てている部分《ぶぶん》の一《ひと》つ。漢字《かんじ》の左《ひだり》から下《した》にかけてつくもの。「道」などの「しんにょう（⻌）」、「延」などの「えんにょう（廴）」などがある。

にょう【女】 漢 ⇩627ページ じょ〔女〕

にょう【尿】 名詞 腎臓《じんぞう》を通《とお》してぼうこうにたまり、体《からだ》の外《そと》に出《だ》される液体《えきたい》。体《からだ》に不要《ふよう》な物質《ぶっしつ》がふくまれている。小便《しょうべん》。おしっこ。

にょうぼう【女房】 名詞
❶妻《つま》。対 亭主《ていしゅ》。
❷昔《むかし》、宮中《きゅうちゅう》で働《はたら》き、部屋《へや》をあたえられていた、身分《みぶん》の高《たか》い女官《じょかん》。
使い方 ❶は、男《おとこ》の人《ひと》が、自分《じぶん》の妻《つま》を指《さ》していうことが多《おお》い。くだけた言《い》い方《かた》。

にょかん【女官】 ⇩645ページ じょかん

にょじつに【如実に】 副詞 実際《じっさい》のとおりに。ありのままに。例 被害《ひがい》を如実に伝《つた》える写真《しゃしん》。

にょらい【如来】 名詞 仏《ほとけ》を敬《うやま》っていう呼《よ》び名《な》。例 阿弥陀《あみだ》如来／薬師《やくし》如来。

にら 名詞 季語 春 ゆりのなかまの草《くさ》。葉《は》は平《ひら》たくて細長《ほそなが》く、強《つよ》いにおいがあり、食用《しょくよう》にする。

にら

にらみあわせる【にらみ合わせる】 動詞 いくつかのものを見比《みくら》べて、考《かんが》える。例 さいふの中身《なかみ》とにらみ合わせて買《か》うものを決《き》める。

にらみつける 動詞 強《つよ》くにらむ。こわい目《め》つ

あいうえお　かきくけこ　さしすせそ　たちつてと　なにぬねの に　はひふへほ　まみむめも　や ゆ よ　らりるれろ　わ を ん

故事成語 とうろうのおの　かまきり（とうろう）が前足《まえあし》をふり上《あ》げて、大《おお》きな車《くるま》に立《た》ち向《む》かおうとする

きでじっと見《み》つめる。例 敵《てき》をにらみつける。

にらみをきかせる【にらみを利かせる】 強《つよ》い力《ちから》や勢《いきお》いを見《み》せつけて、相手《あいて》をおさえつける。例 親分《おやぶん》が手下《てした》ににらみを利かせる。

にらむ 動詞 ❶こわい目《め》をして見《み》つめる。例 いたずらをして、姉《あね》ににらまれた。❷見当《けんとう》をつける。例 お菓子《かし》を食《た》べたのは、うちの犬《いぬ》だとにらんだ。❸悪《わる》いものとして、目《め》をつける。例 遅刻《ちこく》が多《おお》いため、キャプテンににらまれている。

にらめっこ 名詞 動詞 ❶二人《ふたり》が向《む》き合《あ》い、相手《あいて》を笑《わら》わせようとして、にらんだりおかしな顔《かお》をしたりする遊《あそ》び。❷同《おな》じ物《もの》や人《ひと》を、長《なが》い間《あいだ》じっと見続《みつづ》けていること。例 問題集《もんだいしゅう》とにらめっこする。

にりゅう【二流】 名詞 もっともすぐれているものに比《くら》べて、程度《ていど》が少《すこ》しおとること。

にる【似る】 動詞 形《かたち》や性質《せいしつ》などが、おたがいに同《おな》じようである。そっくりである。例 この子《こ》は父親《ちちおや》によく似ている。

漢 **に-る【似】**〔亻〕にんべん 7画 5年 音 ジ 訓 にる

ノ　イ　亻　仆　似　似（かたちにちゅうい）

にる。同《おな》じようにみえる。にせる。例 似顔絵《にがおえ》／相似《そうじ》／類似《るいじ》。

にる【煮る】 動詞 食品《しょくひん》などに水《みず》や調味料《ちょうみりょう》を加《くわ》え、火《ひ》にかけて熱《ねつ》を通《とお》す。例 だいこんを煮る。

↓1332ジ 外国語教室 焼《や》いたり煮《に》たり

にわ【庭】 名詞 ❶屋敷《やしき》の中《なか》で、建物《たてもの》の建《た》っていないところ。❷ものごとをする場所《ばしょ》。例 学《まな》びの庭。
使い方 ❷は、詩《し》や歌《うた》で使《つか》う言《い》い方《かた》。
漢 ↓881ジ てい〔庭〕

にわいし【庭石】 名詞 庭《にわ》のながめをよくするために置《お》いてある石《いし》。

にわか 形容動詞 ❶ものごとが、急《きゅう》に起《お》こるようす。例 にわかに雨《あめ》が降《ふ》ってきた。❷間《ま》に合《あ》わせるために、ものごとを急《いそ》いでするようす。例 にわか勉強《べんきょう》。

にわかあめ【にわか雨】 名詞 急《きゅう》に降《ふ》り出《だ》し、すぐにやむ雨《あめ》。類 通《とお》り雨《あめ》。

にわかじこみ【にわか仕込み】 名詞 その場《ば》に間《ま》に合《あ》わせるために、急《いそ》いで覚《おぼ》えること。例 にわか仕込みの英会話《えいかいわ》。

にわき【庭木】 名詞 庭《にわ》のながめをよくするために植《う》えてある木《き》。

にわさき【庭先】 名詞 庭《にわ》の、家《いえ》に近《ちか》い辺《あた》り。

にわし【庭師】 名詞 庭《にわ》づくりや庭《にわ》の手入《てい》れを仕事《しごと》にしている人《ひと》。

にわとり【鶏】 名詞 きじのなかまの鳥《とり》。頭《あたま》の上《うえ》に赤《あか》いとさかがある。肉《にく》・卵《たまご》を食用《しょくよう》にする。種類《しゅるい》が多《おお》い。ことば「庭《にわ》にいる鳥《とり》」という意味《いみ》からきたことば。図 ↓954ジ とり〔鳥〕

-にん【人】 接尾語 (数《かず》を表《あらわ》すことばのあとにつけて) 人《ひと》の数《かず》を表《あらわ》すことば。例 五《ご》人。漢 ↓659ジ じん〔人〕

漢 **にん【任】**〔亻〕にんべん 6画 5年 音 ニン 訓 まかせる・まかす

ノ　イ　仁　仟　任（みぎからひだりへ）（下のよこぼうをみじかく）

❶まかせる。例 任意《にんい》／信任《しんにん》／放任《ほうにん》。❷つとめ。例 任期《にんき》／任《にん》に就《つ》く／任務《にんむ》／就任《しゅうにん》／責任《せきにん》。

にん【認】 漢 ↓1273ジ みと-める〔認〕

にんい【任意】 名詞 形容動詞 その人《ひと》の思《おも》うとおりにすること。自由《じゆう》に決《き》めること。例 クラス全員《ぜんいん》の中《なか》から代表者《だいひょうしゃ》を任意に選《えら》ぶ。

にんか【認可】 名詞 動詞 役所《やくしょ》などが、あることをよいと認《みと》めて許《ゆる》すこと。例 新《あたら》しい工場《こうじょう》の建設《けんせつ》が認可された。

にんき【人気】 名詞 世間《せけん》の人々《ひとびと》から好《す》かれて、もてはやされること。世間《せけん》での評判《ひょうばん》。例 人気作家《さっか》。ことば「ひとけ」と読《よ》むと別《べつ》の意味《いみ》。

にんき【任期】 名詞 その役目《やくめ》を務《つと》める、決《き》められた期間《きかん》。例 委員《いいん》の任期は半年《はんとし》です。

にんきもの【人気者】 名詞 多《おお》くの人々《ひとびと》から好《す》かれて、もてはやされる人《ひと》。例 子供《こども》たちの人気者。

にんぎょ【人魚】 名詞 こしから上《うえ》は女性《じょせい》で、下《した》は魚《さかな》のすがたをしている、想像上《そうぞうじょう》の動物《どうぶつ》。

にんぎょう【人形】 名詞 ❶人《ひと》の形《かたち》をまねてつくったおもちゃ。例 人形劇《げき》／ひな人形。❷ほかの人《ひと》の言《い》うままになっている人《ひと》のたとえ。

を借《か》りていばる人《ひと》のたとえ。

にんぎょうげき【人形劇】 名詞 指人形《ゆびにんぎょう》や、あやつり人形《にんぎょう》をつかってする劇《げき》。人形芝居《にんぎょうしばい》。

にんぎょうじょうるり【人形浄瑠璃】 名詞 日本独特《にほんどくとく》の人形芝居《にんぎょうしばい》。じょうるりに合《あ》わせて人形《にんぎょう》つかいが人形《にんぎょう》をあやつる。「人形浄瑠璃文楽《にんぎょうじょうるりぶんらく》」として無形文化遺産《むけいぶんかいさん》に登録《とうろく》された。現在《げんざい》は「文楽《ぶんらく》」ともいう。参考 江戸時代《えどじだい》にさかんになった。➡1239ページ 伝統コラム

にんげん【人間】 名詞 ❶ひと。人類《じんるい》。二本《にほん》の足《あし》で立《た》って歩《ある》き、頭脳《ずのう》が発達《はったつ》していて、道具《どうぐ》やことばを使《つか》う動物《どうぶつ》。❷人《ひと》がら。人物《じんぶつ》。例 おじは人間ができている。

にんげんこくほう【人間国宝】 名詞 日本《にほん》の芸能《げいのう》や工芸《こうげい》などのすぐれたわざを持《も》つと、国《くに》が認《みと》めた人《ひと》。「重要《じゅうよう》無形《むけい》文化財《ぶんかざい》保持者《ほじしゃ》」のこと。

にんげんせい【人間性】 名詞 人間《にんげん》がだれでも持《も》っているような、人間《にんげん》らしい性質《せいしつ》。例 人間性が豊《ゆた》かな人《ひと》。

にんげんてき【人間的】 形容動詞 行《おこな》いや感情《かんじょう》、性質《せいしつ》などが、人間《にんげん》らしいようす。人間《にんげん》らしい温《あたた》かみがあるようす。例 人間的な生活《せいかつ》。

にんげんドック【人間ドック】 名詞 病院《びょういん》で、健康状態《けんこうじょうたい》についてくわしく検査《けんさ》を受《う》けること。短期間《たんきかん》、入院《にゅういん》することもある。略《りゃく》して「ドック」ともいう。ことば 船《ふね》がドック（＝船《ふね》を造《つく》ったり修理《しゅうり》したりする設備《せつび》）に入《はい》ることにたとえたことば。

にんげんばんじさいおうがうま【人間万事塞翁が馬】 ➡511ページ さいおうがうま

にんげんみ【人間味】 名詞 人間《にんげん》らしい心《こころ》の温《あたた》かさ。例 人間味あふれる人《ひと》だ。

にんげんわざ【人間業】 名詞 人間《にんげん》の力《ちから》でできること。例 こんな大《おお》きな岩《いわ》を一人《ひとり》で運《はこ》んだなんて、とても人間業とは思《おも》えない。対 神業《かみわざ》。

にんしき【認識】 名詞 動詞 ものごとをはっきりと知《し》り、よく理解《りかい》すること。そのような心《こころ》のはたらき。また、そのようにして得《え》た知識《ちしき》。例 この仕事《しごと》の重要《じゅうよう》さを、あらためて認識した。

にんじゃ【忍者】 名詞 昔《むかし》、忍術《にんじゅつ》を使《つか》って敵《てき》のようすをさぐるなどのはたらきをした人《ひと》。

にんじゅつ【忍術】 名詞 人《ひと》に気《き》づかれないように行動《こうどう》する術《じゅつ》。昔《むかし》、敵《てき》のようすを調《しら》べたり、しのびこんだりするときに使《つか》われた。忍法《にんぽう》。

にんしょう【認証】 名詞 動詞 ❶ある行《おこな》いや文書《ぶんしょ》が正《ただ》しい手続《てつづ》きや方法《ほうほう》によるものであることを、役所《やくしょ》などが認《みと》めて証明《しょうめい》すること。❷コンピューターなどで、本人《ほんにん》であると確認《かくにん》すること。

にんじょう【人情】 名詞 人《ひと》が持《も》っている、温《あたた》かい思《おも》いやりの心《こころ》。情《なさ》け。例 人情に厚《あつ》い人《ひと》。

にんじる【任じる】 動詞 ❶ある役目《やくめ》につかせる。任《まか》せる。例 大臣《だいじん》に任じる／先生《せんせい》から副部長《ふくぶちょう》に任じられた。❷自分《じぶん》がその役目《やくめ》にふさわしいと思《おも》う。例 あの人《ひと》はクラスの世話役《せわやく》を自《みずか》ら任じている。ことば「任《にん》ずる」ともいう。

にんしん【妊娠】 名詞 動詞 おなかの中《なか》に、子供《こども》ができること。

にんじん 名詞 季語冬 畑《はたけ》に作《つく》る野菜《やさい》の一《ひと》つ。だいだい色《いろ》の根《ね》を食用《しょくよう》にする。ことば 漢字《かんじ》では「人参」と書《か》く。

にんじん

にんずう【人数】 名詞 人《ひと》の数《かず》。例 人数を数《かぞ》える／チームの人数がそろう。

にんずる【任ずる】 ➡1005ページ にんじる

にんそう【人相】 名詞 ❶顔《かお》つき。例 人相が変《か》わる。❷その人《ひと》の性格《せいかく》や運勢《うんせい》がわかるという、顔《かお》つき。例 人相を見《み》てもらう。関連 手相《てそう》。

にんそく【人足】 名詞 荷物運《にもつはこ》びや土木工事《どぼくこうじ》など、力仕事《ちからしごと》についている労働者《ろうどうしゃ》。

にんたい【忍耐】 名詞 動詞 つらいことや苦《くる》しいことを、じっとがまんすること。例 忍耐力《りょく》／何《なに》ごとも忍耐が大切《たいせつ》だ。

にんち【任地】 名詞 そこで仕事《しごと》をするように命《めい》じられた土地《とち》。例 任地におもむく。

にんちしょう【認知症】 名詞 脳《のう》の障害《しょうがい》のために、知能《ちのう》がうまくはたらかなくなった状態《じょうたい》のこと。年《とし》をとったり、脳《のう》の血管《けっかん》の病気《びょうき》にかかったりすることが原因《げんいん》で起《お》こる。

にんてい【認定】 名詞 動詞 国《くに》などのおおやけの機関《きかん》が、ものごとの内容《ないよう》を調《しら》べて認《みと》めること。例 資格《しかく》認定試験《しけん》／合格《ごうかく》と認定する。

故事成語 虎《とら》の威《い》を借《か》るきつね 自分《じぶん》には力《ちから》がないのに、強《つよ》いものやえらい人《ひと》のそばにいて、その人《ひと》の力《ちから》

にんとくてんのう【仁徳天皇】 名詞 五世《ごせい》紀前半《きぜんはん》の天皇《てんのう》。大阪府《おおさかふ》堺市《さかいし》の大仙古墳《だいせんこふん》は仁徳《にんとく》天皇《てんのう》の墓《はか》とされ、世界最大《せかいさいだい》といわれている。

にんとくりょうこふん【仁徳陵古墳】 ↓779ページだいせんこふん

にんにく 名詞 季語 春 ゆりのなかまの草《くさ》。強《つよ》いにおいがある。地下《ちか》にできるくきは白《しろ》っぽい球《きゅう》形《けい》で、食用《しょくよう》。「ガーリック」ともいう。

にんにく

にんぷ【人夫】 名詞 力《ちから》仕事《しごと》をする労働者《ろうどうしゃ》。使い方 古《ふる》い言《い》い方《かた》で、今《いま》は使《つか》わない。

にんぷ【妊婦】 名詞 にんしんしている女《おんな》の人《ひと》。

にんべん【人偏】 名詞 「亻」のこと。漢字《かんじ》の部首《ぶしゅ》の一《ひと》つ。「人」の形《かたち》が変《か》わったもので、人《ひと》に関係《かんけい》のある漢字《かんじ》を作《つく》ることが多《おお》い。休・作・住・働など。

にんぽう【忍法】 ↓1005ページにんじゅつ

にんまり【と】 副詞 動詞 満足《まんぞく》して、うれしそうな顔《かお》をするようす。声《こえ》を出《だ》さないで笑《わら》うようす。例 思《おも》ったとおりになって、にんまりする。

にんむ【任務】 名詞 責任《せきにん》を持《も》ってしなければならない仕事《しごと》。務《つと》め。役目《やくめ》。例 会長《かいちょう》の任務をりっぱに果《は》たす。類 使命《しめい》。

にんめい【任命】 名詞 動詞 ある地位《ちい》や役目《やくめ》につくように命《めい》じること。例 班長《はんちょう》に任命される。対 解任《かいにん》。

ぬ

ヌ

下《した》の 手話にチャレンジ を見《み》よう。

ぬ 助動詞 （ほかのことばのあとにつけて）「…ない」という意味《いみ》を表《あらわ》すことば。例 行《い》かねばならぬ。使い方 少《すこ》し古《ふる》い言《い》い方《かた》。

ぬいぐるみ【縫いぐるみ】 名詞 ❶きれを動物《どうぶつ》などの形《かたち》にぬって、中《なか》に綿《わた》などをつめたもの。例 コアラの縫いぐるみ。❷芝居《しばい》などで、動物《どうぶつ》の役《やく》をするときに着《き》る、動《どう》物《ぶつ》の形《かたち》をした衣装《いしょう》。

ぬいしろ【縫い代】 名詞 布《ぬの》をぬい合《あ》わせるとき、ぬいこまれるはしの部分《ぶぶん》。

ぬいとり【縫い取り】 名詞 布《ぬの》の上《うえ》にいろいろな模様《もよう》を色糸《いろいと》でぬいつけること。また、その模様《もよう》。ししゅう。例 花模様《はなもよう》の縫い取りをする。

ぬいばり【縫い針】 名詞 布《ぬの》などをぬうのに使《つか》う針《はり》。

ぬいめ【縫い目】 名詞 ❶布《ぬの》と布《ぬの》をぬい合《あ》わせたところ。例 縫い目がほつれる。❷ぬった糸《いと》の目《め》。例 あらい縫い目。

ぬいもの【縫い物】 名詞 服《ふく》などをぬうこと。また、ぬったもの。裁縫《さいほう》。

ぬう【縫う】 動詞 ❶針《はり》に通《とお》した糸《いと》で、布《ぬの》などをつなぎ合《あ》わせる。例 服《ふく》の破《やぶ》れを縫う／傷口《きずぐち》を三針《さんはり》縫った。❷人《ひと》や物《もの》などの間《あいだ》を、右《みぎ》や左《ひだり》に折《お》れ曲《ま》がりながら通《とお》る。例 人混《ひとご》みの中《なか》を縫って歩《ある》く。

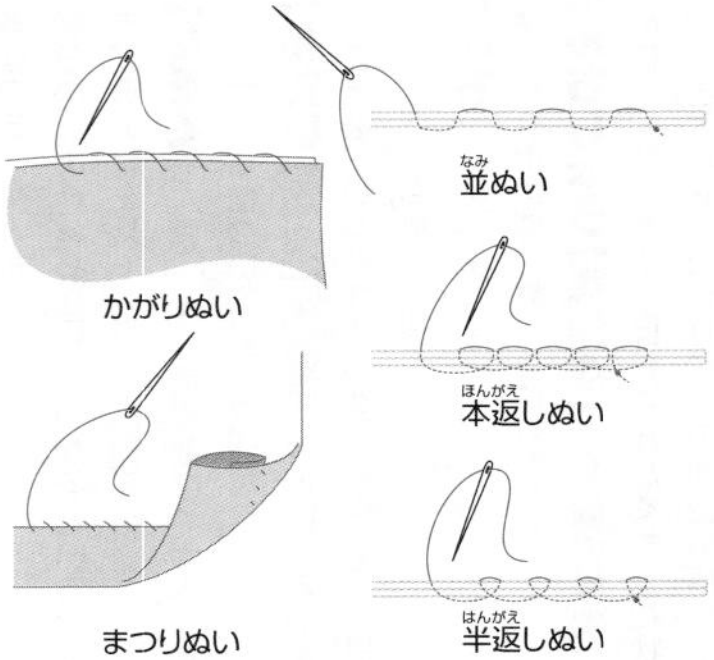

ぬう❶

ヌード（nude） 名詞 ❶はだか。❷絵《え》・写真《しゃしん》・彫刻《ちょうこく》などにあらわされた、はだかの人《ひと》。

ヌードル（noodle） 名詞 洋風《ようふう》のめん。

ぬえ 名詞 ❶伝説上《でんせつじょう》のかいじゅう。頭《あたま》はさる、手《て》足《あし》はとら、体《からだ》はたぬき、尾《お》はへびの形《かたち》をしているといわれている。

ぬえ❷

動《うご》かし、指先《ゆびさき》をはけのようにして、右手《みぎて》でかべをぬるようにしよう。

ぬか ❷鳥《とり》の「とらつぐみ」の別《べつ》の名《な》まえ。

ぬか 名詞 玄米《げんまい》を白米《はくまい》にするとき、皮《かわ》などがはがれて粉《こな》になったもの。米《こめ》ぬか。ぬかみそや動物《どうぶつ》のえさ、肥料《ひりょう》などにする。

●**ぬかにくぎ** ことわざ ぬかにくぎを打《う》つように、効《き》き目《め》や手《て》ごたえがないことのたとえ。例 何度《なんど》言《い》っても反省《はんせい》しない。まるでぬかにくぎだ。類 豆腐《とうふ》にかすがい。のれんに腕押《うでお》し。

ヌガー（フランス語）名詞 砂糖《さとう》や水《みず》あめを煮《に》つめ、卵《たまご》の白身《しろみ》などを混《ま》ぜて作《つく》る、やわらかいあめ。

ぬかあめ【ぬか雨】 名詞 ぬかのように非常《ひじょう》に細《こま》かく、静《しず》かに降《ふ》る雨《あめ》。小《こ》ぬか雨《あめ》。類 霧雨《きりさめ》。

ぬかす【抜かす】 動詞 入《い》れなければならないものを入《い》れない。外《はず》す。間《あいだ》を飛《と》ばす。例 わからない問題《もんだい》を抜かして進《すす》む。

ぬかずく 動詞 額《ひたい》を地面《じめん》につけるようにして、ていねいに拝《おが》む。例 神前《しんぜん》にぬかずく。

ぬかづけ【ぬか漬け】 名詞 ぬかみそに野菜《やさい》などをつけた漬物《つけもの》。ぬかみそづけ。

ぬかみそ 名詞 ぬかに塩《しお》を混《ま》ぜて発酵《はっこう》させたもの。中《なか》に野菜《やさい》などをつけて、ぬかづけを作《つく》る。

ぬかよろこび【ぬか喜び】 名詞 あてが外《はず》れて、今《いま》までの喜《よろこ》びがむだになること。例 くじに当《あ》たったと思《おも》ったら、番号《ばんごう》を見《み》まちがえていたとわかり、ぬか喜びに終《お》わった。

ぬかり【抜かり】 名詞 注意《ちゅうい》が足《た》りなくて、必要《ひつよう》なことを落《お》とすこと。手落《てお》ち。例 準備《じゅんび》に抜かりはない。

ぬかる 動詞 雨《あめ》や雪《ゆき》などで、地面《じめん》がどろどろになる。例 雪《ゆき》がとけて道《みち》がぬかっている。

ぬかる【抜かる】 動詞 油断《ゆだん》して失敗《しっぱい》する。例 ゴールまであとひと息《いき》だ、抜かるなよ。

ぬかる

ぬかるみ 名詞 雨《あめ》や雪《ゆき》などでどろどろになった地面《じめん》。例 ぬかるみに足《あし》をとられる。

ぬき【抜き】 ❶名詞 省《はぶ》くこと。例 前置《まえお》きは抜きにして、本題《ほんだい》に入《はい》る。❷接尾語（ほかのことばのあとにつけて）続《つづ》けて勝《か》つことを表《あらわ》すことば。例 三人《さんにん》抜きで準決勝《じゅんけっしょう》に進出《しんしゅつ》する。❸接尾語（ほかのことばのあとにつけて）とり除《のぞ》いたり、省《はぶ》いたりすることを表《あらわ》すことば。例 セーターのしみ抜き／今日《きょう》はおやつ抜きだ。

ぬきあしさしあし【抜き足差し足】 名詞 音《おと》がしないようにそっと歩《ある》くこと。また、その歩《ある》き方《かた》。例 ねている人《ひと》を起《お》こさないように抜き足差し足で歩《ある》く。類 忍《しの》び足《あし》。

ぬきあしさしあし

ぬきうち【抜き打ち】 名詞 ❶刀《かたな》をぬくと同時《どうじ》に、すばやく切《き》りつけること。❷前《まえ》もって知《し》らせずに、急《きゅう》にものごとをすること。例 抜き打ちで算数《さんすう》のテストがあった。

ぬきがき【抜き書き】 名詞 動詞 本《ほん》などから、必要《ひつよう》な部分《ぶぶん》だけをぬき出《だ》して書《か》くこと。また、その書《か》き出《だ》したもの。例 気《き》に入《い》った詩《し》を抜き書きする。

ぬきさしならない【抜き差しならない】 動《うご》きがとれず、どうしようもない。例 抜き差しならない立場《たちば》に追《お》いこまれる。

ぬぎすてる【脱ぎ捨てる】 動詞 ❶身《み》に着《つ》けているものをぬいで、ほうっておく。勢《いきお》いよくぬぐ。例 暑《あつ》くなったので上着《うわぎ》を脱ぎ捨てる。❷古《ふる》い考《かんが》え方《かた》やしきたりなどをやめる。例 悪《わる》い習慣《しゅうかん》は脱ぎ捨てよう。

ぬきだす【抜き出す】 動詞 ❶引《ひ》っ張《ぱ》ってとり出《だ》す。例 カードを一枚《いちまい》抜き出す。❷たくさんあるものの中《なか》から選《えら》んでとり出《だ》す。例 教科書《きょうかしょ》から新《あたら》しく習《なら》った漢字《かんじ》を抜き出して書《か》く。

ぬきて【抜き手】 名詞 古《ふる》くから日本《にほん》で行《おこな》われている泳《およ》ぎ方《かた》の一《ひと》つ。顔《かお》を水面《すいめん》から出《だ》したままで、水《みず》をかいた手《て》をかわるがわる水《みず》からぬき上《あ》げて泳《およ》ぐ。例 抜き手を切《き》って泳《およ》ぐ。

ぬきとる【抜き取る】 動詞 ❶引《ひ》っ張《ぱ》ってとる。例 本棚《ほんだな》から本《ほん》を抜き取る。❷いくつかのものの中《なか》から選《えら》んでとる。例 サ

手話にチャレンジ　**ぬる**　右手《みぎて》の手《て》のひらを前《まえ》に向《む》け、親指《おやゆび》を上《うえ》にしておく。うでを右《みぎ》から左《ひだり》、次《つぎ》に左《ひだり》から右《みぎ》へと

ンプルを抜き取って検査《けんさ》する。

ぬきみ【抜き身】 名詞 さや（＝刃《は》を入《い》れておくつつ）からぬいてある刀《かたな》。

ぬきんでる【抜きん出る】 動詞 ほかより、とびぬけてすぐれている。例 抜きん出た成績《せいせき》で合格《ごうかく》する。

ぬく【抜く】
❶ 動詞 中《なか》から引《ひ》き出《だ》す。例 くぎを抜く／とげを抜く。
❷ 動詞 とり除《のぞ》く。例 服《ふく》についたしみを抜く。
❸ 動詞 向《む》こう側《がわ》へつき通《とお》す。つらぬく。例 かべを抜いて窓《まど》をつける／足《あし》もとを抜くヒット。
❹ 動詞 追《お》いこす。例 マラソンで十人《じゅうにん》抜いた。
❺ 動詞 省《はぶ》く。例 昼食《ちゅうしょく》を抜く。
❻ 動詞 弱《よわ》める。例 力《ちから》を抜く。
❼ 接尾語 （ほかのことばのあとにつけて）最後《さいご》まで…する。ひどく…する。例 決《き》めたことをやり抜く／苦《くる》しみ抜く。

ぬぐ【脱ぐ】 動詞 身《み》に着《つ》けているものをとる。例 帽子《ぼうし》を脱ぐ／服《ふく》を脱ぐ／くつを脱ぐ。対 かぶる。着《き》る。はく。履《は》く。

ぬぐいとる【拭い取る】 動詞 ふいて、よごれなどをとり去《さ》る。ふきとる。

ぬぐう【拭う】 動詞
❶ふいてとる。例 タオルであせを拭う。
❷とり除《のぞ》く。消《け》す。例 いやな予感《よかん》が拭えない。

ぬくぬく［と］ 副詞 動詞
❶暖《あたた》かくて気持《きも》ちよいようす。例 ぬくぬくと布団《ふとん》にくるまる。
❷のんびりと楽《らく》をしているようす。例 ぬくぬくと遊《あそ》んでばかりはいられない。

ぬくまる 動詞 あたたまる。あたたかくなる。ぬくもる。例 こたつに入《はい》ってぬくまる。

ぬくみ 名詞 あたたかい感《かん》じ。ぬくもり。

ぬくめる 動詞 あたためる。例 ヒーターで手足《てあし》をぬくめる。

ぬくもり 名詞 あたたかい感《かん》じ。あたたかみ。例 手《て》のぬくもり。

ぬくもる 動詞 あたたまる。あたたかくなる。ぬくまる。例 おふろに入《はい》ってよくぬくもる。

ぬくまる

ぬけあな【抜け穴】 名詞
❶通《とお》りぬけることができる穴《あな》。
❷決《き》まりや責任《せきにん》などから、うまくにげる方法《ほうほう》。例 法律《ほうりつ》の抜け穴。類 抜《ぬ》け道《みち》。

ぬけがけ【抜け駆け】 名詞 動詞 人《ひと》が気《き》づかないうちに、自分《じぶん》だけ先《さき》にものごとをやってしまうこと。例 抜け駆けして遊《あそ》びに行《い》く。

ぬけがら【抜け殻】 名詞
❶せみやへびなどがぬけ出《で》たあとのから。
❷たましいがぬけ出《だ》してからになったように、ぼんやりしているようす。例 試合《しあい》が終《お》わり、すっかり抜け殻になってしまった。

ぬけだす【抜け出す】 動詞
❶そっとその場《ば》からぬけて出《で》る。にげ出《だ》す。
❷ぬけ始《はじ》める。例 かみの毛《け》が抜け出す。
❸悪《わる》い状態《じょうたい》からよい状態《じょうたい》に変《か》わる。例 スランプから抜け出す。
例 会議《かいぎ》のとちゅうで抜け出す。

ぬけでる【抜け出る】 動詞
❶その場《ば》からぬけて出《で》る。にげ出《だ》す。例 敵《てき》の陣地《じんち》から抜け出る。
❷中《なか》から外《そと》に出《で》る。例 絵本《えほん》の中《なか》から抜け出たようなお城《しろ》。
❸ほかよりも特別《とくべつ》にすぐれている。ぬきん出《で》る。例 ひときわ抜け出た才能《さいのう》の持《も》ち主《ぬし》。

ぬけぬけ［と］ 副詞 ずうずうしく、平気《へいき》な顔《かお》をしているようす。例 ぬけぬけとひどいうそをつく。

ぬけみち【抜け道】 名詞
❶近道《ちかみち》。裏道《うらみち》。例 学校《がっこう》へ行《い》く抜け道がある。
❷決《き》まりや責任《せきにん》などから、うまくにげる方法《ほうほう》。例 もう抜け道はない／法律《ほうりつ》の抜け道。類 抜《ぬ》け穴《あな》。逃《に》げ道《みち》。

ぬけめ【抜け目】 名詞 ぬけたところ。注意《ちゅうい》が足《た》りないところ。手落《てお》ち。

● **抜《ぬ》け目《め》がない** 自分《じぶん》の得《とく》になることについては、とてもよく気《き》がつき、手落《てお》ちや油断《ゆだん》がない。例 抜け目がない人《ひと》。

ぬける【抜ける】 動詞
❶ついていたものがはなれてとれる。例 歯《は》が抜ける。
❷もれる。落《お》ちる。例 作文《さくぶん》で、必要《ひつよう》な文字《もじ》が抜けている。

てしまうように、自分《じぶん》から進《すす》んで危険《きけん》なところに飛《と》びこむことのたとえ。

❸通《とお》って出《で》る。例町《まち》を抜けて原《はら》っぱに出《で》る。
❹そっと出《で》る。例パーティーをとちゅうで抜ける。
❺なくなる。例においが抜ける／運動会《うんどうかい》が終《お》わって気《き》が抜けてしまった。
❻会《かい》などをやめる。はなれる。例チームを抜ける／悪《わる》い仲間《なかま》から抜ける。
❼知恵《ちえ》が足《た》りない。例やることが抜けている。

ぬげる【脱げる】 動詞
❶身《み》に着《つ》けていたものが自然《しぜん》にとれる。例サンダルが脱げてしまった。
❷ぬぐことができる。例妹《いもうと》も自分《じぶん》でくつを脱げるようになった。

ぬし【主】 名詞
❶主人《しゅじん》。あるじ。
❷持《も》ち主《ぬし》。例家主《や》／この本《ほん》の主は山田《やまだ》さんだ。
❸あることを行《おこな》う本人《ほんにん》。例落《お》とし主。
❹あるところに古《ふる》くからいる人《ひと》。例村《むら》の主。
❺山《やま》や川《かわ》・池《いけ》・ぬまなどに、非常《ひじょう》に古《ふる》くからすんでいるといわれている動物《どうぶつ》。
漢→602ページ しゅ〔主〕

ぬすっと【盗人】 名詞 ぬすびと。どろぼう。
●**盗人《ぬすっと》たけだけしい** 悪《わる》いことをしていながら、平気《へいき》な顔《かお》をして、ずうずうしくふるまっているようす。

ぬすびと【盗人】 名詞 どろぼう。ぬすっと。
●**盗人《ぬすびと》に追《お》い銭《せん》** →961ページ 泥棒《どろぼう》に追《おい》い銭《せん》（「泥棒《どろぼう》」の子見出《こみだ》し）
●**盗人《ぬすびと》にも三分《さんぶ》の理《り》** ことわざ どろぼうも、ぬすむには何《なに》か理由《りゆう》があるというように、どんなことにでも理屈《りくつ》はつけられるということ。

ぬすびとはぎ 名詞 豆《まめ》のなかまの草花《くさばな》。八《はち》月《がつ》ごろ、はぎに似《に》た赤《あか》むらさき色《いろ》の花《はな》がさく。実《み》の表面《ひょうめん》にかぎの形《かたち》の毛《け》があり、人《ひと》や動物《どうぶつ》にくっついて遠《とお》くへ運《はこ》ばれる。

ぬすびとはぎ

ぬすみ【盗み】 名詞 人《ひと》のものやお金《かね》をぬすむこと。例盗みをはたらく。

ぬすみぎき【盗み聞き】 名詞 動詞 人《ひと》の話《はなし》をこっそり聞《き》くこと。類立《た》ち聞《ぎ》き。

ぬすみぐい【盗み食い】 名詞 動詞 人《ひと》にかくれてこっそり食《た》べること。

ぬすみみる【盗み見る】 動詞 気《き》づかれないように、そっと見《み》る。例となりの人《ひと》の漫画《まんが》を盗み見る。

ぬすむ【盗む】 動詞
❶人《ひと》のものやお金《かね》をこっそりとる。例宝石《ほうせき》が盗まれた。
❷こっそりものごとをする。例母《はは》の目《め》を盗んで家《いえ》を出《で》る。
❸やりくりする。例ひまを盗んで（＝時間《じかん》をやりくりして）は、絵《え》をかく。

ぬた 名詞 ねぎなどの野菜《やさい》や魚《さかな》、貝《かい》などを酢《す》みそであえた料理《りょうり》。

ぬたくる 動詞
❶体《からだ》をくねらせてはい回《まわ》る。のたくる。例みみずがぬたくる。
❷下手《へた》な字《じ》などをいいかげんに書《か》く。のたくる。例ぬたくった字《じ》。
❸ごてごてとぬりつける。ぬりたくる。例画《が》用紙《ようし》に絵《え》の具《ぐ》をぬたくる。

ぬっと 副詞 急《きゅう》にそこに現《あらわ》れたり、動《うご》いたりするようす。例窓《まど》からぬっと顔《かお》を出《だ》した。

ぬの【布】 名詞 糸《いと》を織《お》ったもの。織物《おりもの》。きれ。
漢→1137ページ ふ〔布〕

ぬのじ【布地】 名詞 服《ふく》などをつくるための布《ぬの》。

ぬのめ【布目】 名詞 布《ぬの》の縦《たて》・横《よこ》の織《お》り目《め》。

ぬま【沼】 名詞 水《みず》が浅《あさ》くてどろが深《ふか》い、自然《しぜん》にできた池《いけ》。

ぬまち【沼地】 名詞 いつもじめじめしていて、どろの深《ふか》い土地《とち》。

ぬめる 動詞 ぬるぬるする。例こけの生《は》えた岩《いわ》場《ば》はぬめって転《ころ》びそうだ。

ぬらす 動詞 水《みず》などで、ぬれるようにする。例タオルをぬらして手《て》をふく。

ぬらりくらり［と］ 副詞 動詞 態度《たいど》がはっきりしなくて、つかみどころがないようす。のらりくらり。例ぬらりくらりと言《い》いのがれる。

ぬり【塗り】 名詞
❶ぬること。ぬったもの。
❷うるしをぬったもの。例塗りのおわん。

ぬりえ【塗り絵】 名詞 線《せん》でかかれた絵《え》に、色《いろ》をぬって遊《あそ》ぶもの。

故事成語 **飛《と》んで火《ひ》に入《い》る夏《なつ》の虫《むし》** 夏《なつ》の夜《よる》などに、明《あ》かりに集《あつ》まってきた虫《むし》が火《ひ》の中《なか》に飛《と》びこんで焼《や》かれ

ぬりかえる【塗り替える】 動詞 ❶もともとぬってあったものの上《うえ》から、新《あたら》しくぬる。例 家《いえ》のかべを塗り替える。❷まったくちがうものにかえて、新《あたら》しくする。また、記録《きろく》を更新《こうしん》する。例 歴史《れきし》を塗り替える／日本《にほん》記録《きろく》を塗り替える。

ぬりたくる【塗りたくる】 動詞 所構《ところかま》わず、むやみやたらにぬる。例 絵《え》の具《ぐ》を塗りたくる。

ぬりたて【塗りたて】 名詞 ぬったばかりであること。例 ペンキ塗りたて。

ぬりたてる【塗り立てる】 動詞 ❶きれいにぬる。ぬってきれいにする。例 美《うつく》しく塗り立てられたかべ。❷やたらにぬる。例 おしろいを塗り立てる。

ぬりつぶす【塗り潰す】 動詞 すきまなく、一面《いちめん》にぬる。例 紙《かみ》を黄色《きいろ》で塗り潰す。

ぬりもの【塗り物】 名詞 うるしをぬったうつわや道具《どうぐ》。

ぬる【塗る】 動詞 ❶物《もの》の表面《ひょうめん》にほかのものをすりつける。例 かべにペンキを塗る。❷罪《つみ》や責任《せきにん》をほかの人《ひと》のせいにする。

ぬるい 形容詞 ❶お湯《ゆ》などの温度《おんど》が、少《すこ》し低《ひく》い。例 おふろがぬるい。❷厳《きび》しくない。例 手《て》ぬるい／ぬるいやり方《かた》。

ぬるぬる 副詞 動詞 ぬれて、ねばり気《け》があり、すべりやすいようす。例 手《て》がぬるぬるする。

ぬるまゆ【ぬるま湯】 名詞 温度《おんど》が低《ひく》い湯《ゆ》。ぬるい湯《ゆ》。

●**ぬるま湯《ゆ》につかる** 刺激《しげき》も緊張感《きんちょうかん》もなく、のんきに過《す》ごす。例 ぬるま湯につかったような生活《せいかつ》を送《おく》る。

ぬるむ 動詞 少《すこ》しあたたかくなる。例 春《はる》になり、川《かわ》の水《みず》がようやくぬるんできた。

ぬれえん【ぬれ縁】 名詞 雨戸《あまど》の外側《そとがわ》にある、はばのせまい縁《えん》側《がわ》。

ぬれえん

ぬれぎぬ 名詞 悪《わる》いことをしていないのに、したことにされること。無実《むじつ》の罪《つみ》。類 えん罪《ざい》。

●**ぬれぎぬを着《き》せられる** ほかの人《ひと》がした悪《わる》いことを、自分《じぶん》がしたことにされる。

ぬれそぼつ 動詞 雨《あめ》などにぬれて、びしょびしょになる。例 雨《あめ》の中《なか》をぬれそぼって歩《ある》く。

ぬれてであわ【ぬれ手であわ】 ことわざ 苦労《くろう》や努力《どりょく》をしないでもうけることのたとえ。ことば ぬれた手《て》であわ（＝穀物《こくもつ》の一《ひと》つ）をつかむと、あわが手《て》にたくさんつくことからきたことば。

ぬれねずみ 名詞 服《ふく》を着《き》たまま、全身《ぜんしん》がびしょぬれになること。例 夕立《ゆうだち》にあって、ぬれねずみになってしまった。

ぬれる 動詞 水《みず》などがかかる。また、水《みず》などがかかって、中《なか》までしみこむ。例 雨《あめ》にぬれる。

ね

ネ

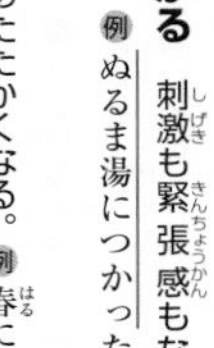

下《した》の 手話にチャレンジ を見《み》よう。

ね ❶ 助詞 軽《かる》く相手《あいて》に確《たし》かめたい気持《きも》ちを表《あらわ》す。例 美《うつく》しい空《そら》だね。❷ 助詞 相手《あいて》に念《ねん》をおす気持《きも》ちを表《あらわ》す。例 ひとりでやれますね。❸ 助詞 言《い》い方《かた》をやわらげるときに使《つか》う。例 そうですね。❹ 助詞 相手《あいて》に問《と》いかける気持《きも》ちを表《あらわ》す。例 これからどこに行《い》くのかね。❺ 感動詞 呼《よ》びかけや親《した》しみを表《あらわ》す。例 ね、早《はや》く行《い》こうよ／ね、山田《やまだ》くん。使い方 ❶〜❹は、ほかのことばのあとにつけて使《つか》う。

ね【子】 名詞 ❶十二支《じゅうにし》の一番目《いちばんめ》。ねずみ。例 子年《ねどし》生《う》まれ。❷昔《むかし》の時刻《じこく》の呼《よ》び名《な》。今《いま》の午前零時《ごぜんれいじ》ごろ。また、その前後《ぜんご》二時間《にじかん》くらい。❸昔《むかし》の方角《ほうがく》の呼《よ》び名《な》。北《きた》。図 ⇒ 611ページ・じゅうにし

ね【音】 名詞 おと。声《こえ》。例 音色《ねいろ》／虫《むし》の音《ね》。漢 ⇒ 211ページ・おん〔音〕

●**音《ね》を上《あ》げる** たえきれず、もうだめだと言《い》っ

ようすを表《あらわ》している。招《まね》きねこの置物《おきもの》のような格好《かっこう》をして、小《ちい》さく回《まわ》そう。

て、降参《こうさん》する。例 とちゅうで音を上げた。

ね【値】 名詞 売《う》り買《か》いする値段《ねだん》。例 野菜《やさい》の値が上《あ》がる。漢↓824ページ《ジペー》ち〔値〕

●**値《ね》が張《は》る** 値段《ねだん》が高《たか》い。例 値が張る商品《しょうひん》。

ね【根】 名詞 ❶草《くさ》や木《き》の、土《つち》の中《なか》にある部分《ぶぶん》。水《みず》や養分《ようぶん》を吸《す》ったり、全体《ぜんたい》を支《ささ》えたりする。❷もとの部分《ぶぶん》。物《もの》を支《ささ》えている部分《ぶぶん》。例 歯《は》の根／足《あし》のつけ根。❸生《う》まれつき持《も》っている性質《せいしつ》。例 兄《あに》は、おこるとこわいが根はやさしい。❹ものごとの起《お》こるもと。例 病気《びょうき》の根。漢↓502ページ《ジペー》こん〔根〕

●**根《ね》に持《も》つ** うらみに思《おも》う気持《きも》ちを、いつまでも忘《わす》れないでいる。例 昔《むかし》のことを根に持つ。

●**根《ね》も葉《は》もない** なんの証拠《しょうこ》もなく、でたらめである。例 根も葉もないうわさ。

●**根《ね》を下《お》ろす** ❶草木《くさき》が、地面《じめん》に根《ね》をのばしてしっかりと生《は》える。❷その土地《とち》に長年《ながねん》住《す》むようになる。例 この町《まち》が気《き》に入《い》って根を下ろした。❸ほかからきたものごとが、その土地《とち》に定着《ていちゃく》する。例 新《あたら》しい文化《ぶんか》が根を下ろす。

●**根《ね》を張《は》る** ❶草《くさ》や木《き》の根《ね》がのびて、周《まわ》りに広《ひろ》がる。❷新《あたら》しいものが受《う》け入《い》れられ、行《い》きわたって安定《あんてい》する。例 町内《ちょうない》にごみ拾《ひろ》い運動《うんどう》が根を張ってきた。

ねあがり【値上がり】 名詞 動詞 値段《ねだん》や料金《りょうきん》が高《たか》くなること。対 値下《ねさ》がり。

ねあげ【値上げ】 名詞 動詞 値段《ねだん》や料金《りょうきん》を高《たか》くすること。対 値下《ねさ》げ。

ねあせ【寝汗】 名詞 ねている間《あいだ》にかくあせ。

ねいき【寝息】 名詞 ねむっているときの息《いき》。例 すやすやと寝息を立《た》てる。

ネイティブアメリカン (Native American) 名詞 アメリカ大陸《たいりく》に、昔《むかし》から住《す》んでいる人《ひと》たち。参考 以前《いぜん》は「(アメリカ)インディアン」といった。

ねいりばな【寝入りばな】 名詞 ねむり始《はじ》めたばかりの時《とき》。例 寝入りばなを起《お》こされる。

ねいる【寝入る】 動詞 ❶ねむり始《はじ》める。例 やっと寝入ったようだ。❷ぐっすりと、深《ふか》くねむる。例 弟《おとうと》は遊《あそ》びつかれてぐっすり寝入っている。

ねいろ【音色】 名詞 それぞれの楽器《がっき》や声《こえ》によってちがう、独特《どくとく》の音《おと》の感《かん》じ。例 笛《ふえ》の音色。

ねうち【値打ち】 名詞 ❶値段《ねだん》。例 この絵《え》は数千万円《すうせんまんえん》の値打ちがある。❷そのものが持《も》っているりっぱさや、役《やく》に立《た》つ程度《ていど》。例 人間《にんげん》の値打ちは、財産《ざいさん》では決《き》められない。類 価値《かち》。

ねえさん【姉さん】 名詞 ❶「姉《あね》」を親《した》しみ、または尊敬《そんけい》して呼《よ》ぶことば。対 兄《にい》さん。❷若《わか》い女《おんな》の人《ひと》を呼《よ》ぶことば。対 兄《にい》さん。

ネーミング 名詞 名《な》まえをつけること。ことば 英語《えいご》の「ネーム」からきたことば。

ネーム (name) 名詞 名《な》まえ。例 ペンネーム。

ねおき【寝起き】 ❶名詞 動詞 ねたり起《お》きたりすること。ふだんの生活《せいかつ》。例 ぼくはこの部屋《へや》で寝起きしている。❷名詞 目《め》が覚《さ》めて起《お》きた時《とき》。また、その時《とき》の機嫌《きげん》。例 寝起きのよい赤《あか》ちゃん。

ネオン (neon) 名詞 ❶空気中《くうきちゅう》にほんの少《すこ》しある、色《いろ》もにおいもない気体《きたい》。ネオンサインに使《つか》う。❷「ネオンサイン」の略《りゃく》。

ネオンサイン (neon sign) 名詞 ガラスの管《くだ》にネオンなどの気体《きたい》を入《い》れて電気《でんき》を通《とお》し、さまざまな色《いろ》の光《ひかり》で文字《もじ》や形《かたち》を表《あらわ》したもの。広告《こうこく》やかざりに使《つか》う。略《りゃく》して「ネオン」ともいう。

ネガ 名詞 写真《しゃしん》のフィルムなどで、明暗《めいあん》や色《いろ》が実物《じつぶつ》とは逆《ぎゃく》になっているもの。対 ポジ。ことば 英《えい》語《ご》の「ネガティブ」の略《りゃく》。

ねがい【願い】 名詞 ❶そうなってほしいと望《のぞ》むこと。願《ねが》うこと。例 世界《せかい》の平和《へいわ》は、みんなの願いだ。❷希望《きぼう》を書《か》いて、差《さ》し出《だ》す書類《しょるい》。例 入部《にゅうぶ》願い。使い方 ❷は、「入部願《にゅうぶねがい》」のように送《おく》りがなをつけないこともある。

ねがいさげ【願い下げ】 名詞 ❶一度《いちど》願《ねが》い出《で》たことを、自分《じぶん》のほうからとり消《け》すこと。❷引《ひ》き受《う》けないこと。断《ことわ》ること。例 こんなつらい仕事《しごと》は、もう願い下げだ。

手話にチャレンジ　**ねこ**　右手《みぎて》をにぎり、こぶしの親指側《おやゆびがわ》でほおを円《まる》くなでるようにする。ねこが前足《まえあし》で顔《かお》を洗《あら》う

ねがいでる【願い出る】 動詞 役所《やくしょ》や目上《めうえ》の人《ひと》などに、願《ねが》いを申《もう》し出《で》る。例 退職《たいしょく》を願い出る。

ねがう【願う】 動詞 ❶そうなってほしいと望《のぞ》む。例 合格《ごうかく》を願う/平和《へいわ》を願う。❷たのむ。例 よろしく願います。 漢 ⇩297ジページ がん〔願〕

ねがえり【寝返り】 名詞 動詞 ❶ねたままで、体《からだ》の向《む》きを変《か》えること。❷味方《みかた》を裏切《うらぎ》って、敵《てき》のほうにつくこと。

●**寝返《ねがえ》りを打《う》つ** ❶ねたままで、体《からだ》の向《む》きを変《か》える。❷味方《みかた》を裏切《うらぎ》って敵《てき》のほうにつく。ねがえる。

ねがえる【寝返る】 動詞 味方《みかた》を裏切《うらぎ》って、敵《てき》のほうにつく。例 反対派《はんたいは》に寝返る。

ねがお【寝顔】 名詞 ねているときの顔《かお》。

ねかす【寝かす】 ⇩1012ジページ ねかせる

ねかせる【寝かせる】 動詞 ❶ねむらせる。例 赤《あか》ちゃんを寝かせる。❷横《よこ》にたおして置《お》く。横《よこ》にならせる。例 びんを寝かせる。❸お金《かね》やものを、つかわないでしまっておく。例 季節《きせつ》がくるまで商品《しょうひん》を寝かせておく。❹こうじ・納豆《なっとう》・酒《さけ》などを、発酵《はっこう》させたり熟成《じゅくせい》させたりするために、適当《てきとう》な温度《おんど》のところにしまっておく。
ことば 「ねかす」ともいう。

ねかた【根方】 名詞 根元《ねもと》。根《ね》のほう。

ねがったりかなったり【願ったりかなったり】 その場《ば》のようすや相手《あいて》の言《い》うことなどが、自分《じぶん》の願《ねが》いとぴったり合《あ》って、ものごとが思《おも》いどおりになること。例 あなたが引《ひ》き受《う》けてくださるなら、願ったりかなったりです。

ねがってもない【願ってもない】 たとえ望《のぞ》んでもかなえられそうにないことが、願《ねが》いどおりになってうれしいようす。例 発表会《はっぴょうかい》に参加《さんか》できるなんて、願ってもないチャンスだ。

ネガティブ (negative) ❶名詞 ⇩1011ジページ ネガ ❷形容動詞 否定的《ひていてき》であるようす。消極的《しょうきょくてき》であるようす。例 ネガティブな考《かんが》え方《かた》。対 ポジティブ。

ねぎ 名詞 季語冬 ゆりのなかまの野菜《やさい》の一《ひと》つ。夏《なつ》の初《はじ》めごろ、小《ちい》さい白《しろ》い花《はな》が球《たま》の形《かたち》になってさく。くきや葉《は》の部分《ぶぶん》を食《た》べる。
ことば 漢字《かんじ》では「葱」と書《か》く。

ねぎ

ねぎぼうず【ねぎ坊主】 名詞 季語春 ねぎの花《はな》。小《ちい》さい白《しろ》い花《はな》が、球《たま》の形《かたち》にさいたもの。

ねぎらう 動詞 相手《あいて》の苦労《くろう》をありがたく思《おも》って、感謝《かんしゃ》の気持《きも》ちを表《あらわ》す。例 日《ひ》ごろの苦労《くろう》をねぎらう。類 いたわる。使い方 ふつう、自分《じぶん》と同《おな》じくらいか下《した》の立場《たちば》の人《ひと》に対《たい》して使《つか》う。

ねぎる【値切る】 動詞 もとの値段《ねだん》より安《やす》くさせる。負《ま》けさせる。例 古本《ふるほん》を値切って買《か》う。

ねぐせ【寝癖】 名詞 ❶ねている間《あいだ》にかみの毛《け》についた、変《へん》なくせ。例 寝癖がつく。❷ねているときの、体《からだ》を動《うご》かすくせ。例 寝癖が悪《わる》い。

ネクタイ (necktie) 名詞 ワイシャツなどのえりの前《まえ》で結《むす》び、かざりにする細長《ほそなが》い布《ぬの》。

ねぐら 名詞 ❶鳥《とり》がねるところ。例 からすがねぐらに帰《かえ》る。❷人《ひと》などの、ねるところ。自分《じぶん》の家《いえ》。

ネグリジェ (フランス語) 名詞 女《おんな》の人《ひと》のねまき。上下《じょうげ》ひと続《つづ》きで、ゆったりとしている。

ねぐるしい【寝苦しい】 形容詞 気持《きも》ちよくねむれない。例 暑《あつ》くて寝苦しい夜《よる》が続《つづ》く。

ねこ【猫】 名詞 昔《むかし》から人《ひと》に飼《か》われている動物《どうぶつ》の一《ひと》つ。つめがするどく、よくねずみをとる。ペルシャねこ・シャムねこなど種類《しゅるい》が多《おお》い。

●**猫《ねこ》にかつお節《ぶし》** ⇩355ジページ ことわざ

●**猫《ねこ》に小判《こばん》** ことわざ ねこには小判《こばん》(=昔《むかし》のお金《かね》)の値打《ねう》ちがわからないことから、どんなに貴重《きちょう》なものでも、その価値《かち》がわからない人《ひと》にはなんの役《やく》にも立《た》たないということ。類 豚《ぶた》に真珠《しんじゅ》。

●**猫《ねこ》にまたたび** とても好《す》きなものであることのたとえ。また、それをあたえると効果《こうか》が高《たか》いもののたとえ。ことば またたびの実《み》は、ねこの大好物《だいこうぶつ》であることからきたことば。

●**猫《ねこ》の首《くび》に鈴《すず》** 実行《じっこう》するのがとても難《むずか》しいことのたとえ。ことば 「イソップ物語《ものがたり》」の中《なか》の、ねずみたちが、ねこの首《くび》に鈴《すず》をつけることを思《おも》い

もにげられない覚悟《かくご》で立《た》ち向《む》かって敵《てき》をうちやぶったという話《はなし》から、絶対《ぜったい》に失敗《しっぱい》できない状況《じょうきょう》で、全力《ぜんりょく》でもの

ついたが、それを引《ひ》き受《う》けるねずみがいなかったという話《はなし》からきたことば。

●**猫《ねこ》の手《て》も借《か》りたい**　いそがしくて、だれでもよいから手伝《てつだ》ってもらいたいことのたとえ。

●**猫《ねこ》の額《ひたい》**　非常《ひじょう》にせまい場所《ばしょ》のたとえ。例 猫の額ほどの庭《にわ》。

●**猫《ねこ》の目《め》のよう**　ねこのひとみは、光《ひかり》によって細《ほそ》くなったり太《ふと》くなったりして変《か》わりやすいことから、くるくると目《め》まぐるしく変《か》わることのたとえ。例 姉《あね》の機嫌《きげん》は猫の目のように変《か》わる。

●**猫《ねこ》もしゃくしも**　だれもかれもみんな。例 猫もしゃくしも海外旅行《かいがいりょこう》に行《い》きたがる。

●**猫《ねこ》をかぶる**　ほんとうの性質《せいしつ》をかくして、おとなしいふりをする。例 人前《ひとまえ》で猫をかぶる。

ねこかわいがり【猫かわいがり】名詞 動詞 やたらにかわいがってあまやかすこと。例 あのおばあさんは、孫《まご》を猫かわいがりする。

ねこぐるま【猫車】名詞 土《つち》や砂《すな》などを運《はこ》ぶのに使《つか》う、手《て》でおす一輪車《いちりんしゃ》。

ねこぐるま

ねごこち【寝心地】名詞 ねているときの感《かん》じ。例 布団《ふとん》がかたくて、寝心地が悪《わる》い。

ねこじた【猫舌】名詞 熱《あつ》いものを飲《の》んだり食《た》べたりすることが苦手《にがて》なこと。また、そのような人《ひと》。

ねこじゃらし【猫じゃらし】⇒156ジ《ペ》ー えのころぐさ

ねこぜ【猫背】名詞 首《くび》が前《まえ》の方《ほう》に出《で》て、背中《せなか》が丸《まる》く曲《ま》がっていること。また、そのような人《ひと》。

ねこそぎ【根こそぎ】
❶名詞 根元《ねもと》からすっかりぬきとること。例 雑草《ざっそう》を根こそぎにする。
❷副詞 残《のこ》らず全部《ぜんぶ》。例 車《くるま》に積《つ》んでいた荷物《にもつ》を根こそぎぬすまれた。

ねごと【寝言】名詞
❶ねている間《あいだ》に、自分《じぶん》では気《き》づかずに言《い》うことば。
❷理屈《りくつ》の通《とお》らないことば。例 そんな寝言は聞《き》きたくない。

ねこなでごえ【猫なで声】名詞 ねこをなでてかわいがるときのような、相手《あいて》の機嫌《きげん》をとろうとするやさしい声《こえ》。例 猫なで声を出《だ》す。

ねこばば【猫ばば】名詞 動詞 拾《ひろ》ったものなどを、こっそり自分《じぶん》のものにすること。ことば「ばば」は「ふん」のこと。ねこがふんをしたあと、土《つち》をかけてかくすことからきたことば。

ねこみ【寝込み】名詞 ぐっすりとねむっている最中《さいちゅう》。例 寝込みをおそう。

ねこむ【寝込む】動詞
❶ぐっすりねむる。
❷病気《びょうき》でとこにつく。例 かぜで寝込んだ。

ねこやなぎ【猫柳】名詞 季語 春 川岸《かわぎし》などに生《は》える低《ひく》い木《き》。春《はる》の初《はじ》めごろ、葉《は》よりも先《さき》に、やわらかな白《しろ》い毛《け》がたくさんついた丸《まる》い穂《ほ》の形《かたち》の花《はな》をつける。

ねこやなぎ

ねころがる【寝転がる】動詞 体《からだ》をごろりと横《よこ》にする。例 芝生《しばふ》の上《うえ》に寝転がる。

ねころぶ【寝転ぶ】動詞 体《からだ》を横《よこ》にしてねる。

ねさがり【値下がり】名詞 動詞 値段《ねだん》や料金《りょうきん》が安《やす》くなること。対 値上《ねあ》がり。

ねさげ【値下げ】名詞 動詞 値段《ねだん》や料金《りょうきん》を安《やす》くすること。対 値上《ねあ》げ。

ねざす【根ざす】動詞
❶草《くさ》や木《き》の根《ね》がつく。
❷もとづく。原因《げんいん》となる。例 母《はは》の考《かんが》えは、今《いま》までの体験《たいけん》に根ざしている。

ねざめ【寝覚め】名詞 ねむりから覚《さ》めること。目《め》が覚《さ》めること。目《め》覚《ざ》め。

●**寝《ね》覚《ざ》めが悪《わる》い**
❶ねむりから覚《さ》めたときの気分《きぶん》がよくない。
❷自分《じぶん》のよくない行《おこな》いを思《おも》い出《だ》して、良心《りょうしん》に責《せ》められる。後味《あとあじ》が悪《わる》い。例 友《とも》だちにうそをついてしまって寝覚めが悪い。

ねじ 名詞
❶物《もの》と物《もの》を留《と》めたり、物《もの》をしめつけたりするときに使《つか》う、うず巻《ま》き形《がた》のみぞがあるもの。
❷時計《とけい》などのぜんまいを巻《ま》くもの。

●**ねじが緩《ゆる》む**　緊張《きんちょう》がゆるんで、だらける。例 夏休《なつやす》みに入《はい》ってねじが緩んでしまい、勉強《べんきょう》が手《て》につかない。

●**ねじを巻《ま》く**　たるんだ気持《きも》ちや態度《たいど》を引《ひ》きしめさせる。例 最近《さいきん》チームのみんながだらけ気《ぎ》

故事成語　**背水《はいすい》の陣《じん》**　昔《むかし》中国《ちゅうごく》で、戦《たたか》いのときに、わざと川《かわ》をうしろにした場所《ばしょ》に軍勢《ぐんぜい》を配置《はいち》し、負《ま》けてもあとがない状態で戦ったことから、必死の覚悟でものごとを行《おこな》うこと。

味《み》だから、少《すこ》しねじを巻いてやろう。

ねじける 動詞 性質《せいしつ》が素直《すなお》でなくなる。ひねくれる。例 心《こころ》がねじける。

ねじこむ【ねじ込む】動詞 ❶ねじってはめこむ。例 びんの口《くち》にせんをねじ込む。❷無理《むり》に入《い》れる。例 ポケットに財布《さいふ》をねじ込む。❸文句《もんく》を言《い》いに行《い》く。例 テレビの音《おと》が大《おお》きすぎるとねじ込まれた。

ねしずまる【寝静まる】動詞 みんなねむってしまって、静《しず》かになる。

ねしな【寝しな】名詞 これからねようとするとき。ねる間際《まぎわ》。例 寝しなに電話《でんわ》があった。

ねじふせる【ねじ伏せる】動詞 ❶相手《あいて》のうでをねじって、体《からだ》をおさえつける。例 ていこうする犯人《はんにん》をねじ伏せる。❷腕力《わんりょく》や権力《けんりょく》を使《つか》って、無理《むり》やり従《したが》わせる。例 部下《ぶか》の意見《いけん》をねじ伏せる。

ねじまげる【ねじ曲げる】動詞 ❶ねじって曲《ま》げる。例 針金《はりがね》をペンチでねじ曲げる。❷わざと悪《わる》いように変《か》える。例 事実《じじつ》をねじ曲げて伝《つた》える。

ねじまわし【ねじ回し】名詞 ねじを回《まわ》すときに使《つか》う道具《どうぐ》。ドライバー。

ねしょうべん【寝小便】名詞 ねている間《あいだ》に、小便《しょうべん》をもらすこと。おねしょ。

ねじりしぼり【ねじり絞り】名詞 洗濯物《せんたくもの》やぞうきんなどを手洗《てあら》いしたときに、ねじりながらしぼること。

ねじりはちまき【ねじり鉢巻き】名詞 手《て》ぬぐいをねじって頭《あたま》に巻《ま》き、前《まえ》や横《よこ》で結《むす》んだもの。ことば ものごとを勢《いきお》いよく、またはいっしょうけんめいにするようすのたとえにも使《つか》う。

ねじる 動詞 ❶両端《りょうはし》を、おたがいに反対《はんたい》の方《ほう》に回《まわ》す。例 体《からだ》をねじる。❷ねじやせんなどを回《まわ》す。例 ガスのせんをねじって開《あ》ける。

ねじれる 動詞 ❶ひねられたように曲《ま》がる。例 リュックのひもがねじれる。❷ひねくれる。性質《せいしつ》が素直《すなお》でなくなる。例 心《こころ》がねじれている。

ねじろ【根城】名詞 仕事《しごと》や活動《かつどう》などの中心《ちゅうしん》とする場所《ばしょ》。例 市営球場《しえいきゅうじょう》を根城とするチーム。

ねすごす【寝過ごす】動詞 起《お》きなければならない時刻《じこく》が過《す》ぎても、ねむったままでいる。ねぼうする。例 うっかり寝過ごして遅刻《ちこく》した。

ねずのばん【寝ずの番】名詞 一晩《ひとばん》じゅう、ねないで番《ばん》をすること。

ねずみ 名詞 家《いえ》・畑《はたけ》・どぶなどにすむ小《ちい》さな動物《どうぶつ》。農作物《のうさくぶつ》や食料《しょくりょう》を食《く》いあらす。ふえるのが早《はや》く、種類《しゅるい》が多《おお》い。ことば 漢字《かんじ》では「鼠」と書《か》く。

ねずみ

ねずみいろ【ねずみ色】名詞 黒《くろ》と白《しろ》が混《ま》ざり合《あ》った色《いろ》。灰色《はいいろ》。

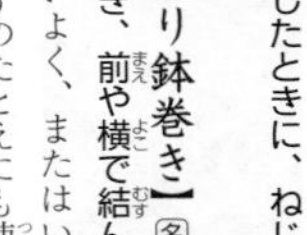
ねずみいろ

ねずみざん【ねずみ算】名詞 数《かず》や量《りょう》がどんどん増《ふ》えていくこと。例 入会者《にゅうかいしゃ》がねずみ算式《しき》に増《ふ》える。ことば ねずみが、どんどん子《こ》を生《う》んでふえていくことからきたことば。

ねぞう【寝相】名詞 ねているときの格好《かっこう》。例 寝相が悪《わる》い。

ねそびれる【寝そびれる】動詞 ねむるきっかけを失《うしな》って、ねようとしてもねむれなくなる。例 火事《かじ》さわぎですっかり寝そびれた。

ねそべる【寝そべる】動詞 体《からだ》をのばして横《よこ》になる。例 原《はら》っぱに寝そべる。

ねたきり【寝たきり】名詞 病気《びょうき》などで、横《よこ》になったまま起《お》きられないでいること。

ねたこをおこす【寝た子を起こす】ことわざ そのままにしておけばおさまっているものごとに余計《よけい》なことをして、もとの落《お》ち着《つ》かない状態《じょうたい》にしてしまう。ことば ねている子《こ》をわざわざ起《お》こして泣《な》かせるという意味《いみ》から。

ねたましい【妬ましい】形容詞 うらやましくてにくらしい。例 妹《いもうと》は妬ましいほど足《あし》が速《はや》い。

ねたむ【妬む】動詞 自分《じぶん》よりすぐれた人《ひと》や幸《しあわ》せな人《ひと》をうらやんで、にくらしく思《おも》う。例 他人《たにん》の成功《せいこう》を妬む。

え、気《き》に入《い》った客《きゃく》はまっすぐに顔《かお》を見《み》てむかえたという話《はなし》から、他人《たにん》を冷《つめ》たい目《め》で見《み》ること。冷《つめ》たくあつかうこ

ねだやし【根絶やし】 名詞 ❶根《ね》まですっかりとり去《さ》ること。例 雑草《ざっそう》を根絶やしにする。❷残《のこ》らずなくしてしまうこと。例 地球上《ちきゅうじょう》から戦争《せんそう》を根絶やしにしたい。類 根絶《こんぜつ》。

ねだる 動詞 ほしいものを手《て》に入《い》れようとして、無理《むり》にたのむ。例 母《はは》に自転車《じてんしゃ》をねだる。

ねだん【値段】 名詞 品物《しなもの》を売《う》り買《か》いするときの金額《きんがく》。値《ね》。あたい。例 値段をつける。

ねちがえる【寝違える】 動詞 ねむっている間《あいだ》の姿勢《しせい》が悪《わる》いために、首《くび》やかたの筋《すじ》をいためる。

ネチケット (netiquette) 名詞 インターネット上《じょう》で、意見《いけん》や情報《じょうほう》などをやりとりするときの礼儀《れいぎ》や作法《さほう》。インターネットエチケット。

ねちねち［と］ 副詞 動詞 ❶態度《たいど》や性格《せいかく》などが、くどくて、しつこいようす。例 ねちねちといやみを言《い》う。❷ねばり気《け》があるようす。例 油《あぶら》で手《て》がねちねちする。

ねつ【熱】 名詞 ❶温度《おんど》を変化《へんか》させるもととなるもの。高《たか》い温《おん》度《ど》。例 食品《しょくひん》に熱を加《くわ》える／機械《きかい》が熱を持《も》つ。❷ふだんより高《たか》くなった体温《たいおん》。例 熱が出《で》る。❸夢中《むちゅう》になること。例 応援《おうえん》に熱が入《はい》る。

漢 ↓1015ページ ねつ〔熱〕

● **熱《ねつ》がある** ❶体温《たいおん》がふだんより高《たか》くなっている。例 熱があるので学校《がっこう》を休《やす》む。❷熱意《ねつい》がこもっている。例 熱がある指導《しどう》。

● **熱《ねつ》が冷《さ》める** 今《いま》までいっしょうけんめいだったのが、そうでなくなる。例 サッカーに夢中《むちゅう》だったのに、すっかり熱が冷めてしまった。

● **熱《ねつ》に浮《う》かされる** ❶高《たか》い熱《ねつ》のせいで、意識《いしき》がはっきりしなくなり、うわごとを言《い》う。❷ものごとに夢中《むちゅう》になる。例 熱に浮かされたようにピアノの練習《れんしゅう》をする。

● **熱《ねつ》を上《あ》げる** 夢中《むちゅう》になる。例 人気《にんき》アイドルに熱を上げる。

● **熱《ねつ》を入《い》れる** 全力《ぜんりょく》を挙《あ》げてものごとに打《う》ちこむ。例 仕事《しごと》に熱を入れる。

漢 **ねつ【熱】** 〔灬《れんが》〕 15画 4年 音 ネツ 訓 あつい

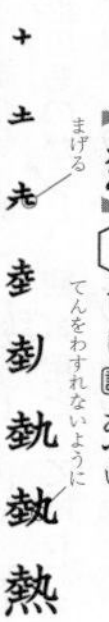

❶あつい。温度《おんど》がたかい。例 熱気《ねっき》／熱帯《ねったい》／熱《ねっ》湯《とう》／熱風《ねっぷう》。❷温度《おんど》を変化《へんか》させるもととなるもの。例 熱量《ねつりょう》／加熱《かねつ》。❸体温《たいおん》。例 発熱《はつねつ》／平熱《へいねつ》。❹心《こころ》をうちこむ。例 熱心《ねっしん》／熱中《ねっちゅう》／情熱《じょうねつ》。

ねつい【熱意】 名詞 いっしょうけんめいやろうとする気持《きも》ち。意気《いき》ごみ。例 友《とも》だちの熱意に打《う》たれて協力《きょうりょく》する。

ねつえん【熱演】 名詞 動詞 劇《げき》や音楽《おんがく》などをいっしょうけんめいにやること。また、その演技《えんぎ》や演奏《えんそう》。例 主役《しゅやく》の熱演が好評《こうひょう》だった。

ネッカチーフ (neckerchief) 名詞 首《くび》に巻《ま》いたり、頭《あたま》にかぶったりする、うすい布《ぬの》。かざりにするほか、寒《さむ》さや風《かぜ》を防《ふせ》ぐためにも使《つか》う。

ねっから【根っから】 副詞 ❶初《はじ》めから。もともと。例 根っからの商人《しょうにん》。❷少《すこ》しも。まったく。例 そんなことがあったなんて、根っから知《し》らなかった。
使い方 ❷はあとに「ない」などのことばがくる。

ねつき【寝付き】 名詞 ねむりに入《はい》ること。例 寝付きが悪《わる》い。

ねっき【熱気】 名詞 ❶熱《あつ》い空気《くうき》。例 ふろ場《ば》に熱気がこもる。❷興奮《こうふん》した気持《きも》ち。例 決勝戦《けっしょうせん》はますます熱気を帯《お》びてきた。

ねつききゅう【熱気球】 名詞 中《なか》の空気《くうき》をガスバーナーで温《あたた》めて空中《くうちゅう》にうかせる気球《ききゅう》。図 ↓322ページ ききゅう〔気球〕

ねっきょう【熱狂】 名詞 動詞 興奮《こうふん》して、夢中《むちゅう》になること。例 逆転勝利《ぎゃくてんしょうり》に観客《かんきゃく》は熱狂した。

ねつく【寝付く】 動詞 ❶ねむりにつく。ねいる。例 赤《あか》ちゃんが寝付いた。❷病気《びょうき》になってねる。例 かぜで寝付く。

ねづく【根付く】 動詞 ❶草《くさ》や木《き》が、そこで根《ね》をのばして育《そだ》つようになる。例 桜《さくら》の苗木《なえぎ》が根付いた。❷考《かんが》え方《かた》や制度《せいど》などが、人々《ひとびと》に広《ひろ》く受《う》け入《い》れられ、続《つづ》いていくようになる。例 新《あたら》しい行事《ぎょうじ》が町《まち》に根付いた。

ネックウォーマー (neck warmer) 名詞 首《くび》をおおう、筒形《つつがた》の防寒具《ぼうかんぐ》。

故事成語 **白眼視《はくがんし》** 昔《むかし》中国《ちゅうごく》で、ある人《ひと》が、きらいな客《きゃく》は上目《うわめ》づかいなどをして白目《しろめ》がちな目《め》つきでむか
と。

ネックレス （necklace） 名詞 「首《くび》かざり」のこと。

ねつけ【根付】 名詞 昔《むかし》、たばこ入《い》れ・薬《くすり》入《い》れ・きんちゃくなどのひもの先《さき》につけた小《ちい》さなかざり。

ねっけつ【熱血】 名詞 血《ち》がわき立《た》っているように、熱心《ねっしん》で元気《げんき》なこと。例 熱血漢《かん》。

ねっこ【根っこ】 名詞 木《き》の根《ね》。木《き》の切《き》りかぶ。

ねっしやすくさめやすい【熱しやすく冷めやすい】 ものごとにすぐ熱中《ねっちゅう》するが、またすぐにあきるようす。

ねっしゃびょう【熱射病】 名詞 季語夏 温度《おんど》や湿度《しつど》の高《たか》いところに長《なが》い間《あいだ》いたときなどに、体《からだ》の中《なか》に熱《ねつ》がたまって起《お》こる病気《びょうき》。熱中症《ねっちゅうしょう》の一《ひと》つ。

ねっしょう【熱唱】 名詞 動詞 心《こころ》をこめていっしょうけんめい歌《うた》うこと。

ねつじょう【熱情】 名詞 ものごとに打《う》ちこむ、熱心《ねっしん》で激《はげ》しい気持《きも》ち。情熱《じょうねつ》。

ねっしん【熱心】 形容動詞 一《ひと》つのものごとにいっしょうけんめいになるようす。例 先生《せんせい》は、みんながわかるまで熱心に教《おし》えてくださった。

ねっする【熱する】 動詞 ❶あつくする。熱《ねつ》を加《くわ》える。例 金属《きんぞく》を熱する。❷夢中《むちゅう》になる。例 弟《おとうと》は熱しやすい性格《せいかく》だ。

ねっせん【熱戦】 名詞 激《はげ》しい戦《たたか》いや試合《しあい》。例 熱戦をくり広《ひろ》げる。

ねっせん【熱線】 ⇒720ページ せきがいせん

ねつぞう【ねつ造】 名詞 動詞 ほんとうではないことを、うそをついてほんとうのようにつくり上《あ》げること。例 証明書《しょうめいしょ》をねつ造する。

ねったい【熱帯】 名詞 赤道《せきどう》を中心《ちゅうしん》とした、非《ひ》常《じょう》に暑《あつ》い地帯《ちたい》。一年《いちねん》じゅう雨《あめ》が多《おお》くてジャングルにおおわれているところと、雨《あめ》の降《ふ》る季節《きせつ》と降《ふ》らない季節《きせつ》がはっきりと分《わ》かれているところとがある。関連 亜熱帯《あねったい》。温帯《おんたい》。亜寒帯《あかんたい》。寒帯《かんたい》。乾燥帯《かんそうたい》。

ねったいうりん【熱帯雨林】 名詞 熱帯《ねったい》の、高温《こうおん》で雨《あめ》の多《おお》い地域《ちいき》にある森林《しんりん》。南《みなみ》アメリカのアマゾン川流域《がわりゅういき》などにある。

ねったいぎょ【熱帯魚】 名詞 季語夏 熱帯地《ねったいち》方《ほう》にすむ魚《さかな》。あざやかな美《うつく》しい色《いろ》や、変《か》わった形《かたち》のものが多《おお》く、観賞用《かんしょうよう》として飼《か》われる。ネオンテトラやエンゼルフィッシュなど。

ねったいしょくぶつ【熱帯植物】 名詞 熱《ねっ》帯地方《たいちほう》に生《は》える植物《しょくぶつ》。やしやバナナなど。

ねったいていきあつ【熱帯低気圧】 名詞 熱帯地方《ねったいちほう》で発生《はっせい》する低気圧《ていきあつ》。激《はげ》しい暴風雨《ぼうふうう》をともなう。関連 温帯低気圧《おんたいていきあつ》。参考 日本《にほん》では、最大《さいだい》風速《ふうそく》が毎秒約十七《まいびょうやくじゅうなな》メートル以上《いじょう》の熱帯低気《ねったいていき》圧《あつ》を台風《たいふう》と呼《よ》ぶ。

ねったいや【熱帯夜】 名詞 季語夏 最低気温《さいていきおん》が、セ氏二十五度以上《しにじゅうごどいじょう》の暑《あつ》い夜《よる》。

ねったいりん【熱帯林】 名詞 熱帯地方《ねったいちほう》の森《しん》林《りん》。関連 寒帯林《かんたいりん》。

ねっちゅう【熱中】 名詞 動詞 ものごとに心《こころ》を打《う》ちこみ、夢中《むちゅう》になること。例 読書《どくしょ》に熱中して時《とき》がたつのを忘《わす》れる。

ねっちゅうしょう【熱中症】 名詞 季語夏 温度《おんど》の高《たか》いところに長《なが》くいたり、運動《うんどう》をしたりしたときに起《お》こる病気《びょうき》をまとめて呼《よ》ぶことば。重症《じゅうしょう》になると体温《たいおん》が上《あ》がってあせが出《で》なくなり、命《いのち》が危《あぶ》なくなることもある。

ねつっぽい【熱っぽい】 形容詞 ❶体温《たいおん》がいつもより高《たか》い感《かん》じである。❷感情《かんじょう》がこもっているようす。例 熱っぽい口《く》調《ちょう》で話《はな》す。

ネット （net） 名詞 ❶あみ。あみのようなもの。❷テニス・バレーボールなどで、コートの真《ま》ん中《なか》に張《は》るあみ。❸「ネットワーク」の略《りゃく》。例 全国《ぜんこく》ネット放送《ほうそう》。❹「インターネット」の略《りゃく》。❺正味《しょうみ》の量《りょう》。例 ネット百《ひゃく》グラム。

ねっとう【熱湯】 名詞 煮《に》え立《た》っている湯《ゆ》。

ネットゲーム ⇒214ページ オンラインゲーム

ネットショッピング ⇒214ページ オンラインショッピング

ネットつうはん【ネット通販】 ⇒214ページ オンラインショッピング

ねっとり［と］ 副詞 動詞 とろりとしたねばり気《け》があるようす。例 ねっとりとしたクリーム。

ネットワーク （network） 名詞 あみの目《め》のように広《ひろ》がるつながりや組織《そしき》。とくに、テレビやラジオで各地《かくち》の放送局《ほうそうきょく》を結《むす》んだものや、複数《ふくすう》のコンピューターを通信回線《つうしんかいせん》で結《むす》んだもの。例 コンピューターネットワーク。

な状《じょう》態《たい》にあることのたとえ。

ねつびょう【熱病】 名詞 高《たか》い熱《ねつ》が出《で》る病気《びょうき》。マラリア・チフス・肺炎《はいえん》など。

ねっぷう【熱風】 名詞 季語夏 ❶熱《あつ》い風《かぜ》。例 ドライヤーの熱風。❷真夏《まなつ》にふく、熱《あつ》くかわいた風《かぜ》。ことば 季語《きご》として使《つか》うのは❷の意味《いみ》。

ねつべん【熱弁】 名詞 熱心《ねっしん》な、力《ちから》のこもった話《はな》しぶり。例 熱弁をふるう。

ねつぼう【熱望】 名詞 動詞 心《こころ》から熱心《ねっしん》に望《のぞ》むこと。例 ファンの熱望にこたえて復帰《ふっき》した。類 切望《せつぼう》。

ねづよい【根強い】 形容詞 もとがしっかりしていて、簡単《かんたん》にかわったり、ぐらついたりしない。例 根強い人気《にんき》のテレビ番組《ばんぐみ》。

ねつりょう【熱量】 名詞 物《もの》の温度《おんど》が変《か》わるときに、その物《もの》が外《そと》からとり入《い》れたり外《そと》に出《だ》したりする熱《ねつ》の量《りょう》。単位《たんい》はカロリー、またはジュール。参考 一《いち》グラムの水《みず》の温度《おんど》をセ氏一度《しいちど》上《あ》げるのに必要《ひつよう》な熱量《ねつりょう》を一《いち》カロリーという。

ねつれつ【熱烈】 形容動詞 あることに夢中《むちゅう》で、激《はげ》しく燃《も》えるような気持《きも》ちを持《も》っているようす。例 熱烈なかんげいを受《う》ける。

ねてもさめても【寝ても覚めても】 ねているときも、起《お》きているときも。いつも。例 発表会《はっぴょうかい》のことが寝ても覚めても気《き》にかかる。

ねどこ【寝床】 名詞 ねるための場所《ばしょ》。また、ねるための布団《ふとん》やベッド。例 寝床に入《はい》る。

ねとまり【寝泊まり】 名詞 動詞 ある期間《きかん》、そこにとまること。例 親戚《しんせき》の家《いえ》に寝泊まりする。

ネパール ↓ 1017ジページ ネパールれんぽうみんしゅきょうわこく

ネパールれんぽうみんしゅきょうわこく【ネパール連邦民主共和国】 名詞 中国《ちゅうごく》とインドとの間《あいだ》にある国《くに》。ヒマラヤ山脈《さんみゃく》に沿《そ》って細長《ほそなが》くのびている。首都《しゅと》はカトマンズ。「ネパール」ともいう。

(国旗《こっき》)

ねばつく【粘つく】 動詞 ねばり気《け》があってくっつく。ねばねばする。例 口《くち》の中《なか》が粘つく。

ねばっこい【粘っこい】 形容詞 ❶ねばり気《け》が強《つよ》い。例 粘っこい樹液《じゅえき》。❷しつこい。ねばり強《づよ》い。例 粘っこい性格《せいかく》。

ねばねば ❶ 副詞 動詞 ねばり気《け》があって、くっつきやすいようす。例 のりで、手《て》がねばねばしている。❷ 名詞 ねばるもの。例 納豆《なっとう》のねばねば。

ねばり【粘り】 名詞 ❶ねばること。例 納豆《なっとう》を混《ま》ぜると粘りが出《で》る。❷根気《こんき》。例 粘りが足《た》りないと注意《ちゅうい》された。

ねばりけ【粘り気】 名詞 ねばる性質《せいしつ》。ねばりつく力《ちから》。例 もち米《ごめ》には粘り気がある。

ねばりづよい【粘り強い】 形容詞 ❶ねばり気《け》が多《おお》い。❷とちゅうであきらめず、最後《さいご》まで根気《こんき》よく続《つづ》けるようす。例 粘り強く待《ま》つ。

ねばる【粘る】 動詞 ❶やわらかくてちぎれにくく、さわったものがくっついてなかなかはなれない。❷最後《さいご》まで根気《こんき》よくやり続《つづ》ける。例 難《むずか》しい工作《こうさく》を粘って完成《かんせい》させた。

ねびえ【寝冷え】 名詞 動詞 季語夏 夏《なつ》などに、ねている間《あいだ》に体《からだ》が冷《ひ》えて、かぜを引《ひ》いたりおなかをこわしたりすること。

ねびき【値引き】 名詞 動詞 品物《しなもの》の値段《ねだん》を、もとの値段《ねだん》より安《やす》くすること。

ねぶかい【根深い】 形容詞 ❶草木《くさき》が地中《ちちゅう》に深《ふか》く根《ね》を張《は》っている。❷ものごとの原因《げんいん》が深《ふか》く、なかなかとり除《のぞ》くことができないようす。例 二人《ふたり》のけんかには根深いわけがある。

ねぶくろ【寝袋】 名詞 ふくろのようになっていて、中《なか》に体《からだ》を入《い》れ、顔《かお》だけを出《だ》してねる道具《どうぐ》。登山《とざん》のときなどに使《つか》う。「シュラフザック」「シュラフ」ともいう。

ねぶくろ

ねぶそく【寝不足】 名詞 ねむりが足《た》りないこと。

ねふだ【値札】 名詞 値段《ねだん》を書《か》いて商品《しょうひん》につける、小《ちい》さな札《ふだ》。

ねぶたまつり【ねぶた祭り】 名詞 季語秋 東北地方《とうほくちほう》で行《おこな》われる七夕行事《たなばたぎょうじ》の一《ひと》つ。参考 青森県《あおもりけん》の青森市《あおもりし》と弘前市《ひろさきし》のものが有名《ゆうめい》。弘前市《ひろさきし》では「ねぷた祭《まつ》り」という。

ねぶみ【値踏み】 名詞 動詞 だいたいの値段《ねだん》や

故事成語　**薄氷《はくひょう》を踏《ふ》む**　すぐにも割《わ》れてしまいそうなうすい氷《こおり》の上《うえ》を歩《ある》く、という意味《いみ》で、とても危険《きけん》価値《かち》の見当《けんとう》をつけること。例 古《ふる》いつぼを値踏みしてもらう。

ねぼう【寝坊】 名詞 動詞 形容動詞 朝《あさ》おそくまでねていること。また、そういうくせのある人《ひと》。例 朝《あさ》寝坊／寝坊な人《ひと》／遠足《えんそく》の日《ひ》に寝坊した。

ねぼける【寝ぼける】 動詞 ❶目《め》が覚《さ》めたばかりで、まだぼんやりしている。例 寝ぼけた顔《かお》をしている。❷ねむったまま、起《お》き上《あ》がったり声《こえ》を出《だ》したりする。

ねほりはほり【根掘り葉掘り】 副詞 細《こま》かいことまで。残《のこ》らず全部《ぜんぶ》。例 母《はは》に旅行中《りょこうちゅう》のできごとを根掘り葉掘り聞《き》いた。

ねま【寝間】 名詞 ねる部屋《へや》。

ねまき【寝巻き・寝間着】 名詞 ねるときに着《き》る服《ふく》。

ねまちづき【寝待ち月】 名詞 季語秋 昔《むかし》のこよみで、十九日《じゅうくにち》の夜《よる》の月《つき》。とくに、八月十九日《はちがつじゅうくにち》の月《つき》。寝待《ねま》ちの月《つき》。ふし待《ま》ち月《づき》。⇒1449ページ 昔《むかし》のこよみと年《とし》・月《つき》・季節《きせつ》のことば

ねまちのつき【寝待ちの月】 ⇒1018ページ ねまちづき

ねまわし【根回し】 名詞 動詞 話《はな》し合《あ》いをうまくまとめるために、関係《かんけい》する人《ひと》に前《まえ》もって話《はなし》をつけておくこと。例 明日《あす》の会議《かいぎ》の前《まえ》に根回ししておこう。

ねみみにみず【寝耳に水】 ことわざ まったく思《おも》いがけないできごとにおどろくことのたとえ。例 今日《きょう》テストがあるなんて寝耳に水だ。

ねむい【眠い】 形容詞 ねむりたい感《かん》じである。ねむい感《かん》じ。

ねむけ【眠気】 名詞 ねむりたい気分《きぶん》。ねむい感《かん》じ。例 眠気覚《ざ》まし／眠気をもよおす。

ねむたい【眠たい】 形容詞 ねむい。例 給食《きゅうしょく》を食《た》べたあとの授業《じゅぎょう》は、いつも眠たくなる。

使い方 くだけた言《い》い方《かた》。

ねむのき 名詞 豆《まめ》のなかまの高《たか》い木《き》。夜《よる》になると、細《こま》かな葉《は》が手《て》を合《あ》わせたように閉《と》じて垂《た》れる。夏《なつ》に、薄紅色《うすべにいろ》の細《ほそ》い糸《いと》を束《たば》ねたような花《はな》がさく。ことば 漢《かん》字《じ》では「合歓の木」と書《か》く。

ねむのき

ねむり【眠り】 名詞 ねむること。すいみん。例 深《ふか》い眠りに落《お》ちる。

ねむりこける【眠りこける】 動詞 ぐっすりとねむる。例 つかれていすで眠りこける。

ねむる【眠る】 動詞 ❶心《こころ》や体《からだ》のはたらきが休《やす》んで、意識《いしき》がない状《じょう》態《たい》になる。例 ぐっすり眠る。❷死《し》ぬ。例 祖先《そせん》の眠っている墓《はか》。❸人《ひと》に使《つか》われないでそのままになっている。例 貴重《きちょう》な資料《しりょう》が眠っている。

ねもと【根元・根本】 名詞 ❶植物《しょくぶつ》の根《ね》に近《ちか》い部分《ぶぶん》。例 木《き》の根元を切《き》る。❷ものごとのもと。根本《こんぽん》。

ねゆき【根雪】 名詞 季語冬 降《ふ》り積《つ》もったまま、春《はる》までとけないで残《のこ》る雪《ゆき》。

ねらい【狙い】 名詞 ❶目標《もくひょう》を決《き》めて、当《あ》てようと構《かま》えること。例 狙いうち／狙いをつける。❷目当《めあ》て。目的《もくてき》。例 作者《さくしゃ》の狙いは、戦争《せんそう》のおそろしさを知《し》ってもらうことにある。

ねらう【狙う】 動詞 ❶目標《もくひょう》を決《き》めて、当《あ》てようと構《かま》える。例 弓《ゆみ》で的《まと》を狙う。❷目当《めあ》てのものを手《て》に入《い》れようとする。目指《めざ》す。例 人《ひと》の財産《ざいさん》を狙う／優勝《ゆうしょう》を狙う。❸機会《きかい》をうかがう。例 すきを狙ってにげる。

ねりあげる【練り上げる】 動詞 ❶じゅうぶんにこねて仕上《しあ》げる。例 あずきのあんを練り上げる。❷じゅうぶんに考《かんが》えたり修正《しゅうせい》したりして、よいものに仕上《しあ》げる。例 よく練り上げた文章《ぶんしょう》。

ねりあるく【練り歩く】 動詞 列《れつ》を作《つく》って、ゆっくり歩《ある》く。例 行列《ぎょうれつ》が町内《ちょうない》を練り歩く。

ねりせいひん【練り製品】 名詞 魚《さかな》の肉《にく》をすり身《み》にして作《つく》った食品《しょくひん》。かまぼこ・ちくわ・はんぺんなど。

ねりなおす【練り直す】 動詞 ❶練《ね》ったものをもう一度《いちど》練《ね》る。❷だいたいまとまったものを、もう一度《いちど》考《かんが》え直《なお》す。例 計画《けいかく》を練り直す。

ねりもの【練り物】 名詞 魚《さかな》のすり身《み》を練《ね》って作《つく》った食品《しょくひん》。かまぼこ・ちくわ・はんぺんなど。練《ね》り製品《せいひん》。

ねる【寝る】 動詞

他人《たにん》の意見《いけん》や忠告《ちゅうこく》などを心《こころ》にとめないで聞《き》き流《なが》すことのたとえ。

❶ねむる。例 ぐっすりと寝る。対 起《お》きる。
❷横《よこ》になる。横《よこ》たわる。例 寝ながら本《ほん》を読《よ》む。対 起《お》きる。
❸病気《びょうき》になって、ねこむ。例 かぜで三日間《みっかかん》も寝ている。
❹お金《かね》やものが、つかわれない状態《じょうたい》にある。例 倉庫《そうこ》に寝ている商品《しょうひん》を安《やす》く売《う》る。

● **寝《ね》る子《こ》は育《そだ》つ** ことわざ よくねむる子《こ》は健康《けんこう》でじょうぶに育《そだ》つ。

ねる【練る】 動詞
❶粉《こな》などに水《みず》を入《い》れてこね合《あ》わせる。例 小麦《こむぎ》粉《こ》を練る。
❷火《ひ》にかけて、こね固《かた》める。例 あんを練る。
❸よく考《かんが》えて、文章《ぶんしょう》や計画《けいかく》をよりよいものにする。例 登山《とざん》の計画《けいかく》を練る。
❹心《こころ》や体《からだ》、技術《ぎじゅつ》をりっぱなものにする。例 大《たい》会《かい》に備《そな》えて、わざを練る。
❺列《れつ》を作《つく》り、大勢《おおぜい》で歩《ある》く。例 祭《まつ》りの行列《ぎょうれつ》が町《まち》を練る。
漢↓1415ページ れん〔練〕

ねれる【練れる】 動詞 いろいろな経験《けいけん》をして、人《ひと》がらがおだやかになる。また、努力《どりょく》を重《かさ》ねて、文章《ぶんしょう》などがよくなる。例 苦労《くろう》を重《かさ》ねてきた祖父《そふ》は、練れた人《ひと》だ／練れた文章《ぶんしょう》。

ねわけ【根分け】 名詞 動詞 季語 春 植物《しょくぶつ》の根《ね》をいくつかに分《わ》けて、別《べつ》の場所《ばしょ》に植《う》えること。

漢 **ねん【年】**〔干《かん》〕 6画 1年 音 ネン 訓 とし

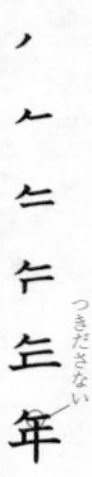

❶とし。例 年越《としこ》し／年月《ねんげつ》／年号《ねんごう》／年少《ねんしょう》／年末《ねんまつ》／学年《がくねん》／去年《きょねん》／少年《しょうねん》。
❷年数《ねんすう》を数《かぞ》えることば。例 二〇〇一年《ねん》。

ねん【念】 名詞
❶心《こころ》からの気持《きも》ち。思《おも》い。例 感謝《かんしゃ》の念／尊敬《そんけい》の念をいだく。
❷十分《じゅうぶん》に注意《ちゅうい》すること。例 念を入《い》れて調《しら》べる／念の入《い》った検査《けんさ》。
漢↓1019ページ ねん〔念〕

● **念《ねん》には念《ねん》を入《い》れる** 注意《ちゅうい》した上《うえ》になおも注《ちゅう》意《い》して、まちがいのないようにする。

● **念《ねん》のため** さらに確《たし》かにするために。例 念のため答《こた》えのらんをもう一度《いちど》見《み》る。

● **念《ねん》を押《お》す** まちがいのないよう、もう一度《いちど》確《たし》かめる。例「必《かなら》ず来《き》てください。」と念を押す。

漢 **ねん【念】**〔心《こころ》〕 8画 4年 音 ネン 訓

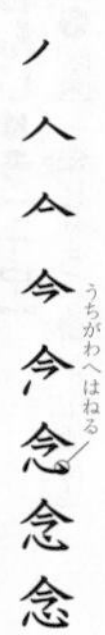

❶おもう。心《こころ》に深《ふか》くおもう。例 念願《ねんがん》／念頭《ねんとう》／一念《いちねん》／執念《しゅうねん》／信念《しんねん》。
❷注意深《ちゅういぶか》くたしかめる。例 入念《にゅうねん》。
❸となえる。例 念仏《ねんぶつ》。

ねん【然】 漢↓733ページ ぜん〔然〕

漢 **ねん【燃】**〔火《ひへん》〕 16画 5年 音 ネン 訓 もえる・もやす・もす

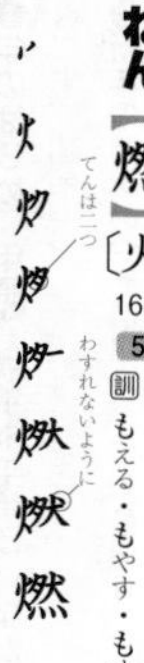

もえる。例 燃焼《ねんしょう》／燃料《ねんりょう》。

ねんいり【念入り】 形容動詞 注意《ちゅうい》が行《い》き届《とど》いていて、ていねいなようす。例 部屋《へや》のすみまで念入りに掃除《そうじ》した。

ねんえき【粘液】 名詞 ねばり気《け》のある液体《えきたい》。

ねんが【年賀】 名詞 季語 新年 新年《しんねん》のお祝《いわ》い。例 年賀状《じょう》／年賀のあいさつをかわす。

ねんがく【年額】 名詞 出入《でい》りしたお金《かね》の額《がく》や、品物《しなもの》・作物《さくもつ》の生産高《せいさんだか》の、一年間分《いちねんかんぶん》の合計《ごうけい》。

ねんがじょう【年賀状】 名詞 季語 新年 新年《しんねん》のお祝《いわ》いのことばを書《か》いて出《だ》す手紙《てがみ》やはがき。

ねんがっぴ【年月日】 名詞 年《とし》と月《つき》と日《ひ》。例 製造《せいぞう》年月日／卒業《そつぎょう》の年月日。

ねんがらねんじゅう【年から年中】 副詞 一年《いちねん》じゅう。いつでも。例 あの人《ひと》は年から年中テレビばかり見《み》ている。

ねんかん【年間】 名詞 一年《いちねん》の間《あいだ》。例 北海道《ほっかいどう》は年間を通《とお》して雨《あめ》の量《りょう》が少《すく》ない。

ねんかん【年鑑】 名詞 一年間《いちねんかん》に起《お》きたおもなできごとや統計《とうけい》などをまとめた本《ほん》。

ねんがん【念願】 名詞 動詞 あることが実現《じつげん》するように、いつも心《こころ》にかけて願《ねが》うこと。また、その願《ねが》い。例 念願の初優勝《はつゆうしょう》。類 願望《がんぼう》。宿願《しゅくがん》。

ねんき【年季】 名詞 昔《むかし》、人《ひと》をやとうときに前《まえ》もって決《き》めた年数《ねんすう》。また、そのように年数《ねんすう》を決《き》めてやとわれること。例 年季が明《あ》ける。

● **年季《ねんき》が入《はい》る** 長《なが》い間《あいだ》、同《おな》じことに経験《けいけん》を積《つ》んでいて、腕前《うでまえ》がすぐれている。例 職人《しょくにん》の年季が入《い》ったわざにおどろく。

● **年季《ねんき》を入《い》れる** 長《なが》い間《あいだ》、同《おな》じことに経験《けいけん》を積《つ》んで、うでをみがく。

故事成語 **馬耳東風《ばじとうふう》** 馬《うま》は、気持《きも》ちのよい春風《はるかぜ》（東風《とうふう》）が耳《みみ》もとでふいても何《なに》も感《かん》じないという意味《いみ》で、

あいうえお　かきくけこ　さしすせそ　たちつてと　なにぬねの　はひふへほ　まみむめも　やゆよ　らりるれろ　わをん

ねんきゅう【年給】 名詞 一年《いちねん》を単位《たんい》にして決《き》めた給料《きゅうりょう》。類 年俸《ねんぽう》。

ねんきん【年金】 名詞 死《し》ぬまで、またはある決《き》められた期間《きかん》、毎年《まいとし》しはらわれる決《き》まった額《がく》のお金《かね》。国民年金《こくみんねんきん》・厚生年金《こうせいねんきん》など。

ねんぐ【年貢】 名詞 ❶昔《むかし》、田畑《たはた》にかけられた税《ぜい》。大名《だいみょう》などの領主《りょうしゅ》に米《こめ》や作物《さくもつ》で納《おさ》めるのがふつうだったが、お金《かね》で納《おさ》めることもあった。❷昔《むかし》、地主《じぬし》から土地《とち》を借《か》りていた農民《のうみん》が、地《じ》主《ぬし》に納《おさ》めた米《こめ》やお金《かね》。小作料《こさくりょう》。

●**年貢《ねんぐ》の納《おさ》め時《どき》** 長《なが》い間《あいだ》悪《わる》いことをしてきた人《ひと》が、とうとうつかまって、ばつを受《う》けなければならないとき。また、あきらめて覚悟《かくご》を決《き》めるとき。

ねんげつ【年月】 名詞 何年何《なんねんなん》か月《げつ》という長《なが》い時間《じかん》。としつき。類 歳月《さいげつ》。

ねんげん【年限】 名詞 いつまでと決《き》めた年《ねん》数《すう》。例 二年《にねん》の年限で部屋《へや》を借《か》りる。

ねんごう【年号】 名詞 年《とし》につける呼《よ》び名《な》。日《に》本《ほん》では、明治《めいじ》や平成《へいせい》など。「元号《げんごう》」ともいう。

ねんごろ【懇ろ】 形容動詞 ❶心《こころ》がこもっているようす。ていねいなようす。例 客《きゃく》を懇ろにもてなす。❷親《した》しく、仲《なか》のよいようす。例 となりの家《いえ》とは、ふだんから懇ろにしている。

ねんざ【捻挫】 名詞 動詞 手《て》や足《あし》の関節《かんせつ》をくじいて、いためること。例 足首《あしくび》を捻挫する。

ねんさん【年産】 名詞 一年間《いちねんかん》に生産《せいさん》される数《かず》や量《りょう》。例 年産百万台《ひゃくまんだい》。関連 月産《げっさん》。日産《にっさん》。

ねんし【年始】 名詞 季語 新年 ❶年《とし》のはじめ。年頭《ねんとう》。例 年末《ねんまつ》年始はいなかで過《す》ごす。対 年末《ねんまつ》。❷新年《しんねん》のお祝《いわ》いやあいさつ。例 年始回《まわ》り。

ねんじ【年次】 名詞 ❶年《とし》の順序《じゅんじょ》。例 卒業《そつぎょう》年次。❷一年《いちねん》ごと。毎年《まいとし》。例 来年度《らいねんど》の年次計画《けいかく》。

ねんしゅう【年収】 名詞 一年間《いちねんかん》の収入《しゅうにゅう》。一《いち》年間《ねんかん》に入《はい》るお金《かね》の合計《ごうけい》。関連 月収《げっしゅう》。

ねんじゅう【年中】 ❶名詞 一年《いちねん》じゅう。例 年中無休《むきゅう》。❷副詞 いつも。例 おばは、年中ほがらかだ。

ねんじゅうぎょうじ【年中行事】 名詞 習《なら》わしとして、毎年《まいとし》決《き》まった時期《じき》に行《おこな》われることがら。「ねんちゅうぎょうじ」ともいう。

ねんしょう【年少】 名詞 年《とし》が若《わか》いこと。年《とし》が下《した》であること。また、その人《ひと》。例 年少者《しゃ》／最《さい》年少。対 年長《ねんちょう》。

ねんしょう【燃焼】 名詞 動詞 ❶燃《も》えること。例 物《もの》の燃焼には酸素《さんそ》が必要《ひつよう》だ。❷自分《じぶん》の持《も》っている力《ちから》を出《だ》しきること。例 この作曲家《さっきょくか》は、音楽《おんがく》に一生《いっしょう》を燃焼しつくした。

ねんじる【念じる】 動詞 ❶心《こころ》の中《なか》で、こうあってほしいと思《おも》う。例 発《はっ》表会《ぴょうかい》の成功《せいこう》を念じる。❷神《かみ》や仏《ほとけ》にいのる。例 お経《きょう》を念じる。ことば「念《ねん》ずる」ともいう。

ねんずる【念ずる】 ⇩1020ページ ねんじる

ねんだい【年代】 名詞 ❶過《す》ぎてきた年月《ねんげつ》。例 年代物《もの》の（＝古《ふる》い）机《つくえ》。❷まとまりごとに区切《くぎ》った歴史上《れきしじょう》の期間《きかん》。時代《じだい》。例 一九六〇年代に流行《りゅうこう》した歌《うた》。❸紀元《きげん》から数《かぞ》えた年数《ねんすう》。例 できごとを年代順《じゅん》に並《なら》べる。❹ある年齢《ねんれい》のころ。世代《せだい》。例 同《おな》じ年代の人《ひと》。

ねんちゃく【粘着】 名詞 動詞 ねばりつくこと。例 このテープは粘着力《りょく》が強《つよ》い。

ねんちゅうぎょうじ【年中行事】 ⇩1020ページ ねんじゅうぎょうじ

ねんちょう【年長】 名詞 年《とし》が上《うえ》であること。また、その人《ひと》。例 年長者《しゃ》／最《さい》年長。対 年少《ねんしょう》。

ねんど【年度】 名詞 会社や役所、学校などで、仕事《しごと》の都合《つごう》などで区切《くぎ》った一年《いちねん》の期間《きかん》。参考 ふつう、四月一日《しがつついたち》から翌年《よくねん》の三月三十一日《さんがつさんじゅういちにち》まで。

ねんど【粘土】 名詞 つぶが細《こま》かくて、ねばり気《け》のある土《つち》。瀬戸物《せともの》・れんが・かわらなどの原《げん》料《りょう》になる。

ねんとう【年頭】 名詞 年《とし》のはじめ。年始《ねんし》。例 年頭のあいさつ。対 年末《ねんまつ》。

ねんとう【念頭】 名詞 心《こころ》の中《なか》。考《かんが》え。例 そんなことは、念頭になかった／念頭におく。

ねんどまつ【年度末】 名詞 その年度《ねんど》の終《お》わりの時期《じき》。例 年度末にまとめてしはらう。

ねんない【年内】 名詞 季語 冬 その年《とし》のうち。例 年内無休《むきゅう》／新《あたら》しい校舎《こうしゃ》は年内に完成予定《かんせいよてい》だ。

ねんねこ 名詞 季語 冬 子供《こども》を背負《せお》うとき、上《うえ》か

て変《か》わる。お茶《ちゃ》なら湯飲《ゆの》みで、スープならスプーンで飲《の》むしぐさをしてみよう。

あいうえお かきくけこ さしすせそ たちつてと なにぬねの ね はひふへほ まみむめも や ゆ よ らりるれろ わ を ん

らはおって着《き》る綿《わた》の入《はい》ったはんてん。「ねんねこばんてん」の略《りゃく》。

ねんねん【年年】 副詞 年《とし》ごとに。毎年《まいとし》。例 年々都《と》市《し》の人口《じんこう》が増《ふ》えている。

ねんのため【念のため】 ➡1019ページ「念《ねん》」の子見《こみ》出《だ》し

ねんぱい【年配・年輩】 名詞 ❶世《よ》の中《なか》のことによく慣《な》れた年《とし》ごろ。ふつう、中《ちゅう》年《ねん》以《い》上《じょう》をいう。例 年配の男性《だんせい》が訪《たず》ねてきた。❷だいたいの年齢《ねんれい》。例 母《はは》ぐらいの年配の人《ひと》。

ねんばんがん【粘板岩】 名詞 どろが固《かた》まってできた泥岩《でいがん》などが、さらにかたく変成《へんせい》してできた黒《くろ》い岩石《がんせき》。うすく板《いた》のようにはがれやすい。すずり・と石《いし》などに使《つか》われる。

ねんぴ【燃費】 名詞 ある仕事《しごと》をするのに機械《きかい》が必要《ひつよう》とする燃料《ねんりょう》の量《りょう》。自動車《じどうしゃ》では、燃料《ねんりょう》一《いち》リットルで走《はし》れるきょりで表《あらわ》す。例 低《てい》燃費／燃費のよい車《くるま》。

ねんぴょう【年表】 名詞 できごとを、年代《ねんだい》順《じゅん》に書《か》き並《なら》べた表《ひょう》。例 歴史《れきし》年表。

ねんぷ【年譜】 名詞 ある人《ひと》の一生《いっしょう》の間《あいだ》のできごとを、年月《ねんげつ》の順《じゅん》に書《か》いた記録《きろく》。

ねんぶつ【念仏】 名詞 動詞 仏《ほとけ》の名《な》を唱《とな》えながらいのること。とくに、「なむあみだぶつ」と唱《とな》えること。

ねんぽう【年俸】 名詞 一年間《いちねんかん》当《あ》たりいくらと決《き》めた給料《きゅうりょう》。類 年給《ねんきゅう》。

ねんまく【粘膜】 名詞 まぶた・鼻《はな》・のど・胃《い》・腸《ちょう》などの内側《うちがわ》をおおっているやわらかい膜《まく》。粘液《ねんえき》でしめっている。

ねんまつ【年末】 名詞 季語冬 一年《いちねん》の終《お》わりのころ。年《とし》の暮《く》れ。類 歳末《さいまつ》。対 年頭《ねんとう》。年始《ねんし》。

ねんらい【年来】 名詞 長《なが》い年月《ねんげつ》。何年《なんねん》も前《まえ》から続《つづ》いていること。例 年来の希望《きぼう》がようやくかなった。

ねんり【年利】 名詞 預《あず》けたり借《か》りたりしたお金《かね》に、一年間《いちねんかん》につく利息《りそく》の割合《わりあい》。例 定期預金《ていきよきん》の年利。

ねんりき【念力】 名詞 一心《いっしん》に集中《しゅうちゅう》することによってわく、不思議《ふしぎ》な力《ちから》。

ねんりょう【燃料】 名詞 熱《ねつ》や動力《どうりょく》を得《え》るために燃《も》やす材料《ざいりょう》。石油《せきゆ》・石炭《せきたん》・ガス・炭《すみ》など。

ねんりょうでんち【燃料電池】 名詞 水素《すいそ》と酸素《さんそ》を反応《はんのう》させて電気《でんき》をつくる装置《そうち》。燃料《ねんりょう》電池《でんち》自動車《じどうしゃ》などに使《つか》われている。

ねんりょうひ【燃料費】 名詞 熱《ねつ》や動力《どうりょく》を得《え》るために燃《も》やす、石油《せきゆ》・石炭《せきたん》・ガスなどにかかる費用《ひよう》。

ねんりん【年輪】 名詞 木《き》の幹《みき》を横《よこ》に切《き》ったとき、切《き》り口《くち》に見《み》られる輪《わ》の形《かたち》をした模様《もよう》。参考 一年《いちねん》に一《ひと》つずつ増《ふ》えるので、その木《き》の年齢《ねんれい》がわかる。

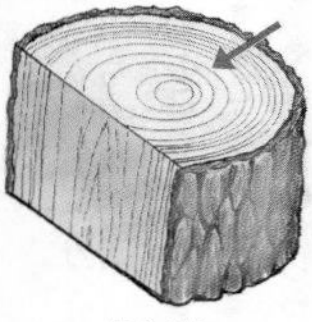
ねんりん

ねんれい【年齢】 名詞 生《う》まれてからの年数《ねんすう》。とし。ことば「年令」とも書《か》く。

の 助詞 （ほかのことばのあとにつけて）❶すぐあとにくる名詞《めいし》の意味《いみ》を、よりくわしくすることば。例 わたしの本《ほん》／革《かわ》のかばん／わたしは長女《ちょうじょ》のよし子《こ》です／まるで夏《なつ》のようだ。❷「もの」「こと」の代《か》わりに使《つか》うことば。例 もっと小《ちい》さいのがほしい／水《みず》を飲《の》むのをがまんする。❸主語《しゅご》を表《あらわ》す。…が。例 人《ひと》の多《おお》い町《まち》。❹ものごとを並《なら》べていうときに使《つか》うことば。例 なんのかんのと文句《もんく》を言《い》う。❺疑問《ぎもん》や強《つよ》める気持《きも》ちを表《あらわ》す。例 この料理《りょうり》はだれが作《つく》ったの／そんなこと言《い》わないの。❻（「…のだ」「…のです」などの形《かたち》で）事情《じじょう》や理由《りゆう》を強《つよ》く示《しめ》すときに使《つか》うことば。例 兄《あに》は行《い》けないのだ／ほんとうに知《し》らなかったのです。

の【野】 名詞 草《くさ》や低《ひく》い木《き》などが生《は》えた、広々《ひろびろ》とした平《たい》らな土地《とち》。野原《のはら》。例 山《やま》のすそ野／野山《のやま》。

漢 ➡1330ページ や〔野〕

ノイズ （noise）名詞「騒音《そうおん》」「雑音《ざつおん》」のこと。とくに、放送《ほうそう》などに入《はい》るものをいう。

のいばら【野茨】 名詞 ばらのなかまで、山野《さんや》や川岸《かわぎし》に生《は》える低《ひく》い木《き》。くきにはとげがあり、

手話にチャレンジ **飲《の》む** コップを持《も》って飲《の》むしぐさをする。「飲《の》む」の手話《しゅわ》はどんなうつわで何《なに》を飲《の》むかによっ

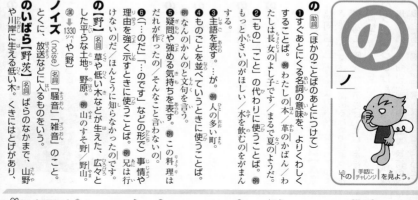

初夏《しょか》に香《かお》りのよい白《しろ》い花《はな》がさく。のばら。

ノイローゼ ⇒661ページ しんけいしょう

のう【能】 名詞 ❶ものごとを成《な》しとげる力《ちから》。例 強《つよ》いばかりが能じゃない。❷「能楽《のうがく》」のこと。例 能を鑑賞《かんしょう》する。

漢 ⇒1022ページ のう〔能〕

●**能《のう》あるたかは爪《つめ》を隠《かく》す** ことわざ ほんとうに力《ちから》のある人《ひと》は、やたらにそれを見《み》せびらかすようなことはしないということ。使い方「能」を「脳」と書《か》かないよう注意《ちゅうい》。

●**能《のう》がない** できることがない。何《なに》もできない。

漢 **のう【能】**〔月《にくづき》〕10画 5年 音 ノウ 訓

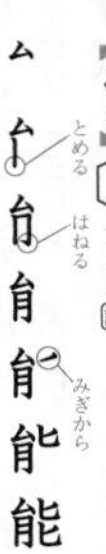

❶できる。よくできる。例 能率《のうりつ》／可能《かのう》。❷はたらき。ものごとを成《な》しとげるちから。例 能力《のうりょく》／才能《さいのう》／知能《ちのう》。❸ききめ。例 効能《こうのう》／万能《ばんのう》。❹はたらきかける。例 能動的《のうどうてき》。❺わざ。例 芸能《げいのう》。❻日本《にほん》の伝統芸能《でんとうげいのう》の一《ひと》つ。例 能楽《のうがく》／能面《のうめん》。

漢 **のう【納】**〔糸《いとへん》〕10画 6年 音 ノウ・ナッ・ナ・ナン・トウ 訓 おさめる・おさまる

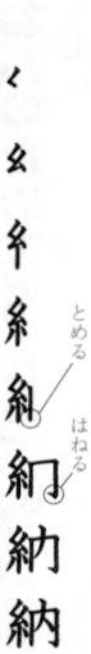

❶入《い》れる。おさめる。例 納屋《なや》／納戸《なんど》／納税《のうぜい》／納入《のうにゅう》／納品《のうひん》／収納《しゅうのう》／出納《すいとう》。❷うけいれる。例 納得《なっとく》。

のう【脳】 名詞 頭《あたま》の中《なか》にあって、考《かんが》えたり、感《かん》じたり、体《からだ》を動《うご》かしたりするはたらきを受《う》け持《も》つところ。例 脳のしくみを調《しら》べる。

漢 **のう【脳】**〔月《にくづき》〕11画 6年 音 ノウ 訓

❶のう。頭《あたま》の中《なか》にある、ものごとを考《かんが》えたり、神経《しんけい》に命令《めいれい》を伝《つた》えたりするところ。例 脳髄《のうずい》／大脳《だいのう》。❷頭《あたま》のはたらき。例 脳裏《のうり》。❸かしら。ものの中心《ちゅうしん》となるもの。例 首脳《しゅのう》。

漢 **のう【農】**〔辰《しんのたつ》〕13画 3年 音 ノウ 訓

田畑《たはた》をたがやして作物《さくもつ》をつくる。例 農家《のうか》／農業《のうぎょう》／農耕《のうこう》／農村《のうそん》／農地《のうち》／農民《のうみん》。

のういっけつ【脳いっ血】 ⇒1023ページ のうしゅっけつ

のうえん【農園】 名詞 野菜《やさい》・果物《くだもの》・草花《くさばな》などを作《つく》るところ。

のうか【農家】 名詞 農業《のうぎょう》で暮《く》らしを立《た》てている家《いえ》。また、その建物《たてもの》。

のうかい【納会】 名詞 ❶その年《とし》の最後《さいご》に開《ひら》く会合《かいごう》。❷取引所《とりひきじょ》での、その月最後《つきさいご》の取《と》り引《ひ》きのこと。

のうがき【能書き】 名詞 ❶薬《くすり》などの効《き》き目《め》を書《か》いたもの。効能書《こうのうが》き。❷人《ひと》に知《し》らせるために、よいことばかりを大《おお》げさに言《い》うこと。例 能書きを並《なら》べて売《う》りこむ。

のうがく【能楽】 名詞 日本独特《にほんどくとく》の演劇《えんげき》の一《ひと》つ。お面《めん》をつけ、笛《ふえ》・つづみなどの伴奏《ばんそう》と、節《ふし》をつけてうたう物語《ものがたり》に合《あ》わせて演《えん》じる。二〇〇八年《ねん》に無形文化遺産《むけいぶんかいさん》に登録《とうろく》された。能《のう》。関連 狂言《きょうげん》。ことば 能楽《のうがく》の曲目《きょくもく》は、「一番《いちばん》」と数《かぞ》える。⇒1199ページ

伝統コラム

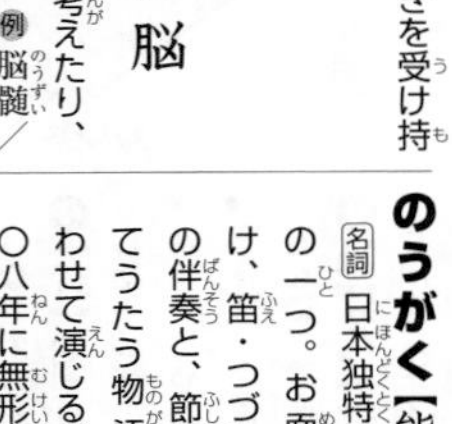

のうがく

のうかんき【農閑期】 名詞 冬《ふゆ》など、農業《のうぎょう》の仕事《しごと》がひまな時期《じき》。対 農繁期《のうはんき》。

のうきぐ【農機具】 名詞 田畑《たはた》の仕事《しごと》に使《つか》う機械《きかい》や道具《どうぐ》。すき・くわ・トラクター・コンバインなど。

のうきょう【農協】 ⇒1022ページ のうぎょうきょうどうくみあい

のうぎょう【農業】 名詞 米《こめ》・野菜《やさい》・果物《くだもの》などを作《つく》ったり、牛《うし》・にわとり・ぶたなどの家畜《かちく》を飼《か》ったりする仕事《しごと》。関連 漁業《ぎょぎょう》。林業《りんぎょう》。

のうぎょうきょうどうくみあい【農業協同組合】 名詞 農家《のうか》の人々《ひとびと》が集《あつ》まってつくる団体《だんたい》。農業技術《のうぎょうぎじゅつ》を高《たか》めるための仕事《しごと》や、作物《さくもつ》の加工《かこう》・販売《はんばい》、貯金《ちょきん》の受《う》け入《い》れなどを行《おこな》う。「農協《のうきょう》」「JA《ジェーエー》」ともいう。

のうぎょうしけんじょう【農業試験場】 名詞 農作物《のうさくもつ》の品種改良《ひんしゅかいりょう》や農業技術《のうぎょうぎじゅつ》の改良《かいりょう》のため、調査《ちょうさ》・研究《けんきゅう》・試験《しけん》などを行《おこな》うとこ

ことから、止《と》めようとしても止《と》められないほど勢《いきお》いが激《はげ》しいこと。

ろ。

のうぎょうようすい【農業用水】 名詞 農《のう》作物《さくぶつ》を育《そだ》てるための用水《ようすい》。

のうぐ【農具】 名詞 農業《のうぎょう》に使《つか》う道具《どうぐ》。くわ・かま・すきなど。

のうこう【農耕】 名詞 田《た》や畑《はたけ》を耕《たがや》して、作物《さくもつ》をつくること。例 農耕民族《みんぞく》。類 耕作《こうさく》。

のうこう【濃厚】 形容動詞 ❶色《いろ》や味《あじ》などが濃《こ》いようす。こってりしているようす。例 濃厚な味《あじ》つけ。対 希薄《きはく》。淡泊《たんぱく》。❷そうなる可能性《かのうせい》が高《たか》いようす。例 白組《しろぐみ》の勝《しょう》利《り》が濃厚になってきた。

のうこつ【納骨】 名詞 動詞 火葬《かそう》にした死者《ししゃ》の骨《ほね》をつぼに入《い》れること。また、その骨《ほね》を墓地《ぼち》などに納《おさ》めること。例 納骨式《しき》。

のうさぎょう【農作業】 名詞 田《た》や畑《はたけ》でする仕事《しごと》。

のうさくぶつ【農作物】 名詞 田《た》や畑《はたけ》で作《つく》られるもの。米《こめ》・麦《むぎ》・野菜《やさい》・果物《くだもの》など。作物《さくもつ》。「のうさくもつ」ともいう。

のうさくもつ【農作物】 ⇩1023ジ《ペー》 のうさくぶつ

のうさんぶつ【農産物】 名詞 農業《のうぎょう》によって作《つく》られるもの。米《こめ》・野菜《やさい》・果物《くだもの》・茶《ちゃ》・卵《たまご》・肉《にく》など。関連 水産物《すいさんぶつ》。

のうし【脳死】 名詞 脳《のう》のはたらきが完全《かんぜん》に止《と》まり、もとにもどらなくなった状態《じょうたい》。

のうしゅく【濃縮】 名詞 動詞 液体《えきたい》を煮《に》つめるなどして、濃《こ》くすること。例 濃縮ジュース。

のうしゅっけつ【脳出血】 名詞 脳《のう》の血管《けっかん》が破《やぶ》れて出血《しゅっけつ》すること。血圧《けつあつ》が高《たか》いと起《お》こりやすく、手足《てあし》が不自由《ふじゆう》になることが多《おお》い。「脳《のう》いっ血《けつ》」ともいう。

のうじょう【農場】 名詞 農業《のうぎょう》をするための土地《とち》・建物《たてもの》・農機具《のうきぐ》などがある場所《ばしょ》。

のうしんとう【脳しんとう】 名詞 頭《あたま》を強《つよ》く打《う》ったときなどに、しばらくぼんやりしたり、気《き》を失《うしな》ったりすること。

のうずい【脳髄】 名詞 「脳《のう》」のこと。

のうすいしょう【農水省】 ⇩1024ジ《ペー》 のうりんすいさんしょう

のうぜい【納税】 名詞 動詞 税金《ぜいきん》を納《おさ》めること。

のうそっちゅう【脳卒中】 名詞 脳出血《のうしゅっけつ》などのため、急《きゅう》に意識《いしき》を失《うしな》ってたおれる病気《びょうき》。卒中《そっちゅう》。

のうそん【農村】 名詞 住民《じゅうみん》の多《おお》くが農業《のうぎょう》によって生活《せいかつ》をしている村《むら》。関連 漁村《ぎょそん》。

のうたん【濃淡】 名詞 色《いろ》や味《あじ》などが、濃《こ》いこととうすいこと。例 濃淡をつける。

のうち【農地】 名詞 田《た》や畑《はたけ》など、作物《さくもつ》をつくる土地《とち》。類 耕地《こうち》。

のうちかいかく【農地改革】 名詞 日本《にほん》で、第二次世界大戦後《だいにじせかいたいせんご》、法律《ほうりつ》によって行《おこな》われた農地《のうち》所有制度《しょゆうせいど》の改革《かいかく》。地主《じぬし》が小作人《こさくにん》に貸《か》していた農《のう》地《ち》を政府《せいふ》が買《か》い上《あ》げて、安《やす》い値段《ねだん》で小作人《こさくにん》に売《う》りわたし、自作農《じさくのう》を増《ふ》やした。

のうてん【脳天】 名詞 頭《あたま》のてっぺん。

のうど【濃度】 名詞 液体《えきたい》や気体《きたい》の濃《こ》い・うすいの度合《どあ》い。決《き》まった量《りょう》にふくまれているものの量《りょう》の割合《わりあい》。例 食塩《しょくえん》の濃度が高《たか》い。

のうどうてき【能動的】 形容動詞 自分《じぶん》から進《すす》んでほかにはたらきかけるようす。例 ボランティア活動《かつどう》に能動的にとりくむ。対 受動的《じゅどうてき》。

のうなし【能無し】 名詞 なんの役《やく》にも立《た》たないこと。また、そのような人《ひと》。無能《むのう》。

のうにゅう【納入】 名詞 動詞 物《もの》やお金《かね》を納《おさ》めること。例 注文《ちゅうもん》された品物《しなもの》を納入した。

のうのう【と】 副詞 心配《しんぱい》などがなく、のんきにしているようす。例 のうのうと暮《く》らす。

のうは【脳波】 名詞 脳《のう》がはたらくときに出《で》る弱《よわ》い電流《でんりゅう》。脳《のう》の病気《びょうき》の診断《しんだん》などに使《つか》う。

ノウハウ (know-how) 名詞 あることを実際《じっさい》にやるのに必要《ひつよう》な技術《ぎじゅつ》や、やり方《かた》についての知《ち》識《しき》や情報《じょうほう》。例 仕事《しごと》のノウハウを身《み》につける。

のうはんき【農繁期】 名詞 田植《たう》えやいねかり、作物《さくもつ》のとり入《い》れなどのために、農業《のうぎょう》の仕《し》事《ごと》がとくにいそがしい時期《じき》。対 農閑期《のうかんき》。

のうびへいや【濃尾平野】 名詞 中部地方《ちゅうぶちほう》の南東部《なんとうぶ》にある平野《へいや》。伊勢湾《いせわん》に面《めん》し、名古屋市《なごやし》を中心《ちゅうしん》とする中京工業地帯《ちゅうきょうこうぎょうちたい》がある。

のうひん【納品】 名詞 動詞 注文《ちゅうもん》された品物《しなもの》を納《おさ》めること。また、その品物《しなもの》。例 決《き》められた日《ひ》に納品する。

のうひんけつ【脳貧血】 名詞 脳《のう》の血《ち》のめぐりが悪《わる》くなって起《お》こる病気《びょうき》。顔色《かおいろ》が青《あお》ざめ、めまいなどが起《お》こり、気《き》を失《うしな》うこともある。

のうふ【納付】 名詞 動詞 役所《やくしょ》などに、お金《かね》を

あいうえお　かきくけこ　さしすせそ　たちつてと　なにぬねの　はひふへほ　まみむめも　やゆよ　らりるれろ　わをん

故事成語 破竹《はちく》の勢《いきお》い　「破竹《はちく》」は、竹《たけ》を割《わ》ること。竹《たけ》は最初《さいしょ》のひと節《ふし》を割《わ》るとそのあとは一気《いっき》に割《わ》れる

納《おさ》めること。例 納付金《きん》／税金《ぜいきん》を納付する。

のうふ【農夫】 名詞 農業《のうぎょう》を仕事《しごと》にしている男《おとこ》の人《ひと》。

のうふ【農婦】 名詞 農業《のうぎょう》を仕事《しごと》にしている女《おんな》の人《ひと》。

のうまくえん【脳膜炎】 ⇩678ページ《ジ》ずいまくえん

のうみそ【脳みそ】 名詞 脳《のう》。頭《あたま》のはたらき。例 脳みそをしぼって考《かんが》える。

のうみん【農民】 名詞 農業《のうぎょう》をして暮《く》らしを立《た》てている人々《ひとびと》。

のうむ【濃霧】 名詞 季語秋 見通《みとお》しがきかないほど、濃《こ》く深《ふか》いきり。例 濃霧注意報《ちゅういほう》。

のうめん【能面】 名詞 能《のう》楽《がく》を演《えん》じるときに使《つか》う面《めん》。

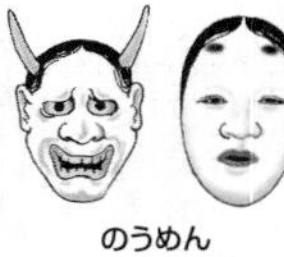
のうめん

のうやく【農薬】 名詞 農《のう》作物《さくぶつ》につく害虫《がいちゅう》を殺《ころ》したり、病気《びょうき》を防《ふせ》いだり、雑《ざっ》草《そう》をからしたりする薬《くすり》。参考 使《つか》いすぎると、人間《にんげん》の体《からだ》にも害《がい》をおよぼす危険《きけん》がある。

のうり【脳裏】 名詞 頭《あたま》の中《なか》。心《こころ》の中《なか》。例 脳裏に焼《や》きつける／故郷《こきょう》の風景《ふうけい》が脳裏にうかぶ。

のうりつ【能率】 名詞 ある時間《じかん》にできる仕事《しごと》の量《りょう》。また、その進《すす》み具合《ぐあい》。例 能率が上《あ》がる。

のうりつてき【能率的】 形容動詞 むだがなく、ある時間《じかん》に多《おお》くの仕事《しごと》ができるようす。よくはかどるようす。例 能率的に学習《がくしゅう》を進《すす》める。

のうりょう【納涼】 名詞 季語夏 夏《なつ》の暑《あつ》さをさけて、外《そと》の風通《かぜとお》しのよいところなどですずしさを味《あじ》わうこと。例 納涼花火大会《はなびたいかい》。

のうりょく【能力】 名詞 ものごとを成《な》しとげられる力《ちから》。例 作曲《さっきょく》の能力を発揮《はっき》する。

のうりん【農林】 名詞 農業《のうぎょう》と林業《りんぎょう》。

のうりんすいさんぎょう【農林水産業】 名詞 農業《のうぎょう》・林業《りんぎょう》・水産業《すいさんぎょう》をまとめていうことば。

のうりんすいさんしょう【農林水産省】 名詞 農業《のうぎょう》・林業《りんぎょう》・水産業《すいさんぎょう》をさかんにし、食料《しょくりょう》・森林《しんりん》・水産資源《すいさんしげん》を守《まも》るための仕事《しごと》をする国《くに》の役所《やくしょ》。略《りゃく》して「農水省《のうすいしょう》」ともいう。

ノー (no) ❶ 感動詞 いいえ。例 いやなことはノーとはっきり断《ことわ》ろう。対 イエス。❷ 接頭語 (ほかのことばの前《まえ》につけて)「ない」「不要《ふよう》」「禁止《きんし》」の意味《いみ》を表《あらわ》す。例 ノーコメント／ノースモーキング (＝禁煙《きんえん》)。

ノースリーブ 名詞 そでがないこと。また、そでのない服《ふく》。ことば 英語《えいご》の「ノー」と「スリーブ」を合《あ》わせて、日本《にほん》で作《つく》られたことば。

ノート (note) ❶ 名詞 動詞 書《か》き留《と》めること。また、書《か》き留《と》めたもの。例 大切《たいせつ》なことをノートしておく。❷ 名詞 帳面《ちょうめん》。「ノートブック」の略《りゃく》。

ノーヒットノーラン 名詞 野球《やきゅう》で、一人《ひとり》のピッチャーが、一本《いっぽん》のヒットも一点《いってん》の得点《とくてん》も相《あい》手《て》チームにあたえず、一試合《いっしあい》を終《お》えること。

ノーベル 名詞 (一八三三～一八九六) スウェーデンの化学者《かがくしゃ》。ダイナマイトを発明《はつめい》した。

ノーベルしょう【ノーベル賞】 名詞 スウェーデンの化学者《かがくしゃ》ノーベルの遺言《ゆいごん》により、人類《じんるい》のためにすぐれた仕事《しごと》をした人《ひと》に毎年《まいとし》おくられる賞《しょう》。物理学賞《ぶつりがくしょう》、化学賞《かがくしょう》、生理学《せいりがく》・医学賞《いがくしょう》、文学賞《ぶんがくしょう》、平和賞《へいわしょう》、経済学賞《けいざいがくしょう》の六《むっ》つがある。参考 日本人《にほんじん》では、湯川秀樹《ゆかわひでき》が物理学賞《ぶつりがくしょう》、川端《かわばた》康成《やすなり》が文学賞《ぶんがくしょう》を受《う》けるなどしている。

ノーマーク 名詞 スポーツなどで、ある相手《あいて》に対《たい》して注意《ちゅうい》や用心《ようじん》をしないこと。また、されないこと。例 ノーマークだった選手《せんしゅ》にゴールを決《き》められた。ことば 英語《えいご》の「ノー」と「マーク」を合《あ》わせて、日本《にほん》で作《つく》られたことば。

ノーマライゼーション (normalization) 名詞 障害《しょうがい》のある人《ひと》やお年寄《としよ》りなどを特別《とくべつ》あつかいせずに、地域《ちいき》の中《なか》で助《たす》け合《あ》いながらふつうに暮《く》らしていくのが当然《とうぜん》であるとする考《かんが》え方《かた》。

のがい【野飼い】 名詞 牛《うし》・馬《うま》などを野山《のやま》に放《はな》して飼《か》うこと。放《はな》し飼《が》い。

のがす【逃す】 動詞 ❶とりにがす。つかまえそこなう。例 犯人《はんにん》を逃す／チャンスを逃す。❷(ほかのことばのあとにつけて)…しそこなう。例 楽《たの》しみにしていた番組《ばんぐみ》を見《み》逃した。

のがれる【逃れる】 動詞 ❶にげる。危険《きけん》などから遠《とお》ざかる。例 追《お》っ手《て》から逃れる／人混《ひとご》みから逃れる。❷いやなことなどを、受《う》けないですむ。例 当《とう》番《ばん》の役目《やくめ》を逃れる／責任《せきにん》を逃れる。

がよくわかるものだ、ということ。

類＝意味《いみ》のよく似《に》たことば　対＝反対《はんたい》の意味《いみ》のことばや対《つい》になることば

のき【軒】 名詞 屋《や》根《ね》のはしの、かべより外《そと》へ張《は》り出《だ》した部分《ぶぶん》。

のき

● **軒《のき》を連《つら》ねる** 建《たて》物《もの》が立《た》ち並《なら》んでいる。軒《のき》を並《なら》べる。例 古《ふる》い商《しょう》店《てん》が軒を連ねる通《とお》り。

● **軒《のき》を並《なら》べる** ➡1025ジペー 軒《のき》を連《つら》ねる(「軒《のき》」の子《こ》見《み》出《だ》し)

のぎ 名詞 いねや麦《むぎ》などの実《み》の外側《そとがわ》のからの先《さき》にある、針《はり》のような毛《け》。

のきうら【軒裏】 名詞 のきの下《した》の面《めん》。

のきさき【軒先】 名詞 ❶のきのはし。例 軒先に風鈴《ふうりん》をつり下《さ》げる。❷のきの近《ちか》く。また、家《いえ》の前《まえ》。例 他人《たにん》の家《いえ》の軒先を借《か》りて店《みせ》を出《だ》す。

のきした【軒下】 名詞 のきの下《した》。例 軒下で雨《あま》宿《やど》りをする。

のきなみ【軒並み】 ❶ 名詞 家々《いえいえ》ののきが並《なら》んでいること。❷ 副詞 どの家《いえ》もどの家《いえ》も。例 祭《まつ》りで軒並みちょうちんを下《さ》げている。❸ 副詞 どれもこれも。例 売店《ばいてん》は軒並み休《やす》みだ。

のきば【軒端】 名詞 のきのはし。軒先《のきさき》。例 軒端にはち植《う》えをつるす。

のぎへん【ノ木偏】 名詞 「禾」のこと。漢字《かんじ》の部首《ぶしゅ》の一《ひと》つ。穀物《こくもつ》に関係《かんけい》のある漢字《かんじ》を作《つく》ることが多《おお》い。科・種・秋・秒など。ことば かたかなの「ノ」を「木」の上《うえ》につけた「禾」という形《かたち》なのでこの名《な》がある。

のく 動詞 そこからはなれて場所《ばしょ》を空《あ》ける。どく。

のぐちひでよ【野口英世】 名詞 (一八七六～一九二八) 明治時代《めいじじだい》から昭和時代《しょうわじだい》にかけての細《さい》菌学者《きんがくしゃ》。アメリカでへびの毒《どく》などを研究《けんきゅう》して世界的《せかいてき》に有名《ゆうめい》になった。アフリカでの黄熱病《おうねつびょう》の研究中《けんきゅうちゅう》、自分《じぶん》も黄熱病《おうねつびょう》にかかって死《し》んだ。

のけぞる【のけ反る】 動詞 体《からだ》が後《うし》ろに反《そ》り返《かえ》る。

のけもの【のけ者】 名詞 仲間《なかま》外《はず》れにされた人《ひと》。例 のけ者にする。

のける 動詞 ❶ある場所《ばしょ》からほかへ移《うつ》す。どける。例 石《いし》をのけると、かにがいた。❷(「…てのける」の形《かたち》で) 難《むずか》しいことを簡単《かんたん》にやりとげてしまう。例 見事《みごと》にやってのける。

のこぎり 名詞 木材《もくざい》などをひき切《き》る道具《どうぐ》。ことば「一挺《いっちょう》」「一本《いっぽん》」と数《かぞ》える。

のこす【残す】 動詞 ❶あとにとどまらせる。例 弟《おとうと》を家《いえ》に残して出《で》かけた。❷余《あま》らせる。例 ごはんを一《ひと》つぶ残さず食《た》べる。❸のちの世《よ》に伝《つた》える。例 歴史《れきし》に名《な》を残す。❹すもうで、相手《あいて》のせめをこらえて持《も》ちこたえる。例 相手《あいて》の投《な》げを残す。漢 ➡543ジペー ざん〔残〕

のこのこ[と] 副詞 都合《つごう》を考《かんが》えずに、平気《へいき》で出《で》て来《き》たり歩《ある》き回《まわ》ったりするようす。例 かたづけが終《お》わったころに、のこのこと出《で》て来《く》る。

のこらず【残らず】 副詞 残《のこ》さないで、全部《ぜんぶ》。みんな。例 おかずを残らず平《たい》らげる。

のこり【残り】 名詞 残《のこ》ること。また、残《のこ》ったもの。例 残りのお金《かね》を貯金《ちょきん》する。

のこりおしい【残り惜しい】 形容詞 あとに心《こころ》が引《ひ》かれる。心残《こころのこ》りである。なごりおしい。例 残り惜しいけれど、もう帰《かえ》るよ。

のこりもの【残り物】 名詞 あとに残《のこ》ったものや余《あま》ったもの。例 ゆうべの残り物のカレー。

● **残《のこ》り物《もの》には福《ふく》がある** ➡363ジペー ことわざ

のこる【残る】 動詞 ❶あとにとどまる。例 学校《がっこう》に残って勉強《べんきょう》する。❷余《あま》る。余分《よぶん》になる。例 お金《かね》が残る。❸のちの世《よ》に伝《つた》わる。例 名《な》が残る／歴史《れきし》に残る大事件《だいじけん》。❹すもうで、相手《あいて》のせめをこらえて、勝負《しょうぶ》がつかないでいる。例 土俵《どひょう》ぎわに残る。漢 ➡543ジペー ざん〔残〕

のさばる 動詞 ❶いばって自分《じぶん》の思《おも》うままにふるまう。例 悪《あく》人《にん》がのさばる。❷物《もの》が、広《ひろ》い場所《ばしょ》をとる。例 枝《えだ》がのさばる。

のざらし【野ざらし】 名詞 屋外《おくがい》に置《お》き去《ざ》りにして、雨《あめ》や風《かぜ》にさらすこと。

のし 名詞 色紙《いろがみ》を細長《ほそなが》い六角形《ろくかくけい》に折《お》りたたみ、黄《き》色《いろ》い紙《かみ》などをはさんだもの。お祝《いわ》いのおくり物《もの》につける。参考 昔《むかし》は、のしあわび(＝あわびの肉《にく》をのばして干《ほ》したもの)を中《なか》に包《つつ》んだ。今《いま》は紙《かみ》を使《つか》うことが多《おお》い。図 ➡1026ジペー のしぶくろ

のしあがる【のし上がる】 動詞 地位《ちい》や順《じゅん》

故事成語　百聞《ひゃくぶん》は一見《いっけん》にしかず　人《ひと》から何回《なんかい》も聞《き》くよりも、たった一度《いちど》でも実際《じっさい》に自分《じぶん》の目《め》で見《み》るほう

位《い》などが、急《きゅう》にどんどん上《あ》がる。例 最下位《さいかい》だったチームが、二位《にい》にのし上がってきた。

のしかかる 動詞
❶上《うえ》からおおいかぶさる。例 相手《あいて》の選手《せんしゅ》にのしかかっておさえつける。
❷いやなことがおおいかぶさる。例 心配《しんぱい》が心《こころ》にのしかかってきた。

のしがみ【のし紙】 名詞 のしや水引《みずひき》が印刷《いんさつ》してある紙《かみ》。おくり物《もの》などの上《うえ》にかぶせる。

のしぶくろ【のし袋】 名詞 のしと水《みず》引《ひき》をつけるか、または、その形《かたち》を印刷《いんさつ》した、紙《かみ》のふくろ。お祝《いわ》いのお金《かね》をおくるときなどに使《つか》う。

のしぶくろ

のしもち【のし餅】 名詞 平《ひら》たくのばしたもち。

のじゅく【野宿】 名詞 動詞 野《の》や山《やま》など、外《そと》でねて夜《よ》を明《あ》かすこと。

のす 動詞
❶平《たい》らにしたり長《なが》くしたりする。例 もちをのす。
❷熱《ねつ》を加《くわ》えて、しわやでこぼこをなくす。例 アイロンでしわをのす。
❸勢《いきお》いがさかんになる。例 最下位《さいかい》だったチームがぐんぐんのしてきた。
❹なぐりたおす。例 挑戦者《ちょうせんしゃ》を一発《いっぱつ》でのす。

ノズル (nozzle) 名詞 液体《えきたい》や気体《きたい》を勢《いきお》いよくふき出《だ》させるために、管《くだ》の先《さき》に小《ちい》さな穴《あな》があいている器具《きぐ》。

のせる【乗せる】 動詞
❶乗《の》り物《もの》に人《ひと》を積《つ》む。例 車《くるま》に乗せてもらう。
対 降《お》ろす。
❷だます。例 まんまと乗せられた。
❸調子《ちょうし》を合《あ》わせる。例 リズムに乗せて歌《うた》う。
❹参加《さんか》させる。例 その計画《けいかく》に乗せてください。
漢 ↓630ページ じょう〔乗〕

のせる【載せる】 動詞
❶上《うえ》に置《お》く。例 机《つくえ》の上《うえ》に本《ほん》を載せる。
❷乗《の》り物《もの》に荷物《にもつ》を積《つ》む。例 車《くるま》に荷物《にもつ》を載せる。
対 降《お》ろす。
❸新聞《しんぶん》・雑誌《ざっし》などに文章《ぶんしょう》や写真《しゃしん》を出《だ》す。例 新聞《しんぶん》に広告《こうこく》を載せる。

のぞきこむ【のぞき込む】 動詞 首《くび》をのばすようにして、中《なか》のものを見《み》る。また、顔《かお》を近《ちか》づけてじっと見《み》る。例 水槽《すいそう》の中《なか》をのぞき込む。

のぞく 動詞
❶すきまや穴《あな》から向《む》こうを見《み》る。例 望遠鏡《ぼうえんきょう》をのぞく。
❷高《たか》いところから見下《みお》ろす。例 がけから谷底《たにそこ》をのぞく。
❸ほんの少《すこ》しだけ見《み》る。例 本売《ほんう》り場《ば》をのぞく。
❹ものの一部分《いちぶぶん》だけが少《すこ》し見《み》える。例 笑《わら》うと白《しろ》い歯《は》がのぞく。

のぞく【除く】 動詞
❶とりのける。例 ごみを除く。
❷中《なか》に入《い》れない。加《くわ》えない。例 日曜日《にちようび》を除いて毎日練習《まいにちれんしゅう》をしている／十八才未満《じゅうはっさいみまん》を除く。
漢 ↓627ページ じょ〔除〕

のそのそ【と】 副詞 動詞 動《うご》きがにぶくて、ゆっくりしているようす。例 のそのそと歩《ある》く。

のぞましい【望ましい】 形容詞 そうあってほしい。例 全員《ぜんいん》が望ましいと思《おも》う方法《ほうほう》をとる。

のぞみ【望み】 名詞
❶こうあってほしいという願《ねが》い。希望《きぼう》。例 やっと望みがかなった。
❷先《さき》の見《み》こみ。例 成功《せいこう》する望みはまだある。

のぞむ【望む】 動詞
❶願《ねが》う。希望《きぼう》する。期待《きたい》する。例 幸《しあわ》せを望む。
❷遠《とお》くの方《ほう》を見《み》る。ながめる。例 おかの上《うえ》から海《うみ》を望む。
漢 ↓1203ページ ぼう〔望〕　↓ 使い分け

使い分け
のぞむ
望む・臨む

望む 遠《とお》くの方《ほう》を見《み》る。ながめる。また、こうあってほしいと願《ねが》う。「遠《とお》く富士山《ふじさん》を望《のぞ》む／平和《へいわ》を望《のぞ》む」

臨む ある場所《ばしょ》に面《めん》している。また、ある場所《ばしょ》や場面《ばめん》に出《で》る。「海《うみ》に臨《のぞ》む家《いえ》／決勝戦《けっしょうせん》に臨《のぞ》む」

のぞむ【臨む】 動詞
❶面《めん》している。目《め》の前《まえ》にする。例 海《うみ》に臨んだホテル。

う話《はなし》から、銃弾《じゅうだん》や矢《や》がすべて命中《めいちゅう》すること。また、予想《よそう》や計画《けいかく》などが、すべて当《あ》たること。

❷その場に出る。例 会議に臨む。❸出《で》あう。ぶつかる。例 別《わか》れに臨んでひと言《こと》話《はな》す。漢→1403ページりん〔臨〕→✕使い分け

のたうつ 動詞 苦《くる》しがって転《ころ》げ回《まわ》る。例 あまりの痛《いた》さにのたうつ。

のたくる 動詞 ❶体《からだ》をくねらせて進《すす》む。はい回《まわ》る。例 みみずがのたくる。❷下手《へた》な字《じ》などをいいかげんに書《か》く。

のたれじに【野垂れ死に】 名詞 動詞 道《みち》ばたにたおれて死《し》ぬこと。

のち【後】 名詞 ❶あることが終《お》わったあと。例 晴《は》れ後雨《あめ》／入《にゅう》場《じょう》行進《こうしん》の後、市長《しちょう》のあいさつがあります。❷これから先《さき》。将来《しょうらい》。例 小学生《しょうがくせい》でこんなにも絵《え》がうまいなんて、後が楽《たの》しみだ。❸死《し》んでからあと。漢→441ページご〔後〕

のちのち【後後】→43ページあとあと

のちのつき【後の月】 季語 秋 昔《むかし》のこよみで、九月《くがつ》十三日《じゅうさんにち》の夜《よる》に出《で》る月《つき》。ことば「初名月《はつめいげつ》（＝八月《はちがつ》十五日《じゅうごにち》に出る月）」に対《たい》していう呼《よ》び名《な》。

のちのよ【後の世】 名詞 ❶これから先《さき》の世《よ》の中《なか》。未来《みらい》。例 後の世に名《な》を残《のこ》す。❷死《し》んでから行《い》くという世界《せかい》。あの世《よ》。

のちほど【後ほど】 副詞 少《すこ》し時間《じかん》がたってから。あとで。例 くわしくは後ほどご連絡《れんらく》します。対 先《さき》ほど。使い方 あらたまった言《い》い方《かた》。

のっかる【乗っかる】 動詞「乗《の》る」のくだけた言い方。例 荷台に乗っかる。

ノック (knock) 名詞 動詞 ❶部屋《へや》に入《はい》るとき、ドアを軽《かる》くたたいて合図《あいず》すること。❷野球《やきゅう》で、守備《しゅび》の練習《れんしゅう》のためにボールを打《う》ってやること。例 コーチが外野《がいや》にノックする。

ノックアウト (knockout) 名詞 動詞 ❶ボクシングで、相手《あいて》をたおし、十秒《じゅうびょう》以内《いない》に戦《たたか》う構《かま》えができないようにすること。相手《あいて》の負《ま》けとなる。❷野球《やきゅう》で、ピッチャーの投球《とうきゅう》を次々《つぎつぎ》と打《う》って、ピッチャーを交代《こうたい》させること。❸相手《あいて》を完全《かんぜん》にやっつけること。

のっける【乗っける】 動詞「乗せる《の》」のくだけた言《い》い方《かた》。例 後《うし》ろに乗っけてやるよ。

のっこり［と］ 副詞 のんびりとして落《お》ち着《つ》いているようす。例 太陽《たいよう》がのっこりと顔《かお》を出《だ》す。

のっそり［と］ 副詞 動《うご》きがにぶく、ゆっくりしているようす。また、ぼんやりと立《た》っているようす。例 くまがのっそりと起《お》き上《あ》がる。

ノット (knot) 名詞 船《ふね》の速《はや》さを表《あらわ》す単位《たんい》。一《いち》ノットは一時間《いちじかん》に一海里《いちかいり》（＝千八百五十二《せんはっぴゃくごじゅうに》メートル）進《すす》む速《はや》さ。

のっとる 動詞 あるものを手本《てほん》として、そのとおりにする。例 スポーツマンシップにのっとり、正々堂々《せいせいどうどう》とたたかいます。

のっとる【乗っ取る】 動詞 中《なか》にせめ入《い》ってうばいとる。うばって自分《じぶん》のものにする。例 敵《てき》の城《しろ》を乗っ取る。

のっぴきならない どうしてもさけることができない。例 のっぴきならない用事《ようじ》。

のっぺらぼう ❶名詞 顔《かお》に目《め》も鼻《はな》も口《くち》もない化《ば》け物《もの》。❷形容動詞 一面《いちめん》に平《たい》らで、なめらかなようす。また、全体的《ぜんたいてき》に、変化《へんか》がないようす。例 のっぺらぼうな顔《かお》。

のっぺり［と］ 副詞 動詞 でこぼこがなくなめらかなようす。また、平面的《へいめんてき》で、しまりがないようす。例 この辺《あた》りはのっぺりした地形《ちけい》だ／のっぺりした顔《かお》。

のっぽ 名詞 形容動詞 とても背《せ》が高《たか》いこと。また、そのような人《ひと》。

ので 助詞（ほかのことばのあとにつけて）理由《りゆう》や原因《げんいん》を表《あらわ》す。…ために。…から。例 寒《さむ》いので上着《うわぎ》を着《き》る／雨《あめ》が降《ふ》ったので外出《がいしゅつ》をやめた。

のてん【野天】 名詞 家《いえ》の外《そと》にあって屋根《やね》のないところ。例 野天ぶろ。

のと【能登】 名詞 昔《むかし》の国《くに》の名《な》の一《ひと》つ。今《いま》の石川《いしかわ》県《けん》の北部《ほくぶ》に当《あ》たる。

のど【喉】 名詞 ❶口《くち》のおくの、食道《しょくどう》と気管《きかん》につながる部分《ぶぶん》。例 喉が痛《いた》い／喉がかわく。❷首《くび》の、前《まえ》のほうの部分《ぶぶん》。例 ネクタイがきつくて喉が苦《くる》しい。図→287ページからだ ❸歌《うた》う声《こえ》。例 喉自慢大会《じまんたいかい》。❹本《ほん》のページの四辺《しへん》のうち、とじてある側《がわ》の辺《へん》。関連 小口《こぐち》。背《せ》。地《ち》。天《てん》。

● **喉《のど》から手《て》が出《で》る** とてもほしいと思《おも》うことの

故事成語 百発百中《ひゃっぱつひゃくちゅう》 中国《ちゅうごく》の弓《ゆみ》の名人《めいじん》が、細《ほそ》いやなぎの葉《は》を遠《とお》くから百回《ひゃっかい》射《い》て、百回《ひゃっかい》とも当《あ》てたとい

たとえ。例 喉から手が出るほどほしいおもちゃ。

のどか 形容動詞 季語春
❶静《しず》かでのんびりしているようす。例 休《やす》みをのどかに過《す》ごす。
❷空《そら》が晴《は》れておだやかなようす。例 春《はる》ののどかな一日《いちにち》。

のどちんこ【喉ちんこ】 名詞 のどのおくの真《ま》ん中《なか》に垂《た》れ下《さ》がって見《み》える部分《ぶぶん》。使い方 くだけた言《い》い方《かた》。正式《せいしき》には「口蓋垂《こうがいすい》」という。

のとはんとう【能登半島】 名詞 石川県《いしかわけん》の北《ほく》部《ぶ》、日本海《にほんかい》につき出《だ》した半島《はんとう》。

のどぼとけ【喉仏】 名詞 のどの中《なか》ほどにある、骨《ほね》が高《たか》くなったところ。大人《おとな》の男《おとこ》の人《ひと》にはっきり見《み》られる。図 ↓287ページ からだ

のどもと【喉元】 名詞
❶のどの辺《あた》り。例 食《た》べた物《もの》が喉元につかえる。
❷とても大事《だいじ》な部分《ぶぶん》。例 喉元をにぎる。

●**喉元《のどもと》過《す》ぎれば熱《あつ》さを忘《わす》れる** ↓365ページ ことわざ

のに 助詞 （ほかのことばのあとにつけて）
❶…けれど。…が。例 呼《よ》んだのに答《こた》えない。
❷…ために。例 旅行《りょこう》するのに必要《ひつよう》な物《もの》を買《か》う。
❸残念《ざんねん》な気持《きも》ちを表《あらわ》す。例 行《い》けばいいのに。

ののしる【罵る】 動詞 大《おお》きな声《こえ》で、ひどい悪《わる》口《くち》を言《い》う。

のばす【伸ばす】 動詞
❶ものの長《なが》さを長《なが》くする。例 かみを伸ばす。
❷曲《ま》がったり縮《ちぢ》んだりしているものをまっすぐにする。例 しわを伸ばす。対 縮《ちぢ》める。曲《ま》げる。
❸もっとよくする。発展《はってん》させる。例 学力《がくりょく》を伸ばす／勢力《せいりょく》を伸ばす。

のばす【延ばす】 動詞
❶きょりや時間《じかん》などを長《なが》くする。例 バス路線《ろせん》を延ばす。
❷時間《じかん》をおくらせる。例 集合《しゅうごう》を三十分《さんじっぷん》延ばす。
❸水《みず》などでとかしてうすめる。例 のりを水《みず》で延ばす。
漢 ↓159ページ えん〔延〕

のばなし【野放し】 名詞
❶鳥《とり》や動物《どうぶつ》などを放《はな》し飼《が》いにすること。
❷好《す》き勝手《かって》にさせておくこと。ほうっておくこと。例 規則違反者《きそくいはんしゃ》を野放しにする。

のはら【野原】 名詞 一面《いちめん》に草《くさ》の生《は》えている、広々《ひろびろ》とした平地《へいち》。野《の》。例 野原をかけ回《まわ》る。

のばら【野ばら】 ↓1021ページ のいばら

のび【伸び】 名詞
❶のびること。例 身長《しんちょう》の伸びが早《はや》い。
❷つかれたり退屈《たいくつ》したりしたときに、手足《てあし》をのばすこと。例 大《おお》きく伸びをする。

のび【野火】 名詞 季語春 春《はる》の初《はじ》めごろ、野山《のやま》のかれ草《くさ》を焼《や》くこと。また、その火《ひ》。類 野《の》焼《や》き。

のびあがる【伸び上がる】 動詞 つま先《さき》で立《た》って、背《せ》のびをする。例 伸び上がって、たなの高《たか》いところにある本《ほん》をとる。

のびちぢみ【伸び縮み】 名詞 動詞 のびたり縮《ちぢ》んだりすること。例 よく伸び縮みする布地《ぬのじ》。類 伸縮《しんしゅく》。

のびなやむ【伸び悩む】 動詞 思《おも》うようにのびない。例 成績《せいせき》が伸び悩んでいる。

のびのび【延び延び】 名詞 ものごとをする日《ひ》がだんだんおくれていくようす。例 雨《あめ》のため運動会《うんどうかい》が延び延びになった。

のびのび［と］【伸び伸び［と］】 副詞 動詞 自由《じゆう》でゆったりしたようす。例 伸び伸び育《そだ》つ。

のびやか【伸びやか】 形容動詞 のびのびしているようす。例 自然《しぜん》の中《なか》で伸びやかに育《そだ》つ。

のびる【伸びる】 動詞
❶ものの長《なが》さが長《なが》くなる。成長《せいちょう》する。例 背《せ》がだんだん伸びてきた。対 縮《ちぢ》む。
❷曲《ま》がったり、縮《ちぢ》んだりしているものがまっすぐになる。例 しわが伸びる。対 縮《ちぢ》む。
❸もっとよくなる。発展《はってん》する。発達《はったつ》する。例 国語《こくご》の学力《がくりょく》が伸びてきた。
❹つかれてぐったりして動《うご》けなくなる。例 マラソンをして伸びてしまった。
↓ 使い分け

使い分け

のびる
伸びる・延びる

伸びる ものの長《なが》さや高《たか》さが増《ま》す。発展《はってん》する。発達《はったつ》する。
「草《くさ》が伸《の》びる／学力《がくりょく》が伸《の》びる」

延びる きょりや時間《じかん》が長《なが》くなり、先《さき》まで続《つづ》くようになる。
「高速道路《こうそくどうろ》が延《の》びる／会議《かいぎ》が延《の》びる」

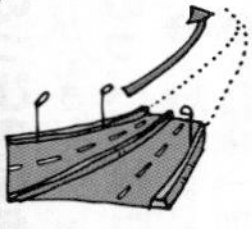

りしていて疑《うたが》う余地《よち》もないこと、当然《とうぜん》そうであることのたとえ。

類＝意味《いみ》のよく似《に》たことば　対＝反対《はんたい》の意味《いみ》のことばや対《つい》になることば

のびる【延びる】 動詞 ❶きょりや時間《じかん》などが長《なが》くなる。例 地下鉄《ちかてつ》の路線《ろせん》が延びる／営業時間《えいぎょうじかん》が一時間《いちじかん》延びる。❷時間《じかん》がおそくなる。例 遠足《えんそく》が来週《らいしゅう》に延びた。❸とけたり、やわらかくなったりする。例 そばが延びてしまった。❹とけて広《ひろ》がる。うすくなる。例 絵《え》の具《ぐ》は水《みず》によく延びる。

漢 ⬇159ページ えん〔延〕 ⬇ 使い分け

ノブ (knob) 名詞 ドアなどの取《と》っ手《て》。

のぶん 名詞 「攵」のこと。漢字《かんじ》の部首《ぶしゅ》の一《ひと》つ。改・教・数・放などの漢字《かんじ》を作《つく》る。「ぼくづくり」「ぼくにょう」ともいう。

のべ【延べ】 名詞 同《おな》じものが何回《なんかい》出《で》てきても、それぞれを一《ひと》つとして数《かぞ》えること。例 今月《こんげつ》の欠席者《けっせきしゃ》は延べ五十人《ごじゅうにん》だった／延べ人数《にんずう》。

のべ【野辺】 名詞 野原《のはら》。野《の》のあたり。

のべじんいん【延べ人員】 ⬇1029ページ のべにんずう

のべつ 副詞 切《き》れ目《め》なく。ひっきりなしに。絶《た》えず。例 のべつ小言《こごと》を言《い》う。

●**のべつ幕《まく》なし** 少《すこ》しも休《やす》まずに続《つづ》けるようす。ひっきりなしに。例 のべつ幕なしに文句《もんく》を言《い》う。ことば 劇《げき》などを、とちゅうで幕《まく》を下《お》ろさないでずっと続《つづ》けることからきたことば。

のべにっすう【延べ日数】 名詞 ある仕事《しごと》をするのにかかる日数《にっすう》を、仮《かり》に一人《ひとり》でやったとして計算《けいさん》したもの。たとえば、十人《じゅうにん》で七日《なのか》かかった仕事《しごと》の延《の》べ日数《にっすう》は七十日《ななじゅうにち》となる。

のべにんずう【延べ人数】 名詞 ある仕事《しごと》をするのにかかる人数《にんずう》を、仮《かり》に一日《いちにち》でやったとして計算《けいさん》したもの。たとえば、三人《さんにん》で五日《いつか》かかった仕事《しごと》の延《の》べ人数《にんずう》は十五人《じゅうごにん》となる。延《の》べ人員《じんいん》。

のべぼう【延べ棒】 名詞 金属《きんぞく》を長《なが》くのばして棒《ぼう》のようにしたもの。例 金《きん》の延べ棒。

のべる【伸べる】 動詞 差《さ》し出《だ》す。例 難民《なんみん》に救《すく》いの手《て》を伸べる。

のべる【述べる】 動詞 思《おも》っていることを、話《はなし》や文章《ぶんしょう》で表《あらわ》す。例 会議《かいぎ》で意見《いけん》を述べる。使い方 あらたまった言《い》い方《かた》。漢 ⬇619ページ じゅつ〔述〕

のべる【延べる】 動詞 ❶広《ひろ》げてしく。例 とこを延べる。❷あとにまわす。例 予定《よてい》を延べる。

漢 ⬇159ページ えん〔延〕

のほうず【野放図】 形容動詞 ❶したい放題《ほうだい》にふるまうようす。例 野放図な性格《せいかく》の人《ひと》。❷きりがないようす。例 草《くさ》が野放図に生《は》える。

のぼす【上す】 ⬇1029ページ のぼせる〔上せる〕 漢 ⬇630ページ じょう〔上〕

のぼせあがる【のぼせ上がる】 動詞 ❶すっかり夢中《むちゅう》になる。例 アイドルグループにのぼせ上がる。❷すっかり得意《とくい》になって、うぬぼれる。例 一《いち》位《い》になってのぼせ上がっている。

のぼせる 動詞 ❶頭《あたま》に血《ち》がのぼってぼんやりする。例 ふろに長《なが》く入《はい》ってのぼせた。❷ものごとに夢中《むちゅう》になる。例 弟《おとうと》は今人気《いまにんき》のゲームにのぼせている。❸得意《とくい》になる。うぬぼれる。例 みんなにほめられてのぼせてしまった。

のぼせる【上せる】 動詞 ❶書《か》いてのせる。例 記録《きろく》に上せる。❷とり上《あ》げる。例 話題《わだい》に上せる。ことば 「のぼす」ともいう。漢 ⬇630ページ じょう〔上〕

のほほんと 副詞 するべきこともしないで、のんきにしているようす。例 のほほんと暮《く》らす。

のぼり 名詞 季語 夏 ❶細長《ほそなが》い布《ぬの》のはしに、小《ちい》さい輪《わ》をいくつもつけてさおに通《とお》し、目印《めじるし》として立《た》てるもの。❷「こいのぼり」のこと。ことば 季語《きご》として使《つか》うのは❷の意味《いみ》。

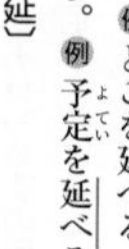

のぼり❶

のぼり【上り】 名詞 ❶上《うえ》へ上《あ》がること。例 上りのエスカレーター。対 下《くだ》り。❷道《みち》が高《たか》くなっていくこと。また、その道《みち》。対 下《くだ》り。❸地方《ちほう》から東京《とうきょう》へ向《む》かうこと。また、地方《ちほう》から東京《とうきょう》へ向《む》かう列車《れっしゃ》。

のぼり【登り】 名詞 高《たか》い方《ほう》へ向《む》かって行《い》くこと。例 登りがきつい。対 下《くだ》り。

のぼりざか【上り坂】 名詞 ❶進《すす》んで行《い》く方向《ほうこう》が高《たか》くなっている坂《さか》。対 下《くだ》

あいうえお
かきくけこ
さしすせそ
たちつてと
なにぬねの
の
はひふへほ
まみむめも
やゆよ
らりるれろ
わをん

故事成語 火《ひ》を見《み》るよりも明《あき》らか　明《あか》るくかがやく火《ひ》よりもはっきりわかるという意味《いみ》で、とてもはっき

り坂《ざか》。
❷ものごとがよいほうに進《すす》んでいること。例 チームの調子《ちょうし》は今《いま》が上り坂だ。対 下《くだ》り坂《ざか》。

のぼりつめる【上り詰める】 動詞 いちばん上《うえ》まで進《すす》む。上《のぼ》りきる。例 社長《しゃちょう》の地位《ちい》まで上り詰めた。

のぼる【登る】 動詞 高《たか》い方《ほう》へ向《む》かって行《い》く。例 山《やま》に登る。対 下《お》りる。降《お》りる。漢 ⇒914ページ とう〔登〕 ⇒ 使い分け

使い分け

のぼる

登る・上る・昇る

登る 努力《どりょく》して、ある道筋《みちすじ》を高《たか》い方《ほう》へ進《すす》んで行《い》く。「山《やま》に登《のぼ》る／木《き》に登《のぼ》る」

上る 下《した》から上《うえ》の方《ほう》へ向《む》かって移《い》動《どう》する。「坂道《さかみち》を上《のぼ》る／さけの群《む》れが川《かわ》を上《のぼ》る」

昇る 空中《くうちゅう》の高《たか》いところに行《い》く。「エレベーターで昇《のぼ》る／天《てん》にも昇《のぼ》る気持《きも》ち」

のぼる【上る・昇る】 動詞 ❶高《たか》いところへ行《い》く。上《あ》がる。例 坂《さか》を上る／朝日《あさひ》が昇る。対 下《くだ》る。沈《しず》む。❷地方《ちほう》から都《みやこ》へ行《い》く。とくに、東京《とうきょう》に行《い》く。例 京《きょう》の都《みやこ》に上る。対 下《くだ》る。❸川上《かわかみ》に向《む》かって進《すす》む。例 川《かわ》を上る。対 下《くだ》る。❹とり上《あ》げられる。例 うわさに上る／季節《きせつ》の野菜《やさい》が食卓《しょくたく》に上る。❺ある数《かず》や量《りょう》になる。例 参加者《さんかしゃ》は千人《せんにん》に上る。❻上《うえ》の役目《やくめ》につく。例 大臣《だいじん》の位《くらい》に昇る。使い方「上ぼる」と書《か》かないよう注意《ちゅうい》。漢 ⇒630ページ じょう〔上〕 ⇒ 使い分け

のまれる【飲まれる】 動詞 ❶その中《なか》に引《ひ》きこまれる。吸《す》いこまれる。例 波《なみ》に飲まれておぼれそうになる。❷相手《あいて》の勢《いきお》いや、その場《ば》のようすにおされる。例 会場《かいじょう》の雰囲気《ふんいき》に飲まれてしまった。

のみ 名詞 季語 夏 体長《たいちょう》二《に》～三《さん》ミリメートルの昆《こん》虫《ちゅう》。ふつう、おすよりもめすのほうが大《おお》きい。羽《はね》はなく、後《うし》ろ足《あし》でよくはねる。人《ひと》や動物《どうぶつ》の血《ち》を吸《す》う。ことば 漢字《かんじ》では「蚤」と書《か》く。

のみ 名詞 大工道具《だいくどうぐ》の一《ひと》つ。木《き》や石《いし》に穴《あな》をあけたり、みぞをほったりするのに使《つか》う。ことば 漢字《かんじ》では「鑿」と書《か》く。

のみ 助詞 (ほかのことばのあとにつけて) それだけに限《かぎ》る意味《いみ》を表《あらわ》す。…だけ。…ばかり。例 あとは実行《じっこう》あるのみ。

のみくい【飲み食い】 名詞 動詞 飲《の》んだり食《た》べたりすること。例 飲み食いにお金《かね》をつかう。

のみくち【飲み口】 名詞 ❶飲《の》み物《もの》を飲《の》んだときの感《かん》じ。口当《くちあ》たり。例 飲み口のよいワイン。❷コップなどの、飲《の》むときに口《くち》にふれる部分《ぶぶん》。

のみこみ【飲み込み】 名詞 ものごとを理解《りかい》すること。ものわかり。例 飲み込みが早《はや》い。

のみこむ【飲み込む】 動詞 ❶のんで、またはかまないで、腹《はら》の中《なか》へ入《い》れる。例 つばを飲み込む／ガムを飲み込んでしまった。❷よくわかる。理解《りかい》する。例 話《はなし》が難《むずか》しくて、よく飲み込めなかった。❸口《くち》から出《で》そうなものを、出《だ》さないでおく。例 言《い》いかけたことばを飲み込む。

のみならず ❶…だけでなく。例 勉強《べんきょう》のみならず運動《うんどう》も大《たい》切《せつ》だ。❷ 接続詞 そればかりでなく。例 自転車通勤《じてんしゃつうきん》は健康《けんこう》によい。のみならず、環境《かんきょう》にもよい。

ノミネート (nominate) 名詞 動詞 候補《こうほ》として指名《しめい》したり推薦《すいせん》したりすること。例 作品賞《さくひんしょう》にノミネートされる。

のみのいち【のみの市】 ⇒1172ページ フリーマーケット

のみほす【飲み干す】 動詞 残《のこ》さないで、全《ぜん》部《ぶ》飲《の》む。例 グラス一杯《いっぱい》の水《みず》を飲み干す。

のみみず【飲み水】 名詞 飲《の》むための水《みず》。飲《いん》料水《りょうすい》。

のみもの【飲み物】 名詞 飲《の》むためのもの。お茶《ちゃ》・ジュース・酒《さけ》など。

のみや【飲み屋】 名詞 酒《さけ》を飲《の》ませる店《みせ》。

のむ【飲む】 動詞 ❶のどを通《とお》しておくへ入《い》れる。例 水《みず》を飲む。

いう意味《いみ》で、一度《いちど》してしまったことはもう取《と》り返《かえ》しがつかない、ということ。

❷吸いこむ。例 たばこをのむ。❸相手《あいて》の考《かんが》えなどをそのとおり受《う》け入《い》れる。例 要求《ようきゅう》をのむ。❹出《で》そうになるのをがまんする。例 ことばをのむ／なみだをのむ。❺相手《あいて》をばかにする。みくびる。例 相手《あいて》をのんでかかる。

使い方 ❶の尊敬《そんけい》した言《い》い方《かた》は「召《め》し上《あ》がる」「上《あ》がる」、へりくだった言《い》い方《かた》は「いただく」「ちょうだいする」。❷～❺は、ふつうかな書《が》きにする。

漢 ⇒113ページ いん〔飲〕

のめりこむ【のめり込む】 動詞 そこからぬけ出《だ》せないくらいに、一《ひと》つのことに熱中《ねっちゅう》する。例 兄《あに》はサッカーにのめり込んでいる。

のめる 動詞 前《まえ》の方《ほう》へたおれる。前《まえ》にかたむく。例 めまいがして、前《まえ》にのめった。

のやき【野焼き】 名詞 季語春 春《はる》の初《はじ》めごろ、よく草《くさ》が生《は》えるように、野原《のはら》のかれ草《くさ》を焼《や》くこと。類 野火《のび》。関連 山焼《やまや》き。

のやま【野山】 名詞 野《の》や山《やま》。例 野山をかけめぐって遊《あそ》ぶ。

のら【野良】 名詞 ❶田《た》や畑《はたけ》。例 野良仕事《しごと》／野良着《ぎ》。❷野原《のはら》。

のらいぬ【野良犬】 名詞 人《ひと》に飼《か》われていない犬《いぬ》。野犬《やけん》。

のらしごと【野良仕事】 名詞 田《た》や畑《はたけ》でする仕事《しごと》。

のらねこ【野良猫】 名詞 人《ひと》に飼《か》われていないねこ。

のらりくらり［と］ 副詞 動詞 ❶仕事《しごと》などしないで、ぶらぶらしているようす。例 のらりくらりと暮《く》らす。❷態度《たいど》がはっきりしなくて、つかみどころがないようす。ぬらりくらり。例 のらりくらりと質問《しつもん》をかわす。

のり 名詞 物《もの》をはりつけたり、布《ぬの》の形《かたち》を整《ととの》えたりするのに使《つか》う、ねばりのあるもの。例 のりしろ／のりのきいたワイシャツ。ことば 漢字《かんじ》では「糊」と書《か》く。

のり 名詞 季語春 ❶水中《すいちゅう》の岩《いわ》などについている、こけのような海藻《かいそう》。あさくさのりやあおのりなど。❷あさくさのりなどの海藻《かいそう》を、紙《かみ》のようにうすくのばしてかわかした食《た》べ物《もの》。例 のり巻《ま》き。ことば 漢字《かんじ》では「海苔」と書《か》く。❷は、「一枚《いちまい》」と数《かぞ》える。十枚《じゅうまい》で「一帖《いちじょう》」と数《かぞ》える。

のりあい【乗り合い】 名詞 船《ふね》や車《くるま》などに、大勢《おおぜい》がいっしょに乗《の》ること。また、その乗《の》り物《もの》。例 乗り合いバス。

のりあわせる【乗り合わせる】 動詞 同《おな》じ乗《の》り物《もの》に、偶然《ぐうぜん》いっしょに乗《の》る。

のりいれる【乗り入れる】 動詞 ❶乗《の》り物《もの》に乗《の》ったままで、中《なか》に入《はい》る。例 庭《にわ》に車《くるま》を乗り入れる。❷バスや電車《でんしゃ》が、通《とお》るようになる。また、別《べつ》の会社《かいしゃ》の路線《ろせん》まで入《はい》って運行《うんこう》する。例 村《むら》にバス

伝統的《でんとうてき》な言語文化《げんごぶんか》

短歌《たんか》

五《ご》・七《しち》・五《ご》・七《しち》・七《しち》

日本《にほん》には、五《ご》・七《しち》・五《ご》・七《しち》・七《しち》の三十一音《さんじゅういちおん》でよむ歌《うた》があるよ。この三十一音《さんじゅういちおん》の歌《うた》を「短歌《たんか》」というね。

春過《はるす》ぎて夏来《なつき》にけらし
白妙《しろたえ》の衣《ころも》干《ほ》すてふ（ちょう）
天《あま》の香具山《かぐやま》

1300年《ねん》以上《いじょう》前《まえ》の時代《じだい》に生《い》きた持統天皇《じとうてんのう》という人《ひと》がよんだこの歌《うた》は、のちの時代《じだい》の人々《ひとびと》によってずっと愛《あい》されてきたよ。青葉《あおば》の緑《みどり》に着物《きもの》の白《しろ》さがあざやかにはえるようすはまさに「夏《なつ》が来《き》た！」って感《かん》じだね。そんな季節感《きせつかん》は1000年《ねん》たっても変《か》わらないから、この歌《うた》も長《なが》く変《か》わらずに親《した》しまれてきたんだろうね。

短歌《たんか》のことを「三十一文字《みそひともじ》」と呼《よ》ぶこともあるよ。日本人《にほんじん》は喜《よろこ》びも悲《かな》しみもこの三十一音《さんじゅういちおん》で歌《うた》い続《つづ》けてきたんだ。どの時代《じだい》の人《ひと》も、心《こころ》のおくをじっと見《み》つめ、わずかな季節《きせつ》の変化《へんか》に目《め》をこらし、耳《みみ》をすませ、自分《じぶん》の思《おも》いにぴったりの三十一音《さんじゅういちおん》を見《み》つけようとしたんだね。そうして生《う》まれた多《おお》くの歌《うた》が愛《あい》され続《つづ》けてきた。持統天皇《じとうてんのう》の歌《うた》もその一《ひと》つだね。

五《ご》・七《しち》・五《ご》・七《しち》・七《しち》は、日本人《にほんじん》にとって特別《とくべつ》なリズムなんだ。短歌《たんか》のほかにも、五《ご》・七《しち》・五《ご》や五《ご》・七《しち》、七《しち》・五《ご》のリズムのことばはたくさんあるよ。身《み》の回《まわ》りで探《さが》してみよう。

もっとみてみよう！

●「ポプラディア情報館《じょうほうかん》　短歌《たんか》・俳句《はいく》」（ポプラ社《しゃ》）

故事成語 覆水盆《ふくすいぼん》に返《かえ》らず　盆《ぼん》（口《くち》の広《ひろ》い入《い》れ物《もの》）からこぼれた水《みず》はもうもとの入《い》れ物《もの》にはもどせないと

が乗り入れる／私鉄《してつ》が地下鉄《ちかてつ》に乗り入れる。

のりうつる【乗り移る】 動詞 ❶ある乗り物《もの》から、ほかの乗り物《もの》へ移《うつ》る。例 ボートから船《ふね》へ乗り移る。❷神《かみ》やたましいが、人《ひと》の体《からだ》にとりつく。例 神《かみ》が乗り移ったようなすばらしい演奏《えんそう》だった。

のりおり【乗り降り】 名詞 動詞 乗り物《もの》に乗ることと、降《お》りること。例 電車《でんしゃ》の乗り降り。

のりかえ【乗り換え】 名詞 ある乗り物《もの》から降《お》りて、ほかの乗り物《もの》に乗ること。例 この駅《えき》は乗り換えが便利《べんり》だ。使い方「乗換駅《のりかええき》」などの場合《ばあい》には、送《おく》りがなをつけない。

のりかえる【乗り換える】 動詞 ❶ある乗り物《もの》から降《お》りて、ほかの乗り物《もの》に乗る。例 新幹線《しんかんせん》に乗り換える。❷今《いま》までとちがうやり方《かた》に切《き》りかえる。考《かんが》え方《かた》を変《か》える。例 サッカーファンだった弟《おとうと》が、野《や》球《きゅう》ファンに乗り換えた。

のりかかったふね【乗りかかった船】 いったん岸《きし》をはなれた船《ふね》からは降《お》りられないことから、いったんやり始《はじ》めたからには、とちゅうでやめることはできないということのたとえ。例 乗りかかった船だ、最後《さいご》まで手伝《てつだ》うよ。

のりき【乗り気】 名詞 形容動詞 あることを、進《すす》んでやってみようという気持ちになること。例 この計画《けいかく》にはみんな乗り気だ。

のりきる【乗り切る】 動詞 ❶乗ったまま行《い》き着《つ》く。例 荒海《あらうみ》をヨットで乗り切る。❷苦《くる》しさに負《ま》けないで、ものごとを終《お》わりまでやりとげる。例 厳《きび》しい夏《なつ》の暑《あつ》さを乗り切る。

のりくみいん【乗組員】 名詞 船《ふね》や飛行機《ひこうき》などに乗って、その中《なか》の仕事《しごと》をする人《ひと》。

のりくむ【乗り組む】 動詞 船《ふね》や飛行機《ひこうき》などの仕事《しごと》をするために、その乗り物《もの》に乗る。例 宇宙飛行士《うちゅうひこうし》がロケットに乗り組む。

のりこえる【乗り越える】 動詞 ❶物《もの》をこえて向《む》こう側《がわ》に行《い》く。例 へいを乗り越える。❷苦《くる》しいことに打《う》ち勝《か》って前《まえ》へ進《すす》む。例 多《おお》くの危険《きけん》を乗り越えてきた冒険家《ぼうけんか》。❸自分《じぶん》より前《まえ》の人《ひと》の能力《のうりょく》や地位《ちい》などを追《お》いこす。例 先生《せんせい》を乗り越えて研究《けんきゅう》に成功《せいこう》した。

のりごこち【乗り心地】 名詞 乗り物《もの》に乗ったときの感じ。例 乗り心地のよい自動車《じどうしゃ》。

のりこす【乗り越す】 動詞 電車《でんしゃ》・バスなどで、降《お》りる予定《よてい》の駅《えき》で降《お》りないで、それより先《さき》まで乗って行《い》く。例 一駅《ひとえき》乗り越してしまった。

のりこなす【乗りこなす】 動詞 上手《じょうず》に乗る。例 大型《おおがた》のバイクを乗りこなす。

のりこむ【乗り込む】 動詞 ❶乗り物《もの》の中《なか》に入《はい》る。例 タクシーに乗り込む。❷乗り物《もの》に乗ったまま、ある場所《ばしょ》に入《はい》る。例 車《くるま》で会場《かいじょう》に乗り込む。❸勢《いきお》いよくある場所《ばしょ》に入《はい》る。例 敵地《てきち》に乗り込む。

のりしろ【のり代】 名詞 紙《かみ》などをはり合《あ》わせるとき、のりをつけるために残《のこ》してある部分《ぶぶん》。

のりすてる【乗り捨てる】 動詞 乗り物《もの》を降《お》りて、それをそのままほうっておく。例 犯人《はんにん》の車《くるま》は、となり町《まち》に乗り捨てられていた。

のりだす【乗り出す】 動詞 ❶乗って出《で》かける。例 船《ふね》で海《うみ》へ乗り出す。❷進《すす》んでものごとを始《はじ》める。例 父《ちち》は新《あたら》しい仕《し》事《ごと》に乗り出した。❸体《からだ》を前《まえ》の方《ほう》に出《だ》す。例 身《み》を乗り出して聞《き》く。

のりつぐ【乗り継ぐ】 動詞 とちゅうで、別《べつ》の乗り物《もの》に乗りかえる。例 バスを乗り継ぐ。

のりづけ【のり付け】 名詞 動詞 ❶のりではりつけること。例 ふうとうの口《くち》をのり付けする。❷洗濯《せんたく》した布《ぬの》にのりをつけて、張《は》りを出《だ》すこと。例 シーツをのり付けする。

のりつける【乗り付ける】 動詞 ❶乗り物《もの》に乗ったままその場所《ばしょ》に行《い》く。例 車《くるま》を玄関《げんかん》に乗り付ける。❷乗ることに慣《な》れている。例 乗りつけた自転《じてん》車《しゃ》で出《で》かける。使い方 ❷は、ふつう「乗りつける」と書《か》く。

のりて【乗り手】 名詞 車《くるま》や馬《うま》などに乗って、それを走《はし》らせる人《ひと》。

のりと【祝詞】 名詞 神《かみ》にいのるときに神主《かんぬし》が読《よ》み上《あ》げる、古《ふる》いことばで書《か》かれた文章《ぶんしょう》。

のりば【乗り場】 名詞 乗り物《もの》に乗るための、決《き》まった場所《ばしょ》。例 タクシー乗り場。

のりまき【のり巻き】 名詞 のりで巻《ま》いたすし。

たて（盾）を売《う》っていた商人《しょうにん》に、「そのほこでそのたてをついたらどうなるか」と聞《き》いたところ、答《こた》えられなか

類＝意味《いみ》のよく似《に》たことば　対＝反対《はんたい》の意味《いみ》のことばや対《つい》になることば

のりまわす【乗り回す】 動詞 乗り物《もの》に乗《の》って、あちこちを走《はし》り回《まわ》る。例 車《くるま》を乗り回す。

のりもの【乗り物】 名詞 人《ひと》を乗《の》せて運《はこ》ぶもの。自動車《じどうしゃ》・電車《でんしゃ》・船《ふね》・飛行機《ひこうき》など。

のりものよい【乗り物酔い】 名詞 乗《の》り物《もの》に乗《の》ったために、気分《きぶん》が悪《わる》くなったり、はき気《け》がしたりすること。

のる【乗る】 動詞
❶乗《の》り物《もの》の中《なか》に入《はい》る。例 車《くるま》に乗る。対 降《お》りる。
❷物《もの》の上《うえ》に上《あ》がる。例 台《だい》に乗る。対 下《お》りる。
❸加《くわ》わる。例 相談《そうだん》に乗る。
❹だまされる。例 相手《あいて》の口車《くちぐるま》に乗る。
❺調子《ちょうし》が合《あ》う。例 リズムに乗る。
❻勢《いきお》いが出《で》る。例 気分《きぶん》が乗ってきたので勉強《べんきょう》がはかどる。
❼物《もの》によくつく。例 絵《え》の具《ぐ》がよく乗る紙《かみ》。
❽運《はこ》ばれる。例 風《かぜ》に乗って音楽《おんがく》が聞《き》こえる。
漢 ⇩630ジベージょう〔乗〕

のる【載る】 動詞
❶ある物《もの》の上《うえ》に、ほかの物《もの》が置《お》かれる。例 机《つくえ》に載っている本《ほん》。
❷新聞《しんぶん》・雑誌《ざっし》などに、文章《ぶんしょう》や写真《しゃしん》が出《だ》される。例 新聞《しんぶん》に友《とも》だちのとった写真《しゃしん》が載った。

ノルウェー ⇩1033ジベーノルウェーおうこく

ノルウェーおうこく【ノルウェー王国】 名詞 ヨーロッパの北部《ほくぶ》にある国。水産物・パルプを産出する。首都はオスロ。「ノルウェー」ともいう。

(国旗《こっき》)

のるかそるか【のるか反るか】 うまくいくか、失敗《しっぱい》するか。いちかばちか。例 のるか反るか、思《おも》いきって作戦《さくせん》を変《か》えてみよう。

ノルマ (ロシア語) 名詞 決《き》まった時間《じかん》や期間内《きかんない》でやらなければならない仕事《しごと》などの割《わ》り当《あ》て。例 一日《いちにち》のノルマを決《き》める。

ノルマントンごうじけん【ノルマントン号事件】 名詞 一八八六年《ねん》、和歌山県《わかやまけん》の紀《き》伊半島沖《いはんとうおき》で起《お》きた海難事件《かいなんじけん》。イギリスの貨物船《かもつせん》ノルマントン号《ごう》が沈没《ちんぼつ》したとき、イギリス人《じん》の船員《せんいん》だけがボートで脱出《だっしゅつ》し、日本人乗客《にほんじんじょうきゃく》は全《ぜん》員《いん》が死亡《しぼう》した。

のれん 名詞
❶店《みせ》や品物《しなもの》の名《な》などを染《そ》めぬいて、軒先《のきさき》に垂《た》らす布《ぬの》。また、部屋《へや》を仕切《しき》ったりかざったりするために、入《い》り口《ぐち》にかける布《ぬの》。

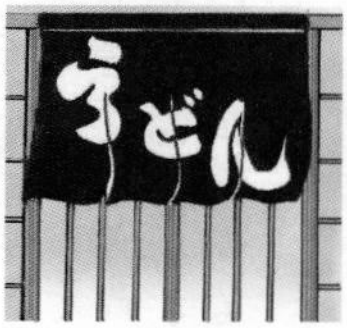

のれん❶

❷店《みせ》の信用《しんよう》。例 のれんに傷《きず》がつく。
❸店《みせ》の名《な》。例 のれんを分《わ》ける。

●**のれんに腕押《うでお》し** ことわざ のれんをいくらおしてみても手《て》ごたえがないように、力《ちから》を入《い》れてはたらきかけても、少《すこ》しも手《て》ごたえのないことのたとえ。類 豆腐《とうふ》にかすがい。ぬかにくぎ。

●**のれんを下《お》ろす**
❶商売《しょうばい》をやめる。例 あとつぎがいないのでのれんを下ろすことにした。
❷その日《ひ》の商売《しょうばい》を終《お》わりにする。店《みせ》を閉《し》める。例 毎日夜八時《まいにちよるはちじ》にのれんを下ろす。

●**のれんを分《わ》ける** 長《なが》く勤《つと》めた店員《てんいん》に、店《みせ》を持《も》たせ、同《おな》じ店《みせ》の名《な》まえを名乗《なの》らせる。

のろい 形容詞 動《うご》きや進《すす》み方《かた》がおそい。例 歩《あゆ》みがのろい／仕事《しごと》がのろい。

のろい【呪い】 名詞 のろうこと。例 呪いをかける／呪いが解《と》ける。

のろう【呪う】 動詞
❶うらみのある人《ひと》やにくい人《ひと》に、災難《さいなん》が起《お》こるようにいのる。例 人《ひと》を呪う。
❷ひどくうらむ。例 世《よ》の中《なか》を呪う。

のろし 名詞 昔《むかし》、戦争《せんそう》などで、合図《あいず》のために火《ひ》をたいて高《たか》く上《あ》げたけむり。

●**のろしを上《あ》げる**
❶合図《あいず》となるけむりを上《あ》げる。例 落城《らくじょう》を知《し》らせるのろしを上げる。
❷大《おお》きな動《うご》きのきっかけとなる行動《こうどう》を起《お》こす。例 改革《かいかく》ののろしを上げる。

のろのろ[と] 副詞 動詞 動《うご》きがおそいようす。例 のろのろ運転《うんてん》／のろのろと歩《ある》く。

のろま 名詞 形容動詞 動作《どうさ》や頭《あたま》のはたらきがにぶいこと。また、そのような人《ひと》。

のわき【野分き】 名詞 季語 秋 秋《あき》から冬《ふゆ》の初《はじ》めにかけてふく強《つよ》い風《かぜ》。とくに、台風《たいふう》のこと。「野分《のわ》け」ともいう。使い方 古《ふる》い言《い》い方《かた》。

のわけ【野分け】 ⇩1033ジベーのわき

故事成語 **矛盾《むじゅん》** 昔《むかし》中国《ちゅうごく》で、なんでもつき通《とお》すというほこ（矛）と、どんなほこもつき通《とお》せないというったという話《はなし》から、話《はなし》やものごとが食《く》いちがっていて、つじつまが合《あ》わないこと。

のんき 形容動詞 ❶心配《しんぱい》や苦労《くろう》がないようす。気楽《きらく》なようす。例 のんきな生活《せいかつ》。❷気《き》が長《なが》く、のんびりした性格《せいかく》であること。例 のんきな人《ひと》。対 せっかち。ことば もとは「暖気」と書《か》き、気晴《きば》らしをしたり遊《あそ》びに出《で》かけたりすることをいった。

ノンステップバス 名詞 ゆかの面《めん》を低《ひく》くつくって段差《だんさ》を小《ちい》さくし、乗《の》り降《お》りしやすいようにしたバス。ことば 英語《えいご》をもとに日本《にほん》で作《つく》られたことば。

ノンストップ (nonstop) 名詞 乗《の》り物《もの》などが、とちゅうで止《と》まらないこと。例 このバスは終《しゅう》点《てん》までノンストップで運転《うんてん》する。

のんでかかる 相手《あいて》を、初《はじ》めから大《たい》したことはないとばかにしてあつかう。例 新人《しんじん》だとのんでかかって、あっけなく負《ま》けた。

のんびり[と] 副詞 動詞 心《こころ》や体《からだ》がゆったりとしているようす。例 家《いえ》でのんびりする。

ノンフィクション (nonfiction) 名詞 読《よ》み物《もの》や映画《えいが》などで、事実《じじつ》をもとにしてつくった作《さく》品《ひん》。伝記《でんき》や旅行記《りょこうき》など。対 フィクション。

ノンプロ 名詞 スポーツなどで、それを職業《しょくぎょう》にしていないこと。プロではないこと。社会人《しゃかいじん》野球《やきゅう》などについていう。対 プロ。ことば 英語《えいご》の「ノンプロフェッショナル」の略《りゃく》。

のんべんだらりと 副詞 何《なに》をするわけでもなく、だらだらと時間《じかん》を過《す》ごすようす。例 のんべんだらりと日々《ひび》を送《おく》る。

は

ハ

ばば
パパ

下《した》の 手話にチャレンジ を見《み》よう。

は 助詞 (ほかのことばのあとにつけて) ❶ほかと区別《くべつ》していうときに使《つか》うことば。例 くじらは魚《さかな》ではない。❷話《はなし》の中心《ちゅうしん》になることをとり立《た》てて表《あらわ》す。例 今日《きょう》はぼくの誕生日《たんじょうび》です／兄《あに》は中学生《ちゅうがくせい》です。❸意味《いみ》を強《つよ》めるときに使《つか》うことば。例 ちっとも寒《さむ》くはない。使い方「わ」と発音《はつおん》する。

は【刃】 名詞 ナイフや刀《かたな》などの、物《もの》を切《き》る部分《ぶぶん》。例 包丁《ほうちょう》の刃を研《と》ぐ／刀《かたな》の刃がこぼれる(＝欠《か》ける)。図 ⇒264ページ・かたな

は【羽】 名詞 鳥《とり》のはね。

㊈ **は【羽】**〔羽《はね》〕6画 2年 音 ウ 訓 は・はね

鳥《とり》のはね。とぶ虫《むし》のはね。例 羽化《うか》／羽音《はおと》／羽《は》衣《ごろも》／羽布団《はねぶとん》。使い方 鳥《とり》を数《かぞ》えるときには、「一羽(いちわ)」「三羽(さんば)」「六羽(ろっぱ・ろくわ)」のように読《よ》む。

㊈ **は【波】**〔氵《さんずい》〕8画 3年 音 ハ 訓 なみ

❶なみ。例 波頭《なみがしら》／波及《はきゅう》。❷音《おと》や光《ひかり》のなみのようなはたらき。例 波長《はちょう》／音波《おんぱ》／寒波《かんぱ》／電波《でんぱ》。

㊈ **は【派】**〔氵《さんずい》〕9画 6年 音 ハ

❶わかれる。例 派生《はせい》。❷もとからわかれたもの。例 学派《がくは》／党派《とうは》／流派《りゅうは》。❸さしむける。例 派遣《はけん》／派兵《はへい》／特派員《とくはいん》。

㊈ **は【破】**〔石《いしへん》〕10画 5年 音 ハ 訓 やぶる・やぶれる

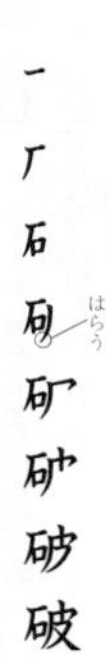

❶やぶる。こわす。例 破壊《はかい》／破損《はそん》／破片《はへん》／破《は》裂《れつ》／大破《たいは》／型破《かたやぶ》り。❷ものごとがだめになる。例 破産《はさん》／破談《はだん》。❸なしとげる。例 走破《そうは》／読破《どくは》。

は【葉】 名詞 植物《しょくぶつ》のくきや枝《えだ》についていて、でんぷんをつくったり、呼吸《こきゅう》をしたりするところ。多《おお》くは緑色《みどりいろ》をしている。葉《は》っぱ。

㊈ ⇒1362ページ・よう〔葉〕

は【歯】 名詞 ❶動物《どうぶつ》の口《くち》の中《なか》にある、食《た》べ物《もの》をかんだり敵《てき》をこうげきしたりする役目《やくめ》をするもの。

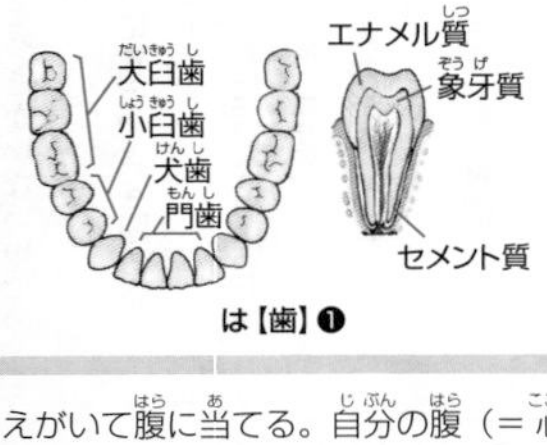

は【歯】❶

えがいて腹《はら》に当《あ》てる。自分《じぶん》の腹《はら》(＝心《こころ》)に手《て》を当《あ》てるしぐさだよ。

❷道具《どうぐ》や機械《きかい》のふちにある刻《きざ》み目《め》。例 のこぎりの歯｜／歯車《はぐるま》の歯｜。
❸げたの裏《うら》の、出《で》っ張《ば》っていて地面《じめん》につく部《ぶ》分《ぶん》。図↓420ページげた

漢↓553ページし〔歯〕

● **歯《は》が浮《う》く**
❶歯《は》のつけ根《ね》がゆるむ。
❷わざとらしくて、いやな感《かん》じがする。例 歯｜が浮くようなお世辞《せじ》。

● **歯《は》が立《た》たない**
❶かたくてかめない。
❷難《むずか》しすぎたり強《つよ》すぎたりしてかなわない。例 うでずもうでは兄《あに》に歯が立たない｜。

● **歯《は》が抜《ぬ》けたよう**　前《まえ》はあったものがなくて、もの足《た》りないようす。さびしいようす。例 かぜで欠席者《けっせきしゃ》が多《おお》く、教室《きょうしつ》は歯が抜けたようだ｜。

● **歯《は》に衣《きぬ》を着《き》せない**　思《おも》ったことを遠慮《えんりょ》しないではっきり言《い》う。ことば「衣《きぬ》」は、衣服《いふく》のこと。

● **歯《は》の根《ね》が合《あ》わない**　寒《さむ》さやおそろしさのために体《からだ》がふるえ、歯《は》がかちかちと鳴《な》る。

● **歯《は》を食《く》いしばる**　苦《くる》しさやくやしさをけんめいにこらえる。例 歯を食いしばってがんばる｜。

ば 助詞（ほかのことばのあとにつけて）
❶かりに…なら。例 よく考《かんが》えればできるよ｜。
❷…になると、決《き》まって。例 冬《ふゆ》になれば｜白鳥《はくちょう》がやって来《く》る。
❸同《おな》じようなことがらを並《なら》べていうときに使《つか》うことば。例 歌《うた》うのもうまければ｜走《はし》るのも速《はや》い。
❹うながすときに使《つか》うことば。例 きみもいっしょに来《く》ればﾟ｜。

❺（「…ば…ほど」の形《かたち》で）…すると、いっそう。例 練習《れんしゅう》をすればするほど｜どうまくなる。
❻話題《わだい》を挙《あ》げて、あとに続《つづ》けるときに使《つか》うことば。例 給食《きゅうしょく》といえば｜、今日《きょう》は確《たし》かカレーだね。

-ば【羽】↓1426ページわ〔羽〕

漢 **ば【馬】**〔馬《うま》〕10画　2年　訓音 うま・ま｜　バ
丨 厂 Π ⺸ 馬 馬 馬 馬（はねる）（てんのうちかたちゅうい）
うま。例 馬小屋《うまごや》／馬車《ばしゃ》／馬術《ばじゅつ》／絵馬《えま》／競馬《けいば》。

ば【場】 名詞
❶所《ところ》。場所《ばしょ》。例 学校《がっこう》は勉強《べんきょう》する場｜である。
❷場合《ばあい》。とき。例 その場｜に合《あ》わせた服装《ふくそう》。
❸劇《げき》の、いくつかに分《わ》けた一場面《いちばめん》。例 第二幕《だいにまく》第五場《だいごば》｜。

漢↓631ページじょう〔場〕

-ぱ【羽】↓1426ページわ〔羽〕

バー（bar）名詞
❶走《はし》り高《たか》とびや棒高《ぼうたか》とびなどでとびこす横木《よこぎ》。
❷バレエの練習《れんしゅう》をするときにつかまる棒《ぼう》。
❸酒場《さかば》。

ぱあ 名詞
❶じゃんけんで、五本《ごほん》の指《ゆび》を全部《ぜんぶ》開《ひら》いた形《かたち》。「紙《かみ》」ともいう。
❷全部《ぜんぶ》だめになったり、すっかりなくなったりすること。例 計画《けいかく》がぱあになる｜／貯金《ちょきん》がぱあだ｜。
❸おろかな人《ひと》。
使い方 ❷❸は、くだけた言《い》い方《かた》。ことば ❶は、ふつう「パー」と書《か》く。

ばあい【場合】 名詞
❶何《なに》かをしたり考《かんが》えたりする、そのとき。例 欠席《けっせき》する場合｜は連絡《れんらく》します。
❷事情《じじょう》。ようす。例 時《とき》と場合｜によって予定《よてい》が変《か》わるかもしれません。

パーカ（parka）名詞 フードのついた上着《うわぎ》。パーカー。例 パーカ｜をはおる。

はあく【把握】 名詞 動詞
❶正《ただ》しくしっかり理解《りかい》すること。例 状況《じょうきょう》を正確《せいかく》に把握する｜ことが大切《たいせつ》だ。
❷しっかりつかむこと。にぎりしめること。

パーク（park）名詞「公園《こうえん》」のこと。

バーゲン↓1035ページバーゲンセール

バーゲンセール（bargain sale）名詞 商品《しょうひん》を特別安《とくべつやす》く売《う》ること。特売《とくばい》。略《りゃく》して「バーゲン」ともいう。

バーコード（bar code）名詞 太《ふと》さのちがう線《せん》を何本《なんぼん》も並《なら》べて、英字《えいじ》や数字《すうじ》などを表《あらわ》す印《しるし》。商品《しょうひん》の内容《ないよう》などを示《しめ》すのに利用《りよう》され、機械《きかい》で読《よ》みとる。

バージョン（version）名詞 商品《しょうひん》や作品《さくひん》などを修正《しゅうせい》・改良《かいりょう》した、別《べつ》の種類《しゅるい》のこと。例 ヒット曲《きょく》のロングバージョン｜。

バージョンアップ 名詞 動詞 今《いま》まであったものを修正《しゅうせい》・改良《かいりょう》して、新《あたら》しいものにすること。とくに、コンピューターのハードウェアやソフトウェアの性能《せいのう》をよりよいものにすること。ことば 英語《えいご》をもとに日本《にほん》で作《つく》られたことば。

バースデー（birthday）名詞 誕生日《たんじょうび》。

パーセンテージ（percentage）名詞 パーセ

手話にチャレンジ　**反省《はんせい》**　軽《かる》く丸《まる》めた右手《みぎて》を、手《て》のひらを下《した》に向《む》けて額《ひたい》に置《お》く。手《て》のひらを上《うえ》に返《かえ》しながら、円《えん》を

ントで表《あらわ》す割合《わりあい》。百《ひゃく》分率《ぶんりつ》。

パーセント（percent）名詞 全体《ぜんたい》を百《ひゃく》としたときに、その部《ぶ》分《ぶん》がどのくらいに当《あ》たるかの割合《わりあい》を示《しめ》す単位《たんい》。記号《きごう》は「%」。一《いち》パーセントは、一《いち》の百《ひゃく》分《ぶん》の一《いち》。

パーソナルコンピューター ⇒1058ページ パソコン

バーチャル（virtual）形容動詞 実際《じっさい》の物《もの》やすがたを、ともなわないようす。仮想《かそう》の。

バーチャルリアリティー（virtual reality）名詞 コンピューター技術《ぎじゅつ》によってつくり出《だ》される、まるで現実《げんじつ》であるかのように感《かん》じられる世界《せかい》。「仮想現実《かそうげんじつ》」「VR《ブイアール》」ともいう。

パーツ（parts）名詞 全体《ぜんたい》の一部《いちぶ》に当《あ》たるもの。機械《きかい》や器具《きぐ》などの部品《ぶひん》。

パーティー（party）名詞 ❶大勢《おおぜい》の人《ひと》がいっしょに楽《たの》しむ集《あつ》まり。❷登山《とざん》などで、いっしょに行動《こうどう》する仲間《なかま》。例 パーティーを組《く》む。

ハート（heart）名詞 ❶心《こころ》。例 温《あたた》かいハートの持《も》ち主《ぬし》。❷心臓《しんぞう》。❸トランプの、赤《あか》い♥の印《しるし》。

ハード（hard）❶形容動詞 かたいようす。対 ソフト。❷形容動詞 激《はげ》しいようす。厳《きび》しいようす。例 ハードなスケジュール。❸名詞「ハードウェア」の略《りゃく》。対 ソフト。

バード（bird）名詞「鳥《とり》」のこと。

パート（part）名詞 ❶全体《ぜんたい》の一部《いちぶ》。部分《ぶぶん》。❷合唱《がっしょう》や合奏《がっそう》で、それぞれの声《こえ》や楽器《がっき》が受《う》け持《も》つ部分《ぶぶん》。例 ソプラノのパートを歌《うた》う。❸「パートタイム」「パートタイマー」の略《りゃく》。

バードウイーク ⇒16ページ あいちょうしゅうかん

ハードウェア（hardware）名詞 コンピューターの、機械《きかい》や装置《そうち》のこと。また、広《ひろ》くは、形《かたち》のある機械設備《きかいせつび》のこと。ハード。対 ソフトウェア。

バードウォッチング（bird-watching）名詞 野生《やせい》の鳥《とり》を観察《かんさつ》すること。

パートタイマー（part-timer）名詞 一日《いちにち》のうち、限《かぎ》られた時間《じかん》だけ働《はたら》く人《ひと》。パート。

パートタイム（part time）名詞 一日《いちにち》のうち、限《かぎ》られた時間《じかん》だけ働《はたら》くこと。パート。

ハードディスク（hard disk）名詞 コンピューターにつける記憶装置《きおくそうち》。大量《たいりょう》のデータを記《き》録《ろく》できる。

パートナー（partner）名詞 組《くみ》になって、いっしょに仕事《しごと》などをする相手《あいて》。

ハードル（hurdle）名詞 陸上《りくじょう》競技《きょうぎ》の一《ひと》つ。台《だい》をつけた横木《よこぎ》をとびこえながら走《はし》り、速《はや》さをきそう。また、その横木《よこぎ》のこと。ことば のりこえるべき問題《もんだい》や課題《かだい》をたとえることもある。

バーナー（burner）名詞 ガスなどの燃《ねん》料《りょう》を燃《も》やして、物《もの》を熱《ねっ》する器具《きぐ》。例 ガスバーナー。

ハーネス（harness）名詞 盲導犬《もうどうけん》などの胴《どう》につける、引《ひ》きづなのついたベルト。

ハーフ（half）名詞「半分《はんぶん》」のこと。例 ハーフサイズ／ハーフタイム。また、「中《ちゅう》間《かん》」のこと。（＝試合《しあい》の前半《ぜんはん》と後半《こうはん》の間《あいだ》の休《やす》み時間《じかん》）。

ハーブ（herb）名詞 薬《くすり》や香《こう》料《りょう》として使《つか》う、香《かお》りが強《つよ》い植《しょく》物《ぶつ》。ミントやバジリコ、ラベンダーなどがある。香草《こうそう》。

ハープ（harp）名詞 弦楽《げんがっ》器《き》の一《ひと》つ。四十七本《よんじゅうななほん》の弦《げん》を縦《たて》に張《は》り、ゆかに立《た》てて両《りょう》手《て》の指《ゆび》でかき鳴《な》らすたてごと。図 ⇒269ページ がっき〔楽器〕

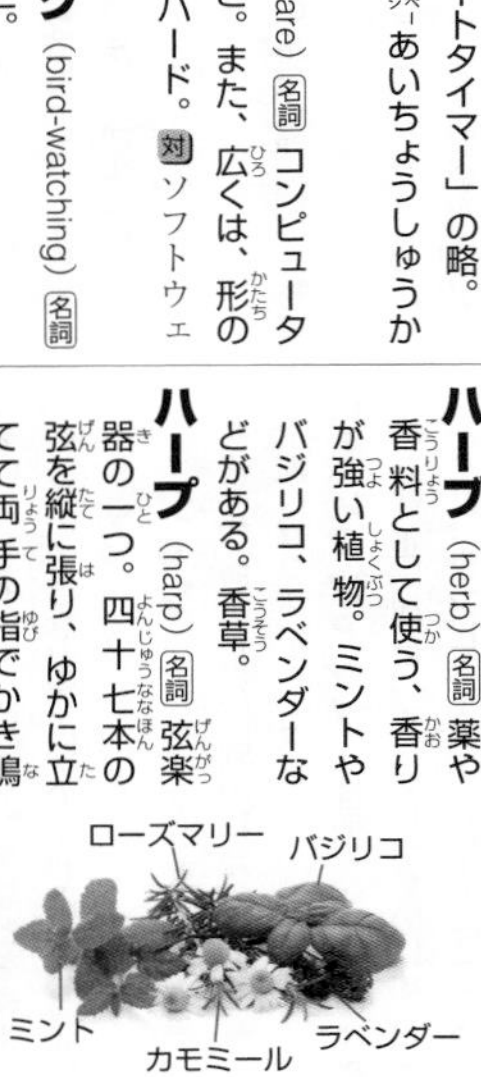

ハーブ

パーフェクト（perfect）名詞 形容動詞 完全《かんぜん》であること。例 パーフェクトなできばえ。

ハーフタイム（halftime）名詞 サッカーやラグビーなどで、前半《ぜんはん》と後半《こうはん》の間《あいだ》の休《きゅう》憩《けい》時間《じかん》。

パープル（purple）名詞「むらさき」「むらさき色《いろ》」のこと。

バーベキュー（barbecue）名詞 野外《やがい》で、肉《にく》や野菜《やさい》を焼《や》いて食《た》べる料《りょう》理《り》。

バーベル（barbell）名詞 鉄《てつ》の棒《ぼう》の両端《りょうたん》に、鉄《てつ》のおもりをつけたもの。重《じゅう》量《りょう》挙《あ》げや、筋力《きんりょく》のトレーニングなどに使《つか》う。

パーマ 名詞 化学薬品《かがくやくひん》などを使《つか》ってかみの毛《け》を波立《なみだ》たせること。例 パーマをかける。ことば 英《えい》語《ご》の「パーマネントウエーブ」の略《りゃく》。

バーミキュライト（vermiculite）名詞 軽《かる》くてにぎわっているようすのたとえ。

水《みず》をよく吸収《きゅうしゅう》する人工《じんこう》の土《つち》。園芸《えんげい》に使《つか》われる。

ハーモニー (harmony) 名詞 ❶音楽《おんがく》で、高《たか》さのちがう音《おと》が重《かさ》なって美《うつく》しくひびき合《あ》うこと。例 美《うつく》しいハーモニーの歌声《うたごえ》。❷調和《ちょうわ》。つりあい。例 色《いろ》のハーモニー。

ハーモニカ (harmonica) 名詞 口《くち》に当《あ》て、息《いき》をはいたり吸《す》ったりして、金属《きんぞく》でできた弁《べん》を振動《しんどう》させて音《おと》を出《だ》す楽器《がっき》。

バール 名詞 おもにくぎをぬくのに使《つか》う工具《こうぐ》。先《さき》が「L」の字《じ》の形《かたち》に曲《ま》がっている。ことば 英語《えいご》をもとに日本《にほん》で作《つく》られたことば。

パール (pearl) 名詞 「真珠《しんじゅ》」のこと。

パーレン ⇒1254ページ まるがっこ

はい 名詞 植物《しょくぶつ》では、種《たね》の中《なか》にあって、芽《め》となって生長《せいちょう》していく部分《ぶぶん》。はい芽《が》。動物《どうぶつ》では、生《う》まれる前《まえ》、または卵《たまご》からかえる前《まえ》の、器官《きかん》がじゅうぶんに発達《はったつ》していないもの。ことば 漢字《かんじ》では「胚」と書《か》く。

はい 感動詞 ❶呼《よ》ばれたり話《はな》しかけられたりしたときに、答《こた》えて言《い》うことば。例「宮本《みやもと》くん。」「はい。」❷相手《あいて》の言《い》ったことに対《たい》して、そうであると答《こた》えて言《い》うことば。例「わかりましたか。」「はい、よくわかりました。」類 ええ。対 いいえ。❸相手《あいて》の注意《ちゅうい》を向《む》けさせるときに言《い》うことば。例 はい、みなさんすわってください。

はい ⇒1044ページ はえ

はい【灰】 名詞 物《もの》が燃《も》えたあとに残《のこ》る、粉《こな》のようなもの。例 火山灰《かざんばい》／灰になる（=すっかり焼《や》けてなくなる）。

漢 **はい【灰】**〔火《ひ》〕6画 6年 音 カイ 訓 はい

物《もの》がもえたあとのはい。例 灰色《はいいろ》／灰皿《はいざら》／石灰《せっかい》。

漢 **はい【拝】**〔扌《てへん》〕8画 6年 音 ハイ 訓 おがむ

❶おがむ。例 拝礼《はいれい》／参拝《さんぱい》。❷へりくだった気持《きも》ちを表《あらわ》すことば。例 拝啓《はいけい》／拝見《はいけん》／拝借《はいしゃく》。

はい【杯】 ❶名詞 さかずき。例 杯を重《かさ》ねる（=何杯《なんばい》も酒《さけ》を飲《の》む）。❷名詞 賞《しょう》としてあたえられる、金属製《きんぞくせい》のかざりのさかずき。カップ。例 優勝杯《ゆうしょうはい》を手《て》にする。❸接尾語（数《かず》を表《あらわ》すことばのあとにつけて）うつわに入《い》れたものを数《かぞ》えることば。例 ごはん二《に》杯。

はい【肺】 名詞 胸《むね》の左右《さゆう》にあって、呼吸《こきゅう》をする器官《きかん》。呼吸《こきゅう》によって酸素《さんそ》をとり入《い》れて血液《けつえき》の中《なか》の二酸化炭素《にさんかたんそ》を外《そと》に出《だ》すはたらきをする。図 ⇒966ページ ないぞう〔内臓〕

漢 **はい【肺】**〔月《にくづき》〕9画 6年 音 ハイ

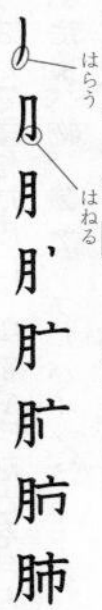

はい。胸《むね》の左右《さゆう》にある呼吸器官《こきゅうきかん》。例 肺炎《はいえん》／肺活量《かつりょう》／肺臓《はいぞう》。

漢 **はい【背】**〔月《にくづき》〕9画 6年 音 ハイ 訓 せ・せい・そむく・そむける

❶せなか。物《もの》のうらがわ。例 背骨《せぼね》／背泳《はいえい》／背景《けい》／背後《はいご》／背面《はいめん》。❷そむく。そむける。例 背信《しん》／背反《はいはん》／目《め》を背《そむ》ける。

漢 **はい【俳】**〔亻《にんべん》〕10画 6年 音 ハイ

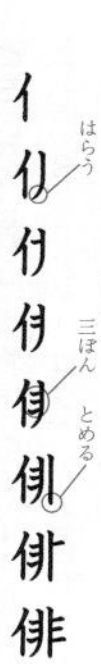

❶芸《げい》をする人《ひと》。例 俳優《はいゆう》。❷俳句《はいく》のこと。例 俳号《ごう》／俳人《はいじん》／俳文《はいぶん》。

漢 **はい【配】**〔酉《とりへん》〕10画 3年 音 ハイ 訓 くばる

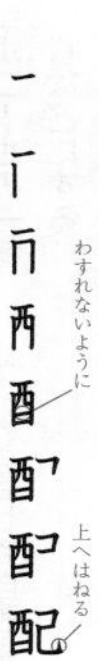

❶くばる。例 配達《はいたつ》／配分《はいぶん》／配役《はいやく》／気配《きくば》り／心配《しんぱい》。❷組《く》み合《あ》わせる。例 配合《はいごう》／配色《はいしょく》／配列《はいれつ》。

漢 **はい【敗】**〔攵《のぶん》〕11画 4年 音 ハイ 訓 やぶれる

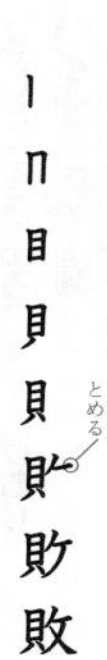

❶やぶれる。負《ま》ける。例 敗因《はいいん》／敗者《はいしゃ》／敗戦《はいせん》／敗北《はいぼく》／勝敗《しょうはい》。対 勝《しょう》。❷ものごとがだめになる。例 失敗《しっぱい》／腐敗《ふはい》。

ばい 名詞 浅《あさ》い海《うみ》に住《す》む巻《ま》き貝《がい》。貝殻《かいがら》は貝細工《かいざいく》の材料《ざいりょう》に、肉《にく》は食用《しょくよう》になる。図 ⇒219ページ かい〔貝〕

故事成語 **門前市《もんぜんいち》を成《な》す** 家《いえ》の門《もん》の前《まえ》に市場《いちば》ができたかのように、人《ひと》や車《くるま》が集《あつ》まっている。訪《たず》ねる人《ひと》が多《おお》

漢 ばい【売】〔士《さむらい》〕7画 2年 音 バイ 訓 うる・うれる

一 十 士 声 声 売 売（上へはねる）

うる。例 売値《うりね》／売店《ばいてん》／売買《ばいばい》／売品《ばいひん》／商売《しょうばい》／発売《はつばい》／販売《はんばい》／安売《やすう》り。対 買《ばい》。

ばい【倍】 ❶名詞 ある数《かず》を二《ふた》つ合《あ》わせた数《かず》。例 倍の人数《にんずう》。❷接尾語（数《かず》を表《あらわ》すことばのあとにつけて）同《おな》じ数量《すうりょう》を足《た》し合《あ》わせる回数《かいすう》を表《あらわ》す。例 三倍の量《りょう》。

漢 ばい【倍】〔亻《にんべん》〕10画 3年 音 バイ

亻 亻 仁 仁 倍 倍 倍 倍 倍 倍（下のよこぼうをながく）

❶同《おな》じ数《かず》を二《ふた》つ足《た》したかず。例 倍加《ばいか》／倍増《ばいぞう》。❷同《おな》じ数《かず》を足《た》す回数《かいすう》を表《あらわ》す。例 三倍《さんばい》。

漢 ばい【梅】〔木《きへん》〕10画 4年 音 バイ 訓 うめ

一 十 木 木 杧 杧 梅 梅 梅 梅（母としない）

❶うめ。うめの木《き》。例 梅林《ばいりん》／紅梅《こうばい》／梅見《うめみ》。❷うめの実《み》。うめの実《み》のなるころ。例 梅酒《うめしゅ》／梅雨《ばいう》／入梅《にゅうばい》。

漢 ばい【買】〔貝《かい》〕12画 2年 音 バイ 訓 かう

丶 冂 罒 罒 罒 買 買 買（四としない）

かう。例 買値《かいね》／買収《ばいしゅう》／購買《こうばい》／売買《ばいばい》。対 売《ばい》。

パイ（pie）名詞 小麦粉《こむぎこ》とバターを練《ね》り、うすくのばして重《かさ》ねた皮《かわ》に、果物《くだもの》や肉《にく》などを包《つつ》んで焼《や》いた食《た》べ物《もの》。例 アップルパイ／ミートパイ。

はいあがる【はい上がる】 動詞 ❶はって上《うえ》に上《あ》がる。例 岸《きし》にはい上がる。❷悪《わる》い状態《じょうたい》からぬけ出《だ》す。例 最下位《さいかい》からはい上がって三位《さんい》になった。

はいいろ【灰色】 名詞 ❶黒《くろ》と白《しろ》とが混《ま》ざり合《あ》った色《いろ》。ねずみ色《いろ》。❷希望《きぼう》も、おもしろみも、うるおいもないことのたとえ。例 灰色の人生《じんせい》。

はいいろ❶

ことば ❶の意味《いみ》から、「疑《うたが》わしいこと」のたとえにも使《つか》う。

はいいん【敗因】 名詞 負《ま》けた原因《げんいん》。例 敗因は練習《れんしゅう》不足《ぶそく》だ。対 勝因《しょういん》。

ばいう【梅雨】 名詞 季語夏 六月《ろくがつ》から七月《しちがつ》にかけて長《なが》く降《ふ》り続《つづ》く雨《あめ》。また、その時期《じき》。「つゆ」ともいう。例 梅雨前線《ぜんせん》。類 五月雨《さみだれ》。ことば 梅《うめ》の実《み》が熟《じゅく》するころなので、このように呼《よ》ばれる。

ハイウエー ➡456ページ こうそくどうろ

ばいうぜんせん【梅雨前線】 名詞 六月《ろくがつ》から七月《しちがつ》にかけて、日本《にほん》の本州《ほんしゅう》付近《ふきん》にとどまる前線《ぜんせん》。この前線《ぜんせん》が梅雨《つゆ》の原因《げんいん》となる。

はいえい【背泳】 ➡718ページ せおよぎ

はいえき【廃液】 名詞 工場《こうじょう》などで使《つか》ったあと、不要《ふよう》となって捨《す》てられる液体《えきたい》。

はいえん【肺炎】 名詞 細菌《さいきん》やウイルスなどによって起《お》こる、肺《はい》の病気《びょうき》。高《たか》い熱《ねつ》が出《で》て、呼《こ》吸《きゅう》が苦《くる》しくなる。

ばいえん【梅園】 名詞 季語春 たくさんの梅《うめ》の木《き》が植《う》えてある庭園《ていえん》。

ばいえん【ばい煙】 名詞 石炭《せきたん》や石油《せきゆ》などを燃《も》やしたときに出《で》る、すすとけむり。

バイオ（bio）名詞 ❶「生命《せいめい》」「生物《せいぶつ》」のこと。❷➡1038ページ バイオテクノロジー

バイオエタノール（bioethanol）名詞 さとうきびやとうもろこしなどの植物《しょくぶつ》から作《つく》るアルコールの一種《いっしゅ》。ガソリンと混《ま》ぜて自動車《じどうしゃ》の燃《ねん》料《りょう》などにする。

バイオテクノロジー（biotechnology）名詞 生物《せいぶつ》の遺伝子《いでんし》を組《く》みかえたり、細胞《さいぼう》を合《あ》わせたりして、新《あたら》しい種類《しゅるい》の生物《せいぶつ》をつくり出《だ》したり、病気《びょうき》を治《なお》したりする技術《ぎじゅつ》。略《りゃく》して「バイオ」ともいう。ことば「生物学《せいぶつがく》（＝バイオロジー）」と「技術《ぎじゅつ》（＝テクノロジー）」を合《あ》わせて作《つく》られたことば。

パイオニア（pioneer）名詞 まだだれもやったことのないことを、初《はじ》めてやる人《ひと》。先駆者《せんくしゃ》。

バイオねんりょう【バイオ燃料】 名詞 植《しょく》物《ぶつ》や木《き》くずなどのバイオマスから作《つく》る燃料《ねんりょう》。参考 さとうきびやとうもろこしなどから作《つく》る「バイオエタノール」や、バイオエタノールと液体燃料《えきたいねんりょう》を混《ま》ぜて作《つく》る「バイオガソリン」などがある。

バイオマス（biomass）名詞 エネルギーのも

初《はじ》めは勢《いきお》いがあってさかんだが、終《お》わりには勢《いきお》いがなくなってしまうことのたとえ。

とや工業原料《こうぎょうげんりょう》に利用《りよう》される、植物《しょくぶつ》・家畜《かちく》のふんにょう・生《なま》ごみ・木《き》くずなど。また、生物《せいぶつ》をそのように利用《りよう》すること。ことば もとは「生物《せいぶつ》（＝バイオ）の量《りょう》（＝マス）」という意味《いみ》。参考 二酸化炭素《にさんかたんそ》の発生《はっせい》が少《すく》ないこともあり、新《あたら》しいエネルギーとして注目《ちゅうもく》されている。

バイオリン（violin）名詞 四本《よんほん》の弦《げん》を弓《ゆみ》でひいて音《おと》を出《だ》す弦楽器《げんがっき》。管弦楽《かんげんがく》や独奏《どくそう》などに使《つか》われ、弦楽器《げんがっき》の中《なか》ではいちばん高《たか》い音《おと》が出《で》る。ことば「一挺《いっちょう》」と数《かぞ》える。図⇩269ジ《ペー》がっき〔楽器〕

はいが【はい芽】 名詞 植物《しょくぶつ》の種《たね》の中《なか》にある、芽《め》となって生長《せいちょう》していく部分《ぶぶん》。「はい」ともいう。

ばいか【売価】 名詞 品物《しなもの》を売《う》るときの値段《ねだん》。売値《うりね》。

ばいか【倍加】 名詞 動詞 ❶二倍《にばい》に増《ふ》えること。また、増《ふ》やすこと。倍増《ばいぞう》。例 年末《ねんまつ》は売《う》り上《あ》げが倍加する。❷程度《ていど》が激《はげ》しくなること。例 寒《さむ》さが倍加する。

はいかい【俳諧】 名詞 俳句《はいく》・連歌《れんが》をまとめていうことば。ことば もとは、「おもしろさやおかしさを中心《ちゅうしん》にした和歌《わか》や連歌《れんが》」の意味《いみ》。

ばいかい【媒介】 名詞 動詞 二《ふた》つのものの間《あいだ》に立《た》って、関係《かんけい》をとりもつこと。仲立《なかだ》ちすること。例 蚊《か》が媒介する病気《びょうき》。

はいかつりょう【肺活量】 名詞 できる限《かぎ》り深《ふか》く息《いき》を吸《す》ってから、じゅうぶんにはき出《だ》したときの空気《くうき》の量《りょう》。

はいがまい【はい芽米】 名詞 はい芽《が》の部分《ぶぶん》を八十《はちじっ》パーセント以上《いじょう》残《のこ》して精米《せいまい》した米《こめ》。　関連白米。玄米。

ハイカラ 名詞 形容動詞 西洋風《せいようふう》だったり新《あたら》しかったりして、しゃれた感《かん》じがすること。例 ハイカラな服《ふく》。ことば 明治時代《めいじじだい》に、西洋《せいよう》の新《あたら》しい文《ぶん》化《か》を好《この》む人《ひと》たちが、高《たか》いえり（＝英語《えいご》で「ハイカラー」）の洋服《ようふく》を着《き》たことからきたことば。

はいかん【拝観】 名詞 動詞 寺《てら》・神社《じんじゃ》や、そこの宝物《たからもの》などを見《み》せていただくこと。例 拝観料《りょう》。

はいかん【配管】 名詞 水《みず》やガスなどを通《とお》すために、管《くだ》をとりつけること。

はいかん【廃刊】 名詞 動詞 それまで定期的《ていきてき》に出《だ》していた、新聞《しんぶん》や雑誌《ざっし》の発行《はっこう》をやめること。対 創刊《そうかん》。

はいき【排気】 名詞 ❶中《なか》に入《はい》っている空気《くうき》やガスを外《そと》に出《だ》すこと。❷エンジンなどから排出《はいしゅつ》されるガスや蒸気《じょうき》。対 吸気《きゅうき》。

はいき【廃棄】 名詞 動詞 いらないものとして、捨《す》てること。例 こわれた家具《かぐ》を廃棄する。

はいきぶつ【廃棄物】 名詞 いらなくなって、捨《す》てられるもの。例 産業《さんぎょう》廃棄物。

ばいきゃく【売却】 名詞 動詞 売《う》りはらうこと。例 マンションを売却して新《あたら》しい家《いえ》を買《か》う。

はいきゅう【配給】 名詞 動詞 割《わ》り当《あ》てて配《くば》ること。例 戦争中《せんそうちゅう》は米《こめ》が配給された。

はいきゅうせい【配給制】 名詞 生活《せいかつ》に必要《ひつよう》な物資《ぶっし》を、割《わ》り当《あ》てて配《くば》る制度《せいど》。日本《にほん》では、第《だい》二次世界大戦《にじせかいたいせん》中《ちゅう》から戦後《せんご》にかけて行《おこな》われた。

はいきょ【廃きょ】 名詞 住《す》む人《ひと》がいなくなって、建物《たてもの》などがあれ果《は》てているところ。

はいぎょう【廃業】 名詞 動詞 今《いま》まで続《つづ》けてきた商売《しょうばい》や事業《じぎょう》をやめること。対 開業《かいぎょう》。

ばいきん【ばい菌】 名詞 病気《びょうき》を起《お》こしたり、物《もの》をくさらせたりするもとになる小《ちい》さな生物《せいぶつ》。使い方 俗《ぞく》な言《い》い方《かた》。

ハイキング（hiking）名詞 動詞 自然《しぜん》を楽《たの》しみながら、野山《のやま》などを歩《ある》くこと。類 ピクニック。

バイキング（Viking）名詞 ❶八世紀《はっせいき》から十一世紀《じゅういっせいき》にかけて、スカンジナビア半島《はんとう》やデンマークからヨーロッパ各地《かくち》に進出《しんしゅつ》したノルマン人《じん》。❷「バイキング料理《りょうり》」の略《りゃく》。決《き》まった料金《りょうきん》をはらい、並《なら》んだ料理《りょうり》から好《す》きなものを好《す》きなだけとって食《た》べる形式《けいしき》の食事《しょくじ》。「ビュッフェ」ともいう。

はいく【俳句】 名詞 五《ご》・七《しち》・五《ご》の十七音《じゅうしちおん》から成《な》り立《た》っている、日本《にほん》の伝統的《でんとうてき》な詩《し》。季節《きせつ》を表《あらわ》すことば（＝季語《きご》）を入《い》れる。「柿《かき》くへ（え）ば鐘《かね》が鳴《な》るなり法隆寺《ほうりゅうじ》」など。ことば「一句《いっく》」と数《かぞ》える。参考 短歌《たんか》の上《かみ》の句《く》と下《しも》の句《く》を何人《なんにん》かがかわるがわる続《つづ》けてよむ「連歌《れんが》」の第一句《だいいっく》（＝発句《ほっく》）から生《う》まれたもの。⇩1073ジ《ペー》

ことば ❷は、日本《にほん》でつけられた呼《よ》び名《な》。

伝統コラム

バイク 名詞 エンジンで走《はし》る二輪車《にりんしゃ》。オートバイ。

はいぐうしゃ【配偶者】 名詞 結婚《けっこん》している相手《あいて》。夫《おっと》に対《たい》する妻《つま》、妻《つま》に対《たい》する夫《おっと》のこと。

故事成語　竜頭蛇尾《りゅうとうだび》　頭《あたま》は竜《りゅう》のようにりっぱだが、尾《お》はへびのように細《ほそ》くみすぼらしいという意味《いみ》で、

はいけい【拝啓】 名詞 手紙《てがみ》の初《はじ》めに書《か》く、あいさつのことば。「つつしんで申《もう》し上《あ》げます」という意味《いみ》。 類 謹啓《きんけい》。 参考 ふつう、「拝啓《はいけい》」で書《か》き始《はじ》めたら、最後《さいご》は「敬具《けいぐ》」で結《むす》ぶ。

はいけい【背景】 名詞 ❶絵《え》や写真《しゃしん》などで、中心《ちゅうしん》となるものの後《うし》ろの部分《ぶぶん》。バック。 例 山《やま》を背景にして写真《しゃしん》をとる。 ❷舞台《ぶたい》の後《うし》ろのほうにかいた景色《けしき》。 ❸あるものごとのかげで、えいきょうをあたえるもの。 例 時代《じだい》背景／事件《じけん》の背景を調《しら》べてみる。

はいけっかく【肺結核】 名詞 結核菌《けっかくきん》によって肺《はい》がおかされる感染症《かんせんしょう》。「肺病《はいびょう》」ともいう。

はいけん【拝見】 名詞 動詞 「見《み》ること」のへりくだった言《い》い方《かた》。 例 お手紙《てがみ》を拝見しました。

はいご【背後】 名詞 ❶後《うし》ろ。 例 背後から声《こえ》をかける。 ❷ものごとの表面《ひょうめん》にあらわれない、裏《うら》の面《めん》。 例 事件《じけん》の背後関係《かんけい》を調査《ちょうさ》する。

はいこう【廃坑】 名詞 鉱石《こうせき》や石炭《せきたん》をほるのをやめてしまった鉱山《こうざん》。

はいこう【廃校】 名詞 学校《がっこう》を廃止《はいし》すること。また、廃止《はいし》になった学校《がっこう》。

はいごう【俳号】 名詞 俳句《はいく》を作《つく》る人《ひと》が、本名《ほんみょう》とは別《べつ》に持《も》つ名前《なまえ》。 参考 松尾芭蕉《まつおばしょう》の「芭蕉《ばしょう》」は俳号《はいごう》で、本名《ほんみょう》は宗房《むねふさ》。

はいごう【配合】 名詞 動詞 いくつかのものを組《く》み合《あ》わせたり混《ま》ぜ合《あ》わせたりすること。

はいざら【灰皿】 名詞 たばこの灰《はい》や吸《す》いがらを入《い》れる、皿《さら》の形《かたち》をした入《い》れ物《もの》。

はいし【廃止】 名詞 動詞 今《いま》まで行《おこな》ってきたことをやめること。 例 この制度《せいど》は廃止された。

はいじつせい【背日性】 名詞 植物《しょくぶつ》の根《ね》などが、光《ひかり》とは反対《はんたい》の方向《ほうこう》にのびていこうとする性質《せいしつ》。「背光性《はいこうせい》」ともいう。 対 向日性《こうじつせい》。

はいしゃ【敗者】 名詞 試合《しあい》に負《ま》けた人《ひと》やチーム。 例 敗者復活戦《ふっかつせん》。 対 勝者《しょうしゃ》。

はいしゃ【歯医者】 名詞 歯《は》の病気《びょうき》を予防《よぼう》したり、治療《ちりょう》したりする医者《いしゃ》。歯科医《しかい》。

はいしゃく【拝借】 名詞 動詞 「借《か》りること」のへりくだった言《い》い方《かた》。 例 この本《ほん》を拝借します。

ハイジャック (hijack) 名詞 動詞 武器《ぶき》で乗客《じょうきゃく》や乗員《じょういん》をおどして、飛行機《ひこうき》を乗《の》っとること。

ばいしゅう【買収】 名詞 動詞 ❶土地《とち》や建物《たてもの》などを買《か》いとること。 ❷人《ひと》にお金《かね》や品物《しなもの》などをこっそりあたえて、自分《じぶん》の味方《みかた》にすること。 例 反対派《はんたいは》の人々《ひとびと》を買収しようとする。

はいしゅつ【排出】 名詞 動詞 中《なか》にあるいらないものを、外《そと》に出《だ》すこと。 例 ガスの排出口《こう》。

はいしゅつ【輩出】 名詞 動詞 すぐれた人《ひと》が次々《つぎつぎ》と世《よ》に出《で》ること。また、すぐれた人《ひと》を次々《つぎつぎ》と世《よ》に送《おく》り出《だ》すこと。 例 この大学《だいがく》はすぐれた科学《かがく》者《しゃ》を輩出している。

はいしゅつガス【排出ガス】 名詞 自動車《じどうしゃ》などのエンジンからはき出《だ》されるガス。人《ひと》の体《からだ》に害《がい》のある物質《ぶっしつ》や、空気《くうき》をよごす物質《ぶっしつ》がふくまれている。

はいじょ【排除】 名詞 動詞 とり除《のぞ》くこと。 例 町《まち》から暴力《ぼうりょく》を排除する。

ばいしょう【賠償】 名詞 動詞 ほかの人《ひと》や国《くに》にあたえた損害《そんがい》に対《たい》して、つぐないをすること。 例 賠償金《きん》／損害《そんがい》賠償。

はいしょく【配色】 名詞 動詞 いくつかの色《いろ》を組《く》み合《あ》わせること。 例 着《き》る服《ふく》の配色を考《かんが》える。

はいしょく【敗色】 名詞 試合《しあい》や戦《たたか》いで、負《ま》けそうなようす。 例 点差《てんさ》が開《ひら》いて敗色が濃《こ》くなる。

はいしん【背信】 名詞 信頼《しんらい》や約束《やくそく》を裏切《うらぎ》ること。 例 背信行為《こうい》。

はいしん【配信】 名詞 動詞 ❶放送局《ほうそうきょく》や新聞社《しんぶんしゃ》などが、手《て》に入《い》れた情報《じょうほう》やニュースを関係《かんけい》のあるところに知《し》らせること。 ❷インターネットを通《つう》じて、音楽《おんがく》や動画《どうが》などを送信《そうしん》すること。 例 動画《どうが》の配信サービス。

はいじん【俳人】 名詞 俳句《はいく》を作《つく》る人《ひと》。 関連 歌《か》人《じん》。

ばいじん 名詞 工場《こうじょう》の煙突《えんとつ》から出《で》るけむりなどにふくまれる、すすや燃《も》えかすなどの小《ち》さな粒《りゅう》子《し》。

はいすい【配水】 名詞 動詞 水道《すいどう》などの水《みず》を、管《くだ》を通《とお》していろいろなところに配《くば》ること。

はいすい【排水】 名詞 動詞 いらない水《みず》をほかのところへ流《なが》し出《だ》すこと。 例 排水口《こう》。

はいすい【廃水】 名詞 使《つか》ったあとの、よごれていて捨《す》てる水《みず》。 例 工場《こうじょう》廃水。

はいすいかん【配水管】 名詞 飲《の》み水《みず》や生活《せいかつ》に使《つか》う水《みず》を、配水池《はいすいち》などから家庭《かてい》や会社《かいしゃ》などに送《おく》るための管《くだ》。

めになる他人《たにん》からの忠告《ちゅうこく》は聞《き》くのがつらいものだというたとえ。

はいすいち【配水池】 名詞 水道水《すいどうすい》などとして送《おく》るための水《みず》を、一時的《いちじてき》にためておく池《いけ》。

はいすいのじん【背水の陣】 故事成語 ❶戦《たたか》うとき、川《かわ》や海《うみ》などを後《うし》ろにし、もうこれ以上《いじょう》後《うし》ろへ下《さ》がることはできないところに陣《じん》を構《かま》えること。例 背水の陣をしく。❷絶対《ぜったい》に失敗《しっぱい》できない状態《じょうたい》で、全力《ぜんりょく》をつくすこと。例 背水の陣で試合《しあい》にのぞむ。

はいすいりょう【排水量】 名詞 船《ふね》が水《みず》にうかんだときにおしのける水《みず》の量《りょう》。船《ふね》の重《おも》さを表《あらわ》す。例 排水量二十万《にじゅうまん》トンのタンカー。

はいすいろ【排水路】 名詞 いらない水《みず》や雨《あま》水《みず》を、ほかのところへ流《なが》し出《だ》すための水路《すいろ》。

ばいすう【倍数】 名詞 ある数《かず》の何倍《なんばい》かに当《あ》たる数《かず》。例 16は、4の倍数である。対 約数《やくすう》。

はいする【配する】 動詞 ❶人《ひと》や物《もの》を必要《ひつよう》なところに置《お》く。❷組《く》み合《あ》わせる。例 色《いろ》を配する。

はいする【排する】 動詞 おしのける。しりぞける。例 敵《てき》を排して進《すす》む／万難《ばんなん》を排して（＝あらゆる困難《こんなん》をおしのけて）うかがいます。

はいする【廃する】 動詞 ❶続《つづ》いてきた制度《せいど》・規則《きそく》・習慣《しゅうかん》などをやめる。例 身分制度《みぶんせいど》を廃する。❷その地位《ちい》をしりぞかせる。例 国王《こくおう》を廃する。

ばいする【倍する】 動詞 二倍《にばい》にする。また、二倍《にばい》になる。例 前回《ぜんかい》に倍する人《ひと》が集《あつ》まった。

はいせき【排斥】 名詞 動詞 きらって、そこからおしのけること。例 排斥運動《うんどう》。

はいせき【廃石】 名詞 鉱石《こうせき》のうち、利用《りよう》する価値《かち》のないもの。

はいせつ【排せつ】 名詞 動詞 動物《どうぶつ》が、食《た》べ物《もの》から栄養《えいよう》をとって、いらなくなった残《のこ》りを大便《だいべん》や小便《しょうべん》として体《からだ》の外《そと》に出《だ》すこと。例 排せつ物《ぶつ》。

はいぜつ【廃絶】 名詞 動詞 すたれてなくなること。廃止《はいし》してなくすこと。例 核兵器《かくへいき》の廃絶を目指《めざ》す。

はいせん【配線】 名詞 動詞 ❶電力《でんりょく》を送《おく》るために、電線《でんせん》を引《ひ》いてとりつけること。例 新《あたら》しい家《いえ》の配線工事《こうじ》。❷電気機械《でんききかい》の部品《ぶひん》と部品《ぶひん》の間《あいだ》を、電線《でんせん》でつなぎ合《あ》わせること。例 ラジオの中《なか》の配線を見《み》る。

はいせん【敗戦】 名詞 動詞 戦争《せんそう》や試合《しあい》に負《ま》けること。

はいぜん【配膳】 名詞 動詞 でき上《あ》がった料理《りょうり》をうつわに盛《も》って、食《た》べやすく並《なら》べること。また、食事《しょくじ》をのせたぜんを配《くば》ること。

はいせんず【配線図】 名詞 電流《でんりゅう》の流《なが》れる道《みち》筋《すじ》を、決《き》められた記号《きごう》を使《つか》ってかいた図《ず》。

はいそう【配送】 名詞 動詞 荷物《にもつ》などを送《おく》り先《さき》へ届《とど》けること。例 お中元《ちゅうげん》を配送する。

はいそう【敗走】 名詞 動詞 戦《たたか》いに負《ま》けて、にげること。

はいぞう【肺臓】 名詞 「肺《はい》」のこと。

ばいぞう【倍増】 名詞 動詞 二倍《にばい》に増《ふ》えること。また、増《ふ》やすこと。類 倍加《ばいか》。

はいぞく【配属】 名詞 動詞 人《ひと》に仕事《しごと》や役目《やくめ》を割《わ》り当《あ》てて、それぞれの持《も》ち場《ば》につかせること。例 新入社員《しんにゅうしゃいん》が京都支店《きょうとしてん》に配属された。

ハイソックス 名詞 ひざの下《した》まである長《なが》めの靴下《くつした》。ことば 英語《えいご》をもとに日本《にほん》で作《つく》られたことば。

はいたい【敗退】 名詞 動詞 戦《たたか》いや試合《しあい》に負《ま》けて、そのあとの戦《たたか》いに参加《さんか》しないこと。例 二《に》回戦《かいせん》で敗退した。

ばいたい【媒体】 名詞 ❶仲立《なかだ》ちとなる物質《ぶっしつ》。例 空気《くうき》が媒体となって音《おと》が伝《つた》わる。❷情報《じょうほう》を伝《つた》える手段《しゅだん》として使《つか》われるもの。例 新聞《しんぶん》はニュースを伝《つた》える媒体だ。類 メディア。

はいたつ【配達】 名詞 動詞 郵便《ゆうびん》・新聞《しんぶん》・荷物《にもつ》などを配《くば》って届《とど》けること。

はいたてきけいざいすいいき【排他的経済水域】 名詞 沿岸《えんがん》の国《くに》から二百《にひゃっ》海里《かいり》（約《やく》三百七十《さんびゃくななじっ》キロメートル）までの水域《すいいき》。その国《くに》が漁業《ぎょぎょう》を行《おこな》ったり海底資源《かいていしげん》をほったりする権利《けんり》を持《も》つ。「経済水域《けいざいすいいき》」ともいう。

はいち【配置】 名詞 動詞 人《ひと》や物《もの》を、それぞれにふさわしい地位《ちい》や場所《ばしょ》に置《お》くこと。また、その地位《ちい》や場所《ばしょ》。例 机《つくえ》の配置を変《か》える。

はいちょう【拝聴】 名詞 動詞 「聞《き》くこと」のへりくだった言《い》い方《かた》。例 ご意見《いけん》を拝聴します。

はいつくばう 動詞 両手《りょうて》をつき、体《からだ》を低《ひく》くかがめておじぎする。また、そのようにしてうずくまる。「はいつくばる」ともいう。

はいつくばる ➡1041ページ はいつくばう

ハイティーン 名詞 十代後半《じゅうだいこうはん》の人《ひと》。十六才《じゅうろくさい》か

故事成語 **良薬《りょうやく》は口《くち》に苦《にが》し** よく効《き》く薬《くすり》は、苦《にが》くて飲《の》みにくいものである、ということから、自分《じぶん》のた

ら十九才《じゅうきゅうさい》くらいまでをいう。関連 ローティーン。ことば 英語《えいご》をもとに日本《にほん》で作《つく》られたことば。

ハイテク 名詞 程度《ていど》の高《たか》い科学技術《かがくぎじゅつ》。ことば 英《えい》語《ご》の「ハイテクノロジー」の略《りゃく》。

はいでん【拝殿】 名詞 神社《じんじゃ》で、神《かみ》を拝《おが》むためにつくられた、本殿《ほんでん》の前《まえ》にある建物《たてもの》。

はいでん【配電】 名詞 動詞 電気《でんき》をいろいろなところに分《わ》けて配《くば》ること。例 ビルの配電室《しつ》。

ばいてん【売店】 名詞 駅《えき》・劇場《げきじょう》・学校《がっこう》・病《びょう》院《いん》などにある、物《もの》を売《う》る小《ちい》さな店《みせ》。

バイト (byte) 名詞 コンピューターで、情報《じょうほう》の量《りょう》を表《あらわ》す単位《たんい》。一《いち》バイトで、一文字《いちもじ》のアルファベットや数字《すうじ》を表《あらわ》すことができる。参考 一〇二四バイトを一《いち》キロバイトといい、単位《たんい》が大《おお》きくなるのに従《したが》って、メガバイト、ギガバイト、テラバイトを使《つか》う。

バイト ↓59ページ アルバイト

はいとう【配当】 名詞 動詞 ❶ものごとを割《わ》り当《あ》てること。❷会社《かいしゃ》などが、株主《かぶぬし》に利益《りえき》を分《わ》けること。また、そのお金《かね》。例 配当金《きん》。

はいどく【拝読】 名詞 動詞 「読《よ》むこと」のへりくだった言《い》い方《かた》。例 お手紙《てがみ》を拝読しました。

ばいどく【梅毒】 名詞 梅毒《ばいどく》スピロヘータという細菌《さいきん》によって起《お》こる感染症《かんせんしょう》。

ハイドン 名詞 (一七三二～一八〇九) オーストリアの作曲家《さっきょくか》。百《ひゃっ》曲《きょく》をこえる交響《こうきょう》曲《きょく》のほか、「皇帝《こうてい》」「天地創造《てんちそうぞう》」などたくさんの楽《がっ》曲《きょく》をつくり、交響《こうきょう》曲《きょく》の父《ちち》といわれる。

パイナップル (pineapple) 名詞 季語 夏 熱帯《ねったい》で育《そだ》つ植物《しょくぶつ》。実《み》は松《まつ》かさのようなかたい皮《かわ》におおわれ、黄色《きいろ》くてあまい。「パイン」ともいう。

パイナップル

はいにゅう【はい乳】 名詞 植物《しょくぶつ》の種《たね》の中《なか》にある、はいのまわりの部分《ぶぶん》。種《たね》が発芽《はつが》するときの養分《ようぶん》をたくわえている。図 ↓618ページ しゅし〔種子〕

はいねつ【廃熱】 名詞 ある目的《もくてき》に使《つか》った熱《ねつ》の残《のこ》り。また、あることをするとちゅうで発生《はっせい》する熱《ねつ》。例 焼《しょう》却《きゃく》炉《ろ》の廃熱を利用《りよう》した温水《おんすい》プール。

はいのぼる【はい上る】 動詞 はうようにして上《のぼ》る。面《めん》に沿《そ》って上《のぼ》る。例 岩山《いわやま》をはい上る。

ばいばい【売買】 名詞 動詞 物《もの》を売《う》ったり、買《か》ったりすること。例 土地《とち》の売買。使い方 「買売」と書《か》かないよう注意《ちゅうい》。

バイパス (bypass) 名詞 おもな道路《どうろ》の交通《こうつう》の混雑《こんざつ》を少《すく》なくするために、市街地《しがいち》の外側《そとがわ》に造《つく》られた、自動車用《じどうしゃよう》の回《まわ》り道《みち》。

はいはん【背反】 名詞 動詞 ❶決《き》まりなどに従《したが》わないこと。違反《いはん》。❷おたがいに反《はん》していて、同時《どうじ》に成《な》り立《た》たないこと。例 二律《にりつ》背反 (＝根拠《こんきょ》のある二《ふた》つのことがらが、同時《どうじ》には成《な》り立《た》たないこと)。

はいはんちけん【廃藩置県】 名詞 一八七一 (明治四《めいじよ》) 年《ねん》に、明治政府《めいじせいふ》がそれまでの藩《はん》の制度《せいど》をなくして府《ふ》・県《けん》を置《お》いたこと。

ハイヒール 名詞 かかとの高《たか》いくつ。ことば 英《えい》語《ご》の「ハイヒールドシューズ」の略《りゃく》。

ハイビジョン 名詞 画面《がめん》があざやかではっきりしており、音《おと》の質《しつ》もよいテレビ放送《ほうそう》の方式《ほうしき》の呼《よ》び名《な》。ことば 英語《えいご》をもとに日本《にほん》で作《つく》られたことば。

ハイビスカス (hibiscus) 名詞 季語 夏 あおいのなかまの低《ひく》い木《き》。熱帯地方《ねったいちほう》に生《は》え、夏《なつ》から秋《あき》にかけて、赤《あか》・白《しろ》・だいだい色《いろ》などの大《おお》きな花《はな》を開《ひら》く。種類《しゅるい》が多《おお》い。

ハイビスカス

はいびょう【肺病】 ↓1040ページ はいけっかく

はいひん【廃品】 名詞 古《ふる》くなったり、こわれたりして、役《やく》に立《た》たなくなった品物《しなもの》。例 廃品回《かい》収《しゅう》。類 廃物《はいぶつ》。

はいふ【配付】 名詞 動詞 ひとりひとりに、配《くば》りわたすこと。例 今《いま》から試験問題《しけんもんだい》を配付します。

はいふ【配布】 名詞 動詞 広《ひろ》く配《くば》ること。例 びらを配布する。

パイプ (pipe) 名詞 ❶管《くだ》。とくに、水《みず》やガスなどを送《おく》るときに使《つか》う管《くだ》。例 水道《すいどう》のパイプ。

あいうえお　かきくけこ　さしすせそ　たちつてと　なにぬねの　はひふへほ　まみむめも　や　ゆ　よ　らりるれろ　わ　を　ん

する。

❷刻《きざ》みたばこをつめて吸《す》う道具《どうぐ》。

パイプオルガン（pipe organ）名詞 大型《おおがた》のけんばん楽器《がっき》の一《ひと》つ。大小《だいしょう》、長短《ちょうたん》の管《くだ》（＝パイプ）に空気《くうき》を送《おく》って鳴《な》らす。教会《きょうかい》などで使《つか》われる。

はいふく【拝復】 名詞 返事《へんじ》の手紙《てがみ》の初《はじ》めに書《か》く、あいさつのことば。「つつしんでご返事《へんじ》いたします」という意味《いみ》。

はいぶつ【廃物】 名詞 役《やく》に立《た》たなくなったり、いらなくなったりしたもの。類 廃品《はいひん》。

パイプライン（pipeline）名詞 石油《せきゆ》や天然《てんねん》ガスなどを目的地《もくてきち》まで輸送《ゆそう》するための管《くだ》。

ハイブリッド（hybrid）名詞
❶動物《どうぶつ》や植物《しょくぶつ》の雑種《ざっしゅ》。
❷性質《せいしつ》のちがうものを組《く》み合《あ》わせてあること。

ハイブリッドカー（hybrid car）名詞 いくつかの動力源《どうりょくげん》を利用《りよう》して走《はし》る自動車《じどうしゃ》。とくに、ガソリンエンジンと電気《でんき》モーターを組《く》み合《あ》わせた自動車《じどうしゃ》をいう。「ハイブリッド自動車《じどうしゃ》」ともいう。➡153ページ 社会へのとびら エコカー

ハイブリッドじどうしゃ【ハイブリッド自動車】➡1043ページ ハイブリッドカー

バイブル➡711ページ せいしょ〔聖書〕

ハイフン（hyphen）名詞「-」と表《あらわ》す符号《ふごう》。英語《えいご》などの外国語《がいこくご》や外来語《がいらいご》で語《ご》を書《か》き表《あらわ》すときに、ことばとことばをつなぐために使《つか》う。

はいぶん【俳文】 名詞 俳人《はいじん》が書《か》いた、味《あじ》わい深《ぶか》い文章《ぶんしょう》。

はいぶん【配分】 名詞 動詞 物《もの》などを割《わ》り当《あ》てて、それぞれに配《くば》ること。類 分配《ぶんぱい》。

はいほう【肺胞】 名詞 哺乳類《ほにゅうるい》などの肺《はい》の中《なか》にたくさんある、小《ちい》さなふくろのようなもの。ここで酸素《さんそ》と二酸化炭素《にさんかたんそ》の交換《こうかん》が行《おこな》われる。

はいぼく【敗北】 名詞 動詞 戦《たたか》いや試合《しあい》などに負《ま》けること。対 勝利《しょうり》。

ばいめい【売名】 名詞 利益《りえき》や名誉《めいよ》のために、自分《じぶん》の名前《なまえ》を世《よ》の中《なか》に広《ひろ》めようとすること。

はいめん【背面】 名詞 物《もの》の後《うし》ろの面《めん》。後《うし》ろ側《がわ》。例 テレビの背面。関連 正面《しょうめん》。側面《そくめん》。

ハイヤー 名詞 注文《ちゅうもん》を受《う》けるとそこまで行《い》って客《きゃく》を乗《の》せる、貸《か》しきりの自動車《じどうしゃ》。

はいやく【配役】 名詞 劇《げき》や映画《えいが》などで、出演《しゅつえん》する人《ひと》に役《やく》を割《わ》り当《あ》てること。また、その役《やく》。キャスト。

ばいやく【売約】 名詞 動詞 売《う》る約束《やくそく》をすること。例 この家具《かぐ》は売約ずみです。

ばいやく【売薬】 名詞 前《まえ》もって調合《ちょうごう》されていて、薬局《やっきょく》などで売《う》り出《だ》されている薬《くすり》。

はいゆう【俳優】 名詞 芝居《しばい》や映画《えいが》などに出《で》て演技《えんぎ》をする人《ひと》。役者《やくしゃ》。例 映画《えいが》俳優。

ばいよう【培養】 名詞 動詞
❶研究《けんきゅう》をするために、細菌《さいきん》・細胞《さいぼう》などを育《そだ》ててふやすこと。
❷養分《ようぶん》をあたえて、草《くさ》や木《き》を育《そだ》てること。

ハイライト（highlight）名詞
❶絵《え》や写真《しゃしん》などの、いちばん明《あか》るく見《み》える部分《ぶぶん》。
❷ニュース・劇《げき》などの、もっとも注目《ちゅうもく》される部分《ぶぶん》。例 ラストシーンがこの映画《えいが》のハイライトだ。

ばいりつ【倍率】 名詞
❶顕微鏡《けんびきょう》・望遠鏡《ぼうえんきょう》などで物《もの》を見《み》るときの、レンズで見《み》た大《おお》きさと実物《じつぶつ》の大《おお》きさとを比《くら》べた割合《わりあい》。例 倍率百倍《ひゃくばい》の顕微鏡《けんびきょう》。
❷定員数《ていいんすう》に対《たい》する、申《もう》しこんだ人数《にんずう》の割合《わりあい》。例 入学試験《にゅうがくしけん》の倍率は五倍《ごばい》だった。

はいりょ【配慮】 名詞 動詞 あれこれと気《き》をつかうこと。心《こころ》づかい。例 みんなの気持《きも》ちを配慮する。

ばいりん【梅林】 名詞 季語 春 梅《うめ》の木《き》の林《はやし》。

バイリンガル（bilingual）名詞
❶二《ふた》つの言語《げんご》を思《おも》いどおりに使《つか》えること。また、使《つか》える人《ひと》。例 日本語《にほんご》とフランス語《ご》を話《はな》すバイリンガル。
❷二《ふた》つの言語《げんご》で書《か》かれていたり、話《はな》されていたりすること。例 テレビのバイリンガル放送《ほうそう》。

はいる【入る】 動詞
❶外《そと》から中《なか》に移《うつ》る。例 部屋《へや》に入る。対 出《で》る。
❷学校《がっこう》に入学《にゅうがく》したり、会社《かいしゃ》に勤《つと》め始《はじ》めたりする。例 四月《しがつ》からは中学校《ちゅうがっこう》に入る。
❸その時期《じき》になる。例 今日《きょう》から十二月《じゅうにがつ》に入る。
❹自分《じぶん》のものになる。例 ほしかった品物《しなもの》が手《て》に入る。
❺仲間《なかま》になる。例 野球《やきゅう》チームに入る。
❻中《なか》に収《おさ》められる。例 ポケットに入る大《おお》きさのおもちゃ。
❼あるものが加《くわ》わる。例 砂糖《さとう》の入った紅茶《こうちゃ》。
❽目《め》や耳《みみ》にとどく。例 景色《けしき》が目《め》に入る。
漢➡1001ページ にゅう〔入〕

はいれい【拝礼】 名詞 動詞 頭《あたま》を下《さ》げて礼《れい》をす

故事成語 災《わざわ》いを転《てん》じて福《ふく》となす　身《み》にふりかかった不幸《ふこう》なできごとを逆《ぎゃく》に利用《りよう》して、幸《しあわ》せになるように

ること。頭《あたま》を下《さ》げて、神《かみ》や仏《ほとけ》を拝《おが》むこと。

はいれつ【配列・排列】 名詞 動詞 順序《じゅんじょ》よく並《なら》べること。また、その並《なら》べ方《かた》。例 国語辞典《こくごじてん》の見出《みだ》しは、五十音順《ごじゅうおんじゅん》に配列されている。

パイロット (pilot) 名詞 ❶飛行機《ひこうき》を操縦《そうじゅう》する人《ひと》。❷港《みなと》の中《なか》や、海《うみ》や川《かわ》のせまいところで、事故《じこ》がないように船《ふね》を案内《あんない》する人《ひと》。水先案内人《みずさきあんないにん》。

バインダー (binder) 名詞 書類《しょるい》などをとじこみ、保存《ほぞん》するのに使《つか》う文房具《ぶんぼうぐ》。

はう 動詞 ❶手足《てあし》やおなかを、ゆかや地面《じめん》につけて進《すす》む。例 赤《あか》んぼうがゆかをはう。❷動物《どうぶつ》が、地面《じめん》などに体《からだ》をすりつけるようにして進《すす》む。例 へびが地面《じめん》をはう。❸物《もの》を伝《つた》わって、のびる。例 かぼちゃのつるが地面《じめん》の上《うえ》をはう。

ハウス (house) 名詞 ❶家《いえ》。または建物《たてもの》。例 ログハウス(=丸太小《まるたご》屋《や》)。❷「ビニールハウス」の略《りゃく》。

ハウスさいばい【ハウス栽培】 名詞 ビニールハウスの中《なか》で野菜《やさい》などを育《そだ》てること。

バウンド (bound) 名詞 動詞 ボールなどがはずむこと。はね返《かえ》ること。

はえ 名詞 季語夏 食《た》べ物《もの》やきたないところに集《あつ》まる昆虫《こんちゅう》。感染症《かんせんしょう》の病原菌《びょうげんきん》などを運《はこ》ぶ。「はい」ともいう。幼虫《ようちゅう》は「うじ」という。ことば 漢字《かんじ》では「蠅」と書《か》く。

はえ【栄え】 名詞 名誉《めいよ》。ほまれ。例 栄えある優勝《ゆうしょう》を勝《か》ちとる。漢 ⇒146ジ《ペー》えい〔栄〕

はえなわ【はえ縄】 名詞 一本《いっぽん》の長《なが》い縄《なわ》に、つり針《ばり》のついた糸《いと》をたくさんつけて、魚《さかな》をとる道具《どうぐ》。例 はえ縄漁《りょう》。

はえぬき【生え抜き】 名詞 その土地《とち》で生《う》まれ、ずっとその土地《とち》で育《そだ》つこと。また、初《はじ》めからずっと、そこで働《はたら》いていること。例 生え抜きの江戸《えど》っ子《こ》／生え抜きの社員《しゃいん》。

パエリア (スペイン語) 名詞 米《こめ》・魚介《ぎょかい》・肉《にく》・野《や》菜《さい》などをサフランなどといっしょにたきこんだ、スペインの料理《りょうり》。

はえる【生える】 動詞 ❶草《くさ》や木《き》がのびて外《そと》に出《で》てくる。例 雑草《ざっそう》が生える。❷毛《け》や歯《は》が新《あたら》しく出《で》てくる。例 ひげが生える。漢 ⇒704ジ《ペー》せい〔生〕

はえる【映える】 動詞 ❶光《ひかり》に照《て》らされて、光《ひか》りかがやく。例 山《やま》の雪《ゆき》が朝日《あさひ》に映える。❷目立《めだ》って、あざやかに見《み》える。例 赤《あか》い帽子《ぼうし》が白《しろ》いシャツによく映える。漢 ⇒146ジ《ペー》えい〔映〕

はえる【栄える】 動詞 りっぱに見《み》える。見《み》ばえがする。例 料理《りょうり》が栄える皿《さら》。ことば 「さかえる」と読《よ》むと別《べつ》の意味《いみ》。漢 ⇒146ジ《ペー》えい〔栄〕

はおと【羽音】 名詞 鳥《とり》や虫《むし》がとぶときの羽《はね》の音《おと》。

はおり【羽織】 名詞 着物《きもの》の上《うえ》に着《き》る、たけの短《みじか》い和服《わふく》の上着《うわぎ》。

はおる【羽織る】 動詞 着《き》ているものの上《うえ》から重《かさ》ねて着《き》る。また、手《て》を通《とお》さないでかたにかけて着《き》る。例 ジャンパーを羽織る。

はか【墓】 名詞 死《し》んだ人《ひと》やその骨《ほね》などをほうむるところ。例 先祖代々《せんぞだいだい》の墓。漢 ⇒1201ジ《ペー》ぼ〔墓〕

ばか
❶ 名詞 形容動詞 おろかなこと。また、おろかな人《ひと》。
❷ 名詞 形容動詞 つまらないこと。くだらないこと。例 そんなばかなことはやめよう。
❸ 名詞 形容動詞 効《き》き目《め》やはたらきが失《うしな》われること。例 ねじがばかになる。
❹ 接頭語 (ほかのことばの前《まえ》につけて) 程度《ていど》が並外《なみはず》れていることを表《あらわ》す。例 ばか正直《しょうじき》。
ことば 漢字《かんじ》で「馬鹿」と書《か》くこともある。
使い方 あまり使《つか》いたくないことば。

● **ばかにする** 相手《あいて》を軽《かる》く見《み》る。大《たい》したことはないと思《おも》って大切《たいせつ》にあつかわない。

● **ばかにならない** 軽《かる》く考《かんが》えることはできない。無視《むし》できない。例 一日《いちにち》にかかるお金《かね》はわずかでも、一年分《いちねんぶん》となるとばかにならない。

● **ばかを見る《み》** つまらない目《め》にあう。損《そん》な目《め》にあう。例 待《ま》ちぼうけを食《く》わされ、ばかを見た。

はかい【破壊】 名詞 動詞 こわすこと。例 建物《たてもの》を破壊する。対 建設《けんせつ》。

はがいじめ【羽交い締め】 名詞 後《うし》ろから、相手《あいて》のわきの下《した》に両手《りょうて》を入《い》れ、首《くび》のところで組《く》み合《あ》わせて、動《うご》けないようにすること。

はがき 名詞 決《き》まった大《おお》きさの通信用《つうしんよう》の紙《かみ》。一《いち》

孤児院《こじいん》から男《おとこ》の子《こ》を引《ひ》きとることにした。しかし、やってきたのはおしゃべりで夢見《ゆめみ》がちな女《おんな》の子《こ》、アン。明《あか》るきつけられていく。少《すこ》しずつ大人《おとな》の女性《じょせい》に成長《せいちょう》していくアンと彼女《かのじょ》を取《と》り巻《ま》く人々《ひとびと》をえがく物語《ものがたり》シリーズ。

枚《まい》に通信文《つうしんぶん》とあて名《な》を書《か》いて出《だ》す。「郵便《ゆうびん》はがき」の略《りゃく》。ことば 漢字《かんじ》では「葉書」と書《か》く。もとは「端書」とも書《か》き、紙切《かみき》れに書《か》いた覚《おぼ》え書《が》きや文書《ぶんしょ》を指《さ》したことば。

はかく【破格】 名詞 ふつうと考《かんが》えられていることから、大《おお》きく外《はず》れること。例 破格の値段《ねだん》。

ばかげる 動詞 ばからしく思《おも》われる。くだらなく思《おも》われる。例 ばかげた意見《いけん》。

ばかしあい【化かし合い】 名詞 だまし合《あ》うこと。例 きつねとたぬきの化かし合《あ》い（＝ずるがしこい者同士《ものどうし》がたがいにだまし合《あ》うことのたとえ）。

ばかしょうじき【ばか正直】 名詞 形容動詞 正直《しょうじき》すぎること。また、そのような人《ひと》。

はがす【剝がす】 動詞 くっついているものをはぎとる。例 ポスターを剝がす。

ばかす【化かす】 動詞 人《ひと》をだまして、気持《きも》ちを迷《まよ》わせる。例 たぬきに化かされる。漢 ↓215ページ か〔化〕

ばかず【場数】 名詞 ものごとを経験《けいけん》した回数《かいすう》。例 この仕事《しごと》では場数がものをいう（＝役《やく》に立《た》つ）。

●**場数《ばかず》を踏《ふ》む** 多《おお》くの経験《けいけん》をする。例 たくさん試合《しあい》に出《で》て場数を踏む。

はかせ【博士】 名詞
❶あることがらにとてもくわしい人《ひと》。例 昆虫《こんちゅう》博士。
❷ ↓1048ページ はくし〔博士〕
ことば もとは、学生《がくせい》を教育《きょういく》する役人《やくにん》を指《さ》した。

ばかていねい【ばか丁寧】 形容動詞 度《ど》をこしていねいなようす。例 ばか丁寧なおじぎ。

はかどる 動詞 仕事《しごと》がどんどん進《すす》む。

はかない 形容詞
❶長《なが》く続《つづ》かない。もろい。例 はかない命《いのち》。
❷たよりにならない。例 はかない希望《きぼう》を持《も》つ。

はかなむ 動詞 不確かなものだと思《おも》う。はかないものだと思う。例 世《よ》をはかなむ。

はがね【鋼】 名詞 レールや刃物《はもの》などに使《つか》われる、かたくて折《お》れにくい鉄《てつ》。鋼鉄《こうてつ》。使い方 強《つよ》いものやかたいものをたとえていうことがある。「鋼《はがね》のように強《つよ》い体《からだ》」など。漢 ↓445ページ こう〔鋼〕

はかば【墓場】 名詞 墓《はか》のあるところ。墓地《ぼち》。

はかばかしい 形容詞
❶ものごとが思《おも》いどおりの方向《ほうこう》に進《すす》むようす。例 病気《びょうき》のようすがはかばかしくない。
❷ものごとが順調《じゅんちょう》に進《すす》むようす。例 勉強《べんきょう》がはかばかしく進《すす》まない。
使い方 あとに「ない」などのことばがくることが多《おお》い。

ばかばかしい 形容詞 たいへんばからしい。くだらない。例 そんなことに腹《はら》を立《た》てるなんて、ばかばかしい。

はかま 名詞
❶着物《きもの》の上《うえ》からはいて、こしから下《した》をおおう、ひだのある衣服《いふく》。
❷草《くさ》のくきを包《つつ》む皮《かわ》。例 つくしのはかま。

はかま❶

はかまいり【墓参り】 名詞 季語 秋 墓に行《い》って拝《おが》むこと。

はがゆい【歯がゆい】 形容詞 思《おも》うようにいかなくて、いらいらするようす。例 弟《おとうと》の仕事《しごと》ぶりは歯がゆくて見《み》ていられない。類 じれったい。もどかしい。

はからい【計らい】 名詞 都合《つごう》のよいようにとりあつかうこと。世話《せわ》。例 知《し》り合《あ》いの計らいで、キャンプに参加《さんか》させてもらった。

はからう【計らう】 動詞
❶よく考《かんが》えて、都合《つごう》のよいようにとりあつかう。例 入院中《にゅういんちゅう》も図書館《としょかん》の本《ほん》が借《か》りられるように、先生《せんせい》が計らってくださった。
❷相談《そうだん》する。例 友《とも》だちと計らってハイキングの行《い》き先《さき》を決める。漢 ↓410ページ けい〔計〕

ばからしい 形容詞 ばかげている。つまらない。例 買《か》ったのに使《つか》わないとはばからしい。

はからずも【図らずも】 副詞 思《おも》ってもいなかったのに。意外《いがい》にも。例 図らずも入賞《にゅうしょう》した。

はかり 名詞 物《もの》の重《おも》さを量《はか》る道具《どうぐ》。さおばかり・台《だい》ばかり・天《てん》びんばかり・ばねばかりなどがある。

●**はかりにかける**
❶重《おも》さを量《はか》る。

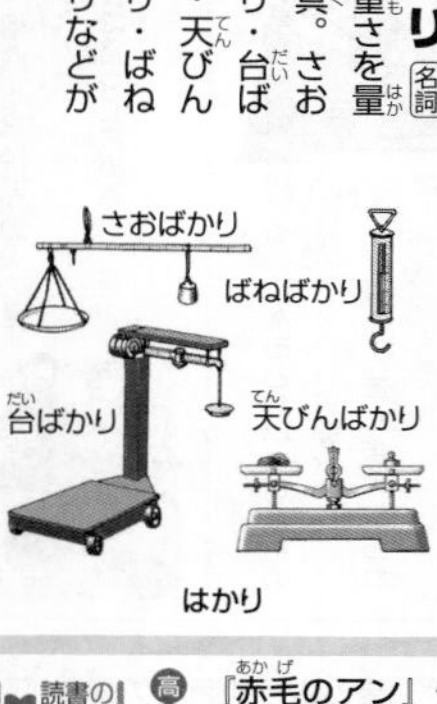

はかり

読書のこみち 高 中 低 『赤毛《あかげ》のアン』モンゴメリ　カナダのプリンスエドワード島《とう》に住《す》むマシュウとマリラは、く善意《ぜんい》にあふれ、でも大《おお》まじめにおかしな失敗《しっぱい》をしでかすアンに、みんないつの間《ま》にか引《ひ》

❷どちらがすぐれているか、またはどちらが得《とく》かと、二《ふた》つのものごとを比《くら》べる。例 遊《あそ》びに出《で》かけるか、それとも宿題《しゅくだい》をすませるか、はかりにかけて考《かんが》える。類 天《てん》びんにかける。

ばかり 助詞（ほかのことばのあとにつけて）❶…くらい。…ほど。例 十日《とおか》ばかりの旅行《りょこう》。❷…だけ。…のみ。例 旅《たび》のことばかり考《かんが》える。❸そのことがすんで間《ま》もないことを表《あらわ》す。例 買《か》ったばかりの服《ふく》／弟《おとうと》はいま起《お》きたばかりだ。❹今《いま》にもそうなりそうであることを表《あらわ》す。例 泣《な》かんばかりの（＝今《いま》にも泣《な》きそうな）顔《かお》。❺そのために。例 よそ見《み》したばかりに転《ころ》んだ。❻ある状態《じょうたい》にかたよっていくことを表《あらわ》す。例 天気《てんき》は悪《わる》くなるばかりだ。

はかりうり【計り売り・量り売り】 名詞 客《きゃく》の希望《きぼう》する分量《ぶんりょう》をはかって売《う》ること。

はかりごと 名詞 うまくいくように、前《まえ》もって考《かんが》えること。とくに、人《ひと》をだまそうとして考《かんが》える計画《けいかく》や方法《ほうほう》。例 はかりごとをめぐらす。

はかりしれない【計り知れない】 想像《そうぞう》もできない。どれくらいなのか、見当《けんとう》もつかない。例 宇宙《うちゅう》は、計り知れないほど大《おお》きい。

はかる【図る・計る・量る・測る・諮る・謀る】 動詞 ❶物《もの》の長《なが》さ・広《ひろ》さ・重《おも》さ・量《りょう》・時間《じかん》などの程度《ていど》を調《しら》べる。例 面積《めんせき》を測る／時間《じかん》を計る。❷心《こころ》の中《なか》でこうだろうと思《おも》う。おしはかる。例 母《はは》の悲《かな》しみを量ることはできなかった。❸計画《けいかく》する。とりはからう。例 問題《もんだい》の解決《かいけつ》を図る。❹相談《そうだん》する。例 みんなに計って日時《にちじ》を決《き》める。❺だます。例 まんまと計られた。

使い方 ❹は「諮る」、❺は「謀る」とも書《か》く。

㊥ ↓ 673ページ ず〔図〕・410ページ けい〔計〕・1400ページ りょう〔量〕・755ページ そく〔測〕 ↓ 使い分け

使い分け

はかる

図る・計る・量る・測る・諮る・謀る

図る あることができるようにに計画《けいかく》する。うまくとりはからう。「生徒《せいと》の安全《あんぜん》を図《はか》る／解決《かいけつ》を図《はか》る」

計る 何《なに》かを知《し》ろうとする。まとめて数《かぞ》える。「計《はか》り知《し》れない／タイムを計《はか》る」

量る 物《もの》の重《おも》さや入《い》れ物《もの》に入《はい》る量《りょう》などを調《しら》べる。「砂糖《さとう》の重《おも》さを量《はか》る／容積《ようせき》を量《はか》る」

測る 長《なが》さ・高《たか》さ・深《ふか》さ・面積《めんせき》などを調《しら》べる。「水《みず》の深《ふか》さを測《はか》る／きょりを測《はか》る」

諮る 相談《そうだん》する。ほかの人《ひと》の意《い》見《けん》を聞《き》く。「委員会《いいんかい》に諮《はか》って決《き》める」

謀る 人《ひと》をおとしいれるための計画《けいかく》を立《た》てる。だます。「暗殺《あんさつ》を謀《はか》る／まんまと謀《はか》られた」

はがれる【剝がれる】 動詞 くっついていたものが、はなれてとれる。例 シールが剝がれる。

バカンス（フランス語）名詞 体《からだ》を休《やす》めたり遊《あそ》んだりするための、長《なが》い休《やす》み。

はき【破棄】 名詞 動詞 ❶書類《しょるい》などを破《やぶ》り捨《す》てること。❷約束《やくそく》などをとり消《け》すこと。例 契約《けいやく》を破棄する。

はぎ 名詞 季語 秋 秋《あき》の七草《ななくさ》の一《ひと》つ。野山《のやま》に生《は》え、庭《にわ》にも植《う》える。夏《なつ》から秋《あき》にかけて、赤《あか》むらさき・白《しろ》などの小《ちい》さな花《はな》がさく。ことば 漢字《かんじ》では「萩」と書《か》く。図 ↓ 25ページ あきのななくさ

はぎあわせる【はぎ合わせる】 動詞 布《ぬの》や板《いた》などをつなぎ合《あ》わせる。

はきけ【吐き気】 名詞 胃《い》の中《なか》の物《もの》を、はき出《だ》したくなる気持《きも》ち。例 吐き気がする。

はぎしり【歯ぎしり】 名詞 動詞 ❶ねむっているときに、歯《は》を強《つよ》くすり合《あ》わせ

らっています。」…ガゼルたちがにげると、チーターは飛《と》ぶように追《お》いかけ、そのようすをハゲタカが空《そら》から、
っしょうけんめい生《い》きている動物《どうぶつ》たち。「絵本《えほん》　アフリカのどうぶつたち」シリーズの一冊《いっさつ》です。

て、ぎりぎりと音《おと》を立《た》てること。
❷ひどくくやしがること。例もう一歩《いっぽ》のところで失敗《しっぱい》し、歯ぎしりした。

パキスタン ⇒1047ページ パキスタンイスラムきょうわこく

パキスタンイスラムきょうわこく【パキスタン・イスラム共和国】 名詞 南《みなみ》アジア、インドの北西《ほくせい》にある国《くに》。首《しゅ》都《と》はイスラマバード。「パキスタン」ともいう。

（国旗《こっき》）

はきだす【吐き出す】 動詞
❶口《くち》から外《そと》へ出《だ》す。例すいかの種《たね》を吐き出す。
❷中《なか》から外《そと》へ出《だ》す。例えんとつがけむりを吐き出している。
❸心《こころ》に思《おも》っていたことを口《くち》に出《だ》す。例ほんとうの気《き》持《も》ちを残《のこ》らず吐き出す。
❹ためていたお金《かね》や物《もの》を残《のこ》らず出《だ》す。例貯金《ちょきん》を吐き出す。

はきだめ【掃きだめ】 名詞 ごみやちりを捨《す》てる場所《ばしょ》。ごみ捨《す》て場《ば》。

●**掃《は》きだめに鶴《つる》** ことわざ ごみ捨《す》て場《ば》に美《うつく》しいつるがいるように、つまらないものばかりの中《なか》に特別《とくべつ》にすぐれたものがあることのたとえ。

はきちがえる【履き違える】 動詞
❶まちがえて、人《ひと》のはき物《もの》をはく。
❷考《かんが》えちがいをする。例自由《じゆう》を履き違えて、自分勝手《じぶんかって》になってはいけない。

はぎとる【剝ぎ取る】 動詞
❶表面《ひょうめん》についているものをはいで取《と》る。
❷身《み》に着《つ》けているものを無理《むり》にうばいとる。

はきはき［と］ 副詞 動詞 ものの言《い》い方《かた》や動作《どうさ》が、歯切《はぎ》れよくはっきりしているようす。例質問《しつもん》にはきはきと答《こた》える。

はぎはん【萩藩】 ⇒846ページ ちょうしゅうはん

はきもの【履き物】 名詞 くつ・草履《ぞうり》・スリッパなど、足《あし》にはくものをまとめていうことば。

ばきゃくをあらわす【馬脚を現す】 かくしていたことがわかってしまう。正体《しょうたい》がばれる。類化《ば》けの皮《かわ》が剝《は》がれる。ことば 芝居《しばい》で、馬《うま》の足《あし》を演《えん》じていた役者《やくしゃ》が姿《すがた》を見《み》せてしまうという意味《いみ》からきたことば。

はきゅう【波及】 名詞 動詞 波《なみ》が広《ひろ》がっていくように、ものごとのえいきょうがだんだんと広《ひろ》がっていくこと。例台風《たいふう》のえいきょうが野菜《やさい》の値段《ねだん》に波及する。

はきょく【破局】 名詞 ものごとが行《い》きづまって、うまくいかなくなること。悲《かな》しい結末《けつまつ》になること。例二人《ふたり》の仲《なか》が破局をむかえる。

はぎれ【歯切れ】 名詞
❶話《はな》すときの発音《はつおん》や調子《ちょうし》。例答《こた》えに困《こま》っているらしく、歯切れが悪《わる》い言《い》い方《かた》をする。
❷物《もの》をかみ切《き》るときの具合《ぐあい》。

はぎれ【端切れ】 名詞 はんぱな布《ぬの》きれ。何《なに》かを作《つく》ったあとの、残《のこ》りの布《ぬの》きれ。

はく 名詞
❶金《きん》や銀《ぎん》などの金属《きんぞく》をたたいて、紙《かみ》のようにうすくのばしたもの。例アルミはく。
❷外面《がいめん》をかざって、値《ね》打《う》ちやかんろくをつけるもの。例海外《かいがい》の大学《だいがく》を卒《そつ》業《ぎょう》してはくをつける。
ことば 漢字《かんじ》では「箔」と書《か》く。

●**はくが付《つ》く** 値《ね》打《う》ちが上《あ》がる。かんろくがつく。例大会《たいかい》で優《ゆう》勝《しょう》して、はくが付いた。

はく 動詞 下半身《かはんしん》に衣類《いるい》を着《つ》ける。例ズボンをはく。対脱《ぬ》ぐ。ことば 漢字《かんじ》では「穿く」と書《か》く。

漢 **はく【白】**〔白《しろ》〕 5画 1年 音 ハク・ビャク 訓 しろ・しら・しろい

❶しろい。例白髪《しらが》／白衣《はくい》／白紙《はくし》／純白《じゅんぱく》／真《ま》っ白《しろ》。対紅《こう》。黒《こく》。
❷明《あか》るい。かがやく。例白昼《はくちゅう》／白熱《はくねつ》／白夜《びゃくや》。
❸あきらか。例潔白《けっぱく》／明白《めいはく》。
❹言《い》う。申《もう》す。例白状《はくじょう》／告白《こくはく》／自白《じはく》。

はく【拍】 名詞 接尾語 音楽《おんがく》で、拍子《ひょうし》を数《かぞ》えるときの基本《きほん》の単位《たんい》。一定《いってい》の間隔《かんかく》で刻《きざ》まれるもの。

漢 **はく【博】**〔十《じゅう》〕 12画 4年 音 ハク・バク 訓

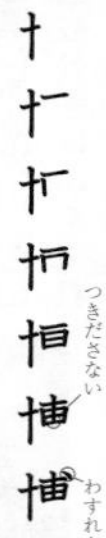

❶ひろい。例博愛《はくあい》／博学《はくがく》／博士《はくし》／博する《はく》／博《はく》物館《ぶつかん》。
❷かけごと。ばくち。例賭博《とばく》。

はく【吐く】 動詞
❶胃《い》や口《くち》の中《なか》にあるもの・息《いき》などを、口《くち》から外《そと》へ出《だ》す。例つばを吐く。対吸《す》う。
❷中《なか》にあるものを外《そと》へ出《だ》す。例えんとつがけむりを吐く。

読書のこみち 高 中 低 『あしおと』吉田遠志《よしだとし》文《ぶん》・絵《え》 「チーターのおかあさんが トムソン・ガゼルのむれを ねらう若《わか》いライオンが草《くさ》むらから見《み》つめます。あるときは静《しず》かに、あるときはすばやく強《つよ》く、い

関連＝関係《かんけい》の深《ふか》いことば

❸口《くち》に出《だ》して言《い》う。話《はな》す。例 本音《ほんね》を吐く。

はく【掃く】 動詞 ❶ほうきなどで、落《お》ちているごみなどをとり除《のぞ》く。例 廊下《ろうか》を掃く。❷はけなどを使《つか》って、軽《かる》くぬる。例 まゆを掃く。

はく【履く】 動詞 はき物《もの》を足《あし》に着《つ》ける。例 くつを履く。対 脱《ぬ》ぐ。

はぐ【剝ぐ】 動詞 ❶表面《ひょうめん》についているものをむきとる。例 木《き》の皮《かわ》を剝ぐ。❷身《み》に着《つ》けているものを取《と》る。ぬがせる。例 布団《ふとん》を剝ぐ。

ばく【麦】 漢 ⇩1285ジペー むぎ〔麦〕

ばく【博】 漢 ⇩1047ジペー はく〔博〕

ばく【幕】 漢 ⇩1239ジペー まく〔幕〕

ばく【暴】 漢 ⇩1203ジペー ぼう〔暴〕

ばぐ【馬具】 名詞 馬《うま》につける道具《どうぐ》。くら・あぶみ・くつわ・たづななど。

バグ（bug） 名詞 コンピューターのプログラムの、まちがっているところ。例 プログラムのバグを修正《しゅうせい》する。

はくあい【博愛】 名詞 すべての人《ひと》を分《わ》けへだてなく愛《あい》すること。例 博愛の精神《せいしん》。

はくい【白衣】 名詞 医者《いしゃ》や看護師《かんごし》などが着《き》る白《しろ》い服《ふく》。

● **白衣《はくい》の天使《てんし》** 女性《じょせい》の看護師《かんごし》を、白衣《はくい》を着《き》た天《てん》使《し》のようだとほめて言《い》うことば。

ばくおん【爆音】 名詞 ❶飛行機《ひこうき》や自動車《じどうしゃ》などのエンジンの音《おと》。❷火山《かざん》や火薬《かやく》が爆発《ばくはつ》するときに出《で》る音《おと》。爆発音《ばくはつおん》。

ばくが【麦芽】 名詞 大麦《おおむぎ》などの芽《め》をかわかしたもの。ビールや水《みず》あめなどの原料《げんりょう》にする。

はくがい【迫害】 名詞 動詞 ひどく苦《くる》しめたりいじめたりすること。

はくがく【博学】 名詞 形容動詞 いろいろな学問《がくもん》を身《み》につけ、広《ひろ》い知識《ちしき》を持《も》っていること。類 博識《はくしき》。

ばくがとう【麦芽糖】 名詞 麦芽《ばくが》を使《つか》い、でんぷんを分解《ぶんかい》させてできる糖分《とうぶん》。水《みず》あめなどをつくるのに使《つか》う。

はくがんし【白眼視】 名詞 動詞 故事成語 人《ひと》を冷《つめ》たい目《め》で見《み》ること。冷《つめ》たくあつかうこと。

はぐき【歯茎】 名詞 歯《は》の根元《ねもと》を包《つつ》んでいる肉《にく》。

⇩1015ジペー 故事成語

はくぎん【白銀】 名詞 ❶「銀《ぎん》」のこと。❷雪《ゆき》の白《しろ》さをたとえることば。例 白銀の山々《やまやま》。

はぐくむ【育む】 動詞 ❶親鳥《おやどり》がひなを羽《はね》で包《つつ》んで育《そだ》てる。❷大切《たいせつ》に育《そだ》てる。例 親《おや》の愛情《あいじょう》に育まれる。❸ものごとを守《まも》り育《そだ》てて、発展《はってん》させる。例 自《し》然《ぜん》を愛《あい》する心《こころ》を育む。

ことば 「は」は羽《はね》のこと。「ぐくむ」は「くくむ」で、包《つつ》むことを表《あらわ》すことば。

漢 ⇩76ジペー いく〔育〕

ばくげき【爆撃】 名詞 動詞 飛行機《ひこうき》から爆弾《ばくだん》などを落《お》としてこうげきすること。

はくさい【白菜】 名詞 季語 冬 あぶらな・かぶなどのなかまの野菜《やさい》。葉《は》は大《おお》きく、何枚《なんまい》も重《かさ》なり合《あ》って長《なが》い球《たま》になる。漬物《つけもの》や煮物《にもの》にする。

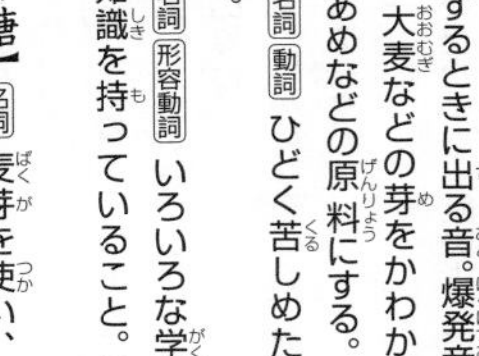

はくさい

はくさん【白山】 名詞 石川県《いしかわけん》と岐阜県《ぎふけん》の境《さかい》にある火山《かざん》。白山《はくさん》国立公園《こくりつこうえん》にふくまれる。

はくさんこくりつこうえん【白山国立公園】 名詞 白山《はくさん》を中心《ちゅうしん》とした、富山《とやま》・石川《いしかわ》・福井《ふくい》・岐阜《ぎふ》の四県《よんけん》にまたがる国立公園《こくりつこうえん》。高山《こうざん》植物《しょくぶつ》が多《おお》い。

はくし【白紙】 名詞 ❶白《しろ》い紙《かみ》。❷書《か》きこむべきところに何《なに》も書《か》いていない紙《かみ》。例 白紙の答案《とうあん》。❸前《まえ》もって考《かんが》えや意見《いけん》を持《も》たないこと。例 次《つぎ》の話《はな》し合《あ》いには白紙でのぞみます。❹もとのままの状態《じょうたい》。

● **白紙《はくし》に戻《もど》す** ものごとが進《すす》んでいなかったときの、初《はじ》めの状態《じょうたい》にもどす。「白紙《はくし》に返《かえ》す」ともいう。例 旅行《りょこう》の計画《けいかく》を白紙に戻す。

はくし【博士】 名詞 一《ひと》つの学問《がくもん》を深《ふか》く研究《けんきゅう》した人《ひと》におくられる学位《がくい》。「はかせ」ともいう。

はくしき【博識】 名詞 形容動詞 いろいろなことを知《し》っていること。物知《ものし》り。類 博学《はくがく》。

はくしゃ【拍車】 名詞 馬《うま》に乗《の》るとき、くつの

亡《な》くなった日《ひ》から、頭《あたま》の中《なか》にひびく不気味《ぶきみ》な声《こえ》と足音《あしおと》になやまされ始《はじ》める。そこには血筋《ちすじ》を通《とお》して受《う》けつがれ
姉《あね》など、家族《かぞく》のさまざまな心模様《こころもよう》がリアルに伝《つた》わり、意外《いがい》な魔法使《まほうつか》いの存在《そんざい》が明《あき》らかになる。

かかとにとりつける金具《かなぐ》。速《はや》く走《はし》らせたいときに、これで馬《うま》の腹《はら》をける。

●**拍車《はくしゃ》をかける** 今《いま》までよりもいっそう急《いそ》ぐ。例 作品《さくひん》の完成《かんせい》を目指《めざ》して、作業《さぎょう》に拍車をかけた。

はくしゃ【薄謝】 名詞 少《すこ》しばかりのお礼《れい》。お礼《れい》を出《だ》す人《ひと》がへりくだっていうことば。例 情報《じょうほう》をお寄《よ》せくださった方《かた》に薄謝を進呈《しんてい》します。

はくじゃく【薄弱】 形容動詞 ❶体《からだ》や意志《いし》などが弱々《よわよわ》しいようす。例 意志《いし》薄弱。❷確《たし》かでないようす。例 きみの説明《せつめい》は根拠《こんきょ》が薄弱で、納得《なっとく》できない。

はくしゅ【拍手】 名詞 動詞 ほめたり賛成《さんせい》したりするときなどに、両方《りょうほう》の手《て》のひらを打《う》ち合《あ》わせて鳴《な》らすこと。例 受賞者《じゅしょうしゃ》に拍手を送《おく》る。

ばくしゅう【麦秋】 名詞 季語 夏 麦《むぎ》をとり入《い》れるころ。初夏《しょか》のころ。「むぎあき」ともいう。

はくしゅかっさい【拍手喝采】 名詞 動詞 手《て》をたたいたり、大《おお》きな声《こえ》をかけたりして、ほめたてること。例 名演技《めいえんぎ》に拍手喝采する。

はくしょ【白書】 名詞 政府《せいふ》が、世《よ》の中《なか》の実際《じっさい》のようすを調《しら》べて発表《はっぴょう》する、いろいろな報告《ほうこく》書《しょ》。経済白書《けいざいはくしょ》や教育白書《きょういくはくしょ》など。ことば イギリス政府《せいふ》が報告書《ほうこくしょ》の表紙《ひょうし》に白紙《はくし》を用《もち》いたことからきたことば。

はくじょう【白状】 名詞 動詞 自分《じぶん》のおかした罪《つみ》やかくしていたことを、ありのままに話《はな》すこと。例 いたずらを白状する。

はくじょう【薄情】 名詞 形容動詞 思《おも》いやりの気持《きも》ちがうすいこと。人情《にんじょう》がうすいこと。

ばくしょう【爆笑】 名詞 動詞 大勢《おおぜい》の人《ひと》がどっと笑《わら》うこと。例 上手《じょうず》なものまねに爆笑した。

はくしょく【白色】 名詞 白《しろ》い色《いろ》。

はくしょくじんしゅ【白色人種】 名詞 皮膚《ひふ》の色《いろ》が白《しろ》い人種《じんしゅ》。白人《はくじん》。ヨーロッパ・北《きた》アメリカ・インド・北《きた》アフリカなどに住《す》む。関連 黄《おう》色人種《しょくじんしゅ》。黒色人種《こくしょくじんしゅ》。

はくしょくレグホン【白色レグホン】 名詞 卵《たまご》をたくさん産《う》む白《しろ》いにわとり。家畜《かちく》として飼《か》われている。

はくじん【白人】 ↓1049ジペー はくしょくじんしゅ

ばくしん【ばく進】 名詞 動詞 勢《いきお》いよく、まっしぐらに進《すす》むこと。例 列車《れっしゃ》がばく進する。

ばくしんち【爆心地】 名詞 爆発《ばくはつ》や爆撃《ばくげき》の中心《ちゅうしん》となった場所《ばしょ》。

はくする【博する】 動詞 たくさん得《え》る。例 科学者《かがくしゃ》として名声《めいせい》を博した。

はくせい【剝製】 名詞 動物《どうぶつ》の肉《にく》や内臓《ないぞう》、骨《ほね》などをとり除《のぞ》き、中《なか》に綿《わた》などをつめて、生《い》きていたときと同《おな》じすがたにつくったもの。

ばくぜん【と】【漠然［と］】 副詞 はっきりしないようす。ぼんやりしてまとまりがないようす。例 内容《ないよう》が漠然としていてよくわからない。使い方 「漠然たる不安《ふあん》」などの形《かたち》でも使《つか》う。

ばくだい【ばく大】 形容動詞 数《かず》や量《りょう》などがたいへん多《おお》いようす。例 ばく大な財産《ざいさん》。類 膨大《ぼうだい》。

バグダッド 名詞 イラクの首都《しゅと》。ティグリス川《がわ》の沿岸《えんがん》にあり、工業《こうぎょう》がさかん。昔《むかし》、イスラム文化《ぶんか》の中心地《ちゅうしんち》として非常《ひじょう》に栄《さか》えた。

ばくだん【爆弾】 名詞 火薬《かやく》を中《なか》につめ、それを爆発《ばくはつ》させる兵器《へいき》。例 原子《げんし》爆弾。

ばくち 名詞 お金《かね》や物《もの》をかけて、さいころ・花札《はなふだ》・トランプなどの勝負《しょうぶ》をすること。かけごと。

はくちず【白地図】 名詞 陸地《りくち》や国《くに》などを輪郭《りんかく》だけで表《あらわ》した地図《ちず》。記号《きごう》を書《か》き入《い》れたり、色《いろ》をぬったりして学習《がくしゅう》に用《もち》いる。

はくちゅう【白昼】 名詞 真昼《まひる》。日中《にっちゅう》。

はくちゅう【伯仲】 名詞 動詞 力《ちから》やわざなどが似通《にかよ》っていて、ほとんど差《さ》がないこと。例 実力《じつりょく》が伯仲した、見《み》ごたえのある勝負《しょうぶ》。

はくちょう【白鳥】 名詞 季語 冬 白《しろ》い大《おお》きな水鳥《みずとり》。秋《あき》、シベリア方面《ほうめん》から日本《にほん》に来《く》るわたり鳥《どり》で、首《くび》が長《なが》く、すがたが美《うつく》しい。図 ↓954ジペー とり〔鳥〕

はくちょうざ【白鳥座】 名詞 夏《なつ》に、天《あま》の川《がわ》の中《なか》に見《み》える星座《せいざ》。明《あか》るい星《ほし》が十字《じゅうじ》の形《かたち》に並《なら》び、白鳥《はくちょう》にたとえられる。もっとも明《あか》るい星《ほし》はデネブ。

バクテリア ↓512ジペー さいきん〔細菌〕

はくどう【拍動】 名詞 血液《けつえき》を送《おく》り出《だ》すための、ふくらんだり縮《ちぢ》んだりする心臓《しんぞう》の動《うご》き。

はくねつ【白熱】 名詞 動詞 ❶金属《きんぞく》などが非常《ひじょう》に高《たか》い温度《おんど》で熱《ねつ》せられて、白《しろ》っぽい光《ひかり》を出《だ》すこと。例 白熱電球《でんきゅう》。❷とても激《はげ》しく、熱気《ねっき》を持《も》った状態《じょうたい》になること。例 白熱したゲーム。

はくねつでんきゅう【白熱電球】 名詞 照《しょう》明用《めいよう》の電球《でんきゅう》の一《ひと》つ。フィラメントという金属《きんぞく》

読書のこみち　高　中　低　『足音《あしおと》がやってくる』マーヒー　バーニーはおとなしい男《おとこ》の子《こ》。同《おな》じ名前《なまえ》の大叔父《おおおじ》さんがいる、ある力《ちから》がかかわっていた。バーニーを気《き》づかうやさしい義母《ぎぼ》、性格《せいかく》が正反対《せいはんたい》な二人《ふたり》の

の線《せん》に電《でん》流《りゅう》を流《なが》すと、熱《ねつ》とともに光《ひかり》を発《はっ》する。

はくねつでんとう【白熱電灯】 名詞 白熱《はくねつ》電《でん》球《きゅう》を使《つか》った電灯《でんとう》。

はくば【白馬】 名詞 白《しろ》い馬《うま》。

ばくは【爆破】 名詞 動詞 火薬《かやく》を爆発《ばくはつ》させて物《もの》をこわすこと。例 大《おお》きな岩《いわ》を爆破する。

バグパイプ (bagpipe) 名詞 管楽器《かんがっき》の一《ひと》つ。皮《かわ》袋《ぶくろ》に数本《すうほん》の管《くだ》をとりつけ、一本《いっぽん》から皮《かわ》袋《ぶくろ》に空気《くうき》を送《おく》りこんでほかの管《くだ》を鳴《な》らす。一度《いちど》に複数《ふくすう》の音《おと》が出《で》る。「バッグパイプ」ともいう。

バグパイプ

はくはつ【白髪】 名詞 白《しろ》くなったかみの毛《け》。「しらが」ともいう。例 白髪の老人《ろうじん》。

ばくはつ【爆発】 名詞 動詞 ❶火薬《かやく》や火山《かざん》などが、熱《ねつ》・光《ひかり》・音《おと》・ガスなどを出《だ》しながら、激《はげ》しい勢《いきお》いで破裂《はれつ》すること。❷がまんしていたいかりや不満《ふまん》が、一度《いちど》に激《はげ》しく出《で》ること。例 ついにいかりが爆発した。

はくひょう【薄氷】 名詞 うすく張《は》った氷《こおり》。

● **薄氷《はくひょう》を踏《ふ》む** ➡1017ページ 故事成語

ばくふ【幕府】 名詞 武士《ぶし》が国《くに》を治《おさ》めていた時《じ》代《だい》に、将軍《しょうぐん》が政治《せいじ》を行《おこな》った役所《やくしょ》。鎌倉《かまくら》・室《むろ》町《まち》・江戸《えど》の各時代《かくじだい》に置《お》かれた。また、武士《ぶし》による政権《せいけん》のこと。ことば 戦場《せんじょう》で、将軍《しょうぐん》のいるところに幕《まく》を張《は》っていたことからきた名《な》まえ。

ばくふう【爆風】 名詞 爆発《ばくはつ》によって起《お》こる強《つよ》い風《かぜ》。

はくぶつがく【博物学】 名詞 動物《どうぶつ》・植物《しょくぶつ》・鉱物《こうぶつ》・地質《ちしつ》など、自然《しぜん》のものについて研究《けんきゅう》する総合的《そうごうてき》な学問《がくもん》。現代《げんだい》では、動物学《どうぶつがく》・植物学《しょくぶつがく》など専門《せんもん》に分《わ》かれている。

はくぶつかん【博物館】 名詞 自然《しぜん》・歴史《れきし》・文化《ぶんか》などについての資料《しりょう》を集《あつ》め、多《おお》くの人々《ひとびと》に見《み》せるところ。例 科学《かがく》博物館。

はくぼ【薄暮】 名詞 夕方《ゆうがた》の暗《くら》くなりかけたころ。夕暮《ゆうぐ》れ。たそがれ。例 薄暮のせまる公園《こうえん》。

はくぼく【白墨】 名詞 黒板《こくばん》に字《じ》を書《か》くときに使《つか》う道具《どうぐ》。チョーク。

はくまい【白米】 名詞 玄米《げんまい》をついて、皮《かわ》やはい芽《が》などをとり去《さ》った白《しろ》い米《こめ》。関連 玄米《げんまい》。はい芽米《がまい》。

ばくまつ【幕末】 名詞 徳川幕府《とくがわばくふ》の終《お》わりごろ。江戸《えど》時代《じだい》の末期《まっき》。

はくめい【薄命】 名詞 早死《はやじ》にすること。

はくや【白夜】 名詞 季語 夏 太陽《たいよう》が一晩《ひとばん》じゅう地平線《ちへいせん》の近《ちか》くにあるため、夜《よる》でも空《そら》がうす明《あか》るいこと。北極《ほっきょく》や南極《なんきょく》に近《ちか》い地方《ちほう》で起《お》こる。「びゃくや」ともいう。

ばくやく【爆薬】 名詞 熱《ねつ》や圧力《あつりょく》を加《くわ》えると爆《ばく》発《はつ》を起《お》こす薬品《やくひん》。

はくらい【舶来】 名詞 外国《がいこく》から運《はこ》ばれてくること。また、その品物《しなもの》。例 舶来品《ひん》。対 国産《こくさん》。

はぐらかす 動詞 ❶質問《しつもん》などに、はっきり答《こた》えないでごまかす。例 いくら質問《しつもん》しても話《はなし》をはぐらかす。❷相手《あいて》に気《き》づかれないように、うまくはなれる。例 妹《いもうと》をはぐらかしてひとりで遊《あそ》びに行《い》く。

はくらんかい【博覧会】 名詞 産業《さんぎょう》・文化《ぶんか》をさかんにするため、いろいろな産物《さんぶつ》や製品《せいひん》などを集《あつ》めて人々《ひとびと》に見《み》せる会《かい》。例 万国《ばんこく》博覧会。

はくりきこ【薄力粉】 名詞 小麦粉《こむぎこ》のうち、たんぱく質《しつ》が少《すく》なく、ねばり気《け》の弱《よわ》いもの。ケーキやてんぷらの衣《ころも》などに使《つか》う。関連 強力粉《きょうりきこ》。

はくりたばい【薄利多売】 名詞 品物《しなもの》一《ひと》つ当《あ》たりのもうけを少《すく》なくし、たくさん売《う》ることで、全体《ぜんたい》として利益《りえき》を上《あ》げようとすること。

はくりょく【迫力】 名詞 人《ひと》の心《こころ》に強《つよ》くせまってくる力《ちから》。例 迫力のある演説《えんぜつ》。

はぐるま【歯車】 名詞 周《まわ》りに歯《は》のついている車《くるま》。機械《きかい》の部《ぶ》品《ひん》として使《つか》われる。

はぐるま

はぐれる ❶動詞 いっしょにいた人《ひと》を見失《みうしな》う。はなればなれになる。例 人混《ひとご》みで母《はは》とはぐれる。❷接尾語 (ほかのことばのあとにつけて)…しそこなう。例 食《く》いはぐれる。

はくろ【白露】 名詞 季語 秋 二十四節気《にじゅうしせっき》の一《ひと》つ。草花《くさばな》につゆの玉《たま》がとまり、秋《あき》らしくなるころ。九月八日《くがつようか》ごろ。➡1450ページ 二十四節気《にじゅうしせっき》

ばくろ【暴露】 名詞 動詞 悪《わる》いことや秘密《ひみつ》にしていたことなどが、みんなに知《し》られてしまうこと。また、知《し》らせること。例 政治家《せいじか》の不正《ふせい》を暴露する記事《きじ》。

ボットは、名前《なまえ》も顔《かお》も知《し》らない「あしながおじさん」の親切《しんせつ》で大学《だいがく》へ入学《にゅうがく》しました。勉強《べんきょう》や友《とも》だちづきあい、手紙《てがみ》にユーモアたっぷりに書《か》きつづります。続編《ぞくへん》に親友《しんゆう》サリーが主人公《しゅじんこう》の『続《ぞく》あしながおじさん』もあります。

はけ 名詞 毛《け》を束《たば》ねて柄《え》をつけた道具《どうぐ》。ペンキやのりなどをぬったり、ほこりをはらったりするのに使《つか》う。ことば 漢字《かんじ》では「刷毛」と書《か》く。

はけ 名詞 ❶水《みず》がたまらないで流《なが》れる具合《ぐあい》。例 この洗面《せんめん》台《だい》は水《みず》のはけが悪《わる》い。❷品物《しなもの》の売《う》れ具合《ぐあい》。例 夏物《なつもの》のはけがいい。

はげ 名詞 ❶かみの毛《け》がぬけ落《お》ちて、なくなった状態《じょうたい》。また、その部分《ぶぶん》。❷山《やま》などに木《き》がないことのたとえ。例 はげ山《やま》。

はげいとう【葉鶏頭】 名詞 季語 秋 庭《にわ》などに植《う》える草《くさ》。葉《は》が赤《あか》や黄《き》色《いろ》などのまだらに色《いろ》づく。

はげいとう

バケーション (vacation) 名詞 「休《きゅう》暇《か》」のこと。とくに、長《なが》い休《きゅう》暇《か》をいう。

はけぐち【はけ口】 名詞 ❶水《みず》などが流《なが》れていく出口《でぐち》。❷心《こころ》の中《なか》にたまっている感情《かんじょう》をまぎらすもの。例 不満《ふまん》のはけ口がない。❸品物《しなもの》の売《う》れていく先《さき》。例 商品《しょうひん》のはけ口。

はげしい【激しい】 形容詞 ❶勢《いきお》いが強《つよ》い。例 激しい風《かぜ》がふく。❷程度《ていど》がひどい。例 激しい痛《いた》み。
漢 ⇩418ページ《ジ》 げき〔激〕

はげたか 名詞 「はげわし」や「コンドル」の別《べつ》の名《な》まえ。

バケツ 名詞 底《そこ》の深《ふか》いおけのような入《い》れ物《もの》。手《て》にさげて持《も》ち、水《みず》をくんだり運《はこ》んだりするのに使《つか》う。

バケット (bucket) 名詞 クレーンなどについている、鉱石《こうせき》・石炭《せきたん》・土《つち》などをすくいとって運《はこ》ぶ器具《きぐ》。

ばけのかわ【化けの皮】 名詞 ほんとうのすがたや中身《なかみ》などをおおいかくしているもの。
●**化《ば》けの皮《かわ》が剝《は》がれる** かくしていたことやうそがばれて、ほんとうのすがたや中身《なかみ》が明《あき》らかになる。類 馬《ば》脚《きゃく》を現《あらわ》す。

はげます【励ます】 動詞 力《ちから》づける。元気《げんき》づける。例 病《びょう》気《き》の友《とも》だちを励ます。

はげみ【励み】 名詞 やろうとする意気《いき》ごみを起《お》こさせるもの。例 姉《あね》の一言《ひとこと》が励みになった。

はげむ【励む】 動詞 やる気《き》を出《だ》していっしょうけんめいにする。精《せい》を出《だ》す。例 仕事《しごと》に励む。
対 怠《おこた》る。

ばけもの【化け物】 名詞 あやしいすがたに化《ば》けて現《あらわ》れたもの。お化《ば》け。

はける 動詞 ❶止《と》まらないで流《なが》れる。例 水《みず》がよくはける。❷品物《しなもの》がよく売《う》れる。例 よくはける商品《しょうひん》。

はげる 動詞 ❶かみの毛《け》がぬけてなくなる。例 頭《あたま》がはげる。❷山《やま》などの木《き》がなくなる。

はげる【剝げる】 動詞 ❶ぬったものやはりつけたものが、とれてはがれる。例 屋根《やね》のペンキが剝げる。❷色《いろ》がうすくなる。例 色《いろ》の剝げたかべ。

ばける【化ける】 動詞 ❶すがたをかえて、別《べつ》のものになる。例 きつねが人《ひと》に化ける。❷別《べつ》の人《ひと》のように見《み》せかける。例 仮装大会《かそうたいかい》で魔法使《まほうつか》いに化ける。
漢 ⇩215ページ《ジ》 か〔化〕

はげわし 名詞 アフリカなどにすむ大《おお》きな鳥《とり》。頭《あたま》や首《くび》がはげている種類《しゅるい》が多《おお》い。死《し》んだ動物《どうぶつ》の肉《にく》を食《た》べる。「はげたか」ともいう。

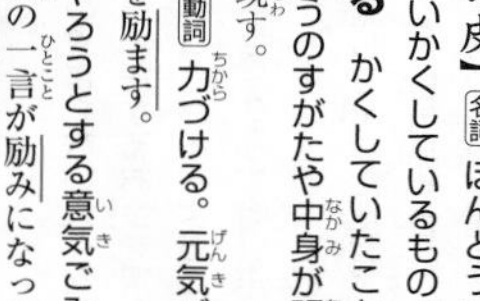
はげわし

はけん【派遣】 名詞 動詞 仕事《しごと》や役目《やくめ》をあたえて、ある場所《ばしょ》に行《い》かせること。例 記者《きしゃ》を海外《かいがい》に派遣する。

はけんしゃいん【派遣社員】 名詞 派遣会《はけんがい》社《しゃ》と契約《けいやく》を結《むす》び、指示《しじ》されたほかの会社《かいしゃ》に行《い》って働《はたら》く労働者《ろうどうしゃ》。派遣労働者《はけんろうどうしゃ》。

はこ【箱】 名詞 厚紙《あつがみ》、木《き》、金属《きんぞく》などでつくった、ものを入《い》れるもの。直方体《ちょくほうたい》のものが多《おお》い。例 薬《くすり》箱／プレゼントを箱に入《い》れる。

漢 **はこ【箱】** 〔⺮〕たけかんむり 15画 3年 訓 音 はこ

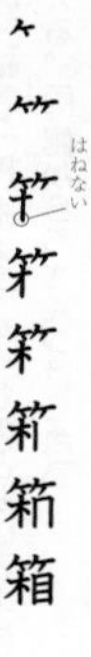
はねない

はこ。いれもの。例 箱庭《はこにわ》／木箱《きばこ》／重箱《じゅうばこ》／巣箱《すばこ》

読書のこみち 高 中 低 『あしながおじさん』ウェブスター　アメリカの孤児院《こじいん》で育《そだ》った女《おんな》の子《こ》ジェルーシャ・ア寮生活《りょうせいかつ》。ジェルーシャは何《なに》もかもが新鮮《しんせん》な大学《だいがく》でのできごとを、あしながおじさんへの

／本箱《ほんばこ》。

はごいた【羽子板】 名詞 季語 新年 羽根《はね》つきに使《つか》う、柄《え》のついた長方形《ちょうほうけい》の板《いた》。絵《え》やかざりのついたものが多《おお》い。図 ↓1073ページ はねつき

はこがまえ【はこ構え】 ↓244ページ かくしがまえ

はこぜん【箱膳】 名詞 食事《しょくじ》のときに使《つか》った道《どう》具《ぐ》の一《ひと》つ。箱形《はこがた》で中《なか》に一人分《ひとりぶん》の食器《しょっき》をしまい、食事《しょくじ》のときは、ふたをひっくり返《かえ》しておぜんとした。

はごたえ【歯応え】 名詞
❶物《もの》をかんで歯《は》に感《かん》じること。また、食《た》べ物《もの》などをかんだ感《かん》じ。例 歯応えのあるうどん。
❷手《て》ごたえ。やりがい。

はこにわ【箱庭】 名詞 季語 夏 浅《あさ》い箱《はこ》の中《なか》に土《つち》や砂《すな》を入《い》れ、小《ちい》さな石《いし》や草木《くさき》をかざって庭《にわ》のようにしたもの。

はこび【運び】 名詞
❶物《もの》をほかの場所《ばしょ》に移《うつ》すこと。例 荷物《にもつ》運び。
❷歩《ある》くこと。例 ゆったりした足《あし》の運び。
❸ものごとの進《すす》め方《かた》。進《すす》み具合《ぐあい》。例 話《はなし》の運びがうまい。
❹ものごとが進《すす》んで、ある段階《だんかい》になること。例 新《あたら》しい橋《はし》がいよいよ開通《かいつう》の運びとなった。

はこぶ【運ぶ】 動詞
❶物《もの》をほかの場所《ばしょ》に移《うつ》す。例 荷物《にもつ》を運ぶ。
❷ものごとが進《すす》む。はかどる。例 仕事《しごと》が予定《よてい》どおりに運ぶ。
❸ものごとを進《すす》める。例 順序《じゅんじょ》よく会議《かいぎ》を運ぶ。
❹出《で》かける。そこへ行《い》く。例 会場《かいじょう》に足《あし》を運ぶ。
漢 ↓144ページ うん〔運〕

はこべ 名詞 季語 春 春《はる》の七草《ななくさ》の一《ひと》つ。なでしこのなかまで、野原《のはら》や道《みち》ばたなどに生《は》え、春《はる》に白《しろ》い小《ちい》さな花《はな》がさく。「はこべら」ともいう。図 ↓1084ページ はるのななくさ

はこべら ↓1052ページ はこべ

はごろも【羽衣】 名詞 天人《てんにん》が着《き》るといわれる、うすくて軽《かる》い着物《きもの》。鳥《とり》の羽《はね》でつくられ、これを着《き》ると空《そら》を飛《と》べるといわれる。

はさ 名詞 季語 秋 かりとったいねをかけて干《ほ》すために、木《き》や竹《たけ》を組《く》んでつくったもの。「はざ」ともいう。

バザー (bazaar) 名詞 めぐまれない人々《ひとびと》を助《たす》けたり、世《よ》の中《なか》に役立《やくだ》つことをするお金《かね》を得《え》たりするため、品物《しなもの》を持《も》ち寄《よ》って売《う》るもよおし。

ハザードマップ (hazard map) 名詞 洪水《こうずい》や地震《じしん》などの災害《さいがい》が起《お》きたときに、どこでどのような被害《ひがい》が出《で》るかを予測《よそく》して示《しめ》した地図《ちず》。

バザール (ペルシャ語) 名詞 日用品《にちようひん》や食料品《しょくりょうひん》などを売《う》る店《みせ》がたくさん集《あつ》まっている場所《ばしょ》。市《いち》。市場《いちば》。

はざかいき【端境期】 名詞 米《こめ》や果物《くだもの》・野菜《やさい》などの新《あたら》しいものが出《で》る少《すこ》し前《まえ》で、市場《いちば》に出回《でまわ》らなくなる時期《じき》。ことば いろいろなことの交代《こうたい》の時期《じき》についても使《つか》われる。

はざくら【葉桜】 名詞 季語 夏 花《はな》が散《ち》って、若《わか》葉《ば》が出《で》てくるころの桜《さくら》。

ぱさぱさ 副詞 動詞 形容動詞 水分《すいぶん》が少《すく》なく、かわいているようす。例 ぱさぱさしたパン。

はさまる【挟まる】 動詞 ものとものとの間《あいだ》に入《はい》る。両側《りょうがわ》からおさえつけられる。

はさみ 名詞
❶二枚《にまい》の刃《は》ではさんで物《もの》を切《き》る道具《どうぐ》。
❷切符《きっぷ》を切《き》る道具《どうぐ》。パンチ。
❸じゃんけんで、人《ひと》さし指《ゆび》と中指《なかゆび》をつき出《だ》した手《て》の形《かたち》。「チョキ」のこと。
❹えびやかになどの、物《もの》をはさむ大《おお》きなつめ。
ことば ❶❷は、「一挺《いっちょう》」「一本《いっぽん》」と数《かぞ》える。

はさみうち【挟み撃ち】 名詞 敵《てき》を両側《りょうがわ》からはさむようにしてせめること。

はさむ【挟む】 動詞
❶間《あいだ》に入《い》れる。間《あいだ》に置《お》く。例 本《ほん》にしおりを挟む／机《つくえ》を挟んですわる。
❷間《あいだ》に入《い》れて両側《りょうがわ》からおさえつける。例 豆《まめ》をはしで挟む。
❸心《こころ》に思《おも》う。例 疑《うたが》いを挟む。

はさん【破産】 名詞 動詞 財産《ざいさん》をすっかりなくしてしまうこと。

はし【端】 名詞
❶物《もの》の、中心《ちゅうしん》からいちばん遠《とお》い辺《あた》り。へり。ふち。例 道《みち》の端を歩《ある》く／机《つくえ》の端に本《ほん》を置《お》く。
❷細長《ほそなが》い物《もの》の先《さき》。例 糸《いと》の端を結《むす》ぶ。
❸切《き》りはなした残《のこ》り。例 紙《かみ》の切《き》れ端。
❹一部分《いちぶぶん》。例 ことばの端をとらえる。
❺ものごとの初《はじ》め。例 端から順《じゅん》に問題《もんだい》を解《と》く。
ことば 「はじ」ともいう。

はし【箸】 名詞 食《た》べ物《もの》などをはさむのに使《つか》う、

で、ひろしはあなをほりはじめた。」…お母《かあ》さんに「なに　やってるの？」と聞《き》かれれば「あな　ほってるのさ」て、あなをほり続《つづ》けます。一日《いちにち》の終《お》わりにひろしの感《かん》じた、たっぷりした満足感《まんぞくかん》が味《あじ》わえる絵本《えほん》です。

細《ほそ》い二本《にほん》の棒《ぼう》。例 割《わ》り箸／箸を取《と》る（＝食《た》べ始《はじ》める）。ことば「一膳《いちぜん》」と数《かぞ》える。

●**箸《はし》にも棒《ぼう》にもかからない** ⇒371ページ《ジ》 ことわざ

はし【橋】 名詞 川《かわ》や谷《たに》などの上《うえ》にかけわたして、両岸《りょうがん》の道路《どうろ》をつなぐもの。例 つり橋。漢 ⇒354ページ《ジ》 きょう〔橋〕

はじ【恥】 名詞 はずかしいと思《おも》うこと。また、名誉《めいよ》を傷《きず》つけられること。例 恥をさらす。

●**恥《はじ》の上塗《うわぬ》り** はじをかいた上《うえ》に、さらにはじを重《かさ》ねること。

●**恥《はじ》も外聞《がいぶん》もない** はずかしいという気持《きも》ちもなく、人《ひと》のうわさなども気《き》にしない。例 恥も外聞もなくさわぎ立《た》てる。

●**恥《はじ》をかく** 人《ひと》の見《み》ているところではずかしい思《おも》いをする。例 教室《きょうしつ》をまちがえて恥をかいた。

はじ【端】 ⇒1052ページ《ジ》 はし〔端〕

はじいる【恥じ入る】 動詞 たいへんはずかしく思《おも》う。例 自分《じぶん》の失敗《しっぱい》にひどく恥じ入る。

はしか 名詞 子供《こども》に多《おお》い感染症《かんせんしょう》の一《ひと》つ。高《たか》い熱《ねつ》が出《で》て体《からだ》に赤《あか》いぶつぶつができる。一度《いちど》かかると、その後《あと》はかからない。「麻《ま》しん」ともいう。

はしがき【端書き】 名詞 ❶書物《しょもつ》の最初《さいしょ》にのせる文章《ぶんしょう》。その本《ほん》についての簡単《かんたん》な説明《せつめい》などが述《の》べてある。類 前書《まえが》き。❷手紙《てがみ》の終《お》わりに書《か》きそえる文《ぶん》。

はじきだす【はじき出す】 動詞 ❶はじいて外《そと》へ出《だ》す。例 枝豆《えだまめ》のさやから豆《まめ》をはじき出す。❷のけものにする。例 仲間《なかま》からはじき出す。❸計算《けいさん》して答《こた》えを出《だ》す。例 旅行《りょこう》の費用《ひよう》をはじき出す。ことば ❸は、そろばんをはじいて答《こた》えを出《だ》すことからきたことば。

はじく 動詞 ❶はね飛《と》ばす。はね返《かえ》す。例 指《ゆび》の先《さき》ではじく。❷寄《よ》せつけない。例 油《あぶら》は水《みず》をはじく。❸そろばんで計算《けいさん》する。例 かかった費用《ひよう》をはじく。

はじく❶

はしくれ【端くれ】 名詞 ❶切《き》れはし。❷とるに足《た》りないつまらないものだが、いちおうその中《なか》に入《はい》っているもの。例 これでも音楽《おんがく》家《か》の端くれです。

はしけ 名詞 大《おお》きな船《ふね》と岸《きし》の間《あいだ》を行《い》き来《き》して、人《ひと》や荷物《にもつ》を運《はこ》ぶ、小《ちい》さなふね。

はしげた【橋桁】 名詞 橋《はし》を支《ささ》える柱《はしら》にわたして、橋《はし》のゆかの板《いた》を支《ささ》えているもの。

はしげた

はじける 動詞 内《うち》側《がわ》からふくらんで割《わ》れ、中身《なかみ》が勢《いきお》いよく飛《と》び散《ち》る。また、外《そと》に向《む》かって勢《いきお》いよくはねる。例 豆《まめ》のさやがはじける。

はしご 名詞 高《たか》いところに上《のぼ》るときに使《つか》う道具《どうぐ》。長《なが》い二本《にほん》の棒《ぼう》の間《あいだ》に何本《なんぼん》も横木《よこぎ》をわたしたもの。例 木《き》にはしごをかける。

はしごしゃ【はしご車】 名詞 高《たか》いところに届《とど》くよう、長《なが》くのびるはしごを備《そな》えた消防《しょうぼう》自《じ》動車《どうしゃ》。

はじさらし【恥さらし】 名詞 形容動詞 はじを人々《ひとびと》の前《まえ》にさらけ出《だ》すこと。また、そのようなことをする人《ひと》。

はじしらず【恥知らず】 名詞 形容動詞 はずかしくてたまらないようなことをしても平気《へいき》でいること。また、そのような人《ひと》。

はした 名詞 数《かず》が半端《はんぱ》であること。また、その数《かず》。端数《はすう》。

はしたがね【はした金】 名詞 わずかなお金《かね》。

はしたない 形容詞 つつしみがなく、下品《げひん》なようす。不作法《ぶさほう》なようす。例 口《くち》に物《もの》を入《い》れたましゃべるなんてはしたないよ。

ばじとうふう【馬耳東風】 名詞 故事成語 人《ひと》の意見《いけん》や忠告《ちゅうこく》を聞《き》き流《なが》して、まったく気《き》にかけないこと。類 馬《うま》の耳《みみ》に念仏《ねんぶつ》。ことば 馬《うま》は、耳《みみ》元《もと》に気持《きも》ちのよい東風《とうふう》（＝春風《はるかぜ》）がふいても何《なに》も感《かん》じないことからきたことば。

はしばし【端端】 名詞 あちこちの部分《ぶぶん》。また、ちょっとしたところ。例 ことばの端々に品《ひん》のよさが感《かん》じられる。

はしばひでよし【羽柴秀吉】 ⇒951ページ《ジ》 とよとみひでよし

はじまり【始まり】 名詞

あいうえお　かきくけこ　さしすせそ　たちつてと　なにぬねの　はひふへほ　は　まみむめも　や ゆ よ　らりるれろ　わ を ん

読書のこみち　高 中 低　『あな』谷川俊太郎《たにかわしゅんたろう》文《ぶん》　和田誠《わだまこと》絵《え》　「にちようびのあさ、なにもすることがなかったの」と答《こた》え。妹《いもうと》に「あたしにも　ほらせて」と言《い》われれば「だめ」と断《ことわ》り。ひろしはそうし

❶ものごとが始《はじ》まること。対 終《お》わり。
❷ものごとの起《お》こり。起源《きげん》。例 オリンピックの始まりは古代《こだい》ギリシャの競技会《きょうぎかい》である。

はじまる【始まる】 動詞
❶ものごとが新《あたら》しく行《おこな》われる。開始《かいし》する。例 新《あたら》しい番組《ばんぐみ》が始まる。対 終《お》わる。
❷いつものくせが出《で》る。例 また自慢《じまん》話《ばなし》が始まった。
漢 ↓552ページ《ジペー》 し〔始〕

はじめ【初め・始め】 名詞
❶ものごとを始《はじ》めること。例 仕事《しごと》始め。
❷最初《さいしょ》。例 三月《さんがつ》の初め。対 末《すえ》。
❸ものごとの起《お》こり。例 地球《ちきゅう》の始め。
❹おもなものを挙《あ》げるときに使《つか》うことば。例 市長《しちょう》をはじめ、多《おお》くのお客様《きゃくさま》が出席《しゅっせき》された。
使い方 ❹は、かな書《が》きにする。
漢 ↓627ページ《ジペー》 しょ〔初〕 ↓ 使い分け

使い分け
はじめ
初め・始め

初め　それが最初《さいしょ》であるということ。「年《とし》の初《はじ》めを祝《いわ》う／初《はじ》めのあいさつ」

始め　はじめること。「仕事始《しごとはじ》め／始《はじ》めの合図《あいず》」

はじめて【初めて】 副詞
❶それが最初《さいしょ》であるようす。例 初めて行《い》く国《くに》／生《う》まれて初めての体験《たいけん》。
❷そのときやっと。例 話《はなし》をしてみて、出身地《しゅっしんち》が同《おな》じだと初めてわかった。
漢 ↓627ページ《ジペー》 しょ〔初〕

はじめまして【初めまして】 感動詞
初《はじ》めて会《あ》った人《ひと》に言《い》うあいさつのことば。例 初めまして。わたしが担任《たんにん》の前田《まえだ》です。

はじめる【始める】
❶ 動詞 ものごとを新《あたら》しく行《おこな》う。例 授業《じゅぎょう》を始める。対 終《お》える。
❷ 接尾語 （ほかのことばのあとにつけて）…し出《だ》す。例 鳥《とり》が鳴《な》き始める。
漢 ↓552ページ《ジペー》 し〔始〕

ばしゃ【馬車】 名詞 人《ひと》や物《もの》をのせ、馬《うま》に引《ひ》かせる車《くるま》。

はしゃぐ 動詞 うきうきしてさわぐ。例 遠足《えんそく》で、みんなはしゃいでいた。調子《ちょうし》に乗《の》ってさわぐ。

パジャマ（pajamas） 名詞 上着《うわぎ》とズボンがひと組《くみ》になっている、ねるときに着《き》る洋服《ようふく》。

はしゅつ【派出】 名詞 動詞 仕事《しごと》のために人《ひと》を行《い》かせること。

ばじゅつ【馬術】 名詞 馬《うま》に乗《の》って思《おも》いどおりに動《うご》かすわざ。

はしゅつじょ【派出所】 名詞
❶警察官《けいさつかん》が交替《こうたい》で勤務《きんむ》している所《ところ》。
❷仕事《しごと》でよそに出向《でむ》いた人《ひと》が仕事《しごと》をする所《ところ》。
ことば ❶は、現在《げんざい》はふつう「交番《こうばん》」と呼《よ》ばれている。

ばしょ【場所】 名詞
❶所《ところ》。位置《いち》。例 机《つくえ》を置《お》く場所を決《き》める。
❷いるところ。すわるところ。席《せき》。例 花見《はなみ》の場所をとる。
❸すもうが行《おこな》われている期間《きかん》。また、そのところ。例 夏《なつ》場所。

はじょう【波状】 名詞
❶波《なみ》のようなうねった形《かたち》。
❷波《なみ》のように、間《あいだ》をおいてくり返《かえ》すこと。例 波状こうげき。

ばしょう【芭蕉】 ↓1247ページ《ジペー》 まつおばしょう

ばじょう【馬上】 名詞 馬《うま》の背《せ》の上《うえ》。また、馬《うま》に乗《の》っていること。例 馬上の人《ひと》となる（＝馬《うま》に乗《の》る）。

はしょうふう【破傷風】 名詞 傷口《きずぐち》から破傷《はしょう》風菌《ふうきん》が入《はい》って起《お》こる感染症《かんせんしょう》。高《たか》い熱《ねつ》が出《で》て体《からだ》がけいれんし、死《し》ぬこともある。

ばしょがら【場所柄】 名詞 その場所《ばしょ》の性質《せいしつ》やようす。例 場所柄を考《かんが》えて行動《こうどう》する。

はしょる 動詞
❶着物《きもの》のすそを上《あ》げて帯《おび》にはさむ。例 着物《きもの》のすそをはしょる。
❷省《はぶ》く。短《みじか》くする。縮《ちぢ》める。例 話《はなし》をはしょる。

はしら【柱】
❶ 名詞 建物《たてもの》の屋根《やね》などを支《ささ》えるために立《た》てた棒《ぼう》。例 ひのきの柱。
❷ 名詞 まっすぐに立《た》つもの。例 電信《でんしん》柱／火《ひ》柱。
❸ 名詞 たよりとする大事《だいじ》な人《ひと》やもの。例 父《ちち》は一家《いっか》の柱だ。

「ぼく」。同《おな》じアパートに育《そだ》った二人《ふたり》の運命《うんめい》は、次第《しだい》に大《おお》きく異《こと》なっていく。その理由《りゆう》は、「ぼく」がドイツ人《じん》な
次世界大戦《じせかいたいせん》のさなかで幕《まく》を閉《と》じる。人《ひと》はなぜ差別《さべつ》をするのかを考《かんが》えさせられる長編《ちょうへん》。

❹接尾語（数を表すことばのあとにつけて）神や死《し》んだ人《ひと》の霊《れい》を数《かぞ》えることば。
漢➡838ページ ちゅう〔柱〕

はじらう【恥じらう】動詞 はずかしがる。

はしらす【走らす】➡1055ページ はしらせる

はしらせる【走らせる】動詞 ❶走《はし》って行《い》かせる。急《いそ》いで行《い》かせる。例 馬《うま》を走らせる／駅《えき》までタクシーを走らせる。❷すばやく動《うご》かす。例 ペンを走らせてメモをとる／周囲《しゅうい》に目《め》を走らせてようすをうかがう。
ことば「走《はし》らす」ともいう。

はしり【走り】名詞 ❶走《はし》ること。例 マラソン選手《せんしゅ》の力強《ちからづよ》い走り。❷季節《きせつ》に先立《さきだ》ってとれた魚《さかな》・野菜《やさい》・果物《くだもの》など。初物《はつもの》。例 店《みせ》にかつおの走りが並《なら》んでいる。❸ものごとの始《はじ》まりとなるもの。先《さき》がけ。例 梅雨《つゆ》の走り。

はしりがき【走り書き】名詞 動詞 急《いそ》いで書《か》くこと。また、急《いそ》いで書《か》いたもの。

バジリコ（イタリア語）名詞 しそのなかまの草《くさ》。葉《は》に強《つよ》い香《かお》りがあり、料理《りょうり》などに使《つか》う。「バジル」ともいう。

バジリコ

はしりこむ【走り込む】動詞 ❶走《はし》って中《なか》に入《はい》る。かけこむ。❷練習《れんしゅう》としてじゅうぶんに走《はし》る。例 毎日《まいにち》走り込んで体力《たいりょく》をつける。

はしりたかとび【走り高跳び】名詞 陸上《りくじょう》競技《きょうぎ》の一《ひと》つ。横《よこ》にわたした棒《ぼう》を、走《はし》ってきた勢《いきお》いでとびこえ、その高《たか》さをきそうもの。

はしりづかい【走り使い】名詞 あちこちを回《まわ》って、人《ひと》から言《い》いつけられた用事《ようじ》をすること。また、その人《ひと》。

はしりはばとび【走り幅跳び】名詞 陸上《りくじょう》競技《きょうぎ》の一《ひと》つ。走《はし》ってきて片足《かたあし》でふみきり、とんだきょりをきそうもの。

はしりよみ【走り読み】名詞 動詞 急《いそ》いで、ざっと読《よ》むこと。例 伝言《でんごん》メモを走り読みする。

はしる【走る】動詞 ❶人《ひと》や動物《どうぶつ》が、速《はや》く進《すす》む。かける。例 犬《いぬ》が走る。❷ものが、速《はや》く動《うご》く。例 車《くるま》が走る／水上《すいじょう》をヨットが走る／雲《くも》が走る。❸ある方向《ほうこう》に通《とお》っている。例 道《みち》が東西《とうざい》に走る。❹方向《ほうこう》がかたよる。例 つい自分《じぶん》の感情《かんじょう》に走って文句《もんく》を言《い》ってしまった／悪事《あくじ》に走る。❺急《きゅう》に現《あらわ》れて消《き》える。例 かたに痛《いた》みが走った。❻思《おも》うように速《はや》く進《すす》む。例 ペンが走る。
漢➡744ページ そう〔走〕

はじる【恥じる】動詞 ❶自分《じぶん》の行《おこな》いを反省《はんせい》してはずかしく思《おも》う。例 うそをついたことを恥じる。❷（「…に恥《は》じない」の形《かたち》で、全体《ぜんたい》で）期待《きたい》を裏切《うらぎ》らない。…にふさわしい。例 キャプテンの名《な》に恥じないプレーをする。

バジル➡1055ページ バジリコ

はしわたし【橋渡し】名詞 動詞 二《ふた》つのものの間《あいだ》に立《た》って、関係《かんけい》がうまくいくように世話《せわ》すること。とりもつこと。例 二人《ふたり》が仲《なか》よくなるように橋渡しをした。

はす 名詞 ななめ。例 はす向《む》かいの家《いえ》。
ことば 漢《かん》字《じ》では「斜」と書《か》く。

はす 名詞 池《いけ》やぬまに生《は》える植物《しょくぶつ》の一《ひと》つ。葉《は》は円《まる》くて大《おお》きい。夏《なつ》、白《しろ》やもも色《いろ》などの花《はな》がさく。地中《ちちゅう》にあるくきを「れんこん」といって食用《しょくよう》にする。
ことば 花《はな》が散《ち》ったあとに残《のこ》る部分《ぶぶん》に穴《あな》がたくさんあいていて、まるではちの巣《す》のように見《み》えることから、もとは「はちす」といった。漢字《かんじ》では「蓮」と書《か》く。
参考 はすの花《はな》は仏教《ぶっきょう》で極楽《ごくらく》のシンボル。

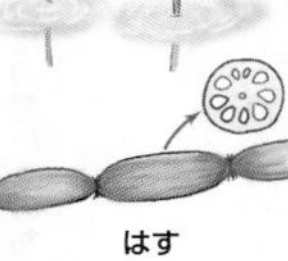
はす

はず 名詞 ❶当然《とうぜん》そうであること。例 ここに置《お》いたはずだ。❷確《たし》かな予定《よてい》であること。例 兄《あに》は五時《ごじ》に来《く》るはずだ。

バス（bath）名詞 西洋式《せいようしき》のふろ。例 バスタオル。

バス（bus）名詞 たくさんの人《ひと》を一度《いちど》に乗《の》せることができる、大型《おおがた》の乗《の》り合《あ》い自動車《じどうしゃ》。

バス（bass）名詞 ❶歌《うた》を歌《うた》うときの声《こえ》の種類《しゅるい》で、男性《だんせい》のいちばん低《ひく》い声《こえ》の範囲《はんい》。また、その声《こえ》で歌《うた》う人《ひと》。関連 テ

読書のこみち　高 中 低　『あのころはフリードリヒがいた』リヒター　一週間《いっしゅうかん》ちがいで生《う》まれたフリードリヒとのにフリードリヒがユダヤ人《じん》だから。1925年《ねん》から年《とし》を追《お》ってつづられる物語《ものがたり》は、第二《だいに》

ノール。バリトン。
❷「コントラバス」の略《りゃく》。

パス（pass）
❶ 名詞 動詞 合格《ごうかく》すること。通過《つうか》すること。例 試験《しけん》にパスする／空港《くうこう》の入国審査《にゅうこくしんさ》をパスする。
❷ 名詞 乗《の》り物《もの》の定期券《ていきけん》。また、入場券《にゅうじょうけん》や乗車券《じょうしゃけん》。例 遊園地《ゆうえんち》の無料《むりょう》パス。
❸ 名詞 動詞 サッカーやバスケットボールなどで、味方《みかた》にボールを送《おく》ること。
❹ 名詞 動詞 トランプ遊《あそ》びなどで、自分《じぶん》の順番《じゅんばん》を休《やす》むこと。例 一回《いっかい》パスする。

はすう【端数】 名詞 半端《はんぱ》な数《かず》。余《あま》りの数《かず》。

バスーン ↓1138ページ ファゴット

はずえ【葉末】 名詞 葉《は》の先《さき》。例 とんぼが葉末にとまっている。

ばすえ【場末】 名詞 にぎやかな町《まち》の中心《ちゅうしん》から外《はず》れたところ。町外《まちはず》れ。例 場末の映画館《えいがかん》。

はすかい 名詞 ななめ。ななめに交《まじ》わること。例 はすかいの家《いえ》。

はずかしい【恥ずかしい】 形容詞
❶きまりが悪《わる》くて、人《ひと》と顔《かお》を合《あ》わせられないように感《かん》じる。照《て》れくさい。例 人前《ひとまえ》で一人《ひとり》で歌《うた》うのは恥ずかしかった。
❷人《ひと》よりおとっているようで、引《ひ》け目《め》を感《かん》じる。例 九九《くく》をまちがえるなんて恥ずかしい。
❸よくない。みっともない。例 恥ずかしい行《おこな》いはするな。
↓1057ページ ことばにチャレンジ

はずかしめる【辱める】 動詞
❶はじをかかせる。はずかしい思《おも》いをさせる。例 人前《ひとまえ》で辱められた。
❷地位《ちい》や名誉《めいよ》などを傷《きず》つける。例 チャンピオンの名《な》を辱めないよう、堂々《どうどう》とたたかう。

パスカル 名詞（一六二三～一六六二）フランスの数学者《すうがくしゃ》・物理学者《ぶつりがくしゃ》・思想家《しそうか》。「パスカルの原理《げんり》」を発見《はっけん》した。「人間《にんげん》は考《かん》えるあし（＝水辺《みずべ》に生《は》える草《くさ》のなかま）である」ということばが有名《ゆうめい》。

バスケット（basket）名詞
❶手《て》にさげる、ふたのついたかご。
❷「バスケットボール」の略《りゃく》。

バスケットボール（basketball）名詞 五人《ごにん》ずつの二《に》チームが、コート内《ない》で一《ひと》つのボールをうばい合《あ》い、相手側《あいてがわ》のバスケット（＝底《そこ》のないあみのゴール）にボールを入《い》れて点《てん》をとり合《あ》う競技《きょうぎ》。バスケット。

バスコ＝ダ＝ガマ 名詞（一四六九ごろ～一五二四）ポルトガルの航海者《こうかいしゃ》。アフリカの南《みなみ》のはしの喜望峰《きぼうほう》を回《まわ》ってヨーロッパからアジアへ行《い》く「インド航路《こうろ》」を発見《はっけん》した。

はずす【外す】 動詞
❶とってはなす。例 めがねを外す。
❷地位《ちい》や仲間《なかま》などからとり除《のぞ》く。例 メンバーから外す。
❸そらす。例 シュートを外す／ねらいを外す。
❹とらえそこなう。例 絶好《ぜっこう》の機会《きかい》を外す。
❺その場《ば》からはなれる。例 席《せき》を外す。
漢 ↓219ページ がい〔外〕

パスタ（イタリア語）名詞 スパゲッティやマカロニなど、小麦粉《こむぎこ》を練《ね》ってつくるイタリアの食品《しょくひん》。

バスターミナル（bus terminal）名詞 たくさんのバスが出発《しゅっぱつ》したり到着《とうちゃく》したりする所《ところ》。

バスタオル（bath towel）名詞 おふろから出《で》たときなどに、ぬれた体《からだ》をふく大《おお》きなタオル。

パスツール 名詞（一八二二～一八九五）フランスの化学者《かがくしゃ》・細菌学者《さいきんがくしゃ》。物《もの》がくさるのは微生物《びせいぶつ》が原因《げんいん》であることを明《あき》らかにした。また、狂犬病《きょうけんびょう》のワクチンを開発《かいはつ》した。

バスてい【バス停】 名詞 バスの停留所《ていりゅうじょ》。

パステル（pastel）名詞 クレヨンに似《に》た、棒《ぼう》の形《かたち》の絵《え》の具《ぐ》。やわらかく、折《お》れやすい。色《いろ》を重《かさ》ねたり、指《ゆび》でこすったり、いろいろなえがき方《かた》ができる。

バスト（bust）名詞 胸《むね》。胸回《むねまわ》り。とくに、女性《じょせい》の胸回《むねまわ》り。

パスポート（passport）名詞 外国《がいこく》へ旅行《りょこう》する人《ひと》に対《たい》して政府《せいふ》が発行《はっこう》する、身分証明書《みぶんしょうめいしょ》。外国《がいこく》の政府《せいふ》にその人《ひと》を守《まも》るようにたのむためのもの。「旅券《りょけん》」ともいう。

はずみ【弾み】 名詞
❶はね返《かえ》ること。例 ボールの弾みが悪《わる》い。
❷調子《ちょうし》。勢《いきお》い。例 主役《しゅやく》の熱演《ねつえん》に、みんなの演技《えんぎ》にも弾みが出《で》てきた。
❸そのとたん。拍子《ひょうし》。例 立《た》ち上《あ》がったはずみにいすがたおれた。
❹ものごとの成《な》り行《ゆ》き。その場《ば》の勢《いきお》い。例 ふとしたはずみでけんかになる。
使い方 ❸❹は、ふつうかな書《が》きにする。

● **弾《はず》みが付《つ》く** 調子《ちょうし》がよくなる。勢《いきお》いがつく。

が、愉快《ゆかい》に温《あたた》かく暮《く》らしていました。ところがある日《ひ》、昔《むかし》おばあちゃんのところにねこを乗《の》せてきたぶたの自転《じてん》
きたのは、だれでしょう…？　幸《しあわ》せとは何《なに》か、静《しず》かにやわらかく問《と》いかける絵本《えほん》です。

ことばにチャレンジ！

はずかしい

いろんなことばでいろんな「はずかしい」を表《あらわ》してみよう！

入門編《にゅうもんへん》

●まずは、よく使《つか》う別《べつ》のことばで

照《て》れくさい　面《めん》と向《む》かって「ありがとう」と言《い》うのは**照《て》れくさい**な。……p.900

照《て》れる　「かわいいね」と言《い》われて**照《て》れる**。……p.900

はにかむ　いとこは、初《はじ》めて会《あ》った人《ひと》の前《まえ》で、**はにかん**だようすを見《み》せた。……p.1072

きまりが悪《わる》い　妹《いもうと》と手《て》をつないで歩《ある》くのは、なんとなく**きまりが悪《わる》い**。……p.339

もじもじ[と]　みんなの前《まえ》でしょうかいされて**もじもじする**。……p.1316

修行編《しゅぎょうへん》

●次《つぎ》に、少《すこ》しむずかしいことばで

くすぐったい　人前《ひとまえ》でほめられて**くすぐったい**思《おも》いをした。……p.383

赤面《せきめん》　みんなの前《まえ》で転《ころ》んでしまい、**赤面《せきめん》する**。……p.722

赤恥《あかはじ》をかく　有名《ゆうめい》な作家《さっか》の名前《なまえ》をまちがえて読《よ》んでしまい、**赤恥《あかはじ》をかい**た。……p.22

達人編《たつじんへん》

●背《せ》のびして、もっとむずかしいことばで

おもはゆい　**おもはゆい**思《おも》いをしながら賞状《しょうじょう》を受《う》け取《と》った。……p.204

はじらう　ほおを赤《あか》くして**はじらう**少女《しょうじょ》。……p.1055

屈辱《くつじょく》　こんな**屈辱《くつじょく》**を受《う》けて、だまっていられるもんか。……p.389

侮辱《ぶじょく》　親友《しんゆう》を**侮辱《ぶじょく》さ**れ、大声《おおごえ》で言《い》い返《かえ》した。……p.1155

□名誉《めいよ》　5年連続《ねんれんぞく》で一回戦負《いっかいせんま》けなんて、本当《ほんとう》に**□名誉《めいよ》な**記録《きろく》だ。

□に当《あ》てはまることばは何《なに》？　p.1167にのっている見出《みだ》し語《ご》だよ！

もっと

●はずかしくてたまらないようすを表《あらわ》して

真《ま》っ赤《か》　本番《ほんばん》でせりふをまちがえて**真《ま》っ赤《か》に**なった。……p.1247

穴《あな》があったら入《はい》りたい　大通《おおどお》りではでに転《ころ》び、**穴《あな》があったら入《はい》りたかっ**た。……p.45

顔《かお》から火《ひ》が出《で》る　財布《さいふ》を忘《わす》れて買《か》い物《もの》に行《い》き、**顔《かお》から火《ひ》が出《で》る**思《おも》いをした。……p.235

身《み》の置《お》き所《どころ》がない　みんなの料理《りょうり》を台無《だいな》しにしてしまい、**身《み》の置《お》き所《どころ》がない**。……p.1259

●申《もう》し訳《わけ》なく、はずかしく思《おも》っているようすを表《あらわ》して

面目《めんぼく》ない　今回《こんかい》も助《たす》けてもらい、ほんとうに**面目《めんぼく》ない**。……p.1310

合《あ》わせる顔《かお》がない

借《か》りた本《ほん》をよごしてしまい、友《とも》だちに**合《あ》わせる顔《かお》がない**。……p.61

顔向《かおむ》けができない

主将《しゅしょう》のぼくが予選落《よせんお》ちだなんて、みんなに**顔向《かおむ》けができない**。……p.235

立《た》つ瀬《せ》がない　みんなに迷惑《めいわく》をかけてばかりで**立《た》つ瀬《せ》がない**。……p.801

読書のこみち　高 中 低　『あのひの音《おと》だよおばあちゃん』佐野洋子作《さのようこさく》・絵《え》　ふつうのおばあちゃんとふつうのねこ車《しゃ》の「カッチャンコ　ギッチンコ」という音《おと》が、再《ふたた》び聞《き》こえてきます。ぶたが今度連《こんどつ》れて

例 先頭《せんとう》の打者《だしゃ》のホームランで弾みが付いた。

●弾《はず》みを食《く》う 思《おも》いがけなく、ほかからの勢《いきお》いを受《う》ける。例 急停車《きゅうていしゃ》の弾みを食って、たなの荷物《にもつ》が落ちてきた。

はずむ【弾む】 動詞 ❶はね返《かえ》る。例 ゴムボールが弾む。❷調子《ちょうし》が出《で》る。うきうきする。例 話《はなし》が弾む。❸激《はげ》しくなる。あらくなる。例 息《いき》が弾む。❹思《おも》いきってお金《かね》をたくさん出《だ》す。例 おじさんがお年玉《としだま》を弾んでくれた。

はすむかい【はす向かい】 名詞 ななめ前《まえ》。ななめ向《む》かい。例 はす向かいに公園《こうえん》がある。

パズル (puzzle) 名詞 あたえられた手《て》がかりをもとにして、問題《もんだい》を解《と》く遊《あそ》び。

はずれ【外れ】 名詞 ❶ねらいどおりにいかないこと。当《あ》たらないこと。例 見当外《けんとうはず》れ／外れのくじ。対 当《あ》たり。❷中心《ちゅうしん》からはなれたところ。はし。例 町《まち》の外れ。

はずれ【葉擦れ】 名詞 草《くさ》や木《き》の葉《は》が風《かぜ》などですれ合《あ》うこと。例 葉擦れの音《おと》がする。

はずれる【外れる】 動詞 ❶はまっていたものが、とれてはなれる。例 網戸《あみど》が外れる／ボタンが外れる。❷ねらいどおりにいかない。当《あ》たらない。例 あてが外れる／くじが外れる。対 当《あ》たる。❸正《ただ》しいことからそれる。反《はん》する。例 人《ひと》の道《みち》に外れる行《おこな》い。❹ある範囲《はんい》から外《そと》へ出《で》る。例 コースを外れる。

漢 ⇒219ページ がい〔外〕

パスワード (password) 名詞 コンピューターなどに、正式《せいしき》の利用者《りようしゃ》であるかどうかを見分《みわ》けさせるために決めておく、文字《もじ》や数字《すうじ》の組《く》み合《あ》わせ。銀行《ぎんこう》の暗証番号《あんしょうばんごう》もその一種《いっしゅ》。

はぜ 名詞 季語 秋 海《うみ》や川《かわ》の水底《すいてい》にいる魚《さかな》。目《め》が頭《あたま》の上《うえ》に並《なら》んでいる。世界各地《せかいかくち》にいる。

はせい【派生】 名詞 動詞 もとになるものから、別《べつ》のものが分《わ》かれて出《で》てくること。例 交通渋滞《こうつうじゅうたい》から騒音《そうおん》など多《おお》くの問題《もんだい》が派生する。

はせくらつねなが【支倉常長】 名詞 （一五七一～一六二二）江戸時代《えどじだい》の初《はじ》めごろの武士《ぶし》。伊達政宗《だてまさむね》の命令《めいれい》でスペインおよびローマにわたり、貿易《ぼうえき》を開《ひら》くことを求《もと》めたが、失敗《しっぱい》して帰国《きこく》した。

パセリ (parsley) 名詞 香《かお》りの強《つよ》い野菜《やさい》。葉《は》は濃《こ》い緑色《みどりいろ》で細《こま》かいひだがあり、料理《りょうり》にそえるなどして食《た》べる。

パセリ

はせる 動詞 ❶走《はし》る。走《はし》らせる。例 馬《うま》をはせる。❷遠《とお》くまで届《とど》かせる。例 世間《せけん》に名《な》をはせる。

はぜる 動詞 勢《いきお》いよくさけて開《ひら》く。はじける。例 火《ひ》の中《なか》に入れたくりがはぜる。

パソコン 名詞 個人《こじん》で使《つか》うための小型《こがた》のコンピューター。ことば 英語《えいご》の「パーソナル（＝個人《こじん》用《よう》の）コンピューター」の略《りゃく》。

はそん【破損】 名詞 動詞 物《もの》がこわれること。また、こわすこと。例 破損した車《くるま》。

漢 **はた【畑】**〔田《た》〕9画 3年 訓 はた・はたけ

はたけ。例 畑作《はたさく》／畑地《はたち》／田畑《たはた》／花畑《はなばたけ》。対 田《でん》。

ことば 日本《にほん》で作《つく》られた漢字《かんじ》（＝国字《こくじ》）。

はた【旗】 名詞 目印《めじるし》やかざりにするために、布《ぬの》や紙《かみ》で作《つく》ったもの。四角形《しかくけい》か三角形《さんかくけい》のものが多《おお》く、さおの先《さき》につけたり、ひもでつるしたりする。例 旗ざお／旗をふる。漢 ⇒316ページ き〔旗〕

●旗《はた》を揚《あ》げる ❶兵《へい》を集《あつ》めて、戦《たたか》いを起《お》こす。❷新《あたら》しくものごとを始《はじ》める。例 新《あたら》しい劇団《げきだん》の旗を揚げる。ことば 「旗揚《はたあ》げする」ともいう。

はた【端】 名詞 ❶へり。ふち。例 池《いけ》の端。❷そば。わき。例 端から口《くち》を出《だ》す。使い方 「川《かわ》ばた」のように、ほかのことばのあとにつくときは「ばた」となることが多《おお》い。

はた【機】 名詞 布《ぬの》を織《お》る機械《きかい》。例 機を織《お》る。漢 ⇒316ページ き〔機〕

はだ【肌】 名詞 ❶体《からだ》の外側《そとがわ》をおおっているやわらかい皮《かわ》。皮膚《ひふ》。例 夏《なつ》の日《ひ》ざしで肌が焼《や》ける。❷物《もの》の表面《ひょうめん》。例 山肌《やまはだ》。❸人《ひと》が持っている性質《せいしつ》。例 父《ちち》は学者肌《がくしゃはだ》だ。

バター (butter) 名詞 牛乳《ぎゅうにゅう》からとったあぶらを

るあらしの夜《よる》に出会《であ》います。ふつうならおおかみに食《た》べられるはずのやぎ。けれど、すがたも見《み》えない暗《くら》い小屋《こや》
す。そんな2匹《ひき》の友情《ゆうじょう》をえがいたシリーズに、『まんげつのよるに』『しろいやみのはてで』などがあります。

固《かた》めてつくった食《た》べ物《もの》。パンにぬったり、料《りょう》理《り》に使《つか》ったりする。

はたあげ【旗揚げ】 名詞 動詞 ❶兵《へい》を集《あつ》めて戦《たたか》いを起《お》こすこと。❷人《ひと》を集《あつ》めて、新《あたら》しくものごとを始《はじ》めること。例 新《あたら》しい政党《せいとう》を旗揚げする。

ばたあし【ばた足】 名詞 水泳《すいえい》で、のばした両《りょう》足《あし》を、かわるがわる上下《じょうげ》に動《うご》かして水《みず》を打《う》つこと。

バターライス（buttered rice） 名詞 バターでいためた米《こめ》をスープでたきあげた料《りょう》理《り》。

パターン（pattern） 名詞 ❶決《き》まったやり方《かた》。くり返《かえ》しあらわれる型《かた》。例 ワンパターン／兄《あに》は放《ほう》課《か》後《ご》の行動《こうどう》パターンが決《き》まっている。❷模《も》様《よう》。図《ず》がら。❸洋服《ようふく》を作《つく》るときの型紙《かたがみ》。

はたいろ【旗色】 名詞 戦《たたか》いや試合《しあい》などの、勝《か》ち負《ま》けのようす。例 前半《ぜんはん》は旗色がよかった。

●**旗色《はたいろ》が悪《わる》い** 戦《たたか》いや試合《しあい》などで、負《ま》けそうなようすである。ものごとの成《な》り行《ゆ》きが悪《わる》い。例 今日《きょう》の試合《しあい》は最初《さいしょ》から旗色が悪い。

はたおり【機織り】 名詞 糸《いと》から布《ぬの》を織《お》ること。また、織《お》る人《ひと》。

はたおりき【機織り機】 名詞 布《ぬの》を織《お》る機械《きかい》。

はたおりぼし【機織り星】 ⇒208ジベー おりひめぼし

はだか【裸】 名詞 季語夏 ❶何《なに》も着《き》ないで、はだを出《だ》すこと。❷何《なに》もおおうものがなく、むき出《だ》しになっていること。例 裸電球《でんきゅう》。❸持《も》ち物《もの》や財産《ざいさん》が何《なに》もないこと。例 火《か》事《じ》で裸になった。❹かくすことのない、ありのままのすがた。例 裸のつきあい。

はだかいっかん【裸一貫】 名詞 自《じ》分《ぶん》の体《からだ》のほかは、財《ざい》産《さん》も何《なに》も持《も》っていないこと。例 裸一貫から始《はじ》めて、大《おお》きな財産《ざいさん》を築《きず》いた。

はだかうま【裸馬】 名詞 くらを置《お》いていない馬《うま》。例 裸馬を乗《の》りこなす。

はたがしら【旗頭】 名詞 同《おな》じ意見《いけん》を持《も》つ人《ひと》の集《あつ》まりのリーダー。例 この人《ひと》が賛成派《さんせいは》の旗頭だ。

はたき 名詞 掃除《そうじ》のときに使《つか》う、ほこりをはらう道具《どうぐ》。棒《ぼう》の先《さき》に、細長《ほそなが》い布《ぬの》や羽《はね》を束《たば》にしてつけたもの。例 たんすや本棚《ほんだな》にはたきをかける。

はだぎ【肌着】 名詞 直接《ちょくせつ》はだにつけて着《き》る衣《い》類《るい》。シャツやパンツなど。下着《したぎ》。

はたく 動詞 ❶たたいてはらう。例 ほこりをはたく。❷たたく。ぶつ。例 布団《ふとん》をはたく／頭《あたま》をはたく。❸出《だ》しつくす。例 おこづかいをはたく。

はたけ【畑】 名詞 ❶野菜《やさい》や穀物《こくもつ》などを作《つく》るための土地《とち》。例 麦《むぎ》畑／畑を耕《たがや》す。❷専門《せんもん》とする学問《がくもん》や仕《し》事《ごと》の範囲《はんい》。例 政治《せいじ》畑の記《き》者《しゃ》。使い方 ほかのことばのあとにつくときは「ばたけ」となる。ことば「畑」は日本《にほん》で作《つく》られた漢《かん》字《じ》（＝国字《こくじ》）で、「草木《くさき》を火《ひ》で焼《や》いてつくった田《た》」という意味《いみ》を表《あらわ》す。参考 ❶田《た》とちがって、水《みず》は入《い》れない。

漢 ⇒1058ジベー はた〔畑〕

はたけちがい【畑違い】 名詞 自《じ》分《ぶん》が専門《せんもん》としている学問《がくもん》や職業《しょくぎょう》とちがうこと。例 化学《かがく》はわたしには畑違いの分野《ぶんや》です。

はだける 動詞 衣服《いふく》の合《あ》わせ目《め》を開《ひら》く。衣服《いふく》の前《まえ》が乱《みだ》れて開《ひら》く。例 扇風機《せんぷうき》の前《まえ》で、シャツをはだけてすずむ。

はたさく【畑作】 名詞 畑《はたけ》で麦《むぎ》や野菜《やさい》などの作《さく》物《もつ》をつくること。また、その作物《さくもつ》。

はださむい【肌寒い】 形容詞 空気《くうき》や風《かぜ》が、はだに少《すこ》し冷《つめ》たく感《かん》じられる。例 肌寒い朝《あさ》。

はだざわり【肌触り】 名詞 ❶はだにさわった感《かん》じ。例 すべすべした肌触り／肌触りのよい下着《したぎ》。❷ある人《ひと》がほかの人《ひと》にあたえる感《かん》じ。例 肌触りのやわらかい人《ひと》。

はだし 名詞 季語夏 ❶足《あし》に、何《なに》もはいていないこと。例 はだしで走《はし》る。類 素足《すあし》。❷（「…はだし」の形《かたち》で）…さえもとてもかなわないほどすぐれていること。例 くろうとはだし。ことば ❷は「…さえ、はだしでにげ出《だ》す」という意味《いみ》からきたことば。

はたしあい【果たし合い】 名詞 争《あらそ》いの決《けっ》着《ちゃく》をつけるために、おたがいに命《いのち》をかけてたた

読書のこみち 高 中 低 『あらしのよるに』きむらゆういち作《さく》　あべ弘士《ひろし》絵《え》　1匹《ぴき》のおおかみと1匹《ぴき》のやぎが、あの中《なか》、ことばだけのやりとりはかんちがいを生《う》み、なんと大《だい》の仲《なか》よしになってしまいま

かうこと。決闘《けっとう》。使い方 古《ふる》い言《い》い方《かた》。

はたして【果たして】 副詞 ❶思《おも》ったとおり。やはり。例 予想《よそう》はしていたが、果たして雨《あめ》が降《ふ》り始《はじ》めた。❷ほんとうに。例 果たして間《ま》に合《あ》うだろうか。使い方 ❷は、あとに「か」などのことばがくる。

はたじるし【旗印】 名詞 ❶昔《むかし》、戦場《せんじょう》で目印《めじるし》のために旗《はた》につけた模様《もよう》や文字《もじ》。❷ものごとを行《おこな》うときの目標《もくひょう》。例 自由《じゆう》と平等《びょうどう》を旗印として活動《かつどう》する。

はたす【果たす】 ❶動詞 やりとげる。例 約束《やくそく》を果たす。❷接尾語 （ほかのことばのあとにつけて）すっかり…してしまう。例 お金《かね》をつかい果たす。漢 ⇩215ジベー か〔果〕

はたち【畑地】 名詞 畑《はたけ》となっている土地《とち》。

はたち【二十・二十歳】 名詞 二十才《にじっさい》。

ばたつかせる 動詞 手《て》や足《あし》、羽《はね》などを、ばたばたと激《はげ》しく動《うご》かす。

ばたつく 動詞 ばたばたと音《おと》を立《た》てる。また、さわがしく動《うご》き回《まわ》る。例 風《かぜ》でとびらがばたつく／出発《しゅっぱつ》の時間《じかん》が急《きゅう》に早《はや》まってばたつく。

はたと 副詞 ❶急《きゅう》に物《もの》が当《あ》たる音《おと》を表《あらわ》すことば。例 はたとひざを打《う》つ。❷急《きゅう》に。突然《とつぜん》。例 はたと思《おも》い当《あ》たる。

はたはた 名詞 季語冬 北日本《きたにほん》の海《うみ》でとれる魚《さかな》。体《からだ》は銀色《ぎんいろ》がかった白色《しろいろ》で、茶色《ちゃいろ》の斑点《はんてん》がある。食用《しょくよう》になる。

バタフライ (butterfly) 名詞 季語夏 泳《およ》ぎ方《かた》の一《ひと》つ。両手《りょうて》をいっしょに水《みず》からぬき、前《まえ》にのばして水《みず》をかき、両足《りょうあし》をそろえて水《みず》をけるもの。ことば もとは英語《えいご》で「ちょう」の意味《いみ》。この泳《およ》ぎ方《かた》がちょうの飛《と》ぶ形《かたち》に似《に》ていることからきたことば。

はだみ【肌身】 名詞 はだ。体《からだ》。例 お守《まも》りをいつも肌身につけている。

●**肌身離《はだみはな》さず** いつも大事《だいじ》に身《み》に着《つ》けているようす。例 家族《かぞく》の写真《しゃしん》を肌身離さず持《も》っている。

はため【はた目】 名詞 本人《ほんにん》以外《いがい》の人《ひと》が見《み》た感《かん》じ。わきから見《み》た感《かん》じ。例 はた目にも気《き》の毒《どく》なほどがっかりしている。類 よそ目《め》。

はためく 動詞 風《かぜ》にふかれて、はたはたと音《おと》を立《た》てる。例 洗濯物《せんたくもの》が風《かぜ》にはためく。

はたもと【旗本】 名詞 江戸時代《えどじだい》、将軍《しょうぐん》の直接《ちょくせつ》の家来《けらい》で、将軍《しょうぐん》に会《あ》うことのできた身分《みぶん》。また、その人《ひと》。

はたらかす【働かす】 動詞 ❶仕事《しごと》をさせる。❷活動《かつどう》させる。例 すばやく頭《あたま》を働かす。ことば「はたらかせる」ともいう。

はたらかせる【働かせる】 ⇩1060ジベー はたらかす

はたらき【働き】 名詞 ❶仕事《しごと》をすること。例 熱心《ねっしん》な働きが認《みと》められる。❷活動《かつどう》。例 頭《あたま》の働きがにぶる。❸活躍《かつやく》。例 犬《いぬ》の働きで犯人《はんにん》をつかまえた。❹作用《さよう》。効《き》き目《め》。例 薬《くすり》の働きで痛《いた》みが治《おさ》まる。❺かせぎ。例 働きのある人《ひと》。

はたらきかける【働き掛ける】 動詞 何《なに》かをするように、相手《あいて》にしかける。例 友《とも》だちに働き掛けて野球《やきゅう》チームをつくった。

はたらきざかり【働き盛り】 名詞 一生《いっしょう》のうちで、いちばん力《ちから》を出《だ》して仕事《しごと》ができる年《とし》ごろ。

はたらきて【働き手】 名詞 ❶家《いえ》の中心《ちゅうしん》となって働《はたら》き、生活《せいかつ》を支《ささ》えている人《ひと》。例 母《はは》はわが家《や》の働き手だ。❷よく働《はたら》く人《ひと》。例 店一番《みせいちばん》の働き手。

はたらきもの【働き者】 名詞 いっしょうけんめいに働《はたら》く人《ひと》。よく働《はたら》く人《ひと》。例 働き者のおじは休《やす》みの日《ひ》でも早起《はやお》きだ。

はたらく【働く】 動詞 ❶仕事《しごと》をする。例 会社《かいしゃ》で働く。❷活動《かつどう》する。例 頭《あたま》がよく働く。❸効《き》き目《め》があらわれる。例 薬《くすり》がよく働く。❹ほかのものに力《ちから》をおよぼす。例 引力《いんりょく》が働く。❺よくないことをする。例 ぬすみを働く。漢 ⇩916ジベー どう〔働〕

ばたりと 副詞 急《きゅう》にたおれたり、勢《いきお》いよく当《あ》たったりする音《おと》のようす。例 強風《きょうふう》で自転車《じてんしゃ》がばたりとたおれた。

ぱたりと 副詞 ❶物《もの》が軽《かる》くたおれたり当《あ》たったりする音《おと》のようす。例 かばんのふたをぱたりと閉《し》める。❷急《きゅう》にとだえるようす。例 風《かぜ》がぱたりとやん

いる作品《さくひん》。主人公《しゅじんこう》が冒険《ぼうけん》の旅《たび》を続《つづ》ける「船乗《ふなの》りシンドバッドの航海《こうかい》」、ランプの精《せい》に望《のぞ》みをかなえてもらう「アリババと40人の盗賊《とうぞく》」などが有名《ゆうめい》です。昔《むかし》の中東《ちゅうとう》の世界《せかい》の雰囲気《ふんいき》が味《あじ》わえます。

だ。

はたん【破綻】 名詞 動詞 ものごとがうまくいかなくて、それ以上続《いじょうつづ》かなくなること。例 経《けい》営《えい》破綻／計画《けいかく》が破綻する。

はだん【破談】 名詞 一度《いちど》決《き》めた約束《やくそく》や縁談《えんだん》などを、とり消《け》しにすること。

はち【八】 名詞 数《かず》の名《な》。やっつ。例 八度《ど》。

漢 **はち【八】**〔八《はち》〕 2画 1年 音 ハチ 訓 や・やっ・やっつ・よう
ノ 八（ハとしない）

❶やつ。やっつ。はち。例 八人《はちにん》／八方《はっぽう》／八日《ようか》。❷数《かず》がおおい。例 八重桜《やえざくら》。

はち【蜂】 名詞 季語 春 四枚《よんまい》の羽《はね》があり、胸《むね》と腹《はら》の間《あいだ》が細《ほそ》くくびれている昆虫《こんちゅう》。めすがしりの先《さき》に毒針《どくばり》を持《も》つものもある。みつばち・あしながばちなど種類《しゅるい》が多《おお》い。

はち【蜂】
（みつばち）

● **蜂《はち》の巣《す》をつついたよう** 大《おお》さわぎになって、手《て》がつけられないようす。例 テスト中止《ちゅうし》の知《し》らせに教室《きょうしつ》は蜂の巣をつついたようになった。

はち【鉢】 名詞 口《くち》が広《ひろ》く、皿《さら》よりも底《そこ》の深《ふか》い入《い》れ物《もの》。例 植木鉢《うえきばち》／金魚鉢《きんぎょばち》。

ばち 名詞 ❶三味線《しゃみせん》やびわをひくときに、手《て》に持《も》って糸《いと》をはじく道具《どうぐ》。❷太鼓《たいこ》やかねをたたくときの棒《ぼう》。

ばち【罰】 名詞 神《かみ》や仏《ほとけ》が、人間《にんげん》の悪《わる》い行《おこな》いに対《たい》してあたえるこらしめ。例 罰があたる。

はちあわせ【鉢合わせ】 名詞 動詞 ❶頭《あたま》と頭《あたま》をぶつけること。しょうとつすること。例 廊下《ろうか》で友《とも》だちと鉢合わせして転《ころ》んだ。❷思《おも》いがけなく、ばったりと出会《であ》うこと。例 レストランで、友《とも》だちと鉢合わせした。

はちうえ【鉢植え】 名詞 草木《くさき》を植木鉢《うえきばち》に植《う》えること。また、その草木《くさき》。

ばちがい【場違い】 名詞 形容動詞 その場所《ばしょ》にふさわしくないこと。例 その服装《ふくそう》は場違いだ。

はちきれる【はち切れる】 動詞 中《なか》がいっぱいになって、おおっているものが破《やぶ》れる。例 食《た》べすぎておなかがはち切れそうだ。

はちくのいきおい【破竹の勢い】 故事成語 止《と》めようとしても止《と》められないほどの激《はげ》しい勢《いきお》い。例 破竹の勢いで勝《か》ち進《すす》んだ。 ことば 竹《たけ》は、最初《さいしょ》のひと節《ふし》を割《わ》ると、あとはどんどん割《わ》れていくことからきたことば。

ぱちくり【と】 副詞 動詞 おどろいて大《おお》きくまばたきをするようす。例 いきなり話《はな》しかけられ、目《め》をぱちくりさせる。

はちじゅうはちや【八十八夜】 名詞 季語 春 立春《りっしゅん》から数《かぞ》えて八十八日目《はちじゅうはちにちめ》の日《ひ》。五月一日《がつついたち》か二日《ふつか》ごろ。畑《はたけ》に種《たね》をまくのによい時期《じき》とされる。

はちじょうじま【八丈島】 名詞 伊豆諸島《いずしょとう》の南部《なんぶ》にある火山島《かざんとう》。観光《かんこう》のほか、観葉植物《かんようしょくぶつ》などのさいばいがさかん。富士箱根伊豆国立公園《ふじはこねいずこくりつこうえん》の一部《いちぶ》。

はちぶ【八分】 名詞 全体《ぜんたい》の十分《じゅうぶん》の八《はち》。例 八分がた完成《かんせい》した／腹《はら》八分。

はちぶおんぷ【八分音符】 名詞 楽譜《がくふ》に使《つか》う音符《おんぷ》の一《ひと》つ。音《おと》の長《なが》さは四分音符《しぶおんぷ》の二分《にぶん》の一《いち》。「はちぶんおんぷ」ともいう。図 ⇩ 213ページ おんぷ〔音符〕

はちぶきゅうふ【八分休符】 名詞 楽譜《がくふ》に使《つか》う休符《きゅうふ》の一《ひと》つ。休《やす》む長《なが》さは四分休符《しぶきゅうふ》の二分《にぶん》の一《いち》。「はちぶんきゅうふ」ともいう。図 ⇩ 351ページ きゅうふ〔休符〕

はちぶどおり【八分通り】 副詞 十分《じゅうぶん》の八《はち》くらい。だいたい。例 八分通りでき上《あ》がった。

はちぶんおんぷ【八分音符】 ⇩ 1061ページ はちぶおんぷ

はちぶんきゅうふ【八分休符】 ⇩ 1061ページ はちぶきゅうふ

はちほうい【八方位】 名詞 東《ひがし》・西《にし》・南《みなみ》・北《きた》・北東《ほくとう》・北西《ほくせい》・南東《なんとう》・南西《なんせい》の八《やっ》つの方位《ほうい》。図 ⇩ 1203ページ ほうい〔方位〕

はちまき【鉢巻き】 名詞 細長《ほそなが》い布《ぬの》を頭《あたま》に巻《ま》いて結《むす》ぶこと。また、その布《ぬの》。

はちみつ【蜂蜜】 名詞 みつばちが集《あつ》めた、花《はな》のみつ。あまくて栄養《えいよう》がある。

はちゅうるい【は虫類】 名詞 へび・とかげ・わに・かめなどの動物《どうぶつ》をまとめていうことば。体《からだ》がうろこやこうらにおおわれ、卵《たまご》を産《う》み、肺《はい》で呼吸《こきゅう》する。体温《たいおん》は周《まわ》りの温度《おんど》によっ

読書のこみち 高 中 低 『アラビアン・ナイト』『千一夜物語《せんいちやものがたり》』とも呼《よ》ばれ、もともとは264もの話《はなし》が収《おさ》められて ラジンと魔法《まほう》のランプ」、「ひらけ、ゴマ」の呪文《じゅもん》が出《で》てくる「アリ・ババと四十人《よんじゅうにん》の盗《とう》

て変《か》わる。

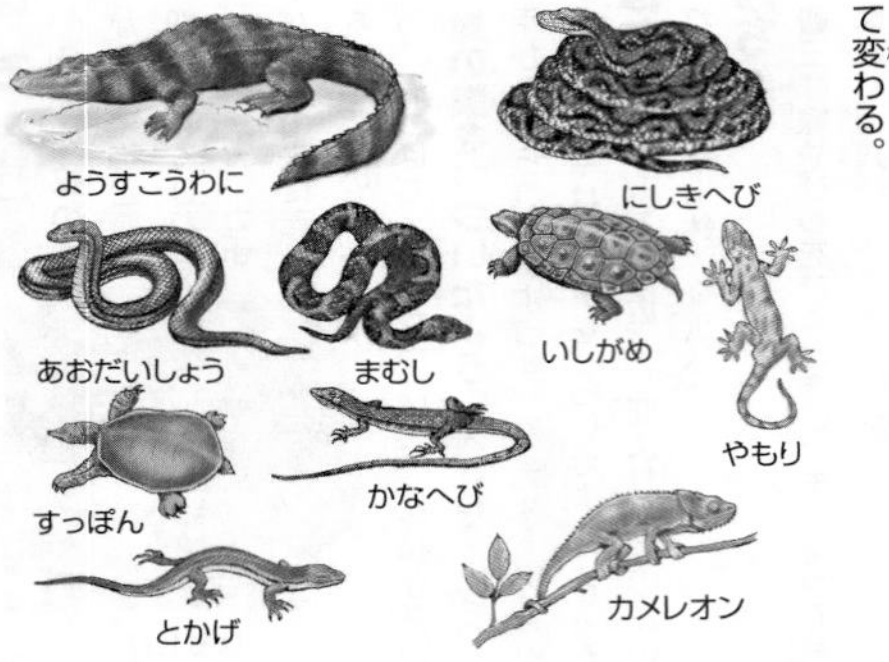

はちゅうるい

はちょう【波長】 名詞 光《ひかり》・音《おと》・電波《でんぱ》など、波《なみ》のように伝《つた》わっていくものの、高《たか》いところから次《つぎ》の高《たか》いところまで、または低《ひく》いところから次《つぎ》の低《ひく》いところまでの長《なが》さ。 ことば 人《ひと》と人《ひと》との考《かんが》え方《かた》や気持《きも》ちが通《つう》じ合《あ》うことを、「波《は》長《ちょう》が合《あ》う」とたとえていうことがある。

ぱちんこ 名詞 ❶Y字形《ワイじがた》の木《き》や金属《きんぞく》にゴムをつけて、小石《こいし》などを飛《と》ばして遊《あそ》ぶおもちゃ。❷たくさんのくぎを打《う》ちつけた板《いた》の面《めん》に、金属《きんぞく》の玉《たま》をはじいて、穴《あな》に入《い》れるゲーム。 使い方 ❷は、ふつう「パチンコ」と書《か》く。

はつ【初】 ❶ 名詞 はじめ。最初《さいしょ》。 例 日本《にほん》初の金《きん》メダル。❷ 接頭語 (ほかのことばの前《まえ》につけて)「初《はじ》めての」という意味《いみ》を表《あらわ》すことば。 例 初恋《こい》／初もうで／初雪《ゆき》。

漢 ➡627ページ しょ〔初〕

漢 **はつ【発】**〔癶《はつがしら》〕 9画 3年 訓 音 ハッ・ホツ

ノ ヲ ヺ 癶 癶《かたちにちゅうい》 発 発《上へはねる》

❶はなつ。起《お》こる。はじまる。 例 発音《はつおん》／発言《はつげん》／発行《はっこう》／発《はっ》する／発生《はっせい》／発電《はつでん》／発作《ほっさ》／発足《ほっそく》／出《しゅっ》発《ぱつ》。❷のびる。さかんになる。 例 発育《はついく》／発《はっ》達《たつ》／発展《はってん》／開発《かいはつ》。❸てっぽうのたまなどを数《かぞ》えることば。 例 百《ひゃっ》発《ぱつ》百《ひゃく》中《ちゅう》。

はっ【法】 漢 ➡1202ページ ほう〔法〕

ばつ 名詞 まちがい・禁止《きんし》・否定《ひてい》などを表《あらわ》す、「×」の記号《きごう》。ばってん。ぺけ。 対 丸《まる》。

ばつ【末】 漢 ➡1246ページ まつ〔末〕

ばつ【罰】 名詞 悪《わる》い行《おこな》いに対《たい》するこらしめ。

ばつ【閥】 名詞 出《しゅっ》身《しん》や利害《りがい》が共通《きょうつう》する人《ひと》たちの集《あつ》まり。 例 学《がく》閥／派《は》閥。

はつあん【発案】 名詞 動詞 新《あたら》しいことを考《かんが》え出《だ》すこと。案《あん》を出《だ》すこと。 例 新製品《しんせいひん》を発案する。

はついく【発育】 名詞 動詞 だんだんと大《おお》きく育《そだ》つこと。 例 発育のよい子供《こども》。 類 成育《せいいく》。成長《せいちょう》。

はつうま【初午】 名詞 季語 春 二月《にがつ》になってから初《はじ》めてのうまの日《ひ》。また、その日《ひ》に行《おこな》われるいなり神社《じんじゃ》のお祭《まつ》り。

はつうり【初売り】 名詞 季語 新年 新年初《しんねんはじ》めての売《う》り出《だ》し。 例 デパートの初売り。

はつおん【発音】 名詞 動詞 ことばを声《こえ》や音《おと》にして出《だ》すこと。また、その声《こえ》の出《だ》し方《かた》。 例 外《がい》国語《こくご》の正《ただ》しい発音を覚《おぼ》える。

はつおん【はつ音】 名詞 「みかん」「パン」の終《お》わりの音《おと》のように、「ん」「ン」で書《か》き表《あらわ》される音《おと》。 関連 促音《そくおん》。よう音《おん》。直音《ちょくおん》。

はつおんびん【はつ音便】 名詞 音便《おんびん》の一《ひと》つ。「み」「び」などの音《おと》が、発音《はつおん》しやすいように「ん」の音《おと》に変《か》わること。「読《よ》みて」が「読《よ》んで」、「飛《と》びて」が「飛《と》んで」になるなど。 関連 イ音便《おんびん》。ウ音便《おんびん》。促音便《そくおんびん》。

はつか【二十日】 名詞 ❶月《つき》の二十番目《にじゅうばんめ》の日《ひ》。 例 九月《くがつ》二十日。❷二十日間《にじゅうにちかん》。 例 二十日後《ご》に出発《しゅっぱつ》します。

はっか【発火】 名詞 動詞 火《ひ》が燃《も》え出《だ》すこと。

はっか【薄荷】 名詞 しそのなかまの草《くさ》。葉《は》やくきにさわやかな香《かお》りがあり、薬用《やくよう》や香《かお》りづけなどに使《つか》われる。「ミント」ともいう。

はつが【発芽】 名詞 動詞 草木《くさき》の種《たね》から芽《め》や根《ね》が出《で》ること。 例 あさがおの種《たね》が発芽した。

はっかく【発覚】 名詞 動詞 かくしていた罪《つみ》や悪《わる》い考《かんが》えなどが、人《ひと》にわかってしまうこと。 例 政治家《せいじか》の悪《わる》い行《おこな》いが発覚した。

はつがしら【発頭】 名詞 「癶」のこと。漢字《かんじ》の部首《ぶしゅ》の一《ひと》つ。発・登などの漢字《かんじ》を作《つく》る。

はつかだいこん 名詞 だいこんのなかまの野《や》菜《さい》。ふつう根《ね》は丸《まる》くて小《ちい》さく、赤色《あかいろ》。生育《せいいく》が早《はや》く、サラダや漬物《つけもの》などにして食《た》べる。「ラディ

闇《げん》の王子《おうじ》に恋《こい》をした人魚《にんぎょ》をえがく「人魚姫《にんぎょひめ》」、正直《しょうじき》な子供《こども》のことばにはっとさせられる「皇帝《こうてい》の新《あたら》しい着物《きもの》」
いアンデルセンの作品《さくひん》を時《とき》にしんみり、時《とき》にほっとしつつ読《よ》んでみてください。

ッシュ」ともいう。

はつがつお【初がつお】 名詞 季語夏 初夏《しょか》にとれる、その年初《としはじ》めてのかつお。

はつかだいこん

はっかてん【発火点】 名詞 物《もの》を空気中《くうきちゅう》で熱《ねっ》するとき、それが自然《しぜん》に燃《も》え出《だ》す最低《さいてい》の温度《おんど》。
ことば「戦争《せんそう》の発火点《はっかてん》」など、争《あらそ》いの起《お》こるきっかけをたとえていうことがある。

はつかねずみ【二十日ねずみ】 名詞 草地《くさち》や人家《じんか》にすむ小形《こがた》のねずみ。実験《じっけん》に使《つか》う白《しろ》いものは「マウス」という。

ばつがわるい【ばつが悪い】 その場《ば》にいることがはずかしく、きまりが悪《わる》い。例うそがばれて、ばつが悪い思《おも》いをした。

はっかん【発刊】 名詞 動詞 新聞《しんぶん》や雑誌《ざっし》などを出《だ》し始《はじ》めること。また、本《ほん》を世《よ》の中《なか》に出《だ》すこと。例この雑誌《ざっし》は先月《せんげつ》発刊された。類創刊《そうかん》。

はっき【発揮】 名詞 動詞 持《も》っている力《ちから》を出《だ》すこと。例本番《ほんばん》で実力《じつりょく》を発揮する。

はづき【葉月】 名詞 季語秋 昔《むかし》のこよみで八月《はちがつ》のこと。↓1450ページ 十二《じゅうに》か月《げつ》の古《ふる》い呼《よ》び方《かた》

はっきょう【発狂】 名詞 動詞 気《き》がくるうこと。

はっきり[と] 副詞 動詞
❶ほかのものとの区別《くべつ》がよくわかるようす。明《あき》らかなようす。例月《つき》がはっきり見《み》える／意見《いけん》のちがいがはっきりする。対ぼんやり[と]。
❷気分《きぶん》などがさっぱりするようす。例起《お》きたばかりで、頭《あたま》がはっきりしない。

はっきん【白金】 名詞 つやのある銀色《ぎんいろ》がかった白色《しろいろ》で、重《おも》くて値打《ねう》ちのある金属《きんぞく》。さびにくく、とけにくい。指輪《ゆびわ》やネックレスなどのかざりや、実験用具《じっけんようぐ》などに使《つか》われる。「プラチナ」ともいう。

ばっきん【罰金】 名詞 悪《わる》いことをしたばつとして出《だ》させるお金《かね》。例駐車違反《ちゅうしゃいはん》で罰金をはらう。

ハッキング（hacking） 名詞 動詞 他人《たにん》のコンピューターシステムに勝手《かって》に入《はい》りこむこと。

バック（back）
❶ 名詞 背景《はいけい》。例バックを青色《あおいろ》でぬった絵《え》。
❷ 名詞 背中《せなか》。背後《はいご》。例バックミラー。
❸ 名詞 後《うし》ろだて。例有力《ゆうりょく》なバックがつく。
❹ 名詞 動詞 後《うし》ろに下《さ》がること。例車《くるま》がバックする。
❺ 名詞 水泳《すいえい》の背泳《せおよ》ぎのこと。「バックストローク」の略《りゃく》。
❻ 名詞 サッカーやラグビーなどで、後《うし》ろの方《ほう》にいておもに守備《しゅび》をする人《ひと》。後衛《こうえい》。

バッグ（bag） 名詞 物《もの》を入《い》れて持《も》ち歩《ある》く、かばんや手《て》さげぶくろ。例ハンドバッグ。

パック（puck） 名詞 アイスホッケーで使《つか》う、かたいゴムの小《ちい》さな円盤《えんばん》。

パック（pack）
❶ 名詞 動詞 品物《しなもの》を包《つつ》むこと。また、包《つつ》んだもの。包装《ほうそう》。例真空《しんくう》パック／パックされた肉《にく》。
❷ 名詞 動詞 皮膚《ひふ》を美《うつく》しくするための美容法《びようほう》。

バックアップ（backup） 名詞 動詞
❶野球《やきゅう》で、選手《せんしゅ》がエラーした場合《ばあい》に備《そな》えて、ほかの選手《せんしゅ》が後《うし》ろに回《まわ》って守《まも》ること。
❷かげで支《ささ》えること。例立候補《りっこうほ》した友人《ゆうじん》をバックアップする。
❸コンピューターで、故障《こしょう》した場合《ばあい》などに備《そな》えて、プログラムやデータのコピーを作《つく》っておくこと。また、そのコピー。

バックストローク（backstroke） 名詞 「背泳《せおよ》ぎ」のこと。略《りゃく》して「バック」ともいう。

はっくつ【発掘】 名詞 動詞
❶土《つち》の中《なか》にうもれているものを、ほり出《だ》すこと。例遺跡《いせき》の発掘調査《ちょうさ》をする。
❷世《よ》の中《なか》に知《し》られていない、すぐれたものや値打《ねう》ちのあるものを見《み》つけ出《だ》すこと。例うもれていた才能《さいのう》を発掘する。

バックナンバー（back number） 名詞
❶すでに発行《はっこう》された雑誌《ざっし》の号《ごう》。
❷スポーツ選手《せんしゅ》が背中《せなか》につける番号《ばんごう》。背番号《せばんごう》。

バッグパイプ ↓1050ページ バグパイプ

バックボーン（backbone） 名詞
❶背骨《せぼね》。
❷その人《ひと》を支《ささ》える、しっかりした考《かんが》えや信念《しんねん》。

バックミラー 名詞 自動車《じどうしゃ》・オートバイなどについている、後《うし》ろを見《み》るための鏡《かがみ》。ことば 英語《えいご》をもとに日本《にほん》で作《つく》られたことば。

ばつぐん【抜群】 名詞 形容動詞 多《おお》くのものの中《なか》で、とくにすぐれていること。ずばぬけていること。例あの人《ひと》の記憶力《きおくりょく》は抜群だ。類出色《しゅっしょく》。

読書のこみち　高中低 『アンデルセン童話集《どうわしゅう》』アンデルセン　親指《おやゆび》ほどの女《おんな》の子《こ》が主人公《しゅじんこう》の「おやゆび姫《ひめ》」、人《にん》(はだかの王様《おうさま》)、アンデルセン自身《じしん》がモデルだといわれる「みにくいアヒルの子《こ》」。数多《かずおお》

パッケージ (package) ❶ 名詞 動詞 品物《しなもの》を包《つつ》むこと。また、それに使《つか》う箱《はこ》・ふくろ・紙《かみ》などのこと。例 かわいらしくパッケージされた商品《しょうひん》。❷ 名詞 商品《しょうひん》として、ひとまとめにしたもの。例 パッケージツアー（＝旅行会社《りょこうがいしゃ》などが、乗《の》り物《もの》・宿泊《しゅくはく》・観光《かんこう》などをひとまとめにして販《はん》売《ばい》する旅行《りょこう》）。

はっけっきゅう【白血球】 名詞 血液《けつえき》の成分《せいぶん》の一《ひと》つで、色《いろ》のない細胞《さいぼう》。体《からだ》に入《はい》った細菌《さいきん》を殺《ころ》すはたらきがある。

はっけつびょう【白血病】 名詞 血液《けつえき》の中《なか》の白血球《はっけっきゅう》が異常《いじょう》にふえる病気《びょうき》。

はっけよい 感動詞 すもうで、動《うご》かない力士《りきし》に向《む》かって行司《ぎょうじ》がかけるかけ声《ごえ》。例 はっけよい、のこった。

はっけん【発見】 名詞 動詞 今《いま》まで知《し》られていなかったものを新《あたら》しく見《み》つけ出《だ》すこと。例 新《しん》種《しゅ》の昆虫《こんちゅう》を発見する。

はつげん【発言】 名詞 動詞 自分《じぶん》の意見《いけん》を述《の》べること。また、その意見《いけん》。例 学級会《がっきゅうかい》で発言する。

はつこい【初恋】 名詞 初《はじ》めての恋《こい》。

はっこう【発光】 名詞 動詞 光《ひかり》を出《だ》すこと。例 ほたるが発光する／発光塗料《とりょう》。

はっこう【発行】 名詞 動詞 ❶本《ほん》や新聞《しんぶん》などを印刷《いんさつ》して、世《よ》の中《なか》に出《だ》すこと。例 この雑誌《ざっし》は毎月《まいつき》発行される。類 刊行《かんこう》。❷証明書《しょうめいしょ》や入場券《にゅうじょうけん》、定期券《ていきけん》などをつくって、必要《ひつよう》な人《ひと》にわたすこと。

はっこう【発酵】 名詞 動詞 酵母菌《こうぼきん》や細菌《さいきん》などのはたらきによって、物《もの》の性質《せいしつ》が変化《へんか》すること。参考 しょうゆ・みそ・ヨーグルトなどは、このはたらきを利用《りよう》してつくられる。

はっこうダイオード【発光ダイオード】 名詞 半導体《はんどうたい》を使《つか》って、電流《でんりゅう》によって光《ひかり》を発《はっ》する電子部品《でんしぶひん》。いろいろな色《いろ》を出《だ》すことができ、信号機《しんごうき》や駅《えき》の発車案内板《はっしゃあんないばん》などに使用《しよう》されている。「LED《エルイーディー》」ともいう。教科 理 白熱電球《はくねつでんきゅう》や蛍光灯《けいこうとう》に比《くら》べて消費《しょうひ》する電力《でんりょく》が少《すく》なく、長持《ながも》ちする。

はっこつ【白骨】 名詞 雨《あめ》や風《かぜ》にさらされて、白《しろ》くなった骨《ほね》。類 骸骨《がいこつ》。

ばっさい【伐採】 名詞 動詞 木《き》などを切《き》りたおすこと。例 森林《しんりん》を伐採する。

はっさく 名詞 みかんのなかまの木《き》。実《み》は、夏《なつ》みかんより少《すこ》し小《ちい》さくて、あまずっぱい。

はっさく

ばっさり［と］ 副詞 ❶思《おも》いきりよく、一気《いっき》に切《き》るようす。例 長《なが》いかみの毛《け》をばっさり切《き》った。❷思《おも》いきりよく、捨《す》てたり、けずったりするようす。例 不要《ふよう》な文章《ぶんしょう》をばっさりとけずる。

はっさん【発散】 名詞 動詞 熱《ねつ》や光《ひかり》・におい・水分《すいぶん》などが、外《そと》に出《で》て散《ち》ること。また、外《そと》に出《だ》して散《ち》らすこと。例 ストレスを発散する。

ばっし【抜糸】 名詞 動詞 手術《しゅじゅつ》した切《き》り口《くち》や傷《きず》口《ぐち》をぬい合《あ》わせた糸《いと》を、傷《きず》がふさがってからぬき取《と》ること。例 十日後《とおかご》に抜糸する。

バッジ (badge) 名詞 洋服《ようふく》のえりや胸《むね》につける記章《きしょう》。ふつうは金属《きんぞく》でできている。

はつしも【初霜】 名詞 季語 冬 その年《とし》の冬《ふゆ》に、初《はじ》めて降《お》りたしも。

はっしゃ【発車】 名詞 動詞 車《くるま》などが走《はし》り出《だ》すこと。例 電車《でんしゃ》が発車する。対 停車《ていしゃ》。

はっしゃ【発射】 名詞 動詞 鉄砲《てっぽう》のたまやロケットなどをうち出《だ》すこと。

はっしょう【発祥】 名詞 動詞 ものごとが新《あたら》しく起《お》こること。例 オリンピックの発祥地《ち》はギリシャだ。

はっしん【発信】 名詞 動詞 信号《しんごう》・電波《でんぱ》・郵便《ゆうびん》などを送《おく》り出《だ》すこと。例 外国《がいこく》からニュースを発信する。類 送信《そうしん》。対 受信《じゅしん》。着信《ちゃくしん》。

はっしん【発進】 名詞 動詞 自動車《じどうしゃ》・飛行機《ひこうき》・船《ふね》などの乗《の》り物《もの》が動《うご》き出《だ》すこと。例 緊急《きんきゅう》発進。

はっしん【発しん】 名詞 皮膚《ひふ》に小《ちい》さなふきでものができること。また、そのふきでもの。「ほっしん」ともいう。

はっしんチフス【発しんチフス】 名詞 「しらみ」によってうつされる感染症《かんせんしょう》。高《たか》い熱《ねつ》が出《で》て、全身《ぜんしん》に赤《あか》いぼつぼつができる。「ほっしんチフス」ともいう。

ばっすい【抜粋】 名詞 動詞 多《おお》くの中《なか》から、必《ひつ》要《よう》なところをぬき出《だ》すこと。例 読《よ》んだ本《ほん》から、気《き》に入《い》ったところを抜粋して書《か》き写《うつ》す。

ントはイグアナ。増築《ぞうちく》したばかりのサンルームは占領《せんりょう》され、室温《しつおん》は25度以上《どいじょう》に保《たも》たねばならず、毎日朝《まいにちあさ》6時《じ》に

ン」は、やっかいで不可解《ふかかい》だけれどにくめない。ペットをめぐる大騒動《おおそうどう》からうかび上《あ》がる、現代《げんだい》の家族物語《かぞくものがたり》。

はっする【発する】 動詞 ❶光《ひかり》・声《こえ》・音《おと》・においなどを出《だ》す。例 灯台《とうだい》が光《ひかり》を発する／命令《めいれい》を発する。❷起《お》こる。始《はじ》まる。例 この川《かわ》は湖《みずうみ》から発している。❸出発《しゅっぱつ》する。例 船《ふね》は午前十時《ごぜんじゅうじ》に港《みなと》を発した。

ハッスル (hustle) 名詞 動詞 張《は》りきること。元《げん》気《き》よくやること。例 運動会《うんどうかい》でハッスルする。

ばっする【罰する】 動詞 決《き》まりを破《やぶ》ったり悪《わる》いことをしたりした人《ひと》に、ばつをあたえる。例 無断駐車《むだんちゅうしゃ》は罰せられます。

はっせい【発生】 名詞 動詞 ❶ものごとが起《お》こること。例 事件《じけん》が発生する。❷生《う》まれること。例 ばったが大量《たいりょう》に発生した。

はっせい【発声】 名詞 動詞 ❶声《こえ》を出《だ》すこと。また、その声《こえ》。例 発声練習《れんしゅう》。❷大勢《おおぜい》の人《ひと》の声《こえ》をそろえるため、初《はじ》めに声《こえ》を出《だ》すこと。音頭《おんど》をとること。例 先生《せんせい》の発声で朝《あさ》のあいさつをする。

はっせつ【八節】 名詞 季節《きせつ》の八《やっ》つの変《か》わり目《め》。立春《りっしゅん》・春分《しゅんぶん》・立夏《りっか》・夏至《げし》・立秋《りっしゅう》・秋分《しゅうぶん》・立冬《りっとう》・冬至《とうじ》のこと。

はっそう【発送】 名詞 動詞 手紙《てがみ》や荷物《にもつ》などを送《おく》り出《だ》すこと。例 小包《こづつみ》を発送する。

はっそう【発想】 名詞 動詞 思《おも》いつくこと。また、思《おも》いついた考《かんが》え。思《おも》いつき。例 この詩《し》は、小学生《しょうがくせい》らしい発想で書《か》かれている。

はっそく【発足】 ⇒1222ジベー ほっそく

ばっそく【罰則】 名詞 決《き》まりを破《やぶ》った人《ひと》にどういうばつをあたえるかを決《き》めた規則《きそく》。

はつぞら【初空】 名詞 季語 新年 元日《がんじつ》の空《そら》。「はつそら」ともいう。

ばった 名詞 季語 秋 草原《そうげん》や畑《はたけ》にいる昆虫《こんちゅう》の一《ひと》つ。後《うし》ろ足《あし》が長《なが》く、よくはねる。農作物《のうさくぶつ》を食《く》いあらして、害《がい》をあたえる。種類《しゅるい》が多《おお》い。

ばった
（しょうりょうばった）

バッター (batter) 名詞 野球《やきゅう》で、ピッチャーの投《な》げる球《たま》を打《う》つ人《ひと》。打者《だしゃ》。

バッターボックス (batter's box) 名詞 野球《やきゅう》で、バッターがピッチャーの投《な》げる球《たま》を打《う》つ場《ば》所《しょ》。打席《だせき》。

はったつ【発達】 名詞 動詞 ❶よく育《そだ》って、りっぱになっていくこと。成《せい》長《ちょう》すること。例 筋肉《きんにく》が発達する。❷より高度《こうど》なものに進歩《しんぽ》すること。例 医学《いがく》の発達／交通機関《こうつうきかん》の発達した町《まち》。類 発展《はってん》。

はったつしょうがい【発達障害】 名詞 心《こころ》や体《からだ》の発達《はったつ》が順調《じゅんちょう》に進《すす》まないためにあらわれる、さまざまな障害《しょうがい》。自閉症《じへいしょう》、アスペルガー症候群《しょうこうぐん》、ＡＤＨＤ《エーディーエッチディー》、学習障害《がくしゅうしょうがい》などがある。

はったり 名詞 相手《あいて》をおどろかせたりするために、実際《じっさい》より大《おお》げさに言《い》ったり、ふるまったりすること。例 あの人《ひと》の文句《もんく》ははったりだよ。

ばったり【と】 副詞 ❶急《きゅう》にたおれるようす。例 強風《きょうふう》で看板《かんばん》がばったりたおれた。❷思《おも》いがけなく人《ひと》に会《あ》うようす。例 町《まち》でばったり先生《せんせい》に出会《であ》った。❸急《きゅう》にやむようす。例 話《はな》し声《ごえ》がばったりやんだ。

はっちゃく【発着】 名詞 動詞 乗《の》り物《もの》が出発《しゅっぱつ》したり着《つ》いたりすること。例 電車《でんしゃ》の発着時刻《じこく》。

はっちゅう【発注】 名詞 動詞 注文《ちゅうもん》を出《だ》すこと。例 品切《しなぎ》れの商品《しょうひん》を発注する。対 受注《じゅちゅう》。

パッチワーク (patchwork) 名詞 色《いろ》や形《かたち》のちがう小《ちい》さな布《ぬの》を、いくつもぬい合《あ》わせること。また、そうして作《つく》ったもの。

バッティング (batting) 名詞 野球《やきゅう》で、バッターが球《たま》を打《う》つこと。

ばってき【抜てき】 名詞 動詞 多《おお》くの人《ひと》の中《なか》から特別《とくべつ》に選《えら》び出《だ》して、重要《じゅうよう》な役目《やくめ》などにつかせること。例 リーダーに抜てきする。類 登用《とうよう》。

バッテリー (battery) 名詞 ❶⇒828ジベー ちくでんち ❷野球《やきゅう》で、ピッチャーとキャッチャーのこと。

はってん【発展】 名詞 動詞 ❶勢《いきお》いや力《ちから》などがのび広《ひろ》がること。栄《さか》えていくこと。例 町《まち》が発展していく。類 発達《はったつ》。進歩《しんぽ》。❷ものごとが次《つぎ》の段階《だんかい》に進《すす》むこと。例 話《はなし》が発展して、新《あたら》しいクラブをつくることになった。

はつでん【発電】 名詞 動詞 電気《でんき》を起《お》こすこと。例 発電機《き》／水力《すいりょく》発電／太陽光《たいようこう》発電。

ばってん【罰点】 ⇒1062ジベー ばつ

読書のこみち　高 中 低　『イグアナくんのおじゃまな毎日《まいにち》』佐藤多佳子《さとうたかこ》　11才《さい》の誕生日《たんじょうび》、樹里《じゅり》がもらったプレゼ
起《お》きてエサづくり…。家族《かぞく》をふり回《まわ》しつつ、のったりひなたぼっこするイグアナ「ヤダモ

はつでんき【発電機】 名詞 電気《でんき》を起《お》こす装《そう》置《ち》。

はつでんしょ【発電所】 名詞 電気《でんき》を起《お》こしているところ。例 火《か》力《りょく》発電所。参考 水力《すいりょく》・火《か》力《りょく》・原子《げんし》力《りょく》などのエネルギーをもとに電気《でんき》を起《お》こす。

はってんとじょうこく【発展途上国】 名詞 経済《けいざい》がこれから発達《はったつ》していこうとしている国《くに》。「開発途上国《かいはつとじょうこく》」ともいう。

はっと 副詞 動詞 急《きゅう》に思《おも》いついたり、気《き》づいたり、おどろいたりするようす。例 約束《やくそく》があったことをはっと思《おも》い出《だ》した。

はっと【法度】 名詞
❶武家時代《ぶけじだい》の法律《ほうりつ》。例 武家諸《ぶけしょ》法度。
❷(「ご法度《はっと》」の形《かたち》で)してはいけないとされていることがら。例 姉《あね》の前《まえ》で、その話《はなし》はご法度だ。

バット (bat) 名詞 野《や》球《きゅう》で、球《たま》を打《う》つ棒《ぼう》。

ぱっと
❶副詞 動作《どうさ》や変化《へんか》などが、すばやく起《お》こるようす。例 ぱっと立《た》ち上《あ》がる／光《ひかり》がぱっと差《さ》す。
❷副詞 動詞 はでで目立《めだ》つようす。例 ぱっとしない話《はなし》だ。

はつどうき【発動機】 名詞 ガソリンなどを使《つか》って、動力《どうりょく》(＝機械《きかい》を動《うご》かす力《ちから》)を起《お》こすしかけ。エンジン。

ハットトリック (hat trick) 名詞 サッカーやアイスホッケーで、一人《ひとり》の選手《せんしゅ》が一試合《いっしあい》で三点《さんてん》以上《いじょう》の得点《とくてん》をあげること。

はつに【初荷】 名詞 季語 新年 その年初《としはじ》めて商《しょう》品《ひん》を送《おく》り出《だ》すこと。また、その商品《しょうひん》。参考 一《いち》月二日《がつふつか》に、のぼりを立《た》て、かざりつけをして運《はこ》ぶ習慣《しゅうかん》がある。

はつね【初音】 名詞 季語 春 うぐいす・ほととぎすなどが、その年《とし》に初《はじ》めて鳴《な》く声《こえ》。

はつねつ【発熱】 名詞 動詞
❶病気《びょうき》などのために、体温《たいおん》が高《たか》くなること。
❷熱《ねつ》を生《う》み出《だ》すこと。例 この機械《きかい》は電気《でんき》を流《なが》すと発熱します。

はっぱ【葉っぱ】 名詞 「葉《は》」のくだけた言《い》い方《かた》。

バッハ 名詞 (一六八五〜一七五〇) ドイツの作曲《さっきょく》家《か》。西洋近代音楽《せいようきんだいおんがく》のもとを築《きず》き、「音楽《おんがく》の父《ちち》」といわれる。「マタイ受難曲《じゅなんきょく》」「ブランデンブルク協奏曲《きょうそうきょく》」など、数多《かずおお》くの曲《きょく》を残《のこ》した。

はつばい【発売】 名詞 動詞 品物《しなもの》を売《う》り出《だ》すこと。例 新《しん》発売／国語辞典《こくごじてん》を発売する。

はつはる【初春】 名詞 季語 新年
❶春《はる》の初《はじ》め。
❷新年《しんねん》。年《とし》の初《はじ》め。正月《しょうがつ》。例 つつしんで初春のお喜《よろこ》びを申《もう》し上《あ》げます。
ことば 「しょしゅん」ともいう。季《き》語《ご》として使《つか》うのは❷の意味《いみ》。

はっぱをかける【発破をかける】 強《つよ》いことばではげましたり注意《ちゅうい》したりして、相手《あいて》の気持《きも》ちを奮《ふる》い立《た》たせる。例 練習《れんしゅう》が足《た》りないぞ、と後輩《こうはい》に発破をかけた。ことば 「発破《はっぱ》」は、鉱《こう》山《ざん》などで使《つか》われる、岩石《がんせき》をくずす爆薬《ばくやく》のこと。

はつひ【初日】 名詞 季語 新年 一月一日《いちがつついたち》の朝《あさ》の太陽《たいよう》。例 初日を拝《おが》む。ことば 「しょにち」と読《よ》むと別《べつ》の意味《いみ》。

はっぴ【法被】 名詞 お祭《まつ》りのときなどに着《き》る、たけの短《みじか》い上着《うわぎ》。

ハッピーエンド 名詞 物語《ものがたり》や映画《えいが》などで、登《とう》場人物《じょうじんぶつ》が幸《しあわ》せになって終《お》わる終《お》わり方《かた》。幸《しあわ》せな結末《けつまつ》。ことば 英語《えいご》の「ハッピーエンディング」からきたことば。

はつひので【初日の出】 名詞 季語 新年 一月《いちがつ》一日《ついたち》の日《ひ》の出《で》。例 山頂《さんちょう》で初日の出を拝《おが》む。

はつびょう【発病】 名詞 動詞 病気《びょうき》が起《お》こること。病気《びょうき》になること。

はっぴょう【発表】 名詞 動詞 人々《ひとびと》に広《ひろ》く知《し》らせること。例 試験結果《しけんけっか》の発表。

はっぷ【発布】 名詞 動詞 新《あたら》しい法律《ほうりつ》などを、世《よ》の中《なか》に広《ひろ》く知《し》らせること。類 公布《こうふ》。

はっぷん【発奮・発憤】 名詞 動詞 がんばろうと心《こころ》を奮《ふる》い立《た》たせること。例 しっかり勉強《べんきょう》するぞと発奮する。

はっぷん

はっぽう【八方】 名詞
❶東《ひがし》・西《にし》・南《みなみ》・北《きた》・北東《ほくとう》・北西《ほくせい》・南東《なんとう》・南西《なんせい》の八《やっ》つの方角《ほうがく》。
❷あちらこちら。すべての方面《ほうめん》。例 四方《しほう》八方。

はっぽう【発砲】 名詞 動詞 大砲《たいほう》や鉄砲《てっぽう》のたまをうち出《だ》すこと。

後世《こうせい》に残《のこ》すため、放浪《ほうろう》の建築師《けんちくし》イスカンダルに世界一《せかいいち》の庭園《ていえん》を造《つく》らせることにした。順調《じゅんちょう》に庭園造《ていえんづく》りを進《すす》めるた庭園《ていえん》をめぐる王《おう》の野望《やぼう》とたくらみ、建築師《けんちくし》の底知《そこし》れぬ知恵《ちえ》と情熱《じょうねつ》が、息《いき》もつかせぬドラマを生《う》み出《だ》す。

はっぽうスチロール【発泡スチロール】名詞 あわのような細《こま》かいすきまをふくんでいる、軽《かる》い合成樹脂《ごうせいじゅし》。包装材《ほうそうざい》や断熱材《だんねつざい》などに使《つか》う。「発泡《はっぽう》ポリスチレン」ともいう。

はっぽうびじん【八方美人】名詞 だれからも悪《わる》く思《おも》われないようにふるまう人《ひと》。使い方 よくない意味《いみ》に使《つか》うことが多《おお》い。

はっぽうふさがり【八方塞がり】名詞 何《なに》をしてもうまくいかず、どうにもならないこと。動《うご》きがとれないこと。

はっぽうポリエチレン【発泡ポリエチレン】名詞 発泡《はっぽう》プラスチックの一種《いっしゅ》。断熱材《だんねつざい》やクッション材《ざい》などに使《つか》われる。

はっぽうポリスチレン【発泡ポリスチレン】⇒1067ページ はっぽうスチロール

はつまご【初孫】名詞 初《はじ》めての孫《まご》。「ういまご」ともいう。

はつみみ【初耳】名詞 初《はじ》めて聞《き》くこと。

はつめい【発明】名詞 動詞 今《いま》までにないものを、工夫《くふう》して新《あたら》しくつくり出《だ》すこと。例 エジソンは電話機《でんわき》を発明した。

はつめいか【発明家】名詞 今《いま》までにないものを発明《はつめい》する人《ひと》。

はつめいげつ【初名月】名詞 昔《むかし》のこよみで、八月十五日《はちがつじゅうごにち》の夜《よる》に出《で》る月《つき》。ことば「後《のち》の月《つき》（＝九月十三日《くがつじゅうさんにち》に出《で》る月《つき》）」に対《たい》していう呼《よ》び名《な》。

はつもうで【初詣】名詞 季語 新年 新年《しんねん》になって初《はじ》めて神社《じんじゃ》や寺《てら》にお参《まい》りすること。

はつもの【初物】名詞 野菜《やさい》や果物《くだもの》、魚《さかな》などで、その季節《きせつ》になって初《はじ》めてとれたもの。また、その季節《きせつ》になって初《はじ》めて食《た》べるもの。

はつゆき【初雪】名詞 季語 冬 その冬《ふゆ》に初《はじ》めて降《ふ》る雪《ゆき》。また、新年《しんねん》になって初《はじ》めて降《ふ》る雪《ゆき》。

はつゆめ【初夢】名詞 季語 新年 新年《しんねん》になって初《はじ》めて見《み》る夢《ゆめ》。一月一日《いちがつついたち》または二日《ふつか》の夜《よる》に見《み》る夢《ゆめ》。

はつらつ[と] 副詞 元気《げんき》がよく、張《は》りきっているようす。例 いつもはつらつとしている人《ひと》。使い方「はつらつたる若者《わかもの》」などの形《かたち》でも使《つか》う。

はて 感動詞 迷《まよ》ったり考《かんが》えこんだりするときに使《つか》うことば。例 はて、これからどうしよう。

はて【果て】名詞 ❶ものごとの行《い》き着《つ》くところ。終《お》わり。限《かぎ》り。いちばんはし。例 果てのない作業《さぎょう》／地《ち》の果て。❷年月《ねんげつ》を経《へ》て、おちぶれて変《か》わった姿《すがた》。例 成《な》れの果て。漢 ⇒215ページ か〔果〕

はで【派手】形容動詞 色《いろ》・服装《ふくそう》・行《おこな》いなどが、はなやかで目立《めだ》つようす。対 地味《じみ》。

パティシエ（フランス語）名詞 ケーキなどの菓《か》子《し》を作《つく》る職人《しょくにん》。

はてしない【果てしない】形容詞 限《かぎ》りがない。終《お》わりがない。例 果てしなく広《ひろ》い海《うみ》。

はてな 感動詞 不思議《ふしぎ》に思《おも》ったり、疑《うたが》ったりしたときに使《つか》うことば。例 はてな、道《みち》をまちがえたかな。

はてる【果てる】❶動詞 終《お》わる。例 いつ果てるともなく続《つづ》く話《はなし》。❷動詞 死《し》ぬ。❸接尾語（ほかのことばのあとにつけて）すっかり…する。例 あきれ果てる／変《か》わり果てる。漢 ⇒215ページ か〔果〕

ばてる 動詞 つかれて動《うご》けなくなる。つかれてぐったりする。使い方 くだけた言《い》い方《かた》。

はてんこう【破天荒】名詞 形容動詞 それまでだれにもできなかったことをすること。また、そのようす。例 砂漠《さばく》を草原《そうげん》にするなんて破天荒な大事業《だいじぎょう》だ。類 前代未聞《ぜんだいみもん》。

パテント（patent）名詞「特許《とっきょ》」のこと。

はと 名詞 くちばしと足《あし》が短《みじか》い中形《ちゅうがた》の鳥《とり》。町《まち》の中《なか》や寺《てら》・神社《じんじゃ》などに多《おお》く見《み》られる。平和《へいわ》のシンボルとされている。ことば 漢《かん》字《じ》では「鳩」と書《か》く。

はと

●**はとが豆鉄砲《まめでっぽう》を食《く》ったよう** 突然《とつぜん》のことにおどろいて、目《め》を大《おお》きく見開《みひら》くようす。

ばとうきん【馬頭琴】名詞 モンゴルの弦楽《げんがっ》器《き》。弦《げん》は二《に》本《ほん》。弦《げん》にも弓《ゆみ》にも馬《うま》の毛《け》を使《つか》い、さおの先《さき》は馬《うま》の頭《あたま》の形《かたち》をしたかざりがついている。「モ

ばとうきん

あいうえお　かきくけこ　さしすせそ　たちつてと　なにぬねの　はひふへほ　は　まみむめも　や ゆ よ　らりるれろ　わ を ん

読書のこみち 高 中 低 『イスカンダルと伝説《でんせつ》の庭園《ていえん》』ジズベルト　アラビアの王《おう》アルイクシールは、自《みずか》らの名《な》をイスカンダルに、高名《こうめい》なうらない師《し》ソスは意味深長《いみしんちょう》な警告《けいこく》をする。美《び》と技術《ぎじゅつ》の粋《すい》を集《あつ》め

リンホール」ともいう。

パトカー ↓1068ジペー パトロールカー

はとこ ↓1244ジペー またいとこ

はとば【波止場】 名詞 港《みなと》で、船《ふね》をつないでとめるための、陸《りく》から細長《ほそなが》くつき出《で》ているところ。人《ひと》が乗《の》り降《お》りをしたり、荷物《にもつ》の積《つ》み下《お》ろしをしたりする。

バドミントン（badminton）名詞 コートの真《ま》ん中《なか》に張《は》ったネットをはさんで、羽根《はね》のついた球《たま》をラケットで打《う》ち合《あ》うスポーツ。ことば イギリスのバドミントンというところで始《はじ》まったことからきた呼《よ》び名《な》。

はどめ【歯止め】 名詞 ❶車輪《しゃりん》などの動《うご》きを止《と》めるしかけ。ブレーキ。❷止《と》めてある車《くるま》が動《うご》き出《だ》さないように、車輪《しゃりん》と地面《じめん》の間《あいだ》にはさんでおくもの。❸ものごとの行《い》きすぎを食《く》い止《と》めるもの。例 交通事故《こうつうじこ》の増加《ぞうか》に歯止めをかける。

パトロール（patrol）名詞 動詞 事故《じこ》や犯罪《はんざい》などが起《お》こらないように、見回《みまわ》りをすること。また、その人《ひと》。

パトロールカー（patrol car）名詞 警察官《けいさつかん》が見回《みまわ》りや捜査《そうさ》に使《つか》う、警察《けいさつ》の自動車《じどうしゃ》。パトカー。

ハトロンし【ハトロン紙】 名詞 茶色《ちゃいろ》のじょうぶな紙《かみ》。包《つつ》み紙《がみ》やふうとうなどに使《つか》われる。

バトン（baton）名詞 ❶リレーをするとき、走者《そうしゃ》が持《も》って次々《つぎつぎ》にわたす棒《ぼう》。例 バトンタッチ。❷パレードなどで、ふったり回《まわ》したりする、かざりのついた棒《ぼう》。

バトンガール 名詞 パレードやスポーツの応援《おうえん》などで、音楽《おんがく》に合《あ》わせてバトンをあやつる少女《しょうじょ》。ことば 英語《えいご》をもとに日本《にほん》で作《つく》られたことば。

バトンタッチ 名詞 動詞 ❶リレー競走《きょうそう》で、走者《そうしゃ》が次《つぎ》の走者《そうしゃ》にバトンを手《て》わたすこと。❷仕事《しごと》や役目《やくめ》などを、次《つぎ》の人《ひと》に引《ひ》きつぐこと。例 うさぎの世話《せわ》を一年生《いちねんせい》にバトンタッチする。ことば 英語《えいご》をもとに日本《にほん》で作《つく》られたことば。

はな 名詞 ❶ものごとの始《はじ》まり。最初《さいしょ》。例 その話《はなし》ははなから信《しん》じていなかった。❷もののつき出《だ》した部分《ぶぶん》。先端《せんたん》。例 半島《はんとう》のはなまでドライブする。

はな【花】 名詞 季語 春 ❶植物《しょくぶつ》が実《み》を結《むす》ぶためにさかせるもの。ふつう、がく・花《はな》びら・めしべ・おしべなどからできている。❷花《はな》（＝❶）のうち、とくに桜《さくら》のもの。例 お花見《み》。❸美《うつく》しくはなやかなもの。例 花の都《みやこ》パリ。❹いちばんさかんな時期《じき》。いちばんよい時期《じき》。例 今《いま》が人生《じんせい》の花だ。❺「生《い》け花《ばな》」のこと。例 お花のけいこに通《かよ》う。

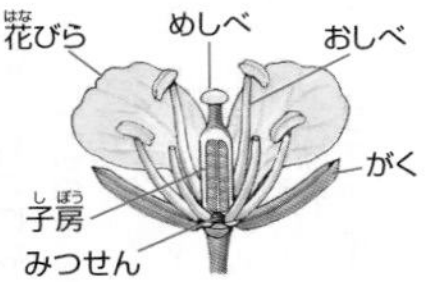

はな【花】❶

ことば 季語《きご》として使《つか》うのは❷の意味《いみ》。

● **花《はな》より団子《だんご》** 漢 ↓215ジペー か〔花〕

● **花《はな》を持《も》たせる** ↓373ジペー ことわざ 名誉《めいよ》などをゆずって、相手《あいて》を引《ひ》き立《た》たせる。例 今回《こんかい》は弟《おとうと》に花を持たせた。

はな【鼻】 名詞 ❶顔《かお》の真《ま》ん中《なか》のつき出《で》た部分《ぶぶん》。息《いき》をしたり、においをかいだりする。図 ↓235ジペー かお ❷においを感《かん》じる力《ちから》。例 犬《いぬ》はとても鼻がよい。❸鼻《はな》から出《で》る液体《えきたい》。鼻水《はなみず》。例 鼻をかむ。

漢 ↓1069ジペー はな〔鼻〕

● **鼻《はな》が利《き》く** においをよくかぎ分《わ》けることができる。

● **鼻《はな》が高《たか》い** 得意《とくい》になるようす。自慢《じまん》に思《おも》うようす。例 姉《あね》の入賞《にゅうしょう》で、わたしまで鼻が高い。

● **鼻《はな》であしらう** 人《ひと》を軽《かる》くみて、いいかげんにあつかう。本気《ほんき》で相手《あいて》にしない。例 けんめいにたのんだが、鼻であしらわれてしまった。

● **鼻《はな》で笑《わら》う** 相手《あいて》を見下《みくだ》して、ふんと笑《わら》う。

● **鼻《はな》にかける** 自慢《じまん》する。例 成績《せいせき》がいいことを鼻にかける。

● **鼻《はな》につく** いやな感《かん》じがする。あきてうんざりする。例 あの人《ひと》の自慢話《じまんばなし》が鼻についてきた。

● **鼻《はな》を明《あ》かす** 得意《とくい》になっている人《ひと》のすきをついて、あっと言《い》わせることをする。

● **鼻《はな》を折《お》る** 得意《とくい》になっている人《ひと》の気持《きも》ちをくじけさせる。例 将棋《しょうぎ》でとうとう勝《か》って、相手《あいて》の鼻を折ってやった。

● **鼻《はな》を高《たか》くする** 得意《とくい》になる。

んだ短《みじか》いお話《はなし》「寓話《ぐうわ》」をたくさん書《か》いたそうです。「うさぎとかめ」の競走《きょうそう》の話《はなし》、人間《にんげん》の上着《うわぎ》をぬがせようとする動物《どうぶつ》、虫《むし》、植物《しょくぶつ》、神様《かみさま》、人間《にんげん》たちが登場《とうじょう》して、「なるほど」と思《おも》わせてくれる話《はなし》がいっぱいです。

●**鼻《はな》を突《つ》く** 強《つよ》い、いやなにおいがする。例 ごみのにおいが鼻《はな》を突く。においが鼻《はな》を刺激《しげき》する。

●**鼻《はな》を鳴《な》らす** 鼻《はな》にかかった声《こえ》を出《だ》す。また、あまえた声《こえ》を出《だ》す。

漢 **はな【鼻】**〔鼻〕《はな》 14画 3年 音 ビ 訓 はな

（筆順）白としない　はらう

はな。息《いき》をしたり、においをかいだりする器《き》官《かん》。例 鼻歌《はなうた》／鼻声《はなごえ》／鼻血《はなぢ》／鼻音《びおん》／耳鼻科《じびか》。

-ばな 接尾語 （ほかのことばのあとにつけて）「…しようとしたとき」「…したとたん」という意味《いみ》を表《あらわ》す。例 出《で》ばな／ねいりばな。

はないかだ【花いかだ】 名詞 季語 春 たくさんの散《ち》った花《はな》びらが水面《すいめん》にうかんでいるようすを、いかだにたとえていうことば。例 川《かわ》を流《なが》れる花いかだが美《うつく》しい。

はないき【鼻息】 名詞 ❶鼻《はな》でする息《いき》。❷意気《いき》ごみ。例 すごい鼻息で試合《しあい》にのぞんだ。❸人《ひと》の機嫌《きげん》。

●**鼻息《はないき》が荒《あら》い** 意気《いき》ごんでいるようす。やる気《き》に満《み》ちているようす。

●**鼻息《はないき》をうかがう** 相手《あいて》の機嫌《きげん》や気持《きも》ちをさぐる。例 いつも社長《しゃちょう》の鼻息をうかがっている。

はなうた【鼻歌・鼻唄】 名詞 気持《きも》ちがうきうきしているときなどに、鼻《はな》にかかった声《こえ》で歌《うた》うこと。また、その歌《うた》。

はなうたまじり【鼻歌交じり】 名詞 鼻歌《はなうた》を歌《うた》いながら、気軽《きがる》に、または気分《きぶん》よく、ものごとをすること。例 鼻歌交じりで洗濯《せんたく》をする。

はなお【鼻緒】 名詞 げたや草履《ぞうり》などについている、足《あし》の指《ゆび》をかけるひも。図 420ジ《ペー》 げた

はながた【花形】 名詞 ❶花《はな》の形《かたち》。花模様《はなもよう》。❷とくに人気《にんき》のある人《ひと》。スター。また、人気《にんき》のあるものごと。例 花形選手《せんしゅ》。

はながみ【鼻紙】 名詞 鼻《はな》をかむときなどに使《つか》う、うすくてやわらかい紙《かみ》。ちり紙《がみ》。

はなぐもり【花曇り】 名詞 季語 春 桜《さくら》の花《はな》がさくころの、うすぐもりの天気《てんき》。

はなごえ【鼻声】 名詞 ❶鼻《はな》にかかったような声《こえ》。例 鼻声であまえる。❷かぜをひいたときや、なみだが出《で》そうなときの、鼻《はな》につまった声《こえ》。

はなことば【花言葉】 名詞 いろいろな花《はな》について、その感《かん》じに合《あ》った意味《いみ》を結《むす》びつけていうことば。たとえば、ばらは「愛情《あいじょう》」、クローバーは「幸福《こうふく》」が花言葉《はなことば》。

はなごよみ【花暦】 名詞 花《はな》の名《な》を、さく季節《きせつ》の順《じゅん》に並《なら》べ、その名所《めいしょ》を記《しる》して、一年《いちねん》を表《あらわ》したこよみ。

はなざかり【花盛り】 名詞 ❶花《はな》が、もっともよくさいていること。また、そのころ。例 桜《さくら》は今《いま》が花盛りだ。❷ものごとのいちばんさかんなとき。例 夏休《なつやす》みは子供《こども》向《む》けのイベントが花盛りだ。

はなさき【鼻先】 名詞 ❶鼻《はな》の頭《あたま》。❷鼻《はな》のすぐ近《ちか》く。目《め》の前《まえ》。例 知《し》らないふりをしている相手《あいて》の鼻先に証拠《しょうこ》をつきつける。

はなし【話】 名詞 ❶話《はな》すこと。例 あの人《ひと》は、とても話がうまい。❷物語《ものがたり》。例 楽《たの》しい話を読《よ》んでもらう。❸うわさ。例 町《まち》に図書館《としょかん》ができるという話だ。❹ものごとのわけ。道理《どうり》。例 話のわかる人《ひと》。❺相談《そうだん》。例 話がまとまる。

漢 ⇩1426ジ《ペー》 わ〔話〕

●**話《はなし》が付《つ》く** 話《はな》し合《あ》って、どうすればよいかが決《き》まる。相談《そうだん》がまとまる。例 体育館《たいいくかん》での練習《れんしゅう》は週一回《しゅういっかい》ということで話が付いた。

●**話《はなし》が弾《はず》む** 話《はな》すことがたくさんあって、楽《たの》しく話《はなし》が続《つづ》く。例 好《す》きな本《ほん》のことで話が弾んだ。

●**話《はなし》にならない** 話《はな》す値打《ねう》ちもない。問題《もんだい》にならない。

●**話《はなし》に花《はな》が咲《さ》く** 次《つぎ》から次《つぎ》へといろいろな話《はなし》が出《で》る。

●**話《はなし》に実《み》が入《はい》る** 興味《きょうみ》がわいて、話《はなし》に熱中《ねっちゅう》する。例 時間《じかん》が気《き》になって話に実が入らない。

●**話《はなし》の腰《こし》を折《お》る** 人《ひと》が話《はな》しているとちゅうで、別《べつ》のことを言《い》って話《はなし》のじゃまをする。

●**話《はなし》を付《つ》ける** 話《はな》し合《あ》って、どうすればよいかを決《き》める。相談《そうだん》をまとめる。例 毎週《まいしゅう》土曜《どよう》の午後《ご》に練習《れんしゅう》するということで話を付けた。

-ぱなし【放し】 接尾語 （ほかのことばのあとにつけて）「そのままにしてほうっておく」という意味《いみ》を表《あらわ》す。例 水《みず》を出《だ》しっ放しにする。

読書のこみち 高 中 低 **『イソップのお話《はなし》』** はるか昔《むかし》のギリシャで、イソップという人《ひと》が、生活上《せいかつじょう》の教《おし》えをふくる「北風《きたかぜ》と太陽《たいよう》」の話《はなし》、「うそつきの子《こ》ども」とおおかみの話《はなし》などは有名《ゆうめい》です。さまざま

はなしあい【話し合い】 名詞 話《はな》し合《あ》うこと。相談《そうだん》。例 問題《もんだい》を話し合いで解決《かいけつ》する。

はなしあう【話し合う】 動詞 考《かんが》えを出《だ》し合《あ》ったり、気持《きも》ちを知《し》らせたりするために、おたがいに話《はな》す。例 クラスの係《かかり》について話し合う。

はなしか【はなし家】 名詞 落語《らくご》を話《はな》すことを職業《しょくぎょう》とする人《ひと》。落語家《らくごか》。

はなしがい【放し飼い】 名詞 牛《うし》や馬《うま》などの家畜《かちく》を、野原《のはら》などの広《ひろ》いところで自由《じゆう》にさせて育《そだ》てること。

はなしかける【話し掛ける】 動詞 ❶相手《あいて》に声《こえ》をかけて、話《はなし》をしようとする。例 となりの席《せき》の人《ひと》に話し掛ける。❷話《はな》し始《はじ》める。例 用件《ようけん》を話しかけたところで電話《でんわ》が切《き》れた。使い方 ❷は、ふつう「話しかける」と書《か》く。

はなしことば【話し言葉】 名詞 ふだん、話《はなし》をするときに使《つか》うことば。対 書《か》き言葉《ことば》。

はなしこむ【話し込む】 動詞 話《はなし》に夢中《むちゅう》になる。熱心《ねっしん》に話《はなし》をする。例 友《とも》だちと二時間《にじかん》も話し込む。

はなして【話し手】 名詞 話《はな》すほうの人《ひと》。対 聞《き》き手《て》。

はなしはんぶん【話半分】 名詞 話《はなし》が大《おお》げさで作《つく》り事《ごと》が多《おお》いので、内容《ないよう》を半分《はんぶん》に割《わ》り引《び》いて聞《き》くとちょうどよいということ。

はなしぶり【話しぶり】 名詞 話《はなし》のしかた。話《はな》すときのようす。例 落《お》ち着《つ》いた話しぶりの人《ひと》。

はなしょうぶ【花しょうぶ】 名詞 季語 夏 あやめのなかまの草《くさ》花《ばな》。しめった土地《とち》に生《は》え、夏《なつ》の初《はじ》めごろに、むらさきや白《しろ》などの花《はな》をつける。

はなしょうぶ

はなす【放す】 動詞 ❶自由《じゆう》にしてやる。例 小鳥《ことり》を空《そら》に放す。❷つかんでいた手《て》を解《と》いて、はなれた状態《じょうたい》にする。例 風船《ふうせん》のひもから手《て》を放してしまった。❸（ほかのことばのあとにつけて）そのままほうっておく。例 ドアを開《あ》け放す。
漢 ⇒1202ページ ほう〔放〕

はなす【話す】 動詞 ❶声《こえ》に出《だ》して言《い》う。ことばで伝《つた》える。例 自分《じぶん》の考《かんが》えを母《はは》に話す／兄《あに》は英語《えいご》を上手《じょうず》に話す。❷相談《そうだん》する。例 あの人《ひと》には話してもむだだ。
漢 ⇒1426ページ わ〔話〕

はなす【離す】 動詞 ❶くっついていたものを別々《べつべつ》にする。例 雑誌《ざっし》から付録《ふろく》を離す。❷ものとものの間《あいだ》を空《あ》ける。遠《とお》ざける。例 ストーブの周《まわ》りから燃《も》えやすい物《もの》を離す。

はなすじ【鼻筋】 名詞 まゆの間《あいだ》から鼻《はな》の先《さき》までの線《せん》。例 鼻筋の通《とお》った美青年《びせいねん》。

はなせる【話せる】 動詞 ❶話《はな》すことができる。例 父《ちち》は、英語《えいご》を話せる。❷言《い》いたいことをよくわかってくれる。例 姉《あね》は話せる人《ひと》だ。

はなその【花園】 名詞 花《はな》のさく草木《くさき》をたくさん植《う》えてあるところ。

はなたかだか【鼻高高】 形容動詞 非常《ひじょう》に得意《とくい》になっているようす。例 先生《せんせい》にほめられて、鼻高々だ。

はなたば【花束】 名詞 草花《くさばな》を切《き》りそろえて束《たば》にしたもの。

はなだより【花便り】 名詞 花《はな》のさき具合《ぐあい》を知《し》らせる便《たよ》り。とくに、桜《さくら》の花《はな》についていう。

はなぢ【鼻血】 名詞 鼻《はな》から出《で》る血《ち》。使い方「はなじ」と書かないよう注意《ちゅうい》。

はなつ【放つ】 動詞 ❶自由《じゆう》にする。放《はな》す。例 草原《そうげん》に放たれた馬《うま》。❷光《ひかり》・音《おと》・においなどを出《だ》す。例 ほたるが明《あか》るい光《ひかり》を放っている。❸打《う》つ。飛《と》ばす。例 矢《や》を放つ。❹火《ひ》をつける。例 敵《てき》は町《まち》に火《ひ》を放った。
漢 ⇒1202ページ ほう〔放〕

はなっぱしら【鼻っ柱】 名詞 人《ひと》に負《ま》けたくないと、意地《いじ》になる気持《きも》ち。負けん気。例 鼻っ柱が強《つよ》い。「鼻《はな》っぱし」ともいう。

はなつまみ【鼻つまみ】 名詞 人《ひと》からひどくきらわれること。また、その人《ひと》。例 鼻つまみ者《もの》。ことば くさいにおいがすると鼻《はな》をつまむことからきたことば。

はなづら【鼻面】 名詞 鼻《はな》の先《さき》。例 馬《うま》の鼻面。

はなどき【花時】 名詞 花《はな》のさくころ。花《はな》のさ

兵隊《へいたい》をつかい、あの手《て》この手《て》で三兄弟《さんきょうだい》を困《こま》らせ、けんかさせようとしますが、働《はたら》き者《もの》で欲《よく》のないイワンだけは、
をたくさん書《か》いています。「人《ひと》は何《なん》で生《い》きるか」「ふたりの老人《ろうじん》」などの作品《さくひん》も読《よ》んでみましょう。

かりのころ。とくに、桜《さくら》の花《はな》についていう。

バナナ（banana）名詞 季語 夏 熱帯地方《ねったいちほう》でさいばいされる、高《たか》さ二《に》～五《ご》メートルで大《おお》きな葉《は》を持《も》つ植《しょく》物《ぶつ》。弓形《ゆみがた》の実《み》がふさになってつき、熟《じゅく》すと黄色《きいろ》く、あまくなる。ことば 実《み》は、ふさの状態《じょうたい》の場合《ばあい》は「一房《ひとふさ》」、もぎ取《と》った場合《ばあい》は「一本《いっぽん》」と数《かぞ》える。

バナナ

はなのみやこ【花の都】名詞「都《みやこ》」を美《うつく》しくかざっていうことば。はなやかな都《みやこ》。また、花《はな》のさかりの都《みやこ》。例 花の都、パリ。

はなはだ【甚だ】副詞 とても。非常《ひじょう》に。例 甚だ残念《ざんねん》だ。使い方 よくないことについて使《つか》うことが多《おお》い。

はなばたけ【花畑】名詞 ❶草花《くさばな》をたくさん植《う》えた畑《はたけ》。❷（「お花畑《はなばたけ》」の形《かたち》で）高山《こうざん》などで、草花《くさばな》が自《し》然《ぜん》にたくさん生《は》えているところ。

はなはだしい【甚だしい】形容詞 程度《ていど》がひどい。激《はげ》しい。例 兄《あに》とぼくでは、サッカーの実力《じつりょく》に甚だしい差《さ》がある。

はなばなしい【華華しい】形容詞 はなやかで、人目《ひとめ》を引《ひ》くようす。見事《みごと》なようす。例 サッカー大会《たいかい》で華々しい活躍《かつやく》をする。

はなび【花火】名詞 季語 夏 火薬《かやく》を混《ま》ぜ合《あ》わせて、紙《かみ》で巻《ま》いたりつつにつめたりしたもの。火《ひ》をつけて、光《ひかり》の色《いろ》や形《かたち》、音《おと》を楽《たの》しむ。打《う》ち上《あ》げ花火《はなび》・しかけ花火《はなび》・線香花火《せんこうはなび》などがある。

はなびえ【花冷え】名詞 季語 春 桜《さくら》の花《はな》がさくころに、寒《さむ》さがもどって冷《ひ》えこむこと。また、その寒《さむ》さ。

はなびら【花びら】名詞 花《はな》を形作《かたちづく》っている、一枚一枚《いちまいいちまい》のうすいもの。「花弁《かべん》」ともいう。ことば「一枚《いちまい》」「一片《いっぺん》」「一《ひと》ひら」と数《かぞ》える。図 ↓1068ページ はな〔花〕

はなぶさ【花房】名詞 小《ちい》さな花《はな》がたくさん集《あつ》まって、ふさのように垂《た》れ下《さ》がっているもの。ふじ・ぶどうの花《はな》などについていう。

はなふぶき【花吹雪】名詞 季語 春 桜《さくら》の花《はな》びらが風《かぜ》にふかれて、ふぶきのように飛《と》び散《ち》ること。「桜《さくら》ふぶき」ともいう。例 花吹雪がまう。

パナマうんが【パナマ運河】名詞 パナマ地峡《ちきょう》（=南北《なんぼく》アメリカ大陸《たいりく》をつなぐ細長《ほそなが》い陸《りく》地《ち》）を横断《おうだん》してつくられた運河《うんが》。太平洋《たいへいよう》と大西《たいせい》洋《よう》とを結《むす》び、船《ふね》の重要《じゅうよう》な交通路《こうつうろ》になっている。

はなまつり【花祭り】名詞 季語 春 四月八日《しがつようか》の、釈迦《しゃか》の誕生日《たんじょうび》を祝《いわ》う祭《まつ》り。仏像《ぶつぞう》に甘茶《あまちゃ》を注《そそ》ぎかけて拝《おが》む。

はなまる【花丸】名詞 丸《まる》の外側《そとがわ》に花《はな》びらの形《かたち》をかいたしるし。学校《がっこう》で、よくできた作品《さくひん》などにつける。

はなみ【花見】名詞 季語 春 花《はな》、とくに桜《さくら》の花《はな》を見《み》て楽《たの》しむこと。例 お花見をする。

はなみず【鼻水】名詞 季語 冬 鼻《はな》から出《で》る水《みず》っぽい液体《えきたい》。

はなみずき 名詞 季語 春 北《きた》アメリカ原《げん》産《さん》の木《き》。春《はる》に、白《しろ》またはうすべに色《いろ》の花《はな》をつける。庭《にわ》や道路《どうろ》ぞいなどに植《う》えられる。「アメリカやまぼうし」ともいう。

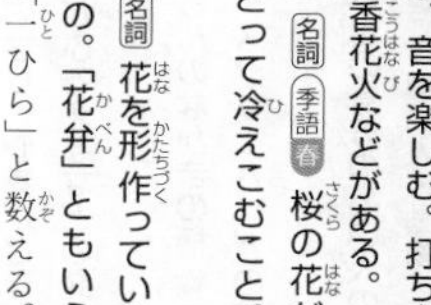
はなみずき

はなみち【花道】名詞 ❶かぶきなどの劇場《げきじょう》で、役者《やくしゃ》が客席《きゃくせき》の中《なか》を通《とお》って舞台《ぶたい》に出入《ではい》りするための細長《ほそなが》い道《みち》。図 ↓282ページ かみて ❷すもうで、力士《りきし》が土俵《どひょう》に出入《ではい》りする道《みち》。❸はなばなしい場面《ばめん》。とくに、みんなにおしまれて引退《いんたい》する時期《じき》。

はなむけ 名詞 旅《たび》に出《で》る人《ひと》や別《わか》れていく人《ひと》におくる、お金《かね》や品物《しなもの》・歌《うた》・ことばなど。せん別《べつ》。例 卒業生《そつぎょうせい》へのはなむけのことば。ことば もとは「うまのはなむけ」という。昔《むかし》、馬《うま》に乗《の》って旅立《たびだ》つ人《ひと》の無事《ぶじ》をいのって、馬《うま》の鼻《はな》を行《い》く先《さき》の方向《ほうこう》に向《む》けてあげたことからきたことば。

はなむこ【花婿】名詞 結婚式《けっこんしき》で、結婚《けっこん》する男《おとこ》の人《ひと》。また、結婚《けっこん》したばかりの男《おとこ》の人《ひと》。新郎《しんろう》。対 花嫁《はなよめ》。

はなもちならない【鼻持ちならない】言《い》うことや態度《たいど》がいやらしくて、がまんできない。例 人《ひと》を見下《みくだ》した態度《たいど》が鼻持ちならない。

はなや【花屋】名詞 花《はな》を売《う》る店《みせ》。また、その人《ひと》。

はなやか【華やか】形容動詞

読書のこみち 高 中 低 『イワンのばか』トルストイ　あるところに3人《にん》のむすこがいました。悪魔《あくま》たちは、金《かね》や思《おも》いどおりになりません…。このほかにも、トルストイは、伝説《でんせつ》や民話《みんわ》をもとにした短編《たんぺん》

❶たいへん美《うつく》しくて、きらびやかなようす。例 華やかなドレス。❷はでで、目立《めだ》つようす。例 試合《しあい》で華やかに活躍《かつやく》する。

はなやぐ【華やぐ】 動詞 はなやかになる。明《あか》るくにぎやかになる。例 華やいだパーティー。

はなやさい【花やさい】 名詞 「カリフラワー」の別《べつ》の名《な》まえ。

はなよめ【花嫁】 名詞 結婚式《けっこんしき》で、結婚《けっこん》する女《おんな》の人《ひと》。また、結婚《けっこん》したばかりの女《おんな》の人《ひと》。新婦《しんぷ》。対 花婿《はなむこ》。

はならび【歯並び】 名詞 歯《は》の並《なら》び方《かた》。

はなれ【離れ】 名詞 母屋《おもや》(=家《いえ》のおもな建物《たてもの》)からはなれてつくられた部屋《へや》。

ばなれ【場慣れ】 名詞 動詞 そのような場所《ばしょ》やことがらによく慣《な》れていること。例 姉《あね》は、こういった舞台《ぶたい》に場慣れしている。

はなれうま【放れ馬】 名詞 つなからはなれて、乗《の》り手《て》もなく走《はし》り回《まわ》る馬《うま》。

はなれじま【離れ島】 名詞 陸地《りくち》から遠《とお》くはなれた島《しま》。

はなればなれ【離れ離れ】 名詞 ばらばらに分《わ》かれること。例 卒業《そつぎょう》で親友《しんゆう》と離れ離れになる。

はなれる【放れる】 動詞 つないであるものが解《と》け、自由《じゆう》になる。例 くさりから放れた犬《いぬ》がとび回《まわ》る。漢 ⇩1202ページ ほう〔放〕

はなれる【離れる】 動詞 ❶くっついていたものが別々《べつべつ》になる。例 親《おや》から離れて暮《く》らす。❷間《あいだ》が空《あ》く。遠《とお》ざかる。例 じゅうぶん離れてテレビを見《み》る。❸やめる。例 仕事《しごと》を離れる。❹きょりがある。例 町《まち》から少《すこ》し離れた店《みせ》。

はなれわざ【離れ業・離れ技】 名詞 ふつうの人《ひと》にはとてもできないような、思《おも》いきった難《むずか》しいこと。例 空中《くうちゅう》ぶらんこの離れ業。

はなわ【花輪】 名詞 造花《ぞうか》や生花《せいか》を、輪《わ》のように円《まる》く並《なら》べて作《つく》ったもの。お祝《いわ》いや葬式《そうしき》などに使《つか》う。

はにかむ 動詞 はずかしがる。きまり悪《わる》く思《おも》う。例 妹《いもうと》は、人《ひと》の前《まえ》に出《で》るとてもはにかむ。

パニック (panic) 名詞 ❶大《おお》きな事故《じこ》や災害《さいがい》などのときに、人々《ひとびと》が引《ひ》き起《お》こす混乱《こんらん》した状態《じょうたい》。例 工場《こうじょう》のガス爆発事故《ばくはつじこ》で、近《ちか》くの住民《じゅうみん》はパニックにおちいった。❷景気《けいき》が非常《ひじょう》に悪《わる》くなった状態《じょうたい》。恐慌《きょうこう》。例 金融《きんゆう》パニック。

使い方 ❶は、個人《こじん》が一時的《いちじてき》に混乱《こんらん》する状態《じょうたい》のときにも使《つか》う。

パニックしょうがい【パニック障害】 名詞 突然《とつぜん》、ひどく不安《ふあん》になり、心臓《しんぞう》がどきどきする、目《め》が回《まわ》る、手足《てあし》がふるえるなどの発作《ほっさ》が起《お》き、それをくり返《かえ》す障害《しょうがい》。

バニラ (vanilla) 名詞 らんのなかまの植物《しょくぶつ》の実《み》からとった香料《こうりょう》。アイスクリームなどの菓子《かし》を作《つく》るときに使《つか》う。

はにわ 名詞 古墳《こふん》(=大昔《おおむかし》の身分《みぶん》の高《たか》い人《ひと》の墓《はか》)の周《まわ》りなどに置《お》かれた焼《や》き物《もの》。人《ひと》・動物《どうぶつ》・家《いえ》の形《かたち》をしたものなどがあり、当時《とうじ》の人々《ひとびと》の生活《せいかつ》のようすを知《し》ることができる。

はにわ

はね【羽・羽根】 名詞 季語 新年 ❶鳥《とり》や昆虫《こんちゅう》が飛《と》ぶときに使《つか》う器官《きかん》。❷鳥《とり》の体《からだ》をおおっている毛《け》。羽毛《うもう》。❸飛行機《ひこうき》のつばさ。❹羽根《はね》つきのときに使《つか》う、玉《たま》に羽《はね》(=❷)をつけたもの。図 ⇩1073ページ はねつき ❺機械《きかい》などにとりつけられた、羽《はね》(=❶)の形《かたち》をしたもの。例 扇風機《せんぷうき》の羽根。

ことば 季語《きご》として使《つか》うのは❹の意味《いみ》。俳句《はいく》などでは「羽子」とも書《か》く。漢 ⇩1034ページ は〔羽〕

● **羽《はね》が生《は》えたよう** 物《もの》がなくなるのが早《はや》いようす。品物《しなもの》がどんどん売《う》れるようす。例 バザーに出《だ》した品物《しなもの》は羽が生えたように売《う》れた。

● **羽《はね》を伸《の》ばす** のびのびと自由《じゆう》にふるまう。例 日曜日《にちようび》にはゆっくり羽を伸ばした。

ばね 名詞 ❶はがねなどを巻《ま》いたり曲《ま》げたりして、はね返《かえ》す性質《せいしつ》を持《も》たせたもの。スプリング。❷はねる力《ちから》。例 ばねの利《き》いた走《はし》り方《かた》。

はねあがる【跳ね上がる】 動詞 ❶とび上《あ》がる。勢《いきお》いよく上《うえ》にとぶ。例 水《みず》しぶきが跳ね上がる。❷値段《ねだん》などが急《きゅう》に上《あ》がる。

はねおきる【跳ね起きる】 動詞 勢《いきお》いよく起《お》

をすることができない、るい。ところがある日《ひ》、転校生《てんこうせい》の谷川《たにかわ》くんは「ぼくとは話《はな》せよ」と言《い》うのだ。るいと谷《たに》話《はなし》をできる相手《あいて》となった谷川《たにかわ》くんは、実《じつ》は家庭《かてい》の事情《じじょう》をかかえていた。やがて、二人《ふたり》に別《わか》れがおとずれる…。

き上《あ》がる。飛《と》び起《お》きる。例 ねぼうしたことに気《き》づいて跳ね起きた。

はねかえす【跳ね返す】 動詞 ❶勢《いきお》いよくおしもどす。例 ボールを跳ね返す。❷人《ひと》の言《い》うことを受《う》け入れない。例 要求《ようきゅう》を跳ね返す。

はねかえる【跳ね返る】 動詞 ❶はねて、もとにもどる。例 ボールがかべに当《あ》たって跳ね返る。❷勢《いきお》いよくとび散《ち》る。例 水《みず》しぶきが跳ね返る。❸あるものごとの変化《へんか》が、ほかのものごとにもえいきょうしてもどってくる。例 石油《せきゆ》の値上《ねあ》げが物価《ぶっか》に跳ね返る。

はねつき【羽根突き】 名詞 動詞 季語 新年 羽子板《はごいた》で羽根《はね》をつく遊《あそ》び。おもに正月《しょうがつ》にする。ことば 俳句《はいく》などでは「羽子《はご》つき」とも書《か》く。

はねつき

はねつける 動詞 はっきりと断《ことわ》る。例 友人《ゆうじん》のたのみごとをはねつける。類 突っぱねる。

はねのける 動詞 ❶とり除《のぞ》く。例 できの悪《わる》い品《しな》をはねのける。❷勢《いきお》いよくおしのける。例 布団《ふとん》をはねのけて起《お》きる。

ばねばかり 名詞 ばねののび縮《ちぢ》みを利用《りよう》して、物《もの》の重《おも》さを量《はか》るはかり。図→1045ジベーはかり

はねぶとん【羽布団】 名詞 鳥《とり》の羽《はね》をつめてつくった布団《ふとん》。

パネラー 名詞 ❶パネルディスカッションで、議題《ぎだい》について意見《いけん》を述《の》べて話《はな》し合《あ》う人《ひと》。パネリスト。❷クイズの解答者《かいとうしゃ》。ことば 英語《えいご》をもとに日本《にほん》で作《つく》られたことば。

パネリスト →1073ジベー パネラー❶

はねる 動詞 ❶字《じ》を書《か》くとき、線《せん》の終《お》わりを勢《いきお》いよく上《うえ》に上《あ》げる。❷基準《きじゅん》に合《あ》わないものをとり除《のぞ》く。例 不良品《ふりょうひん》をはねる。❸はじきとばす。例 車《くるま》が人《ひと》をはねる。❹一部分《いちぶぶん》をこっそり自分《じぶん》のものにする。例 上前《うわまえ》をはねる（＝人《ひと》にわたすお金《かね》などの一部《いちぶ》を、自分《じぶん》のものにする）。

はねる【跳ねる】 動詞 ❶とび上《あ》がる。例 うさぎが跳ねる。❷とび散《ち》る。例 どろが跳ねる。❸はじける。例 フライパンの中《なか》で豆《まめ》が跳ねる。❹芝居《しばい》・映画《えいが》などのその日《ひ》の分《ぶん》が終《お》わる。例 夜《よる》の十時《じゅうじ》に芝居《しばい》がはねた。使い方 ❹は、ふつうかな書《が》きにする。

パネル（panel） 名詞 ❶写真《しゃしん》や絵《え》などをはるための板《いた》。また、絵《え》をかくための、紙《かみ》をはった板《いた》。

伝統的《でんとうてき》な言語文化《げんごぶんか》

俳句《はいく》

「かえる」の季節《きせつ》は？

俳句《はいく》ってどんなものか知《し》っているよね。五《ご》・七《しち》・五《ご》の十七音《じゅうしちおん》で作《つく》る短《みじか》い形式《けいしき》の詩《し》だ。季節《きせつ》を表《あらわ》すことば（＝季語《きご》）を必《かなら》ず入《い》れる約束《やくそく》になっているよ。俳句《はいく》は江戸時代《えどじだい》に松尾芭蕉《まつおばしょう》が大《おお》きく広《ひろ》めたんだ。

古池《ふるいけ》や蛙《かわず》飛《と》びこむ水《みず》の音《おと》

これはその芭蕉《ばしょう》の有名《ゆうめい》な俳句《はいく》だね。この句《く》の季語《きご》がどれかわかるかな？　季語《きご》は「蛙《かわず》」、かえるのことだ。春《はる》の季語《きご》だよ。昔《むかし》の人《ひと》はかえるの鳴《な》き声《ごえ》に春《はる》のおとずれを感《かん》じたんだ。そんなすてきな声《こえ》の持《も》ち主《ぬし》を、短歌《たんか》や俳句《はいく》の中《なか》では「かわず」と呼《よ》ぶよ。でもこの句《く》によまれているのは、かえるの鳴《な》き声《ごえ》も聞《き》こえないほどの静《しず》けさだ。

やせ蛙《がえる》まけるな一茶《いっさ》ここにあり

これは小林一茶《こばやしいっさ》の句《く》。鳴《な》き声《ごえ》ではなく、いっしょうけんめいすもうをとっているかえるのすがたが目《め》にうかぶね。一茶《いっさ》のやさしいまなざしも伝《つた》わってくるよ。

季語《きご》を知《し》ると、日本人《にほんじん》の季節感《きせつかん》を知《し》ることができる。後《うし》ろにあるふろくの「季語《きご》の一覧《いちらん》」を見《み》てみよう。

もっとみてみよう！

- 季語《きご》の一覧《いちらん》（→p.1464）
- 「ポプラディア情報館《じょうほうかん》　短歌《たんか》・俳句《はいく》」（ポプラ社《しゃ》）
- 「わかる、伝《つた》わる、古典《こてん》のこころ２」（光村教育図書《みつむらきょういくとしょ》）

読書のこみち　高 中 低　『「うそじゃないよ」と谷川《たにかわ》くんはいった』岩瀬成子《いわせじょうこ》　学校《がっこう》に行《い》くとなぜか、だれとも話《はなし》
川《かわ》くんは、「ここにいるのに、ここじゃない」感覚《かんかく》をともに持《も》っていた。こうして初《はじ》めて

❷かべやゆかなどにはめこむ板《いた》。

パネルシアター 名詞 毛羽立《けばだ》ちのよい布《ぬの》をはったパネルを舞台《ぶたい》にして、絵人形《えにんぎょう》などをはったりはがしたりして行《おこな》う人形劇《にんぎょうげき》。 ことば 英語《えいご》をもとに日本《にほん》で作《つく》られたことば。

パネルディスカッション (panel discussion) 名詞 討論会《とうろんかい》のやり方《かた》の一《ひと》つ。初《はじ》めに、ある問題《もんだい》についてちがう意見《いけん》を持《も》つ何人《なんにん》かの人《ひと》（＝パネラー）が話《はな》し合《あ》い、そのあと、聞《き》いていた人《ひと》（＝フロア）も話《はな》し合《あ》いに加《くわ》わる。「パネル討論《とうろん》」ともいう。

パネルとうろん【パネル討論】 ⇩1074ページ パネルディスカッション

パノラマ (panorama) 名詞 ❶遠《とお》くの景色《けしき》の絵《え》をおくにはり、その前《まえ》に山《やま》・森《もり》・町《まち》・家《いえ》などの模型《もけい》を置《お》いて、実際《じっさい》に広《ひろ》がる景色《けしき》のように見《み》せるしかけ。❷広々《ひろびろ》とした景色《けしき》。

はは【母】 名詞 ❶女親《おんなおや》。母親《ははおや》。お母《かあ》さん。 対 父《ちち》。 図 ⇩667ページ しんぞく ❷ものごとを生《う》み出《だ》すもと。 例 必要《ひつよう》は発明《はつめい》の母。 ㊅ ⇩1201ページ ぼ〔母〕

はば【幅】 名詞 ❶横《よこ》の長《なが》さ。 例 幅が広《ひろ》い道《みち》。❷ちがい。差《さ》。 例 店《みせ》によって値段《ねだん》に幅がある。❸ゆとり。 例 幅のある考《かんが》え方《かた》。

●**幅《はば》を利《き》かせる** 思《おも》いのままに勢力《せいりょく》をふるう。 例 あの上級生《じょうきゅうせい》は陸上部《りくじょうぶ》で幅を利かせている。

ばば【馬場】 名詞 馬《うま》に乗《の》る競技《きょうぎ》や、その練習《れんしゅう》をするところ。

パパ (papa) 名詞 父親《ちちおや》を呼《よ》ぶことば。お父《とう》さん。 対 ママ。

パパイア (papaya) 名詞 熱帯地方《ねったいちほう》でとれる果物《くだもの》。だ円形《えんけい》で濃《こ》い黄色《きいろ》をしており、あまい。

パパイア

ははうえ【母上】 名詞 「母《はは》」の尊敬《そんけい》した言《い》い方《かた》。 対 父上《ちちうえ》。

ははおや【母親】 名詞 母《はは》。女親《おんなおや》。お母《かあ》さん。 対 父親《ちちおや》。

ははかた【母方】 名詞 母《はは》のほうの血筋《ちすじ》の親類《しんるい》。 例 母方のおば。 対 父方《ちちかた》。

はばかる 動詞 ❶遠慮《えんりょ》する。ひかえめにする。 例 周《まわ》りをはばかって小声《こごえ》で話《はな》す。❷思《おも》いのままに勢《いきお》いをふるう。 例 にくまれっ子世《こよ》にはばかる（＝人《ひと》ににくまれるような人《ひと》ほど、世《よ》の中《なか》で勢《いきお》いをふるう）。

ははこぐさ【母子草】 名詞 季語 春 春《はる》の七草《ななくさ》の一《ひと》つ。くきや葉《は》に白《しろ》い毛《け》があり、春《はる》から夏《なつ》にかけて黄色《きいろ》く小《ちい》さな花《はな》がさく。「ごぎょう」ともいう。 図 ⇩1084ページ はるのななくさ

はばたく【羽ばたく】 動詞 鳥《とり》が羽《はね》を広《ひろ》げて上下《じょうげ》に動《うご》かす。 例 白鳥《はくちょう》が大《おお》きく羽ばたく。

はばつ【派閥】 名詞 ある集団《しゅうだん》の中《なか》で、出身《しゅっしん》や考《かんが》えや利害《りがい》などが同《おな》じで結《むす》びついた仲間《なかま》。

はばとび【幅跳び】 名詞 陸上競技《りくじょうきょうぎ》の一《ひと》つ。決《き》められた線《せん》からとび、着地点《ちゃくちてん》までのきょりをきそう。走《はし》りはばとびと立《た》ちはばとびがある。

ははなる【母なる】 連体詞 母《はは》である。あるものを生《う》んで育《そだ》てるものである。 例 母なる大地《だいち》。

はははのひ【母の日】 名詞 季語 夏 母親《ははおや》の愛《あい》をたたえ、感謝《かんしゃ》する日《ひ》。五月《ごがつ》の第二日曜日《だいににちようび》。カーネーションをおくるなどして、その気持《きも》ちを表《あらわ》す。 関連 父《ちち》の日《ひ》。

はばひろい【幅広い】 形容詞 ❶物《もの》のはばが広《ひろ》い。 例 幅広い歩道《ほどう》。❷ものごとの範囲《はんい》が広《ひろ》い。 例 幅広い活動《かつどう》。

はばむ【阻む】 動詞 進《すす》もうとするものの前《まえ》をふさぐ。じゃまをする。 例 敵《てき》が行《ゆ》く手《て》を阻む。

ババロア (フランス語) 名詞 牛乳《ぎゅうにゅう》・卵《たまご》・砂糖《さとう》などを混《ま》ぜて、ゼラチンで冷《ひ》やし固《かた》めた西洋風《せいようふう》の菓子《かし》。

パピーウォーカー (puppy walker) 名詞 将来盲導犬《しょうらいもうどうけん》として訓練《くんれん》を受《う》ける子犬《こいぬ》を、ボランティアで預《あず》かって育《そだ》てる人《ひと》。子犬《こいぬ》が一才《いっさい》くらいになったら訓練施設《くんれんしせつ》に返《かえ》す。

はびこる 動詞 ❶草木《くさき》が、勢《いきお》いよくのび広《ひろ》がる。❷悪《わる》いものごとや人《ひと》が、勢《いきお》いをふるう。 例 悪《あく》がはびこる乱《みだ》れた世《よ》の中《なか》。

パビリオン (pavilion) 名詞 博覧会《はくらんかい》などで展示《てんじ》をするための、短《みじか》い期間《きかん》だけ使《つか》う建物《たてもの》。

に、人《ひと》が走《はし》り、ジェット機《き》が飛《と》び、どんどん世界《せかい》が広《ひろ》がっていきます。やがて成層圏《せいそうけん》、熱圏《ねつけん》から、太陽系《たいようけい》、銀河《ぎんが》
果《は》てしない宇宙《うちゅう》を実感《じっかん》できる絵本《えほん》です。『地球《ちきゅう》』『海《うみ》』など「かがくのほん」シリーズの一冊《いっさつ》。

パピルス（ラテン語）名詞 ❶エジプトのナイル川《がわ》の岸《きし》などに生《は》える、かやつりぐさのなかまの草《くさ》。❷古代《こだい》エジプトなどで使《つか》われた、パピルス（＝❶）のくきのせんいからつくった、紙《かみ》の一種《いっしゅ》。

バビロン（Babylon）名詞 昔《むかし》、イラクのバグダッドの南《みなみ》にあった都市《とし》。古代《こだい》メソポタミア文明《ぶんめい》の中心《ちゅうしん》として栄《さか》え、遺跡《いせき》が残《のこ》っている。

はぶ 名詞 奄美大島《あまみおおしま》や沖縄県《おきなわけん》にすむ毒《どく》へび。長《なが》さ一《いち》〜二《に》メートルで、三角形《さんかくけい》の大《おお》きな頭《あたま》をしている。

パフォーマンス（performance）名詞 ❶人前《ひとまえ》でする演技《えんぎ》や演奏《えんそう》。❷人目《ひとめ》を引《ひ》くためにする行動《こうどう》。例 はでなパフォーマンスで有名《ゆうめい》な政治家《せいじか》。❸機械《きかい》などが発揮《はっき》する性能《せいのう》。例 新《あたら》しいパソコンはパフォーマンスがよい。

はぶく【省く】 動詞 ❶とり除《のぞ》く。例 欠席者《けっせきしゃ》の名前《なまえ》を表《ひょう》から省く。❷減《へ》らす。簡単《かんたん》にする。例 手間《てま》を省く。
使い方「省ぶく」と書《か》かないよう注意《ちゅうい》。
漢 ⇒705ジ《ぺー》せい〔省〕

ハブくうこう【ハブ空港】 名詞 各地《かくち》からの航空路線《こうくうろせん》が集《あつ》まり、乗客《じょうきゃく》や貨物《かもつ》の行《い》き来《き》の中心《ちゅうしん》となっている空港《くうこう》。ことば「ハブ」は英語《えいご》で車輪《しゃりん》の中心部分《ちゅうしんぶぶん》のこと。

はぶたえ【羽二重】 名詞 なめらかでつやのある、うすい絹織物《きぬおりもの》。例 羽二重の着物《きもの》。

ハプニング（happening）名詞 思《おも》いがけなく起《お》こるできごと。例 ハプニングが起《お》こる。

はブラシ【歯ブラシ】 名詞 歯《は》をみがくための、柄《え》のついた小《ちい》さなブラシ。

はぶり【羽振り】 名詞 その人《ひと》の、世《よ》の中《なか》での勢《いきお》い。例 羽振りがよい／羽振りをきかせる。

パブリックコメント（public comment）名詞 役所《やくしょ》が決《き》まりごとを作《つく》ったり変《か》えたりするとき、案《あん》を国民《こくみん》に公開《こうかい》して意見《いけん》を募集《ぼしゅう》すること。一九九九年《ねん》に始《はじ》まった。

バブル（bubble）名詞 ❶あわ。❷あわのようにはかなく消《き》えてしまう、実体《じったい》のないもの。

バブルけいざい【バブル経済】 名詞 株《かぶ》や土地《とち》などの値段《ねだん》が、そのものの本来《ほんらい》の水準《すいじゅん》に比《くら》べて異常《いじょう》に高《たか》くなった経済《けいざい》の状態《じょうたい》。参考 日本《にほん》では、一九八六年《ねん》ごろから一九九〇年《ねん》ごろにかけてバブル経済《けいざい》が発生《はっせい》し、その後株価《ごかぶか》や地価《ちか》が下落《げらく》した。

はへい【派兵】 名詞 動詞 軍隊《ぐんたい》を向《む》かわせること。例 海外《かいがい》に派兵する。類 出兵《しゅっぺい》。

はへん【破片】 名詞 こわれたもののかけら。例 ガラスの破片。

はぼまいしょとう【歯舞諸島】 名詞 北海道東部《ほっかいどうとうぶ》、根室半島《ねむろはんとう》の北東《ほくとう》にある島々《しまじま》。参考 第二次世界大戦《だいにじせかいたいせん》のとき、ソ連軍《れんぐん》に占領《せんりょう》され、その後《ご》、日本《にほん》とロシアとの間《あいだ》で領土交渉《りょうどこうしょう》が続《つづ》いている。

はま【浜】 名詞 海《うみ》や湖《みずうみ》の、水《みず》ぎわの平《たい》らなところ。浜辺《はまべ》。例 砂浜《すな》／近《ちか》くの浜で貝《かい》を拾《ひろ》う。

はまぐり 名詞 季語 春 浅《あさ》い海《うみ》の砂《すな》やどろの中《なか》にすむ、九《きゅう》センチメートルくらいの二枚貝《にまいがい》。食用《しょくよう》になる。ことば はまにすみ、形《かたち》がくりに似《に》ているので「はまぐり」という。図 ⇒219ジ《ぺー》かい〔貝〕

はまなこ【浜名湖】 名詞 静岡県南西部《しずおかけんなんせいぶ》にある湖《みずうみ》。真水《まみず》と海水《かいすい》が混《ま》じり合《あ》っている。うなぎの養殖《ようしょく》が有名《ゆうめい》。

はまべ【浜辺】 名詞 海《うみ》や湖《みずうみ》の、水《みず》ぎわの辺《あた》り。はまの辺《あた》り。

はままつし【浜松市】 名詞 静岡県《しずおかけん》の西部《せいぶ》にある大《おお》きな都市《とし》。せんい・楽器《がっき》・自動車《じどうしゃ》などの工業《こうぎょう》がさかん。

はまりやく【はまり役】 名詞 その人《ひと》にぴったり合《あ》う役《やく》。うってつけの役《やく》。

はまる 動詞 ❶ちょうどよく入《はい》る。ぴったり合《あ》う。例 ふたがぴったりとはまる／条件《じょうけん》にはまる人《ひと》。❷穴《あな》などに落《お》ちこむ。例 足《あし》がみぞにはまった。❸だまされる。例 敵《てき》のわなにはまる。

はみだす【はみ出す】 動詞 中《なか》に入《はい》りきれずに外《そと》にあふれ出《で》る。例 たい焼《や》きのあんこがはみ出している。

ハミング（humming）名詞 動詞 口《くち》を閉《と》じて、声《こえ》を鼻《はな》から出《だ》すようにしてメロディーだけで歌《うた》うこと。また、その歌《うた》い方《かた》。

はむ 動詞 ❶食《た》べる。例 羊《ひつじ》が草《くさ》をはむ。❷給料《きゅうりょう》などを受《う》ける。

読書のこみち　高 中 低　『宇宙《うちゅう》』加古里子文《かこさとしぶん》・絵《え》　小《ちい》さな「ノミ」のジャンプから始《はじ》まり、ページをめくるごと系《けい》、その先《さき》へ…。細《こま》かく正確《せいかく》にえがかれた絵《え》と、むだのない説明《せつめい》で、速《はや》く、高《たか》く、広《ひろ》く、

ことば 古《ふる》い言《い》い方《かた》。

ハム (ham) 名詞
❶ぶた肉《にく》を塩《しお》づけにして、けむりでいぶした食《た》べ物《もの》。
❷アマチュアの、無線通信《むせんつうしん》をする人《ひと》。

-ばむ 接尾語 (ほかのことばのあとにつけて)「そのようなようすになる」という意味《いみ》を表《あらわ》す。例 あせばむ／黄《き》ばむ。

ハムエッグ 名詞 うすく切《き》ったハムの上《うえ》に卵《たまご》を落《お》として、いっしょに焼《や》いた食《た》べ物《もの》。ことば 英《えい》語《ご》をもとに日本《にほん》で作《つく》られたことば。

はむかう【歯向かう・刃向かう】 動詞 逆《さか》らう。反抗《はんこう》する。類 手《て》向《む》かう。

ハムスター (hamster) 名詞 ねずみのなかまの動物《どうぶつ》。ペットとして飼《か》われることが多《おお》い。

ハムスター

はめ【羽目】 名詞
❶板《いた》をはりつけたかべ。例 羽目板《いた》。
❷困《こま》った立場《たちば》。苦《くる》しい立場《たちば》。例 仕事《しごと》を引《ひ》き受《う》ける羽目になった。
●**羽目《はめ》を外《はず》す** 調子《ちょうし》に乗《の》りすぎて限度《げんど》をこえる。例 羽目を外して大《おお》さわぎした。

はめいた【羽目板】 名詞 すきまなく並《なら》べてはりつけ、かべなどにする板《いた》。

はめこむ【はめ込む】 動詞
❶ぴったり合《あ》うように、中《なか》におしこむ。例 ジグソーパズルに最後《さいご》のピースをはめ込む。
❷計略《けいりゃく》などを用《もち》いて、おとしいれる。

はめつ【破滅】 名詞 動詞 ほろびること。だめになって、活動《かつどう》などを続《つづ》けられなくなること。例 自然破壊《しぜんはかい》は人類《じんるい》の破滅につながる。

はめる 動詞
❶すきまのないように入《い》れる。ぴったりとかぶせる。例 指輪《ゆびわ》をはめる／手袋《てぶくろ》をはめる。
❷だます。例 人《ひと》をわなにはめる。

ばめん【場面】 名詞
❶その場《ば》のようす。例 愉快《ゆかい》な場面に出《で》あう。
❷劇《げき》・映画《えいが》・物語《ものがたり》などの、ひとまとまりの部《ぶ》分《ぶん》。シーン。例 心《こころ》に残《のこ》る名《めい》場面／物語《ものがたり》の場面が変《か》わる。

はもの【刃物】 名詞 包丁《ほうちょう》やナイフのような、刃《は》のついている道具《どうぐ》。

はもん【波紋】 名詞
❶水面《すいめん》に石《いし》などを投《な》げたときに、輪《わ》になって広《ひろ》がる波《なみ》の模様《もよう》。
❷えいきょう。例 その事件《じけん》は社会《しゃかい》に大《おお》きな波紋を投《な》げかけた。

はもん【破門】 名詞 動詞
❶先生《せんせい》が、弟子《でし》との関係《かんけい》を絶《た》つこと。
❷宗教《しゅうきょう》で、信者《しんじゃ》であった者《もの》の資格《しかく》をうばって、信者《しんじゃ》として認《みと》めないこと。

はや【早】 副詞 早《はや》くも。もうすでに。例 入学《にゅうがく》して早四年《よねん》が過《す》ぎた。

はやあし【早足】 名詞 はやく歩《ある》くこと。急《いそ》ぎ足《あし》。例 早足で家《いえ》に帰《かえ》る。

はやい【早い】 形容詞
❶まだその時刻《じこく》や時期《じき》になっていない。例 桜《さくら》がさくには少《すこ》し早い。対 遅《おそ》い。
❷時刻《じこく》や時期《じき》が前《まえ》である。例 わたしは朝《あさ》早く出発《しゅっぱつ》する。対 遅《おそ》い。
❸簡単《かんたん》だ。手間《てま》がかからない。例 会《あ》って話《はな》したほうが早い。
漢 ⇩744ページ そう〔早〕 ⇩ 使い分け

はやい【速い】 形容詞 ものごとをするのにかかる時間《じかん》が少《すく》ない。スピードがある。例 速い球《たま》を投《な》げる／足《あし》が速い。対 遅《おそ》い。漢 ⇩755ページ そく〔速〕 ⇩ 使い分け

使い分け
はやい
早い・速い

早い 時刻《じこく》や時期《じき》が前《まえ》である。時《じ》間《かん》がまだあまりたっていない。
「あきらめるのはまだ早《はや》い／早《はや》く起《お》きる／時期《じき》が早《はや》い」

速い あるきょりを動《うご》くのにかかる時間《じかん》が少《すく》ない。
「走《はし》るのが速《はや》い／雲《くも》の流《なが》れが速《はや》い」

はやいはなしが【早い話が】 簡単《かんたん》に言《い》えば。つまり。例 早い話が、だめだということですね。

はやいものがち【早い者勝ち】 名詞 人《ひと》より先《さき》にした者《もの》が得《とく》をすること。

はやうまれ【早生まれ】 名詞 一月一日《いちがつついたち》から四月一日《しがつついたち》までに生《う》まれること。また、そのとき

が、1才《さい》ちがいの弟《おとうと》のリンと始《はじ》めた遊《あそ》び。「とっぴょうしもないアイディア」だったその遊《あそ》びに、やがて、陽子《ようこ》
しご」であるからこそかがやき続《つづ》けようというメッセージは、どこか切《せつ》なく、でも、温《あたた》かい力《ちから》を送《おく》ってくれる。

に生《う》まれた人《ひと》。対 遅生《おそう》まれ。

はやおき【早起き】 名詞 動詞 朝早《あさはや》く起《お》きること。「朝起《あさお》き」ともいう。対 早寝《はやね》。

●**早起《はやお》きは三文《さんもん》の徳《とく》** ことわざ 朝早《あさはや》く起《お》きると何《なに》かとよいことがある、ということわざ。

ことば「早起きは三文の得」とも書《か》く。

はやがてん【早合点】 名詞 動詞 人《ひと》の言《い》うことなどを、最後《さいご》まできちんと聞《き》かないで、わかったように思《おも》いこむこと。例 母《はは》の説明《せつめい》を早合点して、道《みち》をまちがえてしまった。類 早《はや》のみ込《こ》み。

はやがね【早鐘】 名詞 火事《かじ》などを知《し》らせるために、続《つづ》けて激《はげ》しく打《う》ち鳴《な》らすかね。例 心臓《しんぞう》が早鐘のように打《う》っている。

はやがわり【早変わり】 名詞 動詞 ❶劇《げき》で、一人《ひとり》の役者《やくしゃ》が同《おな》じ場面《ばめん》ですばやく姿《すがた》を変《か》えて、別《べつ》の役《やく》を演《えん》じること。❷すがたやようすを、すばやく変《か》えること。例 教室《きょうしつ》がパーティー会場《かいじょう》に早変わりする。

はやく【破約】 名詞 動詞 約束《やくそく》を破《やぶ》ること。また、約束《やくそく》をとり消《け》すこと。例 契約《けいやく》を破約する。

はやくち【早口】 名詞 話《はな》し方《かた》が早《はや》いこと。

はやくちことば【早口言葉】 名詞 発音《はつおん》しにくいことばや、同《おな》じ音《おと》が重《かさ》なって言《い》いにくいことばを、早口《はやくち》で言《い》うことば遊《あそ》び。「なま麦《むぎ》なま米《ごめ》なま卵《たまご》」など。

はやくも【早くも】 副詞 思《おも》いのほか早《はや》いことに。もう。例 今年《ことし》も、早くも二《に》か月《げつ》が過《す》ぎた。

はやさ【速さ】 名詞 ある決《き》まった時間《じかん》に、どれだけ進《すす》むかを表《あらわ》すもの。速度《そくど》。スピード。例 時速二十《じそくにじっ》キロメートルの速さ。教科 算 速《はや》さは、進《すす》んだ道《みち》のりをかかった時間《じかん》で割《わ》って求《もと》める。

はやざき【早咲き】 名詞 花《はな》がふつうの時期《じき》よりも、早《はや》くさくこと。また、その花《はな》。例 早咲きのコスモス。対 遅咲《おそざ》き。

はやし 名詞 笛《ふえ》・太鼓《たいこ》・三味線《しゃみせん》などで、おどりや芝居《しばい》の拍子《ひょうし》をとり、その場《ば》を盛《も》り上《あ》げること。また、その音楽《おんがく》。おはやし。

はやし【林】 名詞 木《き》がたくさん生《は》え、しげっているところ。例 松林《まつばやし》。漢 ⇩1403ジペー りん〔林〕

はやしことば【はやし言葉】 名詞 民謡《みんよう》などで、歌《うた》の合間《あいま》に入《い》れる、歌詞《かし》の内容《ないよう》とは直接関係《ちょくせつかんけい》のないかけ声《ごえ》。歌《うた》の調子《ちょうし》を整《ととの》えたり、気分《きぶん》を盛《も》り上《あ》げたりする。

はやしたてる【はやし立てる】 動詞 ほめたりからかったりして、大《おお》げさに声《こえ》を上《あ》げたり、手《て》をたたいたりする。

はやじに【早死に】 名詞 動詞 若《わか》いうちに死《し》んでしまうこと。類 若死《わかじ》に。対 長生《ながい》き。

はやじまい【早じまい】 名詞 動詞 いつもより早《はや》く、店《みせ》を閉《し》めたり仕事《しごと》を終《お》えたりすること。例 台風接近《たいふうせっきん》のため、店《みせ》を早じまいにする。

ハヤシライス 名詞 牛肉《ぎゅうにく》や玉《たま》ねぎなどをいためてトマト味《あじ》のソースなどで煮《に》こみ、ごはんにかけた料理《りょうり》。ことば 英語《えいご》をもとに日本《にほん》で作《つく》られたことば。

はやす 動詞 ❶声《こえ》を出《だ》したり手《て》をたたいたりして、調子《ちょうし》をとる。例 歌《うた》に合《あ》わせてはやす。❷ほめたりからかったりしてさわぐ。例「いいぞいいぞ。」と観客《かんきゃく》がはやす。

はやす【生やす】 動詞 生《は》えるようにする。生《は》えるままにする。例 ひげを生やす。漢 ⇩704ジペー せい〔生〕

はやせ【早瀬】 名詞 川《かわ》の水《みず》が速《はや》く流《なが》れる所《ところ》。

はやて 名詞 急《きゅう》にふきおこる激《はげ》しい風《かぜ》。例 はやてのように走《はし》り去《さ》る。類 疾風《しっぷう》。

はやてまわし【早手回し】 名詞 早《はや》くから準備《じゅんび》や手配《てはい》をしておくこと。

はやとちり【早とちり】 名詞 動詞 早合点《はやがてん》して、まちがえること。例 早とちりして別《べつ》の本《ほん》を貸《か》してしまった。

はやね【早寝】 名詞 動詞 夜《よる》、早《はや》くねること。例 遠足《えんそく》でとてもつかれてしまったので、昨日《きのう》は早寝した。対 早起《はやお》き。

はやのみこみ【早のみ込み】 名詞 動詞 よく聞《き》いたり見《み》たりしないうちから、わかったつもりになること。類 早合点《はやがてん》。

はやばまい【早場米】 名詞 とり入《い》れの時期《じき》が早《はや》い地方《ちほう》でつくられ、ふつうの米《こめ》より早《はや》く売《う》られる米《こめ》。

はやばや【早早［と］】 副詞 たいへん早《はや》く。例 集合場所《しゅうごうばしょ》に早々と着《つ》いてしまった。

はやびき【早引き】 ⇩1077ジペー はやびけ

はやびけ【早引け】 名詞 動詞 決《き》められた時間《じかん》より早《はや》く帰《かえ》ること。早退《そうたい》。「はやびき」ともいう。例 頭痛《ずつう》のため早引けした。

はやぶさ 名詞 季語冬 たかに似《に》た、からすくら

読書のこみち　高 中 低　『宇宙《うちゅう》のみなしご』森絵都《もりえと》「屋根《やね》のぼり」って、なあんだ？　それは、中学《ちゅうがく》2年《ねん》の陽子《ようこ》のクラスメートの二人《ふたり》が加《くわ》わる。「ばらばらに生《う》まれてばらばらに死《し》んでいく宇宙《うちゅう》のみな

いの大《おお》きさの鳥《とり》。非《ひ》常《じょう》に速《はや》く飛《と》ぶ。目《め》やくちばしがするどく、小鳥《ことり》などをとって食《た》べる。

はやぶさ

はやまる【早まる・速まる】 動詞 ❶時期《じき》や時刻《じこく》が早《はや》くなる。例 開会《かいかい》が早まった。❷あせってものごとをする。急《いそ》いで失敗《しっぱい》する。例 早まったことをするな。❸速度《そくど》がはやくなる。例 スピードが速まる。漢 ↓744ページ《ジ》そう〔早〕・755ページ《ジ》そく〔速〕

はやみち【早道】 名詞 ❶ものごとを早《はや》く、簡単《かんたん》に行《おこな》うための方法《ほうほう》。例 直接《ちょくせつ》会《あ》って聞《き》くほうが早道だ。❷近道《ちかみち》。

はやみひょう【早見表】 名詞 見《み》るだけで簡単《かんたん》にわかるようにつくられた表《ひょう》。例 星座《せいざ》早見表。

はやみみ【早耳】 名詞 世《よ》の中《なか》のことをほかの人《ひと》よりも早《はや》く聞《き》きつけること。また、そのような人《ひと》。例 早耳の友《とも》だちからうわさを聞《き》いた。

はやめる【早める・速める】 動詞 ❶時期《じき》や時刻《じこく》を早《はや》くする。例 時計《とけい》を十分《じっぷん》早める。❷速度《そくど》をはやくする。例 足《あし》を速める。漢 ↓744ページ《ジ》そう〔早〕・755ページ《ジ》そく〔速〕

はやり 名詞 ❶その時代《じだい》の人々《ひとびと》の好《この》みに合《あ》って、広《ひろ》く行《おこな》われること。流行《りゅうこう》。例 はやりの服《ふく》を着《き》る。❷病気《びょうき》などが次々《つぎつぎ》に伝《つた》わって広《ひろ》がること。例 はやりのかぜ。

はやる 動詞 ものごとを早《はや》くやりたくて、気持《きも》ちが奮《ふる》い立《た》つ。例 はやる心《こころ》をおさえる。ことば 漢字《かんじ》では「逸る」と書《か》く。

はやる 動詞 ❶人々《ひとびと》の間《あいだ》で人気《にんき》があり、広《ひろ》く行《おこな》われる。流行《りゅうこう》する。例 学校《がっこう》でサッカーがはやる。対 廃《すた》れる。❷店《みせ》などが繁盛《はんじょう》する。例 はやっている食堂《しょくどう》。❸病気《びょうき》などが次々《つぎつぎ》に伝《つた》わって広《ひろ》がる。例 かぜがはやる。

はやわざ【早業】 名詞 すばやくて、見事《みごと》な腕前《うでまえ》。例 目《め》にもとまらぬ早業。

はら【原】 名詞 平《たい》らで広々《ひろびろ》とした土地《とち》。例 一面《いちめん》の雪《ゆき》の原。漢 ↓429ページ《ジ》げん〔原〕

はら【腹】 名詞 ❶体《からだ》で、胴体《どうたい》の前側《まえがわ》の、胸《むね》より下《した》の部分《ぶぶん》。また、その内側《うちがわ》にある胃《い》や腸《ちょう》。おなか。例 腹が痛《いた》い／腹を下《くだ》す。図 ↓287ページ《ジ》からだ ❷考《かんが》えていること。心《こころ》の中《なか》。例 相手《あいて》の腹を読《よ》む。❸度胸《どきょう》。例 ふとっ腹。❹物《もの》の真《ま》ん中《なか》。例 指《ゆび》の腹。漢 ↓1148ページ《ジ》ふく〔腹〕

●**腹《はら》が黒《くろ》い** 心《こころ》の中《なか》で悪《わる》いことをたくらんでいる。腹黒《はらぐろ》い。例 腹が黒くて信用《しんよう》できない人《ひと》。

●**腹《はら》が据《す》わる** 落《お》ち着《つ》いていて、ものごとにおどろかない。度胸《どきょう》があってびくびくしない。

●**腹《はら》が立《た》つ** おこりたい気持《きも》ちになる。いかりがわきおこる。

●**腹《はら》が減《へ》っては戦《いくさ》ができぬ** ↓379ページ《ジ》 ことわざ

●**腹《はら》に一物《いちもつ》** 心《こころ》の中《なか》に、たくらみをかくし持《も》っているようす。例 腹に一物ありそうな顔《かお》つき。

●**腹《はら》に据《す》えかねる** いかりをおさえられない。とうていがまんできない。

●**腹《はら》の皮《かわ》がよじれる** おなかの筋肉《きんにく》が痛《いた》くなるほど、笑《わら》い転《ころ》げる。

●**腹《はら》の虫《むし》** ↓1080ページ《ジ》はらのむし

●**腹《はら》を抱《かか》える** とてもおかしくて大笑《おおわら》いする。例 友《とも》だちの冗談《じょうだん》に腹を抱えて笑《わら》う。

●**腹《はら》を決《き》める** 決心《けっしん》する。例 児童会《じどうかい》長《ちょう》に立候《りっこう》補《ほ》しよう、と腹を決めた。

●**腹《はら》をくくる** 覚悟《かくご》を決《き》める。例 腹をくくって最後《さいご》までやりぬく。

●**腹《はら》を探《さぐ》る** 相手《あいて》のほんとうの気持《きも》ちを知《し》ろうとする。

●**腹《はら》を据《す》える** 覚悟《かくご》を決《き》める。例 腹を据えてすべてを打《う》ち明《あ》ける。

●**腹《はら》を立《た》てる** おこる。

●**腹《はら》を割《わ》る** 思《おも》っていることをかくさず、ほんとうの気持《きも》ちを明《あ》かす。例 腹を割って話《はな》そう。

ばら 名詞 季語 夏 枝《えだ》や幹《みき》にとげがある、背《せ》の低《ひく》い木《き》。香《かお》りのよい美《うつく》しい花《はな》がさく。花《はな》の色《いろ》や形《かたち》にさまざまな種類《しゅるい》があり、庭《にわ》などに植《う》えられる。

ばら

ばら 名詞 ❶もとはひとまとまりになっていたものを、ば

「三本白《さんぼんしろ》」のソンキ。殺《ころ》される運命《うんめい》にあったソンキを大事《だいじ》に育《そだ》てたのはやさしい兄《あに》でした。しかし戦争《せんそう》が激《はげ》しくを伝《つた》える絵本《えほん》。はるかに広《ひろ》い北《きた》の大地《だいち》で、静《しず》かに馬《うま》を洗《あら》う青年《せいねん》のイメージが心《こころ》に残《のこ》ります。

らばらにしたもの。例ばら売《う》り。
❷「小銭《こぜに》」のこと。

はらあて【腹当て】 名詞 「腹掛《はらが》け」「腹巻《はらま》き」のこと。
ことば ❷は、「ばら銭《せん》」を略《りゃく》したことば。

はらい【払い】 名詞
❶品物《しなもの》の代金《だいきん》や給料《きゅうりょう》などをわたすこと。
❷とり除《のぞ》くこと。例すす払い。

はらいさげる【払い下げる】 動詞 役所《やくしょ》などがいらなくなった土地《とち》や物《もの》を、一般《いっぱん》の人《ひと》に売《う》りわたす。例役所《やくしょ》の跡地《あとち》を払い下げる。

はらいせ【腹いせ】 名詞 いかりやうらみを、ほかのことで晴《は》らすこと。例しかられた腹いせに、ドアをけとばした。

はらいた【腹痛】 名詞 おなかが痛《いた》むこと。「ふくつう」ともいう。

はらいのける【払いのける】 動詞 じゃまなものなどを、ふりはらってとり除《のぞ》く。例くもの巣《す》を払いのける。

はらいもどす【払い戻す】 動詞
❶一度《いちど》もらったお金《かね》を返《かえ》す。例事故《じこ》で電車《でんしゃ》がおくれて、特急料金《とっきゅうりょうきん》を払い戻す。
❷銀行《ぎんこう》などで、預《あず》かっていたお金《かね》を預《あず》けた人《ひと》に返《かえ》す。

ばらいろ【ばら色】 名詞
❶ばらの花《はな》のような、うすい赤色《あかいろ》。
❷幸《しあわ》せや希望《きぼう》に満《み》ちあふれていることのたとえ。例ばら色の未来《みらい》が待《ま》っている。

ばらいろ❶

はらう【払う】 動詞
❶ついているものを勢《いきお》いよくとり除《のぞ》く。例服《ふく》のほこりを払う／木《き》の枝《えだ》を払う。
❷横《よこ》に動《うご》かす。例相手《あいて》の足《あし》を払ってたおす。
❸品物《しなもの》の代金《だいきん》や給料《きゅうりょう》などをわたす。しはらう。例新聞代《しんぶんだい》を払う。
❹心《こころ》を一《ひと》つのものに向《む》ける。例注意《ちゅうい》を払う。

バラエティー（variety）名詞
❶変化《へんか》があること。いろいろとちがった種類《しゅるい》。例バラエティーに富《と》んだ料理《りょうり》。
❷歌《うた》・おどり・劇《げき》などを組《く》み合《あ》わせたショー。「バラエティーショー」の略《りゃく》。

パラオ ➡1079ページ パラオきょうわこく

パラオきょうわこく【パラオ共和国】 名詞 太平洋《たいへいよう》の西《にし》にある島々《しまじま》からなる国《くに》。漁業《ぎょぎょう》と観光《かんこう》がさかん。首都《しゅと》はマルキョク。「パラオ」ともいう。1000ページ 外国語教室 ➡

（国旗《こっき》）

はらがけ【腹掛け】 名詞
❶ね冷《び》えを防《ふせ》ぐために、赤《あか》んぼうの胸《むね》や腹《はら》に当《あ》てる下着《したぎ》。腹当《はらあ》て。
❷大工《だいく》などが、半《はん》てんの下《した》に着《き》る仕事着《しごとぎ》。

パラグライダー（paraglider）名詞 パラシュートを使《つか》って空《そら》を飛《と》ぶスポーツ。山《やま》の斜面《しゃめん》をかけおりて、空《そら》に飛《と》び立《た》つ。

はらぐろい【腹黒い】 形容詞 心《こころ》に悪《わる》いたくらみを持《も》っている。

はらごしらえ【腹ごしらえ】 名詞 動詞 何《なに》かをする前《まえ》に食事《しょくじ》をしておくこと。

パラシュート（parachute）名詞 飛行機《ひこうき》などから人《ひと》が飛《と》び降《お》りたり物《もの》を落《お》としたりするときに、安全《あんぜん》に地上《ちじょう》に着《つ》けるように使《つか》う、かさのようなもの。落下傘《らっかさん》。

パラシュート

はらす【晴らす】 動詞 もやもやしていたことやいやなことをとり除《のぞ》いて、すっきりとさせる。例疑《うたが》いを晴らす／うらみを晴らす。漢 ➡705ページ せい〔晴〕

ばらす 動詞
❶ばらばらにする。例古《ふる》い時計《とけい》をばらす。
❷人《ひと》の秘密《ひみつ》を言《い》う。例秘密《ひみつ》をばらす。

パラソル（フランス語）名詞 季語 夏 西洋風《せいようふう》の日傘《ひがさ》。また、立《た》てて使《つか》う大《おお》きな日傘《ひがさ》。

パラダイス（paradise）名詞 楽園《らくえん》。天国《てんごく》。例この島《しま》は野生動物《やせいどうぶつ》のパラダイスだ。

はらたかし【原敬】 名詞（一八五六〜一九二一）明治《めいじ》・大正時代《たいしょうじだい》の政治家《せいじか》。日本《にほん》で初《はじ》めて本格的《ほんかくてき》な政党内閣《せいとうないかく》がつくられた時《とき》の内閣総理大臣《ないかくそうりだいじん》。

はらだたしい【腹立たしい】 形容詞 腹《はら》が立《た》つ感《かん》じである。しゃくにさわる。

パラチフス（ドイツ語）名詞 パラチフス菌《きん》によって胃《い》や腸《ちょう》がおかされる感染症《かんせんしょう》。高《たか》い熱《ねつ》が出《で》て、下痢《げり》を起《お》こす。腸《ちょう》チフスに似《に》ているが、そ

読書のこみち　高中低　『馬《うま》を洗《あら》って…』加藤多一《かとうたいち》文《ぶん》　池田良二《いけだりょうじ》絵《え》　不吉《ふきつ》な馬《うま》といわれる、足首《あしくび》が３本《ぼん》だけ白《しろ》いなり、その兄《あに》も兵隊《へいたい》にとられてしまいます。兄《あに》とソンキのたどる道筋《みちすじ》から、戦争《せんそう》の矛盾《むじゅん》

関連＝関係《かんけい》の深《ふか》いことば

れより軽《かる》い。

ばらつき 名詞 ふぞろいであること。例 品質《ひんしつ》のばらつきをなくす。

バラック (barrack) 名詞 間《ま》に合《あ》わせにつくった、粗末《そまつ》で簡単《かんたん》な家《いえ》。

はらつづみ【腹鼓】 名詞 腹《はら》をふくらませて、手《て》で太鼓《たいこ》のようにたたくこと。

●**腹鼓《はらつづみ》を打《う》つ** 食《た》べ物《もの》をじゅうぶんに食《た》べて満足《まんぞく》する。

はらっぱ【原っぱ】 名詞 雑草《ざっそう》などが生《は》えている空《あ》き地《ち》。野原《のはら》。

はらづもり【腹積もり】 名詞 心《こころ》の中《なか》に持《も》っている、おおよその予定《よてい》や計画《けいかく》。心積《こころづ》もり。

はらのむし【腹の虫】 名詞
❶人《ひと》の体《からだ》の中《なか》にすみつく虫《むし》。回虫《かいちゅう》など。
❷腹《はら》が立《た》ってむかむかする気持《きも》ちを、腹《はら》の中《なか》で動《うご》く虫《むし》にたとえたことば。

●**腹《はら》の虫《むし》が治《おさ》まらない** 腹《はら》が立《た》って、どうにもがまんできない。

はらばい【腹ばい】 名詞 腹《はら》を下《した》にして横《よこ》になること。うつぶせになること。

はらはちぶ【腹八分】 名詞 食《た》べ物《もの》を腹《はら》いっぱい食《た》べないで、ほどよいところでやめること。腹八分目《はらはちぶんめ》。

●**腹八分《はらはちぶ》に医者《いしゃ》いらず** ⇒381ページ ことわざ

はらはちぶんめ【腹八分目】 ⇒1080ページ はらはちぶ

はらはら[と]
❶ 副詞 花《はな》びらや木《き》の葉《は》、なみだなどが続《つづ》いて落《お》ちるようす。例 花《はな》びらがはらはらと散《ち》る。
❷ 副詞 動詞 どうなることかと心配《しんぱい》するようす。例 空中《くうちゅう》ぶらんこをはらはらしながら見《み》ていた。

ばらばら
❶ 副詞 つぶになったものが落《お》ちるようす。例 火山《かざん》の噴火《ふんか》で石《いし》や砂《すな》がばらばらと降《ふ》ってきた。
❷ 副詞 数人《すうにん》の人《ひと》が急《きゅう》に飛《と》び出《だ》してくるようす。例 中《なか》からばらばらと人《ひと》が走《はし》り出《で》てきた。
❸ 形容動詞 まとまりがないようす。例 ばらばらな意見《いけん》をうまくまとめる。
❹ 形容動詞 別々《べつべつ》にはなれるようす。例 時計《とけい》をばらばらに分解《ぶんかい》する。

使い方 ❶❷は、「ばらばらと」の形《かたち》でも使《つか》う。

ぱらぱら[と] 副詞
❶小《ちい》さなつぶが落《お》ち散《ち》ったりするようす。例 雨《あめ》がぱらぱら降《ふ》ってくる。
❷本《ほん》などのページをすばやくめくるようす。例 雑誌《ざっし》をぱらぱらとめくる。

はらびれ【腹びれ】 名詞 魚《さかな》の腹《はら》にある、左右《さゆう》二枚《にまい》のひれ。図 ⇒1133ページ ひれ

パラフィン (paraffin) 名詞 石油《せきゆ》からとれる、白《しろ》いろうのようなもの。ろうそく・クレヨン・パラフィン紙《し》などをつくるのに使《つか》う。

はらぺこ【腹ぺこ】 名詞 形容動詞 とてもおなかがすいていること。

パラボラアンテナ 名詞 宇宙通信《うちゅうつうしん》や衛星放送《えいせいほうそう》などに使《つか》う、おわんのような形《かたち》のアンテナ。

ことば 英語《えいご》をもとに日本《にほん》で作《つく》られたことば。

はらまき【腹巻き】 名詞 おなかが冷《ひ》えないように巻《ま》く、布《ぬの》や毛糸《けいと》の織物《おりもの》。腹当《はらあ》て。

ばらまく 動詞
❶たくさんの物《もの》をあちらこちらにまき散《ち》らす。例 鳥《とり》のえさをばらまく。
❷お金《かね》や品物《しなもの》を多《おお》くの人々《ひとびと》にあたえる。例 招待券《しょうたいけん》をばらまく。

はらむ 動詞
❶おなかの中《なか》に子供《こども》ができる。みごもる。
❷中《なか》にふくんでいる。例 危険《きけん》をはらんだ情勢《じょうせい》。

パラリンピック (Paralympics) 名詞 世界各国《せかいかっこく》から障害《しょうがい》のある選手《せんしゅ》たちが集《あつ》まって開《ひら》かれる、スポーツ競技会《きょうぎかい》。四年《よねん》に一度《いちど》、オリンピックと同《おな》じ年《とし》に開催《かいさい》される。⇒1081ページ 社会へのとびら

はらわた 名詞
❶腸《ちょう》。
❷内臓《ないぞう》。例 魚《さかな》のはらわた。類 臓物《ぞうもつ》。
❸心《こころ》。精神《せいしん》。例 はらわたがくさったやつ。

●**はらわたがちぎれる** たえきれないほど、悲《かな》しくつらい。

●**はらわたが煮《に》え繰《く》り返《かえ》る** がまんできないくらい激《はげ》しいいかりがわき起《お》こる。

はらん【波乱】 名詞
❶さわぎ。もめごと。例 今度《こんど》の会議《かいぎ》では、ひと波乱ありそうだ。
❷変化《へんか》が多《おお》いこと。例 波乱に富《と》んだ人生《じんせい》。

バランス (balance) 名詞 つりあい。また、つりあいがとれていること。例 平均台《へいきんだい》の上《うえ》をバランスをとって歩《ある》く／栄養《えいよう》のバランスを考《かんが》える。

から、独学《どくがく》で弁護士《べんごし》となり、やがて大統領《だいとうりょう》になったリンカーン。青年《せいねん》のころ、奴隷市場《どれいいちば》で感《かん》じた疑問《ぎもん》を持《も》ち続《つづ》えがかれています。時代《じだい》の変化《へんか》の中《なか》で、意志《いし》をつらぬいたリンカーンの静《しず》かな闘志《とうし》が感《かん》じられる伝記《でんき》です。

類＝意味《いみ》のよく似《に》たことば　対＝反対《はんたい》の意味《いみ》のことばや対《つい》になることば

はらんばんじょう【波乱万丈】 ⇩813ジペー 四字熟語

はり 名詞 屋根《やね》の重《おも》みを支《ささ》えるために、柱《はしら》の上《うえ》に横《よこ》にわたす木材《もくざい》。関連 桁《けた》。図 ⇩420ジペー けた

はり【針】 名詞 ❶裁縫《さいほう》で使《つか》う、細《ほそ》くて先《さき》のとがった道具《どうぐ》。例 ぬい針／待《ま》ち針。❷細《ほそ》くて先《さき》のとがったもの。例 つり針／時計《とけい》の針／はちの針／注射《ちゅうしゃ》の針。
漢 ⇩659ジペー しん〔針〕

●**針《はり》の穴《あな》から天《てん》をのぞく** ことわざ せまい考《かんが》え方《かた》で、大《おお》きなものごとを判断《はんだん》することのたとえ。「針《はり》の穴《あな》から天《てん》のぞく」ともいう。

●**針《はり》のむしろ** ⇩1082ジペー はりのむしろ

はり【張り】 ❶ 名詞 張《は》ること。また、引《ひ》っ張《ぱ》る力《ちから》。例 ネットの張りが弱《よわ》い。❷ 名詞 引《ひ》きしまっていて力強《ちからづよ》いこと。例 張りのある声《こえ》。❸ 名詞 やりがい。張《は》り合《あ》い。例 勉強《べんきょう》に張りが出《で》てきた。❹ 接尾語 (数《かず》を表《あらわ》すことばのあとにつけて) 弓《ゆみ》・ちょうちん・幕《まく》などを数《かぞ》えることば。例 テント一《ひと》張り。

パリ 名詞 フランスの首都《しゅと》。セーヌ川《がわ》が流《なが》れ、ノートルダム寺院《じいん》・ルーブル美術館《びじゅつかん》・がいせん門《もん》・エッフェル塔《とう》など有名《ゆうめい》な建物《たてもの》が多《おお》い。世界《せかい》的《てき》な文化《ぶんか》・観光都市《かんこうとし》。

はりあい【張り合い】 名詞 ❶やりがい。例 張り合いのある仕事《しごと》。❷たがいに負《ま》けまいと争《あらそ》うこと。例 つまらないことで妹《いもうと》と意地《いじ》の張り合いをした。

はりあう【張り合う】 動詞 たがいに負《ま》けまいと争《あらそ》う。例 主役《しゅやく》の座《ざ》を友《とも》だちと張り合う。

はりあげる【張り上げる】 動詞 声《こえ》を強《つよ》く大《おお》きく出《だ》す。例 声《こえ》を張り上げて歌《うた》う。

バリアフリー (barrier-free) 名詞 体《からだ》の不自由《ふじゆう》な人《ひと》やお年寄《としよ》りなどの生活《せいかつ》をじゃましているものをなくすこと。町《まち》や建物《たてもの》の中《なか》の段差《だんさ》や仕切《しき》りをなくしたり、品物《しなもの》を使《つか》いやすくしたりするなど。⇩1083ジペー 社会へのとびら

ハリーすいせい【ハリーすい星】 ⇩1084ジペー ハレーすいせい

ハリウッド (Hollywood) 名詞 アメリカ合衆《がっしゅう》国西部《こくせいぶ》のカリフォルニア州《しゅう》にある地区《ちく》。アメリカの映画産業《えいがさんぎょう》の中心地《ちゅうしんち》で、多《おお》くの映画《えいが》がつくられている。

はりかえ【張り替え】 名詞 古《ふる》いものをとり除《のぞ》いて、新《あたら》しいものを張《は》ること。例 障子《しょうじ》の張り替えをする。

はりがね【針金】 名詞 鉄《てつ》や銅《どう》などを、ひもや糸《いと》のように細長《ほそなが》くのばしたもの。

はりがみ【貼り紙・張り紙】 名詞 ❶紙《かみ》をはりつけること。また、その紙《かみ》。

辞典《じてん》の外《そと》に飛《と》びだそう!

社会《しゃかい》へのとびら

パラリンピック

もう一《ひと》つのオリンピック

オリンピックが開《ひら》かれたあと、同《おな》じ年《とし》に同《おな》じ場所《ばしょ》で、障害《しょうがい》のある人《ひと》が参加《さんか》する「パラリンピック」が開《ひら》かれる。パラリンピックとは、「パラレル（＝もう一《ひと》つの）」と「オリンピック」を合《あ》わせた呼《よ》び名《な》なんだ。

！ パラリンピックの起源《きげん》

1948年《ねん》にイギリスの病院《びょういん》で車《くるま》いすを使《つか》う患者《かんじゃ》のアーチェリー大会《たいかい》が開《ひら》かれた。これがしだいに国際的《こくさいてき》な大会《たいかい》になり、やがてオリンピックのあとに、同《おな》じ場所《ばしょ》で開《ひら》かれるようになった。

1960年《ねん》の第《だい》1回《かい》ローマ大会《たいかい》への参加《さんか》は23か国《こく》だったけれど、2016年《ねん》のリオデジャネイロ大会《たいかい》には、約《やく》160の国《くに》と地域《ちいき》から、4300人以上《にんいじょう》もの選手《せんしゅ》が集《あつ》まったんだよ。

独自《どくじ》の競技《きょうぎ》

水泳《すいえい》や陸上競技《りくじょうきょうぎ》のほか、車《くるま》いすでのバスケットボールや、すわったままで行《おこな》うバレーボール（＝シッティングバレーボール）、ボッチャなど、工夫《くふう》をこらしたさまざまな種目《しゅもく》できそわれる。たとえば視覚障害《しかくしょうがい》の人《ひと》が行《おこな》う5人制《にんせい》サッカーでは、中《なか》に鈴《すず》の入《はい》ったボールを使《つか》い、その音《おと》やゴールキーパーなどの声《こえ》をたよりにプレーをするよ。

体験《たいけん》してみよう

ほかにはどんな種目《しゅもく》があるか、調《しら》べてみよう。また、地域《ちいき》でパラリンピック競技《きょうぎ》の体験教室《たいけんきょうしつ》が開《ひら》かれていたら、ぜひ参加《さんか》してみよう！

もっとしらべてみよう！

●参考図書《さんこうとしょ》
「まるわかり！　パラリンピック」（全《ぜん》5巻《かん》）（文研出版《ぶんけんしゅっぱん》）

読書のこみち　高 中 低　『エイブ・リンカーン』吉野源三郎《よしのげんざぶろう》　アメリカの貧《まず》しい開拓地《かいたくち》に生《う》まれ、こつこつ働《はたら》きながら、「人民《じんみん》の、人民《じんみん》による、人民《じんみん》のための政治《せいじ》」を目指《めざ》して、奴隷解放《どれいかいほう》につくした生涯《しょうがい》が

❷人《ひと》に知《し》らせたいことなどを書《か》いて、人目《ひとめ》につくところにはり出《だ》しておく紙《かみ》。

バリカン （フランス語）名詞 かみの毛《け》をかる道具《どうぐ》。ことば「バリカン」は、これをつくったフランスの会社《かいしゃ》の名《な》まえ。

ばりき【馬力】 名詞 ❶物《もの》を動《うご》かす力《ちから》の単位《たんい》。一馬力《いちばりき》は、一秒間《いちびょうかん》に七十五《ななじゅうご》キログラムの物《もの》を一《いち》メートル動《うご》かす力《ちから》。❷がんばる力《ちから》。例 馬力のある人《ひと》。

●**馬力《ばりき》をかける** いっそう力《ちから》を出《だ》してものごとをする。勢《いきお》いをつけてがんばる。

はりきる【張り切る】 動詞 ❶ぴんと張《は》る。例 弓《ゆみ》のつるが張り切っている。❷元気《げんき》いっぱいで、気持《きも》ちが引《ひ》きしまっている。例 今日《きょう》も張り切ってがんばろう。

バリケード （barricade）名詞 敵《てき》が来《く》るのを防《ふせ》ぐために、道路《どうろ》や建物《たてもの》の入《い》り口《ぐち》などに砂袋《すなぶくろ》・石《いし》・木《き》などを積《つ》み重《かさ》ねてつくるさく。

ハリケーン （hurricane）名詞 カリブ海《かい》やメキシコ湾《わん》などに発生《はっせい》する、強《つよ》い熱帯低気圧《ねったいていきあつ》。関連 台風《たいふう》。サイクロン。

はりこ【張り子】 名詞 型《かた》に紙《かみ》を何枚《なんまい》も重《かさ》ねてはり、かわいてから型《かた》をぬきとってつくったもの。例 張り子の人形《にんぎょう》。

はりこむ【張り込む】 動詞 ❶はりつける。例 写真《しゃしん》をアルバムに張り込む。❷見張《みは》りをして待《ま》ち構《かま》える。例 犯人《はんにん》をつかまえるため、警官《けいかん》が駅前《えきまえ》に張り込む。❸思《おも》いきって高《たか》いお金《かね》を出《だ》す。例 父《ちち》は張り込んで高価《こうか》な車《くるま》を買《か》った。

はりさける【張り裂ける】 動詞 ❶ふくれて破《やぶ》れる。❷いかりや悲《かな》しみなどががまんできないような気持《きも》ちになる。例 胸《むね》が張り裂けそうな思《おも》い。

はりしごと【針仕事】 名詞 針《はり》を使《つか》って服《ふく》などをぬう仕事《しごと》。裁縫《さいほう》。ぬい物《もの》。

ハリス 名詞 （一八〇四～一八七八）アメリカの外交官《がいこうかん》。一八五六年《ねん》、総領事《そうりょうじ》として伊豆《いず》の下田《しもだ》に着《つ》き、江戸幕府《えどばくふ》と通商条約《つうしょうじょうやく》を結《むす》んだ。

はりつく【張り付く】 動詞 ぴったりとくっつく。また、ある場所《ばしょ》や人《ひと》のそばからはなれないでいる。例 弟《おとうと》に張り付いて料理《りょうり》を教《おし》えた。

はりつけ 名詞 人《ひと》を柱《はしら》などにしばりつけ、やりなどでつき殺《ころ》した、昔《むかし》のけいばつ。

はりつける【貼り付ける・張り付ける】 動詞 紙《かみ》や布《ぬの》を広《ひろ》げて、のり・ピンなどでほかの物《もの》にくっつける。例 食堂《しょくどう》のかべにメニューを貼り付ける。

はりつめる【張り詰める】 動詞 ❶すみずみまで一面《いちめん》にはる。例 川《かわ》に氷《こおり》が張り詰めた。❷心《こころ》が引《ひ》きしまる。緊張《きんちょう》する。例 スタートを前《まえ》にして、気持《きも》ちが張り詰める。

はりつめる❷

バリトン （baritone）名詞 歌《うた》を歌《うた》うときの声《こえ》の種類《しゅるい》で、男性《だんせい》の人《ひと》の、中《ちゅう》くらいの高《たか》さの声《こえ》の範囲《はんい》。また、その声《こえ》で歌《うた》う人《ひと》。関連 テノール。バス。

はりねずみ【針ねずみ】 名詞 ねずみに似《に》た動物《どうぶつ》。背中全体《せなかぜんたい》に針《はり》のような毛《け》が生《は》え、敵《てき》にあうと体《からだ》を丸《まる》めて身《み》を守《まも》る。

はりのむしろ【針のむしろ】 針《はり》を植《う》えた敷物《しきもの》にすわっているように、苦《くる》しくて気《き》の休《やす》まらない場所《ばしょ》や立場《たちば》。例 うそがばれていないか気《き》が気《き》でなく、針のむしろにすわっている気分《きぶん》だった。

はりばこ【針箱】 名詞 裁縫用具《さいほうようぐ》を入《い》れておく箱《はこ》。

はりま【播磨】 名詞 昔《むかし》の国《くに》の名《な》の一《ひと》つ。今《いま》の兵庫県《ひょうごけん》の南西部《なんせいぶ》に当《あ》たる。

はりめぐらす【張り巡らす】 動詞 周《まわ》りをぐるりと囲《かこ》むように張《は》る。全体《ぜんたい》をおおうように張《は》る。例 庭《にわ》の周《まわ》りにさくを張り巡らす。

はる【春】 名詞 季語 春 ❶一年《いちねん》を四《よっ》つの季節《きせつ》に分《わ》けたうちの一《ひと》つ。日本《にほん》ではふつう、三《さん》・四《し》・五月《ごがつ》の三《さん》か月《げつ》をいう。例 春風《はるかぜ》／春がすみ。対 秋《あき》。関連 夏《なつ》。冬《ふゆ》。❷年《とし》の初《はじ》め。新年《しんねん》。例 初春《はつはる》。❸勢《いきお》いのさかんなとき。例 わが世《よ》の春。❹若《わか》いとき。青春期《せいしゅんき》。ことば ❷の意味《いみ》で季語《きご》として使《つか》う場合《ばあい》の季節《きせつ》は「新年」。漢 ↓624ジ《ペー》 しゅん〔春〕

●**春《はる》の七草《ななくさ》** ↓1084ジ《ペー》 はるのななくさ

はる【張る】 動詞

❶のびて広《ひろ》がる。例 根《ね》が張る。
❷のばす。例 つなをぴんと張る。
❸広《ひろ》げる。例 テントを張る／幕《まく》を張る。
❹ふくれる。例 おなかが張る。
❺一面《いちめん》におおう。例 氷《こおり》が張る。
❻筋肉《きんにく》がこわばる。こる。例 かたが張る。
❼心《こころ》が引《ひ》きしまる。例 気《き》が張る。対 緩《ゆる》む。
❽高《たか》い値段《ねだん》になる。例 値段《ねだん》が張る。
❾強《つよ》くさかんにする。例 勢力《せいりょく》を張る。
❿つき出《だ》す。例 ひじを張る。
⓫いっぱいにする。例 ふろに水《みず》を張る。
⓬おし通《とお》す。例 意地《いじ》を張る。
⓭ある場所《ばしょ》に設《もう》ける。例 店《みせ》を張る。
⓮手《て》のひらで打《う》つ。例 相手《あいて》のほおを張る。

漢 ➡ 844ページ ちょう〔張〕

はる【貼る】 動詞 のりなどで物《もの》をつける。例 切手《きって》を貼る。

はるいちばん【春一番】 名詞 季語 春 二月《にがつ》から三月《さんがつ》にかけてふく、その年最初《としさいしょ》の強《つよ》い南風《みなみかぜ》。春《はる》の前《まえ》ぶれとされる。

はるおしむ【春惜しむ】 季語 春 去《さ》っていく春《はる》を残念《ざんねん》に思《おも》う。

はるか 形容動詞 副詞 ❶きょりが遠《とお》くはなれているようす。例 はるか向《む》こうに山《やま》が見《み》える。❷時間《じかん》が遠《とお》くはなれているようす。例 はるか昔《むかし》にマンモスはほろびた。❸程度《ていど》が大《おお》きくちがっているようす。例 こちらの作品《さくひん》のほうがはるかによい。

はるがすみ【春がすみ】 名詞 季語 春 春《はる》に立《た》ちこめるかすみ。

はるかぜ【春風】 名詞 季語 春 春《はる》にふく暖《あたた》かい風《かぜ》。東《ひがし》または南《みなみ》からふく暖《あたた》かい風《かぜ》。

バルコニー (balcony) 名詞 季語 夏 西洋風《せいようふう》の建物《たてもの》で、部屋《へや》の外《そと》に広《ひろ》くつき出《だ》した、屋根《やね》のない台《だい》のようなところ。類 テラス。ベランダ。

はるさき【春先】 名詞 春《はる》の初《はじ》めのころ。類 初《しょ》春《しゅん》。早春《そうしゅん》。

はるさめ【春雨】 名詞 季語 春 ❶春《はる》、しとしとと降《ふ》る細《こま》かい雨《あめ》。❷豆《まめ》などのでんぷんからつくった、すき通《とお》って細長《ほそなが》いそうめんのような食《た》べ物《もの》。

はるじおん 名詞 きくのなかまの草花《くさばな》。春《はる》から初《しょ》夏《か》にかけて白《しろ》っぽい花《はな》がさくが、つぼみのときは下《した》を向《む》いている。ひめじょおんに似《に》ている。

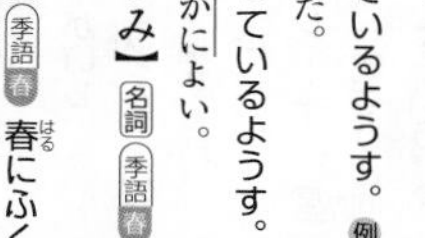
はるじおん

はるしぐれ【春時雨】 名詞 季語 春 春《はる》の、急《きゅう》に降《ふ》り出《だ》してすぐにやむ雨《あめ》。

はるたつ【春立つ】 季語 春 春《はる》になる。立春《りっしゅん》の日《ひ》になる。

はるつげどり【春告げ鳥】 名詞 季語 春 「う

辞典《じてん》の外《そと》に飛《と》びだそう!

社会《しゃかい》へのとびら

バリアフリー

すべての人《ひと》のバリアをなくす

バリアとは「障壁《しょうへき》(＝じゃまになるかべ)」のこと。これをとり除《のぞ》くことがバリアフリーだ。

たとえば車《くるま》いすを使《つか》う人《ひと》にとって、町《まち》はほかの多《おお》くの人《ひと》が気《き》づかないいろんな「バリア」でいっぱいだ。道路《どうろ》のほんの少《すこ》しの段差《だんさ》、車《くるま》いすでは入《はい》れないトイレ、すわったままでは手《て》が届《とど》かない自動販売機《じどうはんばいき》のボタン…。バリアが多《おお》いと、外出《がいしゅつ》するのも不安《ふあん》になってしまうよね。

最近《さいきん》は、多《おお》くの施設《しせつ》や住宅《じゅうたく》、乗《の》り物《もの》で、段差《だんさ》をなくしたり手《て》すりを多《おお》くつけたりするなど、バリアフリーの工夫《くふう》がされているよ。

すべての人《ひと》が使《つか》いやすく

すべての人《ひと》にとって使《つか》いやすい「ユニバーサルデザイン」をとり入《い》れた製品《せいひん》や施設《しせつ》も増《ふ》えている。たとえば、日本人《にほんじん》のおよそ20人《にん》にひとりは、色《いろ》の見《み》え方《かた》（＝色覚《しきかく》）がほかの人《ひと》とちがうといわれている。そこで、小学校《しょうがっこう》の教科書《きょうかしょ》の多《おお》くは、どんな色覚《しきかく》の人《ひと》でも使《つか》いやすい「カラーユニバーサルデザイン」でつくられているんだよ。

きみの身《み》の回《まわ》りにも、いろいろな工夫《くふう》があるはず。駅《えき》の券売機《けんばいき》や改札口《かいさつぐち》、学校《がっこう》や図書館《としょかん》の中《なか》…。探《さが》してみよう！

もっとしらべてみよう！

●参考図書《さんこうとしょ》

「新《あたら》しい　心《こころ》のバリアフリーずかん　きみの『あたりまえ』を見直《みなお》そう！」(ほるぷ出版《しゅっぱん》)

読書のこみち　高 中 低　『エーミールと探偵《たんてい》たち』ケストナー　母《はは》ひとり子《こ》ひとりで暮《く》らすエーミールは、お母《かあ》さ
いました。犯人《はんにん》を追跡《ついせき》しようとするエーミールに、出会《であ》ったベルリンの少年《しょうねん》たちが協力《きょうりょく》

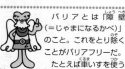

ぐいす」の別《べつ》の名《な》まえ。

はるのななくさ【春の七草】 名詞 季語新年 春《はる》の野山《のやま》にさく七種類《ななしゅるい》の草《くさ》。せり・なずな・ごぎょう（＝ははこぐさ）・はこべ・すずしろ（＝だいこん）・ほとけのざ（＝こおにたびらこ）・すずな（＝かぶ）。一月七日《いちがつなのか》に、春《はる》の七草《ななくさ》を入《い》れた七草《ななくさ》がゆを食《た》べる習《なら》わしがある。関連 秋《あき》の七草《ななくさ》。

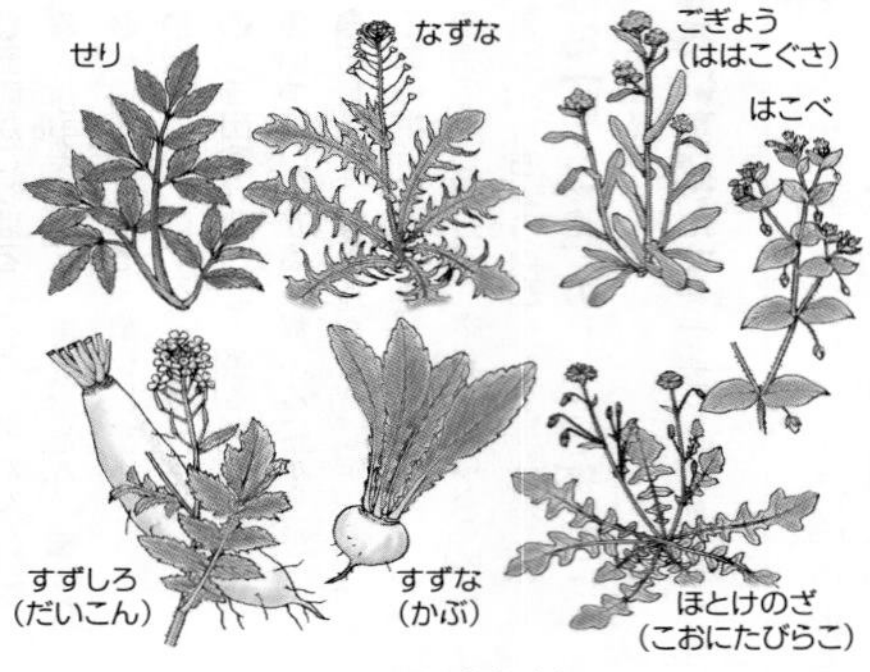

はるのななくさ

はるばる［と］ 副詞 遠《とお》くから来《き》たり、遠《とお》くへ行《い》ったりするようす。例 わたり鳥《どり》がはるばる北《きた》の国《くに》から飛《と》んできた。

バルブ（valve） 名詞 管《くだ》や容器《ようき》の中《なか》などにあって、液体《えきたい》・気体《きたい》の出入《でい》りや、流《なが》れの方向《ほうこう》などを調節《ちょうせつ》するもの。弁《べん》。例 タンクのバルブを閉《し》める。

パルプ（pulp） 名詞 木材《もくざい》をくだいてとり出《だ》した、植物《しょくぶつ》の筋《すじ》。紙《かみ》などの原料《げんりょう》になる。

はるめく【春めく】 動詞 季語春 春《はる》らしくなる。例 日《ひ》に日《ひ》に春めいてきた。

はるやすみ【春休み】 名詞 季語春 春《はる》、三月《さんがつ》から四月《しがつ》にかけてある、学校《がっこう》の休《やす》み。関連 夏休《なつやす》み。冬休《ふゆやす》み。

はれ【晴れ】 名詞 ❶天気《てんき》がよいこと。晴天《せいてん》。例 晴れのち雨《あめ》。教科 理 空全体《そらぜんたい》を10として、雲《くも》の広《ひろ》さが0～8のときをいう。❷正式《せいしき》ではなやかなこと。例 全国大会《ぜんこくたいかい》という晴れの舞台《ぶたい》に立《た》つ。

はれあがる【晴れ上がる】 動詞 すっかり晴《は》れる。例 晴れ上がった秋空《あきぞら》。

ばれいしょ ⇒596ジペー じゃがいも

バレエ（フランス語） 名詞 歌《うた》やせりふがなく、音楽《おんがく》に合《あ》わせておどりで表現《ひょうげん》する劇《げき》。

バレー ⇒1084ジペー バレーボール

ハレーすいせい【ハレーすい星】 名詞 太陽《たいよう》のまわりを約七十六年間《やくななじゅうろくねんかん》でひと回《まわ》りするすい星《せい》。「ハリーすい星《せい》」ともいう。図 ⇒785ジペー たいようけい

パレード（parade） 名詞 お祝《いわ》いやお祭《まつ》りで、行列《ぎょうれつ》をつくって練《ね》り歩《ある》くこと。

バレーボール（volleyball） 名詞 六人《ろくにん》または九人《くにん》ずつの二組《ふたくみ》に分《わ》かれ、コートの真《ま》ん中《なか》に張《は》ったネットをはさんで、ボールを手《て》で打《う》ち合《あ》う球技《きゅうぎ》。バレー。

はれがましい【晴れがましい】 形容詞 あらたまっていてはなやかなようす。例 晴れがましい席《せき》に出《で》る。

はれぎ【晴れ着】 名詞 お祝《いわ》いや儀式《ぎしき》などのときに着《き》る、美《うつく》しい服《ふく》。

はれすがた【晴れ姿】 名詞 ❶晴《は》れ着《ぎ》を着《き》た姿《すがた》。例 七五三《しちごさん》の晴れ姿。❷晴《は》れがましい場所《ばしょ》に出《で》たときの姿《すがた》。例 コンクールの表彰式《ひょうしょうしき》での晴れ姿。

パレスチナ 名詞 アジアの西部《せいぶ》の地中海東岸《ちちゅうかいとうがん》辺《あた》りの地域《ちいき》。ふつう、ヨルダン川《がわ》の西側《にしがわ》を指《さ》す。

はれつ【破裂】 名詞 動詞 内側《うちがわ》からの力《ちから》で、勢《いきお》いよく破《やぶ》れてさけること。例 風船《ふうせん》が破裂する。

パレット（フランス語） 名詞 絵《え》をかくとき、絵《え》の具《ぐ》の色《いろ》を混《ま》ぜ合《あ》わせたり、絵《え》の具《ぐ》をとかしたりするために使《つか》う、うすい板《いた》。

はればれ［と］【晴れ晴れ［と］】 副詞 動詞 ❶よく晴《は》れているようす。例 晴れ晴れとした青空《あおぞら》。❷心《こころ》にいやな思《おも》いがなく、すっきりしているようす。例 晴れ晴れした顔《かお》。

はれぶたい【晴れ舞台】 名詞 大勢《おおぜい》の人《ひと》の前《まえ》で何《なに》かをする、はなやかで名誉《めいよ》のある場面《ばめん》。例 運動会《うんどうかい》の晴れ舞台で大活躍《だいかつやく》する。

はれま【晴れ間】 名詞 ❶雨《あめ》や雪《ゆき》などのやんでいる間《あいだ》。❷雲《くも》の切《き》れ目《め》に少《すこ》しだけ見《み》える、晴《は》れている空《そら》。例 晴れ間から日《ひ》が差《さ》してきた。

にな ぜ原爆《げんばく》が落《お》とされたのか、原爆《げんばく》がどのように作《つく》られ、その後《ご》広島《ひろしま》はどうなったのか。さらには現在《げんざい》の核《かく》の問《もん》したていねいな絵《え》と、年表《ねんぴょう》や図表《ずひょう》・証言《しょうげん》などの資料《しりょう》を通《とお》して、するどく、原爆《げんばく》を語《かた》る絵本《えほん》です。

はれもの【腫れ物】 名詞 おでき。できもの。
●**腫《は》れ物《もの》に触《さわ》るよう** 気難《きむずか》しい人《ひと》などに対《たい》して、おそるおそるものを言《い》ったり、大切《たいせつ》にあつかったりするようす。

はれやか【晴れやか】 形容動詞 ❶空《そら》が晴《は》れわたっているようす。❷心《こころ》にいやなことがなく、さっぱりして明《あか》るいようす。例 晴れやかな顔《かお》。❸はなやかなようす。例 晴れやかな 装《よそお》い。

バレリーナ（イタリア語）名詞 バレエをおどる女《おんな》の人《ひと》。

はれる【晴れる】 動詞 ❶雨《あめ》や雪《ゆき》がやんで、よい天気《てんき》になる。雲《くも》やきりが消《き》えて、青空《あおぞら》が広《ひろ》がる。例 きりが晴れる。❷気持《きも》ちがさっぱりする。例 気《き》が晴れる。❸疑《うたが》いがなくなる。例 疑《うたが》いが晴れる。
漢 ➡705ページ せい〔晴〕

はれる【腫れる】 動詞 病気《びょうき》やけがなどで、皮《ひ》膚《ふ》の一部《いちぶ》がふくれ上《あ》がる。

ばれる 動詞 悪《わる》い行《おこな》いや、秘密《ひみつ》にしていたことが知《し》られてしまう。例 うそがばれる。

はれわたる【晴れ渡る】 動詞 空《そら》が、雲一《くもひと》つなく一面《いちめん》に晴《は》れる。例 秋《あき》の晴れ渡った空《そら》。

ばれん 名詞 木版画《もくはんが》をするときの道具《どうぐ》。字《じ》や絵《え》をほった板《いた》の上《うえ》に置《お》いた紙《かみ》をこするのに使《つか》う。

バレンタインデー（Valentine Day）名詞 季語 春 二月十四日《にがつじゅうよっか》。神《かみ》の教《おし》えのために死《し》んだ、キリスト教《きょう》の聖人《せいじん》バレンタインの記念日《きねんび》。日本《にほん》では、おもに女《おんな》の人《ひと》から男《おとこ》の人《ひと》にチョコレートなどをおくる習慣《しゅうかん》がある。セントバレンタインデー。

はれんち【破廉恥】 名詞 形容動詞 はずかしいことをしても、はじだと思《おも》わないで平気《へいき》でいること。はじ知《し》らず。例 破廉恥なふるまい。

はろう【波浪】 名詞 風《かぜ》などによって、水面《すいめん》が高《たか》くなったり低《ひく》くなったりすること。波《なみ》。例 波浪注意報《ちゅういほう》。

ハロウィン（Halloween）名詞 十月三十一日《じゅうがつさんじゅういちにち》の夜《よる》に行《おこな》われる祭《まつ》り。かぼちゃを顔《かお》の形《かたち》にくりぬいたちょうちんをかざったり、お化《ば》けの格好《かっこう》をした子供《こども》たちが近所《きんじょ》を回《まわ》ってお菓子《かし》をもらったりする。参考 古代《こだい》ヨーロッパで行《おこな》われていた収《しゅう》穫感謝祭《かくかんしゃさい》が始《はじ》まりとされる。現在《げんざい》はキリスト教《きょう》の万聖節《ばんせいせつ》（＝すべての聖人《せいじん》を記念《きねん》する日《ひ》）の前夜祭《ぜんやさい》として行《おこな》われている。

ハローワーク ➡449ページ こうきょうしょくぎょうあんていじょ

バロック（フランス語）名詞 美術《びじゅつ》や音楽《おんがく》の歴史《れきし》の時代区分《じだいくぶん》の一《ひと》つ。ヨーロッパの十六世紀後《じゅうろくせいきこう》半《はん》から十八世紀前半《じゅうはっせいきぜんはん》の間《あいだ》の時代《じだい》や様式《ようしき》を指《さ》す。

バロックしき【バロック式】 名詞 リコーダーの種類《しゅるい》の一《ひと》つ。西洋《せいよう》で古《ふる》くから使《つか》われてきたリコーダーの指使《ゆびづか》いをそのまま引《ひ》きついだもの。関連 ジャーマン式《しき》。

バロメーター（barometer）名詞 ❶「気圧計《きあつけい》」のこと。❷ものごとの進《すす》み具合《ぐあい》や、よい悪《わる》いの程度《ていど》などを知《し》る目安《めやす》となるもの。例 体温《たいおん》は健康《けんこう》のバロメーターである。

パワー（power）名詞 ❶力《ちから》。権力《けんりょく》。勢力《せいりょく》。例 住民《じゅうみん》のパワーで子供《こども》図書館《としょかん》の設立《せつりつ》が実現《じつげん》した。❷馬力《ばりき》。動力《どうりょく》。例 パワーのある車《くるま》。

ハワイ 名詞 アメリカ合衆国《がっしゅうこく》の州《しゅう》の一《ひと》つ。太平《たいへい》洋《よう》の真《ま》ん中近《なかちか》くにあり、いくつかの島《しま》からなる。一年《いちねん》じゅう夏《なつ》のような気候《きこう》で、世界的《せかいてき》な観《かん》光地《こうち》になっている。

パワフル（powerful）形容動詞 力強《ちからづよ》いようす。強《きょう》力《りょく》なようす。例 パワフルな演奏《えんそう》。

漢 **はん【反】**〔又《また》〕4画 3年 音 ハン・ホン・タン 訓 そる・そらす
一 厂 𠂆 反（おさえてはらう）
❶もとにもどる。かえる。例 反射《はんしゃ》／反応《はんのう》。❷そりかえす。例 反《そ》り身《み》／反抗《はんこう》／反《はん》する／反則《はんそく》／反対《はんたい》／反発《はんぱつ》／反論《はんろん》／違反《いはん》／謀反《むほん》。❸そむく。そる。❹たん。昔《むかし》、日本《にほん》で使《つか》われていた、田《た》や畑《はたけ》などの広《ひろ》さを表《あらわ》す単位《たんい》。また、反物《たんもの》の長《なが》さを表《あらわ》す単位《たんい》。例 絹一反《きぬいったん》。

漢 **はん【半】**〔十《じゅう》〕5画 2年 音 ハン 訓 なかば
丶 丷 䒑 𠀎 半（つきだす）
はんぶん。なかば。例 半径《はんけい》／半減《はんげん》／半年《はんとし》／四《し》月半《がつなか》ば／上半身《じょうはんしん》／前半《ぜんはん》。

漢 **はん【犯】**〔犭《けものへん》〕5画 5年 音 ハン 訓 おかす

読書のこみち 高 中 低 『絵《え》で読《よ》む　広島《ひろしま》の原爆《げんばく》』那須正幹《なすまさもと》文《ぶん》　西村繁男《にしむらしげお》絵《え》　1945年《ねん》8月6日《がつむいか》の「あの日《ひ》」、広島《ひろしま》題《だい》まで、核兵器《かくへいき》についてさまざまな角度《かくど》から追究《ついきゅう》した一冊《いっさつ》。広島《ひろしま》の町《まち》を上空《じょうくう》から見下《みお》ろ

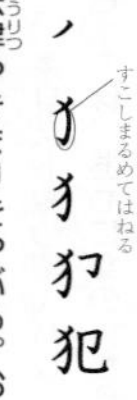

ノ 犭 犭 犯（すこしまるめてはねる）

法律《ほうりつ》やきまりをやぶる。おかす。例 犯行《はんこう》／犯《はん》罪《ざい》／犯人《はんにん》／あやまちを犯《おか》す／共犯《きょうはん》／防犯《ぼうはん》。

はん【判】 名詞 「はんこ」のこと。例 書類《しょるい》に判をおす。漢 ⇩1086ジ はん〔判〕

●**判《はん》で押《お》したよう** 同《おな》じことをくり返《かえ》して、変《へん》化《か》がないようす。例 毎朝《まいあさ》判で押したように六《ろく》時《じ》に起《お》きる。

漢 **はん【判】**〔刂〕りっとう 7画 5年 音 ハン・バン 訓

丶 丷 ⺷ 半（つきだす） 判（とめる） 判

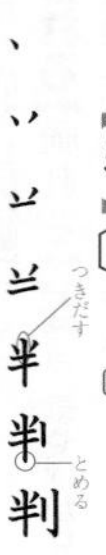

❶みわける。さばく。例 判決《はんけつ》／判事《はんじ》／判定《はんてい》／判別《はんべつ》／裁判《さいばん》／審判《しんぱん》。❷明《あき》らかになる。例 判明《はんめい》。❸はん。はんこ。例 血判《けっぱん》。❹紙《かみ》や本《ほん》のおおきさ。例 A《エー》5判《はん》。❺昔《むかし》の金貨《きんか》。例 大判《おおばん》／小判《こばん》。

はん【坂】 漢 ⇩520ジ さか〔坂〕

漢 **はん【阪】**〔阝〕こざとへん 7画 4年 音 ハン 訓 さか

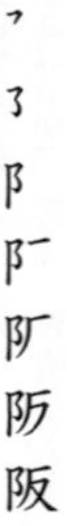

フ 了 阝 阝 阝 阪 阪

「坂」（漢 ⇩520ジ さか〔坂〕）と同《おな》じ。地名《ちめい》の「大阪《おおさか》」はこの字《じ》を使《つか》う。

漢 **はん【板】**〔木〕きへん 8画 3年 音 ハン・バン 訓 いた

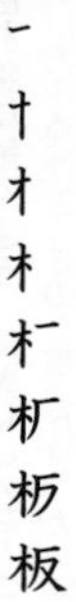

一 十 オ 木 木 杤 板 板

❶木《き》のいた。例 板《いた》の間《ま》／板書《ばんしょ》／看板《かんばん》／合板《ごうはん》／黒板《こくばん》／鉄板《てっぱん》。❷うすくてひらたいもの。例 板《いた》ガラス／鉄板《てっぱん》。❸変化《へんか》にとぼしい。例 平板《へいばん》。

漢 **はん【版】**〔片〕かたへん 8画 5年 音 ハン 訓

丿 丿 片（丁としない） 片 片 版 版 版

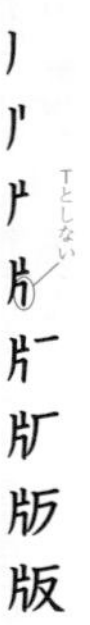

❶印刷《いんさつ》するために字《じ》や絵《え》をほりつけたもの。例 版画《はんが》／版木《はんぎ》／木版《もくはん》。❷印刷《いんさつ》する。例 版権《はんけん》／版元《はんもと》／出版《しゅっぱん》／初版《しょはん》／新版《しんぱん》。

はん【班】 名詞 全体《ぜんたい》を、何人《なんにん》かずつに分《わ》けたもの。グループ。例 班ごとに集《あつ》まる／班に分《わ》かれる。

漢 **はん【班】**〔王〕おうへん 10画 6年 音 ハン 訓

一 T 王 王 玎（リとしない） 玨 班 班

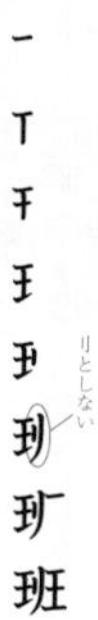

分《わ》けたもの。分《わ》けて組《くみ》になったあつまり。例 班長《はんちょう》／科学班《かがくはん》／第三班《だいさんぱん》。

漢 **はん【飯】**〔食〕しょくへん 12画 4年 音 ハン 訓 めし

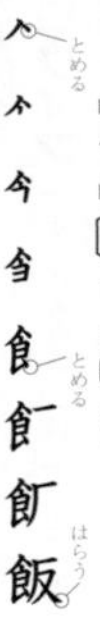

ノ（とめる） 人 今 今 食（とめる） 食 飣 飯（はらう）

ごはん。めし。例 炊飯《すいはん》／赤飯《せきはん》／昼飯《ひるめし》／夕飯《ゆうはん》。

はん【藩】 名詞 江戸《えど》時代《じだい》に大名《だいみょう》が治《おさ》めていた領《りょう》地《ち》。また、そのしくみ。教科 社 明治《めいじ》時代《じだい》になって藩《はん》の制度《せいど》は廃止《はいし》され、府《ふ》・県《けん》が置《お》かれた。

ばん【万】 漢 ⇩1256ジ まん〔万〕

ばん【判】 漢 ⇩1086ジ はん〔判〕

ばん【板】 漢 ⇩1086ジ はん〔板〕

ばん【晩】 名詞 日《ひ》が暮《く》れるころ。また、夜《よる》。例 晩の食事《しょくじ》／昨日《きのう》の晩の話《はなし》／朝《あさ》から晩まで。

漢 **ばん【晩】**〔日〕ひへん 12画 6年 音 バン 訓 おそ-い

丨 П 日 日 日ク（刀としない） 昢 晩 晩 晩（上へはねる）

❶ばん。ゆうがた。よる。例 晩飯《ばんめし》／今晩《こんばん》／昨《さく》晩《ばん》。対 朝《ちょう》。❷おそい。ものごとの終《お》わりに近《ちか》いとき。例 晩秋《ばんしゅう》／晩春《ばんしゅん》／晩年《ばんねん》／早晩《そうばん》。

ばん【番】 名詞

❶順番《じゅんばん》。順序《じゅんじょ》。例 番を待《ま》つ／次《つぎ》は自分《じぶん》の番だ。

❷見張《みは》ること。見張《みは》り。例 店《みせ》の番をする。

漢 **ばん【番】**〔田〕た 12画 2年 音 バン 訓

ノ 丷 立 平 釆（はらう） 番 番 番

❶交代《こうたい》で回《まわ》ってくるやくめ。例 週番《しゅうばん》／当番《とうばん》。❷みはり。例 番犬《ばんけん》／番人《ばんにん》／交番《こうばん》／門番《もんばん》。❸順《じゅん》序《じょ》。例 番号《ばんごう》／番地《ばんち》／順番《じゅんばん》。❹ふだんの。そまつな。例 番茶《ばんちゃ》。

パン（ポルトガル語《ご》） 名詞 小麦粉《こむぎこ》を水《みず》でこね、イースト菌《きん》で発酵《はっこう》させてから焼《や》いた食べ物《もの》。

はんい【範囲】 名詞 ある限《かぎ》られた広《ひろ》がりや程《てい》度《ど》。例 テストの範囲／わかる範囲で答《こた》える。

はんえい【反映】 名詞 動詞

❶光《ひかり》や色《いろ》などが反射《はんしゃ》して映《うつ》ること。例 夕日《ゆうひ》が反映して、湖《みずうみ》がきらきらと光《ひか》っている。

❷あるもののえいきょうが、ほかのものにあら

われること。例 人々《ひとびと》の意見《いけん》を計画《けいかく》に反映する。

はんえい【繁栄】 名詞 動詞 栄《さか》えること。さかんになること。例 江戸時代《えどじだい》に繁栄した港町《みなとまち》。対 衰退《すいたい》。

はんえいきゅうてき【半永久的】 形容動詞 ほとんど永久《えいきゅう》に近《ちか》いようす。例 半永久的に効《こう》果《か》が続《つづ》く。

はんえん【半円】 名詞 円《えん》の半分《はんぶん》の形《かたち》。

はんおん【半音】 名詞 音階《おんかい》で、全音《ぜんおん》の半分《はんぶん》の音程《おんてい》。たとえば、ミとファ、シとドの間《あいだ》など。対 全音《ぜんおん》。

はんが【版画】 名詞 絵《え》をほりつけた木《き》・銅《どう》・石《いし》などに、インクや絵《え》の具《ぐ》などをつけて、紙《かみ》に写《うつ》した絵《え》。

ばんか【晩夏】 名詞 季語 夏 夏《なつ》の終《お》わりごろ。対 初夏《しょか》。

ハンガー (hanger) 名詞 洋服《ようふく》などをかけて、つるしておくもの。類 えもん掛《か》け。

ばんかい【ばん回】 名詞 動詞 勢《いきお》いなどをとりもどすこと。悪《わる》くなった状態《じょうたい》を、もとにもどすこと。例 名誉《めいよ》ばん回／おくれをばん回する。

ばんがい【番外】 名詞 予定《よてい》していた以外《いがい》のこと。例 運動会《うんどうかい》で、番外として卒業生《そつぎょうせい》のつな引《ひ》きがあった。

はんがえしぬい【半返し縫い】 名詞 布《ぬの》を一針《ひとはり》ぬって針《はり》をぬき、半分《はんぶん》だけもどった位置《いち》に針《はり》をさしてぬい進《すす》むぬい方《かた》。図 ⇒1006ジベー ぬう

はんかがい【繁華街】 名詞 人《ひと》や店《みせ》が多《おお》く、にぎやかな場所《ばしょ》。

はんがく【半額】 名詞 決《き》まった金額《きんがく》の半分《はんぶん》。

ばんがさ【番傘】 名詞 太《ふと》い竹《たけ》の骨《ほね》に、油《あぶら》をひいた厚《あつ》い和紙《わし》をはったじょうぶな傘《かさ》。

ハンカチ 名詞 季語 夏 顔《かお》や手《て》をふくために持《も》ち歩《ある》く、小形《こがた》の四角《しかく》い布《ぬの》。ことば 英語《えいご》の「ハンカチーフ」の略《りゃく》。

ハンガリー 名詞 ヨーロッパ中部《ちゅうぶ》にある国《くに》。ドナウ川《がわ》の中流《ちゅうりゅう》にある。首都《しゅと》はブダペスト。

(国旗《こっき》)

バンガロー 名詞 季語 夏 キャンプなどに使《つか》う簡単《かんたん》な小屋《こや》。

はんかん【反感】 名詞 相手《あいて》の考《かんが》えや行《おこな》いに対《たい》して、いやだと思《おも》ったり逆《さか》らったりする気持《きも》ち。例 いばった態度《たいど》に反感をいだく。

ばんかん【万感】 名詞 心《こころ》にわきおこる、いろいろな思《おも》い。例 今《いま》までの苦労《くろう》を思《おも》い出《だ》し、万感胸《むね》にせまる（＝心《こころ》に強《つよ》く感《かん》じる）。

はんき【反旗】 名詞 反乱《はんらん》を起《お》こした人《ひと》の旗《はた》。

●**反旗《はんき》を翻《ひるがえ》す** 反乱《はんらん》を起《お》こす。裏切《うらぎ》る。

はんき【半旗】 名詞 人《ひと》が死《し》んだとき、悲《かな》しみの気持《きも》ちを表《あらわ》すために、さおの先《さき》から三分《さんぶん》の一《いち》ほど位置《いち》を下《さ》げてかかげる旗《はた》。

はんぎ【版木・板木】 名詞 印刷《いんさつ》するために、字《じ》や絵《え》をほった木《き》の板《いた》。

はんぎゃく【反逆】 名詞 動詞 国《くに》や目上《めうえ》の人《ひと》などに逆《さか》らうこと。例 反逆者《しゃ》。

はんきゅう【半球】 名詞 球《きゅう》を、その中心《ちゅうしん》を通《とお》る平面《へいめん》で二《ふた》つに分《わ》けたときの一方《いっぽう》の部分《ぶぶん》。例 北《きた》半球。

はんきょう【反響】 名詞 動詞 ❶音《おと》が物《もの》にぶつかってはね返《かえ》り、もう一度《いちど》聞《き》こえること。こだま・やまびこなど。例 この部屋《へや》は声《こえ》がよく反響する。❷あることのえいきょうを受《う》けて起《お》こる、人々《ひとびと》の動《うご》き。例 この映画《えいが》は大《おお》きな反響を呼《よ》んだ。

パンク 名詞 動詞 ❶タイヤに穴《あな》があくこと。❷物《もの》がふくらんで破《やぶ》れること。また、仕事《しごと》などが集《あつ》まりすぎて、役《やく》に立《た》たなくなること。例 電話回線《でんわかいせん》がパンクした。ことば 英語《えいご》の「パンクチャー」の略《りゃく》。

ハンググライダー (hang glider) 名詞 三角《さんかく》形《けい》のつばさにつかまって、空《そら》を飛《と》ぶスポーツ。ハンググライダー。

ばんぐみ【番組】 名詞 放送《ほうそう》・劇《げき》・試合《しあい》などの、出《だ》し物《もの》の組《く》み合《あ》わせや順番《じゅんばん》。また、その一《ひと》つ一《ひと》つの出《だ》し物《もの》。

ハングライダー ⇒1087ジベー ハンググライダー

バングラデシュじんみんきょうわこく【バングラデシュ人民共和国】 名詞 南《みなみ》アジア、インドの東《ひがし》にある国《くに》。首都《しゅと》はダッカ。「バングラデシュ」ともいう。

(国旗《こっき》)

ハングル (朝鮮語) 名詞 朝鮮語《ちょうせんご》を書《か》き表《あらわ》すため

の文字《もじ》。

ばんくるわせ【番狂わせ】 名詞 ❶順序《じゅんじょ》がくるうこと。❷勝負《しょうぶ》などで、思《おも》いがけない結果《けっか》になること。例 一回戦《いっかいせん》で優勝候補《ゆうしょうこうほ》が負《ま》けるという番狂わせがあった。

はんけい【半径】 名詞 円《えん》または球《きゅう》の中心《ちゅうしん》と、円周《えんしゅう》や球面《きゅうめん》の上《うえ》の一点《いってん》を結《むす》んだ直線《ちょくせん》。直径《ちょっけい》の半分《はんぶん》。関連 円周《えんしゅう》。直径《ちょっけい》。図 ↓159ページ えん〔円〕

パンケーキ（pancake）名詞「ホットケーキ」のこと。

はんげき【反撃】 名詞 動詞 今《いま》までせめられていた側《がわ》が、反対《はんたい》にこうげきすること。例 後半《こうはん》戦《せん》で反撃に転《てん》じる。

はんけつ【判決】 名詞 裁判《さいばん》で、罪《つみ》のあるなしやもめごとの解決《かいけつ》のしかたを、法律《ほうりつ》に従《したが》って決《き》めること。例 裁判官《さいばんかん》が判決を言《い》いわたした。

はんげつ【半月】 名詞 半分《はんぶん》に欠《か》けて見《み》える月《つき》。上弦《じょうげん》の月《つき》と下弦《かげん》の月《つき》がある。関連 満月《まんげつ》。三日月《みかづき》。ことば「はんつき」と読《よ》むと別《べつ》の意味《いみ》。図 ↓425ページ げつれい〔月齢〕

はんけん【版権】 名詞「著作権《ちょさくけん》」の古《ふる》い言《い》い方《かた》。

はんげん【半減】 名詞 動詞 半分《はんぶん》に減《へ》ること。また、半分《はんぶん》に減《へ》らすこと。例 売《う》り上《あ》げが半減する／結末《けつまつ》を先《さき》に知《し》ったら楽《たの》しみが半減する。

ばんけん【番犬】 名詞 どろぼうなどが入《はい》らないよう、番《ばん》をさせるために飼《か》っている犬《いぬ》。

はんこ【判こ】 名詞 名前《なまえ》などをほって、本人《ほんにん》であるというしるしに書類《しょるい》などにおすもの。判《はん》。印鑑《いんかん》。使い方「印鑑《いんかん》」よりもくだけた言《い》い方《かた》。

はんご【反語】 名詞 ❶意味《いみ》を強《つよ》めるために、言《い》いたいことと反対《はんたい》のことを、疑問《ぎもん》の形《かたち》で問《と》いかける言《い》い方《かた》。「だれが来《く》るだろうか。」と言《い》って、「だれも来《く》るはずがない。」という意味《いみ》を表《あらわ》すなど。❷わざと反対《はんたい》の表現《ひょうげん》をすることで、皮肉《ひにく》を表《あらわ》す言《い》い方《かた》。遅刻《ちこく》してきた人《ひと》に「早《はや》いですね。」と言《い》うなど。

パンこ【パン粉】 名詞 ❶パンをくだいて細《こま》かくしたもの。フライのころもやハンバーグの材料《ざいりょう》などにする。❷パンを作《つく》るもととなる小麦粉《こむぎこ》。

はんこう【反抗】 名詞 動詞 親《おや》や目上《めうえ》の人《ひと》などにはむかうこと。逆《さか》らうこと。例 母親《ははおや》の言《い》いつけに反抗する。対 服従《ふくじゅう》。

はんこう【犯行】 名詞 法律《ほうりつ》の上《うえ》での罪《つみ》になるような、悪《わる》い行《おこな》い。例 犯行を認《みと》める。

はんこう【藩校】 名詞 江戸時代《えどじだい》、藩《はん》が、藩士《はんし》やその子供《こども》たちの教育《きょういく》のためにつくった学校《がっこう》。

はんごう【飯ごう】 名詞 アルミニウムなどでできている、ごはんをたく道具《どうぐ》。山登《やまのぼ》りやキャンプなどのときに使《つか》う。例 飯ごうすいさん。

ばんごう【番号】 名詞 順番《じゅんばん》を表《あらわ》す数字《すうじ》。ナンバー。例 番号順《じゅん》に並《なら》ぶ。

ばんこく【万国】 名詞 世界《せかい》じゅうの国《くに》。例 万国博覧会《はくらんかい》／万国共通《きょうつう》。

ばんこくき【万国旗】 名詞 世界《せかい》の国々《くにぐに》の国旗《こっき》を並《なら》べたもの。運動会《うんどうかい》などのかざりにする。「ばんこっき」ともいう。

ばんこくはくらんかい【万国博覧会】 名詞 世界《せかい》じゅうの国《くに》がそれぞれの生産品《せいさんひん》や技術《ぎじゅつ》、美術工芸品《びじゅつこうげいひん》などを展示《てんじ》する博覧会《はくらんかい》。略《りゃく》して「万博《ばんぱく》」ともいう。参考 一八五一年《ねん》にロンドンで第一回《だいいっかい》が開《ひら》かれた。

ばんこっき【万国旗】 ↓1088ページ ばんこくき

ばんごはん【晩御飯】 名詞 晩《ばん》の食事《しょくじ》。夕食《ゆうしょく》。

はんざい【犯罪】 名詞 法律《ほうりつ》を破《やぶ》って悪《わる》いことをすること。また、その悪《わる》いこと。

ばんざい【万歳】 ❶感動詞 お祝《いわ》いのときやうれしいときに言《い》うことば。例「やっと完成《かんせい》したぞ、万歳！」❷名詞 お祝《いわ》いのときなどに、両手《りょうて》を挙《あ》げて「ばんざい」と言《い》うこと。例 万歳を三唱《さんしょう》する（＝三回《さんかい》言《い》う）。❸名詞 めでたいこと。例 無事到着《ぶじとうちゃく》できて万歳だ。❹名詞 動詞 どうにもならないこと。降参《こうさん》すること。お手上《てあ》げ。例 こんなに差《さ》が開《ひら》いてしまっては、もう万歳するしかない。

ばんさくつきる【万策尽きる】 できる限《かぎ》りのやり方《かた》をやってみたが、うまくいかず、もうほかにやりようがない。例 いくつもの薬《くすり》をためしたが効果《こうか》がなく、万策尽きた。

はんざつ【煩雑・繁雑】 名詞 形容動詞 ものごとが多《おお》く、ごたごたしていること。こみ入《い》っていてめんどうなこと。例 煩雑な手続《てつづ》き。

宮中《きゅうちゅう》の女官《にょかん》である伴内侍《ばんのないし》の配慮《はいりょ》で、少女《しょうじょ》のふりをして下働《したばたら》きをしている。ある日《ひ》、音羽《おとわ》は東宮《とうぐう》（皇太子《こうたいし》）のことから、音羽《おとわ》は秘密《ひみつ》の真相《しんそう》に近《ちか》づいていく…。史実《しじつ》にもとづきながら創造《そうぞう》された、歴史《れきし》ファンタジー。

ハンサム (handsome) 名詞 形容動詞 男《おとこ》の人《ひと》の顔立《かおだ》ちが美《うつく》しいこと。また、そのような男《おとこ》の人《ひと》。

ばんさん【晩さん】 名詞 夜《よる》の食事《しょくじ》。とくに、あらたまった席《せき》での夕食《ゆうしょく》。例 晩《ばん》さん会《かい》。

はんし【半紙】 名詞 習字《しゅうじ》などに使《つか》う和紙《わし》。縦《たて》二十五《にじゅうご》センチメートル、横三十五《よこさんじゅうご》センチメートルくらいの大《おお》きさ。

はんし【藩士】 名詞 江戸時代《えどじだい》、大名《だいみょう》に家来《けらい》として仕《つか》えていた武士《ぶし》。

はんじ【判事】 名詞 裁判《さいばん》を行《おこな》い、判決《はんけつ》を下《くだ》す役目《やくめ》の人《ひと》。裁判官《さいばんかん》の一《ひと》つ。

ばんじ【万事】 名詞 すべてのこと。例 万事《ばんじ》うまくいった。

●**万事休《ばんじきゅう》す** もうどうすることもできない。手《て》の打《う》ちようがない。

パンジー →546ページ さんしきすみれ

はんしはんしょう【半死半生】 名詞 今《いま》にも死《し》にそうな状態《じょうたい》のこと。ほとんど死《し》にかかっていること。例 半死半生《はんしはんしょう》で救出《きゅうしゅつ》される。

はんしゃ【反射】 名詞 動詞 光《ひかり》や音《おと》、熱《ねつ》などが、物《もの》にぶつかってはね返《かえ》ること。例 光《ひかり》が鏡《かがみ》に当《あ》たって反射《はんしゃ》する。

はんしゃきょう【反射鏡】 名詞 光《ひかり》や熱《ねつ》をはね返《かえ》す鏡《かがみ》。例 顕微鏡《けんびきょう》の反射鏡《はんしゃきょう》。

はんしゃざい【反射材】 名詞 光《ひかり》を、来《き》た方《ほう》向《こう》にそのまま反射《はんしゃ》する素材《そざい》。歩行者《ほこうしゃ》などが身《み》に着《つ》けると運転者《うんてんしゃ》から見《み》つけやすくなり、夜間《やかん》の交通事故《こうつうじこ》を防《ふせ》ぐのに役立《やくだ》つ。

はんしゃしきストーブ【反射式ストーブ】 名詞 熱《ねつ》を出《だ》す部分《ぶぶん》の後《うし》ろに熱《ねつ》を反射《はんしゃ》するように金属《きんぞく》の板《いた》があり、前《まえ》のほうが暖《あたた》かくなるようにできているストーブ。

はんしゃてき【反射的】 形容動詞 ある刺激《しげき》を受《う》けたとき、無意識《むいしき》のうちにすぐに反応《はんのう》して、何《なに》かをするようす。例 ボールが飛《と》んできたので、反射的《はんしゃてき》に飛《と》びのいた。

はんしゅ【藩主】 名詞 江戸時代《えどじだい》、藩《はん》を治《おさ》めていた人《ひと》。大名《だいみょう》。

ばんしゅう【晩秋】 名詞 季語秋 秋《あき》の終《お》わりごろ。類 暮秋《ぼしゅう》。対 初秋《しょしゅう》。

はんじゅく【半熟】 名詞 ❶食《た》べ物《もの》がよく煮《に》えていないこと。生煮《なまに》え。例 半熟《はんじゅく》の卵《たまご》。❷果物《くだもの》の実《み》が、まだ完全《かんぜん》に熟《じゅく》していないこと。

はんしゅつ【搬出】 名詞 動詞 物《もの》を運《はこ》び出《だ》すこと。例 展覧会場《てんらんかいじょう》から作品《さくひん》を搬出《はんしゅつ》する。対 搬入《はんにゅう》。

ばんしゅん【晩春】 名詞 季語春 春《はる》の終《お》わりごろ。対 初春《しょしゅん》。早春《そうしゅん》。

ばんしょ【板書】 名詞 動詞 黒板《こくばん》やホワイトボードに書《か》くこと。また、書《か》かれた文字《もじ》や図《ず》など。例 板書《ばんしょ》をノートに書《か》き写《うつ》す。

はんしょう【半焼】 名詞 動詞 火事《かじ》で、建物《たてもの》が半分《はんぶん》くらい焼《や》けること。関連 全焼《ぜんしょう》。

はんしょう【半鐘】 名詞 火《ひ》の見《み》やぐらなどにとりつけてあり、火事《かじ》などを知《し》らせるときに打《う》つ小《ちい》さいつりがね。

はんしょう【半鐘】

はんじょう【繁盛】 名詞 動詞 店《みせ》や事業《じぎょう》などがうまくいって、にぎわい栄《さか》えること。例 商売《しょうばい》繁盛《はんじょう》／店《みせ》が繁盛《はんじょう》する。ことば「繁昌」とも書《か》く。

ばんしょう【晩鐘】 名詞 寺《てら》や教会《きょうかい》で、夕方《ゆうがた》に鳴《な》らすかねの音《おと》。

バンジョー (banjo) 名詞 弦楽器《げんがっき》の一《ひと》つ。四本《よんほん》から九本《きゅうほん》ある弦《げん》をはじいて演奏《えんそう》する。アメリカ民謡《みんよう》やジャズなどの演奏《えんそう》に用《もち》いられる。

はんしょく【繁殖】 名詞 動詞 動物《どうぶつ》や植物《しょくぶつ》が育《そだ》ち、ふえること。例 かもめの繁殖地《はんしょくち》／ねずみが繁殖《はんしょく》する。

はんしん【半身】 名詞 体《からだ》の左右《さゆう》、または上下《じょうげ》の半分《はんぶん》。例 上半身《じょうはんしん》／左半身《ひだりはんしん》。

はんしんあわじだいしんさい【阪神・淡路大震災】 名詞 一九九五年一月十七日《ねんいちがつじゅうしちにち》に起《お》きた兵庫県南部地震《ひょうごけんなんぶじしん》による、大《おお》きな災害《さいがい》。とくに、神戸市《こうべし》を中心《ちゅうしん》とした阪神地域《はんしんちいき》や淡路島《あわじしま》の北部《ほくぶ》が大《おお》きな被害《ひがい》を受《う》けた。

はんしんこうぎょうちたい【阪神工業地帯】 名詞 大阪市《おおさかし》と神戸市《こうべし》を中心《ちゅうしん》に広《ひろ》がる、工業《こうぎょう》のさかんな地域《ちいき》。

はんしんはんぎ【半信半疑】 名詞 半分信《はんぶんしん》じ、半分疑《はんぶんうたが》うこと。うそかほんとうかわからなくて、迷《まよ》うこと。例 半信半疑《はんしんはんぎ》で話《はなし》を聞《き》く。

はんすう【半数】 名詞 全体《ぜんたい》の数《かず》の半分《はんぶん》。例 クラスの半数《はんすう》の人《ひと》が集《あつ》まった。

はんすう【反すう】 名詞 動詞 ❶牛《うし》・羊《ひつじ》などのなかまの動物《どうぶつ》が、一度飲《いちどの》みこん

読書のこみち 高 中 低 『えんの松原《まつばら》』伊藤遊《いとうゆう》　時《とき》は平安時代《へいあんじだい》。13才《さい》の少年《しょうねん》、音羽《おとわ》は、せっぱつまった事情《じじょう》から、憲平親王《のりひらしんのう》と出会《であ》う。高《たか》い身分《みぶん》にありながら、夜《よ》ごと怨霊《おんりょう》に苦《くる》しめられる親王《しんのう》。ひょんな

だ食《た》べ物《もの》をまた口《くち》の中《なか》にもどし、かみ直《なお》すこと。
❷あることについてくり返《かえ》し考《かんが》えること。例 先生《せんせい》のことばを心《こころ》の中《なか》で反すうした。

ハンスト 名詞 自分《じぶん》たちの要求《ようきゅう》を通《とお》すために、絶食《ぜっしょく》を続《つづ》けるストライキ。ことば 英語《えいご》の「ハンガーストライキ」の略《りゃく》。

はんズボン【半ズボン】 名詞 季語 夏 ひざの上《うえ》までの長《なが》さの短《みじか》いズボン。

はんする【反する】 動詞
❶反対《はんたい》になる。例 予報《よほう》に反《はん》して雨《あめ》が降《ふ》った。
❷違反《いはん》する。そむく。例 教《おし》えに反《はん》する行《おこな》い。

はんせい【反省】 名詞 動詞 自分《じぶん》の行《おこな》いをふり返《かえ》り、よかったかどうかなどをよく考《かんが》えること。例 自分《じぶん》が悪《わる》かったと反省《はんせい》する。

はんせい【半生】 名詞 人《ひと》の一生《いっしょう》の半分《はんぶん》。

ばんせい【晩成】 名詞 動詞 ふつうよりおくれて完成《かんせい》すること。また、年《とし》をとってから成功《せいこう》すること。例 大器晩成《たいきばんせい》。

はんせいき【半世紀】 名詞 一世紀《いっせいき》の半分《はんぶん》。五十年《ごじゅうねん》。

はんせん【反戦】 名詞 戦争《せんそう》に反対《はんたい》すること。

はんせん【帆船】 名詞 帆《ほ》をかけて風《かぜ》を受《う》け、その力《ちから》で進《すす》む船《ふね》。ほかけ船《ぶね》。

ばんぜん【万全】 名詞 形容動詞 少《すこ》しも手落《てお》ちがなく、完全《かんぜん》なこと。例 台風《たいふう》への備《そな》えは万全だ。

はんせん【帆船】

ハンセンびょう【ハンセン病】 名詞 らい菌《きん》によって起《お》こる感染症《かんせんしょう》。以前《いぜん》は治《なお》らない病《びょう》気《き》とされていたが、今《いま》では薬《くすり》によって治《なお》るようになった。らい病《びょう》。参考 らい菌《きん》を発見《はっけん》した、ノルウェーの医者《いしゃ》ハンセンの名《な》から、この名《な》がつけられた。

はんそう【搬送】 名詞 動詞 荷物《にもつ》などを運《はこ》び送《おく》ること。例 ピアノを会場《かいじょう》まで搬送する。

ばんそう【伴奏】 名詞 動詞 中心《ちゅうしん》になる歌《うた》や楽《がっ》器《き》を引《ひ》き立《た》てるために演奏《えんそう》すること。また、その演奏《えんそう》。例 ピアノの伴奏《ばんそう》に合《あ》わせて歌《うた》を歌《うた》う。

ばんそうこう 名詞 傷口《きずぐち》をおおったり、包帯《ほうたい》を留《と》めたりするときにはる、紙《かみ》や布《ぬの》。

はんそく【反則】 名詞 動詞 スポーツやゲームなどで、ルールを破《やぶ》ること。

はんそで【半袖】 名詞 ひじまでくらいの長《なが》さのそで。また、そういうそでの服《ふく》。

はんだ 名詞 すずとなまりの合金《ごうきん》。金属《きんぞく》をつなぎ合《あ》わせるときに使《つか》う。例 はんだづけ。

パンダ（panda）名詞 中国西部《ちゅうごくせいぶ》の高《こう》山《ざん》にすむ動物《どうぶつ》。全体《ぜんたい》に白《しろ》く、耳《みみ》・目《め》のまわり・手足《てあし》などが黒《くろ》い。体長《たいちょう》一・五メートルくらい。竹《たけ》やささを食《た》べる。

パンダ

ハンター（hunter）名詞 かりをする人《ひと》。猟師《りょうし》。狩人《かりゅうど》。

はんたい【反対】
❶名詞 形容動詞 逆《ぎゃく》であること。あべこべ。例 反対方向《ほうこう》へ進《すす》む／シャツを裏表《うらおもて》反対に着《き》る。
❷名詞 動詞 人《ひと》の意見《いけん》や考《かんが》えに逆《さか》らうこと。例 友《とも》だちの意見《いけん》に反対する。対 賛成《さんせい》。

はんだい【飯台】 名詞 食事《しょくじ》をするときの台《だい》。ちゃぶ台《だい》。

ばんだいあさひこくりつこうえん【磐梯朝日国立公園】 名詞 山形《やまがた》・新潟《にいがた》・福島《ふくしま》の三県《さんけん》にまたがる国立公園《こくりつこうえん》。出羽三山《でわさんざん》（羽黒《はぐろ》山《さん》・月山《がっさん》・湯殿山《ゆどのさん》）・飯豊山地《いいでさんち》・朝日岳《あさひだけ》・磐梯《ばんだい》山《さん》・猪苗代湖《いなわしろこ》などをふくむ。

はんたいご【反対語】 名詞 たがいに反対《はんたい》の意味《いみ》を持《も》つことば。「上《うえ》」と「下《した》」、「裏《うら》」と「表《おもて》」など。類 対義語《たいぎご》。

ばんだいさん【磐梯山】 名詞 福島県《ふくしまけん》の北部《ほくぶ》にある火山《かざん》。一八八八年《ねん》の大噴火《だいふんか》で、北側《きたがわ》に多《おお》くの湖《みずうみ》やぬまができた。磐梯朝日国立公園《ばんだいあさひこくりつこうえん》にふくまれる。

はんたいしょく【反対色】 名詞 決《き》まった量《りょう》を混《ま》ぜ合《あ》わせると、絵《え》の具《ぐ》なら灰色《はいいろ》になる二《ふた》つの色《いろ》。赤《あか》と青緑《あおみどり》など。「補色《ほしょく》」ともいう。

はんだくおん【半濁音】 名詞 かなの右上《みぎうえ》に「゜」（＝半濁点《はんだくてん》）をつけて書《か》き表《あらわ》される音《おと》。「パ」「ピ」「プ」「ペ」「ポ」「ピャ」「ピュ」「ピョ」のこと。関連 清音《せいおん》。濁音《だくおん》。

はんだくてん【半濁点】 名詞「ぱ」「ポ」など、半濁音《はんだくおん》を書《か》き表《あらわ》すときに、かなの右上《みぎうえ》につ

は「大仏《だいぶつ》の千次《せんじ》」と呼《よ》ばれる岡《おか》っ引《ぴ》きの親分《おやぶん》。今《いま》でいうなら、警察《けいさつ》の仕事《しごと》を助《たす》ける役目《やくめ》です。この親分《おやぶん》、人《ひと》はいい太郎《たろう》。ときには寺子屋《てらこや》の先生《せんせい》や友《とも》だちの協力《きょうりょく》を得《え》て、なぞを解《と》き明《あ》かします。シリーズは全部《ぜんぶ》で６巻あります。

ける「・」のしるし。

パンタグラフ (pantograph) 名詞 電車《でんしゃ》の屋根《やね》についている、電線《でんせん》から電気《でんき》をとり入《い》れるための折《お》りたたみ式《しき》の装置《そうち》。

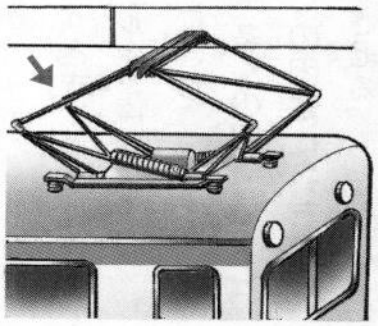
パンタグラフ

はんだん【判断】 名詞 動詞 ものごとのよい悪《わる》いなどを見《み》きわめること。ものごとに対《たい》する自《じ》分《ぶん》の考《かんが》えを、はっきり決《き》めること。また、その考《かんが》え。例 どうしたらよいか、判断がつかない／出席《しゅっせき》するかどうかは、体調《たいちょう》をみて判断します。

ばんたん【万端】 名詞 そのことに関《かん》して必要《ひつよう》なすべてのことがら。例 準備《じゅんび》万端とととのえて、明日《あす》の開会式《かいかいしき》を待《ま》つ。

ばんち【番地】 名詞 場所《ばしょ》をはっきり示《しめ》すためにつけられた、土地《とち》の番号《ばんごう》。

パンチ (punch) 名詞 ❶切符《きっぷ》やカードに穴《あな》をあける道具《どうぐ》。また、それで穴《あな》をあけること。❷にぎりこぶしで相手《あいて》をなぐること。❸相手《あいて》に強《つよ》い印象《いんしょう》をあたえること。例 パンチのきいた歌声《うたごえ》。

ばんちゃ【番茶】 名詞 よいところをつみとったあとのかたい葉《は》でつくったお茶《ちゃ》。

はんちょう【班長】 名詞 班《はん》の代表者《だいひょうしゃ》。班《はん》の責任者《せきにんしゃ》。

ハンチング 名詞 つばのついた、平《ひら》たい帽子《ぼうし》。

パンツ (pants) 名詞 ❶ズボン風《ふう》の下着《したぎ》。❷運動用《うんどうよう》のズボン。例 トレーニングパンツ。❸ズボン。例 パンツスーツ。

はんつき【半月】 名詞 一《いっ》か月《げつ》の半分《はんぶん》。ことば「はんげつ」と読《よ》むと別《べつ》の意味《いみ》。

ばんづけ【番付】 名詞 すもうで、力士《りきし》の地位《ちい》を順《じゅん》に書《か》いたもの。また、それをまねてつくった、地位《ちい》や順位《じゅんい》を書《か》いた紙《かみ》。例 長者《ちょうじゃ》番付。

ハンデ 名詞 「ハンディキャップ」の略《りゃく》。「ハンディ」ともいう。例 ハンデをつけて対戦《たいせん》する。

はんてい【判定】 名詞 動詞 ものごとのよい悪《わる》い・勝《か》ち負《ま》けなどを、よく見分《みわ》けて決《き》めること。例 判定勝《が》ち／順位《じゅんい》を写真《しゃしん》で判定する。

ハンディ ⇩1091ページ ハンディキャップ

ハンディー (handy) 形容動詞 大《おお》きさが手《て》ごろであつかいやすい。持《も》ち運《はこ》びしやすい。例 ハンディーサイズ／ハンディーな国語辞典《こくごじてん》。

パンティー (panties) 名詞 女性《じょせい》がはく、短《みじか》い下着《したぎ》。

ハンディキャップ (handicap) 名詞 ❶スポーツやゲームなどで、差《さ》がつかないように、すぐれた者《もの》にあたえる不利《ふり》な条件《じょうけん》。例 大人《おとな》の参加者《さんかしゃ》にはハンディキャップをつける。❷不利《ふり》な条件《じょうけん》。例 足《あし》のけががというハンディキャップにも負《ま》けずに走《はし》りぬく。ことば 略《りゃく》して「ハンディ」「ハンデ」ともいう。

はんてん【反転】 名詞 動詞 ❶ひっくり返《かえ》ること。また、ひっくり返《かえ》すこと。例 ベッドの上《うえ》で体《からだ》を反転させる。❷反対《はんたい》の方向《ほうこう》に向《む》きが変《か》わること。例 車《くるま》を反転させて道《みち》をもどる。また、向《む》きを変《か》えること。

はんてん【半天】 名詞 ❶天《てん》の半分《はんぶん》。空《そら》の半分《はんぶん》。❷空《そら》の中《なか》ほど。中空《なかぞら》。例 半天にかかる満月《まんげつ》。

はんてん【斑点】 名詞 まだらに散《ち》らばっている点《てん》。例 チーターには黒《くろ》い斑点がある。

はんてん【半てん】 名詞 ❶羽織《はおり》に似《に》た形《かたち》のうわっぱり。綿《わた》などを入《い》れて防寒用《ぼうかんよう》に着《き》ることが多《おお》い。❷「しるしばんてん」の略《りゃく》。

ハンド (hand) 名詞 「手《て》」のこと。

バント (bunt) 名詞 動詞 野球《やきゅう》で、バッターがボールをバットに軽《かる》く当《あ》てて転《ころ》がす打《う》ち方《かた》。

バンド (band) 名詞 ❶革《かわ》や布《ぬの》などでできた、こしにしめる帯《おび》。ベルト。❷物《もの》を束《たば》ねたりするひも。例 ヘアバンド。❸楽団《がくだん》。例 ブラスバンド。

はんとう【半島】 名詞 海《うみ》につき出《で》ている陸《りく》地《ち》。例 伊豆《いず》半島。

はんどう【反動】 名詞 ❶あるものに力《ちから》がはたらくとき、その力《ちから》と反対《はんたい》の方向《ほうこう》に起《お》こる力《ちから》。例 バスが急《きゅう》に止《と》まり、その反動でたおれそうになった。❷世《よ》の中《なか》の流《なが》れに逆《さか》らって、進歩《しんぽ》をさまたげること。例 反動勢力《せいりょく》。

読書のこみち　高 中 低 『お江戸《えど》の百太郎《ひゃくたろう》』那須正幹《なすまさもと》　江戸《えど》は本所亀沢町《ほんじょかめざわちょう》の長屋《ながや》に住《す》んでいる百太郎《ひゃくたろう》の父《とう》ちゃんいのですが、推理力《すいりりょく》はいまひとつ。代《か》わりにするどく頭《あたま》をはたらかせるのが、息子《むすこ》の百《ひゃく》

ばんとう【晩冬】 名詞 冬《ふゆ》の終《お》わりごろ。対 初《しょ》冬《とう》。

ばんとう【番頭】 名詞 店《みせ》や旅館《りょかん》などで、やとわれている人《ひと》のかしら。

はんどうたい【半導体】 名詞 よく電気《でんき》を通《とお》すものと、電気《でんき》を通《とお》さないものとの中間《ちゅうかん》の性《せい》質《しつ》の物質《ぶっしつ》。シリコンやゲルマニウムなど。参考 コンピューターなどの部品《ぶひん》をつくるのに使《つか》う。

はんとき【半時】 名詞 ❶昔《むかし》の時間《じかん》の数《かぞ》え方《かた》で、一時《いっとき》の半分《はんぶん》。だいたい今《いま》の一時間《いちじかん》に当《あ》たる。❷ほんの少《すこ》しの間《あいだ》。例 半時も休《やす》まなかった。

はんとし【半年】 名詞 一年《いちねん》の半分《はんぶん》。六《ろっ》か月《げつ》。

ハンドバッグ (handbag) 名詞 女《おんな》の人《ひと》が持《も》ち歩《ある》く、小《ちい》さな手《て》さげかばん。

ハンドボール (handball) 名詞 七人《しちにん》ずつの二《に》チームが、一《ひと》つのボールをうばい合《あ》い、相手《あいて》のゴールへ投《な》げこんで点《てん》をとり合《あ》う球技《きゅうぎ》。

パントマイム (pantomime) 名詞 せりふを言《い》わずに、体《からだ》の動《うご》きや表情《ひょうじょう》だけで演《えん》じる劇《げき》。無《む》言劇《ごんげき》。

ハンドル (handle) 名詞 ❶自動車《じどうしゃ》や機械《きかい》を動《うご》かすとき、手《て》でにぎってあつかうもの。例 ハンドルを左《ひだり》に切《き》る。❷ドアなどの取《と》っ手《て》。にぎり。

ばんなん【万難】 名詞 多《おお》くの困難《こんなん》なこと。

● **万難《ばんなん》を排《はい》する** 多《おお》くの困難《こんなん》に打《う》ち勝《か》つ。例 万難を排して橋《はし》を完成《かんせい》させる。

はんにち【半日】 名詞 一日《いちにち》の半分《はんぶん》。

はんにゃ【般若】 名詞 二本《にほん》の角《つの》を持《も》った、おそろしい顔《かお》の女《おんな》のおにの能《のう》面《めん》。

はんにゃ

はんにゅう【搬入】 名詞 動詞 物《もの》を運《はこ》び入《い》れること。例 展示《てんじ》会場《かいじょう》に作品《さくひん》を搬入する。対 搬出《はんしゅつ》。

はんにん【犯人】 名詞 罪《つみ》をおかした人《ひと》。

ばんにん【万人】 名詞 すべての人《ひと》。多《おお》くの人《ひと》。例 万人の認《みと》める意見《いけん》。

ばんにん【番人】 名詞 見張《みは》り番《ばん》をする人《ひと》。

はんにんまえ【半人前】 名詞 ❶一人分《ひとりぶん》の半分《はんぶん》の量《りょう》。❷わざや経験《けいけん》などが足《た》りなくて、一人前《いちにんまえ》のはたらきができないこと。例 まだまだ半人前だ。対 一人前《いちにんまえ》。

ばんねん【晩年】 名詞 人《ひと》の一生《いっしょう》のうちで、終《お》わりに近《ちか》いころ。

はんのう【反応】 名詞 動詞 ❶二《ふた》つ以上《いじょう》のちがう物質《ぶっしつ》が合《あ》わさったときに、性質《せいしつ》が変化《へんか》すること。また、その変化《へんか》。例 化《か》学《がく》反応。❷生物《せいぶつ》がほかからの刺激《しげき》を受《う》けて起《お》こす、動《うご》きや変化《へんか》。例 光《ひかり》に反応してひとみの大《おお》きさが変《か》わる。❸あるはたらきかけに対《たい》して起《お》こる、動《うご》きや変《へん》化《か》。手《て》ごたえ。例 名前《なまえ》を呼《よ》んだが反応がない。

ばんのう【万能】 名詞 ❶何《なに》に対《たい》してもよく効《き》くこと。例 万能薬《やく》。❷なんでもよくできること。例 スポーツ万能。

はんのうはんぎょ【半農半漁】 名詞 農業《のうぎょう》と漁業《ぎょぎょう》の両方《りょうほう》をやって暮《く》らしていること。

はんぱ【半端】 名詞 形容動詞 ❶数《かず》や形《かたち》がそろっていないこと。例 おやつを配《くば》っていったら半端が出《で》た／半端な食器《しょっき》。❷どっちつかずではっきりしないこと。例 中《ちゅう》途《と》半端／半端なやり方《かた》。

バンパー (bumper) 名詞 自動車《じどうしゃ》などの前後《ぜんご》についている、ぶつかったときのショックを小《ちい》さくするための装置《そうち》。

ハンバーガー (hamburger) 名詞 まるいパンにハンバーグをはさんだ食《た》べ物《もの》。

ハンバーグ ↓1092ジペー ハンバーグステーキ

ハンバーグステーキ (hamburg steak) 名詞 ひき肉《にく》にたまねぎのみじん切《ぎ》りやパン粉《こ》などを加《くわ》え、平《たい》らなまるい形《かたち》にして焼《や》いたもの。ハンバーグ。

はんばい【販売】 名詞 動詞 品物《しなもの》を売《う》ること。例 切手《きって》を販売している店《みせ》。対 購入《こうにゅう》。購買《こうばい》。

ばんぱく【万博】 ↓1088ジペー ばんこくはくらんかい

はんぱつ【反発】 名詞 動詞 ❶はね返《かえ》ること。はね返《かえ》すこと。例 反発力《りょく》。❷ある人《ひと》の意見《いけん》や考《かんが》えなどを、受《う》け入《い》れないこと。逆《さか》らうこと。例 自分勝手《じぶんかって》な発言《はつげん》にみんなが反発した。

はんはん【半半】 名詞 半分《はんぶん》ずつ。五分《ごぶ》五分《ごぶ》。例 一《ひと》つのケーキを妹《いもうと》と半々に分《わ》ける。

はんぴれい【反比例】 名詞 動詞 二《ふた》つの数《かず》や量《りょう》

いつも木《き》のそばで遊《あそ》んでいたその子《こ》も、やがて大人《おとな》になり、木《き》はひとりぼっちでいることが多《おお》くなります。たまんであたえ続《つづ》けますが…。大《おお》きな木《き》の深《ふか》い愛情《あいじょう》に切《せつ》なくなる絵本《えほん》です。

の、一方《いっぽう》が二倍《にばい》、三倍《さんばい》になると、もう一方《いっぽう》が二《に》分《ぶん》の一《いち》、三分《さんぶん》の一《いち》になる関係《かんけい》。例 走《はし》るきょりが決《き》まっているとき、電車《でんしゃ》の速《はや》さとかかる時間《じかん》は反比例する。対 比例《ひれい》。正比例《せいひれい》。

はんぷ【頒布】 名詞 動詞 多《おお》くの人《ひと》にいきわたるように、配《くば》って分《わ》けること。例 試供品《しきょうひん》を頒布する／ワインの頒布会《かい》。

はんぷく【反復】 名詞 動詞 くり返《かえ》すこと。例 反復して練習《れんしゅう》すればうまくなる。

ばんぶつ【万物】 名詞 この世《よ》の中《なか》の、すべてのもの。

パンフレット（pamphlet）名詞 宣伝《せんでん》や説明《せつめい》などを書《か》いて簡単《かんたん》にとじたうすい本《ほん》。

はんぶん【半分】
❶ 名詞 二《ふた》つに分《わ》けた一《ひと》つ。二分《にぶん》の一《いち》。
❷ 接尾語（ほかのことばのあとにつけて）半《なか》ば…の気持《きも》ちで。例 遊《あそ》び半分／冷《ひ》やかし半分。

ばんぺい【番兵】 名詞 見張《みは》りをする兵士《へいし》。

はんべつ【判別】 名詞 動詞 ものごとのちがいをはっきりと見分《みわ》けて、区別《くべつ》すること。例 かれいとひらめは判別しにくい。類 識別《しきべつ》。

はんぺん 名詞 魚《さかな》のすり身《み》に、やまいもなどを加《くわ》えて練《ね》り、ゆでた食品《しょくひん》。

ハンマー（hammer）名詞
❶物《もの》をたたくのに使《つか》う、鉄《てつ》の大《おお》きな金《かな》づち。
❷ハンマー投《な》げの競技《きょうぎ》に使《つか》う、鉄線《てっせん》につないだ鉄《てつ》の玉《たま》。

ハンマーなげ【ハンマー投げ】 名詞 陸上《りくじょう》競技《きょうぎ》の一《ひと》つ。鉄線《てっせん》につないだ鉄《てつ》の玉《たま》を投《な》げ、飛《と》んだきょりを争《あらそ》う。

はんめい【判明】 名詞 動詞 はっきりわかること。例 火事《かじ》の原因《げんいん》が判明した。

ばんめし【晩飯】 名詞 「夕食《ゆうしょく》」のくだけた言《い》い方《かた》。関連 朝飯《あさめし》。昼飯《ひるめし》。夕飯《ゆうめし》。

はんめん【反面】
❶ 名詞 反対側《はんたいがわ》の面《めん》。
❷ 副詞 もう一方《いっぽう》では。例 この仕事《しごと》は難《むずか》しいが、反面やりがいもある。

はんめん【半面】 名詞
❶顔《かお》の半分《はんぶん》。
❷片側《かたがわ》の面《めん》。例 テニスコートの半面。
❸ものごとの、ある一面《いちめん》。例 問題《もんだい》の半面だけを見《み》て判断《はんだん》してはいけない。

はんも【繁茂】 名詞 動詞 草《くさ》や木《き》が、勢《いきお》いよくたくさんしげること。

はんもく【反目】 名詞 動詞 仲《なか》が悪《わる》くて対立《たいりつ》すること。例 二人《ふたり》は反目しあっている。

ハンモック（hammock）名詞 季語 夏 柱《はしら》や木《き》の間《あいだ》などにつる、じょうぶなあみや布《ぬの》でつくったねどこ。

ハンモック

はんもと【版元】 名詞 本《ほん》や雑誌《ざっし》を出版《しゅっぱん》している会《かい》社《しゃ》。出版元《しゅっぱんもと》。

はんもん【反問】 名詞 動詞 人《ひと》の質問《しつもん》に答《こた》えないで、反《はん》対《たい》に聞《き》き返《かえ》すこと。

はんもん【煩もん】 名詞 動詞 なやみ苦《くる》しむこと。もだえ苦《くる》しむこと。例 日夜《にちや》煩もんする。

ばんゆういんりょく【万有引力】 名詞 すべての物《もの》の間《あいだ》に、たがいに引《ひ》き合《あ》うようにはたらいている力《ちから》。参考 ニュートンが発見《はっけん》した。

ばんらいのはくしゅ【万雷の拍手】 たくさんの雷《かみなり》が鳴《な》るように、大勢《おおぜい》の人《ひと》がさかんにする拍手《はくしゅ》。例 万雷の拍手にむかえられる。

はんらん【反乱】 名詞 動詞 国《くに》や政府《せいふ》などにそむいて、世《よ》の中《なか》を乱《みだ》すこと。例 反乱を起《お》こす。

はんらん【氾濫】 名詞 動詞
❶川《かわ》などの水《みず》がいっぱいになって、あふれ出《だ》すこと。例 大雨《おおあめ》が降《ふ》って川《かわ》が氾濫した。
❷物《もの》がたくさん出回《でまわ》ること。例 商品《しょうひん》の広告《こうこく》が町《まち》じゅうに氾濫している。
使い方 ❷は、ふつうよくない意味《いみ》で使《つか》う。

ばんり【万里】 名詞 とても長《なが》いきょり。ことば 「里《り》」は、昔《むかし》のきょりの単位《たんい》。

ばんりのちょうじょう【万里の長城】 名詞 古代《こだい》の中国《ちゅうごく》で、敵《てき》から国《くに》を守《まも》るために築《きず》いた長《なが》い城壁《じょうへき》。

ばんりょく【万緑】 名詞 季語 夏 あたり一面《いちめん》、草《くさ》や木々《きぎ》が緑色《みどりいろ》にしげっていること。

はんれい【凡例】 名詞 本《ほん》の初《はじ》めにある、その本《ほん》の使《つか》い方《かた》・記号《きごう》・読《よ》むときの注意《ちゅうい》などを書《か》いたもの。

はんろ【販路】 名詞 品物《しなもの》を売《う》りさばく方面《ほうめん》。例 販路を広《ひろ》げる。

はんろん【反論】 名詞 動詞 相手《あいて》の意見《いけん》に対《たい》して反対《はんたい》の意見《いけん》を述《の》べること。また、その意見《いけん》。

読書のこみち　高 中 低　『おおきな木《き》』シルヴァスタイン作《さく》・絵《え》　大《おお》きなりんごの木《き》と仲《なか》よしのひとりの男《おとこ》の子《こ》。に男《おとこ》の子《こ》がやってくると、りんごの木《き》はうれしくて、かれの言《い》うまま、ほしがるものを喜《よろこ》

ひ

ヒ
びび
ピピ

下《した》の 手話にチャレンジ を見《み》よう。

ひ【日】 名詞
❶太陽《たいよう》。例 日の出《で》。
❷太陽《たいよう》の光《ひかり》や熱《ねつ》。例 日なた／日が差《さ》す。
❸昼間《ひるま》。例 夏《なつ》は日が長《なが》い。
❹一日《いちにち》。二十四時間《にじゅうよじかん》。例 日に一度《いちど》体操《たいそう》する。
❺ある特定《とくてい》の一日《いちにち》。例 運動会《うんどうかい》の日。
❻日数《にっすう》。例 あれからずいぶん日がたった。
❼時《とき》。ころ。時代《じだい》。例 幼《おさな》い日の思《おも》い出《で》。
漢 ↓996ページ にち〔日〕

● **日《ひ》が浅《あさ》い** まだあまり日《ひ》がたっていない。例 サッカー部《ぶ》に入《はい》って、まだ日が浅い。

● **日《ひ》の目《め》を見《み》る** ↓1121ページ ひのめをみる

● **日《ひ》を改《あらた》める** その日《ひ》ではなく、別《べつ》の日《ひ》にする。例 日を改めて会《あ》いに行《い》く。

● **日《ひ》を追《お》って** 日《ひ》がたつにつれて。例 妹《いもうと》は日を追ってピアノが上手《じょうず》になっている。

ひ【比】 名詞
❶二《ふた》つの数量《すうりょう》を比《くら》べたとき、一方《いっぽう》がもう一方《いっぽう》の何倍《なんばい》に当《あ》たるかを表《あらわ》したもの。割合《わりあい》。例 縦《たて》と横《よこ》の比を調《しら》べる。教科 算 記号《きごう》「：」を使《つか》って、2：3や9：4：5のように表《あらわ》す。
❷比《くら》べて同《おな》じくらいのもの。
漢 ↓1094ページ ひ〔比〕

● **比《ひ》ではない** 比《くら》べることができないほどよい。例 兄《あに》の将棋《しょうぎ》の強《つよ》さはわたしの比ではない。

● **比《ひ》の値《あたい》** ↓1120ページ ひのあたい

漢 **ひ【比】**〔比《ならびひ》〕 4画 5年 音 ヒ 訓 くらべる

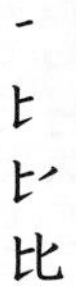

❶くらべる。ならべる。例 比較《ひかく》／比類《ひるい》／対比《たいひ》／無比《むひ》。❷たとえる。たとえ。例 比喩《ひゆ》。❸わりあい。例 比重《ひじゅう》／比率《ひりつ》／比例《ひれい》。

ひ【火】 名詞
❶光《ひかり》と熱《ねつ》を出《だ》して燃《も》えているもの。ほのお。
❷ある場所《ばしょ》や体《からだ》をあたためるために燃《も》やすもの。例 火に当《あ》たる。
❸火事《かじ》。例 火の用心《ようじん》。
漢 ↓215ページ か〔火〕

● **火《ひ》が付《つ》く**
❶燃《も》え始《はじ》める。
❷さわぎが起《お》こる。また、勢《いきお》いが加《くわ》わって激《はげ》しくなる。例 争《あらそ》いに火が付く。
❸さしせまっているようす。あわただしいようす。例 足元《あしもと》に火が付く／しりに火が付く。

● **火《ひ》に油《あぶら》を注《そそ》ぐ** 勢《いきお》いのあるものに、さらに勢《いきお》いを加《くわ》えることのたとえ。例 おこっている人《ひと》に向《む》かって「きみも悪《わる》い」などと言《い》うのは、火に油を注ぐようなものだ。

● **火《ひ》の海《うみ》** ↓1120ページ ひのうみ

● **火《ひ》の消《き》えたよう** 急《きゅう》に活気《かっき》がなくなって、さびしくなったようす。例 お祭《まつ》りが終《お》わると、村《むら》は火の消えたようになった。

● **火《ひ》の車《くるま》** ↓1121ページ ひのくるま

● **火《ひ》の気《け》** ↓1121ページ ひのけ

● **火《ひ》の粉《こ》** ↓1121ページ ひのこ

● **火《ひ》の付《つ》いたよう**
❶急《きゅう》で、とてもあわただしいようす。
❷赤《あか》んぼうなどが激《はげ》しく泣《な》きさけぶようす。

● **火《ひ》の手《て》** ↓1121ページ ひのて

● **火《ひ》のない所《ところ》に煙《けむり》は立《た》たない** ことわざ うわさが立《た》つのは、何《なに》か原因《げんいん》があるからだということのたとえ。

● **火《ひ》の元《もと》** ↓1121ページ ひのもと

● **火《ひ》を通《とお》す** 煮《に》たり焼《や》いたりして、食《た》べ物《もの》に熱《ねつ》を加《くわ》える。例 肉《にく》によく火を通す。

● **火《ひ》を見《み》るよりも明《あき》らか** 故事成語 とてもはっきりしていること、当然《とうぜん》そうであることのたとえ。例 この話《はな》し合《あ》いがうまくいかないことは火を見るよりも明らかだ。使い方 「火《ひ》を見《み》るように明《あき》らか」といわないよう注意《ちゅうい》。

ひ【氷】「氷《こおり》」のこと。例 氷雨《さめ》／氷室《むろ》。漢 ↓1126ページ ひょう〔氷〕

漢 **ひ【皮】**〔皮《けがわ》〕 5画 3年 音 ヒ 訓 かわ

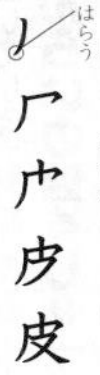

❶かわ。例 皮膚《ひふ》／毛皮《けがわ》／脱皮《だっぴ》。❷うわべ。表面《ひょうめん》。例 皮相《ひそう》。

ひ【妃】 名詞 王《おう》や皇族《こうぞく》の妻《つま》。きさき。例 王妃《おう》。

て「人《ひと》」を書《か》けばよい。一人《ひとり》の人《ひと》、または一般的《いっぱんてき》に人《ひと》を表《あらわ》すときに使《つか》うよ。

ひ【灯】 名詞 明《あ》かり。ともしび。例 町《まち》の家々《いえいえ》に灯がともる。漢↓914ジペー とう〔灯〕

漢 **ひ【否】**〔口《くち》〕7画 6年 音 ヒ 訓 いな

そうではないという意味《いみ》を表《あらわ》すことば。例 否《いな》めない／否決《ひけつ》／否定《ひてい》／安否《あんぴ》／可否《かひ》／賛否《さんぴ》。

漢 **ひ【批】**〔扌《てへん》〕7画 6年 音 ヒ

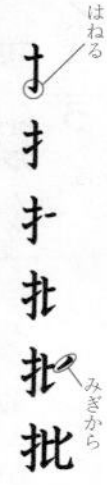

よい悪《わる》いを決《き》める。例 批判《ひはん》／批評《ひひょう》。

漢 **ひ【肥】**〔月《にくづき》〕8画 5年 音 ヒ 訓 こえる・こえ・こやす・こやし

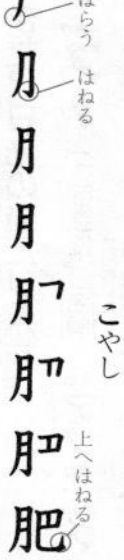

❶こやし。例 肥料《ひりょう》／追《お》い肥《ごえ》。❷ふとる。こえる。例 肥大《ひだい》／肥満《ひまん》。

ひ【非】
❶名詞 正《ただ》しくないこと。まちがっていること。例 自分《じぶん》の非を認《みと》めてあやまる。
❷接頭語（ほかのことばの前《まえ》につけて）「…ではない」の意味《いみ》を表《あらわ》す。例 非公開《ひこうかい》／非政府組織《ひせいふそしき》。
漢↓1095ジペー ひ〔非〕

●**非《ひ》の打《う》ち所《どころ》がない** 文句《もんく》のつけようがない。完全《かんぜん》だ。例 非の打ち所がないできばえ。

●**非を鳴《な》らす** 人《ひと》の悪《わる》いところをさかんに言《い》う。

漢 **ひ【非】**〔非《あらず》〕8画 5年 音 ヒ

❶…でない。そうではない。例 非公式《ひこうしき》／非常《ひじょう》／非常識《ひじょうしき》／非凡《ひぼん》。❷ただしくない。よくない。例 非行《ひこう》／非道《ひどう》／是非《ぜひ》。❸せめる。例 非難《ひなん》。

漢 **ひ【飛】**〔飛《とぶ》〕9画 4年 音 ヒ 訓 とぶ・とばす

とぶ。とばす。例 飛《と》び魚《うお》／飛行《ひこう》／飛来《ひらい》。

漢 **ひ【秘】**〔禾《のぎへん》〕10画 6年 音 ヒ 訓 ひめる

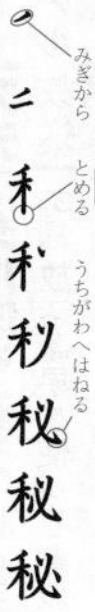

❶人《ひと》に知《し》らせない。かくす。例 秘《ひ》する／秘法《ひほう》／秘密《ひみつ》／極秘《ごくひ》／心《こころ》に秘《ひ》める。❷人《ひと》の力《ちから》では知《し》ることができない。例 秘境《ひきょう》／神秘的《しんぴてき》。

漢 **ひ【悲】**〔心《こころ》〕12画 3年 音 ヒ 訓 かなしい・かなしむ

❶かなしい。例 悲運《ひうん》／悲観《ひかん》／悲劇《ひげき》／悲痛《ひつう》。対 喜《き》。❷仏教《ぶっきょう》で、あわれみの心《こころ》。例 慈悲《じひ》。

漢 **ひ【費】**〔貝《かい》〕12画 5年 音 ヒ 訓 ついやす・ついえる

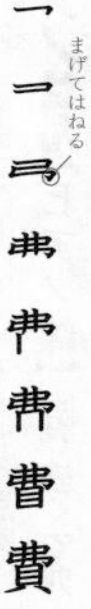

❶使《つか》ってへらす。例 出費《しゅっぴ》／消費《しょうひ》／浪費《ろうひ》。❷あることにつかわれるお金《かね》。例 費用《ひよう》／会費《かいひ》／学費《がくひ》／経費《けいひ》／旅費《りょひ》。

ひ【碑】 名詞 のちの世《よ》に残《のこ》すために、詩《し》や文章《ぶんしょう》などを刻《きざ》んで建《た》てた石《いし》。例 記念碑《きねんひ》。

-び【尾】 接尾語（数《かず》を表《あらわ》すことばのあとにつけて）魚《さかな》を数《かぞ》えるときに使《つか》うことば。例 にしん一尾《いちび》。

び【美】 名詞 ❶美《うつく》しいこと。きれいなこと。例 大自然《だいしぜん》の美。❷りっぱなこと。例 有終《ゆうしゅう》の美をかざる（＝ものごとをりっぱに終わらせる）。

漢 **び【美】**〔羊《ひつじ》〕9画 3年 音 ビ 訓 うつくしい

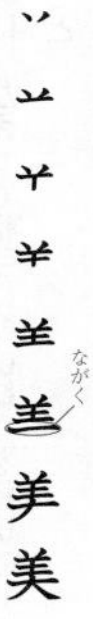

❶うつくしい。きれい。例 美化《びか》／美観《びかん》／美術《びじゅつ》／美人《びじん》／美声《びせい》／美容《びよう》／優美《ゆうび》。❷うまい。おいしい。例 美味《びみ》。❸りっぱな。みごとな。例 美談《びだん》／美点《びてん》／美徳《びとく》／美風《びふう》。❹たたえる。ほめる。例 賛美《さんび》。

漢 **び【備】**〔亻《にんべん》〕12画 5年 音 ビ 訓 そなえる・そなわるイ什什件件借備備備

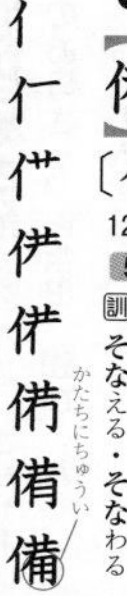

用意《ようい》する。そなえる。例 備品《びひん》／完備《かんび》／準備《じゅんび》／設備《せつび》／予備《よび》。

び【鼻】 漢↓1069ジペー はな〔鼻〕

ひあい【悲哀】 名詞 しみじみと感《かん》じられる悲《かな》

手話にチャレンジ 人 人《ひと》さし指《ゆび》で自分《じぶん》の顔《かお》から胸《むね》の辺《あた》りの空中《くうちゅう》に、漢字《かんじ》の「人《ひと》」という字《じ》を書《か》く。自分《じぶん》から見《み》

あいうえお かきくけこ さしすせそ たちつてと なにぬねの はひふへほ ひ まみむめも や ゆ よ らりるれろ わ を ん

しさや、あわれなこと。例 人生《じんせい》の悲哀。

ひあがる【干上がる】 動詞 ❶すっかりかわいてしまう。かわききる。例 雨不足《あめぶそく》で池《いけ》が干上がる。❷お金《かね》がなくて、生活《せいかつ》が苦《くる》しくなる。例 一家《いっか》の口《くち》が干上がる（＝生活《せいかつ》できなくなる）。

ピアス 名詞 耳《みみ》たぶなどに小《ちい》さな穴《あな》をあけてつけるかざり。ことば 英語《えいご》をもとに日本《にほん》で作《つく》られたことば。

ひあそび【火遊び】 名詞 火《ひ》を使《つか》って遊《あそ》ぶこと。例 火事《かじ》の原因《げんいん》は子供《こども》の火遊びだ。

ひあたり【日当たり】 名詞 日光《にっこう》が当《あ》たること。また、日光《にっこう》の当《あ》たり具合《ぐあい》。

ピアニスト （pianist） 名詞 ピアノをひく人《ひと》。ピアノをひくことを専門《せんもん》にしている人《ひと》。

ピアニッシモ （イタリア語） 名詞 音楽《おんがく》で、演奏《えんそう》する強《つよ》さを表《あらわ》すことば。「とても弱《よわ》く」という意味《いみ》。対 フォルティッシモ。図 ↓357ジベー きょうじゃくきごう

ピアノ （イタリア語） 名詞 ❶けんばん楽器《がっき》の一《ひと》つ。大《おお》きな木《き》の箱《はこ》の中《なか》に金《きん》属《ぞく》の弦《げん》が張《は》ってあり、白《しろ》と黒《くろ》のけんばんをたたくと、それにつながるハンマーが弦《げん》を打《う》って音《おと》を出《だ》す。図 ↓269ジベー がっき〔楽器〕 ❷音楽《おんがく》で、演奏《えんそう》する強《つよ》さを表《あらわ》すことば。「弱《よわ》く」という意味《いみ》。対 フォルテ。図 ↓357ジベー きょうじゃくきごう
ことば ❶は、正式《せいしき》には「ピアノフォルテ」という。「ピアノ（＝弱《よわ》い音《おと》）」から「フォルテ（＝強《つよ》い音《おと》）」まで自由《じゆう》に出《だ》せるという意味《いみ》。

ピアノせん【ピアノ線】 名詞 細《ほそ》くて非常《ひじょう》に強《つよ》い鋼鉄《こうてつ》の線《せん》。ピアノの弦《げん》のほか、ワイヤロープ、ばねなどに使《つか》う。

ヒアリング （hearing） 名詞 ❶外国語《がいこくご》を聞《き》きとること。また、その練習《れんしゅう》。ヒヤリング。例 英語《えいご》のヒアリング試験《しけん》。類 リスニング。❷ある問題《もんだい》について、そのことに関係《かんけい》のある人《ひと》や知識《ちしき》のある人《ひと》などから意見《いけん》を聞《き》くこと。

ピーアール【PR】 名詞 動詞 役所《やくしょ》や会社《かいしゃ》などが、仕事《しごと》や商品《しょうひん》の内容《ないよう》を多《おお》くの人《ひと》に知《し》ってもらうために出《だ》す、広告《こうこく》や宣伝《せんでん》。

ビーエスデジタルほうそう【BSデジタル放送】 名詞 放送衛星《ほうそうえいせい》を使《つか》って電波《でんぱ》を送《おく》り、映像《えいぞう》や音声《おんせい》などをデジタル信号《しんごう》で伝《つた》える放《ほう》送《そう》。関連 CS《シーエス》デジタル放送《ほうそう》。地上《ちじょう》デジタル放《ほう》送《そう》。ことば「BS《ビーエス》」は「放送衛星《ほうそうえいせい》」という意味《いみ》の英語《えいご》の頭《かしら》文字《もじ》。

ピーエッチ【pH】 名詞 水溶液《すいようえき》中《ちゅう》にふくまれる、水素《すいそ》イオンの濃度《のうど》を示《しめ》す数値《すうち》。「ペーハー」ともいう。参考 数値《すうち》が7前後《ぜんご》なら中性《ちゅうせい》、7より大《おお》きければアルカリ性《せい》、小《ちい》さければ酸性《さんせい》。

ピーエッチエス【PHS】 名詞 弱《よわ》い電波《でんぱ》を利用《りよう》したデジタル式《しき》のコードレス電話機《でんわき》を、たくさんの無線基地《むせんきち》を利用《りよう》して外《そと》でも使《つか》えるようにしたもの。

ピーエム【p.m.・P.M.】 名詞 午後《ごご》。対 エーエム。使い方 時刻《じこく》を表《あらわ》す数字《すうじ》のあとにつけて、「11：30p.m.」のように使《つか》う。

ひいおじいさん 名詞 おじいさんやおばあさんのお父《とう》さん。曽祖父《そうそふ》。対 ひいおばあさん。図 ↓667ジベー しんぞく

ひいおばあさん 名詞 おじいさんやおばあさんのお母《かあ》さん。曽祖母《そうそぼ》。対 ひいおじいさん。図 ↓667ジベー しんぞく

ビーカー （beaker） 名詞 理科《りか》の実験《じっけん》などに使《つか》う、口《くち》の広《ひろ》い、筒形《つつがた》のガラスの入《い》れ物《もの》。

ひいき 名詞 動詞 自分《じぶん》の気《き》に入《い》ったものを、とくにかわいがったり、よいあつかいをしたりすること。また、そうする人《ひと》。例 ひいきのチーム。

●**ひいきの引《ひ》き倒《たお》し** ことわざ ひいきをしたために、かえって相手《あいて》に悪《わる》い結果《けっか》を招《まね》いてしまうこと。

ひいきめ【ひいき目】 名詞 実際《じっさい》よりもよいと思《おも》おうとする見方《みかた》。例 どうひいき目《め》に見《み》ても、きみに勝《か》ち目《め》はない。

ピーク （peak） 名詞 ❶山《やま》の頂上《ちょうじょう》。❷ものごとのいちばんさかんな時《とき》。例 ラッシュアワーのピーク／いそがしさのピーク。

ピーケー【PK】 ↓1194ジベー ペナルティーキック

ピーケーオー【PKO】 名詞 争《あらそ》いが起《お》こっている地域《ちいき》の平和《へいわ》を回復《かいふく》するために、国連《こくれん》が人《ひと》や軍隊《ぐんたい》を送《おく》って行《おこな》うさまざまな活動《かつどう》。ことば「平和維持活動《へいわいじかつどう》」という意味《いみ》の英語《えいご》の頭《かしら》文字《もじ》からできたことば。↓471ジベー 社会へのとびら 国際連合《こくさいれんごう》

ビーシー【B.C.】 名詞 紀元前《きげんぜん》（＝西暦《せいれき》の元年《がんねん》

いいな。ねえ　おかあさん。」…かおるはお母《かあ》さんに話《はな》します。はしごで登《のぼ》ると幹《みき》にほらあながあって、枝《えだ》の上《うえ》にいきます。

より前《まえ》）であることを表《あらわ》すことば。対 A.D.《エーディー》。ことば「キリスト以前《いぜん》」という意味《いみ》の英語《えいご》の頭《かしら》文字《もじ》からできたことば。

ビーシージー【ＢＣＧ】 名詞 牛《うし》の結核菌《けっかくきん》からつくったワクチン。ツベルクリン反応《はんのう》が陰性《いんせい》の人《ひと》に注射《ちゅうしゃ》して、結核《けっかく》を予防《よぼう》する。

ピーシービー【ＰＣＢ】 名詞「ポリ塩化《えんか》ビフエニール」のこと。印刷《いんさつ》や塗料《とりょう》などに使《つか》われていたが、人体《じんたい》に有害《ゆうがい》であることがわかり、現在《げんざい》は使用《しよう》が禁止《きんし》されている。

ビーズ（beads）名詞 美《うつく》しい色《いろ》をつけた、穴《あな》のあいた小《ちい》さな玉《たま》。プラスチックなどでできており、アクセサリーや手芸品《しゅげいひん》などのかざりに使《つか》う。

ピース（peace）名詞「平和《へいわ》」のこと。

ヒーター（heater）名詞 季語冬 ❶部屋《へや》などを暖《あたた》めるしかけ。暖房器具《だんぼうきぐ》。❷熱《ねつ》を発生《はっせい》させるしかけ。電熱器《でんねつき》。

ピーターパン 名詞 イギリスの作家《さっか》バリーが一九〇四年《ねん》に発表《はっぴょう》した童話劇《どうわげき》。永遠《えいえん》に大人《おとな》にならない少年《しょうねん》ピーターパンと、人間《にんげん》の少女《しょうじょ》ウエンディが、妖精《ようせい》の国《くに》で海賊《かいぞく》フックと戦《たたか》うなどさまざまな冒険《ぼうけん》をする。

ビーだま【ビー玉】 名詞 ガラスでできた小《ちい》さな玉《たま》。また、それを使《つか》う遊《あそ》び。ことば「ビー」は、「ビードロ（＝ガラスの古《ふる》い呼《よ》び名《な》）」の略《りゃく》。

ビーチ（beach）名詞 浜辺《はまべ》。海辺《うみべ》。例 ビーチサンダル／ビーチバレー。

ひいちにちと【日一日と】 副詞 日《ひ》がたつにつれて変《か》わっていくようす。日《ひ》ごとに。例 赤《あか》ちゃんが日一日と成長《せいちょう》する。

ビーチバレー 名詞 砂《すな》の上《うえ》で行《おこな》うバレーボール。二人《ふたり》ずつの二《に》チームに分《わ》かれて行《おこな》う。ことば 英語《えいご》の「ビーチバレーボール」の略《りゃく》。

ピーティーエー【ＰＴＡ】 名詞 親《おや》と先生《せんせい》が力《ちから》を合《あ》わせて、子供《こども》たちの教育《きょういく》をよくしていく会《かい》。ことば「親《おや》と教師《きょうし》の会《かい》」という意味《いみ》の英《えい》語《ご》の頭《かしら》文字《もじ》からできたことば。

ピーティーエスディー【ＰＴＳＤ】 名詞 戦争《せんそう》、災害《さいがい》、事故《じこ》などでひどいストレスを受《う》けたあとに起《お》こる、精神的《せいしんてき》な障害《しょうがい》。ことば「心的《しんてき》外傷後《がいしょうご》ストレス障害《しょうがい》」という意味《いみ》の英語《えいご》の頭《かしら》文字《もじ》からできたことば。

ビーティービーようえき【ＢＴＢ溶液】 名詞 ブロモ・チモール・ブルー（＝ＢＴ《ビーティー》Ｂ《ビー》）という薬品《やくひん》がとけている液《えき》。水溶液《すいようえき》の性質《せいしつ》を調《しら》べる薬品《やくひん》の一《ひと》つで、酸性《さんせい》だと黄色《きいろ》、アルカリ性《せい》だと青色《あおいろ》になる。

ひいては 副詞 それがもとになって。それから引《ひ》き続《つづ》いて。例 物《もの》を大切《たいせつ》に使《つか》うことが、ひいては地球《ちきゅう》の資源《しげん》を守《まも》ることになる。

ひいでる【秀でる】 動詞 ほかの人《ひと》よりいちだんとすぐれている。例 書道《しょどう》に秀でた人《ひと》。

ビート ➡905ジペーてんさい〔てん菜〕

ヒートアイランド（heat island）名詞 都市《とし》

辞典《じてん》の外《そと》に飛《と》びだそう!

社会《しゃかい》へのとびら

ヒートアイランド現象《げんしょう》

地図《ちず》にうかぶ「熱《ねつ》の島《しま》」

きみは、夏《なつ》の夜《よる》にひどく暑《あつ》くてねむれなかった経験《けいけん》はないかな？　実《じつ》は、昔《むかし》の日本《にほん》は今《いま》ほど暑《あつ》くなかったんだ。地球《ちきゅう》温暖化《おんだんか》のえいきょうで、気温《きおん》が昔《むかし》より上《あ》がっている。また、都市部《としぶ》ではとくに大《おお》きく上昇《じょうしょう》していて、東京《とうきょう》の年平均気温《ねんへいきんきおん》は過去《かこ》100年間《ねんかん》で約《やく》３度《ど》も上《あ》がっているんだよ。

都市部《としぶ》の気温《きおん》がとくに高《たか》くなっている現象《げんしょう》を「ヒートアイランド現象《げんしょう》」という。地図上《ちずじょう》で等温線《とうおんせん》を引《ひ》くと、まわりより高温《こうおん》の地域《ちいき》が島《しま》のように見《み》えることからこう呼《よ》ばれるよ。まさに「熱《ねつ》（＝heat《ヒート》）の島《しま》（＝island《アイランド》）」だね。

? なぜ起《お》こるの？

ヒートアイランド現象《げんしょう》の原因《げんいん》は、①自動車《じどうしゃ》やエアコンの室外機《しつがいき》から出《で》る熱《ねつ》がたまること、②地面《じめん》がアスファルトなどでおおわれ、地表《ちひょう》の温度《おんど》が下《さ》がりにくいこと、③高《たか》い建物《たてもの》が密集《みっしゅう》して熱《ねつ》がにげにくいことなどだとされている。

こんな暑《あつ》さ対策《たいさく》がある！

建物《たてもの》の外壁《がいへき》を植物《しょくぶつ》でおおう「緑《みどり》のカーテン」をつくっている学校《がっこう》や会社《かいしゃ》がある。植物《しょくぶつ》は日光《にっこう》をさえぎるし、葉《は》から蒸散《じょうさん》するときにまわりの熱《ねつ》をうばうんだよ。

わたしたちにもできること

たとえば、真夏《まなつ》のエアコンの温度設定《おんどせってい》に気《き》をつけること。熱中症《ねっちゅうしょう》への注意《ちゅうい》も大切《たいせつ》だけれど、28度ぐらいの設定《せってい》が基本《きほん》だといわれているよ。

ほかにどんな工夫《くふう》ができるかな？　考《かんが》えてみよう。

読書のこみち　高 中 低　『おおきなきがほしい』佐藤《さとう》さとる文《ぶん》　村上勉《むらかみつとむ》絵《え》　「おおきな　おおきな　木《き》があるとには小《ちい》さな家《いえ》があって…。ページをめくるごとに、楽《たの》しい空想《くうそう》の木《き》の上《うえ》がだんだん見《み》えて

部《ぶ》の、まわりに比《くら》べて気温《きおん》の高《たか》い地域《ちいき》のこと。ことば「ヒートアイランド」は「熱《ねつ》の島《しま》」という意味《いみ》。地図上《ちずじょう》で等温線《とうおんせん》を引《ひ》くと、まわりより高温《こうおん》の地域《ちいき》が島《しま》のように見《み》えることからきたことば。⇒1097ページ 社会へのとびら

ビーナス（Venus）名詞 ローマ神話《しんわ》に出《で》てくる女神《めがみ》。美《び》と愛《あい》の神《かみ》とされている。

ピーナッツ ⇒1385ページ らっかせい

ピーは【P波】 名詞 地震《じしん》のときに、最初《さいしょ》に届《とど》く縦波《たてなみ》。関連 S《エス》波。ことば「P《ピー》」は、「最初《さいしょ》の波《なみ》」という意味《いみ》の英語《えいご》の頭文字《かしらもじ》。

ビーバー（beaver）名詞 ヨーロッパや北《きた》アメリカの川岸《かわぎし》にすむ動物《どうぶつ》。しっぽはオールのような形《かたち》で、後《うし》ろ足《あし》に水《みず》かきがある。歯《は》でかじってたおした木《き》で川《かわ》にダムをつくり、その中《なか》に巣《す》をつくる。

ビーバー

ビーピーエス【bps】 名詞 コンピューターのデータ通信《つうしん》での速度《そくど》の単位《たんい》。一秒間《いちびょうかん》にどれだけの量《りょう》の情報《じょうほう》を送受信《そうじゅしん》できるかを表《あらわ》す。ことば「bps」は、「一秒間《いちびょうかん》あたりの情報《じょうほう》量《りょう》」という意味《いみ》の英語《えいご》の頭文字《かしらもじ》。

ピーピーエム【ppm】 名詞 水《みず》や空気《くうき》などにわずかにふくまれている物質《ぶっしつ》の量《りょう》を表《あらわ》す単位《たんい》。百万分《ひゃくまんぶん》のいくつに当《あ》たるかで示《しめ》す。

ビーフ（beef）名詞 「牛肉《ぎゅうにく》」のこと。例 ビーフステーキ／ビーフシチュー。

ビーフステーキ ⇒1122ページ ビフテキ

ビーフン（中国語）名詞 米《こめ》の粉《こな》で作《つく》った白《しろ》くて細《ほそ》いめん。

ピーマン（フランス語）名詞 野菜《やさい》の一《ひと》つ。とうがらしのなかまだが、からみがない。実《み》は中《なか》が空《から》になっている。若《わか》い実《み》を食用《しょくよう》にする。

ピーマン

ひいらぎ 名詞 もくせいのなかまの木《き》。葉《は》は厚《あつ》く、ふちが数《すう》か所《しょ》とげのようにとがっている。秋《あき》に香《かお》りのよい白《しろ》い花《はな》がさく。節分《せつぶん》に魔《ま》よけとして使《つか》う。

ひいらぎ

ビール（オランダ語）名詞 季語夏 大麦《おおむぎ》などを発酵《はっこう》させてつくる酒《さけ》。

ビールス ⇒118ページ ウイルス

ヒーロー（hero）名詞 ❶すぐれたはたらきをした人《ひと》。英雄《えいゆう》。例 今日《きょう》の試合《しあい》のヒーローはきみだ。対 ヒロイン。❷劇《げき》や物語《ものがたり》の男《おとこ》の主人公《しゅじんこう》。対 ヒロイン。

ひうちいし【火打ち石】 名詞 昔《むかし》、鉄《てつ》と打《う》ち合《あ》わせて、火《ひ》をおこすのに使《つか》った石《いし》。

ひうん【悲運】 名詞 悲《かな》しい運命《うんめい》。不幸《ふこう》な運命《うんめい》。

ひえ 名詞 季語秋 いねのなかまの作物《さくもつ》の一《ひと》つ。夏《なつ》から秋《あき》にかけて、小《ちい》さいつぶの実《み》がつく。実《み》は、おもに家畜《かちく》のえさにする。

ひえ

ひえいざん【比叡山】 名詞 京都府《きょうとふ》と滋賀県《しがけん》の境《さかい》にある山《やま》。奈良時代《ならじだい》に最澄《さいちょう》が建《た》てた、天台宗《てんだいしゅう》の本山《ほんざん》延暦寺《えんりゃくじ》がある。

ひえこむ【冷え込む】 動詞 ❶寒《さむ》さが身《み》にしみ通《とお》る。例 体《からだ》のしんまで冷え込む。❷気温《きおん》が下《さ》がって寒《さむ》さが強《つよ》まる。例 今夜《こんや》は冷え込みそうだ。

ひえびえ［と］【冷え冷え［と］】 副詞 動詞 ❶風《かぜ》や空気《くうき》などが冷《つめ》たいようす。例 冷え冷えとした冬《ふゆ》の朝《あさ》。❷温《あたた》かみがなく、さびしいようす。例 会議《かいぎ》は冷え冷えした雰囲気《ふんいき》だった。

ひえる【冷える】 動詞 ❶冷《つめ》たくなる。また、寒《さむ》くなる。例 みそしるが冷える／今夜《こんや》は冷えますね。対 温《あたた》まる。❷熱心《ねっしん》な気持《きも》ちや愛情《あいじょう》などが冷《さ》める。

ピエロ（フランス語）名詞 サーカスなどで、こっけいなことをして人《ひと》を笑《わら》わせる人《ひと》。道化師《どうけし》。漢 ⇒1408ページ れい〔冷〕

その家族《かぞく》が住《す》んでいました。お話《はなし》とバイオリンのうまい父《とう》さんは銃《じゅう》やわなでかりをし、お料理上手《りょうりじょうず》の母《かあ》さんの大自然《だいしぜん》の中で助《たす》け合《あ》う家族《かぞく》の暮《く》らしぶりを生《い》き生《い》きとえがくシリーズは、ローラの成長《せいちょう》を追《お》って続《つづ》きます。

ビオトープ（ドイツ語）名詞 動植物《どうしょくぶつ》が安定《あんてい》して生活《せいかつ》できる、規模《きぼ》の小《ちい》さい生活空間《せいかつくうかん》。もともとそこにあった自然《しぜん》を復元《ふくげん》した場所《ばしょ》や、新《あたら》しくつくった場所《ばしょ》をいうことが多《おお》い。

ビオラ（イタリア語）名詞 弦楽器《げんがっき》の一《ひと》つ。バイオリンより少《すこ》し大《おお》きく、低《ひく》い音《おと》を出《だ》す。図 ⇩269ジペーがっき〔楽器〕

びおん【鼻音】 名詞 息《いき》が鼻《はな》を通《とお》って出《で》る音《おと》。ナ行《ぎょう》やマ行《ぎょう》などの音《おと》。

ひか【悲歌】 ⇩159ジペーエレジー

びか【美化】 名詞 動詞 ❶美《うつく》しくすること。きれいにすること。例 都《と》市《し》の美化運動《うんどう》。❷実際《じっさい》よりも美《うつく》しいもの、すばらしいものとして考《かんが》えること。例 昔《むかし》の思《おも》い出《で》を美化する。

ひがい【被害】 名詞 ほかのもののせいで、傷《きず》ついたり何《なに》かをなくしたりすること。損害《そんがい》を受《う》けること。また、受《う》けた損害《そんがい》。例 台風《たいふう》で大《おお》きな被害を受《う》けた。

ひがいしゃ【被害者】 名詞 被害《ひがい》を受《う》けた人《ひと》。例 交通事故《こうつうじこ》の被害者。対 加害者《かがいしゃ》。

ひかえ【控え】 名詞 ❶必要《ひつよう》なときのために書《か》き留《と》めたり写《うつ》しをとったりしておくもの。例 書類《しょるい》の控えをとる。❷思《おも》いがけないときのために用意《ようい》しておくものや人《ひと》。例 控えの選手《せんしゅ》。

ひかえしつ【控え室】 名詞 ものごとが始《はじ》まるまで待《ま》っているための部屋《へや》。

ひかえめ【控え目】 名詞 形容動詞 ❶遠慮《えんりょ》がちなこと。例 控え目な態度《たいど》。❷少《すく》なめにすること。例 塩分《えんぶん》を控え目にする。

ひがえり【日帰り】 名詞 動詞 その日《ひ》のうちに行《い》って帰《かえ》ってくること。例 日帰りの旅《たび》。対 泊《と》まりがけ。

ひかえる【控える】 動詞 ❶順番《じゅんばん》などを待《ま》ってその場所《ばしょ》にいる。例 次《つぎ》の方《かた》はここで控えていてください。❷あとのために書《か》いておく。例 連絡先《れんらくさき》を手帳《てちょう》に控える。❸少《すく》なめにする。遠慮《えんりょ》する。例 発言《はつげん》を控える。❹近《ちか》いうちに予定《よてい》する。例 いとこは三月《さんがつ》に結婚式《けっこんしき》を控えている。❺すぐ近《ちか》くにある。例 後《うし》ろに山《やま》を控えた町《まち》。

ひかく【比較】 名詞 動詞 二《ふた》つ以上《いじょう》のものを比《くら》べること。例 二《ふた》つの品物《しなもの》の値段《ねだん》を比較する／ほかとは比較にならないほどよい商品《しょうひん》。類 対比《たいひ》。

ひかく【皮革】 名詞 動物《どうぶつ》の皮《かわ》を加工《かこう》したもの。衣服《いふく》やくつ、かばんなどに使《つか》う。レザー。

ひかくさんげんそく【非核三原則】 名詞 核兵器《かくへいき》を持《も》たず、作《つく》らず、持《も》ちこませずという、日本政府《にほんせいふ》の三《みっ》つの原則《げんそく》。

ひかくてき【比較的】 副詞 ほかのものや、ふつうの状態《じょうたい》と比《くら》べて。わりあいに。例 今年《ことし》は比較的雨《あめ》が少《すく》ない。

ひかげ【日陰】 名詞 物《もの》のかげになって、日光《にっこう》が当《あ》たらないところ。例 この草《くさ》は日陰でも育《そだ》つ。対 日《ひ》なた。ことば 表《おもて》だって世《よ》の中《なか》に出《で》られない立場《たちば》の人《ひと》を、「日陰者《ひかげもの》」「日陰《ひかげ》の身《み》」などということがある。

ひかげん【火加減】 名詞 火《ひ》の強《つよ》さ。火力《かりょく》の具合《ぐあい》。例 火加減を調節《ちょうせつ》する。

びかご【美化語】 名詞 丁寧語《ていねいご》の一種《いっしゅ》で、ものごとを美《うつく》しく述《の》べるために使《つか》うことば。「お菓子《かし》」「お金《かね》」「ご飯《はん》」のように、「お」や「ご」をつける。

ひがさ【日傘】 名詞 季語夏 強《つよ》い日《ひ》ざしをさえぎるために差《さ》すかさ。類 パラソル。対 雨傘《あまがさ》。

ひがさ【日がさ】 名詞 太陽《たいよう》の周《まわ》りに見《み》える、光《ひかり》の輪《わ》。関連 月《つき》がさ。

ひがし【東】 名詞 方角《ほうがく》の一《ひと》つ。太陽《たいよう》がのぼってくる方角《ほうがく》。対 西《にし》。関連 北《きた》。南《みなみ》。図 ⇩1203ジペーほうい〔方位〕 漢 ⇩914ジペーとう〔東〕

ひがし【干菓子】 名詞 水気《みずけ》の少《すく》ない菓子《かし》。落《らく》がんやせんべいなど。対 生菓子《なまがし》。

ひがしかぜ【東風】 名詞 東《ひがし》からふいてくる風《かぜ》。対 西風《にしかぜ》。

ひがしシナかい【東シナ海】 名詞 中国《ちゅうごく》の東側《ひがしがわ》の海《うみ》。九州《きゅうしゅう》・南西諸島《なんせいしょとう》・台湾《たいわん》によって太平洋《たいへいよう》とへだてられる。

ひがしにほん【東日本】 名詞 日本列島《にほんれっとう》の東《ひがし》半分《はんぶん》。対 西日本《にしにほん》。

ひがしにほんだいしんさい【東日本大震災】 名詞 二〇一一年三月十一日《ねんさんがつじゅういちにち》に東北地方太平洋沖《とうほくちほうたいへいようおき》で発生《はっせい》した大地震《おおじしん》により、おもに東北地方《とうほくちほう》・関東地方《かんとうちほう》にもたらされた災害《さいがい》。地震《じしん》はマグニチュード九・〇で、国内観測史上最大《こくないかんそくしじょうさいだい》。太平洋沿岸部《たいへいようえんがんぶ》では巨大津波《きょだいつなみ》が発生《はっせい》し、大《おお》きな被《ひ》

読書のこみち 高中低 『大《おお》きな森《もり》の小《ちい》さな家《いえ》』ワイルダー　北《きた》アメリカの深《ふか》い森《もり》の中《なか》に、小《ちい》さな女《おんな》の子《こ》ローラとバターやチーズ作《づく》りを、ローラと姉《ねえ》さんも手伝《てつだ》います。作者《さくしゃ》の子供時代《こどもじだい》をモデルに厳《きび》しい

害《がい》をもたらした。

ひがしはんきゅう【東半球】 名詞 地《ち》球《きゅう》を東《ひがし》と西《にし》に分《わ》けたときの、東側《ひがしがわ》の半分《はんぶん》。〇度《ど》の子午線《しごせん》から東《ひがし》へ一八〇度《ど》までの部分《ぶぶん》。アジア・ヨーロッパ・アフリカ・オーストラリアがふくまれる。対 西半球《にしはんきゅう》。

ひかしぼう【皮下脂肪】 名詞 皮膚《ひふ》と筋肉《きんにく》の間《あいだ》にたくわえられたしぼう。体温《たいおん》を保《たも》つはたらきがある。

ひかず【日数】 名詞 日《ひ》にちの数《かず》。「にっすう」ともいう。例 日数を重《かさ》ねる。

ピカソ 名詞 (一八八一～一九七三) スペインの画《が》家《か》・彫《ちょう》刻家《こくか》。フランスで活動《かつどう》し、二十世紀《にじっせいき》の美術《びじゅつ》に大《おお》きなえいきょうをあたえた。「ゲルニカ」などが有名《ゆうめい》。

ひがた【干潟】 名詞 季語 春 遠浅《とおあさ》の海《うみ》で、海《うみ》の水《みず》が引《ひ》いたときに現《あらわ》れる砂地《すなじ》。

ピカタ (イタリア語) 名詞 薄切《うすぎ》りの肉《にく》などに小麦《こむぎ》粉《こ》や卵《たまご》をつけて、油《あぶら》やバターで焼《や》いた料理《りょうり》。

ピカドン 名詞 「原子爆弾《げんしばくだん》」のこと。ことば 広島《ひろしま》に原子爆弾《げんしばくだん》が落《お》とされたとき、ピカッと光《ひか》ったあと、ドンという音《おと》がしたことからいわれるようになったことば。

ぴかぴか
❶ 副詞 動詞 くり返《かえ》し、ものが光《ひか》るようす。例 工事中《こうじちゅう》を示《しめ》すランプがぴかぴか点滅《てんめつ》している。
❷ 形容動詞 つやがあってきれいに光《ひか》るようす。例 グローブをぴかぴかになるまでみがく。
❸ 形容動詞 光《ひか》りかがやくように、真新《まあたら》しいようす。例 ぴかぴかの運動《うんどう》ぐつ。使い方 ❶は、「ぴかぴかと」の形《かたち》でも使《つか》う。

ひがむ 動詞 ものごとを素直《すなお》に受《う》けとらないで、悪《わる》く考《かんが》えたり、曲《ま》げて考《かんが》えたりする。ひねくれる。例 試合《しあい》に出《で》られないことでひがむ。

ひがめ【ひが目】 名詞 思《おも》いちがい。また、かたよった見方《みかた》。例 あの人《ひと》があやしいと思《おも》ったのは、ひが目かもしれない。

ひからびる【干からびる】 動詞 すっかり水《すい》分《ぶん》がなくなって、かわききる。

ひかり【光】 名詞
❶目《め》に明《あか》るさを感《かん》じさせるもの。例 月《つき》の光。
❷人《ひと》の心《こころ》に明《あか》るさや希望《きぼう》をあたえるもの。例 優勝《ゆうしょう》への光が見《み》えてきた。漢 ⇩443ページ こう〔光〕

● **光《ひかり》を放《はな》つ**
❶光《ひかり》を出《だ》す。例 夜空《よぞら》の星《ほし》が光を放つ。
❷ひときわりっぱに見《み》える。例 応募《おうぼ》作品《さくひん》の中《なか》でもいちだんと光を放つ。

ひかりでんち【光電池】 ⇩458ページ こうでんち

ひかりファイバー【光ファイバー】 名詞 光《ひかり》を送《おく》るための、非常《ひじょう》に細《ほそ》いガラスやプラスチックの線《せん》。通信《つうしん》や医療《いりょう》機器《きき》などに使《つか》われる。

ひかる【光る】 動詞
❶光《ひかり》を出《だ》す。かがやく。例 ダイヤが光る。
❷すぐれていて、目立《めだ》つ。例 今日《きょう》の試合《しあい》でのきみは光っていたよ。漢 ⇩443ページ こう〔光〕

ひかれる【引かれる】 動詞 心《こころ》を引《ひ》き寄《よ》せられる。例 楽《たの》しい音楽《おんがく》に引かれて、店《みせ》に入《はい》った。

ひかん【悲観】 名詞 動詞 ものごとを悪《わる》いほうに考《かんが》えて、希望《きぼう》をなくすこと。例 少《すこ》しくらいの失敗《しっぱい》で、悲観することはない。対 楽観《らっかん》。使い方 「悲感」と書《か》かないよう注意《ちゅうい》。

ひかん【避寒】 名詞 季語 冬 冬《ふゆ》に、寒《さむ》さをさけて暖《あたた》かい土地《とち》に行《い》くこと。対 避暑《ひしょ》。

ひがん【彼岸】 名詞 季語 春 春分《しゅんぶん》の日《ひ》、または秋分《しゅうぶん》の日《ひ》を真《ま》ん中《なか》にした七日間《なのかかん》。墓参《はかまい》りなどをして、死《し》んだ人《ひと》のたましいをなぐさめる。ことば 季語《きご》として使《つか》うのは春《はる》の彼岸《ひがん》の意味《いみ》。

ひがん【悲願】 名詞
❶必《かなら》ずやりとげようと思《おも》っている大《おお》きな願《ねが》い。例 全国《ぜんこく》優勝《ゆうしょう》がわたしたちの悲願だ。
❷仏教《ぶっきょう》で、仏《ほとけ》がすべての生《い》き物《もの》を救《すく》おうとして立《た》てた願《ねが》い。

びかん【美観】 名詞 美《うつく》しいながめ。例 町《まち》の美観を大切《たいせつ》にする。

ひかんてき【悲観的】 形容動詞 うまくいかないにちがいないと、ものごとをいつも悪《わる》いほうに考《かんが》えるようす。例 悲観的なものの見方《みかた》。対 楽観的《らっかんてき》。

ひがんばな【彼岸花】 名詞 季語 秋 田《た》のあぜ道《みち》や土手《どて》などに群《むら》がってさく草《くさ》花《ばな》。秋《あき》の彼岸《ひがん》のころ、長《なが》いくきの先《さき》に赤《あか》い花《はな》をつける。白《しろ》い花《はな》もある。「まんじゅしゃげ」ともいう。

-ひき【匹】 接尾語 (数《かず》を表《あらわ》すことばのあとにつ

ひがんばな

大《おお》どろぼうホッツェンプロッツにぬすまれた。カスパールとゼッペルは、コーヒーひきを取《と》り返《かえ》す作戦《さくせん》を練《ね》り、ろぼうと仲間《なかま》の大魔法使《だいまほうつか》いを相手《あいて》に活躍《かつやく》する、きばつで愉快《ゆかい》なドイツの物語《ものがたり》。3冊続《さつつづ》くシリーズの1冊目《さつめ》。

けて）けもの・魚《さかな》・虫《むし》などの数《かず》を示《しめ》すことば。例 三匹《さん》のねこ。

ひき【引き】
❶ 名詞 引《ひ》っ張《ぱ》ること。引《ひ》っ張《ぱ》る力《ちから》。例 魚《さかな》の引きが強《つよ》い。
❷ 名詞 特別《とくべつ》に目《め》をかけて引《ひ》き立《た》てること。例 部《ぶ》長《ちょう》の引きで出《しゅっ》世《せ》する。
❸ 接頭語（ほかのことばの前《まえ》につけて）そのことばの意味《いみ》を強《つよ》めたり、調《ちょう》子《し》を整《ととの》えたりすることば。例 引きとめる／引きしめる。

ひきあい【引き合い】 名詞
❶ 証《しょう》拠《こ》や例《れい》として挙《あ》げること。
❷ 売《う》り買《か》いの問《と》い合《あ》わせ。例 外国《がいこく》の会社《かいしゃ》から新商品《しんしょうひん》の引き合いがきた。

●**引《ひ》き合《あ》いに出《だ》す** 証《しょう》拠《こ》や例《れい》として挙《あ》げる。例 自分《じぶん》の経験《けいけん》を引き合いに出して説明《せつめい》する。

ひきあう【引き合う】 動詞
❶ たがいに引《ひ》っ張《ば》り合《あ》う。例 二《ふた》つの磁《じ》石《しゃく》が引き合う。
❷ 努《ど》力《りょく》や苦労《くろう》のかいがある。例 よいと思《おも》ってやったのにしかられるなんて引き合わない。

ひきあげる【引き上げる・引き揚げる】 動詞
❶ 引《ひ》っ張《ぱ》って上《うえ》に上《あ》げる。例 しずんだ船《ふね》を引き上げる。
❷ もとの場所《ばしょ》にもどるために、その場《ば》を立《た》ち去《さ》る。例 グラウンドから選手《せんしゅ》が引き揚げてきた。
❸ 位《くらい》を上《あ》げる。例 若《わか》い人《ひと》を隊《たい》長《ちょう》に引き上げる。
❹ 値段《ねだん》を高《たか》くする。例 運賃《うんちん》が引き上げられた。

ひきあわせる【引き合わせる】 動詞
❶ 知《し》らない人同士《ひとどうし》を会《あ》わせて知《し》り合《あ》いにする。例
❷ 二《ふた》つのものを比《くら》べる。照《て》らし合《あ》わせる。例 自分《じぶん》の答《こた》えを友《とも》だちの答《こた》えと引き合わせる。

ひきいる【率いる】 動詞
❶ 先《さき》に立《た》って、大勢《おおぜい》の人《ひと》を引《ひ》き連《つ》れて行《い》く。例 班《はん》長《ちょう》に率いられて登校《とうこう》する。
❷ 多《おお》くの人《ひと》をまとめて、指図《さしず》する。例 キャプテンがチームを率いる。
漢 ⇒ 1393ジペー りつ〔率〕

ひきいれる【引き入れる】 動詞
❶ 引《ひ》っ張《ぱ》って中《なか》に入《い》れる。
❷ さそって仲間《なかま》にする。例 味方《みかた》に引き入れる。

ひきうける【引き受ける】 動詞
❶ 責任《せきにん》を持《も》って受《う》け持《も》つ。例 議《ぎ》長《ちょう》を引き受ける。
❷ 保《ほ》証《しょう》する。例 身元《みもと》を引き受ける。
❸ あとを受《う》けつぐ。例 残《のこ》された仕事《しごと》を引き受ける。

ひきうす【ひき臼】 名詞 二《ふた》つの石《いし》の間《あいだ》に穀物《こくもつ》を入《い》れ、上《うえ》の石《いし》を回《まわ》して粉《こな》にする道具《どうぐ》。図 ⇓
125ジペー うす❷

ひきおこす【引き起こす】 動詞
❶ たおれていたものを引《ひ》っ張《ぱ》って起《お》こす。
❷ 事件《じけん》などを起《お》こす。例 火事《かじ》を引き起こす。

ひきかえ【引き換え・引き替え】 名詞 とりかえること。交換《こうかん》すること。例 代金《だいきん》と引き換えに品物《しなもの》を受《う》けとる。使い方「引換《ひきかえ》券《けん》」「代金《だいきん》引換《ひきかえ》」などの場合《ばあい》には、送《おく》りがなをつけない。

ひきかえす【引き返す】 動詞 もとのところへもどる。例 忘《わす》れ物《もの》をして、家《いえ》まで引き返した。

ひきかえる【引き換える・引き替える】 動詞
❶ とりかえる。交換《こうかん》する。例 当《あ》たりくじを賞《しょう》品《ひん》と引き換える。
❷（「…にひきかえ」の形《かたち》で、全体《ぜんたい》で）…と比《くら》べて。…とは反対《はんたい》に。例 昨日《きのう》の青空《あおぞら》にひきかえ、今日《きょう》はひどい天気《てんき》だ。
使い方 ❷は、ふつうかな書《が》きにする。

ひきがえる 名詞 季語 夏 大形《おおがた》のかえる。茶色《ちゃいろ》っぽい体《からだ》で、背中《せなか》にたくさんのいぼがある。体《からだ》から毒《どく》のある白《しろ》い液《えき》を出《だ》す。「がま」「がまがえる」ともいう。

ひきがえる

ひきがね【引き金】 名詞 鉄砲《てっぽう》などで、たまをうつときに指《ゆび》をかけて引《ひ》く金具《かなぐ》。ことば「戦争《せんそう》の引《ひ》き金《がね》になった事件《じけん》」など、あるできごとのきっかけという意味《いみ》を表《あらわ》すことがある。

ひきこみせん【引き込み線】 名詞
❶ 電《でん》柱《ちゅう》から家《いえ》の中《なか》に引《ひ》き入《い》れた電線《でんせん》。
❷ 本線《ほんせん》から分《わ》かれて別《べつ》のところへ引《ひ》き入《い》れた線《せん》路《ろ》。

ひきこむ【引き込む】 動詞
❶ 引《ひ》いてきて中《なか》に入《い》れる。
❷ さそって仲間《なかま》に加《くわ》える。例 新《あたら》しいクラブに友《とも》だちを引き込む。
❸ 心《こころ》を強《つよ》く引《ひ》きつける。例 おもしろい話《はなし》に、

読書のこみち　高 中 低 『大《おお》どろぼうホッツェンプロッツ』プロイスラー　おばあさんの大事《だいじ》なコーヒーひきが、ホッツェンプロッツの根城《ねじろ》にせまるがつかまってしまう。仲《なか》よしの二人《ふたり》の男《おとこ》の子《こ》が、大《おお》ど

思《おも》わず引き込まれた。

ひきこもごも【悲喜こもごも】悲《かな》しみと喜《よろこ》びが、かわるがわるあらわれること。例 悲喜こもごもの人生《じんせい》。使い方「悲喜《ひき》こもごもの合格発表《ごうかくはっぴょう》」のように、悲《かな》しむ人《ひと》と喜《よろこ》ぶ人《ひと》が入《い》りまじっているようすについて使《つか》うことがあるが、正《ただ》しくは、一人《ひとり》の人間《にんげん》の気持《きも》ちについていうことば。

ひきこもり【引き籠もり】名詞 長《なが》い期間《きかん》、家《いえ》や部屋《へや》に閉《と》じこもって、社会《しゃかい》や人《ひと》と関係《かんけい》を持《も》つことをさけること。

ひきこもる【引き籠もる】動詞 外《そと》に出《で》ないで、家《いえ》や部屋《へや》の中《なか》に閉《と》じこもる。例 日曜日《にちようび》は家《いえ》に引き籠もって本《ほん》を読《よ》んでいた。

ひきさがる【引き下がる】動詞 ❶その場所《ばしょ》から退《しりぞ》く。出《で》ていく。例 しかられてすごすごと引き下がる。❷それまでしていた仕事《しごと》や主張《しゅちょう》などを、あきらめてやめる。例 また失敗《しっぱい》したら、キャプテンの立場《たちば》から引き下がる覚悟《かくご》だ。

ひきさく【引き裂く】動詞 ❶強《つよ》く引《ひ》っ張《ぱ》って破《やぶ》る。❷仲《なか》のよい者《もの》の間《あいだ》を無理《むり》にはなす。例 二人《ふたり》の仲《なか》を引き裂く。

ひきざん【引き算】名詞 ある数《かず》から、ほかの数《かず》を引《ひ》いて、残《のこ》りを求《もと》める計算《けいさん》。「減法《げんぽう》」ともいう。対 足《た》し算《ざん》。

ひきしお【引き潮】⇩306ジ《ペー》かんちょう〔干潮〕

ひきしぼる【引き絞る】動詞 ❶弓《ゆみ》のつるをいっぱいに引《ひ》っ張《ぱ》る。❷声《こえ》などを無理《むり》に出《だ》す。例 声《こえ》を引き絞って助《たす》けを呼《よ》ぶ。

ひきしまる【引き締まる】動詞 ❶体《からだ》などがかたくしまって、たるんだ部分《ぶぶん》がなくなる。❷心《こころ》のゆるみがなくなる。緊張《きんちょう》する。例 心《こころ》が引き締まる。

ひきしめる【引き締める】動詞 ❶強《つよ》くしめる。引《ひ》っ張《ぱ》って結《むす》ぶ。❷心《こころ》のゆるみをなくす。油断《ゆだん》をしないようにする。例 気持《きも》ちを引き締める。❸むだをなくす。節約《せつやく》する。例 家計《かけい》を引き締める。

ひきずりだす【引きずり出す】動詞 引《ひ》きずって外《そと》に出《だ》す。無理《むり》やり引《ひ》っ張《ぱ》り出《だ》す。例 物置《ものおき》から古《ふる》い机《つくえ》を引きずり出す。

ひきずる【引きずる】動詞 ❶地面《じめん》やゆかの上《うえ》などをすって引《ひ》いていく。例 足《あし》を引きずって歩《ある》く。❷無理《むり》に引《ひ》っ張《ぱ》って行《い》く。例 いやがる犬《いぬ》を引きずって、家《いえ》に帰《かえ》る。❸ものごとをずるずると長引《ながび》かせる。例 先月《せんげつ》から引きずっている問題《もんだい》。

ひきだし【引き出し】名詞 たんすや机《つくえ》などについている、前《まえ》に引《ひ》き出《だ》して使《つか》う箱《はこ》。

ひきだす【引き出す】動詞 ❶引《ひ》いて外《そと》に出《だ》す。例 ひもを引き出す。❷貯金《ちょきん》などを下《お》ろす。例 銀行《ぎんこう》でお金《かね》を引き出す。❸かくれていたものを外《そと》へ導《みちび》き出《だ》す。例 音楽《おんがく》の才能《さいのう》を引き出す。

ひきたつ【引き立つ】動詞 ❶いちだんとよく目立《めだ》って見《み》える。例 その服《ふく》を着《き》ると、はだの白《しろ》さが引き立ちますね。❷気持《きも》ちが勢《いきお》いを増《ま》す。元気《げんき》が出《で》る。例 はげまして、友人《ゆうじん》の気持《きも》ちを引き立たせる。

ひきたてる【引き立てる】動詞 ❶いちだんとよく目立《めだ》って見《み》えるようにする。例 花《か》びんの白《しろ》さが花《はな》の美《うつく》しさを引き立てる。❷とくに目《め》をかけてめんどうをみる。例 昔《むかし》からいつも引き立ててくれた恩人《おんじん》。❸元気《げんき》をつける。はげます。例 気持《きも》ちを引き立てて仕事《しごと》を続《つづ》ける。❹無理《むり》に連《つ》れていく。例 犯人《はんにん》を引き立てる。

ひきつぐ【引き継ぐ】動詞 あとを受《う》けつぐ。例 前《まえ》の担当者《たんとうしゃ》から仕事《しごと》を引き継ぐ。

ひきつける【引き付ける】動詞 ❶近《ちか》くに寄《よ》せる。例 磁石《じしゃく》は鉄《てつ》を引き付ける。❷人《ひと》の心《こころ》を引《ひ》き寄《よ》せる。例 あの人《ひと》の笑顔《えがお》はみんなを引き付ける。❸けいれんを起《お》こす。

ひきつづき【引き続き】副詞 ❶すぐあとに続《つづ》いて。例 映画上映《えいがじょうえい》のあとに、引き続きかんとくのあいさつがあります。❷ずっと続《つづ》いて。例 明日以降《あすいこう》も引き続きおだやかな天気《てんき》でしょう。

ひきつる【引きつる】動詞 ❶物《もの》の表面《ひょうめん》や皮膚《ひふ》などが引《ひ》っ張《ぱ》られたように

てきた画家《がか》による、沖縄戦《おきなわせん》のノンフィクション絵本《えほん》。1945年《ねん》、アメリカ軍《ぐん》が上陸《じょうりく》し、地上《ちじょう》での戦《たたか》いとなった…る人々《ひとびと》…。忘《わす》れられない戦争《せんそう》の記憶《きおく》を通《とお》して「ヌチドゥタカラ（命《いのち》こそ宝《たから》）」のことばが胸《むね》に刻《きざ》まれる一冊《いっさつ》。

なる。例 手術《しゅじゅつ》のあとが引きつっている。
❷かたくこわばる。例 緊張《きんちょう》して、顔《かお》が引きつる。
❸筋肉《きんにく》がけいれんを起《お》こす。

ひきつれる【引き連れる】 動詞 何人《なんにん》かの人《ひと》を連《つ》れていく。例 子供《こども》たちを引き連れてピクニックに行《い》く。

ひきて【引き手】 名詞 障子《しょうじ》などを引《ひ》くときに手《て》をかけるところ。また、その金具《かなぐ》。

ひきど【引き戸】 名詞 左右《さゆう》に引《ひ》いて、開《あ》け閉《し》めをする戸《と》。対 開《ひら》き戸《ど》。

ひきとめる【引き止める・引き留める】 動詞 あることをするのをやめさせる。とくに、行《い》こうとするのをとめる。例 帰《かえ》ろうとするのを引き留めて話《はなし》を聞《き》いた。

ひきとる【引き取る】 動詞
❶その場《ば》から出《で》ていく。引《ひ》きさがる。例 今日《きょう》のところは引き取ります。
❷自分《じぶん》のところに引《ひ》き受《う》けて世話《せわ》をする。例 捨《す》てられていた犬《いぬ》を引き取る。
❸品物《しなもの》を受《う》けとる。

ひきにく【ひき肉】 名詞 器械《きかい》で刻《きざ》んで細《こま》かくした肉《にく》。ミンチ。

ひきのばす【引き伸ばす・引き延ばす】 動詞
❶引《ひ》っ張《ぱ》ってのばす。例 ゴムを引き伸ばす。
❷写真《しゃしん》を大《おお》きく焼《や》きつける。
❸時間《じかん》や期日《きじつ》を長引《ながび》かせる。例 結論《けつろん》が出《で》ないので、会議《かいぎ》を一時間《いちじかん》引き延ばす。

ひきはなす【引き離す】 動詞
❶くっついていた二《ふた》つのものを引《ひ》っ張《ぱ》ってはなす。無理《むり》に別々《べつべつ》にする。例 二人《ふたり》の仲《なか》を無理《むり》やり引き離す。
❷あとに続《つづ》くものとの差《さ》を大《おお》きくあける。例 ほかの選手《せんしゅ》を引き離してゴールする。

ひきはらう【引き払う】 動詞 自分《じぶん》のものをかたづけて、よそに移《うつ》る。例 父《ちち》の転勤《てんきん》のため、マンションを引き払う。

ひきまわす【引き回す】 動詞
❶あちこち連《つ》れて歩《ある》く。引《ひ》っ張《ぱ》り歩《ある》く。例 町《まち》じゅうを引き回して案内《あんない》する。
❷人《ひと》を世話《せわ》したり指導《しどう》したりする。例 大学《だいがく》の先輩《せんぱい》に引き回してもらう。
❸幕《まく》や縄《なわ》などを張《は》りめぐらす。例 会場《かいじょう》のまわりに紅白《こうはく》の幕《まく》を引き回す。

ひきもきらず【引きも切らず】 副詞 次《つぎ》から次《つぎ》へと。絶《た》え間《ま》なく。ひっきりなしに。例 見物客《けんぶつきゃく》が引きも切らずやって来《く》る。

ひきゃく【飛脚】 名詞 昔《むかし》、手紙《てがみ》や品物《しなもの》などを遠《とお》くへ届《とど》けることを仕事《しごと》にしていた人《ひと》。

ひきゅう【飛球】 ⇩1169ジベー フライ(fly)

ひきょう【秘境】 名詞 人《ひと》がほとんど行《い》ったことがなく、ようすがよく知《し》られていない土地《とち》。

ひきょう【卑きょう】 名詞 形容動詞
❶勇気《ゆうき》がなく、臆病《おくびょう》なこと。例 とちゅうでにげ出《だ》すなんて卑きょうだ。
❷心《こころ》がきたなく、ずるいこと。例 卑きょうな手段《しゅだん》で勝《か》つ。

ひきよせる【引き寄せる】 動詞
❶引《ひ》いて自分《じぶん》のほうに近《ちか》づける。
❷自分《じぶん》のほうに近《ちか》づかせる。例 敵《てき》をじゅうぶん引き寄せてから一気《いっき》にせめる。

ひきわけ【引き分け】 名詞 勝《か》ち負《ま》けが決《き》まらないまま、勝負《しょうぶ》が終《お》わること。あいこ。

ひきわたす【引き渡す】 動詞
❶自分《じぶん》のところにいる人《ひと》や持《も》っているものなどを、ほかの人《ひと》にわたす。例 犯人《はんにん》を警察《けいさつ》に引き渡す／預《あず》かり物《もの》を引き渡す。
❷つなや幕《まく》などを長《なが》く張《は》る。例 空《あ》き地《ち》のまわりにロープを引き渡す。

ひく 動詞 車《くるま》などが、人《ひと》や動物《どうぶつ》を下《した》じきにして通《とお》る。ことば 漢字《かんじ》では「轢く」と書《か》く。

ひく 動詞 石《いし》うすなどを使《つか》って粉《こな》にする。例 大《だい》豆《ず》をひく。ことば 漢字《かんじ》では「碾く」と書《か》く。

ひく 動詞
❶のこぎりで切《き》る。例 木《き》をひく。
❷肉《にく》を細《こま》かくする。
ことば 漢字《かんじ》では「挽く」と書《か》く。

ひく【引く】 動詞
❶一部分《いちぶぶん》を持《も》って、自分《じぶん》の方《ほう》へ近《ちか》づける。引《ひ》っ張《ば》る。例 つなを引く。対 押《お》す。
❷長《なが》くのばす。例 線《せん》を引く／声《こえ》を長《なが》く引く。
❸一面《いちめん》にぬる。例 フライパンに油《あぶら》を引く。
❹自分《じぶん》のほうに気持《きも》ちを向《む》けさせる。例 同情《どうじょう》を引く。
❺探《さが》し出《だ》す。例 辞書《じしょ》を引いて調《しら》べる。
❻自分《じぶん》の体《からだ》の中《なか》に入《い》れる。例 かぜを引く。
❼電話《でんわ》・水道《すいどう》などをとりつける。例 水道《すいどう》を引く。

読書のこみち 高 中 低 『おきなわ　島《しま》のこえ』丸木俊《まるきとし》・丸木位里《まるきいり》文《ぶん》・絵《え》　原爆《げんばく》や公害《こうがい》の現実《げんじつ》を夫婦《ふうふ》でえがき続《つづ》け沖縄《おきなわ》のようすが、ひとりの女《おんな》の子《こ》の視点《してん》で語《かた》られていきます。激《はげ》しい戦火《せんか》、追《お》いつめられ

❽受《う》けつぐ。例 先祖《せんぞ》の血《ち》を引く。
❾ある数《かず》からある数《かず》を減《へ》らす。引《ひ》き算《ざん》をする。例 五《ご》引く三《さん》は二《に》。対 足《た》す。
❿数量《すうりょう》や金額《きんがく》などを少《すく》なくする。例 値段《ねだん》を百《ひゃく》円《えん》引いてもらった。
⓫選《えら》び出《だ》す。例 くじを引く。
⓬あとへさがる。退《しりぞ》く。例 ここまで来《き》たら、あとへはひけない。
⓭勤《つと》めなどをやめる。例 社長《しゃちょう》の座《ざ》からひく。
⓮少《すく》なくなる。消《き》える。例 熱《ねつ》が引く。
漢 ⇩112ジ《ペー》 いん〔引〕
使い方 ⓬⓭は、かな書《が》きにする。

ひく【弾く】 動詞 ピアノ・バイオリン・ことなどの楽器《がっき》を鳴《な》らす。演奏《えんそう》する。例 好《す》きな曲《きょく》を弾いてごらん。

びく 名詞 つった魚《さかな》を入《い》れておく、竹《たけ》などで作《つく》ったかご。

びく

ひくい【低い】 形容詞
❶高《たか》さが少《すく》ない。位置《いち》が下《した》の方《ほう》にある。例 低い木《き》。対 高《たか》い。
❷程度《ていど》や価値《かち》、身分《みぶん》などが下《した》である。例 湿度《しつど》が低い／低い地位《ちい》。対 高《たか》い。
❸音《おと》や声《こえ》が小《ちい》さい。例 低い声《こえ》で静《しず》かに話《はな》す。対 高《たか》い。
漢 ⇩881ジ《ペー》 てい〔低〕

ひぐちいちよう【樋口一葉】 名詞 （一八七二～一八九六）明治時代《めいじじだい》の女性《じょせい》の小説家《しょうせつか》・歌人《かじん》。「たけくらべ」「にごりえ」などの小説《しょうせつ》を書《か》いた。

ひくつ【卑屈】 形容動詞 自分《じぶん》に自信《じしん》がなく、心《こころ》がいじけているようす。相手《あいて》の機嫌《きげん》をとり、ぺこぺこするようす。例 卑屈な態度《たいど》。

びくともしない
❶力《ちから》を加《くわ》えても、少《すこ》しも動《うご》かない。例 二人《ふたり》でおしてもびくともしない。
❷少《すこ》しもおどろいたり、あわてたりしない。例 何《なに》を言《い》われてもびくともしない。

ピクニック (picnic) 名詞 野《の》や山《やま》に遊《あそ》びに出《で》かけること。類 ハイキング。

びくびく［と］ 副詞 動詞 悪《わる》いことが起《お》きるのではないかと、おそれるようす。例 いつおこられるかとびくびくしている。

ひぐま 名詞 季語 冬 赤茶色《ちゃいろ》のくま。日本《にほん》では北海道《ほっかいどう》にすみ、冬《ふゆ》ごもりをする。川魚《かわざかな》や木《き》の実《み》などを食《た》べる。性質《せいしつ》があらく、人《ひと》や家畜《かちく》をおそうこともある。

ひぐま

ひくまる【低まる】 動詞 低《ひく》くなる。例 原《はら》っぱの低まった所《ところ》が水《みず》たまりになる。対 高《たか》まる。漢 ⇩881ジ《ペー》 てい〔低〕

ひくめ【低め】 名詞 形容動詞 ふつうより少《すこ》し低《ひく》いこと。例 例年《れいねん》より低めの気温《きおん》が続《つづ》く。対 高《たか》め。

ひくめる【低める】 動詞 低《ひく》くする。例 こしを低める／声《こえ》を低めて話《はな》す。対 高《たか》める。漢 ⇩881ジ《ペー》 てい〔低〕

ひぐらし 名詞 季語 秋 せみのなかま。黒《くろ》っぽい茶色《ちゃいろ》をしており、すき通《とお》った羽《はね》を持《も》つ。夏《なつ》の終《お》わりの朝《あさ》や夕《ゆう》方《がた》に「カナカナ」と鳴《な》く。「かなかな」ともいう。

ひぐらし

ひぐれ【日暮れ】 名詞 日《ひ》が暮《く》れるころ。夕暮《ゆうぐ》れ。夕方《ゆうがた》。例 日暮れがせまる。対 夜明《よあ》け。

ひげ 名詞
❶動物《どうぶつ》の口《くち》のまわりに生《は》えている長《なが》い毛《け》。
❷男性《だんせい》のあご・ほお・鼻《はな》の下《した》などに生《は》える毛《け》。例 無精《ぶしょう》ひげ／ひげをはやす。

ひげ【卑下】 名詞 動詞 自分《じぶん》がほかの人《ひと》よりおとっていると思《おも》うこと。必要以上《ひつよういじょう》に自分《じぶん》を低《ひく》く評価《ひょうか》すること。

ひげき【悲劇】 名詞
❶世《よ》の中《なか》の悲《かな》しいできごとをえがき、悲《かな》しい結《けつ》末《まつ》で終《お》わる劇《げき》。対 喜劇《きげき》。
❷世《よ》の中《なか》の悲《かな》しく痛《いた》ましいできごと。

ひけつ【否決】 名詞 動詞 会議《かいぎ》などで、みんなで話《はな》し合《あ》って、その案《あん》を認《みと》めないと決《き》めること。例 その提案《ていあん》は会議《かいぎ》で否決された。対 可決《かけつ》。

ひけつ【秘けつ】 名詞 ものごとをうまく行《おこな》うための、人《ひと》が知《し》らないような特別《とくべつ》な方法《ほうほう》。例 カレーをうまく作《つく》る秘けつを教《おし》えよう。類 こつ。

ひげづら【ひげ面】 名詞 ひげの生《は》えた顔《かお》。また、その人《ひと》。例 ひげ面の男《おとこ》。

ひけめ【引け目】 名詞 ほかの人《ひと》より自分《じぶん》のほうがおとっていると感《かん》じる気持《きも》ち。例 スポーツでは、ぼくはいつも弟《おとうと》に引け目を感《かん》じる。

ま』の1編《ぺん》を絵本《えほん》にしたもの。ばばさまの仕事《しごと》はイタコ。口寄《くちよ》せといって、亡《な》くなってしまった人《ひと》のことばをこが、そのキツネがやがて悲《かな》しい結末《けつまつ》に…。しんみりした味《あじ》わいの絵本《えほん》。

類=意味《いみ》のよく似《に》たことば　対=反対《はんたい》の意味《いみ》のことばや対《つい》になることば

ひけらかす 動詞 得意《とくい》になって見《み》せつける。例 兄《あに》は物知《ものし》りだが、それを全然《ぜんぜん》ひけらかさない。

ひける【引ける】 動詞 ❶その日《ひ》の仕事《しごと》や勉強《べんきょう》が終《お》わる。また、それが終《お》わって帰《かえ》る。例 学校《がっこう》が引けたら遊《あそ》ぼう。❷気持《きも》ちが進《すす》まない。気《き》おくれがする。例 先生《せんせい》にわざわざ来《き》ていただくのは気《き》が引ける。

漢 ↓112ジ《ページ》いん〔引〕

ひけをとる【引けを取る】 ほかよりもおとる。負《ま》ける。例 足《あし》の速《はや》さなら、クラスのだれにも引けを取らない。

ひご 名詞 竹《たけ》を細《ほそ》く割《わ》ってけずったもの。工作《こうさく》などで用《もち》いる。竹《たけ》ひご。

ひご【肥後】 名詞 昔《むかし》の国《くに》の名《な》の一《ひと》つ。今《いま》の熊本《くまもと》県《けん》に当《あ》たる。

ピコ (pico) 名詞 「グラム」「秒《びょう》」などの単位《たんい》の前《まえ》につけて、一兆分《いっちょうぶん》の一《いち》であることを表《あらわ》すことば。記号《きごう》は「p」。

ひごい 名詞 季語夏 赤《あか》・だいだい・白色《しろいろ》など、色《いろ》のついたこい。観賞用《かんしょうよう》として飼《か》われる。ことば 黒《くろ》っぽい「まごい」に対《たい》していう。漢字《かんじ》では「緋鯉」と書《か》く。

ひこう【非行】 名詞 悪《わる》い行《おこな》い。

ひこう【飛行】 名詞 動詞 空《そら》を飛《と》んでいくこと。例 飛行場《じょう》／低空《ていくう》飛行。

ひごう【非業】 名詞 思《おも》いもかけない災難《さいなん》によるものであること。例 非業の死《し》。ことば もとは仏教《ぶっきょう》のことばで、「前世《ぜんせ》の行《おこな》いによらない」という意味《いみ》。

びこう【尾行】 名詞 動詞 人《ひと》のあとをそっとつけて行《い》くこと。例 犯人《はんにん》を尾行する。

びこう【備考】 名詞 参考《さんこう》のために書《か》き加《くわ》えておくことがら。例 備考らんにメモしておく。

ひこうかい【非公開】 名詞 一般《いっぱん》の人《ひと》には見《み》せたり、聞《き》かせたりしないこと。

ひこうき【飛行機】 名詞 プロペラやジェットの力《ちから》で空《そら》を飛《と》ぶ、つばさのついた乗《の》り物《もの》。ことば 「一機《いっき》」「一台《いちだい》」と数《かぞ》える。

ひこうきぐも【飛行機雲】 名詞 飛行機《ひこうき》が高《たか》い空《そら》を飛《と》んだとき、そのあとにできる白《しろ》くて細《ほそ》長《なが》い雲《くも》。排気《はいき》ガスが冷《ひ》えてできる。

ひこうしき【非公式】 名詞 形容動詞 正式《せいしき》でないこと。公表《こうひょう》するものではないこと。例 大統《だいとう》領《りょう》は、日本《にほん》を非公式に訪問《ほうもん》した。対 公式《こうしき》。

ひこうじょう【飛行場】 名詞 飛行機《ひこうき》が、定《てい》期的《きてき》に飛《と》び立《た》ったり着《つ》いたりするところ。空《くう》港《こう》。図 ↓378ジ《ページ》くうこう

ひこうせん【飛行船】 名詞 ふくろのような形《かたち》の胴《どう》体《たい》に、空気《くうき》より軽《かる》い水素《すいそ》・ヘリウムなどのガスを満《み》たして空《そら》にうかび、エンジンによって進《すす》む乗《の》り物《もの》。

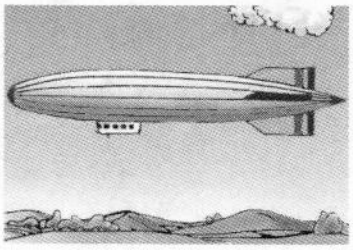

ひこうせん

ひごうほう【非合法】 名詞 形容動詞 法律《ほうりつ》などに合《あ》っていないこと。例 非合法活動《かつどう》。対 合法《ごうほう》。

ひこく【被告】 名詞 裁判《さいばん》で、うったえられたほうの人《ひと》。例 被告人《にん》。対 原告《げんこく》。

ひごと【日ごと】 名詞 ❶毎日《まいにち》。一日一日《いちにちいちにち》。例 日ごとに記録《きろく》をつける。❷一日《いちにち》ごと。一日一日《いちにちいちにち》。例 日ごとにつぼみがふくらむ。

ひこねはん【彦根藩】 名詞 江戸《えど》時代《じだい》、今《いま》の滋賀県《しがけん》にあった藩《はん》。幕末《ばくまつ》の政治家《せいじか》の井伊直弼《いいなおすけ》は、ここの出身《しゅっしん》。

ひこぼし【ひこ星】 名詞 季語秋 わし座《ざ》の星《ほし》、「アルタイル」のこと。天《あま》の川《がわ》をへだてて向《む》かい合《あ》っている織姫星《おりひめぼし》と、七夕《たなばた》の夜《よる》にだけ会《あ》うという中国《ちゅうごく》の伝説《でんせつ》がある。「けん牛星《ぎゅうせい》」ともいう。教科理 白鳥座《はくちょうざ》のデネブ、こと座《ざ》のベガとともに、夏《なつ》の大三角《だいさんかく》の一《ひと》つ。

ひこまご【ひこ孫】 ↓1122ジ《ページ》ひまご

ひごろ【日頃】 名詞 ふだん。いつも。例 日頃の努力《どりょく》が実《み》を結《むす》んだ。

ひざ【膝】 名詞 足《あし》のももとすねをつなぐ関節《かんせつ》の、前《まえ》の部分《ぶぶん》。図 ↓287ジ《ページ》からだ

● **膝《ひざ》を打《う》つ** 急《きゅう》に思《おも》いついたり、感心《かんしん》したりして、ひざをぽんとたたく。例 新《あたら》しいアイディアが頭《あたま》にうかび、思《おも》わず膝を打った。

● **膝《ひざ》を崩《くず》す** 正座《せいざ》の姿勢《しせい》をくずして、楽《らく》なすわり方《かた》をする。例 膝を崩してあぐらをかく。

● **膝《ひざ》を乗《の》り出《だ》す** 話《はなし》などに強《つよ》い興味《きょうみ》を示《しめ》す。例 すもうの話《はなし》になると、父《ちち》が膝を乗り出す。

● **膝《ひざ》を交《まじ》える** おたがいに心《こころ》を開《ひら》いて親《した》しく話《はな》し合《あ》う。例 おじさんと膝を交えて話《はなし》をする。

ビザ (visa) 名詞 外国《がいこく》から来《く》る人《ひと》にあたえる、入国《にゅうこく》を許可《きょか》する証明書《しょうめいしょ》。「査証《さしょう》」ともいう。

ピザ (イタリア語) 名詞 こねた小麦粉《こむぎこ》を平《ひら》たくの

読書のこみち 高 中 低 『おこんじょうるり』さねとうあきら作《さく》　井上洋介《いのうえようすけ》絵《え》　民話風《みんわふう》の短編集《たんぺんしゅう》『地《じ》べたっこさ』の世《よ》の人《ひと》に伝《つた》えることをしています。そのばばさまはキツネと助《たす》け合《あ》って生《い》きています

ばし、チーズ・トマト・サラミなどをのせて焼《や》いた、イタリアの料理《りょうり》。「ピッツァ」ともいう。

ひさい【被災】 名詞 動詞 洪水《こうずい》・火事《かじ》・地震《じしん》・戦争《せんそう》などの災害《さいがい》にあうこと。例 被災地《ち》／巨大《きょだい》な台風《たいふう》で広《ひろ》い地域《ちいき》が被災した。類 り災《さい》。

びさい【微細】 名詞 形容動詞 とても細《こま》かいこと。こまごまとしていること。例 好《す》きな映画《えいが》のことは、微細な点《てん》までよく覚《おぼ》えている。

ひざがしら【膝頭】 名詞 ひざの、折《お》り曲《ま》げると丸《まる》くなる部分《ぶぶん》。ひざ小僧《こぞう》。

ひさかたぶり【久方ぶり】 名詞 久《ひさ》しぶり。例 久方ぶりにいとこに会《あ》った。

ひざかり【日盛り】 名詞 季語夏 一日《いちにち》のうちで、日《ひ》ざしがもっとも強《つよ》くなるとき。使い方 夏《なつ》の午後《ごご》についていうことが多《おお》い。

ひざこぞう【膝小僧】 名詞「ひざ頭《がしら》」のくだけた言《い》い方《かた》。

ひさし 名詞 ❶家《いえ》の出入《でい》り口《ぐち》や窓《まど》などの上《うえ》につけた、雨《あめ》よけなどのための小《ちい》さな屋根《やね》。❷帽子《ぼうし》の、前《まえ》につき出《だ》している部分《ぶぶん》。類 つば。

● **ひさしを貸《か》して母屋《おもや》を取《と》られる** ⇩383ページ

ことわざ

ひざし【日差し】 名詞 日光《にっこう》が差《さ》すこと。また、差《さ》してくる日光《にっこう》。例 日差しが強《つよ》い。

ひさしい【久しい】 形容詞 長《なが》い時間《じかん》がたって、昔《むかし》のことになっているようす。例 久しく見《み》ていなかったアルバムを開《ひら》いてみた。漢 ⇩346ページ きゅう〔久〕

ひさしぶり【久しぶり】 名詞 前《まえ》にそのことがあったり、その人《ひと》に会《あ》ったりしたときから、長《なが》い時間《じかん》が過《す》ぎていること。

ひさびさ【久久】 名詞 形容動詞 久《ひさ》しぶり。

ひざまずく 動詞 地面《じめん》やゆかにひざをついて、身《み》をかがめる。例 ひざまずいていのる。

ひさめ【氷雨】 名詞 季語夏 ❶秋《あき》の終《お》わりから冬《ふゆ》の初《はじ》めに降《ふ》る、みぞれのような冷《つめ》たい雨《あめ》。❷ひょう。あられ。

ことば 季語《きご》として使《つか》うのは❷の意味《いみ》。

ひざもと【膝元】 名詞 ❶ひざのすぐそば。❷自分《じぶん》を守《まも》ってくれる人《ひと》のそば。例 両親《りょうしん》の膝元で暮《く》らす。

ひさん【飛散】 名詞 動詞 飛《と》び散《ち》ること。例 火《か》山灰《ざんばい》が空中《くうちゅう》に飛散する。

ひさん【悲惨】 形容動詞 悲《かな》しくて痛《いた》ましいようす。みじめであわれなようす。例 悲惨な事故《じこ》。

ひじ【肘】 名詞 うでの中《なか》ほどの関節《かんせつ》の、折《お》れ曲《ま》がる外側《そとがわ》の部分《ぶぶん》。例 テーブルに肘をつく。図 ⇩287ページ からだ

ひしがた【ひし形】 名詞 四《よっ》つの辺《へん》の長《なが》さが等《ひと》しい四角形《しかくけい》。図 ⇩686ページ ずけい

ひじき 名詞 季語春 食用《しょくよう》になる海藻《かいそう》。海岸近《かいがんちか》くの岩《いわ》につく。生《なま》のときは黄色《きいろ》っぽい茶色《ちゃいろ》だが、かわかすと黒《くろ》くなる。

ひしぐ 動詞 ❶おしてつぶす。例 岩《いわ》をもひしぐ力《ちから》の持《も》ち主《ぬし》。❷勢《いきお》いをくじく。例 敵《てき》の気勢《きせい》をひしぐ。

ひしと 副詞 ❶ぴったりとくっついているようす。例 子供《こども》をひしとだきしめる。❷心《こころ》や体《からだ》に強《つよ》く感《かん》じるようす。きつく。ひしひしと。例 父《ちち》の愛情《あいじょう》をひしと感《かん》じる。

ビジネス（business） 名詞 仕事《しごと》。商売《しょうばい》。事業《じぎょう》。例 ビジネスマン／ビジネスホテル。

ひしひし［と］ 副詞 心《こころ》や体《からだ》に強《つよ》くせまってくるようす。例 責任《せきにん》の重《おも》さをひしひしと感《かん》じる。

びしびし［と］ 副詞 手加減《てかげん》や遠慮《えんりょ》をしないで、厳《きび》しく行《おこな》うようす。例 部員《ぶいん》をびしびしきたえる。

ひしめきあう【ひしめき合う】 動詞 せまいところにたくさん集《あつ》まって、おし合《あ》うようにする。例 店内《てんない》に買《か》い物客《ものきゃく》がひしめき合う。

ひしめく 動詞 多《おお》くの人《ひと》や物《もの》が集《あつ》まっておし合《あ》う。混雑《こんざつ》して、ごたごたしている。例 入場券《にゅうじょうけん》を買《か》おうとしてひしめく人々《ひとびと》。

ひしもち【ひし餅】 名詞 季語春 赤《あか》・白《しろ》・緑《みどり》の三色《さんしょく》を重《かさ》ね、ひし形《がた》に切《き》ったもち。ひな祭《まつ》りのお供《そな》えにする。

ひしゃく 名詞 水《みず》や湯《ゆ》などをくみとるための、長《なが》い柄《え》のついた道具《どうぐ》。

ひしゃく

びしゃもんてん【毘沙門天】 名詞 七福神《しちふくじん》の一人《ひとり》。よろいかぶとを身《み》に着《つ》け、いかりの表情《ひょうじょう》をあらわしている。「多《た》聞天《もんてん》」ともいう。図 ⇩577ページ しちふくじん

ばあさんが住《す》んでいました。貧《まず》しいけれど工夫《くふう》をして、ねこのモルトと気持《きも》ちよく暮《く》らしていました。しかしあす。作者《さくしゃ》の家《いえ》に語《かた》り伝《つた》えられてきた昔話《むかしばなし》をもとにした、イギリスのお話《はなし》です。

ぴしゃりと 副詞 ❶戸《と》などを、音《おと》を立《た》てて勢《いきお》いよく閉《し》めるようす。例 窓《まど》をぴしゃりと閉《し》める。❷手《て》のひらで強《つよ》く打《う》つようす。例 ぴしゃりとほおをたたく。❸態度《たいど》をはっきりと示《しめ》すようす。例 無理《むり》な要《よう》求《きゅう》をぴしゃりとはねつける。❹少《すこ》しの食《く》いちがいもなく、正確《せいかく》に合《あ》うようす。例 計算《けいさん》がぴしゃりと合《あ》う。

ひじゅう【比重】 名詞 ❶ある物質《ぶっしつ》の重《おも》さを、同《おな》じ体積《たいせき》のセ氏四度《しよんど》の水《みず》の重《おも》さと比《くら》べ、その何倍《なんばい》になるかを表《あらわ》したもの。たとえば、金《きん》の比重《ひじゅう》は十九・三、鉄《てつ》は七・八六。❷ほかと比《くら》べたときの、量《りょう》や大切《たいせつ》さなどの割《わり》合《あい》。例 勉強《べんきょう》よりスポーツの比重が大《おお》きい。

ひしゅうしょくご【被修飾語】 名詞 修《しゅう》飾《しょく》語《ご》によってくわしく説明《せつめい》されていることば。たとえば、「白《しろ》い雲《くも》がゆっくりと流《なが》れる」の「雲《くも》」が修飾《しゅうしょく》語《ご》「白《しろ》い」によって、「流《なが》れる」が修飾《しゅうしょく》語《ご》「ゆっくりと」によって、それぞれくわしく説明《せつめい》された被《ひ》修飾《しゅうしょく》語《ご》。

びじゅつ【美術】 名詞 絵《え》・彫刻《ちょうこく》・建築《けんちく》など、目《め》に見《み》えるもので美《うつく》しさを表《あらわ》そうとする芸術《げいじゅつ》。

びじゅつかん【美術館】 名詞 絵《え》や彫刻《ちょうこく》などの美術品《びじゅつひん》を並《なら》べて、人々《ひとびと》に見《み》せるところ。

びじゅつひん【美術品】 名詞 絵《え》や彫刻《ちょうこく》などの、美《うつく》しくて値打《ねう》ちのある作品《さくひん》。

ひじゅん【批准】 名詞 動詞 外国《がいこく》と結《むす》ぶ条約《じょうやく》について、国《くに》の代表者《だいひょうしゃ》（＝日本《にほん》では国会《こっかい》）が確《たし》かめて、よいと認《みと》めること。また、その手続《てつづ》き。例 講和《こうわ》条約《じょうやく》を批准する。

ひしょ【秘書】 名詞 大事《だいじ》な役目《やくめ》を持《も》つ人《ひと》のそばで、その仕事《しごと》を手伝《てつだ》う役目《やくめ》。また、その人《ひと》。

ひしょ【避暑】 名詞 季語 夏 夏《なつ》に、暑《あつ》さをさけてすずしい土地《とち》に行《い》くこと。対 避寒《ひかん》。

びじょ【美女】 名詞 顔《かお》や姿《すがた》の美《うつく》しい女《おんな》の人《ひと》。美人《びじん》。対 美男《びなん》。

ひじょう【非常】 ❶名詞 大変《たいへん》なことが起《お》きるなどして、ふつうの状態《じょうたい》ではないこと。例 非常ベル。❷形容動詞 程度《ていど》がふつうでないようす。例 非常な寒《さむ》さ／非常に美《うつく》しい。

ひじょう【非情】 名詞 形容動詞 人間《にんげん》らしい感《かん》情《じょう》を持《も》っていないこと。心《こころ》が冷《つめ》たいこと。例 非情な仕打《しう》ちをする。類 無情《むじょう》。

びしょう【微小】 形容動詞 非常《ひじょう》に小《ちい》さいようす。例 微小な生物《せいぶつ》。対 巨大《きょだい》。

びしょう【微笑】 名詞 動詞 ほほえむこと。ほほえみ。例 やさしい微笑をうかべる。

ひじょうぐち【非常口】 名詞 火事《かじ》や地震《じしん》などの危険《きけん》なことが起《お》こったときに、人々《ひとびと》がにげ出《だ》すための出口《でぐち》。例 非常口から避難《ひなん》する。

ひじょうじ【非常時】 名詞 大《おお》きな災害《さいがい》や戦《せん》争《そう》などが起《お》こって、世《よ》の中《なか》がふだんとはちがって大変《たいへん》な状態《じょうたい》にあるとき。対 平時《へいじ》。

ひじょうしき【非常識】 名詞 形容動詞 ふつうの人《ひと》の考《かんが》え方《かた》や行《おこな》いから外《はず》れていること。

ひじょうしゅだん【非常手段】 名詞 ふつうではない大変《たいへん》なことが起《お》きたときに、特別《とくべつ》に使《つか》う方法《ほうほう》。例 非常手段をとる。

ひじょうしょく【非常食】 名詞 災害《さいがい》などが起《お》きたときのために準備《じゅんび》しておく食料《しょくりょう》。

ひじょうとう【非常灯】 名詞 災害《さいがい》などによる停電《ていでん》のときにつき、安全《あんぜん》に避難《ひなん》できるように照《て》らす照明装置《しょうめいそうち》。

ひじょうにんりじこく【非常任理事国】 名詞 国際連合《こくさいれんごう》の安全保障理事会《あんぜんほしょうりじかい》を構成《こうせい》する十五《じゅうご》か国《こく》のうち、常任理事国《じょうにんりじこく》以外《いがい》の十《じっ》か国《こく》。関連 常任理事国《じょうにんりじこく》。

びしょぬれ 名詞 しずくが垂《た》れるほど、ひどくぬれること。ずぶぬれ。ぐしょぬれ。使い方 くだけた言《い》い方《かた》。

ビジョン（vision）名詞 将来《しょうらい》はこうしようという考《かんが》え。心《こころ》にえがいた未来《みらい》のあり方《かた》。

ひじり【聖】 名詞 ❶人格《じんかく》がりっぱな、徳《とく》の高《たか》い人《ひと》。❷徳《とく》の高《たか》い、すぐれたおぼうさん。

びじれいく【美辞麗句】 名詞 うわべだけ美《うつく》しくりっぱにかざった、ことばや文句《もんく》。例 美辞麗句を並《なら》べる。

びじん【美人】 名詞 顔《かお》や姿《すがた》の美《うつく》しい女《おんな》の人《ひと》。

ひす【比す】 動詞 「比《ひ》する」の古《ふる》い言《い》い方《かた》。例 エジソンにも比すべき（＝比《くら》べられるほどの）大発明家《だいはつめいか》。

ひすい 名詞 緑色《みどりいろ》をした美《うつく》しい石《いし》。かざりとして使《つか》われる。

あいうえお
かきくけこ
さしすせそ
たちつてと
なにぬねの
ひ はひふへほ
まみむめも
や ゆ よ
らりるれろ
わ を ん

読書のこみち　高 中 低　『おすのつぼにすんでいたおばあさん』ゴッデン　昔々《むかしむかし》、お酢《す》のつぼそっくりの家《いえ》に、ある日《ひ》、拾《ひろ》った6ペンス銀貨《ぎんか》で小《ちい》さな魚《さかな》を買《か》ったことから、不思議《ふしぎ》なできごとが始《はじ》まりま

ビスケット（biscuit）名詞 小麦粉《こむぎこ》に砂糖《さとう》・牛乳《ぎゅうにゅう》・バター・卵《たまご》などを加《くわ》えてかたく焼《や》いた、小《ちい》さな菓子《かし》。

ヒステリー（ドイツ語）名詞 ❶神経症《しんけいしょう》の一《ひと》つ。不安《ふあん》や不満《ふまん》などが原因《げんいん》で、体《からだ》や手足《てあし》のしびれ・はき気《け》・もの忘《わす》れなど、心《こころ》にさまざまな症状《しょうじょう》が出《で》る。❷なんでもないことで急《きゅう》に激《はげ》しくおこったり泣《な》いたりするような状態《じょうたい》。例 ヒステリーを起《お》こす。

ピストル（オランダ語）名詞 片手《かたて》でうつ小《ちい》さな鉄砲《てっぽう》。けんじゅう。

ピストン（piston）名詞 シリンダー（＝つつ）の中《なか》を蒸気《じょうき》やガスなどの力《ちから》で行《い》ったり来《き》たりするしかけ。蒸気機関《じょうききかん》やポンプなどに使《つか》われる。

ピストンゆそう【ピストン輸送】名詞 ピストンの動《うご》きのように、休《やす》みなく何度《なんど》も行《い》ったり来《き》たりして、人《ひと》や物《もの》を運《はこ》ぶこと。

ひずみ 名詞 ❶外《そと》から力《ちから》が加《くわ》えられて、形《かたち》がゆがむこと。また、そのようにしてできた、形《かたち》のゆがみやずれ。❷あることの結果《けっか》として出《で》てきた悪《わる》いえいきょう。しわ寄《よ》せ。例 工業化《こうぎょうか》のひずみが出《で》る。

ひする【比する】動詞 比《くら》べる。比較《ひかく》する。例 姉《あね》に比して妹《いもうと》はおとなしい。

ひする【秘する】動詞 秘密《ひみつ》にする。知《し》られないように、かくす。例 秘する思《おも》い。

びせい【美声】名詞 美《うつく》しい声《こえ》。よい声《こえ》。例 うっとりするような美声を聞《き》かせる。対 悪声《あくせい》。

ひせいきこよう【非正規雇用】名詞 パートタイマー・アルバイト・派遣社員《はけんしゃいん》など、正社員《せいしゃいん》以外《いがい》の形《かたち》で人《ひと》をやとうこと。

ひせいふそしき【非政府組織】↓156ページ エヌジーオー

びせいぶつ【微生物】名詞 肉眼《にくがん》では見《み》えない、小《ちい》さな生物《せいぶつ》。細菌《さいきん》やかびなど。

ひぜに【日銭】名詞 毎日《まいにち》、収入《しゅうにゅう》として入《はい》ってくるお金《かね》。例 日銭の入《はい》る商売《しょうばい》。

ひぜん【肥前】名詞 昔《むかし》の国《くに》の名《な》の一《ひと》つ。対馬《つしま》・壱岐《いき》を除《のぞ》く今《いま》の長崎県《ながさきけん》と佐賀県《さがけん》に当《あ》たる。

びぜん【備前】名詞 昔《むかし》の国《くに》の名《な》の一《ひと》つ。今《いま》の岡山県《おかやまけん》の南東部《なんとうぶ》に当《あ》たる。

ひせんきょけん【被選挙権】名詞 選挙《せんきょ》に立候補《りっこうほ》することができる権利《けんり》。対 選挙権《せんきょけん》。参考 衆議院議員《しゅうぎいんぎいん》・地方議会議員《ちほうぎかいぎいん》などは満二十五才《まんにじゅうごさい》以上《いじょう》、参議院議員《さんぎいんぎいん》・知事《ちじ》は満三十才《まんさんじっさい》以上《いじょう》で、被選挙権《ひせんきょけん》があたえられる。

ひぜんはん【肥前藩】名詞 江戸時代《えどじだい》、今《いま》の佐賀県《さがけん》にあった藩《はん》。藩主《はんしゅ》は鍋島氏《なべしまし》。明治《めいじ》・大正時代《たいしょうじだい》の政治家《せいじか》の大隈重信《おおくましげのぶ》は、ここの出身《しゅっしん》。「佐賀藩《さがはん》」ともいう。

ひそう【皮相】❶名詞 ものごとの表面《ひょうめん》。うわべ。うわっつら。❷形容動詞 表面《ひょうめん》だけ見《み》て判断《はんだん》し、深《ふか》い部分《ぶぶん》までいたらないこと。例 皮相な分析《ぶんせき》。

ひそう【悲壮】形容動詞 悲《かな》しみの中《なか》にも勇《いさ》ましさが感《かん》じられるようす。例 悲壮感《ひそうかん》／悲壮な決意《けつい》。

ひぞう【ひ臓】名詞 胃《い》の左後《ひだりうし》ろにある器官《きかん》。古《ふる》くなった赤血球《せっけっきゅう》をこわしたり、白血球《はっけっきゅう》をつくったり、血液《けつえき》をたくわえたりするはたらきをする。図↓966ページ ないぞう〔内臓〕

ひぞう【秘蔵】名詞 動詞 ❶大事《だいじ》にしまっておくこと。例 秘蔵の品《しな》。❷大事《だいじ》にしてかわいがること。例 秘蔵っ子《こ》。

ひそか 形容動詞 ほかの人《ひと》に気《き》づかれないように、ものごとをするようす。こっそり。例 ひそかに計画《けいかく》を立《た》てる。

ひそひそ【と】副詞 ほかの人《ひと》に聞《き》こえないように、小《ちい》さな声《こえ》で話《はなし》をするようす。例 耳元《みみもと》でひそひそとささやく。

ひそむ【潜む】動詞 ❶こっそりかくれている。例 岩陰《いわかげ》に魚《さかな》が潜む。❷中《なか》にあって、外《そと》にはっきりあらわれない。例 心《こころ》のおくに潜む夢《ゆめ》。

ひそめる 動詞 悲《かな》しんだりいやがったりして、まゆの間《あいだ》にしわを寄《よ》せる。例 乱暴《らんぼう》なふるまいを見《み》てまゆをひそめた。

ひそめる【潜める】動詞 ❶こっそりかくす。例 木《き》のかげに身《み》を潜めた。❷声《こえ》や音《おと》などを小《ちい》さくする。例 声《こえ》を潜めて話《はな》す／息《いき》を潜める。

ひそめる【潜める】❶

ひそやか 形容動詞 ❶静《しず》かなようす。ひっそりしているようす。例 ひそやかな森《もり》／雨《あめ》がひそやかに降《ふ》る。❷目立《めだ》たないようす。人《ひと》に知《し》られないようす。

例 心《こころ》の中《なか》のひそやかな願《ねが》い。

ひだ 名詞 ❶スカートなどにつけた、細長《ほそなが》くたたんだ折《お》り目《め》。❷細《ほそ》く折《お》りたたんだように見《み》えるもの。例 山《やま》ひだ。

ひだ【飛騨】 名詞 昔《むかし》の国《くに》の名《な》の一《ひと》つ。今《いま》の岐阜《ぎふ》県《けん》の北部《ほくぶ》に当《あ》たる。

ひたい【額】 名詞 顔《かお》の、まゆ毛《げ》の上《うえ》からかみの毛《け》の生《は》えているところまでの部分《ぶぶん》。おでこ。

図⇩235ページ かお　漢⇩243ページ がく〔額〕

● **額《ひたい》を集《あつ》める** 集《あつ》まって相談《そうだん》する。例 額を集めて作戦《さくせん》を考《かんが》える。

ひだい【肥大】 名詞 動詞 ❶太《ふと》って大《おお》きくなること。例 計画《けいかく》の内容《ないよう》が肥大する。❷病気《びょうき》などのために、体《からだ》の一部《いちぶ》がはれて大《おお》きくなること。例 へんとうせんが肥大する。

びたいちもん【びた一文】 名詞 ほんのわずかなお金《かね》。例 そんな不良品《ふりょうひん》にはびた一文はらえないよ。ことば「びた」は「びた銭《せん》」の略《りゃく》で、質《しつ》が悪《わる》くて価値《かち》の低《ひく》いお金《かね》のこと。

ひだかさんみゃく【日高山脈】 名詞 北海《ほっかい》道《どう》の中央《ちゅうおう》南部《なんぶ》を南北《なんぼく》に走《はし》る山脈《さんみゃく》。

びだくおん【鼻濁音】 名詞 「おんがく（音楽）」「きんぎょ（金魚）」の「が」「ぎ」のように、ガ行《ぎょう》の音《おと》がことばの中《なか》か終《お》わりにあるときの、鼻《はな》にぬけてやわらかく聞《き》こえる音《おと》。

ピタゴラス 名詞 （紀元前《きげんぜん》六世紀《ろくせいき》ごろ）古代《こだい》ギリシャの哲学者《てつがくしゃ》・数学者《すうがくしゃ》。「ピタゴラスの定理《ていり》（＝三平方《さんへいほう》の定理《ていり》）」を発見《はっけん》した。

ひださんみゃく【飛騨山脈】 名詞 中部《ちゅうぶ》地方《ほう》の長野《ながの》・岐阜《ぎふ》・富山《とやま》・新潟《にいがた》の四県《よんけん》の境《さかい》を南北《なんぼく》に連《つら》なる山脈《さんみゃく》。白馬岳《しろうまだけ》・槍ケ岳《やりがたけ》・穂高岳《ほたかだけ》・立《たて》山《やま》など、三千《さんぜん》メートル級《きゅう》の山《やま》が連《つら》なる。「北《きた》アルプス」とも呼《よ》ばれる。

ひたす【浸す】 動詞 水《みず》などの液体《えきたい》の中《なか》につける。また、ぬらす。例 タオルを水《みず》に浸す。

ひたすら 副詞 それだけをいっしょうけんめいにするようす。例 発表会《はっぴょうかい》の成功《せいこう》をひたすらいのった。

ひたち【常陸】 名詞 昔《むかし》の国《くに》の名《な》の一《ひと》つ。今《いま》の茨城《いばらき》県《けん》の大部分《だいぶぶん》に当《あ》たる。

ひだね【火種】 名詞 ❶炭《すみ》などで火《ひ》をおこすときに、もとにする火《ひ》。❷争《あらそ》いやさわぎの原因《げんいん》。例 けんかの火種。

ひたはしり【ひた走り】 名詞 休《やす》むことなく、ただ走《はし》り続《つづ》けること。例 ひた走りに走《はし》る。

ひたひた
❶ 副詞 水《みず》が打《う》ち寄《よ》せて、岸《きし》や船《ふね》などに静《しず》かにくり返《かえ》し当《あ》たるようす。例 波《なみ》が岸辺《きしべ》をひたひたたたく。
❷ 副詞 静《しず》かに近《ちか》づいて来《く》るようす。例 敵《てき》の大《たい》軍《ぐん》がひたひたとおし寄《よ》せる。
❸ 形容動詞 中《なか》の物《もの》が水面《すいめん》に出《で》るか出《で》ないかというくらいの程度《ていど》に水《みず》があるようす。例 豆《まめ》を入《い》れたなべに、ひたひたに水《みず》を入《い》れる。
使い方 ❶❷は「ひたひたと」の形《かたち》でも使《つか》う。

ひだまり【日だまり】 名詞 日当《ひあ》たりがよく、暖《あたた》かいところ。例 ねこが日だまりでねている。

ビタミン （ドイツ語）名詞 食《た》べ物《もの》の中《なか》にふくまれる、人《ひと》や動物《どうぶつ》の体《からだ》の調子《ちょうし》を整《ととの》えるのに必要《ひつよう》な栄養素《えいようそ》の一《ひと》つ。A《エー》・B《ビー》・C《シー》・D《ディー》など、種類《しゅるい》が多《おお》い。

ひたむき 形容動詞 一《ひと》つのことに、わき目《め》もふらずにいっしょうけんめいになるようす。例 ひたむきに練習《れんしゅう》する。

ひだり【左】 名詞 北《きた》を向《む》いたとき、西《にし》に当《あ》たるほう。対 右《みぎ》。漢⇩508ページ さ〔左〕

ひだりうちわ【左うちわ】 名詞 働《はたら》かなくても、生活《せいかつ》の心配《しんぱい》がなく楽《らく》に暮《く》らしていけること。例 左うちわで暮《く》らす。

ひだりがわ【左側】 名詞 左《ひだり》のほう。対 右側《みぎがわ》。

ひだりきき【左利き】 名詞 左手《ひだりて》のほうが右《みぎ》手《て》よりも器用《きよう》に使《つか》えること。また、その人《ひと》。対 右利《みぎき》き。

ひだりて【左手】 名詞 ❶左《ひだり》の手《て》。対 右手《みぎて》。❷左《ひだり》の方向《ほうこう》。例 左手に橋《はし》が見《み》える。対 右手《みぎて》。

ぴたりと 副詞 ❶急《きゅう》に止《と》まるようす。例 ぴたりと足《あし》を止《と》める。❷すきまなくくっつくようす。例 テープをぴたりとはりつける。❸完全《かんぜん》に合《あ》うようす。例 計算《けいさん》がぴたりと合《あ》う。

ひだりまえ【左前】 名詞 ❶和服《わふく》を着《き》るとき、ふつうとは反対《はんたい》に右《みぎ》のえりを上《うえ》にして着《き》ること。

あいうえお　かきくけこ　さしすせそ　たちつてと　なにぬねの　はひふへほ　ひ　まみむめも　や ゆ よ　らりるれろ　わ を ん

読書のこみち　高 中 低　『オズの魔法使《まほうつか》い』L《エル》・F《エフ》・ボーム　アメリカのカンザス州《しゅう》に住《す》むドロシーは、竜巻《たつまき》に巻《ま》いがいて、かかしやブリキの人間《にんげん》が動《うご》き、ライオンとだっておしゃべりができるのです。

❷商売《しょうばい》などがうまくいかなくなること。例商《しょう》売《ばい》が左前になる。

参考 死《し》んだ人《ひと》に着物《きもの》を着《き》せるときは、左前《ひだりまえ》（＝❶）にする。

ひたる【浸る】 動詞 ❶水《みず》や湯《ゆ》などにつかる。また、ぬれる。例温《おん》泉《せん》に浸る／大雨《おおあめ》でゆかが水《みず》に浸る。❷ある気《き》持《も》ちで心《こころ》をいっぱいにする。例喜《よろこ》びに浸る。

ひだるま【火だるま】 名詞 全身《ぜんしん》が火《ひ》に包《つつ》まれて燃《も》え上《あ》がること。

ひたん【悲嘆】 名詞 動詞 悲《かな》しみなげくこと。例最愛《さいあい》の人《ひと》を亡《な》くして悲嘆に暮《く》れる。

びだん【美談】 名詞 人《ひと》の心《こころ》を打《う》つような、りっぱな行《おこな》いをした話《はなし》。例おじは、財産《ざいさん》を投《な》げ出《だ》して人々《ひとびと》を助《たす》けたという美談の持《も》ち主《ぬし》だ。

ピチカート（イタリア語）名詞 弦楽器《げんがっき》の演奏《えんそう》のしかたの一《ひと》つ。弓《ゆみ》を使《つか》わず、弦《げん》を指《ゆび》ではじいて音《おと》を出《だ》すこと。

びちく【備蓄】 名詞 動詞 万一《まんいち》の場合《ばあい》や将来《しょうらい》必《ひつ》要《よう》になるときに備《そな》えて、たくわえておくこと。例備蓄米《まい》／災害《さいがい》に備《そな》えて水《みず》を備蓄する。

ひちりき 名詞 竹《たけ》でできた縦笛《たてぶえ》。長《なが》さ十八《じゅうはっ》センチメートルくらいで、するどく、もの悲《がな》しい音《おと》がする。雅楽《ががく》で使《つか》う。

漢 **ひつ【必】**〔心《こころ》〕5画 4年 音 ヒツ 訓 かならず

きっと。かならず。例必勝《ひっしょう》／必然《ひつぜん》／必読《ひつどく》／必要《ひつよう》。

漢 **ひつ【筆】**〔⺮《たけかんむり》〕12画 3年 音 ヒツ 訓 ふで

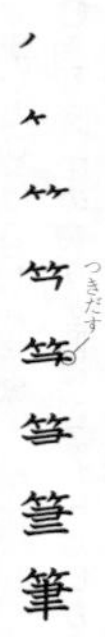

❶ふで。例筆箱《ふでばこ》／絵筆《えふで》／鉛筆《えんぴつ》／万年筆《まんねんひつ》／毛筆《もうひつ》。❷書《か》く。書《か》いたもの。例筆記用具《ひっきようぐ》／筆算《ひっさん》／筆《ひっ》者《しゃ》／筆順《ひつじゅん》／筆不精《ふでぶしょう》／自筆《じひつ》／随筆《ずいひつ》／達筆《たっぴつ》。

ひつあつ【筆圧】 名詞 文字《もじ》を書《か》くとき、ペンや鉛筆《えんぴつ》などの先《さき》にかかる力《ちから》。例筆圧が強《つよ》い。

ひつう【悲痛】 形容動詞 とても悲《かな》しく、心《こころ》が痛《いた》くなるほどであるようす。例悲痛なうったえに耳《みみ》をかたむける。

ひっかかる【引っ掛かる】 動詞 ❶物《もの》にかかってはなれない。例木《き》の枝《えだ》に風船《ふうせん》が引っ掛かる。❷だまされる。例友《とも》だちのうそに引っ掛かる。❸気《き》になる。例姉《あね》のことばが心《こころ》に引っ掛かる。

ひっかく【引っかく】 動詞 つめやとがった物《もの》で強《つよ》くかいて傷《きず》をつける。例ねこが柱《はしら》を引っかく。

ひっかける【引っ掛ける】 動詞 ❶物《もの》が落《お》ちないように何《なに》かにかける。例いすの背《せ》に上着《うわぎ》を引っ掛ける。❷無造作《むぞうさ》に身《み》に着《つ》ける。例コートを引っ掛ける。❸だます。例友《とも》だちをまんまと引っ掛けた。❹水《みず》などを浴《あ》びせる。例車《くるま》に泥水《どろみず》を引っ掛けられる。❺つき出《だ》しているものに当《あ》てて、服《ふく》などを破《やぶ》く。❻酒《さけ》などをちょっと飲《の》む。例ズボンをくぎに引っ掛けた。例一杯《いっぱい》引っ掛ける。

ひっき【筆記】 名詞 動詞 書《か》き記《しる》すこと。書《か》きとること。例筆記試験《しけん》。

ひつぎ 名詞 死《し》んだ人《ひと》を入《い》れる箱《はこ》。かんおけ。

ひっきようぐ【筆記用具】 名詞 字《じ》や図《ず》などを書《か》くときに使《つか》う道具《どうぐ》。鉛筆《えんぴつ》・シャープペンシル・ボールペンなど。

ひっきりなし【引っ切りなし】 形容動詞 次《つぎ》から次《つぎ》へと、とぎれずに続《つづ》くようす。例家《いえ》の前《まえ》を引っ切りなしに車《くるま》が通《とお》る。

ビッグデータ（big data）名詞 大量《たいりょう》で複雑《ふくざつ》なデータの集《あつ》まり。技術《ぎじゅつ》の発達《はったつ》によって、活用《かつよう》できるようになった。

ビッグバン（big bang）名詞 宇宙《うちゅう》の初《はじ》めに起《お》こったと考《かんが》えられている大爆発《だいばくはつ》。現在《げんざい》の宇宙《うちゅう》をつくるもとになったとされている。

びっくり 名詞 動詞 おどろくこと。例電車《でんしゃ》が急《きゅう》に止《と》まったのでびっくりした。

ひっくりかえす【ひっくり返す】 動詞 ❶上《うえ》と下《した》、表《おもて》と裏《うら》を反対《はんたい》にする。❷たおす。例花瓶《かびん》をひっくり返した。❸立場《たちば》や関係《かんけい》などを反対《はんたい》にする。例一本《いっぽん》のホームランが試合《しあい》をひっくり返した。

ひっくりかえる【ひっくり返る】 動詞 ❶上《うえ》と下《した》、表《おもて》と裏《うら》が反対《はんたい》になる。例ボートがひっくり返る。❷たおれる。例道《みち》ですべってひっくり返った。❸立場《たちば》や関係《かんけい》などが反対《はんたい》になる。例みんなの

に、11ぴきの子《こ》りすのきょうだいとおばあさんりすがいました。でも小《ちい》さなゲルランゲはどうしてもお掃除《そうじ》をら、どうやって無事《ぶじ》に家《いえ》に帰《かえ》れたかというお話《はなし》。続編《ぞくへん》は『けっこんをしたがらないリスのゲルランゲ』です。

反対《はんたい》で、決定《けってい》がひっくり返った。

びっくりぎょうてん【びっくり仰天】 名詞 動詞 非常《ひじょう》におどろくこと。

ひっくるめる【引っくるめる】 動詞 一《ひと》つにまとめる。例 参加者全員《さんかしゃぜんいん》の分《ぶん》を引っくるめてしはらう。

ひづけ【日付】 名詞 手紙《てがみ》・書類《しょるい》・日記《にっき》などにそれを書《か》いた日《ひ》を書《か》きこむこと。また、その年《ねん》月日《がっぴ》。

ひづけへんこうせん【日付変更線】 名詞 これをこえるときに日付《ひづけ》を変《か》えるように決《き》められた線《せん》。東経《とうけい》一八〇度《ど》の経線《けいせん》とほぼ重《かさ》なる。この線《せん》を西《にし》から東《ひがし》にこえるときは同《おな》じ日《ひ》をもう一度《いちど》くり返《かえ》し、東《ひがし》から西《にし》にこえるときは一日《いちにち》進《すす》める。

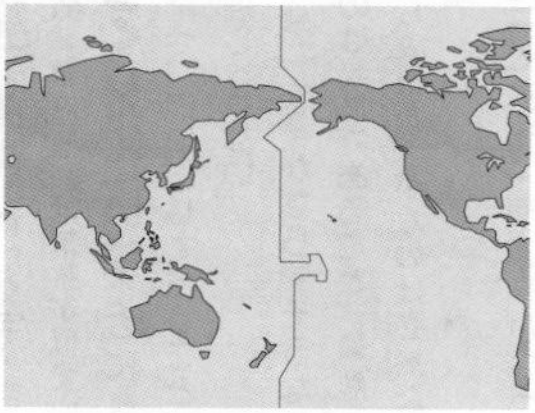
ひづけへんこうせん

ひつけやく【火付け役】 名詞 ものごとを起《お》こすきっかけをつくる人《ひと》。例 ブームの火付け役。

ピッケル（ドイツ語）名詞 山登《やまのぼ》りのとき、氷《こおり》や雪《ゆき》の上《うえ》に足場《あしば》をつくったり体《からだ》を支《ささ》えたりする、先《さき》につるはし形《がた》の金具《かなぐ》のついたつえ。

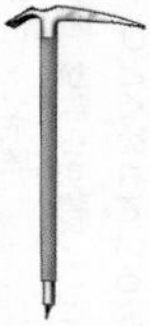
ピッケル

ひっけん【必見】 名詞 かならず見《み》たり読《よ》んだりしなければならないこと。見《み》たり読《よ》んだりする価値《かち》があること。また、そのもの。例 ミステリーが好《す》きなら、この映画《えいが》は必見だよ。

ひっこし【引っ越し】 名詞 動詞 家《いえ》や仕事場《しごとば》などを変《か》えること。転居《てんきょ》。例 引っ越しを手伝《てつだ》う。

ひっこす【引っ越す】 動詞 家《いえ》や仕事場《しごとば》などを変《か》える。例 となりの町《まち》に引っ越す。

ひっこぬく【引っこ抜く】 動詞 引《ひ》っ張《ば》ってぬく。例 畑《はたけ》のだいこんを引っこ抜く。

ひっこみがつかない【引っ込みがつかない】 自分《じぶん》がかかわったことなので、とちゅうでやめるわけにはいかない。例 約束《やくそく》したことなので、今《いま》さら引っ込みがつかない。

ひっこみじあん【引っ込み思案】 名詞 形容動詞 自分《じぶん》から進《すす》んで人前《ひとまえ》に出《で》たがらないこと。また、そのような性格《せいかく》。

ひっこむ【引っ込む】 動詞 ❶中《なか》や、おくのほうに入《はい》る。例 自分《じぶん》の部屋《へや》に引っ込む。❷つき出《で》ていたものがもとにもどる。また、くぼむ。へこむ。例 こぶが引っ込む。

ひっこめる【引っ込める】 動詞 出《で》ているものを中《なか》に入《い》れる。また、出《だ》したものをもとにもどす。例 頭《あたま》を引っ込める／意見《いけん》を引っ込める。

ピッコロ（イタリア語）名詞 木管楽器《もっかんがっき》の一《ひと》つ。フルートより小《ちい》さく、高《たか》くするどい音《おと》を出《だ》す横《よこ》笛《ぶえ》。図⇩269ページがっき〔楽器〕

ひっさん【筆算】 名詞 動詞 紙《かみ》などに数字《すうじ》を書《か》いて計算《けいさん》すること。関連 暗算《あんざん》。珠算《しゅざん》。

ひっし【必死】 名詞 形容動詞 死《し》ぬ気《き》になるくらい、全力《ぜんりょく》をつくしてものごとをすること。死《し》にものぐるい。例 必死になってせりふを覚《おぼ》えた。

ひっし【必至】 名詞 かならずそうなること。きっとそうなるにちがいないこと。例 八時《はちじ》に起《お》きたら遅刻《ちこく》するのは必至だ。類 必然《ひつぜん》。

ひつじ【未】 名詞 ❶十二支《じゅうにし》の八番目《はちばんめ》。羊《ひつじ》。例 未年《ーどし》生《う》まれ。❷昔《むかし》の時刻《じこく》の呼《よ》び名《な》。今《いま》の午後二時《ごごにじ》ごろ。また、その前後二時間《ぜんごにじかん》くらい。❸昔《むかし》の方角《ほうがく》の呼《よ》び名《な》。南南西《なんなんせい》。図⇩611ページじゅうにし

ひつじ【羊】 名詞 灰色《はいいろ》がかった白色《しろいろ》の毛《け》を持《も》つ動物《どうぶつ》。昔《むかし》から人《ひと》に飼《か》われ、毛《け》は織物《おりもの》に、肉《にく》は食用《しょくよう》にされる。綿羊《めんよう》。漢⇩1362ページよう〔羊〕

ひつじかい【羊飼い】 名詞 羊《ひつじ》を飼《か》って育《そだ》てる人《ひと》。また、放牧《ほうぼく》している羊《ひつじ》の番《ばん》をする人《ひと》。

ひつじぐも【羊雲】 名詞 羊《ひつじ》の群《む》れのように見《み》える雲《くも》。「高積雲《こうせきうん》」のこと。

ひっしゃ【筆写】 名詞 動詞 書《か》き写《うつ》すこと。例 黒板《こくばん》に書《か》かれた文《ぶん》を筆写する。類 書写《しょしゃ》。

ひっしゃ【筆者】 名詞 文章《ぶんしょう》や文字《もじ》などを書《か》いた人《ひと》。例 筆者の考《かんが》えを読《よ》みとろう。類 著者《ちょしゃ》。

ひっしゅう【必修】 名詞 学校《がっこう》などで、かならず学習《がくしゅう》しなければならないこと。また、その科目《かもく》。例 必修科目《かもく》。

ひつじゅひん【必需品】 名詞 なくてはならない品物《しなもの》。例 生活《せいかつ》必需品。

あいうえお かきくけこ さしすせそ たちつてと なにぬねの はひふへほ ひ まみむめも や ゆ よ らりるれろ わ を ん

読書のこみち　高 中 低　『おそうじをおぼえたがらないリスのゲルランゲ』J《ジェー》・ロッシュ・マゾン　昔《むかし》、ぶなの林《はやし》しません。家《いえ》から出《だ》された意地《いじ》っ張《ば》りなゲルランゲが、おおかみやきつねに出会《であ》いなが

ひつじゅん【筆順】 名詞 一《ひと》つの文字《もじ》を書《か》くときの順序《じゅんじょ》。書《か》き順《じゅん》。例 正《ただ》しい筆順。

ひっしょう【必勝】 名詞 かならず勝《か》つこと。

びっしょり[と] 副詞 ひどくぬれているようす。例 突然《とつぜん》の大雨《おおあめ》で全身《ぜんしん》びっしょりぬれる。

びっしり[と] 副詞 たくさんのものが、すきまなくつまっているようす。例 どのページにも、字《じ》がびっしりと書《か》かれている。

ひっせい【筆勢】 名詞 文字《もじ》や絵《え》にあらわれた筆《ふで》の勢《いきお》い。例 大胆《だいたん》な筆勢。

ひっせき【筆跡】 名詞 書《か》かれた文字《もじ》。また、その文字《もじ》の特徴《とくちょう》。例 母《はは》と姉《あね》は筆跡が似《に》ている。

ひつぜつにつくしがたい【筆舌に尽くし難い】 文章《ぶんしょう》や、口《くち》に出《だ》して言《い》うことばでは、とても表現《ひょうげん》しきれない。

ひつぜん【必然】 名詞 かならずそうなること。そうなるのは当然《とうぜん》であること。例 勉強《べんきょう》をなまけていたら成績《せいせき》が下《さ》がるのは必然だ。類 必至《ひっし》。対 偶然《ぐうぜん》。

ひつぜんてき【必然的】 形容動詞 かならずそうなるようす。そうなるのが当然《とうぜん》であるようす。例 人間《にんげん》は暗《くら》くなると必然的にねむくなる。

ひっそり[と] 副詞 動詞 ❶人《ひと》の声《こえ》や物音《ものおと》がせず、静《しず》かなようす。例 家《いえ》の中《なか》がひっそりとしている。❷目立《めだ》たないようす。例 森《もり》の中《なか》でひっそりと暮《く》らす。

ひったくる【引ったくる】 動詞 人《ひと》が持《も》っているものを無理《むり》にうばいとる。例 姉《あね》はわたしの手《て》から手紙《てがみ》を引《ひ》ったくった。

ぴったり[と] ❶副詞 くっついてはなれないようす。例 母《はは》にぴったり寄《よ》りそう。❷副詞 すきまなく合《あ》うようす。例 ぴったり戸《と》を閉《し》める。❸形容動詞 副詞 よく当《あ》てはまるようす。また、よく似合《にあ》うようす。例 今《いま》の気持《きも》ちにぴったり合《あ》うことば／この帽子《ぼうし》はあなたにぴったりだ。❹副詞 ちがいやずれがまったくないようす。例 テスト問題《もんだい》の予想《よそう》がぴったり当《あ》たった。❺副詞 急《きゅう》に止《と》まるようす。すっかり止《と》まるようす。例 父《ちち》はたばこをぴったりやめた。

ひつだん【筆談】 名詞 動詞 口《くち》で話《はな》す代《か》わりに、紙《かみ》に書《か》いて考《かんが》えや気持《きも》ちを伝《つた》え合《あ》うこと。

ピッチ (pitch) 名詞 ある決《き》まった時間《じかん》の間《あいだ》にくり返《かえ》される、動作《どうさ》の回数《かいすう》や調子《ちょうし》。例 ピッチを変《か》えないで走《はし》る／仕事《しごと》のピッチを上《あ》げる。

ヒッチハイク (hitchhike) 名詞 通《とお》りがかりの自動車《じどうしゃ》に、ただで乗《の》せてもらいながら目的地《もくてきち》まで行《い》く旅行《りょこう》。

ピッチャー (pitcher) 名詞 ❶野球《やきゅう》で、バッターに球《たま》を投《な》げる人《ひと》。投手《とうしゅ》。対 キャッチャー。❷「水差《みずさ》し」のこと。

ひっちゃく【必着】 名詞 動詞 手紙《てがみ》や荷物《にもつ》などが、決《き》められた日《ひ》までにかならず着《つ》くこと。例 明日《あす》の午前中《ごぜんちゅう》必着で小包《こづつみ》を送《おく》る。

びっちゅう【備中】 名詞 昔《むかし》の国《くに》の名《な》の一《ひと》つ。今《いま》の岡山県《おかやまけん》の西部《せいぶ》に当《あ》たる。

びっちゅうぐわ【備中ぐわ】 名詞 くわの刃《は》の部分《ぶぶん》が、二本《にほん》から五本《ごほん》に分《わ》かれてフォークのようになった農具《のうぐ》。土《つち》をほりおこすために使《つか》われる。

ピッツァ ➡1105ページ ピザ

ひってき【匹敵】 名詞 動詞 力《ちから》などの程度《ていど》が同《おな》じくらいであること。つりあっていること。例 父《ちち》の料理《りょうり》の腕前《うでまえ》はプロに匹敵する。

ヒット (hit) ❶名詞 野球《やきゅう》で、ボールを打《う》ったバッターが塁《るい》に出《で》られた当《あ》たり。「安打《あんだ》」ともいう。❷名詞 動詞 商品《しょうひん》などが、人気《にんき》を集《あつ》めたりよく売《う》れたりすること。例 去年《きょねん》ヒットした曲《きょく》。

ビット (bit) 名詞 コンピューターで、情報《じょうほう》の量《りょう》を表《あらわ》す最小《さいしょう》の単位《たんい》。0か1かのどちらかを表《あらわ》す。参考「0か1か」の1ビットの情報《じょうほう》をたくさん並《なら》べて、コンピューター上《じょう》のさまざまな情報《じょうほう》が表現《ひょうげん》されている。

ひっとう【筆頭】 名詞 書《か》き並《なら》べた名《な》まえの一《いち》番目《ばんめ》。また、その人《ひと》。地位《ちい》や順位《じゅんい》が一番目《いちばんめ》である人《ひと》。例 優勝候補《ゆうしょうこうほ》の筆頭はあのチームだ。

ひつどく【必読】 名詞 動詞 かならず読《よ》まなければならないこと。読《よ》む価値《かち》があること。例 必読の書《しょ》。

ひっとらえる【引っ捕らえる】 動詞 強《つよ》くつかむ。また、勢《いきお》いよくつかまえる。使い方「捕《と》らえる」を強《つよ》めた言《い》い方《かた》。

ひっぱりだこ【引っ張りだこ】 名詞 とて

に、男《おとこ》の子《こ》がやって来《き》ました。「おじさんとこのおとうふやあぶらげ、おいしい？」それ以来《いらい》、毎日《まいにち》お豆腐《とうふ》1げ百《ひゃく》まい」を明日《あす》の朝《あさ》までに作《つく》ってほしいとたのみます。うでのいいお豆腐屋《とうふや》さんの、心《こころ》温《あたた》まるお話《はなし》です。

も人気《にんき》があり、多《おお》くの人《ひと》にほしがられること。また、そのような人《ひと》や物《もの》。

ひっぱりだす【引っ張り出す】 動詞 ❶引《ひ》っ張《ぱ》って外《そと》に出《だ》す。例 おし入《い》れからまくらを引っ張り出す。❷無理《むり》に表《おもて》立《だ》った場所《ばしょ》に引《ひ》き出《だ》す。例 友《とも》だちを児童《じどう》会《かい》長《ちょう》候補《こうほ》に引っ張り出す。

ひっぱる【引っ張る】 動詞 ❶自分《じぶん》のほうへ引《ひ》く。例 スーツケースを引っ張って歩《ある》く。❷引《ひ》いてぴんと張《は》る。例 糸《いと》を引っ張る。❸こちらへ来《く》るようにさそう。例 友《とも》だちをサッカークラブに引っ張る。❹無理《むり》に連《つ》れていく。例 妹《いもうと》を歯医者《はいしゃ》に引っ張って行《い》く。❺長《なが》くのばす。例 ことばの終《お》わりを引っ張って話《はな》す。

ヒップ (hip) 名詞 おしり。また、腰回《こしまわ》りのサイズ。

ひっぽう【筆法】 名詞 ❶習《しゅう》字《じ》で、文字《もじ》を書《か》くときの筆《ふで》の動《うご》かし方《かた》。❷文章《ぶんしょう》の書《か》き方《かた》。例 手紙文《てがみぶん》の筆法。類 運筆《うんぴつ》。

ひつみゃく【筆脈】 名詞 字《じ》を書《か》くときの、点《てん》画《かく》から次《つぎ》の点画《てんかく》への気持《きも》ちのつながり。

ひづめ 名詞 馬《うま》・牛《うし》・ぶた・羊《ひつじ》などの足《あし》の先《さき》にある、かたく分《ぶ》厚《あつ》いつめ。使い方「ひずめ」と書《か》かないよう注《ちゅう》意《い》。

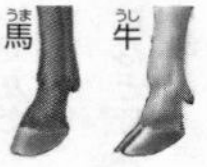

ひづめ

ひつよう【必要】 名詞 形容動詞 どうしてもいること。なくてはならないこと。例 必要不可欠《ふかけつ》／授《じゅ》業《ぎょう》に必要なものをそろえる。対 不要《ふよう》。

● **必要《ひつよう》は発明《はつめい》の母《はは》** ⇒385ジベー ことわざ

ひてい【否定】 名詞 動詞 そうではないと打《う》ち消《け》すこと。例 うわさを否定する。対 肯定《こうてい》。

ビデオ (video) 名詞 ❶テレビなどで、音声《おんせい》に対《たい》して画像《がぞう》のこと。❷「ビデオテープ」「ビデオテープレコーダー」などの略《りゃく》。例 ビデオレター。

ビデオカメラ (video camera) 名詞 動《うご》く映像《えいぞう》を記録《きろく》するためのカメラ。

ビデオテープ (videotape) 名詞 映像《えいぞう》と音声《おんせい》を同時《どうじ》に記録《きろく》するテープ。

ビデオテープレコーダー (videotape recorder) 名詞 映像《えいぞう》と音声《おんせい》をテープに記録《きろく》したり、再生《さいせい》したりする装置《そうち》。「ビデオデッキ」ともいう。

ビデオデッキ ⇒1113ジベー ビデオテープレコーダー

ひでり【日照り】 名詞 季語 夏 雨《あめ》が降《ふ》らない日《ひ》が長《なが》く続《つづ》き、水《みず》がかれること。ことば 俳句《はいく》などでは「旱」とも書《か》く。

ひでん【秘伝】 名詞 特別《とくべつ》な人《ひと》だけに伝《つた》える、秘密《ひみつ》の教《おし》えやわざ。例 わが家《や》秘伝の味《あじ》つけ。

びてん【美点】 名詞 すぐれてよいところ。長《ちょう》所《しょ》。例 やさしいところが弟《おとうと》の美点だ。対 欠点《けってん》。

ひと【一】 ❶(ほかのことばの前《まえ》につけて)「ひとつ」「一《いっ》回《かい》」の意味《いみ》を表《あらわ》す。例 一箱《はこ》／一回《まわ》り。❷(ほかのことばの前《まえ》につけて)「ちょっと」の意味《いみ》を表《あらわ》す。例 一仕事《しごと》／一休《やす》み。漢 ⇒87ジベー いち〔一〕

ひと【人】 名詞 ❶人間《にんげん》。例 人は、ことばを使《つか》う動物《どうぶつ》だ。❷世間《せけん》の人々《ひとびと》。例 人のうわさを気《き》にする。❸自分《じぶん》以外《いがい》の人間《にんげん》。他人《たにん》。例 人をあてにする。❹人《ひと》がら。性格《せいかく》。例 とても人がよい。❺一人前《いちにんまえ》の大人《おとな》。例 うちの人に相談《そうだん》する。漢 ⇒659ジベー じん〔人〕

● **人《ひと》のうわさも七十五日《しちじゅうごにち》** ⇒387ジベー ことわざ

● **人《ひと》の口《くち》には戸《と》が立《た》てられない** ⇒389ジベー ことわざ

● **人《ひと》のふり見《み》て我《わ》がふり直《なお》せ** ⇒391ジベー ことわざ

● **人《ひと》は見《み》かけによらぬもの** ⇒393ジベー ことわざ

● **人《ひと》を食《く》う** 人《ひと》をばかにしたような、ずうずうしい態度《たいど》をとる。

ひとあし【一足】 名詞 ❶一歩《いっぽ》。例 一足前《まえ》へ進《すす》み出《で》る。❷ほんの少《すこ》しのきょり。例 海《うみ》まではもう一足だ。❸ほんの少《すこ》しの時間《じかん》。例 一足先《さき》に帰《かえ》る。

ひとあし【人足】 名詞 「儿」のこと。漢字《かんじ》の部首《ぶしゅ》の一《ひと》つ。人《ひと》に関係《かんけい》のある漢字《かんじ》を作《つく》ることが多《おお》い。元・兄・光・先など。

ひとあじ【一味】 名詞 ちょっとした味《あじ》の加《か》減《げん》。例 このスープは一味足《た》りない／一味ちがう(＝ほかとはちがうよさがある)演技《えんぎ》。

ひとあしちがい【一足違い】 名詞 ほんの

読書のこみち　高 中 低　『おとうふ百《ひゃく》ちょうあぶらげ百《ひゃく》まい』三田村信行《みたむらのぶゆき》　小《ちい》さな町《まち》のはずれにあるお豆腐屋《とうふや》さん丁《ちょう》、油揚《あぶらあ》げ１枚《まい》を買《か》っていくようになった男《おとこ》の子《こ》が、ある日《ひ》「おとうふ百《ひゃく》ちょうあぶら少《すこ》しの時間《じかん》のちがい。例 一足違いで友《とも》だちと会《あ》えなかった。

ひとあせ【一汗】 名詞 仕事《しごと》や運動《うんどう》などで体《からだ》を動《うご》かして、軽《かる》くあせをかくこと。例 ジョギングで一汗かく。

ひとあたり【人当たり】 名詞 人《ひと》と接《せっ》するときに、相手《あいて》にあたえる感《かん》じ。

ひとあめ【一雨】 名詞 ❶ひとしきり降《ふ》る雨《あめ》。例 夕方《ゆうがた》ごろに一雨来《き》そうだ。❷雨《あめ》が一回降《いっかいふ》ること。例 一雨ごとに、春《はる》が近《ちか》づいてくる。

ひとあわふかせる【一泡吹かせる】 思《おも》いがけないことをして、相手《あいて》をあわてさせる。例 次《つぎ》の試合《しあい》では、一泡吹かせてやる。

ひとあんしん【一安心】 名詞 動詞 ひとまず安心《あんしん》すること。例 手術《しゅじゅつ》が成功《せいこう》して一安心した。

ひどい 形容詞 ❶思《おも》いやりがない。残酷《ざんこく》だ。例 相手《あいて》の気持《きも》ちを考《かんが》えずにひどいことを言《い》う。❷激《はげ》しい。すごい。例 今日《きょう》はひどく寒《さむ》い。

ことば 「非道《ひどう》（＝ものごとの道理《どうり》や正《ただ》しい筋道《すじみち》から外《はず》れていること）」が変化《へんか》してできたことば。

ひといき【一息】 名詞 ❶一度息《いちどいき》をすること。❷ひと休《やす》み。❸休《やす》まないで続《つづ》けてやってしまうこと。例 坂《さか》道《みち》を一息にかけ上《あ》がる。❹もう少《すこ》しの努力《どりょく》。例 あと一息で頂上《ちょうじょう》だ。

● **一息入《ひといきい》れる** ひと休《やす》みする。少《すこ》し休《やす》む。例 ここで一息入れたら、一気《いっき》に山頂《さんちょう》を目指《めざ》そう。

ひといきれ【人いきれ】 名詞 人《ひと》が大勢集《おおぜいあつ》まっていて、蒸《む》し暑《あつ》く、息苦《いきぐる》しいこと。また、その空気《くうき》。例 満員《まんいん》の電車《でんしゃ》は人いきれがひどい。

ひといちばい【人一倍】 名詞 副詞 ふつうの人以上《ひといじょう》であるようす。ふつうの人《ひと》より程度《ていど》が激《はげ》しいようす。例 人一倍努力《どりょく》する。

ひどう【非道】 名詞 形容動詞 ものごとの道理《どうり》や、守《まも》らなければならない正《ただ》しい筋道《すじみち》に外《はず》れていること。例 極悪《ごくあく》非道な行《おこな》い。

びどう【微動】 名詞 動詞 かすかに動《うご》くこと。例 微動だにしない（＝少《すこ》しも動《うご》かない）。

ひとえ 名詞 季語 夏 裏地《うらじ》のついていない着物《きもの》。対 あわせ。

ひとえ【一重】 名詞 ❶重《かさ》なっていないこと。一枚《いちまい》だけであること。例 一重まぶた／紙《かみ》一重の（＝紙一枚分《かみいちまいぶん》ほどのほんの少《すこ》しの）差《さ》。❷花《はな》びらが一枚《いちまい》ずつ並《なら》んでいて、重《かさ》なり合《あ》っていないこと。例 一重の桜《さくら》。対 八重《やえ》。

ひとえに 副詞 ❶まったく。ほんとうに。例 わたしが元気《げんき》になれたのは、ひとえにお医者《いしゃ》さんのおかげだ。❷ただひとすじに。ひたすら。例 ひとえにお願《ねが》いいたします。

ひとおもいに【一思いに】 副詞 あれこれ考《かんが》えるのをやめて、思《おも》いきってするようす。例 かくしていたことを一思いに打《う》ち明《あ》けた。

ひとかかえ【一抱え】 名詞 両腕《りょううで》を広《ひろ》げてかかえるくらいの、量《りょう》・大《おお》きさ・太《ふと》さ。例 一抱えもある木《き》の幹《みき》。

ひとがき【人垣】 名詞 大勢《おおぜい》の人《ひと》が、垣根《かきね》のようにまわりをとり囲《かこ》むこと。また、その人々《ひとびと》。

ひとかげ【人影】 名詞 ❶物《もの》に映《うつ》っている人《ひと》のかげ。❷人《ひと》の姿《すがた》。例 人影もまばらな夜《よる》の通《とお》り。

ひとかたならぬ【一方ならぬ】 連体詞 ひととおりでない。非常《ひじょう》な。大変《たいへん》な。例 あの時《とき》は、一方ならぬお世話《せわ》になりました。

ひとかど 名詞 ❶ふつうよりすぐれていること。例 ひとかどの人物《じんぶつ》。❷一人前《いちにんまえ》であること。例 まだ少年《しょうねん》なのにひとかどのはたらきをする。

ひとがら【人柄】 名詞 その人《ひと》の性格《せいかく》。とくに、よい性格《せいかく》。例 人柄が表《あらわ》れた文章《ぶんしょう》。

ひとぎきがわるい【人聞きが悪い】 ほかの人《ひと》が聞《き》いたときに、受《う》ける感《かん》じが悪《わる》い。例 にせものだなどと人聞きが悪いことを言《い》うな。

ひときわ【一際】 副詞 ほかと比《くら》べて特別《とくべつ》に。例 数多《かずおお》い作品《さくひん》の中《なか》で一際目《め》をひく絵《え》があった。

びとく【美徳】 名詞 りっぱな心《こころ》がけや、よい行《おこな》い。例 正直《しょうじき》は美徳だ。対 悪徳《あくとく》。

ひとくぎり【一区切り】 名詞 ものごとの一《ひと》つの切《き》れ目《め》。一段落《いちだんらく》。例 工事《こうじ》が一区切りつく。

ひとくさり 名詞 語《かた》って聞《き》かせるものの、まとまったひと区切《くぎ》り。例 自慢《じまん》話《ばなし》をひとくさり語《かた》る。

として残《のこ》り、昔《むかし》話《ばなし》にも登場《とうじょう》する「オニ」。何《なに》を食《た》べ、どんな所《ところ》に住《す》んでいたのでしょうか。海《うみ》オニ族《ぞく》のほうがなどもふくめて、豊《ゆた》かな想像力《そうぞうりょく》でその暮《く》らしを再現《さいげん》した絵図鑑《えずかん》。かっぱやてんぐの生活図鑑《せいかつずかん》もあります。

ひとくせ【一癖】 名詞 ほかの人《ひと》となんとなくちがっていて、油断《ゆだん》ができないと思《おも》われるところ。例 一癖ありそうな人《ひと》。

ひとくち【一口】 名詞 ❶一度《いちど》に口《くち》に入《い》れること。例 一口で食《た》べる。❷ちょっと。ほんの少《すこ》し。例 一口飲《の》んでみる。❸短《みじか》くまとめて言《い》い表《あらわ》すこと。例 難《むずか》しくて、一口では言《い》えない。❹寄付金《きふきん》などの一単位《いちたんい》。例 一口千円《せんえん》の寄付《きふ》。

ひとくちばなし【一口話】 名詞 短《みじか》くておもしろい話《はなし》。

ひとけ【人気】 名詞 人《ひと》がいるようす。人《ひと》がいそうな気配《けはい》。例 人気のない放課後《ほうかご》の校舎《こうしゃ》。ことば「にんき」と読《よ》むと別《べつ》の意味《いみ》。

ひどけい【日時計】 名詞 太陽《たいよう》が動《うご》くと、物《もの》のかげも動《うご》くことを利用《りよう》した時計《とけい》。目盛《めも》りをつけた平面《へいめん》に棒《ぼう》を立《た》て、かげの長《なが》さと向《む》きによって時刻《じこく》を知《し》るしかけになっている。

ヒトゲノム 名詞 人間《にんげん》の細胞《さいぼう》の中《なか》にある染色《せんしょく》体《たい》のひと組《くみ》。また、そこにふくまれている、人《にん》間《げん》の持《も》つすべての遺伝情報《いでんじょうほう》。

ひとこえ【一声】 名詞 ❶一回声《いっかいこえ》に出《だ》すこと。また、その声《こえ》。例 鳥《とり》が一声鳴《な》いて飛《と》び立《た》つ。❷短《みじか》いことばを言《い》うこと。ちょっと声《こえ》をかけること。例 母《はは》に一声かけてから遊《あそ》びに行《い》く。

ひとごこち【人心地】 名詞 生《い》きているという感《かん》じ。ほっと安心《あんしん》した感《かん》じ。例 寒《さむ》い夜《よる》、ふろに入《はい》って、やっと人心地がついた。

ひとこと【一言】 名詞 ❶一《ひと》つのことば。例 おどろいて一言も出《で》ない。❷ちょっとした短《みじか》いことば。例 出席者《しゅっせきしゃ》が一言ずつあいさつをする。

ひとごと【人事】 名詞 自分《じぶん》には関係《かんけい》のない、ほかの人《ひと》のこと。例 不注意《ふちゅうい》から起《お》こった火事《かじ》の話《はなし》を聞《き》くと、まったく人事とは思《おも》えない。類 よそ事《ごと》。ことば「じんじ」と読《よ》むと別《べつ》の意味《いみ》。

ひとこま【一こま】 名詞 ❶劇《げき》や映画《えいが》などの一《ひと》つの場面《ばめん》。❷一《ひと》つのできごと。例 家族旅行《かぞくりょこう》の一こま。

ひとごみ【人混み・人込み】 名詞 たくさんの人《ひと》で混《こ》み合《あ》っていること。また、混《こ》み合《あ》っている場所《ばしょ》。

ひところ【一頃】 名詞 過去《かこ》の、ある時期《じき》。例 ひところは絵《え》ばかりかいていた。使い方 ふつうかな書《が》きにする。

ひとさしゆび【人差し指】 名詞 手《て》の、親指《おやゆび》のとなりにある指《ゆび》。

ひとざと【人里】 名詞 人《ひと》の住《す》む家《いえ》が集《あつ》まっているところ。例 人里はなれた山奥《やまおく》。

ひとさわがせ【人騒がせ】 形容動詞 訳《わけ》もないのに人《ひと》をおどろかせたり、あわてさせたりすること。例 火事《かじ》だとかんちがいして消防車《しょうぼうしゃ》をよぶとは人騒がせな人《ひと》だ。

ひとしい【等しい】 形容詞 ❶二《ふた》つ以上《いじょう》のものの性質《せいしつ》・数量《すうりょう》・程度《ていど》などが同《おな》じである。例 長《なが》さの等しいひも。❷似《に》ている。同《おな》じようである。例 持《も》っていても使《つか》わないのは、持《も》っていないのに等しい。

漢 ➡915ページ《ジ》 とう〔等〕

ひとしお 副詞 いっそう。いちだんと。例 寒《さむ》さがひとしお身《み》にしみる。ことば もとは、染《そ》め物《もの》を染料《せんりょう》に一回《いっかい》ひたすことを表《あらわ》す。そうするごとに色《いろ》が濃《こ》くなっていくことからきたことば。

ひとしきり 副詞 しばらくの間《あいだ》続《つづ》くようす。例 雨《あめ》はひとしきり降《ふ》ってやんだ。

ひとしごと【一仕事】 ❶名詞 動詞 ちょっとした仕事《しごと》をすること。例 みんなが起《お》きる前《まえ》に一仕事する。❷名詞 まとまった量《りょう》の仕事《しごと》。大変《たいへん》な仕事《しごと》。例 引《ひ》っ越《こ》したあとの荷物《にもつ》の整理《せいり》は一仕事だ。

ひとじち【人質】 名詞 ❶要求《ようきゅう》を通《とお》すためにとらえておく、相手側《あいてがわ》の人間《にんげん》。例 強盗事件《ごうとうじけん》で、人質が解放《かいほう》された。❷約束《やくそく》を守《まも》るしるしとして相手《あいて》に預《あず》けておく、こちら側《がわ》の人間《にんげん》。

ひとしれず【人知れず】 副詞 だれにも知《し》られないように。ひそかに。例 自転車《じてんしゃ》に乗《の》れるようになったのは、人知れず練習《れんしゅう》したからだ。

ひとしれぬ【人知れぬ】 連体詞 ほかの人《ひと》にはわからない。ひそかな。例 だれにでも、人知れぬなやみがある。

ひとすじ【一筋】 名詞 ❶細長《ほそなが》いものの一本《いっぽん》。例 一筋のけむり。❷一《ひと》つのことだけを、いっしょうけんめいにやること。例 音楽《おんがく》一筋に生《い》きた作曲家《さっきょくか》。

ひとすじなわではいかない【一筋縄で

読書のこみち 高 中 低 『オニの生活図鑑《せいかつずかん》』ヒサクニヒコ作《さく》・絵《え》　見《み》かけることはないけれど、日本人《にほんじん》の民族《みんぞく》の記憶《きおく》おとなしく、山《やま》オニ族《ぞく》はあらっぽいのだそうです。海《うみ》と山《やま》を比較《ひかく》しつつ、オニ族《ぞく》の行事《ぎょうじ》

はいかない】ふつうのやり方《かた》ではうまくあつかうことができない。例 へそ曲《ま》がりで一筋縄ではいかない人《ひと》。

ひとだかり【人だかり】 名詞 たくさんの人《ひと》が集《あつ》まっていること。また、集《あつ》まっている人《ひと》々《びと》。例 黒山《くろやま》のような人だかりができている。

ひとたび【一度】
❶ 名詞 一回《いっかい》。いちど。
❷ 副詞 一回《いっかい》そうなってしまうと。いったん。例 一度決心《けっしん》したら必《かなら》ずやりとげる。
使い方 ❷は、あとに「たら」「からには」などのことばがくる。

ひとたまりもない 少《すこ》しの間《あいだ》も持《も》ちこたえられない。あっという間《ま》にやられてしまう。例 あらしになったら、こんな小《ちい》さなボートなどひとたまりもない。

ひとちがい【人違い】 名詞 動詞 ある人《ひと》を別《べつ》の人《ひと》とまちがえること。例 母《はは》だと思《おも》って声《こえ》をかけたら、人違いだった。

ひとつ【一つ】
❶ 名詞 数《かず》の名《な》。いち。
❷ 名詞 一才《いっさい》のこと。例 兄《あに》は一つ上《うえ》だ。
❸ 名詞 同《おな》じこと。同《おな》じもの。例 一つのことを何度《なんど》も言《い》う／みんなの思《おも》いは一つだ。
❹ 名詞 一方《いっぽう》。例 一つにはこういう意見《いけん》もある。
❺ 名詞 それだけ。例 きみの考《かんが》え一つで決《き》まるよ。
❻ 名詞 (「一《ひと》つ…ない」などの形《かたち》で) 強《つよ》く否定《ひてい》することを表《あらわ》す。例 お礼《れい》一つ言《い》わない。
❼ 副詞 ためしに。ちょっと。例 ぼくも、ひとつやってみよう。
❽ 副詞 どうぞ。どうか。例 ひとつ、よろしくたのみます。
使い方 ❼❽は、ふつうかな書《が》きにする。
漢 ⇩87ジ《ペー》いち【一】

ひとづかい【人使い】 名詞 仕事《しごと》などでの、人《ひと》の使《つか》い方《かた》。例 人使いがあらい。

ひとづきあい【人付き合い】 名詞 人《ひと》とのつきあい。また、つきあい方《かた》。例 人付き合いを好《この》まない／人付き合いのいい人《ひと》。

ひとっこひとり【人っ子一人】 だれひとり。例 広場《ひろば》には人っ子一人いない。
使い方 あとに「ない」などのことばがくる。

ひとつづき【一続き】 名詞 切《き》れ目《め》なく続《つづ》いていること。例 居間《いま》と一続きの部屋《へや》。

ひとづて【人づて】 名詞
❶だれかにたのんで用事《ようじ》を伝《つた》えてもらうこと。
❷人《ひと》の口《くち》から口《くち》へ伝《つた》わること。例 人づてに聞《き》いたうわさを確《たし》かめる。

ひとっとび【一っ飛び】 ⇩1117ジ《ペー》ひととび

ひとつぶだね【一粒種】 名詞 その人《ひと》にとって、たったひとりの子供《こども》。

ひとつまみ【一つまみ】 名詞 指先《ゆびさき》でつまむほどの少《すこ》しの量《りょう》。わずかな量《りょう》。例 一つまみの塩《しお》。

ひとつも【一つも】 副詞 少《すこ》しも。まったく。例 いいところが一つもなかった。
使い方 あとに「ない」などのことばがくる。

ひとで 名詞 五本《ごほん》以上《いじょう》のうでを持《も》つ、平《ひら》たい星《ほし》形《がた》をした動物《どうぶつ》。海《うみ》の底《そこ》にすみ、貝《かい》やうにを食《た》べる。

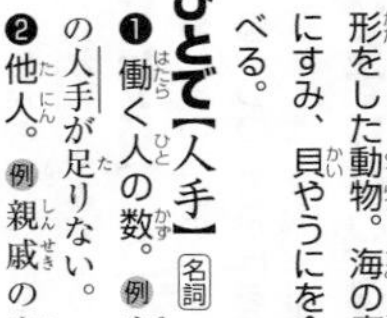
ひとで

ひとで【人手】 名詞
❶働《はたら》く人《ひと》の数《かず》。例 店《みせ》の人手が足《た》りない。
❷他人《たにん》。例 親戚《しんせき》の家《いえ》が人手にわたった。
❸ほかの人《ひと》の助《たす》け。例 人手を借《か》りる。
❹人間《にんげん》が行《おこな》うこと。例 人手の加《くわ》わっていない、自然《しぜん》のままの森《もり》。

ひとで【人出】 名詞 ある場所《ばしょ》に人《ひと》が大勢《おおぜい》来《く》ること。例 会場《かいじょう》は大変《たいへん》な人出だった。

ひとでなし【人でなし】 名詞 やさしさや思《おも》いやり、感謝《かんしゃ》などの、人間《にんげん》らしい気持《きも》ちを持《も》っていない人《ひと》。

ひととおり【一通り】 名詞 副詞
❶はじめから終《お》わりまでの、だいたい。ざっと全部《ぜんぶ》。例 明日《あす》の予習《よしゅう》は一通りすませた。
❷ふつうであること。例 祖父《そふ》は一通りではない苦労《くろう》をしてきた。
使い方 ❷は、あとに「ない」などのことばがくる。

ひとどおり【人通り】 名詞 人《ひと》が道《みち》を行《い》き来《き》すること。例 人通りが多《おお》い場所《ばしょ》。

ひととき【一時】 名詞
❶しばらくの間《あいだ》。例 楽《たの》しい一時を過《す》ごす。
❷過去《かこ》の、ある時《とき》。ひところ。いっとき。例 一時、野球《やきゅう》に夢中《むちゅう》になっていたことがあった。

ひととなり【人となり】 名詞 その人《ひと》の、生《う》

とり。名《な》まえはエメカ。となり村《むら》にすむおばあちゃんのいえにあそびにいきます。」…おばあちゃんへのおみやジェリアの村《むら》の暮《く》らしや生活《せいかつ》に使《つか》う道具《どうぐ》を生《い》き生《い》きとしょうかいする、あざやかな写真《しゃしん》絵本《えほん》。

まれつき持《も》っている性質《せいしつ》。例 この文章《ぶんしょう》には筆《ひっ》者《しゃ》の人となりがよく表《あらわ》れている。

ひととび【一飛び】 名詞 一度《いちど》とぶこと。また、そのくらいの短《みじか》いきょりや時間《じかん》であること。「ひとっとび」ともいう。例 東京《とうきょう》から九《きゅう》州《しゅう》まで飛行機《ひこうき》なら一飛びだ。

ひとなつこい【人なつこい】 形容詞 人《ひと》にすぐになれて、親《した》しみやすい。「人なつっこい」ともいう。例 人なつこい子犬《こいぬ》。

ひとなみ【人波】 名詞 大勢《おおぜい》の人《ひと》が、波《なみ》のようにおし合《あ》いながら動《うご》いているようす。また、その人々《ひとびと》。例 初《はつ》もうでの人波にもまれる。

ひとなみ【人並み】 名詞 形容動詞 ふつうの人《ひと》と同《おな》じ程度《ていど》であること。世間並《せけんな》み。類 十人並《じゅうにんな》み。

●**人並《ひとな》み外《はず》れる** 性質《せいしつ》や程度《ていど》などが、ふつうの人《ひと》とはかけはなれている。例 人並み外れた才《さい》能《のう》がある。

ひとにぎり【一握り】 名詞
❶片手《かたて》でにぎること。また、片手《かたて》でにぎった程《てい》度《ど》の量《りょう》。例 一握りの土《つち》。
❷ほんの少《すこ》しの量《りょう》や数《かず》。例 得《とく》をするのは一握りの人《ひと》たちだけだ。

ひとねいり【一寝入り】 名詞 動詞 少《すこ》しの間《あいだ》ねむること。ひとねむり。例 昼食《ちゅうしょく》のあとで一寝入りしたらつかれがとれた。

ひとねむり【一眠り】 名詞 動詞 少《すこ》しの間《あいだ》ねむること。ひとねいり。

ひとはたあげる【一旗揚げる】 新《あたら》しく事《じ》業《ぎょう》などを始《はじ》める。例 都会《とかい》に出《で》て一旗揚げる。

ひとはだぬぐ【一肌脱ぐ】 ほかの人《ひと》のために本気《ほんき》になって力《ちから》を貸《か》す。例 きみが困《こま》っているなら、一肌脱ごう。

ひとばん【一晩】 名詞 日《ひ》が暮《く》れてから次《つぎ》の日の朝《あさ》までの間《あいだ》。一夜《いちや》。

ひとびと【人人】 名詞 多《おお》くの人《ひと》たち。また、それぞれの人《ひと》。例 町《まち》の人々の暮らし。⬇194ページ 日本語教室

ひとひら【一ひら】 名詞 小《ちい》さくてうすいものの、一枚《いちまい》。例 一ひらの花《はな》びら／一ひらの雪《ゆき》。

ひとふで【一筆】 名詞
❶とちゅうでやめないで、初《はじ》めから終《お》わりまで続《つづ》けて書《か》くこと。例 一筆で書《か》いた文字《もじ》。
❷ちょっと書《か》きつけること。また、書《か》いたもの。例 年賀状《ねんがじょう》に一筆書《か》きそえる。
ことば「いっぴつ」ともいう。

ひとふでがき【一筆書き】 名詞
❶とちゅうで筆《ふで》に墨《すみ》をつけ直《なお》さないで、一気《いっき》に書《か》き上《あ》げること。また、そのような書《しょ》や絵《え》。
❷とちゅうで筆記用具《ひっきようぐ》を紙《かみ》からはなさず、また、同《おな》じ線《せん》を二度《にど》通《とお》らないで、図形《ずけい》などを書《か》き上《あ》げること。また、そのような図形《ずけい》。

ひとまえ【人前】 名詞
❶大勢《おおぜい》の人《ひと》の見《み》ているところ。例 人前ではっきり自分《じぶん》の意見《いけん》を述《の》べる。
❷人《ひと》に見《み》られるときの自分《じぶん》のようす。体面《たいめん》。例 人前を気《き》にする／人前をかざる。

ひとまかせ【人任せ】 名詞 自分《じぶん》でしなければならないことを、ほかの人《ひと》にやってもらうこと。例 大切《たいせつ》なことは人任せにしない。

ひとまず 副詞 今《いま》のところは。とりあえず。例 今日《きょう》はひとまず家《いえ》に帰《かえ》ろう。

ひとまとめ【一まとめ】 名詞 ばらばらのものを、一《ひと》つにまとめること。

ひとまね【人まね】 名詞 動詞
❶ほかの人《ひと》のするとおりにまねをすること。例 三才《さんさい》の妹《いもうと》は人まねばかりする。
❷動物《どうぶつ》が人間《にんげん》のまねをすること。例 さるは人まねがうまい。

ひとまわり【一回り】
❶名詞 動詞 一回転《いっかいてん》すること。一周《いっしゅう》すること。例 公園《こうえん》を一回りする。
❷名詞 十二支《じゅうにし》がひとめぐりする年数《ねんすう》。十二《じゅうに》年《ねん》。例 兄《あに》はわたしより一回り年上《としうえ》だ。
❸名詞 大《おお》きさのちがいの一段階《いちだんかい》。例 去年《きょねん》に比《くら》べて体《からだ》が一回り大《おお》きくなった。

ひとみ【瞳】 名詞 目《め》の中心《ちゅうしん》にある黒《くろ》い部分《ぶぶん》。

●**瞳《ひとみ》を凝《こ》らす** じっと一《ひと》つのものを見《み》つめる。例 瞳を凝らして、昆虫《こんちゅう》の動《うご》きを観察《かんさつ》する。

ひとみしり【人見知り】 名詞 動詞 小《ちい》さい子《こ》供《ども》などが、知《し》らない人《ひと》を見《み》て、こわがったりはずかしがったりすること。

ひとむかし【一昔】 名詞 もう昔《むかし》のことだという感《かん》じのする、過《す》ぎ去《さ》った年月《ねんげつ》。ふつう十年《じゅうねん》くらい前《まえ》のことをいう。例 十年一昔《じゅうねんひとむかし》。

ひとめ【一目】 名詞
❶ちょっと見《み》ること。例 一目でやさしい人《ひと》だとわかった。

読書のこみち　高中低　『おばあちゃんにおみやげを―アフリカの数《かず》のお話《はなし》―』オニェフル作《さく》・写真《しゃしん》　「男《おとこ》の子《こ》がひげを探《さが》しながら、エメカは村《むら》を歩《ある》いていきます。1から10までの数《かず》を数《かぞ》えながら、ナイ

❷一度《いちど》に全部《ぜんぶ》を見《み》わたすこと。例山《やま》に登《のぼ》ると町《まち》が一目で見わたせる。

ひとめ【人目】 名詞 世間《せけん》の人《ひと》が見《み》ること。人《ひと》々《びと》の目《め》。例人目が多《おお》い場所《ばしょ》。

●**人目《ひとめ》に余《あま》る** ようすや行《おこな》いが目立《めだ》ちすぎて、人《ひと》にいやな思《おも》いをさせる。

●**人目《ひとめ》に付《つ》く** 目立《めだ》つ。よく目《め》につく。

●**人目《ひとめ》を避《さ》ける** 人《ひと》に見《み》られないようにする。例人目を避けて夜《よる》に会《あ》う。

●**人目《ひとめ》を忍《しの》ぶ** 人《ひと》に見《み》つからないように気《き》をつかう。例人目を忍んで出《で》かける。

●**人目《ひとめ》を盗《ぬす》む** 人《ひと》が見《み》ていないうちに、こっそりとする。例人目を盗んでラブレターをわたす。

●**人目《ひとめ》をはばかる** 人《ひと》に見《み》られないように気《き》を配《くば》る。人目《ひとめ》をさける。例人目をはばかってこっそり会《あ》う。

●**人目《ひとめ》を引《ひ》く** 人《ひと》の注目《ちゅうもく》を集《あつ》める。目立《めだ》つ。例人目を引く服装《ふくそう》。

ひとめぐり【一巡り】 名詞 動詞 一回《いっかい》まわって、もとのところにもどること。例市内《しない》を一巡りする／季節《きせつ》が一巡りする。

ひとめぼれ【一目ぼれ】 名詞 動詞 一度《いちど》ちょっと見《み》ただけで、心《こころ》を引《ひ》き寄《よ》せられて、好《す》きになること。例同《おな》じクラスの子《こ》に一目ぼれした。

ひともじ【人文字】 名詞 大勢《おおぜい》の人《ひと》が並《なら》ぶことで、遠《とお》くから見《み》たときに文字《もじ》や図形《ずけい》に見《み》えるようにしたもの。

ひとやくかう【一役買う】 ある役割《やくわり》や仕事《しごと》を、自分《じぶん》から進《すす》んで引《ひ》き受《う》ける。例赤組《あかぐみ》の応《おう》援《えん》にぼくも一役買う。使い方「一役」を「いちやく」と読《よ》まないよう注意《ちゅうい》。

ひとやすみ【一休み】 名詞 動詞 とちゅうでちょっと休《やす》むこと。例ここで一休みしよう。

ひとやまあてる【一山当てる】 うまくいく見《み》こみが低《ひく》いことに成功《せいこう》して、大《おお》もうけをする。例株《かぶ》で一山当てる。

ヒトラー 名詞（一八八九～一九四五）ドイツの政《せい》治家《じか》。ナチスという政党《せいとう》のリーダーになり、独《どく》裁者《さいしゃ》としてドイツを支配《しはい》した。ユダヤ人《じん》などを迫害《はくがい》し、第二次世界大戦《だいにじせかいたいせん》を起《お》こした。

ひとり【一人・独り】
❶名詞 人《ひと》の数《かず》が一《ひと》つであること。一名《いちめい》。
❷名詞 自分《じぶん》だけ。例一人でも行《い》ける。
❸副詞 ただ。単《たん》に。例ひとり本人《ほんにん》の名誉《めいよ》だけでなく、学校《がっこう》のほこりでもある。
使い方 ❸は、ふつうかな書《が》きにし、あとに「ない」などのことばがくる。漢⇩933ジベー どく〔独〕

ひどり【日取り】 名詞 あることをする日《ひ》を決《き》めること。また、その日《ひ》。

ひとりあるき【一人歩き・独り歩き】 名詞 動詞
❶一人《ひとり》で歩《ある》くこと。例暗《くら》い道《みち》を一人歩きするのは危険《きけん》だ。
❷人《ひと》の助《たす》けを受《う》けないで、自分《じぶん》だけの力《ちから》でやっていくこと。独《ひと》り立《だ》ち。例就職《しゅうしょく》して独り歩きを始《はじ》める。
❸ものごとが勝手《かって》に進《すす》むこと。例思《おも》いつきで言《い》ったことばが一人歩きする。

ひとりがてん【独り合点】 名詞 動詞 確《たし》かめもしないで、自分《じぶん》だけでわかったと思《おも》いこむこと。例集合場所《しゅうごうばしょ》は校庭《こうてい》だと独り合点して行《い》ってみたら、だれも来《き》ていなかった。

ひとりぎめ【独り決め】 名詞 動詞
❶自分《じぶん》の考《かんが》えだけで決《き》めてしまうこと。独断《どくだん》。
❷自分《じぶん》だけで、そうだと思《おも》いこむこと。例妹《いもうと》は、自分《じぶん》も行《い》くのだと独り決めしている。

ひとりごと【独り言】 名詞 聞《き》く人《ひと》がいないのに、ひとりでものを言《い》うこと。また、そのことば。

ひとりじめ【独り占め】 名詞 動詞 自分《じぶん》だけのものにすること。独占《どくせん》。例今日《きょう》は兄《あに》が自転《じてん》車《しゃ》を独り占めして、なかなか貸《か》してくれない。

ひとりずもう【独り相撲】 名詞
❶相手《あいて》を簡単《かんたん》に負《ま》かすこと。例この勝負《しょうぶ》は横《よこ》綱《づな》の独り相撲だった。
❷相手《あいて》にされていないのに、ひとりで張《は》りきって何《なに》かをすること。例みんなのためにがんばったが、どうやら独り相撲だったようだ。

ひとりだち【独り立ち】 名詞 動詞
❶ほかのものに支《ささ》えられないで、自分《じぶん》の力《ちから》で立《た》つこと。
❷人《ひと》にたよらないで、自分《じぶん》だけの力《ちから》で生活《せいかつ》や仕《し》事《ごと》をしていくこと。独立《どくりつ》。例修業《しゅぎょう》を終《お》え、独り立ちして店《みせ》を開《ひら》く。

ひとりっこ【一人っ子】 名詞 兄弟《きょうだい》や姉妹《しまい》がいない、一人《ひとり》だけの子供《こども》。

ひとりでに 副詞 自然《しぜん》に。ほかから力《ちから》を加《くわ》えら

撃情報《げきじょうほう》が相次《あいつ》いだ。アロナックス教授《きょうじゅ》は従者《じゅうしゃ》コンセイユやもりをうつ達人《たつじん》ネッドたちと、怪物退治《かいぶつたいじ》の遠征《えんせい》に行《い》
技術《ぎじゅつ》、復《ふく》しゅう心《しん》で生《う》み出《だ》したものだった。驚異《きょうい》と神秘《しんぴ》に満《み》ちたダイナミックな冒険小説《ぼうけんしょうせつ》。

れていないのに。例ドアがひとりでに開《あ》いた。

ひとりひとり【一人一人】 名詞 それぞれの人《ひと》。めいめい。例一人一人の考《かんが》え方《かた》がちがう。

ひとりぶたい【独り舞台】 名詞 大勢《おおぜい》の中《なか》で、ひとりだけが目立《めだ》ったはたらきをすること。また、自分《じぶん》の思《おも》いどおりにすること。

ことば 舞台《ぶたい》の上《うえ》で一人《ひとり》の役者《やくしゃ》だけでする芝居《しばい》、という意味《いみ》からきたことば。

ひとりぼっち【独りぼっち・一人ぼっち】 名詞 仲間《なかま》がいなくて、ただ一人《ひとり》でいること。例友《とも》だちが帰《かえ》り、独りぼっちになった。

ひとりもの【独り者】 名詞 結婚《けっこん》していない人《ひと》。独身者《どくしんしゃ》。

ひとりよがり【独りよがり】 名詞 形容動詞 それでよいと自分《じぶん》ひとりで思《おも》いこんで、ほかの人《ひと》の意見《いけん》を聞《き》かないこと。

ひな 季語春 ❶ 名詞 卵《たまご》からかえって間《ま》もない、鳥《とり》の子《こ》。ひよこ。ひな鳥《どり》。例ひながかえる。
❷ 名詞 ひな人形《にんぎょう》。おひな様《さま》。例ひな祭《まつ》り。
❸ 接頭語 （ほかのことばの前《まえ》につけて）「小《ちい》さい」「かわいい」という意味《いみ》を表《あらわ》す。例ひな菊《ぎく》。

ことば 季語《きご》として使《つか》うのは❷の意味《いみ》。

ひなあられ 名詞 季語春 ひな祭《まつ》りのときに供《そな》えるあられ。米粒《こめつぶ》を熱《ねっ》してふくらませ、紅白《こうはく》の砂糖《さとう》をまぶしたもの。

ひなが【日長・日永】 名詞 季語春 昼《ひる》の時間《じかん》が長《なが》いこと。例春《はる》の日長を野原《のはら》で過《す》ごす。対夜長《よなが》。

ひながた【ひな型】 名詞 ❶本物《ほんもの》どおりに小《ちい》さくつくったもの。模型《もけい》。
❷書類《しょるい》などの書《か》き方《かた》の手本《てほん》。

ひなぎく【ひな菊】 名詞 季語春 きくのなかまの草花《くさばな》。葉《は》はへらのような形《かたち》をしている。春《はる》、白《しろ》・赤《あか》・うす紅色《べにいろ》などの丸《まる》い花《はな》を一《ひと》つつける。「デージー」「デイジー」ともいう。

ひなた【日なた】 名詞 日光《にっこう》が当《あ》たっているところ。例冬《ふゆ》でも日なたは暖《あたた》かい。対日陰《ひかげ》。

ひなたぼっこ【日なたぼっこ】 名詞 動詞 季語冬 日光《にっこう》のよく当《あ》たるところであたたまること。

ひなたぼっこ

ひなだん【ひな壇・ひな段】 名詞 季語春 ❶ひな祭《まつ》りのとき、ひな人形《にんぎょう》などをかざる階《かい》段状《だんじょう》の壇《だん》。
❷会議《かいぎ》場《じょう》などで、ひな壇《だん》（＝❶）のように一段《いちだん》ずつ高《たか》くつくられた座席《ざせき》。

ひなどり【ひな鳥】 名詞 卵《たまご》からかえって間《ま》もない、鳥《とり》の子《こ》。とくに、にわとりの子《こ》。ひよこ。ひな。

ひなにんぎょう【ひな人形】 名詞 季語春 ひな祭《まつ》りのときにかざる人形《にんぎょう》。おひな様《さま》。

ひなびる 動詞 いなか風《ふう》である。例ひなびた温《おん》

伝統的《でんとうてき》な言語文化《げんごぶんか》

百人一首《ひゃくにんいっしゅ》

お正月《しょうがつ》のかるた取《と》り

　お正月《しょうがつ》などに、百人一首《ひゃくにんいっしゅ》でかるた取《と》りをしたことがあるかな。百人一首《ひゃくにんいっしゅ》の歌《うた》の「上《かみ》の句《く》」（五《ご》・七《しち》・五《ご》）をよんで「下《しも》の句《く》」（七《しち》・七《しち》）が書《か》かれた札《ふだ》を探《さが》す遊《あそ》びだよ。この形《かたち》が広《ひろ》まったのは江戸時代《えどじだい》からだ。みんなが百人一首《ひゃくにんいっしゅ》をよく覚《おぼ》えていたからこういう遊《あそ》びもできたんだね。それだけ百人一首《ひゃくにんいっしゅ》にはよく知《し》られたすばらしい歌《うた》が多《おお》いってことだ。みんなが知《し》っている歌《うた》はどれくらいあるかな？　たくさん覚《おぼ》えて、かるた取《と》りに挑戦《ちょうせん》してみるのも楽《たの》しいよ！

　鎌倉時代《かまくらじだい》、藤原定家《ふじわらのさだいえ》という歌人《かじん》が、古代《こだい》から鎌倉時代《かまくらじだい》までの歌人《かじん》の中《なか》から百人《ひゃくにん》を選《えら》び、それぞれの代表的《だいひょうてき》な歌《うた》を一首《いっしゅ》ずつ選《えら》んだものが「小倉百人一首《おぐらひゃくにんいっしゅ》」だ。選《えら》ばれた歌《うた》でいちばん多《おお》いのは、恋《こい》の歌《うた》だったんだよ。

　選《えら》ばれた百人《ひゃくにん》には、天皇《てんのう》や貴族《きぞく》のほかに僧侶《そうりょ》や武士《ぶし》など、さまざまな身分《みぶん》の人《ひと》がふくまれている。そしてその歌人《かじん》たちが活躍《かつやく》した時代《じだい》は、なんと約《やく》600年《ねん》にわたっているんだ。どの歌《うた》も長《なが》く愛《あい》され続《つづ》けてきたことがよくわかるね。

もっとみてみよう！

- 百人一首《ひゃくにんいっしゅ》を楽《たの》しもう（→p.1459）
- 「百人一首大事典《ひゃくにんいっしゅだいじてん》」（あかね書房《しょぼう》）
- 「百人一首《ひゃくにんいっしゅ》の大常識《だいじょうしき》」（ポプラ社《しゃ》）

読書のこみち　高 中 低　『海底二万里《かいていにまんり》』ヴェルヌ　1866年《ねん》、各地《かくち》の海《うみ》でクジラより巨大《きょだい》ですばやい「何《なに》か」の目《もく》く船《ふね》に乗《の》りこむ。そこで遭遇《そうぐう》したのは、なぞめいた男《おとこ》ネモ船長《せんちょう》と、かれが並外《なみはず》れた知識《ちしき》と

泉《せん》。

ひなまつり【ひな祭り】 名詞 季語 春 三月三《さんがつみっ》日《か》のもも節句《せっく》に、ひな人形《にんぎょう》をかざり、白酒《しろざけ》・ひしもち・ももの花《はな》などを供《そな》えて、女《おんな》の子《こ》の幸《しあわ》せをいのる祭《まつ》り。おひな様《さま》。

ひなわじゅう【火縄銃】 名詞 昔《むかし》の鉄砲《てっぽう》の一《ひと》つ。縄《なわ》につけた火《ひ》が、つつの中《なか》を伝《つた》わって火薬《かやく》を爆発《ばくはつ》させ、たまが発射《はっしゃ》される。

ひなん【非難】 名詞 動詞 人《ひと》の悪《わる》いところやあやまちについて責《せ》めること。例 人《ひと》の行《おこな》いを非難する／非難の声《こえ》が上《あ》がる。

ひなん【避難】 名詞 動詞 災難《さいなん》にあわないように、安全《あんぜん》なところににげること。例 ビルで火《か》事《じ》があったが、人々《ひとびと》は全員《ぜんいん》避難した。類 退避《たいひ》。

びなん【美男】 名詞 顔《かお》や姿《すがた》の美《うつく》しい男《おとこ》の人《ひと》。美男子《びなんし》。類 好男子《こうだんし》。対 美女《びじょ》。

びなんし【美男子】 ⇩1120ページ びなん

ひなんじょ【避難所】 名詞 災害《さいがい》が起《お》きたときに、家《いえ》をなくしたり家《いえ》に帰《かえ》れなかったりする人《ひと》たちが、一時的《いちじてき》に生活《せいかつ》するところ。

ひなんみん【避難民】 名詞 戦争《せんそう》や天災《てんさい》などが起《お》きた危険《きけん》な場所《ばしょ》から、安全《あんぜん》なところへにげてきた人《ひと》たち。

ビニール（vinyl） 名詞 合成樹脂《ごうせいじゅし》の一《ひと》つ。水《みず》に強《つよ》く、色《いろ》がつけやすい。ふくろやシートなど、いろいろなものをつくるのに使《つか》われる。「ビニル」ともいう。

ビニールテープ 名詞 ビニールで作《つく》られた粘《ねん》着《ちゃく》テープ。粘《ねん》着《ちゃく》力《りょく》が強《つよ》く、水《みず》に強《つよ》い。ことば 英語《えいご》をもとに日本《にほん》で作《つく》られたことば。

ビニールハウス 名詞 花《はな》・野菜《やさい》・果物《くだもの》などをふつうより早《はや》く育《そだ》てるために、ビニールでおおいをした温室《おんしつ》。ことば 英語《えいご》をもとに日本《にほん》で作《つく》られたことば。

ひにく【皮肉】 名詞 形容動詞 ❶意地《いじ》の悪《わる》いことを、わざと遠回《とおまわ》しに言《い》うこと。例 皮肉な言《い》い方《かた》をする。❷何《なに》かに意地悪《いじわる》をされているかのように、ものごとがうまくいかないようす。例 遠足《えんそく》を中止《ちゅうし》して帰《かえ》りかけたら晴《は》れてくるとは皮肉だ。

ひにち【日日】 名詞 ❶予定《よてい》の日《ひ》。例 旅行《りょこう》の日にちを決《き》める。❷日数《にっすう》。例 発表会《はっぴょうかい》までもう日にちがない。使い方 ふつう、「日にち」と書《か》く。

ひにひに【日に日に】 副詞 日《ひ》がたつにつれて。日《ひ》ごとに。例 日に日に暑《あつ》くなってくる。

ビニル ⇩1120ページ ビニール

ビニロン 名詞 日本《にほん》で開発《かいはつ》された化学繊維《かがくせんい》。じょうぶでまさつに強《つよ》い。ことば 英語《えいご》の「ビニール」と「ナイロン」を合《あ》わせて、日本《にほん》で作《つく》られたことば。

ひにん【否認】 名詞 動詞 事実《じじつ》ではないとして、認《みと》めないこと。例 犯行《はんこう》を否認する。対 是認《ぜにん》。

ひねくる 動詞 ❶いろいろといじりまわす。例 おじいさんはあごひげをひねくりながら話《はなし》をした。❷いろいろと理屈《りくつ》を言《い》う。

ひねくれる 動詞 気持《きも》ちや性質《せいしつ》が素直《すなお》でなくなる。

ひねつ【比熱】 名詞 ある物質《ぶっしつ》一《いち》グラムの温度《おんど》を、セ氏《し》一度《いちど》上《あ》げるのに必要《ひつよう》な熱量《ねつりょう》。参考 水《みず》の比熱《ひねつ》は一《いち》である。

びねつ【微熱】 名詞 ふだんの体温《たいおん》よりも少《すこ》し高《たか》い熱《ねつ》。例 かぜを引《ひ》いたのか、微熱がある。

ひねもす 副詞 朝《あさ》から晩《ばん》まで。一日《いちにち》じゅう。対 夜《よ》もすがら。使い方 古《ふる》い言《い》い方《かた》。

ひねりだす【ひねり出す】 動詞 ❶いろいろ工夫《くふう》して、やっと考《かんが》え出《だ》す。例 とうとう名案《めいあん》をひねり出した。❷苦心《くしん》して費用《ひよう》をつくり出《だ》す。工面《くめん》する。例 旅行《りょこう》の費用《ひよう》をひねり出す。

ひねる 動詞 ❶指先《ゆびさき》でねじる。例 水道《すいどう》の蛇口《じゃぐち》をひねる。❷体《からだ》の一部《いちぶ》を回《まわ》す。例 上半身《じょうはんしん》をひねる。❸いろいろと考《かんが》える。例 頭《あたま》をひねる／ひねった（＝工夫《くふう》してある）問題《もんだい》。❹簡単《かんたん》に負《ま》かす。例 あっさりとひねられる。

ひのあたい【比の値】 名詞 比《ひ》の記号《きごう》「：」の前《まえ》の数《かず》を後《うし》ろの数《かず》で割《わ》った商《しょう》。たとえば、2：3の比《ひ》の値《あたい》は2/3。

ひのいり【日の入り】 名詞 太陽《たいよう》がしずむこと。また、そのころ。日没《にちぼつ》。対 日《ひ》の出《で》。

ひのうみ【火の海】 火《ひ》が一面《いちめん》に燃《も》え広《ひろ》がっているようすのたとえ。例 辺《あた》り一面《いちめん》火の海だ。

ひのき 名詞 一年《いちねん》じゅう緑《みどり》の葉《は》をつける、日本《にほん》特産《とくさん》の高《たか》い木《き》。独特《どくとく》の香《かお》りとつやがあり、じょうぶで、家《いえ》や家具《かぐ》などをつくるのに使《つか》われる。

変装《へんそう》の名手《めいしゅ》のアルセーヌ・ルパンは、神出鬼没《しんしゅつきぼつ》の大盗賊《だいとうぞく》。でも、かれがねらうのは、暮《く》らしに困《こま》らぬ大金持《おおがねも》ちめに活躍《かつやく》することも。『奇巌城《きがんじょう》』『水晶《すいしょう》の栓《せん》』『813』など、シリーズの中《なか》には長編《ちょうへん》もたくさんあります。

ひのきぶたい【ひのき舞台】 名詞 自分《じぶん》の腕前《うでまえ》を多《おお》くの人《ひと》に見《み》せられる、りっぱな場所《ばしょ》。例 世界《せかい》のひのき舞台で活躍《かつやく》する。ことば もとは、ひのきの板《いた》を張《は》ったりっぱな舞台《ぶたい》のこと。

ひのくるま【火の車】 名詞 お金《かね》が足《た》りなくて、たいへん苦《くる》しいこと。ことば 仏教語《ぶっきょうご》の「火車《かしゃ》（＝悪《わる》いことをした人《ひと》を地獄《じごく》に運《はこ》ぶという、火《ひ》の燃《も》える車《くるま》）」からきたことば。

ひのけ【火の気】 名詞 ❶火《ひ》の暖《あたた》かみ。例 火の気がなくて寒《さむ》い部屋《へや》。❷火《ひ》が燃《も》えている気配《けはい》。

ひのこ【火の粉】 名詞 火《ひ》が燃《も》え上《あ》がるときに飛《と》び散《ち》る、細《こま》かな火《ひ》。例 火の粉がまい上《あ》がる。

ひのて【火の手】 名詞 火事《かじ》で、火《ひ》が燃《も》え上《あ》がること。また、そのようす。例 火の手が上《あ》がる。

ひので【日の出】 名詞 太陽《たいよう》がのぼること。また、そのころ。対 日《ひ》の入《い》り。

● **日《ひ》の出《で》の勢《いきお》い** 太陽《たいよう》がぐんぐんとのぼっていくように、勢《いきお》いがよいこと。例 その歌手《かしゅ》は日の出の勢いでヒット曲《きょく》を出《だ》し続《つづ》けている。

ひのべ【日延べ】 名詞 動詞 決《き》まっていた日《ひ》を先《さき》に延《の》ばすこと。また、決まっていた期間《きかん》を延《の》ばすこと。延期《えんき》。例 遠足《えんそく》は日延べになった。

ひのまる【日の丸】 名詞 ❶白地《しろじ》に太陽《たいよう》をかたどった赤《あか》いまるをえがいたもの。❷日本《にほん》の国旗《こっき》のこと。「日章旗《にっしょうき》」ともいう。

ひのみ【火の見】 ➡1121ページ ひのみやぐら

ひのみやぐら【火の見やぐら】 名詞 火事《かじ》の見張《みは》りをするためにつくられた高《たか》い建物《たてもの》。略《りゃく》して「火《ひ》の見《み》」ともいう。

ひのめをみる【日の目を見る】 今《いま》まで知《し》られていなかったものが、世《よ》の中《なか》に出《で》て人々《ひとびと》に認《みと》められるようになる。例 この作品《さくひん》は、作者《さくしゃ》の死後《しご》ようやく日の目を見た。

ひのもと【火の元】 名詞 火《ひ》のあるところ。火事《かじ》のもとになるような、火《ひ》の気《け》のあるところ。

ひばいひん【非売品】 名詞 一般《いっぱん》の人《ひと》には売《う》らない品物《しなもの》。

ひばく【被爆】 名詞 動詞 爆弾《ばくだん》のこうげきで被害《ひがい》を受《う》けること。とくに、原子爆弾《げんしばくだん》や水素爆弾《すいそばくだん》の被害《ひがい》を受《う》けること。

ひばく【被ばく】 名詞 動詞 体《からだ》に放射線《ほうしゃせん》を浴《あ》びること。

ひばし【火箸】 名詞 炭火《すみび》などをはさむ、金属《きんぞく》でできたはし。

ひばしら【火柱】 名詞 柱《はしら》のように高《たか》くまっすぐに燃《も》え上《あ》がるほのお。例 火柱が立《た》つ。

ひばち【火鉢】 名詞 季語冬 灰《はい》を入《い》れて炭火《すみび》を置《お》き、手《て》を温《あたた》めたり湯《ゆ》をわかしたりする道具《どうぐ》。

ひばち

ひばな【火花】 名詞 石《いし》・金属《きんぞく》などを激《はげ》しくぶつけたり、プラスとマイナスの電気《でんき》がふれ合《あ》ったりしたときに、細《こま》かく飛《と》び散《ち》る火《ひ》。

● **火花《ひばな》を散《ち》らす** 激《はげ》しく争《あらそ》う。例 決勝戦《けっしょうせん》は火花を散らす熱戦《ねっせん》となった。

ひばり 名詞 季語春 すずめよりやや大《おお》きな鳥《とり》。春《はる》、空高《そらたか》く飛《と》んでさえずる。川原《かわら》や畑《はたけ》などに巣《す》をつくる。

ひばり

ひはん【批判】 名詞 動詞 ものごとのよい悪《わる》いを判断《はんだん》し、それについて意見《いけん》を述《の》べること。例 友《とも》だちのやり方《かた》を批判する。使い方 ふつう、よくない点《てん》について述《の》べる場合《ばあい》に使《つか》う。

ひばん【非番】 名詞 当番《とうばん》でないこと。また、その人《ひと》。対 当番《とうばん》。

ひび 名詞 季語冬 ❶ガラスや焼《や》き物《もの》などにできる、細《こま》かい割《わ》れ目《め》。例 ひびの入《はい》った茶《ちゃ》わん。❷寒《さむ》いとき、手《て》や足《あし》の皮膚《ひふ》にできる細《こま》かいさけ目《め》。あかぎれ。例 ひびが切《き》れる。❸仲《なか》が悪《わる》くなること。例 友情《ゆうじょう》にひびが入《はい》る。

ひび【日日】 名詞 一日一日《いちにちいちにち》。毎日《まいにち》。ことば 季語《きご》として使《つか》うのは❷の意味《いみ》。

ひびき【響き】 名詞 ❶音《おと》がひびくこと。また、その音《おと》。例 バイオリンの響き。❷物《もの》を伝《つた》わってくる細《こま》かい振動《しんどう》。例 地響《じひび》き。❸耳《みみ》に入《はい》ってくる音《おと》や声《こえ》の感《かん》じ。例 響きのよいことば。

ひびきわたる【響き渡る】 動詞

読書のこみち　高 中 低　『怪盗紳士《かいとうしんし》ルパン』ルブラン　あるときは若々《わかわか》しい貴族《きぞく》、あるときはみすぼらしい老人《ろうじん》と、ばかり。貧《まず》しい人々《ひとびと》にはほどこしもします。ときには探偵《たんてい》になったり、フランスの国《くに》のた

❶音《おと》が辺《あた》り一帯《いったい》に伝《つた》わる。❷評判《ひょうばん》が広《ひろ》く伝《つた》わる。例 スキー選手《せんしゅ》のオリンピックでの活躍《かつやく》が、全国《ぜんこく》に響き渡った。

ひびく【響く】 動詞 ❶音《おと》が辺《あた》りに広《ひろ》がり伝《つた》わる。例 歌声《うたごえ》が会場《かいじょう》のすみまでよく響いた。❷音《おと》がはね返《かえ》って伝《つた》わる。例 どうくつの中《なか》で水《みず》の音《おと》が響く。❸物《もの》の振動《しんどう》が伝《つた》わってくる。例 トラックが通《とお》るたびにガラス戸《ど》に響く。❹悪《わる》いえいきょうをあたえる。例 寝不足《ねぶそく》が響いて失敗《しっぱい》した。❺心《こころ》が動《うご》かされる。例 心《こころ》に響くことば。❻広《ひろ》く評判《ひょうばん》になる。例 世界《せかい》じゅうに名《な》が響く。

ひひょう【批評】 名詞 動詞 ものごとのよいところや悪《わる》いところを見分《みわ》けて、自分《じぶん》の考《かんが》えを述《の》べること。例 批評家《か》／友《とも》だちの絵《え》を批評する。

ひびわれる【ひび割れる】 動詞 細《こま》かい割《わ》れ目《め》ができる。ひびが入《はい》る。例 地面《じめん》がひび割れる。

びひん【備品】 名詞 その場所《ばしょ》に備《そな》えつけてある品物《しなもの》。例 理科室《りかしつ》の備品。ことば ふつう、使《つか》っても減《へ》らないような、机《つくえ》やいす、実験器具《じっけんきぐ》などのことをいう。

ひふ【皮膚】 名詞 人《ひと》や動物《どうぶつ》の体《からだ》の外側《そとがわ》をおおっている皮《かわ》。はだ。例 皮膚科《か》／皮膚があれる。

ひぶ【日歩】 名詞 一日《いちにち》につく利息《りそく》。元金百円《がんきんひゃくえん》に対《たい》して一日《いちにち》いくらの利息《りそく》がつくかで表《あらわ》す。例 日歩三銭《さんせん》でお金《かね》を借《か》りる。

びふう【美風】 名詞 よい習慣《しゅうかん》。よい風習《ふうしゅう》。例 礼儀正《れいぎただ》しさはわが校《こう》の美風だ。対 悪風《あくふう》。

びふう【微風】 名詞 かすかな風《かぜ》。そよかぜ。

ひふく【被服】 名詞 体《からだ》に着《き》るものをまとめていうことば。衣類《いるい》。

ひぶくれ【火膨れ】 名詞 動詞 やけどで皮膚《ひふ》の下《した》に水分《すいぶん》がたまって、はれ上《あ》がること。

ビブス（bibs） 名詞 スポーツ選手《せんしゅ》などが、競技《きょうぎ》に参加《さんか》するときに身《み》に着《つ》けるゼッケンやベスト。例 A《エー》チームは赤《あか》のビブス、B《ビー》チームは青《あお》のビブスを着《き》る。

ひぶた【火蓋】 名詞 火縄銃《ひなわじゅう》の、火薬《かやく》を入《い》れる部分《ぶぶん》のふた。たまをうつときは、ここを開《ひら》いて火《ひ》をつける。

● **火蓋《ひぶた》を切《き》る** 戦《たたか》いや試合《しあい》などを始《はじ》める。例 熱戦《ねっせん》の火蓋を切る。

ビフテキ（フランス語） 名詞 牛肉《ぎゅうにく》を厚《あつ》く切《き》って焼《や》いた料理《りょうり》。「ビーフステーキ」ともいう。

ひふびょう【皮膚病】 名詞 皮膚《ひふ》の病気《びょうき》。水虫《みずむし》・しっしん・おできなど。

ピペット（pipette） 名詞 理科《りか》の実験《じっけん》などに使《つか》う、先《さき》が細《ほそ》くなったガラス管《かん》。ある量《りょう》の液体《えきたい》を正確《せいかく》にとり出《だ》すのに使《つか》う。

ひへん【日偏】 名詞 「⽇」のこと。漢字《かんじ》の部首《ぶしゅ》の一《ひと》つ。太陽《たいよう》や明《あか》るさに関係《かんけい》のある漢字《かんじ》を作《つく》ることが多《おお》い。明・暗・晴・時など。

ひへん【火偏】 名詞 「⽕」のこと。漢字《かんじ》の部首《ぶしゅ》の一《ひと》つ。火《ひ》に関係《かんけい》のある漢字《かんじ》を作《つく》ることが多《おお》い。灯・焼・燃など。

ひほう【秘宝】 名詞 大切《たいせつ》にしまっておく宝物《たからもの》。

ひほう【秘法】 名詞 他人《たにん》には秘密《ひみつ》にしている、すぐれた方法《ほうほう》やわざ。例 弟子《でし》に秘法をさずける。

ひほう【悲報】 名詞 悲《かな》しい知《し》らせ。とくに、人《ひと》が死《し》んだという知《し》らせ。対 朗報《ろうほう》。

ひぼし【干ぼし】 名詞 食《た》べ物《もの》がないために、やせ細《ほそ》ること。

ひぼし【日干し】 名詞 日光《にっこう》に当《あ》てて干《ほ》すこと。また、干《ほ》したもの。対 陰干《かげぼ》し。

ピボット（pivot） 名詞 バスケットボールの技《ぎ》術《じゅつ》の一《ひと》つ。片足《かたあし》をゆかにつけたまま、もう一方《いっぽう》の足《あし》を動《うご》かして体《からだ》の向《む》きを変《か》えること。

ひぼん【非凡】 形容動詞 ふつうよりとくにすぐれているようす。例 非凡な観察力《かんさつりょく》。対 平凡《へいぼん》。

ひま【暇】
❶ 名詞 あることをするのに必要《ひつよう》な時間《じかん》。例 いそがしくて読書《どくしょ》する暇もない。
❷ 名詞 形容動詞 とくにすることがなくて、のんびりできること。また、その時間《じかん》。例 今日《きょう》は一日《いちにち》じゅう暇だ。
❸ 名詞 休《やす》み。休暇《きゅうか》。例 一週間《いっしゅうかん》の暇をもらう。
❹ 名詞 仕事《しごと》をやめさせること。例 仕事《しごと》をなまけた店員《てんいん》に暇を出《だ》す。

ひまご【ひ孫】 名詞 孫《まご》の子供《こども》。「ひこ孫《まご》」ともいう。

ひましに【日増しに】 副詞 一日《いちにち》ごとに。日《ひ》がたつにつれて。例 春《はる》は日増しに日《ひ》が長《なが》くなる。

ひまつぶし【暇潰し】 名詞 ひまな時間《じかん》を、適当《てきとう》に何《なに》かをして過《す》ごすこと。

ら、豊《ゆた》かな文章力《ぶんしょうりょく》で数々《かずかず》の科学《かがく》の本《ほん》を残《のこ》したレイチェルの伝記《でんき》です。とりわけ、病気《びょうき》の体《からだ》にむちうって、農薬《のうやく》
えた本《ほん》として知《し》られています。仕事《しごと》をもって生《い》き生《い》きと生《い》きる女性《じょせい》の伝記《でんき》シリーズの一冊《いっさつ》。

ひまつり【火祭り】 名詞 ❶火《ひ》をたいて神《かみ》を祭《まつ》る行事《ぎょうじ》。❷火事《かじ》がないようにいのる祭《まつ》り。

ヒマラヤさんみゃく【ヒマラヤ山脈】 名詞 アジア大陸《たいりく》の南部《なんぶ》に連《つら》なる、世界《せかい》でもっとも高《たか》い山脈《さんみゃく》。エベレストなどがある。

ひまわり 名詞 季語夏 きくのなかまの草花《くさばな》。夏《なつ》から秋《あき》にかけて、黄色《きいろ》い大《おお》きな花《はな》をつける。高《たか》さ二《に》～三《さん》メートルくらい。種《たね》から油《あぶら》をとる。

ひまわり

ひまん【肥満】 名詞 動詞 体《からだ》が太《ふと》りすぎること。

びみ【美味】 名詞 形容動詞 食《た》べ物《もの》や飲《の》み物《もの》がおいしいこと。また、おいしいもの。

ひみこ【卑弥呼】 名詞 (三世紀《さんせいき》ごろ) 邪馬台国《やまたいこく》の女王《じょおう》だったといわれる人《ひと》。中国《ちゅうごく》の古《ふる》い歴史《れきし》の本《ほん》に名前《なまえ》が出《で》てくる。まじないをつかって国《くに》を治《おさ》めたと伝《つた》えられる。

ひみつ【秘密】 名詞 人《ひと》に知《し》られないように、ものごとをかくしておくこと。また、そのことがら。例 秘密の遊《あそ》び場《ば》／秘密にする。

ひみつり【秘密裏】 名詞 知《し》られないうちに、ものごとが進《すす》むこと。例 交渉《こうしょう》は秘密裏に行《おこな》われた。

びみょう【微妙】 形容動詞 細《こま》かいところに大事《だいじ》な意味《いみ》があったり、細《こま》かいことがからみ合《あ》ったりして、簡単《かんたん》には言《い》い表《あらわ》せないようす。例 微妙に意見《いけん》がちがう／微妙な色合《いろあ》い。

ひむろ【氷室】 名詞 冬《ふゆ》にできた氷《こおり》を夏《なつ》まで保存《ほぞん》しておくための部屋《へや》や穴《あな》。

ひめ【姫】 ❶ 名詞 身分《みぶん》の高《たか》い人《ひと》のむすめ。例 お姫様《さま》。❷ 名詞 女《おんな》の人《ひと》を美《うつく》しくほめていうことば。例 二十世紀最高《にじっせいきさいこう》の歌《うた》姫。❸ 接頭語 (ほかのことばの前《まえ》につけて)「小《ちい》さい」「かわいらしい」という意味《いみ》を表《あらわ》す。例 姫りんご。

ひめい【悲鳴】 名詞 ❶おどろいたときやおそろしいときに出《だ》すさけび声《こえ》。例 大《おお》きな音《おと》にびっくりして思《おも》わず悲鳴を上《あ》げた。❷困《こま》り果《は》てたときに言《い》う、弱音《よわね》。泣《な》き言《ごと》。例 厳《きび》しい練習《れんしゅう》に悲鳴を上《あ》げる。

ひめじじょう【姫路城】 名詞 兵庫県姫路市《ひょうごけんひめじし》にある城《しろ》。一九九三年《ねん》に世界文化遺産《せかいぶんかいさん》に登録《とうろく》された。「白鷺城《しらさぎじょう》」ともいわれる。

ひめじょおん 名詞 季語夏 初夏《しょか》から秋《あき》にかけて、道《みち》ばたなどで花《はな》をつける植物《しょくぶつ》。花《はな》の形《かたち》はきくに似《に》ている。よく似《に》たものに、はるじおんがある。

ひめじょおん

ひめだか 名詞 小川《おがわ》などにいるくろめだかを改良《かいりょう》してつくられた、体《からだ》がオレンジ色《いろ》のめだか。

ひめる【秘める】 動詞 人《ひと》に知《し》られないようにかくしている。例 心《こころ》に秘めた思《おも》い。漢 ↓1095ジペー ひ〔秘〕

ひめん【罷免】 名詞 動詞 役職《やくしょく》をやめさせること。例 大臣《だいじん》を罷免する。類 免職《めんしょく》。

ひも 名詞 物《もの》を結《むす》んだり、しばったりするための細長《ほそなが》いもの。例 革《かわ》ひも／ひもをかける。ことば 糸《いと》よりも太《ふと》く、つなよりも細《ほそ》いものをいう。

ひもじい 形容詞 とてもおなかがすいている。

ひもと【火元】 名詞 ❶火《ひ》を使《つか》うところ。❷火事《かじ》の出《で》たところ。例 火元はふろ場《ば》だった。❸さわぎなどの原因《げんいん》。出《で》どころ。

ひもとく 動詞 本《ほん》を開《ひら》いて読《よ》む。例 古典《こてん》をひもといて、昔《むかし》の人《ひと》の心《こころ》にふれる。

ひもの【干物】 名詞 魚《さかな》や貝《かい》などを干《ほ》した食《た》べ物《もの》。例 あじの干物。

ひや【冷や】 名詞 ❶冷《つめ》たいこと。例 冷ややっこ。❷冷《つめ》たい水《みず》。おひや。❸かんをしていない冷《つめ》たいお酒《さけ》。漢 ↓1408ジペー れい〔冷〕

ひやあせ【冷や汗】 名詞 はずかしいときやおそろしいとき、はらはらしたときなどに出《で》る、冷《つめ》たく感《かん》じるあせ。例 冷や汗をかく。

ひやかす【冷やかす】 動詞 ❶人《ひと》をからかう。例 着《き》かざった妹《いもうと》を冷やかす。❷買《か》う気《き》がないのに、品物《しなもの》を見《み》たり値段《ねだん》を聞《き》い

読書のこみち　高 中 低　**『科学者《かがくしゃ》　レイチェル・カーソン』小手鞠《こでまり》るい**　生物学《せいぶつがく》、海洋学《かいようがく》の科学者《かがくしゃ》として働《はたら》きながら化学薬品《かがくやくひん》による自然破壊《しぜんはかい》の事実《じじつ》を伝《つた》えた『沈黙《ちんもく》の春《はる》』は、初《はじ》めて地球《ちきゅう》の危機《きき》をうった

たりする。例 店《みせ》を冷やかして時間《じかん》をつぶす。漢 ↓1408ページ れい〔冷〕

ひやく【飛躍】 名詞 動詞 ❶高《たか》く大《おお》きくとび上《あ》がること。❷急《きゅう》に進歩《しんぽ》すること。例 この国《くに》の科学技術《かがくぎじゅつ》は大《おお》きな飛躍をとげた。❸話《はなし》や考《かんが》え方《かた》が、正《ただ》しい順序《じゅんじょ》をふまないで急《きゅう》にちがったところへいってしまうこと。例 結論《けつろん》が飛躍しすぎてよくわからない。

ひゃく【百】 名詞 ❶ひゃく。数《かず》の名《な》。十《じゅう》の十倍《じゅうばい》。例 百回《かい》／百才《さい》。❷数《かず》が多《おお》いこと。

漢 ↓1124ページ ひゃく〔百〕

● **百《ひゃく》も承知《しょうち》** よく知《し》っていること。例 対戦《たいせん》チームが強《つよ》いのは百も承知だ。

漢 **ひゃく【百】**〔白《しろ》〕6画 1年 音 ヒャク 訓

❶十《じゅう》の十倍《じゅうばい》。例 百人一首《ひゃくにんいっしゅ》／百分率《ひゃくぶんりつ》。❷数《かず》がおおい。すべての。例 百科事典《ひゃっかじてん》／百貨店《ひゃっかてん》／百発百中《ひゃっぱつひゃくちゅう》／八百屋《やおや》。

びゃく【白】 漢 ↓1047ページ はく〔白〕

ひゃくがいあっていちりなし【百害あって一利なし】 ↓397ページ ことわざ

ひゃくさい【百済】 ↓385ページ くだら

ひゃくじゅうのおう【百獣の王】 すべてのけものの中《なか》でいちばん強《つよ》いもの。ライオンのこと。

ひゃくしょう【百姓】 名詞 田《た》や畑《はたけ》で作物《さくもつ》をつくることを仕事《しごと》にしている人《ひと》。農民《のうみん》。

ひゃくじょういいんかい【百条委員会】 名詞 都道府県《とどうふけん》・市町村《しちょうそん》の議会《ぎかい》が、必要《ひつよう》に応《おう》じて特別《とくべつ》に設置《せっち》する委員会《いいんかい》。不正事件《ふせいじけん》が起《お》こったときなどに設置《せっち》される。

ひゃくしょういっき【百姓一揆】 名詞 江《え》戸時代《どじだい》に、重《おも》い税《ぜい》に苦《くる》しんだ農民《のうみん》が集《あつ》まって、大名《だいみょう》や役人《やくにん》に対《たい》して起《お》こした抵抗運動《ていこううんどう》。

ひゃくせんれんま【百戦錬磨】 ↓821ページ 四字熟語

ひやくてき【飛躍的】 形容動詞 ものごとが一《いっ》気《き》に大《おお》きく進歩《しんぽ》したり、発展《はってん》したりするようす。例 二十世紀《にじっせいき》に科学技術《かがくぎじゅつ》は飛躍的に進歩《しんぽ》した。

ひゃくにちぜき【百日ぜき】 名詞 子供《こども》が多《おお》くかかる感染症《かんせんしょう》の一《ひと》つ。激《はげ》しいせきが続《つづ》き、治《なお》るまで長《なが》くかかる。

ひゃくにちそう【百日草】 名詞 季語 夏 きくのなかまの草花《くさばな》。夏《なつ》から秋《あき》にかけて、赤《あか》・むらさき・黄色《きいろ》などの、さまざまな色《いろ》の花《はな》が開《ひら》く。ことば 花《はな》が長《なが》くさくことから、この名《な》がある。

ひゃくにちそう

ひゃくにんいっしゅ【百人一首】 名詞 百人《ひゃくにん》のすぐれた歌人《かじん》の和歌《わか》を一人一首《ひとりいっしゅ》ずつ選《えら》んだもの。ふつう、藤原定家《ふじわらのさだいえ》が選《えら》んだ「小倉《おぐら》百人一首《ひゃくにんいっしゅ》」を指《さ》す。↓1119ページ 伝統コラム ↓1459ページ 百人一首《ひゃくにんいっしゅ》を楽《たの》しもう

ひゃくぶんはいっけんにしかず【百聞は一見にしかず】 ↓1025ページ 故事成語

ひゃくぶんりつ【百分率】 名詞 基準《きじゅん》の量《りょう》を百《ひゃく》としたときの割合《わりあい》の表《あらわ》し方《かた》。一《いち》の百分《ひゃくぶん》の一《いち》を一《いち》パーセントとして表《あらわ》す。「パーセンテージ」ともいう。関連 歩合《ぶあい》。

ひゃくめんそう【百面相】 名詞 顔《かお》の表情《ひょうじょう》をいろいろに変《か》えること。また、そのような顔《かお》つきをしてみせる芸《げい》。

びゃくや【白夜】 ↓1050ページ はくや

ひゃくようばこ【百葉箱】 名詞 温《おん》度《ど》や湿度《しつど》を調《しら》べるために、温度計《おんどけい》や湿度《しつど》計《けい》を入《い》れて野外《やがい》に置《お》く白《しろ》い箱《はこ》。温度計《おんどけい》や湿度計《しつどけい》を地上《ちじょう》一・二〜一・五メートルの高《たか》さにとりつける。「ひゃくようそう」ともいう。

ひゃくようばこ

ひやけ【日焼け】 名詞 動詞 季語 夏 日光《にっこう》に当《あ》たったために、皮膚《ひふ》の色《いろ》が黒《くろ》くなること。

ヒヤシンス (hyacinth) 名詞 季語 春 ゆりのなかまの草花《くさばな》の一《ひと》つ。球根《きゅうこん》で

ヒヤシンス

まれた少年《しょうねん》ゲドは、幼《おさな》い時《とき》から魔法《まほう》の才能《さいのう》を現《あらわ》し、ローク島《とう》の賢者《けんじゃ》の学院《がくいん》に入学《にゅうがく》した。ところが力《ちから》を示《しめ》したいの、若《わか》き日《ひ》の物語《ものがたり》。アースシーの世界《せかい》を舞台《ぶたい》にした物語《ものがたり》「ゲド戦記《せんき》」シリーズの１冊目《さつめ》です。

ってさく。春《はる》、赤《あか》・青《あお》・黄《き》などの小《ちい》さな花《はな》が固《かた》まふえる。

ひやす【冷やす】 動詞
❶物《もの》を冷《つめ》たくする。例 麦茶《むぎちゃ》を冷やす／きもを冷やす（＝ぞっとする）。対 温《あたた》める。
❷気持《きも》ちを落《お》ち着《つ》かせる。例 頭《あたま》を冷やしてからもう一度《いちど》話《はな》し合《あ》おう。

漢 ⇩1408ジペー れい〔冷〕

ひゃっかじてん【百科事典】 名詞 さまざまなことがらについての説明《せつめい》を、五十音順《ごじゅうおんじゅん》などの決《き》まった順序《じゅんじょ》で並《なら》べてある本《ほん》。

ひゃっかてん【百貨店】 名詞 いろいろな品《しな》物《もの》を、種類《しゅるい》ごとに分《わ》けた売《う》り場《ば》で売《う》っている大《おお》きな店《みせ》。デパート。

ひやっと 副詞 動詞
❶冷《つめ》たさや寒《さむ》さを感《かん》じるようす。例 夜《よる》のひやっとした空気《くうき》。
❷危険《きけん》やおそろしさを急《きゅう》に感《かん》じて、ぞっとするようす。例 階段《かいだん》でつまずいてひやっとした。
ことば「ひやりと」ともいう。

ひゃっぱつひゃくちゅう【百発百中】 名詞 故事成語
❶うった矢《や》やたまが、全部《ぜんぶ》当《あ》たること。
❷予想《よそう》や計画《けいかく》などが、全部《ぜんぶ》当《あ》たること。例 姉《あね》の天気予報《てんきよほう》は、今《いま》のところ百発百中だ。

ひやとい【日雇い】 名詞 一日《いちにち》ごとの約束《やくそく》でやとうこと。また、そのようにやとわれる人《ひと》。

ひやひや【冷や冷や】 副詞 動詞
❶冷《つめ》たく感《かん》じるようす。
❷うまくいくかどうか心配《しんぱい》するようす。例 またしかられるのではないかとひやひやした。
使い方 かな書《が》きにすることが多《おお》い。

ひやむぎ【冷や麦】 名詞 季語夏 小麦粉《こむぎこ》を塩《しお》水《みず》でこねて作《つく》った、うどんより細《ほそ》く、そうめんより太《ふと》いめん。ゆでたあと、水《みず》や氷《こおり》で冷《ひ》やして食《た》べる。

ひやめし【冷や飯】 名詞 冷《つめ》たくなったごはん。例 冷や飯を食《く》う（＝能力《のうりょく》に合《あ》った立場《たちば》や仕事《しごと》をあたえられずに、冷《つめ》たくあつかわれる）。

ひややか【冷ややか】 形容動詞 季語秋
❶冷《つめ》たく感《かん》じられるようす。例 冷ややかな手《て》ざわり／冷ややかな朝《あさ》の空気《くうき》。
❷思《おも》いやりがなく、人《ひと》に冷《つめ》たいようす。例 冷ややかな返事《へんじ》をする／けんかしたあとの弟《おとうと》の態《たい》度《ど》は冷ややかだった。

ひやりと ⇩1125ジペー ひやっと

ひゆ【比喩】 名詞 あるものごとを、それに似《に》ているほかのものごとを例《れい》にとって言《い》い表《あらわ》すこと。例《たと》え。「花《はな》のような美《うつく》しさ」「雪《ゆき》の（＝真《ま》っ白《しろ》い）はだ」など。

ひゅうが【日向】 名詞 昔《むかし》の国《くに》の名《な》の一《ひと》つ。今《いま》の宮崎県《みやざきけん》に当《あ》たる。

ヒューズ（fuse）名詞 電気回路《でんきかいろ》の安全装置《あんぜんそうち》として使《つか》われる、金属《きんぞく》の線《せん》。強《つよ》すぎる電流《でんりゅう》が流《なが》れると、とけて回路《かいろ》を切《き》り、危険《きけん》を防《ふせ》ぐ。例 ヒューズがとぶ。

ひゅうひゅう［と］ 副詞
❶強《つよ》い風《かぜ》が続《つづ》けてふく音《おと》のようす。例 北風《きたかぜ》がひゅうひゅうふく。
❷物《もの》が風《かぜ》を切《き》って飛《と》んだり動《うご》いたりする音《おと》のようす。例 むちがひゅうひゅう鳴《な》る。

びゅうびゅう［と］ 副詞
❶とても強《つよ》い風《かぜ》が続《つづ》けてふく音《おと》のようす。例 強風《きょうふう》がびゅうびゅうとふきあれる。
❷細《ほそ》い物《もの》が風《かぜ》を切《き》って動《うご》く音《おと》のようす。例 電《でん》線《せん》が風《かぜ》にふかれてびゅうびゅううなる。

ヒューマニズム（humanism）名詞 ひとりひとりの人間《にんげん》を大切《たいせつ》にしようとする考《かんが》え方《かた》。「人《じん》道主義《どうしゅぎ》」ともいう。

ビュッフェ（フランス語）名詞
❶駅《えき》や列車《れっしゃ》などの中《なか》にある、簡単《かんたん》な食事《しょくじ》を出《だ》す食堂《しょくどう》。
❷立《た》ったまま食《た》べる形式《けいしき》の食事《しょくじ》。
❸「バイキング料理《りょうり》（⇩1039ジペー バイキング❷）」のこと。

ひょいと 副詞
❶急《きゅう》に現《あらわ》れるようす。突然《とつぜん》。例 草《くさ》むらからねこがひょいと現《あらわ》れた。
❷体《からだ》の動《うご》きが軽《かる》いようす。軽々《かるがる》と。例 ひょいと馬《うま》に飛《と》び乗《の》る。

ひよう【費用】 名詞 あることをするためにかかるお金《かね》。例 旅行《りょこう》の費用。類 経費《けいひ》。

ひょう 名詞 季語夏 空《そら》から降《ふ》ってくる、直径《ちょっけい》五《ご》ミリメートル以上《いじょう》の氷《こおり》のかたまり。強《つよ》いかみなりのときなどに降《ふ》ることが多《おお》い。参考 直径《ちょっけい》が五《ご》ミリメートル未満《みまん》のものは「あられ」とよぶ。

あいうえお　かきくけこ　さしすせそ　たちつてと　なにぬねの　はひふへほ　ひ　まみむめも　やゆよ　らりるれろ　わをん

読書のこみち　高 中 低
『影《かげ》との戦《たたか》い―ゲド戦記《せんきいち》Ⅰ―』ル＝グウィン　アースシーの東北《とうほく》にあるゴント島《とう》の村《むら》に生《う》
あまり、禁《きん》じられた呪文《じゅもん》を唱《とな》えてしまう。のちに大賢人《だいけんじん》として知《し》られるようになるゲド

ひょう 名詞 ねこのなかまの大《おお》きな動物《どうぶつ》。体《からだ》は黄色《きいろ》っぽい茶色《ちゃいろ》で黒《くろ》い斑点《はんてん》がある。すばしこく、性質《せいしつ》があらい。アジア・アフリカなどにすむ。ことば 漢字《かんじ》では「豹」と書《か》く。

ひょう

漢 **ひょう【氷】**〔水《みず》〕5画 3年 音 ヒョウ 訓 こおり・ひ

（筆順）亅 刁 刃 氷 氷　はねる

こおり。例 氷水《こおりみず》／氷河《ひょうが》／氷原《ひょうげん》／氷山《ひょうざん》／流氷《りゅうひょう》。

ひょう【兵】 漢 ⇩1185ジペー へい〔兵〕

ひょう【表】 名詞 ひと目《め》でわかるように整理《せいり》して表《あらわ》したもの。例 一覧表《いちらんひょう》／得点《とくてん》を表に書《か》き入《い》れる。

漢 **ひょう【表】**〔衣《ころも》〕8画 3年 音 ヒョウ 訓 おもて・あらわす・あらわれる

（筆順）一 十 キ 圭 丰 老 表 表　下をながく

❶おもて。そとがわ。例 表口《おもてぐち》／表通《おもてどお》り／表門《おもてもん》／表紙《ひょうし》／表面《ひょうめん》／裏表《うらおもて》／地表《ちひょう》。❷あらわす。あらわれる。例 表現《ひょうげん》／表情《ひょうじょう》／発表《はっぴょう》。❸おもてにたつ。頭《あたま》。例 代表《だいひょう》。❹ひと目《め》でわかるようにかいたもの。例 図表《ずひょう》／年表《ねんぴょう》。

漢 **ひょう【俵】**〔亻《にんべん》〕10画 6年 音 ヒョウ 訓 たわら

（筆順）亻 亻 仁 佳 俵 俵 俵 俵　かたちにちゅうい

たわら。たわらに入《い》れたものを数《かぞ》えることば。例 米十俵《こめじっぴょう》／米俵《こめだわら》／炭俵《すみだわら》／土俵《どひょう》。

ひょう【票】 名詞 選挙《せんきょ》などで使《つか》う小《ちい》さな用紙《ようし》。例 票を数《かぞ》える／田中《たなか》くんに票を入《い》れる。

漢 **ひょう【票】**〔示《しめす》〕11画 4年 音 ヒョウ

（筆順）一 丆 丙 覀 覀 覀 票 票 票　西としない　はねる

❶かきつけ。ふだ。例 伝票《でんぴょう》。❷選挙《せんきょ》に使《つか》う用紙《ようし》。例 票決《ひょうけつ》／開票《かいひょう》／投票《とうひょう》／得票《とくひょう》。❸投票《とうひょう》数《すう》を数《かぞ》えることば。例 一票《いっぴょう》。

ひょう【評】 名詞 ものごとのよい悪《わる》いについて述《の》べること。また、その文章《ぶんしょう》。批評《ひひょう》。例 本《ほん》を読《よ》んで評を書《か》く。

漢 **ひょう【評】**〔言《ごんべん》〕12画 5年 音 ヒョウ

（筆順）亠 言 言 言 訂 訂 評 評　つきださない

ものごとの価値《かち》やよい悪《わる》いをきめる。例 評価《ひょうか》／評判《ひょうばん》／評論《ひょうろん》／好評《こうひょう》／定評《ていひょう》／批評《ひひょう》／不評《ふひょう》。

漢 **ひょう【標】**〔木《きへん》〕15画 4年 音 ヒョウ 訓 しるし

（筆順）木 朩 杧 栖 標 標 標 標　はねる

❶目《め》じるし。めあて。例 標識《ひょうしき》／標準《ひょうじゅん》／目標《もくひょう》。❷目《め》だたせる。かかげる。例 標語《ひょうご》／標本《ひょうほん》。

びよう【美容】 名詞 顔《かお》や姿《すがた》を美《うつく》しくすること。例 美容師《びようし》。

びょう 名詞 頭《あたま》の大《おお》きなくぎ。紙《かみ》などを留《と》める画《が》びょうや、鉄《てつ》の板《いた》をつなぐのに用《もち》いるものなどがある。

びょう【平】 漢 ⇩1185ジペー へい〔平〕

びょう【秒】 名詞 時間《じかん》や角度《かくど》の単位《たんい》。一秒《いちびょう》は一分《いっぷん》の六十分《ろくじゅうぶん》の一《いち》。例 一分一秒《いっぷんいちびょう》を争《あらそ》う。

漢 **びょう【秒】**〔禾《のぎへん》〕9画 3年 音 ビョウ

（筆順）ノ 二 千 禾 利 利 和 秒 秒　みぎから　とめる　はねる

❶時間《じかん》や角度《かくど》の単位《たんい》。例 秒針《びょうしん》／秒速《びょうそく》／毎秒《まいびょう》。❷ほんのわずか。例 寸秒《すんびょう》。

漢 **びょう【病】**〔疒《やまいだれ》〕10画 3年 音 ビョウ・ヘイ 訓 やむ・やまい

（筆順）丶 亠 广 疒 疒 疒 病 病　はねる

やまい。例 病院《びょういん》／病気《びょうき》／病室《びょうしつ》／病人《びょうにん》／病《や》み上《あ》がり／看病《かんびょう》／急病《きゅうびょう》／疾病《しっぺい》／重病《じゅうびょう》。

ひょういもじ【表意文字】 名詞 漢字《かんじ》のように、一《ひと》つ一《ひと》つの文字《もじ》がそれぞれ決《き》まった意味《いみ》を表《あらわ》している文字《もじ》。対 表音文字《ひょうおんもじ》。

びよういん【美容院】 名詞 かみの毛《け》を整《ととの》えたり、化粧《けしょう》をしたりする店《みせ》。

びょういん【病院】 名詞 医者《いしゃ》が病人《びょうにん》やけが人《にん》の診察《しんさつ》をしたり、治療《ちりょう》したりするところ。参考「医院《いいん》」よりも規模《きぼ》の大《おお》きいものをいう。

ひょうおんもじ【表音文字】 名詞 かな文《も》

は、もう、現実《げんじつ》には見《み》ることのできない風景《ふうけい》や人物《じんぶつ》だった――「きつねの窓《まど》」からは、切《せつ》なさがただよってきま
に「さんしょっ子《こ》」「空色《そらいろ》のゆりいす」「鳥《とり》」「夕日《ゆうひ》の国《くに》」など、8編《ぺん》が収録《しゅうろく》された、著者《ちょしゃ》の第一短編集《だいいちたんぺんしゅう》です。

字《じ》やローマ字《じ》などのように、一《ひと》つ一《ひと》つの文字《もじ》が音《おと》を表《あらわ》し、決《き》まった意味《いみ》を表《あらわ》さない文字《もじ》。対 表《ひょう》意《い》文字《もじ》。

ひょうか【氷菓】 名詞 季語 夏 水《みず》や果物《くだもの》のしるなどに砂糖《さとう》や香料《こうりょう》などを混《ま》ぜてこおらせた菓《か》子《し》。アイスキャンデー・シャーベットなど。

ひょうか【評価】 名詞 動詞 ❶ものごとのよい悪《わる》いや、値打《ねう》ち、値段《ねだん》などを決《き》めること。例 品質《ひんしつ》を五段階《ごだんかい》で評価する。❷よいと認《みと》めること。例 努力《どりょく》が評価される。

ひょうが【氷河】 名詞 高山《こうざん》やグリーンランド、南極大陸《なんきょくたいりく》などの万年雪《まんねんゆき》が大《おお》きな氷《こおり》のかたまりとなり、それ自身《じしん》の重《おも》みで少《すこ》しずつ低《ひく》い土《と》地《ち》の方《ほう》へ流《なが》れ下《くだ》るもの。

ひょうがき【氷河期】 ➡1127ページ ひょうき〔氷期〕

ひょうがじだい【氷河時代】 名詞 地球上《ちきゅうじょう》の気候《きこう》が非常《ひじょう》に寒《さむ》く、広《ひろ》い地域《ちいき》が氷河《ひょうが》でおおわれた時代《じだい》。参考 非常《ひじょう》に寒《さむ》い「氷期《ひょうき》」と、それに比《くら》べて暖《あたた》かい「間氷期《かんぴょうき》」とが交互《こうご》にくり返《かえ》された。

ひょうき【氷期】 名詞 氷河時代《ひょうがじだい》のうち、とくに寒《さむ》く、氷河《ひょうが》が広《ひろ》い地域《ちいき》で発達《はったつ》した時期《じき》。「氷《ひょう》河期《がき》」ともいう。関連 間氷期《かんぴょうき》。

ひょうき【表記】 名詞 動詞 ❶表側《おもてがわ》に書《か》くこと。また、書《か》かれたもの。例 表記の住所《じゅうしょ》に引《ひ》っ越《こ》しました。❷ことばを文字《もじ》や記号《きごう》で書《か》き表《あらわ》すこと。例 外《がい》来語《らいご》は、ふつうかたかなで表記します。

ひょうぎ【評議】 名詞 動詞 集《あつ》まって意見《いけん》を出《だ》し合《あ》い、相談《そうだん》すること。例 評議会《かい》。

びょうき【病気】 名詞 動詞 体《からだ》の具合《ぐあい》が悪《わる》くなること。病《やまい》。例 病気にかかる／病気が重《おも》い。

ひょうきほう【表記法】 名詞 ことばを文字《もじ》で書《か》き表《あらわ》すときの、いろいろな決《き》まり。漢字《かんじ》とかなの使《つか》い分《わ》け・送《おく》りがなのつけ方《かた》・句読点《くとうてん》の使《つか》い方《かた》・かなづかいなど。

ひょうきん 名詞 形容動詞 言《い》うことやふるまいが気軽《きがる》でおもしろいようす。例 ひょうきん者《もの》。

ひょうぐ【表具】 名詞 布《ぬの》や紙《かみ》を張《は》って、ふすまやびょうぶ、かけじくなどを作《つく》ること。

びょうく【病苦】 名詞 病気《びょうき》の苦《くる》しみ。例 病苦とたたかう。

ひょうけつ【氷結】 名詞 動詞 水《みず》がこおって、氷《こおり》が張《は》ること。こおりつくこと。類 凍結《とうけつ》。

ひょうけつ【表決】 名詞 動詞 会議《かいぎ》に出席《しゅっせき》している人《ひと》が、話《はな》し合《あ》っていることがらについて、賛成《さんせい》か反対《はんたい》かの考《かんが》えをはっきりあらわすこと。例 議長《ぎちょう》は表決には加《くわ》わらない。

ひょうけつ【票決】 名詞 動詞 あることがらを認《みと》めるか認《みと》めないかなどを、投票《とうひょう》によって決《き》めること。例 議案《ぎあん》を票決する。

びょうけつ【病欠】 名詞 動詞 病気《びょうき》のために、学校《がっこう》や会社《かいしゃ》などを休《やす》むこと。

ひょうげん【氷原】 名詞 一面《いちめん》にこおりついた、広々《ひろびろ》とした平地《へいち》。

ひょうげん【表現】 名詞 動詞 思《おも》ったこと、感《かん》じたこと、考《かんが》えたことを、ことば・音《おと》・絵《え》・身《み》ぶりなどで表《あらわ》すこと。また、その表《あらわ》されたもの。例 喜《よろこ》びを歌《うた》に表現する／表現力《りょく》の豊《ゆた》かな人《ひと》。

びょうげんきん【病原菌】 名詞 病気《びょうき》のもとになる細菌《さいきん》。

びょうげんたい【病原体】 名詞 病気《びょうき》のもとになる、非常《ひじょう》に小《ちい》さな生物《せいぶつ》。細菌《さいきん》やウイルスなど。

ひょうご【標語】 名詞 考《かんが》えや目標《もくひょう》、注意《ちゅうい》する点《てん》などをわかりやすく表《あらわ》した、短《みじか》いことば。「安全第一《あんぜんだいいち》」「マッチ一本火事《いっぽんかじ》のもと」など。

びょうご【病後】 名詞 病気《びょうき》が治《なお》ったあと。病《や》み上《あ》がり。例 病後はゆっくり静養《せいよう》する。

ひょうこう【標高】 名詞 海面《かいめん》から測《はか》った、土《と》地《ち》や山《やま》の高《たか》さ。例 標高三千《さんぜん》メートル。類 海抜《かいばつ》。

ひょうごけん【兵庫県】 名詞 近畿地方《きんきちほう》の西《せい》部《ぶ》にある県《けん》。阪神工業地帯《はんしんこうぎょうちたい》があり、工業《こうぎょう》がさかん。県庁《けんちょう》は神戸市《こうべし》にある。

ひょうさつ【表札】 名詞 住《す》んでいる人《ひと》の名《な》を書《か》き、家《いえ》の門《もん》や入《い》り口《ぐち》にかけておく札《ふだ》。例 表札を出《だ》す。類 門札《もんさつ》。

ひょうざん【氷山】 名詞 氷河《ひょうが》の先《さき》のほうが海《うみ》におし出《だ》され、氷《こおり》の小山《こやま》のようになってうかぶもの。北極《ほっきょく》や南極《なんきょく》の海《うみ》で見《み》られる。

●**氷山《ひょうざん》の一角《いっかく》** 表面《ひょうめん》にあらわれていることは、全体《ぜんたい》のほんの一部《いちぶ》でしかないことのたとえ。例 この事件《じけん》は氷山の一角にすぎない。ことば 氷《ひょう》山《ざん》の海面上《かいめんじょう》に出《で》ている部分《ぶぶん》は、全体《ぜんたい》のほんの一部《いちぶ》でしかないことからきたことば。

ひょうし【拍子】 名詞 ❶音楽《おんがく》で、強《つよ》い拍《はく》と弱《よわ》い拍《はく》が規則正《きそくただ》しい組《く》み合《あ》

あいうえお　かきくけこ　さしすせそ　たちつてと　なにぬねの　ひ　はひふへほ　まみむめも　や　ゆ　よ　らりるれろ　わ　を　ん

読書のこみち　高 中 低　『風《かぜ》と木《き》の歌《うた》』安房直子《あわなおこ》　紫色《むらさきいろ》にさく、ききょうのしるで染《そ》めた指《ゆび》の向《む》こうに見《み》えたのです。色彩《しきさい》の豊《ゆた》かさ、心《こころ》の奥底《おくそこ》にひそむ思《おも》いの数々《かずかず》をしなやかにつむぐファンタジー。ほか

わせでくり返《かえ》されること。リズムをつくること。例 ワルツは三拍子《さんびょうし》だ。❷音楽《おんがく》やおどりに合《あ》わせて、手《て》を打《う》ったりかけ声《ごえ》をかけたりすること。例 拍子をとる。❸(「…拍子《ひょうし》に」の形《かたち》で)…したはずみに。例 電車《でんしゃ》がゆれた拍子にかばんを落《お》とした。

ひょうし【表紙】 名詞 本《ほん》やノートの外側《そとがわ》につける、紙《かみ》・布《ぬの》・革《かわ》などのおおい。

ひょうじ【表示】 名詞 動詞 ❶人《ひと》にわかるように、はっきりと表《あらわ》し示《しめ》すこと。例 意思《いし》表示/ラベルに定価《ていか》を表示する。❷表《ひょう》の形《かたち》にして、見《み》やすく示《しめ》すこと。例 くじ引《び》きの当《とう》せん番号《ばんごう》を表示する。

ひょうじ【標示】 名詞 動詞 目印《めじるし》をつけて示《しめ》すこと。また、示《しめ》したもの。例 道路《どうろ》標示。

びようし【美容師】 名詞 客《きゃく》のかみや顔《かお》などを美《うつく》しく整《ととの》えることを仕事《しごと》にしている人《ひと》。

びょうし【病死】 名詞 動詞 病気《びょうき》で死《し》ぬこと。

ひょうしき【標識】 名詞 目印《めじるし》として、よく見《み》えるようにしておくもの。例 交通《こうつう》標識。

ひょうしぎ【拍子木】 名詞 打《う》ち合《あ》わせて音《おと》を出《だ》す、二本《にほん》の細長《ほそなが》くて四角《しかく》い木《き》。芝居《しばい》などの合図《あいず》や、夜《よる》の見回《みまわ》りのときなどに鳴《な》らす。

びょうしつ【病室】 名詞 病院《びょういん》などで、病人《びょうにん》やけが人《にん》をねかせておく部屋《へや》。

ひょうしぬけ【拍子抜け】 名詞 動詞 張《は》りきっていたのがむだになって、張《は》り合《あ》いがなくなること。例 試合《しあい》が急《きゅう》に延期《えんき》になり、拍子抜けした。

びょうしゃ【描写】 名詞 動詞 ものごとのようすや動《うご》き、景色《けしき》、人間《にんげん》の感情《かんじょう》などを、文章《ぶんしょう》・絵《え》・音楽《おんがく》などにえがき出《だ》すこと。例 風景《ふうけい》描写/登場人物《とうじょうじんぶつ》の気持《きも》ちがよく描写された小説《しょうせつ》。

びょうじゃく【病弱】 名詞 形容動詞 体《からだ》が弱《よわ》くて、病気《びょうき》にかかりやすいこと。

ひょうじゅん【標準】 名詞 ❶ものごとの程度《ていど》や価値《かち》をはかるときの、目安《めやす》になるもの。類 基準《きじゅん》。水準《すいじゅん》。❷ごくふつうであること。例 標準サイズの服《ふく》。

ひょうじゅんご【標準語】 名詞 その国《くに》で使《つか》われていることばの中《なか》で、もっとも一般的《いっぱんてき》なものとして認《みと》められていることば。類 共通語《きょうつうご》。対 方言《ほうげん》。

ひょうじゅんじ【標準時】 名詞 それぞれの国《くに》や地域《ちいき》の基準《きじゅん》になる時刻《じこく》。日本《にほん》では、兵庫《ひょうご》県明石市《けんあかしし》を通《とお》る東経《とうけい》一三五度《ど》の経線《けいせん》の上《うえ》に太陽《たいよう》がきた時《とき》を、正午《しょうご》(=昼《ひる》の十二時《じゅうにじ》)としている。

ひょうしょう【表彰】 名詞 動詞 よい行《おこな》いやりっぱな成績《せいせき》・手《て》がらなどをほめて、世《よ》の中《なか》に知《し》らせること。例 優勝者《ゆうしょうしゃ》を表彰する。

ひょうじょう【表情】 名詞 思《おも》ったり感《かん》じたりしていることを顔《かお》つきに表《あらわ》すこと。また、その顔《かお》つき。例 楽《たの》しそうな表情。

びょうしょう【病床】 名詞 病人《びょうにん》のねどこ。例 祖父《そふ》は長年《ながねん》病床についている。

びょうじょう【病状】 名詞 病気《びょうき》のようす。

びょうしん【秒針】 名詞 時計《とけい》で、秒《びょう》の目盛《めも》りを指《さ》す針《はり》。関連 時針《じしん》。分針《ふんしん》。

びょうしん【病身】 名詞 病気《びょうき》にかかっている体《からだ》。また、病気《びょうき》にかかりやすい弱《よわ》い体《からだ》。例 病身をおして(=病身《びょうしん》に無理《むり》をして)働《はたら》く。

ひょうする【評する】 動詞 あるものごとのよい悪《わる》いなどについて、自分《じぶん》の考《かんが》えを言《い》う。批《ひ》評《ひょう》する。例 作品《さくひん》を評する/人物《じんぶつ》を評する。

びょうそく【秒速】 名詞 一秒間《いちびょうかん》に進《すす》むきょりで表《あらわ》した速《はや》さ。関連 時速《じそく》。分速《ふんそく》。

ひょうだい【表題・標題】 名詞 ❶本《ほん》の表紙《ひょうし》に書《か》かれている、その本《ほん》の名《な》まえ。❷講演《こうえん》や演劇《えんげき》などの題目《だいもく》。教科 算 グラフや表《ひょう》の内容《ないよう》を表《あらわ》すものについてもいう。

ひょうたん 名詞 季語 秋 うりのなかまの一《ひと》つ。夏《なつ》、白《しろ》い花《はな》がさく。実《み》は中《なか》ほどがくびれている。熟《じゅく》した実《み》は中身《なかみ》をとり除《のぞ》いてかんそうさせ、酒《さけ》や水《みず》を入《い》れるうつわなどにする。

ひょうたん

●**ひょうたんから駒《こま》が出《で》る** →399ページ ことわざ

ひょうちゃく【漂着】 名詞 動詞 海《うみ》をただよって、岸《きし》に流《なが》れ着《つ》くこと。例 やしの実《み》が漂着する。

ひょうちゅう【氷柱】 名詞 ❶夏《なつ》、部屋《へや》の中《なか》をすずしくするために立《た》てる氷《こおり》

ケルが目撃《もくげき》したのは――空《そら》の向《む》こうから、こうもりがさを使《つか》い、風《かぜ》に乗《の》ってやって来《く》る人《ひと》です。バンクス家《け》にやも出会《であ》わせてくれる、魔法《まほう》を使《つか》えるすてきなメアリー・ポピンズの話《はなし》はシリーズ化《か》されています。

類＝意味《いみ》のよく似《に》たことば　対＝反対《はんたい》の意味《いみ》のことばや対《つい》になることば

の柱《はしら》。❷「つらら」のこと。

びょうちゅうがい【病虫害】 名詞 農作物《のうさくぶつ》が病《びょう》気《き》や害《がい》虫《ちゅう》によって受《う》ける害《がい》。

ひょうてき【標的】 名詞 ❶弓《ゆみ》や鉄砲《てっぽう》などの練《れん》習《しゅう》に使《つか》うまと。❷こうげきするときの目標《もくひょう》。

びょうてき【病的】 形容動詞 体《からだ》の状《じょう》態《たい》がふつうでないようす。また、することや言《い》うことがふつうでないようす。例 病的な顔色《かおいろ》。

ひょうてん【氷点】 名詞 水《みず》がこおり始《はじ》める温《おん》度《ど》。あるいは、氷《こおり》がとけ始《はじ》める温度《おんど》。参考 一気《いちき》圧《あつ》のときの氷《ひょう》点《てん》はセ氏《し》零《れい》度《ど》である。

ひょうてん【評点】 名詞 成績《せいせき》などを評《ひょう》価《か》してつけた点数《てんすう》。

ひょうてんか【氷点下】 名詞 セ氏《し》零《れい》度《ど》より低《ひく》い温度《おんど》。零下《れいか》。

びょうどう【平等】 名詞 形容動詞 差別《さべつ》がなく、みんなが等《ひと》しいこと。例 おやつを平等に分《わ》ける／すべての人《ひと》を平等にあつかう。対 不平《ふびょう》等《どう》。

びょうにん【病人】 名詞 病《びょう》気《き》にかかっている人《ひと》。

ひょうのう【氷のう】 名詞 氷《こおり》や水《みず》を入《い》れて、頭《あたま》などを冷《ひ》やすふくろ。

ひょうはく【漂白】 名詞 動詞 色《いろ》のあるものを、薬《くすり》などを使《つか》って白《しろ》くすること。例 クレヨンでよごれた服《ふく》を漂白した。

ひょうはくざい【漂白剤】 名詞 布《ぬの》や食品《しょくひん》などを白《しろ》くするために使《つか》う薬《くすり》。

ひょうばん【評判】 名詞 ❶世《よ》の中《なか》のうわさ。例 駅前《えきまえ》に大《おお》きな書店《しょてん》ができるという評判だ。❷ものごとのよい悪《わる》いについての、人々《ひとびと》の評《ひょう》価《か》。例 この医者《いしゃ》は評判がよい／評判の悪《わる》い店《みせ》。❸世《よ》の中《なか》の話題《わだい》になって、よく知《し》られること。有名《ゆうめい》なこと。例 今《いま》評判の本《ほん》。

ひょうひ【表皮】 名詞 動物《どうぶつ》や植《しょく》物《ぶつ》の体《からだ》の表《ひょう》面《めん》を包《つつ》んでいる皮《かわ》。

びょうぶ【びょう風】 名詞 季語 冬 部屋《へや》の仕《し》切《き》りやかざりのために立《た》てる家具《かぐ》。紙《かみ》や布《ぬの》などをはった木《き》のわくをいくつかつなぎ合《あ》わせたもので、折《お》りたたむことができる。

びょうぶ

びょうぼつ【病没】 名詞 動詞 病《びょう》気《き》で死《し》ぬこと。病死《びょうし》。

ひょうほん【標本】 名詞 動《どう》植《しょく》物《ぶつ》や石《いし》などの実物《じつぶつ》を、見本《みほん》としてそのまま保存《ほぞん》したもの。

ひょうほんばこ【標本箱】 名詞 動《どう》植《しょく》物《ぶつ》や石《いし》などの標《ひょう》本《ほん》を、見《み》やすいように並《なら》べて保存《ほぞん》しておくための箱《はこ》。

ひょうめい【表明】 名詞 動詞 自分《じぶん》の考《かんが》えや態《たい》度《ど》などをはっきり表《あらわ》すこと。例 委《い》員《いん》長《ちょう》の案《あん》に賛成《さんせい》を表明する。

ひょうめん【表面】 名詞 ❶物《もの》のいちばん外側《そとがわ》の面《めん》。例 机《つくえ》の表面に傷《きず》がつく。対 裏面《りめん》。❷ものごとの、外《そと》から見《み》えるところ。うわべ。例 感《かん》情《じょう》を表面に出《だ》す。対 裏《り》面《めん》。

ひょうめんか【表面化】 名詞 動詞 見《み》えていなかったものごとが、表《おもて》に現《あらわ》れ出《で》てくること。例 二人《ふたり》の意見《いけん》の対立《たいりつ》が表面化する。

ひょうめんせき【表面積】 名詞 立体《りったい》の表《ひょう》面全体《めんぜんたい》の面積《めんせき》。

ひょうめんちょうりょく【表面張力】 名詞 水《みず》や油《あぶら》などの表《ひょう》面《めん》が、できるだけ小《ちい》さくなるようにはたらく力《ちから》。参考 水滴《すいてき》が丸《まる》くなるのも、表《ひょう》面《めん》張《ちょう》力《りょく》のためである。

ひょうめんてき【表面的】 形容動詞 ものごとがうわべだけであるようす。例 表面的な見《み》方《かた》では、真実《しんじつ》はわからない。

びょうよみ【秒読み】 名詞 あと少《すこ》しになった残《のこ》りの時《じ》間《かん》を、秒《びょう》単《たん》位《い》で数《かぞ》えること。参考 大《おお》きい数《かず》からゼロに向《む》かって数《かぞ》えていく。

ひょうり【表裏】 名詞 ❶ものの表《おもて》と裏《うら》。表《ひょう》面《めん》と裏《り》面《めん》。❷見《み》かけと実際《じっさい》が食《く》いちがうこと。例 表裏のない正《しょう》直《じき》者《もの》。

ひょうりいったい【表裏一体】 名詞 二《ふた》つのものごとの結《むす》びつきが強《つよ》くて、切《き》りはなせないこと。例 期《き》待《たい》と不《ふ》安《あん》が表裏一体だ。

ひょうりゅう【漂流】 名詞 動詞 海《うみ》の上《うえ》を、風《かぜ》や波《なみ》の流《なが》れのままに流《なが》されていくこと。例 船《ふね》がこわれて漂流しているところを助《たす》けられた。

ひょうろう【兵糧】 名詞 軍《ぐん》隊《たい》の食《しょく》糧《りょう》。例 兵

あいうえお
かきくけこ
さしすせそ
たちつてと
なにぬねの
はひふへほ ひ
まみむめも
や ゆ よ
らりるれろ
わ を ん

読書のこみち　高 中 低　『風《かぜ》にのってきたメアリー・ポピンズ』トラヴァース　東風《ひがしかぜ》のふく日《ひ》に、ジェインとマイケルの家にや…って来《き》たその人《ひと》は、二人《ふたり》の教育係《きょういくがかり》となりました。不機嫌《ふきげん》だけれど、不思議《ふしぎ》なできごとに

糧ぜめ（＝敵《てき》に食 糧《しょくりょう》が補給《ほきゅう》されないようにして、力《ちから》を弱《よわ》らせる戦法《せんぽう》）。

ひょうろん【評論】 名詞 動詞 学問《がくもん》や芸 術《げいじゅつ》など、さまざまな分野《ぶんや》のものごとの価値《かち》や意味《いみ》について、自分《じぶん》の意見《いけん》を述《の》べること。また、その文章《ぶんしょう》。例 美 術《びじゅつ》の評論家《か》。

ひよく【肥沃】 形容動詞 土地《とち》が肥《こ》えていて、農《のう》作物《さくぶつ》がよくできるようす。例 肥沃な大地《だいち》。

びよく【尾翼】 名詞 飛行機《ひこうき》の後部《こうぶ》にある、垂《すい》直《ちょく》および水平《すいへい》のつばさ。関連 主翼《しゅよく》。

ひよけ【日よけ】 名詞 季語 夏 日光《にっこう》が直 接《ちょくせつ》当《あ》たらないようにするためのおおい。

ひよこ 名詞 ❶鳥《とり》の子《こ》。とくに、にわとりの子《こ》。ひな鳥《どり》。❷まだ一人前《いちにんまえ》になっていない人《ひと》のたとえ。

ひよこ❶

ことば「ひよっこ」ともいう。

ひよっこ ⇒1130ページ ひよこ

ひょっこり［と］ 副詞 思《おも》いがけないときに出《で》会《あ》ったり、現《あらわ》れたりするようす。例 友《とも》だちがひょっこり訪《たず》ねてきた。

ひょっとこ 名詞 口《くち》がとがっていて、片目《かため》が小《ちい》さい、こっけいな男《おとこ》のお面《めん》。関連 おかめ。

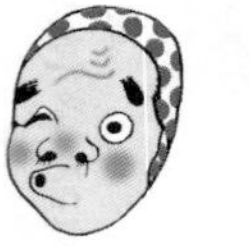
ひょっとこ

ひょっとすると 副詞 もしかすると。ひょっとしたら。

ひよどり 名詞 山林《さんりん》にすむ鳥《とり》の一《ひと》つ。体《からだ》は黒《くろ》っぽい灰色《はいいろ》で、尾《お》が長《なが》い。「ピーヨピーヨ」と大《おお》きな声《こえ》で鳴《な》く。

ひよどり

ひより【日和】 名詞 ❶天気《てんき》。空模様《そらもよう》。例 今日《きょう》はよい日和だ。❷おだやかでよく晴《は》れた日《ひ》。例 日和続《つづ》き。

ことば「行楽日和《こうらくびより》」「遠足日和《えんそくびより》」など、ほかのことばのあとについて、それにふさわしい天気《てんき》をいうこともある。

ひよりみ【日和見】 名詞 ❶天気《てんき》のようすを見《み》ること。❷事《こと》の成《な》り行《ゆ》きを見《み》ていて、どちらにつくかなかなか態度《たいど》を決《き》めないこと。例 日和見主義《しゅぎ》。

ひよわ【ひ弱】 形容動詞 弱々《よわよわ》しいようす。例 ひ弱に育《そだ》つ。

ひよわい【ひ弱い】 形容詞 弱々《よわよわ》しい。か弱《よわ》い。例 ひ弱い体《からだ》つき。

ピョンヤン 名詞 朝 鮮民主主義人民共和国《ちょうせんみんしゅしゅぎじんみんきょうわこく》の首都《しゅと》。朝鮮半島《ちょうせんはんとう》でもっとも古《ふる》い歴史《れきし》がある都市《とし》。

ひら【平】 名詞 ❶平《たい》らなこと。平《たい》らなもの。例 平屋根《やね》。❷会社《かいしゃ》などで、役職《やくしょく》についていないこと。また、その人《ひと》。例 平社員《しゃいん》。㊠⇒1185ページ へい〔平〕

びら 名詞 お知《し》らせや宣伝《せんでん》などのために、配《くば》ったりはったりする紙《かみ》。ちらし。

ひらあやまり【平謝り】 名詞 ただひたすらあやまること。例 平謝りにあやまる。

ひらい【飛来】 名詞 動詞 飛《と》んで来《く》ること。例 はくちょうが飛来する。

ひらいしん【避 雷 針】 名詞 かみなりの被害《ひがい》をさけるために、高《たか》い建物《たてもの》などの上《うえ》にとりつけたやり形《がた》の金《きん》属《ぞく》。かみなりの電気《でんき》を地 中《ちちゅう》に流《なが》すようになっている。

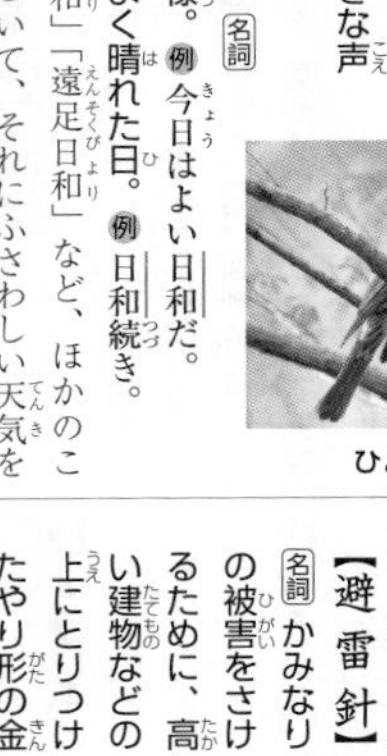
ひらいしん

ひらいずみ【平泉】 名詞 岩手県《いわてけん》の南部《なんぶ》にある地名《ちめい》。ここにある中 尊寺《ちゅうそんじ》・毛越寺《もうつうじ》などが世界《せかい》文化遺産《ぶんかいさん》に登録《とうろく》された。

ひらおよぎ【平泳ぎ】 名詞 季語 夏 泳《およ》ぎ方《かた》の一《ひと》つ。体《からだ》を下《した》に向《む》け、両手《りょうて》を左右《さゆう》にかき、両《りょう》足《あし》を同時《どうじ》にけって進《すす》む。

ひらがげんない【平賀源内】 名詞 （一七二八〜一七七九）江戸《えど》時代中《じだいなか》ごろの学者《がくしゃ》・作家《さっか》。いろいろな方面《ほうめん》に才能《さいのう》を発揮《はっき》し、寒暖計《かんだんけい》やエレキテル（＝電気《でんき》を起《お》こす器械《きかい》で、病 気《びょうき》を治《なお》すのに使《つか》ったといわれる）を、日本《にほん》で初《はじ》めて作《つく》った。

ひらがな【平仮名】 名詞 平安時代《へいあんじだい》の初期《しょき》に、漢字《かんじ》をくずした草書《そうしょ》をもとにして作《つく》られた文《も》字《じ》。女性《じょせい》が使《つか》うことが多《おお》かったので、「女手《おんなで》」「女文字《おんなもじ》」といわれていた。対 片仮名《かたかな》。⇒55ページ

かまってしまいました。ひとりぼっちでさびしいかっぱは、ゲンタにぬけがらを着《き》てかっぱになるようすすめまかっぱといっしょに思《おも》いっきり遊《あそ》びます。ページいっぱいにちりばめられた絵《え》とともに読《よ》んでください。

伝統コラム
ひらき【開き】 名詞 ❶開《ひら》くこと。また、始《はじ》めること。例ドアの開きが悪《わる》い／店《みせ》開き／海《うみ》開き。❷ものごとの間《あいだ》の差《さ》。へだたり。例二人《ふたり》の実力《じつりょく》には大《おお》きな開きがある。❸魚《さかな》の腹《はら》を開《ひら》いて干《ほ》したもの。例あじの開き。使い方「お開《ひら》き」の形《かたち》で、会《かい》などが終《お》わることを指《さ》すことがある。

ひらきど【開き戸】 名詞 ちょうつがいなどで一方《いっぽう》を柱《はしら》にとりつけて、前後《ぜんご》に開《ひら》くようにした戸《と》。対引《ひ》き戸《ど》。

ひらきなおる【開き直る】 動詞 急《きゅう》に態度《たいど》を変《か》えて、正面《しょうめん》から立《た》ち向《む》かったり、ふてくされた態度《たいど》をとったりする。例注《ちゅう》意《い》したら、開き直って言《い》い返《かえ》してきた。

ひらく【開く】 動詞 ❶閉《と》じていたものが、あく。また、あける。例ドアが開く／箱《はこ》のふたを開く。対閉《と》じる。❷花《はな》がさく。例ばらのつぼみが開く。❸差《さ》ができる。へだたりができる。例トップとの差《さ》が開く。❹始《はじ》める。例新《あたら》しく店《みせ》を開く。対閉《と》じる。❺土地《とち》に手《て》を加《くわ》えて、使《つか》えるようにする。例山《やま》を開いて畑《はたけ》にする。❻会《かい》などを行《おこな》う。もよおす。例全校《ぜんこう》集《しゅう》会《かい》を開く。対閉《と》じる。漢⇩219ジ《ぺー》かい〔開〕

ひらける【開ける】 動詞 ❶広《ひろ》く遠《とお》くまで見《み》わたせる。広《ひろ》がる。例視《し》界《かい》が開ける／坂《さか》の下《した》に海《うみ》が開けている。❷発展《はってん》する。便利《べんり》になる。例世《よ》の中《なか》が開ける／新幹線《しんかんせん》が開通《かいつう》し、この辺《あた》りは急《きゅう》に開けた。❸よいほうに向《む》かう。よくなる。例運《うん》が開けてきた。❹人《ひと》の心《こころ》や世《よ》の中《なか》のことをよく知《し》っていて、ものわかりがよい。例おばは開けた人《ひと》だ。漢⇩219ジ《ぺー》かい〔開〕

ひらたい【平たい】 形容詞 ❶平《たい》らで、でこぼこが少《すく》ない。例平たい土《と》地《ち》。❷うすくて横《よこ》に広《ひろ》い。例平たい皿《さら》。❸わかりやすい。易《やさ》しい。例平たいことばで説明《せつめい》する。

ひらつからいちょう【平塚らいてう】 名詞（一八八六～一九七一）大正《たいしょう》・昭《しょう》和《わ》時《じ》代《だい》の社《しゃ》会運動《かいうんどう》家《か》。一九一一年《ねん》に女性文芸誌《じょせいぶんげいし》「青鞜《せいとう》」を創刊《そうかん》。また、市川房枝《いちかわふさえ》らと新婦人協《しんふじんきょう》会《かい》をつくり、女性《じょせい》の権利拡大《けんりかくだい》のために力《ちから》をつくした。

ひらて【平手】 名詞 開《ひら》いた手《て》のひら。対拳《こぶし》。

ひらとう【平刀】 名詞 刃《は》が平《たい》らになっている彫《ちょう》刻刀《こくとう》。けずりあとを平《たい》らにしたり、輪郭《りんかく》をぼかしたりするときに使《つか》う。

ひらに【平に】 副詞 なにとぞ。どうか。例平にご容赦《ようしゃ》ください。使い方相手《あいて》にひたすらお願《ねが》いするときに使《つか》う、古《ふる》い言《い》い方《かた》。

ひらひら【と】 副詞 動詞 花《はな》びらや紙《かみ》など、軽《かる》くてうすいものが、まうようにゆれ動《うご》くようす。例紙《かみ》ふぶきがひらひらまい落《お》ちる。

ピラフ（フランス語）名詞 米《こめ》をバターでいため、肉《にく》や貝《かい》、野菜《やさい》などを入《い》れてスープでたいた、洋《よう》風《ふう》のたきこみごはん。

ひらべったい【平べったい】 形容詞 平《たい》らで、うすい。平《ひら》たい。例つきたてのもちを平べったくのばす。

ピラミッド（pyramid）名詞 古代《こだい》エジプトなどでつくられた、四角《しかく》すいの大《おお》きな建物《たてもの》。石《いし》やれんがを積《つ》んでつくられた。とくにエジプトの国《こく》王《おう》などの墓《はか》が有名《ゆうめい》。いちばん大《おお》きいクフ王《おう》のものは、高《たか》さが百三十七《ひゃくさんじゅうなな》メートルもある。

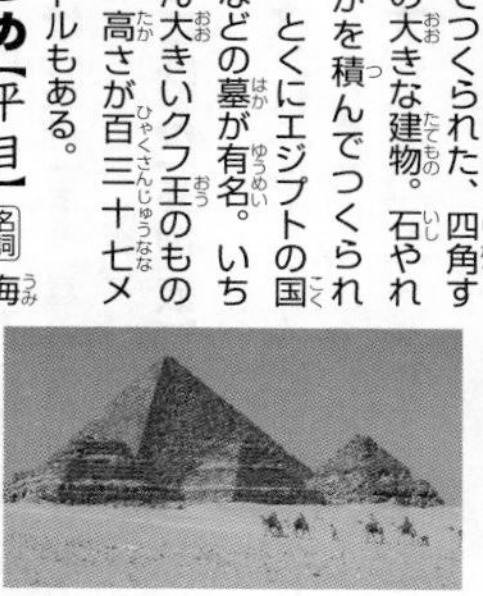
ピラミッド

ひらめ【平目】 名詞 海《うみ》にすむ魚《さかな》の一《ひと》つ。体《からだ》が平《ひら》たく、表《おもて》は黒《くろ》っぽい茶《ちゃ》色《いろ》で裏《うら》は白《しろ》い。ふつう、目《め》が二《ふた》つとも左側《ひだりがわ》についている。食用《しょくよう》になる。参考かれいと形《かたち》が似《に》ているが、かれいは目《め》が右側《みぎがわ》についているものが多《おお》い。図⇩521ジ《ぺー》さかな〔魚〕

ひらめく 動詞 ❶ぴかっと光《ひか》る。例夜空《よぞら》に稲光《いなびかり》がひらめいた。❷旗《はた》などがひらひらする。例こいのぼりが風《かぜ》にひらめいている。❸ふと思《おも》いつく。さっと頭《あたま》にうかぶ。例よい考《かんが》えがひらめいた。

ひらや【平屋】 名詞 一階建《いっかいだ》ての家《いえ》。

ひらりと 副詞 ❶うすくて軽《かる》いものがひるがえるようす。例薄手《うすで》のコートをひらりとはおる。❷軽々《かるがる》と、すばやく体《からだ》を動《うご》かすようす。例 ひらりと自転車《じてんしゃ》にまたがる。

びり 名詞 最下位《さいかい》。最後《さいご》。使い方 くだけた言《い》い方《かた》。

ピリオド (period) 名詞 ❶英語《えいご》など、横書《よこが》きの文章《ぶんしょう》の終《お》わりにつける「.」のしるし。終止符《しゅうしふ》。❷ものごとの終《お》わり。

●**ピリオドを打《う》つ** 続《つづ》いてきたものごとをそこで終《お》わりにする。例 学生生活《がくせいせいかつ》にピリオドを打つ。

ひりき【非力】 名詞 形容動詞 筋力《きんりょく》や体力《たいりょく》が弱《よわ》いこと。また、能力《のうりょく》や才能《さいのう》などが足《た》りないこと。例 非力な選手《せんしゅ》。使い方 自分《じぶん》の能力《のうりょく》をへりくだっていう場合《ばあい》もある。

ひりつ【比率】 名詞 二《ふた》つ以上《いじょう》の数《かず》や量《りょう》を比《くら》べた割合《わりあい》。比《ひ》。例 二対三《にたいさん》の比率で白《しろ》と赤《あか》の絵《え》の具《ぐ》を混《ま》ぜる。

ひりひり[と] 副詞 動詞 皮膚《ひふ》やねんまくに、痛《いた》みやからみを感《かん》じるようす。例 すりむいたひざがひりひりする。

びりびり[と] 副詞 動詞 ❶紙《かみ》や布《ぬの》などを破《やぶ》るようす。また、その音《おと》。例 失敗《しっぱい》した書《か》き初《ぞ》めをびりびり破《やぶ》る。❷物《もの》が小刻《こきざ》みにふるえ動《うご》くようす。また、その音《おと》。例 工事《こうじ》の騒音《そうおん》で窓《まど》ガラスがびりびりする。❸電気《でんき》などの刺激《しげき》を受《う》けて、しびれたようになるようす。例 電気《でんき》がびりびりと走《はし》った。

ぴりぴり[と] 副詞 動詞 ❶皮膚《ひふ》やねんまくに、さされるような細《こま》かな刺激《しげき》を感《かん》じるようす。例 パイナップルを食《た》べたら、舌《した》がぴりぴりした。❷気持《きも》ちや周《まわ》りの雰囲気《ふんいき》が張《は》りつめていて、ちょっとしたことにも反応《はんのう》しやすくなっているようす。例 試験《しけん》を前《まえ》に、みんなぴりぴりしている。

びりゅうし【微粒子】 名詞 非常《ひじょう》に細《こま》かいつぶ。

ひりょう【肥料】 名詞 植物《しょくぶつ》がよく育《そだ》つように、土《つち》にあたえる栄養《えいよう》。肥《こ》やし。例 液体肥料《えきたいひりょう》。

びりょく【微力】 名詞 ❶役《やく》に立《た》たないほどの、わずかな力《ちから》。❷自分《じぶん》の力《ちから》をへりくだっていうことば。例 微力ですが、協力《きょうりょく》します。

ひる【昼】 名詞 ❶朝《あさ》から夕方《ゆうがた》までの間《あいだ》。昼間《ひるま》。対 夜《よる》。❷正午《しょうご》。午後零時《ごごれいじ》。例 昼の時報《じほう》。❸昼《ひる》の食事《しょくじ》。お昼《ひる》。例 そろそろ昼にしよう。
漢 ↓ 838ジ《ペー》 ちゅう〔昼〕

ひる【干る】 動詞 ❶水分《すいぶん》がなくなってかわく。例 田《た》んぼが干る。❷海《うみ》で、潮《しお》が引《ひ》いて海底《かいてい》が現《あらわ》れる。対 満《み》ちる。
漢 ↓ 294ジ《ペー》 かん〔干〕

-びる 接尾語 (ほかのことばのあとにつけて)「…のように見《み》える」「…らしくなる」という意《い》味《み》を表《あらわ》す。例 古《ふる》びる／大人《おとな》びる。使い方 古《ふる》い言《い》い方《かた》。

ビル ↓ 1132ジ《ペー》 ビルディング

ひるい【比類】 名詞 比《くら》べられる、同《おな》じようなもの。例 世界《せかい》に比類のない貴重《きちょう》な研究《けんきゅう》。使い方 あとに「ない」などのことばがくる。

ひるがえす【翻す】 動詞 ❶さっと裏返《うらがえ》す。また、体《からだ》をおどらせる。例 手《て》のひらを翻す／ひらりと身《み》を翻す。❷風《かぜ》にひらひらさせる。例 旗《はた》を翻して進《すす》む。❸態度《たいど》や考《かんが》え方《かた》を急《きゅう》に変《か》える。例 意見《いけん》を翻す。

ひるがえって【翻って】 副詞 今《いま》までとはちがう立場《たちば》から見《み》ると。反対《はんたい》に。例 翻って考《かんが》えてみると、失敗《しっぱい》の原因《げんいん》がわかってくる。

ひるがえる【翻る】 動詞 ❶さっと裏返《うらがえ》しになる。例 コートのすそが翻る。❷風《かぜ》にひらひらする。例 旗《はた》が青空《あおぞら》に翻る。

ひるがお【昼顔】 名詞 季語 夏 野山《のやま》で見《み》られるつる草《くさ》の一《ひと》つ。夏《なつ》の昼間《ひるま》、あさがおに似《に》たうすいもも色《いろ》の花《はな》がさき、夕方《ゆうがた》にしぼむ。

ひるげ【昼げ】 名詞 「昼食《ちゅうしょく》」の古《ふる》い言《い》い方《かた》。関連 朝《あさ》げ。夕《ゆう》げ。ことば 「げ」は食事《しょくじ》のこと。

ひるごはん【昼御飯】 名詞 昼《ひる》の食事《しょくじ》。昼食《ちゅうしょく》。

ひるさがり【昼下がり】 名詞 正午《しょうご》を少《すこ》し過《す》ぎたころ。例 昼下がりはついねむくなる。

ひるすぎ【昼過ぎ】 名詞 正午《しょうご》を少《すこ》し過《す》ぎたころ。

ビルディング (building) 名詞 コンクリートなどで造《つく》った高《たか》い建物《たてもの》。ビル。

ひるね【昼寝】 名詞 動詞 季語 夏 昼間《ひるま》に少《すこ》しの間《あいだ》ねむること。

ひるひなか【昼日中】 名詞 「昼間《ひるま》」「日中《にっちゅう》」を強《つよ》めた言《い》い方《かた》。真《ま》っ昼間《ぴるま》。

弟《だい》。モートンの作《つく》ったカブトムシの砂糖菓子《さとうがし》をおばさんに届《とど》けようと、ウォートンは雪《ゆき》の中《なか》を出《で》かけるが、ミミ
ゃべりして過《す》ごすのが楽《たの》しくなってきて…。お人《ひと》よしでお掃除好《そうじず》きなウォートンの愉快《ゆかい》な冒険《ぼうけん》シリーズ1冊目《さつめ》。

ひるま【昼間】 名詞 昼《ひる》の間《あいだ》。日中《にっちゅう》。

ビルマ ⇒1280ジペー ミャンマーれんぽうきょうわこく

ひるむ 動詞 こわかったり相手《あいて》の勢《いきお》いにおされたりして、気《き》が弱《よわ》くなる。例 犬《いぬ》にほえられてひるむ／責任《せきにん》の重《おも》さにひるむ。類 たじろぐ。

ひるめし【昼飯】 名詞 「昼食《ちゅうしょく》」のくだけた言《い》い方《かた》。関連 朝飯《あさめし》。夕飯《ゆうめし》。晩飯《ばんめし》。

ひるやすみ【昼休み】 名詞 昼《ひる》の食事《しょくじ》や食後《しょくご》の休憩《きゅうけい》のために休《やす》むこと。また、その時間《じかん》。

ひれ 名詞 おもに魚《さかな》が泳《およ》ぐときに使《つか》う、体《からだ》からつき出《で》た平《たい》らな器官《きかん》。背《せ》びれ・胸《むな》びれ・腹《はら》びれ・しりびれ・尾《お》びれなどがある。あしかなど、水中《すいちゅう》にすむ哺乳類《ほにゅうるい》のものもいう。

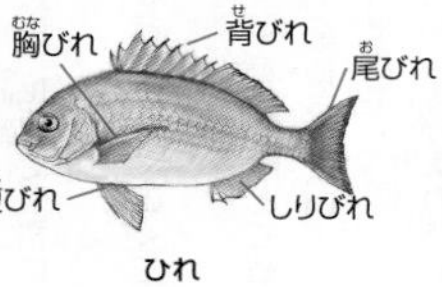

ひれ

ひれい【比例】 名詞 動詞 二《ふた》つの数量《すうりょう》が変化《へんか》するとき、一方《いっぽう》が二倍《にばい》、三倍《さんばい》になると、もう一方《いっぽう》も二《に》倍《ばい》、三倍《さんばい》になる関係《かんけい》。正比例《せいひれい》。対 反比例《はんぴれい》。

ひれい【非礼】 名詞 形容動詞 礼儀《れいぎ》に反《はん》すること。例 非礼な行《おこな》いをあやまる。類 失礼《しつれい》。無礼《ぶれい》。

ひれつ【卑劣】 名詞 形容動詞 性質《せいしつ》や行《おこな》いなどが、ずるくてきたないこと。例 相手《あいて》をだまして勝《か》つなんて卑劣だ。

ひれふす【ひれ伏す】 動詞 体《からだ》を低《ひく》くかがめて、頭《あたま》を地面《じめん》につけるようにする。例 殿様《とのさま》の前《まえ》にひれ伏す。

ひろ 名詞 ❶両手《りょうて》を左右《さゆう》に広《ひろ》げたときの長《なが》さ。❷水《みず》の深《ふか》さや縄《なわ》の長《なが》さなどを測《はか》る単位《たんい》。一《ひと》ひろは約《やく》一・八メートル。

ひろい【広い】 形容詞 ❶面積《めんせき》が大《おお》きい。例 広い公園《こうえん》。対 狭《せま》い。❷はばが大《おお》きい。例 広い道《みち》。対 狭《せま》い。❸行《い》きわたっている範囲《はんい》が大《おお》きい。例 知識《ちしき》が広い／顔《かお》が広い（＝つきあいの範囲《はんい》が大《おお》きく、多《おお》くの人《ひと》に知《し》られている）。対 狭《せま》い。❹小《ちい》さなことにこだわらないで、おおらかである。例 心《こころ》の広い人《ひと》。対 狭《せま》い。
漢 ⇒443ジペー こう〔広〕

ひろいもの【拾い物】 名詞 ❶物《もの》を拾《ひろ》うこと。また、拾《ひろ》ったもの。❷思《おも》いがけないもうけもの。例 図書館《としょかん》でついでに借《か》りた本《ほん》は、おもしろくて拾い物だった。

ひろいよみ【拾い読み】 名詞 動詞 ❶文章《ぶんしょう》の大事《だいじ》なところなどを選《えら》んで読《よ》むこと。例 新聞《しんぶん》を拾い読みする。❷文章《ぶんしょう》を、ことばとして読《よ》まないで、一字《いちじ》一字《いちじ》の文字《もじ》をたどって読《よ》むこと。例 ひらがなを拾い読みする。

ヒロイン (heroine) 名詞 ❶すぐれたはたらきをした女性《じょせい》。対 ヒーロー。❷劇《げき》や物語《ものがたり》の女《おんな》の主人公《しゅじんこう》。対 ヒーロー。

ひろう【披露】 名詞 動詞 広《ひろ》く人々《ひとびと》に見《み》せたり、知《し》らせたりすること。例 結婚式《けっこんしき》の披露宴《えん》。

ひろう【拾う】 動詞 ❶落《お》ちている物《もの》をとり上《あ》げる。例 紙《かみ》くずを拾う。対 捨《す》てる。❷多《おお》くの中《なか》から選《えら》んでとる。例 名簿《めいぼ》から出席《しゅっせき》者《しゃ》の名前《なまえ》を拾って印《しるし》をつける。❸車《くるま》などを止《と》めて乗《の》る。例 タクシーを拾う。❹思《おも》いがけず手《て》に入《い》れる。また、失《うしな》わないですむ。例 逆転《ぎゃくてん》ゴールで勝《か》ちを拾う／命《いのち》を拾う。

漢 **ひろ-う【拾】**〔扌〕てへん 9画 3年 音 シュウ・ジュウ 訓 ひろう

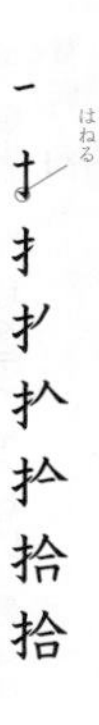

❶ひろう。落《お》ちているものをとりあげる。例 拾得《しゅうとく》／拾《ひろ》い物《もの》／落《お》ち穂《ぼ》拾《ひろ》い。❷おさめる。例 収拾《しゅうしゅう》。❸数《かず》の名《な》。じゅう。例 拾万円《じゅうまんえん》。使い方 ❸は「十」と同《おな》じだが、「拾」は大事《だいじ》な書類《しょるい》に金額《きんがく》を書《か》くときなどに使《つか》う。

ひろう【疲労】 名詞 動詞 体《からだ》や心《こころ》がつかれること。つかれ。例 疲労がたまる。

ビロード (ポルトガル語) 名詞 表面《ひょうめん》の毛《け》を立《た》せて、やわらかくなめらかに織《お》った、絹《きぬ》・綿《めん》・毛《け》などの織物《おりもの》。「ベルベット」ともいう。

ひろがる【広がる】 動詞 ❶広《ひろ》くなる。例 道幅《みちはば》が広がる。対 狭《せば》まる。❷広《ひろ》く行《い》きわたる。例 うわさが広がる。❸大《おお》きくなる。例 被害《ひがい》が広がる／差《さ》が広がる。
漢 ⇒443ジペー こう〔広〕

ひろげる【広げる】 動詞 ❶広《ひろ》くする。例 道路《どうろ》を広げる。対 狭《せば》める。❷規模《きぼ》を大《おお》きくする。例 商売《しょうばい》を広げる。❸閉《と》じたり、巻《ま》いたり、たたんだりしてあるものを開《ひら》く。例 新聞《しんぶん》を広げる。❹たくさんの物《もの》を並《なら》べる。例 テーブルの上《うえ》に買《か》ってきた物《もの》を広げる。

ひろさ【広さ】 名詞 広《ひろ》いことや、大《おお》きいこと。また、その程度《ていど》。例 姉《あね》の心《こころ》の広さに感心《かんしん》した／この部屋《へや》の広さはどれくらいですか。 漢 ↓443ページ こう〔広〕

ひろしげ【広重】 ↓127ページ うたがわひろしげ

ひろしまけん【広島県】 名詞 中国地方《ちゅうごくちほう》の中央部《ちゅうおうぶ》にある県《けん》。瀬戸内海《せとないかい》に面《めん》する。県庁《けんちょう》は広島市《ひろしまし》にある。

ひろしまし【広島市】 名詞 広島県《ひろしまけん》の西部《せいぶ》にある大《おお》きな都市《とし》。広島県《ひろしまけん》の県庁《けんちょう》がある。一九四五（昭和二十《しょうわにじゅう》）年八月六日《ねんはちがつむいか》、世界《せかい》で最初《さいしょ》に原子爆弾《げんしばくだん》の被害《ひがい》にあった。

ひろば【広場】 名詞 建物《たてもの》などがなく、広《ひろ》く空《あ》いているところ。

ひろびろ【と】【広広［と］】 副詞 動詞 とても広《ひろ》いようす。広《ひろ》く開《ひら》けていて気持《きも》ちのよいようす。例 目《め》の前《まえ》に広々とした海《うみ》が広《ひろ》がる。

ひろま【広間】 名詞 たくさんの人《ひと》が入《はい》れる広《ひろ》い部屋《へや》。例 大広間《おおひろま》。

ひろまる【広まる】 動詞 ❶広《ひろ》くなる。❷広《ひろ》く知《し》られる。例 名《な》が広まる。❸広《ひろ》く行《おこな》われる。例 サッカーは世界《せかい》の多《おお》くの国《くに》に広まっている。 漢 ↓443ページ こう〔広〕

ひろめる【広める】 動詞 ❶広《ひろ》くする。❷広《ひろ》く知《し》らせる。言《い》いふらす。例 うわさを広める。❸広《ひろ》く行《おこな》われるようにする。例 ボランティア活動《かつどう》を広める。 漢 ↓443ページ こう〔広〕

びわ 名詞 季語 夏 果物《くだもの》の木《き》の一《ひと》つ。秋《あき》の終《お》わりごろから白《しろ》い花《はな》がさき、次《つぎ》の年《とし》の夏《なつ》に卵形《たまごがた》でだいだい色《いろ》の実《み》がなる。暖《あたた》かい地方《ちほう》でさいばいされる。

びわ

びわ 名詞 中国《ちゅうごく》・朝鮮《ちょうせん》・日本《にほん》の弦楽器《げんがっき》の一《ひと》つ。日本《にほん》には奈良時代《ならじだい》に中国《ちゅうごく》から伝《つた》わった。ふつう四本《よんほん》の弦《げん》を張《は》り、ばちではじいて音《おと》を出《だ》す。例 びわ法師《ほうし》。 ことば 漢字《かんじ》では「琵琶」と書《か》く。図 ↓269ページ がっき〔楽器〕

びわこ【琵琶湖】 名詞 滋賀県《しがけん》にある、日本《にほん》でいちばん大《おお》きい湖《みずうみ》。景色《けしき》がよく、魚《さかな》・貝《かい》などがとれる。京都《きょうと》や大阪《おおさか》などの水道《すいどう》・工業用水《こうぎょうようすい》・発電用水《はつでんようすい》などにも利用《りよう》されている。

びわほうし【びわ法師】 名詞 昔《むかし》、びわをひいて「平家物語《へいけものがたり》」などのさまざまな物語《ものがたり》を語《かた》って聞《き》かせた、目《め》の見《み》えないおぼうさん。

ひわり【日割り】 名詞 ❶給料《きゅうりょう》や料金《りょうきん》などを、一日当《いちにちあ》たりいくらと決《き》めること。❷ある日数《にっすう》で仕上《しあ》げようとする仕事《しごと》の予定《よてい》を、一日《いちにち》ごとに割《わ》り当《あ》てること。

ひん【品】 名詞 人《ひと》や物《もの》に備《そな》わっている、感《かん》じのよさ。例 品のある人《ひと》／品が悪《わる》い。

漢 **ひん【品】**〔口《くち》〕 9画 3年 音 ヒン 訓 しな

❶しなもの。例 品切《しなぎ》れ／品質《ひんしつ》／作品《さくひん》／商品《しょうひん》／製品《せいひん》。❷人《ひと》やものの性質《せいしつ》やねうち。例 品位《ひんい》／品格《ひんかく》／品性《ひんせい》／気品《きひん》／上品《じょうひん》。❸種類《しゅるい》。例 品種《ひんしゅ》。

ひん【貧】 漢 ↓1134ページ びん〔貧〕

びん【便】 名詞 人《ひと》や手紙《てがみ》、荷物《にもつ》などを目的《もくてき》の場所《ばしょ》まで運《はこ》ぶこと。また、その手段《しゅだん》。例 空《そら》の（＝航空機《こうくうき》を使《つか》った）便。 漢 ↓1197ページ べん〔便〕

びん【瓶】 名詞 ガラスや瀬戸物《せともの》などで作《つく》った、水《みず》などを入《い》れるうつわ。例 花瓶《かびん》／ジャムの瓶。

漢 **びん【貧】**〔貝《かい》〕 11画 5年 音 ヒン・ビン 訓 まずしい

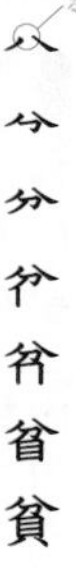

❶まずしい。例 貧苦《ひんく》／貧困《ひんこん》／貧富《ひんぷ》／貧乏《びんぼう》。対 富《ふ》。❷少《すく》ない。じゅうぶんでない。例 貧血《ひんけつ》／貧弱《ひんじゃく》。対 富《ふ》。

ピン（pin） 名詞 ❶物《もの》を留《と》める針《はり》。例 虫《むし》ピン。❷かみの毛《け》を留《と》めるもの。例 ピン留《ど》め。❸ボウリングで、ボールを当《あ》ててたおす的《まと》。

ひんい【品位】 名詞 その人《ひと》や物《もの》が持《も》っている、品《ひん》のよさ。例 乱《みだ》れたことばづかいは品位を落《お》とす。類 品格《ひんかく》。

ひんかく【品格】 名詞 その人《ひと》や物《もの》から感《かん》じら

もとへと移《うつ》り住《す》んできたギリー。いつか、実《じつ》の母《はは》と暮《く》らせるようにと願《ねが》っていた。でも、今度《こんど》のトロッターさん
ったとき、祖母《そぼ》と暮《く》らすようにという役所《やくしょ》の決定《けってい》が。「家族《かぞく》」ってなんだろう？　あらためて考《かんが》えさせる作品《さくひん》。

れるりっぱさ。すぐれた感《かん》じ。例 品格のある人物《じんぶつ》／この文章《ぶんしょう》は品格に欠《か》ける。類 品位《ひんい》。

びんかつ【敏活】 名詞 形容動詞 頭《あたま》のはたらきや行動《こうどう》がすばやいこと。例 トラブルに対《たい》して敏活に対応《たいおう》する。

ピンからキリまで 始《はじ》めから終《お》わりまで。また、いちばんよいものからいちばん悪《わる》いものまで。例 宝石《ほうせき》にもピンからキリまである。

びんかん【敏感】 形容動詞 ものごとを感《かん》じるのがすばやく、するどいようす。例 犬《いぬ》の鼻《はな》はとても敏感だ。類 鋭敏《えいびん》。対 鈍感《どんかん》。

ピンキングばさみ 名詞 ぬい物《もの》に使《つか》う、刃《は》がぎざぎざになったはさみ。ぬいしろのはしをぎざぎざに切《き》ってほつれ止《ど》めにしたり、布《ぬの》を切《き》ってかざりにしたりするときに使《つか》う。

ひんく【貧苦】 名詞 貧乏《びんぼう》の苦《くる》しみ。貧困《ひんこん》。

ピンク (pink) 名詞 「もも色《いろ》」のこと。

ひんけつ【貧血】 名詞 血液《けつえき》の中《なか》の赤血球《せっけっきゅう》やヘモグロビンが少《すく》なくなること。

びんご【備後】 名詞 昔《むかし》の国《くに》の名《な》の一《ひと》つ。今《いま》の広島県《ひろしまけん》の東部《とうぶ》に当《あ》たる。

ビンゴ (bingo) 名詞 数字合《すうじあ》わせによるゲームの一《ひと》つ。一定《いってい》の方法《ほうほう》で選《えら》ばれた数字《すうじ》を、それぞれの手元《てもと》のカードから消《け》していき、たて・横《よこ》・ななめのどれか一列《いちれつ》の数字《すうじ》を早《はや》く消《け》した人《ひと》が勝《か》ちとなる。ビンゴゲーム。

ひんこう【品行】 名詞 人《ひと》の、ふだんの行《おこな》い。ふるまい。類 行状《ぎょうじょう》。素行《そこう》。

ひんこうほうせい【品行方正】 名詞 形容動詞 ふだんの行《おこな》いが、正《ただ》しくきちんとしていること。

ひんこん【貧困】 名詞 形容動詞 ❶貧《まず》しくて生活《せいかつ》に困《こま》ること。類 貧乏《びんぼう》。❷とぼしいこと。足《た》りないこと。例 発想《はっそう》が貧困だ。

ひんし【品詞】 名詞 一《ひと》つ一《ひと》つのことば（＝単語《たんご》）を、そのはたらきや使《つか》い方《かた》によって、いくつかの種類《しゅるい》に分《わ》けたグループ。名詞《めいし》・動詞《どうし》・形容詞《けいようし》・形容動詞《けいようどうし》・副詞《ふくし》・連体詞《れんたいし》・接続詞《せつぞくし》・感動詞《かんどうし》・助動詞《じょどうし》・助詞《じょし》の十《じゅう》に分《わ》けることが多《おお》い。参考 代名詞《だいめいし》を名詞《めいし》から分《わ》けて、全部《ぜんぶ》で十一種類《じゅういっしゅるい》とする場合《ばあい》もある。

ひんし【ひん死】 名詞 死《し》にかかっていること。今《いま》にも死《し》にそうなこと。例 ひん死の重傷《じゅうしょう》を負《お》う。

ひんしつ【品質】 名詞 品物《しなもの》の質《しつ》。品物《しなもの》のよしあし。例 品質管理《かんり》／この店《みせ》の商品《しょうひん》は品質がよい。

ひんじゃく【貧弱】 形容動詞 ❶ほかよりもみすぼらしく、また、弱々《よわよわ》しく見《み》えるようす。例 体《からだ》つきが貧弱だ。❷豊《ゆた》かでなく不十分《ふじゅうぶん》なようす。例 貧弱な知識《ちしき》。

ひんしゅ【品種】 名詞 作物《さくもつ》や家畜《かちく》の種類《しゅるい》。例 この品種のいねは寒《さむ》さに強《つよ》い。

ひんしゅかいりょう【品種改良】 名詞 作《さく》物《もつ》や家畜《かちく》を、目的《もくてき》に合《あ》った新《あたら》しい種類《しゅるい》のものにつくりかえること。

びんしょう【敏しょう】 形容動詞 動《うご》きがきびきびしてすばやいこと。例 りすは敏しょうな動物《どうぶつ》だ。

びんじょう【便乗】 名詞 動詞 ❶ほかの人《ひと》の乗《の》り物《もの》に、いっしょに乗《の》せてもらうこと。例 おじさんの車《くるま》に便乗して駅《えき》へ行《い》く。❷ある機会《きかい》を、自分《じぶん》に都合《つごう》よくなるように利用《りよう》すること。例 ブームに便乗して商品《しょうひん》を売《う》る。

ヒンズーきょう【ヒンズー教】 ⇩1136ページ ヒンドゥーきょう

ひんせい【品性】 名詞 その人《ひと》の性質《せいしつ》。人《ひと》がら。例 かげで悪口《わるくち》を言《い》うとは品性がいやしい。

ピンセット (オランダ語《ご》) 名詞 小《ちい》さい物《もの》をはさむための、V字形《ブイじがた》をした金属《きんぞく》の道具《どうぐ》。

びんせん【便箋】 名詞 手紙《てがみ》を書《か》くための紙《かみ》。

ひんそう【貧相】 名詞 形容動詞 身《み》なりや顔《かお》つきなどがみすぼらしいこと。例 貧相な格好《かっこう》。

びんそく【敏速】 名詞 形容動詞 動《うご》きがすばやく、てきぱきしていること。例 敏速に行動《こうどう》する。類 迅速《じんそく》。

ピンチ (pinch) 名詞 追《お》いつめられた、危《あぶ》ない状態《じょうたい》。危機《きき》。例 ピンチを切《き》りぬける。

ピンチヒッター (pinch hitter) 名詞 野球《やきゅう》で、打順《だじゅん》のバッターに代《か》わって打《う》つこと。また、その人《ひと》。代打《だいだ》。ことば 「ピンチヒッターで議長《ぎちょう》を務《つと》める」のように、急《きゅう》な場合《ばあい》の代役《だいやく》をたとえることがある。

びんちょうずみ【備長炭】 名詞 木炭《もくたん》の一《ひと》つ。かしを原料《げんりょう》にしてつくられる。火力《かりょく》が強《つよ》く、うなぎのかば焼《や》きなどの調理《ちょうり》に使《つか》われる。

ピンチランナー (pinch runner) 名詞 野球《やきゅう》

読書のこみち　高 中 低　『ガラスの家族《かぞく》』パターソン　これまで、預《あず》けられている里親《さとおや》を困《こま》らせては、次《つぎ》の里親《さとおや》のところは、何《なに》か勝手《かって》がちがう。そんなギリーがトロッターさんと心《こころ》が通《つう》じ合《あ》うようにな

で、出場《しゅつじょう》していたランナーに代《か》わって走《はし》ること。また、その人《ひと》。代走《だいそう》。

びんづめ【瓶詰め】 名詞 食品《しょくひん》などをびんにつめること。また、つめたもの。

ヒント（hint）名詞 問題《もんだい》を解《と》く手《て》がかり。例 ヒントをあたえる。類 鍵《かぎ》。

ひんど【頻度】 名詞 同《おな》じことがくり返《かえ》し起《お》こる度合《どあ》い。例 最近《さいきん》、図書館《としょかん》の利用《りよう》頻度が高《たか》い。

ピント（オランダ語）名詞 ❶レンズの焦点《しょうてん》。例 観察《かんさつ》するものがはっきり見《み》えるように顕微鏡《けんびきょう》のピントを合《あ》わせる。❷ものごとの中心点《ちゅうしんてん》。いちばん大事《だいじ》な点《てん》。例 きみの言《い》っていることはピントがずれている。

ヒンドゥーきょう【ヒンドゥー教】 名詞 インドで信《しん》じられている宗教《しゅうきょう》。ただ一《ひと》つの神《かみ》ではなく、たくさんの神々《かみがみ》を信《しん》じる。ヒンズー教《きょう》。

ひんぱつ【頻発】 名詞 動詞 事件《じけん》や事故《じこ》などが、短期間《たんきかん》に何度《なんど》も起《お》こること。例 自転車《じてんしゃ》の事故《じこ》が頻発する。

ひんぱん【頻繁】 形容動詞 ものごとが何度《なんど》もくり返《かえ》されるようす。たびたび。例 客《きゃく》が頻繁に出入《でい》りする店《みせ》／頻繁に電話《でんわ》がかかってくる。

ひんぴょうかい【品評会】 名詞 産物《さんぶつ》や製品《せいひん》などを集《あつ》め、できばえのよい悪《わる》いを比《くら》べる会《かい》。

ひんぴん［と］【頻頻［と］】 副詞 同《おな》じことが何回《なんかい》も続《つづ》けて起《お》こるようす。例 事故《じこ》が頻々と起《お》こる。

ぴんぴん［と］ 副詞 動詞 ❶勢《いきお》いよくはねるようす。例 えびがぴんぴんとはねる。❷健康《けんこう》で元気《げんき》なようす。例 病気《びょうき》どころか、祖母《そぼ》はぴんぴんしています。

ひんぷ【貧富】 名詞 貧《まず》しさと豊《ゆた》かさ。また、貧《まず》しい人《ひと》と金持《かねも》ちの人《ひと》。例 貧富の差《さ》。

びんぼう【貧乏】 名詞 形容動詞 貧《まず》しいこと。お金《かね》や物《もの》が少《すく》なくて、生活《せいかつ》が苦《くる》しいこと。類 貧《ひん》困《こん》。対 裕福《ゆうふく》。

びんぼうくじ【貧乏くじ】 名詞 損《そん》な役回《やくまわ》り。例 貧乏くじを引《ひ》く。

ピンぼけ 名詞 ❶写真《しゃしん》で、焦点《しょうてん》が合《あ》わないでぼやけて写《うつ》ること。例 ピンぼけの写真《しゃしん》。❷ものごとのいちばん大事《だいじ》な点《てん》から外《はず》れていること。例 テーマがピンぼけの文章《ぶんしょう》。

ことば 「ピン」は「ピント」の略《りゃく》。

ピンポン ➡801ページ たっきゅう

ひんめい【品名】 名詞 品物《しなもの》の名《な》まえ。

ひんもく【品目】 名詞 品物《しなもの》の種類《しゅるい》。また、その名《な》まえ。例 品目別《べつ》に分《わ》ける。

ひんやり［と］ 副詞 動詞 冷《つめ》たい感《かん》じがするようす。例 風《かぜ》がひんやりする。

びんらん【便覧】 名詞 あることの全体《ぜんたい》が簡単《かんたん》にわかるようにまとめてある本《ほん》。「べんらん」ともいう。例 国語《こくご》便覧／学校《がっこう》便覧。

びんわん【敏腕】 名詞 形容動詞 ものごとをてきぱきと処理《しょり》する腕前《うでまえ》があること。うできき。例 敏腕な新聞記者《しんぶんきしゃ》。

フ
ぶぷ
ブプ

下《した》の 手話にチャレンジ を見《み》よう。

ふ 名詞 小麦粉《こむぎこ》からとり出《だ》したたんぱく質《しつ》で作《つく》った食品《しょくひん》。生《なま》ふと焼《や》きふがある。

漢 **ふ【不】**〔一《いち》〕4画 4年 音 フ・ブ

一 ア 不《とめる》 不

（ほかのことばの前《まえ》につけて）打《う》ち消《け》しを表《あらわ》す。例 不安《ふあん》／不可能《ふかのう》／不完全《ふかんぜん》／不器用《ぶきよう》／不幸《ふこう》。

漢 **ふ【夫】**〔大《だい》〕4画 4年 音 フ・フウ 訓 おっと

一 二 チ《つきだす》 夫

❶おっと。例 夫婦《ふうふ》／夫妻《ふさい》。対 妻《さい》。婦《ふ》。❷男《おとこ》。例 水夫《すいふ》／農夫《のうふ》。対 婦《ふ》。

漢 **ふ【父】**〔父《ちち》〕4画 2年 音 フ 訓 ちち

ノ ハ《とめる》 グ 父

ちち。例 父上《ちちうえ》／父親《ちちおや》／父兄《ふけい》／父子《ふし》／父母《ふぼ》／祖父《そふ》。対 母《ぼ》。

漢 **ふ【付】**〔亻《にんべん》〕5画 4年 音 フ 訓 つける・つく

両《りょう》手《て》を広《ひろ》げながら小《ちい》さく下《さ》げ、もとの高《たか》さにもどし、ななめ下《した》に大《おお》きく下《さ》げる。

ノ 亻 仁 付 付（はねる）

❶つける。つく。例 付加《ふか》／付記《ふき》／付近《ふきん》／付属《ふぞく》／付着《ふちゃく》／付表《ふひょう》／付録《ふろく》。❷あたえる。例 付与《ふよ》／寄付《きふ》／給付《きゅうふ》／交付《こうふ》／送付《そうふ》／名付《なづ》ける／納付《のうふ》／配布《はいふ》。

漢 **ふ【布】**〔巾《はば》〕5画 5年 音 フ 訓 ぬの

ノ ナ（よこぼうながく） 𠂇 冇 布

❶ぬの。例 布地《ぬのじ》／綿布《めんぷ》／毛布《もうふ》。❷ゆきわたる。しく。例 布教《ふきょう》／布告《ふこく》／公布《こうふ》／散布《さんぷ》／配布《はいふ》／発布《はっぷ》／分布《ぶんぷ》／流布《るふ》。

ふ【府】 名詞 ❶地方公共団体《ちほうこうきょうだんたい》の一《ひと》つ。大阪府《おおさかふ》と京都府《きょうとふ》がこれに当《あ》たる。関連 都《と》。道《どう》。県《けん》。例 府の予算《よさん》／府の体育館《たいいくかん》に集《あつ》まる。❷ある活動《かつどう》の中心地《ちゅうしんち》。例 学問《がくもん》の府。

漢 **ふ【府】**〔广《まだれ》〕8画 4年 音 フ

丶 亠 广 广 庁 庁 府（はねる） 府

❶役所《やくしょ》。例 政府《せいふ》／幕府《ばくふ》。❷みやこ。人《ひと》が多《おお》く集《あつ》まるところ。中心《ちゅうしん》になるところ。例 首府《しゅふ》。❸地方公共団体《ちほうこうきょうだんたい》の一《ひと》つ。例 府庁《ふちょう》／府立《ふりつ》／京都府《きょうとふ》。

ふ【歩】 漢 → 1201ページ ほ〔歩〕

漢 **ふ【阜】**〔阜《おか》〕8画 4年 音 フ 訓

丶 ſ 户 户 自 自 皀 阜

おか。高《たか》くもり上《あ》がった土地《とち》。

ふ【負】 名詞 算数《さんすう》で、ある数《かず》がゼロより小《ちい》さいこと。マイナス。例 負の数《すう》。対 正《せい》。

漢 **ふ【負】**〔貝《かい》〕9画 3年 音 フ 訓 まける・まかす・おう

ノ ク（でる） 个 角 角 負 負 負 負

❶まける。例 勝負《しょうぶ》。対 勝《しょう》。❷せおう。身《み》にうける。例 負債《ふさい》／負傷《ふしょう》／負担《ふたん》。❸たのみとする。例 自負《じふ》／抱負《ほうふ》。❹ゼロよりちいさい数《かず》。マイナス。例 負数《ふすう》。対 正《せい》。

ふ【風】 漢 → 1141ページ ふう〔風〕

漢 **ふ【婦】**〔女《おんなへん》〕11画 5年 音 フ

く 女 女 女ㇷ（つきださない） 妇 妇 婦 婦 婦（はねる）

❶つま。例 主婦《しゅふ》／夫婦《ふうふ》。対 夫《ふ》。❷女《おんな》。例 婦人《ふじん》。対 夫《ふ》。

漢 **ふ【富】**〔宀《うかんむり》〕12画 4年 音 フ・フウ 訓 とむ・とみ

宀 宀 宀（よこぼうをわすれないように） 宀 宫 宮 富 富 富

ゆたかなこと。とみ。例 富貴《ふうき》／富国《ふこく》／富力《ふりょく》／巨万《きょまん》の富《とみ》／貧富《ひんぷ》／豊富《ほうふ》。対 貧《ひん》。ことば「富山《とやま》」は特別《とくべつ》な読《よ》み方《かた》。

ふ【譜】 名詞「楽譜《がくふ》」のこと。

ぶ【不】 漢 → 1136ページ ふ〔不〕

ぶ【分】 名詞 ❶昔《むかし》、日本《にほん》で使《つか》われていた長《なが》さの単位《たんい》。一分《いちぶ》は一寸《いっすん》の十分《じゅうぶん》の一《いち》で、約三《やくさん》ミリメートル。❷割合《わりあい》を表《あらわ》す単位《たんい》。一分《いちぶ》は一割《いちわり》の十分《じゅうぶん》の一《いち》。一《いち》パーセント。例 二割八分《にわりはちぶ》の打率《だりつ》。❸温度《おんど》の単位《たんい》。一分《いちぶ》は一度《いちど》の十分《じゅうぶん》の一《いち》。例 熱《ねつ》が三十七度八分《さんじゅうななどはちぶ》ある。❹厚《あつ》みの程度《ていど》。例 分厚《ぶあつ》い本《ほん》。❺全体《ぜんたい》の十分《じゅうぶん》の一《いち》。例 四分六分《しぶろくぶ》に分《わ》ける。❻勝《か》てる見《み》こみ。例 分がある。❼昔《むかし》、日本《にほん》で使《つか》われていたお金《かね》の単位《たんい》。

漢 → 1180ページ ぶん〔分〕

●**分《ぶ》が悪《わる》い** 勝《か》てる見《み》こみが少《すく》ない。成《な》り行《ゆ》きが悪《わる》く不利《ふり》である。例 赤組《あかぐみ》は分が悪い。

ぶ【歩】 名詞 昔《むかし》、日本《にほん》で使《つか》われていた広《ひろ》さの単《たん》位《い》。「坪《つぼ》」と同《おな》じで、一歩《いちぶ》は約《やく》三・三平方《へいほう》メートル。漢 → 1201ページ ほ〔歩〕

漢 **ぶ【武】**〔止《とめる》〕8画 5年 音 ブ・ム

一 二 干 干 正 正 武（はねる） 武（わすれないように）

❶強《つよ》い。いさましい。例 武名《ぶめい》／武器《ぶき》／武士《ぶし》／武力《ぶりょく》／武者《むしゃ》。❷たたかい。

ぶ【部】 名詞 ❶全体《ぜんたい》を区《く》分《わ》けしたうちの一《ひと》つ。例 団体《だんたい》の部／個人《こじん》の部／午前《ごぜん》の部が終《お》わる。❷会社《かいしゃ》や役所《やくしょ》などで、仕事《しごと》の内容《ないよう》で分《わ》けた組織《そしき》の区分《くぶん》。ふつう、「課《か》」より大《おお》きい。例 営業部《えいぎょうぶ》／経理部《けいりぶ》。

手話にチャレンジ 富士山《ふじさん》 両手《りょうて》の人《ひと》さし指《ゆび》と中指《なかゆび》の指先《ゆびさき》をつけて三角《さんかく》の山《やま》をつくり、口《くち》の前《まえ》に置《お》く。少《すこ》しずつ

❸学校《がっこう》などで、クラブ活動《かつどう》の単位《たんい》。例テニス部《ぶ》／サッカー部《ぶ》。

漢 **ぶ**【部】〔阝〕《おおざと》 11画 3年 音ブ 訓

丶 亠 亠 立 音 咅 部《はねる》 部

❶区分《くわ》けしたもの。例部分《ぶぶん》／部門《ぶもん》／部屋《へや》／全部《ぜんぶ》。❷仕事《しごと》や内容《ないよう》で分《わ》けた組織《そしき》。例総務部《そうむぶ》。❸本《ほん》や新聞《しんぶん》などを数《かぞ》えることば。例部数《ぶすう》。

ぶ【無】 漢 ⇒1283ページ む〔無〕

ファースト (first) 名詞 ❶第一《だいいち》。一番目《いちばんめ》。最初《さいしょ》。関連セカンド。サード。❷野球《やきゅう》で、一塁《いちるい》。また、一塁《いちるい》を守《まも》る人《ひと》。関連セカンド。サード。

ファーストフード (fast food) 名詞 注文《ちゅうもん》するとすぐにできる、簡単《かんたん》な食《た》べ物《もの》。ハンバーガーやフライドチキンなど。ファストフード。

ファーブル 名詞 (一八二三〜一九一五) フランスの昆虫学者《こんちゅうがくしゃ》。昆虫《こんちゅう》のくわしい研究《けんきゅう》をして、「昆虫記《こんちゅうき》」を書《か》いた。

ぶあい【歩合】 名詞 ❶基準《きじゅん》の量《りょう》を一《いち》としたときの割合《わりあい》の表《あらわ》し方《かた》。〇・一を一割《いちわり》、〇・〇一を一分《いちぶ》、〇・〇〇一を一厘《いちりん》として表《あらわ》す。関連百分率《ひゃくぶんりつ》。❷取《と》り引《ひ》きなどに対《たい》してはらわれる、手数料《てすうりょう》やお礼《れい》のお金《かね》。例歩合《ぶあい》を一割《いちわり》いただきます。

ぶあいそ【無愛想】 ⇒1138ページ ぶあいそう

ぶあいそう【無愛想】 名詞 形容動詞 人《ひと》に対《たい》してそっけなく、親《した》しみが感《かん》じられないこと。ぶっきらぼう。「ぶあいそ」ともいう。例無愛想な返事《へんじ》。

ファイト (fight) 名詞 ❶たたかおうとする気力《きりょく》。元気《げんき》。例決勝戦《けっしょうせん》に向《む》けてファイトを燃《も》やす。❷たたかい。戦闘《せんとう》。

ファイバースコープ (fiberscope) 名詞 細《ほそ》いガラスのせんいを束《たば》ねた、体《からだ》の内部《ないぶ》を見《み》るときなどに使《つか》うもの。

ファイル (file) ❶名詞 動詞 書類《しょるい》や新聞《しんぶん》などを整理《せいり》して、とじこんでおくこと。また、とじこんだもの。❷名詞 書類《しょるい》をはさんでおくもの。書類《しょるい》ばさみ。❸名詞 コンピューターで記録《きろく》したひとかたまりのデータ。

ファインプレー (fine play) 名詞 スポーツなどの、見事《みごと》なわざ。

ファウル (foul) 名詞 ❶競技《きょうぎ》で、ルールを破《やぶ》ること。反則《はんそく》。❷野球《やきゅう》で、打《う》った球《たま》が本塁《ほんるい》と一塁《いちるい》、または本塁《ほんるい》と三塁《さんるい》を結《むす》ぶ線《せん》より外側《そとがわ》に飛《と》ぶこと。ファウルボール。対フェア。

ファウルボール ⇒1138ページ ファウル❷

ファクシミリ ⇒1138ページ ファックス

ファゴット (イタリア語) 名詞 木管楽器《もっかんがっき》の一《ひと》つ。長《なが》い筒形《つつがた》で、低《ひく》い音《おと》を出《だ》す。「バスーン」ともいう。図⇒269ページ がっき〔楽器〕

ファシリテーショングラフィック 名詞 グループでの話《はな》し合《あ》いをうまく進《すす》めるために、話《はな》し合《あ》いの中《なか》で出《で》てきた意見《いけん》や思《おも》いつきを文字《もじ》や図《ず》などで書《か》き表《あらわ》していく方法《ほうほう》。ことば 英語《えいご》をもとに日本《にほん》で作《つく》られたことば。

ファストフード ⇒1138ページ ファーストフード

ファスナー (fastener) 名詞 金属《きんぞく》やナイロンでつくった小《ちい》さな歯《は》をかみ合《あ》わせて、開《あ》け閉《し》めする留《と》め具《ぐ》。ズボン・スカートの合《あ》わせ目《め》や、ふくろの口《くち》などにつける。

ぶあつい【分厚い】 形容詞 厚《あつ》みがある。

ファックス (fax) 名詞 動詞 文字《もじ》や図形《ずけい》などを電気信号《でんきしんごう》に変《か》え、電話回線《でんわかいせん》などを通《つう》じて送《おく》り、受《う》けた側《がわ》が紙《かみ》などに印刷《いんさつ》する方法《ほうほう》。また、その機械《きかい》。ファクシミリ。

ファッション (fashion) 名詞 服装《ふくそう》などの流行《りゅうこう》。また、服装《ふくそう》。例最新《さいしん》のファッション。

ファッションショー (fashion show) 名詞 新《あたら》しいデザインの服《ふく》をモデルに着《き》せて、人々《ひとびと》に見《み》せるもよおし。

ファッションモデル (fashion model) 名詞 新《あたら》しいデザインの服《ふく》を発表《はっぴょう》するときなどに、それを着《き》て見《み》せる職業《しょくぎょう》の人《ひと》。モデル。

ファミコン 名詞 テレビにつないで使《つか》う、ゲーム用《よう》のコンピューター。ことば「ファミリーコンピューター」の略《りゃく》。商標名《しょうひょうめい》。

ファミリー (family) 名詞 家族《かぞく》。一家《いっか》。

ファラデー 名詞 (一七九一〜一八六七) イギリスの物理学者《ぶつりがくしゃ》・化学者《かがくしゃ》。「ファラデーの法則《ほうそく》」を発見《はっけん》するなど、電気《でんき》や磁気《じき》についての学問《がくもん》のもとを築《きず》いた。

こけた犬《いぬ》を拾《ひろ》い、アバラーと名《な》づけます。フットボールを買《か》うためにアルバイトをしたり、ドッグショーに出《で》たビーザス』『ゆうかんな女《おんな》の子《こ》ラモーナ』など、近所《きんじょ》の女《おんな》の子《こ》たちも次々登場《つぎつぎとうじょう》する楽《たの》しいシリーズです。

ふあん【不安】 名詞 形容動詞 心配《しんぱい》やおそれなどで、心《こころ》が落《お》ち着《つ》かないこと。安心《あんしん》できないこと。例 不安になる。対 安心《あんしん》。

ファン (fan) 名詞 ❶スポーツ・映画《えいが》・演劇《えんげき》などが非常《ひじょう》に好《す》きな人《ひと》。また、ある選手《せんしゅ》・俳優《はいゆう》・歌手《かしゅ》などをひいきにする人《ひと》。例 ファンクラブ。❷電力《でんりょく》で羽根《はね》を回《まわ》して風《かぜ》を送《おく》る機械《きかい》。扇風機《せんぷうき》など。また、その羽根《はね》のこと。

ファンタジー (fantasy) 名詞 ❶空想《くうそう》。夢《ゆめ》の世界《せかい》。❷空想《くうそう》の世界《せかい》をえがいた小説《しょうせつ》や童話《どうわ》。❸形式《けいしき》にとらわれずに、作者《さくしゃ》の空想《くうそう》によって作《つく》られた曲《きょく》。「幻想曲《げんそうきょく》」ともいう。

ふあんてい【不安定】 名詞 形容動詞 ぐらぐらして定《さだ》まらないこと。また、ものごとが落《お》ち着《つ》かないこと。例 不安定ないす／不安定な天気《てんき》。

ファンド (fund) 名詞 ❶「基金《ききん》」、また、「資金《しきん》」のこと。❷人々《ひとびと》からお金《かね》を集《あつ》めて、いろいろな形《かたち》で投資《とうし》し、得《え》た利益《りえき》を、お金《かね》を出《だ》した人《ひと》にもどすしくみ。「投資信託《とうししんたく》」ともいう。

ふあんない【不案内】 名詞 形容動詞 ようすや事情《じじょう》がよくわからないこと。例 引《ひ》っ越《こ》してきたばかりで、この町《まち》にはまだ不案内だ。

ファンファーレ (fanfare) 名詞 トランペットや太鼓《たいこ》で演奏《えんそう》する、はなやかで勇《いさ》ましい感《かん》じの短《みじか》い曲《きょく》。とくに、開会式《かいかいしき》などでふき鳴《な》らす、トランペットの短《みじか》い曲《きょく》。

ふい 名詞 それまでの努力《どりょく》や大切《たいせつ》なもの、期待《きたい》していたことなどがだめになること。例 せっかくのチャンスがふいになった。

ふい【不意】 名詞 形容動詞 急《きゅう》で、思《おも》いがけないこと。突然《とつぜん》。例 不意にかたをたたかれた。

●**不意《ふい》を打《う》つ** ⇒1139ジ《ぺー》 不意《ふい》を突《つ》く(「不意《ふい》」の子見《こみ》出《だ》し)

●**不意《ふい》を食《く》らう** 急《きゅう》で思《おも》いがけないことをされる。思《おも》いがけない目《め》にあう。「不意《ふい》を食《く》う」ともいう。例 試合開始《しあいかいし》の直後《ちょくご》に不意を食らい、ゴールを決《き》められた。

●**不意《ふい》を突《つ》く** 相手《あいて》が思《おも》ってもいないときに、急《きゅう》にする。「不意《ふい》を打《う》つ」ともいう。

ブイ (buoy) 名詞 ❶船《ふね》が通《とお》る道《みち》や危《あぶ》ないところを示《しめ》す目印《めじるし》として、水《みず》にうかべたもの。「浮標《ふひょう》」ともいう。❷救命用《きゅうめいよう》のうきぶくろ。

ブイアール【VR】 ⇒1036ジ《ぺー》 バーチャルリアリティー

フィート (feet) 名詞 イギリスやアメリカなどで使《つか》われている長《なが》さの単位《たんい》。一《いち》フィートは十二《じゅうに》インチで、約《やく》三十・五センチメートル。

フィーネ (イタリア語) 名詞 楽譜《がくふ》で、曲《きょく》の終《お》わりを表《あらわ》すことば。くり返《かえ》して演奏《えんそう》する部分《ぶぶん》があって、終止線《しゅうしせん》のある小節《しょうせつ》より前《まえ》で曲《きょく》が終《お》わるときに使《つか》われる。記号《きごう》は「Fine」。

フィーバー (fever) 名詞 動詞 人々《ひとびと》が熱狂《ねっきょう》すること。興奮《こうふん》してさわぐこと。

フィールド (field) 名詞 ❶陸上競技場《りくじょうきょうぎじょう》で、トラックの内側《うちがわ》の広《ひろ》い場所《ばしょ》。はばとび・高《たか》とび・砲丸投《ほうがんな》げなどの競技《きょうぎ》をする。例 フィールド競技《きょうぎ》。対 トラック。❷野球《やきゅう》やサッカーなどの競技場《きょうぎじょう》。❸学問《がくもん》・研究《けんきゅう》などの分野《ぶんや》。領域《りょういき》。

フィールドアスレチック 名詞 自然《しぜん》の地形《ちけい》を利用《りよう》して、丸太《まるた》・ロープなどで作《つく》った障害物《しょうがいぶつ》を置《お》いたコースを作《つく》り、そこを通過《つうか》しながら体力《たいりょく》を養《やしな》う野外《やがい》スポーツ。また、その施設《しせつ》。商標名《しょうひょうめい》。ことば 英語《えいご》をもとに日本《にほん》で作《つく》られたことば。

フィールドスコープ 名詞 望遠鏡《ぼうえんきょう》の一種《いっしゅ》。バードウォッチングなどに使《つか》う。ことば 英語《えいご》をもとに日本《にほん》で作《つく》られたことば。

フィールドホッケー ⇒1222ジ《ぺー》 ホッケー

フィールドワーク (fieldwork) 名詞 実際《じっさい》にその場所《ばしょ》に行《い》って、調査《ちょうさ》や研究《けんきゅう》・採集《さいしゅう》などをすること。野外調査《やがいちょうさ》。実地研究《じっちけんきゅう》。

ふいうち【不意打ち】 名詞 ❶相手《あいて》が思《おも》ってもいないときにおそいかかること。例 油断《ゆだん》していた敵《てき》に不意打ちをかける。❷ものごとを突然《とつぜん》行《おこな》うこと。例 不意打ちの訪問《ほうもん》。

フィギュア 名詞 ❶「フィギュアスケート」の略《りゃく》。❷物語《ものがたり》、漫画《まんが》、ゲームなどに登場《とうじょう》するキャラクターなどの人形《にんぎょう》。

フィギュアスケート (figure skating) 名詞 スケート競技《きょうぎ》の一《ひと》つ。音楽《おんがく》に合《あ》わせて氷《こおり》の上《うえ》

あいうえお　かきくけこ　さしすせそ　たちつてと　なにぬねの　はひふへほ　ふ　まみむめも　や　ゆ　よ　らりるれろ　わ　を　ん

読書のこみち　高 中 低　『がんばれヘンリーくん』クリアリー　ヘンリーくんは小学校《しょうがっこう》3年生《ねんせい》。ある日《ひ》街角《まちかど》でやせ
り…。ヘンリーはアバラーといっしょに愉快《ゆかい》な事件《じけん》を巻《ま》き起《お》こします。『ヘンリーくんと

をすべり、すべり方《かた》の美《うつく》しさや技術《ぎじゅつ》をきそう。略《りゃく》して「フィギュア」ともいう。

フィクション (fiction) 名詞 ❶想像《そうぞう》によってつくられた、実際《じっさい》にはないことがら。❷事実《じじつ》を記録《きろく》したものではなく、つくり出《だ》された話《はなし》。小説《しょうせつ》。対 ノンフィクション。

ふいご 名詞 金属《きんぞく》をとかすときなどに、火《ひ》をおこしたり、火力《かりょく》を強《つよ》めたりするために使《つか》う、風《かぜ》を送《おく》る道具《どうぐ》。手《て》や足《あし》で棒《ぼう》を動《うご》かし、箱《はこ》の中《なか》の空気《くうき》を強《つよ》く外《そと》におし出《だ》す。

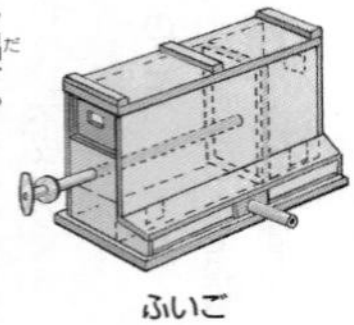
ふいご

ブイサイン【Vサイン】 名詞 人指《ひとさ》し指《ゆび》と中《なか》指《ゆび》を立《た》てて作《つく》ったV《ブイ》の形《かたち》を示《しめ》して、勝利《しょうり》や喜《よろこ》びの気持《きも》ちを表《あらわ》す印《しるし》。ことば 「V《ブイ》」は「勝利《しょうり》」という意味《いみ》の英語《えいご》の頭文字《かしらもじ》。

ふいちょう【ふい聴】 名詞 動詞 あちこちの人《ひと》に言《い》ってまわること。言《い》いふらすこと。例 手《て》がらをふい聴してまわる。

フィッシュ (fish) 名詞 「魚《さかな》」のこと。

ぷいと 副詞 急《きゅう》に機嫌《きげん》が悪《わる》くなって、愛想《あいそ》のない態度《たいど》をとるようす。例 ぷいと横《よこ》を向《む》く。

フィナーレ (イタリア語) 名詞 ❶音楽《おんがく》で、曲《きょく》の最後《さいご》の部分《ぶぶん》や楽章《がくしょう》。また、オペラなどの最後《さいご》の場面《ばめん》。❷劇《げき》や行事《ぎょうじ》などの、最後《さいご》の部分《ぶぶん》。大《おお》づめ。例 お祭《まつ》りのフィナーレ。

フィヨルド (ノルウェー語) 名詞 氷河《ひょうが》によってけずられた谷《たに》に海《うみ》の水《みず》が入《はい》りこんでできた、はばがせまくて深《ふか》い入《い》り江《え》。ノルウェーなどに多《おお》い。

フィラメント (filament) 名詞 電球《でんきゅう》や真空管《しんくうかん》の中《なか》に入《はい》っている細《ほそ》い線《せん》。タングステンという金属《きんぞく》でつくられており、電流《でんりゅう》を流《なが》すと光《ひかり》を出《だ》す。

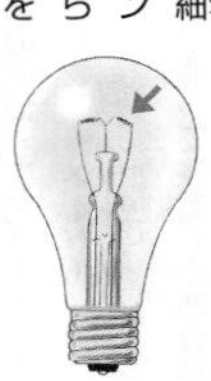
フィラメント

フィリピン ↓1140ジ《ペ》ー フィリピンきょうわこく

フィリピンきょうわこく【フィリピン共和国】 名詞 東南《とうなん》アジアにある国《くに》。ルソン島《とう》・ミンダナオ島《とう》などの七千《ななせん》ほどの島々《しまじま》からなる。米《こめ》・砂糖《さとう》・マニラあさなどの生産《せいさん》がさかん。首都《しゅと》はマニラ。「フィリピン」ともいう。

(国旗《こっき》)

フィルター (filter) 名詞 ❶液体《えきたい》や気体《きたい》の中《なか》にふくまれる不要《ふよう》なものをこすためのもの。ろ過器《かき》。❷入《はい》ってくる光《ひかり》の色《いろ》や調子《ちょうし》などを調節《ちょうせつ》するための色《いろ》ガラス。カメラのレンズなどにつけて使《つか》う。

フィルタリング (filtering) 名詞 ❶必要《ひつよう》なものを選《えら》び、それ以外《いがい》をとり除《のぞ》くこと。❷インターネットで、子供《こども》にとって有害《ゆうがい》な情報《じょうほう》をふくむものなど、特定《とくてい》のウェブサイトを見《み》られなくすること。フィルタリングサービス。参考 ❷は、携帯電話会社《けいたいでんわがいしゃ》などが提供《ていきょう》するサービス。

フィルム (film) 名詞 ❶合成樹脂《ごうせいじゅし》などでできた、膜《まく》のようなもの。例 ラップフィルム。❷うすいプラスチックなどに、光《ひかり》を感《かん》じる薬品《やくひん》をぬり、物《もの》のすがたが写《うつ》るようにしたもの。写真《しゃしん》や映画《えいが》などで使《つか》う。例 カラーフィルム。❸「映画《えいが》」のこと。ことば 「フィルム」ともいう。

ぶいん【部員】 名詞 その部《ぶ》の一員《いちいん》である人《ひと》。例 野球《やきゅう》部員。

フィンランドきょうわこく【フィンランド共和国】 名詞 ヨーロッパの北部《ほくぶ》にある国《くに》。森林《しんりん》と湖《みずうみ》が多《おお》く、林業《りんぎょう》がさかん。首都《しゅと》はヘルシンキ。「フィンランド」ともいう。

(国旗《こっき》)

ふう【夫】 漢 ↓1136ジ《ペ》ー ふ〔夫〕

ふう【封】 名詞 物《もの》の口《くち》を閉《と》じること。また、その閉《と》じたところ。例 手紙《てがみ》の封をする。

ふう【風】 ❶ 名詞 生活様式《せいかつようしき》や習《なら》わし。例 田舎《いなか》の風になじむ。❷ 名詞 ようす。やり方《かた》。例 妹《いもうと》は何《なに》も知《し》らない風だった／こんな風に書《か》いてください。❸ 接尾語 (ほかのことばのあとにつけて) それ

つけました。」…だれのものかわからない、ぴかぴかのすてきなバケツ。もし一週間《いっしゅうかん》そのままだったら、自分《じぶん》の持《も》ち上《あ》げたり、ゆすいだり、水《みず》をくんだり…。さて、きつねの子《こ》は、バケツを自分《じぶん》のものにできたかな？

らしいようすを表《あらわ》す。例 和風《わ》の庭園《ていえん》。

漢 **ふう【風】**〔風《かぜ》〕 9画 2年 音 フウ・フ 訓 かぜ・かざ

ノ（はらう）几（はねる）凡 凧 凮 凲 風 風 風

❶かぜ。空気《くうき》のうごき。例 風上《かざかみ》／風雨《ふうう》／風車《ふうしゃ》／風力《ふうりょく》／強風《きょうふう》／台風《たいふう》。❷ならわし。習慣《しゅうかん》。例 風習《ふうしゅう》／風俗《ふうぞく》／校風《こうふう》。❸すがた。ようす。例 洋風《ようふう》。❹おもむき。けしき。例 風景《ふうけい》／風光《ふうこう》／風流《ふうりゅう》／風情《ふぜい》。❺あてこすり。例 風刺《ふうし》。❻うわさ。例 風評《ふうひょう》／風聞《ふうぶん》。

ふう【富】 漢 ⇩1137ページ・ふ〔富〕

ふうあい【風合い】 名詞 布《ぬの》の、さわったり見《み》たりしたときの感《かん》じ。例 ウールのやわらかい風合い。

ふうあつ【風圧】 名詞 風《かぜ》の、物《もの》をおす力《ちから》。例 風圧計《けい》。

ふういん【封印】 名詞 動詞 勝手《かって》に開《あ》けられないように、封《ふう》をしたところに印《いん》をおしたり紙《かみ》をはったりすること。また、その印《いん》。

ふうう【風雨】 名詞 ❶風《かぜ》や雨《あめ》。例 風雨にさらされる。❷強《つよ》い風《かぜ》をともなう雨《あめ》。あらし。

ふううん【風雲】 名詞 ❶風《かぜ》と雲《くも》。❷世《よ》の中《なか》が大《おお》きく変《か》わろうとする動《うご》き。

●**風雲《ふううん》急《きゅう》を告《つ》げる** ことわざ 今《いま》にも何《なに》か大変《たいへん》なことが起《お》こりそうなようすである。例 風雲急を告げる両国《りょうこく》の関係《かんけい》。

ふううんじ【風雲児】 名詞 世《よ》の中《なか》が大《おお》きく変《か》わろうとするときに活躍《かつやく》する人《ひと》。

ふうか【風化】 名詞 動詞 ❶岩《いわ》や石《いし》が、長《なが》い間《あいだ》雨《あめ》や風《かぜ》にさらされて、次《し》第《だい》にくずれて砂《すな》や土《つち》になること。❷生々《なまなま》しい記憶《きおく》や強《つよ》い印象《いんしょう》が、次第《しだい》にうすれていくこと。例 戦争体験《せんそうたいけん》の風化。

ふうがい【風害】 名詞 強風《きょうふう》による損害《そんがい》。

ふうかく【風格】 名詞 ❶人《ひと》がらや態度《たいど》からにじみ出《で》る、りっぱな感《かん》じ。例 王者《おうじゃ》の風格／年《とし》をとって風格が出《で》てきた。❷おもむき。味《あじ》わい。例 風格のある文章《ぶんしょう》。

ふうがわり【風変わり】 形容動詞 ようすや行《こう》動《どう》、考《かんが》え方《かた》などが、ふつうとはちがっているようす。例 風変わりな建物《たてもの》。

ふうき【風紀】 名詞 きちんとした生活《せいかつ》をするための、道徳上《どうとくじょう》の決《き》まり。例 風紀が乱《みだ》れる。

ふうき【富貴】 名詞 形容動詞 金持《かねも》ちで、身分《みぶん》が高《たか》いこと。「ふっき」ともいう。例 富貴な家《いえ》。

ふうきり【封切り】 名詞 動詞 新《あたら》しい映画《えいが》を、映画館《えいがかん》で初《はじ》めて映《うつ》すこと。「ふうぎり」ともいう。ことば もとは、ふうを切《き》って開《ひら》くことをいうことば。江戸時代《えどじだい》には、新刊《しんかん》の小説本《しょうせつぼん》を包《つつ》んでいるふくろを切《き》ることをこういった。

ふうぎり【封切り】 ⇩1141ページ・ふうきり

ふうけい【風景】 名詞 ❶自然《しぜん》のありさま。ながめ。例 風景画《が》／海岸《かいがん》の風景を写真《しゃしん》にとる。類 景色《けしき》。❷ある場面《ばめん》のようす。例 練習《れんしゅう》風景。

ふうけいが【風景画】 名詞 風景《ふうけい》を主題《しゅだい》としてえがいた絵画《かいが》。

ふうけつ【風穴】 名詞 山《やま》などにあって、冷《つめ》たい風《かぜ》がふき出《で》てくるおく深《ぶか》い穴《あな》。「かざあな」ともいう。

ふうこう【風光】 名詞 自然《しぜん》のながめ。景色《けしき》。

ふうこう【風向】 名詞 風《かぜ》がふいてくる方向《ほうこう》。ふつう、十六《じゅうろく》の方向《ほうこう》に分《わ》けて示《しめ》す。風向《かざむ》き。

ふうこうけい【風向計】 名詞 風向《かざむ》きを調《しら》べる器械《きかい》。屋《おく》上《じょう》などにとりつける。「風見《かざみ》」ともいう。

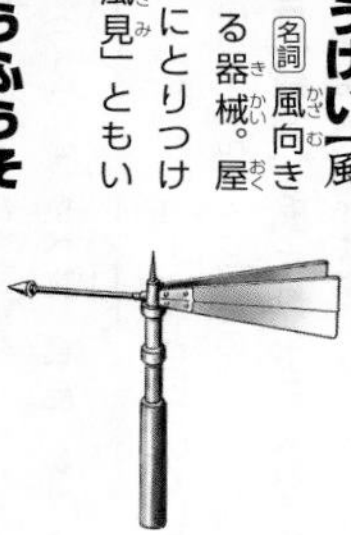
ふうこうけい

ふうこうふうそくけい【風向風速計】 名詞 風向《ふうこう》と風速《ふうそく》の両方《りょうほう》を測《はか》ることのできる装置《そうち》。

ふうこうめいび【風光明媚】 ⇩827ページ 四字熟語

ふうさ【封鎖】 名詞 動詞 道路《どうろ》や建物《たてもの》などを閉《と》じて、出入《でい》りや出《だ》し入《い》れができないようにすること。例 工事《こうじ》で道路《どうろ》を封鎖した。

ふうさい【風采】 名詞 身《み》なりや顔《かお》つきなど、外《そと》から見《み》た人《ひと》のようす。見《み》た目《め》。例 風采が上《あ》がらない（＝見《み》た目《め》がりっぱではない）人《ひと》。

ふうし【風刺】 名詞 動詞 世《よ》の中《なか》や人《ひと》の悪《わる》いところを、それとなく批判《ひはん》したり、からかったりすること。例 社会《しゃかい》を風刺した漫画《まんが》。

ふうじこめる【封じ込める】 動詞

読書のこみち 高 中 低 『きいろいばけつ』森山京《もりやまみやこ》「きつねのこがまるきばしのたもとで、きいろいばけつをみバケツにしようときつねの子《こ》は待《ま》ちます。毎日毎日《まいにちまいにち》、何度《なんど》もバケツのところへ行《い》っては、

❶中《なか》に入《い》れて、出《で》られないようにする。例 警《けい》察官《さっかん》が来《く》るまで、どろぼうを部屋《へや》に封じ込める。❷行動《こうどう》や活動《かつどう》が自由《じゆう》にできないようにする。例 反対《はんたい》の声《こえ》を封じ込める。

ふうしゃ【風車】 名詞 風《かぜ》の力《ちから》で回《まわ》る羽根車《はねぐるま》。回《まわ》る力《ちから》を使《つか》って、粉《こな》をひいたり、水《みず》をくみ上《あ》げたり、電気《でんき》を起《お》こしたりする。「かざぐるま」ともいう。例 風車小《ご》屋《や》。関連 水《すい》車《しゃ》。

ふうしゃ

ふうしゅう【風習】 名詞 その国《くに》や地方《ちほう》に昔《むかし》から伝《つた》わる、生活《せいかつ》のしかたや行事《ぎょうじ》などのならわし。例 正月《しょうがつ》に門松《かどまつ》を立《た》てる風習がある。

ふうしょ【封書】 名詞 ふうをした手紙《てがみ》。

ふうじる【封じる】 動詞 ❶ふうをする。閉《と》じて、出入《でい》りができないようにする。例 手紙《てがみ》を封じる／出入《でい》り口《ぐち》を封じる。❷自由《じゆう》にできないようにする。例 勝手《かって》な発言《はつげん》を封じる。ことば「封《ふう》ずる」ともいう。

ふうしん【風しん】 名詞 はしかによく似《に》た、ウイルスによる感染症《かんせんしょう》。子供《こども》がかかりやすい。「三日《みっか》ばしか」ともいう。

ふうじん【風神】 名詞 風《かぜ》をつかさどる神《かみ》。風《かぜ》を起《お》こすふくろをかついだおにの姿《すがた》でえがかれる。

ブース（booth） 名詞 間仕切《まじき》りをした場所《ばしょ》。例 特産品《とくさんひん》のブースに人《ひと》が集《あつ》まる。

ふうすいがい【風水害】 名詞 風害《ふうがい》と水害《すいがい》。強《つよ》い風《かぜ》や洪水《こうずい》のために受《う》ける損害《そんがい》。

ふうずる【封ずる】 ↓1142ページ ふうじる

ふうせつ【風雪】 名詞 ❶風《かぜ》と雪《ゆき》。❷強《つよ》い風《かぜ》をともなう雪《ゆき》。ふぶき。❸さまざまな苦《くる》しさや困難《こんなん》。例 風雪にたえて修行《しゅぎょう》する。

ふうせつ【風説】 名詞 世間《せけん》のうわさ。例 風説にまどわされてはいけない。

ふうせん【風船】 名詞 季語 春 ゴムや紙《かみ》のふくろに空気《くうき》などを入《い》れ、ふくらませて遊《あそ》ぶもの。

ふうぜんのともしび【風前のともし火】 ことわざ 危険《きけん》がせまっていて、命《いのち》が危《あぶ》ないことのたとえ。また、ものごとが今《いま》にもだめになりそうなことのたとえ。ことば 風《かぜ》がふくと、ろうそくなどの火《ひ》はすぐ消《き》えてしまうことからきたことば。

ふうそく【風速】 名詞 風《かぜ》のふく速《はや》さ。ふつう十分間《じっぷんかん》測《はか》って平均《へいきん》をとり、一秒間《いちびょうかん》当《あ》たりの速《はや》さで表《あらわ》す。例 最大《さいだい》風速三十《さんじゅう》メートルの台風《たいふう》。

ふうぞく【風俗】 名詞 ある地域《ちいき》や時代《じだい》に行《おこな》われる、生活《せいかつ》のしかたや習《なら》わし。

ふうそくけい【風速計】 名詞 風速《ふうそく》を測《はか》る器械《きかい》。風力計《ふうりょくけい》。

ふうそくけい

ふうたい【風体】 ↓1142ページ ふうてい

ふうたい【風袋】 名詞 はかりで物《もの》の重《おも》さを量《はか》るときの、量《はか》りたい物以外《ものいがい》の入《い》れ物《もの》や包《つつ》み紙《がみ》のこと。また、その重《おも》さ。

ふうちょう【風潮】 名詞 その時代時代《じだいじだい》の、世《よ》の中《なか》の傾向《けいこう》。例 節約《せつやく》を重《おも》んじる風潮が高《たか》まる。

ブーツ（boots） 名詞 ひざ下《した》くらいまでの長《なが》いくつ。または、くるぶしより上《うえ》まで入《はい》るような深《ふか》いくつ。

ふうてい【風体】 名詞 身《み》なり。姿《すがた》。「ふうたい」ともいう。例 あやしい風体の者《もの》。

ふうど【風土】 名詞 その土地《とち》の気候《きこう》や地形《ちけい》など、人間《にんげん》が生活《せいかつ》するもとになる環境《かんきょう》。例 木造《もくぞう》家屋《かおく》は日本《にほん》の風土に合《あ》っている。

フード（food） 名詞 食《た》べ物《もの》。食品《しょくひん》。例 ファーストフード／キャットフード。

フード（hood） 名詞 コートなどについている、頭《あたま》にかぶるずきんのようなもの。

ふうとう【封筒】 名詞 手紙《てがみ》などを入《い》れる紙《かみ》のふくろ。例 封筒に切手《きって》をはる。

ふうどびょう【風土病】 名詞 気候《きこう》や地理《ちり》などの関係《かんけい》から、その地方《ちほう》だけに多《おお》い病気《びょうき》。熱帯地方《ねったいちほう》のマラリアなど。

フードマイレージ 名詞 ある食品《しょくひん》の重《おも》さと、消費者《しょうひしゃ》の手元《てもと》に届《とど》くまでに移動《いどう》してきたきょりをかけ合《あ》わせた数値《すうち》。参考 その食品《しょくひん》の輸送《ゆそう》が自然環境《しぜんかんきょう》にあたえる負担《ふたん》を表《あらわ》す目安《めやす》として用《もち》いられる。

ゴウ、ランゴウという３人《にん》の元気《げんき》のいいおかみさんが住《す》んでいました。くいしんぼうのきつねホイティは、おかんたく物《もの》の服《ふく》で人間《にんげん》のふりをして、ごはんをごちそうになろうと考《かんが》えます。

ふうは【風波】 名詞
❶風《かぜ》と波《なみ》。類 波風《なみかぜ》。
❷風のために起《お》こる荒波《あらなみ》。
❸争《あらそ》い。もめごと。例 風波が絶《た》えない。類 波風《なみかぜ》。

ふうばいか【風媒花】 名詞 風《かぜ》によって花粉《かふん》がめしべに運《はこ》ばれ、受粉《じゅふん》する花《はな》。松《まつ》・いね・麦《むぎ》・とうもろこしなど。関連 水媒花《すいばいか》。虫媒花《ちゅうばいか》。鳥媒花《ちょうばいか》。

ふうひょう【風評】 名詞 世《よ》の中《なか》での、あまりよくないうわさや評判《ひょうばん》。例 あの食堂《しょくどう》はおいしくないという風評が立《た》つ。

ふうふ【夫婦】 名詞 結婚《けっこん》している男女《だんじょ》。夫《おっと》と妻《つま》。類 夫妻《ふさい》。

ふうぶつ【風物】 名詞
❶目《め》に入《はい》るながめ。自然《しぜん》の景色《けしき》。
❷その土地《とち》や季節《きせつ》の特色《とくしょく》をよく表《あらわ》しているものごと。例 風鈴《ふうりん》は夏《なつ》の風物だ。

ふうぶつし【風物詩】 名詞 その季節《きせつ》の感《かん》じをよく表《あらわ》しているもの。例 かまくらは冬《ふゆ》の風物詩だ。

ふうぶん【風聞】 名詞 どこからともなく耳《みみ》に入《はい》ってくるうわさ。例 風聞にまどわされる。

ふうみ【風味】 名詞 口《くち》に入《い》れたときに感《かん》じる、食《た》べ物《もの》や飲《の》み物《もの》のなんともいえない味《あじ》わい。

ブーム（boom） 名詞 急《きゅう》に人気《にんき》が出《で》てさかんになること。流行《りゅうこう》。例 外国《がいこく》で日本食《にほんしょく》がブームになる。

ブーメラン（boomerang） 名詞 オーストラリアの先住民《せんじゅうみん》が、かりをするときに使《つか》う木製《もくせい》の道具《どうぐ》。「く」の字《じ》の形《かたち》をしている。獲物《えもの》に向《む》かって投《な》げ、当《あ》たらなかったときには手元《てもと》にもどってくる。

ふうもん【風紋】 名詞 風《かぜ》によって砂地《すなじ》の表面《ひょうめん》にできた、波《なみ》のような模様《もよう》。

ふうらいぼう【風来坊】 名詞
❶風《かぜ》のように、どこからともなくやって来《き》た人《ひと》。
❷落《お》ち着《つ》きがなく、気《き》まぐれな人《ひと》。

プーリー（pulley） 名詞
❶滑車《かっしゃ》。
❷ベルトなどをかけて使《つか》う、中心《ちゅうしん》にじくのついた円盤《えんばん》。力《ちから》を伝《つた》えるなどのはたらきをする。

ふうりゅう【風流】 名詞 形容動詞
❶品《ひん》がよくて深《ふか》い味《あじ》わいがあること。
❷詩歌《しいか》・茶《ちゃ》の湯《ゆ》・生《い》け花《ばな》・書画《しょが》などの、日本風《にほんふう》の上品《じょうひん》な趣味《しゅみ》。また、それらを楽《たの》しむこと。

ふうりょく【風力】 名詞
❶風《かぜ》の力《ちから》。例 風力発電《はつでん》。
❷風《かぜ》の強《つよ》さ。0から12までの十三段階《じゅうさんだんかい》に分《わ》けて表《あらわ》す。

ふうりょくけい【風力計】 ⇩1142ページ ふうそくけい

ふうりょくはつでん【風力発電】 名詞 風《かぜ》の力《ちから》で発電機《はつでんき》を動《うご》かし、電気《でんき》を起《お》こすこと。関連 火力発電《かりょくはつでん》。原子力発電《げんしりょくはつでん》。水力発電《すいりょくはつでん》。

ふうりん【風鈴】 名詞 季語夏 風《かぜ》にふかれるとすずしげな音《おと》を出《だ》す、金属《きんぞく》・ガラス・瀬戸物《せともの》などで作《つく》ったすず。夏《なつ》、軒先《のきさき》などにつるして楽《たの》しむ。

プール（pool） 季語夏
❶ 名詞 水泳《すいえい》をするための設備《せつび》。コンクリートなどで水《みず》をためられるようにつくる。
❷ 名詞 物《もの》を集《あつ》めておくところ。例 モータープール（＝駐車場《ちゅうしゃじょう》）。
❸ 名詞 動詞 ためておくこと。例 参加費《さんかひ》をプールする。
ことば ❶は、「一面《いちめん》」と数《かぞ》える。

プールびらき【プール開き】 名詞 その年《とし》初《はじ》めてプールを使《つか》うこと。

ふうん【不運】 名詞 形容動詞 運《うん》が悪《わる》いこと。例 不運にも、遠足《えんそく》の日《ひ》に熱《ねつ》が出《で》た。対 幸運《こううん》。

ぶうん【武運】 名詞 戦《たたか》いでの勝《か》ち負《ま》けの運《うん》。例 武運つたなく（＝運悪《うんわる》く）いくさに敗《やぶ》れる。

ふえ【笛】 名詞
❶楽器《がっき》の一《ひと》つ。竹《たけ》・木《き》・金属《きんぞく》などの管《くだ》に穴《あな》をあけ、息《いき》をふきこんで鳴《な》らす。例 縦笛《たてぶえ》。
❷合図《あいず》に鳴《な》らすもの。例 集合《しゅうごう》の笛が鳴《な》った。
ことば ❶は、「一本《いっぽん》」と数《かぞ》える。
漢 ⇩888ページ てき【笛】

● **笛《ふえ》吹《ふ》けども踊《おど》らず** ⇩403ページ ことわざ

フェア（fair）
❶ 形容動詞 正《ただ》しく、どちらにもかたよっていないようす。公平《こうへい》なこと。例 フェアな判定《はんてい》。
❷ 名詞 野球《やきゅう》で、打《う》った球《たま》が決《き》められた線《せん》の中《なか》に入《はい》ること。フェアボール。対 ファウル。
❸ 名詞 ある企画《きかく》を立《た》てて、それに沿《そ》って商品《しょうひん》を売《う》ること。例 新入学用品《しんにゅうがくようひん》フェア。

フェアトレード（fair trade） 名詞 発展途上《はってんとじょう》国《こく》で作《つく》られた農産物《のうさんぶつ》や製品《せいひん》を、不当《ふとう》に安《やす》すぎる

読書のこみち　高 中 低　『きつねのホイティ』ウェッタシンハ作《さく》・絵《え》　スリランカの小《ちい》さな村《むら》に、アンゴウ、マンみさんたちの家《いえ》のおいしそうなごはんが食《た》べたくてたまりません。そこでほしてあったせ

ことのない適切《てきせつ》な値段《ねだん》で買《か》うことで、生産者《せいさんしゃ》の生活向上《せいかつこうじょう》を目指《めざ》すしくみ。

フェアプレー (fair play) 名詞 正々堂々《せいせいどうどう》と試《し》合《あい》や競技《きょうぎ》をすること。また、そのような態度《たいど》。

ふえいせい【不衛生】 名詞 形容動詞 清潔《せいけつ》でなくて、健康《けんこう》によくないこと。

フェイント (feint) 名詞 スポーツで、相手《あいて》の目《め》をごまかすためにする見《み》せかけの動作《どうさ》。例 フェイントをかける。

フェーンげんしょう【フェーン現象】 名詞 しめった空気《くうき》が山脈《さんみゃく》をこえるときに水分《すいぶん》を失《うしな》い、かわいた熱風《ねっぷう》となってふき下《お》ろす現象《げんしょう》。参考 日本《にほん》では日本海側《にほんかいがわ》に多《おお》く起《お》き、気温《きおん》が異《い》常《じょう》に高《たか》くなったり火事《かじ》が起《お》きたりする原因《げんいん》になる。

フェスタ (イタリア語) 名詞 祭《まつ》り。祭日《さいじつ》。祝日《しゅくじつ》。

フェスティバル (festival) 名詞 祝《いわ》いなどのための大《おお》がかりな行事《ぎょうじ》。祭《まつ》り。祭典《さいてん》。

ふえて【不得手】 名詞 形容動詞 得意《とくい》でないこと。うまくできないこと。苦手《にがて》。不得意《ふとくい》。例 昔《むかし》から図工《ずこう》は不得手です。対 得手《えて》。

フェノロサ 名詞 (一八五三〜一九〇八) アメリカの哲学者《てつがくしゃ》・美術研究家《びじゅつけんきゅうか》。明治時代《めいじじだい》に日本《にほん》に来《き》て、日本美術《にほんびじゅつ》を高《たか》く評価《ひょうか》し、その復興《ふっこう》に努《つと》めた。また、岡倉天心《おかくらてんしん》とともに東京美術学校《とうきょうびじゅつがっこう》(＝今《いま》の東京芸術大学《とうきょうげいじゅつだいがく》) をつくった。

フェライトじしゃく【フェライト磁石】 名詞 酸化鉄《さんかてつ》をおもな原料《げんりょう》にして、焼《や》き固《かた》めてつくる磁石《じしゃく》。磁力《じりょく》が強《つよ》く、電気《でんき》を通《とお》しにくい性質《せいしつ》がある。

フェリー ⇒1144ページ フェリーボート

フェリーボート (ferryboat) 名詞 人《ひと》と自動《じどう》車《しゃ》をいっしょに運《はこ》ぶ大《おお》きな船《ふね》。フェリー。

ふえる【増える・殖える】 動詞 数《かず》や量《りょう》が多《おお》くなる。増《ま》す。例 町《まち》の人口《じんこう》が増える／財産《ざいさん》が殖える。対 減《へ》る。漢 ⇒745ページ ぞう〔増〕

フェルト (felt) 名詞 羊《ひつじ》やらくだの毛《け》にしめり気《け》や熱《ねつ》を加《くわ》え、おし縮《ちぢ》めてつくった布《ぬの》。帽子《ぼうし》や敷物《しきもの》などに使《つか》われる。

フェルマータ (イタリア語) 名詞 音楽《おんがく》で、「ほどよくのばす」ことを表《あらわ》すことば。記号《きごう》は「𝄐」。

フェンシング (fencing) 名詞 西洋流《せいようりゅう》の剣《けん》で戦《たたか》う競技《きょうぎ》。細長《ほそなが》い剣《けん》を片手《かたて》に持《も》ち、相手《あいて》をついたり切《き》ったりして争《あらそ》う。

フェンス (fence) 名詞 さく。へい。

ぶえんりょ【無遠慮】 名詞 形容動詞 遠慮《えんりょ》のないこと。厚《あつ》かましく好《す》き勝手《かって》にふるまうこと。

フォアボール 名詞 野球《やきゅう》で、ピッチャーが、一人《ひとり》のバッターに対《たい》してボールの球《たま》を四回《よんかい》投《な》げること。バッターは一塁《いちるい》に進《すす》むことができる。「四球《しきゅう》」ともいう。ことば 英語《えいご》をもとに日本《にほん》で作《つく》られたことば。

フォーク (fork) 名詞 洋食《ようしょく》で、料理《りょうり》をナイフで切《き》るときにおさえたり、食《た》べ物《もの》を口《くち》へ運《はこ》んだりするのに使《つか》う道具《どうぐ》。「ホーク」ともいう。

フォークソング (folk song) 名詞 ❶民謡《みんよう》。❷ギターなどをひきながら歌《うた》う、アメリカで始《はじ》まった民謡調《みんようちょう》の歌《うた》。

フォークダンス (folk dance) 名詞 たくさんの人《ひと》がいっしょにおどるダンス。おどり方《かた》や音《おん》楽《がく》に、その国《くに》や地域《ちいき》の特色《とくしょく》が表《あらわ》れている。

フォークリフト (forklift) 名詞 車《くるま》の前《まえ》の部分《ぶぶん》に、フォーク形《がた》の二本《にほん》のうでがついた自動車《じどうしゃ》。うでを上下《じょうげ》に動《うご》かして荷物《にもつ》の積《つ》み下《お》ろしなどをする。

フォーマル (formal) 形容動詞 正式《せいしき》であるようす。格式《かくしき》が高《たか》いようす。例 フォーマルな服装《ふくそう》／フォーマルな会議《かいぎ》。対 カジュアル。

フォーム (form) 名詞 形《かたち》。また、型《かた》。とくに、スポーツをするときの体《からだ》の格好《かっこう》。例 美《うつく》しいフォームで泳《およ》ぐ。

フォーラム (forum) 名詞 討論会《とうろんかい》のやり方《かた》の一《ひと》つ。ある話題《わだい》について、出席者全員《しゅっせきしゃぜんいん》が話《はな》し合《あ》いに参加《さんか》する。「フォーラムディスカッション」の略《りゃく》。

フォスター 名詞 (一八二六〜一八六四) アメリカの作曲家《さっきょくか》。「草競馬《くさけいば》」「おお、スザンナ」など、親《した》しみやすい歌曲《かきょく》を多《おお》く作《つく》った。

フォルテ (イタリア語) 名詞 音楽《おんがく》で、演奏《えんそう》する強《つよ》さを表《あらわ》すことば。「強《つよ》く」という意味《いみ》。対 ピアノ。図 ⇒357ページ きょうじゃくきごう

フォルティッシモ (イタリア語) 名詞 音楽《おんがく》で、演奏《えんそう》する強《つよ》さを表《あらわ》すことば。「とても強《つよ》く」という意味《いみ》。対 ピアニッシモ。図 ⇒357ページ きょうじゃくきごう

れる神様《かみさま》たちの話《はなし》のほか、人間《にんげん》に火《ひ》をもたらしたプロメテウス、ちょっとしたきっかけが大変《たいへん》な争《あらそ》いとなったトす。ローマ帝国《ていこく》の時代《じだい》にまとめられたため、ギリシア・ローマ神話《しんわ》と呼《よ》ばれることもあります。

類＝意味《いみ》のよく似《に》たことば　対＝反対《はんたい》の意味《いみ》のことばや対《つい》になることば

ふおん【不穏】 形容動詞 何《なに》かよくないことが起《お》こりそうな、おだやかでないようす。例 町《まち》に不穏な空気《くうき》が流《なが》れる。

フォン（phon）名詞 音《おと》の大《おお》きさを表《あらわ》す単位《たんい》。「ホン」ともいう。

フォント（font）名詞 印刷《いんさつ》やコンピューターで使《つか》われる文字《もじ》の書体《しょたい》のひとそろい。

ふか 名詞 大形《おおがた》のさめのこと。また、「さめ」の別《べつ》の名《な》まえ。

ふか【ふ化】 名詞 動詞 卵《たまご》がかえること。また、卵《たまご》をかえすこと。

ふか【不可】 名詞 よくないこと。また、してはならないこと。例 可《か》もなく不可もない（＝とくによくも悪《わる》くもない）。

ふか【付加】 名詞 動詞 付《つ》け加《くわ》えること。例 新《あたら》しい機能《きのう》を付加したパソコンが発売《はつばい》された。

ぶか【部下】 名詞 ある人《ひと》の下《した》で命令《めいれい》を受《う》けて仕《し》事《ごと》をする人《ひと》。

ふかい【不快】 名詞 形容動詞 気持《きも》ちがよくないこと。いやな感《かん》じがすること。

ふかい【深い】 形容詞
❶底《そこ》までのきょりが長《なが》い。例 深い海《うみ》。対 浅《あさ》い。
❷おくまでのきょりが遠《とお》い。例 深い森《もり》。
❸色《いろ》が濃《こ》い。例 深い緑色《みどりいろ》。対 浅《あさ》い。
❹とても親《した》しい。例 深いつきあい。
❺程度《ていど》が強《つよ》い。または、多《おお》い。例 深い思《おも》いやり／きりが深い／欲《よく》が深い。対 浅《あさ》い。
❻真《ま》っ最中《さいちゅう》である。例 秋《あき》も深くなった。
漢 ➡659ジペー しん〔深〕

ふかいしすう【不快指数】 名詞 気温《きおん》と湿度《しつど》の関係《かんけい》を調《しら》べ、人《ひと》が不快《ふかい》に感《かん》じる度合《どあ》いを数《かず》で表《あらわ》したもの。七十五《ななじゅうご》以上《いじょう》では半数《はんすう》の人《ひと》が、八《はち》十以上《じゅういじょう》ではほとんどの人《ひと》が蒸《む》し暑《あつ》く不快《ふかい》に感《かん》じるとされている。

ふがいない 形容詞 いくじがなくて、たよりない。情《なさ》けない。例 こんなことでくよくよするとは、われながらふがいない。

ふかいり【深入り】 名詞 動詞 深《ふか》く入《はい》りこむこと。ものごとに深《ふか》く関係《かんけい》すること。例 この件《けん》には深入りしないほうがよい。

ふかおい【深追い】 名詞 動詞 どこまでも追《お》いかけること。例 敵《てき》を深追いするのは危険《きけん》だ。

ふかかい【不可解】 名詞 形容動詞 理屈《りくつ》に合《あ》っていなくて、理解《りかい》できないこと。例 不可解な言動《げんどう》。

ふかく【不覚】 名詞 形容動詞
❶意識《いしき》や感覚《かんかく》がないこと。例 前後《ぜんご》不覚にねむる。
❷油断《ゆだん》して失敗《しっぱい》すること。例 相手《あいて》をあまく見《み》たのが不覚だった。
❸思《おも》わずそうすること。例「家《いえ》なき子《こ》」を読《よ》んで、不覚にもなみだを流《なが》してしまった。

ふがくさんじゅうろっけい【富嶽三十六景】 名詞 江戸《えど》時代《じだい》の葛飾北斎《かつしかほくさい》がつくった浮《うき》世絵版画《よえはんが》。富士山《ふじさん》をさまざまな視点《してん》でえがいたもので、全部《ぜんぶ》で四十六枚《よんじゅうろくまい》ある。

ふかけつ【不可欠】 名詞 形容動詞 どうしてもなくてはならないこと。絶対《ぜったい》に必要《ひつよう》なこと。
使い方「不可決」と書《か》かないよう注意《ちゅうい》。

ふかこうりょく【不可抗力】 名詞 人《ひと》の力《ちから》ではどうすることもできないこと。例 今回《こんかい》の事故《じこ》は不可抗力によるものだ。

ふかさ【深さ】 名詞 深《ふか》い程度《ていど》。どれくらい深《ふか》いかということ。例 洞穴《ほらあな》の深さを調《しら》べる。

ふかしぎ【不可思議】
❶名詞 形容動詞 なぜそうなのか、どうしてもわからないような、たいへん不思議《ふしぎ》なこと。例 なんとも不可思議な事件《じけん》が起《お》こった。
❷名詞 大《おお》きな数《かず》を表《あらわ》すときに使《つか》う数《かず》の単位《たんい》。10の64乗《じょう》。10の80乗《じょう》という説《せつ》もある。

ふかす 動詞 蒸気《じょうき》を当《あ》てて、食《た》べ物《もの》をやわらかくする。蒸《む》す。例 いもをふかす。

ぶかつ【部活】 名詞「部活動《ぶかつどう》」の略《りゃく》。学校《がっこう》でのクラブ活動《かつどう》のこと。

ぶかっこう【不格好】 名詞 形容動詞 格好《かっこう》が悪《わる》いこと。例 不格好な服装《ふくそう》。

ふかで【深手】 名詞 戦《たたか》いなどで受《う》けた重《おも》い傷《きず》。大《おお》けが。例 深手を負《お》う。

ふかのう【不可能】 名詞 形容動詞 できないこと。例 これを全部《ぜんぶ》覚《おぼ》えるのは不可能だ。対 可能《かのう》。

ふかぶかと【深深と】 副詞 とても深《ふか》いようす。深《ふか》くゆったりしているようす。例 深々と頭《あたま》を下《さ》げる／深々とため息《いき》をつく。

ふかぶん【不可分】 名詞 深《ふか》く強《つよ》いつながりがあって、分《わ》けることができないこと。例 すいみん時間《じかん》と健康《けんこう》は不可分の関係《かんけい》にある。

ふかまる【深まる】 動詞 ものごとの程度《ていど》が進《すす》む。例 秋《あき》も深《ふか》まってきた／理解《りかい》が深まる。漢

読書のこみち　高 中 低　『ギリシア神話《しんわ》』　ゼウスをはじめ、12人《にん》の神々《かみがみ》がとくに有名《ゆうめい》です。人間《にんげん》くささも感《かん》じらロイア戦争《せんそう》、オデュッセウスの長《なが》い航海《こうかい》の話《はなし》など、一度《いちど》は読《よ》んでおきたいものばかりで

ふかみ【深み】 名詞 ➡659ページ しん〔深〕
❶池《いけ》や川《かわ》などの深《ふか》いところ。
❷ものの見方《みかた》・考《かんが》え方《かた》が深《ふか》くて、味《あじ》わいがあること。例 あの人《ひと》のことばには深みがある。
❸深《ふか》く関係《かんけい》しすぎて、簡単《かんたん》にぬけ出《だ》せないこと。例 悪《あく》の深みにはまりこむ。

ふかみどり【深緑】 名詞
濃《こ》い緑色《みどりいろ》。「しんりょく」ともいう。

ふかみどり

ふかめる【深める】 動詞
ものごとの程度《ていど》を進《すす》める。深《ふか》くする。例 外国《がいこく》との交《こう》流《りゅう》を深める。漢 ➡659ページ しん〔深〕

ふかんぜん【不完全】 名詞 形容動詞
足《た》りないところがあって、完全《かんぜん》でないこと。例 この書《しょ》類《るい》は不完全だ。対 完全《かんぜん》。

ふかんぜんへんたい【不完全変態】 名詞
昆虫《こんちゅう》が成長《せいちょう》するときの体《からだ》の変化《へんか》のしかたの一《ひと》つ。幼虫《ようちゅう》から成虫《せいちゅう》へと成長《せいちょう》し、間《あいだ》にさなぎの時期《じき》がないものをいう。とんぼ・ばったなどに見《み》られる。対 完全変態《かんぜんへんたい》。

ふき 名詞
季語 夏 きくのなかまの草《くさ》。春《はる》の初《はじ》めごろに、つぼみのついた若《わか》芽《め》（＝ふきのとう）が出《で》る。ふきのとうと、葉《は》のついた長《なが》い柄《え》の部分《ぶぶん》を食用《しょくよう》にする。

ふき

ふき【付記】 名詞 動詞
つけ足《た》して書《か》くこと。また、つけ足《た》して書《か》いたもの。例 親子《おやこ》キャンプの案内状《あんないじょう》に注意事項《ちゅういじこう》を付記する。

ぶき【武器】 名詞
戦《たたか》いに使《つか》う道具《どうぐ》。類 兵器《へいき》。

ふきあげる【吹き上げる・噴き上げる】 動詞
❶風《かぜ》が下《した》の方《ほう》から上《うえ》の方《ほう》へ向《む》かってふく。例 谷間《たにま》から山頂《さんちょう》に向《む》かって風《かぜ》が吹き上げる。
❷風《かぜ》がふいて、物《もの》を上《うえ》にまい上《あ》がらせる。例 強風《きょうふう》でテントが吹き上げられた。
❸水《みず》や蒸気《じょうき》などを上《うえ》の方《ほう》へ勢《いきお》いよく出《だ》す。例 くじらが潮《しお》を噴き上げる。

ふきあれる【吹き荒れる】 動詞
風《かぜ》が激《はげ》しくふく。類 吹《ふ》きすさぶ。

ふきおろす【吹き下ろす】 動詞
風《かぜ》が高《たか》い方《ほう》から低《ひく》い方《ほう》へ、激《はげ》しくふく。例 山《やま》から吹き下ろす風《かぜ》が冷《つめ》たい。

ふきかえ【吹き替え】 名詞
❶映画《えいが》などで、外国語《がいこくご》のせりふを、自分《じぶん》の国《くに》のことばに直《なお》して録音《ろくおん》すること。
❷演劇《えんげき》や映画《えいが》で、観客《かんきゃく》にわからないように、ある場面《ばめん》だけ別《べつ》の人《ひと》が演《えん》じること。また、その演《えん》じる人《ひと》。

ふきかける【吹き掛ける】 動詞
❶強《つよ》くふいて、当《あ》たるようにする。例 息《いき》を吹き掛ける。
❷相手《あいて》に対《たい》して、しかける。例 議論《ぎろん》を吹き掛けられた。
❸値段《ねだん》を実際《じっさい》より高《たか》くいう。例 二倍《にばい》の値段《ねだん》を吹き掛けられた。
使い方 ❷❸は、「ふっかける」の形《かたち》で使《つか》うことが多《おお》い。

ふきげん【不機嫌】 名詞 形容動詞
機嫌《きげん》が悪《わる》いこと。例 寝不足《ねぶそく》で不機嫌になる。対 上機嫌《じょうきげん》。

ふきこむ【吹き込む】 動詞
❶風《かぜ》や、風《かぜ》にふかれた雨《あめ》や雪《ゆき》などが入《はい》ってくる。例 窓《まど》から雨《あめ》が吹き込む。
❷ふいて中《なか》に入《い》れる。例 風船《ふうせん》に息《いき》を吹き込む。
❸悪《わる》いことを教《おし》えこむ。例 悪知恵《わるぢえ》を吹き込む。
❹CD《シーディー》やテープなどに録音《ろくおん》する。

ふきさらし【吹きさらし】 名詞
囲《かこ》いなどがなくて、風《かぜ》がふき当《あ》たるままになっていること。また、そのようなところ。ふきっさらし。例 吹きさらしの土手《どて》。

ふきすさぶ【吹きすさぶ】 動詞
風《かぜ》がひどくふきあれる。「ふきすさむ」ともいう。例 北風《きたかぜ》の吹きすさぶ海《うみ》。

ふきすさむ【吹きすさむ】 ➡1146ページ ふきすさぶ

ふきそく【不規則】 名詞 形容動詞
規則正《きそくただ》しくないこと。乱《みだ》れていること。例 不規則な生活《せいかつ》。

ふきだし【吹き出し】 名詞
漫画《まんが》で、登場人《とうじょうじん》物《ぶつ》のせりふが書《か》いてある、口《くち》からふき出《だ》したような形《かたち》のわく。

ふきだす【吹き出す・噴き出す】 動詞
❶風《かぜ》などがふき始《はじ》める。例 北風《きたかぜ》が吹き出す。

向《む》こうの不思議《ふしぎ》な町《まち》にむかえ入《い》れられます。でも、お客《きゃく》さんあつかいはなしで、働《はたら》くように言《い》われます。不器用《ぶきよう》着《ちゃく》がわいていきます…。地図《ちず》もついています。どんな人《ひと》たちが住《す》んでいる町《まち》か、想像《そうぞう》してみてください。

❷笛《ふえ》などをふき始《はじ》める。❸勢《いきお》いよく出《で》る。例 湯気《ゆげ》が噴き出す。❹こらえきれないで笑《わら》い出《だ》す。例 おかしくて思《おも》わず噴き出した。

ふきだまり【吹きだまり】名詞 雪《ゆき》や落《お》ち葉《ば》、紙《かみ》くずなどが、風《かぜ》にふき寄《よ》せられて一《いっ》か所《しょ》にたまっているところ。

ふきつ【不吉】名詞 形容動詞 縁起《えんぎ》が悪《わる》いこと。よくないことが起《お》こりそうなようす。例 不吉な夢《ゆめ》を見《み》た。

ふきつける【吹き付ける】動詞 ❶風《かぜ》が激《はげ》しくふいてきて当《あ》たる。例 ガラス戸《と》に、強《つよ》い風《かぜ》が吹き付ける。❷きりのようにしてふき出《だ》させ、物《もの》につける。例 スプレーでペンキをかべに吹き付ける。

ふきっさらし【吹きっさらし】→1146ジペーふきさらし

ぶきっちょ 名詞 形容動詞 「不器用《ぶきよう》」のくだけた言《い》い方《かた》。例 ぶきっちょな手《て》つき。

ふきでもの【吹き出物】名詞 皮膚《ひふ》にできる小《ち》さなできもの。

ふきとばす【吹き飛ばす】動詞 ❶ふいて物《もの》を飛《と》ばす。例 看板《かんばん》を吹き飛ばすほどの強風《きょうふう》。❷一気《いっき》にはらいのける。例 寒《さむ》さを吹き飛ばす。

ふきとぶ【吹き飛ぶ】動詞 ❶風《かぜ》などにふかれて飛《と》ぶ。❷一気《いっき》に消《き》えてなくなる。例 おどろいてねむ気《け》が吹き飛んだ。

ふきとる【拭き取る】動詞 水分《すいぶん》やよごれなどを、ふいてとり去《さ》る。例 テーブルのよごれを拭き取る。

ふきながし【吹き流し】名詞 季語夏 さおの先《さき》につけた輪《わ》に細長《ほそなが》い布《ぬの》を結《むす》びつけ、風《かぜ》になびかせる旗《はた》。また、それに似《に》せて作《つく》った物《もの》。こいのぼりといっしょにかざったり、風《かぜ》の向《む》きを調《しら》べるのに使《つか》ったりする。

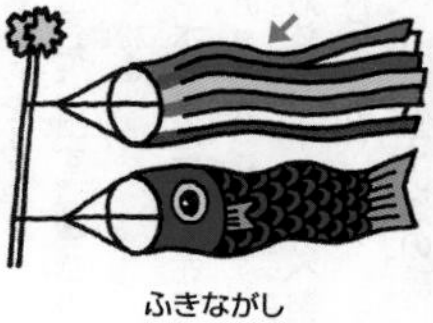

ふきながし

ふきのとう 名詞 季語春 ふきのつぼみのついた若芽《わかめ》。春《はる》の初《はじ》めごろに、葉《は》よりも先《さき》に出《で》る。香《かお》りと苦《にが》みがあり、食用《しょくよう》になる。

ふきのとう

ふきぶり【吹き降り】名詞 強《つよ》い風《かぜ》とともに、雨《あめ》が激《はげ》しく降《ふ》ること。

ぶきみ【不気味・無気味】形容動詞 なんとなく気味《きみ》が悪《わる》く、こわい感《かん》じがすること。例 夜《よる》の森《もり》は不気味に静《しず》まり返《かえ》っていた。

ふきゅう【不朽】名詞 いつまでも残《のこ》ること。ほろびないこと。例 不朽の名作《めいさく》。類 不滅《ふめつ》。

ふきゅう【普及】名詞 動詞 広《ひろ》く行《い》きわたること。世《よ》の中《なか》の多《おお》くの人《ひと》に使《つか》われること。例 携《けい》帯電話《たいでんわ》は広く普及した。

ふきょう【不況】名詞 景気《けいき》が悪《わる》いこと。類 不《ふ》景気《けいき》。対 好況《こうきょう》。

ふきょう【布教】名詞 動詞 宗教《しゅうきょう》を世《よ》の中《なか》に広《ひろ》めること。類 伝道《でんどう》。

ふきょう【富強】名詞 形容動詞 国《くに》が豊《ゆた》かで、勢《せい》力《りょく》が強《つよ》いこと。

ぶきよう【不器用・無器用】名詞 形容動詞 手先《てさき》でする仕事《しごと》が下手《へた》なこと。また、ものごとをすらすらとうまく進《すす》めることができないこと。ぶきっちょ。例 不器用な手《て》つき。対 器用《きよう》。

ぶぎょう【奉行】名詞 昔《むかし》、幕府《ばくふ》で、おもに政《せい》治上《じじょう》の仕事《しごと》を受《う》け持《も》った武士《ぶし》の役《やく》の名《な》。また、その役目《やくめ》のいちばん上《うえ》の人《ひと》。例 勘定奉行《かんじょうぶぎょう》。

ふきょうをかう【不興を買う】目上《めうえ》の人《ひと》の機嫌《きげん》を悪《わる》くする。例 ふざけた態度《たいど》をとって、先生《せんせい》の不興を買う。

ふきん【布巾】名詞 食器《しょっき》などをふく小《ち》さな布《ぬの》。

ふきん【付近】名詞 近《ちか》いところ。辺《あた》り。例 学《がっ》校《こう》の付近には緑《みどり》が多《おお》い。類 近所《きんじょ》。近辺《きんぺん》。周辺《しゅうへん》。

ふく 動詞 かわら・トタン・かやなどで屋根《やね》をおおう。例 かやで屋根《やね》をふいた農家《のうか》。

ふく【服】名詞 着《き》るもの。衣服《いふく》。洋服《ようふく》。例 きれいな服／服を買《か》ってもらう。

漢 **ふく**【服】〔月《つき》〕 8画 3年 訓 音 フク

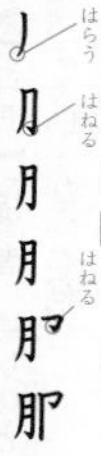

❶ふく。着《き》るもの。例 服装《ふくそう》／衣服《いふく》／制服《せいふく》／洋《よう》服《ふく》／和服《わふく》。❷したがう。例 服役《ふくえき》／服従《ふくじゅう》／屈服《くっぷく》

読書のこみち 高 中 低 『霧《きり》のむこうのふしぎな町《まち》』柏葉幸子《かしわばさちこ》 夏休《なつやす》み、ピエロの柄《え》のかさを持《も》ったリナは、霧《きり》のながら町《まち》のお店《みせ》を順番《じゅんばん》に手伝《てつだ》っていくうちに、リナはこの「めちゃくちゃ通《どお》り」への愛《あい》

／心服《しんぷく》。❸薬《くすり》、茶《ちゃ》などをのむ。例 服毒《ふくどく》／服用《ふくよう》。❹薬《くすり》・茶《ちゃ》をのむ回数《かいすう》を数《かぞ》えることば。例 一服《いっぷく》。

ふく【副】 名詞 主《しゅ》となるものの助《たす》けや予備《よび》となるもの。例 正《せい》と副《ふく》の二《ふた》つの書類《しょるい》を作《つく》る／正《せい》と副《ふく》の委員長《いいんちょう》。対 正《せい》。

漢 **ふく【副】**〔刂《りっとう》〕11画 4年 音 フク 訓

一 㔾 口 戸 吊 畐 畐 副(みじかく) 副

❶つきそって助《たす》けとなる。例 副会長《ふくかいちょう》／副議長《ふくぎちょう》／副業《ふくぎょう》／副題《ふくだい》。対 正《せい》。❷ともなっておこる。例 副作用《ふくさよう》／副産物《ふくさんぶつ》。

漢 **ふく【復】**〔彳《ぎょうにんべん》〕12画 5年 音 フク 訓

彳 彳 彳 彳 復 復 復(はらう)

❶もとにもどる。例 復《ふく》する／復活《ふっかつ》／復帰《ふっき》／復旧《ふっきゅう》／回復《かいふく》。❷くり返《かえ》す。かえり。例 復習《ふくしゅう》／復唱《ふくしょう》／往復《おうふく》／反復《はんぷく》。❸しかえし。例 報復《ほうふく》。

ふく【福】 名詞 幸《しあわ》せ。幸運《こううん》。例 福《ふく》を呼《よ》びこむ／残《のこ》り物《もの》には福《ふく》がある。漢 ⇒1148ジ ふく〔福〕

● **福《ふく》の神《かみ》** ⇒1150ジ ふくのかみ

● **福《ふく》は内《うち》、鬼《おに》は外《そと》** 節分《せつぶん》の夜《よる》、豆《まめ》まきをするときに言《い》うことば。「鬼《おに》は外《そと》、福《ふく》は内《うち》」ともいう。

漢 **ふく【福】**〔ネ《しめすへん》〕13画 3年 音 フク 訓

ラ ネ(とめる) ネ 祀 祀 福 福 福

さいわい。しあわせ。例 福祉《ふくし》／福引《ふくび》き／福袋《ふくぶくろ》／幸福《こうふく》／祝福《しゅくふく》。

漢 **ふく【腹】**〔月《にくづき》〕13画 6年 音 フク 訓 はら

刀(はねる) 月 肝 肺 胙 腹 腹 腹(はらう)

❶おなか。はら。例 腹鼓《はらつづみ》／腹痛《ふくつう》／腹部《ふくぶ》／腹筋《ふっきん》／空腹《くうふく》／満腹《まんぷく》。❷物《もの》のなかほど。例 船腹《せんぷく》／中腹《ちゅうふく》。❸こころ。考《かんが》え。例 腹案《ふくあん》／立腹《りっぷく》。

漢 **ふく【複】**〔ネ《ころもへん》〕14画 5年 音 フク 訓

ネ ネ(てんを二つ) 衤 衤 衤 複 複 複

❶かさなる。かさねる。例 複合《ふくごう》／複製《ふくせい》／重複《ちょうふく》。❷二《ふた》つ以上《いじょう》ある。例 複眼《ふくがん》／複雑《ふくざつ》／複数《ふくすう》／複線《ふくせん》。対 単《たん》。

ふく【吹く】 動詞

❶風《かぜ》が起《お》こる。例 春風《はるかぜ》が吹《ふ》く。

❷口《くち》から息《いき》を強《つよ》く出《だ》す。例 ほこりをふっと吹《ふ》く。

❸息《いき》を出《だ》して鳴《な》らす。例 ハーモニカを吹《ふ》く。

❹大《おお》げさなことを言《い》う。例 ほらを吹《ふ》く。

❺中《なか》から外《そと》に出《で》てくる。また、出《だ》す。例 草《くさ》の芽《め》が吹《ふ》く／干《ほ》しがきが白《しろ》く粉《こな》を吹《ふ》く。

ふく【拭く】 動詞 よごれや水分《すいぶん》などを紙《かみ》や布《ぬの》でとる。例 あせを拭《ふ》く／窓《まど》のガラスを拭《ふ》く。

ふく【噴く】 動詞 気体《きたい》や液体《えきたい》が、中《なか》から外《そと》へ勢《いきお》いよく出《で》る。例 火山《かざん》がけむりを噴《ふ》く。

ふぐ 名詞 季語 冬 体《からだ》が丸《まる》く、口《くち》が小《ちい》さい海《うみ》の魚《さかな》。敵《てき》にあうと空気《くうき》や水《みず》を吸《す》いこみ、腹《はら》をふくらませる。食用《しょくよう》になるが、はらわたに強《つよ》い毒《どく》を持《も》つものが多《おお》い。ことば 漢字《かんじ》では「河豚」と書《か》く。図 ⇒521ジ さかな〔魚〕

ぶぐ【武具】 名詞 昔《むかし》、戦《たたか》いのときに使《つか》った道具《どうぐ》。よろい・かぶとなど。

ふくあん【腹案】 名詞 まだだれにも発表《はっぴょう》していない計画《けいかく》。心《こころ》の中《なか》に持《も》っている考《かんが》え。

ふくいけん【福井県】 名詞 中部地方《ちゅうぶちほう》の西部《せいぶ》にある県《けん》。日本海《にほんかい》に面《めん》する。繊維産業《せんいさんぎょう》がさかん。県庁《けんちょう》は福井市《ふくいし》にある。

ふくいはん【福井藩】 名詞 江戸時代《えどじだい》、今《いま》の福井県《ふくいけん》にあった藩《はん》。「越前藩《えちぜんはん》」ともいう。

ふぐう【不遇】 名詞 形容動詞 才能《さいのう》があるのに、運《うん》が悪《わる》くて世《よ》の中《なか》で認《みと》められないこと。例 この画家《がか》は不遇《ふぐう》な一生《いっしょう》を送《おく》った。

ふくえき【服役】 名詞 動詞 ❶罪《つみ》をおかした人《ひと》が、決《き》められた期間《きかん》、刑務所《けいむしょ》に入《はい》って決《き》められた仕事《しごと》をすること。❷務《つと》めとして軍隊《ぐんたい》に入《はい》ること。

ふくおかけん【福岡県】 名詞 九州地方《きゅうしゅうちほう》の北部《ほくぶ》にある県《けん》。北九州工業地域《きたきゅうしゅうこうぎょうちいき》があり、工業《こうぎょう》がさかん。県庁《けんちょう》は福岡市《ふくおかし》にある。

ふくおかし【福岡市】 名詞 福岡県《ふくおかけん》の西部《せいぶ》にある大《おお》きな都市《とし》。福岡県《ふくおかけん》の県庁《けんちょう》がある。九州《きゅうしゅう》地方《ちほう》の中心都市《ちゅうしんとし》。

ふくおんせい【副音声】 名詞 テレビ放送《ほうそう》などで、ふつうの音声《おんせい》に重《かさ》ねて流《なが》す、別《べつ》の内容《ないよう》の音声《おんせい》。目《め》が不自由《ふじゆう》な人《ひと》のために場面《ばめん》の解説《かいせつ》をする音声《おんせい》など。

ふくがん【複眼】 名詞 たくさんの小《ちい》さな目《め》が

た王《おう》ギルガメシュは、大《おお》きく強《つよ》いけれどもひとりぼっちでした。動物《どうぶつ》たちと森《もり》に住《す》む、強《つよ》くて思《おも》いやり深《ふか》いエン
もとにした絵本《えほん》は、『ギルガメシュ王《おう》のたたかい』『ギルガメシュ王《おう》さいごの旅《たび》』と続《つづ》きます。

集《あつ》まって、一《ひと》つの目《め》のように見《み》えるもの。とんぼ・せみ・かに・えびなどが持《も》つ。関連 単眼《たんがん》。

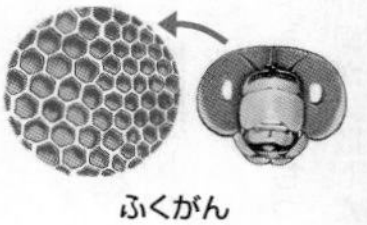
ふくがん

ふくぎょう【副業】名詞 おもな仕事《しごと》のほかにやっている仕事《しごと》。例 父《ちち》は副業としてそろばんの先生《せんせい》をしている。対 本業《ほんぎょう》。

ふくげん【復元・復原】名詞 動詞 もとの形《かたち》や状態《じょうたい》にもどすこと。また、もどること。例 大昔《おおむかし》の住居《じゅうきょ》を復元する。

ふくごう【複合】名詞 動詞 二《ふた》つ以上《いじょう》のものが合《あ》わさって一《ひと》つになること。また、一《ひと》つにすること。例 映画館《えいがかん》と飲食店《いんしょくてん》の複合施設《しせつ》。

ふくごういさん【複合遺産】名詞 世界遺《せかいい》産《さん》のうち、文化《ぶんか》遺産《いさん》と自然《しぜん》遺産《いさん》の両方《りょうほう》の性格《せいかく》を持《も》っているもの。

ふくごうご【複合語】名詞 二《ふた》つ以上《いじょう》の語《ご》が結《むす》びついて一《ひと》つの語《ご》になったもの。「船旅《ふなたび》（＝船《ふね》＋旅《たび》）」「青空《あおぞら》（＝青《あお》＋空《そら》）」「力強《ちからづよ》い（＝力《ちから》＋強《つよ》い）」など。ことば「ふなたび」のように音《おん》が変《か》わったり、「あおぞら」「ちからづよい」のようににごったりするものがある。

ふくこうちょう【副校長】名詞 校長《こうちょう》を助《たす》けて、学校《がっこう》のさまざまな仕事《しごと》を行《おこな》う役目《やくめ》の人《ひと》。

ふくさい【副菜】名詞 主食《しゅしょく》や主菜《しゅさい》を補《おぎな》うおかず。野菜《やさい》・豆《まめ》・いもなどをおもな材料《ざいりょう》とする料理《りょうり》。

ふくざつ【複雑】名詞 形容動詞 いろいろなことがからみ合《あ》っていて、簡単《かんたん》ではないこと。例 複雑な問題《もんだい》。対 単純《たんじゅん》。簡単《かんたん》。

ふくさよう【副作用】名詞 ある薬《くすり》が、病気《びょうき》を治《なお》すはたらきのほかに持《も》っている、体《からだ》に害《がい》になるようなはたらき。

ふくざわゆきち【福沢諭吉】名詞（一八三四～一九〇一）明治時代《めいじじだい》の思想家《しそうか》・教育家《きょういくか》。「学問《がくもん》のすすめ」「西洋事情《せいようじじょう》」などの本《ほん》を書《か》き、人間《にんげん》の自由《じゆう》・権利《けんり》・平等《びょうどう》の大切《たいせつ》さを説《と》いた。また、慶応義塾《けいおうぎじゅく》（＝今《いま》の慶応義塾大学《けいおうぎじゅくだいがく》）をつくった。参考「天《てん》は人《ひと》の上《うえ》に人《ひと》を造《つく》らず、人《ひと》の下《した》に人《ひと》を造《つく》らずと云《い》えり」ということばが有名《ゆうめい》。

ふくさんぶつ【副産物】名詞 あるものをつくるとちゅうにできる、別《べつ》のもの。石炭《せきたん》ガスをつくるときにできるコールタールなど。

ふくし【副詞】名詞 品詞《ひんし》の一《ひと》つ。動詞《どうし》・形容《けいよう》詞《し》・形容動詞《けいようどうし》などの前《まえ》について、その状態《じょうたい》や程度《ていど》などを表《あらわ》す。たとえば「にっこりと笑《わら》う」「とても美《うつく》しい」の～～の部分《ぶぶん》。

ふくし【福祉】名詞 人々《ひとびと》の幸《しあわ》せ。世《よ》の中《なか》の幸《こう》福《ふく》。例 社会《しゃかい》福祉／介護《かいご》福祉士《し》／福祉会館《かいかん》。

ふくじ【服地】名詞 洋服《ようふく》をつくるための布地《ぬのじ》。

ふくしきかざん【複式火山】名詞 火口《かこう》の中《なか》に別《べつ》の新《あたら》しい火山《かざん》ができて、二重《にじゅう》以上《いじょう》になっている火山《かざん》。二重式火山《にじゅうしきかざん》・三重式火山《さんじゅうしきかざん》がある。参考 二重式火山《にじゅうしきかざん》には阿蘇山《あそさん》・榛名山《はるなさん》など、三重式火山《さんじゅうしきかざん》には浅間山《あさまやま》などがある。

ふくしきこきゅう【腹式呼吸】名詞 おもに横隔膜《おうかくまく》を上下《じょうげ》させて行《おこな》う呼吸《こきゅう》。男《おとこ》の人《ひと》に多《おお》い呼吸方法《こきゅうほうほう》。対 胸式呼吸《きょうしきこきゅう》。

ふくしまけん【福島県】名詞 東北地方《とうほくちほう》の南《なん》部《ぶ》にある県《けん》。農業《のうぎょう》がさかん。また、水《みず》が豊《ゆた》かで、水力発電所《すいりょくはつでんしょ》が多《おお》い。県庁《けんちょう》は福島市《ふくしまし》にある。

ふくしゃ【複写】名詞 動詞 図面《ずめん》や書類《しょるい》などを、そのとおりに写《うつ》しとること。コピー。

ふくしゃ【ふく射】⇒1207ページ ほうしゃ❷

ふくしゅう【復習】名詞 動詞 習《なら》ったことを、くり返《かえ》して勉強《べんきょう》すること。対 予習《よしゅう》。

ふくしゅう【復しゅう】名詞 動詞 仕返《しかえ》しをすること。敵討《かたきう》ちをすること。類 報復《ほうふく》。

ふくじゅう【服従】名詞 動詞 人《ひと》の命令《めいれい》や考《かんが》えにおとなしく従《したが》うこと。対 反抗《はんこう》。

ふくじゅそう【福寿草】名詞 季語 新年 きんぽうげのなかまの草花《くさばな》。春《はる》の初《はじ》め、黄色《きいろ》い花《はな》がさく。めでたい花《はな》とされ、正月用《しょうがつよう》のかざりなどに使《つか》われる。

ふくじゅそう

ふくしょう【副賞】名詞 正式《せいしき》の賞《しょう》にそえておくられる、お金《かね》や品《しな》物《もの》。

ふくしょう【復唱】名詞 動詞 言《い》われたことを、その場《ば》でそのとおりくり返《かえ》して言《い》うこと。例 母《はは》にたのまれた用事《ようじ》を復唱して確《たし》かめる。

ふくしょく【服飾】名詞 服《ふく》と、それにつけるかざり。例 服飾デザイナー。

読書のこみち　高 中 低 『ギルガメシュ王《おう》ものがたり』ゼーマン文《ぶん》・絵《え》　メソポタミアの地《ち》に太陽神《たいようしん》から送《おく》られてきキドゥの話《はなし》を聞《き》き、たおそうとしますが…。5000年《ねん》以上《いじょう》前《まえ》に粘土板《ねんどばん》に記《しる》された物語《ものがたり》を

ふくしょく【副食】 名詞 ごはんやパンなどの主食《しゅしょく》にそえて食《た》べるもの。おかず。副食物《ふくしょくぶつ》。対 主食《しゅしょく》。

ふくしょくぶつ【副食物】 ⇩1150ページ ふくしょく〔副食〕

ふくしん【腹心】 名詞 深《ふか》く信頼《しんらい》して、どんなことでも打《う》ち明《あ》けたり任《まか》せたりできる人《ひと》。例 腹心の部下《ぶか》を持《も》つ。

ふくすいぼんにかえらず【覆水盆に返らず】 ⇩1031ページ 故事成語

ふくすう【複数】 名詞 人《ひと》やものの数《かず》が二《ふた》つ以《い》上《じょう》であること。例 複数の資料《しりょう》を調《しら》べる。対 単数《たんすう》。

ふくする【服する】 動詞 言《い》われたことに従《したが》う。また、仕事《しごと》や務《つと》めにつく。例 命令《めいれい》に服する／喪《も》に服する。

ふくする【復する】 動詞 もとの状態《じょうたい》にもどる。また、もとの状態《じょうたい》にもどす。

ふくせい【複製】 名詞 動詞 美術品《びじゅつひん》や書物《しょもつ》などを、もとのものとそっくり同《おな》じようにつくること。また、そのつくったもの。例 名画《めいが》の複製。

ふくせん【伏線】 名詞 物語《ものがたり》や劇《げき》などで、あとで起《お》こるできごとを、前《まえ》のほうでそれとなく知《し》らせておくこと。

● **伏線《ふくせん》を張《は》る**
❶物語《ものがたり》や劇《げき》などで、あとで起《お》こるできごとを、前《まえ》のほうでそれとなく知《し》らせる。例 推理《すいり》小説《しょうせつ》の前半《ぜんはん》にたくみな伏線を張る。
❷あとのものごとがうまくいくように、前《まえ》もってこっそり準備《じゅんび》しておく。例 計画《けいかく》が失敗《しっぱい》したときのために伏線を張っておく。

ふくせん【複線】 名詞 鉄道《てつどう》で、上《のぼ》りと下《くだ》りの線路《せんろ》が別々《べつべつ》にしかれているもの。対 単線《たんせん》。

ふくそう【服装】 名詞 着《き》ている服《ふく》。身《み》なり。

ふくだい【副題】 名詞 本《ほん》や作文《さくぶん》などで、内容《ないよう》をわかりやすく伝《つた》えるために、題《だい》の横《よこ》にそえてつける題《だい》。サブタイトル。

ふくちょう【復調】 名詞 動詞 体《からだ》などの調子《ちょうし》が、もとのよい状態《じょうたい》にもどること。

ふくつ【不屈】 名詞 形容動詞 どんなことにもくじけないこと。例 不屈の精神《せいしん》。

ふくつう【腹痛】 名詞 腹《はら》が痛《いた》むこと。はらいた。例 腹痛を起《お》こす。

ふくどく【服毒】 名詞 動詞 毒《どく》を飲《の》むこと。例 服毒自殺《じさつ》。

ふくどくほん【副読本】 名詞 学校《がっこう》で教科書《きょうかしょ》のほかに使《つか》う、学習用《がくしゅうよう》の本《ほん》。

ふくとしん【副都心】 名詞 大都市《だいとし》の古《ふる》くからの中心部《ちゅうしんぶ》とは別《べつ》の地域《ちいき》にできた、都心《としん》に次《つ》ぐ中心地《ちゅうしんち》。

ふくのかみ【福の神】 名詞 人々《ひとびと》に幸《しあわ》せをあたえてくれるという神《かみ》。

ふくびき【福引き】 名詞 季語 新年 当《あ》たりを引《ひ》くと景品《けいひん》がもらえるくじ引《び》き。

ふくぶ【腹部】 名詞 腹《はら》の部分《ぶぶん》。おなか。

ふくぶくしい【福福しい】 形容詞 顔《かお》がふっくらとしていて、幸福《こうふく》そうなようす。例 福々しい笑顔《えがお》が印象的《いんしょうてき》な人《ひと》。

ふくふくせん【複複線】 名詞 鉄道《てつどう》で、複線《ふくせん》が二組《ふたくみ》並《なら》んだ線路《せんろ》。上《のぼ》りの線路《せんろ》が二本《にほん》、下《くだ》りの線路《せんろ》が二本《にほん》ある。

ふくぶくろ【福袋】 名詞 正月《しょうがつ》の初売《はつう》りなどで、いろいろな商品《しょうひん》をつめて口《くち》を閉《と》じ、定価《ていか》より安《やす》く売《う》るふくろ。

ふくぶん【複文】 名詞 組《く》み立《た》て方《かた》からみた文《ぶん》の種類《しゅるい》の一《ひと》つ。一《ひと》つの文《ぶん》の主部《しゅぶ》・述部《じゅつぶ》・修飾《しゅうしょく》部《ぶ》などの中《なか》に、さらに主語《しゅご》・述語《じゅつご》がある文《ぶん》。関連 単文《たんぶん》。重文《じゅうぶん》。

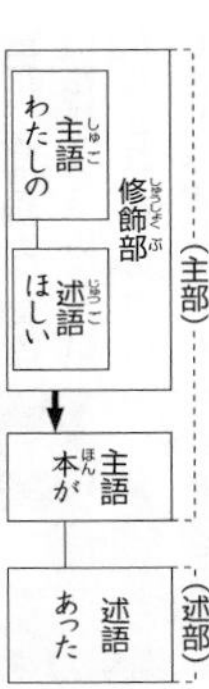

ふくぶん

ふくへい【伏兵】 名詞
❶敵《てき》を急《きゅう》におそうために待《ま》ちぶせしている兵《へい》。
❷思《おも》いがけないときに現《あらわ》れる、じゃまものや競争相手《きょうそうあいて》。例 思《おも》わぬ伏兵が優勝《ゆうしょう》をさらった。

ふくみ【含み】 名詞 表《おもて》には表《あらわ》されていない、かくれた意味《いみ》や内容《ないよう》。例 含みのある言《い》い方《かた》。

ふくむ【含む】 動詞
❶中《なか》に入《い》れている。例 参加費《さんかひ》には食事代《しょくじだい》も含む。
❷口《くち》の中《なか》に入《い》れたままにする。例 口《くち》に水《みず》を含む。
❸考《かんが》えに入《い》れる。心《こころ》の中《なか》に覚《おぼ》えておく。例 ぼくの意見《いけん》をよく含んでおいてほしい。
❹ある気持《きも》ちを表情《ひょうじょう》や態度《たいど》に表《あらわ》す。例 笑《わら》いを含んだ声《こえ》。

ふくむ【服務】 名詞 動詞 受《う》け持《も》っている仕事《しごと》につくこと。例 職場《しょくば》での服務の態度《たいど》がよい。

ふくめる【含める】 動詞

年《ねん》の1年間《ねんかん》の日記形式《にっきけいしき》。学校《がっこう》での出来事《できごと》を中心《ちゅうしん》に日記《にっき》がつづられる中《なか》に、時折《ときおり》、お父《とう》さんなど家族《かぞく》からの助言《じょげん》「母《はは》をたずねて三千里《さんぜんり》」「難破船《なんぱせん》」「フィレンツェの少年筆耕《しょうねんひっこう》」など、独立《どくりつ》してよく知《し》られるものも多《おお》い。

❶その中《なか》に入《い》れていっしょにする。例 先生《せんせい》を含めて八名《はちめい》が参加《さんか》した。❷よくわかるように言《い》い聞《き》かせる。例 かんで含めるように話《はな》す。

ふくめん【覆面】名詞 動詞 ❶顔《かお》を、布《ぬの》などでおおってかくすこと。また、その布《ぬの》など。❷名《な》まえや正体《しょうたい》をはっきりさせないこと。例 覆面パトカー。

ふくやまはん【福山藩】⇒1249ジペーまつまえはん

ふくよう【服用】名詞 動詞 薬《くすり》を飲《の》むこと。例 この薬《くすり》は毎朝一回《まいあさいっかい》服用してください。

ふくよう【複葉】名詞 ❶いくつかの小《ちい》さな葉《は》からできている葉《は》。ばら・ふじなど。対 単葉《たんよう》。❷飛行機《ひこうき》のつばさが上下《じょうげ》二枚《にまい》になっているもの。対 単葉《たんよう》。

ふくよか 形容動詞 ふっくらとしてやわらかそうなようす。例 ふくよかなほお。

ふくらはぎ 名詞 すねの後《うし》ろの、肉《にく》のふくらんだ部分《ぶぶん》。図⇒287ジペーからだ

ふくらます【膨らます】⇒1151ジペーふくらませる

ふくらませる【膨らませる】動詞 ふくらむようにする。ふくらます。例 風船《ふうせん》を膨らませる／期待《きたい》に胸《むね》を膨らませる。

ふくらむ【膨らむ】動詞 中《なか》から盛《も》り上《あ》がって大《おお》きくなる。例 つぼみが膨らむ／夢《ゆめ》が膨らむ。

対 しぼむ。

ふくり【福利】名詞 幸福《こうふく》と利益《りえき》。例 福利厚生《こうせい》施設《しせつ》（＝暮《く》らしをより充実《じゅうじつ》させるための施設《しせつ》）。

ふくり【複利】名詞 利子《りし》の計算《けいさん》のしかたの一《ひと》つ。決《き》まった期間《きかん》ごとに利子《りし》を計算《けいさん》して、それを元金《がんきん》（＝もともと預《あず》けたお金《かね》）に加《くわ》え、次《つぎ》の期間《きかん》にはその合計《ごうけい》に利子《りし》をつけていく。

ふくりゅうえん【副流煙】名詞 たばこの先《さき》から立《た》ちのぼるけむり。たばこを吸《す》う人《ひと》が直《ちょく》接吸《せっす》いこむけむりよりも害《がい》があるとされる。関連 主流煙《しゅりゅうえん》。

ふくれっつら【膨れっ面】名詞 ほおをふくらませた、不満《ふまん》そうな顔《かお》。

ふくれる【膨れる】動詞 ❶中《なか》から外《そと》へ盛《も》り上《あ》がって大《おお》きくなる。例 もちが膨れる。❷不満《ふまん》そうな顔《かお》つきをする。例 妹《いもうと》はお菓子《かし》を買《か》ってもらえなくて膨れている。

ふくろ【袋】名詞 ❶布《ぬの》・革《かわ》・ビニール・紙《かみ》などで作《つく》った、物《もの》を入《い》れるもの。例 手《て》さげ袋。❷ふくろ（＝❶）に似《に》たもの。例 胃《い》袋。

●**袋《ふくろ》のねずみ** まわりをとり囲《かこ》まれ、にげ場《ば》がないことのたとえ。例 犯人《はんにん》はもう袋のねずみだ。

ふくろ【復路】名詞 帰《かえ》るときに通《とお》る道《みち》。帰《かえ》り道《みち》。対 往路《おうろ》。

ふくろう 名詞 季語冬 森《もり》のしげみや木《き》のうろにすむ鳥《とり》。頭《あたま》と目《め》が大《おお》きく、くちばしがするどい。夜《よる》に活動《かつどう》して、ねずみや小鳥《ことり》・昆虫《こんちゅう》などを食《た》べる。

ふくろくじゅ【福禄寿】名詞 七福神《しちふくじん》の一人《ひとり》。背《せ》が低《ひく》くて頭《あたま》が長《なが》く、長《なが》いひげをたらし、つえを持《も》っている。図⇒577ジペーしちふくじん

ふくろう

ふくろこうじ【袋小路】名詞 ❶行《い》き止《ど》まりになっている、はばのせまい道《みち》。❷ものごとが行《い》きづまった状態《じょうたい》。例 事件《じけん》の捜査《そうさ》は袋小路に入《はい》りこんだ。

ふくろだたき【袋だたき】名詞 大勢《おおぜい》でとり囲《かこ》んで、なぐるなどの暴力《ぼうりょく》をふるうこと。また、大勢《おおぜい》でとり囲《かこ》んで、非難《ひなん》したりこうげきしたりすること。例 袋だたきにあう。

ふけ 名詞 頭《あたま》の皮膚《ひふ》から出《で》る、白《しろ》い粉《こな》のようなもの。

ぶけ【武家】名詞 さむらい。武士《ぶし》。また、武士《ぶし》の家《いえ》がら。例 武家政治《せいじ》。対 公家《くげ》。

ふけい【父兄】名詞 ❶父《ちち》と兄《あに》。❷学校《がっこう》に通《かよ》っている子供《こども》の保護者《ほごしゃ》。

ふけい【婦警】名詞「婦人警察官《ふじんけいさつかん》」の略《りゃく》。女性《じょせい》の警察官《けいさつかん》。

ぶげい【武芸】⇒1154ジペーぶじゅつ

ふけいき【不景気】名詞 形容動詞 ❶景気《けいき》が悪《わる》いこと。例 不景気で店《みせ》の売《う》り上《あ》げ

あいうえお　かきくけこ　さしすせそ　たちつてと　なにぬねの　はひふへほ　ふ　まみむめも　やゆよ　らりるれろ　わをん

読書のこみち　高 中 低　**『クオレ』デ・アミーチス**　イタリアの代表的《だいひょうてき》な児童文学《じどうぶんがく》の名作《めいさく》。全体《ぜんたい》はエンリーコ少《しょう》も書《か》きこまれる。また、「毎月《まいつき》のお話《はなし》」が全部《ぜんぶ》で9話《わ》、さしはさまれる。それらの中《なか》には

が悪《わる》い。類 不況《ふきょう》。対 好景気《こうけいき》。❷繁盛《はんじょう》しないこと。例 不景気な店《みせ》。❸元気《げんき》がないこと。例 不景気な顔《かお》。使い方 ❸は、俗《ぞく》な言《い》い方《かた》。

ふけいざい【不経済】 名詞 形容動詞 お金《かね》・時《じ》間《かん》・物《もの》などのつかい方《かた》に、むだが多《おお》いこと。

ぶけしょはっと【武家諸法度】 名詞 江戸《えど》幕府《ばくふ》が出《だ》した、大名《だいみょう》を治《おさ》めるための法令《ほうれい》。新《あたら》しく城《しろ》を築《きず》くのを禁止《きんし》したり、参勤交代《さんきんこうたい》を義務《ぎむ》づけたりした。

ぶけせいじ【武家政治】 名詞 武士《ぶし》が中心《ちゅうしん》になって行《おこな》う政治《せいじ》。鎌倉時代《かまくらじだい》・室町時代《むろまちじだい》・江戸時《えどじ》代《だい》まで、約七百年《やくななひゃくねん》の間《あいだ》続《つづ》いた。

ふけつ【不潔】 名詞 形容動詞 よごれていて、きたないこと。対 清潔《せいけつ》。

ふけまちづき【更け待ち月】 名詞 季語 秋 昔《むかし》のこよみで、二十日《はつか》の夜《よる》の月《つき》。とくに、八月《はちがつ》二十日《はつか》の月《つき》。⇩1449ジペー 昔《むかし》のこよみと年《とし》・月《つき》・季節《きせつ》のことば

ぶけやしき【武家屋敷】 名詞 武士《ぶし》が住《す》まいとした屋敷《やしき》。

ふける 動詞 あることに夢中《むちゅう》になる。熱中《ねっちゅう》する。例 読書《どくしょ》にふける／空想《くうそう》にふける。

ふける【老ける】 動詞 年《とし》をとる。漢 ⇩1418ジペー ろう〔老〕

ふける【更ける】 動詞 ❶夜《よる》になってから、かなりの時間《じかん》が過《す》ぎる。例 夜《よ》が更けた。❷ある季節《きせつ》になってから、かなりの時《とき》が過《す》ぎる。深《ふか》くなる。例 秋《あき》も更けて、もみじが美《うつく》しい。

ふげんじっこう【不言実行】 名詞 あれこれ言《い》わず、やるべきことをだまって行《おこな》うこと。

ふこう【不孝】 名詞 動詞 形容動詞 親《おや》を大切《たいせつ》にしないこと。また、親《おや》に心配《しんぱい》をかけること。親不《おやふ》孝《こう》。対 孝行《こうこう》。

ふこう【不幸】 ❶名詞 形容動詞 幸《しあわ》せでないこと。例 不幸な運《うん》命《めい》。対 幸福《こうふく》。❷名詞 家族《かぞく》や親戚《しんせき》など、身近《みぢか》な人《ひと》が死《し》ぬこと。例 昨年《さくねん》は不幸があった。

ふごう【符号】 名詞 文《ぶん》や計算式《けいさんしき》などの中《なか》の、文字《もじ》や数字《すうじ》以外《いがい》のしるし。「。」（句点《くてん》）・「？」（疑問符《ぎもんふ》）・「＋」（プラス）などがある。

ふごう【符合】 名詞 動詞 いくつかのものごとの内容《ないよう》がぴったり合《あ》うこと。例 二人《ふたり》の目撃者《もくげきしゃ》の証言《しょうげん》が符合する。

ふごう【富豪】 名詞 たくさんの財産《ざいさん》を持《も》っている人《ひと》。大金持《おおがねも》ち。類 長者《ちょうじゃ》。

ふごうかく【不合格】 名詞 試験《しけん》や検査《けんさ》などに受《う》からないこと。

ふこうちゅうのさいわい【不幸中の幸い】 不幸《ふこう》なできごとの中《なか》で、いくらかでもなぐさめや救《すく》いになることがら。例 家《いえ》が焼《や》けたが、みんな無事《ぶじ》だったのが不幸中の幸いだ。

ふこうへい【不公平】 名詞 形容動詞 ものごとや人《ひと》のあつかい方《かた》などが、平等《びょうどう》でないこと。例 ぼくだけがしかられるのは不公平だ。対 公平《こうへい》。

ふごうり【不合理】 名詞 形容動詞 理屈《りくつ》に合《あ》わないこと。筋《すじ》が通《とお》っていないこと。

ふこく【布告】 名詞 動詞 役所《やくしょ》などが、人々《ひとびと》に広《ひろ》く知《し》らせること。とくに、国《くに》の重大《じゅうだい》な決定《けってい》を、国民《こくみん》やほかの国々《くにぐに》に公式《こうしき》に知《し》らせること。例 宣戦《せんせん》を布告する。

ふこく【富国】 名詞 産業《さんぎょう》をさかんにして国《くに》を豊《ゆた》かにすること。例 富国強兵《きょうへい》。

ふこくきょうへい【富国強兵】 名詞 明治《めいじ》政府《せいふ》が、国《くに》の勢力《せいりょく》を強《つよ》めるために、産業《さんぎょう》をさかんにして経済《けいざい》を発展《はってん》させ、軍事力《ぐんじりょく》の強化《きょうか》をはかった政策《せいさく》。

ふこころえ【不心得】 名詞 形容動詞 心《こころ》がけが悪《わる》いこと。例 不心得者《もの》。

ぶこつ【無骨・武骨】 形容動詞 ❶骨張《ほねば》ってごつごつしているようす。例 無骨な手《て》。❷礼儀《れいぎ》や作法《さほう》を知《し》らないようす。不作法《ぶさほう》。❸態度《たいど》やようすに上品《じょうひん》さが感《かん》じられないようす。風流《ふうりゅう》を理解《りかい》しないようす。

ふさ【房】 名詞 ❶糸《いと》などを束《たば》ねて先《さき》を切《き》りそろえ、垂《た》らしたかざり。例 房のついたマフラー。❷花《はな》や実《み》が、一《ひと》つのくきにたくさんついて垂《た》れ下《さ》がっているもの。例 ぶどうの房。

ブザー（buzzer） 名詞 呼《よ》び出《だ》しなどに使《つか》う、音《おと》が出《で》るしかけ。スイッチをおすと電磁石《でんじしゃく》に電《でん》流《りゅう》が流《なが》れ、うすい鉄《てつ》の板《いた》をふるわせて音《おと》を出《だ》す。

ふさい【夫妻】 名詞 結婚《けっこん》している男女《だんじょ》。夫《おっと》と妻《つま》。使い方 「夫婦《ふうふ》」よりもあらたまった言《い》い方《かた》。

かいしてもらったのは、クヌギ林《ばやし》の中《なか》のザワザワ荘《そう》。そこで、水《みず》の精《せい》やら、アズキトギやら、きつねの親子《おやこ》や
ァンタジー。

類=意味《いみ》のよく似《に》たことば　対=反対《はんたい》の意味《いみ》のことばや対《つい》になることば

「田中夫妻《たなかふさい》」のように、人《ひと》の名字《みょうじ》のあとにつけて使《つか》うことが多《おお》い。

ふさい【負債】 名詞 人《ひと》からお金《かね》や品物《しなもの》などを借《か》りること。また、人《ひと》に返《かえ》さなければならないお金《かね》や品物《しなもの》。例 多額《たがく》の負債をかかえる。

ふざい【不在】 名詞 家《いえ》にいないこと。また、その場所《ばしょ》にいないこと。留守《るす》。例 父《ちち》は旅行中《りょこうちゅう》で不在です。

ぶさいく【不細工・無細工】 名詞 形容動詞 もののでき上《あ》がりや格好《かっこう》が悪《わる》いこと。

ふさがる【塞がる】 動詞
❶開《ひら》いていたものが閉《と》じる。例 傷口《きずぐち》が塞がる。
❷つまる。通《とお》れなくなる。例 水路《すいろ》がごみで塞がる／工事《こうじ》のために道《みち》が塞がる。
❸ほかのことに使《つか》われていて、空《あ》いていない。例 手《て》が塞がっていて電話《でんわ》に出《で》られない。対 空《あ》く。
❹いっぱいになる。例 悲《かな》しみで胸《むね》が塞がる。

ふさぎこむ【塞ぎ込む】 動詞 気分《きぶん》が晴《は》れないで、しょんぼりする。例 友《とも》だちが転校《てんこう》してしまって塞ぎ込む。

ふさく【不作】 名詞 季語 秋 作物《さくもつ》のできがよくないこと。類 凶作《きょうさく》。対 豊作《ほうさく》。

ふさぐ【塞ぐ】 動詞
❶開《ひら》いているものを閉《と》じる。おおう。例 穴《あな》を塞ぐ／手《て》で口《くち》を塞ぐ。
❷場所《ばしょ》を占領《せんりょう》して、通《とお》ったり使《つか》ったりできなくする。例 大《おお》きな荷物《にもつ》で座席《ざせき》を塞ぐ。対 空《あ》ける。
❸気持《きも》ちが晴《は》れ晴《ば》れとしない。例 気《き》が塞ぐ。

ふざける 動詞
❶人《ひと》を笑《わら》わせるようなことをしたり言《い》ったりする。また、おもしろがって遊《あそ》びさわぐ。
❷人《ひと》をばかにする。例 ふざけた話《はなし》だ。

ぶさた【無沙汰】 名詞 動詞 （多《おお》く「ご無沙汰《ぶさた》」の形《かたち》で）手紙《てがみ》を出《だ》したり、訪《たず》ねて行《い》ったりしないこと。例 すっかりご無沙汰しております。

ふさふさ[と] 副詞 動詞 毛《け》や糸《いと》などがたくさん集《あつ》まって、ふさのようになっているようす。

ぶさほう【不作法・無作法】 名詞 形容動詞 行儀《ぎょうぎ》が悪《わる》いこと。礼儀《れいぎ》や作法《さほう》に従《したが》っていないこと。例 不作法な食《た》べ方《かた》。類 失礼《しつれい》。無礼《ぶれい》。

ぶざま【不様・無様】 形容動詞 みっともないこと。格好《かっこう》が悪《わる》いこと。例 不様に負《ま》ける。

ふさわしい 形容詞 よく似合《にあ》っているようす。よくつりあっているようす。例 時《とき》と場合《ばあい》にふさわしいあいさつ／委員長《いいんちょう》にふさわしい人《ひと》。

ふさんか【不参加】 名詞 参加《さんか》しないこと。会《かい》やもよおしなどに加《くわ》わらないこと。

ふし【節】 名詞
❶竹《たけ》などのくきにある、区切《くぎ》りのところ。
❷木《き》の幹《みき》の、枝《えだ》が出《で》ているところ。また、そのあと。例 節のある板《いた》。
❸体《からだ》の骨《ほね》と骨《ほね》とのつなぎめ。関節《かんせつ》。例 体《からだ》の節が痛《いた》い。
❹音楽《おんがく》の、音《おと》の流《なが》れ。メロディー。例 節回《まわ》し。
❺気《き》がつくような点《てん》。例 疑《うたが》わしい節がある。
❻区切《くぎ》りとなるところ。例 卒業《そつぎょう》を一《ひと》つの節とする。
漢 ⇩724ページ《ジ》せつ〔節〕

ふし【父子】 名詞 父親《ちちおや》と子供《こども》。対 母子《ぼし》。

ふじ【藤】 名詞 季語 春 豆《まめ》のなかまで、くきが長《なが》くのびてつるになる木《き》の一《ひと》つ。春《はる》、うすいむらさき色《いろ》や白色《しろいろ》の花《はな》がふさになって垂《た》れ下《さ》がる。

ふじ【不治】 名詞 病気《びょうき》が治《なお》らないこと。「ふち」ともいう。例 不治の病《やまい》。

ぶし【武士】 名詞 昔《むかし》、武芸《ぶげい》を身《み》につけて、戦《たたか》いに出《で》ていた人《ひと》。さむらい。

●武士《ぶし》は食《く》わねど高《たか》ようじ ことわざ どんなに貧乏《びんぼう》でも、気位《きぐらい》だけは高《たか》く持《も》っていることのたとえ。ことば 武士《ぶし》は、貧《まず》しくて何《なに》も食《た》べていないときでも、食事《しょくじ》をしたあとのようにようじを使《つか》ってみせる、ということから。

ぶじ【無事】 名詞 形容動詞
❶心配《しんぱい》なできごとがないこと。例 兄《あに》は無事に旅行《りょこう》から帰《かえ》ってきた。
❷健康《けんこう》でいること。例 毎日《まいにち》を無事に暮《く》らす。

ふしあな【節穴】 名詞
❶板《いた》などの節《ふし》がとれてできた穴《あな》。
❷ものごとの大切《たいせつ》な部分《ぶぶん》やほんとうのすがたを見《み》ぬくことができないこと。例 この絵《え》のよさがわからないとは、きみの目《め》は節穴か。

ふしあわせ【不幸せ】 名詞 形容動詞 幸《しあわ》せでないこと。不幸《ふこう》。対 幸《しあわ》せ。

ふじいろ【藤色】 名詞 ふじの花《はな》のような、うすいむらさき色《いろ》。

ふしおがむ【伏し拝む】 動詞 顔《かお》が地面《じめん》につくほど体《からだ》を低《ひく》くして拝《おが》む。

ふじいろ

読書のこみち　高 中 低 『クヌギ林《ばやし》のザワザワ荘《そう》』富安陽子《とみやすようこ》　風変《ふうが》わりな科学者矢鳴先生《かがくしゃやなるせんせい》が、猫股不動産《ねこまたふどうさん》でしょうら、不思議《ふしぎ》な住人《じゅうにん》たちと出会《であ》います。昔《むかし》から日本《にほん》に伝《つた》わるよう怪《かい》たちが活躍《かつやく》する和風《わふう》フ

ふしぎ【不思議】 名詞 形容動詞 なぜそうなのか、どうしてもわからないようなこと。例 生《せい》命《めい》の不思議／不思議なできごと。

ふしくれだつ【節くれ立つ】 動詞 ❶木《き》などが、節《ふし》が多《おお》くてでこぼこしている。❷指《ゆび》の関節《かんせつ》などが、太《ふと》くてごつごつしている。

ふじさん【富士山】 名詞 静岡県《しずおかけん》と山梨県《やまなしけん》との境《さかい》にある、日本一高《にほんいちたか》い山《やま》。高《たか》さは三七七六メートル。日本《にほん》を代表《だいひょう》する美《うつく》しい山《やま》として有名《ゆうめい》。二〇一三年《ねん》に世界文化遺産《せかいぶんかいさん》に登録《とうろく》された。

ふしぜん【不自然】 名詞 形容動詞 自然《しぜん》でなく、どこかに無理《むり》があること。わざとらしいこと。例 不自然な行動《こうどう》。対 自然《しぜん》。

ふしだら 名詞 形容動詞 生活《せいかつ》のしかたなどが、きちんとしていないこと。だらしないこと。例 ふしだらな生活《せいかつ》。

ふじちゃく【不時着】 名詞 動詞 飛行機《ひこうき》やヘリコプターが、悪《わる》い天気《てんき》や故障《こしょう》などのために、目的地《もくてきち》でない場所《ばしょ》に降《お》りること。不時着陸《ふじちゃくりく》。

ふしづくり【節作り】 名詞 リズムに合《あ》わせた短《みじか》い節《ふし》（＝メロディー）や、ことばに合《あ》った節《ふし》を作《つく》ること。

ぶしつけ 名詞 形容動詞 礼儀《れいぎ》に外《はず》れていて、ずうずうしいこと。遠慮《えんりょ》がないこと。例 ぶしつけなお願《ねが》いですみません。

ふじつぼ 名詞 富士山《ふじさん》のような形《かたち》のからの中《なか》にすむ小《ちい》さな動物《どうぶつ》。海岸《かいがん》の岩《いわ》や船《ふね》の底《そこ》などにくっついて生活《せいかつ》する。

ぶしどう【武士道】 名詞 昔《むかし》、日本《にほん》で、武士《ぶし》が大切《たいせつ》にするべきだと考《かんが》えられた、忠義《ちゅうぎ》・名《めい》誉《よ》・礼儀《れいぎ》などの道徳《どうとく》。

ふじばかま 名詞 季語 秋 秋《あき》の七草《ななくさ》の一《ひと》つ。きくのなかま。秋《あき》、うすむらさき色《いろ》の小《ちい》さい花《はな》が固《かた》まってさく。図→25ページ あきのななくさ

ふじはこねいずこくりつこうえん【富士箱根伊豆国立公園】 名詞 神奈川《かながわ》・山《やま》梨《なし》・静岡《しずおか》・東京《とうきょう》の一都三県《いっとさんけん》にまたがる国立公《こくりつこう》園《えん》。富士山《ふじさん》地域《ちいき》・箱根《はこね》地域《ちいき》・伊《い》豆半島《ずはんとう》地域《ちいき》・伊《い》豆諸島《ずしょとう》地域《ちいき》からなる。

ふしぶし【節節】 名詞 ❶体《からだ》のあちこちの関節《かんせつ》。例 体《からだ》の節々が痛《いた》む。❷いろいろな点《てん》。例 その話《はなし》は節々に疑《うたが》わしい点《てん》がある。

ふしまちづき【ふし待ち月】 →1018ページ ねまちづき

ふしまつ【不始末】 名詞 ❶後始末《あとしまつ》が悪《わる》いこと。例 たばこの火《ひ》の不始末。❷人《ひと》に迷惑《めいわく》をかけるような行《おこな》い。だらしない行《おこな》い。例 不始末をしでかした。

ふしまわし【節回し】 名詞 歌《うた》などの調子《ちょうし》や歌《うた》い方《かた》。

ふじみ【不死身】 名詞 形容動詞 ❶けっして死《し》なない体《からだ》。❷どんな困難《こんなん》にあってもくじけないこと。例 不死身の精神《せいしん》。

ふしめ【節目】 名詞 ❶竹《たけ》や木材《もくざい》の、節《ふし》のあるところ。❷続《つづ》いているものごとの区切《くぎ》り。変《か》わり目《め》。

ふしめ【伏し目】 名詞 目《め》を下《した》に向《む》けること。

ぶしゅ【部首】 名詞 いくつもの漢字《かんじ》に共通《きょうつう》している部分《ぶぶん》で、漢字《かんじ》のグループ分《わ》けの目印《めじるし》になっているもの。「へん」「つくり」「かんむり」などの種類《しゅるい》がある。参考 部首《ぶしゅ》が意味《いみ》を表《あらわ》す場合《ばあい》もある。「木偏《きへん》（＝木）」のつく字《じ》は木《き》の種類《しゅるい》や状態《じょうたい》に関係《かんけい》するなど。

ふじゆう【不自由】 ❶ 名詞 動詞 形容動詞 ものが不足《ふそく》したり、思《おも》うようにならなかったりして困《こま》ること。例 食《た》べ物《もの》に不自由する／不自由な生活《せいかつ》。❷ 名詞 形容動詞 体《からだ》に障害《しょうがい》があること。例 ヘレン＝ケラーは目《め》・耳《みみ》・口《くち》が不自由だった。

ふじゅうぶん【不十分・不充分】 形容動詞 足《た》りないところがあること。じゅうぶんでないこと。例 その説明《せつめい》だけでは不十分だ。

ぶしゅさくいん【部首索引】 名詞 漢和辞《かんわじ》典《てん》などで、部首《ぶしゅ》から漢字《かんじ》を探《さが》すための索引《さくいん》。「にんべん（亻）」「くさかんむり（艹）」などの部首《ぶしゅ》が画数順《かくすうじゅん》に並《なら》んでいる。関連 音訓索引《おんくんさくいん》。総画索引《そうかくさくいん》。

ぶじゅつ【武術】 名詞 戦《たたか》いに勝《か》つために、武《ぶ》士《し》などが身《み》につけるわざ。武芸《ぶげい》。

ぶしゅびき【部首引き】 名詞 漢和辞典《かんわじてん》などを、部首索引《ぶしゅさくいん》を使《つか》って引《ひ》くこと。関連 音訓引《おんくんび》き。総画引《そうかくび》き。

ふじゅん【不純】 名詞 形容動詞 ❶混《ま》じり気《け》があって、きれいでないこと。❷心《こころ》がきれいでないこと。例 不純な考《かんが》え。

は、おしっこでできてるか」「くま一《いっ》ぴきぶんは、ねずみ百《ひゃっ》ぴきぶんか」など、いろいろな疑問《ぎもん》にぶつかっては、ツネタやうさぎのミミなど、友《とも》だちもいっぱい。『こんにちはウーフ』などの続編《ぞくへん》や、絵本《えほん》もあります。

ふじゅん【不順】 [名詞][形容動詞] 順序《じゅんじょ》や調子《ちょうし》がおかしくなること。例 天候《てんこう》不順。

ふじょ【扶助】 [名詞][動詞] 力《ちから》を貸《か》して、助《たす》けること。例 災害《さいがい》にあった人《ひと》の生活《せいかつ》を扶助する。

ぶしょ【部署】 [名詞] 自分《じぶん》の受《う》け持《も》ちのところ。割《わ》り当《あ》てられた役目《やくめ》。例 父《ちち》は会社《かいしゃ》の中《なか》で部署が変《か》わった。

ふしょう【負傷】 [名詞][動詞] けがをすること。

ふじょう【不浄】 [名詞][形容動詞] ❶よごれていること。けがれていること。例 不浄の金《かね》。対 清浄《せいじょう》。❷(「ご不浄《ふじょう》」の形《かたち》で)「便所《べんじょ》」のこと。

ふじょう【浮上】 [名詞][動詞] ❶水《みず》の中《なか》から水面《すいめん》にうかび上《あ》がること。例 くじらが海面《かいめん》に浮上して潮《しお》をふく。❷目立《めだ》たなかったものが、有力《ゆうりょく》な地位《ちい》や位置《いち》に上《あ》がってくること。例 会長候補《かいちょうこうほ》に浮上する。

ぶしょう【武将】 [名詞] 武士《ぶし》の大将《たいしょう》。

ぶしょう【無精・不精】 [名詞][動詞][形容動詞] 体《からだ》を動《うご》かしてものごとをするのをめんどうがること。例 無精して顔《かお》を洗《あら》わない。

ふしょうか【不消化】 [名詞][形容動詞] ❶食《た》べたもののこなれが悪《わる》いこと。❷知識《ちしき》や学問《がくもん》の理解《りかい》が足《た》りなくて、自分《じぶん》のものになっていないこと。例 不消化な知識《ちしき》。

ふしょうち【不承知】 [名詞][形容動詞] 承知《しょうち》しないこと。聞《き》き入《い》れないこと。

ふしょうぶしょう【不承不承】 [副詞] いやいやながら。しかたなしに。しぶしぶ。例 不承不承引《ひ》き受《う》けた。

ふじょうり【不条理】 [名詞][形容動詞] 筋道《すじみち》が通《とお》らないこと。道理《どうり》に合《あ》わないこと。

ふしょく【腐食】 [名詞][動詞] くさって物《もの》の形《かたち》がくずれること。また、薬品《やくひん》などを使《つか》って形《かたち》をくずすこと。例 水道管《すいどうかん》が腐食する。

ぶじょく【侮辱】 [名詞][動詞] 人《ひと》をばかにして、はじをかかせること。例 侮辱を受《う》ける。

ふしょくふ【不織布】 [名詞] 編《あ》んだり織《お》ったりしないでつくった布《ぬの》。

ふじわらし【藤原氏】 [名詞] 古代《こだい》に大《おお》きな力《ちから》を持《も》っていた一族《いちぞく》。大化《たいか》の改新《かいしん》で手《て》がらのあった中臣鎌足《なかとみのかまたり》が藤原《ふじわら》の姓《せい》を認《みと》められたのが始《はじ》まり。平安時代《へいあんじだい》には、一族《いちぞく》が朝廷《ちょうてい》の高《たか》い地位《ちい》をしめ、政治《せいじ》の中心《ちゅうしん》となった。

ふじわらのかまたり【藤原鎌足】 [名詞] (六一四〜六六九) 飛鳥時代《あすかじだい》の政治家《せいじか》。中大兄皇子《なかのおおえのおうじ》(＝のちの天智天皇《てんじてんのう》)を助《たす》けて大化《たいか》の改新《かいしん》を行《おこな》い、天皇中心《てんのうちゅうしん》の政治《せいじ》の基礎《きそ》を築《きず》くために力《ちから》をつくした。初《はじ》め、中臣鎌足《なかとみのかまたり》といった。

ふじわらのさだいえ【藤原定家】 [名詞] (一一六二〜一二四一) 鎌倉時代《かまくらじだい》の初《はじ》めごろの歌人《かじん》・学者《がくしゃ》。「新古今和歌集《しんこきんわかしゅう》」を選《えら》んだ人《ひと》の一人《ひとり》。また、「小倉百人一首《おぐらひゃくにんいっしゅ》」を選《えら》んだともいわれている。「ふじわらのていか」とも呼《よ》ばれる。

ふじわらのていか【藤原定家】 ↓1155ページーふじわらのさだいえ

ふじわらのみちなが【藤原道長】 [名詞] (九六六〜一〇二七) 平安時代《へいあんじだい》の中《なか》ごろの政治家《せいじか》。むすめを天皇《てんのう》のきさきにし、摂政《せっしょう》・太政大臣《だじょうだいじん》などの高《たか》い位《くらい》について、藤原氏《ふじわらし》のもっとも栄《さか》えた時代《じだい》を築《きず》いた。

ふしん【不信】 [名詞] ❶信用《しんよう》できないこと。例 不信の念《ねん》をいだく。❷うそが多《おお》く、真心《まごころ》がないこと。

ふしん【不振】 [名詞][形容動詞] 勢《いきお》いや成績《せいせき》がよくないこと。調子《ちょうし》が悪《わる》いこと。例 食欲《しょくよく》不振／新製品《しんせいひん》の売《う》れ行《ゆ》きが不振だ。

ふしん【不審】 [名詞][形容動詞] はっきりしない点《てん》や、おかしいと思《おも》われる点《てん》があること。疑《うたが》わしいこと。例 不審な点《てん》は質問《しつもん》してください。

ふしん【普請】 [名詞][動詞] 家《いえ》・道《みち》・橋《はし》などをつくったり、直《なお》したりすること。例 安普請《やすぶしん》。

ふじん【夫人】 [名詞] 他人《たにん》の妻《つま》をていねいに呼《よ》ぶことば。例 会長《かいちょう》夫人／キュリー夫人。

ふじん【婦人】 [名詞] 大人《おとな》の女《おんな》の人《ひと》。例 婦人服《ふく》。

ふしんかん【不信感】 [名詞] 信用《しんよう》できないという気持《きも》ち。例 不信感をいだく。

ふしんせつ【不親切】 [名詞][形容動詞] 思《おも》いやりがないこと。親切《しんせつ》でないこと。対 親切《しんせつ》。

ふしんにん【不信任】 [名詞] 信用《しんよう》ができなくて、役目《やくめ》や仕事《しごと》を任《まか》せておけないこと。例 不信任案《あん》／内閣《ないかく》不信任の決議《けつぎ》。対 信任《しんにん》。

ふしんばん【不寝番】 [名詞] 一晩《ひとばん》じゅうねないで番《ばん》をすること。また、その人《ひと》。

ふす【付す】 [動詞] ❶つけ加《くわ》える。そえる。付《つ》ける。例 条件《じょうけん》を付す。❷ものごとを任《まか》せる。ゆだねる。また、そのよ

読書のこみち　高 中 低　『くまの子《こ》ウーフ』神沢利子《かんざわとしこ》　遊《あそ》ぶのが大好《だいす》きで、なんでも知《し》りたがるウーフ。「ウーフなやんだり、困《こま》ったり…。うれしいときは「うーふう」とため息《いき》をもらします。きつねの

うな形《かたち》で始末《しまつ》をつける。例 問題《もんだい》を会議《かいぎ》に付す／不問《ふもん》に付す（＝問題《もんだい》にしないでおく）。

ことば「ふする」ともいう。

ふす【伏す】 動詞 ❶顔《かお》や体《からだ》を下《した》に向《む》ける。例 泣《な》き伏す。❷姿勢《しせい》を低《ひく》くして体《からだ》をかくす。例 物陰《ものかげ》に伏す。❸横《よこ》になる。病気《びょうき》でねる。例 病《やまい》のとこに伏す。

ふず【付図】 名詞 本文《ほんぶん》につけ加《くわ》えられている、参考《さんこう》になる地図《ちず》や図表《ずひょう》。

ふずい【不随】 名詞 体《からだ》が自由《じゆう》に動《うご》かないこと。例 半身不随《はんしんふずい》。

ふずい【付随】 名詞 動詞 あることがらが起《お》こるのにともなって起《お》こること。おもなことがらに関係《かんけい》していること。例 児童数《じどうすう》の減少《げんしょう》に付随して、学校《がっこう》が統廃合《とうはいごう》される。

ふずいいきん【不随意筋】 名詞 自分《じぶん》の意志《いし》で動《うご》かすことのできない筋肉《きんにく》。胃《い》や心臓《しんぞう》の筋肉《きんにく》など。対 随意筋《ずいいきん》。

ふすう【負数】 名詞 0より小《ち》さい数《かず》。数字《すうじ》の前《まえ》に「－」の記号《きごう》をつけて、「マイナス3」などという。対 正数《せいすう》。

ぶすう【部数】 名詞 本《ほん》や新聞《しんぶん》などの数《かず》。

ふすま 名詞 季語冬 木《き》のわくに紙《かみ》などをはった戸《と》。部屋《へや》の仕切《しき》りやおし入《い》れなどに使《つか》う。「からかみ」ともいう。

ふする【付する】 ⇩1155ジベー ふす〔付す〕

ふせ【布施】 ⇩198ジベー おふせ

ふせい【不正】 名詞 形容動詞 正《ただ》しくないこと。よくないこと。また、そのような行《おこな》い。例 不正をはたらく。

ふぜい【風情】 ❶ 名詞 特別《とくべつ》なおもむきや味《あじ》わい。❷ 名詞 ようす。ありさま。例 早《はや》く家《いえ》に帰《かえ》りたげな風情だ。❸ 接尾語 （ほかのことばのあとにつけて）「…のようなもの」という意味《いみ》を表《あらわ》すことば。人《ひと》を軽蔑《けいべつ》する気持《きも》ちや、自分《じぶん》のことをへりくだる気持《きも》ちを表《あらわ》す。例 これは学生風情《がくせいふぜい》には無理《むり》な仕事《しごと》だ。

ぶぜい【無勢】 名詞 味方《みかた》の人数《にんずう》が少《すく》ないこと。例 多勢《たぜい》に無勢で勝《か》ち目《め》はない。対 多勢《たぜい》。

ふせきをうつ【布石を打つ】 あとのことを考《かんが》えて、前《まえ》もって準備《じゅんび》しておく。例 来年《らいねん》の選挙《せんきょ》への布石を打つ。ことば「布石《ふせき》」は、囲碁《いご》で、初《はじ》めのうちに、これからの戦《たたか》い方《かた》を考《かんが》えて大事《だいじ》なところに配置《はいち》する石《いし》のこと。

ふせぐ【防ぐ】 動詞 ❶せめこまれたり、害《がい》を受《う》けたりしないように守《まも》る。例 敵《てき》のこうげきを防ぐ。対 攻《せ》める。❷さえぎる。例 コートを着《き》て、寒《さむ》さを防ぐ。

漢 ⇩1203ジベー ぼう〔防〕

ふせつ【敷設】 名詞 動詞 鉄道《てつどう》や電線《でんせん》・水道《すいどう》・ガス管《かん》などをしくこと。例 レールを敷設する。

ふせっせい【不摂生】 名詞 形容動詞 健康《けんこう》に気《き》をつけないこと。健康《けんこう》に悪《わる》いことをすること。例 長年《ながねん》の不摂生がたたる。類 不養生《ふようじょう》。

ふせる【伏せる】 動詞 ❶下《した》に向《む》ける。例 顔《かお》を伏せる／目《め》を伏せる。❷うつぶせになる。例 危《あぶ》ない、伏せろ。❸表《おもて》を下《した》にして置《お》く。例 答案《とうあん》を伏せる。❹横《よこ》になってねる。とくに、病気《びょうき》でねる。例 かぜで伏せっている。❺人《ひと》にわからないようにかくす。例 みんなには伏せておいてください。

ふせん【付箋】 名詞 疑《ぎ》問《もん》や注意点《ちゅういてん》を書《か》いたり、目印《めじるし》にしたりするためにはりつける、小《ち》さな紙《かみ》。例 ノートに付箋をつける。

ふせん

ぶぜん【豊前】 名詞 昔《むかし》の国《くに》の名《な》の一《ひと》つ。今《いま》の福岡県《ふくおかけん》の東部《とうぶ》と大分県《おおいたけん》の北部《ほくぶ》に当《あ》たる。

ふせんしょう【不戦勝】 名詞 相手《あいて》が試合《しあい》に出《で》ないなどの理由《りゆう》で、戦《たたか》わずに試合《しあい》に勝《か》つこと。

ふせんめい【不鮮明】 形容動詞 形《かたち》や色《いろ》などがはっきりせず、ぼやけているようす。例 不鮮明な映像《えいぞう》。

ふそ【父祖】 名詞 ❶先祖《せんぞ》。例 父祖代々《だいだい》の土地《とち》。❷お父《とう》さんとおじいさん。

ぶそう【武装】 名詞 動詞 武器《ぶき》などを身《み》に着《つ》けて、戦《たたか》いの準備《じゅんび》をすること。例 武装した兵隊《へいたい》。

ふそうおう【不相応】 名詞 形容動詞 つりあわないこと。ふさわしくないこと。例 子供《こども》には不相応な持《も》ち物《もの》。

ふそく【不足】 ❶ 名詞 動詞 形容動詞 足《た》りないこと。じゅうぶんでないこと。例 水《みず》不足／作業《さぎょう》の人手《ひとで》が不足する／おつりが百円《ひゃくえん》不足だ。❷ 名詞 満足《まんぞく》しないこと。不満《ふまん》。例 きみが相手《あいて》なら不足はない。

ふぞく【付属・附属】 名詞 動詞 中心《ちゅうしん》となるものについていること。例 付属中学校《ちゅうがっこう》／付属品《ひん》。

ぶぞく【部族】 名詞 ある地域《ちいき》に住《す》み、同《おな》じことばや文化《ぶんか》を持《も》っている、まとまった人々《ひとびと》の集《あつ》まり。

ふぞくご【付属語】 名詞 それだけでは文節《ぶんせつ》を作《つく》ることができず、かならずほかのことばに付《つ》いて、ことばとことばの関係《かんけい》を示《しめ》したり、意味《いみ》を付《つ》け加《くわ》えたりすることば。助詞《じょし》と助動詞《じょどうし》。「て」「を」「です」「らしい」など。対 自立語《じりつご》。

ふぞろい【不ぞろい】 名詞 形容動詞 形《かたち》や大《おお》きさなどがそろっていないこと。また、組《く》みになっているものの数《かず》が足《た》りないこと。例 大小《だいしょう》不ぞろいなりんご／不ぞろいのカップ。

ぶそん【蕪村】 ↓1371ジペー よさぶそん

ふた【二】（ほかのことばの前《まえ》につけて）「ふたつ」「二回《にかい》」の意味《いみ》を表《あらわ》す。例 二手《て》／二回《まわ》り。

漢↓990ジペー に〔二〕

ふた【蓋】 名詞 入《い》れ物《もの》の口《くち》をふさぐもの。

ふだ【札】 名詞 ❶文字《もじ》などを書《か》くための、小《ちい》さい紙《かみ》や木《き》の板《いた》。例 名《な》札／荷《に》札。❷神社《じんじゃ》やお寺《てら》でもらう、お守《まも》り。お札《ふだ》。❸トランプやかるたなどのカード。例 絵《え》札／札を三枚《さんまい》引《ひ》く。漢↓532ジペー さつ〔札〕

ぶた【豚】 名詞 いのししのなかまの家畜《かちく》。肉《にく》を食用《しょくよう》にしたり、皮《かわ》をとったりする。

●**豚《ぶた》に真珠《しんじゅ》** ことわざ 価値《かち》のわからない人《ひと》には、どんな値打《ねう》ちのあるものもなんの役《やく》にも立《た》たないということのたとえ。類 猫《ねこ》に小判《こばん》。ことば 新《しん》約聖書《やくせいしょ》にある、「真珠《しんじゅ》をぶたに投《な》げてはならない」というイエス＝キリストのことばからきたことば。

ふだい【譜代】 名詞 ❶一《ひと》つの家《いえ》の主君《しゅくん》に代々《だいだい》仕《つか》えること。❷江戸《えど》時代《じだい》の大名《だいみょう》のうち、関《せき》ケ原《がはら》の戦《たたか》い以前《いぜん》から徳川家《とくがわけ》に仕《つか》えていた大名《だいみょう》。関連 親藩《しんぱん》。外様《とざま》。

ぶたい【部隊】 名詞 ❶軍隊《ぐんたい》の中《なか》の一《ひと》つのまとまり。❷同《おな》じ目的《もくてき》を持《も》った人《ひと》たちの集団《しゅうだん》。例 引《ひ》っ越《こ》しの応援《おうえん》部隊がかけつけた。

ぶたい【舞台】 名詞 ❶劇《げき》・歌《うた》・おどりなどを人《ひと》に見《み》せるための、少《すこ》し高《たか》くつくった場所《ばしょ》。ステージ。❷腕前《うでまえ》をためす機会《きかい》や場所《ばしょ》。例 オリンピックはスポーツ選手《せんしゅ》の晴《は》れの舞台だ。

ぶたいうら【舞台裏】 名詞 ❶客席《きゃくせき》からは見《み》えない、舞台《ぶたい》の裏《うら》。ひかえ室《しつ》や舞台装置《ぶたいそうち》の置《お》き場《ば》などがある。❷ものごとの、表《おもて》にはあらわれない部分《ぶぶん》。例 和平交渉《わへいこうしょう》の舞台裏。

ぶたいそうち【舞台装置】 名詞 演劇《えんげき》で、場《ば》面《めん》の雰囲気《ふんいき》を表《あらわ》すために舞台《ぶたい》に設《もう》けるしかけや、舞台《ぶたい》で使《つか》う道具《どうぐ》など。

ふたえ【二重】 名詞 二《ふた》つ重《かさ》なっていること。また、そのもの。例 二重まぶた。

ふたえかぎ【二重かぎ】 ↓995ジペー にじゅうかぎ

ふたおや【二親】 名詞 父親《ちちおや》と母親《ははおや》。両親《りょうしん》。対 片親《かたおや》。

ふたご【双子】 名詞 同《おな》じ母親《ははおや》から一度《いちど》に生《う》まれた二人《ふたり》の子《こ》。双生児《そうせいじ》。

ふたござ【双子座】 名詞 冬《ふゆ》に、真上《まうえ》あたりの空《そら》に見《み》える星座《せいざ》。カストルとポルックスという二《ふた》つの明《あか》るい星《ほし》をふたごに見立《みた》てている。

ふたしか【不確か】 形容動詞 確《たし》かでないようす。あやふやなようす。例 不確かな記憶《きおく》。

ふたたび【再び】 副詞 もう一度《いちど》。また。例 ライバルと再び対戦《たいせん》する。漢↓510ジペー さい〔再〕

ふたつ【二つ】 名詞 ❶数《かず》の名《な》。に。❷二才《にさい》のこと。漢↓990ジペー に〔二〕

ふだつき【札付き】 名詞 悪《わる》いという評判《ひょうばん》が広《ひろ》まっていること。また、その人《ひと》。例 札付きの不良《ふりょう》。使い方 くだけた言《い》い方《かた》。

ふたつとない【二つとない】 一《ひと》つしかない。代《か》わりになるものがない。例 世界《せかい》に二つとない宝物《たからもの》。

ふたつへんじ【二つ返事】 名詞 人《ひと》に何《なに》かをたのまれたときに、気持《きも》ちよく引《ひ》き受《う》けること。例 母《はは》の手伝《てつだ》いを二つ返事で引《ひ》き受《う》ける。

ふたて【二手】 名詞 二《ふた》つの方向《ほうこう》。二《ふた》つの組《くみ》。例 二手に分《わ》かれている道《みち》を右《みぎ》へ進《すす》む。

あいうえお　かきくけこ　さしすせそ　たちつてと　なにぬねの　はひふへほ　ふ　まみむめも　や　ゆ　よ　らりるれろ　わ　を　ん

読書のこみち　高 中 低　『くまのパディントン』ボンド　ペルーからイギリスにやってきたくまのパディントンは、すくまの子《こ》ですが、いっしょうけんめいさと正義感《せいぎかん》は人一倍《ひといちばい》。みんなに愛《あい》されています。

ぶたにく【豚肉】 名詞 ぶたの肉《にく》。

ふたば【双葉・二葉】 名詞 季語 春 草《くさ》や木《き》の芽《め》の、最初《さいしょ》に出《で》る小《ち》さい二枚《にまい》の葉《は》。

ふたり【二人】 名詞 人《ひと》の数《かず》が二《に》であること。二名《にめい》。

ふたん【負担】 ❶ 名詞 動詞 仕事《しごと》やお金《かね》のしはらいなどを引《ひ》き受《う》けること。例 費用《ひよう》はみんなで負担する。
❷ 名詞 仕事《しごと》・責任《せきにん》などが、重荷《おもに》であること。例 その仕事《しごと》は重大《じゅうだい》すぎて、わたしにとって負担が大《おお》きい。

ふだん【不断】 名詞 ❶とぎれることなく続《つづ》くこと。例 不断の努力《どりょく》。
❷ものごとをなかなか決《き》められないこと。例 優柔《ゆうじゅう》不断（＝ぐずぐずしていて、はっきり決《き》められないこと）。

ふだん【普段】 名詞 副詞 いつも。常日《つねひ》ごろ。例 ふだんは六時《ろくじ》に起《お》きる／ふだん着《き》る上着《うわぎ》。
使い方 ふつうかな書《が》きにする。

ふだんぎ【普段着】 名詞 ふだんの生活《せいかつ》で着《き》ている服《ふく》。類 平服《へいふく》。

ふち 名詞 ❶川《かわ》などの流《なが》れがゆるくなり、水《みず》が深《ふか》くたまっているところ。例 底《そこ》なしのふち。対 瀬《せ》。
❷なかなかぬけ出《で》ることのできない、つらく苦《くる》しい状態《じょうたい》。例 悲《かな》しみのふちにしずむ。

ふち【縁】 名詞 物《もの》のへり。周《まわ》り。例 額縁《がく》／池《いけ》の縁にこしかけて魚《さかな》つりをする。

ふち【不治】 ↓1153ジペー ふじ〔不治〕

ぶち 名詞 地《じ》の色《いろ》とちがう色《いろ》が、ところどころにまじっていること。とくに、動物《どうぶつ》の毛《け》の色《いろ》についていう。例 茶色《ちゃいろ》のぶちのあるねこ。

ぶちこわす【ぶち壊す】 動詞 ❶打《う》ったりたたいたりして物《もの》をこわす。
❷ものごとをまとまらないようにする。ものごとをだめにする。例 楽《たの》しい雰囲気《ふんいき》をぶち壊す。

ふちどる【縁取る】 動詞 物《もの》の周《まわ》りを、ほかの物《もの》で囲《かこ》んだり、かざったりする。例 白《しろ》いレースで縁取ったハンカチ。

ぶちまける 動詞 ❶入《い》れ物《もの》などをひっくり返《かえ》して、中《なか》の物《もの》をまき散《ち》らす。
❷思《おも》っていることや言《い》いたいことを、かくさずに全部《ぜんぶ》話《はな》してしまう。例 不満《ふまん》をぶちまける。

ふちゃく【付着】 名詞 動詞 くっつくこと。例 服《ふく》にペンキが付着する。

ふちゅうい【不注意】 名詞 形容動詞 注意《ちゅうい》が足《た》りないこと。例 不注意から起《お》きた事故《じこ》。

ふちょう【不調】 名詞 形容動詞 ❶調子《ちょうし》が悪《わる》いこと。例 今日《きょう》は機械《きかい》が不調だ／体《からだ》の不調をうったえる。対 好調《こうちょう》。
❷話《はな》し合《あ》いなどが、うまくまとまらないこと。例 今日《きょう》の話《はな》し合《あ》いは不調に終《お》わった。

ふちょう【府庁】 名詞 府《ふ》の仕事《しごと》をする役所《やくしょ》。京都《きょうと》府《ふ》と大阪《おおさか》府《ふ》にある。関連 県庁《けんちょう》。都庁《とちょう》。道庁《どうちょう》。

ぶちょう【部長】 名詞 ❶会社《かいしゃ》や役所《やくしょ》などで、部《ぶ》をまとめる、いちばん上《うえ》の役《やく》。また、その人《ひと》。
❷学校《がっこう》で、部活動《ぶかつどう》をまとめるリーダー。例 野《や》球《きゅう》部《ぶ》の部長。

ぶちょうほう【不調法・無調法】 名詞 形容動詞 ❶心《こころ》づかいが行《い》き届《とど》かないこと。慣《な》れていなくて下手《へた》なこと。例 口《くち》の不調法な職人《しょくにん》。
❷失敗《しっぱい》。不始末《ふしまつ》。例 とんだ不調法をしでかした。
❸酒《さけ》やたばこをのまないことや、遊《あそ》びごとが下手《へた》なことをへりくだっていうことば。例 酒《さけ》はとんと不調法で…。

ふちょうわ【不調和】 名詞 形容動詞 つりあいがとれないこと。うまく合《あ》っていないこと。例 この部屋《へや》に青《あお》いじゅうたんは不調和だ。

ふちん【浮沈】 名詞 ❶うくこととしずむこと。
❷栄《さか》えることとおとろえること。例 会社《かいしゃ》の浮沈にかかわる大問題《だいもんだい》。

ぶつ 動詞 ❶相手《あいて》を打《う》つ。たたく。例 頭《あたま》をぶつ。
❷演説《えんぜつ》などをする。例 一席《いっせき》ぶつ（＝演説《えんぜつ》する）。
使い方 くだけた言《い》い方《かた》。

㊅ **ぶつ【仏】**〔亻〕にんべん　4画　5年　音 ブツ　訓 ほとけ

ノ　亻　仏（しとしない）　仏

❶ほとけ。例 仏教《ぶっきょう》／仏前《ぶつぜん》／仏像《ぶつぞう》／仏壇《ぶつだん》／仏様《ほとけさま》／大仏《だいぶつ》。❷（「ふつ」と読《よ》むと）フランスのこと。例 仏文学《ふつぶんがく》。

ゆかいなお話《はなし》を集《あつ》めた一冊《いっさつ》。うさぎの穴《あな》におなかがつまって出《で》られなくなったり、ゾゾという見《み》たこともない生《い》動物《どうぶつ》たちとプーの、とぼけた会話《かいわ》や歌《うた》が楽《たの》しいファンタジー。続編《ぞくへん》に『プー横丁《よこちょう》にたった家《いえ》』があります。

漢 **ぶつ【物】**〔牜〕《うしへん》 8画 3年 音 ブツ・モツ 訓 もの

ノ 𠂉 牛 牜 牞 物 物

❶もの。例 物価《ぶっか》／物質《ぶっしつ》／物置《ものおき》／作物《さくもつ》／食物《しょくもつ》／生物《せいぶつ》／動物《どうぶつ》。❷ことがら。例 事物《じぶつ》。❸見《み》て決《き》める。例 物色《ぶっしょく》。

ふつう【不通】 名詞 ❶電話《でんわ》・電車《でんしゃ》・道《みち》などが通《つう》じなくなること。例 大雪《おおゆき》のため道路《どうろ》が不通になる。❷手紙《てがみ》などによる便《たよ》りがないこと。例 音信《おんしん》不通。

ふつう【普通】 ❶ 名詞 形容動詞 ほかと比《くら》べて、とくに変《か》わっていないこと。例 普通列車《れっしゃ》／普通の日《ひ》。対 特別《とくべつ》。❷ 副詞 いつも。たいてい。例 ふつう、父《ちち》は七《しち》時《じ》ごろ帰《かえ》る。

使い方 ❷は、ふつうかな書《が》きにする。

ふつうせんきょ【普通選挙】 名詞 身分《みぶん》・財産《ざいさん》・男女《だんじょ》のちがいなどに関係《かんけい》なく、決《き》められた年齢《ねんれい》になれば、だれでも選挙《せんきょ》に参加《さんか》できる制《せい》度《ど》。日本《にほん》では一九四五（昭和二十《しょうわにじゅう》）年《ねん》から行《おこな》われている。教科 社 大正時代《たいしょうじだい》に普通選挙《ふつうせんきょ》を求《もと》める運動《うんどう》が高《たか》まったが、この時《とき》は男性《だんせい》にしか選《せん》挙権《きょけん》が認《みと》められなかった。

ふつうめいし【普通名詞】 名詞 名詞《めいし》の一《ひと》つ。同《おな》じ種類《しゅるい》のものごとに共通《きょうつう》する名《な》まえとして使《つか》われる名詞《めいし》。たとえば、「山《やま》」「犬《いぬ》」「家《いえ》」など。対 固有名詞《こゆうめいし》。

ふつうれっしゃ【普通列車】 名詞 急行券《きゅうこうけん》などがいらず、乗車券《じょうしゃけん》だけで乗《の》ることのできる列車《れっしゃ》。

ふつか【二日】 名詞 ❶月《つき》の二番目《にばんめ》の日《ひ》。❷二《ふた》つの日数《にっすう》。一日《いちにち》の二倍《にばい》。例 発表会《はっぴょうかい》まであと二日しかない。

ぶっか【物価】 名詞 物《もの》の値段《ねだん》。例 物価が下《さ》がる。

ぶっかく【仏閣】 名詞 寺《てら》の建物《たてもの》。寺院《じいん》。

ふっかける【吹っ掛ける】 動詞 ❶強《つよ》くふいて、当《あ》たるようにする。❷けんかなどをしかける。例 けんかを吹っ掛けられた。❸値段《ねだん》を実際《じっさい》より高《たか》くいう。例 五千円《ごせんえん》の商品《しょうひん》を一万円《いちまんえん》だと吹っ掛けられた。

ことば 「ふきかける」ともいう。

ふっかつ【復活】 名詞 動詞 ❶死《し》んだものが、生《い》き返《かえ》ること。例 キリストの復活。❷一度《いちど》やめたものを、再《ふたた》び始《はじ》めること。また、もとどおりになること。例 昔《むかし》の行事《ぎょうじ》が復活した。

ふっかつさい【復活祭】 名詞 季語 春 キリスト教《きょう》で、キリストの復活《ふっかつ》を祝《いわ》う祭《まつ》り。春分《しゅんぶん》の次《つぎ》にくる満月《まんげつ》のあとの日曜日《にちようび》に行《おこな》う。「イースター」ともいう。

ぶつかる 動詞 ❶勢《いきお》いよくつき当《あ》たる。打《う》ち当《あ》たる。例 柱《はしら》にぶつかる。

伝統的《でんとうてき》な言語文化《げんごぶんか》

文語《ぶんご》の詩《し》

「落葉松《からまつ》」

からまつの林《はやし》を過《す》ぎて、
からまつをしみじみと見《み》き。
からまつはさびしかりけり。
たびゆくはさびしかりけり。

これは北原白秋《きたはらはくしゅう》の「落葉松《からまつ》」という詩《し》の最初《さいしょ》の部分《ぶぶん》。一人《ひとり》で旅《たび》をする人《ひと》のしんみりとした気持《きも》ちが伝《つた》わってこないかな。

北原白秋《きたはらはくしゅう》は、明治時代《めいじじだい》の後半《こうはん》から大正《たいしょう》、昭和《しょうわ》の初《はじ》めまで活躍《かつやく》した詩人《しじん》だよ。与謝野晶子《よさのあきこ》や石川啄木《いしかわたくぼく》など、みんなが知《し》っている多《おお》くの歌人《かじん》や詩人《しじん》たちとも交流《こうりゅう》があったんだ。

上《うえ》の詩《し》は、全体《ぜんたい》が五七調《ごしちちょう》で読《よ》みやすいリズムになっているね。暗唱《あんしょう》も簡単《かんたん》にできそうだよ。それぞれの行《ぎょう》の初《はじ》めで「からまつ」がくり返《かえ》されるところも心《こころ》に残《のこ》る。次《つぎ》がどう続《つづ》いていくのか、どんどん知《し》りたくならないかな。

また、「見《み》き」や「さびしかりけり」は昔《むかし》のことばだよ。この詩《し》は「文語《ぶんご》」という昔《むかし》のことばで書《か》かれているんだ。白秋《はくしゅう》が活躍《かつやく》した時代《じだい》には、「文語《ぶんご》」を使《つか》った五七調《ごしちちょう》の詩《し》、つまり「文語《ぶんご》」の「定型詩《ていけいし》」がたくさん書《か》かれたんだ。調《しら》べてみると、お気《き》に入《い》りの詩《し》がきっとみつかるよ。

もっとみてみよう！

- 北原白秋《きたはらはくしゅう》（→p.332）
- 「わかる、伝《つた》わる、古典《こてん》のこころ２」（光村教育図書《みつむらきょういくとしょ》）

読書のこみち 高 中 低 『クマのプーさん』ミルン　みんなの知《し》っているくまのプーさんが、森《もり》の中《なか》でくり広《ひろ》げるき物《もの》をつかまえようとしたり…。かわいいコブタや灰色《はいいろ》ろばのイーヨーなど、ユニークな

❷出《で》あう。例 祭《まつ》りの行《ぎょう》列《れつ》にぶつかる。❸相手《あいて》に立《た》ち向《む》かう。例 思《おも》いきってぶつかってみよう。❹重《かさ》なる。いっしょになる。例 日曜《にちよう》日《び》と祝日《しゅくじつ》がぶつかる。

ふっき【復帰】 名詞 動詞 もとの場《ば》所《しょ》や地《ち》位《い》にもどること。例 病《びょう》気《き》が治《なお》って職《しょく》場《ば》に復帰した。

ふづき【文月】 ⇩1167ジペー ふみづき

ふっきゅう【復旧】 名詞 動詞 もとどおりにすること。また、もとどおりになること。例 土《ど》砂《しゃ》くずれにあった道《どう》路《ろ》を復旧する。

ぶっきょう【仏教】 名詞 今《いま》から約《やく》二《に》千《せん》五《ご》百《ひゃく》年前《ねんまえ》にインドで釈迦《しゃか》が始《はじ》めた宗《しゅう》教《きょう》。日本《にほん》には、中《ちゅう》国《ごく》・朝《ちょう》鮮《せん》を経《へ》て、六《ろく》世《せい》紀《き》の中《なか》ごろに伝《つた》わった。参考 キリスト教《きょう》・イスラム教《きょう》とともに世《せ》界《かい》三大宗《さんだいしゅう》教《きょう》の一《ひと》つ。

ぶっきらぼう 名詞 形容動詞 話《はな》し方《かた》や態《たい》度《ど》に親《した》しみややさしさがなく、そっけないこと。無《ぶ》愛《あい》想《そう》。例 ぶっきらぼうな返《へん》事《じ》。

ぶつぎをかもす【物議を醸す】 世《せ》間《けん》で問《もん》題《だい》となって、言《い》い争《あらそ》いや批《ひ》判《はん》を引《ひ》き起《お》こす。例 大臣《だいじん》の発《はっ》言《げん》が物議を醸した。

ふっきん【腹筋】 名詞 腹《はら》の部《ぶ》分《ぶん》の筋《きん》肉《にく》。

ブック (book) 名詞 「本《ほん》」のこと。例 ハンドブック／ブックカバー。

ブックエンド (bookend) 名詞 立《た》てて並《なら》べた本《ほん》がたおれないように、両《りょう》側《がわ》からおさえるもの。

ブックカバー 名詞 本《ほん》の表《ひょう》紙《し》にかぶせる、紙《かみ》や布《ぬの》のおおい。ことば 英《えい》語《ご》をもとに日本《にほん》で作《つく》られたことば。

ブックトーク (book talk) 名詞 学校《がっこう》の先生《せんせい》や図《と》書《しょ》館《かん》の職《しょく》員《いん》などが、あるテーマに沿《そ》って何《なん》冊《さつ》かの本《ほん》を選《えら》び、児《じ》童《どう》・生《せい》徒《と》や図《と》書《しょ》館《かん》の利《り》用《よう》者《しゃ》などにしょうかいすること。

ぶつける 動詞 ❶強《つよ》く打《う》ち当《あ》てる。また、投《な》げて当《あ》てる。例 ボールをかべにぶつける。❷強《つよ》くはっきり言《い》う。例 不《ふ》満《まん》をぶつける。

ふっこ【復古】 名詞 動詞 昔《むかし》の状《じょう》態《たい》や体《たい》制《せい》にもどすこと。また、もどること。例 王《おう》政《せい》復古。

ふっこう【復興】 名詞 動詞 おとろえていたものが、もとのようにさかんになること。また、さかんにすること。例 大《おお》地《じ》震《しん》にあった町《まち》が、すっかり復興した。類 再《さい》興《こう》。

ふつごう【不都合】 名詞 形容動詞 ❶都《つ》合《ごう》がよくないこと。具《ぐ》合《あい》が悪《わる》いこと。例 小《ちい》さいかごは、買《か》い物《もの》には不都合だ。対 好《こう》都《つ》合《ごう》。❷よくないこと。とんでもないこと。例 不都合な点《てん》があったことをおわびします。

ふっこうしえん【復興支援】 名詞 戦《せん》争《そう》や災《さい》害《がい》などで大《おお》きな被《ひ》害《がい》を受《う》けた国《くに》や地《ち》域《いき》が立《た》ち直《なお》るために、手《て》助《だす》けすること。

ふっこうちょう【復興庁】 名詞 二〇一一年《ねん》に起《お》きた東《ひがし》日《に》本《ほん》大《だい》震《しん》災《さい》の復《ふっ》興《こう》を進《すす》めるための仕《し》事《ごと》をする国《くに》の役《やく》所《しょ》。内《ない》閣《かく》総《そう》理《り》大《だい》臣《じん》を長《ちょう》とする。二〇一二年《ねん》に設《せっ》置《ち》された。

ぶっさん【物産】 名詞 その土《と》地《ち》でとれたり、つくられたりする物《もの》。例 沖《おき》縄《なわ》の物産展《てん》。類 産《さん》物《ぶつ》。

ぶっし【仏師】 名詞 仏《ぶつ》像《ぞう》をつくる職《しょく》人《にん》。

ぶっし【物資】 名詞 食《た》べ物《もの》・着《き》る物《もの》など、生《せい》活《かつ》に必《ひつ》要《よう》なもの。例 救《きゅう》援《えん》物資を送《おく》る。

ぶっしつ【物質】 名詞 ❶見《み》たりさわったりできて、そこにあることがわかるもの。❷物《もの》をかたちづくっている、もとになるもの。例 化《か》学《がく》物質。

ぶっしつてき【物質的】 形容動詞 物《もの》にかかわるようす。とくに、心《こころ》よりお金《かね》や品《しな》物《もの》などを大《だい》事《じ》にするようす。例 物質的にはめぐまれているが、心《こころ》をゆるせる友《ゆう》人《じん》がいない。対 精《せい》神《しん》的《てき》。

プッシュホン 名詞 おしボタン式《しき》の電《でん》話《わ》機《き》。ことば 英《えい》語《ご》をもとに日《に》本《ほん》で作《つく》られたことば。

ぶっしょく【物色】 名詞 動詞 多《おお》くのものの中《なか》から、ちょうどよいものを探《さが》し出《だ》すこと。例 バザーでほり出《だ》し物《もの》を物色する。

ぶつぜん【仏前】 名詞 仏《ほとけ》の前《まえ》。仏《ぶつ》壇《だん》の前《まえ》。例 仏前に花《はな》を供《そな》える。

ふっそ【ふっ素】 名詞 刺《し》激《げき》のあるにおいがする、うすい黄《き》緑《みどり》色《いろ》の気《き》体《たい》。ほかの物《ぶっ》質《しつ》と結《むす》びつく性《せい》質《しつ》が強《つよ》い。

ぶっそう【物騒】 形容動詞 世《よ》の中《なか》がおだやかでなく、いつ何《なに》が起《お》こるかわからない状《じょう》態《たい》であるようす。また、害《がい》を加《くわ》えられそうで、危《き》険《けん》なようす。例 物騒な世《よ》の中《なか》になったものだ。

ぶつぞう【仏像】 名詞 仏《ほとけ》のすがたを、彫《ちょう》刻《こく》にしたり、絵《え》にかいたりしたもの。ことば 「一《いっ》体《たい》」と数《かぞ》える。

あいうえお　かきくけこ　さしすせそ　たちつてと　なにぬねの　はひふへほ　まみむめも　やゆよ　らりるれろ　わをん

水車場《すいしゃば》は、実《じつ》は魔法学校《まほうがっこう》だった。クラバートは親方《おやかた》から魔法《まほう》を教《おそ》わり、職人仲間《しょくにんなかま》に助《たす》けられて力《ちから》を身《み》につけての自由《じゆう》を勝《か》ち取《と》るために、命《いのち》をかけて親方《おやかた》と対決《たいけつ》する。ドイツに伝《つた》わる伝説《でんせつ》をもとにした物語《ものがたり》。

類＝意味《いみ》のよく似《に》たことば　対＝反対《はんたい》の意味《いみ》のことばや対《つい》になることば

ぶったい【物体】名詞 目《め》に見《み》えるような形《かたち》を持《も》っているもの。

ぶつだん【仏壇】名詞 仏像《ぶつぞう》や位《い》はいなどをまつっておくところ。例 仏壇にお供《そな》えをする。

ぶっちょうづら【仏頂面】名詞 機嫌《きげん》が悪《わる》そうな、無愛想《ぶあいそう》な顔《かお》つき。ふくれっ面《つら》。例 しかられて仏頂面をしている。

ふつつか 形容動詞 考《かんが》えや能力《のうりょく》が足《た》りなくて、行《い》き届《とど》かないようす。例 ふつつかな者《もの》ですが、よろしくお願《ねが》いします。使い方 自分《じぶん》や、自分《じぶん》の身近《みぢか》な人《ひと》のことをへりくだっていうことば。

ぶっつけほんばん【ぶっつけ本番】名詞 準備《じゅんび》や練習《れんしゅう》なしで、いきなり行《おこな》うこと。例 ぶっつけ本番で演奏《えんそう》する。

ぶっつづけ【ぶっ続け】名詞 休《やす》まずに、ずっと続《つづ》けること。例 朝《あさ》からぶっ続けで働《はたら》く。

ふっつり［と］副詞 それまで続《つづ》いていたものごとが急《きゅう》にとぎれるようす。例 毎日《まいにち》来《き》ていたお客《きゃく》さんが、ふっつりと来《こ》なくなった。

ぷっつり［と］副詞
❶糸《いと》やひもなどが急《きゅう》に切《き》れるようす。
❷続《つづ》いていたものごとが急《きゅう》にとぎれるようす。
例 連絡《れんらく》がぷっつりとだえた。

ふってわく【降って湧く】突然《とつぜん》起《お》こったり現《あらわ》れたりする。例 降って湧いたような話《はなし》。

ふってん【沸点】名詞 液体《えきたい》がふっとうするときの温度《おんど》。沸騰点《ふっとうてん》。参考 水《みず》の沸点《ふってん》はセ氏百度《しひゃくど》。

ふっとう【沸騰】名詞 動詞
❶水《みず》などが煮《に》え立《た》つこと。
❷議論《ぎろん》や人気《にんき》などが、さかんになること。激《はげ》しく盛《も》り上《あ》がること。例 話《はな》し合《あ》いが沸騰する。

ぶつどう【仏堂】名詞 仏像《ぶつぞう》が置《お》かれている建《たて》物《もの》。

ふっとうせき【沸騰石】名詞 液体《えきたい》を加熱《かねつ》するときに、急《きゅう》にふっとうするのを防《ふせ》ぐために入《い》れる小《ちい》さなかけら。素焼《すや》きなど、細《こま》かい穴《あな》がたくさんあいているものが用《もち》いられる。

ふっとうてん【沸騰点】➡1161ジ《ぺー》ふってん

フットサル（futsal）名詞 五人《ごにん》ずつの二《に》チームで行《おこな》う、サッカーに似《に》たスポーツ。ふつうのサッカーよりボールとゴールが小《ちい》さく、競技場《きょうぎじょう》もせまい。

フットボール（football）名詞 二組《ふたくみ》に分《わ》かれ、ボールをけり合《あ》って行《おこな》うスポーツ。ラグビー・サッカー・アメリカンフットボールの三種類《さんしゅるい》がある。「しゅう球《きゅう》」ともいう。

フットライト（footlights）名詞 舞台《ぶたい》の前《まえ》の方《ほう》にとりつけ、舞台《ぶたい》の上《うえ》の人《ひと》を足《あし》もとから照《て》らす明《あ》かり。脚光《きゃっこう》。

ぶっぴん【物品】名詞 品物《しなもの》。物《もの》。例 輸入《ゆにゅう》された物品に税金《ぜいきん》をかける。

ぶつぶつ
❶名詞 小《ちい》さなつぶがたくさんあること。また、そのつぶ。例 皮膚《ひふ》に赤《あか》いぶつぶつができた。
❷副詞 小《ちい》さい声《こえ》でつぶやくようす。また、不《ふ》平《へい》や不満《ふまん》を、小《ちい》さい声《こえ》で言《い》うようす。例 ぶつぶつ文句《もんく》を言《い》う。
使い方 ❷は、「ぶつぶつと」の形《かたち》でも使《つか》う。

ぶつぶつこうかん【物物交換】名詞 動詞 お金《かね》をつかわないで、物《もの》と物《もの》とをとりかえること。例 便《びん》せんと消《け》しゴムを物々交換する。

ぶっぽう【仏法】名詞 仏《ほとけ》の教《おし》え。仏教《ぶっきょう》。

ぶっぽうそう【仏法僧】名詞 季語夏
❶仏教《ぶっきょう》で、仏《ほとけ》と、仏《ほとけ》の教《おし》え（＝法《ほう》）と、その教《おし》えを伝《つた》えるおぼうさん（＝僧《そう》）。
❷夏《なつ》の初《はじ》め、日《に》本《ほん》に来《く》るわたり鳥《どり》。体《からだ》は青緑色《あおみどりいろ》で、くちばしと足《あし》が赤《あか》い。

ぶっぽうそう❷

❸ふくろうのなかまの「このはずく」の別《べつ》の呼《よ》び名《な》。

ぶつま【仏間】名詞 仏壇《ぶつだん》のある部屋《へや》。
ことば 季語《きご》として使《つか》うのは❷❸の意味《いみ》。

ぶつめつ【仏滅】名詞 こよみの上《うえ》で、何《なに》をするにもよくないといわれる日《ひ》。

ぶつもん【仏門】名詞 仏《ほとけ》の教《おし》えに従《したが》った道《みち》。例 仏門に入《はい》って修行《しゅぎょう》する。

ふつりあい【不釣り合い】名詞 形容動詞 つりあわないこと。例 このかばんは大《おお》き過《す》ぎて、わたしには不釣り合いだ。

ぶつりがく【物理学】名詞 自然《しぜん》科学《かがく》の分野《ぶんや》の一《ひと》つ。物《もの》の性質《せいしつ》や運動《うんどう》、熱《ねつ》・光《ひかり》・電気《でんき》・音《おと》のはたらきなどを研究《けんきゅう》する学問《がくもん》。

ぶつりゅう【物流】名詞 作《つく》られた物《もの》が生産者《せいさんしゃ》

あいうえお
かきくけこ
さしすせそ
たちつてと
なにぬねの
はひふへほ ふ
まみむめも
や ゆ よ
らりるれろ
わ を ん

読書のこみち 高 中 低 『クラバート』プロイスラー 少年《しょうねん》クラバートが見習《みなら》いとして働《はたら》き始《はじ》めたコーゼル湿地《しっち》のいくが、しだいにおそろしい秘密《ひみつ》にも気《き》づく。やがてクラバートは、愛《あい》する少女《しょうじょ》と自分《じぶん》

から消費者《しょうひしゃ》に届《とど》くまでの流《なが》れ。例 物流センター。

ふで【筆】 名詞 ❶細《ほそ》い竹筒《たけづつ》の先《さき》に束《たば》ねた毛《け》をつけた、文字《もじ》や絵《え》をかくための道具《どうぐ》。❷文字《もじ》や絵《え》、文章《ぶんしょう》をかくこと。例 筆が速《はや》い／名人《めいじん》の筆になる書《しょ》。

漢 ➡1110ページ ひつ〔筆〕

●**筆《ふで》が立《た》つ** 文章《ぶんしょう》を書《か》くことがうまい。

●**筆《ふで》を入《い》れる** 文章《ぶんしょう》を直《なお》す。例 ちょっと筆を入れただけで、ずいぶんよい文章《ぶんしょう》になった。

●**筆《ふで》をおく** 文章《ぶんしょう》を書《か》き終《お》える。また、文章《ぶんしょう》をそこまでで終《お》わりにする。例 あと書《が》きを書《か》いて筆をおく。

●**筆《ふで》を折《お》る** 作家《さっか》などが、文章《ぶんしょう》を書《か》くのをやめる。例 この小説《しょうせつ》を最後《さいご》に筆を折った作家《さっか》。

●**筆《ふで》を執《と》る** 文章《ぶんしょう》や絵《え》を書《か》く。例 一言《ひとこと》お礼《れい》をと思《おも》い、筆を執りました。

●**筆《ふで》を走《はし》らせる** 文章《ぶんしょう》などをすらすらと書《か》く。例 作文用紙《さくぶんようし》をとり出《だ》すと、すぐに筆を走らせた。

●**筆《ふで》をふるう** 絵《え》や文章《ぶんしょう》、書《しょ》などをかく。例 筆をふるって色紙《しきし》に俳句《はいく》をかく。

ふてい【不定】 名詞 形容動詞 決《き》まっていないこと。定《さだ》まらないこと。例 住所《じゅうしょ》不定。

ふていき【不定期】 名詞 形容動詞 くり返《かえ》して行《おこな》われるものごとで、時間《じかん》や時期《じき》が決《き》まっていないこと。例 不定期に開《ひら》かれる会議《かいぎ》。

ふていさい【不体裁】 名詞 形容動詞 格好《かっこう》や見《み》かけが悪《わる》いこと。みっともないこと。

ふでいれ【筆入れ】 名詞 「筆箱《ふでばこ》」のこと。

プディング（pudding） 名詞 牛乳《ぎゅうにゅう》・卵《たまご》・砂糖《さとう》などを混《ま》ぜて蒸《む》した、西洋風《せいようふう》の菓子《かし》。プリン。

ふてき【不敵】 形容動詞 度胸《どきょう》があり、何《なに》ごともおそれないようす。例 大胆《だいたん》不敵／不敵な笑《え》み。

ふでき【不出来】 名詞 形容動詞 できが悪《わる》いこと。例 不出来な作品《さくひん》。対 上出来《じょうでき》。

ふてきせつ【不適切】 形容動詞 ふさわしくないようす。その場《ば》の状況《じょうきょう》や場面《ばめん》などに合《あ》っていないようす。例 不適切な発言《はつげん》。類 不適当《ふてきとう》。

ふてきとう【不適当】 形容動詞 ふさわしくないようす。例 ハイヒールは山歩《やまある》きには不適当だ。類 不適切《ふてきせつ》。

ふてぎわ【不手際】 名詞 形容動詞 やり方《かた》がよくないこと。手際《てぎわ》が悪《わる》いこと。例 会《かい》の進《すす》め方《かた》に不手際な点《てん》があった。

ふてくされる【ふて腐れる】 動詞 不満《ふまん》に思《おも》って、ひねくれたり、反抗《はんこう》したりする。例 ほしいものを買《か》ってもらえなくて、ふて腐れる。

ふでづかい【筆遣い・筆使い】 名詞 字《じ》や絵《え》をかくときの、筆《ふで》の使《つか》い方《かた》や運《はこ》び方《かた》。例 勢《いきお》いのある筆遣い。

ふてってい【不徹底】 名詞 形容動詞 じゅうぶんに行《い》き届《とど》いていなくて、中途半端《ちゅうとはんぱ》なこと。例 掃除《そうじ》が不徹底でよごれが残《のこ》っている。

ふでばこ【筆箱】 名詞 えんぴつ・ペン・消《け》しゴムなどの筆記用具《ひっきようぐ》を入《い》れておく箱《はこ》。筆入《ふでい》れ。

ふでぶしょう【筆不精・筆無精】 名詞 形容動詞 手紙《てがみ》や文章《ぶんしょう》を、めんどうがってなかなか書《か》かないこと。また、そのような人《ひと》。対 筆《ふで》まめ。

ふてぶてしい 形容詞 にくらしいほどずうずうしい。例 ふてぶてしい態度《たいど》をとる。

ふでまめ【筆まめ】 名詞 形容動詞 手紙《てがみ》や文章《ぶんしょう》を、めんどうがらずによく書《か》くこと。また、そのような人《ひと》。対 筆不精《ふでぶしょう》。

ふてんしぶおんぷ【付点四分音符】 名詞 楽譜《がくふ》に使《つか》う音符《おんぷ》の一《ひと》つ。音《おと》の長《なが》さは四分音符《しぶおんぷ》の一・五倍《ばい》。「ふてんしぶんおんぷ」ともいう。図 ➡213ページ おんぷ〔音符〕

ふてんじゅうろくぶおんぷ【付点十六分音符】 名詞 楽譜《がくふ》に使《つか》う音符《おんぷ》の一《ひと》つ。音《おと》の長《なが》さは十六分音符《じゅうろくぶおんぷ》の一・五倍《ばい》。「ふてんじゅうろくぶんおんぷ」ともいう。図 ➡213ページ おんぷ〔音符〕

ふてんにぶおんぷ【付点二分音符】 名詞 楽譜《がくふ》に使《つか》う音符《おんぷ》の一《ひと》つ。音《おと》の長《なが》さは二分音符《にぶおんぷ》の一・五倍《ばい》。「ふてんにぶんおんぷ」ともいう。図 ➡213ページ おんぷ〔音符〕

ふてんはちぶおんぷ【付点八分音符】 名詞 楽譜《がくふ》に使《つか》う音符《おんぷ》の一《ひと》つ。音《おと》の長《なが》さは八分音符《はちぶおんぷ》の一・五倍《ばい》。「ふてんはちぶんおんぷ」ともいう。図 ➡213ページ おんぷ〔音符〕

ふと 副詞 急《きゅう》に。突然《とつぜん》。何気《なにげ》なく。例 昔《むかし》のことをふと思《おも》い出《だ》した／ふと、ふり返《かえ》った。

ふとい【太い】 形容詞 ❶まわりの長《なが》さが大《おお》きい。例 太い材木《ざいもく》／太い線《せん》を書《か》く。また、はばが大《おお》きい。対 細《ほそ》い。

れたきょうだいが魔女《まじょ》のお菓子《かし》の家《いえ》にたどりつく「ヘンゼルとグレーテル」、かぼちゃの馬車《ばしゃ》に乗《の》り、ガラスの「赤《あか》ずきん」などのお話《はなし》はよく知《し》られています。不思議《ふしぎ》な魔法《まほう》、深《ふか》い森《もり》やお城《しろ》なども魅力《みりょく》のあるメルヘンです。

❷声《こえ》が低《ひく》くて大《おお》きい。例 太い声《こえ》。対 細《ほそ》い。

❸びくびくしない。ずうずうしい。例 神経《しんけい》が太い。漢 ↓770ページ たい〔太〕

ふとう【不当】 名詞 形容動詞 ふさわしくないこと。道理《どうり》に合《あ》っていないこと。例 不当なあつかいを受《う》ける。対 正当《せいとう》。

ふとう【ふ頭】 名詞 港《みなと》で、陸《りく》から海《うみ》につき出《だ》すようにしてつくられた船着《ふなつ》き場《ば》。波止場《はとば》。

ふどう【不同】 名詞 形容動詞 同《おな》じでないこと。また、順番《じゅんばん》などが決《き》まっていないこと。例 大《だい》小《しょう》不同の石《いし》を並《なら》べる／順《じゅん》不同。

ふどう【不動】 名詞 ❶動《うご》かないこと。例 直立《ちょくりつ》不動／不動の姿勢《しせい》。❷「不動明王《ふどうみょうおう》」の略《りゃく》。悪魔《あくま》や悪《わる》い心《こころ》を追《お》いはらう仏《ほとけ》。

ぶとう【舞踏】 名詞 動詞 まいおどること。とくに、西洋《せいよう》の音楽《おんがく》に合《あ》わせておどるおどりをいう。例 舞踏会《かい》。

ぶどう 名詞 季語 秋 くきがつるになっている植《しょく》物《ぶつ》の一《ひと》つ。夏《なつ》にうすい緑《みどり》色《いろ》の小《ちい》さな花《はな》がさき、秋《あき》に実《み》がふさになって垂《た》れ下《さ》がる。実《み》は、そのまま食《た》べたり、ぶどう酒《しゅ》にしたりする。

ぶどう

ぶどう【武道】 名詞 ❶剣《けん》道《どう》・柔《じゅう》道《どう》・弓《きゅう》道《どう》などの武芸《ぶげい》。❷武士《ぶし》の守《まも》るべき道《みち》。武士道《ぶしどう》。

ふとういつ【不統一】 名詞 形容動詞 ばらばらで、まとまりがとれていないこと。例 字《じ》の大《おお》きさが不統一だ。

ふとうこう【不登校】 名詞 児童《じどう》や生徒《せいと》が、いろいろな理由《りゆう》で学校《がっこう》に行《い》かなくなること。

ふとうごう【不等号】 名詞 算数《さんすう》で、二《ふた》つの数《かず》や式《しき》の大小《だいしょう》の関係《かんけい》を表《あらわ》す記号《きごう》。「＞」「＜」など。対 等号《とうごう》。

ふどうさん【不動産】 名詞 土地《とち》や建物《たてもの》など、簡単《かんたん》には動《うご》かせない財産《ざいさん》。対 動産《どうさん》。

ぶどうしゅ【ぶどう酒】 名詞 ぶどうの実《み》を発酵《はっこう》させてつくった酒《さけ》。ワイン。

ふどうたい【不導体】 名詞 熱《ねつ》や電気《でんき》を通《とお》しにくいもののこと。絶縁体《ぜつえんたい》。木材《もくざい》・ガラス・ゴムなど。

ぶどうとう【ぶどう糖】 名詞 あまい果物《くだもの》やはちみつなどに多《おお》くふくまれている糖分《とうぶん》。大切《たいせつ》な栄養分《えいようぶん》の一《ひと》つで、人間《にんげん》の血液《けつえき》の中《なか》にもふくまれている。

ふどうとく【不道徳】 名詞 形容動詞 道徳《どうとく》に反《はん》していること。人《ひと》として守《まも》らなければならない道《みち》から外《はず》れていること。例 不道徳な行《おこな》い。

ふとうめい【不透明】 名詞 形容動詞 すき通《とお》っていないこと。例 不透明な液体《えきたい》。対 透明《とうめい》。

ふどき【風土記】 名詞 奈良《なら》時代《じだい》の初《はじ》めにつくられた本《ほん》。それぞれの地方《ちほう》のようすや、産物《さんぶつ》・伝説《でんせつ》などが書《か》かれている。「出雲風土記《いずもふどき》」などが現在《げんざい》まで残《のこ》っている。

ふとく【不徳】 名詞 徳《とく》が足《た》りないこと。心《こころ》がけや行《おこな》いがりっぱでないこと。例 不徳のいたすところ（＝失敗《しっぱい》をしたときなどに、「自分《じぶん》の徳《とく》が足《た》りないせいだ」とあやまることば）。

ふとくい【不得意】 名詞 形容動詞 うまくできないこと。苦手《にがて》なこと。例 ぼくは縄《なわ》とびが不得意だ。類 不得手《ふえて》。対 得意《とくい》。

ふところ【懐】 名詞 ❶着物《きもの》や服《ふく》の、胸《むね》の部分《ぶぶん》の内側《うちがわ》。例 懐に手《て》を入《い》れる。❷まわりを囲《かこ》まれたようなところ。例 山《やま》の懐。❸持《も》っているお金《かね》。例 懐がさびしい（＝お金《かね》を少《すこ》ししか持《も》っていない）。❹胸《むね》の内《うち》。心《こころ》の中《なか》。例 相手《あいて》の懐をさぐる。

● **懐《ふところ》が暖《あたた》かい** お金《かね》をたくさん持《も》っている。例 お年玉《としだま》をもらったばかりで懐が暖かい。

● **懐《ふところ》が寒《さむ》い** お金《かね》を少《すこ》ししか持《も》っていない。例 図鑑《ずかん》を買《か》ったので、来月《らいげつ》まで懐が寒い。

● **懐《ふところ》が深《ふか》い** ものごとを受《う》け入《い》れる心《こころ》が広《ひろ》い。

ふところぐあい【懐具合】 名詞 持《も》っているお金《かね》の額《がく》。例 何《なに》を買《か》うかは懐具合と相談《そうだん》だ。

ふところで【懐手】 名詞 季語 冬 ❶両手《りょうて》をふところに入《い》れていること。例 懐手で寒《さむ》さをしのぐ。❷仕事《しごと》などを人《ひと》に任《まか》せて、自分《じぶん》は何《なに》もしないこと。例 準備《じゅんび》がととのうのを懐手で見《み》ている。

ふとした 連体詞 ちょっとした。思《おも》いがけない。例 ふとした思《おも》いつき。

ふとっぱら【太っ腹】 名詞 形容動詞 気《き》持《も》ちが

高 『グリム童話集《どうわしゅう》』グリム兄弟《きょうだい》　ドイツの各地《かくち》に伝《つた》わる昔話《むかしばなし》を集《あつ》めた童話集《どうわしゅう》。森《もり》に捨《す》てら
中 くつをはいて舞踏会《ぶとうかい》へ行《い》く「シンデレラ」、おつかいの途中《とちゅう》で森《もり》のおおかみに出《で》くわす
低

大《おお》きくて、小《ちい》さなことを気《き》にしないようす。例 おじは太っ腹でよくごちそうしてくれる。

ふとどき【不届き】名詞 形容動詞 道理《どうり》や決《き》まりに従《したが》わず、よくない行《おこな》いをすること。例 平《へい》気《き》な顔《かお》で遅刻《ちこく》するとは不届き者《もの》だ。

ふとめ【太め】名詞 形容動詞 ふつうより少《すこ》し太《ふと》いこと。例 太めのジーンズ。対 細《ほそ》め。

ふとる【太る】動詞
❶体《からだ》に肉《にく》がつき、ふっくらとする。例 まるまると太った赤《あか》ちゃん。対 痩《や》せる。
❷お金《かね》や財産《ざいさん》などがふえる。例 会社《かいしゃ》が太る。
漢 ↓770ページ たい〔太〕

ふとん【布団】名詞 季語冬 ねるときやすわるときに、かけたりしいたりするもの。ぬい合《あ》わせた布《ぬの》の中《なか》に、綿《わた》や羽毛《うもう》などを入《い》れてある。例 羽《は》布団。ことば「一枚《いちまい》」と数《かぞ》える。上下《じょうげ》の布《ふ》団《とん》で一《ひと》つとする場合《ばあい》は「一組《ひとくみ》」と数《かぞ》える。

ふな 名詞 川《かわ》・池《いけ》・ぬまなどにすむ魚《さかな》の一《ひと》つ。こいに似《に》ているが、ひげがなくてこいより小《ちい》さい。食用《しょくよう》になる。図 ↓521ページ さかな〔魚〕

ふな【船《ふね》・舟】（ほかのことばの前《まえ》につけて）「船《ふね》」の意味《いみ》を表《あらわ》す。例 船旅《たび》／船乗《の》り。漢 ↓732ページ せん〔船〕

ぶな 名詞 山《やま》に生《は》える高《たか》い木《き》の一《ひと》つ。春《はる》、うすい緑《みどり》色《いろ》の花《はな》がさき、秋《あき》に葉《は》が落《お》ちる。幹《みき》はかたくて強《つよ》いので、家具《かぐ》やうつわをつくるのに使《つか》う。

ふなあし【船足・船脚】名詞
❶船《ふね》が進《すす》む速《はや》さ。例 船足を速《はや》める。
❷船体《せんたい》の、水《みず》につかっている部分《ぶぶん》。例 船足の浅《あさ》い船《ふね》。

ふなうた【船歌・舟歌】名詞 船頭《せんどう》などが、船《ふね》をこぎながら歌《うた》う歌《うた》。例 最上川《もがみがわ》の舟歌。

ふなぐら【船倉】↓738ページ せんそう〔船倉〕

ふなじ【船路】名詞
❶船《ふね》が行《い》き来《き》する道《みち》。船《ふね》の航路《こうろ》。
❷船《ふね》の旅《たび》。船旅《ふなたび》。例 船路の安全《あんぜん》をいのる。

ふなぞこ【船底】名詞 船《ふね》の底《そこ》。また、そのような形《かたち》のもの。

ふなたび【船旅】名詞 船《ふね》で旅行《りょこう》すること。例 世界一周《せかいいっしゅう》の船旅。

ふなちん【船賃】名詞 船《ふね》に乗《の》ったり船《ふね》を使《つか》ったりするときにはらうお金《かね》。

ふなつきば【船着き場】名詞 船《ふね》が着《つ》いてとまったり、出《で》たりする所《ところ》。

ふなで【船出】名詞 動詞 船《ふね》が港《みなと》を出《で》ること。また、船《ふね》に乗《の》って旅《たび》に出《で》ること。ことば 新《あたら》しい生活《せいかつ》を始《はじ》めることのたとえにも使《つか》う。

ふなぬし【船主】名詞 船《ふね》の持《も》ち主《ぬし》。

ふなのり【船乗り】名詞 船《ふね》に乗《の》って働《はたら》く人《ひと》。船員《せんいん》。

ふなばた【船端】↓1164ページ ふなべり

ふなびと【船人・舟人】名詞
❶船《ふね》に乗《の》って働《はたら》く人《ひと》。船乗《ふなの》り。
❷客《きゃく》として船《ふね》に乗《の》っている人《ひと》。船客《せんきゃく》。

ふなびん【船便】名詞 船《ふね》で人《ひと》や荷物《にもつ》・郵便物《ゆうびんぶつ》を運《はこ》ぶこと。例 本《ほん》を船便で送《おく》る。

ふなべり【船べり】名詞 船《ふね》のへり。船《ふね》のふち。船端《ふなばた》。例 船べりから身《み》を乗《の》り出《だ》す。

ふなむし【船虫】名詞 季語夏 かたいからにおおわれた、体長《たいちょう》三《さん》〜五《ご》センチメートルの動物《どうぶつ》。海岸《かいがん》の岩《いわ》や船《ふね》の上《うえ》などに群《む》れですみ、たくさんの足《あし》ですばやく動《うご》く。

ふなよい【船酔い】名詞 動詞 船《ふね》に乗《の》っている人《ひと》が、ゆれのために気《き》持《も》ちが悪《わる》くなること。

ふなれ【不慣れ】形容動詞 慣《な》れていないこと。例 不慣れな仕事《しごと》をしたので、とてもつかれた。

ぶなん【無難】形容動詞 とくによくもないが、悪《わる》くもないこと。危《あぶ》なげがないこと。例 無難な服装《ふくそう》／相手《あいて》の質問《しつもん》に無難に答《こた》える。

ふにあい【不似合い】形容動詞 似合《にあ》わないこと。ふさわしくないこと。例 不似合いな帽子《ぼうし》。

ふにおちない【ふに落ちない】納得《なっとく》できない。なるほど、と思《おも》えない。例 あの人《ひと》の話《はなし》は、どうもふに落ちない。

ふにん【赴任】名詞 動詞 新《あたら》しい勤《つと》め先《さき》のある土地《とち》に行《い》くこと。類 着任《ちゃくにん》。

ふにんじょう【不人情】名詞 形容動詞 思《おも》いやりがないこと。例 その言《い》い方《かた》は不人情だよ。類 無慈悲《むじひ》。無情《むじょう》。

ふね【船・舟】名詞
❶人《ひと》や物《もの》をのせて水《みず》の上《うえ》を進《すす》む乗《の》り物《もの》。
❷水《みず》などを入《い》れる、箱《はこ》の形《かたち》をした入《い》れ物《もの》。例 湯《ゆ》船。
使い方 ふつう、「船」は大型《おおがた》のもの、「舟」は小《こ》型《がた》のものに使《つか》う。ほかのことばの前《まえ》につくときは、「ふな」となることが多《おお》い。「船出《ふなで》」「船旅《ふなたび》」など。ことば ❶は、「一隻《いっせき》」「一艘《いっそう》」「一杯《いっぱい》」と数《かぞ》

たちと出会《であ》うファンタジー短編集《たんぺんしゅう》。子供《こども》のぼうしにつかまっていたちょうをにがす「白《しろ》いぼうし」、忘《わす》れ物《もの》を届《とど》優《やさ》しく問《と》いかける物語《ものがたり》です。シリーズに『続《ぞく》 車《くるま》のいろは空《そら》のいろ』『車《くるま》のいろは空《そら》のいろ 星《ほし》のタクシー』も。

える。ヨットの場合《ばあい》は「一艇《いってい》」とも数《かぞ》える。漢↓732ページ せん〔船〕

●**舟《ふね》をこぐ** すわったまま体《からだ》を前後《ぜんご》にゆらして、いねむりをする。

ふねんせい【不燃性】 名詞 燃《も》えない性質《せいしつ》。燃《も》えにくい性質《せいしつ》。対 可燃性《かねんせい》。

ふねんぶつ【不燃物】 名詞 燃《も》えない性質《せいしつ》のもの。また、燃《も》えにくい性質《せいしつ》のもの。

ふのう【不能】 名詞 形容動詞 できないこと。例 使用《しよう》不能。

ふのり 名詞 季語 夏 ❶海藻《かいそう》のなかま。赤《あか》むらさき色《いろ》で、海岸近《かいがんちか》くの岩《いわ》などにつく。❷ふのり（＝❶）を煮《に》て作《つく》ったのり。絹《きぬ》の布《ぬの》をのりづけするのに使《つか》う。

ふはい【不敗】 名詞 負《ま》けないこと。例 このボクサーはここ二年間《にねんかん》不敗だ。

ふはい【腐敗】 名詞 動詞 ❶くさること。いたむこと。❷悪《わる》いことや道理《どうり》に合《あ》わないことが、平気《へいき》で行《おこな》われること。例 政治《せいじ》の腐敗を批判《ひはん》する。

ふばい【不買】 名詞 物《もの》を買《か》わないこと。とくに、ある決《き》まった商品《しょうひん》を買《か》わないこと。例 環《かん》境《きょう》破壊《はかい》につながる商品《しょうひん》の不買運動《うんどう》が起《お》きる。

ふはつ【不発】 名詞 ❶たまがうち出《だ》されないこと。また、うったたまや打《う》ち上《あ》げた花火《はなび》などが破裂《はれつ》しないこと。例 不発弾《だん》。❷やろうと考《かんが》えたことができないこと。例 計《けい》画《かく》が不発に終《お》わる。

ふばらい【不払い】 名詞 はらわなくてはいけないお金《かね》をはらわないこと。例 家賃《やちん》の不払い。

ふび【不備】 名詞 形容動詞 必要《ひつよう》なものがそろっていないこと。例 提出《ていしゅつ》された書類《しょるい》に不備な点《てん》がある。対 完備《かんび》。

ふひつよう【不必要】 形容動詞 必要《ひつよう》でないこと。いらないこと。不要《ふよう》。例 不必要な物《もの》を捨《す》てる／この会議室《かいぎしつ》は不必要に大《おお》きい。

ふひょう【不評】 名詞 評判《ひょうばん》が悪《わる》いこと。例 不評を買《か》う。類 悪評《あくひょう》。対 好評《こうひょう》。

ふひょう【付表】 名詞 本文《ほんぶん》についている表《ひょう》。本文《ほんぶん》の参考《さんこう》としてつけられた表《ひょう》。

ふひょう【浮標】 ↓1139ページ ブイ❶

ふびょうどう【不平等】 名詞 形容動詞 平等《びょうどう》でないこと。かたよりや差別《さべつ》があること。対 平等《びょうどう》。

ふびょうどうじょうやく【不平等条約】 名詞 国同士《くにどうし》が結《むす》ぶ条約《じょうやく》で、片方《かたほう》にとって不利《ふり》な内容《ないよう》となっている条約《じょうやく》。参考 日本《にほん》では、江戸《えど》時代末期《じだいまっき》に結《むす》ばれた「日米修好通商条約《にちべいしゅうこうつうしょうじょうやく》」などが不平等条約《ふびょうどうじょうやく》だった。

フビライ 名詞 （一二一五～一二九四）モンゴル帝《てい》国《こく》の第五代皇帝《だいごだいこうてい》。チンギス＝ハンの孫《まご》。都《みやこ》を今《いま》のペキン（北京）に置《お》き、国名《こくめい》を元《げん》と改《あらた》めた。中国全土《ちゅうごくぜんど》を従《したが》えたのち、日本《にほん》へも遠征軍《えんせいぐん》を二《に》度送《どおく》ったが、二度《にど》とも失敗《しっぱい》した。

ふびん【不びん】 形容動詞 あわれでかわいそうなようす。

ぶひん【部品】 名詞 機械《きかい》などを組《く》み立《た》てている一《ひと》つ一《ひと》つのもの。部分品《ぶぶんひん》。例 自動車《じどうしゃ》の部品。

ふぶき【吹雪】 名詞 季語 冬 ❶激《はげ》しい風《かぜ》とともに、ふきつけるように降《ふ》る雪《ゆき》。例 ひどい吹雪で先《さき》が見《み》えない。❷細《こま》かいものがたくさん散《ち》るようす。例 紙《かみ》吹雪／花《はな》吹雪。

ふふく【不服】 名詞 形容動詞 納得《なっとく》できなくて、不満《ふまん》に思《おも》うこと。例 不服そうな顔《かお》。

ぶぶん【部分】 名詞 全体《ぜんたい》をいくつかに分《わ》けたうちの一《ひと》つ一《ひと》つ。対 全体《ぜんたい》。

ぶぶんげっしょく【部分月食】 名詞 月《つき》の一部分《いちぶぶん》だけが地球《ちきゅう》の影《かげ》にかくされて、欠《か》けて見《み》える現象《げんしょう》。地球《ちきゅう》が太陽《たいよう》と月《つき》の間《あいだ》にきて太陽《たいよう》の光《ひかり》をさえぎるために起《お》きる。関連 皆既月食《かいきげっしょく》。図 ↓424ページ げっしょく

ぶぶんしょく【部分食】 名詞 日食《にっしょく》や月食《げっしょく》で、太陽《たいよう》や月《つき》の一部分《いちぶぶん》だけが欠《か》けて見《み》える現象《げんしょう》。関連 皆既食《かいきしょく》。図 ↓424ページ げっしょく・998ページ にっしょく

ぶぶんてき【部分的】 形容動詞 全体《ぜんたい》の中《なか》の一部分《いちぶぶん》だけに関係《かんけい》があるようす。例 部分的には賛成《さんせい》だ。

ぶぶんにっしょく【部分日食】 名詞 太陽《たいよう》のすがたの一部分《いちぶぶん》だけが月《つき》にかくされて、欠《か》けて見《み》える現象《げんしょう》。関連 皆既日食《かいきにっしょく》。金環日食《きんかんにっしょく》。図 ↓998ページ にっしょく

ぶぶんひん【部分品】 ↓1165ページ ぶひん

ふへい【不平】 名詞 形容動詞 思《おも》うようにならないので、気《き》に入《い》らないこと。また、そのような

読書のこみち　高 中 低 『車《くるま》のいろは空《そら》のいろ』あまんきみこ　タクシー運転手《うんてんしゅ》の松井《まつい》さんが、不思議《ふしぎ》なお客《きゃく》さん
けたお客《きゃく》さんの家《いえ》で不思議《ふしぎ》な時間《じかん》を過《す》ごす「くましんし」など、人間《にんげん》と自然《しぜん》とのかかわりを

気持《きも》ちを表《あらわ》すことば。例 不平不満《ふまん》／おやつが少《すく》ない、と不平を言《い》う。

●不平《ふへい》を並《なら》べる　次《つぎ》から次《つぎ》へと不平《ふへい》を言《い》う。

ふへん【不変】 名詞 形容動詞 変《か》わらないこと。例 不変の価値《かち》を持《も》つ書物《しょもつ》。

ふべん【不便】 名詞 形容動詞 便利《べんり》でないこと。例 交通《こうつう》の不便な土地《とち》。対 便利《べんり》。

ふぼ【父母】 名詞 父《ちち》と母《はは》。両親《りょうしん》。

ふほう【不法】 名詞 形容動詞 ❶法律《ほうりつ》や決《き》まりを守《まも》らないこと。例 不法駐《ちゅう》車《しゃ》。類 違法《いほう》。❷乱暴《らんぼう》でむちゃなこと。例 不法な要求《ようきゅう》。

ふほんい【不本意】 形容動詞 自分《じぶん》のほんとうの気持《きも》ちや希望《きぼう》と合《あ》っていないこと。例 不本意な成績《せいせき》／不本意だったが了解《りょうかい》した。対 本意《ほんい》。

ふまえる【踏まえる】 動詞 ❶しっかりとふみつける。例 大地《だいち》を踏まえて立《た》つ。❷もとにする。土台《どだい》とする。例 これまでの経《けい》験《けん》を踏まえて計画《けいかく》を立《た》てる。

ふまじめ【不真面目】 名詞 形容動詞 まじめでないこと。本気《ほんき》でないこと。

ふまん【不満】 名詞 形容動詞 思《おも》いどおりにならず、満足《まんぞく》しないこと。例 仕上《しあ》がりに不満が残《のこ》る。

ふまんぞく【不満足】 名詞 形容動詞 満足《まんぞく》しないこと。満足《まんぞく》できるほどはよくないこと。例 試合《しあい》は不満足な結果《けっか》に終《お》わった。

ふみ【文】 名詞 ❶手紙《てがみ》。❷書物《しょもつ》。例 文読《よ》む月日重《つきひかさ》ねつつ。使い方 古《ふる》い言《い》い方《かた》。漢↓1180ジべーぶん〔文〕

ふみあらす【踏み荒らす】 動詞 ふみつけてめちゃくちゃにする。例 畑《はたけ》を踏み荒らす。

ふみいし【踏み石】 名詞 ❶玄関《げんかん》などの上《あ》がり口《ぐち》にある、ぬいだはきものをのせるための石《いし》。❷庭《にわ》などで、人《ひと》がふんで歩《ある》けるようにとびとびに並《なら》べた石《いし》。飛《と》び石《いし》。

ふみいれる【踏み入れる】 動詞 ある場所《ばしょ》に入《はい》る。例 競技場《きょうぎじょう》に足《あし》を踏み入れる。

ふみえ【踏み絵】 名詞 江戸時代《えどじだい》に、禁《きん》じられていたキリスト教《きょう》の信者《しんじゃ》かどうかを見分《みわ》けるために人々《ひとびと》にふませた、キリストや聖母《せいぼ》マリアの姿《すがた》をほった板《いた》。参考 この板《いた》をふむことを「絵踏《えふみ》」といった。

ふみえ

ふみきり【踏み切り・踏切】 名詞 ❶道路《どうろ》が線路《せんろ》を横切《よこぎ》っているところ。例 踏切をわたる。❷高《たか》とびやはばとびなどで、とび上《あ》がるために地面《じめん》を強《つよ》くけること。また、その場所《ばしょ》。例 踏み切りに失敗《しっぱい》する。❸思《おも》いきって心《こころ》を決《き》めること。踏《ふ》ん切《ぎ》り。

ふみきる【踏み切る】 動詞 ❶高《たか》とびやはばとびなどで、とび上《あ》がるために地面《じめん》を強《つよ》くける。❷思《おも》いきって始《はじ》める。例 実行《じっこう》に踏み切る。❸すもうをとっているとき、土俵《どひょう》の外《そと》に足《あし》を出《だ》す。

ふみこむ【踏み込む】 動詞 ❶ふんで、中《なか》に入《はい》る。中《なか》に足《あし》を入《い》れる。例 どろぬまに踏み込む。❷思《おも》いきって前《まえ》に出《で》る。例 踏み込んで球《たま》を打《う》つ。❸突然入《とつぜんはい》りこむ。例 警官《けいかん》が現場《げんば》に踏み込んだ。❹ものごとに深入《ふかい》りする。例 作者《さくしゃ》の心情《しんじょう》について、一歩《いっぽ》踏み込んで考《かんが》える。

ふみしめる【踏み締める】 動詞 ❶力《ちから》をこめて、しっかりとふむ。例 大地《だいち》を踏み締めて立《た》つ。❷ふんで固《かた》める。例 雪《ゆき》を踏み締めて道《みち》をつくる。

ふみだい【踏み台】 名詞 ❶高《たか》いところに物《もの》を上《あ》げたり下《お》ろしたりするときに、足場《あしば》にする台《だい》。❷目的《もくてき》をやりとげるために、一時的《いちじてき》に利用《りよう》するもの。例 他人《たにん》を踏み台にして成功《せいこう》する。

ふみたおす【踏み倒す】 動詞 ❶足《あし》でふみつけてたおす。❷代金《だいきん》や借《か》りたお金《かね》をはらわないままにする。例 借金《しゃっきん》を踏み倒す。

ふみだす【踏み出す】 動詞 ❶前《まえ》に足《あし》をふんで出《だ》す。また、足《あし》を決《き》められた場所《ばしょ》から外《そと》へ出《だ》す。❷新《あたら》しいものごとを始《はじ》める。例 サッカー選手《せんしゅ》としての第一歩《だいいっぽ》を踏み出す。

その愉快《ゆかい》でのんきな日々《ひび》を、エッセイとスケッチでつづった『グレイがまってるから』『気分《きぶん》はおすわりの日《ひ》』
グレイ。その心《こころ》を映《うつ》す目《め》の色《いろ》、好《す》きだった風景《ふうけい》、そして命《いのち》の終《お》わりを、静《しず》かに見《み》つめた作品《さくひん》です。

ふみづき【文月】名詞 季語 秋 昔《むかし》のこよみで七《しち》月《がつ》のこと。「ふづき」ともいう。↓1450ページ十二《じゅうに》か月《げつ》の古《ふる》い呼《よ》び方《かた》

ふみつける【踏み付ける】動詞 ❶足《あし》で強《つよ》くふんでおさえつける。❷人《ひと》の気《き》持《も》ちを考《かんが》えないで、勝手《かって》なまねをする。人《ひと》をばかにする。例 ぼくにだまって本《ほん》を捨《す》ててしまうとは、人《ひと》を踏み付けたやり方《かた》だ。

ふみとどまる【踏みとどまる】動詞 ❶足《あし》に力《ちから》を入《い》れてその場《ば》所《しょ》に止《と》まる。例 転《ころ》びそうになったが、なんとか踏みとどまった。❷人《ひと》がいなくなったあとまで残《のこ》る。例 みんなが帰《かえ》ったあとも、その場《ば》に踏みとどまった。❸そうしたい気《き》持《も》ちをおさえてがまんする。例 クラブをやめたくなったが踏みとどまった。

ふみならす【踏み鳴らす】動詞 足《あし》でふんで音《おと》を立《た》てる。例 ゆかを踏み鳴らして、不満《ふまん》の気《き》持《も》ちを表《あらわ》す。

ふみにじる【踏みにじる】動詞 ❶ふんでめちゃめちゃにする。❷人《ひと》の気《き》持《も》ちや名誉《めいよ》を、傷《きず》つけて台《だい》なしにする。例 せっかくの親切《しんせつ》を踏みにじる。

ふみはずす【踏み外す】動詞 ❶ふむところをまちがえる。例 階段《かいだん》を踏み外す。❷正《ただ》しい道理《どうり》から外《はず》れた、まちがった行動《こうどう》をする。例 人《ひと》の道《みち》を踏み外した行《おこな》い。

ふみまよう【踏み迷う】動詞 ❶山《やま》などで、道《みち》に迷《まよ》う。❷人《ひと》としての正《ただ》しい道《みち》から外《はず》れる。例 悪《あく》の道《みち》に踏み迷う。

ふみわける【踏み分ける】動詞 草《くさ》などをふみつけて、左右《さゆう》に分《わ》けながら進《すす》む。例 草《くさ》むらを踏み分けて進《すす》む。

ふみん【不眠】名詞 ねむらないこと。また、ねむれないこと。

ふみんふきゅう【不眠不休】名詞 何《なに》かをするために、ねむることも休《やす》むこともしないで、いっしょうけんめいにとりくむこと。例 救《きゅう》助《じょ》作《さ》業《ぎょう》は不眠不休で行《おこな》われた。

ふむ【踏む】動詞 ❶足《あし》でおさえつける。例 ペダルを踏む。❷その場《ば》所《しょ》に行《い》く。例 ふるさとの土《つち》を踏む。❸実際《じっさい》にやる。経験《けいけん》する。例 初舞台《はつぶたい》を踏む。❹順序《じゅんじょ》を守《まも》ってやる。例 入学《にゅうがく》の手続《てつづ》きを踏む。❺予想《よそう》を立《た》てる。例 そろそろバスが来《く》ると踏んで家《いえ》を出《で》た。

ふむき【不向き】形容動詞 向《む》いていないこと。適《てき》していないこと。例 この部屋《へや》は暗《くら》すぎて、細《こま》かい仕事《しごと》には不向きだ。

ふめい【不明】名詞 形容動詞 ❶はっきりしていないこと。よくわからないこと。例 ゆくえ不明／くわしいことは不明だ。❷ものごとを見《み》ぬく力《ちから》がないこと。例 自分《じぶん》の不明をはじる。

ふめいよ【不名誉】名詞 形容動詞 名誉《めいよ》を傷《きず》つけられること。人々《ひとびと》に対《たい》してはずかしく思《おも》われること。例 不名誉な事件《じけん》。

ふめいりょう【不明瞭】形容動詞 はっきりしないようす。例 音声《おんせい》が不明瞭で聞《き》きとりにくい。

ふめつ【不滅】名詞 いつまでもほろびないこと。例 不滅の記録《きろく》を残《のこ》す。類 不朽《ふきゅう》。

ふもう【不毛】名詞 形容動詞 ❶土地《とち》が悪《わる》くて、作物《さくもつ》がほとんど育《そだ》たないこと。例 砂漠《さばく》は不毛の地《ち》である。❷がんばっても、なんの結果《けっか》も出《で》ないこと。例 不毛な話《はな》し合《あ》いを続《つづ》ける。

ふもと【麓】名詞 山《やま》の下《した》のほう。山《やま》のすそ。例 麓の村《むら》。類 山麓《さんろく》。対 頂《いただき》。

ふもん【不問】名詞 ほんとうなら問題《もんだい》にすべきことを、とり上《あ》げないこと。例 不問に付《ふ》す（＝問題《もんだい》にしないでおく）。

ぶもん【部門】名詞 全体《ぜんたい》をいくつかの種類《しゅるい》に分《わ》けたうちの、一《ひと》つ一《ひと》つのまとまり。例 コンクールの小学生《しょうがくせい》部門で優勝《ゆうしょう》した。

ふやける 動詞 水《みず》につかって、やわらかくふくれる。ことば「気《き》持《も》ちがふやける」など、「しまりがなくなる」「だらける」という意味《いみ》に使《つか》うこともある。

ふやす【増やす・殖やす】動詞 数《かず》や量《りょう》を多《おお》くする。増《ま》す。例 勉強《べんきょう》時間《じかん》を増やす／家畜《かちく》を殖やす。対 減《へ》らす。漢↓745ページ ぞう〔増〕

ふゆ【冬】名詞 季語 冬 一年《いちねん》を四《よっ》つの季節《きせつ》に分《わ》けたうちの一《ひと》つ。日本《にほん》では、ふつう十二《じゅうに》月《がつ》・一《いち》月《がつ》・二《に》月《がつ》の三《さん》か月《げつ》をいう。一年《いちねん》のうちで、もっとも寒《さむ》い季節《きせつ》。対 夏《なつ》。関連 春《はる》。秋《あき》。漢↓914ページ とう〔冬〕

ぶゆ↓1168ページ ぶよ

読書のこみち 高 中 低 『グレイのしっぽ』いせひでこ　絵《え》かきの作者《さくしゃ》といっしょに暮らすハスキー犬《けん》のグレイ。に続《つづ》く、グレイシリーズの最後《さいご》の一冊《いっさつ》です。末期《まっき》ガンのために、手術《しゅじゅつ》や入院《にゅういん》をくり返《かえ》す

ふゆう【富裕】 名詞 形容動詞 お金《かね》や物《もの》をたくさん持《も》っていて、生活《せいかつ》が豊《ゆた》かなこと。類 裕福《ゆうふく》。

ぶゆう【武勇】 名詞 武芸《ぶげい》にすぐれていて、勇《いさ》ましいこと。例 武勇伝《でん》。

ふゆかい【不愉快】 形容動詞 楽《たの》しくないようす。いやな気持《きも》ちがするようす。例 内緒話《ないしょばなし》をされるのは不愉快だ。対 愉快《ゆかい》。

ふゆがれ【冬枯れ】 名詞 季語冬 ❶冬《ふゆ》になって、草《くさ》や木《き》の葉《は》がかれること。また、その景色《けしき》。例 冬枯れの野山《のやま》。❷冬《ふゆ》、客《きゃく》が少《すく》なくなって、店《みせ》などがひまになること。対 夏枯《なつが》れ。

ふゆぎく【冬菊】 →298ページ かんぎく

ふゆきとどき【不行き届き】 名詞 形容動詞 注意《ちゅうい》や心配《こころくば》りに、足《た》りないところがあること。例 お客様《きゃくさま》のいすが足りなかったのは、わたしの不行き届きです。

ふゆごし【冬越し】 名詞 冬《ふゆ》をこすこと。越冬《えっとう》。例 冬越しのしたくをする。

ふゆこだち【冬木立】 名詞 季語冬 冬《ふゆ》の、葉《は》が落《お》ちて寒々《さむざむ》とした木立《こだち》。

ふゆごもり【冬籠もり】 名詞 動詞 季語冬 冬《ふゆ》の寒《さむ》い間《あいだ》、家《いえ》や巣《す》、穴《あな》の中《なか》などに閉《と》じこもって春《はる》を待《ま》つこと。例 くまが冬籠もりする。

ふゆじたく【冬支度】 名詞 動詞 季語秋 衣類《いるい》や暖房器具《だんぼうきぐ》などを用意《ようい》して、冬《ふゆ》をむかえる準《じゅん》備《び》をすること。

ふゆしょうぐん【冬将軍】 名詞 季語冬 冬《ふゆ》の厳《きび》しい寒《さむ》さを、人《ひと》にたとえていうことば。
ことば モスクワをこうげきしたナポレオンが、厳《きび》しい寒《さむ》さと雪《ゆき》のために戦《たたか》いに敗《やぶ》れたことからきたことば。

ふゆどり【冬鳥】 名詞 秋《あき》ごろ、日本《にほん》にやって来《き》て冬《ふゆ》を過《す》ごし、春《はる》になると北《きた》へ帰《かえ》っていくわたり鳥《どり》。つる・はくちょう・がん・つぐみなど種類《しゅるい》が多《おお》い。対 夏鳥《なつどり》。図 →1435ページ わたりどり

ふゆのだいさんかく【冬の大三角】 名詞 冬《ふゆ》の夜空《よぞら》に見《み》える星《ほし》の三角形《さんかくけい》。オリオン座《ざ》のベテルギウス、大犬座《おおいぬざ》のシリウス、小犬座《こいぬざ》のプロキオンの三《みっ》つの星《ほし》を結《むす》ぶ。

ふゆば【冬場】 名詞 冬《ふゆ》のころ。冬《ふゆ》の間《あいだ》。例 冬場はスキーの客《きゃく》でにぎわう。対 夏場《なつば》。

ふゆび【冬日】 名詞 ❶冬《ふゆ》の日《ひ》ざし。冬《ふゆ》の太陽《たいよう》。❷一日《いちにち》の最低気温《さいていきおん》がセ氏零度未満《れいどみまん》の日《ひ》。関連 夏日《なつび》。

ふゆめ【冬芽】 名詞 季語冬 夏《なつ》の終《お》わりから秋《あき》に出《で》て冬《ふゆ》をこす芽《め》。春《はる》に、葉《は》や花《はな》へと生長《せいちょう》する。寒《さむ》さを防《ふせ》ぐために、かたい皮《かわ》や毛《け》でおおわれているものが多《おお》い。

ふゆめく【冬めく】 動詞 季語冬 冬《ふゆ》らしくなる。例 ずいぶん冬めいてきました。

ふゆもの【冬物】 名詞 冬《ふゆ》の間《あいだ》に使《つか》うもの。とくに、冬に着《き》る衣類《いるい》。対 夏物《なつもの》。

ふゆやすみ【冬休み】 名詞 季語冬 正月《しょうがつ》をはさんだ期間《きかん》の、学校《がっこう》などの休《やす》み。関連 春休《はるやす》み。夏休《なつやす》み。

ふよ【付与】 名詞 動詞 あたえること。例 すべての参加者《さんかしゃ》に投票権《とうひょうけん》を付与する。

ぶよ 名詞 季語夏 体長《たいちょう》二《に》〜三《さん》ミリメートルの昆《こん》虫《ちゅう》。はえに似《に》ているが、やや小《ちい》さく、羽《はね》は透《とう》明《めい》。めすは人《ひと》や動物《どうぶつ》の血《ち》を吸《す》う。さされるとかゆい。「ぶゆ」ともいう。

ふよう【不用】 名詞 形容動詞 使《つか》わないこと。また、役《やく》に立《た》たなくなったので、いらないこと。例 不用になった道具《どうぐ》をしまう。対 入用《にゅうよう》。→使い分け

ふよう【不要】 名詞 形容動詞 いらないこと。必《ひつ》要《よう》がないこと。例 明日《あす》は、お弁当《べんとう》は不要だ。対 必要《ひつよう》。→使い分け

使い分け **ふよう** 不用・不要

不用 あっても使《つか》わないこと。役《やく》に立《た》たなくなっていらないこと。対 入用《にゅうよう》
「不用品《ふようひん》を捨《す》てる」

不要 いらないこと。必要《ひつよう》がないこと。対 必要《ひつよう》
「不要《ふよう》な出費《しゅっぴ》を減《へ》らす」

ふよう【扶養】 名詞 動詞 生活《せいかつ》の世話《せわ》をして、養《やしな》うこと。例 扶養家族《かぞく》。

ぶよう【舞踊】 名詞 音楽《おんがく》などに合《あ》わせておどること。まい。おどり。ダンス。例 民族舞踊《みんぞくぶよう》。

たクローディアが選《えら》んだ家出先《いえでさき》は、ニューヨークのメトロポリタン美術館《びじゅつかん》。弟《おとうと》ジェイミーとともに、見《み》つから
ら、以前《いぜん》とはちがう「自分《じぶん》」になって、家《いえ》にもどれるのだが…。さて、その作者《さくしゃ》はいったい、だれだったのか？

ふようい【不用意】 形容動詞 用意《ようい》ができていないこと。注意《ちゅうい》が足《た》りず、うっかりしていること。例 メモをしなかったのは不用意だった。

ふようじょう【不養生】 名詞 形容動詞 健康《けんこう》に注意《ちゅうい》しないこと。体《からだ》を大切《たいせつ》にしないこと。例 医者《いしゃ》の不養生（＝人《ひと》には言《い》いながら、自分《じぶん》では実行《じっこう》しないこと）。類 不摂生《ふせっせい》。

ぶようじん【不用心・無用心】 名詞 形容動詞 注意《ちゅうい》や用心《ようじん》が足《た》りないこと。例 家《いえ》にかぎをかけないで出《で》かけるのは不用心だ。

ふようど【腐葉土】 名詞 落《お》ち葉《ば》がくさってできた土《つち》。養分《ようぶん》が豊富《ほうふ》で、園芸《えんげい》に利用《りよう》される。

ふようひん【不用品】 名詞 使《つか》わなくなったり、役《やく》に立《た》たなくなったりした品物《しなもの》。

フラ ➡1170ジペ-フラダンス

ブラームス 名詞（一八三三～一八九七）ドイツの作曲家《さっきょくか》。「ハンガリー舞曲《ぶきょく》」「子《こ》もり歌《うた》」など、多《おお》くの交響曲《こうきょうきょく》や歌曲《かきょく》などを作曲《さっきょく》した。

フライ（fly）名詞 野球《やきゅう》で、バッターが高《たか》く打《う》ち上《あ》げた球《たま》。「飛球《ひきゅう》」ともいう。

フライ（fry）名詞 魚《さかな》・肉《にく》・野菜《やさい》などにパン粉《こ》をつけ、油《あぶら》であげた料理《りょうり》。例 えびフライ。

フライがえし【フライ返し】 名詞 フライパンなどで調理《ちょうり》をするときに、材料《ざいりょう》をひっくり返《かえ》したり、混《ま》ぜたりするのに使《つか》う道具《どうぐ》。柄《え》がついていて、先《さき》が平《ひら》たい。

プライド（pride）名詞 自分《じぶん》のことをすぐれていると思《おも》う気持《きも》ち。自尊心《じそんしん》。例 プライドが高《たか》い。

プライバシー（privacy）名詞 ほかの人《ひと》には知《し》られたくないような、自分《じぶん》の生活《せいかつ》や個人的《こじんてき》なことがら。例 プライバシーの侵害《しんがい》。

フライパン 名詞 食《た》べ物《もの》を焼《や》いたりいためたりするのに使《つか》う、柄《え》のついた浅《あさ》いなべ。ことば 英《えい》語《ご》の「フライングパン」からきたことば。

プライベート（private）形容動詞 自分《じぶん》の生活《せいかつ》だけにかかわること。個人的《こじんてき》なこと。例 プライベートな用事《ようじ》で、会社《かいしゃ》を休《やす》む。類 私的《してき》。

フライング 名詞 競走《きょうそう》や水泳《すいえい》のときに、スタートの合図《あいず》よりも先《さき》に飛《と》び出《だ》すこと。

ブラインド（blind）名詞 日《ひ》よけなどのために窓《まど》につけて、上《あ》げ下《さ》げするおおい。細《ほそ》い板《いた》のようなものが何枚《なんまい》もつながっている。

ブラウザー（browser）名詞 パソコンやスマートフォンなどで、ホームページなどを見《み》るためのソフトウエア。例 パソコンのブラウザーを立《た》ち上《あ》げる。

ブラウザーゲーム（browser game）名詞 パソコンやスマートフォンなどのブラウザー上《じょう》で遊《あそ》ぶことができるゲーム。ソフトウエアを一《ひと》つ一《ひと》つ購入《こうにゅう》しなくてよい。

ブラウス（blouse）名詞 女《おんな》の人《ひと》や子供《こども》などが着《き》る、シャツのような形《かたち》の上着《うわぎ》。

ブラウンかん【ブラウン管】 名詞 テレビやレーダーなどで、映像《えいぞう》を映《うつ》すのに使《つか》う真空管《しんくうかん》の一《ひと》つ。

プラカード（placard）名詞 人々《ひとびと》にうったえたいことや広告《こうこく》などをかいて持《も》って歩《ある》く看板《かんばん》。例 プラカードを持《も》つ選手《せんしゅ》を先頭《せんとう》に入場《にゅうじょう》する。

ブラキオサウルス（ラテン語）名詞 昔《むかし》、北《きた》アメリカやアフリカに生息《せいそく》していた大形《おおがた》で草食《そうしょく》のきょうりゅう。全長《ぜんちょう》は二十五《にじゅうご》メートルくらいで、前足《まえあし》が後《うし》ろ足《あし》よりも長《なが》く、首《くび》が長《なが》い。

ぶらく【部落】 名詞 家《いえ》が集《あつ》まって、ひとまとまりになっているところ。

プラグ（plug）名詞 電気器具《でんききぐ》のコードの先《さき》についている、電気《でんき》をとり入《い》れるための差《さ》しこみ。例 プラグをぬく。対 コンセント。

コンセント

プラグ

プラザ（plaza）名詞「広場《ひろば》」、また、「市場《いちば》」のこと。例 市民《しみん》プラザ／ショッピングプラザ。

ブラザー（brother）名詞 男《おとこ》のきょうだい。対 シスター。

ぶらさがる【ぶら下がる】 動詞 ぶらりとつり下《さ》がる。例 鉄棒《てつぼう》にぶら下がる。

ぶらさげる【ぶら下げる】 動詞 ❶ぶらりとつり下《さ》げる。例 こしに手《て》ぬぐいをぶら下げる。❷手《て》にさげて持《も》つ。例 かばんをぶら下げて歩《ある》く。

ブラシ（brush）名詞 細《こま》かいごみやよごれなどをとるためのはけ。例 くつにブラシをかける。

ブラジャー（brassiere）名詞 女性《じょせい》の胸《むね》の形《かたち》を整《ととの》えるためにつける下着《したぎ》。

ブラジルれんぽうきょうわこく【ブラ

読書のこみち　高 中 低 **『クローディアの秘密《ひみつ》』カニグズバーグ**　同《おな》じような毎日《まいにち》が続《つづ》くことからぬけ出《だ》そうとしないように過《す》ごすうちに、「天使《てんし》の像《ぞう》」の作者探《さくしゃさが》しに熱中《ねっちゅう》する。その「秘密《ひみつ》」を探《さぐ》り当《あ》てたジル連邦共和国】 名詞 南《みなみ》アメリカの東部《とうぶ》にある国《くに》。土地《とち》が広《ひろ》く農業《のうぎょう》がさかんで、綿《わた》・さとうきび・コーヒーなどが多《おお》くとれる。日本《にほん》から移民《いみん》した人《ひと》が多《おお》い。首都《しゅと》はブラジリア。「ブラジル」ともいう。

(国旗《こっき》)

ふらす【降らす】 ⇩1170ページ ふらせる

プラス (plus) ❶ 名詞 動詞 加《くわ》えること。また、その記号《きごう》の「＋」。例 2プラス3は5。対 マイナス。❷ 名詞 0より大《おお》きい数《かず》を表《あらわ》すことば。例 現在《げんざい》の気温《きおん》はプラス三度《さんど》だ。対 マイナス。❸ 名詞「プラス極《きょく》」のこと。対 マイナス。❹ 名詞 得《とく》になること。役《やく》に立《た》つこと。例 この合宿《がっしゅく》は大《おお》きなプラスになった。対 マイナス。

プラスアルファ 名詞 ある状態《じょうたい》に、さらに何《なに》かつけ加《くわ》えること。また、そのつけ加《くわ》えたもの。例 人《ひと》の心《こころ》を動《うご》かすような演奏《えんそう》をするには、技術《ぎじゅつ》だけでなくプラスアルファが必要《ひつよう》だ。ことば 英語《えいご》の「プラス」とギリシャ語《ご》の「アルファ」を合《あ》わせて、日本《にほん》で作《つく》られたことば。

プラスきょく【プラス極】 名詞 電池《でんち》などで、電流《でんりゅう》が出《で》るほうのはし。「陽極《ようきょく》」ともいう。対 マイナス極《きょく》。

フラスコ (ポルトガル語) 名詞 理科《りか》の実験《じっけん》などに使《つか》う、首《くび》が細長《ほそなが》く熱《ねつ》に強《つよ》いガラスの入《い》れ物《もの》。

プラスチック (plastics) 名詞 熱《ねつ》や圧力《あつりょく》を加《くわ》えると自由《じゆう》に形《かたち》を変《か》えられる物質《ぶっしつ》。とくに、「合成樹脂《ごうせいじゅし》」を指《さ》す。日用品《にちようひん》や機械《きかい》の部品《ぶひん》などに広《ひろ》く使《つか》われる。

ブラスバンド (brass band) 名詞 笛《ふえ》・らっぱ・太鼓《たいこ》など、おもに管楽器《かんがっき》と打楽器《だがっき》で演奏《えんそう》する楽隊《がくたい》。吹奏楽団《すいそうがくだん》。

ふらせる【降らせる】 動詞 降《ふ》るようにする。降《ふ》らす。例 雪《ゆき》を降らせる雲《くも》。

プラタナス (ラテン語) 名詞 すずかけの木《き》のなかまをまとめていう呼《よ》び名《な》。

フラダンス 名詞 手《て》やこしをくねらせながらおどる、ハワイのおどり。フラ。ことば 英語《えいご》をもとに日本《にほん》で作《つく》られたことば。

プラチナ (スペイン語) 名詞 銀色《ぎんいろ》がかった白色《しろいろ》の、値打《ねう》ちの高《たか》い金属《きんぞく》。「白金《はっきん》」ともいう。

ふらつく 動詞 ❶足《あし》もとがしっかりしない。ふらふらする。例 熱《ねつ》があって、足《あし》もとがふらつく。❷考《かんが》えや気持《きも》ちがゆれ動《うご》く。例 友《とも》だちに反対《はんたい》されて、気持《きも》ちがふらつく。

ぶらつく 動詞 はっきりした目的《もくてき》もなく、ぶらぶら歩《ある》く。うろつく。例 公園《こうえん》をぶらつく。

ブラック (black) 名詞 ❶「黒《くろ》」「黒色《くろいろ》」のこと。対 ホワイト。❷砂糖《さとう》もミルクも入《い》れないで飲《の》むコーヒー。

ブラックホール (black hole) 名詞 大《おお》きな星《ほし》がどんどん縮《ちぢ》んでいって、引力《いんりょく》が非常《ひじょう》に強《つよ》くなっているところ。光《ひかり》までも吸《す》いこんでしまうので、外《そと》からは見《み》えない。

ブラックライト (black light) 名詞 電灯《でんとう》の一《ひと》つ。紫外線《しがいせん》を出《だ》す蛍光《けいこう》ライト。暗《くら》いところで特《とく》別《べつ》な物質《ぶっしつ》を明《あか》るく光《ひか》らせる作用《さよう》がある。

ブラックリスト (blacklist) 名詞 注意《ちゅうい》しなければならない人物《じんぶつ》の名前《なまえ》などをのせた表《ひょう》。

フラッシュ (flash) 名詞 暗《くら》いところで写真《しゃしん》をとるときに使《つか》う、ぴかっと光《ひか》る強《つよ》い光《ひかり》。例 フラッシュをたく。

フラッシュメモリー (flash memory) 名詞 コンピューターの記憶装置《きおくそうち》の一《ひと》つ。データの消去《しょうきょ》や書《か》きこみを簡単《かんたん》にすることができ、書《か》きこまれた内容《ないよう》は電源《でんげん》を切《き》っても消《き》えない。参考 デジタルカメラなどで使《つか》う小《ちい》さなカード型《がた》の「メモリーカード」にも利用《りよう》されている。

フラット (flat) ❶ 名詞 音楽《おんがく》で、音符《おんぷ》の左側《ひだりがわ》につけて「その音《おと》を半音下《はんおんさ》げる」ことを表《あらわ》す記号《きごう》。「♭」で表《あらわ》す。「変記号《へんきごう》」ともいう。対 シャープ。❷ 名詞 形容動詞 平《たい》らなこと。平面《へいめん》。例 フラットな屋根《やね》。❸ 名詞 陸上競技《りくじょうきょうぎ》や水泳《すいえい》などの記録《きろく》で、秒《びょう》以《い》下《か》の半端《はんぱ》な時間《じかん》がつかないこと。ぴったり。例 百《ひゃく》メートルを十一秒《じゅういちびょう》フラットで走《はし》る。

プラットホーム (platform) 名詞 駅《えき》などで、一段高《いちだんたか》くつくった、人《ひと》が乗《の》り降《お》りするところ。略《りゃく》して「ホーム」ともいう。

プラネタリウム (ドイツ語) 名詞 室内《しつない》のまるい天井《てんじょう》に、映写機《えいしゃき》で月《つき》や星《ほし》などの天体《てんたい》の動《うご》きを映《うつ》し出《だ》すようにしたしかけ。また、その機械《きかい》

た。おじいさんの楽《たの》しみは、土曜日《どようび》の夜《よる》に食《た》べるお肉《にく》のごちそうとミルクにひたしたパンでした。とても寒《さむ》い土《ど》おきのごちそうを、黒《くろ》ねこにあげてしまいます。おじいさんのやさしい気持《きも》ちがあたたかく伝《つた》わります。

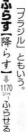

を備《そな》えた建物《たてもの》。参考 一九二〇年《ねん》ごろにドイツで発明《はつめい》された。

フラフープ（Hula-Hoop）名詞 遊《あそ》び道具《どうぐ》の一《ひと》つ。直径一《ちょっけいいち》メートルくらいのプラスチックの輪《わ》で、中《なか》に体《からだ》を入《い》れ、落《お》ちないようにこしで回《まわ》して遊《あそ》ぶ。商標名《しょうひょうめい》。

ふらふら〔と〕 副詞 動詞 ❶力《ちから》が入《はい》らなかったり、めまいがしたりして、体《からだ》がゆれるようす。例 つかれてふらふらになる。❷目当《めあ》てもなく行動《こうどう》するようす。例 兄《あに》にさそわれてふらふらとついて行《い》く。❸考《かんが》えや気持《きも》ちが決《き》まらなくて、ゆれ動《うご》くようす。例 ふらふらした態度《たいど》。

ぶらぶら〔と〕 副詞 動詞 ❶ぶら下《さ》がった物《もの》がゆれ動《うご》くようす。例 キーホルダーがぶらぶらとゆれている。❷はっきりした目的《もくてき》もなく、のんびりと歩《ある》き回《まわ》るようす。例 家《いえ》の近所《きんじょ》をぶらぶらする。❸決《き》まった仕事《しごと》などをしないで、なんとなく毎日《まいにち》を過《す》ごすようす。例 新《あたら》しい仕事《しごと》が始《はじ》まるまでの間《あいだ》、しばらくぶらぶらして過《す》ごした。

フラミンゴ（flamingo）名詞 つるに似《に》た、も も色《いろ》の大《おお》きな鳥《とり》。首《くび》と足《あし》が長《なが》い。アフリカなどに群《む》れをつくってすむ。図 ⇩954ジ《ペー》 とり〔鳥〕

フラメンコ（スペイン語）名詞 スペインに古《ふる》くから伝《つた》わる情熱的《じょうねつてき》な歌《うた》とおどり。ギターの伴奏《ばんそう》が入《はい》る。

プラモデル 名詞 プラスチック製《せい》の部品《ぶひん》を組《く》み立《た》てて作《つく》る、乗《の》り物《もの》や建物《たてもの》などの模型《もけい》。ことば 英語《ご》の「プラスチックモデル」を略《りゃく》した商標名《しょうひょうめい》。

フラワー（flower）名詞「花《はな》」のこと。

フラン（フランス語）名詞 スイスやリヒテンシュタインで使《つか》われているお金《かね》の単位《たんい》。

プラン（plan）名詞 計画《けいかく》。案《あん》。例 連休《れんきゅう》のプランを立《た》てる。

プランクトン（plankton）名詞 海《うみ》や池《いけ》などの水面《すいめん》や水中《すいちゅう》にすんでいる、非常《ひじょう》に小《ち》いさな生物《せいぶつ》。植物性《しょくぶつせい》のものと動物性《どうぶつせい》のものがあり、魚《さかな》のえさになる。

フランクリン 名詞（一七〇六～一七九〇）アメリカの政治家《せいじか》・科学者《かがくしゃ》。かみなりが電気《でんき》であることを発見《はっけん》し、避雷針《ひらいしん》を発明《はつめい》した。また、アメリカの独立《どくりつ》のために力《ちから》をつくした。ベンジャミン＝フランクリン。

ぶらんこ 名詞 季語 春 つり下《さ》げた二本《にほん》のつなやくさりの先《さき》に、横木《よこぎ》をわたした遊《あそ》び道具《どうぐ》。横木《よこぎ》に乗《の》って前後《ぜんご》にゆり動《うご》かして遊《あそ》ぶ。

フランシスコ＝ザビエル ⇩536ジ《ペー》 ザビエル

フランス ⇩1171ジ《ペー》 フランスきょうわこく

フランスきょうわこく〔フランス共和国〕 名詞 ヨーロッパの西部《せいぶ》にある国《くに》。古《ふる》くから文化《ぶんか》・芸術《げいじゅつ》の国《くに》として知《し》られる。工業《こうぎょう》・農業《のうぎょう》がさかんで、とくにぶどうのさいばいが多《おお》い。首都《しゅと》はパリ。「フランス」ともいう。

（国旗《こっき》）

フランスパン 名詞 塩《しお》で味《あじ》をつけ、皮《かわ》をかりかりにこうばしく焼《や》いたパン。ふつう、細長《ほそなが》い形《かたち》やこぶしの形《かたち》に作《つく》る。ことば「フランス」という国名《こくめい》と「パン」というポルトガル語《ご》を合《あ》わせて、日本《にほん》で作《つく》られたことば。

プランター（planter）名詞 草花《くさばな》や野菜《やさい》を育《そだ》てるための、細長《ほそなが》い箱形《はこがた》の容器《ようき》。庭《にわ》やベランダなどに置《お》いて使《つか》う。

ブランド（brand）名詞 めいがら。商標《しょうひょう》。とくに、上等《じょうとう》ですぐれた商品《しょうひん》をつくることで知《し》られた会社《かいしゃ》や、その商品《しょうひん》を指《さ》していう。

ふり〔不利〕 名詞 形容動詞 得《とく》にならないこと。負《ま》けたり、損《そん》をしたりしそうなこと。例 不利な条件《じょうけん》／試合《しあい》は、味方《みかた》に不利な展開《てんかい》となった。対 有利《ゆうり》。

ふり〔振り〕 ❶名詞 ふって動《うご》かすこと。例 バットの振りが速《はや》い。❷名詞 すがた。ようす。例 人《ひと》の振り見《み》てわが振り直《なお》せ。❸名詞 それらしいようす。そぶり。例 見《み》て見《み》ぬ振りをする／勉強《べんきょう》している振りをする。❹名詞 店《みせ》や旅館《りょかん》で、来《き》た客《きゃく》がなじみがないこと。例 振りの客《きゃく》。❺名詞 おどりや演技《えんぎ》などの、動《うご》きの型《かた》。例 曲《きょく》に振りをつける。❻接尾語（数《かず》を表《あらわ》すことばのあとにつけて）刀《かたな》を数《かぞ》えることば。例 一振《ひとふ》りの短刀《たんとう》。

ぶり 名詞 季語 冬 海《うみ》にすむ、あじのなかまの魚《さかな》。背《せ》は青《あお》く、腹《はら》は銀色《ぎんいろ》がかった白色《しろいろ》。横腹《よこばら》に黄色《きいろ》

読書のこみち　高 中 低 『黒《くろ》ねこのおきゃくさま』エインズワース　昔々《むかしむかし》、ひとりの貧《まず》しいおじいさんがいました。曜日《ようび》、びしょぬれでおなかをすかせた黒《くろ》ねこが家《いえ》に入《はい》ってきました。おじいさんはとって

い線《せん》がある。全長《ぜんちょう》一《いち》メートルくらい。食用《しょくよう》になる。参考 出世魚《しゅっせうお》（＝成長《せいちょう》するに従《したが》って名《な》まえが変《か》わる魚《さかな》）の一《ひと》つ。東京《とうきょう》地方《ちほう》では、わかし→いなだ→わらさ→ぶり、大阪《おおさか》地方《ちほう》では、つばす→はまち→めじろ→ぶり、と変《か》わる。図

➡521ジベー さかな〔魚〕

-ぶり【振り】接尾語（ほかのことばのあとにつけて）
❶ようすや動《うご》きを表《あらわ》すことば。例 話《はな》しぶり。
❷長《なが》い時間《じかん》が過《す》ぎたあと、また同《おな》じことが起《お》きることを表《あらわ》すことば。例 久《ひさ》しぶり／五年《ごねん》ぶりに保育園《ほいくえん》の友《とも》だちに会《あ》った。
使い方 ふつうかな書《が》きにする。ことば ❶は、「食《た》べっぷり」のように、「っぷり」ともいう。

ふりあおぐ【振り仰ぐ】動詞 上《うえ》の方《ほう》に顔《かお》を向《む》けて、そちらを見《み》る。見上《みあ》げる。例 空《そら》を振り仰ぐと、たくさんの星《ほし》がきらめいていた。

ふりあげる【振り上げる】動詞 勢《いきお》いよく上《うえ》の方《ほう》へ上《あ》げる。例 指揮棒《しきぼう》を振り上げる。

フリー（free）
❶名詞 形容動詞 自由《じゆう》なこと。例 フリーな立場《たちば》から発言《はつげん》する／日曜《にちよう》は一日《いちにち》じゅうフリーだ。
❷名詞 無料《むりょう》。ただ。例 フリーパス。

フリーアルバイター ➡1172ジベー フリーター

フリース（fleece）名詞 ポリエステルせんいを使《つか》ってやわらかく毛羽立《けばだ》たせた生地《きじ》。また、それで作《つく》った衣服《いふく》のこと。かわきやすく、軽《かる》くて暖《あたた》かい。

フリーター 名詞 一《ひと》つの決《き》まった仕事《しごと》をするのではなく、アルバイトとしていろいろな仕事《しごと》をする人《ひと》。「フリーアルバイター」の略《りゃく》。ことば 英《えい》語《ご》とドイツ語《ご》をもとに日本《にほん》で作《つく》られたことば。

フリーマーケット（flea market）名詞 公園《こうえん》などで、使《つか》わないものやいらなくなったものを売《う》り買《か》いしたり、交換《こうかん》したりする市《いち》。のみの市《いち》。ことば「フリー」は英語《えいご》で虫《むし》の「のみ」のこと。

ふりえき【不利益】名詞 形容動詞 利益《りえき》にならないこと。損《そん》になること。例 会社《かいしゃ》にとって不利益な取《と》り引《ひ》き。

ふりかえ【振り替え・振替】名詞
❶ほかのものととりかえること。例 振り替え休日《きゅうじつ》。
❷お金《かね》を直《ちょく》接《せつ》やりとりせずに、帳簿《ちょうぼ》のつけかえでしはらいなどをすませること。例 口座《こうざ》振替。

ぶりかえす【ぶり返す】動詞
❶治《なお》りかかった病気《びょうき》がまた悪《わる》くなる。例 かぜがぶり返す。
❷一度《いちど》治《おさ》まった暑《あつ》さや寒《さむ》さなどがもどってくる。例 九月《くがつ》に入《はい》ってから暑《あつ》さがぶり返した。
❸一度《いちど》治《おさ》まったことが、また問題《もんだい》となる。例 もめごとがぶり返す。

ふりかえる【振り返る】動詞
❶後《うし》ろをふり向《む》く。例 呼《よ》ばれて振り返る。
❷昔《むかし》のことや、自分《じぶん》のしたことを思《おも》い出《だ》して考《かんが》える。例 一年間《いちねんかん》のできごとを振り返る。

ふりかえる【振り替える】動詞 あるものを、そのときだけほかのものととりかえる。例 休日《きゅうじつ》を月曜日《げつようび》に振り替える。

ふりかかる【降り掛かる】動詞
❶上《うえ》から降《ふ》って体《からだ》や物《もの》にかかる。例 火《ひ》の粉《こ》が降り掛かる。
❷よくないことが自分《じぶん》の身《み》に起《お》きる。例 思《おも》わぬ災難《さいなん》が降り掛かってきた。

ふりかけ【振り掛け】名詞 ごはんにふりかけて食《た》べる食品《しょくひん》。

ふりかける【振り掛ける】動詞 上《うえ》から散《ち》らすようにしてかける。例 ごま塩《しお》を振り掛ける。

ふりかざす【振りかざす】動詞
❶頭《あたま》の上《うえ》にふり上《あ》げる。例 竹刀《しない》を振りかざす。
❷自分《じぶん》の意見《いけん》や考《かんが》えのもとになっているものなどを、相手《あいて》にはっきりと示《しめ》す。例 規則《きそく》を振りかざして相手《あいて》を非難《ひなん》する。

ふりがな【振り仮名】名詞 読《よ》み方《かた》がわかるように、漢字《かんじ》などのわきにつける小《ちい》さなかな。読《よ》みがな。ルビ。

ふりかぶる【振りかぶる】動詞 手《て》や、手《て》に持《も》った物《もの》を、勢《いきお》いよく頭《あたま》の上《うえ》にふり上《あ》げる。例 大《おお》きく振りかぶってボールを投《な》げる。

ブリキ（オランダ語）名詞 表面《ひょうめん》をすずでうすくおおった、うすい鉄板《てっぱん》。例 ブリキのバケツ。

ふりきる【振り切る】動詞
❶しがみついているものを、無理《むり》にはなす。例 相手《あいて》の手《て》を振り切ってにげた。
❷人《ひと》のたのみを断《ことわ》る。例 友《とも》だちのさそいを振り切って帰《かえ》ってきた。
❸あとから追《お》ってくるものを引《ひ》きはなす。例

さるの顔《かお》で、泣《な》いてばかりいるのに、お母《かあ》さんは弟《おとうと》ばかりかわいがる。あたしなんていらなくなったのね。遠《とお》く
ル箱《ばこ》に入《はい》り、拾《ひろ》ってくれる人《ひと》を待《ま》つのですが…。意地《いじ》っ張《ば》りのお姉《ねえ》ちゃんと弟《おとうと》のお話《はなし》はシリーズで読《よ》めます。

リレーで、相手《あいて》を振り切ってゴールインした。

ふりこ【振り子】 名詞 糸《いと》などの先《さき》におもりをつけて、一定《いってい》の時間《じかん》をおいて左右《さゆう》にゆれ動《うご》くようにしたしかけ。

ふりこどけい【振り子時計】 名詞 ふりこの動《うご》きを利用《りよう》して、針《はり》の進《すす》む速《はや》さが一定《いってい》になるようにつくった時計《とけい》。

ふりこどけい

ふりこみ【振り込み】 名詞 銀行口座《ぎんこうこうざ》などにお金《かね》をはらいこむこと。

ふりこむ【振り込む】 動詞 銀行口座《ぎんこうこうざ》などにお金《かね》をはらいこむ。例 商品《しょうひん》の代金《だいきん》を振り込む。

ふりこめさぎ【振り込め詐欺】 名詞 うそをついて人《ひと》をだまし、銀行口座《ぎんこうこうざ》にお金《かね》をふりこませる犯罪《はんざい》をまとめて呼《よ》ぶことば。

ブリザード (blizzard) 名詞 激《はげ》しい強風《きょうふう》をともなったふぶき。とくに、南極《なんきょく》地方《ちほう》などで起《お》こるものをいう。

ふりしきる【降りしきる】 動詞 雨《あめ》や雪《ゆき》がさかんに降《ふ》る。休《やす》みなく降《ふ》る。

ふりしぼる【振り絞る】 動詞 いっしょうけんめいに、ありったけの声《こえ》や力《ちから》を出《だ》す。例 最《さい》後《ご》の力《ちから》を振り絞る。

ふりすてる【振り捨てる】 動詞 思《おも》いきって捨《す》てる。きっぱりと捨《す》てる。例 遊《あそ》びたい気持《きも》ちを振り捨てる。

プリズム (prism) 名詞 ガラスや水晶《すいしょう》などでつくった三角柱《さんかくちゅう》。光《ひかり》の進《すす》む方向《ほうこう》を変《か》えたり、光《ひかり》を散《ち》らしたりすることができる。

ふりそそぐ【降り注ぐ】 動詞 雨《あめ》や太陽《たいよう》の光《ひかり》などが、ある場所《ばしょ》に絶《た》え間《ま》なく降《ふ》りかかる。例 夏《なつ》の日《ひ》ざしが、さんさんと降り注ぐ。

ふりそで【振り袖】 名詞 若《わか》い女《おんな》の人《ひと》などが着《き》る、そでが長《なが》く垂《た》れ下《さ》がった美《うつく》しい和服《わふく》。

ふりだし【振り出し】 名詞 ❶すごろくの出発点《しゅっぱつてん》。対 上《あ》がり。❷ものごとの初《はじ》め。例 振り出しからやり直《なお》す。

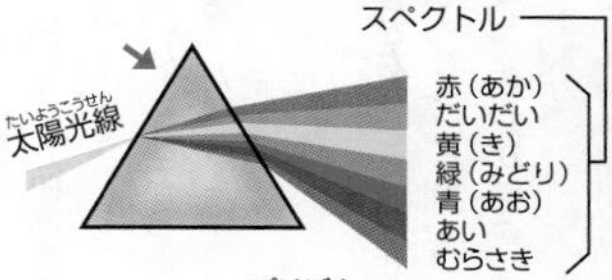

プリズム

振《ふ》り出《だ》しに戻《もど》る ❶すごろくで、出発点《しゅっぱつてん》にもどる。❷ものごとが、最初《さいしょ》の状態《じょうたい》にもどる。例 話《はな》し合《あ》いは振り出しに戻ってしまった。

ふりつ【府立】 名詞 府《ふ》がお金《かね》を出《だ》してつくり、府《ふ》で管理《かんり》すること。例 府立病院《びょういん》。

ふりつけ【振り付け】 名詞 歌《うた》や音楽《おんがく》などに合《あ》わせて、おどり方《かた》や動《うご》き方《かた》を考《かんが》え出《だ》すこと。

ブリッジ (bridge) 名詞 ❶橋《はし》。❷船《ふね》の甲板《かんぱん》にある、見張《みは》りや指図《さしず》をするところ。船橋《せんきょう》。❸トランプの遊《あそ》び方《かた》の一《ひと》つ。❹頭《あたま》と両足《りょうあし》で体《からだ》を支《ささ》え、あおむけに反《そ》らせること。

フリップ 名詞 テレビ番組《ばんぐみ》などで、ものごとを説明《せつめい》するときに使《つか》う、絵《え》や表《ひょう》などをかいた厚《あつ》紙《がみ》。ことば 英語《えいご》の「フリップチャート」の略《りゃく》。

フリップブック (flip book) 名詞 一枚一枚《いちまいいちまい》に少《すこ》しずつちがう絵《え》をかいてとじ、ぱらぱらとめくると絵《え》が動《うご》いて見《み》えるようにつくったもの。

ふりつもる【降り積もる】 動詞 雪《ゆき》や灰《はい》などが降《ふ》って、だんだん積《つ》もる。

ふりはらう【振り払う】 動詞 強《つよ》くはらいのける。例 止《と》める手《て》を振り払って外《そと》に出《で》た。

プリペイドカード (prepaid card) 名詞 現《げん》金《きん》の代《か》わりに使《つか》えるしくみになっているカード。代金《だいきん》は前《まえ》ばらいする。図書《としょ》カードなど。

ふりまく【振りまく】 動詞 ❶あたりにまき散《ち》らす。❷多《おお》くの人《ひと》にあたえる。例 笑顔《えがお》を振りまく。

ふりまわす【振り回す】 動詞 ❶手《て》や、手《て》に持《も》ったものをぐるぐる回《まわ》す。例 おもちゃの刀《かたな》を振り回す。❷むやみに使《つか》う。例 権力《けんりょく》を振り回す。❸見《み》せびらかす。ひけらかす。例 覚《おぼ》えたての知識《ちしき》を振り回す。❹思《おも》うままに人《ひと》を動《うご》かす。例 うそを言《い》って大《おお》勢《ぜい》の人《ひと》を振り回す。

ふりみだす【振り乱す】 動詞 激《はげ》しく動《うご》いて、かみの毛《け》などをばらばらにする。例 かみを振り乱して走《はし》る。

ふりむく【振り向く】 動詞 ふり返《かえ》って後《うし》ろ

読書のこみち　高　中　低　『ごきげんなすてご』いとうひろし　「さんかげつまえ　おとうとが　やってきた。」…おで捨《す》て子《ご》になっちゃうから。お姉《ねえ》ちゃんは道《みち》ばたで「かわいいすてご」と書《か》いたダンボーを向《む》く。そちらに注意《ちゅうい》を向《む》ける。

ふりむける【振り向ける】 動詞 ❶動《うご》かして、ある方向《ほうこう》を向《む》かせる。例 呼《よ》ばれた方《ほう》に顔《かお》を振り向ける。❷あるものを、ほかのことに回《まわ》して使《つか》う。例 貯金《ちょきん》の一部《いちぶ》を募金《ぼきん》に振り向ける。

ふりゅうおどり【風流踊り】 名詞 日本《にほん》の芸能《げいのう》の一《ひと》つ。はなやかな衣装《いしょう》や仮装《かそう》を身《み》に着《つ》けて、まうおどり。

ふりょう【不良】 ❶ 名詞 形容動詞 品質《ひんしつ》や状態《じょうたい》がよくないこと。例 不良品《ひん》／消化《しょうか》不良／現地《げんち》の天候《てんこう》は不良だ。❷ 名詞 行《おこな》いが悪《わる》いこと。また、そのような人《ひと》。

ふりょう【不漁】 名詞 魚《さかな》や貝《かい》などがあまりとれないこと。対 大漁《たいりょう》。豊漁《ほうりょう》。

ふりょうさいけん【不良債権】 名詞 銀行《ぎんこう》などが貸《か》したお金《かね》のうち、返《かえ》してもらえなかったり、返《かえ》してもらうのが難《むずか》しそうなもの。

ふりょく【浮力】 名詞 水《みず》や空気《くうき》などの中《なか》にある物《もの》に対《たい》してはたらく、その物《もの》を上《うえ》におし上《あ》げようとする力《ちから》。

ぶりょく【武力】 名詞 軍隊《ぐんたい》などの、戦《たたか》う力《ちから》。例 武力にうったえる。

ふりわける【振り分ける】 動詞 ❶二《ふた》つに分《わ》ける。例 メンバーを二《ふた》つのチームに振り分ける。❷割《わ》り当《あ》てる。例 仕事《しごと》を全員《ぜんいん》に振り分ける。

プリン ⇩1162ページ プディング

プリンアラモード 名詞 プリンに、アイスクリーム・生《なま》クリーム・果物《くだもの》などをそえたもの。

参考 日本《にほん》で考《かんが》え出《だ》された洋菓子《ようがし》。

プリンス (prince) 名詞 王子《おうじ》。皇太子《こうたいし》。対 プリンセス。

プリンセス (princess) 名詞 王女《おうじょ》。また、王《おう》子《じ》や皇太子《こうたいし》のきさき。対 プリンス。

プリンター (printer) 名詞 ❶印刷機《いんさつき》。❷コンピューターなどで、文章《ぶんしょう》や画像《がぞう》などを印刷《いんさつ》する装置《そうち》。

プリント (print) 名詞 動詞 ❶印刷《いんさつ》すること。また、印刷《いんさつ》したもの。❷布《ぬの》に型紙《かたがみ》を当《あ》てて、模様《もよう》を染《そ》めつけること。また、染《そ》めつけられた布《ぬの》。例 花《はな》がらをプリントしたシャツ。❸写真《しゃしん》を紙《かみ》に焼《や》きつけること。また、焼《や》きつけたもの。

プリントアウト (print out) 名詞 動詞 コンピューターなどのデータをプリンターで印刷《いんさつ》すること。例 文書《ぶんしょ》をプリントアウトする。

ふる【降る】 動詞 雨《あめ》や雪《ゆき》・灰《はい》などが空《そら》から落《お》ちてくる。例 ゆうべ初雪《はつゆき》が降った。漢 ⇩444ページ こう〔降〕

ふる【振る】 動詞 ❶ゆり動《うご》かす。上下《じょうげ》、前後左右《ぜんごさゆう》などに動《うご》かす。例 手《て》を振る／バットを振る／しっぽを振る。❷まき散《ち》らすように投《な》げる。ふりかける。例 さいころを振る／こしょうを振る。❸わきに書《か》きそえる。例 読《よ》みがなを振る。❹仕事《しごと》などを割《わ》り当《あ》てる。例 劇《げき》の役《やく》を振る。❺失《うしな》う。捨《す》てる。例 一日《いちにち》を棒《ぼう》に振る（＝むだにする）。❻断《ことわ》る。はねつける。例 友人《ゆうじん》のさそいを振る。

フル (full) 名詞 形容動詞 ❶いっぱいであること。じゅうぶんであること。例 頭《あたま》をフルに回転《かいてん》させる／フルスイング。❷完全《かんぜん》であること。例 フル出場《しゅつじょう》／フルマラソン。

-ぶる 接尾語 （ほかのことばのあとにつけて）それらしく見《み》せる。いかにもそれらしいようすをする。例 えらぶる／利口《りこう》ぶる。

ふるい 名詞 円形《えんけい》や四角形《しかくけい》のわくの中《なか》にあみを張《は》った道具《どうぐ》。粉《こな》や砂《すな》などを入《い》れてゆり動《うご》かし、細《こま》かいものとあらいものとに分《わ》けるのに使《つか》う。

ふるい

●**ふるいにかける** ❶ふるいを使《つか》って、細《こま》かいものを落《お》とす。❷ある条件《じょうけん》に合《あ》うものだけを選《えら》ぶ。例 応募者《おうぼしゃ》をふるいにかける。

ふるい【古い】 形容詞 ❶昔《むかし》のことである。長《なが》い年月《ねんげつ》がたっている。例 それは古い話《はなし》です／古い家《いえ》。対 新《あたら》しい。❷今《いま》までのものと変《か》わったところがない。時代《じだい》おくれである。例 古い考《かんが》え方《かた》。対 新《あたら》しい。❸新鮮《しんせん》でない。例 古い魚《さかな》。対 新《あたら》しい。漢 ⇩440ページ こ〔古〕

ぶるい【部類】 名詞 種類《しゅるい》によって分《わ》けたとき

の、それぞれのまとまり。例 母《はは》はあわて者《もの》の部類に入《はい》る。

ふるいおこす【奮い起こす】 動詞 自分《じぶん》をはげまして、心《こころ》を引《ひ》き立《た》てる。気力《きりょく》をわき立《た》たせる。例 勇気《ゆうき》を奮い起こして挑戦《ちょうせん》した。

ふるいおとす【ふるい落とす】 動詞 ❶ふり動《うご》かして、ついているものを落《お》とす。例 ごみをふるい落とす。❷ふるいにかけて落《お》とす。❸多《おお》くの中《なか》から、基準《きじゅん》に合《あ》わないものをとり除《のぞ》く。例 試験《しけん》で半分《はんぶん》がふるい落とされた。

ふるいたつ【奮い立つ】 動詞 これからすることに向《む》かって、張《は》りきる。元気《げんき》を出《だ》す。例 決勝戦《けっしょうせん》を前《まえ》に奮い立つ。

ふるう【震う】 動詞 ふるえる。ゆれ動《うご》く。

ふるう【奮う】 動詞 勢《いきお》いがさかんになる。また、気持《きも》ちをわき立《た》たせる。例 勇気《ゆうき》を奮って戦《たたか》う。漢 ↓1180ページ ふん〔奮〕

ふるう【振るう】 動詞 ❶ふり動《うご》かす。例 刀《かたな》を振るって切《き》りこむ。❷持《も》っている力《ちから》を外《そと》に出《だ》す。例 熱弁《ねつべん》を振るう。❸目立《めだ》って外《そと》にあらわれる。勢《いきお》いがさかんになる。例 成績《せいせき》が振るわない。❹変《か》わっていておもしろい。例 言《い》うことが振るっている。

ブルー (blue) 名詞 「青《あお》」「青色《あおいろ》」のこと。

ブルース (blues) 名詞 アメリカの黒人《こくじん》の間《あいだ》で生《う》まれた、四分《よんぶん》の四拍子《よんびょうし》の曲《きょく》。悲《かな》しい感《かん》じのものが多《おお》い。

フルーツ (fruit) 名詞 「果物《くだもの》」のこと。

フルート (flute) 名詞 木管楽器《もっかんがっき》の一《ひと》つ。今《いま》は金属《きんぞく》でできているものが多《おお》い。高《たか》くすんだやわらかい音《おと》を出《だ》す横笛《よこぶえ》。図 ↓269ページ がっき〔楽器〕

ブルーベリー (blueberry) 名詞 つつじのなかまの木《き》。小《ちい》さく丸《まる》いあい色《いろ》の実《み》がなる。実《み》はあまずっぱく、そのまま食《た》べたり、ジャムやジュースにしたりする。

ブルーベリー

ブルーレイディスク (Blu-ray Disc) 名詞 音声《おんせい》や映像《えいぞう》をデジタルの信号《しんごう》に変《か》えて記録《きろく》する円盤《えんばん》の一《ひと》つ。大量《たいりょう》の情報《じょうほう》を記録《きろく》できる。

ふるえ【震え】 名詞 ふるえること。寒《さむ》さやおそろしさ・高熱《こうねつ》などのために、体《からだ》が細《こま》かくゆれ動《うご》くこと。例 震えが止《と》まらない。

ふるえあがる【震え上がる】 動詞 寒《さむ》さやおそろしさなどのために、がたがたふるえる。

ふるえる【震える】 動詞 ❶細《こま》かくゆれ動《うご》く。例 地震《じしん》で戸《と》が震える。❷寒《さむ》さやおそろしさのために、体《からだ》が細《こま》かく動《うご》く。例 冷《つめ》たい北風《きたかぜ》に震える。

ふるがお【古顔】 名詞 仲間《なかま》の中《なか》に古《ふる》くからいる人《ひと》。例 野球《やきゅう》チームの古顔。類 古参《こさん》。対 新顔《しんがお》。

ふるぎ【古着】 名詞 何度《なんど》も着《き》て古《ふる》くなった衣服《いふく》。

ふるきず【古傷】 名詞 ❶ずっと前《まえ》に受《う》けた傷《きず》。❷いやな思《おも》い出《で》や、以前《いぜん》にした悪《わる》い行《おこな》い。例 古傷にはふれないほうがいい。

ふるきをあたためてあたらしきをしる【故きを温めて新しきを知る】 ↓1175ページ ふるきをたずねてあたらしきをしる

ふるきをたずねてあたらしきをしる【故きを温ねて新しきを知る】 故事成語 昔《むかし》のことをよく調《しら》べ、今《いま》に通《つう》じる新《あたら》しい知識《ちしき》や考《かんが》え方《かた》を発見《はっけん》する、ということのたとえ。参考 孔子《こうし》の「論語《ろんご》」の中《なか》にある「温故知新《おんこちしん》」を、日本語《にほんご》に直《なお》して読《よ》んだことば。

ふるくさい【古臭い】 形容詞 すっかり古《ふる》びているようす。新《あたら》しさやめずらしさがないようす。例 あの人《ひと》の考《かんが》えは、どうも古臭い。

ふるさと 名詞 生《う》まれ育《そだ》った土地《とち》。故郷《こきょう》。

ふるさとのうぜい【ふるさと納税】 名詞 個人《こじん》が、納《おさ》める税金《ぜいきん》の一部《いちぶ》を、自分《じぶん》の出身地《しゅっしんち》や応援《おうえん》したい都道府県《とどうふけん》・市町村《しちょうそん》に寄付《きふ》できる制度《せいど》。

ブルジョア (フランス語) 名詞 ❶資本《しほん》や生産手段《せいさんしゅだん》を持《も》ち、多《おお》くの人《ひと》を使《つか》っている人々《ひとびと》。資本家《しほんか》。対 プロレタリア。❷金持《かねも》ち。

-ふるす【古す】 接尾語 (ほかのことばのあとにつけて)「…して古《ふる》くする」「ずっと…してきて、新《あたら》しさがなくなる」という意味《いみ》を表《あらわ》す。例 使《つか》い古したかばん／言《い》い古されたことば。漢 ↓440ページ こ〔古〕

読書のこみち 高 中 低 『古事記物語《こじきものがたり》』福永武彦《ふくながたけひこ》 男女一組《だんじょひとくみ》の神様《かみさま》は、どのようにして日本《にほん》の国《くに》をつくった？ スなってしまった？ 海幸《うみさち》・山幸《やまさち》の兄弟《きょうだい》は、どうしてけんかをした？ 日本《にほん》の神話《しんわ》をまと

ふるす【古巣】名詞 ❶もとの巣《す》。例 つばめが古巣にもどって来《き》た。❷前《まえ》に住《す》んだり、働《はたら》いたりしていたところ。例 父《ちち》は古巣の職場《しょくば》にもどった。

フルスピード（full speed）名詞 出《だ》せる限《かぎ》りの速《はや》さ。全速力《ぜんそくりょく》。例 フルスピードで走《はし》る。

ふるって【奮って】副詞 張《は》りきって。進《すす》んで。例 奮って応募《おうぼ》してください。

ふるて【古手】名詞 ❶古《ふる》くなったもの。使《つか》って古《ふる》くなったもの。❷その仕事《しごと》をずっと以前《いぜん》からやっている人《ひと》。ある集団《しゅうだん》に長《なが》く所属《しょぞく》している人《ひと》。例 古手の職人《しょくにん》／古手の劇団員《げきだんいん》。対 新手《あらて》。

ブルドーザー（bulldozer）名詞 地面《じめん》をけずったり土《つち》を運《はこ》んだりする、土木工事用《どぼくこうじよう》の機械《きかい》。キャタピラーで動《うご》き、前《まえ》に鉄《てつ》の板《いた》がついている。

プルトニウム（plutonium）名詞 放射能《ほうしゃのう》を持《も》つ元素《げんそ》の一《ひと》つ。原子爆弾《げんしばくだん》や原子力発電《げんしりょくはつでん》に使《つか》われる。毒性《どくせい》がとても強《つよ》い。

ふるとり 名詞 「隹」のこと。漢字《かんじ》の部首《ぶしゅ》の一《ひと》つ。雑・集・難などの漢字《かんじ》を作《つく》る。

フルトン 名詞（一七六五～一八一五）アメリカの技師《ぎし》。改良《かいりょう》を重《かさ》ねた蒸気船《じょうきせん》で、ハドソン川《がわ》の定期航行《ていきこうこう》を実現《じつげん》した。

ふるびる【古びる】動詞 古《ふる》い感《かん》じになる。古《ふる》くなる。例 古びた建物《たてもの》／古びた考《かんが》えを捨《す》てる。

ぶるぶる［と］副詞 動詞 体《からだ》が細《こま》かくふるえたり、物《もの》が小《こ》きざみにふるえたりするようす。例 緊張《きんちょう》でくちびるがぶるぶるふるえる。

フルベース ↓1258ページ まんるい

ふるぼける【古ぼける】動詞 古《ふる》くなってあざやかさがなくなる。例 古ぼけた時計《とけい》。

ふるほん【古本】名詞 ❶読《よ》み古《ふる》した本《ほん》。古《ふる》くなった本《ほん》。例 古本屋《や》。❷ずっと昔《むかし》に出版《しゅっぱん》された本《ほん》。

ふるまい【振る舞い】名詞 ❶行《おこな》い。動作《どうさ》。例 勝手《かって》な振る舞いをする。❷もてなし。ごちそう。例 おうばん振る舞い（＝気前《きまえ》よく人《ひと》にごちそうし、もてなすこと）。

ふるまう【振る舞う】動詞 ❶ある動作《どうさ》をする。行動《こうどう》する。❷ごちそうをする。もてなす。例 大勢《おおぜい》の人《ひと》を呼《よ》んで、手作《てづく》りの料理《りょうり》を振る舞った。

ふるめかしい【古めかしい】形容詞 いかにも古《ふる》い感《かん》じがするようす。古風《こふう》であるようす。例 古めかしい家《いえ》／古めかしいことばづかい。

ふるわす【震わす】↓1176ページ ふるわせる

ふるわせる【震わせる】動詞 ふるえるようにする。「ふるわす」ともいう。例 かたを震わせて泣《な》く。

ふれあい【触れ合い】名詞 ふれ合《あ》うこと。気持《きも》ちを通《かよ》わせ合《あ》うこと。例 親子《おやこ》の触れ合い。

ふれあう【触れ合う】動詞 ❶おたがいにふれる。例 かたとかたが触れ合う。❷気持《きも》ちが通《かよ》い合《あ》う。例 心《こころ》が触れ合う。

ぶれい【無礼】名詞 形容動詞 礼儀《れいぎ》に従《したが》っていないこと。例 無礼な態度《たいど》。類 失礼《しつれい》。非礼《ひれい》。不作法《ぶさほう》。

フレー（hurray）感動詞 応援《おうえん》したりはげましたりするときに、「がんばれ」という気持《きも》ちで言《い》うかけ声《ごえ》。

プレー（play）名詞 ❶競技《きょうぎ》。また、そのわざや動《うご》き。例 すばらしいプレーに拍手《はくしゅ》を送《おく》る。❷遊《あそ》ぶこと。例 プレールーム。❸「プレーボール」の略《りゃく》。

ブレーカー（breaker）名詞 決《き》められた強《つよ》さよりも強《つよ》い電流《でんりゅう》が流《なが》れると、回路《かいろ》を自動的《じどうてき》に切《き》る安全装置《あんぜんそうち》。

プレーガイド 名詞 音楽《おんがく》・スポーツ・演劇《えんげき》などのもよおしものの案内《あんない》や、切符《きっぷ》の前売《まえう》りなどをするところ。ことば 英語《えいご》をもとに日本《にほん》で作《つく》られたことば。

ブレーキ（brake）名詞 ❶車《くるま》を止《と》めたり、速《はや》さをゆるめたりするしかけ。例 急《きゅう》ブレーキ。❷ものごとが進《すす》むのをおさえたり、止《と》めたりすること。例 勝手《かって》な行動《こうどう》にブレーキをかける。

プレート（plate）名詞 ❶金属《きんぞく》などの板《いた》。例 ナンバープレート。❷野球《やきゅう》で、ピッチャーが球《たま》を投《な》げるときにふむ板《いた》。また、本塁《ほんるい》に置《お》く板《いた》。❸地球《ちきゅう》の表面《ひょうめん》をおおっている、厚《あつ》さ百《ひゃっ》キロメートルほどのかたい岩盤《がんばん》。

プレーボール 名詞 野球《やきゅう》やテニスなどの球技《きゅうぎ》で、審判《しんぱん》が言《い》う試合開始《しあいかいし》の合図《あいず》。

フレーム（frame）名詞 季語冬

「いるかいるか／いないかいるか」「さるさらう／さるさらさらう」など、ことばのもつ音《おん》と意味《いみ》とをうまく組《く》みください。赤《あか》、緑《みどり》、黄色《きいろ》があざやかな版画風《はんがふう》のさしえも楽《たの》しい一冊《いっさつ》です。

❶わく。骨組《ほねぐ》み。例めがねのフレーム。
❷木《き》などのわくでつくった、なえどこ用《よう》の保温《ほおん》施設《しせつ》。
ことば 季語《きご》として使《つか》うのは❷の意味《いみ》。

プレーヤー（player）名詞
❶競《きょう》技《ぎ》をする人《ひと》。例テニスプレーヤー。
❷演奏《えんそう》をする人《ひと》。例ギタープレーヤー。
❸音声《おんせい》や映像《えいぞう》を再生《さいせい》する装置《そうち》。

ブレーンストーミング（brainstorming）名詞 話《はな》し合《あ》いの方法《ほうほう》の一《ひと》つ。おたがいの発言《はつげん》を批判《ひはん》しないで、自由《じゆう》に意見《いけん》を出《だ》し合《あ》い、よい考《かんが》えを引《ひ》き出《だ》そうとする方法《ほうほう》。

ふれこみ【触れ込み】 名詞 前《まえ》もって、大《おお》げさに言《い》い広《ひろ》めておくこと。前宣伝《まえせんでん》。例天才歌《てんさいか》手《しゅ》という触れ込みでデビューする。

ブレザー（blazer）名詞 やわらかな毛織物《けおりもの》などでできた、背広《せびろ》の形《かたち》の上着《うわぎ》。ブレザーコート。

ブレザーコート ↓1177ジペー ブレザー

プレス（press）
❶名詞 動詞 おしつけること。
❷名詞 動詞 アイロンをかけること。例ズボンをきちんとプレスする。
❸名詞 金属《きんぞく》の板《いた》に型《かた》をおしつけて、穴《あな》をあけたり、形《かたち》をつけたりする機械《きかい》。
❹名詞 印刷《いんさつ》。また、新聞《しんぶん》。報道《ほうどう》。

ブレスきごう【ブレス記号】 名詞 楽譜《がくふ》で、息《いき》つぎをする場所《ばしょ》を示《しめ》す記号《きごう》。「V」で表《あらわ》す。

プレゼンテーション（presentation）名詞「提示《ていじ》」「発表《はっぴょう》」のこと。とくに、広告《こうこく》やデザインなどの案《あん》を注文主《ちゅうもんぬし》に対《たい》して提示《ていじ》すること。

プレゼント（present）名詞 動詞 おくり物《もの》。また、おくり物《もの》をすること。

プレッシャー（pressure）名詞 圧力《あつりょく》。とくに、心《こころ》に重圧《じゅうあつ》を感《かん》じること。例みんなの期待《きたい》を感《かん》じてプレッシャーがかかる。

フレッシュ（fresh）形容動詞 新《あたら》しくてみずみずしい感《かん》じがするようす。新鮮《しんせん》なようす。例フレッシュな野菜《やさい》／若者《わかもの》のフレッシュな感覚《かんかく》。

ふれはば【振れ幅】 ↓670ジペー しんぷく〔振幅〕

プレハブ（prefab）名詞 あらかじめ工場《こうじょう》で部《ぶ》品《ひん》を作《つく》っておき、建築現場《けんちくげんば》でそれを組《く》み立《た》てて建物《たてもの》をつくるやり方《かた》。また、その建物《たてもの》。

プレパラート（ドイツ語）名詞 顕微鏡《けんびきょう》で観察《かんさつ》するための標本《ひょうほん》。スライドガラスとカバーガラスの、二枚《にまい》のガラスの間《あいだ》に観察《かんさつ》するものをはさんでつくる。

ふれまわる【触れ回る】 動詞 人々《ひとびと》に知《し》らせて回《まわ》る。例ニュースをみんなに触れ回る。

プレミア ↓1177ジペー プレミアム

プレミアム（premium）名詞
❶手《て》に入《い》れにくい切符《きっぷ》などに特別《とくべつ》の価値《かち》がついて、もとの料金《りょうきん》に割《わ》り増《ま》しされる分《ぶん》の金額《きんがく》。
❷商品《しょうひん》につけるおまけ。
ことば 略《りゃく》して「プレミア」ともいう。

フレミング 名詞（一八八一～一九五五）イギリスの細菌学者《さいきんがくしゃ》。青《あお》かびからペニシリン（＝抗生物質《こうせいぶっしつ》の一《ひと》つ）を発見《はっけん》し、病気《びょうき》を抗生物質《こうせいぶっしつ》によって治《なお》す道《みち》を開《ひら》いた。

プレリュード ↓738ジペー ぜんそうきょく❷

ふれる【触れる】 動詞
❶さわる。当《あ》たる。例手《て》が触れる。
❷目《め》や耳《みみ》などで感《かん》じる。例人《ひと》の目《め》に触れる。
❸関係《かんけい》する。とり上《あ》げて述《の》べる。例そのことには触れないでおこう。
❹逆《さか》らう。そむく。例規則《きそく》に触れる。
❺広《ひろ》く知《し》らせる。例ニュースを触れて歩《ある》く。
❻ものごとに出《で》あう。例外国《がいこく》の文化《ぶんか》に触れる。

ふれんぞくせん【不連続線】 名詞 温度《おんど》・湿度《しつど》・風向《かざむ》きなどがちがう、二《ふた》つの空気《くうき》のかたまりの境目《さかいめ》が地面《じめん》と接《せっ》する線《せん》。前線《ぜんせん》など。

フレンド（friend）名詞「友《とも》だち」のこと。例ボーイフレンド／ガールフレンド。

ふろ【風呂】 名詞
❶湯《ゆ》にひたって体《からだ》をあたためたり洗《あら》ったりすること。また、その湯《ゆ》。
❷ふろ屋《や》。銭湯《せんとう》。

プロ 名詞
❶それを職業《しょくぎょう》にしていること。専門的《せんもんてき》であること。「プロフェッショナル」の略《りゃく》。例プロ野《や》球《きゅう》。対アマチュア。ノンプロ。
❷「プロダクション」の略《りゃく》。

フロア（floor）名詞
❶ゆか。例フロアに敷物《しきもの》をしく。
❷建物《たてもの》の階《かい》。例上《うえ》のフロア／フロアマップ。
❸会議《かいぎ》場《じょう》などの、聴衆席《ちょうしゅうせき》。また、会議《かいぎ》やパネルディスカッションにおける聴衆《ちょうしゅう》のこと。

ふろうちょうじゅ【不老長寿】 名詞 いつ

読書のこみち　高 中 低　『ことばあそびうた』谷川俊太郎詩《たにかわしゅんたろうし》　瀬川康男絵《せがわやすおえ》「はなのののはな／はなのななあに」……ことば遊びのくふうをこらした詩を集めた詩集……

までも年《とし》をとらず長生《ながい》きすること。

ふろうふし【不老不死】 名詞 ↓833ページ 四字熟語

ふろおけ【風呂おけ】 名詞 ❶お湯《ゆ》をためて体《からだ》をひたすための、大《おお》きなおけ。浴槽《よくそう》。❷ふろなどでお湯《ゆ》をくむのに使《つか》う、小《ちい》さなおけ。

ブローチ (broach) 名詞 洋服《ようふく》の胸《むね》やえりにつける、留《と》めピンのついたかざり。

フローチャート (flow chart) 名詞 作業《さぎょう》の流《なが》れや処理《しょり》の手順《てじゅん》を表《あらわ》した図《ず》。参考 コンピューターのプログラムを書《か》くとき、全体《ぜんたい》の流《なが》れをわかりやすく表《あらわ》すために作成《さくせい》される。

ブロードバンド (broadband) 名詞 コンピューターネットワークで、たくさんのデータを高速《こうそく》で送受信《そうじゅしん》できる通信方式《つうしんほうしき》。

プロキオン (ラテン語) 名詞 小犬座《こいぬざ》の中《なか》で、もっとも明《あか》るい星《ほし》。教科 理 オリオン座《ざ》のベテルギウス、大犬座《おおいぬざ》のシリウスとともに、冬《ふゆ》の大三角《だいさんかく》の一《ひと》つ。

ふろく【付録】 名詞 ❶本《ほん》などで、本文《ほんぶん》のあとについている図《ず》表《ひょう》や解説《かいせつ》などのこと。❷雑誌《ざっし》などで、おまけとしてついているもの。

ブログ (blog) 名詞 インターネットで、個人《こじん》が作《つく》って公開《こうかい》する、日記形式《にっきけいしき》のウェブサイト。見《み》た人《ひと》がコメントを書《か》きこむこともできる。ことば「ウェブ」と「ログ（＝記録《きろく》）」を合《あ》わせたことば「ウェブログ」の略《りゃく》。

プログラマー (programmer) 名詞 コンピューターのプログラムをつくる人《ひと》。

プログラミング (programming) 名詞 動詞 コンピューターのプログラムをつくること。↓1179ページ 社会へのとびら

プログラミングげんご【プログラミング言語】 名詞 コンピューターのプログラムを書《か》くためにつくられた言語《げんご》。「プログラム言語《げんご》」ともいう。

プログラム (program) 名詞 ❶音楽会《おんがくかい》や演芸会《えんげいかい》などで、出《だ》し物《もの》の順序《じゅんじょ》や出《で》る人《ひと》の名前《なまえ》などを書《か》いたもの。❷予定表《よていひょう》。計画表《けいかくひょう》。例 夏合宿《なつがっしゅく》のプログラム。❸コンピューターに仕事《しごと》をさせるため、仕事《しごと》の順序《じゅんじょ》や方法《ほうほう》などを、コンピューター用《よう》の特別《とくべつ》なことばで書《か》くこと。また、その書《か》いたもの。↓1179ページ 社会へのとびら プログラミング

プログラムげんご【プログラム言語】 ↓1178ページ プログラミングげんご

プロジェクター (projector) 名詞 スクリーンなどに画像《がぞう》を映《うつ》し出《だ》す装置《そうち》。映写機《えいしゃき》。

プロジェクト (project) 名詞 特別《とくべつ》なことをするための計画《けいかく》。研究《けんきゅう》や事業《じぎょう》などの計画《けいかく》。例 ロボット開発《かいはつ》のプロジェクト。

ふろしき【風呂敷】 名詞 物《もの》を包《つつ》むための四角《しかく》い布《ぬの》。例 風呂敷包《ふろしきづつ》み。ことば 江戸時代《えどじだい》に銭湯《せんとう》で、ぬいだ服《ふく》を包《つつ》んだり、服《ふく》を着《き》るときに下《した》にしいたりしたことからきたことば。

プロダクション (production) 名詞 ❶映画《えいが》やテレビ番組《ばんぐみ》、出版物《しゅっぱんぶつ》などをつくる会社《かいしゃ》。❷芸能人《げいのうじん》の仕事《しごと》をとりあつかう事務所《じむしょ》。

ブロック (block) ❶名詞 かたまり。例 牛肉《ぎゅうにく》のブロック。❷名詞 建築《けんちく》などに使《つか》う、コンクリートの四角《しかく》いかたまり。例 ブロックでへいを造《つく》る。❸名詞 地域《ちいき》のひと区切《くぎ》り。例 ブロックごとにごみを集《あつ》める。❹名詞 動詞 スポーツで、相手《あいて》のこうげきを防《ふせ》いだり、じゃましたりすること。

ブロッコリー (broccoli) 名詞 キャベツのなかまの野菜《やさい》。緑色《みどりいろ》のつぼみの部分《ぶぶん》が食用《しょくよう》になる。

フロッピーディスク (floppy disk) 名詞 データを記録《きろく》するための、磁気《じき》を持《も》ったうすい板《いた》。パソコンなどで使《つか》う。

ブロッコリー

プロテスタント (Protestant) 名詞 十六世紀《じゅうろくせいき》の宗教改革《しゅうきょうかいかく》でカトリックから分《わ》かれてできた、キリスト教《きょう》の新《あたら》しい一派《いっぱ》。新教《しんきょう》。対 カトリック。

プロデューサー (producer) 名詞 映画《えいが》・演劇《えんげき》・テレビ番組《ばんぐみ》などを計画《けいかく》し、つくり上《あ》げる責任者《せきにんしゃ》。

プロバイダー (provider) 名詞 インターネットに接続《せつぞく》するサービスを提供《ていきょう》する業者《ぎょうしゃ》。

プロパン ↓1178ページ プロパンガス

プロパンガス 名詞 石油《せきゆ》や天然《てんねん》ガスからとれる、色《いろ》もにおいもない気体《きたい》。液体《えきたい》になりやす

ヤだった。ヨダレは垂《た》らすしテストの答《こた》えは写《うつ》す、泣《な》き虫《むし》で赤《あか》ちゃんなサイテーなヤツ。クラスでもバイキンあなんだって。…カオル（あたし）の立場《たちば》とソメヤの立場《たちば》で交互《こうご》に語《かた》る、おかしくってすてきな「仲間《なかま》」の物語《ものがたり》。

い。ボンベにつめて、おもに家庭用《かていよう》の燃料《ねんりょう》として使《つか》われる。プロパン。ことば 英語《えいご》をもとに日本《にほん》で作《つく》られたことば。

プロフィール（フランス語）名詞 ❶横《よこ》から見《み》た顔《かお》。横顔《よこがお》。❷その人《ひと》の経歴《けいれき》や人《ひと》がらなどを簡単《かんたん》にまとめたもの。例 著者《ちょしゃ》のプロフィール。

プロフェッショナル ⇒1177ページ プロ❶

ふろふきだいこん【風呂吹き大根】 名詞 季語冬 だいこんをやわらかくゆでて、練《ね》りみそをかけた料理《りょうり》。

プロペラ（propeller）名詞 二枚以上《にまいいじょう》の羽根《はね》をじくにとりつけたもの。回転《かいてん》させて飛行機《ひこうき》や船《ふね》などを進《すす》ませる。

プロポーション（proportion）名詞 体全体《からだぜんたい》のつりあい。例 プロポーションがよい。

プロポーズ（propose）名詞 動詞 結婚《けっこん》を申《もう》しこむこと。

ブロマイド（bromide）名詞 人気《にんき》のある俳優《はいゆう》や歌手《かしゅ》などの写真《しゃしん》。ことば「プロマイド」はなまった言《い》い方《かた》。

プロレス 名詞 お金《かね》をとって観客《かんきゃく》に見《み》せるレスリング。ことば 英語《えいご》の「プロフェッショナルレスリング」の略《りゃく》。

プロレタリア（ドイツ語）名詞 資本《しほん》や生産手段《せいさんしゅだん》を持《も》たず、自分《じぶん》の労働《ろうどう》で得《え》る賃金《ちんぎん》で生活《せいかつ》する人々《ひとびと》。労働者《ろうどうしゃ》。対 ブルジョア。

プロローグ（prologue）名詞 ❶小説《しょうせつ》や演劇《えんげき》・音楽《おんがく》などの、前置《まえお》きの部分《ぶぶん》。序章《じょしょう》・序幕《じょまく》・序曲《じょきょく》など。対 エピローグ。❷ものごとのはじめの部分《ぶぶん》。対 エピローグ。

フロンガス 名詞 スプレーや冷蔵庫《れいぞうこ》などに使《つか》われていたガス。オゾン層《そう》（＝太陽《たいよう》からの有害《ゆうがい》な紫外線《しがいせん》を吸収《きゅうしゅう》する、大気《たいき》の層《そう》）をこわしてしまうことがわかったので、使用《しよう》・生産《せいさん》が禁止《きんし》された。ことば 英語《えいご》をもとに日本《にほん》で作《つく》られたことば。

ブロンズ（bronze）名詞 銅《どう》とすずを混《ま》ぜてつくった金属《きんぞく》。青銅《せいどう》。また、それでつくった像《ぞう》。

フロント（front）名詞 ❶正面《しょうめん》。前面《ぜんめん》。例 フロントガラス。❷ホテルなどの受付《うけつけ》。例 フロントで宿泊手続《しゅくはくてつづ》きをする。

ブロンド（男性はblond・女性はblonde）名詞 金《きん》髪《ぱつ》。また、金髪《きんぱつ》の女性《じょせい》。

フロントガラス 名詞 自動車《じどうしゃ》の運転席《うんてんせき》の前《まえ》にあるガラス。ことば 英語《えいご》の「フロント」とオランダ語《ご》の「ガラス」をもとに日本《にほん》で作《つく》られたことば。

ふわ【不和】 名詞 形容動詞 仲《なか》が悪《わる》いこと。例 友《ゆう》人《じん》との間《あいだ》が不和《ふわ》になる。

ふわっと ⇒1180ページ ふわりと

ふわふわ【と】 副詞 動詞 ❶軽《かる》い物《もの》がうかんでゆれているようす。例 雲《くも》がふわふわと流《なが》れていく。

辞典《じてん》の外《そと》に飛《と》びだそう!

社会《しゃかい》へのとびら

プログラミング

コンピューターに命令《めいれい》!?

コンピューターは基本《きほん》的《てき》には命令《めいれい》されて動《うご》く。コンピューターへの「これをしなさい」という命令《めいれい》（＝プログラム）をつくることをプログラミングというよ。

! コンピューターのことば

コンピューターは人間《にんげん》のことばでは動《うご》けない。だから、コンピューターがわかることばに直《なお》して命令《めいれい》する必要《ひつよう》がある。コンピューターが理解《りかい》できて人間《にんげん》も書《か》きやすいプログラミング言語《げんご》として、JavaScript《ジャバスクリプト》、Python《パイソン》、ＰＨＰ《ピーエッチピー》などが使《つか》われるよ。

簡単《かんたん》にできるように

子供《こども》でも簡単《かんたん》にプログラミングできるように「スクラッチ」「ビスケット」などさまざまなプログラミング言語《げんご》が開発《かいはつ》されているんだ。たとえば、「スクラッチ」は、一《ひと》つ一《ひと》つの命令《めいれい》を表《あらわ》すブロックをつなげていくことで、簡単《かんたん》にプログラミングができるよ。

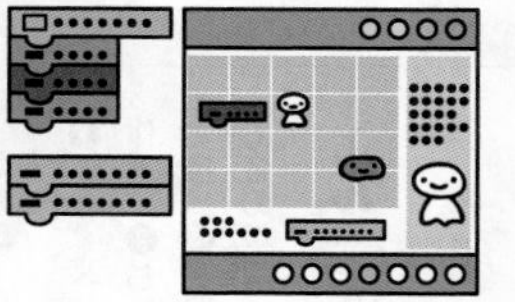

調《しら》べてみよう

きみの身近《みぢか》でもプログラミングが使《つか》われているよ。駅《えき》の電光掲示板《でんこうけいじばん》で電車《でんしゃ》の到着《とうちゃく》時刻《じこく》や行《い》き先《さき》を示《しめ》すしくみもプログラミングされたものだ。ほかにどんなところで使《つか》われているか、調《しら》べてみよう。

読書のこみち 高 中 低 『サイテーなあいつ』花形《はながた》みつる　４年生《ねんせい》になって最初《さいしょ》の席決《せきぎ》め。あたしのとなりはソメつかい。でも最近《さいきん》、わかってきた。不器用《ぶきよう》だけど、本当《ほんとう》はフツーにあつかってほしいだけ

❷やわらかくふくらんでいるようす。例 ふわふわした布団《ふとん》。❸落《お》ち着《つ》かないようす。例 夏休《なつやす》みが近《ちか》づいて、毎日《まいにち》をふわふわした気持《きも》ちで過《す》ごす。

ふわらいどう【付和雷同】 名詞 動詞 自分《じぶん》にしっかりとした考《かんが》えや意見《いけん》がなく、ほかの人《ひと》の意見《いけん》にすぐ賛成《さんせい》すること。使い方「不和雷同」と書《か》かないよう注意《ちゅうい》。

ふわりと 副詞 ❶空中《くうちゅう》に軽《かる》くうかび上《あ》がるようす。例 雲《くも》がふわりとうかぶ。軽《かる》くうかんでただようようす。❷やわらかいものを軽《かる》くのせるようす。また、静《しず》かにそっとまい降《お》りるようす。例 マフラーをふわりとかける／雪《ゆき》がふわりとまい降《お》りる。

ことば「ふわっと」ともいう。

ふん 名詞 動物《どうぶつ》のこう門《もん》から出《だ》される食物《しょくもつ》のかす。くそ。

ふん【分】 名詞 ❶時間《じかん》の単位《たんい》。一分《いっぷん》は一時間《いちじかん》の六十分《ろくじゅうぶん》の一《いち》。例 分速《そく》／二時間五十分《にじかんごじっ》。教科 算「二時五十分《にじごじっぷん》」のように、時刻《じこく》を表《あらわ》すときにも使《つか》う。❷角度《かくど》の単位《たんい》。一分《いっぷん》は一度《いちど》の六十分《ろくじゅうぶん》の一《いち》。

漢 ↓ 1180ジ《ペー》 ぶん〔分〕

漢 **ふん【粉】**〔米《こめへん》〕 10画 5年 音 フン 訓 こ・こな

こな。例 粉薬《こなぐすり》／粉雪《こなゆき》／粉砕《ふんさい》／粉末《ふんまつ》／花粉《かふん》／小《こ》麦粉《むぎこ》／受粉《じゅふん》。

漢 **ふん【奮】**〔大《だい》〕 16画 6年 音 フン 訓 ふるう

ふるいたつ。例 奮起《ふんき》／奮発《ふんぱつ》／興奮《こうふん》／発奮《はっぷん》。

ぶん【分】 名詞 ❶割《わ》り当《あ》て。分《わ》け前《まえ》。例 きみの分もあるよ。❷あるものと同《おな》じ量《りょう》。例 使《つか》った分だけ返《かえ》す。❸地位《ちい》や身分《みぶん》。果《は》たすべき務《つと》め。例 分をわきまえる。❹ようす。例 この分なら問題《もんだい》なさそうだ。

漢 **ぶん【分】**〔刀《かたな》〕 4画 2年 音 ブン・フン・ブ 訓 わける・わかれる・わかる・わかつ

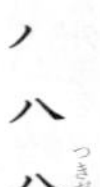

❶わける。例 分解《ぶんかい》／分割《ぶんかつ》／分家《ぶんけ》／分類《ぶんるい》／区分《くぶん》／配分《はいぶん》／引《ひ》き分《わ》け。❷みわける。あきらかにする。例 分別《ふんべつ》。❸もちまえ。たちば。例 性分《しょうぶん》／天分《てんぶん》／身分《みぶん》。❹つとめ。例 本分《ほんぶん》。❺わりあいや程度《ていど》。例 分量《ぶんりょう》／三人分《さんにんぶん》／十分《じゅうぶん》。❻人《ひと》の状《じょう》態《たい》やあいだがら。例 気分《きぶん》。❼ものにふくまれているもの。例 塩分《えんぶん》／水分《すいぶん》。❽ふん。時間《じかん》や角度《かくど》の単位《たんい》。例 分速《ふんそく》。❾ぶ。割合《わりあい》の単位《たんい》。例 五分五分《ごぶごぶ》。ことば「大分《おおいた》」は特別《とくべつ》な読《よ》み方《かた》。

ぶん【文】 名詞 ことばである一《ひと》つの内容《ないよう》を書《か》き表《あらわ》したもの。また、その集《あつ》まりとしての文章《ぶんしょう》。例 今日《きょう》のできごとを文にまとめる。

漢 **ぶん【文】**〔文《ぶん》〕 4画 1年 音 ブン・モン 訓 ふみ・あや

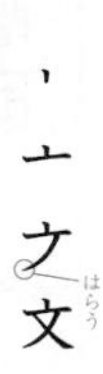

❶ふみ。文章《ぶんしょう》。例 文学《ぶんがく》／文章《ぶんしょう》／文通《ぶんつう》／文法《ぶんぽう》／作文《さくぶん》。❷もじ。例 文字《もじ》。❸あや。もよう。例 文様《もんよう》。❹学問《がくもん》や芸術《げいじゅつ》。例 文化《ぶんか》／文明《ぶんめい》。❺昔《むかし》のお金《かね》の単位《たんい》。例 二束三文《にそくさんもん》。

漢 **ぶん【聞】**〔耳《みみ》〕 14画 2年 音 ブン・モン 訓 きく・きこえる

❶きく。例 聞《き》き覚《おぼ》え／見聞《けんぶん》／前代未聞《ぜんだいみもん》／伝聞《でんぶん》。❷うわさ。しらせ。例 外聞《がいぶん》／新聞《しんぶん》。

ぶんあん【文案】 名詞 文章《ぶんしょう》の下書《したが》き。例 開会《かいかい》のあいさつの文案を練《ね》る。

ぶんい【文意】 名詞 文章《ぶんしょう》の内容《ないよう》や意味《いみ》。

ふんいき【雰囲気】 名詞 その場《ば》の気分《きぶん》やようす。例 雰囲気のよいお店《みせ》。使い方「ふいんき」と読《よ》まないよう注意《ちゅうい》。

ふんえん【噴煙】 名詞 火山《かざん》などからふき出《だ》すけむり。例 火口《かこう》から噴煙が上《あ》がる。

ふんか【噴火】 名詞 動詞 火山《かざん》が爆発《ばくはつ》して、溶《よう》岩《がん》や、灰《はい》・ガス・水蒸気《すいじょうき》などがふき出《だ》すこと。

ぶんか【分化】 名詞 動詞 一《ひと》つのものが発展《はってん》して、細《こま》かくいくつかのものに分《わ》かれていくこと。例 科学《かがく》はさまざまな分野《ぶんや》に分化している。

ぶんか【文化】 名詞 ❶世《よ》の中《なか》が進歩《しんぽ》して、人々《ひとびと》の生活《せいかつ》が豊《ゆた》かになること。例 文化的《てき》な生活《せいかつ》。❷学問《がくもん》・芸術《げいじゅつ》・道徳《どうとく》・宗教《しゅうきょう》など、人間《にんげん》の心《こころ》の

あいうえお かきくけこ さしすせそ たちつてと なにぬねの はひふへほ ふ まみむめも やゆよ らりるれろ わをん

いたずら好《す》きなさる、孫悟空《そんごくう》。どうやってさまざまな術《じゅつ》を身《み》につけたのでしょうか。インドへ経典《きょうてん》を取《と》りに行《い》たちと三蔵法師《さんぞうほうし》を守《まも》り、次々《つぎつぎ》におそってくるよう怪《かい》と戦《たたか》いながら進《すす》む、奇想天外《きそうてんがい》な冒険《ぼうけん》の旅《たび》です。

はたらきによってつくり出《だ》されたものをまとめていうことば。例 中国《ちゅうごく》文化／文化交流《こうりゅう》。

ぶんか【文科】 名詞 ❶学問《がくもん》を大《おお》きく分類《ぶんるい》したときの分野《ぶんや》の一《ひと》つ。文《ぶん》学《がく》・歴史《れきし》・哲学《てつがく》・法律《ほうりつ》・経済《けいざい》など。対 理科《りか》。❷大学《だいがく》で、文科《ぶんか》（＝❶）を研究《けんきゅう》・教育《きょういく》する部《ぶ》門《もん》。対 理科《りか》。

ふんがい【憤慨】 名詞 動詞 激《はげ》しくおこること。腹《はら》を立《た》てること。例 勝手《かって》なやり方《かた》に憤慨する。

ぶんかい【分解】 名詞 動詞 ❶一《ひと》つになっているものが、細《こま》かく分《わ》かれること。また、分《わ》けること。例 時計《とけい》を分解する。❷化合物《かごうぶつ》を二《ふた》つ以上《いじょう》のものに分《わ》けること。また、分《わ》かれること。例 水《みず》を酸素《さんそ》と水素《すいそ》に分解する。

ぶんかいさん【文化遺産】 名詞 現代《げんだい》まで残《のこ》り、これからも伝《つた》えていく価値《かち》のある昔《むかし》の文化《ぶんか》。

ぶんがく【文学】 名詞 考《かん》えや感《かん》じたことを、ことばで書《か》き表《あらわ》す芸術《げいじゅつ》。詩《し》・小説《しょうせつ》・短歌《たんか》・俳《はい》句《く》・戯曲《ぎきょく》・随筆《ずいひつ》など。また、それを研究《けんきゅう》する学問《がくもん》。

ぶんがくてき【文学的】 形容動詞 ❶文学《ぶんがく》にかかわるようす。例 文学的な才能《さいのう》。❷文学作品《ぶんがくさくひん》のようなおもむきがあるようす。例 文学的な表現《ひょうげん》。

ぶんかくんしょう【文化勲章】 名詞 学問《がくもん》や芸術《げいじゅつ》などの分野《ぶんや》で、日本《にほん》の文化《ぶんか》の発展《はってん》のためにつくした人《ひと》にあたえられる勲章《くんしょう》。毎年《まいとし》十《じゅう》一月三日《いちがつみっか》の「文化《ぶんか》の日《ひ》」におくられる。

ふんかこう【噴火口】 名詞 火山《かざん》が溶岩《ようがん》・ガス・火山灰《かざんばい》などをふき出《だ》す口《くち》。火口《かこう》。

ぶんかさい【文化祭】 名詞 学習《がくしゅう》したことをまとめたり、作品《さくひん》をつくり上《あ》げたりして、多《おお》くの人《ひと》に発表《はっぴょう》する行事《ぎょうじ》。

ぶんかざい【文化財】 名詞 ❶学問《がくもん》や芸術《げいじゅつ》など、人間《にんげん》の文化活動《ぶんかかつどう》によってつくり出《だ》された、値打《ねう》ちのあるもの。❷「文化財保護法《ぶんかざいほごほう》」という法律《ほうりつ》によって守《まも》ることを決《き》められた、文化的《ぶんかてき》に値打《ねう》ちの高《たか》いもの。

ぶんかじん【文化人】 名詞 広《ひろ》い知識《ちしき》や学問《がくもん》・芸術《げいじゅつ》などを身《み》につけた人《ひと》。

ぶんかちょう【文化庁】 名詞 文化《ぶんか》をさかんにし、文化財《ぶんかざい》の保存《ほぞん》や活用《かつよう》などをはかる仕事《しごと》をする国《くに》の役所《やくしょ》。文部科学省《もんぶかがくしょう》の下《した》にある。

ぶんかつ【分割】 名詞 動詞 一《ひと》つのまとまったものを、いくつかに分《わ》けること。例 分割ばらい。

ぶんかてき【文化的】 形容動詞 ❶文化《ぶんか》をとり入《い》れているようす。例 文化的な生活《せいかつ》を送《おく》る。❷文化《ぶんか》の点《てん》からみたようす。文化《ぶんか》に関連《かんれん》があるようす。例 図書館運営《としょかんうんえい》は市《し》の文化的な事業《じぎょう》だ。

ぶんかのひ【文化の日】 名詞 季語 秋 国民《こくみん》の祝日《しゅくじつ》の一《ひと》つ。十一月三日《じゅういちがつみっか》。文化《ぶんか》が栄《さか》えることを願《ねが》う日《ひ》。

ふんき【奮起】 名詞 動詞 やる気《き》を起《お》こすこと。奮《ふる》い立《た》つこと。例 今日《きょう》こそはと奮起して戦《たたか》った。

ぶんき【分岐】 名詞 動詞 枝《えだ》のように、いくつかの方向《ほうこう》に分《わ》かれること。例 道路《どうろ》がとちゅうで二方面《にほうめん》に分岐する。

ぶんきてん【分岐点】 名詞 道《みち》が分《わ》かれているところ。また、ものごとの分《わ》かれ目《め》。例 鉄《てつ》道《どう》の分岐点／卒業《そつぎょう》は人生《じんせい》の分岐点だ。

ふんきゅう【紛糾】 名詞 動詞 意見《いけん》などが対立《たいりつ》してまとまらず、もめること。ごたごたともつれること。例 会議《かいぎ》が紛糾して結論《けつろん》が出《で》ない。

ぶんきょう【文教】 名詞 学問《がくもん》や文化《ぶんか》、教育《きょういく》に関《かん》することがら。例 文教地区《ちく》。

ぶんぎょう【分業】 名詞 動詞 一《ひと》つのものを仕《し》上《あ》げるために、手分《てわ》けをして仕事《しごと》をすること。例 工場《こうじょう》の分業化《か》が進《すす》む。

ぶんきょうじょう【分教場】 名詞 山奥《やまおく》や島《しま》などの交通《こうつう》の不便《ふべん》なところに、本校《ほんこう》からはなれてつくられた小《ちい》さな学校《がっこう》。類 分校《ぶんこう》。

ふんぎり【踏ん切り】 名詞 思《おも》いきって心《こころ》を決《き》めること。決心《けっしん》。例 踏ん切りがつかない。

ぶんぐ【文具】 名詞 勉強《べんきょう》や事務《じむ》をするときに使《つか》う道具《どうぐ》。文房具《ぶんぼうぐ》。例 文具店《てん》。

ぶんけ【分家】 名詞 動詞 家族《かぞく》の中《なか》のだれかが、その家《いえ》をはなれて別《べつ》に一家《いっか》をつくること。また、その家《いえ》。対 本家《ほんけ》。

ぶんげい【文芸】 名詞 ❶文学《ぶんがく》。例 文芸作品《さくひん》。❷学問《がくもん》と芸術《げいじゅつ》。例 新聞《しんぶん》の文芸らん。

ぶんげいふっこう【文芸復興】 ↓1407ジ《ペ》ールネサンス

ふんげき【憤激】 名詞 動詞 激《はげ》しくおこること。

ぶんけん【文献】 名詞 ❶昔《むかし》のことを知《し》る手《て》がかりとなる記録《きろく》や書物《しょもつ》。

読書のこみち　高 中 低　『西遊記《さいゆうき》』呉承恩《ごしょうおん》　雲《くも》に乗《の》って空《そら》を飛《と》び、72通《とお》りの変化《へんげ》の術《じゅつ》を使《つか》いこなす、大胆不敵《だいたんふてき》でく三蔵法師《さんぞうほうし》のお供《とも》をすることになったいきさつは？　きょうだい弟子《でし》の猪八戒《ちょはっかい》、沙悟浄《さごじょう》

❷参考《さんこう》になる書物《しょもつ》や文書《ぶんしょ》。例 参考《さんこう》文献。

ぶんけん【分権】 名詞 権力《けんりょく》を一《いっ》か所《しょ》に集《あつ》めないで、いくつかに分散《ぶんさん》すること。例 地方《ちほう》分権。

ぶんこ【文庫】 名詞 ❶本《ほん》をしまっておくところ。例 学級《がっきゅう》文庫。❷値段《ねだん》の安《やす》い小型《こがた》の本《ほん》。例 文庫本《ぼん》。❸書類《しょるい》や、紙《かみ》・筆《ふで》などの文房具《ぶんぼうぐ》を入《い》れておく箱《はこ》。例 手《て》文庫。

ぶんご【文語】 名詞 ❶昔《むかし》の文章《ぶんしょう》に使《つか》われていることば。対 口語《こうご》。❷話《はな》しことばに対《たい》して、文章《ぶんしょう》を書《か》くときに使《つか》われることば。書《か》きことば。対 口語《こうご》。

ぶんご【豊後】 名詞 昔《むかし》の国《くに》の名《な》の一《ひと》つ。今《いま》の大分県《おおいたけん》の大部分《だいぶぶん》に当《あ》たる。

↓221ページ 伝統コラム

ぶんこう【分校】 名詞 本校《ほんこう》から分《わ》かれて、はなれた土地《とち》につくられた学校《がっこう》。類 分教場《ぶんきょうじょう》。対 本校《ほんこう》。

ぶんごう【文豪】 名詞 文学《ぶんがく》の才能《さいのう》が非常《ひじょう》にすぐれていて、りっぱな作品《さくひん》を書《か》いた人《ひと》。大作《だいさく》家《か》。例 夏目漱石《なつめそうせき》は文豪として知《し》られている。

ぶんごたい【文語体】 名詞 文語《ぶんご》で書《か》き表《あらわ》す文章《ぶんしょう》の形《かたち》。対 口語体《こうごたい》。

ふんこつさいしん【粉骨砕身】 名詞 動詞 自分《じぶん》の骨《ほね》を粉《こな》にし、身《み》をくだくほどに、いっしょうけんめい働《はたら》いたり努力《どりょく》したりすること。

ぶんごぶん【文語文】 名詞 文語《ぶんご》で書《か》かれた文章《ぶんしょう》。対 口語文《こうごぶん》。

ふんさい【粉砕】 名詞 動詞 ❶こなごなに細《こま》かくくだくこと。例 岩石《がんせき》を粉砕する。❷完全《かんぜん》に打《う》ち負《ま》かすこと。例 強敵《きょうてき》を粉砕した。

ぶんさい【文才】 名詞 よい文章《ぶんしょう》を書《か》く才能《さいのう》。例 きみは文才があるよ。

ぶんさつ【分冊】 名詞 動詞 一《ひと》つの本《ほん》を何冊《なんさつ》かに分《わ》けること。また、その分《わ》けた本《ほん》。

ぶんさん【分散】 名詞 動詞 ばらばらに分《わ》かれて散《ち》らばること。また、そのように散《ち》らすこと。例 班《はん》ごとに分散して見学《けんがく》する。対 集中《しゅうちゅう》。

ぶんし【分子】 名詞 ❶ある物質《ぶっしつ》を、その性質《せいしつ》を失《うしな》わないままで分《わ》けられる、いちばん小《ち》さなつぶ。いくつかの原子《げんし》が集《あつ》まってできている。❷分数《ぶんすう》で、横線《よこせん》の上《うえ》に書《か》かれているほうの数《かず》。たとえば、2/3の分子《ぶんし》は2。対 分母《ぶんぼ》。❸社会《しゃかい》や集団《しゅうだん》の中《なか》の一部《いちぶ》の人《ひと》。例 不平《ふへい》分子。

ぶんし【文士】 名詞 小説《しょうせつ》や詩《し》などを書《か》くことを仕事《しごと》にしている人《ひと》。

ふんしつ【紛失】 名詞 動詞 物《もの》をなくしてしまうこと。また、物《もの》がなくなること。例 大事《だいじ》な書類《しょるい》を紛失する。

ふんしゃ【噴射】 名詞 動詞 圧力《あつりょく》をかけて、液《えき》体《たい》や気体《きたい》を勢《いきお》いよくふき出《だ》させること。例 ジェット噴射。

ぶんしゅう【文集】 名詞 いろいろな文章《ぶんしょう》を集《あつ》めてつくった本《ほん》。例 卒業記念《そつぎょうきねん》の文集。

ふんしゅつ【噴出】 名詞 動詞 勢《いきお》いよくふき出《だ》すこと。例 水道管《すいどうかん》が破裂《はれつ》して水《みず》が噴出した。

ぶんしょ【文書】 名詞 必要《ひつよう》なことなどを、文《ぶん》章《しょう》にして書《か》き記《しる》したもの。書類《しょるい》。

ぶんしょう【文章】 名詞 ある考《かんが》えやものごとの内容《ないよう》などを、文字《もじ》を使《つか》って書《か》き表《あらわ》したもの。とくに、いくつかの文《ぶん》が集《あつ》まって、一《ひと》つのまとまりをつくっているもの。

ぶんじょう【分乗】 名詞 動詞 大勢《おおぜい》の人《ひと》が、いくつかの乗《の》り物《もの》に分《わ》かれて乗《の》ること。例 三台《さんだい》のバスに分乗して出発《しゅっぱつ》した。

ぶんじょう【分譲】 名詞 動詞 土地《とち》や建物《たてもの》などをいくつかに分《わ》けて売《う》ること。例 分譲マンション。

ふんしょく【粉食】 名詞 穀物《こくもつ》を粉《こな》にし、それを原料《げんりょう》にパン・うどん・そばなどを作《つく》って食《た》べること。

ふんしん【分針】 名詞 時計《とけい》の針《はり》で、分《ふん》を示《しめ》す長《なが》いほうの針《はり》。長針《ちょうしん》。関連 時針《じしん》。秒針《びょうしん》。

ふんじん【粉じん】 名詞 石炭《せきたん》や金属《きんぞく》などの、粉《こな》のように細《こま》かいちり。

ぶんしん【分身】 名詞 一《ひと》つの体《からだ》から分《わ》かれたもの。例 作品《さくひん》は画家《がか》の分身のようなものだ。

ぶんじん【文人】 名詞 詩《し》や小説《しょうせつ》、絵画《かいが》などに親《した》しんだり、それらをかいたりする人《ひと》。

ふんすい【噴水】 名詞 季語 夏 水《みず》がふき上《あ》がるようにしたしかけ。また、ふき上《あ》がる水《みず》。

ぶんすいれい【分水れい】 名詞 雨水《あまみず》の流《なが》れていく方向《ほうこう》を分《わ》ける境目《さかいめ》となる、山《やま》の尾根《おね》や山脈《さんみゃく》のこと。

ぶんすいろ【分水路】 名詞 水害《すいがい》を防《ふせ》ぐため、

川《かわ》の流《なが》れの一部《いちぶ》が海《うみ》に注《そそ》ぐように作《つく》った、人工《じんこう》の水路《すいろ》。

ぶんすう【分数】 名詞 ある数《かず》を等分《とうぶん》したときの数《かず》を、横線《よこせん》を使《つか》って表《あらわ》したもの。2/3など。関連 整数《せいすう》。小数《しょうすう》。教科 算 横線《よこせん》の上《うえ》の数《かず》を「分子《ぶんし》」、下《した》の数《かず》を「分母《ぶんぼ》」という。

ふんする 動詞 身《み》なりや顔立《かおだ》ちを変《か》えて、ほかのものの姿《すがた》になる。ふん装《そう》する。例 かんむりとひげをつけて王様《おうさま》にふんした。

ぶんせき【分析】 名詞 動詞 ❶ある物質《ぶっしつ》がどのようなものでできているかを、分《わ》けて調《しら》べること。例 井戸水《いどみず》の成分《せいぶん》を分析する。❷ものごとを細《こま》かく分《わ》けて、その組《く》み立《た》てや性質《せいしつ》をはっきりさせること。例 失敗《しっぱい》の原因《げんいん》を分析する。対 総合《そうごう》。

ぶんせつ【文節】 名詞 ある文《ぶん》を、意味《いみ》がわかる範囲《はんい》でできるだけ細《こま》かく区切《くぎ》ったときの、一《ひと》つ一つの区切《くぎ》り。そこで息《いき》をきって読《よ》んでも不《ふ》自然《しぜん》にならないような、いちばん小《ちい》さな区切《くぎ》り。ことば たとえば、「小鳥《ことり》の声《こえ》が聞《き》こえる」は「小鳥《ことり》の」「声《こえ》が」「聞《き》こえる」の三《みっ》つの文節《ぶんせつ》からできている。

ふんせん【奮戦】 名詞 動詞 力《ちから》いっぱい戦《たたか》うこと。例 強敵《きょうてき》を相手《あいて》に奮戦する。類 奮闘《ふんとう》。

ふんぜん［と］【憤然［と］】 副詞 ひどくおこっているようす。例 憤然と席《せき》を立《た》つ。

ふんそう【紛争】 名詞 国《くに》と国《くに》、団体《だんたい》と団体《だんたい》などの間《あいだ》で、意見《いけん》が合《あ》わずに争《あらそ》うこと。例 国境《こっきょう》で紛争が起《お》きる。

ふんそう【ふん装】 名詞 動詞 身《み》なりをかえて、別《べつ》のものの姿《すがた》をすること。とくに、俳優《はいゆう》などが役《やく》の姿《すがた》になること。また、その姿《すがた》。例 役《やく》がらに合《あ》ったふん装をする。

ふんそう【ふん装】

ぶんそうおう【分相応】 名詞 形容動詞 その人《ひと》の地位《ちい》や能力《のうりょく》などにふさわしいこと。例 ぜいたくはやめて、分相応な暮《く》らしをする。

ふんそく【分速】 名詞 一分間《いっぷんかん》に進《すす》むきょりで表《あらわ》した速《はや》さ。関連 時速《じそく》。秒速《びょうそく》。

ふんぞりかえる【ふんぞり返る】 動詞 体《からだ》を後《うし》ろに反《そ》らして胸《むね》を張《は》り、いかにもえらそうなようすをする。例 ふんぞり返ってすわる。

ぶんたい【文体】 名詞 ❶文章《ぶんしょう》の形式《けいしき》。文語体《ぶんごたい》・口語体《こうごたい》・敬体《けいたい》・常体《じょうたい》など。❷その人《ひと》だけが持《も》っている、文章《ぶんしょう》の特徴《とくちょう》。

ふんだくる 動詞 ❶乱暴《らんぼう》に人《ひと》の物《もの》をうばいとる。❷常識《じょうしき》はずれの、高《たか》いお金《かね》をはらわせる。例 まずい料理《りょうり》に一万円《いちまんえん》もふんだくられた。使い方 乱暴《らんぼう》な言《い》い方《かた》。

ふんだりけったり【踏んだり蹴ったり】 重《かさ》ねてひどい目《め》にあうこと。例 かさはなくすし坂道《さかみち》で転《ころ》ぶし、踏んだり蹴ったりだ。類 泣《な》きっ面《つら》に蜂《はち》。

ぶんたん【分担】 名詞 動詞 一《ひと》つのことを、何人《なんにん》かの人《ひと》で分《わ》けて受《う》け持《も》つこと。例 掃除《そうじ》の分担を決《き》める／仕事《しごと》を分担する。類 手分《てわ》け。

ぶんだん【分断】 名詞 動詞 まとまっていたものを分《わ》けてばらばらにすること。例 土砂《どしゃ》くずれで道路《どうろ》が分断された。

ぶんだん【文壇】 名詞 作家《さっか》や評論家《ひょうろんか》など、文学《ぶんがく》を仕事《しごと》にしている人《ひと》たちの社会《しゃかい》。文学界《ぶんがくかい》。

ふんだんに 副詞 余《あま》るほどたくさん。じゅうぶんに。例 卵《たまご》をふんだんに使《つか》ったケーキ。

ぶんちょう【文鳥】 名詞 すずめより少《すこ》し大《おお》きい鳥《とり》。頭《あたま》としっぽは黒色《くろいろ》、くちばしはうすい紅色《べにいろ》だが、全身《ぜんしん》が白《しろ》い種類《しゅるい》もある。人《ひと》によく慣《な》れる。

ぶんちょう

ぶんちん【文鎮】 名詞 紙《かみ》などが動《うご》かないように、おもしとしてのせるもの。

ぶんつう【文通】 名詞 動詞 たがいに手紙《てがみ》のやりとりをすること。例 外国《がいこく》の友人《ゆうじん》と文通する。

ふんづける【踏んづける】 動詞 「踏《ふ》みつける」のくだけた言《い》い方《かた》。例 ねこのしっぽを踏んづけてしまった。

ふんとう【奮闘】 名詞 動詞 ❶力《ちから》いっぱい戦《たたか》うこと。例 奮闘の結果《けっか》、優勝《ゆうしょう》した。類 奮戦《ふんせん》。❷がんばって努力《どりょく》すること。例 犬小屋《いぬごや》づくりに奮闘する。

読書のこみち 高 中 低 『サッちゃん』阪田寛夫《さかたひろお》 「サッちゃんはね／サチコっていうんだ／ほんとはね」という歌《うた》のへるうた」「マーチング・マーチ」など歌《うた》ったことのある作品《さくひん》に出会《であ》えるかもしれませ

ふんどう【分銅】 名詞 さおばかりや天《てん》びんで物《もの》の重《おも》さを量《はか》るときに使《つか》う、金属《きんぞく》のおもり。

ぶんとう【文頭】 名詞 文《ぶん》の初《はじ》め。文章《ぶんしょう》の初《はじ》めの部分《ぶぶん》。対 文末《ぶんまつ》。

ぶんどき【分度器】 名詞 角度《かくど》を測《はか》る道具《どうぐ》。

ふんどし 名詞 男性《だんせい》の下着《したぎ》で、またをおおう細《ほそ》長《なが》い布《ぬの》。

ぶんどる【分捕る】 動詞
❶人《ひと》の物《もの》を無理《むり》にうばいとる。
❷戦争《せんそう》で敵《てき》の武器《ぶき》などをうばいとる。

ふんにゅう【粉乳】 ↓490ページ こなミルク

ふんにょう【ふん尿】 名詞 大便《だいべん》と小便《しょうべん》。

ぶんぱい【分配】 名詞 動詞 物《もの》を分《わ》けて、それぞれの人《ひと》に配《くば》ること。例 みんなでとった魚《さかな》を、公平《こうへい》に分配する。類 配分《はいぶん》。

ふんぱつ【奮発】 名詞 動詞
❶気持《きも》ちを奮《ふる》い起《お》こすこと。例 もうひと奮発して、宿題《しゅくだい》をやってしまおう。
❷思《おも》いきってお金《かね》を多《おお》く出《だ》すこと。例 今日《きょう》は奮発して、みんなにごちそうしよう。

ふんばる【踏ん張る】 動詞
❶たおれないように足《あし》に力《ちから》を入《い》れる。例 土俵《どひょう》際《ぎわ》でよく踏ん張った。
❷がんばる。こらえる。例 最後《さいご》まで踏ん張った。

ぶんぴ【分泌】 ↓1184ページ ぶんぴつ〔分泌〕

ぶんぴつ【分泌】 名詞 動詞 消化液《しょうかえき》やあせなど、生物《せいぶつ》の体《からだ》の活動《かつどう》に必要《ひつよう》な体液《たいえき》が出《で》ること。また、出《だ》すこと。「ぶんぴ」ともいう。例 唾液《だえき》を分泌する／分泌物《ぶつ》。

ぶんぴつ【文筆】 名詞 詩《し》や小説《しょうせつ》・評論《ひょうろん》などの文章《ぶんしょう》を書《か》くこと。例 文筆活動《かつどう》。

ぶんぶ【文武】 名詞 学問《がくもん》と武芸《ぶげい》。例 文武両道《りょうどう》（＝学問《がくもん》と武芸《ぶげい》の両方《りょうほう》）。

ぶんぷ【分布】 名詞 動詞 ある範囲《はんい》の中《なか》のあちらこちらに分《わ》かれて広《ひろ》がっていること。また、その広《ひろ》がり方《かた》。例 人口《じんこう》の分布を調《しら》べる。

ぶんぷず【分布図】 名詞 あるものがあちらこちらに分《わ》かれて広《ひろ》がっているようすを、ひと目《め》でわかるように表《あらわ》した図《ず》。例 植物《しょくぶつ》の分布図。

ぶんぶつ【文物】 名詞 学問《がくもん》・芸術《げいじゅつ》・宗教《しゅうきょう》・法律《ほうりつ》など、文化《ぶんか》が生《う》み出《だ》したものごと。例 明《めい》治時代《じじだい》、多《おお》くの西洋《せいよう》の文物が日本《にほん》に入《はい》ってきた。

ぶんぶりょうどう【文武両道】 名詞 学問《がくもん》と武芸《ぶげい》の両方《りょうほう》。また、勉学《べんがく》とスポーツの両方《りょうほう》にすぐれていること。例 文武両道を目指《めざ》す。

ふんべつ【分別】 名詞 動詞 ものごとのよい悪《わる》いを見分《みわ》けること。また、それのできる力《ちから》。例 分別がつく／分別が足《た》りない。ことば「ぶんべつ」と読《よ》むと別《べつ》の意味《いみ》。

ぶんべつ【分別】 名詞 動詞 種類《しゅるい》ごとに分《わ》けること。例 ごみを分別して捨《す》てる。ことば「ふんべつ」と読《よ》むと別《べつ》の意味《いみ》。

ぶんぼ【分母】 名詞 分数《ぶんすう》で、横線《よこせん》の下《した》に書《か》かれているほうの数《かず》。たとえば、2/3の分母《ぶんぼ》は3。対 分子《ぶんし》。

ぶんぽう【文法】 名詞 ことばのはたらきや文《ぶん》章《しょう》の組《く》み立《た》て方《かた》についての決《き》まり。類 語法《ごほう》。

ぶんぼうぐ【文房具】 名詞 ものを書《か》いたり勉強《べんきょう》したりするときに使《つか》う道具《どうぐ》。文具《ぶんぐ》。鉛筆《えんぴつ》・ノート・紙《かみ》・消《け》しゴム・筆《ふで》など。

ふんまつ【粉末】 名詞 細《こま》かいつぶになったもの。粉《こな》。例 粉末の薬《くすり》。

ぶんまつ【文末】 名詞 文《ぶん》の終《お》わり。文章《ぶんしょう》の終《お》わりの部分《ぶぶん》。例 文末に句点《くてん》をつける。対 文頭《ぶんとう》。

ぶんまつひょうげん【文末表現】 名詞 文《ぶん》の終《お》わりの部分《ぶぶん》の表《あらわ》し方《かた》。参考 たとえば、「からである」や「のである」といった表現《ひょうげん》から、作者《さくしゃ》が理由《りゆう》を述《の》べているのか、意見《いけん》を述《の》べているのかを確《たし》かめることができる。

ぶんみゃく【文脈】 名詞 文章《ぶんしょう》の筋道《すじみち》。文章《ぶんしょう》の意味《いみ》の続《つづ》き具合《ぐあい》。例 主人公《しゅじんこう》の気持《きも》ちを、前《ぜん》後《ご》の文脈から読《よ》みとる。

ふんむき【噴霧器】 名詞 水《みず》などの液体《えきたい》を、きりのようにしてふき出《だ》す道具《どうぐ》。きりふき。

ぶんめい【文明】 名詞 人間《にんげん》の知識《ちしき》や技術《ぎじゅつ》が進《すす》んで、人々《ひとびと》が便利《べんり》で豊《ゆた》かな生活《せいかつ》を送《おく》っていること。例 文明国《こく》／文明が開《ひら》ける。

●**文明《ぶんめい》の利器《りき》** 文明《ぶんめい》が進《すす》んでつくられた、便利《べんり》な機械《きかい》や道具《どうぐ》。

ぶんめいかいか【文明開化】 名詞 文明《ぶんめい》が進《すす》み、世《よ》の中《なか》が開《ひら》けること。とくに、日本《にほん》で、明治時代《めいじじだい》の初《はじ》めに西洋《せいよう》の文明《ぶんめい》を急速《きゅうそく》にとり入《い》れたこと。

ぶんめん【文面】 名詞 文章《ぶんしょう》や手紙《てがみ》に書《か》かれていることがら。例 文面から愛情《あいじょう》が伝《つた》わってくる。

ぶんや【分野】 名詞 ものごとの全体《ぜんたい》をいくつかに分《わ》けた、一《ひと》つ一《ひと》つの範囲《はんい》。例 得意《とくい》分野。

あいうえお かきくけこ さしすせそ たちつてと なにぬねの はひふへほ まみむめも や ゆ よ らりるれろ わ を ん

仕《し》打《う》ちにあっても平気《へいき》でいることのたとえ「かえるのつらに水《みず》」からきている。

ぶんらく【文楽】 名詞 日本《にほん》独特《どくとく》の人形《にんぎょう》芝居《しばい》。三味線《しゃみせん》を使《つか》った「義太夫節《ぎだゆうぶし》」という語《かた》りに合《あ》わせて人形《にんぎょう》をあやつる。「人形浄瑠璃文楽《にんぎょうじょうるりぶんらく》」として無形文化遺産《むけいぶんかいさん》に登録《とうろく》された。「人形《にんぎょう》じょうるり」ともいう。参考 江戸時代《えどじだい》にさかんになった。

ぶんらく

ぶんり【分離】 名詞 動詞 分《わ》かれてはなれること。また、分《わ》けること。例 水《みず》と油《あぶら》が分離する。

ぶんりゅう【分流】 名詞 動詞 ❶川《かわ》が、本流《ほんりゅう》から枝分《えだわ》かれして流《なが》れること。また、その流《なが》れ。例 利根川《とねがわ》の分流。❷本筋《ほんすじ》から分《わ》かれ出《で》た流派《りゅうは》。類 支流《しりゅう》。

ぶんりょう【分量】 名詞 重《おも》さ・かさなどの量《りょう》。例 仕事《しごと》の分量を減《へ》らす。

ぶんるい【分類】 名詞 動詞 ものごとを、種類《しゅるい》や性質《せいしつ》などによって分《わ》けること。例 本《ほん》をジャンル別《べつ》に分類する。類 類別《るいべつ》。

ふんれい【奮励】 名詞 動詞 心《こころ》を奮《ふる》い立《た》たせて、はげむこと。例 さらなる奮励努力《どりょく》を望《のぞ》みます。

ぶんれい【文例】 名詞 文章《ぶんしょう》の書《か》き方《かた》の見本《みほん》。例 文例にならって手紙《てがみ》を書《か》く。

ぶんれつ【分裂】 名詞 動詞 一《ひと》つのものがいくつかに分《わ》かれること。例 グループが分裂する。

ふんわり【と】 副詞 動詞 とても軽《かる》くてやわらかいようす。例 ふんわりした羽布団《はねぶとん》。

へ

へ　べ　ぺ

下《した》の 手話にチャレンジ を見《み》よう。

へ 名詞 腸《ちょう》にたまったガスが、おしりから出《で》たもの。おなら。例 へをひる（＝おならをする）。ことば 漢字《かんじ》では「屁」と書《か》く。

●**へとも思《おも》わない** なんとも思《おも》わない。軽《かる》く見《み》て気《き》にも留《と》めない。例 たった一度《いちど》の失敗《しっぱい》などへとも思わない。

へ 助詞 （ほかのことばのあとにつけて）❶方向《ほうこう》を表《あらわ》す。例 南《みなみ》へ進《すす》む。❷行《い》き先《さき》を表《あらわ》す。例 どこへ行《い》くの。❸相手《あいて》を表《あらわ》す。例 友《とも》だちへのプレゼント／先《せん》生《せい》へ連絡《れんらく》する。❹あることが起《お》こるときの状態《じょうたい》を表《あらわ》す。例 家《いえ》に帰《かえ》ったところへ友《とも》だちが来《き》た。使い方「え」と発音《はつおん》する。

-べ【辺】 接尾語 （ほかのことばのあとにつけて）「…のそば」「…の辺《あた》り」という意味《いみ》を表《あらわ》す。例 水辺《みずべ》／海辺《うみべ》／野辺《のべ》。漢➡1197ジペ へん〔辺〕

ヘア (hair) 名詞 かみの毛《け》。例 ヘアスタイル。

ペア (pair) 名詞 二《ふた》つ、または二人《ふたり》で一組《ひとくみ》のもの。また、一組《ひとくみ》になること。一対《いっつい》。例 ペアのコーヒーカップ／テニスでペアを組《く》む。

ヘアピン (hairpin) 名詞 かみの毛をまとめるために使《つか》うピン。

漢 **へい【平】**〔干《かん》〕5画 3年 音 ヘイ・ビョウ 訓 たいら・ひら

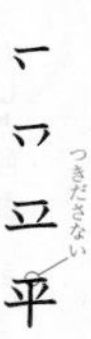

❶たいら。例 平面《へいめん》／平野《へいや》。❷等《ひと》しい。例 平等《びょうどう》／平均《へいきん》／公平《こうへい》。❸おだやか。例 平和《へいわ》／不平《ふへい》。❹ふつう。つね。例 平気《へいき》／平日《へいじつ》／平凡《へいぼん》。❺たやすい。例 平易《へいい》。

漢 **へい【兵】**〔八《はち》〕7画 4年 音 ヘイ・ヒョウ

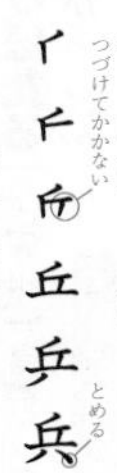

❶へいたい。例 兵士《へいし》／水兵《すいへい》。❷いくさ。例 兵器《へいき》。

へい【並】 漢➡981ジペ なみ〔並〕

漢 **へい【陛】**〔阝《こざとへん》〕10画 6年 音 ヘイ

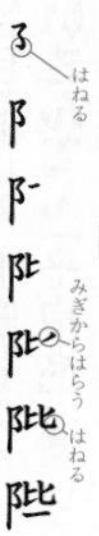

天皇《てんのう》・皇后《こうごう》などを尊敬《そんけい》して使《つか》うことば。例 陛下《へいか》。ことば もとは「宮殿《きゅうでん》の階段《かいだん》」という意味《いみ》。

へい【病】 漢➡1126ジペ びょう〔病〕

漢 **へい【閉】**〔門《もんがまえ》〕11画 6年 音 ヘイ 訓 とじる・とざす・しめる・しまる

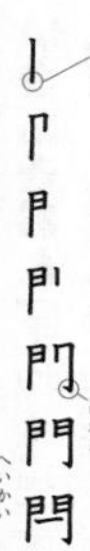

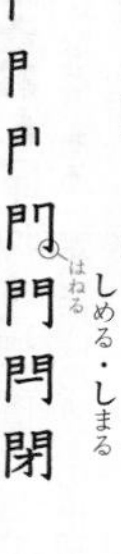

とじる。とざす。しめる。例 閉会《へいかい》／閉館《へいかん》／閉店《へいてん》／密閉《みっぺい》。対 開《かい》。

へい【塀】 名詞 家《いえ》の敷地《しきち》や土地《とち》の境《さかい》に立《た》てる、

手話にチャレンジ **平気《へいき》** 右手《みぎて》の指先《ゆびさき》を鼻《はな》に向《む》け、左《ひだり》へ横切《よこぎ》らせる。手《て》の動作《どうさ》は顔《かお》に水《みず》がかかるようすで、どんな木《き》やコンクリートなどでつくった囲《かこ》い。例 板《いた》塀。使い方 ほかのことばのあとにつくときは「べい」となることが多《おお》い。

漢 **べい【米】**〔米《こめ》〕6画 2年 音 ベイ・マイ 訓 こめ

、 丷 䒑 半（とめる《とめる》） 米 米

❶こめ。例 米価《べいか》／米作《べいさく》／玄米《げんまい》／新米《しんまい》／精米《せいまい》。❷アメリカのこと。例 欧米《おうべい》／南米《なんべい》／日米《にちべい》／北米《ほくべい》。

へいあん【平安】 名詞 形容動詞 変《か》わったことがなく、無事《ぶじ》でおだやかなこと。例 平安な日々《ひび》を送《おく》る。類 平穏《へいおん》。

へいあんきょう【平安京】 名詞 平安時代《へいあんじだい》から明治時代《めいじじだい》の初《はじ》めまで、天皇《てんのう》の御所《ごしょ》が置《お》かれた都《みやこ》。今《いま》の京都市《きょうとし》。

へいあんじだい【平安時代】 名詞 七九四年《ねん》に桓武天皇《かんむてんのう》が都《みやこ》を平安京《へいあんきょう》に移《うつ》してから、源頼朝《みなもとのよりとも》が全国《ぜんこく》を支配《しはい》するまでの約四百年間《やくよんひゃくねんかん》。貴族《きぞく》を中心《ちゅうしん》とする文化《ぶんか》が栄《さか》えた。

へいい【平易】 名詞 形容動詞 易《やさ》しくて、わかりやすいこと。例 平易な説明《せつめい》。対 難解《なんかい》。

へいえき【兵役】 名詞 決《き》められた期間《きかん》、軍隊《ぐんたい》に入《はい》ること。

へいおん【平穏】 名詞 形容動詞 平和《へいわ》でおだやかなこと。例 平穏な一日《いちにち》。類 平安《へいあん》。

へいおんぶじ【平穏無事】 名詞 形容動詞 変《か》わったことや心配《しんぱい》なことがなく、おだやかなこと。例 平穏無事に一日《いちにち》を過《す》ごす。

へいか【陛下】 名詞 天皇《てんのう》・皇后《こうごう》などを尊敬《そんけい》して呼《よ》ぶことば。例 天皇《てんのう》陛下。

べいか【米価】 名詞 米《こめ》の値段《ねだん》。

へいかい【閉会】 名詞 動詞 会《かい》を終《お》えること。また、終《お》わること。例 閉会式《しき》／すべてのプログラムが終《お》わり、閉会した。対 開会《かいかい》。

へいがい【弊害】 名詞 ほかのものにあたえる悪《わる》いえいきょう。例 交通《こうつう》が激《はげ》しい地域《ちいき》は、排《はい》気《き》ガスや騒音《そうおん》などの弊害が多《おお》い。

へいかん【閉館】 名詞 動詞 ❶図書館《としょかん》や博物館《はくぶつかん》などが、その日《ひ》の仕事《しごと》を終《お》えて閉《と》じること。例 五時《ごじ》に閉館します。対 開館《かいかん》。❷図書館《としょかん》や博物館《はくぶつかん》などが、その仕事《しごと》をやめること。例 この映画館《えいがかん》は来月《らいげつ》閉館する。対 開館《かいかん》。

へいがん【併願】 名詞 動詞 受験《じゅけん》のとき、二《ふた》つ以上《いじょう》の学校《がっこう》に願書《がんしょ》を出《だ》すこと。

へいき【平気】 名詞 形容動詞 落《お》ち着《つ》いていて、ものごとにおどろかないこと。また、よくないことやいやなことがあっても気《き》にかけないで、いつもと変《か》わらないこと。例 平気な顔《かお》をする／平気で冷《つめ》たい水《みず》を浴《あ》びる。

へいき【兵器】 名詞 戦争《せんそう》に使《つか》う道具《どうぐ》。鉄砲《てっぽう》・ミサイルなど。類 武器《ぶき》。

へいき【併記】 名詞 動詞 二《ふた》つ以上《いじょう》のことを並《なら》べて書《か》くこと。例 住所《じゅうしょ》と電話番号《でんわばんごう》を併記する。

へいきん【平均】
❶ 名詞 動詞 数《かず》や量《りょう》などの不《ふ》ぞろいをなくして、ならすこと。また、そろっていること。例 品《しな》物《もの》の質《しつ》が平均している。
❷ 名詞 動詞 いくつかの数《かず》をならして、中間《ちゅうかん》の数《かず》を出《だ》すこと。また、その数《かず》。例 日本人《にほんじん》の平均寿命《じゅみょう》／ぼくの身長《しんちょう》は学年《がくねん》の平均より高《たか》い。
❸ 名詞 つりあい。バランス。例 体《からだ》の平均をとる。

へいきんきおん【平均気温】 名詞 一日《いちにち》や一月《ひとつき》、一年《いちねん》など、ある一定《いってい》の期間《きかん》の気温《きおん》の平均《へいきん》のあたい。

へいきんだい【平均台】 名詞 器械体操《きかいたいそう》で使《つか》う、横《よこ》に細長《ほそなが》い台《だい》。また、その上《うえ》でいろいろな動《うご》きをする、女子《じょし》の体操《たいそう》の種目《しゅもく》。

へいきんち【平均値】 名詞 いくつかの数《かず》をならして出《だ》した、中間《ちゅうかん》のあたい。

へいきんてん【平均点】 名詞 いくつかの点《てん》数《すう》を全部《ぜんぶ》足《た》して、足《た》したものの数《かず》で割《わ》った点《てん》数《すう》。たとえば、八十点《はちじってん》と九十点《きゅうじってん》の平均点《へいきんてん》は八《はち》十五点《じゅうごてん》。

へいけ【平家】 ⬇1187ジペー へいし〔平氏〕

へいけぼたる【平家蛍】 名詞 季語 夏 ほたるのなかま。げんじぼたるより小《ちい》さい。日《に》本全土《ほんぜんど》で見《み》られる。

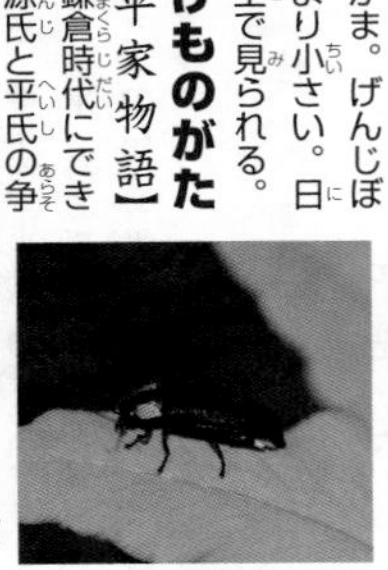
へいけぼたる

へいけものがたり【平家物語】 名詞 鎌倉時代《かまくらじだい》にできた、源氏《げんじ》と平氏《へいし》の争《あらそ》いをえがいた物語《ものがたり》。琵琶法師《びわほうし》によって語《かた》り伝《つた》えられた。

へいげん【平原】 名詞 広々《ひろびろ》とした、平《たい》らな野《の》原《はら》。例 モンゴルの平原。類 平野《へいや》。

へいこう【平行】 名詞 動詞 形容動詞 二《ふた》つの直《ちょく》

線《せん》、または平面《へいめん》が、どこまでのばしても交《まじ》わらないこと。例 平行線《せん》／たがいに平行な二本《にほん》の直線《ちょくせん》を引《ひ》く。⇒使い分け

へいこう【平衡】 名詞 つりあいがとれていて、安定《あんてい》していること。バランスがとれていること。例 平衡を失《うしな》って足《あし》がもつれた。

へいこう【並行】 名詞 動詞 ❶二《ふた》つ以上《いじょう》のものが、並《なら》んでいくこと。例 川《かわ》と並行して線路《せんろ》がある。❷二《ふた》つのものごとが、同時《どうじ》に行《おこな》われること。例 二《ふた》つの研究《けんきゅう》を並行して行《おこな》う。⇒使い分け

使い分け

へいこう 平行・並行

平行 二《ふた》つの直線《ちょくせん》や平面《へいめん》がどんなにのびても交《まじ》わらないこと。「平行四辺形《へいこうしへんけい》／段《だん》ちがい平行棒《へいこうぼう》」

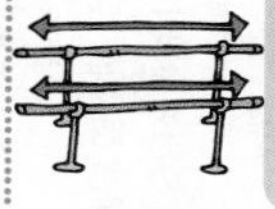

並行 二《ふた》つ以上《いじょう》の物《もの》がならんでいくこと。また、同時《どうじ》に行《おこな》われること。「バスと電車《でんしゃ》が並行《へいこう》して走《はし》る／二種《にしゅ》類《るい》の調査《ちょうさ》を並行《へいこう》して進《すす》める」

へいこう【閉口】 名詞 動詞 どうにもならなくて、困《こま》り果《は》ててしまうこと。例 会場《かいじょう》がひどくうるさくて、閉口してしまった。類 へき易《えき》。

へいごう【併合】 名詞 動詞 いくつかのものをあわせて、一《ひと》つにすること。また、一《ひと》つになること。例 二《ふた》つの町《まち》が併合して、大《おお》きな市《し》となった。類 合併《がっぺい》。統合《とうごう》。

へいこうしへんけい【平行四辺形】 名詞 向《む》かい合《あ》っている二組《ふたくみ》の辺《へん》が、たがいに平行《へいこう》な四角形《しかくけい》。図⇒686ジページ ずけい

へいこうせん【平行線】 名詞 ❶同《おな》じ平面《へいめん》上《じょう》で、どこまでのばしても交《まじ》わらない二本《にほん》以上《いじょう》の直線《ちょくせん》。❷意見《いけん》などがずっと対立《たいりつ》したままで、まとまらないこと。例 話《はな》し合《あ》いは平行線をたどった。

へいこうぼう【平行棒】 名詞 体操《たいそう》の種目《しゅもく》の一《ひと》つ。二本《にほん》の平行《へいこう》な棒《ぼう》を使《つか》って、倒立《とうりつ》や宙返《ちゅうがえ》りなどの演技《えんぎ》をする。また、それに使《つか》う器具《きぐ》。

べいこく【米国】 名詞 「アメリカ合衆国《がっしゅうこく》」のこと。ことば 漢字《かんじ》で「亜米利加《あめりか》」と書《か》いたことからきたことば。

べいこく【米穀】 名詞 米《こめ》。また、米《こめ》・麦《むぎ》・豆《まめ》などの穀物《こくもつ》。

べいごま ⇒1189ジページ べーゴマ

へいさ【閉鎖】 名詞 動詞 ❶出入《でい》りができないように、閉《と》じること。ふさぐこと。例 入《い》り口《ぐち》を閉鎖する。対 開放《かいほう》。❷学校《がっこう》や工場《こうじょう》などのはたらきをとめること。例 学級《がっきゅう》閉鎖／工場《こうじょう》が閉鎖される。

べいさく【米作】 名詞 ❶米《こめ》をつくること。例 米作地帯《ちたい》。類 稲作《いなさく》。❷米《こめ》のでき具合《ぐあい》。例 今年《ことし》の米作予想《よそう》。類 稲作《いなさく》。

へいさつ【併殺】 名詞 動詞 野球《やきゅう》で、一度《いちど》に続《つづ》けて二《ふた》つのアウトをとること。「ダブルプレー」ともいう。

へいさてき【閉鎖的】 形容動詞 自分《じぶん》や仲間《なかま》の内《うち》にこもって、ほかのものを受《う》け入《い》れようとしないようす。例 閉鎖的な雰囲気《ふんいき》。対 開放的《かいほうてき》。

へいし【平氏】 名詞 平《たいら》の姓《せい》を持《も》つ一族《いちぞく》。とくに、桓武天皇《かんむてんのう》から出《で》た桓武平氏《かんむへいし》は有力《ゆうりょく》で、のちに平清盛《たいらのきよもり》を出《だ》した。平家《へいけ》。

へいし【兵士】 名詞 軍隊《ぐんたい》で、上《うえ》の人《ひと》の命令《めいれい》を受《う》けて戦《たたか》う人《ひと》。兵隊《へいたい》。

へいじ【平時】 名詞 ❶ふだん。いつも。例 平時は十時《じゅうじ》開館《かいかん》です。❷戦争《せんそう》などがなく、平和《へいわ》なとき。対 戦時《せんじ》。非《ひ》常時《じょうじ》。

へいじつ【平日】 名詞 ❶日曜《にちよう》や祝日《しゅくじつ》でない日《ひ》。月曜日《げつようび》から土曜日《どようび》、または金曜日《きんようび》まで。例 平日割引料金《わりびきりょうきん》。❷ふだんの日《ひ》。例 平日どおりの営業《えいぎょう》。

べいじゅ【米寿】 名詞 八十八才《はちじゅうはっさい》のこと。また、そのお祝《いわ》い。ことば 「米」の字《じ》を分解《ぶんかい》すると「八十八」になることからできたことば。⇒1452ジページ 年齢《ねんれい》を表《あらわ》すことば

へいじょう【平常】 名詞 いつもと同《おな》じ状態《じょうたい》。ふだん。例 大《おお》みそかも平常どおり営業《えいぎょう》します。類 通常《つうじょう》。

へいじょうきょう【平城京】 名詞 七一〇年《ねん》から七八四年《ねん》の間《あいだ》の都《みやこ》。今《いま》の奈良市《ならし》の辺《あた》り。

べいしょく【米食】 名詞 主食《しゅしょく》として米《こめ》を食《た》べること。

へいじょぶん【平叙文】 名詞 疑問文《ぎもんぶん》・命令《めいれい》文《ぶん》・感動文《かんどうぶん》に対《たい》して、ことがらをふつうに書《か》い

関連＝関係《かんけい》の深《ふか》いことば

た文《ぶん》。「これは本《ほん》です。」のような文《ぶん》。関連 感動《かんどう》文《ぶん》。疑問文《ぎもんぶん》。命令文《めいれいぶん》。

へいしんていとう【平身低頭】 名詞 動詞 あやまったりたのんだりするときに、体《からだ》をかがめ、頭《あたま》を低《ひく》く下《さ》げること。例 平身低頭しておわびする。

へいせい【平成】 ➡1188ジペ へいせいじだい

へいせい【平静】 名詞 形容動詞 おだやかで静《しず》かであること。落《お》ち着《つ》いていること。例 心《こころ》の平静を保《たも》つ／平静な態度《たいど》で質問《しつもん》に答《こた》える。

へいぜい【平生】 名詞 ふだん。常日《つねひ》ごろ。例 平生から災害《さいがい》に備《そな》えておく。類 平素《へいそ》。

へいせいじだい【平成時代】 名詞 昭和《しょうわ》時代《じ》のあと、一九八九年《ねん》から二〇一九年《ねん》までの時代《じだい》。

へいぜん［と］【平然［と］】 副詞 平気《へいき》なようす。落《お》ち着《つ》いていてあわてないようす。例 問《と》いつめられても平然と答《こた》える。

へいそ【平素】 名詞 ふだん。常日《つねひ》ごろ。例 平素の心《こころ》がけが大切《たいせつ》だ。類 平生《へいぜい》。

へいそつ【兵卒】 名詞 軍隊《ぐんたい》で、いちばん位《くらい》が下《した》の軍人《ぐんじん》。

へいたい【兵隊】 ➡1187ジペ へいし【兵士】

へいたん【平たん】 名詞 形容動詞 ❶土地《とち》が平《たい》らなこと。例 平たんな道《みち》。❷何《なに》ごともないこと。例 平たんな一生《いっしょう》。

へいち【平地】 名詞 平《たい》らな土地《とち》。対 山地《さんち》。

へいちゃら【平ちゃら】 ➡1192ジペ へっちゃら

へいてい【平定】 名詞 動詞 敵《てき》をほろぼして、世《よ》の中《なか》を平和《へいわ》にすること。

へいてん【閉店】 名詞 動詞 ❶店《みせ》を閉《し》めて、その日《ひ》の商売《しょうばい》を終《お》わりにすること。類 店《みせ》じまい。対 開店《かいてん》。❷商売《しょうばい》をやめること。例 あのレストランは今年《ことし》の秋《あき》に閉店する。類 店《みせ》じまい。対 開店《かいてん》。

ヘイトスピーチ (hate speech) 名詞 ある民《みん》族《ぞく》・国籍《こくせき》・宗 教《しゅうきょう》などの人々《ひとびと》をきらったり差別《さべつ》したりする気持《きも》ちからの、悪意《あくい》のあることばや行動《こうどう》。

へいねつ【平熱】 名詞 ある人《ひと》の、健康《けんこう》なときの体温《たいおん》。参考 ふつう、セ氏三十六度《しさんじゅうろくど》から三十《さんじゅう》七度《ななど》くらい。

へいねん【平年】 名詞 ❶一年《いちねん》が三百六十五日《さんびゃくろくじゅうごにち》ある年《とし》。うるう年《どし》でない年《とし》。❷農作物《のうさくぶつ》のとれる量《りょう》や気温《きおん》などがふつうの年《とし》。例 今年《ことし》の冬《ふゆ》は平年並《な》みの寒《さむ》さです。

へいねんさく【平年作】 名詞 農作物《のうさくぶつ》が、いつもの年《とし》と同《おな》じくらいとれること。

へいはつ【併発】 名詞 動詞 二《ふた》つ以上《いじょう》のことが、同時《どうじ》に起《お》こること。また、起《お》こすこと。例 かぜから肺炎《はいえん》を併発した。使い方 病気《びょうき》について使《つか》うことが多《おお》い。

へいばん【平板】 形容動詞 内容《ないよう》に変化《へんか》がなくて、おもしろみがないようす。単調《たんちょう》。一本調子《いっぽんぢょうし》。例 平板な文章《ぶんしょう》。

べいはん【米飯】 名詞 米《こめ》をたいて作《つく》ったごはん。めし。

へいふく【平伏】 名詞 動詞 両手《りょうて》をつき、頭《あたま》を地《ち》につけて、深《ふか》くおじぎをすること。

へいふく【平服】 名詞 ふだん着《き》ている服《ふく》。ふだん着《ぎ》。対 礼服《れいふく》。

へいほう【平方】 名詞 ❶同《おな》じ数《かず》を二《ふた》つかけ合《あ》わせること。二乗《にじょう》。関連 立方《りっぽう》。❷（長《なが》さの単位《たんい》の前《まえ》につけて）面積《めんせき》の単位《たんい》を表《あらわ》すことば。例 五《ご》平方メートル。関連 立方《りっぽう》。❸（長《なが》さの単位《たんい》のあとにつけて）その長《なが》さを一辺《いっぺん》とする正方形《せいほうけい》の面積《めんせき》を表《あらわ》すことば。例 五メートル平方。

へいほうキロメートル【平方キロメートル】 名詞 面積《めんせき》を表《あらわ》す単位《たんい》。一平方《いちへいほう》キロメートルは、一辺《いっぺん》が一《いち》キロメートルの正方形《せいほうけい》の面積《めん》。記号《きごう》は「㎢」。関連 立方《りっぽう》。

へいほうセンチメートル【平方センチメートル】 名詞 面積《めんせき》を表《あらわ》す単位《たんい》。一平方《いちへいほう》センチメートルは、一辺《いっぺん》が一《いっ》センチメートルの正方形《せいほうけい》の面積《めんせき》。記号《きごう》は「㎠」。

へいほうメートル【平方メートル】 名詞 面積《めんせき》を表《あらわ》す単位《たんい》。一平方《いちへいほう》メートルは、一辺《いっぺん》が一《いち》メートルの正方形《せいほうけい》の面積《めんせき》。記号《きごう》は「㎡」。

へいぼん【平凡】 名詞 形容動詞 とくにすぐれたところや、変《か》わったところがないようす。ごくふつうであること。例 平凡な生活《せいかつ》／平凡な作《さく》品《ひん》／平凡な意見《いけん》。対 非凡《ひぼん》。

へいまく【閉幕】 名詞 動詞 ❶劇《げき》などが終《お》わって、幕《まく》が閉《と》じること。類 終《しゅう》

あいうえお かきくけこ さしすせそ たちつてと なにぬねの はひふへほ まみむめも や ゆ よ らりるれろ わ を ん

れた、さまざまな形《かたち》の立体《りったい》や、ビー玉《だま》、鏡《かがみ》などを使《つか》った模型《もけい》。でもよく見《み》ると「こんなの、ぜったいおかし
て撮《と》ったものなのです。写真《しゃしん》のこうみょうなトリックを、見《み》ぬくことができるでしょうか？

幕《まく》。対 開幕《かいまく》。❷行事《ぎょうじ》など、大《おお》きなものごとが終《お》わること。例 オリンピックが閉幕する。対 開幕《かいまく》。

へいみん【平民】 名詞 明治時代《めいじじだい》に定《さだ》められた身分《みぶん》の一《ひと》つ。それまでの農《のう》・工《こう》・商《しょう》に対《たい》するもの。一九四七年《ねん》に廃止《はいし》された。

へいめい【平明】 名詞 形容動詞 わかりやすく、はっきりしていること。例 子供《こども》にもわかるように、平明なことばで説明《せつめい》する。

へいめん【平面】 名詞 平《たい》らな面《めん》。対 立体《りったい》。

へいめんず【平面図】 名詞 物体《ぶったい》を真上《まうえ》から見《み》てかいた図《ず》。

へいめんてき【平面的】 形容動詞 ❶厚《あつ》みやおくゆきが感《かん》じられないようす。例 平面的な絵《え》。対 立体的《りったいてき》。❷ものごとのうわべだけを見《み》て、深《ふか》いところまで考《かんが》えないようす。例 人《ひと》の意見《いけん》を平面的にとらえる。対 立体的《りったいてき》。

へいもん【閉門】 名詞 動詞 門《もん》を閉《と》じること。例 運動公園《うんどうこうえん》は午後六時《ごごろくじ》に閉門します。対 開門《かいもん》。

へいや【平野】 名詞 山《やま》がなく、平《たい》らで広《ひろ》い土地《とち》。例 石狩平野《いしかりへいや》。類 平原《へいげん》。

へいよう【併用】 名詞 動詞 二《ふた》つ以上《いじょう》のものを、いっしょに使《つか》うこと。例 このかぜ薬《ぐすり》は、ほかの薬《くすり》と併用しないでください。

へいりつ【並立】 名詞 動詞 二《ふた》つ以上《いじょう》のことが同時《どうじ》に成《な》り立《た》つこと。例 一《ひと》つの国《くに》に二《ふた》つの政府《せいふ》が並立する。

へいりょく【兵力】 名詞 兵隊《へいたい》の数《かず》。また、兵隊《へいたい》や兵器《へいき》などの数量《すうりょう》を合《あ》わせた、戦《たたか》う力《ちから》。

へいれつ【並列】 ❶ 名詞 動詞 二《ふた》つ以上《いじょう》のものが横《よこ》に並《なら》ぶこと。また、並《なら》べること。❷ 名詞「並列《へいれつ》つなぎ」のこと。

へいれつつなぎ【並列つなぎ】 名詞 乾電池《かんでんち》のつなぎ方《かた》の一《ひと》つ。二《ふた》つ以上《いじょう》の乾電池《かんでんち》の同《おな》じ極同士《きょくどうし》をつなぐ。対 直列《ちょくれつ》つなぎ。

教科 理 流《なが》れる電流《でんりゅう》の大《おお》きさは、乾電池一個《かんでんちいっこ》のときと同《おな》じくらいで、同《おな》じ数《かず》の乾電池《かんでんち》を直列《ちょくれつ》つなぎにした場合《ばあい》よりも小《ちい》さい。また、乾電池《かんでんち》を一個《いっこ》で使《つか》う場合《ばあい》よりも長持《なが》ちする。

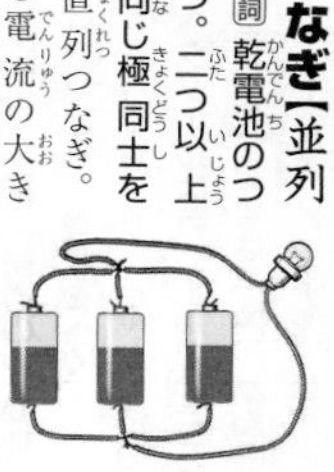

へいれつつなぎ

へいわ【平和】 名詞 形容動詞 ❶戦争《せんそう》などがなくて、世《よ》の中《なか》がよく治《おさ》まっていること。例 平和な世界《せかい》をつくる。対 戦争《せんそう》。❷変《か》わったできごともなく、無事《ぶじ》でおだやかなこと。例 平和に暮《く》らす／今日《きょう》はおこられることもなく平和な一日《いちにち》だった。

へいわうんどう【平和運動】 名詞 戦争《せんそう》に反対《はんたい》し、世界《せかい》の平和《へいわ》を守《まも》ろうとする運動《うんどう》。

へいわしゅぎ【平和主義】 名詞 平和《へいわ》をもっとも大切《たいせつ》なものであるとし、それを追求《ついきゅう》しようとする考《かんが》え方《かた》。とくに、すべての戦争《せんそう》や暴力《ぼうりょく》に反対《はんたい》する考《かんが》え方《かた》。教科 社「基本的人権《きほんてきじんけん》の尊重《そんちょう》」「国民主権《こくみんしゅけん》」とともに、日本国憲法《にほんこくけんぽう》の三《みっ》つの原則《げんそく》の一《ひと》つ。

へいわじょうやく【平和条約】 ➡464ページ《ジ ペー》 こうわじょうやく

ベーゴマ 名詞 季語 秋「ばい」という貝《かい》の形《かたち》に似《に》ている、鉄《てつ》などでできた小《ちい》さなこま。「べいごま」ともいう。ことば もとは、「ばい」の貝殻《かいがら》から作《つく》ったことから、「ばいごま」といった。

ベーコン (bacon) 名詞 ぶたなどの背中《せなか》や腹《はら》の肉《にく》を塩《しお》づけにして、けむりでいぶした食《た》べ物《もの》。

ページ (page) 名詞 接尾語 本《ほん》・ノートなどを開《ひら》いたときの、片方《かたほう》の面《めん》。また、それを数《かぞ》えることば。例 ページをめくる／教科書《きょうかしょ》の三《さん》ページを開《ひら》く。

ベージュ (フランス語) 名詞 白《しろ》っぽくてうすい茶色《ちゃいろ》。

ベース (base) 名詞 ❶ものごとのもとになるもの。基本《きほん》。基礎《きそ》。例 昔話《むかしばなし》をベースにした小説《しょうせつ》。❷基地《きち》。根拠地《こんきょち》。例 ベースキャンプ。❸野球《やきゅう》の塁《るい》。例 ホームベース。

ペース (pace) 名詞 ❶歩《ある》いたり走《はし》ったりするときの速《はや》さ。例 ペースを上《あ》げて泳《およ》ぐ。❷ものごとを進《すす》めていく調子《ちょうし》。例 自分《じぶん》のペースを守《まも》る。

ベースキャンプ (base camp) 名詞 登山隊《とざんたい》が活動《かつどう》の中心基地《ちゅうしんきち》とするテント。

ベースボール ➡1332ページ《ジ ペー》 やきゅう

ベートーベン 名詞 (一七七〇～一八二七) ドイツの作曲家《さっきょくか》。交響曲《こうきょうきょく》「運命《うんめい》」「田園《でんえん》」「英雄《えいゆう》」

読書のこみち　高 中 低　『視覚《しかく》ミステリーえほん』ウィック文《ぶん》・写真《しゃしん》　写真《しゃしん》に写《うつ》っているのは、一見何気《いっけんなにげ》なく置《お》かい！」と言《い》いたくなる、不思議《ふしぎ》な光景《こうけい》です。これは合成写真《ごうせいしゃしん》ではなく、目《め》の錯覚《さっかく》を利用《りよう》しやピアノソナタ「月光《げっこう》」など、数多《かずおお》くの名曲《めいきょく》を残《のこ》し、「楽聖《がくせい》」といわれる。

ペーハー ↓1096ページ ピーエッチ

ペーパー (paper) 名詞 「紙《かみ》」のこと。例 ペーパーナイフ／ティッシュペーパー。

ペープサート 名詞 人《ひと》や動物《どうぶつ》をかいた厚紙《あつがみ》を棒《ぼう》にはり合《あ》わせて作《つく》った紙人形《かみにんぎょう》。また、それを使《つか》った人形劇《にんぎょうげき》。ことば 英語《えいご》をもとに日本《にほん》で作《つく》られたことば。

ベール (veil) 名詞 ❶女《おんな》の人《ひと》が頭《あたま》からかぶったり、帽子《ぼうし》のまわりに垂《た》らしたりする、うすい布《ぬの》。❷おおってかくすもの。例 宇宙《うちゅう》はいまだ神秘《しんぴ》のベールに包《つつ》まれている。

へおんきごう【ヘ音記号】 名詞 楽譜《がくふ》の記号《きごう》の一《ひと》つ。五線譜《ごせんふ》の左端《ひだりはし》にあって、第四線《だいよんせん》(＝下《した》から四番目《よんばんめ》の線《せん》)がヘ音《おん》に当《あ》たることを示《しめ》す。関連 ト音記号《おんきごう》。

へおんきごう

ベガ (ラテン語) 名詞 こと座《ざ》の中《なか》で、もっとも明《あか》るい星《ほし》。「織姫星《おりひめぼし》」「織女星《しょくじょせい》」ともいう。教科 理 わし座《ざ》のアルタイル、白鳥座《はくちょうざ》のデネブとともに、夏《なつ》の大三角《だいさんかく》の一《ひと》つ。

ペガサスざ【ペガサス座】 ↓1190ページ ペガススざ

ペガススざ【ペガスス座】 名詞 秋《あき》に、真上《まうえ》辺《あた》りの空《そら》に見《み》える星座《せいざ》。ギリシャ神話《しんわ》に出《で》てくるつばさを持《も》つ馬《うま》、ペガススに見立《みた》てたもので、大《おお》きな四角形《しかくけい》をつくっている。「ペガサス座《ざ》」ともいう。

べからず (ほかのことばのあとにつけて) …してはいけない。…するな。使い方 古《ふる》い言《い》い方《かた》。例 これより先《さき》、入《はい》るべからず。

べき 助動詞 (ほかのことばのあとにつけて) ❶…して当然《とうぜん》である。…するはずである。例 これはおどろくべき事件《じけん》だ。❷…しなければならない。…したほうがよい。例 やるべきことはやる／今《いま》すぐ行《い》くべきだ。

へきえき【へき易】 名詞 動詞 相手《あいて》の勢《いきお》いにおされたりして、困《こま》り果《は》てること。うんざりすること。例 話《はなし》が長《なが》くてへき易した。類 閉口《へいこう》。

へきが【壁画】 名詞 かべや天井《てんじょう》などにえがかれた絵《え》。

へきち【へき地】 名詞 都会《とかい》から遠《とお》くはなれていて、交通《こうつう》などが不便《ふべん》な土地《とち》。

ペキン【北京】 名詞 中国《ちゅうごく》(＝中華人民共和国《ちゅうかじんみんきょうわこく》)の首都《しゅと》。古《ふる》くは元《げん》・明《みん》・清《しん》などの首都《しゅと》でもあった。中国《ちゅうごく》の政治《せいじ》・文化《ぶんか》・交通《こうつう》の中心地《ちゅうしんち》。

へぐ 動詞 薄《うす》くけずりとる。例 板《いた》をへぐ。

ヘクタール (フランス語) 名詞 メートル法《ほう》の広《ひろ》さの単位《たんい》。一《いち》ヘクタールは百《ひゃく》アールで、一万平方《いちまんへいほう》メートルに当《あ》たる。記号《きごう》は「ha」。教科 算 一《いち》ヘクタール(＝一万平方《いちまんへいほう》メートル)は、一辺《いっぺん》百《ひゃく》メートルの正方形《せいほうけい》の面積《めんせき》に当《あ》たる。

ペクチェ【百済】 ↓385ページ くだら

ヘクト (hecto) 名詞 ほかの単位《たんい》の前《まえ》につけて、百倍《ひゃくばい》であることを表《あらわ》すことば。記号《きごう》は「h」。

ヘクトパスカル (hectopascal) 名詞 圧力《あつりょく》の単位《たんい》。ふつう、気圧《きあつ》を表《あらわ》すときに使《つか》われる。記号《ごう》は「hPa」。

ベクレル (becquerel) 名詞 放射能《ほうしゃのう》(＝物質《ぶっしつ》が放射線《ほうしゃせん》を出《だ》すはたらき)の強《つよ》さを表《あらわ》す単位《たんい》。記号《きごう》は「Bq」。

ぺけ ↓1062ページ ばつ

へこたれる 動詞 つらい目《め》にあうなどして、元気《げんき》がなくなる。気持《きも》ちがくじける。例 持久走《じきゅうそう》のとちゅうでへこたれる。

ぺこぺこ
❶形容動詞 おなかがひどくすいているようす。例 おなかがぺこぺこだ。
❷副詞 動詞 何度《なんど》も頭《あたま》を下《さ》げて相手《あいて》の機嫌《きげん》をとるようす。例 いつも上司《じょうし》にぺこぺこしている。
❸副詞 動詞 うすい金属《きんぞく》の板《いた》などがへこむようす。例 ぺこぺことへこむ空《あ》きかん。
使い方 ❷は、くだけた言《い》い方《かた》。❷❸は「ぺこぺこと」の形《かたち》でも使《つか》う。

へこます 動詞 ❶へこむようにする。くぼませる。❷ことばなどで相手《あいて》を負《ま》かす。やりこめる。例 いばっている友《とも》だちをへこました。ことば「へこませる」ともいう。

へこませる ↓1190ページ へこます

へこむ 動詞 ❶物《もの》の一部分《いちぶぶん》が、周《まわ》りより低《ひく》くなる。例 紙《かみ》コップがへこんだ。❷負《ま》けて、勢《いきお》いをなくす。くじける。例 そんなことではへこまないぞ。

をふみ外《はず》してじごく行《い》き。行《い》き合《あ》った「歯《は》ぬきし」「いしゃ」「やまぶし」と、おにの腹《はら》の中《なか》や熱湯《ねっとう》のかま、針《はり》のちに責《せ》められながらもやり返《かえ》す、とぼけたやりとりが笑《わら》えます。続編《ぞくへん》に『そうべえごくらくへゆく』など。

へさき【へ先】 名詞 船《ふね》の前《まえ》の部分《ぶぶん》。船首《せんしゅ》。対 とも。

べし 助動詞 （ほかのことばのあとにつけて）…しなくてはならない。…しなさい。例 全力《ぜんりょく》で走《はし》るべし。使い方 古《ふる》い言《い》い方《かた》。

へしおる【へし折る】 動詞 強《つよ》い力《ちから》でひと息《いき》に折《お》る。例 高慢《こうまん》の鼻《はな》をへし折る（＝思《おも》い上《あ》がった人《ひと》を負《ま》かす）。

ぺしゃんこ ⇩1192ページ ぺちゃんこ

ペスタロッチ 名詞 （一七四六～一八二七）スイスの教育家《きょういくか》。親《おや》のない子供《こども》や貧《まず》しい子供《こども》の教育《きょういく》に一生《いっしょう》をささげた。その教育方法《きょういくほうほう》は、たくさんの国《くに》の教育《きょういく》にえいきょうをあたえた。

ベスト (vest) 名詞 そでのない短《みじか》い服《ふく》。チョッキ。

ベスト (best) 名詞 ❶いちばんよいこと。例 ベストメンバー。対 ワースト。❷できる限《かぎ》りのこと。全力《ぜんりょく》。

●**ベストを尽《つ》くす** 全力《ぜんりょく》を出《だ》してものごとに当《あ》たる。例 チーム全員《ぜんいん》がベストを尽くした。

ペスト （ドイツ語）名詞 ペスト菌《きん》によって起《お》こる感染症《かんせんしょう》。ねずみについているのみが菌《きん》を運《はこ》ぶ。かかると高熱《こうねつ》が出《で》て体《からだ》が黒《くろ》むらさき色《いろ》になり、死《し》ぬことが多《おお》い。「黒死病《こくしびょう》」ともいう。

ベストセラー (bestseller) 名詞 ある期間《きかん》にいちばんよく売《う》れた本《ほん》や商品《しょうひん》。

へそ 名詞 ❶腹《はら》の真《ま》ん中《なか》にある、「へそのお」のついていたあと。図 ⇩287ページ からだ ❷ものの真《ま》ん中《なか》にある、くぼんだり出《で》っ張《ぱ》ったりしているところ。例 みかんのへそ。

●**へそで茶《ちゃ》を沸《わ》かす** おかしくてたまらない、また、ばかばかしくてしょうがないようすのたとえ。「へそが茶《ちゃ》を沸《わ》かす」ともいう。

●**へそを曲《ま》げる** 機嫌《きげん》を悪《わる》くして、意地《いじ》を張《は》る。例 つまらないことですぐにへそを曲げる。

べそ 名詞 泣《な》き顔《がお》になること。例 泣《な》きべそ。

●**べそをかく** 今《いま》にも泣《な》き出《だ》しそうな顔《かお》になる。例 迷子《まいご》の子供《こども》がべそをかいている。

へそくり 名詞 人《ひと》に知《し》られないように、こっそりためたお金《かね》。

へそのお【へその緒】 名詞 母親《ははおや》の体《からだ》とおなかの中《なか》の子供《こども》とをつなぐ細長《ほそなが》い管《くだ》。母親《ははおや》の子宮《しきゅう》にあるたいばんとつながっていて、子供《こども》は、この管《くだ》を通《とお》して栄養分《えいようぶん》などをとり入《い》れる。

へそまがり【へそ曲がり】 名詞 形容動詞 心《こころ》が素直《すなお》でなく、わざと人《ひと》に逆《さか》らったり、人《ひと》とちがうことをしたりすること。また、そのような人《ひと》。類 つむじ曲《ま》がり。

へた 名詞 いちご・なす・トマトなどの実《み》の付《つ》け根《ね》についているがく。

へた【下手】 名詞 形容動詞 ❶うまくできないこと。また、そのような人《ひと》。例 ぼくは絵《え》が下手だ。対 上手《じょうず》。うまい。❷注意深《ちゅういぶか》くないこと。深《ふか》く考《かんが》えずに行動《こうどう》すること。例 今《いま》は下手に動《うご》かないほうがよい。ことば 「したて」「しもて」と読《よ》むと別《べつ》の意味《いみ》。

●**下手《へた》な鉄砲《てっぽう》も数打《かずう》ちゃ当《あ》たる** ことわざ 下手《へた》でも数多《かずおお》くやれば、まぐれでうまくいくこともあるということのたとえ。

●**下手《へた》の考《かんが》え休《やす》むに似《に》たり** ⇩413ページ ことわざ

●**下手《へた》の横好《よこず》き** ことわざ 下手《へた》なのに、そのことが好《す》きでたまらないこと。

●**下手《へた》をすると** うまくいかない場合《ばあい》は。悪《わる》くすると。例 下手をすると命《いのち》にかかわる。

へたくそ【下手くそ】 名詞 形容動詞 非常《ひじょう》に下《へ》手《た》なこと。また、その人《ひと》。

へだたり【隔たり】 名詞 場所《ばしょ》や時間《じかん》などがはなれていること。また、考《かんが》えや気持《きも》ちなどのちがい。差《さ》。例 二人《ふたり》の実力《じつりょく》には隔たりがある。

へだたる【隔たる】 動詞 ❶場所《ばしょ》や時間《じかん》が遠《とお》くはなれる。例 その町《まち》は首《しゅ》都《と》からは遠《とお》く隔たっている／時《とき》が隔たる。❷ちがいができる。例 二人《ふたり》の気持《きも》ちが隔たる。

へだてる【隔てる】 動詞 ❶間《あいだ》に物《もの》を置《お》く。例 机《つくえ》を隔てて向《む》かい合《あ》う。❷月日《つきひ》がたつ。例 五年《ごねん》を隔てて再会《さいかい》した。❸さえぎる。遠《とお》ざける。例 二人《ふたり》の仲《なか》を隔てる。

へたばる 動詞 非常《ひじょう》につかれて動《うご》けなくなる。へとへとに弱《よわ》る。使い方 くだけた言《い》い方《かた》。

べたぼめ【べた褒め】 名詞 動詞 遠慮《えんりょ》なくすべてほめること。ほめちぎること。例 すばらし

読書のこみち　高 中 低　『じごくのそうべえ』田島征彦《たじまゆきひこ》作《さく》・絵《え》　かるわざ師《し》のそうべえが、つなわたりの最中《さいちゅう》に足《あし》
山《やま》と、じごくめぐりをします。落語《らくご》をもとにした、はなやかでユーモラスな絵本《えほん》。おにた

い作品《さくひん》だとべた褒めする。

べたゆき【べた雪】 名詞 水分《すいぶん》が多《おお》い雪《ゆき》。

ペダル (pedal) 名詞 自転車《じてんしゃ》やピアノなどの、足《あし》でふむところ。

ペチカ (ロシア語) 名詞 季語冬 れんがや粘土《ねんど》などでつくった、ロシア風《ふう》の暖炉《だんろ》。

へちま 名詞 季語秋 うりのなかまのつる草《くさ》の一《ひと》つ。夏《なつ》から秋《あき》に黄色《きいろ》い花《はな》がさき、細長《ほそなが》くて大《おお》きな実《み》がなる。実《み》のせんいを干《ほ》して体《からだ》を洗《あら》うのに使《つか》ったり、くきからへちま水《すい》をとって、化粧《けしょう》や薬《くすり》に使《つか》ったりする。

へちま

ぺちゃんこ 形容動詞
❶おしつぶされて平《ひら》たくなったようす。例 タイヤがパンクしてぺちゃんこだ。
❷すっかり負《ま》かされて、手《て》も足《あし》も出《で》ないようす。例 妹《いもうと》に言《い》い負《ま》かされてぺちゃんこになる。
使い方 くだけた言《い》い方《かた》。ことば 「ぺしゃんこ」ともいう。

べつ【別】
❶ 名詞 形容動詞 同《おな》じでないこと。例 妹《いもうと》と別のお菓子《かし》を買《か》う／別な意見《いけん》を出《だ》す。
❷ 名詞 ちがい。例 男女《だんじょ》の別／善悪《ぜんあく》の別を教《おし》える。

漢 **べつ【別】** 〔刂〕《りっとう》 7画 4年 音 ベツ 訓 わかれる

丶 ロ ロ 号 另《力としない》 別 別

❶わかれる。はなれる。例 別居《べっきょ》／別離《べつり》／送別《そうべつ》。❷わける。区別《くべつ》する。例 区別《くべつ》／差別《さべつ》。❸ほかの。ちがった。例 別人《べつじん》／別世界《べっせかい》／格別《かくべつ》／特別《とくべつ》。

べっかく【別格】 名詞 ふつうのものとはちがう、特別《とくべつ》のあつかいをすること。例 外国《がいこく》からのお客様《きゃくさま》は別格にあつかわれた。

べっかん【別館】 名詞 本館《ほんかん》のほかに建《た》てた建《たて》物《もの》。関連 本館《ほんかん》。

べっきょ【別居】 名詞 動詞 親子《おやこ》や夫婦《ふうふ》などが別《わか》れて住《す》むこと。対 同居《どうきょ》。

べっけん【別件】 名詞 別《べつ》の用事《ようじ》。また、別《べつ》の事件《じけん》。例 今日《きょう》は別件で来《き》ました／別件逮捕《たいほ》。

べっこ【別個】 名詞 形容動詞
❶それぞれがちがうこと。別々《べつべつ》のものであること。例 それとこれとは別個の問題《もんだい》だ。
❷あるものだけを、ほかのものとは別《べつ》にすること。例 この点《てん》については別個に考《かんが》えよう。

べっこう【べっ甲】 名詞 「たいまい」という海《うみ》がめの甲羅《こうら》を加工《かこう》してつくったもの。くし・めがねのふちなどをつくるのに使《つか》う。

べっさつ【別冊】 名詞
❶本《ほん》や雑誌《ざっし》の付録《ふろく》として、別《べつ》につくった本《ほん》。
❷決《き》まった月《つき》や週《しゅう》に発行《はっこう》される全集《ぜんしゅう》や雑誌《ざっし》のほかに、同《おな》じ題名《だいめい》で別《べつ》に出《だ》される本《ほん》。

べっし【別紙】 名詞
❶ほかの紙《かみ》。例 別紙に清書《せいしょ》する。
❷別《べつ》にそえた書類《しょるい》。例 内容《ないよう》は別紙のとおりです。

べっしつ【別室】 名詞 ほかの部屋《へや》。また、特《とく》別《べつ》な部屋《へや》。例 別室に案内《あんない》する。

べつじょう【別状】 名詞 変《か》わったようす。ふつうとはちがうようす。例 友人《ゆうじん》が事故《じこ》にあったが、命《いのち》に別状はなかった。類 異状《いじょう》。

べつじん【別人】 名詞 ほかの人《ひと》。ちがう人《ひと》。例 かみを切《き》ったので別人のように見《み》えた。

べっせかい【別世界】 名詞
❶地球《ちきゅう》以外《いがい》の別《べつ》の世界《せかい》。
❷ふつうとはちがう、すばらしい世界《せかい》。例 山《やま》の上《うえ》はまったくの別世界だ。類 別天地《べってんち》。
❸自分《じぶん》がいるところとはまったくちがう環境《かんきょう》。例 あの人《ひと》はわたしとは別世界の人《ひと》だ。

べっそう【別荘】 名詞 ふだん住《す》む家《いえ》のほかに、気候《きこう》や景色《けしき》のよいところなどに建《た》てた家《いえ》。

べったり[と] 副詞
❶ねばり気《け》のあるものが、くっついてはなれないようす。例 ペンキがべったり手《て》につく。
❷すっかりたよって、はなれないようす。例 母親《ははおや》にべったりとくっつく。
❸すっかりおしりをつけてすわるようす。例 地面《じめん》にべったりすわりこむ。

べつだん【別段】 副詞 とくに。とりわけ。例 別段 難《むずか》しい問題《もんだい》ではない。使い方 あとに「ない」などのことばがくる。

へっちゃら 形容動詞 ものごとを気《き》にしないようす。また、苦労《くろう》なくできるようす。へいちゃら。例 どんなに寒《さむ》くたってへっちゃらだ。

ヘッディング ⇩1193ジベー ヘディング

いっしょに遊《あそ》ぶ友《とも》だちがほしいだけ。けれども人間《にんげん》たちはこわがって近《ちか》づきません。それならばと、島《しま》を引《ひ》っ張《ば》のちょっと切《せつ》ない絵本《えほん》。続編《ぞくへん》に『島《しま》ひきおにとケンムン』があります。

べってんち【別天地】 名詞 ふだん暮《く》らしている世《よ》の中《なか》とはちがう、すばらしい世界《せかい》。例 高原《こうげん》はすずしくて、別天地だ。類 別世界《べっせかい》。

ヘット （オランダ語）名詞 牛《うし》のしぼうからとった、料理用《りょうりよう》のあぶら。

ヘッド （head）名詞 ❶「頭《あたま》」「頭部《とうぶ》」のこと。例 ヘッドスライディング。❷物《もの》の先《さき》のほうの部分《ぶぶん》。例 ゴルフクラブのヘッド。❸人《ひと》の上《うえ》に立《た》つ人《ひと》。例 ヘッドコーチ。❹テープレコーダーなどの、テープにふれて再生《さいせい》や録音《ろくおん》、録画《ろくが》をする部分《ぶぶん》。

べっと【別途】 名詞 副詞 別《べつ》のやり方《かた》。別の方《ほう》面《めん》。例 くわしい日程《にってい》については別途連絡《れんらく》します。

ベッド （bed）名詞 ねるときに使《つか》う台《だい》。寝台《しんだい》。

ペット （pet）名詞 かわいがるために飼《か》う動物《どうぶつ》。

ベッドタウン 名詞 大都市《だいとし》の周《まわ》りにある住宅《じゅうたく》地《ち》。ことば「大都市《だいとし》で働《はたら》く人々《ひとびと》が、夜《よる》、ねるために帰《かえ》ってくる町《まち》」という意味《いみ》から、英語《えいご》をもとにして日本《にほん》で作《つく》られたことば。

ペットボトル （PET bottle）名詞 ポリエチレンテレフタレートという合成樹脂《ごうせいじゅし》からできているびん。軽《かる》くてじょうぶなので、ジュースなどの容器《ようき》に使《つか》われている。ことば「ペット」は、ポリエチレンテレフタレートのこと。

ヘッドホン （headphone）名詞 周《まわ》りに音《おと》がもれないようにするために、頭《あたま》につけて、音《おと》の出《で》る部分《ぶぶん》を耳《みみ》に当《あ》てて聞《き》く装置《そうち》。

ヘッドライト （headlight）名詞 自動車《じどうしゃ》や列車《れっしゃ》などの前《まえ》についている、前方《ぜんぽう》を照《て》らす明《あ》かり。

べっとり［と］ 副詞 ねばり気《け》の強《つよ》いものが一《いち》面《めん》にくっついているようす。例 ガムがくつの底《そこ》にべっとりくっつく。

べつに【別に】 副詞 特別《とくべつ》に。これといって、とくに。例 別に変《か》わったことはない。使い方 ふつう、あとに「ない」などのことばがくる。

べつのう【別納】 名詞 動詞 料金《りょうきん》などを別《べつ》に納《おさ》めること。例 料金《りょうきん》別納郵便《ゆうびん》。

べっぴょう【別表】 名詞 本文《ほんぶん》とは別《べつ》にそえた表《ひょう》。

へっぴりごし【へっぴり腰】 名詞 ❶体《からだ》をかがめてしりを後《うし》ろにつき出《だ》した格好《かっこう》。例 へっぴり腰でつり橋《ばし》をわたる。❷自信《じしん》がなくて、びくびくしている態度《たいど》。

べつびん【別便】 名詞 それとは別《べつ》に出《だ》す手紙《てがみ》や小包《こづつみ》。例 品物《しなもの》は別便で送《おく》ります。

べっぴん【別ぴん】 名詞 美《うつく》しい女性《じょせい》。美人《びじん》。使い方 俗《ぞく》な言《い》い方《かた》。

べつべつ【別別】 名詞 形容動詞 それぞれが別《べつ》であること。例 別々な道《みち》／三人《さんにん》は別々に帰《かえ》った。

べつめい【別名】 名詞 正式《せいしき》な名《な》まえのほかの名《な》まえ。「べつみょう」ともいう。例 小麦粉《こむぎこ》は、別名「メリケン粉《こ》」ともいう。類 異称《いしょう》。

べつもの【別物】 名詞 ❶別《べつ》のもの。ちがうもの。例 友情《ゆうじょう》と同情《どうじょう》は別物だ。❷ふつうではない、特別《とくべつ》なものや人《ひと》。例外《れいがい》。例 エースピッチャーを別物としてあつかう。

べつもんだい【別問題】 名詞 関係《かんけい》のないことがら。例 それとこれとは別問題だ。

へつらう 動詞 相手《あいて》に気《き》に入《い》られようとして機《き》嫌《げん》をとる。例 王様《おうさま》にへつらう。類 こびる。

べつり【別離】 名詞 人《ひと》と人《ひと》が別《わか》れること。例 別離の悲《かな》しみ。類 離別《りべつ》。

ヘディング （heading）名詞 サッカーで、頭《あたま》でボールを受《う》けたり打《う》ったりすること。「ヘッディング」ともいう。

ベテラン （veteran）名詞 そのことによく慣《な》れていて、すぐれた腕前《うでまえ》を持《も》っている人《ひと》。例 料《りょう》理《り》のベテラン／ベテランの選手《せんしゅ》。

ベテルギウス （アラビア語）名詞 オリオン座《ざ》の中《なか》にある、赤《あか》くかがやいて見《み》える星《ほし》。教科 理 大《おお》犬座《いぬざ》のシリウス、小犬座《こいぬざ》のプロキオンとともに、冬《ふゆ》の大三角《だいさんかく》の一《ひと》つ。

ぺてん 名詞 うそをついて、人《ひと》をだますこと。例 ぺてん師《し》／ぺてんにかける。

へど 名詞 飲《の》んだり食《た》べたりしたものを、はいてもどすこと。また、そのはいたもの。

べとつく 動詞 ねばってべとべとする。べとべとくっつく。例 手《て》があせでべとつく。

ベトナムしゃかいしゅぎきょうわこく【ベトナム社会主義共和国】 名詞 東南《とうなん》アジアの、インドシナ半島《はんとう》の東部《とうぶ》にある国《くに》。米《こめ》・石炭《せきたん》・鉄《てつ》などが多《おお》くとれる。第二次世《だいにじせ》

（国旗《こっき》）

読書のこみち　高 中 低　『島《しま》ひきおに』山下明生《やましたはるお》文《ぶん》　梶山俊夫《かじやまとしお》絵《え》　海《うみ》の真《ま》ん中《なか》の小《ちい》さな島《しま》にひとりで住《す》むおには、って人間《にんげん》の村《むら》にやってくるのですが、どこへ行《い》っても追《お》い返《かえ》されてしまいます。昔話風《むかしばなしふう》

界大戦《かいたいせん》のあと、フランスの支配《しはい》から独立《どくりつ》したが、間《ま》もなく南北《なんぼく》に分《わ》かれた。その後《ご》ベトナム戦争《せんそう》を経《へ》て、一九七六年《ねん》、社会主義《しゃかいしゅぎ》の国《くに》として一《ひと》つになった。首都《しゅと》はハノイ。「ベトナム」ともいう。

へとへと 形容動詞 もう動《うご》けないほどに、ひどくつかれているようす。例 遊《あそ》びすぎてへとへとになる。

べとべと 副詞 動詞 ねばりつくようす。例 あせでべとべとした体《からだ》をタオルでふく。

ペトリざら【ペトリ皿《さら》】 名詞 ガラスでできた浅《あさ》い皿《さら》。円形《えんけい》で、ふたがついている。理科《りか》の実験《じっけん》で使《つか》う。「シャーレ」ともいう。

へどろ 名詞 工場《こうじょう》などから流《なが》されたきたない水《みず》の中《なか》の物質《ぶっしつ》が、海《うみ》や川《かわ》などの底《そこ》にどろどろになってたまったもの。公害《こうがい》のもとになる。

へなへな【と】 副詞 動詞 形容動詞
❶簡単《かんたん》に曲《ま》がったりへこんだりするようす。例 へなへなした板《いた》。
❷力《ちから》がぬけて、弱々《よわよわ》しいようす。例 無事《ぶじ》の知《し》らせを聞《き》いてへなへなとすわりこんだ。

ペナルティー (penalty) 名詞
❶ばつ。罰金《ばっきん》。例 無断駐車《むだんちゅうしゃ》には一万円《いちまんえん》のペナルティーを科《か》する。
❷スポーツで、反則《はんそく》をしたことに対《たい》するばつ。

ペナルティーキック (penalty kick) 名詞 サッカーやラグビーで、相手《あいて》のチームに反則《はんそく》があったときにあたえられるキック。PK《ピーケー》。

ペナント (pennant) 名詞
❶細長《ほそなが》い三角形《さんかくけい》の旗《はた》。
❷野球《やきゅう》の、優勝旗《ゆうしょうき》。例 激《はげ》しいペナント争《あらそ》い。

ペナントレース (pennant race) 名詞 プロ野球《やきゅう》で、それぞれのリーグの優勝《ゆうしょう》を争《あらそ》うこと。

べに【紅】 名詞
❶べにばなの花《はな》びらからとった、あざやかな赤《あか》い色《いろ》。くれない。
❷化粧《けしょう》に使《つか》う口紅《くちべに》やほお紅《べに》。例 紅《べに》を差《さ》す。
漢 ➡444ジ《ペー》こう〔紅〕

べに❶

べにいろ【紅色】 名詞 あざやかな赤《あか》い色《いろ》。くれない色《いろ》。べに。

べにしょうが【紅しょうが】 名詞 梅酢《うめず》などにつけて赤《あか》くしたしょうが。

ペニシリン (penicillin) 名詞 青《あお》かびの一種《いっしゅ》からとった薬《くすり》。細菌《さいきん》がふえるのを防《ふせ》ぐはたらきがあり、肺炎《はいえん》やおできなどに効《き》く。参考 一九二九年《ねん》、イギリスのフレミングが発見《はっけん》した。

べにばな【紅花】 名詞 季語夏 きくのなかまの草花《くさばな》。夏《なつ》、あざみに似《に》た花《はな》がさき、はじめは黄色《きいろ》で紅色《べにいろ》に変《か》わる。花《はな》をかんそうさせて染料《せんりょう》や薬用《やくよう》に用《もち》いる。また、種子《しゅし》から食用油《しょくようあぶら》をとる。

べにばな

ベニヤいた【ベニヤ板】 名詞 うすい板《いた》を何枚《なんまい》もはり合《あ》わせてつくった板《いた》。家具《かぐ》や壁板《かべいた》などに使《つか》う。

ベネズエラ ➡1194ジ《ペー》ベネズエラボリバルきょうわこく

ベネズエラボリバルきょうわこく【ベネズエラ・ボリバル共和国】 名詞 南《みなみ》アメリカ北部《ほくぶ》、カリブ海《かい》に面《めん》する国《くに》。首都《しゅと》はカラカス。「ベネズエラ」ともいう。

(国旗《こっき》)

ペパーミント (peppermint) 名詞
❶しそのなかまの草《くさ》。かんそうした葉《は》から香料《こうりょう》のはっかをとる。菓子《かし》や化粧品《けしょうひん》、薬用《やくよう》として用《もち》いられる。「西洋《せいよう》はっか」ともいう。
❷はっかの味《あじ》をつけた洋酒《ようしゅ》。

ペパーミント❶

へばりつく 動詞 ぴったりくっついてはなれない。例 窓《まど》に虫《むし》がへばりついている／机《つくえ》にへばりついて勉強《べんきょう》した。

へばる 動詞 へとへとにつかれる。へたばる。例 あまりの暑《あつ》さにへばってしまった。使い方 くだけた言《い》い方《かた》。

へび【蛇】 名詞 季語夏 足《あし》がなく、細長《ほそなが》い体《からだ》をくねらせて進《すす》む動物《どうぶつ》。体《からだ》はうろこでおおわれている。あおだいしょう・まむし・コブラ・にしき

ー。いつか売《う》られて殺《ころ》される運命《うんめい》だったウィルバーを助《たす》けるために「奇跡《きせき》」を起《お》こすのは、なんと納屋《なや》に巣《す》を張《は》
ャーロットのすてきな作戦《さくせん》とは…？　ユーモラスで心温《こころあたた》まる動物《どうぶつ》たちのファンタジーです。

へびなど種類《しゅるい》が多《おお》く、毒《どく》を持《も》つものもある。

●**蛇《へび》ににらまれたかえる** ことわざ こわいものや苦手《にがて》なものを前《まえ》に、体《からだ》がこわばって動《うご》けないようす。「蛇《へび》に見込《みこ》まれたかえる」ともいう。

ベビー (baby) 名詞 赤《あか》んぼう。例 ベビーベッド。

ベビーカー 名詞 赤《あか》んぼうをすわらせたりねかせたりして移動《いどう》するための手押《てお》し車《ぐるま》。ことば 英《えい》語《ご》をもとに日本《にほん》で作《つく》られたことば。

へぼ 名詞 下手《へた》なこと。例 へぼ将棋《しょうぎ》。使い方 くだけた言《い》い方《かた》。

ヘボン 名詞 (一八一五～一九一一) アメリカの宣《せん》教師《きょうし》・医者《いしゃ》。江戸《えど》時代《じだい》の終《お》わりに日本《にほん》に来《き》て、医者《いしゃ》として活動《かつどう》しながら、ヘボン式《しき》ローマ字《じ》を考《かんが》え出《だ》し、和英辞典《わえいじてん》をつくった。

へま 名詞 形容動詞 気《き》がきかないこと。また、ばかばかしい失敗《しっぱい》。例 試合終了《しあいしゅうりょう》の直前《ちょくぜん》にへまをしてしまった。

ヘモグロビン (hemoglobin) 名詞 赤血球《せっけっきゅう》の中《なか》にある、赤《あか》い色素《しきそ》を持《も》ったたんぱく質《しつ》。酸素《さんそ》を運《はこ》ぶはたらきをする。

へや【部屋】 名詞 家《いえ》の中《なか》をいくつかに区切《くぎ》った、一《ひと》つ一《ひと》つの場所《ばしょ》。ことば「一間《ひとま》」と数《かぞ》える。

へら 名詞 竹《たけ》・木《き》・金属《きんぞく》などを平《ひら》たくけずった道具《どうぐ》。物《もの》を練《ね》ったりぬったりするときに使《つか》う。例 竹《たけ》べら。

へらす【減らす】 動詞 数量《すうりょう》や程度《ていど》を少《すく》なくする。例 遊《あそ》び時間《じかん》を減らす。対 増《ふ》やす。増《ま》す。

漢 ⇒429ページ げん〔減〕

へらずぐち【減らず口】 名詞 負《ま》けたのをくやしがって言《い》う、筋《すじ》の通《とお》らないことばや悪口《わるくち》。例 減らず口をたたく。

へらへら[と] 副詞 動詞 だらしなく笑《わら》うようす。例 注意《ちゅうい》されてもへらへらしている。

べらべら[と] 副詞 とてもよくしゃべるようす。例 余計《よけい》なことまでべらべらとしゃべる。

ぺらぺら[と] ❶副詞 軽《かる》い調子《ちょうし》でよくしゃべるようす。例 ぺらぺらよくしゃべる人《ひと》。❷形容動詞 副詞 外国語《がいこくご》を上手《じょうず》に話《はな》すようす。例 姉《あね》はフランス語《ご》がぺらぺらだ。❸副詞 ページを次々《つぎつぎ》めくるようす。例 雑誌《ざっし》をぺらぺらめくる。❹副詞 動詞 形容動詞 紙《かみ》や布《ぬの》などがうすくて弱《よわ》いようす。例 ぺらぺらした紙《かみ》はすぐに破《やぶ》れる。

ベランダ (veranda) 名詞 季語 夏 部屋《へや》の外《そと》に張《は》り出《だ》した、手《て》すりやひさしのある台《だい》のような所《ところ》。類 テラス。バルコニー。

へり 名詞 ❶物《もの》のはし。ふち。例 机《つくえ》のへり。❷川《かわ》や海《うみ》などのすぐそば。例 川《かわ》べり。❸たたみやござのはしにつける布《ぬの》。

ヘリ 名詞「ヘリコプター」の略《りゃく》。例 ヘリポート。

ベリー (berry) 名詞 いちご・ブルーベリー・ラズベリーなどの果物《くだもの》をまとめて呼《よ》ぶことば。小《ちい》さくてやわらかく、水分《すいぶん》が多《おお》い果肉《かにく》を持《も》つ。

ペリー 名詞 (一七九四～一八五八) アメリカの海《かい》軍《ぐん》の軍人《ぐんじん》。一八五三年《ねん》、神奈川県《かながわけん》の浦賀《うらが》に入《にゅう》港《こう》し、江戸幕府《えどばくふ》に開国《かいこく》をせまった。翌年日米和《よくねんにちべいわ》親条約《しんじょうやく》を結《むす》び、日本《にほん》を開国《かいこく》させた。

ヘリウム (ドイツ語) 名詞 水素《すいそ》の次《つぎ》に軽《かる》い、色《いろ》もにおいもない気体《きたい》。気球《ききゅう》や飛行船《ひこうせん》などをうかすのに使《つか》う。

ペリカン (pelican) 名詞 くちばしが長《なが》い大《おお》きな水鳥《みずとり》。暖《あたた》かな地方《ちほう》の水辺《みずべ》に群《む》れをつくってすむ。魚《さかな》をとらえ、下《した》くちばしにあるふくろに入《い》れる。図 ⇒954ページ とり〔鳥〕

へりくだる 動詞 相手《あいて》を尊敬《そんけい》する気持《きも》ちを表《あらわ》すために、自分《じぶん》を低《ひく》くあつかう。例 へりくだった言《い》い方《かた》をする。

へりくつ【へ理屈】 名詞 筋《すじ》の通《とお》らない、勝手《かって》な言《い》い分《ぶん》。例 へ理屈を並《なら》べる。

ヘリコプター (helicopter) 名詞 大《おお》きなプロペラがついている、空《そら》を飛《と》ぶ乗《の》り物《もの》。まっすぐ上《うえ》に上《あ》がったり、空中《くうちゅう》で止《と》まったり、前後左右《ぜんごさゆう》に飛《と》んだりできる。略《りゃく》して「ヘリ」ともいう。

ヘリポート (heliport) 名詞 ヘリコプターが飛《と》び立《た》ったり着陸《ちゃくりく》したりするための場所《ばしょ》。

ヘリコプター

へる【経る】 動詞 ❶時間《じかん》がたつ。例 長《なが》い年月《ねんげつ》を経る。❷通《とお》りすぎる。例 名古屋《なごや》から京都《きょうと》を経て岡山《おかやま》に行《い》く。❸ある段階《だんかい》を通《とお》る。経験《けいけん》する。例 さまざまな困難《こんなん》を経て、ついに成功《せいこう》した。

読書のこみち 高 中 低 『シャーロットのおくりもの』E《イー》・B《ビー》・ホワイト　農場《のうじょう》の納屋《なや》で暮《く》らすぶたのウィルバる1ぴきのかしこいくものシャーロットでした。まわりの動物《どうぶつ》や人間《にんげん》たちを巻《ま》きこむ、シ

へる【減る】 動詞 ❶数量《すうりょう》や程度《ていど》が少《すく》なくなる。例川《かわ》の水《みず》が減る。対増《ふ》える。増《ま》す。❷（「腹《はら》が減《へ》る」の形《かたち》で、全体《ぜんたい》で）おなかがすく。
漢↓410ページけい〔経〕
漢↓429ページげん〔減〕

ベル 名詞（一八四七～一九二二）アメリカの発明《はつめい》家《か》。一八七六年《ねん》に電話《でんわ》を発明《はつめい》した。

ベル（bell）名詞 ❶合図《あいず》のために鳴《な》らすもの。呼《よ》びりん。例玄《げん》関《かん》のベル。❷すず。かね。例ウエディングベル。

ペルー きょうわこく【ペルー共和国】 名詞 南《みなみ》アメリカ西部《せいぶ》、太平洋《たいへいよう》に面《めん》する国《くに》。首都《しゅと》はリマ。「ペルー」ともいう。

（国旗《こっき》）

ベルギー おうこく【ベルギー王国】 名詞 西《にし》ヨーロッパにあり、北海《ほっかい》に面《めん》する国《くに》。首都《しゅと》はブリュッセル。「ベルギー」ともいう。

（国旗《こっき》）

ペルシア 名詞「イラン・イスラム共和国《きょうわこく》」の古《ふる》い呼《よ》び名《な》。「ペルシャ」ともいう。

ヘルシー（healthy）形容動詞 健康《けんこう》であるようす。健康《けんこう》によいようす。例ヘルシーな食事《しょくじ》。

ヘルツ（ドイツ語）名詞 電波《でんぱ》や音波《おんぱ》などの、一《いち》秒間《びょうかん》の振動数《しんどうすう》を表《あらわ》す単位《たんい》。記号《きごう》は「Hz」。ことばドイツの物理学者《ぶつりがくしゃ》ヘルツの名前《なまえ》からついた。

ベルト（belt）名詞 ❶革《かわ》や布《ぬの》などでできている帯《おび》。バンド。例シートベルト／ズボンのベルト。❷はなれている二《ふた》つの車《くるま》にかけわたして、一方《いっぽう》の車《くるま》の回転《かいてん》をもう一方《いっぽう》の車《くるま》に伝《つた》える平《ひら》たい帯《おび》。❸細長《ほそなが》く続《つづ》くところ。例太平洋《たいへいよう》ベルト。

ベルトコンベヤー（belt conveyor）名詞 回《かい》転《てん》するベルトの上《うえ》に品物《しなもの》をのせて、一定《いってい》の方向《ほうこう》に運《はこ》ぶしかけ。

ヘルパー（helper）名詞 手助《てだす》けをする人《ひと》。とくに、家事《かじ》や介護《かいご》などを手伝《てつだ》う人《ひと》。例ホームヘルパー。

ベルベット ↓1133ページビロード

ベルマーク 名詞 特定《とくてい》の商品《しょうひん》についているベル（＝かね）のマーク。学校《がっこう》などで集《あつ》めてお金《かね》にかえ、備品《びひん》などを購入《こうにゅう》することができる。

ヘルメット（helmet）名詞 かたくてがんじょうな帽子《ぼうし》。オートバイに乗《の》る人《ひと》や工《こう》事《じ》をする人《ひと》などが、頭《とう》部《ぶ》を守《まも》るためにかぶる。

ヘルメット

ベルリン 名詞 ドイツの首都《しゅと》。第二次世界大戦《だいにじせかいたいせん》のあと、東《ひがし》ドイツの首都《しゅと》である東《ひがし》ベルリンと、西《にし》ドイツの西《にし》ベルリンとに分《わ》けられたが、一九九〇年《ねん》の東西《とうざい》ドイツの統一《とういつ》により、再《ふたた》び一《ひと》つの都市《とし》になった。

ベレー（フランス語）名詞 まるくて平《たい》らな、つばのない帽子《ぼうし》。ベレーぼう。

ベレー

ベレーぼう【ベレー帽】 ↓1196ページベレー

ペレット（pellet）名詞 粉状《こなじょう》に細《こま》かくしたものを、小《ちい》さなつぶの形《かたち》に固《かた》めたもの。動物《どうぶつ》のえさや、廃棄物《はいきぶつ》や木《き》くずを再利用《さいりよう》した燃料《ねんりょう》などとして使《つか》われる。ことばもとは、「小《ちい》さな玉《たま》」や「弾丸《だんがん》」という意味《いみ》。

ヘレン＝ケラー 名詞（一八八〇～一九六八）アメリカの社会福祉事業家《しゃかいふくしじぎょうか》。目《め》・耳《みみ》・口《くち》が不自《ふじ》由《ゆう》だったが、努力《どりょく》してそれを乗《の》りこえ、大学《だいがく》を卒業《そつぎょう》した。体《からだ》の不自由《ふじゆう》な人々《ひとびと》のために力《ちから》をつくし、「三重苦《さんじゅうく》の聖女《せいじょ》」といわれた。

べろ 名詞 舌《した》。また、形《かたち》が舌《した》に似《に》ているもの。例べろを出《だ》す。使い方くだけた言《い》い方《かた》。

ぺろっと ↓1196ページぺろりと

ぺろりと 副詞 ❶舌《した》をちょっと出《だ》すようす。❷あっという間《ま》に全部《ぜんぶ》食《た》べてしまうようす。例大盛《おおも》りをぺろりと平《たい》らげた。ことば「ぺろっと」ともいう。

へん【片】 漢↓260ページかた〔片〕

へん【辺】 名詞 ❶場所《ばしょ》や程度《ていど》などのおおよそのところ。あた

が引《ひ》っ越《こ》すことになった爽子《そうこ》は、「十一月荘《じゅういちがつそう》」という名《な》のその家《いえ》で、２学期《がっき》が終《お》わるまで過《す》ごすことに決《き》めま
語《がたり》を書《か》き上《あ》げていきます。爽子《そうこ》の書《か》くファンタジーと、「十一月荘《じゅういちがつそう》」での日々《ひび》が織《お》りなす長編物語《ちょうへんものがたり》。

り。例 この辺で待《ま》っている／この辺まで水《みず》を入《い》れてください。❷算数《さんすう》で、図形《ずけい》をかたちづくっている直線《ちょくせん》。例 一《ひと》つの辺の長《なが》さを測《はか》る。

漢 **へん【辺】**〔辶《しんにょう》〕5画 4年 音 ヘン 訓 あたり・べ

❶あたり。そば。例 海辺《うみべ》／岸辺《きしべ》／近辺《きんぺん》／周辺《しゅうへん》。❷はて。中心部《ちゅうしんぶ》から遠《とお》くはなれたところ。例 辺境《へんきょう》／辺地《へんち》。❸多角形《たかくけい》をつくる線《せん》。例 四辺《しへん》形《けい》／底辺《ていへん》。

漢 **へん【返】**〔辶《しんにょう》〕7画 3年 音 ヘン 訓 かえす・かえる

かえす。もどす。例 返事《へんじ》／返信《へんしん》／返答《へんとう》／返礼《へんれい》。

へん【変】

❶形容動詞 ふつうとはちがっているようす。また、あやしいようす。例 変なことを言《い》う／変な人《ひと》がいる。❷名詞 突然起《とつぜんお》こったできごと。事件《じけん》。例 本能《ほんのう》寺《じ》の変（＝戦国時代《せんごくじだい》、織田信長《おだのぶなが》が明智光秀《あけちみつひで》におそわれた事件《じけん》）。

漢 **へん【変】**〔夂《ふゆがしら》〕9画 4年 音 ヘン 訓 かわる・かえる

❶かわる。かえる。例 変化《へんか》／変形《へんけい》／変更《へんこう》／変《へん》色《しょく》／変身《へんしん》／変動《へんどう》／激変《げきへん》／不変《ふへん》。❷かわった。ふつうでない。例 変人《へんじん》。❸突然《とつぜん》のできごと。事件《じけん》。例 異変《いへん》／事変《じへん》／政変《せいへん》。

へん【偏】 名詞 漢字《かんじ》を組《く》み立《た》てている、左側《ひだりがわ》の部分《ぶぶん》。「にんべん（亻）」「さんずい（氵）」「りっしんべん（忄）」など。対 つくり。

漢 **へん【編】**〔糸《いとへん》〕15画 5年 音 ヘン 訓 あむ

❶あむ。組《く》み合《あ》わせる。例 編《あ》み物《もの》／編曲《へんきょく》／編《へん》集《しゅう》。❷組《く》み入《い》れる。例 編成《へんせい》／編入《へんにゅう》。❸作品《さくひん》。作品《さくひん》の部分《ぶぶん》。例 続編《ぞくへん》／短編《たんぺん》。

漢 **べん【弁】**〔廾《にじゅうあし》〕5画 5年 音 ベン

❶のべる。いう。例 弁解《べんかい》／弁護士《べんごし》／弁明《べんめい》／弁《べん》論《ろん》／答弁《とうべん》。❷その地方《ちほう》のことば。例 関西弁《かんさいべん》。❸花《はな》びら。例 花弁《かべん》。❹管《くだ》の中《なか》などを通《とお》るものの量《りょう》を調節《ちょうせつ》するしくみ。例 安全弁《あんぜんべん》。

漢 **べん【便】**〔亻《にんべん》〕9画 4年 音 ベン・ビン 訓 たより

❶都合《つごう》がよい。例 便乗《びんじょう》／便利《べんり》／交通《こうつう》の便《べん》／不《ふ》便《べん》。❷はいせつする。また、大便《だいべん》・小便《しょうべん》のこと。例 便器《べんき》／便所《べんじょ》／便通《べんつう》／便《べん》が出《で》る。❸たより。また手紙《てがみ》や物《もの》を運《はこ》ぶこと。例 航空便《こうくうびん》／郵便《ゆうびん》。

漢 **べん【勉】**〔力《ちから》〕10画 3年 音 ベン 訓 つと-める

つとめる。はげむ。例 勉学《べんがく》／勉強《べんきょう》／勤勉《きんべん》。

ペン（pen）名詞 ❶インクなどをつけて字《じ》や線《せん》をかく筆記用具《ひっきようぐ》。❷文章《ぶんしょう》を書《か》くこと。例 ペンで身《み》を立《た》てる。

へんあつき【変圧器】 名詞 電圧《でんあつ》を高《たか》くしたり低《ひく》くしたりする装置《そうち》。「トランス」ともいう。

へんい【変異】

❶名詞 とても変《か》わったできごと。❷名詞 動詞 今《いま》までその種類《しゅるい》の生物《せいぶつ》にはなかった形《かたち》や性質《せいしつ》のものが現《あらわ》れること。例 突然《とつぜん》変異。

へんおんどうぶつ【変温動物】 名詞 体温《たいおん》がまわりの温度《おんど》によって変《か》わり、一定《いってい》していない動物《どうぶつ》。は虫類《ちゅうるい》・両生類《りょうせいるい》・魚類《ぎょるい》などがふくまれる。「冷血動物《れいけつどうぶつ》」ともいう。対 恒温動物《こうおんどうぶつ》。

へんか【変化】 名詞 動詞 性質《せいしつ》やようすが変《か》わること。例 気温《きおん》が変化する／季節《きせつ》の変化を感《かん》じる。ことば「へんげ」と読《よ》むと別《べつ》の意味《いみ》。

べんかい【弁解】 名詞 動詞 言《い》い訳《わけ》をすること。

へんかきゅう【変化球】 名詞 野球《やきゅう》で、ピッチャーが投《な》げる、曲《ま》がったり落《お》ちたりする球《たま》。対 直球《ちょっきゅう》。

へんかく【変革】 名詞 動詞 社会《しゃかい》のしくみや制《せい》度《ど》などをすっかり変《か》えること。また、変《か》わること。例 政治体制《せいじたいせい》を変革する。

べんがく【勉学】 名詞 動詞 学問《がくもん》に努《つと》めること。

読書のこみち　高 中 低　『十一月《じゅういちがつ》の扉《とびら》』高楼方子《たかどのほうこ》　深緑色《ふかみどりいろ》の木立《こだち》からのぞく、赤茶色《あかちゃいろ》の屋根《やね》の白《しろ》い家《いえ》。急《きゅう》に家族《かぞく》……す。静《しず》かで気持《きも》ちのよい生活《せいかつ》と、個性的《こせいてき》な人々《ひとびと》との出会《であ》いの中《なか》で、爽子《そうこ》は人生《じんせい》を思《おも》い、物《もの》

あいうえお　かきくけこ　さしすせそ　たちつてと　なにぬねの　はひふへほ　まみむめも　やゆよ　らりるれろ　わをん

勉強《べんきょう》すること。例 勉学にはげむ。

へんかん【返還】 名詞 動詞 一度《いちど》手《て》に入《い》れたものを返《かえ》すこと。例 優勝旗《ゆうしょうき》を返還する。

へんかん【変換】 名詞 動詞 ほかのものに変《か》わること。また、変《か》えること。例 パソコンでひらがなを漢字《かんじ》に変換する。

べんき【便器】 名詞 大小便《だいしょうべん》を受《う》ける器具《きぐ》。

べんぎ【便宜】 名詞 都合《つごう》がよいこと。例 相手《あいて》の便宜をはかる（＝その人《ひと》に都合《つごう》がよくなるようにとりはからう）。

ペンキ（オランダ語）名詞 絵《え》の具《ぐ》を油《あぶら》にとかしたもの。物《もの》にぬって、さびるのやくさるのを防《ふせ》いだり、美《うつく》しくしたりする。

へんきごう【変記号】 ↓1170ページ フラット❶

へんきゃく【返却】 名詞 動詞 借《か》りていたものや預《あず》かっていたものを返《かえ》すこと。例 図書館《としょかん》の本《ほん》を返却する。

へんきょう【辺境】 名詞 国境《こっきょう》の地方《ちほう》。国《くに》の果《は》て。また、国《くに》の中心《ちゅうしん》や都会《とかい》から遠《とお》くはなれた土地《とち》。

べんきょう【勉強】 名詞 動詞 ❶学問《がくもん》や知識《ちしき》、わざを身《み》につけるために努力《どりょく》すること。類 勉学《べんがく》。❷品物《しなもの》を安《やす》く売《う》ること。例 大売《おおう》り出《だ》しなので勉強してあります。

べんきょうづくえ【勉強机】 名詞 勉強《べんきょう》するための机《つくえ》。

へんきょく【編曲】 名詞 動詞 ある曲《きょく》を、ほかの楽器《がっき》に合《あ》うようにしたり、ちがった感《かん》じの曲《きょく》につくりかえたりすること。

ペンギン（penguin）名詞 おもに南極《なんきょく》地方《ちほう》にすむ海鳥《うみどり》。背中《せなか》は黒《くろ》く、腹《はら》は白《しろ》い。飛《と》べないが、陸《りく》では短《みじか》い足《あし》でまっすぐに立《た》って歩《ある》き、海《うみ》では上手《じょうず》に泳《およ》いで魚《さかな》をとる。図 ↓954ページ とり〔鳥〕

へんくつ【偏屈】 名詞 形容動詞 気持《きも》ちが素直《すなお》でなく、頑固《がんこ》なこと。

へんげ【変化】 名詞 動物《どうぶつ》などが、すがたを変《か》えて現《あらわ》れること。また、そのもの。化《ば》け物《もの》。ことば「へんか」と読《よ》むと別《べつ》の意味《いみ》。

へんけい【変形】 名詞 動詞 形《かたち》が変《か》わること。形《かたち》を変《か》えること。また、その形《かたち》。例 ペットボトルが熱《ねつ》で変形する。

べんけい【弁慶】 名詞（?～一一八九）平安時代《へいあんじだい》末期《まっき》のおぼうさん。源義経《みなもとのよしつね》に仕《つか》えた。武力《ぶりょく》にすぐれた勇《いさ》ましい英雄《えいゆう》として、多《おお》くの伝説《でんせつ》が残《のこ》っている。強《つよ》い者《もの》のたとえとしても使《つか》われる。

●**弁慶《べんけい》の泣《な》き所《どころ》** 「むこうずね」のこと。ひざから足首《あしくび》までの前側《まえがわ》の部分《ぶぶん》。ことば 弁慶《べんけい》のように強《つよ》い者《もの》でも、この部分《ぶぶん》を打《う》たれれば痛《いた》くて泣《な》いてしまうということから。

へんけん【偏見】 名詞 かたよった考《かんが》え方《かた》や見《み》方《かた》。例 偏見を持《も》つ。

へんげんじざい【変幻自在】 名詞 形容動詞 自分《じぶん》の思《おも》いのままに、姿《すがた》を変《か》えたり、現《あらわ》れたり消《き》えたりすること。例 変幻自在な怪盗《かいとう》。

べんご【弁護】 名詞 動詞 その人《ひと》を守《まも》るために、ほかの人《ひと》に説明《せつめい》したり意見《いけん》を言《い》ったりして、助《たす》けること。例 遅刻《ちこく》した友《とも》だちを弁護する。

へんこう【変更】 名詞 動詞 決《き》めてあったことや予定《よてい》などを変《か》えること。例 計画《けいかく》を変更する。

べんごし【弁護士】 名詞 裁判《さいばん》のとき、うったえた人《ひと》やうったえられた人《ひと》に代《か》わって、その人《ひと》の利益《りえき》になるようにものごとを進《すす》める仕事《しごと》をする人《ひと》。法律《ほうりつ》についての専門《せんもん》の資格《しかく》を持《も》つ。

べんごにん【弁護人】 名詞 裁判《さいばん》で、うったえられた人《ひと》を弁護《べんご》する人《ひと》。参考 弁護人《べんごにん》は、原則《げんそく》として弁護士《べんごし》の中《なか》から選《えら》ばれる。

へんさい【返済】 名詞 動詞 借《か》りているお金《かね》や品物《しなもの》を返《かえ》すこと。例 借金《しゃっきん》を返済する。

べんざいてん【弁財天・弁才天】 名詞 七福神《しちふくじん》の一人《ひとり》で、音楽《おんがく》の才能《さいのう》や財産《ざいさん》などをさずけるという女神《めがみ》。びわを持《も》っている。「弁天《べんてん》」ともいう。図 ↓577ページ しちふくじん

へんさち【偏差値】 名詞 試験《しけん》などで、その人《ひと》のとった点数《てんすう》が平均《へいきん》からどのくらいはなれているかを表《あらわ》す数《かず》。ふつうは平均値《へいきんち》を五十《ごじゅう》として計算《けいさん》する。

へんさん【編さん】 名詞 動詞 原稿《げんこう》や資料《しりょう》などを集《あつ》めて本《ほん》をつくること。例 辞書《じしょ》を編さんする。類 編集《へんしゅう》。

へんし【変死】 名詞 動詞 病気《びょうき》や年《とし》をとったためなどではない、変《か》わった死《し》に方《かた》。事故死《じこし》・自殺《じさつ》・他殺《たさつ》など。例 変死体《たい》。

へんじ【返事】 名詞 動詞 ❶答《こた》えること。また、そのことば。例 呼《よ》ばれたら大《おお》きな声《こえ》で返事をする。類 返答《へんとう》。❷受《う》けとった手紙《てがみ》に対《たい》する、答《こた》えの手紙《てがみ》。例

決《けつ》に乗《の》り出《だ》します。兄《あに》のバイクが、駅前《えきまえ》でぬすまれたのです。カンもはたらかせながら、真理《まり》は真犯人《しんはんにん》をさぐっねらう男《おとこ》」)。明《あか》るく行動的《こうどうてき》な真理《まり》が探偵役《たんていやく》を務《つと》める短編集《たんぺんしゅう》。姉妹編《しまいへん》に『少年探偵事件《しょうねんたんていじけん》ノート』があります。

返事をすぐに書《か》いて出《だ》す。類 返信《へんしん》。

べんし【弁士】名詞 ❶演説《えんぜつ》や講演《こうえん》をする人《ひと》。例 選挙《せんきょ》の応援《おうえん》弁士。❷音《おと》のしない映画《えいが》で、映画《えいが》の説明《せつめい》をする人《ひと》。

へんしつ【変質】❶名詞 動詞 物《もの》の性質《せいしつ》が変《か》わること。例 食品《しょくひん》が変質する。❷名詞 ふつうの人《ひと》とはちがう、異常《いじょう》な性質《せいしつ》。使い方 ❶は、悪《わる》く変《か》わるときに使《つか》うことが多《おお》い。

へんじゃ【編者】名詞 集《あつ》めた文章《ぶんしょう》などの内容《ないよう》を整理《せいり》し、本《ほん》としてまとめる人《ひと》。

ベンジャミン=フランクリン ⇩1171ジペーフランクリン

へんしゅ【変種】名詞 動物《どうぶつ》や植物《しょくぶつ》で、同《おな》じ種《しゅ》類《るい》であっても、性質《せいしつ》や形《かたち》がふつうとちがっているもの。例 金魚《きんぎょ》はふなの変種だ。類 変《か》わり種《だね》。

へんしゅう【編集】名詞 動詞 いろいろな文章《ぶんしょう》や絵《え》・写真《しゃしん》などを集《あつ》め、整理《せいり》して本《ほん》・雑誌《ざっし》・新《しん》聞《ぶん》などをつくること。類 編《へん》さん。

べんじょ【便所】名詞 大便《だいべん》や小便《しょうべん》をするところ。手洗《てあら》い。トイレ。

へんじょう【返上】名詞 動詞 あたえられたものを、自分《じぶん》のほうから返《かえ》すこと。例 休《やす》みを返上して仕事《しごと》を手伝《てつだ》う。

べんしょう【弁償】名詞 動詞 人《ひと》に損害《そんがい》をあたえたとき、そのうめ合《あ》わせとしてお金《かね》や品物《しなもの》を出《だ》すこと。例 割《わ》ったガラスを弁償した。

へんしょく【変色】名詞 動詞 色《いろ》が変《か》わること。また、変《か》えること。例 日光《にっこう》に長《なが》い間《あいだ》当《あ》たって布《ぬの》が変色する。

へんしょく【偏食】名詞 動詞 食《た》べ物《もの》に好《す》ききらいがあり、好《す》きな物《もの》ばかり食《た》べること。

へんじる【変じる】動詞 変《か》わる。変《か》える。「変《へん》ずる」ともいう。例 すがたを変じる。

ペンシル（pencil）名詞「鉛筆《えんぴつ》」のこと。

へんしん【返信】名詞 返事《へんじ》の手紙《てがみ》やはがき。例 返信用《よう》はがき。対 往信《おうしん》。

へんしん【変心】名詞 動詞 気持《きも》ちや考《かんが》えが変《か》わること。心変《こころが》わり。例 変心して友《とも》を裏切《うらぎ》る。

へんしん【変身】名詞 動詞 ほかのものにすがたを変《か》えること。例 美《うつく》しい白鳥《はくちょう》に変身する。

へんじん【変人】名詞 行動《こうどう》や考《かんが》え方《かた》がふつうの人《ひと》とちがっている人《ひと》。変《か》わり者《もの》。

ベンジン（benzine）名詞 石油《せきゆ》からとった透明《とうめい》な油《あぶら》。気体《きたい》になりやすく、非常《ひじょう》に燃《も》えやすい。衣《い》服《ふく》のしみぬきや、ライターの燃料《ねんりょう》などに使《つか》う。

へんする【偏する】動詞 ものの見方《みかた》や考《かんが》え方《かた》などが、かたよる。例 一方《いっぽう》に偏した見方《みかた》。

へんずる【変ずる】⇩1199ジペーへんじる

へんせい【編成】名詞 動詞 物《もの》や人《ひと》などを集《あつ》めて、一《ひと》つのまとまったものにつくり上《あ》げること。例 十両《じゅうりょう》編成の列車《れっしゃ》。

へんせいがん【変成岩】名詞 岩石《がんせき》が、地中《ちちゅう》で圧力《あつりょく》や熱《ねつ》などの作用《さよう》を受《う》け、変化《へんか》してできたもの。大理石《だいりせき》などがある。

へんせいき【変声期】名詞 体《からだ》の発達《はったつ》にともなって、声変《こえが》わりをする時期《じき》。

伝統的《でんとうてき》な言語文化《げんごぶんか》

能《のう》・狂言《きょうげん》

狂言《きょうげん》「附子《ぶす》」と一休《いっきゅう》さん

　お寺《てら》の和尚《おしょう》さんがかくしていた水《みず》あめを、いたずらな小坊主《こぼうず》たちがすっかりなめてしまった。「どうしよう。和尚《おしょう》さんにおこられるよ…」「う〜ん、そうだ、いい考《かんが》えがあるよ…」。そう言《い》うと一休《いっきゅう》さんは、和尚《おしょう》さんの大切《たいせつ》なつぼをわざと割《わ》ってしまった。帰《かえ》ってきた和尚《おしょう》さんに一休《いっきゅう》さんは…、というとんち話《ばなし》を知《し》っているよね。実《じつ》はこのお話《はなし》は、「附子《ぶす》」という「狂言《きょうげん》」の作品《さくひん》の一《ひと》つがもとになっているんだよ。

　「狂言《きょうげん》」は、鎌倉時代《かまくらじだい》から室町時代《むろまちじだい》に生《う》まれた舞台芸能《ぶたいげいのう》だよ。短《みじか》い時間《じかん》で演《えん》じられるおもしろい劇《げき》で、今《いま》で言《い》うコントのようなものかな。大名《だいみょう》や山伏《やまぶし》がよく出《で》てくるんだ。

　「狂言《きょうげん》」は、「能《のう》（=能楽《のうがく》）」という舞台芸能《ぶたいげいのう》といっしょに生《う》まれたんだ。「能《のう》」は、仮面《かめん》をつけた役者《やくしゃ》さんの舞《まい》と謡《うたい》、はやしが中心《ちゅうしん》の劇《げき》で、主人公《しゅじんこう》はたいていゆうれいなんだ。人間《にんげん》ってなんだろうと考《かんが》えさせるような内容《ないよう》が多《おお》いね。

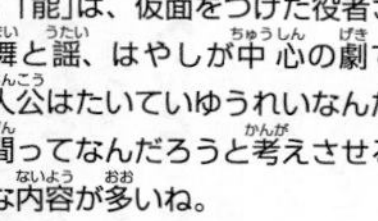

いろいろな能面《のうめん》

　「能《のう》」と「狂言《きょうげん》」はいっしょに演《えん》じられることが多《おお》い。能《のう》→狂言《きょうげん》→能《のう》と、「能《のう》」の合間《あいま》に「狂言《きょうげん》」が演《えん》じられるんだ。合《あ》わせて見《み》てみたいね。

もっとみてみよう！

●「日本《にほん》の伝統芸能《でんとうげいのう》2」（小峰書店《こみねしょてん》）

読書のこみち　高 中 低　『少女探偵事件《しょうじょたんていじけん》ファイル』砂田弘《すなだひろし》　ミステリーが大好《だいす》きな真理《まり》は、ある日《ひ》、現実《げんじつ》の事件解《じけんかい》ていきますが、思《おも》いがけない事情《じじょう》がそこには秘《ひ》められていたのでした…（「ミニバイクを

へんせいふう【偏西風】 名詞 南半球《みなみはんきゅう》・北半球《きたはんきゅう》の中緯度《ちゅういど》地方《ちほう》にいつもふいている、東向《ひがしむ》きの強《つよ》い風《かぜ》。 参考 日本《にほん》付近《ふきん》の天気《てんき》が西《にし》から変《か》わっていくのは、この風《かぜ》のためである。

べんぜつ【弁舌】 名詞 ものの言《い》い方《かた》。話《はな》しぶり。 例 弁舌さわやかな人《ひと》。

へんせん【変遷】 名詞 動詞 時《とき》がたつとともに、ようすが移《うつ》り変《か》わっていくこと。 例 時代《じだい》の変遷。

へんそう【返送】 名詞 動詞 送《おく》り返《かえ》すこと。 例 あて先不明《さきふめい》で手紙《てがみ》が返送される。

へんそう【変装】 名詞 動詞 その人《ひと》であることがわからないように、顔《かお》や身《み》なりを変《か》えること。 例 魔法使《まほうつか》いに変装する。

へんそく【変則】 名詞 ふつうの決《き》まりや、やり方《かた》とちがうこと。 例 変則的《てき》なリズム。

へんたい【変態】 名詞 ❶昆虫《こんちゅう》やかえるなどの動物《どうぶつ》が、卵《たまご》からかえってから親《おや》になるまでにすがたを変《か》えること。❷ふつうではない状態《じょうたい》やようす。

へんたい【編隊】 名詞 飛行機《ひこうき》が何機《なんき》か集《あつ》まって、組《くみ》をつくること。また、その組《くみ》。

ペンダント（pendant） 名詞 くさりなどをつけて首《くび》から胸《むね》に下《さ》げるかざり。

へんち【辺地】 名詞 都会《とかい》から遠《とお》くはなれた、交通《こうつう》などの不便《ふべん》な土地《とち》。へき地《ち》。

ベンチ（bench） 名詞 ❶木《き》や石《いし》などでできている長《なが》いいす。❷野球《やきゅう》場《じょう》で、試合《しあい》中《ちゅう》にかんとくや選手《せんしゅ》がひかえているところ。「ダッグアウト」ともいう。

ペンチ 名詞 物《もの》をはさんだり針金《はりがね》を切《き》ったりするための、鉄《てつ》でできた道具《どうぐ》。 ことば 英語《えいご》の「ピンチャーズ」からきたことば。

ペンチ

へんちょう【変調】 名詞 動詞 調子《ちょうし》がいつもとちがうこと。体《からだ》などの具合《ぐあい》が悪《わる》くなること。 例 父《ちち》は朝《あさ》から体《からだ》の変調をうったえていた。

べんつう【便通】 名詞 大便《だいべん》が出《で》ること。

へんてこ【変てこ】 形容動詞 ほかとちがって、変《か》わっていておかしいようす。 例 変てこな格好《かっこう》をして、人《ひと》を笑《わら》わせる。 使い方 俗《ぞく》な言《い》い方《かた》。

へんてつもない【変哲もない】 とくにふつうと変《か》わったところもない。ありふれている。 例 なんの変哲もない物語《ものがたり》。

ヘンデル 名詞（一六八五～一七五九）ドイツの作曲家《さっきょくか》。バッハと並《なら》んでバロック音楽《おんがく》を代表《だいひょう》する作曲家《さっきょくか》。人生《じんせい》の後半《こうはん》は、イギリスで活躍《かつやく》した。「メサイヤ」「水上《すいじょう》の音楽《おんがく》」「王宮《おうきゅう》の花火《はなび》の音楽《おんがく》」などの作品《さくひん》がある。

へんてん【変転】 名詞 動詞 ものごとが大《おお》きく移《うつ》り変《か》わること。 例 変転する世界情勢《せかいじょうせい》。

べんてん【弁天】 ⇩1198ページ・べんざいてん

へんでんしょ【変電所】 名詞 発電所《はつでんしょ》から送《おく》られてきた電流《でんりゅう》の電圧《でんあつ》を変《か》えて、工場《こうじょう》や家《いえ》などに送《おく》るところ。

へんとう【返答】 名詞 動詞 聞《き》かれたことや呼《よ》びかけなどに答《こた》えること。また、そのことば。返事《へんじ》。 例 何度《なんど》呼《よ》んでも返答がない。 類 回答《かいとう》。

へんどう【変動】 名詞 動詞 ものごとが変《か》わり動《うご》くこと。変化《へんか》すること。 例 物価《ぶっか》の変動。

べんとう【弁当】 名詞 よそで食《た》べるために、入《い》れ物《もの》に入《い》れて持《も》ち歩《ある》く食事《しょくじ》。 例 弁当箱《ばこ》。

へんとうせん【へん桃腺】 名詞 のどのおくの両側《りょうがわ》にある、卵形《たまごがた》にふくらんだ部分《ぶぶん》。体内《たいない》に細菌《さいきん》が入《はい》るのを防《ふせ》ぐはたらきがある。正《ただ》しくは「へんとう」という。

へんにゅう【編入】 名詞 動詞 団体《だんたい》や組織《そしき》などの中《なか》に、新《あたら》しく組《く》み入《い》れること。 例 転入生《てんにゅうせい》は、ぼくのクラスに編入された。

ペンネーム（pen name） 名詞 作家《さっか》などが文章《ぶんしょう》を書《か》くときに使《つか》う、本名《ほんみょう》とは別《べつ》の名《な》。

へんのう【返納】 名詞 動詞 借《か》りていたものを、もとあったところや持《も》ち主《ぬし》に返《かえ》して納《おさ》めること。 例 奨学金《しょうがくきん》を返納する。

へんぴ【辺ぴ】 形容動詞 町《まち》から遠《とお》くはなれていて、不便《ふべん》なようす。 例 山奥《やまおく》の辺ぴな村《むら》。

べんぴ【便秘】 名詞 動詞 大便《だいべん》がなかなか出《で》ないこと。

へんぴん【返品】 名詞 動詞 買《か》ったり仕入《しい》れたりした品物《しなもの》を返《かえ》すこと。また、その品物《しなもの》。

へんぺいそく【へん平足】 名詞 足《あし》の裏《うら》が平《ひら》たくて、土《つち》ふまずがほとんどない足《あし》。

ぺんぺんぐさ【ぺんぺん草】 ⇩974ページ・なずな

へんぽん【と】【へん翻［と］】 副詞 旗《はた》などが、風《かぜ》を受《う》けてひらひらするようす。 例 校旗《こうき》がへん翻とひるがえる。

へんめい【変名】 名詞 本名《ほんみょう》をかくして、ほか

をつけたまま、両手《りょうて》を左右《さゆう》に開《ひら》く。本《ほん》を開《ひら》くしぐさを表《あらわ》しているよ。

の名前《なまえ》を使《つか》うこと。また、その名前《なまえ》。類 仮名《かめい》。

べんめい【弁明】 名詞 動詞 自分《じぶん》がしたことについて、ほかの人《ひと》にわかってもらうために説明《せつめい》すること。例 事件《じけん》について弁明する。類 釈明《しゃくめい》。

べんらん【便覧】 ⇩1136ページ びんらん

べんり【便利】 名詞 形容動詞 あることをするのに都合《つごう》がよいこと。役《やく》に立《た》つこと。例 地下鉄《ちかてつ》ができて便利になった／便利な道具《どうぐ》。対 不便《ふべん》。

ヘンリー 名詞 （一七九七～一八七八）アメリカの物理学者《ぶつりがくしゃ》。電磁波《でんじは》の研究《けんきゅう》をした。

へんりん【片りん】 名詞 全体《ぜんたい》の中《なか》の、ほんのわずかな一部分《いちぶぶん》。例 才能《さいのう》の片りんを示《しめ》す。

ことば「一枚《いちまい》のうろこ」という意味《いみ》からきたことば。

へんれい【返礼】 名詞 動詞 人《ひと》から受《う》けたおくり物《もの》やお世話《せわ》に対《たい》して、お礼《れい》をすること。また、そのお礼《れい》。お返《かえ》し。

べんれい【勉励】 名詞 動詞 仕事《しごと》や勉強《べんきょう》などに、いっしょうけんめいにはげむこと。例 刻苦《こっく》勉励（＝苦《くる》しみに打《う》ち勝《か》ち、はげむこと）。

へんれき【遍歴】 名詞 動詞 ❶いろいろな地方《ちほう》や国《くに》を旅《たび》して歩《ある》くこと。例 諸国《しょこく》を遍歴する。❷いろいろな経験《けいけん》をすること。例 人生《じんせい》の遍歴。

へんろ【遍路】 名詞 季語 春 弘法大師《こうぼうだいし》（＝空海《くうかい》）が修行《しゅぎょう》したという、四国《しこく》の八十八《はちじゅうはっ》か所《しょ》の寺《てら》をめぐり歩《ある》くこと。また、その人《ひと》。

べんろん【弁論】 名詞 動詞 多《おお》くの人《ひと》の前《まえ》で、自分《じぶん》の考《かんが》えを述《の》べること。例 弁論大会《たいかい》。

ほ

ホ　ぼ　ボ　ぽ　ポ

下《した》の 手話にチャレンジ を見《み》よう。

ほ【火】（ほかのことばの前《まえ》につけて）「火《ひ》」「ほのお」の意《い》味《み》を表《あらわ》す。例 火影《かげ》。漢 ⇩215ページ か〔火〕

ほ【帆】 名詞 船《ふね》の柱《はしら》に張《は》り、風《かぜ》を受《う》けて船《ふね》を進《すす》めるための大《おお》きな布《ぬの》。例 帆を上《あ》げる。

漢 **ほ【歩】**〔止《とめる》〕8画 2年 音 ホ・ブ・フ 訓 あるく・あゆむ

丨 ト 𠃊（わすれないように） 止 ⺊（はねる） 牛 步 歩

❶あるく。あゆみ。例 歩行《ほこう》／歩道《ほどう》／歩《ほ》を速《はや》める／散歩《さんぽ》／初歩《しょほ》／進歩《しんぽ》／徒歩《とほ》。❷割合《わりあい》。例 歩合《ぶあい》／日歩《ひぶ》。❸ぶ。昔《むかし》、日本《にほん》で使《つか》われていた、広《ひろ》さの単位《たんい》。一歩《いちぶ》は約《やく》三・三平方《へいほう》メートル。❹将棋《しょうぎ》のこまの一《ひと》つ。「歩兵《ふひょう》」の略《りゃく》。

漢 **ほ【保】**〔亻《にんべん》〕9画 5年 音 ホ 訓 たもつ

亻 亻 们 但 伻 保 保

❶まもる。たもつ。例 保安《ほあん》／保温《ほおん》／保守《ほしゅ》／保存《ほぞん》／確保《かくほ》。❷世話《せわ》をする。かばう。例 保育《ほいく》／保護《ほご》／保母《ほぼ》。❸うけあう。ひきうける。例 保管《ほかん》／保険《ほけん》／保証《ほしょう》。

漢 **ほ【補】**〔衤《ころもへん》〕12画 6年 音 ホ 訓 おぎなう

衤（とめる） 衤（てんを二つ） 衤 衦 衬（はねる） 補 補

❶おぎなう。例 補給《ほきゅう》／補強《ほきょう》／補欠《ほけつ》／補習《ほしゅう》／補足《ほそく》。❷助《たす》ける。例 補佐《ほさ》／補助《ほじょ》／補導《ほどう》。

ほ【穂】 名詞 ❶いねや麦《むぎ》などのくきの先《さき》に、花《はな》や実《み》が集《あつ》まってついたもの。例 すすきの穂。❷物《もの》の先《さき》のとがっている部分《ぶぶん》。例 筆《ふで》の穂。

漢 **ぼ【母】**〔母《はは》〕5画 2年 音 ボ 訓 はは

𠃋 𠃌（はねる） 𠃌 母 母（母としない）

❶はは。例 母親《ははおや》／母子《ぼし》／母乳《ぼにゅう》／父母《ふぼ》。対 父《ふ》。❷もととなるもの。例 母音《ぼいん》／母校《ぼこう》／分母《ぶんぼ》。

漢 **ぼ【墓】**〔土《つち》〕13画 5年 音 ボ 訓 はか

一 卄 艹 苜 荁 莫 墓（下をながく）

はか。例 墓参《はかまい》り／墓前《ぼぜん》／墓地《ぼち》／墓標《ぼひょう》。

ぼ【暮】 漢 ⇩405ページ く-れる〔暮〕

ぼ【模】 漢 ⇩1311ページ も〔模〕

ほあん【保安】 名詞 安全《あんぜん》を守《まも》ること。とくに、世《よ》の中《なか》の安全《あんぜん》を守《まも》り、人々《ひとびと》が安心《あんしん》して暮《く》らせるようにすること。例 海上《かいじょう》保安官《かん》。

ほあんりん【保安林】 名詞 風《かぜ》・雪《ゆき》・洪水《こうずい》の害《がい》を防《ふせ》いだり、水源地《すいげんち》の水《みず》がかれないようにしたり、美《うつく》しい景色《けしき》を残《のこ》したりするために、国《くに》が

べんめい あいうえお かきくけこ さしすせそ たちつてと なにぬねの はひふへほ まみむめも やゆよ らりるれろ わをん

手話《しゅわ》にチャレンジ 本《ほん》　両手《りょうて》の指《ゆび》をのばして、指先《ゆびさき》を前《まえ》に向《む》ける。手《て》のひらを合《あ》わせて胸《むね》の前《まえ》に置《お》く。小指《こゆび》の側《がわ》

法律《ほうりつ》によって守《まも》っている森林《しんりん》。

-ぽい 接尾語（ほかのことばのあとにつけて）…しやすい。…の感《かん》じがする。例 おこりっぽい／大人《おとな》っぽい。使い方「っぽい」の形《かたち》で使《つか》うことが多《おお》い。

ほいく【保育】 名詞 動詞 赤《あか》んぼうや幼《おさな》い子供《こども》の心《こころ》と体《からだ》を守《まも》り育《そだ》てること。例 保育所《じょ》。

ほいくえん【保育園】 ⇩1202ページ ほいくじょ

ほいくし【保育士】 名詞 保育園《ほいくえん》などで、赤《あか》んぼうや幼《おさな》い子供《こども》の世話《せわ》をする人《ひと》。

ほいくじょ【保育所】 名詞 赤《あか》んぼうや幼《おさな》い子供《こども》を預《あず》かってめんどうをみるところ。保育《ほいく》園《えん》。

ボイコット（boycott）名詞 動詞 ❶みんなで団結《だんけつ》して、ある品物《しなもの》を買《か》わないこと。❷みんなで団結《だんけつ》して、ある人《ひと》やものごとを受《う》け入《い》れないようにしたり、集《あつ》まりなどに参加《さんか》しなかったりすること。例 大会《たいかい》への参加《さんか》をボイコットする。

ホイッスル（whistle）名詞 合図《あいず》の笛《ふえ》。とくに、運動競技《うんどうきょうぎ》で審判《しんぱん》が鳴《な》らす笛《ふえ》。

ボイラー（boiler）名詞 暖房《だんぼう》をしたり機械《きかい》を動《うご》かしたりするために、水《みず》を温《あたた》めて熱《あつ》い蒸気《じょうき》をつくるかま。

ぼいん【母音】 名詞 発音《はつおん》するときに、口《くち》の中《なか》でじゃまを受《う》けずに出《で》る音《おと》。日本語《にほんご》では、あ・い・う・え・おの五《いつ》つの音《おと》。「ぼおん」ともいう。対 子音《しいん》。

ぼいん【ぼ印】 名詞 親指《おやゆび》の先《さき》に朱肉《しゅにく》やすみをつけておした指紋《しもん》。印鑑《いんかん》の代《か》わりにする。

ポインセチア（poinsettia）名詞 季語 冬 冬《ふゆ》、葉《は》が赤《あか》や白《しろ》などに色《いろ》づく木《き》。おもに温室《おんしつ》ではち植《う》えにしてさいばいされ、クリスマスのかざりなどにする。

ポインセチア

ポイント（point）名詞 ❶点《てん》。地点《ちてん》。例 チェックポイントを過《す》ぎる。❷点数《てんすう》。得点《とくてん》。例 ポイントをかせぐ。❸大切《たいせつ》なところ。要点《ようてん》。例 文章《ぶんしょう》のポイントをつかむ。❹線路《せんろ》の分《わ》かれ目《め》で、列車《れっしゃ》などを別《べつ》の線路《せんろ》に進《すす》ませるしかけ。例 ポイントを切《き》りかえる。❺活字《かつじ》の大《おお》きさの単位《たんい》。

ほう【方】 名詞 ❶向《む》き。方向《ほうこう》。例 東《ひがし》の方《ほう》へ行《い》く。❷いくつかあるもののうちの一《ひと》つ。例 こちらの方をもらう／洋食《ようしょく》の方が好《す》きだ。❸ある人《ひと》やものをぼかしていうことば。例 運《うん》動《どう》の方には自信《じしん》がある。

漢 **ほう【方】**〔方《ほう》〕4画 2年 音 ホウ 訓 かた

、 亠 方 方（はねる）

❶むき。方角《ほうがく》。例 方位《ほうい》／方向《ほうこう》／方面《ほうめん》／四方《しほう》。❷やりかた。例 方式《ほうしき》／方針《ほうしん》／方法《ほうほう》。❸地域《ちいき》。例 方言《ほうげん》／遠方《えんぽう》／地方《ちほう》。❹四角《しかく》。例 方眼紙《ほうがんし》／方形《けい》／正方形《せいほうけい》。❺分《わ》けたときの一《ひと》つ。例 一方《いっぽう》／片方《かたほう》／両方《りょうほう》。❻人《ひと》を尊敬《そんけい》していうことば。

漢 **ほう【包】**〔勹《つつみがまえ》〕5画 4年 音 ホウ 訓 つつむ

ノ 勹 句 包（はなす）

つつむ。例 包囲《ほうい》／包装《ほうそう》／包帯《ほうたい》／小包《こづつみ》。

漢 **ほう【宝】**〔宀《うかんむり》〕8画 6年 音 ホウ 訓 たから

、 宀 宀 宁 宝 宝（わすれないように）

たからもの。たいせつなもの。例 宝船《たからぶね》／宝庫《ほうこ》／宝石《ほうせき》／家宝《かほう》／国宝《こくほう》／財宝《ざいほう》／秘宝《ひほう》。

漢 **ほう【法】**〔氵《さんずい》〕8画 4年 音 ホウ・ハッ・ホッ

、 氵 汁 泫 法 法（下をながく）

❶きまり。おきて。例 法度《はっと》／法則《ほうそく》／法律《ほうりつ》／憲法《けんぽう》／文法《ぶんぽう》。❷やり方《かた》。例 作法《さほう》／方法《ほうほう》／用法《ようほう》。❸ほとけの教《おし》え。例 説法《せっぽう》／仏法《ぶっぽう》。

漢 **ほう【放】**〔攵《のぶん》〕8画 3年 音 ホウ 訓 はなす・はなつ・はなれる・ほうる

、 亠 方 方 方 放 放（はねる）

❶はなす。ときはなす。自由《じゆう》にさせる。例 放牧《ほうぼく》／解放《かいほう》／手放《てばな》し。❷はなつ。すてる。いきおいよく出《だ》す。例 放水《ほうすい》／放電《ほうでん》／放流《ほうりゅう》。❸きままにする。例 放置《ほうち》／放任《ほうにん》／豪放《ごうほう》。

よい男《おとこ》の子《こ》です。相棒《あいぼう》はうでっぷしの強《つよ》い女《おんな》の子《こ》サリー。いじめっ子《こ》のわなも、警察署《けいさつしょ》長《ちょう》のお父《とう》さんが頭《あたま》をかなぞを、答《こた》えのページをめくる前《まえ》に解《と》けますか？　ロイの活躍《かつやく》はシリーズで読《よ》めます。

漢 **ほう【訪】**〔言《ごんべん》〕11画 6年 音 ホウ 訓 おとずれる・たずねる

亠 亖 言 言 訁 訪 訪

おとずれる。人《ひと》をたずねる。例 訪問《ほうもん》／来訪《らいほう》。

漢 **ほう【報】**〔土《つち》〕12画 5年 音 ホウ 訓 むくいる

土 去 幸 幸 郣 報 報

❶むくいる。例 報酬《ほうしゅう》／報復《ほうふく》。❷知《し》らせる。例 報告《ほうこく》／報道《ほうどう》／広報《こうほう》／時報《じほう》／情報《じょうほう》／天気予報《てんきよほう》／電報《でんぽう》。

漢 **ほう【豊】**〔豆《まめ》〕13画 5年 音 ホウ 訓 ゆたか

冂 曲 曲 曲 曹 豊 豊 豊

ゆたか。例 豊作《ほうさく》／豊年《ほうねん》／豊富《ほうふ》／豊漁《ほうりょう》。

漢 **ぼう【亡】**〔亠《なべぶた》〕3画 6年 音 ボウ・モウ 訓 ない・ほろ-びる

丶 亠 亡

❶ほろびる。なくなる。例 興亡《こうぼう》／存亡《そんぼう》／滅亡《めつぼう》。対 存《そん》。❷うしなう。例 亡失《ぼうしつ》。❸死《し》ぬ。例 亡《な》き人《ひと》／亡霊《ぼうれい》／亡者《もうじゃ》／死亡《しぼう》。❹にげる。例 亡命《ぼうめい》／逃亡《とうぼう》。

ぼう【坊】
❶名詞 おぼうさんの住《す》まい。また、おぼうさん。❷名詞 男《おとこ》の子《こ》を呼《よ》ぶことば。例 坊や。❸接尾語（ほかのことばのあとにつけて）人《ひと》を親《した》しんだりばかにしたりして呼《よ》ぶことば。例 赤《あか》ん坊《ぼう》／食《く》いしん坊《ぼう》／あまえん坊《ぼう》。

漢 **ぼう【防】**〔阝《こざとへん》〕7画 5年 音 ボウ 訓 ふせぐ

了 阝 阝 阝 防 防 防

ふせぐ。まもる。例 防衛《ぼうえい》／防火《ぼうか》／防災《ぼうさい》／防止《ぼうし》／防犯《ぼうはん》／消防《しょうぼう》／消防車《しょうぼうしゃ》／堤防《ていぼう》／予防《よぼう》。

ぼう【忘】 漢 ➡1433ページ わす-れる【忘】

漢 **ぼう【望】**〔月《つき》〕11画 4年 音 ボウ・モウ 訓 のぞむ・もち

丶 亠 七 切 胡 胡 望 望

❶遠《とお》くを見《み》る。ながめる。例 望遠鏡《ぼうえんきょう》／展望《てんぼう》。❷ねがい。のぞみ。例 願望《がんぼう》／希望《きぼう》／高望《たかのぞ》み／本望《ほんもう》／野望《やぼう》。❸よい評判《ひょうばん》。人気《にんき》。例 人望《じんぼう》。

ぼう【棒】 名詞 木《き》や竹《たけ》、金属《きんぞく》などでできた、手《て》に持《も》てるぐらいの長《なが》さのもの。例 棒をふり回《まわ》す。漢 ➡1203ページ ぼう【棒】

● **棒《ぼう》に振《ふ》る** むだにする。例 かぜを引《ひ》いて、せっかくの休《やす》みを棒に振ってしまった。

漢 **ぼう【棒】**〔木《きへん》〕12画 6年 音 ボウ

一 十 木 木 栌 栱 棒 棒

❶ぼう。木《き》や金属《きんぞく》の細長《ほそなが》いもの。例 金棒《かなぼう》／鉄棒《てつぼう》。❷まっすぐなこと。例 棒立《ぼうだ》ち／棒読《ぼうよ》み。

漢 **ぼう【貿】**〔貝《かい》〕12画 5年 音 ボウ

ノ 𠂉 𠂎 卯 留 留 貿

おたがいに売《う》り買《か》いしてお金《かね》をもうける。例 貿易《ぼうえき》。

漢 **ぼう【暴】**〔日《ひ》〕15画 5年 音 ボウ・バク 訓 あばく・あばれる

日 旦 早 昇 晃 暴 暴 暴

❶あらあらしい。はげしい。あばれる。例 暴言《ぼうげん》／暴行《ぼうこう》／暴動《ぼうどう》／暴風《ぼうふう》／暴力《ぼうりょく》／横暴《おうぼう》／大暴《おおあば》れ／乱暴《らんぼう》。❷ふつうの程度《ていど》をこす。例 暴飲暴食《ぼういんぼうしょく》／暴走《ぼうそう》／暴利《ぼうり》。❸あばく。例 暴《あば》き出《だ》す／暴露《ばくろ》。

ほうあん【法案】 名詞 法律《ほうりつ》をつくるときの、もとになる案《あん》。

ほうい【方位】 名詞 東西南北《とうざいなんぼく》などの方向《ほうこう》。類 方角《ほうがく》。

ほうい【包囲】 名詞 動詞 周《まわ》りをとり囲《かこ》むこと。例 敵《てき》を包囲する。

ほうい【法衣】 名詞 おぼうさんやあまさんが着《き》る服《ふく》。「ほうえ」ともいう。

ほういじしん【方位磁針】 名詞 磁石《じしゃく》を利用《りよう》して方位《ほうい》を調《しら》べる道具《どうぐ》。図 ➡568ページ じしゃく❷

ぼういん【暴飲】 名詞 動詞 酒《さけ》などを、むやみにたくさん飲《の》むこと。

ぼういんぼうしょく【暴飲暴食】 名詞

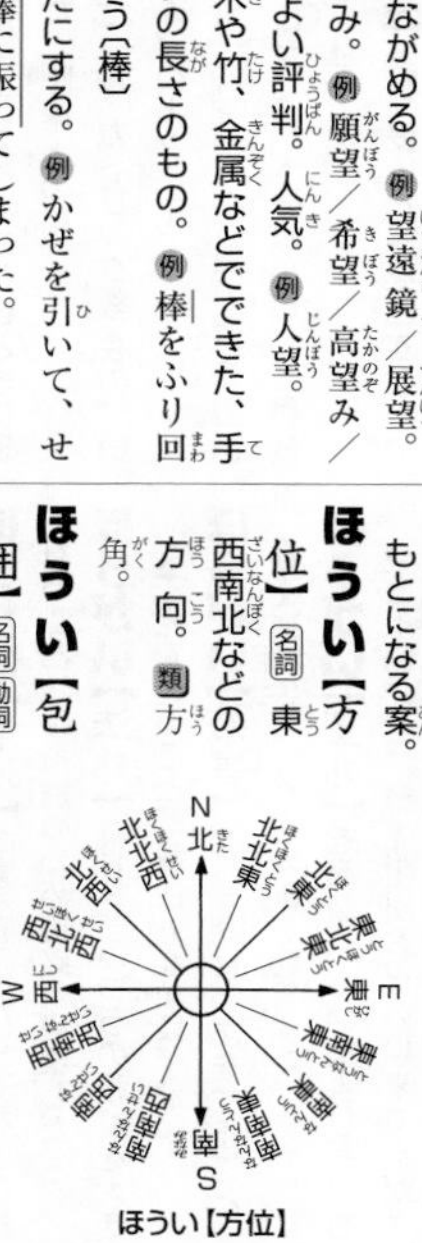

ほうい【方位】

読書のこみち 高 中 低 『少年《しょうねん》たんていブラウン』ソボル　ロイ・ブラウンは「百科事典《ひゃっかじてん》くん」と呼《よ》ばれる、頭《あたま》のかえる事件のからくりも、小《ちい》さな手《て》がかりから見《み》ぬいてしまいます。次々《つぎつぎ》に起《お》こる事件《じけん》の

動詞 むやみにたくさん飲《の》んだり食《た》べたりすること。

ぼううけあみりょう【棒受網漁】 名詞 沖《おき》合漁業《あいぎょぎょう》の一《ひと》つ。船《ふね》の片側《かたがわ》から張《は》り出《だ》したあみを広《ひろ》げてしずめ、集魚灯《しゅうぎょとう》などを使《つか》って魚《さかな》を集《あつ》め、あみを一気《いっき》に引《ひ》き上《あ》げてとる方法《ほうほう》。さんまなどをとる。

ほうえ【法衣】 ⇩1203ページ ほうい〔法衣〕

ほうえい【放映】 名詞 動詞 テレビ放送《ほうそう》を行《おこな》うこと。とくに、映画《えいが》を放送《ほうそう》すること。

ぼうえい【防衛】 名詞 動詞 防《ふせ》ぎ守《まも》ること。例 防衛費《ひ》／ヘビー級《きゅう》のタイトルを防衛する。

ぼうえいしょう【防衛省】 名詞 自衛隊《じえいたい》についての仕事《しごと》をする国《くに》の役所《やくしょ》。

ぼうえき【防疫】 名詞 感染症《かんせんしょう》の発生《はっせい》を予防《よぼう》したり、ウイルスや細菌《さいきん》の侵入《しんにゅう》を防《ふせ》いだりすること。例 新型《しんがた》ウイルスの防疫体制《たいせい》を整《ととの》える。

ぼうえき【貿易】 名詞 動詞 外国《がいこく》と品物《しなもの》を売《う》り買《か》いすること。例 貿易がさかんな国《くに》。類 交易《こうえき》。
教科 社 外国《がいこく》へ品物《しなもの》を売《う》ることを「輸出《ゆしゅつ》」、外国《がいこく》から品物《しなもの》を買《か》うことを「輸入《ゆにゅう》」という。

ぼうえきこう【貿易港】 名詞 外国《がいこく》と商品《しょうひん》の取《と》り引《ひ》きをする港《みなと》。税関《ぜいかん》という役所《やくしょ》が置《お》かれている。

ぼうえきふう【貿易風】 名詞 緯度《いど》三〇度付《ふ》近《きん》から赤道《せきどう》に向《む》かってふいている風《かぜ》。向《む》きも速《はや》さも一年《いちねん》じゅうだいたい同《おな》じで、北半球《きたはんきゅう》では北東《ほくとう》の風《かぜ》、南半球《みなみはんきゅう》では南東《なんとう》の風《かぜ》がふく。
ことば 昔《むかし》、ヨーロッパの貿易船《ぼうえきせん》がこの風《かぜ》を利用《りよう》して航《こう》海《かい》したことからきた名《な》まえ。

ぼうえきまさつ【貿易摩擦】 名詞 貿易《ぼうえき》に関《かん》して起《お》こる、国同士《くにどうし》の対立《たいりつ》のこと。貿易《ぼうえき》による収入《しゅうにゅう》と支出《ししゅつ》の不《ふ》つりあいなどが原因《げんいん》となる。

ぼうえんきょう【望遠鏡】 名詞 レンズを組《く》み合《あ》わせて、遠《とお》くのものが大《おお》きく見《み》えるようにつくられた器械《きかい》。

ほうおう 名詞 昔《むかし》の中国《ちゅうごく》で、めでたいときに現《あらわ》れると考《かんが》えられた、想像上《そうぞうじょう》の鳥《とり》。

ほうおう【法王】 名詞 カトリック教会《きょうかい》の、いちばん高《たか》い位《くらい》の人《ひと》。ローマ法王《ほうおう》。

ほうおう【法皇】 名詞 昔《むかし》、天皇《てんのう》の位《くらい》を退《しりぞ》いて、おぼうさんになった人《ひと》をよんだ名《な》。例 後《ご》白河《しらかわ》法皇。関連 上皇《じょうこう》。

ほうおん【報恩】 名詞 受《う》けた恩《おん》を返《かえ》すこと。恩返《おんがえ》し。対 忘恩《ぼうおん》。

ぼうおん【防音】 名詞 うるさい音《おと》が聞《き》こえないようにすること。例 防音壁《へき》。

ぼうおん【忘恩】 名詞 受《う》けた恩《おん》を忘《わす》れること。恩知《おんし》らず。例 忘恩の徒《と》（＝恩《おん》を受《う》けたのに、その人《ひと》にひどいことをする人《ひと》）。対 報恩《ほうおん》。

ぼうおんそうち【防音装置】 名詞 外《そと》の音《おと》が室内《しつない》に入《はい》ったり、室内《しつない》の音《おと》が外《そと》にもれたりするのを防《ふせ》ぐしかけ。

ほうか【放火】 名詞 動詞 火事《かじ》を起《お》こそうとしてわざと火《ひ》をつけること。例 放火事件《じけん》。

ほうか【法科】 名詞 法律《ほうりつ》を研究《けんきゅう》する学科《がっか》。また、大学《だいがく》の法学部《ほうがくぶ》のこと。

ほうか【砲火】 名詞 大砲《たいほう》をうったときに出《で》る火《ひ》。また、大砲《たいほう》によるこうげき。
● **砲火《ほうか》を交《まじ》える** 戦争《せんそう》をする。

ほうが【邦画】 名詞 ❶日本映画《にほんえいが》。対 洋画《ようが》。❷日本画《にほんが》。対 洋画《ようが》。

ぼうか【防火】 名詞 火事《かじ》が起《お》こったり広《ひろ》がったりしないように防《ふせ》ぐこと。例 防火訓練《くんれん》。

ほうかい【崩壊】 名詞 動詞 形《かたち》がくずれ、こわれること。例 地震《じしん》のため道路《どうろ》が崩壊した。

ほうがい【法外】 形容動詞 ふつうの程度《ていど》を大《おお》きくこえていること。例 法外な値段《ねだん》。

ぼうがい【妨害】 名詞 動詞 じゃまをすること。例 交通《こうつう》妨害／騒音《そうおん》が安眠《あんみん》を妨害する。

ぼうがい【望外】 名詞 望《のぞ》んでいたよりも、もっとよいこと。例 先生《せんせい》がお祝《いわ》いに来《き》てくださるとは望外の喜《よろこ》びだ。

ほうかいせき【方解石】 名詞 石灰岩《せっかいがん》のおもな成分《せいぶん》である鉱物《こうぶつ》。これをすかして見《み》ると物《もの》が二重《にじゅう》に見《み》える。

ほうがく【方角】 名詞 東西南北《とうざいなんぼく》などの向《む》き。方向《ほうこう》。例 学校《がっこう》は東南《とうなん》の方角にある。類 方位《ほうい》。

ほうがく【邦楽】 名詞 日本《にほん》の音楽《おんがく》。昔《むかし》から日本《にほん》に伝《つた》わる音楽《おんがく》。こと・三味線《しゃみせん》・つづみなどで演奏《えんそう》する。対 洋楽《ようがく》。

ほうがく【法学】 名詞 法律《ほうりつ》について研究《けんきゅう》する学問《がくもん》。例 法学部《ぶ》。

ほうかご【放課後】 名詞 学校《がっこう》で、その日《ひ》の授《じゅ》業《ぎょう》が終《お》わったあと。

てた白《しろ》い馬《うま》。しかしある日《ひ》、とても足《あし》の速《はや》いその白馬《はくば》に目《め》をつけた殿様《とのさま》に、うばいとられてしまいます。白馬《はくば》
ゴルの楽器《がっき》「馬頭琴《ばとうきん》」の由来《ゆらい》をもとにした物語《ものがたり》。広《ひろ》い草原《そうげん》と生《い》き生《い》きとした馬《うま》のすがたが印象的《いんしょうてき》な絵本《えほん》です。

ぼうかすいそう【防火水槽】 名詞 火事《かじ》が起《お》きたときに火《ひ》を消《け》すための水《みず》をためておく入《い》れ物《もの》。

ぼうかとびら【防火扉】 名詞 火事《かじ》が起《お》きたときに、火《ひ》やけむりが建物《たてもの》のほかの場所《ばしょ》に広《ひろ》がるのを防《ふせ》ぐとびら。

ほうがん【方眼】 名詞 一定《いってい》の間隔《かんかく》で、規則正《きそくただ》しく真四角《ましかく》に区切《くぎ》ったます目《め》。

ほうがん【砲丸】 名詞 砲丸投《ほうがんな》げに使《つか》う、鉄《てつ》などでできた重《おも》い球《たま》。

ぼうかん【防寒】 名詞 寒《さむ》さを防《ふせ》ぐこと。例 防寒具《ぐ》。

ぼうかん【傍観】 名詞 動詞 そばで見《み》ているだけで、何《なに》もしないこと。例 けんかを傍観する。

ぼうかん【暴漢】 名詞 暴力《ぼうりょく》をふるって人《ひと》をおそう悪者《わるもの》。

ほうがんし【方眼紙】 名詞 細《こま》かいます目《め》のついた紙《かみ》。グラフなどをかくときに使《つか》う。

ほうがんなげ【砲丸投げ】 名詞 陸上競技《りくじょうきょうぎ》の一《ひと》つ。決《き》められた円《えん》の中《なか》から砲丸《ほうがん》を投《な》げて、飛《と》んだきょりをきそう。

ほうき 名詞 ごみをはく道具《どうぐ》。竹《たけ》や草《くさ》のくきなどの束《たば》を棒《ぼう》の先《さき》につけたもの。

ほうき【伯耆】 名詞 昔《むかし》の国《くに》の名《な》の一《ひと》つ。今《いま》の鳥取県《とっとりけん》の西部《せいぶ》に当《あ》たる。

ほうき【法規】 名詞 法律《ほうりつ》や規則《きそく》。例 交通《こうつう》法規。

ほうき【放棄】 名詞 動詞 資格《しかく》や権利《けんり》などを捨《す》ててしまうこと。例 責任《せきにん》を放棄する。

ほうきぼし【ほうき星】 名詞 「すい星《せい》」のこと。

ぼうきゃく【忘却】 名詞 動詞 すっかり忘《わす》れてしまうこと。例 忘却のかなたに消《き》える。

ほうきゅう【俸給】 名詞 役所《やくしょ》や会社《かいしゃ》などで、働《はたら》いた人《ひと》にしはらわれるお金《かね》。給与《きゅうよ》。給料《きゅうりょう》。

ぼうきょ【暴挙】 名詞 乱暴《らんぼう》な行《おこな》い。また、考《かんが》えが足《た》りない、むちゃな行《おこな》い。

ぼうぎょ【防御】 名詞 動詞 相手《あいて》のこうげきなどを防《ふせ》ぎ守《まも》ること。例 防御を固《かた》める。類 守備《しゅび》。対 攻撃《こうげき》。

ぼうきょう【望郷】 名詞 ふるさとをなつかしく思《おも》うこと。例 望郷の念《ねん》にかられる。

ほうぎょく【宝玉】 名詞 めずらしく、価値《かち》の高《たか》い玉《たま》。宝石《ほうせき》。

ぼうきれ【棒切れ】 名詞 棒《ぼう》の切《き》れはし。短《みじか》い木《き》の枝《えだ》や、小《ちい》さな木切《きぎ》れ。

ぼうくうごう【防空ごう】 名詞 飛行機《ひこうき》などによる空《そら》からのこうげきに対《たい》して身《み》を守《まも》るためにつくった穴《あな》や地下室《ちかしつ》。

ぼうくうずきん【防空頭巾】 名詞 戦争《せんそう》などのとき、落《お》ちてくるものや火《ひ》の粉《こ》から頭《あたま》を守《まも》るためにかぶった、綿《わた》の入《はい》ったずきん。

ぼうグラフ【棒グラフ】 名詞 数《かず》や量《りょう》を棒《ぼう》の長《なが》さで表《あらわ》したグラフ。数《かず》や量《りょう》のちがいを比《くら》べやすい。

ぼうくん【暴君】 名詞
❶人々《ひとびと》を苦《くる》しめる主人《しゅじん》や王《おう》。
❷勝手気《かってき》ままにふるまう人《ひと》。例 小《ちい》さい弟《おとうと》は、わが家《や》のかわいい暴君だ。

ほうけい【方形】 名詞 四《よっ》つの角《かど》がある図形《ずけい》。四角形《しかくけい》。

ぼうけい【傍系】 名詞 もとになるものから分《わ》かれ出《で》たもの。例 傍系の会社《かいしゃ》。対 直系《ちょっけい》。

ほうげき【砲撃】 名詞 動詞 大砲《たいほう》をうってせめること。例 敵《てき》の砲撃を受《う》ける。

ほうける
❶ 動詞 ぼんやりする。ぼける。例 ほうけた顔《かお》。
❷ 接尾語 （ほかのことばのあとにつけて）そのことに夢中《むちゅう》になる。例 遊《あそ》びほうける。

ほうげん【方言】 名詞 その地方《ちほう》だけで使《つか》われる、共通語《きょうつうご》とちがうことば。対 共通語《きょうつうご》。標準語《ひょうじゅんご》。

ほうげん【放言】 名詞 動詞 周《まわ》りの事情《じじょう》などを考《かんが》えずに、思《おも》ったことをそのまま言《い》うこと。また、そのような無責任《むせきにん》なことば。

ぼうけん【冒険】 名詞 動詞 危険《きけん》だと知《し》りながら行《おこな》うこと。また、成功《せいこう》するかどうかわからないことを、やってみること。例 冒険小説《しょうせつ》。

ぼうげん【暴言】 名詞 乱暴《らんぼう》で失礼《しつれい》なことば。例 暴言をはく。

ほうけんじだい【封建時代】 名詞 封建制度《ほうけんせいど》によって国《くに》が治《おさ》められていた時代《じだい》。日本《にほん》では、鎌倉時代《かまくらじだい》から江戸時代《えどじだい》の終《お》わりまでの、武士《ぶし》が政治《せいじ》を行《おこな》っていた時代《じだい》。ヨーロッパでは、六世紀《ろくせいき》ごろから十五世紀《じゅうごせいき》ごろまでをいう。

ほうけんせいど【封建制度】 名詞 主君《しゅくん》が家来《けらい》に土地《とち》を分《わ》けあたえて治《おさ》めさせた、土地《とち》を仲立《なかだ》ちとしてできた政治《せいじ》のしくみ。主君《しゅくん》と家来《けらい》

あいうえお　かきくけこ　さしすせそ　たちつてと　なにぬねの　はひふへほ　ほ　まみむめも　やゆよ　らりるれろ　わをん

読書のこみち　高 中 低　『スーホの白《しろ》い馬《うま》』大塚勇三文《おおつかゆうぞうぶん》　赤羽末吉絵《あかばすえきちえ》　モンゴルの羊飼《ひつじか》いの少年《しょうねん》スーホが大切《たいせつ》に育《そだ》
は、矢《や》を射《い》られ傷《きず》つきながらも、スーホのもとに帰《かえ》ってくるのですが…。今《いま》に伝《つた》わるモン

の強《つよ》いつながりで成《な》り立《た》っていた。

ほうけんてき【封建的】 形容動詞 主君《しゅくん》と家来《けらい》、親《おや》と子《こ》などのような、身分《みぶん》や立場《たちば》の上下《じょうげ》を重《おも》くみて、個人《こじん》の権利《けんり》や自由《じゆう》をおさえつけようとするようす。

ほうこ【宝庫】 名詞 ❶宝物《たからもの》を入《い》れておく蔵《くら》。❷よい産物《さんぶつ》がたくさんとれるところ。また、すぐれたものがたくさんあるところ。例 この山《やま》はめずらしい高山植物《こうざんしょくぶつ》の宝庫だ。

ぼうご【防護】 名詞 動詞 災害《さいがい》や危険《きけん》などを防《ふせ》いで身《み》を守《まも》ること。

ほうこう【方向】 名詞 ❶方角《ほうがく》。向《む》き。例 船《ふね》が進《すす》む方向を変《か》える。❷目当《めあ》て。方針《ほうしん》。例 将来《しょうらい》の方向を決《き》める。

ほうこう【芳香】 名詞 よい香《かお》り。例 ばらの芳香が部屋《へや》にただよう。対 悪臭《あくしゅう》。

ほうこう【奉公】 名詞 動詞 ❶主人《しゅじん》の家《いえ》に住《す》みこんで働《はたら》くこと。例 奉公人《にん》。❷国《くに》などのためにつくすこと。

ぼうこう 名詞 腎臓《じんぞう》から送《おく》られてくる尿《にょう》を、一時的《いちじてき》にたくわえておく器官《きかん》。図⇒966ページ ないぞう〔内臓〕

ぼうこう【暴行】 名詞 動詞 人《ひと》に乱暴《らんぼう》をすること。暴力《ぼうりょく》をふるうこと。例 暴行を加《くわ》える。

ほうこく【報告】 名詞 動詞 ものごとのようすや結果《けっか》などを知《し》らせること。また、その知《し》らせ。例 話《はな》し合《あ》いの結果《けっか》を先生《せんせい》に報告する。

ぼうこく【亡国】 名詞 国《くに》をほろぼすこと。また、ほろびた国《くに》や、ほろびようとしている国《くに》。

ほうこくぶん【報告文】 名詞 見聞《みき》きしたことや調《しら》べたことの結果《けっか》などを、正確《せいかく》に知《し》らせるために書《か》いた文章《ぶんしょう》。

ぼうさい【防災】 名詞 地震《じしん》や火事《かじ》などによる災害《さいがい》を防《ふせ》ぐため、前《まえ》から用心《ようじん》しておくこと。

ぼうさいくんれん【防災訓練】 名詞 地震《じしん》や火事《かじ》などによる災害《さいがい》を防《ふせ》ぐために行《おこな》う、さまざまな訓練《くんれん》。

ぼうさいずきん【防災頭巾】 名詞 地震《じしん》などの災害《さいがい》のときに、頭《あたま》を守《まも》るためにかぶるずきん。

ぼうさいそうこ【防災倉庫】 名詞 災害《さいがい》が起《お》きたときに備《そな》えて、救助《きゅうじょ》のための道具《どうぐ》や薬《くすり》・毛布《もうふ》・非常食《ひじょうしょく》などをおさめておく倉庫《そうこ》。

ほうさく【方策】 名詞 ものごとのやり方《かた》。問題《もんだい》を解決《かいけつ》するための、うまい方法《ほうほう》。例 畑《はたけ》の作物《さくもつ》を害虫《がいちゅう》から守《まも》る方策を練《ね》る。類 対策《たいさく》。

ほうさく【豊作】 名詞 季語秋 作物《さくもつ》がよくできること。類 満作《まんさく》。対 不作《ふさく》。凶作《きょうさく》。

ぼうさつ【忙殺】 名詞 動詞 (「忙殺《ぼうさつ》される」の形《かたち》で) 非常《ひじょう》にいそがしいこと。例 客《きゃく》の対応《たいおう》に忙殺されて一日《いちにち》が過《す》ぎてしまった。

ぼうさりん【防砂林】 名詞 ふき飛《と》ばされてくる砂《すな》の害《がい》を防《ふせ》ぐためにつくった林《はやし》。

ほうさん【放散】 名詞 動詞 外側《そとがわ》へ広《ひろ》く散《ち》らばること。また、広《ひろ》く散《ち》らすこと。例 ガスが放散する／熱《ねつ》を放散する。

ほうさん【ほう酸】 名詞 白《しろ》くてつやがあり、においのないうろこ形《がた》の結晶《けっしょう》。湯《ゆ》によくとけ、うがいや目《め》の消毒《しょうどく》などに用《もち》いる。

ぼうさん【坊さん】 名詞 仏《ほとけ》に仕《つか》える人《ひと》を親《した》しんで呼《よ》ぶことば。僧《そう》。おぼうさん。ことば「坊《ぼう》」は、僧《そう》が住《す》んでいる所《ところ》をいうことば。

ほうし【奉仕】 名詞 動詞 ❶社会《しゃかい》や人々《ひとびと》のためにつくすこと。例 奉仕活動《かつどう》。❷品物《しなもの》をとくに安《やす》く売《う》ること。例 奉仕品《ひん》。

ほうし【法師】 名詞 おぼうさん。僧《そう》。使い方 古《ふる》い言《い》い方《かた》。

ほうし【胞子】 名詞 こけ・きのこ・しだ・かびなど、花《はな》がさかない植物《しょくぶつ》がつける、粉《こな》のような細胞《さいぼう》。これによって、なかまをふやす。

ほうじ【法事】 名詞 仏教《ぶっきょう》で、死《し》んだ人《ひと》のたましいをなぐさめるための行事《ぎょうじ》。命日《めいにち》などにお経《きょう》を上《あ》げたり墓参《はかまい》りをしたりする。類 法要《ほうよう》。

ぼうし【防止】 名詞 動詞 よくないことが起《お》こらないように防《ふせ》ぎ止《と》めること。例 事故《じこ》防止／火災《かさい》を防止する。類 予防《よぼう》。

ぼうし【帽子】 名詞 頭《あたま》にかぶって、暑《あつ》さや寒《さむ》さを防《ふせ》いだり、かざりにしたりするもの。

ほうしき【方式】 名詞 ある決《き》まったやり方《かた》や形式《けいしき》。例 新《あたら》しい方式のビデオカメラ。

ぼうじしゃく【棒磁石】 名詞 棒《ぼう》の形《かたち》をした磁石《じしゃく》。図⇒568ページ じしゃく❶

ほうししょくぶつ【胞子植物】 名詞 花《はな》がさかず、胞子《ほうし》でふえる植物《しょくぶつ》。しだ・こけ・きのこ・かびの仲間《なかま》など。

ほうじちゃ【ほうじ茶】 名詞 番茶《ばんちゃ》を強火《つよび》で

で遊《あそ》んでいてほり出《だ》したのは、奇妙《きみょう》なすがたの砂《すな》の妖精《ようせい》サミアド。一日一回《いちにちいっかい》だけ、なんでも願《ねが》いをかなえてくがらも力《ちから》を合《あ》わせて切《き》りぬけていきます。続編《ぞくへん》に『火《ひ》の鳥《とり》と魔法《まほう》のじゅうたん』『魔《ま》よけ物語《ものがたり》』があります。

あぶって焼《や》き、独特《どくとく》の香《かお》りをつけたお茶《ちゃ》。

ほうしゃ【放射】 名詞 動詞 ❶一《ひと》つの点《てん》から四方八方《しほうはっぽう》に出《で》ること。例 放射状《じょう》。❷光《ひかり》や熱《ねつ》の伝《つた》わり方《かた》の一《ひと》つ。間《あいだ》に伝《つた》えるものがなくても、遠《とお》くにある物《もの》に直接《ちょくせつ》光《ひかり》や熱《ねつ》が伝《つた》わること。「ふく射《しゃ》」ともいう。関連 対流《たいりゅう》。伝導《でんどう》。

ぼうじゃくぶじん【傍若無人】 名詞 形容動詞 まるでそばに人《ひと》がいないかのように、勝手気《かってき》ままにふるまうこと。例 傍若無人な態《たい》度《ど》で歩《ある》き回《まわ》る。

ほうしゃじょう【放射状】 名詞 中心《ちゅうしん》の一《いっ》点《てん》から、四方八方《しほうはっぽう》に広《ひろ》がっているようす。例 放射状にのびる道路網《どうろもう》。

ほうしゃせいげんそ【放射性元素】 名詞 放射能《ほうしゃのう》を持《も》つ元素《げんそ》。ウラン・ラジウム・プルトニウムなど。

ほうしゃせん【放射線】 名詞 ウランやラジウムなどの原子核《げんしかく》がこわれるときに出《で》るもの。アルファ線《せん》・ベータ線《せん》・ガンマ線《せん》などがあり、目《め》に見《み》えない。たくさん浴《あ》びると害《がい》になる。

ほうしゃのう【放射能】 名詞 ウランやラジウムなどの原子核《げんしかく》が、こわれるときに放射線《ほうしゃせん》を出《だ》す性質《せいしつ》やはたらき。

ぼうしゅ【ぼう種】 名詞 季語 夏 二十四節気《にじゅうしせっき》の一《ひと》つ。いねなどの穀物《こくもつ》を植《う》えるころ。六月六《ろくがつむい》日《か》ごろ。↓1450ページ 二十四節気《にじゅうしせっき》

ほうしゅう【報酬】 名詞 仕事《しごと》などをした人《ひと》に、お礼《れい》としてしはらわれるお金《かね》や品物《しなもの》。

ほうしゅつ【放出】 名詞 動詞 ❶外《そと》に向《む》かって勢《いきお》いよく出《だ》すこと。❷たくわえてあった品物《しなもの》などを、一度《いちど》に出《だ》すこと。例 倉庫《そうこ》の米《こめ》を放出する。

ほうしょう【法相】 名詞 「法務大臣《ほうむだいじん》」のこと。法務省《ほうむしょう》の、もっとも上《うえ》の役目《やくめ》。

ぼうしょう【帽章】 名詞 帽子《ぼうし》につける記章《きしょう》。

ほうじょうき【方丈記】 名詞 鎌倉時代初《かまくらじだいはじ》めに、鴨長明《かものちょうめい》が書《か》いた随筆《ずいひつ》。人生《じんせい》ははかないものであるという無常観《むじょうかん》を中心《ちゅうしん》に世《よ》のありさまをつづった。「枕草子《まくらのそうし》」「徒然草《つれづれぐさ》」などとともに、日本《にほん》の随筆文学《ずいひつぶんがく》を代表《だいひょう》する作品《さくひん》。

ほうじょうし【北条氏】 名詞 鎌倉幕府《かまくらばくふ》の執《しっ》権《けん》となっていた一族《いちぞく》。北条時政《ほうじょうときまさ》のとき、源《みなもとの》頼朝《よりとも》を助《たす》けて権力《けんりょく》を得《え》た。代々将軍《だいだいしょうぐん》を助《たす》けて実権《じっけん》をにぎったが、鎌倉幕府《かまくらばくふ》の滅亡《めつぼう》とともにほろんだ。

ほうじょうときむね【北条時宗】 名詞 （一二五一～一二八四）鎌倉幕府《かまくらばくふ》の第八代《だいはちだい》の執権《しっけん》。元《げん》（＝今《いま》の中国《ちゅうごく》）の大軍《たいぐん》が日本《にほん》にせめて来《き》たとき、元《げん》の軍《ぐん》を追《お》いはらうのに活躍《かつやく》した。

ほうじょうときより【北条時頼】 名詞 （一二二七～一二六三）鎌倉幕府《かまくらばくふ》の第五代《だいごだい》の執権《しっけん》。北条氏《ほうじょうし》の地位《ちい》を強化《きょうか》し、執権政治《しっけんせいじ》を固《かた》めた。

ほうじょうまさこ【北条政子】 名詞 （一一五七～一二二五）源頼朝《みなもとのよりとも》の妻《つま》。第二代《だいにだい》将軍頼《しょうぐんより》家《いえ》と第三代将軍実朝《だいさんだいしょうぐんさねとも》の母《はは》。頼朝《よりとも》の死後出家《しごしゅっけ》して尼《あま》となり、政治《せいじ》に大《おお》きな力《ちから》をふるって尼将《あましょう》軍《ぐん》と呼《よ》ばれた。

ほうしょく【奉職】 名詞 動詞 学校《がっこう》や役所《やくしょ》などの、おおやけの仕事《しごと》につくこと。使い方 古《ふる》い言《い》い方《かた》。

ぼうしょく【暴食】 名詞 動詞 むやみにたくさん食《た》べること。例 暴飲暴食《ぼういんぼうしょく》。

ほうじる【報じる】 動詞 ❶知《し》らせる。告《つ》げる。例 テレビで洪水《こうずい》のようすを報《ほう》じている。❷恩《おん》などを返《かえ》す。むくいる。例 恩《おん》に報《ほう》じる。ことば「報《ほう》ずる」ともいう。

ほうしん【方針】 名詞 ものごとを進《すす》めていく上《うえ》で、これから目指《めざ》していく方向《ほうこう》。例 児童会《じどうかい》の活動方針《かつどうほうしん》／夏休《なつやす》みの練習《れんしゅう》の方針《ほうしん》を立《た》てる。

ほうしん【放心】 名詞 動詞 ほかのものごとに気《き》をうばわれて、ぼんやりすること。

ほうじん【邦人】 名詞 自分《じぶん》の国《くに》の人《ひと》。日本《にほん》人《じん》。とくに、外国《がいこく》にいる日本人《にほんじん》。

ほうじん【法人】 名詞 会社《かいしゃ》や団体《だんたい》など、法律《ほうりつ》上《じょう》で人間《にんげん》と同様《どうよう》に権利《けんり》や義務《ぎむ》が認《みと》められているもの。例 財団法人《ざいだんほうじん》。

ほうじんぜい【法人税】 名詞 法人《ほうじん》の所得《しょとく》などに対《たい》してかけられる税金《ぜいきん》。国《くに》に納《おさ》められる。

ぼうず【坊主】 名詞 ❶僧《そう》。おぼうさん。❷かみの毛《け》を短《みじか》くかり上《あ》げたり、かみの毛《け》をそったりしていること。また、そのようなもの。例 坊主頭《あたま》／山《やま》が坊主になる。❸男《おとこ》の子《こ》を親《した》しんで、また、からかっていうことば。例 いたずら坊主。

読書のこみち　高 中 低　『砂《すな》の妖精《ようせい》』ネズビット　ロンドンから田舎《いなか》の家《いえ》にやって来《き》たきょうだいが、砂利《じゃり》ほり場《ば》
れるといいます。しかし願《ねが》い事《ごと》は毎回《まいかい》なぜかやっかい事《ごと》を引《ひ》き起《お》こし、みんなで苦労《くろう》しな

使い方 ❶は、ぞんざいな言《い》い方《かた》。

ほうすい【放水】 名詞 動詞 ❶ホースなどから、水《みず》を勢《いきお》いよく出《だ》すこと。例 ポンプ車《しゃ》の放水で火事《かじ》が治《おさ》まった。❷川《かわ》やダムなどの水《みず》を、導《みちび》いて流《なが》すこと。例 放水路《ろ》。

ぼうすい【防水】 名詞 動詞 水《みず》がしみこむのを防《ふせ》ぐこと。例 防水加工《かこう》。

ほうすいろ【放水路】 名詞 洪水《こうずい》を防《ふせ》ぐために川《かわ》の水《みず》を分《わ》けて流《なが》したり、水力発電《すいりょくはつでん》に使《つか》った水《みず》を流《なが》したりするための人工《じんこう》の川《かわ》。

ほうずる【報ずる】 ⇒1207ページ《ジ》 ほうじる

ほうせい【砲声】 名詞 大砲《たいほう》をうつ音《おと》。

ほうせき【宝石】 名詞 指輪《ゆびわ》やネックレスなどのかざりに使《つか》われる、美《うつく》しくて値打《ねう》ちの高《たか》い鉱物《こうぶつ》。ダイヤモンド・ルビーなど。

ぼうせき【紡績】 名詞 綿《わた》・まゆ・羊《ひつじ》の毛《け》などから糸《いと》をつくること。製糸《せいし》。例 紡績工場《こうじょう》。

ぼうせきぎょう【紡績業】 名詞 綿糸《めんし》・絹糸《けんし》・毛糸《けいと》・化学繊維《かがくせんい》などをつくる工業《こうぎょう》。

ぼうせつりん【防雪林】 名詞 ふぶきやなだれなどの雪《ゆき》の害《がい》を防《ふせ》ぐためにつくった林《はやし》。

ぼうせん【防戦】 名詞 動詞 相手《あいて》からのこうげきを防《ふせ》いで戦《たたか》うこと。例 防戦一方《いっぽう》の試合《しあい》。

ぼうせん【傍線】 名詞 文字《もじ》や文《ぶん》のわきに、目《め》印《じるし》として引《ひ》いた線《せん》。

ぼうぜん【と】【ぼう然［と］】 副詞 あっけにとられたようす。気《き》ぬけしてぼんやりしているようす。例 台風《たいふう》にあらされた畑《はたけ》をぼう然と見《み》つめる。

ほうせんか 名詞 季語 秋 庭《にわ》などに植《う》える草花《くさばな》の一《ひと》つ。夏《なつ》から秋《あき》にかけて、赤《あか》・白《しろ》・むらさきなどの花《はな》がさく。実《み》が熟《じゅく》すと、種《たね》がはじけ飛《と》ぶ。

ほうせんか

ほうそう ⇒909ページ《ジ》 てんねんとう

ほうそう【包装】 名詞 動詞 品物《しなもの》を紙《かみ》などで包《つつ》むこと。例 包装紙《し》／プレゼントを包装する。

ほうそう【放送】 名詞 動詞 ❶電波《でんぱ》などを使《つか》って、テレビやラジオなどの番《ばん》組《ぐみ》を送《おく》り出《だ》すこと。例 放送局《きょく》／衛星《えいせい》放送。❷マイクなどを使《つか》って、多《おお》くの人《ひと》に聞《き》かせること。例 校内《こうない》放送。

ぼうそう【暴走】 名詞 動詞 ❶決《き》まりを守《まも》らないで乱暴《らんぼう》に走《はし》ること。止《と》まらなければならないところで止《と》まらずに走《はし》ること。例 暴走する車《くるま》をとりしまる。❷運転《うんてん》する人《ひと》のいない乗《の》り物《もの》が、ひとりでに走《はし》り出《だ》すこと。❸周《まわ》りのことを考《かんが》えないで、ものごとを自分勝《じぶんかっ》手《て》に進《すす》めること。例 学芸会《がくげいかい》の計画《けいかく》を立《た》てていて、ぼくだけ暴走してしまった。

ほうそうえいせい【放送衛星】 名詞 人工《じんこう》衛星《えいせい》の一《ひと》つ。地上《ちじょう》のテレビ放送局《ほうそうきょく》が出《だ》す電波《でんぱ》を中継《ちゅうけい》して地上《ちじょう》に送《おく》り返《かえ》し、それぞれの家庭《かてい》で直接受信《ちょくせつじゅしん》できるようにする。

ほうそうきょく【放送局】 名詞 ラジオやテレビの番組《ばんぐみ》を送《おく》り出《だ》すところ。

ほうそうげき【放送劇】 名詞 ラジオで放送《ほうそう》する劇《げき》。ラジオドラマ。

ぼうそうはんとう【房総半島】 名詞 千葉《ちば》県《けん》の南部《なんぶ》をしめる半島《はんとう》。東《ひがし》と南《みなみ》は太平洋《たいへいよう》に面《めん》して外房《そとぼう》と呼《よ》ばれ、西《にし》は東京湾《とうきょうわん》を囲《かこ》んで内房《うちぼう》と呼《よ》ばれている。

ほうそく【法則】 名詞 ❶かならず守《まも》らなければならない決《き》まり。規則《きそく》。❷ある条件《じょうけん》のもとで、いつも同《おな》じように成《な》り立《た》つ決《き》まり。例 万有引力《ばんゆういんりょく》の法則。

ほうたい【包帯】 名詞 傷口《きずぐち》などを守《まも》るために巻《ま》く、細長《ほそなが》い布《ぬの》。

-ほうだい【放題】 接尾語 （ほかのことばのあとにつけて）「思《おも》う存分《ぞんぶん》に…する」「勝手気《かってき》ままに…する」の意味《いみ》を表《あらわ》す。例 食《た》べ放題／言《い》いたい放題文句《もんく》を言《い》う／庭《にわ》の草《くさ》がのび放題だ。

ぼうだい【膨大】 形容動詞 非常《ひじょう》に大《おお》きいようす。また、非常《ひじょう》に多《おお》いようす。例 膨大な予算《よさん》／膨大な数《かず》の本《ほん》。類 ばく大《だい》。

ぼうたかとび【棒高跳び】 名詞 陸上競技《りくじょうきょうぎ》の一《ひと》つ。長《なが》い棒《ぼう》で体《からだ》を支《ささ》えて横木《よこぎ》（＝バー）をとびこし、とんだ高《たか》さをきそう。

ぼうだち【棒立ち】 名詞 おどろいたときなどに、棒《ぼう》のようにまっすぐ立《た》ったまま動《うご》けなくなること。

のすごく大《おお》きな絵本《えほん》にかわってしまう。」…おおぐま座《ざ》やオリオン座《ざ》などの星座《せいざ》から、季節《きせつ》ごとの星空《ほしぞら》の図《ず》、惑《わく》星、クイズや星《ほし》にまつわる物語《ものがたり》なども楽《たの》しい知識絵本《ちしきえほん》です。これを読《よ》めば、あなたも星座博士《せいざはかせ》になれるかも？

ほうだん【放談】 名詞 動詞 言《い》いたいことを、遠慮《えんりょ》なく自由《じゆう》に話《はな》すこと。また、その話《はなし》。

ほうだん【砲弾】 名詞 大砲《たいほう》のたま。

ほうち【放置】 名詞 動詞 そのままほうっておくこと。例 放置自転車《じてんしゃ》。

ほうち【報知】 名詞 動詞 知《し》らせること。また、その知《し》らせ。例 火災《かさい》報知器《き》。

ほうちこっか【法治国家】 名詞 国民《こくみん》の意思《いし》によって定《さだ》められた法律《ほうりつ》にもとづいて、政治《せいじ》が行《おこな》われている国《くに》。

ぼうちゅうざい【防虫剤】 名詞 服《ふく》や本《ほん》などに虫《むし》がつくのを防《ふせ》ぐ薬《くすり》。ナフタレン・しょう脳《のう》など。

ほうちょう【包丁】 名詞 野菜《やさい》・魚《さかな》・肉《にく》などを切《き》る刃物《はもの》。例 刺身《さしみ》包丁。ことば「一丁《いっちょう》」「一本《いっぽん》」と数《かぞ》える。

ぼうちょう【傍聴】 名詞 動詞 演説《えんぜつ》・議会《ぎかい》・裁《さい》判《ばん》などを、そばで聞《き》くこと。例 傍聴席《せき》。

ぼうちょう【膨張】 名詞 動詞 ❶熱《ねつ》などのために、物《もの》の体積《たいせき》が増《ふ》えること。ふくれて大《おお》きくなること。例 空気《くうき》が膨張する。対 収縮《しゅうしゅく》。❷規模《きぼ》が大《おお》きくなったり広《ひろ》がったりすること。例 都市《とし》の人口《じんこう》が膨張する。

ぼうちょうてい【防潮堤】 名詞 高潮《たかしお》や津波《つなみ》が起《お》こったときに、陸《りく》や港《みなと》に海水《かいすい》が入《はい》ってくるのを防《ふせ》ぐための堤防《ていぼう》。

ほうっておく【放っておく】 何《なに》もしないで、そのままにしておく。例 おもちゃを庭《にわ》に放っておく／絵《え》をかきかけたまま放っておく。

ぼうっと 副詞 動詞 ❶ぼやけていて、はっきりと見《み》えないようす。❷頭《あたま》の中《なか》がはっきりしないようす。ぼんやりしているようす。例 起《お》きたばかりで、まだぼうっとしている。

ほうてい【法廷】 名詞 裁判《さいばん》をするところ。

ほうてい【法定】 名詞 法律《ほうりつ》で決《き》められていること。

ほうていしき【方程式】 名詞 あたいのわからない数《かず》（＝未知数《みちすう》）を求《もと》めるときに、等号《とうごう》（＝）を使《つか》って表《あらわ》した式《しき》。2x＋3＝7など。

ほうてん【法典】 名詞 法律《ほうりつ》を分類《ぶんるい》し、まとめた書物《しょもつ》。

ほうでん【放電】 名詞 動詞 ❶電池《でんち》から、たくわえられている電気《でんき》が流《なが》れ出《で》ること。対 充電《じゅうでん》。❷空気《くうき》など、ふつうは電気《でんき》を伝《つた》えないものの中《なか》を、電流《でんりゅう》が流《なが》れること。

ぼうてん【傍点】 名詞 意味《いみ》を強《つよ》めたいときや注意《ちゅうい》してほしいときに、文字《もじ》のわきにつける点《てん》。「・」や「、」など。

ぼうと【暴徒】 名詞 集《あつ》まって乱暴《らんぼう》なことをする人《ひと》たち。

ほうどう【報道】 名詞 動詞 世《よ》の中《なか》のできごとを、新聞《しんぶん》・ラジオ・テレビなどで、人々《ひとびと》に知《し》らせること。例 報道番組《ばんぐみ》／事件《じけん》が報道される。

ぼうとう【冒頭】 名詞 会《かい》や話《はなし》・文章《ぶんしょう》などの初《はじ》め。例 会《かい》の冒頭に先生《せんせい》のお話《はなし》があった。

ぼうとう【暴投】 名詞 動詞 野球《やきゅう》で、相手《あいて》がとれないような球《たま》を投《な》げること。

ぼうとう【暴騰】 名詞 動詞 物《もの》の値段《ねだん》などが急《きゅう》に高《たか》くなること。例 ガソリンの値段《ねだん》が暴騰する。対 暴落《ぼうらく》。

ぼうどう【暴動】 名詞 社会《しゃかい》に不満《ふまん》のある人《ひと》などが集《あつ》まって、さわぎを起《お》こすこと。

ほうどうきかん【報道機関】 名詞 新聞《しんぶん》・ラジオ・テレビなど、世《よ》の中《なか》のできごとを人々《ひとびと》に知《し》らせるためのしくみ。

ぼうどく【防毒】 名詞 有毒《ゆうどく》なガスなどを防《ふせ》ぐこと。例 防毒マスク。

ほうにち【訪日】 名詞 動詞 外国《がいこく》の人《ひと》が日本《にほん》をおとずれること。類 来日《らいにち》。

ほうにん【放任】 名詞 動詞 構《かま》わないで、ほうっておくこと。成《な》り行《ゆ》きに任《まか》せること。例 自由《じゆう》放任／放任主義《しゅぎ》。

ほうねん【法然】 名詞（一一三三～一二一二）平安時代《へいあんじだい》の末《すえ》ごろに浄土宗《じょうどしゅう》を開《ひら》いたおぼうさん。弟子《でし》に親鸞《しんらん》がいる。

ほうねん【豊年】 名詞 季語 秋 作物《さくもつ》のできがよい年《とし》。豊作《ほうさく》の年《とし》。対 凶年《きょうねん》。

ぼうねんかい【忘年会】 名詞 季語 冬 一年《いちねん》の終《お》わりに、その年《とし》の苦労《くろう》などを忘《わす》れるために開《ひら》く会《かい》。

ほうのう【奉納】 名詞 動詞 神《かみ》や仏《ほとけ》に、品物《しなもの》やおどり、芸《げい》などをささげること。例 神社《じんじゃ》で奉納試合《じあい》が行《おこな》われた。

ぼうはつ【暴発】 名詞 動詞

読書のこみち　高 中 低　『星座《せいざ》を見《み》つけよう』H《エッチ》・A《エー》・レイ文《ぶん》・絵《え》「夜《よる》、星《ほし》がかがやきだすと、空《そら》はいきなり、も星《せい》や太陽系《たいようけい》などの宇《う》宙《ちゅう》の知識《ちしき》まで、星《ほし》について語《かた》った一冊《いっさつ》。見《み》やすく工夫《くふう》されたイラス

❶鉄砲《てっぽう》などのたまが、不注意《ふちゅうい》などのため誤《あやま》って発射《はっしゃ》されること。例 暴発事故《じこ》。❷事件《じけん》など、よくないことが突然起《とつぜんお》こること。

ぼうはてい【防波堤】 名詞 海《うみ》から寄《よ》せるあらい波《なみ》を防《ふせ》ぐために、港《みなと》に築《きず》いた堤防《ていぼう》。

ぼうはん【防犯】 名詞 犯罪《はんざい》を防《ふせ》ぐこと。例 防犯ベル。

ぼうはんとうろく【防犯登録】 名詞 自分《じぶん》の自転車《じてんしゃ》を届《とど》け出《で》て登録《とうろく》すること。防犯登録《ぼうはんとうろく》シールをはることで自転車《じてんしゃ》をぬすまれにくくし、また、ぬすまれたときにも、持《も》ち主《ぬし》をさがしやすくする。

ほうび【褒美】 名詞 よい行《おこな》いなどをほめてあたえる品物《しなもの》やお金《かね》。例 ご褒美をもらう。

ぼうび【防備】 名詞 動詞 敵《てき》や災害《さいがい》を防《ふせ》ぐために備《そな》えをすること。また、その備《そな》え。例 防備を固《かた》める。

ほうふ【抱負】 名詞 このようにしたい、と心《こころ》の中《なか》で思《おも》っている希望《きぼう》や計画《けいかく》。例 新年《しんねん》の抱負を述《の》べる。

ほうふ【豊富】 形容動詞 たくさんあって豊《ゆた》かなようす。例 豊富な知識《ちしき》／人生経験《じんせいけいけん》が豊富な女《じょ》性《せい》。

ぼうふう【暴風】 名詞 被害《ひがい》をあたえるような、激《はげ》しい風《かぜ》。

ぼうふういき【暴風域】 名詞 台風《たいふう》や発達《はったつ》した低気圧《ていきあつ》の近《ちか》くで、平均風速《へいきんふうそく》が二十五《にじゅうご》メートル以上《いじょう》の強《つよ》い風《かぜ》がふいている範囲《はんい》。

ぼうふうう【暴風雨】 名詞 激《はげ》しい風《かぜ》といっしょに強《つよ》い雨《あめ》が降《ふ》ること。あらし。

ぼうふうけん【暴風圏】 名詞 台風《たいふう》などで、激《はげ》しい風《かぜ》がふきあれている範囲《はんい》。

ぼうふうせつ【暴風雪】 名詞 激《はげ》しい風《かぜ》といっしょに雪《ゆき》が強《つよ》く降《ふ》ること。

ぼうふうりん【防風林】 名詞 作物《さくもつ》や家《いえ》などを風《かぜ》の害《がい》から防《ふせ》ぐためにつくった林《はやし》。

ほうふく【報復】 名詞 動詞 仕返《しかえ》しをすること。例 敵《てき》に報復する。類 復《ふく》しゅう。

ほうふくぜっとう【抱腹絶倒】 ➡845ページ
四字熟語

ぼうふざい【防腐剤】 名詞 物《もの》がくさるのを防《ふせ》ぐ薬《くすり》。

ほうぶつせん【放物線】 名詞 物体《ぶったい》をななめ上《うえ》に投《な》げ上《あ》げたときに、下《した》に落《お》ちてくるまでにえがく曲線《きょくせん》。例 ホームランがきれいな放物線をえがいた。

ぼうふら 名詞 季語 夏 蚊《か》の幼虫《ようちゅう》。大《おお》きさ五《ご》ミリメートルくらい。水《みず》たまりなどにすむ。

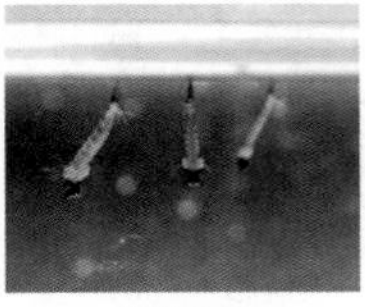
ぼうふら

ほうぶん【邦文】 名詞 日本語《にほんご》の文字《もじ》や文章《ぶんしょう》。和文《わぶん》。

ほうべん【方便】 名詞 目的《もくてき》を果《は》たすための、その場《ば》だけの都合《つごう》のよい方法《ほうほう》。例 うそも方便。

ほうほう【方法】 名詞 ものごとを行《おこな》うやり方《かた》。しかた。例 練習《れんしゅう》の方法を工夫《くふう》する。

ほうぼう【方方】 名詞 あちらこちら。例 にげた小鳥《ことり》を方々さがしたが見《み》つからなかった。

ほうほうのてい【ほうほうの体】 ひどい目《め》にあって、やっとのことでにげ出《だ》すようす。例 夕立《ゆうだち》にあい、ほうほうの体で帰《かえ》ってきた。

ほうほうのてい

ほうぼく【放牧】 名詞 動詞 牛《うし》・馬《うま》・羊《ひつじ》などを、野山《のやま》や牧場《ぼくじょう》に放《はな》し飼《が》いにすること。

ほうまん【豊満】 形容動詞 体《からだ》の肉《にく》づきがよいようす。例 豊満な体《からだ》つき。使い方 ふつう、女《おんな》の人《ひと》についていう。

ほうむしょう【法務省】 名詞 法律《ほうりつ》についての仕事《しごと》や、国民《こくみん》の権利《けんり》を守《まも》るための仕事《しごと》をする国《くに》の役所《やくしょ》。

ほうむだいじん【法務大臣】 ➡1207ページ ほうしょう

ほうむる【葬る】 動詞 ❶死体《したい》や骨《ほね》を墓《はか》に納《おさ》める。❷人《ひと》に知《し》られないようにかくす。例 事件《じけん》をやみに葬る。❸世《よ》の中《なか》で活動《かつどう》できないようにする。例 世間《せけん》から葬られた人物《じんぶつ》。

ほうめい【芳名】 名詞 他人《たにん》の名前《なまえ》を尊敬《そんけい》していうことば。お名前《なまえ》。

ぼうめい【亡命】 名詞 動詞 政治上《せいじじょう》の問題《もんだい》で、自分《じぶん》の国《くに》から外国《がいこく》へにげること。

ほうめん【方面】 名詞

…それから、地球《ちきゅう》が生《う》まれ、海《うみ》ができ、生物《せいぶつ》が誕生《たんじょう》し、草木《くさき》がしげり、きょうりゅうの時代《じだい》、氷河期《ひょうがき》を経《へ》て、もに語《かた》る絵本《えほん》です。一場面一場面《いちばめんいちばめん》をめくりながら、生命《せいめい》のはるかなつながりと変化《へんか》を実感《じっかん》してみてください。

教科＝教科《きょうか》で特別《とくべつ》に使《つか》われることばの説明《せつめい》 使い方＝ことばの使《つか》い方《かた》の注意《ちゅうい》

❶その方向《ほうこう》にある地域《ちいき》。その辺《あた》り。例 大阪《おおさか》方面に向《む》かう車《くるま》。❷ある分野《ぶんや》。領域《りょういき》。例 スポーツ方面は得意《とくい》だ。

ほうめん【放免】 名詞 動詞 ❶つかまえていた人《ひと》を、自由《じゆう》の身《み》にすること。❷仕事《しごと》や役割《やくわり》などから解《と》き放《はな》つこと。例 いそがしい仕事《しごと》から放免される。

ほうもつ【宝物】 名詞 値打《ねう》ちのある大切《たいせつ》なもの。たからもの。例 正倉院《しょうそういん》の宝物。

ほうもん【訪問】 名詞 動詞 よその家《いえ》を訪《たず》ねること。おとずれること。例 家庭《かてい》訪問／親戚《しんせき》の家《いえ》を訪問する。使い方「訪門」と書《か》かないよう注意《ちゅうい》。

ぼうや【坊や】 名詞 男《おとこ》の子《こ》を親《した》しんで呼《よ》ぶことば。

ほうよう【法要】 名詞 仏教《ぶっきょう》で、死《し》んだ人《ひと》のたましいをなぐさめるための行事《ぎょうじ》。例 祖父《そふ》の法要を営《いとな》む。類 法事《ほうじ》。

ほうようりょく【包容力】 名詞 小《ちい》さなことにこだわらず、広《ひろ》い心《こころ》で人《ひと》を受《う》け入《い》れて包《つつ》みこむことのできる力《ちから》。例 包容力のある人《ひと》。

ぼうよみ【棒読み】 名詞 動詞 文章《ぶんしょう》の区切《くぎ》りやアクセントなどを気《き》にしないで、全部《ぜんぶ》同《おな》じ調子《ちょうし》で読《よ》むこと。

ぼうらく【暴落】 名詞 動詞 物《もの》の値段《ねだん》などが急《きゅう》に安《やす》くなること。例 野菜《やさい》の価格《かかく》が暴落する。対 暴騰《ぼうとう》。

ぼうり【暴利】 名詞 正《ただ》しいとは思《おも》えないほど多《おお》い利益《りえき》。例 暴利をむさぼる。

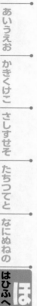

ほうりこむ【放り込む】 動詞 勢《いきお》いよく、または無造作《むぞうさ》に投《な》げ入《い》れる。例 かごに洗濯物《せんたくもの》を放り込む。

ほうりだす【放り出す】 動詞 ❶乱暴《らんぼう》に投《な》げて外《そと》に出《だ》す。また、投《な》げるようにして置《お》く。例 かばんを放り出す。❷とちゅうでやめる。例 夏休《なつやす》みの宿題《しゅくだい》を放り出す。❸人《ひと》の世話《せわ》や相手《あいて》をしない。例 妹《いもうと》を放り出して遊《あそ》びに行《い》く。

ほうりつ【法律】 名詞 国民《こくみん》が守《まも》らなければならない、国《くに》の決《き》まり。

ほうりなげる【放り投げる】 動詞 ❶無造作《むぞうさ》に投《な》げる。また、投《な》げるように置《お》く。❷とちゅうでやめてそのままにしておく。例 勉強《べんきょう》を放り投げて、遊《あそ》びに出《で》かける。

ぼうりゃく【謀略】 名詞 人《ひと》や敵《てき》をだますためのはかりごと。たくらみ。例 敵《てき》の謀略にかかる。

ほうりゅう【放流】 名詞 動詞 ❶ためておいた水《みず》を流《なが》すこと。例 ダムの水《みず》を放流する。❷魚《さかな》をふやすため、魚《さかな》の子《こ》を川《かわ》や湖《みずうみ》などに放《はな》すこと。例 さけの稚魚《ちぎょ》を川《かわ》に放流する。

ほうりゅうじ【法隆寺】 名詞 奈良県《ならけん》にある寺《てら》。六〇七年《ねん》に、聖徳太子《しょうとくたいし》によって建《た》てられたと伝《つた》えられる。木造建築《もくぞうけんちく》としては世界《せかい》でもっとも古《ふる》い五重塔《ごじゅうのとう》などの建物《たてもの》がある。一九九三年《ねん》に世界文化遺産《せかいぶんかいさん》に登録《とうろく》された。

ほうりょう【豊漁】 名詞 魚《さかな》がたくさんとれること。類 大漁《たいりょう》。対 不漁《ふりょう》。

ぼうりょく【暴力】 名詞 他人《たにん》に対《たい》してふるう、乱暴《らんぼう》な力《ちから》。乱暴《らんぼう》な行《おこな》い。例 暴力をふるう。

ボウリング (bowling) 名詞 大《おお》きな球《たま》を転《ころ》がして、十本《じっぽん》の的《まと》(＝ピン)をたおすゲーム。「ボーリング」ともいう。

ほうる【放る】 動詞 ❶投《な》げる。例 球《たま》を放る。❷そのままにして構《かま》わないでおく。例 そのくらいの傷《きず》なら放っておいても治《なお》る。❸とちゅうであきらめてやめる。例 部屋《へや》のかたづけを放って遊《あそ》びに行《い》く。使い方「ほおる」と書《か》かないよう注意《ちゅうい》。

漢 ➡1202ページ ほう〔放〕

ボウル ➡1214ページ ボール(bowl)

ぼうるい【防塁】 名詞 敵《てき》からのこうげきを防《ふせ》ぐためのとりで。

ほうれい【法令】 名詞 法律《ほうりつ》と、政治《せいじ》を行《おこな》うための命令《めいれい》。

ぼうれい【亡霊】 名詞 ❶死《し》んだ人《ひと》のたましい。❷ゆうれい。

ほうれんそう【ほうれん草】 名詞 季語 春 野菜《やさい》の一《ひと》つ。葉《は》は濃《こ》い緑色《みどりいろ》で、くきや根《ね》は赤《あか》い。ビタミンA《エー》・C《シー》や鉄分《てつぶん》を多《おお》くふくむ。

ほうれんそう

読書のこみち 高 中 低 『せいめいのれきし』バートン文《ぶん》・絵《え》 「考《かんが》えられないほど大昔《おおむかし》、太陽《たいよう》がうまれました。」人間《にんげん》が登場《とうじょう》し…。わたしたちが生《い》きる現代《げんだい》までの、その長《なが》い歴史《れきし》を30場面《ばめん》余《あま》りの絵《え》とと

関連＝関係《かんけい》の深《ふか》いことば

ほうろう 名詞 さび止《ど》めやかざりのため、金属《きんぞく》のうつわなどの表面《ひょうめん》に焼《や》きつける上薬《うわぐすり》。また、それを焼《や》きつけたもの。例 ほうろうのなべ。

ほうろう【放浪】 名詞 動詞 決《き》まった家《いえ》を持《も》たないで、あちらこちらをあてもなく歩《ある》き回《まわ》ること。例 放浪の詩人《しじん》／異国《いこく》の地《ち》を放浪する。類 流浪《るろう》。

ほうわ【飽和】 名詞 動詞 ❶それ以上《いじょう》入《い》れるのは無理《むり》なほど、いっぱいになること。例 会場《かいじょう》は観客《かんきゃく》で飽和状態《じょうたい》だ。❷液体《えきたい》が、ある物質《ぶっしつ》を最大限《さいだいげん》とかしこむことができない状態《じょうたい》。また、それ以上《いじょう》その物質《ぶっしつ》をとかしこんでいて、それ以上《いじょう》水蒸気《すいじょうき》をふくむことができない状態《じょうたい》。空気《くうき》が水蒸気《すいじょうき》を最大限《さいだいげん》ふくんでいて、それ以上《いじょう》水蒸気《すいじょうき》をふくむことができない状態《じょうたい》。

ほえる 動詞 犬《いぬ》などのけものが大声《おおごえ》で鳴《な》く。

ほお【頰】 名詞 顔《かお》の両側《りょうがわ》の、目《め》の下《した》の辺《あた》り。ほっぺた。ほほ。例 頰がこける。図➡235ページかお

●**頰《ほお》を染《そ》める** はずかしがって顔《かお》を赤《あか》くする。例 みんなにほめられて頰を染める。

ボーイ (boy) 名詞 ❶「男《おとこ》の子《こ》」「少年《しょうねん》」のこと。対 ガール。❷ホテルやレストランで客《きゃく》の世話《せわ》をする男《おとこ》の人《ひと》。

ボーイスカウト (Boy Scouts) 名詞 少年《しょうねん》たちの心《こころ》や体《からだ》をきたえ、社会《しゃかい》のためになる人《ひと》を育《そだ》てるための団体《だんたい》。関連 ガールスカウト。参考 一九〇八年《ねん》にイギリスで始《はじ》まった。

ボーイフレンド (boy friend) 名詞 女《おんな》の人《ひと》にとっての、男《おとこ》の友《とも》だち。対 ガールフレンド。

ほおかぶり【頰かぶり】 名詞 動詞 季語冬 ❶頭《あたま》からほおにかけて手《て》ぬぐいなどをかぶって、あごの下《した》で結《むす》ぶこと。❷知《し》らないふりをすること。例 事故《じこ》を起《お》こしておいて、頰かぶりするのはいけない。ことば「ほおかむり」「ほっかぶり」ともいう。

ほおかぶり❶

ほおかむり【頰かむり】➡1212ページほおかぶり

ボーキサイト (bauxite) 名詞 アルミニウムの原料《げんりょう》となる、茶色《ちゃいろ》や赤色《あかいろ》の鉱石《こうせき》。

ホーク➡1144ページフォーク

ポーク (pork) 名詞 ぶた肉《にく》。例 ポークソテー／ローストポーク。

ほおじろ 名詞 季語春 山《やま》にすむ小鳥《ことり》。色《いろ》やすがたがすずめに似《に》ていて、ほおは白《しろ》い。おすは美《うつく》しい声《こえ》でさえずる。

ほおじろ

ホース (オランダ語) 名詞 水《みず》やガスなどを送《おく》るための、ゴムやビニールの管《くだ》。

ポーズ (pose) 名詞 ❶体《からだ》の構《かま》え方《かた》や姿《すがた》。とくに、絵《え》・彫刻《ちょうこく》・写真《しゃしん》などに表《あらわ》される姿勢《しせい》。例 モデルがポーズをとる。❷気《き》どった態度《たいど》。見《み》せかけの態度《たいど》。例 悪者《わるもの》ぶっているが、それはただのポーズにすぎない。

ほおずき 名詞 季語秋 なすのなかまの草花《くさばな》の一《ひと》つ。初夏《しょか》にうすい黄色《きいろ》の花《はな》がさき、ふくろのようになったがくの中《なか》に、赤色《あかいろ》の丸《まる》い実《み》ができる。実《み》は、種《たね》を出《だ》して口《くち》の中《なか》で鳴《な》らして遊《あそ》ぶ。

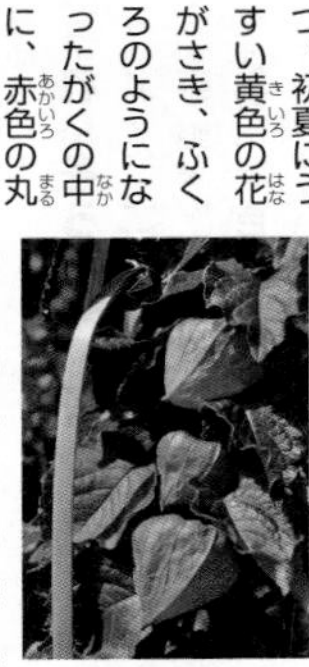
ほおずき

ほおずり【頰擦り】 名詞 動詞 自分《じぶん》のほおを相《あい》手《て》のほおにすりつけること。愛情《あいじょう》を表《あらわ》す動作《どうさ》の一《ひと》つ。

ボーダーライン (border line) 名詞 ものごとの境目《さかいめ》。また、二《ふた》つの間《あいだ》でどちらとも決《き》めにくい位置《いち》。例 当選《とうせん》と落選《らくせん》のボーダーライン。

ポータブル (portable) 名詞 持《も》ち運《はこ》びができること。また、持《も》ち運《はこ》びできるもの。携帯用《けいたいよう》。例 ポータブルテレビ。

ポーチ (porch) 名詞 西洋風《せいようふう》の建物《たてもの》の、屋根《やね》のある玄関口《げんかんぐち》。

ポーチ (pouch) 名詞 小物《こもの》を入《い》れる、小《ちい》さなふくろやバッグ。例 ウエストポーチ。

ほおづえ【頰づえ】 名詞 ひじを立《た》てて、手《て》でほっぺたを支《ささ》えること。例 頰づえをつく。

ボート (boat) 名詞 季語夏 オールでこぐ小《ちい》さなふね。

ボード (board) 名詞 板《いた》。とくに、建築材料《けんちくざいりょう》としてつくった板《いた》。

国《こく》の皇子《おうじ》チャグム。命《いのち》をねらう者《もの》からチャグムを守《まも》りにげることを母《はは》のきさきにたのまれるが、彼《かれ》の体《からだ》には不思《ふし》ムを守《まも》ることができるのか。国家《こっか》の争《あらそ》いや世界《せかい》のなぞがかかわるファンタジー、「守《も》り人《びと》」シリーズの１冊目《さつめ》。

ボードセーリング ⇩118ジペー ウインドサーフィン

ポートフォリオ（portfolio）名詞 ❶学校《がっこう》などで、自分《じぶん》の学習《がくしゅう》の記録《きろく》や作品《さくひん》をまとめたもの。❷会社《かいしゃ》や個人《こじん》が持《も》っている資産《しさん》を、表《ひょう》にしたもの。❸デザイナー・建築家《けんちくか》・写真家《しゃしんか》などが、自分《じぶん》の作品《さくひん》をまとめたもの。

ポートボール 名詞 バスケットボールに似《に》たゲーム。リングの代《か》わりに、台《だい》の上《うえ》にのったゴールマンにシュートする。ことば 英語《えいご》をもとに日本《にほん》で作《つく》られたことば。

ボーナス（bonus）名詞 季語冬 役所《やくしょ》や会社《かいしゃ》などで、給料《きゅうりょう》のほかに、年末《ねんまつ》や夏《なつ》などに特別《とくべつ》にしはらわれるお金《かね》。賞与《しょうよ》。

ほおのき【ほおの木】名詞 もくれんのなかまの高《たか》い木《き》。葉《は》は大《おお》きく、初夏《しょか》に白《しろ》い花《はな》がさく。木材《もくざい》はやわらかくゆがみにくいため、彫刻《ちょうこく》・楽器《がっき》・げたの歯《は》など、さまざまなものに使《つか》う。

ほおのき

ほおばる【頰張る】動詞 ほおがふくれるほど、口《くち》いっぱいに食《た》べ物《もの》を入《い》れる。例 おにぎりを頰張る。

ホープ（hope）名詞 希望《きぼう》。また、将来《しょうらい》を期待《きたい》されている人《ひと》。例 ぼくらのクラブのホープ。

ホーマー（homer）名詞「ホームラン」のこと。

ホーム 名詞「プラットホーム」の略《りゃく》。

ホーム（home）名詞 ❶家庭《かてい》。家《いえ》。例 ホームドラマ。❷故郷《こきょう》。本国《ほんごく》。また、本拠地《ほんきょち》。対 アウェー。❸施設《しせつ》。例 老人《ろうじん》ホーム。❹野球《やきゅう》の本塁《ほんるい》。「ホームベース」の略《りゃく》。

ホームイン 名詞 動詞 野球《やきゅう》で、ランナーが本塁《ほんるい》にかえり、得点《とくてん》すること。「生還《せいかん》」ともいう。ことば 英語《えいご》をもとに日本《にほん》で作《つく》られたことば。

ホームグラウンド（home ground）名詞 ❶野球《やきゅう》で、そのチームが活動《かつどう》の中心《ちゅうしん》としている球場《きゅうじょう》。❷よく慣《な》れていたり、よく知《し》っていたりして、自分《じぶん》が活躍《かつやく》できる場所《ばしょ》や分野《ぶんや》。

ホームシック（homesickness）名詞 家《いえ》や故郷《こきょう》をはなれている人《ひと》が、その家《いえ》や故郷《こきょう》を思《おも》い出《だ》してさびしい気持《きも》ちになること。例 旅先《たびさき》でホームシックにかかる。類 里心《さとごころ》。

ホームステイ（homestay）名詞 動詞 外国《がいこく》に行《い》って、その国《くに》のふつうの家庭《かてい》で生活《せいかつ》させてもらいながら勉強《べんきょう》すること。

ホームドラマ 名詞 家庭内《かていない》のできごとを題材《だいざい》にした、劇《げき》や映画《えいが》。ことば 英語《えいご》をもとに日本《にほん》で作《つく》られたことば。

ホームページ（homepage）名詞 インターネットで、情報《じょうほう》を提供《ていきょう》しているページ。また、その情報《じょうほう》の、最初《さいしょ》に出《で》てくる案内《あんない》の画面《がめん》。

ホームベース（home base）名詞 野球《やきゅう》で、「本塁《ほんるい》」のこと。略《りゃく》して「ホーム」ともいう。

ホームヘルパー 名詞 お年寄《としよ》りや体《からだ》の不自由《ふじゆう》な人《ひと》など、手助《てだす》けを必要《ひつよう》としている人《ひと》の家庭《かてい》に行《い》って、家事《かじ》や介護《かいご》を行《おこな》う人《ひと》。ことば 英語《えいご》をもとに日本《にほん》で作《つく》られたことば。⇩223ジペー 社会へのとびら 介護《かいご》

ホームラン（home run）名詞 野球《やきゅう》で、ボールを打《う》った人《ひと》が一気《いっき》にベースをひと回《まわ》りしてホームベースにもどることができるヒット。「ホーマー」「本塁打《ほんるいだ》」ともいう。

ホームルーム（homeroom）名詞 学校《がっこう》で、クラスの担任《たんにん》の先生《せんせい》と生徒《せいと》が話《はな》し合《あ》うこと。また、その時間《じかん》。

ホームレス（homeless）名詞 住《す》む家《いえ》を持《も》たず、公園《こうえん》や路上《ろじょう》などにねとまりする人《ひと》。

ポーランドきょうわこく【ポーランド共和国】名詞 ヨーロッパの東部《とうぶ》にある国《くに》。農業《のうぎょう》がさかんで、じゃがいも・小《こ》麦《むぎ》などが多《おお》くとれる。石《せき》炭《たん》・鉄《てつ》などの資源《しげん》も多《おお》い。首都《しゅと》はワルシャワ。「ポーランド」ともいう。

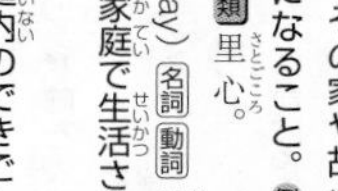
（国旗《こっき》）

ボーリング（boring）名詞 動詞 穴《あな》をあけること。また、土地《とち》を調《しら》べたり、石油《せきゆ》をくみ上《あ》げたりするために地面《じめん》を深《ふか》くほること。

ボーリング（bowling）名詞「ボウリング」のこと。

読書のこみち 高 中 低 『精霊《せいれい》の守《も》り人《びと》』上橋菜穂子《うえはしなほこ》　女用心棒《おんなようじんぼう》バルサが通《とお》りかかった川《かわ》で助《たす》けたのは、新《しん》ヨゴ皇《こう》議《ぎ》なものが宿《やど》っていた。バルサは皇国《こうこく》の秘密《ひみつ》にもかかわる言《い》い伝《つた》えを解《と》き明《あ》かし、チャグ

ボーリングしりょう【ボーリング試料】 名詞 地質《ちしつ》の調査《ちょうさ》などのため、地中《ちちゅう》に細《ほそ》く長《なが》い穴《あな》をほって採取《さいしゅ》したもの。

ホール (hall) 名詞
❶たくさんの人《ひと》が入《はい》る西洋風《せいようふう》の大広間《おおひろま》。
❷もよおしものなどをするための建物《たてもの》。会館《かいかん》。例 コンサートホール。

ボール (bowl) 名詞 料理《りょうり》などに使《つか》う、底《そこ》が深《ふか》くてまるいうつわ。「ボウル」ともいう。

ボール (ball) 名詞
❶球《たま》。まり。例 ボールで遊《あそ》ぶ。
❷野球《やきゅう》で、ピッチャーの投《な》げた球《たま》がストライクにならないこと。対 ストライク。

ポール (pole) 名詞
❶細長《ほそなが》い棒《ぼう》。柱《はしら》。例 ポールに旗《はた》をかかげる。
❷棒高《ぼうたか》とびに使《つか》う棒《ぼう》。

ボールがみ【ボール紙】 名詞 わらなどからつくった、厚《あつ》い紙《かみ》。

ボールベアリング (ball bearing) 名詞 回転《かいてん》するじくのまさつを少《すく》なくしてなめらかに回《まわ》すための、金属《きんぞく》の小《ちい》さな球《たま》を入《い》れたじく受《う》け。

ボールペン 名詞 ペン先《さき》に小《ちい》さな玉《たま》がはめこんであり、書《か》くときにその玉《たま》が回転《かいてん》してインクが出《で》てくるしかけのペン。ことば 英語《えいご》の「ボールポイントペン」の略《りゃく》。

ほおん【保温】 名詞 動詞 同《おな》じ高《たか》さの温度《おんど》を保《たも》つこと。例 ごはんをジャーに入《い》れて保温する。

ぼおん【母音】 ↓1202ページ ぼいん〔母音〕

ほか【外・他】
❶名詞 別《べつ》のところ。よそ。例 ほかへ行《い》こう。
❷名詞 それとはちがうこと。それ以外《いがい》。例 ほかにご意見《いけん》はありませんか。
❸名詞 その範囲《はんい》をこえていること。例 思《おも》いのほか。
❹助詞 (「…ほかはない」などの形《かたち》で、全体《ぜんたい》で)「それ以外《いがい》にはない」という意味《いみ》を表《あらわ》す。例 あまりのことにおどろくほかはなかった。
使い方 かな書《が》きにすることが多《おお》い。
漢 ↓219ページ がい〔外〕・769ページ た〔他〕

ぽか 名詞 思《おも》いもよらない、ばかげた失敗《しっぱい》。へま。使い方 くだけた言《い》い方《かた》。

ほかく【捕獲】 名詞 動詞
❶鳥《とり》やけものをつかまえること。生《い》けどりにすること。例 いのししを捕獲する。
❷敵《てき》の船《ふね》などをとらえること。

ほかげ【火影】 名詞
❶明《あ》かり。ともしび。
❷ともしびの光《ひかり》で映《うつ》る、もののすがた。

ほかけぶね【帆掛け船】 名詞 帆《ほ》を張《は》って風《かぜ》を受《う》け、その力《ちから》で進《すす》む船《ふね》。帆船《はんせん》。帆船《ほぶね》。図 ↓1090ページ はんせん〔帆船〕

ぼかし 名詞
❶ぼかすこと。ぼかしたもの。
❷日本画《にほんが》で、色《いろ》の濃《こ》い部分《ぶぶん》から少《すこ》しずつうすくなるようにえがいて、遠近《えんきん》や高低《こうてい》などの立体感《りったいかん》を出《だ》すやり方《かた》。

ぼかす 動詞
❶色《いろ》の濃《こ》いところとうすいところとの境目《さかいめ》をぼんやりさせる。例 絵《え》の輪郭《りんかく》をぼかす。
❷あいまいにしてはっきりさせないようにする。例 話《はなし》をぼかして結論《けつろん》を言《い》わない。

ほかならない
❶それ以外《いがい》のものでない。確《たし》かにそうである。例 きみの成功《せいこう》は、努力《どりょく》の結果《けっか》にほかならない。
❷ほかとはちがって、とくに大事《だいじ》な関係《かんけい》である。例 ほかならないきみのたのみだから、協力《きょうりょく》しよう。

ほかほか 副詞 動詞 形容動詞 食《た》べ物《もの》や体《からだ》などが温《あたた》かいようす。例 湯上《ゆあ》がりは体《からだ》がほかほかする。

ぽかぽか[と]
❶副詞 動詞 暖《あたた》かで気持《きも》ちのよいようす。例 ぽかぽかした陽気《ようき》。
❷副詞 頭《あたま》などを、続《つづ》けざまにたたくようす。

ほがらか【朗らか】 形容動詞
❶性格《せいかく》や態度《たいど》などが、明《あか》るく晴《は》れ晴《ば》れとしているようす。例 朗らかに笑《わら》う。
❷空《そら》に雲《くも》がなく、晴《は》れわたっているようす。例 朗らかな青空《あおぞら》。
漢 ↓1418ページ ろう〔朗〕

ほかん【保管】 名詞 動詞 お金《かね》や品物《しなもの》を預《あず》かって、なくなったりこわれたりしないようにしまっておくこと。例 売上金《うりあげきん》を金庫《きんこ》に保管する。

ぽかんと
❶副詞 頭《あたま》などをたたくようす。例 頭《あたま》をぽかんとたたかれた。
❷副詞 動詞 あっけにとられているようす。例 突然《とつぜん》のニュースにぽかんとしてしまった。
❸副詞 動詞 ぼんやりしているようす。ぼうっと

スタン。村《むら》の男《おとこ》の子《こ》ヤモは、お父《とう》さんと果物《くだもの》を売《う》りに出《で》かけます。バザールのにぎわい、おだやかな農家《のうか》の暮《く》ら
静《しず》かに戦争《せんそう》を考《かんが》えさせる絵本《えほん》。『ぼくの村《むら》にサーカスがきた』『せかいいちうつくしい村《むら》へかえる』と続《つづ》く三部作《さんぶさく》。

しているようす。例 何《なに》もしないでぽかんとつっ立《た》っている。

ぼき【簿記】 名詞 会社《かいしゃ》などで、お金《かね》の出《だ》し入《い》れを計算《けいさん》して帳面《ちょうめん》に記入《きにゅう》する、決《き》まった方法《ほうほう》。

ほきゅう【補給】 名詞 動詞 足《た》りなくなった分《ぶん》を補《おぎな》うこと。例 車《くるま》にガソリンを補給する。

ほきょう【補強】 名詞 動詞 弱《よわ》いところや足《た》りないところに手《て》を加《くわ》えて、強《つよ》くすること。例 堤防《ていぼう》の補強工事《こうじ》／チームの戦力《せんりょく》を補強する。

ぼきん【募金】 名詞 動詞 ある目的《もくてき》のために、人《ひと》々《びと》から寄付《きふ》のお金《かね》を集《あつ》めること。例 共同《きょうどう》募金。

ほきんしゃ【保菌者】 名詞 まだ発病《はつびょう》してはいないが、体《からだ》の中《なか》に感染症《かんせんしょう》を起《お》こす細菌《さいきん》を持《も》っている人《ひと》。

漢 **ほく【北】**〔匕《ひ》〕5画 2年 音 ホク 訓 きた

（筆順：形《かたち》に注意《ちゅうい》）

❶きた。例 北風《きたかぜ》／北半球《きたはんきゅう》／北緯《ほくい》／北極《ほっきょく》／東北《とうほく》。対 南《なん》。❷にげる。例 敗北《はいぼく》。

漢 **ぼく【木】**〔木《き》〕4画 1年 音 ボク・モク 訓 き・こ

例 木陰《こかげ》／木立《こだち》／木刀《ぼくとう》／木造《もくぞう》／木馬《もくば》／材木《ざいもく》／大木《たいぼく》／低木《ていぼく》／土木《どぼく》／庭木《にわき》。

ぼく【目】 漢 ⇩1314ページ もく〔目〕

漢 **ぼく【牧】**〔牛《うしへん》〕8画 4年 音 ボク 訓 まき

例 牧《ぼく》牛《ぎゅう》／牧場《ぼくじょう》／牧草《ぼくそう》／牧畜《ぼくちく》／放牧《ほうぼく》／遊牧《ゆうぼく》。牛《うし》・馬《うま》・ひつじなどを放《はな》しがいにする。

ぼく【僕】 代名詞 男性《だんせい》が、親《した》しい人《ひと》と話《はな》すとき、自分《じぶん》を指《さ》していうことば。使い方 昔《むかし》は相手《あいて》に対《たい》してへりくだる気持《きも》ちをこめた言《い》い方《かた》だったが、現在《げんざい》では、目上《めうえ》の人《ひと》と話《はな》すときは使《つか》わないくだけた言《い》い方《かた》。あらたまったところでは「わたし」「わたくし」を使《つか》う。ことば 昔《むかし》は、男《おとこ》のめし使《つか》いを指《さ》したことば。⇩589ページ 伝統コラム

ほくい【北緯】 名詞 赤道《せきどう》を〇度《ど》として、そこから北極《ほっきょく》までの間《あいだ》を九〇度《ど》に分《わ》けた緯度《いど》。対 南緯《なんい》。図 ⇩99ページ いど〔緯度〕

ほくおう【北欧】 名詞 ヨーロッパの中《なか》で、北《きた》の方《ほう》にある国々《くにぐに》。フィンランド・ノルウェー・スウェーデンなど。対 南欧《なんおう》。

ぼくぎゅう【牧牛】 名詞 牛《うし》を放《はな》し飼《が》いにすること。また、その牛《うし》。

ほくさい【北斎】 ⇩270ページ かつしかほくさい

ぼくし【牧師】 名詞 プロテスタントの教会《きょうかい》で、キリスト教《きょう》を広《ひろ》め、信者《しんじゃ》を教《おし》え導《みちび》く人《ひと》。ことば カトリックの教会《きょうかい》では「神父《しんぷ》」という。

ぼくじゅう【墨汁】 名詞 すみをすったしる。とくに、そのまま使《つか》えるように作《つく》ってある、すみの液《えき》。

ほくじょう【北上】 名詞 動詞 北《きた》の方角《ほうがく》へ進《すす》むこと。例 台風《たいふう》が北上してくる。対 南下《なんか》。

ぼくじょう【牧場】 名詞 牛《うし》・馬《うま》・羊《ひつじ》などを放《はな》し飼《が》いにする広《ひろ》いところ。「まきば」ともいう。

ボクシング (boxing) 名詞 二人《ふたり》の選手《せんしゅ》が、ロープで囲《かこ》まれたリングの上《うえ》で、両手《りょうて》に革《かわ》のグローブをはめて打《う》ち合《あ》う競技《きょうぎ》。体重《たいじゅう》によって階級《かいきゅう》を分《わ》けている。「拳闘《けんとう》」ともいう。

ほぐす 動詞 ❶もつれていたものをほどく。例 からまった糸《いと》をほぐす。❷かたいものをやわらかくする。緊張《きんちょう》をやわらげる。例 かたのこりをほぐす／気分《きぶん》をほぐす。

ほくせい【北西】 名詞 北《きた》と西《にし》との中間《ちゅうかん》に当《あ》たる方角《ほうがく》。西北《せいほく》。対 南東《なんとう》。図 ⇩1203ページ ほうい〔方位〕

ぼくそう【牧草】 名詞 牛《うし》や馬《うま》などのえさにする草《くさ》。

ぼくそうち【牧草地】 名詞 牛《うし》や馬《うま》などのえさにする草《くさ》を作《つく》るための土地《とち》。

ほくそえむ【ほくそ笑む】 動詞 ものごとが自分《じぶん》の思《おも》うとおりになり、一人《ひとり》でにやにやと笑《わら》う。例 百点《ひゃくてん》の答案《とうあん》を見《み》てほくそ笑む。

ほくたん【北端】 名詞 北《きた》のはし。例 最《さい》北端／本州《ほんしゅう》の北端は青森県《あおもりけん》である。対 南端《なんたん》。

ぼくちく【牧畜】 名詞 牛《うし》・馬《うま》・羊《ひつじ》などの家畜《かちく》を育《そだ》ててふやし、肉《にく》・乳《ちち》・毛《け》などをとること。

ぼくづくり ⇩1029ページ のぶん

ほくとう【北東】 名詞 北《きた》と東《ひがし》との中間《ちゅうかん》に当《あ》たる方角《ほうがく》。東北《とうほく》。対 南西《なんせい》。図 ⇩1203ページ ほうい〔方位〕

ぼくとう【木刀】 名詞 木《き》でつくった刀《かたな》。

ぼくどう【牧童】 名詞 牧場《ぼくじょう》で、牛《うし》や馬《うま》などの世話《せわ》をする男《おとこ》の人《ひと》や少年《しょうねん》。

読書のこみち　高 中 低　『せかいいちうつくしいぼくの村《むら》』小林豊《こばやしゆたか》作《さく》・絵《え》　春《はる》にはたくさんの花《はな》がさくアフガニし…。しかし、村《むら》の外《そと》では長《なが》く戦争《せんそう》が続《つづ》いていました。豊《ゆた》かでおだやかな絵《え》と物語《ものがたり》が、

ほくとしちせい【北斗七星】 名詞 北《きた》の空《そら》の大《おお》ぐま座《ざ》の中《なか》にある、明《あか》るい七《なな》つの星《ほし》。線《せん》でつなぐと、ひしゃくの形《かたち》になる。教科 理 ひしゃくの先《さき》の二《ふた》つの星《ほし》を結《むす》んだ線《せん》を、その線《せん》の長《なが》さの五倍《ごばい》のばしたところに北極星《ほっきょくせい》がある。

ほくとしちせい

ぼくとつ【朴とつ・木とつ】 形容動詞 かざり気《け》がなく、無口《むくち》なようす。例 朴とつな青年《せいねん》。

ぼくにょう ⇒1029ページ のぶん

ほくぶ【北部】 名詞 ある地域《ちいき》の北《きた》の方《ほう》。対 南部《なんぶ》。

ほくべい【北米】 ⇒331ページ きたアメリカ

ほくほく【と】 副詞 動詞 ❶うれしくてたまらないようす。例 商品《しょうひん》がたくさん売《う》れてほくほくしている。❷ふかしたいもなどが、水気《みずけ》が少《すく》なく、やわらかくておいしそうなようす。例 ほくほくとしたさつまいも。

ほくほくせい【北北西】 名詞 北《きた》と北西《ほくせい》との中間《ちゅうかん》に当《あ》たる方角《ほうがく》。

ほくほくとう【北北東】 名詞 北《きた》と北東《ほくとう》との中間《ちゅうかん》に当《あ》たる方角《ほうがく》。

ぼくめつ【撲滅】 名詞 動詞 すっかりほろぼしてしまうこと。例 害虫《がいちゅう》を撲滅する。

ほくよう【北洋】 名詞 北《きた》の方《ほう》の海《うみ》。とくに、北太平洋《きたたいへいよう》のオホーツク海《かい》やベーリング海《かい》。対 南洋《なんよう》。

ぼくよう【牧羊】 名詞 羊《ひつじ》を放《はな》し飼《が》いにすること。また、その羊《ひつじ》。例 牧羊犬《けん》。

ほくようぎょぎょう【北洋漁業】 名詞 オホーツク海《かい》やベーリング海《かい》など、北《きた》の方《ほう》の海《うみ》で行《おこな》う遠洋漁業《えんようぎょぎょう》。函館《はこだて》・釧路《くしろ》・根室《ねむろ》などを根拠地《こんきょち》にしている。

ほくりく【北陸】 ⇒1216ページ ほくりくちほう

ほくりくこうぎょうちいき【北陸工業地域】 名詞 北陸地方《ほくりくちほう》の日本海沿岸《にほんかいえんがん》の都市《とし》を中心《ちゅうしん》に広《ひろ》がる、工業《こうぎょう》のさかんな地域《ちいき》。

ほくりくちほう【北陸地方】 名詞 中部地方《ちゅうぶちほう》の日本海側《にほんかいがわ》の地方《ちほう》。新潟県《にいがたけん》・富山県《とやまけん》・石川県《いしかわけん》・福井県《ふくいけん》がふくまれる。

ほぐれる 動詞 ❶もつれていたものがほどける。例 からんでいた糸《いと》がやっとほぐれた。❷かたくなっていたものや気分《きぶん》がやわらかくなる。例 かたこりがほぐれる／気持《きも》ちがほぐれる。

ほくろ 名詞 皮膚《ひふ》にできる小《ちい》さな黒《くろ》い点《てん》。

ほげい【捕鯨】 名詞 季語冬 くじらをとること。

ほげいせん【捕鯨船】 名詞 季語冬 くじらをとるための装置《そうち》を備《そな》えた船《ふね》。

ほけつ【補欠】 名詞 人数《にんずう》が足《た》りなくなった分《ぶん》、人《ひと》を足《た》すこと。また、そのための人《ひと》。

ポケット（pocket） 名詞 洋服《ようふく》などについている、小《ちい》さな袋《ふくろ》形《がた》の物入《ものい》れ。

ぼけつをほる【墓穴を掘る】 自分《じぶん》の入《はい》る墓《はか》穴《あな》を自分《じぶん》でほることから、自分《じぶん》で自分《じぶん》をほろぼす原因《げんいん》をつくること。例 余計《よけい》なことを言《い》って墓穴を掘る。

ぼける 動詞 ❶頭《あたま》のはたらきがにぶくなり、ぼんやりする。例 寝不足《ねぶそく》で頭《あたま》がぼけている。❷色《いろ》や形《かたち》がぼんやりする。例 ピントがぼけた写真《しゃしん》。

ほけん【保健】 名詞 体《からだ》をじょうぶにして、病気《びょうき》にならないようにすること。健康《けんこう》を保《たも》つこと。⇒ 使い分け

ほけん【保険】 名詞 ふだんからお金《かね》を少《すこ》しずつ積《つ》み立《た》てておいて、体《からだ》や財産《ざいさん》に思《おも》いがけない災難《さいなん》があったときに、決《き》まった金額《きんがく》のお金《かね》を受《う》けとるしくみ。例 生命保険《せいめいほけん》。⇒ 使い分け

使い分け

ほけん
保健・保険

保健 健康《けんこう》を保《たも》つこと。「保健所《ほけんじょ》／保健体育《ほけんたいいく》」

保険 前《まえ》もって一定《いってい》の金額《きんがく》を積《つ》み立《た》て、生命《せいめい》や財産《ざいさん》などを保障《ほしょう》してもらうしくみ。「火災保険《かさいほけん》／保険金《ほけんきん》／健康保険《けんこうほけん》」

ほけんし【保健師】 名詞 保健《ほけん》や育児《いくじ》などについ

つの勢力《せいりょく》が対立《たいりつ》するなか、「闇《くら》」の少女《しょうじょ》、狭也《さや》と「輝《かぐ》」の少年《しょうねん》、稚羽矢《ちはや》を中心《ちゅうしん》に物語《ものがたり》は進《すす》む。日本神話《にほんしんわ》を土台《どだい》
い感覚《かんかく》のファンタジー。続編《ぞくへん》に『白鳥異伝《はくちょういでん》』『薄紅天女《うすべにてんにょ》』がある。

いての正《ただ》しい考《かんが》え方《かた》を広《ひろ》め、人々《ひとびと》の健康《けんこう》を守《まも》るための仕事《しごと》をする人《ひと》。

ほけんしつ【保健室】 名詞 学校《がっこう》などで、体《からだ》の調子《ちょうし》の悪《わる》い人《ひと》やけがをした人《ひと》などの手当《てあ》てをする部屋《へや》。

ほけんじょ【保健所】 名詞 地域住民《ちいきじゅうみん》の健康《けんこう》や衛生《えいせい》などを守《まも》るための仕事《しごと》をする、都道府県《とどうふけん》などの役所《やくしょ》。

ほけんしょう【保険証】 名詞 健康保険《けんこうほけん》に入《はい》っていることを示《しめ》す証明書《しょうめいしょ》。

ほこ【矛】 名詞 昔《むかし》の武器《ぶき》の一《ひと》つ。やりに似《に》た形《かたち》で、長《なが》い柄《え》の先《さき》に両刃《りょうば》の剣《けん》をつけたもの。

ほこ

ほご 名詞 ❶書《か》きそこなったりして、いらなくなった紙《かみ》。例 便《びん》せんを何枚《なんまい》もほごにしながら手紙《てがみ》を書《か》く。❷役《やく》に立《た》たないもの。価値《かち》がないもの。例 約束《やくそく》をほごにする（＝約束《やくそく》を破《やぶ》る）。

ほご【保護】 名詞 動詞 こわれたり危《あぶ》ない目《め》にあったりしないように守《まも》ること。かばって守《まも》ること。例 自然保護《しぜんほご》／迷子《まいご》を保護する。

ぼご【母語】 名詞 生《う》まれて育《そだ》っていくうちに自然《しぜん》に身《み》につける、いちばん自由《じゆう》に使《つか》えることば。

ほこう【歩行】 名詞 動詞 歩《ある》くこと。例 歩行者《しゃ》。

ぼこう【母校】 名詞 自分《じぶん》が卒業《そつぎょう》した学校《がっこう》。出身校《しゅっしんこう》。

ほこうしゃ【歩行者】 名詞 道《みち》を歩《ある》いている人《ひと》。

ぼこく【母国】 名詞 自分《じぶん》が生《う》まれ育《そだ》った国《くに》。例 母国語《ご》。類 祖国《そこく》。故国《ここく》。

ほこさき【矛先】 名詞 ❶ほこ（＝昔《むかし》の武器《ぶき》）の先《さき》。❷こうげきする相手《あいて》や方向《ほうこう》。また、その勢《いきお》い。例 批判《ひはん》の矛先が変《か》わる／矛先がにぶる。

●**矛先《ほこさき》をかわす** 相手《あいて》のこうげきや非難《ひなん》などをうまくよける。例 話《はなし》を変《か》えて矛先をかわす。

●**矛先《ほこさき》を向《む》ける** ある人《ひと》やものごとをこうげきや非難《ひなん》などの対象《たいしょう》にする。例 いかりの矛先を向ける。

ほごしゃ【保護者】 名詞 子供《こども》などを守《まも》り育《そだ》てる責任《せきにん》のある人《ひと》。親《おや》、または親《おや》の代《か》わりの人《ひと》。

ほごしょく【保護色】 名詞 動物《どうぶつ》が身《み》を守《まも》るために、周《まわ》りに似《に》せて見分《みわ》けにくくしている体《からだ》の色《いろ》。らいちょう・あまがえるなどに見《み》られる。関連 警戒色《けいかいしょく》。

ほごちょう【保護鳥】 名詞 法律《ほうりつ》で、とることが禁止《きんし》されている鳥《とり》。参考 今《いま》の日本《にほん》の法律《ほうりつ》では、とってよいほうの鳥《とり》の種類《しゅるい》を指定《してい》している。

ほこづくり ➡1408ページ るまた

ほこら 名詞 神様《かみさま》を祭《まつ》った小《ちい》さな社《やしろ》。

ほこらしい【誇らしい】 形容詞 得意《とくい》で、ほかの人《ひと》に自慢《じまん》したい気持《きも》ちである。例 テストで百点《ひゃくてん》をとり、誇らしい顔《かお》をする。

ほこり 名詞 空中《くうちゅう》に飛《と》び散《ち》るくらい、軽《かる》くて細《こま》かなごみ。ちり。例 たなのほこりをはらう。

ほこり【誇り】 名詞 自慢《じまん》できると思《おも》うこと。名誉《めいよ》と考《かんが》えること。例 自分《じぶん》の小学校《しょうがっこう》に誇りを持《も》つ。

ほこる【誇る】 動詞 周《まわ》りの人《ひと》たちに対《たい》して自慢《じまん》する。得意《とくい》に思《おも》う。例 富士山《ふじさん》は、日本《にほん》が世界《せかい》に誇る美《うつく》しい山《やま》だ。

ほころばす【綻ばす】 ➡1217ページ ほころばせる

ほころばせる【綻ばせる】 動詞 笑顔《えがお》を見《み》せる。「ほころばす」ともいう。例 孫《まご》の姿《すがた》を見《み》て、祖母《そぼ》は顔《かお》を綻ばせた。

ほころび【綻び】 名詞 服《ふく》のぬい目《め》がほどけること。また、その部分《ぶぶん》。例 上着《うわぎ》の綻びをつくろう。

ほころびる【綻びる】 動詞 ❶ぬい目《め》がほどける。例 すそが綻びる。❷つぼみが少《すこ》し開《ひら》く。例 桜《さくら》が綻びる。❸にこにこする。例 喜《よろこ》びに顔《かお》が綻びる。ことば「ほころぶ」ともいう。

ほころぶ【綻ぶ】 ➡1217ページ ほころびる

ほさ【補佐】 名詞 動詞 中心《ちゅうしん》となる人《ひと》の仕事《しごと》を助《たす》けること。また、その役目《やくめ》の人《ひと》。例 委員長《いいんちょう》を補佐する。

ほさき【穂先】 名詞 ❶植物《しょくぶつ》の穂《ほ》の先《さき》。例 いねの穂先。❷筆《ふで》・やり・剣《けん》など、細長《ほそなが》くとがったものの先《さき》。

ぼさつ【菩薩】 名詞 ❶仏教《ぶっきょう》で、仏《ほとけ》の下《した》の位《くらい》の者《もの》。さとりを開《ひら》こうと修行《しゅぎょう》し、人々《ひとびと》を救《すく》うために教《おし》え導《みちび》く。❷昔《むかし》の日本《にほん》で、神《かみ》を仏《ほとけ》になぞらえて呼《よ》んだ名《な》まえ。例 八幡大菩薩《はちまんだいぼさつ》。

ぼさん【墓参】 名詞 動詞 季語 秋 墓参《はかまい》り。

読書のこみち 高 中 低 『空色勾玉《そらいろまがたま》』荻原規子《おぎわらのりこ》 天上《てんじょう》の神々《かみがみ》に由来《ゆらい》する「輝《かぐ》」と、地上《ちじょう》の人々《ひとびと》の血筋《ちすじ》の「闇《くら》」。二《ふた》にしながらも、主人公《しゅじんこう》たちの若々《わかわか》しい心《こころ》のときめきやなやみが、生《い》き生《い》きと伝《つた》わる、新《あたら》し

ほし【星】 名詞 ❶晴《は》れた夜空《よぞら》に、きらきらと光《ひか》る天体《てんたい》。太陽《たいよう》・月《つき》・地球《ちきゅう》も星《ほし》のなかまだが、ふつうはそれ以《い》外《がい》の天体《てんたい》をいう。❷小《ちい》さくてまるい点《てん》。例 てんとうむしの背中《せなか》の星｜。❸☆のマーク。例 星｜印《じるし》。❹すもうなどで、勝《か》ち負《ま》けを表《あらわ》す丸印《まるじるし》。例 星｜取り表《ひょう》／黒《くろ》星｜／白《しろ》星｜。❺犯人《はんにん》。例 警察《けいさつ》がほし｜を挙《あ》げる。❻運勢《うんせい》。運命《うんめい》。例 幸《しあわ》せな星｜のもとに生《う》まれた子供《こども》。

使い方 ❺は、ふつうかな書《が》きにする。

㊥ ↓705ページ《ジ》 せい〔星〕

ほじ【保持】 名詞 動詞 ずっと持《も》ち続《つづ》けること。そのままの状態《じょうたい》を続《つづ》けること。例 世界記録《せかいきろく》を保持する｜。類 維持《いじ》。

ぼし【母子】 名詞 母親《ははおや》と子供《こども》。対 父子《ふし》。

ポジ 名詞 写真《しゃしん》のフィルムなどで、明暗《めいあん》や色《いろ》が実《じっ》物《ぶつ》どおりになっているもの。対 ネガ。ことば 英《えい》語《ご》の「ポジティブ」の略《りゃく》。

ほしあかり【星明かり】 名詞 星《ほし》の光《ひかり》でかすかに明《あか》るいこと。例 星明かり｜の夜道《よみち》を行《い》く。

ほしい【欲しい】 形容詞 ❶自分《じぶん》のものにしたい。手《て》に入《い》れたい。例 自《じ》転車《てんしゃ》が欲しい｜。❷(「…てほしい」の形《かたち》で)…してもらいたい。例 もっとはっきり言《い》ってほしい｜。

使い方 ❷は、ふつうかな書《が》きにする。

㊥ ↓1368ページ《ジ》 よく〔欲〕

ほしいい 名詞 ごはんをかわかして作《つく》った保存《ほぞん》食《しょく》。水《みず》にひたしてやわらかくして食《た》べる。ことば 漢字《かんじ》では「干し飯」と書《か》く。

ほしいまま 形容動詞 自分《じぶん》の思《おも》うとおりにするようす。勝手気《かってき》ままなようす。例 名声《めいせい》をほし｜いままにする／ほしいままに｜ふるまう。

ほしうらない【星占い】 名詞 星《ほし》や星座《せいざ》の動《うご》きから、人《ひと》の将来《しょうらい》の運《うん》や、ものごとの縁起《えんぎ》のよい悪《わる》いをうらなうこと。

ポシェット（フランス語）名詞 ハンカチや財布《さいふ》などの細《こま》かなものを入《い》れる、小《ちい》さなふくろ。長《なが》いひもをつけて、かたからさげることが多《おお》い。

ほしがき【干し柿】 名詞 季語秋 しぶがきの皮《かわ》をむいて、干《ほ》してあまくしたもの。

ほしかげ【星影】 名詞 星《ほし》の光《ひかり》。例 冬《ふゆ》の星影｜。

ほしがる【欲しがる】 動詞 ほしいと思《おも》う。ほしそうなようすをする。例 弟《おとうと》はいつも兄《あに》のものを欲しが｜って、だだをこねる。

ほしくさ【干し草】 名詞 季語夏 牛《うし》や馬《うま》に食《た》べさせるための、かりとって日《ひ》に干《ほ》した草《くさ》。

ほしくず【星くず】 名詞 夜空《よぞら》に光《ひか》って見《み》える、たくさんの小《ちい》さな星《ほし》。

ほじくる 動詞 ❶つついて穴《あな》をあける。また、つついて中《なか》のものを出《だ》す。ほじる。例 穴《あな》をほじくる｜。❷秘密《ひみつ》やかくれていることなどをさぐり求《もと》める。例 人《ひと》の欠点《けってん》をほじくる｜。

ポジション（position）名詞 ❶ある組織《そしき》の中《なか》での地位《ちい》。仕事《しごと》の持《も》ち場《ば》。❷スポーツで、選手《せんしゅ》の守《まも》る位置《いち》。

ほしぞら【星空】 名詞 星《ほし》がたくさん見《み》える、晴《は》れた夜空《よぞら》。

ほしづきよ【星月夜】 名詞 季語秋 星《ほし》の光《ひかり》が月《つき》のように明《あか》るい夜《よる》。「ほしづくよ」ともいう。

ポジティブ（positive）❶名詞 ↓1218ページ《ジ》 ポジ ❷形容動詞 肯定的《こうていてき》であるようす。積極的《せっきょくてき》であるようす。例 ポジティブ｜な考《かんが》え方《かた》／図書委員《としょいいん》の仕事《しごと》にポジティブ｜にとりくむ。対 ネガティブ。

ほしぶどう【干しぶどう】 名詞 ぶどうの実《み》をかんそうさせたもの。レーズン。

ほしまつり【星祭り】 名詞 季語秋 七夕《たなばた》のお祭《まつ》りのこと。

ほしもの【干し物】 名詞 日《ひ》に干《ほ》してかわかすこと。また、かわかしたもの。とくに、洗濯物《せんたくもの》をいう。

ほしゅ【保守】 ❶名詞 古《ふる》くからの習慣《しゅうかん》や考《かんが》え方《かた》を重《おも》くみて、大《おお》きく変《か》えようとはしないこと。対 革新《かくしん》。❷名詞 動詞 機械《きかい》などが正《ただ》しい状態《じょうたい》を保《たも》つようにすること。例 保守点検《てんけん》｜。

ほしゅ【捕手】 名詞 野球《やきゅう》で、ピッチャーの投《な》げる球《たま》を受《う》ける人《ひと》。キャッチャー。対 投手《とうしゅ》。

ほしゅう【補修】 名詞 動詞 こわれたところを直《なお》したり、手入《てい》れをしたりすること。例 図書《としょ》館《かん》の補修｜工事《こうじ》／かべの穴《あな》を補修する｜。

あいうえお　かきくけこ　さしすせそ　たちつてと　なにぬねの　はひふへほ　まみむめも　や ゆ よ　らりるれろ　わ を ん

が豊富《ほうふ》なハカセ、のんびりやで気《き》のやさしいモーちゃん。どろぼうに出《で》くわしたり、怪談《かいだん》で女《おんな》の子《こ》をおどかしたの三人組《さんにんぐみ》が、いろいろなことに挑戦《ちょうせん》する物語《ものがたり》は最終巻《さいしゅうかん》『ズッコケ三人組《さんにんぐみ》の卒業式《そつぎょうしき》』まで50冊《さつ》あります。

ほしゅう【補習】 名詞 動詞 決《き》められた授業《じゅぎょう》以《い》外《がい》の時間《じかん》に、つけ加《くわ》えて勉強《べんきょう》すること。また、その勉強《べんきょう》。例 補習授業《じゅぎょう》。

ほじゅう【補充】 名詞 動詞 足《た》りなくなった分《ぶん》を補《おぎな》って、じゅうぶんにすること。例 人員《じんいん》を補充する。

ぼしゅう【募集】 名詞 動詞 たくさんの人々《ひとびと》に呼《よ》びかけて、人《ひと》や物《もの》を集《あつ》めること。例 参《さん》加《か》者《しゃ》募集中《ちゅう》。対 応募《おうぼ》。

ぼしゅう【暮秋】 名詞 季語 秋 秋《あき》の終《お》わりのころ。晩秋《ばんしゅう》。

ほしゅてき【保守的】 形容動詞 古《ふる》くからの習《しゅう》慣《かん》や考《かんが》え方《かた》を守《まも》り、変《か》えようとしないようす。例 保守的な考《かんが》え方《かた》。対 革新的《かくしんてき》。

ぼしゅん【暮春】 名詞 春《はる》の終《お》わりのころ。晩《ばん》春《しゅん》。

ほじょ【補助】 名詞 動詞 足《た》りないところを補《おぎな》って、助《たす》けること。また、その助《たす》けとなるもの。例 学費《がくひ》を補助する／補助金《きん》。

ほしょう【保証】 名詞 動詞 まちがいがないとうけ合《あ》うこと。責任《せきにん》を持《も》つこと。例 このレストランの味《あじ》はわたしが保証します。⇩ 使い分け

ほしょう【保障】 名詞 動詞 危《あぶ》ないことやよくないことがないように、責任《せきにん》を持《も》って守《まも》ること。例 社《しゃ》会《かい》保障／生《せい》活《かつ》を保障する。⇩ 使い分け

ほしょう【補償】 名詞 動詞 人《ひと》にあたえた損害《そんがい》を、お金《かね》などでつぐなうこと。例 被《ひ》害《がい》者《しゃ》に補償金《きん》をしはらう。⇩ 使い分け

使い分け

ほしょう

保証・保障・補償

保証 人物《じんぶつ》や製品《せいひん》について、確《たし》かにまちがいがないということをうけ合《あ》うこと。責任《せきにん》を負《お》うこと。「保《ほ》証人《しょうにん》／テレビの保《ほ》証書《しょうしょ》」

保障 よそからの危害《きがい》がないように、責任《せきにん》を持《も》って守《まも》ること。「安全《あんぜん》を保障《ほしょう》する」

補償 相手《あいて》にあたえた損害《そんがい》を、お金《かね》などでつぐなうこと。「航空《こうくう》機《き》事《じ》故《こ》の補償《ほしょう》／補償金《ほしょうきん》」

ほじょう【ほ場】 名詞 作物《さくもつ》をさいばいする田《た》や畑《はたけ》。農地《のうち》。例 ほ場整備《せいび》。

ほしょうにん【保証人】 名詞 ある人《ひと》がお金《かね》を借《か》りるときや仕事《しごと》につくときなどに、その人《ひと》について責任《せきにん》を持《も》つ人《ひと》。

ほじょきん【補助金】 名詞 足《た》りない分《ぶん》を補《おぎな》うために出《だ》すお金《かね》。

ほしょく【捕食】 名詞 動詞 生《い》き物《もの》がほかの種《しゅ》類《るい》の生《い》き物《もの》をつかまえて食《た》べること。

ほしょく【補色】 ⇩1090ジベー はんたいしょく

ぼしょく【暮色】 名詞 夕方《ゆうがた》の景色《けしき》。夕方《ゆうがた》のうす暗《ぐら》い色《いろ》。例 暮色がせまる／暮色に包《つつ》まれる。

ほじる 動詞 つついて穴《あな》をあける。また、つついて中《なか》のものを出《だ》す。例 耳《みみ》をほじる。

ほす【干す】 動詞 ❶日光《にっこう》や風《かぜ》に当《あ》ててかわかす。例 洗濯物《せんたくもの》を干す。❷池《いけ》などの水《みず》をすっかりなくして空《から》にする。例 プールを干して掃除《そうじ》をする。❸全部《ぜんぶ》飲《の》んで、空《から》にする。例 さかずきを干す。❹仕事《しごと》や役《やく》をあたえないようにする。例 仕事《しごと》を干される。漢 ⇩294ジベー かん〔干〕

ボス（boss） 名詞 ある集団《しゅうだん》を、いちばん上《うえ》に立《た》ってまとめていく人《ひと》。親分《おやぶん》。

ポスシステム【ＰＯＳシステム】 名詞 店《みせ》のレジで、売《う》れた商品《しょうひん》のバーコードを読《よ》みとって、販売《はんばい》や在庫《ざいこ》の管理《かんり》を行《おこな》うこと。「ＰＯＳ《ポス》」ともいう。

ポスター（poster） 名詞 ものごとを大勢《おおぜい》の人《ひと》に知《し》らせるための、絵《え》や文《ぶん》をかいたはり紙《がみ》。

ポスターカラー（poster color） 名詞 ポスターなどをかくときに使《つか》う絵《え》の具《ぐ》。

ポスターセッション（poster session） 名詞 調《しら》べたことを発表《はっぴょう》し合《あ》うやり方《かた》の一《ひと》つ。絵《え》・図《ず》・グラフなどをかいたはり紙《がみ》を作《つく》って、それぞれが調《しら》べたことを発表《はっぴょう》し、みんなで話《はな》し合《あ》う。

ポスト（post） 名詞 ❶郵便物《ゆうびんぶつ》を出《だ》すときに入《い》れる箱《はこ》。また、配達《はいたつ》された郵便物《ゆうびんぶつ》を受《う》けとる箱《はこ》。

読書のこみち　高 中 低　『それいけズッコケ三人組《さんにんぐみ》』那須正幹《なすまさもと》　小柄《こがら》で運動神経抜群《うんどうしんけいばつぐん》のハチベエ、勉強《べんきょう》以外《いがい》の知識《ちしき》……り、クイズ番組《ばんぐみ》に出《で》たり、そのたびにユニークな作戦《さくせん》を考《かんが》え出《だ》します。個性豊《こせいゆた》かな6年生《ねんせい》

❷仕事《しごと》をするときの役目《やくめ》。持《も》ち場《ば》。地位《ちい》。

ボストンバッグ（Boston bag）名詞 底《そこ》が長《ちょう》方形《ほうけい》で真《ま》ん中《なか》がふくらんだ、旅行《りょこう》用《よう》の手《て》さげかばん。

ホスピス（hospice）名詞 重《じゅう》病《びょう》で治《なお》る見《み》こみの少《すく》ない人《ひと》たちが、病《びょう》気《き》を治《なお》すことよりも、体《からだ》の痛《いた》みや心《こころ》の不安《ふあん》をやわらげることを目的《もくてき》として入《にゅう》院《いん》する施設《しせつ》。

ほせい【補正】 名詞 動詞 よくないところを直《なお》したり、足《た》りないところにつけ加《くわ》えたりすること。例 国会《こっかい》で予算《よさん》を補正する。

ぼせいあい【母性愛】 名詞 母親《ははおや》が持《も》っている、子供《こども》に対《たい》する愛情《あいじょう》。

ほせん【保線】 名詞 鉄道線路《てつどうせんろ》を保全《ほぜん》すること。列車《れっしゃ》が安全《あんぜん》に運行《うんこう》できるように、点検《てんけん》や修繕《しゅうぜん》をすること。例 保線作業《さぎょう》。

ほぜん【保全】 名詞 動詞 保護《ほご》して、安全《あんぜん》であるように守《まも》ること。例 地域《ちいき》の環境《かんきょう》を保全する。

ぼせん【母船】 名詞 多《おお》くの船《ふね》の集《あつ》まりで、中《ちゅう》心《しん》になる大《おお》きな船《ふね》。

ぼぜん【墓前】 名詞 墓《はか》の前《まえ》。例 墓前に参《まい》る。

ほそい【細い】 形容詞
❶まわりの長《なが》さが小《ちい》さい。また、はばがせまい。例 細い糸《いと》／林《はやし》の中《なか》の細い道《みち》。対 太《ふと》い。
❷声《こえ》が弱《よわ》くて小《ちい》さい。例 細い声《こえ》。対 太《ふと》い。
❸量《りょう》が少《すく》ない。例 食《しょく》が細い人《ひと》。
漢 ↓510ページ《ベー ジ》さい〔細〕

ほそう【舗装】 名詞 動詞 道路《どうろ》の表面《ひょうめん》を、アスファルトやコンクリートなどで固《かた》めること。

ほそうで【細腕】 名詞
❶やせて細《ほそ》いうで。
❷はたらく力《ちから》が弱《よわ》いこと。例 細腕一《ひと》つで子供《こども》を育《そだ》てる。

ほそく【歩測】 名詞 動詞 一歩《いっぽ》一歩《いっぽ》の歩《ほ》はばと、歩《ある》いた歩数《ほすう》できょりを測《はか》ること。

ほそく【補足】 名詞 動詞 足《た》りないところにつけ足《た》すこと。例 説明《せつめい》を補足します。

ほそながい【細長い】 形容詞 細《ほそ》くて長《なが》い。はばがせまくて長《なが》い。例 細長いリボン。

ほそびき【細引き】 名詞 麻糸《あさいと》でつくった、細《ほそ》くてじょうぶなひも。荷造《にづく》りなどに使《つか》う。

ほそぼそ［と］【細細［と］】 副詞
❶非常《ひじょう》に細《ほそ》いようす。例 道《みち》が細々と続《つづ》く。
❷どうにかこうにか続《つづ》いているようす。やっと。例 細々と暮《く》らしている。
ことば「こまごま［と］」と読《よ》むと別《べっ》の意味《いみ》。

ぼそぼそ［と］
❶副詞 低《ひく》く小《ちい》さな声《こえ》で話《はな》すようす。例 聞《き》かれたことにぼそぼそと答《こた》える。
❷副詞 動詞 食《た》べ物《もの》に水分《すいぶん》がなく、かわいているようす。例 ぼそぼそしたパン。

ほそみち【細道】 名詞 細《ほそ》い道《みち》。はばのせまい道《みち》。

ほそめ【細め】 名詞 形容動詞
❶どちらかといえば細《ほそ》いようす。例 細めのひも。対 太《ふと》め。
❷はばやすきまがせまいようす。例 窓《まど》を細めに開《あ》ける。

ほそめ【細目】 名詞 目《め》を少《すこ》しだけ開《あ》けること。また、その目《め》。ことば「さいもく」と読《よ》むと別《べっ》の意味《いみ》。

ほそめる【細める】 動詞 細《ほそ》くする。小《ちい》さく、弱《よわ》くする。例 目《め》を細める／ガスの火《ひ》を細める。

ほそる【細る】 動詞
❶細《ほそ》くなる。やせる。例 身《み》の細るような思《おも》い。
❷量《りょう》が少《すく》なくなったり勢《いきお》いが弱《よわ》くなったりする。減《へ》る。例 食《しょく》が細る。
漢 ↓510ページ《ベー ジ》さい〔細〕

ほぞん【保存】 名詞 動詞 もとのままの状態《じょうたい》でとっておくこと。例 食品《しょくひん》を長期間《ちょうきかん》保存する。

ほぞんりょう【保存料】 名詞 食品《しょくひん》をくさりにくくするために加《くわ》えるもの。ソルビン酸《さん》・安《あん》息香酸《そくこうさん》など。

ポタージュ（フランス語）名詞 なめらかでどろりとした、濃《こ》いスープ。例 野菜《やさい》のポタージュ。

ぼたい【母体】 名詞
❶子供《こども》を産《う》む母親《ははおや》の体《からだ》。
❷分《わ》かれ出《で》たものの、もとになるもの。例 合《がっ》唱《しょう》クラブを母体にして、同好会《どうこうかい》が生《う》まれた。

ぼだいじゅ 名詞
❶「しなの木《き》」のなかまの木《き》。葉《は》はハート形《がた》で、冬《ふゆ》には落《お》ちる。夏《なつ》に黄色《きいろ》い花《はな》がさく。種《たね》で数珠《じゅず》をつくる。
❷「くわ」のなかまの木《き》。葉《は》はハート形《がた》で、冬《ふゆ》にも落《お》ちない。いちじくのような実《み》がなる。釈《しゃ》迦《か》は、この木《き》の下《した》でさとりを開《ひら》いたといわれる。「インドぼだいじゅ」ともいう。
ことば 漢字《かんじ》では「菩提樹」と書《か》く。

が生《う》まれ、その子《こ》がお父《とう》さんである太陽《たいよう》の神《かみ》を探《さが》しに旅《たび》に出《で》ます。男《おとこ》の子《こ》は無事《ぶじ》太陽《たいよう》の神《かみ》に会《あ》い、そして、またとにしたスケールの大《おお》きなお話《はなし》です。切《き》り絵《え》風《ふう》の色《いろ》あざやかな絵《え》も力強《ちからづよ》い、エネルギーあふれる絵本《えほん》。

ほたかだけ【穂高岳】 名詞 中部地方《ちゅうぶちほう》の北《きた》アルプスのもっとも高《たか》い山々《やまやま》。三千《さんぜん》メートルをこえる山《やま》が連《つら》なる。中部山岳国立公園《ちゅうぶさんがくこくりつこうえん》にふくまれる。

ほだされる 動詞 人《ひと》の気持《きも》ちに心《こころ》を動《うご》かされて、ついその気《き》になってしまう。例 情《じょう》にほだされて、たのみを引《ひ》き受《う》けてしまった。

ほたてがい【帆立貝】 名詞 浅《あさ》い海《うみ》にすむ二枚貝《にまいがい》。二十《にじっ》センチメートルくらいの扇形《おうぎがた》の貝《かい》殻《がら》を持《も》ち、肉《にく》は食用《しょくよう》になる。図 ⇒219ジペー かい〔貝〕

ぼたもち【ぼた餅】 名詞 もち米《ごめ》とふつうの米《こめ》を混《ま》ぜてたいたものを、軽《かる》くついて丸《まる》め、あんやきな粉《こ》をまぶしたもの。おはぎ。

ぼたやま【ぼた山】 名詞 炭鉱《たんこう》で、石炭《せきたん》をとったあとの石《いし》を積《つ》み上《あ》げてできた山《やま》。

ぼたゆき【ぼた雪】 ⇒1221ジペー ぼたんゆき

ほたる【蛍】 名詞 季語夏 きれいな水《みず》の流《なが》れの近《ちか》くにすむ昆虫《こんちゅう》。夏《なつ》の夜《よる》、しりから青白《あおじろ》い光《ひかり》を出《だ》す。へいけぼたるや、それより少《すこ》し大《おお》きいげんじぼたるなどがある。

ほたる
（げんじぼたる）

ほたるがり【蛍狩り】 名詞 季語夏 夏《なつ》に、戸外《こがい》でほたるをつかまえたり、観賞《かんしょう》したりすること。

ほたるぐさ【ほたる草】 名詞 季語秋 「つゆくさ」の別《べつ》の名《な》まえ。

ぼたん 名詞 季語夏 庭《にわ》に植《う》える低《ひく》い木《き》。四《し》、五月《ごがつ》ごろに赤《あか》・白《しろ》・もも色《いろ》などの大《おお》きくて美《うつく》しい花《はな》がさく。

ぼたん

ボタン（ポルトガル語） 名詞 ❶洋服《ようふく》などの合《あ》わせ目《め》を留《と》めたり、かざりにしたりするもの。❷機械《きかい》やベルなどの、指《ゆび》でおすつき出《で》た部分《ぶぶん》。

ぼたんざくら ⇒1330ジペー やえざくら

ボタンでんち【ボタン電池】 名詞 ボタンのような形《かたち》をした、電池《でんち》の一種《いっしゅ》。小型《こがた》で長時間《ちょうじかん》使用《しよう》できるので、時計《とけい》や電子体温計《でんしたいおんけい》などに使《つか》われている。

ぼたんゆき【ぼたん雪】 名詞 季語春 ぼたんの花《はな》びらのような、ふんわりした大《おお》きなかたまりになって降《ふ》る雪《ゆき》。「ぼた雪《ゆき》」ともいう。

ぼち【墓地】 名詞 墓《はか》を建《た》てるための場所《ばしょ》。墓場《はかば》。

ホチキス ⇒1222ジペー ホッチキス

ぼちぼち 副詞 ゆっくりとりかかるようす。また、ものごとが少《すこ》しずつ進《すす》むようす。ぼつぼつ。そろそろ。例 ぼちぼち帰《かえ》るとしよう。

ほちゅうあみ【捕虫網】 名詞 季語夏 昆虫《こんちゅう》をとるときに使《つか》うあみ。虫《むし》とりあみ。

ほちょう【歩調】 名詞 ❶歩《ある》くときの調子《ちょうし》。足並《あしな》み。例 歩調を速《はや》める。❷多《おお》くの人《ひと》がいっしょにものごとをするときの調子《ちょうし》。例 歩調を合《あ》わせて仕事《しごと》をする。

ほちょうき【補聴器】 名詞 耳《みみ》のよく聞《き》こえない人《ひと》が、音《おと》をよく聞《き》きとるために使《つか》う道具《どうぐ》。

ほつ【発】 漢 ⇒1062ジペー はつ〔発〕

ほっ【法】 漢 ⇒1202ジペー ほう〔法〕

ぼつ【没】 名詞 ❶死《し》ぬこと。例 昭和五十年没《しょうわごじゅうねん》。❷原稿《げんこう》や企画《きかく》などを採用《さいよう》しないこと。例 ぼくの書《か》いた学級新聞《がっきゅうしんぶん》の記事《きじ》が没になった。

ほっかい【北海】 名詞 イギリスの北東《ほくとう》にある海《うみ》。大西洋《たいせいよう》の一部《いちぶ》で、海底油田《かいていゆでん》があり、魚《さかな》もよくとれる。

ほっかいどう【北海道】 名詞 都道府県《とどうふけん》の一《ひと》つ。日本《にほん》のいちばん北《きた》にあり、寒《さむ》い気候《きこう》で夏《なつ》が短《みじか》い。漁業《ぎょぎょう》や牧畜《ぼくちく》がさかん。道庁《どうちょう》は札幌市《さっぽろし》にある。

ほっかいどうこうぎょうちいき【北海道工業地域】 名詞 北海道西部《ほっかいどうせいぶ》の、札幌市《さっぽろし》・苫小牧市《とまこまいし》・室蘭市《むろらんし》などを中心《ちゅうしん》とした工業《こうぎょう》のさかんな地域《ちいき》。「道央工業地域《どうおうこうぎょうちいき》」ともいう。

ぼっかてき【牧歌的】 形容動詞 素朴《そぼく》でのびのびとしているようす。例 牧歌的な風景《ふうけい》が広《ひろ》がる。

ほっかぶり ⇒1212ジペー ほおかぶり

ぽっかり【と】 副詞 ❶軽々《かるがる》とうかんでいるようす。例 白《しろ》い雲《くも》がぽっかりとうかんでいる。❷口《くち》や穴《あな》があくようす。例 地面《じめん》にぽっかりと

読書のこみち　高 中 低　『太陽《たいよう》へとぶ矢《や》』マクダーモット作《さく》・絵《え》　昔《むかし》、太陽《たいよう》の神《かみ》が放《はな》った矢《や》から、ひとりの男《おとこ》の子《こ》大地《だいち》にもどってくることができるでしょうか？　アメリカ大陸《たいりく》に古《ふる》くから伝《つた》わる神話《しんわ》をも

あいた穴《あな》。

ほっき【発起】 名詞 動詞 思《おも》い立《た》って、ものごとを新《あたら》しく始《はじ》めること。例 クラブの発起人《にん》。

ほっきょく【北極】 名詞 地球《ちきゅう》の北《きた》のはし。また、その地方《ちほう》。対 南極《なんきょく》。

ほっきょくかい【北極海】 名詞 北極《ほっきょく》の周《まわ》りの海《うみ》。アジア・ヨーロッパ・北《きた》アメリカの大陸《たいりく》に囲《かこ》まれ、厚《あつ》い氷《こおり》におおわれている。あざらし・しろくまなどがすむ。「北氷洋《ほっぴょうよう》」ともいう。

ほっきょくぐま【北極熊】 ⇩657ページ しろくま

ほっきょくけん【北極圏】 名詞 北緯《ほくい》六六度《ど》三三分《ぶん》よりも北《きた》の地域《ちいき》。太陽《たいよう》がのぼらない日《ひ》としずまない日《ひ》が、それぞれ年《ねん》に一日以上《いちにちいじょう》ある。対 南極圏《なんきょくけん》。

ほっきょくせい【北極星】 名詞 小《こ》ぐま座《ざ》にふくまれる星《ほし》。いつも真北《まきた》に見《み》えるので、方角《ほうがく》を知《し》る目印《めじるし》になる。図 ⇩1216ページ ほくとしちせい

ほっきょくてん【北極点】 名詞 北緯《ほくい》九〇度《ど》の地点《ちてん》。地軸《ちじく》の北《きた》のはしに当《あ》たる。

ほっく【発句】 名詞 ❶連歌《れんが》の第一句《だいいっく》。五《ご》・七《しち》・五《ご》の十七文字《じゅうななもじ》。❷「俳句《はいく》」のこと。

ホック (オランダ語) 名詞 服《ふく》などの留《と》め具《ぐ》の一《ひと》つ。二《ふた》つ一組《ひとくみ》になっていて、引《ひ》っかけて留《と》める。

ボックス (box) 名詞 ❶箱《はこ》。❷箱形《はこがた》に仕切《しき》った席《せき》。例 ボックス席《せき》。❸箱《はこ》の形《かたち》をした小《ちい》さな建物《たてもの》。例 電話《でんわ》ボックス。❹野球《やきゅう》で、バッターやコーチの立《た》つところ。例 バッターボックス。

ホッケー (hockey) 名詞 十一人《じゅういちにん》ずつ二組《ふたくみ》に分《わ》かれ、先《さき》の曲《ま》がった棒《ぼう》でボールを打《う》ち合《あ》い、相《あい》手《て》のゴールに入《い》れて点数《てんすう》を争《あらそ》う競技《きょうぎ》。ことば 「アイスホッケー」と区別《くべつ》するために「フィールドホッケー」ともいう。

ぼっこう【勃興】 名詞 動詞 急《きゅう》に勢《いきお》いがさかんになって栄《さか》えてくること。例 新《あたら》しい勢力《せいりょく》が勃興する。

ほっこく【北国】 名詞 北《きた》の方《ほう》にある寒《さむ》い国《くに》や地方《ちほう》。北《きた》ぐに。対 南国《なんごく》。

ほっさ【発作】 名詞 痛《いた》みやけいれんなどが、急《きゅう》に激《はげ》しく起《お》こること。例 ぜんそくの発作。

ほっさてき【発作的】 形容動詞 考《かんが》えもなしに、ものごとを突然《とつぜん》行《おこな》うようす。例 発作的な犯行《はんこう》。

ぼっしゅう【没収】 名詞 動詞 規則《きそく》などに従《したが》って、人《ひと》の持《も》ち物《もの》をとり上《あ》げること。例 授業中《じゅぎょうちゅう》に漫画《まんが》を読《よ》んでいたら、先生《せんせい》に没収された。

ほっしん【発しん】 ⇩1064ページ はっしん〔発しん〕

ほっする【欲する】 動詞 ほしいと思《おも》う。願《ねが》う。例 世界《せかい》じゅうの人々《ひとびと》が平和《へいわ》を欲している。使い方 あらたまった言《い》い方《かた》。漢 ⇩1368ページ よく〔欲〕

ぼっする【没する】 動詞 ❶しずむ。かくれる。例 太陽《たいよう》が山陰《やまかげ》に没した。❷死《し》ぬ。例 祖母《そぼ》は八十才《はちじっさい》で没した。

ほっそく【発足】 名詞 動詞 会社《かいしゃ》や団体《だんたい》などができて、活動《かつどう》を始《はじ》めること。「はっそく」ともいう。例 この会《かい》は二年前《にねんまえ》に発足した。

ほっそり【と】 副詞 動詞 すらりとやせているようす。例 ほっそりした足《あし》。

ほったてごや【掘っ建て小屋】 名詞 土台《どだい》をつくらず、柱《はしら》を地面《じめん》に直接《ちょくせつ》打《う》ちこんで建《た》てた、粗末《そまつ》な小屋《こや》。

ほったらかす 動詞 やるべきことをしないで、そのままにしておく。ほうっておく。例 ランドセルを玄関《げんかん》にほったらかして、遊《あそ》びに行《い》く。

ほったん【発端】 名詞 ものごとの始《はじ》まり。きっかけ。例 事件《じけん》の発端を調《しら》べる。

-ぼっち ⇩1222ページ -ぽっち

-ぽっち 接尾語 (ほかのことばのあとにつけて) わずかに…だけ。例 百円《ひゃくえん》ぽっちしかない／ひとりぼっち。ことば 前《まえ》にくることばによって「ぼっち」ともいう。

ホッチキス 名詞 「コ」の形《かたち》の針《はり》で紙《かみ》をとじる道具《どうぐ》。商標名《しょうひょうめい》。「ホチキス」ともいう。

ボッチャ (イタリア語) 名詞 体《からだ》に重《おも》い障害《しょうがい》のある人《ひと》のために考《かんが》え出《だ》されたスポーツ。赤色《あかいろ》または青色《あおいろ》のボールを六球《ろっきゅう》ずつ投《な》げたり転《ころ》がしたりして、「ジャックボール」と呼《よ》ばれる白《しろ》いボールにどれだけ近《ちか》づけられるかをきそう競技《きょうぎ》。参考 パラリンピックの正式《せいしき》な種目《しゅもく》。

ぼっちゃん【坊ちゃん】 名詞 ❶他人《たにん》の男《おとこ》の子供《こども》を敬《うやま》っていうことば。❷世間知《せけんし》らずの男《おとこ》のこと。例 坊ちゃん育《そだ》ち。

ほっと 副詞 動詞 ❶ため息《いき》をつくようす。❷安心《あんしん》して、気持《きも》ちがゆるむようす。例 けが

かを記《しる》したものだった。ジムは地主《じぬし》さんたちとともに船出《ふなで》する。だが、集《あつ》められた船員《せんいん》たちの中《なか》には、その宝《たから》をてジムたちは、戦《たたか》いに勝《か》って宝《たから》を無事《ぶじ》に見《み》つけることができるのか。イギリスの海洋冒険小説《かいようぼうけんしょうせつ》の名作《めいさく》。

はなかったと聞《き》いてほっとした。

ホット（hot）名詞 形容動詞 ❶熱《あつ》いこと。例 ホットミルク。対 アイス。❷情報《じょうほう》などが新《あたら》しいこと。例 ホットニュース。❸「ホットコーヒー」の略《りゃく》。

ポット（pot）名詞 ❶つぼ。また、コーヒーや紅茶《こうちゃ》を入《い》れるときに使《つか》う、つぼ形《がた》のうつわ。❷中《なか》に入《い》れたものの温度《おんど》が長《なが》い間《あいだ》変《か》わらないようにつくられた容器《ようき》。魔法《まほう》びん。

ポット❶

ポット❷

ぼっとう【没頭】 名詞 動詞 ほかのことを忘《わす》れて、一《ひと》つのことに打《う》ちこむこと。例 研究《けんきゅう》に没頭する。

ホットケーキ（hot cake）名詞 小麦粉《こむぎこ》に卵《たまご》・砂糖《さとう》・牛乳《ぎゅうにゅう》などを混《ま》ぜ、平《ひら》たく焼《や》いた食《た》べ物《もの》。バターやシロップなどをつけて食《た》べる。ことば「パンケーキ」ということもある。

ホットドッグ（hot dog）名詞 温《あたた》めた細長《ほそなが》いパンに、熱《あつ》いソーセージをはさみ、からしやケチャップをぬった食《た》べ物《もの》。

ぼつにゅう【没入】 名詞 動詞 一《ひと》つのことに夢《む》中《ちゅう》になること。心《こころ》を打《う》ちこむこと。没頭《ぼっとう》。例 工作《こうさく》に没入して、おやつの時間《じかん》も忘《わす》れていた。

ぼつねん【没年】 名詞 ❶死《し》んだときの年齢《ねんれい》。例 没年七十才《ななじっさい》。❷死《し》んだ年《とし》。例 祖父《そふ》の没年は平成五年《へいせいごねん》です。

ぼっぱつ【勃発】 名詞 動詞 事件《じけん》などが突然《とつぜん》起《お》こること。例 戦争《せんそう》が勃発した。

ほっぴょうよう【北氷洋】 名詞 「北極海《ほっきょくかい》」のこと。

ホップ（オランダ語）名詞 くわのなかまの草《くさ》。雌《め》花《ばな》は松《まつ》かさのような形《かたち》になり、ビールに香《かお》りや苦《にが》みをつけるのに使《つか》う。

ポップ【POP】 名詞 店頭《てんとう》。また、店頭《てんとう》に掲《けい》示《じ》されるポスターやステッカーなどの広告《こうこく》。ポップ広告《こうこく》。

ポップコーン（popcorn）名詞 とうもろこしの実《み》をいってはじけさせ、バターや塩《しお》などで味《あじ》をつけた食《た》べ物《もの》。

ほっぺた 名詞 ほお。

●**ほっぺたが落《お》ちる** 非常《ひじょう》においしいようすのたとえ。例 ほっぺたが落ちそうなステーキ。

ほっぽう【北方】 名詞 北《きた》の方角《ほうがく》。北《きた》のほう。対 南方《なんぽう》。

ほっぽうりょうど【北方領土】 名詞 歯《は》舞《ぼ》・色丹《しこたん》・国後《くなしり》・択捉《えとろふ》などの、北海道《ほっかいどう》の東《ひがし》の島《しま》。第二次世界大戦《だいにじせかいたいせん》のとき、ソ連軍《れんぐん》に占領《せんりょう》された。現在《げんざい》も日本《にほん》とロシアの間《あいだ》で領土交渉《りょうどこうしょう》が続《つづ》いている。

ぼつぼつ ❶ 副詞 だんだん。少《すこ》しずつ。例 会場《かいじょう》にはぼつぼつ人《ひと》が集《あつ》まり出《だ》した。❷ 副詞 そろそろ。例 ぼつぼつ出《で》かけよう。❸ 副詞 小《ち》さな点《てん》や穴《あな》などが散《ち》らばっているようす。例 紙《かみ》にぼつぼつと穴《あな》があいている。❹ 名詞 物《もの》の表面《ひょうめん》に散《ち》らばっている、小《ち》さな点《てん》やつぶ。例 顔《かお》にぼつぼつができる。使い方 ❶❷❸は「ぼつぼつと」の形《かたち》でも使《つか》う。

ぽつぽつ ❶ 副詞 雨《あめ》や水滴《すいてき》が、間《あいだ》をおいて少《すこ》しずつ落《お》ちるようす。例 雨《あめ》がぽつぽつ降《ふ》り出《だ》した。❷ 副詞 小《ち》さな点《てん》や穴《あな》などがちらばっているようす。例 地面《じめん》にぽつぽつと穴《あな》があいている。❸ 副詞 だんだん。少《すこ》しずつ。例 ぽつぽつ人《ひと》が集《あつ》まってきた。❹ 名詞 物《もの》の表面《ひょうめん》に散《ち》らばっている、小《ち》さな点《てん》やつぶ。例 皮膚《ひふ》にぽつぽつができる。使い方 ❶❷❸は、「ぽつぽつと」の形《かたち》でも使《つか》う。

ぼつらく【没落】 名詞 動詞 今《いま》まで栄《さか》えていた国《くに》や家《いえ》などが、おとろえること。落《お》ちぶれること。例 王家《おうけ》が没落する。

ぽつりぽつり[と] 副詞 ❶ものごとが、間《あいだ》をあけて少《すこ》しずつ進《すす》むようす。例 ぽつりぽつりと話《はな》し出《だ》す。❷雨《あめ》や水滴《すいてき》が、間《あいだ》をおいて少《すこ》しずつ落《お》ちるようす。例 ぽつりぽつりと雨《あめ》が降《ふ》り出《だ》した。

ほつれる 動詞 ぬったり束《たば》ねたりしたものがほどけて、乱《みだ》れる。例 そで口《ぐち》がほつれる／風《かぜ》でかみの毛《け》がほつれる。

ぽつんと 副詞 一人《ひとり》、または一《ひと》つだけはなれてあるようす。例 道《みち》ばたにぽつんとお地蔵《じぞう》さんあるようす。

読書のこみち　高 中 低　『宝島《たからじま》』スティーヴンスン　ジム少年《しょうねん》が偶然《ぐうぜん》手《て》に入《い》れた地図《ちず》は、海賊《かいぞく》がかくした宝《たから》のありねらう海賊《かいぞく》の生《い》き残《のこ》りが交《ま》じっていた。中心《ちゅうしん》にいるのは、ジョン・シルヴァー。果《は》たしが立《た》っている。

ほてい【布袋】 名詞 七福神《しちふくじん》の一人《ひとり》。大《おお》きくまるい腹《はら》を出《だ》し、大《おお》きなふくろを持《も》っている。
図⬇577ページ しちふくじん

ボディー (body) 名詞
❶人《ひと》の体《からだ》。例 ボディーシャンプー。
❷物《もの》の胴体《どうたい》の部分《ぶぶん》。例 自動車《じどうしゃ》のボディー。

ボディーガード (bodyguard) 名詞 ある人《ひと》につきそって、その人《ひと》を守《まも》る役目《やくめ》の人《ひと》。護衛《ごえい》。

ボディーパーカッション (body percussion) 名詞 音楽《おんがく》で、体《からだ》を打楽器《だがっき》のように使《つか》ってリズムをきざむこと。手拍子《てびょうし》・ひざ打《う》ち・足《あし》ぶみなど。

ポテト (potato) 名詞 じゃがいも。

ほてる【火照る】 動詞 顔《かお》や体《からだ》が熱《あつ》く感《かん》じる。例 走《はし》ったあとは体《からだ》がほてる／はずかしさで顔《かお》がほてる。使い方 ふつうかな書《が》きにする。

ホテル (hotel) 名詞 料金《りょうきん》をとって旅行者《りょこうしゃ》をとめる、ベッドなどの洋式《ようしき》の設備《せつび》があるところ。

ほど 助詞 (ほかのことばのあとにつけて)
❶…くらい。…ばかり。例 ピアノを習《なら》い始《はじ》めてから五年《ごねん》ほどたった。
❷…につれて。…にしたがって。例 かめばかむほどおいしい。
❸程度《ていど》を比《くら》べるときに使《つか》うことば。例 思《おも》ったほどいそがしくはなかった。
使い方 ❸はあとに「ない」などのことばがくる。

ほど【程】 名詞
❶ものごとの程度《ていど》。例 相手《あいて》の実力《じつりょく》の程をみる。
❷それ以上《いじょう》であってはいけない、ものごとの限度《げんど》。例 ふざけるにも程がある。
❸もののようすや具合《ぐあい》。例 生死《せいし》の程は不明《ふめい》です。
❹時間《じかん》やきょり。例 程なく／程遠《とお》い。
漢⬇881ページ てい〔程〕

ほどあい【程合い】 名詞 ちょうどよい程度《ていど》。例 程合いの熱《あつ》さの湯《ゆ》／程合いを見《み》て退出《たいしゅつ》する。

ほどう【歩道】 名詞 道路《どうろ》で、人《ひと》だけが通《とお》るように区切《くぎ》った部分《ぶぶん》。例 横断《おうだん》歩道。類 人道《じんどう》。対 車道《しゃどう》。

ほどう【補導】 名詞 動詞 正《ただ》しい方向《ほうこう》に進《すす》むように導《みちび》くこと。

ほどう【舗道】 名詞 コンクリートやアスファルトなどで表面《ひょうめん》を固《かた》めた道《みち》。舗装《ほそう》した道路《どうろ》。

ぼどう【母堂】 名詞 他人《たにん》の母親《ははおや》を尊敬《そんけい》していうことば。例 ご母堂はお元気《げんき》でいらっしゃいますか。対 尊父《そんぷ》。

ほどうきょう【歩道橋】 名詞 人《ひと》が道路《どうろ》を安全《あんぜん》にわたれるように、道路《どうろ》の上《うえ》にわたした橋《はし》。横断《おうだん》歩《ほ》道橋《どうきょう》。

ほどく 動詞 結《むす》んであるものや、ぬってあるものなどを、もとにもどす。解《と》きはなす。例 包《つつ》みをほどく。

ほとけ【仏】 名詞
❶仏教《ぶっきょう》を開《ひら》いた「釈迦《しゃか》」のこと。また、その教《おし》え。例 仏の道《みち》に入《はい》る。
❷仏教《ぶっきょう》で、さとりを開《ひら》いた人《ひと》のこと。
❸仏像《ぶつぞう》。例 寺《てら》の本堂《ほんどう》の仏様《さま》を拝《おが》む。
❹死《し》んだ人《ひと》。例 無縁《むえん》仏／仏になる。
❺心《こころ》が広《ひろ》く情《なさ》け深《ぶか》い人《ひと》のたとえ。
漢⬇1158ページ ぶつ〔仏〕

● **仏作《ほとけつく》って魂《たましい》入《い》れず** ことわざ ものごとがほとんどでき上《あ》がっているのに、いちばん大事《だいじ》なところがぬけ落《お》ちていることのたとえ。

● **仏《ほとけ》の顔《かお》も三度《さんど》** ことわざ どんなに心《こころ》の広《ひろ》い情《なさ》け深《ぶか》い人《ひと》でも、何度《なんど》もひどいことをされれば、おこり出《だ》すということわざ。

ほとけごころ【仏心】 名詞 仏《ほとけ》のように情《なさ》け深《ぶか》い心《こころ》。例 捨《す》てねこを見《み》つけて仏心を起《お》こす。

ほとけのざ【仏の座】 名詞 季語 新年
❶春《はる》の七草《ななくさ》の一《ひと》つ。きくのなかまで、道《みち》ばたに生《は》え、春《はる》に黄色《きいろ》の花《はな》がさく。「こおにたびらこ」ともいう。図⬇1084ページ はるのななくさ
❷しそのなかまの草花《くさばな》の一《ひと》つ。野原《のはら》や道《みち》ばたに生《は》え、春《はる》にむらさき色《いろ》の花《はな》がさく。

ほどける 動詞 結《むす》んであるものや、ぬってあるものが、解《と》けてはなれる。例 ひもがほどける。

ほどこし【施し】 名詞 めぐみあたえること。また、その品物《しなもの》やお金《かね》。例 人《ひと》の施しを受《う》ける。

ほどこす【施す】 動詞
❶めぐみとして、あたえる。例 食《た》べ物《もの》を施す。
❷示《しめ》す。表《あらわ》す。例 試合《しあい》に勝《か》って面目《めんぼく》(＝世間《せけん》に見《み》せる顔《かお》)を施す。
❸行《おこな》う。加《くわ》える。例 けが人《にん》に手当《てあ》てを施す。

ほどちかい【程近い】 形容詞 それほどはなれていないようす。例 学校《がっこう》から程近いところに森《もり》がある。対 程遠《ほどとお》い。

ほどとおい【程遠い】 形容詞 だいぶはなれて

とも子絵《こえ》 世《よ》の中《なか》には、いろいろな仕事《しごと》をしている人《ひと》がいますね。どうやったらなれるのでしょうか？ 大変《たいへん》な職《しょく》 業《ぎょう》の人《ひと》にインタビューし、その一日《いちにち》や仕事《しごと》の特 徴《とくちょう》を、わかりやすい絵《え》と文《ぶん》でまとめた絵本《えほん》です。

いるようす。例 完成《かんせい》には程遠い。対 程近《ほどちか》い。

ほととぎす 名詞 季語夏 夏《なつ》の初《はじ》めに、南《みなみ》の方《ほう》から日《に》本《ほん》に来《く》るわたり鳥《どり》。背中《せなか》は灰色《はいいろ》で、腹《はら》は白《しろ》と黒《くろ》のまだら模様《もよう》。うぐいすなどの巣《す》に卵《たまご》を産《う》んで、ひなを育《そだ》てさせる。

ほととぎす

ほどなく【程なく】 副詞 あまり時間《じかん》がたたないうちに。やがて。間《ま》もなく。例 雨《あめ》は程なく雪《ゆき》に変《か》わった。

ほとばしる 動詞 勢《いきお》いよく出《で》て飛《と》び散《ち》る。例 ホースの先《さき》から水《みず》がほとばしる。

ほとほと 副詞 まったく。ほんとうに。例 道路《どうろ》がこんで車《くるま》が進《すす》まず、ほとほと困《こま》った。

ほどほど【程程】 名詞 ちょうどよい程度《ていど》。例 遊《あそ》ぶのも程々にしなさい。

ほとぼり 名詞 ❶火《ひ》が消《き》えたあとも、まだ残《のこ》っている熱《ねつ》。❷あることがすんだあとも続《つづ》いている、高《たか》ぶった気持《きも》ちや世《よ》の中《なか》の関心《かんしん》。例 けんかのほとぼりを冷《さ》ます。

●**ほとぼりが冷《さ》める** 事件《じけん》などに対《たい》する人々《ひとびと》の関心《かんしん》や記憶《きおく》がうすれる。例 ほとぼりが冷めるまで外出《がいしゅつ》禁止《きんし》だ。

ほどよい【程よい】 形容詞 ちょうどよい。適《てき》当《とう》である。例 散歩《さんぽ》には程よいきょり。

ほとり 名詞 辺《あた》り。そば。例 池《いけ》のほとり。

ボトル (bottle) 名詞 びん。とくに、洋酒《ようしゅ》のびん。例 ペットボトル／ウイスキーのボトル。

ほとんど ❶名詞 副詞 大部分《だいぶぶん》。例 出席者《しゅっせきしゃ》のほとんどが友《ゆう》人《じん》です／新《あたら》しい橋《はし》はほとんどでき上《あ》がった。❷副詞 もう少《すこ》しのところで。例 川《かわ》に落《お》ちて、ほとんどおぼれるところだった。

ぼにゅう【母乳】 名詞 母親《ははおや》の体《からだ》から出《で》る乳《ちち》。

ほにゅうるい【哺乳類】 名詞 背骨《せぼね》がある動《どう》物《ぶつ》のなかまで、乳《ちち》で子《こ》を育《そだ》てるもの。肺《はい》で呼《こ》吸《きゅう》をし、体温《たいおん》がほとんど変《か》わらない。人間《にんげん》・犬《いぬ》・ねこ・象《ぞう》・馬《うま》・くじら・あざらしなど。

ほね【骨】 名詞 ❶動物《どうぶつ》の体《からだ》の中《なか》にあって、体《からだ》を支《ささ》えているかたいもの。例 魚《さかな》の骨。❷器具《きぐ》や道具《どうぐ》・建物《たてもの》などのしんとなって全体《ぜんたい》を支《ささ》えている、細長《ほそなが》いもの。例 かさの骨。❸ものごとの中心《ちゅうしん》になる、大事《だいじ》なもの。例 今日《きょう》の作業《さぎょう》がこの計画《けいかく》の骨だ。❹苦《くる》しいことにたえる、しっかりした気力《きりょく》。例 骨のある人《ひと》。❺なかなかできないこと。苦労《くろう》すること。例 こんなに重《おも》い石《いし》を動《うご》かすのは骨だよ。漢 ⇒484ジペー こつ〔骨〕

●**骨《ほね》が折《お》れる** めんどうで、努力《どりょく》が必要《ひつよう》である。苦労《くろう》をともなう。例 とても骨が折れる仕事《しごと》。

●**骨《ほね》をうずめる** ❶その地《ち》で一生《いっしょう》を終《お》える。例 外国《がいこく》に骨をうずめる。❷一生《いっしょう》をかけてとりくむ。例 この仕事《しごと》に骨をうずめる覚悟《かくご》だ。

●**骨《ほね》を惜《お》しむ** 苦労《くろう》することや努力《どりょく》することをいやがる。例 骨を惜しまず働《はたら》く。

●**骨《ほね》を折《お》る** 力《ちから》をつくす。苦労《くろう》して人《ひと》のためにはたらく。例 友《とも》だちのために骨を折る。

ほねおしみ【骨惜しみ】 名詞 動詞 苦労《くろう》するのをいやがること。仕事《しごと》をめんどうくさがってなまけること。例 骨惜しみしないで働《はたら》く。

ほねおり【骨折り】 名詞 いっしょうけんめい働《はたら》くこと。苦労《くろう》すること。

ほねおりぞん【骨折り損】 名詞 努力《どりょく》や苦《く》労《ろう》をしても効果《こうか》がなく、むだになること。例 遠《とお》くまで会《あ》いに行《い》ったが、骨折り損だった。

●**骨折《ほねお》り損《ぞん》のくたびれもうけ** ⇒421ジペー ことわざ

ほねぐみ【骨組み】 名詞 ❶体《からだ》の骨《ほね》の組《く》み合《あ》わせ。例 がっしりした骨組みの人《ひと》。❷建物《たてもの》や機械《きかい》などの、もとになる組《く》み立《た》て。例 ビルの骨組みができた。❸ものごとの中心《ちゅうしん》になる組《く》み立《た》て。例 文章《ぶんしょう》の骨組み／計画《けいかく》の骨組みを考《かんが》える。

ほねっぷし【骨っ節】 名詞 ❶骨《ほね》の関節《かんせつ》。❷自分《じぶん》の信《しん》じることをつらぬこうとする強《つよ》い心《こころ》。例 骨っ節が強《つよ》い。

ほねぬき【骨抜き】 名詞 ❶料理《りょうり》で、魚《さかな》や鳥《とり》の骨《ほね》をとること。❷大切《たいせつ》なところをとり除《のぞ》いて、価値《かち》のないもの

読書のこみち　高 中 低　『ただいまお仕事中《しごとちゅう》—大《おお》きくなったらどんな仕事《しごと》をしてみたい？—』おちとよこ文《ぶん》　秋山《あきやま》
のはどんなところ？　大工《だいく》、マンガ家《か》、医師《いし》、刑事《けいじ》、サッカー選手《せんしゅ》、歌手《かしゅ》…。それぞれの

にすること。例もとの案《あん》は骨抜きにされた。❸人《ひと》の強《つよ》い心《こころ》をとり去《さ》ってしまうこと。例楽《らく》ばかりしていると骨抜きになってしまうぞ。

ほねみ【骨身】 名詞 骨《ほね》と肉《にく》。体《からだ》。例骨身にしみる寒《さむ》さだ。

●**骨身《ほねみ》にこたえる** ❶寒《さむ》さや苦《くる》しさが身《み》にしみてつらい。❷言《い》われたことなどが心《こころ》に強《つよ》く感《かん》じられる。例母《はは》のことばが骨身にこたえた。

●**骨身《ほねみ》を惜《お》しまない** 苦労《くろう》をいやがらないで、いっしょうけんめいにやる。例骨身を惜しまないで働《はたら》く。

●**骨身《ほねみ》を削《けず》る** 体《からだ》がやせるほど、いっしょうけんめいにやる。例骨身を削って働《はたら》く。

ほねやすめ【骨休め】 名詞 動詞 働《はたら》いたあとで、体《からだ》を休《やす》めること。例温泉《おんせん》で骨休めする。

ほのお【炎】 名詞 燃《も》えている火《ひ》の先《さき》の部分《ぶぶん》。例炎が上《あ》がる。

ほのか 形容動詞 はっきりしないほどわずかであるようす。かすか。例ほのかな花《はな》の香《かお》り。

ほのぐらい【ほの暗い】 形容詞 少《すこ》し暗《くら》い。うす暗《ぐら》い。例ほの暗い夕《ゆう》ぐれの道《みち》。

ほのじろい【ほの白い】 形容詞 かすかに白《しろ》い。ほんのりと明《あか》るい。例東《ひがし》の空《そら》がほの白くなってきた。

ほのぼの［と］ 副詞 動詞 ❶かすかに明《あか》るくなるようす。ほんのりと。例ほのぼのと夜《よ》が明《あ》けてきた。❷心《こころ》に温《あたた》かみが感《かん》じられるようす。例ほのぼのした愛情《あいじょう》を感《かん》じる。

ほのめかす 動詞 ちょっとした態度《たいど》やことばで、それとなく相手《あいて》に知《し》らせる。例ほんとうの願《ねが》いをほのめかす。

ホバークラフト 名詞 空《くう》気《き》を下《した》にふき出《だ》し、少《すこ》しうき上《あ》がって水面《すいめん》を走《はし》る乗《の》り物《もの》。商標名《しょうひょうめい》。

ホバークラフト

ほばしら【帆柱】 名詞 船《ふね》の、帆《ほ》を張《は》るための柱《はしら》。マスト。

ほはば【歩幅】 名詞 歩《ある》くときの、一歩《いっぽ》で進《すす》むきょり。例大《おお》きな歩幅でどんどん歩《ある》く。

ポピュラー（popular）❶形容動詞 広《ひろ》く知《し》られて親《した》しまれているようす。例サッカーはポピュラーなスポーツだ。❷名詞「ポピュラー音楽《おんがく》」の略《りゃく》。西洋風《せいようふう》の親《した》しみやすい音楽《おんがく》。

ぼひょう【墓標】 名詞 墓《はか》であることの印《しるし》として立《た》てる柱《はしら》や石《いし》。

ボビン（bobbin）名詞 ミシンの下糸《したいと》を巻《ま》く糸巻《いとま》き。

ボビンケース（bobbin case）名詞 ミシンで、ボビンを入《い》れる入《い》れ物《もの》。

ほふ【保父】 名詞「男性《だんせい》の保育士《ほいくし》」の以前《いぜん》の言《い》い方《かた》。

ボブスレー（bobsleigh）名詞 ハンドルとブレーキのついた鋼鉄製《こうてつせい》のそり。また、そのそりに乗《の》り、氷《こおり》でつくったコースをすべり降《お》りて速《はや》さをきそう競技《きょうぎ》。二人乗《ふたりの》りと四人乗《よにんの》りがある。

ほぶね【帆船】 名詞 帆《ほ》をかけて風《かぜ》を受《う》け、その力《ちから》で進《すす》む船《ふね》。帆掛《ほか》け船《ぶね》。はんせん。

ポプラ（poplar）名詞 やなぎのなかまの高《たか》い木《き》の一《ひと》つ。まっすぐにのびた枝《えだ》に、小《ちい》さい葉《は》がつく。庭木《にわき》や街路樹《がいろじゅ》などにする。

ほほ【頰】 名詞 ほお。ほっぺた。

ほぼ 副詞 およそ。だいたい。例わたしの身長《しんちょう》は、ほぼ百五十《ひゃくごじっ》センチメートルだ。

ほぼ【保母】 名詞「女性《じょせい》の保育士《ほいくし》」の以前《いぜん》の言《い》い方《かた》。

ほほえましい【ほほ笑ましい】 形容詞 思《おも》わずほほえみたくなるようす。

ほほえみ【ほほ笑み】 名詞 声《こえ》を立《た》てずに、にっこり笑《わら》うこと。例ほほ笑みをうかべる。

ほほえむ【ほほ笑む】 動詞 声《こえ》を立《た》てずに、にっこり笑《わら》う。例やさしくほほ笑む。

ポマード（pomade）名詞 男《おとこ》の人《ひと》がかみの毛《け》を整《とと》えるためにつける油《あぶら》。

ほまえせん【帆前船】 名詞 帆《ほ》を張《は》って、風《かぜ》を受《う》けて走《はし》る船《ふね》。帆船《はんせん》。

ほまれ【誉れ】 名詞 高《たか》い価値《かち》があると世《よ》の中《なか》に認《みと》められていることがら。名誉《めいよ》。例名作《めいさく》の誉れが高《たか》い小説《しょうせつ》。

ほめそやす【褒めそやす】 動詞 さかんにほめる。例すばらしいできばえを褒めそやす。

ほめたたえる【褒めたたえる】 動詞 尊敬《そんけい》の気持《きも》ちを持《も》って、さかんにほめる。

毒事件《どくじけん》で、被害《ひがい》にあった農民《のうみん》とともに闘《たたか》った田中正造《たなかしょうぞう》の伝記《でんき》です。対立《たいりつ》する銅山《どうざん》の創設者古河市兵衛《そうせつしゃふるかわいちべえ》の生《お》い立《た》の利益《りえき》とそのかげで苦《くる》しむ人々《ひとびと》、社会《しゃかい》の発展《はってん》と自然破壊《しぜんはかい》…。現代《げんだい》にも通《つう》じる重《おも》い問《と》いかけがここにはあります。

ほめたてる【褒め立てる】 動詞 さかんにほめる。例 最高《さいこう》の出来《でき》だと褒め立てる。

ほめちぎる【褒めちぎる】 動詞 それ以上《いじょう》のほめ方《かた》はないほど、さかんにほめる。

ほめる【褒める】 動詞 「すぐれている」「りっぱだ」と認《みと》めて、そのように言《い》う。たたえる。例 妹《いもうと》の作文《さくぶん》をみんなで褒めた。対 けなす。

ほや【火屋】 名詞 ランプやガス灯《とう》などの、火《ひ》をおおうガラスのつつ。

ぼや 名詞 季語冬 一部分《いちぶぶん》が焼《や》けただけですんだような、小《ちい》さな火事《かじ》。例 ぼやを出《だ》す。

ぼやく 動詞 ぶつぶつ不平《ふへい》や文句《もんく》を言《い》う。例 毎《まい》日《にち》クラブの練習《れんしゅう》で、遊《あそ》ぶ時間《じかん》がないとぼやく。

ぼやける 動詞 はっきりしなくなる。ぼんやりする。例 めがねがないと物《もの》がぼやけて見《み》える。

ほやほや 名詞
❶できたてで、温《あたた》かくやわらかいようす。例 ほやほやのまんじゅう。
❷ある状態《じょうたい》になったばかりのようす。例 新婚《しんこん》ほやほや。

ほゆう【保有】 名詞 動詞 自分《じぶん》のものとして持《も》っていること。例 ヘリコプターを保有している。

ほよう【保養】 名詞 動詞 心《こころ》や体《からだ》を休《やす》ませて、元気《げんき》をつけること。例 保養所《じょ》。類 休養《きゅうよう》。

ほら 名詞
❶「ほら貝《がい》」のこと。
❷大《おお》げさにいうこと。でたらめにいうこと。また、その話《はなし》。例 ほらをふく。

ぼら 名詞 季語秋 体長《たいちょう》八十《はちじっ》センチメートルくらいの円筒形《えんとうけい》の魚《さかな》。食用《しょくよう》になる。参考 出世魚《しゅっせうお》(＝成長《せいちょう》するに従《したが》って名《な》まえが変《か》わる魚《さかな》)の一《ひと》つ。また、塩《しお》づけにして干《ほ》した卵巣《らんそう》は「からすみ」といい、珍味《ちんみ》とされる。図 ⇩521ジペーさかな〔魚〕

ほらあな【洞穴】 名詞 岩山《いわやま》やがけにある、おくゆきの深《ふか》い大《おお》きな穴《あな》。洞窟《どうくつ》。

ほらがい 名詞 暖《あたた》かい南《みなみ》の海《うみ》にすむ大《おお》きな巻《ま》き貝《がい》。からの先《さき》に穴《あな》をあけてふくと、低《ひく》くて大《おお》きな音《おと》が出《で》るので、遠《とお》くへの合図《あいず》などに使《つか》われた。ことば 漢字《かんじ》では「法螺貝」と書《か》く。図 ⇩219ジペーかい〔貝〕

ほらふき【ほら吹き】 名詞 小《ちい》さなことを大《おお》げさに言《い》ったり、ありもしないことをほんとうのことのように言《い》ったりする人《ひと》。

ボランティア (volunteer) 名詞 自分《じぶん》の利益《りえき》に関係《かんけい》なく、自分から進《すす》んで、社会《しゃかい》や人々《ひとびと》のために役立《やくだ》つような活動《かつどう》をすること。また、その活《かつ》動《どう》をする人《ひと》。

ほり【堀】 名詞
❶地面《じめん》をほって水《みず》を通《とお》したところ。ほり割《わ》り。
❷敵《てき》を防《ふせ》ぐため、城《しろ》の周《まわ》りをほって水《みず》をためたところ。

ポリエステル (ドイツ語) 名詞 合成樹脂《ごうせいじゅし》の一《ひと》つ。合成繊維《ごうせいせんい》などの原料《げんりょう》になる。

ポリエチレン (ドイツ語) 名詞 石油《せきゆ》を原料《げんりょう》にしてつくられた合成樹脂《ごうせいじゅし》の一《ひと》つ。熱《ねつ》には弱《よわ》いが、空気《くうき》・水《みず》・電気《でんき》を通《とお》さない。食品《しょくひん》や薬《くすり》を包《つつ》むふくろ、液体《えきたい》を入《い》れるびんなど、さまざまに使《つか》われる。ことば 「ポリぶくろ」「ポリ容器《ようき》」のように、「ポリ」と略《りゃく》していうこともある。

ポリオ (polio) 名詞 おもに子供《こども》がかかる感染《かんせん》症《しょう》。ウイルスによって脳《のう》やせきずいがおかされ、手足《てあし》がしびれてよく動《うご》かなくなる。「小児《しょうに》まひ」ともいう。

ほりおこす【掘り起こす】 動詞
❶ほって、下《した》の土《つち》を上《うえ》に出《だ》す。
❷ほって、土《つち》の中《なか》にうまっているものをとり出《だ》す。また、かくれているものごとを見《み》つけ出《だ》して表《おもて》に出《だ》す。例 じゃがいもを掘り起こす／新《あたら》しい可能性《かのうせい》を掘り起こす。

ほりかえす【掘り返す】 動詞
❶ほって、下《した》の土《つち》を上《うえ》に出《だ》す。例 畑《はたけ》を掘り返す。
❷前《まえ》にうめた所《ところ》をもう一度《いちど》ほる。例 タイムカプセルをうめた所《ところ》を掘り返す。
❸一度《いちど》決《き》まりのついたことを、もう一度《いちど》とり上《あ》げる。蒸《む》し返《かえ》す。例 昔《むかし》の事件《じけん》を掘り返す。

ほりさげる【掘り下げる】 動詞
❶下《した》へ下《した》へと深《ふか》くほる。
❷ものごとを深《ふか》く考《かんが》える。例 失敗《しっぱい》の原因《げんいん》を掘り下げて考《かんが》えてみよう。一《ひと》つのことを深《ふか》く調《しら》べる。

ほりだしもの【掘り出し物】 名詞 思《おも》いがけなく手《て》に入《い》れためずらしいもの。また、安《やす》く手《て》に入《い》れた値打《ねう》ちのある品物《しなもの》。

ほりだす【掘り出す】 動詞
❶地面《じめん》をほって、うまっているものをとり出《だ》す。例 球根《きゅうこん》を掘り出す。

読書のこみち 高 中 低 『たたかいの人《ひと》—田中正造《たなかしょうぞう》—』大石真《おおいしまこと》　日本《にほん》の公害問題《こうがいもんだい》の始《はじ》まりともいえる足尾銅山鉱《あしおどうざんこう》ちや、銅山《どうざん》の中《なか》で働《はたら》く青年《せいねん》の視点《してん》も交《ま》ぜながら、人間《にんげん》ドラマとしても読《よ》める一冊《いっさつ》。企業《きぎょう》

❷思《おも》いがけず、よいものを見《み》つけて手《て》に入《い》れる。例 古本市《ふるほんいち》でめずらしい本《ほん》を掘り出した。

ほりつける【彫り付ける】 動詞 文字《もじ》や絵《え》などを刻《きざ》みつける。例 板《いた》に自分《じぶん》の名前《なまえ》を彫り付ける。

ホリデー (holiday) 名詞 休日《きゅうじつ》。祭日《さいじつ》。

ほりぬきいど【掘り抜き井戸】 名詞 地面《じめん》を深《ふか》くほって地下水《ちかすい》をわき出《だ》させた井戸《いど》。

ポリネシア 名詞 太平洋《たいへいよう》にある、ハワイ諸島《しょとう》・ニュージーランド・イースター島《とう》を結《むす》ぶ三角形《さんかくけい》にふくまれる島々《しまじま》をまとめた呼《よ》び方《かた》。

ほりばた【堀端】 名詞 ほりのそば。ほりのふち。

ポリぶくろ【ポリ袋】 名詞 ポリエチレンでつくられたふくろ。ことば 「ポリ」は「ポリエチレン」の略《りゃく》。

ほりもの【彫り物】 名詞
❶彫刻《ちょうこく》。例 くまの彫り物をおみやげにする。
❷「いれずみ」のこと。

ほりゅう【保留】 名詞 動詞 その場《ば》で決《き》めないで、結論《けつろん》などを先《さき》に延《の》ばすこと。例 話《はな》し合《あ》いの結論《けつろん》は保留になった。

ボリューム (volume) 名詞
❶分量《ぶんりょう》。かさ。例 ボリュームのあるカレーライス。
❷音《おと》の大《おお》きさ。音量《おんりょう》。声量《せいりょう》。例 テレビのボリュームを上《あ》げる。

ほりょ【捕虜】 名詞 戦争《せんそう》などで、敵《てき》にとらえられた人《ひと》。

ほりわり【掘り割り】 名詞 地面《じめん》をほって、水《みず》が流《なが》れるようにしたところ。ほり。

ほる【彫る】 動詞 木《き》・石《いし》・金属《きんぞく》などに、形《かたち》や絵《え》などを刻《きざ》みつける。彫刻《ちょうこく》する。例 木《き》の板《いた》に名《な》前《まえ》を彫る／仏像《ぶつぞう》を彫る。

ほる【掘る】 動詞
❶地面《じめん》に穴《あな》をあける。例 シャベルで穴《あな》を掘る。
❷地面《じめん》に穴《あな》をあけて、中《なか》にあるものをとり出《だ》す。例 たけのこを掘る。

ポルカ (polka) 名詞 二拍子《にびょうし》の軽快《けいかい》なダンス。また、その音楽《おんがく》。

ボルガがわ【ボルガ川】 名詞 ロシアを流《なが》れてカスピ海《かい》に注《そそ》ぐ、ヨーロッパでもっとも長《なが》い川《かわ》。

ホルスタイン (ドイツ語) 名詞 牛《うし》の品種《ひんしゅ》の一《ひと》つ。体《からだ》の色《いろ》は白《しろ》と黒《くろ》のまだら。乳牛《にゅうぎゅう》の代表的《だいひょうてき》な品種《ひんしゅ》で、出《だ》す乳《ちち》の量《りょう》が非《ひ》常《じょう》に多《おお》い。

ホルスタイン

ボルタ 名詞 (一七四五～一八二七) イタリアの物《ぶつ》理学者《りがくしゃ》。電池《でんち》のもとになるしくみを発明《はつめい》した。

ボルト (bolt) 名詞 一方《いっぽう》のはしに六角形《ろっかくけい》などの頭《あたま》をつけ、反対側《はんたいがわ》をねじにした金《きん》属《ぞく》の棒《ぼう》。ナットと組《く》み合《あ》わせ、物《もの》をしめつけて固定《こてい》するのに使《つか》われる。

ボルト

ボルト (volt) 名詞 電圧《でんあつ》の単位《たんい》。記号《きごう》は「V」。
参考 日本《にほん》では、一般《いっぱん》の家《いえ》に送《おく》られる電気《でんき》の電圧《でんあつ》は百《ひゃく》ボルト。

ポルトガルきょうわこく【ポルトガル共和国】 名詞 ヨーロッパの南西部《なんせいぶ》にある国《くに》。農業《のうぎょう》がさかんで、小麦《こむぎ》・ぶどう・オリーブなどがとれる。室町時代《むろまちじだい》の末《すえ》ごろに、日本《にほん》にヨーロッパの文化《ぶんか》を伝《つた》えた。首都《しゅと》はリスボン。「ポルトガル」ともいう。

(国旗《こっき》)

ボルボックス (volvox) 名詞 池《いけ》や湖《みずうみ》などに生息《せいそく》するプランクトンのなかま。

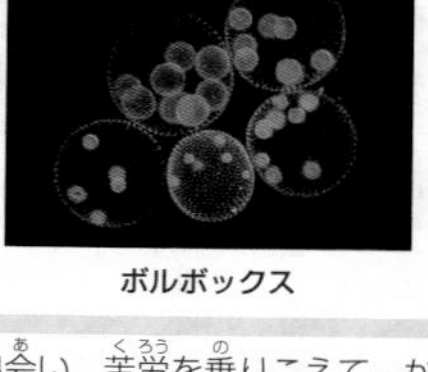
ボルボックス

ホルマリン (ドイツ語) 名詞 無色《むしょく》で強《つよ》いにおいがある液体《えきたい》。消《しょう》毒《どく》・殺菌《さっきん》・防腐剤《ぼうふざい》として使《つか》われる。

ホルモン (ドイツ語) 名詞 体《からだ》の中《なか》でつくられ、血《ち》といっしょに流《なが》れて、体《からだ》のはたらきを整《ととの》える物質《ぶっしつ》。

ホルン (ドイツ語) 名詞 金管楽器《きんかんがっき》の一《ひと》つ。巻《ま》いた管《くだ》の先《さき》があさがおの花《はな》のように広《ひろ》がっていて、やわらかい音《おと》を出《だ》す。図⬇269ジ《ペー》 がっき〔楽器〕

ほれい【保冷】 名詞 低《ひく》い温度《おんど》に保《たも》つこと。

ほれいざい【保冷剤】 名詞 食品《しょくひん》などを低《ひく》い

動物《どうぶつ》たちや、てんぐ、おになどと出会《であ》い、苦労《くろう》を乗《の》りこえて、かしこくたくましい青年《せいねん》へ成長《せいちょう》していきます。
ができるでしょうか？　長野県《ながのけん》の民話《みんわ》をもとにしたお話《はなし》。リズミカルな会話《かいわ》も楽《たの》しく、ぐんぐん読《よ》める一冊《いっさつ》です。

温度《おんど》に保《たも》つのに使《つか》う、水《みず》や薬品《やくひん》などをつめたパック。冷凍庫《れいとうこ》でこおらせてくり返《かえ》し使《つか》える。

ほれいしゃ【保冷車】 名詞 食品《しょくひん》などを低《ひく》い温度《おんど》のまま運《はこ》べるように、熱《ねつ》が荷台《にだい》に伝《つた》わりにくいしくみにしたトラック。

ほれぼれ［と］ 副詞 動詞 強《つよ》く心《こころ》が引《ひ》きつけられて、うっとりするようす。例 むすめの着物《きもの》姿《すがた》をほれぼれと見《み》つめる。

ほれる
❶ 動詞 相手《あいて》を好《す》きになる。恋《こい》をする。
❷ 動詞 その人《ひと》やものごとをすばらしいと思《おも》い、心《こころ》をひかれる。心《こころ》をうばわれる。例 海《うみ》にほれて船乗《ふなの》りになる。
❸ 接尾語 （ほかのことばのあとにつけて）「夢《む》中《ちゅう》で…する」「うっとりと…する」という意味《いみ》を表《あらわ》す。例 見《み》ほれる／聞《き》きほれる。

ほろ 名詞 風《かぜ》や雨《あめ》、日《ひ》ざしをよけるために、車《くるま》などにかけるおおい。例 荷台《にだい》にほろをかける。

ぼろ 名詞
❶使《つか》い古《ふる》して役《やく》に立《た》たないもの。例 ぼろの車《くるま》。
❷使《つか》い古《ふる》して破《やぶ》れたりすり切《き》れたりした布《ぬの》や服《ふく》。例 ぼろを着《き》る。
❸かくしている欠点《けってん》や失敗《しっぱい》。例 ぼろを出《だ》す。

●**ぼろが出《で》る** かくしていた欠点《けってん》や失敗《しっぱい》があらわれる。例 ごまかそうとしてぼろが出る。

ポロシャツ（polo shirt） 名詞 えりのある半《はん》そでのスポーツシャツ。ことば「ポロ」という競《きょう》技《ぎ》のときに着《き》たことからついた名《な》まえ。

ほろにがい【ほろ苦い】 形容詞
❶少《すこ》し苦《にが》い。例 ほろ苦い味《あじ》。
❷心《こころ》が少《すこ》し痛《いた》むようす。例 ほろ苦い思《おも》い出《で》。

ほろばしゃ【ほろ馬車】 名詞 ほろをかけている馬車《ばしゃ》。

ほろばしゃ

ほろびゆく【滅び行く】 動詞 だんだんほろびていく。例 滅び行く動物《どうぶつ》を守《まも》る。

ほろびる【滅びる】 動詞 勢《いきお》いがおとろえて、なくなってしまう。絶《た》える。ほろぶ。例 国《くに》が滅びる。

ほろぶ【滅ぶ】 動詞 勢《いきお》いがおとろえて、なくなってしまう。絶《た》える。ほろびる。例 大昔《おおむかし》に滅んだ国《くに》。

ほろぼす【滅ぼす】 動詞 なくす。絶《た》やす。だめにする。例 国《くに》を滅ぼす／身《み》を滅ぼす。

ほろほろ［と］ 副詞
❶木《き》の葉《は》やなみだなどがこぼれ落《お》ちるようす。例 悲《かな》しさのあまりなみだがほろほろと流《なが》れた。
❷山鳥《やまどり》などの鳴《な》き声《ごえ》のようす。

ぼろぼろ
❶ 形容動詞 ひどく破《やぶ》れたり、いたんだりしているようす。例 ぼろぼろになったくつ。
❷ 副詞 物《もの》がくだけたりこぼれ落《お》ちたりするようす。例 壁土《かべつち》がぼろぼろこぼれ落《お》ちる。
使い方 ❷は、「ぼろぼろと」の形《かたち》でも使《つか》う。

ぽろぽろ［と］ 副詞 小《ちい》さく軽《かる》いものがこぼれ落《お》ちるようす。例 ごはんをぽろぽろこぼす。

ほろりと 副詞 感動《かんどう》して、なみだがこぼれ落《お》ちるようす。例 旅人《たびびと》の身《み》の上話《うえばなし》を聞《き》いてほろりとした。

ホワイト（white） 名詞 「白《しろ》」「白色《しろいろ》」のこと。対 ブラック。

ホワイトハウス（White House） 名詞 アメリカのワシントンにある、大統領《だいとうりょう》が住《す》む建物《たてもの》。また、アメリカ政府《せいふ》のこと。ことば 建物《たてもの》が白《しろ》いことからこう呼《よ》ばれる。

ほん【反】 漢 ⇩1085ジペー はん〔反〕

ほん【本】
❶ 名詞 文章《ぶんしょう》などが印刷《いんさつ》されたものを一《ひと》つにまとめてとじたもの。書物《しょもつ》。例 本を読《よ》む／本を借《か》りる。
❷ 接頭語 （ほかのことばの前《まえ》につけて）「おもな」「正式《せいしき》の」の意味《いみ》を表《あらわ》す。例 本作業《さぎょう》／本決《ぎ》まり。
❸ 接尾語 （数《かず》を表《あらわ》すことばのあとにつけて）細《ほそ》長《なが》いものを数《かぞ》えることば。例 一《いっ》本のかさ／三《さん》本のコードを一《ひと》つにまとめる／えんぴつを五《ご》本買《か》う。
ことば ❶は「一冊《いっさつ》」「一点《いってん》」「一部《いちぶ》」と数《かぞ》える。

漢 **ほん【本】**〔木《き》〕 5画 1年 音 ホン 訓 もと

一 十 オ 木 本

❶もと。もとからある。例 本質《ほんしつ》／基本《きほん》／根本《こんぽん》。
❷よりどころとなる。中心《ちゅうしん》の。例 本業《ほんぎょう》／本国《ほんごく》

読書のこみち　高 中 低
『龍《たつ》の子太郎《こたろう》』松谷《まつたに》みよ子《こ》　龍《りゅう》にされたお母《かあ》さんを助《たす》けるために旅《たび》に出《で》た龍《たつ》の子太郎《こたろう》は、貧《まず》しい村《むら》の現実《げんじつ》に目覚《めざ》めた龍《たつ》の子太郎《こたろう》は、無事《ぶじ》お母《かあ》さんを見《み》つけ、村《むら》にもどってくること

／本部《ほんぶ》。❸ただしい。ほんとうの。例 本気《ほんき》／本心《ほんしん》／本名《ほんみょう》。❹書物《しょもつ》。文書《ぶんしょ》。例 本屋《ほんや》／絵本《えほん》／製本《せいほん》／古本《ふるほん》。❺この。その。例 本日《ほんじつ》／本人《ほんにん》。❻細長《ほそなが》いものを数《かぞ》えることば。例 一本《いっぽん》／五本《ごほん》／三本《さんぼん》。

ホン 名詞
❶ ⇒1145ページ フォン
❷騒音《そうおん》の程度《ていど》を表《あらわ》すのに使《つか》われる単位《たんい》。
参考 ❷は現在《げんざい》は「デシベル」を使《つか》う。

ぼん【盆】 名詞 季語 秋
❶物《もの》をのせて運《はこ》んだりする、平《ひら》たくて浅《あさ》い道具《どうぐ》。
❷仏教《ぶっきょう》で、祖先《そせん》のたましいをむかえてなぐさめる行事《ぎょうじ》。七月《しちがつ》または八月《はちがつ》に行《おこな》われる。「うらぼん」の略《りゃく》。おぼん。
ことば 季語《きご》として使《つか》うのは❷の意味《いみ》。

● **盆《ぼん》と正月《しょうがつ》が一緒《いっしょ》に来《き》たよう**
❶とてもいそがしいようす。
❷よいことやうれしいことが重《かさ》なるようす。

ほんあん【翻案】 名詞 動詞 すでにある作品《さくひん》をもとにして、内容《ないよう》や大《おお》きな筋《すじ》はそのままに、新《あたら》しくつくりかえること。例 民話《みんわ》を翻案した小説《しょうせつ》。

ほんい【本位】 名詞 行動《こうどう》や考《かんが》え方《かた》のもとにすること。中心《ちゅうしん》にすること。例 自分本位《じぶんほんい》。

ほんい【本意】 名詞
❶ほんとうの気持《きも》ち。本心《ほんしん》。例 そんな悪口《わるくち》は、きっと本意から出《で》たものではない。対 不本意《ふほんい》。
❷もとからの望《のぞ》み。例 本意をとげる。

ぼんおどり【盆踊り】 名詞 季語 秋 おぼんの夜《よる》に、大勢《おおぜい》の人《ひと》が歌《うた》に合《あ》わせておどるおどり。
参考 もとは、死《し》んだ人《ひと》のたましいをなぐさめるためのもの。

ほんがえしぬい【本返し縫い】 名詞 ひと針《はり》ごとにもとの針穴《はりあな》まで引《ひ》き返《かえ》しながらぬうやり方《かた》。図 ⇒1006ページ ぬう

ほんかくてき【本格的】 形容動詞
❶ほんとうのやり方《かた》や決《き》まりに合《あ》っているようす。正式《せいしき》。本式《ほんしき》。例 本格的にバレエを習《なら》う。
❷ほんとうの調子《ちょうし》や状態《じょうたい》になってくるようす。例 本格的な夏《なつ》がやってきた。

ほんかん【本館】 名詞
❶いくつかある建物《たてもの》の中《なか》で、主《しゅ》となる建物《たてもの》。
❷この建物《たてもの》。例 本館は、午前八時《ごぜんはちじ》に開《ひら》きます。
関連 別館《べっかん》。

ほんき【本気】 名詞 形容動詞 まじめな心《こころ》。真剣《しんけん》な気持《きも》ち。例 本気を出《だ》す／本気で勉強《べんきょう》にとりくむ。

ほんぎまり【本決まり】 名詞 正式《せいしき》に決《き》まること。例 テレビ出演《しゅつえん》が本決まりになる。

ほんきょ【本拠】 名詞 生活《せいかつ》や活動《かつどう》などのもととなるところ。例 この会社《かいしゃ》の本拠地《ち》は東京《とうきょう》だ。

ほんぎょう【本業】 名詞 その人《ひと》の暮《く》らしの中心《ちゅうしん》になっている仕事《しごと》。例 この作家《さっか》の本業は医者《いしゃ》だ。類 本職《ほんしょく》。対 副業《ふくぎょう》。

ほんきょく【本局】 名詞
❶放送局《ほうそうきょく》や郵便局《ゆうびんきょく》などで、中心《ちゅうしん》となって仕事《しごと》をしている局《きょく》。
❷この局《きょく》。

ほんけ【本家】 名詞
❶一族《いちぞく》の中《なか》でいちばんもとになる家《いえ》。対 分家《ぶんけ》。
❷生《い》け花《ばな》や茶道《さどう》などの流派《りゅうは》の中心《ちゅうしん》になる家《いえ》。家元《いえもと》。

ほんこう【本校】 名詞
❶分校《ぶんこう》に対《たい》して、もとになる学校《がっこう》。対 分校《ぶんこう》。
❷自分《じぶん》たちのいる学校《がっこう》。この学校《がっこう》。

ほんごく【本国】 名詞
❶その人《ひと》が生《う》まれた国《くに》。国籍《こくせき》のある国《くに》。
❷植民地《しょくみんち》に対《たい》して、そこを支配《しはい》している国《くに》。

ほんごし【本腰】 名詞 本気《ほんき》になってとりくむこと。

● **本腰《ほんごし》を入《い》れる** ものごとに本気《ほんき》でとりくむ。
例 ピアノの練習《れんしゅう》に本腰を入れる。

ホンコン【香港】 名詞 中国《ちゅうごく》の南東部《なんとうぶ》にある、香港島《ホンコンとう》と九竜半島《カオルンはんとう》、その周辺《しゅうへん》の島々《しまじま》からなる地域《ちいき》。イギリスの植民地《しょくみんち》だったが、一九九七年《ねん》に中国《ちゅうごく》に返還《へんかん》された。世界《せかい》でも有数《ゆうすう》の金融《きんゆう》・貿易《ぼうえき》の中心地《ちゅうしんち》。

（旗《はた》）

ぼんさい【盆栽】 名詞 はちに草《くさ》や木《き》を植《う》え、美《うつく》しい形《かたち》に育《そだ》てて、見《み》て楽《たの》しむもの。

ほんざん【本山】 名詞
❶仏教《ぶっきょう》で、ある宗派《しゅうは》の中心《ちゅうしん》になる寺《てら》。例 総本山《そうほんざん》。
❷この寺《てら》。

ほんし【本紙】 名詞
❶付録《ふろく》や号外《ごうがい》に対《たい》して、本体《ほんたい》である新聞《しんぶん》の紙面《しめん》。

に、ごみ置《お》き場《ば》になっている空《あ》き地《ち》がありました。ひとりのベトナム人《じん》の女《おんな》の子《こ》がライマメをまいたことから、のちがいをこえて、少《すこ》しずつ温《あたた》かなきずなが生《う》まれるようすを１章《しょう》ごとに別《べつ》の人物《じんぶつ》の立場《たちば》で語《かた》ります。

❷この新聞《しんぶん》。例 本紙特派員《とくはいん》による速報《そくほう》です。

ほんし【本誌】 名詞
❶付録《ふろく》や別冊《べっさつ》に対《たい》して、本体《ほんたい》である雑誌《ざっし》。
❷この雑誌《ざっし》。例 本誌の独占《どくせん》インタビューです。

ほんしき【本式】 名詞 形容動詞 正《ただ》しいやり方《かた》。また、それに合《あ》っているようす。本格的《ほんかくてき》。例 お茶《ちゃ》を本式に習《なら》う。類 正式《せいしき》。対 略式《りゃくしき》。

ほんしつ【本質】 名詞 そのものの、いちばんもとになる大事《だいじ》な性質《せいしつ》。例 問題《もんだい》の本質をとらえる。

ほんじつ【本日】 名詞 今日《きょう》。この日《ひ》。使い方「きょう」よりもあらたまった言《い》い方《かた》。

ほんしつてき【本質的】 形容動詞 ものごとのいちばんもとになる、大事《だいじ》な性質《せいしつ》にかかわるようす。例 本質的な問題解決《もんだいかいけつ》のために努力《どりょく》する。

ほんしゃ【本社】 名詞
❶一《ひと》つの会社《かいしゃ》がいくつかに分《わ》かれているとき、その中心《ちゅうしん》になるところ。対 支社《ししゃ》。
❷この会社《かいしゃ》。わが社《しゃ》。
❸大《おお》もととなる神社《じんじゃ》。

ほんしゅう【本州】 名詞 日本列島《にほんれっとう》の中《なか》でいちばん大《おお》きい島《しま》。東北《とうほく》・関東《かんとう》・中部《ちゅうぶ》・近畿《きんき》・中国《ちゅうごく》の五《いつ》つの地方《ちほう》に分《わ》かれている。

ほんしょ【本書】 名詞 この本《ほん》。この書類《しょるい》。

ほんしょう【本性】 名詞
❶生《う》まれつきの性質《せいしつ》。例 本性を現《あらわ》す。
❷頭《あたま》のはたらきが確《たし》かなこと。正気《しょうき》。例 本性を失《うしな》う。

ほんしょく【本職】 名詞
❶その人《ひと》の生活《せいかつ》を支《ささ》えている、おもな仕事《しごと》。類 本業《ほんぎょう》。
❷そのことを専門《せんもん》にしている人《ひと》。専門家《せんもんか》。例 本職のカメラマン。

ほんしん【本心】 名詞
❶うそではない、ほんとうの心《こころ》。例 本心からあやまる。
❷正《ただ》しい心《こころ》。良心《りょうしん》。例 本心に立《た》ちもどる。

ほんじん【本陣】 名詞
❶昔《むかし》、いくさのときに大将《たいしょう》がいたところ。
❷江戸時代《えどじだい》に、大名《だいみょう》や身分《みぶん》の高《たか》い人《ひと》が旅《たび》をしたときにとまった宿《やど》。

ぼんじん【凡人】 名詞 特別《とくべつ》にすぐれたところがない、ふつうの人《ひと》。

ほんすじ【本筋】 名詞 中心《ちゅうしん》になる筋道《すじみち》。例 話《はなし》の本筋からそれる。

ほんせき【本籍】 名詞 その人《ひと》の戸籍《こせき》のある所《ところ》。例 本籍地《ち》。

ほんせん【本線】 名詞 鉄道《てつどう》などで、もとになる線《せん》。例 東北本線《とうほくほんせん》。類 幹線《かんせん》。対 支線《しせん》。

ほんそう【奔走】 名詞 動詞 あちこち走《はし》り回《まわ》って、ものごとがうまくいくように努力《どりょく》すること。例 祭《まつ》りの準備《じゅんび》に奔走する。

ほんぞん【本尊】 名詞
❶その寺《てら》の中心《ちゅうしん》となる仏《ほとけ》。
❷ものごとの中心《ちゅうしん》である人物《じんぶつ》。当人《とうにん》。例 花瓶《かびん》を割《わ》ったご本尊はにげてしまった。
使い方 ❷は、くだけた言《い》い方《かた》。

ほんたい【本体】 名詞
❶ほんとうのすがた。正体《しょうたい》。例 本体を見破《みやぶ》る。
❷機械《きかい》などの中心《ちゅうしん》になる部分《ぶぶん》。

ほんだい【本題】 名詞 中心《ちゅうしん》になる話題《わだい》や議題《ぎだい》。例 ここからが、今日《きょう》の本題です。

ほんだな【本棚】 名詞 本《ほん》を入《い》れておくたな。

ぼんち【盆地】 名詞 周《まわ》りを山地《さんち》に囲《かこ》まれた、平《たい》らな土地《とち》。例 奈良《なら》盆地。

ほんてん【本店】 名詞
❶いくつかに分《わ》かれている店《みせ》の中《なか》で、中心《ちゅうしん》になる店《みせ》。対 支店《してん》。
❷この店《みせ》。例 本店おすすめのメニュー。

ほんと ↓1231ジベー ほんとう

ほんど【本土】 名詞
❶その国《くに》のおもな国土《こくど》。例 台風《たいふう》が本土をおそう。
❷本国《ほんごく》。例 久《ひさ》しぶりに本土に帰《かえ》る。

ポンド（pound） 名詞
❶イギリスやアメリカなどで使《つか》われている重《おも》さの単位《たんい》。一《いち》ポンドは約四百五十四《やくよんひゃくごじゅうよん》グラム。記号《きごう》は「lb」。
❷イギリスのお金《かね》の単位《たんい》。記号《きごう》は「£」。

ほんとう【本当】 名詞 うそや見《み》せかけではない、真実《しんじつ》。ほんと。例 本当の話《はなし》。対 うそ。

ほんどう【本堂】 名詞 お寺《てら》で、本尊《ほんぞん》（＝寺《てら》の中心《ちゅうしん》となる仏《ほとけ》）を祭《まつ》ってある建物《たてもの》。類 金堂《こんどう》。

ほんどう【本道】 名詞
❶交通《こうつう》の中心《ちゅうしん》となる大《おお》きな道《みち》。対 間道《かんどう》。
❷人間《にんげん》としての正《ただ》しい道《みち》。例 本道に立《た》ち返《かえ》る。

ほんにん【本人】 名詞 その人自身《ひとじしん》。例 合格《ごうかく》の通知《つうち》は本人あてに出《だ》します。類 当人《とうにん》。

読書のこみち 高 中 低 『種《たね》をまく人《ひと》』フライシュマン　アメリカ北東部《ほくとうぶ》クリーヴランドの貧《まず》しい人々《ひとびと》が住《す》む一角《いっかく》そこは思《おも》いがけず人々《ひとびと》のいこう菜園《さいえん》となっていきます。人々《ひとびと》をへだてていた人種《じんしゅ》やことば

ほんね【本音】 名詞 その人《ひと》のほんとうの気持《きも》ちや考《かんが》え。例 本音をもらす。対 建《た》て前《まえ》。

ボンネット (bonnet) 名詞 ❶自動車《じどうしゃ》の前《まえ》の方《ほう》にある、エンジンをおおう部分《ぶぶん》。❷前《まえ》のつばが大《おお》きく、あごの下《した》でひもを留《と》めてかぶる、女性《じょせい》や子供用《こどもよう》の帽子《ぼうし》。額《ひたい》を出《だ》すようにしてかぶる。

ほんねん【本年】 名詞 今年《ことし》。例 本年もどうぞよろしく。使い方 あらたまった言《い》い方《かた》。

ほんの 連体詞 ただそれだけの。ごくわずかの。例 ほんのお礼《れい》の気持《きも》ちです。

ほんのう【本能】 名詞 動物《どうぶつ》が生《う》まれつき持《も》っている性質《せいしつ》や心《こころ》のはたらき。

ほんのり[と] 副詞 動詞 明《あか》るさや色《いろ》などが、かすかにあらわれるようす。うっすら。例 ほおにほんのりと赤《あか》みが差《さ》す。

ほんば【本場】 名詞 ❶おもな産地《さんち》。例 本場のさつまいも。❷そのことがさかんに行《おこな》われている場所《ばしょ》。例 アメリカは野球《やきゅう》の本場だ。

ほんばこ【本箱】 名詞 本《ほん》を入《い》れておく箱《はこ》。

ほんばん【本番】 名詞 劇《げき》や映画《えいが》・放送《ほうそう》などで、練習《れんしゅう》ではなく正式《せいしき》に演《えん》じること。

ほんぶ【本部】 名詞 仕事《しごと》や団体《だんたい》の中心《ちゅうしん》になるところ。対 支部《しぶ》。

ポンプ (オランダ語) 名詞 水《みず》や油《あぶら》などを送《おく》り出《だ》すための、圧力《あつりょく》を利用《りよう》した道具《どうぐ》。

ポンプしゃ【ポンプ車】 名詞 消防車《しょうぼうしゃ》の一《ひと》つ。ポンプで水《みず》を吸《す》い上《あ》げ、放水《ほうすい》することで火《ひ》を消《け》す車《くるま》。

ほんぶり【本降り】 名詞 雨《あめ》や雪《ゆき》の降《ふ》り方《かた》が、すぐにはやみそうもないほど強《つよ》いこと。例 夕方《ゆうがた》から本降りになった。対 小降《こぶ》り。

ほんぶん【本分】 名詞 その人《ひと》がやらなければならない務《つと》め。例 学生《がくせい》の本分は勉強《べんきょう》だ。

ほんぶん【本文】 名詞 ❶書物《しょもつ》や文書《ぶんしょ》で、目次《もくじ》・前書《まえが》き・後書《あとが》きなどを除《のぞ》いた、中心《ちゅうしん》となる部分《ぶぶん》。❷注釈《ちゅうしゃく》文や引用文《いんようぶん》などに対《たい》して、そのもとの文章《ぶんしょう》。ことば「ほんもん」ともいう。

ボンベ (ドイツ語) 名詞 気体《きたい》をおし縮《ちぢ》めて入《い》れる、鉄《てつ》でできた筒形《つつがた》の入《い》れ物《もの》。例 酸素《さんそ》ボンベ。

ほんぽう【本邦】 名詞 わが国《くに》。例 本邦初公開《はつこうかい》の映画《えいが》。

ほんぽう【奔放】 名詞 形容動詞 世《よ》の中《なか》の決《き》まりやしきたりにとらわれずに、気《き》ままにふるまうこと。例 自由《じゆう》奔放な一生《いっしょう》。

ぼんぼり 名詞 昔《むかし》の明《あ》かりで、小《ちい》さなあんどん。

ぼんぼり

ぽんぽん[と] 副詞 ❶遠慮《えんりょ》しないで、次々《つぎつぎ》とものを言《い》うようす。例 話《はな》し合《あ》いで、意見《いけん》がぽんぽん飛《と》び出《だ》す。❷続《つづ》けて音《おと》が鳴《な》ったり、ものが破裂《はれつ》したり、ものを軽《かる》くたたいたりするようす。例 ぽんぽんと花火《はなび》が上《あ》がる／ぽんぽんと背中《せなか》をたたく。

ほんまつてんとう【本末転倒】 名詞 ものごとの大事《だいじ》なことと大事でないことをとりちがえること。例 ゲームは楽《たの》しむものなのに、勝《か》つことばかり考《かんが》えるのは本末転倒だ。

ほんまる【本丸】 名詞 日本《にほん》の城《しろ》で、中心《ちゅうしん》となる建物《たてもの》。

ほんみょう【本名】 名詞 戸籍《こせき》にのっている、ほんとうの名前《なまえ》。実名《じつめい》。対 仮名《かめい》。偽名《ぎめい》。

ほんめい【本命】 名詞 競馬《けいば》やスポーツで、優勝《ゆうしょう》の第一候補《だいいちこうほ》。ことば 選挙《せんきょ》などでいちばん有力《ゆうりょく》な人《ひと》という意味《いみ》で使《つか》われることもある。

ほんもう【本望】 名詞 ❶前々《まえまえ》からの望《のぞ》み。例 兄《あに》は医者《いしゃ》になるという本望をとげた。❷満足《まんぞく》であること。例 お会《あ》いできれば本望です。

ほんもの【本物】 名詞 ❶にせものではない、ほんとうのもの。対 偽物《にせもの》。❷いいかげんでなく、本格的《ほんかくてき》であること。例 父《ちち》の料理《りょうり》のうでは本物だ。

ほんもん【本文】 ➡1232ページ ほんぶん〔本文〕

ほんや【本屋】 名詞 本《ほん》を売《う》る店《みせ》。書店《しょてん》。

ほんやく【翻訳】 名詞 動詞 ある国《くに》のことばで書《か》かれたものを、ほかの国《くに》のことばに直《なお》すこと。例 ドイツ語《ご》の小説《しょうせつ》を日本語《にほんご》に翻訳する。

ぼんやり[と] 副詞 動詞 ❶物《もの》の形《かたち》や色《いろ》などが、ぼうっとしてはっきりしないようす。例 向《む》こうの島《しま》がぼんやりと見《み》え

回《かい》、近《ちか》づける。手《て》を目《め》の高《たか》さから上《うえ》にすることで、教《おそ》わる立場《たちば》を表《あらわ》しているよ。

る。対 はっきり[と]。

❷気《き》がゆるんで注意《ちゅうい》がはたらかないようす。例 ぼんやりしていて、一駅《ひとえき》乗《の》りこしてしまった。

ほんよみ【本読み】 名詞 ❶本《ほん》を読《よ》むこと。また、本《ほん》をよく読《よ》む人《ひと》。❷演劇《えんげき》などのけいこのとき、作者《さくしゃ》や出演者《しゅつえんしゃ》たちが台本《だいほん》を読《よ》み合《あ》ったり、せりふの練習《れんしゅう》をしたりすること。

ほんらい【本来】 名詞 副詞 ❶もともと。初《はじ》めから。例 本来は左《ひだり》ききだ。❷ふつうの場合《ばあい》なら、そうであるべきこと。例 本来なら直接《ちょくせつ》来《き》てもらうところだ。

ほんりゅう【本流】 名詞 ❶川《かわ》の中心《ちゅうしん》になっている、大《おお》きな流《なが》れ。類 主流《しゅりゅう》。対 支流《しりゅう》。❷中心《ちゅうしん》になる流派《りゅうは》やグループ。例 日本画《にほんが》の本流。類 主流《しゅりゅう》。

ほんりゅう【奔流】 名詞 激《はげ》しく速《はや》い水《みず》の流《なが》れ。

ほんりょう【本領】 名詞 もともと持《も》っているすぐれた性質《せいしつ》。例 歌手《かしゅ》としての本領を発揮《はっき》する。

ほんるい【本塁】 名詞 野球《やきゅう》で、キャッチャーの前《まえ》にある五角形《ごかくけい》のベース。ホームベース。

ほんるいだ【本塁打】 ⇒1213ページ ホームラン

ほんろう【翻弄】 名詞 動詞 相手《あいて》を自分《じぶん》の思《おも》うままにあつかうこと。例 敵《てき》を翻弄する。

ほんろん【本論】 名詞 論文《ろんぶん》や話《はな》し合《あ》いなどの、中心《ちゅうしん》になる部分《ぶぶん》。関連 序論《じょろん》。結論《けつろん》。

ま

マ

下《した》の 手話にチャレンジ を見《み》よう。

ま【目】 「目《め》」のこと。例 目深《ぶか》／目の当《あ》たり。漢 ⇒1314ページ もく〔目〕

ま【真】 ❶名詞 ほんとう。まこと。❷接頭語（ほかのことばの前《まえ》につけて）「正《ただ》しい」「混《ま》じり気《け》がない」「完全《かんぜん》な」などの意味《いみ》を表《あらわ》す。例 真正直《しょうじき》／真水《みず》／真四角《しかく》。

漢 ⇒658ページ しん〔真〕

●**真《ま》に受《う》ける** ほんとうだと思《おも》う。まじめに受《う》けとる。例 冗談《じょうだん》を真に受けておこる。

ま【馬】 「馬《うま》」のこと。例 馬子《ご》／絵《え》馬。漢 ⇒1035ページ ば〔馬〕

ま【間】 ❶名詞 物《もの》と物《もの》との間《あいだ》。すきま。例 木《こ》の間／前《まえ》の車《くるま》と間をとって走《はし》る。❷名詞 時間《じかん》。ひま。例 発車《はっしゃ》までに間がある。❸名詞 ちょうどよいとき。ころ合《あ》い。例 間を見計《みはか》らって話《はなし》をきり出《だ》す。❹名詞 音楽《おんがく》や芝居《しばい》・朗読《ろうどく》などで、音《おと》と音《おと》、動作《どうさ》と動作《どうさ》との間《あいだ》の時間《じかん》。例 間をとりながら音読《おんどく》する。❺名詞 部屋《へや》。例 茶《ちゃ》の間。❻接尾語（数《かず》を表《あらわ》すことばのあとにつけて）部屋《へや》の数《かず》を表《あらわ》すことば。例 六畳一間《ろくじょうひとま》のアパート。

漢 ⇒295ページ かん〔間〕

●**間《ま》が抜《ぬ》ける** ものごとの大事《だいじ》なところがぬけている。また、ぼんやりする。

●**間《ま》が悪《わる》い** ❶運《うん》が悪《わる》い。時期《じき》が悪《わる》い。例 間が悪く、その日《ひ》は図書館《としょかん》が休《やす》みだった。❷きまりが悪《わる》い。例 大声《おおごえ》でうわさをしていたら、その人《ひと》が現《あらわ》れ、間が悪い思《おも》いをした。

ま【魔】 名詞 人《ひと》の心《こころ》を迷《まよ》わせて悪《わる》いほうへさそうもの。例 魔よけのお守《まも》り。

●**魔《ま》が差《さ》す** ふと、悪《わる》い考《かんが》えが起《お》こる。

まあい【間合い】 名詞 ❶間隔《かんかく》。ちょうどよい間隔《かんかく》。例 両手《りょうて》を広《ひろ》げて、となりの人《ひと》との間合いをおく。❷何《なに》かをするのにちょうどよいころ合《あ》い。タイミング。例 間合いをはかって電話《でんわ》する。

マーカスとう【マーカス島】 ⇒1275ページ みなみとりしま

マーガリン（margarine）名詞 動物《どうぶつ》や植物《しょくぶつ》のあぶらで作《つく》った、バターのような食品《しょくひん》。

マーク（mark）❶名詞 しるし。記号《きごう》。例 ハートのマーク。❷名詞 動詞 記録《きろく》などを出《だ》すこと。例 水泳《すいえい》で新《しん》記録《きろく》をマークした。❸名詞 動詞 とくに注意《ちゅうい》して見張《みは》っていること。例 ゼッケン3の選手《せんしゅ》をマークしろ。

マーケット（market）名詞

手話にチャレンジ　学《まな》ぶ　人《ひと》さし指《ゆび》の指先《ゆびさき》を、額《ひたい》に向《む》けて顔《かお》の前《まえ》に置《お》く。自分《じぶん》の顔《かお》の方《ほう》を指《さ》すように、上《うえ》から2

ことば＝ことばにまつわる知識《ちしき》　参考＝参考《さんこう》になる情報《じょうほう》　㊅＝漢字《かんじ》としての意味《いみ》や部首《ぶしゅ》など

❶いろいろな品物《しなもの》を売《う》る店《みせ》が集《あつ》まっているところ。市場《いちば》。例 スーパーマーケット。❷「市場《しじょう》」のこと。

マージャン（中国語）名詞 パイと呼《よ》ばれる四角《しかく》いこまを使《つか》って、四人《よにん》で遊《あそ》ぶゲーム。

まあたらしい【真新しい】 形容詞 まったく新《あたら》しい。例 真新しい帽子《ぼうし》。

マーチ（march）名詞「行進曲《こうしんきょく》」のこと。

マーブリング（marbling）名詞 紙《かみ》に、大理石《だいりせき》に似《に》た模様《もよう》をつくる方法《ほうほう》。絵《え》の具《ぐ》を水《みず》に垂《た》らし、水面《すいめん》にうかぶ絵《え》の具《ぐ》を紙《かみ》に吸《す》いとってつくる。ことば 英語《えいご》で大理石《だいりせき》を「マーブル」という。

まあまあ
❶形容動詞 副詞 じゅうぶんではないが、いちおう満足《まんぞく》できるようす。まずまず。例 初《はじ》めてにしてはまあまあだ。❷副詞 相手《あいて》に何《なに》かをすすめたり、相手《あいて》を落《お》ち着《つ》かせたりするときに使《つか》うことば。例 まあまあ、遠慮《えんりょ》しないで食《た》べてください／まあまあ、そんなにおこらないで。❸感動詞 あらあら。おやおや。例 まあまあ、なんということでしょう。

マーマレード（marmalade）名詞 オレンジや夏《なつ》みかんなどの皮《かわ》で作《つく》ったジャム。ママレード。

まい 助動詞（ほかのことばのあとにつけて）❶…ないだろう。例 そう遠《とお》くには行《い》けまい。❷…しないつもりだ。例 もう二度《にど》と行《い》くまい。

㊅ **まい【毎】**〔毋《なかれ》〕6画 2年 音 マイ 訓 ごと

母としない

そのたびごと。いつも。例 毎回《まいかい》／毎度《まいど》／毎日《まいにち》。

まい【米】 ㊅ ⇩1186ページ べい〔米〕

まい【妹】 ㊅ ⇩105ページ いもうと〔妹〕

㊅ **まい【枚】**〔木《きへん》〕8画 6年 音 マイ 訓

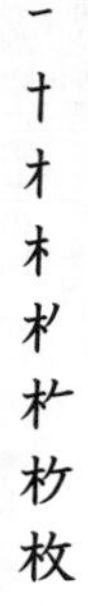

❶数《かぞ》えあげる。例 枚挙《まいきょ》。❷紙《かみ》・板《いた》など平《ひら》たい物《もの》を数《かぞ》えることば。例 枚数《まいすう》／一枚《いちまい》。

まい【舞】 名詞 歌《うた》や音楽《おんがく》に合《あ》わせて、手足《てあし》や体《からだ》を美《うつく》しく動《うご》かすこと。おどり。例 しし舞。

まいあがる【舞い上がる】 動詞 ❶まうようにしてとんだり上《あ》がったりする。例 風《かぜ》にかれ葉《は》が舞い上がった。❷調子《ちょうし》にのってうかれる。落《お》ち着《つ》きをなくす。例 ほめられて舞い上がってしまった。

まいあさ【毎朝】 名詞 毎日《まいにち》の朝《あさ》。朝《あさ》ごと。

まいおりる【舞い降りる】 動詞 まうようにして降《お》りる。例 白鳥《はくちょう》が湖《みずうみ》に舞い降りた。

まいかい【毎回】 名詞 一回《いっかい》ごと。そのたびごと。

まいきょ【枚挙】 名詞 動詞 一《ひと》つ一《ひと》つ数《かぞ》え上《あ》げること。

● **枚挙《まいきょ》にいとまがない** 一《ひと》つ一《ひと》つ数《かぞ》え上《あ》げられないくらい、数《かず》が多《おお》い。例 このような事故《じこ》は枚挙にいとまがない。

マイク 名詞 音《おと》を電流《でんりゅう》に変《か》えて送《おく》る装置《そうち》。放送《ほうそう》や録音《ろくおん》などに使《つか》う。ことば 英語《えいご》の「マイクロホン」の略《りゃく》。

マイクロ（micro）❶名詞「メートル」などの単位《たんい》の前《まえ》につけて、百万分《ひゃくまんぶん》の一《いち》であることを表《あらわ》すことば。記号《きごう》は「μ」。❷接頭語（ほかのことばの前《まえ》につけて）「とても小《ちい》さい」という意味《いみ》を表《あらわ》す。例 マイクロバス。ことば「ミクロ」ともいう。

マイクロバス（microbus）名詞 小型《こがた》のバス。

マイクロフィルム（microfilm）名詞 新聞《しんぶん》や本《ほん》・書類《しょるい》などの内容《ないよう》を保存《ほぞん》するために、小《ちい》さく写《うつ》したフィルム。

マイクロホン ⇩1234ページ マイク

まいげつ【毎月】 ⇩1235ページ まいつき

まいご【迷子】 名詞 道《みち》に迷《まよ》ったり、いっしょに来《き》た人《ひと》とはぐれたりした子供《こども》。

まいこむ【舞い込む】 動詞 ❶まうように入《はい》ってくる。例 窓《まど》から粉雪《こなゆき》が舞い込む。❷思《おも》いがけなく入《はい》ってくる。例 入選《にゅうせん》の知《し》らせが舞い込む。

マイコン 名詞 超《ちょう》小型《こがた》のコンピューター。ことば 英語《えいご》の「マイクロコンピューター」の略《りゃく》。

まいじ【毎時】 名詞 一時間《いちじかん》ごと。一時間《いちじかん》につき。例 毎時五《ご》キロメートルの速《はや》さで歩《ある》く。

まいしゅう【毎週】 名詞 どの週《しゅう》も。一週間《いっしゅうかん》ごと。例 毎週金曜日《きんようび》は書道《しょどう》教室《きょうしつ》に行《い》く。

まいしん【まい進】 名詞 動詞 目標《もくひょう》に向《む》かって、ためらわないでまっすぐに進《すす》むこと。例

ら覚《さ》めました。ムーミン一家《いっか》の息子《むすこ》のムーミントロールと友《とも》だちが、山《やま》のてっぺんから魔物《まもの》の帽子《ぼうし》を持《も》って帰《かえ》っ
ムーミンたちの豊《ゆた》かな表情《ひょうじょう》や世界《せかい》の雰囲気《ふんいき》をくっきりと見《み》せてくれます。「ムーミン童話全集《どうわぜんしゅう》」の一冊《いっさつ》です。

あいうえお かきくけこ さしすせそ たちつてと なにぬねの はひふへほ まみむめも やゆよ らりるれろ わをん

まいすう【枚数】 名詞 紙《かみ》や皿《さら》など、うすくて平《たい》らなものの数《かず》。

優勝《ゆうしょう》を目指《めざ》してまい進する。

まいそう【埋葬】 名詞 動詞 死体《したい》や骨《ほね》などを墓《はか》に納《おさ》めること。

まいぞう【埋蔵】 名詞 動詞 ❶土《つち》の中《なか》にうめてかくすこと。例 埋蔵金《きん》。❷鉱物《こうぶつ》などの資源《しげん》が地中《ちちゅう》にうまっていること。例 石油《せきゆ》の埋蔵量《りょう》。

まいちもんじ【真一文字】 名詞 「一」の字《じ》の形《かたち》のようにまっすぐなこと。例 口《くち》を真一文字に結《むす》ぶ。

まいちる【舞い散る】 動詞 花《はな》びらや木《こ》の葉《は》などが、ひらひらとまうように散《ち》る。

まいつき【毎月】 名詞 どの月《つき》も。一月《ひとつき》ごと。「まいげつ」ともいう。例 毎月一回《いっかい》医者《いしゃ》に行《い》く。

まいど【毎度】 名詞 そのたびごと。いつも。例 毎度ご来店《らいてん》ありがとうございます。

まいとし【毎年】 名詞 どの年《とし》も。一年《いちねん》ごと。「まいねん」ともいう。例 毎年誕生会《たんじょうかい》を開《ひら》く。

マイナー（minor）❶形容動詞 規模《きぼ》が小《ちい》さかったり、有名《ゆうめい》でなかったりするようす。例 マイナーな劇団《げきだん》だが、地元《じもと》では人気《にんき》がある。対 メジャー。❷名詞 音楽《おんがく》で、短調《たんちょう》。対 メジャー。

マイナス（minus）❶名詞 動詞 引《ひ》くこと。また、その記号《きごう》の「－」。例 五《ご》マイナス二《に》は三《さん》。対 プラス。❷名詞 0より小《ちい》さい数《かず》を表《あらわ》すことば。例 気温《きおん》はマイナス二度《にど》だ。対 プラス。❸名詞 足《た》りないこと。赤字《あかじ》。例 家計《かけい》がマイナスになる。対 プラス。❹名詞 損《そん》であること。不利《ふり》であること。例 この取《と》り引《ひ》きはこちらにマイナスだ。対 プラス。❺名詞 「マイナス極《きょく》」のこと。対 プラス。

マイナスきょく【マイナス極】 名詞 電池《でんち》などで、電流《でんりゅう》が流《なが》れこむほうのはし。「陰極《いんきょく》」ともいう。対 プラス極《きょく》。

マイナンバー 名詞 日本《にほん》に住《す》むすべての人《ひと》が持《も》つ、十二《じゅうに》けたの番号《ばんごう》。

まいにち【毎日】 名詞 どの日《ひ》も。日《ひ》ごと。例 毎日楽《たの》しく生活《せいかつ》する。

まいねん【毎年】 ⇩1235ジ《ペー》まいとし

マイバッグ 名詞 買《か》い物《もの》のときに使《つか》うため、自《じ》分《ぶん》で用意《ようい》するバッグ。ことば 英語《えいご》をもとに日本《にほん》で作《つく》られたことば。

まいばん【毎晩】 名詞 毎日《まいにち》の夜《よる》。夜《よ》ごと。例 毎晩ねる前《まえ》に歯《は》をみがく。

まいびょう【毎秒】 名詞 一秒《いちびょう》ごと。一秒《いちびょう》につき。例 毎秒二十《にじゅう》メートルの強風《きょうふう》。

まいふん【毎分】 名詞 一分《いっぷん》ごと。一分《いっぷん》につき。例 毎分四《よん》リットルの水《みず》をくみ上《あ》げる。

まいぼつ【埋没】 名詞 動詞 ❶うもれて、見《み》えなくなること。例 地震《じしん》で、住宅《じゅうたく》が土砂《どしゃ》に埋没した。❷世《よ》の中《なか》に知《し》られないこと。例 才能《さいのう》が埋没する。

まいもどる【舞い戻る】 動詞 もとのところへ帰《かえ》って来《く》る。例 故郷《こきょう》に舞い戻る。

まいよ【毎夜】 名詞 毎晩《まいばん》。夜《よ》ごと。

まいる【参る】 動詞 ❶「行《い》く」「来《く》る」のへりくだった言《い》い方《かた》。例 駅《えき》までおむかえに参ります。❷神社《じんじゃ》やお寺《てら》に行《い》って拝《おが》む。例 お墓《はか》に参る。❸負《ま》ける。降参《こうさん》する。弱《よわ》る。例 きみには参った／あまりの暑《あつ》さに参ってしまう。

漢 ⇩543ジ《ペー》さん〔参〕

マイル（mile）名詞 イギリスやアメリカなどで使《つか》われている、きょりの単位《たんい》。一《いち》マイルは約《やく》一・六キロメートル。記号《きごう》は「mi」。

マイレージサービス 名詞 航空会社《こうくうがいしゃ》のサービスの一《ひと》つ。その会社《かいしゃ》の飛行機《ひこうき》に乗《の》ったきょりに応《おう》じてポイントをあたえ、たまったポイントを無料搭乗券《むりょうとうじょうけん》などと交換《こうかん》するサービス。ことば 英語《えいご》をもとに日本《にほん》で作《つく》られたことば。「マイレージ」は英語《えいご》で「マイル数《すう》」という意味《いみ》。

まう【舞う】 動詞 ❶おどる。まいをする。❷空中《くうちゅう》を回《まわ》るように軽《かる》く飛《と》ぶ。例 ちょうが舞う。

まうえ【真上】 名詞 まっすぐ上《うえ》。すぐ上《うえ》。例 真上を見上《みあ》げる。対 真下《ました》。

マウス（mouse）名詞 ❶「はつかねずみ」のこと。とくに、実験《じっけん》に使《つか》う白《しろ》いものをいう。❷コンピューターの入力装置《にゅうりょくそうち》の一《ひと》つ。水平《すいへい》に動《うご》かすことによって、画面上《がめんじょう》の矢印《やじるし》などを操作《そうさ》する。ことば ❷は、形《かたち》がねずみに似《に》ていることからき

あいうえお
かきくけこ
さしすせそ
たちつてと
なにぬねの
はひふへほ
ま
まみむめも
や ゆ よ
らりるれろ
わ を ん

読書のこみち　高 中 低 『たのしいムーミン一家《いっか》』トーベ・ヤンソン　春《はる》、ムーミン谷《だに》の仲間《なかま》たちは、長《なが》い冬眠《とうみん》か
たことから、次々《つぎつぎ》と不思議《ふしぎ》なできごとが起《お》こります。作者自身《さくしゃじしん》がえがく魅力的《みりょくてき》な挿絵《さしえ》も、

た呼《よ》び名《な》。

マウスピース (mouthpiece) 名詞 管楽器《かんがっき》の、ふくときに口《くち》に当《あ》てる部分《ぶぶん》。

マウンテンバイク (mountain bike) 名詞 山《やま》やあれ地《ち》を走《はし》るための、がんじょうな自転車《じてんしゃ》。

まえ【前】
❶ 名詞 顔《かお》の向《む》いているほう。例 前へ進《すす》む／目《め》の前。対 後《うし》ろ。
❷ 名詞 正面《しょうめん》のほう。例 家《いえ》の前の道《みち》。対 後《うし》ろ。
❸ 名詞 初《はじ》めに近《ちか》いほう。例 二《に》ページ前を見《み》る。対 後《あと》。後《うし》ろ。
❹ 名詞 もと。昔《むかし》。例 ずっと前になくした本《ほん》が出《で》てきた。対 後《あと》。先《さき》。
❺ 名詞 その時《とき》になる以前《いぜん》。例 出《で》かける前に戸《と》じまりをする。対 後《あと》。
❻ 接尾語 （人数《にんずう》を表《あらわ》すことばのあとにつけて）その人数《にんずう》に当《あ》てはまる量《りょう》を表《あらわ》す。例 五人《ごにん》前のおすし。

漢 ➡732ページ ぜん〔前〕 ➡1236ページ 外国語教室

まえあし【前足】 名詞 動物《どうぶつ》の、前《まえ》のほうの足《あし》。対 後足《あとあし》。後《うし》ろ足《あし》。

まえいわい【前祝い】 名詞 動詞 めでたいことが起《お》こるのを見《み》こして、前《まえ》もって祝《いわ》うこと。

まえうり【前売り】 名詞 動詞 入場券《にゅうじょうけん》や乗車券《じょうしゃけん》などを、使用《しよう》する日《ひ》よりも前《まえ》に売《う》ること。

まえおき【前置き】 名詞 動詞 話《はなし》や文章《ぶんしょう》で、本題《ほんだい》に入《はい》る前《まえ》に述《の》べること。また、そのことばや文《ぶん》。例「これは作《つく》り話《ばなし》です。」と前置きする。

まえかがみ【前かがみ】 名詞 体《からだ》を少《すこ》し前《まえ》の方《ほう》に曲《ま》げること。例 前かがみになって歩《ある》く。

まえがき【前書き】 名詞 本文《ほんぶん》の前《まえ》につける文章《ぶんしょう》。類 端書《はしが》き。対 後書《あとが》き。

まえかけ【前掛け】 名詞 服《ふく》をよごさないように、体《からだ》の前側《まえがわ》にかける布《ぬの》。エプロン。

まえがしら【前頭】 名詞 すもうで、小結《こむすび》より下《した》で十両《じゅうりょう》より上《うえ》の位《くらい》。また、その位《くらい》の力士《りきし》。

まえがみ【前髪】 名詞 額《ひたい》の上《うえ》に垂《た》らしているかみの毛《け》。

まえがり【前借り】 名詞 動詞 受《う》けとる約束《やくそく》の日《ひ》より前《まえ》に、そのお金《かね》を貸《か》してもらうこと。例 おこづかいの前借りをする。

まえきん【前金】 名詞 品物《しなもの》を受《う》けとる前《まえ》に代金《だいきん》をはらうこと。また、そのお金《かね》。

まえじまひそか【前島密】 名詞 （一八三五～一九一九）明治時代《めいじじだい》の政治家《せいじか》。日本《にほん》に初《はじ》めて郵便制度《ゆうびんせいど》を定《さだ》め、「郵便《ゆうびん》」「切手《きって》」などのことばをつくった。

まえせんでん【前宣伝】 名詞 動詞 もよおしものや商品《しょうひん》の売《う》り出《だ》しが始《はじ》まる前《まえ》に、たくさんの人《ひと》に知《し》らせること。

まえづけ【前付け】 名詞 本《ほん》で、本文《ほんぶん》の前《まえ》につける、とびら・口絵《くちえ》・目次《もくじ》・前書《まえが》きなどのこと。

まえのめり【前のめり】 名詞 体《からだ》が前《まえ》の方《ほう》にたおれそうになること。例 車《くるま》が急《きゅう》に止《と》まって、前のめりになる。

まえのりょうたく【前野良沢】 名詞 （一七二三～一八〇三）江戸時代《えどじだい》の中《なか》ごろの医者《いしゃ》。杉田《すぎた》玄白《げんぱく》らとオランダ語《ご》の解剖学《かいぼうがく》の本《ほん》を日本語《にほんご》に訳《やく》し、「解体新書《かいたいしんしょ》」と名《な》づけて発表《はっぴょう》した。

まえば【前歯】 名詞 口《くち》の前《まえ》のほうにある歯《は》。門歯《もんし》。関連 奥歯《おくば》。糸切《いとき》り歯《ば》。

まえばし【前橋市】 名詞 群馬県《ぐんまけん》の南部《なんぶ》にある市《し》。利根川《とねがわ》の中流《ちゅうりゅう》にあり、群馬県《ぐんまけん》の県庁《けんちょう》がある。

まえばらい【前払い】 名詞 動詞 品物《しなもの》を受《う》けとったり、働《はたら》いてもらったりする前《まえ》に、代金《だいきん》や給料《きゅうりょう》をしはらうこと。類 先払《さきばら》い。対 後払《あとばら》い。

まえぶれ【前触れ】 名詞
❶前《まえ》もって知《し》らせること。予告《よこく》。例 前触れもなく、友人《ゆうじん》が訪《たず》ねてきた。類 先触《さきぶ》れ。
❷何《なに》かが起《お》こりそうなようす。ものごとが起《お》こるしるし。例 噴火《ふんか》の前触れ。類 兆《きざ》し。前兆《ぜんちょう》。

まえまえ【前前】 名詞 ずっと前《まえ》。以前《いぜん》。例 前

ガッテン外国語教室

本当《ほんとう》に「前《まえ》」？

東京《とうきょう》の地下鉄《ちかてつ》に「国会議事堂前《こっかいぎじどうまえ》」駅《えき》がある。駅《えき》から地上《ちじょう》に出《で》ると、建物《たてもの》の「前《まえ》（＝正面《しょうめん》）」に駅《えき》があるわけではない。日本《にほん》では「○○前《まえ》」という駅《えき》やバス停《てい》をよく見《み》かけるけれど、その建物《たてもの》などが正面《しょうめん》にあるとは限《かぎ》らず、後《うし》ろや横《よこ》にあったとしても「○○前《まえ》」という名称《めいしょう》になることが多《おお》い。一方《いっぽう》、アメリカの駅名《えきめい》は「○○street《ストリート》（丁目《ちょうめ》）」や「○○avenue《アベニュー》（通《とお》り）」など住所《じゅうしょ》が使《つか》われたり、建物《たてもの》の名《な》まえをそのままつけたりすることが多《おお》いよ。

「くるみをたべたのはねずみ」。ほかにも、かきの実《み》を食《た》べたのは？　小鳥《ことり》を食《た》べたのは？　枝《えだ》にささったかまき教《おし》えてくれます。細《こま》かくていねいにえがかれた絵《え》を通《とお》して、植物《しょくぶつ》や動物《どうぶつ》の命《いのち》のつながりが見《み》えてきます。

々からの約束《やくそく》を果《は》たす。対 後後《あとあと》。

まえむき【前向き】 名詞
❶前《まえ》の方《ほう》を向《む》いていること。対 後《うし》ろ向《む》き。
❷ものごとに対《たい》して積極的《せっきょくてき》であること。対 後《うし》ろ向《む》き。例 苦手《にがて》なことにも前向きにとりくむ。

まえもって【前もって】 副詞 あることをする前《まえ》に。あらかじめ。例 前もって連絡《れんらく》する。

まえわたし【前渡し】 名詞 動詞 お金《かね》や品物《しなもの》などを、決《き》めた日《ひ》よりも前《まえ》にわたすこと。例 給料《きゅうりょう》を前渡しする。

まがいもの【まがい物】 名詞 本物《ほんもの》によく似《に》せてつくったもの。にせもの。

まがお【真顔】 名詞 まじめな顔《かお》つき。真剣《しんけん》な表情《ひょうじょう》。例 急《きゅう》に真顔になる。

マガジン（magazine） 名詞 「雑誌《ざっし》」のこと。

まかす【任す】 ⇒1237ページ まかせる 漢⇒1004ページ にん〔任〕

まかす【負かす】 動詞 相手《あいて》に勝《か》つ。例 口《くち》げんかで兄《あに》を負かした。漢⇒1137ページ ふ〔負〕

まかず【間数】 名詞 部屋《へや》の数《かず》。

まかせる【任せる】 動詞
❶そのもののするままにしておく。例 水《みず》の流《なが》れに身《み》を任せる。
❷人《ひと》にたのんでやってもらう。また、好《す》きなようにやらせる。例 この仕事《しごと》はきみに任せる。
❸ある限《かぎ》りのものをじゅうぶんに使《つか》う。例 体《たい》力《りょく》に任せて歩《ある》く。
ことば 「まかす」ともいう。漢⇒1004ページ にん〔任〕

まがたま 名詞 大昔《おおむかし》の日本人《にほんじん》が首《くび》かざりなどにした、曲《ま》がった形《かたち》の玉《たま》。ひすいなどの石《いし》でつくり、ひもを通《とお》す穴《あな》があいている。ことば 漢字《かんじ》では「曲玉」「勾玉」と書《か》く。

まがたま

まかない【賄い】 名詞 食事《しょくじ》を作《つく》って、食《た》べさせること。また、その食事《しょくじ》を作《つく》る人《ひと》。例 賄い付《つ》きの下宿《げしゅく》。

まかなう【賄う】 動詞
❶やりくりをして、間《ま》に合《あ》わせる。例 一人《ひとり》五百円《ひゃくえん》の会費《かいひ》で賄う。
❷食事《しょくじ》の用意《ようい》をして、食《た》べさせる。

まかぬたねははえぬ【まかぬ種は生えぬ】 ことわざ 種《たね》をまかなければ芽《め》は出《で》ないことから、原因《げんいん》がなければ結果《けっか》は生《う》まれないということ。また、努力《どりょく》しなければよい結果《けっか》は得《え》られないものだというたとえ。

まがも【真がも】 名詞 季語冬 かものなかまの鳥《とり》。おすは、頭《あたま》と首《くび》がつやのある緑《みどり》色《いろ》で、首《くび》に白《しろ》い輪《わ》がある。めすは、茶褐色《ちゃかっしょく》。

まがも

まがり【間借り】 名詞 動詞 お金《かね》をはらって部屋《へや》を借《か》りること。例 おじの家《いえ》に間借りする。

まがりかど【曲がり角】 名詞
❶道《みち》が曲《ま》がっている角《かど》のところ。
❷ものごとの大《おお》きな変《か》わり目《め》。例 歴史《れきし》の曲がり角をむかえる。

まがりくねる【曲がりくねる】 動詞 くねくねと何度《なんど》も曲《ま》がっている。例 曲がりくねった川《かわ》の流《なが》れ。

まかりでる【まかり出る】 動詞
❶身分《みぶん》の高《たか》い人《ひと》の前《まえ》から退出《たいしゅつ》する。
❷人《ひと》の前《まえ》に出《で》る。出《で》てくる。例 ごあいさつにまかり出ました。
使い方 ❷は、あつかましいという気持《きも》ちをこめて使《つか》うことが多《おお》い。

まかりとおる【まかり通る】 動詞
❶堂々《どうどう》と通《とお》る。
❷正《ただ》しくないものが、世《よ》の中《なか》に当《あ》たり前《まえ》のように通用《つうよう》する。例 いんちきがまかり通る。

まがりなりにも【曲がりなりにも】 じゅうぶんではないが、どうにかこうにか。例 研究《けんきゅう》発表《はっぴょう》は曲がりなりにも成功《せいこう》だった。

まかりまちがう【まかり間違う】 動詞 「まちがう」を強《つよ》めた言《い》い方《かた》。ひどくまちがえる。例 まかり間違えば（＝万一《まんいち》まちがえば）大失敗《だいしっぱい》するところだった。

まがる【曲がる】 動詞
❶まっすぐでなくなる。例 こしが曲がる。
❷方向《ほうこう》を変《か》える。例 右《みぎ》に曲《ま》がると駅《えき》がある。
❸正《ただ》しくないほうにいく。心《こころ》がひねくれる。例 母《はは》は曲がったことが大《だい》きらいだ。
漢⇒361ページ きょく〔曲〕

読書のこみち 高中低 『たべたのはだれ？』薮内正幸《やぶうちまさゆき》作《さく》・絵《え》 「くるみをたべたのはだれ？」ページをめくるとりを食《た》べたのは？ …と森《もり》の中《なか》の食《た》べ物《もの》のかけらが、それを食《た》べたいろいろな動物《どうぶつ》たちを

ことば＝ことばにまつわる知識《ちしき》　参考＝参考《さんこう》になる情報《じょうほう》　漢＝漢字《かんじ》としての意味《いみ》や部首《ぶしゅ》など

マカロニ （イタリア語）名詞 イタリアの、管《くだ》のように穴《あな》があいている短《みじか》いめん類《るい》。

まき 名詞 燃料《ねんりょう》にするための、燃《も》やしやすい大《おお》きさに切《き》った木《き》。たきぎ。

まき【牧】 名詞 「牧場《まきば》」の古《ふる》い言《い》い方《かた》。漢 ⇒ 1215ページ ぼく〔牧〕

まき【巻き・巻】 名詞 ❶巻《ま》くこと。また、巻《ま》いたもの。例 糸《いと》の巻きをきつくする／のり巻き。❷本《ほん》や物語《ものがたり》の内容《ないよう》上《じょう》の大《おお》きなまとまり。例 三《さん》の巻／上《じょう》の巻、下《げ》の巻。漢 ⇒ 295ページ かん〔巻〕

まきあげる【巻き上げる】 動詞 ❶ぐるぐる巻《ま》いて上《あ》げる。例 幕《まく》を巻き上げる。❷無理《むり》にとり上《あ》げる。例 お金《かね》を巻き上げる。

まきあみりょう【巻き網漁】 名詞 一枚《いちまい》の大《おお》きなあみで魚《さかな》の群《む》れをとり囲《かこ》んでとる漁《りょう》のやり方《かた》。いわし・さばなどの漁《りょう》で行《おこな》われる。

まきえ【まき絵】 名詞 日本《にほん》に古《ふる》くからある工《こう》芸美術《げいびじゅつ》。うるしで絵《え》をかき、その上《うえ》に金《きん》や銀《ぎん》の粉《こな》をまき散《ち》らして仕上《しあ》げたもの。

まきおこす【巻き起こす】 動詞 ある状態《じょうたい》を引《ひ》き起《お》こす。例 大《だい》ブームを巻き起こす。

まきがい【巻き貝】 名詞 さざえ・ほら貝《がい》など、うず巻《ま》きのように巻《ま》いた貝殻《かいがら》を持《も》つ貝《かい》のなかま。関連 二枚貝《にまいがい》。図 ⇒ 219ページ かい〔貝〕

まきかえし【巻き返し】 名詞 負《ま》けそうだったところから、勢《いきお》いをとりもどして反対《はんたい》にせめかかること。例 後半戦《こうはんせん》で巻き返しをはかる。

まきかえす【巻き返す】 動詞 ❶もう一度《いちど》巻《ま》き直《なお》す。もとどおりに巻《ま》く。❷負《ま》けそうだったところから、反対《はんたい》にせめかかること。例 試合《しあい》の最後《さいご》になんとか巻き返した。

まきがみ【巻紙】 名詞 和紙《わし》を横《よこ》に長《なが》くつなぎ合《あ》わせて、巻《ま》いたもの。例 巻紙に手紙《てがみ》を書《か》く。

まきげ【巻き毛】 名詞 くるくると巻《ま》いたかみの毛《け》。カール。

まきこむ【巻き込む】 動詞 ❶巻《ま》いて中《なか》に入《い》れる。例 自転車《じてんしゃ》の車輪《しゃりん》にひもが巻き込まれる。❷無理《むり》に仲間《なかま》や事件《じけん》などに引《ひ》き入《い》れる。例 きみをこの問題《もんだい》に巻き込むつもりはなかった。

まきじゃく【巻き尺】 名詞 ふだんは巻《ま》いてまとめておき、引《ひ》き出《だ》して使《つか》うようになっている、布《ぬの》やビニールなどの長《なが》い物差《ものさ》し。

まきぞえ【巻き添え】 名詞 ほかの人《ひと》の起《お》こした事件《じけん》や問題《もんだい》に巻《ま》きこまれて、迷惑《めいわく》を受《う》けること。例 友《とも》だちのけんかの巻き添えを食《く》う。

まきちらす【まき散らす】 動詞 辺《あた》り一面《いちめん》にばらまく。例 ごみをまき散らす。

まきつく【巻き付く】 動詞 物《もの》のまわりにぐるぐると巻《ま》いてくっつく。例 あさがおのつるが棒《ぼう》に巻き付く。

まきつける【巻き付ける】 動詞 物《もの》の周《まわ》りにぐるぐると巻《ま》いてくっつける。例 木材《もくざい》にロープを巻き付ける。

まきのとみたろう【牧野富太郎】 名詞 （一八六二～一九五七）植物学者《しょくぶつがくしゃ》。独力《どくりょく》で植物学《しょくぶつがく》を学《まな》び、日本各地《にほんかくち》を回《まわ》ってたくさんの植物《しょくぶつ》を採集《さいしゅう》し分類《ぶんるい》した。日本原産《にほんげんさん》の植物《しょくぶつ》に日本人《にほんじん》として初《はじ》めて学名《がくめい》をつけた。

まきば【牧場】 名詞 牛《うし》・馬《うま》・羊《ひつじ》などを放《はな》し飼《が》いにする広《ひろ》いところ。「ぼくじょう」ともいう。

まきひげ【巻きひげ】 名詞 植物《しょくぶつ》のくきや葉《は》などがひげのように変《か》わったもの。ほかのものに巻《ま》きついて、体《からだ》を支《ささ》える役目《やくめ》をする。きゅうり・ぶどうなどにある。

まきもの【巻き物】 名詞 横《よこ》に長《なが》い紙《かみ》や布《ぬの》に絵《え》や文字《もじ》をかいて、じくに巻《ま》いたもの。

まきもの

まぎらす【紛らす】 動詞 ❶ほかのことに気持《きも》ちを向《む》けて、気分《きぶん》を変《か》える。例 テレビを見《み》て、さびしさを紛らす。❷ほかのものとまぜて、わからないようにする。ごまかす。例 手紙《て がみ》をほかの紙《かみ》に紛らしてしまった／気《き》まずい雰囲気《ふんいき》を笑《わら》いに紛らす。ことば 「まぎらわす」ともいう。

まぎらわしい【紛らわしい】 形容詞 よく似《に》ていて、見分《みわ》けがつきにくい。まちがえやすい。例 似《に》た商品《しょうひん》が並《なら》んでいて紛らわしい。

まぎらわす【紛らわす】 ⇒ 1238ページ まぎらす

-まぎれ【紛れ】 接尾語 （ほかのことばのあとにつけて）…の気持《きも》ちの勢《いきお》いに任《まか》せて。…のあまり。例 腹立《はらだ》ち紛れにかべをけった。

まぎれこむ【紛れ込む】 動詞 ❶まちがってほかのものの中《なか》に入《はい》りこむ。例 わたしの本《ほん》が、弟《おとうと》の本棚《ほんだな》に紛れ込んでいた。

…たまごのままでいたくって、からを破《やぶ》らないようにして歩《ある》き回《まわ》っています。だって卵《たまご》なら、いつでもお母《かあ》さん
絵本《えほん》シリーズは、『たまごねえちゃん』『からすのたまごにいちゃん』などが出《で》ています。

❷見《み》つからないように大勢《おおぜい》の中《なか》に入《はい》りこむ。例人混《ひとご》みに紛れ込んでかくれる。

まぎれもない【紛れもない】まちがいない。はっきりしていて疑《うたが》うところがない。例あの後《うし》ろ姿《すがた》は紛れもなく兄《あに》だ。

まぎれる【紛れる】動詞 ❶入《い》りまじってわからなくなる。例人混《ひとご》みに紛れて、母《はは》を見失《みうしな》ってしまう。❷ほかのことに心《こころ》がうばわれて、あることを忘《わす》れる。例友《とも》だちと話《はな》していると、気《き》が紛れる。

まぎわ【間際】名詞 その時《とき》になるすぐ前《まえ》。寸《すん》前《ぜん》。例出発《しゅっぱつ》間際に、忘《わす》れ物《もの》に気《き》がついた。

まく動詞 種《たね》を地面《じめん》に散《ち》らす。また、うめる。例種《たね》をまく。

まく動詞 ❶あちこちに散《ち》らす。例庭《にわ》に水《みず》をまく。❷あとをつけてきた人《ひと》をとちゅうではぐれさせる。例どろぼうは追《お》っ手《て》をまいてにげた。

ことば 漢字《かんじ》では「撒く」と書《か》く。

まく【幕】名詞 ❶仕切《しき》ったり囲《かこ》ったりするための布《ぬの》。例紅白《こうはく》の幕を張《は》る／舞台《ぶたい》の幕が上《あ》がる。❷芝居《しばい》のひと区切《くぎ》り。例一《ひと》幕めが終《お》わる。❸場面《ばめん》。場合《ばあい》。例ここはぼくの出《で》る幕じゃない。❹ものごとが終《お》わること。例運動会《うんどうかい》はこの競《きょう》技《ぎ》で幕となります。

漢↓1239ページ まく〔幕〕

● **幕《まく》が開く** ❶芝居《しばい》が始《はじ》まる。❷ものごとが始《はじ》まる。例運動会《うんどうかい》の幕が開く。

● **幕《まく》が下《お》りる** ❶芝居《しばい》が終《お》わる。❷ものごとが終《お》わる。例大会《たいかい》の幕が下りる。

● **幕《まく》を切《き》って落《お》とす** はなばなしくものごとを始《はじ》める。例盛大《せいだい》な花火《はなび》を合図《あいず》に、大会《たいかい》の幕を切って落とす。

● **幕《まく》を閉《と》じる** ❶芝居《しばい》が終《お》わりになる。❷ものごとが終《お》わりになる。例大会《たいかい》が幕を閉じた。

漢 **まく**

【幕】〔巾《はば》〕13画 6年 訓 音 マク・バク

艹 苩 荁 莫 莫 幕（はねる） 幕

❶まく。仕切《しき》りや囲《かこ》いに使《つか》うぬの。例暗幕《あんまく》／開幕《かいまく》／序幕《じょまく》／天幕《てんまく》。❷芝居《しばい》のひとくぎり。例第一幕《だいいちまく》／閉幕《へいまく》。❸すもうの位《くらい》。例幕内《まくうち》。❹将《しょう》軍《ぐん》が政治《せいじ》を行《おこな》うところ。例幕府《ばくふ》。

まく【膜】名詞 ものの表面《ひょうめん》や、動物《どうぶつ》の筋肉《きんにく》・内《ない》臓《ぞう》をおおううすい皮《かわ》。例鼓《こ》膜／横隔《おうかく》膜。

まく【巻く】動詞 ❶くるくると丸《まる》める。例ポスターを巻く。❷まわりにからみつける。例指《ゆび》に包帯《ほうたい》を巻く。❸くるくるとまるく動《うご》く。また、動《うご》かす。例うずが巻く／へびがとぐろを巻く。❹ねじって回《まわ》す。例ねじを巻く。

伝統的《でんとうてき》な言語文化《げんごぶんか》

人形浄瑠璃《にんぎょうじょうるり》

3人《にん》がかりの人形劇《にんぎょうげき》？

人形浄瑠璃《にんぎょうじょうるり》は、三味線《しゃみせん》と語《かた》りに合《あ》わせて人形《にんぎょう》を動《うご》かす人形芝居《にんぎょうしばい》で、今《いま》では「文楽《ぶんらく》」ともいうよ。この芝居《しばい》で使《つか》われる人形《にんぎょう》を見《み》たことがあるかな。こまやかな表現《ひょうげん》ができるように工夫《くふう》された、とてもきれいなものだ。ぜひ見《み》てほしいな。

人形浄瑠璃《にんぎょうじょうるり》がさかんになったのは江戸時代《えどじだい》だ。17世紀《せいき》ごろ、京都《きょうと》や大阪《おおさか》を中心《ちゅうしん》に発達《はったつ》した人形芝居《にんぎょうしばい》がもとになったといわれているよ。

演《えん》じられる作品《さくひん》には、過去《かこ》の時代《じだい》のできごとをあつかった「時代物《じだいもの》」と、その時代《じだい》のできごとをあつかった「世話物《せわもの》」とがある。脚本家《きゃくほんか》としては近松門左衛門《ちかまつもんざえもん》という人《ひと》がとても有名《ゆうめい》だ。

人形浄瑠璃《にんぎょうじょうるり》の代表作《だいひょうさく》「曽根崎《そねざき》心中《しんじゅう》」や「仮名手本忠臣蔵《かなでほんちゅうしんぐら》」は、歌舞伎《かぶき》にもなったし、現代《げんだい》でも劇《げき》になったり映画《えいが》になったりすることがあるよ。

人形浄瑠璃《にんぎょうじょうるり》では1体《たい》の人形《にんぎょう》を3人《にん》がかりで動《うご》かしているんだって。手《て》の動《うご》きや顔《かお》の向《む》きで気持《きも》ちを表現《ひょうげん》する技術《ぎじゅつ》はほんとうに見事《みごと》だよ。そして人形《にんぎょう》は公演《こうえん》ごとに1体《たい》ずつ組《く》み立《た》てられるそうだ。首《かしら》（頭《あたま》の部分《ぶぶん》）や手《て》、足《あし》、衣装《いしょう》は何十《なんじっ》種類《しゅるい》とあって、役《やく》に応《おう》じて組《く》み合《あ》わせていくんだって。実物《じつぶつ》を見《み》たくなったかな。

もっとみてみよう！
●「人形浄瑠璃《にんぎょうじょうるり》」（大月書店《おおつきしょてん》）
●「吉田簑太郎《よしだみのたろう》の文楽《ぶんらく》」（岩崎書店《いわさきしょてん》）

読書のこみち　高 中 低
『たまごにいちゃん』あきやまただし作《さく》・絵《え》「このこ、たまごにいちゃんといいます。」に温《あたた》めてもらえるから。あまえんぼうだけれどがんばりやなお兄《にい》ちゃんお姉《ねえ》ちゃんたちの

❺まわりをとり囲《かこ》む。例けむりに巻かれる。

漢↓295ジペーかん〔巻〕

マグ（mug）名詞 取《と》っ手《て》のついた、円筒形《えんとうけい》のカップ。マグカップ。

まくあい【幕あい】名詞 芝居《しばい》で、ひと区切《くぎ》り終《お》わって幕《まく》が下《お》りて、次《つぎ》の幕《まく》が始《はじ》まるまでの間《あいだ》。芝居《しばい》の休憩時間《きゅうけいじかん》。

まくあき【幕開き】名詞 ❶舞台《ぶたい》の幕《まく》が開《あ》いて、劇《げき》などが始《はじ》まること。また、その場面《ばめん》。対幕切《まくぎ》れ。

❷ものごとが始《はじ》まること。また、その時《とき》。例いよいよ新《あたら》しい時代《じだい》の幕開きです。対幕切《まくぎ》れ。

ことば「幕開《まくあ》け」ともいう。

まくあけ【幕開け】↓1240ジペーまくあき

まくうち【幕内】名詞 すもうで、前頭《まえがしら》以上《いじょう》の位《くらい》。また、その位《くらい》の力士《りきし》。幕《まく》の内《うち》。

まくぎれ【幕切れ】名詞 ❶劇《げき》などのひと区切《くぎ》りが終《お》わって幕《まく》が閉《し》まること。また、その場面《ばめん》。対幕開《まくあ》き。

❷ものごとの終《お》わり。また、その時《とき》。例試合《しあい》はあっけない幕切れとなった。対幕開《まくあ》き。

まぐさ名詞 牛《うし》や馬《うま》などのえさにする草《くさ》。飼《か》い葉《ば》。

まくしあげる【まくし上げる】動詞 服《ふく》のすそやそでなどを、まくって上《うえ》の方《ほう》に引《ひ》き上《あ》げる。まくり上《あ》げる。

まくした【幕下】名詞 すもうで、十両《じゅうりょう》と三段目《さんだんめ》の間《あいだ》の位《くらい》。また、その位《くらい》の力士《りきし》。

まくしたてる【まくし立てる】動詞 激《はげ》しい勢《いきお》いで、続《つづ》けざまにしゃべる。

まぐち【間口】名詞 ❶家《いえ》や土地《とち》などの正面《しょうめん》のはば。対奥行《おくゆ》き。図

↓181ジペーおくゆき

❷仕事《しごと》や研究《けんきゅう》などの範囲《はんい》。例商売《しょうばい》の間口が広《ひろ》い。

マグニチュード（magnitude）名詞 地震《じしん》の大《おお》きさを表《あらわ》す単位《たんい》。記号《きごう》は「M」。

マグネシウム（オランダ語）名詞 銀色《ぎんいろ》がかった白色《しろいろ》の軽《かる》い金属《きんぞく》。粉《こな》にして熱《ねっ》すると、白《しろ》く強《つよ》い光《ひかり》を出《だ》して燃《も》える。

マグネット（magnet）名詞「磁石《じしゃく》」のこと。

まくのうち【幕の内】名詞 ❶↓1240ジペーまくうち

❷「幕《まく》の内弁当《うちべんとう》」の略《りゃく》。小《ちい》さなたわら形《がた》のおにぎりと、おかずをつめあわせた弁当《べんとう》。

ことば❷は、芝居《しばい》の幕《まく》あいに食《た》べたことからきた呼《よ》び名《な》。

マグマ（magma）名詞 地下《ちか》の深《ふか》いところで、地球《ちきゅう》の熱《ねつ》でどろどろにとけているもの。火山《かざん》からふき出《だ》す溶岩《ようがん》は、マグマが地表《ちひょう》に現《あらわ》れたもの。「岩《がん》しょう」ともいう。

まくら【枕】名詞 ❶ねるとき、頭《あたま》をのせるもの。

❷物《もの》の下《した》に置《お》いて、その支《ささ》えにするもの。例枕木《ぎ》。

❸前置《まえお》きの話《はなし》。例父《ちち》は話《はなし》の枕が長《なが》い。

●**枕《まくら》を高《たか》くする** 安心《あんしん》してねむる。安心《あんしん》して暮《く》らす。

まくらぎ【枕木】名詞 鉄道《てつどう》のレールの下《した》にしいて、支《ささ》えにするもの。

まくらことば【枕ことば】名詞 和歌《わか》や昔《むかし》の文章《ぶんしょう》で、ある決《き》まったことばの前《まえ》につけて、そのことばをかざったり、調子《ちょうし》を整《ととの》えたりすることば。たとえば「ぬばたまの」は「夜《よる》」の、「たらちねの」は「母《はは》」のまくらことば。

まくらのそうし【枕草子】名詞 平安時代《へいあんじだい》に清少納言《せいしょうなごん》が書《か》いた随筆《ずいひつ》。宮廷《きゅうてい》の生活《せいかつ》や自然《しぜん》のようすなどの感想《かんそう》を書《か》いたもの。教科社 かな文字《もじ》で書《か》かれた代表的《だいひょうてき》な作品《さくひん》。

まくらもと【枕元】名詞 ねている人《ひと》のまくらのすぐそば。

まくりあげる【まくり上げる】動詞 おおっているものをまくって、上《うえ》の方《ほう》に引《ひ》き上《あ》げる。例シャツのそでをまくり上げる。

まくる ❶動詞 おおっているものを引《ひ》き上《あ》げて、中《なか》のものをあらわす。例そでをまくる。

❷接尾語（ほかのことばのあとにつけて）さかんに…する。例歌《うた》いまくる／しゃべりまくる。

まぐれ名詞 偶然《ぐうぜん》によい結果《けっか》になること。例まぐれでヒットを打《う》つ。使い方くだけた言《い》い方《かた》。

まぐれあたり【まぐれ当たり】名詞 偶然《ぐうぜん》に当《あ》たること。思《おも》いがけずによいことが起《お》こること。例まぐれ当たりで一等《いっとう》をとった。

まくれる動詞 外側《そとがわ》に巻《ま》いたように、上《うえ》に上《あ》がる。めくれる。例エプロンのすそがまくれる。

まぐろ名詞 季語冬 暖《あたた》かい海《うみ》にすむ大《おお》きな魚《さかな》。全長三《ぜんちょうさん》メートルくらい。背中《せなか》が青黒《あおぐろ》く、腹《はら》は白《しろ》い。刺身《さしみ》など食用《しょくよう》にする。ことば漢字《かんじ》では

「小山《こやま》」があった。そこで一度《いちど》だけ、小人《こびと》を見《み》たことがある。でも、その小人《こびと》が本当《ほんとう》にいて、しかも大人《おとな》になっ

コロボックルと人間《にんげん》の交流《こうりゅう》が語《かた》られる「コロボックル物語《ものがたり》」シリーズの１冊目《さつめ》です。

「鮪」と書《か》く。図↓521ジベー さかな〔魚〕

まけ【負け】 名詞 負《ま》けること。対 勝《か》ち。

まげ 名詞 かみの毛《け》を束《たば》ねて、いろいろな形《かたち》にゆったもの。

まけいくさ【負け戦】 名詞 戦《たたか》いに負《ま》けること。また、その戦《たたか》い。対 勝《か》ち戦《いくさ》。

まけおしみ【負け惜しみ】 名詞 負《ま》けや失敗《しっぱい》を素直《すなお》に認《みと》めず、いろいろ理屈《りくつ》を言《い》って強《つよ》がること。また、そのことば。例「ふだんなら勝《か》てたはずだ。」と負け惜しみを言《い》う。

まけこし【負け越し】 名詞 負《ま》けた回数《かいすう》が、勝《か》った回数《かいすう》より多《おお》いこと。対 勝《か》ち越《こ》し。

まけじだましい【負けじ魂】 名詞 人《ひと》に負《ま》けまいとする、いっしょうけんめいな気持《きも》ち。例 負けじ魂を奮《ふる》い起《お》こす。

まけじと【負けじと】 負《ま》けないぞと。負《ま》けるものかと。例 上級生《じょうきゅうせい》にも負けじと言《い》い返《かえ》す。

まけずおとらず【負けず劣らず】 力《ちから》や勢《いきお》いなどの程度《ていど》が同《おな》じくらいで、どちらがすぐれているといえないようす。例 どの選手《せんしゅ》も負けず劣らず練習熱心《れんしゅうねっしん》だ。

まけずぎらい【負けず嫌い】 名詞 人《ひと》に負《ま》けることがきらいな性質《せいしつ》。また、その人《ひと》。

まける【負ける】 動詞 ❶戦《たたか》って、相手《あいて》に敗《やぶ》れる。例 試合《しあい》に負ける。対 勝《か》つ。❷がまんができなくなる。参《まい》る。例 ゆうわくに負ける／暑《あつ》さに負ける。対 勝《か》つ。❸値段《ねだん》を安《やす》くする。例 百円《ひゃくえん》のノートを八十円《はちじゅうえん》にまけてもらう。❹皮膚《ひふ》がかぶれる。例 うるしにまける。使い方 ❸❹は、ふつうかな書《が》きにする。漢↓1137ジベー ふ〔負〕

●**負《ま》けるが勝《か》ち** ことわざ 無理《むり》をして勝《か》つよりも、その場《ば》では負《ま》けておくほうが、最終的《さいしゅうてき》には得《とく》になるということ。

まげる【曲げる】 動詞 ❶まっすぐなものを、折《お》ったり、弓《ゆみ》なりにしたりする。例 くぎを曲げる。対 伸《の》ばす。❷事実《じじつ》をわざと変《か》える。例 事実《じじつ》を曲げた記事《きじ》。❸これまで信《しん》じてきたこととちがうことをする。例 志《こころざし》を曲げる。漢↓361ジベー きょく〔曲〕

まけんき【負けん気】 名詞 人《ひと》に負《ま》けたくないと思《おも》う気持《きも》ち。例 負けん気が強《つよ》い。類 勝《か》ち気《き》。

まご【孫】 名詞 その人《ひと》の子供《こども》の子供《こども》。漢↓767ジベー そん〔孫〕

まご【馬子】 名詞 昔《むかし》、人《ひと》や荷物《にもつ》を馬《うま》にのせて運《はこ》ぶことを仕事《しごと》にしていた人《ひと》。

●**馬子《まご》にも衣装《いしょう》** ことわざ どんな人《ひと》でも、きちんとした服装《ふくそう》をすれば、りっぱに見《み》えるということのたとえ。使い方「孫にも衣装」と書《か》かないよう注意《ちゅうい》。

まごい 名詞 黒《くろ》っぽい色《いろ》のこい。ことば 色《いろ》のついた「ひごい」に対《たい》していう。漢字《かんじ》では「真鯉」と書《か》く。

まごころ【真心】 名詞 うそのないほんとうの心《こころ》。例 真心のこもった手紙《てがみ》。

まごつく 動詞 どうしてよいかわからなくて、迷《まよ》ったり困《こま》ったりする。まごまごする。例 外国《がいこく》の人《ひと》に話《はな》しかけられてまごついた。

まこと【誠】 名詞 ❶うそやいつわりのないこと。ほんとうのこと。❷真心《まごころ》。誠意《せいい》。例 誠をつくす。漢↓706ジベー せい〔誠〕

まことしやか 形容動詞 いかにもほんとうらしく思《おも》わせるようす。例 まことしやかな作《つく》り話《ばなし》。

まことに【誠に】 副詞 ほんとうに。実《じつ》に。例 ご協力《きょうりょく》誠にありがとうございます。使い方 あらたまった言《い》い方《かた》。

まごのて【孫の手】 名詞 自分《じぶん》の背中《せなか》などをかくときに使《つか》う、細長《ほそなが》い道具《どうぐ》。先《さき》が指《ゆび》を曲《ま》げた手《て》のような形《かたち》になっている。

まごまご【と】 副詞 動詞 どうすればよいかわからなくて、うろうろするようす。例 出口《でぐち》がどこかわからなくてまごまごする。

まさ【正】 漢↓704ジベー せい〔正〕

マザー＝テレサ 名詞（一九一〇～一九九七）インドの貧《まず》しい人々《ひとびと》のためにつくした修道女《しゅうどうじょ》。一九五〇年《ねん》に「神《かみ》の愛《あい》の宣教者会《せんきょうしゃかい》」をつくった。ノーベル平和賞《へいわしょう》を受賞《じゅしょう》。

マザーファクトリー 名詞 いくつかの工場《こうじょう》の中《なか》で、ほかの工場《こうじょう》のリーダーとしての役割《やくわり》を持《も》つ工場《こうじょう》。新《あたら》しい製品《せいひん》を開発《かいはつ》したり、新《あたら》しい技術《ぎじゅつ》を最初《さいしょ》にためしたりする。

まさおかしき【正岡子規】 名詞（一八六七～一九〇二）明治時代《めいじじだい》の俳人《はいじん》・歌人《かじん》。俳句《はいく》や短歌《たんか》を新《あたら》しくする運動《うんどう》を起《お》こし、自然《しぜん》や人生《じんせい》をありのままによむ作品《さくひん》をつくった。「柿《かき》くへ（え）

読書のこみち　高 中 低　『だれも知《し》らない小《ちい》さな国《くに》』佐藤《さとう》さとる　子供《こども》のころ、大好《だいす》きな秘密《ひみつ》の場所《ばしょ》、ぼくだけのてから再会《さいかい》するなんて、思《おも》ってもいなかった。人間《にんげん》のそばでひっそりと生《い》きる小人《こびと》の一族

ば鐘《かね》が鳴《な》るなり法隆寺《ほうりゅうじ》」などの句《く》が有名《ゆうめい》。

まさか 副詞 いくらなんでも。よもや。例 まさか勝《か》てるとは思《おも》わなかった。使い方 あとに「ない」などのことばがくる。また、「まさかの時《とき》（＝万一《まんいち》の場合《ばあい》）」のような形《かたち》で使《つか》うこともある。

まさかり 名詞 木《き》を切《き》るための、大《おお》きなおの。

まさぐる 動詞 指先《ゆびさき》でさぐる。手《て》でいじる。例 バッグの中《なか》をまさぐってかぎをさがす。

まさしく【正しく】 副詞 まちがいなく。確《たし》かに。ほんとうに。例 これはまさしく祖母《そぼ》の指輪《ゆびわ》です。使い方 ふつうかな書《が》きにする。

まさつ【摩擦】 名詞 動詞 ❶こすること。また、すれ合《あ》うこと。例 皮膚《ひふ》を摩擦する／摩擦によって静電気《せいでんき》が起《お》きる。❷意見《いけん》や性格《せいかく》のちがいなどのために、関係《かんけい》がうまくいかないこと。例 外国《がいこく》との摩擦をさける。

まさつねつ【摩擦熱】 名詞 物《もの》をこすり合《あ》わせたときに出《で》る熱《ねつ》。

まさに【正に】 副詞 ❶ほんとうに。確《たし》かに。例 まさにそのとおりだ。❷今《いま》にも。ちょうど。例 まさに、夕日《ゆうひ》がしずもうとしている。使い方 ふつうかな書《が》きにする。

まざまざ[と] 副詞 目《め》の前《まえ》で見《み》ているように、はっきりと。ありありと。例 いっしょに遊《あそ》んだころがまざまざと思《おも》い出《だ》される。

まさめ【正目】 名詞 板《いた》の面《めん》にまっすぐ通《とお》っている木目《もくめ》。対 板目《いため》。図 ⇩1315ページ もくめ

まさゆめ【正夢】 名詞 現実《げんじつ》になった夢《ゆめ》。例 運《うん》動会《どうかい》で一位《いちい》になる夢《ゆめ》が正夢になった。対 逆夢《さかゆめ》。

まさる【勝る】 動詞 ほかのものと比《くら》べて、よりよい状態《じょうたい》である。例 兄《あに》は、ピアノの腕前《うでまえ》では姉《あね》に勝る。対 劣《おと》る。漢 ⇩629ページ しょう〔勝〕

●**勝《まさ》るとも劣《おと》らない** ほかのものと比《くら》べて、すぐれていることはあってもおとっていることはない。同《おな》じくらいかそれ以上《いじょう》である。例 父《ちち》の料理《りょうり》の腕前《うでまえ》はプロに勝るとも劣らない。

まざる【交ざる・混ざる】 ⇩1243ページ まじる
漢 ⇩443ページ こう〔交〕・502ページ こん〔混〕

まし【増し】 ❶名詞 増《ま》すこと。増《ふ》えること。例 今年《ことし》の入《にゅう》場者《じょうしゃ》の数《かず》は昨年《さくねん》の二割《にわり》増しだった。❷形容動詞 まさっているようす。例 こんな切《き》れない包丁《ほうちょう》でも、ないよりはましだ。使い方 ❷は、ふつうかな書《が》きにする。

マシーン (machine) 名詞 「機械《きかい》」のこと。「マシン」ともいう。例 タイムマシーン。

まじえる【交える】 動詞 ❶いっしょに仲間《なかま》に入《い》れる。加《くわ》える。例 先生《せんせい》も交えてソフトボールをする。❷入《い》り組《く》ませる。つき合《あ》わせる。例 ひざを交えて話《はな》し合《あ》う。❸やりとりする。かわす。例 ことばを交える。❹たたかう。例 父《ちち》と将棋《しょうぎ》で一戦《いっせん》を交える。
漢 ⇩443ページ こう〔交〕

ましかく【真四角】 名詞 形容動詞 正方形《せいほうけい》であること。例 真四角な箱《はこ》。

ました【真下】 名詞 まっすぐ下《した》。すぐ下《した》。例 窓《まど》から真下を見下《みお》ろす。対 真上《まうえ》。

マジック (magic) 名詞 ❶魔法《まほう》。手品《てじな》。❷「マジックインキ」の略《りゃく》。油性《ゆせい》ペンの一《ひと》つ。ことば ❷の「マジックインキ」は、英語《えいご》をもとに日本《にほん》で作《つく》られたことばで、商標名《しょうひょうめい》。

マジックテープ 名詞 重《かさ》ねるだけでとめられるテープ。細《こま》かいかぎがたくさんついた面《めん》と、小《ちい》さな輪《わ》がたくさんある面《めん》を重《かさ》ねることでくっつく。「面《めん》ファスナー」ともいう。商標名《しょうひょうめい》。

マジックハンド 名詞 人《ひと》の手《て》のようなはたらきをする機械《きかい》。危険《きけん》なものをはなれたところからとりあつかうときなどに使《つか》う。ことば 英語《えいご》をもとに日本《にほん》で作《つく》られたことば。

まして 副詞 なおさら。いっそう。例 姉《あね》にもできないのに、ましてぼくにできるはずはない。

まじない 名詞 神《かみ》や仏《ほとけ》の力《ちから》を借《か》りて、わざわいからのがれたり、願《ねが》いをかなえたりしようとすること。また、その術《じゅつ》やことば。

まじまじ[と] 副詞 目《め》をすえて、じっと見《み》つめるようす。例 友《とも》だちの顔《かお》をまじまじと見《み》つめる。

まじめ【真面目】 形容動詞 ❶ふざけた気持《きも》ちがなく、真剣《しんけん》なようす。本気《ほんき》であるようす。例 真面目に仕事《しごと》にとりくむ。❷うそやいつわりがなく、真心《まごころ》があること。例 あの人《ひと》は非常《ひじょう》に真面目だ。

ましゅうこ【摩周湖】 名詞 北海道《ほっかいどう》の東部《とうぶ》にある湖《みずうみ》。阿寒国立公園内《あかんこくりつこうえんない》にあり、透明度《とうめいど》が非《ひ》

す。何週間《なんしゅうかん》、何《なん》か月《げつ》と、そこに入院《にゅういん》しているのです。いろいろなできごとに喜《よろこ》びや悲《かな》しみをいだきつつ、日々《ひび》
た5編《へん》は独立《どくりつ》していますが、最後《さいご》の「もう一《ひと》つの話《はなし》」でそれらのつながりが見《み》えてきます。

常《じょう》に高《たか》い。

まじゅつ【魔術】 名詞 人《ひと》を迷《まよ》わす不思議《ふしぎ》なわざ。魔法《まほう》。また、大《おお》じかけの手品《てじな》。

まじょ【魔女】 名詞 ❶魔法使《まほうつか》いの女《おんな》。❷不思議《ふしぎ》な力《ちから》を持《も》った女《おんな》。また、悪魔《あくま》のような女《おんな》。

ましょうめん【真正面】 名詞 まっすぐに向《む》かい合《あ》っていること。また、その位置《いち》。

まじりけ【混じり気】 名詞 ほかのものがまじっていること。例 混じり気のないオリーブ油《ゆ》。

まじる【交じる・混じる】 動詞 ほかのものの中《なか》に入《はい》っていっしょになる。まざる。例 大人《おとな》に交じってゲームをした／青《あお》の絵《え》の具《ぐ》に黄《き》色《いろ》が混じって緑《みどり》になった。使い方「交る」と書《か》かないよう送《おく》りがなに注意《ちゅうい》。漢 ⬇443ページ《ジ》こう〔交〕・502ページ《ジ》こん〔混〕 ⬇ 使い分け

使い分け
まじる
交じる・混じる

交じる たがいに入《い》り組《く》む。「漢字《かんじ》にかなが交《ま》じる／子供《こども》の中《なか》に大人《おとな》が交《ま》じる」

混じる とけ合《あ》う。いろいろなものがいっしょになる。「ラジオに雑音《ざつおん》が混《ま》じる／青《あお》に黄《き》が混《ま》じったような色《いろ》」

まじわり【交わり】 名詞 ❶つきあい。例 友人《ゆうじん》との交わりを大切《たいせつ》にする。❷線《せん》や図形《ずけい》が交差《こうさ》すること。また、そのところ。

まじわる【交わる】 動詞 ❶交差《こうさ》する。例 この先《さき》で大通《おおどお》りと交わる。❷人《ひと》とつきあう。交際《こうさい》する。例 たくさんの友《ゆう》人《じん》と交わる。漢 ⬇443ページ《ジ》こう〔交〕

ましん【麻しん】 ⬇1053ページ《ジ》はしか

マシン ⬇1242ページ《ジ》マシーン

ます 名詞 季語春 さけのなかまの魚《さかな》の一《ひと》つ。おもに北《きた》の方《ほう》の海《うみ》にいて、夏《なつ》の初《はじ》め、川《かわ》を上《のぼ》って卵《たまご》を産《う》む。食用《しょくよう》になる。ことば 漢字《かんじ》では「鱒」と書《か》く。図 ⬇521ページ《ジ》さかな〔魚〕

ます 助動詞（ほかのことばのあとにつけて）相《あい》手《て》に対《たい》するていねいな気持《きも》ちを表《あらわ》す。例 あした行《い》きます／知《し》りません／さあ歌《うた》いましょう。

ます【升】 名詞 ❶昔《むかし》、米《こめ》やしょうゆなどの量《りょう》を量《はか》るために使《つか》った入《い》れ物《もの》。例 一《いっ》しょう升。❷すもうや芝居《しばい》の見物席《けんぶつせき》で、四角《しかく》に区切《くぎ》って、四《し》、五人《ごにん》入《はい》れるようにしたところ。升席《ますせき》。

ます【増す】 動詞 ❶数量《すうりょう》や程度《ていど》が多《おお》くなる。増《ふ》える。例 体重《たいじゅう》が増す／食欲《しょくよく》が増す。対 減《へ》る。❷数量《すうりょう》や程度《ていど》を多《おお》くする。増《ふ》やす。例 人手《ひとで》を増す／勢《いきお》いを増す。対 減《へ》らす。漢 ⬇745ページ《ジ》ぞう〔増〕

まず 副詞 ❶初《はじ》めに。真《ま》っ先《さき》に。例 帰《かえ》ったらまず手《て》を洗《あら》う。❷たぶん。たいてい。例 これくらいの宿題《しゅくだい》なら、まず一時間《いちじかん》で終《お》わるだろう。

ますい【麻酔】 名詞 手術《しゅじゅつ》などのときに、薬《くすり》を使《つか》って体《からだ》の神経《しんけい》をまひさせ、痛《いた》みを感《かん》じないようにすること。例 全身《ぜんしん》麻酔／麻酔をかける。

まずい 形容詞 ❶味《あじ》がよくない。例 まずい料理《りょうり》。対 おいしい。うまい。❷下手《へた》である。つくりや見《み》た目《め》がよくない。例 まずい演技《えんぎ》／まずい絵《え》。対 うまい。❸具合《ぐあい》が悪《わる》い。都合《つごう》が悪《わる》い。例 いたずらが見《み》つかり、まずいことになった。対 うまい。

マスク（mask） 名詞 季語冬 ❶お面《めん》。仮面《かめん》。❷ばいきんやほこりを防《ふせ》ぐため、鼻《はな》や口《くち》をおおうもの。ガーゼなどでつくる。❸顔立《かおだ》ち。例 あまいマスクの歌手《かしゅ》。❹野球《やきゅう》で、キャッチャーや審判《しんぱん》が安全《あんぜん》のためにかぶる面《めん》。ことば 季語《きご》として使《つか》うのは❷の意味《いみ》。

マスゲーム 名詞 大勢《おおぜい》がそろってする体操《たいそう》やダンス。ことば 英語《えいご》をもとに日本《にほん》で作《つく》られたことば。

マスコット（mascot） 名詞 幸《しあわ》せをよぶものとして身近《みぢか》に置《お》いておく人形《にんぎょう》や小《ちい》さな動物《どうぶつ》。

マスコミ 名詞 新聞《しんぶん》・雑誌《ざっし》・テレビ・ラジオなどを使《つか》って、ものごとを大勢《おおぜい》の人《ひと》に知《し》らせること。また、その機関《きかん》。ことば 英語《えいご》の「マスコミ

読書のこみち 高 中 低 『小《ちい》さいベッド』村中李衣《むらなかりえ》　学校《がっこう》や町《まち》の中《なか》だけでなく、病院《びょういん》の中《なか》にも、子供《こども》たちはいまを過《す》ごす子供《こども》たち。菜々子《ななこ》と犬《いぬ》の出会《であ》いをえがいた「デブの四《し》、五日《ごにち》」など、収録《しゅうろく》され

ユニケーション」の略《りゃく》。

まずしい【貧しい】 形容詞 ❶貧乏《びんぼう》である。 例 貧しい生活《せいかつ》。 対 豊《ゆた》か。 ❷内容《ないよう》がとぼしい。少《すく》ない。 例 貧しい知識《ちしき》／想像《そうぞう》力《りょく》が貧しい。 対 豊《ゆた》か。 漢 ⇩1134ジペーびん〔貧〕

ますせき【升席】 ⇩1243ジペーます〔升〕❷

マスター (master) ❶ 名詞 店《みせ》の主人《しゅじん》。 例 喫茶店《きっさてん》のマスター。 ❷ 名詞 動詞 知識《ちしき》や技術《ぎじゅつ》をすっかり身《み》につけること。 例 弟《おとうと》は九九《くく》を完全《かんぜん》にマスターした。

マスタード (mustard) 名詞 「からし」のこと。とくに、洋《よう》がらし。

ますだときさだ【益田時貞】 ⇩49ジペーあまくさしろう

マスト (mast) 名詞 船《ふね》の帆《ほ》柱《ばしら》。

ますます 副詞 なおいっそう。いよいよ。 例 寒《さむ》さは、ますます厳《きび》しくなるでしょう。

まずまず 副詞 じゅうぶんではないが、まあまあ。 例 雨《あめ》もやみ、まずまずの天気《てんき》になった。

ますめ【升目】 名詞 ❶ますのような四角《しかく》の形《かたち》。 例 原稿用紙《げんこうようし》の升目。 ❷ますで量《はか》った分量《ぶんりょう》。

マスメディア (mass media) 名詞 新聞《しんぶん》・テレビ・雑誌《ざっし》・ラジオなど、一度《いちど》に多《おお》くの人々《ひとびと》に情《じょう》報《ほう》を伝《つた》えるもの。

まぜかえす【混ぜ返す】 動詞 ❶何度《なんど》もかきまぜる。 例 ごはんを混ぜ返す。 ❷人《ひと》の話《はなし》に口《くち》をはさみ、ふざけたりからかったりして混乱《こんらん》させる。まぜっかえす。 例 人《ひと》の話《はなし》を混ぜ返す。

まぜがき【交ぜ書き】 名詞 動詞 漢字《かんじ》で書《か》ける熟《じゅく》語《ご》の一部《いちぶ》をかなにして、漢字《かんじ》とかなを交《ま》ぜて書《か》くこと。たとえば「熟《じゅく》語《ご》」を「じゅく語《ご》」、「皮膚《ひふ》」を「皮《ひ》ふ」と書《か》くなど。

まぜこぜ 名詞 形容動詞 いろいろなものがまざっているようす。ごちゃごちゃ。

まぜっかえす【混ぜっ返す】 ⇩1244ジペーまぜかえす❷

マゼラン 名詞 (一四八〇ごろ～一五二一) ポルトガルの航海者《こうかいしゃ》。世界一周《せかいいっしゅう》を計画《けいかく》し、大西洋《たいせいよう》・太平洋《たいへいよう》をわたってフィリピンに着《つ》いたが、住《じゅう》民《みん》に殺《ころ》された。しかし、部下《ぶか》たちは世界一周《せかいいっしゅう》を成《な》しとげ、地球《ちきゅう》の丸《まる》いことが証明《しょうめい》された。

ませる 動詞 子供《こども》が、年《とし》のわりに大人《おとな》っぽいことを言《い》ったり、したりする。 例 ませた口調《くちょう》。

まぜる【交ぜる・混ぜる】 動詞 ほかのものを加《くわ》えていっしょにする。いくつかのものを合《あ》わせて一《ひと》つにする。 例 漢字《かんじ》とかなを交ぜて書《か》く／牛乳《ぎゅうにゅう》と小麦粉《こむぎこ》を混ぜる。 漢 ⇩443ジペーこう〔交〕・502ジペーこん〔混〕

また【又】 ❶ 副詞 同《おな》じく。やはり。 例 この花《はな》もまた美《うつく》しい。 ❷ 副詞 もう一度《いちど》。再《ふたた》び。 例 また遊《あそ》びに来《き》てね。 ❸ 接続詞 そのうえに。そのほかに。 例 英語《えいご》ができ、また、フランス語《ご》も話《はな》す。 ❹ 接続詞 あるいは。または。 例 式《しき》への出席《しゅっせき》は洋服《ようふく》でも、また、和服《わふく》でもよい。 ❺ 接頭語 (ほかのことばの前《まえ》につけて) 直接《ちょくせつ》でないことを表《あらわ》す。 例 また貸《が》し／また聞《ぎ》き。

使い方 ふつうかな書《が》きにする。

また【股】 名詞 ❶一《ひと》つのもとから、二《ふた》つ以上《いじょう》に分《わ》かれている部分《ぶぶん》。 例 木《き》のまた。 ❷足《あし》の付《つ》け根《ね》のところ。 図 ⇩287ジペーからだ

使い方 ❶は、ふつうかな書《が》きにする。

● **股《また》に掛《か》ける** あちこちを広《ひろ》く歩《ある》き回《まわ》る。広《ひろ》い範囲《はんい》で活躍《かつやく》する。 例 世界《せかい》を股に掛けた活動《かつどう》。

まだ 副詞 ❶そのときになっても。今《いま》でも。 例 秋《あき》になってもまだ暑《あつ》い日《ひ》が続《つづ》いている。 ❷時間《じかん》がそれほど過《す》ぎていないようす。 例 二《に》学期《がっき》が始《はじ》まってまだ一週間《いっしゅうかん》しかたっていない。 ❸さらに。もっと。 例 まだ宿題《しゅくだい》が残《のこ》っている。 ❹どちらかといえば。 例 留守番《るすばん》をしているより、まだいっしょに行《い》ったほうがましだ。

使い方 ❷は、あとに「ない」などのことばがくることが多《おお》い。

またいとこ 名詞 親《おや》がいとこ同士《どうし》のとき、その子供《こども》たちの関係《かんけい》。「はとこ」ともいう。

またがし【また貸し】 名詞 動詞 自分《じぶん》が借《か》りたものを、さらに人《ひと》に貸《か》すこと。

またがる 動詞 ❶両足《りょうあし》を広《ひろ》げて乗《の》る。 例 自転車《じてんしゃ》にまたがる。 ❷二《ふた》つ以上《いじょう》のものにかかる。 例 工事《こうじ》は五月《ごがつ》と六月《ろくがつ》にまたがっている。

またぎ 名詞 東北地方《とうほくちほう》などで、古《ふる》い伝統《でんとう》を守《まも》りながら、山《やま》の中《なか》でかりを行《おこな》う猟師《りょうし》の集団《しゅうだん》。

まだたったの127才《さい》なので、魔女《まじょ》のお祭《まつ》り、ワルプルギスの夜《よる》の魔女《まじょ》のおどりには出《で》られません。ところが、人《ひと》のいい小《ちい》さい魔女《まじょ》が、からすのアブラクサスといっしょにくり広《ひろ》げる、楽《たの》しいお話《はなし》。

またぎき【また聞き】 名詞 動詞 直接《ちょくせつ》聞《き》いたり、自分《じぶん》がその場《ば》にいたりしたのではなく、ほかの人《ひと》を通《とお》して聞《き》くこと。例 また聞きの話《はなし》。

またぐ 動詞 足《あし》を開《ひら》いて、物《もの》の上《うえ》をこえる。例 たおれた木《き》の上《うえ》をまたいで歩《ある》く。

またしても 副詞 再《ふたた》び。今度《こんど》もまた。またもや。例 またしても失敗《しっぱい》に終《お》わった。使い方 よくないことがくり返《かえ》されるときに使《つか》う。

まだしも 副詞 じゅうぶんではないが、まだそのほうがよいようす。まだよいが。例 一回《いっかい》ならまだしも、二回《にかい》も失敗《しっぱい》してしまった。

まばたき【瞬き】 名詞 動詞 ❶目《め》を閉《と》じたり開《ひら》いたりすること。目《め》をぱちぱちさせること。まばたき。

❷遠《とお》くの光《ひかり》などが、強《つよ》くなったり弱《よわ》くなったりすること。ちらちらすること。例 町《まち》の明《あ》かりの瞬きが見《み》える。

またたく【瞬く】 動詞 ❶目《め》を閉《と》じたり開《ひら》いたりする。目《め》をぱちぱちさせる。

❷光《ひかり》などが、強《つよ》くなったり弱《よわ》くなったりする。光《ひかり》がちらちらする。例 星《ほし》が夜空《よぞら》に瞬いている。

またたくま【瞬く間】 名詞 まばたきするほどの、ほんのわずかの間《あいだ》。例 瞬く間に仕事《しごと》をすませる。

またたび 名詞 山地《さんち》に生《は》えるつる性《せい》の低《ひく》い木《き》。実《み》を食用《しょくよう》・薬用《やくよう》にする。また、ねこの好物《こうぶつ》で、食《た》べるとよっぱらったようになる。

またたび

またとない 二度《にど》とない。二《ふた》つとない。例 またとないチャンスに出《で》あう／世界《せかい》にまたとない化石《かせき》。

または 接続詞 そうでなければ。あるいは。例 月曜日《げつようび》、または水曜日《すいようび》に来《き》てください。

まだまだ 副詞 「まだ」を強《つよ》めた言《い》い方《かた》。例 まだまだ練習《れんしゅう》が足《た》りない。

またもや 副詞 重《かさ》ねてまた。またしても。例 またもやかぜを引《ひ》いてしまった。

まだら 名詞 ちがう色《いろ》が、あちらこちらにまじっていること。色《いろ》の濃《こ》さにむらがあること。また、そのようなもの。例 まだらの犬《いぬ》／山《やま》に雪《ゆき》がまだらに残《のこ》っている。

まだるっこい 形容詞 見《み》ていていらいらするほど、のろのろしているようす。例 きみの掃除《そうじ》のしかたはまだるっこくて見《み》ていられない。

まだれ【麻垂れ】 名詞 「广」のこと。漢字《かんじ》の部首《ぶしゅ》の一《ひと》つ。建物《たてもの》や屋根《やね》に関係《かんけい》のある漢字《かんじ》を作《つく》ることが多《おお》い。庫・広・庭・店など。

まち【町・街】 名詞 ❶人《ひと》が大勢《おおぜい》住《す》んでいてにぎやかなところ。都会《とかい》。

❷地方公共団体《ちほうこうきょうだんたい》の一《ひと》つ。人口《じんこう》が市《し》よりも少《すく》なく、村《むら》よりも多《おお》いところ。

❸市《し》や区《く》などを小《ちい》さく分《わ》けた一《ひと》つ。

❹商店《しょうてん》などが立《た》ち並《なら》んでいるにぎやかなところ。また、その通《とお》り。例 街をぶらつく。

漢 ⇒ 843ページ ちょう〔町〕・220ページ がい〔街〕

使い分け

まち

町・街

町 市《し》・区《く》・村《むら》と並《なら》ぶ地方公共団体《ちほうこうきょうだんたい》。農村《のうそん》や山村《さんそん》に対《たい》して、家《いえ》や店《みせ》が多《おお》く集《あつ》まっている地域《ちいき》。「町役場《まちやくば》／町外《まちはず》れ」

街 商店《しょうてん》や飲食店《いんしょくてん》などがたくさんあってにぎやかな地域《ちいき》。都市《とし》。「学生《がくせい》の街《まち》／街角《まちかど》」

まちあいしつ【待合室】 名詞 駅《えき》や病院《びょういん》などで、客《きゃく》が時間《じかん》や順番《じゅんばん》を待《ま》つための部屋《へや》。

まちあぐむ【待ちあぐむ】 動詞 長《なが》く待《ま》っていて、いやになる。待《ま》ちくたびれる。例 母《はは》の帰《かえ》りを待ちあぐむ。

まちあわせ【待ち合わせ】 名詞 待《ま》ち合《あ》わせること。例 待ち合わせの場所《ばしょ》。

まちあわせる【待ち合わせる】 動詞 時間《じかん》と場所《ばしょ》を決《き》めておいて、相手《あいて》と会《あ》う。

まちうける【待ち受ける】 動詞 相手《あいて》が来《く》るのを、用意《ようい》して待《ま》つ。例 友《とも》だちの到着《とうちゃく》を待ち受ける。

まぢか【間近】 名詞 形容動詞 時間《じかん》やきょりがとても近《ちか》いこと。もうすぐ。例 春《はる》が間近になる。

まちがい【間違い】 名詞

読書のこみち　高 中 低　『小《ちい》さい魔女《まじょ》』プロイスラー　「むかしむかし、ひとりの小《ちい》さい魔女《まじょ》がいました。」…でも、決《き》まりを破《やぶ》って、こっそりブロッケン山《ざん》に出《で》かけてしまいました。ちょっとそそっかしく

❶ちがっていること。誤《あやま》り。例 間違いを直《なお》す。❷事故《じこ》。よくないできごと。例 間違いがないように送《おく》り届《とど》ける。

まぢかい【間近い】形容詞 時間《じかん》やきょりがとても近《ちか》い。もうすぐである。例 雪解《ゆきど》けも間近い。

まちがう【間違う】動詞 ❶正《ただ》しくない。ちがっている。例 答《こた》えが間違っている。❷やりそこなう。失敗《しっぱい》する。例 ここで間違ったら大変《たいへん》なことになる。❸ほかのものととりちがえる。例 人《ひと》のバッグを間違って持《も》ってくる。

まちがえる【間違える】動詞 ❶やりそこなう。失敗《しっぱい》する。例 計算《けいさん》を間違える。❷ほかのものととりちがえる。例 砂糖《さとう》と塩《しお》を間違えてしまった。

まちかど【町角・街角】名詞 ❶まちの道路《どうろ》の曲《ま》がり角《かど》。❷まちの通《とお》り。まちの中《なか》。例 街角に映画《えいが》のポスターがはり出《だ》される。類 街頭《がいとう》。

まちかねる【待ちかねる】動詞 長《なが》い間《あいだ》待《ま》って、がまんできなくなる。例 友《とも》だちが来《く》るのを待ちかねて、先《さき》に出発《しゅっぱつ》した。

まちかまえる【待ち構える】動詞 用意《ようい》をして、今《いま》か今《いま》かと待《ま》つ。例 ユニフォームに着《き》がえて、試合《しあい》が始《はじ》まるのを待ち構える。

まちくたびれる【待ちくたびれる】動詞 長《なが》い間《あいだ》待《ま》って、つかれる。

まちこうば【町工場】名詞 町《まち》の中《なか》にある、小《ちい》さな工場《こうば》。

まちこがれる【待ち焦がれる】動詞 まだかまだかと、心《こころ》の底《そこ》から待《ま》つ。例 入学式《にゅうがくしき》の日《ひ》を待ち焦がれている。

マチス 名詞（一八六九～一九五四）フランスの画家《がか》。あざやかな色《いろ》と、単純《たんじゅん》ではっきりした線《せん》が特徴《とくちょう》の作品《さくひん》を残《のこ》した。

まちどおしい【待ち遠しい】形容詞 早《はや》くその時《とき》が来《き》てほしくて、待《ま》っている時間《じかん》が長《なが》く感《かん》じられるようす。例 修学旅行《しゅうがくりょこう》が待ち遠しい。

まちなか【町中】名詞 町《まち》の中《なか》。町《まち》で、店《みせ》や家《いえ》が多《おお》い所《ところ》。

まちなみ【町並み・街並み】名詞 町《まち》の、家《いえ》が続《つづ》いて立《た》ち並《なら》んでいるところ。また、そのようす。例 京都《きょうと》には古《ふる》い町並みが残《のこ》っている。

まちにまった【待ちに待った】ずいぶん前《まえ》から待《ま》ち続《つづ》けていた。例 明日《あす》は、待ちに待った運動会《うんどうかい》だ。

まちのぞむ【待ち望む】動詞 そのときがくるのを楽《たの》しみにして待《ま》つ。例 新《あたら》しい校舎《こうしゃ》の完成《かんせい》を待ち望む。

まちはずれ【町外れ】名詞 町《まち》の中心《ちゅうしん》からはなれた、家《いえ》があまりないところ。

まちばり【待ち針】名詞 ぬい物《もの》をするときに、布《ぬの》がずれないように留《と》めたり、布《ぬの》に型紙《かたがみ》を留《と》めたりするのに使《つか》う針《はり》。

まちぶせ【待ち伏せ】名詞 動詞 おそったりおどろかせたりするために、相手《あいて》が来《く》るのをかくれて待《ま》っていること。

まちぼうけ【待ちぼうけ】名詞 待《ま》っている相手《あいて》が、いつまでたっても来《こ》ないこと。例 待ちぼうけを食《く》わされる。

まちまち 形容動詞 それぞれがちがっていること。さまざま。いろいろ。例 みんながまちまちなことを言《い》うので、話《はなし》がまとまらない。

まちわびる【待ちわびる】動詞 待《ま》っているものがなかなか来《こ》ないので、心配《しんぱい》しながら待《ま》つ。例 待ちわびた知《し》らせがやっと届《とど》いた。

漢 **まつ**【末】〔木《き》〕5画 4年 音 マツ・バツ 訓 すえ

下をみじかく
一 二 キ 才 末

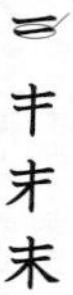

❶おわり。はし。すえ。例 末期《まっき》／結末《けつまつ》／年末《ねんまつ》。❷つまらないこと。例 粗末《そまつ》。❸粉《こな》。例 粉末《ふんまつ》。

まつ【松】名詞 一年《いちねん》じゅう、緑色《みどりいろ》の針《はり》のような葉《は》をつけている高《たか》い木《き》。木材《もくざい》は建築《けんちく》などに使《つか》う。あかまつ・くろまつなど種類《しゅるい》が多《おお》い。参考 竹《たけ》・梅《うめ》と合《あ》わせて「松竹梅《しょうちくばい》」と呼《よ》ばれ、めでたい植物《しょくぶつ》とされる。漢 ↓628ジペー しょう〔松〕

● **松の内《まつのうち》** ↓1248ジペー まつのうち

まつ【待つ】動詞 ❶人《ひと》や時《とき》が来《く》るのを望《のぞ》んで、時間《じかん》を過《す》ごす。例 日曜日《にちようび》が来《く》るのを待つ／友《とも》だちを待つ。❷期限《きげん》を延《の》ばす。例 原稿《げんこう》は明日《あす》まで待ちます。❸（「…にまつ」の形《かたち》で）期待《きたい》する。たのみとする。例 きみの努力《どりょく》にまつしかない。

使い方 ❸は、かな書《が》きにすることが多《おお》い。

漢 ↓770ジペー たい〔待〕

くなってしまうおばさんがいました。でも、おばさんはそのたびに機転《きてん》をきかせ、あるときは動物《どうぶつ》たちに手伝《てつだ》います。気弱《きよわ》で心配性《しんぱいしょう》のご亭主《ていしゅ》と暮《く》らす、陽気《ようき》でしっかり者《もの》のおばさんのおおらかな物語《ものがたり》シリーズです。

まっー【真っ】 接頭語 （ほかのことばの前《まえ》につけて）「完全《かんぜん》な」「混《ま》じり気《け》がない」などの意味《いみ》を表《あらわ》す「真《ま》」を強《つよ》めた言《い》い方《かた》。例 真っ正面《しょうめん》／真っ白《しろ》。

まつえし【松江市】 名詞 島根県北東部《しまねけんほくとうぶ》にある市《し》。宍道湖《しんじこ》の東岸《とうがん》にあり、島根県《しまねけん》の県庁《けんちょう》がある。

まつおばしょう【松尾芭蕉】 名詞 （一六四四〜一六九四）江戸時代《えどじだい》の初《はじ》めごろの俳人《はいじん》。すぐれた俳句《はいく》を数多《かずおお》く作《つく》り、「おくのほそ道《みち》」などの紀行文《きこうぶん》も残《のこ》した。「閑《しず》かさや岩《いわ》にしみいる蝉《せみ》の声《こえ》」などの句《く》が有名《ゆうめい》。⇒1073ページ 伝統コラム 俳句《はいく》

まっか【真っ赤】 形容動詞 ❶ほんとうに赤《あか》いようす。赤一色《あかいっしょく》であるようす。例 真っ赤なトマト／顔《かお》が真っ赤になる。❷まったくそのとおりであるようす。まるっきり。例 真っ赤なにせもの。

●**真《ま》っ赤《か》なうそ** 完全《かんぜん》なでたらめ。まったくのうそ。例 その話《はなし》は全部《ぜんぶ》、真っ赤なうそだ。

マッカ ⇒1306ページ メッカ❶

まつかさ【松かさ】 名詞 松《まつ》の実《み》。松《まつ》ぼっくり。

まつかさ

まつかざり【松飾り】 名詞 季語 新年 正月《しょうがつ》を祝《いわ》って、門《もん》や入《い》り口《ぐち》にかざる松《まつ》。門松《かどまつ》。

まっき【末期】 名詞 ある期間《きかん》の終《お》わりのころ。対 初期《しょき》。ことば「まつご」と読《よ》むと別《べつ》の意味《いみ》。

まっくら【真っ暗】 形容動詞 ❶たいへん暗《くら》いようす。例 真っ暗な部屋《へや》。❷見通《みとお》しがつかず、この先《さき》どうなるかわからないようす。例 このままではお先真《さきま》っ暗《くら》だ。

まっくろ【真っ黒】 形容動詞 ❶ほんとうに黒《くろ》いようす。黒一色《くろいっしょく》であるようす。例 真っ黒なかみの毛《け》。❷すっかりよごれているようす。例 転《ころ》んで、シャツが真っ黒になる。

まつげ【まつ毛】 名詞 まぶたのふちに生《は》えている毛《け》。図⇒235ページ かお

まつご【末期】 名詞 人《ひと》の死《し》ぬ間際《まぎわ》。一生《いっしょう》の終《お》わり。類 臨終《りんじゅう》。ことば「まっき」と読《よ》むと別《べつ》の意味《いみ》。

まっこう【真っ向】 名詞 真正面《ましょうめん》。例 相手《あいて》の意見《いけん》に真っ向から反対《はんたい》する。

まっこうくじら 名詞 くじらのなかまの動物《どうぶつ》。全長二十《ぜんちょうにじゅう》メートルくらい。前頭部《ぜんとうぶ》が大《おお》きく、下《した》あごに歯《は》がある。図⇒383ページ くじら

マッサージ（massage） 名詞 動詞 体《からだ》をもんだり、さすったりして、病気《びょうき》やつかれを治《なお》す方法《ほうほう》。血《ち》のめぐりをよくしたり、筋肉《きんにく》をほぐしたりする効果《こうか》がある。あんま。

まっさいちゅう【真っ最中】 名詞 ものごとがいちばんさかんに行《おこな》われているとき。例 授業《じゅぎょう》の真っ最中。類 真《ま》っただ中《なか》。

まっさお【真っ青】 形容動詞 ❶ほんとうに青《あお》いようす。青一色《あおいっしょく》であるようす。例 真っ青な空《そら》。❷顔色《かおいろ》がひどく悪《わる》いようす。例 そのニュースを聞《き》くと、母《はは》は真っ青になった。

まっさかさま【真っ逆さま】 形容動詞 上下《じょうげ》がまったく逆《ぎゃく》になるようす。例 真っ逆さまに落《お》ちる。

まっさかり【真っ盛り】 名詞 ものごとのいちばん勢《いきお》いのあるとき。いちばんさかんなころ。例 桜《さくら》の花《はな》は、今《いま》が真っ盛りだ。

まっさき【真っ先】 名詞 いちばん先《さき》。いちばん初《はじ》め。例 先生《せんせい》の質問《しつもん》に真っ先に答《こた》えた。

まっさつ【抹殺】 名詞 動詞 事実《じじつ》や意見《いけん》などを認《みと》めないで、ないものとして無視《むし》したり消《け》し去《さ》ったりすること。例 都合《つごう》の悪《わる》いできごとを記録《きろく》から抹殺する。

まっさら【真っさら】 形容動詞 まったく新《あたら》しいようす。例 真っさらなノート。

まっしぐら【に】 副詞 わき目《め》もふらずに、勢《いきお》いよく進《すす》むようす。例 まっしぐらに帰《かえ》る。

まつじつ【末日】 名詞 ある期間《きかん》の最後《さいご》の日《ひ》。例 しめ切《き》りは五月末日《ごがつまつじつ》だ。

まつしま【松島】 名詞 宮城県《みやぎけん》の中部《ちゅうぶ》にある、松島湾《まつしまわん》の一帯《いったい》の島々《しまじま》。多《おお》くの島《しま》があり、松《まつ》の木《き》がしげる。日本三景《にほんさんけい》の一《ひと》つ。

マッシュルーム（mushroom） 名詞 西洋《せいよう》で古《ふる》くからさいばいされてきたきのこの一《ひと》つ。かさの部分《ぶぶん》が丸《まる》くなっている。食用《しょくよう》になる。

マッシュルーム

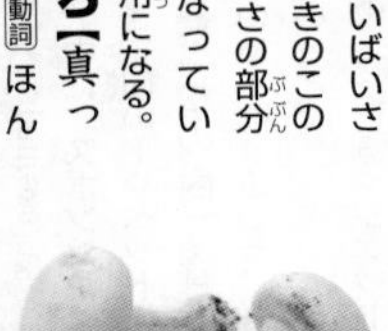

まっしろ【真っ白】 形容動詞 ほん

読書のこみち 高 中 低 『小《ちい》さなスプーンおばさん』プリョイセン　ときどき、体《からだ》がティースプーンくらいに小《ちい》さ
てもらい、またあるときは小《ちい》さな体《からだ》を利用《りよう》して、家事《かじ》でもなんでもうまくやりとげてしま

とうに白《しろ》いようす。白一色《しろいっしょく》であるようす。例 真っ白な紙《かみ》。

まっすぐ【真っすぐ】 形容動詞 副詞 ❶少《すこ》しも曲《ま》がっていないようす。例 真っすぐのびた竹《たけ》。❷とちゅうにほかのものごとを入《い》れないようす。また、寄《よ》り道《みち》をしないようす。例 真っすぐ帰《かえ》る。❸素直《すなお》で正直《しょうじき》なようす。例 真っすぐな心《こころ》。

まっせき【末席】 名詞 いちばんはしの席《せき》。位《くらい》がいちばん下《した》の人《ひと》の席《せき》。類 下座《しもざ》。

マッターホルン 名詞 ヨーロッパのアルプス山脈《さんみゃく》にある山《やま》。高《たか》さは四四七八メートル。スイスとイタリアの国境《こっきょう》にあり、四角《しかく》すいの形《かたち》をしている。「マッターホーン」ともいう。

まつだい【末代】 名詞 これからずっと先《さき》の世《よ》。例 この科学者《かがくしゃ》は末代まで名《な》を残《のこ》すだろう。

まったく【全く】 副詞 ❶すっかり。完全《かんぜん》に。例 富士山《ふじさん》は、全く雪《ゆき》におおわれている。❷ほんとうに。とても。例 今日《きょう》は全くすばらしい天気《てんき》だ。❸少《すこ》しも。全然《ぜんぜん》。例 中国語《ちゅうごくご》は全くわからない。使い方 「全たく」と書《か》かないよう注意《ちゅうい》。❸は、あとに「ない」などのことばがくる。
漢 ↓732ページ ぜん〔全〕

まつたけ【松たけ】 名詞 季語秋 秋《あき》、あかまつの林《はやし》に生《は》えるきのこ。味《あじ》も香《かお》りもよく、食用《しょくよう》になる。図 ↓336ページ きのこ

まっただなか【真っただ中】 名詞 ❶真《ま》ん中《なか》。例 人混《ひとご》みの真っただ中に飛《と》びこむ。❷いちばんさかんに行《おこな》われているとき。例 台《たい》風《ふう》の真っただ中を家《いえ》に帰《かえ》った。類 真《ま》っ最中《さいちゅう》。

まったり【と】 副詞 動詞 ❶味《あじ》がまろやかで、こくのあるようす。例 まったりした味《あじ》わい。❷ゆったり、のんびりするようす。例 休日《きゅうじつ》をまったりと過《す》ごす。

まったん【末端】 名詞 ❶もののいちばんはし。例 コードの末端。❷いろいろなしくみの中心《ちゅうしん》からいちばん遠《とお》いところ。例 末端まで連絡《れんらく》を行《い》きわたらせる。

マッチ (match) ❶名詞 軸《じく》の先《さき》に、硫黄《いおう》などの薬《くすり》がついていて、こすって火《ひ》をつけるもの。❷名詞 試合《しあい》。例 タイトルマッチ。❸名詞 動詞 似合《にあ》うこと。調和《ちょうわ》していること。例 帽子《ぼうし》が洋服《ようふく》によくマッチしている。

まっちゃ【抹茶】 名詞 質《しつ》のよい緑茶《りょくちゃ》を粉《こな》にしたもの。また、それに湯《ゆ》を注《そそ》いだ飲《の》み物《もの》。茶道《さどう》で使《つか》われる。

マット (mat) 名詞 ❶体操《たいそう》やレスリングなどをするときに使《つか》う、厚《あつ》い敷物《しきもの》。例 マット運動《うんどう》。❷出入《でい》り口《ぐち》に置《お》いて、くつや足《あし》をふく敷物《しきもの》。

まっとうする【全うする】 動詞 最後《さいご》までしっかりやりとげる。例 班長《はんちょう》の役目《やくめ》を全うする。

マットうんどう【マット運動】 名詞 体育《たいいく》の授業《じゅぎょう》などで、マットを使《つか》って行《おこな》う運動《うんどう》。

マットレス (mattress) 名詞 厚《あつ》みのある西洋《せいよう》風《ふう》の敷物《しきもの》。中《なか》に、スポンジやばねなどが入《はい》っている。しき布団《ぶとん》の下《した》やベッドにしく。

まつのうち【松の内】 名詞 季語新年 正月《しょうがつ》の、松《まつ》かざりのある間《あいだ》。ふつう、一月一日《いちがつついたち》から一月《いちがつ》七日《なのか》までのこと。

マッハ (ドイツ語) 名詞 ジェット機《き》などの速《はや》さを表《あらわ》す単位《たんい》。記号《きごう》は「M」。参考 マッハ一《いち》は音《おと》の伝《つた》わる速《はや》さと同《おな》じで、秒速約三百四十《びょうそくやくさんびゃくよんじゅう》メートル。

まつば【松葉】 名詞 松《まつ》の木《き》の葉《は》。

まつばづえ【松葉づえ】 名詞 足《あし》をけがした人《ひと》などが、歩《ある》くとき体《からだ》を支《ささ》えるのに使《つか》うつえ。上《うえ》のほうが松《まつ》の葉《は》のように二《ふた》つに分《わ》かれている。

まつばぼたん【松葉ぼたん】 名詞 季語夏 葉《は》の形《かたち》が松《まつ》の葉《は》に似《に》ている草《くさ》。くきは地面《じめん》をはうように広《ひろ》がり、枝《えだ》分《わ》かれする。夏《なつ》にむらさき・赤《あか》・白《しろ》・黄色《きいろ》などの花《はな》がさく。

まつばぼたん

まつばやし【松林】 名詞 松《まつ》の木《き》の林《はやし》。

まつばら【松原】 名詞 松《まつ》の木《き》がたくさん生《は》えているところ。

まつび【末尾】 名詞 文章《ぶんしょう》や番号《ばんごう》・列《れつ》など、ひとつながりになっているものの終《お》わりの部分《ぶぶん》。

まっぴつ【末筆】 名詞 手紙《てがみ》で、終《お》わりに書《か》くことば。例 末筆ながら、お母様《かあさま》にもよろしく

金泉堂《きんせんどう》。ところが光一《こういち》と明《あきら》は、店《みせ》の人《ひと》にショーウィンドーのガラスを割《わ》ったというぬれぎぬを着《き》せられてしまる。子供《こども》をばかにする大人《おとな》を相手《あいて》に、みんなで一致団結《いっちだんけつ》して立《た》ち向《む》かう、胸《むね》のすくような物語《ものがたり》。

お伝《つた》えください。

まっぴら 副詞 どんなことがあってもいやなようす。例 そんなめんどうなことはまっぴらだ。ことば もっと意味《いみ》を強《つよ》めた言《い》い方《かた》として、「まっぴらごめん」ということばがある。

まっぴるま【真っ昼間】 名詞 昼《ひる》のさなか。昼日中《ひるひなか》。

マップ (map) 名詞 「地図《ちず》」のこと。例 ドライブマップ／イラストマップ。

まつぶん【末文】 名詞 手紙《てがみ》の終《お》わりの部分《ぶぶん》。結《むす》びのあいさつを書《か》く。

まつぼっくり【松ぼっくり】 名詞 松《まつ》の実《み》。松《まつ》かさ。

まつまえはん【松前藩】 名詞 江戸時代《えどじだい》、今《いま》の北海道《ほっかいどう》の南西部《なんせいぶ》にあった藩《はん》。藩主《はんしゅ》は松前氏《まつまえし》。「福山藩《ふくやまはん》」ともいう。

まつむし【松虫】 名詞 季語秋 こおろぎのなかまの昆虫《こんちゅう》。うすい茶色《ちゃいろ》をしていて、秋《あき》に「チンチロリン」と鳴《な》く。図 ↓505ページ こんちゅう

まつやに【松やに】 名詞 松《まつ》の幹《みき》や枝《えだ》に傷《きず》をつけるとしみ出《で》てくる、ねばり気《け》のある液《えき》。

まつやまし【松山市】 名詞 愛媛県《えひめけん》の中央部《ちゅうおうぶ》にある市《し》。日本最古《にほんさいこ》の温泉《おんせん》とされる道後温泉《どうごおんせん》が有名《ゆうめい》。愛媛県《えひめけん》の県庁《けんちょう》がある。

まつよいぐさ 名詞 季語夏 草花《くさばな》の一《ひと》つ。夏《なつ》の夕方《ゆうがた》、黄色《きいろ》の花《はな》が開《ひら》き、朝《あさ》にはしぼむ。

まつり【祭り】 名詞 季語夏 ❶神《かみ》を祭《まつ》る行事《ぎょうじ》や儀式《ぎしき》。例 神社《じんじゃ》の祭り。❷人《ひと》が集《あつ》まるにぎやかなもよおし。例 雪祭《ゆき》り。

まつりあげる【祭り上げる】 動詞 人《ひと》をおだてるようにして、高《たか》い地位《ちい》につかせる。例 委員長《いいんちょう》に祭り上げる。漢 ↓510ページ さい〔祭〕

まつりごと【政】 名詞 「政治《せいじ》」の古《ふる》い言《い》い方《かた》。漢 ↓705ページ せい〔政〕

まつりぬい【まつり縫い】 名詞 布《ぬの》のはしを三《み》つ折《お》りにして、ぬい目《め》が目立《めだ》たないようにぬうぬい方《かた》。

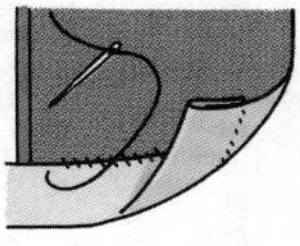
まつりぬい

まつりばやし【祭りばやし】 名詞 季語夏 祭《まつ》りのとき、笛《ふえ》・太鼓《たいこ》・かねなどで、おどりなどの拍子《ひょうし》をとるおはやし。

まつる【祭る】 動詞 ❶お供《そな》え物《もの》やいろいろなもよおしなどをして、神《かみ》や死《し》んだ人《ひと》のたましいをなぐさめる。❷ある場所《ばしょ》に、神《かみ》として納《おさ》めて敬《うやま》う。例 その神社《じんじゃ》には、徳川家康《とくがわいえやす》が祭っている。漢 ↓510ページ さい〔祭〕

まつろ【末路】 名詞 人《ひと》の一生《いっしょう》の終《お》わり。また、さかんだったものがおとろえた最後《さいご》のとき。例 あわれな末路をたどる。

まつわりつく 動詞 ❶巻《ま》きつくようにくっつく。からみつく。例 静電気《せいでんき》でスカートが足《あし》にまつわりつく。❷そばにくっついていて、はなれない。つきまとう。例 弟《おとうと》が母《はは》にまつわりついている。

まつわる 動詞 ❶からみついて、はなれない。例 木《き》につたがまつわる。❷つながりがある。関係《かんけい》がある。例 この村《むら》にまつわる昔話《むかしばなし》を聞《き》く。

まで 助詞 (ほかのことばのあとにつけて) ❶いきつく場所《ばしょ》や時間《じかん》などを表《あらわ》す。例 山《やま》の頂上《ちょうじょう》まで登《のぼ》る／夜十時《よるじゅうじ》まで勉強《べんきょう》する。❷…さえも。例 妹《いもうと》にまで負《ま》けてしまった。❸(「…までもない」の形《かたち》で、全体《ぜんたい》で)…する必要《ひつよう》がない。例 言《い》うまでもないこと。

まてがい【まて貝】 名詞 季語春 細長《ほそなが》い形《かたち》をした二枚貝《にまいがい》。海《うみ》の底《そこ》に穴《あな》をほってすむ。食用《しょくよう》になる。図 ↓219ページ かい〔貝〕

マテリアル (material) 名詞 「原料《げんりょう》」「材料《ざいりょう》」のこと。

まてんろう【摩天楼】 名詞 空《そら》まで届《とど》くかと思《おも》われるほどの、非常《ひじょう》に高《たか》い建物《たてもの》。

まと【的】 名詞 ❶弓《ゆみ》の矢《や》やたまなどを当《あ》てる目印《めじるし》。❷大事《だいじ》なところ。目当《めあ》て。ねらい。例 的が外《はず》れた答《こた》え／テーマの的をしぼる。❸人々《ひとびと》の注目《ちゅうもく》する対象《たいしょう》。例 あこがれの的。漢 ↓888ページ てき〔的〕

● **的《まと》を射《い》る** 要点《ようてん》を正確《せいかく》にとらえる。例 的を射た意見《いけん》。使い方 「的《まと》を得《え》る」といわないよう注意《ちゅうい》。

まど【窓】 名詞 建物《たてもの》の中《なか》に光《ひかり》や風《かぜ》をとり入《い》れたり、外《そと》を見《み》たりするために、かべや屋根《やね》に穴《あな》をつくった部分《ぶぶん》。漢 ↓744ページ そう〔窓〕

まとい 名詞

読書のこみち 高 中 低 『チョコレート戦争《せんそう》』大石真《おおいしまこと》 子供《こども》たちのあこがれの、舌《した》もとろける高級洋菓子《こうきゅうようがし》の店《みせ》、う。腹《はら》を立《た》てた少年《しょうねん》たちは、店《みせ》にかざられたチョコレートの城《しろ》をぬすみ出《だ》す計画《けいかく》を立《た》て

❶昔《むかし》の戦《たたか》いで、大将《たいしょう》のそばに立《た》てた目印《めじるし》。❷昔《むかし》、火消《ひけ》し（＝今《いま》の消防士《しょうぼうし》）が火事場《かじば》で自分《じぶん》の組《くみ》の目印《めじるし》としたもの。

まとう 動詞 巻《ま》きつけるようにして着《き》る。身《み》に着《つ》ける。例 ガウンを身《み》にまとう。

まどう【惑う】 動詞 ❶どうしたらよいかわからなくて困《こま》る。例 逃げ惑う人々《ひとびと》／どの本《ほん》を買《か》おうかと思《おも》い惑う。❷よくないことに心《こころ》をうばわれる。例 欲《よく》に惑う。
使い方 ❶は、ほかのことばのあとにつけて使《つか》うことが多《おお》い。

まどぎわ【窓際】 名詞 窓《まど》のすぐそば。類 窓辺《まどべ》。

まどぐち【窓口】 名詞 ❶駅《えき》・役所《やくしょ》・病院《びょういん》などで、書類《しょるい》やお金《かね》などの受《う》けわたしをするところ。また、その係《かかり》の人《ひと》。❷外部《がいぶ》からの問《と》い合《あ》わせや相談《そうだん》・連絡《れんらく》などを受《う》ける役目《やくめ》。また、その人《ひと》。

まどごし【窓越し】 名詞 間《あいだ》に窓《まど》をはさんで何《なに》かをすること。例 窓越しに外《そと》の風景《ふうけい》をながめる。

まとはずれ【的外れ】 名詞 形容動詞 大事《だいじ》な点《てん》からずれていること。ねらいからそれていること。例 的外れな答《こた》え。

まどべ【窓辺】 名詞 窓《まど》のそば。類 窓際《まどぎわ》。

まとまり 名詞 まとまること。また、まとまったもの。まとまったようす。例 文章《ぶんしょう》を三《みっ》つのまとまりに分《わ》ける／まとまりのよいグループ。

まとまる 動詞 ❶ばらばらだったものが一《ひと》つになる。例 三人《さんにん》ずつまとまって行動《こうどう》する。❷整理《せいり》がついてでき上《あ》がる。例 文集《ぶんしゅう》がまとまる。❸ものごとがうまく収《おさ》まる。例 相談《そうだん》がまとまる。

まとめる 動詞 ❶ばらばらだったものを一《ひと》つにする。例 司会《しかい》者《しゃ》がみんなの意見《いけん》をまとめる。❷整理《せいり》して、一《ひと》つのものにつくり上《あ》げる。例 観察記録《かんさつきろく》をレポートにまとめる。❸ものごとをうまく収《おさ》める。例 争《あらそ》いをまとめる。

まとも 名詞 形容動詞 ❶正面《しょうめん》から向《む》かい合《あ》うこと。例 まともに風《かぜ》を受《う》ける。❷きちんとしていること。例 まともな考《かんが》え。

まどり【間取り】 名詞 家《いえ》の中《なか》の、部屋《へや》の配置《はいち》。

マドレーヌ（フランス語）名詞 小麦粉《こむぎこ》・卵《たまご》・砂糖《さとう》・バターなどを混《ま》ぜて、型《かた》に入《い》れて焼《や》いた菓子《かし》。

まどろむ 動詞 ほんの少《すこ》しの間《あいだ》、うとうととねむる。例 日《ひ》なたでまどろむ。

まどわす【惑わす】 動詞 考《かんが》えを乱《みだ》して、どうしたらよいかわからなくさせる。また、だます。例 人《ひと》の心《こころ》を惑わす／作《つく》り話《ばなし》に惑わされる。

マドンナ（イタリア語）名詞 ❶イエス＝キリストの母《はは》。聖母《せいぼ》マリア。また、その像《ぞう》。❷あこがれの的《まと》である、美《うつく》しい女性《じょせい》。例 クラスのマドンナ。

マナー（manner）名詞 ものごとをするときの、ふるまい方《かた》や態度《たいど》。礼儀作法《れいぎさほう》。行儀《ぎょうぎ》。例 マナーを守《まも》って電車《でんしゃ》に乗《の》る／テーブルマナー。

まないた【まな板】 名詞 食《た》べ物《もの》を切《き》るときに下《した》にしく厚《あつ》い板《いた》。ことば「まな」は古《ふる》いことばで「食用《しょくよう》にする魚《さかな》」のこと。「魚《さかな》を調理《ちょうり》するときに使《つか》う板《いた》」という意味《いみ》からきたことば。

●**まな板《いた》に載《の》せる** とくにとり上《あ》げて話題《わだい》にする。

●**まな板《いた》のこい** ↓429ジー ことわざ

まなこ【眼】 名詞 目《め》。目《め》の玉《たま》。例 どんぐり眼。
漢 ↓296ジー がん〔眼〕

まなざし 名詞 物《もの》や人《ひと》を見《み》るときの目《め》のようす。目《め》つき。例 真剣《しんけん》なまなざしで見《み》る。

まなじり 名詞 目《め》の、耳《みみ》に近《ちか》いほうのはし。目《め》じり。

●**まなじりを決《けっ》する** 大《おお》きく目《め》を見開《みひら》く。おこったり決心《けっしん》したりするときの顔《かお》つきをいう。

まなつ【真夏】 名詞 季語 夏 夏《なつ》のさかりで、いちばん暑《あつ》いころ。対 真冬《まふゆ》。

まなつび【真夏日】 名詞 一日《いちにち》の最高気温《さいこうきおん》がセ氏三十度《しさんじゅうど》以上《いじょう》の日《ひ》。関連 真冬日《まふゆび》。

まなでし【まな弟子】 名詞 とくにかわいがって、大切《たいせつ》に育《そだ》てている弟子《でし》。

まなびや【学びや】 名詞 「学校《がっこう》」「校舎《こうしゃ》」の古《ふる》い言《い》い方《かた》。

まなぶ【学ぶ】 動詞 ❶勉強《べんきょう》をする。学問《がくもん》をする。例 国語《こくご》を学ぶ。❷見習《みなら》う。教《おし》えを受《う》ける。例 友人《ゆうじん》から思《おも》いやりを学ぶ／ピアノを母《はは》に学ぶ。
漢 ↓243ジー がく〔学〕

マニア（mania）名詞 あることに夢中《むちゅう》になって

がめています。三日月《みかづき》は、泳《およ》いだり、もぐったり、魚《さかな》つりをしたりと、楽《たの》しそう。次《つぎ》は何《なに》をするのかな、と思《おも》わっかりとうかび、秘密《ひみつ》の友《とも》だちができたような楽《たの》しい気持《きも》ちになる一冊《いっさつ》。

いる人《ひと》。例 鉄道《てつどう》マニア。

まにあう【間に合う】 動詞 ❶決《き》められた時間《じかん》におくれないで着《つ》く。❷役《やく》に立《た》つ。用《よう》が足《た》りる。例 ぼくで間に合うなら手伝《てつだ》いましょう。❸足《た》りている。例 人手《ひとで》は間に合っています。

まにあわせ【間に合わせ】 名詞 その場《ば》だけ用《よう》が足《た》りるように、とりあえず用意《ようい》できたものをあてること。また、そのもの。例 間に合わせの修理《しゅうり》。

マニキュア (manicure) 名詞 手《て》のつめをみがいたり、色《いろ》をつけたりする化粧《けしょう》。また、そのための化粧品《けしょうひん》。

マニフェスト (manifesto) 名詞 ❶宣言《せんげん》。声明《せいめい》。❷選挙《せんきょ》のときに、政党《せいとう》や候補者《こうほしゃ》が発表《はっぴょう》する公約集《こうやくしゅう》。当選《とうせん》したらどんな政策《せいさく》を行《おこな》うか、具体的《ぐたいてき》に示《しめ》して約束《やくそく》するもの。

まにまに 副詞 成《な》り行《ゆ》きに任《まか》せるようす。ままに。例 風《かぜ》のまにまに散《ち》る花《はな》びら。

マニュアル (manual) 名詞 ❶ものごとの手《て》順《じゅん》や使《つか》い方《かた》などを、わかりやすく書《か》いた説明書《せつめいしょ》。手引《てび》き。❷操作《そうさ》が手動《しゅどう》であること。例 マニュアル車《しゃ》。

まにんげん【真人間】 名詞 まじめな人《ひと》。正《ただ》しい行《おこな》いをする人《ひと》。

まぬかれる【免れる】 動詞 困《こま》ることや悪《わる》いことにあわないですむ。のがれる。「まぬがれる」ともいう。例 あやうく事故《じこ》を免れた。

まぬがれる【免れる】 ↓1251ジ《ペー》まぬかれる

まぬけ【間抜け】 名詞 形容動詞 ぼんやりしていて、やることに足《た》りないところがあること。また、そのような人《ひと》。

まね 名詞 ❶ほかのものに似《に》せて、同《おな》じようにすること。例 弟《おとうと》はぼくのまねばかりする。❷行《おこな》い。ふるまい。例 勝手《かって》なまねをするな。使い方 ❷は、よくないことについていう。

マネー (money) 名詞 「お金《かね》」のこと。

マネージャー (manager) 名詞 ❶チームやクラブの全体《ぜんたい》をまとめたり、世話《せわ》をしたりする人《ひと》。例 野《や》球《きゅう》部《ぶ》のマネージャー。❷管理人《かんりにん》。支配人《しはいにん》。例 ホテルのマネージャー。

マネキン (mannequin) 名詞 ❶服《ふく》を着《き》せて店《みせ》にかざる人形《にんぎょう》。❷デパートなどで、宣伝《せんでん》のために、商品《しょうひん》を身《み》に着《つ》けたり、化粧《けしょう》をしたりしてみせる人《ひと》。

まねく【招く】 動詞 ❶手《て》で合図《あいず》して、相手《あいて》を呼《よ》ぶ。❷来《き》てもらうように人《ひと》をさそう。例 誕生会《たんじょうかい》に友《とも》だちを招く。❸事件《じけん》や事故《じこ》などを引《ひ》き起《お》こす。例 不注意《ふちゅうい》で大《おお》きな事故《じこ》を招く。❹ある地位《ちい》につけるために、よそから来《き》てもらう。例 別《べつ》の会社《かいしゃ》から社長《しゃちょう》に招く。
㊥ ↓628ジ《ペー》しょう〔招〕

まねく❶

まねる 動詞 ほかのものに似《に》せて、同《おな》じようにする。まねをする。例 母《はは》をまねて料理《りょうり》する。

まのあたり【目の当たり】 名詞 目《め》の前《まえ》。すぐ前《まえ》。例 大事故《だいじこ》を目の当たりにした。使い方 「目」を「め」と読《よ》まないよう注意《ちゅうい》。

まのび【間延び】 名詞 動詞 ことばや動作《どうさ》の間《あいだ》が、ふつう以上《いじょう》に長《なが》く、しまりがない。例 間延びした話《はな》し方《かた》をする。

まばたき 名詞 動詞 目《め》をすばやく閉《と》じたり開《ひら》いたりすること。目《め》をぱちぱちさせること。

まばゆい 形容詞 ❶光《ひかり》が強《つよ》くて、まともに見《み》ることができない。まぶしい。例 日《ひ》の光《ひかり》がまばゆい。❷かがやくように美《うつく》しい。例 まばゆい笑顔《えがお》。

まばら 形容動詞 あちこちに少《すこ》しずつあるようす。間《あいだ》がすいているようす。例 この辺《あた》りは家《いえ》がまばらに建《た》っている。

まひ 名詞 動詞 ❶しびれること。体《からだ》を動《うご》かすことができなくなったり、感覚《かんかく》がなくなったりすること。例 手《て》足《あし》がまひする。❷ものごとのはたらきがにぶくなったり、止《と》まったりすること。例 大雪《おおゆき》で交通《こうつう》がまひする。

まびき【間引き】 名詞 動詞 作物《さくもつ》などを間引《まび》くこと。

まびく【間引く】 動詞 ❶作物《さくもつ》がよく育《そだ》つように、こみ合《あ》って生《は》えている芽《め》やなえを、ところどころぬきとる。例 だいこんの芽《め》を間引く。

読書のこみち 高 中 低 『つきよ』長《ちょう》新太《しんた》作《さく》・絵《え》　たぬきの子《こ》が、森《もり》のおくの大《おお》きな池《いけ》で、静《しず》かに遊《あそ》ぶ三日月《みかづき》をなずページをめくりたくなる絵本《えほん》です。うす暗《ぐら》く静《しず》かな夜《よる》の森《もり》に、明《あか》るい黄色《きいろ》の三日月《みかづき》がぽ

❷間《あいだ》にあるものをぬかす。ちょうどよい間隔《かんかく》に広《ひろ》げる。例 電車《でんしゃ》を間引《まび》いて運転《うんてん》する。

まひる【真昼】 名詞 昼《ひる》の最中《さいちゅう》。対 真夜中《まよなか》。

まぶか【目深】 形容動詞 帽子《ぼうし》などを、目《め》がかくれるくらいに深《ふか》くかぶるようす。例 帽子《ぼうし》を目深にかぶる。

まぶしい 形容詞

❶光《ひかり》が強《つよ》くて、まともに見《み》ることができない。例 日《ひ》ざしがまぶしい。

❷かがやくように美《うつく》しい。まばゆい。例 姉《あね》の晴《は》れ姿《すがた》がまぶしい。

まぶす 動詞 粉《こな》のようなものを全体《ぜんたい》につける。例 もちにきな粉《こ》をまぶして食《た》べる。

まぶた 名詞 目《め》を閉《と》じるときに目《め》の上《うえ》をおおう、うすい皮膚《ひふ》。例 二重《ふたえ》まぶた。図 ⇒235ページ かお

まふゆ【真冬】 名詞 季語冬 冬《ふゆ》のさかりで、いちばん寒《さむ》いころ。対 真夏《まなつ》。

まふゆび【真冬日】 名詞 一日《いちにち》の最高気温《さいこうきおん》がセ氏零度未満《れいどみまん》の日《ひ》。関連 真夏日《まなつび》。

マフラー (muffler) 名詞 季語冬

❶首《くび》に巻《ま》いて、寒《さむ》さを防《ふせ》いだりかざりにしたりするもの。布《ぬの》や毛糸《けいと》などで作《つく》る。えり巻《ま》き。

❷自動車《じどうしゃ》やオートバイの音《おと》を小《ちい》さくする装置《そうち》。

まほう【魔法】 名詞 不《ふ》思議《しぎ》なことをする術《じゅつ》。例 魔法使《まほうつか》い。類 魔術《まじゅつ》。

まほうじん【魔方陣】 名詞 縦《たて》と横《よこ》が同《おな》じ数《かず》のます目《め》の中《なか》に数字《すうじ》を入《い》れて、縦《たて》・横《よこ》・ななめに並《なら》んだ数字《すうじ》を足《た》すと、どの列《れつ》の合計《ごうけい》も同《おな》じ数《かず》になるようにしたもの。

4	14	15	1
9	7	6	12
5	11	10	8
16	2	3	13

まほうじん
(例《れい》)

まほうびん【魔法瓶】 名詞 中《なか》に入《い》れたものの温度《おんど》が、長《なが》い間《あいだ》変《か》わらないようにつくられたびん。

マホメット ⇒1294ページ ムハンマド

まぼろし【幻】 名詞

❶ほんとうはないのに、あるように見《み》えるもの。

❷話《はなし》には聞《き》くが、実際《じっさい》にはなかなか見《み》られないもの。例 幻《まぼろし》の名作《めいさく》。

❸すぐに消《き》えてしまうもの。はかないもの。例 人《ひと》の一生《いっしょう》は夢《ゆめ》か幻《まぼろし》だ。

まま 名詞

❶成《な》り行《ゆ》きに任《まか》せること。例 気《き》の向《む》くままの旅《たび》。

❷そのとおり。例 見《み》たままを話《はな》しなさい。

❸思《おも》うとおり。例 世《よ》の中《なか》はままにならない。

❹その状態《じょうたい》が、続《つづ》いていること。例 立《た》ったままで話《はな》す。

まま【間間】 副詞 時々《ときどき》。たまには。例 こういう失敗《しっぱい》はままあることです。

使い方 ふつうかな書《が》きにする。

ママ (mamma・mama) 名詞 母親《ははおや》を呼《よ》ぶことば。お母《かあ》さん。対 パパ。

ままこ【まま子】 名詞 血《ち》のつながりのない子《こ》供《ども》。対 実子《じっし》。

ままごと 名詞 子供《こども》が、おもちゃなどを使《つか》って、料理《りょうり》や食事《しょくじ》などのまねをする遊《あそ》び。

ままならない 思《おも》うとおりにならない。「ままならぬ」ともいう。例 人生《じんせい》はままならないことばかりだ。

ままはは【まま母】 名詞 血《ち》のつながりのない母《はは》。対 実母《じつぼ》。

ママレード ⇒1234ページ マーマレード

まみず【真水】 名詞 塩分《えんぶん》をふくんでいない水《みず》。例 こいは真水《まみず》にすむ。対 塩水《しおみず》。

まみやりんぞう【間宮林蔵】 名詞 (一七七五〜一八四四) 江戸時代《えどじだい》の終《お》わりごろの探検家《たんけんか》。樺太《からふと》(＝サハリン)を探検《たんけん》して間宮海峡《まみやかいきょう》を発《はっ》見《けん》し、樺太《からふと》が島《しま》であることを確認《かくにん》した。

－まみれ 接尾語 (ほかのことばのあとにつけて)それが一面《いちめん》について、よごれていることを表《あらわ》す。例 あせまみれ／どろまみれ。

まみれる 動詞 どろ・ほこり・あせ・血《ち》などが全体《ぜんたい》についてよごれる。例 あせにまみれる。

まむかい【真向かい】 名詞 正面《しょうめん》。真《ま》ん前《まえ》。例 郵便局《ゆうびんきょく》の真向《まむ》かいに薬局《やっきょく》がある。

まむし 名詞 季語夏 頭《あたま》が三角形《さんかくけい》で平《ひら》たく、首《くび》の部分《ぶぶん》が細《ほそ》い毒《どく》へび。背中《せなか》に円《まる》くて黒《くろ》い模様《もよう》がある。水辺《みずべ》に近《ちか》い草《くさ》むらにいることが多《おお》い。図 ⇒1062ページ はちゅうるい

まめ 名詞 物《もの》にこすれたために手足《てあし》にできる、小《ちい》さな水《みず》ぶくれ。

まめ 名詞 形容動詞

❶まじめによく働《はたら》くこと。例 まめに働《はたら》く。

❷ものごとをめんどうがらずに行《おこな》うこと。例 まめに日記《にっき》をつける。

❸体《からだ》がじょうぶなこと。例 まめに暮《く》らす。

まめ【豆】 ❶ 名詞 大豆《だいず》・あずき・えんどうなどの植物《しょくぶつ》の、食用《しょくよう》になる種《たね》をまとめていうことば。❷ 名詞 「大豆《だいず》」のこと。例 豆まき。❸ 接頭語 （ほかのことばの前《まえ》につけて）小《ちい》さいことを表《あらわ》すことば。例 豆電球《でんきゅう》／豆知識《ちしき》。
漢 ↓914ページ とう〔豆〕

まめつ【磨滅・摩滅】 名詞 動詞 すり減《へ》ること。例 タイヤが摩滅する。

まめでんきゅう【豆電球】 名詞 小《ちい》さな電《でん》球《きゅう》。懐中電灯《かいちゅうでんとう》や理科《りか》の実験《じっけん》などに使《つか》う。

まめまき【豆まき】 名詞 季語 冬 節分《せつぶん》の夜《よる》、豆《まめ》をまいてわざわいを追《お》い出《だ》し、福《ふく》を招《まね》く行事《ぎょうじ》。

まめめいげつ【豆名月】 名詞 季語 秋 昔《むかし》のこよみで、九月十三日《くがつじゅうさんにち》の夜《よる》に出《で》る月《つき》。「栗名月《くりめいげつ》」ともいう。ことば 枝豆《えだまめ》を供《そな》えて月見《つきみ》をすることからきたことば。

まもなく【間もなく】 副詞 あまり時間《じかん》をおかずに。もうすぐ。例 間もなく授業《じゅぎょう》が始《はじ》まる。

まもの【魔物】 名詞 不思議《ふしぎ》な力《ちから》を持《も》ち、人《ひと》に害《がい》をあたえたり、人《ひと》を迷《まよ》わせたりするもの。

まもり【守り】 名詞 守《まも》ること。例 守りに入《はい》る／守りを固《かた》める。類 守備《しゅび》。対 攻《せ》め。

まもりがみ【守り神】 名詞 自分《じぶん》の身《み》の安全《あんぜん》を守《まも》ってくれる神《かみ》。

まもる【守る】 動詞 ❶害《がい》を受《う》けないように防《ふせ》ぐ。例 身《み》を守る／害《がい》虫《ちゅう》から作物《さくもつ》を守る。対 攻《せ》める。❷決《き》められたことに従《したが》う。例 約束《やくそく》を守る／ルールを守る。対 破《やぶ》る。
漢 ↓602ページ しゅ〔守〕

まやく【麻薬】 名詞 物《もの》を感《かん》じるはたらきをにぶくする薬《くすり》。痛《いた》み止《ど》めやますいなどに使《つか》われる。参考 医療《いりょう》以外《いがい》での使用《しよう》は禁止《きんし》されている。

まゆ【眉】 名詞 まぶたの上《うえ》に、横《よこ》に細長《ほそなが》く並《なら》んで生《は》えている毛《け》。まゆ毛《げ》。図 ↓235ページ かお

● **眉《まゆ》につばをつける** だまされないように、用心《ようじん》する。ことば 昔《むかし》、まゆにつばをつけておくと、きつねやたぬきに化《ば》かされないとされていたことからきたことば。

● **眉《まゆ》をひそめる** まゆのあたりにしわを寄《よ》せて、心配《しんぱい》な気持《きも》ちやいやな気持《きも》ちを顔《かお》に表《あらわ》す。

まゆ【繭】 名詞 季語 夏 昆虫《こんちゅう》の幼虫《ようちゅう》がさなぎになるとき、口《くち》から糸《いと》を出《だ》して体《からだ》のまわりにつくる、からのようなおおい。蚕《かいこ》がつくるものについていうことが多い。参考 蚕《かいこ》のまゆからは、生《き》糸《いと》がとれる。図 ↓223ページ かいこ〔蚕〕

まゆげ【眉毛】 ↓1253ページ まゆ〔眉〕

まゆだま【繭玉】 名詞 季語 新年 正月《しょうがつ》のかざりもの。木《き》の枝《えだ》に、まゆの形《かたち》の団子《だんご》や小判《こばん》・宝船《たからぶね》など、縁起《えんぎ》がよいとされるものをつけたもの。

まゆつばもの【眉唾物】 名詞 あやしくて、だまされないように用心《ようじん》しなければならないもの。

まよう【迷う】 動詞 ❶自分《じぶん》の考《かんが》えや気持《きも》ちが決《き》まらず、どうしてよいかわからなくなる。例 どれを買《か》うか迷う。❷自分《じぶん》の進《すす》む方向《ほうこう》がわからなくなり、うろうろする。例 道《みち》に迷う。❸心《こころ》をうばわれて悪《わる》いほうに進《すす》む。例 欲《よく》に迷う。

漢 **まよ-う【迷】** 〔辶〕しんにょう 9画 5年 音 メイ 訓 まよう

まよう。道《みち》がわからない。まよわす。例 迷子《まいご》／迷信《めいしん》／迷走《めいそう》／迷路《めいろ》／混迷《こんめい》／血迷《ちまよ》う。

まよけ【魔よけ】 名詞 わざわいや魔物《まもの》を近《ちか》づけないこと。また、そのためのお守《まも》りなどのこと。例 魔よけのお守《まも》り。

まよなか【真夜中】 名詞 夜《よる》のいちばんふけたころ。深夜《しんや》。対 真昼《まひる》。

マヨネーズ （フランス語）名詞 卵《たまご》の黄身《きみ》・サラダ油《ゆ》・塩《しお》・酢《す》などを混《ま》ぜてつくったソース。サラダなどに使《つか》う。

まよわす【迷わす】 動詞 迷《まよ》うようにする。「まよわせる」ともいう。例 心《こころ》を迷わす。

まよわせる【迷わせる】 ↓1253ページ まよわす

マラカス （スペイン語）名詞 ラテンアメリカの打楽器《だがっき》の一《ひと》つ。もともとは、うりのなかまのマラカの実《み》をくりぬいて干《ほ》し、中《なか》にかんそうした種《たね》を入《い》れたもの。両手《りょうて》に一個《いっこ》ずつ持《も》ち、ふって音《おと》を出《だ》す。

マラソン （marathon）名詞 四十二・一九五キロメートルを走《はし》る陸上競技《りくじょうきょうぎ》。参考 昔《むかし》、ギリシャ軍《ぐん》がマラトンの地《ち》でペルシア軍《ぐん》と戦《たたか》って勝《か》ったとき、ある兵士《へいし》がアテネまで走《はし》って知《し》らせたことから始《はじ》まったという。

マラリア （ドイツ語）名詞 蚊《か》のなかまの「はま

あいうえお
かきくけこ
さしすせそ
たちつてと
なにぬねの
はひふへほ
ま　まみむめも
やゆよ
らりるれろ
わをん

読書のこみち　高 中 低　『つめたいよるに』江國香織《えくにかおり》　長《なが》い間《あいだ》飼《か》っていた犬《いぬ》のデュークを失《うしな》ったばかりの「私《わたし》」の侍《さむらい》の幽霊《ゆうれい》だった？！　少《すこ》しとぼけて、ユーモラスな味《あじ》のあるのは、「草之丞《くさのじょう》の話《はなし》」。それ

だらか」によってうつされる感染症《かんせんしょう》。高《たか》い熱《ねつ》が出《で》てふるえが起《お》こる。熱帯地方《ねったいちほう》に多《おお》い。

まり 名詞 遊《あそ》びに使《つか》う、ゴム・糸《いと》・革《かわ》などでつくった丸《まる》い玉《たま》。例 まりをついて遊《あそ》ぶ。

マリーゴールド (marigold) 名詞 きくのなかまの草花《くさばな》。夏《なつ》から秋《あき》にかけて、黄色《きいろ》・だいだい色《いろ》などの花《はな》がさく。

マリーゴールド

マリオネット ⇩53ジ《ペー》あやつりにんぎょう

まりも【まり藻】 名詞 まりのような形《かたち》をした、緑色《みどりいろ》の藻《も》。北海道《ほっかいどう》の阿寒湖《あかんこ》のものが有名《ゆうめい》で、特別天然記念物《とくべつてんねんきねんぶつ》になっている。

まりも

まりょく【魔力】 名詞 人《ひと》を迷《まよ》わす不思議《ふしぎ》な力《ちから》。

マリンバ (marimba) 名詞 木琴《もっきん》のなかまの楽器《がっき》。音板《おんばん》の下《した》に共鳴管《きょうめいかん》がついている。

マリンバ

まる【丸】
❶ 名詞 まるい形《かたち》。円形《えんけい》。球形《きゅうけい》。
❷ 名詞 正《ただ》しいことを表《あらわ》すまるいしるし。例 テストの答《こた》えに丸をつける。対 ばつ。
❸ 名詞 文《ぶん》の終《お》わりにつける「。」のしるし。句点《くてん》。
❹ 接頭語 (ほかのことばの前《まえ》につけて)「全部《ぜんぶ》」「完全《かんぜん》」「ちょうど」などの意味《いみ》を表《あらわ》す。例 丸はだか／丸十年《じゅうねん》。
❺ 接尾語 船《ふね》・刀《かたな》・昔《むかし》の人《ひと》の名《な》まえなどのあとにつけることば。例 日本丸《にほんまる》。漢 ⇩296ジ《ペー》がん〔丸〕

まるあらい【丸洗い】 名詞 動詞 布団《ふとん》や和服《わふく》などを、ほどかないで、そのまま洗《あら》うこと。

まるあんき【丸暗記】 名詞 動詞 全体《ぜんたい》をそのまそっくり覚《おぼ》えること。例 原稿《げんこう》を丸暗記する。

まるい【丸い・円い】 形容詞
❶円《えん》や球《きゅう》の形《かたち》をしている。例 円いテーブル／丸いボール。
❷おだやかである。例 話《はなし》を丸くおさめる／円い人《ひと》がら。
漢 ⇩296ジ《ペー》がん〔丸〕・159ジ《ペー》えん〔円〕

まるがお【丸顔】 名詞 丸《まる》みのある顔《かお》。

まるかじり【丸かじり】 名詞 動詞 切《き》らずに、丸《まる》ごとかじること。例 トマトを丸かじりする。

まるがっこ【円括弧】 名詞 ことばや文《ぶん》に注《ちゅう》をつけるときや、人物《じんぶつ》の思《おも》ったことを書《か》き表《あらわ》すときなどに使《つか》う、（　）と表《あらわ》す符号《ふごう》。「パーレン」ともいう。

まるき【丸木】 名詞 切《き》りたおして運《はこ》んだままの、何《なに》も手《て》を加《くわ》えていない木《き》。例 丸木小屋《ごや》。

まるきばし【丸木橋】 名詞 一本《いっぽん》の丸木《まるき》をわたしただけの簡単《かんたん》な橋《はし》。

まるきぶね【丸木舟】 名詞 一本《いっぽん》の丸木《まるき》をくりぬいてつくったふね。

まるごと【丸ごと】 副詞 そっくりそのまま全部《ぜんぶ》。切《き》ったり分《わ》けたりしないで、もとのまま。例 すいかを丸ごと買《か》う／文章《ぶんしょう》を丸ごと覚《おぼ》える。

マルコ＝ポーロ 名詞 (一二五四～一三二四) イタリアの旅行家《りょこうか》。中国《ちゅうごく》に旅行《りょこう》し、「東方見聞録《とうほうけんぶんろく》」を書《か》いて、ヨーロッパの人々《ひとびと》にアジアをしょうかいした。参考 この本《ほん》で、日本《にほん》は「ジパング」という名《な》で伝《つた》えられた。

まるぞん【丸損】 名詞 もうけがなく、全部《ぜんぶ》が損《そん》になること。対 丸《まる》もうけ。

まるた【丸太】 名詞 切《き》りたおして、皮《かわ》をむいただけの木《き》。丸太《まるた》ん棒《ぼう》。

まるだし【丸出し】 名詞 少《すこ》しもかくさないで、全部《ぜんぶ》を外《そと》に出《だ》すこと。例 おなかが丸出しだ。

まるたんぼう【丸太ん棒】 ⇩1254ジ《ペー》まるた

マルチメディア (multimedia) 名詞 文字《もじ》・音声《おんせい》・図形《ずけい》・画像《がぞう》など、さまざまなものを組《く》み合《あ》わせて情報《じょうほう》を伝《つた》えること。

まるっきり 副詞 まったく。全然《ぜんぜん》。まるで。例 まるっきり知《し》らない。使い方 あとに「ない」などのことばがくる。

まるつぶれ【丸潰れ】 名詞 すっかりだめになること。例 信用《しんよう》が丸潰れになる。

まるで 副詞
❶よく似《に》ていることを表《あらわ》すことば。ちょうど。例 まるで夏《なつ》のようだ。
❷まったく。全然《ぜんぜん》。例 まるで知《し》らない。
使い方 ❶は、あとに「ようだ」などのことばがくる。❷は、あとに「ない」などのことばがくる。

まるてんじょう【丸天井・円天井】 名詞
❶半球《はんきゅう》の形《かたち》の天井《てんじょう》。ドーム。
❷「大空《おおぞら》」のこと。

に／なりました」など動物《どうぶつ》や植物《しょくぶつ》の美《うつく》しさをとらえた詩《し》、「広《ひろ》い広《ひろ》い空《そら》のなか／一《いち》ばん星《ぼし》はどこかしら」のような身近《みぢか》なものの不思議《ふしぎ》を見《み》つめた詩《し》…。ことばのリズムや、ユニークなものの見方《みかた》をじっくり味《あじ》わいたい詩集《ししゅう》です。

まるとう【丸刀】 名詞 刃《は》が半円《はんえん》になっている彫《ちょう》刻刀《こくとう》。広《ひろ》くほり進《すす》んだり、曲《きょく》線《せん》をほったりするときに使《つか》う。

まるのみ【丸飲み】 名詞 動詞 ❶物《もの》をかまないで飲《の》みこむこと。❷よくわからないまま、受《う》け入《い》れたり覚《おぼ》えたりすること。例 人《ひと》の言《い》うことを丸飲みにする。

まるはだか【丸裸】 名詞 季語 夏 ❶体《からだ》に何《なに》もつけていないこと。すっぱだか。❷体《からだ》のほかにはお金《かね》や品物《しなもの》をまったく持《も》たないこと。例 火《か》事《じ》にあって丸裸になった。

まるまる【と】【丸丸［と］】 副詞 ❶すべて。すっかり。例 まるまる得《とく》になった。❷よく太《ふと》っているようす。例 まるまる太《ふと》った犬《いぬ》。
使い方 ふつうかな書《が》きにする。

まるみ【丸み・円み】 名詞 ❶まるいようす。例 丸みを帯《お》びた文字《もじ》。❷性格《せいかく》がおだやかなようす。例 年《とし》をとって人《ひと》がらに円みが出《で》てきた。

まるみえ【丸見え】 名詞 全部《ぜんぶ》がすっかり見《み》えること。例 部屋《へや》の中《なか》が外《そと》から丸見えだ。

まるめこむ【丸め込む】 動詞 ❶まるめて中《なか》に入《い》れる。❷うまいことを言《い》って自分《じぶん》の思《おも》うとおりにする。例 弟《おとうと》を丸め込んで手伝《てつだ》いをさせた。

まるめる【丸める】 動詞 ❶まるい形《かたち》にする。例 粘《ねん》土《ど》を丸める。❷かみの毛《け》をそる。例 頭《あたま》を丸める。
漢 → 296ジペー がん〔丸〕

まるもうけ【丸もうけ】 名詞 入《はい》ったお金《かね》が全《ぜん》部《ぶ》もうけになること。対 丸損《まるぞん》。

まるやき【丸焼き】 名詞 切《き》らないで、もとの形《かたち》のまま焼《や》くこと。また、そのようにして焼《や》いたもの。例 七面《しちめん》鳥《ちょう》の丸焼き。

まるやけ【丸焼け】 名詞 火《か》事《じ》で全部《ぜんぶ》焼《や》けてしまうこと。類 全《ぜん》焼《しょう》。

まれ 形容動詞 めずらしいようす。めったにないようす。例 母《はは》がおこるのはまれなことだ。

マレーシア 名詞 東南《とうなん》アジアのマレー半《はん》島《とう》の南部《なんぶ》と、カリマンタン島北部《とうほくぶ》からなる国《くに》。首都《しゅと》はクアラルンプール。

（国旗《こっき》）

まろやか 形容動詞 ❶形《かたち》に丸《まる》みがあるようす。例 まろやかな月《つき》。❷性質《せいしつ》や味《あじ》などがおだやかであるようす。例 まろやかな味《あじ》のお茶《ちゃ》。

まわす【回す】 動詞 ❶円《えん》をかくように動《うご》かす。例 こまを回す。❷順《じゅん》々《じゅん》に送《おく》る。例 みんなで本《ほん》を回して読《よ》む。❸必要《ひつよう》とする場所《ばしょ》へ移《うつ》す。例 車《くるま》を門《もん》に回す。❹周《まわ》りをとり囲《かこ》むようにする。例 家《いえ》の周《まわ》りに垣《かき》根《ね》を回す。❺行《い》き届《とど》かせる。例 手《て》を回す／気《き》を回す。❻先《さき》に延《の》ばす。例 この仕《し》事《ごと》はあとに回す。❼（ほかのことばのあとにつけて）あれこれ…する。あちこち…する。例 乗《の》り回す／見《み》回す。

まわた【真綿】 名詞 蚕《かいこ》のまゆを引《ひ》きのばしてつくった綿《わた》。軽《かる》くて暖《あたた》かい。
漢 → 218ジペー かい〔回〕

まわり【回り・周り】 ❶名詞 まわること。回転《かいてん》。例 見《み》回り。❷名詞 外《そと》側《がわ》。周《しゅう》囲《い》。例 家《いえ》の周り／池《いけ》の周り。❸名詞 行《い》きわたること。例 火《ひ》の回りが早《はや》い。❹接尾語 回《まわ》る回数《かいすう》を数《かぞ》えることば。例 町《ちょう》内《ない》を一《ひと》回りする。❺接尾語 大《おお》きさや太《ふと》さなどを比《くら》べるときに使《つか》うことば。例 一《ひと》回り大《おお》きいくつを買《か》う。❻接尾語 十《じゅう》二《に》年《ねん》をひと区《く》切《ぎ》りとして年齢《ねんれい》を数《かぞ》えることば。例 母《はは》とは二《ふた》回りちがう。
使い方 ❹～❻は、数《かず》を表《あらわ》すことばのあとにつけて使《つか》う。
漢 → 603ジペー しゅう〔周〕
→ 使い分け

使い分け
まわり　回り・周り

回り　物《もの》が回転《かいてん》したり円《えん》をえがくように動《うご》くこと。行《い》きわたること。
「回《まわ》り舞《ぶ》台《たい》／頭《あたま》の回《まわ》りがいい／火《ひ》の回《まわ》りが早《はや》い」

周り　物《もの》のふちや表《ひょう》面《めん》に沿《そ》ったところ。
「池《いけ》の周《まわ》り／学校《がっこう》の周《まわ》りを歩《ある》く」

まわりあわせ【回り合わせ】 名詞 自然《しぜん》にそうなっていく運命《うんめい》。めぐり合《あ》わせ。例 不《ふ》幸《こう》

読書のこみち 高 中 低 『てんぷらぴりぴり』まど・みちお 「ひろげたはねの／まんなかで／クジャクがふんすいに宇《う》宙《ちゅう》まで空想《くうそう》が広《ひろ》がる詩《し》、「つけもののおもしは／あれはなにしてるんだ」のように、

な回り合わせ。

まわりくどい【回りくどい】 形容詞 余計《よけい》なことが多《おお》くてわかりにくく、めんどうであるようす。例 回りくどい説明《せつめい》はやめよう。

まわりどうろう【回り灯籠】 ⇩753ジ《ペー》そうまとう

まわりみち【回り道】 名詞 遠回《とおまわ》りの道《みち》。また、遠回《とおまわ》りの道《みち》を通《とお》って行《い》くこと。対 近道《ちかみち》。

まわる【回る】 動詞 ❶円《えん》をかくように動《うご》く。例 こまが回る。❷順々《じゅんじゅん》に行《い》く。例 友《とも》だちの家《いえ》を回る。❸行《い》きわたる。行《い》き届《とど》く。例 毒《どく》が回る／手《て》が回らない。❹寄《よ》り道《みち》をする。例 本屋《ほんや》さんに回ってから帰《かえ》る。❺ある時刻《じこく》を過《す》ぎる。例 時計《とけい》は五時《ごじ》を回った。❻よくはたらく。よく動《うご》く。例 頭《あたま》が回る／口《くち》が回る。❼ほかの位置《いち》や立場《たちば》に移《うつ》る。例 裏《うら》に回る／賛《さん》成《せい》から反対《はんたい》に回る。❽（ほかのことばのあとにつけて）あちこち…する。その辺《あた》りを…する。例 走《はし》り回る／探《さが》し回る。

まん【万】 名詞 数《かず》の名《な》。千《せん》の十倍《じゅうばい》。漢⇩218ジ《ペー》かい〔回〕例 一《いち》万人《にん》／万に一《ひと》つの可能性《かのうせい》にかける。

漢 **まん【万】**〔一《いち》〕 3画 2年 音 マン・バン 訓 よろず

一 丆 万（てんをうたない）

❶まん。千《せん》の十倍《じゅうばい》。例 百万円《ひゃくまんえん》。❷数《かず》がおおい。いろいろの。例 万国《ばんこく》／万事《ばんじ》／万能《ばんのう》／万病《まんびょう》／巨万《きょまん》。

まん【満】 名詞 ❶満《み》ちること。いっぱいになること。また、準《じゅん》備《び》などが不足《ふそく》なくととのうこと。❷「満年齢《まんねんれい》」で年齢《ねんれい》を数《かぞ》えること。例 満で八才《はっさい》になる。漢⇩1256ジ《ペー》まん〔満〕

● **満《まん》を持《じ》す** じゅうぶんに準《じゅん》備《び》をして、ものごとを行《おこな》うのにちょうどよいときがやってくるのを待《ま》つ。例 満を持して試合当日《しあいとうじつ》をむかえる。

漢 **まん【満】**〔氵《さんずい》〕 12画 4年 音 マン 訓 みちる・みたす

氵 氵一 氵艹 氵廿 満（はねる） 満 満 満

❶みちる。いっぱいになる。例 満員《まんいん》／満開《まんかい》／満期《まんき》／満月《まんげつ》／満潮《まんちょう》／満腹《まんぷく》／充満《じゅうまん》。❷みちたりる。ゆたかである。例 満足《まんぞく》／円満《えんまん》。

まん-【真ん】 接頭語（ほかのことばの前《まえ》につけて）「完全《かんぜん》な」「本当《ほんとう》に」などの意味《いみ》を表《あらわ》す「真《ま》」を強《つよ》めた言《い》い方《かた》。例 真ん丸《まる》／道路《どうろ》の真ん中《なか》。

まんいち【万一】 ❶ 名詞 めったにないが、もしかしたらあるかもしれないこと。例 万一の場合《ばあい》に備《そな》える。❷ 副詞 もしも。ひょっとして。例 万一火事《かじ》になったら大変《たいへん》だ。
ことば 「万《まん》に一《ひと》つの割合《わりあい》」からきたことば。「まんがいち」ともいう。

まんいん【満員】 名詞 ❶人《ひと》が、それ以上《いじょう》入《はい》らないほどいっぱいになること。例 満員電車《でんしゃ》。❷決《き》められた人数《にんずう》になること。例 客席《きゃくせき》が満員になる。

まんえん【まん延】 名詞 動詞 病気《びょうき》など、よくないものが広《ひろ》がって、勢《いきお》いをふるうこと。例 市内《しない》の小学校《しょうがっこう》にインフルエンザがまん延する。

まんが【漫画】 名詞 いろいろなできごとや物《もの》語《がたり》を、絵《え》にせりふなどをそえて、おもしろくかきあらわしたもの。

まんかい【満開】 名詞 花《はな》がすっかり開《ひら》くこと。例 梅《うめ》が満開だ。

まんがいち【万が一】 ⇩1256ジ《ペー》まんいち

マンガン（ドイツ語）名詞 灰色《はいいろ》がかった白色《しろいろ》の金属《きんぞく》。鉄《てつ》よりもかたいが、もろい。

まんき【満期】 名詞 前《まえ》もって決《き》めておいた期《き》間《かん》が終《お》わること。例 定期預金《ていきよきん》が満期になった。

まんきつ【満喫】 名詞 動詞 ❶満足《まんぞく》するまで飲《の》んだり食《た》べたりすること。❷満足《まんぞく》するまで楽《たの》しむこと。例 ハイキングで自然《しぜん》を満喫する。

マングローブ（mangrove）名詞 熱帯《ねったい》・亜熱帯地方《あねったいちほう》の浅《あさ》い海《うみ》や河《か》口《こう》にできる林《はやし》。さまざまな種類《しゅるい》の木《き》によってできていて、呼吸《こきゅう》するための根《ね》を水《みず》の上《うえ》に出《だ》すもの

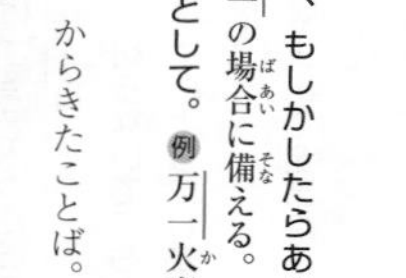
マングローブ

あるとき、人《ひと》の心《こころ》をこおらせる邪悪《じゃあく》なフユギモソウが近《ちか》づいてきました。若《わか》い先生《せんせい》のクミルは、その危機《きき》の秘密《ひみつ》
ルが知《し》ったドーム郡《ぐん》を守《まも》る方法《ほうほう》とは…？ 『真実《しんじつ》の種《たね》、うその種《たね》』まで全《ぜん》３巻《かん》のファンタジー・シリーズです。

あいうえお かきくけこ さしすせそ たちつてと なにぬねの はひふへほ まみむめも やゆよ らりるれろ わをん

が多《おお》い。

まんげきょう【万華鏡】 名詞 細長《ほそなが》い三枚《さんまい》の鏡《かがみ》を内側《うちがわ》に向《む》けてはったつつの中《なか》に、小《ちい》さな色紙《いろがみ》などを入《い》れたおもちゃ。のぞきながら回《まわ》すと、きれいな模様《もよう》が次々《つぎつぎ》と動《うご》いて見《み》える。

まんげつ【満月】 名詞 季語 秋 欠《か》けていない、まるい月《つき》。十五夜《じゅうごや》の月《つき》。対 新月《しんげつ》。関連 半月《はんげつ》。三日月《みかづき》。図 ↓425ページ げつれい〔月齢〕 ↓1449ページ 昔《むかし》のこよみと年《とし》・月《つき》・季節《きせつ》のことば

マンゴー（mango） 名詞 熱帯地方《ねったいちほう》でとれる果物《くだもの》。だ円形《えんけい》で黄色《きいろ》く、あまい。平《ひら》たくて大《おお》きな種《たね》が一《ひと》つ入《はい》っている。

マンゴー

まんさい【満載】 名詞 動詞 ❶乗《の》り物《もの》に、物《もの》や人《ひと》をいっぱいのせること。❷新聞《しんぶん》や雑誌《ざっし》に、記事《きじ》などをたくさんのせること。例 外国《がいこく》のニュースを満載した雑誌《ざっし》。

まんざい【漫才】 名詞 二人《ふたり》の人《ひと》が組《く》んで、人《ひと》を笑《わら》わせ楽《たの》しませることを言《い》い合《あ》う芸《げい》。

まんさく【満作】 名詞 米《こめ》などの農作物《のうさくぶつ》が、とてもよくできること。類 豊作《ほうさく》。

まんざら【満更】 副詞 必《かなら》ずしも。例 妹《いもうと》のピアノはまんざら下手《へた》とは言《い》えない／まんざらでもない（＝それほど悪《わる》くない）気分《きぶん》だ。使い方 あとに「ない」などのことばがくる。ふつうかな書《が》きにする。

まんしゃ【満車】 名詞 駐車場《ちゅうしゃじょう》などが車《くるま》でいっぱいで、それ以上《いじょう》とめられないこと。対 空車《くうしゃ》。

まんしゅう【満州】 名詞 中国《ちゅうごく》の東北地方《とうほくちほう》の古《ふる》い呼《よ》び方《かた》。一九三一（昭和六《しょうわろく》）年《ねん》に日本《にほん》はこの地方《ちほう》をせめ、翌年《よくねん》に満州国《まんしゅうこく》をつくった。

まんじゅう 名詞 小麦粉《こむぎこ》などをこね、中《なか》にあんや肉《にく》などを入《い》れて蒸《む》した食《た》べ物《もの》。

まんしゅうこく【満州国】 名詞 日本《にほん》が、満州《まんしゅう》事変後《じへんご》の一九三二（昭和七《しょうわしち》）年《ねん》に、中国《ちゅうごく》の東北地方《とうほくちほう》につくった国《くに》。第二次世界大戦《だいにじせかいたいせん》で日本《にほん》が敗《やぶ》れると消滅《しょうめつ》した。

まんしゅうじへん【満州事変】 名詞 一九三一（昭和六《しょうわろく》）年《ねん》に起《お》きた、日本軍《にほんぐん》と中国軍《ちゅうごくぐん》との戦争《せんそう》。翌年《よくねん》には日本《にほん》が満州国《まんしゅうこく》をつくり、その後《ご》の日中戦争《にっちゅうせんそう》のきっかけとなった。

まんじゅしゃげ ↓1100ページ ひがんばな

まんじょう【満場】 名詞 会場《かいじょう》が人《ひと》でいっぱいになっていること。また、その人々《ひとびと》。例 満場の拍手《はくしゅ》にむかえられる。

まんじょういっち【満場一致】 名詞 その場所《ばしょ》に集《あつ》まった全部《ぜんぶ》の人《ひと》たちの意見《いけん》が、一《ひと》つにまとまること。例 満場一致で決定《けってい》した。

マンション 名詞 住居《じゅうきょ》がいくつも集《あつ》まっている高《たか》い建物《たてもの》。ことば ふつう、鉄筋《てっきん》コンクリートでできた、やや高級《こうきゅう》なアパートを指《さ》す。

まんじりともしない 少《すこ》しもねむらない。例 一晩《ひとばん》じゅうまんじりともしなかった。

まんしん【満身】 名詞 体全体《からだぜんたい》。全身《ぜんしん》。例 満身の力《ちから》をこめてつなを引《ひ》いた。類 こん身《しん》。

まんしん【慢心】 名詞 動詞 自分《じぶん》はすぐれていると思《おも》っていい気《き》になること。また、その気持《きも》ち。例 百点《ひゃくてん》をとっても慢心してはいけないよ。

まんせい【慢性】 名詞 病気《びょうき》が急《きゅう》にひどくはならないが、なかなか治《なお》らないで長引《ながび》く状態《じょうたい》。例 慢性の頭痛《ずつう》。対 急性《きゅうせい》。

まんぜん【と】【漫然〔と〕】 副詞 はっきりとした目的《もくてき》もなく、なんとなく。例 夏休《なつやす》みを漫然と過《す》ごしてはもったいない。

まんぞく【満足】 名詞 動詞 形容動詞 ❶不平《ふへい》や不満《ふまん》がなく、満《み》ち足《た》りているようす。また、思《おも》いどおりになって気分《きぶん》がよいようす。例 テストの結果《けっか》に満足する。❷じゅうぶんであること。例 時間《じかん》がなくて満足に話《はな》すことができなかった。

まんだん【漫談】 名詞 ❶はっきりしたまとまりのない、おもしろおかしい話《はなし》。❷世《よ》の中《なか》のできごとを、批判《ひはん》も加《くわ》えておもしろく話《はな》し、客《きゃく》を笑《わら》わせる演芸《えんげい》。例 漫談家《か》。

まんちょう【満潮】 名詞 海《うみ》の水《みず》が満《み》ちてきて、海面《かいめん》がもっとも高《たか》くなること。ふつう、一日《いちにち》に二回起《にかいお》こる。「満《み》ち潮《しお》」ともいう。対 干潮《かんちょう》。

マンツーマン（man-to-man） 名詞 一人《ひとり》に対《たい》して一人《ひとり》がつくこと。一対一《いったいいち》。例 マンツーマンディフェンス。

まんてん【満天】 名詞 空《そら》いっぱい。例 満天の星《ほし》。

まんてん【満点】 名詞

あいうえお　かきくけこ　さしすせそ　たちつてと　なにぬねの　はひふへほ　まみむめも　ま　やゆよ　らりるれろ　わをん

読書のこみち　高 中 低　『ドーム郡《ぐん》ものがたり』芝田勝茂《しばたかつも》　自然《しぜん》に囲《かこ》まれ、歌《うた》とおどりのさかんな「ドーム郡《ぐん》」に、クミを知《し》るという、ひとりの男《おとこ》を探《さが》しに旅《たび》に出《で》ます。百《ひゃく》の森《もり》・千《せん》の森《もり》をさまよいながら、クミ

❶決《き》められた点数《てんすう》いっぱいの点《てん》。例テストで満点をとる。❷悪《わる》いところがなく完全《かんぜん》なこと。例栄養《えいよう》満点の食事《しょくじ》。

マント（フランス語）名詞 季語冬 服《ふく》の上《うえ》にはおる、そでのないコート。

マンドリン（mandolin）名詞 弦楽器《げんがっき》の一《ひと》つ。いちじくを縦《たて》に割《わ》ったような形《かたち》の胴《どう》に、二本《にほん》ずつ対《つい》に八本《はちほん》の弦《げん》を張《は》り、べっ甲《こう》などのつめではじいて鳴《な》らす。図⇩269ページ《ジ》がっき〔楽器〕

マントル（mantle）名詞 地球《ちきゅう》の表面《ひょうめん》をおおう地殻《ちかく》の下《した》から、深《ふか》さ約二千九百《やくにせんきゅうひゃっ》キロメートルまでの部分《ぶぶん》。

まんなか【真ん中】名詞 ちょうど中央《ちゅうおう》。例部屋《へや》の真ん中にテーブルを置《お》く。

マンネリ名詞 同《おな》じものや同《おな》じやり方《かた》がくり返《かえ》されて、新《あたら》しさがなくなること。ことば英語《えいご》の「マンネリズム」の略《りゃく》。

まんねんひつ【万年筆】名詞 軸《じく》の中《なか》のインクが、書《か》くときにペン先《さき》に自然《しぜん》に出《で》てくるようになっているペン。

まんねんゆき【万年雪】名詞 高《たか》い山《やま》や寒《さむ》い地方《ちほう》などで、一年《いちねん》じゅうとけずに残《のこ》っている雪《ゆき》。

まんねんれい【満年齢】名詞 生《う》まれた時《とき》を〇才《さい》とし、誕生日《たんじょうび》がきた時《とき》に一才《いっさい》ずつ足《た》して数《かぞ》える年齢《ねんれい》。関連数《かぞ》え年《どし》。

まんびき【万引き】名詞 動詞 買《か》い物《もの》をするふりをして、店《みせ》の品物《しなもの》を見《み》つからないようにぬすむこと。また、その人《ひと》。

まんびょう【万病】名詞 あらゆる病気《びょうき》。例かぜは万病のもと。

まんぷく【満腹】名詞 動詞 形容動詞 おなかがいっぱいになること。例もう満腹だ。対空腹《くうふく》。

まんべんなく副詞 行《い》き届《とど》かないところがないように。もれなく。例全体《ぜんたい》にまんべんなく色《いろ》をぬる。

マンボ（スペイン語）名詞 ルンバにジャズの性質《せいしつ》をとり入《い》れて生《う》まれた、キューバのダンス音《おん》楽《がく》。一九五〇年代《ねんだい》に流行《りゅうこう》した。

マンホール（manhole）名詞 地下《ちか》の下水道《げすいどう》や配線《はいせん》などを調《しら》べたり、掃除《そうじ》したりする人《ひと》が出入《でい》りするための穴《あな》。

まんまえ【真ん前】名詞 ちょうどその前《まえ》。真《ま》正面《しょうめん》。例ビルの真ん前にあるポスト。

まんまと副詞 うまい具合《ぐあい》に。例まんまとだまされた。

まんまる【真ん丸】名詞 形容動詞 完全《かんぜん》にまるいこと。また、その形《かたち》。例真ん丸な月《つき》。

まんまん【と】【満満［と］】副詞 あふれるくらいにいっぱいになっているようす。例池《いけ》に水《みず》が満々とたたえられている／自信《じしん》満々。使い方「満々たる意欲《いよく》」などの形《かたち》でも使《つか》う。

まんめん【満面】名詞 顔《かお》じゅう。顔全体《かおぜんたい》。例満面に笑《え》みをうかべる。

マンモス（mammoth）名詞 ❶一万年前《いちまんねんまえ》ごろまでいた、象《ぞう》のなかまの動物《どうぶつ》。象《ぞう》よりも大《おお》きく、黒《くろ》っぽい茶色《ちゃいろ》の長《なが》い毛《け》におおわれ、長《なが》いきばを持《も》っていた。日本《にほん》でも化石《かせき》が発見《はっけん》されている。❷非常《ひじょう》に大《おお》きいことのたとえ。例マンモス大学《だいがく》。

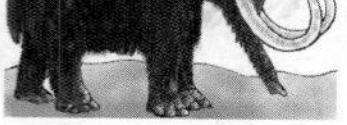
マンモス❶

まんゆう【漫遊】名詞 動詞 気《き》の向《む》くままに、あちこちを旅行《りょこう》すること。例外国《がいこく》を漫遊する。

まんようがな【万葉仮名】名詞「万葉集《まんようしゅう》」などに使《つか》われている文字《もじ》で、漢字《かんじ》の音《おん》や訓《くん》を借《か》りて日本《にほん》のことばを書《か》き表《あらわ》したもの。漢字《かんじ》のもとの意味《いみ》には関係《かんけい》なく使《つか》われる。たとえば、也《や》末《ま》（山）・宇美《うみ》（海）など。参考かたかなやひらがなは、万葉仮名《まんようがな》からできた。

まんようしゅう【万葉集】名詞 奈良時代《ならじだい》にまとめられた、日本《にほん》でいちばん古《ふる》い歌集《かしゅう》。天《てん》皇《のう》や貴族《きぞく》・農民《のうみん》などの歌《うた》が、約四千五百首《やくよんせんごひゃくしゅ》集《あつ》められている。柿本人麻呂《かきのもとのひとまろ》・大伴家持《おおとものやかもち》・山《やま》上《の》憶良《うえのおくら》らの歌《うた》はとくに有名《ゆうめい》。

まんりき【万力】名詞 工作《こうさく》をするときに、物《もの》が動《うご》かないようにはさんでしめつける道具《どうぐ》。

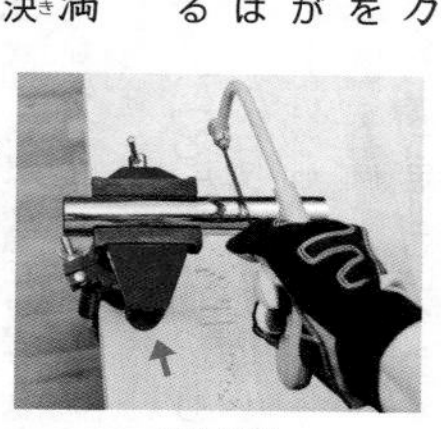
まんりき

まんりょう【満了】名詞 動詞 決《き》められた期間《きかん》がすっかり終《お》わること。例市長《しちょう》としての任期《にんき》が満了する。

まんるい【満塁】名詞 野球《やきゅう》で、一塁《いちるい》・二塁《にるい》・三塁《さんるい》すべてに走者《そうしゃ》がいること。フルベース。

あいうえお　かきくけこ　さしすせそ　たちつてと　なにぬねの　はひふへほ　ま　まみむめも　やゆよ　らりるれろ　わをん

み

ミ

下《した》の 手話にチャレンジ を見《み》よう。

み 名詞 竹《たけ》などを編《あ》んで作《つく》った農具《のうぐ》。穀物《こくもつ》を入《い》れて上下《じょうげ》にふり動《うご》かし、からやごみをとり除《のぞ》くのに使《つか》う。

み

-み 接尾語 (ほかのことばのあとにつけて) ❶そういう程度《ていど》やようすであることを表《あらわ》す。例 甘《あま》み/ほおの赤《あか》み/ありがたみ。❷そのような場所《ばしょ》や部分《ぶぶん》。例 深《ふか》みにはまる。

み【三】 みっつ。さん。例 三日月《かづき》/三毛《け》ねこ。
漢 ⇒542ジベーさん〔三〕

み【巳】 名詞 ❶十二支《じゅうにし》の六番目《ろくばんめ》。へび。例 巳年生《どしう》まれ。❷昔《むかし》の時刻《じこく》の呼《よ》び名《な》。今《いま》の午前十時《ごぜんじゅうじ》ごろ。また、その前後《ぜんご》二時間《にじかん》くらい。❸昔《むかし》の方角《ほうがく》の呼《よ》び名《な》。南南東《なんなんとう》。
図 ⇒611ジベーじゅうにし

漢 **み【未】**〔木《き》〕 5画 4年 音 ミ 訓 ひつじ

一 二（下をながく） キ 未 未

❶「まだ…しない」「まだそうなっていない」という意味《いみ》を表《あらわ》す。いまだ。例 未熟《みじゅく》/未知《みち》/未《み》定《てい》/未満《みまん》/未明《みめい》/未来《みらい》。❷ひつじ。十二支《じゅうにし》の八番目《はちばんめ》。

み【身】 名詞
❶体《からだ》。例 身を投《な》げ出《だ》す。
❷けものや魚《さかな》の肉《にく》。例 あぶら身/魚《さかな》の身。
❸自分《じぶん》。自分《じぶん》の体《からだ》。例 身を守《まも》る。
❹真剣《しんけん》な心《こころ》。例 身を入《い》れて練習《れんしゅう》する。
❺その人《ひと》の立場《たちば》。例 相手《あいて》の身になって考《かんが》える。
❻ふたのついた入《い》れ物《もの》の、物《もの》を入《い》れるほう。例 ふたと身が合《あ》わない。
漢 ⇒658ジベーしん〔身〕

● **身《み》が入《はい》る** いっしょうけんめいになる。例 勉《べん》強《きょう》に身が入る。

● **身《み》から出《で》たさび** ことわざ 自分《じぶん》の悪《わる》い行《おこな》いやあやまちがもとになって、自分自身《じぶんじしん》が苦《くる》しんだり損害《そんがい》を受《う》けたりすることのたとえ。例 テストの点《てん》が悪《わる》いのは身から出たさびだ。ことば 「身《み》」は、刀《かたな》の、さやにおさまる部分《ぶぶん》のこと。

● **身《み》に余《あま》る** 自分《じぶん》にはりっぱすぎてもったいない。自分《じぶん》の価値以上《かちいじょう》である。例 身に余る幸《しあわ》せ。

● **身《み》に覚《おぼ》えがない** 自分《じぶん》でそのようなことをした記憶《きおく》がない。例 身に覚えがないことで疑《うたが》われる。使い方 よくない場合《ばあい》について使《つか》うことが多《おお》い。

● **身《み》にしみる** 心《こころ》にしみじみと感《かん》じる。例 困《こま》ったときには友《とも》だちの親切《しんせつ》が身にしみる。

● **身《み》に付《つ》く** しっかりと覚《おぼ》えて、自分《じぶん》のものになる。例 漢字《かんじ》の書《か》き順《じゅん》がやっと身に付いた。

● **身《み》につける** ❶自分《じぶん》の体《からだ》に着《つ》ける。例 お守《まも》りを身につける。❷しっかりと覚《おぼ》えて、自分《じぶん》のものにする。例 コンピューターの技術《ぎじゅつ》を身につける。

● **身《み》につまされる** 人《ひと》の悲《かな》しいことや苦《くる》しいことを、自分《じぶん》のことのように感《かん》じる。例 事故《じこ》にあった人《ひと》の話《はなし》を聞《き》くと身につまされる。

● **身《み》になる** ❶相手《あいて》の気持《きも》ちを考《かんが》えて親身《しんみ》になる。例 困《こま》っている人《ひと》の身になって考《かんが》える。❷ほんとうに自分《じぶん》のものになる。また、栄養《えいよう》になる。例 身になるものを選《えら》んで食《た》べる。

● **身《み》の上《うえ》** ⇒1276ジベーみのうえ

● **身《み》の置《お》き所《どころ》がない** ❶体《からだ》を置《お》く場所《ばしょ》もない。例 身の置き所がないくらい散《ち》らかった部屋《へや》。❷苦《くる》しい立場《たちば》にあったりはずかしかったりして、その場《ば》にいづらい。例 大失敗《だいしっぱい》をして身の置き所がない。

● **身《み》の毛《け》がよだつ** ⇒1276ジベーみのけがよだつ

● **身《み》のこなし** 体《からだ》の動《うご》き。例 ねこは身のこなしがやわらかい。

● **身《み》の代金《しろきん》** ⇒1276ジベーみのしろきん

● **身《み》の丈《たけ》** ⇒1276ジベーみのたけ

● **身《み》の程《ほど》** ⇒1276ジベーみのほど

● **身《み》の回《まわ》り** ⇒1276ジベーみのまわり

● **身《み》も蓋《ふた》もない** あまりはっきりと言《い》いすぎて、味《あじ》わいがない。例 身も蓋もない言《い》い方《かた》。使い方 「実もふたもない」と書《か》かないよう注意《ちゅうい》。

手話にチャレンジ **みなさん** 手《て》のひらを下《した》に向《む》けて、胸《むね》の前《まえ》で左《ひだり》から右《みぎ》へ円《えん》をえがくように回《まわ》す。目《め》の前《まえ》にたく

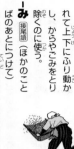

●**身《み》を入《い》れる** 心《こころ》をこめていっしょうけんめいにやる。例 仕事《しごと》に身を入れる。

●**身《み》を固《かた》める** ❶結婚《けっこん》して新《あたら》しく家庭《かてい》を持《も》つ。また、しっかりした仕事《しごと》につく。❷しっかりと身じたくをする。例 防火服《ぼうかふく》に身を固めた消防隊員《しょうぼうたいいん》。

●**身《み》を切《き》られる** 非常《ひじょう》につらいことのたとえ。例 身を切られる思《おも》いで別《わか》れを告《つ》げる。

●**身《み》を削《けず》る** とても苦労《くろう》して、ものごとをすることのたとえ。例 母《はは》は身を削《けず》って子《こ》を育《そだ》てた。

●**身《み》を粉《こ》にする** いっしょうけんめいに働《はたら》くことのたとえ。例 身を粉にして働《はたら》く。使い方「粉」を「こな」と読《よ》まないよう注意《ちゅうい》。

●**身《み》を立《た》てる** ❶ある仕事《しごと》で暮《く》らしていく。例 建築《けんちく》の仕事《しごと》で身を立てていきたい。❷世《よ》の中《なか》でりっぱな地位《ちい》につく。出世《しゅっせ》する。

●**身《み》を引《ひ》く** ❶あとにさがる。例 身を引いて車《くるま》をよける。❷やめる。引《ひ》き下《さ》がる。例 事業《じぎょう》から身を引く。

●**身《み》をもって** 自分《じぶん》の体《からだ》で。自分自身《じぶんじしん》で直接《ちょくせつ》。例 身をもって手本《てほん》を示《しめ》す。

●**身《み》を寄《よ》せる** だれかをたよって、世話《せわ》になる。例 東京《とうきょう》の親戚《しんせき》のところに身を寄《よ》せる。

漢 **み【味】**〔口〕くちへん 8画 3年 音 ミ 訓 あじ・あじわう

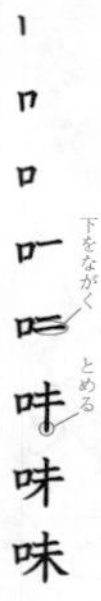

❶あじ。あじわう。例 味見《あじみ》／味覚《みかく》／酸味《さんみ》／塩味《しおあじ》／風味《ふうみ》。❷おもむき。わけ。例 味気《あじけ》ない／意味《いみ》／興味《きょうみ》／趣味《しゅみ》。❸なかま。例 味方《みかた》／一味《いちみ》。

み【実】 名詞 ❶花《はな》がさいたあとにできる、中《なか》に種子《しゅし》をふくんでいる部分《ぶぶん》。果実《かじつ》。例 りんごの木《き》に実がなる。❷植物《しょくぶつ》の種《たね》。例 ひまわりの実。❸みそしるなどに入《い》れるもの。例 今日《きょう》のみそしるの実は豆腐《とうふ》だ。❹内容《ないよう》。中身《なかみ》。例 とても実のある話《はなし》を聞《き》いた。

漢 ⇒578ページ じつ〔実〕

●**実《み》を結《むす》ぶ** ❶果実《かじつ》ができる。例 庭《にわ》のぶどうが実を結んだ。❷努力《どりょく》した結果《けっか》、うまくいく。例 長年《ながねん》の研究《けんきゅう》が、ようやく実を結んだ。

み-【御】 接頭語（ほかのことばの前《まえ》につけて）尊敬《そんけい》する気持《きも》ちやていねいな気持《きも》ちを表《あらわ》す。例 御仏《みほとけ》／御心《みこころ》。

みあい【見合い】 名詞 動詞 結婚《けっこん》する相手《あいて》を決《き》めるために、男女《だんじょ》がほかの人《ひと》を仲立《なかだ》ちにして会《あ》うこと。

みあう【見合う】 動詞 ❶おたがいに相手《あいて》をよく見《み》る。例 二人《ふたり》ははじっと見合ったままだ。❷つりあう。例 学年《がくねん》に見合った本《ほん》を読《よ》む。

みあげる【見上げる】 動詞 ❶下《した》から上《うえ》の方《ほう》を見《み》る。例 空《そら》を見上げる。対 見下《みお》ろす。見下《みくだ》す。❷〔「見上げた」の形《かたち》で、全体《ぜんたい》で〕りっぱなので感心《かんしん》する。例 大勢《おおぜい》の前《まえ》でもものおじせず、見上げた度胸《どきょう》だ。対 見下《みさ》げる。使い方 ❷は、目上《めうえ》の人《ひと》には使《つか》わない。

みあたる【見当たる】 動詞 さがしていたものが見《み》つかる。例 筆箱《ふでばこ》が見当たらない。使い方 ふつう、あとに「ない」などのことばがくる。

みあわせる【見合わせる】 動詞 ❶おたがいに見《み》る。例 顔《かお》を見合わせる。❷しようと思《おも》っていたことをやめて、ようすを見《み》る。例 雨《あめ》のため、出発《しゅっぱつ》を見合わせる。

みいだす【見いだす】 動詞 見《み》つけ出《だ》す。発見《はっけん》する。例 弟《おとうと》のかくれた才能《さいのう》を見いだす。

ミーティング（meeting）名詞 打《う》ち合《あ》わせ。会合《かいごう》。例 関係者《かんけいしゃ》を集《あつ》めてミーティングを開《ひら》く。

ミイラ（ポルトガル語）名詞 人《ひと》や動物《どうぶつ》の死体《したい》が、くさらずにかわいて、もとの形《かたち》に近《ちか》いままで残《のこ》っているもの。

●**ミイラ取《と》りがミイラになる** ⇒431ページ ことわざ

みいり【実入り】 名詞 ❶収入《しゅうにゅう》。もうけ。例 今月《こんげつ》は実入りが多《おお》い。❷米《こめ》・麦《むぎ》などがよく実《みの》ること。例 いねの実入りがよい。

みいる【見入る】 動詞 じっと見《み》る。見《み》とれる。例 姉《あね》は長《なが》い間《あいだ》その絵《え》に見入っていた。

みうける【見受ける】 動詞 ❶見《み》て判断《はんだん》する。例 妹《いもうと》はどうやら反省《はんせい》しているように見受けられる。❷見《み》かける。例 近所《きんじょ》でよく見受ける人《ひと》だ。

みうごき【身動き】 名詞 動詞 体《からだ》を動《うご》かすこと。例 バスは満員《まんいん》で、身動きできなかった。類 身《み》じろぎ。使い方 ふつう、あとに「できない」「とれない」などのことばがくる。

みうしなう【見失う】 動詞 今《いま》まで見《み》えていたものが、見《み》えなくなってしまう。例 人混《ひとご》みの中《なか》で父《ちち》を見失う。

みうち【身内】 名詞 ❶家族《かぞく》。親戚《しんせき》。例 身内だけで集《あつ》まる。❷体《からだ》じゅう。例 身内が引《ひ》きしまる思《おも》い。

みえ【見え】 名詞 ❶人《ひと》によく見《み》せようとすること。うわべをかざること。例 見えっ張《ば》り／見えで高《たか》い物《もの》を買《か》う。❷芝居《しばい》で、役者《やくしゃ》が目立《めだ》つような大《おお》げさな動《うご》きや顔《かお》つきをすること。例 見えを切《き》る。使い方 ❶は「見栄」、❷は「見得」とも書《か》く。

●**見《み》えを張《は》る** 人《ひと》によく見《み》せようとする。見《み》た目《め》をかざる。例 見えを張ってぜいたくをする。

みえかくれ【見え隠れ】 名詞 動詞 見《み》えたりかくれたりすること。「みえがくれ」ともいう。例 月《つき》が見え隠れする／本音《ほんね》が見え隠れする。

みえがくれ【見え隠れ】 ⇩1261ジ《ペー》 みえかくれ

みえけん【三重県】 名詞 近畿《きんき》地方《ちほう》の東部《とうぶ》にある県《けん》。北部《ほくぶ》は中 京《ちゅうきょう》工業《こうぎょう》地帯《ちたい》の一部《いちぶ》。志摩半《しまはん》島《とう》の真珠《しんじゅ》の養 殖《ようしょく》は世界的《せかいてき》に有名《ゆうめい》。伊勢神宮《いせじんぐう》がある。県庁《けんちょう》は津市《つし》にある。

みえすく【見え透く】 動詞 人《ひと》のうそやほんとうの考《かんが》えなどが、よくわかる。例 見え透いたうそをつくな。

みえっぱり【見えっ張り】 名詞 形容動詞 人《ひと》に自分《じぶん》をよく見《み》せようと、うわべをかざること。また、その人《ひと》。類 見《み》え坊《ぼう》。

みえぼう【見え坊】 名詞 うわべをかざって人《ひと》によく見《み》られようとする人《ひと》。見《み》えっ張《ば》り。

みえる【見える】 動詞 ❶物《もの》の形《かたち》が目《め》に映《うつ》る。例 窓《まど》から海《うみ》が見える。❷見《み》ることができる。例 ねこは暗《くら》いところでも目《め》が見える。❸「来《く》る」の尊敬《そんけい》した言《い》い方《かた》。例 先生《せんせい》が家《いえ》にみえる。❹…と思《おも》われる。例 あの人《ひと》は犬《いぬ》がきらいとみえる。使い方 ❸❹は、ふつうかな書《が》きにする。

㊇ ⇩428ジ《ペー》 けん〔見〕

みおくり【見送り】 名詞 ❶出《で》かける人《ひと》を見送《みおく》ること。対 出迎《でむか》え。❷もっとよい機会《きかい》を待《ま》って、行動《こうどう》を起《お》こさないこと。例 結論《けつろん》は見送りとなった。❸手《て》を出《だ》さないで見《み》ていること。例 見送りの三振《さんしん》。

みおくる【見送る】 動詞 ❶出 発《しゅっぱつ》する人《ひと》や別《わか》れていく人《ひと》を送《おく》る。例 友《とも》だちを駅《えき》で見送る。❷遠《とお》ざかるものを目《め》で追《お》う。例 行 列《ぎょうれつ》を見送る。❸手《て》を出《だ》さないで見《み》ている。そのままにする。例 ストライクを見送る。❹次《つぎ》の機会《きかい》まで待《ま》つ。例 来 週《らいしゅう》まで出 発《しゅっぱつ》を見送る。

みおさめ【見納め】 名詞 もう見《み》ることができなくなるものを、最後《さいご》に見《み》ること。例 転校《てんこう》するので、校庭《こうてい》のいちょうもこれが見納めだ。

みおとす【見落とす】 動詞 見《み》ていたはずなのに、気《き》づかないでいる。うっかりして見《み》のがしてしまう。例 問題《もんだい》を一《ひと》つ見落としていた。

みおとり【見劣り】 名詞 動詞 ほかのものに比《くら》べて、悪《わる》く見《み》えること。例 プロの作品《さくひん》と比《くら》べても見劣りしないできばえだ。

みおぼえ【見覚え】 名詞 前《まえ》に見《み》ていて、覚《おぼ》えていること。例 この絵《え》には見覚えがある。

みおろす【見下ろす】 動詞 ❶上《うえ》から下《した》の方《ほう》を見《み》る。例 屋 上《おくじょう》から校庭《こうてい》を見下ろす。対 見上《みあ》げる。❷ばかにする。見下《みさ》げる。例 人《ひと》を見下ろすような態度《たいど》。

みかい【未開】 名詞 ❶まだ文明《ぶんめい》が開《ひら》けていないこと。例 未開の社《しゃ》会《かい》。❷土地《とち》が自然《しぜん》のままで、まだ切《き》り開《ひら》かれていないこと。例 未開の原野《げんや》。

みかいけつ【未解決】 名詞 形容動詞 まだ解決《かいけつ》されていないこと。例 事件《じけん》は未解決のままだ。

みかいたく【未開拓】 名詞 形容動詞 ❶土地《とち》がまだ切《き》り開《ひら》かれていないこと。例 未開拓の原野《げんや》が広《ひろ》がる。❷研 究《けんきゅう》や調 査《ちょうさ》などに、まだ手《て》がつけられていないこと。例 未開拓の研 究《けんきゅう》テーマにとりくむ。

みかえし【見返し】 名詞 本《ほん》の表 紙《ひょうし》の裏側《うらがわ》の部分《ぶぶん》。

読書のこみち　高 中 低　『となりのせきのますだくん』武田美穂《たけだみほ》作《さく》・絵《え》「あたしきょうがっこうへいけないきがす」なやみや喜《よろこ》びをえがいた絵本《えほん》。『ますだくんのランドセル』などの続《つづ》きの話《はなし》もあります。

みかえす【見返《みかえ》す】 動詞 ❶もう一度《いちど》見直《みなお》す。例テストの答案《とうあん》を見返す。❷後《うし》ろをふり返《かえ》って見《み》る。例来《き》た道《みち》を見返す。❸自分《じぶん》を見《み》た相手《あいて》を見《み》る。例じっと見《み》るので、ぼくも見返した。❹ばかにした人《ひと》に対《たい》して、りっぱになって見《み》せつける。例優勝《ゆうしょう》して見返してやる。

みがきこ【磨き粉《こ》】 名詞 物《もの》をみがくのに使《つか》う粉《こな》。クレンザー。

みかぎる【見限る】 動詞 もうだめだ、見《み》こみがないなどと考《かんが》えて、あきらめる。例今《いま》の商売《しょうばい》を見限って、別《べつ》の仕事《しごと》を始《はじ》める。類見捨《みす》てる。見放《みはな》す。

みがきをかける【磨きを掛ける】 努力《どりょく》して、いっそうすぐれたものに仕上《しあ》げる。例料理《りょうり》のうでに磨きを掛ける。

みかく【味覚】 名詞 五感《ごかん》の一《ひと》つ。あまい・からい・苦《にが》い・すっぱいなど、物《もの》の味《あじ》を舌《した》で感《かん》じとる感覚《かんかく》。関連嗅覚《きゅうかく》。視覚《しかく》。触覚《しょっかく》。聴覚《ちょうかく》。

みがく【磨く】 動詞 ❶こすってつやを出《だ》したり、きれいにしたりする。例くつを磨く／歯《は》を磨く。❷努力《どりょく》を重《かさ》ねてりっぱなものにする。例料理《りょうり》のうでを磨く。

みかけ【見掛け】 名詞 外側《そとがわ》から見《み》たようす。外見《がいけん》。例見掛けによらず、やさしい人《ひと》だ。

みかげいし【みかげ石】 名詞 「花《か》こう岩《がん》」のこと。兵庫県《ひょうごけん》の神戸市《こうべし》御影《みかげ》地方《ちほう》が産地《さんち》として有名《ゆうめい》だったので、このように呼《よ》ばれる。

みかけだおし【見掛け倒し】 名詞 形容動詞 外《そと》から見《み》たところはりっぱだが、中身《なかみ》は大《たい》したことがないこと。例見掛け倒しの料理《りょうり》。類看板《かんばん》倒れ。

みかける【見掛ける】 動詞 ちょっと目《め》に留《と》める。見受《みう》ける。例町《まち》で友人《ゆうじん》を見掛けた。

みかた【見方】 名詞 ❶見《み》る方法《ほうほう》。例顕微鏡《けんびきょう》の見方を習《なら》う。❷考《かんが》え方《かた》。例人《ひと》によってものの見方がちがう。

みかた【味方】 名詞 自分《じぶん》のほうの仲間《なかま》。

みかづき【三日月】 名詞 季語秋 新月《しんげつ》から三日目《みっかめ》くらいの、細《ほそ》い弓《ゆみ》のような形《かたち》をした月《つき》。関連満月《まんげつ》。半月《はんげつ》。使い方「みかずき」と書《か》かないよう注意《ちゅうい》。図➡425ページ げつれい〔月齢〕➡1449ページ 昔《むかし》のこよみと年《とし》・月《つき》・季節《きせつ》のことば

みかづきも 名詞 水中《すいちゅう》で見《み》られる緑色《みどりいろ》の藻《も》の一《ひと》つ。三日月《みかづき》の形《かたち》をしている。

みがって【身勝手】 名詞 形容動詞 人《ひと》のことを考《かんが》えないで、自分《じぶん》だけに都合《つごう》がよいようにするようす。わがまま。自分勝手《じぶんかって》。例身勝手な人《ひと》。

みかど 名詞 「天皇《てんのう》」の古《ふる》い言《い》い方《かた》。

みかねる【見かねる】 動詞 それ以上《いじょう》、そのままだまって見《み》ていられなくなる。例けんかを見かねて止《と》めに入《はい》った。

みがまえ【身構え】 名詞 やってくる相手《あいて》やものごとに対《たい》しての体《からだ》の姿勢《しせい》。また、その態度《たいど》。

みがまえる【身構える】 動詞 やってくる相手《あいて》やものごとに対《たい》して、体《からだ》を構《かま》えて立《た》ち向《む》かう用意《ようい》をする。例ボールを受《う》けとろうと身構える。

みがら【身柄】 名詞 その人《ひと》の体《からだ》。その人自身《ひとじしん》。例少女《しょうじょ》の身柄は親類《しんるい》が引《ひ》きとった。

みがる【身軽】 形容動詞 ❶体《からだ》の動《うご》きが軽《かる》いようす。例岩場《いわば》を身軽に走《はし》る。❷服装《ふくそう》や持《も》ち物《もの》が簡単《かんたん》で、動《うご》きやすいようす。例身軽な格好《かっこう》で旅《たび》に出《で》る。❸責任《せきにん》がなく、気楽《きらく》で自由《じゆう》なようす。例ひとり暮《ぐ》らしは身軽だ。

みかわ【三河】 名詞 昔《むかし》の国《くに》の名《な》の一《ひと》つ。今《いま》の愛知県《あいちけん》の東部《とうぶ》に当《あ》たる。

みかわす【見交わす】 動詞 おたがいに相手《あいて》を見《み》る。見合《みあ》わせる。例思《おも》わず顔《かお》を見交わした。

みがわり【身代わり】 名詞 ほかの人《ひと》の代《か》わりになること。また、代《か》わりになった人《ひと》。例友人《ゆうじん》の身代わりになってばつを受《う》ける。

みかん 名詞 季語冬 果物《くだもの》の木《き》の一《ひと》つ。五《ご》〜六月《ろくがつ》ごろ白《しろ》い花《はな》がさき、秋《あき》の終《お》わりにだいだい色《いろ》の実《み》がなる。ことば 漢字《かんじ》では「蜜柑」と書《か》く。

みかん

みかん【未刊】 名詞 本《ほん》や雑誌《ざっし》が、まだ発行《はっこう》されていないこと。対既刊《きかん》。

みかん【未完】 名詞 まだでき上《あ》がっていないこと。未完成《みかんせい》。例未完の小説《しょうせつ》。

みかんせい【未完成】 名詞 形容動詞 まだでき上《あ》がっていないこと。未完《みかん》。例未完成の作品《さくひん》。

校生《こうせい》との争《あらそ》い、クリスマス劇《げき》の練習《れんしゅう》、プレゼントの準備《じゅんび》などにいそがしい。作家志望《さっかしぼう》のジョニー、優等生《ゆうとうせい》マル
豊《ゆた》かな少年《しょうねん》たちが、なやみをかかえながらも、信頼《しんらい》する先生《せんせい》たちに助《たす》けられて成長《せいちょう》してゆく、感動的《かんどうてき》な物語《ものがたり》。

みき【幹】 名詞 ❶木《き》の、枝《えだ》を出《だ》す太《ふと》い部分《ぶぶん》。対枝《えだ》。❷ものごとや考《かんが》え方《かた》の中心《ちゅうしん》となる大切《たいせつ》な部分《ぶぶん》。例全体《ぜんたい》の幹となる計画《けいかく》。漢↓295ページかん〔幹〕

みぎ【右】 名詞 ❶北《きた》を向《む》いたとき、東《ひがし》に当《あ》たるほう。対左《ひだり》。❷縦書《たてが》きの文《ぶん》で、前《まえ》に書《か》いてある部分《ぶぶん》。例くわしい理由《りゆう》は右に述《の》べたとおりです。漢↓117ページう〔右〕

●**右《みぎ》から左《ひだり》** お金《かね》や品物《しなもの》などを受《う》けとっても、すぐに人《ひと》にわたしたり、しはらったりして、手《て》もとにとどまらないこと。例お年玉《としだま》は、右から左へなくなってしまった。

●**右《みぎ》と言《い》えば左《ひだり》** 人《ひと》の言《い》うことに、なんでも反《はん》対《たい》すること。

●**右《みぎ》に出《で》る者《もの》がない** その人《ひと》よりすぐれている人《ひと》がいない。例将棋《しょうぎ》にかけては、兄《あに》の右に出る者がない。

●**右《みぎ》の耳《みみ》から左《ひだり》の耳《みみ》** 人《ひと》から聞《き》いたことをすぐに忘《わす》れてしまうこと。例先生《せんせい》にしかられても右の耳から左の耳だ。

●**右《みぎ》も左《ひだり》も分《わ》からない** その辺《あた》りの地理《ちり》にくわしくない。そのものごとについてよく知《し》らない。例引《ひ》っ越《こ》ししたばかりで右も左も分からない。

みぎうで【右腕】 名詞 ❶右《みぎ》のうで。❷仕事《しごと》や研究《けんきゅう》をする上《うえ》で、いちばんたよりになる部下《ぶか》。例社長《しゃちょう》の右腕として働《はたら》く。

みぎがわ【右側】 名詞 右《みぎ》の方《ほう》。対左側《ひだりがわ》。

みきき【見聞き】 名詞 動詞 自分《じぶん》で直接《ちょくせつ》見《み》たり聞《き》いたりすること。例見聞きしたことをまとめて発表《はっぴょう》する。

みぎきき【右利き】 名詞 右手《みぎて》のほうが左手《ひだりて》よりも器用《きよう》に使《つか》えること。また、その人《ひと》。対左利《ひだりき》き。

ミキサー（mixer）名詞 ❶セメント・砂《すな》・砂利《じゃり》・水《みず》などを混《ま》ぜて、コンクリートをつくる機械《きかい》。❷野菜《やさい》・果物《くだもの》などを細《こま》かくくだいてジュースなどを作《つく》る器具《きぐ》。❸放送局《ほうそうきょく》で音《おと》や映像《えいぞう》の調節《ちょうせつ》をする人《ひと》。また、その機械《きかい》。

みぎて【右手】 名詞 ❶右《みぎ》の手《て》。対左手《ひだりて》。❷右《みぎ》の方向《ほうこう》。例右手に海《うみ》が見《み》える。対左手《ひだりて》。

みきり【見切り】 名詞 もう見《み》こみがないとあきらめること。例見切り品《ひん》（＝売《う》れる見《み》こみが少《すく》ないため、値段《ねだん》を下《さ》げた商品《しょうひん》）。

●**見切《みき》りを付《つ》ける** 見《み》こみがないものとしてあきらめる。見限《みかぎ》る。例夢《ゆめ》に見切りを付ける。

みきわめる【見極める】 動詞 ❶最後《さいご》までよく見《み》る。例相手《あいて》の動《うご》きを見極める。❷よく確《たし》かめる。例真実《しんじつ》かどうか見極める。

みくだす【見下す】 動詞 ❶上《うえ》から下《した》の方《ほう》を見《み》る。対見上《みあ》げる。❷ばかにする。例人《ひと》を見下すような態度《たいど》。

みくびる【見くびる】 動詞 相手《あいて》の力《ちから》を、大《たい》したことはないと思《おも》ってばかにする。例下級《かきゅう》生《せい》だからといって見くびるなよ。類侮《あなど》る。

みくらべる【見比べる】 動詞 いくつかのものを見《み》て比《くら》べる。比較《ひかく》する。例よく見比べてから買《か》う品物《しなもの》を決《き》める。

みぐるしい【見苦しい】 形容詞 見《み》ていて、いやな感《かん》じであるようす。みっともない。例あれこれと言《い》い訳《わけ》をするのは見苦しい。

みぐるみ【身ぐるみ】 名詞 身《み》に着《つ》けているもの全部《ぜんぶ》。例身ぐるみはがされる。

ミクロ（フランス語）❶名詞 とても小《ちい》さいこと。目《め》に見《み》えないほど細《こま》かいこと。例顕微鏡《けんびきょう》でミクロの世界《せかい》をのぞく。❷↓1234ページマイクロ

みけ【三毛】 名詞 ねこの、白《しろ》・黒《くろ》・茶色《ちゃいろ》がまじっている毛《け》。また、そのねこ。三毛《みけ》ねこ。

みけつ【未決】 名詞 まだ決《き》まっていないこと。例出発日《しゅっぱつび》は未決のままだ。

みけねこ【三毛猫】 ↓1263ページみけ

ミケランジェロ 名詞（一四七五～一五六四）イタリアの芸術家《げいじゅつか》。ルネサンスを代表《だいひょう》する彫刻家《ちょうこくか》・画家《がか》・建築家《けんちくか》。彫刻《ちょうこく》の「ダビデ像《ぞう》」「モーゼ像《ぞう》」、壁画《へきが》の「最後《さいご》の審判《しんぱん》」など、数多《かずおお》くの作品《さくひん》を残《のこ》した。

みけん【眉間】 名詞 まゆとまゆの間《あいだ》。また、額《ひたい》の真《ま》ん中《なか》。例眉間にしわを寄《よ》せる。図↓235ページかお

みこ 名詞 神《かみ》に仕《つか》えて、おいのりをしたり、神楽《かぐら》をまったりする女《おんな》の人《ひと》。

みこし 名詞 季語夏 祭《まつ》りのときに、神体《しんたい》（＝神《かみ》

読書のこみち　高中低『飛《と》ぶ教室《きょうしつ》』ケストナー　冬《ふゆ》、ドイツの寄宿学校《きしゅくがっこう》の生徒《せいと》たちは、昔《むかし》から仲《なか》の悪《わる》い実業学《じつぎょうがっ》ティン、ボクサーを目指《めざ》すマッツ、臆病《おくびょう》なウーリ、頭《あたま》の切《き》れるゼバスティアーン。個性《こせい》

様《さま》の宿《やど》っているもの）をのせて大勢《おおぜい》でかつぎ回《まわ》るもの。おみこし。ことば「一《いっ》基《き》」と数《かぞ》える。

みこし

●みこしを上《あ》げる ❶こしを上《あ》げる。立《た》ち上《あ》がる。❷ものごとをやり始《はじ》める。とりかかる。例 迷《まよ》ってばかりで、なかなかみこしを上げない。

●みこしを担《かつ》ぐ 人《ひと》をおだてて、高《たか》い地位《ちい》につかせる。例 みこしを担いで、山田《やまだ》さんをキャプテンにした。

みごしらえ【身ごしらえ】 名詞 動詞 何《なに》かをするために、服装《ふくそう》を整《ととの》えること。身《み》じたく。例 外出前《がいしゅつまえ》に身ごしらえをする。類 身《み》繕《づくろ》い。

みごたえ【見応え】 名詞 見《み》るだけの値打《ねう》ちやおもしろさ。例 見応えのある演劇《えんげき》。

みごと【見事】 形容動詞 ❶りっぱなようす。すばらしいようす。例 見事な作品《さくひん》／見事に成功《せいこう》した。❷完全《かんぜん》であるようす。例 見事に負《ま》けた。

みことのり【詔】 名詞 天皇《てんのう》のことば。天皇《てんのう》の命令《めいれい》。

みこみ【見込み】 名詞 ❶そうなるだろうと前《まえ》もって考《かんが》えること。予《よ》想《そう》。例 明日《あす》は晴《は》れの見込みだ。類 見通《みとお》し。❷将来《しょうらい》の望《のぞ》み。例 見込みのある新人選手《しんじんせんしゅ》。

みこむ【見込む】 動詞 ❶だいたいの見当《けんとう》をつける。予《よ》想《そう》する。例 およその人数《にんずう》を見込んで用意《ようい》をする。❷あてにする。たよりにする。期待《きたい》する。例 きみを見込んでお願《ねが》いする。❸どこまでもとりつく。例 へびに見込まれたかえる（＝おそろしいものを前《まえ》にして、身動《みうご》きできなくなるたとえ）。

みごもる【身籠もる】 動詞 おなかの中《なか》に子《こ》供《ども》ができる。にんしんする。

みごろ【見頃】 名詞 花《はな》などの、見《み》るのにちょうどよいころ。例 庭《にわ》の梅《うめ》の木《き》は今《いま》が見頃です。

みごろ【身頃】 名詞 衣服《いふく》の、そでやえりなどを除《のぞ》いた、胴体《どうたい》をおおう部分《ぶぶん》。例 前《まえ》身頃。

みごろし【見殺し】 名詞 死《し》にそうになっていたり困《こま》ったりしているのを、見《み》ていながら助《たす》けてやらないこと。例 親友《しんゆう》を見殺しにはできない。

ミサイル（missile）名詞 ロケットやジェットエンジンのはたらきで飛《と》ぶ爆弾《ばくだん》。電波《でんぱ》などに導《みちび》かれて、目標《もくひょう》に向《む》かって飛《と》んでいく。

みさお【操】 名詞 考《かんが》えや志《こころざし》を固《かた》く守《まも》って変《か》えないこと。例 操を立《た》てる。漢 ⇒745ページ そう〔操〕

みさかい【見境】 名詞 ものごとのよしあしを見分《みわ》けること。区別《くべつ》。例 見境のない行《おこな》い。

みさき【岬】 名詞 海《うみ》や湖《みずうみ》につき出《で》ている、陸地《りくち》のはしの部分《ぶぶん》。例 岬の灯台《とうだい》。

みさげる【見下げる】 動詞 程度《ていど》が低《ひく》いものとして見《み》る。ばかにする。軽蔑《けいべつ》する。例 人《ひと》をだますとは見下げた男《おとこ》だ。対 見上《みあ》げる。

みささぎ【陵】 名詞 天皇《てんのう》や皇后《こうごう》などの墓《はか》。類 御陵《ごりょう》。

みさだめる【見定める】 動詞 はっきりするまでよく見《み》て確《たし》かめる。例 安全《あんぜん》かどうか見定めてから道《みち》をわたる。

みじかい【短い】 形容詞 ❶ものの、はしからはしまでのはなれ具合《ぐあい》が小《ちい》さい。例 短い針《はり》。対 長《なが》い。❷ある時《とき》からある時《とき》までの時間《じかん》が少《すこ》ししかない。長《なが》く続《つづ》かない。例 短い話《はなし》。対 長《なが》い。使い方 「短かい」「短じかい」と書《か》かないよう注意《ちゅうい》。漢 ⇒815ページ たん〔短〕

みじかめ【短め】 名詞 形容動詞 少《すこ》し短《みじか》いこと。例 かみの毛《け》を短めに切《き》る。対 長《なが》め。

ミシシッピがわ【ミシシッピ川】 名詞 アメリカ合衆国《がっしゅうこく》の中央部《ちゅうおうぶ》を南《みなみ》に流《なが》れ、メキシコ湾《わん》に注《そそ》ぐ長《なが》い川《かわ》。昔《むかし》から水上交通《すいじょうこうつう》がさかん。

みじたく【身支度・身仕度】 名詞 何《なに》かをするために、服装《ふくそう》を整《ととの》えること。例 山登《やまのぼ》りの身支度をする。類 身《み》ごしらえ。身《み》繕《づくろ》い。

みじめ【惨め】 形容動詞 見《み》ていられないほど、かわいそうなようす。また、とても情《なさ》けなく感《かん》じるようす。例 雨《あめ》にぬれて惨めなすがたの犬《いぬ》。

みじゅく【未熟】 名詞 形容動詞 ❶果物《くだもの》などがまだよく熟《じゅく》していないこと。対 成熟《せいじゅく》。❷学問《がくもん》やわざなどが、まだじゅうぶんでないこと。例 未熟な腕前《うでまえ》。対 円熟《えんじゅく》。❸心《こころ》や体《からだ》が、まだじゅうぶんに成長《せいちょう》していないこと。例 未熟児《じ》。対 成熟《せいじゅく》。

るトム・ソーヤー。確《たし》かに、いかめしい学校《がっこう》の先生《せんせい》やもったいぶった牧師《ぼくし》さん相手《あいて》にいたずらをしかけることばおびえることもあります。そんなトムの、はらはらどきどきの冒険《ぼうけん》を、いっしょに楽《たの》しんでみませんか。

みしらぬ【見知らぬ】 連体詞 見《み》たことがない。まったく知《し》らない。例 見知らぬ人《ひと》。

みじろぎ【身じろぎ】 名詞 体《からだ》を少《すこ》し動《うご》かすこと。例 身じろぎもしないで先生《せんせい》の話《はなし》を聞《き》く。類 身動《みうご》き。使い方 あとに「ない」などのことばがくることが多《おお》い。

ミシン 名詞 布《ぬの》や革《かわ》などをぬい合《あ》わせる機械《きかい》。例 生地《きじ》にミシンをかける。ことば 英語《えいご》の「ソーイングマシン」からきたことば。

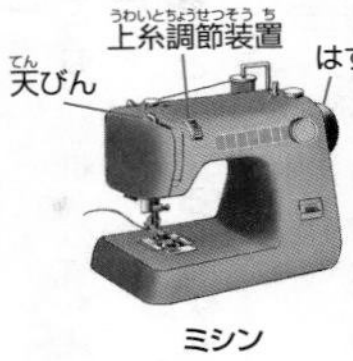

ミシン

みじん 名詞
❶細《こま》かいちりやほこり。
❷非常《ひじょう》に細《こま》かいようす。例 こっぱみじんにこわれる／たまねぎのみじん切《ぎ》り。
❸非常《ひじょう》にわずかなこと。例 きみをうらむ気持《きも》ちはみじんもない。
使い方 ❸は、あとに「ない」などのことばがくることが多《おお》い。

みじんこ 名詞 水《みず》の中《なか》にいる、えびのなかまの小《ちい》さな動物《どうぶつ》。体《からだ》は二《に》ミリメートル以下《いか》で、魚《さかな》のえさになる。

ミス (miss) 名詞 動詞 やりそこなうこと。失敗《しっぱい》すること。例 バトンタッチをミスする。

ミス (Miss) 名詞
❶結婚《けっこん》していない女《おんな》の人《ひと》。また、その人《ひと》の名前《なまえ》の前《まえ》につけることば。関連 ミズ。ミセス。ミスター。
❷ある社会《しゃかい》を代表《だいひょう》する女《おんな》の人《ひと》。例 ミスインターナショナル／ミス日本《にほん》。

みず【水】 名詞
❶水素《すいそ》と酸素《さんそ》からできた、色《いろ》・におい・味《あじ》のない液体《えきたい》。ふつうは冷《つめ》たいものを指《さ》す。教科 理 セ氏百度《しひゃくど》でふっとうして気体《きたい》（＝水蒸気《すいじょうき》）になり、セ氏零度《しれいど》でこおって固体《こたい》（＝氷《こおり》）になる。
❷液体《えきたい》。例 水あめ／水薬《みずぐすり》。
❸大水《おおみず》。洪水《こうずい》。例 台風《たいふう》で水が出《で》る。
❹すもうで、勝負《しょうぶ》が長引《ながび》いたとき、しばらく休《やす》むこと。例 水が入《はい》る。 漢 ⇩673ページ すい〔水〕

水《みず》と油《あぶら》 ものごとがうまくとけ合《あ》わないことのたとえ。また、二《ふた》つのものがしっくり合《あ》わないことのたとえ。例 二人《ふたり》は水と油の関係《かんけい》だ。

水《みず》に流《なが》す 前《まえ》にあった争《あらそ》いやもめごとを、いっさいなかったことにする。例 これまでのことは水に流して仲《なか》よくしよう。

水《みず》の泡《あわ》 ⇩1267ページ みずのあわ

水《みず》も漏《も》らさぬ 一滴《いってき》の水《みず》ももらさないほど、警戒《けいかい》や用意《ようい》が完全《かんぜん》である。例 犯人《はんにん》ににげられないよう、水も漏らさぬ警戒《けいかい》をする。

水《みず》をあける 競争《きょうそう》で、相手《あいて》に大《おお》きな差《さ》をつける。例 二位《にい》に大《おお》きく水をあけてゴールした。

水《みず》を打《う》ったよう しんと静《しず》まり返《かえ》っているようす。例 場内《じょうない》は水を打ったように静《しず》まり返《かえ》った。

水《みず》を得《え》た魚《うお》のよう 自分《じぶん》に合《あ》ったところで、生《い》き生《い》きと活躍《かつやく》するようすのたとえ。例 水を得た魚のようなプレーを見《み》せる。

水《みず》を差《さ》す
❶うまくいっているところに水《みず》を差《さ》される。例 盛《も》り上《あ》がっているところに水を差される。
❷仲《なか》よしの者同士《ものどうし》の仲《なか》が悪《わる》くなるように仕向《しむ》ける。例 二人《ふたり》の仲《なか》に水を差す。

水《みず》を向《む》ける 相手《あいて》が興味《きょうみ》を持《も》つように、さそいかける。気《き》を引《ひ》く。例 水を向けてみたけれど、やんわりと断《ことわ》られた。

ミズ (Ms.) 名詞 結婚《けっこん》しているかどうかに関係《かんけい》なく、女《おんな》の人《ひと》の名前《なまえ》の前《まえ》につけることば。関連 ミス。ミスター。ミセス。

みずあか【水あか】 名詞 水《みず》にとけていたものが、水底《すいてい》にしずんだり、固《かた》まってくっついたりしたもの。例 水槽《すいそう》に水あかが付《つ》く。

みずあげ【水揚げ】 名詞
❶船《ふね》の荷物《にもつ》を陸《りく》にあげること。類 陸揚《りくあ》げ。
❷魚《さかな》などのとれた量《りょう》。例 今年《ことし》は、いわしの水揚げが多《おお》い。
❸切《き》った草花《くさばな》が水《みず》を吸《す》い上《あ》げること。
❹売上金《うりあげきん》。

みずあそび【水遊び】 名詞 季語 夏 水《みず》の中《なか》に入《はい》って遊《あそ》ぶこと。また、水《みず》を使《つか》って遊《あそ》ぶこと。

みずあび【水浴び】 名詞 動詞 体《からだ》に水《みず》をかけて、すずんだり洗《あら》ったりすること。水浴《すいよく》。

みずあめ【水あめ】 名詞 ねばり気《け》のあるやわらかいあめ。でんぷんや麦芽《ばくが》などから作《つく》る。

みすい【未遂】 名詞 悪事《あくじ》などが、計画《けいかく》だけで終《お》わったり、うまくいかなかったりすること。例 殺人未遂事件《さつじんみすいじけん》。使い方 ふつう、犯罪《はんざい》など、よくないことに対《たい》して使《つか》う。

読書のこみち 高 中 低 『トム・ソーヤーの冒険《ぼうけん》』トウェイン　わんぱく者《もの》の男《おとこ》の子《こ》といえば、だれもが知《し》ってい
も。でも、仲間《なかま》と家出《いえで》をしたときにはおばさんがいる家《いえ》が恋《こい》しくなるし、危険《きけん》な目《め》にあえ

みずいらず【水入らず】 名詞 家族《かぞく》やごく親《した》しい人《ひと》だけで、ほかの人《ひと》が交《ま》じっていないこと。例 家族《かぞく》水入らずで旅行《りょこう》を楽《たの》しむ。ことば 水《みず》と油《あぶら》はとけ合《あ》わないことから、ほかの人《ひと》がまじっていないようすを、水《みず》がまじっていない油《あぶら》にたとえたことば。

みずいり【水入り】 名詞 すもうで、組《く》み合《あ》ったままなかなか勝負《しょうぶ》がつかないとき、いったん中断《ちゅうだん》して、力士《りきし》をひと休《やす》みさせること。

みずいろ【水色】 名詞 うすい青色《あおいろ》。

みずうみ【湖】 名詞 陸地《りくち》の中《なか》のくぼみに、広々《ひろびろ》と水《みず》がたまっているところ。池《いけ》より大《おお》きくて深《ふか》い。漢 ⇒441ページ こ〔湖〕

みずいろ

みすえる【見据える】 動詞 ❶じっと見《み》つめる。にらむ。例 相手《あいて》の顔《かお》を見据える。❷注意深《ちゅういぶか》く見《み》る。きちんととらえる。例 大切《たいせつ》な点《てん》を見据えて話《はな》し合《あ》いを進《すす》める。

みずおち ⇒1268ページ みぞおち

みずかき【水かき】 名詞 水鳥《みずとり》やかえるなどの指《ゆび》の間《あいだ》にある膜《まく》。これで水《みず》をかいて泳《およ》ぐ。

みずかけろん【水掛け論】 名詞 おたがいが自分《じぶん》の意見《いけん》ばかり言《い》い合《あ》って、いつまでたってもまとまらない議論《ぎろん》。例 今日《きょう》の会議《かいぎ》は水掛け論に終《お》わった。

みずかさ【水かさ】 名詞 川《かわ》や湖《みずうみ》、池《いけ》などの水《みず》の量《りょう》。例 大雨《おおあめ》のため川《かわ》の水かさが増《ま》した。

みずがし【水菓子】 名詞 「果物《くだもの》」の古《ふる》い言《い》い方《かた》。

みすかす【見透かす】 動詞 かくしている気《き》持《も》ちなどを見《み》ぬく。見通《みとお》す。例 本心《ほんしん》を見透かされてしまった。

みずから【自ら】 ❶名詞 自分《じぶん》。自身《じしん》。例 自らの力《ちから》で解決《かいけつ》する。❷副詞 自分《じぶん》から。自分《じぶん》で。例 自ら名乗《なの》り出《で》る。漢 ⇒554ページ じ〔自〕

みずがれ【水がれ】 名詞 田《た》・池《いけ》・川《かわ》などの水《みず》が、かわいてなくなってしまうこと。例 雨《あめ》が降《ふ》らない日《ひ》が続《つづ》き、水がれが起《お》こる。

みずぎ【水着】 名詞 季語 夏 泳《およ》ぐときに着《き》るもの。

みずききん【水飢きん】 名詞 雨《あめ》が長《なが》い間《あいだ》降《ふ》らず、田畑《たはた》の水《みず》や飲《の》み水《みず》が足《た》りなくなること。

みずきりかご【水切り籠】 名詞 洗《あら》い終《お》わった食器《しょっき》や調理道具《ちょうりどうぐ》などをいったん置《お》いて、水《みず》を切《き》るためのかご。

みずぎわ【水際】 名詞 川《かわ》や海《うみ》などの、水面《すいめん》と地面《じめん》との境目《さかいめ》。類 水辺《みずべ》。

みずぎわだつ【水際立つ】 動詞 特別目立《とくべつめだ》ってすぐれている。例 水際立った活躍《かつやく》。

みずくさ【水草】 名詞 おもに川《かわ》や池《いけ》などの水《みず》の中《なか》に生《は》える草《くさ》。

みずくさい【水臭い】 形容詞 ❶よそよそしくて親《した》しみがない。例 ぼくにかくしごとをするなんて、水臭いよ。❷水分《すいぶん》が多《おお》くて味《あじ》がうすい。例 水臭いスープ。

みずぐるま【水車】 ⇒676ページ すいしゃ

みずけ【水気】 名詞 物《もの》にふくまれている水分《すいぶん》。例 水気が多《おお》い果物《くだもの》。

みずけむり【水煙】 名詞 水《みず》が飛《と》び散《ち》ってけむりのように見《み》えるもの。水《みず》しぶき。例 水煙を上《あ》げて、モーターボートが走《はし》る。

みすごす【見過ごす】 動詞 ❶見《み》ても見《み》ないふりをして、そのままにしておく。例 悪《わる》い行《おこな》いをだまって見過ごすことはできない。類 見逃《みのが》す。❷見《み》ても気《き》がつかない。見落《みお》とす。例 誤《あやま》りを見過ごしてしまった。類 見逃《みのが》す。

みずさきあんない【水先案内】 名詞 船《ふね》が港《みなと》などに出入《でい》りするとき、安全《あんぜん》な道筋《みちすじ》を教《おし》え、案内《あんない》すること。また、その人《ひと》。パイロット。

みずさし【水差し】 名詞 コップや花瓶《かびん》などに注《そそ》ぐための水《みず》を入《い》れておくうつわ。「ピッチャー」ともいう。

みずしごと【水仕事】 名詞 食事《しょくじ》のしたくや洗濯《せんたく》など、水《みず》を使《つか》ってする仕事《しごと》。

みずしぶき【水しぶき】 名詞 辺《あた》りに勢《いきお》いよく飛《と》び散《ち》る、水《みず》の細《こま》かいつぶ。例 車《くるま》が水しぶきを上《あ》げて走《はし》る。

みずしらず【見ず知らず】 会《あ》ったことがなく、まったく知《し》らないこと。例 見ず知らずの人《ひと》に声《こえ》をかけられた。

みずすまし 名詞 季語 夏 池《いけ》や川《かわ》にすむ昆虫《こんちゅう》の一《ひと》つ。体《からだ》は黒《くろ》く、水《みず》の上《うえ》をくるくる回《まわ》りながら

るある夜《よる》、時計《とけい》が13時《じ》を打《う》つとき、ドアの向《む》こうの庭《にわ》に足《あし》をふみ入《い》れる。夜《よ》ごとに不思議《ふしぎ》な庭《にわ》で少女《しょうじょ》ハティとだが、謝《あやま》りに行《い》った大家《おおや》さんのところで、おどろくべきことが待《ま》っていた。タイム・ファンタジーの傑作《けっさく》。

泳《およ》ぐ。

ミスター (Mister・Mr.) 名詞 ❶男《おとこ》の人《ひと》の名前《なまえ》の前《まえ》につけることば。関連 ミス。ミズ。ミセス。❷その会《かい》や団体《だんたい》を代表《だいひょう》する男《おとこ》の人《ひと》。例 ミスタープロ野球《やきゅう》。

みずすまし

みずたま【水玉】 名詞 ❶水《みず》が玉《たま》のように丸《まる》くなったもの。例 草《くさ》の葉《は》についた水玉が光《ひか》る。❷小《ちい》さな円《えん》を一面《いちめん》に散《ち》らした模様《もよう》。水玉模様《みずたまもよう》。

みずたまり【水たまり】 名詞 地面《じめん》のくぼみに、雨水《あまみず》などがたまっているところ。

みずっぽい【水っぽい】 形容詞 水分《すいぶん》が多《おお》くて、味《あじ》がうすい。例 水っぽい料理《りょうり》。

ミステーク (mistake) 名詞 「まちがい」のこと。ミス。

みずでっぽう【水鉄砲】 名詞 季語 夏 細長《ほそなが》いつつの先《さき》の穴《あな》から水《みず》をおし出《だ》して遊《あそ》ぶおもちゃ。

ミステリー (mystery) 名詞 ❶不思議《ふしぎ》なこと。なぞ。❷推理小説《すいりしょうせつ》など、不思議《ふしぎ》なことを書《か》いた小説《しょうせつ》やドラマ。例 ミステリー映画《えいが》。

みすてる【見捨てる】 動詞 ❶関係《かんけい》を断《た》つ。相手《あいて》にしなくなる。例 仲間《なかま》に見捨てられる。類 見限《みかぎ》る。見放《みはな》す。❷助《たす》けが必要《ひつよう》だと知《し》りながら、そのままほうっておく。例 困《こま》っている人《ひと》を見捨てることはできない。

みずとり【水鳥】 名詞 季語 冬 足《あし》の指《ゆび》の間《あいだ》に水《みず》かきがあり、水《みず》の上《うえ》を泳《およ》ぐ鳥《とり》。水《みず》の中《なか》にもぐってえさをとる。がん・かも・白鳥《はくちょう》など。

みずのあわ【水の泡】 名詞 それまでの努力《どりょく》や苦労《くろう》がむだになってしまうことのたとえ。例 ここでやめては、これまでの努力《どりょく》が水の泡だ。ことば 水《みず》のあわはすぐに消《き》えてしまい、あとに何《なに》も残《のこ》らないことからきたことば。

みずはけ【水はけ】 名詞 雨水《あまみず》や下水《げすい》などが流《なが》れていく具合《ぐあい》。例 水はけのよい土地《とち》。

みずばしょう 名詞 季語 夏 さといものなかまの草花《くさばな》。山地《さんち》のしめったところに集《あつ》まって生《は》え、夏《なつ》の初《はじ》めに黄緑色《きみどりいろ》の小《ちい》さい花《はな》がさく。花《はな》は、白《しろ》く美《うつく》しい「ほう」に包《つつ》まれている。

みずばしょう

みずひき【水引】 名詞 おくり物《もの》の包《つつ》み紙《がみ》を結《むす》ぶための、特別《とくべつ》なひも。参考 お祝《いわ》いのときには赤《あか》と白《しろ》や金《きん》と銀《ぎん》、葬式《そうしき》などのときには黒《くろ》と白《しろ》のものなどを使《つか》う。図 ⇩1026ジ《ペー》のしぶくろ

みずびたし【水浸し】 名詞 水《みず》にすっかりつかること。例 ゆかが水浸しになってしまった。

みずぶくれ【水膨れ】 名詞 やけどなどのために、皮膚《ひふ》の下《した》に水分《すいぶん》がたまってふくれること。また、そのふくれたもの。

みずべ【水辺】 名詞 川《かわ》・池《いけ》・湖《みずうみ》などの、水《みず》のすぐそば。水《みず》のほとり。例 水辺の植物《しょくぶつ》。類 水際《みずぎわ》。

みずぼうそう【水ぼうそう】 名詞 子供《こども》に多《おお》い感染症《かんせんしょう》の一《ひと》つ。熱《ねつ》が出《で》て、体《からだ》じゅうに赤《あか》いぶつぶつができ、その中《なか》に水《みず》がたまる。

みすぼらしい 形容詞 見《み》た感《かん》じが貧《まず》しそうなようす。例 みすぼらしい身《み》なり。

みずまくら【水枕】 名詞 氷《こおり》や水《みず》を入《い》れて使《つか》う、ゴムなどで作《つく》ったまくら。熱《ねつ》が出《で》たときに、頭《あたま》を冷《ひ》やすのに使《つか》う。

みずまし【水増し】 名詞 動詞 ❶飲《の》み物《もの》などに水《みず》を足《た》して、量《りょう》を増《ふ》やすこと。❷実際《じっさい》の数《かず》よりも、多《おお》く見《み》せかけること。例 代金《だいきん》を水増しする。

みすみす 副詞 目《め》の前《まえ》で見《み》ていながら。わかっているのに。例 みすみすチャンスをのがした。

みずみずしい 形容詞 ❶とれたてで新鮮《しんせん》である。例 みずみずしい野《や》菜《さい》。❷若々《わかわか》しく、生《い》き生《い》きとしている。例 みずみずしい感覚《かんかく》。

みずむし【水虫】 名詞 手《て》のひらや足《あし》の裏《うら》、指《ゆび》の間《あいだ》などに水《みず》ぶくれができたり、皮《かわ》がむけたりする皮膚病《ひふびょう》。参考 はくせん菌《きん》というかびのなかまがすみつくのが原因《げんいん》。

みずやり【水やり】 名詞 植物《しょくぶつ》に水《みず》をあたえること。

みせ【店】 名詞 品物《しなもの》を並《なら》べて売《う》っているとこ

読書のこみち　高 中 低　『トムは真夜中《まよなか》の庭《にわ》で』ピアス　弟《おとうと》のはしかで、親戚《しんせき》に預《あず》けられたトム。さびしさを感《かん》じの出会《であ》いをくり返《かえ》すが、楽《たの》しい日々《ひび》は永遠《えいえん》には続《つづ》かない。失望《しつぼう》してさわぎを起《お》こしたトム

ろ。商売《しょうばい》をするところ。商店《しょうてん》。例 店先《さき》／店開《びら》き／夜店《よ》。漢 ↓901ジー てん〔店〕

みせいねん【未成年】 名詞 法律《ほうりつ》の上《うえ》で、まだ大人《おとな》として認《みと》められていないこと。また、その人《ひと》。例 未成年者《しゃ》。対 成年《せいねん》。

みせかけ【見せ掛け】 名詞 うわべだけをそのように見《み》せること。外見《がいけん》。例 見せ掛けだけのやさしさ。

みせかける【見せ掛ける】 動詞 ほんとうはそうでないのに、うわべだけをそうであるように見《み》せる。例 にせ物《もの》を本物《ほんもの》に見せ掛ける。

みせさき【店先】 名詞 店《みせ》の入《い》り口《ぐち》の辺《あた》り。店《みせ》の前《まえ》。例 店先に看板《かんばん》を立《た》てる。類 店頭《てんとう》。

みせじまい【店じまい】 名詞 動詞
❶その日《ひ》の商売《しょうばい》を終《お》えて、店《みせ》を閉《し》めること。例 今日《きょう》はもう店じまいだ。類 閉店《へいてん》。対 店開《みせびら》き。
❷商売《しょうばい》をやめてしまうこと。例 あそこは、半《はん》年前《としまえ》に店じまいした。類 閉店《へいてん》。対 店開《みせびら》き。

みせしめ【見せしめ】 名詞 ほかの人《ひと》が同《おな》じことをしないように、悪《わる》いことをした人《ひと》をほかの人《ひと》の前《まえ》でばっすること。

ミセス（Mrs.）名詞 結婚《けっこん》している女《おんな》の人《ひと》。また、その人《ひと》の名前《なまえ》の前《まえ》につけることば。関連 ミス。ミズ。ミスター。

みせつける【見せ付ける】 動詞 わざと見《み》えるようにする。得意《とくい》そうに見《み》せる。例 仲《なか》のよいようすを人《ひと》に見せ付ける。

みせどころ【見せ所】 名詞 芸《げい》や劇《げき》などで、とくに人《ひと》に見《み》せたい部分《ぶぶん》。また、そのような機《き》会《かい》。見《み》せ場《ば》。例 ここがうでの見せ所だ。

みぜにをきる【身銭を切る】 自分《じぶん》のお金《かね》を出《だ》してはらう。例 身銭を切って研究《けんきゅう》を続《つづ》ける。類 自腹《じばら》を切《き》る。

みせば【見せ場】 名詞 見《み》る価値《かち》のある場面《ばめん》。とくに見《み》せたい場面《ばめん》。類 見所《みどころ》。ことば もとは、芝居《しばい》などで役者《やくしゃ》が得意《とくい》とする場面《ばめん》のこと。

みせばん【店番】 名詞 店《みせ》の番《ばん》をして、客《きゃく》の相《あい》手《て》などをすること。また、その人《ひと》。

みせびらかす【見せびらかす】 動詞 持《も》っている物《もの》などを自慢《じまん》して、やたらに人《ひと》に見《み》せる。例 新《あたら》しい自転車《じてんしゃ》を見せびらかす。

みせびらき【店開き】 名詞 動詞
❶店《みせ》を開《あ》けて、その日《ひ》の商売《しょうばい》を始《はじ》めること。類 開店《かいてん》。対 店《みせ》じまい。
❷新《あたら》しく店《みせ》を開《ひら》いて商売《しょうばい》を始《はじ》めること。例 近《ちか》くに書店《しょてん》が店開きした。類 開店《かいてん》。対 店《みせ》じまい。

みせもの【見せ物・見世物】 名詞
❶客《きゃく》から料金《りょうきん》をとって、めずらしいものや曲《きょく》芸《げい》などを見《み》せること。また、そのもの。
❷周《まわ》りの人《ひと》から、おもしろ半分《はんぶん》に見《み》られること。例 みんなの見せ物になる。

みせる【見せる】 動詞
❶人《ひと》が見《み》るようにする。見《み》させる。例 作文《さくぶん》を母《はは》に見《み》せる。
❷外《そと》からもわかるようにする。示《しめ》す。例 ぼくの力《ちから》を見《み》せてやる。
❸経験《けいけん》させる。例 つらい目《め》を見せる。
❹（「…てみせる」の形《かたち》で）必《かなら》ずそうしようという強《つよ》い気持《きも》ちを表《あらわ》す。例 次《つぎ》のテストでは必《かなら》ず百点《ひゃくてん》をとってみせる。
使い方 ❹は、かな書《が》きにする。
漢 ↓428ジー けん〔見〕

みぜん【未然】 名詞 ものごとがまだ起《お》こらないうち。例 事故《じこ》を未然に防《ふせ》ぐ。

みそ 名詞
❶蒸《む》した大豆《だいず》をくだき、こうじと塩《しお》を混《ま》ぜて発《はっ》酵《こう》させてつくった、味《あじ》つけに使《つか》うもの。
❷自慢《じまん》したいところ。また、工夫《くふう》したところ。例 この絵《え》は、大胆《だいたん》な色《いろ》づかいがみそだ。
●**みそを付《つ》ける** 失敗《しっぱい》して、はじをかく。例 調子《ちょうし》よく一位《いちい》を走《はし》っていたのに、バトンタッチでみそを付けてしまった。

みぞ【溝】 名詞
❶水《みず》を流《なが》すために細長《ほそなが》くほったもの。
❷細長《ほそなが》いくぼみ。例 敷居《しきい》の溝。
❸考《かんが》え方《かた》や気持《きも》ちがはなれて、きょりがあること。例 友《とも》だちとの間《あいだ》に溝ができた。

みぞう【未曽有】 名詞 今《いま》までに一度《いちど》も起《お》こったことがないこと。例 未曽有の災害《さいがい》が起《お》きた。

みぞおち 名詞 胸《むね》の骨《ほね》のすぐ下《した》にある、少《すこ》しくぼんだところ。みずおち。ことば もとは「みずおち（＝水落《みずお》ち）」といった。「飲《の》んだ水《みず》が落《お》ちていくところ」という意味《いみ》からきたことば。図 ↓287ジー からだ

みそか 名詞 月《つき》の最後《さいご》の日《ひ》。対 一日《ついたち》。ことば もとは月《つき》の三十番目《さんじゅうばんめ》の日《ひ》をいった。また、一年《いちねん》の最後《さいご》の日《ひ》を「大《おお》みそか」という。

るようになった、動物《どうぶつ》好《ず》きのお医者《いしゃ》さんドリトル先生《せんせい》。ある日《ひ》アフリカのさるにはやっている疫病《えきびょう》を治《なお》してほ
人《ひと》よしでうでのいい先生《せんせい》と個性豊《こせいゆた》かな動物《どうぶつ》たちが活躍《かつやく》する「ドリトル先生物語《せんせいものがたり》」シリーズの１冊目《さつめ》です。

みそぎ 名詞 罪《つみ》やけがれをはらうために、川《かわ》などで体《からだ》を洗《あら》って清《きよ》めること。

みそこなう【見損なう】 動詞 ❶見《み》まちがえる。例 問題《もんだい》を見損なってまちがってしまった。❷見《み》る機会《きかい》をのがす。例 初日《はつひ》の出《で》を見損なった。❸まちがった見方《みかた》をする。例 きみを見損なったよ。

みそしる【みそ汁】 名詞 にぼしやかつおぶしなどでだしをとり、野菜《やさい》などを入《い》れてみそで味《あじ》つけしたしる。類 おみおつけ。

みそひともじ【三十一文字】 名詞「短歌《たんか》」のこと。参考 かなで書《か》くと、一首《いっしゅ》が五《ご》・七《しち》・五《ご》・七《しち》・七の三十一《さんじゅういち》文字《もじ》であることから。

みぞれ 名詞 季語 冬 雪《ゆき》がとけかかって降《ふ》るもの。雨混《あめま》じりの雪《ゆき》。

みたいだ 助動詞（ほかのことばのあとにつけて）❶ようすや形《かたち》などがよく似《に》ていることを表《あらわ》す。…のようだ。例 夢《ゆめ》みたいな話《はなし》。❷例《れい》として示《しめ》すときに使《つか》う。例 兄《あに》みたいに足《あし》が速《はや》くなりたい。❸確《たし》かではないが、たぶんそうだという気持《きも》ちを表《あらわ》す。…らしい。例 明日《あす》は雪《ゆき》が降《ふ》るみたいだ。使い方「かぜを引《ひ》いたみたい」のように「みたい」だけで使《つか》うこともある。

みだし【見出し】 名詞 ❶新聞《しんぶん》や雑誌《ざっし》などで、文章《ぶんしょう》の内容《ないよう》がひと目《め》でわかるように、初《はじ》めにつける題目《だいもく》。❷本《ほん》や帳面《ちょうめん》に収《おさ》めたことを、見《み》つけやすくするためにつけたもの。索引《さくいん》など。❸辞書《じしょ》や事典《じてん》で、項目《こうもく》を示《しめ》す部分《ぶぶん》。見出《みだ》し語《ご》。

みだしご【見出し語】 名詞 辞書《じしょ》や事典《じてん》で、一《ひと》つ一《ひと》つの項目《こうもく》になっていることば。

みだしなみ【身だしなみ】 名詞 服装《ふくそう》や持《も》ち物《もの》、また、ことばや態度《たいど》などをきちんと整《ととの》えておくこと。例 身だしなみを整《ととの》える。

みだしなみ

みたす【満たす】 動詞 ❶いっぱいにする。例 花瓶《かびん》に水《みず》を満たす。❷満足《まんぞく》させる。例 好奇心《こうきしん》を満たす。漢 ⇒1256ジベーまん〔満〕

みだす【乱す】 動詞 ❶きちんとまとまっているものを、ごちゃごちゃにする。例 かみの毛《け》を乱す／列《れつ》を乱す。❷落《お》ち着《つ》かなくする。例 心配《しんぱい》で心《こころ》を乱す。漢 ⇒1387ジベーらん〔乱〕

みたて【見立て】 名詞 ❶いくつかのものを見《み》て、よいものを選《えら》ぶこと。例 姉《あね》に洋服《ようふく》の見立てをたのむ。❷相手《あいて》のようすを調《しら》べて、判断《はんだん》すること。とくに、医者《いしゃ》が病人《びょうにん》の状態《じょうたい》などについて判断《はんだん》すること。現在《げんざい》の診断《しんだん》をすること。例 医者《いしゃ》の見立てでは、ただのかぜらしい。❸あるものを、ほかのものにたとえて考《かんが》えること。

みたてる【見立てる】 動詞 ❶いくつかのものを見《み》て、よいものを選《えら》ぶ。例 母《はは》は、わたしの着物《きもの》を見立ててくれた。❷あるものを、ほかのものにたとえて考《かんが》える。例 池《いけ》を海《うみ》に見立てておもちゃの船《ふね》をうかべた。❸医者《いしゃ》が病気《びょうき》を診断《しんだん》する。

みため【見た目】 名詞 外《そと》から見《み》たときのようすや感《かん》じ。見《み》かけ。外見《がいけん》。例 見た目は悪《わる》いが、おいしいみかん。

みだりに 副詞 むやみやたらに。例 廊下《ろうか》をみだりに走《はし》ってはいけない。

みだれ【乱れ】 名詞 乱《みだ》れること。例 生活習慣《せいかつしゅうかん》の乱れ。

みだれる【乱れる】 動詞 ❶きちんとまとまっていたものが、ばらばらになる。混乱《こんらん》する。例 列《れつ》が乱れる／国《くに》が乱れる。❷落《お》ち着《つ》いていることができなくなる。例 悪《わる》い知《し》らせに心《こころ》が乱れる。漢 ⇒1387ジベーらん〔乱〕

みち【道】 名詞 ❶人《ひと》や車《くるま》が行《い》き来《き》するところ。例 家《いえ》の前《まえ》の道。❷道《みち》のり。きょり。例 郵便局《ゆうびんきょく》までの道は約百《やくひゃく》メートルです。❸人《ひと》として行《おこな》わなければならないこと。例 道に外《はず》れた行《おこな》い。❹方法《ほうほう》。やり方《かた》。例 これよりほかに道はない。❺方面《ほうめん》。例 医学《いがく》の道に進《すす》む。漢 ⇒915ジベーどう〔道〕

● **道《みち》をつける**
❶通《とお》るための道《みち》をつくる。

読書のこみち　高 中 低　『ドリトル先生《せんせい》アフリカゆき』ロフティング　おうむに教《おそ》わって動物《どうぶつ》のことばがしゃべれ
しいという手紙《てがみ》を受《う》けとり、信頼《しんらい》する動物《どうぶつ》たちとともにアフリカに向《む》けて船出《ふなで》します。お

❷きっかけをつくる。ものごとの糸口《いとぐち》をつける。例 話《はな》し合《あ》いでの解決《かいけつ》に道をつける。

みち【未知】 名詞 まだ知《し》らないこと。まだ知《し》られていないこと。例 未知の世界《せかい》。

みちあんない【道案内】 ❶名詞 動詞 先《さき》に立《た》って歩《ある》いて、道順《みちじゅん》などを教《おし》えること。また、その人《ひと》。
❷名詞 その道《みち》の行《い》き先《さき》やきょりなどを示《しめ》して、道《みち》ばたに立《た》てたもの。道《みち》しるべ。

みぢか【身近】 名詞 形容動詞 自分《じぶん》の近《ちか》くにあること。また、自《じ》分《ぶん》に関係《かんけい》が深《ふか》いこと。例 辞書《じしょ》を身近に置《お》く／身近な問題《もんだい》。使い方「みじか」と書《か》かないよう注《ちゅう》意《い》。

みちがえる【見違える】 動詞 ほかのものと見《み》まちがう。例 掃除《そうじ》をしたら、見違えるほどきれいになった。

みちかけ【満ち欠け】 名詞 月《つき》がまるくなることと、欠《か》けること。

みちくさ【道草】 名詞
❶道《みち》のそばに生《は》えている草《くさ》。
❷目的《もくてき》の場所《ばしょ》に行《い》くとちゅうで、ほかのことをすること。寄《よ》り道《みち》。例 道草をしないで帰《かえ》ろう。

● **道草《みちくさ》を食《く》う** 目的《もくてき》の場《ば》所《しょ》へ行《い》くとちゅうで、余計《よけい》なことをして時間《じかん》をむだにする。寄《よ》り道《みち》をする。

みちしお【満ち潮】 ↓1257ジペーまんちょう

みちじゅん【道順】 名詞 ある所《ところ》へたどり着《つ》くまでの、道《みち》の順序《じゅんじょ》。例 駅《えき》までの道順をかく。

みちしるべ【道しるべ】 名詞 その道《みち》の行《い》き先《さき》やきょりを書《か》いて、道《みち》ばたなどに立《た》ててあるもの。道案内《みちあんない》。類 道標《どうひょう》。

みちすう【未知数】 名詞
❶数学《すうがく》で、まだあたいがわかっていない数《かず》。
❷これから先《さき》、どうなるかわからないこと。例 この歌手《かしゅ》の才能《さいのう》はまだ未知数だ。

みちすがら【道すがら】 副詞 道《みち》を歩《ある》きながら。歩《ある》いているとちゅうで。道々《みちみち》。例 友《とも》だちの家《いえ》へ行《い》く道すがら、なぞなぞを考《かんが》えた。

みちすじ【道筋】 名詞 通《とお》り道《みち》。ものごとの筋《すじ》道《みち》。例 駅《えき》へ行《い》く道筋／考《かんが》えの道筋をたどる。

みちたりる【満ち足りる】 動詞 足《た》りないところがなくて満足《まんぞく》する。望《のぞ》みがじゅうぶんかなって、幸《しあわ》せを感《かん》じる。例 満ち足りた生活《せいかつ》。

みちづれ【道連れ】 名詞 いっしょに行《い》くこと。また、いっしょに行《い》く人《ひと》。例 旅《たび》のとちゅうで道連れができた。

みちのえき【道の駅】 名詞 全国《ぜんこく》のおもな道《どう》路《ろ》につくられた施設《しせつ》。駐車場《ちゅうしゃじょう》・トイレ・売店《ばいてん》などがあり、地域《ちいき》の特産物《とくさんぶつ》を買《か》ったり、道路《どうろ》や地域《ちいき》の情報《じょうほう》を調《しら》べたりすることができる。

みちのく【陸奥】 名詞 昔《むかし》の、陸前《りくぜん》・陸中《りくちゅう》・陸《む》奥《つ》・磐城《いわき》・岩代《いわしろ》の五《いつ》つの国《くに》を合《あ》わせた呼《よ》び名《な》。今《いま》の東北地方《とうほくちほう》に当《あ》たる。

みちのり【道のり】 名詞 目的地《もくてきち》までの道《みち》の長《なが》さ。きょり。例 駅《えき》までの道のりを調《しら》べる。

みちばた【道端】 名詞 道《みち》のわき。道《みち》のほとり。例 道端にすみれがさいている。

みちひ【満ち干】 名詞 海《うみ》の水《みず》が満《み》ちたり引《ひ》いたりすること。干満《かんまん》。

みちびきだす【導き出す】 動詞 筋道《すじみち》に沿《そ》って考《かんが》えて、あるものごとから結論《けつろん》や答《こた》えなどを引《ひ》き出《だ》す。例 計算《けいさん》をして答《こた》えを導き出す。

みちびく【導く】 動詞
❶道案内《みちあんない》をして連《つ》れていく。例 一年生《いちねんせい》を導いて歩《ある》く。
❷よくなるように教《おし》える。指導《しどう》する。例 時間《じかん》をかけて弟子《でし》を導く。
❸そうなるようにもっていく。例 大会《たいかい》を成功《せいこう》に導く。

みちみち【道道】 副詞 道《みち》を歩《ある》きながら。道《みち》すがら。例 道々、夏休《なつやす》みの計画《けいかく》を話《はな》し合《あ》った。
漢 ↓916ジペーどう〔導〕

みちゃく【未着】 名詞 まだ着《つ》かないこと。例 未着の郵便物《ゆうびんぶつ》について問《と》い合《あ》わせる。

みちる【満ちる】 動詞
❶いっぱいになる。すみずみまで行《い》きわたる。例 コップに水《みず》が満ちる／自信《じしん》に満ちる。
❷月《つき》に欠《か》けたところがなくなってまるくなる。例 月《つき》が満ちる。対 欠《か》ける。
❸海《うみ》の水《みず》がいっぱいになる。例 潮《しお》が満ちる。対 干《ひ》る。
❹決《き》まった期間《きかん》が終《お》わる。例 委員《いいん》の任期《にんき》が満ちる。
漢 ↓1256ジペーまん〔満〕

みつ【密】 形容動詞
❶ぎっしりつまっていて、すきまがないようす。例 人口《じんこう》が密だ。
❷細《こま》かく行《い》き届《とど》いているようす。例 連絡《れんらく》を密にする。

あいうえお　かきくけこ　さしすせそ　たちつてと　なにぬねの　はひふへほ　まみむめも　み　やゆよ　らりるれろ　わをん

たがりやのルルと、じっくり考《かんが》えて行動《こうどう》するキキが、氷《こおり》の海《うみ》を舞台《ぶたい》に冒険《ぼうけん》をくり広《ひろ》げる動物《どうぶつ》ファンタジー。人間《にんげん》で、新《あたら》しいことを学《まな》び、大《おお》きくなっていくルルとキキの元気《げんき》いっぱいのお話《はなし》です。

漢 **みつ【密】**〔宀《うかんむり》〕11画 6年 音 ミツ 訓 ひそ-か

宀 宀 宓 宓 宓 宻 密（心《こころ》としない）

❶ひそかに。人《ひと》にしられないで。例 密航《みっこう》／密告《みっこく》／秘密《ひみつ》。❷すきまがない。ぴったりくっついている。例 密接《みっせつ》／密着《みっちゃく》／密度《みつど》／密閉《みっぺい》／親密《しんみつ》。❸ぎっしりとつまっている。こみあっている。例 密集《みっしゅう》／密林《みつりん》。❹こまかい。ぬかりがない。例 精密《せいみつ》／綿密《めんみつ》。

みつ【蜜】 名詞 ❶花《はな》のめしべのもとから出《で》る、あまいしる。❷はちみつ。❸砂糖《さとう》をとかして煮《に》つめた液体《えきたい》。

みつ【三つ】 名詞 ❶数《かず》の名《な》。みっつ。さん。例 三つ星《ぼし》。❷三才《さんさい》のこと。みっつ。漢 ↓542ページ《ジ》 さん〔三〕

みついたかとし【三井高利】 名詞（一六二二～一六九四）江戸《えど》時代《じだい》の初《はじ》めごろの商人《しょうにん》。江戸《えど》に呉服店《ごふくてん》の越後屋《えちごや》（＝今《いま》の三越百貨店《みつこしひゃっかてん》）を開《ひら》いたり、今《いま》の銀行《ぎんこう》のような両替商《りょうがえしょう》を営《いとな》んだりして、三井家《みついけ》の繁栄《はんえい》のもとを築《きず》いた。

みっか【三日】 名詞 ❶月《つき》の三番目《さんばんめ》の日《ひ》。例 三月《さんがつ》三日は桃《もも》の節句《せっく》だ。❷三日間《みっかかん》。例 熱《ねつ》を出《だ》して、三日学校《がっこう》を休《やす》んだ。

● **三日《みっか》にあげず** 間《ま》をおかず、毎日《まいにち》のように。例 三日にあげず図書館《としょかん》に通《かよ》う。

みっかてんか【三日天下】 名詞 ほんの少《すこ》しの間《あいだ》だけ、地位《ちい》や大《おお》きな力《ちから》を自分《じぶん》のものにすること。ことば 明智光秀《あけちみつひで》が織田信長《おだのぶなが》をたおして天下《てんか》をとったが、すぐにほろぼされたことから。

みっかばしか【三日ばしか】 ↓1142ページ《ジ》 ふうしん

みっかぼうず【三日坊主】 名詞 新《あたら》しいことを始《はじ》めてもすぐあきてしまって、長続《ながつづ》きしないこと。また、そのような人《ひと》。例 日記《にっき》をつけ始《はじ》めたが、三日坊主に終《お》わった。

みつかる【見付かる】 動詞 ❶人《ひと》の目《め》に留《と》まる。人《ひと》に見《み》つけられる。例 かくれていたが、すぐに見付かってしまった。❷さがしていたものやほしいものが発見《はっけん》される。例 迷子《まいご》が見付かった。

みつぎもの【貢ぎ物】 名詞 昔《むかし》、支配《しはい》されている国《くに》や人々《ひとびと》が、支配《しはい》している国《くに》や支配者《しはいしゃ》に差《さ》し出《だ》した品物《しなもの》やお金《かね》。

みっきょう【密教】 名詞 仏教《ぶっきょう》の流派《りゅうは》の一《ひと》つ。大日如来《だいにちにょらい》の教《おし》えとされる。日本《にほん》には真言宗《しんごんしゅう》と天台宗《てんだいしゅう》の二《ふた》つがある。

みつぐ【貢ぐ】 動詞 ❶お金《かね》や品物《しなもの》をおくって助《たす》ける。❷国《くに》や支配者《しはいしゃ》にお金《かね》や品物《しなもの》を差《さ》し出《だ》す。

ミックス（mix） 名詞 動詞 ❶まぜ合《あ》わせること。また、まぜ合《あ》わせたもの。例 ミックスジュース。❷テニスや卓球《たっきゅう》などで、男女《だんじょ》がペアを組《く》むこと。

みづくろい【身繕い】 名詞 動詞 服装《ふくそう》などをきちんと整《ととの》えること。例 外出前《がいしゅつまえ》に身繕いをする。類 身《み》ごしらえ。身支度《みじたく》。

みつくろう【見繕う】 動詞 品物《しなもの》などを見《み》て、ふさわしいものを選《えら》ぶ。例 おくり物《もの》を見繕う。

みつける【見付ける】 動詞 ❶さがして見《み》つけ出《だ》す。発見《はっけん》する。例 落《お》とした財布《さいふ》を見付けた。❷見慣《みな》れている。例 参加者《さんかしゃ》の中《なか》に見つけない人《ひと》がいる。

使い方 ❷は、ふつう「見つける」と書《か》く。

みっこう【密航】 名詞 動詞 国《くに》の規則《きそく》を破《やぶ》り、船《ふね》や飛行機《ひこうき》にこっそり乗《の》りこんで外国《がいこく》に行《い》くこと。例 密航者《しゃ》。

みっこく【密告】 名詞 動詞 ある人《ひと》の秘密《ひみつ》や悪事《あくじ》を、ほかの人《ひと》や警察《けいさつ》などにこっそり知《し》らせること。例 密告者《しゃ》。

みつごのたましいひゃくまで【三つ子の魂百まで】 ↓435ページ《ジ》 ことわざ

みっしゅう【密集】 名詞 動詞 すきまもないほど、ぎっしりとたくさん集《あつ》まること。例 この地域《ちいき》には工場《こうじょう》が密集している。

ミッション（mission） 名詞 ❶使節《しせつ》。使節団《しせつだん》。例 隣国《りんごく》にミッションを送《おく》る。❷キリスト教《きょう》の伝道《でんどう》。また、そのための団体《だんたい》。❸使命《しめい》。任務《にんむ》。例 わたしたちのミッションは、学校《がっこう》の花壇《かだん》を花《はな》でいっぱいにすることだ。

ミッションスクール 名詞 キリスト教《きょう》の団体《だんたい》が、キリスト教《きょう》の教《おし》えにもとづいた教育《きょういく》を行《おこな》う学校《がっこう》。

みっせい【密生】 名詞 動詞 草《くさ》や木《き》が、すきまなく、びっしりと生《は》えていること。例 ジャングルにはさまざまな植物《しょくぶつ》が密生している。

みっせつ【密接】
❶名詞 動詞 すきまなくぴったりとくっついていること。例 となりの家《いえ》と密接している。
❷形容動詞 深《ふか》いつながりがあるようす。例 食《しょく》事《じ》と健康《けんこう》は密接な関係《かんけい》がある。

みっせん【蜜腺】 名詞 花《はな》のめしべの根《ね》もとにある、みつを出《だ》すところ。葉《は》にあることもある。図➡1068ページ はな〔花〕

みつぞう【密造】 名詞 動詞 法律《ほうりつ》では禁止《きんし》されているものを、かくれてつくること。例 密造酒《しゅ》。

みつだん【密談】 名詞 動詞 ほかの人《ひと》に知《し》られないように、こっそりと相談《そうだん》すること。例 ひそひそと密談する。

みっちゃく【密着】 名詞 動詞 ぴったりとくっつくこと。例 紙《かみ》と板《いた》を密着させる／人々《ひとびと》の生《せい》活《かつ》に密着して取材《しゅざい》する。

みっちり【と】 副詞 じゅうぶん。しっかり。例 礼儀作法《れいぎさほう》をみっちりしこまれた。

みっつ【三つ】 名詞
❶数《かず》の名《な》。さん。例 三つずつ配《くば》る。
❷三才《さんさい》のこと。例 弟《おとうと》は今年《ことし》三つになったばかりだ。漢➡542ページ さん〔三〕

ミット (mitt) 名詞 野球《やきゅう》で、キャッチャーやファーストが使《つか》う、革《かわ》でできた手袋《てぶくろ》。

みつど【密度】 名詞
❶決《き》まった広《ひろ》さや量《りょう》の中《なか》に、物《もの》がどのくらいあるかという度合《どあ》い。例 人口《じんこう》密度。
❷ある物《もの》の重《おも》さを体積《たいせき》で割《わ》ったもの。その体積《たいせき》の単位《たんい》当《あ》たり、どのくらいの重《おも》さがあるかというあたい。
❸内容《ないよう》が充実《じゅうじつ》しているかどうかの度合《どあ》い。例 密度の高《たか》い練習《れんしゅう》。

みつどもえ【三つどもえ】 名詞
❶三《みっ》つのものが、たがいにからみ合《あ》って争《あらそ》うこと。例 三つどもえの戦《たたか》い。
❷三《みっ》つの「ともえ（＝おたまじゃくしに似《に》た形《かたち》）」を円《まる》い形《かたち》に組《く》み合《あ》わせた図《ず》がら。家紋《かもん》などに使《つか》われる。

みっともない 形容詞 はずかしい。見苦《みぐる》しい。例 みっともないまねはやめよう。ことば もとは「見《み》たくもなし」で、それが「見《み》とうもない」↓「みっともない」と変化《へんか》してできたことば。

みつにゅうこく【密入国】 名詞 動詞 法律《ほうりつ》に従《したが》わないで、こっそり国《こく》内《ない》に入《はい》ること。

みつば【三つ葉】 名詞 季語春 せりのなかまの草《くさ》。くきは細長《ほそなが》く、葉《は》が三《みっ》つに分《わ》かれる。香《かお》りがよく、食用《しょくよう》にする。

みつば

みつばち【蜜蜂】 名詞 季語春 はちみつをとるために飼《か》われる小《ちい》さなはち。女王《じょおう》ばち・おすばち・はたらきばちが一《ひと》つの巣《す》にすんでいて、はたらきばちは花《はな》からみつを集《あつ》めてくる。

みつばち

みっぷう【密封】 名詞 動詞 入《い》れ物《もの》の口《くち》などを、すきまなくしっかりと閉《と》じること。例 お菓子《かし》のふくろを密封する。

みっぺい【密閉】 名詞 動詞 部屋《へや》や入《い》れ物《もの》などを、すきまのないようにぴったりと閉《と》じること。例 部屋を密閉して暖《あたた》める。

みつまた 名詞 じんちょうげのなかまの低《ひく》い木《き》。どの枝《えだ》も三《みっ》つに分《わ》かれていて、春《はる》にうすい黄色《きいろ》の花《はな》がさく。木《き》の皮《かわ》のせんいから和紙《わし》を作《つく》る。

みつまた

みつまた【三つまた】 名詞 三《みっ》つの方向《ほうこう》に分《わ》かれていること。

みつめる【見詰める】 動詞 じっと見《み》る。見《み》続《つづ》ける。例 相手《あいて》の顔《かお》を見詰める。

みつもり【見積もり】 名詞 ものごとをするのにかかる、だいたいの費用《ひよう》や日数《にっすう》などを、前《まえ》もって計算《けいさん》すること。例 工事《こうじ》の見積もりを出《だ》す。使い方 「見積書《みつもりしょ》」などの場合《ばあい》には、送《おく》りがなをつけない。

みつもる【見積もる】 動詞
❶あることをするときに、必要《ひつよう》な費用《ひよう》・人数《にんずう》・時間《じかん》などについて、前《まえ》もってだいたいの計算《けいさん》をする。例 旅行《りょこう》にかかる費用《ひよう》を見積もる。
❷目《め》で見《み》てだいたいの数量《すうりょう》をはかる。例 箱《はこ》の中《なか》のりんごの個数《こすう》を見積もる。

ひとりで住《す》んでいる「世界一強《せかいいちつよ》い女《おんな》の子《こ》」ピッピの物語《ものがたり》。お父《とう》さんの残《のこ》したお金《かね》で、馬《うま》やさると暮《く》らし、学校《がっこう》いで自由《じゆう》そのもののピッピのすがたは、痛快《つうかい》です。『ピッピ船《ふね》にのる』『ピッピ南《みなみ》の島《しま》へ』とシリーズでどうぞ。

みつゆ【密輸】 名詞 動詞 こっそりと輸入《ゆにゅう》や輸出《ゆしゅつ》をすること。国《くに》の決《き》まりを破《やぶ》って、

みづらい【見づらい】 形容詞 ❶見《み》ることが難《むずか》しい。見《み》にくい。例 字《じ》が小《ちい》さくて見づらい。❷見《み》ていて、よい感《かん》じがしない。見苦《みぐる》しい。例 小《ちい》さなことでけんかするのは見づらい。

みつりょう【密猟】 名詞 動詞 法律《ほうりつ》を破《やぶ》って、けものや鳥《とり》をこっそりとること。

みつりょう【密漁】 名詞 動詞 法律《ほうりつ》を破《やぶ》って、魚《さかな》や貝《かい》などをこっそりとること。

みつりん【密林】 名詞 木《き》がすきまがないくらいたくさん生《は》えている林《はやし》。ジャングル。

みてい【未定】 名詞 まだ決《き》まっていないこと。例 旅行《りょこう》の行《い》き先《さき》は未定です。対 既定《きてい》。

みてくれ【見てくれ】 名詞 外《そと》から見《み》たようす。見《み》かけ。例 見てくれの悪《わる》いみかんだが、あまくておいしい。使い方 くだけた言《い》い方《かた》。

みてとる【見て取る】 動詞 見《み》て、判断《はんだん》する。例 敵《てき》の弱点《じゃくてん》を見て取る。

みとう【未到】 名詞 まだだれも行《い》き着《つ》かないこと。例 前人《ぜんじん》未到。

みとおし【見通し】 名詞 ❶遠《とお》くまで見《み》えること。例 このビルの屋上《おくじょう》は見通しがきく。❷これから先《さき》のことを予想《よそう》すること。見当《けんとう》。例 これで問題《もんだい》を解決《かいけつ》する見通しがついた。類 見込《みこ》み。❸かくしていることなどを見《み》ぬくこと。見破《みやぶ》ること。例 きみの考《かんが》えはすべてお見通しだよ。

みとおす【見通す】 動詞 ❶遠《とお》くまでひと目《め》で見《み》る。例 ここから向《む》こうのおかまで見通すことができる。❷先《さき》のことを予想《よそう》する。例 今後《こんご》を見通した上《うえ》で計画《けいかく》を立《た》てる。❸かくしていることを見《み》ぬく。例 人《ひと》の心《こころ》を見通す。❹終《お》わりまで見《み》る。例 連続《れんぞく》ドラマを見通す。

みとがめる【見とがめる】 動詞 見《み》てあやしく思《おも》い、注意《ちゅうい》する。例 友《とも》だちのいたずらを見とがめる。

みどく【味読】 名詞 動詞 本《ほん》などの内容《ないよう》を、よく味《あじ》わいながら読《よ》むこと。熟読《じゅくどく》。

みとこうもん【水戸黄門】 ➡933ページ とくがわみつくに

みどころ【見所】 名詞 ❶見《み》る値打《ねう》ちのあるところ。例 この映画《えいが》の見所は最後《さいご》の場面《ばめん》だ。類 見《み》せ場《ば》。❷これから先《さき》の望《のぞ》み。例 見所のある生徒《せいと》。

ミトコンドリア（mitochondria） 名詞 動物《どうぶつ》や植物《しょくぶつ》の細胞《さいぼう》の中《なか》にたくさんある、細長《ほそなが》い形《かたち》や丸《まる》い形《かたち》をした器官《きかん》。呼吸《こきゅう》をし、とりこんだ酸素《さんそ》からエネルギーをつくるはたらきをする。

みとし【水戸市】 名詞 茨城県《いばらきけん》の中央部《ちゅうおうぶ》にある市《し》。日本三名園《にほんさんめいえん》の一《ひと》つの「偕楽園《かいらくえん》」がある。茨城県《いばらきけん》の県庁《けんちょう》がある。

みとどける【見届ける】 動詞 最後《さいご》まで見《み》て確《たし》かめる。例 勝負《しょうぶ》を最後《さいご》まで見届ける。

みとはん【水戸藩】 名詞 江戸時代《えどじだい》、今《いま》の茨城県《いばらきけん》にあった藩《はん》。徳川氏《とくがわし》の親藩《しんぱん》で、御三家《ごさんけ》の一《ひと》つ。

みとめ【認め】 ➡1273ページ みとめいん

みとめいん【認め印】 名詞 役所《やくしょ》に届《とど》けていない、ふだん使《つか》う判《はん》こ。認《みと》め。対 実印《じついん》。

みとめる【認める】 動詞 ❶目《め》にする。例 店《みせ》の前《まえ》で母《はは》の姿《すがた》を認めた。❷価値《かち》があると思《おも》う。例 この詩人《しじん》は、死後《しご》に世《よ》の中《なか》に認められた。❸許《ゆる》す。承知《しょうち》する。例 親《おや》がひとり旅《たび》を認める。❹確《たし》かにそのとおりだと納得《なっとく》する。受《う》け入《い》れる。例 妹《いもうと》の言《い》い分《ぶん》を認めた／負《ま》けを認める。

漢 **み‐とめる【認】** 〔言《ごんべん》〕 14画 6年 音 ニン 訓 みとめる

訁 言 訂 訒 認 認 認 認（てんをわすれないように）

❶みとめる。ゆるす。例 認可《にんか》／公認《こうにん》／承認《しょうにん》。❷みわける。例 認識《にんしき》／確認《かくにん》。

みども【身共】 代名詞 わたし。われ。使い方 自《じ》分《ぶん》を指《さ》していうことばで、古《ふる》い言《い》い方《かた》。

みどり【緑】 名詞 ❶草《くさ》や木《き》の葉《は》のような色《いろ》。青《あお》と黄《き》を混《ま》ぜるとできる色《いろ》。❷緑色《みどりいろ》の草木《くさき》。

漢 ➡ りょく〔緑〕

➡1274ページ 外国語教室

みどり

➡1402ページ

● **緑《みどり》の黒髪《くろかみ》** 黒《くろ》くてつやのある女性《じょせい》のかみを、

ほめていうことば。

みどりいろ【緑色】 名詞 緑《みどり》の色《いろ》。草《くさ》や木《き》の葉《は》のような色《いろ》。

みどりがめ 名詞 「あかみみがめ」という種類《しゅるい》のかめの子供《こども》のこと。ペットとして飼《か》われる。

みどりがめ

みどりご 名詞 生《う》まれてから二《に》、三才《さんさい》くらいまでの子供《こども》。使い方 詩《し》や歌《うた》などで使《つか》うことば。

1274ジペー 外国語教室 みどりは若《わか》い?

みどりざん【見取り算】 名詞 そろばんで、数字《すうじ》を見《み》ながらする計算《けいさん》。

みとりず【見取り図】 名詞 土地《とち》・建物《たてもの》・地形《ちけい》などの形《かたち》や位置《いち》を簡単《かんたん》にかいた図《ず》。教科 算 算数《さんすう》では、立体《りったい》の全体《ぜんたい》の形《かたち》がわかるようにかいた図《ず》。下図《かず》のように、見《み》えない辺《へん》は点線《てんせん》で示《しめ》す。

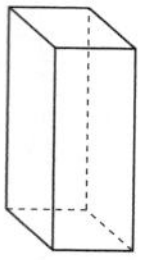

みとりず

みどりのダム【緑のダム】 名詞 水《みず》をためるはたらきがあることから、森林《しんりん》を指《さ》していうことば。森林《しんりん》は降《ふ》った雨水《あまみず》を地中《ちちゅう》にたくわえて、水《みず》を河川《かせん》にゆっくり流《なが》し、洪水《こうずい》になったり水《みず》がかれたりするのを防《ふせ》ぐ効果《こうか》がある。

みどりのひ【みどりの日】 名詞 季語 春 国民《こくみん》の祝日《しゅくじつ》の一《ひと》つ。五月四日《ごがつよっか》。自然《しぜん》に親《した》しみ、豊《ゆた》かな心《こころ》を育《そだ》てる日《ひ》。

みどりむし 名詞 池《いけ》やぬまなどに生息《せいそく》するプランクトンのなかま。

みとる【看取る】 動詞 病人《びょうにん》の世話《せわ》をする。看病《かんびょう》する。また、死期《しき》まで見守《みまも》る。例 祖母《そぼ》の最期《さいご》を看取る。

みとれる【見とれる】 動詞 うっとりとして見《み》る。すばらしいと思《おも》って、じっと見《み》る。例 ばらの花《はな》に見とれる。

ミトン (mitten) 名詞 親指《おやゆび》の部分《ぶぶん》だけが分《わ》かれて、ほかの指《ゆび》はいっしょになっている手袋《てぶくろ》。

みな【皆】 名詞 副詞 すべて。全部《ぜんぶ》。みんな。例 兄弟《きょうだい》は皆元気《げんき》に暮《く》らしています。

みなおす【見直す】 動詞 ❶もう一度《いちど》よく見《み》る。例 答案用紙《とうあんようし》を見直す。❷あらためて調《しら》べて考《かんが》える。例 計画《けいかく》を見直す。❸今《いま》まで気《き》づかなかった値打《ねう》ちを認《みと》めて、考《かんが》えを変《か》える。例 今回《こんかい》のことできみを見直したよ。

みなぎる 動詞 ❶水《みず》がいっぱいに満《み》ちあふれる。例 ダムに水《みず》がみなぎっている。❷いっぱいに行《い》きわたる。例 力《ちから》がみなぎる。

みなげ【身投げ】 名詞 動詞 水中《すいちゅう》に飛《と》びこんだり、高《たか》いところから飛《と》び降《お》りたりして自殺《じさつ》すること。

みなさん【皆さん】 名詞 多《おお》くの人《ひと》を尊敬《そんけい》していうことば。例 皆さん、お元気《げんき》ですか。

みなしご 名詞 親《おや》のいない子供《こども》。孤児《こじ》。

みなす【見なす】 動詞 実際《じっさい》にそうであるかどうかには関係《かんけい》なく、そういうものだとしてあつかう。例 手《て》を挙《あ》げない人《ひと》は賛成《さんせい》と見なします。

みなづき【水無月】 名詞 季語 夏 昔《むかし》のこよみで六月《ろくがつ》のこと。⇒1450ジペー 十二《じゅうに》か月《げつ》の古《ふる》い呼《よ》び方《かた》

みなと【港】 名詞 波《なみ》を防《ふせ》いで、船《ふね》が安全《あんぜん》に出入《でい》りしたり、とまったりできるようにしてあるところ。例 大《おお》きな船《ふね》が港に入《はい》る。漢 ⇒444ジペー こう〔港〕

みなとまち【港町】 名詞 港《みなと》を中心《ちゅうしん》にして栄《さか》えている町《まち》。日本《にほん》では横浜《よこはま》・神戸《こうべ》・長崎《ながさき》など。

みなまたびょう【水俣病】 名詞 公害病《こうがいびょう》の一《ひと》つ。有機水銀《ゆうきすいぎん》が体《からだ》に入《はい》って脳《のう》や神経《しんけい》がおかされる病気《びょうき》。工場《こうじょう》の廃水《はいすい》がもととなり、熊本県《くまもとけん》水俣湾《みなまたわん》周辺《しゅうへん》で一九五三年《ねん》ごろから発生《はっせい》した。一九六四年《ねん》ごろには新潟県《にいがたけん》阿賀野川《あがのがわ》の流域《りゅういき》でも同《おな》じ病気《びょうき》が発生《はっせい》し、「新潟水俣病《にいがたみなまたびょう》」と呼《よ》ばれる。

みなみ【南】 名詞 方角《ほうがく》の一《ひと》つ。太陽《たいよう》の出《で》る方《ほう》

ガッテン外国語教室

みどりは若《わか》い?

言語《げんご》によって色《いろ》の持《も》つイメージがちがうことがある。たとえば日本語《にほんご》の「みどりご」は、生《は》えてきたばかりの新芽《しんめ》のみずみずしいイメージから、生《う》まれてから2、3才《さい》くらいまでの幼《おさな》い子供《こども》のことをいう。一方《いっぽう》、英語《えいご》の「green《グリーン》（＝緑《みどり》）」は「若《わか》さ」や「未熟《みじゅく》さ」の表現《ひょうげん》に使《つか》われ、日本語《にほんご》ほどの「幼《おさな》さ」のイメージはない。「未熟《みじゅく》」は日本語《にほんご》では「青《あお》（い）」を使《つか》って表現《ひょうげん》することが多《おお》い。たとえば熟《じゅく》す前《まえ》のバナナは「青《あお》いバナナ」という。英語《えいご》では「green banana《グリーンバナナ》」と表現《ひょうげん》するよ。

辺《べ》と「ぼく」（木山《きやま》）の3人《にん》は、「死《し》」とは何《なに》か、考《かんが》え始《はじ》める。そして、目《め》をつけたのは、町内《ちょうない》の一人《ひとり》のおじいは、小学生最後《しょうがくせいさいご》の夏休《なつやす》み中《ちゅう》の交流《こうりゅう》を経《へ》て、夏《なつ》の終《お》わりに一《ひと》つの区切《くぎ》りをむかえることになるのだった…。

（＝東《ひがし》）に向《む》かって右《みぎ》のほう。ふつう、地図《ちず》では下《した》に当《あ》たる。対 北《きた》。関連 東《ひがし》。西《にし》。図 ⇩1203ページ

ほうい〔方位〕 漢 ⇩986ページ なん〔南〕

みなみアフリカきょうわこく【南アフリカ共和国】 名詞 アフリカ大陸《たいりく》の南《みなみ》のはしにある国《くに》。金《きん》やダイヤモンドを多《おお》く産出《さんしゅつ》する。首都《しゅと》はプレトリア。

（国旗《こっき》）

みなみアメリカ【南アメリカ】 名詞 世界《せかい》の六大州《ろくだいしゅう》の一《ひと》つ。太平洋《たいへいよう》・大西洋《たいせいよう》に面《めん》し、北《きた》には北《きた》アメリカが続《つづ》く。ブラジル・アルゼンチン・チリなどの国《くに》がある。南米《なんべい》。

みなみアルプス【南アルプス】 名詞 中部《ちゅうぶ》地方《ちほう》にある「赤石山脈《あかいしさんみゃく》」のこと。

みなみアルプスこくりつこうえん【南アルプス国立公園】 名詞 長野《ながの》・静岡《しずおか》・山梨《やまなし》の三県《さんけん》にまたがる国立公園《こくりつこうえん》。赤石山脈《あかいしさんみゃく》を中心《ちゅうしん》とする山岳公園《さんがくこうえん》で、特別天然記念物《とくべつてんねんきねんぶつ》のらいちょうがすむ。

みなみかいきせん【南回帰線】 名詞 南緯《なんい》二三度《ど》二七分《ふん》を通《とお》り、赤道《せきどう》と平行《へいこう》な線《せん》。冬至《とうじ》には太陽《たいよう》がこの線《せん》の真上《まうえ》にきて、日本《にほん》は昼《ひる》の長《なが》さがいちばん短《みじか》くなる。対 北回帰線《きたかいきせん》。図 ⇩721ページ

みなみかぜ【南風】 名詞 季語夏 南《みなみ》の方《ほう》からふいてくる、あたたかい風《かぜ》。対 北風《きたかぜ》。

みなみじゅうじせい【南十字星】 名詞 南《みなみ》半球《はんきゅう》で見《み》られる星《ほし》。四《よっ》つの明《あか》るい星《ほし》が十字《じゅうじ》の形《かたち》に並《なら》んでいる。

みなみとりしま【南鳥島】 名詞 小笠原諸島《おがさわらしょとう》に属《ぞく》する、太平洋上《たいへいようじょう》にある孤島《ことう》。東京都《とうきょうと》の一部《いちぶ》で、日本《にほん》の東端《とうたん》。東経《とうけい》一五三度《ど》五八分《ぶん》。「マーカス島《とう》」ともいう。

みなみはんきゅう【南半球】 名詞 地球《ちきゅう》を赤道《せきどう》で二《ふた》つに分《わ》けたときの、南側《みなみがわ》の半分《はんぶん》。アフリカの一部《いちぶ》、南《みなみ》アメリカの大部分《だいぶぶん》やオーストラリア、南極大陸《なんきょくたいりく》がふくまれる。対 北半球《きたはんきゅう》。

みなも 名詞 水《みず》の表面《ひょうめん》。水面《すいめん》。例 みなもに映《うつ》る木々《きぎ》の緑《みどり》。

みなもと【源】 名詞 ❶川《かわ》の水《みず》が流《なが》れ出《で》る、もとのところ。❷ものごとの起《お》こり。始《はじ》まり。例 日本文化《にほんぶんか》の源をさぐる。漢 ⇩430ページ げん〔源〕

みなもとのさねとも【源実朝】 名詞 （一一九二～一二一九）鎌倉幕府《かまくらばくふ》の三代将軍《さんだいしょうぐん》。源頼朝《みなもとのよりとも》の次男《じなん》。歌人《かじん》としてすぐれ、「金槐和歌集《きんかいわかしゅう》」を残《のこ》した。鶴岡八幡宮《つるがおかはちまんぐう》で暗殺《あんさつ》された。

みなもとのよしつね【源義経】 名詞 （一一五九～一一八九）平安時代《へいあんじだい》の終《お》わりごろの武将《ぶしょう》。小《ちい》さいときの名《な》は牛若丸《うしわかまる》。兄《あに》の頼朝《よりとも》を助《たす》けて平氏《へいし》をほろぼしたが、仲《なか》たがいをして頼朝《よりとも》にせめられ、奥州《おうしゅう》の平泉《ひらいずみ》で自殺《じさつ》した。

みなもとのよりとも【源頼朝】 名詞 （一一四七～一一九九）鎌倉幕府《かまくらばくふ》の最初《さいしょ》の将軍《しょうぐん》。平氏《へいし》をほろぼして、一一八五年鎌倉《ねんかまくら》に幕府《ばくふ》を開《ひら》き、武家政治《ぶけせいじ》のもとをつくった。

みならい【見習い】 名詞 実際《じっさい》に働《はたら》きながら仕事《しごと》を覚《おぼ》えること。また、その人《ひと》。例 大工《だいく》さんの見習い。

みならう【見習う】 動詞 見《み》て、それを手本《てほん》にして習《なら》う。例 兄《あに》を見習って早起《はやお》きする。

みなり【身なり】 名詞 服《ふく》などを身《み》に着《つ》けたようす。例 身なりを整《ととの》える。類 服装《ふくそう》。

みなれる【見慣れる】 動詞 いつも見《み》ていて、めずらしくなくなる。例 見慣れた景色《けしき》。

ミニ （mini）名詞 小《ちい》さいもの。短《みじか》いもの。例 ミニサイズ／ミニスカート。

ミニカー （minicar）名詞 ❶小型《こがた》の自動車《じどうしゃ》。❷小《ちい》さな模型《もけい》の自動車《じどうしゃ》。例 ミニカーで遊《あそ》ぶ。

みにくい【醜い】 形容詞 ❶形《かたち》などが整《ととの》っていなくて、見《み》た感《かん》じが悪《わる》い。対 美《うつく》しい。美《うつく》しくない。❷見苦《みぐる》しい。例 やたらと人《ひと》をうらやましがるのは醜い。対 美《うつく》しい。

みにくい【見にくい】 形容詞 よく見《み》えない。見《み》づらい。例 まぶしくてものが見にくい。対 見《み》やすい。

ミニスカート （miniskirt）名詞 ひざがすそでかくれない、たけの短《みじか》いスカート。

ミニチュア （miniature）名詞 小《ちい》さいもの。小型《こがた》のもの。また、小型《こがた》の模型《もけい》。

ミニトマト 名詞 トマトのなかまの野菜《やさい》。実《み》は小《ちい》さい。ふつう実《み》は赤《あか》いが、黄色《きいろ》やオレンジ色《いろ》のものもある。ことば 英語《えいご》をもとに日本《にほん》で作《つく》ら

読書のこみち　高 中 低 『夏《なつ》の庭《にわ》』湯本香樹実《ゆもとかずみ》　おばあさんのお葬式《そうしき》を経験《けいけん》した山下《やました》の話《はなし》をきっかけに、山下《やました》、河《かわ》さん。しかしやがて、３人《にん》とおじいさんは、親《した》しくなっていく。初夏《しょか》のころに始《はじ》まった話《はなし》

れたことば。

みぬく【見抜く】 動詞 かくしていることや、かくれて見《み》えないところを見通《みとお》す。例 本心《ほんしん》を見抜く。

みね【峰】 名詞 ❶山《やま》のいちばん高《たか》いところ。てっぺん。頂《ちょう》上《じょう》。❷刀《かたな》の、刃《は》と反対側《はんたいがわ》の部分《ぶぶん》。背《せ》。例 峰打《う》ち。図 ↓264ジベーかたな

ミニトマト

ミネラル ↓1285ジベーむきしつ

ミネラルウォーター (mineral water) 名詞 ミネラルを多《おお》くふくむ地下水《ちかすい》。また、ミネラルを加《くわ》えた飲料水《いんりょうすい》。

みの 名詞 かや・すげ・わらなどの植物《しょくぶつ》の葉《は》やくきで編《あ》んだ、昔《むかし》の雨具《あまぐ》。

みの

みの【美濃】 名詞 昔《むかし》の国《くに》の名《な》の一《ひと》つ。今《いま》の岐阜県《ぎふけん》の南部《なんぶ》に当《あ》たる。

みのう【未納】 名詞 まだ納《おさ》めていないこと。例 先月《せんげつ》の電気代《でんきだい》が未納のままになっている。

みのうえ【身の上】 名詞 ❶生《う》まれてから今《いま》まで生《い》きてきたようすや立《たち》場《ば》。例 身の上話《ばなし》。❷その人《ひと》の運命《うんめい》。例 これからの身の上をうらなう。

みのがす【見逃す】 動詞 ❶見《み》る機会《きかい》をのがす。見《み》そこなう。例 お気《き》に入《い》りのテレビ番組《ばんぐみ》を見逃す。❷見《み》ているのに、気《き》づかないでそのままにしておく。例 チャンスを見逃した。類 見過《みす》ごす。❸気《き》がついていてもとがめない。見《み》ないふりをする。例 遅刻《ちこく》を見逃してもらう。類 見過《みす》ごす。

みのけがよだつ【身の毛がよだつ】 おそろしさなどのために、体《からだ》じゅうの毛《け》が立《た》つような感《かん》じがする。例 身の毛がよだつ心地《ここち》がする。

みのしろきん【身の代金】 名詞 ゆうかいした人《ひと》を返《かえ》す代《か》わりに、犯人《はんにん》が要求《ようきゅう》するお金《かね》。

みのたけ【身の丈】 名詞 背《せ》の高《たか》さ。身長《しんちょう》。背丈《せたけ》。使い方 少《すこ》し古《ふる》い言《い》い方《かた》。

みのほど【身の程】 名詞 自分《じぶん》の身分《みぶん》や、実際《じっさい》の力《ちから》の程度《ていど》。例 身の程をわきまえて行動《こうどう》する。

● **身《み》の程知《ほどし》らず** 自分《じぶん》の身分《みぶん》・立場《たちば》や実際《じっさい》の力《ちから》の程度《ていど》がわかっていないこと。また、そのような人《ひと》。例 身の程知らずの夢《ゆめ》を追《お》う。

みのまわり【身の回り】 名詞 いつも自分《じぶん》のそばに置《お》いたり体《からだ》に着《つ》けたりして使《つか》うこと。また、毎日《まいにち》の生活《せいかつ》にかかわること。例 身の回りの品《しな》／身の回りの世《せ》話《わ》。

みのむし【みの虫】 名詞 季語秋 「みのが」の幼《よう》虫《ちゅう》。口《くち》から糸《いと》を出《だ》し、木《き》の枝《えだ》やかれ葉《は》などで、みののような形《かたち》の巣《す》をつくる。

みのむし

みのり【実り】 名詞 ❶実《み》がなること。実《み》が熟《じゅく》すこと。例 今年《ことし》はぶどうの実りがよい。❷よい結果《けっか》。例 実りある話《はな》し合《あ》いだった。使い方「実のり」と書《か》かないよう注意《ちゅうい》。

● **実《みの》りの秋《あき》** いねや果物《くだもの》などが実《みの》る秋《あき》。

みのる【実る】 動詞 ❶実《み》がなる。実《み》が熟《じゅく》す。例 りんごが実る。❷努力《どりょく》して、よい結果《けっか》があらわれる。例 努力《どりょく》が実って、ついに優勝《ゆうしょう》することができた。使い方「実のる」と書《か》かないよう注意《ちゅうい》。漢 ↓578ジベーじつ〔実〕

みばえ【見栄え・見映え】 名詞 りっぱに見《み》えること。見《み》かけがよいこと。例 見栄えのする服装《ふくそう》。

みはからう【見計らう】 動詞 ❶見当《けんとう》をつける。例 時間《じかん》を見計らって出《で》る。❷見《み》て、よさそうだと決《き》める。見《み》つくろう。例 弟《おとうと》の喜《よろこ》びそうなお菓子《かし》を見計らって買《か》う。

みはなす【見放す・見離す】 動詞 もうだめだとあきらめて、助《たす》けたりかかわったりするのをやめる。例 医者《いしゃ》に見放される。類 見限《みかぎ》る。見捨《みす》てる。

みはらい【未払い】 名詞 しはらわなければいけないお金《かね》を、まだはらっていないこと。「みばらい」ともいう。例 ガス代《だい》が未払いだ。

みばらい【未払い】 ↓1276ジベーみはらい

とても太《ふと》ったなまけ者《もの》の王様《おうさま》がいました。そのむすめのピンパーネッラ王女《おうじょ》は、マッチ棒《ぼう》みたいにやせた、元気《げんき》が治《なお》せないという病気《びょうき》から、大好《だいす》きなお父《とう》さんを助《たす》ける方法《ほうほう》を探《さが》す、小《ちい》さい王女様《おうじょさま》のお話《はなし》です。

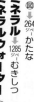

類＝意味《いみ》のよく似《に》たことば　対＝反対《はんたい》の意味《いみ》のことばや対《つい》になることば

みはらし【見晴らし】 名詞 広《ひろ》く、遠《とお》くまで見《み》わたせること。また、そのながめ。例 見晴らしのよいところでひと休《やす》みする。類 眺望《ちょうぼう》。

みはらす【見晴らす】 動詞 広《ひろ》く遠《とお》くまで見《み》わたす。例 山《やま》の上《うえ》からふもとの村《むら》を見晴らす。

みはり【見張り】 名詞 辺《あた》りによく注意《ちゅうい》して番《ばん》をすること。また、その人《ひと》。例 見張り番《ばん》。

みはる【見張る】 動詞 ❶目《め》を大《おお》きく開《ひら》いて見《み》る。例 ごちそうの山《やま》に、思《おも》わず目《め》を見張る。❷辺《あた》りによく注意《ちゅうい》して番《ばん》をする。例 出《で》入《い》り口《ぐち》をガードマンが見張っている。

みはるかす【見はるかす】 動詞 遠《とお》くの方《ほう》まで見《み》わたす。見《み》晴《は》らす。例 水平線《すいへいせん》のかなたを見はるかす。使い方 古《ふる》い言《い》い方《かた》。

みひらき【見開き】 名詞 本《ほん》や新聞《しんぶん》などを開《ひら》いたとき、となり同士《どうし》になる左右《さゆう》の二《に》ページ。例 見開きいっぱいに写真《しゃしん》がのっている。

みひらく【見開く】 動詞 目《め》を大《おお》きく開《ひら》く。例 おどろきのあまり、両目《りょうめ》を見開く。

みぶり【身振り】 名詞 考《かんが》えや気持《きも》ちを表《あらわ》すために、体《からだ》を動《うご》かすこと。また、その動《うご》き。例 身振りを加《くわ》えて話《はな》す。類 ジェスチャー。

みぶるい【身震い】 名詞 動詞 寒《さむ》さやおそろしさなどのために、体《からだ》がふるえること。例 事故《じこ》の話《はなし》を聞《き》いて思《おも》わず身震いした。

みぶん【身分】 名詞 ❶世《よ》の中《なか》での地位《ちい》や立場《たちば》。例 身分証明書《しょうめいしょ》。❷その人《ひと》のおかれた環境《かんきょう》や暮《く》らしの状態《じょうたい》。例 遊《あそ》んで暮《く》らせる身分ではない。

みぶんしょうめいしょ【身分証明書】 名詞 その人《ひと》がその学校《がっこう》や会社《かいしゃ》の者《もの》であるということを証明《しょうめい》する書類《しょるい》。

みぶんせいど【身分制度】 名詞 生《う》まれつき身分《みぶん》が決《き》められて、固定《こてい》されている制度《せいど》。支配《しはい》する側《がわ》が、国《くに》を治《おさ》めやすくするために定《さだ》めることもある。江戸《えど》時代《じだい》の士農工商《しのうこうしょう》の制度《せいど》など。

みぼうじん【未亡人】 名詞 夫《おっと》をなくしてから、再婚《さいこん》しないでいる女性《じょせい》。

みほれる【見ほれる】 動詞 見《み》て、うっとりとした気持《きも》ちになる。夢中《むちゅう》になって見続《みつづ》ける。例 満天《まんてん》の星《ほし》の美《うつく》しさに見ほれる。

みほん【見本】 名詞 ❶売《う》る品物《しなもの》を知《し》ってもらうために、前《まえ》もって見《み》せる品物《しなもの》。例 新製品《しんせいひん》の見本。❷手本《てほん》。よい例《れい》。例 クロールの見本を見《み》せる。

みまい【見舞い】 名詞 病気《びょうき》になったり災難《さいなん》にあったりした人《ひと》を訪《たず》ねて、なぐさめたり元気《げんき》づけたりすること。また、そのための手紙《てがみ》や品《しな》物《もの》。例 病気《びょうき》の見舞いに行《い》く／暑中《しょちゅう》見舞い。

みまう【見舞う】 動詞 ❶病気《びょうき》になった人《ひと》や災難《さいなん》にあった人《ひと》を訪《たず》ねて、なぐさめたり元気《げんき》づけたりする。例 入院《にゅういん》している友《とも》だちを見舞う。❷災難《さいなん》などがおそう。例 大地震《おおじしん》に見舞われる。

みまがう【見まがう】 動詞 「見《み》まちがえる」の古《ふる》い言《い》い方《かた》。例 雪《ゆき》と見まがう白《しろ》い花《はな》。

みまさか【美作】 名詞 昔《むかし》の国《くに》の名《な》の一《ひと》つ。今《いま》の岡山県《おかやまけん》の北部《ほくぶ》に当《あ》たる。

みまな【任那】 ↓285ページから〔加羅〕

みまもる【見守る】 動詞 ❶まちがいのないよう、気《き》をつけて見《み》る。見《み》て、番《ばん》をする。例 親《おや》ねこが子《こ》ねこを見守る。❷じっと見《み》つめる。例 実験《じっけん》のようすを見守る。

みまわす【見回す】 動詞 まわりをぐるりと見《み》る。例 忘《わす》れ物《もの》がないか、辺《あた》りを見回す。

みまわり【見回り】 名詞 見回《みまわ》ること。また、その人《ひと》。例 通学路《つうがくろ》の見回りをする。

みまわる【見回る】 動詞 まちがいがないか調《しら》べるために見《み》て回《まわ》る。例 ビルの中《なか》を見回る。

みまん【未満】 名詞 その数《かず》に足《た》りないこと。ある数《かず》を境《さかい》に、その数《かず》はふくまず、それより小《ちい》さいこと。教科 算 たとえば、「六才未満《ろくさいみまん》」には六才《ろくさい》はふくまれない。「六才以下《ろくさいいか》」には六才《ろくさい》もふくまれる。

みみ【耳】 名詞 ❶人《ひと》や動物《どうぶつ》の頭《あたま》の左右両側《さゆうりょうがわ》についていて、音《おと》を聞《き》くはたらきをする器官《きかん》。図 ↓235ページ かお ❷聞《き》くこと。また、聞《き》く力《ちから》。例 耳がよい。❸耳《みみ》（=❶）のように両《りょう》わきについているもの。例 なべの耳。❹紙《かみ》・布《ぬの》・食《しょく》パンなどのはし。例 パンの耳。

漢 ↓1278ページ みみ〔耳〕

● **耳《みみ》が痛《いた》い** 人《ひと》に自分《じぶん》のよくないところや弱《よわ》みをつかれて、聞《き》くのがつらい。例 耳が痛い話《はなし》。

● **耳《みみ》が遠《とお》い** 耳《みみ》がよく聞《き》こえない。例 おじいさんはこのごろ耳が遠くなった。

読書のこみち 高 中 低 『なまけものの王《おう》さまとかしこい王女《おうじょ》のお話《はなし》』ローベ　ある国《くに》にナニモセン五世《ごせい》という、な女《おんな》の子《こ》でした。ある日《ひ》、王様《おうさま》は原因不明《げんいんふめい》の病気《びょうき》になってしまいます。国《くに》じゅうの医者《いしゃ》

耳《みみ》が早《はや》い うわさなどを知《し》るのが早《はや》い。例 事《じ》件《けん》のことをもう知《し》っているとは耳が早い。

耳《みみ》に入《い》れる ❶話《はなし》を聞《き》く。例 偶然《ぐうぜん》耳に入れた話《はなし》ですが…。❷話《はなし》を聞《き》かせる。例 この知《し》らせを早《はや》くきみの耳に入れたかった。

耳《みみ》にする 聞《き》く。例 優勝《ゆうしょう》のニュースを耳にしたのは夕方《ゆうがた》だった。

耳《みみ》にたこができる 同《おな》じことを何回《なんかい》も聞《き》かされてうんざりすることのたとえ。例 その話《はなし》は耳にたこができるほど聞《き》いた。

耳《みみ》につく ❶聞《き》いた声《こえ》や音《おと》が、気《き》になって忘《わす》れられない。例 耳についてはなれないメロディー。❷声《こえ》や音《おと》をうるさく感《かん》じる。例 となりの部屋《へや》の話《はな》し声《ごえ》が耳につく。

耳《みみ》に残《のこ》る 聞《き》いた音《おと》やことばを覚《おぼ》えている。例 友《とも》だちがかけてくれたはげましのことばが、今《いま》も耳に残っている。

耳《みみ》に入《はい》る なんとなく聞《き》こえてくる。例 うわさが耳に入る。

耳《みみ》に挟《はさ》む ちらっと聞《き》く。ふと聞《き》こえてくる。例 友《とも》だちのうわさを耳に挟む。

耳《みみ》を疑《うたが》う 思《おも》いがけないことを聞《き》いて、ほんとうかどうかと思《おも》う。例 友《とも》だちが映画《えいが》に出《で》ると聞《き》いて、耳を疑った。

耳《みみ》を貸《か》す 人《ひと》の話《はなし》を聞《き》いてあげる。例 友《とも》だちの相談《そうだん》に耳を貸す。

耳《みみ》を傾《かたむ》ける よく注意《ちゅうい》して聞《き》く。熱心《ねっしん》に聞《き》く。例 友《とも》だちの発表《はっぴょう》に耳を傾ける。

耳《みみ》を澄《す》ます 心《こころ》を落《お》ち着《つ》けて、注意深《ちゅういぶか》く聞《き》く。例 鳥《とり》の声《こえ》に耳を澄ました。

耳《みみ》をそばだてる 注意《ちゅうい》してしっかりと聞《き》こうとする。例 あやしい足音《あしおと》に耳をそばだてる。

耳《みみ》をそろえる ❶紙《かみ》や布《ぬの》のはしをきちんとそろえる。❷お金《かね》を、決《き》められた額《がく》だけきちんと用意《ようい》する。例 借《か》りた金《かね》を耳をそろえて返《かえ》した。

漢 **みみ【耳】**〔耳《みみ》〕 6画 1年 音 ジ 訓 みみ

みみ。音《おと》を聞《き》くはたらきをする器官《きかん》。例 耳鼻《じび》科《か》／耳《みみ》たぶ／空耳《そらみみ》／中耳炎《ちゅうじえん》／初耳《はつみみ》。

みみあか【耳あか】 名詞 耳《みみ》の穴《あな》にたまるあか。耳《みみ》くそ。

みみあたらしい【耳新しい】 形容詞 初《はじ》めて聞《き》く。聞《き》いてめずらしく思《おも》う。例 みんなは知《し》っていたが、ぼくには耳新しい話《はなし》だった。

みみうち【耳打ち】 名詞 動詞 相手《あいて》の耳《みみ》に口《くち》を近《ちか》づけて、小《ちい》さな声《こえ》で話《はな》すこと。例 友《とも》だちがせりふを耳打ちして教《おし》えてくれた。

みみかき【耳かき】 名詞 耳《みみ》の中《なか》に差《さ》し入《い》れて耳《みみ》あかをとるための、棒《ぼう》の形《かたち》をした道具《どうぐ》。

みみがくもん【耳学問】 名詞 きちんと学《まな》んだのではなく、人《ひと》から話《はなし》を聞《き》いて知《し》った知識《ちしき》。

みみかざり【耳飾り】 ↓107ページ イヤリング

みみくそ【耳くそ】 ↓1278ページ みみあか

みみざわり【耳障り】 名詞 形容動詞 聞《き》いていてうるさく感《かん》じたり、いやだと感《かん》じたりすること。例 耳障りな工事《こうじ》の音《おと》。

みみず 名詞 季語 夏 土《つち》の中《なか》にすむ、細長《ほそなが》い筒形《つつがた》の動物《どうぶつ》。多《おお》くの節《ふし》があり、色《いろ》は赤黒《あかぐろ》い。土《つち》を食《た》べ、その中《なか》の養分《ようぶん》をとる。

みみずく 名詞 季語 冬 ふくろうのなかまの鳥《とり》。頭《あたま》に耳《みみ》のような形《かたち》の羽《はね》がある。目《め》は円《まる》くて大《おお》きく、夜《よる》、活動《かつどう》する。図 ↓954ページ とり〔鳥〕

みみずばれ 名詞 皮膚《ひふ》をひっかいたときなどの傷《きず》が、細長《ほそなが》く赤《あか》く盛《も》り上《あ》がること。

みみたぶ【耳たぶ】 名詞 耳《みみ》の下《した》のほうに垂《た》れ下《さ》がった、やわらかい部分《ぶぶん》。図 ↓235ページ かお

みみなり【耳鳴り】 名詞 耳《みみ》のおくのほうで、音《おと》が鳴《な》っているように感《かん》じられること。

みみなれる【耳慣れる】 動詞 いつも聞《き》いていて、めずらしくなくなる。聞《き》き慣《な》れる。例 耳慣れないことばを聞《き》いた。

みみもと【耳元】 名詞 耳《みみ》のすぐそば。例 耳元でささやく。

みみより【耳寄り】 形容動詞 聞《き》いておく値打《ねう》ちがあること。例 耳寄りな話《はなし》。

みむきもしない【見向きもしない】 そちらを見《み》ようとしない。まったく関心《かんしん》がない。例 興味《きょうみ》のない本《ほん》には見向きもしない。

みめい【未明】 名詞 夜《よ》がまだ明《あ》けきらないころ。例 今日《きょう》の未明に火事《かじ》があった。

みめうるわしい【見目麗しい】 顔《かお》かたちが美《うつく》しい。例 みめうるわしい少女《しょうじょ》。使い方 ふっつ

「手袋《てぶくろ》を買《か》いに」、孫《まご》の東一君《とういちくん》におじいさんが昔《むかし》の話《はなし》を語《かた》る「おじいさんのランプ」。ほかにも、「久助君《きゅうすけくん》の話《はなし》」など、新美南吉《にいみなんきち》には物語性《ものがたりせい》豊《ゆた》かな作品《さくひん》がたくさんあります。

うかな書《が》きにする。

みもしらない【見も知らない】見《み》たことがなく、ぜんぜん知《し》らない。例 見も知らないねこが、校庭《こうてい》で鳴《な》いている。

みもだえ【身もだえ】名詞 動詞 ひどく苦《くる》しかったり悲《かな》しかったりして、体《からだ》をねじるように動《うご》かすこと。例 身もだえして泣《な》く。

みもと【身元】名詞 ❶その人《ひと》の生《う》まれや育《そだ》ち。素性《すじょう》。❷その人《ひと》に関《かん》するすべてのこと。例 身元を引《ひ》き受《う》ける。

みもの【見物】名詞 見《み》る値打《ねう》ちのあるもの。例 この対戦《たいせん》は見物だよ。ことば「けんぶつ」と読《よ》むと別《べつ》の意味《いみ》。

みや【宮】名詞 ❶神《かみ》を祭《まつ》ってあるところ。神社《じんじゃ》。例 お宮参《まい》り。❷皇族《こうぞく》を敬《うやま》っていう呼《よ》び名《な》。例 宮様《さま》。
漢 ➡346ジベー きゅう〔宮〕

みやぎけん【宮城県】名詞 東北地方南東部《とうほくちほうなんとうぶ》の太平洋側《たいへいようがわ》にある県《けん》。三陸沖《さんりくおき》のよい漁場《ぎょじょう》に近《ちか》く、石巻《いしのまき》などの大《おお》きな漁港《ぎょこう》がある。仙台平野《せんだいへいや》は稲作《いなさく》などの農業《のうぎょう》がさかん。県庁《けんちょう》は仙台市《せんだいし》にある。

みゃく【脈】名詞 ❶脈拍《みゃくはく》。例 脈をとる／脈が速《はや》くなる。❷うまくいく見《み》こみ。
漢 ➡1279ジベー みゃく〔脈〕

● **脈《みゃく》がある** ❶脈《みゃく》はくを打《う》っている。生《い》きている。❷これから先《さき》に見《み》こみがある。例 相手《あいて》のようすからして、この話《はなし》にはまだ脈がある。

漢 **みゃく**【脈】〔月〕にくづき 10画 5年 訓 音 ミャク

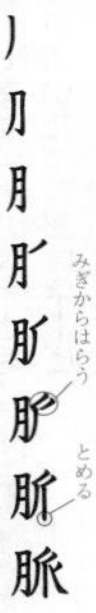

❶血《ち》がめぐるすじ。血管《けっかん》。例 静脈《じょうみゃく》／動脈《どうみゃく》。❷みゃく。血管《けっかん》の規則正《きそくただ》しいうごき。例 脈拍《みゃくはく》。❸つらなる。ひとすじに続《つづ》いているもの。例 鉱脈《こうみゃく》／山脈《さんみゃく》／水脈《すいみゃく》／文脈《ぶんみゃく》。

みゃくうつ【脈打つ】動詞 ❶血管《けっかん》の中《なか》を流《なが》れる血《ち》が、どきどきと波打《なみう》つ。❷表《おもて》にはあらわれないが、生《い》き生《い》きと流《なが》れ続《つづ》ける。例 物語《ものがたり》に作者《さくしゃ》の心《こころ》が脈打っている。

みゃくはく【脈拍】名詞 心臓《しんぞう》が血《ち》をおし出《だ》すたびに起《お》こる、血管《けっかん》の規則正《きそくただ》しい動《うご》き。脈《みゃく》。参考 ふつう大人《おとな》で一分間《いっぷんかん》に六十《ろくじゅう》～八十回《はちじっかい》くらい。子供《こども》はそれよりも多《おお》い。

みゃくはくけい【脈拍計】名詞 脈拍《みゃくはく》をはかるための装置《そうち》。

みゃくみゃく［と］【脈脈［と］】副詞 絶《た》えることなく、続《つづ》いているようす。例 脈々と受《う》けつがれる伝統《でんとう》。類 連綿《れんめん》［と］。使い方「脈々たる伝統《でんとう》」などの形《かたち》でも使《つか》う。

みやげ【土産】名詞 ❶旅先《たびさき》から持《も》って帰《かえ》る、その土地《とち》の産物《さんぶつ》や名物《めいぶつ》。例 外国《がいこく》の土産をもらう。❷人《ひと》の家《いえ》を訪《たず》ねるときなどに持《も》って行《い》くおくり物《もの》。手《て》みやげ。

みやげばなし【土産話】名詞 旅行先《りょこうさき》での体《たい》

伝統的《でんとうてき》な言語文化《げんごぶんか》

歌舞伎《かぶき》

何《なに》が「二枚目《にまいめ》」「三枚目《さんまいめ》」？

カッコイイ美男《びなん》の俳優《はいゆう》さんを「二《に》枚目《まいめ》」、いつも面白《おもしろ》い役《やく》を演《えん》じる俳《はい》優《ゆう》さんを「三枚目《さんまいめ》」というのを聞《き》いたことがあるかな。これはもともと「歌舞伎《かぶき》」に登場《とうじょう》する「美男役《びなんやく》」と「道化方《どうけかた》」（面白《おもしろ》い役《やく》）の役者《やくしゃ》さんを指《さ》すことばだったんだ。江戸時代《えどじだい》、歌舞伎《かぶき》の芝居小屋《しばいごや》に役者《やくしゃ》さんの名前《なまえ》を書《か》いた看板《かんばん》をかかげるとき、「美《び》男役《なんやく》」の看板《かんばん》は必《かなら》ず端《はし》から2番目《ばんめ》に、「道化方《どうけかた》」の看板《かんばん》は3番目《ばんめ》に置《お》かれたんだ。そこから「二枚目《にまいめ》」「三枚目《さんまいめ》」という言《い》い方《かた》が生《う》まれたらしい。それが今《いま》でも使《つか》われているんだよ。

そのほかにも歌舞伎《かぶき》がもとになったことばはいろいろあるよ。「花道《はなみち》」や「正念場《しょうねんば》」などもそうだ。辞書《じしょ》で意味《いみ》を調《しら》べてごらん。歌舞伎《かぶき》が人《ひと》々《びと》にとってとても身近《みぢか》なものだったことがわかるだろう。

歌舞伎《かぶき》は、江戸時代《えどじだい》の初《はじ》めに出雲《いずもの》阿国《おくに》という女性《じょせい》が始《はじ》めたとされ、のちに男性《だんせい》だけが演《えん》じるようになったよ。当時《とうじ》の人々《ひとびと》にとても親《した》しまれた芸能《げいのう》だったんだ。

テレビも映画《えいが》もなかった時代《じだい》、歌《か》舞伎《ぶき》の役者《やくしゃ》さんたちはアイドルなみに大人気《だいにんき》だったんだよ。機会《きかい》があったら、ぜひ舞台《ぶたい》を見《み》に行《い》こう。衣《い》装《しょう》やセットがとてもきれいだよ。

もっとみてみよう！

●「こども伝統芸能《でんとうげいのう》シリーズ1　歌《か》舞伎《ぶき》」（アリス館《かん》）

読書のこみち　高 中 低 『新美南吉童話集《にいみなんきちどうわしゅう》』新美南吉《にいみなんきち》　教科書《きょうかしょ》にのっている「ごん狐《ぎつね》」、母子《ぼし》のきつねが登場《とうじょう》する「手ぶくろを買いに」など少年《しょうねん》を主人公《しゅじんこう》とする話《はなし》、村《むら》を舞台《ぶたい》にした「花《はな》のき村《むら》と盗人《ぬすびと》たち」「和太郎《わたろう》さんと牛《うし》」

験《けん》や、見聞《みき》きしたことなどについての話《はなし》。

みやこ【都】 名詞 ❶国《くに》の政治《せいじ》の中心《ちゅうしん》になっている土地《とち》。首都《しゅと》。❷人《ひと》がたくさん住《す》む、にぎやかな大《おお》きな町《まち》。都《と》会《かい》。例 花《はな》の都パリ。漢 ↓912ジページ と〔都〕

みやこおち【都落ち】 名詞 動詞 都《みやこ》にいられなくなって地方《ちほう》へ移《うつ》ること。

みやざきけん【宮崎県】 名詞 九州《きゅうしゅう》の南東部《なんとうぶ》にあり、太平洋《たいへいよう》に面《めん》する県《けん》。たくさんの古墳《こふん》が残《のこ》り、神話《しんわ》や伝説《でんせつ》も多《おお》い。野菜《やさい》の促成栽培《そくせいさいばい》がさかん。県庁《けんちょう》は宮崎市《みやざきし》にある。

みやざきへいや【宮崎平野】 名詞 宮崎県《みやざきけん》の中部《ちゅうぶ》にある平野《へいや》。太平洋《たいへいよう》に面《めん》する。

みやざわけんじ【宮沢賢治】 名詞 〔一八九六～一九三三〕大正《たいしょう》・昭和《しょうわ》時代《じだい》の詩人《しじん》・童話作《どうわさっ》家《か》。岩手県《いわてけん》生まれ。農業《のうぎょう》の研究《けんきゅう》や農学校《のうがっこう》の先《せん》生《せい》をしながら、童話《どうわ》「風《かぜ》の又三郎《またさぶろう》」「銀河鉄道《ぎんがてつどう》の夜《よる》」、詩《し》「雨《あめ》ニモマケズ」などの作品《さくひん》を書《か》いた。

みやじま【宮島】 ↓93ジページ いつくしま

みやすい【見やすい】 形容詞 楽《らく》に見《み》られる。見《み》るのに具合《ぐあい》がよい。また、はっきりしてわかりやすい。例 見やすい席《せき》がとれた／大《おお》きくて見やすい字《じ》。対 見《み》にくい。

みやだいく【宮大工】 名詞 神社《じんじゃ》や寺《てら》などを建《た》てたり直《なお》したりすることを専門《せんもん》にする大工《だいく》。

みやづかえ【宮仕え】 名詞 動詞 役所《やくしょ》や会社《かいしゃ》などに勤《つと》めること。ことば もとは、宮中《きゅうちゅう》に仕《つか》えることをいった。

みやびやか 形容動詞 上品《じょうひん》で、美《うつく》しいようす。優美《ゆうび》。例 みやびやかな着物姿《きものすがた》。

みやぶる【見破る】 動詞 秘密《ひみつ》やたくらみなどを見《み》ぬく。例 相手《あいて》の悪《わる》だくみを見破る。

みやまいり【宮参り】 名詞 動詞 ❶七五三《しちごさん》のお祝《いわ》いに、神社《じんじゃ》にお参《まい》りすること。❷生《う》まれた子供《こども》が、初《はじ》めて神社《じんじゃ》にお参《まい》りすること。

みやる【見やる】 動詞 ❶ある方向《ほうこう》に目《め》を向《む》ける。例 足元《あしもと》を見やる。❷遠《とお》くのほうを見《み》る。例 西《にし》の空《そら》を見やる。

ミャンマーれんぽうきょうわこく【ミャンマー連邦共和国】 名詞 インドシナ半島《はんとう》の西部《せいぶ》にある国《くに》。米作《こめづく》りがさかん。以前《いぜん》は「ビルマ」と呼《よ》ばれていた。首都《しゅと》はネーピードー。「ミャンマー」ともいう。

（国旗《こっき》）

ミュージアム (museum) 名詞 「博物館《はくぶつかん》」「美《び》術館《じゅつかん》」のこと。

ミュージカル (musical) 名詞 音楽《おんがく》とおどりを中心《ちゅうしん》にした劇《げき》や映画《えいが》。

ミュージック (music) 名詞 「音楽《おんがく》」のこと。

ミュータンスきん【ミュータンス菌】 名詞 むし歯《ば》の原因《げんいん》となる菌《きん》の一《ひと》つ。

みょう【名】 漢 ↓1299ジページ めい〔名〕

みょう【妙】 ❶ 形容動詞 不思議《ふしぎ》なようす。変《か》わっているようす。例 妙な話《はなし》だね／妙な格好《かっこう》をしている。❷ 名詞 たいへんすぐれていること。例 演技《えんぎ》の妙を味《あじ》わう／言《い》い得《え》て妙だ。

みょう【命】 漢 ↓1299ジページ めい〔命〕

みょう【明】 漢 ↓1299ジページ めい〔明〕

みょうあん【妙案】 名詞 すばらしいアイディア。とてもよい思《おも》いつき。名案《めいあん》。例 それは、またとない妙案だ。

みょうぎ【妙技】 名詞 たいへん見事《みごと》なわざ。例 空中《くうちゅう》ブランコの妙技に、拍手《はくしゅ》がわいた。

みょうこうとがくしれんざんこくりつこうえん【妙高戸隠連山国立公園】 名詞 新潟県《にいがたけん》と長野県《ながのけん》にまたがる国立公園《こくりつこうえん》。妙高山《みょうこうさん》、戸隠山《とがくしやま》など多《おお》くの山々《やまやま》がある。

みょうごにち【明後日】 名詞 あしたの次《つぎ》の日《ひ》。あさって。対 一昨日《いっさくじつ》。使い方 「あさって」よりもあらたまった言《い》い方《かた》。

みょうごねん【明後年】 名詞 来年《らいねん》の次《つぎ》の年《とし》。再来年《さらいねん》。使い方 「再来年《さらいねん》」よりもあらたまった言《い》い方《かた》。

みょうじ【名字】 名詞 人《ひと》の名前《なまえ》で、家《いえ》を表《あらわ》す部分《ぶぶん》。姓《せい》。例 ぼくの名字は山田《やまだ》です。↓704ジページ

外国語教室 姓《せい》・名《めい》？ それとも名《めい》・姓《せい》？

みょうしゅ【妙手】 名詞 ❶とてもすぐれた腕前《うでまえ》。また、すぐれた腕前《うでまえ》の人《ひと》。❷囲碁《いご》・将棋《しょうぎ》などで、とてもうまい手《て》。例 三味線《しゃみせん》の妙手。

みょうじょう【明星】 名詞 「金星《きんせい》」のこと。夜明《よあ》けに東《ひがし》の空《そら》に見《み》えるのを「明《あ》けの明星《みょうじょう》」、日暮《ひぐ》れに西《にし》の空《そら》に見《み》えるのを「よいの明星《みょうじょう》」

は、イギリス人《じん》の、母方《ははかた》の祖母《そぼ》と暮《く》らすことになった。それは、おばあさんに言《い》わせれば、「魔女修行《まじょしゅぎょう》」をする中《なか》でまいの心《こころ》も、少《すこ》しずつ、変化《へんか》を見《み》せる。やがておとずれる別《わか》れを、まいはどう受《う》け止《と》めていくのだろうか。

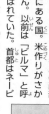

という。

みょうちょう【明朝】 名詞 明日《あす》の朝《あさ》。例 明朝七時《しちじ》に出発《しゅっぱつ》だ。使い方 あらたまった言《い》い方《かた》。

みょうにち【明日】 名詞 あした。あす。例 明日は休業《きゅうぎょう》いたします。対 昨日《さくじつ》。使い方「あした」「あす」よりもあらたまった言《い》い方《かた》。

みょうねん【明年】 名詞 今年《ことし》の次《つぎ》の年《とし》。来年《らいねん》。対 昨年《さくねん》。使い方「来年《らいねん》」よりもあらたまった言《い》い方《かた》。

みょうばん【明晩】 名詞 あしたの晩《ばん》。例 明晩お電話《でんわ》いたします。対 昨晩《さくばん》。使い方 あらたまった言《い》い方《かた》。

みょうばん【明ばん】 名詞 白《しろ》または透明《とうめい》の結晶《けっしょう》。紙《かみ》をつくるときや色《いろ》を染《そ》めるときに使《つか》われる。

みょうみ【妙味】 名詞 すぐれた味《あじ》わいやおもしろさ。例 俳句《はいく》の妙味を知《し》る。

みようみまね【見よう見まね】 人《ひと》のするのを見《み》てまねること。例 見よう見まねで覚《おぼ》える。

みょうやく【妙薬】 名詞 ❶不思議《ふしぎ》なほど、効《き》き目《め》のある薬《くすり》。❷ものごとを解決《かいけつ》したり達成《たっせい》したりするのに有効《ゆうこう》な手段《しゅだん》。例 恋《こい》の妙薬。

みより【身寄り】 名詞 たよることができる家族《かぞく》や親戚《しんせき》。身内《みうち》。例 身寄りのない人《ひと》。

みらい【未来】 名詞 これから先《さき》のこと。例 地球《ちきゅう》の未来。類 将来《しょうらい》。関連 過去《かこ》。現在《げんざい》。

みらいけい【未来形】 名詞 文法用語《ぶんぽうようご》で、まだ起《お》きていないことを表《あらわ》すときの、ことばの形《かたち》。

ミリ（フランス語）名詞 ❶「メートル」「グラム」「リットル」などの単《たん》位《い》の前《まえ》につけて、千分《せんぶん》の一《いち》であることを表《あらわ》すことば。記号《きごう》は「m」。❷「ミリメートル」の略《りゃく》。

ミリアンペア（milliampere）名詞 電流《でんりゅう》の強《つよ》さを表《あらわ》す単位《たんい》。一《いち》ミリアンペアは一《いち》アンペアの千分《せんぶん》の一《いち》。記号《きごう》は「mA」。

ミリオンセラー（million sellers）名詞 百万《ひゃくまん》以上《いじょう》の数《かず》が売《う》れた商品《しょうひん》。おもに本《ほん》やCD《シーディー》などについて使《つか》う。ことば「ミリオン」は英語《えいご》で「百万《ひゃくまん》」という意味《いみ》。

ミリグラム（フランス語）名詞 メートル法《ほう》の重《おも》さの単位《たんい》。一《いち》ミリグラムは一《いち》グラムの千分《せんぶん》の一《いち》。記号《きごう》は「mg」。

ミリメートル（フランス語）名詞 メートル法《ほう》の長《なが》さの単位《たんい》。一《いち》ミリメートルは一《いち》メートルの千《せん》分《ぶん》の一《いち》。記号《きごう》は「mm」。略《りゃく》して「ミリ」ともいう。

みりょく【魅力】 名詞 人《ひと》の心《こころ》を引《ひ》きつける力《ちから》。例 魅力的《てき》な人《ひと》／魅力のある話《はなし》。

ミリリットル（フランス語）名詞 メートル法《ほう》の体積《たいせき》の単位《たんい》。一《いち》ミリリットルは一《いち》リットルの千《せん》分《ぶん》の一《いち》。記号《きごう》は「mL」。

みりん 名詞 しょうちゅうに、蒸《む》した米《こめ》やこうじを混《ま》ぜてつくるあまい酒《さけ》。おもに調味料《ちょうみりょう》として使《つか》う。

みる【見る】 動詞 ❶目《め》で確《たし》かめる。例 左右《さゆう》を見る。❷ながめる。見物《けんぶつ》する。例 景色《けしき》を見る。❸読《よ》む。目《め》を通《とお》す。例 新聞《しんぶん》を見る／手紙《てがみ》を見る。❹うらなう。例 未来《みらい》の運勢《うんせい》を見てもらう。❺調《しら》べる。観察《かんさつ》する。例 辞書《じしょ》を見る／植物《しょくぶつ》が育《そだ》つようすを見る。❻考《かんが》える。判断《はんだん》する。例 空《そら》のようすから雨《あめ》になるとみる。❼世話《せわ》をする。例 弟《おとうと》の勉強《べんきょう》をみてやる。❽経験《けいけん》する。例 痛《いた》い目《め》をみる。❾（「…てみる」の形《かたち》で）ためしに…する。例 食《た》べてみる。使い方 尊敬《そんけい》した言《い》い方《かた》は「ご覧《らん》になる」、へりくだった言《い》い方《かた》は「拝見《はいけん》する」。❻〜❾は、ふつうかな書《が》きにする。漢 ⇒428ページ けん〔見〕

見《み》る影《かげ》もない 落《お》ちぶれて、昔《むかし》のりっぱなようすがどこにも見《み》られない。例 昔《むかし》の都《みやこ》も今《いま》はあれ果《は》てて見る影もない。

見《み》るからに ちょっと見《み》ただけでもわかるほどに。例 見るからにやさしそうなおじいさん。

見《み》るともなく とくに見《み》るつもりもなく。例 見るともなく夜空《よぞら》を見上《みあ》げたら、星《ほし》が流《なが》れた。

見《み》るに忍《しの》びない かわいそうで見《み》ていられない。例 病気《びょうき》の犬《いぬ》のすがたは見るに忍びない。

見《み》るに堪《た》えない ❶見《み》る値打《ねう》ちがない。例 あまりにいいかげんで見るに堪えない作品《さくひん》。❷かわいそうで見《み》ていられない。例 戦地《せんち》のようすを伝《つた》える写真《しゃしん》は見るに堪えない。

見《み》るに見《み》かねて だまって見《み》ていることができなくて。例 見るに見かねて弟《おとうと》を手伝《てつだ》った。

読書のこみち　高 中 低　『西《にし》の魔女《まじょ》が死《し》んだ』梨木香歩《なしきかほ》　入学《にゅうがく》した中学《ちゅうがく》に何《なん》となくなじめない、まい。しばらく日々《ひび》でもあった…。さまざまな植物《しょくぶつ》に囲《かこ》まれた家《いえ》での生活《せいかつ》、毎日《まいにち》交《か》わされる会話《かいわ》、その

みる【診る】 動詞 体《からだ》の具合《ぐあい》を調《しら》べる。診察《しんさつ》する。例 医者《いしゃ》に診てもらう。

ミルク（milk） 名詞 ❶「牛乳《ぎゅうにゅう》」のこと。❷牛乳《ぎゅうにゅう》に手《て》を加《くわ》えたもの。練乳《れんにゅう》や粉《こな》ミルクなど。

みるまに【見る間に】 見《み》ているうちにどんどん。あっという間《ま》に。例 山盛《やまも》りのごちそうを、見る間に平《たい》らげた。類 見《み》る見《み》る。

みるみる【見る見る】 副詞 見《み》ているうちにどんどん。たちまち。例 雨雲《あまぐも》が見る見る近《ちか》づいてきた。類 見《み》る間《ま》に。

ミレー 名詞（一八一四～一八七五）フランスの画《が》家《か》。働《はたら》く農民《のうみん》の姿《すがた》を多《おお》くえがいた。「晩鐘《ばんしょう》」「落穂拾《おちぼひろ》い」などの作品《さくひん》が有名《ゆうめい》。

みれん【未練】 名詞 形容動詞 あきらめきれないで、心残《こころのこ》りがすること。例 水泳選手《すいえいせんしゅ》になる夢《ゆめ》をここであきらめたら、きっと未練が残《のこ》る。

みわけ【見分け】 名詞 見《み》て区別《くべつ》すること。例 そっくりで見分けがつかない姉妹《しまい》。

みわける【見分ける】 動詞 見《み》て区別《くべつ》する。例 本物《ほんもの》かにせものかを見分ける。

みわたす【見渡す】 動詞 遠《とお》くまで広《ひろ》くながめる。例 山《やま》の上《うえ》から町《まち》を見渡す。

みわたすかぎり【見渡す限り】 遠《とお》く目《め》の届《とど》く限《かぎ》り、すべて。例 見渡す限りの花畑《はなばたけ》。

漢 **みん【民】**〔氏《うじ》〕5画 4年 音 ミン 訓 たみ

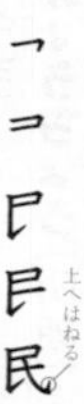

いっぱんの人々《ひとびと》。たみ。例 民家《みんか》／民主主義《みんしゅしゅぎ》／民族《みんぞく》／民話《みんわ》／国民《こくみん》／住民《じゅうみん》／農民《のうみん》。

みん【明】 名詞 昔《むかし》の中国《ちゅうごく》の王朝《おうちょう》。一三六八年《ねん》から一六四四年《ねん》まで続《つづ》いた。

みんえい【民営】 ⇒557ページ しえい〔私営〕

みんえいか【民営化】 名詞 動詞 国《くに》などが行《おこな》っている事業《じぎょう》を、民間《みんかん》の会社《かいしゃ》による経営《けいえい》に変《か》えること。例 空港《くうこう》の経営《けいえい》が民営化される。

みんか【民家】 名詞 ふつうの人《ひと》が住《す》んでいる家《いえ》。例 この辺《あた》りには民家が多《おお》い。

みんかん【民間】 名詞 ❶ふつうの人々《ひとびと》の社会《しゃかい》。例 民間に伝《つた》わる昔話《むかしばなし》。❷政府《せいふ》や役所《やくしょ》などに関係《かんけい》のない、一般《いっぱん》の人々《ひとびと》の社会《しゃかい》。例 民間企業《きぎょう》。

みんかんひえいりだんたい【民間非営利団体】 ⇒156ページ エヌピーオー

みんかんほうそう【民間放送】 ⇒1283ページ みんぽう〔民放〕

ミンク（mink） 名詞 いたちのなかまの動物《どうぶつ》。体長《たいちょう》四十《よんじっ》センチメートルくらいで、体《からだ》は黒《くろ》っぽい茶色《ちゃいろ》。泳《およ》ぎがうまい。毛皮《けがわ》を利用《りよう》する。

ミンク

みんげい【民芸】 名詞 ふつうの人々《ひとびと》の生活《せいかつ》の中《なか》で昔《むかし》からつくられ、伝《つた》えられてきた工芸品《こうげいひん》や芸能《げいのう》。

みんげいひん【民芸品】 名詞 その土地《とち》のふつうの人々《ひとびと》の生活《せいかつ》の中《なか》で伝《つた》えられてきた工芸《こうげい》品《ひん》。

みんけん【民権】 名詞 国民《こくみん》が政治《せいじ》に参加《さんか》する権利《けんり》。

みんじ【民事】 名詞 生活《せいかつ》や財産《ざいさん》、契約《けいやく》などについて定《さだ》めた、民法《みんぽう》や商法《しょうほう》に関係《かんけい》することがら。対 刑事《けいじ》。

みんしゅ【民主】 名詞 国《くに》を治《おさ》める権利《けんり》が国民《こくみん》にあること。例 民主主義《しゅぎ》／民主的《てき》。

みんしゅう【民衆】 名詞 世《よ》の中《なか》のふつうの人《ひと》たち。例 民衆の生活《せいかつ》。類 大衆《たいしゅう》。庶民《しょみん》。公衆《こうしゅう》。

みんしゅく【民宿】 名詞 観光地《かんこうち》などで、ふつうの家《いえ》が設備《せつび》をととのえて客《きゃく》をとめる宿《やど》。

みんしゅしゅぎ【民主主義】 名詞 国民全《こくみんぜん》体《たい》の利益《りえき》や幸福《こうふく》のために、国民自身《こくみんじしん》の手《て》で国《くに》の政治《せいじ》をしていこうとする考《かんが》え方《かた》。「デモクラシー」ともいう。

みんしゅせいじ【民主政治】 名詞 民主主《みんしゅしゅ》義《ぎ》による政治《せいじ》。

みんしゅてき【民主的】 形容動詞 ひとりひとりの意見《いけん》を大事《だいじ》にしながら、ものごとを進《すす》めるようす。例 クラスの委員《いいん》を民主的に決《き》める。

みんせいいいん【民生委員】 名詞 市町村《しちょうそん》からたのまれて、生活《せいかつ》に困《こま》っている人《ひと》の世話《せわ》など、地域《ちいき》の社会福祉活動《しゃかいふくしかつどう》を行《おこな》う役目《やくめ》の人《ひと》。

みんぞく【民俗】 名詞 ある社会《しゃかい》の、ふつうの人々《ひとびと》の間《あいだ》に伝《つた》わってきた生活《せいかつ》のしかたや習慣《しゅうかん》。

みんぞく【民族】 名詞 同《おな》じ土地《とち》からおこった同じ先祖《せんぞ》を持《も》ち、ことば・文化《ぶんか》・習慣《しゅうかん》などが同《おな》じである人々《ひとびと》の集《あつ》まり。例 少数《しょうすう》民族。

ミンチ 名詞 刻《きざ》んで細《こま》かくした肉《にく》。ひき肉《にく》。「メンチ」ともいう。例 ぶた肉《にく》をミンチにする。

みんちょうたい【明朝体】 名詞 書体《しょたい》の一《ひと》つ。縦線《たてせん》が太《ふと》く、横線《よこせん》が細《ほそ》い。図⇒650ページ しょたい〔書体〕❷

ミント（mint） 名詞 しそのなかまの草《くさ》。葉《は》やくきにさわやかな香《かお》りがあり、薬用《やくよう》や香《かお》りづけなどに使《つか》われる。「はっか」ともいう。

みんな 名詞 副詞 すべて。全部《ぜんぶ》。全部《ぜんぶ》の人《ひと》。例 おやつをみんな食《た》べてしまった／みんなと遊《あそ》ぶ。使い方「みな」のくだけた言《い》い方《かた》。

みんぱく【民泊】 名詞 動詞 ホテルや旅館《りょかん》ではなく、民家《みんか》に宿泊《しゅくはく》すること。また、そのしくみ。

みんぽう【民法】 名詞 財産《ざいさん》の問題《もんだい》や家族関係《かぞくかんけい》について定《さだ》めている法律《ほうりつ》。

みんぽう【民放】 名詞 民間《みんかん》の会社《かいしゃ》が行《おこな》うテレビ・ラジオ放送《ほうそう》。広告主《こうこくぬし》から広告料《こうこくりょう》をとって経営《けいえい》する。「民間放送《みんかんほうそう》」の略《りゃく》。

みんみんぜみ 名詞 せみのなかま。羽《はね》は透明《とうめい》。「ミーン、ミーン」と大《おお》きな声《こえ》で鳴《な》く。図⇒505ページ こんちゅう

みんよう【民謡】 名詞 その地方《ちほう》の人々《ひとびと》の生活《せいかつ》の中《なか》から生《う》まれ、歌《うた》いつがれてきた歌《うた》。

みんわ【民話】 名詞 その地方《ちほう》の人々《ひとびと》の生活《せいかつ》の中《なか》から生《う》まれ、語《かた》りつがれてきた話《はなし》。

む

ム

下《した》の 手話にチャレンジ を見《み》よう。

む【六】（ほかのことばの前《まえ》につけて）「むっつ」の意味《いみ》を表《あらわ》す。例 六月目《つきめ》。漢⇒1422ページ ろく〔六〕

む【武】 漢⇒1137ページ ぶ〔武〕

漢 **む【務】**〔力《ちから》〕 11画 5年 音 ム 訓 つとめる・つとまる

マ ヌ 予 矛 矛 孜 務 務 （はねる）（わすれないように）

つとめ。仕事《しごと》。例 義務《ぎむ》／勤務《きんむ》／事務《じむ》／任務《にんむ》。

む【無】 名詞 何《なに》もないこと。また、むだであること。漢⇒1283ページ む〔無〕

●**無《む》にする** むだにする。例 人《ひと》の好意《こうい》を無にする。

漢 **む【無】**〔灬《れんが》〕 12画 4年 音 ム・ブ 訓 ない

ノ 𠂉 𠂉 𠂉 無 無 無 無 無

❶ない。存在《そんざい》しない。例 無人島《むじんとう》／皆無《かいむ》。対 有《ゆう》。
❷…でない。ほかのことばの上《うえ》につけて、打《う》ち消《け》しを表《あらわ》す。例 無事《ぶじ》／無用心《ぶようじん》／無礼《ぶれい》／無意味《むいみ》／無関係《むかんけい》／無理《むり》／無料《むりょう》。

漢 **む【夢】**〔夕《ゆう》〕 13画 5年 音 ム 訓 ゆめ

艹 艹 苎 苎 苗 苗 萬 夢 夢 （てんをわすれないように）

❶ねむっているときに見《み》るゆめ。ゆめみる。例 夢想《むそう》／悪夢《あくむ》／初夢《はつゆめ》／正夢《まさゆめ》。❷はかないこと。ありえないこと。例 夢心地《ゆめごこち》。

むい【六】 むっつ。ろく。例 六日《か》。漢⇒1422ページ ろく〔六〕

むいか【六日】 名詞 ❶月《つき》の六番目《ろくばんめ》の日《ひ》。例 六日のあやめ（＝五月《ごがつ》五日《いつか》の端午《たんご》の節句《せっく》にかざるあやめを、六日《むいか》に用《よう》意《い》しても役《やく》に立《た》たない）。❷六日間《ろくにちかん》。例 週《しゅう》に六日練習《れんしゅう》する。

むいしき【無意識】 ❶ 名詞 形容動詞 自分《じぶん》で自分《じぶん》のすることに気《き》がつかないようす。例 無意識に目《め》をつぶった。❷ 名詞 気《き》を失《うしな》っていること。

むいそん【無医村】 名詞 医者《いしゃ》がいない村《むら》。

むいちぶつ【無一物】 ⇒1283ページ むいちもつ

むいちもつ【無一物】 名詞 お金《かね》や物《もの》などを、何一《なにひと》つ持《も》っていないこと。「むいちぶつ」ともいう。例 災害《さいがい》にあって無一物になる。

むいちもん【無一文】 名詞 お金《かね》をまったく持《も》っていないこと。一文《いちもん》なし。

むいみ【無意味】 名詞 形容動詞 これといった意《い》味《み》や値打《ねう》ちがないこと。役《やく》に立《た》たないこと。例 本《ほん》を買《か》っても、読《よ》まなければ無意味だ。

ムード（mood） 名詞 その場《ば》に広《ひろ》がっている気《き》分《ぶん》。雰囲気《ふんいき》。例 会《かい》のムードを盛《も》り上《あ》げる。

むえき【無益】 名詞 形容動詞 得《とく》になったりため

手話にチャレンジ **難《むずか》しい** 右手《みぎて》の親指《おやゆび》と人《ひと》さし指《ゆび》で、ほおをつねるようにつまむ。「できない」も、同《おな》じ手話《しゅわ》で

になったりしないこと。役《やく》に立《た》たないこと。むだ。例 無益な争《あらそ》いはやめよう。対 有益《ゆうえき》。

むえん【無縁】 名詞 形容動詞 ❶関係《かんけい》がないこと。例 ぼくは病気《びょうき》に無縁だ。❷死《し》んだあと、とむらってくれる親類《しんるい》などがいないこと。例 無縁仏《ぼとけ》。

むが【無我】 名詞 ❶自分《じぶん》だけの利益《りえき》や楽《たの》しみを求《もと》めようとする気《き》持《も》ちがないこと。例 無我の愛《あい》。❷何《なに》かに集中《しゅうちゅう》してとりくみ、我《われ》を忘《わす》れること。例 無我夢中《むちゅう》。

むかい【向かい】 名詞 向《む》き合《あ》っていること。正面《しょうめん》。例 学校《がっこう》の向かいに図書館《としょかん》ができた。

むがい【無害】 名詞 形容動詞 害《がい》がないこと。例 無害な食品《しょくひん》。対 有害《ゆうがい》。

むかいあう【向かい合う】 動詞 おたがいに相手《あいて》の正面《しょうめん》を向《む》いている。向《む》き合《あ》う。例 机《つくえ》をはさんで友《とも》だちと向かい合う。

むかいあわせ【向かい合わせ】 名詞 おたがいの正面《しょうめん》が向《む》き合《あ》っていること。例 友《とも》だちと向かい合わせにすわる。対 背中合《せなかあ》わせ。

むかいかぜ【向かい風】 名詞 進《すす》んでいく方《ほう》向《こう》からこちらへふいてくる風《かぜ》。対 追《お》い風《かぜ》。

むかう【向かう】 動詞 ❶顔《かお》や正面《しょうめん》をその方《ほう》へ向《む》ける。例 カメラに向かって笑《わら》う。❷ある場所《ばしょ》を目指《めざ》して進《すす》む。例 山《やま》に向かって歩《ある》く。❸近《ちか》づく。例 病気《びょうき》が快方《かいほう》に向かう。❹ていこうする。反抗《はんこう》する。例 敵《てき》に向かう。❺相手《あいて》にする。対《たい》する。例 上級生《じょうきゅうせい》に向かって議論《ぎろん》をふっかける。

むかえうつ【迎え撃つ】 動詞 敵《てき》がせめてくるのを、待《ま》ち構《かま》えて戦《たたか》う。

漢 ⇩443ジベー こう〔向〕

むかえび【迎え火】 名詞 季語 秋 お盆《ぼん》の初《はじ》めの日《ひ》に、祖先《そせん》の霊《れい》をあの世《よ》からむかえるために、家《いえ》の門《もん》の前《まえ》などでたく火《ひ》。対 送《おく》り火《び》。

むかえる【迎える】 動詞 ❶人《ひと》の来《く》るのを待《ま》ち受《う》ける。例 玄関《げんかん》でお客《きゃく》を迎える。対 送《おく》る。❷呼《よ》び寄《よ》せる。招《まね》く。例 新《あたら》しい先生《せんせい》を迎える。❸その時《とき》がめぐってくる。例 新学期《しんがっき》を迎える。

むがく【無学】 名詞 形容動詞 学問《がくもん》や知識《ちしき》を身《み》につけていないこと。例 無学な自分《じぶん》をはじる。

むかし【昔】 名詞 ❶今《いま》から何年《なんねん》も前《まえ》。ずっと以前《いぜん》。例 父《ちち》は昔、外国《がいこく》で働《はたら》いていた。対 今《いま》。❷十年《じゅうねん》をひとまとまりにして、過《す》ぎた年月《ねんげつ》を表《あらわ》すことば。例 ひと昔もふた昔も前《まえ》の話《はなし》。

漢 ⇩1284ジベー むかし〔昔〕

● **昔取《むかしと》ったきね柄《づか》** ⇩437ジベー ことわざ

漢 **むかし【昔】**〔日《ひ》〕 8画 3年 音 セキ・シャク 訓 むかし

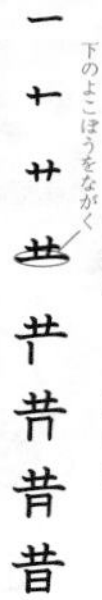

むかし。以前《いぜん》。例 昔日《せきじつ》／昔話《むかしばなし》／大昔《おおむかし》。

むかしかたぎ【昔かたぎ】 名詞 形容動詞 昔《むかし》からの考《かんが》え方《かた》ややり方《かた》をかたく守《まも》っていること。例 昔かたぎの大工《だいく》さん。義理《ぎり》がたく、まじめな性質《せいしつ》であること。

むかしながら【昔ながら】 名詞 昔《むかし》のままであること。例 昔ながらの行事《ぎょうじ》。

むかしなじみ【昔なじみ】 名詞 昔《むかし》、親《した》しくしていたこと。また、その人《ひと》。

むかしばなし【昔話】 名詞 ❶昔《むかし》から子供《こども》たちに語《かた》り伝《つた》えられてきた物語《ものがたり》。「桃太郎《ももたろう》」「かちかち山《やま》」など。❷昔《むかし》あったことを話《はな》すこと。また、その話《はなし》。例 祖母《そぼ》が友人《ゆうじん》と昔話をしている。

⇩871ジベー 伝統コラム

むかしふう【昔風】 名詞 形容動詞 やり方《かた》やようすが昔《むかし》のものであること。例 昔風の家《いえ》。

むかつく 動詞 ❶むかむかと、はき気《け》がする。例 胸《むね》がむかつく。❷しゃくにさわる。腹《はら》が立《た》つ。

むかで 名詞 季語 夏 体《からだ》は平《ひら》たくて細長《ほそなが》く、たくさんの節《ふし》と足《あし》のある虫《むし》。じめじめしたところにすみ、口《くち》に毒《どく》を持《も》っている。

むかで

ことば 漢字《かんじ》では「百足」と書《か》く。

むかむか【と】 副詞 動詞 ❶はき気《け》がするようす。例 胸《むね》がむかむかする。❷腹《はら》が立《た》ってしかたがないようす。例 あとかたづけをしない妹《いもうと》にむかむかした。

むがむちゅう【無我夢中】 名詞 形容動詞 ほかのことを忘《わす》れて、あることだけにいっしょう

よって小人《こびと》の大《おお》きさにされてしまったニルス少年《しょうねん》。鳥《とり》のことばがわかるようになったニルスは、がちょうのモ
ります。もともとは教育的《きょういくてき》な旅物語《たびものがたり》として書《か》かれた作品《さくひん》ですが、長編《ちょうへん》ファンタジーとして楽《たの》しめる古典《こてん》です。

けんめいになること。例無我夢中で走《はし》る。
使い方「無我無中」と書《か》かないよう注意《ちゅうい》。

むかんけい【無関係】 名詞 形容動詞 関係《かんけい》がないこと。例無関係な人《ひと》は入《はい》らないでください。

むかんしん【無関心】 名詞 形容動詞 気《き》にかけないこと。興味《きょうみ》がないこと。例母《はは》は野球《やきゅう》にはまったく無関心だ。

むき【向き】 名詞
❶向《む》いている方向《ほうこう》。例南《みなみ》向きの窓《まど》。
❷合《あ》っていること。ふさわしいこと。例小学《しょうがく》生《せい》向きの本《ほん》。
❸その傾向《けいこう》や性質《せいしつ》のあること。また、それを持《も》つ人《ひと》。例すぐ考《かんが》えこむ向きがある。
❹意見《いけん》や用事《ようじ》のある人《ひと》。また、意見《いけん》や用事《ようじ》の内《ない》容《よう》。例ご用《よう》の向きはこちらへどうぞ。
●**向《む》きになる** ちょっとしたことでも本気《ほんき》になる。例妹《いもうと》をからかったらむきになっておこった。使い方ふつうかな書《が》きにする。

むき【無期】 名詞 いつまでと、期間《きかん》が決《き》まっていないこと。例工事《こうじ》が無期延期《えんき》になった。

むぎ【麦】 名詞 季語夏 いねのなかまの作物《さくもつ》の一《ひと》つ。大麦《おおむぎ》・小麦《こむぎ》・はだか麦《むぎ》・ライ麦《むぎ》などがあり、世界《せかい》じゅうで食用《しょくよう》や家畜《かちく》のえさにしている。

漢 **むぎ【麦】**〔麥《むぎ》〕 7画 2年 音 バク 訓 むぎ
一 十 キ 圭（下をながく） 丰 麦 麦
むぎ。いねのなかまの作物《さくもつ》。例麦芽《ばくが》／麦茶《むぎちゃ》／麦畑《むぎばたけ》／大麦《おおむぎ》／小麦《こむぎ》。

むきあう【向き合う】 動詞 おたがいに正面《しょうめん》を相手《あいて》に向《む》ける。向《む》かい合《あ》う。例父《ちち》と向き合って話《はなし》をする。

むぎあき【麦秋】 ⬇1049ページ ばくしゅう

むきかごうぶつ【無機化合物】 名詞 炭素《たんそ》をふくまない化合物《かごうぶつ》と、二酸化炭素《にさんかたんそ》などの簡単《かんたん》な炭素化合物《たんそかごうぶつ》をまとめていう呼《よ》び名《な》。対有機《ゆうき》化合物《かごうぶつ》。

むきげん【無期限】 名詞 いつからいつまでと期限《きげん》を決《き》めていないこと。無期《むき》。例アイドル歌手《かしゅ》が、無期限の活動停止《かつどうていし》を発表《はっぴょう》した。

むぎこがし【麦焦がし】 名詞 季語夏 大麦《おおむぎ》をいって、粉《こな》にしたもの。砂糖《さとう》を混《ま》ぜて食《た》べたり、和菓子《わがし》の材料《ざいりょう》にしたりする。「はったい粉《こ》」ともいう。

むきしつ【無機質】 名詞 鉄《てつ》・カルシウム・りん・ナトリウム・カリウムなどをまとめた呼《よ》び方《かた》。骨《ほね》や血《ち》などをつくったり、体《からだ》の調子《ちょうし》を整《ととの》えたりするのに役立《やくだ》つ。「ミネラル」ともいう。

むきず【無傷】 名詞 形容動詞
❶傷《きず》がないこと。例バスの事故《じこ》があったが、乗客《じょうきゃく》は無傷だった。
❷失敗《しっぱい》したことや負《ま》けたことが一度《いちど》もないこと。例無傷で勝《か》ち進《すす》んでいる。

むきだし【むき出し】 名詞 形容動詞
❶包《つつ》まれたりかくされたりしていないで、見《み》えていること。例うでがむき出しの服《ふく》。
❷気持《きも》ちなどをかくさずに、ありのままに外《そと》に表《あらわ》すこと。例いかりをむき出しにする。

むきだす【むき出す】 動詞
❶かくさないで、見《み》えるようにする。例歯《は》をむき出して笑《わら》う。
❷気持《きも》ちなどをかくさずに、ありのままに外《そと》に表《あらわ》す。例悲《かな》しみをむき出して泣《な》く。

むぎちゃ【麦茶】 名詞 季語夏 大麦《おおむぎ》をからのついたまままいって、煮出《にだ》した飲《の》み物《もの》。

むきどう【無軌道】
❶名詞 列車《れっしゃ》などが通《とお》るレールがないこと。
❷名詞 形容動詞 考《かんが》えや行《おこな》いが、常識《じょうしき》から外《はず》れていて、でたらめなこと。例無軌道な人生《じんせい》。

むきなおる【向き直る】 動詞 体《からだ》を動《うご》かして、その方《ほう》に向《む》きを変《か》える。例正面《しょうめん》に向き直る。

むぎばたけ【麦畑】 名詞 季語夏 麦《むぎ》をさいばいしている畑《はたけ》。

むぎぶえ【麦笛】 名詞 季語夏 麦《むぎ》のくきを切《き》って、笛《ふえ》のようにふいて鳴《な》らすもの。

むきぶつ【無機物】 名詞 有機物《ゆうきぶつ》以外《いがい》のすべての物質《ぶっしつ》。生物《せいぶつ》として生《い》きていくはたらきを持《も》たない物質《ぶっしつ》。水《みず》・空気《くうき》・鉱物《こうぶつ》など。対有機物《ゆうきぶつ》。

むぎふみ【麦踏み】 名詞 季語春 麦《むぎ》の根《ね》を強《つよ》くするために、春《はる》の初《はじ》めに芽《め》を足《あし》でふみつけること。

むきみ【むき身】 名詞 貝《かい》などのからをとり除《のぞ》き、肉《にく》だけにしたもの。例あさりのむき身。

むきめい【無記名】 名詞 名前《なまえ》を書《か》かないこと。例無記名のアンケート。対記名《きめい》。

むぎめし【麦飯】 名詞 季語夏 大麦《おおむぎ》をたいたもの。また、米《こめ》に大麦《おおむぎ》を混《ま》ぜてたいたごはん。

読書のこみち 高中低 『ニルスのふしぎな旅《たび》』ラーゲルレーヴ　ちょっとしたいたずらがもとで、妖精《ようせい》トムテにルテンの背中《せなか》に乗《の》って、がんの群《む》れとともに、スウェーデンの国《くに》じゅうを旅《たび》することにな

むきゅう【無休】 名詞 休《やす》まないこと。仕事《しごと》などで、休《やす》みの日《ひ》がないこと。例 年中無休《ねんじゅうむきゅう》の店《みせ》。

むきりょく【無気力】 名詞 形容動詞 進《すす》んで何《なに》かをしようとする気持《きも》ちや元気《げんき》がないこと。例 あまりの暑《あつ》さに無気力になる。

むぎわら【麦わら】 名詞 季語 夏 実《み》をとったあとの、麦《むぎ》のくき。例 麦わら帽子《ぼうし》。

むぎわらとんぼ 名詞 季語 秋 「しおからとんぼ」のめすのこと。

むく 動詞 外側《そとがわ》にかぶさっているものをとり除《のぞ》く。例 たまねぎの皮《かわ》をむく。

むく【向く】 動詞 ❶顔《かお》や体《からだ》などをその方《ほう》へ回《まわ》す。例 右《みぎ》を向く。❷その方向《ほうこう》に面《めん》している。例 南《みなみ》に向いた部屋《へや》。❸よく合《あ》う。ふさわしい。例 子供《こども》に向いていないテレビ番組《ばんぐみ》。❹ある方《ほう》へ進《すす》む。例 公園《こうえん》へ自然《しぜん》と足《あし》が向く。❺ある状態《じょうたい》になる。例 運《うん》が向いてくる。

漢 ⇒443ページ こう〔向〕

むくい【報い】 名詞 自分《じぶん》のしたことの結果《けっか》として自分《じぶん》にはね返《かえ》ってくることがら。例 食《た》べすぎた報いで、おなかをこわした。

むくいる【報いる】 動詞 人《ひと》からしてもらったことなどに対《たい》して、それにふさわしいお返《かえ》しをする。例 応援《おうえん》に報いるためがんばろう。

漢 ⇒1203ページ ほう〔報〕

むくげ 名詞 季語 秋 あおいのなかまの低《ひく》い木《き》。夏《なつ》から秋《あき》に、うすむらさき・薄紅《うすべに》・白色《しろいろ》などの大《おお》きな花《はな》が開《ひら》き、一日《いちにち》でしぼむ。

むくげ

むくち【無口】 名詞 形容動詞 あまり人《ひと》としゃべらないこと。口数《くちかず》が少《すく》ないこと。例 無口な人《ひと》。

むくどり【むく鳥】 名詞 季語 秋 つばめより少《すこ》し大《おお》きい鳥《とり》。体《からだ》は黒《くろ》っぽい茶色《ちゃいろ》で、くちばしはだいだい色《いろ》。人家《じんか》の近《ちか》くに群《む》れてすむ。

むくどり

むくむ 動詞 病気《びょうき》などのために、顔《かお》や手足《てあし》などがはれぼったい感《かん》じにふくれる。

むくむく〔と〕 ❶副詞 かたまりのようなものが、次々《つぎつぎ》とわき上《あ》がる。ふくれ上《あ》がる。例 むくむくとわき上《あ》がる入道雲《にゅうどうぐも》。❷副詞 起《お》き上《あ》がるようす。例 昼寝《ひるね》をしていた父《ちち》がむくむくと起《お》きてきた。❸副詞 動詞 ふくらんでいるようす。ふんわりとしているようす。例 厚着《あつぎ》しすぎてむくむくしている。

むくれる 動詞 おこって、不機嫌《ふきげん》な顔《かお》や態度《たいど》を表《あらわ》す。例 注意《ちゅうい》されるとすぐむくれる。

むくわれる【報われる】 動詞 人《ひと》にしてあげたことや働《はたら》きなどに対《たい》して、それにふさわしいお返《かえ》しを受《う》ける。例 長年《ながねん》の努力《どりょく》が報われて夢《ゆめ》がかなう。

むけい【無形】 名詞 形《かたち》がないこと。また、そのもの。例 素直《すなお》な心《こころ》は無形の財産《ざいさん》だ。対 有形《ゆうけい》。

むけいぶんかいさん【無形文化遺産】 名詞 人類《じんるい》の宝《たから》として世界的《せかいてき》に守《まも》っていくために、ユネスコの「無形文化遺産保護条約《むけいぶんかいさんほごじょうやく》」にもとづいて定《さだ》められた、形《かたち》のない貴重《きちょう》な文化財《ぶんかざい》。参考 世界各地《せかいかくち》の言《い》い伝《つた》えや伝説《でんせつ》、伝統的《でんとうてき》な音楽《おんがく》・演劇《えんげき》・舞踊《ぶよう》、儀式《ぎしき》、手工芸《しゅこうげい》など。日本《にほん》には能楽《のうがく》・歌舞伎《かぶき》・和食《わしょく》などがある。

むけいぶんかざい【無形文化財】 名詞 演劇《えんげき》・音楽《おんがく》・工芸《こうげい》などの専門家《せんもんか》のすぐれたわざで、形《かたち》はないが、のちの世《よ》まで残《のこ》す値打《ねう》ちのあるもの。国《くに》がとくに決《き》めて保護《ほご》している。

むげに【無下に】 副詞 考《かんが》えなしに。冷《つめ》たくあっさりと。例 親友《しんゆう》のたのみでは、むげに断《ことわ》ることもできない。使い方 あとに「ない」などのことばがくることが多《おお》い。ふつうかな書《が》きにする。

むける 動詞 表面《ひょうめん》にあるものがはがれる。例 日《ひ》に焼《や》けて、うでの皮《かわ》がむけてしまった。

むける【向ける】 動詞 ❶その方《ほう》に向《む》くようにする。例 顔《かお》を向ける／背《せ》を向ける。❷その方に行《い》かせる。例 使者《ししゃ》を向ける。❸そのことのためにつかう。例 こづかいを、本代《ほんだい》に向ける。❹ある方向《ほうこう》や目的《もくてき》を目指《めざ》す。例 図書館《としょかん》に足《あし》を向ける／運動会《うんどうかい》に向けて練習《れんしゅう》をする。

著者《ちょしゃ》が書《か》いた伝記《でんき》です。貧《まず》しい家《いえ》に育《そだ》ち、手《て》にやけどを負《お》いながらも、さまざまな人《ひと》の期待《きたい》や援助《えんじょ》に支《ささ》えられ、
ろん、微生物研究《びせいぶつけんきゅう》における英世《ひでよ》の仕事《しごと》の意味《いみ》や、残《のこ》された課題《かだい》などをていねいに調《しら》べて書《か》き上《あ》げた一冊《いっさつ》です。

漢↓443ジペーこう〔向〕

むげん【無限】 名詞 形容動詞 どこまでも限《かぎ》りがないこと。果《は》てがないこと。例 ぼくらには無限の可能性《かのうせい》がある。対 有限《ゆうげん》。

むげんだい【無限大】 名詞 限《かぎ》りなく大《おお》きいこと。例 きみの可能性《かのうせい》は無限大だ。

むこ【婿】 名詞 ❶むすめの夫《おっと》。例 婿をとる。対 嫁《よめ》。❷結婚《けっこん》する男性《だんせい》。花《はな》むこ。新郎《しんろう》。対 嫁《よめ》。

むごい 形容詞 ❶見《み》ていられないほどひどくて、気《き》の毒《どく》である。例 むごい事故《じこ》が起《お》こった。❷思《おも》いやりの心《こころ》がなく、残酷《ざんこく》である。例 むごい仕打《しう》ちを受《う》ける。

むこう【無効】 名詞 形容動詞 効《き》き目《め》がないこと。役《やく》に立《た》たず、使《つか》えないこと。例 この券《けん》は、期《き》限《げん》が過《す》ぎているので無効です。対 有効《ゆうこう》。

むこう【向こう】 名詞 ❶前《まえ》の方《ほう》。正面《しょうめん》。例 向こうから車《くるま》が来《く》る。❷ものをへだてた反対側《はんたいがわ》。例 海《うみ》の向こう。❸相手《あいて》のほう。先方《せんぽう》。例 向こうの考《かんが》えを聞《き》く。❹遠《とお》くのほう。はなれたところ。例 はるか向こう／向こうで遊《あそ》ぼう。❺今《いま》からのち。今後《こんご》。例 向こう一週間入院《いっしゅうかんにゅういん》することになった。

● **向《む》こうに回《まわ》す** 戦《たたか》いや競争《きょうそう》の相手《あいて》とする。漢↓443ジペーこう〔向〕 例 強敵《きょうてき》を向こうに回して試合《しあい》に勝《か》った。

● **向《む》こうを張《は》る** 相手《あいて》に負《ま》けまいと競争《きょうそう》する。張《は》り合《あ》う。例 ライバル会社《がいしゃ》の向こうを張って、新製品《しんせいひん》を発表《はっぴょう》する。

むこういき【向こう意気】 名詞 人《ひと》に負《ま》けたくないと、張《は》り合《あ》う気持《きも》ち。例 向こう意気が強《つよ》い。

むこうぎし【向こう岸】 名詞 川《かわ》などの、こちら側《がわ》とは反対《はんたい》の側《がわ》の岸《きし》。

むこうずね【向こうずね】 名詞 ひざから足《あし》首《くび》までの前側《まえがわ》の部分《ぶぶん》。ことば ここをぶつけるとひどく痛《いた》いので「弁慶《べんけい》（＝源義経《みなもとのよしつね》に仕《つか》えた強《つよ》いおぼうさん）の泣《な》き所《どころ》」ともいう。図↓287ジペーからだ

むこうはちまき【向こう鉢巻き】 名詞 結《むす》び目《め》が額《ひたい》のところにくるように結《むす》んだはち巻《ま》き。ことば 勢《いきお》いのあるようすを表《あらわ》す。

むこうみず【向こう見ず】 名詞 形容動詞 あとのことを考《かんが》えずに、思《おも》ったことをすぐにしてしまうこと。また、そのような人《ひと》。例 大雨《おおあめ》の中《なか》を向こう見ずに走《はし》り出《だ》した。類 無鉄砲《むてっぽう》。

むごたらしい 形容詞 見《み》ていられないほどかわいそうなようす。残酷《ざんこく》なようす。例 戦場《せんじょう》のむごたらしい写真《しゃしん》。

むごん【無言】 名詞 ものを言《い》わないこと。しゃべらないこと。例 無言で作業《さぎょう》をする。

むごんげき【無言劇】↓1092ジペーパントマイム

むざい【無罪】 名詞 罪《つみ》がないこと。裁判《さいばん》などで、罪《つみ》がないと認《みと》められること。対 有罪《ゆうざい》。

むさくるしい【むさ苦しい】 形容詞 きちんとしていなくて、きたならしいようす。例 むさ苦しい部屋《へや》。

むささび 名詞 季語 冬 りすのなかまの動物《どうぶつ》の一《ひと》つ。背《せ》が茶色《ちゃいろ》っぽくて腹《はら》は白《しろ》く、ほおに白《しろ》い斑点《はんてん》がある。夜《よる》になると、前足《まえあし》と後《うし》ろ足《あし》の間《あいだ》にある皮《かわ》の膜《まく》を広《ひろ》げて、木《き》から木《き》へ飛《と》び回《まわ》る。木《き》の芽《め》や実《み》を食《た》べる。

むささび

むさし【武蔵】 名詞 昔《むかし》の国《くに》の名《な》の一《ひと》つ。今《いま》の東京都《とうきょうと》と埼玉県《さいたまけん》、神奈川県《かながわけん》の一部《いちぶ》に当《あ》たる。

むさべつ【無差別】 名詞 形容動詞 区別《くべつ》をつけないこと。差別《さべつ》をしないこと。例 大人《おとな》も子供《こども》も無差別にあつかう。

むさぼる【貪る】 動詞 いくらでもほしがる。いつまでも満足《まんぞく》せずに、ずっと続《つづ》けようとする。例 犬《いぬ》がえさを貪る／貪るように本《ほん》を読《よ》む。

むざむざ[と] 副詞 おしげもなく。簡単《かんたん》に。例 むざむざと降参《こうさん》してたまるものか。

むざん【無残】 名詞 形容動詞 見《み》ていられないほどひどく、痛《いた》ましいこと。例 無残な事故現場《じこげんば》。

むし【虫】 名詞 季語 秋 ❶人間《にんげん》・けもの・鳥《とり》・魚《さかな》・貝以外《かいいがい》の動物《どうぶつ》で、小《ちい》さいもの。昆虫《こんちゅう》や、くも・むかで・みみずなど。❷↓504ジペーこんちゅう ❸秋《あき》に鳴《な》く昆虫《こんちゅう》。すずむし・こおろぎ・まつむしなど。例 虫の声《こえ》。❹はえ・蚊《か》など、人《ひと》に害《がい》をあたえる昆虫《こんちゅう》。例 虫さされ。

読書のこみち 高 中 低 『人間《にんげん》・野口英世《のぐちひでよ》』秋元寿恵夫《あきもとすえお》　千円札《せんえんさつ》にもえがかれている野口英世《のぐちひでよ》を、同《おな》じ医学博士《いがくはくし》のアメリカにわたって細菌《さいきん》の研究《けんきゅう》に打《う》ちこんだ野口英世《のぐちひでよ》。その人間的《にんげんてき》な長所《ちょうしょ》や短所《たんしょ》はもち

❺寄生虫《きせいちゅう》。回虫《かいちゅう》・さなだ虫《むし》など。例 虫下《くだ》し。
❻布《ぬの》や紙《かみ》などを食《た》べて穴《あな》をあける小《ちい》さな生《い》き物《もの》。例 服《ふく》が虫に食《く》われる。
❼人《ひと》の体《からだ》の中《なか》のどこかにいて、人《ひと》にいろいろな作用《さよう》をすると考《かんが》えられているもの。例 腹《はら》の虫がおさまらない（＝腹《はら》が立《た》ってがまんできない）。
❽ある一《ひと》つのことに熱中《ねっちゅう》している人《ひと》。例 本《ほん》の虫。
❾（ほかのことばのあとにつけて）人《ひと》の性格《せいかく》をからかって言《い》うことば。例 弱虫《よわむし》。
ことば 季語《きご》として使《つか》うのは❸の意味《いみ》。
漢 ↓837ジベー ちゅう〔虫〕

● **虫《むし》がいい** 自分《じぶん》の都合《つごう》ばかり考《かんが》える。自分勝《じぶんかっ》手《て》である。例 自分《じぶん》は遊《あそ》んでいて、人《ひと》に掃除《そうじ》をさせるなんて虫がいい。

● **虫《むし》が知《し》らせる** 何《なに》かよくないことが起《お》こりそうだと感《かん》じる。悪《わる》い予感《よかん》がする。

● **虫《むし》が好《す》かない** なんとなく気《き》に入《い》らない。例 あの人《ひと》はどうも虫が好かない。

● **虫《むし》の息《いき》** ↓1288ジベー むしのいき

● **虫《むし》の居所《いどころ》が悪《わる》い** 機嫌《きげん》が悪《わる》くて、少《すこ》しのことでもすぐおこるようす。例 今日《きょう》の兄《あに》は虫の居所が悪そうだ。

● **虫《むし》の知《し》らせ** ↓1288ジベー むしのしらせ

● **虫《むし》の音《ね》** ↓1288ジベー むしのね

むし【無私】 名詞 形容動詞 自分《じぶん》の得《とく》や都合《つごう》を考《かんが》えないこと。例 公平《こうへい》無私。

むし【無視】 名詞 動詞 そこにあるものを、ないかのようにあつかうこと。相手《あいて》にしないこと。例 信号《しんごう》無視／少数意見《しょうすういけん》でも無視しない。

むじ【無地】 名詞 全体《ぜんたい》が一《ひと》つの色《いろ》で、模様《もよう》がないこと。例 無地のスカート。

むしあつい【蒸し暑い】 形容詞 風《かぜ》がなく、しめり気《け》が多《おお》くて、蒸《む》されるように暑《あつ》い。

むしおくり【虫送り】 名詞 農作物《のうさくぶつ》の害虫《がいちゅう》を追《お》いはらうために行《おこな》う、伝統的《でんとうてき》な行事《ぎょうじ》。夜《よる》に大勢《おおぜい》でたいまつをともし、かねや太鼓《たいこ》を鳴《な》らして、川《かわ》や村《むら》の境《さかい》まで虫《むし》を送《おく》る。

むしかえす【蒸し返す】 動詞
❶一度《いちど》蒸《む》したものをもう一度《いちど》蒸《む》す。
❷すんだことやもう決《き》まったことを、また問題《もんだい》にする。例 話《はなし》を蒸し返す。

むしかご【虫籠】 名詞 季語秋 とらえた虫《むし》を入《い》れたり飼《か》ったりするためのかご。

むしきき【虫聞き】 名詞 秋《あき》の夜《よる》に野山《のやま》に出《で》かけて、虫《むし》の声《こえ》を聞《き》いて楽《たの》しむこと。

むしくい【虫食い】 名詞 虫《むし》が食《く》うこと。虫《むし》が食《た》べたあと。例 虫食いのりんご。

むしくだし【虫下し】 名詞 おなかの中《なか》の寄《き》生虫《せいちゅう》を、体《からだ》の外《そと》に出《だ》すための飲《の》み薬《ぐすり》。

むしけら【虫けら】 名詞 虫《むし》をばかにしていうことば。

むししぐれ【虫時雨】 名詞 季語秋 たくさんの虫《むし》がいっせいに鳴《な》いている声《こえ》を、しぐれの降《ふ》る音《おと》にたとえていうことば。

むしずがはしる【虫ずが走る】 いやでがまんできない気持《きも》ちになる。心《こころ》の底《そこ》からきらう。ことば「虫《むし》ず」は、胸《むね》がむかむかしたときに胃《い》から口《くち》に出《で》る、すっぱい液《えき》のことで、漢字《かんじ》では「虫酸」「虫唾」と書《か》く。

むじつ【無実】 名詞
❶罪《つみ》をおかしていないこと。
❷内容《ないよう》がともなわないこと。中身《なかみ》がないこと。例 有名《ゆうめい》無実（＝名《な》まえや評判《ひょうばん》だけで、中身《なかみ》がないこと）。

● **無実《むじつ》の罪《つみ》** 実際《じっさい》には罪《つみ》をおかしていないのに、罪《つみ》があるとされること。

むしとり【虫取り】 名詞 虫《むし》をとること。また、その道具《どうぐ》。

むしのいき【虫の息】 名詞 今《いま》にも止《と》まってしまいそうな、弱《よわ》い息《いき》。今《いま》にも死《し》んでしまいそうなようす。

むしのしらせ【虫の知らせ】 悪《わる》いことが起《お》こりそうに感《かん》じること。悪《わる》い予感《よかん》。

むしのね【虫の音】 名詞 季語秋 虫《むし》の鳴《な》き声《ごえ》。とくに、秋《あき》の虫《むし》の鳴《な》き声《ごえ》。

むしば【むし歯】 名詞 細菌《さいきん》のはたらきで、穴《あな》があいたり欠《か》けたりした歯《は》。ことば 漢字《かんじ》で「虫歯」と書《か》くこともある。

むしばむ 動詞
❶虫《むし》が食《く》ってその形《かたち》をこわす。
❷心《こころ》や体《からだ》を少《すこ》しずつ悪《わる》くする。例 病気《びょうき》が体《からだ》をむしばむ。

むじひ【無慈悲】 名詞 形容動詞 思《おも》いやりや、人《ひと》をあわれむ気持《きも》ちがないこと。例 犬《いぬ》を捨《す》てるなんて無慈悲なことはしない。類 不人情《ふにんじょう》。無情《むじょう》。

むしピン【虫ピン】 名詞 昆虫《こんちゅう》の標本《ひょうほん》を作《つく》るとき、虫《むし》を留《と》めるための小《ちい》さな針《はり》。

さんがありました。」…ここの豆腐屋《とうふや》さんに来《く》るのは、人間《にんげん》だけではありません。子供《こども》たちの入学祝《にゅうがくいわ》いのごちそしいお客《きゃく》さんもやってきます。豆腐屋《とうふや》さんのまわりの不思議《ふしぎ》なできごとを語《かた》る、6《むっ》つのお話《はなし》です。

むしぶろ【蒸し風呂】 名詞 閉《し》めきったところに湯気《ゆげ》を立《た》たせ、体《からだ》を蒸《む》して温《あたた》めるふろ。サウナ。

むしぼし【虫干し】 名詞 動詞 季語夏 夏《なつ》に、着《き》物《もの》や本《ほん》などを日光《にっこう》や風《かぜ》に当《あ》てて、かびや虫《むし》がつかないようにすること。

むしむし［と］【蒸し蒸し［と］】 副詞 動詞 しめり気《け》が多《おお》くて蒸《む》し暑《あつ》いようす。

むしめがね【虫眼鏡】 名詞 小《ちい》さなものを大《おお》きくして見《み》るための道具《どうぐ》。類 ルーペ。

むしめがね

むしゃ【武者】 名詞 さむらい。武《ぶ》士《し》。とくに、よろい・かぶとを着《つ》けた武士《ぶし》。例 若《わか》武者。

むしゃえ【武者絵】 名詞 よろい・かぶとを身《み》に着《つ》けた武士《ぶし》や、その戦《たたか》いのようすをかいた絵《え》。

むしやき【蒸し焼き】 名詞 食《た》べ物《もの》をなべやかまなどに入《い》れ、ぴったりとふたをして焼《や》くこと。また、そのように料理《りょうり》した食《た》べ物《もの》。

むじゃき【無邪気】 名詞 形容動詞 素直《すなお》で、悪《わる》い心《こころ》やねじけた心《こころ》がないこと。また、幼《おさな》くて、かわいいこと。例 無邪気な笑顔《えがお》。

むしゃくしゃ［と］ 副詞 動詞 腹《はら》が立《た》って、気《き》分《ぶん》が晴《は》れないようす。例 トランプで妹《いもうと》に負《ま》けて、むしゃくしゃする。

むしゃしゅぎょう【武者修行】 名詞 ❶昔《むかし》、武士《ぶし》が武術《ぶじゅつ》のうでをみがくために、各《かく》地《ち》を回《まわ》ったこと。❷スポーツや技術《ぎじゅつ》・芸《げい》などのうでをみがくために、よその土地《とち》や外国《がいこく》に行《い》くこと。

むしゃにんぎょう【武者人形】 名詞 季語夏 五月五日《ごがついつか》の端午《たんご》の節句《せっく》にかざる、武士《ぶし》の姿《すがた》をした人形《にんぎょう》。「五月人形《ごがつにんぎょう》」ともいう。

むしゃぶりつく 動詞 激《はげ》しい勢《いきお》いでしがみつく。例 強《つよ》い相手《あいて》にむしゃぶりついていく。

むしゃぶるい【武者震い】 名詞 動詞 あることをする前《まえ》に、気持《きも》ちが高《たか》まって体《からだ》がふるえること。例 舞台《ぶたい》のそでで思《おも》わず武者震いが出《で》た。

むしゅう【無臭】 名詞 においがないこと。例 無色《むしょく》無臭の気体《きたい》。

むじゅうりょく【無重力】 名詞 重力《じゅうりょく》がないこと。宇宙船《うちゅうせん》の中《なか》などで起《お》こり、重《おも》さを感《かん》じなくなる。

むじゅん【矛盾】 名詞 動詞 故事成語 話《はなし》やものごとが食《く》いちがっていて、つじつまが合《あ》わないこと。例 言《い》うこととすることが矛盾している。

むしょう【無償】 名詞 お礼《れい》やお金《かね》をもらわないこと。例 案内書《あんないしょ》を無償で配《くば》る。

むじょう【無上】 名詞 これ以上《いじょう》のものがないこと。例 全国大会《ぜんこくたいかい》の舞台《ぶたい》で演奏《えんそう》ができるなんて、無上の喜《よろこ》びだ。

むじょう【無情】 名詞 形容動詞 思《おも》いやりがないこと。例 何度《なんど》もたのんだが、無情にも断《ことわ》られた。類 非情《ひじょう》。不人情《ふにんじょう》。無慈悲《むじひ》。

むじょう【無常】 名詞 形容動詞 ❶仏教《ぶっきょう》の考《かんが》え方《かた》で、この世《よ》の中《なか》には永遠《えいえん》に変《か》わらないものはないということ。❷はかないこと。変《か》わりやすいこと。例 人生《じんせい》の無常を感《かん》じる。

むじょうけん【無条件】 名詞 条件《じょうけん》を何《なに》もつけないこと。例 仕事《しごと》を無条件で引《ひ》き受《う》ける。

むしょうに【無性に】 副詞 どうしようもなく。むやみに。やたらに。例 転校《てんこう》した友《とも》だちに無性に会《あ》いたくなった。

むしょく【無色】 名詞 色《いろ》がついていないこと。例 無色透明《とうめい》。

むしょく【無職】 名詞 決《き》まった職業《しょくぎょう》がないこと。

むしょぞく【無所属】 名詞 どの団体《だんたい》や政党《せいとう》にも入《はい》っていないこと。例 無所属の国会議員《こっかいぎいん》。

むしる 動詞 ❶つかんで引《ひ》きぬく。例 庭《にわ》の草《くさ》をむしる。❷少《すこ》しずつつまんで、はがすように取《と》る。例 魚《さかな》の身《み》をむしる。

むしろ 名詞 わら・いぐさなどを編《あ》んでつくった敷物《しきもの》。類 ござ。

むしろ 副詞 どちらかといえば。それよりも。かえって。例 音楽《おんがく》よりもむしろ図工《ずこう》が好《す》きだ。

ことば 漢字《かんじ》では「寧ろ」と書《か》く。

むしん【無心】 ❶名詞 形容動詞 余計《よけい》な考《かんが》えがないこと。例 子供《こども》が無心に遊《あそ》んでいる。❷名詞 動詞 お金《かね》や品物《しなもの》などをねだること。例 おじいちゃんにおこづかいを無心する。

使い方 ❷は、少《すこ》し古《ふる》い言《い》い方《かた》。

むじん【無人】 名詞 人《ひと》がいないこと。また、住《す》

読書のこみち 高 中 低 『ねこじゃらしの野原《のはら》―とうふ屋《や》さんの話《はなし》―』安房直子《あわなおこ》 「谷《たに》あいの町《まち》に、小《ちい》さなとうふ屋《や》うを作《つく》るすずめや、福引《ふくび》き大会《たいかい》で食《た》べる寄《よ》せなべの材料《ざいりょう》をたのむねずみ。もっとめずら

んでいる人《ひと》がいないこと。例 無人駅《えき》／無人島《とう》。

むしんけい【無神経】 名詞 形容動詞 人《ひと》の気持《きも》ちなどに対《たい》する感《かん》じ方《かた》がにぶいこと。思《おも》いやりがないこと。例 無神経なことば。類 鈍感《どんかん》。

むじんぞう【無尽蔵】 名詞 形容動詞 いくらとってもなくならないほど、たくさんあること。例 地下資源《ちかしげん》は無尽蔵ではない。

むじんとう【無人島】 名詞 人《ひと》が住《す》んでいない島《しま》。例 無人島を探検《たんけん》する。

むす 動詞 生《は》える。例 こけのむすまで。ことば 漢《かん》字《じ》では「生す」と書《か》く。

むす【蒸す】 動詞 ❶湯気《ゆげ》を当《あ》てて熱《ねつ》する。ふかす。例 蒸したタオル／さつまいもを蒸す。❷蒸《む》し暑《あつ》く感《かん》じられる。例 今夜《こんや》は蒸すね。
漢→631ジー じょう〔蒸〕

むすう【無数】 名詞 限《かぎ》りがないほど、数《かず》が多《おお》いこと。例 宇宙《うちゅう》には無数の星《ほし》がある。

むずかしい【難しい】 形容詞 ❶わかりにくい。例 難しい本《ほん》。対 易《やさ》しい。❷簡単《かんたん》にはできない。やりとげにくい。例 全《ぜん》員《いん》の参加《さんか》は難しい／難しい工事《こうじ》。対 易《やさ》しい。❸めんどうだ。わずらわしい。例 難しい手続《てつづ》き／難しい人間関係《にんげんかんけい》。❹病《びょう》気《き》などが治《なお》りにくい。例 難しい病《びょう》気《き》。❺機嫌《きげん》が悪《わる》い。あつかいにくい。例 難しい顔《かお》をする／難しい人《ひと》。
使い方「難かしい」と書《か》かないよう注意《ちゅうい》。ことば「むつかしい」ともいう。
漢→986ジー なん〔難〕

むずがゆい 形容詞 むずむずするような感《かん》じがしてかゆい。例 背中《せなか》がむずがゆい。

むずかる 動詞 小《ちい》さな子供《こども》が機嫌《きげん》を悪《わる》くする。例 赤《あか》ちゃんがむずかっている。

むすこ【息子】 名詞 親《おや》からみた、男《おとこ》の子供《こども》。対 娘《むすめ》。使い方 相手《あいて》の息子《むすこ》をいうときは「息子《むすこ》さん」や「ご子息《しそく》」を使《つか》う。

むすび【結び】 名詞 ❶結《むす》ぶこと。例 ちょう結び／結び目《め》。❷終《お》わり。しまい。例 すもうの結びの一番《いちばん》。❸にぎり飯《めし》。おにぎり。おむすび。

むすびつく【結び付く】 動詞 ❶結《むす》ばれて、一《ひと》つにまとまる。例 同《おな》じ目標《もくひょう》をもって結び付いたなかま。❷深《ふか》いかかわりやつながりができる。例 厳《きび》しい練習《れんしゅう》が優勝《ゆうしょう》に結び付いた。

むすびつける【結び付ける】 動詞 ❶結《むす》んでつなげる。例 荷物《にもつ》に札《ふだ》を結び付ける。❷かかわりを持《も》たせる。関係《かんけい》づける。例 絵日《えにっ》記《き》の交換《こうかん》がわたしたちの心《こころ》を結び付けている。

むすびめ【結び目】 名詞 糸《いと》やひもなどの、結《むす》び合《あ》わせたところ。例 ひもの結び目を解《と》く。

むすぶ【結ぶ】 動詞 ❶糸《いと》やひもなどをからめてつなぎ合《あ》わせる。ゆわえる。例 帯《おび》を結ぶ。❷はなれている場所《ばしょ》やものをつなぐ。例 東海《とうかい》道新幹線《どうしんかんせん》は東京《とうきょう》と新大阪《しんおおさか》を結ぶ。❸約束《やくそく》する。とり決《き》める。例 外国《がいこく》と条約《じょうやく》を結ぶ。❹固《かた》く閉《と》じる。例 口《くち》を結ぶ。❺生《しょう》じさせる。できる。例 実《み》を結ぶ。❻しめくくる。例 文《ぶん》を結ぶ。
漢→421ジー けつ〔結〕

むずむず[と] 副詞 動詞 ❶虫《むし》がはい回《まわ》るような、かゆい感《かん》じがするようす。例 背中《せなか》がむずむずする。❷何《なに》かやりたくて、じっとしていられないようす。例 発言《はつげん》したくてむずむずしている。

むすめ【娘】 名詞 ❶親《おや》からみた、女《おんな》の子供《こども》。対 息子《むすこ》。❷結婚《けっこん》していない、若《わか》い女《おんな》の人《ひと》。
使い方 相手《あいて》のむすめを言《い》うときは「むすめさん」「おじょうさん」を使《つか》う。

むせい【無声】 名詞 声《こえ》や音《おと》がないこと。

むぜい【無税】 名詞 税金《ぜいきん》がかからないこと。

むせいげん【無制限】 名詞 形容動詞 数《かず》や量《りょう》などを限《かぎ》らないこと。制限《せいげん》がないこと。例 この図書館《としょかん》は、冊数《さっすう》無制限で貸《か》し出《だ》します。

むせかえる【むせ返る】 動詞 激《はげ》しくむせる。例 たき火《び》のけむりにむせ返る。

むせきにん【無責任】 名詞 形容動詞 しなければならないことをやらないこと。責任《せきにん》を持《も》とうとしないこと。例 無責任な発言《はつげん》。

むせびなく【むせび泣く】 動詞 声《こえ》をつまらせながら、激《はげ》しく泣《な》く。例 再会《さいかい》の喜《よろこ》びにむせび泣く。

むせぶ 動詞 ❶物《もの》がのどにつかえて、息《いき》がつまりそうになる。むせる。例 けむりにむせぶ。

うザブーがいました。ラジオを聞《き》く力《ちから》をもったザブーは、ある日《ひ》ネス湖《こ》のかいじゅうネッシーのニュースを聞《き》きさわぎにとまどう、気《き》のやさしいかいじゅうのお話《はなし》。続編《ぞくへん》に『かえってきたネッシーのおむこさん』があります。

❷声《こえ》をつまらせながら泣《な》く。例なみだにむせぶ。

むせる 動詞 けむり・ごみ・食《た》べ物《もの》などがのどにつまって、せきこむ。息《いき》がつまる。例水《みず》をあわてて飲《の》んだのでむせてしまった。

むせん【無線】 名詞 ❶電線《でんせん》を使《つか》わないで、電波《でんぱ》を送《おく》ること。対有線《ゆうせん》。❷「無線電信《むせんでんしん》」「無線電話《むせんでんわ》」の略《りゃく》。

むせんでんしん【無線電信】 名詞 電線《でんせん》を使《つか》わないで、電波《でんぱ》を使《つか》ってする通信《つうしん》。「無電《むでん》」「無線《むせん》」ともいう。

むせんでんわ【無線電話】 名詞 電線《でんせん》を使《つか》わないで、電波《でんぱ》を使《つか》って話《はなし》をする電話《でんわ》。「無電《むでん》」「無線《むせん》」ともいう。

むせんまい【無洗米】 名詞 洗《あら》わないで、そのまま水《みず》を加《くわ》えてたくことができる米《こめ》。米《こめ》についているぬかをとり除《のぞ》いてある。

むせんラン【無線LAN】 名詞 コンピューターネットワークの形式《けいしき》の一《ひと》つ。ケーブルを使《つか》わないで、無線通信《むせんつうしん》を利用《りよう》してコンピューター機器《きき》をつなぎあい、データ通信《つうしん》をするもの。

むそう【夢想】 名詞 動詞 ❶夢《ゆめ》のようなことを、心《こころ》に思《おも》うこと。例宇宙《うちゅう》飛行士《ひこうし》になることを夢想する。類空想《くうそう》。❷夢《ゆめ》の中《なか》で思《おも》うこと。例夢想だにしない（＝夢《ゆめ》にも思《おも》わない）ことがほんとうに起《お》こった。

むぞうさ【無造作】 名詞 形容動詞 ❶簡単《かんたん》にできてしまうこと。例難《むずか》しい仕事《しごと》を無造作にやってのける。❷深《ふか》く考《かんが》えたり注意《ちゅうい》をしたりせず、ものごとを気軽《きがる》にやってしまうこと。例本《ほん》を無造作にかばんにつっこむ。

むだ【無駄】 名詞 形容動詞 役《やく》に立《た》たないこと。効果《こうか》がないこと。例努力《どりょく》が無駄に終《お》わった。

むだあし【無駄足】 名詞 わざわざ出《で》かけて行《い》ったのに、それがなんの役《やく》にも立《た》たないこと。例友《とも》だちが留守《るす》で、無駄足をふんでしまった。

むだぐち【無駄口】 名詞 むだなおしゃべり。例無駄口をたたく。

むだづかい【無駄遣い】 名詞 動詞 お金《かね》や物《もの》などを、役《やく》に立《た》たないことにつかうこと。

むだばなし【無駄話】 名詞 必要《ひつよう》のないおしゃべり。役《やく》に立《た》たない話《はなし》。

むだぼね【無駄骨】 名詞 努力《どりょく》や苦労《くろう》がむだになること。例無駄骨を折《お》る。

むだん【無断】 名詞 前《まえ》もって、許《ゆる》しを受《う》けたり連絡《れんらく》したりしないこと。例父《ちち》の本《ほん》を無断で持《も》ち出《だ》す。

むち 名詞 ❶馬《うま》などの動物《どうぶつ》を打《う》って進《すす》ませるのに使《つか》う、細《ほそ》長《なが》い竹《たけ》や革《かわ》ひもなど。❷物《もの》を指《さ》し示《しめ》すための棒《ぼう》。❸人《ひと》を厳《きび》しくはげますことのたとえ。例愛《あい》のむち。

むち【無知】 名詞 形容動詞 ❶知識《ちしき》がないこと。ものごとをよく知《し》らないこと。例無知をはじる。❷おろかなこと。知恵《ちえ》がないこと。

むちうちしょう【むち打ち症】 名詞 自動《じどう》車《しゃ》の追突事故《ついとつじこ》などによって、頭《あたま》が前後《ぜんご》に激《はげ》しくふられて首《くび》をいためたときに出《で》る症状《しょうじょう》。

むちうつ【むち打つ】 動詞 ❶むちでたたく。❷厳《きび》しくはげます。例くじけそうな心《こころ》にむち打って勉強《べんきょう》にとりかかった。

むちゃ 名詞 形容動詞 ❶理屈《りくつ》に合《あ》わないこと。無理《むり》。例それはむちゃな話《はなし》だ。❷ひどく程度《ていど》をこえていること。むやみ。例むちゃな食《た》べ方《かた》をして、おなかをこわす。

むちゃくちゃ 名詞 形容動詞 「むちゃ」を強《つよ》めた言《い》い方《かた》。ふつうよりも程度《ていど》をこえていること。例そんなむちゃくちゃなことをしてはだめだ。

むちゅう【夢中】 名詞 形容動詞 ほかのことを忘《わす》れてしまうほど、あることにいっしょうけんめいになること。例夢中になって遊《あそ》ぶ。

むつ【六つ】 名詞 ❶数《かず》の名《な》。むっつ。ろく。❷六才《ろくさい》のこと。むっつ。❸昔《むかし》の時刻《じこく》の言《い》い方《かた》で、今《いま》の午前六時《ごぜんろくじ》ごろ（＝明《あ》け六《む》つ）と午後六時《ごごろくじ》ごろ（＝暮《く》れ六《む》つ）。

漢 ↓1422ジペー ろく〔六〕

むつ【陸奥】 名詞 昔《むかし》の国《くに》の名《な》の一《ひと》つ。今《いま》の福《ふく》島《しま》・宮城《みやぎ》・岩手《いわて》・青森《あおもり》の四県《よんけん》と、秋田県《あきたけん》の一部《いちぶ》に当《あ》たる。参考 一八六八年《ねん》に「磐城《いわき》・岩代《いわしろ》・陸《りく》前《ぜん》・陸中《りくちゅう》・陸奥《むつ》」の五《いつ》つの国《くに》に分割《ぶんかつ》されてからは、青森県《あおもりけん》と岩手県《いわてけん》の一部《いちぶ》に当《あ》たる。

むつかしい【難しい】 ↓1290ジペー むずかしい

読書のこみち 高 中 低 『ネッシーのおむこさん』角野栄子《かどのえいこ》 日本《にほん》の北《きた》の深《ふか》い森《もり》の湖《みずうみ》に、ひとりぼっちのかいじゅき、お嫁《よめ》さんになってほしくて、ネッシーに会《あ》いに出《で》かけました。出会《であ》った人間《にんげん》たちの大《おお》

むつき【睦月】 名詞 季語 春 昔《むかし》のこよみで一月《いちがつ》のこと。⇩1450ページ 十二《じゅうに》か月《げつ》の古《ふる》い呼《よ》び方《かた》

むっくり【と】 副詞 動詞 ❶急《きゅう》に起《お》き上《あ》がるようす。例 むっくりと体《からだ》を起《お》こした。
❷太《ふと》っているようす。例 むっくりした小犬《こいぬ》。

むつごろう 名詞 季語 春 はぜのなかまの魚《さかな》。目《め》が頭《あたま》の上《うえ》につき出《で》ていて、干潟《ひがた》のどろの上《うえ》を、胸《むな》びれを使《つか》って移動《いどう》する。九州《きゅうしゅう》の有明海《ありあけかい》などに生息《せいそく》していて、食用《しょくよう》にもなる。

むつごろう

むっつ【六つ】 名詞 ❶数《かず》の名《な》。ろく。例 種《たね》を六つまいた。
❷六才《ろくさい》のこと。例 来年《らいねん》六つになる。
漢 ⇩1422ページ ろく〔六〕

むっつり【と】 副詞 動詞 あまり口《くち》をきかない愛《あい》きょうのないようす。例 むっつりとだまりこむ。

むっと 副詞 動詞 ❶急《きゅう》におこって、機嫌《きげん》が悪《わる》くなるようす。例 いやなことを言《い》われて、むっとする。
❷暑《あつ》さやいやなにおいなどで、息《いき》がつまりそうなようす。例 閉《し》めきった部屋《へや》はむっとしている。

むつまじい 形容詞 仲《なか》がよい。親《した》しい。例 妹《いもうと》が友《とも》だちとむつまじく遊《あそ》んでいる。

むつむねみつ【陸奥宗光】 名詞 （一八四四～一八九七）明治時代《めいじじだい》の外交官《がいこうかん》・政治家《せいじか》。伊藤博文《いとうひろぶみ》内閣《ないかく》の外務大臣《がいむだいじん》をつとめ、江戸幕府《えどばくふ》が外国《がいこく》と結《むす》んだ不平等条約《ふびょうどうじょうやく》を改《あらた》めるのに力《ちから》をつくした。

むてき【無敵】 名詞 形容動詞 相手《あいて》になる者《もの》がいないほど強《つよ》いこと。例 無敵のチーム。

むてき【霧笛】 名詞 季語 秋 海上《かいじょう》にきりが深《ふか》くて周《まわ》りがよく見《み》えないとき、船《ふね》の安全《あんぜん》のために船《ふね》や灯台《とうだい》が鳴《な》らす合図《あいず》。

むてっぽう【無鉄砲】 名詞 形容動詞 あと先《さき》を考《かんが》えずに、むやみに行動《こうどう》をすること。類 向《む》こう見《み》ず。

むでん【無電】 名詞 「無線電信《むせんでんしん》」「無線電話《むせんでんわ》」の略《りゃく》。

むとどけ【無届け】 名詞 前《まえ》もって必要《ひつよう》な届《とど》けを出《だ》さないこと。例 無届けで欠勤《けっきん》する。

むとんちゃく【無頓着】 名詞 形容動詞 ものごとを気《き》にしないこと。心配《しんぱい》しないこと。「むとんじゃく」ともいう。例 兄《あに》は服装《ふくそう》に無頓着だ。

むな【胸】（ほかのことばの前《まえ》につけて）「胸《むね》」の意味《いみ》を表《あらわ》す。例 胸元《もと》／胸びれ。漢 ⇩353ページ きょう〔胸〕

むなぎ【棟木】 名詞 屋根《やね》のいちばん高《たか》いところの、棟《むね》をつくるための木《き》。図 ⇩420ページ けた

むなくそがわるい【胸くそが悪い】 腹立《はらだ》たしい。不愉快《ふゆかい》である。

むなぐら【胸倉】 名詞 着物《きもの》のえりが重《かさ》なり合《あ》う、胸《むね》の辺《あた》り。例 胸倉をつかむ。

むなぐるしい【胸苦しい】 形容詞 胸《むね》の辺《あた》りがおさえつけられるような感《かん》じがして、息《いき》が苦《くる》しい。例 心配《しんぱい》のあまり胸苦しくなる。

むなげ【胸毛】 名詞 胸《むね》の辺《あた》りに生《は》えている毛《け》。

むなさわぎ【胸騒ぎ】 名詞 なんとなく悪《わる》いことが起《お》こるような気《き》がして、心《こころ》が落《お》ち着《つ》かないこと。例 胸騒ぎがしてねむれない。

むなしい 形容詞 ❶内容《ないよう》がない。空《から》っぽなようす。例 心《こころ》のこもっていない、むなしいことば。
❷むだである。かいがない。例 努力《どりょく》もむなしく負《ま》けてしまった。
❸あっけない。はかない。例 むなしい夢《ゆめ》。

むなびれ【胸びれ】 名詞 魚《さかな》の胸《むね》のところにあるひれ。図 ⇩1133ページ ひれ

むなもと【胸元】 名詞 胸《むね》の辺《あた》り。

むに【無二】 名詞 この世《よ》に一《ひと》つだけであること。とても大切《たいせつ》であること。例 唯一《ゆいいつ》無二／無二の親友《しんゆう》。

むね【旨】 名詞 ❶伝《つた》えようとしていることがらの内容《ないよう》や意味《いみ》。例 欠席《けっせき》する旨をお伝《つた》えください。
❷いちばん気《き》をつけていること。第一《だいいち》と考《かんが》えていること。例 正直《しょうじき》を旨とする。

むね【胸】 名詞 ❶体《からだ》の前側《まえがわ》で、首《くび》と腹《はら》の間《あいだ》の部分《ぶぶん》。図 ⇩287ページ からだ
❷肺《はい》。例 胸の病気《びょうき》。
❸心臓《しんぞう》。例 胸がどきどきする。
❹心《こころ》。心《こころ》の中《なか》。例 胸の内《うち》を明《あ》かす。
使い方 ほかのことばの前《まえ》につくときは、「むな」

くさんのはと時計《どけい》があります。その中《なか》に一羽《いちわ》だけ、いつも少《すこ》しおくれて鳴《な》くはとがいました。ところが時計《とけい》を買《か》のはとがどうしてもおくれる理由《りゆう》と、時計屋《とけいや》さんの思《おも》いついたいい考《かんが》えとは、なんでしょう？

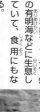

「胸元《むなもと》」など。

となる、

●胸《むね》 漢 …
感謝《かんしゃ》や感動《かんどう》の気持《きも》ちがこみ上《あ》… 例 励《はげ》ましの手紙《てがみ》に胸が熱くなった。

●…む　とてもつらくて悲《かな》しく思《おも》う。心《こころ》に…みを感《かん》じる。

●**胸《むね》がいっぱいになる**　喜《よろこ》びや悲《かな》しみなどで、心《こころ》の中《なか》がいっぱいになる。

●**胸《むね》が躍《おど》る**　楽《たの》しいことがありそうに感《かん》じる。期待《きたい》で、わくわくする。例 もうすぐ夏休《なつやす》みだと思《おも》うと胸が躍る。

●**胸《むね》がすく**　気分《きぶん》がすっきりする。せいせいする。例 胸がすくような愉快《ゆかい》な話《はなし》。

●**胸《むね》が高鳴《たかな》る**　喜《よろこ》びや期待《きたい》などで、胸《むね》がどきどきする。例 中学校生活《ちゅうがっこうせいかつ》への期待《きたい》で胸が高鳴る。

●**胸《むね》が潰《つぶ》れる**　たいへんおどろいたり悲《かな》しんだりする。例 祖父《そふ》の入院《にゅういん》の知《し》らせに胸が潰れる。

●**胸《むね》が詰《つ》まる**　悲《かな》しみや苦《くる》しみなどで、心《こころ》の中《なか》がいっぱいになる。例 胸が詰まって話《はな》すことができない。

●**胸《むね》が弾《はず》む**　うきうきした気持《きも》ちになる。例 夏《なつ》休《やす》みのことを思《おも》うと胸が弾む。

●**胸《むね》が張《は》り裂《さ》ける**　悲《かな》しみやくやしさが、とてもがまんできないほど強《つよ》くなる。

●**胸《むね》が塞《ふさ》がる**　心配《しんぱい》や悲《かな》しみのため、気持《きも》ちがいっぱいになる。

●**胸《むね》が焼《や》ける**　腹《はら》の上《うえ》の辺《あた》りが焼《や》けるように感《かん》じたり、痛《いた》くなったりする。例 ドーナツを食《た》べすぎて胸が焼ける。

●**胸《むね》に納《おさ》める**　自分《じぶん》の心《こころ》の中《なか》にしまって、だれにも言《い》わないでおく。例 親友《しんゆう》の秘密《ひみつ》はわたしひとりの胸に納めておく。

●**胸《むね》に刻《きざ》む**　忘《わす》れないように、しっかり覚《おぼ》えておく。例 思《おも》い出《で》を胸に刻んでおく。

●**胸《むね》に迫《せま》る**　心《こころ》に強《つよ》く感《かん》じる。例 優勝《ゆうしょう》したうれしさが胸に迫ってくる。

●**胸《むね》に響《ひび》く**　心《こころ》に強《つよ》く感《かん》じる。深《ふか》く感動《かんどう》する。例 友《とも》だちのあたたかいことばが胸に響いた。

●**胸《むね》のつかえが下《お》りる**　なやみや気《き》がかり、わだかまりがなくなる。

●**胸《むね》を痛《いた》める**　とても心配《しんぱい》する。例 母《はは》の病気《びょうき》のことで胸を痛めている。

●**胸《むね》を打《う》つ**　心《こころ》に強《つよ》く感《かん》じる。例 観客《かんきゃく》の胸を打つすばらしい演技《えんぎ》。

●**胸《むね》を躍《おど》らせる**　うれしさや期待《きたい》などで、心《こころ》がわくわくする。例 抽選《ちゅうせん》の発表《はっぴょう》を胸を躍らせて聞《き》いた。

●**胸《むね》を借《か》りる**　自分《じぶん》よりも力《ちから》が上《うえ》の人《ひと》に、練《れん》習《しゅうあいて》相手になってもらう。例 先輩《せんぱい》の胸を借りる。

●**胸《むね》を焦《こ》がす**　とてもこいしく思《おも》う。思《おも》いこがれる。

●**胸《むね》を反《そ》らす**　いばって胸《むね》を張《は》る。

●**胸《むね》をときめかせる**　うれしさに胸《むね》をどきどきさせる。例 胸をときめかせて手紙《てがみ》を開《ひら》く。

●**胸《むね》をなで下《お》ろす**　心配《しんぱい》なことがなくなって、ほっと安心《あんしん》する。例 病気《びょうき》が治《なお》ったと聞《き》いて胸をなで下ろした。

●**胸《むね》を弾《はず》ませる**　うれしさや期待《きたい》などで、心《こころ》がはずむようにわくわくする。例 入学式《にゅうがくしき》の日《ひ》を、胸を弾ませて待《ま》っている。

●**胸《むね》を張《は》る**　❶胸《むね》を前《まえ》につき出《だ》す。胸《むね》を反《そ》らす。❷堂々《どうどう》とふるまう。例 胸を張って発表《はっぴょう》する。

●**胸《むね》を膨《ふく》らませる**　心《こころ》が、うれしさや希望《きぼう》などでいっぱいになる。例 将来《しょうらい》への希望《きぼう》に胸を膨らませる。

むね【棟】　❶ 名詞 屋根《やね》のいちばん高《たか》いところ。また、そこに使《つか》う木材《もくざい》。❷ 接尾語 (数《かず》を表《あらわ》すことばのあとにつけて) 家《いえ》の数《かず》を示《しめ》すことば。例 二棟《ふたむね》の家《いえ》。

むねあげ【棟上げ】　名詞 家《いえ》を建《た》てるとき、柱《はしら》などを組《く》み立《た》て、その上《うえ》に棟木《むなぎ》(=屋根《やね》の高《たか》いところに使《つか》う木《き》) を上《あ》げること。また、そのお祝《いわ》い。「建《た》て前《まえ》」ともいう。

むねやけ【胸焼け】　名詞 食《た》べすぎなどのせいで、腹《はら》の上《うえ》の辺《あた》りが焼《や》けつくように感《かん》じたり、痛《いた》くなったりすること。例 胸焼けがする。

むねん【無念】　名詞 形容動詞 ❶くやしく思《おも》うこと。例 試合《しあい》に負《ま》けて無念のなみだをのんだ。類 残念《ざんねん》。❷何《なに》も思《おも》わないこと。

むねんむそう【無念無想】　名詞 何《なに》も考《かんが》えないで、心《こころ》のこだわりや迷《まよ》いを捨《す》て去《さ》ること。例 舞台《ぶたい》の上《うえ》では無念無想で演奏《えんそう》する。

むのう【無能】　名詞 形容動詞 仕事《しごと》などをする能《のう》力《りょく》がないこと。対 有能《ゆうのう》。

読書のこみち　高 中 低　『ねぼすけはとどけい』スロボドキン　スイスの山《やま》おくにある小《ち》さな時計屋《とけいや》さんには、たいにきた王様《おうさま》は、一羽残《いちわのこ》らずいっしょに鳴《な》かなければ、時計《とけい》を買《か》わないと言《い》うのです。こ

ムハンマド 名詞 （五七〇ごろ～六三二）イスラム教《きょう》を開《ひら》いた人《ひと》。アラビアのメッカに生《う》まれ、アッラーをただ一《ひと》つの神《かみ》と信《しん》じるイスラム教《きょう》を広《ひろ》めた。「マホメット」ともいう。

むひ【無比】 名詞 形容動詞 ほかに比《くら》べるものがないほどすぐれていること。例 正確《せいかく》無比な時計《とけい》。類 無類《むるい》。

むひょう【霧氷】 名詞 季語冬 気温《きおん》がセ氏零度《しれいど》以下《いか》のとき、きりや水蒸気《すいじょうき》が木《き》の枝《えだ》などについてこおったもの。「樹氷《じゅひょう》」はこの一種《いっしゅ》。

むひょうじょう【無表情】 名詞 形容動詞 喜《よろこ》びや悲《かな》しみなどの感情《かんじょう》が、顔《かお》に表《あらわ》れないこと。例 問《と》いかけに対《たい》して、無表情にうなずく。

むびょうそくさい【無病息災】 名詞 病気《びょうき》をしないで、元気《げんき》なこと。

むふう【無風】 名詞
❶風《かぜ》がないこと。
❷さわぎがなくておだやかなこと。例 無風選挙《せんきょ》。

むふんべつ【無分別】 名詞 形容動詞 ものごとのよい悪《わる》いを見分《みわ》ける力《ちから》がないこと。考《かんが》えが足《た》りないこと。例 こんな夜《よる》おそくに外出《がいしゅつ》すると 無分別だ。

むほう【無法】 名詞 形容動詞
❶法律《ほうりつ》や決《き》まりが守《まも》られていないこと。例 無 地帯《ちたい》。
❷ まりや道徳《どうとく》に従《したが》わず、乱暴《らんぼう》なこと。例 無

む 謀】 名詞 形容動詞 よく考《かんが》えずに、む ること。例 無謀な計画《けいかく》。

むぼうび【無防備】 名詞 形容動詞 敵《てき》や災害《さいがい》を防《ふせ》ぐための備《そな》えがないこと。例 地震《じしん》に無防備な建物《たてもの》。

むほん【謀反】 名詞 家来《けらい》が主人《しゅじん》にそむくこと。例 謀反を起《お》こす。

むみかんそう【無味乾燥】 形容動詞 味《あじ》わいやおもしろみがないようす。例 無味乾燥な話《はなし》。

むめい【無名】 名詞
❶人々《ひとびと》に名前《なまえ》が知《し》られていないこと。例 無名の新人《しんじん》。対 有名《ゆうめい》。
❷名前《なまえ》がわからないこと。また、名前《なまえ》を書《か》かないこと。無記名《むきめい》。例 無名の投書《とうしょ》。

むめんきょ【無免許】 名詞 免許《めんきょ》を受《う》けていないこと。例 無免許運転《うんてん》。

むやみ 形容動詞
❶よく考《かんが》えないでものごとをするようす。例 むやみなことは言《い》うな。
❷ふつうの程度《ていど》をこえているようす。やたら。例 むやみに食《た》べすぎないようにする。
ことば 漢字《かんじ》では「無闇」と書《か》く。

むやみやたら 形容動詞 副詞 めちゃくちゃに。手当《てあ》たりしだいに。例 むやみやたらに走《はし》り回《まわ》る。ことば「むやみ」を強《つよ》めた言《い》い方《かた》。

むよう【無用】 名詞 形容動詞
❶用事《ようじ》がないこと。例 無用の方《かた》は入《はい》らないでください。
❷役《やく》に立《た》たないこと。例 無用な品《しな》。対 有用《ゆうよう》。
❸必要《ひつよう》がないこと。例 心配《しんぱい》は無用だ。
❹してはいけないこと。例 落書《らくが》き無用。

● **無用《むよう》の長物《ちょうぶつ》** ことわざ あっても役《やく》に立《た》たないで、かえってじゃまになるもの。例 弟《おとうと》も大《おお》きくなり、三輪車《さんりんしゃ》は無用の長物となった。ことば「長物」は、長《なが》すぎて役《やく》に立《た》たないもののこと。

むよく【無欲】 名詞 形容動詞 欲《よく》がないこと。欲《よく》張《ば》らないこと。例 無欲の勝利《しょうり》。対 貪欲《どんよく》。

むら 名詞
❶色《いろ》に濃《こ》いうすいがあって、そろわないこと。
❷ものごとや気持《きも》ちが安定《あんてい》していないで、変《か》わりやすいこと。例 むら気《き》／弟《おとうと》は成績《せいせき》にむらがある。

むら【村】 名詞
❶いなかで、家《いえ》が集《あつ》まっているところ。
❷地方公共団体《ちほうこうきょうだんたい》の一《ひと》つ。町《まち》より人口《じんこう》が少《すく》ないところ。例 村役場《やくば》。
漢➡767ジ《ペー》 そん〔村〕

ガッテン外国語教室

めだかの群《む》れは学校《がっこう》？

動物《どうぶつ》が一《いっ》か所《しょ》にたくさん集《あつ》まっているものを日《に》本語《ほんご》では「むれ」という。漢字《かんじ》の「群」のもとの意味《いみ》は「羊《ひつじ》のむれ」だ。英語《えいご》には生《い》き物《もの》によってさまざまな言《い》い方《かた》がある。たとえば、魚《さかな》の群《む》れは「school《スクール》（＝学校《がっこう》）」というよ。日本《にほん》の歌《うた》にも「めだかの学校《がっこう》」があるね。魚《さかな》の群《む》れはみんな同《おな》じほうを向《む》いて泳《およ》ぐから、学校《がっこう》に似《に》ているかも？ 団結力《だんけつりょく》の強《つよ》い犬《いぬ》やおおかみの群《む》れは、ひと包《つつ》みを意味《いみ》する「pack《パック》」、百獣《ひゃくじゅう》の王《おう》ライオンの群《む》れは、自尊心《じそんしん》を意味《いみ》する「pride《プライド》」というよ。

に応《おう》じてやってきたサラ。「のっぽでぶさいくな」サラが歌《うた》が大好《だいす》きな子供《こども》たちのために歌《うた》い、大草原《だいそうげん》の暮《く》らし家族《かぞく》をつくっていく喜《よろこ》びや自然《しぜん》の中《なか》で暮《く》らす楽《たの》しさを再発見《さいはっけん》できる物語《ものがたり》。続編《ぞくへん》に『草原《そうげん》のサラ』があります。

むら【群】 たくさんのものが一《いっ》か所《しょ》に集《あつ》まっていること。むれ。例 群雲《くも》／ひと群の花《はな》。漢 ↓408ジ《ペー》ぐん〔群〕

むらがる【群がる】 動詞 一《ひと》つのところにたくさんのものが集《あつ》まる。群《む》れる。例 砂糖《さとう》にありが群がっている。

むらくも【群雲】 名詞 一《いっ》か所《しょ》に集《あつ》まっている雲《くも》。

むらさき【紫】 名詞 ❶赤《あか》と青《あお》を混《ま》ぜるとできる色《いろ》。❷山野《さんや》に生《は》える草《くさ》の名《な》。根《ね》からむらさき色《いろ》の染料《せんりょう》がとれる。❸「しょうゆ」の別《べつ》の名《な》まえ。

むらさき❶

むらさきしきぶ【紫式部】 名詞 （一〇〇〇ごろ）平安時代《へいあんじだい》の中《なか》ごろの女性《じょせい》の文学者《ぶんがくしゃ》。天皇《てんのう》のきさきに仕《つか》えた。文章《ぶんしょう》や和歌《わか》にすぐれ、「源氏《げんじ》物語《ものがたり》」などを書《か》いた。

むらさきつゆくさ 名詞 つゆくさのなかまの多年草《たねんそう》。夏《なつ》にむらさき色《いろ》の花《はな》をさかせる。

むらさきつゆくさ

むらざと【村里】 名詞 いなかで、家《いえ》が集《あつ》まっているところ。村《むら》。類 村落《そんらく》。

むらさめ【村雨】 名詞 短《みじか》い時間《じかん》、強《つよ》く降《ふ》って、すぐにやむ雨《あめ》。にわか雨《あめ》。

むらす【蒸らす】 動詞 なべなどの中《なか》で火《ひ》が通《とお》ったものを、そのままこもった湯気《ゆげ》でふっくらとやわらかくする。例 ごはんを蒸らす。漢 ↓631ジ《ペー》じょう〔蒸〕

むらはずれ【村外れ】 名詞 村《むら》のはしのほう。村《むら》の中心《ちゅうしん》からはなれているところ。

むらはちぶ【村八分】 名詞 昔《むかし》、村《むら》の決《き》まりを守《まも》らない人《ひと》を村《むら》じゅうでのけ者《もの》にしたこと。

むらびと【村人】 名詞 村《むら》に住《す》んでいる人《ひと》。

むらまつり【村祭り】 名詞 季語 秋 村《むら》で行《おこな》われる祭《まつ》り。

むらむら［と］ 副詞 ある気持《きも》ちが、急《きゅう》に激《はげ》しくなるようす。例 ひどい悪口《わるくち》にむらむらといかりがわく。

むり【無理】 名詞 形容動詞 ❶理屈《りくつ》に合《あ》わないこと。例 無理を言《い》う。対 道理《どうり》。❷おしきってすること。例 無理に手《て》を引《ひ》っ張《ぱ》る。❸するのが難《むずか》しいこと。できそうもないこと。例 わたしには無理な仕事《しごと》だ。

● **無理《むり》が通《とお》れば道理《どうり》が引《ひ》っ込《こ》む** ↓443ジ《ペー》 ことわざ

● **無理《むり》もない** そうなるのが当《あ》たり前《まえ》だ。当然《とうぜん》だ。例 きみがくやしがるのは無理もない。

むりおし【無理押し】 名詞 動詞 ものごとを無《む》理《り》やりにおし進《すす》めること。例 無理押しした結《けっ》果《か》、計画《けいかく》は失敗《しっぱい》に終《お》わった。

むりかい【無理解】 名詞 形容動詞 ものごとの筋道《すじみち》や事情《じじょう》、人《ひと》の気持《きも》ちなどがよくわからないこと。例 まだその活動《かつどう》に無理解な人《ひと》も多《おお》い。

むりじい【無理強い】 名詞 動詞 いやがることを無理《むり》にやらせようとすること。例 きみが行《い》きたくないと言《い》うのなら無理強いはしないよ。

むりなんだい【無理難題】 名詞 できそうもないような難《むずか》しい問題《もんだい》や要求《ようきゅう》。例 無理難題をおしつけられる。

むりやり［に］【無理やり［に］】 副詞 無理《むり》なことをおしきってするようす。強引《ごういん》に。例 荷物《にもつ》を無理やりおしこむ。

むりょう【無料】 名詞 料金《りょうきん》がいらないこと。ただ。例 子供《こども》は入場《にゅうじょう》無料です。対 有料《ゆうりょう》。

むりょうたいすう【無量大数】 名詞 ❶非常《ひじょう》に大《おお》きな数《かず》。❷大《おお》きな数《かず》を表《あらわ》すときに使《つか》う数《かず》の単位《たんい》。10の68乗《じょう》。10の88乗《じょう》という説《せつ》もある。

むりょく【無力】 名詞 形容動詞 ものごとをするための気力《きりょく》や能力《のうりょく》、財産《ざいさん》などがないこと。例 自分《じぶん》の無力を痛感《つうかん》する。対 有力《ゆうりょく》。

むるい【無類】 名詞 形容動詞 比《くら》べるものがないこと。例 父《ちち》は無類の将棋《しょうぎ》好《ず》きだ。類 無比《むひ》。

むれ【群れ】 名詞 一《いっ》か所《しょ》に多《おお》く集《あつ》まっていること。また、その集《あつ》まり。例 おおかみの群れ。漢 ↓408ジ《ペー》ぐん〔群〕 ↓1294ジ《ペー》 外国語教室

● **群《む》れを成《な》す** たくさんの人《ひと》や生《い》き物《もの》が一《いっ》か所《しょ》に集《あつ》まる。例 イベントの開始《かいし》を待《ま》つ人々《ひとびと》が群れを成す。

読書のこみち　高 中 低　**『のっぽのサラ』マクラクラン**　母親《ははおや》を亡《な》くしたウィッティング一家《いっか》に、花嫁募集《はなよめぼしゅう》の広告《こうこく》にとけこみ、少《すこ》しずつ「ママ」になっていく日々《ひび》を、やわらかく温《あたた》かくえがいています。

あいうえお　かきくけこ　さしすせそ　たちつてと　なにぬねの　はひふへほ　まみむめも　やゆよ　らりるれろ　わをん

むれる【蒸れる】 動詞 ❶じゅうぶんに湯気《ゆげ》が通《とお》ってやわらかくなる。例ごはんが蒸れる。❷熱気《ねっき》や湿気《しっけ》がこもる。例長《なが》ぐつの中《なか》で足《あし》が蒸れる。

むれる【群れる】 動詞 一《いっ》か所《しょ》に多《おお》く集《あつ》まっている。群《むら》がる。例野原《のはら》に羊《ひつじ》が群れる。漢⇩631ジペーじょう〔蒸〕 漢⇩408ジペーぐん〔群〕

むろ【室】 名詞 外《そと》の空気《くうき》をさえぎって、いつも同《おな》じくらいの温度《おんど》や湿度《しつど》を保《たも》った部屋《へや》。食《た》べ物《もの》を保存《ほぞん》したり、植物《しょくぶつ》を育《そだ》てたりするのに使《つか》う。漢⇩577ジペーしつ〔室〕

むろまちじだい【室町時代】 名詞 一三三八年《ねん》、足利尊氏《あしかがたかうじ》が京都《きょうと》に幕府《ばくふ》を開《ひら》いてから、一五七三年《ねん》、織田信長《おだのぶなが》に幕府《ばくふ》がほろぼされるまでの約二百四十年間《やくにひゃくよんじゅうねんかん》。公家《くげ》の文化《ぶんか》をもとにした新《あたら》しい武家《ぶけ》の文化《ぶんか》が起《お》こった。

むろまちばくふ【室町幕府】 名詞 一三三八年《ねん》、足利尊氏《あしかがたかうじ》が京都《きょうと》に開《ひら》いた政権《せいけん》。一五七三年《ねん》まで続《つづ》いた。

むろん【無論】 副詞 言《い》うまでもなく。もちろん。例遠足《えんそく》にはむろん行《い》くに決《き》まっている。
使い方 かな書《が》きにすることが多《おお》い。

むんずと 副詞 急《きゅう》に勢《いきお》いよく力《ちから》をこめるようす。例兄《あに》のうでをむんずとつかんだ。

むんむん【と】 副詞 動詞 蒸《む》し暑《あつ》さやいやなにおいで、息《いき》がつまりそうなようす。例コンサート会場《かいじょう》は、集《あつ》まった人《ひと》の熱気《ねっき》でむんむんしている。

下《した》の 手話にチャレンジ を見《み》よう。

め【女】「女《おんな》」のこと。例女神《めがみ》。漢⇩627ジペーじょ〔女〕

め【目】 ❶ 名詞 動物《どうぶつ》の、物《もの》を見《み》るはたらきをするところ。例大《おお》きな目をした子《こ》。図⇩235ジペーかお ❷ 名詞 物《もの》を見《み》るときの目《め》つき。例やさしい目をした人《ひと》。❸ 名詞 見《み》ること。見《み》えること。例よく目にする人《ひと》。❹ 名詞 物《もの》を見《み》る力《ちから》。視力《しりょく》。例目が悪《わる》い。❺ 名詞 見分《みわ》ける力《ちから》。例父《ちち》は人《ひと》を見《み》る目がある。❻ 名詞 ある見方《みかた》をすること。例変《へん》な目で見《み》る。❼ 名詞 ものごとに出《で》あうこと。例昨日《きのう》はひどい目にあった。❽ 名詞 外《そと》からの見《み》え方《かた》。例見《み》た目が悪《わる》い。❾ 名詞 目《め》の玉《たま》の形《かたち》をしているもの。例台風《たいふう》の目。❿ 名詞 縦横《たてよこ》の線《せん》で区切《くぎ》られたすきま。例あみの目／ごばんの目。⓫ 名詞 さいころのそれぞれのしるし。例五《ご》の目が出《で》る。⓬ 名詞 一列《いちれつ》に続《つづ》いているものの一《ひと》つ一《ひと》つ。例のこぎりの目。⓭ 接尾語 順序《じゅんじょ》を表《あらわ》す。例三番目《さんばんめ》／十日目《とおかめ》。⓮ 接尾語 ものごとの区切《くぎ》りとなる、点《てん》や線《せん》になったところを表《あらわ》す。例折《お》り目／結《むす》び目／境《さかい》目。⓯ 接尾語 程度《ていど》や傾向《けいこう》を表《あらわ》す。例大《おお》きめの服《ふく》／ひもを長《なが》めに切《き》る。
使い方 ⓭～⓯は、ほかのことばのあとにつけて使《つか》う。ほかのことばの前《まえ》につくときは、「目深《まぶか》」など、「ま」となることがある。また、⓯は、ふつうかな書《が》きにする。漢⇩1314ジペーもく〔目〕

● **目《め》が粗《あら》い** あみなどの、すきまが大《おお》きい。例目が粗いざる。

● **目《め》が潤《うる》む** なみだで目《め》がぬれる。なみだが出《で》そうになる。

● **目《め》が利《き》く** ❶よく見《み》える。例多《おお》くの鳥《とり》は、夜《よる》に目が利かない。❷ものごとのよい悪《わる》いを見分《みわ》ける力《ちから》がある。例父《ちち》は美術品《びじゅつひん》には目が利く。

● **目《め》がくらむ** ❶まぶしくて、目《め》が見《み》えなくなる。例急《きゅう》に外《そと》に出《で》ると、夏《なつ》の日《ひ》ざしに目がくらんだ。❷めまいがする。❸心《こころ》をうばわれて正《ただ》しい判断《はんだん》ができなくなる。例欲《よく》に目がくらむ。

● **目《め》が肥《こ》える** よいものをたくさん見《み》たために、もののよい悪《わる》いがよくわかるようになる。例母《はは》は絵《え》については目が肥えている。

らつまむ。くし形《がた》に切《き》ったメロンの形《かたち》を表《あらわ》しているよ。

目《め》が覚《さ》める ❶ねむりから覚《さ》める。❷まちがいに気《き》づいて、正《ただ》しい心《こころ》にもどる。例 しかられて、やっと目が覚めた。

目《め》が据《す》わる 酒《さけ》に酔《よ》ったり興奮《こうふん》したりして、一点《いってん》を見《み》つめたようになる。

目《め》が高《たか》い ものごとを見分《みわ》ける力《ちから》がある。例 父《ちち》は絵《え》については目が高い。

目《め》が届《とど》く 細《こま》かいところまで、注意《ちゅうい》や気配《きくば》りが行《い》き届《とど》く。例 大人《おとな》の目が届く場所《ばしょ》で遊《あそ》ぶ。

目《め》がない ❶どうしようもなく好《す》きである。例 弟《おとうと》はお菓《か》子《し》に目がない。❷見分《みわ》ける力《ちから》がない。例 見《み》る目がない。

目《め》が離《はな》せない つねに注《ちゅう》意《い》して見守《みまも》っていなければならない。例 小《ちい》さい子供《こども》は片時《かたとき》も目が離せない。

目《め》が早《はや》い 見《み》つけるのが早《はや》い。

目《め》が光《ひか》る 注《ちゅう》意《い》深《ぶか》く見張《みは》る。

目《め》が回《まわ》る ❶目《め》がくらくらして、見《み》ているものが回《まわ》っているように感《かん》じられる。❷とてもいそがしいようすのたとえ。例 今日《きょう》はお客《きゃく》が多《おお》くて目が回る。

目《め》からうろこが落《お》ちる あることがきっかけになって、それまでわからなかったことが急《きゅう》にわかるようになる。例 先生《せんせい》の説明《せつめい》を聞《き》いて目からうろこが落ちた。

目《め》から鼻《はな》へ抜《ぬ》ける 非《ひ》常《じょう》にかしこいことのたとえ。例 目から鼻へ抜けるような子《こ》。

目《め》から火《ひ》が出《で》る 頭《あたま》や顔《かお》をひどくぶつけたときの、めまいがするような感《かん》じのたとえ。

目《め》じゃない 問題《もんだい》にならない。大《たい》したことはない。例 うちのカレーのおいしさといったら、レストランなんて目じゃない。

目《め》と鼻《はな》の間《あいだ》 ↓1297ジペー 目《め》と鼻《はな》の先《さき》(「目《め》」の子見出《こみだ》し)

目《め》と鼻《はな》の先《さき》 とても近《ちか》いこと。目《め》と鼻《はな》の間《あいだ》。例 家《いえ》から公園《こうえん》までは目と鼻の先のきょりだ。

目《め》に余《あま》る することがあまりひどくて、だまって見《み》ていられない。例 目に余るわがまま。

目《め》に入《い》れても痛《いた》くない ↓1297ジペー 目《め》の中《なか》に入《い》れても痛《いた》くない(「目《め》」の子見出《こみだ》し)

目《め》に浮《う》かぶ 目《め》の前《まえ》にあるように、ようすが思《おも》いえがける。例 父《ちち》の喜《よろこ》ぶ姿《すがた》が目に浮かぶ。

目《め》に角《かど》を立《た》てる おこって人《ひと》をにらみつける。例 目に角を立ててしかる。

目《め》に染《し》みる ❶目《め》を刺激《しげき》して、痛《いた》い。例 バーベキューのけむりが目に染みる。❷色《いろ》があざやかに見《み》える。例 もみじの色《いろ》が目に染みる。

目《め》にする 見《み》る。見《み》かける。例 最近《さいきん》よく目にする車《くるま》。

目《め》に付《つ》く 目《め》立《だ》つ。注《ちゅう》意《い》を引《ひ》く。例 目に付くところにポスターをはる。

目《め》に留《と》まる ❶見《み》える。例 一《いっ》ぴきのありが目に留まった。❷気《き》に入《い》る。例 たくさんある絵《え》の中《なか》で、わたしの絵《え》が先生《せんせい》の目に留まった。

目《め》に入《はい》る 自《し》然《ぜん》に目《め》に見《み》える。例 学校《がっこう》へ行《い》くとちゅう、前《まえ》を歩《ある》く友《とも》だちの姿《すがた》が目に入った。

目《め》には目《め》を歯《は》には歯《は》を ことわざ やられたら、やられたとおりの仕返《しかえ》しを相手《あいて》にすること。

目《め》に触《ふ》れる 見《み》える。例 外国《がいこく》に行《い》くと、目に触れるものすべてがめずらしい。

目《め》に見《み》えて 目《め》で見《み》てもはっきりとわかるほど。目《め》立《だ》って。例 あさがおの芽《め》が目に見えてのびてきた。

目《め》にも留《と》まらぬ 非《ひ》常《じょう》に速《はや》い。例 新幹線《しんかんせん》が目にも留まらぬ速《はや》さで通《とお》り過《す》ぎた。

目《め》に物《もの》見《み》せる こらしめてひどい目《め》にあわせる。例 次《つぎ》は目に物見せてやるぞ。

目《め》の色《いろ》を変《か》える 夢《む》中《ちゅう》になったり必死《ひっし》になったりして、目《め》つきや表《ひょう》情《じょう》を変《か》える。例 試験《しけん》に向《む》けて、兄《あに》は目の色を変えて勉《べん》強《きょう》している。

目《め》の上《うえ》のこぶ ↓445ジペー ことわざ

目《め》の敵《かたき》 ↓1307ジペー めのかたき

目《め》の覚《さ》めるような とてもすばらしいようす。例 目の覚めるような成《せい》長《ちょう》ぶり。

目《め》の付《つ》け所《どころ》 気《き》にして見《み》るところ。注目《ちゅうもく》するところ。例 さすが父《ちち》は目の付け所がちがう。

目《め》の毒《どく》 ↓1307ジペー めのどく

目《め》の中《なか》に入《い》れても痛《いた》くない かわいくてたまらないようす。目《め》に入《い》れても痛《いた》くない。

目《め》の前《まえ》 ↓1307ジペー めのまえ

手話にチャレンジ　メロン　両手《りょうて》の親指《おやゆび》と人《ひと》さし指《ゆび》を少《すこ》し開《ひら》いて向《む》かい合《あ》わせ、上向《うわむ》き加減《かげん》に、左右《さゆう》に引《ひ》きなが

目《め》は口《くち》ほどに物《もの》を言《い》う ⇩447ジペー ことわざ

目《め》も当《あ》てられない　あまりひどくて見《み》ていられない。例 目も当てられないほどの大《おお》けがをする。

目《め》もくれない　見向《みむ》きもしない。例 ほかの人《ひと》には目もくれないで母《はは》のもとにかけ寄《よ》った。

目《め》を疑《うたが》う　思《おも》いがけないものを見《み》て、見《み》まちがいではないかと思《おも》う。例 町並《まちな》みのあまりの変《か》わりように目を疑った。

目《め》を奪《うば》う　すっかり見《み》とれさせる。例 あまりの美《うつく》しさに目を奪われた。

目《め》を覆《おお》う
❶目《め》をふさぐ。目《め》かくしをする。
❷あまりにもひどいようすで見《み》ていられない。例 部屋《へや》は目を覆いたくなるほどよごれていた。

目《め》を落《お》とす　目《め》を下《した》に向《む》ける。

目《め》を輝《かがや》かす　喜《よろこ》びや期待《きたい》で、目《め》をきらきらさせる。生《い》き生《い》きする。例 ほしかった本《ほん》をプレゼントされて目を輝かす。

目《め》をかける　めんどうをみてかわいがる。例 コーチに目をかけられる。

目《め》を配《くば》る　注《ちゅう》意《い》してあちこちを見《み》る。例 お客《きゃく》様《さま》に失《しつ》礼《れい》がないように目を配る。

目《め》をくらます　人《ひと》の目《め》をごまかす。例 敵《てき》の目をくらましてにげる。

目《め》を凝《こ》らす　じっと見《み》つめる。

目《め》を覚《さ》ます
❶ねむりからさめる。例 今朝《けさ》は六時《ろくじ》に目を覚ました。
❷よくない状《じょう》態《たい》から正《ただ》しい状《じょう》態《たい》にもどる。例 なまけていた毎日《まいにち》から目を覚ます。

目《め》を皿《さら》のようにする　目《め》を大《おお》きく見《み》開《ひら》く。例 目を皿のようにしてかぎをさがす。

目《め》を三角《さんかく》にする　おこって、こわい目《め》つきをする。例 目を三角にして、厳《きび》しくしかる。

目《め》を白黒《しろくろ》させる
❶苦《くる》しんで目《め》玉《だま》を動《うご》かす。例 あめ玉《だま》がのどにつかえて、目を白黒させた。
❷とてもおどろいたり、あわてたりする。例 急《きゅう》に声《こえ》をかけられ、目を白黒させる。

目《め》を据《す》える　目《め》玉《だま》を動《うご》かさずにじっと見《み》る。例 目を据えてにらみつける。

目《め》を注《そそ》ぐ　注《ちゅう》意《い》深《ぶか》く見《み》る。例 子供《こども》の動《うご》きに目を注ぐ。

目《め》を背《そむ》ける　見《み》ていられなくなり、目《め》をほかの方《ほう》に向《む》ける。例 目を背けたくなるような場面《ばめん》。

目《め》をそらす　視《し》線《せん》をはずしてほかの方《ほう》を見《み》る。また、見《み》ないようにする。例 見《み》ていられなくなって、思《おも》わず目をそらした。

目《め》を付《つ》ける　とくに気《き》にして見《み》る。例 前《まえ》から目を付けていたおもちゃを買《か》ってもらう。

目《め》をつぶる
❶まぶたを閉《と》じる。
❷見《み》て見《み》ないふりをする。例 友《とも》だちの失《しっ》敗《ぱい》に目をつぶる。
❸死《し》ぬ。

目《め》を通《とお》す　全体《ぜんたい》をざっと見《み》る。ひととおり見《み》る。例 ノートに目を通してから発言《はつげん》する。

目《め》を盗《ぬす》む　人《ひと》に見《み》つからないように、こっそりする。例 母《はは》の目を盗んで、漫画《まんが》を読《よ》む。

目《め》を離《はな》す　少《すこ》しの間《あいだ》、見《み》ているのをやめる。例 目を離したすきに、小鳥《ことり》がにげた。

目《め》を光《ひか》らす　厳《きび》しく見《み》張《は》る。例 どろぼうが入《はい》らないように、警《けい》備《び》員《いん》が目を光らす。

目《め》を引《ひ》く　注《ちゅう》意《い》を引《ひ》きつける。例 人《ひと》の目を引くポスター。

目《め》を細《ほそ》くする　うれしそうな顔《かお》をする。目《め》を細《ほそ》める。例 祖《そ》父《ふ》はいつも、ぼくを見《み》ると目を細くする。

目《め》を細《ほそ》める ⇩1298ジペー 目《め》を細《ほそ》くする（「目《め》」の子《こ》見《み》出《だ》し）

目《め》を丸《まる》くする　びっくりして目《め》を見《み》開《ひら》く。

目《め》を回《まわ》す
❶気《き》を失《うしな》う。例 転《ころ》んで頭《あたま》を打《う》ち、目を回した。
❷ひどくいそがしい思《おも》いをする。例 開《かい》店《てん》セールに客《きゃく》が大《おお》勢《ぜい》来《き》て、店《てん》員《いん》は目を回した。

目《め》を見《み》張《は》る　おどろいたり、感《かん》心《しん》したりして、目《め》を大《おお》きく開《あ》ける。例 友《とも》だちのサッカーのうまさに思《おも》わず目を見張った。

目《め》を向《む》ける
❶そちらの方《ほう》を見《み》る。
❷その方《ほう》面《めん》に関《かん》心《しん》を持《も》つ。注《ちゅう》目《もく》する。例 短《たん》所《しょ》より長《ちょう》所《しょ》に目を向ける。

目《め》をやる　そちらの方《ほう》を見《み》る。例 鳥《とり》の声《こえ》が聞《き》こえたので、窓《まど》の外《そと》に目をやった。

め【芽】 名詞
❶植《しょく》物《ぶつ》の種《たね》や枝《えだ》から出《で》て、大《おお》きくなると葉《は》・

へびいちのすけ作《さく》「あいさつ」…。野原《のはら》にいるたくさんの生《い》き物《もの》たちの、小《ち》さなつぶやきやおしゃべりや歌《うた》を書《か》りそう…。そんな空想《くうそう》が生《い》き生《い》きと広《ひろ》がります。手《て》に乗《の》るかわいいサイズの本《ほん》。シリーズでどうぞ。

花《はな》・枝《えだ》・くきになるもの。例木《き》の芽《め》。❷新《あたら》しく出《で》てきて、これから大《おお》きくなりそうなもの。　漢↓217ページ が〔芽〕

●**芽《め》が出《で》る**　チャンスがめぐってきて、うまくいき始《はじ》める。認《みと》められるようになる。例長《なが》い苦労《くろう》ののちに、やっと芽が出てきた。

●**芽《め》を摘《つ》む**　❶植物《しょくぶつ》の芽《め》をつまんで取《と》る。❷大《おお》きく成長《せいちょう》する前《まえ》に、とり除《のぞ》く。例悪《あく》の芽を摘む。

●**芽《め》を吹《ふ》く**　草《くさ》や木《き》の芽《め》が出《で》る。

めあたらしい【目新しい】 形容詞　初《はじ》めて見《み》るような感《かん》じである。見《み》たことがなくてめずらしい。例目新しい品物《しなもの》を見《み》つけた。

めあて【目当て】 名詞　❶目印《めじるし》。目標《もくひょう》。例高《たか》いビルを目当てに進《すす》む。❷目指《めざ》しているものやところ。目的《もくてき》。例弟《おとうと》はおこづかい目当てで母《はは》のかたをたたいている。

めい 名詞　自分《じぶん》のきょうだいのむすめ。対おい。

漢 **めい【名】**〔口《くち》〕6画 1年 音メイ・ミョウ 訓な

ノ ク タ タ 名 名（てんをつきださない）

❶なまえ。例名札《なふだ》／名字《みょうじ》／記名《きめい》／氏名《しめい》／書名《しょめい》／本名《ほんみょう》。❷なだかい。すぐれている。例名画《めいが》／名人《めいじん》／名物《めいぶつ》／功名《こうみょう》／有名《ゆうめい》。❸人数《にんずう》を数《かぞ》えることば。例定員百名《ていいんひゃくめい》。

漢 **めい【命】**〔口《くち》〕8画 3年 音メイ・ミョウ 訓いのち

ノ 𠆢 亼 合 合 合 命 命（はねる）

❶いのち。例命《いのち》の恩人《おんじん》／寿命《じゅみょう》／人命《じんめい》／生命《せいめい》。❷いいつけ。例命《めい》に背《そむ》く／命令《めいれい》／使命《しめい》／任命《にんめい》。❸めぐり合《あ》わせ。例運命《うんめい》／宿命《しゅくめい》。

漢 **めい【明】**〔日《ひへん》〕8画 2年 音メイ・ミョウ 訓あかり・あかるい・あかるむ・あからむ・あきらか・あける・あく・あくる・あかす

丨 冂 日 日 日) 明 明 明（はらう）（はねる）

❶あかるい。例明星《みょうじょう》／明暗《めいあん》／明朗《めいろう》／照明《しょうめい》／月明《つきあ》かり。対暗《あん》。❷あきらか。例明確《めいかく》／明白《めいはく》／証明《しょうめい》／説明《せつめい》／判明《はんめい》。❸かしこい。例明君《めいくん》／賢明《けんめい》／先見《せんけん》の明《めい》。❹次《つぎ》の。例明《あ》くる朝《あさ》／明日《あす》。

めい【迷】 漢↓1253ページ まよ-う〔迷〕

漢 **めい【盟】**〔皿《さら》〕13画 6年 音メイ

冂 日 叩 明 明 明 明 盟 盟（はねる）（はらう）

ちかい。ちかう。例盟約《めいやく》／加盟《かめい》／同盟《どうめい》／連盟《れんめい》。

めい【銘】 名詞　❶石《いし》などに刻《きざ》みつけたことば。例墓碑銘《ぼひめい》。❷心《こころ》に深《ふか》く刻《きざ》みつけたことば（＝いつも心《こころ》に留《と》めている大切《たいせつ》なことば）。例座右《ざゆう》の銘。❸工芸品《こうげいひん》などにつけた、作者《さくしゃ》の名前《なまえ》。例刀《かたな》に銘を入れる。

漢 **めい【鳴】**〔鳥《とり》〕14画 2年 音メイ 訓なく・なる・ならす

丨 口 口' 口' 叮 吖 咱 鳴 鳴 鳴（ちいさく）（てんのうちかたちゅうい）

❶なく。例鳴《な》き声《ごえ》／悲鳴《ひめい》。❷なる。例鳴子《なるこ》／海鳴《うみな》り／共鳴《きょうめい》／耳鳴《みみな》り／雷鳴《らいめい》。

めいあん【名案】 名詞　すばらしい考《かんが》えや思《おも》いつき。例名案がうかんだ。

めいあん【明暗】 名詞　❶明《あか》るさと暗《くら》さ。例明暗のはっきりした絵《え》。❷幸《しあわ》せと不幸《ふしあわ》せ。よい面《めん》と悪《わる》い面《めん》。

●**明暗《めいあん》を分《わ》ける**　成功《せいこう》か失敗《しっぱい》か、幸《しあわ》せか不幸《ふしあわ》せかなどが、それによってはっきり決《き》まる。例一本《いっぽん》のシュートが勝敗《しょうはい》の明暗を分けた。

めいい【名医】 名詞　すぐれた医者《いしゃ》。

めいおうせい【冥王星】 名詞　太陽系《たいようけい》で、海王星《かいおうせい》の外側《そとがわ》を回《まわ》る準惑星《じゅんわくせい》。約二百四十八年《やくにひゃくよんじゅうはちねん》で太陽《たいよう》を一周《いっしゅう》する。参考以前《いぜん》は惑星《わくせい》の一《ひと》つとされていた。

めいか【名家】 名詞　❶昔《むかし》からよく知《し》られていて、すぐれた人物《じんぶつ》を出《だ》している家《いえ》。例名家の出《で》。類名門《めいもん》。❷学問《がくもん》や芸術《げいじゅつ》など、専門的《せんもんてき》な分野《ぶんや》ですぐれていると認《みと》められている人《ひと》。

めいか【名歌】 名詞　すぐれた歌《うた》。有名《ゆうめい》な歌《うた》。ことば 昔《むかし》の短歌《たんか》についていうことが多《おお》い。

めいが【名画】 名詞　❶すぐれた絵《え》。有名《ゆうめい》な絵《え》。例名画を鑑賞《かんしょう》する。❷すぐれた映画《えいが》。有名《ゆうめい》な映画《えいが》。例名画座《ざ》。

めいかい【明快】 形容動詞　筋道《すじみち》がはっきりしていて、わかりやすいこと。例明快な返答《へんとう》をする。

読書のこみち　高 中 低　『のはらうた』工藤直子《くどうなおこ》　うさぎふたご作《さく》「はるがきた」、すみれほのか作《さく》「ひるねのひ」、きとめた詩集《ししゅう》です。虫《むし》たちはこんなことを感《かん》じているかな、草花《くさばな》はこんなふうにしゃべ

めいかい【明解】 名詞 形容動詞 はっきりとわかりやすく解釈《かいしゃく》すること。

めいかい【冥界】 名詞 死《し》んだあとの世界《せかい》。

めいかく【明確】 形容動詞 はっきりしていて、確《たし》かなこと。例 仕事《しごと》の分担《ぶんたん》を明確にする。

めいがら【銘柄】 名詞 商品《しょうひん》の名《な》まえ。とくに、信用《しんよう》のあるよい商品《しょうひん》の名《な》まえ。例 いつも決《き》まった銘柄のお米《こめ》を買《か》う。類 ブランド。

めいき【明記】 名詞 動詞 はっきり書《か》くこと。きちんと書《か》き記《しる》すこと。例 持《も》ち物《もの》には名前《なまえ》を明記してください。

めいき【銘記】 名詞 動詞 しっかりと心《こころ》に刻《きざ》んで忘《わす》れないこと。例 親《おや》の教《おし》えを銘記する。

めいぎ【名義】 名詞 役所《やくしょ》に届《とど》ける書類《しょるい》や、銀《ぎん》行《こう》の通帳《つうちょう》などに書《か》く名前《なまえ》。例 父《ちち》の名義の土地《とち》。

めいきゅう【迷宮】 名詞 通路《つうろ》を複雑《ふくざつ》にして、中《なか》に入《はい》ると出口《でぐち》がわからなくなるようにつくった建物《たてもの》。

めいきゅういり【迷宮入り】 名詞 事件《じけん》などで、ほんとうのことがつかめず、解決《かいけつ》できない状態《じょうたい》になること。例 事件《じけん》は迷宮入りとなった。

めいきょく【名曲】 名詞 すぐれた曲《きょく》。有名《ゆうめい》な曲《きょく》。例 ピアノの名曲を演奏《えんそう》する。

めいく【名句】 名詞 ❶すぐれた俳句《はいく》。有名《ゆうめい》な俳句《はいく》。❷気《き》のきいた文句《もんく》。有名《ゆうめい》な文句《もんく》。名言《めいげん》。

めいくん【名君】 名詞 人々《ひとびと》のためになる政治《せいじ》を行《おこな》う、りっぱな君主《くんしゅ》。すぐれた君主《くんしゅ》。

めいくん【明君】 名詞 すぐれた君主《くんしゅ》。かしこい君主《くんしゅ》。対 暗君《あんくん》。

めいげつ【名月】 名詞 季語 秋 昔《むかし》のこよみで、八月十五日《はちがつじゅうごにち》、または九月十三日《くがつじゅうさんにち》の夜《よる》の月《つき》。

めいげつ【明月】 名詞 季語 秋 明《あか》るくすんだ月《つき》。

めいけん【名犬】 名詞 利口《りこう》ですぐれた犬《いぬ》。

めいげん【名言】 名詞 ものごとの真実《しんじつ》などをうまく言《い》い表《あらわ》していることば。

めいげん【明言】 名詞 動詞 はっきりと言《い》うこと。例 ぼくは毎朝《まいあさ》ジョギングをすると家族《かぞく》に明言した。類 言明《げんめい》。断言《だんげん》。

めいこう【名工】 名詞 腕前《うでまえ》のすぐれた職人《しょくにん》。

めいさい【明細】 名詞 形容動詞 ❶細《こま》かいところまではっきりしていて、くわしいこと。例 事実《じじつ》を明細に記録《きろく》する。❷「明細書《めいさいしょ》」の略《りゃく》。費用《ひよう》などの内容《ないよう》をくわしく書《か》いたもの。類 内訳《うちわけ》。

めいさく【名作】 名詞 文学《ぶんがく》・彫刻《ちょうこく》・絵画《かいが》・音《おん》楽《がく》などの、すぐれた作品《さくひん》。有名《ゆうめい》な作品《さくひん》。類 傑作《けっさく》。

めいさん【名産】 名詞 その土地《とち》でできる有名《ゆうめい》な産物《さんぶつ》。名物《めいぶつ》。例 名産品《ひん》／静岡《しずおか》名産のお茶《ちゃ》。

めいざん【名山】 名詞 すがたが美《うつく》しく、よく知《し》られている山《やま》。例 日本百《にほんひゃく》名山。

めいし【名士】 名詞 りっぱな人《ひと》として、世《よ》の中《なか》の人《ひと》に名前《なまえ》をよく知《し》られた人《ひと》。例 町《まち》の名士。

めいし【名刺】 名詞 名前《なまえ》・職業《しょくぎょう》・住所《じゅうしょ》などを印刷《いんさつ》した、小《ちい》さなカード。

めいし【名詞】 名詞 品詞《ひんし》の一《ひと》つ。人《ひと》や物《もの》の名《な》まえやことがらを表《あらわ》す。活用《かつよう》がなく、「が」などをつけて主語《しゅご》になることができる。「まり子《こ》」「机《つくえ》」「遠足《えんそく》」「高《たか》さ」「静《しず》けさ」「動《うご》き」など。

めいじ【明示】 名詞 動詞 よくわかるように、はっきり示《しめ》すこと。例 食品《しょくひん》の原材料《げんざいりょう》を明示する／契約《けいやく》の条件《じょうけん》を書類《しょるい》に明示する。対 暗示《あんじ》。

めいじいしん【明治維新】 名詞 一八六八（明治元《めいじがん》）年《ねん》に江戸幕府《えどばくふ》がたおれ、天皇《てんのう》を中心《ちゅうしん》とする明治政府《めいじせいふ》ができて、政治《せいじ》のやり方《かた》をすっかり新《あたら》しくしたこと。また、その時期《じき》。

めいじけんぽう【明治憲法】 ⇩781ジ《ペー》だいにほんていこくけんぽう

めいじじだい【明治時代】 名詞 江戸幕府《えどばくふ》がたおれた一八六八年《ねん》から一九一二年《ねん》までの時《じ》代《だい》。政治《せいじ》・社会《しゃかい》の改革《かいかく》が行《おこな》われ、近代化《きんだいか》が進《すす》んだ。

めいじつ【名実】 名詞 名《な》まえと中身《なかみ》。評判《ひょうばん》と、実際《じっさい》の内容《ないよう》。例 名実ともにすぐれた医者《いしゃ》。

めいじてんのう【明治天皇】 名詞 （一八五二～一九一二）明治時代《めいじじだい》の天皇《てんのう》。江戸幕府《えどばくふ》がたおれたあと、明治政府《めいじせいふ》の中心《ちゅうしん》として、日本《にほん》の近《きん》代化《だいか》のためにつくした。

めいしどめ【名詞止め】 名詞 文《ぶん》の終《お》わりに名詞《めいし》がくるようにすること。「いちばん得意《とくい》な教科《きょうか》は算数《さんすう》。」のように、意味《いみ》を強《つよ》めたいときなどに使《つか》う。

めいしゅ【名手】 名詞 すぐれた腕前《うでまえ》の人《ひと》。例 オルガンの名手。類 名人《めいじん》。

めいしゅ【盟主】 名詞 同盟《どうめい》の中心《ちゅうしん》になる、人《ひと》や国《くに》。

めいしょ【名所】 名詞 景色《けしき》がよいので有名《ゆうめい》な

た「灰色《はいいろ》の畑《はたけ》と緑《みどり》の畑《はたけ》」、身近《みぢか》なのに気《き》に留《と》めないでいた人《ひと》にあらためて気《き》づく「ハンネスがいない」など。現《げん》
題《だい》で解決《かいけつ》の難《むずか》しいものから、ささやかでほっとできるできごとまで、14編《へん》を集《あつ》めた、ドイツの作家《さっか》の短編集《たんぺんしゅう》。

ところ。また、歴史《れきし》の上《うえ》で有名《ゆうめい》なところ。例 桜《さくら》の名所。

めいしょう【名将】 名詞 すぐれた将軍《しょうぐん》や武《ぶ》将《しょう》。名高《なだか》い将軍《しょうぐん》や武将《ぶしょう》。

めいしょう【名称】 名詞 名《な》まえ。呼《よ》び名《な》。例 会《かい》の名称を決《き》める。

めいしょう【名勝】 名詞 景色《けしき》のすぐれているところ。例 名勝の地《ち》。類 景勝《けいしょう》。

めいしょきゅうせき【名所旧跡】 名詞 景《け》色《しき》のよいところや、歴史《れきし》の上《うえ》で有名《ゆうめい》なところ。

めいじる【命じる】 動詞 ❶言《い》いつける。命令《めいれい》する。例 退場《たいじょう》を命じる。❷ある役目《やくめ》を任《まか》せる。例 部《ぶ》長《ちょう》を命じる。ことば 「命《めい》ずる」ともいう。

めいしん【迷信】 名詞 理屈《りくつ》に合《あ》わない言《い》い伝《つた》えなど。また、そのようなことを、正《ただ》しいと信《しん》じること。

めいじん【名人】 名詞 ❶腕前《うでまえ》のすぐれた人《ひと》。例 落語《らくご》の名人／母《はは》は料《りょう》理《り》の名人だ。類 名手《めいしゅ》。達人《たつじん》。❷囲碁《いご》や将棋《しょうぎ》で、いちばん上《うえ》の位《くらい》。例 名人戦《せん》。

めいずる【命ずる】 ⇩1301ページ めいじる

めいせい【名声】 名詞 世《よ》の中《なか》でのよい評判《ひょうばん》。例 画家《がか》としての名声を得《え》る。類 声価《せいか》。

めいせき【明せき】 形容動詞 明《あき》らかで、はっきりしているようす。例 姉《あね》は頭脳《ずのう》明せきだ。

めいそう【名僧】 名詞 すぐれたおぼうさん。尊敬《そんけい》されているおぼうさん。

めいそう【迷走】 名詞 動詞 定《さだ》まった道《みち》や予想《よそう》される道《みち》を外《はず》れて進《すす》むこと。例 飛行機《ひこうき》が迷走する／台風《たいふう》が迷走する。

めいそう【めい想】 名詞 動詞 目《め》を閉《と》じて、心《こころ》を落《お》ち着《つ》けて考《かんが》えること。例 めい想にふける。

めいちゅう【命中】 名詞 動詞 たまや矢《や》などが、ねらったものにうまく当《あ》たること。例 矢《や》が的《まと》に命中する。類 的中《てきちゅう》。

めいちょ【名著】 名詞 すぐれた書物《しょもつ》。有名《ゆうめい》な書物《しょもつ》。

めいてんがい【名店街】 名詞 有名《ゆうめい》な店《みせ》が集《あつ》まっているところ。例 駅《えき》ビルの名店街。

めいど【明度】 名詞 色《いろ》の明《あか》るさの度合《どあ》い。例 明度が高《たか》い。関連 彩度《さいど》。色相《しきそう》。参考 赤《あか》と緑《みどり》を比《くら》べてどちらが明度《めいど》が高《たか》い、とはいえない。赤《あか》の中《なか》で明度《めいど》の高《たか》いもの、低《ひく》いものがある。

めいど【冥土】 名詞 仏教《ぶっきょう》で、死《し》んだ人《ひと》のたましいが行《い》くとされているところ。死後《しご》の世界《せかい》。類 よみの国《くに》。

めいとう【名刀】 名詞 有名《ゆうめい》な刀《かたな》。すばらしい刀《かたな》。

めいとう【名答】 名詞 りっぱな答《こた》え。正《ただ》しい答《こた》え。

めいどう【鳴動】 名詞 動詞 大《おお》きな地鳴《じな》りがして、ゆれ動《うご》くこと。例 大山《たいざん》鳴動してねずみ一《いっ》匹《ぴき》（＝大《おお》さわぎのわりには、大《たい》したことがなかったということ）。

めいにち【命日】 名詞 毎年《まいとし》、または毎月《まいつき》の、その人《ひと》が死《し》んだ日《ひ》と同《おな》じ日《ひ》。

めいば【名馬】 名詞 すぐれた馬《うま》。りっぱな馬《うま》。

めいはく【明白】 形容動詞 はっきりしていて、疑《うたが》いのないこと。例 いたずらをしたのがきみでないことは明白だ。類 明瞭《めいりょう》。

めいふく【冥福】 名詞 死《し》んでからのちの幸《しあわ》せ。あの世《よ》での幸福《こうふく》。例 冥福をいのる。

めいぶつ【名物】 名詞 ❶その土地《とち》でとれる有名《ゆうめい》な産物《さんぶつ》。名産《めいさん》。❷めずらしくて有名《ゆうめい》なもの。例 町《まち》の名物男《おとこ》。

めいぶん【名文】 名詞 ❶すぐれた文章《ぶんしょう》。❷有名《ゆうめい》な文章《ぶんしょう》。対 悪文《あくぶん》。

めいぼ【名簿】 名詞 名前《なまえ》や住所《じゅうしょ》などを書《か》いた帳面《ちょうめん》。例 出席者《しゅっせきしゃ》の名簿。

めいみゃく【命脈】 名詞 生命《せいめい》。続《つづ》いている命《いのち》。例 命脈を保《たも》つ。

めいめい【命名】 名詞 動詞 名《な》まえをつけること。例 新《あたら》しい橋《はし》は「かもめ橋《ばし》」と命名された。

めいめい【銘銘】 名詞 副詞 ひとりひとり。おのおの。各自《かくじ》。例 荷物《にもつ》はめいめいで持《も》った。

めいめつ【明滅】 名詞 動詞 明《あ》かりがついたり消《き》えたりすること。例 車《くるま》のライトが明滅して右折《うせつ》の合図《あいず》をする。類 点滅《てんめつ》。使い方 ふつうかな書《が》きにする。

めいもく【名目】 名詞 ❶表向《おもてむ》きの呼《よ》び方《かた》。例 名目だけの会員《かいいん》。❷表向《おもてむ》きの理由《りゆう》。言《い》い訳《わけ》。口実《こうじつ》。例 野草《やそう》の研《けん》究《きゅう》という名目でハイキングに出《で》かける。

めいもん【名門】 名詞 昔《むかし》から続《つづ》いている、りっぱで有名《ゆうめい》な家《いえ》がらや学校《がっこう》。類 名家《めいか》。

読書のこみち　高 中 低
『灰色《はいいろ》の畑《はたけ》と緑《みどり》の畑《はたけ》』ヴェルフェル　貧《まず》しい人《ひと》と豊《ゆた》かな人《ひと》の間《あいだ》の大《おお》きなへだたりをえがい
実《じつ》の世界《せかい》はどのようなものなのか、何《なに》を見《み》すえていく必要《ひつよう》があるのか。社会的《しゃかいてき》に大《おお》きな問《もん》

めいもんく【名文句】 名詞 言《い》い回《まわ》しがうまくて人《ひと》を感心《かんしん》させることば。また、有名《ゆうめい》なことば。

めいやく【盟約】 名詞 動詞 固《かた》く約束《やくそく》すること。また、その約束《やくそく》。例 盟約を結《むす》ぶ。

めいゆう【名優】 名詞 すぐれた役者《やくしゃ》。有名《ゆうめい》な俳優《はいゆう》。

めいゆう【盟友】 名詞 固《かた》い約束《やくそく》をかわし合《あ》った友《とも》だち。

めいよ【名誉】 ❶ 名詞 形容動詞 すぐれたものとして認《みと》められること。また、それをほこりに思《おも》うこと。例 学《がっ》校《こう》の代表《だいひょう》となったのは名誉なことだ。❷ 名詞 よい評判《ひょうばん》。例 名誉を傷《きず》つける。❸ 名詞 (地位《ちい》などを表《あらわ》すことばの前《まえ》につけて)すばらしいはたらきをした人《ひと》に、尊敬《そんけい》のしるしとしてあたえる名《な》。例 名誉市民《しみん》／名誉会長《かいちょう》。

めいりょう【明瞭】 形容動詞 はっきりしていて、よくわかること。明《あき》らかなこと。明白《めいはく》。例 明瞭な文章《ぶんしょう》。対 曖昧《あいまい》。

めいる 動詞 元気《げんき》がなくなって、しょんぼりする。ふさぎこむ。例 雨《あめ》が続《つづ》いて気《き》がめいる。

めいれい【命令】 名詞 動詞 あることをするように言《い》いつけること。また、その言《い》いつけ。

めいれいぶん【命令文】 名詞 相手《あいて》に対《たい》する命令《めいれい》や禁止《きんし》を表《あらわ》す文《ぶん》。「早《はや》く行《い》け。」「心配《しんぱい》するな。」など。関連 平叙文《へいじょぶん》。感動文《かんどうぶん》。疑問文《ぎもんぶん》。

めいろ【迷路】 名詞 入《はい》りこむと出《で》られなくなってしまうような道《みち》。迷《まよ》いやすい道《みち》。

めいろう【明朗】 形容動詞 ❶明《あか》るくてほがらかなようす。例 母《はは》は明朗な性格《せいかく》だ。❷うそやごまかしがないようす。例 明朗会計《かいけい》。

めいわく【迷惑】 名詞 動詞 形容動詞 ほかのもののせいで、困《こま》ったり、いやな思《おも》いをしたりすること。例 トラックの騒音《そうおん》に迷惑している。

メイン ➡1302ジベー メーン

めうえ【目上】 名詞 自分《じぶん》よりも地位《ちい》・身分《みぶん》・年齢《ねんれい》などが上《うえ》であること。また、その人《ひと》。例 目上の人《ひと》には敬語《けいご》を使《つか》う。対 目下《めした》。

めうつり【目移り】 名詞 動詞 たくさんのものを見《み》て、あれこれと迷《まよ》うこと。例 ほしいものばかりで目移りしてしまう。

メーカー (maker) 名詞 ❶品物《しなもの》をつくる人《ひと》や会社《かいしゃ》。とくに、有名《ゆうめい》な製造《せいぞう》会社《がいしゃ》。例 自動車《じどうしゃ》メーカー。❷あるものごとをつくる人《ひと》。例 チャンスメーカー／ムードメーカー。

メーキャップ (makeup) 名詞 動詞 化粧《けしょう》。とくに、映画《えいが》や劇《げき》に出《で》るときにする化粧《けしょう》。「メークアップ」「メーク」ともいう。

メーク ➡1302ジベー メーキャップ

メークアップ ➡1302ジベー メーキャップ

メーター (meter) 名詞 ❶分量《ぶんりょう》・速《はや》さ・料金《りょうきん》などをはかる器具《きぐ》。例 水《すい》道《どう》メーター／スピードメーター。類 計器《けいき》。❷➡1302ジベー メートル

メーデー (May Day) 名詞 季語 春 五月一日《ごがつついたち》に行《おこな》われる、労働者《ろうどうしゃ》のお祭《まつ》り。

メートル (フランス語) 名詞 メートル法《ほう》の長《なが》さの基本《きほん》の単位《たんい》。一《いち》メートルは百《ひゃく》センチメートル。記号《きごう》は「m」。「メーター」ともいう。参考 初《はじ》めは北極《ほっきょく》から赤道《せきどう》までの長《なが》さの千万分《せんまんぶん》の一《いち》を一《いち》メートルと定《さだ》めていたが、現在《げんざい》は、光《ひかり》が一《いっ》定時間《ていじかん》に進《すす》む長《なが》さをもとに決《き》めている。

メートルげんき【メートル原器】 名詞 一《いち》メートルの長《なが》さを示《しめ》す標準器《ひょうじゅんき》として用《もち》いられた物差《ものさ》し。メートルの定義《ていぎ》が変《か》わってからは使《つか》われていないが、パリにある国際度量衡局《こくさいどりょうこうきょく》に保存《ほぞん》されている。

メートルほう【メートル法】 名詞 長《なが》さに「メートル」、重《おも》さに「グラム」、体積《たいせき》に「リットル」を基本《きほん》の単位《たんい》として使《つか》う方法《ほうほう》。世界《せかい》で広《ひろ》く使《つか》われている。➡1453ジベー 長《なが》さ・重《おも》さ・面積《めんせき》・体積《たいせき》を表《あらわ》すことば

メーリングリスト (mailing list) 名詞 コンピューターネットワークで、同《おな》じグループに登《とう》録《ろく》している人《ひと》に、いっせいに同《おな》じ電子《でんし》メールを送《おく》るしくみ。

メール (mail) 名詞 ❶➡906ジベー でんしメール ❷郵便《ゆうびん》。また、郵便物《ゆうびんぶつ》。

メールアドレス 名詞 電子《でんし》メールをやりとりするときのあて先《さき》。

メーン (main) 名詞 たくさんの中《なか》で、中心《ちゅうしん》となる大事《だいじ》なものごと。メイン。例 メーン会場《かいじょう》。

メーンイベント (main event) 名詞 たくさん

ました。頑固《がんこ》だけれどやさしいおじいさんとやぎたちとの生活《せいかつ》は、ハイジにとってはめずらしくて楽《たの》しいことでルトのお屋敷《やしき》に行《い》くことになり…。アルプスの美《うつく》しい自然《しぜん》が心《こころ》にしみ入《い》る、スイスの物語《ものがたり》です。

のもよおしの中《なか》で、もっとも重要《じゅうよう》なもの。とくに、プロレスやプロボクシングなどで、その日《ひ》行《おこな》われる試合《しあい》の中《なか》で、もっとも重要《じゅうよう》な試合《しあい》。

メーンスタンド 名詞 競技場《きょうぎじょう》などの正面《しょうめん》の見物席《けんぶつせき》。ことば 英語《えいご》をもとに日本《にほん》で作《つく》られたことば。

メーンストリート (main street) 名詞 街《まち》の中心《ちゅうしん》を通《とお》っている、大《おお》きな道路《どうろ》。大通《おおどお》り。目抜《めぬ》き通《どお》り。

メーンディッシュ (main dish) 名詞 西洋料理《せいようりょうり》で、献立《こんだて》の中心《ちゅうしん》となる肉料理《にくりょうり》や魚料理《さかなりょうり》。

メーンテーブル 名詞 パーティーや会議《かいぎ》などで、大切《たいせつ》な客《きゃく》や議長《ぎちょう》がすわる席《せき》。ふつう、正面《しょうめん》のテーブル。ことば 英語《えいご》をもとに日本《にほん》で作《つく》られたことば。

めおと【夫婦】 名詞 夫《おっと》と妻《つま》。夫婦《ふうふ》。例 夫婦茶《ぢゃ》わん。使い方 古《ふる》い言《い》い方《かた》。

メカ ↓1303ページ メカニズム❶

メガ (mega) 名詞 「ヘルツ」「トン」などの単位《たんい》の前《まえ》につけて、百万倍《ひゃくまんばい》であることを表《あらわ》すことば。記号《きごう》は「M」。例 メガトン（＝百万《ひゃくまん》トン）。

めかくし【目隠し】 名詞 動詞 ❶目《め》を布《ぬの》などでおおって見《み》えなくすること。また、その布《ぬの》など。❷家《いえ》の中《なか》が外《そと》から見《み》えないようにすること。また、そのためのへいや囲《かこ》いなど。

めがける【目がける】 動詞 目当《めあ》てにする。目指《めざ》す。例 ゴールを目がけて全力《ぜんりょく》で走《はし》る。

めがしら【目頭】 名詞 目《め》の、鼻《はな》に近《ちか》いほうのはし。対 目尻《めじり》。図 ↓235ページ かお

●**目頭《めがしら》が熱《あつ》くなる** とても感動《かんどう》して、目《め》になみだがうかんでくる。

めかす ❶動詞 身《み》なりをかざりたてる。おしゃれをする。❷接尾語（ほかのことばのあとにつけて）…らしく見《み》せる。例 冗談《じょうだん》めかして言《い》う。使い方 ❶は、「おめかしする」「めかしこむ」などの形《かたち》で使《つか》うことが多《おお》い。

めかた【目方】 名詞 物《もの》の重《おも》さ。重量《じゅうりょう》。

メカニズム (mechanism) 名詞 ❶機械《きかい》の装置《そうち》。しかけ。略《りゃく》して「メカ」ともいう。❷構造《こうぞう》。ものごとのしくみ。例 人体《じんたい》のメカニズム。

めがね【眼鏡】 名詞 周《まわ》りがはっきり見《み》えるようにしたり、強《つよ》い光線《こうせん》などから目《め》を守《まも》ったりするためにかける器具《きぐ》。

●**眼鏡《めがね》にかなう** 目上《めうえ》の人《ひと》に認《みと》められる。例 かんとくの眼鏡にかなって代表《だいひょう》に選《えら》ばれた。

メガヘルツ (megahertz) 名詞 電波《でんぱ》や音波《おんぱ》などの、周波数《しゅうはすう》の単位《たんい》。一《いち》メガヘルツは、一《いち》ヘルツの百万倍《ひゃくまんばい》。記号《きごう》は「MHz」。

メガホン (megaphone) 名詞 声《こえ》を遠《とお》くまで届《とど》かせるための、口《くち》に当《あ》てて使《つか》うらっぱ形《がた》のつつ。

めがみ【女神】 名詞 女《おんな》の神様《かみさま》。

メガホン

メキシコ ↓1303ページ メキシコがっしゅうこく

メキシコがっしゅうこく【メキシコ合衆国】 名詞 北《きた》アメリカの南部《なんぶ》にある国《くに》。銀《ぎん》・鉄《てつ》・石油《せきゆ》などの鉱業《こうぎょう》や、農業《のうぎょう》がさかんで、綿花《めんか》・小麦《こむぎ》・コーヒー豆《まめ》などが多《おお》くとれる。首都《しゅと》はメキシコシティ。「メキシコ」ともいう。

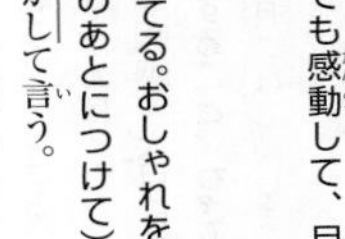

（国旗《こっき》）

めきめき【と】 副詞 目立《めだ》って発達《はったつ》するようす。きわだって。例 最近《さいきん》めきめき力《ちから》がついてきた。

めキャベツ【芽キャベツ】 名詞 キャベツのなかまの野菜《やさい》。葉《は》の付《つ》け根《ね》につく、直径《ちょっけい》二《に》〜三《さん》センチメートルの球形《きゅうけい》の芽《め》を食用《しょくよう》にする。

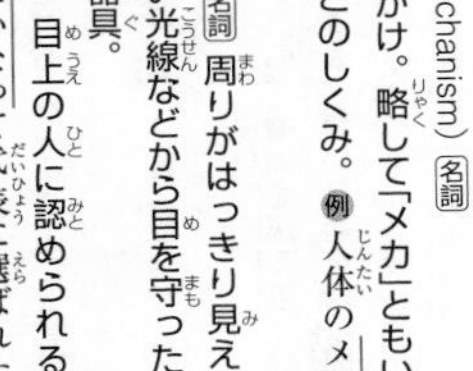

めキャベツ

-めく 接尾語（ほかのことばのあとにつけて）…らしくなる。…のようになる。例 春《はる》めいた一日《いちにち》。

めくじらをたてる【目くじらを立《た》てる】 小《ちい》さなことをとり立《た》てて、非難《ひなん》する。ことば 「目くじら」は「目じり」のこと。

めぐすり【目薬】 名詞 目《め》の病気《びょうき》を治《なお》したり目《め》のつかれをとったりするためにつける薬《くすり》。

めくそ【目くそ】 ↓1308ページ めやに

めくばせ【目配せ】 名詞 動詞 目《め》で合図《あいず》をする

読書のこみち 高 中 低 『ハイジ』シュピリ　無邪気《むじゃき》な女《おんな》の子《こ》ハイジは、山小屋《やまごや》のおじいさんのもとで暮《く》らし始《はじ》めいっぱいです。しかし間《ま》もなく、足《あし》の不自由《ふじゆう》な少女《しょうじょ》クララの遊《あそ》び相手《あいて》としてフランクフ

こと。例 敵《てき》のいる方向《ほうこう》を目配せで教《おし》える。

めくばり【目配り】 名詞 動詞 注意《ちゅうい》を行《い》き届《とど》かせること。例 生徒《せいと》の全員《ぜんいん》に細《こま》かく目配りする。

めぐまれる【恵まれる】 動詞 ❶望《のぞ》ましいものがあたえられる。例 旅行《りょこう》は天候《てんこう》に恵まれた／資源《しげん》に恵まれた国《くに》。❷不自由《ふじゆう》がなく、幸《しあわ》せである。例 恵まれた環境《かんきょう》で育《そだ》つ。

めぐみ【恵み】 名詞 情《なさ》けをかけて、お金《かね》や品物《しなもの》、幸《しあわ》せなどをあたえること。例 大自然《だいしぜん》の恵み。

めぐむ【恵む】 動詞 かわいそうに思《おも》って、人《ひと》にお金《かね》や物《もの》をやる。

めぐむ【芽ぐむ】 動詞 季語 春 芽《め》を出《だ》す。芽生《めば》える。例 草木《くさき》の芽ぐむ春《はる》。

めぐらす【巡らす】 動詞 ❶周《まわ》りを囲《かこ》むようにする。例 家《いえ》の周《まわ》りにへいを巡らす。❷ぐるっと回《まわ》す。例 首《くび》を巡らす。❸いろいろと考《かんが》える。例 思《おも》いを巡らす。

めぐり【巡り】 名詞 ❶ぐるぐる回《まわ》ること。例 血《ち》の巡りが悪《わる》い。❷あちこちを回《まわ》って歩《ある》くこと。例 名所《めいしょ》巡り／遺跡《いせき》巡り。

めぐりあい【巡り合い・巡り会い】 名詞 めぐりあうこと。出《で》あうこと。

めぐりあう【巡り合う・巡り会う】 動詞 別《わか》れていた人《ひと》や求《もと》めていたものなどに、ようやく出《で》あう。思《おも》いがけなく出《で》あう。例 探《さが》していた本《ほん》にやっと巡り合った。

めぐりあわせ【巡り合わせ】 名詞 ひとりでにそうなっていく、人《ひと》やものごととの出《で》あい。運命《うんめい》。例 不思議《ふしぎ》な巡り合わせで昔《むかし》の知《し》り合《あ》いと再会《さいかい》した。

めくる 動詞 上《うえ》にかぶさっているものを、はがすようにして裏返《うらがえ》す。例 本《ほん》のページをめくる。

めぐる【巡る】 動詞 ❶ものの周《まわ》りに沿《そ》って動《うご》く。例 地球《ちきゅう》は太陽《たいよう》のまわりを巡っている。❷回《まわ》ってもとにもどる。例 今年《ことし》もまた春《はる》が巡ってきた。❸あちこちを回《まわ》って歩《ある》く。例 観光《かんこう》バスで名所《めいしょ》を巡る。❹とり巻《ま》く。とり囲《かこ》む。例 湖《みずうみ》を巡る道《みち》。❺そのことに関係《かんけい》する。例 いじめを巡る問題《もんだい》。

めくるめく【目くるめく】 動詞 目《め》がくらむ。めまいがする。例 目くるめく華麗《かれい》なファッション。

めくれる 動詞 めくったようになる。例 レーンコートが風《かぜ》でめくれている。

めげる 動詞 元気《げんき》がなくなる。くじける。例 失敗《しっぱい》にもめげずに、最後《さいご》までがんばった。

めこぼし【目こぼし】 名詞 動詞 大目《おおめ》に見《み》ること。見《み》ても見《み》ないふりをすること。わざと見《み》のがすこと。例 どうか、お目こぼし願《ねが》います。

めさき【目先】 名詞 ❶目《め》の前《まえ》。例 友《とも》だちの顔《かお》が目先にちらつく。❷その場《ば》のこと。例 目先のことだけ考《かんが》えてはいけない。

● **目先《めさき》が利《き》く** 先《さき》のことまでよく見通《みとお》すことができる。例 目先が利いて商売《しょうばい》の上手《じょうず》な人《ひと》。

● **目先《めさき》を変《か》える** いつもとようすを変《か》えて目新《めあたら》しくする。例 今夜《こんや》は目先を変えてインド料理《りょうり》にしてみた。

めざし【目刺し】 名詞 季語 春 いわしなどの魚《さかな》を数《すう》ひきずつ、目《め》にわらや竹《たけ》ぐしを通《とお》してまとめて干《ほ》した食《た》べ物《もの》。参考 最近《さいきん》では、目《め》にさしていないものもある。

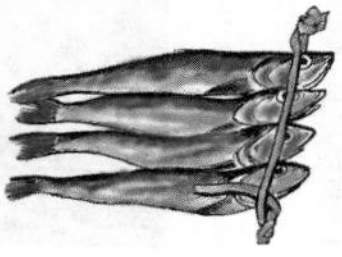
めざし

めざす【目指す・目差す】 動詞 目当《めあ》てにする。目《め》がける。例 勝利《しょうり》を目指してがんばる。

めざとい【目ざとい】 形容詞 ❶見《み》つけるのが早《はや》い。例 観客《かんきゃく》の中《なか》に、目ざとく兄《あに》を見《み》つけた。❷目《め》が覚《さ》めやすい。

めざましい【目覚ましい】 形容詞 ぱっと目《め》が覚《さ》めた感《かん》じがするほどすばらしい。びっくりするほどりっぱなようす。例 目覚ましいはたらき／目覚ましい科学《かがく》の進歩《しんぽ》。

めざましどけい【目覚まし時計】 名詞 決《き》めておいた時刻《じこく》に音《おと》が鳴《な》って、目《め》を覚《さ》まさせるしかけになっている時計《とけい》。

めざめ【目覚め】 名詞 ❶ねむりから覚《さ》めること。❷知《し》らなかったことに気《き》づくこと。

りのともこおばさんが、大《おお》きい子《こ》たちを連《つ》れてキャンプに行《い》くと聞《き》いて、なほちゃんは「わたしも　いく！」とンプについていきます。お兄《にい》さんお姉《ねえ》さんたちにそっと見守《みまも》られ、精《せい》いっぱいがんばる女《おんな》の子《こ》のお話《はなし》です。

めざめる【目覚《さ》める】 動詞
❶ねむりから覚める。
❷迷《まよ》いがなくなって正《ただ》しい心《こころ》になる。例 悪《あく》の道《みち》から目覚める。
❸知《し》らなかったことに気《き》づく。例 勉強《べんきょう》のおもしろさに目覚める。

めざわり【目障り】 名詞 形容動詞
❶物《もの》を見《み》るのにじゃまになること。また、そのもの。例 海岸沿《かいがんぞ》いに目障りな建物《たてもの》がある。
❷気《き》にかかってじゃまなこと。例 机《つくえ》の上《うえ》の目障りな物《もの》をかたづける。

めし【飯】 名詞
❶米《こめ》をたいたもの。ごはん。例 にぎり飯。
❷「食事《しょくじ》」の乱暴《らんぼう》な言《い》い方《かた》。例 朝《あさ》飯／飯のしたく。
漢 ↓1086ページ はん〔飯〕

めしあがる【召し上がる】 動詞 「食《た》べる」「飲《の》む」の尊敬《そんけい》した言《い》い方《かた》。例 どうぞ召し上がってください。

めしかかえる【召し抱える】 動詞 お金《かね》や品物《しなもの》をあたえて、家来《けらい》にする。例 王様《おうさま》は多《おお》くの兵士《へいし》を召し抱えていた。使い方 古《ふる》い言《い》い方《かた》。

めした【目下】 名詞 自分《じぶん》よりも地位《ちい》・身分《みぶん》・年齢《ねんれい》などが下《した》であること。また、その人《ひと》。対 目上《めうえ》。ことば 「もっか」と読《よ》むと別《べつ》の意味《いみ》。

めしつかい【召し使い】 名詞 家《いえ》のいろいろな仕事《しごと》をさせるためにやとっている人《ひと》。

めしびつ【飯びつ】 名詞 たき上《あ》がったごはんを移《うつ》して入《い》れておく入《い》れ物《もの》。おひつ。

めしべ【雌しべ】 名詞 花《はな》の中心《ちゅうしん》にあり、おしべの花粉《かふん》を受《う》けて実《み》ができるところ。対 雄《お》しべ。教科 理 あさがおのように、おしべとめしべが一《ひと》つの花《はな》につくものと、かぼちゃのように別々《べつべつ》の花《はな》につくものがある。図 ↓1068ページ はな〔花〕

メジャー （measure） 名詞
❶「物差《ものさ》し」や「巻《ま》き尺《じゃく》」のこと。
❷ものをはかる基準《きじゅん》となる、決《き》まった量《りょう》。例 メジャーカップ。

メジャー （major）
❶形容動詞 規模《きぼ》が大《おお》きかったり、有名《ゆうめい》だったりするようす。例 メジャーなスポーツ。対 マイナー。
❷名詞 音楽《おんがく》で、長調《ちょうちょう》。対 マイナー。

メジャーリーグ ↓786ページ だいリーグ

めじり【目尻】 名詞 目《め》の、耳《みみ》に近《ちか》いほうのはし。類 まなじり。対 目頭《めがしら》。図 ↓235ページ かお

●**目尻《めじり》を下《さ》げる** うれしそうな顔《かお》をする。

めじるし【目印】 名詞
❶見《み》ればすぐわかるようにつけたしるし。例 班長《はんちょう》は目印に赤《あか》いリボンをつける。
❷目当《めあ》て。目標《もくひょう》。例 図書館《としょかん》への道《みち》は、角《かど》の花屋《はなや》さんが目印になる。

めじろ【目白】 名詞 季語 夏 背中《せなか》が黄緑色《きみどりいろ》で目《め》のまわりが白《しろ》い小鳥《ことり》。虫《むし》を食《た》べ、花《はな》のみつを吸《す》う。鳴《な》き声《ごえ》が美《うつく》しい。すずめより少《すこ》し小《ちい》さい。図 ↓954ページ とり〔鳥〕

めじろおし【目白押し】 名詞 人《ひと》や物《もの》がたくさん集《あつ》まってこみ合《あ》っていること。例 観客《かんきゃく》が目白押しになる。ことば 「めじろ」という小鳥《ことり》が、木《き》の枝《えだ》に並《なら》んで止《と》まるようすからきたことば。

めす【雌】 名詞 動物《どうぶつ》のうち、子《こ》や卵《たまご》を産《う》むほう。人間《にんげん》でいえば女《おんな》に当《あ》たるほう。対 雄《おす》。

めす【召す】 動詞
❶「よび寄《よ》せる」「招《まね》く」などの尊敬《そんけい》した言《い》い方《かた》。例 殿様《とのさま》に召される。
❷「食《た》べる」「飲《の》む」「着《き》る」「乗《の》る」などの尊敬《そんけい》した言《い》い方《かた》。例 コートをお召しください。

メス （オランダ語） 名詞 手術《しゅじゅつ》などに使《つか》うナイフ。

●**メスを入《い》れる**
❶メスで切《き》り開《ひら》く。
❷問題《もんだい》となっていることを解決《かいけつ》するために、思《おも》いきった方法《ほうほう》をとる。例 古《ふる》くからのやり方《かた》にメスを入れて、よりよく変《か》えていく。

メスシリンダー （ドイツ語） 名詞 ガラスのつつに目盛《めも》りをつけたもの。液体《えきたい》の分量《ぶんりょう》を量《はか》る。

めずらしい【珍しい】 形容詞
❶めったにない。まれである。例 こんなに雪《ゆき》が積《つ》もったのは珍しい。
❷ふつうとは変《か》わっていて、新《あたら》しい感《かん》じがする。例 六角形《ろっかくけい》の切手《きって》とは珍しい。

メゾソプラノ ↓1306ページ メッゾソプラノ

メゾピアノ ↓1306ページ メッゾピアノ

メゾフォルテ ↓1306ページ メッゾフォルテ

めそめそ【と】 副詞 動詞 弱々《よわよわ》しく泣《な》くようす。例 めそめそしていないで元気《げんき》を出《だ》そう。

めだか【目高】 名詞 季語 夏 川《かわ》や池《いけ》など、真水《まみず》にすみ、群《む》れをつくって泳《およ》ぐ小魚《こざかな》。口《くち》が小《ちい》さくて目《め》が大《おお》きい。全長《ぜんちょう》三《さん》〜四《よん》センチメートル。

読書のこみち　高 中 低
『はじめてのキャンプ』林 明子《はやしあきこ》　「なほちゃんは　ちっちゃい　おんなのこです。」…とな
さけびました。自分《じぶん》の荷物《にもつ》をちゃんと持《も》つ、暗《くら》くなってもこわがらないと約束《やくそく》して、キャ

めだつ【目立っ】 動詞 とくにはっきりと見《み》える。目《め》につく。例 目立つ色《いろ》の服《ふく》。

めたて【目立て】 名詞 よく切《き》れなくなったのこぎりなどの歯《は》を、するどくすること。

メタボリックシンドローム（metabolic syndrome）名詞 内臓《ないぞう》のまわりにしぼうがたまり、さらに、血圧《けつあつ》が高《たか》くなったり、血液中《けつえきちゅう》の糖《とう》・しぼう・コレステロールなどが多《おお》くなったりしている状態《じょうたい》。「メタボリック症候群《しょうこうぐん》」ともいう。参考 ほうっておくと糖尿病《とうにょうびょう》や心臓《しんぞう》の病気《びょうき》などを引《ひ》き起《お》こす。

めだま【目玉】 名詞
❶目《め》の玉《たま》。眼球《がんきゅう》。
❷人目《ひとめ》を引《ひ》くためのもの。例 目玉商品《しょうひん》。
❸しかられること。例 お目玉を食《く》う。

●**目玉《めだま》が飛《と》び出《で》る** とてもおどろくことのたとえ。例 値段《ねだん》の高《たか》さに、目玉が飛び出そうになる。

めだまやき【目玉焼き】 名詞 卵《たまご》を割《わ》り、黄身《きみ》と白身《しろみ》を混《ま》ぜないで、フライパンなどで焼《や》いた料理《りょうり》。ことば 黄身《きみ》が目玉《めだま》のように見《み》えることからついた名《な》まえ。⇒804ジペー 外国語教室 たとえに使《つか》うことば

メダリスト（medalist）名詞 スポーツなどの競技会《きょうぎかい》でメダルをとった人《ひと》。例 オリンピックの金《きん》メダリスト。

メダル（medal）名詞 記念品《きねんひん》や賞品《しょうひん》としておくられる、小《ちい》さな金属《きんぞく》の板《いた》に絵《え》や文字《もじ》を刻《きざ》んだもの。円《まる》い形《かたち》をしているものが多《おお》い。

メタン ⇒1306ジペー メタンガス

メタンガス 名詞 天然《てんねん》ガスなどにふくまれている、色《いろ》もにおいもないガス。火《ひ》をつけると青《あお》いほのおを出《だ》して燃《も》える。ぬまの底《そこ》から出《で》るガスや、くさった動植物《どうしょくぶつ》から出《で》るガスにも混《ま》じっている。「メタン」ともいう。ことば ドイツ語《ご》をもとに日本《にほん》で作《つく》られたことば。

メタンハイドレート（methane hydrate）名詞 メタンと水《みず》が結《むす》びついてできている、氷《こおり》のような見《み》た目《め》の物質《ぶっしつ》。参考 火《ひ》を近《ちか》づけると燃《も》えるため、「燃《も》える氷《こおり》」とも呼《よ》ばれる。

めちゃくちゃ 名詞 形容動詞
❶きちんとしていたものが、乱雑《らんざつ》になったり、こわれたりしてしまうこと。例 犬《いぬ》がふみあらして、花壇《かだん》がめちゃくちゃになってしまった。
❷程度《ていど》をこえていること。例 めちゃくちゃに負《ま》けてしまった。
❸筋道《すじみち》が通《とお》らないこと。例 そんなめちゃくちゃな話《はなし》はだれも信《しん》じない。
使い方 くだけた言《い》い方《かた》。ことば「めちゃめちゃ」ともいう。

めちゃめちゃ ⇒1306ジペー めちゃくちゃ

メッカ 名詞
❶サウジアラビアの西部《せいぶ》にある都市《とし》。ムハンマド（＝マホメット）が生《う》まれた土地《とち》で、イスラム教《きょう》の最大《さいだい》の聖地《せいち》。「マッカ」ともいう。
❷あるものごとの中心地《ちゅうしんち》。また、あこがれの場所《ばしょ》。例 ミュージカルのメッカ、ブロードウェー。

めつき【目つき】 名詞 物《もの》を見《み》るときの目《め》のようす。例 するどい目つき。

めっき 名詞 動詞 さびを防《ふせ》いだり、美《うつく》しく見《み》せたりするために、金属《きんぞく》などの表面《ひょうめん》を金《きん》・銀《ぎん》・クロム・ニッケルなどのうすい膜《まく》でおおうこと。また、そのもの。

●**めっきが剥《は》げる** うわべをかざっていたものがとれて、ほんとうのすがたが現《あらわ》れる。例 えらそうなことを言《い》っていたが、だんだんめっきが剥げてきた。

めっきり【と】 副詞 急《きゅう》に目立《めだ》って変《か》わるようす。きわだって。例 めっきり春《はる》らしくなった。

メッセージ（message）名詞
❶知《し》らせ。伝言《でんごん》。例 メッセージを残《のこ》す。
❷あいさつのことばや、多《おお》くの人々《ひとびと》に向《む》けて発表《はっぴょう》する意見《いけん》。声明文《せいめいぶん》。

めっそうもない【滅相もない】 とんでもない。そんなことがあってはならない。例 わたしが主役《しゅやく》をするなんてめっそうもない。使い方 ふつうかな書《が》きにする。

メッゾソプラノ（イタリア語）名詞 歌《うた》を歌《うた》うときの声《こえ》の種類《しゅるい》で、ソプラノの次《つぎ》に高《たか》い女性《じょせい》の声《こえ》の範囲《はんい》。また、その声《こえ》で歌《うた》う人《ひと》。「メゾソプラノ」ともいう。関連 ソプラノ。アルト。

メッゾピアノ（イタリア語）名詞 音楽《おんがく》で、演奏《えんそう》する強《つよ》さを表《あらわ》すことば。「やや弱《よわ》く」という意味《いみ》。「メゾピアノ」ともいう。対 メッゾフォルテ。図 ⇒357ジペー きょうじゃくきごう

メッゾフォルテ（イタリア語）名詞 音楽《おんがく》で、演奏《えんそう》する強《つよ》さを表《あらわ》すことば。「やや強《つよ》く」という意味《いみ》。「メゾフォルテ」ともいう。対 メッゾ

ピアノ。図⇩357ジペーきょうじゃくきごう

めった 形容動詞 よく考《かんが》えていないようす。いいかげんなようす。むやみ。やたら。例 めったなことは言《い》えない。

めったうち【めった打ち】 名詞 動詞 めちゃくちゃに打《う》つこと。やたらに打《う》つこと。

めったに 副詞 ほとんど。あまり。例 遠《とお》くに住《す》むいとこ とはめったに会《あ》えない。使い方 あとに「ない」などのことばがくる。

めつぼう【滅亡】 名詞 動詞 ほろびて、なくなってしまうこと。例 王国《おうこく》が滅亡した。

めっぽう【滅法】 副詞 とても。非常《ひじょう》に。例 この花《はな》は寒《さむ》さにめっぽう強《つよ》い。使い方 ふつうかな書《が》きにする。

メディア (media) 名詞 情報《じょうほう》を伝《つた》えるときに仲立《なかだ》ちとなるもの。とくに、新聞《しんぶん》・テレビ・雑誌《ざっし》・ラジオ・インターネットなどのこと。例 マスメディア。類 媒体《ばいたい》。

メディアリテラシー (media literacy) 名詞 メディアを使《つか》いこなす力《ちから》。テレビや新聞《しんぶん》などのメディアからの情報《じょうほう》をそのまま受《う》け入《い》れるのではなく、自分自身《じぶんじしん》の考《かんが》えをもとに読《よ》み解《と》く力《ちから》。

めでたい 形容詞 ❶祝《いわ》う値打《ねう》ちがある。喜《よろこ》ばしい。例 今日《きょう》はめでたい日《ひ》なのでお赤飯《せきはん》をたいた。❷(ふつう「おめでたい」の形《かたち》で)人《ひと》がよすぎて間《ま》がぬけている。例 おめでたい人《ひと》だ。

めでる 動詞 かわいがる。また、美《うつく》しいものなどを味《あじ》わって楽《たの》しむ。例 庭《にわ》の花《はな》をめでる。

めど 名詞 針《はり》の、糸《いと》を通《とお》す穴《あな》。

めど 名詞 だいたいの見《み》こみ。見当《けんとう》。目当《めあ》て。例 開店《かいてん》がいつになるか、まだめどが立《た》たない。

めとる 動詞 妻《つま》としてむかえる。妻《つま》にする。使い方 古《ふる》い言《い》い方《かた》。

メドレー (medley) 名詞 ❶いくつかの曲《きょく》を続《つづ》けて演奏《えんそう》すること。❷「メドレーリレー」の略《りゃく》。

メドレーリレー (medley relay) 名詞 水泳《すいえい》や陸上競技《りくじょうきょうぎ》のリレーで、チームの四人《よにん》の選手《せんしゅ》それぞれの泳《およ》ぎ方《かた》や走《はし》るきょりがちがうもの。

メトロ (フランス語) 名詞「地下鉄《ちかてつ》」のこと。

メトロノーム (ドイツ語) 名詞 音楽《おんがく》で、速《はや》さを正《ただ》しく一定《いってい》に示《しめ》す器械《きかい》。演奏《えんそう》する曲《きょく》の実際《じっさい》の速《はや》さを調《しら》べたり、確《たし》かめたりできる。

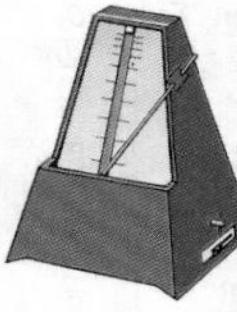
メトロノーム

メニュー (menu) 名詞 料理《りょうり》の献立《こんだて》。また、献《こん》立表《だてひょう》。例 食堂《しょくどう》のメニューを見《み》る。

メヌエット (ドイツ語) 名詞 四分《よんぶん》の三拍子《さんびょうし》のゆったりしたおどりの曲《きょく》。十七世紀《じゅうななせいき》ごろにフランスで起《お》こった。

めぬきどおり【目抜き通り】 名詞 町《まち》の中《なか》などの、いちばんにぎやかで目立《めだ》つ大通《おおどお》り。

めのう 名詞 赤《あか》・緑《みどり》・白《しろ》などの美《うつく》しいしま模様《もよう》のある石《いし》。装飾品《そうしょくひん》や彫刻《ちょうこく》の材料《ざいりょう》などに使《つか》われる。

めのかたき【目の敵】 名詞 何《なに》かにつけて、ひどくにくらしく思《おも》う相手《あいて》。例 目の敵にする。

めのどく【目の毒】 名詞 見《み》るとほしくなるもの。また、見《み》ると悪《わる》いえいきょうがあるので見《み》ないほうがよいもの。例 このお店《みせ》はぼくのおこづかいでは買《か》えないものばかりで目の毒だ。

めのまえ【目の前】 名詞 ❶見《み》ているすぐ前《まえ》。すぐ近《ちか》く。例 バスが目の前を走《はし》り去《さ》っていった。❷たいへん近《ちか》い将来《しょうらい》。例 卒業式《そつぎょうしき》はもう目の前だ。類 目前《もくぜん》。

●**目《め》の前《まえ》が暗《くら》くなる** 希望《きぼう》がなくなり、がっかりしてどうしたらよいかわからなくなる。「目《め》の前《まえ》が真《ま》っ暗《くら》になる」ともいう。例 落選《らくせん》と知《し》って目の前が暗くなった。

めばえ【芽生え】 名詞 ❶草木《くさき》の芽《め》が出《で》ること。また、その芽《め》。❷ものごとの始《はじ》まり。例 友情《ゆうじょう》の芽生え。

めばえる【芽生える】 動詞 ❶芽《め》が出《で》る。例 草木《くさき》が芽生える。❷ものごとが起《お》こり始《はじ》める。例 友情《ゆうじょう》が芽生える。

めはしがきく【目端が利く】 そのときのようすに応《おう》じて、すばやい判断《はんだん》ができる。例 かれは目端が利く男《おとこ》だ。

めはな【目鼻】 名詞 目《め》と鼻《はな》。また、顔立《かおだ》ち。

●**目鼻《めはな》が付《つ》く** ものごとのだいたいの見通《みとお》しがつく。例 パーティーの準備《じゅんび》に目鼻が付いた。

めばな【雌花】 名詞 めしべだけあって、おしべのない花《はな》。おばなの花粉《かふん》がつくと、実《み》ができる。対 雄花《おばな》。教科 理 松《まつ》・へちまなどは、一本《いっぽん》に

雄花《おばな》と雌花《めばな》をつけるが、いちょうのように別々《べつべつ》の木《き》につけるものもある。

めはなだち【目鼻立ち】 名詞 目《め》や鼻《はな》のようす。顔立《かおだ》ち。例 目鼻立ちのよい人《ひと》。類 器量《きりょう》。

めばり【目張り】 名詞 動詞 すきまやつなぎ目《め》に、紙《かみ》などをはること。例 窓《まど》を目張りする。

メビウスのわ【メビウスの輪】 名詞 紙《かみ》テープなどを一回《いっかい》ひねって、両端《りょうはし》をはり合《あ》わせたときにできる輪《わ》。「メビウスの帯《おび》」ともいう。

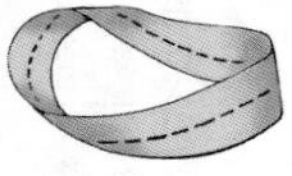

メビウスのわ

教科 算 このテープ上《じょう》に一本《いっぽん》の線《せん》を引《ひ》くと両方《りょうほう》の面《めん》に線《せん》が引《ひ》かれてもとにもどり、テープの表《おもて》と裏《うら》の区別《くべつ》ができない。ことば ドイツの数学者《すうがくしゃ》メビウスが発見《はっけん》したことからついた名《な》まえ。

めぶく【芽吹く】 動詞 季語 春 草《くさ》や木《き》が芽《め》を出《だ》す。

めぶんりょう【目分量】 名詞 はかりや物差《ものさ》しを使《つか》わず、目《め》で見《み》て量《はか》っただいたいの分量《ぶんりょう》。例 目分量で味《あじ》つけをする。

めべり【目減り】 名詞 動詞 ❶品物《しなもの》をとりあつかっているうちに、こぼれたり蒸発《じょうはつ》したりして、もとの分量《ぶんりょう》より減《へ》ること。❷お金《かね》などの値打《ねう》ちが下《さ》がること。

めぼし【目星】 名詞 おおよその見当《けんとう》。目当《めあ》て。
● **目星《めぼし》を付《つ》ける** だいたいの見当《けんとう》をつける。例 犯人《はんにん》の目星を付ける。

めぼしい 形容詞 値打《ねう》ちがありそうで、とくに目《め》立《だ》っているようす。例 めぼしい品物《しなもの》はみんな売《う》れてしまった。

めまい 名詞 目《め》が回《まわ》るような感《かん》じがすること。例 いそがしくてめまいがしそうだ。

めまぐるしい【目まぐるしい】 形容詞 目《め》の前《まえ》のものが次々《つぎつぎ》と移《うつ》り変《か》わって、目《め》が回《まわ》るような感《かん》じである。例 目まぐるしい人《ひと》の流《なが》れ。

めめしい【女女しい】 形容詞 いくじがない。弱々《よわよわ》しい。例 女々しい言《い》い分《ぶん》。対 雄雄《おお》しい。

メモ（memo） 名詞 動詞 あとで忘《わす》れないように書《か》き留《と》めておくこと。また、その書《か》いたもの。覚《おぼ》えがき。

めもと【目元】 名詞 目《め》の辺《あた》り。目《め》のようす。例 目元にえみをうかべる／目元のすずしい（＝目《め》から受《う》ける感《かん》じがすがすがしい）青年《せいねん》。

めもり【目盛り】 名詞 物差《ものさ》し・はかり・温度《おんど》計《けい》などの、長《なが》さ・重《おも》さ・温度《おんど》などを示《しめ》すしるし。

メモリー（memory） 名詞 ❶思《おも》い出《で》。記憶《きおく》。記念《きねん》。❷コンピューターの記憶装置《きおくそうち》。

メモリーカード（memory card） 名詞 コンピューターやデジタルカメラなどの記憶装置《きおくそうち》として使《つか》う、小《ちい》さなカード。

めやす【目安】 名詞 だいたいの見当《けんとう》。目当《めあ》て。例 いつまでに完成《かんせい》するか、目安を立《た》てる。

めやに【目やに】 名詞 目《め》から出《で》る液《えき》が固《かた》まり、目《め》のはしにたまったもの。目《め》くそ。

メラニン（melanin） 名詞 動物《どうぶつ》の皮膚《ひふ》や毛《け》などにある、黒《くろ》や茶色《ちゃいろ》の色素《しきそ》。

めらめら[と] 副詞 勢《いきお》いよく燃《も》えるようす。例 火《ひ》がめらめらと燃《も》え上《あ》がる。

メリーゴーランド（merry-go-round） 名詞 遊園地《ゆうえんち》などにある乗《の》り物《もの》。木馬《もくば》などをとりつけた円形《えんけい》のゆかを回転《かいてん》させる。回転木馬《かいてんもくば》。

メリケンこ【メリケン粉】 名詞 「小麦粉《こむぎこ》」の古《ふる》い言《い》い方《かた》。ことば 「メリケン」は「アメリカの」という意味《いみ》の「アメリカン」がなまったもの。小麦粉《こむぎこ》が、初《はじ》めアメリカから輸入《ゆにゅう》されたことからきた呼《よ》び名《な》。

めりこむ【めり込む】 動詞 深《ふか》く入《はい》りこむ。例 どろの中《なか》に足《あし》がめり込む。

メリット（merit） 名詞 そうすることによって得《え》られるよい点《てん》や、すぐれた点《てん》。例 自動車《じどうしゃ》でなく電車《でんしゃ》を使《つか》うメリットは、渋滞《じゅうたい》がないということだ。対 デメリット。

めりはり【めり張り】 名詞 ゆるめることと、張《は》ること。とくに、せりふや声《こえ》の高低《こうてい》や強弱《きょうじゃく》などの変化《へんか》。例 めり張りをつけた生活《せいかつ》／めり張りのある声《こえ》で歌《うた》う。

メリヤス（スペイン語） 名詞 もめん糸《いと》や毛糸《けいと》を機械《きかい》で編《あ》んだ、のび縮《ちぢ》みのきく布地《ぬのじ》。例 メリヤスのシャツ。ことば もとは「靴下《くつした》」という意味《いみ》。

メルヘン（ドイツ語） 名詞 おとぎ話《ばなし》。童話《どうわ》。

メロディー（melody） 名詞 音楽《おんがく》の節《ふし》。高《たか》さや長《なが》さのちがう音《おと》を組《く》み合《あ》わせてつくる、音《おと》の流《なが》れ。旋律《せんりつ》。例 かろやかなメロディー。

メロドラマ（melodrama） 名詞 感傷的《かんしょうてき》な恋愛《れんあい》をテーマにした劇《げき》や映画《えいが》。

が暮《く》らしていました。秋先《しゅうせん》は花《はな》が大好《だいす》きで、見事《みごと》な花《はな》のさく庭《にわ》を持《も》っていました。しかしある日《ひ》、都《みやこ》の役人《やくにん》のいると、花《はな》をもとにもどせるという美《うつく》しいむすめが現《あらわ》れました。幻想的《げんそうてき》な風景《ふうけい》が目《め》にうかぶ、中国《ちゅうごく》の昔話《むかしばなし》です。

メロン（melon）名詞 季語 夏 うりのなかまの植物《しょくぶつ》の一《ひと》つ。ふつう実《み》はあまく、香《かお》りがよい。

メロン

めん【面】 名詞 ❶顔《かお》の形《かたち》に似《に》せて作《つく》ったもの。おめん。❷剣道《けんどう》で、顔《かお》や頭《あたま》を守《まも》るためのかぶりもの。また、その部分《ぶぶん》を打《う》つ技《わざ》。例 面で一本《いっぽん》取《と》る。❸点《てん》や線《せん》に対《たい》して、広《ひろ》がりを持《も》ったもの。平《へい》面《めん》。❹方面《ほうめん》。部分《ぶぶん》。例 いい面もあるが、悪《わる》い面もある。

●**面《めん》と向《む》かう** 直接《ちょくせつ》相手《あいて》と向《む》き合《あ》う。例 面と向かってはっきりと意見《いけん》を述《の》べる。

漢 ↓1309ジペー めん〔面〕

漢 **めん【面】**〔面《めん》〕9画 3年 音 メン 訓 おも・おもて・つら

一 ア ア 丙 而 而 而 面 面（よこぼうは二ほん）

❶人《ひと》のかお。例 面影《おもかげ》／面長《おもなが》／面前《めんぜん》／顔面《がんめん》／赤《せき》面《めん》／洗面《せんめん》。❷かおをあわせる。むきあう。例 面会《めんかい》／面接《めんせつ》／対面《たいめん》。❸むき。むいている方向《ほうこう》。例 正面《しょうめん》／前面《ぜんめん》／方面《ほうめん》。❹おめん。例 仮面《かめん》／能《のう》面《めん》。❺もののおもて。例 月面《げつめん》／紙面《しめん》／水面《すいめん》／表面《ひょうめん》。❻ひらたいもの。例 書面《しょめん》／帳面《ちょうめん》。❼数学《すうがく》で、長《なが》さと広《ひろ》さがあって、厚《あつ》さのないもの。例 面積《めんせき》／平面《へいめん》。

めん【綿】 名詞「もめん」のこと。例 綿のくつ下《した》／綿のシャツ。

漢 **めん【綿】**〔糸《いとへん》〕14画 5年 音 メン 訓 わた

く 幺 糸 糸' 糸' 約 綿 綿 綿（はねる）

❶わた。例 綿糸《めんし》／綿布《めんぷ》／木綿《もめん》。❷ながくつづく。例 連綿《れんめん》。❸こまかくくわしい。例 綿密《めんみつ》。

めん【麺】 名詞 小麦粉《こむぎこ》やそば粉《こ》などからつくる、細長《ほそなが》い食《た》べ物《もの》。うどん・そば・ラーメン・スパゲッティなどがある。

めんえき【免疫】 名詞 一度《いちど》ある病気《びょうき》にかかったり、ワクチンを注射《ちゅうしゃ》したりすると、その病《びょう》気《き》にかからないか、かかりにくくなること。

めんおりもの【綿織物】 名詞 もめん糸《いと》で織《お》った織物《おりもの》。

めんか【綿花】 名詞 綿《わた》（＝植物《しょくぶつ》の一《ひと》つ）の種《たね》を包《つつ》んでいる、白《しろ》い毛《け》のようなもの。より合《あ》わせて糸《いと》にしたり、布団《ふとん》などに入《い》れたりする。

めんかい【面会】 名詞 動詞 人《ひと》に会《あ》うこと。例 面会時間《じかん》／市長《しちょう》に面会する。

めんかいしゃぜつ【面会謝絶】 名詞 入院《にゅういん》中《ちゅう》や仕事《しごと》中《ちゅう》などに、人《ひと》に会《あ》うのを断《ことわ》ること。例 絶対安静《ぜったいあんせい》で、面会謝絶だ。

めんきょ【免許】 名詞 動詞 ❶あることを行《おこな》うのを、役所《やくしょ》などが許《ゆる》すこと。例 運転《うんてん》免許。❷先生《せんせい》が、弟子《でし》にわざや芸《げい》の大事《だいじ》なことを全部《ぜんぶ》教《おし》えること。また、そのしるしとしてあたえる資格《しかく》。例 生《い》け花《ばな》の免許。

めんくらう【面食らう】 動詞 突然《とつぜん》のことに出《で》あってあわてる。例 いきなり名前《なまえ》を呼《よ》ばれて面食らった。

めんこ【面子】 名詞 丸《まる》や四角《しかく》の厚紙《あつがみ》の札《ふだ》に絵《え》をかいたおもちゃ。地面《じめん》にたたきつけて、ほかの札《ふだ》を裏返《うらがえ》すなどして遊《あそ》ぶ。

めんし【綿糸】 名詞 綿花《めんか》をより合《あ》わせてつくった糸《いと》。もめん糸《いと》。

めんしき【面識】 名詞 会《あ》ったことがあり、おたがいに顔《かお》を知《し》っていること。例 その人《ひと》とは面識がない。

めんじょ【免除】 名詞 動詞 ふつうはしなければならないことを、しなくてもよいと特別《とくべつ》に許《ゆる》すこと。例 授業料《じゅぎょうりょう》の免除を受《う》ける。

めんじょう【免状】 名詞 ❶免許《めんきょ》をあたえたというしるしの書《か》き物《もの》。❷「卒業証書《そつぎょうしょうしょ》」のこと。

めんしょく【免職】 名詞 動詞 仕事《しごと》や役目《やくめ》をやめさせること。例 免職処分《しょぶん》。類 解任《かいにん》。罷免《ひめん》。

めんじる【免じる】 動詞 ❶しなければならないことをしなくてもよいことにする。許《ゆる》す。例 税金《ぜいきん》を免じる。❷勤《つと》めをやめさせる。例 職《しょく》を免じる。❸（「…に免《めん》じて」の形《かたち》で、全体《ぜんたい》で）…の価値《かち》や手《て》がらを考《かんが》えて、特別《とくべつ》に。例 きみの日《ひ》ごろの行《おこな》いに免じて許《ゆる》してあげよう。

ことば「免《めん》ずる」ともいう。

メンス ↓422ジペー げっけい

めんする【面する】 動詞

読書のこみち 高 中 低 『花仙人《はなせんにん》』松岡享子《まつおかきょうこ》 今《いま》から1000年近《ねんちか》い昔《むかし》、長楽村《ちょうらくそん》という小《ち》さな村《むら》に秋先《しゅうせん》という老人《ろうじん》息子《むすこ》が無理《むり》やり庭《にわ》におし入《い》って、花《はな》をみなへし折《お》ってしまったのです。秋先《しゅうせん》が悲《かな》しんで

めんずる ❶向《む》く。向《む》かい合《あ》う。例 庭《にわ》に面した部屋《へや》。❷ある状態《じょうたい》や事件《じけん》などにぶつかる。直面《ちょくめん》する。例 危機《きき》に面する。

めんずる【免ずる】↓1309ジペーめんじる

めんぜい【免税】 名詞 動詞 税金《ぜいきん》をかけないこと。例 免税品《ひん》／空港《くうこう》の免税店《てん》。

めんせいひん【綿製品】 名詞 もめんでつくられた品物《しなもの》。

めんせき【面積】 名詞 平面《へいめん》や曲面《きょくめん》の広《ひろ》さ。

めんせつ【面接】 名詞 動詞 その人《ひと》の人《ひと》がらや考《かんが》えなどを知《し》るために、本人《ほんにん》に直接《ちょくせつ》会《あ》うこと。例 面接試験《しけん》。

めんぜん【面前】 名詞 目《め》の前《まえ》。見《み》ている前《まえ》。例 公衆《こうしゅう》の面前に出《で》る。

めんだん【面談】 名詞 動詞 その人《ひと》に直接《ちょくせつ》会《あ》って話《はな》すこと。例 先生《せんせい》と面談する。

メンツ（中国語）名詞 世間《せけん》に対《たい》してのほこり。面目《めんぼく》。例 メンツがつぶれる／メンツにかかわる。

メンデル 名詞（一八二二～一八八四）オーストリアの植物学者《しょくぶつがくしゃ》・神父《しんぷ》。えんどう豆《まめ》を育《そだ》てて遺《い》伝《でん》の実験《じっけん》を行《おこな》い、「メンデルの法則《ほうそく》」という遺《い》伝《でん》の法則《ほうそく》を発見《はっけん》した。遺伝学《いでんがく》のもとを開《ひら》いた。

メンデルスゾーン 名詞（一八〇九～一八四七）ドイツの作曲家《さっきょくか》。「真夏《まなつ》の夜《よ》の夢《ゆめ》」「バイオリン協奏曲《きょうそうきょく》ホ短調《たんちょう》」などが有名《ゆうめい》。

めんどう【面倒】 名詞 形容動詞 手間《てま》がかかってやっかいなこと。例 面倒な仕事《しごと》。

●**面倒《めんどう》を見《み》る** 世話《せわ》をする。例 両親《りょうしん》が留守《るす》のときは、わたしが小《ちい》さな妹《いもうと》の面倒を見る。

めんどうくさい【面倒臭い】 形容詞 手間《てま》がかかってやっかいなようす。とてもめんどうなようす。例 全部《ぜんぶ》やり直《なお》すのは面倒臭い。

めんどり 名詞 めすの鳥《とり》。とくに、めすのにわとり。対 おんどり。

メンバー（member）名詞 団体《だんたい》・会《かい》・チームなどをつくっている人《ひと》。仲間《なかま》。

めんぷ【綿布】 名詞 綿糸《めんし》で織《お》った布《ぬの》。綿織物《めんおりもの》。

めんぼう【綿棒】 名詞 細《ほそ》い棒《ぼう》の先《さき》に、脱脂綿《だっしめん》を巻《ま》きつけたもの。耳《みみ》や鼻《はな》の治療《ちりょう》や掃除《そうじ》のときなどに使《つか》う。

めんぼく【面目】 名詞 ❶世間《せけん》に対《たい》する名誉《めいよ》。世間《せけん》に見《み》せる顔《かお》。例 一回戦《いっかいせん》で負《ま》けるなんて面目が立《た》たない。類 体面《たいめん》。❷すがた。ようす。例 面目を一新《いっしん》する。
ことば「めんもく」ともいう。

めんぼくない【面目ない】 形容詞 人前《ひとまえ》に顔《かお》を出《だ》せないほど、はずかしい。例 期待《きたい》を裏切《うらぎ》ってしまって面目ない。

めんみつ【綿密】 形容動詞 細《こま》かいところまで注《ちゅう》意《い》が行《い》き届《とど》き、とてもきちんとしているようす。例 綿密な計画《けいかく》。類 緻密《ちみつ》。

めんめん【面面】 名詞 団体《だんたい》や仲間《なかま》の、ひとりひとり。例 同《おな》じクラスの面々が集《あつ》まった。

めんもく【面目】↓1310ジペーめんぼく

めんよう【綿羊】↓1111ジペーひつじ〔羊〕

めんるい【麺類】 名詞 小麦粉《こむぎこ》やそば粉《こ》などを水《みず》で練《ね》ってのばし、細長《ほそなが》く切《き》った食《た》べ物《もの》。うどん・そば・スパゲッティなど。

も

モ

下《した》の 手話にチャレンジ を見《み》よう。

も 名詞 おもて。表面《ひょうめん》。例 みなも（＝水《みず》の表《ひょう》面《めん》）。ことば 漢字《かんじ》では「面」と書《か》く。

も 助詞（ほかのことばのあとにつけて）❶ものごとをつけ加《くわ》え、それもほかのものと同《おな》じだということを表《あらわ》す。例 母《はは》が行《い》くならわたしも行《い》きます。❷並《なら》べていうときに使《つか》うことば。例 海《うみ》も山《やま》も見《み》える。❸意味《いみ》を強《つよ》めるときに使《つか》うことば。例 一週間《いっしゅうかん》に五冊《ごさつ》も読《よ》んだ／難《むずか》しくて一問《いちもん》も解《と》けない。❹…でも。…でさえ。例 大人《おとな》も失敗《しっぱい》することがある。❺…ても。…とも。例 おそくも昼《ひる》までには行《い》きます。❻「全然《ぜんぜん》」「まったく」の意味《いみ》を表《あらわ》す。例 だれもいない。❼だいたいの数量《すうりょう》を表《あらわ》す。例 一時間《いちじかん》もあれば終《お》わる／千円《せんえん》もあればじゅうぶんだ。
使い方 ❻は、あとに「ない」などのことばがくる。

も【喪】 名詞 人《ひと》が死《し》んだあと、その家族《かぞく》や親類《しんるい》が、決《き》まった期間《きかん》、祝《いわ》いごとやつきあいをひかえて静《しず》かに暮《く》らすこと。例 喪服《ふく》／喪に服《ふく》する。

「家《いえ》を持《も》つ」のように手《て》で持《も》てないものにも使《つか》う。かばんや箱《はこ》などは持《も》つまねで表《あらわ》す。

漢 **も【模】**〔木《きへん》〕14画 6年 音 モ・ボ 訓

よこぼうをわすれないように

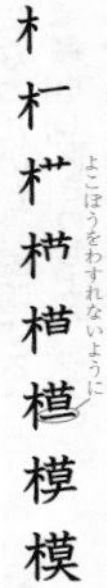

❶手本《てほん》。ひながた。例 模型《もけい》／模範《もはん》。❷かたどる。まねる。例 模写《もしゃ》／模造《もぞう》。❸かたち。ありさま。例 模様《もよう》／規模《きぼ》。❹さぐる。例 模索《もさく》。

も【藻】 名詞 水《みず》の中《なか》で育《そだ》つ簡単《かんたん》なつくりの植《しょく》物《ぶつ》。

もう 副詞 ❶すでに。はやくも。例 もう八時《はちじ》になった。❷さらに。このうえに。これ以上《いじょう》は。例 もう一《ひと》つ食《た》べてみる／もう何《なに》もいりません。❸間《ま》もなく。やがて。例 もう母《はは》が帰《かえ》るころだ。

もう【亡】 漢 ⇩1203ジベー ぼう〔亡〕

漢 **もう【毛】**〔毛《け》〕4画 2年 音 モウ 訓 け

みぎからはらう　上へはねる

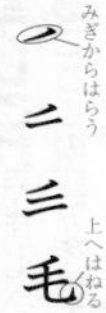

❶け。例 毛糸《けいと》／毛皮《けがわ》／毛筆《もうひつ》／毛布《もうふ》／羽毛《うもう》／純《じゅん》毛《もう》／羊毛《ようもう》。❷作物《さくもつ》が育《そだ》つ。例 二毛作《にもうさく》／不毛《ふもう》。❸ほそい。すこし。例 毛頭《もうとう》。

もう【望】 漢 ⇩1203ジベー ぼう〔望〕

もうい【猛威】 名詞 激《はげ》しくて、ものすごい勢《いきお》い。例 台風《たいふう》が猛威をふるう。

もうか【猛火】 名詞 激《はげ》しく燃《も》え上《あ》がる火《ひ》。とくに、大火事《おおかじ》のこと。例 猛火に包《つつ》まれる。

もうがっこう【盲学校】 名詞 目《め》の不自由《ふじゆう》な人《ひと》のための学校《がっこう》。現在《げんざい》は「特別支援学校《とくべつしえんがっこう》」という。

もうかる 動詞 得《とく》になる。利益《りえき》を手《て》に入《い》れる。例 品物《しなもの》が高《たか》く売《う》れてもうかった。

もうけ 名詞 仕事《しごと》や商売《しょうばい》をして、得《とく》になったお金《かね》。利益《りえき》。例 もうけが少《すく》ない。

もうける 動詞 ❶得《とく》をする。利益《りえき》を手《て》に入《い》れる。例 働《はたら》いてもうけたお金《かね》。❷子供《こども》を得《え》る。例 一男一女《いちなんいちじょ》をもうける。

使い方 ❷は、古《ふる》い言《い》い方《かた》。

もうける【設ける】 動詞 ❶用意《ようい》する。例 話《はな》し合《あ》いの場《ば》を設ける。❷つくる。こしらえる。例 学級文庫《がっきゅうぶんこ》を設ける。

漢 ⇩723ジベー せつ〔設〕

もうけん【猛犬】 名詞 強《つよ》くて、あらあらしい性質《せいしつ》の犬《いぬ》。例 猛犬に注《ちゅう》意《い》。

もうこ【蒙古】 ⇩1328ジベー モンゴルこく

もうこうねん【孟浩然】 名詞 （六八九～七四〇）中国《ちゅうごく》の唐《とう》の時代《じだい》の詩人《しじん》。自然《しぜん》を題材《だいざい》にしたすぐれた詩《し》を書《か》いた。

もうこしゅうらいえことば【蒙古襲来絵詞】 名詞 鎌倉時代《かまくらじだい》の絵巻物《えまきもの》。肥後《ひご》の国《くに》（＝今《いま》の熊本県《くまもとけん》）の竹崎季長《たけざきすえなが》が、元《げん》（＝今《いま》の中国《ちゅうごく》）が二度《にど》にわたってせめてきたときの戦《たたか》いのようすをえがかせたもの。

もうさいけっかん【毛細血管】 名詞 体《からだ》じゅうにあみの目《め》のように広《ひろ》がっている、非常《ひじょう》に細《ほそ》い血管《けっかん》。血液《けつえき》はこの血管《けっかん》を通《とお》って体《からだ》じゅうに栄養《えいよう》と酸素《さんそ》を運《はこ》ぶ。

もうし【孟子】 名詞 （紀元前《きげんぜん》三七二～紀元前《きげんぜん》二八九）中国《ちゅうごく》の戦国時代《せんごくじだい》の思想家《しそうか》。孔子《こうし》の教《おし》えを受《う》けついで儒教《じゅきょう》の考《かんが》えを広《ひろ》めた。

もうしあげる【申し上げる】 動詞 ❶「言《い》う」のへりくだった言《い》い方《かた》。例 あつくお礼《れい》を申し上げます。❷（ほかのことばのあとにつけて）「…する」のへりくだった言《い》い方《かた》。いたします。例 お願《ねが》い申し上げます。

使い方 「申《もう》す」より、へりくだる気《き》持《も》ちが強《つよ》い言《い》い方《かた》。

もうしあわせ【申し合わせ】 名詞 話《はな》し合《あ》って決《き》めること。また、その取《と》り決《き》め。例 議《ぎ》長《ちょう》の任期《にんき》は、申し合わせにより一年《いちねん》とする。

もうしあわせる【申し合わせる】 動詞 話《はな》し合《あ》って決《き》める。約束《やくそく》する。例 みんな申し合わせたように、同《おな》じ色《いろ》の服《ふく》を着《き》ている。

もうしいれ【申し入れ】 名詞 申《もう》し入《い》れること。また、その内容《ないよう》。例 通学路《つうがくろ》にガードレールを設置《せっち》してほしいと、役所《やくしょ》に申し入れをする。

もうしいれる【申し入れる】 動詞 自分《じぶん》の考《かんが》えや意見《いけん》を、進《すす》んで相手《あいて》に伝《つた》える。例 クラブの規則《きそく》を変《か》えるように申し入れる。

もうしおくる【申し送る】 動詞 ❶相手《あいて》に伝《つた》える。例 希望《きぼう》を手紙《てがみ》で申し送る。❷仕事《しごと》を交代《こうたい》するときなどに、次《つぎ》の人《ひと》に大事《だいじ》なことを伝《つた》える。例 次《つぎ》の当番《とうばん》の人《ひと》に注《ちゅう》意《い》点《てん》を申し送る。

もうしかねる【申しかねる】 動詞 「言《い》いにくい」「言《い》うことができない」のへりくだった

手話にチャレンジ　**持《も》つ**　手《て》のひらを開《ひら》いて上《うえ》に向《む》けた右手《みぎて》を、荷物《にもつ》を持《も》ち上《あ》げるように上《うえ》に上《あ》げながらにぎる。

言《い》い方《かた》。例 その問題《もんだい》について、私《わたくし》からは申しかねます。

もうしご【申し子】 名詞 ❶神《かみ》や仏《ほとけ》にいのってさずかった子供《こども》。❷ある時代《じだい》や社会《しゃかい》などの特徴《とくちょう》を反映《はんえい》して生《う》まれたもの。例 デジタルカメラは、デジタル時《じ》代《だい》の申し子だ。

もうしこみ【申し込み】 名詞 申《もう》しこむこと。使い方「申込書《もうしこみしょ》」などの場合《ばあい》には、送《おく》りがなをつけない。例 大会参加《たいかいさんか》の申し込みをする。

もうしこむ【申し込む】 動詞 ❶こちらの望《のぞ》みを相手《あいて》に伝《つた》える。例 他校《たこう》のチームに試合《しあい》を申し込む／結婚《けっこん》を申し込む。❷募《ぼ》集《しゅう》に応《おう》じる。応募《おうぼ》する。例 旅行《りょこう》への参加《さんか》を申し込む。

もうしたてる【申し立てる】 動詞 目上《めうえ》の人《ひと》や役所《やくしょ》などに、自分《じぶん》の意見《いけん》を強《つよ》く言《い》う。例 審判《しんぱん》の判定《はんてい》に、異議《いぎ》を申し立てる。

もうしつける【申し付ける】 動詞 目上《めうえ》の人《ひと》が目下《めした》の人《ひと》に言《い》いつける。命令《めいれい》する。例 ご用《よう》がありましたら、お申し付けください。

もうしでる【申し出る】 動詞 自分《じぶん》から進《すす》んで、意見《いけん》や希望《きぼう》などを言《い》う。例「わたしも参加《さんか》したい。」と申し出た。

もうしひらき【申し開き】 名詞 なぜそのようになったのか、説明《せつめい》すること。言《い》い訳《わけ》。弁《べん》解《かい》。例 申し開きのしようがない。

もうしぶんがない【申し分がない】 不満《ふまん》を言《い》いたい点《てん》がない。よくないところがなく、すばらしい。例 申し分がないできばえ。

もうじゃ【亡者】 名詞 ❶死《し》んだ人《ひと》。❷何《なに》かにとりつかれたように、欲《よく》がとても強《つよ》い人《ひと》。例 金《かね》の亡者。

もうじゅう【盲従】 名詞 動詞 よいか悪《わる》いかも考《かんが》えないで、人《ひと》の言《い》うことにそのまま従《したが》うこと。例 人《ひと》の意見《いけん》に盲従したくない。

もうじゅう【猛獣】 名詞 性質《せいしつ》があらあらしく、ほかの動物《どうぶつ》をおそって食《た》べる動物《どうぶつ》。ライオン・とら・ひょうなど。

もうしょ【猛暑】 名詞 ものすごい暑《あつ》さ。

もうしわけ【申し訳】 名詞 ❶言《い》い訳《わけ》。弁解《べんかい》。例 遅刻《ちこく》して申し訳がない。❷じゅうぶんではなく、形《かたち》だけのこと。例 申し訳程《てい》度《ど》の勉強《べんきょう》では役《やく》に立《た》たない。

もうしわけない【申し訳ない】 言《い》い訳《わけ》できないほどすまない。

もうしわたす【申し渡す】 動詞 目上《めうえ》の人《ひと》が目下《めした》の人《ひと》に命令《めいれい》や注意《ちゅうい》などを言《い》い伝《つた》える。例 判決《はんけつ》を申し渡す。

もうしん【猛進】 名詞 動詞 非常《ひじょう》に激《はげ》しい勢《いきお》いでつき進《すす》むこと。例 目標《もくひょう》に向《む》かって猛進する。

もうじん【盲人】 名詞 目《め》の見《み》えない人《ひと》。

もうす【申す】 動詞 ❶「言《い》う」のへりくだった言《い》い方《かた》。例 母《はは》がみなさんによろしくと申しておりました。❷（ほかのことばのあとにつけて）「…する」のへりくだった言《い》い方《かた》。例 お待《ま》ち申しております。

㊇ **もう-す【申】**〔田《た》〕 5画 3年 音 シン 訓 もうす・さる

目上《めうえ》の人《ひと》にいう。もうしあげる。例 申告《しんこく》／申《しん》請《せい》／答申《とうしん》／内申書《ないしんしょ》／申《もう》し訳《わけ》。

もうせん【毛せん】 名詞 けものの毛《け》で作《つく》った布《ぬの》。敷物《しきもの》などに使《つか》う。

もうぜん【と】【猛然［と］】 副詞 勢《いきお》いが激《はげ》しいようす。例 とらが猛然ととびかかった。

もうせんごけ【毛せんごけ】 名詞 しめった土地《とち》などに生《は》える、食《しょく》虫《ちゅう》植《しょく》物《ぶつ》。しゃもじのような形《かたち》の葉《は》には細《ほそ》い毛《け》があり、そこからねばり気《け》のある液《えき》を出《だ》して虫《むし》をつかまえる。

もうせんごけ

もうそう【妄想】 名詞 動詞 想像《そうぞう》したことを、事実《じじつ》であるかのように信《しん》じこむこと。例 妄想をいだく。

もうだ【猛打】 名詞 野《や》球《きゅう》などで、次々《つぎつぎ》に激《はげ》しく打《う》つこと。例 ピッチャーに猛打を浴《あ》びせる。

もうちょう【盲腸】 名詞 ❶小《しょう》腸《ちょう》と大腸《だいちょう》の境《さかい》の部分《ぶぶん》。人間《にんげん》では、腹《はら》の右《みぎ》下《した》にあって、「虫垂《ちゅうすい》」という細《ほそ》い管《くだ》がついている。図 ⇒966ジー ないぞう〔内臓〕 ❷⇒1313ジー もうちょうえん

もうちょうえん【盲腸炎】 名詞 「虫垂炎《ちゅうすいえん》」の俗《ぞく》な言《い》い方《かた》。略《りゃく》して「盲腸《もうちょう》」ともいう。

もうでる【詣でる】 動詞 神社《じんじゃ》やお寺《てら》にお参《まい》りする。

もうてん【盲点】 名詞 ❶眼球《がんきゅう》のおくの、物《もの》を見《み》るはたらきをする神《しん》経《けい》が集《あつ》まっている部分《ぶぶん》。ここだけ網膜《もうまく》がなく、光《ひかり》を感《かん》じない。❷気《き》がつかないところ。見落《みお》としやすいところ。例 相手《あいて》の盲点をついてせめる。

もうとう【毛頭】 副詞 毛《け》の先《さき》ほども。ほんの少《すこ》しも。例 友《とも》だちに迷惑《めいわく》をかける気《き》は毛頭なかった。使い方 あとに「ない」などのことばがくる。

もうどうけん【盲導犬】 名詞 目《め》の不自由《ふじゆう》な人《ひと》が安全《あんぜん》に歩《ある》けるように導《みちび》く犬《いぬ》。関連 介助犬《かいじょけん》。聴導犬《ちょうどうけん》。

もうどく【猛毒】 名詞 非常《ひじょう》に強《つよ》い毒《どく》。

もうはつ【毛髪】 名詞 かみの毛《け》。頭《あたま》の毛《け》。

もうひつ【毛筆】 名詞 けものの毛《け》を使《つか》って作《つく》った筆《ふで》。対 硬筆《こうひつ》。

もうふ【毛布】 名詞 季語冬 けものの毛《け》などで作《つく》った、厚《あつ》い布《ぬの》。ねるときに体《からだ》にかけたりする。

もうまく【網膜】 名詞 眼球《がんきゅう》の内部《ないぶ》にあって、光《ひかり》を感《かん》じるはたらきをするまく。

もうもうと 副詞 けむり・ほこり・湯気《ゆげ》などが、辺《あた》り一面《いちめん》に立《た》ちこめるようす。例 トラックがもうもうとほこりをまい上《あ》げて走《はし》る。

もうもく【盲目】 名詞 目《め》が見《み》えないこと。

もうら【網羅】 名詞 動詞 関係《かんけい》のあるものを、一《ひと》つ残《のこ》らず集《あつ》めること。例 この図鑑《ずかん》は日本《にほん》のおもな植物《しょくぶつ》を網羅している。ことば 「網」は魚《さかな》をとるあみ、「羅」は鳥《とり》をとるあみのこと。

もうりもとなり【毛利元就】 名詞 （一四九七～一五七一）戦国時代《せんごくじだい》の武将《ぶしょう》。次々《つぎつぎ》に勢力《せいりょく》を広《ひろ》げて、中国地方《ちゅうごくちほう》の十《じっ》か国《こく》を領地《りょうち》とした。参考 一本《いっぽん》だけなら簡単《かんたん》に折《お》れる矢《や》も、三本《さんぼん》まとめると折《お》れないことを示《しめ》して、兄弟《きょうだい》が協力《きょうりょく》し合《あ》うことの大切《たいせつ》さを説《と》いたという。

もうれつ【猛烈】 形容動詞 勢《いきお》いが非常《ひじょう》に激《はげ》しいようす。例 猛烈なスピードで走《はし》る／猛烈に勉強《べんきょう》する。

もうろう［と］ 副詞 もやもやしていて、形《かたち》やはっきりしないようす。例 熱《ねっ》で頭《あたま》がもうろうとしている。

もうろく 名詞 動詞 年《とし》をとって、体《からだ》や頭《あたま》のはたらきがおとろえること。

もえぎいろ【もえぎ色】 名詞 黄色《きいろ》がかった緑色《みどりいろ》。

もえさかる【燃え盛る】 動詞 勢《いきお》いよく燃《も》える。例 たき火《び》が燃え盛る。

もえさし【燃えさし】 名詞 燃《も》えきらないで残《のこ》ったもの。燃《も》え残《のこ》り。

もえでる【もえ出る】 動詞 草《くさ》や木《き》の新《あたら》しい芽《め》が出始《では》める。例 若葉《わかば》のもえ出る季節《きせつ》。

もえる 動詞 草《くさ》や木《き》が芽《め》を出《だ》す。若葉《わかば》や若《わか》い芽《め》がのびる。例 若草《わかくさ》のもえる春《はる》。

もえる【燃える】 動詞 ❶火《ひ》がついて、ほのおやけむりが上《あ》がる。例 かげろうが燃える。❷ほのおがあるようなようすになる。❸ある気持《きも》ちがさかんに起《お》こる。例 希望《きぼう》に燃えて高校《こうこう》に入学《にゅうがく》した。漢 ➡1019ページ ねん〔燃〕

モーション (motion) 名詞 体《からだ》の動《うご》き。動作《どうさ》。身《み》ぶり。例 スローモーション。

モース 名詞 （一八三八～一九二五）アメリカの動《どう》物学者《ぶつがくしゃ》。一八七七年《ねん》に来日《らいにち》し、東京大学《とうきょうだいがく》で生物《せいぶつ》学《がく》を教《おし》えた。また、縄文時代《じょうもんじだい》の遺跡《いせき》である大《おお》森貝塚《もりかいづか》を発見《はっけん》し、日本《にほん》の考古学《こうこがく》の土台《どだい》を築《きず》いた。

モーター (motor) 名詞 物《もの》を動《うご》かす力《ちから》を、電《でん》気《き》・ガソリンなどで起《お》こす機械《きかい》。電気《でんき》による電《でん》動機《どうき》を指《さ》すことが多《おお》い。

モーターボート (motorboat) 名詞 モーターでスクリューを回《まわ》して走《はし》る、小型《こがた》のふね。

モーツァルト 名詞 （一七五六～一七九一）オーストリアの作曲家《さっきょくか》。小《ちい》さいときから曲《きょく》をつくり、「フィガロの結婚《けっこん》」「魔笛《まてき》」などの歌劇《かげき》や交《こう》響曲《きょうきょく》、ピアノ曲《きょく》などを数多《かずおお》くつくった。

モーニング (morning) 名詞 ❶「朝《あさ》」のこと。例 モーニングコール。❷「モーニングコート」の略《りゃく》。

モーニングコート (morning coat) 名詞 儀《ぎ》式《しき》のときなどに着《き》る男性《だんせい》の礼服《れいふく》の一《ひと》つ。略《りゃく》して「モーニング」ともいう。

モールス 名詞 （一七九一～一八七二）アメリカの発明家《はつめいか》。電磁石《でんじしゃく》を利用《りよう》した電信機《でんしんき》の実用化《じつようか》に成功《せいこう》した。また、モールス信《しん》号《ごう》（＝モールス符号《ふごう》

読書のこみち　高 中 低　『はなのすきなうし』リーフ文《ぶん》　ローソン絵《え》　「むかし――すぺいんに、ふぇるじなんどとどんどん大《おお》きく強《つよ》い牛《うし》になったふぇるじなんど。ある日《ひ》、牛買《うしか》いに買《か》われ、マドリードの

号《ごう》）を発明《はつめい》した。

モールスしんごう【モールス信号】⬇1314ジペーモールスふごう

モールスふごう【モールス符号】名詞 アメリカ人《じん》のモールスが考《かんが》え出《だ》した、電信《でんしん》で使《つか》う符号《ふごう》。長《なが》い音《おと》と短《みじか》い音《おと》とを組《く》み合《あ》わせて、文字《もじ》や数字《すうじ》を表《あらわ》す。「モールス信号《しんごう》」ともいう。

もがく 動詞 ❶苦《くる》しくて、手足《てあし》をばたばたと動《うご》かす。例 おぼれそうになってもがく。❷苦《くる》しみからのがれようとして、いろいろなことをする。例 今《いま》さらもがいてもおそい。

もがみがわ【最上川】名詞 山形県《やまがたけん》を流《なが》れて日本海《にほんかい》に注《そそ》ぐ川《かわ》。富士川《ふじかわ》・球磨川《くまがわ》とともに、日《に》本三急流《ほんさんきゅうりゅう》の一《ひと》つ。

もぎ【模擬】名詞 本物《ほんもの》に似《に》せること。例 模擬的《てき》に実験《じっけん》する。

もぎしけん【模擬試験】名詞 ほんとうの試《し》験《けん》の前《まえ》に、準備《じゅんび》として同《おな》じように行《おこな》う試験《しけん》。

もぎたて 名詞 木《き》からもぎ取《と》ったばかりであること。例 もぎたての果物《くだもの》。

もぎてん【模擬店】名詞 文化祭《ぶんかさい》やパーティーなどで、本物《ほんもの》の店《みせ》をまねてつくられた、食《た》べ物《もの》や飲《の》み物《もの》を出《だ》す店《みせ》。

もぎとる【もぎ取る】動詞 ねじるようにして、ちぎり取《と》る。例 枝《えだ》からりんごをもぎ取る。

もく【木】漢⬇1215ジペーぼく〔木〕

漢 **もく**【目】〔目〕《め》 5画 1年 音 モク・ボク 訓 め・ま

丨 冂 月 月 目（日としない）

❶め。例 目《ま》の当《あ》たり／目頭《めがしら》／目前《もくぜん》／目測《もくそく》／目《もく》礼《れい》／注目《ちゅうもく》。❷めざす。例 目的《もくてき》／目標《もくひょう》。❸だいじなところ。例 眼目《がんもく》。❹見出《みだ》し。例 目次《もくじ》／目《もく》録《ろく》／題目《だいもく》。❺分類上《ぶんるいじょう》の区分《くぶん》。例 科目《かもく》。❻囲碁《いご》で、ごばんのめや石《いし》の数《かず》を数《かぞ》えることば。

もぐ 動詞 ひねって取《と》る。ちぎり取《と》る。例 トマトをもぐ。

もくぎょ【木魚】名詞 木《き》をくりぬいてつくった道具《どうぐ》。魚《さかな》のうろこのようなもようがほってある。おぼうさんがお経《きょう》を上《あ》げるときに、たたいて鳴《な》らす。

もくぎょ

もくげき【目撃】名詞 動詞 できごとを、その場所《ばしょ》にいて実際《じっさい》に見《み》ること。例 交通事故《こうつうじこ》の目撃者《しゃ》／事件《じけん》の現場《げんば》を目撃する。

もぐさ 名詞 かわかしたよもぎの葉《は》をもんで、綿《わた》のようにしたもの。きゅうをすえるときに使《つか》う。

もくざい【木材】名詞 建物《たてもの》を建《た》てたり、道具《どうぐ》をつくったりするのに使《つか》う木《き》。材木《ざいもく》。

もくさつ【黙殺】名詞 動詞 だまって、相手《あいて》にしないこと。無視《むし》。例 反対意見《はんたいいけん》を黙殺する。

もくさん【目算】名詞 動詞 ❶目《め》で見《み》て、だいたいの計算《けいさん》をすること。見当《けんとう》をつけること。例 参加者《さんかしゃ》の数《かず》を目算する。❷こうなるだろうという、だいたいの見通《みとお》し。見《み》こみ。例 目算がはずれる。

もくし【黙視】名詞 動詞 だまって見《み》ていること。例 人《ひと》が困《こま》っているところを黙視することはできない。

もくじ【目次】名詞 本《ほん》や雑誌《ざっし》で、内容《ないよう》の見出《みだ》しを並《なら》べ、ページを示《しめ》したもの。

もくず【藻くず】名詞 海藻《かいそう》などの切《き》れはし。また、海中《かいちゅう》のごみ。例 海《うみ》の藻くずとなる（＝海《うみ》で死《し》ぬ）。

もくせい 名詞 季語 秋 庭《にわ》などに植《う》える木《き》の一《ひと》つ。秋《あき》、葉《は》の付《つ》け根《ね》に、あまい香《かお》りのする白《しろ》やだいだい色《いろ》の花《はな》をつける。ことば 漢字《かんじ》では「木犀」と書《か》く。

もくせい【木星】名詞 太陽《たいよう》から五番目《ごばんめ》に近《ちか》く、いちばん大《おお》きい惑星《わくせい》。直径《ちょっけい》が地球《ちきゅう》の約十《やくじゅう》一倍《いちばい》ある。多《おお》くの衛星《えいせい》があり、周《まわ》りに帯《おび》のような模様《もよう》が見《み》える。周囲《しゅうい》に輪《わ》が発見《はっけん》されている。図⬇785ジペーたいようけい

もくせい【木製】名詞 木《き》でつくってあること。また、木《き》でつくったもの。

もくぜん【目前】名詞 ❶目《め》の前《まえ》。手《て》が届《とど》くほどのすぐ近《ちか》く。例 がんばれ、ゴールは目前だ。類 眼前《がんぜん》。❷そのことまでの時間《じかん》が短《みじか》いこと。例 旅《たび》が目前にせまった。

もくぜん［と］【黙然［と］】⬇1315ジペーもくねん［と］

ことになり、代《か》わりにパパが家事《かじ》をすることになりました。ママが家《いえ》にいるのが当《あ》たり前《まえ》と思《おも》っていたネール。を見《み》る目《め》も、少《すこ》しずつ変《か》わっていきます。男女《だんじょ》の役割分担《やくわりぶんたん》や関係《かんけい》を見直《みなお》すきっかけになる、ドイツの作品《さくひん》。

もくそう【黙想】 名詞 動詞 だまって、静《しず》かに考《かん》えこむこと。

もくぞう【木造】 名詞 木《き》でつくってあること。例 木造家屋《かおく》。

もくぞう【木像】 名詞 木《き》をほって、人《ひと》や仏《ほとけ》などの形《かたち》をつくったもの。

もくぞうけんちく【木造建築】 名詞 木《き》でつくった建物《たてもの》。

もくそく【目測】 名詞 動詞 目《め》で見《み》て、だいたいの長《なが》さや高《たか》さ・量《りょう》などをはかること。例 出《で》口《ぐち》までのきょりを目測する。

もくたん【木炭】 名詞 ❶木《き》を蒸《む》し焼《や》きにしてつくった燃料《ねんりょう》。炭《すみ》。❷絵《え》の下書《したが》きなどに使《つか》う、細《ほそ》くてやわらかい炭《すみ》。例 木炭画《が》。

もくてき【目的】 名詞 目指《めざ》すことがら。目当《めあ》て。ねらい。例 目的を果《は》たす。類 目標《もくひょう》。

もくてきち【目的地】 名詞 行《い》こうとしているところ。例 旅行《りょこう》の目的地。

もくとう【黙とう】 名詞 動詞 だまって目《め》をつぶり、心《こころ》の中《なか》でいのること。例 事故《じこ》の犠牲者《ぎせいしゃ》に黙とうをささげる。

もくどく【黙読】 名詞 動詞 声《こえ》を出《だ》さないで読《よ》むこと。例 教科書《きょうかしょ》を黙読する。対 音読《おんどく》。

もくにん【黙認】 名詞 動詞 正式《せいしき》には認《みと》められないことを、何《なに》も言《い》わずに認《みと》めること。知《し》らないふりをして、見《み》のがすこと。例 教室《きょうしつ》のかべにイラストをはることは黙認されている。

もくねじ【木ねじ】 名詞 うず巻《ま》き形《がた》のみぞがついている、木材用《もくざいよう》のねじ。

もくねん［と］【黙然［と］】 副詞 だまったままでいるようす。「もくぜん」ともいう。例 黙然とただ立《た》っている。

もくば【木馬】 名詞 木《き》で馬《うま》の形《かたち》につくった、子供《こども》が乗《の》って遊《あそ》ぶもの。例 遊園地《ゆうえんち》の回《かい》転《てん》木馬。

もくば

もくはん【木版】 名詞 印刷《いんさつ》するために、木《き》の板《いた》に字《じ》や絵《え》などをほったもの。また、それで印刷《いんさつ》したもの。例 木版刷《ず》り。

もくはんが【木版画】 名詞 木版《もくはん》による版画《はんが》。木《き》の板《いた》にほった絵《え》を、紙《かみ》に刷《す》って写《うつ》したもの。

もくひ【黙秘】 名詞 とり調《しら》べなどに対《たい》して、何《なに》も答《こた》えないで、だまっていること。

もくひけん【黙秘権】 名詞 とり調《しら》べや裁判《さいばん》で、自分《じぶん》の不利益《ふりえき》になることは答《こた》えなくてよいという権利《けんり》。憲法《けんぽう》で保障《ほしょう》されている。

もくひょう【目標】 名詞 ❶あることをするときに目指《めざ》すもの。目当《めあ》て。例 お正月《しょうがつ》に今年《ことし》の目標を立《た》てる。❷目印《めじるし》。例 大《おお》きな桜《さくら》の木《き》を目標にして行《い》く。類 目的《もくてき》。

もくめ【木目】 名詞 木《き》の切《き》り口《くち》や板《いた》の面《めん》にあらわれる、年輪《ねんりん》の筋《すじ》。例 木目の美《うつく》しい柱《はしら》。参考 板目《いため》と正目《まさめ》とがある。

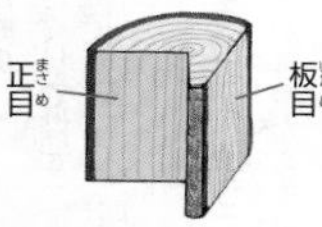

もくめ

もくもく［と］【黙黙［と］】 副詞 だまってものごとを進《すす》めるようす。例 黙々と仕事《しごと》を続《つづ》ける。

もぐもぐ［と］ 副詞 動詞 ❶口《くち》を閉《と》じたまま、ものをかむようす。❷口《くち》をちゃんと開《あ》けないで、ものを言《い》うようす。例 もぐもぐと話《はな》すので聞《き》きとれない。

もくよう【木曜】 名詞 週《しゅう》の五番目《ごばんめ》の日《ひ》。水曜《すいよう》の次《つぎ》の日《ひ》。木曜日《もくようび》。

もぐら 名詞 土《つち》の中《なか》に穴《あな》をほってすむ動物《どうぶつ》。みみずや小《ちい》さな虫《むし》を食《た》べる。前足《まえあし》で地面《じめん》をほり返《かえ》し、畑《はたけ》の作物《さくもつ》などに害《がい》をあたえる。

もぐり【潜り】 名詞 ❶水《みず》の中《なか》にもぐること。❷正式《せいしき》な許可《きょか》をとらないで、こっそりとやること。また、その人《ひと》。例 もぐりの医者《いしゃ》。

もぐりこむ【潜り込む】 動詞 ❶水《みず》の中《なか》や物《もの》の下《した》などに入《はい》りこむ。例 布団《ふとん》に潜り込む。❷正《ただ》しい手続《てつづ》きをとらないで入《はい》りこむ。こっそり入《はい》りこむ。例 会場《かいじょう》に潜り込む。

使い方 ❷は、ふつうかな書《が》きにする。

もぐる【潜る】 動詞 ❶水《みず》の中《なか》に体《からだ》を全部《ぜんぶ》入《い》れる。例 海《うみ》に潜る。❷物《もの》の下《した》に入《はい》りこむ。例 机《つくえ》の下《した》に潜る。❸かくれる。例 地下《ちか》に潜って（＝世《よ》の中《なか》の表《おもて》に出《で》ないで）活動《かつどう》する。

もくれい【目礼】 名詞 動詞 頭《あたま》を下《さ》げないで、

読書のこみち　高 中 低　『パパは専業主夫《せんぎょうしゅふ》』ボイエ　ネールは11才《さい》の女《おんな》の子《こ》。ママが何年《なんねん》ぶりかで仕事《しごと》を始《はじ》めるパパの「主夫《しゅふ》」業《ぎょう》も、なかなかうまくはいきません。でも、そんな中《なか》で、クラスの男《おとこ》の子《こ》

目《め》であいさつすること。例 目礼をかわす。

もくれい【黙礼】 名詞 動詞 だまったままおじぎをすること。例 黙礼をかわす。

もくれん 名詞 季語 春 庭《にわ》などに植《う》える木の一《ひと》つ。春《はる》、葉《は》が出《で》る前《まえ》に、むらさきや白《しろ》の大《おお》きな花《はな》がさく。ことば 漢字《かんじ》では「木蓮」と書《か》く。

もくれん

もくろく【目録】 名詞 ❶集《あつ》めたものの名《な》まえや内容《ないよう》を書《か》き並《なら》べたもの。例 図書《としょ》目録／在庫《ざいこ》目録。❷おくり物《もの》をするとき、実物《じつぶつ》の代《か》わりに品名《ひんめい》を書《か》いてわたすもの。例 記念品《きねんひん》の目録。❸本《ほん》や雑誌《ざっし》の目次《もくじ》。

もくろみ 名詞 自分《じぶん》が得《とく》するように考《かんが》えた計《けい》画《かく》。くわだて。例 もくろみが外《はず》れる。類 たくらみ。

もくろむ 動詞 自分《じぶん》が得《とく》するように、あれこれと計画《けいかく》を立《た》てる。くわだてる。例 敵《てき》は何《なに》をもくろんでいるのだろう。類 たくらむ。

もけい【模型】 名詞 本物《ほんもの》の形《かたち》やしくみをまねてつくったもの。ひな型《がた》。

もげる 動詞 ちぎれて取《と》れる。取《と》れて落《お》ちる。例 ドアの取《と》っ手《て》がもげる。

もさ【猛者】 名詞 強《つよ》くてたくましい人《ひと》。とくにスポーツで、体力《たいりょく》やわざなどがすぐれた人《ひと》。

モザイク (mosaic) 名詞 いろいろな色《いろ》のガラス・貝殻《かいがら》・タイルなどのかけらを組《く》み合《あ》わせてはめこみ、絵《え》や模様《もよう》を表《あらわ》したもの。

もさく【模索】 名詞 動詞 手《て》さぐりで探《さが》すこと。あれこれとためしながら、探《さが》すこと。例 暗中《あんちゅう》模索／いい方法《ほうほう》を模索する。

もし 副詞 仮《かり》にこうだと決《き》めるときに使《つか》うことば。もしも。万一《まんいち》。例 もし雨《あめ》が降《ふ》ったら遠足《えんそく》は中止《ちゅうし》だ。使い方 あとに「たら」「ならば」「すれば」などのことばがくる。

もじ【文字】 名詞 ことばを書《か》き表《あらわ》すための記《き》号《ごう》。字《じ》。「もんじ」ともいう。

もしか 副詞 「もし」を強《つよ》めて言《い》うことば。使い方 「もしかして」「もしかしたら」「もしかすると」などの形《かたち》で使《つか》うことが多《おお》い。

もしくは【若しくは】 接続詞 そうでなければ。あるいは。例 火曜日《かようび》、もしくは水曜日《すいようび》にうかがいます。使い方 ふつうかな書《が》きにする。 漢 ⇩1427ページ わか-い【若】

もじどおり【文字通り】 名詞 副詞 そのことばの意味《いみ》のとおり。まったくそのまま。例 文字通りあっという間《ま》のできごとだった。

もじばん【文字盤】 名詞 時計《とけい》やメーターなどの、数字《すうじ》・文字《もじ》などがしるしてある面《めん》。

もしも 副詞 「もし」を強《つよ》めていうことば。例 もしも時間《じかん》があったら、絶対《ぜったい》に行《い》くのになあ。

●**もしものこと** 万《まん》が一《いち》起《お》こるのではと心配《しんぱい》される、死《し》や災害《さいがい》などのよくないこと。例 父《ちち》にもしものことがあったらどうしよう。

もしもし 感動詞 人《ひと》に呼《よ》びかけることば。おもに、電話《でんわ》の相手《あいて》に最初《さいしょ》に呼《よ》びかけるときに使《つか》う。例 もしもし、田中《たなか》さんのお宅《たく》でしょうか。

もじもじ【と】 副詞 動詞 はずかしさや迷《まよ》いなどのために、ぐずぐずしているようす。例 知《し》らない人《ひと》に話《はな》しかけられてもじもじする。

もしや 副詞 もしかすると。ひょっとしたら。例 もしや林《はやし》さんではありませんか。

もしゃ【模写】 名詞 動詞 絵《え》や文字《もじ》、音声《おんせい》などをまねて、本物《ほんもの》そっくりに写《うつ》しとること。また、写《うつ》しとったもの。例 名画《めいが》を模写する。

もしょう【喪章】 名詞 人《ひと》の死《し》を悲《かな》しむ気持《きも》ちを表《あらわ》すために服《ふく》につける、黒《くろ》い布《ぬの》やリボン。

もじる 動詞 人《ひと》のことばやよく知《し》られている文《もん》句《く》などを、おもしろく言《い》いかえる。例 ヒット曲《きょく》をもじって、かえ歌《うた》をつくる。

もす【燃す】 動詞 燃《も》えるようにする。燃《も》やす。 漢 ⇩1019ページ ねん【燃】

もず 名詞 季語 秋 すずめより少《すこ》し大《おお》きい茶色《ちゃいろ》の鳥《とり》。秋《あき》から冬《ふゆ》にするどい声《こえ》で鳴《な》く。尾《お》が長《なが》く、くちばしがするどくかぎのように曲《ま》がっている。とらえた獲物《えもの》を、木《き》の枝先《えださき》にさしておく性質《せいしつ》がある。ことば 漢字《かんじ》では「百舌」と書《か》く。

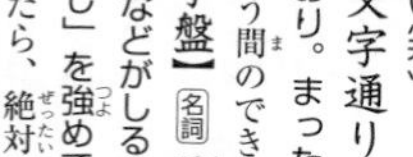
もず

モスクワ 名詞 ロシア連邦《れんぽう》の首都《しゅと》。政治《せいじ》・経《けい》済《ざい》・文化《ぶんか》の中心地《ちゅうしんち》で、クレムリン宮殿《きゅうでん》やボリショイ劇場《げきじょう》がある。

は、意地悪《いじわる》な親戚《しんせき》の家《いえ》で育《そだ》った。しかし11才《さい》になる夏《なつ》、自分《じぶん》が魔法使《まほうつか》いだったことを知《し》り、魔法《まほう》の世界《せかい》にある
もに、宿命《しゅくめい》の敵《てき》にして両親《りょうしん》のかたきである悪《あく》の魔法使《まほうつか》いヴォルデモートと対決《たいけつ》する。全《ぜん》7巻《かん》のファンタジー。

もぞう【模造】 名詞 動詞 本物《ほんもの》に似《に》せてつくること。また、そのようにつくったもの。例 模造品《ひん》。

もぞうし【模造紙】 名詞 表面《ひょうめん》がなめらかでじょうぶな紙《かみ》。ポスターや包《つつ》み紙《がみ》などに使《つか》う。

もぞもぞ[と] 副詞 動詞 ❶小《ちい》さな虫《むし》などがはい回《まわ》るようす。また、そのような感《かん》じがするようす。例 背中《せなか》がもぞもぞする。❷落《お》ち着《つ》きなく体《からだ》を動《うご》かすようす。例 子供《こども》がじっとしていられずに、もぞもぞする。

もだえる 動詞 ❶苦《くる》しんで、体《からだ》を動《うご》かす。もがき苦《くる》しむ。❷心《こころ》の中《なか》でなやみ苦《くる》しむ。例 恋《こい》にもだえる。

もたげる 動詞 ❶持《も》ち上《あ》げる。例 つくしが頭《あたま》をもたげた。❷勢《いきお》いや力《ちから》がさかんになる。例 新《あたら》しいグループが勢力《せいりょく》をもたげてきた。

もたせかける【もたせ掛ける】 動詞 物《もの》を、ほかの物《もの》に寄《よ》りかからせる。立《た》てかける。例 背中《せなか》をかべにもたせ掛ける。

もたせる【持たせる】 動詞 ❶持《も》つようにさせる。❷持《も》って行《い》かせる。例 妹《いもうと》にかさを持たせた。❸長《なが》く続《つづ》かせる。保《たも》たせる。例 この筆箱《ふでばこ》は来《らい》年《ねん》まで持たせるつもりだ。❹お金《かね》を出《だ》させる。例 バス代《だい》はわたしに持たせてください。

もたらす 動詞 持《も》ってくる。引《ひ》き起《お》こす。あたえる。例 台風《たいふう》は大《おお》きな被害《ひがい》をもたらした。

もたれる 動詞 ❶寄《よ》りかかる。例 かべにもたれて立《た》つ。❷食《た》べ物《もの》がよく消化《しょうか》されないで、おなかにたまっている感《かん》じがする。例 胃《い》がもたれる。

モダン（modern） 形容動詞 今《いま》の時代《じだい》に合《あ》っていて、しゃれた感《かん》じがするようす。現代的《げんだいてき》。近代《きんだい》的《てき》。例 モダンな服《ふく》。対 クラシック。

もち 名詞 米《こめ》やきびなどの穀物《こくもつ》のうち、ねばり気《け》が強《つよ》くて、つくと餅《もち》になる品種《ひんしゅ》。ことば 漢字《かんじ》では「糯」と書《か》く。

もち【餅】 名詞 季語冬 もち米《ごめ》を蒸《む》して、うすや機械《きかい》でついた食《た》べ物《もの》。

●**餅《もち》は餅屋《もちや》** ことわざ ものごとにはそれぞれ専門《せんもん》があるのだから、その専門家《せんもんか》に任《まか》せるのがよいということ。

もち【持ち】 名詞 ❶こわれたり、くさったりしないで、そのままの状態《じょうたい》が続《つづ》くこと。例 日《ひ》持ちのする菓子《かし》。❷お金《かね》のはらいなどを受《う》け持《も》つこと。例 交通《こうつう》費《ひ》は自分《じぶん》持ちだ。❸持《も》っていること。例 金《かね》持ち／力《ちから》持ち。

もちあがり【持ち上がり】 名詞 学校《がっこう》で、学《がく》年《ねん》が進《すす》むときに、同《おな》じ先生《せんせい》がそのまま続《つづ》けて学《がっ》級《きゅう》の担任《たんにん》をすること。

もちあがる【持ち上がる】 動詞 ❶ほかから力《ちから》が加《くわ》わって上《うえ》にあがる。例 この荷物《にもつ》は重《おも》くて持ち上がらない。❷急《きゅう》に、事件《じけん》などのできごとが起《お》こる。例 反《はん》対運動《たいうんどう》が持ち上がる。❸学校《がっこう》で、学年《がくねん》が進《すす》むときに、同《おな》じ先生《せんせい》がそのまま続《つづ》けて学級《がっきゅう》の担任《たんにん》をする。

もちあげる【持ち上げる】 動詞 ❶手《て》や道具《どうぐ》を使《つか》って、上《うえ》の方《ほう》に上《あ》げる。❷人《ひと》をほめて、得意《とくい》にならせる。おだてる。例 持ち上げられて、難《むずか》しい仕事《しごと》を引《ひ》き受《う》けた。

もちあじ【持ち味】 名詞 ❶その食《た》べ物《もの》がもともと持《も》っている味《あじ》。例 材《ざい》料《りょう》の持ち味を生《い》かした料理《りょうり》。❷その作品《さくひん》やその人《ひと》だけが持《も》っている味《あじ》わいやよさ。例 きみの持ち味は明《あか》るさだ。

もちあわせ【持ち合わせ】 名詞 ちょうどそのときに持《も》っているもの。とくに、お金《かね》。例 今《いま》、持ち合わせがない。

もちあわせる【持ち合わせる】 動詞 そのときに、ちょうど持《も》っている。例 今《いま》は、小銭《こぜに》を持ち合わせていません。

モチーフ（フランス語） 名詞 音楽《おんがく》・絵《え》・小説《しょうせつ》などの芸術《げいじゅつ》作品《さくひん》をつくるとき、つくり手《て》が持《も》つ中心的《ちゅうしんてき》な考《かんが》え。

もちいる【用いる】 動詞 ❶使《つか》う。役立《やくだ》たせる。例 筆《ふで》を用いて絵《え》をかく。❷仕事《しごと》や役目《やくめ》につかせる。例 重《おも》い役目《やくめ》に用いる。❸とり上《あ》げる。採用《さいよう》する。例 友《とも》だちの意見《いけん》を用いる。

使い方 あらたまった言《い》い方《かた》。漢 ↓ 1362ジベー よう〔用〕

もちかける【持ち掛ける】 動詞 相手《あいて》がかかわってくれるのを期待《きたい》して、話《はなし》などをする。

読書のこみち　高 中 低　『ハリー・ポッターと賢者《けんじゃ》の石《いし》』ローリング　生《う》まれてすぐ両親《りょうしん》を亡《な》くした少年《しょうねん》ハリー全寮制《ぜんりょうせい》のホグワーツ魔法学校《まほうがっこう》に入学《にゅうがく》する。そして親友《しんゆう》のロンやハーマイオニーたちとと

例 相談《そうだん》を持ち掛ける。

もちきり【持ち切り】 名詞 ある間《あいだ》じゅう、一《ひと》つのことだけが、話《はなし》やうわさの中心《ちゅうしん》になること。例 クラスじゅうが遠足《えんそく》の話《はなし》で持ち切りだ。

もちぐされ【持ち腐れ】 名詞 持《も》っているだけで、少《すこ》しも役立《やくだ》てることができないこと。例 宝《たから》の持ち腐れ。

もちこす【持ち越す】 動詞 残《のこ》ったものを、そのまま次《つぎ》へ回《まわ》す。例 終《お》わらなかった分《ぶん》の仕《し》事《ごと》は、あしたに持ち越しましょう。

もちこたえる【持ちこたえる】 動詞 そのままの状態《じょうたい》を、それより悪《わる》くならないように保《たも》ち続《つづ》ける。例 強風《きょうふう》でかさがこわれそうになったが、なんとか持ちこたえた。

もちこむ【持ち込む】 動詞 ❶ものを持《も》って中《なか》に入《はい》る。例 機内《きない》にハンドバッグを持ち込む。❷問題《もんだい》や相談《そうだん》などを持《も》ってくる。例 犬《いぬ》の声《こえ》がうるさい、と近所《きんじょ》から苦情《くじょう》が持ち込まれた。❸ある状態《じょうたい》にする。例 引《ひ》き分《わ》けに持ち込む。

もちごめ【もち米】 名詞 ふつうの米《こめ》よりねばりが強《つよ》い米《こめ》。赤飯《せきはん》やもちに使《つか》う。対 うるち。

もちだし【持ち出し】 名詞 ❶持《も》って、外《そと》へ出《で》ること。例 非《ひ》常《じょう》持ち出し袋《ぶくろ》／図書《としょ》の持ち出しを禁止《きんし》する。❷費用《ひよう》の足《た》りない分《ぶん》を、自分《じぶん》で出《だ》すこと。例 交通費《こうつうひ》が持ち出しになる。

もちだす【持ち出す】 動詞 ❶持《も》って、外《そと》へ出《だ》す。例 父《ちち》は押《お》し入《い》れから古《ふる》いギターを持ち出してきた。❷あることを話題《わだい》として出《だ》す。例 昔《むかし》の話《はなし》を持ち出す。

もちつき【餅つき】 名詞 季語 冬 蒸《む》したもち米《ごめ》をうすに入《い》れ、きねでついてもちにすること。例 餅つき大会《たいかい》。

もちづき【望月】 名詞 季語 秋 「満月《まんげつ》」の古《ふる》い言《い》い方《かた》。とくに、昔《むかし》のこよみで十《じゅう》五夜《ごや》の月《つき》。
⇩1449ページ 昔《むかし》のこよみと年《とし》・月《つき》・季節《きせつ》のことば

もちつもたれつ【持ちつ持たれつ】 おたがいに助《たす》けたり助《たす》けられたりするようす。例 世《よ》の中《なか》は、持ちつ持たれつで成《な》り立《た》っている。

もちなおす【持ち直す】 動詞 ❶持《も》ち方《かた》を変《か》える。例 ラケットを持ち直す。❷悪《わる》かったものが、もとのよいほうに向《む》かう。例 病人《びょうにん》が持ち直す。

もちぬし【持ち主】 名詞 そのものを自分《じぶん》のものとしている人《ひと》。所有者《しょゆうしゃ》。

もちば【持ち場】 名詞 自分《じぶん》が受《う》け持《も》っている場所《ばしょ》。例 自分《じぶん》の持ち場をはなれてはいけない。

もちまえ【持ち前】 名詞 生《う》まれつき持《も》っている性質《せいしつ》。例 持ち前の明《あか》るさで人気者《にんきもの》になる。

もちまわり【持ち回り】 名詞 順番《じゅんばん》に受《う》けわたしていくこと。また、順《じゅん》番《ばん》に役目《やくめ》などを担《たん》当《とう》すること。例 司会《しかい》は持ち回りにする。

もちもの【持ち物】 名詞 ❶手《て》に持《も》っている物《もの》。所持品《しょじひん》。❷自分《じぶん》のものとして持《も》っている物《もの》。所有物《しょゆうぶつ》。例 あの家《いえ》は祖父《そふ》の持ち物だ。

もちゅう【喪中】 名詞 家族《かぞく》や親類《しんるい》が死《し》んだあと、お祝《いわ》いの場所《ばしょ》に出《で》たりせず、静《しず》かに暮《く》らす期間《きかん》。類 忌《き》中《ちゅう》。

もちよる【持ち寄る】 動詞 それぞれの人《ひと》が自分《じぶん》の物《もの》を持《も》って集《あつ》まる。例 お菓子《かし》を持ち寄ってパーティーをする。

もちろん 副詞 言《い》わなくてもわかることだが。言《い》うまでもなく。例 音楽《おんがく》をきくのはもちろん、演奏《えんそう》するのも好《す》きです。

もつ【物】 漢 ⇩1159ページ ぶつ〔物〕

もつ【持つ】 動詞 ❶手《て》に取《と》る。手《て》にさげる。例 右手《みぎて》に本《ほん》を持つ。❷自分《じぶん》のものにする。例 父《ちち》は車《くるま》の免許《めんきょ》を持っている。❸持《も》ちこたえる。例 このくつは長《なが》く持つ。❹引《ひ》き受《う》ける。負担《ふたん》する。例 責任《せきにん》を持つ／バス代《だい》はおじが持ってくれた。❺受《う》け持《も》つ。例 二組《にくみ》は山本先生《やまもとせんせい》が持っている。❻身《み》に着《つ》ける。例 今日《きょう》は時計《とけい》を持っていない。❼心《こころ》にいだく。例 自信《じしん》を持つ。❽性質《せいしつ》や能力《のうりょく》をそなえる。例 温《あたた》かい心《こころ》を持つ。
漢 ⇩554ページ じ〔持〕

もっか【目下】 名詞 今《いま》のところ。現在《げんざい》。例 目下調《ちょう》査《さ》中《ちゅう》です。ことば 「めした」と読《よ》むと別《べつ》の意《い》味《み》。

もっかん【木簡】 名詞 古代《こだい》に、細長《ほそなが》く平《たい》らにけずった木《き》の札《ふだ》に文字《もじ》を書《か》き記《しる》したもの。平《へい》城《じょう》京跡《きょうあと》など、多《おお》くの遺跡《いせき》で発見《はっけん》されている。

もっかんがっき【木管楽器】 名詞 木《き》の管《くだ》

降《ふ》ってくるぶた、ぶた、ぶた…。３年生《ねんせい》の則安《のりやす》が、日記《にっき》に書《か》いたデタラメ。それが、次々《つぎつぎ》と現実《げんじつ》に起《お》こってしまいしい要素《ようそ》がいっぱいの絵本《えほん》。『あしたぶたの日《ひ》ぶたじかん』『ぼくときどきぶた』などシリーズ化《か》されています。

に息《いき》をふきこんで音《おと》を出《だ》す楽器《がっき》。フルート・クラリネットなど。今《いま》は金属《きんぞく》でできたものもある。対 金管楽器《きんかんがっき》。図↓269ページ がっき〔楽器〕

もっきん【木琴】 名詞 打楽器《だがっき》の一《ひと》つ。台《だい》の上《うえ》に長《なが》さや厚《あつ》さのちがう細長《ほそなが》い木《き》を並《なら》べ、丸《まる》い玉《たま》のついた棒《ぼう》でたたいて鳴《な》らす。「シロホン」ともいう。図↓269ページ がっき〔楽器〕

もっけのさいわい【もっけの幸い】 思《おも》いがけない幸運《こううん》。偶然《ぐうぜん》起《お》こったよいこと。

もっこ 名詞 縄《なわ》をあみのように編《あ》み、四隅《よすみ》につなをつけ、棒《ぼう》を通《とお》して二人《ふたり》でかつぐ道具《どうぐ》。石《いし》や土《つち》などを運《はこ》ぶのに使《つか》う。

もっこ

もっこう【木工】 名詞 木《き》を使《つか》って家具《かぐ》・おもちゃ・かざり物《もの》などをつくること。例 木工品《ひん》。

もったいない 形容詞 ❶おしい。例 ごはんを残《のこ》すのはもったいない。❷非常《ひじょう》にありがたい。おそれおおい。例 校長《こうちょう》先生《せんせい》からもったいないほめことばをいただく。

もったいぶる 動詞 たいへん大事《だいじ》なことのように見《み》せかける。大《おお》げさにふるまう。例 もったいぶらずに、早《はや》く話《はな》してよ。

もったいをつける いかにもわけがありそうにする。えらそうにする。もったいぶる。例 もったいをつけて、なかなか教《おし》えてくれない。

もってうまれた【持って生まれた】 生《う》まれたときから身《み》についている。生《う》まれつきの。例 持って生まれた足《あし》の速《はや》さ。

もってこい ぴったり合《あ》っている。もっともふさわしい。あつらえ向《む》き。例 遠足《えんそく》にはもってこいの天気《てんき》だ。類 打《う》って付《つ》け。

もってのほか【もっての外】 けっしてあってはならないこと。また、思《おも》いもよらないこと。例 道《みち》にごみを捨《す》てるなんてもっての外だ。

もってまわる【持って回る】 動詞 遠回《とおまわ》しな言《い》い方《かた》ややり方《かた》をする。例 持って回った言《い》い方《かた》。使い方「持《も》って回《まわ》った」の形《かたち》で使《つか》う。

もっと 副詞 さらに。そのうえに。例 もっと速《はや》く走《はし》れるようになりたい。

モットー (motto) 名詞 毎日《まいにち》の生活《せいかつ》や仕事《しごと》などの目標《もくひょう》とすることがら。また、それを表《あらわ》した短《みじか》いことば。例「親切《しんせつ》」がわたしのモットーです。

もっとも
❶ 形容動詞 理屈《りくつ》に合《あ》っているようす。当然《とうぜん》であるようす。例 兄《あに》がおこるのももっともだ。
❷ 接続詞 そうはいうものの。ただし。例 全員《ぜんいん》来《き》ます。もっとも、おくれる人《ひと》もいますが。

もっとも【最も】 副詞 いちばん。何《なに》よりも。例 日本《にほん》で最も高《たか》い山《やま》。漢↓510ページ さい〔最〕

もっともらしい 形容詞 ❶いかにも理屈《りくつ》に合《あ》っているように見《み》えるようす。ほんとうらしい。例 もっともらしい話《はなし》。❷いかにももったいぶった感《かん》じである。例 もっともらしい顔《かお》で話《はな》す。

もっぱら【専ら】 副詞 そのことばかり。ひたすら。例 朝食《ちょうしょく》はもっぱら和食《わしょく》だ。使い方 ふつうかな書《が》きにする。漢↓731ページ せん〔専〕

モップ (mop) 名詞 長《なが》い柄《え》の先《さき》にぞうきんなどをつけた掃除用具《そうじようぐ》。ゆかなどをふくのに使《つか》う。

もつれる 動詞 ❶糸《いと》などが、からみ合《あ》って、ほどけにくくなる。❷思《おも》うようになめらかに動《うご》かなくなる。例 足《あし》がもつれて転《ころ》んでしまった。❸ものごとが、ごたごたしてうまくいかなくなる。例 話《はなし》がもつれてけんか別《わか》れしてしまった。

もてあそぶ【弄ぶ】 動詞 ❶手《て》に持《も》って遊《あそ》ぶ。いじりまわす。例 ペンのふたを弄ぶ。❷思《おも》うままにあつかう。例 運命《うんめい》に弄ばれる。

もてあます【持て余す】 動詞 そのものをどうしたらよいかわからなくて、困《こま》る。例 時間《じかん》を持て余す。

もてなし 名詞 ❶客《きゃく》のあつかい方《かた》。例 旅先《たびさき》の宿《やど》で手厚《てあつ》いもてなしを受《う》けた。❷ごちそう。例 お茶《ちゃ》のもてなしを受《う》ける。

もてなす 動詞 ❶客《きゃく》を、心《こころ》をこめてとりあつかう。例 親切《しんせつ》にもてなす。❷ごちそうする。例 手作《てづく》りの料理《りょうり》でもてなす。

もてはやす 動詞 さかんにほめる。とくにほめたたえる。例「すごい新人《しんじん》だ。」ともてはやす。

もてる 動詞 多《おお》くの人《ひと》の間《あいだ》で人気《にんき》がある。もてはやされる。例 クラスの女《おんな》の子《こ》にもてる。

モデル (model) 名詞

あいうえお　かきくけこ　さしすせそ　たちつてと　なにぬねの　はひふへほ　まみむめも　も　やゆよ　らりるれろ　わをん

読書のこみち　高 中 低 『はれときどきぶた』矢玉四郎《やだましろう》作《さく》・絵《え》　えんぴつのてんぷら、飛《と》ぶ金魚《きんぎょ》、そして、空《そら》からいます。たくましい空想力《くうそうりょく》、ドタバタのストーリー、太《ふと》い線《せん》のユーモラスな絵《え》など、楽《たの》

❶手本《てほん》。模範《もはん》。例 国際交流《こくさいこうりゅう》のモデル校《こう》。❷絵《え》・写真《しゃしん》・小説《しょうせつ》などの作品《さくひん》の材料《ざいりょう》になる人《ひと》や物《もの》。例 この小説《しょうせつ》のモデルは実在《じつざい》の人物《じんぶつ》だ。❸「ファッションモデル」の略《りゃく》。❹模型《もけい》。例 モデルガン。❺機械《きかい》などの型《かた》。例 モデルチェンジ。

モデルケース 名詞 見本《みほん》となるもの。お手本《てほん》にできるもの。代表的《だいひょうてき》な例《れい》。

もと【下】 名詞 ❶物《もの》のした。また、その辺《あた》り。例 あの旗《はた》の下に集《あつ》まれ。❷ある人《ひと》のそば。ある人《ひと》の力《ちから》を受《う》けるところ。例 親《おや》の下をはなれる。❸ある条件《じょうけん》の範囲《はんい》。例 必要《ひつよう》なときは返《かえ》すという約束《やくそく》の下に貸《か》してくれた。漢 214ジベー か〔下〕 使い分け

もと【基】 名詞 ものごとの土台《どだい》。よりどころ。例 調《しら》べたことを基にして、自分《じぶん》の意見《いけん》を述《の》べる。漢 315ジベー き〔基〕 使い分け

もと【元・本】 名詞 ❶初《はじ》め。起《お》こり。例 生命《せいめい》の元。❷根《ね》もと。例 木《き》が本からかれる。対 先《さき》。❸もとで。資本《しほん》。例 元がかかった品物《しなもの》。❹原料《げんりょう》。例 石油《せきゆ》を元にしてつくった製品《せいひん》。❺昔《むかし》。前《まえ》。例 この辺《あた》りは元は畑《はたけ》だった。❻ものごとの中心《ちゅうしん》となる部分《ぶぶん》。例 まちがいは本から正《ただ》す。❼原因《げんいん》。例 つかれが元で、熱《ねつ》が出《で》た。漢 429ジベー げん〔元〕・1229ジベー ほん〔本〕

使い分け

もと

下・基・元・本

下 物《もの》の下《した》や人《ひと》のそばのこと。「祖母《そぼ》の下《もと》で育《そだ》つ／灯台下暗《とうだいもとくら》し」

基 ものごとの土台《どだい》、基礎《きそ》。「新《あたら》しい国《くに》の基《もと》を築《きず》く／資料《しりょう》を基《もと》に小説《しょうせつ》を書《か》く」

元 今《いま》よりも前《まえ》の状態《じょうたい》。「ここは元《もと》、草原《そうげん》だった／元市長《もとしちょう》が再《ふたた》び立候補《りっこうほ》する」

本 細長《ほそなが》く立《た》っている物《もの》の、地面《じめん》に近《ちか》い部分《ぶぶん》のこと。ものごとの成《な》り立《た》つ大事《だいじ》なところ。「生活《せいかつ》の本《もと》を正《ただ》す」

●**元《もと》の木阿弥《もくあみ》** 451ジベー ことわざ

●**元《もと》も子《こ》もない** すべてを失《うしな》ってしまう。ことば 元本《がんぽん》（＝元《もと》）も利子《りし》（＝子《こ》）もなくすという意味《いみ》からきたことば。

もとい【基】 名詞 ものごとの土台《どだい》。基礎《きそ》。大《おお》もと。例 法律《ほうりつ》は国《くに》の基である。漢 315ジベー き〔基〕

もとおりのりなが【本居宣長】 名詞 （一七三〇〜一八〇一）江戸《えど》時代《じだい》の中《なか》ごろの学者《がくしゃ》。「古事記《こじき》」「万葉集《まんようしゅう》」「源氏物語《げんじものがたり》」などの日本《にほん》の古典《こてん》を研究《けんきゅう》し、古《ふる》くからの日本人《にほんじん》の考《かんが》え方《かた》を明《あき》らかにした。「古事記伝《こじきでん》」はとくに有名《ゆうめい》。教科 社 本居宣長《もとおりのりなが》が研究《けんきゅう》を進《すす》めた学問《がくもん》を「国学《こくがく》」という。

もどかしい 形容詞 思《おも》うようにならなくて、いらいらするようす。例 くつをはくのももどかしく家《いえ》を飛《と》び出《だ》した。類 じれったい。歯《は》がゆい。

もときん【元金】 299ジベー がんきん

もとごえ【元肥】 名詞 種《たね》をまいたりなえを植《う》えたりする前《まえ》に、地面《じめん》に入《い》れる肥料《ひりょう》。対 追《お》い肥《ごえ》。

もどす【戻す】 動詞 ❶もとに返《かえ》す。例 置《お》いてあった所《ところ》に本《ほん》を戻す。❷食《た》べたり飲《の》んだりした物《もの》をはき出《だ》す。はく。

もとせん【元栓】 名詞 ガス管《かん》や水道管《すいどうかん》などの、もとの口《くち》を開《あ》け閉《し》めする装置《そうち》。

もとづく【基づく】 動詞 もとにする。例 事実《じじつ》に基づいた映画《えいが》／自分《じぶん》の経験《けいけん》に基づいて意見《いけん》をのべる。使い方「基ずく」と書《か》かないよう注意《ちゅうい》。

もとで【元手】 名詞 ❶商売《しょうばい》などを始《はじ》めるときのもとになるお金《かね》。資本《しほん》。❷あることをするためのもとになるもの。例 この仕事《しごと》は体《からだ》が元手だ。

もとどおり【元通り】 名詞 前《まえ》と変《か》わらない

ねずみがいました。」…４番目《ばんめ》の子《こ》ねずみはとても声《こえ》が大《おお》きいので「やかましやのヤカちゃん」と呼《よ》ばれていてしまいます。でもその声《こえ》が、役《やく》に立《た》つこともあるのです。元気《げんき》なヤカちゃんの活躍《かつやく》が楽《たの》しい童話《どうわ》です。

例 机を元通りに並《なら》べる。

もとなり【本なり】 名詞 植物《しょくぶつ》のつるや幹《みき》の、もとのほうに実《み》がなること。また、その実《み》。
対 うらなり。

もとね【元値】 名詞 品物《しなもの》を仕入《しい》れたときの値《ね》段《だん》。仕入《しい》れ値《ね》。

もとめる【求める】 動詞
❶ほしいと望《のぞ》む。例 平和《へいわ》を求める。
❷ほしいと思《おも》って探《さが》す。例 水《みず》を求めてさまよう。教科 算 算数《さんすう》では、「計算《けいさん》の答《こた》えを求《もと》める」など、答《こた》えを出《だ》すときにも使《つか》う。
❸相手《あいて》に要求《ようきゅう》する。例 協力《きょうりょく》を求める。
❹買《か》う。例 くつを求める。
使い方 ❹は、少《すこ》しあらたまったときに使《つか》う。
漢 ↓346ページ きゅう〔求〕

もともと【元元】
❶名詞 初《はじ》めと変《か》わらないこと。損《そん》も得《とく》もないこと。例 失敗《しっぱい》して元々だ。
❷副詞 初《はじ》めから。例 もともと体《からだ》が弱《よわ》い。
使い方 ❷は、ふつうかな書《が》きにする。

もとより 副詞
❶初《はじ》めから。もともと。例 しかられることはもとより覚悟《かくご》のうえだ。
❷言《い》うまでもなく。もちろん。例 このゲームは、子供《こども》はもとより大人《おとな》も楽《たの》しめる。

もとる 動詞 道理《どうり》や、あるべきすがたなどにそむく。反《はん》する。例 人《ひと》の道《みち》にもとる行《おこな》い。

もどる【戻る】 動詞
❶もとのところへ帰《かえ》る。例 自分《じぶん》の席《せき》に戻る。
❷もとのような状態《じょうたい》になる。例 機嫌《きげん》が戻った。

もなか【最中】 名詞 もち米《ごめ》の粉《こな》を練《ね》ってうすくのばして焼《や》いた二枚《にまい》の皮《かわ》の間《あいだ》に、あんを入《い》れた和菓子《わがし》。

モニター (monitor) 名詞 動詞
❶放送《ほうそう》や録音《ろくおん》がうまくいっているかどうかを見《み》張《は》る装置《そうち》。例 モニターテレビ。
❷コンピューターの、文字《もじ》や図《ず》を示《しめ》す画面《がめん》。
❸商品《しょうひん》の内容《ないよう》や品質《ひんしつ》について意見《いけん》を言《い》う人《ひと》。

もぬけのから【もぬけの殻】
❶へびやせみなどのぬけがら。
❷人《ひと》がぬけ出《だ》して、ねどこや家《いえ》が空《から》になっていること。例 弟《おとうと》の部屋《へや》はもぬけの殻だった。

もの 助詞 (ほかのことばのあとにつけて)不満《ふまん》やうったえる気持《きも》ちをこめて、理由《りゆう》を表《あらわ》す。例 だって、お母《かあ》さんがぼくの話《はなし》を聞《き》いてくれないんだもの。使い方 話《はな》しことばで使《つか》う。くだけた言《い》い方《かた》では「もん」ともいう。

もの【物】
❶名詞 見《み》たりさわったりできる、形《かたち》のある物《ぶっ》体《たい》や物質《ぶっしつ》。例 物を大切《たいせつ》にする／忘《わす》れ物。
❷名詞 ものごとをぼんやりと指《さ》すことば。例 物思《おも》いにふける。
❸名詞 食《た》べ物《もの》。飲《の》み物《もの》。例 物も食《た》べずに働《はたら》く。
❹名詞 ことば。例 あきれて物も言《い》えない。
❺名詞 道理《どうり》。訳《わけ》。例 物のわかった人《ひと》。
❻名詞 人《ひと》に認《みと》められる状態《じょうたい》。しっかりした状《じょう》態《たい》。例 あの歌手《かしゅ》は今《いま》に物になるだろう。
❼名詞 (「ものだ」などの形《かたち》で)そうであるのがふつうである、当然《とうぜん》であるという意味《いみ》を表《あらわ》すことば。例 人《ひと》には親切《しんせつ》にするものだ。
❽名詞 (「ものだ」などの形《かたち》で)感動《かんどう》や希望《きぼう》を表《あらわ》すことば。例 いつか行《い》ってみたいものだ。
❾接頭語 (ほかのことばの前《まえ》につけて)なんとなく。例 もの悲《がな》しい／もの足《た》りない。
使い方 ❼〜❾は、ふつうかな書《が》きにする。
漢 ↓1159ページ ぶつ〔物〕

● **物《もの》ともせず** 気《き》にもしないで。問題《もんだい》にしないで。例 足《あし》のけがを物ともせず試合《しあい》に出　場《しゅつじょう》した。

● **物《もの》にする**
❶思《おも》いどおりにできるようになる。また、きちんと仕上《しあ》げる。例 外国語《がいこくご》を物にする。
❷自分《じぶん》のものにする。例 社長《しゃちょう》のいすを物にする(＝社長《しゃちょう》になる)。

● **物《もの》になる** りっぱな成果《せいか》が出《で》る。一人前《いちにんまえ》になる。例 長年《ながねん》の研究《けんきゅう》がようやく物になった。

● **物《もの》の数《かず》** ↓1323ページ もののかず

● **物《もの》の弾《はず》み** ↓1323ページ もののはずみ

● **物《もの》の見事《みごと》に** たいへん見事《みごと》に。例 とび箱《ばこ》を物の見事にとんでみせた。

● **物《もの》は言《い》いよう** 同《おな》じことでも、言《い》い方《かた》によって受《う》けとられ方《かた》がよくも悪《わる》くもなる。

● **物《もの》は考《かんが》えよう** 同《おな》じことでも、考《かんが》え方《かた》によってよくも悪《わる》くも受《う》けとることができる。

● **物《もの》は相談《そうだん》**
❶どんなことでも、人《ひと》に相談《そうだん》すると、うまくいくことがある。例 一人《ひとり》で考《かんが》えていないで、物は相談、ぼくに話《はな》してごらんよ。

読書のこみち　高 中 低
『番《ばん》ねずみのヤカちゃん』ウィルバー　「あるところに、おかあさんねずみと、四《よん》ひきの子《こ》
した。その声《こえ》は家《いえ》の人間《にんげん》たちにも聞《き》こえて、わなをしかけられたり、ねこを連《つ》れてこられ

❷人《ひと》に相談《そうだん》やたのみごとをもちかけるときに言《い》うことば。例 物は相談だが、きみもメンバーに加《くわ》わらないか。

●**物《もの》は試《ため》し** ものごとは実際《じっさい》にやってみなければわからないから、まずはやってみるべきだということ。例 物は試しで、ロッククライミングに挑戦《ちょうせん》してみる。

●**物《もの》も言《い》いようで角《かど》が立《た》つ** ↓453ページ ことわざ

●**物《もの》を言《い》う** 役《やく》に立《た》つ。効《き》き目《め》がある。例 スポーツの世界《せかい》では、実力《じつりょく》が物を言う。

もの【者】 名詞 人《ひと》。例 人気者《にんきもの》／なまけ者。漢 ↓595ページ しゃ〔者〕

ものいい【物言い】 名詞 ❶ものの言《い》い方《かた》。話《はな》しぶり。例 やさしい物言いをする。❷おもにすもうで、判定《はんてい》に反対意見《はんたいいけん》が出《で》ること。例 物言いがついて、とり直《なお》しとなった。

ものいり【物入り・物要り】 名詞 形容動詞 お金《かね》がかかること。例 入学《にゅうがく》を前《まえ》に、何《なに》かと物入りだ。

ものうい【もの憂い】 形容詞 なんとなくだるくて心《こころ》が晴《は》れない。例 雨《あめ》の日《ひ》の朝《あさ》はもの憂い。

ものうり【物売り】 名詞 商品《しょうひん》を売《う》り歩《ある》くこと。また、その人《ひと》。

ものおき【物置】 名詞 ふだんあまり使《つか》わないものをしまっておく小屋《こや》や部屋《へや》。

ものおじ【物おじ】 名詞 動詞 ものごとをこわがること。びくびくすること。例 人前《ひとまえ》でも物〜ではきはきと話《はな》す。使い方 あとに「ない」などのことばがくることが多《おお》い。

ものおしみ【物惜しみ】 名詞 動詞 物《もの》を使《つか》ったりあたえたりすることをおしがること。けちけちすること。例 物惜しみせず、おやつをみんなに分《わ》けてあげた。

ものおと【物音】 名詞 何《なに》かの音《おと》。例 あやしい物音がする。

ものおぼえ【物覚え】 名詞 ものごとを覚《おぼ》えること。また、その力《ちから》。記憶力《きおくりょく》。例 物覚えがよい。

ものおもい【物思い】 名詞 心配《しんぱい》ごとなどがあって、あれこれと考《かんが》えこむこと。例 物思いにふける。

ものか 助詞 (ほかのことばのあとにつけて) 絶対《ぜったい》に…しない、という打《う》ち消《け》しの意味《いみ》を表《あらわ》す。例 けっしてあきらめるものか。

ものかげ【物陰】 名詞 物《もの》にかくれていて見《み》えないところ。

ものがたり【物語】 名詞 ❶まとまった内容《ないよう》のある話《はなし》。筋《すじ》のある話《はなし》。例 この犬《いぬ》がうちの犬《いぬ》になるまでの物語をしよう。❷古《ふる》くから語《かた》り伝《つた》えられた話《はなし》。例 民話《みんわ》は、人々《ひとびと》の間《あいだ》で語《かた》りつがれてきた物語だ。❸想像《そうぞう》をもとにして書《か》かれた文学作品《ぶんがくさくひん》。例 源氏物語《げんじものがたり》。使い方 「物語り」と書《か》かないよう注意《ちゅうい》。

ものがたる【物語る】 動詞 ❶ものごとを話《はな》して聞《き》かせる。例 おじいさんは、子供《こども》のころの話《はなし》を物語ってくれた。❷あることがらを示《しめ》す。意味《いみ》する。例 化石《かせき》は大昔《おおむかし》の地球《ちきゅう》のようすを物語る。

ものがなしい【もの悲しい】 形容詞 なんとなく悲《かな》しい。例 もの悲しい音楽《おんがく》。

ものぐさ 名詞 形容動詞 ものごとをするのをめんどうくさがること。また、そのような人《ひと》。

モノクロ 名詞 白黒《しろくろ》の写真《しゃしん》や映画《えいが》。また、その画面《がめん》。ことば 英語《えいご》の「モノクローム」の略《りゃく》。

ものごころがつく【物心がつく】子供《こども》が成長《せいちょう》して、世《よ》の中《なか》のいろいろなことや人《ひと》の心《こころ》がわかるようになる。例 弟《おとうと》は物心がついたころから車《くるま》に興味《きょうみ》を持《も》っていた。

ものごし【物腰】 名詞 人《ひと》に対《たい》するものの言《い》い方《かた》や態度《たいど》。例 物腰のやわらかい人《ひと》。

ものごと【物事】 名詞 物《もの》やことがら。世《よ》の中《なか》のすべてのこと。

ものさし【物差し】 名詞 ❶物《もの》の長《なが》さを測《はか》る道具《どうぐ》。❷ものごとの価値《かち》などを決《き》める基準《きじゅん》。例 あの人《ひと》の考《かんが》えは、ふつうの物差しでははかれない。

ものさびしい【もの寂しい】 形容詞 なんとなくさびしい。例 もの寂しい秋《あき》の海岸《かいがん》。

ものしずか【もの静か】 形容動詞 ❶話《はな》し方《かた》や態度《たいど》が、おだやかで落《お》ち着《つ》いているようす。例 もの静かな話《はな》し方《かた》。❷なんとなく静《しず》かであるようす。例 もの静かな夜《よる》。

ものしり【物知り】 名詞 いろいろなことをよく知《し》っていること。また、その人《ひと》。

ものしりがお【物知り顔】 名詞 形容動詞 いかにもいろいろなことをよく知《し》っているような顔《かお》つきやようす。例 物知り顔で話《はな》す。

ものずき【物好き】 名詞 形容動詞 変《か》わったことが好《す》きなこと。また、そのような人《ひと》。例 雨《あめ》が降《ふ》ってもつりに行《い》くなんて、物好きだね。

ものすごい 形容詞
❶とてもおそろしい。例 ものすごい顔《かお》つき。
❷びっくりするほど、程度《ていど》が激《はげ》しい。例 ものすごい人気《にんき》。

ものたりない【もの足りない】 形容詞 なんとなく満足《まんぞく》できない。例 食事《しょくじ》がおにぎりだけではもの足りない。

ものなら 助詞 （ほかのことばのあとにつけて）
❶できないと思《おも》うことを、「…できたならば」と仮《かり》に考《かんが》える意味《いみ》を表《あらわ》す。例 やれるものならやってみたいものだ。
❷もしそうなれば大変《たいへん》なことになる、という意《い》味《み》を表《あらわ》す。例 大地震《おおじしん》が来《こ》ようものなら、古《ふる》い木造《もくぞう》の家《いえ》はこわれてしまうだろう。

ものの 連体詞 時間《じかん》やきょりなどが、ごくわずかであるようす。ほんの。例 ものの五分《ごふん》もあれば修理《しゅうり》できます。

ものの 助詞 （ほかのことばのあとにつけて）けれども。しかし。例 会場《かいじょう》に行《い》ってみたものの、中《なか》には入《はい》れなかった。

もののかず【物の数】 とくに数《かぞ》え上《あ》げるほどの値打《ねう》ちがあるもの。例 校庭十周《こうていじっしゅう》などは物の数ではない。使い方 ふつう、あとに「ない」などのことばがくる。

もののけ【物の怪】 名詞 人《ひと》にとりついてわざわいをあたえるといわれる、死《し》んだ人《ひと》の霊《れい》や生《い》きている人《ひと》の霊《れい》。または妖怪《ようかい》など。

もののはずみ【物の弾み】 そのときのちょっとした勢《いきお》い。その場《ば》の成《な》り行《ゆ》き。例 物の弾みで学級《がっきゅう》委員《いいん》に立候補《りっこうほ》することになった。

ものほし【物干し】 名詞 洗濯物《せんたくもの》などを干《ほ》すこと。また、そのための場所《ばしょ》や台《だい》。例 物干しざお。

ものまね【物まね】 名詞 動詞 人《ひと》や動物《どうぶつ》などの、声《こえ》や動作《どうさ》をまねること。また、その芸《げい》。例 ライオンの鳴《な》き声《ごえ》の物まね。

ものみ【物見】 名詞
❶見物《けんぶつ》すること。例 物見遊山《ゆさん》（＝あちこちを見物《けんぶつ》して回《まわ》ること）。
❷戦《たたか》いのとき、敵《てき》のようすをさぐること。また、その人《ひと》。
❸「物見《ものみ》やぐら」の略《りゃく》。
使い方 古《ふる》い言《い》い方《かた》。

ものみだかい【物見高い】 形容詞 なんでもめずらしがって見《み》たがるようす。例 物見高い人々《ひとびと》が集《あつ》まってきた。

ものみやぐら【物見やぐら】 名詞 遠《とお》くを見《み》わたすための、高《たか》い建物《たてもの》や台《だい》。物見《ものみ》。

ものめずらしい【もの珍しい】 形容詞 なんとなくめずらしい。いかにもめずらしい。例 初《はじ》めての海外旅行《かいがいりょこう》では、見《み》るものすべてがもの珍しかった。

伝統的《でんとうてき》な言語文化《げんごぶんか》

落語《らくご》

「落《お》ち」が決《き》め手《て》のおもしろ話《ばなし》

「まんじゅうこわい」という話《はなし》を聞《き》いたことがあるかな？　これは落《らく》語《ご》の演目《えんもく》（＝作品《さくひん》）の一《ひと》つだ。仲間《なかま》が集《あつ》まっておたがいの「こわいもの」を教《おし》え合《あ》っていたとき、こわいものなどないと言《い》っていた男《おとこ》が「思《おも》い出《だ》した！　おれはまんじゅうがこわい！」とうそをつく。そして、仲《なか》間《ま》のみんなからまんまとまんじゅうをもらってしまう、という話《はなし》だよ。

落語《らくご》は、おもにおもしろい話《はなし》で人《ひと》を笑《わら》わせる話芸《わげい》の一《ひと》つだよ。舞台《ぶたい》に正座《せいざ》したまま、せりふだけで一人《ひとり》で何役《なんやく》も演《えん》じ分《わ》けるんだ。子供《こども》も大人《おとな》も、殿様《とのさま》も家来《けらい》も、全部一人《ぜんぶひとり》で演《えん》じるよ。大《おお》きな道具《どうぐ》も衣装《いしょう》もなく、使《つか》う道具《どうぐ》は手《て》ぬぐいと扇子《せんす》だけ。落《らく》語家《ごか》が使《つか》うと、手《て》ぬぐいは本《ほん》にも財《さい》布《ふ》にも、扇子《せんす》はお盆《ぼん》にも箸《はし》にも見《み》えてくるから不思議《ふしぎ》だよ！

そして話《はなし》の最後《さいご》には「落《お》ち」がつく。しゃれやどんでん返《がえ》しで、「してやられた！」「そんなのあり？」と笑《わら》わせてくれるよ。「寿限無《じゅげむ》」や「目黒《めぐろ》のさんま」などのお話《はなし》は聞《き》いたことがあるかな。ぜひ寄席《よせ》で実際《じっさい》の落語《らくご》を見《み》てみたいね。

もっとみてみよう！

- 「おもしろ落語図書館《らくごとしょかん》」（大日本図書《だいにほんとしょ》）
- 「こども伝統芸能《でんとうげいのう》シリーズ３　落《らく》語《ご》」（アリス館《かん》）
- 「日本《にほん》の伝統芸能《でんとうげいのう》７」（小峰書店《こみねしょてん》）

読書のこみち　高 中 低　『ピーターのいす』エズラ・ジャック・キーツ作《さく》・絵《え》　ピーターの家《いえ》には、生《う》まれたばか
せん。そんな心《こころ》の動《うご》きをやさしくえがいた絵本《えほん》。

ものもち【物持ち】 名詞 ❶お金《かね》や物《もの》をたくさん持《も》っていること。また、その人《ひと》。金持《かねも》ち。❷物《もの》を大事《だいじ》にして、長持《ながも》ちさせること。例 祖《そ》母《ぼ》は物持ちがいい。

ものものしい【物物しい】 形容詞 ❶いかにも厳《きび》しい。例 物々しい警備《けいび》。❷大《おお》げさなようす。例 まるで外国《がいこく》にでも行《い》くような物々しい荷物《にもつ》だ。

ものもらい【物もらい】 名詞 ❶人《ひと》から物《もの》やお金《かね》をめぐんでもらって生活《せいかつ》する人《ひと》。こじき。❷まぶたにできる小《ちい》さなはれもの。使い方 くだけた言《い》い方《かた》。

ものやわらか【もの柔らか】 形容動詞 態《たい》度《ど》・性格《せいかく》・ことばなどが、おだやかなようす。例 もの柔らかな人《ひと》／もの柔らかに応対《おうたい》する。

モノレール (monorail) 名詞 レールが一本《いっぽん》の鉄道《てつどう》。列車《れっしゃ》がレールにつり下《さ》がって走《はし》るものと、レールの上《うえ》にまたがって走《はし》るものとがある。

モノレール

モノローグ ⇩936ページ どくはく❷

ものわかり【物分かり】 名詞 人《ひと》の考《かんが》え方《かた》や気《き》持《も》ちなどを、よく理解《りかい》すること。例 物分かりのよい人《ひと》。

ものわかれ【物別れ】 名詞 話《はな》し合《あ》いなどが、みんなの意見《いけん》がまとまらないまま終《お》わること。例 会議《かいぎ》は物別れに終《お》わった。

ものわすれ【物忘れ】 名詞 動詞 ものごとを忘《わす》れてしまうこと。例 最近《さいきん》物忘れがひどい。

ものわらい【物笑い】 名詞 人《ひと》からばかにされ、笑《わら》われること。例 大失敗《だいしっぱい》をして物笑いの種《たね》になる。

モバイル (mobile) 名詞 小型《こがた》のパソコンなどの、小《ちい》さくて軽《かる》く、持《も》ち運《はこ》びができる電子機器《でんしきき》。

もはや 副詞 今《いま》となっては、もう。すでに。例 今《いま》ごろ気《き》がついても、もはや手《て》おくれだ。

もはん【模範】 名詞 ほかの手本《てほん》となるもの。正《ただ》しいあり方《かた》。例 模範解答《かいとう》／後輩《こうはい》に模範を示《しめ》す。

モビール (mobile) 名詞 細《ほそ》い針金《はりがね》や糸《いと》に、いろいろな形《かたち》の木《き》や金属《きんぞく》などの板《いた》をつり下《さ》げ、つりあいをとってゆれ動《うご》くかざり。

モビール

もふく【喪服】 名詞 葬式《そうしき》などのときに着《き》る服《ふく》。ふつう黒《くろ》い色《いろ》。

もほう【模倣】 名詞 動詞 ほかのものをまねること。似《に》せること。例 人《ひと》のやり方《かた》を模倣する。対 創造《そうぞう》。

もみ 名詞 松《まつ》のなかまの高《たか》い木《き》。細《ほそ》い緑《みどり》の葉《は》を一《いち》年《ねん》じゅうつけている。建築《けんちく》や家具《かぐ》などの材料《ざいりょう》になるほか、クリスマスツリーとしても使《つか》われる。ことば 漢字《かんじ》では「樅」と書《か》く。

もみ 名詞 季語 秋 ❶いねからとったままの、もみがらのついた米《こめ》。❷「もみがら」の略《りゃく》。

もみ❶

もみあう【もみ合う】 動詞 入《い》り乱《みだ》れて、おし合《あ》うなどして争《あらそ》う。例 列車《れっしゃ》から降《お》りようとしてもみ合う。

もみがら【もみ殻】 名詞 米《こめ》を包《つつ》んでいる、外《そと》側《がわ》のかたい皮《かわ》。もみ。

もみけす【もみ消す】 動詞 ❶もんで火《ひ》を消《け》す。例 たばこの火《ひ》をもみ消す。❷自分《じぶん》に都合《つごう》の悪《わる》いものごとを、みんなに知《し》られないようにかたづける。例 悪《わる》いうわさをもみ消す／事件《じけん》の証拠《しょうこ》をもみ消す。

もみじ【紅葉】 名詞 季語 秋 ❶秋《あき》に木《き》の葉《は》の色《いろ》が赤《あか》や黄色《きいろ》に変《か》わること。また、その葉《は》。「こうよう」ともいう。❷「かえで」のこと。

もみじがり【紅葉狩り】 名詞 季語 秋 野山《のやま》に出《で》かけて、紅葉《こうよう》を見《み》て楽《たの》しむこと。

もむ 動詞 ❶両手《りょうて》でこすり合《あ》わせたり、おしたりして力《ちから》を加《くわ》える。例 ぞうきんをよくもんで洗《あら》う／きゅうりをもんで漬物《つけもの》を作《つく》る。❷あんまをする。マッサージをする。例 父《ちち》のかたをもむ。❸大勢《おおぜい》で入《い》り乱《みだ》れておし合《あ》う。例 人混《ひとご》みにも

ナナツカマツカで、「片目《かため》」「学者《がくしゃ》」「歌《うた》い猫《ねこ》」など個性豊《こせいゆた》かなねこたちと出会《であ》う。やがてヨゴロウザは、えさ場《ば》としてまとまれるのか？ ヨゴロウザの過去《かこ》は？ 社会《しゃかい》のしくみや心《こころ》の深層《しんそう》を考《かんが》えさせられる長編《ちょうへん》ファンタジー。

まれる。❹心配《しんぱい》する。例 気《き》をもむ。❺厳《きび》しくきたえる。例 世間《せけん》の荒波《あらなみ》にもまれる。❻意見《いけん》を出《だ》し合《あ》って、じゅうぶんに議論《ぎろん》する。例 会議《かいぎ》でよくもんで決定《けってい》する。

もめごと【もめ事】 名詞 けんかや争《あらそ》いごと。

もめる 動詞 ❶争《あらそ》いが起《お》こる。例 席決《せきぎ》めでもめる。❷心配《しんぱい》で落《お》ち着《つ》かない。例 友《とも》だちがなかなか来《こ》ないので気《き》がもめる。

もめん【木綿】 名詞 綿《わた》の実《み》からとったせんい。また、それからつくった糸《いと》や布《ぬの》。綿《めん》。例 木綿のシャツ。

もも 名詞 足《あし》のひざから上《うえ》の部分《ぶぶん》。例 太《ふと》もも。図 ➡ 287ジペー からだ

もも【桃】 名詞 季語 秋 ばらのなかまの木《き》の一《ひと》つ。春《はる》、白《しろ》やうす赤《あか》い花《はな》がさく。あまく香《かお》りのよい実《み》がなる。

ことば 秋《あき》の季語《きご》として使《つか》うのは、ももの実《み》の意味《いみ》。「ももの花《はな》」の季語《きご》は春《はる》。

もも【桃】

● **桃《もも》くり三年《さんねん》柿《かき》八年《はちねん》** ことわざ 芽《め》が出《で》てから実《み》をつけるまで、ももとくりは三年《さんねん》、かきは八年《はちねん》かかるということ。

● **桃《もも》の節句《せっく》** ➡ 1325ジペー もものせっく

ももいろ【桃色】 名詞 ももの花《はな》のような、うす赤《あか》い色《いろ》。ピンク。

ももいろ

もものせっく【桃の節句】 名詞 季語 春 三月三日《さんがつみっか》の節句《せっく》。女《おんな》の子《こ》のお祝《いわ》いをする。ひな祭《まつ》り。

ももひき 名詞 足《あし》にはく、ぴったりとしたズボンのようなもの。仕事着《しごとぎ》や下着《したぎ》にする。

もや 名詞 空中《くうちゅう》に低《ひく》く立《た》ちこめるきり。例 朝《あさ》もやが立《た》つ。参考 一《いち》キロメートル以上《いじょう》先《さき》の物《もの》が見《み》える状態《じょうたい》をいい、一《いち》キロメートルより先《さき》の物《もの》が見《み》えない状態《じょうたい》は「霧《きり》」とよぶ。

もやし 名詞 大豆《だいず》などの種《たね》を水《みず》にひたし、暗《くら》いところで芽《め》を出《だ》させたもの。食用《しょくよう》にする。

もやす【燃やす】 動詞 ❶物《もの》に火《ひ》をつけて、燃《も》えるようにする。例 かれ葉《は》を燃やす。❷気持《きも》ちなどを高《たか》ぶらせる。例 音楽《おんがく》への情熱《じょうねつ》を燃やす。漢 ➡ 1019ジペー ねん〔燃〕

もやもや ❶副詞 動詞 けむりやもやなどが、あたりに立《た》ちこめているようす。❷副詞 動詞 ぼんやりとしているようす。例 もやもやした記憶《きおく》をたどる。❸名詞 心《こころ》などがすっきりしないこと。例 胸《むね》のもやもやが消《き》えない。

使い方 ❶❷は、「もやもやと」の形《かたち》でも使《つか》う。

もよう【模様】 名詞 ❶かざりとしてついている図《ず》がらや絵《え》。例 水《みず》玉《たま》の模様／しま模様。❷ようす。ありさま。例 空《そら》模様を伝《つた》える。

もようがえ【模様替え】 名詞 動詞 家具《かぐ》の置《お》き方《かた》や部屋《へや》のかざりつけなどを変《か》え、見《み》かけを新《あたら》しくすること。

もよおし【催し】 名詞 人《ひと》をたくさん集《あつ》めてする行事《ぎょうじ》や会《かい》。例 開店記念《かいてんきねん》の催し。

もよおしもの【催し物】 名詞 人《ひと》を集《あつ》めて行《おこな》う行事《ぎょうじ》や会合《かいごう》。展覧会《てんらんかい》や演奏会《えんそうかい》など。イベント。

もよおす【催す】 動詞 ❶会《かい》などを計画《けいかく》して行《おこな》う。例 集会《しゅうかい》を催す。❷ある気分《きぶん》を起《お》こし始《はじ》める。例 ねむ気《け》を催す。

もより【最寄り】 名詞 いちばん近《ちか》いこと。例 最寄りの駅《えき》まで歩《ある》いて十分《じっぷん》かかる。

もらいなき【もらい泣き】 名詞 動詞 人《ひと》に同情《どうじょう》し、つられて自分《じぶん》も泣《な》くこと。例 気《き》の毒《どく》な話《はなし》に、思《おも》わずもらい泣きをした。

もらいもの【もらい物】 名詞 人《ひと》から物《もの》をもらうこと。また、もらったもの。例 もらい物のクッキーをみんなで分《わ》ける。

もらう 動詞 ❶人《ひと》から物《もの》をあたえられる。おくられる。例 母《はは》からこづかいをもらった。対 やる。❷勝《か》ちを自分《じぶん》のものにする。例 この試合《しあい》はもらったも同《おな》じだ。❸(「…てもらう」の形《かたち》で) そのことをたのんでさせる。例 席《せき》をかわってもらう。対 やる。

使い方 少《すこ》しぞんざいな言《い》い方《かた》なので、親《した》しい人《ひと》や自分《じぶん》と対等《たいとう》の人《ひと》に対《たい》して使《つか》う。目上《めうえ》の人《ひと》には

読書のこみち　高 中 低　『ひげよ、さらば』上野瞭《うえのりょう》　記憶《きおく》をなくしたねこのヨゴロウザは、野良《のら》ねこたちの集《あつ》まるをめぐり野良犬《のらいぬ》と争《あらそ》うため、リーダーにかつぎ上《あ》げられる。はたして、ねこたちは集団《しゅうだん》

「いただく」を使《つか》う。

もらす【漏らす】 動詞 ❶外《そと》にもれるようにする。こぼす。例水《みず》を漏らす／おしっこを漏らす。❷こっそり人《ひと》に知《し》らせる。例秘密《ひみつ》を漏らす。❸ぬかす。落《お》とす。例聞《き》き漏らす。❹心《こころ》に思《おも》うことを口《くち》に出《だ》す。例ぐちを漏らす。

モラル（moral） 名詞 世《よ》の中《なか》で暮《く》らしていく上《うえ》で守《まも》らなければならない、行動《こうどう》のしかたや考《かんが》え方《かた》。道徳《どうとく》。例モラルの低下《ていか》。類倫理《りんり》。

もり 名詞 魚《さかな》などをつきさしてとる道具《どうぐ》。先《さき》にとがった刃《は》がついている。

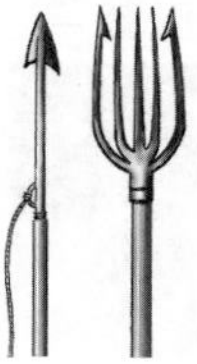
もり

もり【森】 名詞 木《き》がたくさん集《あつ》まって、こんもりとしげっているところ。㊥→659ジペー しん〔森〕

もり【盛り】 名詞 ❶入《い》れ物《もの》に物《もの》を盛《も》ること。また、盛《も》った分量《ぶんりょう》。例大盛《おお》りのごはん。❷「盛《も》りそば」の略《りゃく》。ことば「さかり」と読《よ》むと別《べつ》の意味《いみ》。

もり【守・守り】 名詞 ❶子供《こども》などの世話《せわ》をすること。また、その人《ひと》。例子守《こ》／赤《あか》んぼうの守りをする。❷何《なに》かを守《まも》ること。また、その人《ひと》。例墓守《はか》。㊥→602ジペー しゅ〔守〕

もりあがる【盛り上がる】 動詞 ❶中《なか》からふくらんで高《たか》くなる。例筋肉《きんにく》が盛り上がる。❷気分《きぶん》が高《たか》まる。勢《いきお》いが強《つよ》くなる。例勝《か》とうとする気持《きも》ちが盛り上がってきた。

もりあげる【盛り上げる】 動詞 ❶高《たか》く積《つ》み上《あ》げる。例海岸《かいがん》に砂《すな》を盛り上げる。❷気分《きぶん》や勢《いきお》いを高《たか》める。例祭《まつ》りを盛り上げる。

もりあわせ【盛り合わせ】 名詞 一《ひと》つのうつわに、いろいろな料理《りょうり》をいっしょに盛《も》ったもの。例てんぷらの盛り合わせ。

もりおうがい【森鷗外】 名詞（一八六二～一九二二）明治《めいじ》・大正時代《たいしょうじだい》の小説家《しょうせつか》・軍医《ぐんい》。「舞姫《まいひめ》」「山椒大夫《さんしょうだゆう》」「高瀬舟《たかせぶね》」など、数多《かずおお》くの小説《しょうせつ》を書《か》いた。また、アンデルセンの小説《しょうせつ》「即興詩人《そっきょうしじん》」の翻訳《ほんやく》などでも知《し》られている。

もりおかし【盛岡市】 名詞 岩手県《いわてけん》の中央部《ちゅうおうぶ》にある市《し》。城下町《じょうかまち》として栄《さか》えた。岩手県《いわてけん》の県庁《けんちょう》がある。

もりかえす【盛り返す】 動詞 弱《よわ》まっていた勢《いきお》いを、もとのようにさかんにする。例白組《しろぐみ》が、勢《いきお》いを盛り返して逆転《ぎゃくてん》した。

もりこむ【盛り込む】 動詞 いろいろなものを、たくさんとり入《い》れる。例みんなのアイディアを盛り込んで学級新聞《がっきゅうしんぶん》を作《つく》る。

もりじお【盛り塩】 名詞 料理店《りょうりてん》などで、よいことがあるようにと願《ねが》って、入《い》り口《ぐち》に塩《しお》を小《ちい》さく盛《も》ること。また、その塩《しお》。

もりじお

もりそば【盛りそば】 名詞 ゆでて水《みず》にさらしたそばを、すのこなどの上《うえ》に盛《も》り、つゆにつけて食《た》べるもの。略《りゃく》して「盛《も》り」ともいう。

もりだくさん【盛り沢山】 形容動詞 いろいろなものがたくさんあるようす。例今日《きょう》の学級会《がっきゅうかい》は、議題《ぎだい》が盛り沢山だった。

もりたてる【もり立てる】 動詞 ❶助《たす》けて力《ちから》を出《だ》させる。例新《あたら》しい会長《かいちょう》をもり立てる。❷もう一度《いちど》さかんにする。例兄《あに》と力《ちから》を合《あ》わせ、家《いえ》の仕事《しごと》をもり立てる。

もりつけ【盛り付け】 名詞 動詞 料理《りょうり》を、うつわにきれいにのせること。

もりつける【盛り付ける】 動詞 料理《りょうり》を、うつわにきれいにのせる。

もりつち【盛り土】 名詞 地面《じめん》の上《うえ》に土《つち》を盛《も》って、高《たか》くすること。また、その土《つち》。

モリンホール →1067ジペー ばとうきん

もる【盛る】 動詞 ❶入《い》れ物《もの》にたくさん入《い》れる。例かごになしを盛る。❷高《たか》く積《つ》み上《あ》げる。例土《つち》を盛って固《かた》める。❸薬《くすり》などを混《ま》ぜ合《あ》わせて飲《の》ませる。例毒《どく》を盛る。❹考《かんが》えや意見《いけん》を中《なか》に入《い》れる。例新《あたら》しい意見《いけん》を盛った案《あん》。ことば「さかる」と読《よ》むと別《べつ》の意味《いみ》。

㊥ **も-る【盛】**〔皿《さら》〕11画 6年 音セイ・ジョウ 訓もる・さかる・さかん

は、夏休《なつやす》みにあてのない旅《たび》に出《で》かけます。チムは「火《ひ》のくつ」、お父《とう》さんは「風《かぜ》のサンダル」をはいて、森《もり》や原《はら》……話《はなし》を聞《き》かせてくれます。やがて広《ひろ》い世界《せかい》を知《し》り、自分《じぶん》らしさを認《みと》めていくチム。ドイツの旅《たび》の物語《ものがたり》です。

ノ 厂 万 成 成 成 盛 盛 盛
てんをわすれないように

❶もる。ものをうつわいっぱいにいれる。例 大盛《おおも》り／山盛《やま》り。❷さかんな。勢《いきお》いがある。例 盛夏《せいか》／盛大《せいだい》／花盛《はなざか》り／繁盛《はんじょう》。

もる【漏る】 動詞 液体《えきたい》や気体《きたい》・光《ひかり》などが、すきまや穴《あな》からこぼれて出《で》る。例 屋根《やね》から雨《あめ》が漏る。

モルタル（mortar）名詞 セメントと砂《すな》を混《ま》ぜて、水《みず》で練《ね》ったもの。かべをぬったり、ブロックなどをつなぎ合《あ》わせたりするのに使《つか》う。

モルヒネ（オランダ語）名詞「あへん」にふくまれる成分《せいぶん》。痛《いた》みをおさえるのに使《つか》う薬《くすり》で、麻薬《まやく》の一《ひと》つ。

モルモット（オランダ語）名詞 医学《いがく》の実験《じっけん》などに使《つか》われる、ねずみに似《に》た動物《どうぶつ》。色《いろ》は、白《しろ》・茶《ちゃ》・黒《くろ》のまだらなどがある。「てんじくねずみ」ともいう。

モルモット

もれ【漏れ】 名詞 もれること。ぬけ落《お》ちてしまうこと。例 ガス漏れ／一覧表《いちらんひょう》に漏れがある。事故《じこ》

もれなく【漏れなく】 副詞 残《のこ》らず。全部《ぜんぶ》。例 参加者《さんかしゃ》には漏れなく景品《けいひん》を差《さ》し上《あ》げます。

もれる【漏れる】 動詞 ❶すきまから外《そと》へ出《で》る。例 水筒《すいとう》からお茶《ちゃ》が漏れる／部屋《へや》から美《うつく》しい音色《ねいろ》が漏れてきた。❷かくしていることがほかに知《し》れる。例 秘密《ひみつ》が漏れる。❸ぬける。落《お》ちる。例 メンバーから漏れる。

もろい 形容詞 ❶こわれやすい。くずれやすい。例 栄養《えいよう》がかたよると骨《ほね》がもろくなる。❷心《こころ》に感《かん》じやすい。例 父《ちち》は情《じょう》にもろい。❸弱《よわ》い。例 もろくも一回戦《いっかいせん》で負《ま》けてしまった。

もろこし 名詞 昔《むかし》、中国《ちゅうごく》を指《さ》していったことば。ことば 漢字《かんじ》では「唐土」と書《か》く。

もろこし 名詞 とうもろこしに似《に》た、いねのなかまの植物《しょくぶつ》。「とうきび」ともいう。

もろて【もろ手】 名詞 両方《りょうほう》の手《て》。両手《りょうて》。例 もろ手を挙《あ》げて賛成《さんせい》する。

もろとも【もろ共】 名詞 いっしょに行動《こうどう》すること。ともども。例 自転車《じてんしゃ》もろとも川《かわ》に落《お》ちた。使い方 ふつうかな書《が》きにする。

もろはだ【もろ肌】 名詞 左右《さゆう》のかたからうでにかけてのはだ。また、上半身全部《じょうはんしんぜんぶ》のはだ。例 もろ肌をぬぐ（＝全力《ぜんりょく》をつくす）。

もろみ 名詞 酒《さけ》やしょうゆなどをつくるとちゅうの、まだこしていないもの。

もろもろ 名詞 いろいろなもの。多《おお》くのこと。例 その他《た》もろもろ／もろもろの理由《りゆう》で行《い》けません。

もん【文】 名詞 ❶昔《むかし》、日本《にほん》で使《つか》われていたお金《かね》の単位《たんい》。❷昔《むかし》、日本《にほん》で使《つか》われていた、たびやくつの大《おお》きさの単位《たんい》。一文《いちもん》は約《やく》二・四センチメートル。

もん【門】 名詞 ❶家《いえ》や屋敷《やしき》などの出入《でい》り口《ぐち》。例 門を開《あ》ける／門を出《で》る。❷ある先生《せんせい》に教《おし》えを受《う》けるところ。また、その仲間《なかま》。例 田中先生《たなかせんせい》の門をたたく。

漢↓1180ページ　ぶん〔文〕

漢 **もん【門】**〔門《もんがまえ》〕8画 2年 音 モン 訓 かど

丨 ｢ 𠃍 門 門 門 門 門
とめる　はねる

❶もん。人《ひと》やものが出入《でい》りするところ。例 門《かど》出《で》／門戸《もんこ》／門柱《もんちゅう》／門番《もんばん》／開門《かいもん》／水門《すいもん》／正門《せいもん》。❷いえがら。例 名門《めいもん》。❸なかま。例 門下《もんか》／門《もん》下生《かせい》／門人《もんじん》／一門《いちもん》／入門《にゅうもん》。❹分野《ぶんや》。例 専門《せんもん》／部門《ぶもん》。

もん【紋】 名詞 ❶その家《いえ》に昔《むかし》から伝《つた》わっている家《いえ》のしるし。例 徳川家《とくがわけ》の紋。❷模様《もよう》。図《ず》がら。例 紋の美《うつく》しいちょう。

漢 **もん【問】**〔口《くち》〕11画 3年 音 モン 訓 とう・とい・とん

丨 ｢ 𠃍 門 門 問
とめる　はねる

❶たずねる。とう。きく。例 問《と》い合《あ》わせ／問《と》いただす／問題《もんだい》／問答《もんどう》／学問《がくもん》／疑問《ぎもん》／質問《しつもん》／難《なん》問《もん》。対 答《とう》。❷おとずれる。例 慰問《いもん》／訪問《ほうもん》。

もん【聞】

漢↓1180ページ　ぶん〔聞〕

もんえい【門衛】 名詞 役所《やくしょ》・会社《かいしゃ》・工場《こうじょう》などで、門《もん》のそばにいて、人《ひと》の出入《でい》りを見張《みは》る人《ひと》。

読書のこみち　高 中 低『火《ひ》のくつと風《かぜ》のサンダル』ウェルフェル　自分《じぶん》に自信《じしん》がないチムと、くつ屋《や》のお父《とう》さんっぱをぬけ、川《かわ》をわたり、星空《ほしぞら》のもとでねむり…。つらいときは、お父《とう》さんがおもしろい

類 門番《もんばん》。

もんか【門下】 名詞 ある先生《せんせい》のもとで、教《おし》えを受《う》けること。また、その人《ひと》。例 門下生《せい》。

もんがいかん【門外漢】 名詞 そのことを専《せん》門《もん》としていない人《ひと》。また、あることに関係《かんけい》のない人《ひと》。例 ぼくは医学《いがく》には門外漢です。

もんがいふしゅつ【門外不出】 名詞 とても大切《たいせつ》なものとして、外《そと》に持《も》ち出《だ》したりほかの人《ひと》に貸《か》したりせずに、大事《だいじ》にしまっておくこと。例 門外不出のかけじく。

もんかしょう【文科省】 ⇩1329ページ もんぶかがくしょう

もんかせい【門下生】 名詞 ある先生《せんせい》のもとで、教《おし》えを受《う》ける人《ひと》。弟子《でし》。

もんがまえ【門構え】 名詞
❶門《もん》のつくり。例 りっぱな門構えの家《いえ》。
❷「門」のこと。漢字《かんじ》の部首《ぶしゅ》の一《ひと》つ。門《もん》に関係《かんけい》のある漢字《かんじ》を作《つく》ることが多《おお》い。開・閣・間・関など。

もんきりがた【紋切り型】 名詞 決《き》まりきったやり方《かた》。また、そのようなやり方《かた》で、新《あたら》しさがないこと。例 紋切り型のあいさつ。

もんく【文句】 名詞
❶文章《ぶんしょう》の中《なか》のことば。例 歌《うた》の文句を思《おも》い出《だ》す。
❷不平《ふへい》。苦情《くじょう》。例 学級会《がっきゅうかい》で決定《けってい》したことに文句をつける。

もんげん【門限】 名詞 夜《よる》、玄関《げんかん》や門《もん》を閉《し》める時《じ》刻《こく》。それまでに帰《かえ》ってこなければならない時《じ》刻《こく》。例 うちの門限は九時《くじ》だ。

もんこ【門戸】 名詞
❶出入《でい》り口《ぐち》。門《もん》と戸口《とぐち》。例 門戸を閉《と》ざす。
❷人《ひと》やものの出入《でい》りを制限《せいげん》するもの。例 外国《がいこく》に門戸を開放《かいほう》し、自由《じゆう》な貿易《ぼうえき》を行《おこな》う。
使い方 文章《ぶんしょう》でよく使《つか》うことば。

もんこかいほう【門戸開放】 名詞
❶だれでも自由《じゆう》に出入《でい》りできるようにすること。
❷国《くに》が、港《みなと》や市場《しじょう》を開放《かいほう》して、外国《がいこく》と自由《じゆう》に貿易《ぼうえき》ができるようにすること。

モンゴル ⇩1328ページ モンゴルこく

モンゴルこく【モンゴル国】 名詞 東《ひがし》アジアの、中国《ちゅうごく》とロシアの間《あいだ》にある国《くに》。首都《しゅと》はウランバートル。「蒙古《もうこ》」「モンゴル」ともいう。

（国旗《こっき》）

もんさつ【門札】 名詞 住《す》んでいる人《ひと》の名前《なまえ》を書《か》いて、門《もん》や玄関《げんかん》にかけておく札《ふだ》。類 表札《ひょうさつ》。

もんし【門歯】 名詞 口《くち》のいちばん前《まえ》に並《なら》んでいる歯《は》。人間《にんげん》は上下《じょうげ》四本《よんほん》ずつある。図 ⇩1034ページ は〔歯〕

もんじ【文字】 ⇩1316ページ もじ

もんしょう【紋章】 名詞 家《いえ》・学校《がっこう》・会社《かいしゃ》・団《だん》体《たい》などを表《あらわ》すしるし。

もんしろちょう【紋白ちょう】 名詞 花壇《かだん》や畑《はたけ》などで、よく見《み》かける。季語 春 白《しろ》い羽《はね》に黒《くろ》い斑点《はんてん》のあるちょう。幼虫《ようちゅう》は「あお虫《むし》」という。図 ⇩505ページ こんちゅう

もんじん【門人】 名詞 ある先生《せんせい》について、学《がく》問《もん》などの教《おし》えを受《う》けている人《ひと》。弟子《でし》。類 門弟《もんてい》。

モンスーン ⇩330ページ きせつふう

もんぜん【門前】 名詞 門《もん》の前《まえ》。例 寺《てら》の門前。

● **門前市を成す** 故事成語 その家《いえ》に多《おお》くの人《ひと》が出《で》入《い》りするようすのたとえ。ことば 権力《けんりょく》や名声《めいせい》のある人《ひと》の家《いえ》には訪《たず》ねてくる人《ひと》が多《おお》く、門《もん》の前《まえ》が市場《いちば》のようににぎわう、ということから。

● **門前の小僧習わぬ経を読む** ことわざ ふだんから見聞《みき》きしていることは、自然《しぜん》と身《み》につくものであるということ。ことば 寺《てら》の前《まえ》に住《す》んでいる子供《こども》は、いつも寺《てら》から聞《き》こえてくるお経《きょう》を聞《き》いているので、とくに習《なら》わなくても、お経《きょう》を読《よ》むことができる、ということから。

もんぜんばらい【門前払い】 名詞 訪《たず》ねて来《き》た人《ひと》を、会《あ》わずに追《お》い返《かえ》すこと。例 門前払いを食《く》う。

もんぜんまち【門前町】 名詞 神社《じんじゃ》や寺《てら》を中《ちゅう》心《しん》にして栄《さか》えた町《まち》。参考 伊《い》勢《せ》神宮《じんぐう》のある伊《い》勢《せ》市《し》、善光寺《ぜんこうじ》のある長野市《ながのし》などが有名《ゆうめい》。

モンタージュ（フランス語）名詞 写真《しゃしん》や映画《えいが》などで、いくつかの画面《がめん》やばらばらの部分《ぶぶん》を組《く》み合《あ》わせて、一《ひと》つの画面《がめん》をつくり上《あ》げること。また、そのもの。例 モンタージュ写真《しゃしん》。

もんだい【問題】 名詞
❶答《こた》えを出《だ》させるために聞《き》くことがら。例 試《し》験《けん》の問題を解《と》く。
❷話《はな》し合《あ》ったり考《かんが》えたりして、解決《かいけつ》しなければ

もう片方《かたほう》はこちらに向《む》けるようにしよう。指切《ゆびき》りのしぐさからきているよ。

ならないことがら。例 人口《じんこう》問題／社会《しゃかい》問題。❸人々《ひとびと》の関心《かんしん》を集《あつ》めていることがら。うわさのもと。例 これが問題の本《ほん》です。❹めんどうなことがらや事件《じけん》。例 問題を引《ひ》き起《お》こす。

もんだいがい【問題外】 名詞 問題《もんだい》としてとり上《あ》げる価値《かち》がないこと。例 きみの提案《ていあん》は問題外だ。類 論外《ろんがい》。

もんちゃく 名詞 もめごと。争《あらそ》い。例 ひともんちゃく起《お》こす。

もんちゅう【門柱】 名詞 門《もん》の両側《りょうがわ》の柱《はしら》。

もんつき【紋付き】 名詞 もん（＝その家《いえ》のしるし）のついている着物《きもの》。あらたまったときに着《き》る。「紋服《もんぷく》」ともいう。

もんてい【門弟】 名詞 ある先生《せんせい》について教《おし》えを受《う》けている人《ひと》。弟子《でし》。類 門人《もんじん》。

もんどう【問答】 名詞 動詞 ❶質問《しつもん》することと答《こた》えること。❷話《はな》し合《あ》うこと。議論《ぎろん》すること。例 おし問答。

もんどうむよう【問答無用】 名詞 いろいろ話《はな》し合《あ》ってもなんの役《やく》にも立《た》たないこと。話《はな》し合《あ》う必要《ひつよう》がないこと。例 お願《ねが》いに行《い》ったが、問答無用で断《ことわ》られた。

もんどころ【紋所】 名詞 その家《いえ》のしるしになっている模様《もよう》。

もんどりうつ【もんどり打つ】 動詞 宙返《ちゅうがえ》りする。また、くるりとたおれる。例 大《おお》きな体《からだ》が、もんどり打って転《ころ》げ落《お》ちた。

もんなし【文無し】 名詞 お金《かね》をまったく持《も》っていないこと。また、その人《ひと》。一文《いちもん》なし。

もんばん【門番】 名詞 門《もん》のところにいて、人《ひと》の出入《でい》りなどを見張《みは》る人《ひと》。類 門衛《もんえい》。

もんぶかがくしょう【文部科学省】 名詞 教育《きょういく》・科学技術《かがくぎじゅつ》・スポーツ・文化《ぶんか》などについての仕事《しごと》をする国《くに》の役所《やくしょ》。略《りゃく》して「文科省《もんかしょう》」ともいう。

もんぷく【紋服】 ⇩1329ページ もんつき

もんぶしょうしょうか【文部省唱歌】 名詞 明治時代《めいじじだい》の終《お》わりから昭和《しょうわ》の初《はじ》めごろの音楽《おんがく》の教科書《きょうかしょ》にのっていた曲《きょく》。

モンブラン 名詞 ヨーロッパのアルプス山脈《さんみゃく》でもっとも高《たか》い山《やま》。高《たか》さは四八〇八メートル。フランスとイタリアの国境《こっきょう》にあり、山頂部《さんちょうぶ》は氷河《ひょうが》におおわれている。ことば フランス語《ご》で「白《しろ》い山《やま》」という意味《いみ》。

もんぺ 名詞 働《はたら》くときなどに女《おんな》の人《ひと》がはく、ズボンの一種《いっしゅ》。足首《あしくび》の部分《ぶぶん》がすぼまっている。

もんぺ

もんめ【匁】 名詞 昔《むかし》、日本《にほん》で使《つか》われていた重《おも》さの単位《たんい》。一匁《いちもんめ》は一貫《いっかん》の千分《せんぶん》の一《いち》で、三・七五グラム。

もんもう【文盲】 名詞 文字《もじ》の読《よ》み書《か》きができないこと。また、その人《ひと》。

もんよう【文様・紋様】 名詞 かざりとしてつけられた図《ず》がら。同《おな》じ図《ず》がらのくり返《かえ》しでできているものをいうことが多《おお》い。例 波《なみ》の文様。

や

ヤ

下《した》の 手話にチャレンジ を見《み》よう。

や 助詞 （ほかのことばのあとにつけて）❶ものごとを並《なら》べていうときに使《つか》うことば。例 りんごやみかんなどの果物《くだもの》を買《か》った。❷…とすぐ。…と同時《どうじ》に。例 家《いえ》に帰《かえ》るや、買《か》ってきた本《ほん》を開《ひら》いた。❸さそったり、呼《よ》びかけたりするときに使《つか》うことば。例 帰《かえ》ろうや／春子《はるこ》や、ちょっとおいで。❹意味《いみ》を強《つよ》めるときに使《つか》うことば。例 今《いま》や大《たい》会《かい》の幕《まく》は切《き》って落《お》とされた。❺軽《かる》く言《い》いきったり、感動《かんどう》をこめて言《い》いきったりするときに使《つか》うことば。例 これでいいや／この本《ほん》はとてもおもしろいや。使い方 ❸は、目上《めうえ》の人《ひと》には使《つか》わない。

や【八】（ほかのことばの前《まえ》につけて）「やっつ」「数《かず》が多《おお》い」の意味《いみ》を表《あらわ》す。例 七転《ななころ》び八起《お》き／八重桜《えざくら》。漢 ⇩1061ページ はち〔八〕

や【矢】 名詞 昔《むかし》、かりや戦《たたか》いに使《つか》った武器《ぶき》。弓《ゆみ》で遠《とお》くへ飛《と》ばす。図 ⇩1359ページ ゆみや　漢 ⇩1330ページ や〔矢〕

● **矢《や》の催促《さいそく》** 矢《や》を次々《つぎつぎ》に射《い》るように、ひっきりなしにせき立《た》てること。例 金《かね》を返《かえ》せと矢の催促だ。

手話にチャレンジ　約束《やくそく》　両手《りょうて》の小指《こゆび》をからませる。ほかの指《ゆび》はにぎっておく。両手《りょうて》のこうは、片方《かたほう》は向《む》こうに、

●**矢《や》のように**　飛《と》んでいく矢《や》のように速《はや》く進《すす》むことのたとえ。例 月日《つきひ》が矢のように過《す》ぎ去《さ》る。

●**矢《や》も盾《たて》もたまらない**　そのことを考《かん》がえると、じっとしていられない。例 友《とも》だちの声《こえ》を聞《き》き、矢も盾もたまらなくなって遊《あそ》びに出《で》かけた。

漢 **や【矢】**〔矢《や》〕5画 2年 音 シ 訓 や

ノ ⺈ 𠂉 午 矢　つきださない

弓《ゆみ》につがえて、射《い》るもの。や。例 矢印《やじるし》／一矢《いっし》を報《むく》いる（＝しかえしする）／弓矢《ゆみや》。

漢 **や【夜】**〔夕《ゆう》〕8画 2年 音 ヤ 訓 よ・よる

丶 亠 亣 亣 亣 夜 夜　てんをわすれないように

よる。例 夜景《やけい》／夜食《やしょく》／夜中《よなか》／昨夜《さくや》／月夜《つきよ》。対 昼《ちゅう》。

-や【屋】 接尾語 （ほかのことばのあとにつけて）❶商売《しょうばい》や店《みせ》の名《な》を表《あらわ》す。例 肉屋《にくや》／三河屋《みかわや》。❷そのような性質《せいしつ》の人《ひと》であることを表《あらわ》す。例 気《き》どり屋／のんびり屋。

や【家】 名詞 いえ。家庭《かてい》。例 楽《たの》しいわが家。漢 ↓179ジ おく〔屋〕

や【野】 名詞 おおやけの立場《たちば》に対《たい》して、民間《みんかん》。漢 ↓1330ジ や〔野〕

●**野《や》に下《くだ》る**　役人《やくにん》などのおおやけの地位《ちい》にある人《ひと》が、その職《しょく》をはなれて民間《みんかん》の生活《せいかつ》に入《はい》る。例 大臣《だいじん》を退《しりぞ》いて野に下る。

漢 **や【野】**〔里《さと》〕11画 2年 音 ヤ 訓 の

丨 口 日 甲 里 里 野 野 野　はねる

❶のはら。例 野宿《のじゅく》／野外《やがい》／原野《げんや》／平野《へいや》。❷自然《しぜん》のまま。人《ひと》の手《て》が加《くわ》わっていない。例 野生《やせい》／野鳥《やちょう》。❸あらっぽい。いやしい。例 野蛮《やばん》／粗野《そや》。❹民間《みんかん》。政権《せいけん》から外《はず》れている。例 野党《やとう》／在野《ざいや》。❺範囲《はんい》。例 視野《しや》／分野《ぶんや》。❻だいそれた。身分《みぶん》につりあわない。例 野心《やしん》／野望《やぼう》。

ヤード（yard）名詞 イギリスやアメリカなどで使《つか》われている長《なが》さの単位《たんい》。一《いち》ヤードは三《さん》フィートで、約《やく》九十一・四センチメートル。記号《きごう》は「yd」。

やいば【刃】 名詞 刀《かたな》など、刃《は》のついたものをまとめていうことば。刃物《はもの》。例 刃を交《まじ》える（＝たたかう）。

やえ【八重】 名詞 ❶八《やっ》つ、または、たくさん重《かさ》なっていること。❷花《はな》びらがたくさん重《かさ》なっていること。例 八重ざき。対 一重《ひとえ》。

やえい【野営】 名詞 動詞 ❶野山《のやま》にテントを張《は》ってとまること。類 露営《ろえい》。❷軍隊《ぐんたい》が、野山《のやま》に陣地《じんち》を張《は》ること。類 露営《ろえい》。

やえざくら【八重桜】 名詞 季語 春　さくらのなかま。花《はな》びらが何枚《なんまい》も重《かさ》なっている。一重《ひとえ》のさくらよりもおくれてさく。「ぼたんざくら」ともいう。

やえざくら

やえば【八重歯】 名詞 となりの歯《は》に重《かさ》なるように生《は》えている歯《は》。

やおちょう【八百長】 名詞 試合《しあい》や勝負《しょうぶ》ごとで、勝《か》ち負《ま》けを前《まえ》もって決《き》めておき、客《きゃく》には本気《ほんき》で戦《たたか》っているように見《み》せること。ことば 昔《むかし》、八百屋《やおや》の長兵衛《ちょうべえ》、通称《つうしょう》「八百長《やおちょう》」という人《ひと》が、すもうの親方《おやかた》の碁《ご》の相手《あいて》をするときに、手加減《てかげん》して勝負《しょうぶ》したということからきたことば。

やおもて【矢面】 名詞 ❶敵《てき》の矢《や》の飛《と》んでくる正面《しょうめん》。❷質問《しつもん》や非難《ひなん》などを正面《しょうめん》から受《う》ける立場《たちば》。

●**矢面《やおもて》に立《た》つ**　質問《しつもん》や非難《ひなん》などを集中的《しゅうちゅうてき》に受《う》ける立場《たちば》に立《た》つ。例 店長《てんちょう》が矢面に立つ。

やおや【八百屋】 名詞 野菜《やさい》や果物《くだもの》を売《う》る店《みせ》。また、売《う》る人《ひと》。

やおら 副詞 ゆっくりと動《うご》きを始《はじ》めるようす。例 やおら口《くち》を開《ひら》いて話《はな》し始《はじ》めた。使い方「いきなり」「急《きゅう》に」という意味《いみ》ではないので注意《ちゅうい》。

やかい【夜会】 名詞 夜《よる》に開《ひら》かれる、社交《しゃこう》のための集《あつ》まり。とくに、舞踏会《ぶとうかい》・晩《ばん》さん会《かい》など。

やがい【野外】 名詞 ❶建物《たてもの》の外《そと》。屋外《おくがい》。例 野外ステージ。❷野原《のはら》。郊外《こうがい》。例 野外へピクニックに行《い》った。

やがいげき【野外劇】 名詞 建物《たてもの》の外《そと》で、自然《しぜん》の景色《けしき》を背景《はいけい》にして行《おこな》う劇《げき》。

やがく【夜学】 名詞 季語 秋　夜《よる》、授業《じゅぎょう》をする学校《がっこう》。例 夜学に通《かよ》う。使い方 古《ふる》い言《い》い方《かた》。

あいうえお　かきくけこ　さしすせそ　たちつてと　なにぬねの　はひふへほ　まみむめも　や ゆ よ　らりるれろ　わ を ん

たあやつり人形《にんぎょう》のピノッキオ。わがままでおじいさんを困《こま》らせ、家《いえ》を飛《と》び出《だ》したピノッキオが、うそをついて覚《ざ》めていきます。やんちゃで気《き》まぐれなピノッキオは、「いい子《こ》」のからを破《やぶ》った、子供《こども》のヒーローかも？

やかた【屋形・館】 名詞 ❶昔《むかし》、身分《みぶん》の高《たか》い人《ひと》の住《す》んだりっぱな家《いえ》。屋《や》敷《しき》。例 大名《だいみょう》の館あと。❷屋根《やね》の形《かたち》をしたもの。例 屋形船《ぶね》／屋形車《ぐるま》。

漢 ➡296ジペー かん〔館〕

やかたぶね【屋形船】 名詞 日本風《にほんふう》の屋根《やね》をつけた遊覧船《ゆうらんせん》。

やがて 副詞 ❶間《ま》もなく。もうすぐ。例 父《ちち》はやがて帰《かえ》ってきます。❷時《とき》が過《す》ぎて。いつの日《ひ》か。例 人《ひと》のためにしたことが、やがて自分《じぶん》のためになる。

やかましい 形容詞 ❶声《こえ》や物音《ものおと》が大《おお》きくてうるさい。そうぞうしい。例 車《くるま》の音《おと》がやかましい。❷厳《きび》しい。例 交通規則《こうつうきそく》がやかましくなった。❸好《この》みなどが難《むずか》しい。例 祖父《そふ》は味《あじ》つけにやかましい。

やかん 名詞 注《そそ》ぎ口《ぐち》のついた、湯《ゆ》をわかす道具《どうぐ》。

ことば 漢字《かんじ》では「薬缶」などと書《か》く。もともとは薬草《やくそう》などを煮《に》つめるのに使《つか》われたことから。

やかん【夜間】 名詞 夜《よる》の間《あいだ》。夜《よる》。例 夜間工事《こうじ》。

対 日中《にっちゅう》。昼間《ひるま》。

やき【焼き】 名詞 ❶焼《や》くこと。焼《や》いた具合《ぐあい》。例 焼きのよい皿《さら》。❷刀《かたな》の刃《は》などを、高《たか》い温度《おんど》で焼《や》いて水《みず》などの中《なか》に入《い》れ、急《きゅう》に冷《ひ》やしてかたくすること。

● **焼《や》きが回《まわ》る** おとろえて、にぶくなる。ことば 刀《かたな》の刃《は》などに焼《や》きを入《い》れるとき、火《ひ》が回《まわ》りすぎるとかえって切《き》れ味《あじ》が悪《わる》くなることから。

● **焼《や》きを入《い》れる** ❶刀《かたな》の刃《は》などを、高《たか》い温度《おんど》で焼《や》いて水《みず》などの中《なか》に入《い》れ、急《きゅう》に冷《ひ》やしてかたくする。❷だらけている人《ひと》の気《き》を引《ひ》きしめるために、厳《きび》しい指導《しどう》などをする。

やぎ 名詞 羊《ひつじ》に似《に》た家畜《かちく》。おすは下《した》あごにひげがある。毛《け》や皮《かわ》が利用《りよう》され、肉《にく》と乳《ちち》は食用《しょくよう》になる。

ことば 漢字《かんじ》では「山羊」と書《か》く。

やぎ

やきいれ【焼き入れ】 名詞 刃物《はもの》などをつくるとき、高《たか》い温度《おんど》で焼《や》いてから水《みず》などの中《なか》に入《い》れ、急《きゅう》に冷《ひ》やすこと。かたくするために行《おこな》う。

やきいん【焼き印】 名詞 火《ひ》で熱《ねっ》して物《もの》におし当《あ》ててあとをつける、金属《きんぞく》でできた印《いん》。また、それでおしてつけたしるし。類 らく印《いん》。

やきうち【焼き打ち・焼き討ち】 名詞 動詞 敵《てき》の城《しろ》や陣地《じんち》、町《まち》などに火《ひ》をつけてせめること。

やきざかな【焼き魚】 名詞 火《ひ》であぶって焼《や》いた魚《さかな》。

やきそば【焼きそば】 名詞 蒸《む》した中国風《ちゅうごくふう》のめんを肉《にく》や野菜《やさい》などといっしょに油《あぶら》でいためた料理《りょうり》。また、油《あぶら》であげた中国風《ちゅうごくふう》のめんに肉《にく》や野菜《やさい》などで作《つく》ったあんをかけた料理《りょうり》。

やきたて【焼きたて】 名詞 焼《や》いたばかりであること。例 焼きたてのパン。

やきつく【焼き付く】 動詞 ❶焼《や》けてくっつく。焼《や》けつく。❷印象《いんしょう》が強《つよ》く残《のこ》る。例 あのときの光景《こうけい》が目《め》に焼き付いている。

やきつくす【焼き尽くす】 動詞 残《のこ》るものがないほど、すっかり焼《や》く。全部《ぜんぶ》焼《や》く。例 山火《やまか》事《じ》が森林《しんりん》を焼き尽くした。

やきつけ【焼き付け】 名詞 動詞 ❶現像《げんぞう》したフィルムから写真《しゃしん》をつくること。❷瀬戸物《せともの》に絵《え》や文字《もじ》をかいて、もう一度《いちど》かまで焼《や》くこと。

やきつける【焼き付ける】 動詞 ❶焼《や》いた金属《きんぞく》をおしつけて、しるしをつける。❷瀬戸物《せともの》に絵《え》や文字《もじ》をかいて、もう一度《いちど》かまで焼《や》く。例 皿《さら》に富士山《ふじさん》の絵《え》を焼き付ける。❸現像《げんぞう》したフィルムから写真《しゃしん》をつくる。❹心《こころ》に強《つよ》く残《のこ》す。例 忘《わす》れないように、その風《ふう》景《けい》を目《め》にしっかりと焼き付けた。

やきとり【焼き鳥】 名詞 鳥《とり》の肉《にく》や内臓《ないぞう》などを小《ちい》さく切《き》ってくしにさし、火《ひ》であぶった料理《りょうり》。

やきなおし【焼き直し】 名詞 動詞 ❶もう一度《いちど》焼《や》くこと。❷前《まえ》につくった作品《さくひん》を少《すこ》しだけ直《なお》して、新《あたら》しいもののように見《み》せること。また、その作品《さくひん》。例 これは昔《むかし》の映画《えいが》の焼き直しだ。

やきにく【焼き肉】 名詞 肉《にく》をあぶって焼《や》いたもの。とくに、牛《うし》やぶたなどの肉《にく》を焼《や》きながら食《た》べる料理《りょうり》。

読書のこみち　高 中 低 『ピノッキオのぼうけん』コルローディ　ジェッペットじいさんが、1本《ぽん》の丸太《まるた》から作《つく》った鼻《はな》がのびたり、さめに飲《の》みこまれたりとさまざまな冒険《ぼうけん》の果《は》てに、人間《にんげん》らしい愛情《あいじょう》に目《め》

やきはた【焼き畑】 名詞 野山《のやま》の草木《くさき》を焼《や》きはらい、その灰《はい》を肥《こ》やしにしてそこに作物《さくもつ》をつくる農業《のうぎょう》のやり方《かた》。また、その畑《はたけ》。「やきばた」ともいう。

やきはらう【焼き払う】 動詞 すっかり焼《や》いて、何《なに》も残《のこ》らないようにする。

やきぶた【焼き豚】 ⇩834ページ《ジ》 チャーシュー

やきまし【焼き増し】 名詞 動詞 同《おな》じ写真《しゃしん》を何《なん》枚《まい》も焼《や》きつけること。

やきもき［と］ 副詞 動詞 どうなることかと心《しん》配《ぱい》して、いらいらするようす。例 なかなか友《とも》だちが来《こ》ないので、やきもきして待《ま》っていた。

やきもち【焼き餅】 名詞
❶人《ひと》をねたむこと。しっと。例 新《あたら》しい洋服《ようふく》を買《か》ってもらった妹《いもうと》に焼き餅をやく。
❷焼《や》いたもち。

やきもの【焼き物】 名詞
❶土《つち》で形《かたち》をつくり、焼《や》いたもの。陶器《とうき》や磁器《じき》など。
❷魚《さかな》や肉《にく》などを焼《や》いた食《た》べ物《もの》。

やきゅう【野球】 名詞 九人《くにん》で一《いっ》チームをつくり、二《に》チームがかわるがわる相手投手《あいてとうしゅ》の投《な》げる球《たま》を打《う》って点《てん》を争《あらそ》う競技《きょうぎ》。ベースボール。
ことば 試合《しあい》は「一戦《いっせん》」「一試合《いっしあい》」「一《いち》ゲーム」と数《かぞ》える。

やきん【冶金】 名詞 鉱石《こうせき》から金属《きんぞく》をとり出《だ》し、手《て》を加《くわ》えて役《やく》に立《た》つものにすること。

やきん【夜勤】 名詞 動詞 夜《よる》、勤《つと》めに出《で》ること。また、その勤《つと》め。

やく 動詞 ほかの人《ひと》をうらやんでにくらしいと思《おも》う。例 二人《ふたり》の仲《なか》がよいのをやく。
ことば 漢字《かんじ》では「妬く」と書《か》く。

やく【厄】 名詞
❶わざわい。災難《さいなん》。例 厄よけ／厄はらい。
❷「厄年《やくどし》」の略《りゃく》。例 厄が明《あ》ける。

やく【役】 名詞
❶受《う》け持《も》った務《つと》め。例 会場《かいじょう》の準備《じゅんび》をする役。
❷芝居《しばい》などで、俳優《はいゆう》が演《えん》じる人物《じんぶつ》。例 役を演《えん》じる／おひめ様《さま》の役を見事《みごと》にこなす。

漢 ⇩1332ページ《ジ》 やく〔役〕

●**役《やく》に立《た》つ** 求《もと》められたことについて、じゅうぶんはたらきがある。使《つか》ってためになる。役立《やくだ》つ。例 急《きゅう》な雨《あめ》で、持《も》ってきたかさが役に立った。

漢 **やく【役】** 〔彳〕ぎょうにんべん 7画 3年 音 ヤク・エキ

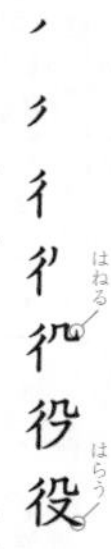

❶やくめ。受《う》け持《も》ちのしごと。例 役員《やくいん》／役所《やくしょ》／役人《やくにん》／重役《じゅうやく》／労役《ろうえき》。❷つかう。はたらかせる。例 使役《しえき》。❸芝居《しばい》などでのやくめ。例 役者《やくしゃ》／主役《しゅやく》／配役《はいやく》。❹戦争《せんそう》。例 文永《ぶんえい》の役《えき》。

漢 **やく【約】** 〔糸〕いとへん 9画 4年 音 ヤク

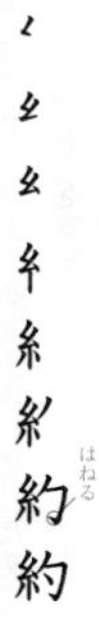

❶とりきめる。ちかう。例 約束《やくそく》／公約《こうやく》／条約《じょうやく》／予約《よやく》。❷みじかくまとめる。簡単《かんたん》にする。例 約分《やくぶん》／要約《ようやく》。❸ひかえめにする。例 倹約《けんやく》／節約《せつやく》。❹およそ。だいたい。例 約百人《やくひゃくにん》。

ガッテン外国語教室

焼《や》いたり煮《に》たり

料理《りょうり》にかかわる動詞《どうし》は、言語《げんご》によってちがう。たとえば日本語《にほんご》では「焼《や》く」「いためる」「あぶる」などと言《い》い分《わ》けるね。英語《えいご》でも、じか火で焼くときは「grill《グリル》」、オーブンなどを使《つか》うときは「roast《ロースト》」、オーブンでもケーキやパンのときは「bake《ベイク》」、切《き》ったパンをこんがり焼《や》くときは「toast《トースト》」というよ。また日本語《にほんご》では「煮《に》る」「ゆでる」「たく」などというけれど、英語《えいご》ではこれらは「boil《ボイル》」で、ぐつぐつ煮《に》るのは「simmer《シマー》」、とろ火《び》で煮《に》こむのは「stew《スチュー》」などと言《い》い分《わ》けるんだ。

やく【益】 漢 ⇩150ページ《ジ》 えき〔益〕

やく【訳】 名詞
❶ある国《くに》や地域《ちいき》のことばをほかの国《くに》や地域《ちいき》のことばに直《なお》すこと。また、そのもの。例 英文《えいぶん》に日本語《にほんご》の訳をつける。
❷難《むずか》しいことばや文章《ぶんしょう》をわかりやすいものに直《なお》すこと。また、そのもの。例 古文《こぶん》に現代語《げんだいご》訳をつける。

漢 **やく【訳】** 〔言〕ごんべん 11画 6年 音 ヤク 訓 わけ

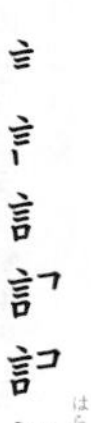

❶やくす。あることばを、別《べつ》のことばにかえる。例 訳者《やくしゃ》／訳文《やくぶん》／英訳《えいやく》／直訳《ちょくやく》／通訳《つうやく》／翻《ほん》訳《やく》。❷わけ。意味《いみ》。理由《りゆう》。例 言《い》い訳《わけ》。

スの田舎《いなか》の親戚《しんせき》の屋敷《やしき》に引《ひ》きとられました。そこで遠慮《えんりょ》なくものを言《い》う田舎《いなか》の人々《ひとびと》の、素朴《そぼく》な温《あたた》かさに出会《であ》いま
密《みつ》が少《すこ》しずつ見《み》えてきて…。美《うつく》しいヨークシャーの自然《しぜん》を背景《はいけい》にした物語《ものがたり》です。

漢 **やく【薬】**〔艹《くさかんむり》〕16画 3年 音 ヤク 訓 くすり

くすり。例 薬草《やくそう》／薬品《やくひん》／薬用《やくよう》／薬局《やっきょく》／粉薬《こなぐすり》／新薬《しんやく》／農薬。

やく【焼く】 動詞
❶火《ひ》をつけて燃《も》やす。例 古《ふる》い手紙《てがみ》を焼く。
❷火《ひ》であぶる。例 さんまを焼く。
❸日光《にっこう》に当《あ》てて、はだを黒《くろ》くする。例 海《うみ》で背《せ》中《なか》を焼く。
❹焼《や》き物《もの》・れんが・炭《すみ》などをつくる。例 自分《じぶん》の手《て》で茶《ちゃ》わんを焼く。
❺フィルムから写真《しゃしん》をつくる。例 写真《しゃしん》を焼く。
❻あれこれ気《き》をつかってめんどうをみる。例 母《はは》は人《ひと》の世話《せわ》を焼くのが好《す》きだ。

↓1332ページ 外国語教室

漢 **やく【焼】**〔火《ひへん》〕12画 4年 音 ショウ 訓 やく・やける

元としない

やく。もえる。もやす。例 焼失《しょうしつ》／焼き物《やきもの》／延焼《えんしょう》／全焼《ぜんしょう》／燃焼《ねんしょう》／日焼け《ひやけ》／夕焼け《ゆうやけ》／類焼《るいしょう》。

やぐ【夜具】 名詞 ねるときに使《つか》うもの。布団《ふとん》・まくら・毛布《もうふ》など。類 寝具《しんぐ》。

やくいん【役員】 名詞
❶ある役目《やくめ》を受《う》け持《も》つ人《ひと》。例 委員会《いいんかい》の役員。
❷会社《かいしゃ》や団体《だんたい》で、社長《しゃちょう》や重役《じゅうやく》など、とくに大《だい》事《じ》な仕事《しごと》をする人《ひと》。

やくおとし【厄落とし】 名詞 季語 冬 災難《さいなん》にあわないようにするために、寺社《じしゃ》におまいりしたり、まじないをしたりすること。

やくがい【薬害】 名詞 病気《びょうき》やけがを治《なお》すための薬《くすり》によって、別《べつ》の悪《わる》い症状《しょうじょう》が引《ひ》き起《お》こされること。また、農薬《のうやく》などによって受《う》ける害《がい》。

やくがく【薬学】 名詞 薬《くすり》の作《つく》り方《かた》・性質《せいしつ》・効《き》き目《め》などについて研究《けんきゅう》する学問《がくもん》。

やくがら【役柄】 名詞
❶役目《やくめ》の性質《せいしつ》。例 学級《がっきゅう》委員《いいん》という役柄をわきまえる。
❷劇《げき》の中《なか》の登場人物《とうじょうじんぶつ》の性質《せいしつ》。

やくご【訳語】 名詞 ある国《くに》のことばや古《ふる》いことばをほかの国《くに》や現代《げんだい》のことばに直《なお》したときのことば。対 原語《げんご》。

やくざい【薬剤】 名詞 いくつかの薬《くすり》を混《ま》ぜ合《あ》わせてつくった薬《くすり》。薬品《やくひん》。

やくざいし【薬剤師】 名詞 いろいろな薬《くすり》を混《ま》ぜ合《あ》わせ、病気《びょうき》に合《あ》わせた薬《くすり》をつくる資格《しかく》を持《も》っている人《ひと》。

やくしにょらい【薬師如来】 名詞 仏教《ぶっきょう》で、人々《ひとびと》の病気《びょうき》を治《なお》し、苦《くる》しみをとり除《のぞ》くといわれる仏《ほとけ》。

やくしま【屋久島】 名詞 鹿児島県《かごしまけん》の大隅諸島《おおすみしょとう》の一《ひと》つで、種子島《たねがしま》の南西《なんせい》にある島《しま》。屋久杉《やくすぎ》の自然林《しぜんりん》があり、世界自然遺産《せかいしぜんいさん》に登録《とうろく》された。屋久《やく》島国立公園《しまこくりつこうえん》の一部《いちぶ》。

やくしまこくりつこうえん【屋久島国立公園】 名詞 鹿児島県《かごしまけん》の屋久島《やくしま》と口永良部《くちのえらぶ》島《じま》からなる国立公園《こくりつこうえん》。

やくしゃ【役者】 名詞
❶芝居《しばい》をする人《ひと》。俳優《はいゆう》。例 売《う》れっ子《こ》の役者。
❷力《ちから》やかけひきなどがすぐれている人《ひと》。例 今年《ことし》のチームはなかなかの役者《やくしゃ》ぞろいだ。

● **役者が一枚上《いちまいうえ》** 相手《あいて》より力《ちから》やかけひきなどがすぐれていること。「役者《やくしゃ》が上《うえ》」ともいう。

やくしゃ【訳者】 名詞 あることばで書《か》かれた文章《ぶんしょう》などを、ほかのことばに直《なお》す人《ひと》。翻訳者《ほんやくしゃ》。

やくしょ【役所】 名詞 国《くに》や都道府県《とどうふけん》・市町《しちょう》村《そん》などの、住民《じゅうみん》のためのおおやけの仕事《しごと》をする所《ところ》。例 市役所／区役所。

やくしん【躍進】 名詞 動詞 すばらしい勢《いきお》いで進歩《しんぽ》・発展《はってん》すること。例 前年《ぜんねん》は最下位《さいかい》だったチームが、躍進して首位《しゅい》になった。

やくす【約す】 動詞
❶約束《やくそく》する。例 再会《さいかい》を約して別《わか》れた。
❷簡単《かんたん》にする。まとめる。例 長《なが》い文章《ぶんしょう》を約して伝《つた》える。
❸算数《さんすう》で、約分《やくぶん》する。
ことば「約《やく》する」ともいう。

やくす【訳す】 動詞
❶ある国《くに》や地域《ちいき》のことばを、ほかの国《くに》や地域《ちいき》のことばに直《なお》す。例 英語《えいご》の詩《し》を日本語《にほんご》に訳す。
❷難《むずか》しいことばや文《ぶん》を、わかりやすいものに直《なお》す。例 平家物語《へいけものがたり》を訳す。
ことば「訳《やく》する」ともいう。

やくすう【約数】 名詞 ある数《かず》を割《わ》りきることができる数《かず》。例 公約数《こうやくすう》／15の約数は、1、3、

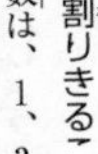

読書のこみち　高 中 低　『秘密《ひみつ》の花園《はなぞの》』バーネット　インドで暮《く》らしていた女《おんな》の子《こ》メアリは、両親《りょうしん》を失《うしな》い、イギリす。夜中《よなか》に聞《き》こえる泣《な》き声《ごえ》のなぞや、10年前《ねんまえ》の悲《かな》しいできごと、閉《と》ざされた庭《にわ》などの秘《ひ》

5、15の四《よっ》つだ。対 倍数《ばいすう》。

やくする【約する】 ↓1333ジペーやくす〔約す〕

やくする【訳する】 ↓1333ジペーやくす〔訳す〕

やくそう【薬草】 名詞 薬《くすり》になる草《くさ》。おおばこ・どくだみなど。

やくそく【約束】 名詞 動詞 ❶相手《あいて》の人《ひと》と、あることについて「こうする」と決《き》めること。また、決《き》めたこと。例 日曜日《にちようび》に友《とも》だちと映画《えいが》に行《い》く約束をした。❷規則《きそく》。決《き》まり。例 学校《がっこう》での約束ごと。

やくだつ【役立つ】 動詞 使《つか》い道《みち》がある。役《やく》に立《た》つ。例 毎日《まいにち》の生活《せいかつ》に役立つ品物《しなもの》。

やくだてる【役立てる】 動詞 役《やく》に立《た》つようにする。効《き》き目《め》があるように使《つか》う。例 家庭科《かていか》で習《なら》ったことを、ふだんの生活《せいかつ》に役立てる。

やくどう【躍動】 名詞 動詞 生《い》き生《い》きと動《うご》くこと。勢《いきお》いよく活動《かつどう》すること。例 躍動感《かん》のある音楽《おんがく》／生命《せいめい》の躍動を表現《ひょうげん》した絵画《かいが》。

やくどし【厄年】 名詞 ❶悪《わる》いことにあいやすいといわれている年齢《ねんれい》。数《かぞ》え年《どし》で、男《おとこ》は二十五才《にじゅうごさい》と四十二才《よんじゅうにさい》、女《おんな》は十九才《じゅうきゅうさい》と三十三才《さんじゅうさんさい》という。❷悪《わる》いできごとが多《おお》い年《とし》。例 こんなに災害《さいがい》が続《つづ》くとは、今年《ことし》は厄年だ。

やくにん【役人】 名詞 国《くに》や都道府県《とどうふけん》・市町村《しちょうそん》などで、役所《やくしょ》に勤《つと》め、おおやけの仕事《しごと》についている人《ひと》。公務員《こうむいん》。

やくば【役場】 名詞 町《まち》や村《むら》にある、住民《じゅうみん》のためのおおやけの仕事《しごと》をする所《ところ》。例 町《まち》役場。

やくはらい【厄払い】 名詞 動詞 季語冬 神《かみ》や仏《ほとけ》にいのって、災難《さいなん》をとり除《のぞ》くこと。「やくばらい」ともいう。類 厄《やく》よけ。

やくび【厄日】 名詞 悪《わる》いことが重《かさ》なって起《お》こる日《ひ》。例 電車《でんしゃ》には乗《の》りおくれるし、財布《さいふ》は忘《わす》れるし、今日《きょう》は厄日だ。

やくひん【薬品】 名詞 ❶薬《くすり》。❷化学変化《かがくへんか》を起《お》こさせるために使《つか》う物質《ぶっしつ》。例 化学《かがく》薬品。

やくぶそく【役不足】 名詞 形容動詞 あたえられた役目《やくめ》が、その人《ひと》の実力《じつりょく》や地位《ちい》に比《くら》べて軽《かる》すぎること。例 野球部《やきゅうぶ》の元部長《もとぶちょう》が球拾《たまひろ》いでは役不足だ。使い方 へりくだって「わたしに委員《いいん》長《ちょう》など役不足《やくぶそく》だ」のように使《つか》わないよう注意《ちゅうい》。

やくぶつ【薬物】 名詞 薬《くすり》として、体《からだ》になんらかのえいきょうをあたえる物質《ぶっしつ》。とくに麻薬《まやく》を指《さ》していうことがある。

やくぶん【約分】 名詞 動詞 分数《ぶんすう》の分母《ぶんぼ》と分子《ぶんし》とを同《おな》じ数《かず》（公約数《こうやくすう》）で割《わ》り、簡単《かんたん》な分数《ぶんすう》にすること。例 $\frac{5}{10}$を約分すると$\frac{1}{2}$となる。

やくぶん【訳文】 名詞 ❶あることばで書《か》かれた文章《ぶんしょう》を、ほかのことばに直《なお》した文章《ぶんしょう》。例 イギリスの詩《し》の訳文。❷昔《むかし》の文章《ぶんしょう》などを、わかりやすく直《なお》した文章《ぶんしょう》。例「源氏物語《げんじものがたり》」の訳文を読《よ》む。

やくほうし【薬包紙】 名詞 粉薬《こなぐすり》を包《つつ》むための紙《かみ》。

やくみ【薬味】 名詞 料理《りょうり》に少《すこ》し加《くわ》えて、味《あじ》を引《ひ》き立《た》たせるもの。とうがらし・こしょう・しょうが・ねぎなど。

やくめ【役目】 名詞 割《わ》り当《あ》てられた、やらなければならない務《つと》め。例 保健委員《ほけんいいん》としての役目を果《は》たす。

やくよう【薬用】 名詞 薬《くすり》として使《つか》うこと。例 薬用植物《しょくぶつ》。

やくよけ【厄よけ】 名詞 災難《さいなん》がふりかからないようにすること。また、その方法《ほうほう》。例 厄よけのお守《まも》り。類 厄払《やくはら》い。

やぐら 名詞 ❶見張《みは》りをしたり、矢《や》を射《い》ったりするために、城《しろ》の石垣《いしがき》や門《もん》などの上《うえ》に高《たか》くつくった建物《たてもの》。❷遠《とお》くのものを見《み》るための高《たか》い建物《たてもの》や台《だい》。例 火《ひ》の見《み》やぐら。❸お祭《まつ》り・ぼんおどり・すもうなどで、太鼓《たいこ》を鳴《な》らしたりするためにつくった高《たか》い台《だい》。❹こたつの、布団《ふとん》をかける木《き》のわく。

やぐら❸

やぐるま【矢車】 名詞 季語夏 矢《や》の形《かたち》をしたものを何本《なんぼん》かじくのまわりにつけ、風《かぜ》で回《まわ》るようにしたもの。こいのぼりのさおの先《さき》などにつける。

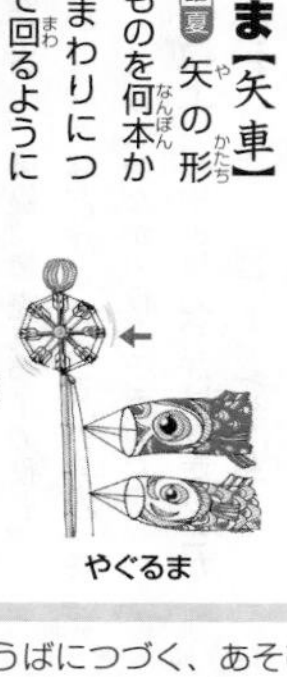
やぐるま

うんどうばにつづく、あそびばがあります。」でも、こうすけが転《ころ》んでけがをしてから入《はい》れません。また遊《あそ》び場《ば》をなったら、たのみもきこうじゃあないか」あまのじゃくな校長先生《こうちょうせんせい》と子供《こども》たちのやりとりが楽《たの》しい絵本《えほん》です。

やくわり【役割】名詞 役目《やくめ》をそれぞれの人《ひと》に割《わ》り当《あ》てること。また、その役目《やくめ》。例 役割を分担《ぶんたん》して掃除《そうじ》をする。

やけ 名詞 ものごとが思《おも》いどおりにならないので、どうにでもなれという、投《な》げやりな気《き》持《も》ちになること。例 試《し》合《あい》に負《ま》けてやけを起《お》こす。

やけあと【焼け跡】名詞 火《か》事《じ》で焼《や》けたあと。

やけい【夜景】名詞 夜《よる》の景《け》色《しき》。

やけい【夜警】名詞 季語冬 火《か》事《じ》やどろぼうなどの用《よう》心《じん》のため、夜《よる》、見《み》回《まわ》ること。また、その人《ひと》。

やけいしにみず【焼け石に水】➡459ページ ことわざ

やけおちる【焼け落ちる】動詞 建《たて》物《もの》が焼《や》けてくずれ落《お》ちる。例 城《しろ》が焼け落ちる。

やけくそ 名詞 「やけ」を強《つよ》めていうことば。例 失《しっ》敗《ぱい》が続《つづ》き、とうとうやけくそになった。

やけだされる【焼け出される】動詞 火《か》事《じ》で家《いえ》が焼《や》けて、住《す》むところがなくなる。

やけただれる【焼けただれる】動詞 ひどいやけどなどで、皮《ひ》膚《ふ》や肉《にく》がくずれる。

やけつく【焼け付く】動詞 焼《や》けてくっつく。こげつく。焼《や》きつく。例 焼け付くような暑《あつ》さ。

やけど 名詞 動詞 火《ひ》や熱《あつ》い湯《ゆ》・焼《や》けたものなどにさわって、皮《ひ》膚《ふ》が赤《あか》くただれること。また、その傷《きず》。例 やけどを負《お》う。

やけに 副詞 むやみに。いやに。例 やけに大《おお》きいと思《おも》ったら、兄《あに》のシャツだった。使い方 くだけた言《い》い方《かた》。

やけのはら【焼け野原】名詞 すっかり焼《や》けて、野《の》原《はら》のように何《なに》もなくなってしまったところ。

やける 動詞 ねたましく思《おも》う。うらやましく思《おも》う。例 あの二《ふた》人《り》は仲《なか》がよくて、やけるなあ。ことば 漢《かん》字《じ》では「妬ける」と書《か》く。

やける【焼ける】動詞
❶燃《も》える。例 火《か》事《じ》で家《いえ》が焼けた。
❷火《ひ》や日《にっ》光《こう》で熱《あつ》くなる。例 砂《すな》浜《はま》が焼けて、はだしで歩《ある》けない。
❸火《ひ》が通《とお》って食《た》べられるようになる。例 魚《さかな》が焼ける。
❹物《もの》に熱《ねつ》が加《くわ》えられてでき上《あ》がる。例 茶《ちゃ》わんがきれいに焼けた。
❺日《にっ》光《こう》に当《あ》たってはだが黒《くろ》くなる。例 日《ひ》に焼けた顔《かお》。
❻日《にっ》光《こう》に当《あ》たって色《いろ》が変《か》わる。例 たたみが焼ける。
❼食《た》べたものがもたれて胸《むね》がむかむかする。例 食《た》べすぎて胸《むね》が焼ける。
❽手《て》がかかる。例 小《ちい》さい子《こ》ほど世《せ》話《わ》が焼ける。
❾空《そら》が赤《あか》く染《そ》まる。例 西《にし》の空《そら》が赤《あか》く焼ける。
漢➡1333ページ やーく〔焼〕

やけん【野犬】名詞 飼《か》い主《ぬし》のいない犬《いぬ》。のら犬《いぬ》。

やご 名詞 とんぼの幼《よう》虫《ちゅう》。池《いけ》やぬまにすみ、小《ちい》さな魚《さかな》などをとって食《た》べる。

やご

やこう【夜行】名詞
❶夜《よる》、行《こう》動《どう》すること。例 夜行性《せい》の動《どう》物《ぶつ》。
❷夜《よる》、走《はし》る列《れっ》車《しゃ》やバス。例 夜行列《れっ》車《しゃ》。

やごう【屋号】名詞
❶商《しょう》店《てん》の呼《よ》び名《な》。「三《み》河《かわ》屋《や》」「朝《あさ》日《ひ》堂《どう》」「来《らい》々《らい》軒《けん》」など。
❷かぶき役《やく》者《しゃ》の家《いえ》の呼《よ》び名《な》。「成《なり》田《た》屋《や》」「音《おと》羽《わ》屋《や》」など。

やこうせい【夜行性】名詞 昼《ひる》間《ま》のうちは休《やす》んでいて、夜《よる》、活《かつ》動《どう》する性《せい》質《しつ》。

やこうちゅう【夜光虫】名詞 季語夏 プランクトンの一《ひと》つ。海《うみ》にういている、直《ちょっ》径《けい》一《いち》ミリメートルくらいの動《どう》物《ぶつ》。夜《よる》、波《なみ》に打《う》たれて青《あお》白《じろ》く光《ひか》る。

やこうとりょう【夜光塗料】名詞 暗《くら》いところでも光《ひか》って見《み》える薬《やく》品《ひん》の入《はい》った塗《と》料《りょう》。

やこうれっしゃ【夜行列車】名詞 夜《よる》に走《はし》る列《れっ》車《しゃ》。

やさい【野菜】名詞 畑《はたけ》で育《そだ》てて食《しょく》用《よう》にする植《しょく》物《ぶつ》。だいこん・じゃがいも・きゅうりなど。

やさがし【家捜し・家探し】名詞 動詞
❶家《いえ》の中《なか》をすみからすみまでさがすこと。
❷住《す》む家《いえ》を探《さが》すこと。

やさき【矢先】名詞 ものごとが始《はじ》まろうとする、ちょうどそのとき。例 出《で》かけようとした矢先に雨《あめ》が降《ふ》り出《だ》した。

やさしい【易しい】形容詞
❶簡《かん》単《たん》なようす。たやすい。例 昨《きの》日《う》のテストは易しかった。対 難《むずか》しい。
❷わかりやすい。例 ニュースの内《ない》容《よう》を易しいことばで解《かい》説《せつ》する／易しく書《か》かれた文《ぶん》章《しょう》。対

読書のこみち　高 中 低　『びゅんびゅんごまがまわったら』宮《みや》川《かわ》ひろ作《さく》　林《はやし》明《あき》子《こ》絵《え》「かえでしょうがっこうには、使《つか》わせてと言《い》うみんなに、校《こう》長《ちょう》先《せん》生《せい》はびゅんびゅんごまをわたしました。「まわせるように

難《むずか》しい。漢⇒150ページ えき〔易〕⇒1336ページ 日本語教室

やさしい【優しい】 形容詞
❶おだやかで、おとなしい。例優しい声《こえ》。
❷品《ひん》がよくて美《うつく》しい。例優しい顔立《かおだ》ち。
❸思《おも》いやりがある。親切《しんせつ》である。例動物《どうぶつ》をかわいがる、心《こころ》の優しい人《ひと》。漢⇒1348ページ ゆう〔優〕

やし 名詞 熱帯《ねったい》地方《ちほう》に生《は》える木《き》。とくにココやしをいう。大《おお》きなかたい実《み》がなり、果肉《かにく》は食用《しょくよう》にしたり、油《あぶら》をとって石《せっ》けんなどの原料《げんりょう》にしたりする。ことば 漢字《かんじ》では「椰子」と書《か》く。

やじ【野次】 名詞 何《なに》かをしている人《ひと》を、大声《おおごえ》で冷《ひ》やかしたりからかったりすること。また、そのことば。例やじを飛《と》ばす。使い方 ふつうかな書《が》きにする。

やじうま【野次馬】 名詞 自分《じぶん》には関係《かんけい》のないできごとを、おもしろがって、人《ひと》の後《うし》ろについてさわいだり見物《けんぶつ》したりする人《ひと》。

やしき【屋敷】 名詞
❶大《おお》きくてりっぱな家《いえ》。
❷家《いえ》の建《た》っている、ひと区切《くぎ》りの土地《とち》。例家《いえ》屋敷。

やしなう【養う】 動詞
❶生活《せいかつ》のめんどうをみる。また、世話《せわ》をして育《そだ》てる。例家族《かぞく》を養う。
❷動物《どうぶつ》を育《そだ》てる。例にわとりを養う。
❸力《ちから》などをたくわえていく。例体力《たいりょく》を養う。
❹だんだんにつくり上《あ》げる。例早《はや》寝《ね》早《はや》起《お》きの習《しゅう》慣《かん》を養う。
使い方「養なう」と書《か》かないよう注意《ちゅうい》。漢⇒1363ページ よう〔養〕

やしゅ【野手】 名詞 野《や》球《きゅう》で、守備側《しゅびがわ》の選手《せんしゅ》のこと。ピッチャーとキャッチャーを除《のぞ》いていうこともある。

やしゅう【夜襲】 名詞 動詞 夜《よる》の暗《くら》やみを利用《りよう》して、敵《てき》を不意《ふい》にせめること。やみ討《う》ち。

やじゅう【野獣】 名詞 野山《のやま》にすむけもの。とくに、性質《せいしつ》のあらいけもの。

やしょく【夜食】 名詞 季語 秋 三度《さんど》の食事《しょくじ》のほかに、夜《よる》おそくに食《た》べる軽《かる》い食事《しょくじ》。

やじり【矢尻】 名詞 矢《や》の先《さき》についている、するどくとがらせたもの。鉄《てつ》などでできている。大昔《おおむかし》は石《いし》や骨《ほね》でつくった。

やじる【野次る】 動詞 話《はなし》をしている人《ひと》や、何《なに》かをしている人《ひと》に、冷《ひ》やかしやからかいのことばをかける。例観客《かんきゃく》にやじられ、調子《ちょうし》がくるった。使い方 ふつうかな書《が》きにする。

やじるし【矢印】 名詞 方向《ほうこう》や位置《いち》などを示《しめ》すための、矢《や》の形《かたち》のしるし。「↓」「⬇」など。

やしろ【社】 名詞 神《かみ》を祭《まつ》ってあるところ。また、その建物《たてもの》。神社《じんじゃ》。漢⇒595ページ しゃ〔社〕

やじろべえ 名詞 長《なが》い横棒《よこぼう》の両端《りょうはし》におもりをつけたおもちゃ。真《ま》ん中《なか》の先《さき》のとがった部分《ぶぶん》を支《ささ》えて、つりあいをとって遊《あそ》ぶ。人形《にんぎょう》の形《かたち》をしたものが多《おお》い。

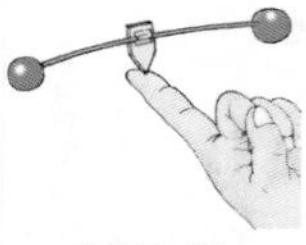

やじろべえ

やしん【野心】 名詞 かないそうもないくらいの、大《おお》きな望《のぞ》み。例野心家／野心をいだく（＝持《も》つ）。類野望《やぼう》。

やすあがり【安上がり】 名詞 形容動詞 お金《かね》があまりかからないこと。安《やす》い費用《ひよう》ですむこと。例買《か》うより自分《じぶん》でつくるほうが安上がりだ。

やすい
❶形容詞 簡単《かんたん》だ。たやすい。例言《い》うのはやすいが、実行《じっこう》するのは難《むずか》しい。対難《かた》い。
❷接尾語（ほかのことばのあとにつけて）…するのが簡単《かんたん》だ。例読《よ》みやすい本《ほん》。対にくい。
❸接尾語（ほかのことばのあとにつけて）…しがちだ。よくそうなる。例ガラスは割《わ》れやすい。対にくい。
ことば 漢字《かんじ》では「易い」と書《か》く。

やすい【安い】 形容詞 品物《しなもの》の値段《ねだん》や料金《りょうきん》が低《ひく》

ガッテン日本語教室

やさしい日本語《にほんご》

日本《にほん》に住《す》む外国人《がいこくじん》向《む》けに作《つく》られた防災《ぼうさい》パンフレットには「避難所《ひなんじょ》（みんなが　にげる　ところ）は安全《あんぜん》です。ぜんぶ無料《むりょう》です。お金《かね》は　いりません。」などと書《か》かれている。日本語《にほんご》がわからない外国人《がいこくじん》のために難《むずか》しいことばをやさしく言《い》いかえるなどして、みんながわかるようにしようという考《かんが》え方《かた》で作《つく》られたものだ。難《むずか》しい日本語《にほんご》を理解《りかい》してもらうのではなく、日本語《にほんご》を「やさしく、単純《たんじゅん》に」して伝《つた》えることも必要《ひつよう》なんだね。

さをつけた小《ちい》さな男《おとこ》の人《ひと》がふわふわ飛《と》んでいるのを見《み》た。勉強《べんきょう》や運動《うんどう》などでクラスでいちばんびりになった子《こ》できるようになるのだ。びりの仲間《なかま》がだんだん増《ふ》え、心《こころ》が通《つう》じていくようすが楽《たの》しいファンタジー。

い。例 安い文房具《ぶんぼうぐ》を買《か》う。対 高《たか》い。漢 ↓61ページ あん〔安〕

やすうけあい【安請け合い】名詞 動詞 仕事《しごと》などを、よく考《かんが》えないで気軽《きがる》に引《ひ》き受《う》けること。例 難《むずか》しい仕事《しごと》を安請け合いしてしまった。

やすうり【安売り】名詞 動詞 ❶ふつうの値段《ねだん》より安《やす》く売《う》ること。例 閉店前《へいてんまえ》の大《おお》安売り。❷ものごとを、よく考《かんが》えずに軽々《かるがる》しく行《おこな》ったり、人《ひと》にあたえたりすること。例 親切《しんせつ》の安売りをするものではない。

やすっぽい【安っぽい】形容詞 ❶いかにも値段《ねだん》が安《やす》そうに見《み》えるようす。質《しつ》が悪《わる》そうなようす。例 安っぽい時計《とけい》。❷品《ひん》がなく、軽々《かるがる》しいようす。例 下手《へた》な冗談《じょうだん》を言《い》うと安っぽく見《み》られる。

やすね【安値】名詞 ものの値段《ねだん》が安《やす》いこと。例 残《のこ》った商品《しょうひん》を安値で売《う》る。対 高値《たかね》。

やすまる【休まる】動詞 心《こころ》や体《からだ》が楽《らく》になる。例 病人《びょうにん》の世話《せわ》で、母《はは》は気《き》の休まるときがない。漢 ↓346ページ きゅう〔休〕

やすみ【休み】名詞 ❶休《やす》むこと。休息《きゅうそく》。例 十分間《じっぷんかん》休みにします。❷授業《じゅぎょう》や仕事《しごと》などをしない日《ひ》や期間《きかん》。例 冬《ふゆ》休み／明日《あす》は休みをとる。

やすみじかん【休み時間】名詞 していることを一時《いちじ》やめて、心《こころ》や体《からだ》を休《やす》めるための時間《じかん》。学校《がっこう》では、授業《じゅぎょう》と授業《じゅぎょう》の間《あいだ》の時間《じかん》をいう。

やすみやすみ【休み休み】副詞 間《あいだ》に休憩《きゅうけい》を入《い》れながら。また、間《ま》をおいて。例 長《なが》い階《かい》段《だん》を休み休み上《のぼ》る／冗談《じょうだん》も休み休み言《い》え。

やすむ【休む】動詞 ❶心《こころ》や体《からだ》をゆっくりさせる。例 日曜日《にちようび》は、ゆっくり休む。❷学校《がっこう》や会社《かいしゃ》へ行《い》かない。仕事《しごと》などをしない。例 かぜで学校《がっこう》を休む。❸続《つづ》けていたことを一時《いちじ》やめる。例 朝《あさ》のジョギングを休む。❹ねむる。例 今日《きょう》は早《はや》く休もう。漢 ↓346ページ きゅう〔休〕

やすめる【休める】動詞 ❶心《こころ》や体《からだ》を楽《らく》にする。例 ベッドで体《からだ》を休める。❷していることを一時《いちじ》やめる。例 仕事《しごと》の手《て》を休めてお茶《ちゃ》を飲《の》む。漢 ↓346ページ きゅう〔休〕

やすもの【安物】名詞 値段《ねだん》が安《やす》く、質《しつ》が悪《わる》い品物《しなもの》。例 安物のネックレス。

●**安物買《やすものか》いの銭失《ぜにうしな》い** ↓461ページ ことわざ

やすやす[と] 副詞 簡単《かんたん》に。楽々《らくらく》と。例 大《おお》きな石《いし》をやすやすと持《も》ち上《あ》げた。

やすらか【安らか】形容動詞 心配《しんぱい》や不安《ふあん》がなく、おだやかなようす。例 安らかな寝息《ねいき》。

やすらぎ【安らぎ】名詞 心配《しんぱい》や不安《ふあん》のない、おだやかな気持《きも》ち。例 安らぎのひととき。

やすらぐ【安らぐ】動詞 心配《しんぱい》や不安《ふあん》がなくなり、おだやかな気持《きも》ちになる。例 この音楽《おんがく》をきくと心《こころ》が安らぐ。使い方「休・らぐ」と書《か》かないよう注意《ちゅうい》。

やすり 名詞 木《き》や金属《きんぞく》などの表面《ひょうめん》をこすって、なめらかにしたり、けずったりする道具《どうぐ》。例 紙《かみ》やすり／やすりをかける。

やせい【野生】名詞 動物《どうぶつ》や植物《しょくぶつ》などが、山《やま》や野《の》で自然《しぜん》に育《そだ》つこと。例 野生の花《はな》／野生のくま。

やせい【野性】名詞 自然《しぜん》のままの、あらあらしい性質《せいしつ》。例 野性的《てき》／野性をとりもどす。

やせいどうぶつ【野生動物】名詞 山《やま》や野《の》原《はら》で自然《しぜん》に育《そだ》った動物《どうぶつ》。

やせおとろえる【痩せ衰える】動詞 すっかりやせて、体力《たいりょく》がなくなる。

やせがまん【痩せ我慢】名詞 動詞 無理《むり》にがまんして、平《へい》気《き》なふりをすること。例 寒《さむ》いのを痩せ我慢していたらかぜを引《ひ》いた。

やせがまん

やせぎす【痩せぎす】名詞 形容動詞 体《からだ》がやせて、骨《ほね》ばっていること。また、その人《ひと》。

やせこける【痩せこける】動詞 ひどくやせて、体《からだ》の肉《にく》が落《お》ちる。

やせてもかれても【痩せても枯れても】どんなに落《お》ちぶれ、おとろえても。例 痩せても枯れても元《もと》プロ選手《せんしゅ》だ。

やせほそる【痩せ細る】動詞 やせて体《からだ》が細《ほそ》くなる。

やせる【痩せる】動詞 ❶体《からだ》の肉《にく》が少《すく》なくなる。体重《たいじゅう》が減《へ》って細《ほそ》くな

あいうえお　かきくけこ　さしすせそ　たちつてと　なにぬねの　はひふへほ　まみむめも　や　やゆよ　らりるれろ　わをん

読書のこみち　高 中 低　『びりっかすの神《かみ》さま』岡田淳《おかだじゅん》　木下始《きのしたはじめ》は転校《てんこう》してきた４年《ねん》１組《くみ》の教室《きょうしつ》で、背中《せなか》につばにだけ見《み》える男《おとこ》の人《ひと》らしい。しかもびりの子同士《こどうし》なら、授業中《じゅぎょうちゅう》に心《こころ》と心《こころ》でおしゃべりも

る。例 病気《びょうき》をして痩《や》せた。対 太《ふと》る。肥《こ》える。

❷土地《とち》の、植物《しょくぶつ》などを育《そだ》てる力《ちから》が弱《よわ》くなる。例 痩《や》せた土地《とち》に肥料《ひりょう》をまく。対 肥《こ》える。

●**痩《や》せる思《おも》い** やせてしまうほどのつらい思《おも》いや苦労《くろう》。例 父《ちち》が入院《にゅういん》して痩せる思いをした。

やそう【野草】 名詞 山《やま》や野原《のはら》に自然《しぜん》に生《は》えている草《くさ》。

やたい【屋台】 名詞 移動《いどう》できるように車《くるま》をつけた、屋根《やね》のある台《だい》。店《みせ》として使《つか》ったり、祭《まつ》りのときにかざりをつけて大勢《おおぜい》で引《ひ》いたりする。

やたて【矢立】 名詞 ❶持《も》ち運《はこ》びができる、昔《むかし》の筆記用具《ひっきようぐ》。すみつぼに、筆《ふで》を入《い》れるつつがついている。❷矢《や》を入《い》れる道具《どうぐ》。

やたら 形容動詞 副詞 きちんと考《かんが》えず、手当《てあ》たり次第《しだい》であるようす。度《ど》をこしているようす。例 今日《きょう》はやたらにうるさい。類 むやみ。

やちょう【野鳥】 名詞 野山《のやま》にすむ野生《やせい》の鳥《とり》。

やちん【家賃】 名詞 家《いえ》や部屋《へや》を借《か》りている人《ひと》が、その持《も》ち主《ぬし》にはらうお金《かね》。

やつ 名詞 ❶人《ひと》をばかにしたり、親《した》しんだりしていうことば。例 おもしろいやつだなあ。❷物《もの》を指《さ》すときに使《つか》う、くだけた言《い》い方《かた》。例 そこの大《おお》きいやつをとってください。

やつ【八つ】 名詞 ❶数《かず》の名《な》。やっつ。はち。❷八才《はっさい》のこと。やっつ。❸昔《むかし》の時刻《じこく》の言《い》い方《かた》で、今《いま》の午前二時《ごぜんにじ》ごろと午後二時《ごごにじ》ごろ。

やつあたり【八つ当たり】 漢 ⇩1061ページ はち〔八〕 名詞 動詞 腹《はら》を立《た》てたり不満《ふまん》があったりして、関係《かんけい》のない人《ひと》に当《あ》たり散《ち》らすこと。例 母《はは》にしかられて、妹《いもうと》に八つ当たりしてしまった。

やっかい【厄介】 ❶名詞 形容動詞 手《て》がかかること。めんどうなこと。例 厄介なことをたのまれてしまった。❷名詞 世話《せわ》になること。例 おじさんの家《いえ》に厄介になる。

●**厄介《やっかい》を掛《か》ける** 人《ひと》にめんどうをみてもらう。人《ひと》の世話《せわ》になる。例 先生《せんせい》に厄介を掛ける。

やっき【躍起】 名詞 形容動詞 思《おも》いどおりにいかないことを、なんとかしようとして、いっしょうけんめいになること。むきになること。例 自分《じぶん》は正《ただ》しいと、躍起になって言《い》い張《は》った。

やつぎばや【矢継ぎ早】 名詞 形容動詞 次々《つぎつぎ》と、休《やす》みなく続《つづ》けて行《おこな》うこと。続《つづ》けざま。例 みんなが先生《せんせい》に矢継ぎ早に質問《しつもん》する。

やっきょく【薬局】 名詞 ❶病院《びょういん》などにある、薬《くすり》を調合《ちょうごう》するところ。❷薬剤師《やくざいし》がいて、薬《くすり》を売《う》る店《みせ》。薬屋《くすりや》。

やっこ 名詞 ❶江戸時代《えどじだい》、武士《ぶし》に仕《つか》えた男《おとこ》のめし使《つか》い。主人《しゅじん》の外出《がいしゅつ》のとき、おともをしたりした。

やっこ❶

❷(「やっこさん」の形《かたち》で) 親《した》しみをこめてその場《ば》にいない人《ひと》を呼《よ》ぶことば。例 やっこさんは元気《げんき》かい。❸「やっこどうふ」の略《りゃく》。豆腐《とうふ》にしょうゆと薬味《やくみ》をつけて食《た》べる料理《りょうり》。例 冷《ひ》ややっこ。

ことば ❸は、❶の着物《きもの》に四角《しかく》の模様《もよう》がついていたことからきたことば。

やっこう【薬効】 名詞 薬《くすり》の効《き》き目《め》。例 薬効があらわれる。

やつす 動詞 ❶だれだかわからないように、みすぼらしくすがたを変《か》える。例 貧《まず》しい旅人《たびびと》に身《み》をやつす。❷やせてしまうほど、なやんだり苦労《くろう》したりする。例 恋《こい》に身《み》をやつす。

やっつ【八つ】 名詞 ❶数《かず》の名《な》。はち。やつ。例 ケーキを八つに分《わ》ける。❷八才《はっさい》のこと。例 あしたの誕生日《たんじょうび》で八つになる。漢 ⇩1061ページ はち〔八〕

やっつける 動詞 ❶相手《あいて》を打《う》ち負《ま》かす。例 うでずもうで父《ちち》をやっつけた。❷「する」を強《つよ》めていうことば。一気《いっき》にやってしまう。例 宿題《しゅくだい》をやっつけて遊《あそ》びに行《い》く。使い方 俗《ぞく》な言《い》い方《かた》。

やつで【八つ手】 名詞 手《て》のひらのような形《かたち》の大《おお》きな葉《は》をつける、低《ひく》い木《き》。秋《あき》の終《お》わりごろ、白《しろ》い花《はな》がさく。

やってくる【やって来る】 動詞 こちらに来《く》る。向《む》こうから近《ちか》づいてくる。例 祖父母《そふぼ》がい

頭痛《ずつう》におそわれるとしたら？　みんなといっしょの行動《こうどう》をとるのが苦手《にがて》だとしたら？　自分《じぶん》が考《かんが》えていることをなかから理解《りかい》されない行動《こうどう》を突然《とつぜん》とってしまうのか、じっくりと思《おも》いやってみませんか。

なかからやって来る／いよいよ本番《ほんばん》の日《ひ》がやって来た。

やってのける 動詞 難《むずか》しいことをやりとげる。例 三日分《みっかぶん》の宿題《しゅくだい》を一日《いちにち》でやってのける。

やっと 副詞 苦労《くろう》した末《すえ》に。どうにかこうにか。ようやく。例 やっと宿題《しゅくだい》が終《お》わった。

やっとこ 名詞 はさみのような形《かたち》をした道具《どうぐ》。針金《はりがね》や金属《きんぞく》の板《いた》などを曲《ま》げたり、熱《あつ》く焼《や》けた鉄《てつ》をはさんだりするのに使《つか》う。

やっとのおもいで【やっとの思いで】 苦《くる》しい思《おも》いやつらい思《おも》いをした末《すえ》に、ようやく。例 やっとの思いで感想文《かんそうぶん》を書《か》き上《あ》げた。

やっとのことで どうにかこうにか。苦労《くろう》した末《すえ》に、ようやく。例 やっとのことで頂上《ちょうじょう》に着《つ》いた。

やっぱり ⇒1340ジ《ペー》 やはり

ヤッホー（yo-ho） 感動詞 山《やま》で仲間《なかま》を呼《よ》ぶときなどに出《だ》す声《こえ》。

やつれる 動詞 病気《びょうき》や心配《しんぱい》ごとなどのために、やせてしまう。例 母《はは》は入院中《にゅういんちゅう》にやつれてしまった。

やど【宿】 名詞 ❶旅先《たびさき》でとまる場所《ばしょ》。とくに、旅館《りょかん》。例 温泉《おんせん》宿／宿をとる。❷住《す》む家《いえ》。住《す》みか。例 宿なし。
漢 ⇒615ジ《ペー》 しゅく〔宿〕

やといにん【雇い人】 名詞 人《ひと》にやとわれて働《はたら》く人《ひと》。対 雇《やと》い主《ぬし》。

やといぬし【雇い主】 名詞 人《ひと》をやとっている人《ひと》。対 雇《やと》い人《にん》。

やとう【野党】 名詞 内閣《ないかく》をつくっていない政党《せいとう》。対 与党《よとう》。

やとう【雇う】 動詞 ❶お金《かね》をはらって人《ひと》に仕事《しごと》をさせる。例 アルバイトを雇う。❷お金《かね》をはらって車《くるま》や船《ふね》などを借《か》りきる。例 船《ふね》を雇ってつりをする。

やどかり【宿借り】 名詞 季語 春 海《うみ》にすむ、えびとかにの中間《ちゅうかん》のような形《かたち》の動物《どうぶつ》。岩《いわ》の多《おお》い海岸《かいがん》にいて、巻《ま》き貝《がい》のからを借《か》りてすむ。

やどす【宿す】 動詞 ❶心《こころ》や体《からだ》の中《なか》に持《も》っている。例 子《こ》を宿す。❷とどめる。例 夜露《よつゆ》を宿した葉《は》。
漢 ⇒615ジ《ペー》 しゅく〔宿〕

やどちん【宿賃】 名詞 宿《やど》にとまったときにはらうお金《かね》。宿泊料《しゅくはくりょう》。

やどなし【宿無し】 名詞 決《き》まった住《す》まいがないこと。また、その人《ひと》。

やどや【宿屋】 名詞 旅行《りょこう》する人《ひと》をとめることを商売《しょうばい》にしている家《いえ》。旅館《りょかん》。

やどり【宿り】 名詞 旅先《たびさき》でとまること。また、その場所《ばしょ》。例 旅人《たびびと》が一夜《いちや》の宿りを求《もと》める。

やどりぎ【宿り木】 名詞 ❶ほかの木《き》に根《ね》を生《は》やして、その木《き》から養分《ようぶん》を吸《す》いとって生《い》きている木《き》。❷えのきなどの木《き》から養分《ようぶん》を吸《す》いとって生長《せいちょう》する、一年《いちねん》じゅう葉《は》が緑色《みどりいろ》をしている木《き》。春《はる》の初《はじ》めに、うすい黄色《きいろ》の小《ちい》さな花《はな》がさく。

やどる【宿る】 動詞 ❶旅《たび》に出《で》て、宿屋《やどや》などにとまる。❷その場所《ばしょ》にとどまる。例 水面《すいめん》に月《つき》のすがたが宿る。❸中《なか》にある。備《そな》わる。例 喜《よろこ》びが心《こころ》に宿る。
漢 ⇒615ジ《ペー》 しゅく〔宿〕

やなぎ【柳】 名詞 季語 春 細長《ほそなが》い葉《は》をつける木《き》。ふつうは「しだれやなぎ」を指《さ》す。そのほか、「ねこやなぎ」「かわやなぎ」などがある。

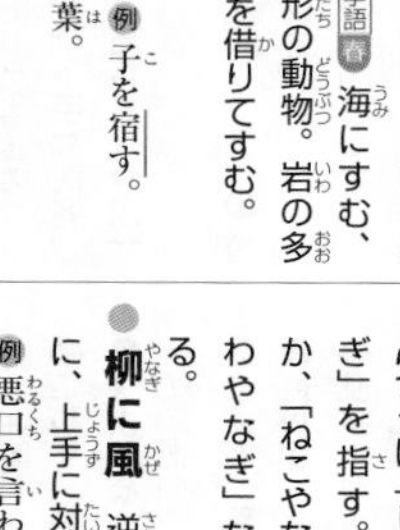

やなぎ

● **柳《やなぎ》に風《かぜ》** 逆《さか》らわずに、上手《じょうず》に対応《たいおう》する。例 悪口《わるくち》を言《い》われても、柳に風と受《う》け流《なが》す。ことば やなぎの枝《えだ》は、風《かぜ》がふいても逆《さか》らわないでしなやかに動《うご》くことから。

● **柳《やなぎ》の下《した》にいつもどじょうはいない** ことわざ たまたまの幸運《こううん》に、いつも同《おな》じ方法《ほうほう》で出《で》あえるとは限《かぎ》らないことのたとえ。「柳《やなぎ》の下《した》のどじょう」ともいう。

やなみ【家並み】 名詞 たくさんの家《いえ》が並《なら》んでいるようす。また、並《なら》んだ家々《いえいえ》。「いえなみ」ともいう。例 古《ふる》い家並みが続《つづ》く。

やに 名詞 ❶木《き》の幹《みき》などから出《で》る、ねばり気《け》のある液《えき》。例 松《まつ》やに。❷たばこから出《で》る、ねばねばしたもの。

読書のこみち 高 中 低 『ヒルベルという子《こ》がいた』ヘルトリング　生《う》まれてきたときの傷《きず》のせいで、時々激《ときどきはげ》しいうまくことばに表《あらわ》せないとしたら？　ヒルベルとあだ名《な》をつけられた主人公《しゅじんこう》はなぜ、みん

❸「目《め》やに」のこと。

やにわに 副詞 急《きゅう》に。突然《とつぜん》。いきなり。例 母《はは》を見《み》つけた弟《おとうと》はやにわに走《はし》り出《だ》した。

やぬし【家主】 名詞 ❶貸《か》し家《や》やアパートなどの持《も》ち主《ぬし》。大家《おおや》。❷一家《いっか》の主人《しゅじん》。あるじ。

やね【屋根】 名詞 ❶雨《あめ》・風《かぜ》・つゆなどを防《ふせ》ぐために、かわら・トタン・わらなどでつくった、家《いえ》の上《うえ》のおおい。❷いちばん高《たか》いところのたとえ。例 ヒマラヤは世界《せかい》の屋根と呼《よ》ばれる。

やねうら【屋根裏】 名詞 屋根《やね》の裏側《うらがわ》。屋根《やね》と天井《てんじょう》の間《あいだ》。また、そこにつくった部屋《へや》。屋根《やね》裏部屋《うらべや》。

やねがわら【屋根がわら】 名詞 屋根《やね》をふくのに使《つか》うかわら。

やのあさって 名詞 あさっての次《つぎ》の次《つぎ》の日《ひ》。また は、あさっての次《つぎ》の次《つぎ》の日《ひ》。参考 地方《ちほう》によって、指《さ》す日《ひ》がちがう。

やばい 形容詞 「あぶない」「よくない」のくだけた言《い》い方《かた》。例 やばい仕事《しごと》。

やはたせいてつじょ【八幡製鉄所】 名詞 明治時代《めいじじだい》に福岡県八幡村《ふくおかけんやはたむら》（今《いま》の北九州市《きたきゅうしゅうし》の地《ち》名《めい》）に政府《せいふ》が建設《けんせつ》した製鉄所《せいてつじょ》。日本《にほん》の鉄鋼業《てっこうぎょう》の中心《ちゅうしん》となった。「やわたせいてつじょ」ともいう。

やはり 副詞 ❶前《まえ》と同《おな》じように。また、ほかと同《おな》じように。例 兄《あに》は今《いま》でもやはりサッカーが大好《だいす》きだ。❷思《おも》ったとおり。例 予想《よそう》はしていたが、やはり一等《いっとう》は無理《むり》だった。❸なんといっても。例 夏《なつ》にはやはりかき氷《ごおり》だ。ことば くだけた言《い》い方《かた》では「やっぱり」ともいう。

やはん【夜半】 名詞 真夜中《まよなか》。夜中《よなか》。夜《よ》ふけ。例 夜半過《す》ぎから雨《あめ》が降《ふ》り始《はじ》めた。

やばん【野蛮】 名詞 形容動詞 ❶文明《ぶんめい》が進《すす》んでいないこと。例 野蛮な風習《ふうしゅう》。❷乱暴《らんぼう》で行儀《ぎょうぎ》が悪《わる》いこと。例 野蛮なふるまい。

やぶ 名詞 ❶低《ひく》い木《き》や雑草《ざっそう》、竹《たけ》などが、びっしりとしげっているところ。❷「やぶ医者《いしゃ》」の略《りゃく》。

やぶから棒《ぼう》 突然《とつぜん》ものごとをするようす。例 そんなことをやぶから棒に言《い》われても困《こま》る。

やぶいしゃ【やぶ医者】 名詞 下手《へた》な医者《いしゃ》。技術《ぎじゅつ》や知識《ちしき》が足《た》りない医者《いしゃ》。略《りゃく》して「やぶ」ともいう。

やぶいり【やぶ入り】 名詞 季語 新年 昔《むかし》の習《しゅう》慣《かん》で、店《みせ》などに住《す》みこみで働《はたら》いている人《ひと》が、一《いち》月《がつ》と七月《しちがつ》の十六日《じゅうろくにち》ごろに休《やす》みをもらって、自《じ》分《ぶん》の家《いえ》に帰《かえ》ること。また、その日《ひ》。ことば 季語《きご》として使《つか》うのは一月《いちがつ》のやぶ入《い》りの意味《いみ》。

やぶく【破く】 動詞 紙《かみ》や布《ぬの》などを引《ひ》きさく。例 包《つつ》み紙《がみ》を破く。

やぶける【破ける】 動詞 紙《かみ》や布《ぬの》などがさけたり、穴《あな》があいたりする。破《やぶ》れる。例 テストの解答用紙《かいとうようし》が破けてしまった。

やぶさめ 名詞 馬《うま》に乗《の》って走《はし》りながら、矢《や》で的《まと》を射《い》る、古《ふる》くから伝《つた》わる競技《きょうぎ》。鎌倉時代《かまくらじだい》、武《ぶ》士《し》の間《あいだ》でさかんに行《おこな》われた。現在《げんざい》でも、神社《じんじゃ》の祭《まつ》りなどで行《おこな》われる。

やぶにらみ 名詞 ❶物《もの》を見《み》るとき、ひとみがまっすぐその方《ほう》に向《む》かず、ちがう方向《ほうこう》に向《む》くこと。❷ものごとの見方《みかた》や考《かんが》え方《かた》が、見当外《けんとうはず》れなこと。

やぶへび【やぶ蛇】 名詞 余計《よけい》なことを言《い》ったりしたりして、かえってめんどうなことになること。ことば 「やぶをつついてへびを出《だ》す」ということわざの略《りゃく》。

やぶる【破る】 動詞 ❶紙《かみ》や布《ぬの》などを引《ひ》きさく。また、穴《あな》をあける。例 メモを破る／障子《しょうじ》を破る。❷こわす。例 部屋《へや》のドアを破って入《はい》る。❸決《き》まりや約束《やくそく》を守《まも》らない。例 規則《きそく》を破る／約束《やくそく》を破る。対 守《まも》る。❹こえる。新《あたら》しくする。例 日本記録《にほんきろく》を破る。❺負《ま》かす。例 つな引《ひ》きで赤組《あかぐみ》を破った。❻乱《みだ》す。例 夜《よる》の静《しず》けさを破る車《くるま》の音《おと》。

漢 ⇩ 1034ジペー は〔破〕

やぶれかぶれ【破れかぶれ】 名詞 形容動詞 もうどうにでもなれ、という、投《な》げやりな気持《きも》ちになるようす。やけくそ。例 どうやっても戸《と》が開《ひら》かず、破れかぶれになって体当《たいあ》たりした。

やぶれさる【敗れ去る】 動詞 戦《たたか》いや試合《しあい》に負《ま》けて、その場《ば》からいなくなる。例 優勝候補《ゆうしょうこうほ》のチームが一回戦《いっかいせん》で敗れ去った。

態《たい》を解《と》き明《あ》かしたノンフィクション。せみの幼虫《ようちゅう》のみごとな地下道《ちかどう》作《づく》り、めすのかまきりのたくましい食欲《しょくよく》…。
い行動《こうどう》がいっぱい書《か》かれています。ファーブル自身《じしん》の思《おも》い出《で》や人生《じんせい》についての考《かんが》えなども織《お》りこまれています。

類=意味《いみ》のよく似《に》たことば　対=反対《はんたい》の意味《いみ》のことばや対《つい》になることば

やぶれる【破れる】 動詞 ❶紙《かみ》や布《ぬの》などがさけたり、穴《あな》があいたりする。例 ふくろが破れる。❷ものごとがこわれてだめになる。例 夢《ゆめ》が破れる／夜《よる》の静《しず》けさが破れる。漢↓1034ジベーは〔破〕 ↓ 使い分け

やぶれる【敗れる】 動詞 勝《しょう》負《ぶ》に負《ま》ける。例 熱《ねっ》戦《せん》の末《すえ》、ライバルに敗れてしまった。対 勝《か》つ。漢↓1037ジベーはい〔敗〕 ↓ 使い分け

使い分け
やぶれる 破れる・敗れる

破れる 形《かたち》のあるものがこわれる。だめになる。
「ノートが破《やぶ》れる／平和《へいわ》が破《やぶ》れる」

敗れる 相手《あいて》との勝《しょう》負《ぶ》に負《ま》ける。対 勝《か》つ
「決勝《けっしょう》で敗《やぶ》れる／競《きょう》技《ぎ》に敗《やぶ》れる」

やぶん【夜分】 名詞 夜《よる》。夜《よ》中《なか》。例 夜分おそくに失《しつ》礼《れい》します。使い方 あらたまった言《い》い方《かた》。

やぼ 名詞 形容動詞 ❶世《よ》の中《なか》をよく知《し》らないで、気《き》がきかないこと。また、その人《ひと》。例 やぼなことを言《い》う。対 粋《いき》。❷行《おこな》いや身《み》なりが洗《せん》練《れん》されていないこと。また、その人《ひと》。例 やぼな服《ふく》装《そう》。対 粋《いき》。

やぼう【野望】 名詞 その人《ひと》の身《み》分《ぶん》や実《じつ》力《りょく》に合《あ》わない大《おお》きな望《のぞ》み。例 野望をいだく（＝持《も》つ）。類 野《や》心《しん》。
ことば 漢《かん》字《じ》では「野暮」と書《か》く。

やぼったい 形容詞 すっきりとしていない。洗《せん》練《れん》されていない。例 その服《ふく》はやぼったい。

やま【山】 名詞 ❶土《と》地《ち》が高《たか》く盛《も》り上《あ》がっているところ。例 山に登《のぼ》る。❷高《たか》く積《つ》み上《あ》がったもの。例 本《ほん》の山。❸数《すう》量《りょう》が多《おお》いこと。例 宿《しゅく》題《だい》の山。❹鉱《こう》山《ざん》。❺大《だい》事《じ》なところ。山《やま》場《ば》。例 ここが試《し》合《あい》の山だ。❻ねらいをつけて予《よ》想《そう》すること。例 山が当《あ》たってテストで百《ひゃく》点《てん》がとれた。漢↓542ジベーさん〔山〕

● **山《やま》が外《はず》れる** ねらいをつけて立《た》てた予《よ》想《そう》が外《はず》れる。予《よ》想《そう》していたとおりにならない。例 前《ぜん》回《かい》のテストでは山が外れてしまった。

● **山《やま》のように** 数《かず》や量《りょう》が多《おお》いようす。たくさん。例 仕《し》事《ごと》が山のようにある。

● **山《やま》をかける** ねらいをつけて予《よ》想《そう》を立《た》てる。予《よ》想《そう》どおりになるだろうと期《き》待《たい》して準《じゅん》備《び》をする。山《やま》を張《は》る。例 山をかけて、試《し》験《けん》勉《べん》強《きょう》をする。

● **山《やま》を越《こ》す** ものごとのいちばんさかんなときや、いちばん危《き》険《けん》なときを過《す》ぎる。例 工《こう》事《じ》は山を越した／妹《いもうと》の病《びょう》気《き》も山を越した。

● **山《やま》を張《は》る** ↓1341ジベー山《やま》をかける（「山《やま》」の子《こ》見《み》出《だ》し）

やまあい【山あい】 名詞 山《やま》と山《やま》との間《あいだ》。例 山あいの小《ちい》さな村《むら》。

やまあらし 名詞 ねずみのなかまの動《どう》物《ぶつ》。背《せ》中《なか》全《ぜん》体《たい》が針《はり》のようなかたい毛《け》でおおわれている。敵《てき》が近《ちか》づくと、体《からだ》をふって音《おと》を出《だ》したり、毛《け》をさか立《だ》てたりして身《み》を守《まも》る。

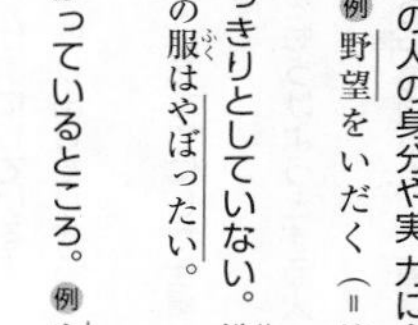
やまあらし

やまい【病】 名詞 ❶病《びょう》気《き》。例 重《おも》い病にかかる。❷悪《わる》いくせ。例 また、いつもの病が出《で》た。漢↓1126ジベーびょう〔病〕

● **病《やまい》は気《き》から** ↓465ジベー ことわざ 病《びょう》気《き》で具《ぐ》合《あい》が悪《わる》いのに、無《む》理《り》をして。例 病を押して卒《そつ》業《ぎょう》式《しき》に出《しゅっ》席《せき》する。

● **病《やまい》を押《お》して**

やまいだれ【病垂れ】 名詞 「疒」のこと。漢《かん》字《じ》の部《ぶ》首《しゅ》の一《ひと》つ。病《びょう》気《き》に関《かん》係《けい》のある漢《かん》字《じ》を作《つく》ることが多《おお》い。痛・病など。

やまいも【山芋】 名詞 季語 秋 野《の》山《やま》に生《は》えるつる草《くさ》の一《ひと》つ。夏《なつ》、白《しろ》い小《ちい》さな花《はな》がさく。根《ね》は食《しょく》用《よう》になる。やまのいも。図↓105ジベーいも

やまおく【山奥】 名詞 山《やま》のおく深《ぶか》いところ。人《ひと》里《ざと》からはなれたところ。

やまおとこ【山男】 名詞 ❶山《やま》に住《す》んだり、山《やま》で働《はたら》いたりする男《おとこ》の人《ひと》。❷山《やまの》登《ぼ》りが好《す》きで、よく山《やま》に登《のぼ》る男《おとこ》の人《ひと》。❸山《やま》奥《おく》に住《す》むといわれる男《おとこ》の怪《かい》物《ぶつ》。

やまおり【山折り】 名詞 紙《かみ》などを折《お》るとき、折《お》り目《め》が外《そと》側《がわ》に出《で》るように折《お》ること。対 谷《たに》折《お》

読書のこみち　高 中 低 『ファーブルの昆虫記《こんちゅうき》』ファーブル　昆虫学者《こんちゅうがくしゃ》ファーブルが、生《い》きた昆虫《こんちゅう》を観察《かんさつ》して生《せい》……
ほかにも、はちやこおろぎやくもなど身近《みぢか》な虫《むし》たちの、巣作《すづく》りや狩《か》りの仕方《しかた》など興味深《きょうみぶか》……

り。

やまおろし【山おろし】名詞 山《やま》の上《うえ》からふもとのほうへ強《つよ》くふく、冷《つめ》たい風《かぜ》。

やまが【山家】名詞 山《やま》の中《なか》や山村《さんそん》にある家《いえ》。

やまかげ【山陰】名詞 山《やま》のかげになっていて、あまり日《ひ》が当《あ》たらない場所《ばしょ》。

やまかじ【山火事】名詞 山《やま》で起《お》きる火事《かじ》。

やまかぜ【山風】名詞 ❶山《やま》の中《なか》で起《お》こる風《かぜ》。❷夜《よる》、山《やま》の斜面《しゃめん》をふき下《お》ろしてくる風《かぜ》。対 谷風《たにかぜ》。

やまがたありとも【山県有朋】名詞（一八三八〜一九二二）明治《めいじ》・大正《たいしょう》時代《じだい》の軍人《ぐんじん》・政治家《せいじか》。徴兵《ちょうへい》のしくみを定《さだ》め、陸軍《りくぐん》の基礎《きそ》をつくった。

やまがたけん【山形県】名詞 東北《とうほく》地方《ちほう》の南西部《なんせいぶ》にあり、日本海《にほんかい》に面《めん》する県《けん》。庄内平野《しょうないへいや》の稲作《いなさく》、山形盆地《やまがたぼんち》のさくらんぼなどが有名《ゆうめい》。県庁《けんちょう》は山形市《やまがたし》にある。

やまかん【山勘】名詞 かんにたよって予想《よそう》すること。また、そのかん。当《あ》てずっぽう。例 山勘が当《あ》たる。使い方 くだけた言《い》い方《かた》。

やまぎわ【山際】名詞 ❶山《やま》のそば。山《やま》に近《ちか》いところ。類 山辺《やまべ》。❷山《やま》と空《そら》の境目《さかいめ》の辺《あた》り。また、空《そら》の、山《やま》と接《せっ》する辺《あた》り。例 夜明《よあ》けが近《ちか》づき、山際が明《あか》るくなってきた。

やまくずれ【山崩れ】名詞 大雨《おおあめ》や地震《じしん》などのため、山《やま》の表面《ひょうめん》の岩《いわ》や土《つち》などがくずれ落《お》ちること。類 山津波《やまつなみ》。

やまぐちけん【山口県】名詞 中国《ちゅうごく》地方《ちほう》の西《にし》のはしにある県《けん》。三方《さんぽう》を海《うみ》に囲《かこ》まれ、漁業《ぎょぎょう》がさかんなほか、瀬戸内海《せとないかい》沿岸《えんがん》では化学《かがく》工業《こうぎょう》などがさかんである。県庁《けんちょう》は山口市《やまぐちし》にある。

やまぐに【山国】名詞 山《やま》の多《おお》い国《くに》や地方《ちほう》。また、まわりを山《やま》に囲《かこ》まれた国《くに》や地方《ちほう》。

やまごや【山小屋】名詞 山《やま》に登《のぼ》る人《ひと》たちがとまったり休《やす》んだりするための、山《やま》の中《なか》の家《いえ》。

やまざくら【山桜】名詞 季語春 ❶山《やま》にさく桜《さくら》。❷桜《さくら》のなかま。春《はる》、赤茶色《あかちゃいろ》の若葉《わかば》が出《で》るとともに、もも色《いろ》や白色《しろいろ》の花《はな》がさく。ことば 季語《きご》として使《つか》うのは❷の意味《いみ》。

やまざくら❷

やまざと【山里】名詞 山《やま》の中《なか》の小《ちい》さな村《むら》。

やまし【山師】名詞 ❶山林《さんりん》の木《き》の売《う》り買《か》いを仕事《しごと》にしている人《ひと》。❷鉱山《こうざん》を探《さが》したり鉱物《こうぶつ》をほり出《だ》したりすることを仕事《しごと》にしている人《ひと》。❸あてにならない大《おお》もうけをあてにした仕事《しごと》をする人《ひと》。❹他人《たにん》をだましてお金《かね》をもうけようとする人《ひと》。詐欺師《さぎし》。

やまじ【山路】名詞 山《やま》の中《なか》の細《ほそ》い道《みち》。山道《やまみち》。

やましい 形容詞 悪《わる》いことをかくしていたりして、気《き》がとがめる。類 後《うし》ろ暗《ぐら》い。後《うし》ろめたい。例 やましいことは何《なに》もしていない。

やましろ【山城】名詞 昔《むかし》の国《くに》の名《な》の一《ひと》つ。今《いま》の京都府《きょうとふ》の南部《なんぶ》に当《あ》たる。

やますそ【山裾】名詞 山《やま》の下《した》のほうの、なだらかに広《ひろ》がった部分《ぶぶん》。山《やま》のふもと。

やませ【山背】名詞 季語夏 山《やま》をこえてふき下《お》ろしてくる風《かぜ》。とくに、夏《なつ》に東北《とうほく》地方《ちほう》の太平洋《たいへいよう》側《がわ》にふく冷《つめ》たい風《かぜ》。

やまたいこく【邪馬台国】名詞 三世紀《さんせいき》ごろ日本《にほん》にあった国《くに》。中国《ちゅうごく》の古《ふる》い歴史《れきし》の本《ほん》に出《で》てくる。卑弥呼《ひみこ》という女王《じょおう》が治《おさ》めていた。九州《きゅうしゅう》にあったという説《せつ》と、大和《やまと》（＝今《いま》の奈良県《ならけん》の辺《あた》り）にあったという説《せつ》がある。

やまだこうさく【山田耕筰】名詞（一八八六〜一九六五）大正《たいしょう》・昭和《しょうわ》時代《じだい》の作曲家《さっきょくか》・指揮者《しきしゃ》。日本《にほん》で最初《さいしょ》の交響楽団《こうきょうがくだん》をつくった。「からたちの花《はな》」「この道《みち》」などの作品《さくひん》がある。

やまだし【山出し】名詞 ❶山《やま》から、木《き》・石《いし》・炭《すみ》などを運《はこ》び出《だ》すこと。❷いなかから出《で》て来《き》たばかりで、まだ都会《とかい》に慣《な》れていないこと。また、そのような人《ひと》。

やまつなみ【山津波】名詞 大雨《おおあめ》や地震《じしん》のため、山《やま》の岩《いわ》や土《つち》がくずれ、大量《たいりょう》に流《なが》れ落《お》ちること。類 山崩《やまくず》れ。

やまづみ【山積み】名詞 動詞 ❶山《やま》のように高《たか》く積《つ》み上《あ》げること。❷仕事《しごと》や問題《もんだい》がたくさんたまること。例 未解決《みかいけつ》の問題《もんだい》が山積みだ。

の男《おとこ》の子《こ》。ある日《ひ》、家《いえ》になぞの木《き》の実《み》が届《とど》きますが、手紙《てがみ》は肝心《かんじん》なところがにじんで読《よ》めません。スキッパーは個性的《こせいてき》な住人《じゅうにん》たちを巻《ま》きこみ、不思議《ふしぎ》なできごとが起《お》こる「こそあどの森《もり》の物語《ものがたり》」はシリーズで読《よ》めます。

やまて【山手】 名詞 山《やま》に近《ちか》いほう。山寄《やまよ》りの土地《とち》。山《やま》の手《て》。

やまでら【山寺】 名詞 山《やま》の中《なか》にある寺《てら》。

やまと【大和】 名詞 ❶「日本《にほん》」の古《ふる》い呼《よ》び名《な》。❷昔《むかし》の国《くに》の名《な》の一《ひと》つ。今《いま》の奈良県《ならけん》に当《あ》たる。

やまとえ【大和絵】 名詞 平安時代《へいあんじだい》に起《お》こり、鎌倉時代《かまくらじだい》にさかんにかかれた絵《え》。日本《にほん》の風景《ふうけい》や風俗《ふうぞく》を日本的《にほんてき》にえがいたもの。参考 中国風《ちゅうごくふう》の「唐絵《からえ》」に対《たい》してこう呼《よ》んだ。

やまとことば【大和言葉】 ⇩1431ページ わご

やまとじだい【大和時代】 名詞 四世紀《よんせいき》ごろから八世紀《はっせいき》初《はじ》めまでの時代《じだい》。大和地方《やまとちほう》を中心《ちゅうしん》に日本《にほん》が統一《とういつ》されていった時代《じだい》で、古墳《こふん》がさかんにつくられた。

やまとたける 名詞 古事記《こじき》や日本書紀《にほんしょき》に出《で》てくる伝説上《でんせつじょう》の英雄《えいゆう》。景行天皇《けいこうてんのう》の皇子《おうじ》で、南九州《みなみきゅうしゅう》のくまそや、東北地方《とうほくちほう》のえみしを討《う》って大和朝廷《やまとちょうてい》の勢力《せいりょく》を広《ひろ》げた。日本武尊《やまとたけるのみこと》。

やまとたけるのみこと【日本武尊】 ⇩1343ページ やまとたける

やまとちょうてい【大和朝廷】 名詞 四世《よんせい》紀《き》から七世紀中《ななせいきなか》ごろの、日本最初《にほんさいしょ》の政府《せいふ》。大和《やまと》（＝今《いま》の奈良県《ならけん》の辺《あた》り）を中心《ちゅうしん》とする豪族《ごうぞく》らの連合政権《れんごうせいけん》で、日本《にほん》の多《おお》くの地域《ちいき》を支配《しはい》した。「大和政権《やまとせいけん》」ともいう。

やまとなでしこ【大和なでしこ】 名詞 日《に》本《ほん》の女性《じょせい》のきよらかな美《うつく》しさやしとやかさを、ほめていうことば。

やまどり【山鳥】 名詞 ❶山《やま》にすむ鳥《とり》。❷山林《さんりん》にすむ、きじのなかまの鳥《とり》の一《ひと》つ。体《からだ》は赤茶色《あかちゃいろ》で、おすは尾《お》が長《なが》い。日本《にほん》だけにいる。

やまどり❷

やまなしけん【山梨県】 名詞 中部地方《ちゅうぶちほう》の東《とう》部《ぶ》の内陸《ないりく》にある県《けん》。甲府盆地《こうふぼんち》はぶどうとももの生産《せいさん》で知《し》られる。南部《なんぶ》に富士山《ふじさん》や富士五湖《ふじごこ》がある。県庁《けんちょう》は甲府市《こうふし》にある。

やまなみ【山並み】 名詞 山《やま》がいくつも立《た》ち並《なら》んでいること。また、その山々《やまやま》。

やまなり【山鳴り】 名詞 火山《かざん》の噴火《ふんか》などで、山《やま》が鳴《な》りひびくこと。また、その音《おと》。

やまねこ【山猫】 名詞 野《や》山《やま》にすむ野《や》生《せい》のねこ。日《に》本《ほん》には、長崎《ながさき》県《けん》の対馬《つしま》にすむ「つしまやまねこ」、沖縄県《おきなわけん》の西表島《いりおもてじま》にすむ「いりおもてやまねこ」がいる。

やまねこ

やまねむる【山眠る】 季語 冬 冬《ふゆ》の山《やま》が、木《き》々《ぎ》がかれて、静《しず》まり返《かえ》っているようすをいうことば。

やまのいも【山の芋】 ⇩1341ページ やまいも

やまのうえのおくら【山上憶良】 名詞 （六六〇～七三三ごろ）奈良時代《ならじだい》の歌人《かじん》。「万葉集《まんようしゅう》」を代表《だいひょう》する歌人《かじん》の一人《ひとり》。子《こ》を思《おも》う歌《うた》や、貧《まず》しい生活《せいかつ》のようすをよんだ歌《うた》などが有名《ゆうめい》。

やまのさち【山の幸】 名詞 山《やま》でとれるおいしい食《た》べ物《もの》。鳥《とり》・けもの・山菜《さんさい》・木《き》の実《み》・きのこなど。対 海《うみ》の幸《さち》。

やまのて【山の手】 名詞 ❶高台《たかだい》にある住宅地《じゅうたくち》。対 下町《したまち》。❷山《やま》に近《ちか》いほう。山手《やまて》。

やまのは【山の端】 名詞 山《やま》の、空《そら》と接《せっ》する辺《あた》り。例 山の端に日《ひ》がしずむ。

やまのひ【山の日】 名詞 国民《こくみん》の祝日《しゅくじつ》の一《ひと》つ。八月十一日《はちがつじゅういちにち》。山《やま》に親《した》しみ、山《やま》のめぐみに感謝《かんしゃ》する日《ひ》。

やまのぼり【山登り】 名詞 季語 夏 山《やま》に登《のぼ》ること。登山《とざん》。

やまば【山場】 名詞 ものごとのいちばん盛《も》り上《あ》がるところ。とくに、物語《ものがたり》などで大《おお》きな変《へん》化《か》があるところ。類 クライマックス。

やまはだ【山肌】 名詞 山《やま》の地肌《じはだ》。草木《くさき》がなく、岩《いわ》や土《つち》がむき出《だ》しになっている山《やま》の表面《ひょうめん》。

やまばと【山ばと】 名詞 ❶野山《のやま》にすむ野生《やせい》のはと。❷「きじばと」の別《べつ》の名《な》まえ。

やまびこ【山びこ】 名詞 山《やま》や谷《たに》などで、声《こえ》や音《おと》がはね返《かえ》ってきて聞《き》こえるもの。こだま。

やまびらき【山開き】 名詞 季語 夏 冬《ふゆ》の間《あいだ》は登《のぼ》ることができない山《やま》で、その年初《としはじ》めて登《のぼ》ることが許《ゆる》されること。また、その日《ひ》。関連 海開《うみびら》き

読書のこみち　高 中 低　『ふしぎな木《き》の実《み》の料理法《りょうりほう》』岡田淳《おかだじゅん》　こそあどの森《もり》に住《す》むスキッパーは、はずかしがりや木《き》の実《み》のことを聞《き》くため、勇気《ゆうき》を出《だ》してこそあどの森《もり》の住人《じゅうにん》たちを１軒《けん》ずつ訪《たず》ねます。

関連 = 関係《かんけい》の深《ふか》いことば

き。川開《かわびら》き。

やまぶき【山 吹】 名詞 季語春 野《の》山《やま》に生《は》える、ばらのなかまの低《ひく》い木《き》。春《はる》、黄色《きいろ》い花《はな》がさく。

やまぶき

やまぶし【山 伏】 名詞 野《の》や山《やま》の中《なか》で生活《せいかつ》しながら修行《しゅぎょう》をするおぼうさん。

やまぶし

やまふところ【山懐】 名詞 山々《やまやま》に囲《かこ》まれたところ。例 山懐の小《ちい》さな村《むら》。

やまべ【山辺】 名詞 山《やま》のそば。山《やま》に近《ちか》いところ。類 山際《やまぎわ》。

やまべのあかひと【山部赤人】 名詞 （八世《はっせい》紀《き》ごろ）奈良時代《ならじだい》の歌人《かじん》。美《うつく》しい自然《しぜん》をよんだすぐれた歌《うた》を「万葉集《まんようしゅう》」などに残《のこ》した。

やまほど【山ほど】 副詞 山《やま》のようにたくさん。例 おみやげを山ほどもらった。

やまみち【山道】 名詞 山《やま》の中《なか》の道《みち》。

やまめ【山女】 名詞 季語夏 川《かわ》の上流《じょうりゅう》にすむ魚《さかな》。体長二十《たいちょうにじっ》センチメートルくらい。体《からだ》には細長《ほそなが》い円形《えんけい》の黒《くろ》い模様《もよう》が並《なら》ぶ。食用《しょくよう》にする。

図 ⇩ 521ジベー さかな〔魚〕

やまもとゆうぞう【山本有三】 名詞 （一八八七～一九七四）大正《たいしょう》・昭和時代《しょうわじだい》の劇作家《げきさくか》・小説家《しょうせつか》。「真実一路《しんじついちろ》」「路傍《ろぼう》の石《いし》」などを書《か》いた。

やまもり【山盛り】 名詞 山《やま》のように高《たか》く盛《も》り上《あ》げること。また、そのもの。例 ごはんを山盛りにする。

やまやき【山焼き】 名詞 季語春 草《くさ》の芽《め》が出《で》やすくなるように、春《はる》の初《はじ》めに山《やま》のかれ草《くさ》を焼《や》くこと。関連 野焼《のや》き。

やまやま【山山】
❶ 名詞 多《おお》くの山《やま》。例 南《みなみ》アルプスの山々。
❷ 副詞 たくさんあるようす。例 聞《き》きたいことはやまやまある。
❸ 副詞 強《つよ》く望《のぞ》むようす。例 海外旅行《かいがいりょこう》をしたいのはやまやまだが、今《いま》は無理《むり》だ。
使い方 ❷❸は、ふつうかな書《が》きにする。

やまゆり【山ゆり】 名詞 季語夏 山地《さんち》に生《は》えるゆり。夏《なつ》、内側《うちがわ》に小《ちい》さな赤《あか》い点《てん》のある大《おお》きな白《しろ》い花《はな》がさく。地下茎《ちかけい》は食用《しょくよう》にする。

やまゆり

やまよそおう【山よそおう】 季語秋 秋《あき》の山《やま》が紅葉《こうよう》して美《うつく》しいようすをいうことば。

やまわけ【山分け】 名詞 動詞 たくさん手《て》に入《はい》ったものを、だいたい同《おな》じ量《りょう》に分《わ》け合《あ》うこと。例 拾《ひろ》ったくりをみんなで山分けする。

やまわらう【山笑う】 季語春 春《はる》の山《やま》が、草《くさ》花《ばな》がいっせいに芽《め》を出《だ》して、明《あか》るい感《かん》じであるようすをいうことば。

やまんば【山んば】 名詞 昔話《むかしばなし》などで、山奥《やまおく》に住《す》むという女《おんな》の化《ば》け物《もの》。「やまうば」ともいう。

やみ【闇】 名詞
❶ 光《ひかり》がなくて暗《くら》いこと。例 闇夜《よ》／闇の中《なか》を懐《かい》中電灯《ちゅうでんとう》で照《て》らす。
❷ 望《のぞ》みがないこと。例 失恋《しつれん》して、心《こころ》は闇だ。
❸ かくれてすること。例 闇取《と》り引《ひ》き。

やみあがり【病み上がり】 名詞 病気《びょうき》が治《なお》ったばかりであること。また、その人《ひと》。

やみうち【闇討ち】 名詞 動詞
❶ 暗《くら》やみにまぎれて人《ひと》をおそうこと。例 闇討ちをかける。類 夜襲《やしゅう》。
❷ 相手《あいて》が油断《ゆだん》しているところを、不意《ふい》にせめること。不意打《ふいう》ち。例 闇討ちをくわせる。

やみくも【闇雲】 形容動詞 周《まわ》りのことやあと先《さき》を考《かんが》えないで、むやみにものごとを行《おこな》うようす。例 ゴールに向《む》かって闇雲にボールをける。

やみサイト【闇サイト】 名詞 インターネットで、犯罪《はんざい》や自殺《じさつ》などにつながる悪《わる》い情報《じょうほう》をのせているウェブサイトのこと。

やみつき【病み付き】 名詞 ものごとに熱中《ねっちゅう》して、やめられなくなること。例 魚《さかな》つりが病み付きになる。

やみよ【闇夜】 名詞 月《つき》の出《で》ていない暗《くら》い夜《よる》。対 月夜《つきよ》。

やむ 動詞 続《つづ》いていたものが止《と》まる。終《お》わりになる。例 風《かぜ》がやむ／物音《ものおと》がやむ。

やむ【病む】 動詞
❶ 病気《びょうき》にかかる。例 胸《むね》を病む。
❷ 苦《くる》しんだり、心配《しんぱい》したりする。例 小《ちい》さなことを気《き》に病む。

がかぶっていたのは、たったひとつのふつうの帽子《ぼうし》でした。町《まち》で王様《おうさま》の行列《ぎょうれつ》に出会《であ》い、「ぼうしをとれえ！」と子《し》があります。取《と》っても取《と》っても、頭《あたま》の上《うえ》には次々《つぎつぎ》と帽子《ぼうし》が出《で》てくるのです！

㊯↓1126ページびょう〔病〕

やむなく 副詞 しかたなく。どうしようもなく。やむを得《え》ず。例 父《ちち》の転勤《てんきん》でやむなく転校《てんこう》することになった。

やむにやまれず どうしてもそうしないではいられなくて。例 だれかに話《はなし》を聞《き》いてほしくて、やむにやまれず電話《でんわ》した。

やむをえず【やむを得ず】 そうしたくはないが、しかたなく。どうしようもなく。例 雨《あめ》が降《ふ》り出《だ》したので、やむを得ず引《ひ》き返《かえ》した。

やむをえない【やむを得ない】 しかたがない。どうしようもない。例 やむを得ない用《よう》事《じ》ができたので欠席《けっせき》します。

やめる 動詞
❶それまで続《つづ》けていたことを終《お》わりにする。例 テレビを見《み》るのをやめて勉強《べんきょう》する。
❷しようと思《おも》っていたことを、しないことにする。例 かぜをひいたので、外出《がいしゅつ》をやめる。

やめる【辞める】 動詞 勤《つと》めや役目《やくめ》などを退《しりぞ》く。例 父《ちち》は今年《ことし》いっぱいで会社《かいしゃ》を辞める。㊯↓554ページじ〔辞〕

やもうしょう【夜盲症】 名詞 まわりが暗《くら》くなると、目《め》が見《み》えにくくなる病気《びょうき》。ビタミンA《エー》が不足《ふそく》したときなどに起《お》こる。「鳥目《とりめ》」ともいう。

やもめ 名詞
❶夫《おっと》を亡《な》くした女性《じょせい》。
❷妻《つま》を亡《な》くした男性《だんせい》。「男《おとこ》やもめ」ともいう。

やもり 名詞 季語夏 とかげに似《に》た形《かたち》をした動物《どうぶつ》。足《あし》の裏《うら》の吸盤《きゅうばん》でかべなどに吸《す》いつく。夜《よる》に活《かつ》動《どう》し、虫《むし》を食《た》べる。参考「いもり」とまちがえやすいが、いもりは両生類《りょうせいるい》で、やもりは虫《ちゅう》類《るい》。図↓1062ページはちゅうるい

やや 副詞 少《すこ》しばかり。いくらか。例 今日《きょう》は昨日《きのう》よりもやや暖《あたた》かい。

ややこしい 形容詞 こみ入《い》っていてわかりにくい。複雑《ふくざつ》である。例 手続《てつづ》きがややこしい。

ややもすると ↓1345ページややもすれば

ややもすれば どうかすると、すぐに。ある状態《じょうたい》になりがちであることを表《あらわ》すことば。ややもすると。例 夏休《なつやす》み中《ちゅう》は、ややもすれば夜《よ》ふかしをしてしまう。

やよい【弥生】 名詞 季語春 昔《むかし》のこよみで三月《さんがつ》のこと。ことば「いやおい（＝草木《くさき》がますます生《お》いしげること）」という古《ふる》い言《い》い方《かた》からきたことばといわれている。↓1450ページ十二《じゅうに》か月《げつ》の古《ふる》い呼《よ》び方《かた》

やよいじだい【弥生時代】 名詞 弥生土器《やよいどき》が使《つか》われた時代《じだい》。稲作《いなさく》が始《はじ》まり、青銅器《せいどうき》や鉄器《てっき》も使《つか》われるようになった。紀元前四世紀《きげんぜんよんせいき》ごろから紀元三世紀《きげんさんせいき》ごろまで。

やよいどき【弥生土器】 名詞 紀元前四世紀《きげんぜんよんせいき》ごろから紀元三世紀《きげんさんせいき》ごろまでに、日本《にほん》でつくられた土器《どき》。うすくてかたく、形《かたち》が整《ととの》っている。関連 縄文土器《じょうもんどき》。ことば 東《とう》京都文京区《きょうとぶんきょうく》にあった弥生町《やよいちょう》で初《はじ》めて発見《はっけん》されたことからついた名《な》。

やよいどき

やら 助詞（ほかのことばのあとにつけて）
❶不確《ふたし》かであることを表《あらわ》す。例 何《なに》やら物音《ものおと》がしている。
❷不確《ふたし》かな気持《きも》ちや心配《しんぱい》な気持《きも》ちを表《あらわ》す。例 これからどうなることやら。
❸ことがらを並《なら》べていうときに使《つか》うことば。例 昨日《きのう》はおどるやら歌《うた》うやら大《おお》さわぎだった。

やらい【夜来】 名詞 前《まえ》の日《ひ》の夜《よる》から続《つづ》いていること。例 夜来の雪《ゆき》は朝《あさ》になってやんだ。

やらせる 動詞 ものごとを行《おこな》わせる。例 これはわたしにやらせてね／掃除《そうじ》は弟《おとうと》にやらせよう。

やり 名詞 細長《ほそなが》い柄《え》の先《さき》に、とがった刃物《はもの》をつけた武器《ぶき》。

やりがい 名詞 苦労《くろう》や努力《どりょく》をして、それをするだけの値打《ねう》ち。例 やりがいのある仕事《しごと》。

やりかえす【やり返す】 動詞
❶もう一度《いちど》やる。やり直《なお》す。
❷相手《あいて》からやられたことに対《たい》して、言《い》い返《かえ》したりしかえしたりする。例 つき飛《と》ばされて、負《ま》けずにやり返す。

やりかけ【やり掛け】 名詞 やり始《はじ》めたものごとがとちゅうまでしかすんでいないこと。全《ぜん》部《ぶ》やり終《お》えていないこと。例 やり掛けの宿題《しゅくだい》。

やりかた【やり方】 名詞 ものごとをするときの方法《ほうほう》。しかた。例 うまいやり方を見《み》つけた。

やりきれない 形容詞
❶ものごとをやり終《お》えることができない。
❷どうにもがまんできない。かなわない。例

あいうえお かきくけこ さしすせそ たちつてと なにぬねの はひふへほ まみむめも やゆよ らりるれろ わをん

読書のこみち 高 中 低 『ふしぎな500のぼうし』ドクター・スース作《さく》・絵《え》 はじめにバーソロミュー・カビンズ命令《めいれい》されたバーソロミューは、素直《すなお》に帽子《ぼうし》を取《と》りました。それなのに頭《あたま》の上《うえ》には、まだ帽《ぼう》

こういそがしくては、やりきれない。

やりくち【やり口】 名詞 ものごとのやり方《かた》。しかた。例 ひどいやり口のいたずら。類 手口《てぐち》。使い方 あまりよい意味《いみ》では使《つか》われない。

やりくり【やり繰り】 名詞 動詞 あれこれと工《く》夫《ふう》して、どうにか都合《つごう》をつけること。例 時間《じかん》をやり繰りして、本《ほん》を読《よ》むひまをつくる。

やりこめる【やり込める】 動詞 言《い》い合《あ》いをして、相手《あいて》を負《ま》かす。

やりすごす【やり過ごす】 動詞 ❶後《うし》ろから来《き》た人《ひと》などを、そのまま先《さき》に行《い》かせる。例 バスを一台《いちだい》やり過ごす。❷ちょうどよい程度《ていど》をこえてやる。しすぎる。例 スポーツもやり過ごすと体《からだ》に悪《わる》い。

やりそこなう【やり損なう】 動詞 失敗《しっぱい》する。しくじる。

やりだまにあげる【やり玉に挙げる】 多《おお》くの中《なか》からとくに選《えら》び出《だ》して、文句《もんく》を言《い》ったりこうげきしたりする。例 みんな失敗《しっぱい》したのに、わたしだけがやり玉に挙げられた。

やりっぱなし【やりっ放し】 名詞 何《なに》かをしたままで、かたづけや後始末《あとしまつ》をしないこと。

やりて【やり手】 名詞 ❶ものごとをする人《ひと》。例 係《かかり》のやり手をさがす。❷ものごとをうまくできる人《ひと》。例 やり手の刑《けい》事《じ》。

やりとおす【やり通す】 動詞 初《はじ》めから終《お》わりまでやる。やりぬく。例 早朝《そうちょう》マラソンを一《いち》年間《ねんかん》やり通した。

やりとげる【やり遂げる】 動詞 最後《さいご》までやって、仕上《しあ》げる。成《な》しとげる。例 難《むずか》しい仕事《しごと》をやり遂げた。

やりとり【やり取り】 名詞 動詞 物《もの》やことばなどを、あたえたり受《う》けとったりすること。例 手紙《てがみ》のやり取りをする／激《はげ》しいやり取り。

やりなおす【やり直す】 動詞 もう一度《いちど》あらためてする。前《まえ》よりもうまくいくようにし直《なお》す。例 実験《じっけん》を初《はじ》めからやり直そう。

やりなげ【やり投げ】 名詞 陸上競技《りくじょうきょうぎ》の一《ひと》つ。やりを投《な》げ、飛《と》んだきょりをきそう。

やりぬく【やり抜く】 動詞 とちゅうでやめないで、終《お》わりまでやる。やり通《とお》す。

やりば【やり場】 名詞 持《も》っていくところ。例 目《め》のやり場に困《こま》る／やり場のないいかり。

やりみず【やり水】 名詞 庭《にわ》にみぞをつくり、水《みず》を引《ひ》き入《い》れて流《なが》れるようにしたもの。

やる 動詞 ❶そこに行《い》かせる。例 弟《おとうと》をむかえにやる。❷ほかのところへ移《うつ》す。例 手《て》を頭《あたま》の上《うえ》にやる。❸行《おこな》う。する。例 これから手品《てじな》をやります。❹目下《めした》の人《ひと》や、動物《どうぶつ》・植物《しょくぶつ》などにものをあたえる。例 犬《いぬ》にえさをやる。対 もらう。❺(「…てやる」の形《かたち》で) ほかの人《ひと》のためにあることをする。例 妹《いもうと》を手伝《てつだ》ってやる。対 もらう。❻(「…てやる」の形《かたち》で) ある動作《どうさ》の意味《いみ》を強《つよ》める。例 今度《こんど》こそ最後《さいご》まで泳《およ》いでやるぞ。❼(「やっていく」の形《かたち》で、全体《ぜんたい》で) 生活《せいかつ》する。例 給料《きゅうりょう》は少《すく》ないが、どうにかやっていける。

使い方 ❹❺のていねいな言《い》い方《かた》は「あげる」。また、目上《めうえ》の人《ひと》には「差《さ》し上《あ》げる」を使《つか》う。

やれやれ 感動詞 ❶安心《あんしん》したときに言《い》うことば。例 やれやれ、これで全部《ぜんぶ》終《お》わった。❷がっかりしたときに言《い》うことば。例 やれやれ、また初《はじ》めからやり直《なお》しだ。

やわ 形容動詞 弱々《よわよわ》しいようす。また、こわれやすいようす。例 やわなつくりのテーブル。

やわたせいてつじょ【八幡製鉄所】 ⇓ 1340ジ《ぺー》 やはたせいてつじょ

やわらか【柔らか・軟らか】 形容動詞 ❶力《ちから》を加《くわ》えると簡単《かんたん》に形《かたち》が変《か》わるようす。また、かたくなくて、ふっくらとしているようす。例 柔らかな布団《ふとん》／軟らかなごはん。❷やさしいようす。おだやかなようす。例 柔らかな話《はな》し方《かた》／柔らかな春《はる》の日《ひ》ざし。❸動《うご》きや考《かんが》えがしなやかなようす。例 柔らかな体《からだ》／柔らかな発想《はっそう》。

やわらかい【柔らかい・軟らかい】 形容詞 ❶力《ちから》を加《くわ》えると簡単《かんたん》に形《かたち》が変《か》わるようす。また、ふんわりしているようす。例 軟らかい粘《ねん》土《ど》／柔らかいパン。対 固《かた》い。❷やさしいようす。おだやかなようす。例 表《ひょう》情《じょう》が柔らかくなる。対 固《かた》い。❸動《うご》きや考《かんが》えがしなやかなようす。かた苦《くる》しくないようす。例 身《み》のこなしが柔らかい／軟らかい表現《ひょうげん》。対 固《かた》い。

は太陽《たいよう》を表《あらわ》している。夕日《ゆうひ》がだんだんしずんでいくように下《お》ろしていこう。

やわらぐ【和らぐ】 動詞 ❶おだやかになる。しずまる。例 寒《さむ》さが和らぐ。❷なごやかになる。例 心《こころ》が和らぐ。漢→1426ジ《ペー》わ〔和〕

やわらげる【和らげる】 動詞 ❶おだやかにする。しずめる。例 雰囲気《ふんいき》を和らげる／薬《くすり》を飲《の》んで痛《いた》みを和らげる。❷ゆるめる。例 厳《きび》しい規則《きそく》を和らげた。❸わかりやすくする。例 表現《ひょうげん》を和らげる。漢→1426ジ《ペー》わ〔和〕

ヤング（young）名詞 若《わか》いこと。また、若《わか》い人《ひと》。

やんちゃ 名詞 形容動詞 子供《こども》が、わがままを言《い》ったり、いたずらをしたりすること。また、そのような子供《こども》。例 やんちゃぼうず。

やんばるこくりつこうえん【やんばる国立公園】 名詞 沖縄県北部《おきなわけんほくぶ》の亜熱帯照葉樹林《あねったいしょうようじゅりん》を中心《ちゅうしん》とする国立公園《こくりつこうえん》。そこにしかないさまざまな動植物《どうしょくぶつ》が見《み》られる。

やんま 名詞 季語 秋 大形《おおがた》のとんぼをまとめていうことば。おにやんまやぎんやんまなど。

やんま
（おにやんま）

やんや 感動詞 大勢《おおぜい》の人《ひと》がさかんにほめ立《た》てるときの声《こえ》。例 やんやのかっさいが起《お》こる。

やんわり［と］ 副詞 おだやかに。やわらかに。例 友《とも》だちのたのみをやんわりと断《ことわ》る。

ゆ

ユ

下《した》の 手話にチャレンジ を見《み》よう。

漢 ゆ【由】〔田《た》〕5画 3年 音 ユ・ユウ・ユイ 訓 よし

❶わけ。いわれ。例 由緒《ゆいしょ》／由来《ゆらい》／知《し》る由《よし》もない／理由《りゆう》。❷したがう。よる。例 経由《けいゆ》／自由《じゆう》。

漢 ゆ【油】〔氵《さんずい》〕8画 3年 音 ユ 訓 あぶら

あぶら。例 油絵《あぶらえ》／油脂《ゆし》／油性《ゆせい》／油田《ゆでん》／原油《げんゆ》／石油《せきゆ》／灯油《とうゆ》。

ゆ【遊】 漢→1348ジ《ペー》ゆう〔遊〕

ゆ【湯】 名詞 ❶水《みず》をわかしたもの。水《みず》の熱《あつ》くなったもの。例 ぬるま湯／湯をわかす。❷ふろ。例 湯上《あ》がり／湯に入《はい》る。❸温泉《おんせん》。例 湯の町《まち》。❹ふろ屋《や》。銭湯《せんとう》。例 近所《きんじょ》の湯に行《い》く。漢→914ジ《ペー》とう〔湯〕

漢 ゆ【輸】〔車《くるまへん》〕16画 5年 音 ユ 訓

送《おく》る。運《はこ》ぶ。例 輸血《ゆけつ》／輸出《ゆしゅつ》／輸送《ゆそう》／輸入《ゆにゅう》／運輸《うんゆ》／空輸《くうゆ》／密輸《みつゆ》。

ゆあか【湯あか】 名詞 やかんやふろなどの内側《うちがわ》につく、水中《すいちゅう》のかすなどが固《かた》まったもの。

ゆあがり【湯上がり】 名詞 ふろから出《で》たばかりの時《とき》。例 湯上がりにジュースを飲《の》む。

ゆあみ【湯あみ】 名詞 動詞 「入浴《にゅうよく》」の古《ふる》い言《い》い方《かた》。例 湯あみしてあせを流《なが》す。

ゆい【由】 漢→1347ジ《ペー》ゆ〔由〕

ゆい【遺】 漢→66ジ《ペー》い〔遺〕

ゆいいつ【唯一】 名詞 それ一《ひと》つだけで、ほかにはないこと。ただ一《ひと》つであること。例 唯一の弱点《じゃくてん》。

ゆいいつむに【唯一無二】 名詞 「ゆいいつ」を強《つよ》めた言《い》い方《かた》。それ一《ひと》つだけで、二《ふた》つとないこと。例 唯一無二の親友《しんゆう》。

ゆいごん【遺言】 名詞 動詞 死《し》ぬ前《まえ》に言《い》い残《のこ》したり書《か》き残《のこ》したりすること。また、そのことば。

ゆいごんじょう【遺言状】 名詞 遺言《ゆいごん》を書《か》き留《と》めた文書《ぶんしょ》。

ゆいしょ【由緒】 名詞 ❶あるものごとの起《お》こりと、たどってきた筋道《すじみち》について、昔《むかし》から言《い》い伝《つた》えられてきたこと。例 お寺《てら》の由緒を調《しら》べる。類 由来《ゆらい》。❷昔《むかし》からのりっぱな歴史《れきし》。例 由緒ある家《いえ》がら。

ゆいのう【結納】 名詞 結婚《けっこん》の約束《やくそく》のしるし

手話にチャレンジ　夕方《ゆうがた》　指先《ゆびさき》をななめ上《うえ》に向《む》けた手《て》のひらを、ひじを中心《ちゅうしん》に円《まる》くななめ下《した》に下《お》ろす。手《て》のひらに、お金《かね》やおくり物《もの》をやりとりすること。また、そのお金《かね》やおくり物《もの》。例 結納をかわす。

ゆう【夕】 名詞 日《ひ》が暮《く》れるころ。夕方《ゆうがた》。例 夕刊《かん》／朝《あさ》に夕に。対 朝《あさ》。

漢 **ゆう【夕】**〔夕《ゆう》〕3画 1年 音 セキ 訓 ゆう

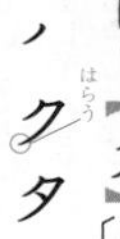

ゆうがた。例 夕立《ゆうだち》／夕日《ゆうひ》／一朝一夕《いっちょういっせき》。対 朝《ちょう》。

漢 **ゆう【友】**〔又《また》〕4画 2年 音 ユウ 訓 とも

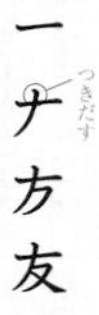

ともだち。とも。例 友情《ゆうじょう》／友人《ゆうじん》／学友《がくゆう》／旧友《きゅうゆう》／級友《きゅうゆう》／親友《しんゆう》。

ゆう【右】 漢 ⇩117ページ う〔右〕

ゆう【由】 漢 ⇩1347ページ ゆ〔由〕

漢 **ゆう【有】**〔月《つき》〕6画 3年 音 ユウ・ウ 訓 ある

ある。もっている。例 有《あ》り金《がね》／有無《うむ》／有害《ゆうがい》／有効《ゆうこう》／有《ゆう》する／有望《ゆうぼう》／有名《ゆうめい》／有利《ゆうり》／有料《ゆうりょう》／有《ゆう》力《りょく》／希有《けう》／私有《しゆう》／所有《しょゆう》／専有《せんゆう》／特有《とくゆう》。対 無《む》。

漢 **ゆう【勇】**〔力《ちから》〕9画 4年 音 ユウ 訓 いさむ

❶いさましい。例 勇《いさ》み足《あし》／勇敢《ゆうかん》／勇気《ゆうき》／勇士《ゆうし》／勇者《ゆうしゃ》／武勇《ぶゆう》。❷いさぎよい。例 勇退《ゆうたい》／勇断《ゆうだん》。

漢 **ゆう【郵】**〔阝《おおざと》〕11画 6年 音 ユウ 訓

手紙《てがみ》や品物《しなもの》をおくる。例 郵送《ゆうそう》／郵便《ゆうびん》。

漢 **ゆう【遊】**〔辶《しんにょう》〕12画 3年 音 ユウ・ユ 訓 あそぶ

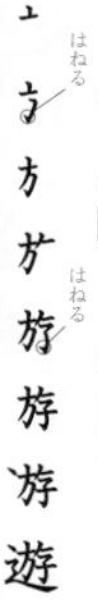

❶あそぶ。例 遊《あそ》び半分《はんぶん》／遊園地《ゆうえんち》／遊戯《ゆうぎ》／遊山《ゆさん》。❷あちこちと動《うご》きまわる。例 遊説《ゆうぜい》／遊牧《ゆうぼく》／回《かい》遊《ゆう》。❸遠《とお》くへ行《い》く。例 遊学《ゆうがく》／外遊《がいゆう》／周遊《しゅうゆう》。

ゆう【優】 名詞 すぐれていること。とくに、品《ひん》質《しつ》や成績《せいせき》がすぐれていることを表《あらわ》すことば。

漢 **ゆう【優】**〔亻《にんべん》〕17画 6年 音 ユウ 訓 やさしい・すぐれる

❶やさしい。しとやか。例 優雅《ゆうが》／優美《ゆうび》。❷すぐれる。まさっている。例 優位《ゆうい》／優秀《ゆうしゅう》／優《ゆう》勝《しょう》／優勢《ゆうせい》／優良《ゆうりょう》。❸てあつい。例 優遇《ゆうぐう》／優《ゆう》待《たい》。❹役者《やくしゃ》。例 女優《じょゆう》／俳優《はいゆう》／名優《めいゆう》。

ゆう【言う】 ⇩70ページ いう

ゆう【結う】 動詞 結《むす》ぶ。とくに、かみの毛《け》をまとめて整《ととの》える。漢 ⇩421ページ けつ〔結〕

ユーアールエル【ＵＲＬ】 名詞 インターネット上《じょう》で情報《じょうほう》がどこにあるかを表《あらわ》すための、文字《もじ》や記号《きごう》の列《れつ》。インターネット上《じょう》での住所《じゅうしょ》のようなもの。

ゆうあい【友愛】 名詞 友《とも》だちの間《あいだ》の、おたがいを大切《たいせつ》にする心《こころ》。

ゆうい【優位】 名詞 形容動詞 ほかのものよりも、立場《たちば》や地位《ちい》がまさっていること。例 優位な立《た》場《ば》に立《た》つ。

ゆういぎ【有意義】 形容動詞 意味《いみ》や価値《かち》があるようす。例 有意義なお話《はなし》を聞《き》いた。

ゆううつ【憂鬱】 形容動詞 気持《きも》ちが晴《は》れ晴《ば》れしないこと。心《こころ》がしずむこと。例 毎日雨《まいにちあめ》ばかり降《ふ》っていて、憂鬱だ。

ゆうえい【遊泳】 名詞 動詞 季語夏 泳《およ》ぐこと。泳《およ》ぎ回《まわ》ること。例 遊泳禁止《きんし》／宇宙《うちゅう》遊泳。

ゆうえき【有益】 形容動詞 役《やく》に立《た》つこと。ためになること。例 おこづかいを有益につかう。対 無益《むえき》。

ユーエスビー【ＵＳＢ】 名詞 パソコンとほかの機器《きき》とを接続《せつぞく》する部分《ぶぶん》の規格《きかく》の一《ひと》つ。

ゆうえつかん【優越感】 名詞 自分《じぶん》がほかの人《ひと》よりすぐれていると思《おも》う気持《きも》ち。例 計算《けいさん》の速《はや》さに優越感を持《も》つ。対 劣等感《れっとうかん》。

ユーエッチエフ【ＵＨＦ】 名詞 周《しゅう》波《は》数《すう》三《さん》百《びゃく》〜三千《さんぜん》メガヘルツの電波《でんぱ》。近距離《きんきょり》の通信《つうしん》やテレビ放送《ほうそう》などに使《つか》われる。ことば「極超短波《ごくちょうたんぱ》」の意味《いみ》を表《あらわ》す英語《えいご》の頭《かしら》文字《もじ》からできたことば。

ゆうえんち【遊園地】 名詞 楽《たの》しく遊《あそ》ぶための、いろいろな道具《どうぐ》や乗《の》り物《もの》があるところ。

ゆうが【優雅】 名詞 形容動詞 やさしい美《うつく》しさがあり、上品《じょうひん》なこと。例 優雅なふるまい。

下《か》への穴《あな》を下《お》りたら、見知《みし》らぬ世界《せかい》に来《き》てしまったアリス。へんてこな薬《くすり》を飲《の》んで体《からだ》が大《おお》きくなったり小《ちい》さくな女王《じょおう》さまが裁判《さいばん》をしている場面《ばめん》に出《で》くわして…。常識《じょうしき》をくつがえすナンセンス文学《ぶんがく》の、代表作《だいひょうさく》です。

ゆうかい【誘拐】 名詞 動詞 人《ひと》をだますなどして、無理《むり》やり連《つ》れていくこと。例 誘拐事件《じけん》。

ゆうかい【融解】 名詞 動詞 固体《こたい》が、熱《ねつ》によってとけて、液体《えきたい》になること。

ゆうがい【有害】 名詞 形容動詞 害《がい》があること。ためにならないこと。例 有害な物質《ぶっしつ》。対 無害《むがい》。

ゆうがいむえき【有害無益】 名詞 形容動詞 害《がい》があるだけで、ためになることが何《なに》もないこと。例 国《くに》どうしの争《あらそ》いは有害無益だ。

ゆうがお【夕顔】 名詞 季語夏 うりのなかまのつる草《くさ》の一《ひと》つ。夏《なつ》の夕《ゆう》方《がた》、あさがおに似《に》た白《しろ》い花《はな》がさく。実《み》から「かんぴょう」をつくる。

ゆうがお

ゆうがく【遊学】 名詞 動詞 自分《じぶん》の家《いえ》のある土地《とち》をはなれて、よその土地《とち》や国《くに》へ行《い》って勉強《べんきょう》すること。例 アメリカに遊学する。類 留学《りゅうがく》。

ゆうがた【夕方】 名詞 日《ひ》が暮《く》れるころ。夕暮《ゆうぐ》れ。対 朝方《あさがた》。

ゆうがとう【誘が灯】 名詞 季語夏 夜《よる》に田畑《たはた》にいる害虫《がいちゅう》をさそい寄《よ》せて殺《ころ》すしかけのある明《あ》かり。

ユーカラ 名詞 アイヌ民族《みんぞく》の間《あいだ》に古《ふる》くから語《かた》り伝《つた》えられた、民族《みんぞく》の歴史《れきし》や英雄物語《えいゆうものがたり》を歌《うた》うように語《かた》る詩《し》。

ユーカリ （ラテン語） 名詞 オーストラリア原産《げんさん》の高《たか》い木《き》。百《ひゃく》メートルをこえるものもある。葉《は》から ユーカリ油《ゆ》をとり、木材《もくざい》は造船《ぞうせん》・建築《けんちく》などに使《つか》う。葉《は》はコアラが食《た》べる。

ゆうかん【夕刊】 名詞 毎日《まいにち》、夕方《ゆうがた》に発行《はっこう》される新聞《しんぶん》。対 朝刊《ちょうかん》。

ゆうかん【勇敢】 形容動詞 勇気《ゆうき》があり、ものごとをおそれずにすること。例 勇敢な少年《しょうねん》／勇敢に戦《たたか》う。対 臆病《おくびょう》。

ゆうき【勇気】 名詞 ものをおそれない、強《つよ》い心《こころ》。例 勇気を出《だ》して、みんなの前《まえ》で自分《じぶん》の意《い》見《けん》を言《い》う。

ゆうぎ【遊戯】 名詞 ❶遊《あそ》んで楽《たの》しむこと。❷幼稚園《ようちえん》などで、子供《こども》たちが音楽《おんがく》に合《あ》わせて体《からだ》を動《うご》かす遊《あそ》び。おゆうぎ。

ゆうきかごうぶつ【有機化合物】 名詞 炭《たん》素《そ》をふくむ化合物《かごうぶつ》をまとめていう呼《よ》び名《な》。対 無機化合物《むきかごうぶつ》。参考 二酸化炭素《にさんかたんそ》などの簡単《かんたん》な炭素《たんそ》化合物《かごうぶつ》はふくまない。

ゆうきさいばい【有機栽培】 名詞 農薬《のうやく》や化学肥料《かがくひりょう》を使《つか》わないで作物《さくもつ》を育《そだ》てること。

ゆうきのうぎょう【有機農業】 名詞 農薬《のうやく》や化学肥料《かがくひりょう》を使《つか》わないで、堆肥《たいひ》などの有機肥《ゆうきひ》料《りょう》を使《つか》って行《おこな》う農業《のうぎょう》。

ゆうきぶつ【有機物】 名詞 生《い》き物《もの》の体《からだ》をつくっている、炭素《たんそ》をふくむ物質《ぶっしつ》。たんぱく質《しつ》・炭水化物《たんすいかぶつ》など。対 無機物《むきぶつ》。

ゆうきまい【有機米】 名詞 農薬《のうやく》や化学肥料《かがくひりょう》を使《つか》わないでさいばいした米《こめ》。

ゆうきやさい【有機野菜】 名詞 農薬《のうやく》や化学《かがく》肥料《ひりょう》を使《つか》わないでさいばいした野菜《やさい》。

ゆうぎり【夕霧】 名詞 季語秋 夕方《ゆうがた》に立《た》ちこめるきり。例 夕霧が立《た》つ。関連 朝霧《あさぎり》。夜霧《よぎり》。

ゆうぐ【遊具】 名詞 遊《あそ》ぶための道具《どうぐ》や簡単《かんたん》な設備《せつび》。ぶらんこ・ジャングルジムなど。

ゆうぐう【優遇】 名詞 動詞 特別《とくべつ》に、よい条件《じょうけん》であつかうこと。ていねいにもてなすこと。例 仕事《しごと》の経験《けいけん》を積《つ》んでいる方《かた》は優遇します。対 冷遇《れいぐう》。

ゆうぐれ【夕暮れ】 名詞 日《ひ》が暮《く》れて、辺《あた》りが暗《くら》くなるころ。夕方《ゆうがた》。類 たそがれ。日暮《ひぐ》れ。対 夜明《よあ》け。

ゆうげ【夕げ】 名詞 「夕食《ゆうしょく》」の古《ふる》い言《い》い方《かた》。ことば 「げ」は食事《しょくじ》のこと。関連 朝《あさ》げ。昼《ひる》げ。

ゆうけい【有形】 名詞 形《かたち》があること。また、そのもの。対 無形《むけい》。

ゆうげきしゅ【遊撃手】 名詞 野球《やきゅう》で、二塁《にるい》と三塁《さんるい》の間《あいだ》を守《まも》る選手《せんしゅ》。「ショート」ともいう。

ゆうげん【有限】 名詞 形容動詞 数《かず》や量《りょう》、程度《ていど》などに限《かぎ》りがあること。例 地球《ちきゅう》の地下資源《ちかしげん》は有限だ。対 無限《むげん》。

ゆうげんじっこう【有言実行】 名詞 言《い》ったことは、必《かなら》ず実行《じっこう》すること。ことば 「不言実《ふげんじっ》行《こう》」ということばに似《に》せて作《つく》られたことば。

ゆうけんしゃ【有権者】 名詞 権利《けんり》を持《も》っている人《ひと》。とくに、選挙《せんきょ》で投票《とうひょう》する権利《けんり》を持《も》っている人《ひと》。

あいうえお かきくけこ さしすせそ たちつてと なにぬねの はひふへほ まみむめも やゆよ ゆ らりるれろ わをん

読書のこみち 高 中 低 『不思議《ふしぎ》の国《くに》のアリス』キャロル　チョッキを着《き》て走《はし》ってゆくうさぎのあとを追《お》って、地《ち》ったり、空中《くうちゅう》にねこの顔《かお》が現《あらわ》れたり、奇妙《きみょう》なお茶会《ちゃかい》を体験《たいけん》したり、ついにはトランプの

ゆうこう【友好】[名詞]国や団体などの間の、仲のよいつきあい。例友好を深める。

ゆうこう【有効】[形容動詞]効き目があること。例切符の有効期限／余った時間を有効に利用する。対無効。

ゆうごう【融合】[名詞][動詞]二つ以上のものが一つにとけ合うこと。例東西の文化が融合する。

ゆうこく【夕刻】[名詞]日が暮れるころ。夕方。

ゆうざい【有罪】[名詞]罪があると認められること。裁判…対無罪。

ゆうし【有志】[名詞]あることをやろうとする気持ちがあること。また、その人。例有志を募集して文芸部を作った。

ゆうし【勇士】[名詞]勇気のある強い人。また、勇ましい兵士。

ゆうし【勇姿】[名詞]勇ましい姿。例代表選手団の雄姿。

ゆうし【雄姿】[名詞]堂々としてりっぱなようす。例アルプス山脈の雄姿。

ゆうし【融資】[名詞][動詞]銀行などが、商売や仕事に必要なお金を貸し出すこと。

ゆうしいぜん【有史以前】[名詞]文字で残されている歴史が始まるよりも前。例この岩は有史以前からここにあると考えられる。

ゆうしいらい【有史以来】[名詞]文字で残されている歴史が始まってから今まで。例有史以来の大事件。

ユーじがたじしゃく【U字形磁石】[名詞]「U」の字の形に作られた磁石。図→568ページ・じしゃく❶

ゆうしきしゃ【有識者】[名詞]学問や知識を持っている人。例有識者の意見を聞く。類識者。

ゆうしゃ【勇者】[名詞][形容動詞]勇気のある人。

ゆうしゅう【優秀】[名詞][形容動詞]ほかのものよりとくにすぐれていること。例優秀な成績を収める。

ゆうしゅうのびをかざる【有終の美を飾る】ものごとを最後までやり通し、りっぱに終わらせること。例引退前の試合で優勝し、有終の美を飾る。使い方「優秀の美」と書かないよう注意。

ゆうじゅうふだん【優柔不断】[形容動詞]ぐずぐずと迷ってばかりいて、ものごとをはっきりと決められないこと。例優柔不断な性格。

ゆうしょう【優勝】[名詞][動詞]試合などで第一位になること。例県大会で優勝する。

ゆうじょう【友情】[名詞]友だちとの間の真心や、思いやりの心。

ゆうしょく【夕食】[名詞]夕方の食事。晩ごはん。類夕飯。関連朝食、昼食。

ゆうしょくじんしゅ【有色人種】[名詞]皮膚の色が白い白色人種以外の人種。黄色人種・黒色人種など。

ゆうじん【友人】[名詞]友だち。友。

ゆうすいち【遊水池・遊水地】[名詞]大雨などのときに、川の水が急に増えないように、水の一部をしばらくためておくところ。

ゆうすう【有数】[名詞][形容動詞]数えるほどしかないくらい、非常にすぐれていること。例世界でも有数の科学者。類屈指。指折り。

ゆうずう【融通】❶[名詞][動詞]お金や品物などを、うまく都合をつけて貸し借りすること。例千円ばかり融通してほしい。❷[名詞]その場にふさわしいやり方で、ものごとをかたづけること。例好きな色の絵の具がないから絵をかくのをやめるとは融通がきかない。

ゆうすず【夕涼】[名詞][季語 夏]夏の夕方のすずしいとき。

ゆうすずみ【夕涼み】[名詞][季語 夏]夏の夕方、家の外に出てすずしい風に当たること。

ユースホステル（youth hostel）[名詞]若い旅行者のためにつくられた、安くて手軽な宿舎。

ゆうする【有する】[動詞]持つ。持っている。例人口百万を有する大都市。使い方「あらたま…」

ゆうせい【遊星】→1430ページ わくせい

ゆうせい【優勢】[名詞][形容動詞]ほかのものより勢いがあって、有利な立場にいること。例この試合は赤組が優勢だ。対劣勢。

ゆうぜい【遊説】[名詞][動詞]政治家などが、い…

らりるれろ　わ　をん

へ。ところがそこで、「イナイ、イナイ…」とつぶやきながら歩く椅子を見てしまった。たどり着いた古い洋館にいる「イーダ」は、まさか妹のゆう子のことか？　直樹がさぐり当てた真実には、「戦争」が関係していた…。

ろいろな土地《とち》を回《まわ》って、自分《じぶん》の考《かんが》えを人々《ひとびと》に説《せつ》明《めい》すること。

ゆうせん【有線】 名詞 電信《でんしん》や電話《でんわ》などの通信《つうしん》に、電線《でんせん》を使《つか》うこと。対 無線《むせん》。

ゆうせん【優先】 名詞 動詞 ほかのものより先《さき》にあつかうこと。例 優先順位《じゅんい》。

ゆうぜん［と］【悠然［と］】 副詞 ゆったりと落《お》ち着《つ》いているようす。例 発表会《はっぴょうかい》の前日《ぜんじつ》になっても悠然と構《かま》えている。使い方「悠然たる態《たい》度《ど》」などの形《かたち》でも使《つか》う。

ゆうせんせき【優先席】 名詞 電車《でんしゃ》やバスなどで、お年寄《としよ》りや、体《からだ》の不自由《ふじゆう》な人《ひと》、にんしんしている人《ひと》や病人《びょうにん》・けが人《にん》などが、優先《ゆうせん》してすわることができる席《せき》。

ゆうぜんぞめ【友禅染】 名詞 布《ぬの》を染《そ》める方《ほう》法《ほう》の一《ひと》つ。布《ぬの》にのりで輪郭《りんかく》をえがき、さまざまな色《いろ》で花《はな》・鳥《とり》・草木《くさき》などのあざやかな模様《もよう》を染《そ》め出《だ》すものが多《おお》い。

ゆうせんほうそう【有線放送】 名詞 電線《でんせん》を使《つか》って行《おこな》う放送《ほうそう》。

ゆうそう【勇壮】 形容動詞 勇《いさ》ましくて、とても元気《げんき》がよいようす。例 勇壮な行進曲《こうしんきょく》。

ゆうそう【郵送】 名詞 動詞 郵便《ゆうびん》で送《おく》ること。例 郵送料《りょう》／本《ほん》を郵送する。

ユーターン【Uターン】（U-turn） 名詞 動詞 ❶自動車《じどうしゃ》などが、来《き》た方向《ほうこう》に引《ひ》き返《かえ》すために、「U」の字《じ》の形《かたち》に曲《ま》がること。❷もともといたところに帰《かえ》ること。例 大学《だいがく》を卒業《そつぎょう》し、ふるさとにUターンする。

ユーターンげんしょう【Uターン現象】 名詞 地方《ちほう》から都会《とかい》に移《うつ》り住《す》んだ人《ひと》が、また地方《ちほう》にもどる現象《げんしょう》。

ゆうたい【勇退】 名詞 動詞 あとの人《ひと》にゆずるために、自分《じぶん》から進《すす》んでその役目《やくめ》や職業《しょくぎょう》をやめること。例 三月《さんがつ》で会長《かいちょう》を勇退した。

ゆうたい【優待】 名詞 動詞 ほかの人《ひと》より有利《ゆうり》になるようにあつかうこと。例 映画《えいが》の優待券《けん》。

ゆうだい【雄大】 形容動詞 大《おお》きくて、堂々《どうどう》としているようす。例 雄大ながめ。類 壮大《そうだい》。

ゆうだち【夕立】 名詞 季語夏 夏《なつ》の夕方《ゆうがた》などに、急《きゅう》に激《はげ》しく降《ふ》り出《だ》し、すぐにやむ雨《あめ》。

ゆうだん【有段】 名詞 剣道《けんどう》・柔道《じゅうどう》・囲碁《いご》・将《しょう》棋《ぎ》などで、段位《だんい》を持《も》っていること。

ゆうだん【勇断】 名詞 動詞 思《おも》いきった判断《はんだん》をすること。勇気《ゆうき》のある決断《けつだん》をすること。例 登《と》山《ざん》をとちゅうでやめて引《ひ》き返《かえ》したのは、隊長《たいちょう》の勇断だった。類 英断《えいだん》。

ゆうち【誘致】 名詞 動詞 工場《こうじょう》や学校《がっこう》などを、その場所《ばしょ》にまねき寄《よ》せること。例 町《まち》に大《おお》きな工場《こうじょう》を誘致する。

ゆうちょう【悠長】 形容動詞 気《き》が長《なが》く、のんびりと落《お》ち着《つ》いているようす。例 試合《しあい》が始《はじ》まるというのに、悠長に漫画《まんが》を読《よ》んでいる。

ゆうづきよ【夕月夜】 名詞 月《つき》が出《で》ている夕《ゆう》方《がた》。また、夕方《ゆうがた》に出《で》ている月《つき》。「ゆうづくよ」ともいう。

ゆうてん【融点】 名詞 固体《こたい》が液体《えきたい》に変《か》わるときの温度《おんど》。「融解点《ゆうかいてん》」ともいう。参考 氷《こおり》の融点《ゆうてん》は、セ氏零度《れいど》。

ゆうとう【優等】 名詞 品質《ひんしつ》や成績《せいせき》などが、ほかのものよりとくにすぐれていること。例 優等賞《しょう》。対 劣等《れっとう》。

ゆうどう【誘導】 名詞 動詞 人《ひと》や物《もの》を、ある場《ば》所《しょ》までうまく導《みちび》くこと。例 会場《かいじょう》まで誘導する。

ゆうどうえんぼく【遊動円木】 名詞 丸太《まるた》の両端《りょうはし》をくさりなどでつるし、ゆれ動《うご》くようにした遊《あそ》び道具《どうぐ》。

ゆうとうせい【優等生】 名詞 成績《せいせき》や行《おこな》いがとくにすぐれている児童《じどう》や生徒《せいと》。

ゆうどく【有毒】 名詞 形容動詞 毒《どく》があること。毒《どく》になること。例 有毒ガス／有毒な化学薬品《かがくやくひん》。

ユートピア（Utopia） 名詞 人《ひと》の空想《くうそう》の中《なか》だけにある、住《す》みやすいすばらしい世界《せかい》。理想郷《りそうきょう》。

ゆうなぎ【夕なぎ】 名詞 季語夏 海辺《うみべ》で、夕《ゆう》方《がた》、海《うみ》からふく風《かぜ》が陸《りく》からふく風《かぜ》に入《い》れかわるとき、しばらくの間《あいだ》風《かぜ》がやんで、波《なみ》がおだやかになること。対 朝《あさ》なぎ。

ゆうに【優に】 副詞 じゅうぶんに。楽々《らくらく》。例 その駅《えき》までは優に五《ご》キロはある。

ゆうのう【有能】 名詞 形容動詞 すぐれた才能《さいのう》や能力《のうりょく》があるようす。例 有能な人物《じんぶつ》。対 無能《むのう》。

ゆうばえ【夕映え】 名詞 夕日《ゆうひ》の光《ひかり》を受《う》けて、空《そら》や辺《あた》りの景色《けしき》が美《うつく》しくかがやくこと。類 夕《ゆう》焼《や》け。

ゆうはん【夕飯】 名詞 夕方《ゆうがた》の食事《しょくじ》。晩《ばん》ごはん。類 夕食《ゆうしょく》。

ゆうひ【夕日】 名詞 夕方《ゆうがた》しずんでいく太陽《たいよう》。

あいうえお
かきくけこ
さしすせそ
たちつてと
なにぬねの
はひふへほ
まみむめも
や ゆ よ
らりるれろ
わ を ん

読書のこみち　高 中 低 『ふたりのイーダ』松谷《まつたに》みよ子《こ》　夏休《なつやす》みに、直樹《なおき》は妹《いもうと》とともに、お母《かあ》さんのふるさと広島《ひろしま》には、「2605年《ねん》」のカレンダーがある。いったいこれはどういうこと？　椅子《いす》が探《さが》して

また、その光《ひかり》。対 朝日《あさひ》。

ゆうひ【雄飛】名詞 動詞 より広《ひろ》い場所《ばしょ》に出《で》て、さかんに活躍《かつやく》すること。例 研究者《けんきゅうしゃ》として世界《せかい》に雄飛する。対 雌伏《しふく》。

ゆうび【優美】形容動詞 形《かたち》やすがたなどが、上品《じょうひん》で美《うつく》しいようす。例 優美なドレス姿《すがた》。

ゆうびん【郵便】名詞 手紙《てがみ》や小包《こづつみ》などをあて先《さき》まで届《とど》ける仕事《しごと》。また、その手紙《てがみ》や品物《しなもの》。

ゆうびんきって【郵便切手】↓334ジペー きって

ゆうびんきょく【郵便局】名詞 郵便《ゆうびん》・貯《ちょ》金《きん》・保険《ほけん》などの窓口《まどぐち》の仕事《しごと》をするところ。

ゆうびんせいど【郵便制度】名詞 郵便物《ゆうびんぶつ》をあて先《さき》まで送《おく》り届《とど》ける制度《せいど》。参考 日本《にほん》では、一八七一（明治四《めいじよ》）年《ねん》に前島密《まえじまひそか》の提案《ていあん》で始《はじ》められた。

ゆうびんはがき【郵便はがき】↓1044ジペー はがき

ゆうびんばんごう【郵便番号】名詞 郵便《ゆうびん》物《ぶつ》を配達《はいたつ》する地域《ちいき》を示《しめ》す番号《ばんごう》。はがきや手紙《てがみ》のあて先《さき》の上《うえ》に書《か》く。

ユーフォー【UFO】名詞 空《そら》を飛《と》ぶ、正体《しょうたい》がはっきりわからない物体《ぶったい》。ことば「未確認飛《みかくにんひ》行物体《こうぶったい》」という意味《いみ》の英語《えいご》の頭文字《かしらもじ》からできたことば。

ゆうふく【裕福】形容動詞 財産《ざいさん》があって、生活《せいかつ》が豊《ゆた》かなようす。例 裕福な家庭《かてい》／裕福に暮《く》らす。類 富裕《ふゆう》。対 貧乏《びんぼう》。

ユーフラテスがわ【ユーフラテス川】名詞 西《にし》アジアを流《なが》れる大《おお》きな川《かわ》。トルコ・シリア・イラクを流《なが》れ、ティグリス川《がわ》と合流《ごうりゅう》してペルシア湾《わん》に注《そそ》ぐ。下流域《かりゅういき》で、古代《こだい》メソポタミア文明《ぶんめい》が栄《さか》えた。

ゆうべ 名詞 昨日《きのう》の夜《よる》。例 ゆうべはぐっすりとねむった。

ゆうべ【夕べ】名詞 夕方《ゆうがた》。日暮《ひぐ》れ。

ゆうべん【雄弁】名詞 形容動詞 力強《ちからづよ》くすらすらと、聞《き》く人《ひと》の心《こころ》を動《うご》かすように話《はな》すこと。また、その話《はな》し方《かた》。例 自分《じぶん》の考《かんが》えを雄弁に語《かた》る。

ゆうぼう【有望】形容動詞 これから先《さき》に、りっぱになる見《み》こみや望《のぞ》みがあるようす。例 将来《しょうらい》有望な少年《しょうねん》。

ゆうぼく【遊牧】名詞 動詞 草《くさ》や水《みず》のある場所《ばしょ》を求《もと》めて移《うつ》り住《す》みながら、牛《うし》や羊《ひつじ》などの家畜《かちく》を飼《か》うこと。例 遊牧民族《みんぞく》。

ゆうほどう【遊歩道】名詞 風景《ふうけい》を楽《たの》しみながら散歩《さんぽ》できるようにつくられた歩道《ほどう》。

ゆうまぐれ【夕まぐれ】名詞 夕方《ゆうがた》の、うす暗《ぐら》いとき。使い方 詩《し》や歌《うた》で使《つか》うことば。

ゆうめい【有名】名詞 形容動詞 人々《ひとびと》に広《ひろ》く知《し》られていること。例 有名な作家《さっか》。類 著名《ちょめい》。対 無《む》名《めい》。

ゆうめいむじつ【有名無実】名詞 形容動詞 名《な》まえや評判《ひょうばん》だけで、実際《じっさい》の内容《ないよう》や力《ちから》がそれにつり合《あ》っていないこと。

ゆうめし【夕飯】名詞 「夕食《ゆうしょく》」のくだけた言《い》い方《かた》。関連 朝飯《あさめし》。昼飯《ひるめし》。晩飯《ばんめし》。

ユーモア（humor）名詞 上品《じょうひん》で気《き》のきいたおかしさ。例 ユーモアのある話《はなし》。

ゆうもう【勇猛】名詞 形容動詞 勇気《ゆうき》があって、何《なに》ごともおそれないこと。例 勇猛な兵士《へいし》。

ゆうもみじ【夕紅葉】名詞 季語秋 夕日《ゆうひ》に照《て》らされて光《ひか》りかがやくもみじ。

ゆうもや【夕もや】名詞 夕方《ゆうがた》にかかるもや。例 辺《あた》り一面《いちめん》に夕もやがたちこめる。対 朝《あさ》もや。

ユーモラス（humorous）形容動詞 ユーモアのあるようす。こっけいで愛《あい》きょうのあるようす。例 子《こ》ぐまのユーモラスなしぐさ。

ゆうやけ【夕焼け】名詞 季語夏 夕方《ゆうがた》、太陽《たいよう》がしずむとき、西《にし》の空《そら》が赤《あか》く見《み》えること。類 夕映《ゆうば》え。対 朝焼《あさや》け。

ゆうやみ【夕闇】名詞 夕方《ゆうがた》、太陽《たいよう》がしずんだあとの暗《くら》さ。例 夕闇がせまる。類 宵闇《よいやみ》。

ゆうゆう［と］【悠悠［と］】副詞 ゆったりと落《お》ち着《つ》いているようす。また、余裕《よゆう》があるようす。例 悠々と歩《ある》く／バスの時間《じかん》に悠々間《ま》に合《あ》った。使い方「悠々たる姿《すがた》」などの形《かたち》でも使《つか》う。

ゆうゆうじてき【悠悠自適】名詞 形容動詞 世《よ》の中《なか》のわずらわしいことからはなれて、思《おも》うままにゆったりと生活《せいかつ》すること。

ゆうよ【猶予】名詞 動詞 ❶ぐずぐずして、なかなか決《き》めないこと。例 これ以上《いじょう》の猶予は許《ゆる》されない。❷ものごとを実行《じっこう》する日時《にちじ》を延《の》ばすこと。例 提出《ていしゅつ》まで、あと一週間《いっしゅうかん》ほど猶予をください。

ゆうよう【有用】形容動詞 役《やく》に立《た》つこと。例 有用な人物《じんぶつ》。対 無用《むよう》。

ユーラシア（Eurasia）名詞 ヨーロッパとアジ

あいうえお かきくけこ さしすせそ たちつてと なにぬねの はひふへほ まみむめも や ゆ よ らりるれろ わ を ん

マイペースのがまくんは、なぜか仲《なか》よし。さびしがりやのがまくんのために、かえるくんが手紙《てがみ》を書《か》く「おてがったり、二人《ふたり》の会話《かいわ》が楽《たの》しい絵本《えほん》。『ふたりはいっしょ』『ふたりはいつも』などのシリーズもあります。

アを合《あ》わせた呼《よ》び名《な》。世界《せかい》でいちばん大《おお》きい大《たい》陸《りく》。

ゆうらん【遊覧】 名詞 動詞 あちらこちらを見《けん》物《ぶつ》して回《まわ》ること。

ゆうらんせん【遊覧船】 名詞 お客《きゃく》を乗《の》せて、あちこち見物《けんぶつ》して回《まわ》る船《ふね》。

ゆうり【有利】 名詞 形容動詞 自分《じぶん》の側《がわ》に都合《つごう》がよいこと。勝《か》てそうだったり、得《とく》になったりすること。例 試合《しあい》を有利に進《すす》める。対 不利《ふり》。

ゆうり【遊離】 名詞 動詞 ほかのものとつながりを持《も》たないで、はなれていること。例 現実《げんじつ》から遊離した考《かんが》え方《かた》。

ゆうりょ【憂慮】 名詞 動詞 心配《しんぱい》して、あれこれと気《き》づかうこと。例 母《はは》の病気《びょうき》を憂慮する。

ゆうりょう【有料】 名詞 使《つか》ったり中《なか》に入《はい》ったりするのに料金《りょうきん》がいること。例 有料道路《どうろ》。対 無料《むりょう》。

ゆうりょう【優良】 名詞 形容動詞 すぐれていること。とてもよいこと。例 優良品《ひん》／サービスの優良な店《みせ》。

ゆうりょく【有力】 形容動詞 ❶勢《いきお》いや権力《けんりょく》などがあるようす。例 有力な政《せい》治家《じか》。対 無力《むりょく》。❷見《み》こみがあるようす。例 有力な手《て》がかり。

ゆうれい【幽霊】 名詞 ❶死《し》んだ人《ひと》がこの世《よ》に出《で》てきたもの。❷ほんとうはないのに、あるように見《み》せかけているもの。例 幽霊会社《がいしゃ》。

ゆうれつ【優劣】 名詞 すぐれていることと、おとっていること。例 どちらもりっぱで優劣がつけがたい。類 甲乙《こうおつ》。

ユーロ（Euro）名詞 ❶「ヨーロッパ」のこと。例 ユーロ市場《しじょう》。❷EU《イーユー》（＝ヨーロッパ連合《れんごう》）の加盟国《かめいこく》で使《つか》われる共通通貨《きょうつうつうか》のこと。記号《きごう》は「€」。

ゆうわ【融和】 名詞 動詞 打《う》ち解《と》けて仲《なか》よくすること。例 世界《せかい》の国々《くにぐに》との融和をはかる。

ゆうわく【誘惑】 名詞 動詞 人《ひと》をよくないことにさそいこむこと。例 誘惑に負《ま》ける／悪《わる》い仲《なか》間《ま》に誘惑される。

ゆえ【故】 ❶名詞 わけ。理由《りゆう》。例 その件《けん》は故あって話《はな》せない。❷助詞（ほかのことばのあとにつけて）…のため。…だから。例 子供《こども》のことゆえ、お許《ゆる》しください。使い方 少《すこ》し古《ふる》い言《い》い方《かた》。❷は、ふつうかな書《が》きにする。漢⇒440ページ こ〔故〕

ゆえに【故に】 接続詞 そのようなわけで。それだから。例 日本《にほん》は資源《しげん》が少《すく》ない。故に貿易《ぼうえき》に力《ちから》を入《い》れている。使い方 あらたまった言《い》い方《かた》。

ゆえん 名詞 わけ。理由《りゆう》。例 妹《いもうと》が人《ひと》に好《す》かれるゆえんはやさしさにある。使い方 古《ふる》い言《い》い方《かた》。

ゆえん【由縁】 名詞 ことの起《お》こり。由来《ゆらい》。

ゆえん【油煙】 名詞 油《あぶら》などが燃《も》えるときに出《で》る、黒《くろ》くて細《こま》かな粉《こな》。

ゆか【床】 名詞 建物《たてもの》の中《なか》で、地面《じめん》より高《たか》く板《いた》を張《は》ったところ。例 床下《した》／床をふく。

ゆかい【愉快】 形容動詞 楽《たの》しくて気持《きも》ちがよいようす。おもしろく感《かん》じるようす。例 愉快な気分《きぶん》／愉快な映画《えいが》。対 不愉快《ふゆかい》。

ゆかいた【床板】 名詞 ゆかに張《は》ってある板《いた》。

ゆかうんどう【床運動】 名詞 体操競技《たいそうきょうぎ》の一《ひと》つ。ゆかの上《うえ》で、回転《かいてん》や倒立《とうりつ》などのわざを組《く》み合《あ》わせて演技《えんぎ》する。

ゆがく【湯がく】 動詞 野菜《やさい》などのあくをぬくため、熱湯《ねっとう》にさっと通《とお》す。例 青菜《あおな》を湯がく。

ゆかしい 形容詞 ❶しとやかで品《ひん》があり、心《こころ》が引《ひ》かれる感《かん》じがするようす。例 ゆかしい人《ひと》がら。❷昔《むかし》のことがなつかしく思《おも》い出《だ》されて、心《こころ》が引《ひ》かれるようす。例 古式《こしき》ゆかしい行事《ぎょうじ》。

ゆかた【浴衣】 名詞 季語 夏 おふろから出《で》た時《とき》や夏《なつ》に着《き》る着物《きもの》。もめんでつくられ、裏地《うらじ》がついていない。ことば 古《ふる》いことばの「湯《ゆ》かたびら」が変化《へんか》してできたことば。昔《むかし》は、おふろに入《はい》るときに着《き》ることもあった。

ゆかだんぼう【床暖房】 名詞 部屋《へや》の床下《ゆかした》に、パネルヒーターや温水《おんすい》パイプなどの熱《ねつ》を出《だ》すものを組《く》みこんで暖房《だんぼう》する方法《ほうほう》。

ゆがむ 動詞 ❶形《かたち》がくずれる。形《かたち》が曲《ま》がる。例 箱《はこ》がゆがむ。❷心《こころ》が正《ただ》しくなくなる。例 ゆがんだ性格《せいかく》。

ゆがめる 動詞 ❶形《かたち》をくずす。ゆがんだ形《かたち》にする。例 痛《いた》さのあまり顔《かお》をゆがめる。❷正《ただ》しくない状態《じょうたい》にする。例 事実《じじつ》をゆがめて

読書のこみち　高 中 低　『ふたりはともだち』アーノルド・ローベル作《さく》・絵《え》　スマートで活動的《かつどうてき》なかえるくんと、
み」は、教科書《きょうかしょ》にものっているお話《はなし》です。なくしたボタンをさがしたり、川《かわ》に泳《およ》ぎに行《い》

伝《つた》える。

ゆかり 名詞 つながりや関係《かんけい》があること。例 この人《ひと》とは、縁《えん》もゆかりもない。

ゆかわひでき【湯川秀樹】 名詞 （一九〇七〜一九八一） 物理学者《ぶつりがくしゃ》。中間子《ちゅうかんし》（＝物質《ぶっしつ》のもとになっているとても小《ち》さいつぶの一《ひと》つ）についての理論《りろん》を発表《はっぴょう》して世界《せかい》に認《みと》められ、ノーベル物理学賞《ぶつりがくしょう》を受《う》けた。

ゆき【雪】 名詞 季語冬 冬《ふゆ》に降《ふ》る、白《しろ》くて冷《つめ》たいもの。空気中《くうきちゅう》の水蒸気《すいじょうき》が冷《ひ》え、氷《こおり》の結晶《けっしょう》となったもの。ことば「雪《ゆき》のはだ」など、白《しろ》いものをたとえていうことがある。漢 ↓723ページ せつ〔雪〕

ゆき【行き】 ↓73ページ いき〔行き〕

ゆきあう【行き会う・行き合う】 ↓73ページ いきあう

ゆきあかり【雪明かり】 名詞 季語冬 夜《よる》、積《つ》もった雪《ゆき》の白《しろ》さで、まわりが少《すこ》し明《あか》るく見《み》えること。

ゆきあそび【雪遊び】 名詞 季語冬 雪《ゆき》で遊《あそ》ぶこと。また、雪《ゆき》だるま作《づく》りや雪合戦《ゆきがっせん》などの、雪《ゆき》を使《つか》った遊《あそ》び。

ゆきあたりばったり【行き当たりばったり】 ↓73ページ いきあたりばったり

ゆきあたる【行き当たる】 ↓74ページ いきあたる

ゆきおとこ【雪男】 名詞 ヒマラヤの山中《さんちゅう》にいるといわれる、人間《にんげん》に似《に》た動物《どうぶつ》。全身《ぜんしん》が長《なが》い毛《け》におおわれているという。正体《しょうたい》は不明《ふめい》。

ゆきおろし【雪下ろし】 名詞 季語冬 ❶屋根《やね》などに積《つ》もった雪《ゆき》を落《お》とすこと。❷山《やま》から雪《ゆき》といっしょにふき下《お》ろしてくる、冷《つめ》たい風《かぜ》。

ゆきおんな【雪女】 名詞 季語冬 雪国《ゆきぐに》の言《い》い伝《つた》えで、雪《ゆき》の降《ふ》る夜《よる》に、白《しろ》い着物《きもの》を着《き》た女性《じょせい》のすがたで現《あらわ》れるという雪《ゆき》の精《せい》。雪娘《ゆきむすめ》。

ゆきかう【行き交う】 ↓74ページ いきかう

ゆきかえり【行き帰り】 ↓74ページ いきかえり

ゆきがかり【行きがかり】 ↓74ページ いきがかり

ゆきかき【雪かき】 名詞 季語冬 積《つ》もった雪《ゆき》をかきのけること。また、そのときに使《つか》うシャベル形《がた》の道具《どうぐ》。

ゆきがけ【行きがけ】 ↓74ページ いきがけ

ゆきがっせん【雪合戦】 名詞 季語冬 手《て》で丸《まる》めた雪《ゆき》を投《な》げて、おたがいにぶつけ合《あ》う遊《あそ》び。

ゆきき【行き来】 ↓74ページ いきき

ゆきぐつ【雪靴】 名詞 季語冬 雪《ゆき》の多《おお》い地方《ちほう》で、雪《ゆき》の中《なか》を歩《ある》くときにはく、わらでつくったくつ。ことば 俳句《はいく》などでは「雪沓」とも書《か》く。

ゆきぐに【雪国】 名詞 季語冬 雪《ゆき》がたくさん降《ふ》る地方《ちほう》。日本《にほん》では、北海道《ほっかいどう》・東北《とうほく》・北陸地方《ほくりくちほう》など。

ゆきげしき【雪景色】 名詞 雪《ゆき》が積《つ》もって真《ま》っ白《しろ》になったながめ。また、雪《ゆき》が降《ふ》っているときのながめ。

ゆきげしょう【雪化粧】 名詞 動詞 外《そと》の景色《けしき》が、雪《ゆき》におおわれて白《しろ》く化粧《けしょう》したようになること。例 遠《とお》くの山々《やまやま》が雪化粧している。

ゆきげた【雪下駄】 名詞 雪《ゆき》の上《うえ》を歩《ある》くためのげた。歯《は》を高《たか》くして、すべり止《ど》めの金具《かなぐ》をつけてある。図 ↓420ページ げた

ゆきけむり【雪煙】 名詞 季語冬 積《つ》もった雪《ゆき》がまい上《あ》がって、けむりのように見《み》えるもの。例 犬《いぬ》ぞりが雪煙を上《あ》げて走《はし》る。

ゆきさき【行き先】 ↓74ページ いきさき

ゆきすぎ【行き過ぎ】 ↓75ページ いきすぎ

ゆきすぎる【行き過ぎる】 ↓75ページ いきすぎる

ゆきずり【行きずり】 名詞 道《みち》ですれちがうこと。道でたまたま出会《であ》うこと。例 行きずりの人《ひと》。

ゆきぞら【雪空】 名詞 雪《ゆき》が降《ふ》ってきそうなようすの空《そら》。

ゆきだおれ【行き倒れ】 ↓75ページ いきだおれ

ゆきだるま【雪だるま】 名詞 季語冬 雪《ゆき》の玉《たま》を重《かさ》ねて、目《め》や鼻《はな》をつけ、人形《にんぎょう》のようにつくったもの。

ゆきちがい【行き違い】 ↓75ページ いきちがい

ゆきちがう【行き違う】 ↓75ページ いきちがう

ゆきつく【行き着く】 ↓75ページ いきつく

ゆきつけ【行きつけ】 ↓75ページ いきつけ

ゆきつぶて【雪つぶて】 名詞 季語冬 雪《ゆき》をにぎり固《かた》めて、つぶて（＝小石《こいし》）のようにしたもの。雪合戦《ゆきがっせん》などで投《な》げる。ことば 俳句《はいく》などでは「雪礫」とも書《か》く。

ゆきづまる【行き詰まる】 ↓75ページ いきづまる〔行き詰まる〕

ゆきつもどりつ【行きつ戻りつ】 ↓75ページ

ちゃんはふとんをしきつめて海《うみ》を作《つく》ってくれます。ふとんの海《うみ》で、クロールや平泳《ひらおよ》ぎの練習《れんしゅう》をしたり、パラソ
たとうちゃんと、そんなとうちゃんが大好《だいす》きな「ぼく」の、心《こころ》のふれあいがすてきな物語《ものがたり》です。

いきつもどりつ

ゆきどけ【雪解け】 名詞 季語春 ❶積《つ》もっていた雪《ゆき》がとけること。また、その時期《じき》。例 雪解け水《みず》。❷対立《たいりつ》していたものが仲《なか》よくなってくること。例 両国《りょうこく》の関係《かんけい》は雪解けに向《む》かっている。

ゆきとどく【行き届く】 ➡75ページ いきとどく

ゆきどまり【行き止まり】 ➡75ページ いきどまり

ゆきなやむ【行き悩む】 ➡76ページ いきなやむ

ゆきのした【雪の下】 名詞 季語夏 しめった土地《とち》に生《は》える草花《くさばな》。夏《なつ》の初《はじ》め、白《しろ》い小《ちい》さな花《はな》がさく。葉《は》は厚《あつ》く、薬《くすり》に用《もち》いることもある。

ゆきまみれ【雪まみれ】 名詞 体《からだ》じゅうに雪《ゆき》がつくこと。例 スキー場《じょう》で雪まみれになる。

ゆきみ【雪見】 名詞 季語冬 雪《ゆき》の積《つ》もった景色《けしき》を見《み》て楽《たの》しむこと。

ゆきもよう【雪模様】 名詞 雪《ゆき》が降《ふ》りそうな空《そら》のようす。例 今日《きょう》は朝《あさ》から雪模様だ。

ゆきやけ【雪焼け】 名詞 動詞 季語冬 雪《ゆき》に反射《はんしゃ》する日《ひ》の光《ひかり》で、はだが黒《くろ》く焼《や》けること。

ゆきやま【雪山】 名詞 季語冬 雪《ゆき》が降《ふ》って積《つ》もっている山《やま》。例 装備《そうび》をととのえて雪山に登《のぼ》る。

ゆきわたる【行き渡る】 ➡76ページ いきわたる

ゆく【行く】 ➡77ページ いく〔行く〕 漢 ➡443ページ こう〔行〕

ゆく【逝く】 動詞 人《ひと》が死《し》ぬことを遠回《とおまわ》しにいう言《い》い方《かた》。「いく」ともいう。

ゆくあき【行く秋】 季語秋 過《す》ぎ去《さ》っていく秋《あき》。秋《あき》をおしむ気持《きも》ちをいう。

ユグァンスン【柳寛順】 名詞 （一九〇四～一九二〇）朝鮮《ちょうせん》の独立運動家《どくりつうんどうか》。女子学生《じょしがくせい》だった十五才《じゅうごさい》の時《とき》、日本《にほん》の植民地支配《しょくみんちしはい》に反対《はんたい》する運動《うんどう》に参加《さんか》した。

ゆくえ【行方】 名詞 ❶行《い》く方向《ほうこう》。行《い》き先《さき》。例 行方を定《さだ》めない旅《たび》に出《で》る／行方をくらます。❷これから先《さき》。将来《しょうらい》。例 日本《にほん》の行方を考《かんが》える。

使い方 「行く方」と書《か》かないよう注意《ちゅうい》。

ゆくえふめい【行方不明】 名詞 どこに行《い》ったのかわからなくなること。

ゆくさき【行く先】 名詞 ❶これから行《い》くところ。目的地《もくてきち》。行《い》き先《さき》。例 旅行《りょこう》の行く先を決《き》める。❷これから先《さき》。将来《しょうらい》。例 小《ちい》さな妹《いもうと》たちの行く先を心配《しんぱい》する。

ことば 「いくさき」ともいう。

ゆくすえ【行く末】 名詞 これから先《さき》。将来《しょうらい》。いくすえ。例 子供《こども》たちの行く末を考《かんが》える。

ゆくて【行く手】 名詞 ❶進《すす》んで行《い》く方向《ほうこう》。例 行く手に森《もり》が見《み》える。❷これから先《さき》。将来《しょうらい》。例 行く手には、どんなことが待《ま》ち受《う》けているだろう。

ことば 「いくて」ともいう。

ゆくとし【行く年】 名詞 季語冬 過《す》ぎ去《さ》っていく年《とし》。終《お》わっていく年《とし》。いくとし。

ゆくゆく【行く行く】 副詞 ❶将来《しょうらい》。いつか。例 この辺《あた》りも行く行くは住《じゅう》宅地《たくち》になるそうだ。❷行《い》きながら。例 今日《きょう》の仕事《しごと》の内容《ないよう》は行く行く説明《せつめい》します。

ゆげ【湯気】 名詞 水蒸気《すいじょうき》が冷《ひ》えてできる、細《こま》かい水《みず》のつぶの集《あつ》まり。白《しろ》く、けむりのように見《み》える。例 ごはんから湯気が立《た》つ。

ゆけつ【輸血】 名詞 動詞 手術《しゅじゅつ》やけがで血液《けつえき》が足《た》りなくなった人《ひと》の体《からだ》に、健康《けんこう》な人《ひと》の血液《けつえき》を送《おく》りこむこと。

ゆけむり【湯煙】 名詞 湯《ゆ》から立《た》ちのぼる、白《しろ》いけむりのような湯気《ゆげ》。例 温泉《おんせん》の湯煙。

ゆさぶる【揺さぶる】 動詞 ❶人《ひと》や物《もの》を強《つよ》くゆり動《うご》かす。例 ねている人《ひと》を揺さぶって起《お》こす。❷人《ひと》の気持《きも》ちを乱《みだ》したり、感動《かんどう》させたりする。例 悲《かな》しい歌《うた》に心《こころ》が揺さぶられる。

ゆざまし【湯冷まし】 名詞 わかした湯《ゆ》を冷《さ》ましたもの。

ゆざめ【湯冷め】 名詞 動詞 季語冬 ふろから出《で》たあと、体《からだ》が冷《ひ》えて寒《さむ》く感《かん》じること。例 湯冷めがもとでかぜを引《ひ》いた。

ゆさん【遊山】 名詞 山《やま》や観光地《かんこうち》などに遊《あそ》びに行《い》くこと。例 物見《ものみ》遊山。

ゆし【油脂】 名詞 油《あぶら》としぼう。動物《どうぶつ》や植物《しょくぶつ》からとったあぶら。ラードやオリーブ油《ゆ》など。

ゆしゅつ【輸出】 名詞 動詞 外国《がいこく》へ品物《しなもの》や技術《ぎじゅつ》などを売《う》り出《だ》すこと。例 輸出品《ひん》／日本《にほん》は外国《がいこく》に工業製品《こうぎょうせいひん》を輸出している。対 輸入《ゆにゅう》。

ゆしゅつにゅう【輸出入】 名詞 輸出《ゆしゅつ》と輸《ゆ》

読書のこみち 高 中 低 **『ふとんかいすいよく』山下明生《やましたはるお》** 耳《みみ》の病気《びょうき》でプールに入《はい》れない「ぼく」のために、とうルを立《た》ててサイダーを飲《の》んだり、最後《さいご》は海賊《かいぞく》になって大《おお》あばれ…。愉快《ゆかい》でちょっととぼけ

あいうえお　かきくけこ　さしすせそ　たちつてと　なにぬねの　はひふへほ　まみむめも　やゆよ　ゆ　らりるれろ　わをん

入《にゅう》。外国《がいこく》との間《あいだ》で品物《しなもの》などを売《う》り買《か》いすること。

ゆず 名詞 季語 秋 みかんのなかまの木《き》。実《み》は小《ちい》さくでこぼこがあり、秋《あき》には黄色《きいろ》くなる。香《かお》りがよく、料理《りょうり》などに使《つか》われる。ことば 漢字《かんじ》では「柚子」と書《か》く。

ゆず

ゆすぐ 動詞 ❶水《みず》でよごれを洗《あら》い落《お》とす。例 洗濯物《せんたくもの》をゆすぐ。類 すすぐ。❷口《くち》の中《なか》を水《みず》できれいにする。例 口《くち》をゆすぐ。類 すすぐ。

ゆすぶる【揺すぶる】 動詞 ゆり動《うご》かす。ゆさぶる。例 くりの木《き》を揺すぶって実《み》を落《お》とす。

ゆずゆ【ゆず湯】 名詞 季語 冬 ゆずの実《み》を入《い》れたふろ。冬至《とうじ》の日《ひ》に入《はい》るとかぜをひかないといわれる。

ゆすらうめ 名詞 季語 夏 庭《にわ》などに植《う》える低《ひく》い木《き》の一《ひと》つ。春先《はるさき》に、梅《うめ》に似《に》た白色《しろいろ》やも色《いろ》の花《はな》をつける。六《ろく》月《がつ》ごろ、赤《あか》い実《み》がなる。

ゆすらうめ

ゆずりうける【譲り受ける】 動詞 人《ひと》からもらって、自分《じぶん》のものにする。ゆずってもらう。例 親《おや》から譲り受けた土地《とち》に住《す》んでいる。

ゆずりは【譲葉】 名詞 季語 新年 暖《あたた》かい山地《さんち》に生《は》える高《たか》い木《き》。葉《は》は細長《ほそなが》い円形《えんけい》で厚《あつ》く、正月《しょうがつ》のかざり物《もの》に使《つか》う。ことば 新《あたら》しい葉《は》が出《で》てから、入《い》れかわってゆずるように古《ふる》い葉《は》が落《お》ちることから、この名《な》がある。

ゆずりは

ゆずりわたす【譲り渡す】 動詞 自分《じぶん》のものを、人《ひと》にゆずってあたえる。例 土地《とち》を子供《こども》に譲り渡す。

ゆする 動詞 人《ひと》をおどして、お金《かね》や品物《しなもの》をうばいとる。

ゆする【揺する】 動詞 ゆり動《うご》かす。例 木《き》を揺する／体《からだ》を揺すって笑《わら》う。

ゆずる【譲る】 動詞 ❶自分《じぶん》のものをほかの人《ひと》にあたえる。例 服《ふく》を弟《おとうと》に譲る。❷いらなくなった物《もの》などを売《う》る。例 ギターを安《やす》く譲る。❸自分《じぶん》のことはあとにして、相手《あいて》を先《さき》にする。例 後《うし》ろから来《き》た車《くるま》に道《みち》を譲る。❹日時《にちじ》を先《さき》に延《の》ばす。例 結論《けつろん》を出《だ》すのは来週《らいしゅう》の会議《かいぎ》に譲る。

ゆせい【油性】 名詞 油《あぶら》としての性質《せいしつ》を持《も》っていること。油《あぶら》をふくんでいること。例 油性のボールペン。対 水性《すいせい》。

ゆそう【輸送】 名詞 動詞 車《くるま》や船《ふね》などで、人《ひと》や物《もの》を運《はこ》ぶこと。例 貨物《かもつ》を輸送する。類 運輸《うんゆ》。

ゆそうせん【油送船】 ⇩817ページ タンカー

ゆそうせん【輸送船】 名詞 人《ひと》や荷物《にもつ》を運《はこ》ぶための船《ふね》。

ゆたか【豊か】 形容動詞 ❶足《た》りないものがなく、じゅうぶんにあるようす。例 緑《みどり》の豊かな町《まち》／豊かな生活《せいかつ》を送《おく》る。対 貧《まず》しい。❷おおらかで、ゆったりとしているようす。例 豊かな心《こころ》。対 貧《まず》しい。漢 ⇩1203ページ ほう〔豊〕

ゆだねる【委ねる】 動詞 ❶ほかの人《ひと》に、ものごとをすっかり任《まか》せる。例 最終《さいしゅう》決定《けってい》は委員長《いいんちょう》に委ねます。❷ほかのものに、体《からだ》や心《こころ》を任《まか》せる。例 水《みず》の流《なが》れに身《み》を委ねる。漢 ⇩66ページ い〔委〕

ユダヤ 名詞 ❶紀元前《きげんぜん》十世紀《じっせいき》から紀元前《きげんぜん》六世紀《ろくせいき》ごろ、古代《こだい》パレスチナにあった王国《おうこく》。❷ユダヤ人《じん》。ユダヤ民族《みんぞく》。教科 社 第二次《だいにじ》世界《せかい》大戦中《たいせんちゅう》、ドイツのヒトラーらによって厳《きび》しい迫害《はくがい》を受《う》けた。

ユダヤきょう【ユダヤ教】 名詞 ユダヤ人《じん》が信《しん》じている宗教《しゅうきょう》。ただ一《ひと》つの神《かみ》ヤハウェを信《しん》じ、エルサレムを聖地《せいち》とする。

ゆだる 動詞 湯《ゆ》の中《なか》で、じゅうぶんにゆでられる。「うだる」ともいう。例 卵《たまご》がゆだる。

ゆだん【油断】 名詞 動詞 気《き》をゆるめて、必要《ひつよう》な

をしています。上着《うわぎ》が小《ちい》さくなったペレは、子羊《こひつじ》の毛《け》をかりとりました。布《ぬの》を作《つく》るために、それをすいてもら
着《ぎ》に仕上《しあ》がるまで、そのひとつひとつのようすを美《うつく》しい絵《え》で追《お》う、スウェーデンの絵本《えほん》です。

あいうえお かきくけこ さしすせそ たちつてと なにぬねの はひふへほ まみむめも やゆよ らりるれろ わをん

注意《ちゅうい》をしないこと。例 油断のならない相手《あいて》。

ゆだんたいてき【油断大敵】 名詞 油断《ゆだん》することは、思《おも》わぬ失敗《しっぱい》のもとになり、何《なに》よりも大《おお》きな敵《てき》である、ということ。

ゆたんぽ【湯たんぽ】 名詞 季語 冬 中《なか》に熱《あつ》い湯《ゆ》を入《い》れて、布団《ふとん》の中《なか》などを温《あたた》める道具《どうぐ》。金属《きんぞく》やプラスチックなどでできている。

ゆたんぽ

ゆちゃく【癒着】 名詞 動詞 ❶皮膚《ひふ》やねんまくなどがくっついてしまうこと。❷もともとはなれているべき者同士《ものどうし》が、たがいの利益《りえき》のために結《むす》びつくこと。例 政治家《せいじか》と業者《ぎょうしゃ》が癒着する。

ゆっくり［と］ 副詞 動詞 ❶急《いそ》がないようす。例 ゆっくりした話《はな》し方《かた》の人《ひと》／まだ時間《じかん》があるので、ゆっくりと行《い》けばいい。❷ゆとりがあるようす。のんびりするようす。例 休日《きゅうじつ》は家《いえ》でゆっくりする。

ゆったり［と］ 副詞 動詞 ❶落《お》ち着《つ》いてのんびりしているようす。例 ゆったりした気分《きぶん》。❷きゅうくつでなく、ゆとりがあるようす。例 ゆったりした服《ふく》。

ゆでたまご【ゆで卵】 名詞 卵《たまご》を、からがついたままゆでたもの。

ゆでる 動詞 熱《あつ》い湯《ゆ》に入《い》れて熱《ねつ》を通《とお》す。例 ほうれんそうをゆでる。「うでる」ともいう。

ゆでん【油田】 名詞 地下《ちか》から石油《せきゆ》がとれる地域《ちいき》。

ゆどうふ【湯豆腐】 名詞 季語 冬 湯《ゆ》の中《なか》で豆腐《とうふ》をさっと煮《に》た料理《りょうり》。ねぎやしょうがなどの薬味《やくみ》をそえて、しょうゆなどをかけて食《た》べる。

ゆとうよみ【湯桶読み】 名詞 漢字二字《かんじにじ》の熟語《じゅくご》の読《よ》み方《かた》のうち、「湯桶《ゆとう》」のように、上《うえ》の字《じ》を訓《くん》、下《した》の字《じ》を音《おん》で読《よ》む読《よ》み方《かた》。「手本《てほん》」「場所《ばしょ》」「夕飯《ゆうはん》」など。対 重箱読《じゅうばこよ》み。参考「湯桶《ゆとう》」は、飲《の》むための湯《ゆ》を入《い》れておく、木《き》でできた容器《ようき》。

ゆどの【湯殿】 名詞 「ふろ場《ば》」の少《すこ》し古《ふる》い言《い》い方《かた》。浴室《よくしつ》。

ゆとり 名詞 きゅうくつでないこと。ゆったりしていること。余裕《よゆう》。例 ゆとりのある生活《せいかつ》。

ユニーク（unique）形容動詞 ほかにはない特別《とくべつ》な持《も》ち味《あじ》があるようす。ほかに似《に》たものがないようす。独特《どくとく》な。例 ユニークな作品《さくひん》を発表《はっぴょう》する。

ユニセフ【ＵＮＩＣＥＦ】 名詞 「国際連合《こくさいれんごう》児童基金《じどうききん》（国連児童基金《こくれんじどうききん》）」のこと。国際連合《こくさいれんごう》の機関《きかん》の一《ひと》つ。貧《まず》しい国《くに》の子供《こども》たちに食《た》べ物《もの》や薬《くすり》を送《おく》ったり、戦争《せんそう》や災害《さいがい》で不幸《ふしあわ》せになった子供《こども》たちを助《たす》ける活動《かつどう》を行《おこな》ったりする。世界各国《せかいかっこく》からの寄付金《きふきん》で、一九四六年《ねん》につくられた。

↓1357ジペー 社会へのとびら

ユニバーサルデザイン（universal

辞典《じてん》の外《そと》に飛《と》びだそう!

社会《しゃかい》へのとびら

ユニセフと「子《こ》どもの権利条約《けんりじょうやく》」

子供《こども》たちを守《まも》れ！

名前《なまえ》を持《も》つ。国籍《こくせき》を持《も》つ。学校《がっこう》に行《い》く。差別《さべつ》を受《う》けない。健康《けんこう》に育《そだ》ち、病気《びょうき》になったら治療《ちりょう》を受《う》ける…。これらは、すべての子供《こども》が持《も》っている当然《とうぜん》の権利《けんり》だ。でも、世界《せかい》には、これらの権利《けんり》を守《まも》られていない子供《こども》たちも少《すく》なくない。

これらの権利《けんり》を守《まも》り、世界《せかい》じゅうの子供《こども》たちが平和《へいわ》に、健康《けんこう》に暮《く》らせるよう活動《かつどう》しているのが、国際連合《こくさいれんごう》の機関《きかん》であるユニセフ（＝国連児童基金《こくれんじどうききん》）だ。

ユニセフの活動内容《かつどうないよう》はとても多《おお》い。戦争《せんそう》や災害《さいがい》で傷《きず》ついた子供《こども》たちを助《たす》けたり、予防接種《よぼうせっしゅ》を受《う》けさせたり、水《みず》や栄養《えいよう》を補給《ほきゅう》したり、学校《がっこう》を建《た》てたり…。1945年《ねん》に第二次世界大戦《だいにじせかいたいせん》が終《お》わったあとには、日本《にほん》の子供《こども》たちもお世話《せわ》になったんだよ。

ユニセフは「子《こ》どもの権利条約《けんりじょうやく》」にもとづいて活動《かつどう》している。この条約《じょうやく》は、世界《せかい》じゅうのすべての子供《こども》たちが持《も》つ基本的《きほんてき》な権利《けんり》をはっきりと書《か》き記《しる》し、これを守《まも》っていくよう定《さだ》めた条約《じょうやく》だ。現在《げんざい》、日本《にほん》をふくむ200近《ちか》い国々《くにぐに》がこの条約《じょうやく》に賛成《さんせい》している。

ユニセフ募金《ぼきん》など、みんなが参加《さんか》できる活動《かつどう》もある。身《み》の回《まわ》りで探《さが》してみよう。

もっとしらべてみよう！

●参考図書《さんこうとしょ》

『子《こ》どもによる　子《こ》どものための　「子《こ》どもの権利条約《けんりじょうやく》」』（小学館《しょうがくかん》）

●参考《さんこう》ホームページ

教《おし》えて！ユニセフ　子《こ》どもと先生《せんせい》の広場《ひろば》（公益財団法人日本《こうえきざいだんほうじんにほん》ユニセフ協会《きょうかい》）

https://www.unicef.or.jp/kodomo/

●関連《かんれん》コラム

国際連合《こくさいれんごう》……………………………p.471

読書のこみち　高 中 低　『ペレのあたらしいふく』ベスコフ作《さく》・絵《え》　ペレは子羊《こひつじ》を1ぴき持《も》っていて、大切《たいせつ》に世話《せわ》
い、つむいでもらい…。ペレも自分《じぶん》のできるお手伝《てつだ》いをがんばります。羊《ひつじ》の毛《け》が新《あたら》しい上《うわ》

design)　名詞　すべての人《ひと》が利用《りよう》しやすいようにつくられた施設《しせつ》や製品《せいひん》などのデザイン。⇩1083ジペー　社会へのとびら　バリアフリー

ユニフォーム（uniform）名詞　❶会社《かいしゃ》や店《みせ》などで、働《はたら》くときに着《き》るそろいの服《ふく》。例　お店《みせ》のユニフォーム。類　制服《せいふく》。❷そろいの運動着《うんどうぎ》。例　チームのユニフォーム。

ユニホーム　⇩1358ジペー　ユニフォーム　ことば「ユニホーム」ともいう。

ゆにゅう【輸入】　名詞　動詞　外国《がいこく》から品物《しなもの》や技術《ぎじゅつ》などを買《か》い入《い》れること。例　輸入品《ひん》／石油《せきゆ》を輸入する。対　輸出《ゆしゅつ》。

ユネスコ【UNESCO】　名詞「国際連合《こくさいれんごう》教育科学文化機関《きょういくかがくぶんかきかん》（国連《こくれん》教育科学文化機関《きょういくかがくぶんかきかん》）」のこと。国際連合《こくさいれんごう》の機関《きかん》の一《ひと》つ。教育《きょういく》・科学《かがく》・文化《ぶんか》を通《つう》じて、世界《せかい》の平和《へいわ》と安全《あんぜん》につくすことを目的《もくてき》とする。一九四六年《ねん》につくられた。

ゆのみ【湯飲み】　名詞　お湯《ゆ》やお茶《ちゃ》を飲《の》むために使《つか》う茶《ちゃ》わん。

ゆば【湯葉】　名詞　豆乳《とうにゅう》を熱《ねっ》し、表面《ひょうめん》にできるうすいまくをすくい上《あ》げて作《つく》る食品《しょくひん》。そのまま食《た》べたり、吸《す》い物《もの》に入《い》れたりする。

ゆび【指】　名詞　手《て》や足《あし》の先《さき》の、枝《えだ》のように分《わ》かれた部分《ぶぶん》。図⇩287ジペー　からだ　漢⇩552ジペー　し〔指〕

● **指《ゆび》をくわえる**　自分《じぶん》もほしい、自分《じぶん》もそうなりたいと思《おも》いながら、何《なに》もできずにただながめている。例　人《ひと》の成功《せいこう》を指をくわえて見《み》る。

ゆびおり【指折り】　名詞　❶数《かぞ》えるために、指《ゆび》を折《お》り曲《ま》げること。❷多《おお》くのものの中《なか》で、指《ゆび》を折《お》って数《かぞ》えられるほどすぐれていること。例　世界《せかい》でも指折りの学者《がくしゃ》。類　屈指《くっし》。有数《ゆうすう》。

● **指折《ゆびお》り数《かぞ》える**　指《ゆび》を折《お》り曲《ま》げて一《ひと》つ一《ひと》つ数《かぞ》える。とくに、待《ま》ち遠《どお》しくて一日《いちにち》ずつ日《ひ》を数《かぞ》える。例　夏休《なつやす》みを指折り数えて楽《たの》しみに待《ま》つ。

ユビキタス（ubiquitous）名詞　インターネットなどの情報《じょうほう》ネットワークを、いつでもどこでも利用《りよう》できる環境《かんきょう》のこと。例　ユビキタス社会《しゃかい》。ことば　もとはラテン語《ご》で「どこにでもある」という意味《いみ》のことば。

ゆびきり【指切り】　名詞　約束《やくそく》を守《まも》るしるしとして、二人《ふたり》の人《ひと》が小指《こゆび》と小指《こゆび》をからませ合《あ》うこと。例　友《とも》だちと指切りをする。

ゆびさき【指先】　名詞　指《ゆび》の、先《さき》のほう。指《ゆび》のいちばんはし。

ゆびさす【指差す】　動詞　指《ゆび》でさし示《しめ》す。例　友《とも》だちの指差す方《ほう》を見《み》た／赤《あか》ちゃんが母親《ははおや》を指差した。

ゆびづかい【指使い】　名詞　指《ゆび》の使《つか》い方《かた》。とくに、楽器《がっき》を演奏《えんそう》するときの指《ゆび》の使《つか》い方《かた》。運指《うんし》。

ゆびにんぎょう【指人形】　名詞　ふくろのようにつくった体《からだ》の部分《ぶぶん》に手《て》を入《い》れて、頭《あたま》や手《て》の部分《ぶぶん》を指先《ゆびさき》で動《うご》かすようにした人形《にんぎょう》。

ゆびぬき【指ぬき】　名詞　ぬい物《もの》をするときに使《つか》う、革《かわ》や金属《きんぞく》でできた指輪《ゆびわ》のような道具《どうぐ》。針《はり》の頭《あたま》をおすのに使《つか》う。

ゆびわ【指輪】　名詞　指《ゆび》にはめる、かざりの輪《わ》。

ゆぶね【湯船】　名詞　ふろの湯《ゆ》を入《い》れる大《おお》きなおけ。ふろおけ。浴槽《よくそう》。

ゆみ【弓】　名詞　❶木《き》や竹《たけ》などの棒《ぼう》につるを張《は》り、矢《や》をつがえて飛《と》ばす道具《どうぐ》。また、そのわざ。昔《むかし》、鳥《とり》やけものをとったり、いくさに使《つか》ったりした。図⇩1359ジペー　ゆみや　❷バイオリンやチェロなどをひく道具《どうぐ》。漢⇩1358ジペー　ゆみ〔弓〕

● **弓《ゆみ》を引《ひ》く**　❶弓《ゆみ》に矢《や》をつがえて射《い》る。❷自分《じぶん》が世話《せわ》になっている人《ひと》にはむかう。そむく。例　命《いのち》の恩人《おんじん》に弓を引くわけにはいかない。

漢　**ゆみ【弓】**〔弓《ゆみ》〕3画　2年　音　キュウ　訓　ゆみ

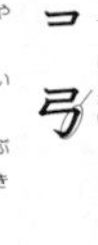

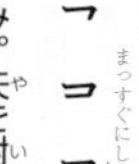

ゆみ。矢《や》を射《い》る武器《ぶき》。例　弓道《きゅうどう》／弓矢《ゆみや》。

ゆみがた【弓形】　名詞　つるを張《は》った弓《ゆみ》のように、丸《まる》く曲《ま》がった形《かたち》。例　弓形の海岸線《かいがんせん》。

ゆみず【湯水】　名詞　湯《ゆ》と水《みず》。

● **湯水《ゆみず》のように使《つか》う**　お金《かね》などを、おしいとも思《おも》わずにどんどんつかう。

ゆみなり【弓なり】　名詞　弓《ゆみ》のように丸《まる》く曲《ま》がった形《かたち》。ゆみ形《がた》。例　体《からだ》を弓なりに反《そ》らせる。

ゆみはりづき【弓張り月】　名詞　弓《ゆみ》を張《は》ったような形《かたち》をしている月《つき》。半月《はんげつ》。「上弦《じょうげん》の月《つき》」や「下弦《かげん》の月《つき》」の別《べつ》の呼《よ》び名《な》。

ゆみや【弓矢】　名詞　弓《ゆみ》と矢《や》。また、戦《たたか》いに使《つか》

下《した》の貯蔵穴《ちょぞうあな》に住《す》んでいました。」…ある日《ひ》友《とも》だちと出《で》かけた船乗《ふなの》りねずみのパーティーで、いたちの群《む》れにおそて立《た》ち向《む》かうねずみたちの、勇気《ゆうき》と友情《ゆうじょう》の物語《ものがたり》です。続編《ぞくへん》に『ガンバとカワウソの冒険《ぼうけん》』があります。

う道具《どうぐ》。例 弓矢をとって戦《たたか》う。

ゆめ【夢】 名詞 ❶ねむっているときに、実際《じっさい》のできごとを見《み》たり経験《けいけん》したりしているように頭《あたま》の中《なか》にうかぶもの。❷将来《しょうらい》の希望《きぼう》。例 宇宙《うちゅう》飛行士《ひこうし》になるのがぼくの夢だ。❸実際《じっさい》にはかなえられそうもないような望《のぞ》み。例 火星旅行《かせいりょこう》も夢ではないかもしれない。❹はかないことのたとえ。例 望《のぞ》みが夢と消《き》えた。漢→1283ジベーむ〔夢〕

ゆみや

●**夢《ゆめ》を抱《いだ》く** 将来《しょうらい》の希望《きぼう》を持《も》つ。例 バレリーナになる夢を抱いて、留学《りゅうがく》する。

●**夢《ゆめ》を見《み》る** 楽《たの》しそうな未来《みらい》などを空想《くうそう》する。例 外国留学《がいこくりゅうがく》の夢を見る。

ゆめうつつ【夢うつつ】 名詞 夢《ゆめ》を見《み》ているのかほんとうのことなのか、区別《くべつ》がつかないようす。例 早朝《そうちょう》に、夢うつつで母《はは》の声《こえ》を聞《き》いた。

ゆめごこち【夢心地】 名詞 夢《ゆめ》を見《み》ているような、ぼうっとした気持《きも》ち。うっとりとした気持《も》ち。例 夢心地で表彰台《ひょうしょうだい》に立《た》つ。

ゆめじ【夢路】 名詞 夢《ゆめ》。また、夢《ゆめ》を見《み》ること。例 夢路をたどる（＝夢《ゆめ》を見《み》る）。

ゆめにも【夢にも】 副詞 ほんのわずかも。少《すこ》しも。例 まさか自分《じぶん》が入賞《にゅうしょう》するとは夢にも思《おも》わなかった。使い方 あとに「ない」などのことばがくる。

ゆめみる【夢見る】 動詞 ❶ねて、夢《ゆめ》を見《み》る。❷そうなればよいと空想《くうそう》する。あこがれる。例 科学者《かがくしゃ》になることを夢見る。

ゆめものがたり【夢物語】 名詞 実際《じっさい》にはありそうもない話《はなし》。夢《ゆめ》のような、空想《くうそう》の話《はなし》。例 昔《むかし》は、空《そら》を飛《と》ぶなんて夢物語だった。

ゆめゆめ 副詞 けっして。絶対《ぜったい》に。例 このことはゆめゆめ人《ひと》に話《はな》すのではないぞ。使い方 あとに「ない」などのことばがくる。少《すこ》し古《ふる》い言《い》い方《かた》。

ゆゆしい【由由しい】 形容詞 重大《じゅうだい》なようす。例 ほうっておくと大変《たいへん》なことになるようす。例 人《ひと》の命《いのち》にかかわるゆゆしい問題《もんだい》だ。使い方 ふつうかな書《が》きにする。

ゆらい【由来】 名詞 動詞 ものごとの起《お》こりや、今《いま》までにたどってきた筋道《すじみち》。例 漢字《かんじ》の由来を調《しら》べる。類 由緒《ゆいしょ》。

ゆらぐ【揺らぐ】 動詞 ❶ゆれ動《うご》く。例 木《こ》の葉《は》が風《かぜ》に揺らぐ。❷気持《きも》ちなどがぐらつく。例 遊《あそ》びにさそわれて、今日《きょう》は一日勉強《いちにちべんきょう》するという決心《けっしん》が揺らぐ。

ゆらす【揺らす】 動詞 ゆれるようにする。例 風《かぜ》がカーテンを揺らした／ぶらんこを揺らす。

ゆらめく【揺らめく】 動詞 ゆらゆらとゆれ動《うご》く。例 ほのおが風《かぜ》に揺らめく。

ゆらゆら［と］ 副詞 ゆっくりとゆれ動《うご》くようす。例 花《はな》が風《かぜ》にゆらゆらとゆれている。

ゆらりと 副詞 ゆっくりと大《おお》きくゆれ動《うご》くようす。例 船《ふね》がゆらりとゆれる。

ゆり 名詞 季語 夏 ささに似《に》た葉《は》のある草花《くさばな》。春《はる》から夏《なつ》にかけて、白《しろ》やだいだい色《いろ》などの、らっぱに似《に》た形《かたち》の花《はな》がさく。種類《しゅるい》が多《おお》い。「ゆり根《ね》」といわれる地下茎《ちかけい》は食用《しょくよう》になる。ことば 漢字《かんじ》では「百合」と書《か》く。

ゆり

ゆりうごかす【揺り動かす】 動詞 ❶ゆすって動《うご》かす。例 ねている人《ひと》を揺り動かして起《お》こす。❷人《ひと》の気持《きも》ちを乱《みだ》したり、感動《かんどう》させたりする。例 友《とも》だちのことばが心《こころ》を揺り動かした。

ゆりおこす【揺り起こす】 動詞 体《からだ》をゆすって、目《め》を覚《さ》まさせる。例 ねむっている兄《あに》を揺り起こす。

ゆりかえし【揺り返し】 名詞 地震《じしん》で、一度《いちど》大《おお》きくゆれたあとで、もう一度《いちど》ゆれること。「余震《よしん》」のこと。

ゆりかご【揺り籠】 名詞 中《なか》に赤《あか》んぼうをねかせて、ゆり動《うご》かしてねむらせるかご。

ゆるい【緩い】 形容詞 ❶しっかりとしまっていない。ゆるんでいたり、すきまがあったりする。例 びんのふたが緩い／緩いズボン。❷厳《きび》しくない。手《て》ぬるい。対 固《かた》い。きつい。例 規則《きそく》が緩い。❸ゆるやかなようす。急《きゅう》でないようす。例 緩くて長《なが》い坂道《さかみち》。

あいうえお　かきくけこ　さしすせそ　たちつてと　なにぬねの　はひふへほ　まみむめも　やゆよ　らりるれろ　わをん

読書のこみち　高中低『冒険者《ぼうけんしゃ》たち—ガンバと15ひきの仲間《なかま》—』斎藤惇夫《さいとうあつお》「ドブネズミのガンバは、台所《だいどころ》の床《ゆか》…われた島《しま》のねずみたちが全滅《ぜんめつ》しそうになっている、と聞《き》きます。強大《きょうだい》な敵《てき》に力《ちから》を合《あ》わせ

❹勢《いきお》いが弱《よわ》い。例 緩い川《かわ》の流《なが》れ。❺水気《みずけ》が多《おお》くて、固《かた》まっていない。例 緩いかゆを作《つく》る。

ゆるがす【揺るがす】 動詞 ゆり動《うご》かす。ぐらぐらさせる。例 地震《じしん》が家《いえ》を揺るがす。

ゆるがせ 名詞 いいかげんにすること。大事《だいじ》にしないこと。例 何《なに》ごともゆるがせにしない。

ゆるぎない【揺るぎない】 形容詞 しっかりしていて変《か》わらない。安定《あんてい》している。例 揺るぎない態度《たいど》で接《せっ》する。

ゆるぐ【揺るぐ】 動詞 ❶しっかりしていたものが、ゆれ動《うご》いて不安定《ふあんてい》になる。例 大地《だいち》が揺るぐ。❷気持《きも》ちなどがぐらつく。例 信念《しんねん》が揺るぐ。

ゆるし【許し】 名詞 願《ねが》いや申《もう》し出《で》を聞《き》き入《い》れること。許可《きょか》。例 先生《せんせい》の許しを得《え》る。

ゆるす【許す】 動詞 ❶願《ねが》いや申《もう》し出《で》を聞《き》き入《い》れる。許可《きょか》する。例 入会《にゅうかい》を許す。❷罪《つみ》をとがめないでおく。例 過《あやま》ちを許す。❸自由《じゆう》にできる。都合《つごう》がつく。例 時間《じかん》が許せば立《た》ち寄《よ》りたい。❹緊張《きんちょう》をゆるめる。例 心《こころ》を許す／気《き》を許した友《とも》だち。❺価値《かち》を認《みと》める。例 実力《じつりょく》は一番《いちばん》と、自他《じた》ともに許している選手《せんしゅ》。漢 ⇒352ページ《ジ》 きょ〔許〕

ゆるむ【緩む】 動詞 ❶ゆるくなる。たるむ。例 ねじが緩む／ベルトが緩む。❷緊張《きんちょう》や注意力《ちゅういりょく》がなくなる。油断《ゆだん》する。例 気《き》が緩む。❸厳《きび》しくなくなる。例 寒《さむ》さが緩んできた。対 張《は》る。

ゆるめる【緩める】 動詞 ❶ゆるくする。例 ひもを緩める。対 締《し》める。❷緊張《きんちょう》や注意力《ちゅういりょく》をなくす。楽《らく》にする。例 気《き》を緩めずにがんばろう。対 締《し》める。❸おそくする。例 車《くるま》の速度《そくど》を緩める。

ゆるやか【緩やか】 形容動詞 ❶かたむきが急《きゅう》でないようす。例 緩やかな坂《さか》。❷勢《いきお》いが弱《よわ》いようす。例 緩やかな川《かわ》の流《なが》れ。❸厳《きび》しくないようす。例 学校《がっこう》の規則《きそく》が緩やかになる。

ゆるりと 副詞 のんびりと、気楽《きらく》にしているようす。ゆっくりと。ゆったりと。例 どうか、ごゆるりとくつろいでください。

ゆれうごく【揺れ動く】 動詞 ❶物《もの》がゆらゆらと動《うご》く。例 ろうそくの火《ひ》が揺れ動く。❷変化《へんか》して、安定《あんてい》しない。例 不安《ふあん》で心《こころ》が揺れ動く。

ゆれる【揺れる】 動詞 ❶ゆらゆらと動《うご》く。例 木《き》の枝《えだ》が揺れる。❷気持《きも》ちが定《さだ》まらない。はっきり決《き》まらない。例 行《い》こうかやめようか心《こころ》が揺れる。

ゆわえる【結わえる】 動詞 結《むす》ぶ。しばる。例 荷物《にもつ》をひもで結わえる。漢 ⇒421ページ《ジ》 けつ〔結〕

ゆわかし【湯沸かし】 名詞 湯《ゆ》をわかすのに使《つか》う道具《どうぐ》。やかんなどのこと。

よ

ヨ

下《した》の 手話にチャレンジ を見《み》よう。

よ 助詞 （ほかのことばのあとにつけて）❶呼《よ》びかけたりさそったりする気持《きも》ちを表《あらわ》す。例 もしもしかめよ／早《はや》く帰《かえ》ろうよ。❷命令《めいれい》する気持《きも》ちを表《あらわ》す。例 それはやめろよ。❸ものごとに感《かん》じた気持《きも》ちを表《あらわ》す。例 おもしろかったよ。❹念《ねん》をおす気持《きも》ちを表《あらわ》す。例 みんな心配《しんぱい》してるんだよ。

漢 **よ【予】**〔マ〕《ま》 4画 3年 音 ヨ 訓 あらかじ-め

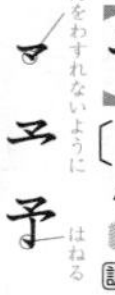

❶あらかじめ。前《まえ》もって。例 予感《よかん》／予算《よさん》／予《よ》習《しゅう》／予想《よそう》／予定《よてい》／予備《よび》／予報《よほう》／予防《よぼう》／予約《よやく》。❷「わたくし」の古《ふる》い言《い》い方《かた》。われ。

使い方 ❷は「余」とも書《か》く。

よ【世】 名詞 ❶世《よ》の中《なか》。世間《せけん》。社会《しゃかい》。例 世に知《し》られた人《ひと》。❷時代《じだい》。例 世の移《うつ》り変《か》わり。漢 ⇒704ページ《ジ》 せい〔世〕

● **世《よ》に出《で》る** 世《よ》の中《なか》に知《し》られる。世《よ》の中《なか》に認《みと》められる。例 画家《がか》の死後《しご》、世に出た作品《さくひん》。

の動作《どうさ》が「よい」の手話《しゅわ》、拝《おが》むしぐさが「お願《ねが》いします」の手話《しゅわ》だよ。

●**世《よ》を去《さ》る** 死《し》ぬ。例 祖父《そふ》は八十才《はちじっさい》で世を去った。

よ【代】 名詞 ある人《ひと》や、ある地位《ちい》の人々《ひとびと》が世《よ》の中《なか》を治《おさ》めている時代《じだい》。例 徳川《とくがわ》の代。漢 ⇩771ページ だい〔代〕

よ【四】（ほかのことばの前《まえ》につけて）「よっつ」の意味《いみ》を表《あらわ》す。例 四年《ねん》。漢 ⇩551ページ し〔四〕

漢 **よ【余】**〔人《ひとやね》〕7画 5年 音 ヨ 訓 あまる・あます

ノ 𠆢 亼 亼 余（はねる） 余 余（示としない）

❶あまり。のこり。例 余計《よけい》／余白《よはく》／余分《よぶん》／字余《じあま》り。❷そのほか。例 余技《よぎ》／余談《よだん》。❸（数《かず》を表《あらわ》すことばのあとにつけて）…とちょっと。例 三年余《さんねんよ》。❹「わたくし」の古《ふる》い言《い》い方《かた》。われ。

使い方 ❹は「予」とも書《か》く。

よ【夜】 名詞 日《ひ》が暮《く》れてから、次《つぎ》の日《ひ》の朝《あさ》になるまでの間《あいだ》。よる。例 月夜《つきよ》／夜が明《あ》ける。漢 ⇩1330ページ や〔夜〕

●**夜《よ》の目《め》も寝《ね》ずに** ⇩1375ページ よのめもねずに

●**夜《よ》も日《ひ》も明《あ》けない** あるものに夢中《むちゅう》になっていて、それがないと少《すこ》しの間《あいだ》もがまんができない。例 妹《いもうと》は、本《ほん》がないと夜も日も明けない。

●**夜《よ》を日《ひ》に継《つ》いで** 夜《よる》も昼《ひる》も休《やす》まないで。例 工事《こうじ》は夜を日に継いで行《おこな》われた。

漢 **よ【預】**〔頁《おおがい》〕13画 6年 音 ヨ 訓 あずける・あずかる

マ ヌ 予（はねる） 予 預 預 預（とめる）

あずける。あずかる。例 預《あず》かり物《もの》／預金《よきん》。

よあかし【夜明かし】 名詞 動詞 一晩《ひとばん》じゅうねむらないで起《お》きていること。徹夜《てつや》。

よあけ【夜明け】 名詞 ❶夜《よ》が明《あ》けて、辺《あた》りが明《あか》るくなること。また、そのころ。対 日暮《ひぐ》れ。夕暮《ゆうぐ》れ。❷新《あたら》しい時代《じだい》の始《はじ》まり。例 宇宙《うちゅう》時代《じだい》の夜明け。

よい【宵】 名詞 日《ひ》が暮《く》れて夜《よる》になったばかりのころ。また、それからしばらくの、夜《よる》おそくにならないうちのこと。例 宵やみ／宵の口《くち》。

よい【酔い】 名詞 ❶酒《さけ》を飲《の》んで酔《よ》うこと。例 酔いが回《まわ》る。❷乗《の》り物《もの》に乗《の》って、気分《きぶん》が悪《わる》くなること。例 船酔《ふなよ》い／酔い止《ど》めの薬《くすり》。

よい【良い・善い】 形容詞 ❶すぐれている。まさっている。例 質《しつ》の良い品物《しなもの》／成績《せいせき》が良い。対 悪《わる》い。❷好《この》ましい。快《こころよ》い。例 天気《てんき》が良い／気持《きも》ちが良い。対 悪《わる》い。❸正《ただ》しい。りっぱである。例 善い行《おこな》いを心《こころ》がける。対 悪《わる》い。❹ためになる。例 運動《うんどう》は体《からだ》に良い。対 悪《わる》い。❺ふさわしい。例 この服《ふく》は妹《いもうと》にちょうど良い／良いところに来《き》てくれた。❻じゅうぶんである。例 この本《ほん》を読《よ》むには一《いち》時間《じかん》あれば良い。❼構《かま》わない。さしつかえない。例 食《た》べてもよい／おそくなってもよいから来《き》てください。❽そうするのが適当《てきとう》である。例 無理《むり》をしないほうがよい。

使い方 ❼❽は、「いい」のあらたまった言《い》い方《かた》。ふつうかな書《が》きにする。

漢 ⇩1399ページ りょう〔良〕・732ページ ぜん〔善〕

よいっぱり【宵っ張り】 名詞 夜《よる》おそくまで、ねないで起《お》きていること。また、そういうくせのある人《ひと》。例 宵っ張りの朝《あさ》ねぼう。

よいのうち【宵の内】 名詞 日《ひ》が暮《く》れて間《ま》がないころ。よいの口《くち》。例 宵の内に出発《しゅっぱつ》する。

よいのくち【宵の口】 名詞 日《ひ》が暮《く》れて間《ま》がないころ。夜《よる》になったばかりのころ。「よいの内《うち》」ともいう。例 まだ宵の口だよ。

よいのみょうじょう【宵の明星】 名詞 日《ひ》が暮《く》れたころ、西《にし》の空《そら》に明《あか》るくかがやいて見《み》える金星《きんせい》。対 明《あ》けの明星《みょうじょう》。

よいまちぐさ【宵待ち草】 名詞「おおまつよいぐさ」の別《べつ》の名《な》まえ。

よいやみ【宵闇】 名詞 夕方《ゆうがた》のうす暗《ぐら》さ。日《ひ》が暮《く》れて、月《つき》が出《で》るまでの間《あいだ》の暗《くら》さ。類 夕闇《ゆうやみ》。

よいん【余韻】 名詞 ❶あとまで残《のこ》る、音《おと》のかすかなひびき。❷何《なに》かが終《お》わったあとに残《のこ》る味《あじ》わいや雰囲気《ふんいき》。例 祭《まつ》りの余韻がまだ残《のこ》る。❸文章《ぶんしょう》などを読《よ》んだあとに残《のこ》る味《あじ》わい。例 深《ふか》い余韻のある詩《し》。

よう 助動詞（ほかのことばのあとにつけて）❶ものごとを行《おこな》おうと思《おも》う気持《きも》ちを表《あらわ》す。例 今日《きょう》は早《はや》くねよう。❷相手《あいて》にさそいかける気持《きも》ちを表《あらわ》す。例 みん

手話にチャレンジ　よろしく　にぎった右手《みぎて》を鼻先《はなさき》に置《お》く。手《て》を開《ひら》きながら、拝《おが》むようにななめ下《した》に下《お》ろす。最初《さいしょ》

なで食《た》べよう。❸「たぶん…だろう」とおし量《はか》る気持《きも》ちを表《あらわ》す。例 午後《ごご》には晴《は》れよう。

よう【八】 やっつ。はち。例 八日《か》。漢 ⇒1061ジペーはち〔八〕

漢 **よう【幼】**〔幺《よう》〕5画 6年 音 ヨウ 訓 おさない

く 幺 幺 幻 幼（つきだす）

おさない。例 幼友達《おさなともだち》／幼児《ようじ》／幼少《ようしょう》／幼虫《ようちゅう》。

よう【用】 名詞 ❶しなければならないこと。用事《ようじ》。例 急《いそ》ぎの用がある。❷あるはたらきをすること。役《やく》に立《た》つこと。例 用がなくなったものをかたづける。

漢 ⇒1362ジペーよう〔用〕

● **用《よう》が足《た》りる** 間《ま》に合《あ》う。じゅうぶん役《やく》に立《た》つ。例 簡単《かんたん》な説明《せつめい》なので、電話《でんわ》で用が足りた。

● **用《よう》を足《た》す** ❶用事《ようじ》をすませる。例 駅前《えきまえ》の銀行《ぎんこう》で用を足す。❷大小便《だいしょうべん》をする。

漢 **よう【用】**〔用《もちいる》〕5画 2年 音 ヨウ 訓 もちいる

丿（はらう） 冂（はねる） 月 月 用

❶もちいる。つかう。例 用意《ようい》／用具《ようぐ》／用心《ようじん》／愛用《あいよう》／利用《りよう》。❷はたらき。ききめ。例 効用《こうよう》／作用《さよう》／有用《ゆうよう》。❸しごと。しなければならないこと。例 用件《ようけん》／用事《ようじ》。❹必要《ひつよう》なものやおかね。例 費用《ひよう》。

漢 **よう【羊】**〔羊《ひつじ》〕6画 3年 音 ヨウ 訓 ひつじ

丶 丷 䒑 䒑 兰（下をながく） 羊

ひつじ。例 羊飼《ひつじか》い／羊毛《ようもう》／牧羊《ぼくよう》／綿羊《めんよう》。

よう【洋】 名詞 西洋《せいよう》と東洋《とうよう》。とくに、西洋《せいよう》。例 洋の東西《とうざい》を問《と》わない（＝世界中《せかいじゅう》でそうである）。対 和《わ》。

漢 **よう【洋】**〔氵《さんずい》〕9画 3年 音 ヨウ

丶 冫 氵 氵 浐 浐（下をながく） 洋

❶おおきな海《うみ》。外海《がいかい》。例 洋上《ようじょう》／海洋《かいよう》／大西洋《たいせいよう》／大洋《たいよう》。❷世界《せかい》を東西《とうざい》二《ふた》つに分《わ》けた部分《ぶぶん》。例 西洋《せいよう》／東洋《とうよう》。❸西洋《せいよう》。西洋風《せいようふう》の。例 洋画《ようが》／洋楽《ようがく》／洋書《ようしょ》／洋食《ようしょく》／洋風《ようふう》／洋服《ようふく》／和洋《わよう》。対 和《わ》。❹ひろびろとしたようす。例 洋洋《ようよう》。

漢 **よう【要】**〔西《にし》〕9画 4年 音 ヨウ 訓 かなめ・いる

一 丆 襾 襾（西としない） 覀 要（すこしつきだす） 要

❶ものごとのだいじなところ。かなめ。例 要素《ようそ》／要点《ようてん》／要約《ようやく》／要領《ようりょう》／要を得《え》ない／重要《じゅうよう》。❷もとめる。例 要求《ようきゅう》／要する《よう》／要望《ようぼう》／必要《ひつよう》。

漢 **よう【容】**〔宀《うかんむり》〕10画 5年 音 ヨウ

丶 宀 宂（とめる） 穴 穴 容 容

❶いれる。例 容器《ようき》／容積《ようせき》／容量《ようりょう》／収容《しゅうよう》／内容《ないよう》。❷すがた。かたち。例 容姿《ようし》／容色《ようしょく》／美容《びよう》。❸ゆるす。例 容認《ようにん》／寛容《かんよう》／許容《きょよう》。❹たやすい。例 容易《ようい》。

よう【庸】 名詞 昔《むかし》の税《ぜい》の一《ひと》つ。労働《ろうどう》させるか、その代《か》わりとなる布《ぬの》などを納《おさ》めさせた。関連 租《そ》。調《ちょう》。

漢 **よう【葉】**〔艹《くさかんむり》〕12画 3年 音 ヨウ 訓 は

艹 丗 艹 艹 䒳（つきだす） 華（はねない） 葉

❶草木《くさき》のは。例 葉桜《はざくら》／葉脈《ようみゃく》／紅葉《こうよう》／落葉《らくよう》／若葉《わかば》。❷紙《かみ》などうすい物《もの》を数《かぞ》えることば。例 写真一葉《しゃしんいちよう》。

漢 **よう【陽】**〔阝《こざとへん》〕12画 3年 音 ヨウ 訓 ひ

⻖ 阝 阝 阳 阻（よこぼうをわすれないように） 陧 陽 陽

❶ひ。たいよう。例 陽光《ようこう》／落陽《らくよう》。❷あかるい。例 陽気《ようき》／陽性《ようせい》。❸電気《でんき》のプラスのほう。例 陽極《ようきょく》。

漢 **よう【様】**〔木《きへん》〕14画 3年 音 ヨウ 訓 さま

木 杧 柈 栏 样（はねる） 样 样 様（水としない）

❶ありさま。ようす。例 様変《さまが》わり／異様《いよう》／多様《たよう》／同様《どうよう》。❷型《かた》。例 様式《ようしき》。❸（人《ひと》の名《な》まえなどのあとにつけて）人《ひと》などを尊敬《そんけい》する言《い》い方《かた》。例 王様《おうさま》／神様《かみさま》。

北欧《ほくおう》では、神々《かみがみ》が住《す》んでいるのはアースガルドという都《みやこ》だと考《かんが》えられていました。神々《かみがみ》の中《なか》でもいちばんえらいなど、ほかにも多《おお》くの神々《かみがみ》が登場《とうじょう》します。ついには神々《かみがみ》の戦《たたか》いも起《お》こる壮大《そうだい》な世界《せかい》を想像《そうぞう》してみてください。

漢 **よう**【養】〔食《しょく》〕15画 4年 音 ヨウ 訓 やしなう

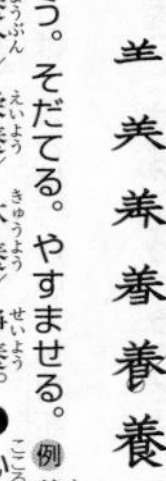

はねる

❶やしなう。そだてる。やすませる。例 養成《ようせい》／養分《ようぶん》／栄養《えいよう》／休養《きゅうよう》／静養《せいよう》。❷心《こころ》をゆたかにする。例 養育《よういく》／教養《きょうよう》／修養《しゅうよう》。

漢 **よう**【曜】〔日〕《ひへん》 18画 2年 音 ヨウ 訓

羽としない

一週間《いっしゅうかん》のそれぞれの日《ひ》の名《な》につけることば。例 曜日《ようび》／水曜《すいよう》。

よう【酔う】動詞 ❶酒《さけ》を飲《の》んで、心《こころ》や体《からだ》がふだんとちがったようすになる。❷乗《の》り物《もの》に乗《の》って、気分《きぶん》が悪《わる》くなる。例 バスに酔う。❸心《こころ》を引《ひ》きつけられ、うっとりする。例 美《うつく》しい音楽《おんがく》に酔う。

ようい【用意】名詞 動詞 必要《ひつよう》なものなどを、前《まえ》もってそろえておくこと。例 遠足《えんそく》の用意をする。類 支度《したく》。準備《じゅんび》。

ようい【容易】形容動詞 簡単《かんたん》にできるようす。たやすいようす。例 この問題《もんだい》を解《と》くのは、容易なことではなさそうだ。対 困難《こんなん》。

よういく【養育】名詞 動詞 子供《こども》を養《やしな》い育《そだ》てること。例 養育費《ひ》。

よういしゅうとう【用意周到】名詞 形容動詞 用意《ようい》が細《こま》かいところまでじゅうぶんに行《い》き届《とど》いていること。例 用意周到な計画《けいかく》。

よういん【要因】名詞 あることが起《お》こった、おもな原因《げんいん》。例 事故《じこ》の要因を調《しら》べる。

よういん【要員】名詞 あることをするために必要《ひつよう》な人員《じんいん》。例 荷物運《にもつはこ》び要員を集《あつ》める。

ようえき【溶液】名詞 ほかの物質《ぶっしつ》がむらなくとけている液体《えきたい》。例 よう素《そ》溶液。

ようおん【よう音】名詞 「きゃ」「きゅ」「きょ」など、かなのあとに小《ちい》さく「ゃ」「ゅ」「ょ」をつけて書《か》き表《あらわ》す音《おと》。関連 促音《そくおん》。はつ音《おん》。直音《ちょくおん》。

ようか【八日】名詞 ❶月《つき》の八番目《はちばんめ》の日《ひ》。例 一月《いちがつ》八日。❷八日間《はちにちかん》。例 校庭《こうてい》の草《くさ》むしりに八日かかった。

ようが【洋画】名詞 ❶西洋《せいよう》で発達《はったつ》した絵《え》。油絵《あぶらえ》など。対 日本画《にほんが》。❷ヨーロッパやアメリカの映画《えいが》。対 邦画《ほうが》。

ようかい【妖怪】名詞 化《ば》け物《もの》。かっぱ・てんぐ・山《やま》んば・雪女《ゆきおんな》など。

ようかい【溶解】名詞 動詞 ❶ある物質《ぶっしつ》が液体《えきたい》にとけること。また、とかすこと。例 食塩《しょくえん》を水《みず》に溶解させる。❷金属《きんぞく》が熱《ねつ》でとけて、どろどろになること。

ようがい【要害】名詞 地形《ちけい》が険《けわ》しく、敵《てき》を防《ふせ》ぐのに都合《つごう》がよい場所《ばしょ》。例 この町《まち》は三方《さんぼう》を山《やま》で囲《かこ》まれた要害の地《ち》だ。

ようがく【洋学】名詞 西洋《せいよう》についての研究《けんきゅう》や、西洋《せいよう》の学問《がくもん》。とくに、江戸時代《えどじだい》から明治時《めいじじ》代《だい》の初《はじ》めにかけて使《つか》われたことば。

ようがく【洋楽】名詞 西洋《せいよう》で発達《はったつ》した音楽《おんがく》。西洋音楽《せいようおんがく》。対 邦楽《ほうがく》。

ようがし【洋菓子】名詞 西洋風《せいようふう》の菓子《かし》。ケーキ・クッキーなど。対 和菓子《わがし》。

ようがらし【洋辛子】名詞 おもに西洋料理《せいようりょうり》に使《つか》われるからし。マスタード。

ようかん【洋館】名詞 西洋風《せいようふう》の建物《たてもの》。

ようかん【羊かん】名詞 あんに寒天《かんてん》を混《ま》ぜて、練《ね》ったり蒸《む》したりして固《かた》めた和菓子《わがし》。
ことば 「一棹《ひとさお》」「一本《いっぽん》」と数《かぞ》える。

ようがん【溶岩】名詞 地下《ちか》の深《ふか》いところで地《ち》球《きゅう》の熱《ねつ》によってどろどろにとけていたもの（＝マグマ）が、火山《かざん》の噴火口《ふんかこう》から外《そと》に流《なが》れ出《で》たもの。また、それが冷《ひ》えて固《かた》まったもの。

ようき【容器】名詞 物《もの》を入《い》れるためのうつわ。入《い》れ物《もの》。例 ガラスの容器。

ようき【陽気】❶形容動詞 明《あか》るくほがらかなようす。にぎやかなようす。例 陽気な人《ひと》／陽気に歌《うた》う。対 陰気《いんき》。❷名詞 天気《てんき》。気候《きこう》。例 過《す》ごしやすい陽気だ。

ようぎ【容疑】名詞 罪《つみ》をおかしたのではないかという疑《うたが》い。例 ぬすみの容疑が晴《は》れる。

ようぎしゃ【容疑者】名詞 罪《つみ》をおかした疑《うたが》いがあり、調《しら》べられている人《ひと》。

ようきゅう【洋弓】→13ページ アーチェリー

ようきゅう【要求】名詞 動詞 相手《あいて》に強《つよ》く求《もと》めること。例 おこづかいの増額《ぞうがく》を要求する。

読書のこみち　高 中 低 『北欧神話《ほくおうしんわ》』P《ピー》・コラム　国《くに》や民族《みんぞく》によって、昔《むかし》から伝《つた》えられてきた神話《しんわ》も異《こと》なります。のが、オージン。力《ちから》が強《つよ》く、少《すこ》し気《き》が短《みじか》いトールや、いたずら者《もの》のローキ、女神《めがみ》フレイヤ

ようぎょ【幼魚】 名詞 まだじゅうぶん育《そだ》っていない、小《ちい》さな魚《さかな》。例 幼魚を川《かわ》に放《はな》す。

ようぎょ【養魚】 名詞 魚《さかな》を飼《か》って、育《そだ》てたりふやしたりすること。例 養魚場《じょう》。

ようぎょう【窯業】 名詞 窯《かま》を使《つか》って、瀬戸《せと》物《もの》・ガラス・セメント・れんがなどを作《つく》る工業《こうぎょう》。

ようきょく【陽極】 ⇒1170ページ プラスきょく

ようきょく【謡曲】 名詞 能楽《のうがく》を演《えん》じるとき、節《ふし》をつけてうたう物語《ものがたり》。また、それをうたうこと。「うたい」ともいう。

ようぐ【用具】 名詞 何《なに》かをするときに使《つか》う道《どう》具《ぐ》。例 筆記《ひっき》用具。

ようけい【養鶏】 名詞 卵《たまご》を産《う》ませたり肉《にく》をとったりするために、にわとりを飼《か》うこと。

ようけん【用件】 名詞 用事《ようじ》。用事《ようじ》の内容《ないよう》。例 受付《うけつけ》で用件を伝《つた》える。

ようけん【要件】 名詞 ❶大切《たいせつ》な用事《ようじ》。例 急《いそ》ぎの要件で出《で》かける。❷何《なに》かをするのに必要《ひつよう》な条件《じょうけん》。例 入会《にゅうかい》の要件。

ようげん【用言】 名詞 そのことば一《ひと》つで意味《いみ》を持《も》ち、終《お》わりの形《かたち》が変《か》わることば。動詞《どうし》・形容詞《けいようし》・形容動詞《けいようどうし》の三種類《さんしゅるい》で、それぞれ述語《じゅつご》になる。対 体言《たいげん》。

ようご【用語】 名詞 ❶使《つか》うことば。ことばづかい。例 用語に気《き》をつける。❷ある決《き》まった分野《ぶんや》で使《つか》われることば。例 野《や》球《きゅう》用語／専門《せんもん》用語。

ようご【養護】 名詞 動詞 子供《こども》の体《からだ》に気《き》をつけて、けがや病気《びょうき》をしないように守《まも》り育《そだ》てること。例 養護の先生《せんせい》。

ようご【擁護】 名詞 動詞 かばって、大切《たいせつ》に守《まも》ること。例 人権《じんけん》を擁護する。

ようこう【洋行】 名詞 動詞 ヨーロッパやアメリカへ、旅行《りょこう》や勉強《べんきょう》などのために行《い》くこと。使い方 古《ふる》い言《い》い方《かた》。

ようこう【要項】 名詞 必要《ひつよう》なことがら。また、それらを書《か》き記《しる》したもの。例 募集《ぼしゅう》要項。

ようこう【陽光】 名詞 太陽《たいよう》の光《ひかり》。日光《にっこう》。

ようこうろ【溶鉱炉】 名詞 鉱石《こうせき》を高《たか》い熱《ねつ》でとかして、その中《なか》にふくまれている鉄《てつ》や銅《どう》などをとり出《だ》すための大《おお》きな炉《ろ》。

ようこそ 感動詞 訪《たず》ねて来《き》た人《ひと》を喜《よろこ》んでむかえる気持《きも》ちを表《あらわ》すことば。例 ようこそいらっしゃいました。

ようさい【洋裁】 名詞 布《ぬの》から洋服《ようふく》をつくること。また、その技術《ぎじゅつ》。対 和裁《わさい》。

ようさい【要塞】 名詞 敵《てき》のこうげきを防《ふせ》ぐための、がんじょうな建物《たてもの》。とりで。

ようざい【用材】 名詞 物《もの》をつくるために使《つか》われる材料《ざいりょう》。とくに、建物《たてもの》や家具《かぐ》などをつくるための木材《もくざい》。

ようさん【養蚕】 名詞 季語 春 まゆから絹糸《きぬいと》をとるために、蚕《かいこ》を育《そだ》てること。例 養蚕業《ぎょう》。

ようし【用紙】 名詞 使《つか》い道《みち》に合《あ》うように作《つく》られた紙《かみ》。例 計算《けいさん》用紙／申《もう》しこみ用紙。

ようし【要旨】 名詞 話《はなし》や文章《ぶんしょう》の中心《ちゅうしん》となる、大事《だいじ》なところを短《みじか》くまとめたもの。例 説明《せつめい》の要旨をつかむ。類 大意《たいい》。大要《たいよう》。

ようし【洋紙】 名詞 パルプを原料《げんりょう》にしてつくった紙《かみ》。西洋紙《せいようし》。対 和紙《わし》。

ようし【容姿】 名詞 顔立《かおだ》ちと姿《すがた》。例 整《ととの》った容姿。

ようし【養子】 名詞 ❶ほんとうの親《おや》ではない人《ひと》と、法律《ほうりつ》の上《うえ》で親子《おやこ》の関係《かんけい》になること。また、その子《こ》。対 実子《じっし》。❷結婚《けっこん》するときに、夫《おっと》が妻《つま》の家《いえ》の戸籍《こせき》に入《はい》ること。また、その夫《おっと》。

ようじ 名詞 「つまようじ」のこと。

ようじ【幼児】 名詞 幼《おさな》い子供《こども》。六才《ろくさい》くらいまでの子《こ》。

ようじ【用事】 名詞 しなければならないこと。用件《ようけん》。例 用事をすませる。

ようじ【幼時】 名詞 幼《おさな》いころ。子供《こども》のころ。例 幼時の記憶《きおく》。

ようしき【洋式】 名詞 西洋風《せいようふう》のやり方《かた》や様《よう》式《しき》。例 洋式のトイレ。対 和式《わしき》。

ようしき【様式】 名詞 ❶ものごとの決《き》まったやり方《かた》。例 生活《せいかつ》の様式。❷芸術《げいじゅつ》や建築《けんちく》などの特徴《とくちょう》となる形式《けいしき》。例 ゴシック様式。

ようしつ【洋室】 名詞 西洋風《せいようふう》の部屋《へや》。対 和《わ》室《しつ》。

ようしゃ【容赦】 名詞 動詞 ❶許《ゆる》すこと。大目《おおめ》にみること。例 今度《こんど》おくれてきたら容赦しない。❷ひかえめにすること。手《て》かげんすること。

る秀則《ひでのり》、階段掃除《かいだんそうじ》にはまる義正《よしまさ》…。一見《いっけん》、意味《いみ》のないことにのめりこんでいくさまざまな中学生《ちゅうがくせい》の姿《すがた》が印象的《いんしょうてき》
間関係《げんかんけい》…。花札《はなふだ》、音楽《おんがく》、ボクシングなどの素材《そざい》やことばをたくみに織《お》りこんだ、不思議《ふしぎ》な味《あじ》わいのある短編集《たんぺんしゅう》。

例 いたずらした弟《おとうと》を容赦なくしかる。

ようしゅ【洋酒】 名詞 西洋《せいよう》でつくられた酒《さけ》。または、西洋《せいよう》の製法《せいほう》でつくる酒《さけ》。ウイスキー・ブランデーなど。対 日本酒《にほんしゅ》。

ようしゅん【陽春】 名詞 季語 春 ぽかぽかと日《ひ》の当《あ》たる、暖《あたた》かくて気持《きも》ちのよい春《はる》。例 陽春の候《こう》、いかがお過《す》ごしですか。

ようしょ【要所】 名詞 大事《だいじ》なところ。大切《たいせつ》な点《てん》。例 城《しろ》の要所を守《まも》る／交通《こうつう》の要所。

ようしょ【洋書】 名詞 西洋《せいよう》の本《ほん》。西洋《せいよう》のことばで書《か》かれた本《ほん》。

ようじょ【幼女】 名詞 幼《おさな》い女《おんな》の子《こ》。

ようじょ【養女】 名詞 養子《ようし》となった女《おんな》の人《ひと》。

ようしょう【幼少】 名詞 幼《おさな》いこと。まだ年《とし》が小《ちい》さいこと。例 幼少のころの話《はなし》。

ようじょう【洋上】 名詞 広《ひろ》い海《うみ》の上《うえ》。海上《かいじょう》。例 洋上にうかぶ小《ちい》さな島《しま》。

ようじょう【養生】 名詞 動詞 ❶体《からだ》が健康《けんこう》であるように、気《き》をつけること。例 日《ひ》ごろの養生が大切《たいせつ》だ。類 摂生《せっせい》。❷病気《びょうき》などが早《はや》く治《なお》るように、体《からだ》をよく休《やす》めること。例 温泉《おんせん》で養生する。類 静養《せいよう》。

ようしょく【洋食】 名詞 西洋風《せいようふう》の食事《しょくじ》。西《せい》洋料理《ようりょうり》。対 和食《わしょく》。

ようしょく【要職】 名詞 責任《せきにん》の重《おも》い大事《だいじ》な役《やく》目《め》。例 会社《かいしゃ》の要職につく。

ようしょく【容色】 名詞 顔《かお》かたち。とくに、女性《じょせい》の顔《かお》かたちの美《うつく》しさ。例 容色がおとろえる。類 容貌《ようぼう》。

ようしょく【養殖】 名詞 動詞 魚《さかな》・貝《かい》・海藻《かいそう》などを、人《ひと》の力《ちから》で育《そだ》ててふやすこと。例 うなぎを養殖する。

ようしょくぎょぎょう【養殖漁業】 名詞 浅《あさ》い海《うみ》や池《いけ》・湖《みずうみ》などで、魚《さかな》・貝《かい》・海藻《かいそう》などを育《そだ》てる漁業《ぎょぎょう》。

ようじん【用心】 名詞 動詞 悪《わる》いことが起《お》こらないように気《き》をつけること。注意《ちゅうい》すること。例 火《ひ》の用心／かぜを引《ひ》かないように用心する。

ようじんぶかい【用心深い】 形容詞 悪《わる》いことが起《お》こらないように、じゅうぶんに注意《ちゅうい》しているようす。例 用心深く周《まわ》りを確《たし》かめた。

ようじんぼう【用心棒】 名詞 ❶身《み》を守《まも》るためにやとっておく、力《ちから》の強《つよ》い人《ひと》。ボディーガード。❷戸《と》じまりのために、内側《うちがわ》から戸《と》にあてがっておく棒《ぼう》。

ようす【様子】 名詞 ❶ありさま。具合《ぐあい》。例 事故《じこ》の様子を伝《つた》える記《き》事《じ》。❷すがた。身《み》なり。例 上品《じょうひん》な様子の女《おんな》の人《ひと》。❸そぶり。態度《たいど》。例 姉《あね》は何《なに》か心配事《しんぱいごと》がありそうな様子だ／弟《おとうと》は近《ちか》ごろ様子がおかしい。❹気配《けはい》。例 今《いま》にも雨《あめ》が降《ふ》りそうな様子だ。❺訳《わけ》。事情《じじょう》。例 きみがこんなに遅刻《ちこく》するとは、何《なに》か様子がありそうだね。

●**様子《よう》《す》をうかがう** どのような状態《じょうたい》かをさりげなく見《み》る。例 敵《てき》の様子をうかがう。

ようすい【用水】 名詞 飲《の》み水《みず》にしたり、田畑《たはた》や工場《こうじょう》で使《つか》ったり、火事《かじ》を消《け》したりする水《みず》。また、そのためにためてある水《みず》。例 工業《こうぎょう》用水。

ようすい【羊水】 名詞 母親《ははおや》の子宮《しきゅう》の中《なか》の、胎《たい》児《じ》が入《はい》っている膜《まく》の中《なか》にある液体《えきたい》。胎児《たいじ》を守《まも》る役目《やくめ》がある。

ようすいいけ【用水池】 名詞 農業用水《のうぎょうようすい》などの用水《ようすい》をためておく池《いけ》。

ようすいろ【用水路】 名詞 農業用水《のうぎょうようすい》などの用水《ようすい》を通《とお》すみち。

ようすこう【揚子江】 ⇒845ジペー ちょうこう〔長江〕

ようする【要する】 動詞 必要《ひつよう》とする。例 大《たい》変《へん》な努力《どりょく》を要する仕事《しごと》だ。

ようするに【要するに】 副詞 簡単《かんたん》にまとめて言《い》うと。つまり。例 ぼくが言《い》いたいのは、要するにみんな仲《なか》よくしようということだ。

ようせい【妖精】 名詞 西洋《せいよう》の童話《どうわ》や伝説《でんせつ》に出《で》てくる、動物《どうぶつ》や植物《しょくぶつ》などのたましいが女《おんな》の人《ひと》や小人《こびと》などにすがたを変《か》えたもの。

ようせい【要請】 名詞 動詞 相手《あいて》に、こうしてほしいと願《ねが》うこと。例 計画《けいかく》の中止《ちゅうし》を要請する。

ようせい【陽性】 名詞 ❶病気《びょうき》などの検査《けんさ》で、反応《はんのう》がはっきりあらわれること。対 陰性《いんせい》。❷明《あか》るくてほがらかな性質《せいしつ》。陽気《ようき》な性質《せいしつ》。例 妹《いもうと》は陽性でみんなから好《す》かれる。対 陰性《いんせい》。

ようせい【養成】 名詞 動詞 必要《ひつよう》な知識《ちしき》や技術《ぎじゅつ》を教《おし》えて、一人前《いちにんまえ》に育《そだ》てること。例 技術者《ぎじゅつしゃ》を

読書のこみち 高 中 低 『ボクサー志願《しがん》』皿海達哉《さらがいたつや》 校内意見発表大会《こうないいけんはっぴょうたいかい》に出《で》る智久《ともひさ》、町内会《ちょうないかい》の草《くさ》かりに夢中《むちゅう》になる人《にん》にえがかれています。自分《じぶん》が何《なに》をしたらいいのかうまくつかめない年代《ねんだい》の、心《こころ》のゆれや人

養成する。類 育成《いくせい》。

ようせい【よう逝】 名詞 動詞 まだ若《わか》いうちに死《し》ぬこと。例 二十才《にじっさい》でよう逝した詩人《しじん》。類 よう折《せつ》。

ようせき【容積】 名詞 ❶入《い》れ物《もの》いっぱいに入《はい》る分量《ぶんりょう》。類 容量《ようりょう》。❷「体積《たいせき》」のこと。

ようせつ【溶接】 名詞 動詞 金属《きんぞく》を高熱《こうねつ》でとかしてつなぎ合《あ》わせること。例 鉄板《てっぱん》を溶接する。

ようせつ【よう折】 名詞 動詞 まだ若《わか》いうちに死《し》ぬこと。例 パリでよう折した画家《がか》。類 よう逝《せい》。

ようそ【要素】 名詞 あるものごとを成《な》り立《た》たせるためになくてはならないもの。例 すいみんは、健康《けんこう》のための大事《だいじ》な要素だ。

ようそ【よう素】 名詞 元素《げんそ》の一《ひと》つ。黒《くろ》みがかったむらさき色《いろ》の結晶《けっしょう》。海藻《かいそう》などにふくまれている。ヨードチンキなどの医薬品《いやくひん》の原料《げんりょう》にする。「ヨード」ともいう。

ようそう【洋装】 名詞 西洋風《せいようふう》の服装《ふくそう》をすること。また、その服装《ふくそう》。対 和装《わそう》。

ようそう【様相】 名詞 ものごとの、外《そと》にあらわれたありさま。ようす。例 選挙戦《せんきょせん》は大《おお》あれの様相を見《み》せている。

ようそえき【よう素液】 ⇩1366ページ ようそようえき

ようそでんぷんはんのう【よう素でんぷん反応】 名詞 でんぷんによう素《そ》溶液《ようえき》をつけると、青《あお》むらさき色《いろ》に変《か》わること。

ようそようえき【よう素溶液】 名詞 よう素《そ》をとかした、強《つよ》いにおいのする赤《あか》っぽい茶色《ちゃいろ》の液体《えきたい》。でんぷんにつけると、でんぷんは、青《あお》むらさき色《いろ》に変《か》わる。よう素液《そえき》。

ようだ 助動詞 （ほかのことばのあとにつけて）❶確《たし》かでないが、たぶんそうだという気持《きも》ちを表《あらわ》す。…らしい。例 だれもいないようだ。❷あることを、ほかのことにたとえていうときに使《つか》う。例 雪《ゆき》のような白《しろ》さ／まるで夢《ゆめ》のように楽《たの》しい。❸目的《もくてき》や目標《もくひょう》などを表《あらわ》す。例 リレーの選手《せんしゅ》に選《えら》ばれるようにがんばる。

ようだい【容体・容態】 名詞 けがや病気《びょうき》のようす。例 容体が急《きゅう》に悪《わる》くなった。

ようたし【用足し】 名詞 動詞 ❶用事《ようじ》をすませること。例 町《まち》へ用足しに行《い》く。❷大小便《だいしょうべん》をすること。

ようだてる【用立てる】 動詞 ❶役《やく》に立《た》てる。つかう。例 募金《ぼきん》は困《こま》っている人《ひと》のために用立ててください。❷お金《かね》を貸《か》したり立《た》てかえたりする。例 足《た》りない分《ぶん》は、兄《あに》に用立ててもらった。

ようだん【用談】 名詞 動詞 仕事《しごと》などの用事《ようじ》について話《はな》し合《あ》うこと。例 父《ちち》は用談中《ちゅう》です。

ようち【用地】 名詞 あることに使《つか》うための土地《とち》。例 ここは病院《びょういん》の建設《けんせつ》用地だ。

ようち【幼稚】 名詞 形容動詞 ❶幼《おさな》いこと。例 幼稚園《えん》。❷考《かんが》えや行《おこな》いが子供《こども》っぽく、じゅうぶんに発達《はったつ》していないこと。例 考《かんが》え方《かた》が幼稚な人《ひと》。

ようち【要地】 名詞 重要《じゅうよう》な地域《ちいき》。大事《だいじ》な場所《ばしょ》。例 交通《こうつう》の要地。

ようち【夜討ち】 名詞 夜《よる》の暗《くら》さを利用《りよう》して、急《きゅう》に敵《てき》をせめること。例 敵《てき》に夜討ちをかける。

ようちえん【幼稚園】 名詞 小学校《しょうがっこう》に入学《にゅうがく》する前《まえ》の子供《こども》を集《あつ》めて、教《おし》え育《そだ》てるところ。

ようちゅう【幼虫】 名詞 卵《たまご》からかえったあとの、さなぎや成虫《せいちゅう》になる前《まえ》の昆虫《こんちゅう》。やご・あお虫《むし》など。対 成虫《せいちゅう》。

ようちゅうい【要注意】 名詞 気《き》をつける必要《ひつよう》があること。例 食《た》べすぎには要注意だ。

ようつう【腰痛】 名詞 こしの痛《いた》み。

ようてん【要点】 名詞 話《はなし》や文章《ぶんしょう》の中心《ちゅうしん》となる、大切《たいせつ》な点《てん》。例 記事《きじ》の要点をまとめる。

ようてん【陽転】 名詞 動詞 ツベルクリン反応《はんのう》の検査《けんさ》で、陰性《いんせい》だった人《ひと》が陽性《ようせい》に変《か》わること。参考 結核菌《けっかくきん》が体《からだ》の中《なか》に入《はい》ったことを表《あらわ》す。

ようと【用途】 名詞 物《もの》やお金《かね》などの、つかい道《みち》。例 石油《せきゆ》は用途が広《ひろ》い。類 使途《しと》。

ようとうくにく【羊頭狗肉】 名詞 見《み》た目《め》はりっぱでも、中身《なかみ》がともなっていないこと。ことば 店《みせ》の看板《かんばん》には羊《ひつじ》の頭《あたま》をかざりながら、実際《じっさい》は狗《いぬ》（＝犬《いぬ》）の肉《にく》を売《う》る、という意味《いみ》からきたことば。

ようにん【容認】 名詞 動詞 それでよいと認《みと》めて許《ゆる》すこと。例 映画館内《えいがかんない》の飲食《いんしょく》を容認する。

ようねん【幼年】 名詞 幼《おさな》い年《とし》ごろ。

ようび【曜日】 名詞 一週間《いっしゅうかん》のそれぞれの日《ひ》の呼《よ》び方《かた》。日曜日《にちようび》から土曜日《どようび》までのそれぞれ。

うする「ぼくのお姉《ねえ》さん」や、足《あし》に障害《しょうがい》のある少年《しょうねん》を友《とも》だちとからかってしまう「歯型《はがた》」など、障害《しょうがい》のある子《こ》
校《こう》の先生《せんせい》でもあった作者《さくしゃ》の「ひとの心《こころ》のいたみがわかる」人間《にんげん》になってほしいという願《ねが》いが伝《つた》わってきます。

ようひし【羊皮紙】 名詞 羊《ひつじ》やヤギなどの皮《かわ》でつくられた、紙《かみ》のようなもの。昔《むかし》、文字《もじ》などを書《か》くのに使《つか》われた。

ようひん【用品】 名詞 あることをするために使《つか》う品物《しなもの》。例 テニス用品。

ようひん【洋品】 名詞 西洋風《せいようふう》の、身《み》に着《つ》ける品物《しなもの》。シャツ・靴下《くつした》・ネクタイなど。

ようふ【養父】 名詞 養子《ようし》として行《い》った家《いえ》の父《ちち》親《おや》。また、ほんとうの父親《ちちおや》の代《か》わりとなって育《そだ》ててくれた男《おとこ》の人《ひと》。対 実父《じっぷ》。

ようふう【洋風】 名詞 西洋《せいよう》でのものごとのやり方《かた》であること。西洋風《せいようふう》。対 和風《わふう》。

ようふく【洋服】 名詞 西洋《せいよう》から伝《つた》わってきた服《ふく》。背広《せびろ》・スカート・オーバーなど。対 和服《わふく》。

ようぶん【養分】 名詞 生物《せいぶつ》が育《そだ》つために必要《ひつよう》な、栄養《えいよう》となる成分《せいぶん》。

ようぼ【養母】 名詞 養子《ようし》として行《い》った家《いえ》の母《はは》親《おや》。また、ほんとうの母親《ははおや》の代《か》わりとなって育《そだ》ててくれた女《おんな》の人《ひと》。対 実母《じつぼ》。

ようほう【用法】 名詞 使《つか》い方《かた》。使用法《しようほう》。例 ことばの用法／薬《くすり》の用法を守《まも》る。

ようぼう【要望】 名詞 動詞 あることをしてほしいと望《のぞ》むこと。例 クラス全員《ぜんいん》の要望。

ようぼう【容貌】 名詞 顔形《かおかたち》。顔《かお》つき。例 りっぱな容貌の持《も》ち主《ぬし》。類 容色《ようしょく》。

ようま【洋間】 名詞 西洋風《せいようふう》の部屋《へや》。洋室《ようしつ》。対 日本間《にほんま》。

ようみゃく【葉脈】 名詞 木《き》や草《くさ》の葉《は》にある細《ほそ》い筋《すじ》。水《みず》や養分《ようぶん》の通《とお》り道《みち》になっている。

ようむ【用務】 名詞 務《つと》め。仕事《しごと》。

ようむき【用向き】 名詞 用事《ようじ》の内容《ないよう》。用件《ようけん》。例 ご用向きをおうかがいします。

ようめい【用命】 名詞 品物《しなもの》などを注文《ちゅうもん》すること。例 ご用命の商品《しょうひん》をお届《とど》けに参《まい》りました。使い方 売《う》り手《て》が客《きゃく》に対《たい》して使《つか》うことば。

ようもう【羊毛】 名詞 羊《ひつじ》の毛《け》。毛糸《けいと》や毛織物《けおりもの》などの原料《げんりょう》になる。

ようやく 副詞 ❶やっと。なんとか。例 しめ切《き》りにようやく間《ま》に合《あ》った。❷だんだん。次第《しだい》に。例 ようやく夜《よ》が明《あ》けた。

ようやく【要約】 名詞 動詞 文章《ぶんしょう》や話《はなし》などの大《たい》切《せつ》なところを、短《みじか》くまとめること。また、まとめたもの。例 話《はなし》を要約して伝《つた》えた。

ようよう［と］【洋洋［と］】 副詞 ❶どこまでも広《ひろ》がっているようす。例 洋々と広《ひろ》がる海《うみ》。❷希望《きぼう》に満《み》ちているようす。例 洋々とした未《み》来《らい》。使い方 「洋々たる前途《ぜんと》（＝これからの人生《じんせい》）」などの形《かたち》でも使《つか》う。

ようよう［と］【揚揚［と］】 副詞 得意《とくい》になっているようす。例 勝《か》ったチームが揚々と引《ひ》き上《あ》げる。

ようらん【要覧】 名詞 図表《ずひょう》などを使《つか》って、おもなことがらを見《み》やすくまとめたもの。

ようりょう【用量】 名詞 薬《くすり》などを飲《の》んだり使《つか》ったりするときの、決《き》まった量《りょう》。

ようりょう【要領】 名詞 ❶ものごとのもっとも大切《たいせつ》なところ。要点《ようてん》。例 話《はなし》の要領がはっきりしない。❷ものごとの上手《じょうず》なやり方《かた》。こつ。例 要領さえ覚《おぼ》えてしまえば簡単《かんたん》だよ。

● **要領《ようりょう》がいい** ❶ものごとの処理《しょり》のしかたが上手《じょうず》である。例 要領がいい学習方法《がくしゅうほうほう》で勉強《べんきょう》する。❷自分《じぶん》に有利《ゆうり》になるように人《ひと》にはたらきかけるのがうまい。例 要領がいいだけの人《ひと》。

● **要領《ようりょう》を得《え》ない** どこが大切《たいせつ》な点《てん》なのかがはっきりしない。何《なに》を言《い》いたいのかはっきりわからない。例 要領を得ない質問《しつもん》では返事《へんじ》に困《こま》る。

ようりょう【容量】 名詞 その入《い》れ物《もの》の中《なか》に入《はい》る分量《ぶんりょう》。例 一《いち》リットルの容量のびん。類 容積《ようせき》。

ようりょく【揚力】 名詞 飛《と》んでいる飛行機《ひこうき》のつばさにはたらくような、下《した》から上《うえ》に向《む》かっておし上《あ》げる力《ちから》。

ようりょくそ【葉緑素】 名詞 植物《しょくぶつ》の葉《は》などの緑色《みどりいろ》のもとになっているもの。光《ひかり》を受《う》けて、水《みず》と二酸化炭素《にさんかたんそ》ででんぷんをつくるはたらきをする。

ようれい【用例】 名詞 ことばなどの使《つか》い方《かた》の例《れい》。実際《じっさい》に使《つか》われている例《れい》。

ようれき【陽暦】 ↓785ページ たいようれき

ようろう【養老】 名詞 お年寄《としよ》りをいたわり、世話《せわ》をすること。

ヨーグルト (yoghurt) 名詞 牛乳《ぎゅうにゅう》などに乳酸《にゅうさん》菌《きん》を加《くわ》えてクリームのように固《かた》めた、すっぱい

読書のこみち　高 中 低 『ぼくのお姉《ねえ》さん』丘修三《おかしゅうぞう》　ダウン症《しょう》のお姉《ねえ》さんが初《はじ》めての給料《きゅうりょう》で家族《かぞく》に食事《しょくじ》をごちそ
供《ども》たちとその家族《かぞく》や友《とも》だちとの関係《かんけい》を、温《あたた》かく、ときに厳《きび》しくえがいた短編集《たんぺんしゅう》。養護学《ようごがっ》

味《あじ》のする食《た》べ物《もの》。

ヨード ➡1366ページ ようそ〔よう素〕

ヨードチンキ（ドイツ語）名詞 ヨード（＝よう素《そ》）をアルコールでとかした茶色《ちゃいろ》の薬《くすり》。傷《きず》の消《しょう》毒《どく》などに使《つか》う。略《りゃく》して「ヨーチン」ともいう。

ヨーヨー（yo-yo）名詞 おもちゃの一《ひと》つ。二《に》個《こ》の小《ちい》さな円盤《えんばん》を軸《じく》でつなぎ、その軸《じく》にひもを巻《ま》きつけたもの。ひもの先《さき》を持《も》って垂《た》らし、回転《かいてん》の反動《はんどう》によって上下《じょうげ》させて遊《あそ》ぶ。

ヨーロッパ 名詞 世界《せかい》の六大州《ろくだいしゅう》の一《ひと》つ。ユーラシア大陸《たいりく》の一部《いちぶ》で、アジアの西側《にしがわ》に続《つづ》き、地《ち》中海《ちゅうかい》・大西洋《たいせいよう》・北極海《ほっきょくかい》に面《めん》する。イギリス・フランス・ドイツ・スウェーデン・ギリシャ・ハンガリーなど、多《おお》くの国《くに》がある。昔《むかし》から、産《さん》業《ぎょう》・文化《ぶんか》が栄《さか》えた。「欧州《おうしゅう》」ともいう。

ヨーロッパれんごう【ヨーロッパ連合】➡69ページ イーユー

よか【余暇】名詞 仕事《しごと》などの合間《あいま》の、自由《じゆう》に使《つか》える時間《じかん》。例 余暇を使《つか》って絵《え》をかく。

ヨガ 名詞 インドで始《はじ》まった、心身《しんしん》をきたえる修《しゅ》行法《ぎょうほう》。現在《げんざい》は健康法《けんこうほう》としても行《おこな》われている。「ヨーガ」ともいう。ことば 古代《こだい》インドのことば。

よかぜ【夜風】名詞 夜《よる》にふく風《かぜ》。

よからぬ【良からぬ】よくない。例 良からぬうわさ／良からぬ連中《れんちゅう》。

よかれ【善かれ】よくあってほしい。うまくいってほしい。例 よかれと思《おも》って言《い》ったことばが、相手《あいて》を傷《きず》つけてしまった。使い方 ふつうかな書《が》きにする。

よかれあしかれ【善かれ悪しかれ】よくても悪《わる》くても、どちらにしても。どっちみち。例 よかれあしかれ、もう先《さき》に進《すす》むしかないよ。使い方 ふつうかな書《が》きにする。

よかん【予感】名詞 動詞 何《なに》かが起《お》こることを、なんとなく感《かん》じること。また、その感《かん》じ。例 今日《きょう》の試合《しあい》は勝《か》てそうな予感がする。

よかん【余寒】名詞 季語 春 立春《りっしゅん》を過《す》ぎて、まだ残《のこ》っている寒《さむ》さ。例 余寒が厳《きび》しい。

よき【予期】名詞 動詞 前《まえ》もってこうなるだろうと考《かんが》え、そのつもりでいること。例 予期したとおりの結果《けっか》になった。

よぎ【余技】名詞 本職《ほんしょく》や専門《せんもん》のほかに、楽《たの》しみとしてやっていること。その技術《ぎじゅつ》や芸《げい》など。

よぎ【夜着】名詞 季語 冬 ❶ねるときに使《つか》う、布団《ふとん》や毛布《もうふ》など。夜具《やぐ》。❷着物《きもの》のようにそでのあるかけ布団《ぶとん》。「かい巻《ま》き」ともいう。ことば 季語《きご》として使《つか》うのは❷の意味《いみ》。

よぎない【余儀ない】形容詞 ほかに方法《ほうほう》がない。しかたがない。例 余儀ない事情《じじょう》で欠席《けっせき》する。

よきょう【余興】名詞 会《かい》などのとき、おもしろさを加《くわ》えるためにする芸《げい》やゲーム。歌《うた》・おどり・かくし芸《げい》など。

よぎり【夜霧】名詞 季語 秋 夜《よる》、立《た》ちこめるきり。関連 朝霧《あさぎり》。夕霧《ゆうぎり》。

よぎる 動詞 ふっと通《とお》り過《す》ぎる。例 窓《まど》の外《そと》を鳥《とり》がよぎる／不安《ふあん》がふと心《こころ》をよぎった。

よきん【預金】名詞 動詞 銀行《ぎんこう》などにお金《かね》を預《あず》けること。また、そのお金《かね》。類 貯金《ちょきん》。

漢 **よく**【浴】〔氵《さんずい》〕10画 4年 音 ヨク 訓 あびる・あびせる

水《みず》・湯《ゆ》・日光《にっこう》などをあびる。例 浴室《よくしつ》／浴場《よくじょう》／浴《よく》する／海水浴《かいすいよく》／日光浴《にっこうよく》／入浴《にゅうよく》／水浴《みずあ》び。

よく【欲】名詞 何《なに》かがほしい、したいと思《おも》う気《き》持《も》ち。例 欲を出《だ》す。漢 ➡1368ページ よく〔欲〕

● **欲《よく》の皮《かわ》が突《つ》っ張《ば》る** とても欲《よく》が深《ふか》い。

● **欲《よく》を言《い》えば** 今《いま》のままでも満足《まんぞく》だが、さらに望《のぞ》むならば。例 とてもおいしいケーキだが、欲を言えばもう少《すこ》しあまいほうがいい。

● **欲《よく》をかく** さらにほしがる。欲張《よくば》る。例 欲をかいて失敗《しっぱい》する。

漢 **よく**【欲】〔欠《あくび》〕11画 6年 音 ヨク 訓 ほっする・ほしい

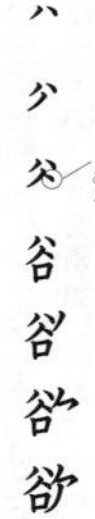

ほしがる。ほしいと思《おも》うきもち。例 欲望《よくぼう》／欲《よっ》求《きゅう》／意欲《いよく》／食欲《しょくよく》／貪欲《どんよく》／無欲《むよく》。

漢 **よく**【翌】〔羽《はね》〕11画 6年 音 ヨク

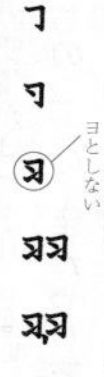

その年月日《ねんがっぴ》などの次《つぎ》の。あくる。例 翌日《よくじつ》／翌《よく》朝《あさ》／翌年《よくねん》。

卵《たまご》で卵《たまご》焼《や》きを作《つく》らせようとしたり、シャボン玉《だま》で首《くび》かざりを作《つく》ろうとしたり、サーカスに入《はい》ったり…。王様《おうさま》の『王《おう》さまばんざい』『王《おう》さまレストラン』と楽《たの》しいシリーズは続《つづ》いています。

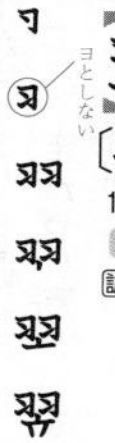

よく【良く・善く】 副詞 ❶じゅうぶんに。ていねいに。くわしく。例 今日《きょう》はよく遊《あそ》んだ／よく考《かんが》えてから答《こた》える。❷とても。たいへんに。例 母《はは》と妹《いもうと》はよく似《に》ている。❸うまく。上手《じょうず》に。例 とてもよくかけた絵《え》。❹たびたび。何度《なんど》も。例 よく忘《わす》れ物《もの》をする。❺相手《あいて》のしたことを、喜《よろこ》んだりほめたりしていうことば。よくぞ。例 雨《あめ》の中《なか》をよく来《き》てくれました。❻人《ひと》のしたことに、おどろいたりあきれたりしていうことば。よくもまあ。例 あんな高《たか》いところによく登《のぼ》ったなあ。
使い方 ふつうかな書《が》きにする。

よくあさ【翌朝】 名詞 次《つぎ》の日《ひ》の朝《あさ》。あくる朝《あさ》。「よくちょう」ともいう。

よくあつ【抑圧】 名詞 動詞 人《ひと》の行《おこな》いや考《かんが》えなどを、無理《むり》におさえつけること。例 感情《かんじょう》を抑圧する。

よくげつ【翌月】 名詞 次《つぎ》の月《つき》。

よくし【抑止】 名詞 動詞 おさえつけて、それ以上《いじょう》ものごとが進《すす》まないようにすること。思《おも》いとどまらせること。例 犯罪《はんざい》の発生《はっせい》を抑止する。類 抑制《よくせい》。

よくしつ【浴室】 名詞 ふろ場《ば》。

よくじつ【翌日】 名詞 次《つぎ》の日《ひ》。あくる日《ひ》。例 運動会《うんどうかい》の翌日はお休《やす》みです。対 前日《ぜんじつ》。

よくじょう【浴場】 名詞 ❶ふろ屋《や》。銭湯《せんとう》。例 公衆《こうしゅう》浴場。❷大《おお》きなふろ場《ば》。例 ホテルの大《だい》浴場。

よくする【浴する】 動詞 ❶水《みず》や湯《ゆ》、日光《にっこう》などを浴《あ》びる。❷受《う》ける。こうむる。例 大自然《だいしぜん》の恩恵《おんけい》に浴する。

よくせい【抑制】 名詞 動詞 ものごとの動《うご》きや勢《いきお》いを、おさえて止《と》めること。例 商品《しょうひん》の生産《せいさん》を抑制する／感情《かんじょう》を抑制する。類 抑止《よくし》。

よくせいさいばい【抑制栽培】 名詞 動詞 温室《おんしつ》などで、野菜《やさい》などを人工的《じんこうてき》にふつうよりおそく生長《せいちょう》させること。対 促成栽培《そくせいさいばい》。

よくそう【浴槽】 名詞 ふろの湯《ゆ》を入《い》れる大《おお》きなおけ。ふろおけ。例 浴槽に水《みず》を張《は》る。

よくちょう【翌朝】 ⇨1369ジベー よくあさ

よくとく【欲得】 名詞 利益《りえき》を得《え》ようとする心《こころ》。例 欲得を考《かんが》えないで働《はたら》く。

よくとくずく【欲得ずく】 名詞 自分《じぶん》に利益《りえき》があるかどうかをもとに考《かんが》えること。例 欲得ずくでは、人助《ひとだす》けはできない。

よくとし【翌年】 ⇨1369ジベー よくねん

よくねん【翌年】 名詞 次《つぎ》の年《とし》。あくる年《とし》。「よくとし」ともいう。対 前年《ぜんねん》。

よくばり【欲張り】 名詞 形容動詞 欲張《よくば》ること。また、欲張《よくば》る人《ひと》。例 欲張りな人《ひと》。

よくばる【欲張る】 動詞 必要以上《ひつよういじょう》にほしがる。例 欲張って食《た》べておなかをこわした。

よくふか【欲深】 名詞 形容動詞 欲《よく》が深《ふか》いこと。欲張《よくば》りなこと。また、その人《ひと》。「よくぶか」ともいう。

よくぼう【欲望】 名詞 何《なに》かがほしい、また、何《なに》かをしたいと思《おも》う気持《きも》ち。例 欲望を満《み》たす。

よくめ【欲目】 名詞 自分《じぶん》に都合《つごう》のよいように、実際《じっさい》よりもよいものとして考《かんが》えること。ひいき目《め》。例 親《おや》の欲目には、わが子《こ》がいちばん上手《じょうず》に見《み》えた。

よくも 副詞 おどろいたり、あきれたりする気《き》持《も》ちを表《あらわ》すことば。よくまあ。例 よくもこんな重《おも》い荷物《にもつ》を持《も》って来《き》たものだ。

よくよう【抑揚】 名詞 声《こえ》やことばの調子《ちょうし》を、上《あ》げたり下《さ》げたりすること。例 抑揚をつけて朗読《ろうどく》する。類 イントネーション。

よくよう【浴用】 名詞 ふろに入《はい》るとき使《つか》うこと。例 浴用石《せっ》けん。

よくよく 副詞 ❶念《ねん》には念《ねん》を入《い》れて。じゅうぶんに。例 よくよく調《しら》べてみたらまちがいだった。❷非常《ひじょう》に。たいへん。例 よくよく運《うん》が強《つよ》い人《ひと》だ。❸ほかにどうしようもないようす。よっぽど。例 姉《あね》がおこるなんて、よくよくのことだ。

よくりゅう【抑留】 名詞 動詞 法律《ほうりつ》によって、外国《がいこく》の船《ふね》や人《ひと》などを自分《じぶん》の国《くに》に無理《むり》に引《ひ》きとめておくこと。例 外国《がいこく》の漁船《ぎょせん》を抑留する。

よけい【余計】 ❶ 形容動詞 必要以上《ひつよういじょう》であるようす。例 余計な物《もの》まで買《か》ってしまった／余計なお世話《せわ》だ。❷ 副詞 ますます。いっそう。例 かくされると余計見《み》たくなる。

よける 動詞 ❶そのものに出《で》あったり当《あ》たったりしないよう

読書のこみち　高 中 低
『ぼくは王《おう》さま』寺村輝夫《てらむらてるお》　くいしんぼうで、遊《あそ》び好《ず》きで、自由《じゆう》きままな王様《おうさま》が、ぞうのとんでもない思《おも》いつきと、それにふり回《まわ》される大臣《だいじん》たちのすがたがゆかいな短編集《たんぺんしゅう》です。

にする。例 車《くるま》をよける。
❷防《ふせ》ぐ。のがれる。例 しもをよける。
❸除《のぞ》く。のける。例 傷《きず》のあるりんごをよける。

よけん【予見】 名詞 動詞 ものごとが起《お》きる前《まえ》に、そのことが前《まえ》もってわかること。例 この学者《がくしゃ》は事故《じこ》の発生《はっせい》を予見していた。類 予知《よち》。

よげん【予言】 名詞 動詞 これから先《さき》に起《お》こることを前《まえ》もって言《い》うこと。また、そのことば。

よこ【横】 名詞
❶左右《さゆう》の方向《ほうこう》。また、その長《なが》さ。例 横じま／横はば／首《くび》を横にふる。対 縦《たて》。
❷そば。かたわら。例 横から口《くち》をはさむ。
❸ねかした状態《じょうたい》。例 つかれたので横になる。
❹ものの側面《そくめん》。例 箱《はこ》の横に名前《なまえ》を書《か》く。
漢 ↓167ページ おう【横】

● **横《よこ》になる** 体《からだ》を横《よこ》にして休《やす》む。また、ねる。例 祖母《そぼ》はつかれて部屋《へや》で横になっている。

● **横《よこ》の物《もの》を縦《たて》にもしない** めんどうくさがって、簡単《かんたん》にできることもしない。「縦《たて》の物《もの》を横《よこ》にもしない」ともいう。

● **横《よこ》を向《む》く** 知《し》らん顔《かお》をする。相手《あいて》を無視《むし》する。そっぽを向《む》く。

よこあい【横合い】 名詞
❶横《よこ》のほう。わきのほう。
❷関係《かんけい》のない立場《たちば》。例 人《ひと》の話《はなし》に横合いから口《くち》を出《だ》す。

よこあな【横穴】 名詞 横《よこ》の方向《ほうこう》にほった穴《あな》。対 縦穴《たてあな》。

よこいと【横糸】 名詞 織物《おりもの》で、横《よこ》の方向《ほうこう》に織《お》りこむ糸《いと》。対 縦糸《たていと》。

よこう【予行】 名詞 動詞 本番《ほんばん》と同《おな》じやり方《かた》で、前《まえ》もってやってみること。

よこうえんしゅう【予行演習】 名詞 練習《れんしゅう》として、本番《ほんばん》と同《おな》じようにやってみること。

よこがお【横顔】 名詞
❶横《よこ》から見《み》た顔《かお》。
❷ほかの人《ひと》にあまり知《し》られていない部分《ぶぶん》。例 先生《せんせい》の横顔をしょうかいする。

よこがき【横書き】 名詞 文字《もじ》を横《よこ》に並《なら》べて書《か》いていくこと。対 縦書《たてが》き。

よこかく【横画】 名詞 漢字《かんじ》の中《なか》の、横《よこ》の方向《ほうこう》に書《か》く線《せん》。対 縦画《たてかく》。

よこがみやぶり【横紙破り】 名詞 理屈《りくつ》や常識《じょうしき》に合《あ》わないことを無理《むり》におし通《とお》そうとすること。また、そのような人《ひと》。類 横車《よこぐるま》を押《お》す。

よこぎる【横切る】 動詞 一方《いっぽう》の側《がわ》から反対側《はんたいがわ》へわたる。横断《おうだん》する。例 道《みち》を横切る。

よこく【予告】 名詞 動詞 前《まえ》もって知《し》らせること。例 道路工事《どうろこうじ》を予告する。

よこぐるまをおす【横車を押す】 車《くるま》を横《よこ》におして動《うご》かそうとするように、理屈《りくつ》に合《あ》わないことを無理《むり》におし通《とお》そうとすることのたとえ。類 横紙破《よこがみやぶ》り。

よこじく【横軸】 名詞 グラフで、数字《すうじ》の目盛《めも》りをつけた横《よこ》の線《せん》。対 縦軸《たてじく》。

よこしま 形容動詞 正《ただ》しくないようす。例 よこしまな考《かんが》え。

よこす 動詞
❶こちらへ送《おく》ってくる。こちらへくれる。例 手紙《てがみ》をよこす／ぼくにもおやつをよこせ。
❷(「…てよこす」の形《かたち》で)…してくる。例 明《あ》日《す》の予定《よてい》を言《い》ってよこす。

よごす【汚す】 動詞 きたなくする。例 手《て》を汚した／自動車《じどうしゃ》の排気《はいき》ガスは大気《たいき》を汚す。

よこずき【横好き】 名詞 上手《じょうず》ではないが、たいへんに好《す》きであること。例 父《ちち》の将棋《しょうぎ》は下手《へた》の横好きだ。

よこすべり【横滑り】 名詞 動詞
❶前《まえ》に進《すす》んでいるものが、横《よこ》の方向《ほうこう》にすべること。例 雪道《ゆきみち》で車《くるま》が横滑りする。
❷今《いま》までと同《おな》じ程度《ていど》の地位《ちい》・役目《やくめ》に移《うつ》ること。例 防衛大臣《ぼうえいだいじん》から外務大臣《がいむだいじん》に横滑りする。

よこたえる【横たえる】 動詞 横《よこ》にする。横《よこ》にねかせる。例 ベッドの上《うえ》に体《からだ》を横たえる。

よこだおし【横倒し】 名詞 横《よこ》にたおすこと。また、横《よこ》にたおれること。

よこたわる【横たわる】 動詞
❶横《よこ》になる。例 たたみの上《うえ》に横たわる。
❷どっしりしたものがある。例 南《みなみ》の方角《ほうがく》には、大《おお》きな山《やま》が横たわっている。
❸前《まえ》をふさぐようにひかえている。例 この研究《けんきゅう》には、多《おお》くの困難《こんなん》が横たわっている。

よこちょう【横町】 名詞 大《おお》きな通《とお》りから横《よこ》に入《はい》る、細《ほそ》い通《とお》り。また、その町並《まちな》み。

よこづけ【横付け】 名詞 動詞 車《くるま》や船《ふね》などの横《よこ》のほうを、ほかのもののそばに寄《よ》せること。例 外国船《がいこくせん》が桟橋《さんばし》に横付けされている。

ルがどこからか落《お》ちてきた不思議《ふしぎ》なアメ玉《だま》を飲《の》みこむと、なんとニィ…という声《こえ》しか出《で》なくなってしまい…。ほど、ユニークな動物《どうぶつ》たちが登場《とうじょう》する童話集《どうわしゅう》です。とぼけたおかしさと、不思議《ふしぎ》がいっぱい。

よこっとび【横っ飛び・横っ跳び】 名詞 動詞 横《よこ》の方《ほう》にとぶこと。例 横っ飛びしてボールをとる。

よこづな【横綱】 名詞 ❶すもうで、いちばん上《うえ》の位《くらい》。また、その位《くらい》についた力士《りきし》。❷横綱《よこづな》（＝❶）の力士《りきし》が土俵《どひょう》入《い》りのときにしめる、太《ふと》いつな。❸同《おな》じなかまの中《なか》で、いちばんすぐれているもののたとえ。

よこて【横手】 名詞 横《よこ》の方向《ほうこう》。例 入《い》り口《ぐち》の横手に駐輪場《ちゅうりんじょう》がある。

よごと【夜ごと】 名詞 副詞 毎晩《まいばん》。毎夜《まいよ》。例 虫《むし》の音《ね》が夜ごと聞《き》こえてくる。類 夜《よ》な夜《よ》な。

よこどり【横取り】 名詞 動詞 ほかの人《ひと》のものを、わきから取《と》ってしまうこと。例 妹《いもうと》にお菓《か》子《し》を横取りされた。

よこながし【横流し】 名詞 動詞 品物《しなもの》を、正《ただ》しい道筋《みちすじ》を通《とお》さないで、こっそりほかへ売《う》ること。例 救援物資《きゅうえんぶっし》を横流しする。

よこなぐり【横殴り】 名詞 風《かぜ》や雨《あめ》が横《よこ》から強《つよ》くふきつけること。例 横殴りの雨《あめ》。

よこなみ【横波】 名詞 ❶船《ふね》の横《よこ》から打《う》ちつける波《なみ》。例 横波を受《う》ける。❷波《なみ》の進《すす》む方向《ほうこう》が、その波《なみ》を伝《つた》える物質《ぶっしつ》のゆれる方向《ほうこう》と直角《ちょっかく》になっている波《なみ》。光《ひかり》・電磁波《でんじは》など。対 縦波《たてなみ》。対 縦波《たてなみ》。

よこばい【横ばい】 名詞 ❶横《よこ》にはって進《すす》むこと。例 かにの横ばい。❷物《もの》の値段《ねだん》や景気《けいき》が、あまり上《あ》がり下《さ》がりしないこと。例 売《う》れ行《ゆ》きは横ばいの状態《じょうたい》だ。

よこはば【横幅】 名詞 横《よこ》のはば。左右《さゆう》の長《なが》さ。

よこはまし【横浜市】 名詞 神奈川県《かながわけん》の東部《とうぶ》にあり、東京湾《とうきょうわん》に面《めん》する大《おお》きな都市《とし》。日本《にほん》の代表的《だいひょうてき》な貿易港《ぼうえきこう》である横浜港《よこはまこう》があり、川崎市《かわさきし》とともに京浜工業《けいひんこうぎょう》地帯《ちたい》の中心地《ちゅうしんち》となっている。神奈川県《かながわけん》の県庁《けんちょう》がある。

よこばら【横腹】 名詞 ❶腹《はら》の横《よこ》の部分《ぶぶん》。腹《はら》の両側《りょうがわ》。わき腹《ばら》。❷物《もの》の横《よこ》の部分《ぶぶん》。物《もの》の左右《さゆう》の側面《そくめん》。例 車《くるま》の横腹にきずがつく。

よこぶえ【横笛】 名詞 横《よこ》に持《も》ってふく笛《ふえ》。フルート・ピッコロなど。対 縦笛《たてぶえ》。

よこみち【横道】 名詞 ❶本道《ほんどう》からわきに分《わ》かれていく道《みち》。類 枝道《えだみち》。脇道《わきみち》。❷本筋《ほんすじ》からわきにそれていくこと。例 話《はなし》が横道に入《はい》る。類 枝道《えだみち》。脇道《わきみち》。

よこむき【横向き】 名詞 横《よこ》を向《む》いていること。例 横向きにすわる。

よこめ【横目】 名詞 顔《かお》を正面《しょうめん》に向《む》けたまま、目《め》だけを動《うご》かして横《よこ》のものを見《み》ること。また、その目《め》つき。例 横目でにらむ。

よこもじ【横文字】 名詞 横書《よこが》きの文字《もじ》。また、西洋《せいよう》の文字《もじ》やことばのこと。

よこやまたいかん【横山大観】 名詞（一八六八〜一九五八）明治《めいじ》・大正《たいしょう》・昭和《しょうわ》時代《じだい》の日本《にほん》画家《がか》。輪郭《りんかく》をぼかしてえがく新《あたら》しい画法《がほう》をつくり上《あ》げた。「無我《むが》」「生々流転《せいせいるてん》」「夜桜《よざくら》」などの作品《さくひん》がある。

よこやり【横やり】 名詞 関係《かんけい》のないことに、横《よこ》から口出《くちだ》しをしたり、じゃまをしたりすること。例 図書館《としょかん》建設《けんせつ》の計画《けいかく》に横やりが入《はい》る。

ことば「戦《たたか》っている最中《さいちゅう》の人《ひと》を、横《よこ》から急《きゅう》にやりでつく」という意味《いみ》からきたことば。

●**横《よこ》やりを入《い》れる** 関係《かんけい》のない人《ひと》が、横《よこ》から口《くち》出《だ》しをしたりじゃまをしたりする。例 友《とも》だちとの会話《かいわ》に姉《あね》が横やりを入れてきた。

よごれ【汚れ】 名詞 よごれていること。よごれたところ。例 汚れを落《お》とす／油《あぶら》汚れ。

よごれる【汚れる】 動詞 きたなくなる。例 どろ水《みず》で服《ふく》が汚れる。

よざくら【夜桜】 名詞 季語 春 夜《よる》に見《み》る桜《さくら》の花《はな》。例 夜桜見物《けんぶつ》。

よさのあきこ【与謝野晶子】 名詞（一八七八〜一九四二）明治《めいじ》・大正《たいしょう》・昭和《しょうわ》時代《じだい》の歌人《かじん》。自由《じゆう》で情熱的《じょうねつてき》な短歌《たんか》をよんだ。歌集《かしゅう》に「みだれ髪《がみ》」がある。また、「源氏物語《げんじものがたり》」の現代語訳《げんだいごやく》でも知《し》られる。

よさぶそん【与謝蕪村】 名詞（一七一六〜一七八三）江戸《えど》時代《じだい》の中《なか》ごろの俳人《はいじん》・画家《がか》。絵《え》をえがくような表現《ひょうげん》の俳句《はいく》を多《おお》く残《のこ》した。「春《はる》の海《うみ》終日《ひねもす》のたりのたりかな」などの句《く》が有名《ゆうめい》。

よさむ【夜寒】 名詞 季語 秋 夜《よる》の寒《さむ》さ。とくに、秋《あき》の終《お》わりごろ、夜《よる》の寒《さむ》さを感《かん》じること。

よさん【予算】 名詞 入《はい》るお金《かね》と出《で》るお金《かね》を前《まえ》

読書のこみち 高 中 低『ぽけっとにいっぱい』今江祥智《いまえよしとも》「アフリカのみどりの森《もり》のあさです。」…ライオンのルかにも、ヒゲのないヒョウの子《こ》ペポネ、四角《しかく》いクラゲのユラ、動物園《どうぶつえん》の白《しろ》クマのピピなもって計算《けいさん》して、お金《かね》のつかい方《かた》の計画《けいかく》を立《た》てること。また、そのお金《かね》。例 家族旅行《かぞくりょこう》の予算を立《た》てる。

よし ➡31ジベー あし

よし【由】 名詞 ❶わけ。事情《じじょう》。例 由あり気《げ》なようす。❷手立《てだ》て。方法《ほうほう》。例 その後《ご》の成《な》り行《ゆ》きは知《し》る由もない。❸伝《つた》え聞《き》いた内容《ないよう》を表《あらわ》すことば。…とのこと。例 お元気《げんき》の由、何《なに》よりです。❹これまでの内容《ないよう》。例 その由をみなさまにお伝《つた》えください。

使い方 ❸❹は、手紙《てがみ》やあいさつなどあらたまったところで使《つか》うことが多《おお》い。漢 ➡1347ジベー ゆ〔由〕

よしあし【善し悪《わる》し】 名詞 ❶よいことと悪《わる》いこと。よいか悪《わる》いか。例 行《おこな》いのよしあしを考《かんが》える。❷よいとも悪《わる》いとも、はっきりと決《き》められないこと。例 熱心《ねっしん》すぎるのもよしあしだ。

使い方 ふつうかな書《が》きにする。

よじじゅくご【四字熟語】 名詞 漢字《かんじ》四字《よじ》が結《むす》びついて、一《ひと》つのことばになったもの。「一《いっ》石二鳥《せきにちょう》」「絶体絶命《ぜったいぜつめい》」「以心伝心《いしんでんしん》」など。

よしず 名詞 季語夏 あし（＝よし）という植物《しょくぶつ》のくきを編《あ》んでつくったすだれ。

よしず

よしだけんこう【吉田兼好】 ➡432ジベー けんこうほうし

よしだしょういん【吉田松陰】 名詞 （一八三〇～一八五九）江戸《えど》時代《じだい》の終《お》わりごろの武士《ぶし》・思想家《しそうか》。長州藩《ちょうしゅうはん》（＝今《いま》の山口県《やまぐちけん》）の萩《はぎ》にあった松下村塾《しょうかそんじゅく》で、多《おお》くのすぐれた弟子《でし》を育《そだ》てた。幕府《ばくふ》の政治《せいじ》のやり方《かた》に反対《はんたい》して処刑《しょけい》された。

よしのがりいせき【吉野ケ里遺跡】 名詞 佐賀県《さがけん》にある、大規模《だいきぼ》な弥生時代《やよいじだい》の遺跡《いせき》。墓《はか》や住居《じゅうきょ》のあとが見《み》つかっている。

よしのがわ【吉野川】 名詞 四国地方《しこくちほう》の徳島《とくしま》平野《へいや》を東《ひがし》へ流《なが》れて紀伊水道《きいすいどう》に注《そそ》ぐ川《かわ》。上流《じょうりゅう》から中流《ちゅうりゅう》にかけて水力発電所《すいりょくはつでんしょ》が多《おお》い。

よしのくまのこくりつこうえん【吉野熊野国立公園】 名詞 奈良《なら》・三重《みえ》・和歌山《わかやま》の三県《さんけん》にまたがる国立公園《こくりつこうえん》。吉野山《よしのやま》・瀞八丁《どろはっちょう》・熊野川《くまのがわ》・那智滝《なちのたき》などがある。

よじのぼる【よじ登る】 動詞 物《もの》につかまって、すがりつくようにして登《のぼ》る。例 岩山《いわやま》をよじ登る。

よしみ 名詞 親《した》しい関係《かんけい》。また、何《なに》かの縁《えん》でつながっている関係《かんけい》。例 昔《むかし》のよしみで協力《きょうりょく》しよう。

よしゅう【予習】 名詞 動詞 これから習《なら》うことを、前《まえ》もって勉強《べんきょう》すること。例 明日《あす》の授業《じゅぎょう》の予習をする。対 復習《ふくしゅう》。

よじょう【余剰】 名詞 必要《ひつよう》な量《りょう》をこえた分《ぶん》。余《あま》り。例 余剰金《きん》／余剰人員《じんいん》。

よじょう【余情】 名詞 あとあとまで心《こころ》に残《のこ》る、しみじみとした気持《きも》ちや味《あじ》わい。例 旅の余情を味《あじ》わう。

よじる 動詞 ねじって曲《ま》げる。例 ひもをよじる。

よじれる 動詞 ねじれて曲《ま》がる。例 ズボンのベルトがよじれている。

よしん【余震】 名詞 大《おお》きな地震《じしん》のあとに続《つづ》いて起《お》こる、小《ち》いさな地震《じしん》。類 揺《ゆ》り返《かえ》し。

よす 動詞 やめる。中止《ちゅうし》する。例 雨《あめ》が降《ふ》ってきたので、遊《あそ》びに行《い》くのはよした。

よせ【寄席】 名詞 落語《らくご》・講談《こうだん》・漫才《まんざい》などの演芸《えんげい》をやって、人々《ひとびと》を楽《たの》しませるところ。

よせあつめ【寄せ集め】 名詞 あちこちから集《あつ》めてつくったまとまり。とくに、そのようにつくったので、うまくまとまっていないもの。

よせい【余生】 名詞 年《とし》をとってから死《し》ぬまでの間《あいだ》。社会《しゃかい》での仕事《しごと》を終《お》えてからの、残《のこ》りの人生《じんせい》。

よせい【余勢】 名詞 何《なに》かをなしとげたあとの、はずみのついた勢《いきお》い。例 余勢をかって（＝勢《いきお》いに乗《の》って）、一気《いっき》に決勝戦《けっしょうせん》まで勝《か》ち進《すす》んだ。

よせがき【寄せ書き】 名詞 一枚《いちまい》の紙《かみ》や布《ぬの》に、何人《なんにん》かの人《ひと》が名前《なまえ》・ことば・絵《え》などをかきこむこと。また、そのかいたもの。

よせぎざいく【寄せ木細工】 名詞 色《いろ》や木目《もくめ》のちがう細《こま》かい木切《きぎ》れを組《く》み合《あ》わせて、模様《もよう》や形《かたち》をつくる伝統工芸《でんとうこうげい》。また、その工芸品《こうげいひん》。

よせざん【寄せ算】 ➡794ジベー たしざん

よせつける【寄せ付ける】 動詞 近《ちか》くに来《こ》させる。近寄《ちかよ》らせる。例 敵《てき》を寄せ付けない強《つよ》さ。

よせる【寄せる】 動詞 ❶近《ちか》づける。例 机《つくえ》にいすを寄せる。❷ひとところに集《あつ》める。例 額《ひたい》にしわを寄せる。

たのは、遠《とお》い星《ほし》からやってきた王子様《おうじさま》でした。その星《ほし》に生《は》えていたばら、旅《たび》をしてきた間《あいだ》に出会《であ》ったさまざまな
切《せつ》なものは目《め》に見《み》えない」という一節《いっせつ》はよく知《し》られています。最後《さいご》の別《わか》れが切《せつ》なく印象的《いんしょうてき》です。

❸近《ちか》づいてくる。近寄《ちかよ》る。例 波《なみ》が岸《きし》に寄せる。
❹送《おく》る。例 たよりを寄せる。
❺たよる。例 親戚《しんせき》の家《いえ》に身《み》を寄せる（＝世話《せわ》になる）。
❻あることに関係《かんけい》づける。例 花《はな》に寄せて詩《し》をつくる。
❼足《た》す。加《くわ》える。例 四《よん》に二《に》を寄せると六《ろく》だ。
❽人《ひと》やものごとに対《たい》して、ある気持《きも》ちを持《も》つ。例 期待《きたい》を寄せる／同情《どうじょう》を寄せる。
漢→315ジ《ペー》き〔寄〕

よせん【予選】 名詞 前《まえ》もって選《えら》ぶこと。また、そのための試合《しあい》や競技《きょうぎ》。例 予選を通過《つうか》する。

よそ 名詞 ❶ほかのところ。また、他人《たにん》の家《いえ》。例 よそを見《み》ていて、石《いし》につまずく／よそに遊《あそ》びに行《い》く。❷関係《かんけい》がないこと。例 友《とも》だちが遊《あそ》んでいるのをよそに本《ほん》を読《よ》む。

よそいき【よそ行き】 →1373ジ《ペー》よそゆき

よそう 動詞 料理《りょうり》された食《た》べ物《もの》をうつわに盛《も》る。例 ごはんを茶《ちゃ》わんによそう。

よそう【予想】 名詞 動詞 前《まえ》もって考《かんが》えて、こうだろうと見当《けんとう》をつけること。また、その考《かんが》え。例 予想どおりの結果《けっか》になった。類 予測《よそく》。

よそうがい【予想外】 名詞 形容動詞 前《まえ》もって考《かんが》えていたこととちがうこと。思《おも》ってもみなかったこと。思《おも》いのほか。例 予想外のよい天気《てんき》。

よそおい【装い】 名詞 ❶服装《ふくそう》。身《み》なり。例 旅《たび》の装い。❷外《そと》から見《み》たようすやかざり。例 部屋《へや》の装い。

よそおう【装う】 動詞 ❶身《み》じたくを整《ととの》える。かざる。例 姉《あね》は美《うつく》しく装って出《で》かけた。❷そのふりをする。例 平気《へいき》を装う。
漢→745ジ《ペー》そう〔装〕

よそく【予測】 名詞 動詞 前《まえ》もってこうなるだろうと考《かんが》えること。例 こんな事故《じこ》が起《お》こるなんて、だれも予測できなかった。類 予想《よそう》。

よそごと【よそ事】 名詞 自分《じぶん》に関係《かんけい》のないこと。人事《ひとごと》。例 よそ事とは思《おも》えない事件《じけん》。

よそみ【よそ見】 名詞 動詞 見《み》なければならないほうを見《み》ずに、ほかを見《み》ること。わき見《み》。

よそめ【よそ目】 名詞 関係《かんけい》のない立場《たちば》から見《み》ること。また、その見《み》た感《かん》じ。例 兄《あに》はよそ目には元気《げんき》だが、実《じつ》はなやんでいる。類 はた目《め》。

よそゆき【よそ行き】 名詞 ❶よそへ行《い》くときに着《き》るもの。❷ことばづかいや動作《どうさ》が、ふだんとちがってきちんとしていること。例 よそ行きのことば。
ことば「よそいき」ともいう。

よそよそしい 形容詞 態度《たいど》に親《した》しみがない。知《し》らない人同士《ひとどうし》のように、冷《つめ》たい。例 よそよそしい態度《たいど》をとる。

よだつ 動詞 とてもこわかったり、寒《さむ》かったりして、体《からだ》の毛《け》が逆立《さかだ》つ。例 あまりのおそろしさに身《み》の毛《け》がよだつ。

よたよた［と］ 副詞 動詞 歩《ある》き方《かた》がしっかりしていないようす。例 重《おも》いリュックを背負《せお》ってよたよたと歩《ある》く。

よだれ 名詞 口《くち》から外《そと》に流《なが》れ出《で》るつば。
●**よだれが出《で》る** ほしくてたまらないようすのたとえ。例 よだれが出るほどほしい漫画《まんが》がある。

よだん【予断】 名詞 動詞 結果《けっか》がどうなるかを、前《まえ》もって判断《はんだん》すること。例 病状《びょうじょう》は予断を許《ゆる》さない。

よだん【余談】 名詞 本筋《ほんすじ》からはなれた、ちょっとした話《はなし》。例 話《はなし》は余談になりますが…。

よち【予知】 名詞 動詞 何《なに》かが起《お》きる前《まえ》に、それを知《し》ること。例 地震《じしん》の予知。類 予見《よけん》。

よち【余地】 名詞 ❶余《あま》っている土地《とち》。また、空《あ》いているところ。例 これ以上人《いじょうひと》の入《はい》る余地はない。❷あることをする余裕《よゆう》。ゆとり。例 もう考《かんが》える余地はない。

よちょう【予兆】 名詞 あるものごとが起《お》こりそうだと知《し》らせるような出来事《できごと》。例 地震《じしん》の予兆。

よちよち［と］ 副詞 動詞 小《ちい》さな子供《こども》などが、たよりない足《あし》どりで歩《ある》くようす。

よつ【四つ】 名詞 ❶数《かず》の名《な》。よん。よっつ。し。例 四つ角《かど》／四つ葉《ば》。❷四才《よんさい》のこと。よっつ。❸すもうで、おたがいに両手《りょうて》で相手《あいて》の回《まわ》しをつかんで組《く》むこと。例 四つに組《く》む。

よっか【四日】 名詞
漢→551ジ《ペー》し〔四〕

読書のこみち　高 中 低　『星《ほし》の王子《おうじ》さま』サン＝テグジュペリ　飛行士《ひこうし》である「ぼく」が不時着《ふじちゃく》した砂漠《さばく》で出会《であ》った星《ほし》の住人《じゅうにん》たち…王子様《おうじさま》は「ぼく」に、いろいろな話《はなし》を聞《き》かせてくれます。「ほんとうに大《たい》

❶月《つき》の四番目《よんばんめ》の日《ひ》。例 三月《さんがつ》四日。❷四日間《よっかかん》。例 四日続《つづ》けてプールに通《かよ》った。

よっかいちぜんそく【四日市ぜん息】 名詞 三重県四日市市《みえけんよっかいちし》で一九六〇年《ねん》ごろから起《お》きた、大気汚染《たいきおせん》による公害病《こうがいびょう》。石油化学工場《せきゆかがくこうじょう》から出《で》る硫黄酸化物《いおうさんかぶつ》によって、住民《じゅうみん》にぜんそくなどの症状《しょうじょう》が出《で》た。

よつかど【四つ角】 名詞 道《みち》が「十」の字《じ》のような形《かたち》に交《まじ》わっているところ。十字路《じゅうじろ》。四《よ》つつじ。

よつぎ【世継ぎ】 名詞 家《いえ》をつぐこと。また、その人《ひと》。とくに、君主《くんしゅ》の位《くらい》をつぐ人《ひと》。

よっきゅう【欲求】 名詞 動詞 強《つよ》くほしがること。何《なに》かをしたいと思《おも》うこと。例 欲求不満《ふまん》／欲求を満《み》たす。

よっつ【四つ】 名詞 ❶数《かず》の名《な》。よん。し。例 なしを四つに分《わ》ける。❷四才《よんさい》のこと。例 四つのときからピアノを習《なら》う。漢 ⇩551ジペー し〔四〕

よつつじ【四つつじ】 ⇩1374ジペー よつかど

よって 接続詞 ❶そういうわけで。そのために。例 今日《きょう》は雨《あめ》だ。よって試合《しあい》は中止《ちゅうし》だ。❷(「…によって」の形《かたち》で)それが理由《りゆう》やより所《どころ》であることを表《あらわ》す。例 天候《てんこう》によって着《き》て行《い》く服《ふく》をかえる。

よってたかって【寄ってたかって】 大勢《おおぜい》が寄《よ》り集《あつ》まって。例 寄ってたかって新一年生《しんいちねんせい》をからかうとは何《なに》ごとだ。

ヨット (yacht) 名詞 季語夏 スポーツや遊《あそ》びに使《つか》われる、帆《ほ》を張《は》った小型《こがた》のふね。

ヨット

よつば【四つ葉】 名詞 葉《は》が四枚《よんまい》ついていること。また、そのようなもの。例 四つ葉のクローバー。

ことば「一艇《いってい》」と数《かぞ》える。

よっぱらう【酔っ払う】 動詞 ひどく酒《さけ》に酔《よ》う。使い方 くだけた言《い》い方《かた》。

よっぽど 副詞 「よほど」を強《つよ》めた言《い》い方《かた》。

よつゆ【夜露】 名詞 季語秋 夜《よる》の間《あいだ》に降《お》りるつゆ。例 草《くさ》が夜露にぬれている。対 朝露《あさつゆ》。

よてい【予定】 名詞 動詞 これからのことを前《まえ》もって決《き》めること。また、前《まえ》もって決《き》めたことがら。例 夏休《なつやす》みの予定を立《た》てる。

よとう【与党】 名詞 内閣《ないかく》をつくっている政党《せいとう》。対 野党《やとう》。

よどおし【夜通し】 副詞 一晩《ひとばん》じゅう。例 夜通し看病《かんびょう》をした。

よどがわ【淀川】 名詞 琵琶湖《びわこ》から流《なが》れ出《で》て大阪平野《おおさかへいや》を流《なが》れ、大阪湾《おおさかわん》に注《そそ》ぐ川《かわ》。上流《じょうりゅう》は「瀬《せ》田川《たがわ》」「宇治川《うじがわ》」と呼《よ》ばれる。

よどみ 名詞 ❶水《みず》が流《なが》れないでたまっているところ。❷ものごとがすらすらとうまくいかないこと。例 よどみなくしゃべる。

よどむ 動詞 ❶水《みず》や空気《くうき》が流《なが》れないでたまる。例 部屋《へや》の中《なか》のよどんだ空気《くうき》。❷水《みず》に混《ま》じっているものが、底《そこ》にしずんでたまる。例 川《かわ》の底《そこ》にごみがよどんでいる。❸すらすらと進《すす》まない。例 言《い》いよどむ。

よなか【夜中】 名詞 夜《よる》おそくなったころ。類 夜更《よふ》け。夜半《やはん》。

よなが【夜長】 名詞 季語秋 昼《ひる》より夜《よる》のほうが長《なが》いこと。また、夜《よる》が長《なが》く感《かん》じられること。例 秋《あき》の夜長。対 日長《ひなが》。

よなき【夜泣き】 名詞 動詞 赤《あか》んぼうや小《ちい》さい子供《こども》が夜中《よなか》に泣《な》くこと。

よなぐにじま【与那国島】 名詞 八重山列島《やえやまれっとう》の西《にし》の端《はし》にある島《しま》。沖縄県《おきなわけん》の一部《いちぶ》で、日本《にほん》の西《せい》端《たん》。東経《とうけい》一二二度《ど》五六分《ぶん》。

よなべ【夜なべ】 名詞 動詞 季語秋 夜《よる》、仕事《しごと》をすること。また、その仕事《しごと》。

よなよな【夜な夜な】 副詞 毎晩《まいばん》。夜《よ》ごと。例 夜な夜な散歩《さんぽ》に出《で》かける。

よなれる【世慣れる】 動詞 世間《せけん》のいろいろなことを知《し》っている。経験《けいけん》が豊《ゆた》かである。例 世慣れた様子《ようす》の男性《だんせい》。

よにげ【夜逃げ】 名詞 動詞 夜《よる》の間《あいだ》にこっそりにげ出《だ》して、よそへ引《ひ》っ越《こ》すこと。

よにも【世にも】 副詞 めったにないほど。非《ひ》常《じょう》に。例 世にも不思議《ふしぎ》な体験《たいけん》をした。

よねざわはん【米沢藩】 名詞 江戸時代《えどじだい》、今《いま》の山形県《やまがたけん》にあった藩《はん》。藩主《はんしゅ》は上杉氏《うえすぎし》。

よねつ【余熱】 名詞 火《ひ》を消《け》したあとなどに、

あったかくなっている…。なぜ？　幼《おさな》いリョウが感《かん》じる、そんなちょっとした不思議《ふしぎ》をとらえた短《みじか》いお話《はなし》を集《あつ》め
ごとがきっかけとなって、生《い》き生《い》きとした空想《くうそう》の世界《せかい》が広《ひろ》がっていきます。

よねん【余念】 名詞 今《いま》していることとは関係《かんけい》のない、ほかの考《かんが》え。

●**余念《よねん》がない** そのことに熱中《ねっちゅう》している。例 兄《あに》はサッカーの練習《れんしゅう》に余念がない。

よのつね【世の常】 世間《せけん》でよくあること。例 人生《じんせい》にうきしずみがあるのは世の常だ。

よのなか【世の中】 名詞 大勢《おおぜい》の人々《ひとびと》がかかわり合《あ》って生活《せいかつ》している場《ば》。世間《せけん》。社会《しゃかい》。例 世の中の変化《へんか》／住《す》みやすい世の中。

よのめもねずに【夜の目も寝ずに】 一晩《ひとばん》じゅう、ねないで。例 夜の目も寝ずに看病《かんびょう》した。

よは【余波】 名詞
❶風《かぜ》がおさまったあとも、まだ立《た》っている波《なみ》。
❷あることが終《お》わったあとに残《のこ》るえいきょう。例 事故《じこ》の余波で列車《れっしゃ》のダイヤが乱《みだ》れている。

よはく【余白】 名詞 文字《もじ》や絵《え》などをかいたり印刷《いんさつ》したりした紙《かみ》の、何《なに》もかかれていない部《ぶ》分《ぶん》。例 ノートの余白に日付《ひづけ》を書《か》く。

ヨハン＝シュトラウス 名詞 （父《ちち》一八〇四～一八四九、子《こ》一八二五～一八九九）オーストリアの作《さっ》曲《きょく》家《か》。親子《おやこ》が同《おな》じ名前《なまえ》で、父《ちち》は「ワルツの父《ちち》」、子《こ》は「ワルツの王《おう》」と呼《よ》ばれる。子《こ》のつくった曲《きょく》には「皇帝円舞曲《こうていえんぶきょく》」などがある。

よび【予備】 名詞
❶前《まえ》もって用意《ようい》しておくこと。例 予備知識《ちしき》。
❷足《た》りなくなったりしたときのために、余分《よぶん》に用意《ようい》しておくこと。また、そのもの。例 登山《とざん》に予備の靴下《くつした》を持《も》って行《い》く。

よびおこす【呼び起こす】 動詞
❶ねている人《ひと》に声《こえ》をかけて起《お》こす。
❷思《おも》い出《だ》させる。引《ひ》き起《お》こす。例 記憶《きおく》を呼び起こす／興味《きょうみ》を呼び起こす。

よびかけ【呼び掛け】 名詞
❶声《こえ》をかけて呼《よ》ぶこと。
❷あることをいっしょにするように、多《おお》くの人《ひと》に声《こえ》をかけること。例 参加《さんか》の呼び掛けに応《おう》じる。

よびかける【呼び掛ける】 動詞
❶声《こえ》をかけて呼《よ》ぶ。例 二階《にかい》の兄《あに》に呼び掛ける。
❷あることをいっしょにするように、多《おお》くの人《ひと》に声《こえ》をかける。例 集会《しゅうかい》への参加《さんか》を呼び掛ける。

よびかわす【呼び交わす】 動詞 おたがいに呼《よ》び合《あ》う。例 遠《とお》くの人《ひと》と、大声《おおごえ》で呼び交わす。

よびこ【呼び子】 名詞 人《ひと》を呼《よ》ぶ合図《あいず》としてふく、小《ちい》さな笛《ふえ》。「呼《よ》ぶ子《こ》」ともいう。

よびこう【予備校】 名詞 大学《だいがく》などの入学《にゅうがく》試《し》験《けん》に合格《ごうかく》するための勉強《べんきょう》をする学校《がっこう》。

よびごえ【呼び声】 名詞
❶呼《よ》ぶ声《こえ》。
❷評判《ひょうばん》。うわさ。

●**呼《よ》び声《ごえ》が高《たか》い** さかんにうわさされる。例 相手《あいて》は、優勝《ゆうしょう》の呼び声が高い強敵《きょうてき》だ。

よびすて【呼び捨て】 名詞 「さん」「くん」などをつけないで、名前《なまえ》だけで呼《よ》ぶこと。

よびだし【呼び出し】 名詞
❶人《ひと》を呼《よ》んで、ある場所《ばしょ》に来《こ》させること。例 クラス全員《ぜんいん》に呼び出しをかける。
❷すもうで、力士《りきし》を土俵《どひょう》に呼《よ》び上《あ》げる役目《やくめ》の人《ひと》。

よびだす【呼び出す】 動詞 人《ひと》を呼《よ》んで、ある場所《ばしょ》に来《こ》させる。例 友人《ゆうじん》を公園《こうえん》に呼び出す。

よびちしき【予備知識】 名詞 何《なに》かをするときに、前《まえ》もって知《し》っておく必要《ひつよう》があることがら。例 映画《えいが》の予備知識を仕入《しい》れる。

よびつける【呼び付ける】 動詞
❶呼《よ》んで自分《じぶん》のところへ来《こ》させる。例 いたずらをして先生《せんせい》に呼び付けられた。
❷呼《よ》び慣《な》れる。例 呼びつけたニックネームのほうが親《した》しみがわく。
使い方 ❷は、ふつう「呼びつける」と書《か》く。

よびとめる【呼び止める】 動詞 声《こえ》をかけて立《た》ち止《ど》まらせる。例 帰《かえ》ろうとしたら友《とも》だちに呼び止められた。

よびな【呼び名】 名詞 ふつう呼《よ》ぶのに使《つか》っている名《な》まえ。

よびみず【呼び水】 名詞
❶ポンプの水《みず》が出《で》ないとき、水《みず》を導《みちび》き出《だ》すために、別《べつ》の水《みず》を少《すこ》し入《い》れること。また、その水《みず》。
❷ものごとが起《お》こるきっかけとなるもの。例 一人《ひとり》の発言《はつげん》が呼び水となり、次々《つぎつぎ》に意見《いけん》が出《で》た。

よびもどす【呼び戻す】 動詞
❶人《ひと》を呼《よ》んでもとの場所《ばしょ》に来《こ》させる。
❷もとの状態《じょうたい》にする。例 昔《むかし》の記憶《きおく》を呼び戻す。

よびもの【呼び物】 名詞 とくに人気《にんき》を集《あつ》めているもの。評判《ひょうばん》の高《たか》いもの。例 このサーカスの呼び物はつなわたりだ。

よびょう【余病】 名詞 ある病気《びょうき》がもとになっ

読書のこみち　高 中 低　『ぽたぽた』三木卓《みきたく》　ぽたぽたと水《みず》を垂《た》らしていた洗濯物《せんたくもの》が、いつの間《ま》にかふわふわで、ました。「ジュース」「ビーだま」「うんこ」「がようし」など、どこにでもあるものやできて起《お》こる、別《べつ》の病気《びょうき》。例 かぜから余病を起《お》こす。

よびよせる【呼び寄せる】 動詞 呼《よ》んで近《ちか》くに来《こ》させる。例 遠《とお》くに住《す》む親戚《しんせき》を呼び寄せる。

よびりん【呼び鈴】 名詞 人《ひと》を呼《よ》ぶ合図《あいず》のベル。

よぶ【呼ぶ】 動詞 ❶相手《あいて》の注意《ちゅうい》を引《ひ》くために、声《こえ》をかける。例 いくら呼んでも返事《へんじ》がない。❷声《こえ》を出《だ》して、こちらに来《こ》させる。例 助《たす》けを呼ぶ。❸招《まね》く。例 誕生日会《たんじょうびかい》に友《とも》だちを呼ぶ。❹名《な》づける。例 もらった小犬《こいぬ》をポチと呼ぶことにした。❺集《あつ》める。引《ひ》き起《お》こす。例 新《あたら》しい遊園地《ゆうえんち》が人気《にんき》を呼んでいる／人々《ひとびと》の感動《かんどう》を呼んだ小説《しょうせつ》。
漢 ↓440ページ こ〔呼〕

よふかし【夜更かし】 名詞 動詞 夜《よる》おそくまで起《お》きていること。例 ゆうべは夜更かしして本《ほん》を読《よ》んでいた。

よふけ【夜更け】 名詞 夜《よる》がおそくなったころ。深夜《しんや》。夜中《よなか》。

よぶこ【呼ぶ子】 ↓1375ページ よびこ

よぶん【余分】 ❶名詞 余《あま》り。残《のこ》り。例 用紙《ようし》の余分を返《かえ》す。❷形容動詞 必要以上《ひつよういじょう》であること。余計《よけい》。例 人数《にんずう》より余分に用意《ようい》する／ひと言《こと》余分だ。

よほう【予報】 名詞 動詞 前《まえ》もって知《し》らせること。また、その知《し》らせ。例 天気予報《てんきよほう》。

よぼう【予防】 名詞 動詞 病気《びょうき》や災害《さいがい》などが起《お》こらないように、前《まえ》もって防《ふせ》ぐこと。例 火災《かさい》予防週間《しゅうかん》／むし歯《ば》を予防する。類 防止《ぼうし》。

よほうえん【予報円】 名詞 台風《たいふう》の中心《ちゅうしん》が到達《とうたつ》すると予想《よそう》される範囲《はんい》を円《えん》で表《あらわ》したもの。円内《えんない》に台風《たいふう》の中心《ちゅうしん》が入《はい》る確率《かくりつ》はおよそ七十《ななじっ》パーセント。

よぼうせっしゅ【予防接種】 名詞 感染症《かんせんしょう》などにかからないように、病気《びょうき》に対《たい》する免疫《めんえき》をつけるワクチンを体《からだ》の中《なか》に入《い》れること。

よぼうちゅうしゃ【予防注射】 名詞 感染《かんせん》症《しょう》などにかからないように、ワクチンを体《からだ》に注射《ちゅうしゃ》すること。予防接種《よぼうせっしゅ》の一《ひと》つ。

よほど 副詞 ❶だいぶ。かなり。相当《そうとう》。例 なみだを流《なが》すなんて、よほど感激《かんげき》したのだろう。❷もう少《すこ》しでそうするところであるようす。例 つかれたので、よほどやめようかと思《おも》った。ことば 意味《いみ》を強《つよ》めるときには「よっぽど」ともいう。

よまわり【夜回り】 名詞 動詞 季語 冬 夜《よる》、火事《かじ》やどろぼうなどの用心《ようじん》のために見回《みまわ》ること。また、その人《ひと》。

よみ【読み】 名詞 ❶文字《もじ》や文章《ぶんしょう》を読《よ》むこと。例 読み書《か》き。❷読《よ》んで意味《いみ》や内容《ないよう》を理解《りかい》すること。例 たくさん読書《どくしょ》をして読みの力《ちから》をつける。❸漢字《かんじ》の読《よ》み方《かた》。例 漢字《かんじ》の読みを調《しら》べる。❹囲碁《いご》・将棋《しょうぎ》などで、先《さき》の手《て》を考《かんが》えること。❺人《ひと》の考《かんが》えやものごとの成《な》り行《ゆ》きをおし量《はか》ること。例 読みの深《ふか》い人《ひと》。

よみあう【読み合う】 動詞 同《おな》じものをいっしょに読《よ》んだり、おたがいが書《か》いたものを読《よ》んだりする。例 作《つく》った俳句《はいく》を友《とも》だちと読み合う。

よみあげる【読み上げる】 動詞 ❶大《おお》きな声《こえ》で読《よ》む。例 入賞者名《にゅうしょうしゃめい》を読み上げる。❷本《ほん》などを終《お》わりまで読《よ》む。読《よ》み終《お》える。

よみあわせ【読み合わせ】 名詞 動詞 ❶文章《ぶんしょう》を写《うつ》したときなどに、声《こえ》に出《だ》して読《よ》みながら、まちがいがないか確《たし》かめ合《あ》うこと。❷劇《げき》の練習《れんしゅう》で、出演《しゅつえん》する人《ひと》たちが、台本《だいほん》を見《み》ながら自分《じぶん》のせりふを読《よ》み合《あ》うこと。

よみあわせる【読み合わせる】 動詞 ❶文章《ぶんしょう》を写《うつ》したときなどに、一人《ひとり》が読《よ》み上《あ》げ、もう一人《ひとり》がそれを聞《き》きながら、まちがいがないかを確《たし》かめる。例 下書《したが》きと清書《せいしょ》を読み合わせる。❷劇《げき》の練習《れんしゅう》で、台本《だいほん》を見《み》ながら、それぞれが自分《じぶん》のせりふを読《よ》み合《あ》う。

よみかえす【読み返す】 動詞 一度《いちど》読《よ》んだものをくり返《かえ》し読《よ》む。例 手紙《てがみ》を読み返す。

よみがえる 動詞 ❶いったん死《し》んだ人《ひと》が生《い》きかえる。❷一度《いちど》おとろえたものが元気《げんき》をとりもどす。例 雨《あめ》で、しおれていた草木《くさき》がよみがえった。❸忘《わす》れていたことが思《おも》い出《だ》される。例 小《ちい》さいころの記憶《きおく》がよみがえった。

よみかき【読み書き】 名詞 文字《もじ》や文章《ぶんしょう》を読《よ》むことと、書《か》くこと。

よみかけ【読み掛け】 名詞 とちゅうまで読《よ》

のビルボは、ある日《ひ》魔法使《まほうつか》いのガンダルフとドワーフたちに見《み》こまれ、「忍《しの》びの者《もの》」として竜退治《りゅうたいじ》についていく
続《つづ》けるうち、思《おも》いがけない大《おお》きな戦《たたか》いに巻《ま》きこまれていく。壮大《そうだい》なファンタジー『指輪物語《ゆびわものがたり》』へと続《つづ》く物語《ものがたり》。

むこと。読《よ》みさし。例 読み掛けの本《ほん》。

よみかた【読み方】 名詞 ❶字《じ》や文《ぶん》を読《よ》むときの発音《はつおん》のしかた。例 漢字《かんじ》の読み方を調《しら》べる。❷文章《ぶんしょう》や詩《し》を声《こえ》に出《だ》して読《よ》むやり方《かた》。例 情景《じょうけい》が伝《つた》わるように、詩《し》の読み方を工夫《くふう》する。❸文章《ぶんしょう》を読《よ》んで、その内容《ないよう》を理解《りかい》すること。また、その方法《ほうほう》。例 この物語《ものがたり》は、いろいろな読み方ができる。

よみがな【読み仮名】 名詞 読《よ》み方《かた》がわかるように、漢字《かんじ》などのわきにつける小《ちい》さなかな。ふりがな。

よみきかせる【読み聞かせる】 動詞 読《よ》んで人《ひと》に聞《き》かせる。例 物語《ものがたり》を読み聞かせる。

よみきり【読み切り】 名詞 雑誌《ざっし》などで、読《よ》み物《もの》が一回《いっかい》だけで終《お》わりになること。また、その読《よ》み物《もの》。例 読み切りの小説《しょうせつ》。対 連載《れんさい》。

よみきる【読み切る】 動詞 終《お》わりまで全部《ぜんぶ》読《よ》む。例 おもしろくて一気《いっき》に読み切った。

よみこなす【読みこなす】 動詞 読《よ》んで、意《い》味《み》や内容《ないよう》をよく理解《りかい》する。例 この本《ほん》を読みこなすのはなかなか難《むずか》しい。

よみさし【読みさし】 名詞 まだ最後《さいご》まで読《よ》んでいないこと。読《よ》みかけ。例 読みさしの本《ほん》。

よみせ【夜店】 名詞 季語 夏 夜《よる》、道《みち》ばたで物《もの》を売《う》る店《みせ》。例 お祭《まつ》りで夜店が出《で》る。

よみち【夜道】 名詞 夜《よる》の暗《くら》い道《みち》。

よみて【読み手】 名詞 ❶文章《ぶんしょう》などを読《よ》む人《ひと》。読者《どくしゃ》。例 書《か》いた人《ひと》の気《き》持《も》ちが読み手に伝《つた》わる。対 書《か》き手《て》。❷読《よ》む役《やく》の人《ひと》。例 かるたの読み手。❸詩《し》や和歌《わか》をつくった人《ひと》。読《よ》み人《びと》。

使い方 ❸は、「詠み手」とも書《か》く。

よみで【読みで】 名詞 分量《ぶんりょう》が多《おお》くて、読《よ》みごたえがあること。例 読みでのある本《ほん》。

よみとおす【読み通す】 動詞 初《はじ》めから終《お》わりまで読《よ》む。例 長《なが》い物語《ものがたり》を読み通した。

よみとく【読み解く】 動詞 ❶文章《ぶんしょう》を読《よ》んで、内容《ないよう》を理解《りかい》する。例 昔《むかし》のことばで書《か》かれた文章《ぶんしょう》を読み解く。❷ものごとの意味《いみ》するところを解釈《かいしゃく》し、理解《りかい》する。例 事件《じけん》の真相《しんそう》を読み解く。

よみとる【読み取る】 動詞 ❶文章《ぶんしょう》などを読《よ》んで、意味《いみ》や内容《ないよう》を理解《りかい》する。例 本《ほん》の内容《ないよう》を読み取る／グラフを読み取る。❷人《ひと》の気持《きも》ちや考《かんが》えなどをおし量《はか》る。例 相手《あいて》の気持《きも》ちを読み取る。❸機械《きかい》が、文字《もじ》や記号《きごう》などを認識《にんしき》する。例 バーコードを読み取る装置《そうち》。

よみのくに【よみの国】 名詞 死《し》んだ人《ひと》のたましいが行《い》くとされるところ。よみ。類 冥土《めいど》。

よみびと【読み人・詠み人】 名詞 詩《し》や和《わ》歌《か》をつくった人《ひと》。

よみふける【読みふける】 動詞 ほかのことを忘《わす》れるほど、夢中《むちゅう》になって読《よ》む。例 布団《ふとん》の中《なか》で本《ほん》を読みふける。

よみふだ【読み札】 名詞 いろはがるたや百《ひゃく》人一首《にんいっしゅ》などで、読《よ》むほうの札《ふだ》。対 取《と》り札《ふだ》。

よみもの【読み物】 名詞 読《よ》むための本《ほん》。とくに、小説《しょうせつ》や物語《ものがたり》など、楽《たの》しんで読《よ》める本《ほん》。

よむ【詠む】 動詞 和《わ》歌《か》や詩《し》などをつくる。例 俳句《はいく》を詠む。

よむ【読む】 動詞 ❶文字《もじ》や文章《ぶんしょう》を見《み》て、声《こえ》に出《だ》して言《い》う。音読《おんどく》する。例 大《おお》きな声《こえ》で読む。❷文字《もじ》や文章《ぶんしょう》、図表《ずひょう》などを見《み》て、その意味《いみ》や内容《ないよう》を理解《りかい》する。例 新聞《しんぶん》を読む／グラフを読む。❸人《ひと》の考《かんが》えやものごとの成《な》り行《ゆ》きをおし量《はか》る。例 人《ひと》の気持《きも》ちを読む／相手《あいて》に作戦《さくせん》を読まれた。❹数《かぞ》える。例 目盛《めも》りを読む。

漢 ➡933ページ《ジ》どく〔読〕

よめ【嫁】 名詞 ❶むすこの妻《つま》。対 婿《むこ》。❷結婚《けっこん》する女性《じょせい》。花嫁《はなよめ》。対 婿《むこ》。

よめい【余命】 名詞 これから先《さき》の命《いのち》。死《し》ぬまでの残《のこ》りの命《いのち》。例 余命いくばくもない（＝あとわずかしか生《い》きられない）。

よめいり【嫁入り】 名詞 動詞 女《おんな》の人《ひと》が結婚《けっこん》して、夫《おっと》の家《いえ》に入《はい》ること。およめに行《い》くこと。また、その儀式《ぎしき》。例 嫁入り道具《どうぐ》。

よめな【嫁菜】 名詞 季語 春 野山《のやま》に生《は》える、きくのなかまの草花《くさばな》。秋《あき》にうすむらさき色《いろ》の花《はな》がさく。春《はる》の若葉《わかば》は食用《しょくよう》になる。

よめる【読める】 動詞 ❶読《よ》むことができる。例 読める漢字《かんじ》が増《ふ》えた。❷ものごとの意味《いみ》がわかる。例 敵《てき》の作戦《さくせん》が読めたぞ。

読書のこみち　高 中 低 『ホビットの冒険《ぼうけん》』トールキン　穴《あな》の中《なか》で居心地《いごこち》よく暮《く》らすのが好《す》きな小柄《こがら》なホビット族《ぞく》ことになる。おそろしいトロルや美《うつく》しいエルフに出会《であ》い、さまざまな危険《きけん》にぶつかる旅《たび》を

よもぎ 名詞 季語春 野《の》山《やま》に生《は》える、きくのなかまの草《くさ》。若葉《わかば》は草《くさ》もちを作《つく》るのに使《つか》う。また、葉《は》をかわかして、もぐさ（＝きゅうをすえるのに使《つか》う、綿《わた》のようなもの）にする。ことば 漢字《かんじ》では「蓬」と書《か》く。

よもぎ

よもぎもち【よもぎ餅】 名詞 季語春 よもぎの若葉《わかば》をゆでて混《ま》ぜたもち。草《くさ》もち。

よもすがら【夜もすがら】 副詞 一晩《ひとばん》じゅう。夜通《よどお》し。例 夜もすがら虫《むし》が鳴《な》く。対 ひねもす。使い方 古《ふる》い言《い》い方《かた》。

よもや 副詞 まさか。いくらなんでも。例 よもや失敗《しっぱい》するとは思《おも》わなかった。使い方 あとに「ない」などのことばがくる。

よもやま 名詞 世《よ》の中《なか》のいろいろなこと。例 店《みせ》先《さき》で店主《てんしゅ》とよもやまの話《はなし》をする。

よもやまばなし【よもやま話】 名詞 いろいろな話《はなし》。世間話《せけんばなし》。

よやく【予約】 名詞 動詞 買《か》ったり使《つか》ったりすることを、前《まえ》もって約束《やくそく》すること。また、その約束《やくそく》。例 旅館《りょかん》を予約する。

よゆう【余裕】 名詞 ❶余《あま》っていること。例 まだ時間《じかん》に余裕がある。❷ゆったりとしていること。ゆとり。例 心《こころ》に余裕を持《も》つ。

よらばたいじゅのかげ【寄らば大樹の陰】 ↓467ページ ことわざ

より ❶ 助詞 比《くら》べるときのもとになるものを示《しめ》す。…に比《くら》べて。例 ねこより犬《いぬ》が好《す》きだ。❷ 助詞 …するしか。…するほか。例 もっと練《れん》習《しゅう》するより方法《ほうほう》がない。❸ 助詞 …から。例 十時《じゅうじ》より始《はじ》める。❹ 副詞 いっそう。もっと。例 作文《さくぶん》をよりよくする／より高《たか》い目標《もくひょう》を持《も》つ。使い方 ❶〜❸は、ほかのことばのあとにつけて使《つか》う。また、❷は、あとに「ない」などのことばがくる。

よりあい【寄り合い】 名詞 人々《ひとびと》が話《はな》し合《あ》うために集《あつ》まること。例 町内会《ちょうないかい》の寄り合い。

よりあう【寄り合う】 動詞 人々《ひとびと》が寄《よ》り集《あつ》まる。例 公民館《こうみんかん》に寄り合って相談《そうだん》する。

よりあつまる【寄り集まる】 動詞 あちこちから多《おお》くの人《ひと》が集《あつ》まる。

よりかかる【寄り掛かる】 動詞 ❶体《からだ》を、ほかの物《もの》にもたせかける。もたれる。例 かべに寄り掛かる。❷たよりにする。例 いつまでも親《おや》に寄り掛かってはいられない。

よりごのみ【より好み】 名詞 動詞 好《す》きなものだけを選《えら》ぶこと。「えりごのみ」ともいう。例 より好みをしないで、なんでも食《た》べる。

よりすがる【寄りすがる】 動詞 ❶そばに寄《よ》りそってすがりつく。例 子犬《こいぬ》が母《はは》犬《いぬ》に寄りすがって乳《ちち》を飲《の》む。❷それだけをたよりにする。例 神《かみ》に寄りすがる。

よりすぐり 名詞 たくさんの中《なか》から、すぐれたものを選《えら》ぶこと。また、その選《えら》んだもの。「えりすぐり」ともいう。例 よりすぐりの作品《さくひん》。

よりすぐる 動詞 たくさんの中《なか》から、すぐれたものを選《えら》ぶ。「えりすぐる」ともいう。例 よりすぐられた品物《しなもの》。

よりそう【寄り添う】 動詞 体《からだ》がふれるくらいに、そばに寄《よ》る。例 母《はは》に寄り添って歩《ある》く。

よりどころ【より所】 名詞 ❶たよりにするところ。例 先生《せんせい》の教《おし》えが、長《なが》く心《こころ》のより所となった。❷ものごとのもとになること。根拠《こんきょ》。例 これがわたしの考《かんが》えのより所になった本《ほん》です。

よりどり【より取り】 名詞 たくさんのものの中《なか》から、好《す》きなものを自由《じゆう》に選《えら》びとること。

よりどりみどり【より取り見取り】 名詞 たくさんのものの中《なか》から、好《す》きなものを自由《じゆう》に選《えら》び、見《み》つけ出《だ》してとること。例 市場《いちば》では、とりたての野菜《やさい》がより取り見取りだ。

よりによって ほかに選《えら》ぶべきものがあるのに、わざわざよくないものを選《えら》んで。例 よりによってこんないそがしい時《とき》に来《く》るなんて。

よりぬき【より抜き】 名詞 たくさんのものの中《なか》から、すぐれたものを選《えら》び出《だ》すこと。また、選《えら》び出《だ》されたもの。「えりぬき」ともいう。例 より抜きの選手《せんしゅ》が集《あつ》まった。

よりみち【寄り道】 名詞 動詞 目当《めあ》ての場所《ばしょ》へ

くってやるぞ！」と家《いえ》に入《はい》ってきました。でも、かしこいポリーは「ひときれ、いかが？」とパイをすすめま
お手本《てほん》に作戦《さくせん》を考《かんが》えるくいしんぼうなオオカミとポリーのお話《はなし》は、シリーズになっています。

行《い》くついでに、ほかのところに立《た》ち寄《よ》ること。

よりょく【余力】 名詞 あることをやり終《お》わったあと、まだ余《あま》っている力《ちから》。例 次《つぎ》の試合《しあい》のために余力を残《のこ》す。

よりわける【より分ける】 動詞 多《おお》くのものを、ある決《き》まりなどに従《したが》って選《えら》んで分《わ》ける。「えりわける」ともいう。例 りんごを大《おお》きさでより分ける。

よる 動詞 選《えら》ぶ。選《えら》び出《だ》す。「える」ともいう。例 姉《あね》がわたしにも読《よ》める本《ほん》をよってくれた。ことば 漢字《かんじ》では「選る」と書《か》く。

よる 動詞 糸《いと》などの細《ほそ》いものを、ねじってからみ合《あ》わせる。例 糸《いと》をよる／和紙《わし》をよってこよりにする。ことば 漢字《かんじ》では「縒る」と書《か》く。

よる【夜】 名詞 日《ひ》が暮《く》れてから、次《つぎ》の日《ひ》の朝《あさ》になるまでの暗《くら》い間《あいだ》。対 昼《ひる》。漢 ⇒1330ページ《ジ》や〔夜〕

よる【因る】 動詞
❶もとにする。より所《どころ》にする。例 先生《せんせい》の話《はなし》によると転校生《てんこうせい》が来《く》るらしい。
❷原因《げんいん》とする。例 病気《びょうき》による欠席《けっせき》。
❸手段《しゅだん》とする。たよる。例 テレビによる広告《こうこく》／この町《まち》は焼《や》き物《もの》によって発展《はってん》した。
❹応《おう》じる。従《したが》う。例 その日《ひ》の調子《ちょうし》によって走《はし》るきょりを変《か》える。
使い方 ふつうかな書《が》きにする。
漢 ⇒112ページ《ジ》いん〔因〕

よる【寄る】 動詞
❶近《ちか》づく。例 ストーブのそばに寄る／少《すこ》し左《ひだり》に寄ってください。
❷どこかへ行《い》くとちゅうにおとずれる。例 学《がっ》校《こう》の帰《かえ》りに祖母《そぼ》の家《いえ》に寄る。
❸集《あつ》まる。例 れんげの花《はな》にみつばちが寄ってくる。
❹もたれる。例 弟《おとうと》が母《はは》のひざに寄る。
❺多《おお》くなる。重《かさ》なる。例 年《とし》が寄る。
❻すもうで、組《く》んだままおし進《すす》む。
漢 ⇒315ページ《ジ》き〔寄〕

●**寄《よ》ると触《さわ》ると** いっしょになるたびに。機会《きかい》があれば必《かなら》ず。例 弟《おとうと》と妹《いもうと》は寄ると触るとけんかばかりしている。

よるべ【寄る辺】 名詞 たよりにできる人《ひと》。家《か》族《ぞく》や親類《しんるい》など。例 寄る辺のない身《み》の上《うえ》。

よれいこ【予冷庫】 名詞 とった野菜《やさい》や果物《くだもの》の新鮮《しんせん》さを保《たも》つために、出荷《しゅっか》したりたくわえたりする前《まえ》に冷《ひ》やしておく、くら。

よれよれ 名詞 形容動詞 服《ふく》や布《ぬの》などが、使《つか》い古《ふる》されて形《かたち》がくずれたり、しわができたりしているようす。

よれる 動詞 ねじったようになる。よじれる。例 ネクタイがよれる。

よろい 名詞 昔《むかし》、戦《たたか》いのときに、矢《や》や刀《かたな》から体《からだ》を守《まも》るために身《み》に着《つ》けたもの。

よろいど【よろい戸】 名詞
❶はばのせまい板《いた》を、何枚《なんまい》もすきまをあけてななめにとりつけた戸《と》。風《かぜ》は通《とお》し、光《ひかり》や雨《あめ》は防《ふせ》ぐ。
❷⇒600ページ《ジ》シャッター❶

よろいど❶

よろける 動詞 足《あし》もとがふらついてたおれそうになる。よろめく。例 階段《かいだん》でよろけて、手《て》すりにつかまった。

よろこばしい【喜ばしい】 形容詞 うれしい。めでたい。例 全員《ぜんいん》が合格《ごうかく》できて喜ばしい。

よろこび【喜び】 名詞
❶うれしいと思《おも》うこと。喜《よろこ》ぶこと。例 喜びをかみしめる。対 悲《かな》しみ。
❷（「お喜《よろこ》び」の形《かたち》で）お祝《いわ》いのことば。例 つつしんで新年《しんねん》のお喜びを申《もう》し上《あ》げます。

よろこびいさむ【喜び勇む】 動詞 喜《よろこ》びやうれしさで、心《こころ》が勢《いきお》いづく。例 喜び勇んで遠《えん》足《そく》に出《で》かけた。

よろこぶ【喜ぶ】 動詞 うれしく思《おも》う。楽《たの》しく思《おも》う。例 手《て》を取《と》り合《あ》って喜んだ／喜んで出席《しゅっせき》いたします。対 悲《かな》しむ。漢 ⇒315ページ《ジ》き〔喜〕

よろしい 形容詞
❶「よい」のていねいな言《い》い方《かた》。例 もう帰《かえ》ってよろしい／この品物《しなもの》でよろしいでしょうか。
❷相手《あいて》の言《い》うことを認《みと》めたり、受《う》け入《い》れたりするときに使《つか》うことば。例 よろしい、きみの言《い》うとおりにしよう。

よろしく 副詞
❶ほどよく。うまい具合《ぐあい》に。例 あなたに任《まか》せるので、よろしくやってください。
❷気持《きも》ちを伝《つた》えたり、あいさつをしたりするときに使《つか》うことば。例 よろしくお願《ねが》いします。

読書のこみち　高 中 低 『ポリーとはらぺこオオカミ』ストー　女《おんな》の子《こ》を食《た》べたいはらぺこオオカミが「おまえをす。オオカミはついつい、おなかいっぱいパイを食《た》べてしまって…。いろいろな昔話《むかしばなし》を

よろず
❶[名詞] 数《かず》の「万《まん》」のこと。また、非常《ひじょう》に数《かず》が多《おお》いこと。[例] よろずの神々《かみがみ》。
❷[副詞] なんでも。[例] よろず、相談《そうだん》に応《おう》じます。
[使い方] 少《すこ》し古《ふる》い言《い》い方《かた》。

よろずや【よろず屋】 [名詞]
❶日用品《にちようひん》など、いろいろなものを売《う》っている店《みせ》。雑貨屋《ざっかや》。
❷いろいろなことを、ひととおりは知《し》っている人《ひと》。また、なんでも引《ひ》き受《う》ける人《ひと》。

よろめく [動詞]
❶足《あし》もとがふらついてたおれそうになる。よろける。
❷さそいに負《ま》けそうになる。

よろよろ【と】 [副詞][動詞] 足《あし》もとがふらついてたよりなく、たおれそうなようす。[例] つかれきってよろよろと家《いえ》にたどり着《つ》いた。

よろん【世論】 [名詞] 世《よ》の中《なか》の多《おお》くの人《ひと》の考《かんが》えや意見《いけん》。「せろん」ともいう。[例] この法律案《ほうりつあん》には世論が反映《はんえい》されている。

よろんちょうさ【世論調査】 [名詞] 世《よ》の中《なか》の人々《ひとびと》の意見《いけん》や考《かんが》えをつかむために調《しら》べること。「せろんちょうさ」ともいう。

よわ【夜半】 [名詞] 夜中《よなか》。夜《よ》ふけ。[例] 夜半の月《つき》。

よわい [名詞] 「年齢《ねんれい》」の古《ふる》い言《い》い方《かた》。[例] よわいを重《かさ》ねる（＝年《とし》をとっていく）。

よわい【弱い】 [形容詞]
❶力《ちから》がおとっている。[例] 筋力《きんりょく》が弱い／弱いチーム。[対] 強《つよ》い。
❷じょうぶでない。たえる力《ちから》が小《ちい》さい。[例] 体《からだ》が弱い／ガラスはしょうげきに弱い。[対] 強《つよ》い。
❸はたらきや勢《いきお》いが少《すく》ない。[例] 火《ひ》が弱い／弱い明《あ》かり。[対] 強《つよ》い。
❹得意《とくい》でない。[例] 理科《りか》に弱い。[対] 強《つよ》い。
❺態度《たいど》などがあまい。[例] 祖母《そぼ》は孫《まご》に弱い。
[漢] ↓597ページ じゃく〔弱〕

よわき【弱気】 [名詞][形容動詞] うまくいかないのではと考《かんが》えて、進《すす》んでものごとをしようとする気持《きも》ちがないこと。[例] 試合《しあい》を前《まえ》にして弱気になる。[対] 強気《つよき》。

よわごし【弱腰】 [名詞] 相手《あいて》に対《たい》して弱々《よわよわ》しい態度《たいど》をとること。[例] そんな弱腰では勝《か》てないよ。[対] 強腰《つよごし》。

よわたり【世渡り】 [名詞][動詞] 世《よ》の中《なか》で生活《せいかつ》していくこと。[例] 世渡りのうまい人《ひと》。[類] 処世《しょせい》。

よわね【弱音】 [名詞] 気《き》の弱《よわ》いことば。いくじのないことば。

● **弱音《よわね》を吐《は》く** 気《き》の弱《よわ》いことやいくじのないことを言《い》う。[例] 練習《れんしゅう》がつらいと弱音を吐く。

よわび【弱火】 [名詞] 料理《りょうり》で、火力《かりょく》が弱《よわ》い火《ひ》。[例] シチューを弱火で煮《に》こむ。[対] 強火《つよび》。

よわまる【弱まる】 [動詞] だんだん弱《よわ》くなる。[例] 風《かぜ》が弱まってきた。[対] 強《つよ》まる。[漢] ↓597ページ じゃく〔弱〕

よわみ【弱み】 [名詞] 弱《よわ》いところ。都合《つごう》が悪《わる》いところ。弱点《じゃくてん》。[例] 人《ひと》の弱みにつけこむ。[対] 強《つよ》み。

よわむし【弱虫】 [名詞] いくじのない人《ひと》。臆病《おくびょう》な人《ひと》。

よわめる【弱める】 [動詞] 力《ちから》や勢《いきお》いなどを小《ちい》さくする。[例] ガスの火《ひ》を弱める。[対] 強《つよ》める。[漢] ↓597ページ じゃく〔弱〕

よわよわしい【弱弱しい】 [形容詞] いかにも弱《よわ》そうであるようす。[例] 弱々しい声《こえ》。

よわりきる【弱り切る】 [動詞]
❶すっかり弱《よわ》くなる。
❷とても困《こま》る。どうしてよいかわからなくなる。[例] 問題《もんだい》が解《と》けず、弱り切って兄《あに》に聞《き》いた。

よわりめにたたりめ【弱り目にたたり目】 [ことわざ] 困《こま》っているときや苦《くる》しいときに、別《べつ》のよくないできごとが重《かさ》なって起《お》こること。[例] かぜを引《ひ》いた上《うえ》に骨折《こっせつ》するとは、弱り目にたたり目だ。[類] 泣《な》きっ面《つら》に蜂《はち》。

よわる【弱る】 [動詞]
❶体《からだ》や力《ちから》がおとろえる。弱《よわ》くなる。[例] 病気《びょうき》で体《からだ》が弱っている。
❷困《こま》る。[例] かぎが見《み》つからなくて弱った。
[漢] ↓597ページ じゃく〔弱〕

よん【四】 [名詞] 数《かず》の名《な》。よっつ。し。[例] 第《だい》四楽《がく》章《しょう》。[漢] ↓551ページ し〔四〕

よんだいこうがいびょう【四大公害病】 [名詞] 多《おお》くの被害者《ひがいしゃ》が出《で》た、四《よっ》つの公害《こうがい》病《びょう》。四日市《よっかいち》ぜんそく（三重《みえ》）、イタイイタイ病《びょう》（富山《とやま》）、水俣病《みなまたびょう》（熊本《くまもと》・鹿児島《かごしま》）、新潟水俣《にいがたみなまた》病《びょう》（新潟《にいがた》）。

よんどころない [形容詞] しかたがない。どうしようもない。[例] よんどころない用事《ようじ》で休《やす》む。

み上《あ》げるようにする。左手《ひだりて》を物《もの》にたとえ、右手《みぎて》でそれを軽々《かるがる》と持《も》ち上《あ》げるようすで表《あらわ》すよ。

ら

ラ

下《した》の 手話にチャレンジ を見《み》よう。

-ら 接尾語 （ほかのことばのあとにつけて）❶二《ふた》つ以上《いじょう》であることを表《あらわ》す。例 ぼくら｜は小《しょう》学生《がくせい》だ／これら｜の問題《もんだい》があります。❷一人《ひとり》を挙《あ》げて、ほかの人《ひと》を省略《しょうりゃく》することを表《あらわ》す。例 森《もり》さんら｜六人《ろくにん》の作品《さくひん》です。❸だいたいのところを表《あらわ》す。例 ここら｜でひと休《やす》みしよう。

ラード（lard）名詞 ぶたのしぼうからとった、料理用《りょうりよう》のあぶら。

ラーメン（中国語）名詞 中国風《ちゅうごくふう》のめんをゆで、スープに入《い》れた食《た》べ物《もの》。中華《ちゅうか》そば。

らい【礼】漢 ⇩1408ページ れい〔礼〕

漢 **らい**【来】〔木《き》〕7画 2年 音 ライ 訓 くる・きたる・きたす

一　丆　丌　亚　平（つきだす）　来　来

らいい【来意】名詞 訪《たず》ねてきた目的《もくてき》。やって来《き》た理由《りゆう》。例 来意を告《つ》げる。

❶くる。例 来客《らいきゃく》／来訪《らいほう》／外来《がいらい》。❷次《つぎ》の。きたる。例 来月《らいげつ》／来年《らいねん》。❸…の時《とき》からこのかた。今《いま》まで。例 以来《いらい》／本来《ほんらい》。

らいう【雷雨】名詞 季語 夏 かみなりが鳴《な》って強《つよ》い雨《あめ》が降《ふ》ること。また、その雨《あめ》。

らいうん【雷雲】名詞 季語 夏 かみなりや雷雨《らいう》を起《お》こす雲《くも》。多《おお》くは、積乱雲《せきらんうん》。かみなりぐも。

ライオン（lion）名詞 ねこのなかまの動物《どうぶつ》。アフリカやインドの草《そう》原《げん》にすむ。毛《け》は茶色《ちゃいろ》。おすはたてがみが長《なが》い。体《たい》長《ちょう》一・五～二・四メートル。「しし」ともいう。

ライオン

らいかい【来会】名詞 動詞 会《かい》に集《あつ》まること。例 大勢《おおぜい》の方《かた》が来会｜されました。

らいきゃく【来客】名詞 客《きゃく》が訪《たず》ねてくること。また、その客《きゃく》。例 今夜《こんや》は来客｜がある予定《よてい》だ。

らいぎょ【雷魚】名詞 湖《みずうみ》やぬま、川《かわ》にすむ魚《さかな》。「たいわんどじょう」や「カムルチー」をまとめていう呼《よ》び名《な》。ほかの魚《さかな》やかえるなどを食《た》べる。

らいぎょ

らいげつ【来月】名詞 今月《こんげつ》の次《つぎ》の月《つき》。翌月《よくげつ》。関連 先月《せんげつ》。

らいこう【来校】名詞 動詞 よその人《ひと》が学校《がっこう》に訪《たず》ねてくること。例 来校者《しゃ》／運動会《うんどうかい》にたくさんの人《ひと》が来校する｜。

らいこう【来航】名詞 動詞 外国《がいこく》から船《ふね》に乗《の》って来《く》ること。例 観光客《かんこうきゃく》の団体《だんたい》が来航｜した。

らいさん【礼賛】名詞 動詞 ❶とてもすばらしいとほめたたえること。例 伝統文化《でんとうぶんか》を礼賛｜する。❷神《かみ》や仏《ほとけ》を拝《おが》んで、その力《ちから》とめぐみをほめたたえること。

らいしゅう【来週】名詞 今週《こんしゅう》の次《つぎ》の週《しゅう》。対 先週《せんしゅう》。

らいしゅう【来襲】名詞 動詞 おそってくること。せめてくること。例 敵《てき》の飛行機《ひこうき》が来襲｜してきた。類 襲来《しゅうらい》。

らいしゅん【来春】名詞 来年《らいねん》の春《はる》。「らいはる」ともいう。

らいじょう【来場】名詞 動詞 その場所《ばしょ》や会場《かいじょう》などに来《く》ること。例 ご来場｜のみなさまにお知《し》らせいたします。

らいしん【来信】名詞 人《ひと》から手紙《てがみ》が来《く》ること。また、その手紙《てがみ》。例 友《とも》からの来信｜を待《ま》つ。

らいじん【雷神】名詞 かみなりを起《お》こすという神《かみ》。輪《わ》のように連《つら》ねた太鼓《たいこ》を背負《せお》うおにの姿《すがた》でえがかれる。

ライス（rice）名詞 ごはん。また、米《こめ》。例 カレーライス｜。

ライスカレー 名詞 「カレーライス」のこと。ことば 英語《えいご》をもとに日本《にほん》で作《つく》られたことば。

らいせ【来世】名詞 仏教《ぶっきょう》で、死《し》んだあとに生《う》まれかわるといわれている世《よ》。あの世《よ》。関連 現《げん》世《せ》。前世《ぜんせ》。

あいうえお
かきくけこ
さしすせそ
たちつてと
なにぬねの
はひふへほ
まみむめも
や
ゆ
よ
らりるれろ　ら
わ
を
ん

手話にチャレンジ　楽《らく》　手《て》のひらを下《した》に向《む》けた左手《ひだりて》を胸《むね》の前《まえ》に置《お》き、左手《ひだりて》のこうを右手《みぎて》の親指《おやゆび》と人《ひと》さし指《ゆび》でつま

ライセンス（license）名詞 許可《きょか》。免許《めんきょ》。また、それを証明《しょうめい》する文書《ぶんしょ》。例 パイロットのライセンスをとる。

ライター（lighter）名詞 たばこなどに火《ひ》をつける道具《どうぐ》。

ライター（writer）名詞 文章《ぶんしょう》を書《か》くことを仕事《しごと》にしている人《ひと》。例 シナリオライター。

らいちょう【来朝】 名詞 動詞 外国《がいこく》の人《ひと》が日本《にほん》に来《く》ること。来日《らいにち》。

らいちょう【雷鳥】 名詞 季語 夏 きじのなかまの鳥《とり》。羽《はね》の色《いろ》は、夏《なつ》は黒《くろ》と茶《ちゃ》のまだらだが、冬《ふゆ》になると真《ま》っ白《しろ》に変《か》わる。日本《にほん》アルプスなどの高《たか》い山《やま》にすむ。特別天然記念物《とくべつてんねんきねんぶつ》に指定《してい》されている。図 ⇩954ページ―とり〔鳥〕

らいてん【来店】 名詞 動詞 店《みせ》に客《きゃく》が来《く》ること。例 またのご来店をお待《ま》ちしております。

ライト（light）名詞 ❶光《ひかり》。照明《しょうめい》。例 ライトをつける。❷色などがうすく明《あか》るいこと。例 ライトブルー。❸軽《かる》いこと。例 ボクシングのライト級《きゅう》。

ライト（right）名詞 ❶右《みぎ》。右側《みぎがわ》。対 レフト。❷野球《やきゅう》で、本塁《ほんるい》から見《み》て右側《みぎがわ》の外野《がいや》。右翼《うよく》。また、そこを守《まも》る人《ひと》。右翼手《うよくしゅ》。対 レフト。

ライトアップ（light up）名詞 動詞 照明《しょうめい》を当《あ》てて照《て》らし出《だ》すこと。とくに、夜《よる》の間《あいだ》、建物《たてもの》や庭園《ていえん》などに照明《しょうめい》を当《あ》てて明《あか》るくうかび上《あ》がらせること。例 紅葉《こうよう》の美《うつく》しい庭園《ていえん》をライトアップする。

ライトきょうだい【ライト兄弟】 名詞 アメリカの発明家《はつめいか》。兄《あに》ウィルバー（一八六七〜一九一二）と、弟《おとうと》オービル（一八七一〜一九四八）の兄弟《きょうだい》。一九〇三年《ねん》、世界《せかい》で初《はじ》めて動力《どうりょく》つきの飛行機《ひこうき》をつくり、飛行《ひこう》に成功《せいこう》した。

ライトバン 名詞 座席《ざせき》の後《うし》ろに荷物《にもつ》を積《つ》めるようになっている、箱形《はこがた》の車《くるま》。ことば 英語《えいご》をもとに日本《にほん》で作《つく》られたことば。

ライナー（liner）名詞 野球《やきゅう》で、打《う》った球《たま》が高《たか》く上《あ》がらず、空中《くうちゅう》を一直線《いっちょくせん》に飛《と》ぶこと。また、その球《たま》。

らいにち【来日】 名詞 動詞 外国《がいこく》の人《ひと》が日本《にほん》に来《く》ること。例 ドイツ人《じん》の歌手《かしゅ》が来日する。類 訪日《ほうにち》。

らいねん【来年】 名詞 今年《ことし》の次《つぎ》の年《とし》。類 明年《みょうねん》。対 去年《きょねん》。昨年《さくねん》。

らいはい【礼拝】 名詞 動詞 神《かみ》や仏《ほとけ》を拝《おが》むこと。ことば キリスト教《きょう》では「れいはい」という。

らいはる【来春】 ⇩1381ページ―らいしゅん

ライバル（rival）名詞 同《おな》じくらいの力《ちから》を持《も》っている競争相手《きょうそうあいて》。例 ライバル意識《いしき》／兄《あに》は父《ちち》の将棋《しょうぎ》のライバルだ。類 好敵手《こうてきしゅ》。

らいびょう【らい病】 ⇩1090ページ―ハンセンびょう

らいひん【来賓】 名詞 会《かい》や式《しき》などに招《まね》かれてやって来《き》た客《きゃく》。例 卒業式《そつぎょうしき》では多《おお》くの来賓からのあいさつがあった。

ライフ（life）名詞 ❶命《いのち》。生命《せいめい》。例 ライフライン。❷生活《せいかつ》。暮《く》らし。例 スクールライフ（＝学校《がっこう》生活《せいかつ》）。❸一生《いっしょう》。例 ライフワーク。

ライブ（live）名詞 ❶テレビやラジオの生放送《なまほうそう》。❷音楽《おんがく》で、録音《ろくおん》ではなく、実際《じっさい》にその場《ば》で演奏《えんそう》すること。生演奏《なまえんそう》。例 ライブハウス／ライブコンサート。

ライフジャケット（life jacket）名詞 事故《じこ》などの時《とき》、水《みず》におぼれないように身《み》に着《つ》ける救命具《きゅうめいぐ》。「ライフベスト」「救命胴衣《きゅうめいどうい》」ともいう。

ライフセービング（lifesaving）名詞 海《うみ》やプールなどの水辺《みずべ》での事故《じこ》の防止《ぼうし》や、人命救助《じんめいきゅうじょ》の活動《かつどう》。また、これをもとにした競技《きょうぎ》。ことば ライフセービングの救助員《きゅうじょいん》を「ライフセーバー」という。

ライフベスト ⇩1382ページ―ライフジャケット

ライフライン（lifeline）名詞 生活《せいかつ》や命《いのち》を保《たも》つのに欠《か》かすことのできない、水道《すいどう》・電気《でんき》・ガス・通信《つうしん》・輸送《ゆそう》などをいうことば。

ライブラリー（library）名詞 「図書館《としょかん》」「図書室《としょしつ》」のこと。

ライフワーク（lifework）名詞 一生《いっしょう》をかけてとりくむ仕事《しごと》や研究《けんきゅう》。また、ある人《ひと》が一生《いっしょう》をかけて完成《かんせい》させた、研究《けんきゅう》や作品《さくひん》。

らいほう【来訪】 名詞 動詞 人《ひと》が訪《たず》ねてくること。例 来訪者《しゃ》／外国《がいこく》の政治家《せいじか》が来訪した。使い方 あらたまった言《い》い方《かた》。

ライム（lime）名詞 レモンに似《に》た果物《くだもの》。香《かお》りがよくてすっぱく、レモンより小《ちい》さい。料理《りょうり》に

級生《きゅうせい》に借《か》りた絵《え》の具《ぐ》のあい色《いろ》をなくしたフェルコーが、代《か》わりのものを探《さが》していて見《み》つけたのが「ほんとうのがかがやくのです！　その「小《ちい》さな空《そら》」をめぐってさまざまな事件《じけん》が起《お》こる、ハンガリーの物語《ものがたり》。

そえたり、ジュースに使《つか》ったりする。

ライむぎ【ライ麦】 名詞 いねのなかまの作物《さくもつ》の一《ひと》つ。寒《さむ》さに強《つよ》い。実《み》を粉《こな》にして黒《くろ》パンを作《つく》ったり、お酒《さけ》の原料《げんりょう》にしたりする。

ライム

らいめい【雷鳴】 名詞 季語 夏 かみなりの鳴《な》る音《おと》。例 ごろごろと雷鳴が聞《き》こえてくる。

ライラック（lilac）名詞 季語 春 もくせいのなかまの木《き》。春《はる》、香《かお》りのよいうすむらさき色《いろ》や白色《しろいろ》などの小《ちい》さな花《はな》が、ふさのようになってさく。「リラ」ともいう。

ライラック

らいれき【来歴】 名詞 そのものごとが今《いま》までにたどってきた道筋《みちすじ》。例 神社《じんじゃ》の来歴を調《しら》べる。

ライン（line）名詞 ❶線《せん》。例 アンダーライン。❷船《ふね》や飛行機《ひこうき》の通《とお》る道筋《みちすじ》。航路《こうろ》。例 エアライン（＝航空路線《こうくうろせん》）。❸水準《すいじゅん》。基準《きじゅん》。例 合格《ごうかく》ライン。❹工場《こうじょう》などで、一貫《いっかん》した流《なが》れ作業《さぎょう》で生産《せいさん》・組《く》み立《た》てを行《おこな》うしくみ。例 自動車工場《じどうしゃこうじょう》の組《く》み立《た》てライン。

ラインアップ ⇒1383ページ ラインナップ

ラインがわ【ライン川】 名詞 スイスからドイツを流《なが》れて北海《ほっかい》に注《そそ》ぐ川《かわ》。ヨーロッパの重要《じゅうよう》な交通路《こうつうろ》で、流域《りゅういき》には都市《とし》や工業《こうぎょう》地域《ちいき》が発達《はったつ》している。

ラインナップ（lineup）名詞 ❶顔《かお》ぶれ。ものごとを構成《こうせい》している内容《ないよう》。例 お正月映画《しょうがつえいが》はごうかなラインナップだ。❷野球《やきゅう》で、「打順《だじゅん》」のこと。

ことば 「ラインアップ」ともいう。

ラオス ⇒1383ページ ラオスじんみんみんしゅきょうわこく

ラオスじんみんみんしゅきょうわこく【ラオス人民民主共和国】 名詞 東南《とうなん》アジア、インドシナ半島《はんとう》の北東部《ほくとうぶ》にある国《くに》。首都《しゅと》はビエンチャン。「ラオス」ともいう。

（国旗《こっき》）

㊇ **らく【落】**〔艹〕くさかんむり 12画 3年 音 ラク 訓 おちる・おとす

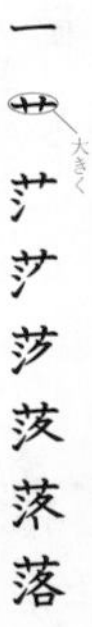

❶おちる。さがる。おちぶれる。例 落石《らくせき》／落選《らくせん》／落下《らっか》／暴落《ぼうらく》。❷できあがってきまりがつく。例 落成《らくせい》。❸むらざと。例 集落《しゅうらく》／村落《そんらく》。

らく【楽】 名詞 形容動詞 ❶苦《くる》しいことやつらいことがないこと。例 楽な姿勢《しせい》／気《き》が楽になる。❷たやすいこと。簡単《かんたん》なこと。例 楽に解《と》ける問題《もんだい》。

㊇ ⇒243ページ がく〔楽〕

●楽《らく》あれば苦《く》あり ⇒471ページ ことわざ

●楽《らく》は苦《く》の種《たね》苦《く》は楽《らく》の種《たね》 ⇒473ページ ことわざ

らくいちらくざ【楽市楽座】 名詞 市《いち》や座《ざ》（＝商工業者《しょうこうぎょうしゃ》などの同業組合《どうぎょうくみあい》）の特別《とくべつ》な権利《けんり》を認《みと》めず、だれでも自由《じゆう》に商売《しょうばい》ができるようにした政策《せいさく》。戦国時代《せんごくじだい》から安土桃山時代《あづちももやまじだい》にかけて、城下町《じょうかまち》の商工業《しょうこうぎょう》をさかんにするために行《おこな》われた。

らくいん【らく印】 名詞 鉄《てつ》などでできた印《いん》を火《ひ》で熱《あつ》くして、ものにおしてつけたしるし。類 焼《や》き印《いん》。

●**らく印《いん》を押《お》される** 消《け》すことのできない悪《わる》い評価《ひょうか》を受《う》ける。例 うそつきのらく印を押される。

らくえん【楽園】 名詞 苦《くる》しみや心配《しんぱい》のない楽《たの》しいところ。パラダイス。類 天国《てんごく》。楽土《らくど》。

らくがき【落書き】 名詞 動詞 いたずら書《が》きをすること。また、その書《か》いたもの。

らくがん【落がん】 名詞 豆《まめ》・麦《むぎ》などの粉《こな》に砂糖《さとう》や水《みず》あめを混《ま》ぜ、型《かた》に入《い》れて固《かた》めた和菓子《わがし》。

らくご【落後】 名詞 動詞 仲間《なかま》におくれて、ついていけなくなること。例 マラソンで一人《ひとり》落後した。

らくご【落語】 名詞 ひとりで語《かた》る演芸《えんげい》。こっけいな話《はなし》を、身《み》ぶりを交《まじ》えて話《はな》し、終《お》わりを気《き》のきいた落《お》ちでまとめる。ことば 落語《らくご》の演目《えんもく》は

読書のこみち　高 中 低 『ほんとうの空色《そらいろ》』バラージュ　フェルコーは貧《まず》しい母《はは》と二人《ふたり》暮《ぐ》らしです。お金持《かねも》ちの同《どう》空色《そらいろ》」でした。野原《のはら》でつんだこの青《あお》い花《はな》のしるでぬった空《そら》には、本物《ほんもの》の太陽《たいよう》がのぼり、星《ほし》

「一題《いちだい》」と数《かぞ》える。

らくごか【落語家】 名詞 落語《らくご》を聞《き》かせることを仕事《しごと》にしている人《ひと》。はなし家《か》。 ➡1323ページ 伝統コラム

らくさ【落差】 名詞 ❶水《みず》が流《なが》れ落《お》ちるときの、高《たか》い地点《ちてん》と低《ひく》い地点《ちてん》との高《たか》さの差《さ》。 例 落差百《ひゃく》メートルの滝《たき》。 ❷二《ふた》つのものごとの間《あいだ》の差《さ》。 例 二人《ふたり》の考《かんが》え方《かた》にはかなりの落差がある。

らくさつ【落札】 名詞 動詞 希望者《きぼうしゃ》が値段《ねだん》をつけてきそい、目当《めあ》ての品物《しなもの》や権利《けんり》などを自分《じぶん》のものにすること。

らくじつ【落日】 名詞 しずもうとしている太陽《たいよう》。夕日《ゆうひ》。入《い》り日《ひ》。

らくしょう【楽勝】 名詞 動詞 試合《しあい》などで、楽々《らくらく》と勝《か》つこと。 対 辛勝《しんしょう》。

らくじょう【落城】 名詞 動詞 敵《てき》にせめこまれて、城《しろ》をとられること。

らくせい【落成】 名詞 動詞 工事《こうじ》が終《お》わり、建物《たてもの》などができ上《あ》がること。 例 新校舎《しんこうしゃ》が落成した。 類 しゅん工《こう》。 対 起工《きこう》。

らくせき【落石】 名詞 動詞 山《やま》やがけの上《うえ》から石《いし》が落《お》ちてくること。また、その石《いし》。 例 落石注意《ちゅうい》の看板《かんばん》。

らくせん【落選】 名詞 動詞 ❶選挙《せんきょ》に落《お》ちること。 対 当選《とうせん》。 ❷コンクールや展覧会《てんらんかい》などで、審査《しんさ》に落《お》ちること。どの賞《しょう》にも選《えら》ばれないこと。 対 入選《にゅうせん》。

らくだ 名詞 砂漠《さばく》の多《おお》い地方《ちほう》にすむ動物《どうぶつ》。毛《け》はうすい茶色《ちゃいろ》で、背中《せなか》に一《ひと》つか二《ふた》つの大《おお》きなこぶがある。かたまでの高《たか》さは一・六〜二メートル。力《ちから》が強《つよ》く、少《すこ》しの水《みず》でも生活《せいかつ》できるので、砂漠《さばく》の旅《たび》で人《ひと》や荷物《にもつ》を運《はこ》ぶのに使《つか》われる。

らくだ

らくだい【落第】 名詞 動詞 季語 春 ❶試験《しけん》に落《お》ちること。不合格《ふごうかく》。 対 及第《きゅうだい》。 ❷成績《せいせき》が悪《わる》くて、上《うえ》の学年《がくねん》に進《すす》めないこと。 ❸よいとされる水準《すいじゅん》に達《たっ》していないこと。 例 この店《みせ》は、サービスの面《めん》では落第だ。 ことば 季語《きご》として使《つか》うのは❷の意味《いみ》。

らくたん【落胆】 名詞 動詞 がっかりして元気《げんき》をなくすこと。 例 試合《しあい》に負《ま》けてしまい、みんなひどく落胆していた。

らくちゃく【落着】 名詞 動詞 もめていたことなどが解決《かいけつ》しておさまること。うまく落《お》ち着《つ》くこと。 例 これで事件《じけん》は一件《いっけん》落着だ。 類 決着《けっちゃく》。

らくちょう【落丁】 名詞 本《ほん》や雑誌《ざっし》のページが、一部分《いちぶぶん》ぬけ落《お》ちていること。 例 落丁本《ぼん》。

らくてんか【楽天家】 名詞 何《なに》ごとも明《あか》るくよいほうに考《かんが》えて、くよくよしない人《ひと》。気楽《きらく》でのんきな人《ひと》。 例 失敗《しっぱい》も気《き》にしない楽天家。

らくてんてき【楽天的】 形容動詞 ものごとをすべてよいほうに考《かんが》えて、くよくよしないようす。 例 母《はは》は楽天的な性格《せいかく》だ。

らくど【楽土】 名詞 苦《くる》しみのない楽《たの》しいところ。 類 天国《てんごく》。楽園《らくえん》。

らくのう【酪農】 名詞 牛《うし》や羊《ひつじ》などを飼《か》って、乳《ちち》をとったり、その乳《ちち》を加工《かこう》してバターやチーズなどを作《つく》ったりする農業《のうぎょう》。

らくば【落馬】 名詞 動詞 馬《うま》から落《お》ちること。

らくばん【落盤】 名詞 動詞 鉱山《こうざん》やトンネルの穴《あな》の中《なか》で、天井《てんじょう》やかべの岩石《がんせき》がくずれて落《お》ちること。 例 落盤事故《じこ》。

ラグビー（rugby） 名詞 季語 冬 フットボールの一種《いっしゅ》。十五人《じゅうごにん》ずつの二《に》チームが、だ円形《えんけい》のボールをうばい合《あ》い、けったり持《も》って走《はし》ったりしながら相手《あいて》の陣地《じんち》にボールを運《はこ》んで得点《とくてん》を争《あらそ》う競技《きょうぎ》。 ことば イギリスのラグビー校《こう》で始《はじ》められたことからついた名《な》。

らくやき【楽焼き】 名詞 ❶手《て》で形《かたち》をつくり、低《ひく》い温度《おんど》で焼《や》いた陶器《とうき》。 ❷素焼《すや》きの陶器《とうき》に字《じ》や絵《え》をかいて、低《ひく》い温度《おんど》で簡単《かんたん》に焼《や》いたもの。

らくよう【落葉】 名詞 動詞 木《き》の葉《は》が落《お》ちること。また、落《お》ちた葉《は》。落《お》ち葉《ば》。

らくよう【落陽】 名詞 夕日《ゆうひ》。落日《らくじつ》。

らくようこうようじゅ【落葉広葉樹】 名詞 平《ひら》たくてはばの広《ひろ》い葉《は》を持《も》ち、秋《あき》から冬《ふゆ》にかけて、葉《は》が落《お》ちる木《き》。ぶな・けやきなど。

らくようじゅ【落葉樹】 名詞 秋《あき》の終《お》わりごろに葉《は》が落《お》ち、次《つぎ》の春《はる》に芽《め》がのびる木《き》。桜《さくら》・梅《うめ》・かきなど。 対 常緑樹《じょうりょくじゅ》。

らくらい【落雷】 名詞 動詞 季語 夏 かみなりが落《お》ちること。 例 落雷で、庭《にわ》の木《き》がまっ二《ぷた》つに

あいうえお かきくけこ さしすせそ たちつてと なにぬねの はひふへほ まみむめも や ゆ よ ら らりるれろ わ を ん

13才《さい》でひとり立《だ》ちをしなければなりません。ある満月《まんげつ》の夜《よる》、ほうきで空《そら》を飛《と》ぶ魔法《まほう》だけをたよりに、黒《くろ》ねこの温《あたた》かい人々《ひとびと》に支《ささ》えられる、キキの成長物語《せいちょうものがたり》です。1冊《さつ》ごとに年《とし》を重《かさ》ねるキキの物語《ものがたり》はシリーズで読《よ》めます。

なった。

らくらく［と］【楽楽［と］】 副詞 ❶ゆったりと。のんびりと。例 ソファーに楽々と横《よこ》たわる。❷とても簡単《かんたん》に。たやすく。例 楽々と問題《もんだい》を解《と》く。

らくるい【落涙】 名詞 動詞 なみだを流《なが》すこと。泣《な》くこと。例 はらはらと落涙する。

ラケット (racket・racquet) 名詞 テニス・卓《たっ》球《きゅう》・バドミントンなどで、ボールを打《う》つ道具《どうぐ》。

らしい (ほかのことばのあとにつけて) ❶ 助動詞 たぶんそうだろうと思《おも》う気持《きも》ちを表《あらわ》す。…のようだ。例 あそこにいるのは山田《やまだ》さんらしい／明日《あす》はどうやら雨《あめ》らしい。❷ 接尾語 …にふさわしい。いかにも…の感《かん》じがする。例 子供《こども》らしい歌声《うたごえ》／もうすっかり秋《あき》らしくなった。

ラジウム (ドイツ語) 名詞 銀色《ぎんいろ》がかった白色《しろいろ》の金属《きんぞく》。強《つよ》い放射線《ほうしゃせん》を出《だ》す。参考 一八九八年《ねん》にフランスのキュリー夫妻《ふさい》が発見《はっけん》した。

ラジエーター (radiator) 名詞 ❶自動車《じどうしゃ》のエンジンを冷《ひ》やす装置《そうち》。❷室内《しつない》の空気《くうき》を暖《あたた》める装置《そうち》。

ラジオ (radio) 名詞 放送局《ほうそうきょく》が音声《おんせい》を電波《でんぱ》にかえて送《おく》り出《だ》し、受《う》ける側《がわ》がそれを再《ふたた》び音声《おんせい》にかえて聞《き》く、放送《ほうそう》のしくみ。また、その受信装置《じゅしんそうち》。

ラジオゾンデ (ドイツ語) 名詞 高《たか》い空《そら》の気圧《きあつ》・気温《きおん》・湿度《しつど》などを測定《そくてい》して、その情報《じょうほう》を電波《でんぱ》で地上《ちじょう》に送《おく》る装置《そうち》。気球《ききゅう》などにとりつける。

ラジオたいそう【ラジオ体操】 名詞 ラジオで放送《ほうそう》される伴奏《ばんそう》と号令《ごうれい》に合《あ》わせて行《おこな》う体《たい》操《そう》。参考 NHK《エヌエイチケー》が一九二八年《ねん》に放送《ほうそう》を開始《かいし》した。

ラジオドラマ ⇩1208ページ ほうそうげき

ラジカセ 名詞 ラジオの受信装置《じゅしんそうち》とカセットテープレコーダーを組《く》み合《あ》わせた機械《きかい》。ことば「ラジオカセットテープレコーダー」の略《りゃく》。

ラジコン 名詞 機械《きかい》などを、電波《でんぱ》を使《つか》って遠《とお》くから思《おも》いどおりに動《うご》かすこと。とくに、そのしくみを使《つか》ったおもちゃ。ことば 英語《えいご》の「ラジオコントロール」の略《りゃく》。商標名《しょうひょうめい》。

ラシャ (ポルトガル語) 名詞 羊《ひつじ》の毛《け》で織《お》った、地《じ》の厚《あつ》い織物《おりもの》。上着《うわぎ》や帽子《ぼうし》などをつくる。

らしんばん【羅針盤】 名詞 船《ふね》や飛行機《ひこうき》の進《すす》む方角《ほうがく》を知《し》るための器械《きかい》。磁石《じしゃく》の針《はり》が南北《なんぼく》を指《さ》す性質《せいしつ》を利用《りよう》している。「コンパス」ともいう。図 ⇩506ページ コンパス❷

ラスト (last) 名詞 いちばん終《お》わり。最後《さいご》。例 ラストシーン。

ラストスパート (last spurt) 名詞 競走《きょうそう》などで、最後《さいご》に全力《ぜんりょく》を出《だ》すこと。例 ラストスパートをかけて相手《あいて》を追《お》いぬいた。

ラズベリー (raspberry) 名詞 ばらのなかまの低《ひく》い木《き》。赤色《あかいろ》や白《しろ》色《いろ》・黄色《きいろ》などの小《ちい》さなつぶが集《あつ》まった実《み》がなる。実《み》は、そのまま食《た》べたり、ジャムやジュースにしたりする。

ラズベリー

らせん 名詞 ぐるぐる巻《ま》いている形《かたち》。うず巻《ま》き。例 らせん階段《かいだん》。

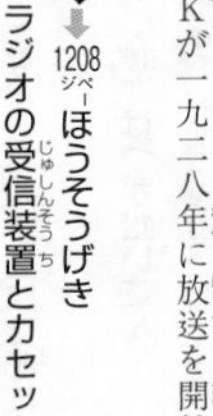
らせん

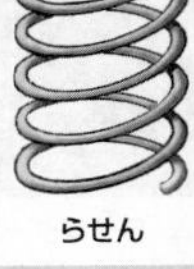

らたい【裸体】 名詞 はだかの体《からだ》。はだかの姿《すがた》。例 裸体画《が》。

らち 名詞 ものごとの決《き》まった範囲《はんい》。もうこれ以《い》上《じょう》先《さき》はないという、ぎりぎりのところ。ことば もとは、馬場《ばば》の周《まわ》りの囲《かこ》いのこと。

●**らちがあかない** ものごとの決着《けっちゃく》がつかず、うまく先《さき》へ進《すす》まない。例 電話《でんわ》でいくら説明《せつめい》してもらちが明かない。

らち【拉致】 名詞 動詞 人《ひと》を無理《むり》やりどこかへ連《つ》れていくこと。例 見知《みし》らぬ男《おとこ》に拉致される。

らっか【落下】 名詞 動詞 下《した》へ落《お》ちること。

ラッカー (lacquer) 名詞 家具《かぐ》や自動車《じどうしゃ》などにぬる塗料《とりょう》の一《ひと》つ。はやくかわき、つやが出《で》る。

らっかさん【落下傘】 ⇩1079ページ パラシュート

らっかせい【落花生】 名詞 季語秋 豆《まめ》のなかまの作物《さくもつ》。夏《なつ》、黄色《きいろ》い花《はな》がさく。受粉《じゅふん》のあと花《はな》の柄《え》が長《なが》くのびて地中《ちちゅう》にもぐり、地中《ちちゅう》に実《み》をつける。実《み》は食用《しょくよう》にしたり油《あぶら》をとったりする。「ピーナッツ」「なんきん豆《まめ》」ともいう。

らっかん【楽観】 名詞 動詞 これから先《さき》のことを、心配《しんぱい》しないで明《あか》るく考《かんが》えること。例 試験《しけん》の結果《けっか》を楽観する。対 悲観《ひかん》。

らっかんてき【楽観的】 形容動詞 ものごとが

読書のこみち　高 中 低　『魔女《まじょ》の宅急便《たっきゅうびん》』角野栄子《かどのえいこ》　キキは魔女《まじょ》の血筋《ちすじ》に生《う》まれた女《おんな》の子《こ》です。魔女《まじょ》になるには、ジジと、生《う》まれ育《そだ》った家《いえ》から旅立《たびだ》ちます。初《はじ》めての町《まち》でとまどい、失敗《しっぱい》をしながらも、心《こころ》

うまくいくだろうと、よいほうに考《かんが》えて心配《しんぱい》しないようす。例 姉《あね》はどんなときでも楽観的だ。対 悲観的《ひかんてき》。

ラッキー（lucky）名詞 形容動詞 運《うん》がよいこと。幸運《こううん》。例 急《きゅう》な雨《あめ》に降《ふ》られたが、かさを借《か》りられてラッキーだった。

ラッキーセブン 名詞 野球《やきゅう》で、七回目《ななかいめ》のこうげき。この回《かい》にはピッチャーがつかれてきて、得点《とくてん》のチャンスが増《ふ》えるとされる。ことば 英語《えいご》をもとに日本《にほん》で作《つく》られたことば。

らっきょう 名詞 季語 夏 ゆりのなかまの作物《さくもつ》。地下《ちか》のくきを漬物《つけもの》などにして食《た》べる。

らっきょう

らっこ 名詞 北太平洋《きたたいへいよう》の海岸《かいがん》にすむ、いたちのなかまの動物《どうぶつ》。石《いし》を使《つか》って、腹《はら》の上《うえ》で貝《かい》などを割《わ》って食《た》べる。ことば もとはアイヌのことば。

らっこ

ラッシュ（rush）
❶ 名詞 ものごとが同《おな》じ時《とき》に集中《しゅうちゅう》して起《お》こること。例 年末《ねんまつ》の帰省《きせい》ラッシュ。
❷ 名詞「ラッシュアワー」の略《りゃく》。
❸ 名詞 動詞 突進《とっしん》すること。とくに、ボクシングなどで激《はげ》しくこうげきすること。

ラッシュアワー（rush hour）名詞 学校《がっこう》や職《しょく》場《ば》に通《かよ》う人々《ひとびと》で、乗《の》り物《もの》や道《みち》などが非常《ひじょう》に混《こ》み合《あ》う、朝《あさ》や夕方《ゆうがた》の時間《じかん》。ラッシュ。

ラッセルしゃ【ラッセル車】 名詞 季語 冬 鉄道《てつどう》の除雪車《じょせつしゃ》の一《ひと》つ。線路《せんろ》に積《つ》もった雪《ゆき》をおしのけながら進《すす》む機関車《きかんしゃ》。関連 ロータリー車《しゃ》。

らっぱ 名詞 一方《いっぽう》のはしが大《おお》きく開《ひら》いた、金属《きんぞく》の管楽器《かんがっき》。トランペット・トロンボーン・ホルンなど。

らっぱずいせん 名詞 季語 春 すいせんのなかまの草花《くさばな》。花《はな》は大《おお》きく、うすい黄色《きいろ》または白色《しろいろ》。中心《ちゅうしん》がらっぱのようにつき出《だ》している。

らっぱずいせん

らっぱのみ【らっぱ飲み】 名詞 動詞 びんに直接口《ちょくせつくち》をつけて、らっぱをふくような格好《かっこう》で飲《の》むこと。

ラップ（wrap）名詞 食《た》べ物《もの》などを包《つつ》む、うすくてすき通《とお》ったフィルム。

ラップタイム（lap time）名詞 競走《きょうそう》・競泳《きょうえい》・スピードスケートなどで、一定区間《いっていくかん》ごとにかかった時間《じかん》。

ラディッシュ ↓1062ジペー はつかだいこん

ラテンアメリカ（Latin America）名詞 アメリカ大陸《たいりく》のうち、メキシコから南《みなみ》の大陸《たいりく》と西《にし》インド諸島《しょとう》をまとめていうことば。

ラテンご【ラテン語】 名詞 古代《こだい》ローマで使《つか》われていたことば。参考 現在《げんざい》は、学問《がくもん》や宗教《しゅうきょう》など、限《かぎ》られた分野《ぶんや》で使《つか》われている。

ラニーニャげんしょう【ラニーニャ現象】 名詞 太平洋《たいへいよう》の赤道付近《せきどうふきん》の水温《すいおん》が、長期《ちょうき》間《かん》、平年《へいねん》に比《くら》べて低《ひく》くなること。関連 エルニーニョ現象《げんしょう》。参考 世界的《せかいてき》な異常気象《いじょうきしょう》の原因《げんいん》となる。日本《にほん》では梅雨明《つゆあ》けが早《はや》くなったり、夏《なつ》が猛暑《もうしょ》になったりすることが多《おお》いといわれている。

ラブ（love）名詞
❶「愛《あい》」「恋愛《れんあい》」のこと。例 ラブレター。
❷テニスなどで、得点《とくてん》がないこと。例 ラブゲーム。

ラフカディオ＝ハーン ↓442ジペー こいずみやくも

ラブレター（love letter）名詞 恋《こい》しく思《おも》う相手《あいて》に、その気持《きも》ちを伝《つた》える手紙《てがみ》。恋文《こいぶみ》。

ラベル（label）名詞 品物《しなもの》にはりつける、品名《ひんめい》や内容《ないよう》などを書《か》いた小《ちい》さな札《ふだ》。

ラベンダー（lavender）名詞 しそのなかまの草花《くさばな》。夏《なつ》にむらさき色《いろ》の花《はな》がさく。独特《どくとく》の香《かお》りがある。花《はな》からラベンダー油《ゆ》をとり、香料《こうりょう》や薬用《やくよう》にする。

ラベンダー

ラムサールじょうやく【ラムサール条約】 名詞 水鳥《みずとり》の生息地《せいそくち》として国際的《こくさいてき》に重《じゅう》

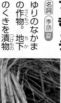

要《よう》な湿地《しっち》と、そこにすむ動植物《どうしょくぶつ》を守《まも》ることを目的《もくてき》とした条約《じょうやく》。一九七一年《ねん》、イランのラムサールの会議《かいぎ》で決められた。

ラムネ 名詞 季語 夏 炭酸水《たんさんすい》に砂糖《さとう》や香料《こうりょう》などを加《くわ》えた飲《の》み物《もの》。ガラス玉《だま》でふたをしたびんに入《はい》っている。 ことば 「レモネード」が変化《へんか》してできたことば。

↓230ページ 日本語教室 もとの発音《はつおん》は?

ラリー (rally) 名詞 ❶テニスや卓球《たっきゅう》などで、ボールの打《う》ち合《あ》いがとぎれずに続《つづ》くこと。❷自動車《じどうしゃ》の長距離競走《ちょうきょりきょうそう》。一定《いってい》のコースを、決《き》められた条件《じょうけん》で走《はし》る。

られつ【羅列】 名詞 動詞 ずらりと並《なら》べること。例 知《し》っていることばを羅列したただけでは、よい作文《さくぶん》にならない。

られる 助動詞 (ほかのことばのあとにつけて) ❶ほかのものから動作《どうさ》を受《う》けることを表《あらわ》す。例 母《はは》にほめられた／旅先《たびさき》で多《おお》くの人々《ひとびと》に助《たす》けられた。❷…することができる。例 弟《おとうと》の宿題《しゅくだい》ならぼくでも教《おし》えられる。❸自然《しぜん》にそうなることを表《あらわ》す。例 遊《あそ》んでいると時間《じかん》が短《みじか》く感《かん》じられる。❹その動作《どうさ》をする人《ひと》を尊敬《そんけい》する気持《きも》ちを表《あらわ》す。例 先生《せんせい》が来《こ》られる。 使い方 「れる」と同《おな》じ意味《いみ》だが、前《まえ》のことばによって使《つか》い分《わ》ける。

↓1414ページ 日本語教室

ラワン (タガログ語) 名詞 東南《とうなん》アジアなどに多《おお》い高《たか》い木《き》。木材《もくざい》はほどよいかたさで加工《かこう》しやすく、家具《かぐ》のほか、建築《けんちく》・造船《ぞうせん》などにも広《ひろ》く使《つか》われる。

らん 名詞 こちょうらん・しゅんらんなど、らんのなかまの植物《しょくぶつ》をまとめていう呼《よ》び名《な》。花《はな》が美《うつく》しく香《かお》りもよい。観賞用《かんしょうよう》として温室《おんしつ》でさいばいされる。 ことば 漢字《かんじ》では「蘭」と書《か》く。

らん

らん【乱】 名詞 戦《たたか》いなどで世《よ》の中《なか》が乱《みだ》れること。例 応仁《おうにん》の乱。

漢 **らん【乱】** 〔し〕《おつにょう》 7画 6年 音 ラン 訓 みだれる・みだす

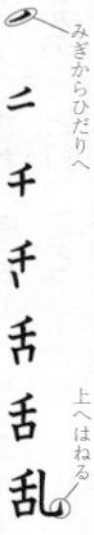

ニ チ 千 舌 舌 乱 (みぎからひだりへ／上へはねる)

❶みだれる。まとまりがない。例 乱雑《らんざつ》／乱暴《らんぼう》／混乱《こんらん》。❷あらそい。戦争《せんそう》。例 戦乱《せんらん》／反乱《はんらん》。❸むやみに。みだりに。例 乱読《らんどく》／乱用《らんよう》。

らん【卵】 名詞 「卵子《らんし》」のこと。例 受精卵《じゅせいらん》。漢

↓810ページ たまご〔卵〕

漢 **らん【覧】** 〔見〕《みる》 17画 6年 音 ラン

覧 (よこぼうをわすれないように／上へはねる)

みる。ながめる。例 回覧《かいらん》／観覧《かんらん》／遊覧船《ゆうらんせん》。

らん【欄】 名詞 ❶印刷《いんさつ》したもので、わくに囲《かこ》まれた部分《ぶぶん》。囲《かこ》み。例 テスト用紙《ようし》の解答欄《かいとうらん》。❷新聞《しんぶん》や雑誌《ざっし》などの、記事《きじ》の区分《くわ》け。例 新聞《しんぶん》のスポーツ欄。

ラン【LAN】 名詞 コンピューターネットワークの形式《けいしき》の一《ひと》つ。同《おな》じ建物《たてもの》の中《なか》などの限《かぎ》られた場所《ばしょ》で、さまざまなコンピューター機器《きき》を通《つう》信回線《しんかいせん》で接続《せつぞく》してつくられるネットワーク。 ことば 英語《えいご》の「ローカルエリアネットワーク」の頭文字《かしらもじ》からできたことば。

らんおう【卵黄】 名詞 卵《たまご》の中《なか》にある黄色《きいろ》い部分《ぶぶん》。黄身《きみ》。対 卵白《らんぱく》。

らんがい【欄外】 名詞 本《ほん》や新聞《しんぶん》などで、本文《ほんぶん》の上下左右《じょうげさゆう》の空《あ》いているところ。とくに、記事《きじ》や図表《ずひょう》を囲《かこ》むわくの外《そと》。例 欄外に注意書《ちゅういが》きがある。

らんかく【乱獲】 名詞 動詞 魚《さかな》や鳥《とり》、けものなどをやたらにとること。例 魚《さかな》の乱獲を食《く》い止《と》める。

らんがく【らん学】 名詞 日本《にほん》で、江戸時代《えどじだい》の中《なか》ごろから研究《けんきゅう》された、西洋《せいよう》の学問《がくもん》。オランダ語《ご》によって医学《いがく》・天文学《てんもんがく》・兵学《へいがく》などが学《まな》ばれた。関連 漢学《かんがく》。国学《こくがく》。

らんがくことはじめ【蘭学事始】 名詞 江《え》戸時代《どじだい》に、杉田玄白《すぎたげんぱく》が八十三才《はちじゅうさんさい》のときに書《か》いた本《ほん》。前野良沢《まえのりょうたく》らと「解体新書《かいたいしんしょ》」を訳《やく》したときの苦労《くろう》などが書《か》かれている。

らんかん【欄干】 名詞 橋《はし》・階段《かいだん》・縁側《えんがわ》などのふちにとりつけた手《て》すり。例 橋《はし》の欄干。

らんぎょう【乱行】 名詞 乱暴《らんぼう》な行《おこな》い。また、

だらしのない、乱《みだ》れた行《おこな》い。例 酔《よ》っぱらって乱行におよぶ。

らんきりゅう【乱気流】 名詞 不規則《ふきそく》に大《おお》きく乱《みだ》れた空気《くうき》の流《なが》れ。飛《と》んでいる飛行機《ひこうき》がゆれたり、急《きゅう》に上昇《じょうしょう》・下降《かこう》したりするなどのえいきょうがある。

ランキング（ranking） 名詞 成績《せいせき》や記録《きろく》による順位《じゅんい》。例 世界《せかい》ランキング一位《いちい》の選手《せんしゅ》。

ランク（rank） 名詞 動詞 順位《じゅんい》をつけて並《なら》べること。また、その順位《じゅんい》。例 もっと上《うえ》のランクをねらう／人気投票《にんきとうひょう》で上位《じょうい》にランクされた店《みせ》。

らんざつ【乱雑】 形容動詞 物《もの》が散《ち》らかっているようす。例 くつが乱雑にぬぎ捨《す》てられている。

らんし【卵子】 名詞 女《おんな》の人《ひと》やめすの体《からだ》でつくられる細胞《さいぼう》。精子《せいし》と結《むす》びついて子《こ》ができる。「卵《らん》」ともいう。対 精子《せいし》。

らんし【乱視】 名詞 目《め》の中《なか》の角膜《かくまく》などがゆがんでいるため、物《もの》の形《かたち》がずれたりゆがんだりして見《み》えること。また、そのような目《め》。

らんしん【乱心】 名詞 動詞 心《こころ》が乱《みだ》れること。気《き》がおかしくなること。例 父親《ちちおや》はむすこの死《し》を知《し》って乱心した。

らんせ【乱世】 ➡1388ページ らんせい〔乱世〕

らんせい【乱世】 名詞 争《あらそ》いごとや不安《ふあん》な事件《じけん》がやむことのない、乱《みだ》れた世《よ》の中《なか》。「らんせ」ともいう。対 治世《ちせい》。

らんせい【卵生】 名詞 鳥《とり》・魚《さかな》・昆虫《こんちゅう》のように、卵《たまご》のままで生《う》まれ、母親《ははおや》の体《からだ》の外《そと》でかえること。対 胎生《たいせい》。

らんせん【乱戦】 名詞 ❶敵《てき》と味方《みかた》が入《い》り乱《みだ》れて戦《たたか》うこと。❷勝敗《しょうはい》がなかなか決《き》まらない、あれた試合《しあい》。

らんそう【卵巣】 名詞 動物《どうぶつ》のめすが持《も》つ生殖《せいしょく》器官《きかん》で、卵子《らんし》をつくるところ。対 精巣《せいそう》。

らんぞう【乱造・濫造】 名詞 動詞 内容《ないよう》や質《しつ》を考《かんが》えないで、やたらにたくさんつくること。例 商品《しょうひん》を乱造する。

らんそううん【乱層雲】 名詞 低《ひく》い空《そら》を厚《あつ》くおおう、灰色《はいいろ》の暗《くら》い雲《くも》。雨《あめ》や雪《ゆき》を降《ふ》らせる。雨雲《あまぐも》。

らんだ【乱打】 名詞 動詞 むやみにたたき続《つづ》けること。また、野球《やきゅう》で、ピッチャーの投《な》げる球《たま》を次々《つぎつぎ》と打《う》つこと。

らんたいせい【卵胎生】 名詞 親《おや》の体《からだ》の中《なか》で卵《たまご》がかえり、子供《こども》が親《おや》に似《に》た形《かたち》で生《う》まれてくること。まむし・グッピーなどに見《み》られる。

ランダム（random） 形容動詞 こうしようと決《き》めてではなく、思《おも》いつくままであるようす。ある決《き》まりに従《したが》うのではなく、手当《てあ》たりしだいであるようす。例 ランダムにカードを選《えら》び出《だ》す。

ランチ（launch） 名詞 港《みなと》の中《なか》などを行《い》き来《き》する、小《ちい》さなふね。

ランチ（lunch） 名詞 ❶昼食《ちゅうしょく》。例 ランチタイム。❷手軽《てがる》な洋風《ようふう》の定食《ていしょく》。例 お子様《こさま》ランチ。

らんちょう【乱丁】 名詞 本《ほん》のページの順序《じゅんじょ》がちがっていること。例 乱丁本《ぼん》。

ランチョンマット 名詞 食事《しょくじ》のときに、食器《しょっき》を一人分《ひとりぶん》ずつのせるためにテーブルの上《うえ》に置《お》く、小《ちい》さな敷物《しきもの》。ことば 英語《えいご》をもとに日本《にほん》で作《つく》られたことば。

らんとう【乱闘】 名詞 動詞 敵《てき》と味方《みかた》が入《い》り乱《みだ》れて争《あらそ》うこと。例 観客《かんきゃく》の乱闘さわぎが起《お》きた。

らんどく【乱読・濫読】 名詞 動詞 種類《しゅるい》などに構《かま》わず、やたらに本《ほん》を読《よ》むこと。例 図書館《としょかん》の本《ほん》を乱読する。

ランドセル 名詞 おもに小学生《しょうがくせい》が教科書《きょうかしょ》や学用品《がくようひん》などを入《い》れて背負《せお》うかばん。ことば「背負《せお》いかばん」という意味《いみ》のオランダ語《ご》「ランセル」が変化《へんか》してできたことば。

ランドルトかん【ランドルト環】 名詞 視力《しりょく》検査《けんさ》のときに使《つか》う、一部《いちぶ》が切《き》れた円《えん》。ことば フランスの眼科医《がんかい》ランドルトが考案《こうあん》したことからついた名《な》まえ。

ランナー（runner） 名詞 ❶陸上《りくじょう》競技《きょうぎ》で、競走《きょうそう》に出《で》て走《はし》る人《ひと》。走者《そうしゃ》。例 マラソンランナー。❷野球《やきゅう》で塁《るい》に出《で》た人《ひと》。走者《そうしゃ》。例 ピンチランナー。

らんにゅう【乱入】 名詞 動詞 大勢《おおぜい》の人《ひと》が、どっと入《はい》りこむこと。例 観客《かんきゃく》が試合中《しあいちゅう》のグラウンドに乱入した。

ランニング（running） 名詞 ❶走《はし》ること。例 ランニングで体《からだ》をきたえる。❷「ランニングシャツ」の略《りゃく》。

ランニングシャツ 名詞 そでなしのシャツ。ことば 英語《えいご》をもとに日本《にほん》で作《つく》られたことば。

らんのう【卵のう】 名詞 さめや二枚貝《にまいがい》などの

がら指先《ゆびさき》をつまむ。昔《むかし》のえらい人《ひと》が鼻《はな》の下《した》に生《は》やしていたひげの形《かたち》をまねして動《うご》かしてみよう。

卵《たまご》を、ふくろのように包《つつ》んでいる膜《まく》。

らんぱく【卵白】 名詞 卵《たまご》の中《なか》にあるすき通《とお》った部分《ぶぶん》。熱《ねつ》を加《くわ》えると白《しろ》くなる。白身《しろみ》。対 卵《らん》黄《おう》。

らんばつ【乱伐・濫伐】 名詞 動詞 山林《さんりん》の木《き》をむやみやたらに切《き》りたおすこと。

らんぱつ【乱発・濫発】 名詞 動詞 お金《かね》や証《しょう》券《けん》などを、むやみに多《おお》く発行《はっこう》すること。例 政《せい》府《ふ》は国債《こくさい》を乱発した。

らんはんしゃ【乱反射】 名詞 表面《ひょうめん》がでこぼこしたものに光《ひかり》が当《あ》たって、いろいろな方向《ほうこう》に反射《はんしゃ》すること。

らんぴ【乱費・濫費】 名詞 動詞 お金《かね》などを、むやみに使《つか》うこと。むだづかいすること。例 予算《よさん》の乱費をふせぐことが大切《たいせつ》だ。

らんぴつ【乱筆】 名詞 ❶乱暴《らんぼう》に書《か》かれた字《じ》。❷手紙《てがみ》などで、自分《じぶん》の字《じ》をへりくだっていうことば。例 乱筆お許《ゆる》しください。

らんぶ【乱舞】 名詞 動詞 入《い》り乱《みだ》れておどること。夢中《むちゅう》になっておどること。例 花畑《はなばたけ》でちょうの乱舞が見《み》られる。

ランプ (オランダ語) 名詞 ❶しんに石油《せきゆ》をしみこませ、それに火《ひ》をともしてガラスのおおいをかぶせた明《あ》かり。❷電灯《でんとう》。例 車《くるま》のブレーキランプ。

ランプ❶

ランプシェード (lampshade) 名詞 ランプや電灯《でんとう》のかさ。

らんぼう【乱暴】 名詞 動詞 形容動詞 ❶暴《ぼう》力《りょく》をふるうこと。例 乱暴はいけないよ。❷物《もの》のあつかいや行《おこな》いが、ていねいでなく、あらっぽいこと。例 字《じ》を乱暴に書《か》く。❸ものごとのふつうのあり方《かた》から外《はず》れていること。むちゃなこと。例 その考《かんが》え方《かた》は乱暴だ。

らんま【欄間】 名詞 日本風《にほんふう》の部屋《へや》で、天井《てんじょう》とかもい(＝障子《しょうじ》やふすまの上《うえ》の横木《よこぎ》)との間《あいだ》につくったかざり窓《まど》。格子《こうし》や、すかしぼりをはめてある。図↓284ジ《ペー》かもい

らんまん[と]【らん漫[と]】 副詞 ❶花《はな》が美《うつく》しくさき乱《みだ》れるようす。例 春《はる》の花《はな》がらん漫とさきこぼれていた。❷外《そと》に明《あか》るくあらわれるようす。例 天真《てんしん》らん漫(＝明《あか》るくて無邪気《むじゃき》なようす)。

らんみゃく【乱脈】 名詞 形容動詞 決《き》まりが乱《みだ》れていて、いいかげんであること。例 乱脈な経営《けいえい》によって会社《かいしゃ》はつぶれた。

らんよう【乱用・濫用】 名詞 動詞 むやみやたらに使《つか》うこと。例 薬《くすり》の乱用。

らんらん[と] 副詞 目《め》などがするどく光《ひか》りかがやくようす。例 らんらんとかがやく目《め》。

らんりつ【乱立・濫立】 名詞 動詞 ❶多《おお》くのものが、まとまりなくむやみに立《た》ち並《なら》ぶこと。例 駅前《えきまえ》にビルが乱立している。❷選挙《せんきょ》などで、むやみに多《おお》くの候補者《こうほしゃ》が立《た》つこと。例 候補者《こうほしゃ》の乱立する選挙区《せんきょく》。

下《した》の 手話にチャレンジ を見《み》よう。

り【利】 名詞 ❶都合《つごう》がよいこと。例 こちらに利がある／地《ち》の利がいい(＝便利《べんり》な場所《ばしょ》である)。❷もうけ。利益《りえき》。とく。例 漁夫《ぎょふ》の利。

漢 **り【利】** 〔刂〕りっとう 7画 4年 音 リ 訓 きく

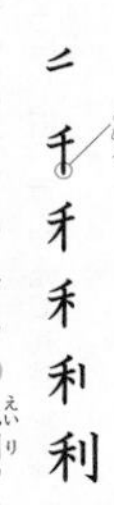

❶するどい。よくきれる。例 鋭利《えいり》。❷役《やく》に立《た》つ。都合《つごう》がよい。例 利点《りてん》／利用《りよう》／便利《べんり》。❸かしこい。例 利口《りこう》／利発《りはつ》。❹もうけ。例 利益《りえき》／利子《りし》／利息《りそく》／営利《えいり》／実利《じつり》。

漢 **り【里】** 〔里〕さと 7画 2年 音 リ 訓 さと

❶いなか。さと。例 里帰《さとがえ》り／里心《さとごころ》／郷里《きょうり》／村里《むらざと》／山里《やまざと》。❷昔《むかし》、日本《にほん》で使《つか》われていた、きょりの単位《たんい》。一里《いちり》は約《やく》三・九キロメートル。例 三里《さんり》／千里眼《せんりがん》。

り【理】 名詞 ものごとの正《ただ》しい筋道《すじみち》。例 弟《おとうと》の言《い》うことにもそれなりの理がある。漢↓1390ジ《ペー》り

手話にチャレンジ　**立派《りっぱ》**　親指《おやゆび》とほかの４本《ほん》の指《ゆび》で物《もの》をはさむような形《かたち》にした右手《みぎて》を鼻《はな》の下《した》に置《お》き、横《よこ》に動《うご》かしな

〔理〕

●**理《り》にかなう**　ものごとの筋道《すじみち》や理屈《りくつ》に合《あ》っている。例 理にかなったやり方《かた》。

漢 **り【理】**〔王〕おうへん　11画　2年　音 リ　訓

みぎ上へはらう
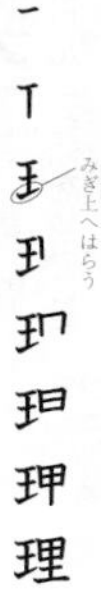

❶おさめる。処置《しょち》する。ととのえる。例 理事《りじ》／管理《かんり》／整理《せいり》。❷ものごとの正《ただ》しいすじみち。例 理屈《りくつ》／理由《りゆう》／理論《りろん》／真理《しんり》／道理《どうり》。❸わかる。さとる。例 理解《りかい》。❹自然科学《しぜんかがく》の学問《がくもん》をまとめていうことば。

り【裏】 漢 ⇩138ページ《ジ》 うら〔裏〕

リアスかいがん【リアス海岸】 名詞 みさきと入《い》り江《え》が、のこぎりの歯《は》のように入《い》り組《く》んで続《つづ》いている海岸《かいがん》。山地《さんち》が海《うみ》にせまり、がけになっている。日本《にほん》では、三陸海岸《さんりくかいがん》・志摩半島《しまはんとう》などにある。「リアス式海岸《しきかいがん》」ともいう。

リアリズム（realism） 名詞 ❶理想《りそう》よりも現実《げんじつ》に合《あ》っていることを大切《たいせつ》にする考《かんが》え方《かた》。「現実主義《げんじつしゅぎ》」ともいう。❷芸術《げいじゅつ》で、ものごとをありのままに表現《ひょうげん》しようとする考《かんが》え方《かた》。「写実主義《しゃじつしゅぎ》」ともいう。

リアリティー（reality） 名詞 実際《じっさい》のようすがよく表《あらわ》れていること。現実的《げんじつてき》であること。例 きみの話《はなし》はリアリティーがある。

リアル（real） 形容動詞 実際《じっさい》のとおりであるようす。ありのまま。写実的《しゃじつてき》。例 鳥《とり》の絵《え》がリアルにえがかれている。

リーグせん【リーグ戦】 名詞 参加《さんか》しているチームや選手《せんしゅ》が、ほかのチームや選手全部《せんしゅぜんぶ》と戦《たたか》う試合《しあい》のやり方《かた》。総当《そうあ》たり戦《せん》。関連 トーナメント。

リース（lease） 名詞 動詞 機械《きかい》や建物《たてもの》などを、あるまとまった期間《きかん》、お金《かね》をとって貸《か》すこと。

リーズナブル（reasonable） 形容動詞 理屈《りくつ》に合《あ》っていて納得《なっとく》できるようす。値段《ねだん》が手《て》ごろで納得《なっとく》できるようす。例 リーズナブルな価格《かかく》の商品《しょうひん》。

リーダー（leader） 名詞 ❶ある集《あつ》まりの中心《ちゅうしん》になり、みんなをまとめて導《みちび》いていく人《ひと》。指導者《しどうしゃ》。例 登山経験《とざんけいけん》が豊富《ほうふ》な父《ちち》は、登山隊《とざんたい》のリーダーに選《えら》ばれた。❷「点線《てんせん》」のこと。

リーダー（reader） 名詞 教科書《きょうかしょ》として使《つか》われる、外国語《がいこくご》の読《よ》み物《もの》。読本《とくほん》。

リーダーシップ（leadership） 名詞 ❶集団《しゅうだん》をまとめて、導《みちび》いていく力《ちから》。統率力《とうそつりょく》。例 すぐれたリーダーシップを発揮《はっき》する。❷リーダーとしての地位《ちい》や任務《にんむ》。例 委員会《いいんかい》の運営《うんえい》でリーダーシップをとる。

リード（lead） ❶ 名詞 動詞 先《さき》に立《た》ってほかの人《ひと》を導《みちび》いていくこと。例 兄《あに》のリードで山道《やまみち》を進《すす》んで行《い》った。❷ 名詞 動詞 試合《しあい》で、相手《あいて》より多《おお》く点《てん》をとっていること。例 とちゅうまで三組《さんくみ》がリードしていた。❸ 名詞 動詞 野球《やきゅう》で、ランナーが次《つぎ》の塁《るい》をねらって、塁《るい》からはなれること。例 大《おお》きくリードしていて、けん制《せい》されてアウトになった。❹ 名詞 新聞《しんぶん》や雑誌《ざっし》の記事《きじ》で、見出《みだ》しの次《つぎ》にある、本文《ほんぶん》の内容《ないよう》を簡単《かんたん》にまとめたもの。リード文《ぶん》。

リーフレット（leaflet） 名詞 案内《あんない》や説明《せつめい》、宣伝《せんでん》などのための、一枚《いちまい》の紙《かみ》に刷《す》られた印刷物《いんさつぶつ》。折《お》りたたんだ形《かたち》のものが多《おお》い。

リール（reel） 名詞 ❶つりざおにつけて、つり糸《いと》をくり出《だ》したり、巻《ま》きとったりする道具《どうぐ》。❷糸《いと》・ひも・フィルム・テープなどを巻《ま》きとるわく。

リウマチ ⇩1399ページ《ジ》 リューマチ

りえき【利益】 名詞 ❶もうけ。得《とく》。例 商売《しょうばい》で利益を上《あ》げる。類 収益《しゅうえき》。利潤《りじゅん》。❷ためになること。例 みんなの利益を考《かんが》える。

りか【理科】 名詞 ❶学校《がっこう》で、自然《しぜん》のできごとや、自然《しぜん》の中《なか》にあるものについて勉強《べんきょう》する教科《きょうか》。❷学問《がくもん》を大《おお》きく分類《ぶんるい》したときの分野《ぶんや》の一《ひと》つ。物理学《ぶつりがく》・化学《かがく》・生物学《せいぶつがく》・天文学《てんもんがく》など。対 文科《ぶんか》。❸大学《だいがく》で、理科《りか》（＝❷）を研究《けんきゅう》・教育《きょういく》する部門《ぶもん》。対 文科《ぶんか》。

りかい【理解】 名詞 動詞 ❶ものごとの筋道《すじみち》や意味《いみ》がよくわかること。例 分数《ぶんすう》のしくみが理解できた。❷人《ひと》の気持《きも》ちやようすを思《おも》いやること。例 父《ちち》は、ぼくの考《かんが》えを理解してくれた。

無学《むがく》な両親《りょうしん》にばか者《もの》あつかいされていた。しかし小学校《しょうがっこう》で、マチルダの才能《さいのう》を認《みと》め味方《みかた》になってくれる先生《せんせい》、ミ暴力的《ぼうりょくてき》な校長《こうちょう》に立《た》ち向《む》かう。小《ちい》さな女《おんな》の子《こ》が知恵《ちえ》をつくして横暴《おうぼう》な大人《おとな》をやっつける、痛快《つうかい》な物語《ものがたり》。

りがい【利害】 名詞 得《とく》をすることと損《そん》をすること。利益《りえき》と損害《そんがい》。類 損得《そんとく》。得失《とくしつ》。

りがいかんけい【利害関係】 名詞 一方《いっぽう》の利益《りえき》や損害《そんがい》が、もう一方《いっぽう》の利益《りえき》や損害《そんがい》に関係《かんけい》するような間《あいだ》がら。例 利害関係が対立《たいりつ》する。

りき【力】 漢 ⇩1402ジペ゛ーりょく〔力〕

りき【利器】 名詞 ❶便利《べんり》な道具《どうぐ》や機械《きかい》。例 携帯電話《けいたいでんわ》は文明《ぶんめい》の利器だ。❷よく切《き》れる刃物《はもの》。

りきえい【力泳】 名詞 動詞 力《ちから》いっぱい泳《およ》ぐこと。

りきがく【力学】 名詞 物理学《ぶつりがく》の一分野《いちぶんや》。物《もの》と物《もの》との間《あいだ》にはたらく力《ちから》と、それによって起《お》きる運動《うんどう》との関係《かんけい》について研究《けんきゅう》する学問《がくもん》。

りきさく【力作】 名詞 いっしょうけんめい努《ど》力《りょく》してつくった作品《さくひん》。例 力作ぞろいの展覧会《てんらんかい》。

りきし【力士】 名詞 すもうをとることを職業《しょくぎょう》としている人《ひと》。すもうとり。

りきせつ【力説】 名詞 動詞 自分《じぶん》の考《かんが》えを強《つよ》く主張《しゅちょう》すること。例 リサイクルの大切《たいせつ》さを力説する。

りきそう【力走】 名詞 動詞 力《ちから》いっぱい走《はし》ること。例 最後《さいご》まで力走したが、二位《にい》に終《お》わった。

りきてん【力点】 名詞 ❶ものごとをするときに、とくに力《ちから》を入《い》れるところ。類 重点《じゅうてん》。❷てこで、物《もの》を動《うご》かすときに力《ちから》を加《くわ》えるところ。関連 支点《してん》。作用点《さようてん》。図 ⇩890ジペ゛ーてこ

りきとう【力投】 名詞 動詞 野球《やきゅう》などで、投手《とうしゅ》が力《ちから》いっぱい投球《とうきゅう》すること。例 声援《せいえん》にこたえてエースは力投した。

りきむ【力む】 動詞 ❶息《いき》をつめて、体《からだ》に力《ちから》をこめる。例 顔《かお》を真《ま》っ赤《か》にして力む。❷強《つよ》そうにいばって見《み》せる。例 ぜったいに負《ま》けないと力んでみせた。

りきゅう【離宮】 名詞 皇居《こうきょ》とは別《べつ》に、はなれたところに建《た》てられた天皇《てんのう》の住《す》まい。

りきりょう【力量】 名詞 ものごとをやりとげる能力《のうりょく》の程度《ていど》。腕前《うでまえ》。例 高《たか》い力量を示《しめ》す。

りく【陸】 名詞 地球《ちきゅう》の表面《ひょうめん》で、水《みず》におおわれていない部分《ぶぶん》。例 陸に上《あ》がる／陸が見《み》える／陸の孤島《ことう》（＝交通《こうつう》の不便《ふべん》なところ）。

漢 **りく【陸】**〔阝こざとへん〕11画 4年 音 リク 訓 おか

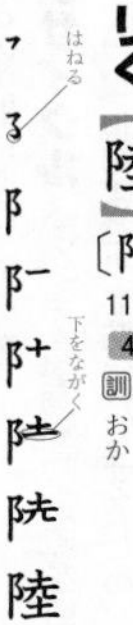

りく。地球上《ちきゅうじょう》で、水《みず》におおわれていないところ。例 陸上《りくじょう》／陸地《りくち》／大陸《たいりく》／着陸《ちゃくりく》。対 海《かい》。

りくあげ【陸揚げ・陸上げ】 名詞 動詞 船《ふね》に積《つ》んである荷物《にもつ》を陸《りく》にあげること。類 水揚《みずあ》げ。

りくうん【陸運】 名詞 鉄道《てつどう》や自動車《じどうしゃ》を使《つか》って、陸上《りくじょう》で人《ひと》や荷物《にもつ》を運《はこ》ぶこと。対 海運《かいうん》。

リクエスト（request） 名詞 動詞 ❶こうしてほしいと望《のぞ》むこと。希望《きぼう》。注文《ちゅうもん》。例 図書館《としょかん》に本《ほん》をリクエストする。❷テレビやラジオでの、見《み》たり聞《き》いたりする人《ひと》からの注文《ちゅうもん》や希望《きぼう》。例 リクエスト曲《きょく》。

りくぐん【陸軍】 名詞 おもに陸上《りくじょう》で戦《たたか》う軍《ぐん》隊《たい》。関連 海軍《かいぐん》。空軍《くうぐん》。

りくじょう【陸上】 名詞 ❶陸地《りくち》の上《うえ》。例 陸上交通《こうつう》。対 海上《かいじょう》。水上《すいじょう》。❷「陸上競技《りくじょうきょうぎ》」の略《りゃく》。

りくじょうきょうぎ【陸上競技】 名詞 陸《りく》上《じょう》で走《はし》ったり、投《な》げたり、とんだりする力《ちから》をきそうスポーツ。短距離走《たんきょりそう》・長距離走《ちょうきょりそう》・高《たか》とび・やり投《な》げなど。球技《きゅうぎ》は入《はい》らない。

りくせい【陸生】 名詞 動詞 陸地《りくち》にすむこと。また、陸地《りくち》に生《は》えること。例 陸生動物《どうぶつ》／陸生植物《しょくぶつ》。対 水生《すいせい》。

りくぜん【陸前】 名詞 昔《むかし》の国《くに》の名《な》の一《ひと》つ。今《いま》の宮城県《みやぎけん》の大部分《だいぶぶん》と岩手県《いわてけん》の一部《いちぶ》に当《あ》たる。

りくぞく【と】【陸続［と］】 副詞 とぎれることなく続《つづ》くこと。例 お客《きゃく》が陸続とやってくる。

ことば 「陸続《りくつづ》き」とは別《べつ》のことば。

りくち【陸地】 名詞 地球《ちきゅう》の表面《ひょうめん》で、水《みず》におおわれていない部分《ぶぶん》。陸《りく》。

りくちゅう【陸中】 名詞 昔《むかし》の国《くに》の名《な》の一《ひと》つ。今《いま》の岩手県《いわてけん》の大部分《だいぶぶん》と秋田県《あきたけん》の一部《いちぶ》に当《あ》たる。

りくつ【理屈】 名詞 ❶ものごとの筋道《すじみち》。道理《どうり》。❷無理《むり》につくり上《あ》げた、もっともらしい理由《りゆう》。例 理屈をこねる。

●**理屈《りくつ》に合《あ》わない** ものごとの筋道《すじみち》が通《とお》っていない。例 理屈に合わない意見《いけん》を言《い》い張《は》る。

りくとう【陸稲】 名詞 水田《すいでん》でなく、畑《はたけ》でつく

読書のこみち　高 中 低　『マチルダはちいさな大天才《だいてんさい》』ダール　マチルダは4才《さい》で大人《おとな》の本《ほん》を読《よ》む頭《あたま》のいい子《こ》だが、ス・ハニーと出会《であ》う。大好《だいす》きな先生《せんせい》を助《たす》けるため、マチルダは小学校《しょうがっこう》を支配《しはい》する理不尽《りふじん》で

関連＝関係《かんけい》の深《ふか》いことば

るいね。「おかぼ」ともいう。対 水稲《すいとう》。

りくふう【陸風】 名詞 夜《よる》に、陸《りく》から海《うみ》に向《む》かってふく風《かぜ》。対 海風《かいふう》。参考 夜《よる》は陸《りく》のほうが海《うみ》よりも早《はや》く温度《おんど》が下《さ》がるために起《お》こる。

リクライニングシート（reclining seat）名詞 乗《の》り物《もの》などで、背《せ》もたれの角度《かくど》を自由《じゆう》に変《か》えられる座席《ざせき》。

りくろ【陸路】 名詞 陸上《りくじょう》の道《みち》。また、陸《りく》の上《うえ》を通《とお》って行《い》くこと。例 陸路で青森《あおもり》へ向《む》かう。関連 海路《かいろ》。空路《くうろ》。

りけん【利権】 名詞 利益《りえき》を自分《じぶん》のものにできる権利《けんり》。例 利権をめぐって争《あらそ》いが起《お》きた。

りこ【利己】 名詞 自分《じぶん》の利益《りえき》や楽《たの》しみだけを考《かんが》え、人《ひと》のことを考《かんが》えないこと。例 利己主義《しゅぎ》／利己的《てき》な人《ひと》。

りこう【利口】 名詞 形容動詞 ❶かしこいこと。頭《あたま》がよいこと。例 利口な犬《いぬ》。❷ぬけ目《め》がないこと。要領《ようりょう》がよいこと。例 利口に立《た》ち回《まわ》る。

りこう【履行】 名詞 動詞 やると約束《やくそく》したことなどを、実際《じっさい》に行《おこな》うこと。例 契約《けいやく》を履行する。

リコーダー（recorder）名詞 木管楽器《もっかんがっき》の一《ひと》つ。縦笛《たてぶえ》で、やわらかな音《おと》を出《だ》す。プラスチック製《せい》のものもある。例 アルトリコーダー。

リコール（recall）名詞 動詞 選挙《せんきょ》で選《えら》ばれた議《ぎ》員《いん》・知《ち》事《じ》・市《し》長《ちょう》などがその役目《やくめ》にふさわしくないと思《おも》われたとき、ある決《き》まった数以上《かずいじょう》の選挙民《せんきょみん》の署名《しょめい》を集《あつ》め、やめさせること。

りこしゅぎ【利己主義】 名詞 自分《じぶん》の利益《りえき》や楽《たの》しみだけを考《かんが》え、ほかの人《ひと》のことはどうでもよいという、身勝手《みがって》な考《かんが》え方《かた》。類 エゴイズム。

りこてき【利己的】 形容動詞 自分《じぶん》の利益《りえき》だけを求《もと》めて、ほかの人《ひと》のことを考《かんが》えないようす。自分勝手《じぶんかって》なようす。例 利己的な行動《こうどう》。

りこん【離婚】 名詞 動詞 夫婦《ふうふ》が結婚《けっこん》の関係《かんけい》をやめて別《わか》れること。対 結婚《けっこん》。

リサーチ（research）名詞 動詞 調査《ちょうさ》すること。例 学級《がっきゅう》ごとに読書量《どくしょりょう》をリサーチする。

りさい【り災】 名詞 動詞 火事《かじ》・地震《じしん》・台風《たいふう》などの災難《さいなん》にあうこと。類 被災《ひさい》。

リサイクル（recycle）名詞 動詞 資源《しげん》を節約《せつやく》したり環境《かんきょう》のよごれを防《ふせ》いだりするため、いらなくなったものやごみに出《だ》されたものを、もう一度生《いちどい》かして利用《りよう》すること。例 空《あ》きかんをリサイクルする。

リサイクルショップ 名詞 使用《しよう》した衣類《いるい》や家具《かぐ》・電化製品《でんかせいひん》などを買《か》いとって、きれいにしたり、修理《しゅうり》したりして、売《う》る店《みせ》。ことば 英語《えいご》をもとに日本《にほん》で作《つく》られたことば。

リサイクルほう【リサイクル法】 名詞 ごみを出《だ》さない社会《しゃかい》を目指《めざ》して、資源《しげん》の有効《ゆうこう》な利《り》用《よう》をすすめるために決《き》められた法律《ほうりつ》。物《もの》の種類《しゅるい》ごとに「家電《かでん》リサイクル法《ほう》」「容器包装《ようきほうそう》リサイクル法《ほう》」などの法律《ほうりつ》が、別《べつ》に決《き》められている。

リサイクルマーク 名詞 容器《ようき》や電池《でんち》などがリサイクルできるかどうか、ひと目《め》でわかるようにつけるマーク。素材《そざい》ごとに、アルミかん・スチールかん・紙製《かみせい》の容器《ようき》や包装《ほうそう》・プラスチック製《せい》の容器《ようき》や包装《ほうそう》・ペットボトルにつけるマークなどがある。ことば 英語《えいご》をもとに日本《にほん》で作《つく》られたことば。

リサイタル（recital）名詞 独唱会《どくしょうかい》。独奏会《どくそうかい》。例 ピアノのリサイタル。

りさん【離散】 名詞 動詞 一《ひと》つにまとまっていたものがはなればなれになること。例 戦争《せんそう》で一家《いっか》が離散した。

りし【利子】 名詞 人《ひと》に貸《か》したり、銀行《ぎんこう》などに預《あず》けたりしたお金《かね》に対《たい》して、決《き》まった割合《わりあい》でしはらわれるお金《かね》。利息《りそく》。対 元金《がんきん》。

りじ【理事】 名詞 団体《だんたい》を代表《だいひょう》し、事務《じむ》などの責任《せきにん》を持《も》つ役職《やくしょく》。

りじゅん【利潤】 名詞 仕事《しごと》や商売《しょうばい》でのもうけ。例 利潤の少《すく》ない仕事《しごと》。類 利益《りえき》。

りしりれぶんサロベツこくりつこうえん【利尻礼文サロベツ国立公園】 名詞 北海道北西部《ほっかいどうほくせいぶ》の利尻島《りしりとう》・礼文島《れぶんとう》とサロベツ原野《げんや》を中心《ちゅうしん》とする日本最北《にほんさいほく》の国立公園《こくりつこうえん》。高山《こうざん》植物《しょくぶつ》や湿原《しつげん》、海岸砂丘《かいがんさきゅう》などが特色《とくしょく》。

りす 名詞 森《もり》や林《はやし》にすむ、ねずみに似《に》た動物《どうぶつ》。太《ふと》くて長《なが》いふさのような尾《お》がある。木《き》の上《うえ》などを走《はし》り回《まわ》り、木《き》の実《み》を食《た》べる。

りす
（えぞりす）

リスク（risk）

ト・ケーキを作《つく》るのがとても上手《じょうず》。やがて、りんごの木《き》と友《とも》だちになり、森《もり》を作《つく》り、いつしか子供《こども》たちと仲《なか》よくハリ」など、不思議《ふしぎ》な妖精《ようせい》たちと素朴《そぼく》な人々《ひとびと》が織《お》りなす短編集《たんぺんしゅう》。ニュージーランドのファンタジーです。

名詞 予想《よそう》したとおりにうまくいかない可能性《かのうせい》。失敗《しっぱい》したり損《そん》をしたりする危険《きけん》。例 リスクを考《かんが》えに入《い》れて計画《けいかく》を立《た》てる／その実験《じっけん》はリスクが大《おお》きい。

リスト (list) 名詞 名《な》まえや内容《ないよう》などを並《なら》べて書《か》いたもの。一覧表《いちらんひょう》。例 参加者《さんかしゃ》のリストをつくる。

リストラ 名詞 動詞 社員《しゃいん》の数《かず》を減《へ》らしたり、もうからない事業《じぎょう》の内容《ないよう》を変《か》えたりして、会社《かいしゃ》の建《た》て直《なお》しをすること。ことば 英語《えいご》の「リストラクチュアリング」の略《りゃく》。

リスニング (listening) 名詞 聞《き》きとること。例 英語《えいご》のリスニング問題《もんだい》。類 ヒアリング。

リズミカル (rhythmical) 形容動詞 リズムがあって、調子《ちょうし》がよいようす。例 リズミカルな曲《きょく》。

リズム (rhythm) 名詞
❶音《おと》の強《きょう》弱《じゃく》や長短《ちょうたん》の、規則《きそく》正《ただ》しいくり返《かえ》し。例 リズムをとる。
❷ものごとの規則《きそく》正《ただ》しいくり返《かえ》し。例 生活《せいかつ》のリズムを整《ととの》える。

リズムかん【リズム感《かん》】 名詞 歌《うた》や音楽《おんがく》のリズムを感《かん》じとったり、リズムに合《あ》わせて歌《うた》ったり演奏《えんそう》したりする能力《のうりょく》。例 リズム感がよい。

りする【利する】 動詞
❶利益《りえき》を得《え》させる。助《たす》ける。例 国民《こくみん》を利する政治《せいじ》が行《おこな》われるべきだ。
❷うまく使《つか》う。利用《りよう》する。例 地形《ちけい》を利した海《うみ》沿《ぞ》いの公園《こうえん》。

りせい【理性】 名詞 筋道《すじみち》を立《た》ててものごとを考《かんが》え、正《ただ》しく判断《はんだん》する心《こころ》のはたらき。例 つい理性を失《うしな》ってどなってしまった。

りせいてき【理性的】 形容動詞 理性《りせい》に従《したが》って考《かんが》え、行動《こうどう》するようす。対 感情的《かんじょうてき》。

リセット (reset) 名詞 動詞 機械《きかい》などを、動《うご》かし始《はじ》める前《まえ》の状態《じょうたい》にもどすこと。例 コンピューターをリセットする。

りそう【理想】 名詞 人《ひと》がもっともよいものとして考《かんが》え、追《お》い求《もと》めるもの。例 自分《じぶん》の将来《しょうらい》に高《たか》い理想を持《も》つ／理想の世界《せかい》。

りそうきょう【理想郷】 ⇩1351ページ ユートピア

りそうてき【理想的】 形容動詞 考《かんが》えられる、もっともよい状態《じょうたい》であるようす。望《のぞ》みどおりであるようす。例 この体育館《たいいくかん》の設備《せつび》は理想的だ。

りそく【利息】 名詞 「利子《りし》」のこと。例 貯金《ちょきん》に利息がついた。対 元金《がんきん》。

リタイア (retire) 名詞 動詞
❶競技《きょうぎ》のとちゅうで、退場《たいじょう》、または棄権《きけん》すること。例 足《あし》をねんざしてゴール直前《ちょくぜん》でリタイアする。
❷引退《いんたい》すること。退職《たいしょく》すること。例 祖父《そふ》はリタイアして園芸《えんげい》を始《はじ》めた。

りだつ【離脱】 名詞 動詞 それまでいた団体《だんたい》や自分《じぶん》の持《も》ち場《ば》からぬけ出《だ》して、はなれること。例 兵士《へいし》が戦線《せんせん》から離脱する。

りち【律】 漢 ⇩1393ページ りつ〔律〕

りち【理知】 名詞 ものごとの正《ただ》しい筋道《すじみち》を見分《みわ》け、判断《はんだん》する力《ちから》。例 理知的《てき》。

りちぎ【律義・律儀】 名詞 形容動詞 とてもまじめで義理《ぎり》がたいこと。例 律義な人《ひと》。

りちてき【理知的】 形容動詞 理性《りせい》と知恵《ちえ》によって、考《かんが》えたり行動《こうどう》したりするようす。

りちゃくりく【離着陸】 名詞 動詞 飛行機《ひこうき》などが、離陸《りりく》することと着陸《ちゃくりく》すること。

漢 **りつ【立】** 〔立《たつ》〕 5画 1年 音 リツ・リュウ 訓 たつ・たてる
下をながく
❶たつ。たてる。例 立場《たちば》／立《た》て札《ふだ》／立案《りつあん》／立《りつ》像《ぞう》／起立《きりつ》／建立《こんりゅう》／直立《ちょくりつ》。❷しっかりと決《き》める。たてる。例 立法《りっぽう》／樹立《じゅりつ》／自立《じりつ》。❸季節《きせつ》が始《はじ》まる。例 立秋《りっしゅう》／立春《りっしゅん》。

漢 **りつ【律】** 〔彳《ぎょうにんべん》〕 9画 6年 音 リツ・リチ
つきだす
❶きまり。おきて。例 律義《りちぎ》／一律《いちりつ》／規律《きりつ》／法《ほう》律《りつ》。❷音楽《おんがく》などの調子《ちょうし》。例 旋律《せんりつ》。

りつ【率】 名詞 ある部分《ぶぶん》の大《おお》きさを、全体《ぜんたい》の大《おお》きさと比《くら》べて表《あらわ》したもの。割合《わりあい》。例 百分率《ひゃくぶんりつ》／合格《ごうかく》する率が高《たか》い。

漢 **りつ【率】** 〔玄《げん》〕 11画 5年 音 ソツ・リツ 訓 ひきいる
てんは二つずつ
❶（「ソツ」と読《よ》んで）ひきいる。例 率先《そっせん》／引《いん》率《そつ》／統率《とうそつ》。❷（「ソツ」と読《よ》んで）かざりけがない。ありのまま。例 率直《そっちょく》。❸（「ソツ」と読《よ》ん

読書のこみち　高 中 低　『魔法使《まほうつか》いのチョコレート・ケーキ』マーヒー　ひとりぼっちの魔法使《まほうつか》いは、チョコレーなって…。ほかにも、カサコソついてくる「葉《は》っぱ」、糸《いと》で野原《のはら》をぬいあげる「ミドリノ

で）深《ふか》く考《かんが》えない。あさはか。[例]軽率《けいそつ》。❹（「リツ」と読《よ》んで）わりあい。[例]確率《かくりつ》／倍率《ばいりつ》／百分率《ひゃくぶんりつ》／比率《ひりつ》。

りつあん【立案】 [名詞][動詞] 計画《けいかく》を立《た》てること。[例]ハイキングの計画《けいかく》を立案する。

りっか【立夏】 [名詞][季語 夏] こよみの上《うえ》で、夏《なつ》が始《はじ》まる日《ひ》。五月六日《ごがつむいか》ごろ。[対]立冬《りっとう》。[関連]立《りっ》春《しゅん》。立秋《りっしゅう》。⬇1450ページ 二十四節気《にじゅうしせっき》

りっきゃく【立脚】 [名詞][動詞] 自分《じぶん》の立場《たちば》を定《さだ》めること。考《かんが》え方《かた》や態度《たいど》などのよりどころとすること。[例]体験《たいけん》に立脚した意見《いけん》を言《い》う。

りっきょう【陸橋】 [名詞] 道路《どうろ》や線路《せんろ》の上《うえ》にかけられた橋《はし》。

りっけん【立憲】 [名詞] 憲法《けんぽう》を制定《せいてい》すること。

りっけんしゅぎ【立憲主義】 [名詞] 憲法《けんぽう》に従《したが》って政治《せいじ》を行《おこな》うべきであるという考《かんが》え方《かた》。

りっけんせいじ【立憲政治】 [名詞] 憲法《けんぽう》に従《したが》って行《おこな》われる政治《せいじ》。

りっこうほ【立候補】 [名詞][動詞] 選挙《せんきょ》のときに、選《えら》ばれたいと思《おも》う人《ひと》が名乗《なの》りを上《あ》げること。[例]児童会長《じどうかいちょう》に立候補する。

りっしでん【立志伝】 [名詞] 大《おお》きな目標《もくひょう》を立《た》てて、そのために努力《どりょく》し、成功《せいこう》した人《ひと》の伝記《でんき》。

りっしゅう【立秋】 [名詞][季語 秋] こよみの上《うえ》で、秋《あき》が始《はじ》まる日《ひ》。八月八日《はちがつようか》ごろ。[対]立春《りっしゅん》。[関連]立夏《りっか》。立冬《りっとう》。⬇1450ページ 二十四節気《にじゅうしせっき》

りっしゅん【立春】 [名詞][季語 春] こよみの上《うえ》で春《はる》が始《はじ》まる日《ひ》。二月四日《にがつよっか》ごろで、節分《せつぶん》の翌日《よくじつ》。[対]立秋《りっしゅう》。[関連]立夏《りっか》。立冬《りっとう》。⬇1450ページ 二十四節気《にじゅうしせっき》

りっしょう【立証】 [名詞][動詞] 証拠《しょうこ》をあげて、あることの正《ただ》しさをはっきりさせること。[例]実験《じっけん》によって自分《じぶん》の説《せつ》を立証する。

りっしょく【立食】 [名詞] 立《た》ったまま食《た》べること。とくに、パーティーなどで、テーブルの上《うえ》の飲食物《いんしょくぶつ》を自由《じゆう》にとって、立《た》ったまま食《た》べる食事《しょくじ》の形式《けいしき》。[例]立食パーティー。

りっしんしゅっせ【立身出世】 [名詞][動詞] 世《よ》の中《なか》で成功《せいこう》してりっぱな地位《ちい》につき、名《な》を知《し》られるようになること。

りっしんべん【立心偏】 [名詞]「忄」のこと。漢字《かんじ》の部首《ぶしゅ》の一《ひと》つ。「心」の形《かたち》が変《か》わったもので、心《こころ》に関係《かんけい》のある漢字《かんじ》を作《つく》ることが多《おお》い。快・慣・情・性など。

りっすいのよちもない【立すいの余地もない】 人《ひと》が多《おお》くて、身動《みうご》きもできないほど混《こ》んでいることのたとえ。[例]祭《まつ》りを見《み》に来《き》た客《きゃく》で、立すいの余地もない。[ことば]「すい（錐）」は「きり」のことで、きりを立《た》てるすきまもないということから。

りつぞう【立像】 [名詞] 立《た》っている姿《すがた》の像《ぞう》。[関連]座像《ざぞう》。

リッター ⬇1395ページ リットル

りったい【立体】 [名詞] ❶高《たか》さ・はば・厚《あつ》みがあり、まわりを面《めん》で囲《かこ》まれているもの。[対]平面《へいめん》。❷深《ふか》さや広《ひろ》がりを感《かん》じさせるもの。[例]立体写真《しゃしん》。

りったいかん【立体感】 [名詞] おくゆきや深《ふか》さ、厚《あつ》みがある感《かん》じ。[例]立体感のある絵《え》。

りったいこうさ【立体交差】 [名詞] 道路《どうろ》や線《せん》路《ろ》などが、一方《いっぽう》は下《した》を、もう一方《いっぽう》は上《うえ》を通《とお》るように交《まじ》わっていること。[参考]交通《こうつう》の流《なが》れをよくするためのもの。

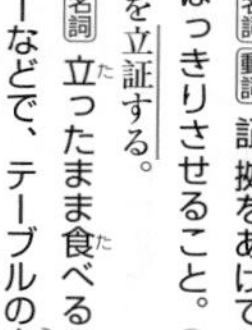
りったいこうさ

りったいずけい【立体図形】 [名詞] 平面《へいめん》や曲面《きょくめん》で囲《かこ》まれている図形《ずけい》。[教科 算] 立方体《りっぽうたい》・直《ちょく》方体《ほうたい》・角《かく》すい・円柱《えんちゅう》などがある。[図]⬇686ページ ずけい

りったいちゅうしゃじょう【立体駐車場】 [名詞] 自動車《じどうしゃ》をとめる場所《ばしょ》を、縦《たて》に積《つ》み上《あ》げてつくった駐車場《ちゅうしゃじょう》。

りったいてき【立体的】 [形容動詞] ❶深《ふか》さや厚《あつ》みがあり、盛《も》り上《あ》がって感《かん》じられるようす。[例]立体的な映像《えいぞう》。[対]平面的《へいめんてき》。❷ものごとを、一《ひと》つの面《めん》からだけでなく、いろいろな立場《たちば》から見《み》たり考《かんが》えたりするようす。[例]問題《もんだい》を立体的に考《かんが》える。[対]平面的《へいめんてき》。

りっちじょうけん【立地条件】 [名詞] 店《みせ》や工場《こうじょう》などを建《た》てる土地《とち》を決《き》めるときの、交通《こうつう》の便《べん》・地形《ちけい》などの条件《じょうけん》。

りっとう【立刀】 [名詞]「刂」のこと。漢字《かんじ》の部首《ぶしゅ》の一《ひと》つ。「刀」の形《かたち》が変《か》わったもので、刃《は》物《もの》に関係《かんけい》のある漢字《かんじ》を作《つく》ることが多《おお》い。副・別・利・列など。

りっとう【立冬】 [名詞][季語 冬] こよみの上《うえ》で、冬《ふゆ》が始《はじ》まる日《ひ》。十一月八日《じゅういちがつようか》ごろ。[対]立夏《りっか》。[関連]立春《りっしゅん》。立秋《りっしゅう》。⬇1450ページ 二十四節気《にじゅうしせっき》

るにわとりやねことも仲《なか》よくなる、かしこく愉快《ゆかい》な犬《いぬ》のマヤ。前半《ぜんはん》はその楽《たの》しい日常《にちじょう》がユーモラスにえがかれ
とも禁《きん》じられてしまいます。マヤはどうなってしまうのでしょう？ 静《しず》かに戦争《せんそう》のおろかさをうったえた一冊《いっさつ》。

りつどう【律動】 名詞 動詞 規則《きそく》正《ただ》しい動《うご》きがくり返《かえ》されること。また、その動《うご》き。リズム。例 律動感《かん》のあふれる文章《ぶんしょう》。

リットル（フランス語）名詞 メートル法《ほう》の体積《たいせき》の基本《きほん》の単位《たんい》。一《いち》リットルは、縦《たて》・横《よこ》・高《たか》さがそれぞれ十《じっ》センチメートルの立方体《りっぽうたい》の体積《たいせき》で、千立方《せんりっぽう》センチメートルに当《あ》たる。記号《きごう》は「L」。「リッター」ともいう。

りっぱ【立派】 形容動詞 ❶堂々《どうどう》としていて見事《みごと》なようす。例 立派な家《いえ》／立派な態度《たいど》。❷文句《もんく》をつける点《てん》がなく、完全《かんぜん》であるようす。例 部《ぶ》長《ちょう》としての役目《やくめ》を立派に果《は》たした。

リッパー（ripper）名詞 裁縫《さいほう》で、縫《ぬ》い目《め》の糸《いと》を切《き》るときに使《つか》う道具《どうぐ》。

りっぷく【立腹】 名詞 動詞 腹《はら》を立《た》てること。おこること。例 乗《じょう》客《きゃく》のマナーの悪《わる》さに父《ちち》はひどく立腹した。使い方 あらたまった言《い》い方《かた》。

りっぽう【立方】 名詞 ❶同《おな》じ数《かず》を三《みっ》つかけ合《あ》わせること。三乗《さんじょう》。例 三《さん》の立方は二《に》十《じゅう》七《なな》だ。関連 平方《へいほう》。❷（長《なが》さの単位《たんい》の前《まえ》につけて）体積《たいせき》の単位《たんい》を表《あらわ》すことば。例 八《はち》立方メートル。関連 平方《へいほう》。❸（長《なが》さの単位《たんい》のあとにつけて）その長《なが》さを一《いっ》辺《べん》とする立方体《りっぽうたい》の体積《たいせき》を表《あらわ》すことば。例 一《いっ》センチメートル立方の角砂糖《かくざとう》。関連 平方《へいほう》。

りっぽう【立法】 名詞 法律《ほうりつ》を定《さだ》めること。例 立法機関《きかん》。関連 行政《ぎょうせい》。司法《しほう》。

りっぽうセンチメートル【立方センチメートル】 名詞 体積《たいせき》を表《あらわ》す単位《たんい》。一立方《いちりっぽう》センチメートルは、一辺《いっぺん》が一《いっ》センチメートルの立《りっ》方体《ぽうたい》の体積《たいせき》。記号《きごう》は「㎤」。

りっぽうたい【立方体】 名詞 正方形《せいほうけい》だけで囲《かこ》まれた立体《りったい》。図 ➡686ページ《ジ》・ずけい

りっぽうメートル【立方メートル】 名詞 体積《たいせき》を表《あらわ》す単位《たんい》。一立方《いちりっぽう》メートルは、一辺《いっぺん》が一《いち》メートルの立方体《りっぽうたい》の体積《たいせき》。記号《きごう》は「㎥」。

りづめ【理詰め】 名詞 理屈《りくつ》だけで考《かんが》えや話《はなし》をおし進《すす》めること。例 なぜ作戦《さくせん》が失敗《しっぱい》したのか、理詰めで説明《せつめい》する。

りつりょう【律令】 名詞 奈良《なら》・平安時代《へいあんじだい》の法《ほう》律《りつ》。昔《むかし》の中国《ちゅうごく》の制度《せいど》を手本《てほん》にしてつくられた。

リデュース（reduce）名詞 ごみとして捨《す》てるものを減《へ》らすこと。

リテラシー（literacy）名詞 ❶読《よ》み書《か》きの能力《のうりょく》。❷ある分野《ぶんや》について、それを活用《かつよう》したり、そこから必要《ひつよう》なものを選《えら》びとったりできる力《ちから》。例 コンピューターリテラシー／情報《じょうほう》リテラシー。

りてん【利点】 名詞 すぐれたところ。例 このカメラの利点は、操作《そうさ》が簡単《かんたん》なところだ。

リトアニアきょうわこく【リトアニア共和国】 名詞 北《きた》ヨーロッパにある国《くに》。首都《しゅと》はビリニュス。「リトアニア」ともいう。

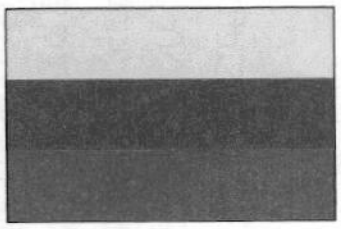
（国旗《こっき》）

りとう【離島】 ❶名詞 遠《とお》くはなれたところにある島《しま》。はなれ島《じま》。類 孤島《ことう》。❷名詞 動詞 住《す》んでいた島《しま》を出《で》ること。例 姉《あね》は進学《しんがく》のために離島した。

リトマスし【リトマス紙】 名詞 酸性《さんせい》かアルカリ性《せい》かを見分《みわ》けるのに使《つか》う紙《かみ》。青色《あおいろ》と赤色《あかいろ》の二種類《にしゅるい》がある。リトマス試験紙《しけんし》。教科 理 青《あお》い紙《かみ》は酸性《さんせい》の溶液《ようえき》につけると赤《あか》くなり、赤《あか》い紙《かみ》はアルカリ性《せい》の溶液《ようえき》につけると青《あお》くなる。参考 リトマスごけからとったしるをしみこませてある。

リトマスしけんし【リトマス試験紙】 ➡1395ページ《ジ》・リトマスし

リニアモーターカー（linear motor car）名詞 電磁《でんじ》石《しゃく》の力《ちから》を応用《おうよう》して車体《しゃたい》をうかせ、高《こう》速《そく》で走《はし》る乗《の》り物《もの》。

りにゅう【離乳】 名詞 動詞 まだ乳《ちち》を飲《の》んでいる赤《あか》んぼうに、乳以外《ちいがい》の食《た》べ物《もの》を少《すこ》しずつあたえて、食事《しょくじ》になれさせていくこと。例 離乳食《しょく》。類 乳離《ちばな》れ。

リニューアル（renewal）名詞 動詞 新《あたら》しくすること。また、店《みせ》などを改装《かいそう》すること。例 客《きゃく》室《しつ》をリニューアルしたホテル。

りねん【理念】 名詞 ものごとがどうあるべきかという、基本《きほん》となる考《かんが》え。例 教育《きょういく》理念。

リノリウム（linoleum）名詞 建物《たてもの》のゆかなどに張《は》る建築材料《けんちくざいりょう》の一《ひと》つ。コルクくず・樹脂《じゅし》・顔料《がんりょう》などを混《ま》ぜて布《ぬの》にぬり、板《いた》のようにしたもの。

リハーサル（rehearsal）名詞 放送《ほうそう》・映画《えいが》・演《えん》

読書のこみち　高 中 低 『マヤの一生《いっしょう》』椋鳩十《むくはとじゅう》「マヤは、ほんとに、りこうな犬《いぬ》でした。」いっしょに飼《か》われています。しかし、マヤが成長《せいちょう》するとともに時代《じだい》は戦争《せんそう》へとかたむいていき、人々《ひとびと》は犬《いぬ》を飼《か》うこ

あいうえお かきくけこ さしすせそ たちつてと なにぬねの はひふへほ まみむめも や ゆ よ らりるれろ り わをん

劇《げき》・音楽《おんがく》などのけいこ。とくに、本番《ほんばん》の前《まえ》に、全員《ぜんいん》がそろって通《とお》して行《おこな》う練習《れんしゅう》。例 学習発表会《がくしゅうはっぴょうかい》のリハーサルをする。

リバーシブル (reversible) 名詞 布地《ぬのじ》や衣服《いふく》などが、表《おもて》だけでなく、ひっくり返《かえ》して裏《うら》も同《おな》じように使《つか》えること。例 リバーシブルのコート。

りはく【李白】 名詞 (七〇一～七六二) 中国《ちゅうごく》の唐《とう》の時代《じだい》の詩人《しじん》。酒《さけ》と月《つき》を愛《あい》し、おおらかで大胆《だいたん》な詩《し》を多《おお》く作《つく》った。「詩仙《しせん》」と呼《よ》ばれる。

りはつ【利発】 形容動詞 かしこいようす。利口《りこう》なようす。例 利発な子供《こども》。

りはつ【理髪】 名詞 動詞 かみの毛《け》を切《き》って、形《かたち》を整《ととの》えること。散髪《さんぱつ》。例 理髪店《てん》。類 整髪《せいはつ》。調髪《ちょうはつ》。

リハビリ 名詞 「リハビリテーション」の略《りゃく》。

リハビリテーション (rehabilitation) 名詞 病気《びょうき》やけがで一度《いちど》体《からだ》が不自由《ふじゆう》になった人《ひと》に対《たい》して、もとの生活《せいかつ》ができるように訓練《くんれん》や治療《ちりょう》をすること。「リハビリ」ともいう。例 祖父《そふ》はリハビリテーションのおかげで歩《ある》けるようになった。

リピート (repeat)
❶ 名詞 動詞 くり返《かえ》すこと。例 先生《せんせい》の発音《はつおん》をリピートする。
❷ 名詞 音楽《おんがく》で、その部分《ぶぶん》をくり返《かえ》して演奏《えんそう》すること。また、その記号《きごう》。

リビング 名詞 「リビングルーム」の略《りゃく》。

リビングストン 名詞 (一八一三～一八七三) イギリスの探検家《たんけんか》・宣教師《せんきょうし》。アフリカにわたり、キリスト教《きょう》を広《ひろ》めながら探検《たんけん》した。

リビングルーム (living room) 名詞 家族《かぞく》が集《あつ》まってくつろぐ部屋《へや》。居間《いま》。とくに、西洋風《せいようふう》の居間《いま》。略《りゃく》して「リビング」ともいう。

リフォーム 名詞 動詞
❶服《ふく》などに手《て》を加《くわ》えて、新《あたら》しいものに作《つく》り直《なお》すこと。例 祖母《そぼ》の着物《きもの》をレトロな手《て》さげぶくろにリフォームした。
❷建物《たてもの》の改築《かいちく》や改装《かいそう》をすること。例 和室《わしつ》を子供部屋《こどもべや》にリフォームした。

りふじん【理不尽】 名詞 形容動詞 筋道《すじみち》に合《あ》わない、むちゃくちゃなこと。例 理不尽な要求《ようきゅう》をつきつけられた。

リフト (lift) 名詞
❶スキー場《じょう》や山《やま》などで、人《ひと》をすわらせて高《たか》いところや低《ひく》いところへ運《はこ》ぶ設備《せつび》。
❷荷物《にもつ》などの上《あ》げ下《お》ろしに使《つか》うエレベーター。

リフト❶

リフレッシュ (refresh) 名詞 動詞 気分《きぶん》を変《か》えて、心《こころ》や体《からだ》の元気《げんき》をとりもどすこと。例 一週間《いっしゅうかん》の旅行《りょこう》ですっかりリフレッシュした。

リベート 名詞
❶代金《だいきん》の一部《いちぶ》を、お礼《れい》などの形《かたち》で、しはらった人《ひと》にもどすこと。また、そのお金《かね》。類 割《わ》り戻《もど》し。
❷手数料《てすうりょう》。また、わいろ。

りべつ【離別】 名詞 動詞
❶親《した》しくしていた人《ひと》と別《わか》れること。別離《べつり》。例 友人《ゆうじん》との離別を悲《かな》しむ。
❷夫婦《ふうふ》が別《わか》れること。離婚《りこん》。

リポーター ⇒1414ページ レポーター

リポート ⇒1414ページ レポート

リボン (ribbon) 名詞 色《いろ》のきれいな細長《ほそなが》い布《ぬの》。かみかざりやおくり物《もの》などに使《つか》う。例 妹《いもうと》のかみの毛《け》をピンクのリボンで結《むす》ぶ。使い方 ひらがなで書《か》くこともある。

りまわり【利回り】 名詞 元手《もとで》のお金《かね》に対《たい》する、利子《りし》や配当金《はいとうきん》の割合《わりあい》。

リマンかいりゅう【リマン海流】 名詞 日本海北部《にほんかいほくぶ》からアジア大陸《たいりく》に沿《そ》って、朝鮮半島《ちょうせんはんとう》東岸《とうがん》に流《なが》れる寒流《かんりゅう》。図 ⇒231ページ かいりゅう

りめん【裏面】 名詞
❶物《もの》の裏側《うらがわ》。対 表面《ひょうめん》。
❷ものごとの、外《そと》にあらわれない部分《ぶぶん》。例 歴史《れきし》の裏面をさぐる。対 表面《ひょうめん》。

リモートコントロール (remote control) 名詞 はなれたところから機械《きかい》などを自由《じゆう》に動《うご》かすこと。また、そのしくみ。遠隔操作《えんかくそうさ》。略《りゃく》して「リモコン」ともいう。

リモコン 名詞
❶⇒1396ページ リモートコントロール
❷「リモートコントローラー」の略《りゃく》。リモートコントロールをするための機械《きかい》。例 テレビのリモコン。

いアパートにすんでいました。」…今度《こんど》、おじいちゃんとおばあちゃんの住《す》む広《ひろ》い家《いえ》に引《ひ》っ越《こ》すことになり、飼《か》
国《くに》、韓国《かんこく》の住《す》まいや暮《く》らしの道具《どうぐ》を、愛情《あいじょう》こもった絵《え》でていねいにえがく絵本《えほん》です。

リヤカー 名詞 荷物《にもつ》を運《はこ》ぶための二輪車《にりんしゃ》。自転車《じてんしゃ》の後《うし》ろにつけたり、手《て》で引《ひ》いたりする。ことば 英語《えいご》をもとに日本《にほん》で作《つく》られたことば。

リヤカー

りゃく【略】 名詞 全体《ぜんたい》のうちの一部《いちぶ》を省《はぶ》くこと。省略《しょうりゃく》。例 以下《いか》略といたします／「国連《こくれん》」は「国際連合《こくさいれんごう》」の略である。

漢 **りゃく【略】**〔田《た》〕11画 5年 音 リャク 訓
（筆順）略（はらう）

❶かんがえをめぐらす。はかりごと。例 計略《けいりゃく》／策略《さくりゃく》／戦略《せんりゃく》。❷はぶく。簡単《かんたん》にする。例 略《りゃく》字《じ》／略称《りゃくしょう》／簡略《かんりゃく》／省略《しょうりゃく》／前略《ぜんりゃく》。❸あらまし。おおよそ。例 略図《りゃくず》／略歴《りゃくれき》／概略《がいりゃく》。❹うばいとる。おかす。例 略奪《りゃくだつ》／侵略《しんりゃく》。

りゃくが【略画】 名詞 物《もの》のだいたいの形《かたち》を簡《かん》単《たん》にかいた絵《え》。

りゃくご【略語】 名詞 ことばの一部分《いちぶぶん》を省《はぶ》いて簡単《かんたん》にした言《い》い方《かた》。たとえば、「高校《こうこう》」は「高《こう》等学校《とうがっこう》」、「テレビ」は「テレビジョン」の略語《りゃくご》。

りゃくごう【略号】 名詞 ことがらを簡単《かんたん》に表《あらわ》すために使《つか》う記号《きごう》。郵便《ゆうびん》に関《かん》することを「〒」、金額《きんがく》を表《あらわ》す円《えん》を「¥」とするなど。

りゃくじ【略字】 名詞 漢字《かんじ》の点《てん》や画《かく》を少《すく》なくして、簡単《かんたん》にした文字《もじ》。たとえば、「学」は「學」の、「国」は「國」の略字《りゃくじ》。

りゃくしき【略式】 名詞 正式《せいしき》なやり方《かた》の一部《いちぶ》分《ぶん》を省《はぶ》いて、簡単《かんたん》にしたやり方《かた》。例 略式の服《ふく》装《そう》。対 正式《せいしき》。本式《ほんしき》。

りゃくしょう【略称】 名詞 動詞 名《な》まえの一部《いちぶ》を省《はぶ》いて、短《みじか》く簡単《かんたん》にしてよぶこと。また、その呼《よ》び名《な》。たとえば、「国連《こくれん》」は「国際連合《こくさいれんごう》」の略称《りゃくしょう》。

りゃくす【略す】 動詞 一部分《いちぶぶん》を省《はぶ》いて簡単《かんたん》にする。略《りゃく》する。例 時間《じかん》がないので説明《せつめい》を略します。

りゃくず【略図】 名詞 細《こま》かな部分《ぶぶん》を省《はぶ》いて、大事《だいじ》なところだけを簡単《かんたん》にかいた図《ず》。

りゃくする【略する】 ↓1397ページ りゃくす

りゃくそう【略装】 名詞 正式《せいしき》でない服装《ふくそう》。略《りゃく》式《しき》の服装《ふくそう》。対 正装《せいそう》。

りゃくだつ【略奪】 名詞 動詞 人《ひと》のものを、力《ちから》ずくで無理《むり》やりうばいとること。

りゃくれき【略歴】 名詞 ある人《ひと》の、それまでの学業《がくぎょう》や仕事《しごと》などの内容《ないよう》を簡単《かんたん》に書《か》いたもの。例 略歴書《しょ》。

りゆう【理由】 名詞 ものごとがそのようになった訳《わけ》。例 遅刻《ちこく》した理由を述《の》べる。

りゅう【立】 漢 ↓1393ページ りつ〔立〕

漢 **りゅう【流】**〔氵《さんずい》〕10画 3年 音 リュウ・ル 訓 ながれる・ながす
（筆順）流（上へはねる）

❶ながれる。ながす。例 流《なが》れ作業《さぎょう》／流出《りゅうしゅつ》／流転《るてん》／急流《きゅうりゅう》／電流《でんりゅう》。❷ひろまる。例 流行《りゅうこう》／流通《りゅうつう》／流布《るふ》。❸学問《がくもん》や芸術《げいじゅつ》などのやり方《かた》。例 流儀《りゅうぎ》／流派《りゅうは》。❹くらい。程度《ていど》。例 一流《いちりゅう》。

漢 **りゅう【留】**〔田《た》〕10画 5年 音 リュウ・ル 訓 とめる・とまる
（筆順）留（みぎから）（はねる）

とめる。とどめる。例 留《と》め金《がね》／留意《りゅうい》／留学《りゅうがく》／留任《りゅうにん》／留守《るす》／残留《ざんりゅう》／停留所《ていりゅうじょ》／保留《ほりゅう》。

りゅう【竜】 名詞 想像《そうぞう》上《じょう》の動物《どうぶつ》の一《ひと》つ。四本《よんほん》の足《あし》と二本《にほん》の角《つの》を持《も》ち、大《おお》きなへびに似《に》ている。天《てん》にのぼって雲《くも》をまき起《お》こし、雨《あめ》を降《ふ》らせるといわれている。「たつ」ともいう。

りゅう【竜】

りゅうあん【硫安】 ↓1398ページ りゅうさんアンモニウム

りゅうい【留意】 名詞 動詞 心《こころ》にとどめて、とくに注意《ちゅうい》すること。例 日《ひ》ごろから健康《けんこう》に留意する。

りゅういき【流域】 名詞 川《かわ》の流《なが》れに沿《そ》った地《ち》域《いき》。

りゅうかい【流会】 名詞 動詞 欠席者《けっせきしゃ》が多《おお》いなどの理由《りゆう》で、予定《よてい》されていた会《かい》が中止《ちゅうし》になること。

りゅうがく【留学】 名詞 動詞 ある期間《きかん》、外国《がいこく》に住《す》んで勉強《べんきょう》すること。例 母《はは》はフランスに留

あいうえお かきくけこ さしすせそ たちつてと なにぬねの はひふへほ まみむめも や ゆ よ らりるれろ り わ を ん

読書のこみち 高 中 低 『マンヒのいえ』クォン・ユンドク文《ぶん》・絵《え》「マンヒは、おとうさんやおかあさんと、せまっている犬《いぬ》と遊《あそ》べるのも楽《たの》しみです。洗濯物《せんたくもの》をほしたり、おふろに入《はい》ったり。おとなりの

学して美術《びじゅつ》を研究《けんきゅう》した。類 遊学《ゆうがく》。

りゅうがくせい【留学生】 名詞 ある期間《きかん》、外国《がいこく》に住《す》んで、勉強《べんきょう》する学生《がくせい》。

りゅうかん【流感】 ⇒116ページ インフルエンザ

りゅうき【隆起】 名詞 動詞 土地《とち》などが高《たか》く盛《も》り上《あ》がること。例 土地《とち》が隆起して山《やま》ができる。対 沈下《ちんか》。

りゅうぎ【流儀】 名詞 ❶芸術《げいじゅつ》や学問《がくもん》などで、その家《いえ》や流派《りゅうは》に伝《つた》えられているやり方《かた》。例 茶道《さどう》の流儀。❷その人《ひと》の独特《どくとく》なやり方《かた》。例 自分《じぶん》の流儀で仕事《しごと》を進《すす》める。

りゅうきゅう【琉球】 名詞 現在《げんざい》の沖縄県《おきなわけん》の別《べつ》の呼《よ》び名《な》。

りゅうきゅうおうこく【琉球王国】 名詞 十五世紀《じゅうごせいき》に沖縄諸島《おきなわしょとう》につくられ、独自《どくじ》の国《くに》づくりを行《おこな》っていた王国《おうこく》。明治時代《めいじじだい》の初《はじ》めごろに、沖縄県《おきなわけん》となった。首里城《しゅりじょう》などの遺産群《いさんぐん》が世界文化遺産《せかいぶんかいさん》に登録《とうろく》された。

りゅうぐう【竜宮】 名詞 深《ふか》い海《うみ》の底《そこ》にあって、竜王《りゅうおう》や乙姫《おとひめ》がすんでいるといわれる、想像上《そうぞうじょう》の宮殿《きゅうでん》。竜宮城《りゅうぐうじょう》。

りゅうけつ【流血】 名詞 争《あらそ》いごとや事故《じこ》などで、人《ひと》が傷《きず》ついて血《ち》を流《なが》すこと。例 流血事件《じけん》。

りゅうげん【流言】 名詞 出《で》どころのわからない、いいかげんなうわさ。例 流言にまどわされるな。

りゅうげんひご【流言飛語】 名詞 世《よ》の中《なか》で言《い》いふらされる、根拠《こんきょ》のない、いいかげんなうわさ。デマ。

りゅうこう【流行】 名詞 動詞 病気《びょうき》・服装《ふくそう》・ことばなどが、一時的《いちじてき》に多《おお》くの人《ひと》に広《ひろ》まること。はやること。例 かぜが流行している／学校《がっこう》であやとりが流行している。

りゅうこうか【流行歌】 名詞 ある時期《じき》に、人々《ひとびと》の間《あいだ》で広《ひろ》く歌《うた》われる歌《うた》。

りゅうこうご【流行語】 名詞 一時的《いちじてき》に多《おお》くの人《ひと》に人気《にんき》があって、よく使《つか》われることば。はやりことば。

りゅうこうせいかんぼう【流行性感冒】 ⇒116ページ インフルエンザ

りゅうさん【硫酸】 名詞 無色《むしょく》でねばり気《け》のある、強《つよ》い酸性《さんせい》の液体《えきたい》。金《きん》・白金《はっきん》以外《いがい》のほとんどの金属《きんぞく》をとかす。薬《くすり》や肥料《ひりょう》などをつくるのに使《つか》う。

りゅうさんアンモニウム【硫酸アンモニウム】 名詞 硫酸《りゅうさん》とアンモニアを合《あ》わせてつくる透明《とうめい》な粉《こな》。作物《さくもつ》の肥料《ひりょう》として使《つか》われる。「硫安《りゅうあん》」ともいう。

りゅうし【粒子】 名詞 物《もの》をかたちづくっている、とても細《こま》かいつぶ。例 砂《すな》の粒子。

りゅうしつ【流失】 名詞 動詞 洪水《こうずい》などのために、橋《はし》や建物《たてもの》などが流《なが》されてなくなること。例 川《かわ》がはんらんし、家屋《かおく》が流失した。

りゅうしゅつ【流出】 名詞 動詞 ❶水《みず》などが、外《そと》に流《なが》れ出《で》ること。例 大雨《おおあめ》で山《やま》の土砂《どしゃ》が流出する。対 流入《りゅうにゅう》。❷人《ひと》や大切《たいせつ》な物《もの》などが、外《そと》に出《で》ていってしまうこと。とくに、外国《がいこく》に行《い》ってしまうこと。例 美術品《びじゅつひん》が海外《かいがい》に流出する。対 流入《りゅうにゅう》。

リユース（reuse） 名詞 動詞 もう一度《いちど》使《つか》うこと。再使用《さいしよう》すること。

りゅうすい【流水】 名詞 流《なが》れている水《みず》。また、水《みず》の流《なが》れ。例 傷口《きずぐち》を流水でよく洗《あら》う。

りゅうせい【流星】 名詞 季語 秋 夜空《よぞら》に、わずかの間《あいだ》かがやいて見《み》える光《ひかり》の筋《すじ》。宇宙《うちゅう》のちりや小《ちい》さな石《いし》が地球《ちきゅう》に落《お》ちてくるとき、空気《くうき》とのまさつで燃《も》えて光《ひか》って見《み》えるもの。流《なが》れ星《ぼし》。参考 ほとんど燃《も》えつきてしまうが、地上《ちじょう》に落《お》ちてくることもあり、この石《いし》を「いん石《せき》」という。

りゅうせい【隆盛】 名詞 勢《いきお》いがさかんなこと。栄《さか》えること。例 仏教《ぶっきょう》が隆盛をきわめた時代《じだい》。

りゅうせんけい【流線型】 名詞 先《さき》が丸《まる》くて細長《ほそなが》い、空気《くうき》や水《みず》のていこうが少《すく》ない形《かたち》。速《はや》いスピードで進《すす》むのに向《む》いている。参考 新幹線《しんかんせん》やロケット、魚《さかな》などがこのような形《かたち》をしている。

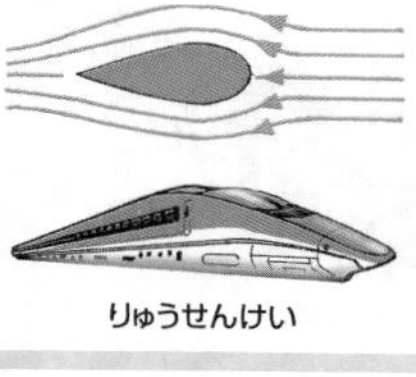
りゅうせんけい

りゅうち【留置】 名詞 動詞 人《ひと》や物《もの》を、用《よう》がすむまで一定《いってい》の場所《ばしょ》にとどめておくこと。とくに、罪《つみ》をおかした疑《うたが》いのある人《ひと》を、警察《けいさつ》にとどめておくこと。例 留置場《じょう》。

りゅうちょう【留鳥】 名詞 一年《いちねん》じゅう同《おな》じ

たけにたねをまくことになりました。」…ところが、まあちゃんは緑色《みどりいろ》のあめ玉《だま》まで、いっしょにまいてしまい
根《ね》も芽《め》も出《で》ないし、水《みず》も飲《の》まないあめ玉《だま》を、種《たね》たちは「へーんなやつ！」と思《おも》い、あめ玉《だま》とにらめっこを始《はじ》めます。

ところにすみついている鳥《とり》。からす・すずめなど。対 渡《わた》り鳥《どり》。

りゅうちょう【流ちょう】 形容動詞 ことばをすらすらと話《はな》すようす。例 英語《えいご》を流ちょうに話《はな》す。使い方 外国語《がいこくご》をすらすらとしゃべるようすを表《あらわ》すときに使《つか》うことが多《おお》い。

りゅうつう【流通】 名詞 動詞 ❶流《なが》れていくこと。例 室内《しつない》の空気《くうき》の流通をよくする。❷世《よ》の中《なか》で広《ひろ》く使《つか》われること。例 新《あたら》しいお札《さつ》が流通する。❸品物《しなもの》が、生産《せいさん》されたところから使《つか》う人々《ひとびと》のところまでいくこと。例 農作物《のうさくぶつ》の流通経路《けいろ》を調《しら》べる。

りゅうどう【流動】 名詞 動詞 一《いっ》か所《しょ》に止《と》まったり固《かた》まったりしないで、流《なが》れ動《うご》くこと。例 流動的《てき》／流動する社会情勢《しゃかいじょうせい》。

りゅうどうしょく【流動食】 名詞 消化《しょうか》しやすい、液体《えきたい》のような食《た》べ物《もの》。おもゆやスープなど。病気《びょうき》の人《ひと》などが食《た》べる。

りゅうとうだび【竜頭蛇尾】 ⇩1039ページ 故事成語

りゅうにゅう【流入】 名詞 動詞 ❶水《みず》などが、流《なが》れこむこと。例 この川《かわ》は太平洋《たいへいよう》に流入する。対 流出《りゅうしゅつ》。❷人《ひと》や物《もの》が、外《そと》から入《はい》りこむこと。例 人口《じんこう》の流入。対 流出《りゅうしゅつ》。

りゅうにん【留任】 名詞 動詞 やめないで、今《いま》までの地位《ちい》や役目《やくめ》にとどまること。

りゅうねん【留年】 名詞 動詞 進級《しんきゅう》や卒業《そつぎょう》ができなくて、次《つぎ》の年《とし》も同《おな》じ学年《がくねん》にとどまること。

りゅうは【流派】 名詞 芸術《げいじゅつ》や学問《がくもん》などで、考《かんが》え方《かた》やり方《かた》のちがいによって分《わ》かれている、それぞれのなかま。

りゅうひょう【流氷】 名詞 季語 春 北極《ほっきょく》や南極《なんきょく》などの寒《さむ》い地方《ちほう》から、風《かぜ》や海流《かいりゅう》によって流《なが》されてくる氷《こおり》のかたまり。

りゅうぼく【流木】 名詞 川《かわ》や海《うみ》にういて流《なが》れている木《き》。

リューマチ 名詞 関節《かんせつ》や筋肉《きんにく》などが痛《いた》む病気《びょうき》。「リウマチ」ともいう。ことば もとはオランダ語《ご》。

りゅうよう【流用】 名詞 動詞 お金《かね》や品物《しなもの》を、もとの目的《もくてき》とはちがうことに利用《りよう》すること。例 学級新聞《がっきゅうしんぶん》の文章《ぶんしょう》を卒業文集《そつぎょうぶんしゅう》に流用する。

りゅうりゅうしんく【粒粒辛苦】 名詞 こつこつと大変《たいへん》な苦労《くろう》をすること。ことば 米《こめ》の一粒一粒《ひとつぶひとつぶ》にこもっている、作《つく》った人《ひと》の大変《たいへん》な苦労《くろう》、という意味《いみ》からきたことば。

リュック ⇩1399ページ リュックサック

リュックサック （ドイツ語《ご》） 名詞 中《なか》に物《もの》を入《い》れて背負《せお》うふくろ。山登《やまのぼ》りや旅行《りょこう》などのときに使《つか》う。略《りゃく》して「リュック」ともいう。

漢 **りょ【旅】** 〔方〕《かたへん》 10画 3年 音 リョ 訓 たび

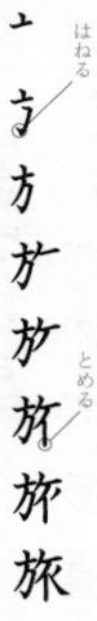

例 旅先《たびさき》／旅路《たびじ》／旅人《たびびと》／旅客《りょかく》／旅館《りょかん》／旅行《りょこう》／旅費《りょひ》／船旅《ふなたび》。

りよう【利用】 名詞 動詞 ❶役《やく》に立《た》つように、うまく使《つか》うこと。例 バスを利用して通学《つうがく》する／空《あ》き箱《ばこ》を利用して郵便受《ゆうびんう》けをつくる。類 活用《かつよう》。❷自分《じぶん》の得《とく》になるように、人《ひと》やものごとをうまく使《つか》うこと。例 役員《やくいん》の立場《たちば》を利用して楽《らく》をする。

りよう【理容】 名詞 理髪《りはつ》と美容《びよう》。かみの毛《け》を切《き》ったり顔《かお》の毛《け》をそったりして、美《うつく》しくすること。例 理容師《し》。

りょう【両】 ❶ 名詞 二《ふた》つでひと組《くみ》になるものの二《ふた》つとも。例 両の手《て》でにぎる／両の目《め》でしっかりと見《み》る。❷ 接尾語 電車《でんしゃ》などの車両《しゃりょう》を数《かぞ》えることば。例 十《じゅう》両編成《へんせい》の電車《でんしゃ》。

漢 **りょう【両】** 〔一〕《いち》 6画 3年 音 リョウ 訓

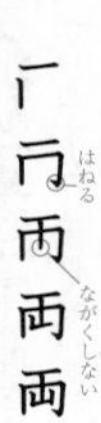

❶ふたつ。対《つい》になっているふたつ。例 両眼《りょうがん》／両親《りょうしん》／両手《りょうて》／両方《りょうほう》／両面《りょうめん》／両立《りょうりつ》。❷りょう。車《くるま》を数《かぞ》えることば。例 十両連結《じゅうりょうれんけつ》。❸昔《むかし》の、お金《かね》の単位《たんい》。例 小判一両《こばんいちりょう》／千両《せんりょう》。

りょう【良】 名詞 よいこと。とくに、品質《ひんしつ》や成績《せいせき》がよいことを表《あらわ》すことば。例 今年《ことし》のりんごのできは良だ。

漢 **りょう【良】** 〔艮〕《こんづくり》 7画 4年 音 リョウ 訓 よい

読書のこみち　高 中 低　『みどりいろのたね』たかどのほうこ　「まあちゃんたちのクラスでは、みんなそろってはました。しかも、まあちゃんが水《みず》やりをなまけるので、種《たね》たちは土《つち》の中《なか》で弱《よわ》っています。

よい。すぐれている。例 良好《りょうこう》／良識《りょうしき》／良質《りょうしつ》／良心《りょうしん》／改良《かいりょう》／善良《ぜんりょう》／優良《ゆうりょう》。ことば「奈良《なら》」は特別《とくべつ》な読《よ》み方《かた》。

漢 **りょう【料】**〔斗《と》〕10画 4年 音 リョウ

❶もとになるもの。例 料理《りょうり》／原料《げんりょう》／材料《ざいりょう》／燃料《ねんりょう》／肥料《ひりょう》。❷はらうお金《かね》。例 料金《りょうきん》／給料《きゅうりょう》／無料《むりょう》。

りょう【涼】 名詞 心地《ここち》よいすずしさ。例 涼をもとめて水辺《みずべ》に行《い》く／うちわで涼をとる。

りょう【猟】 名詞 季語冬 けものや鳥《とり》をとること。また、その獲物《えもの》。例 猟に出《で》る。

りょう【量】 名詞 かさ。また、分量《ぶんりょう》や数量《すうりょう》。例 量より質《しつ》／量が多《おお》い／配《くば》る量を増《ふ》やす。

漢 **りょう【量】**〔里《さと》〕12画 4年 音 リョウ 訓 はかる

❶かさ。おおきさ。例 量産《りょうさん》／雨量《うりょう》／数量《すうりょう》／分量《ぶんりょう》／容量《ようりょう》。❷はかる。例 計量《けいりょう》／測量《そくりょう》。❸かんがえる。おしはかる。例 推量《すいりょう》。❹心《こころ》のひろさ。力《ちから》のおおきさ。例 器量《きりょう》／技量《ぎりょう》／度量《どりょう》／力量《りきりょう》。

りょう【漁】 名詞 魚《さかな》や貝《かい》をとること。また、その獲物《えもの》。例 大漁《たい》。漢 ⇒353ジページ ぎょ〔漁〕

漢 **りょう【領】**〔頁《おおがい》〕14画 5年 音 リョウ

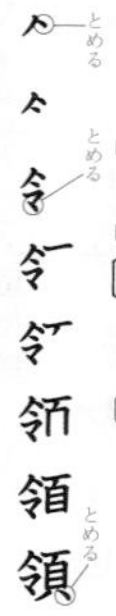

❶おさめる。例 領地《りょうち》／領土《りょうど》／大統領《だいとうりょう》／頭領《とうりょう》。❷かしら。例 要領《ようりょう》。❸受《う》けとる。例 領収《りょうしゅう》。❹だいじなところ。例 要領《ようりょう》。

りょう【寮】 名詞 同《おな》じ学校《がっこう》や会社《かいしゃ》の人《ひと》などが、大勢《おおぜい》でいっしょに住《す》んでいる建物《たてもの》。類 寄宿舎《きしゅくしゃ》。

りょうあし【両足】 名詞 左右両方《さゆうりょうほう》の足《あし》。

りょういき【領域】 名詞 ❶その国《くに》が治《おさ》めている区域《くいき》。領土《りょうど》・領海《りょうかい》・領《りょう》空《くう》など。❷あるものごとが関係《かんけい》する範囲《はんい》。とくに、ある学問《がくもん》や研究《けんきゅう》があつかう範囲《はんい》。例 この学者《がくしゃ》はイギリス文学《ぶんがく》の領域で研究《けんきゅう》を続《つづ》けている。

りょういん【両院】 名詞 国会《こっかい》の二《ふた》つの議院《ぎいん》のこと。日本《にほん》では、衆《しゅう》議院《ぎいん》と参議院《さんぎいん》。参考 アメリカやイギリスでは、上院《じょういん》と下院《かいん》。

りょうかい【了解】 名詞 動詞 ものごとの筋道《すじみち》や理由《りゆう》をよく理解《りかい》して、認《みと》めること。納得《なっとく》すること。例 母《はは》の了解を得《え》て外出《がいしゅつ》する。類 了承《りょうしょう》。

りょうかい【領海】 名詞 その国《くに》の領土《りょうど》のまわりにあって、その国《くに》の権力《けんりょく》がおよぶ範囲《はんい》の海《うみ》。対 公海《こうかい》。関連 領土《りょうど》。領空《りょうくう》。

りょうがえ【両替】 名詞 動詞 お金《かね》を、それと同《おな》じ額《がく》の、ほかの種類《しゅるい》のお金《かね》にとりかえること。例 百円玉《ひゃくえんだま》を十円玉十枚《じゅうえんだまじゅうまい》に両替する／円をドルに両替する。ことば「両《りょう》」は江戸時代《えどじだい》のお金《かね》の単位《たんい》。この時代《じだい》にお金《かね》の両替《りょうがえ》などを専《せん》門《もん》に行《おこな》った「両替屋《りょうがえや》」という仕事《しごと》からきたことば。

りょうがわ【両側】 名詞 表《おもて》と裏《うら》・右側《みぎがわ》と左《ひだり》側《がわ》など、ものの両方《りょうほう》の側《がわ》。対 片側《かたがわ》。

りょうかん【良寛】 名詞（一七五八〜一八三一）江戸時代《えどじだい》のおぼうさん。和歌《わか》・書道《しょどう》にすぐれ、農民《のうみん》や子供《こども》たちと親《した》しみながら、たくさんの作《さく》品《ひん》を残《のこ》した。

りょうかん【量感】 名詞 重《おも》さや厚《あつ》みがある感《かん》じ。ボリューム。例 量感のある彫刻《ちょうこく》。

りょうがん【両岸】 名詞 川《かわ》などの両方《りょうほう》の岸《きし》。

りょうがん【両眼】 名詞 両方《りょうほう》の目《め》。

りょうきょく【両極】 名詞 ❶北極《ほっきょく》と南極《なんきょく》。❷電池《でんち》のプラス極《きょく》とマイナス極《きょく》。また、磁石《じしゃく》のN極《エヌきょく》とS極《エスきょく》。❸一《ひと》つのものの両方《りょうほう》のはし。両端《りょうたん》。

りょうきょくたん【両極端】 名詞 ❶一《ひと》つのものの両方《りょうほう》のはし。両端《りょうたん》。❷ちがいがとても大《おお》きいこと。まったくかけはなれていること。例 二人《ふたり》の性格《せいかく》は両極端だ。

りょうきん【料金】 名詞 物《もの》を使《つか》ったり、見物《けんぶつ》したりしたときにはらうお金《かね》。例 水道《すいどう》料金。

りょうくう【領空】 名詞 その国《くに》の領土《りょうど》と領《りょう》海《かい》の上空《じょうくう》。その国《くに》の権力《けんりょく》がおよぶ範囲《はんい》の空《そら》。関連 領土《りょうど》。領海《りょうかい》。

りょうぐん【両軍】 名詞 ❶敵《てき》と味方《みかた》の両方《りょうほう》の軍隊《ぐんたい》。

世界各地《せかいかくち》の昔話《むかしばなし》や伝説《でんせつ》を集《あつ》め、色《いろ》の名《な》まえをつけたシリーズを出版《しゅっぱん》しました。『みどりいろの童話集《どうわしゅう》』に始《はじ》まり全《ぜん》12冊《さつ》にまとめられています。日本《にほん》の「浦島太郎《うらしまたろう》」や「文福茶釜《ぶんぶくちゃがま》」などの話《はなし》も入《はい》っています。

❷戦《たたか》う両方《りょうほう》のチーム。例 決勝戦《けっしょうせん》を戦《たたか》う両軍の選手《せんしゅ》が入場《にゅうじょう》する。

りょうけん【了見】 名詞 あることに対《たい》する考《かんが》え。例 弟《おとうと》に本《ほん》を貸《か》さずにひとりじめするとは、了見がせまいよ。

りょうけん【猟犬】 名詞 季語冬 かりをするときに使《つか》う犬《いぬ》。

りょうこう【良好】 形容動詞 よい状態《じょうたい》であること。すぐれていること。例 体調《たいちょう》は良好だ。

りょうこう【良港】 名詞 安全《あんぜん》で使《つか》いやすい、よい港《みなと》。例 天然《てんねん》の良港。

りょうさん【量産】 名詞 動詞 同《おな》じ品物《しなもの》をたくさんつくり出《だ》すこと。大量生産《たいりょうせいさん》。例 量産品《ひん》／製品《せいひん》を量産する。

りょうし【猟師】 名詞 鳥《とり》やけものをとることを仕事《しごと》にしている人《ひと》。狩人《かりゅうど》。

りょうし【漁師】 名詞 魚《さかな》や貝《かい》などをとることを仕事《しごと》にしている人《ひと》。

りょうじ【領事】 名詞 外国《がいこく》にいて、自分《じぶん》の国《くに》との貿易《ぼうえき》を進《すす》めたり、その国《くに》にいる自分《じぶん》の国《くに》の人《ひと》の世話《せわ》をしたりする役人《やくにん》。

りょうじかん【領事館】 名詞 領事《りょうじ》が仕事《しごと》をする役所《やくしょ》。

りょうしき【良識】 名詞 ものごとを正《ただ》しく判断《はんだん》する力《ちから》。例 良識のある人《ひと》。

りょうじさいばんけん【領事裁判権】 名詞 外国《がいこく》に住《す》む人《ひと》が、住《す》んでいる国《くに》の法律《ほうりつ》ではなく、自分《じぶん》の国《くに》の法律《ほうりつ》にもとづいて領事《りょうじ》の裁《さい》判《ばん》を受《う》ける権利《けんり》。教科社 江戸時代《えどじだい》の終《お》わりに欧米諸国《おうべいしょこく》と結《むす》んだ条約《じょうやく》において、日本《にほん》は領事裁判権《りょうじさいばんけん》を認《みと》めていたが、一八九四（明治二十七《めいじにじゅうしち》）年《ねん》になくすことに成功《せいこう》した。

りょうしつ【良質】 名詞 形容動詞 品物《しなもの》の質《しつ》がよいこと。上質《じょうしつ》。例 良質な紙《かみ》のノート。対 悪質《あくしつ》。

りょうしゃ【両者】 名詞 両方《りょうほう》の人《ひと》やもの。例 けんかをしている両者の言《い》い分《ぶん》を聞《き》く。

りょうしゅ【領主】 名詞 昔《むかし》、広《ひろ》い土地《とち》を持《も》っていて、その土地《とち》に住《す》む人々《ひとびと》を治《おさ》めていた人《ひと》。大名《だいみょう》など。

りょうしゅう【領収】 名詞 動詞 お金《かね》などを受《う》けとること。例 領収書《しょ》。類 受領《じゅりょう》。

りょうじゅう【猟銃】 名詞 鳥《とり》やけものをとるときに使《つか》う鉄砲《てっぽう》。

りょうしゅうしょ【領収書】 名詞 お金《かね》を受《う》けとったしるしにわたす書類《しょるい》。レシート。対 請求書《せいきゅうしょ》。

りょうしょ【良書】 名詞 内容《ないよう》のよい本《ほん》。読《よ》む人《ひと》のためになる本《ほん》。対 悪書《あくしょ》。

りょうしょう【了承】 名詞 動詞 相手《あいて》の言《い》うことや事情《じじょう》がよくわかって、承知《しょうち》すること。例 両親《りょうしん》の了承を得《え》て、海《うみ》に行《い》く。類 了解《りょうかい》。

りょうしん【両親】 名詞 父《ちち》と母《はは》。

りょうしん【良心】 名詞 自分《じぶん》の行《おこな》いや考《かんが》え方《かた》のよい悪《わる》いを見分《みわ》け、よいことをしようとする心《こころ》のはたらき。例 うそをついてしまい、良心がとがめる。

りょうしんてき【良心的】 形容動詞 正直《しょうじき》で真心《まごころ》のあるようす。良心《りょうしん》に従《したが》って行動《こうどう》するようす。例 良心的な店《みせ》／良心的な値段《ねだん》。

りょうせい【両性】 名詞 男性《だんせい》と女性《じょせい》。また、動物《どうぶつ》のおすとめす。

りょうせい【良性】 名詞 形容動詞 病気《びょうき》などの性質《せいしつ》があまり悪《わる》くなく、治《なお》りやすいこと。対 悪性《あくせい》。

りょうせいるい【両生類】 名詞 子供《こども》のときはえら呼吸《こきゅう》をして水中《すいちゅう》にすみ、大《おお》きくなると肺呼吸《はいこきゅう》をして、陸《りく》でも水中《すいちゅう》でも生活《せいかつ》できる動物《どうぶつ》。かえる・さんしょううお・いもりなど。

りょうせん【りょう線】 名詞 山《やま》の頂上《ちょうじょう》から頂上《ちょうじょう》へと続《つづ》く線《せん》。尾根《おね》。図⇩196ページ おね

りょうたん【両端】 名詞 一《ひと》つのものの両方《りょうほう》のはし。りょうはし。

りょうち【領地】 名詞 ❶その国《くに》が治《おさ》めている土地《とち》。領土《りょうど》。❷昔《むかし》、大名《だいみょう》などが治《おさ》めていた土地《とち》。

りょうて【両手】 名詞 左右両方《さゆうりょうほう》の手《て》。例 両手に花《はな》（＝二《ふた》つのすばらしいものをひとりじめにすること）。類 もろ手《て》。

りょうど【領土】 名詞 その国《くに》が治《おさ》めている土地《とち》。関連 領海《りょうかい》。領空《りょうくう》。

りょうとう【両刀】 名詞 昔《むかし》、武士《ぶし》がこしにさした大小二本《だいしょうにほん》の刀《かたな》。

りょうどうたい【良導体】 名詞 熱《ねつ》や電気《でんき》をよく通《とお》す物質《ぶっしつ》。銀《ぎん》・銅《どう》など。

りょうない【領内】 名詞 領地《りょうち》の中《なか》。

りょうにん【両人】 名詞 両方《りょうほう》の人《ひと》。例 新郎《しんろう》

読書のこみち 高 中 低 『みどりいろの童話集《どうわしゅう》』ラング　イギリスの作家《さっか》ラングは、まわりの人《ひと》の協力《きょうりょく》を得《え》て、り、ばら、そら、き、くさ、ちゃ、ねずみ、あか、みず、むらさき、さくら、くじゃくと

新婦《しんぷ》のご両人。

りょうはし【両端】↓1402ジペーりょうたん

りょうひ【良否】名詞 よいことと、よくないこと。よしあし。例 品物《しなもの》の良否を調《しら》べる。

りょうふう【涼風】名詞 季語夏 すずしい風《かぜ》。「すずかぜ」ともいう。

りょうぶん【領分】名詞 ❶国《くに》や人《ひと》が持《も》っている土地《とち》の範囲《はんい》。例 ほかの国《くに》の領分。❷力《ちから》の届《とど》く範囲《はんい》。例 その仕事《しごと》はぼくの領分だ。

りょうほう【両方】名詞 二《ふた》つのうちの、どちらも。類 双方《そうほう》。対 片方《かたほう》。一方《いっぽう》。

りょうほう【療法】名詞 けがや病気《びょうき》を治《なお》す方法《ほうほう》。例 民間《みんかん》療法。

りょうめん【両面】名詞 ❶ものの二《ふた》つの面《めん》。表《おもて》と裏《うら》。対 片面《かためん》。❷二《ふた》つの方面《ほうめん》。例 よい点《てん》と悪《わる》い点《てん》の両面を考《かんが》える。

りょうやくはくちににがし【良薬は口に苦し】故事成語 ほんとうに自分《じぶん》のためになるような忠告《ちゅうこく》は、厳《きび》しくて聞《き》くのがつらいものだ、ということ。ことば よく効《き》く薬《くすり》は苦《にが》くて飲《の》みにくい、ということから。

りょうゆう【良友】名詞 よい友《とも》だち。つき合《あ》ってためになる友《とも》だち。対 悪友《あくゆう》。

りょうゆう【領有】名詞動詞 自分《じぶん》のものとして持《も》つこと。また、自分《じぶん》の国《くに》の領土《りょうど》として持《も》つこと。例 島《しま》を領有する権利《けんり》を争《あらそ》う。

りょうよう【両用】名詞 一《ひと》つのものが、二《ふた》つのことに使《つか》えること。例 水陸《すいりく》両用のカメラ。

りょうよう【療養】名詞動詞 病気《びょうき》・けがなどを治《なお》すために、治療《ちりょう》をし、体《からだ》を休《やす》めること。例 母《はは》は手術《しゅじゅつ》のあと二《に》か月《げつ》療養した。

りょうようじょ【療養所】名詞 長《なが》い期間《きかん》病気《びょうき》の治療《ちりょう》をする必要《ひつよう》がある人《ひと》が入《はい》る施設《しせつ》。

りょうよく【両翼】名詞 ❶鳥《とり》や飛行機《ひこうき》の、左右両方《さゆうりょうほう》のつばさ。❷建物《たてもの》や人《ひと》の列《れつ》など、左右《さゆう》に広《ひろ》がっているものの両方《りょうほう》の部分《ぶぶん》。例 敵陣《てきじん》の両翼からせめる。

りょうり【料理】名詞動詞 ❶物《もの》を煮《に》たり焼《や》いたりして、食《た》べられるようにすること。また、その食《た》べ物《もの》。例 兄《あに》の作《つく》る料理はおいしい／夕食《ゆうしょく》に魚《さかな》を料理する。類 調理《ちょうり》。❷ものごとをうまくかたづけること。例 難《むずか》しい問題《もんだい》を楽々《らくらく》と料理する。ことば 中国語《ちゅうごくご》では「ものごとをうまく処理《しょり》する」という意味《いみ》で、❶は日本《にほん》で生《う》まれた意味《いみ》。

りょうりつ【両立】名詞動詞 性質《せいしつ》のちがう二《ふた》つのことがらが、同時《どうじ》に成《な》り立《た》ってうまくいくこと。例 今年《ことし》こそ勉強《べんきょう》とスポーツを両立させるぞ。

りょうりにん【料理人】名詞 料理《りょうり》を作《つく》ることを仕事《しごと》にしている人《ひと》。コック。

りょうりん【両輪】名詞 ❶車《くるま》の左右《さゆう》にある車輪《しゃりん》。❷二《ふた》つのものがひと組《くみ》になって、じゅうぶんなはたらきをするもののたとえ。例 食事《しょくじ》と運動《うんどう》は、健康《けんこう》な体《からだ》をつくる両輪だ。

りょかく【旅客】名詞 旅行《りょこう》をする人《ひと》。とくに、鉄道《てつどう》・船《ふね》・飛行機《ひこうき》などの乗《の》り物《もの》を使《つか》って旅行《りょこう》をする人《ひと》。「りょきゃく」ともいう。

りょかっき【旅客機】名詞 客《きゃく》を運《はこ》ぶための飛行機《ひこうき》。「りょかくき」ともいう。

りょかん【旅館】名詞 旅行《りょこう》する人《ひと》をとめる、日本風《にほんふう》の施設《しせつ》。宿屋《やどや》。

りょきゃく【旅客】↓1402ジペーりょかく

㊥**りょく【力】**〔力《ちから》〕2画 1年 音 リョク・リキ 訓 ちから

つきだす

❶ちから。はたらき。例 力仕事《ちからしごと》／力学《りきがく》／力量《りきりょう》／学力《がくりょく》／権力《けんりょく》／勢力《せいりょく》／能力《のうりょく》。❷力《ちから》をこめる。はげむ。例 力作《りきさく》／力説《りきせつ》／力走《りきそう》／努力《どりょく》。

㊥**りょく【緑】**〔糸《いとへん》〕14画 3年 音 リョク・ロク 訓 みどり

つきださない　水としない

みどり。例 緑色《みどりいろ》／緑陰《りょくいん》／緑地《りょくち》／緑茶《りょくちゃ》／緑化《りょっか》／緑青《ろくしょう》／新緑《しんりょく》／深緑《ふかみどり》／葉緑素《ようりょくそ》。

りょくいん【緑陰】名詞 季語夏 青葉《あおば》のしげった木《き》のかげ。例 緑陰で読書《どくしょ》をする。

りょくおうしょくやさい【緑黄色野菜】名詞 緑《みどり》や黄色《きいろ》の濃《こ》い野菜《やさい》。カロチンやビタミン、ミネラルが多《おお》くふくまれている。関連 淡色野菜《たんしょくやさい》。

りょくち【緑地】名詞 草《くさ》や木《き》が一面《いちめん》にしげっている土地《とち》。

猫《ねこ》」「注文《ちゅうもん》の多《おお》い料理店《りょうりてん》」、きれいな風景《ふうけい》の「やまなし」「雪渡《ゆきわた》り」、音読《おんどく》したくなる「オツベルと象《ぞう》」「北守将《ほくしゅしょう》
ンニがカンパネルラと銀河鉄道《ぎんがてつどう》で旅《たび》をする「銀河鉄道《ぎんがてつどう》の夜《よる》」などの中長編《ちゅうちょうへん》。さあ、どれが気《き》に入《い》るかな？

りょくちたい【緑地帯】 名詞 ❶草《くさ》や木《き》などが生《お》いしげっている場所《ばしょ》。❷都市《とし》などで、人々《ひとびと》の健康《けんこう》や防災《ぼうさい》などのために、計画的《けいかくてき》に草木《くさき》を植《う》えた区域《くいき》。

りょくちゃ【緑茶】 名詞 日本《にほん》でふつうに飲《の》まれている、緑色《みどりいろ》のお茶《ちゃ》。玉露《ぎょくろ》や煎茶《せんちゃ》などの種《しゅ》類《るい》がある。参考 緑茶《りょくちゃ》も紅茶《こうちゃ》もウーロン茶《ちゃ》も同《おな》じ茶《ちゃ》の木《き》の葉《は》だが、作《つく》る方法《ほうほう》がちがう。

りょけん【旅券】 ⇒1056ページ パスポート

りょこう【旅行】 名詞 動詞 家《いえ》をはなれて、しばらくほかの土地《とち》へ行《い》くこと。旅《たび》をすること。

りょこうき【旅行記】 名詞 旅行《りょこう》したときに見《み》たり、聞《き》いたり、感《かん》じたりしたことを書《か》いた文章《ぶんしょう》。紀行《きこう》。

りょしゅう【旅愁】 名詞 旅《たび》をしているときに感《かん》じる、なんとなくさびしい気持《きも》ち。

りょじょう【旅情】 名詞 旅《たび》をしているときに感《かん》じる、しみじみとした気持《きも》ち。例 電車《でんしゃ》の窓《まど》から風景《ふうけい》をながめて旅情を味《あじ》わう。

りょっか【緑化】 名詞 動詞 草《くさ》や木《き》を植《う》えて、緑《みどり》の多《おお》い土地《とち》にすること。例 緑化運動《うんどう》。

りょてい【旅程】 名詞 ❶旅行《りょこう》の道《みち》のり。例 目的地《もくてきち》までの旅程は五十《ごじっ》キロだ。❷旅行《りょこう》の日程《にってい》。例 海外旅行《かいがいりょこう》の旅程表《ひょう》。

りょひ【旅費】 名詞 旅行《りょこう》するのにかかるお金《かね》。

リラ ⇒1383ページ ライラック

リラックス (relax) 名詞 動詞 気分《きぶん》を楽《らく》にして、心《こころ》や体《からだ》の緊張《きんちょう》を解《と》きほぐすこと。例 ゆっくり入浴《にゅうよく》してリラックスする。

りりく【離陸】 名詞 動詞 飛行機《ひこうき》などが、陸《りく》からはなれて空《そら》に飛《と》び立《た》つこと。対 着陸《ちゃくりく》。

りりく

りりしい 形容詞 姿《すがた》や態度《たいど》がきりりとして勇《いさ》ましい。例 りりしい顔立《かおだ》ちの少年《しょうねん》。

りりつ【利率】 名詞 元金《がんきん》に対《たい》する利子《りし》の割合《わりあい》。

リレー (relay) ❶名詞 動詞 とちゅうで受《う》けついで、順々《じゅんじゅん》に伝《つた》えわたしていくこと。❷名詞 陸上《りくじょう》や水泳《すいえい》などで、何人《なんにん》かがひと組《くみ》になり、決《き》められたきょりを次々《つぎつぎ》に受《う》けついで走《はし》ったり泳《およ》いだりして、全体《ぜんたい》の速《はや》さをきそう競《きょう》技《ぎ》。「リレーレース」の略《りゃく》。

りれき【履歴】 名詞 その人《ひと》が今《いま》までにしてきたことがら。いつ、どこの学校《がっこう》で何《なに》を勉強《べんきょう》したか、どんな仕事《しごと》をしたか、など。類 経歴《けいれき》。

りれきしょ【履歴書】 名詞 その人《ひと》が今《いま》までにしてきた学業《がくぎょう》・仕事《しごと》などを、決《き》まった形式《けいしき》で書《か》いた書類《しょるい》。

りろせいぜん【理路整然】 ⇒881ページ 四字熟語

りろん【理論】 名詞 筋道《すじみち》が通《とお》っている考《かんが》え。理屈《りくつ》に合《あ》った考《かんが》え。例 理論的《てき》な文章《ぶんしょう》／宇宙《うちゅう》のなりたちについての新《あたら》しい理論。

りん 名詞 動物《どうぶつ》の骨《ほね》などにふくまれている元素《げんそ》。燃《も》えやすく、マッチや肥料《ひりょう》などに使《つか》われる。

漢 **りん【林】** 〔木〕きへん 8画 1年 音 リン 訓 はやし

一 十 才 木 木 村 材 林

はやし。例 林業《りんぎょう》／山林《さんりん》／植林《しょくりん》／森林《しんりん》／雑木《ぞうき》林《ばやし》／松林《まつばやし》／密林《みつりん》。

りん【厘】 名詞 ❶昔《むかし》、日本《にほん》で使《つか》われていたお金《かね》の単位《たんい》。一厘《いちりん》は一円《いちえん》の千分《せんぶん》の一《いち》。❷昔《むかし》、日本《にほん》で使《つか》われていた長《なが》さの単位《たんい》。一厘《いちりん》は一尺《いっしゃく》の千分《せんぶん》の一《いち》で、約《やく》〇・三ミリメートル。❸割合《わりあい》を表《あらわ》す単位《たんい》。一厘《いちりん》は一割《いちわり》の百分《ひゃくぶん》の一《いち》。

漢 **りん【輪】** 〔車〕くるまへん 15画 4年 音 リン 訓 わ

亓 亘 車 軡 軡 輪 輪 輪 (はねる)

❶車《くるま》のわ。また、わのような形《かたち》をしたもの。例 輪切《わぎ》り／三輪車《さんりんしゃ》／車輪《しゃりん》／年輪《ねんりん》／花輪《はなわ》／指輪《ゆびわ》。❷まわる。めぐる。例 輪作《りんさく》／輪唱《りんしょう》。❸花《はな》などを数《かぞ》えることば。例 一輪挿《いちりんざ》し。

漢 **りん【臨】** 〔臣〕しん 18画 6年 音 リン 訓 のぞむ

丨 ｢ 臣 臣 臨 臨 臨 (つきださない)(口を三つ)

のぞむ。その場《ば》にいあわせる。例 臨海学校《りんかいがっこう》／臨機応変《りんきおうへん》／臨時《りんじ》／臨席《りんせき》／君臨《くんりん》。

りんか【隣家】 名詞 となりの家《いえ》。

あいうえお かきくけこ さしすせそ たちつてと なにぬねの はひふへほ まみむめも やゆよ らりるれろ り わをん

読書のこみち 高 中 低 『宮沢賢治童話全集《みやざわけんじどうわぜんしゅう》』宮沢賢治《みやざわけんじ》 ひとくせありそうなやまねこが登場《とうじょう》する「どんぐりと山《やま》軍《ぐん》と三人兄弟《さんにんきょうだい》の医者《いしゃ》」などの短編《たんぺん》。転校生高田三郎《てんこうせいたかださぶろう》をめぐる「風《かぜ》の又三郎《またさぶろう》」や、ジョバ

リンカーン 名詞 (一八〇九～一八六五) アメリカ合衆国《がっしゅうこく》の第十六代大統領《だいじゅうろくだいだいとうりょう》。奴隷《どれい》の解放《かいほう》をめぐって起《お》こった南北戦争《なんぼくせんそう》に勝《か》ち、奴隷制度《どれいせいど》をなくした。「人民《じんみん》の人民《じんみん》による人民《じんみん》のための政治《せいじ》」という、民主主義《みんしゅしゅぎ》の考《かんが》え方《かた》を表《あらわ》すことばを残《のこ》した。

りんかい【臨海】 名詞 海《うみ》のすぐ近《ちか》くにあること。例 臨海工業地帯《こうぎょうちたい》。

りんかい【臨界】 名詞 ❶さかい。境界《きょうかい》。❷物質《ぶっしつ》が別《べつ》の状態《じょうたい》に変化《へんか》する境目《さかいめ》。気体《きたい》が液体《えきたい》に変《か》わるときの境目《さかいめ》など。❸原子炉《げんしろ》で、核分裂《かくぶんれつ》が連続《れんぞく》して起《お》こり始《はじ》める境目《さかいめ》。

りんかいがっこう【臨海学校】 名詞 季語 夏 夏休《なつやす》みなどに、海《うみ》の近《ちか》くでいっしょに生活《せいかつ》し、体《からだ》をきたえたり、勉強《べんきょう》をしたりする学校《がっこう》の行事《ぎょうじ》。

りんかいじこ【臨界事故】 名詞 原子力発電所《げんしりょくはつでんしょ》などの核燃料《かくねんりょう》をあつかう施設《しせつ》で、コントロールできない核分裂《かくぶんれつ》が起《お》こる事故《じこ》。参考 有害《ゆうがい》な放射線《ほうしゃせん》がもれたり、大量《たいりょう》の熱《ねつ》が発生《はっせい》したりする危険性《きけんせい》がある。

りんかく【輪郭】 名詞 ❶物《もの》のまわり。また、物《もの》のまわりをかたちづくっている線《せん》。例 顔《かお》の輪郭をかく。❷ものごとや話《はなし》などの、だいたいのようす。例 計画《けいかく》の輪郭を説明《せつめい》する。

りんかん【林間】 名詞 林《はやし》の中《なか》。

りんかんがっこう【林間学校】 名詞 季語 夏 夏休《なつやす》みなどに、山《やま》や高原《こうげん》でいっしょに生活《せいかつ》し、体《からだ》をきたえたり、勉強《べんきょう》をしたりする学校《がっこう》の行事《ぎょうじ》。

りんきおうへん【臨機応変】 名詞 形容動詞 その場《ば》のようすや状況《じょうきょう》の変化《へんか》に合《あ》わせて、よいやり方《かた》をすること。例 臨機応変に行動《こうどう》する。

りんぎょう【林業】 名詞 木《き》を植《う》え育《そだ》てて、材木《ざいもく》などを生産《せいさん》する産業《さんぎょう》。炭《すみ》やきのこを作《つく》ることをふくむこともある。関連 漁業《ぎょぎょう》。農業《のうぎょう》。

リンク (link) 名詞 動詞 結《むす》びつけること。とくに、コンピューターで、文章《ぶんしょう》の一部《いちぶ》や画像《がぞう》を、コンピューター上《じょう》の別《べつ》の場所《ばしょ》にある情報《じょうほう》と結《むす》びつけること。

リンク (rink) 名詞 スケート場《じょう》。スケートリンク。

リング (ring) 名詞 ❶輪《わ》。輪《わ》の形《かたち》をしているもの。とくに、指輪《ゆびわ》のこと。例 イヤリング／エンゲージリング (=婚約指輪《こんやくゆびわ》)。❷ボクシングやレスリングなどで、試合《しあい》をする場所《ばしょ》。例 リングに上《あ》がる。

りんご 名詞 季語 秋 果物《くだもの》の木《き》の一《ひと》つ。春《はる》に白《しろ》い花《はな》がさき、秋《あき》ごろに丸《まる》い実《み》がなる。実《み》は食用《しょくよう》になり、寒《さむ》い地方《ちほう》で作《つく》られる。種類《しゅるい》が多《おお》い。

りんご

りんごく【隣国】 名詞 となりの国《くに》。

りんさく【輪作】 名詞 動詞 同《おな》じ土地《とち》に、ちがう種類《しゅるい》の作物《さくもつ》をかわるがわるつくること。対 連作《れんさく》。

りんじ【臨時】 名詞 ❶決《き》まったときではなく、必要《ひつよう》のあるときどきにものごとを行《おこな》うこと。例 臨時列車《れっしゃ》。対 定期《ていき》。❷そのとき限《かぎ》りのこと。間《ま》に合《あ》わせ。例 三日《みっか》間《かん》だけ臨時に人《ひと》をやとう。

りんじく【輪軸】 名詞 半径《はんけい》の小《ちい》さい軸《じく》に半径《はんけい》の大《おお》きい輪《わ》をとりつけたもの。小《ちい》さな力《ちから》で大《おお》きな力《ちから》が得《え》られる。

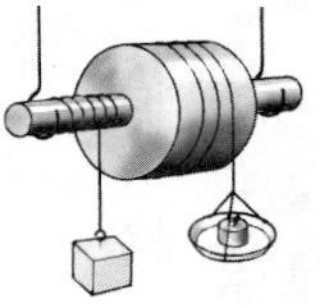

りんじく

りんじこっかい【臨時国会】 名詞 臨時《りんじ》に開《ひら》かれる国会《こっかい》。

りんしつ【隣室】 名詞 となりの部屋《へや》。

りんじゅう【臨終】 名詞 人《ひと》が死《し》ぬ、まさにその時《とき》。死《し》にぎわ。類 末期《まつご》。

りんしょう【輪唱】 名詞 動詞 同《おな》じ歌《うた》を、少《すこ》しずつおくらせて、追《お》いかけるように歌《うた》うこと。また、その歌《うた》い方《かた》。

りんしょう【臨床】 名詞 医学《いがく》で、理論《りろん》だけでなく、実際《じっさい》に病人《びょうにん》を診察《しんさつ》したり治療《ちりょう》したりすること。例 臨床医学《いがく》。

りんじょうかん【臨場感】 名詞 実際《じっさい》にその場《ば》にいるような感《かん》じ。例 臨場感たっぷりの話《はなし》。

りんじん【隣人】 名詞

をふる。左《ひだり》手《て》でつくった家《いえ》の中《なか》は空《から》っぽでだれもいないようすを表《あらわ》しているよ。

リンス（rinse）名詞 動詞 かみの毛《け》を洗《あら》ったあと、性質《せいしつ》を整《ととの》えるために使《つか》う液《えき》。また、その液《えき》でかみをすすぐこと。

りんせき【隣席】 名詞 ❶となり近所《きんじょ》に住《す》んでいる人《ひと》。❷自分《じぶん》の身近《みぢか》にいる人《ひと》。例 隣人愛《あい》。

りんせき【隣席】 名詞 となりの席《せき》。

りんせき【臨席】 名詞 動詞 会《かい》や式《しき》に出席《しゅっせき》すること。類 列席《れっせき》。使い方 あらたまった言《い》い方《かた》。

りんせつ【隣接】 名詞 動詞 となり合《あ》わせになっていること。例 駅《えき》に隣接した店《みせ》。類 近接《きんせつ》。

りんてんき【輪転機】 名詞 印刷機《いんさつき》の一《ひと》つ。筒形《つつがた》の印刷版《いんさつばん》を回転《かいてん》させて、速《はや》く、大量《たいりょう》に印《いん》刷《さつ》する機械《きかい》。新聞《しんぶん》・雑誌《ざっし》などの印刷《いんさつ》に使《つか》う。

りんと 副詞 態度《たいど》や姿《すがた》、声《こえ》などが引《ひ》きしまっているようす。りりしいようす。例 りんとした態度《たいど》で受《う》け答《こた》えする。

りんどう 名詞 季語 秋 山《やま》や野原《のはら》に生《は》える草《くさ》。秋《あき》に、つりがねの形《かたち》をした青《あお》むらさき色《いろ》の花《はな》がさく。根《ね》は薬《くすり》にする。ことば 漢字《かんじ》では「竜胆」と書《か》く。

りんどう

りんどう【林道】 名詞 山林《さんりん》の中《なか》の道《みち》。とくに、山《やま》から木材《もくざい》などを運《はこ》ぶためにつくられた道《みち》。

りんどく【輪読】 名詞 動詞 同《おな》じ本《ほん》を何人《なんにん》かで順番《じゅんばん》に読《よ》み、意見《いけん》を出《だ》し合《あ》うこと。

りんね【輪ね】 名詞 動詞 仏教《ぶっきょう》で、生《い》き物《もの》は死《し》んだあと別《べつ》のものに生《う》まれ変《か》わり、それを永《えい》久《きゅう》にくり返《かえ》すという考《かんが》え方《かた》。

リンパ（ドイツ語）名詞 体《からだ》の中《なか》を流《なが》れている、無《む》色《しょく》の液体《えきたい》。体《からだ》の各部分《かくぶぶん》に栄養《えいよう》をあたえ、いらなくなったものを運《はこ》び出《だ》す。また、細菌《さいきん》が広《ひろ》がるのを防《ふせ》ぐはたらきもする。リンパ液《えき》。

リンパえき【リンパ液】 ⇩1405ジペーリンパ

リンパせつ【リンパ節】 ⇩1405ジペーリンパせん

リンパせん【リンパ腺】 名詞 リンパ管《かん》（＝リンパが流《なが》れる管《くだ》）のところどころにある、小《ち》さな器官《きかん》。リンパの中《なか》の細菌《さいきん》や異物《いぶつ》をくい止《と》めるはたらきをする。「リンパ節《せつ》」ともいう。

りんばん【輪番】 名詞 一《ひと》つのことを、大勢《おおぜい》の人《ひと》が順番《じゅんばん》にかわるがわる行《おこな》うこと。例 輪番で議長《ぎちょう》を務《つと》める。

りんぶ【輪舞】 名詞 動詞 大勢《おおぜい》の人《ひと》が輪《わ》になっておどること。また、そのおどり。

りんぷん【りん粉】 名詞 「ちょう」や「が」の羽《はね》などについている、粉《こな》のようなもの。

りんやちょう【林野庁】 名詞 国有林《こくゆうりん》の管理《かんり》や民有林《みんゆうりん》の指導《しどう》などの仕事《しごと》をする国《くに》の役所《やくしょ》。農《のう》林水産省《りんすいさんしょう》の下《した》にある。

りんり【倫理】 名詞 人間《にんげん》として守《まも》るべき、正《ただ》しい考《かんが》え方《かた》や生《い》き方《かた》。道徳《どうとく》。類 モラル。

りんりつ【林立】 名詞 動詞 林《はやし》の木《き》のように、たくさんのものが立《た》ち並《なら》んでいること。例 この辺《あた》りは高層《こうそう》ビルが林立している。

りんりん［と］ 副詞 勇《いさ》ましいようす。例 力《ちから》がりんりんとわいてくる。

る【流】 漢 ⇩1397ジペーりゅう〔流〕

る【留】 漢 ⇩1397ジペーりゅう〔留〕

るい【塁】 名詞 ❶野球《やきゅう》のベース。例 一塁《いち》／本塁《ほん》／ランナーが塁に出《で》る。❷とりで。

るい【類】 名詞 おたがいに似《に》ているもの。例 今《いま》までに類を見《み》ないほどの強《つよ》い風《かぜ》だ。漢 ⇩1405ジペーるい〔類〕

● **類《るい》がない** 似《に》たものがない。ほかにはない。例 世界《せかい》でも類がないめずらしい植物《しょくぶつ》。

● **類《るい》は友《とも》を呼《よ》ぶ** ことわざ 考《かんが》え方《かた》や趣味《しゅみ》が似《に》ている者《もの》や、気《き》の合《あ》った者《もの》は、自然《しぜん》に寄《よ》り集《あつ》まってくるものだ、ということ。

漢 **るい【類】**〔頁《おおがい》〕18画 4年 音 ルイ 訓 たぐい

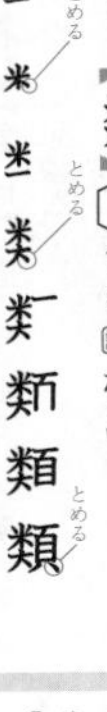

❶なかま。たぐい。例 種類《しゅるい》／親類《しんるい》／人類《じんるい》／同《どう》類《るい》／分類《ぶんるい》。❷にている。例 類似《るいじ》／類推《るいすい》／類例《るいれい》。

るいか【類火】 名詞 ほかの場所《ばしょ》から出《で》た火事《かじ》で焼《や》けること。類 類焼《るいしょう》。

手話にチャレンジ 留守《るす》 左《ひだり》手《て》の手《て》のひらをななめ下《した》に向《む》けて屋根《やね》の形《かたち》にする。その下《した》で指先《ゆびさき》を前《まえ》に向《む》けた右手《みぎて》

るいぎご【類義語】⬇1406ジ-るいご

るいけい【累計】名詞 動詞 部分《ぶぶん》ごとの合計《ごうけい》を加《くわ》えていって、全体《ぜんたい》の合計《ごうけい》を出《だ》すこと。また、その合計《ごうけい》。例 一年間《いちねんかん》の月《つき》ごとの支出《ししゅつ》を累計する。

るいけい【類型】名詞 ❶似通《にかよ》った型《かた》。タイプ。例 類型別《べつ》に分類《ぶんるい》する。❷ありふれた形《かたち》や形式《けいしき》。例 類型的《てき》。

るいけいてき【類型的】形容動詞 型《かた》にはまっていて、めずらしくないようす。例 この詩《し》は類型的で心《こころ》に残《のこ》らない。

るいご【類語】名詞 意味《いみ》の似《に》ていることば。「未来《みらい》」と「将来《しょうらい》」、「欠点《けってん》」と「短所《たんしょ》」など。類義語《るいぎご》。

るいじ【類似】名詞 動詞 おたがいに、よく似《に》ていること。例 類似品《ひん》／最近《さいきん》、類似した事件《じけん》が起《お》こっている。

るいしょ【類書】名詞 同《おな》じような種類《しゅるい》の書物《しょもつ》。内容《ないよう》が似《に》ている本《ほん》。

るいしょう【類焼】名詞 動詞 ほかの場所《ばしょ》から出《で》た火事《かじ》が燃《も》え移《うつ》って焼《や》けること。類 延焼《えんしょう》。類火《るいか》。

るいしん【累進】名詞 動詞 数《かず》が増《ふ》えるにつれて、それに対《たい》する割合《わりあい》も増《ふ》えていくこと。例 累進課税《かぜい》（＝所得税《しょとくぜい》などで、税《ぜい》をかけられる対象《たいしょう》の金額《きんがく》が大《おお》きくなるにつれて、税率《ぜいりつ》が高《たか》くなること）。

るいしん【塁審】名詞 野球《やきゅう》で、一《いち》・二《に》・三塁《さんるい》のそばにいて、審判《しんぱん》をする人《ひと》。関連 球審《きゅうしん》。

るいじんえん【類人猿】名詞 後《うし》ろ足《あし》で立《た》って歩《ある》くことができる、人間《にんげん》にもっとも近《ちか》いさるのなかま。オランウータン・チンパンジー・ゴリラ・てながざるの四種《よんしゅ》類《るい》。

るいしんかぜい【累進課税】名詞 収入《しゅうにゅう》や財産《ざいさん》が多《おお》ければ多《おお》いほど、税金《ぜいきん》の割合《わりあい》を高《たか》くすること。

ゴリラ　チンパンジー　オランウータン

るいじんえん

るいすい【類推】名詞 動詞 似《に》ている点《てん》をもとにして、あるものごとから別《べつ》のものごとのことを「こうだろう」と考《かんが》えること。例 前後《ぜんご》の文章《ぶんしょう》を読《よ》んで、ことばの意味《いみ》を類推する。

るいする【類する】動詞 似《に》ている。例 この前《まえ》もそれに類するできごとがあった。

るいせき【累積】名詞 動詞 次々《つぎつぎ》に重《かさ》なるようにして増《ふ》えていくこと。例 累積赤字《あかじ》／仕事《しごと》が累積している。

るいせん【涙腺】名詞 なみだを出《だ》す器官《きかん》。上《うわ》まぶたの耳《みみ》に近《ちか》いほうにある。例 涙腺が弱《よわ》い（＝なみだもろい）。

るいべつ【類別】名詞 動詞 同《おな》じ種類《しゅるい》ごとに分《わ》けること。例 本《ほん》を、参考書《さんこうしょ》と文学書《ぶんがくしょ》に類別する。類 分類《ぶんるい》。

るいれい【類例】名詞 よく似《に》ている例《れい》。例 類例のない不思議《ふしぎ》な事件《じけん》。

ルー（フランス語）名詞 小麦粉《こむぎこ》をバターでいためたもの。牛乳《ぎゅうにゅう》やスープを加《くわ》えてのばし、料理《りょうり》にとろみをつけるのに使《つか》う。

ルーキー（rookie）名詞 新人《しんじん》。また、新人《しんじん》の選手《せんしゅ》。

ルーズ 形容動詞 だらしがないようす。きちんとしていないようす。例 最近《さいきん》、時間《じかん》にルーズになっている。

ルーズリーフ（loose-leaf）名詞 中《なか》の紙《かみ》を自由《じゆう》にとり外《はず》せるようになっているノート。

ルーツ（roots）名詞 ❶ものごとの大《おお》もと。例 日本語《にほんご》のルーツをさぐる。❷祖先《そせん》。例 わが家《や》のルーツを調《しら》べる。

ルート（route）名詞 ❶道《みち》。目的地《もくてきち》までの道《みち》。例 山頂《さんちょう》までのルート。❷物《もの》などが流《なが》れる道筋《みちすじ》。経路《けいろ》。例 バナナが農園《のうえん》を出《で》て店《みせ》で売《う》られるまでのルートを調《しら》べる。

ループ（loop）名詞 糸《いと》やひもなどでつくった輪《わ》。また、輪《わ》の形《かたち》をしたもの。

ループせん【ループ線】名詞 急《きゅう》な山道《やまみち》などで、列車《れっしゃ》が登《のぼ》りやすいように、大《おお》きくらせんをえがきながら上《うえ》に進《すす》むようにつくった線路《せんろ》。

シャーロック・ホームズ。きわだつ観察力《かんさつりょく》と推理力《すいりりょく》で、「赤毛組合《あかげくみあい》」「六《むっ》つのナポレオン像《ぞう》」「まだらのひも事《じ》
紹介《しょうかい》するのは、相棒《あいぼう》の医者《いしゃ》、ワトソン先生《せんせい》です。いろいろな作品《さくひん》を読《よ》んで、知恵比《ちえくら》べをしてみませんか？

ルーブル（ロシア語）名詞 ロシアなどで使《つか》われているお金《かね》の単位《たんい》。

ルーペ（ドイツ語）名詞 虫《むし》めがね。拡大鏡《かくだいきょう》。

ルーマニア 名詞 東《ひがし》ヨーロッパのバルカン半島《はんとう》の北東《ほくとう》部《ぶ》にある国《くに》。東部《とうぶ》は黒海《こっかい》に面《めん》している。首都《しゅと》はブカレスト。

（国旗《こっき》）

ルーム（room）名詞 部屋《へや》。例 リビングルーム／ワンルームマンション。

ルール（rule）名詞 規則《きそく》。決《き》まり。例 交通《こうつう》ルールを守《まも》る。

ルーレット（フランス語）名詞 ゲームの一《ひと》つ。0から36までの目《め》に分《わ》けられた円盤《えんばん》を回《まわ》して、玉《たま》を投《な》げ入《い》れ、玉《たま》がどの目《め》に入《はい》るかをあてるもの。

ルーローのさんかくけい【ルーローの三角形】 名詞 正三角形《せいさんかくけい》の各頂点《かくちょうてん》を中心《ちゅうしん》として、正《せい》三角形《さんかくけい》の一辺《いっぺん》を半径《はんけい》とする、中心角《ちゅうしんかく》六〇度《ど》の円弧《えんこ》を結《むす》んでできる図形《ずけい》。
教科 算 半径《はんけい》だけはなれた平《へい》行線《こうせん》の間《あいだ》で回転《かいてん》することができる。また、半径《はんけい》を一辺《いっぺん》とする正方形《せいほうけい》の中《なか》を回転《かいてん》できる。ことば ドイツの技《ぎ》術者《じゅっしゃ》ルーローが考《かんが》え出《だ》したことからついた名《な》まえ。

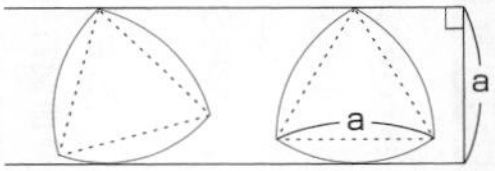
ルーローのさんかくけい

ルクス（フランス語）名詞 光《ひかり》の明《あか》るさの単位《たんい》。記《き》号《ごう》は「lx」。「ルックス」ともいう。

るけい【流刑】 名詞 昔《むかし》、罪人《ざいにん》を遠《とお》くの土地《とち》や島《しま》に送《おく》ったけいばつ。流罪《るざい》。

るざい【流罪】 名詞 昔《むかし》、罪人《ざいにん》を遠《とお》くの土地《とち》や島《しま》に送《おく》ったけいばつ。流刑《るけい》。

るす【留守】 名詞 ❶出《で》かけてしまって家《いえ》にいないこと。例 家《いえ》を留守にする。❷家《いえ》の人《ひと》が出《で》かけている間《あいだ》、残《のこ》って家《いえ》の番《ばん》をすること。留守番《るすばん》。例 おじさんに留守をたのんで外出《がいしゅつ》する。❸ほかのことに気《き》をとられて、注意《ちゅうい》がそれること。例 テレビに夢中《むちゅう》になって、勉強《べんきょう》がお留守になる。

●**留守《るす》を預《あず》かる** 責任《せきにん》を持《も》って留守番《るすばん》を引《ひ》き受《う》ける。例 旅行中《りょこうちゅう》、おじが留守を預かってくれた。

るすばん【留守番】 名詞 家《いえ》の人《ひと》が出《で》かけている間《あいだ》、その家《いえ》の番《ばん》をすること。また、その人《ひと》。例 ひとりで留守番をする。

るせつ【流説】 名詞 ❶世《よ》の中《なか》に言《い》い広《ひろ》められた説《せつ》。❷根拠《こんきょ》のない話《はなし》。うわさ。例 流説にまどわされる。

ルックス ➡1407ジページ ルクス

ルックス（looks）名詞 顔《かお》かたち。見《み》た目《め》。容《よう》姿《し》。例 ルックスのいい俳優《はいゆう》。

るつぼ 名詞 ❶金属《きんぞく》などを熱《ねっ》してとかすのに使《つか》う入《い》れ物《もの》。❷大勢《おおぜい》の人《ひと》が興奮《こうふん》して夢中《むちゅう》になっていることのたとえ。例 スタジアムは興奮《こうふん》のるつぼと化《か》した。❸いろいろな種類《しゅるい》のものがまざっている状態《じょうたい》のたとえ。例 ブラジルは人種《じんしゅ》のるつぼだ。

るてん【流転】 名詞 動詞 ものごとが、一《ひと》つの状態《じょうたい》にとどまらないで、移《うつ》り変《か》わっていくこと。例 万物《ばんぶつ》（＝世《よ》の中《なか》にあるすべてのもの）は流転する。

ルネサンス（フランス語）名詞 十四世紀《じゅうよんせいき》から十《じゅう》六世紀《ろくせいき》に、イタリアからヨーロッパ各地《かくち》に広《ひろ》まった、学問《がくもん》・芸術《げいじゅつ》上《じょう》の運動《うんどう》。古代《こだい》ギリシャ・ローマ文化《ぶんか》の考《かんが》え方《かた》にもどり、人間《にんげん》を中心《ちゅうしん》にした新《あたら》しい文化《ぶんか》をおこした。「文芸復興《ぶんげいふっこう》」「ルネッサンス」ともいう。

ルネッサンス ➡1407ジページ ルネサンス

ルノワール 名詞（一八四一～一九一九）フランスの画家《がか》。ものごとから受《う》けた感《かん》じをそのまま表《ひょう》現《げん》する、印象《いんしょう》派《は》の代表的《だいひょうてき》な画家《がか》の一人《ひとり》。「浴《よく》女《じょ》たち」などが有名《ゆうめい》。

ルビ（ruby）名詞 漢字《かんじ》などのわきにつけるふりがな。例 文章《ぶんしょう》にルビをふる。

ルビー（ruby）名詞 赤《あか》い色《いろ》の宝石《ほうせき》。「紅玉《こうぎょく》」ともいう。

るふ【流布】 名詞 動詞 世《よ》の中《なか》に広《ひろ》まること。また、広《ひろ》めること。例 きみょうなうわさが流布する。

読書のこみち　高 中 低『名探偵《めいたんてい》シャーロック・ホームズ』ドイル　イギリス生《う》まれの名探偵《めいたんてい》としてよく知《し》られる、……件《けん》」「なぞのブナやしき」「さびしい自転車《じてんしゃ》のり」などの事件《じけん》を解決《かいけつ》していきます。それを

ルポ ↓1408ページ ルポルタージュ

ルポルタージュ (フランス語) 名詞 現地《げんち》や現場《げんば》のようすを見《み》て、ありのままに報告《ほうこく》すること。また、その文章《ぶんしょう》。略《りゃく》して「ルポ」ともいう。

るまた 名詞 「殳」のこと。漢字《かんじ》の部首《ぶしゅ》の一《ひと》つ。殺・段などの漢字《かんじ》を作《つく》る。「ほこづくり」ともいう。ことば 上《うえ》の部分《ぶぶん》がかたかなの「ル」に、下《した》の部分《ぶぶん》が漢字《かんじ》の「又《また》」に似《に》ていることからついた名《な》。

るり【瑠璃】 名詞 つやのある青《あお》い宝石《ほうせき》。

るりいろ【瑠璃色】 名詞 むらさきがかった、濃《こ》い青《あお》色《いろ》。

るりいろ

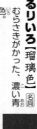

るりちょう【瑠璃鳥】 名詞 山《やま》にすむ、「おおるり」や「こるり」などの小《こ》鳥《とり》。美《うつく》しい声《こえ》で鳴《な》き、おすは背《せ》中《なか》がるり色《いろ》をしている。

るりちょう

るろう【流浪】 名詞 動詞 決《き》まった家《いえ》を持《も》たないで、あちらこちらをさまよい歩《ある》くこと。例 流浪の旅《たび》。類 放浪《ほうろう》。

ルンバ (スペイン語) 名詞 キューバで生《う》まれた、活気《かっき》のあるリズムの音楽《おんがく》。また、それに合《あ》わせておどるおどり。

れ

レ

下《した》の 手話にチャレンジ を見《み》よう。

レアメタル (rare metal) 名詞 自然界《しぜんかい》に存在《そんざい》する量《りょう》が少《すく》なかったり、集《あつ》めるのが難《むずか》しかったりする貴《き》重《ちょう》な金属《きんぞく》をまとめていうことば。チタン・コバルト・ニッケル・バリウムなど。ことば 「レア」は英語《えいご》で「めずらしい」という意味《いみ》。

漢 **れい【令】** 〔人〕ひとやね 5画 4年 訓 音 レイ

ノ 人 亽 今 令 (かたちにちゅうい)

❶いいつけ。さしず。おきて。例 令状《れいじょう》/号令《ごうれい》/指令《しれい》/伝令《でんれい》/法令《ほうれい》/命令《めいれい》。❷(ほかのことばの前《まえ》につけて)美《うつく》しくてよいという意味《いみ》で、敬《うやま》う気《き》持《も》ちを表《あらわ》す。例 令嬢《れいじょう》/令息《れいそく》。

れい【礼】 名詞 ❶社会生活《しゃかいせいかつ》の中《なか》で守《まも》るべき作法《さほう》。例 礼をつくす。❷おじぎ。例 起立《きりつ》、礼。❸感謝《かんしゃ》の気《き》持《も》ちを表《あらわ》すもの。例 会《あ》って礼を言《い》う/お礼の品《しな》を送《おく》る。

漢 **れい【礼】** 〔ネ〕しめすへん 5画 3年 訓 音 レイ・ライ

、 ラ ネ ネ 礼 (とめる)(上へはねる)

❶作法《さほう》。儀式《ぎしき》。例 礼儀《れいぎ》/祭礼《さいれい》/失礼《しつれい》/朝礼《ちょうれい》。❷おじぎ。例 礼拝《れいはい》/敬礼《けいれい》。❸相手《あいて》に感謝《かんしゃ》する気《き》持《も》ちをあらわす。例 礼状《れいじょう》/謝礼《しゃれい》。

漢 **れい【冷】** 〔冫〕にすい 7画 4年 訓 音 レイ つめたい・ひえる・ひや・ひやす・ひやかす・さめる・さます

、 冫 丷 冫 冷 冷 冷 (わすれないように)

❶つめたい。ひやす。例 冷《ひ》や汗《あせ》/冷害《れいがい》/冷気《れいき》/冷水《れいすい》/冷蔵庫《れいぞうこ》/冷房《れいぼう》/寒冷《かんれい》/底冷《そこび》え。対 温《おん》。❷心《こころ》がつめたい。ひややか。例 冷酷《れいこく》/冷《れい》笑《しょう》/冷淡《れいたん》。❸落《お》ち着《つ》いている。例 冷静《れいせい》。

れい【例】 名詞 ❶参考《さんこう》や見本《みほん》になるもの。例 例を挙《あ》げて説明《せつめい》する。❷以前《いぜん》から広《ひろ》く行《おこな》われていること。習《なら》わし。例 過去《かこ》の例に従《したが》う。❸ふだん。いつものとおりであること。例 今年《ことし》の冬《ふゆ》は例になく(=いつもとちがって)暖《あたた》かい。

漢 ↓1409ページ れい〔例〕

● **例《れい》にとる** 例《れい》としてとり上《あ》げる。例 桜《さくら》を例にとって花《はな》のしくみを説明《せつめい》する。

● **例《れい》に漏《も》れず** ほかと同《おな》じで。例外《れいがい》ではなく。例 この夏《なつ》も毎年《まいとし》の例に漏れず暑《あつ》かった。

● **例《れい》によって** いつもと同《おな》じように。例 日曜日《にちようび》は例によって家族《かぞく》そろって公園《こうえん》に行《い》った。

上《うえ》からつき当《あ》てる。手《て》に覚《おぼ》えさせることを表《あらわ》すしぐさで表現《ひょうげん》しているんだよ。

漢 **れい**【例】〔亻〕《にんべん》 8画 4年 音 レイ 訓 たとえる

ノ 亻 亻゛ 仮 仴 例 例 （てんは一つ）

❶たとえ。みほん。例 例題《れいだい》／例文《れいぶん》／実例《じつれい》／用《よう》例《れい》。❷ならわし。いつもの。例 例会《れいかい》／例外《れいがい》／例年《れいねん》／慣例《かんれい》。❸きまり。例 条例《じょうれい》。

れい【零】名詞 数量《すうりょう》がまったくないこと。ゼロ。「0」で表《あらわ》す。例 零点《てん》／零度《ど》。

れい【霊】名詞
❶たましい。例 先祖《せんぞ》の霊を祭《まつ》る。
❷人間《にんげん》の力《ちから》をこえた不思議《ふしぎ》な力《ちから》。例 霊感《かん》。

レイ（ハワイ語）名詞 ハワイで、客《きゃく》をむかえたり送《おく》ったりするとき、客《きゃく》の首《くび》にかける花輪《はなわ》。

レイアウト（layout）名詞
❶本《ほん》・新聞《しんぶん》・ポスターなどをつくるとき、文《ぶん》章《しょう》や絵《え》、写真《しゃしん》などの配置《はいち》を決《き》めること。割《わ》り付《つ》け。例 学級新聞《がっきゅうしんぶん》のレイアウトを考《かんが》える。
❷部屋《へや》の中《なか》の、家具《かぐ》などを置《お》く場所《ばしょ》を決《き》めること。例 部屋《へや》のレイアウトを変《か》える。

れいえん【霊園】名詞 広《ひろ》い土地《とち》に公園《こうえん》のようにつくられた、共同《きょうどう》の墓地《ぼち》。

れいか【冷夏】名詞 いつもの年《とし》に比《くら》べて気温《きおん》が低《ひく》い夏《なつ》。

れいか【零下】名詞 セ氏《し》零度《れいど》よりも低《ひく》い温度《おんど》。氷点下《ひょうてんか》。例 零下十度《じゅうど》。

れいかい【例会】名詞 決《き》まった日《ひ》にいつも開《ひら》く会《かい》。例 毎月一回《まいつきいっかい》、町内会《ちょうないかい》の例会があります。

れいかい【例解】名詞 動詞 例《れい》を挙《あ》げて、説明《せつめい》したり解説《かいせつ》したりすること。例 難《むずか》しいことばの使《つか》い方《かた》を例解する。

れいがい【冷害】名詞 夏《なつ》の気温《きおん》が低《ひく》いために、農作物《のうさくぶつ》が害《がい》を受《う》けること。

れいがい【例外】名詞 ふつうのあり方《かた》や決《き》まりに当《あ》てはまらないこと。また、そのようなもの。例 大雪《おおゆき》のため例外として遅刻《ちこく》を認《みと》める。

れいかん【霊感】名詞 目《め》に見《み》えない不思議《ふしぎ》なものから知《し》らされたような、ぴんとひらめく考《かんが》え。インスピレーション。

れいき【冷気】名詞 ひんやりした冷《つめ》たい空気《くうき》。

れいぎ【礼儀】名詞 社会生活《しゃかいせいかつ》をしていく上《うえ》で、他人《たにん》に失礼《しつれい》なことをしないようにするための作《さ》法《ほう》。例 礼儀を守《まも》る。

れいきゃく【冷却】名詞 動詞 冷《ひ》やすこと。また、冷《ひ》えること。例 エンジンを冷却する。

れいきゅうしゃ【霊きゅう車】名詞 遺体《いたい》を入《い》れたかんおけを運《はこ》ぶ車《くるま》。

れいぐう【冷遇】名詞 動詞 冷《つめ》たい態度《たいど》であつかうこと。粗末《そまつ》にあつかうこと。例 理由《りゆう》もなく冷遇を受《う》ける。対 優遇《ゆうぐう》。

れいけつ【冷血】
❶名詞 体温《たいおん》が低《ひく》いこと。
❷名詞 形容動詞 人間《にんげん》らしい温《あたた》かい気持《きも》ちを持《も》っていないこと。例 冷血な犯罪者《はんざいしゃ》。

れいけつどうぶつ【冷血動物】⇒1197ジペー へんおんどうぶつ

れいけん【霊験】⇒1409ジペー れいげん

れいげん【霊験】名詞 人《ひと》がいのることに対《たい》して神《かみ》や仏《ほとけ》が示《しめ》す、不思議《ふしぎ》な力《ちから》。ご利益《りやく》。「れいけん」ともいう。例 霊験あらたかな（＝霊験《れいげん》がはっきりあらわれる）神《かみ》。

れいこう【励行】名詞 動詞 決《き》めたことや決《き》められたことを、まじめに努力《どりょく》して行《おこな》うこと。例 早寝早起《はやねはやお》きを励行する。

れいこく【冷酷】形容動詞 心《こころ》が冷《つめ》たく、思《おも》いやりがまったくないようす。例 冷酷な人《ひと》。

れいこん【霊魂】名詞 すがたや形《かたち》はないが、体《からだ》の中《なか》にあって、その人《ひと》の心《こころ》や行動《こうどう》を支配《しはい》すると考《かんが》えられているもの。たましい。

れいさい【例祭】名詞 神社《じんじゃ》などで、毎年決《まいとしき》まった日《ひ》に行《おこな》われる祭《まつ》り。

れいさい【零細】形容動詞 数量《すうりょう》がとてもわずかなこと。また、規模《きぼ》がとても小《ちい》さいこと。例 零細な資金《しきん》／零細企業《きぎょう》。

れいじ【例示】名詞 動詞 例《れい》を挙《あ》げて示《しめ》すこと。例 記入《きにゅう》のしかたを例示する。

れいじ【零時】名詞 午前《ごぜん》・午後《ごご》が始《はじ》まる時刻《じこく》。真夜中《まよなか》と正午《しょうご》の十二時《じゅうにじ》。

れいしょう【冷笑】名詞 動詞 相手《あいて》をばかにして笑《わら》うこと。あざ笑《わら》うこと。例 冷笑をうかべる。

れいじょう【令状】名詞
❶命令《めいれい》を伝《つた》える文書《ぶんしょ》。例 召集令状《しょうしゅうれいじょう》。
❷裁判所《さいばんしょ》が発行《はっこう》する、命令書《めいれいしょ》や許可書《きょかしょ》など。例 家宅捜索《かたくそうさく》令状。

れいじょう【礼状】名詞 お礼《れい》の手紙《てがみ》。

れいじょう【令嬢】名詞 ほかの人《ひと》のむすめを

あいうえお　かきくけこ　さしすせそ　たちつてと　なにぬねの　はひふへほ　まみむめも　や ゆ よ　らりるれろ　れ　わ を ん

手話にチャレンジ　練習《れんしゅう》　手《て》のひらを下《した》に向《む》けた左手《ひだりて》のこうに、手《て》のひらを手前《てまえ》に向《む》けた右手《みぎて》の指先《ゆびさき》を、ななめ

敬《うやま》っていうことば。類 息女《そくじょ》。対 令息《れいそく》。

れいすい【冷水】名詞 冷《つめ》たい水《みず》。対 温水《おんすい》。

れいすいまさつ【冷水摩擦】名詞 冷《つめ》たい水《みず》につけてしぼった手《て》ぬぐいで体《からだ》をこすり、皮《ひ》膚《ふ》をじょうぶにする健康法《けんこうほう》。

れいせい【冷静】名詞 形容動詞 気持《きも》ちが落《お》ち着《つ》いていて、むやみに感情《かんじょう》に動《うご》かされないこと。例 冷静に判断《はんだん》する。類 沈着《ちんちゃく》。

れいせん【冷泉】名詞 セ氏《し》二十五度《にじゅうごど》未満《みまん》の地下水《ちかすい》。また、それの出《で》てくるところ。参考 セ氏《し》二十五度《にじゅうごど》以上《いじょう》のものは「温泉」という。

れいぜん【霊前】名詞 死《し》んだ人《ひと》のたましいを祭《まつ》ったところの前《まえ》。例 霊前に花《はな》を供《そな》える。

れいそう【礼装】名詞 あらたまった儀式《ぎしき》などのときに着《き》る、正式《せいしき》な服装《ふくそう》。

れいぞう【冷蔵】名詞 動詞 食《た》べ物《もの》などがくさらないように、低温《ていおん》で保存《ほぞん》すること。

れいぞうこ【冷蔵庫】名詞 季語夏 中《なか》の温度《おんど》を低《ひく》く保《たも》ち、食《た》べ物《もの》などを冷《ひ》やしたり保存《ほぞん》したりする、箱形《はこがた》の入《い》れ物《もの》。

れいそく【令息】名詞 ほかの人《ひと》のむすこを敬《うやま》っていうことば。類 子息《しそく》。対 令嬢《れいじょう》。

れいたい【冷帯】↓24ジベー あかんたい

れいだい【例題】名詞 練習《れんしゅう》のために、例《れい》として出《だ》す問題《もんだい》。

れいたん【冷淡】名詞 形容動詞 ❶思《おも》いやりがなく不親切《ふしんせつ》なこと。例 冷淡な人《ひと》。❷熱心《ねっしん》でないこと。興味《きょうみ》がないこと。例 父《ちち》は町内会《ちょうないかい》の行事《ぎょうじ》に冷淡だ。

れいちょうるい【霊長類】名詞 動物《どうぶつ》の中《なか》でとくに進化《しんか》している、人《ひと》やさるのなかま。人《ひと》・チンパンジー・ゴリラ・めがねざるなど。

れいど【零度】名詞 温度《おんど》・角度《かくど》・緯度《いど》・経度《けいど》などで、度数《どすう》を測《はか》るときのもととなる点《てん》。とくに、温度《おんど》でセ氏《し》零度《れいど》のこと。

れいとう【冷凍】名詞 動詞 長《なが》く保存《ほぞん》するために、食《た》べ物《もの》などをこおらせること。対 解凍《かいとう》。

れいとうしょくひん【冷凍食品】名詞 冷《れい》凍庫《とうこ》でこおらせて保存《ほぞん》しておき、食《た》べるときに出《だ》して調理《ちょうり》するように作《つく》られた食品《しょくひん》。

れいねん【例年】名詞 いつもの年《とし》。例 今年《ことし》の夏《なつ》は例年に比《くら》べて暑《あつ》い。

れいの【例の】連体詞 話《はな》し手《て》と聞《き》き手《て》の両方《りょうほう》が知《し》っているものごとを指《さ》すことば。あの。いつもの。例 例の本《ほん》をまた貸《か》してください。

れいはい【礼拝】名詞 動詞 キリスト教《きょう》で、神《かみ》にいのること。ことば 仏教《ぶっきょう》では「らいはい」という。

れいはいどう【礼拝堂】名詞 キリスト教《きょう》で、神《かみ》にいのるための建物《たてもの》。チャペル。

れいふく【礼服】名詞 あらたまった儀式《ぎしき》などのときに着《き》る洋服《ようふく》や着物《きもの》。類 式服《しきふく》。対 平服《へいふく》。

れいぶん【例文】名詞 説明《せつめい》をわかりやすくするために、例《れい》として出《だ》す文《ぶん》。

れいぼう【冷房】名詞 動詞 季語夏 建物《たてもの》や車《くるま》などの中《なか》の温度《おんど》を下《さ》げて、外《そと》よりすずしくすること。また、そのしくみ。対 暖房《だんぼう》。

れいわ【令和】↓1410ジベー れいわじだい

れいわじだい【令和時代】名詞 平成時代《へいせいじだい》のあと、二〇一九年《ねん》から始《はじ》まった時代《じだい》。

レインコート ↓1411ジベー レーンコート

レインボー（rainbow）名詞「にじ」のこと。

レーサー（racer）名詞 競走用《きょうそうよう》のオートバイ・自動車《じどうしゃ》・自転車《じてんしゃ》などに乗《の》ってレースに出《で》る選《せん》手《しゅ》。また、その乗《の》り物《もの》。

レーザー（laser）名詞 ❶広《ひろ》がりが少《すく》なく、遠《とお》くまで届《とど》く光線《こうせん》。通信《つうしん》や病気《びょうき》の治療《ちりょう》のほか、物《もの》の切断《せつだん》などにも使《つか》われる。レーザー光線《こうせん》。例 レーザー通信《つうしん》。❷レーザー（＝❶）をつくる装置《そうち》。

レーザーディスク（laser disc）名詞 映像《えいぞう》や音声《おんせい》が記録《きろく》された円盤《えんばん》。レーザー光線《こうせん》を当《あ》て、返《かえ》ってくる光《ひかり》を再生《さいせい》する。商標名《しょうひょうめい》。

レーザーメス 名詞 レーザー光線《こうせん》を使《つか》って、メスのように体《からだ》を切《き》り開《ひら》いたり、体《からだ》の中《なか》の悪《わる》い部分《ぶぶん》をとり除《のぞ》いたりする装置《そうち》。ことば 英語《えいご》とオランダ語《ご》をもとに日本《にほん》で作《つく》られたことば。

レーシングカー（racing car）名詞 競走用《きょうそうよう》につくられた自動車《じどうしゃ》。

レース（lace）名詞 季語夏 糸《いと》でいろいろなすかし模様《もよう》を編《あ》んだもの。例 レースのカーテン。

レース（race）名詞 速《はや》さや強《つよ》さをきそうこと。競走《きょうそう》・競泳《きょうえい》などの競技《きょうぎ》。例 ボートレース。

レーズン（raisin）名詞「干《ほ》しぶどう」のこと。例 レーズン入《い》りのクッキー。

レーダー（radar）名詞 電波《でんぱ》を出《だ》して、その反《はん》射《しゃ》によって物《もの》の方向《ほうこう》やきょりを知《し》る機械《きかい》。電波《でんぱ》探知機《たんちき》。

レーダーチャート (radar chart) 名詞 中心《ちゅうしん》から放射状《ほうしゃじょう》にのびた軸《じく》の上《うえ》に数値《すうち》をとり、それを線《せん》で結《むす》んだ多角形《たかくけい》のグラフ。バランスをみるのに適《てき》している。「くもの巣《す》チャート」ともいう。

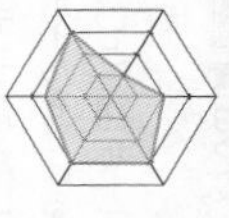
レーダーチャート

レーヨン (フランス語) 名詞 パルプを原料《げんりょう》にして作《つく》る、絹《きぬ》に似《に》た化学繊維《かがくせんい》。

レール (rail) 名詞 ❶電車《でんしゃ》などを走《はし》らせるためにしく鉄《てつ》の棒《ぼう》。線路《せんろ》。❷カーテンや引《ひ》き戸《ど》をすべらせるための、細長《ほそなが》い棒《ぼう》。

レーン (lane) 名詞 道路《どうろ》で、車《くるま》が通《とお》るように線《せん》で区切《くぎ》られた部分《ぶぶん》。車線《しゃせん》。

レーンコート (raincoat) 名詞 雨《あめ》にぬれないようにするために、服《ふく》の上《うえ》に着《き》るコート。「レインコート」ともいう。

レオナルド＝ダ＝ビンチ 名詞 (一四五二〜一五一九) イタリアの芸術家《げいじゅつか》・科学者《かがくしゃ》。ルネサンスを代表《だいひょう》する人物《じんぶつ》。「モナ＝リザ」などの名画《めいが》を残《のこ》したほか、科学者《かがくしゃ》としてもすぐれていた。

レオンハルト＝オイラー 名詞 (一七〇七〜一七八三) スイスの数学者《すうがくしゃ》。「オイラーの定数《ていすう》」「オイラーの公式《こうしき》」など、その名《な》のついた用語《ようご》が多《おお》くある。また、円周率《えんしゅうりつ》を「π《パイ》」と表記《ひょうき》することを広《ひろ》めた。

レガート (イタリア語) 名詞 音楽《おんがく》で、音《おと》と音《おと》の間《あいだ》を切《き》らずに、なめらかに演奏《えんそう》すること。スラーをつけたり、「legato」と書《か》いたりして示《しめ》す。対 スタッカート。

れき 名詞 小《ちい》さい石《いし》。小石《こいし》。

漢 **れき** 【歴】〔止《とめる》〕 14画 5年 音 レキ 訓

❶つぎつぎと年《とし》がたつ。また、そのあと。例 歴史《れきし》／歴代《れきだい》／学歴《がくれき》／経歴《けいれき》／略歴《りゃくれき》／履歴《りれき》。❷はっきりしている。例 歴然《れきぜん》。

れきがん【れき岩】 名詞 堆積岩《たいせきがん》の一《ひと》つ。岩石《がんせき》のかけらが、長《なが》い年月《ねんげつ》の間《あいだ》に砂《すな》や粘土《ねんど》といっしょに固《かた》まってできた岩石《がんせき》。

れきし【歴史】 名詞 人間《にんげん》の社会《しゃかい》やいろいろなものごとの、昔《むかし》から今《いま》までの移《うつ》り変《か》わりのようす。また、その記録《きろく》。例 歴史に残《のこ》るできごと。

れきし【れき死】 名詞 動詞 電車《でんしゃ》や自動車《じどうしゃ》などの車輪《しゃりん》にひかれて死《し》ぬこと。

れきしがく【歴史学】 ⇒559ページ しがく〔史学〕

れきしてき【歴史的】 形容動詞 ❶歴史《れきし》に関係《かんけい》しているようす。例 この学者《がくしゃ》は日本《にほん》の美術《びじゅつ》を歴史的に研究《けんきゅう》している。❷歴史《れきし》に残《のこ》るほど重要《じゅうよう》なものであるようす。例 歴史的な大発明《だいはつめい》。

れきしてきかなづかい【歴史的仮名遣い】 名詞 平安時代《へいあんじだい》の中《なか》ごろまでの書《か》き方《かた》をもとにして決《き》められたかなづかい。「旧《きゅう》かなづかい」ともいう。対 現代仮名遣《げんだいかなづか》い。ことば 「思《おも》ひ出《で》(＝思《おも》い出《で》)」「さうだらう(＝そうだろう)」など。⇒1458ページ 歴史的《れきしてき》かなづかいの読《よ》み方《かた》

れきせん【歴戦】 名詞 何度《なんど》も戦《たたか》いや試合《しあい》に出《で》た経験《けいけん》があること。例 歴戦の勇者《ゆうしゃ》。

れきぜん【と】【歴然〔と〕】 副詞 非常《ひじょう》にはっきりしているようす。例 努力《どりょく》の差《さ》が結果《けっか》に歴然とあらわれた。使い方 「歴然たる事実《じじつ》」などの形《かたち》でも使《つか》う。

れきだい【歴代】 名詞 ある地位《ちい》などの、それが始《はじ》まってから現在《げんざい》までのすべての代《だい》。代々《だいだい》。例 日本《にほん》の歴代の首相《しゅしょう》。

れきにん【歴任】 名詞 動詞 次々《つぎつぎ》に、いろいろな役《やく》につくこと。例 重要《じゅうよう》な役職《やくしょく》を歴任する。

れきほう【歴訪】 名詞 動詞 たくさんの場所《ばしょ》を、次々《つぎつぎ》におとずれること。例 アジア各国《かっこく》を歴訪する。

レギュラー (regular) 名詞 ❶正式《せいしき》なこと。規則正《きそくただ》しいこと。例 レギュラーサイズの服《ふく》／レギュラー番組《ばんぐみ》。❷試合《しあい》や番組《ばんぐみ》などにいつも出《で》る人《ひと》たち。「レギュラーメンバー」の略《りゃく》。

レギュラーメンバー ⇒1411ページ レギュラー❷

レクリエーション (recreation) 名詞 仕事《しごと》などの合間《あいま》に、運動《うんどう》や遊《あそ》びをしてつかれをとり、元気《げんき》をとりもどすこと。また、その運動《うんどう》や遊《あそ》び。

レコーダー (recorder) 名詞 音声《おんせい》や映像《えいぞう》などの情報《じょうほう》を記録《きろく》する機械《きかい》。例 DVD《ディーブイディー》レコーダー。

レコーディング (recording) 名詞 動詞 音楽《おんがく》や声《こえ》を録音《ろくおん》すること。

あいうえお かきくけこ さしすせそ たちつてと なにぬねの はひふへほ まみむめも や ゆ よ らりるれろ れ わ を ん

読書のこみち 高 中 低 『目《め》をさませトラゴロウ』小沢正《おざわただし》　山《やま》の竹《たけ》やぶに住《す》むトラノ・トラゴロウを主人公《しゅじんこう》にし…んに捨《す》てられてしまったり…。トラゴロウのおどろきやたくましさが愉快《ゆかい》です。

レコード (record) 名詞
❶記《き》録《ろく》。とくに、競《きょう》技《ぎ》などのいちばんよい記《き》録《ろく》。例 百《ひゃく》メートル走《そう》のレコードを破《やぶ》る。
❷音《おん》楽《がく》などが録《ろく》音《おん》された円《えん》盤《ばん》。

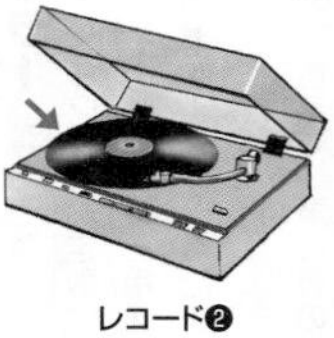
レコード❷

レザー (razor) 名詞 「かみそり」のこと。

レザー (leather) 名詞
❶毛《け》皮《がわ》から毛《け》やあぶらをとってやわらかくしたかわ。なめし革《がわ》。
❷布《ぬの》などに塗《と》料《りょう》をぬって、本《ほん》物《もの》の皮《かわ》のように作《つく》ったもの。

レジ 名詞 お金《かね》の出《だ》し入《い》れを記《き》録《ろく》する器《き》械《かい》。また、店《みせ》などで、お金《かね》をはらう場《ば》所《しょ》やその係《かかり》。
ことば 英《えい》語《ご》の「レジスター」の略《りゃく》。

レシート (receipt) 名詞 領《りょう》収《しゅう》書《しょ》。とくに、レジで打《う》ち出《だ》された領《りょう》収《しゅう》書《しょ》。

レシーバー (receiver) 名詞
❶通《つう》信《しん》を受《う》けて、音《おと》や声《こえ》を聞《き》く道《どう》具《ぐ》。受《じゅ》話《わ》器《き》や受《じゅ》信《しん》機《き》。
❷テニスやバレーボールなどで、相《あい》手《て》の打《う》ったボールを受《う》ける人《ひと》。

レシーブ (receive) 名詞 動詞 テニスやバレーボールなどで、相《あい》手《て》が打《う》ったボールを受《う》けること。とくに、サーブを打《う》ち返《かえ》すこと。対 サーブ。

レジスター ➡1412ジ《ペー》 レジ

レジスタンス (フランス語) 名詞 権《けん》力《りょく》や侵《しん》略《りゃく》者《しゃ》に対《たい》する抵《てい》抗《こう》運《うん》動《どう》。とくに、第《だい》二《に》次《じ》世《せ》界《かい》大《たい》戦《せん》中《ちゅう》、フランスを占《せん》領《りょう》していたドイツ軍《ぐん》への抵《てい》抗《こう》運《うん》動《どう》を指《さ》す。

レシピ (recipe) 名詞 料《りょう》理《り》や菓《か》子《し》の材《ざい》料《りょう》と作《つく》り方《かた》。また、それらを書《か》いたもの。例 レシピブック／ケーキのレシピを母《はは》から教《おそ》わる。

レジャー 名詞 仕《し》事《ごと》などをする時《じ》間《かん》以《い》外《がい》の、自《じ》由《ゆう》な時《じ》間《かん》を使《つか》ってする遊《あそ》びや楽《たの》しみ。

レスキュー (rescue) 名詞 危《あぶ》ない目《め》にあっている人《ひと》を救《きゅう》助《じょ》すること。例 レスキュー隊《たい》。

レストラン (フランス語) 名詞 西《せい》洋《よう》風《ふう》の料《りょう》理《り》を食《た》べさせる店《みせ》。西《せい》洋《よう》料《りょう》理《り》店《てん》。

レスラー (wrestler) 名詞 レスリングの選《せん》手《しゅ》。とくに、プロレスの選《せん》手《しゅ》。

レスリング (wrestling) 名詞 二《ふた》人《り》の選《せん》手《しゅ》が組《く》み合《あ》い、相《あい》手《て》の両《りょう》かたを同《どう》時《じ》にマットにつけたほうが勝《か》ちとなる競《きょう》技《ぎ》。

レセプション (reception) 名詞 公《こう》式《しき》の歓《かん》迎《げい》会《かい》。例 大《だい》統《とう》領《りょう》歓《かん》迎《げい》のレセプションが開《ひら》かれた。

レター (letter) 名詞 「手《て》紙《がみ》」のこと。例 ファンレター。

レタス (lettuce) 名詞 季語 春 きくのなかまの野《や》菜《さい》。やわらかい葉《は》が重《かさ》なり合《あ》って、球《たま》のようになる。

レタス

れつ【列】 名詞
❶長《なが》く並《なら》んだもの。行《ぎょう》列《れつ》。例 長《なが》い列をつくって待《ま》つ。
❷なかま。例 代《だい》表《ひょう》の列に加《くわ》わる。

漢 **れつ【列】**〔刂《りっとう》〕 6画 3年 音 レッ 訓
一 ァ 歹 歹 列 列（ながくしない／てんは一つ）
❶ならべる。つらなる。例 列《れっ》記《き》／列《れっ》車《しゃ》／列《れっ》席《せき》／列《れっ》島《とう》。❷ならび。例 行《ぎょう》列《れつ》／参《さん》列《れつ》／整《せい》列《れつ》／陳《ちん》列《れつ》／配《はい》列《れつ》。❸順《じゅん》序《じょ》。例 序《じょ》列《れつ》。

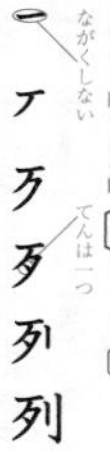

れつあく【劣悪】 形容動詞 品《ひん》質《しつ》や性《せい》質《しつ》などが、おとっていて悪《わる》いようす。例 劣悪な商《しょう》品《ひん》。

れっか【列火】 ➡1415ジ《ペー》 れんが〔連火〕

れっか【劣化】 名詞 動詞 品《ひん》質《しつ》やはたらきなどが、前《まえ》よりも悪《わる》くなること。例 長《なが》年《ねん》使《つか》ったため、自《じ》転《てん》車《しゃ》の部《ぶ》品《ひん》が劣化している。

レッカーしゃ【レッカー車】 名詞 故《こ》障《しょう》した車《くるま》や駐《ちゅう》車《しゃ》違《い》反《はん》の車《くるま》を引《ひ》っ張《ぱ》って運《はこ》ぶ、クレーンのついた車《くるま》。

れっかのごとく【烈火のごとく】 激《はげ》しく燃《も》える火《ひ》のように。例 ぼくのうそに、父《ちち》は烈火のごとくいかった。

れっき【列記】 名詞 動詞 並《なら》べて書《か》くこと。例 部《ぶ》員《いん》の名《な》前《まえ》を列記する。

れっきとした
❶世《よ》の中《なか》からりっぱだと認《みと》められている。例 れっきとした貴《き》族《ぞく》の家《いえ》がら。
❷出《で》どころがはっきりしていて、確《たし》かな。例 れっきとした証《しょう》拠《こ》がある。

れっきょ【列挙】 名詞 動詞 一《ひと》つ一《ひと》つ並《なら》べ挙《あ》げること。例 問《もん》題《だい》点《てん》を列挙する。

れっきょう【列強】 名詞 世界《せかい》の中《なか》で、強《つよ》いとされている国々《くにぐに》。例 国際会議《こくさいかいぎ》に列強の代表《だいひょう》が集《あつ》まる。

れっこく【列国】 名詞 多《おお》くの国々《くにぐに》。諸国《しょこく》。

レッサーパンダ (lesser panda) 名詞 あらいぐまに似《に》た動物《どうぶつ》。しっぽにしまがある。アジア南部《なんぶ》の山地《さんち》にすむ。体長《たいちょう》は約六十《やくろくじっ》センチメートル。

レッサーパンダ

れっしゃ【列車】 名詞 線路《せんろ》を走《はし》る、ひと続《つづ》きにつないだ客車《きゃくしゃ》や貨車《かしゃ》。

れっする【列する】 動詞 ❶出席《しゅっせき》する。そこに並《なら》ぶ。例 式典《しきてん》に列する。❷仲間《なかま》に加《くわ》わる。例 世界《せかい》の大国《たいこく》に名《な》を列する。

レッスン (lesson) 名詞 けいこ。練習《れんしゅう》。授業《じゅぎょう》。

れっせい【劣勢】 名詞 形容動詞 ほかのものより勢《いきお》いが弱《よわ》く、不利《ふり》な立場《たちば》にいること。例 前半《ぜんはん》の劣勢を後半《こうはん》に立《た》て直《なお》した。対 優勢《ゆうせい》。

れっせき【列席】 名詞 動詞 式《しき》や会議《かいぎ》などに出席《しゅっせき》すること。例 知事《ちじ》の列席のもとに開会式《かいかいしき》を行《おこな》う。類 臨席《りんせき》。使い方 あらたまった言《い》い方《かた》。

レッテル (オランダ語) 名詞 ❶品物《しなもの》にはりつける、会社《かいしゃ》の名《な》まえや品名《ひんめい》などを書《か》いた紙《かみ》。ラベル。❷人《ひと》や物《もの》について、ほかの人《ひと》が一方的《いっぽうてき》につけた評価《ひょうか》。
使い方 ❷は、ふつうよい意味《いみ》では使《つか》わない。

●**レッテルを貼《は》る** 人《ひと》や物《もの》について、一方的《いっぽうてき》に評価《ひょうか》する。例 臆病者《おくびょうもの》のレッテルを貼られる。使い方 ふつうよい意味《いみ》では使《つか》わない。

れつでん【列伝】 名詞 たくさんの人々《ひとびと》の伝記《でんき》を並《なら》べてまとめたもの。例 日本英雄《にほんえいゆう》列伝。

レッド (red) 名詞 「赤《あか》」「赤色《あかいろ》」のこと。

れっとう【列島】 名詞 いくつか並《なら》んで続《つづ》いている島々《しまじま》。例 日本《にほん》列島／五島《ごとう》列島。

れっとう【劣等】 名詞 形容動詞 品質《ひんしつ》や成績《せいせき》などが、ほかのものよりよくないこと。おとっていること。対 優等《ゆうとう》。

れっとうかん【劣等感】 名詞 自分《じぶん》がほかの人《ひと》よりおとっていると思《おも》う気持《きも》ち。コンプレックス。対 優越感《ゆうえつかん》。

レッドカード (red card) 名詞 サッカーなどで、審判《しんぱん》が選手《せんしゅ》に退場《たいじょう》を命《めい》じるときに示《しめ》す、赤《あか》いカード。非常《ひじょう》に悪質《あくしつ》な反則《はんそく》をしたときなどに出《だ》される。関連 イエローカード。

レッドデータブック (Red Data Book) 名詞 絶滅《ぜつめつ》する可能性《かのうせい》のある野生生物《やせいせいぶつ》について、生息《せいそく》の状況《じょうきょう》などをまとめた資料集《しりょうしゅう》。レッドリストにもとづいて作《つく》られている。

レッドリスト (Red List) 名詞 絶滅《ぜつめつ》する可能性《かのうせい》のある野生生物《やせいせいぶつ》の一覧表《いちらんひょう》。参考 一九六六年《ねん》

辞典《じてん》の外《そと》に飛《と》びだそう！
社会《しゃかい》へのとびら

レッドリスト

生《い》き物《もの》たちを救《すく》え！

「とき」という鳥《とり》を知《し》っているかな？　明治時《めいじじ》代《だい》まで、日本《にほん》には野生《やせい》のときがたくさんいた。でも、すみかだった水田《すいでん》や森林《しんりん》の減少《げんしょう》、狩《か》りなどのせいで数《かず》が減《へ》っていき、日本《にほん》で生《う》まれた野生《やせい》のときは、2003年《ねん》に絶滅《ぜつめつ》してしまった。

？ 生物《せいぶつ》の絶滅《ぜつめつ》のおもな原因《げんいん》は？

絶滅《ぜつめつ》の危機《きき》にある野生生物《やせいせいぶつ》は増《ふ》えている。現在《げんざい》は１年《ねん》に約《やく》４万種《まんしゅ》の野生生《やせいせい》物《ぶつ》が絶滅《ぜつめつ》しているといわれ、このスピードは、100年前《ねんまえ》に比《くら》べて約《やく》４万倍《まんばい》にあたるらしいんだ。絶滅《ぜつめつ》する野生生《やせいせい》物《ぶつ》が増《ふ》えているおもな原因《げんいん》は、森林《しんりん》の伐採《ばっさい》など、人間《にんげん》の活動《かつどう》による環境《かんきょう》や生態系《せいたいけい》の破壊《はかい》だといわれている。

レッドリストの発行開始《はっこうかいし》！

絶滅《ぜつめつ》のおそれのある野生生物《やせいせいぶつ》を保護《ほご》していくため、「絶滅危惧種《ぜつめつきぐしゅ》」を一覧《いちらん》にした「レッドリスト」の発行《はっこう》が1966年《ねん》に始《はじ》まった。日本《にほん》では、全国《ぜんこく》版《ばん》のほかに独自《どくじ》のものを作成《さくせい》している都道府県《とどうふけん》・市町村《しちょうそん》などもあるんだ。

日本《にほん》のときは一度絶滅《いちどぜつめつ》してしまったけれど、そのあと中国《ちゅうごく》から分《わ》けてもらって繁殖《はんしょく》させ、2008年《ねん》から次々《つぎつぎ》と自然《しぜん》にかえしているよ。

ほかにどんなものがある？

日本《にほん》には、絶滅《ぜつめつ》してしまった野生生《やせいせい》物《ぶつ》や、絶滅《ぜつめつ》しそうになっている野生生《やせいせい》物《ぶつ》がほかにもある。どんなものがあるか、調《しら》べてみよう。

もっとしらべてみよう！

●参考《さんこう》ホームページ
いきものログ（環境省生物多様性《かんきょうしょうせいぶつたようせい》センター）
https://ikilog.biodic.go.jp/rdb/

読書のこみち　高 中 低　『モグラ原《はら》っぱのなかまたち』古田足日《ふるたたるひ》「サクラ小学校《しょうがっこう》は、東京《とうきょう》のはずれにある小学校《しょうがっこう》ラ原《はら》っぱ。スギでっぽうや丸太《まるた》の船《ふね》で遊《あそ》んだり、こっそり犬《いぬ》を飼《か》ったり、自然《しぜん》の中《なか》には遊《あそ》

に国際《こくさい》自然《しぜん》保護《ほご》連合《れんごう》がはじめて発行《はっこう》した。↓

れっぷう【烈風】 名詞 非常《ひじょう》に激《はげ》しくふく風《かぜ》。

1413ジペー 社会へのとびら

レディー（lady）名詞 ❶身分《みぶん》が高《たか》く、上品《じょうひん》な女《おんな》の人《ひと》。貴婦人《きふじん》。❷「女《おんな》の人《ひと》」のこと。

レディーメード（ready-made）名詞 注文《ちゅうもん》を受《う》けてつくられるのではなく、でき上《あ》がった状態《じょうたい》で売《う》っている品物《しなもの》。既製品《きせいひん》。例 レディーメードの背広《せびろ》。対 オーダーメード。

レトリック（rhetoric）名詞 ❶ことばの表現《ひょうげん》効果《こうか》を高《たか》めるための技術《ぎじゅつ》。例 レトリックにすぐれた詩《し》を味《あじ》わう。❷口先《くちさき》だけのたくみな言《い》い回《まわ》し。例 あの人《ひと》の話《はなし》はレトリックが多《おお》いので注意《ちゅうい》が必要《ひつよう》だ。

レトルトしょくひん【レトルト食品】 名詞 調理《ちょうり》ずみの食品《しょくひん》を、アルミニウムなどのふくろにつめたもの。長《なが》く保存《ほぞん》でき、ふくろごと温《あたた》めるだけで食《た》べられる。

レトロ（フランス語）名詞 形容動詞 昔風《むかしふう》で、なつかしさを感《かん》じさせるようす。また、古《ふる》いものを好《この》むようす。例 レトロな柱時計《はしらどけい》。

レバー（lever）名詞 機械《きかい》や器具《きぐ》を動《うご》かすための取《と》っ手《て》。例 レバーを引《ひ》く。

レバー（liver）名詞 動物《どうぶつ》の肝臓《かんぞう》。とくに、食用《しょくよう》にする肝臓《かんぞう》。きも。

レパートリー（repertory）名詞 ❶いつでも演奏《えんそう》や上演《じょうえん》ができるように準備《じゅんび》してある、曲目《きょくもく》や出《だ》し物《もの》。例 レパートリーの広《ひろ》いピアニスト。❷その人《ひと》がうまくできる分野《ぶんや》や範囲《はんい》。例 料理《りょうり》のレパートリーが増《ふ》えた。

レバノン ⇩1414ジペー レバノンきょうわこく

レバノンきょうわこく【レバノン共和国】 名詞 西《にし》アジアの、地中海《ちちゅうかい》東岸《とうがん》に面《めん》している国《くに》。首都《しゅと》はベイルート。「レバノン」ともいう。

（国旗《こっき》）

レビュー（review）名詞 本《ほん》・映画《えいが》・演劇《えんげき》などについての評論《ひょうろん》。批評《ひひょう》。例 ブックレビュー（＝書評《しょひょう》）。

レビュー（フランス語）名詞 歌《うた》・おどり・コントなどを組《く》み合《あ》わせた、舞台《ぶたい》で見《み》せるはなやかなショー。

レファレンス（reference）名詞 ❶参考《さんこう》にすること。参照《さんしょう》すること。❷問《と》い合《あ》わせること。照会《しょうかい》すること。例 図書館《としょかん》のレファレンスサービス。

レファレンスコーナー 名詞 図書館《としょかん》で、利用者《りようしゃ》からの図書《としょ》や資料《しりょう》などの問《と》い合《あ》わせや、相談《そうだん》・調査《ちょうさ》に応《おう》じるコーナー。ことば 英語《えいご》をもとに日本《にほん》で作《つく》られたことば。

レフェリー（referee）名詞 ボクシング・サッカーなどで、審判《しんぱん》をする人《ひと》。「レフリー」ともいう。

レフト（left）名詞 ❶左《ひだり》。左側《ひだりがわ》。対 ライト。❷野球《やきゅう》で、本塁《ほんるい》から見《み》て左側《ひだりがわ》の外野《がいや》。左翼《さよく》。また、そこを守《まも》る人《ひと》。左翼手《さよくしゅ》。対 ライト。

レフリー ⇩1414ジペー レフェリー

レプリカ（replica）名詞 美術品《びじゅつひん》などの本物《ほんもの》そっくりにつくったもの。複製品《ふくせいひん》。模造品《もぞうひん》。

レベル（level）名詞 ものごとのようすや価値《かち》を比《くら》べるときの、もとになる程度《ていど》。標準《ひょうじゅん》。水準《すいじゅん》。例 レベルアップ／レベルの高《たか》い演奏《えんそう》。

レポーター（reporter）名詞 ❶調《しら》べたことや体験《たいけん》したことなどを報告《ほうこく》する人《ひと》。❷新聞《しんぶん》やテレビなどで、話題《わだい》になっている場所《ばしょ》や人《ひと》を取材《しゅざい》して、実際《じっさい》のようすを伝《つた》える人《ひと》。ことば「リポーター」ともいう。

レポート（report）名詞 動詞

ガッテン日本語教室

れる・られる

「…することができる」という意味《いみ》で、「れる」ということがある。だけど、注意《ちゅうい》が必要《ひつよう》だ。前《まえ》のことばによって「れる」「られる」を使《つか》い分《わ》けるんだ。「起《お》きる」「着《き》る」「食《た》べる」「ねる」などのことばは、それぞれ「起《お》きられる」「着《き》られる」「食《た》べられる」「ねられる」というふうに「られる」をつけるのが正《ただ》しい使《つか》い方《かた》だ。

最近《さいきん》は「起《お》きれる」「着《き》れる」など、「ら」をぬいて使《つか》う人《ひと》が増《ふ》えているけれど、作文《さくぶん》などを書《か》くときは、正《ただ》しく「ら」を入《い》れた形《かたち》で書《か》こうね。

い。」…おいしい実《み》をつけるモチモチの木《き》も、夜《よる》はおばけみたいで、豆太《まめた》はこわくてたまりません。ところがあを呼《よ》びに走《はし》った豆太《まめた》が、モチモチの木《き》を見《み》ると…？　美《うつく》しい切《き》り絵《え》が心《こころ》に残《のこ》る民話風《みんわふう》の絵本《えほん》です。

❶報告《ほうこく》すること。また、その報告《ほうこく》。例 事故現《じこげん》場《ば》からのレポートが届《とど》く。❷研究《けんきゅう》したことや調《しら》べたことをまとめた報告《ほうこく》書《しょ》。例 理科《りか》のレポートを書《か》く。

ことば「リポート」ともいう。

レモネード（lemonade）名詞 レモンのしるに、水《みず》と砂糖《さとう》を加《くわ》えた飲《の》み物《もの》。

レモン（lemon）名詞 季語秋 みかんのなかまの、黄色《きいろ》い実《み》がなる木《き》。実《み》は、香《かお》りがよく、すっぱい。

レモン

レモングラス（lemon grass）名詞 いねのなかまの草《くさ》。レモンに似《に》た香《かお》りがあり、香料《こうりょう》などにする。

レモンティー 名詞 レモンのうすい輪切《わぎ》りをうかべた紅茶《こうちゃ》。ことば 英語《えいご》をもとに日本《にほん》で作《つく》られたことば。

レリーフ➡121ジペーうきぼり❶

れる 助動詞（ほかのことばのあとにつけて）❶ほかのものから動作《どうさ》を受《う》けることを表《あらわ》す。例 父《ちち》に呼《よ》ばれる／仕事《しごと》を任《まか》される。❷…することができる。例 今日《きょう》は行《い》かれない。❸自然《しぜん》にそうなることを表《あらわ》す。例 転校《てんこう》した友《とも》だちのことが思《おも》い出《だ》される。❹その動作《どうさ》をする人《ひと》を尊敬《そんけい》する気持《きも》ちを表《あらわ》す。例 先生《せんせい》が本《ほん》を読《よ》まれる。

使い方「られる」と同《おな》じ意味《いみ》だが、前《まえ》のことばによって使《つか》い分《わ》ける。

漢 **れん【連】**〔辶 しんにょう〕10画 4年 音 レン 訓 つらなる・つらねる・つれる ➡1414ジペー 日本語教室

一 ⺁ 冂 亘（下をながく） 車 連 連

❶つらなる。つらねる。例 連合《れんごう》／連山《れんざん》／関連《かんれん》。❷つづける。例 連休《れんきゅう》／連日《れんじつ》／連勝《れんしょう》／連続《れんぞく》。❸なかま。例 連中《れんちゅう》／連盟《れんめい》／常連《じょうれん》。❹詩《し》の中《なか》のまとまり。例 第一連《だいいちれん》。

漢 **れん【練】**〔糸 いとへん〕14画 3年 音 レン 訓 ねる

く 幺 糸 糸 紅 絅 練（とめる） 練

体《からだ》やわざをきたえる。ねる。例 練習《れんしゅう》／訓練《くんれん》／修練《しゅうれん》／熟練《じゅくれん》／試練《しれん》／洗練《せんれん》／老練《ろうれん》。

れんあい【恋愛】 名詞 動詞 おたがいに好《す》きになって、強《つよ》くひかれ合《あ》うこと。恋《こい》。

れんか【廉価】 名詞 形容動詞 値段《ねだん》が安《やす》いこと。例 廉価な商品《しょうひん》。類 安価《あんか》。対 高価《こうか》。

れんが 名詞 粘土《ねんど》に砂《すな》などを混《ま》ぜて練《ね》り、かまで焼《や》いたもの。ふつう直方体《ちょくほうたい》で、建築《けんちく》などに使《つか》われる。

れんが【連火】 名詞「灬」のこと。漢字《かんじ》の部首《ぶしゅ》の一《ひと》つ。「火」の形《かたち》が変《か》わったもので、火《ひ》に関《かん》係《けい》のある漢字《かんじ》を作《つく》ることが多《おお》い。照・然・点・熱など。「列火《れっか》」ともいう。

れんが【連歌】 名詞 室町時代《むろまちじだい》にもっともさかんになった歌《うた》の作《つく》り方《かた》の一《ひと》つ。短歌《たんか》の上《かみ》の句《く》と下《しも》の句《く》を何人《なんにん》かがかわるがわるよみ、五十句《ごじっく》、百句《ひゃっく》と続《つづ》けて作《つく》るもの。参考 最初《さいしょ》の五《ご》・七《しち》・五《ご》の一句《いっく》（＝発句《ほっく》）が、のちの俳句《はいく》のもとになった。

れんき【連記】 名詞 動詞 名《な》まえなどを二《ふた》つ以《い》上《じょう》並《なら》べて書《か》くこと。

れんきゅう【連休】 名詞 休《やす》みの日《ひ》が続《つづ》くこと。また、続《つづ》いた休日《きゅうじつ》。例 三連休《さんれんきゅう》。

れんきんじゅつ【錬金術】 名詞 銅《どう》・なまりなどを金《きん》・銀《ぎん》などの高価《こうか》な金属《きんぞく》に変《か》えようとした技術《ぎじゅつ》。昔《むかし》、西洋《せいよう》などで試《こころ》みられた。

れんげ 名詞 季語夏 ❶➡1415ジペーれんげそう ❷はすの花《はな》のこと。❸陶器《とうき》などで作《つく》った、はすの花《はな》びらに似《に》た形《かたち》のさじ。

ことば 漢字《かんじ》では「蓮華」と書《か》く。季語《きご》として使《つか》うのは❷の意味《いみ》。

れんけい【連係】 名詞 動詞 人《ひと》やものごとが、おたがいにつながりを持《も》つこと。例 委員会《いいんかい》の間《あいだ》の連係を保《たも》つ／手足《てあし》が連係して動《うご》く。

れんけい【連携】 名詞 動詞 同《おな》じ目的《もくてき》を持《も》つ人《ひと》々《びと》が、連絡《れんらく》をとりながら、協力《きょうりょく》して一《ひと》つのことをすること。例 連携プレー。

れんげそう【れんげ草】 名詞 季語春 野《の》山《やま》に生《は》える、豆《まめ》のなかまの草花《くさばな》。春《はる》、赤《あか》むら

れんげそう

あいうえお　かきくけこ　さしすせそ　たちつてと　なにぬねの　はひふへほ　まみむめも　やゆよ　らりるれろ　れ　わをん

読書のこみち 高 中 低 『モチモチの木《き》』斎藤隆介作《さいとうりゅうすけさく》　滝平二郎絵《たきだいらじろうえ》「まったく、豆太《まめた》ほどおくびょうなやつはなる晩《ばん》、大好《だいす》きな「じさま」が病気《びょうき》になってしまいます。勇気《ゆうき》をふりしぼって、お医者様《いしゃさま》

さき色《いろ》の花《はな》がさく。田畑《たはた》に植《う》えて肥料《ひりょう》にしたり、家畜《かちく》のえさにしたりする。「れんげ」「げんげ」ともいう。

れんけつ【連結】 名詞 動詞 物《もの》と物《もの》とをつなぎ合《あ》わせること。例 車両《しゃりょう》を連結する。

れんけつき【連結器】 名詞 列車《れっしゃ》の車両《しゃりょう》と車《しゃ》両《りょう》をつなぎ合《あ》わせるしかけ。

れんこ【連呼】 名詞 動詞 同《おな》じことをくり返《かえ》し大声《おおごえ》で言《い》うこと。例 選挙活動《せんきょかつどう》で候補者《こうほしゃ》の氏名《しめい》を連呼する。

れんご【連語】 名詞 二《ふた》つ以上《いじょう》の単語《たんご》が結《むす》びついて、一《ひと》つのことがらや意味《いみ》を表《あらわ》すもの。「梅《うめ》の実《み》」「食《た》べてみる」など。

れんこう【連行】 名詞 動詞 罪《つみ》をおかした疑《うたが》いのある人《ひと》などを、警察《けいさつ》などに連《つ》れていくこと。例 容疑者《ようぎしゃ》を警察《けいさつ》に連行する。

れんごう【連合】 名詞 動詞 二《ふた》つ以上《いじょう》のものが、ある目的《もくてき》のために一《ひと》つになって協力《きょうりょく》し合《あ》うこと。例 国際連合《こくさいれんごう》。

れんごうぐん【連合軍】 名詞 ❶二《ふた》つ以上《いじょう》の国《くに》の軍隊《ぐんたい》が、いっしょになってつくる軍隊《ぐんたい》。❷連合国《れんごうこく》の軍隊《ぐんたい》。

れんごうこく【連合国】 名詞 ある目的《もくてき》のために一《ひと》つにまとまることを約束《やくそく》した国々《くにぐに》。ことば とくに第二次世界大戦《だいにじせかいたいせん》で、日本《にほん》・ドイツ・イタリアに対《たい》し、連合《れんごう》して戦《たたか》った国々《くにぐに》をいう。

れんこん 名詞 はすの、地中《ちちゅう》にあるくき。つつのような形《かたち》で、中《なか》に多《おお》くの穴《あな》があいている。食用《しょくよう》になる。ことば 漢字《かんじ》では「蓮根」と書《か》く。

れんこん

れんさ【連鎖】 名詞 動詞 くさりのようにつながっていること。つながって関係《かんけい》していること。

れんさい【連載】 名詞 動詞 小説《しょうせつ》や記事《きじ》などを、新聞《しんぶん》や雑誌《ざっし》などに、続《つづ》きものとして毎回《まいかい》のせること。対 読《よ》み切《き》り。

れんさく【連作】 名詞 動詞 ❶同《おな》じ土地《とち》に同《おな》じ作物《さくもつ》を、毎年続《まいとしつづ》けてつくること。対 輪作《りんさく》。❷ひとりの作者《さくしゃ》が、同《おな》じ主題《しゅだい》でいくつかの作品《さくひん》をつくること。また、その作品《さくひん》。❸何人《なんにん》かの作者《さくしゃ》が、手分《てわ》けをして一《ひと》つの作品《さくひん》をつくること。また、その作品《さくひん》。

れんさはんのう【連鎖反応】 名詞 ❶理科《りか》で、一《ひと》つの反応《はんのう》が、次々《つぎつぎ》に新《あたら》しい反応《はんのう》を引《ひ》き起《お》こすこと。❷ある事件《じけん》やできごとにえいきょうされて、同《おな》じようなことが続《つづ》けて起《お》こること。例 最初《さいしょ》の人《ひと》が失敗《しっぱい》したら、連鎖反応で次々《つぎつぎ》に失敗《しっぱい》した。

れんざん【連山】 名詞 並《なら》び連《つら》なっている山《やま》々。類 連峰《れんぽう》。

れんし【連詩】 名詞 二人以上《ふたりいじょう》の人《ひと》が句《く》を作《つく》り、それを集《あつ》めて一《ひと》つの詩《し》とするもの。

レンジ（range）名詞 こんろやオーブンなどをとりつけた、料理用《りょうりよう》の器具《きぐ》。例 ガスレンジ。

れんじつ【連日】 名詞 毎日毎日《まいにちまいにち》。来《く》る日《ひ》も来《く》る日《ひ》も。例 連日の雨《あめ》で川《かわ》の水《みず》があふれ出《だ》した。

れんじつれんや【連日連夜】 名詞 毎日毎《まいにちまい》晩《ばん》。例 連日連夜の暑《あつ》さにまいる。

れんしゅう【練習】 名詞 動詞 上手《じょうず》になるために、くり返《かえ》し習《なら》うこと。くり返《かえ》し行《おこな》うこと。例 日《ひ》ごろの練習の成果《せいか》が出《で》た。類 習練《しゅうれん》。

れんじゅう【連中】 名詞 何《なに》か共通点《きょうつうてん》のある、ひとまとまりの人々《ひとびと》。れんちゅう。

れんしょう【連勝】 名詞 動詞 続《つづ》けて勝《か》つこと。例 連勝記録《きろく》。対 連敗《れんぱい》。

レンズ（オランダ語）名詞 ガラス・プラスチックなど、透明《とうめい》な物《もの》の片面《かためん》または両《りょう》面《めん》を球面《きゅうめん》にしたもの。とつレンズ、おうレンズがあり、とつレンズを通《とお》すと物《もの》が大《おお》きく見《み》え、おうレンズを通《とお》すと小《ちい》さく見《み》える。めがね・カメラ・顕微鏡《けんびきょう》などに使《つか》われる。

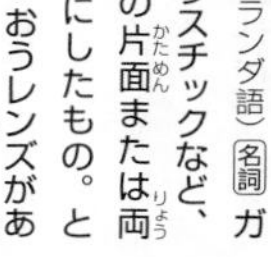

レンズ

れんせん【連戦】 名詞 動詞 試合《しあい》などで、続《つづ》けてたたかうこと。

れんせんれんしょう【連戦連勝】 名詞 動詞 次々《つぎつぎ》に戦《たたか》って、そのたびに勝《か》つこと。例 国内《こくない》の大会《たいかい》では連戦連勝だった。

れんそう【連想】 名詞 動詞 ある一《ひと》つのことから、それに関係《かんけい》のあるほかのことを思《おも》いうかべること。例 「春《はる》」ということばから「さくら」を連想した。

れんぞく【連続】 名詞 動詞 ものごとが次《つぎ》から

次《つぎ》へと続《つづ》くこと。例 五回《ごかい》連続して出場《しゅつじょう》する。

れんだ【連打】 名詞 動詞 続《つづ》けて打《う》つこと。例 今日《きょう》の野球《やきゅう》の試合《しあい》は、連打で三点《さんてん》を上《あ》げた。

れんたい【連帯】 名詞 動詞 何人《なんにん》かの人《ひと》の気持《きも》ちが結《むす》びつくこと。また、いっしょにものごとを行《おこな》い、いっしょに責任《せきにん》を持《も》つこと。例 メンバーみんなの連帯が大切《たいせつ》だ／連帯責任《せきにん》を負《お》う。

れんたいかん【連帯感】 名詞 おたがいの気《き》持《も》ちが結《むす》びついていると感《かん》じること。使い方 「連体感」と書《か》かないよう注意《ちゅうい》。

れんたいし【連体詞】 名詞 品詞《ひんし》の一《ひと》つ。あとにくる体言《たいげん》（＝名詞《めいし》・代名詞《だいめいし》）をくわしく説《せつ》明《めい》するためのことば。「ある」「いわゆる」「大《おお》きな」「この」など。

レンタカー （rent-a-car） 名詞 料金《りょうきん》をとって貸《か》す自動車《じどうしゃ》。

れんだく【連濁】 名詞 動詞 二《ふた》つのことばが結《むす》びついて一《ひと》つのことばを作《つく》るとき、下《した》につくことばの初《はじ》めの音《おと》がにごること。「あお＋そら」→「あおぞら」など。

れんたつ【練達】 名詞 動詞 ものごとによく慣《な》れていて上手《じょうず》なこと。例 武道《ぶどう》に練達する。

レンタル （rental） 名詞 動詞 料金《りょうきん》をとって品物《しなもの》を貸《か》すこと。例 レンタルスキー／レンタルのDVD《ディーブイディー》。

れんたん【練炭】 名詞 季語 冬 石炭《せきたん》や木炭《もくたん》の粉《こな》を練《ね》り固《かた》め、円柱《えんちゅう》の形《かたち》にした燃料《ねんりょう》。縦《たて》にいくつか穴《あな》をあけ、燃《も》えやすくしてある。ことば 俳《はい》句《く》などでは「煉炭」とも書《か》く。

れんちゅう【連中】 名詞 何《なに》か共通点《きょうつうてん》のある、ひとまとまりの人々《ひとびと》。「れんじゅう」ともいう。

れんどう【連動】 名詞 動詞 一部分《いちぶぶん》を動《うご》かすと、それにつながっているほかの部分《ぶぶん》も動《うご》くこと。例 シャッターとフラッシュが連動している。

レントゲン （ドイツ語） 名詞 「レントゲン線《せん》」「レントゲン写真《しゃしん》」の略《りゃく》。ことば ドイツの物理《ぶつり》学者《がくしゃ》レントゲンの名前《なまえ》からついた。

レントゲンしゃしん【レントゲン写真】 名詞 エックス線《せん》を利用《りよう》して、外《そと》から見《み》えないものや体《からだ》の内部《ないぶ》を写《うつ》す写真《しゃしん》。

レントゲンせん【レントゲン線】 ⇩155ページ エックスせん

れんにゅう【練乳】 名詞 牛乳《ぎゅうにゅう》を煮《に》つめて、濃《こ》くしたもの。砂糖《さとう》を加《くわ》えたものを「コンデンスミルク」という。

れんぱ【連覇】 名詞 動詞 続《つづ》けて優勝《ゆうしょう》すること。例 連覇のかかった大事《だいじ》な一戦《いっせん》。

れんぱい【連敗】 名詞 動詞 続《つづ》けて負《ま》けること。対 連勝《れんしょう》。

れんぱつ【連発】 名詞 動詞 ❶何回《なんかい》も続《つづ》いて出《だ》したり、起《お》こったりすること。例 冗談《じょうだん》を連発する／事故《じこ》が連発する。❷鉄砲《てっぽう》などを何発《なんぱつ》も続《つづ》けてうつこと。例 六《ろく》連発のピストル。

れんぱんじょう【連判状】 名詞 同《おな》じ意志《いし》を持《も》った人々《ひとびと》が名前《なまえ》を書《か》き、判《はん》をおした文書《ぶんしょ》。

れんぽう【連邦】 名詞 二《ふた》つ以上《いじょう》の国《くに》や州《しゅう》が集《あつ》まって、一《ひと》つの大《おお》きな国家《こっか》をつくっているもの。ロシア連邦《れんぽう》・アメリカ合衆国《がっしゅうこく》など。

れんぽう【連峰】 名詞 いくつも連《つら》なっている山《やま》のみね。類 連山《れんざん》。

れんま【練磨・錬磨】 名詞 動詞 心《こころ》や技術《ぎじゅつ》などを、きたえてみがくこと。例 百戦《ひゃくせん》錬磨（＝多《おお》くの戦《たたか》いを経験《けいけん》して、きたえられていること）。

れんめい【連名】 名詞 何人《なんにん》かの名前《なまえ》を並《なら》べて書《か》くこと。例 連名でおみまいをおくる。

れんめい【連盟】 名詞 ある目的《もくてき》のために力《ちから》を合《あ》わせることを約束《やくそく》すること。また、そうしてできた団体《だんたい》。例 サッカー連盟。

れんめん【と】【連綿［と］】 副詞 切《き》れることなく、ずっと長《なが》く続《つづ》くようす。例 江戸時代《えどじだい》から連綿と続《つづ》く和菓子《わがし》の店《みせ》。類 脈脈《みゃくみゃく》［と］。

れんや【連夜】 名詞 いく晩《ばん》も続《つづ》くこと。毎晩《まいばん》。毎夜《まいよ》。例 父《ちち》は連夜の残業《ざんぎょう》でつかれている。

れんらく【連絡】 名詞 動詞 ❶ほかのものとつながりがあること。つながりをつけること。また、そのつながり。例 ここから先《さき》はバスで連絡している。❷相手《あいて》に知《し》らせること。また、その知《し》らせ。例 友《とも》だちに日時《にちじ》を連絡する／母《はは》の連絡を待《ま》つ。

れんらくせん【連絡船】 名詞 せまい海《うみ》や大《おお》きな川《かわ》などを行《い》き来《き》し、客《きゃく》や荷物《にもつ》を運《はこ》ぶ船《ふね》。

れんりつ【連立】 名詞 動詞 いくつかのものが並《なら》んで立《た》つこと。

れんりつないかく【連立内閣】 名詞 二《ふた》つ以上《いじょう》の政党《せいとう》がいっしょになってつくる内閣《ないかく》。

読書のこみち　高 中 低　『モモ―時間《じかん》どろぼうとぬすまれた時間《じかん》を人間《にんげん》にとりかえしてくれた女《おんな》の子《こ》のふしぎな物《もの》
間《ま》にかだれもが「時間《じかん》の節約《せつやく》」に気《き》をとられ、不機嫌《ふきげん》になったのは、時間《じかん》どろぼうたちの

ろ

ロ

下《した》の 手話にチャレンジ を見《み》よう。

ろ 名詞 和船《わせん》（＝日本《にほん》に昔《むかし》からある、木《き》のふね）をこぐ道具《どうぐ》。水《みず》をかいてふねを進《すす》める。類 かい。

ろ【炉】 名詞 季語冬 ❶ゆかを四角《しかく》に切《き》って灰《はい》を入《い》れ、火《ひ》をたくところ。いろり。例 炉端《ばた》／炉に火《ひ》を入《い》れる。図⇩111ジペーいろり ❷物《もの》を焼《や》いたり、とかしたりするための、大《おお》きなかまど。例 焼却《しょうきゃく》炉／溶鉱《ようこう》炉／原子《げんし》炉。

㊇ **ろ【路】**〔⻊《あしへん》〕13画 3年 音 ロ 訓 じ・みち

ロ ㇿ ⻊ ⻊ 趵 路 路（はらう）

❶みち。例 路上《ろじょう》／路面《ろめん》／家路《いえじ》／航路《こうろ》／進路《しんろ》／線路《せんろ》／旅路《たびじ》／道路《どうろ》／迷路《めいろ》。❷すじみち。例 回《かい》路《ろ》／理路《りろ》。

ろう 名詞 罪《つみ》をおかした人《ひと》などを閉《と》じこめておくところ。ろう屋《や》。

ろう 名詞 動植物《どうしょくぶつ》のしぼうからとる、熱《ねつ》にとけやすく燃《も》えやすいもの。ろうそくやワックスの原料《げんりょう》になる。例 ろう人形《にんぎょう》／スキー板《いた》にろうをぬって手入《てい》れをした。

㊇ **ろう【老】**〔耂《おいかんむり》〕6画 4年 音 ロウ 訓 おいる・ふける

一 + 土 耂 老 老（みぎからはらう）（上へはねる）

❶おいる。年《とし》をとった人《ひと》。例 老眼《ろうがん》／老人《ろうじん》／敬《けい》老《ろう》。❷経験《けいけん》をつんで上手《じょうず》な。例 老練《ろうれん》。

ろう【労】 名詞 心《こころ》や体《からだ》を使《つか》って努力《どりょく》すること。苦労《くろう》。骨折《ほねお》り。㊇⇩1418ジペーろう〔労〕

● **労多《ろうおお》くして功少《こうすく》なし** ことわざ 苦労《くろう》が多《おお》いわりには得《え》るものが少《すく》ない。

● **労《ろう》を惜《お》しむ** 働《はたら》くことや、めんどうなことをいやがる。例 労を惜しまずに働《はたら》く。

● **労《ろう》をねぎらう** 働《はたら》いたり、苦労《くろう》したりした人《ひと》に対《たい》して、ご苦労《くろう》さまという気持《きも》ちを表《あらわ》す。

㊇ **ろう【労】**〔力《ちから》〕7画 4年 音 ロウ

、 ⺍ ⺌ ⺍冖 𫝀 労（としない）

❶はたらく。ほねをおる。例 労作《ろうさく》／労働《ろうどう》／労《ろう》力《りょく》／勤労《きんろう》／功労《こうろう》。❷つかれる。つかれ。例 過《か》労《ろう》／苦労《くろう》／心労《しんろう》／疲労《ひろう》。❸いたわる。なぐさめる。例 慰労《いろう》。

㊇ **ろう【朗】**〔月《つき》〕10画 6年 音 ロウ 訓 ほがらか

、 ㇴ ㇴ 自 良 郎 朗（はねる）

❶ほがらか。明《あか》るい。例 朗報《ろうほう》／明朗《めいろう》。❷声《こえ》たからか。例 朗詠《ろうえい》／朗読《ろうどく》。

ろうあ 名詞 耳《みみ》が聞《き》こえず、ことばが話《はな》せないこと。

ろうえい【朗詠】 名詞 動詞 詩《し》や短歌《たんか》などを、節《ふし》をつけて、声《こえ》を高《たか》く上《あ》げて歌《うた》うこと。例 在《あり》原業平《わらのなりひら》の歌《うた》を朗詠する。

ろうえい【漏えい】 名詞 動詞 秘密《ひみつ》などがもれること。また、もらすこと。例 極秘《ごくひ》情報《じょうほう》が漏えいした。

ろうえき【労役】 名詞 命令《めいれい》されて行《おこな》う肉体労《にくたいろう》働《どう》。また、苦《くる》しい力仕事《ちからしごと》。例 厳《きび》しい労役につかせる。

ろうか【老化】 名詞 動詞 ❶年《とし》をとるにつれて、心《こころ》や体《からだ》のはたらきがおとろえること。例 老化現象《げんしょう》。❷時間《じかん》がたつとともに、物《もの》の性質《せいしつ》が変化《へんか》して弱《よわ》くなること。例 ゴムが老化して切《き》れた。

ろうか【廊下】 名詞 建物《たてもの》の中《なか》にある、部屋《へや》と部屋《へや》をつなぐ細長《ほそなが》い通《とお》り道《みち》。例 廊下を走《はし》ってはいけません。

ろうかく【楼閣】 名詞 高《たか》くてりっぱな建物《たてもの》。

ろうがっこう【ろう学校】 名詞 耳《みみ》の不自由《ふじゆう》な人《ひと》のための学校《がっこう》。現在《げんざい》は「特別支援学校《とくべつしえんがっこう》」という。

ろうがん【老眼】 名詞 年《とし》をとったために、近《ちか》くのものが見《み》えにくくなること。また、そのようになった目《め》。

ろうがんきょう【老眼鏡】 名詞 老眼用《ろうがんよう》の、とつレンズを使《つか》ったためがね。近《ちか》くのものをよく見《み》えるようにする。

ろうきゅう【老朽】 名詞 動詞 古《ふる》くなったり長《なが》

る。親指《おやゆび》を曲《ま》げて老人《ろうじん》のこしが曲《ま》がっているようすを表《あらわ》しているよ。

く使《つか》ったりしたために、ぼろぼろになること。例 老朽化《か》／老朽した水道管《すいどうかん》が破裂《はれつ》した。

ろうきょう【老境】 名詞 老人《ろうじん》としての気持《きも》ちや立場《たちば》。例 老境に入《はい》る。

ろうきょく【浪曲】 ⇒979ページ《ジ》なにわぶし

ろうく【労苦】 名詞 仕事《しごと》や生活《せいかつ》の中《なか》でのつらいことや苦《くる》しいこと。例 長年《ながねん》の労苦／労苦をいとわず働《はたら》く。類 苦労《くろう》。

ろうけつぞめ【ろうけつ染め】 名詞 布《ぬの》や革《かわ》などを染《そ》める方法《ほうほう》の一《ひと》つ。とかしたろうで模《も》様《よう》をかいた生地《きじ》を染料《せんりょう》で染《そ》めたあと、ろうをとり去《さ》って模様《もよう》を出《だ》す。

ろうご【老後】 名詞 年《とし》をとって、仕事《しごと》などをやめたあと。例 幸《しあわ》せな老後を送《おく》る。

ろうこう【老巧】 形容動詞 多《おお》くの経験《けいけん》を積《つ》み、慣《な》れて上手《じょうず》なようす。例 相手《あいて》の老巧なプレーに対応《たいおう》できなかった。

ろうごく【ろう獄】 名詞 罪《つみ》をおかした人《ひと》を閉《と》じこめておくところ。ろう屋《や》。ろう。

ろうこつ【老骨】 名詞 年《とし》をとった体《からだ》。

●**老骨《ろうこつ》にむちうつ** 年《とし》をとって体《からだ》がおとろえた人《ひと》が、さらに努力《どりょく》することのたとえ。

ろうさく【労作】 名詞 作品《さくひん》などを苦労《くろう》してつくること。また、その作品《さくひん》。例 この絵《え》は、父《ちち》の長年《ながねん》の労作だ。

ろうし【労使】 名詞 やとわれて働《はたら》く人《ひと》と、その人《ひと》をやとっている人《ひと》。労働者《ろうどうしゃ》と使用者《しようしゃ》。

ろうし【労資】 名詞 やとわれて働《はたら》く人《ひと》と、お金《かね》を出《だ》してその人《ひと》をやとっている人《ひと》。労働者《ろうどうしゃ》と資本家《しほんか》。

ろうし【浪士】 名詞 仕《つか》える主君《しゅくん》のいない武士《ぶし》。例 赤穂《あこう》浪士。類 浪人《ろうにん》。

ろうじゅう【老中】 名詞 江戸幕府《えどばくふ》の役職《やくしょく》の一《ひと》つ。将軍《しょうぐん》のすぐ下《した》で、重《おも》い責任《せきにん》を持《も》って政《せい》治《じ》を行《おこな》った。

ろうじょう【籠城】 名詞 動詞 敵《てき》に囲《かこ》まれて城《しろ》にたてこもること。

ろうじん【老人】 名詞 年《とし》をとった人《ひと》。年寄《としよ》り。

ろうじんホーム【老人ホーム】 名詞 お年《とし》寄《よ》りたちが、安全《あんぜん》で快適《かいてき》に暮《く》らせるようにつくられた施設《しせつ》。

ろうすい【老衰】 名詞 動詞 年《とし》をとって、心《こころ》や体《からだ》が自然《しぜん》に弱《よわ》ること。

ろうすい【漏水】 名詞 動詞 水《みず》がもれること。例 水道管《すいどうかん》がこわれて漏水している。

ろうする【労する】 動詞 ❶苦労《くろう》する。苦労《くろう》して働《はたら》く。例 労せずして貴《き》重《ちょう》な品《しな》を手《て》に入《い》れる。❷めんどうをかける。例 人《ひと》の手《て》を労する。

ろうする【弄する】 動詞 自分《じぶん》の思《おも》うままにあつかう。例 策《さく》を弄する（＝あれこれとはかりごとをめぐらす）。

ろうせい【老成】 名詞 動詞 ❶実際《じっさい》の年齢《ねんれい》に比《くら》べて、大人《おとな》びていること。例 老成した少年《しょうねん》。❷経験《けいけん》が豊《ゆた》かで、心《こころ》が深《ふか》いこと。例 老成した筆《ふで》づかいの絵《え》。

ろうせき【ろう石】 名詞 ろうのようになめらかでやわらかい石《いし》。字《じ》を書《か》くのに使《つか》ったり、瀬《せ》戸物《ともの》の原料《げんりょう》にしたりする。

ろうそく 名詞 糸《いと》などをしんにして、そのまわりをろうで細長《ほそなが》く固《かた》めたもの。しんに火《ひ》をつけて明《あ》かりにする。

ろうたい【老体】 名詞 ❶年《とし》をとった体《からだ》。❷年寄《としよ》り。老人《ろうじん》。例 ご老体によろしくお伝《つた》えください。

ろうたいか【老大家】 名詞 あることに長《なが》い経験《けいけん》を積《つ》んでいて、すぐれたわざを持《も》つ老人《ろうじん》。例 書道《しょどう》の老大家。

ろうでん【漏電】 名詞 動詞 電線《でんせん》や電気器具《でんきぐ》から、電気《でんき》が外《そと》にもれて流《なが》れること。

ろうと【漏斗】 名詞 液体《えきたい》を口《くち》のせまい入《い》れ物《もの》に入《い》れたり、ろ紙《し》といっしょに用《もち》いてろ過《か》したりするときに使《つか》う道具《どうぐ》。口《くち》が広《ひろ》く先《さき》が細《ほそ》くなっている。じょうご。図⇒634ページ《ジ》じょうご

ろうどう【労働】 名詞 動詞 体《からだ》や頭《あたま》を使《つか》って働《はたら》くこと。とくに、賃金《ちんぎん》をもらうために働《はたら》くこと。例 重《じゅう》労働／一日《いちにち》に七時間《しちじかん》労働する。

ろうどううんどう【労働運動】 名詞 働《はたら》く人《ひと》たちが力《ちから》を合《あ》わせて、労働条件《ろうどうじょうけん》の改善《かいぜん》や、生活《せいかつ》や社会的地位《しゃかいてきちい》の向上《こうじょう》を目指《めざ》して行《おこな》う運動《うんどう》。

ろうどうきじゅんほう【労働基準法】 名詞 働《はたら》く人《ひと》を守《まも》るために、労働条件《ろうどうじょうけん》の基準《きじゅん》を決《き》めた法律《ほうりつ》。働《はたら》く時間《じかん》や賃金《ちんぎん》・休日《きゅうじつ》・安全《あんぜん》などについて定《さだ》められている。

手話にチャレンジ　**老人《ろうじん》**　親指《おやゆび》を曲《ま》げて、ほかの指《ゆび》はにぎっておく。手全体《てぜんたい》を軽《かる》く上下《じょうげ》させてやや前《まえ》に移動《いどう》させ

ろうどうくみあい【労働組合】 名詞 働《はたら》く人《ひと》の権利《けんり》を守《まも》り、労働条件《ろうどうじょうけん》をよくするために、労働者《ろうどうしゃ》が集《あつ》まってつくる団体《だんたい》。

ろうどうしゃ【労働者】 名詞 働《はたら》いて、賃金《ちんぎん》をもらって生活《せいかつ》している人《ひと》。対 資本家《しほんか》。

ろうどうそうぎ【労働争議】 ⇩747ページ そうぎ〔争議〕❷

ろうどうりょく【労働力】 名詞 ものをつくり出《だ》すために必要《ひつよう》な、人間《にんげん》の働《はたら》く力《ちから》。例 必要《ひつよう》な労働力を確保《かくほ》する。

ろうどく【朗読】 名詞 動詞 人《ひと》に聞《き》かせるために、文章《ぶんしょう》などを声《こえ》に出《だ》して読《よ》むこと。例 詩《し》を朗読する。

ろうにゃくなんにょ【老若男女】 名詞 年《とし》寄《よ》りも若者《わかもの》も、男《おとこ》も女《おんな》も。すべての人《ひと》。例 会《かい》場《じょう》には老若男女が集《あつ》まった。

ろうにん【浪人】 名詞 動詞 ❶武士《ぶし》が主人《しゅじん》をなくすこと。また、その武士《ぶし》。類 浪士《ろうし》。❷入学試験《にゅうがくしけん》に落《お》ちて、来年《らいねん》の試験《しけん》を待《ま》っていること。また、その人《ひと》。例 兄《あに》は一年《いちねん》浪人して、希望《きぼう》の大学《だいがく》に合格《ごうかく》した。ことば もとは、「もとの住《す》みかをはなれ、さまよい歩《ある》く人《ひと》」という意味《いみ》のことば。

ろうねん【老年】 名詞 年《とし》をとっていること。また、その時期《じき》。老齢《ろうれい》。

ろうば【老婆】 名詞 年《とし》をとった女《おんな》の人《ひと》。おばあさん。

ろうばい 名詞 動詞 たいへんあわてて、落《お》ち着《つ》きをなくすこと。うろたえること。例 なまけているところをコーチに見《み》つかってろうばいした。

ろうはいぶつ【老廃物】 名詞 古《ふる》くなったり、もともとの役目《やくめ》を終《お》えたりして、役《やく》に立《た》たなくなったもの。かす。例 体内《たいない》の老廃物を排出《はいしゅつ》する。

ろうばしん【老婆心】 名詞 必要以上《ひつよういじょう》に、あれこれと世話《せわ》を焼《や》くこと。例 老婆心ながら、きみに注意《ちゅうい》しておきたい。

ろうひ【浪費】 名詞 動詞 お金《かね》や時間《じかん》などをむだにつかうこと。むだづかい。例 ただぼんやりと待《ま》つだけでは時間《じかん》の浪費だ。類 空費《くうひ》。対 倹約《けんやく》。節約《せつやく》。

ろうふ【老父】 名詞 年《とし》をとった父《ちち》。対 老母《ろうぼ》。

ろうぼ【老母】 名詞 年《とし》をとった母《はは》。対 老父《ろうふ》。

ろうほう【朗報】 名詞 心《こころ》が明《あか》るくなるような、よい知《し》らせ。例 見事《みごと》に優勝《ゆうしょう》したとの朗報が届《とど》いた。対 悲報《ひほう》。

ろうぼく【老木】 名詞 古《ふる》くから生《は》えている木《き》。

ろうむしゃ【労務者】 名詞 賃金《ちんぎん》をもらうために働《はたら》く人《ひと》。とくに、体力《たいりょく》を使《つか》って働《はたら》く人《ひと》。使い方 今《いま》はあまり使《つか》わないことば。

ろうもん【楼門】 名詞 寺《てら》などに多《おお》くある、二《に》階建《かいだ》てになっている門《もん》。

ろうや【ろう屋】 名詞 罪《つみ》をおかした人《ひと》を閉《と》じこめておくところ。ろう。類 ろう獄《ごく》。

ろうりょく【労力】 名詞 ❶働《はたら》く力《ちから》。骨折《ほねお》り。例 労力をおしまないで働《はたら》く。❷品物《しなもの》を作《つく》るのに必要《ひつよう》な人手《ひとで》。労働力《ろうどうりょく》。例 労力の足《た》りない分《ぶん》を機械《きかい》で補《おぎな》う。

ろうれい【老齢】 名詞 年《とし》をとっていること。また、その年《とし》ごろ。老年《ろうねん》。

ろうれん【老練】 形容動詞 長《なが》い経験《けいけん》があり、よく慣《な》れていて上手《じょうず》なようす。例 老練な医者《いしゃ》／老練な船乗《ふなの》り。

ろうろう［と］【朗朗［と］】 副詞 声《こえ》などがはっきりしていて、よくひびくようす。例 朗々と歌《うた》い上《あ》げる。使い方「朗々たる歌声《うたごえ》」などの形《かたち》でも使《つか》う。

ろえい【露営】 名詞 動詞 ❶野山《のやま》でテントを張《は》ってとまること。キャンプ。類 野営《やえい》。❷軍隊《ぐんたい》が、野山《のやま》に陣地《じんち》をはること。類 野営《やえい》。

ろえき【ろ液】 名詞 液体《えきたい》を、ろ紙《し》でこした液《えき》。

ローカル (local) 名詞 形容動詞 その地方《ちほう》のものであること。その地方特有《ちほうとくゆう》であること。例 ローカル線《せん》／ローカルな話題《わだい》。

ローカルカラー (local color) 名詞 その地方《ちほう》にしかない自然《しぜん》や風俗《ふうぞく》などから感《かん》じられる、独特《どくとく》の感《かん》じ。類 郷土色《きょうどしょく》。地方色《ちほうしょく》。

ローション (lotion) 名詞 皮膚《ひふ》に水分《すいぶん》や栄養《えいよう》をあたえるための液《えき》。

ロース 名詞 牛《うし》やぶたの、かたからこしまでの部分《ぶぶん》の上等《じょうとう》な肉《にく》。例 ロースハム。ことば 英語《えいご》の「ロースト」からきたことば。

かけて、赤《あか》と黄色《きいろ》のしま模様《もよう》の大《おお》きな卵《たまご》を見《み》つけます。そこから生《う》まれた、大《おお》きくてしま模様《もよう》の変《へん》な動物《どうぶつ》は、なそうるのお話《はなし》です。

ロースト（roast）名詞 肉《にく》などを焼《や》いて料理《りょうり》すること。例 ローストチキン。

ローズマリー（rosemary）名詞 しそのなかまの草《くさ》。細長《ほそなが》い形《かたち》の葉《は》をつける。全体《ぜんたい》に香《かお》りがあり、枝《えだ》や葉《は》を料理《りょうり》や薬用《やくよう》に使《つか》う。

ローズマリー

ロータリー（rotary）名詞 交通《こうつう》整理《せいり》のため、交差点《こうさてん》の中央《ちゅうおう》や駅前《えきまえ》につくられた、円形《えんけい》の場所《ばしょ》。車《くるま》はこれに沿《そ》って進《すす》み、方向《ほうこう》を変《か》える。

ロータリーしゃ【ロータリー車】名詞 鉄《てつ》道《どう》の除雪車《じょせつしゃ》の一《ひと》つ。前《まえ》につけた大《おお》きな羽根《はね》を回《まわ》して、線路《せんろ》の雪《ゆき》をはね飛《と》ばす。関連 ラッセル車《しゃ》。

ローティーン 名詞 十代前半《じゅうだいぜんはん》の人《ひと》。とくに、十三才《じゅうさんさい》から十五才《じゅうごさい》くらいまでをいう。関連 ハイティーン。ことば 英語《えいご》をもとに日本《にほん》で作《つく》られたことば。

ローテーション（rotation）名詞 ❶順番《じゅんばん》に行《おこな》うこと。また、その順番《じゅんばん》。例 えさやり当番《とうばん》のローテーションを組《く》む。❷スポーツで、選手《せんしゅ》が位置《いち》を変《か》わる順番《じゅんばん》や、出場《しゅつじょう》する順番《じゅんばん》。

ロードショー（road show）名詞 新《あたら》しい映画《えいが》を、ふつうの映画館《えいがかん》で見《み》せる前《まえ》に、特定《とくてい》の映画《えいが》館《かん》である期間《きかん》見《み》せること。

ロードレース（road race）名詞 競技場《きょうぎじょう》ではなく、外《そと》の道路《どうろ》で行《おこな》う競走《きょうそう》。マラソン・駅伝《えきでん》や自転車《じてんしゃ》での競走《きょうそう》など。

ロードローラー（road roller）名詞 道《どう》路工事《ろこうじ》などで、地面《じめん》を平《たい》らにしておし固《かた》めるための、ローラーのついた機械《きかい》。

ロードローラー

ロープ（rope）名詞 つな。縄《なわ》。とくに、麻糸《あさいと》や針金《はりがね》などをより合《あ》わせてつくった、太《ふと》くてじょうぶなつな。

ロープウエー（ropeway）名詞 空中《くうちゅう》に張《は》りわたしたはがねのロープに車体《しゃたい》をつるし、人《ひと》を乗《の》せて運《はこ》ぶ乗《の》り物《もの》。

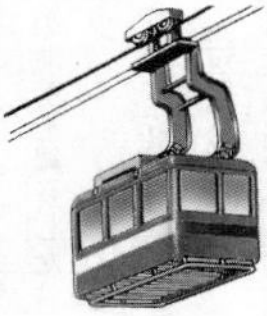
ロープウエー

ローマ 名詞 ❶イタリアの首都《しゅと》。イタリア半島《はんとう》の中部《ちゅうぶ》にあり、古代《こだい》の遺跡《いせき》や美《び》術品《じゅつひん》が多《おお》く残《のこ》る。また、ローマ法王《ほうおう》のいるバチカン市国《しこく》がある。❷古代《こだい》の、イタリア半島《はんとう》を中心《ちゅうしん》に栄《さか》えた「ローマ帝国《ていこく》」のこと。紀元前八世紀《きげんぜんはっせいき》ごろにできた都市国家《としこっか》が勢力《せいりょく》を広《ひろ》げて大帝国《だいていこく》となったが、四世紀《よんせいき》に東《ひがし》と西《にし》に分《わ》かれた。ギリシャ文化《ぶんか》を伝《つた》え、キリスト教《きょう》を広《ひろ》める役割《やくわり》を果《は》たした。

●**ローマは一日《いちにち》にして成《な》らず** ことわざ 大《おお》きな仕事《しごと》は、短《みじか》い時間《じかん》や少《すこ》しの努力《どりょく》では成《な》しとげられない。

ローマじ【ローマ字】名詞 ❶古代《こだい》ローマでつくられた文字《もじ》。A《エー》からZ《ズィー》までの二十六文字《にじゅうろくもじ》。今《いま》では、ヨーロッパの国々《くにぐに》やアメリカなど、多《おお》くの国《くに》で使《つか》われている。❷ローマ字《じ》（＝❶）を使《つか》って日本語《にほんご》のことばを書《か》き表《あらわ》すつづり方《かた》。「さ」を「sa」と書《か》くなど。

⬇1448ページ ローマ字《じ》の書《か》き方《かた》

ローマすうじ【ローマ数字】名詞 古代《こだい》ローマで使《つか》われた数字《すうじ》。今《いま》でも時計《とけい》の文字盤《もじばん》などに使《つか》われることがある。Ⅰ（＝一《いち》）・Ⅱ（＝二《に》）・Ⅲ（＝三《さん》）・Ⅳ（＝四《よん》）・Ⅴ（＝五《ご》）・Ⅵ（＝六《ろく》）・Ⅶ（＝七《なな》）・Ⅷ（＝八《はち》）・Ⅸ（＝九《きゅう》）・Ⅹ（＝十《じゅう》）など。関連 アラビア数字《すうじ》。漢数字《かんすうじ》。

ローマほうおう【ローマ法王】名詞 キリスト教《きょう》のカトリック教会《きょうかい》での、いちばん高《たか》い位《くらい》の人《ひと》。「法王《ほうおう》」「教皇《きょうこう》」ともいう。

ローマン ⬇1424ページ ロマン

ローラー（roller）名詞 ❶道路《どうろ》やテニスコートなどで、転《ころ》がして地面《じめん》を平《たい》らにするもの。❷版画《はんが》などを刷《す》るとき、インクをつけるために転《ころ》がして使《つか》う、筒形《つつがた》のもの。

ローラースケート（roller skate）名詞 底《そこ》に小《ちい》さな車《くるま》をつけたくつをはいてすべるスポーツ。また、そのくつ。

読書のこみち 高 中 低 『もりのへなそうる』わたなべしげお てつたくんとみつやくんの兄弟《きょうだい》は、森《もり》へ探検《たんけん》に出《で》「ぼか、へなそうるのこどもだい」と言《い》いました。くいしんぼうでちょっとこわがりなへ

ロール（roll）名詞 動詞 巻《ま》くこと。また、巻《ま》いたものや、巻《ま》いてつつの形《かたち》になっているもの。例 ロールキャベツ／ロールケーキ。

ロールプレーイング（role-playing）名詞 実《じっ》際《さい》にありそうな場面《ばめん》を仮《かり》に考《かん》え、その中《なか》でいろいろな役割《やくわり》を演《えん》じてみること。問題《もんだい》をどのように解決《かいけつ》すればよいかを学《まな》ぶことなどに役立《やくだ》つ。

ローン（loan）名詞 銀行《ぎんこう》などが、利子《りし》をとってお金《かね》を貸《か》すこと。また、そのお金《かね》。例 住宅《じゅうたく》ローン。

ろか【ろ過】 名詞 動詞 液体《えきたい》をこして、中《なか》に混《ま》じっている細《こま》かいつぶをとり除《のぞ》くこと。例 ほう酸《さん》の水溶液《すいようえき》をろ過する。教科 理 ろ紙《し》とろうとなどを使《つか》ってろ過《か》することができる。

ろく【六】 名詞 数《かず》の名《な》。むっつ。

漢 **ろく【六】**〔八《はち》〕4画 1年 音 ロク 訓 む・むっ・むっつ・むい

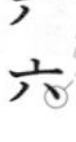

むっつ。例 六日《むいか》／六月《ろくがつ》／六大州《ろくだいしゅう》。

ろく【緑】 漢 ↓1402ジ《ペー》りょく〔緑〕

漢 **ろく【録】**〔金《かねへん》〕16画 4年 音 ロク 訓

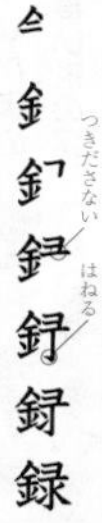

❶書《か》きつける。書《か》きつけたもの。例 記録《きろく》／登《とう》録《ろく》／目録《もくろく》。❷音《おと》や形《かたち》をうつしとる。例 録音《ろくおん》／録画《ろくが》／収録《しゅうろく》。

ログアウト（log out）名詞 動詞 コンピューターで、ネットワークとの接続《せつぞく》を切《き》って、利用《りよう》を終了《しゅうりょう》すること。「ログオフ」ともいう。対 ログイン。

ログイン（log in）名詞 動詞 コンピューターで、ネットワークに接続《せつぞく》し、利用《りよう》を開始《かいし》すること。「ログオン」ともいう。対 ログアウト。

ログオフ ↓1422ジ《ペー》ログアウト

ろくおん【録音】 名詞 動詞 声《こえ》や音《おと》を記録《きろく》すること。例 コンクールでの演奏《えんそう》を録音した。

ログオン ↓1422ジ《ペー》ログイン

ろくおんほうそう【録音放送】 名詞 録音《ろくおん》しておいたものを使《つか》って行《おこな》う放送《ほうそう》。

ろくが【録画】 名詞 動詞 映像《えいぞう》をディスクやメモリーなどに記録《きろく》すること。また、記録《きろく》した映《えい》像《ぞう》。例 世界大会《せかいたいかい》の決勝戦《けっしょうせん》を録画で見《み》る。

ろっかくけい【六角形】 名詞 六《むっ》つの直線《ちょくせん》で囲《かこ》まれた形《かたち》。「ろっかくけい」「ろっかっけい」ともいう。

ろくさんせい【六三制】 名詞 小学校《しょうがっこう》を六年《ろくねん》間《かん》、中学校《ちゅうがっこう》を三年間《さんねんかん》とする義務教育《ぎむきょういく》の制度《せいど》。

ろくしょう【緑青】 名詞 銅《どう》の表面《ひょうめん》にできる緑色《みどりいろ》のさび。空気中《くうきちゅう》の水分《すいぶん》と二酸化炭素《にさんかたんそ》が銅《どう》に作用《さよう》するなどしてできる。

ろくすっぽ 副詞 じゅうぶんに。満足《まんぞく》に。ろくに。例 いそがしくて、ろくすっぽ本《ほん》も読《よ》めない。使い方 くだけた言《い》い方《かた》。あとに「ない」などのことばがくる。

ろくだいしゅう【六大州】 名詞 世界《せかい》を大《おお》きく六《むっ》つに分《わ》けたもの。アジア・アフリカ・ヨーロッパ・北《きた》アメリカ・南《みなみ》アメリカ・オセアニアのこと。関連 六大陸《ろくたいりく》。

ろくたいりく【六大陸】 名詞 世界《せかい》の六《むっ》つの大陸《たいりく》。ユーラシア・アフリカ・北《きた》アメリカ・南《みなみ》アメリカ・オーストラリア・南極大陸《なんきょくたいりく》のこと。関連 六大州《ろくだいしゅう》。

ろくだか【ろく高】 名詞 昔《むかし》、武士《ぶし》が主人《しゅじん》からあたえられた給料《きゅうりょう》の額《がく》。

ろくでなし 名詞 なんの役《やく》にも立《た》たない人《ひと》。

ろくな 連体詞 まともな。大《たい》した。満足《まんぞく》できるような。例 今日《きょう》はろくなことがない。使い方 あとに「ない」などのことばがくる。

ろくに 副詞 じゅうぶんに。満足《まんぞく》に。例 歯《は》が痛《いた》くてろくに食《た》べられなかった。使い方 あとに「ない」などのことばがくる。

ログハウス 名詞 丸《まる》太《た》を組《く》んで造《つく》った建《たて》物《もの》。ことば 英語《えいご》をもとに日本《にほん》で作《つく》られたことば。

ろくぼく【ろく木】 名詞 体操用《たいそうよう》具《ぐ》の一《ひと》つ。何本《なんぼん》かの柱《はしら》の間《あいだ》にたくさんの横棒《よこぼう》をつけたもの。登《のぼ》ったり、

ろくぼく

ログハウス

ウがほしいと言《い》い出《だ》します。それを聞《き》いたいじわるなまま母《はは》は、ひとりのむすめに森《もり》に探《さが》しに行《い》かせます。むすに行《い》きたいと言《い》い出《だ》して…。ユニークな登場人物《とうじょうじんぶつ》たちのせりふや歌《うた》がたのしい児童劇《じどうげき》です。

ぶら下《さ》がって横《よこ》に移動《いどう》したりする。ことば 漢字《かんじ》では「肋木」と書《か》く。「肋」はあばら骨《ぼね》のこと。

ろくまく【ろく膜】⇒360ジ《ペー》きょうまく

ろくめいかん【鹿鳴館】 名詞 一八八三年《ねん》に東京《とうきょう》の日比谷《ひびや》に造《つく》られた洋風《ようふう》の建物《たてもの》。外国《がいこく》と条約改正《じょうやくかいせい》の交渉《こうしょう》をするため、社交《しゃこう》の場《ば》として計画《けいかく》されたもので、舞踏会《ぶとうかい》などが行《おこな》われた。

ろくろ 名詞 焼《や》き物《もの》をつくるときに使《つか》う道具《どうぐ》。粘土《ねんど》を置《お》いた円形《えんけい》の台《だい》を回《まわ》しながら、手《て》で形《かたち》をつくっていく。ろくろ台《だい》。

ろくろ

ろくろく 副詞 じゅうぶんに。満足《まんぞく》に。例 ろくろくあいさつもしないで別《わか》れた。使い方 あとに「ない」などのことばがくる。

ろくろだい【ろくろ台】⇒1423ジ《ペー》ろくろ

ロケ⇒1423ジ《ペー》ロケーション❶

ロケーション（location） 名詞 ❶映画《えいが》やテレビなどで、さつえい所《じょ》ではなく、実際《じっさい》の場所《ばしょ》へ行《い》ってさつえいすること。ロケ。❷場所《ばしょ》。位置《いち》。例 ロケーションのよい店《みせ》。

ロケット（rocket） 名詞 つつの中《なか》で燃料《ねんりょう》を爆《ばく》発《はつ》させて高《たか》い圧力《あつりょく》のガスをふき出《だ》させ、その勢《いきお》いで飛《と》ぶ装置《そうち》。非常《ひじょう》に速《はや》い速度《そくど》が出《で》る上《うえ》、空気《くうき》のないところでも飛《と》べるので、人工衛星《じんこうえいせい》などに使《つか》われる。ことば「一本《いっぽん》」「一機《いっき》」「一台《いちだい》」と数《かぞ》える。

ろけん【露見】 名詞 動詞 かくしていたことや悪《わる》いことが、人《ひと》に知《し》られてしまうこと。例 悪《あく》事《じ》が露見する。

ろこつ【露骨】 形容動詞 ふつうならあまり外《そと》に表《あらわ》さないことを、かくそうとせず、ありのままに表《あらわ》すようす。例 たのみごとをしたら露骨にいやな顔《かお》をされた。使い方 あまりよい意味《いみ》には使《つか》われない。

ろし【ろ紙】 名詞 液体《えきたい》の中《なか》に混《ま》じっている細《こま》かいつぶをとり除《のぞ》くのに使《つか》う紙《かみ》。

ろじ【路地】 名詞 家《いえ》と家《いえ》の間《あいだ》のせまい道《みち》。例 路地のおくにある家《いえ》。

ろじ【露地】 名詞 屋《や》根《ね》などのおおいのない地《じ》面《めん》。

ロシア 名詞 ユーラシア大《たい》陸《りく》の北部《ほくぶ》に東西《とうざい》に広《ひろ》がる国《くに》。世界一面積《せかいいちめんせき》が広《ひろ》く、資《し》源《げん》が豊《ゆた》か。旧《きゅう》ソビエト連邦《れんぽう》の共和国《きょうわこく》の一《ひと》つだったが、一九九一年《ねん》に独立《どくりつ》した。首《しゅ》都《と》はモスクワ。「ロシア連《れん》邦《ぼう》」ともいう。

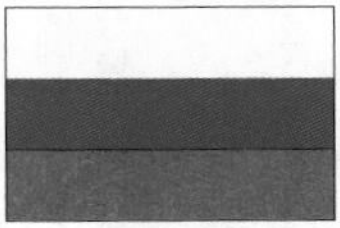

（国旗《こっき》）

ロシアれんぽう【ロシア連邦】⇒1423ジ《ペー》ロシア

ろじさいばい【露地栽培】 名詞 温室《おんしつ》やビニールハウスを使《つか》わないで、ふつうの畑《はたけ》で野菜《やさい》や草花《くさばな》を育《そだ》てること。例 キャベツを露地栽培で育《そだ》てる。

ろしゅつ【露出】 名詞 動詞 ❶おおわれていたものが、むき出《だ》しになること。また、むき出《だ》しにすること。例 雪《ゆき》がとけ、地肌《じはだ》が露出する／うでを露出する。❷写真《しゃしん》をとるとき、シャッターを開《ひら》いて、フィルムに光《ひかり》を当《あ》てること。

ろじょう【路上】 名詞 ❶道《みち》ばた。道《みち》の上《うえ》。例 路上駐車《ちゅうしゃ》。❷道《みち》のとちゅう。例 散歩《さんぽ》の路上で友《とも》だちに会《あ》った。

ロス（loss） 名詞 動詞 むだにすること。例 道《みち》に迷《まよ》って時間《じかん》のロスをした。

ロスタイム 名詞 ❶むだに使《つか》った時間《じかん》。❷ラグビーやホッケーなどで、負傷者《ふしょうしゃ》の手当《てあ》てなど、競技《きょうぎ》ではないことに使《つか》った時間《じかん》。この時間《じかん》は競技時間《きょうぎじかん》にはふくまない。ことば 英語《えいご》をもとに日本《にほん》で作《つく》られたことば。

ろせん【路線】 名詞 ❶電車《でんしゃ》の線路《せんろ》や、バスの通《とお》り道《みち》。例 路線図《ず》。❷ものごとの進《すす》め方《かた》。方針《ほうしん》。例 政府《せいふ》は外交《がいこう》の路線を変更《へんこう》した。

ろせんバス【路線バス】 名詞 決《き》まった道筋《みちすじ》を、時刻表《じこくひょう》に従《したが》って走《はし》るバス。

ろだい【露台】 名詞 季語 夏 「バルコニー」の古《ふる》い言《い》い方《かた》。

ロダン 名詞（一八四〇～一九一七）フランスの彫《ちょう》刻家《こくか》。生命力《せいめいりょく》にあふれる力強《ちからづよ》い彫刻《ちょうこく》を作《つく》っ

読書のこみち　高 中 低

『森《もり》は生《い》きている』マルシャーク　気《き》まぐれな女王《じょおう》が冬《ふゆ》のさなかに、春《はる》にさくマツユキソめは森《もり》で12の月《つき》の精《せい》に出会《であ》い、マツユキソウをもらいますが、女王《じょおう》はこんどは、春《はる》の森《もり》

た。「考《かんが》える人《ひと》」「地獄《じごく》の門《もん》」「カレーの市民《しみん》」などの作品《さくひん》がある。

ロッカー（locker）名詞 荷物《にもつ》などをしまっておく、かぎのついた戸棚《とだな》。例 コインロッカー。

ろっかくけい【六角形】➡1422ジ《ペ》ーろくかくけい

ろっかっけい【六角形】➡1422ジ《ペ》ーろくかくけい

ロッキーさんみゃく【ロッキー山脈】 名詞 北《きた》アメリカ大陸《たいりく》の西部《せいぶ》を南北《なんぼく》に走《はし》る大《おお》きな山脈《さんみゃく》。もっとも高《たか》い山《やま》は、アメリカ合衆国《がっしゅうこく》のコロラド州《しゅう》にあるエルバート山《さん》。

ロック（rock）名詞
❶岩《いわ》。岩石《がんせき》。
❷エレキギターなどを使《つか》う、激《はげ》しいリズムと大《おお》きな音《おと》を特徴《とくちょう》とする音楽《おんがく》。

ロッククライミング（rock-climbing）名詞 登山《とざん》で、かべのように切《き》り立《た》った岩《いわ》をよじ登《のぼ》ること。また、その技術《ぎじゅつ》。

ロックフェラー 名詞（一八三九〜一九三七）アメリカの実業家《じつぎょうか》。石油会社《せきゆがいしゃ》をつくり、アメリカ国内《こくない》の石油《せきゆ》の九割《きゅうわり》を支配《しはい》した。のちにロックフェラー財団《ざいだん》をつくり、教育《きょういく》や慈善事業《じぜんじぎょう》に貢献《こうけん》した。

ろっこつ【ろっ骨】 名詞 肺《はい》や心臓《しんぞう》を囲《かこ》んでいる、胸《むね》の十二対《じゅうについ》の骨《ほね》。あばら骨《ぼね》。

ロッジ（lodge）名詞 山小屋《やまごや》。また、山小屋風《やまごやふう》の宿泊施設《しゅくはくしせつ》。

ロッシーニ 名詞（一七九二〜一八六八）イタリアの作曲家《さっきょくか》。美《うつく》しいメロディーを持《も》つオペラを数多《かずおお》く作曲《さっきょく》した。「セビリアの理髪師《りはつし》」「ウィリアム＝テル」などの作品《さくひん》がある。

ろてん【露天】 名詞 屋根《やね》やおおいのないところ。例 露天ぶろ。

ろてん【露店】 名詞 道《みち》ばたで品物《しなもの》を並《なら》べて売《う》る店《みせ》。例 お祭《まつ》りの露店。類 出店《でみせ》。

ろてんぼり【露天掘り】 名詞 石炭《せきたん》や鉱石《こうせき》をとるときに、地下《ちか》に穴《あな》をほらないで、地表《ちひょう》から直接《ちょくせつ》ほりとること。

ろとう【路頭】 名詞 道《みち》ばた。
●**路頭《ろとう》に迷《まよ》う** 仕事《しごと》や家《いえ》を失《うしな》って生活《せいかつ》に困《こま》る。

ろば 名詞 馬《うま》のなかまの動物《どうぶつ》。馬《うま》より小《ちい》さくて耳《みみ》が長《なが》い。古《ふる》くから家畜《かちく》として飼《か》われている。「うさぎうま」ともいう。

ろば

ろばた【炉端】 名詞 いろりや暖炉《だんろ》などのそば。いろりばた。

ロビー（lobby）名詞 ホテルや大《おお》きなビルなどで、入《い》り口《ぐち》に続《つづ》いたところにある広《ひろ》い場所《ばしょ》。人《ひと》と待《ま》ち合《あ》わせたり、話《はなし》をしたりするのに使《つか》う。

ろぼう【路傍】 名詞 道《みち》ばた。例 路傍の花《はな》。

ロボット（robot）名詞
❶人間《にんげん》に似《に》た形《かたち》とはたらきを持《も》つ、機械《きかい》の力《ちから》で自動的《じどうてき》に動《うご》く人形《にんぎょう》。人造人間《じんぞうにんげん》。
❷人間《にんげん》の命令《めいれい》どおりに、自動的《じどうてき》に作業《さぎょう》を行《おこな》う機械《きかい》。例 産業用《さんぎょうよう》ロボット。
❸自分《じぶん》の考《かんが》えを持《も》たず、人《ひと》の言《い》いなりになって動《うご》く人《ひと》。例 あの人《ひと》は社長《しゃちょう》のロボットだ。
ことば チェコの作家《さっか》チャペックが作《つく》ったことば。

ロマン（フランス語）名詞
❶夢《ゆめ》や冒険《ぼうけん》やあこがれに満《み》ちていること。例 ロマンを追《お》い求《もと》める。
❷小説《しょうせつ》。物語《ものがたり》。
ことば「ローマン」ともいう。漢字《かんじ》では「浪漫」と書《か》く。

ロマンス（romance）名詞 恋愛《れんあい》に関《かん》すること。また、恋愛《れんあい》をえがいた物語《ものがたり》。

ロマンチック（romantic）形容動詞 夢《ゆめ》のように心地《ここち》よく美《うつく》しいようす。例 ロマンチックな恋《こい》の詩《し》。

ろめん【路面】 名詞 道路《どうろ》の表面《ひょうめん》。道《みち》の上《うえ》。例 路面がこおっていて歩《ある》きづらい。

ろめんでんしゃ【路面電車】 名詞 道路上《どうろじょう》にしいたレールの上《うえ》を走《はし》る電車《でんしゃ》。

ろれつがまわらない【ろれつが回らない】 舌《した》がうまく動《うご》かず、はっきりとものが言《い》えない。

ろん【論】 名詞
❶意見《いけん》を言《い》い合《あ》うこと。議論《ぎろん》。例 論をたたかわせる。
❷ある問題《もんだい》についての筋道《すじみち》を立《た》てた考《かんが》え。意見《いけん》。例 新《あら》たな論を展開《てんかい》する。

●**論《ろん》より証拠《しょうこ》** 漢 ⇩1425ジペーろん〔論〕 ことわざ ものごとをはっきりさせるには、いろいろ言《い》い合《あ》うより、証拠《しょうこ》を示《しめ》したほうが早《はや》いということわざ。

漢 **ろん【論】**〔言〕《ごんべん》 15画 6年 音 ロン 訓

訁 言 訃 訡 訡 詥 論 論（たてぼうは二ほん）

❶ろんじる。筋道《すじみち》を立《た》ててのべる。例 論文《ろんぶん》／論理《ろんり》／議論《ぎろん》／言論《げんろん》／討論《とうろん》。❷かんがえ。意見《いけん》。例 世論《せろん》／理論《りろん》。❸いいあらそう。例 口論《こうろん》。

ろんがい【論外】 形容動詞 とり上《あ》げて話《はなし》をするだけの値打《ねう》ちがないこと。問題外《もんだいがい》。例 きみの要求《ようきゅう》は論外だ。

ろんかく【論客】 ⇩1425ジペーろんきゃく

ろんぎ【論議】 名詞 動詞 おたがいに意見《いけん》を出《だ》して話《はな》し合《あ》うこと。例 リサイクル運動《うんどう》について論議する。類 議論《ぎろん》。

ろんきゃく【論客】 名詞 自分《じぶん》なりの意見《いけん》を持《も》って、議論《ぎろん》に参加《さんか》する人《ひと》。また、すぐれた議論《ぎろん》をする人《ひと》。「ろんかく」ともいう。

ろんきょ【論拠】 名詞 考《かんが》えや意見《いけん》のよりどころとなるもの。例 論拠がはっきりした意見《いけん》／論拠を示《しめ》す。

ロング（long） 名詞 長《なが》いこと。例 ロングヘア。対 ショート。

ロングセラー 名詞 長《なが》い期間《きかん》にわたってよく売《う》れる商品《しょうひん》。例 ロングセラーの小説《しょうせつ》。ことば 英語《えいご》をもとに日本《にほん》で作《つく》られたことば。

ろんご【論語】 名詞 中国《ちゅうごく》の思想家《しそうか》、孔子《こうし》の弟子《でし》たちが、孔子《こうし》のことばや行《おこな》いなどをまとめた本《ほん》。⇩913ジペー 伝統コラム 漢詩《かんし》・漢文《かんぶん》

●**論語《ろんご》読《よ》みの論語《ろんご》知《し》らず** ⇩479ジペー ことわざ

ろんこく【論告】 名詞 動詞 裁判《さいばん》で、検察官《けんさつかん》が被告人《ひこくにん》の罪《つみ》について意見《いけん》を述《の》べること。

ろんし【論旨】 名詞 ある意見《いけん》の中《なか》で、その人《ひと》がいちばん言《い》いたいこと。例 論旨のはっきりした文章《ぶんしょう》。

ろんじゅつ【論述】 名詞 動詞 筋道《すじみち》を立《た》てて、考《かんが》えを述《の》べること。例 論述試験《しけん》／決《き》められたテーマについて論述する。

ろんしょう【論証】 名詞 動詞 証拠《しょうこ》をあげて、その考《かんが》えが正《ただ》しいことを説明《せつめい》すること。例 地《ち》球《きゅう》が太陽《たいよう》の周《まわ》りを回《まわ》っていることを論証する。

ろんじる【論じる】 動詞 ❶ある問題《もんだい》について、筋道《すじみち》を立《た》てて説明《せつめい》する。例 講演会《こうえんかい》で、政治《せいじ》についての考《かんが》えを論じる。❷意見《いけん》を述《の》べ合《あ》う。言《い》い合《あ》う。例 学級会《がっきゅうかい》で、学芸会《がくげいかい》の出《だ》し物《もの》をどうするか論じる。ことば「論《ろん》ずる」ともいう。

ろんずる【論ずる】 ⇩1425ジペーろんじる

ろんせつ【論説】 名詞 あることがらについて、筋道《すじみち》を立《た》てて考《かんが》えを述《の》べたり、説明《せつめい》したりすること。また、その文章《ぶんしょう》。

ろんせつぶん【論説文】 名詞 あることがらに対《たい》する自分《じぶん》の考《かんが》えを、筋道《すじみち》を立《た》てて書《か》いた文章《ぶんしょう》。

ろんせん【論戦】 名詞 動詞 おたがいに意見《いけん》をたたかわせること。例 熱《あつ》い論戦をくり広《ひろ》げる。

ろんそう【論争】 名詞 動詞 ちがう考《かんが》えを持《も》った人同士《ひとどうし》が、たがいに言《い》い争《あらそ》うこと。例 反対《はんたい》派《は》と賛成派《さんせいは》が論争する。

ろんだい【論題】 名詞 話《はな》し合《あ》いの主題《しゅだい》。議論《ぎろん》のテーマ。例 環境問題《かんきょうもんだい》を論題に話《はな》し合《あ》う。類 議題《ぎだい》。

ろんてん【論点】 名詞 議論《ぎろん》の中《なか》で問題《もんだい》にしている点《てん》。例 論点を一《ひと》つにしぼって話《はな》し合《あ》おう。

ロンドン 名詞 イギリスの首都《しゅと》。テムズ川《がわ》の河《か》口近《こうちか》くにある大都市《だいとし》。バッキンガム宮殿《きゅうでん》・大《だい》英博物館《えいはくぶつかん》など、有名《ゆうめい》な古《ふる》い建物《たてもの》が多《おお》い。

ろんぱ【論破】 名詞 動詞 議論《ぎろん》によって相手《あいて》を言《い》い負《ま》かすこと。例 反対意見《はんたいいけん》を次々《つぎつぎ》に論破した。

ろんぴょう【論評】 名詞 動詞 ものごとや作品《さくひん》のよしあしなどについて、筋道《すじみち》を立《た》てて批評《ひひょう》すること。例 最近《さいきん》の国際政治《こくさいせいじ》について論評を加《くわ》える。

ろんぶん【論文】 名詞 あることがらについての研究《けんきゅう》の結果《けっか》や自分《じぶん》の考《かんが》えを、筋道《すじみち》を立《た》ててまとめた文章《ぶんしょう》。例 大学《だいがく》の卒業《そつぎょう》論文。

ろんぽう【論法】 名詞 議論《ぎろん》の進《すす》め方《かた》。議論《ぎろん》をするときの、筋道《すじみち》の組《く》み立《た》て方《かた》。例 強引《ごういん》な論法を持《も》ち出《だ》す。

ろんり【論理】 名詞 考《かんが》えを進《すす》めていく筋道《すじみち》。例 論理の通《とお》った文章《ぶんしょう》。

ろんりてき【論理的】 形容動詞 考《かんが》え方《かた》や意見《いけん》に、筋道《すじみち》が通《とお》っているようす。例 母《はは》を説得《せっとく》するには、論理的な説明《せつめい》が必要《ひつよう》だ。

あいうえお　かきくけこ　さしすせそ　たちつてと　なにぬねの　はひふへほ　まみむめも　や ゆ よ　らりるれろ　ろ　わをん

読書のこみち 高 中 低 『やかまし村《むら》の子《こ》どもたち』リンドグレーン　スウェーデンの山奥《やまおく》にあるやかまし村《むら》には、木登《きのぼ》り、宝探《たからさが》し、野《の》いちごつみ、秘密《ひみつ》のかくれ場所《ばしょ》作り。やかまし村《むら》の毎日《まいにち》をのぞいて

わ ワールド

わ

ワ

下《した》の 手話にチャレンジ を見《み》よう。

わ 助詞 （ほかのことばのあとにつけて）❶気持《きも》ちをこめたり意味《いみ》を強《つよ》めたりすることば。例 まあ、きれいだわ／わたしは帰《かえ》るわ。❷ことばを並《なら》べて、おどろきや感動《かんどう》を表《あらわ》す。例 泣《な》くわわめくわで大変《たいへん》だった／魚《さかな》がつれるわつれるわ。使い方 ❶は、おもに女《おんな》の人《ひと》が使《つか》う。

-わ【羽】 接尾語 （数《かず》を表《あらわ》すことばのあとにつけて）鳥《とり》やうさぎを数《かぞ》えることば。例 二《に》羽の白《はく》鳥《ちょう》。使い方 前《まえ》にくる数字《すうじ》によって、「三羽《さんば》」「百《ひゃっ》羽《ぱ》」のように読《よ》み方《かた》が変《か》わる。

わ【我】 漢 ⇩1439ジペー われ〔我〕

わ【和】 名詞 ❶仲《なか》よくすること。例 友《とも》だちとの和を大切《たいせつ》にする。❷戦《たたか》いをやめて仲直《なかなお》りすること。例 和を結《むす》ぶ。❸足《た》し算《ざん》の答《こた》え。例 二《に》と一《いち》の和は三《さん》。対 差《さ》。❹日本《にほん》。また、日本《にほん》のもの。例 和菓子《がし》。対 洋《よう》。

漢 **わ【和】**〔口《くち》〕 8画 3年 音 ワ・オ 訓 やわらぐ・やわらげる・なごむ・なごやか

❶やわらぐ。おだやかになる。例 和気《わき》／温和《おんわ》／柔和《にゅうわ》。❷なかよくする。例 和解《わかい》／講和《こうわ》／平和《へいわ》。❸声《こえ》や調子《ちょうし》をあわせる。例 和音《わおん》。❹足《た》し算《ざん》のこたえ。対 差《さ》。❺日本《にほん》。日本《にほん》の。例 和歌《わか》／和紙《わし》／和食《わしょく》／和風《わふう》／和服《わふく》／漢和《かんわ》。対 洋《よう》。

わ【倭】 名詞 昔《むかし》、中国人《ちゅうごくじん》がつけた「日本《にほん》」の古《ふる》い呼《よ》び名《な》。参考 「日本人《にほんじん》」のことを「倭人《わじん》」といった。

漢 **わ【話】**〔言《ごんべん》〕 13画 2年 音 ワ 訓 はなす・はなし

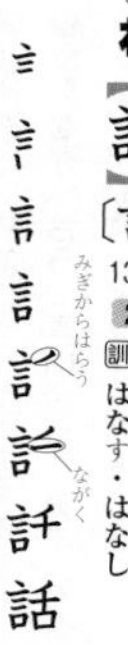

はなす。はなし。例 話《はな》し言葉《ことば》／話術《わじゅつ》／話題《わだい》／会話《かいわ》／神話《しんわ》／立《た》ち話《ばなし》／電話《でんわ》／童話《どうわ》／民話《みんわ》。

わ【輪】 名詞 ❶円《まる》い形《かたち》をしたもの。例 輪ゴム。❷軸《じく》のまわりを回《まわ》って、車《くるま》を動《うご》かす円《まる》い形《かたち》のもの。車輪《しゃりん》。例 一輪車《いちりんしゃ》の輪が外《はず》れる。漢 ⇩1403ジペー りん〔輪〕

● **輪《わ》をかける** ものごとの程度《ていど》を、さらに激《はげ》しくする。例 弟《おとうと》は兄《あに》に輪をかけたあわてんぼうだ。使い方 あまりよい意味《いみ》には使《つか》われない。

ワーク （work） 名詞 ❶仕事《しごと》。研究《けんきゅう》。例 ライフワーク／フィールドワーク。❷「ワークブック」の略《りゃく》。例 漢字《かんじ》のワーク。

ワークシェアリング （work sharing） 名詞 失業者《しつぎょうしゃ》を減《へ》らすなどの目的《もくてき》で、一人当《ひとりあ》たりの働《はたら》く時間《じかん》を減らし、多《おお》くの人《ひと》で仕事《しごと》を分《わ》け合《あ》うこと。

ワークショップ （workshop） 名詞 発表会《はっぴょうかい》や講習会《こうしゅうかい》のやり方《かた》の一《ひと》つ。参加者《さんかしゃ》は、実際《じっさい》に体《たい》験《けん》したり作業《さぎょう》したりしながら、発表内容《はっぴょうないよう》やテーマについて理解《りかい》し、学《まな》び合《あ》う。

ワークブック （workbook） 名詞 児童《じどう》・生徒《せいと》の自習《じしゅう》・練習用《れんしゅうよう》に作《つく》られた本《ほん》。

ワークライフバランス （work-life balance） 名詞 「仕事《しごと》と生活《せいかつ》の調和《ちょうわ》」のこと。それぞれの人《ひと》が、やりがいをもって仕事《しごと》をしながら、家庭《かてい》や地域《ちいき》での生活《せいかつ》でもさまざまな選択《せんたく》ができる生《い》き方《かた》。

ワースト （worst） 名詞 いちばん悪《わる》いこと。例 三日連続遅刻《みっかれんぞくちこく》とはワースト記録《きろく》だ。対 ベスト。

ワープロ 名詞 コンピューターで、文章《ぶんしょう》を作《つく》ったり、印刷《いんさつ》したりする機械《きかい》。また、同《おな》じはたらきを持《も》つ、コンピューター用《よう》のソフトウェア。

ワールド （world） 名詞 「世界《せかい》」のこと。例 ワールドチャンピオン。

ワールドカップ （World Cup） 名詞 サッカー・バレーボール・スキーなど、スポーツの世界大会《せかいたいかい》。

ワールドカフェ （world cafe） 名詞 四《よん》～六人《ろくにん》くらいのグループで、自由《じゆう》に意見《いけん》を言《い》ったり、相手《あいて》の意見《いけん》をよく聞《き》いたりできるように工夫《くふう》した話《はな》し合《あ》いの方法《ほうほう》。参考 カフェにいるようなリラックスした雰囲気《ふんいき》の中《なか》で、よい意見《いけん》や思《おも》いつきが生《う》まれるという考《かんが》えから始《はじ》まった。

ワールドワイドウェブ （World Wide

くわかって胸《むね》におさまることを表《あらわ》す。胸《むね》のつかえが下《お》りてすっきりしたようす。

あいうえお　かきくけこ　さしすせそ　たちつてと　なにぬねの　はひふへほ　まみむめも　や ゆ よ　らりるれろ　わ わをん

Web）名詞 インターネット上《じょう》のさまざまな情報《じょうほう》を表示《ひょうじ》したり探《さが》し出《だ》したりするためのしくみ。「ＷＷＷ（ダブリューダブリューダブリュー）」「ウェブ」ともいう。

ワイシャツ 名詞 背広《せびろ》などの上着《うわぎ》の下《した》に着《き》る、えりとそで口《ぐち》のついたシャツ。ことば 英語《えいご》の「ホワイトシャツ」からきたことば。

ワイド（wide）形容動詞 はばなどが広《ひろ》いようす。例 ワイドスクリーン／ワイドな座席《ざせき》。

ワイドショー 名詞 テレビ番組《ばんぐみ》の一《ひと》つ。さまざまなニュースや情報《じょうほう》など、はば広《ひろ》い内容《ないよう》を伝《つた》える。ことば 英語《えいご》をもとに日本《にほん》で作《つく》られたことば。

ワイパー（wiper）名詞 自動車《じどうしゃ》の前《まえ》の窓《まど》などにつける、雨《あめ》や雪《ゆき》をぬぐいとって、よく見《み》えるようにするしかけ。

ワイファイ【Ｗｉ－Ｆｉ】 名詞 無線《むせん》ＬＡＮ《ラン》（＝無線通信《むせんつうしん》を利用《りよう》したコンピューターネットワーク）の規格《きかく》の一《ひと》つ。この規格《きかく》に従《したが》っているコンピューター機器同士《ききどうし》は接続《せつぞく》できることが保証《ほしょう》されている。ことば「無線通信《むせんつうしん》の忠実性《ちゅうじつせい》」という意味《いみ》の英語《えいご》の略《りゃく》で、商標名《しょうひょうめい》。

ワイヤ（wire）名詞
❶針金《はりがね》。
❷針金《はりがね》をより合《あ》わせた太《ふと》いつな。「ワイヤロープ」の略《りゃく》。例 つり橋《ばし》をワイヤでつる。
❸電線《でんせん》。

ワイヤレスマイク 名詞 コードを使《つか》わない小型《こがた》のマイク。ことば 英語《えいご》の「ワイヤレスマイクロホン」の略《りゃく》。

ワイヤロープ ⇩1427ジペーワイヤ❷

わいろ【賄賂】 名詞 自分《じぶん》に都合《つごう》よくとりはからってもらうため、相手《あいて》にこっそりわたすお金《かね》や品物《しなもの》。類 袖《そで》の下《した》。

ワイン（wine）名詞 ぶどうの実《み》を発酵《はっこう》させてつくった酒《さけ》。ぶどう酒《しゅ》。

わえい【和英】 名詞
❶日本語《にほんご》と英語《えいご》。
❷「和英辞典《わえいじてん》」の略《りゃく》。日本語《にほんご》のことばに対《たい》して、それに当《あ》たる英語《えいご》のことばを書《か》いた辞典《じてん》。対 英和《えいわ》。

わおん【和音】 名詞 高《たか》さのちがう二《ふた》つ以上《いじょう》の音《おと》が同時《どうじ》にひびいたときにできる音《おと》。

わか【和歌】 名詞
❶日本《にほん》に昔《むかし》からある、音《おと》の数《かず》が決《き》まっている詩《し》。五音《ごおん》と七音《しちおん》を組《く》み合《あ》わせてつくる、長歌《ちょうか》や短歌《たんか》などをまとめていうことば。
❷五《ご》・七《しち》・五《ご》・七《しち》・七《しち》の三十一音《さんじゅういちおん》からできている歌《うた》。「短歌《たんか》」のこと。ことば「一首《いっしゅ》」と数《かぞ》える。

わが【我が】 連体詞 わたしの。自分《じぶん》の。わたしたちの。例 我《わ》が子《こ》／我《わ》が家《や》の自慢《じまん》の庭《にわ》。

わかい【若い】 形容詞
❶生《う》まれてからあまり年月《ねんげつ》がたっていない。例 若《わか》い人《ひと》がお年寄《としよ》りを手助《てだす》けする。
❷元気《げんき》がある。生《い》き生《い》きとしている。例 祖父《そふ》はまだまだ気《き》が若《わか》い。
❸未熟《みじゅく》である。例 きみの考《かんが》えはまだ若《わか》い。
❹年下《としした》である。例 あの人《ひと》は母《はは》より三《みっ》つ若《わか》い。
❺数《かず》が小《ちい》さい。例 十《じゅう》より若《わか》い番号《ばんごう》。
漢 ⇩1427ジペーわか－い〔若〕

● **若《わか》い時《とき》の苦労《くろう》は買《か》ってもせよ** ⇩483ジペーことわざ

漢 **わか－い【若】**〔艹〕くさかんむり　8画　6年　音 ジャク・ニャク　訓 わか－い・もしくは

一　ト　艹　サ　芦《ながく》　芐　若　若

❶年《とし》がわかい。例 若葉《わかば》／若者《わかもの》／老若男女《ろうにゃくなんにょ》。❷いくらか。例 若干《じゃっかん》。

わかい【和解】 名詞 動詞 仲直《なかなお》りをすること。例 対立《たいりつ》していた二国《にこく》が和解《わかい》した。

わがいをえる【我が意を得る】 自分《じぶん》の考《かんが》えにぴったりと合《あ》う。自分《じぶん》の望《のぞ》むとおりになる。例 友人《ゆうじん》が当選《とうせん》して我《わ》が意《い》を得《え》た思《おも》いだ。

わかがえる【若返る】 動詞 若々《わかわか》しくなる。若《わか》さをとりもどす。

わかぎ【若木】 名詞 生《は》えてから、あまり年月《ねんげつ》のたっていない木《き》。

わかくさ【若草】 名詞 季語 春 春《はる》になって芽《め》を出《だ》したばかりの、みずみずしい草《くさ》。

わがくに【我が国】 名詞 自分《じぶん》の国《くに》。わたしたちの国《くに》。

わかげ【若気】 名詞 若《わか》い人《ひと》にありがちな、あとのことをよく考《かんが》えないで、勢《いきお》いに任《まか》せて行動《こうどう》しようとする気持《きも》ち。

● **若気《わかげ》の至《いた》り** 若《わか》さに任《まか》せて、よく考《かんが》えないで行動《こうどう》すること。また、そのための失敗《しっぱい》。例 若

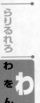

手話にチャレンジ　わかる　指先《ゆびさき》を横《よこ》にした右手《みぎて》の手《て》のひらを胸《むね》の上《うえ》の方《ほう》に当《あ》て、そのまままっすぐに下《お》ろす。よ

関連 = 関係《かんけい》の深《ふか》いことば

気の至りで家《いえ》を飛《と》び出《だ》してしまった。

わかさ【若狭】 名詞 昔《むかし》の国《くに》の名《な》の一《ひと》つ。今《いま》の福井県《ふくいけん》の西部《せいぶ》に当《あ》たる。

わかさぎ 名詞 季語 春 湖《みずうみ》などにすむ魚《さかな》。体長《たいちょう》十五《じゅうご》センチメートルくらいで細長《ほそなが》い。冬《ふゆ》は、湖《みずうみ》に張《は》った氷《こおり》に穴《あな》をあけてつる。図 ⇩521ページ《ジ》 さかな〔魚〕

わかさわん【若狭湾】 名詞 京都府北部《きょうとふほくぶ》の丹《たん》後半島《ごはんとう》と福井県《ふくいけん》の越前岬《えちぜんみさき》にはさまれた湾《わん》。日《に》本海岸《ほんかいがん》には少《すく》ないリアス海岸《かいがん》。

わがし【和菓子】 名詞 日本風《にほんふう》の菓子《かし》。まんじゅう・ようかんなど。対 洋菓子《ようがし》。

わかじに【若死に】 名詞 動詞 まだ若《わか》いうちに死《し》ぬこと。類 早死《はやじ》に。

わかす【沸かす】 動詞 ❶水《みず》に熱《ねつ》を加《くわ》えて熱《あつ》くする。煮《に》え立《た》たせる。例 お湯《ゆ》を沸かす。❷夢《む》中《ちゅう》にさせる。例 熱戦《ねっせん》で観衆《かんしゅう》を沸かした。

わかぞう【若造・若僧】 名詞 年《とし》が若《わか》く、経《けい》験《けん》が足《た》りない人《ひと》。まだ一人前《いちにんまえ》とはいえないような若者《わかもの》。使い方 ばかにした言《い》い方《かた》。

わかちあう【分かち合う】 動詞 おたがいに分《わ》ける。分け合《あ》う。例 その場《ば》にいた全員《ぜんいん》が喜《よろこ》びを分かち合った。

わかちがき【分かち書き】 名詞 ローマ字《じ》やかなで書《か》いた文章《ぶんしょう》で、ことばのまとまりをはっきりさせるために、ことばとことばの間《あいだ》を空《あ》けて書く書《か》き方《かた》。たとえば「きのう やまにあめが ふりました」というように書《か》く。

わかつ【分かつ】 動詞 ❶一《ひと》つのものを、別々《べつべつ》にする。区分《くぶん》する。例 大広間《おおひろま》を三《みっ》つの部屋《へや》に分かつ。❷分《わ》けて配《くば》る。例 財産《ざいさん》を分かつ／喜《よろこ》びを分かつ。❸いっしょになっているものをはなす。例 たもとを分かつ（=縁《えん》を切《き》る）。漢 ⇩1180ページ《ジ》 ぶん〔分〕

がっき【和楽器】 名詞 日本《にほん》に古《ふる》くからある、伝統的《でんとうてき》な楽器《がっき》。こと・びわ・三味線《しゃみせん》・尺《しゃく》八《はち》・つづみなど。図 ⇩269ページ《ジ》 がっき〔楽器〕

わかて【若手】 名詞 全体《ぜんたい》の中《なか》で若《わか》いほうの人《ひと》。若《わか》くて、元気《げんき》のある人《ひと》。例 若手のメンバー。

わかな【若菜】 名詞 季語 新年 春《はる》の初《はじ》めに生《は》える、食《た》べられる草《くさ》。

わかば【若葉】 名詞 季語 夏 草《くさ》や木《き》の、出《で》たばかりのみずみずしい葉《は》。青葉《あおば》。

わがはい【我が輩】 代名詞 男《おとこ》の人《ひと》が、自分《じぶん》を指《さ》していうことば。使い方 古《ふる》い言《い》い方《かた》。

わがまま【我がまま】 名詞 形容動詞 人《ひと》のことを考《かんが》えずに、自分《じぶん》の思《おも》うままにふるまうこと。自分勝手《じぶんかって》。例 わがままな人《ひと》。

わがみ【我が身】 名詞 ❶自分《じぶん》の体《からだ》。❷自分《じぶん》の身《み》の上《うえ》。自分自身《じぶんじしん》の立場《たちば》。例 明日《あす》は我が身（=よくないことが、いつ自分《じぶん》の身《み》にふりかかるかわからない）。

ことわざ

我《わ》が身《み》をつねって人《ひと》の痛《いた》さを知《し》れ ⇩485ページ《ジ》

わかめ 名詞 季語 春 こんぶのなかまの海藻《かいそう》の一《ひと》つ。浅《あさ》い海《うみ》の底《そこ》に育《そだ》つ。茶色《ちゃいろ》で、長《なが》さ六十《ろくじゅう》～百《ひゃく》センチメートル。食用《しょくよう》になる。

わかめ【若芽】 名詞 草《くさ》や木《き》の、出《で》てから間《ま》もない芽《め》。新芽《しんめ》。

わかもの【若者】 名詞 年《とし》が若《わか》い人《ひと》。青年《せいねん》。

わがものがお【我が物顔】 名詞 自分《じぶん》のものだというように、遠慮《えんりょ》なくふるまうようす。例 兄《あに》の自転車《じてんしゃ》を我が物顔に乗《の》りまわす。

わがや【我が家】 名詞 自分《じぶん》の家《いえ》。また、自分《じぶん》の家庭《かてい》。例 住《す》み慣《な》れた我が家。

わかやまけん【和歌山県】 名詞 近畿地方《きんきちほう》の南部《なんぶ》にある県《けん》。紀伊半島《きいはんとう》の南西部《なんせいぶ》をしめる。紀《き》伊山地《いさんち》の林業《りんぎょう》、有田川《ありだがわ》・紀《き》ノ川流域《かわりゅういき》でのみかんの生産《せいさん》が有名《ゆうめい》。県庁《けんちょう》は和歌山市《わかやまし》にある。

わかやまはん【和歌山藩】 ⇩317ページ《ジ》 きいはん

わかやまぼくすい【若山牧水】 名詞 （一八八五～一九二八）明治《めいじ》・大正時代《たいしょうじだい》の歌人《かじん》。旅《たび》と酒《さけ》の短歌《たんか》が多《おお》い。「海《うみ》の声《こえ》」「別離《べつり》」「山桜《やまざくら》の歌《うた》」などの歌集《かしゅう》がある。

わからずや【分からず屋】 名詞 頑固《がんこ》で、人《ひと》の言《い》うことをまったく聞《き》こうとしない人《ひと》。また、ものごとの筋道《すじみち》のわからない人《ひと》。

わかりかねる【分かりかねる】 動詞 わかりにくい。理解《りかい》することができない。例 あの人《ひと》の気持《きも》ちはわたしには分かりかねます。

わかりきった【分かり切った】 当然《とうぜん》、初《はじ》めからわかっている。例 分かり切ったことを質問《しつもん》するな。

わかる【分かる】 動詞

雪《ゆき》が大好《だいす》きな男《おとこ》の子《こ》ウィリーがいました。観察《かんさつ》した雪《ゆき》の結晶《けっしょう》の美《うつく》しさをみんなに伝《つた》えたくてスケッチを続《つづ》けてだウィルソン・A《エー》・ベントレーの生涯《しょうがい》を、ぬくもりのある版画《はんが》でえがく絵本《えほん》。

❶ものごとの意味《いみ》や筋道《すじみち》などをよく飲《の》みこむ。例ことばの意味《いみ》が分かる／その説明《せつめい》ではよく分からない。
❷明《あき》らかになる。はっきりする。知《し》れる。例迷《まよ》いねこの飼《か》い主《ぬし》が分かった。
❸世《よ》の中《なか》のことや人《ひと》の気持《きも》ちの動《うご》き方《かた》についてよく知《し》っている。例話《はなし》の分かる人《ひと》。

わかれ【別れ】 名詞
❶いっしょにいた人《ひと》とはなればなれになること。例友《とも》だちとの別れをおしむ。
❷別《わか》れるときのあいさつ。例別れを告《つ》げる時《とき》が来《き》た。
漢 ↓ 1180ジ ぶん〔分〕

わかれめ【分かれ目】 名詞
❶ものごとの分《わ》かれるところ。例道《みち》の分かれ目。
❷ものごとがそのあとどうなるかが決《き》まる、大《だい》事《じ》なところ。例生死《せいし》の分かれ目。

わかれる【別れる】 動詞 いっしょにいた人《ひと》が、はなれて別々《べつべつ》になる。例駅《えき》で兄《あに》と別れた。
対会《あ》う。漢 ↓ 1192ジ べつ〔別〕 ↓ 使い分け

わかれる【分かれる】 動詞
❶いっしょだったものや一《ひと》つだったものが、別《べつ》々になる。例枝《えだ》が分かれる／道《みち》が分かれる。
❷一《ひと》つのものがいくつかに区切《くぎ》られる。例この本《ほん》は、三《みっ》つの章《しょう》に分かれている。
❸ちがいや区別《くべつ》がはっきりする。例意見《いけん》が分かれる。
使い方「分かれる」と書《か》かないよう送《おく》りがなに注《ちゅう》意《い》。
漢 ↓ 1180ジ ぶん〔分〕 ↓ 使い分け

使い分け
わかれる
別れる・分かれる

別れる　いっしょにいた人《ひと》とはなれる。別々《べつべつ》になる。
「家族《かぞく》と別《わか》れて住《す》む／駅前《えきまえ》で別《わか》れる」

分かれる　一《ひと》つのものがいくつかの部分《ぶぶん》になる。
「紅白《こうはく》に分《わ》かれて戦《たたか》う／この先《さき》で道《みち》が分《わ》かれる」

わかわかしい【若若しい】 形容詞 生《い》き生《い》きとして、いかにも若《わか》いようす。また、とても若《わか》く見《み》えるようす。例若々しい声《こえ》。

わかん【和漢】 名詞 日本《にほん》と中国《ちゅうごく》とを指《さ》す、古《ふる》い言《い》い方《かた》。例和漢の書物《しょもつ》。

わかんむり【ワ冠】 名詞「冖」のこと。漢字《かんじ》の部首《ぶしゅ》の一《ひと》つ。写・冠などの漢字《かんじ》を作《つく》る。
ことば かたかなの「ワ」に形《かたち》が似《に》ていることからついた名《な》。

わき【脇】 名詞
❶胸《むね》の両側《りょうがわ》の、うでの付《つ》け根《ね》の下《した》のところ。例脇に本《ほん》をかかえる。図 ↓ 287ジ からだ
❷そば。かたわら。横《よこ》。例ドアの脇。
❸ほかのところ。よそ。例話《はなし》が脇にそれる。
❹能楽《のうがく》で、シテ（＝主役《しゅやく》）の相手役《あいてやく》。関連して。つれ。
使い方❹は、ふつう「ワキ」と書《か》く。

●**脇《わき》が甘《あま》い** 注意《ちゅうい》や考《かんが》えが足《た》りないところがあって、しっかりと自分《じぶん》を守《まも》ることができない。例脇が甘くてだまされた。

わき【和気】 名詞 なごやかな気分《きぶん》。

わきあいあい［と］【和気あいあい［と］】 副詞 みんな仲《なか》がよく、なごやかな気分《きぶん》があふれているようす。例仲間《なかま》と和気あいあいと語《かた》り合《あ》った。

わきあがる【沸き上がる】 動詞
❶湯《ゆ》などが勢《いきお》いよくわく。ふっとうする。
❷勢《いきお》いよく起《お》こる。例歓声《かんせい》が沸き上がる。

わきおこる【沸き起こる】 動詞
❶下《した》や底《そこ》のほうから、わくようにしてあらわれる。例雲《くも》が沸き起こる。
❷歓声《かんせい》などが、さかんに起《お》こる。例拍手《はくしゅ》が沸き起こった。
❸ある感情《かんじょう》が心《こころ》の底《そこ》から出《で》てくる。例沸き起こる喜《よろこ》び。

わきかえる【沸き返る】 動詞
❶湯《ゆ》などがぐらぐらと激《はげ》しく煮《に》える。
❷ひどく興奮《こうふん》してさわぐ。例見事《みごと》なわざの連《れん》続《ぞく》に場内《じょうない》は沸き返った。
❸感情《かんじょう》が激《はげ》しく動《うご》く。例くやしさに胸《むね》が沸き返る。

わきざし【脇差し】 名詞 昔《むかし》、武士《ぶし》が長《なが》い刀《かたな》にそえて差《さ》した、短《みじか》い刀《かたな》。小刀《しょうとう》。

わきたつ【沸き立つ】 動詞
❶湯《ゆ》などがぐらぐらと激《はげ》しく煮《に》え立《た》つ。例やかんの湯《ゆ》が沸き立っている。

読書のこみち　高中低『雪《ゆき》の写真家《しゃしんか》ベントレー』マーティン作《さく》　アゼアリアン絵《え》　昔《むかし》、アメリカの小《ちい》さな農村《のうそん》に、いるうちに、顕微鏡《けんびきょう》つきのカメラのことを知《し》ります。雪《ゆき》の研究《けんきゅう》と結晶《けっしょう》の撮影《さつえい》にうちこん

❷ひどく興奮《こうふん》してさわぎ立《た》てる。例見事《みごと》な演《えん》技《ぎ》に観客《かんきゃく》は沸き立った。❸雲《くも》などがむくむくと起《お》こる。勢《いきお》いよく出《で》てくる。例入道雲《にゅうどうぐも》が沸き立つ。

わきでる【湧き出る】 動詞 中《なか》からひとりでに出《で》てくる。例水《みず》が湧き出ている／元気《げんき》が湧き出る。

わきばら【脇腹】 名詞 腹《はら》の横《よこ》の部分《ぶぶん》。腹《はら》の両《りょう》側《がわ》。横腹《よこばら》。図⇒287ジベー からだ

わきまえ 名詞 ものごとのよい悪《わる》いなどを、正《ただ》しく判断《はんだん》すること。例善悪《ぜんあく》のわきまえもなく行動《こうどう》して、先生《せんせい》にしかられた。

わきまえる 動詞 ❶ものごとの筋道《すじみち》などがよくわかっている。例礼儀《れいぎ》をわきまえた人《ひと》。❷ものごとのよい悪《わる》いなどを、正《ただ》しく判断《はんだん》する。例やってよいことと悪《わる》いことをわきまえる。

わきみ【脇見】 名詞 動詞 見《み》なければならないほうではなく、ほかのほうを見《み》ること。よそ見《み》。例脇見運転《うんてん》。類脇目《わきめ》。

わきみず【湧き水】 名詞 地《ち》中《ちゅう》から自然《しぜん》に出《で》てくる水《みず》。泉《いずみ》。

わきみち【脇道】 名詞 ❶本道《ほんどう》から横《よこ》に分《わ》かれた道《みち》。類枝道《えだみち》。横道《よこみち》。❷本筋《ほんすじ》からはなれた方向《ほうこう》。類枝道《えだみち》。横道《よこみち》。

● **脇道《わきみち》にそれる** 本筋《ほんすじ》から外《はず》れる。例話《はなし》が脇道にそれた。

わきめ【脇目】 名詞 ❶よそ見《み》をすること。わき見《み》。❷ほかの人《ひと》の目《め》から見《み》ること。はた目《め》。例脇目には、困《こま》っているように見《み》えなかった。

● **脇目《わきめ》もふらず** ほかのことに気《き》をとられないで一心《いっしん》にするようす。例脇目もふらずに読書《どくしょ》をする。

わきめ【脇芽】 名詞 葉《は》の付《つ》け根《ね》に出《で》る芽《め》。

わきやく【脇役】 名詞 ❶映画《えいが》や劇《げき》で、主役《しゅやく》でない役《やく》。また、その役《やく》をする人《ひと》。対主役《しゅやく》。❷ものごとをするとき、中心《ちゅうしん》となる人《ひと》を助《たす》ける役割《やくわり》の人《ひと》。例妹《いもうと》の誕生《たんじょう》日会《びかい》では脇役にてっした。対主役《しゅやく》。

わぎり【輪切り】 名詞 筒形《つつがた》の長《なが》いものを、切《き》り口《くち》が輪《わ》の形《かたち》になるように切《き》ること。例きゅうりを輪切りにする。図⇒368ジベー きる〔切る〕

わく【枠】 名詞 ❶周《まわ》りを囲《かこ》む囲《かこ》いやふち。例花壇《かだん》の周《まわ》りに、ブロックで枠をつくる。❷決《き》められた範囲《はんい》。例規則《きそく》の枠の中《なか》でできることを考《かんが》える。

ことば 「枠《わく》にはまる」というと、型《かた》どおりでおもしろみがないことをいう。

わく【沸く】 動詞 ❶水《みず》が熱《あつ》くなって湯《ゆ》になる。また、ふっとうする。例ふろが沸く／やかんのお湯《ゆ》が沸く。❷ひどく興奮《こうふん》してさわぐ。例アイドル歌手《かしゅ》の登場《とうじょう》に場内《じょうない》が沸く。

わく【湧く】 動詞 ❶水《みず》などが地《ち》中《ちゅう》から出《で》てくる。例泉《いずみ》が湧く／温泉《おんせん》が湧く。❷虫《むし》などが自然《しぜん》に発生《はっせい》する。例しろありが湧く。❸ある気持《きも》ちや考《かんが》えがひとりでに起《お》こる。例興味《きょうみ》が湧く。❹盛《も》り上《あ》がるように出《で》てくる。勢《いきお》いよく起《お》こる。例入道雲《にゅうどうぐも》が湧く。

わくせい【惑星】 名詞 太陽《たいよう》の周《まわ》りの、決《き》まった道筋《みちすじ》を回《まわ》っている、水星《すいせい》・金星《きんせい》・地球《ちきゅう》・火《か》星《せい》・木星《もくせい》・土星《どせい》・天王星《てんのうせい》・海王星《かいおうせい》の八《やっ》つの星《ほし》。「遊星《ゆうせい》」ともいう。関連恒星《こうせい》。衛星《えいせい》。図⇒785ジベー たいようけい

ワクチン （ドイツ語）名詞 感染症《かんせんしょう》のもとになる細菌《さいきん》からつくる薬《くすり》。注射《ちゅうしゃ》したり飲《の》んだりして、病気《びょうき》を予防《よぼう》する。

ワクチンソフト 名詞 コンピューターウイルスを発見《はっけん》して、被害《ひがい》を受《う》けないようにするソフトウエア。ことば 英語《えいご》をもとに日本《にほん》で作《つく》られたことば。

わくわく［と］ 副詞 動詞 うれしさや期待《きたい》で心《こころ》が落《お》ち着《つ》かないようす。例明日《あす》は遠足《えんそく》なので、胸《むね》がわくわくしてねむれない。

わけ【訳】 名詞 ❶理由《りゆう》。いきさつ。例けんかした訳を説明《せつめい》する。❷意味《いみ》。例兄《あに》の本棚《ほんだな》の本《ほん》を読《よ》んだが、訳がわからなかった。❸ものごとの道理《どうり》。筋道《すじみち》。例訳のわかった人《ひと》。❹手間《てま》がかかること。めんどう。例りんごをむくくらいわけはない。

ーター、スーザン、エドマンド、ルーシィのきょうだいが、洋服《ようふく》だんすのとびらを開《あ》けて入《はい》りこんだのは、白《しろ》いニアの国《くに》を救《すく》う子供《こども》たちの冒険《ぼうけん》が始《はじ》まります。この「ナルニア国《こく》ものがたり」は、7冊《さつ》のシリーズです。

❺（「…わけだ」などの形《かたち》で、全体《ぜんたい》で）…のは当《あ》たり前《まえ》だ。例 それだけ練習《れんしゅう》したのなら勝《か》つわけだ。
❻（「…わけにはいかない」の形《かたち》で、全体《ぜんたい》で）…ことはできない。例 学校《がっこう》を休《やす》むわけにはいかない。
使い方 ❹～❻は、ふつうかな書《が》きにする。
漢 ↓1332ページ やく〔訳〕

●**訳《わけ》がない**（ほかのことばのあとにつけて）はずがない。理由《りゆう》がない。例 きちょうめんな兄《あに》が時間《じかん》におくれる訳がない。

わけあう【分け合う】 動詞 ひとまとまりのものを、何人《なんにん》かで分《わ》ける。例 一枚《いちまい》のピザをみんなで分け合う／苦《くる》しみを分け合う。

わげい【話芸】 名詞 落語《らくご》や漫才《まんざい》、講談《こうだん》など、話術《わじゅつ》によって人《ひと》を楽《たの》しませる芸《げい》。

わけても 副詞 その中《なか》でもとくに。とりわけ。例 山《やま》の風景《ふうけい》は、わけても夜明《よあ》けがすばらしかった。

わけない【訳ない】 形容詞 簡単《かんたん》である。めんどうがない。たやすい。例 難問《なんもん》をわけなく解《と》いてみせた。使い方 ふつうかな書《が》きにする。

わけへだて【分け隔て】 名詞 動詞 相手《あいて》によって、ちがったあつかい方《かた》をすること。例 祖《そ》父《ふ》は孫《まご》たちを分け隔てなく（＝みんな同《おな》じように）かわいがる。

わけまえ【分け前】 名詞 物《もの》やお金《かね》などをみんなで分《わ》けるときの、それぞれの人《ひと》が受《う》けとる分《ぶん》。例 おやつの分け前をもらう。

わけめ【分け目】 名詞 ❶分《わ》けた境目《さかいめ》。例 かみの毛《け》の分け目。❷ものごとがどちらかに決《き》まるという大事《だいじ》なとき。例 天下《てんか》分け目の戦《たたか》い。

わける【分ける】 動詞 ❶一《ひと》つのものをいくつかの別々《べつべつ》のものにする。区別《くべつ》する。例 クラスを赤組《あかぐみ》と白組《しろぐみ》に分ける。❷配《くば》る。分配《ぶんぱい》する。例 お菓子《かし》をみんなに分ける。❸両側《りょうがわ》におしのける。例 人混《ひとご》みを分けて進《すす》む。❹きちんと筋道《すじみち》を立《た》てる。例 ことを分けて（＝ものごとの道理《どうり》をきちんと整理《せいり》して）話《はな》す。❺引《ひ》き分《わ》けにする。例 最後《さいご》のシュートで同点《どうてん》となり、勝負《しょうぶ》を分けた。漢 ↓1180ページ ぶん〔分〕

わご【和語】 名詞 もともと日本《にほん》で使《つか》われていたことば。日本語《にほんご》の中《なか》の、漢語《かんご》や外来語《がいらいご》でないもの。「大和言葉《やまとことば》」ともいう。「さくら」「やま」「うつくしい」など。関連 漢語《かんご》。外来語《がいらいご》。↓179ページ

わこう【倭寇】 伝統コラム 名詞 鎌倉時代《かまくらじだい》から室町時代《むろまちじだい》にかけて、中国《ちゅうごく》や朝鮮《ちょうせん》の沿岸《えんがん》をあらした日本《にほん》の海賊《かいぞく》。

わごう【和合】 名詞 動詞 おたがいに仲《なか》よくすること。

わこうど【若人】 名詞 若《わか》い人《ひと》。若《わか》くて元気《げんき》な人《ひと》。青年《せいねん》。ことば 「わかびと」が変化《へんか》してできたことば。

わゴム【輪ゴム】 名詞 物《もの》を束《たば》ねるときなどに使《つか》う、輪《わ》になったゴム。

ワゴン（wagon）名詞 ❶料理《りょうり》などをのせて運《はこ》ぶ、手《て》でおす車《くるま》。❷車内《しゃない》の後《うし》ろに荷物《にもつ》を積《つ》めるようになっている乗用車《じょうようしゃ》。

わざ【技・業】 名詞 ❶行《おこな》い。しわざ。例 人間業《にんげんわざ》／神業《かみわざ》。❷腕前《うでまえ》。例 彫刻《ちょうこく》の技をみがく。❸柔道《じゅうどう》やすもうなどで、相手《あいて》を負《ま》かす決《き》まったやり方《かた》。例 投《な》げ技。
漢 ↓316ページ ぎ〔技〕・354ページ ぎょう〔業〕

わさい【和裁】 名詞 着物《きもの》や帯《おび》などの和服《わふく》をつくること。また、その技術《ぎじゅつ》。対 洋裁《ようさい》。

わざと 副詞 とくにそうしようと思《おも》ってするようす。例 わざと転《ころ》んで見《み》せる。

わざとらしい 形容詞 わざとしたような感《かん》じであるようす。いかにも不自然《ふしぜん》なようす。例 わざとらしい笑《わら》い方《かた》。

わさび 名詞 季語 春 あぶらなのなかまの草《くさ》の一《ひと》つ。水《みず》のきれいな谷川《たにがわ》でさいばいされる。葉《は》や地下茎《ちかけい》はからく、わさびづけにしたり、すりおろして料理《りょうり》に使《つか》ったりする。

わさび

わざわい【災い】 名詞 悪《わる》いできごと。不幸《ふこう》なできごと。災難《さいなん》。例 災いがふりかかる。漢 ↓510ページ さい〔災〕

●**災《わざわ》いを転《てん》じて福《ふく》となす** 故事成語 身《み》にふりか

読書のこみち 高 中 低 『ライオンと魔女《まじょ》』C《シー》・S《エス》・ルイス　空襲《くうしゅう》をさけてロンドンから田舎《いなか》へと疎開《そかい》してきたピ 魔女《まじょ》が支配《しはい》し永遠《えいえん》の冬《ふゆ》が続《つづ》く世界《せかい》でした。小人《こびと》や巨人《きょじん》、物言《ものい》うけものたちと出会《であ》い、ナル

かった不幸《ふこう》なできごとを逆《ぎゃく》に利用《りよう》して、幸《しあわ》せになるようにする。

わざわざ 副詞 ❶そのことのために、特別《とくべつ》に。例 遠《とお》いところからわざわざ来《き》てくれてありがとう。❷わざと。しいて。例 そんなことはわざわざ言《い》うまでもない。

わさん【和算】 名詞 日本《にほん》で独自《どくじ》に発達《はったつ》した数《すう》学《がく》。江戸《えど》時代《じだい》にさかんになった。代表的《だいひょうてき》な研《けん》究者《きゅうしゃ》として関孝和《せきたかかず》がいる。ことば 西洋数学《せいようすうがく》を「洋算《ようさん》」と言《い》ったことに対《たい》して作《つく》られたことば。

わし 名詞 季語 冬 たかのなかまの鳥《とり》のうち、大型《おおがた》のもの。大《おお》きなつばさを持《も》ち、つめやくちばしは曲《ま》がっていてするどい。小鳥《ことり》や小《ちい》さなけものをとって食《た》べる。いぬわし・おおわし・おじろわしなどの種類《しゅるい》がある。ことば 漢《かん》字《じ》では「鷲」と書《か》く。

わし

わし 代名詞 おもに、年《とし》をとった男《おとこ》の人《ひと》が、自分《じぶん》を指《さ》していうことば。

わし【和紙】 名詞 昔《むかし》から日本《にほん》だけでつくられている紙《かみ》。おもに、こうぞ・みつまたなどの木《き》の皮《かわ》を原料《げんりょう》とする。日本紙《にほんし》。対 洋紙《ようし》。

わしき【和式】 名詞 日本《にほん》で昔《むかし》から行《おこな》われてきたやり方《かた》や様式《ようしき》。例 和式のトイレ。対 洋式《ようしき》。

わしざ【わし座】 名詞 夏《なつ》に天《あま》の川《がわ》のそばに見《み》える、つばさを広《ひろ》げたわしの形《かたち》をした星座《せいざ》。もっとも明《あか》るい星《ほし》はアルタイル（＝ひこ星《ぼし》）。

わしつ【和室】 名詞 たたみ・障子《しょうじ》などのある日本風《にほんふう》の部屋《へや》。日本間《にほんま》。対 洋室《ようしつ》。

わしづかみ 名詞 わしが獲物《えもの》をつかむように、物《もの》をあらあらしくつかみ取《と》ること。例 相手《あいて》のうでをわしづかみにしてひきとめる。

わじゅう【輪中】 名詞 洪水《こうずい》を防《ふせ》ぐために、まわりに堤防《ていぼう》をめぐらした地域《ちいき》。また、そのようにつくった集落《しゅうらく》。木曽川《きそがわ》・長良川《ながらがわ》・揖斐川《いびがわ》下《か》流《りゅう》のものが有名《ゆうめい》。

わじゅつ【話術】 名詞 話《はなし》のしかた。例 たくみな話術に、つい引《ひ》きこまれた。

わしょく【和食】 名詞 日本風《にほんふう》の食事《しょくじ》。さしみ・すし・てんぷらなど。二〇一三年《ねん》に無形文《むけいぶん》化遺産《かいさん》に登録《とうろく》された。日本料理《にほんりょうり》。対 洋食《ようしょく》。

ワシントン 名詞（一七三二～一七九九）アメリカ合衆国《がっしゅうこく》の最初《さいしょ》の大統領《だいとうりょう》。イギリスとの独立戦《どくりつせん》争《そう》のとき、総司令官《そうしれいかん》として活躍《かつやく》し、アメリカを独立《どくりつ》に導《みちび》いた。

ワシントン 名詞 アメリカ合衆国《がっしゅうこく》の首都《しゅと》。大《だい》統領官邸《とうりょうかんてい》のホワイトハウスなどがあり、アメリカの政治《せいじ》の中心地《ちゅうしんち》。

ワシントンじょうやく【ワシントン条約】 名詞 絶滅《ぜつめつ》のおそれのある野生動植物《やせいどうしょくぶつ》の輸《ゆ》出入《しゅつにゅう》を制限《せいげん》し、保護《ほご》するための条約《じょうやく》。一九七三年《ねん》にワシントンで採択《さいたく》された。正《ただ》しくは「絶《ぜつ》滅《めつ》のおそれのある野《や》生動植物《せいどうしょくぶつ》の種《しゅ》の国際取引《こくさいとりひき》に関《かん》する条約《じょうやく》」という。

わずか【僅か】 形容動詞 副詞 ❶ほんの少《すこ》し。ちょっと。例 ほんの僅かな人《ひと》しか知《し》らない／僅か二《に》時間《じかん》で到着《とうちゃく》した。❷やっと。どうにかこうにか。例 接戦《せっせん》だったが、一点差《いってんさ》で僅かににげきった。

わずらい【患い】 名詞 病気《びょうき》。やまい。例 長患《ながわずら》いのせいで顔色《かおいろ》が悪《わる》い。

わずらう【患う】 動詞 病気《びょうき》になる。例 胸《むね》を患う。

わずらう【煩う】 動詞 なやみ苦《くる》しむ。心配《しんぱい》する。例 将来《しょうらい》のことを思《おも》い煩う。

わずらわしい【煩わしい】 形容詞 こみ入《い》っていてめんどうくさい。例 煩わしい手続《てつづ》き。

わずらわす【煩わす】 動詞 ❶心《こころ》を苦《くる》しめる。なやませる。例 あのひと言《こと》がぼくの心《こころ》を煩わしている。❷めんどうをかける。世話《せわ》をかける。例 人《ひと》の手《て》を煩わす。

わする【和する】 動詞 ❶仲《なか》よくする。例 近《ちか》くの国々《くにぐに》と和する。❷ほかの人《ひと》の声《こえ》や歌《うた》、楽器《がっき》などに調子《ちょうし》を合《あ》わせる。例 ピアノに和してみんなで歌《うた》った。

わすれがたみ【忘れ形見】 名詞 ❶その人《ひと》を忘《わす》れないように残《のこ》しておく記念《きねん》の品《しな》。❷親《おや》が死《し》んで、あとに残《のこ》された子供《こども》。「遺児《いじ》」ともいう。

わすれさる【忘れ去る】 動詞 すっかり忘《わす》れ

運《はこ》ばれ、東京《とうきょう》の江戸川《えどがわ》区《く》まで来《き》てしまった。帰《かえ》りたいけれど、家《いえ》の住所《じゅうしょ》もわからない。そこで出会《であ》ったのらね字《じ》の読《よ》み書《か》きまで教《おし》えてくれたんだ。少《すこ》しずつ大人《おとな》になっていく、ルドルフの物語《ものがたり》シリーズの１冊目《さつめ》です。

てしまう。例 事件《じけん》は人々《ひとびと》から忘れ去られた。

わすれもの【忘れ物】 名詞 持《も》ってくるのを忘《わす》れること。また、その忘《わす》れたもの。

わすれる【忘れる】 動詞 ❶覚《おぼ》えていたことが思《おも》い出《だ》せなくなる。例 習《なら》った漢字《かんじ》を忘れる。❷ほかのことに夢中《むちゅう》になって、気《き》づかないでいる。例 寒《さむ》さも忘れて雪合戦《ゆきがっせん》をする／音楽《おんがく》に聞《き》きほれて時間《じかん》を忘れる。❸うっかり物《もの》を置《お》いてくる。例 友《とも》だちの家《いえ》に本《ほん》を忘れる。❹うっかりして、しなければいけないことをしないでいる。例 宿題《しゅくだい》をするのを忘れて遊《あそ》んでしまった。❺わざと思《おも》い出《だ》さないようにする。例 いやなことは早《はや》く忘れよう。

漢 **わすれる【忘】**〔心《こころ》〕7画 6年 音 ボウ 訓 わすれる

わすれる。おぼえていない。おもいだせない。例 忘恩《ぼうおん》／忘却《ぼうきゃく》／忘年会《ぼうねんかい》／忘《わす》れ物《もの》。

わせ 名詞 いね・果物《くだもの》・野菜《やさい》などで、ふつうより早《はや》くできるもの。対 おくて。

わせい【和声】 名詞 音楽《おんがく》で、一定《いってい》の決《き》まりに沿《そ》って並《なら》べられた、和音《わおん》の連《つら》なり。ハーモニー。

わせい【和製】 名詞 日本《にほん》でつくられたもの。日本製《にほんせい》。

わせいえいご【和製英語】 名詞 英語《えいご》をもとにして日本《にほん》で作《つく》った、英語《えいご》らしく聞《き》こえることば。「ナイター」「ゴールイン」など。

ワセリン（Vaseline）名詞 石油《せきゆ》からつくった白《しろ》くてやわらかい物質《ぶっしつ》。薬《くすり》・化粧品《けしょうひん》・さびどめなどに使《つか》われる。商標名《しょうひょうめい》。

わせん【和船】 名詞 日本《にほん》に昔《むかし》からある方法《ほうほう》でつくられた、木《き》の船《ふね》。

わそう【和装】 名詞 日本風《にほんふう》の服装《ふくそう》をすること。和服《わふく》を着《き》ること。また、その服装《ふくそう》。例 和装の女性《じょせい》。対 洋装《ようそう》。

わた【綿】 名詞 季語 秋 ❶あおいのなかまの植物《しょくぶつ》。夏《なつ》に黄色《きいろ》または白《しろ》色《いろ》の花《はな》がさく。実《み》は熟《じゅく》すと割《わ》れ、中《なか》から種《たね》を包《つつ》んだ白《しろ》いやわらかな毛《け》が出《で》てくる。種《たね》から油《あぶら》をとる。❷綿《わた》（＝❶）の種《たね》のまわりの白《しろ》い毛《け》からつくった、ふわふわしたやわらかいもの。布団《ふとん》に入《い》れたり、糸《いと》や織物《おりもの》をつくったりする。例 布団《ふとん》綿。

ことば 俳句《はいく》などでは「棉」とも書《か》く。

漢 ➡1309ジベー めん〔綿〕

●**綿《わた》のように疲《つか》れる** くたくたにつかれることのたとえ。

わたあめ【綿あめ】 ➡1433ジベー わたがし

わだい【話題】 名詞 それについて話《はなし》をすることがら。話《はなし》の材料《ざいりょう》。例 話題の豊富《ほうふ》な人《ひと》。

わだいこ【和太鼓】 名詞 日本《にほん》で古《ふる》くから使《つか》われている、中央《ちゅうおう》がふくらんだ筒形《つつがた》の太鼓《たいこ》。

わたいれ【綿入れ】 名詞 季語 冬 寒《さむ》さを防《ふせ》ぐために、表《おもて》の布《ぬの》と裏《うら》の布《ぬの》の間《あいだ》に綿《わた》を入《い》れた着物《きもの》。

わたがし【綿菓子】 名詞 綿《わた》のかたまりのような砂糖菓子《さとうがし》。ざらめ（＝つぶのあらい砂糖《さとう》）を熱《ねっ》して、糸《いと》のようにふき出《だ》させたものを巻《ま》きとって作《つく》る。綿《わた》あめ。

わだかまり 名詞 心《こころ》の中《なか》に気《き》にかかることがあって、すっきりしないこと。

わだかまる 動詞 心《こころ》の中《なか》に、すっきりとしない引《ひ》っかかるものがある。例 心《こころ》にわだかまっていることをみんな話《はな》してしまう。

わたくし【私】 ❶ 代名詞 自分《じぶん》を指《さ》すことば。「わたし」よりもあらたまった言《い》い方《かた》。対 あなた。❷ 名詞 自分《じぶん》だけに関係《かんけい》することがら。個人的《こじんてき》なこと。例 おおやけと私を区別《くべつ》する。対 公《おおやけ》。

漢 ➡552ジベー し〔私〕

わたくしごと【私事】 名詞 自分《じぶん》だけに関係《かんけい》すること。個人的《こじんてき》なこと。例 私事で会議《かいぎ》を欠《けっ》席《せき》する。

わたくしする【私する】 動詞 おおやけのものを、自分《じぶん》のもののようにあつかう。例 公金《こうきん》を私する／政治《せいじ》を私する。

わたくしりつ【私立】 名詞「私立《しりつ》」のこと。

使い方「市立《しりつ》」と区別《くべつ》して使《つか》うことば。

わたぐも【綿雲】 名詞 ふんわりとした綿《わた》のような感《かん》じで空《そら》にうく雲《くも》。ふつう「積雲《せきうん》」のこと。図 ➡395ジベー くも〔雲〕

わたげ【綿毛】 名詞 綿《わた》のようにふわふわとやわらかい毛《け》。例 たんぽぽの綿毛。

わたし【私】 代名詞 自分《じぶん》を指《さ》すことば。「わた

あいうえお　かきくけこ　さしすせそ　たちつてと　なにぬねの　はひふへほ　まみむめも　や　ゆ　よ　らりるれろ　わ　を　ん

読書のこみち　高 中 低 『ルドルフとイッパイアッテナ』斉藤洋《さいとうひろし》　ぼくは黒《くろ》ねこのルドルフ。長《ちょう》きょりトラックにこの先輩《せんぱい》イッパイアッテナは、ぼくにのらねこの暮《く》らし方《かた》、人間《にんげん》とのつきあい方《かた》、それに

くし」よりくだけた言《い》い方《かた》。例 それは私の本《ほん》です。対 あなた。漢 ↓552ジ 　し〔私〕 ↓1434ジ

わたし【渡し】 名詞 船《ふね》を使《つか》って、人《ひと》や荷物《にもつ》を向《む》こう岸《ぎし》まで運《はこ》ぶこと。また、その場所《ばしょ》や船《ふね》。外国語教室 ↓589ジ　伝統コラム

わたしば【渡し場】 名詞 わたし船《ぶね》に乗《の》り降《お》りするところ。

わたしぶね【渡し船・渡し舟】 名詞 人《ひと》や荷物《にもつ》を向《む》こう岸《ぎし》に運《はこ》ぶための船《ふね》。

わたしもり【渡し守】 名詞 わたし船《ぶね》をこぐ人《ひと》。

わたす【渡す】 動詞
❶自分《じぶん》の手《て》に持《も》っているものを、相手《あいて》の手《て》に移《うつ》す。例 姉《あね》に本《ほん》を渡す／味方《みかた》にボールを渡す。
❷はなれているものの間《あいだ》を、こちらから向《む》こうへまたがらせる。かける。例 島《しま》に橋《はし》を渡す。
❸向《む》こう側《がわ》へ送《おく》る。例 船《ふね》で人《ひと》を渡す。

わだち 名詞 車《くるま》が通《とお》ったあとに、地面《じめん》に残《のこ》る車輪《しゃりん》のあと。

わたつみ【綿摘み】 名詞 季語秋 熟《じゅく》した綿花《めんか》をつみとること。また、その人《ひと》。

わたぼうし【綿帽子】 名詞
❶結婚式《けっこんしき》のときに和装《わそう》の花嫁《はなよめ》が頭《あたま》にかぶる、真綿《まわた》で作《つく》られたかぶりもの。
❷山《やま》や木《き》などの上《うえ》にかぶさるように積《つ》もった雪《ゆき》。例 家々《いえいえ》が綿帽子をかぶる。

わたゆき【綿雪】 名詞 ちぎった綿《わた》のように、ふわふわと軽《かる》そうに降《ふ》る雪《ゆき》。

わたり【渡り】 名詞
❶わたること。例 つな渡り。
❷川《かわ》などのわたし場《ば》。
❸外国《がいこく》からやってくること。例 オランダ渡りの時計《とけい》。
❹鳥《とり》などが、季節《きせつ》によってすむところを変《か》えること。例 渡り鳥《どり》／渡りの季節《きせつ》になる。
❺話《はな》し合《あ》いの手《て》がかり。例 渡りをつける。
❻わたり歩《ある》くこと。また、その人《ひと》。例 渡り職人《しょくにん》。

●**渡《わた》りに船《ふね》** ことわざ 川《かわ》をわたろうとしているところにちょうど船《ふね》が来《く》るように、何《なに》かしようとするとき、都合《つごう》のよいことが起《お》こること。例 雨《あめ》が降《ふ》り出《だ》したところに友《とも》だちが通《とお》りかかったので、渡りに船と、かさに入《い》れてもらった。

わたりあう【渡り合う】 動詞
❶相手《あいて》になって戦《たたか》う。例 強敵《きょうてき》と渡り合う。
❷激《はげ》しく議論《ぎろん》し合《あ》う。例 討論会《とうろんかい》で上級生《じょうきゅうせい》と渡り合う。

わたりあるく【渡り歩く】 動詞 決《き》まった場所《ばしょ》に落《お》ち着《つ》かず、次《つぎ》から次《つぎ》へと移《うつ》って歩《ある》く。

わたりどり【渡り鳥】 名詞 季語秋 卵《たまご》を産《う》んでひなを育《そだ》てる場所《ばしょ》と冬《ふゆ》をこす場所《ばしょ》とが別《べつ》で、毎年《まいとし》決《き》まった季節《きせつ》に移動《いどう》をくり返《かえ》す鳥《とり》。日本《にほん》に春《はる》にやって来《く》る夏鳥《なつどり》（つばめ・おおるりなど）、秋《あき》にやって来《く》る冬鳥《ふゆどり》（がん・はくちょう・つるなど）、南《みなみ》または北《きた》へわたるとちゅうで、ひと休《やす》みしていく旅鳥《たびどり》（しぎ・ちどりなど）がある。対 留鳥《りゅうちょう》。図 ↓1435ジ

わたりにふね【渡りに船】 ↓1434ジ「渡《わた》り」の子見出《こみだ》し

わたりろうか【渡り廊下】 名詞 建物《たてもの》と建物《たてもの》をつないでいる廊下《ろうか》。

わたる【渡る】 動詞
❶こちら側《がわ》から、向《む》こう側《がわ》へ移《うつ》って行《い》く。例 横断歩道《おうだんほどう》を渡る／川《かわ》を渡る風《かぜ》。
❷ほかの人《ひと》のものになる。例 家《いえ》が人手《ひとで》に渡る。
❸暮《く》らしていく。例 うまく世《よ》の中《なか》を渡る。
❹ある期間続《きかんつづ》く。例 話《はな》し合《あ》いは二日《ふつか》に渡って行《おこな》われた。
❺広《ひろ》くおよぶ。例 広範囲《こうはんい》に渡って大雨《おおあめ》が降《ふ》った。
❻（ほかのことばのあとにつけて）「すみずみまでそうなる」という意味《いみ》を表《あらわ》す。例 かねの音《ね》が鳴《な》り渡る／みんなに行《い》き渡る。

●**渡《わた》る世間《せけん》に鬼《おに》はない** ことわざ 世《よ》の中《なか》は人情《にんじょう》のない人《ひと》ばかりではなく、困《こま》ったときに助《たす》け

ガッテン外国語教室

「わたし」はどこにいる？

道《みち》に迷《まよ》ったとき、日本語《にほんご》では「ここはどこですか？」とたずねるよね。英語《えいご》では「Where《ウェア》 am《アム》 I《アイ》？（＝わたしはどこにいますか？）」と聞《き》く。同《おな》じ状況《じょうきょう》なのに、英語《えいご》では「わたし（＝I《アイ》）」を使《つか》うけれど、日本語《にほんご》では使《つか》わないことが多《おお》い。英語《えいご》では、「たずねた相手《あいて》」にはどう見《み》えるかで表現《ひょうげん》して「（あなたが見《み》ている）わたしはどこにいる？」と聞《き》く。日本語《にほんご》では「迷《まよ》っているわたし」からどう見《み》えるかを表現《ひょうげん》して「（わたしが見《み》ている）ここはどこ？」と聞《き》くんだ。

もみんなにたよりにされています。」…けれども年《とし》をとったアナグマは、とうとう静《しず》かに死《し》んでしまいます。森《もり》の動物を思《おも》い出《だ》します。アナグマが教《おし》えてくれた、たくさんの知恵《ちえ》や工夫《くふう》…。やさしさを感《かん》じる絵本《えほん》です。

てくれる心《こころ》のやさしい人《ひと》もいるものだ。

ワックス（wax）名詞 ゆか・家具《かぐ》などにぬる、ろう。すべりやすくしたり、つやを出《だ》したりするためにぬる。

わっさわっさ［と］ 副詞 大勢《おおぜい》の人《ひと》がさわがしくものごとを行《おこな》うようす。また、その声《こえ》。例 わっさわっさとおみこしをかついで練《ね》り歩《ある》く。

ワット（watt）名詞 電力《でんりょく》の単位《たんい》。一《いち》ワットは、一《いち》ボルトの電圧《でんあつ》で一《いち》アンペアの電流《でんりゅう》が一秒間《いちびょうかん》流《なが》れるときの電力《でんりょく》。記号《きごう》は「W」。

ワット 名詞（一七三六～一八一九）イギリスの発《はっ》明家《めいか》。蒸気機関《じょうききかん》を改良《かいりょう》し、実用化《じつようか》した。これによって、交通《こうつう》や産業《さんぎょう》が大《おお》いに発展《はってん》した。

ワッペン（ドイツ語）名詞 洋服《ようふく》の胸《むね》やうでなどにはりつけるかざり。また、それをまねて紙《かみ》などで作《つく》ったかざりやマーク。

わどうかいちん【和同開珎】 名詞 七〇八年《ねん》に、日本《にほん》で初《はじ》めて本格的《ほんかくてき》につくられたお金《かね》。「わどうかいほう」ともいう。

わどうかいほう【和同開珎】 ➡1435ジベー わどうかいちん

わな 名詞

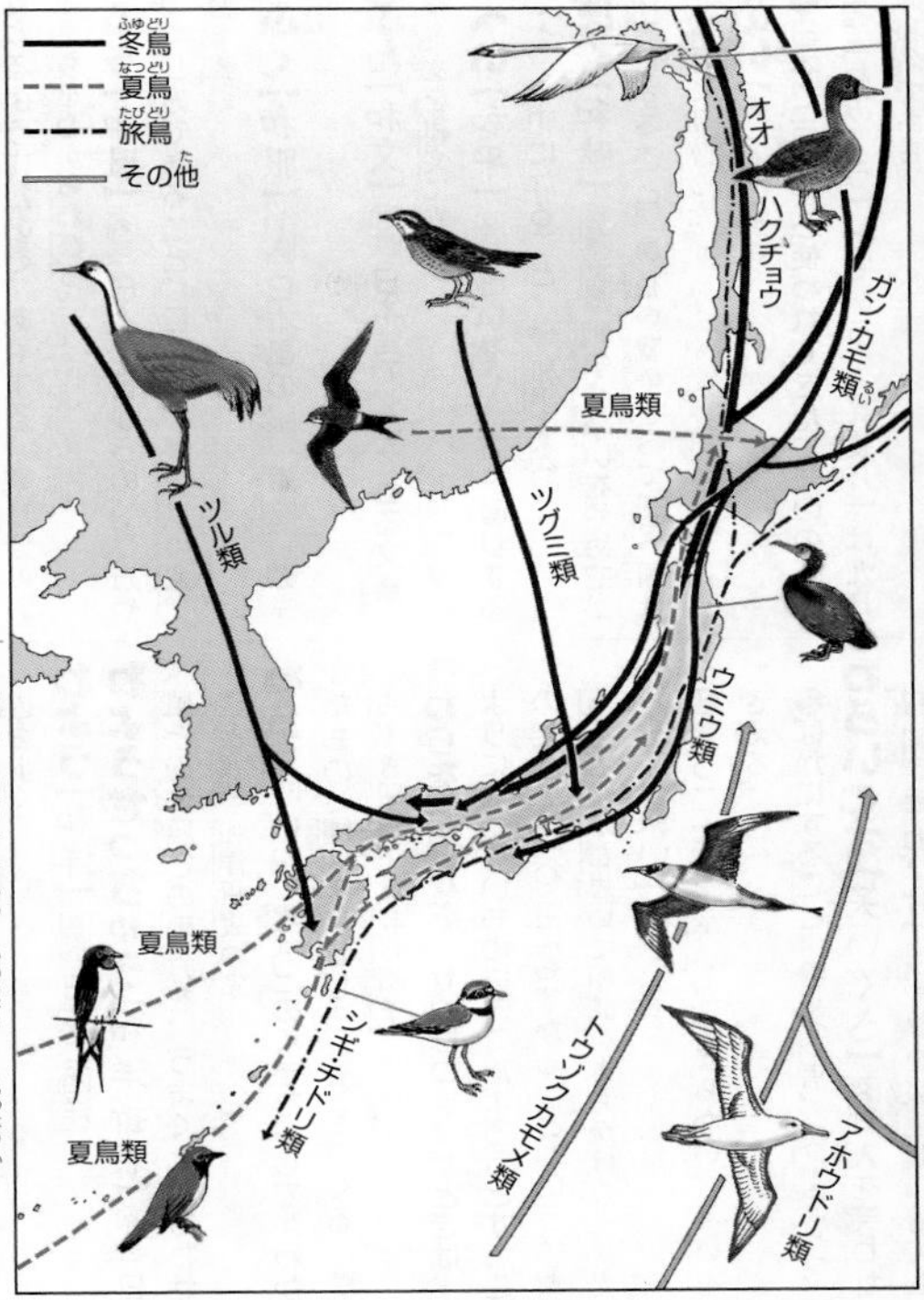

わたりどり

❶鳥《とり》やけものをおびきよせてとらえるしかけ。❷人《ひと》をだますためのたくらみ。

わなにかかる ❶しかけたわなに動物《どうぶつ》がとらえられる。❷相手《あいて》のたくらみにだまされる。例 まんまとわなにかかり、お金《かね》をだましとられた。

わなげ【輪投げ】 名詞 棒《ぼう》を立《た》てて、はなれたところから輪《わ》を投《な》げてかける遊《あそ》び。

わななく 動詞 おそろしさ・いかり・寒《さむ》さなどのために、ぶるぶるふるえる。例 いかりにかたをわななかせる。

わなわな［と］ 副詞 動詞 おそろしさ・いかり・寒《さむ》さなどのために、体《からだ》がぶるぶるふるえるようす。例 全身《ぜんしん》をわなわなとふるわせておこる。

わに 名詞 体《からだ》がかたいうろこでおおわれ、熱帯《ねったい》・亜《あ》熱帯《ねったい》の大《おお》きな川《かわ》や、ぬまなどにすむ動物《どうぶつ》。大《おお》きいものでは、全長七《ぜんちょうなな》メートルをこすこともある。皮《かわ》はハンドバッグやベルトなどに使《つか》われる。ことば 漢字《かんじ》では「鰐」と書《か》く。

わに

ワニス ➡996ジベー ニス

わび 名詞 あやまること。例 約束《やくそく》を破《やぶ》ったわびを言《い》う／おわびにごちそうする。

わび 名詞 簡素《かんそ》でひっそりとした、落《お》ち着《つ》いた味《あじ》わい。例 わび住《ず》まい。ことば 漢字《かんじ》では「侘び」と書《か》く。

読書のこみち　高 中 低 『わすれられないおくりもの』スーザン・バーレイ作《さく》・絵《え》「アナグマはかしこくて、いつの動物《どうぶつ》たちは、悲《かな》しくてなりませんが、やがてアナグマが残《のこ》してくれたたくさんのおくり

わびごと【わび言】 名詞 あやまるときのことば。

わびしい 形容詞 ❶さびしくて心細《こころぼそ》い。 例 ひとりぼっちのわびしい暮《く》らし。 ❷静《しず》かでものさびしい。 例 秋《あき》の海岸《かいがん》のわびしい景色《けしき》。 ❸貧《まず》しく、粗末《そまつ》なようす。 例 わびしい身《み》なりの旅人《たびびと》。

わびじょう【わび状】 名詞 おわびの手紙《てがみ》。

わびる 動詞 自分《じぶん》が悪《わる》かったと認《みと》めて、許《ゆる》してくれるようにたのむ。あやまる。 例 自分《じぶん》のあやまちを心《こころ》からわびる。

わふう【和風】 名詞 日本《にほん》の昔《むかし》からのやり方《かた》やつくり方《かた》であること。日本風《にほんふう》。 例 和風の家《いえ》。 対 洋風《ようふう》。

わふく【和服】 名詞 日本風《にほんふう》の服《ふく》。着物《きもの》。 対 洋《よう》服《ふく》。

わぶん【和文】 名詞 日本語《にほんご》で書《か》いてある文章《ぶんしょう》。 例 英文《えいぶん》を和文に直《なお》す。

わへい【和平】 名詞 戦《たたか》いをやめて仲直《なかなお》りすること。平和《へいわ》になること。 例 和平条約《じょうやく》。

わぼく【和睦】 名詞 動詞 戦争《せんそう》や争《あらそ》いをやめて、仲直《なかなお》りすること。 例 長《なが》い戦争《せんそう》をへて、両国《りょうこく》はようやく和睦した。

わめい【和名】 名詞 ❶日本《にほん》で古《ふる》くから使《つか》われてきた、ものの呼《よ》び名《な》。「わみょう」ともいう。 例 「長月《ながつき》」は九月《くがつ》の和名である。 ❷動物《どうぶつ》や植物《しょくぶつ》の、日本語《にほんご》での名《な》まえ。たとえば、鳥《とり》の「とき」は和名《わめい》だが、学名《がくめい》では「ニッポニアニッポン」という。

わめきたてる【わめき立てる】 動詞 大《おお》きな声《こえ》を上《あ》げて、とてもうるさくさわぐ。

わめく 動詞 大声《おおごえ》でさけぶ。大声《おおごえ》を上《あ》げてさわぐ。 例 おもちゃがほしい、と子供《こども》がわめく。

わやく【和訳】 名詞 動詞 外国《がいこく》のことばや文章《ぶんしょう》を日本語《にほんご》に直《なお》すこと。 例 英文《えいぶん》和訳。

わやわや【と】 副詞 大勢《おおぜい》の人《ひと》がさわがしく声《こえ》を立《た》てるようす。 例 若《わか》い人《ひと》たちがわやわやと道《みち》を歩《ある》く。

わよう【和洋】 名詞 日本《にほん》と西洋《せいよう》。

わようせっちゅう【和洋折衷】 名詞 日本《にほん》風《ふう》と西洋風《せいようふう》との両方《りょうほう》を、うまくとり合《あ》わせること。 例 和洋折衷の家《いえ》。

わら 名詞 いね・麦《むぎ》などのくきを干《ほ》してかわかしたもの。縄《なわ》・俵《たわら》・むしろなどをつくる。 例 わらぶき屋根《やね》／麦《むぎ》わら帽子《ぼうし》。

● **わらをもつかむ** せっぱつまったときは、たよりにならないものにまでたよろうとすることのたとえ。「わらにもすがる」ともいう。 例 わらをもつかむ思《おも》いで相談《そうだん》をもちかける。

わらい【笑い】 名詞 ❶笑《わら》うこと。 例 笑いが止《と》まらない／笑いをおさえる。 ❷ばかにすること。 例 笑い者《もの》／笑いを買《か》う。

わらいぐさ【笑いぐさ】 名詞 人《ひと》を笑《わら》わせる材料《ざいりょう》。 例 ねぼけてシャツを裏返《うらがえ》しに着《き》てしまい、家族《かぞく》の笑いぐさになる。

わらいこける【笑いこける】 動詞 転《ころ》げそうなほどひどく笑《わら》う。笑《わら》い転《ころ》げる。

わらいごと【笑い事】 名詞 笑《わら》ってすませられるくらいの、小《ちい》さいできごと。 例 今度《こんど》失敗《しっぱい》したら、もう笑い事ではすまされないぞ。 使い方 あとに「ない」などのことばがくることが多《おお》い。

わらいころげる【笑い転げる】 ↓1436ジペー わらいこける

わらいたけ 名詞 毒《どく》きのこの一《ひと》つ。動物《どうぶつ》のふんなどに生《は》える。 ことば 食《た》べると中毒《ちゅうどく》を起《お》こして笑《わら》い出《だ》すといわれることからついた名《な》まえ。 図 ↓336ジペー きのこ

わらいとばす【笑い飛ばす】 動詞 大《たい》したことではないとして、笑《わら》って問題《もんだい》にしない。 例 こんな失敗《しっぱい》はだれにでもある、と笑い飛ばす。

わらいばなし【笑い話】 名詞 ❶人《ひと》を笑《わら》わせる短《みじか》い話《はなし》。 ❷笑《わら》いながら話《はな》せるほどの軽《かる》い話《はなし》。 例 笑い話として聞《き》いてください。

わらいもの【笑い者】 名詞 人《ひと》から笑《わら》われてしまう人《ひと》。ばかにされる人《ひと》。 例 世間《せけん》の笑い者になる。

わらう【笑う】 動詞 ❶喜《よろこ》んだりおもしろがったりして、にこにこしたり声《こえ》を出《だ》したりする。 ❷ばかにする。 例 人《ひと》に笑われるようなことを

するな。
漢↓1437ページ わら-う〔笑〕

●**笑《わら》う門《かど》には福《ふく》来《き》たる** ことわざ いつもにこにこ笑《わら》って明《あか》るく暮《く》らしている人《ひと》の家《いえ》には、自然《しぜん》と幸《しあわ》せがやってくるものだ、ということわざ。

漢 **わら-う【笑】**〔⺮ たけかんむり〕10画 4年 音 ショウ 訓 わらう・えむ
ノ ⺊ ⺮ ⺮ みぎから 竺 竽 笑
わらう。ほほえむ。にっこりする。わらい。
例 笑顔《えがお》／苦笑《くしょう》／爆笑《ばくしょう》／微笑《びしょう》。

わらぐつ 名詞 季語冬 わらを編《あ》んでつくった長《なが》ぐつ。雪《ゆき》の多《おお》い地方《ちほう》で使《つか》われる。

わらじ 名詞 わらを編《あ》んでつくった、平《ひら》たいはきもの。ひもで足《あし》に結《むす》んではく。

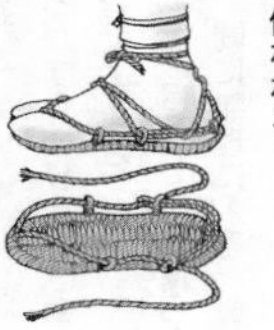
わらじ

わらしべ 名詞 いねの穂《ほ》のしん。また、わらくず。

わらづと 名詞 わらを編《あ》んで、中《なか》に物《もの》を包《つつ》むようにしたもの。例 わらづとに入《はい》った納豆《なっとう》。

わらばんし【わら半紙】 名詞 わらを材料《ざいりょう》として作《つく》った紙《かみ》。ざら紙《がみ》。

わらび 名詞 季語春 山野《さんや》の日《ひ》当《あ》たりのよいところに生《は》える、しだのなかまの一《ひと》つ。若《わか》い葉《は》は、にぎりこぶしの形《かたち》に巻《ま》いていて、食用《しょくよう》になる。

わらび

ワラビー (wallaby) 名詞 小《こ》形《がた》のカンガルーをまとめていう呼《よ》び名《な》。

ワラビー

わらびもち【わらび餅】 名詞 季語春 わらびの根《ね》からとった粉《こな》などで作《つく》ったもち。きな粉《こ》などをまぶして食《た》べる。

わらぶき 名詞 屋《や》根《ね》をわらでつくること。また、その屋根《やね》。

わらべ【童】 名詞 小《ちい》さい子供《こども》。使い方 古《ふる》い言《い》い方《かた》。漢↓916ページ どう〔童〕

わらべうた【童歌】 名詞 昔《むかし》から子供《こども》たちの間《あいだ》で歌《うた》われてきた歌《うた》。

わらわ 名詞 「子供《こども》」の古《ふる》い言《い》い方《かた》。わらべ。

わり【割り・割】 名詞
❶割《わ》ること。例 まき割り。
❷割《わ》り当《あ》て。例 部屋《へや》割りを決《き》める。
❸水《みず》などを加《くわ》えてうすめること。例 ウイスキーの水《みず》割り。
❹割合《わりあい》。例 このくじは、三本《さんぼん》に一本《いっぽん》の割で当《あ》たりがある。
❺比《くら》べてみたときの損得《そんとく》。例 割のよい仕事《しごと》。
❻(「…割《わり》に」の形《かたち》で) 基《き》準《じゅん》になるものの程度《ていど》と比《くら》べて。…にしては。例 値《ね》段《だん》の割においしいレストラン。
❼割合《わりあい》を表《あらわ》す単位《たんい》。一《いち》の十分《じゅうぶん》の一《いち》の分量《ぶんりょう》を表《あらわ》す。例 三《さん》割／一《いち》割引《び》き。
漢↓1438ページ わ-る〔割〕

●**割《わり》に合《あ》わない** 苦労《くろう》や努力《どりょく》に対《たい》して、利益《りえき》や得《とく》になることが少《すく》ない。損《そん》である。

●**割《わり》を食《く》う** 損《そん》をする。不利《ふり》になる。例 正直《しょうじき》者《もの》が割を食うことのない社会《しゃかい》になってほしい。

わりあい【割合】
❶ 名詞 二《ふた》つ以上《いじょう》の物《もの》の数量《すうりょう》の関係《かんけい》を、数《かず》で表《あらわ》したもの。一《ひと》つの数量《すうりょう》をもとにして、他《た》の数《すう》量《りょう》がどれくらいに当《あ》たるかを表《あらわ》す。例 陸《りく》と海《うみ》の面積《めんせき》の割合は、およそ三対七《さんたいなな》である。教科 算 消《しょう》費《ひ》税《ぜい》率《りつ》や打率《だりつ》のように、百分率《ひゃくぶんりつ》や歩合《ぶあい》で表《あらわ》すこともある。
❷ 副詞 思《おも》ったよりも。比較的《ひかくてき》。例 テストはわりあい易《やさ》しかった。
使い方 ❷は、ふつうかな書《が》きにし、「わりあいに」の形《かたち》でも使《つか》う。

わりあて【割り当て】 名詞 仕事《しごと》やものなどを、それぞれの人《ひと》に分《わ》けあたえること。また、分《わ》けられたものや、その分量《ぶんりょう》。

わりあてる【割り当てる】 動詞 仕事《しごと》などをいくつかに分《わ》けて、それぞれの人《ひと》に受《う》け持《も》たせる。例 クラスの全員《ぜんいん》に仕事《しごと》を割り当てる。

わりいん【割り印】 名詞 二枚《にまい》の書類《しょるい》にまたがらせて、一《ひと》つの印《いん》をおすこと。また、その印《いん》。その書類《しょるい》が関連《かんれん》し合《あ》っていることを表《あらわ》すためのもの。

わりかん【割り勘】 名詞 かかったお金《かね》を人数《にんずう》で割《わ》って、それぞれが同《おな》じだけ出《だ》し合《あ》うこと。
ことば 「割《わ》り前《まえ》（＝わりあてた金額《きんがく》）勘定《かんじょう》」を略《りゃく》したことば。

わりきる【割り切る】 動詞 ❶割《わ》り算《ざん》で、余《あま》りのない答《こた》えを出《だ》す。❷迷《まよ》うところやわからないところがあっても、ものごとをはっきりと決《き》めてしまう。例 割り切って考《かんが》える。

わりきれる【割り切れる】 動詞 ❶割《わ》り算《ざん》をしたときに、余《あま》りが出《で》ないで割《わ》れる。例 9は3で割り切れる。❷納得《なっとく》できて、気持《きも》ちがすっきりする。例 簡《かん》単《たん》には割り切れない気持《きも》ちが残《のこ》る。

わりこむ【割り込む】 動詞 正《ただ》しい順序《じゅんじょ》や礼《れい》儀《ぎ》などを守《まも》らないで、間《あいだ》に無理《むり》に入《はい》る。例 列《れつ》に割り込む／話《はなし》に割り込む。

わりざん【割り算】 名詞 ある数《かず》がほかの数《かず》の何倍《なんばい》に当《あ》たるかを求《もと》める計算《けいさん》。除法《じょほう》。対 掛《か》け算《ざん》。

わりだか【割高】 形容動詞 品物《しなもの》の質《しつ》や量《りょう》に比《くら》べて、値段《ねだん》が高《たか》いこと。例 セットで買《か》わないと割高になる。対 割安《わりやす》。

わりだす【割り出す】 動詞 ❶計算《けいさん》して答《こた》えを出《だ》す。例 一日分《いちにちぶん》の食費《しょくひ》を割り出す。❷事実《じじつ》などをもとにして、結論《けつろん》を引《ひ》き出《だ》す。例 現場《げんば》に残《のこ》された証拠《しょうこ》から犯人《はんにん》を割り出す。

わりつけ【割り付け】 名詞 新聞《しんぶん》・本《ほん》・ポスターなどをつくるとき、文章《ぶんしょう》や絵《え》、写真《しゃしん》などを紙面《しめん》にどのようにのせるかを決《き》めること。レイアウト。例 学級文集《がっきゅうぶんしゅう》の割り付けを考《かんが》える。

わりつける【割り付ける】 動詞 ❶仕事《しごと》などをいくつかに分《わ》けて、それぞれの人《ひと》に受《う》け持《も》たせる。割《わ》り当《あ》てる。例 運動会《うんどうかい》の準《じゅん》備《び》を子供《こども》たちに割り付ける。❷割《わ》り付《つ》けをする。

わりに【割に】 副詞 思《おも》ったよりも。例 電車《でんしゃ》はわりにすいていた。使い方 ふつうかな書《が》きにする。

わりばし【割り箸】 名詞 一本《いっぽん》の棒《ぼう》に割《わ》れ目《め》が入《はい》っていて、二本《にほん》に割《わ》って使《つか》うようになっているはし。

わりびき【割引】 名詞 動詞 決《き》まった値段《ねだん》より、いくらか安《やす》くすること。例 割引券《けん》／売《う》れ残《のこ》った商品《しょうひん》を割引する。対 割《わ》り増《ま》し。

わりふる【割り振る】 動詞 それぞれに割《わ》り当《あ》てる。例 バスの座席《ざせき》を割り振る。

わりまし【割り増し】 名詞 動詞 決《き》まった値段《ねだん》より、いくらか高《たか》くすること。例 割り増し料《りょう》金《きん》を取《と》られる。対 割引《わりびき》。

わりもどし【割り戻し】 名詞 受《う》けとったお金《かね》の一部《いちぶ》を、決《き》まった割合《わりあい》でしはらった人《ひと》に返《かえ》すこと。また、そのお金《かね》。リベート。

わりもどす【割り戻す】 動詞 受《う》けとったお金《かね》の中《なか》から、決《き》まった割合《わりあい》で、その一部《いちぶ》を返《かえ》す。例 売《う》り上《あ》げの三《さん》パーセントを割り戻す。

わりやす【割安】 形容動詞 品物《しなもの》の質《しつ》や量《りょう》に比《くら》べて、値段《ねだん》が安《やす》いこと。例 市場《いちば》では、とれたての野菜《やさい》が割安で買《か》える。対 割高《わりだか》。

わる【悪】 名詞 ❶悪《わる》いことをする人《ひと》。例 村一番《むらいちばん》の悪。❷悪《わる》いこと。度《ど》が過《す》ぎてよくないこと。例 悪知恵《ぢえ》／悪ふざけ。使い方 ❶は、くだけた言《い》い方《かた》。

わる【割る】 動詞 ❶こわす。くだく。例 ガラス窓《まど》を割る。❷いくつかに分《わ》ける。例 グループを五《いつ》つに割って仕事《しごと》を分担《ぶんたん》させる。❸混《ま》ぜてうすめる。例 ウイスキーをソーダで割る。❹割《わ》り算《ざん》をする。対 掛《か》ける。❺おし分《わ》ける。例 列《れつ》に割って入《はい》る。❻境目《さかいめ》となる数《かず》より下《した》になる。例 入場者《にゅうじょうしゃ》が千人《せんにん》を割った／半数《はんすう》を割る。❼かくしていたことを打《う》ち明《あ》ける。例 口《くち》を割る（＝白状《はくじょう》する）／腹《はら》を割って話《はな》し合《あ》おう。❽（「土俵《どひょう》を割《わ》る」の形《かたち》で、全体《ぜんたい》で）すもうで、土俵《どひょう》の外《そと》に出《で》る。

漢 **わーる【割】**〔刂〕《りっとう》 12画 6年 訓 わる・わり・われる・さく 音 カツ

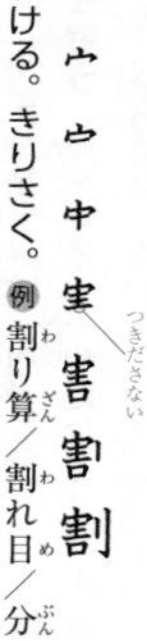

❶わける。きりさく。例 割《わ》り算《ざん》／割《わ》れ目《め》／分《ぶん》割《かつ》。❷わりあい。比率《ひりつ》。例 割高《わりだか》／割引《わりびき》。

わるあがき【悪あがき】 名詞 動詞 もうどうにもならないのに、あせってむだなことをいろいろとやってみること。例 いつもテスト直前《ちょくぜん》になって悪あがきしている。

様《よう》のねこが、ふろしき包《づつ》みを持《も》って立《た》っていました。「わたし、おてつだいさんです。」おばさんは、ねこをやとおてつだいねこ』『おてつだいねこのクリスマス』『おてつだいねこのこもりうた』と続《つづ》きます。

わるい【悪い】 形容詞 ❶正《ただ》しくない。人間《にんげん》のすることとしてよくない。例掃除《そうじ》をなまけるとは、心《こころ》がけが悪い／意《い》地《じ》が悪い。対良《よ》い。善《よ》い。❷質《しつ》がよくない。おとっている。例できが悪い作品《さくひん》／一学期《いちがっき》より成績《せいせき》が悪い。対良《よ》い。❸状態《じょうたい》がよくない。好《この》ましくない。例顔色《かおいろ》が悪い／天気《てんき》が悪い。対良《よ》い。❹相手《あいて》に迷惑《めいわく》をかけてすまない。例きみには悪いことをした。❺害《がい》になる。例夜《よ》ふかしは体《からだ》に悪い。対良《よ》い。

漢→25ジ あく〔悪〕

わるがしこい【悪賢い】 形容詞 悪《わる》いことをするための知恵《ちえ》がよくはたらくようす。

わるぎ【悪気】 名詞 本気《ほんき》で人《ひと》を困《こま》らせてやろうというような、悪《わる》い心《こころ》や考《かんが》え。例悪気のないいたずら。

わるくすると【悪くすると】 うまくいかない場合《ばあい》は。下手《へた》をすると。例この分《ぶん》では、悪くすると最終《さいしゅう》便《びん》に乗《の》りおくれる。

わるくち【悪口】 名詞 人《ひと》のことを悪《わる》く言《い》うこと。また、そのことば。わるぐち。

わるさ【悪さ】 名詞 ❶悪《わる》いこと。悪い程度《ていど》。例運《うん》の悪さを悲《かな》しむ。❷いたずら。例二度《にど》とこんな悪さをしてはいけないよ。

わるだくみ【悪巧み】 名詞 人《ひと》をだますような、悪《わる》い計画《けいかく》。例悪巧みを見破《みやぶ》る。

わるぢえ【悪知恵】 名詞 悪《わる》いことをするときにはたらく知恵《ちえ》。例悪知恵をはたらかす。

ワルツ（waltz）名詞 オーストリアのウィーンで発達《はったつ》した、三拍子《さんびょうし》のかろやかなおどりの曲《きょく》。また、それに合《あ》わせておどるダンス。「円舞《えんぶ》曲《きょく》」ともいう。

わるのり【悪乗り】 名詞 動詞 調子《ちょうし》に乗《の》って、言《い》いすぎたり度《ど》をこしてふざけたりすること。例悪乗りして電車《でんしゃ》の中《なか》でさわぎすぎた。

わるびれる【悪びれる】 動詞 自分《じぶん》が悪《わる》いと思《おも》ったり、はずかしがったりして、おどおどする。例妹《いもうと》は悪びれたようすもなくおくれてやってきた。使い方 あとに「ない」などのことばがくることが多《おお》い。

わるふざけ【悪ふざけ】 名詞 動詞 人《ひと》の迷惑《めいわく》になるほどふざけること。

わるもの【悪者】 名詞 悪《わる》いことをする人《ひと》。悪人《あくにん》。

われ【我】 ❶代名詞 自分《じぶん》を指《さ》していうことば。わたし。例我は海《うみ》の子《こ》。❷名詞 自分自身《じぶんじしん》。例我に返《かえ》る／我を忘《わす》れる。使い方 ❶は、少《すこ》し古《ふる》い言《い》い方《かた》。

漢→1439ジ われ〔我〕

●**我に返る** 意識《いしき》をとりもどす。また、夢中《むちゅう》になっていた状態《じょうたい》から、ふだんの状態《じょうたい》にもどる。例名前《なまえ》を呼《よ》ばれて、はっと我に返った。

●**我も我もと** たくさんの人《ひと》が、先《さき》を争《あらそ》って何《なに》かをするようす。例大安売《おおやすう》りが始《はじ》まると、大《おお》勢《ぜい》の客《きゃく》が我も我もと商品《しょうひん》に手《て》をのばした。

●**我を忘れる** 心《こころ》をうばわれて夢中《むちゅう》になる。また、ぼう然《ぜん》となる。例我を忘れて小説《しょうせつ》に読《よ》みふける。

漢 **われ【我】**〔戈〕ほこづくり 7画 6年 音ガ 訓われ・わ

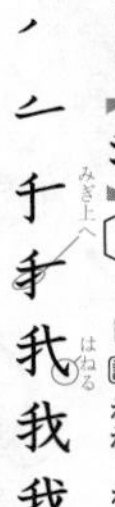

❶われ。わたし。自分《じぶん》。例自我《じが》。❷ひとりよがり。わがまま。例我流《がりゅう》。

われがちに【我勝ちに】 副詞 人《ひと》をおしのけて、先《さき》を争《あらそ》うようす。我先《われさき》に。

われがねのような【割れ鐘のような】 大《おお》きくてにごった声《こえ》のようす。例割れ鐘のような声《こえ》でどなられる。

われさきに【我先に】 副詞 →1439ジ われがちに

われしらず【我知らず】 副詞 自分《じぶん》では気《き》づかないで。思《おも》わず。例我知らずなみだをこぼす。

われながら【我ながら】 副詞 自分《じぶん》のしたことではあるが。例この作文《さくぶん》は、我ながら上手《じょうず》に書《か》けたと思《おも》う。

われめ【割れ目】 名詞 割《わ》れているところ。ひびが入《はい》ったところ。

われもの【割れ物】 名詞 瀬戸物《せともの》やガラスなど、割れやすいもの。

われら【我ら】 代名詞 自分《じぶん》たち。われわれ。例我ら一同《いちどう》の願《ねが》い。

われる【割れる】 動詞 ❶こわれる。例コップが割れる。❷いくつかに分《わ》かれる。例クラスの意見《いけん》が二《ふた》つに割れる。❸かくされていたことが明《あき》らかになる。わかる。例 犯人《はんにん》の居場所《いばしょ》が割れた。

漢 ⇩1438ジ《ページ》 わ-る〔割〕

われるような【割れるような】 ❶声《こえ》や音《おと》がとても大《おお》きいようす。例 観客《かんきゃく》から割れるような拍手《はくしゅ》が起《お》こる。❷頭《あたま》などの痛《いた》みがとてもひどいようす。例 割れるような頭痛《ずつう》に苦《くる》しむ。

われわれ【我我】 代名詞 自分《じぶん》たち。われら。

わん 名詞 ごはんやしるなどを盛《も》るための、木《き》や焼《や》き物《もの》でできている食器《しょっき》。

わん【湾】 名詞 海《うみ》が陸地《りくち》に大《おお》きく入《はい》りこんでいるところ。例 東京湾《とうきょうわん》。類 入《い》り海《うみ》。

わんがんせんそう【湾岸戦争】 名詞 一九九一年《ねん》に起《お》きた、アメリカを中心《ちゅうしん》とした多国籍軍《たこくせきぐん》とイラク軍《ぐん》との戦争《せんそう》。イラクがクウェートを占領《せんりょう》したため、その解放《かいほう》を目的《もくてき》として起《お》こった。

わんきょく【湾曲】 名詞 動詞 弓《ゆみ》のような形《かたち》に曲《ま》がること。例 柱《はしら》が湾曲している。

ワンサイドゲーム 名詞 スポーツで、一方《いっぽう》が大差《たいさ》をつけて勝《か》つこと。一方的《いっぽうてき》な試合《しあい》。ことば 英語《えいご》をもとに日本《にほん》で作《つく》られたことば。

わんしょう【腕章】 名詞 洋服《ようふく》などのそでに巻《ま》いてつけるしるし。例 腕章をつけた係員《かかりいん》。

ワンセグ 名詞 携帯電話《けいたいでんわ》やノートパソコンなど、持《も》ち歩《ある》きできる機器《きき》向《む》けの地上《ちじょう》デジタル放送《ほうそう》のこと。ことば 「ワンセグメント（＝一区《いちく》分《ぶん》）放送《ほうそう》」の略《りゃく》。

ワンタッチ 名詞 一回《いっかい》ふれること。また、一回《いっかい》ふれるくらいの簡単《かんたん》な操作《そうさ》で器具《きぐ》・機械《きかい》などが動《うご》くこと。例 ワンタッチで開《ひら》くかさ。ことば 英《えい》語《ご》をもとに日本《にほん》で作《つく》られたことば。

ワンダフル (wonderful) 形容動詞 たいへんすばらしいようす。とてもすてきなようす。例 ワンダフルな体験《たいけん》。

わんぱく【腕白】 名詞 形容動詞 子供《こども》がとても元《げん》気《き》で、いたずらをしたり、人《ひと》の言《い》うことを聞《き》かなかったりすること。また、そのような子供《こども》。例 腕白小僧《こぞう》。

ワンパターン 名詞 形容動詞 考《かんが》え方《かた》や行動《こうどう》が決《き》まりきっていて、変化《へんか》やおもしろみがないこと。例 こうげきがワンパターンだと相手《あいて》チームに勝《か》てない。ことば 英語《えいご》をもとに日本《にほん》で作《つく》られたことば。

ワンピース (one-piece) 名詞 上着《うわぎ》とスカートが続《つづ》いて一《ひと》つになっている洋服《ようふく》。

ワンマン (one-man) 名詞 形容動詞 ❶ひとりの。ひとりだけの。例 ワンマンバス／ワンマンショー。❷ほかの人《ひと》の意見《いけん》を聞《き》き入《い》れず、自分《じぶん》の思《おも》うとおりにものごとを進《すす》めること。また、その人《ひと》。例 ワンマン社長《しゃちょう》。ことば ❷は日本《にほん》で生《う》まれた意味《いみ》。

ワンマンカー 名詞 車掌《しゃしょう》が乗《の》っていなくて、運転手《うんてんしゅ》がひとりで客《きゃく》をあつかうバスや電車《でんしゃ》。ことば 英語《えいご》をもとに日本《にほん》で作《つく》られたことば。

わんりょく【腕力】 名詞 ❶うでの力《ちから》。例 腕力が強《つよ》い。❷暴力《ぼうりょく》。例 腕力をふるう。

指文字《ゆびもじ》の「を」だよ。

を 助詞 （ほかのことばのあとにつけて）❶動作《どうさ》の目当《めあ》てになるものを表《あらわ》す。例 星《ほし》を見《み》る。❷動作《どうさ》によってつくり出《だ》そうとするものを表《あらわ》す。例 家《いえ》を建《た》てる。❸動作《どうさ》が行《おこな》われる場所《ばしょ》を表《あらわ》す。例 海岸《かいがん》を歩《ある》く。❹出発《しゅっぱつ》したりはなれたりするところを表《あらわ》す。例 家《いえ》を出《で》る。❺過《す》ぎた時間《じかん》を表《あらわ》す。例 外国《がいこく》で三年《さんねん》を過《す》ごした。❻動作《どうさ》の目指《めざ》す方向《ほうこう》を表《あらわ》す。例 後《うし》ろを向《む》く。

指文字《ゆびもじ》の「ん」だよ。

ん 助動詞 （ほかのことばのあとにつけて）前《まえ》のことばの意味《いみ》を打《う》ち消《け》す。例 そんなことはありません。

ふろくのもくじ

点字《てんじ》

点字《てんじ》は目《め》の不自由《ふじゆう》な人《ひと》がさわって読《よ》む文字《もじ》です。点字《てんじ》の一《ひと》つの文字《もじ》は、縦三点横二点《たてさんてんよこにてん》の六《むっ》つの点《てん》を組《く》み合《あ》わせてできていて、それが左《ひだり》から右《みぎ》に並《なら》んでいます。六《むっ》つの点《てん》をうき上《あ》がらせたり平《たい》らなままにしたりすると、六十三通《ろくじゅうさんとお》りの組《く》み合《あ》わせができます。駅《えき》の券売機《けんばいき》や階段《かいだん》の手《て》すり、エレベーターなど、あちこちで点字《てんじ》を見《み》かけたことがあるかもしれませんね。

●点字《てんじ》の歴史《れきし》

六《むっ》つの点《てん》の組《く》み合《あ》わせによる点字《てんじ》を考《かんが》え出《だ》したのは、フランス人《じん》のルイ＝ブライユです。幼《おさな》いころ、事故《じこ》で失明《しつめい》したブライユは、十才《じっさい》で盲学校《もうがっこう》に入学《にゅうがく》し、当時《とうじ》使《つか》われていた凸字《とつじ》に出《で》あいました。凸字《とつじ》はふつうの文字《もじ》をそのままの形《かたち》でうき上《あ》がらせたものです。初《はじ》めて自分《じぶん》で読《よ》むことのできる文字《もじ》にふれて、ブライユはとても興奮《こうふん》しました。けれど凸字《とつじ》を読《よ》むのは、慣《な》れてきても時間《じかん》がかかりました。それに自分《じぶん》で書《か》くことはできません。

そんな時《とき》、バルビエという人《ひと》が盲学校《もうがっこう》に来《き》て、自分《じぶん》で作《つく》った十二点《じゅうにてん》の点字《てんじ》をしょうかいしました。凸字《とつじ》と比《くら》べて点《てん》でできた文字《もじ》は、さわって読《よ》むにはずっとわかりやすく、自分《じぶん》で書《か》くこともできるのです。けれど、十二個《じゅうにこ》の点《てん》は指先《ゆびさき》に入《はい》りきらないなどの欠点《けってん》がありました。そこでブライユは工夫《くふう》を重《かさ》ね、一八二五年《ねん》、十六才《じゅうろくさい》のときに六点《ろくてん》の点字《てんじ》を作《つく》りました。六点《ろくてん》なら一度《いちど》に指先《ゆびさき》に入《はい》るので、慣《な》れてくれば一文字《ひともじ》ずつ指先《ゆびさき》でさぐらず、左《ひだり》から右《みぎ》に指《ゆび》をすべらせて読《よ》むことができます。

その後《ご》も研究《けんきゅう》は続《つづ》けられ、音符《おんぷ》や算数《さんすう》、理科《りか》の記号《きごう》も表《あらわ》せるようになりました。今《いま》では六点《ろくてん》の点字《てんじ》は、世界《せかい》じゅうで使《つか》われるようになっています。

日本《にほん》に伝《つた》わったのは明治時代《めいじじだい》です。盲学校《もうがっこう》の先生《せんせい》をしていた小西信八《こにしのぶはち》が点字《てんじ》を知《し》り、日本語《にほんご》を表《あらわ》せる点字《てんじ》を作《つく》りたいと考《かんが》えました。そして、石川《いしかわ》倉次《くらじ》をはじめとする盲学校《もうがっこう》の先生《せんせい》や生徒《せいと》と研究《けんきゅう》を続《つづ》け、一八九〇年《ねん》、日本《にほん》の点字《てんじ》の基礎《きそ》が決《き》まりました。

このように昔《むかし》の人《ひと》たちは点字《てんじ》を改良《かいりょう》するために努力《どりょく》を重《かさ》ねてきました。現在《げんざい》でも、より読《よ》みやすく、そして、時代《じだい》に合《あ》わせてより多《おお》くの文字《もじ》を点字《てんじ》で表《あらわ》すことができるように、研究《けんきゅう》が進《すす》められています。

●点字《てんじ》のしくみ

左《ひだり》ページの表《ひょう》を見《み》てみましょう。

六《むっ》つの点《てん》の組《く》み合《あ》わせでできる一《ひと》つの単位《たんい》を「マス」といいます。六《むっ》つの点《てん》は、左上《ひだりうえ》を①の点《てん》、左中《ひだりなか》を②の点《てん》、左下《ひだりした》を③の点《てん》、右上《みぎうえ》を④の点《てん》、右中《みぎなか》を⑤の点《てん》、右下《みぎした》を⑥の点《てん》といいます。

五十音《ごじゅうおん》は「あいうえお」の文字《もじ》の形《かたち》が基本《きほん》で、それに「か」行《ぎょう》、「さ」行《ぎょう》といった各行《かくぎょう》ごとに決《き》まった点《てん》を加《くわ》えて、その行《ぎょう》の文字《もじ》を表《あらわ》します。たとえば「あいうえお」のそれぞれに⑥の点《てん》を加《くわ》えると「かきくけこ」になります。

「が」「ざ」「だ」などの濁音《だくおん》や、「ぱ」「ぴ」「ぷ」などの半濁音《はんだくおん》は二《ふた》マスを使《つか》って表《あらわ》します。濁音《だくおん》は前《まえ》のマスに⑤の点《てん》をつけます。「が」なら、⑤の点一《てんひと》マスに①⑥の点《てん》「か」の一《ひと》マスの、合《あ》わせて二《ふた》マスです。半濁音《はんだくおん》は前《まえ》のマスに⑥の点《てん》をつけます。また、「きゃ」「きゅ」「きょ」などのよう音《おん》も二《ふた》マスを使《つか》って表《あらわ》します。

●点字《てんじ》を書《か》くときの決《き》まり

では、点字《てんじ》を書《か》くときにはどのような決《き》まりがあるのでしょうか。

点字《てんじ》はかな文字《もじ》なので、点字《てんじ》による文《ぶん》には漢字《かんじ》が交《ま》じらないため、ことばの切《き》れ目《め》がはっきりするように、一定《いってい》のルールで区切《くぎ》って書《か》き表《あらわ》します。

点字《てんじ》のかなづかいは原則《げんそく》としてふつうのかなづかいと同《おな》じですが、ちがう点《てん》もいくつかあります。たとえば「わたしは」は「わたしわ」、「いえへ」は「いええ」のように、「は」「へ」は発音《はつおん》どおり、「わ」「え」と書《か》きます。また、「う」と書《か》くのびる音《おん》は「ー」と書《か》きます。「がっこう」は「がっこー」となるのです。

数字《すうじ》は「数符《すうふ》」という記号《きごう》を使《つか》って表《あらわ》します。数字《すうじ》は五十音《ごじゅうおん》のあ行《ぎょう》とら行《ぎょう》の文字《もじ》と形《かたち》が同《おな》じです。そこで、前《まえ》に数符《すうふ》をつけて数字《すうじ》であることを示《しめ》すのです。

点字《てんじ》の表《ひょう》

この表《ひょう》は読《よ》む面《めん》（凸面《とつめん》）から見《み》たものです。
空白《くうはく》にするところを、－ で表《あらわ》しました。

点《てん》の並《なら》び方《かた》

①	④
②	⑤
③	⑥

五十音《ごじゅうおん》

⠁ あ	⠃ い	⠉ う	⠋ え	⠊ お
⠡ か	⠣ き	⠩ く	⠫ け	⠪ こ
⠱ さ	⠳ し	⠹ す	⠻ せ	⠺ そ
⠕ た	⠗ ち	⠝ つ	⠟ て	⠞ と
⠅ な	⠇ に	⠍ ぬ	⠏ ね	⠎ の
⠥ は	⠧ ひ	⠭ ふ	⠯ へ	⠮ ほ
⠵ ま	⠷ み	⠽ む	⠿ め	⠾ も
⠌ や		⠬ ゆ		⠜ よ
⠑ ら	⠓ り	⠙ る	⠛ れ	⠚ ろ
⠄ わ		⠔ を		⠴ ん

濁音《だくおん》・半濁音《はんだくおん》

⠐⠡ が	⠐⠣ ぎ	⠐⠩ ぐ	⠐⠫ げ	⠐⠪ ご
⠐⠱ ざ	⠐⠳ じ	⠐⠹ ず	⠐⠻ ぜ	⠐⠺ ぞ
⠐⠕ だ	⠐⠗ ぢ	⠐⠝ づ	⠐⠟ で	⠐⠞ ど
⠐⠥ ば	⠐⠧ び	⠐⠭ ぶ	⠐⠯ べ	⠐⠮ ぼ
⠠⠥ ぱ	⠠⠧ ぴ	⠠⠭ ぷ	⠠⠯ ぺ	⠠⠮ ぽ

⠒ 長音符《ちょうおんふ》「ー」（のばす音《おん》）	⠂ 促音符《そくおんふ》「っ」（つまる音《おん》）	⠲ 句点《くてん》「。」	⠰ 読点《とうてん》「、」

数字《すうじ》

数符《すうふ》は後《うし》ろに続《つづ》く文字《もじ》が数字《すうじ》であることを表《あらわ》します。

⠼⠁ 1	⠼⠃ 2	⠼⠉ 3	⠼⠙ 4	⠼⠑ 5
⠼⠋ 6	⠼⠛ 7	⠼⠓ 8	⠼⠊ 9	⠼⠚ 0
				⠼ 数符《すうふ》

よう音《おん》

⠈⠡ きゃ	⠈⠩ きゅ	⠈⠪ きょ	⠈⠱ しゃ	⠈⠹ しゅ	⠈⠺ しょ			
⠈⠕ ちゃ	⠈⠝ ちゅ	⠈⠞ ちょ	⠈⠅ にゃ	⠈⠍ にゅ	⠈⠎ にょ	⠈⠥ ひゃ	⠈⠭ ひゅ	⠈⠮ ひょ
⠈⠵ みゃ	⠈⠽ みゅ	⠈⠾ みょ	⠈⠑ りゃ	⠈⠙ りゅ	⠈⠚ りょ	⠘⠡ ぎゃ	⠘⠩ ぎゅ	⠘⠪ ぎょ
⠘⠱ じゃ	⠘⠹ じゅ	⠘⠺ じょ	⠘⠥ びゃ	⠘⠭ びゅ	⠘⠮ びょ	⠨⠥ ぴゃ	⠨⠭ ぴゅ	⠨⠮ ぴょ

手話《しゅわ》

手話《しゅわ》は、聞《き》くことや声《こえ》を出《だ》すことが不自由《ふじゆう》な人《ひと》のことばです。音声《おんせい》によることばは声《こえ》で表《あらわ》し、耳《みみ》で聞《き》いて会話《かいわ》をします。手話《しゅわ》は手《て》で表《あらわ》し、目《め》で見《み》て会話《かいわ》することばなのです。

では、手話《しゅわ》の成《な》り立《た》ちや表《あらわ》し方《かた》にはどのような特徴《とくちょう》があるでしょうか。

① 形《かたち》や動《うご》きからイメージされる手話《しゅわ》

「富士山《ふじさん》」を表《あらわ》すときは、両手《りょうて》で富士山《ふじさん》の形《かたち》を作《つく》ります。「魚《さかな》」は魚《さかな》が泳《およ》いでいるようす、「ねこ」はねこが前足《まえあし》で顔《かお》を洗《あら》うようすで表《あらわ》します。見《み》るだけでなんとなくわかる手話《しゅわ》の例《れい》です。

また、「飲《の》む」はコップで何《なに》かを飲《の》むしぐさ、「持《も》つ」は物《もの》をにぎって持《も》つしぐさをします。このように、わたしたちがふだんの生活《せいかつ》の中《なか》で使《つか》っているしぐさからできているものもあります。しぐさで表《あらわ》す手話《しゅわ》で注意《ちゅうい》するのは、実際《じっさい》の場面《ばめん》に合《あ》わせて表《あらわ》し方《かた》を変《か》えることです。「飲《の》む」は、お茶《ちゃ》なら湯《ゆ》のみで飲《の》むように、スープならスプーンで飲《の》むように表《あらわ》します。「持《も》つ」も、箱《はこ》とかばんでは持《も》ち方《かた》がちがいますね。そして、重《おも》い箱《はこ》なら重《おも》そうに、軽《かる》い箱《はこ》なら楽々《らくらく》と持《も》つようにすると、生《い》き生《い》きとした表現《ひょうげん》になります。

富士山《ふじさん》

魚《さかな》

ねこ

飲《の》む

持《も》つ

② 文字《もじ》の形《かたち》から作《つく》られた手話《しゅわ》

両手《りょうて》の親指《おやゆび》と小指《こゆび》を折《お》り曲《ま》げ、残《のこ》りの三本《さんぼん》の指《ゆび》をのばします。左手《ひだりて》の指先《ゆびさき》を右《みぎ》に、右手《みぎて》の指先《ゆびさき》を上《うえ》に向《む》け、それぞれの三本《さんぼん》の指《ゆび》を重《かさ》ねると「田《た》」の字《じ》になります。このように文字《もじ》の形《かたち》を手《て》や指《ゆび》で作《つく》って表《あらわ》す手話《しゅわ》があります。ほかに、「人《ひと》」のように空中《くうちゅう》にその文字《もじ》を書《か》いて表《あらわ》すものもあります。

田《た》

人《ひと》

③ ことわざや決《き》まり文句《もんく》からの手話《しゅわ》

「平気《へいき》」は、そろえた右手《みぎて》の指先《ゆびさき》を鼻《はな》に向《む》け、左《ひだり》へ横切《よこぎ》らせて表《あらわ》します。手《て》の動作《どうさ》は顔《かお》に水《みず》がかかるようすです。かえるが顔《かお》に水《みず》をかけられても平気《へいき》なことから、どんな仕打《しう》ちにあっても平気《へいき》なようすをいう「かえるのつらに水《みず》」ということわざから作《つく》られた手話《しゅわ》です。

また、「わかる」は胸《むね》に当《あ》てた手《て》を上《うえ》から下《した》に下《お》ろすことで「胸《むね》のつかえが下《お》りる」ようすを表《あらわ》していると言《い》われます。このように、日本語《にほんご》の決《き》まり文句《もんく》から作《つく》られた手話《しゅわ》もあります。

平気《へいき》

わかる

④ 手《て》の動《うご》きや位置《いち》で表《あらわ》す手話《しゅわ》

「行《い》く」や「来《く》る」は、人《ひと》さし指《ゆび》を体《からだ》からはなしたり手前《てまえ》に引《ひ》き寄《よ》せたりする動《うご》きによって表《あらわ》します。「お金《かね》」は親指《おやゆび》と人《ひと》さし指《ゆび》で輪《わ》を作《つく》って表《あらわ》します。その輪《わ》を上《あ》げれば「高《たか》い」、下《さ》げれば「安《やす》い」を表《あらわ》します。このように、手《て》の形《かたち》は同《おな》じでも動《うご》きによってちがった意味《いみ》を表《あらわ》す手話《しゅわ》もあります。

行《い》く

来《く》る

高《たか》い

安《やす》い

手話《しゅわ》をするときには注意《ちゅうい》することがあります。まず、顔《かお》の表情《ひょうじょう》や体《からだ》の動作《どうさ》にも気《き》を配《くば》ることです。「楽《たの》しい」は胸《むね》に当《あ》てた両手《りょうて》を上下《じょうげ》に動《うご》か

すことで、心《こころ》がはずむようすを表《あらわ》します。顔《かお》の表情《ひょうじょう》もそれに合《あ》わせて楽《たの》しそうにします。手《て》だけではなく、顔《かお》や体全体《からだぜんたい》で表《あらわ》すことで、手話《しゅわ》らしい豊《ゆた》かな表現《ひょうげん》になるのです。

また、手話《しゅわ》をしながら、そのことばを発音《はつおん》するときのように口《くち》を動《うご》かすことも大切《たいせつ》です。ろう学《がっ》校《こう》などでは、くちびるの動《うご》きを見《み》てことばを読《よ》みとる訓練《くんれん》をしているので、口《くち》の形《かたち》は手話《しゅわ》での会話《かいわ》においては、大《おお》きな助《たす》けになります。なるべくはっきり口《くち》を動《うご》かしましょう。また、手《て》で口《くち》をかくさないように気《き》をつけましょう。

外国語《がいこくご》を学《まな》ぶとき、一番《いちばん》の上達法《じょうたつほう》は実際《じっさい》にその国《くに》の人《ひと》と話《はな》すこと、と言《い》われます。手話《しゅわ》も同《おな》じです。耳《みみ》の不自由《ふじゆう》な人《ひと》と話《はな》す機会《きかい》があれば、はずかしがらずに話《はな》しかけてみましょう。最初《さいしょ》は手話《しゅわ》があまりできなくても「筆談《ひつだん》」といって紙《かみ》に書《か》いて話《はなし》をする方法《ほうほう》もあります。耳《みみ》の不自由《ふじゆう》な人《ひと》たちとだんだん親《した》しくなっていくうちに、手話《しゅわ》を身《み》につけることができるようになるでしょう。

〔指文字《ゆびもじ》〕

ひらがな、かたかな、アルファベットの一《ひと》つ一《ひと》つの文字《もじ》を表《あらわ》すために「指文字《ゆびもじ》」があります。指《ゆび》文字《もじ》は胸《むね》の前辺《まえあた》りで、手《て》で形《かたち》や動《うご》きを作《つく》って表《あらわ》します。また、手話《しゅわ》と同《おな》じように、その音《おん》を表《あらわ》す口《くち》の形《かたち》をつけるので、手《て》で口元《くちもと》がかくれないように注意《ちゅうい》します。⇩1446ジ 指文字《ゆびもじ》の表《あらわ》し方《かた》

手話《しゅわ》で自己《じこ》しょうかいをしよう！

ぼくの名前《なまえ》は、パルルンです

初《はじ》めまして

よろしくお願《ねが》いします

手話《しゅわ》であいさつをしよう！

おはよう

こんばんは

こんにちは

ありがとう

指文字《ゆびもじ》の表《あらわ》し方《かた》

あ

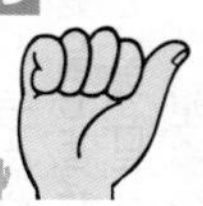

親指《おやゆび》をぴんとのばして残《のこ》りの4本《ほん》の指《ゆび》はにぎる。

い

小指《こゆび》を上向《うわむ》きにのばして残《のこ》りの4本《ほん》の指《ゆび》はにぎる。

う

人《ひと》さし指《ゆび》と中指《なかゆび》をつけてのばし、残《のこ》りの指《ゆび》は曲《ま》げる。

え

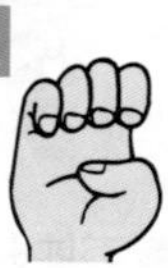

全部《ぜんぶ》の指《ゆび》を指先《ゆびさき》が指《ゆび》の付《つ》け根《ね》につくように曲《ま》げる。

お

親指《おやゆび》と人《ひと》さし指《ゆび》で輪《わ》を作《つく》り、残《のこ》りの指《ゆび》は自然《しぜん》にそえる。

か

人《ひと》さし指《ゆび》と中指《なかゆび》をのばし、親指《おやゆび》の先《さき》を中指《なかゆび》の中央《ちゅうおう》に。

き

親指《おやゆび》、中指《なかゆび》、薬《くすり》指《ゆび》の先《さき》をつけて残《のこ》りの指《ゆび》はのばす。

く

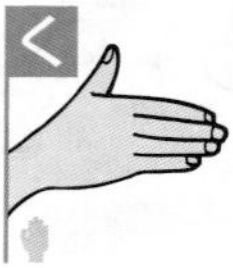

親指《おやゆび》を上向《うわむ》きにし、残《のこ》りの指《ゆび》はそろえて横《よこ》にのばす。

け

親指《おやゆび》を曲《ま》げ、残《のこ》りの指《ゆび》はそろえて上《うわ》向《む》きにのばす。

こ

親指《おやゆび》をのばし、残《のこ》りの指《ゆび》はそろえて手《て》のひらと直角《ちょっかく》に。

さ

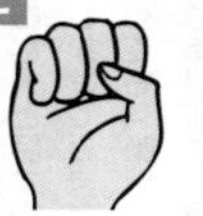

人《ひと》さし指《ゆび》から小指《こゆび》までをにぎり、親《おや》指《ゆび》を重《かさ》ねる。

し

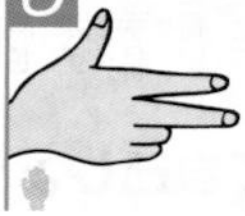

親指《おやゆび》から中指《なかゆび》を開《ひら》いてのばし、残《のこ》りの指《ゆび》は曲《ま》げる。

す

親指《おやゆび》から中指《なかゆび》を開《ひら》いてのばし、中指《なかゆび》を下《した》に向《む》ける。

せ

中指《なかゆび》を上向《うわむ》きにぴんとのばして残《のこ》りの指《ゆび》は曲《ま》げる。

そ

人《ひと》さし指《ゆび》で相手《あいて》を指《ゆび》さす感《かん》じ。指先《ゆびさき》はやや下向《したむ》きに。

た

親指《おやゆび》を上向《うわむ》きにぴんとのばして残《のこ》りの指《ゆび》はにぎる。

ち

小指《こゆび》を立《た》て、残《のこ》りの指《ゆび》はのばして指《ゆび》先《さき》をつける。

つ

小指《こゆび》と薬指《くすりゆび》を立《た》て残《のこ》りの指《ゆび》はのばして指先《ゆびさき》をつける。

て

全部《ぜんぶ》の指《ゆび》をそろえて指先《ゆびさき》を上向《うわむ》きにのばす。

と

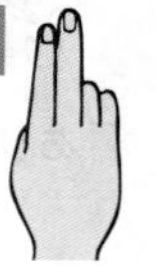

人《ひと》さし指《ゆび》と中指《なかゆび》をつけてのばし、残《のこ》りの指《ゆび》は曲《ま》げる。

な

人《ひと》さし指《ゆび》と中指《なかゆび》を下《した》にのばして残《のこ》りの指《ゆび》は曲《ま》げる。

に

人《ひと》さし指《ゆび》と中指《なかゆび》を横《よこ》にのばして残《のこ》りの指《ゆび》は曲《ま》げる。

ぬ

人《ひと》さし指《ゆび》を上向《うわむ》きにして指先《ゆびさき》をかぎ形《がた》に曲《ま》げる。

ね

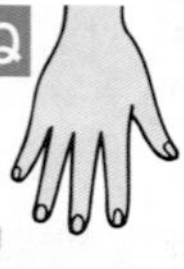

全部《ぜんぶ》の指《ゆび》をのばして軽《かる》く開《ひら》き、指先《ゆびさき》を下《した》にする。

の

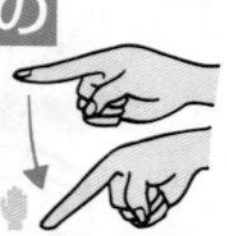

人《ひと》さし指《ゆび》で空中《くうちゅう》にかたかなの「ノ」を書《か》く。

は

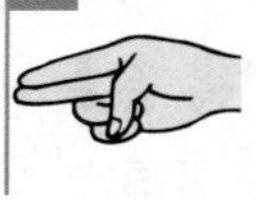

人《ひと》さし指《ゆび》と中指《なかゆび》をそろえてのばし前《ぜん》方《ぼう》ななめ下向《したむ》きに。

ひ

人《ひと》さし指《ゆび》を上《うえ》にぴんとのばして残《のこ》りの指《ゆび》は曲《ま》げる。

ふ

親指《おやゆび》を横《よこ》に人《ひと》さし指《ゆび》を下《した》にのばして残《のこ》りの指《ゆび》は曲《ま》げる。

へ

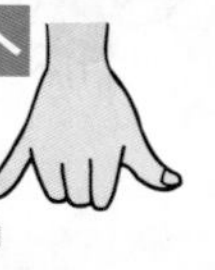

親指《おやゆび》と小指《こゆび》を下向《したむ》きにのばして残《のこ》りの指《ゆび》は曲《ま》げる。

ほ

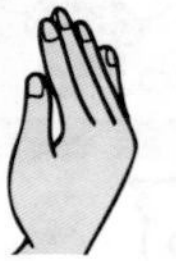

全部《ぜんぶ》の指《ゆび》をそろえて指先《ゆびさき》を上《うえ》に向《む》けて少《すこ》し曲《ま》げる。

指文字《ゆびもじ》の表《あらわ》し方《かた》

イラストは相手《あいて》から見《み》た形《かたち》です。形《かたち》がわかりにくい場合《ばあい》は、角度《かくど》を変《か》えてえがいています。
は相手《あいて》に手《て》のひらを向《む》けることを、は相手《あいて》に手《て》のこうを向《む》けることを示《しめ》しています。

4

人《ひと》さし指《ゆび》から小《こ》指《ゆび》を上《うえ》にのばして親指《おやゆび》は曲《ま》げる。

0

親指《おやゆび》と人《ひと》さし指《ゆび》で輪《わ》を作《つく》り、残《のこ》りの指《ゆび》はのばす。

5

親指《おやゆび》を横向《よこむ》きにのばして残《のこ》りの指《ゆび》はにぎる。

1

人《ひと》さし指《ゆび》を上《うえ》にのばして残《のこ》りの指《ゆび》は曲《ま》げる。

6

親指《おやゆび》を上向《うわむ》きに人《ひと》さし指《ゆび》を横向《よこむ》きにのばす。

2

人《ひと》さし指《ゆび》と中指《なかゆび》を上《うえ》にのばし残《のこ》りの指《ゆび》は曲《ま》げる。

7

親指《おやゆび》を上《うえ》に、人《ひと》さし指《ゆび》と中指《なかゆび》を横向《よこむ》きにのばす。

3

人《ひと》さし指《ゆび》から薬《くすり》指《ゆび》を上《うえ》にのばして残《のこ》りは曲《ま》げる。

8

親指《おやゆび》を上《うえ》に、人《ひと》さし指《ゆび》から薬《くすり》指《ゆび》を横《よこ》にのばす。

9
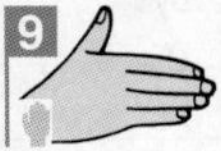
親指《おやゆび》を上《うえ》に、残《のこ》りの4本《ほん》の指《ゆび》を横《よこ》にのばす。

10

上向《うわむ》きの人《ひと》さし指《ゆび》の指先《ゆびさき》を曲《ま》げて残《のこ》りはにぎる。

のばす音《おん》

人《ひと》さし指《ゆび》で空中《くうちゅう》に縦棒《たてぼう》を書《か》く。

小《ちい》さく書《か》くかな
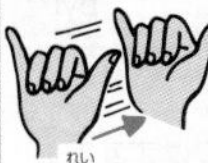
例《れい》「や」

例《れい》「っ」
もとの指文字《ゆびもじ》の形《かたち》を後《うし》ろに引《ひ》く。

濁音《だくおん》

例《れい》「げ」
もとの指文字《ゆびもじ》の形《かたち》を横《よこ》に動《うご》かす。

半濁音《はんだくおん》

例《れい》「ぽ」
もとの指文字《ゆびもじ》の形《かたち》を上《うえ》に動《うご》かす。

わ

人《ひと》さし指《ゆび》から薬《くすり》指《ゆび》までを上《うえ》にのばす。

ら

立《た》てた人《ひと》さし指《ゆび》のつめに中指《なかゆび》の腹《はら》をつける。

や

親指《おやゆび》と小指《こゆび》を上向《うわむ》きにのばして残《のこ》りの指《ゆび》は曲《ま》げる。

ま

人《ひと》さし指《ゆび》から薬《くすり》指《ゆび》を少《すこ》し開《ひら》き、下《した》向《む》きにのばす。

を

指文字《ゆびもじ》の「お」の形《かたち》にして少《すこ》し後《うし》ろに引《ひ》く。

り
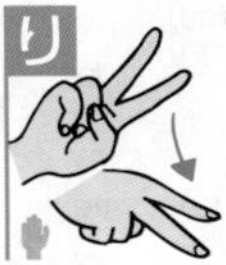
人《ひと》さし指《ゆび》と中指《なかゆび》を開《ひら》いてのばしかたかなの「リ」を書《か》く。

み

人《ひと》さし指《ゆび》から薬《くすり》指《ゆび》をそろえて横向《よこむ》きにのばす。

ん
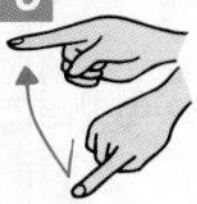
人《ひと》さし指《ゆび》で空中《くうちゅう》にかたかなの「ン」を書《か》く。

る

親指《おやゆび》から中指《なかゆび》を開《ひら》いてのばし、中指《なかゆび》を上《うえ》に向《む》ける。

ゆ

人《ひと》さし指《ゆび》から薬《くすり》指《ゆび》までを上《うえ》にのばす。

む

人《ひと》さし指《ゆび》を横《よこ》に親《おや》指《ゆび》を上《うえ》にのばして残《のこ》りの指《ゆび》は曲《ま》げる。

れ

親指《おやゆび》を横《よこ》に人《ひと》さし指《ゆび》を上《うえ》にのばし、残《のこ》りの指《ゆび》は曲《ま》げる。

め

親指《おやゆび》が下《した》になるように、親指《おやゆび》と人《ひと》さし指《ゆび》で輪《わ》を作《つく》る。

ろ

人《ひと》さし指《ゆび》と中指《なかゆび》をそろえてかぎ形《がた》に曲《ま》げる。

よ
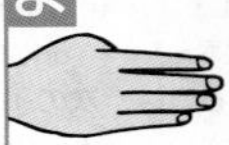
親指《おやゆび》を曲《ま》げて残《のこ》りの4本《ほん》の指《ゆび》は横向《よこむ》きにのばす。

も
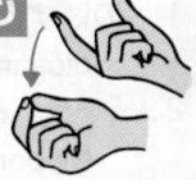
親指《おやゆび》と人《ひと》さし指《ゆび》の先《さき》をつける動作《どうさ》。指先《ゆびさき》は上向《うわむ》きに。

ローマ字《じ》の書《か》き方《かた》

〔 〕のように、ちがう書《か》き方《かた》を使《つか》うことがあります。

母音《ぼいん》	A	I	U	E	O	小《ちい》さいゃゅょの入《はい》る音《おん》		
子音《しいん》	あ a	い i	う u	え e	お o			
K	か ka	き ki	く ku	け ke	こ ko	きゃ kya	きゅ kyu	きょ kyo
S	さ sa	し si〔shi〕	す su	せ se	そ so	しゃ sya〔sha〕	しゅ syu〔shu〕	しょ syo〔sho〕
T	た ta	ち ti〔chi〕	つ tu〔tsu〕	て te	と to	ちゃ tya〔cha〕	ちゅ tyu〔chu〕	ちょ tyo〔cho〕
N	な na	に ni	ぬ nu	ね ne	の no	にゃ nya	にゅ nyu	にょ nyo
H	は ha	ひ hi	ふ hu〔fu〕	へ he	ほ ho	ひゃ hya	ひゅ hyu	ひょ hyo
M	ま ma	み mi	む mu	め me	も mo	みゃ mya	みゅ myu	みょ myo
Y	や ya	(い) (i)	ゆ yu	(え) (e)	よ yo			
R	ら ra	り ri	る ru	れ re	ろ ro	りゃ rya	りゅ ryu	りょ ryo
W	わ wa	(い) (i)	(う) (u)	(え) (e)	を (o)〔wo〕			
N	ん n							
G	が ga	ぎ gi	ぐ gu	げ ge	ご go	ぎゃ gya	ぎゅ gyu	ぎょ gyo
Z	ざ za	じ zi〔ji〕	ず zu	ぜ ze	ぞ zo	じゃ zya〔ja〕	じゅ zyu〔ju〕	じょ zyo〔jo〕
D	だ da	ぢ (zi)〔di〕〔ji〕	づ (zu)〔du〕	で de	ど do	ぢゃ (zya)〔dya〕〔ja〕	ぢゅ (zyu)〔dyu〕〔ju〕	ぢょ (zyo)〔dyo〕〔jo〕
B	ば ba	び bi	ぶ bu	べ be	ぼ bo	びゃ bya	びゅ byu	びょ byo
P	ぱ pa	ぴ pi	ぷ pu	ぺ pe	ぽ po	ぴゃ pya	ぴゅ pyu	ぴょ pyo

◇ローマ字《じ》の書《か》き方《かた》で注意《ちゅうい》すること

1．のばす音《おん》は、â・î・û・ê・ôのように、母音《ぼいん》の上《うえ》に ^ のしるしをつけます。

otôsan（お父《とう》さん） onêsan（お姉《ねえ》さん） gyûnyû（牛乳《ぎゅうにゅう》）

2．「…っ」とつまる音《おん》は、次《つぎ》の子音《しいん》を二《ふた》つ書《か》いて表《あらわ》します。

Nippon（日本《にっぽん》） katta（買《か》った）

3．はねる音《おん》のnの次《つぎ》に母音《ぼいん》、またはyがくるときは、nの次《つぎ》に ' を入れます。

gen'in（原因《げんいん》） hon'yasan（本屋《ほんや》さん）

4．文《ぶん》の書《か》き出《だ》しや、人名《じんめい》・地名《ちめい》などの初《はじ》めは、大文字《おおもじ》で書《か》きます。

Watasi wa Yamada desu.（わたしは山田《やまだ》です。）

昔《むかし》のこよみと年《とし》・月《つき》・季節《きせつ》のことば

●旧暦《きゅうれき》

現在《げんざい》わたしたちが使《つか》っているカレンダーは、「太陽暦《たいようれき》(=地球《ちきゅう》が太陽《たいよう》の周《まわ》りをひと回《まわ》りする時間《じかん》を一年《いちねん》としたこよみ)」に従《したが》っています。地球《ちきゅう》の季節《きせつ》は地球《ちきゅう》が太陽《たいよう》の周《まわ》りを動《うご》いていくのにつれて移《うつ》り変《か》わっていくので、太陽暦《たいようれき》は季節《きせつ》の変化《へんか》とずれることがなく、とても使《つか》いやすいこよみです。

でも、日本《にほん》では約百五十年前《やくひゃくごじゅうねんまえ》まで、月《つき》の満《み》ち欠《か》けをもとにしたカレンダーを使《つか》っていました。これを「旧暦《きゅうれき》」といいます。

旧暦《きゅうれき》では、月《つき》が新月《しんげつ》から満月《まんげつ》になり、また新《しん》月《げつ》にもどるまでの期間《きかん》を一《いっ》か月《げつ》と定《さだ》めています。つまり、月《つき》の形《かたち》を見《み》ればその日《ひ》の日付《ひづけ》がわかるしくみになっていたのです。

しかし、このやり方《かた》では、一《いっ》か月《げつ》は約《やく》二十九・五日《にち》となり、一年《いちねん》は約三百五十四日《やくさんびゃくごじゅうよんにち》となります。そのため、地球《ちきゅう》が太陽《たいよう》の周《まわ》りを一周《いっしゅう》する期《き》間《かん》(=約三百六十五日《やくさんびゃくろくじゅうごにち》)とかなりずれてしまい、こよみと季節《きせつ》が合《あ》わなくなってしまいます。

そこで、二年《にねん》か三年《さんねん》に一度《いちど》、一年《いちねん》を十三《じゅうさん》か月《げつ》とする年《とし》をつくり、こよみと季節《きせつ》が合《あ》うようにうまく調節《ちょうせつ》していたのです。電気《てんき》のなかった昔《むかし》は、月《つき》の光《ひかり》はとても大切《たいせつ》なものでした。旧暦《きゅうれき》は、今《いま》よりもずっと月《つき》が人々《ひとびと》の生活《せいかつ》に密着《みっちゃく》していた時《じ》代《だい》の、工夫《くふう》されたこよみだったのですね。

●月《つき》の満《み》ち欠《か》けを表《あらわ》すことば

新月《しんげつ》

二日月《ふつかづき》

三日月《みかづき》

十日余りの月《とおかあまりのつき》

十三夜月《じゅうさんやづき》(小望月《こもちづき》)

満月《まんげつ》(望月《もちづき》)

十六夜月《いざよいづき》←日没《にちぼつ》の少《すこ》し後《あと》に、ためらうように出《で》る月《つき》。

立《た》ち待《ま》ち月《づき》←立《た》って待《ま》つ間《あいだ》に(=たちまち)出《で》る月《つき》。

居《い》待《ま》ち月《づき》←月《つき》の出《で》をすわって待《ま》つ月《つき》。

寝《ね》待《ま》ち月《づき》(ふし待《ま》ち月《づき》)←月《つき》の出《で》がおそいので、寝《ね》て待《ま》つ月《つき》。

更《ふ》け待《ま》ち月《づき》←夜《よ》ふけまで月《つき》の出《で》を待《ま》つ月《つき》。

二十三夜月《にじゅうさんやづき》

(新月《しんげつ》)

旧暦《きゅうれき》の一日《ついたち》

十五日《じゅうごにち》

二十九日《にじゅうくにち》(または三十日《さんじゅうにち》)

日付《ひづけ》の「一日(ついたち)」は、もともと「月立《つきた》ち」といった。これは、「月《つき》が現《あらわ》れる日《ひ》」という意味《いみ》のことば。

昔《むかし》は、日付《ひづけ》の「三十日」を「つごもり」といった。「つごもり」は、もとは「月《つき》ごもり」で、「月《つき》が隠《かく》れる日《ひ》」という意味《いみ》のことば。

昔《むかし》の人々《ひとびと》は、月《つき》にいろんな名《な》まえをつけて、いろんな思《おも》いでながめていたんだね。

昔《むかし》の人《ひと》は、月《つき》の満《み》ち欠《か》けをもとにしたこよみを使《つか》っていたんだよ！

●二十四節気《にじゅうしせっき》

旧暦《きゅうれき》では「二十四節気《にじゅうしせっき》」という季節《きせつ》ごとの区《く》切《ぎ》りが定《さだ》められていました。これは、一年《いちねん》を二十四等分《じゅうよんとうぶん》し、それぞれの区切《くぎ》りの日《ひ》にその季節《きせつ》に合《あ》った名《な》まえをつけたものです。

たとえば、二十四節気《にじゅうしせっき》の最初《さいしょ》の「立春《りっしゅん》」は「春《はる》の始《はじ》まる日《ひ》」。また、現在《げんざい》の三月六日《さんがつむいか》ごろに当《あ》たる「啓蟄《けいちつ》」は、冬眠《とうみん》していた虫《むし》が地中《ちちゅう》から出《で》てくるころのことです。二十四節気《にじゅうしせっき》を一《ひと》つ一《ひと》つ読《よ》んでみると、昔《むかし》の人《ひと》がどんなにこまやかに季節《きせつ》を感《かん》じとっていたのかがわかりますね。

しかし、二十四節気《にじゅうしせっき》は今《いま》から二千年以上《にせんねんいじょう》も昔《むかし》のものなので、現代《げんだい》の日本《にほん》の季節感《きせつかん》とはちょっとずれて感《かん》じられるものも少《すく》なくありません。たとえば「立秋《りっしゅう》」は秋《あき》の始《はじ》まる日《ひ》ですが、八月八日《はちがつようか》ごろといえばまだ暑《あつ》い盛《さか》りですね。

二十四節気《にじゅうしせっき》は現代《げんだい》でも季節《きせつ》の節目《ふしめ》として用《もち》いられており、さまざまな行事《ぎょうじ》やことばの中《なか》でわたしたちの生活《せいかつ》に登場《とうじょう》しています。

●十二《じゅうに》か月《げつ》の古《ふる》い呼《よ》び方《かた》

日本《にほん》では昔《むかし》から、一年《いちねん》の十二《じゅうに》か月《げつ》に特別《とくべつ》な名《な》まえをつけて呼《よ》んできました（下《した》の表《ひょう》の「月《つき》の古《ふる》い呼《よ》び方《かた》」にのせています）。これらの名《な》まえにはさまざまな由来《ゆらい》があります。たとえば「卯月《うづき》」は、「うの花《はな》のさく月《つき》」という意味《いみ》からきたともいわれています。

	旧暦《きゅうれき》の月《つき》	月《つき》の古《ふる》い呼《よ》び方《かた》	二十四節気《にじゅうしせっき》	二十四節気《にじゅうしせっき》の意味《いみ》	現在《げんざい》の日付《ひづけ》
春《はる》	一月《いちがつ》	睦月《むつき》	立春《りっしゅん》	こよみの上《うえ》で春《はる》が始《はじ》まる日《ひ》。	2月4日ごろ
			雨水《うすい》	雪《ゆき》や氷《こおり》がとけ、草木《くさき》の芽《め》が出始《ではじ》めるころ。	2月19日ごろ
	二月《にがつ》	如月《きさらぎ》	啓蟄《けいちつ》	冬眠《とうみん》していた虫《むし》が地中《ちちゅう》から出《で》てくるころ。	3月6日ごろ
			春分《しゅんぶん》	昼《ひる》と夜《よる》の長《なが》さがほぼ同《おな》じになる日《ひ》。	3月21日ごろ
	三月《さんがつ》	弥生《やよい》	清明《せいめい》	すべてのものがすがすがしく陽気《ようき》になるころ。	4月5日ごろ
			穀雨《こくう》	春《はる》の雨《あめ》が降《ふ》り、穀物《こくもつ》をうるおすころ。	4月20日ごろ
夏《なつ》	四月《しがつ》	卯月《うづき》	立夏《りっか》	こよみの上《うえ》で夏《なつ》が始《はじ》まる日《ひ》。	5月6日ごろ
			小満《しょうまん》	草木《くさき》がしげって緑《みどり》が満《み》ち始《はじ》めるころ。	5月21日ごろ
	五月《ごがつ》	皐月《さつき》	芒種《ぼうしゅ》	稲《いね》などの穀物《こくもつ》を植《う》えるころ。	6月6日ごろ
			夏至《げし》	北半球《きたはんきゅう》で、一年《いちねん》でもっとも昼《ひる》が長《なが》くなる日《ひ》。	6月21日ごろ
	六月《ろくがつ》	水無月《みなづき》	小暑《しょうしょ》	暑《あつ》さが次第《しだい》に厳《きび》しくなってくるころ。	7月7日ごろ
			大暑《たいしょ》	一年《いちねん》でいちばん暑《あつ》いころ。	7月23日ごろ
秋《あき》	七月《しちがつ》	文月《ふ(み)づき》	立秋《りっしゅう》	こよみの上《うえ》で秋《あき》が始《はじ》まる日《ひ》。	8月8日ごろ
			処暑《しょしょ》	暑《あつ》さがおさまってくるころ。	8月23日ごろ
	八月《はちがつ》	葉月《はづき》	白露《はくろ》	草花《くさばな》に露《つゆ》の玉《たま》がとまり、秋《あき》らしくなるころ。	9月8日ごろ
			秋分《しゅうぶん》	昼《ひる》と夜《よる》の長《なが》さがほぼ同《おな》じになる日《ひ》。	9月23日ごろ
	九月《くがつ》	長月《ながつき》	寒露《かんろ》	はだ寒《さむ》くなり、冷《つめ》たい露《つゆ》ができ始《はじ》めるころ。	10月8日ごろ
			霜降《そうこう》	霜《しも》が降《お》り始《はじ》めるころ。	10月23日ごろ
冬《ふゆ》	十月《じゅうがつ》	神無月《かんなづき》《かみな(し)づき》	立冬《りっとう》	こよみの上《うえ》で冬《ふゆ》が始《はじ》まる日《ひ》。	11月8日ごろ
			小雪《しょうせつ》	寒《さむ》くなり、初雪《はつゆき》が降《ふ》り始《はじ》めるころ。	11月23日ごろ
	十一月《じゅういちがつ》	霜月《しもつき》	大雪《たいせつ》	雪《ゆき》が本格的《ほんかくてき》に降《ふ》るころ。	12月7日ごろ
			冬至《とうじ》	北半球《きたはんきゅう》で、一年《いちねん》でもっとも昼《ひる》が短《みじか》くなる日《ひ》。	12月22日ごろ
	十二月《じゅうにがつ》	師走《しわす》	小寒《しょうかん》	寒《さむ》さがますます厳《きび》しくなるころ。	1月6日ごろ
			大寒《だいかん》	一年《いちねん》でいちばん寒《さむ》いころ。	1月20日ごろ

●十二支《じゅうにし》

十二支《じゅうにし》とは、昔《むかし》の中国《ちゅうごく》で、時刻《じこく》・方位《ほうい》などを表《あらわ》すのに使《つか》われた十二個《じゅうにこ》の漢字《かんじ》のことです。それぞれの字《じ》に動物《どうぶつ》の名《な》まえが当《あ》てられています。

●十干《じっかん》

十干《じっかん》も、昔《むかし》の中国《ちゅうごく》で、日《ひ》にちを表《あらわ》すときなどに使《つか》われた十個《じっこ》の漢字《かんじ》です。

古代中国《こだいちゅうごく》には、すべてのものは「木《もく》・火《か》・土《ど》・金《こん》・水《すい》」の五《いつ》つ（これを「五行《ごぎょう》」といいます）でつくられているという考《かんが》え方《かた》がありました。この五行《ごぎょう》をさらに「兄（え）」と「弟（と）」の二《ふた》つに分《わ》け、それぞれに十干《じっかん》の十個《じっこ》の漢字《かんじ》を割《わ》り当《あ》てて、

木(き)＋兄(え)＝きのえ(甲)
　　　　弟(と)＝きのと(乙)

というふうに読《よ》んでいきます。

●干支《えと》

生《う》まれた年《とし》などを表《あらわ》すのに使《つか》う「干支《えと》」は、「十二支《じゅうにし》」と「十干《じっかん》」を順《じゅん》に組《く》み合《あ》わせたもので、全部《ぜんぶ》で六十種類《ろくじっしゅるい》あります。

ふつうわたしたちが一年一年《いちねんいちねん》を「ねずみ年《どし》・うし年《どし》・とら年《どし》…」と呼《よ》んでいるのは、十干十二支《じっかんじゅうにし》のうち、十干《じっかん》を省《はぶ》いて十二支《じゅうにし》だけにした呼《よ》び方《かた》なのです。

五行《ごぎょう》	木《もく》《き》		火《か》《ひ》		土《ど》《つち》		金《こん》《かね》		水《すい》《みず》	
十干《じっかん》	兄《え》→甲《きのえ》	弟《と》→乙《きのと》	兄《え》→丙《ひのえ》	弟《と》→丁《ひのと》	兄《え》→戊《つちのえ》	弟《と》→己《つちのと》	兄《え》→庚《かのえ》	弟《と》→辛《かのと》	兄《え》→壬《みずのえ》	弟《と》→癸《みずのと》

十二支《じゅうにし》											
子《ね》（ねずみ）	丑《うし》（うし）	寅《とら》（とら）	卯《う》（うさぎ）	辰《たつ》（りゅう）	巳《み》（へび）	午《うま》（うま）	未《ひつじ》（ひつじ）	申《さる》（さる）	酉《とり》（にわとり）	戌《いぬ》（いぬ）	亥《い》（いのしし）

干支《えと》												
1 甲《きのえ》子《ね》	2 乙《きのと》丑《うし》	3 丙《ひのえ》寅《とら》	4 丁《ひのと》卯《う》	5 戊《つちのえ》辰《たつ》	6 己《つちのと》巳《み》	7 庚《かのえ》午《うま》	8 辛《かのと》未《ひつじ》	9 壬《みずのえ》申《さる》	10 癸《みずのと》酉《とり》	11 甲《きのえ》戌《いぬ》	12 乙《きのと》亥《い》	
13 丙《ひのえ》子《ね》	14 丁《ひのと》丑《うし》	15 戊《つちのえ》寅《とら》	16 己《つちのと》卯《う》	17 庚《かのえ》辰《たつ》	18 辛《かのと》巳《み》	19 壬《みずのえ》午《うま》	20 癸《みずのとひつじ》未	21 甲《きのえ》申《さる》	22 乙《きのと》酉《とり》	23 丙《ひのえ》戌《いぬ》	24 丁《ひのと》亥《い》	
25 戊《つちのえ》子《ね》	26 己《つちのと》丑《うし》	27 庚《かのえ》寅《とら》	28 辛《かのと》卯《う》	29 壬《みずのえ》辰《たつ》	30 癸《みずのと》巳《み》	31 甲《きのえ》午《うま》	32 乙《きのと》未《ひつじ》	33 丙《ひのえ》申《さる》	34 丁《ひのと》酉《とり》	35 戊《つちのえ》戌《いぬ》	36 己《つちのと》亥《い》	
37 庚《かのえ》子《ね》	38 辛《かのと》丑《うし》	39 壬《みずのえ》寅《とら》	40 癸《みずのと》卯《う》	41 甲《きのえ》辰《たつ》	42 乙《きのと》巳《み》	43 丙《ひのえ》午《うま》	44 丁《ひのと》未《ひつじ》	45 戊《つちのえ》申《さる》	46 己《つちのと》酉《とり》	47 庚《かのえ》戌《いぬ》	48 辛《かのと》亥《い》	
49 壬《みずのえ》子《ね》	50 癸《みずのと》丑《うし》	51 甲《きのえ》寅《とら》	52 乙《きのと》卯《う》	53 丙《ひのえ》辰《たつ》	54 丁《ひのと》巳《み》	55 戊《つちのえ》午《うま》	56 己《つちのと》未《ひつじ》	57 庚《かのえ》申《さる》	58 辛《かのと》酉《とり》	59 壬《みずのえ》戌《いぬ》	60 癸《みずのと》亥《い》	61 甲《きのえ》子《ね》

●時刻《じこく》・方位《ほうい》の表《あらわ》し方《かた》

昔《むかし》の人《ひと》は、時刻《じこく》や方位《ほうい》を表《あらわ》すのに、左《ひだり》の図《ず》のように十二支《じゅうにし》を使《つか》っていました。

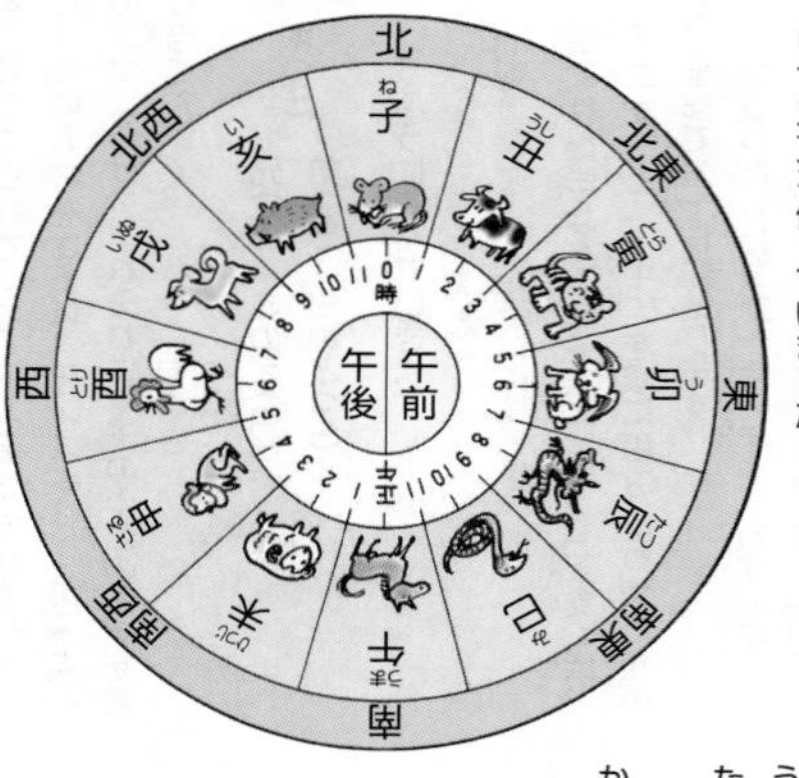

また、昔《むかし》は鐘《かね》を打《う》って時刻《じこく》を知《し》らせていました。その鐘《かね》の数《かず》から、時刻《じこく》を「明《あ》け六《む》つ（＝午前《ごぜん》六時《ろくじ》ごろ）」「暮《く》れ六《む》つ（＝午後《ごご》六時《ろくじ》ごろ）」などと呼《よ》ぶこともありました。午後《ごご》に食《た》べる「お八《や》つ」は、「八《や》つ」が午後《ごご》二時《にじ》ごろを表《あらわ》すことからきているんですね。

古《ふる》い時刻《じこく》の言《い》い表《あらわ》し方《かた》が、今《いま》の日本語《にほんご》の中《なか》に残《のこ》っているものもあります。たとえば「草木《くさき》も眠《ねむ》る丑三《うしみ》つ時《どき》」の「丑三《うしみ》つ時《どき》」というのは、「丑《うし》の刻《こく》（＝午前《ごぜん》二時《にじ》ごろの二時間《にじかん》）」を四《よっ》つに分《わ》けたうちの三《みっ》つ目《め》、という意味《いみ》です。

年《ねん》齢《れい》を表《あらわ》すことば

次《つぎ》の、右側《みぎがわ》の表《ひょう》の語《ご》は、孔子《こうし》という昔《むかし》の中国《ちゅうごく》の学者《がくしゃ》のことばを集《あつ》めた『論語《ろんご》』という本《ほん》に出《で》てくることばです。それぞれの年齢《ねんれい》のときに、孔子自身《こうしじしん》がどんなふうだったかを語《かた》ったものです。

左側《ひだりがわ》の表《ひょう》は、長生《ながい》きのお祝《いわ》いをする節目《ふしめ》の年齢《ねんれい》を表《あらわ》すことばで、こちらも中国《ちゅうごく》から伝《つた》わった風習《ふうしゅう》がもとになっています。

十五才《じゅうごさい》	志学《しがく》（学問《がくもん》を志《こころざ》す年齢《ねんれい》）
三十才《さんじっさい》	而立《じりつ》（学問《がくもん》や仕事《しごと》などでひとり立《だ》ちする年齢《ねんれい》）
四十才《よんじっさい》	不惑《ふわく》（生《い》きていくうえで、心《こころ》に迷《まよ》いがなくなる年齢《ねんれい》）
五十才《ごじっさい》	知命《ちめい》（天《てん》からあたえられた自分《じぶん》の使命《しめい》を知《し》る年齢《ねんれい》）
六十才《ろくじっさい》	耳順《じじゅん》（人《ひと》のことばを素直《すなお》に聞《き》けるようになる年齢《ねんれい》）
七十才《ななじっさい》	従心《じゅうしん》（思《おも》うままに行動《こうどう》しても人《ひと》の道《みち》から外《はず》れなくなる年齢《ねんれい》）

六十一才《ろくじゅういっさい》	還暦《かんれき》（＝「暦《こよみ》が還《かえ》る」。この年齢《ねんれい》で生《う》まれ年《どし》の干支《えと》にもどることから）
七十才《ななじっさい》	古希《こき》（「古来《こらい》めずらしいほどの長生《ながい》き」という意味《いみ》から）
七十七才《ななじゅうななさい》	喜寿《きじゅ》（「喜《き》」の別《べつ》の書《か》き方《かた》「㐂」が「七十七」に見《み》えることから）
八十才《はちじっさい》	傘寿《さんじゅ》（「傘《かさ》」の別《べつ》の書《か》き方《かた》「仐」が「八十」に見《み》えることから）
八十八才《はちじゅうはっさい》	米寿《べいじゅ》（「米《べい》」の字《じ》を分解《ぶんかい》すると「八十八」に見《み》えることから）
九十才《きゅうじっさい》	卒寿《そつじゅ》（「卒《そつ》」の別《べつ》の書《か》き方《かた》「卆《そつ》」が「九十」に見《み》えることから）
九十九才《きゅうじゅうきゅうさい》	白寿《はくじゅ》（「百《ひゃく》」の字《じ》から「一《いち》」を引《ひ》くと「白」となることから）

※表《ひょう》の年齢《ねんれい》はすべて「数《かぞ》え年《どし》（＝生《う》まれた年《とし》を１才《さい》として、新年《しんねん》が来《く》るたびに１才《さい》ずつ足《た》して数《かぞ》える年齢《ねんれい》）」で示《しめ》しています。数《かぞ》え年《どし》の61才《さい》は、ふつうの数《かぞ》え方《かた》では60才《さい》に当《あ》たります。

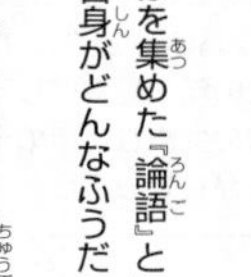

長《なが》さ・重《おも》さ・面《めん》積《せき》・体《たい》積《せき》を表《あらわ》すことば

現在《げんざい》わたしたちは、物《もの》の長《なが》さや重《おも》さ、面積《めんせき》や体積《たいせき》を表《あらわ》すのに、「メートル法《ほう》」という単位《たんい》のしくみを使《つか》っています。でも、日本《にほん》では約六十年前《やくろくじゅうねんまえ》まで、「尺《しゃく》」や「貫《かん》」といった単位《たんい》を用《もち》いる「尺貫法《しゃっかんほう》」も使《つか》っていたのです。

尺貫法《しゃっかんほう》は、古代中国《こだいちゅうごく》の制度《せいど》をもとにしてつくられた、日本独自《にほんどくじ》の単位《たんい》のしくみです。

尺貫法《しゃっかんほう》での長《なが》さの基本《きほん》の単位《たんい》は「尺《しゃく》」です。昔《むかし》の中国《ちゅうごく》では、手《て》の指《ゆび》を広《ひろ》げた大《おお》きさをもとに一尺《いっしゃく》の長《なが》さを決《き》めていたそうです。日本《にほん》での一尺《いっしゃく》は約《やく》三〇・三センチメートルに当《あ》たります。また、布地《ぬのじ》などの長《なが》さを測《はか》るときには「鯨尺《くじらじゃく》」という特別《とくべつ》な尺《しゃく》を使《つか》っていました（鯨尺《くじらじゃく》の一尺《いっしゃく》は約《やく》三七・九センチメートル）。測《はか》る物《もの》によって長《なが》さの単位《たんい》が変《か》わるなんて、おもしろいですね。

重《おも》さの単位《たんい》は「貫《かん》」です。一貫《いっかん》は昔《むかし》の硬貨《こうか》を千《せん》枚《まい》つらぬいて束《たば》ねたものの重《おも》さです。また、硬貨《こうか》一枚分《いちまいぶん》の重《おも》さが一匁《いちもんめ》に当《あ》たります。

体積《たいせき》や容量《ようりょう》の基本《きほん》の単位《たんい》は「升《しょう》」で、測定《そくてい》のもとになる入《い》れ物《もの》（＝「一升《いっしょう》ます」）が定《さだ》められ、このます一杯分《いっぱいぶん》の容量《ようりょう》が一升《いっしょう》とされていました。

ちなみに、アメリカやイギリスの独自《どくじ》の単位《たんい》であるヤード・ポンド法《ほう》の一《いち》フィート（約《やく》三〇・四八センチメートル）は、大人《おとな》の足《あし》の大《おお》きさから定《さだ》められたそうです。

	メートル法《ほう》	尺貫法《しゃっかんほう》
長《なが》さ	1ミリメートル(㎜) 1センチメートル(㎝)＝10㎜ 1メートル(m)＝100㎝ 1キロメートル(㎞)＝1,000m	物《もの》の長《なが》さの単位《たんい》 1厘《りん》(＝約《やく》0.303㎜) 1分《ぶ》＝10厘《りん》(＝約《やく》3.03㎜) 1寸《すん》＝10分《ぶ》(＝約《やく》3.03㎝) 1尺《しゃく》＝10寸《すん》(＝約《やく》30.3㎝) 1丈《じょう》＝10尺《しゃく》(＝約《やく》3.03m) 距離《きょり》の単位《たんい》 1間《けん》＝6尺《しゃく》(＝約《やく》181.8㎝) 1町《ちょう》＝60間《けん》(＝約《やく》109m) 1里《り》＝36町《ちょう》(＝約《やく》3,927m)
重《おも》さ	1ミリグラム(㎎) 1グラム(g)＝1,000㎎ 1キログラム(㎏)＝1,000g 1トン(t)＝1,000㎏	1毛《もう》(＝0.00375g) 1厘《りん》＝10毛《もう》(＝0.0375g) 1分《ぶ》＝10厘《りん》(＝0.375g) 1匁《もんめ》＝10分《ぶ》(＝3.75g) 1貫《かん》＝1,000匁《もんめ》(＝3.75㎏) 1斤《きん》＝160匁《もんめ》(＝600g)
面《めん》積《せき》	1平方《へいほう》ミリメートル(㎟) ＝1辺《ぺん》が1㎜の正方形《せいほうけい》の面積《めんせき》 1平方《へいほう》センチメートル(㎠) ＝1辺《ぺん》が1㎝の正方形《せいほうけい》の面積《めんせき》 1平方《へいほう》メートル(㎡) ＝1辺《ぺん》が1mの正方形《せいほうけい》の面積《めんせき》 1平方《へいほう》キロメートル(㎢) ＝1辺《ぺん》が1㎞の正方形《せいほうけい》の面積《めんせき》 1アール(a)＝100㎡ 1ヘクタール(ha)＝100a	1坪《ひとつぼ》・1歩《ぶ》(＝約《やく》3.3㎡) ＝1辺《ぺん》が1間《けん》(＝6尺《しゃく》)の正方形《せいほうけい》の面積《めんせき》 ※建物《たてもの》や宅地《たくち》などの面積《めんせき》には「坪《つぼ》」を、 田畑《たはた》や山林《さんりん》などの面積《めんせき》には「歩《ぶ》」を用《もち》いる。 1畝《せ》＝30歩《ぶ》(＝約《やく》99.17㎡) 1反《たん》(段《たん》)＝10畝《せ》(＝約《やく》991.7㎡) 1町《ちょう》＝10反《たん》(＝約《やく》9,917㎡)
体積《たいせき》(容量《ようりょう》)	1ミリリットル(mL) ＝1辺《ぺん》が1㎝の立方体《りっぽうたい》の体積《たいせき》 1デシリットル(dL)＝100mL 1リットル(L)＝10dL	1勺《しゃく》(＝約《やく》18mL) 1合《ごう》＝10勺《しゃく》(＝約《やく》180mL) 1升《しょう》＝10合《ごう》(＝約《やく》1.8L) 1斗《と》＝10升《しょう》(＝約《やく》18L) 1石《こく》＝10斗《と》(＝約《やく》180L)

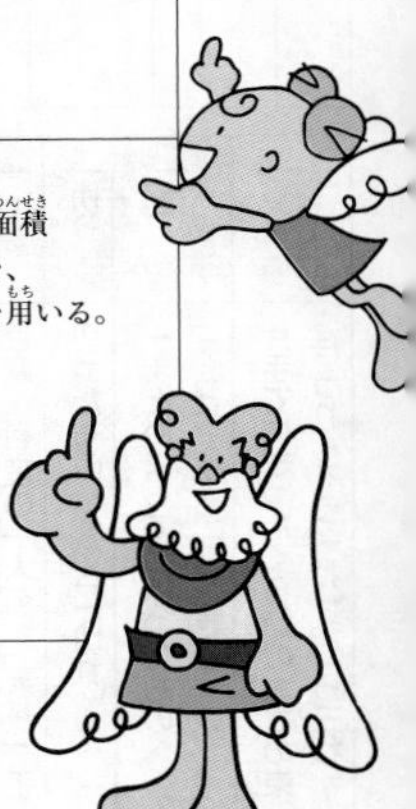

物《もの》を数《かぞ》えることば（助数詞《じょすうし》）

日本《にほん》には、物《もの》を数《かぞ》える伝統的《でんとうてき》なことばがたくさんあります。

一《ひと》つ	いろいろなもの・年齢《ねんれい》　「かご一《ひと》つ」「妹《いもうと》は三《みっ》つになる」
一個《いっこ》	いろいろなもの　「りんご一個《いっこ》」「消《け》しゴム二個《にこ》」
一件《いっけん》	ことがら・事件《じけん》など　「電話《でんわ》が三件《さんけん》あった」「一件《いっけん》の事故《じこ》」
一点《いってん》	品物《しなもの》・得点《とくてん》など　「五点《ごてん》の絵画作品《かいがさくひん》」「十点満点《じってんまんてん》のテスト」
一組《ひとく》み	いくつかで一《ひと》そろいのもの　「二組《ふたく》みの夫婦《ふうふ》」「ナイフとフォーク五組《ごく》み」
一回《いっかい》	動作《どうさ》の回数《かいすう》　「本《ほん》を三回読《さんかいよ》む」
一度《いちど》	動作《どうさ》の回数《かいすう》・温度《おんど》や角度《かくど》など　「もう一度行《いちどい》く」「気温《きおん》十五度《じゅうごど》」
一局《いっきょく》	囲碁《いご》・将棋《しょうぎ》などの勝負《しょうぶ》　「一局打《いっきょくう》とう」
一才《いっさい》	年齢《ねんれい》　「もうすぐ十才《じっさい》になる」
一本《いっぽん》	細長《ほそなが》いもの　「ネクタイ二本《にほん》」「ズボン三本《さんぼん》」「三本《さんぼん》の鉛筆《えんぴつ》」「一本《いっぽん》の道《みち》」
一枚《いちまい》	平《ひら》たいもの・薄《うす》いもの　「三枚《さんまい》の皿《さら》」「一枚《いちまい》の紙《かみ》」「ブラウスを二枚買《にまいか》う」
一葉《いちよう》	木《こ》の葉《は》・紙《かみ》・写真《しゃしん》などの薄《うす》いもの　「一葉《いちよう》の木《こ》の葉《は》」「絵《え》はがき三葉《さんよう》」
一片《いっぺん》	物《もの》の切《き》れはしなど　「一片《いっぺん》の花《はな》びら」
一輪《いちりん》	花《はな》など　「一輪《いちりん》のばらの花《はな》」
一《いっ》ちょう	包丁《ほうちょう》・はさみ・細長《ほそなが》い道具《どうぐ》・武器《ぶき》など　「一《いっ》ちょうの鉄砲《てっぽう》」

一軒《いっけん》	小《ちい》さな建物《たてもの》　「三軒《さんげん》の店《みせ》が並《なら》ぶ」「家一軒《いえいっけん》」
一棟《いっとう／ひとむね》	大《おお》きな建物《たてもの》　「アパート一棟《いっとう》」
一戸《いっこ》	家《いえ》・住《す》まい　「五百戸《ごひゃっこ》の家《いえ》がある村《むら》」
一間《ひとま》	部屋《へや》　「六畳《ろくじょう》の部屋《へや》が二間《ふたま》ある」
一台《いちだい》	車《くるま》・機械《きかい》など　「ダンプカー一台《いちだい》」「三台《さんだい》のテレビ」「パソコン二台《にだい》」
一脚《いっきゃく》	いすなど、あしのついた家具《かぐ》　「三脚《さんきゃく》のテーブル」「いす一脚《いっきゃく》」
一《いっ》そう	小《ちい》さなふね　「一《いっ》そうの小《こ》ぶね」
一隻《いっせき》	大《おお》きな船《ふね》　「一隻《いっせき》の客船《きゃくせん》」
一機《いっき》	飛行機《ひこうき》　「五機《ごき》のジェット機《き》」
一両《いちりょう》	車両《しゃりょう》　「十両編成《じゅうりょうへんせい》の列車《れっしゃ》」
一着《いっちゃく》	衣服《いふく》　「一着《いっちゃく》のコート」「背広二着《せびろにちゃく》」
一足《いっそく》	はき物《もの》・靴下《くつした》など、両足《りょうあし》にはく一《ひと》そろいのもの　「一足《いっそく》の靴《くつ》」
一冊《いっさつ》	本《ほん》・ノートなど　「本《ほん》を一冊選《いっさつえら》ぶ」
一部《いちぶ》	出版物《しゅっぱんぶつ》・新聞《しんぶん》など　「パンフレットを三部《さんぶ》もらう」「朝刊《ちょうかん》を一部買《いちぶか》う」
一通《いっつう》	手紙《てがみ》・届《とど》けなど　「メール五通《ごつう》」「証明書一通《しょうめいしょいっつう》」「申込書二通《もうしこみしょにつう》」
一編《いっぺん》	詩《し》や小説《しょうせつ》など　「一編《いっぺん》の物語《ものがたり》」

～人《にん》	人数《にんずう》　「五人集《ごにんあつ》まる」「何人《なんにん》いますか」 ※「一人」「二人」はそれぞれ「ひとり」「ふたり」と読《よ》みます。
一名《いちめい》	出席者《しゅっせきしゃ》・参加者《さんかしゃ》などの人数《にんずう》　「三名《さんめい》のメンバー」
一匹《いっぴき》	小《ちい》さな動物《どうぶつ》　「一匹《いっぴき》の犬《いぬ》」「青虫三匹《あおむしさんびき》」「えび五匹《ごひき》」「いわし六匹《ろっぴき》」
一頭《いっとう》	大《おお》きな動物《どうぶつ》　「五頭《ごとう》の象《ぞう》」「牛三頭《うしさんとう》」「一頭《いっとう》のくじら」
一羽《いちわ》	鳥《とり》・うさぎ　「一羽《いちわ》のにわとり」
一尾《いちび》	魚《さかな》　「さんま一尾《いちび》」
一杯《いっぱい》	いか・たこ　「三杯《さんばい》のいか」 器《うつわ》に入《い》れたもの　「ごはん一杯《いっぱい》」「二杯《にはい》のお茶《ちゃ》」「バケツ三杯《さんばい》の水《みず》」
一皿《ひとさら》	皿《さら》に盛《も》ったもの　「カレー三皿《さんさら》」
一《いち》ぜん	茶《ちゃ》わんに盛《も》ったごはん・はし　「一《いち》ぜんの（＝一組《ひとく》みの）はし」
一《ひと》わん	おわんに盛《も》った汁《しる》など　「二《ふた》わんのみそ汁《しる》」
一客《いっきゃく》	客用《きゃくよう》の器《うつわ》など　「ティーカップ五客《ごきゃく》」
一丁《いっちょう》	豆腐《とうふ》・料理《りょうり》の一人前《いちにんまえ》　「天丼一丁《てんどんいっちょう》」
一切《ひとき》れ	切《き》ったもの　「ハム一切《ひとき》れ」
一束《ひとたば》	一《ひと》まとめにしてしばったもの　「そうめん三束《さんたば》」「たきぎ一束《ひとたば》」
一《いち》わ	片手《かたて》でにぎったくらいの太《ふと》さの束《たば》　「ほうれんそう一《いち》わ」「にら三《さん》わ」

古語《こご》の
のぞい
を
パルルン どうしたの? 難《むずか》しい顔《かお》して…
あっぱれ
時代劇《じだいげき》を見《み》てるんだけど、「あっぱれ」とか「ござる」とか、知《し》らないことばがたくさん出《で》てくるんだ。
ああ、それは「古語《こご》」だね。昔《むかし》の日本《にほん》の人《ひと》が使《つか》っていたことばだよ。
あっガッテンさま!
古語《こご》の中《なか》には今《いま》でも使《つか》われているものがあるよ。本《ほん》やテレビ、映画《えいが》などの中《なか》でもときどき見《み》かけるね。古語《こご》がわかると、昔《むかし》の日本語《にほんご》を知《し》ることができるよ。千年以上《せんねんいじょう》も昔《むかし》に作《つく》られた歌《うた》や物語《ものがたり》を読《よ》むこともできるんだよ。
ふぅーん、おもしろそうね。昔《むかし》の日本語《にほんご》で書《か》かれたお話《はなし》、何《なに》か読《よ》んでみたいけど、難《むずか》しそう…。
昔《むかし》の日本語《にほんご》も、今《いま》の日本語《にほんご》としくみはよく似《に》ているから、古語辞典《こごじてん》を引《ひ》きながら読《よ》んでいけば、だいたいの意味《いみ》がわかるよ。
わたし、かぐや姫《ひめ》の『竹取物語《たけとりものがたり》』を読《よ》んでみたい!
竹取物語
古語辞典

あやか・る【肖る】動詞 自〔ラ四段〕《ら・り・る・る・れ・れ
❶影響を受けて変わる。感化される。
❷影響を受けてそれに似る。特に、幸せな幸せになる。

あや・し【怪し・奇し・賤し】形容詞 ↓重要語（

あやし-が・る【怪しがる】動詞 他〔ラ四段〕《ら
不審に思う。不思議に思う。
――あやしがりて、寄りて見るに、筒の中
〈竹取・かぐや姫の出生〉【訳】（竹取の翁《おきな》が）
思って、そばに寄って見ると（竹の）筒の中が
【発展】「がる」は接尾語。

あやし-げ・なり 形容動詞〔ナリ〕《なら・なり（に）・なり
❶【怪しげなり】いかにも不思議だと感じ
にも奇妙である。
❷【賤しげなり】いかにもみすぼらしい感

あやし・ぶ【怪しぶ】動詞 他〔バ四段〕《ば・び・ぶ・ぶ・べ
思う。不思議がる。

※辞典紙面《じてんしめん》はすべて、(株)ベネッセコーポレーション発行《はっこう》の「ベネッセ全訳《ぜんやく》コンパクト古語辞典《こごじてん》」より引用《いんよう》。

●歴史的《れきしてき》かなづかいの読《よ》み方《かた》

歴史的《れきしてき》かなづかいで書《か》かれたことばには、見《み》ただけでは意味《いみ》のわからないものもありますが、次《つぎ》の決《き》まりに従《したが》って読《よ》んでみると意味《いみ》がわかることがあります。

1 「ゐ・ゑ・を」→「い・え・お」と読《よ》む。
例 こゑ→こえ（声）　をんな→おんな（女）

2 「ぢ・づ」→「じ・ず」と読《よ》む。
例 ふぢ→ふじ（藤）　みづ→みず（水）

3 「くゎ・ぐゎ」→「か・が」と読《よ》む。
例 くゎし→かし（菓子）　ぐゎん→がん（願）

4 語《ご》の最初《さいしょ》以外《いがい》にある「は・ひ・ふ・へ・ほ」→「わ・い・う・え・お」と読《よ》む。
例 あはれ→あわれ　使《つか》ふ→使《つか》う
かほ→かお（顔）　願《ねが》ひ→願《ねが》い

5 そのほかにも、特別《とくべつ》な読《よ》み方《かた》をするものがある。
例 やうす→ようす（様子）
あふぎ→おうぎ（扇）
うつくしう→うつくしゅう（美しゅう）
けふ→きょう（今日）
にふだう→にゅうどう（入道）

現代語《げんだいご》とは意味《いみ》のちがうことばもたくさんあるよ。どんなふうにちがうか、考《かんが》えながら見《み》てみよう。

●おもな古語《こご》のことば

あさまし	意外《いがい》だ。おどろきあきれたことだ。※「あさまし」は悪《わる》い意味《いみ》だけでなくよい意味《いみ》でも使《つか》われた。
あし（悪《あ》し）	①悪《わる》い。②みっともない。③いやしい。
あした	①朝《あさ》。夜明《よあ》け。②明《あ》くる朝《あさ》。
あはれなり（＝あわれなり）	①しみじみと心打《こころう》たれる。②情緒《じょうちょ》がある。
あやし	①神秘的《しんぴてき》だ。不思議《ふしぎ》だ。②身分《みぶん》が低《ひく》い。
ありがたし	めずらしい。めったにない。
いたづらなり（＝いたずらなり）	①むだだ。役《やく》に立《た》たない。②むなしい。③することがない。ひまだ。
うしろめたし	気《き》がかりなことだ。心配《しんぱい》だ。
おとなし	大人《おとな》らしい。大人《おとな》びている。
おどろく	①目《め》が覚《さ》める。②はっと気《き》がつく。
おはす（＝おわす）	いらっしゃる。
おもしろし	①風情《ふぜい》がある。すばらしい。美《うつく》しい。②心楽《こころたの》しい。
かしこし	①おそろしい。こわい。②利口《りこう》だ。
かなし	①かわいい。②心《こころ》が引《ひ》かれる。③切《せつ》ない。④かわいそうだ。
きこゆ	申《もう》し上《あ》げる。
さぶらふ（＝さぶらう）	お仕《つか》え申《もう》し上《あ》げる。

すさまじ	①興覚《きょうざ》めだ。がっかりだ。②殺風景《さっぷうけい》だ。
たてまつる	①差《さ》し上《あ》げる。②お召《め》しになる（＝「着《き》る」の尊敬《そんけい》した言《い》い方《かた》）。③お乗《の》りになる。
つとめて	早朝《そうちょう》。
なさけなし	①思《おも》いやりがない。②風流《ふうりゅう》でない。
にほふ（＝におう）	①美《うつく》しく色《いろ》づく。②美《うつく》しさに満《み》ちている。
のたまふ（＝のたまう）	おっしゃる。
ののしる	①大声《おおごえ》でさわぐ。②うるさく音《おと》を立《た》てる。③評判《ひょうばん》になる。
はづかし（＝はずかし）	〔こちらがはずかしくなるほど〕すぐれている。
まもる	①じっと見《み》つめる。②防《ふせ》ぐ。見張《みは》る。
むつかし（難《むずか》し）	①不快《ふかい》だ。②むさくるしい。③気味《きみ》が悪《わる》い。
やさし	①つらい。たえがたい。②優美《ゆうび》である。
ゆかし	①〔「知《し》りたい」「見《み》たい」など〕興味《きょうみ》が持《も》たれる。②心《こころ》が引《ひ》かれる。
わたる	①〔水《みず》の上《うえ》を〕渡《わた》る。②行《い》く。来《く》る。
わろし	おとっている。よくない。
ゐる（居《い》る）	①すわる。しゃがむ。②〔ある場所《ばしょ》に〕じっとしている。
をかし（＝おかし）	①こっけいだ。②深《ふか》い味《あじ》わいがある。風情《ふぜい》がある。③愛《あい》らしい。

百《ひゃく》人《にん》一《いっ》首《しゅ》を楽《たの》しもう

※百人一首《ひゃくにんいっしゅ》かるたの遊《あそ》び方《かた》＝1463ページ

「小倉百人一首《おぐらひゃくにんいっしゅ》」とは?

「小倉百人一首《おぐらひゃくにんいっしゅ》」は、今《いま》から八百年近《はっぴゃくねんちか》く前《まえ》の鎌倉時代《かまくらじだい》に、すぐれた歌人《かじん》・学者《がくしゃ》だった藤原定家《ふじわらのさだいえ》が京都《きょうと》の小倉山《おぐらやま》で選《えら》んだといわれているんだね。だから「小倉百人一首《おぐらひゃくにんいっしゅ》」というんだね。もとは、和歌《わか》を書《か》いた色紙《しきし》をふすまにはってかざりたい、と人《ひと》にたのまれて選《えら》んだ、ともいわれているんだよ。

●どんな人《ひと》の歌《うた》がある?

定家《さだいえ》は、古代《こだい》~鎌倉時代《かまくらじだい》の約六百年間《やくろっぴゃくねんかん》から、すぐれた歌人《かじん》を百人集《ひゃくにんあつ》め、各一首《かくいっしゅ》の和歌《わか》を選《えら》んだ。その中《なか》には、天皇《てんのう》や貴族《きぞく》、武士《ぶし》、僧侶《そうりょ》、宮廷《きゅうてい》に仕《つか》える女性《じょせい》など、いろいろな人《ひと》がいる。男女別《だんじょべつ》では男性《だんせい》＝七十九人《ななじゅうくにん》・女性《じょせい》＝二十一人《にじゅういちにん》で男性《だんせい》が多《おお》いよ。

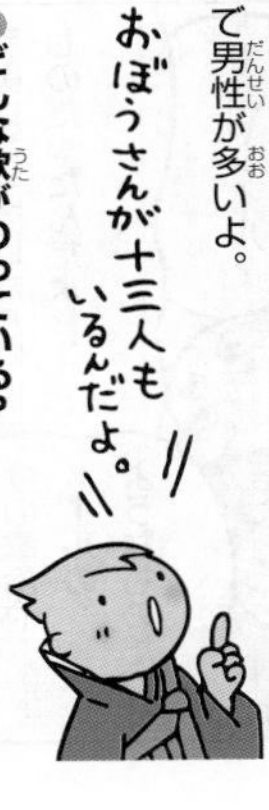

●どんな歌《うた》がのっている?

小倉百人一首《おぐらひゃくにんいっしゅ》の歌《うた》には次《つぎ》の種類《しゅるい》があるよ。

・春《はる》(6首《しゅ》)・夏《なつ》(4首《しゅ》)・秋《あき》(16首《しゅ》)・冬《ふゆ》(6首《しゅ》)
・恋《こい》(43首《しゅ》)・旅《たび》(4首《しゅ》)・別《わか》れ(1首《しゅ》)
・雑《ぞう》(＝その他《た》。20首《しゅ》)

「恋《こい》」と「秋《あき》」がずいぶん多《おお》いね。きっと定家《さだいえ》は恋《こい》の歌《うた》や秋《あき》の歌《うた》が好《す》きだったんだね。

百人一首《ひゃくにんいっしゅ》を楽《たの》しもう!

受《う》けとった女性《じょせい》のほうは大《おお》さわぎ!

家族《かぞく》や世話係《せわがかり》の女性《じょせい》と、和歌《わか》の内容《ないよう》やできばえを調《しら》べ、どんな男性《だんせい》なのかをおしはかったうえで、念入《ねんい》りに返事《へんじ》の和歌《わか》を書《か》いておくるんだ。

恋人《こいびと》になってからも、和歌《わか》をおくり合《あ》っていたんだって。次《つぎ》の歌《うた》みたいに…。

㊸逢《あ》ひ見《み》ての 後《のち》の心《こころ》に 比《くら》ぶれば 昔《むかし》は物《もの》を 思《おも》はざりけり
（あなたに会《あ》ったあとのますます恋《こい》しく思《おも》う気持《きも》ちに比《くら》べると、あなたに会《あ》う前《まえ》は物思《ものおも》いをしていなかったのだなあ。）

初《はつ》デートのあとかしら?

次《つぎ》の歌《うた》は、秘密《ひみつ》の恋《こい》の歌《うた》だね。作者《さくしゃ》の式子内親王《しょくしないしんのう》は、藤原定家《ふじわらのさだいえ》のあこがれの女性《じょせい》だったともいわれているよ。

㊉玉《たま》の緒《お》よ 絶《た》えなば絶《た》えね 長《なが》らへば 忍《しの》ぶることの 弱《よわ》りもぞする
（わたしの命《いのち》よ。絶《た》えてしまうのならば絶《た》えてしまえ。長《なが》く生《い》き続《つづ》けていると、かくそうとする気持《きも》ちが弱《よわ》って恋心《こいごころ》が現《あらわ》れてしまうといけないから。）
●お気《き》に入《い》りの歌人《かじん》を探《さが》そう!
百人一首《ひゃくにんいっしゅ》には魅力的《みりょくてき》な歌人《かじん》が勢《せい》ぞろいしているよ。かるたの絵札《えふだ》や百人一首《ひゃくにんいっしゅ》についての本《ほん》などを手《て》がかりに、自分《じぶん》のお気《き》に入《い》りを探《さが》してみよう!
⑨花《はな》の色《いろ》は 移《うつ》りにけりな いたづらに 我《わ》が身世《みよ》にふる ながめせしまに
小野小町《おののこまち》
わたしのお気《き》に入《い》りは小野小町《おののこまち》! 絶世《ぜっせい》の美女《びじょ》だったそうよ。
蝉丸《せみまる》
⑩これやこの 行《ゆ》くも帰《かえ》るも 別《わか》れては 知《し》るも知《し》らぬも 逢坂《おうさか》の関《せき》
ぼくは蝉丸《せみまる》が好《す》き! 名前《なまえ》がおもしろいよね。

そのほかのおもな歌人《かじん》
⑰在原業平《ありわらのなりひら》 多《おお》くの恋愛《れんあい》を情熱的《じょうねつてき》な歌《うた》によんだ歌人《かじん》。
㉔菅原道真《すがわらのみちざね》 九州《きゅうしゅう》の太宰府《だざいふ》に流《なが》された学者《がくしゃ》。学問《がくもん》の神《かみ》様《さま》として祭《まつ》られている。
57 紫式部《むらさきしきぶ》 「源氏物語《げんじものがたり》」の作者《さくしゃ》。歌人《かじん》としても名高《なだか》い。
62 清少納言《せいしょうなごん》 「枕草子《まくらのそうし》」の作者《さくしゃ》。父《ちち》も曽祖父《そうそふ》も有名《ゆうめい》な歌人《かじん》。
86 西行法師《さいぎょうほうし》 旅《たび》をしながら和歌《わか》を作《つく》った、さすらいの僧侶《そうりょ》。
97 藤原定家《ふじわらのさだいえ》 「小倉百人一首《おぐらひゃくにんいっしゅ》」を選《えら》んだ歌人《かじん》。

●和歌《わか》のやりとりを楽《たの》しもう!
昔《むかし》の人《ひと》は、和歌《わか》のやりとりをゲームのように楽《たの》しむこともあったんだよ。
次《つぎ》の二首《にしゅ》は、「歌合《うたあ》わせ」という和歌《わか》の団体戦《だんたいせん》で戦《たたか》い合《あ》った、有名《ゆうめい》な二首《にしゅ》だ。
ふ〜ん
右組
㊵忍《しの》ぶれど 色《いろ》に出《い》でにけり 我《わ》が恋《こい》は 物《もの》や思《おも》ふと 人《ひと》の問《と》ふまで
(秘密《ひみつ》にしていたのに、とうとう顔色《かおいろ》に表《あらわ》れてしまったなあ、わたしの恋心《こいごころ》は。物思《ものおも》いをしているのかと人《ひと》がたずねるほどに。)
VS
左組
㊶恋《こい》すてふ《ちょう》 我《わ》が名《な》はまだき 立《た》ちにけり 人知《ひとし》れずこそ 思《おも》ひ初《い》《そ》めしか
(恋《こい》をしているといううわさは早《はや》くも立《た》ってしまったなあ。人《ひと》に知《し》られないようにこっそりと、あの人《ひと》を恋《こい》し始《はじ》めたのだけれども。)
どちらもすばらしい恋《こい》の歌《うた》だけれど、判定《はんてい》は右組《みぎぐみ》の勝《か》ち。負《ま》けたほうの歌人《かじん》は、くやしさのあまり死《し》んでしまったともいわれているんだ。
こんな話《はなし》もあるよ。60の小式部内侍《こしきぶのないし》は、有名《ゆうめい》な歌人《かじん》の和泉式部《いずみしきぶ》のむすめだ。ある時《とき》、歌合《うたあ》わせの前《まえ》に…
もう歌《うた》はできましたか。お母《かあ》さんのいらっしゃる丹後《たんご》の国《くに》へ使者《ししゃ》は出《だ》しましたか。
※丹後《たんご》の国《くに》=今《いま》の京都府《きょうとふ》北部《ほくぶ》。
えへんっ
…と、ある人《ひと》にからかわれた。お母《かあ》さんに聞《き》かなければ、大《たい》した和歌《わか》は作《つく》れないでしょう、というんだね。
ひどい
そこで小式部《こしきぶ》は、相手《あいて》をひきとめて、とっさに次《つぎ》の歌《うた》をよんだんだ。
60大江山《おおえやま》 いく野《の》の道《みち》の 遠《とお》ければ まだふみも見《み》ず 天《あま》の橋立《はしだて》
(大江山《おおえやま》をこえて行《い》き、生野《いくの》を通《とお》る丹後《たんご》への道《みち》のりが遠《とお》いので、天《あま》の橋立《はしだて》はまだふんでみたことがない。そちらにいる母《はは》からの手紙《てがみ》も見《み》ていませんよ。)
「大江山《おおえやま》」「生野《いくの》」「天《あま》の橋立《はしだて》」と、名所《めいしょ》の名前《なまえ》がよみこまれている。こんな歌《うた》を即興《そっきょう》で作《つく》れるなんて、すごいね。
それで、相手《あいて》はどうしたの?
はずかしく思《おも》って、にげ出《だ》しちゃったそうだよ!

百人一首《ひゃくにんいっしゅ》かるたの遊《あそ》び方《かた》

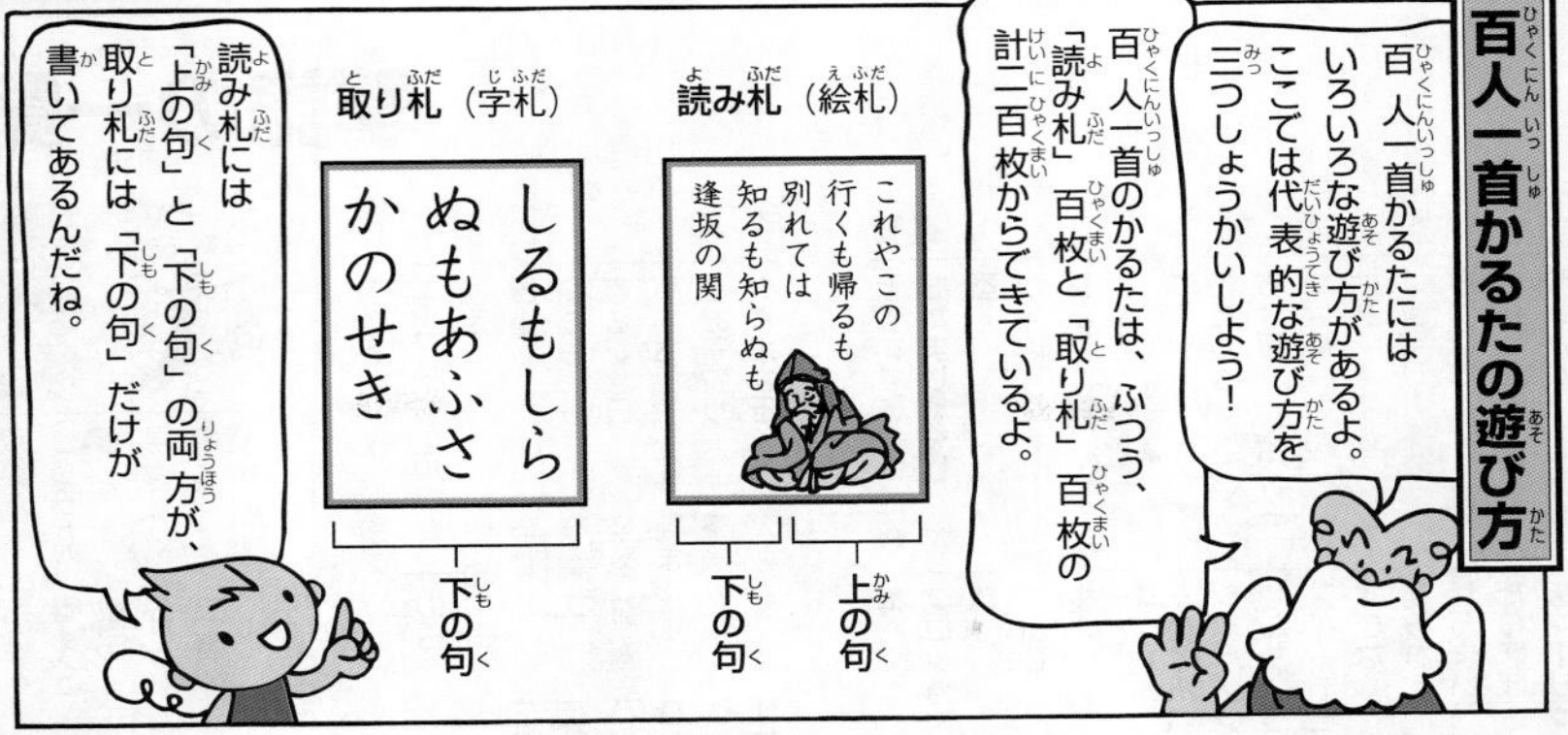

※読《よ》み札《ふだ》に上《かみ》の句《く》だけが書《か》かれている種類《しゅるい》もあります。

●散《ち》らし取《ど》り

●源平合戦《げんぺいがっせん》

「源氏《げんじ》」と「平氏《へいし》」の二《に》チームに分《わ》かれて行《おこな》う遊《あそ》び方《かた》。各五十枚《かくごじゅうまい》を「持《も》ち札《ふだ》」として、自《じ》分《ぶん》たちの前《まえ》に並《なら》べる（＝陣《じん》）。読《よ》み手《て》が読《よ》み上《あ》げる和歌《わか》の札《ふだ》を、見《み》つけて取《と》っていく。自分《じぶん》の陣《じん》にある札《ふだ》だけでなく、敵《てき》の陣《じん》の札《ふだ》を取《と》ってもよい。その場合《ばあい》、自陣《じじん》にある札《ふだ》を一枚《いちまい》、敵陣《てきじん》に送《おく》ることができる。敵《てき》がお手《て》つきをした場合《ばあい》も同様《どうよう》。自陣《じじん》の札《ふだ》が先《さき》になくなったほうの勝《か》ち。

「競技《きょうぎ》かるた」という、個人戦《こじんせん》の正式《せいしき》な競技《きょうぎ》もあるんだよ。競技《きょうぎ》かるたの試合《しあい》では和服《わふく》を着《き》ることもあるんだ。
かっこいいわよね…。

●坊主《ぼうず》めくり

絵札《えふだ》だけを使《つか》う遊《あそ》び。場《ば》にすべての絵札《えふだ》を裏返《うらがえ》しにして積《つ》み重《かさ》ね、順番《じゅんばん》に一枚《いちまい》ずつめくっていって自分《じぶん》の持《も》ち札《ふだ》とする。坊主《ぼうず》が出《で》たら、持《も》ち札《ふだ》を全部《ぜんぶ》場《ば》に出《だ》す。姫《ひめ》（女性《じょせい》）が出《で》たら、場《ば》にある札《ふだ》を全部《ぜんぶ》もらえる。最後《さいご》に持《も》ち札《ふだ》がいちばん多《おお》い人《ひと》が勝《か》ち。

※全日本《ぜんにほん》かるた協会《きょうかい》ホームページ
http://www.karuta.or.jp/

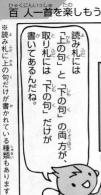

季語《きご》の一覧《いちらん》

春《はる》

時候《じこう》

暖《あたた》か
うららか
春分《しゅんぶん》
早春《そうしゅん》
のどか
八十八夜《はちじゅうはちや》
花冷《はなび》え
春《はる》めく
彼岸《ひがん》
弥生《やよい》
立春《りっしゅん》

天文《てんもん》・地理《ちり》

淡雪《あわゆき》
雪崩《なだれ》
苗代《なわしろ》
花曇《はなぐも》り
春一番《はるいちばん》
春風《はるかぜ》
春雨《はるさめ》
干潟《ひがた》
ぼたん雪《ゆき》
雪解《ゆきど》け
流氷《りゅうひょう》

生活《せいかつ》・行事《ぎょうじ》

うぐいすもち
エープリルフール
遠足《えんそく》
風車《かざぐるま》
草《くさ》もち
憲法記念日《けんぽうきねんび》
桜《さくら》もち
しお干《ひ》狩《が》り
シャボン玉《だま》
受験《じゅけん》
春分《しゅんぶん》の日《ひ》
昭和《しょうわ》の日《ひ》
卒業《そつぎょう》
卒業式《そつぎょうしき》
卒業証書《そつぎょうしょうしょ》
種《たね》まき
茶摘《ちゃつ》み
入学《にゅうがく》
入学式《にゅうがくしき》
入学試験《にゅうがくしけん》
入試《にゅうし》
花祭《はなまつ》り
花見《はなみ》
バレンタインデー
ひしもち
ひな人形《にんぎょう》
ひな祭《まつ》り
風船《ふうせん》
ぶらんこ
みどりの日《ひ》
桃《もも》の節句《せっく》
よもぎもち

動物《どうぶつ》

うぐいす
おたまじゃくし
蚕《かいこ》
かえる
桜貝《さくらがい》
さざえ
巣箱《すばこ》
たにし
ちょう
つばめ
はち
はまぐり
みつばち
もんしろちょう
やどかり

植物《しょくぶつ》

梅《うめ》
クロッカス
桑《くわ》
こぶし
桜《さくら》
桜草《さくらそう》
三色《さんしき》すみれ
シクラメン
じんちょうげ
スイートピー
すぎな
すみれ
ぜんまい
たんぽぽ
チューリップ
つくし
つつじ
つばき
菜《な》の花《はな》
ねこやなぎ
はこべ
花《はな》
花吹雪《はなふぶき》
ひな菊《ぎく》
ヒヤシンス
ふきのとう
ふじ
双葉《ふたば》
ほうれん草《そう》
もくれん
八重桜《やえざくら》
山桜《やまざくら》
よもぎ
レタス
れんげ草《そう》
わかめ
わさび
わらび

夏《なつ》

時候《じこう》

夏至《げし》
土用《どよう》
入梅《にゅうばい》
熱帯夜《ねったいや》

天文《てんもん》・地理《ちり》

雷《かみなり》
五月晴《さつきば》れ
梅雨《つゆ》
にじ
入道雲《にゅうどうぐも》
梅雨《ばいう》
ひでり
南風《みなみかぜ》
夕立《ゆうだち》
夕焼《ゆうや》け
雷雨《らいう》

生活《せいかつ》・行事《ぎょうじ》

アイスキャンデー
アイスクリーム
汗《あせ》
あせも
網戸《あみど》
うちわ
海《うみ》の日《ひ》
海開《うみびら》き
海水浴《かいすいよく》
かき氷《ごおり》
かしわもち
クーラー
クロール
こいのぼり
こどもの日《ひ》
サングラス
シャーベット
シャワー
暑中見舞《しょちゅうみま》い
水泳《すいえい》
すだれ
背泳《せおよ》ぎ
線香花火《せんこうはなび》
扇風機《せんぷうき》
ソフトクリーム
田植《たう》え
父《ちち》の日《ひ》
テント
ところてん
登山《とざん》
夏休《なつやす》み
熱中症《ねっちゅうしょう》
寝冷《ねび》え
裸《はだか》
はだし
花火《はなび》
母《はは》の日《ひ》
日焼《ひや》け
平泳《ひらおよ》ぎ
昼寝《ひるね》
風鈴《ふうりん》
プール
ベランダ
ボート
祭《まつ》り
みこし
水着《みずぎ》
水鉄砲《みずでっぽう》
麦茶《むぎちゃ》
麦《むぎ》わら
浴衣《ゆかた》
ヨット
ラムネ

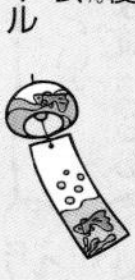

動物《どうぶつ》

あげはちょう
油《あぶら》ぜみ
雨《あま》がえる
あめんぼ
あり
うなぎ
蚊《か》
かたつむり
かなぶん
かに
かぶと虫《むし》
髪切《かみき》り虫《むし》
金魚《きんぎょ》
くらげ
毛虫《けむし》
げんごろう
ざりがに
尺取虫《しゃくとりむし》
せみ
てんとう虫《むし》
とかげ
熱帯魚《ねったいぎょ》
はえ
ほたる
みずすまし
みみず
めだか

植物《しょくぶつ》

青葉《あおば》
あじさい
あやめ
あんず
いちご
カーネーション
キャベツ
きゅうり
小麦《こむぎ》
さくらんぼ
サルビア
新緑《しんりょく》
すずらん
空豆《そらまめ》
竹《たけ》の子《こ》
トマト
なす
ひまわり
びわ
メロン
ゆり

新年《しんねん》

時候《じこう》

元日《がんじつ》
元旦《がんたん》
去年《きょねん》
迎春《げいしゅん》
今年《ことし》
正月《しょうがつ》
新春《しんしゅん》
新年《しんねん》
初春《はつはる》
松《まつ》の内《うち》

天文《てんもん》・地理《ちり》

初日《はつひ》

生活《せいかつ》・行事《ぎょうじ》

いろはがるた
お年玉《としだま》
鏡開《かがみびら》き
鏡《かがみ》もち
書《か》き初《ぞ》め
数《かず》の子《こ》
門松《かどまつ》
かまくら
かるた
こま

季語《きご》の一覧《いちらん》

俳句《はいく》を作《つく》るときには、季節感《きせつかん》を表《あらわ》すために季語《きご》を入《い》れます。ここでは、この辞典《じてん》の中《なか》で季語《きご》ラベルがついていることばの中《なか》から、おもなものを季節《きせつ》と種類《しゅるい》で分《わ》け、一覧《いちらん》にしました。古《ふる》いこよみにもとづいているため、今《いま》の季節《きせつ》とは、ずれているものもあります。

秋《あき》

時候《じこう》

さわやか
残暑《ざんしょ》
秋分《しゅうぶん》
中秋《ちゅうしゅう》
夜長《よなが》

天文《てんもん》・地理《ちり》

秋風《あきかぜ》
秋晴《あきば》れ
朝露《あさつゆ》
天《あま》の川《がわ》
稲光《いなびかり》
いわし雲《ぐも》
うろこ雲《ぐも》
霧《きり》
月光《げっこう》
十五夜《じゅうごや》
台風《たいふう》
月《つき》
月影《つきかげ》
月夜《つきよ》
露《つゆ》
満月《まんげつ》
三日月《みかづき》
名月《めいげつ》
夜露《よつゆ》

生活《せいかつ》・行事《ぎょうじ》

赤《あか》い羽根《はね》
秋祭《あきまつ》り
運動会《うんどうかい》
かかし
菊人形《きくにんぎょう》
敬老《けいろう》の日《ひ》
秋分《しゅうぶん》の日《ひ》
新米《しんまい》
相撲《すもう》
脱穀《だっこく》
七夕《たなばた》
月見《つきみ》
墓参《はかまい》り
文化《ぶんか》の日《ひ》
豊作《ほうさく》
干《ほ》しがき
盆《ぼん》
盆踊《ぼんおど》り
紅葉狩《もみじが》り
夜《よ》なべ

動物《どうぶつ》

赤《あか》とんぼ
秋《あき》あかね
いなご
いのしし
かまきり
きりぎりす
くつわ虫《むし》
こおろぎ
さんま
鈴虫《すずむし》
とんぼ
ばった
ひぐらし
松虫《まつむし》
みの虫《むし》
虫《むし》
虫《むし》かご
渡《わた》り鳥《どり》

植物《しょくぶつ》

秋《あき》の七草《ななくさ》
朝顔《あさがお》
いちじく
稲穂《いなほ》
稲《いね》
いも
いんげん豆《まめ》
枝豆《えだまめ》
おしろい花《ばな》
落《お》ち穂《ぼ》
かぼちゃ
からすうり
ききょう
菊《きく》
きのこ
銀《ぎん》なん
ぐみ
くり
紅葉《こうよう》
コスモス
木《こ》の実《み》
ざくろ
さつまいも
里《さと》いも
しいたけ
しめじ
じゃがいも
すいか
すすき
とうもろこし
どんぐり
なし
なでしこ
はぎ
彼岸花《ひがんばな》
ひょうたん
ぶどう
へちま
ほうせんか
ほおずき
松《まつ》たけ
紅葉《もみじ》
桃《もも》
ゆず
落花生《らっかせい》
りんご
りんどう
レモン

冬《ふゆ》

時候《じこう》

大《おお》みそか
寒中《かんちゅう》
寒《かん》の入《い》り
寒波《かんぱ》
凍《こお》る
小春日和《こはるびより》
歳末《さいまつ》
寒《さむ》さ
三寒四温《さんかんしおん》
除夜《じょや》
師走《しわす》
歳暮《せいぼ》
節分《せつぶん》
冬至《とうじ》
年越《としこ》し
年《とし》の暮《く》れ
年末《ねんまつ》
行《ゆ》く年《とし》

天文《てんもん》・地理《ちり》

あられ
大雪《おおゆき》
空《から》っ風《かぜ》
北風《きたかぜ》
氷《こおり》
木枯《こが》らし
粉雪《こなゆき》
霜《しも》
霜柱《しもばしら》
新雪《しんせつ》
つらら
初霜《はつしも》
初雪《はつゆき》
吹雪《ふぶき》
みぞれ
雪《ゆき》
雪明《ゆきあ》かり
雪国《ゆきぐに》

生活《せいかつ》・行事《ぎょうじ》

厚着《あつぎ》
襟巻《えりま》き
オーバー
カーペット
懐炉《かいろ》
重《かさ》ね着《ぎ》
火事《かじ》
風邪《かぜ》
寒《かん》げいこ
勤労感謝《きんろうかんしゃ》の日《ひ》
くしゃみ
くま手《て》
クリスマス
毛糸《けいと》
こたつ
サンタクロース
仕事納《しごとおさ》め
七五三《しちごさん》
霜焼《しもや》け
ジャンパー
除雪車《じょせつしゃ》
スキー
スキーヤー
すき焼《や》き
スケート
すす払《はら》い
ストーブ
セーター
せき
そり
たき火《び》
竹馬《たけうま》
暖房《だんぼう》
手袋《てぶくろ》
とりの市《いち》
縄《なわ》とび
鼻水《はなみず》
ヒーター
日《ひ》なたぼっこ
布団《ふとん》
冬《ふゆ》ごもり
冬休《ふゆやす》み
忘年会《ぼうねんかい》
ボーナス
マスク
マフラー
豆《まめ》まき
毛布《もうふ》
もち
もちつき
雪下《ゆきお》ろし
雪《ゆき》かき
雪合戦《ゆきがっせん》
雪《ゆき》だるま
湯冷《ゆざ》め
湯《ゆ》たんぽ

動物《どうぶつ》

うさぎ
くま
つる
冬眠《とうみん》
白鳥《はくちょう》
まぐろ
みみずく

植物《しょくぶつ》

落《お》ち葉《ば》
かぶ
枯《か》れ木《き》
枯《か》れ草《くさ》
枯《か》れ葉《は》
木《こ》の葉《は》
さざんか
すいせん
大根《だいこん》
にんじん
ねぎ
白菜《はくさい》
冬枯《ふゆが》れ
みかん

仕事始《しごとはじ》め
しし舞《まい》
しめ飾《かざ》り
しめ縄《なわ》
すごろく
成人《せいじん》の日《ひ》
雑煮《ぞうに》
宝船《たからぶね》
出初《でぞ》め式《しき》
手《て》まり
とそ
どんど
七草《ななくさ》がゆ
年賀《ねんが》
年賀状《ねんがじょう》
年始《ねんし》
羽子板《はごいた》
初荷《はつに》
初《はつ》もうで
初夢《はつゆめ》
はねつき
福引《ふくび》き
松飾《まつかざ》り

動物《どうぶつ》

いせえび

植物《しょくぶつ》

しだ
春《はる》の七草《ななくさ》

ABC《エービーシー》略語《りゃくご》さくいん

辞典《じてん》の外《そと》に飛《と》びだそう！

読《どく》書《しょ》のこみちさくいん

読書のこみち 各《かく》ページの下《した》に掲載《けいさい》されています。

13画

14画

15画

16画

17画

18画

19画

20画

争 そう 744
早 そう 744
存 そん 767
多 た 769
宅 たく 791
団 だん 815
地 ち 823
池 ち 823
竹 ちく 828
虫 ちゅう 837
兆 ちょう 843
机 つくえ 862
伝 てん 902
当 とう 914
灯 とう 914
同 どう 915
仲 なか 968
肉 にく 992
任 にん 1004
年 ねん 1019
羽 は 1034
灰 はい 1037
百 ひゃく 1124
米 べい 1186
毎 まい 1234
耳 みみ 1278
名 めい 1299
有 ゆう 1348
羊 よう 1362
両 りょう 1399
列 れつ 1412
老 ろう 1418

7画

位 い 66
医 い 66
囲 い 66
応 おう 166
沖 おき 178
花 か 215
快 かい 218
改 かい 218
貝 かい 219
角 かく 242
完 かん 295
岐 き 315
希 き 315
汽 き 315
技 ぎ 316
究 きゅう 346
求 きゅう 346
局 きょく 362
均 きん 370
近 きん 370
君 くん 407
形 けい 410
系 けい 410
芸 げい 411
決 けつ 421
見 けん 428
言 げん 429
孝 こう 443
告 こく 468
困 こん 502
佐 さ 508
災 さい 510
材 ざい 511
坂 さか 520
作 さく 524
志 し 552
私 し 552
児 じ 554
社 しゃ 595
車 しゃ 595
住 じゅう 604
初 しょ 627
助 じょ 627
序 じょ 627
条 じょう 630
状 じょう 630
身 しん 658
臣 しん 658
図 ず 673
声 せい 705
赤 せき 719
折 せつ 723
走 そう 744
束 そく 754
足 そく 754
村 そん 767
体 たい 770
対 たい 770
弟 だい 771
谷 たに 806
卵 たまご 810
男 だん 816
町 ちょう 843
低 てい 881
努 ど 912
投 とう 914
豆 とう 914
何 なに 978
似 にーる 1004
売 ばい 1038
判 はん 1086
阪 はん 1086
否 ひ 1095
批 ひ 1095
兵 へい 1185
別 べつ 1192
返 へん 1197
防 ぼう 1203
麦 むぎ 1285
役 やく 1332
余 よ 1361
来 らい 1381
乱 らん 1387
利 り 1389
里 り 1389
良 りょう 1399
冷 れい 1408
労 ろう 1418
忘 わすーれる 1433
我 われ 1439

8画

姉 あね 45
委 い 66
育 いく 76
妹 いもうと 105
雨 う 117
英 えい 146
泳 えい 146
易 えき 150
枝 えだ 154
延 えん 159
沿 えん 159
往 おう 166
岡 おか 176
価 か 215
河 か 215
果 か 215
画 が 217
芽 が 217
拡 かく 242
学 がく 243
官 かん 295
岩 がん 296
岸 がん 296
季 き 315
居 きょ 352
京 きょう 353
供 きょう 353
協 きょう 353
金 きん 370
苦 く 376
具 ぐ 376
空 くう 377
径 けい 410
券 けん 428
呼 こ 440
固 こ 440
効 こう 443
幸 こう 443
刻 こく 468
国 こく 469
妻 さい 510
刷 さつ 532
参 さん 543
使 し 552
始 し 552
事 じ 554
治 じ 554
実 じつ 578
舎 しゃ 595
者 しゃ 595
取 しゅ 602
受 じゅ 602
周 しゅう 603
宗 しゅう 603
述 じゅつ 619
所 しょ 627
招 しょう 628
承 しょう 628
松 しょう 628
垂 すい 673
制 せい 705
性 せい 705
青 せい 705
卒 そつ 760
担 たん 815
知 ち 824
宙 ちゅう 837
注 ちゅう 837
忠 ちゅう 837
長 ちょう 843
直 ちょく 849
定 てい 881
底 てい 881
的 てき 888
典 てん 901
店 てん 901
東 とう 914
毒 どく 933
届 とどーける 945
奈 な 964
泣 なーく 972
並 なみ 981
乳 にゅう 1001
念 ねん 1019
波 は 1034
拝 はい 1037
板 はん 1086
版 はん 1086
肥 ひ 1095
非 ひ 1095
表 ひょう 1126
府 ふ 1137
阜 ふ 1137
武 ぶ 1137
服 ふく 1147
物 ぶつ 1159
歩 ほ 1201
宝 ほう 1202
法 ほう 1202
放 ほう 1202
牧 ぼく 1215
枚 まい 1234
味 み 1260
昔 むかし 1284
命 めい 1299
明 めい 1299
門 もん 1327
夜 や 1330
油 ゆ 1347
林 りん 1403
例 れい 1409
和 わ 1426
若 わかーい 1427

9画

浅 あさーい 30
厚 あつーい 40
胃 い 66
茨 いばら 103
映 えい 146
栄 えい 146
屋 おく 179
音 おん 211
科 か 215
香 か 215
海 かい 219
界 かい 219
革 かく 242
活 かつ 266
巻 かん 295
看 かん 295
紀 き 315
客 きゃく 342
逆 ぎゃく 342
急 きゅう 346
級 きゅう 346
軍 ぐん 407
係 けい 410
型 けい 410
計 けい 410
建 けん 428
県 けん 428
研 けん 428
限 げん 429
故 こ 440
後 ご 441
皇 こう 443
紅 こう 444
査 さ 508
砂 さ 508
昨 さく 524
姿 し 552
指 し 552
思 し 552
持 じ 554
室 しつ 577
首 しゅ 602
秋 しゅう 603
重 じゅう 604
祝 しゅく 615

小《しょう》学《がっ》校《こう》で習《なら》う漢《かん》字《じ》の総《そう》画《かく》さくいん

このさくいんでは、小学校《しょうがっこう》で習《なら》う漢字《かんじ》1026字《じ》を総画数順《そうかくすうじゅん》に並《なら》べて、それぞれの漢字《かんじ》の代表的《だいひょうてき》な読《よ》みと、漢字見出《かんじみだ》しのあるページを示《しめ》しています。読《よ》み方《かた》がわからない漢字《かんじ》の漢字見出《かんじみだ》しを探《さが》すときに使《つか》いましょう。漢字見《かんじみ》出《だ》しの中《なか》では、その漢字《かんじ》の筆順《ひつじゅん》や読《よ》み、意味《いみ》など、大事《だいじ》なことがらをまとめて説明《せつめい》しています。

総画《そうかく》とは、漢字《かんじ》を組《く》み立《た》てている画《かく》（＝ひと続《つづ》きで書《か》ける点《てん》や線《せん》）の全体《ぜんたい》の数《かず》のことです。たとえば「人」は2画《かく》、「花」は7画《かく》です。

1画

一 いち 87

2画

九 きゅう 345
七 しち 576
十 じゅう 604
人 じん 659
丁 ちょう 843
刀 とう 913
二 に 990
入 にゅう 1001
八 はち 1061
力 りょく 1402

3画

下 か 214
川 かわ 292
干 かん 294
丸 がん 296
久 きゅう 346
己 こ 440
口 こう 442
工 こう 442
才 さい 510
三 さん 542
山 さん 542
士 し 551
子 し 551
女 じょ 627
小 しょう 628
上 じょう 630
寸 すん 703
千 せん 731
大 だい 771
土 ど 912
亡 ぼう 1203
万 まん 1256
夕 ゆう 1348
弓 ゆみ 1358

4画

井 い 65
引 いん 112
円 えん 159
王 おう 166
化 か 215
火 か 215
片 かた 260
牛 ぎゅう 347
区 く 375
欠 けつ 421
月 げつ 422
犬 けん 427
元 げん 429
戸 こ 440
五 ご 441
午 ご 441
公 こう 442
今 こん 500
支 し 551
止 し 551
氏 し 551
尺 しゃく 597
手 しゅ 602
収 しゅう 603
少 しょう 628
心 しん 658
仁 じん 659
水 すい 673
切 せつ 723
太 たい 770
中 ちゅう 837
天 てん 901
内 ない 964
日 にち 996
反 はん 1085
比 ひ 1094
不 ふ 1136
夫 ふ 1136
父 ふ 1136
仏 ぶつ 1158
分 ぶん 1180
文 ぶん 1180
方 ほう 1202
木 ぼく 1215
毛 もう 1311
友 ゆう 1348
予 よ 1360
六 ろく 1422

5画

圧 あつ 39
穴 あな 45
以 い 65
右 う 117
永 えい 146
央 おう 166
加 か 215
可 か 215
外 がい 219
刊 かん 295
旧 きゅう 346
去 きょ 352
兄 きょう 353
玉 ぎょく 362
句 く 376
古 こ 440
功 こう 442
広 こう 443
号 ごう 445
左 さ 508
冊 さつ 532
札 さつ 532
皿 さら 540
仕 し 551
司 し 551
史 し 551
四 し 551
市 し 551
示 じ 553
失 しつ 577
写 しゃ 595
主 しゅ 602
出 しゅつ 619
処 しょ 627
世 せい 704
正 せい 704
生 せい 704
石 せき 719
他 た 769
打 だ 769
代 だい 771
台 だい 771
庁 ちょう 843
田 でん 902
冬 とう 914
白 はく 1047
半 はん 1085
犯 はん 1085
皮 ひ 1094
必 ひつ 1110
氷 ひょう 1126
付 ふ 1136
布 ふ 1137
平 へい 1185
辺 へん 1197
弁 べん 1197
母 ぼ 1201
包 ほう 1202
北 ほく 1215
本 ほん 1229
末 まつ 1246
未 み 1259
民 みん 1282
申 もうーす 1312
目 もく 1314
矢 や 1330
由 ゆ 1347
幼 よう 1362
用 よう 1362
立 りつ 1393
令 れい 1408
礼 れい 1408

6画

安 あん 61
衣 い 66
印 いん 112
因 いん 112
宇 う 117
仮 か 215
会 かい 218
回 かい 218
各 かく 242
危 き 313
気 き 314
休 きゅう 346
吸 きゅう 346
共 きょう 353
曲 きょく 361
血 けつ 421
件 けん 427
交 こう 443
光 こう 443
后 こう 443
向 こう 443
好 こう 443
考 こう 443
行 こう 443
合 ごう 445
再 さい 510
在 ざい 511
死 し 552
糸 し 552
至 し 552
字 じ 553
寺 じ 553
次 じ 553
自 じ 554
式 しき 561
舌 した 573
守 しゅ 602
州 しゅう 603
色 しょく 645
成 せい 705
西 せい 705
先 せん 731
全 ぜん 732

チャレンジ　小学国語辞典　カラー版　第二版
どうぶつデザイン

一九八五年二月／初版発行
一九九〇年一月／改訂新版発行
一九九四年二月／第三版発行
二〇〇二年一月／第四版発行
二〇一一年一月／第五版発行
二〇一五年一月／第六版発行
二〇一七年三月／カラー版発行
二〇二〇年一月／カラー版第二版発行
二〇二一年一月／カラー版第二版どうぶつデザイン発行
二〇二三年一月／カラー版第二版どうぶつデザイン三刷発行

監修者　桑原　隆
発行人　山河　健一
発行所　株式会社ベネッセコーポレーション
〒二〇六―八六八六　東京都多摩市落合一―三四
電話（〇四二）三五六―一一〇〇
定価はケースに表示してあります。

印刷　大日本印刷株式会社
製本　株式会社若林製本工場

ISBN978-4-8288-7191-2　C6581
NDC813　1472pp.　18.2×12.8cm

ガッテン日本語教室《にほんごきょうしつ》

ガッテン外国語教室《がいこくごきょうしつ》

伝統的《でんとうてき》な言語文化《げんごぶんか》

辞典《じてん》の外《そと》に飛《と》びだそう！ 社会《しゃかい》へのとびら

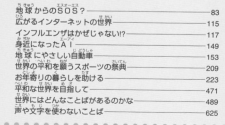